Lackner/Kühl/Heger

Strafgesetzbuch

Strafgesetzbuch

Kommentar

Bearbeitet von

Dr. Martin Heger
o. Professor
an der Humboldt-Universität zu Berlin

Begründet von

Dr. Eduard Dreher und Dr. Hermann Maassen

Fortgeführt von

Dr. Karl Lackner, seit der 21. Auflage
neben ihm von Dr. Dr. Dres. h. c. Kristian Kühl,
seit der 25. Auflage von diesem allein,
ab der 28. Auflage neben ihm von Dr. Martin Heger

30., neu bearbeitete Auflage 2023

C.H.BECK

Es haben bearbeitet:

Heger: Vor §§ 1–65, §§ 66–67 d, §§ 68–358, Anhang
Pohlreich: §§ 66–67 d

www.beck.de

ISBN 978 3 406 76755 5

Wilhelmstraße 9, 80801 München
Druck und Bindung: Druckerei C. H. Beck Nördlingen
(Adresse wie Verlag)

Satz: Jung Crossmedia Publishing GmbH, Lahnau

CO_2 neutral
chbeck.de/nachhaltig

Gedruckt auf säurefreiem, alterungsbeständigem Papier
(hergestellt aus chlorfrei gebleichtem Zellstoff)

Vorwort

Die 30. Auflage des „gelben" StGB-Kommentar markiert eine Zäsur, die bei Erscheinen der Vorauflage noch nicht absehbar war. Dass das vorliegende Buch nunmehr unter der Autorenangabe „Lackner/Kühl/Heger" firmiert, ist zunächst – wie schon länger geplant – der seit der 28. Auflage fortgesetzten Mitarbeit des Letztgenannten an diesem Werk geschuldet. Zugleich steht diese Neuerung der Titelei nunmehr aber auch für das Ausscheiden des Zweitgenannten aus dem Kreis der aktiven Autoren.

Nachdem Kristian Kühl seit der 21. Auflage 1995 in mehreren Schritten die Kommentierung des StGB im „Lackner" übernommen und schließlich ab der 28. Auflage 2014 dann wieder in Teilen an mich übergeben hat, ist die vorliegende Neuauflage die erste seit 27 Jahren, an der er nicht maßgeblich mitgewirkt hat. Die Umstände der letzten Jahre vor allem auch ab Beginn der Pandemie mit der verbundenen Schließung der Universitäten und Bibliotheken haben seine gewohnte Bearbeitungsmethode zusehends eingeschränkt, der vor allem im letzten Jahr der 19. Legislatur (2021) an den Tag getretene (Über-)Eifer des Gesetzgebers mit immer neuen Änderungen teils kurz zuvor geänderter Tatbestände sowie die Hinzufügung einiger neuer Strafnormen erschwerte deren Kommentierung in der bewährten Weise zusätzlich. Deshalb hat er mir auch die Kommentierung der von ihm bis zuletzt noch bearbeiteten Teile des StGB überlassen, wofür ich ihm sehr dankbar bin. Insbesondere in diesen Teilen, aber natürlich auch im gesamten Kommentar sind jedoch noch deutlich seine Arbeiten der letzten Jahrzehnte ablesbar. Wie er selbst im Vorwort der 25. Auflage nach der Übernahme der zuvor von Lackner bearbeiteten Passagen ausgedrückt hat, war die erste Bearbeitung des gesamten StGB auch für mich wahrlich ein „harter Brocken". Das gilt vor allem für die bisher von ihm bearbeiteten Partien, insbes. die §§ 13–46 und §§ 52–55, an denen er immer ein ganz besonders großes wissenschaftliches Interesse hatte (was sich ja auch in seinem erfolgreichen Lehrbuch zum Allgemeinen Teil des Strafrechts niedergeschlagen hat).

Für die Neuauflage musste nicht nur eine Vielzahl von Gesetzesänderungen und Entscheidungen eingebaut werden, die sich aus nicht weniger als 25 Änderungsgesetzen sowie der Aufhebungsentscheidung des BVerfG zu § 217 ergeben haben; diese Gesetze enthielten Änderungen für insgesamt 125 StGB-Normen, wobei allerdings einige Normen mehrfach geändert worden sind. Der Stand der kommentierten Gesetze ist der 1.8.2022; Rspr. und Literatur sind bis zum März 2022, teils aber auch noch danach ausgewertet worden. Eingefügt worden ist auch ein Hinweis auf den Beschluss des Bundestages vom 20.10.2022 zur Erweiterung von § 130 StGB. Zusätzlicher Änderungsbedarf ergab sich schließlich daraus, dass im Interesse einer noch besseren Nutzbarkeit der Kommentierung auch in Beck-Online von der über viele Jahrzehnte von Lackner und Kühl zur Perfektion gebrachten Kurzzitierung von Rspr. und Schrifttum zugunsten einer verlagsintern einheitlichen Verweisungstechnik abgegangen werden musste. Die dadurch verlängerten Zitate sowie die einzuarbeitende neue Rspr. führten wie auch die neu zu kommentierenden Gesetze zu einer nicht unerheblichen Verlängerung des Textes; um die gewohnte Kompaktheit des Kommentars nicht zu gefährden, aber eben auch weil durch die mit der neuen Verweisungstechnik verbundene vereinfachte Verlinkung höchstrichterlicher Urteile mit dazu ergangenen Besprechungen deren selbstständige Zitierung im Kommentartext nicht mehr so notwendig war wie zuvor, sind einige Verweise vor allem auch in das etwas ältere Schrifttum entfallen. Gelegentlich sind auch ältere Passagen zur Entstehung einzelner Normen gestrichen worden, wenn es für das heutige Verständnis der jeweiligen Norm nicht mehr so entscheidend darauf ankommt.

Das Werk konnte natürlich nur gelingen, weil ich wieder auf Hilfe zählen konnte. Privatdozent Dr. Erol Pohlreich (Hannover), der bereits in den beiden Vorauflagen an der Kommentierung der §§ 66 – 67 d entscheidend mitgewirkt hat, hat diese nunmehr eigenverantwortlich übernommen. Daneben schulde ich meinen Mitarbeiterinnen und Mitarbeitern großen Dank für wertvolle Vor- und Zuarbeiten sowie Korrekturen. Zu nennen sind Dr. Anneke Petzsche (insbes. für §§ 146 ff., 89 a ff., 129 ff., 232 ff.), Dr. Alexander Mezari (insbes. für §§ 266, 283 ff.), Dr. Erik Weiss (insbes. für §§ 324 ff.), Maren Rixecker, Julika Häusling, Lisann Poley und Karl Lenke.

Berlin, im Oktober 2022 *Martin Heger*

Inhaltsverzeichnis

Strafgesetzbuch

Allgemeiner Teil

Besonderer Teil

Verzeichnis der Abkürzungen

aaO	am angegebenen Ort
AbfG	Gesetz über die Vermeidung und Entsorgung von Abfällen (Abfallgesetz) v. 27.8.1986 (BGBl. I 1410; ber. 1501), aufgehoben mWv 6.10.1996 (G v. 27.9.1994 (BGBl. I 2705), s. auch KrW-/AbfG
AbfVerbrG	Gesetz zur Ausführung der Verordnung (EG) Nr. 1013/2006 des Europäischen Parlaments und des Rates vom 14. Juni 2006 über die Verbringung von Abfällen und des Basler Übereinkommens vom 22. März 1989 über die Kontrolle der grenzüberschreitenden Verbringung gefährlicher Abfälle und ihrer Entsorgung (Abfallverbringungsgesetz) v. 19.7.2007 (BGBl. I 1462, FNA 2129-49)
abl.	ablehnend
ABl.	Amtsblatt
Abs.	Absatz
abw.	abweichend
AcP	Archiv für die civilistische Praxis (zitiert nach Jahr und Seite)
AdVermiG	Gesetz über die Vermittlung der Annahme als Kind und über das Verbot der Vermittlung von Ersatzmüttern (Adoptionsvermittlungsgesetz) idF v. 21.6.2021 (BGBl. I 2010, FNA 404-21)
aE	am Ende
aF	alte Fassung
AfP	Archiv für Presserecht (zitiert nach Jahr und Seite)
AFRG	Gesetz zur Reform der Arbeitsförderung (Arbeitsförderungs-Reformgesetz) v. 24.3.1997 (BGBl. I 594)
AG	Amtsgericht oder Aktiengesellschaft oder Arbeitsgemeinschaft oder Die Aktiengesellschaft, Zeitschrift für das gesamte Aktienwesen (zitiert nach Jahr und Seite)
AiB	Arbeitsrecht im Betrieb (zitiert nach Jahr und Seite)
AIFO	AIDS-Forschung (zitiert nach Jahr und Seite)
AktG	Aktiengesetz v. 6.9.1965 (BGBl. I 1089, FNA 4121-1)
AkadWissNRW	Nordrhein-Westfälische Akademie der Wissenschaften (Geisteswissenschaften – Vorträge G)
AL	AD LEGENDUM (zitiert nach Jahr und Seite)
allg.	allgemein
AltölG	Gesetz über Maßnahmen zur Sicherung der Altölbeseitigung idF v. 11.12.1979 (BGBl. I 2113), aufgehoben mWv 1.1.1990
aM	anderer Meinung
AMG	Gesetz über den Verkehr mit Arzneimitteln (Arzneimittelgesetz) idF der Bek. v. 12.12.2005 (BGBl. I 3394, FNA 2121-51-1-2)
ÄndG	Änderungsgesetz
Anh.	Anhang
Anl.	Anlage
Anm.	Anmerkung
AnwBl	Anwaltsblatt (zitiert nach Jahr und Seite)
AO	Anordnung

	Abgabenordnung idF der Bek. v. 1.10.2002 (BGBl. I 3866, ber. 2003 I 61, FNA 610-1-3)
AOK	Allgemeine Ortskrankenkasse
AöR	Archiv des öffentlichen Rechts (zitiert nach Jahr und Seite)
ArchKrim	Archiv für Kriminologie (zitiert nach Band und Seite)
ArchPF	Archiv für das Post- und Fernmeldewesen (zitiert nach Jahr und Seite)
ArchPT	Archiv für Post und Telekommunikation (Umbenennung des Archivs für das Post- und Fernmeldewesen ab Januar 1992; zitiert nach Jahr und Seite)
ARSP	Archiv für Rechts- und Sozialphilosophie (zitiert nach Jahr und Seite)
Art	Artikel
AsylG	Asylgesetz idF der Bek. v. 2.9.2008 (BGBl. I S. 1798, FNA 26-7)
AsylVfG	Asylverfahrensgesetz idF der. Bek. v. 2.9.2008 (BGBl. I 1798, FNA 26-7) Gesetzestitel neugef. mWv 24.10.2015 (BGBl. I S. 1722) in „Asylgesetz“
AT	Allgemeiner Teil
AtG	Gesetz über die friedliche Verwendung der Kernenergie und den Schutz gegen ihre Gefahren (Atomgesetz) idF der Bek. v. 15.7.1985 (BGBl. I 1565, FNA 751-1)
AufenthG	Gesetz über den Aufenthalt, die Erwerbstätigkeit und die Integration von Ausländern im Bundesgebiet (Aufenthaltsgesetz) idF der Bek. v. 25.2.2008 (BGBl. I 162, FNA 26–12)
Aufl.	Auflage
AÜG	Gesetz zur Regelung der Arbeitnehmerüberlassung (Arbeitnehmerüberlassungsgesetz) idF der Bek. v. 3.2.1995 (BGBl. I 158, FNA 810-31)
AuR	Arbeit und Recht. Zeitschrift für Arbeitsrechtspraxis (zitiert nach Jahr und Seite)
AuslG	Gesetz über die Einreise und den Aufenthalt von Ausländern im Bundesgebiet (Ausländergesetz) v. 9.7.1990 (BGBl. I 1354, FNA 26-6), aufgehoben mWv 1.1.2005 (ZuwandG v. 30.7.2004, BGBl. I 1950)
ausschl.	ausschließlich
AWG	Außenwirtschaftsgesetz v. 6.6.2013 (BGBl. I 1482, FNA 7400-4)
AWG/StGBÄndG	Gesetz zur Änderung des Außenwirtschaftsgesetzes, des Strafgesetzbuches und anderer Gesetze v. 28.2.1992 (BGBl. I 372)
b	beachte
BA	Blutalkohol, Wissenschaftliche Zeitschrift für die medizinische und juristische Praxis (zitiert nach Jahr und Seite)
BAföG	Bundesgesetz über individuelle Förderung der Ausbildung (Bundesausbildungsförderungsgesetz) idF der Bek. v. 7.12.2010 (BGBl. I 1952, ber. 2012 I 197, FNA 2212-2)
BAG	Bundesarbeitsgericht
BAK	Blutalkoholkonzentration
BÄO	Bundesärzteordnung idF der Bek. v. 16.4.1987 (BGBl. I 1218, FNA 2122-1)
BAnz.	Bundesanzeiger
BApothO	Bundes-Apothekerordnung idF der Bek. v. 19.7.1989 (BGBl. I 1478; ber. 1842, FNA 2121-1)
BauR	Baurecht, Zeitschrift für das gesamte öffentliche und private Baurecht (zitiert nach Jahr und Seite)

bay.	bayerisch
BayObLG	Bayerisches Oberstes Landesgericht; ohne Zusatz: Sammlung von Entscheidungen in Strafsachen (neue Folge zitiert nach Jahr und Seite)
BaySchwBerG	Gesetz über die Schwangerenberatung (Bayerisches Schwangerenberatungsgesetz) v. 9.8.1996 (GVBl. 320, BayRS 2170-2-A)
BaySchwHEG	Gesetz über ergänzende Regelungen zum Schwangerschaftskonfliktgesetz und zur Ausführung des Gesetzes zur Hilfe für Frauen bei Schwangerschaftsabbrüchen in besonderen Fällen (Bayerisches Schwangerenhilfeergänzungsgesetz) v. 9.8.1996 (GVBl. 328, BayRS 2170-8-G)
BayVBl.	Bayerische Verwaltungsblätter (zitiert nach Jahr und Seite)
BB	Betriebs-Berater (zitiert nach Jahr und Seite)
BBG	Bundesbeamtengesetz idF der Bek. v. 31.3.1999 (BGBl. I 675, FNA 2030-2)
BBiG	Berufsbildungsgesetz v. 4.5.2020 (BGBl. I 920, FNA 806-22)
BBodSchG	Gesetz zum Schutz vor schädlichen Bodenveränderungen und zur Sanierung von Altlasten (Bundes-Bodenschutzgesetz) v. 17.3.1998 (BGBl. I 502, FNA 2129-32)
Bd.	Band
BDH	Bundesdisziplinarhof
BDO	Bundesdisziplinarordnung idF der Bek. v. 20.7.1967 (BGBl. I 750, ber. 984, FNA 2031-1) aufgehoben mWv 1.1.2002 (G v. 9.7.2001, BGBl. I 1510)
BDSG	Bundesdatenschutzgesetz v. 30.6.2017 (BGBl. I 2097, FNA 204-4)
BeckRS	Beck-Rechtsprechung
BegleitG	Personalrechtliches Begleitgesetz zum Telekommunikationsgesetz (PersBG) v. 17.12.1997 (BGBl. I 3108, FNA 900-13)
Begr.	Begründung
bei	Rechtsprechungsübersichten werden mit Angabe des Verfassers der Übersicht, der Fundstelle und dem Zusatz „bei" zitiert (zB „bei Holtz MDR …" oder „bei Altvater NStZ". Fehlt dabei die Angabe des Gerichts, so handelt es sich um Rspr. des BGH)
Beil.	Beilage
Bek.	Bekanntmachung
ber.	berichtigt
BerechnungsG	Gesetz über die Berechnung strafrechtlicher Verjährungsfristen v. 13.4.1965 (BGBl. I 315, FNA 450-10)
Bespr.	Besprechung
BeurkG	Beurkundungsgesetz v. 28.8.1969 (BGBl. I 1513, FNA 303-13)
BewH	Bewährungshilfe (zitiert nach Jahr und Seite)
BezG	Bezirksgericht
BFH	Bundesfinanzhof
BGA	Bundesgesundheitsamt
BGB	Bürgerliches Gesetzbuch
BGBl. I, II, III	Bundesgesetzblatt Teil I, Teil II, Teil III
BGH	Bundesgerichtshof
BGHR	BGH-Rechtsprechung Strafsachen; Herausgegeben von den Richtern des Bundesgerichtshofs (Stand: Sept/Okt 2013; zitiert entsprechend der Systematik der Sammlung)

BGHSt . . . . Entscheidungen des Bundesgerichtshofes in Strafsachen (Stand: Bd. 58; zitiert nach Band und Seite. Entscheidungen des Großen Senats für Strafsachen sind durch den Zusatz „-GS-" gekennzeichnet)
BGHZ . . . . Entscheidungen des Bundesgerichtshofes in Zivilsachen (zitiert nach Band und Seite)
BImSchG . . . . Gesetz zum Schutz vor schädlichen Umwelteinwirkungen durch Luftverunreinigungen, Geräusche, Erschütterungen und ähnliche Vorgänge (Bundes-Immissionsschutzgesetz) idF der Bek. v. 17.5.2013 (BGBl. I 1274, ber. 2021 I 123, FNA 2129-8)
4. BImSchV . . . . . . Vierte Verordnung zur Durchführung des Bundesimmissionsschutzgesetzes (Verordnung über genehmigungsbedürftige Anlagen) idF der Bek. v. 31.5.2017 (BGBl. I 1440, FNA 2129-8-4-3)
BJagdG . . . . Bundesjagdgesetz idF der Bek. v. 29.9.1976 (BGBl. I 2849, FNA 792-1)
BKA . . . . Bundeskriminalamt
BKAG . . . . Gesetz über das Bundeskriminalamt und die Zusammenarbeit des Bundes und der Länder in kriminalpolizeilichen Angelegenheiten (Bundeskriminalamtgesetz) v. 1.6.2017 (BGBl. I 1354, ber. 2019 I 400, FNA 2190-3)
BKatV . . . . Verordnung über die Erteilung einer Verwarnung, Regelsätze für Geldbußen und die Anordnung eines Fahrverbots wegen Ordnungswidrigkeiten im Straßenverkehr (Bußgeldkatalog-Verordnung) v. 14.3.2013 (BGBl. I 498, FNA 9231-1-21)
BKR . . . . Zeitschrift für Bank- und Kapitalmarktrecht (zitiert nach Jahr und Seite)
BLJ . . . . Bucerius Law Journal
BMinG . . . . Gesetz über die Rechtsverhältnisse der Mitglieder der Bundesregierung (Bundesministergesetz) idF der Bek. v. 27.7.1971 (BGBl. I 1166, FNA 1103-1)
BMJ . . . . Bundesminister oder Bundesministerium der Justiz
BNatSchG . . . . Gesetz über Naturschutz und Landschaftspflege (Bundesnaturschutzgesetz) v. 29.7.2009 (BGBl I 2542, FNA 791-9)
BNotO . . . . Bundesnotarordnung idF der Bek. v. 24.2.1961 (BGBl. I 97, FNA 303-1)
3. BNotÄndG . . . . . Drittes Gesetz zur Änderung der Bundesnotarordnung und anderer Gesetze v. 31.8.1998 (BGBl. I 2585)
BPräs . . . . Bundespräsident
BRAO . . . . Bundesrechtsanwaltsordnung v. 1.8.1959 (BGBl. I 565, FNA 303-8)
BRAOÄndG . . . . . Gesetz zur Änderung der Bundesrechtsanwaltsordnung, der Patentanwaltsordnung und anderer Gesetze v. 31.8.1998 (BGBl. I 2600)
BR . . . . Bundesrat
BR-Drs. . . . . Drucksache des Bundesrates
BReg . . . . Bundesregierung
BRJ . . . . Bonner Rechtsjournal (zitiert nach Jahr und Seite)
BSeuchG . . . . Gesetz zur Verhütung und Bekämpfung übertragbarer Krankheiten beim Menschen (Bundes-Seuchengesetz) idF der Bek. v. 18.12.1979 (BGBl. I 2262, ber. 1980 I 151, FNA 2126-1), aufgehoben mWv 1.1.2001 (G v. 20.7.2000, BGBl. I 1045) ab diesem Zeitpunkt gilt das Infektionsschutzgesetz – IfSG
BSG . . . . Bundessozialgericht

BSGE . . . . Entscheidungen des Bundessozialgerichts (zitiert nach Band und Seite)
BSHG . . . . Bundessozialhilfegesetz idF der Bek. v. 23.3.1994 (BGBl. I 646; ber. 2975, FNA 2170-1), aufgehoben mWv 1.1.2005 (G v. 27.12.2003, BGBl. I 3022)
BStatG . . . . Gesetz über die Statistik für Bundeszwecke (Bundesstatistikgesetz) idF der Bek. 20.20.2016 (BGBl. I 2394, FNA 29-22)
BT . . . . Besonderer Teil
BTÄO . . . . Bundes-Tierärzteordnung idF der Bek. v. 20.11.1981(BGBl. I 1193, FNA 7830-1)
BT . . . . Bundestag
BT-Drs. . . . . Drucksache des Bundestages (zitiert nach Wahlperiode und Nummer)
BtG . . . . Gesetz zur Reform des Rechts der Vormundschaft und Pflegschaft für Volljährige (Betreuungsgesetz) v. 12.9.1990 (BGBl. I 2002, FNA 200-3) gegenstandslos mWv 25.4.2006 (G v. 19.4.2006, BGBl. I 866)
BtMG . . . . Gesetz über den Verkehr mit Betäubungsmitteln (Betäubungsmittelgesetz) idF der Bek. v. 1.3.1994 (BGBl. I 358, FNA 2121-6-24)
Btx . . . . Bildschirmtext
BuB . . . . Buch und Bibliothek (zitiert nach Jahr und Seite)
BVerfG . . . . Bundesverfassungsgericht
BVerfGE . . . . Entscheidungen des Bundesverfassungsgerichts; zitiert nach Band und Seite
BVerfGG . . . . Gesetz über das Bundesverfassungsgericht idF der Bek. v. 11.8.1993 (BGBl. I 1473, FNA 1104-1)
BVerfGK . . . . Kammerentscheidungen des Bundesverfassungsgerichts, hrsg. vom Verein der Richter am Bundesverfassungsgericht. Eine Auswahl. Bd. 13 (Heidelberg 2009)
BVerwG . . . . Bundesverwaltungsgericht
BVerwGE . . . . Entscheidungen des Bundesverwaltungsgerichts; zitiert nach Band und Seite
BVFG . . . . Gesetz über die Angelegenheiten der Vertriebenen und Flüchtlinge (Bundesvertriebenengesetz) idF der Bek. v.10.8.2007 (BGBl. I 1902, FNA 240-1)
BW . . . . Baden-Württemberg
BWG . . . . Bundeswahlgesetz idF der Bek. v. 23.7.1993 (BGBl. I 1288, ber. 1594, FNA 111-1)
BWGZ . . . . Die Gemeinde; Zeitschrift für die Städte und Gemeinden (zitiert nach Jahr und Seite)
BWO . . . . Bundeswahlordnung idF der Bek. v. 19.4.2002 (BGBl. I 1376, FNA 111-1-5)
bzgl. . . . . bezüglich
BZRG . . . . Gesetz über das Zentralregister und das Erziehungsregister (Bundeszentralregistergesetz) idF der Bek. v. 21.9.1984 (BGBl. I 1229; ber. 1985 I 195, FNA 312-7)
bzw. . . . . beziehungsweise

causa sport . . . . causa Sport. Sport-Zeitschrift für nationales und internationales Recht sowie für Wirtschaft (zitiert nach Jahr und Seite)
CCZ . . . . Corporate Compliance Zeitschrift (zitiert nach Jahr und Seite)
ChemG . . . . Gesetz zum Schutz vor gefährlichen Stoffen (Chemikaliengesetz) idF der Bek. v. 28.8.2013 (BGBl. I 3498, ber. 3991, FNA 8053-6)

Chirurg	Der Chirurg, Zeitschrift für alle Gebiete der operativen Medizin (zitiert nach Jahr und Seite)
CoR	Computerreport der NJW (zitiert nach Jahr und Seite)
CR	Computer und Recht, Forum für die Praxis des Rechts der Datenverarbeitung, Information und Automation (zitiert nach Jahr und Seite)
DA	Deutschland-Archiv (zitiert nach Jahr und Seite)
DÄBl	Deutsches Ärzteblatt (zitiert nach Ausgabe, Jahr und Seite)
DAR	Deutsches Autorecht (zitiert nach Jahr und Seite)
DAV	Deutscher Anwaltverein
DB	Der Betrieb, Wochenschrift (zitiert nach Jahr und Seite)
DDR	Deutsche Demokratische Republik
DDT-G	Gesetz über den Verkehr mit DDT v. 7.8.1972 (BGBl. I 1385), aufgehoben (G v. 24.6.1994, BGBl. I 1416, 1421)
ders.	derselbe
dh	das heißt
diff.	differenzierend
dies	dieselbe oder dieselben
Diss.	Dissertation
DJ	Deutsche Justiz (zitiert nach Jahr und Seite)
DJT	Deutscher Juristentag
DNotZ	Deutsche Notar-Zeitschrift (zitiert nach Jahr und Seite)
DNP	Die neue Polizei (zitiert nach Jahr und Seite)
DÖV	Deutsche Öffentliche Verwaltung (zitiert nach Jahr und Seite)
DR	Deutsches Recht (zitiert nach Jahr und Seite)
DRiAkad	Deutsche Richterakademie
DRiB	Deutscher Richterbund
DRiG	Deutsches Richtergesetz idF der Bek. v. 19.4.1972 (BGBl. I 713, FNA 301-1)
DRiZ	Deutsche Richterzeitung (zitiert nach Jahr und Seite)
DRZ	Deutsche Rechtszeitschrift (zitiert nach Jahr und Seite)
DStR	Deutsches Steuerrecht (zitiert nach Jahr und Seite)
DStRE	DStR-Entscheidungsdienst
DStZ	Deutsche Steuer-Zeitung (zitiert nach Jahr und Seite)
DtZ	Deutsch-Deutsche Rechts-Zeitschrift (zitiert nach Jahr und Seite)
DuR	Demokratie und Recht, Vierteljahres-Zeitschrift (zitiert nach Jahr und Seite)
DVBl	Deutsches Verwaltungsblatt (zitiert nach Jahr und Seite)
DVJJ-Journal	DVJJ-JOURNAL. Zeitschrift für Jugendkriminalrecht und Jugendhilfe. Mitgliederrundbrief der Deutschen Vereinigung für Jugendgerichte und Jugendgerichtshilfe eV (zitiert nach Jahr und Seite)
DVP	Deutsche Verwaltungspraxis (zitiert nach Jahr und Seite)
DZWiR	Deutsche Zeitschrift für Wirtschafts- und Insolvenzrecht (zitiert nach Jahr und Seite)
E	Entwurf
E 1962	Regierungsentwurf eines Strafgesetzbuches mit Begründung (BT-Drs. IV/650, inhaltsgleich mit Initiativentwurf ohne Begr. BT-Drs. V/32)
EDV	Elektronische Datenverarbeitung
EG	Einführungsgesetz oder Europäische Gemeinschaft

EGBGB	Einführungsgesetz zum Bürgerlichen Gesetzbuch idF der Bek. v. 21.9.1994 (BGBl. I 2494, ber. 1997 I 1061, FNA 400-1)
EGFinSchG	Gesetz zu dem Übereinkommen v. 26. Juli 1995 über den Schutz der finanziellen Interessen der Europäischen Gemeinschaften (EG-Finanzschutzgesetz) v. 10.9.1998 (BGBl. II 2322, FNA 188-86)
EGGVG	Einführungsgesetz zum Gerichtsverfassungsgesetz v. 27.1.1877 (RGBl. 77, FNA 300-1))
EGInsO	Einführungsgesetz zur Insolvenzordnung v. 5.10.1994 (BGBl. I 2911, FNA 311-14-1)
EGInsOÄndG	Gesetz zur Änderung des Einführungsgesetzes zur Insolvenzordnung und anderer Gesetze v. 19.12.1998 (BGBl. I 3836)
EGMR	Europäischer Gerichtshof für Menschenrechte
EGOWiG	Einführungsgesetz zum Gesetz über Ordnungswidrigkeiten v. 24.5.1968 (BGBl. I 503)
EGStGB	Einführungsgesetz zum Strafgesetzbuch v. 2.3.1974 (BGBl. I 469, ber. 1975 I 1916 und 1976 I 507, FNA 450-16)
EGVStGB	Gesetz zur Einführung des Völkerstrafgesetzbuches v. 26.6.2002 (BGBl. I 2254)
Einl.	Einleitung
einschl.	einschließlich
einschr.	einschränkend
EinwG/DDR	Gesetz über die Einweisung in stationäre Einrichtungen für psychisch Kranke v. 11.6.1968 (GBl./DDR I 273)
entspr.	entsprechend
Erg.	Ergebnis
ERPWirtschPG	Gesetz über die Feststellung des Wirtschaftsplans des ERP-Sondervermögens für das Jahr 2021 (ERP-Wirtschaftsplangesetz 2021) v. 1.12.2020 (BGBl. I 2619, FNA 640-7)
ESchG	Gesetz zum Schutz von Embryonen (Embryonenschutzgesetz) v. 13.12.1990 (BGBl. I 2746, FNA 453-19)
EStG	Einkommenssteuergesetz idF der Bek. v. 8.10.2009 (BGBl. I 3366, ber. 2009 I 3862, FNA 611-1)
ETS	European Treaty Series – Serie der Übereinkommen des Europarates (fortlaufend dreiziffrig nummeriert)
EU	Europäische Union
EuABl	Amtsblatt der Europäischen Gemeinschaften. Ausgabe in deutscher Sprache L (Rechtsvorschriften)
EUBestG	Gesetz zu dem Protokoll v. 27. September 1996 zum Übereinkommen über den Schutz der finanziellen Interessen der Europäischen Gemeinschaften (EU-Bestechungsgesetz) v. 10.9.1998 (BGBl. II 2340, FNA 188-88)
EuRAG	Gesetz über die Tätigkeit europäischer Rechtsanwälte in Deutschland v. 9.3.2000 (BGBl. I 182, ber. 1349, FNA 303-19)
EU-Rechtsinstrumente-AG	Gesetz zur Ausführung des Zweiten Protokolls vom 19. Juni 1997 zum Übereinkommen über den Schutz der finanziellen Interessen der Europäischen Gemeinschaften, der Gemeinsamen Maßnahme betreffend die Bestechung im privaten Sektor vom 22. Dezember 1998 und des Rahmenbeschlußes vom 29. Mai 1999 über die Verstärkung des mit strafrechtlichen und anderen Sanktionen bewerten Schutzes gegen

	Geldfälschung im Hinblick auf die Einführung des Euro v. 22.8.2002 (BGBl. I 3387)
EuGH	Europäischer Gerichtshof
EuGRZ	Europäische Grundrechte, Zeitschrift (zitiert nach Jahr und Seite)
EuropolG	Gesetz zur Anwendung der Verordnung (EU) 2016/794 des Europäischen Parlaments und des Rates vom 11. Mai 2016 über die Agentur der Europäischen Union für die Zusammenarbeit auf dem Gebiet der Strafverfolgung (Europol) und zur Ersetzung und Aufhebung der Beschlüsse 2009/371/JI, 2009/934/JI, 2009/935/JI, 2009/936/JI und 2009/968/JI des Rates (Europol-Gesetz) v. 16.12.1997 (BGBl. II 2150, FNA 188-81)
EuZW	Europäische Zeitschrift für Wirtschaftsrecht (zitiert nach Jahr und Seite)
EV	Vertrag zwischen der Bundesrepublik Deutschland und der Deutschen Demokratischen Republik über die Herstellung der Einheit Deutschlands (Einigungsvertrag) v. 31.8.1990 mit Einigungsvertragsgesetz v. 23.9.1990 (BGBl. II 885, 889, FNA 105-3)
EWiR	Entscheidungen zum Wirtschaftsstrafrecht (zitiert nach Jahr und Seite)
EWR	Europäischer Wirtschaftsraum
expl	exemplarisch
EzSt	Entscheidungssammlung zum Straf- und Ordnungswidrigkeitenrecht. Loseblattausgabe (Neuwied. Stand Dezember 1990). Zitiert nach G § und laufender Nummer (Hinweise ohne Angabe des G beziehen sich auf das StGB)
FamRZ	Ehe und Familie im privaten und öffentlichen Recht (zitiert nach Jahr und Seite)
FamFG	Gesetz über das Verfahren in Familiensachen und in den Angelegenheiten der freiwilligen Gerichtsbarkeit v. 17.12.2008 (BGBl. I 2586, 2587, FNA 315-24)
FAZ	Frankfurter Allgemeine Zeitung (zitiert nach Jahr, Tag und Seite)
FeV	Verordnung über die Zulassung von Personen zum Straßenverkehr (Fahrerlaubnis-Verordnung) v. 13.12.2010 (BGBl. I 1980, FNA 9231-1-19)
ff.	folgende
FGG	Gesetz über Angelegenheiten der freiwilligen Gerichtsbarkeit idF der Bek. v. 20.5.1898 (RGBl. S. 771), aufgehoben mWv 1.9.2009 (G v. 17.12.2008, BGBl. I 2586)
FilmFG	Gesetz über Maßnahmen zur Förderung des deutschen Films (Filmförderungsgesetz) v. 23.12.2016 (BGBl. I 3413, FNA 707-27)
FlaggRG	Gesetz über das Flaggenrecht der Seeschiffe und die Flaggenführung der Binnenschiffe (Flaggenrechtsgesetz) v. 26.10.1994 (BGBl. I 3140, FNA 9514-1)
Fn.	Fußnote
Forensia	Forensia, Interdisziplinäre Zeitschrift für Recht – Neurologie, Psychiatrie und Psychologie (zitiert nach Jahr und Seite)
FPersG	Gesetz über das Fahrpersonal von Kraftfahrzeugen und Straßenbahnen (Fahrpersonalgesetz) idF der Bek. v. 19.2.1987 (BGBl. I 640, FNA 9231-8)
FPPK	Forensische Psychiatrie, Psychologie, Kriminologie (zitiert nach Jahr und Seite)

FS . . . . Festschrift
FührungsaufsichtG . . Gesetz zur Reform der Führungsaufsicht v. 13.4.2007 (BGBl. 513)
FuR . . . . Familie und Recht (zitiert nach Jahr und Seite)

G . . . . Gesetz
G 10 . . . . Gesetz zur Beschränkung des Brief-, Post- und Fernmeldegeheimnisses (Artikel 10-Gesetz) v. 26.6.2001 (BGBl. I 1254, ber. 2298, 2017 I 154, FNA 190-4)
GA . . . . Goltdammer's Archiv für Strafrecht (zunächst zitiert nach Band und Seite, ab 1953 zitiert nach Jahr und Seite)
FS GA . . . . Jürgen Wolter (Hrsg.), 140 Jahre Goltdammer's Archiv für Strafrecht (Heidelberg 1993)
GBA . . . . Generalbundesanwalt
GBl. . . . . Gesetzblatt
GbR . . . . Gesellschaft bürgerlichen Rechts
GefStoffV . . . . Verordnung zum Schutz vor Gefahrstoffen (Gefahrstoffverordnung) v. 26.11.2010 (BGBl. I 1643, 1644, FNA 8053-6-34)
GenTG . . . . Gesetz zur Regelung der Gentechnik (Gentechnikgesetz) idF der Bek. v. 16.12.1993 (BGBl. I 2066, FNA 2121-60-1)
GeräteSichG . . . . . . Gesetz über technische Arbeitsmittel (Gerätesicherheitsgesetz) idF der Bek. v. 11.5.2001 (BGBl. I 866, FNA 8053-4) aufgehoben mWv 1.5.2004 (G v. 6.1.2004 BGBl. I 2)
GesR . . . . Gesundheitsrecht (zitiert nach Jahr und Seite)
GewArch . . . . Gewerbearchiv, Zeitschrift für Gewerbe- und Wirtschaftsverwaltungsrecht (zitiert nach Jahr und Seite)
GewO . . . . Gewerbeordnung idF der Bek. v. 22.2.1999 (BGBl. I 202, FNA 7100-1)
GewSchG . . . . Gesetz zum zivilrechtlichen Schutz vor Gewalttaten und Nachstellungen (Gewaltschutzgesetz) v. 11.12.2001 (BGBl. I 3513, FNA 402-38)
GFaG . . . . Gesetz über die Führung akademischer Grade v. 7.6.1939 (RGBl. I 985), aufgehoben
GG . . . . Grundgesetz für die Bundesrepublik Deutschland v. 23.5.1949 (BGBl. 1, FNA 100-1)
GGBefG . . . . Gesetz über die Beförderung gefährlicher Güter (Gefahrgutbeförderungsgesetz – GGBefG) idF v. 7.7.2009 (BGBl. I 1774, 3975, FNA 9241, ber. 3975, FNA 9241-23)
ggf. . . . . gegebenenfalls
GjSM . . . . Gesetz über die Verbreitung jugendgefährdender Schriften und Medieninhalte idF der Bek. v. 12.7.1985 (BGBl. I 1502, FNA 2161-1) aufgehoben mWv 31.3.2003 (G v. 23.7.2002, BGBl. I 2730)
GmbH . . . . Gesellschaft mit beschränkter Haftung
GmbHG . . . . Gesetz betreffend die Gesellschaften mit beschränkter Haftung idF der Bek. v. 20.5.1898 (RGBl. 846, FNA 4123-1)
GmbHR . . . . GmbH-Rundschau (zitiert nach Jahr und Seite)
GO . . . . Geschäftsordnung
GrenzG/DDR . . . . Grenzgesetz der Deutschen Demokratischen Republik v. 25.3.1982 (GBl./DDR I 197)
GRUR . . . . Gewerblicher Rechtsschutz und Urheberrecht (zitiert nach Jahr und Seite)
GS . . . . Großer Senat

GStA . . . . Generalstaatsanwalt oder Generalstaatsanwaltschaft
GÜG . . . . Gesetz zur Überwachung des Verkehrs mit Grundstoffen, die für die unerlaubte Herstellung von Betäubungsmitteln missbraucht werden können (Grundstoffüberwachungsgesetz) v. 11.3.2008 (BGBl. I 306, FNA 2121-6-27)
GVG . . . . Gerichtsverfassungsgesetz idF der Bek. v. 9.5.1975 (BGBl. I 1077, FNA 300-2)
GWB . . . . Gesetz gegen Wettbewerbsbeschränkungen idF der Bek. v. 26.6.2013 (BGBl. I 1750, ber. 3245, FNA 703-5)
GwG . . . . Gesetz über das Aufspüren von Gewinnen aus schweren Straftaten (Geldwäschegesetz) v. 23.6.2017 (BGBl. I 1822, FNA 7613-3)
Gynäkologe . . . . . . Der Gynäkologe (zitiert nach Jahr und Seite)

Hs. . . . . Halbsatz
HebG . . . . Gesetz über das Studium und den Beruf von Hebammen (Hebammengesetz) v. 22.11.2019 (BGBl. I 1759, FNA 2124-26)
HeilprG . . . . Gesetz über die berufsmäßige Ausübung der Heilkunde ohne Bestallung (Heilpraktikergesetz) v. 17.2.1939 (RGBl. I 251, FNA 2122-2)
HeimArbG . . . . . . Heimarbeitsgesetz v. 14.3.1951 (BGBl. I 191, FNA 804-1)
HESt . . . . Höchstrichterliche Entscheidungen in Strafsachen (zitiert nach Band und Seite)
HGB . . . . Handelsgesetzbuch v. 10.5.1897 (RGBl. 219, FNA 4100-1)
hM . . . . herrschende Meinung
HRRS . . . . Höchstrichterliche Rechtsprechung (Online-Zeitschrift)
Hrsg. . . . . Herausgeber

idF . . . . in der Fassung
idR . . . . in der Regel
ie . . . . im einzelnen
iE . . . . im Ergebnis
ieS . . . . im engeren Sinne
IfSG . . . . Gesetz zur Verhütung und Bekämpfung von Infektionskrankheiten beim Menschen (InfektionsschutzG) v. 20.7.2000 (BGBl. I 1045, FNA 2126-13)
InnenM . . . . Innenminister oder Innenministerium
insbes. . . . . insbesondere
IntBestG . . . . Gesetz zu dem Übereinkommen v. 17. Dezember 1997 über die Bekämpfung der Bestechung ausländischer Amtsträger im internationalen Geschäftsverkehr (Gesetz zur Bekämpfung internationaler Bestechung) v. 10.9.1998 (BGBl. II 2327, FNA 450-28)
IntVO . . . . Verordnung über internationalen Kraftfahrzeugverkehr v. 12.11.1934 (RGBl. I 1137)
InvZulG . . . . Investitionszulagengesetz 1996 idF der Bek. v. 22.1.1996 (BGBl. I 60, FNA 707-6-1-5) oder Investitionszulagengesetz 1999 idF der Bek. v. 11.10.2002 (BGBl. I 4034, FNA 707-6-1-6)
IRG . . . . Gesetz über die internationale Rechtshilfe in Strafsachen idF der Bek. v. 27.6.1994 (BGBl. I 1537, FNA 319-87)
iS . . . . im Sinne
IStGH . . . . Internationaler Strafgerichtshof

IStGHG . . . . Gesetz über die Zusammenarbeit mit dem internationalen Strafgerichtshof v. 17.7.1998 v. 21.6.2002 (BGBl. I 2144, FNA 319-103)
iSv . . . . im Sinne von
iU . . . . im Unterschied
IuKDG . . . . Gesetz zur Regelung der Rahmenbedingungen für Informations- und Kommunikationsdienste (Informations- und Kommunikationsdienste-Gesetz) v. 22.7.1997 (BGBl. I 1870, FNA 9020-6/1)
IuR . . . . Informatik und Recht, vereinigt mit „Datenverarbeitung im Recht" (zitiert nach Jahr und Seite)
iVm . . . . in Verbindung mit
iwS . . . . im weiteren Sinne

JA . . . . Juristische Arbeitsblätter für Ausbildung und Examen (zitiert nach Jahr und Seite)
JAR . . . . Juristische Arbeitsblätter Rechtsprechung (zitiert nach Jahr und Seite)
JagdzeitV . . . . Verordnung über die Jagdzeiten v. 2.4.1977 (BGBl. I 531, FNA 792-1-3)
JahrbRuE . . . . Jahrbuch für Recht und Ethik (zitiert nach Jahr und Seite)
JahrbÖR . . . . Jahrbuch des Öffentlichen Rechts (zitiert nach Jahr und Seite)
JArbSchG . . . . Gesetz zum Schutze der arbeitenden Jugend (Jugendarbeitsschutzgesetz) v. 12.4.1976 (BGBl. I 965, FNA 8051-10)
JBl . . . . Juristische Blätter (Österreich; zitiert nach Jahr und Seite)
JGG . . . . Jugendgerichtsgesetz idF der Bek. v. 11.12.1974 (BGBl. I 3427, FNA 451-1)
JK . . . . Jura-Rechtsprechungskartei, Beilage der Zeitschrift Juristische Ausbildung (Jura). Zitiert mit Angabe des Verfassers nach G, § und laufender Nummer (Hinweise ohne Angabe des G beziehen sich auf das StGB)
JM . . . . Justizminister(in), Justizministerium
JMBl. . . . . Justizministerialblatt
JMBl. NRW. . . . . . Justizministerialblatt für das Land Nordrhein-Westfalen (zitiert nach Jahr und Seite)
JMS . . . . Jugend Medien Schutz-Report (zitiert nach Heft, Jahr und Seite)
JMStV . . . . Staatsvertrag über den Schutz der Menschenwürde und den Jugendschutz in Rundfunk und Telemedien (Jugendmedienschutz-Staatsvertrag) v. 10.9.–27.9.2002 (u.a. Baden-Württemberg, G v. 4.2.2003, GBl. 93; Bayern, Bek. v. 20.2.2003, GVBl. 147)
JÖSchNG . . . . Gesetz zur Neuregelung des Jugendschutzes in der Öffentlichkeit, aufgehoben mWv 1.4.2003 (JuSchG v. 23.7.2002, BGBl. I 2730)
JR . . . . Juristische Rundschau (zitiert nach Jahr und Seite)
JuMiG . . . . Justizmitteilungsgesetz und Gesetz zur Änderung kostenrechtlicher Vorschriften und anderer Gesetze v. 18.6.1997 (BGBl. I 1430, ber. 2779)
JMoG . . . . Justizmodernisierungsgesetz; 1. JuMoG v. 24.8.2004 (BGBl. I 2198); 2. JuMoG v. 22.12.2006 (BGBl. I 3416)
Jura . . . . Juristische Ausbildung (zitiert nach Jahr und Seite)
JurA . . . . Juristische Analysen (zitiert nach Jahr und Seite)
JurFak . . . . Juristische Fakultät
JuS . . . . Juristische Schulung (zitiert nach Jahr und Seite)
JuSchG . . . . Jugendschutzgesetz v. 23.7.2002 (BGBl. I 2730, FNA 2161-6)
Justiz . . . . Die Justiz, Amtsblatt des Justizministeriums Baden-Württemberg (zitiert nach Jahr und Seite)

JW . . . . Juristische Wochenschrift (zitiert nach Jahr und Seite)
JZ . . . . Juristenzeitung (zitiert nach Jahr und Seite)
JZ-GD . . . . Juristenzeitung – Gesetzgebungsdienst –, Beilage der Juristenzeitung über die Bundesgesetzgebung (zitiert nach Jahr und Seite)

KAGG . . . . Gesetz über Kapitalanlagegesellschaften idF der Bek. v. 9.9.1998 (BGBl. I 2726, FNA 4120-4)
KastrG . . . . Gesetz über die freiwillige Kastration und andere Behandlungsmethoden v. 15.8.1969 (BGBl. I 1143, FNA 453-16)
Kfz . . . . Kraftfahrzeug
KG . . . . Kammergericht oder
Kommanditgesellschaft
KindRG . . . . Gesetz zur Reform des Kindschaftsrechts (Kindschaftsrechtsreformgesetz) v. 16.12.1997 (BGBl. I 2942, ber. 1998 I 946), galt bis 30.6.2003
KindUG . . . . Gesetz zur Vereinheitlichung des Unterhaltsrechts minderjähriger Kinder (Kinderunterhaltsgesetz) v. 6.4.1998 (BGBl. I 666), aufgehoben mWv 1.1.2008 (G v. 21.12.2007, (BGBl. I 3189)
KJ . . . . Kritische Justiz, Vierteljahresschrift (zitiert nach Jahr und Seite)
KJHG . . . . Gesetz zur Neuordnung des Kinder- und Jugendhilferechts (Kinder- und Jugendhilfegesetz) v. 26.6.1990 (BGBl. I 1163, FNA 860-8-1), inzwischen als SGB VIII in das Sozialgesetzbuch eingestellt.
KO . . . . Konkursordnung idF v. 20.5.1898 (RGBl. 612), aufgehoben mWv 1.1.1999 (BGBl. I S. 2911), ab diesem Zeitpunkt gilt die InsO
KonsG . . . . Gesetz über die Konsularbeamten, ihre Aufgaben und Befugnisse v. 11.9.1974 (BGBl. I 2317, FNA 27-5)
KorrBG . . . . Gesetz zur Bekämpfung der Korruption v. 20.11.2015 (BGBl. I 2025)
KreisG . . . . Kreisgericht
Kriminalistik . . . . . Kriminalistik, Zeitschrift für die gesamte kriminalistische Wissenschaft und Praxis (zitiert nach Jahr und Seite)
KrimJ . . . . Kriminologisches Journal (zitiert nach Jahr und Seite)
KrimPäd . . . . Kriminalpädagogische Praxis (zitiert nach Jahr und Seite)
krit. . . . . kritisch
KritV . . . . Kritische Vierteljahresschrift für Gesetzgebung und Rechtswissenschaft (zitiert nach Jahr und Seite)
KrPflG . . . . Gesetz über die Berufe in der Krankenpflege (Krankenpflegegesetz) v. 16.7.2003 (BGBl. I 1442, FNA 2124-23), aufgehoben mWv 21.12.2019 (G v. 17.7.2017, BGBl. I 2581), jetzt Pflegeberufegesetz
KrW-/AbfG . . . . . . Gesetz zur Förderung der Kreislaufwirtschaft und Sicherung der umweltverträglichen Beseitigung von Abfällen (Kreislaufwirtschafts- und Abfallgesetz) v. 27.9.1994 (BGBl. I 2705, FNA 2129-27-2) aufgehoben mWv 1.6.2012 (G v. 24.2.2012, BGBl. I 212), siehe nunmehr das Kreislaufwirtschaftsgesetz
KTS . . . . Konkurs-, Treuhand- und Schiedsgerichtswesen (zitiert nach Jahr und Seite)
KUG . . . . Gesetz betreffend das Urheberrecht an Werken der bildenden Kunst und der Photographie v. 9.1.1907 (RGBl. 7, FNA 440-3) mWv 1.1.1966 aufgehoben durch UrheberrechtsG v. 9.9.1965 (BGBl. I 1273), soweit es nicht den Schutz von Bildnissen betrifft

KuG . . . . Kirche und Gesellschaft, herausgegeben von der Katholischen Sozialwissenschaftlichen Zentralstelle Mönchengladbach (zitiert nach Nummer und Seite)
KWG . . . . Gesetz über das Kreditwesen (Kreditwesengesetz) idF der Bek. v. 19.12.1998 (BGBl. I 2776, FNA 7610-1)
KWKG . . . . Ausführungsgesetz zu Artikel 26 Abs. 2 des Grundgesetzes (Gesetz über die Kontrolle von Kriegswaffen) idF der Bek. v. 22.11.1990 (BGBl. I 2506, FNA 190-1)
KWL . . . . Kriegswaffenliste. Anlage zum KWKG idF der Bek. v. 22.11.1990 (BGBl. I 2506, 2515)

LebSchrR . . . . Schriftenreihe der Juristen-Vereinigung Lebensrecht eV zu Köln (zitiert nach Nummer und Seite des jeweiligen Heftes)
LFGB . . . . Lebensmittel-, Bedarfsgegenstände- und Futtermittelgesetzbuch (Lebensmittel- und Futtermittelgesetzbuch) idF der Bek. v. 25.9.2021 (BGBl. I 4253, ber. 2022 I 28, FNA 212544)
LG . . . . Landgericht
LHG . . . . Landeshochschulgesetz
Lit. . . . . Literatur
LJZ . . . . Liechtensteinische Juristen-Zeitung (zitiert nach Jahr und Seite)
LPartG . . . . Gesetz über die Eingetragene Lebenspartnerschaft (Lebenspartnerschaftsgesetz) v. 16.2.2001 (BGBl. I 266, FNA 400-15)
Ls. . . . . Leitsatz
LT-Drs. . . . . Landtagsdrucksache
LuftVG . . . . Luftverkehrsgesetz idF der Bek. v. 10.5.2007 (BGBl. I 698, FNA 96-1)
LuftVGÄndG . . . . . Elftes Gesetz zur Änderung des Luftverkehrsgesetzes v. 25.8.1998 (BGBl. I 2432, ber. 3127)

MDR . . . . Monatsschrift für deutsches Recht (zitiert nach Jahr und Seite)
MedKlinik . . . . Medizinische Klinik, Wochenschrift für Klinik und Praxis (zitiert nach Jahr und Seite)
MedR . . . . Medizinrecht (zitiert nach Jahr und Seite)
medstra . . . . Zeitschrift für Medizinstrafrecht (zitiert nach Jahr und Seite)
MfS . . . . Ministerium für Staatssicherheit (DDR)
MiStra . . . . Anordnung über Mitteilungen in Strafsachen in der ab 1.5.2019 geltenden Fassung v. 1.2.2019 (BAnz AT 8.4.2019 B1)
MMR . . . . MultiMedia und Recht (zitiert nach Jahr und Seite)
MOG . . . . Gesetz zur Durchführung der Gemeinsamen Marktorganisationen und der Direktzahlungen idF der Bek. v. 7.11.2017 (BGBl. I 3746, FNA 7847-11)
MRK . . . . Konvention zum Schutze der Menschenrechte und Grundfreiheiten idF der Bek. v. 22.10.2010 (BGBl. II 1198, SEV 005)
MschrKrim . . . . . . Monatsschrift für Kriminologie und Strafrechtsreform (zitiert nach Jahr und Seite)
mwN . . . . mit weiteren Nachweisen

Ndschr . . . . Niederschriften über die Sitzungen der Großen Strafrechtskommission, 14 Bände (Bonn 1956 bis 1960) (zitiert nach Band und Seite)
Nds. Rpfl. . . . . Niedersächsische Rechtspflege (zitiert nach Jahr und Seite)
NervA . . . . Der Nervenarzt (zitiert nach Jahr und Seite)

nF	neue Fassung
NJ	Neue Justiz (zitiert nach Jahr und Seite)
NJW	Neue Juristische Wochenschrift (zitiert nach Jahr und Seite)
NJW-RR	Neue Juristische Wochenschrift-Rechtsprechungs-Report Zivilrecht (zitiert nach Jahr und Seite)
NKrim	Neue Zeitschrift für Kriminologie und Kriminalpolitik (zitiert nach Jahr, Heft und Seite)
NKrimPol	Neue Kriminalpolitik. Forum für Praxis, Politik und Wissenschaft (zitiert nach Jahr, Heft und Seite)
Nr.	Nummer
NRW	Nordrhein-Westfalen
NStZ	Neue Zeitschrift für Strafrecht (zitiert nach Jahr und Seite)
NStZ-RR	NStZ-Rechtsprechungs-Report Strafrecht (zitiert nach Jahr und Seite)
NuR	Natur + Recht, Zeitschrift für das gesamte Recht zum Schutze der natürlichen Lebensgrundlagen und der Umwelt (zitiert nach Jahr und Seite)
NVwZ	Neue Zeitschrift für Verwaltungsrecht (zitiert nach Jahr und Seite)
Nw	Nachweise
NZG	Neue Zeitschrift für Gesellschaftsrecht (zitiert nach Jahr und Seite)
NZI	Neue Zeitschrift für das Recht der Insolvenz und Sanierung (zitiert nach Jahr und Seite)
NZM	Neue Zeitschrift für Miet- und Wohnungsrecht (zitiert nach Jahr und Seite)
NZV	Neue Zeitschrift für Verkehrsrecht (zitiert nach Jahr und Seite)
NZWehrr	Neue Zeitschrift für Wehrrecht (zitiert nach Jahr und Seite)
NZWist	Neue Zeitschrift für Wirtschaft-, Steuer- und Unternehmensstrafrecht (zitiert nach Jahr und Seite)
ÖJZ	Österreichische Juristen-Zeitung (zitiert nach Jahr und Seite)
ÖRiZ	Österreichische Richterzeitung (zitiert nach Jahr und Seite)
OGHSt	Rechtsprechung des Obersten Gerichtshofs für die Britische Zone in Strafsachen (zitiert nach Band und Seite)
oHG	offene Handelsgesellschaft
OLG	Oberlandesgericht
OLGSt	Entscheidungen der Oberlandesgerichte zum Straf- und Strafverfahrensrecht (zitiert nach G §§ und Seite). – Seit 1983 Entscheidungen der Oberlandesgerichte in Straf-, Ordnungswidrigkeiten- und Ehrengerichtssachen. – Seit 1991 Entscheidungen der Oberlandesgerichte in Strafsachen und über Ordnungswidrigkeiten (herausgegeben von Michael Lemke. 66. Lieferung. Stand: Nov. 2013. Neuwied). Zitiert nach G, §§ und innerhalb der §§ nach Nummern
OpferSchG	Erstes Gesetz zur Verbesserung der Rechtsstellung des Verletzten im Strafverfahren (Opferschutzgesetz) v. 18.12.1986 (BGBl. I 2496) – überholt
OrgKG	Gesetz zur Bekämpfung des illegalen Rauschgifthandels und anderer Erscheinungsformen der Organisierten Kriminalität v. 15.7.1992 (BGBl. I 1302, FNA 450-23)
OrgKVerbessG	Gesetz zur Verbesserung der Bekämpfung der Organisierten Kriminalität v. 4.5.1998 (BGBl. I 845)

OWiG	Gesetz über Ordnungswidrigkeiten idF der Bek. v. 19.2.1987 (BGBl. I 602, FNA 454-1)
OWiGÄndG	Gesetz zur Änderung des Gesetzes über Ordnungswidrigkeiten, des Straßenverkehrsgesetzes und anderer Gesetze idF v. 26.1.1998 (BGBl. I 156, ber. I 340 und 1999 I 1237)
ParlStG	Gesetz über die Rechtsverhältnisse der Parlamentarischen Staatssekretäre v. 24.7.1974 (BGBl. I 1538, FNA 1103-3)
ParteienG	Gesetz über die politischen Parteien (Parteiengesetz) idF der Bek. v. 31.1.1994 (BGBl. I 149, FNA 112-1)
PaßG	Paßgesetz v. 19.4.1986 (BGBl. I 537, FNA 210-5)
PersAuswG	Gesetz über Personalausweise und den elektronischen Identitätsnachweis (Personalausweisgesetz) v. 18.6.2009 (BGBl. I 1346, FNA 210-6)
PflR	PflegeRecht (zitiert nach Jahr und Seite)
PflSchG	Gesetz zum Schutz der Kulturpflanzen (Pflanzenschutzgesetz) v. 6.2.2012 (BGBl. I 148, ber. 1281, FNA 7823-7)
PharmR	Pharma-Recht (zitiert nach Jahr und Seite)
PlenProt	Plenarprotokoll. Stenographische Berichte des Bundesrates. Zitiert nach Sitzung und Seite
PolG	Polizeigesetz
Polizei	Die Polizei (zitiert nach Jahr und Seite)
PostG	Postgesetz v. 22.12.1997 (BGBl. I 3294, FNA 900-14)
PostStruktG	Gesetz zur Neustrukturierung des Post- und Fernmeldewesens und der Deutschen Bundespost (Poststrukturgesetz) v. 8.6.1989 (BGBl. I 1026)
probl	problematisch
ProdSG	Gesetz über die Bereitstellung von Produkten auf dem Markt (Produktsicherheitsgesetz) v. 27.7.2021 (BGBl. I 3146, 3147, FNA 8053-12)
ProstG	Gesetz zur Regelung der Rechtsverhältnisse der Prostituierten (Prostitutionsgesetz) v. 20.12.2001 (BGBl. I 3983, FNA 402-39)
Prot. 4	Protokolle über die Sitzungen des Sonderausschusses „Strafrecht" in der 4. Wahlperiode (Bonn)
Prot. 5–7	Protokolle über die Sitzungen des Sonderausschusses für die Strafrechtsreform in der 5., 6. und 7. Wahlperiode (Bonn)
PStG	Personenstandsgesetz v. 19.2.2007 (BGBl. I 122, FNA 211-9)
PsychThG	Gesetz über die Berufe des Psychologischen Psychotherapeuten und des Kinder- und Jugendlichentherapeuten (Psychotherapeutengesetz) v. 16.6.1998 (BGBl. I 1311, FNA 2122-5)
RBerG	Rechtsberatungsgesetz v. 13.12.1935 (RGBl. I S. 1478) aufgehoben durch Rechtsdienstleistungsgesetz (RDG, s. dort)
RdA	Recht der Arbeit (zitiert nach Jahr und Seite)
RDG	Gesetz über außergerichtliche Rechtsdienstleistungen v. 12.12.2007 (BGBl. I 2840, FNA 303-20)
Rn.	Randnote, Randnummer oder Randzahl
RDV	Recht der Datenverarbeitung (zitiert nach Jahr und Seite)
Rechtsmedizin	Rechtsmedizin: Organ der deutschen Gesellschaft für Rechtsmedizin (zitiert nach Jahr und Seite)

Rechtstheorie	Rechtstheorie, Zeitschrift für Logik, Methodenlehre, Kybernetik und Soziologie des Rechts (zitiert nach Jahr und Seite)
RegBetrV	Regelbetrag-Verordnung idF des Gesetzes zur Vereinheitlichung des Unterhaltsrechts minderjähriger Kinder (Kinderunterhaltsgesetz) v. 6.4.1998 (BGBl. I 666, 668, 1055), aufgehoben 2007
RegBl.	Regierungsblatt
RegEntw	Regierungsentwurf
RennwG	Rennwett- und Lotteriegesetz v. 8.4.1922 (RGBl. I 335, ber. 393, FNA 611-14)
RG	Reichsgericht
RGBl. I, II	Reichsgesetzblatt Teil I, Teil II
RGSt	Entscheidungen des Reichsgerichts in Strafsachen (zitiert nach Band und Seite)
RGZ	Entscheidungen des Reichsgerichts in Zivilsachen (zitiert nach Band und Seite)
RiStBV	Richtlinien für das Strafverfahren und das Bußgeldverfahren v. 1.1.1977 (Bek. des BMJ v. 21.12.1976, BAnz. Nr. 245, 2)
RöV	Verordnung über den Schutz vor Schäden durch Röntgenstrahlen (Röntgenverordnung) idF der Bek. v. 30.4.2003 (BGBl. I 604, FNA 751-13), aufgehoben mWv 1.1.2019 (VO v. 29.11.2018, BGBl. I 2034)
Rpfleger	Der Deutsche Rechtspfleger (zitiert nach Jahr und Seite)
RPflEntlG	Gesetz zur Entlastung der Rechtspflege v. 11.1.1993 (BGBl. I 50, FNA 302-6), aufgehoben mWv 1.1.2012 (G v. 6.12.2011, BGBl. I 2554)
RPflG	Rechtspflegergesetz idF der Bek. v. 14.4.2023 (BGBl. I 778, ber. 2014 I 46, FNA 302-2)
RPG	Recht und Politik im Gesundheitswesen (zitiert nach Jahr und Seite)
Rspr.	Rechtsprechung
RuP	Recht und Politik, Vierteljahreshefte für Rechts- und Verwaltungspolitik (zitiert nach Jahr und Seite)
R & P	Recht & Psychiatrie (zitiert nach Jahr und Seite)
RVO	Reichsversicherungsordnung idF der Bek. v. 15.12.1924 (FNA 820-1)
RW	Rechtswissenschaft – Zeitschrift für rechtswissenschaftliche Forschung (zitiert nach Jahr und Seite)
s.	siehe
S.	Seite oder Satz
sa	siehe auch
SÄB	Saarländisches Ärzteblatt (zitiert nach Jahr und Seite)
SBer 1–13	Stenographische Berichte über die Sitzungen des Deutschen Bundestages in der 1.–13. Wahlperiode
ScheideMG	Gesetz über die Ausprägung von Scheidemünzen v. 8.7.1950 (BGBl. I 323)
SchiffObG	Schiffahrtsobergericht
SchKG	Gesetz zur Vermeidung und Bewältigung von Schwangerschaftskonflikten (Schwangerschaftskonfliktgesetz) v. 27.7.1992 (BGBl. I 1398, FNA 404-25)
SchlHA	Schleswig-Holsteinische Anzeigen (zitiert nach Jahr und Seite)
SchriftlBer	Schriftlicher Bericht

SchwarzArbG	Gesetz zur Bekämpfung der Schwarzarbeit und illegalen Beschäftigung v. 23.7.2004 (BGBl. I 1842, FNA 453-22)
SchwBG	Schweizerisches Bundesgericht oder Schwerbehindertengesetz idF v. 26.8.1986 (BGBl. I 1421, 1550), aufgehoben mWv 11.7.2001 (BGBl. I 1046), ab diesem Zeitpunkt gilt das SGB IX
SchwJZ	Schweizerische Juristenzeitung (zitiert nach Jahr und Seite)
SchwZStr	Schweizerische Zeitschrift für Strafrecht (zitiert nach Jahr und Seite)
SDÜ	Übereinkommen zur Durchführung des Übereinkommens von Schengen v. 14. Juni.1985 zwischen den Regierungen der Staaten der Benelux-Wirtschaftsunion, der Bundesrepublik Deutschland und der Französischen Republik betreffend den schrittweisen Abbau der Kontrollen an den gemeinsamen Grenzen v. 19.6.1990 (ABl. 2000 L 239, 19, EU_Dok. Nr. 4 2000 A 0922 (02)
SeeArbG	Seearbeitsgesetz v. 20.4.2013 (BGBl. I 868, FNA 9513-38)
SexÄG	Gesetz zur Änderung der Vorschriften über die Straftaten gegen die sexuelle Selbstbestimmung und zur Änderung anderer Vorschriften v. 27.12.2003 (BGBl. I 3007)
SexBG	Gesetz zur Bekämpfung von Sexualdelikten und anderen gefährlichen Straftaten v. 26.1.1998 (BGBl. I 160)
Sexuologie	Sexuologie. Herausgegeben von der Akademie für Sexualmedizin (zitiert nach Jahr und Seite)
SFHÄndG	Schwangeren- und Familienhilfeänderungsgesetz v. 21.8.1995 (BGBl. I 1050)
SFHG	Gesetz zum Schutz des vorgeburtlichen/werdenden Lebens, zur Förderung einer kinderfreundlichen Gesellschaft, für Hilfen im Schwangerschaftskonflikt und zur Regelung des Schwangerschaftsabbruchs (Schwangeren- und Familienhilfegesetz) v. 27.7.1992 (BGBl. I 1398)
SGB I	Sozialgesetzbuch – Erstes Buch, Allgemeiner Teil – v. 11.12.1975 (BGBl. I 3015, FNA 860-1)
SGB III	Sozialgesetzbuch – Drittes Buch. Arbeitsförderung – v. 24.3.1997 (BGBl. I 594, FNA 860-3)
SGB IV	Sozialgesetzbuch – Viertes Buch. Gemeinsame Vorschiften für die Sozialversicherung idF der Bek. v. 12.11.2009 (BGBl. I 3710, ber. 3973, 2011 I 363, FNA 860-4-1)
SGB V	Sozialgesetzbuch – Fünftes Buch. Gesetzliche Krankenversicherung v. 20.12.1988 (BGBl. I 2477, FNA 860-5)
SGB VI	Sozialgesetzbuch – Sechstes Buch. Gesetzliche Rentenversicherung idF der Bek. v. 19.2.2002 (BGBl. I 754, ber. 1404, 3384, FNA 860-6)
SGB VIII	Sozialgesetzbuch – Achtes Buch. Kinder- und Jugendhilfe idF der Bek. v.11.9.2012 (BGBl. I 2022, FNA 860-8)
SGB IX	Sozialgesetzbuch – Neuntes Buch. Rehabilitation und Teilhabe von Menschen mit Behinderungen v. 23.12.2016 (BGBl. I 3234, FNA 860-9-3)
SGB X	Sozialgesetzbuch – Zehntes Buch, Sozialverwaltungsverfahren und Datenschutz – idF der Bek. v. 18.1.2001 (BGBl. I 130, FNA 860-10-1)
SGB X/Kap. 3	Sozialgesetzbuch – Zehntes Buch, Zusammenarbeit der Leistungsträger und ihre Beziehungen zu Dritten – v. 4.11.1982 (BGBl. I 1450, FNA 860-10-3)

SGB XI	Sozialgesetzbuch – Elftes Buch. Soziale Pflegeversicherung v. 26.5.1994 (BGBl. I 1014, FNA 860-11)
SichVG	Gesetz zur Rechtsvereinheitlichung der Sicherungsverwahrung v. 16.6.1995 (BGBl. I 818)
SJZ	Süddeutsche Juristenzeitung (zitiert nach Jahr und Spalte)
SklavRG	Gesetz betreffend die Bestrafung des Sklavenraubes und des Sklavenhandels v. 28.7.1895 (RGBl. 425, FNA 453-7)
sog.	sogenannt
SG	Gesetz über die Rechtsstellung der Soldaten (Soldatengesetz) idF der Bek. v. 30.5.2005 (BGBl. I 1482, FNA 51-1)
SpielV	Verordnung über Spielgeräte und andere Spiele mit Gewinnmöglichkeit (Spielverordnung) idF der Bek. v. 27.1.2006 (BGBl. I 280, FNA 7103-1)
SprengG	Gesetz über explosionsgefährliche Stoffe (Sprengstoffgesetz) idF v. 10.9.2002 (BGBl. I 3518, FNA 7134-2)
SpuRt	Zeitschrift für Sport und Recht (zitiert nach Jahr und Seite)
SRÜ	Seerechtsübereinkommen der Vereinten Nationen v. 10.12.1982, Vertragsgesetz v. 2.9.1994 (BGBl. II 1798)
SRÜAusfG	Gesetz zur Ausführung des Seerechtsübereinkommens der Vereinten Nationen v. 10. Dezember 1982 sowie des Übereinkommens v. 28. Juli 1994 zur Durchführung des Teils XI des Seerechtsübereinkommens (Ausführungsgesetz Seerechtsübereinkommen 1982/1994) v. 6.6.1995 (BGBl. I 778, FNA 9510-23)
StA	Staatsanwalt oder Staatsanwaltschaft
StaatsGH	Staatsgerichtshof
StammzellG	Gesetz zur Sicherung des Embryonenschutzes im Zusammenhang mit Einfuhr und Verwendung embryonaler Stammzellen (Stammzellengesetz) v. 28.6.2002 (BGBl. I 2277)
StÄG	Strafrechtsänderungsgesetz v. 30.8.1951 (BGBl. I 739) Zweites Strafrechtsänderungsgesetz – Einundsechzigstes Strafrechtsänderungsgesetz (siehe Tabelle am Ende)
StBerG	Steuerberatungsgesetz idF der Bek. v. 4.11.1975 (BGBl. I 2735, FNA 610-10)
StGB	Strafgesetzbuch (StGB) idF der Bek. v. 13.11.1998 (BGBl. I 3322, FNA 450-2)
StGB/DDR	Strafgesetzbuch der Deutschen Demokratischen Republik idF v. 14.12.1988 (GBl. 1989 I 33)
StGB/StPOÄndG	Gesetz zur Änderung des Strafgesetzbuches, der Strafprozeßordnung, des Gerichtsverfassungsgesetzes, der Bundesrechtsanwaltsordnung und des Strafvollzugsgesetzes v. 18.8.1976 (BGBl. I 2181)
StimmZt	Stimmen der Zeit (zitiert nach Jahr und Seite)
StPO	Strafprozeßordnung idF der Bek. v. 7.4.1987 (BGBl. I 1074, ber. 1319, FNA 312-2)
StR	Strafrecht
str.	streitig oder strittig
StraFo	Strafverteidiger Forum (zitiert nach Jahr und Seite)
StrEG	Gesetz über die Entschädigung für Strafverfolgungsmaßnahmen v. 8.3.1971(BGBl. I 157, FNA 313-4)
StrK	Strafkammer

StrlSchV . . . . Verordnung zum Schutz vor der schädlichen Wirkung ionisierender Strahlung (Strahlenschutzverordnung) v. 29.11.2018 (BGBl. I 2034, 2036, FNA 751-24-2)

StRR . . . . StrafRechtsReport (zitiert nach Jahr und Seite)

StrRG . . . . Gesetz zur Reform des Strafrechts

stRspr . . . . ständige Rechtsprechung

StS . . . . Strafsenat

Stud ZR . . . . Studentische Zeitschrift für Rechtswissenschaft

StV . . . . Strafverteidiger (zitiert nach Jahr und Seite)

StVÄG 1987 . . . . . . Strafverfahrensänderungsgesetz 1987 v. 27.1.1987 (BGBl. I 475)

StVÄG 1999 . . . . . . Gesetz zur Änderung und Ergänzung des Strafverfahrensrechts 1999 v. 2.8.2000 (BGBl. I 1253)

StVG . . . . Straßenverkehrsgesetz idF der Bek. v. 5.3.2003 (BGBl. I 310, ber. 919, FNA 9231-1)

StVO . . . . Straßenverkehrs-Ordnung v. 6.3.2013 (BGBl. I 367, FNA 9233-2)

StVollstrO . . . . Strafvollstreckungsordnung v. 1.4.2001 (BAnz. Nr. 112a 1)

StVollzÄndG . . . . . Gesetz zur Änderung des Strafvollzugsgesetzes v. 20.12.1984 (BGBl. I 1654

StVollzG . . . . Gesetz über den Vollzug der Freiheitsstrafe und der freiheitsentziehenden Maßregeln der Besserung und Sicherung (Strafvollzugsgesetz) v. 16.3.1976 (BGBl. I 581, ber. 2088 und 1977 I 436, FNA 312-9-1)

StVZO . . . . Straßenverkehrs-Zulassungs-Ordnung v. 26.4.2012 (BGBl. I 679, FNA 9232-16)

SubvG . . . . Gesetz gegen mißbräuchliche Inanspruchnahme von Subventionen (Subventionsgesetz) v. 29.7.1976 (BGBl. I 2037, FNA 453-18-1-2)

SuchtmittelG/DDR . Gesetz über den Verkehr mit Suchtmitteln – Suchtmittelgesetz – v. 19.12.1973 (GBl./DDR I 572)

SÜG . . . . Gesetz über die Voraussetzungen und das Verfahren der Sicherheitsüberprüfungen des Bundes und den Schutz von Verschlusssachen (Sicherheitsüberprüfungsgesetz) v. 20.4.1994 (BGBl. I 867, FNA 12-10)

SZW . . . . Schweizerische Zeitschrift für Wirtschaftsrecht (zitiert nach Jahr und Seite)

TA-Lärm . . . . Sechste Allgemeine Verwaltungsvorschrift zum Bundes-Immissionsschutzgesetz (Technische Anleitung zum Schutz gegen Lärm) v. 26.8.1998 (GMBl. 503)

TA-Luft . . . . Erste Allgemeine Verwaltungsvorschrift zum Bundes-Immissionsschutzgesetz (Technische Anleitung zur Reinhaltung der Luft) Neufassung v. 18.8.2021 (GMBl. 1050)

TDG . . . . Gesetz über die Nutzung von Telediensten (Teledienstegesetz) v. 22.7.1997 (BGBl. I 1870, FNA 9020-6), aufgehoben mWv 1.3.2007 (G v. 26.2.2007, BGBl. I 179) siehe nunmehr TelemedienG

TDSV . . . . Telekommunikations-Datenschutzverordnung v. 18.12.2000 (BGBl. I 1740, FNA 900-11-12), aufgehoben mWv 26.6.2004 (G v. 22.6.2004, BGBl. I 1190)

TerrBekG . . . . Gesetz zur Bekämpfung des Terrorismus v. 19.12.1986 (BGBl. I 2566)

ThUG . . . . Gesetz zur Therapierung und Unterbringung psychisch gestörter Gewalttäter (Therapieunterbringungsgesetz) v. 22.12.2010 (BGBl. I 2300, FNA 450-31)

TierNebG .... Tierische Nebenprodukte-Beseitigungsgesetz v. 25.1.2004 (BGBl. I 82, FNA 7831-12)
TierschG .... Tierschutzgesetz idF der Bek. v. 18.5.2006 (BGBl. I 1206, ber. 1313, FNA 7833-3)
TierSG .... Tierseuchengesetz idF v. 22.6.2004 (BGBl. I 1260, ber. 3588, FNA 7831-1), aufgehoben mWv 1.5.2014 (G v. 22.5.2013, BGBl. I 1324), nunmehr TiergesundheitsG v. 21.11.2018 (BGBl. I 1938)
TitelG .... Gesetz über Titel, Orden und Ehrenzeichen v. 26.7.1957 (BGBl. I 844, FNA 1132-1)
TKG .... Telekommunikationsgesetz v. 23.6.2021 (BGBl. I 1858, FNA 900-17)
TMG .... Telemediengesetz v. 26.2.2007 (BGBl. I 179, FNA 772-4)
TOA .... Täter-Opfer-Ausgleich
TOA StPO ...... Gesetz zur strafverfahrensrechtlichen Verankerung des Täter-Opfer-Ausgleichs und zur Änderung des Gesetzes über Fernmeldeanlagen - v. 20.12.1999 (BGBl. I 2491)
TPG .... Gesetz über die Spende, Entnahme und Übertragung von Organen und Geweben (Transplantationsgesetz) idF der Bek. v. 4.9.2007 (BGBl. I 2206, FNA 212-2)
TSG .... Transsexuellengesetz v. 10.9.1980 (BGBl. I 1654, FNA 211-6)

ua .... unter anderem, und andere
ÜberwachungsG ... Gesetz zur Überwachung strafrechtlicher und anderer Verbringungsverbote v. 24.5.1961 (BGBl. I 607, FNA 12-2)
UHaft .... Untersuchungshaft
UmweltHG ...... Gesetz über die Umwelthaftung (Umwelthaftungsgesetz) v. 10.12.1990 (BGBl. I 2634, FNA 400-9)
Universitas .... Universitas, Zeitschrift für interdisziplinäre Wissenschaft (zitiert nach Jahr und Seite)
UntersuchungsausschussG .... Gesetz zur Regelung des Rechts der Untersuchungsausschüsse des Deutschen Bundestages (PUAG) v. 19.6.2001 (BGBl. I 1142, FNA 1101-10)
UPR .... Umwelt- und Planungsrecht (zitiert nach Jahr und Seite)
UrhG .... Gesetz über Urheberrecht und verwandte Schutzrechte (Urheberrechtsgesetz) v. 9.9.1965 (BGBl. I 1273, FNA 440-1)
usw .... und so weiter
uU .... unter Umständen
UVNVAG .... Ausführungsgesetz zum Nuklearversuchsverbotsvertrag v. 23.7.1998 (BGBl. I 1882, FNA 2129-33)
UVPG .... Gesetz über die Umweltverträglichkeitsprüfung idF der Bek. v. 18.3.2021 (BGBl. I 540, FNA 2129-20)
UWG .... Gesetz gegen den unlauteren Wettbewerb idF der Bek. v. 3.3.2010 (BGBl. I 254, FNA 43-7)

v. .... vom oder von oder van
VerbrBG .... Gesetz zur Änderung des Strafgesetzbuches, der Strafprozeßordnung und anderer Gesetze (Verbrechensbekämpfungsgesetz) v. 28.10.1994 (BGBl. I 3186)
VerbrVerbG ...... s. ÜberwachungsG

VereinsG	Gesetz zur Regelung des öffentlichen Vereinsrechts (Vereinsgesetz) v. 5.8.1964 (BGBl. I 593, FNA 2180-1)
VerfGH	Verfassungsgerichtshof
VerjG	Gesetz zur Verjährung von SED-Unrechtstaten (VerjährungsG) v. 26.3.1993 (BGBl. I 392)
2. VerjG	Gesetz zur Verlängerung strafrechtlicher Verjährungsfristen (2. Verjährungsgesetz) v. 27.9.1993 (BGBl. I 1657)
3. VerjG	Gesetz zur weiteren Verlängerung strafrechtlicher Verjährungsfristen und zur Änderung des Gesetzes zur Entlastung der Rechtspflege (3. Verjährungsgesetz) v. 22.12.1997 (BGBl. I 3223)
5. VermBG	Fünftes Vermögensbildungsgesetz idF der Bek. v. 4.3.1994 (BGBl. I 406, FNA 800-9)
VerpflG	Gesetz über die förmliche Verpflichtung nichtbeamteter Personen (Verpflichtungsgesetz) v. 2.3.1974 (BGBl. I 547, FNA 453-17)
VersG	Gesetz über Versammlungen und Aufzüge (Versammlungsgesetz) idF der Bek. v. 15.11.1978 (BGBl. I 1789, FNA 2180-4)
VersR	Versicherungsrecht. Juristische Rundschau für die Individualversicherung (zitiert nach Jahr und Seite)
VerwArch	Verwaltungsarchiv, Zeitschrift für Verwaltungslehre, Verwaltungsrecht und Verwaltungspolitik (zitiert nach Jahr und Seite)
VG	Verwaltungsgericht
VGH	Verwaltungsgerichtshof
vgl.	vergleiche
VgV	Vergabeverordnung v. 12.4.2016 (BGBl. I 624, FNA 703-5-5)
VM	Verkehrsrechtliche Mitteilungen (zitiert nach Jahr und Seite)
VOB/A	Vergabe- und Vertragsordnung für Bauleistungen Teil A idF der Bek. v. 19.2.2019 (BAnz AT 19.2.2019 B2)
VOL/A	Vergabe- und Vertragsordnung für Leistungen Teil A 2009 v. 20.11.2009 (BAnz 2009 Nr. 196a
VO	Verordnung
VR	Verwaltungsrundschau, Zeitschrift für Verwaltung in Praxis und Wissenschaft (zitiert nach Jahr und Seite)
VRS	Verkehrsrechtssammlung (zitiert nach Band und Seite)
VStGB	Völkerstrafgesetzbuch v. 26.6.2002 (BGBl. I 2254, FNA 453-21)
VVDStRL	Veröffentlichungen der Vereinigung der Deutschen Staatsrechtslehrer (zitiert nach Heft und Seite)
VVG	Versicherungsvertragsgesetz v. 23.11.2007 (BGBl. I 2631, FNA 7632-6)
VwGO	Verwaltungsgerichtsordnung idF der Bek. v. 19.3.1991 (BGBl. I 686, FNA 340-1)
VwVfG	Verwaltungsverfahrensgesetz idF der Bek. v. 23.1.2003 (BGBl. I 102, FNA 201-6)
WaffG	Waffengesetz v. 11.10.2002 (BGBl. I 3970, ber. 4592 und 2003 I 1957, FNA 7133-4)
WBeauftrG	Gesetz über den Wehrbeauftragten des Deutschen Bundestages (Gesetz zu Artikel 45b des Grundgesetzes) idF der Bek. v. 16.6.1982 (BGBl. I 677, FNA 50-2)
WDO	Wehrdisziplinarordnung v. 16.8.2001 (BGBl. I 2093, FNA 52-5)
WehrpflG	Wehrpflichtgesetz idF der Bek. v. 15.8.2011 (BGBl. I 1730, FNA 50-1)

WHG . . . . Gesetz zur Ordnung des Wasserhaushalts (Wasserhaushaltsgesetz) v. 31.7.2009 (BGBl. I 2585, FNA 753-13)
WiB . . . . Wirtschaftsrechtliche Beratung (zitiert nach Jahr und Seite)
1. WiKG . . . . Erstes Gesetz zur Bekämpfung der Wirtschaftskriminalität v. 29.7.1976 (BGBl. I 2034)
2. WiKG . . . . Zweites Gesetz zur Bekämpfung der Wirtschaftskriminalität v. 15.5.1986 (BGBl. I 721)
WissR . . . . Wissenschaftsrecht, Zeitschrift für Recht und Verwaltung der wissenschaftlichen Hochschulen und der wissenschaftspflegenden und -fördernden Organisationen und Stiftungen (zitiert nach Band und Seite)
WiStG . . . . Gesetz zur weiteren Vereinfachung des Wirtschaftsstrafrechts (Wirtschaftsstrafgesetz 1954) idF der Bek. v. 3.6.1975 (BGBl. I 1313, FNA 453-11)
wistra . . . . Zeitschrift für Wirtschaft. Steuer. Strafrecht (zitiert nach Jahr und Seite)
WiVerw . . . . Wirtschaft und Verwaltung. Vierteljahresbeilage zum Gewerbearchiv (zitiert nach Jahr und Seite)
WM . . . . Wertpapier-Mitteilungen Teil IV. Zeitschrift für Wirtschafts- und Bankrecht (zitiert nach Jahr und Seite)
2. WohnBG . . . . . . Zweites Wohnungsbaugesetz (Wohnungsbau- und Familienheimgesetz – II WoBauG) idF der Bek. v. 19.8.1994 (BGBl. I 2137, FNA 2330-2)
WpHG . . . . Gesetz über den Wertpapierhandel (Wertpapierhandelsgesetz) idF der Bek. v. 9.9.1998 (BGBl. I 2708, FNA 4110-4)
WPO . . . . Gesetz über eine Berufsordnung der Wirtschaftsprüfer (Wirtschaftsprüferordnung) idF der Bek. v. 5.11.1975 (BGBl. I 2803, FNA 702-1)
WRP . . . . Wettbewerb in Recht und Praxis (zitiert nach Jahr und Seite)
WRV . . . . Weimarer Reichsverfassung v. 11.8.1919 (RGBl. 1383, ber. 1920 328)
WStG . . . . Wehrstrafgesetz idF der Bek. v. 24.5.1974 (BGBl. I 1213, FNA 453-2)
WuW . . . . Wirtschaft und Wettbewerb (zitiert nach Jahr und Seite)
WWW . . . . World Wide Web

ZahnHKG . . . . Gesetz über die Ausübung der Zahnheilkunde idF der Bek. v. 16.4.1987 (BGBl. I 1225, FNA 2123-1)
ZaöRV . . . . Zeitschrift für ausländisches öffentliches Recht und Völkerrecht (zitiert nach Jahr und Seite)
zB . . . . zum Beispiel
ZBJV . . . . Zeitschrift des Bernischen Juristenvereins (zitiert nach Jahr und Seite)
ZBlJR . . . . Zentralblatt für Jugendrecht und Jugendwohlfahrt (zitiert nach Jahr und Seite), später fortgeführt als Zentralblatt für Jugendrecht (ZfJ)
ZDG . . . . Gesetz über den Zivildienst der Kriegsdienstverweigerer (Zivildienstgesetz) idF der Bek. v. 17.5.2005 (BGBl. I 1346, ber. 2301, FNA 55-2)
ZevE . . . . Zeitschrift für evangelische Ethik (zitiert nach Jahr und Seite)
ZevKR . . . . Zeitschrift für evangelisches Kirchenrecht (zitiert nach Jahr und Seite)
ZfB . . . . Zeitschrift für Binnenschiffahrt und Wasserstraßen (zitiert nach Jahr und Seite)
ZfBR . . . . Zeitschrift für deutsches und internationales Baurecht (zitiert nach Jahr und Seite)
ZfL . . . . Zeitschrift für Lebensrecht (zitiert nach Jahr und Seite)
ZfRV . . . . Zeitschrift für Rechtsvergleichung (zitiert nach Jahr und Seite)

ZfS	Zentralblatt für Sozialversicherung, Sozialhilfe und Versorgung (zitiert nach Jahr und Seite)
ZfSch	Zeitschrift für Schadensrecht (zitiert nach Jahr und Seite)
ZfStrVo	Zeitschrift für Strafvollzug und Straffälligenhilfe (zitiert nach Jahr und Seite)
ZfTransplMed	Zeitschrift für Transplantationsmedizin (zitiert nach Jahr und Seite)
ZfW	Zeitschrift für Wasserrecht (zitiert nach Jahr und Seite)
ZfWG	Zeitschrift für Wett- und Glücksspielrecht (zitiert nach Jahr und Seite)
ZGR	Zeitschrift für Unternehmens- und Gesellschaftsrecht (zitiert nach Jahr und Seite)
ZInsO	Zeitschrift für das gesamte Insolvenzrecht (zitiert nach Jahr und Seite)
ZIP	Zeitschrift für Wirtschaftsrecht (zitiert nach Jahr und Seite)
ZIS	(online) Zeitschrift für Internationale Strafrechtsdogmatik
ZJJ	Zeitschrift für Jugendkriminalrecht und Jugendhilfe
ZKJ	Kindschaftsrecht und Jugendhilfe
ZKredW	Zeitschrift für das gesamte Kreditwesen (zitiert nach Jahr und Seite)
ZME	Zeitschrift für medizinische Ethik (zitiert nach Jahr und Seite)
ZMGR	Zeitschrift für das gesamte Medizin- und Gesundheitsrecht (zitiert nach Jahr und Seite)
ZMR	Zeitschrift für Miet- und Raumrecht (zitiert nach Jahr und Seite)
ZollVG	Zollverwaltungsgesetz idF v. 21.12.1992 (BGBl. I 2125; FNA 613-7)
ZNER	Zeitschrift für Neues Energierecht (zitiert nach Jahr und Seite)
ZNR	Zeitschrift für neuere Rechtsgeschichte (zitiert nach Jahr und Seite)
ZphF	Zeitschrift für philosophische Forschung (zitiert nach Jahr und Seite)
ZPO	Zivilprozessordnung idF der Bek. v. 5.12.2005 (BGBl. I 3202; ber. 2006 I 431 und 2007, 1781, FNA 310-4)
ZPsychosom Med-Psychother	Zeitschrift für Psychosomatische Medizin und Psychotherapie (zitiert nach Jahr und Seite)
ZRG Germ. Abt.	Zeitschrift der Savigny-Stiftung für Rechtsgeschichte, Germanistische Abteilung (zitiert nach Jahr und Seite)
ZRP	Zeitschrift für Rechtspolitik (zitiert nach Jahr und Seite)
ZRPh	Zeitschrift für Rechtsphilosophie (zitiert nach Jahr und Seite)
ZStW	Zeitschrift für die gesamte Strafrechtswissenschaft (zitiert nach Band und Seite)
ZStW Beiheft	Beiheft zur Zeitschrift für die gesamte Strafrechtswissenschaft (zitiert nach Jahr und Seite)
zT	zum Teil
ZUM	Zeitschrift für Urheber- und Medienrecht (zitiert nach Jahr und Seite)
ZUR	Zeitschrift für Umweltrecht (zitiert nach Jahr und Seite)
zusf.	zusammenfassend
zust.	zustimmend
ZustStR	Institut für Kriminalwissenschaften Frankfurt a. M. (Hrsg.), Vom unmöglichen Zustand des Strafrechts (Frankfurt 1995)
zw.	zweifelhaft
ZWH	Zeitschrift für Wirtschaftsstrafrecht und Haftung im Unternehmen (zitiert nach Jahr und Seite)

Verzeichnis der abgekürzt zitierten Literatur

AAKMN Neue Technologien	Asada/Assmann/Kitagawa/Murakami/Nettesheim, Das Recht vor den Herausforderungen neuer Technologien, 2006
Achenbach/Ransiek/Rönnau Wirtschafts-StrafR-HdB	Achenbach/Ransiek/Rönnau, Handbuch Wirtschaftsstrafrecht, 5. Aufl. 2019
Ambos IntStrafR	Ambos, Internationales Strafrecht, 5. Aufl. 2018
Arzt/Weber/Heinrich/Hilgendorf StrafR BT	Arzt/Weber/Heinrich/Hilgendorf, Strafrecht Besonderer Teil, 4. Aufl. 2021
BeckOK StGB	von Heintschel-Heinegg, BeckOK StGB, 52021
Beulke/Swoboda StrafProzR	Beulke/Swoboda, Strafprozessrecht, 15. Aufl. 2020
BHJJ	Burmann/Heß/Jahnke/Janker, Straßenverkehrsrecht – Kommentar, 22. Aufl. 2012
Blei StrafR AT	Blei, Strafrecht Allgemeiner Teil, 18. Aufl. 1983
Blei StrafR BT	Blei, Strafrecht Besonderer Teil/2, 12. Aufl. 1983
Bock StrafR AT	Bock, Wiederholungs- und Vertiefungskurs Strafrecht AT, 2. Aufl. 2016
Bock StrafR BT-Nichtvermögensdelikte	Bock, Wiederholungs- und Vertiefungskurs Strafrecht BT – Nichtvermögensdelikte, 2. Aufl. 2016
Bock StrafR BT-Vermögensdelikte	Bock, Wiederholungs- und Vertiefungskurs Strafrecht BT – Vermögensdelikte, 2. Aufl. 2016
Buddendiek/Rutkowski NebenStrafR-Lex	Buddendiek/Rutkowski, Lexikon des Nebenstrafrechts, Loseblatt (Registerband zu Erbs/Kohlhaas)
BWME StrafR AT	Baumann/Weber/Mitsch/Eisele, Strafrecht Allgemeiner Teil, 13. Aufl. 2021
Czychowski/Reinhardt	Czychowski/Reinhardt, Wasserhaushaltsgesetz: WHG, 12. Aufl. 2019
Dahs Strafverteidiger-HdB	Dahs, Handbuch des Strafverteidigers, 8. Aufl. 2018
Deutsch/Spickhoff MedR	Deutsch/Spickhoff, Medizinrecht, 7. Aufl. 2014
DSNS StrRG	Dencker/Struensee/Nelles/Stein, Einführung in das 6. Strafrechtsreformgesetz, 1998
Dürig/Herzog/Scholz	Herzog/Scholz/Herdegen/Klein, Grundgesetz-Kommentar, 96. Aufl. 2021

Ebert StrafR AT . . .	Ebert, Strafrecht Allgemeiner Teil, 3. Aufl. 2001
Eisele Computer-StrafR	Eisele, Computer- und Medienstrafrecht, 2013
Eisele StrafR BT I . .	Eisele, Strafrecht – Besonderer Teil I, 6. Aufl. 2021
Eisele StrafR BT II . .	Eisele, Strafrecht – Besonderer Teil II, 6. Aufl. 2021
Eisenberg Kriminologie	Eisenberg Kriminologie, 6. Aufl. 2005
Eisenberg/Kölbel JGG	Eisenberg/Kölbel, Jugendgerichtsgesetz: JGG, 23. Aufl. 2022
Erbs/Kohlhaas	Erbs/Kohlhaas, Strafrechtliche Nebengesetze, Loseblatt
Esser/Tsambikakis PandemieStrafR . . .	Esser/Tsambikakis, Pandemiestrafrecht, 2020
Fezer StrafProzR . . .	Fezer, Strafprozeßrecht, 2. Aufl. 1995
FG RobotRecht, 2020	Beck/Kusche/Valerius, Digitalisierung, Automatisierung, KI und Recht: Festgabe zum 10-jährigen Bestehen der Forschungsstelle RobotRecht, 2020
Fischer	Fischer, Strafgesetzbuch mit Nebengesetzen: StGB, 69. Aufl. 2022
Frank StGB	Frank, Das Strafgesetzbuch für das Deutsche Reich, 18. Aufl. 1931
Franzheim/Pfohl UmweltStrafR	Franzheim/Pfohl, Umweltstrafrecht, 2. Aufl. 2001
Freund StrafR AT . .	Freund, Strafrecht Allgemeiner Teil, 2. Aufl. 2008
Freund Urkundenstraftaten	Freund, Urkundenstraftaten, 2. Aufl. 2010
Frister StrafR AT . . .	Frister, Strafrecht Allgemeiner Teil, 9. Aufl. 2020
FS 50 Jahre BGH, 2000	Geiß/Nehm/Brandner/Hagen, Festschrift aus Anlass des 50jährigen Bestehens von Bundesgerichtshof, Bundesanwaltschaft und Rechtsanwaltschaft beim Bundesgerichtshof, 2000
FS Achenbach, 2011 .	Schröder/Hellmann, Festschrift für Hans Achenbach, 2011
FS Amelung, 2009 . .	Böse/Sternberg-Lieben, Grundlagen des Straf- und Strafverfahrensrechts – Festschrift für Knut Amelung zum 70. Geburtstag, 2009
FS Baumann, 1992 . .	Arzt/Fezer/Weber/Schlüchter/Rössner, Festschrift für Jürgen Baumann zum 70. Geburtstag am 22. Juni 1992, 1992
FS Baur, 1981	Grunsky, Festschrift für Fritz Baur, 1981
FS Bengl, 1984	Lang, Festschrift für Karl Bengl, 1984
FS Beulke, 2015 . . .	Fahl, Festschrift für Werner Beulke zum 70. Geburtstag – Ein menschengerechtes Strafrecht als Lebensaufgabe, 2015
FS BGH I, 2000 . . .	Canaris, 50 Jahre Bundesgerichtshof – Festgabe aus der Wissenschaft, Band 1: Bürgerliches Recht, 2000
FS BGH IV, 2000 . . .	Roxin, 50 Jahre Bundesgerichtshof – Festgabe aus der Wissenschaft, Band 4: Strafrecht, Strafprozessrecht, 2000
FS Blau, 1985	Schwind/Berz/Geilen/Herzberg/Warda, Festschrift für Günter Blau zum 70. Geburtstag am 18. Dezember 1985, 1985
FS Bockelmann, 1979	Kaufmann, Festschrift für Paul Bockelmann zum 70. Geburtstag, 1979
FS Boujong, 1996 . .	Ebenroth/Hesselberger/Rinne, Boujong: Verantwortung und Gestaltung – Festschrift für Karlheinz Boujong zum 65. Geburtstag, 1996
FS Breidling, 2017 . .	Bockemühl/Heintschel-Heinegg/Ricarda/Nagler, Festschrift für Ottmar Breidling zum 70. Geburtstag, 2017
FS Bruns, 1978	Frisch, Festschrift für Hans-Jürgen Bruns zum 70. Geburtstag, 1978

FS Burgstaller, 2004 . Grafl/Medigovic, Festschrift für Manfred Burgstaller zum 65. Geburtstag, 2004

FS Dahs, 2005 . . . . . Widmaier/Lesch/Müssig/Wallau, Festschrift für Hans Dahs zum 70. Geburtstag, 2005

FS Dreher, 1977 . . . Jescheck/Lüttger, Festschrift für Eduard Dreher zum 70. Geburtstag am 29. April 1977, 1977

FS Dünnebier, 1982 . Hanack/Rieß/Wendisch, Festschrift für Hanns Dünnebier zum 75. Geburtstag am 12. Juni 1982, 1982

FS Schmidt, 1961 . . . Bockelmann/Gallas/Schmidt, Festschrift für Eberhard Schmidt zum 70. Geburtstag, 1961

FS Egg, 2013 . . . . . Dessecker/Sohn, Rechtspsychologie, Kriminologie und Praxis – Festschrift für Rudolf Egg zum 65. Geburtstag, 2013

FS Eisenberg, 2009 . . Müller/Sander/Válková, Festschrift für Ulrich Eisenberg zum 70. Geburtstag, 2009

FS Engisch, 1969 . . . Bockelmann/Kaufmann, Festschrift für Karl Engisch zum 70. Geburtstag, 1969

FS Eser, 2005 . . . . . Arnold/Burkhardt/Gropp/Heine/Koch/Lagodny/Perron/Walther, Menschengerechtes Strafrecht: Festschrift für Albin Eser zum 70. Geburtstag, 2005

FS Faller, 1984 . . . . Zeidler, Festschrift Hans Joachim Faller, 1984

FS Fischer, 2018 . . . Barton/Eschelbach/Hettinger/Kempf/Krehl/Salditt, Festschrift für Thomas Fischer, 2018

FS Frisch, 2013 . . . . Freund/Murmann/Bloy/Perron, Grundlagen und Dogmatik des gesamten Strafrechtssystems: Festschrift für Wolfgang Frisch zum 70. Geburtstag, 2013

FS Fürst, 2002 . . . . . Franke/Summer/Weiß, Öffentliches Dienstrecht im Wandel – Festschrift für Walther Fürst, Präsident des Bundesverwaltungsgerichts a. D. zum 90. Geburtstag am 10. Februar 2002, 2002

FS Gallas, 1973 . . . . Lackner/Leferenz/Schmidt/Welp/Wolff, Festschrift für Wilhelm Gallas zum 70. Geburtstag, 1973

FS Geerds, 1995 . . . Schlüchter, Kriminalistik und Strafrecht: Festschrift für Friedrich Geerds zum 70. Geburtstag, 1995

FS Geppert, 2011 . . . Geisler/Kraatz Kretschmer/Schneider/Sowada, Festschrift für Klaus Geppert zum 70. Geburtstag, 2011

FS Gitter, 1995 . . . . Heinze, Festschrift für Wolfgang Gitter zum 65. Geburtstag am 30. Mai 1995, 1995

FS Gössel, 2002 . . . . Dölling/Erb, Festschrift für Karl Heinz Gössel zum 70. Geburtstag, 2002

FS Grünwald, 1999 . Samson/Dencker/Frisch/Frister/Reiß, Festschrift für Gerald Grünwald zum siebzigsten Geburtstag, 1999

FS Grützner, 1970 . . Oehler, Aktuelle Probleme des internationalen Strafrechts – Beiträge zur Gestaltung des internationalen und supranationalen Strafrechts – Heinrich Grützner zum 65. Geburtstag, 1970

FS Mayer, 1966 . . . . Geerds/Naucke, Beiträge zur gesamten Strafrechtswissenschaft: Festschrift für Hellmuth Mayer zum 70. Geburtstag am 1. Mai 1965, 1966

FS Hamm, 2008 . . . Michalke/Köberer/Pauly/Kirsch, Festschrift für Rainer Hamm zum 65. Geburtstag, 2008

FS Hanack, 1999 . . . Ebert/Rieß/Roxin/Wahle, Festschrift für Ernst-Walter Hanack zum 70. Geburtstag am 30. August 1999, 1999

FS Hassemer, 2010 . . Neumann/Herzog, Festschrift für Winfried Hassemer, 2010

Literaturverzeichnis

FS Heidelberg, 1986 .	Doehring, Richterliche Rechtsfortbildung – Erscheinungsformen, Auftrag und Grenzen, Festschrift der Juristischen Fakultät zur 600-Jahr-Feier der Ruprecht-Karls-Universität Heidelberg, 1986
FS Heinz, 2012	Hilgendorf/Rengier, Festschrift für Wolfgang Heinz zum 70. Geburtstag, 2012
FS Helmrich, 1994 . .	Letzgus/Hill/Klein/Kleinert/Oschatz/de With, Festschrift für Herbert Helmrich zum 60. Geburtstag, 1994
FS Henkel, 1974 . . .	Roxin/Bruns/Jäger, Grundfragen der gesamten Strafrechtswissenschaft: Festschrift für Heinrich Henkel zum 70. Geburtstag am 12. September 1973, 1974
FS Hentig, 1967 . . .	Danner/Ellenberger/Blau, Kriminologische Wegzeichen: Festschrift für Hans von Hentig zum 80. Geburtstag am 9. Juni 1967, 1967
FS Herzberg, 2008 . .	Putzke/Hardtung/Hörnle/Merkel/Scheinfeld/Schlehofer/Seier, Strafrecht zwischen System und Telos: Festschrift für Rolf Dietrich Herzberg zum siebzigsten Geburtstag, 2008
FS Hirsch, 1999	Weigend/Küpper, Festschrift für Hans Joachim Hirsch zum 70. Geburtstag am 11. April 1999, 1999
FS Hollerbach, 2001 .	Bohnert/Gramm/Kindhäuser/Lege/Rinken/Robbers, Verfassung – Philosophie – Kirche: Festschrift für Alexander Hollerbach zum 70. Geburtstag., 2001
FS Honig, 1970	Honig, Festschrift für Richard M. Honig: Zum 80. Geburtstag, 3. Jan. 1970, 1970
FS Hubmann, 1985 .	Forkel/Kraft, Beiträge zum Schutz der Persönlichkeit und ihrer schöpferischen Leistungen: Festschrift für Heinrich Hubmann zum 70. Geburtstag, 1985
FS Hübner, 1984 . . .	Baumgärtel/Gottfried/Klingmüller, Festschrift für Heinz Hübner zum 70. Geburtstag am 7. November 1984, 1984
FS Jakobs, 2007	Pawlik/Günther, Festschrift für Günther Jakobs zum 70. Geburtstag am 26. Juli 2007, 2007
FS Jescheck, 1985 . .	Vogler, Festschrift für Hans-Heinrich Jescheck zum 70. Geburtstag, Band 1/1, 1/2, 1985
FS Jung, 2007	Müller-Dietz/Müller/Kunz/Radtke/Britz/Momsen/Koriath, Festschrift für Heike Jung zum 65. Geburtstag am 23. April 2007, 2007
FS Kaiser II, 1998 . . .	Albrecht/Dünkel/Kerner/Kürzinger/Schöch/Sessar/Villmow, Internationale Perspektiven in Kriminologie und Strafrecht: Festschrift für Günther Kaiser zum 70, Band 2, 1998
FS Kargl, 2015	Albrecht/Kirsch/Neumann/Sinner, Festschrift für Walter Kargl zum 70. Geburtstag, 2015
FS Kaufmann, 1993 .	Haft/Hassemer/Neumann/Schild/Schroth, Strafgerechtigkeit: Festschrift für Arthur Kaufmann zum 70. Geburtstag, 1993
FS Kern, 1968	Bachof/Kern, Tübinger Festschrift für Eduard Kern, 1968
FS Kerner, 2013 . . .	Boers/Kerner/Feltes/Kinzig, Kriminologie – Kriminalpolitik – Strafrecht: Festschrift für Hans-Jürgen Kerner zum 70. Geburtstag, 2013
FS Kirchhof, 2013 . .	Kube/Mellinghoff/Morgenthaler/Palm/Puhl/Seiler, Leitgedanken des Rechts Paul Kirchhof zum 70. Geburtstag, Band 1, 2, 2013
FS Kleinknecht, 1985	Kleinknecht/Gössel/Kauffmann, Strafverfahren im Rechtsstaat: Festschrift für Theodor Kleinknecht zum 75. Geburtstag am 18. August 1985, 1985
FS Klug, 1983	Kohlmann, Festschrift für Ulrich Klug zum 70. Geburtstag, 1983

FS Kohlmann, 2003 . Hirsch/Wolter/Brauns, Festschrift für Günter Kohlmann zum 70. Geburtstag, 2003

FS Köln, 1988 . . . . . Universität zu Köln, Festschrift der Rechtswissenschaftlichen Fakultät zur 600-Jahr-Feier der Universität zu Köln, 1988

FS Krause, 1990 . . . . Schlüchter/Laubenthal, Recht und Kriminalität: Festschrift für Friedrich-Wilhelm Krause zum 70. Geburtstag, 1990

FS Kreuzer, 2009 . . . Görgen, Interdisziplinäre Kriminologie: Festschrift für Arthur Kreuzer zum 70. Geburtstag, 2009

FS Krey, 2010 . . . . . Erb/Graalmann-Scheerer/Stuckenberg, Festschrift für Volker Krey zum 70. Geburtstag, 2010

FS Kriele, 1997 . . . . Ziemske, Staatsphilosophie und Rechtspolitik – Festschrift für Martin Kriele zum 65. Geburtstag, 1997

FS Kühl, 2014 . . . . . Heger/Kelker/Schramm, Festschrift für Kristian Kühl zum 70. Geburtstag, 2014

FS Kühne, 2013 . . . Esser/Günther/Jäger/Mylonopoulos/Öztürk, Festschrift für Hans-Heiner Kühne zum 70. Geburtstag, 2013

FS Küper, 2007 . . . . Hettinger, Festschrift für Wilfried Küper zum 70. Geburtstag, 2007

FS Lackner, 1987 . . . Küper/Puppe/Tenckhoff, Festschrift für Karl Lackner zum 70. Geburtstag am 18. Februar 1987, 1987

FS Lampe, 2003 . . . . Dölling, Jus humanum. Grundlagen des Rechts und Strafrecht: Festschrift für Ernst-Joachim Lampe zum 70. Geburtstag., 2003

FS Lange, 1976 . . . . Warda/Waider/von Hippel/Meurer, Festschrift für Richard Lange zum 70. Geburtstag, 1976

FS Leferenz, 1983 . . Kerner/Göppinger/Streng, Kriminologie – Psychiatrie-Strafrecht: Festschrift für Heinz Leferenz zum 70. Geburtstag, 1983

FS Lenckner, 1998 . . Eser, Festschrift für Theodor Lenckner zum 70. Geburtstag, 1998

FS Link, 2003 . . . . . de Wall/Germann, Bürgerliche Freiheit und Christliche Verantwortung – Festschrift für Christoph Link zum siebzigsten Geburtstag, 2003

FS Loos, 2010 . . . . . Koriath/Krack/Radtke/Jehle, Grundfragen des Strafrechts, Rechtsphilosophie und die Reform der Juristenausbildung – Wissenschaftliches Kolloquium aus Anlass des 70. Geburtstages von Prof. Dr. Fritz Loos, 2010

FS Lüderssen, 2002 . . Prittwitz/Baurmann/Günther, Festschrift für Klaus Lüderssen, 2002

FS Mahrenholz, 1994 Däubler-Gmelin/Kinkel/Meyer/Simon, Festschrift für Ernst Gottfried Mahrenholz zum 65. Geburtstag, 1994

FS Maiwald, 2010 . . Bloy/Böse/Hillenkamp/Momsen/Rackow, Gerechte Strafe und legitimes Strafrecht: Festschrift für Manfred Maiwald zum 75. Geburtstag, 2010

FS Maurach, 1972 . . Maurach/Schroeder, Festschrift für Reinhart Maurach zum 70. Geburtstag, 1972

FS Merkel, 2020 . . . Bublitz/Bung/Grünewald/Magnus/Putzke/Scheinfeld, Recht – Philosophie – Literatur: Festschrift für Reinhad Merkel zum 70. Geburtstag, 2020

FS Meyer-Goßner, 2001 . . . . Eser/Goydke/Maatz/Meurer, Strafverfahrensrecht in Theorie und Praxis: Festschrift für Lutz Meyer-Gossner zum 65. Geburtstag, 2001

FS Mezger, 1953 . . . Mezger/Engisch/Maurach, Festschrift für Edmund Mezger zum 70. Geburtstag 15.10.1953, 1954

FS Miyazawa, 1995 . . Kühne, Festschrift für Koichi Miyazawa, 1995

FS Müller, 2008 . . . . Christensen/Pieroth, Rechtstheorie in rechtspraktischer Absicht – Freundesgabe zum 70. Geburtstag von Friedrich Müller, 2008

FS Müller-Dietz, 2001 . . . . Britz/Jung/Koriath/Müller, Festschrift für Heinz Müller-Dietz zum 70. Geburtstag, 2001

FS Schmid, 2001 . . . Ackermann, Wirtschaft und Strafrecht: Festschrift für Niklaus Schmid zum 65. Geburtstag, 2001

FS Nehm, 2006 . . . . Griesbaum/Schnarr/Hannich, Strafrecht und Justizgewährung: Festschrift für Kay Nehm zum 65. Geburtstag, 2006

FS Nishihara, 1998 . . Eser, Festschrift für Haruo Nishihara zum 70. Geburtstag, 1998

FS Odersky, 1996 . . . Böttcher/Hueck/Jähnke, Festschrift für Walter Odersky zum 65. Geburtstag am 17. Juli 1996, 1996

FS Oehler, 1985 . . . Herzberg, Festschrift für Dietrich Oehler zum 70. Geburtstag, 1985

FS OLG Celle, 1961 . Celle, Göttinger Festschrift für das Oberlandesgericht Celle, 1961

FS Ostendorf, 2015 . Rotsch/Brüning/Schady, Strafrecht, Jugendstrafrecht, Kriminalprävention in Wissenschaft und Praxis: Festschrift für Heribert Ostendorf zum 70. Geburtstag am 7. Dezember 2015, 2015

FS Otto, 2007 . . . . . Dannecker/Langer/Ranft/Schmitz/Brammsen, Festschrift für Harro Otto, 2007

FS Paeffgen, 2015 . . Stuckenberg/Gärdtiz, Strafe und Prozess im freiheitlichen Rechtsstaat: Festschrift für Hans-Ullrich Paeffgen zum 70. Geburtstag am 2. Juli 2015, 2015

FS Pallin, 1989 . . . . Melnizky/Müller/Fehérváry, Festschrift für Franz Pallin zum 80. Geburtstag: Strafrecht, Strafprozessrecht und um Kriminologie, 1989

FS Peters, 1974 . . . . Baumann/Tiedemann, Einheit und Vielfalt des Strafrechts: Festschrift für Karl Peters zum 70. Geburtstag, 1974

FS Peters, 1984 . . . . Wasserburg/Haddenhorst, Wahrheit und Gerechtigkeit im Strafverfahren: Festgabe für Karl Peters aus Anlass seines 80. Geburtstages, 1984

FS Pfeiffer, 1988 . . . von Gamm/Raisch/Tiedemann, Strafrecht, Unternehmensrecht, Anwaltsrecht: Festschrift für Gerd Pfeiffer, 1988

FS Puppe, 2011 . . . . Paeffgen/Böse/Kindhäuser/Stübinger/Verrel/Zaczyk, Strafrechtswissenschaft als Analyse und Konstruktion: Festschrift für Ingeborg Puppe zum 70. Geburtstag, 2011

FS Rasch, 1993 . . . . Leygraf/Volbert/Horskotte/Fried, Die Sprache des Verbrechens – Wege zu einer klinischen Kriminologie – Festschrift für Wilfried Rasch, 1993

FS Rebmann, 1989 . Rebmann/Eyrich/Odersky/Säcker, Festschrift für Kurt Rebmann zum 65. Geburtstag, 1989

FS Rengier, 2018 . . . Brand/Hecker/Weißer, Festschrift für Rudolf Rengier zum 70. Geburtstag, 2018

FS Richter II, 2006 . . Kempf, Festschrift für Christian Richter II.: Verstehen und Widerstehen, 2006

FS Riess, 2002 . . . . von Hanack/Hilger/Mehle/Widmaier, Festschrift für Peter Rieß zum 70. Geburtstag am 4. Juni 2002, 2002

FS Rissing-van Saan, 2011 . . . . Fischer/Bernsmann, Festschrift für Ruth Rissing-van Saan zum 65. Geburtstag am 25. Januar 2011, 2011

FS Rittler, 1957 . . . . Hohentleitner/Rittler, Festschrift für Theodor Rittler zum 80. Geburtstag, 1957

FS Roxin, 2001 . . . . Schünemann/Achenbach/Bottke/Haffke/Rudolphi, Festschrift für Claus Roxin zum 70. Geburtstag am 15. Mai 2001, 2001

FS Roxin, 2011 . . . . Heinrich/Jäger/Achenbach/Amelung/Bottke/Haffke/Schünemann/Wolter, Festschrift für Claus Roxin zum 80. Geburtstag am 15. Mai 2011, 2011

FS Rudolphi, 2004 . . Rogall/Puppe/Stein/Wolter, Festschrift für Hans-Joachim Rudolphi zum 70. Geburtstag, 2004

FS Salger, 1995 . . . . Eser/Salger, Straf- und Strafverfahrensrecht, Recht und Verkehr, Recht und Medizin: Festschrift für Hannskarl Salger zum Abschied aus dem Amt als Vizepräsident des Bundesgerichtshofes, 1995

FS Samson, 2010 . . . Joecks, Recht – Wirtschaft – Strafe: Festschrift für Erich Samson zum 70. Geburtstag, 2010

FS Sarstedt, 1981 . . . Hamm, Festschrift für Werner Sarstedt zum 70. Geburtstag, 1981

FS Schaffstein, 1975 . Grünwald, Festschrift für Friedrich Schaffstein zum 70. Geburtstag am 28. Juli 1975, 1975

FS Schmidt-Leichner, 1977 . . . . Hamm/Matzke, Festschrift für Erich Schmidt-Leichner zum 65. Geburtstag, 1977

FS Schmitt, 1992 . . . Geppert/Bohnert/Rengier, Festschrift für Rudolf Schmitt zum 70. Geburtstag, 1992

FS Schöch, 2010 . . . Dölling/Götting/Meier/Verrel, Verbrechen – Strafe – Resozialisierung: Festschrift für Heinz Schöch zum 70. Geburtstag am 20. August 2010, 2010

FS Schreiber, 2003 . . Amelung, Strafrecht – Biorecht – Rechtsphilosophie: Festschrift für Hans-Ludwig Schreiber zum 70. Geburtstag am 10. Mai 2003, 2003

FS Schroeder, 2006 . . Hoyer, Festschrift für Friedrich-Christian Schroeder zum 70. Geburtstag, 2006

FS Schüler-Springorum, 1993 . . . . Albrecht, Festschrift für Horst Schüler-Springorum zum 65. Geburtstag, 1993

FS Seebode, 2008 . . Schneider, Festschrift für Manfred Seebode zum 70. Geburtstag am 15. September 2008, 2008

FS Seebode, 2008 . . Schneider, Festschrift für Manfred Seebode zum 70. Geburtstag am 15. September 2008, 2008

FS Spann, 1986 . . . . Eisenmenger, Medizin und Recht: Festschrift für Wolfgang Spann, 1986

FS Spendel, 1992 . . . Seebode, Festschrift für Günter Spendel zum 70. Geburtstag am 11. Juli 1992, 1992

FS Stöckel, 2010 . . . Jahn/Kudlich/Streng, Strafrechtspraxis und Reform: Festschrift für Heinz Stöckel zum 70. Geburtstag, 2010

FS Strätz, 2009 . . . . Derschka, Festschrift für Hans-Wolfgang Strätz zum 70. Geburtstag, 2009

FS Stree/Wessels, 1993 . . . . Küper/Welp/Dencker/Marxen/Schneider/Schumann/Struensee/Vormbaum, Festschrift für Walter Stree und Johannes Wessels zum 70. Geburtstag, 1993

FS Streng, 2017 . . . . Safferling/Kett-Straub/Jäger/Kudlich, Festschrift für Franz Streng zum 70. Geburtstag, 2017

FS Szwarc, 2009 . . . Joerden/Scheffler/Sinn/Wolf, Vergleichende Strafrechtswissenschaft: Frankfurter Festschrift für Andrzej J. Szwarc zum 70. Geburtstag, 2009

FS Tiedemann, 2008 .	Sieber, Strafrecht und Wirtschaftsstrafrecht: Dogmatik, Rechtsvergleich, Rechtstatsachen: Festschrift für Klaus Tiedermann zum 70. Geburtstag, 2008
FS Triffterer, 1996 . .	Schmoller, Festschrift für Otto Triffterer zum 65. Geburtstag, 1996
FS Tröndle, 1989 . . .	Jescheck/Vogler, Festschrift für Herbert Tröndle zum 70. Geburtstag am 24. August 1989, 1989
FS Venzlaff, 1986 . . .	Pohlmeier/Deutsch/Schreiber, Forensische Psychiatrie heute Prof. Dr. med. Ulrich Venzlaff zum 65. Geburtstag gewidmet, 1986
FS Venzlaff, 2006 . . .	Duncker/Koller/Foerster, Forensische Psychiatrie – Entwicklungen und Perspektiven: Ulrich Venzlaff zum 85. Geburtstag, 2006
FS Volk, 2009	Hassemer/Kempf/Moccia, In dubio pro libertate – Festschrift für Klaus Volk zum 65. Geburtstag, 2009
FS Werle, 2022	Jeßberger/Vormbaum/Burghardt, Strafrecht und Systemunrecht, Festschrift für Gerhard Werle zum 70. Geburtstag, 2022
FS Widmaier, 2008 . .	Schöch/Satzger/Schäfer/Ignor/Knauer, Strafverteidigung, Revision und die gesamten Strafrechtswissenschaften: Festschrift für Gunter Widmaier zum 70. Geburtstag, 2008
FS Yamanaka, 2017 .	Joerden/Schmoller, Rechtsstaatliches Strafen – Festschrift für Prof. Dr. Dr. h. c. mult. Keiichi Yamanaka zum 70. Geburtstag am 16. März 2017, 2017
GK-BImSchG	Koch/Scheuing, Gemeinschaftskommentar zum BlmSchG, Loseblatt
Göhler	Göhler, Gesetz über Ordnungswidrigkeiten: OWiG, 18. Aufl. 2021
Gössel SexualstrafR .	Gössel, Das neue Sexualstrafrecht, 2005
Gössel StrafR BT II .	Gössel, Strafrecht Besonderer Teil, Band 2: Straftaten gegen materielle Rechtsgüter des Individuums, 1996
Gössel/Dölling StrafR BT I	Gössel/Döhling, Strafrecht Besonderer Teil, Band 1: Straftaten gegen Persönlichkeits- und Gemeinschaftswerte, 2. Aufl. 2004
Graf/Jäger/Wittig . .	Graf/Jäger/Wittig, Wirtschafts- und Steuerstrafrecht, 2. Aufl. 2017
Gropp StrafR AT . . .	Gropp, Strafrecht Allgemeiner Teil, 4. Aufl. 2015
GS Kaufmann, 1986 .	Hirsch/Kaiser/Marquardt, Gedächtnisschrift für Hilde Kaufmann, 1986
GS Keller, 2003	Günther, Gedächtnisschrift für Rolf Keller, 2003
GS Martens, 1987 . .	Selmer/von Münch, Gedächtnisschrift für Wolfgang Martens, 1987
GS Meurer, 2002 . . .	Graul/Wolf, Gedächtnisschrift für Dieter Meurer, 2002
GS Meyer, 1990 . . .	Geppert/Dehnicke, Gedächtnisschrift für Karlheinz Meyer, 1990
GS Noll, 1984	Hauser/Noll, Gedächtnisschrift für Peter Noll, 1984
GS Radbruch, 1968 .	Kaufmann, Gedächtnisschrift für Gustav Radbruch, 1968
GS Schlüchter, 2002 .	Duttge, Gedächtnisschrift für Ellen Schlüchter, 2002
GS Schröder, 1978 . .	Stree, Gedächtnisschrift für Horst Schröder, 1978
GS Schultz, 1987 . . .	Jahr, Gedächtnisschrift für Dietrich Schultz, 1987
GS Sonnenschein, 2002	Jickeli/Kreutz/Reuter, Gedächtnisschrift für Jürgen Sonnenschein, 2000
GS Tröndle, 2019 . . .	Beckmann/Duttge/Gärditz/Hillgruber/Windhöfel, Gedächtnisschrift für Herbert Tröndle, 2019
GS Vogler, 2004 . . .	Triffterer, Gedächtnisschrift für Theo Vogler, 2004
GS Walter, 2014 . . .	Neubacher/Kubink, Kriminologie – Jugendkriminalrecht – Strafvollzug – Gedächtnisschrift für Michael Walter, 2014
GS Zipf, 1999	Gössel/Triffterer, Gedächtnisschrift für Heinz Zipf, 1999

Haft StrafR AT	Haft, Strafrecht Allgemeiner Teil, 9. Aufl. 2004
Haft StrafR BT I	Haft, Strafrecht Besonderer Teil I, 8. Aufl. 2004
Haft StrafR BT II	Haft, Strafrecht Besonderer Teil II, 8. Aufl. 2005
Haft/Schlieffen Mediation-HdB	Haft/Schlieffen, Handbuch Mediation, 3. Aufl. 2016
Hardtung Teilvorsatzdelikte	Hardtung, Versuch und Rücktritt bei den Teilvorsatzdelikten des § 11 Abs. 2 StGB, 2002
Hassemer Produktverantwortung	Hassemer, Produktverantwortung im modernen Strafrecht, 2. Aufl. 1996
Hecker EuStrafR	Hecker, Europäisches Strafrecht, 5. Aufl. 2015
Hefendehl Kollektive Rechtsgüter	Hefendehl, Kollektive Rechtsgüter im Strafrecht, 2002
Heghmanns StrafR BT	Heghmanns, Strafrecht für alle Semester – Besonderer Teil, 2009
Heinrich StrafR AT	Heinrich, Strafrecht – Allgemeiner Teil I, 6. Aufl. 2019
Hellmann StrafProzR	Hellmann, Strafprozeßssrecht, 2. Aufl. 2005
Hellmann/Beckemper WirtschaftsStrafR	Hellmann/Beckemper, Wirtschaftsstrafrecht, 4. Aufl. 2013
Hentschel Trunkenheit	Hentschel, Trunkenheit – Fahrerlaubnisentziehung – Fahrverbot im Straf- und Ordnungswidrigkeitenrecht, 10. Aufl. 2006
Hentschel/König/Dauer	Hentschel/König/Dauer, Straßenverkehrsrecht, 46. Aufl. 2021
Hess Wandel der Rechtsordnung	Heß, Wandel der Rechtsordnung. Ringvorlesung der Juristischen Fakultät der Universität Tübingen im WS 2001/2002, 2003
Hilgendorf/Kudlich/Valerius StrafR-HdB IV	Hilgendorf/Kudlich/Valerius, Handbuch des Strafrechts, Band 4: Strafrecht Besonderer Teil I, 2019
Hilgendorf/Valerius ComputerStrafR	Hilgendorf/Valerius, Computer- und Internetstrafrecht, 2. Aufl. 2012
Hilgendorf/Valerius StrafR AT	Hilgendorf/Valerius, Strafrecht Allgemeiner Teil, 3. Aufl. 2022
Hillenkamp StrafR AT	Hillenkamp, 32 Probleme aus dem Strafrecht Allgemeiner Teil, 14. Aufl. 2012
Hillenkamp StrafR BT	Hillenkamp, 40 Probleme aus dem Strafrecht Besonderer Teil, 12. Aufl. 2013
Hillenkamp/Cornelius StrafR AT	Hillenkamp/Cornelius, 32 Probleme aus dem Strafrecht Allgemeiner Teil, 15. Aufl. 2017
Himmelreich/Janker/Karbach Fahrverbot	Himmelreich/Janker/Karbach, Fahrverbot, Fahrerlaubnisentziehung und MPU-Begutachtung im Verwaltungsrecht, 8. Aufl. 2007
HK-StrafR	Dölling/Duttge/König/Rössner, Gesamtes Strafrecht, 5. Aufl. 2022
Hoeren/Sieber MultimediaR-HdB	Hoeren/Sieber, Handbuch Multimedia-Recht, Loseblatt

Literaturverzeichnis

Hohmann/Sander StrafR BT	Hohmann/Sander, Strafrecht, Besonderer Teil, 4. Aufl. 2021
Hohmann/Sander StrafR BT II	Hohmann/Sander, Strafrecht, Besonderer Teil II, Band II, 2. Aufl. 2011
Hruschka StrafR logisch	Hruschka, Strafrecht nach logisch-analytischer Methode, 2. Aufl. 1988
IKW Zustand StrafR	Institut für Kriminalwissenschaften Frankfurt a. M. (Hrsg.), Vom unmöglichen Zustand des Strafrechts, 1995
Immenga Rechtswissenschaft und Rechtsentwicklung .	Immenga, Rechtswissenschaft und Rechtsentwicklung, Band 111 der Göttinger rechtswissenschaftlichen Studien, 1980
Jäger ExRep StrafR AT	Jäger, Examens-Repetitorium, Strafrecht Allgemeiner Teil, 10. Aufl. 2021
Jäger ExRep StrafR BT	Jäger, Examens-Repetitorium, Strafrecht Besonderer Teil, 6. Aufl. 2015
Jakobs StrafR AT . . .	Jakobs, Strafrecht – Allgemeiner Teil, 2. Aufl. 1993
Janiszewski VerkehrsStrafR	Janiszewski, Verkehrsstrafrecht, 5. Aufl. 2004
Jarass/Pieroth	Jarass/Pieroth, Grundgesetz für die Bundesrepublik Deutschland, 14. Aufl. 2016
Jauernig	Jauernig, Bürgerliches Gesetzbuch, 18. Aufl. 2021
Jescheck/Weigend StrafR	Jescheck/Weigend, Lehrbuch des Strafrechts, 5. Aufl. 1996
Joecks/Jäger StGB . .	Joecks/Jäger, Studienkommentar StGB, 13. Aufl. 2021
Kaiser Kriminologie .	Kaiser, Kriminologie, 3. Aufl. 1996
Kaiser/Schöch StVollz	Kaiser/Schöch, Strafvollzug – Lehr- und Handbuch, 5. Aufl. 2002
Kaspar Präventivstrafrecht	Kaspar, Verhältnismäßigkeit und Grundrechtsschutz im Präventivstrafrecht, 2014
Kindhäuser StrafR AT	Kindhäuser, Strafrecht Allgemeiner Teil, 8. Aufl. 2017
Kindhäuser StrafR BT II	Kindhäuser, Lehrbuch des Strafrechts – Besonderer Teil, Band II Straftaten gegen Vermögensrechte, 9. Aufl. 2017
Kindhäuser/Böse StrafR BT II	Kindhäuser/Böse, Strafrecht Besonderer Teil II – Straftaten gegen Vermögensrechte, 12020
Kindhäuser/Schramm StrafR BT I	Kindhäuser/Schramm, Strafrecht Besonderer Teil I – Straftaten gegen Persönlichkeitsrechte, Staat und Gesellschaft, 10. Aufl. 2021
KK-OWiG	Mitsch, Karlsruher Kommentar zum Gesetz über Ordnungswidrigkeiten: OWiG, 5. Aufl. 2018
KK-StPO	Hannich, Karlsruher Kommentar zur Strafprozessordnung: StPO, 8. Aufl. 2019
Klein	Gersch/Jäger/Rätke/Ratschow/Rüsken/Werth, AO, 16. Aufl. 2022
Klesczewski OWiR . .	Klesczewski, Ordnungswidrigkeitenrecht, 2. Aufl. 2016
Klesczewski StrafR AT	Klesczewski, Strafrecht – Allgemeiner Teil, 2008

Klesczewski StrafR BT	Klesczewski, Strafrecht Besonderer Teil, 2016
Köhler StrafR AT	Köhler, Strafrecht Allgemeiner Teil, 1997
Köhler/Bornkamm	Köhler/Bornkamm, Gesetz gegen den unlauteren Wettbewerb, 35. Aufl. 2017
Krey/Esser StrafR AT	Krey/Esser, Deutsches Strafrecht, Allgemeiner Teil, 6. Aufl. 2016
Krey/Hellmann/ Heinrich StrafR BT I	Krey/Hellmann/Heinrich, Strafrecht, Besonderer Teil, Band 1: Besonderer Teil ohne Vermögensdelikte, 17. Aufl. 2021
Krey/Hellmann/ Heinrich StrafR BT II	Krey/Hellmann/Heinrich, Strafrecht, Besonderer Teil, Band 2: Vermögensdelikte, 18. Aufl. 2021
KSK Kriminologie	Kaiser/Schöch/Kinzig, Kriminologie, Jugendstrafrecht, Strafvollzug, 8. Aufl. 2015
Kübler/Prütting/ Bork	Kübler/Prütting/Bork, InsO – Kommentar zur Insolvenzordnung, Loseblatt
Kudlich StrafR AT	Kudlich, Strafrecht Allgemeiner Teil, 6. Aufl. 2021
Kudlich StrafR BT I	Kudlich, Strafrecht Besonderer Teil I, 5. Aufl. 2021
Kudlich StrafR BT II	Kudlich, Strafrecht Besonderer Teil II, 5. Aufl. 2021
Kühl HRR StrafR BT	Kühl, Höchstrichterliche Rechtsprechung zum Besonderen Teil des Strafrechts, 2002
Kühl StrafR AT	Kühl, Strafrecht Allgemeiner Teil, 8. Aufl. 2017
Kühne StrafProzR	Kühne, Strafprozessrecht, 9. Aufl. 2015
Küper StrafR BT	Küper, Strafrecht Besonderer Teil, 8. Aufl. 2012
Küper/Zopfs StrafR BT	Küper/Zopfs, Strafrecht Besonderer Teil, 10. Aufl. 2018
Küpper/Börner StrafR BT I	Küpper/Börner, Strafrecht Besonderer Teil 1: Delikte gegen Rechtsgüter der Person und Gemeinschaft, 4. Aufl. 2017
Laubenthal Sexualstraftaten	Laubenthal, Sexualstraftaten, 2000
Laufs/Katzenmeier/ Lipp ArztR	Laufs/Katzenmeier/Lipp, Arztrecht, 8. Aufl. 2021
Leipold/Tsambikakis/Zöller	Leipold/Tsambikakis/Zöller, AnwaltKommentar StGB, 3. Aufl. 2020
Lingens/Korte	Lingens/Korte, Wehrstrafgesetz: WStG, 5. Aufl. 2012
LK-StGB	Laufhütte/Rissing-van Saan/Tiedemann, Leipziger Kommentar Strafgesetzbuch: StGB, Band 1, 2, 3, 4, 5, 6, 7/1, 7/2, 8, 9/1, 9/2, 10, 11, 12, 13, 12. Aufl. 2006 ff.
Löffler	Löffler, Presserecht, 6. Aufl. 2015
Löwe/Rosenberg	Löwe/Rosenberg, Die Strafprozessordnung und das Gerichtsverfassungsgesetz: StPO, Band 1, 2, 3/1, 3/2, 4/1, 4/2, 5/1, 5/2, 6, 7, 8, 9, 10, 11, 12, 27. Aufl. 2017
LPK-StGB	Kindhäuser/Hilgendorf, Strafgesetzbuch, 9. Aufl. 2022
LPK-Untreue	Schünemann, Leipziger Kommentar Untreue: § 266 StGB, 2017
Maiwald It. StrafR/ StrafProzR	Maiwald, Einführung in das italienische Strafrecht und Strafprozeßrecht, 2009

Marxen StrafR AT . .	Marxen, Kompaktkurs Strafrecht Allgemeiner Teil, 2003
Marxen StrafR BT . .	Marxen, Kompaktkurs Strafrecht Besonderer Teil, 2004
Marxen/Werle DDR-Unrecht	Marxen/Werle/Vormbaum, Die strafrechtliche Aufarbeitung von DDR-Unrecht, 2. Aufl. 2020
Marxen/Werle/Vormbaum Strafrechtl. Aufarbeitung .	Marxen/Werle/Vormbaum, Die strafrechtliche Aufarbeitung von DDR-Unrecht, 2. Aufl. 2020
Matt/Renzikowski . .	Matt/Renzikowski, Strafgesetzbuch: StGB, 2. Aufl. 2020 (zitiert als Matt/Renzikowski/Bearbeiter)
Maurach/Gössel/Zipf StrafR AT II	Maurach/Gössel/Zipf, Strafrecht Allgemeiner Teil, Teilband 2, 8. Aufl. 2014
Maurach/Schroeder/Maiwald StrafR BT I	Maurach/Schroeder/Maiwald, Strafrecht Besonderer Teil, Teilband 1, 10. Aufl. 2009
Maurach/Schroeder/Maiwald StrafR BT II	Maurach/Schroeder/Maiwald, Strafrecht Besonderer Teil, Teilband 2, 10. Aufl. 2013
Maurach/Schroeder/Maiwald/Hoyer/Momsen StrafR BT	Maurach/Schroeder/Maiwald/Hoyer/Momsen, Strafrecht Besonderer Teil, Teilband 1, 12019
Maurach/Zipf StrafR AT I	Maurach/Zipf, Strafrecht Allgemeiner Teil, Teilband 1, 8. Aufl. 1992
Mayer StrafR AT . . .	Mayer, Strafrecht, Allgemeiner Teil, 1967
Meier Sanktionen . .	Meier, Strafrechtliche Sanktionen, 3. Aufl. 2009
Meyer-Goßner/Schmitt	Meyer-Goßner/Schmitt, Strafprozessordnung: StPO, 65. Aufl. 2022
Michalke Umweltstrafsachen	Michalke, Umweltstrafsachen, 2. Aufl. 2000
Minkoff/Sahan/Wittig Konzern-StrafR-HdB	Minkoff/Sahan/Wittig, Konzernstrafrecht, 2019
Mitsch OWiR	Mitsch, Recht der Ordnungswidrigkeiten, 2. Aufl. 2005
Mitsch StrafR BT II .	Mitsch, Strafrecht, Besonderer Teil 2 Vermögensdelikte, 3. Aufl. 2015
Momsen/Grützner WirtschaftsSteuer-StrafR-HdB	Momsen/Grützner, Wirtschafts- und Steuerstrafrecht, 2. Aufl. 2020
MüKoInsO	Stürner/Eidenmüller/Schoppmeyer, Münchener Kommentar zur Insolvenzordnung, Band 1, 2, 3, 4, 4. Aufl. 2019
MüKoStGB	Erb/Schäfer, Münchener Kommentar zum Strafgesetzbuch, Band 1, 2, 3, 4, 5, 7, 4. Auflage 2020ff. Joecks/Miebach, Münchener Kommentar zum Strafgesetzbuch, Band 6, 8, 9, 3. Aufl. 2016ff.
Müller/Nedopil Forensische Psychiatrie .	Nedopil/Müller, Forensische Psychiatrie, 4. Aufl. 2012
Müller-Gugenberger WirtschaftsStrafR . . .	Müller-Gugenberger, Wirtschaftsstrafrecht, 7. Aufl. 2020

Murmann GK StrafR	Murmann, Grundkurs Strafrecht, 7. Aufl. 2022
Naucke StrafR	Naucke, Strafrecht, 10. Aufl. 2002
NK-StGB	Kindhäuser/Neumann/Paeffgen, Strafgesetzbuch, 5. Aufl. 2017
NK-WSS	Leitner/Rosenau, Wirtschafts- und Steuerstrafrecht, 2. Aufl. 2022
Oehler IntStrafR	Oehler, Internationales Strafrecht, 2. Aufl. 1983
Otto StrafR AT	Otto, Grundkurs Strafrecht, AT Allgemeine Strafrechtslehre, 7. Aufl. 2004
Otto StrafR BT	Otto, Grundkurs Strafrecht – Die einzelnen Delikte, 7. Aufl. 2005
Prittwitz Mitbeschuldigte	Prittwitz, Der Mitbeschuldigte im Strafprozeß, 1984
Puppe StrafR AT	Puppe, Strafrecht Allgemeiner Teil – im Spiegel der Rechtsprechung, 4. Aufl. 2019
Rengier StrafR AT	Rengier, Strafrecht, Allgemeiner Teil, 8. Aufl. 2016
Rengier StrafR BT I	Rengier, Strafrecht Besonderer Teil I, 24. Aufl. 2022
Rengier StrafR BT II	Rengier, Strafrecht Besonderer Teil II, 23. Aufl. 2022
Ricker/Weberling PresseR-HdB	Löffer/Ricker, Handbuch des Presserechts, 7. Aufl. 2021
Roxin StrafR AT II	Roxin, Strafrecht Allgemeiner Teil, Bd II: Besondere Erscheinungsformen der Straftat, 2003
Roxin Täterschaft/Tatherrschaft	Roxin, Täterschaft und Tatherrschaft, 10. Aufl. 2019
Roxin/Arzt/Tiedemann StrafR/StrafProzR	Roxin/Arzt/Tiedemann, Einführung in das Strafrecht und Strafprozeßrecht, 6. Aufl. 2013
Roxin/Greco StrafR AT I	Roxin/Greco, Strafrecht Allgemeiner Teil, Band 1: Grundlagen: Der Aufbau der Verbrechenslehre, 5. Aufl. 2020
Roxin/Schroth MedStrafR	Roxin/Schroth, Handbuch des Medizinstrafrechts, 4. Aufl. 2010
Roxin/Schünemann StrafVerfR	Roxin/Schünemann, Strafverfahrensrecht, 30. Aufl. 2022
Sack Umweltschutz-StrafR	Sack, Umweltschutz-Strafrecht, Loseblatt
Satzger Europäisierung des StrafR	Satzger, Die Europäisierung des Strafrechts, 2001
Satzger IntStrafR	Satzger, Internationales und Europäisches Strafrecht, 9. Aufl. 2020
Satzger/Schluckebier/Widmaier StGB	Satzger/Schluckebier/Widmaier, StGB, 5. Aufl. 2020
Schäfer/Sander/van Gemmeren Strafzumessung	Schäfer/Sander/van Gemmeren, Praxis der Strafzumessung, 6. Aufl. 2017
Schmidhäuser StrafR AT	Schmidhäuser, Strafrecht Allgemeiner Teil – Lehrbuch, 2. Aufl. 1975
Schmidhäuser Studienbuch StrafR AT	Schmidhäuser, Strafrecht Allgemeiner Teil – Studienbuch, 2. Aufl. 1984
Schmidhäuser Studienbuch StrafR BT	Schmidhäuser, Strafrecht Besonderer Teil – Grundriss, 2. Aufl. 1983

Scholz	Scholz, GmbH-Gesetz, Band 1, 2, 3, 12. Aufl. 2018
Schönke/Schröder	Eser/Bosch/Eisele/Hecker/Kinzig/Perron/Schittenhelm/Schuster/Sternberg-Lieben/Weißer, Strafgesetzbuch, 30. Aufl. 2019
Schroth StrafR BT	Schroth, Strafrecht Besonderer Teil, 5. Aufl. 2010
Schwind Kriminologie	Schwind, Kriminologie und Kriminalpolitik, 23. Aufl. 2016
SK-StGB	Wolter, Systematischer Kommentar zum Strafgesetzbuch, Band 1, 2, 3, 4, 5, 6, 9. Aufl. 2016ff.
SK-StPO	Wolter, Systematischer Kommentar zur Strafprozeßordnung und zum Gerichtsverfassungsgesetz, Band 1, 2, 3, 4, 5, 6, 7, 8, 9, 10, 5. Aufl. 2015
Sonnen StrafR BT	Sonnen, Strafrecht Besonderer Teil, 2005
Stratenwerth/Kuhlen StrafR AT	Stratenwerth/Kuhlen, Strafrecht Allgemeiner Teil, 6. Aufl. 2011
Streng Sanktionen	Streng, Strafrechtliche Sanktionen: Die Strafzumessung und ihre Grundlagen, 3. Aufl. 2012
Tiedemann GmbH-StrafR	Tiedemann, GmbH-Strafrecht, 5. Aufl. 2010
Tiedemann WirtschaftsStrafR	Tiedemann, Wirtschaftsstrafrecht, 5. Aufl. 2017
Tiedemann WirtschaftsStrafR AT	Tiedemann, Wirtschaftsstrafrecht Einführung und allgemeiner Teil, 4. Aufl. 2014
Tiedemann WirtschaftsStrafR BT	Tiedemann, Wirtschaftsstrafrecht Besonderer Teil, 3. Aufl. 2011
Ulsamer StrafR/StrafverfR	Ulsamer, Lexikon des Rechts – Strafrecht, Strafverfahrensrecht, 2. Aufl. 1996
Ulsenheimer/Gaede ArztStrafR	Ulsenheimer/Gaede/Biermann/Bock/Dießner, Arztstrafrecht in der Praxis, 6. Aufl. 2021
v. Münch/Kunig	Kämmerer/Kotzur, Grundgesetz: GG, Band 1, 2, 7. Aufl. 2021
Volk StPO	Volk, Strafprozessrecht, 3. Aufl. 2002
Volk/Engländer Grundkurs StPO	Engländer, Grundkurs StPO, 10. Aufl. 2021
Wabnitz/Janovsky WirtschaftsStrafR-HdB	Wabnitz/Janovsky, Handbuch des Wirtschafts- und Steuerstrafrechts, 4. Aufl. 2014
Wabnitz/Janovsky/Schmitt WirtschaftsStrafR-HdB	Wabnitz/Janovsky/Schmitt, Handbuch Wirtschafts- und Steuerstrafrecht, 5. Aufl. 2020
Walter Kern des Strafrechts	Walter, Der Kern des Strafrechts – Die allgemeine Lehre vom Verbrechen und die Lehre vom Irrtum, 2006
Welzel Dt. StrafR	Welzel, Das Deutsche Strafrecht, 11. Aufl. 1969
Wenzel BerichterstattungR	Wenzel, Das Recht der Wort- und Bildberichterstattung, 6. Aufl. 2018

Werle/Jeßberger VölkerStrafR	Werle/Jeßberger, Völkerstrafrecht, 5. Aufl. 2020
Wessels/Beulke/ Satzger StrafR AT . .	Wessels/Beulke/Satzger, Strafrecht Allgemeiner Teil, 52021
Wessels/Hettinger/ Engländer StrafR BT I	Wessels/Hettinger/Engländer, Strafrecht Besonderer Teil 1, 45. Aufl. 2021
Wessels/Hillenkamp/ Schuhr StrafR BT II .	Wessels/Hillenkamp/Schuhr, Strafrecht Besonderer Teil 2, 44. Aufl. 2021
Westphalen Produkt-haftungs-HdB I	Graf von Westphalen, Produkthaftungshandbuch, Band 1: Vertragliche und deliktische Haftung, Strafrecht und Produkt-Haftpflichtversicherung, 2. Aufl. 1997
Wittig Wirtschafts-StrafR	Wittig, Wirtschaftsstrafrecht, 5. Aufl. 2020
Zieschang Gefährdungsdelikte	Zieschang, Die Gefährdungsdelikte, 1998
Zieschang StrafR AT	Zieschang, Strafrecht Allgemeiner Teil, 6. Aufl. 2020
Zippelius Methodenlehre	Zippelius, Juristische Methodenlehre, 12. Aufl. 2021

Tabelle der Änderungen des StGB

	Änderndes Gesetz	Datum	Reichsgesetzbl. (ab 1923 T.1) Seite	geänderte Paragraphen des StGB	Art. d. Ände-rung
1.	Ges. betr. Ergänz. d. StGB	10.12.71	442	130a	eingef.
2.	Ges. betr. d. Abänderung von Bestimmungen des StGB und die Ergänzung desselben	26.2.76	25	4, 55, 64, 70, 88, 95, 102, 103, 104, 113, 114, 117, 130a, 135, 140, 144, 145, 176, 177, 178, 183, 194, 200, 208, 223, 228, 232, 240, 241, 247, 263, 275, 292, 296, 303, 319, 321, 360, 361, 363, 366, 367, 369, 370	geänd.
				49a, 103a, 223a, 296a, 353a, 366a, 361	eingef.
3.	EG zur Konkursordnung	10.2.77	390	281–283	aufgeh.
4.	Ges. betr. d. Wucher	24.5.80	109	360	geänd.
				302a–d	eingef.
5.	Ges. betr. die unter Ausschluß der Öffentlichkeit stattfindenden Gerichtsverhandlungen	5.4.88	133	184 II	eingef.
6.	Ges. betr. Änderung d. StGB	13.5.91	107	317, 318, 360	geänd.
				276 II, 318a, 364 II, 367a	eingef.
7.	Ges. betr. d. Abänderung des § 69 StGB	26.3.93	133	69	geänd.
8.	Ges. betr. Ergänzung der Bestimmung über den Wucher	19.6.93	197	302a, d	geänd.
				302e, 367	eingef.
9.	Ges. gegen den Verrat militärischer Geheimnisse	3.7.93	205	89, 90	geänd.
10.	Ges. betr. die Änderung d. Ges. über den Unterstützungswohnsitz u. d. Ergänzung d. StGB	12.3.94	259	361 II	geänd.
				361	eingef.
11.	EG z. Bürgerlichen Gesetzbuch	18.8.96	604	34, 55, 65, 171 I, III, 195, 235, 237, 238	geänd.
				145a	eingef.
12.	Ges. betr. die Abänderung des § 316 StGB	27.12.99	729	316 I	geänd.
13.	Ges. betr. Änderungen und Ergänzungen des StGB	25.6.00	301	180, 181, 184, 362	geänd.
				181a, 184a u. b	eingef.
14.	Ges. betr. die Bestrafung der Majestätsbeleidigung	17.2.08	25	95, 97, 99, 101	geänd.
15.	Maß- u. Gewichtsordnung	30.5.08	349	369 I u. II	aufgeh.
16.	Ges. betr. Änderung d. StGB	19.6.12	395	114 II, 123, 136, 137, 235, 239 I, 288 I, 327 I, 328 I, 355, 369, 370	geänd.
				223a II, 248a, 264a	eingef.
17.	Ges. gegen den Verrat militärischer Geheimnisse	3.6.14	195	360 II	geänd.
				360	aufgeh.
18.	Ges. gegen das Glücksspiel	23.12.19	2145	284, 285, 360	geänd.
				284a u. b, 285a	eingef.
19.	Jugendgerichtsgesetz	16.2.23	135	55–57	aufgeh.
20.	Ges. zur Änderung des StGB	23.5.23	296	107a	eingef.

Tabelle der Änderungen des StGB

	Änderndes Gesetz	Datum	Reichsgesetzbl. (ab 1923 T.1) Seite	geänderte Paragraphen des StGB	Art. d. Änderung
21.	VO über Vermögensstrafen u. Bußen	6.2.24	44	1 II, III, 27–29, 70 I, 78	geänd.
				27 a–c, 28 a u. b	eingef.
22.	Ges. über die Bestrafung des Zweikampfes	30.4.26	201	210a	eingef.
23.	Ges. zur Abänderung des StGB	18.5.26	239	218	geänd.
				219, 220	aufgeh.
24.	Arbeitsgerichtsgesetz	23.12.26	507	334	geänd.
25.	Ges. zur Bekämpfung der Geschlechtskrankheiten	18.2.27	61	361, 362 III Satz 2	geänd.
				180 II u. III, 184a, 361a	eingef.
26.	Ges. über den Verkehr mit Lebensmitteln und Bedarfsgegenständen (Lebensmittelgesetz)	5.7.27	134	367	aufgeh.
27.	Gaststättengesetz	28.4.30	146	365	aufgeh.
28.	Dritte VO des Reichspräsidenten zur Sicherung von Wirtschaft und Finanzen und zur Bekämpfung politischer Ausschreitungen	6.10.31	537	86 I	geänd.
				86 a	eingef.
29.	VO des Reichspräsidenten zur Erhaltung des inneren Friedens	19.12.32	548	49b, 134a	eingef.
				94	geänd.
30.	Ges. zur Abänderung strafrechtlicher Vorschriften	26.5.33	295	4 II, 17 IV, 20, 87–90, 92 II, 164, 210a, 266, 360, 361a, 362 III	geänd.
				39a, 92a, b, 145b, 219, 220, 223b, 226a, 263 IV, 361b, c	eingef.
				223a II	aufgeh.
31.	Ges. zur Änderung des Verfahrens in bürgerl. Rechtsstreitigkeiten	27.10.33	780	153 Satz 2	eingef.
32.	Tierschutzgesetz	24.11.33	987	145b, 360	aufgeh.
33.	Gesetz gegen gefährliche Gewohnheitsverbrecher und über Maßregeln der Sicherung und Besserung	24.11.33	995	36, 51, 58, 60, 71, 72, 76, 181a, 285a I, 345 I, 346 I	geänd.
				2a, 20a, 42 a–n, 67 V, 70 II, 122a, b, 145c, 245a, 257a, 330a, b,	eingef.
				347 III	aufgeh.
				39a, 362 II–IV	
34.	Ges. über Reichsverweisungen	23.3.34	213	67, 76, 257a	geänd.
				39, 42a, 42 m, 285a II, 361	aufgeh.
35.	Ges. zur Änderung von Vorschriften des Strafrechts und des Strafverfahrens	24.4.34	341	4, 16 III, 80–93, 102	geänd.
				90 a–i, 91 a, b, 92 a–f,	eingef.
				93 a	aufgeh.
				329	
36.	Ges. zur Änderung des StGB	28.6.35	839	2, 2a, 117 I, 140–143, 175, 292–296, 310, 315, 316, 321, 360 I, 368	geänd.
				2b, 42 I, IV, 132a, 134b, 140a, b, 141a, 143a, 175a, b, 265a, 310a, 330c, 368a	eingef.
				319, 320, 322, 323, 360 I, 368, 370	aufgeh.
37.	Ges. gegen erpresserischen Kindesraub	22.6.36	493	239a	eingef.

	Änderndes Gesetz	Datum	Reichsgesetzbl. (ab 1923 T.1) Seite	geänderte Paragraphen des StGB	Art. d. Änderung
38.	Ges. z. Änderung des StGB	2.7.36	532	139, 143a 353b, c	geänd. eingef.
39.	Reichsapothekerordnung	18.4.37	457	300	geänd.
40.	Ges. zur Änderung von Vorschriften des allgemeinen Strafverfahrens, des Wehrmachtstrafverfahrens und des StGB	16.9.39	1841	89 III, 90 II	aufgeh.
41.	VO zur Ergänzung der Strafvorschriften zum Schutz der Wehrkraft des deutschen Volkes	25.11.39	2319	143	aufgeh.
42.	VO zur Änderung der Strafvorschriften über fahrlässige Tötung, Körperverletzung und Flucht bei Verkehrsunfällen	2.4.40	606	222, 230, 232 139a	geänd. eingef.
43.	VO über den Geltungsbereich des Strafrechts	6.5.40	754	3–5 8, 37	geänd. aufgeh.
44.	Ges. zur Änderung des StGB	4.9.41	549	211, 212, 309, 310a, 330a 143a, 281 214, 215, 363	geänd. eingef. aufgeh.
45.	VO zur Durchführung des Ges. zur Änderung d. StGB	24.9.41	581	42f III–V, 42h I 42f VI	geänd. eingef.
46.	VO zur Erweiterung und Verschärfung des strafrechtlichen Schutzes gegen Amtsanmaßung	9.4.42	174	132	geänd.
47.	Ges. zur Ergänzung der Vorschriften gegen Landesverrat	22.11.42	668	92 f 92 IV	geänd. eingef.
48.	VO über die Änderung der Strafvorschrift gegen die Verletzung fremden Fischereirechts und über die Einführung reichsrechtlicher usw.	23.1.43	67	293 II	geänd.
49.	VO zur Durchführung der VO zum Schutze von Ehe, Familie und Mutterschaft	18.3.43	169	218, 219, 361 II 170a, b, c, d, 226b 361 I 171, 172	geänd. eingef. aufgeh. vom 13. n 12. Abschn. umgest.
50.	VO zur Angleichung des Strafrechts des Altreichs und der Alpen- und Donau-Reichsgaue (StrafrechtsangleichungsVO)	29.5.43	339	49a, b, 50, 64, 66, 113, 117, 153, 156–160, 174, 189, 216, 240, 253, 259, 267, 274, 348 63, 254, 268–270, 339, 349 145d, 156a	geänd. aufgeh. eingef.
51.	DVO zur StrafrechtsangleichungsVO	29.5.43	341	44, 48, 49, 253	geänd.
52.	VO über die Vereinfachung und Vereinheitlichung des Jugendstrafrechts (JugendstrafrechtsVO)	6.11.43	635	139b	eingef.
53.	Zweite DVO zur StrafrechtsangleichungsVO	20.1.44	41	153, 154, 159, 161 II, 163 I 156a	geänd. aufgeh.
54.	Ges. zur Änderung der Vorschriften gegen Landesverrat	20.9.44	225	90 b–f, 90i, 91, 91b, 92 b 92	geänd. aufgeh.

Tabelle der Änderungen des StGB

	Änderndes Gesetz	Datum	Reichsgesetzbl. (ab 1923 T.1) Seite	geänderte Paragraphen des StGB	Art. d. Ände-rung
55.	Kontrollratsgesetz Nr. 11	30.1.46	KtrR-ABl. 55	2, 2b, 9, 10, 16 III, 42a, 42k, 80–94, 102, 103, 112, 134a, 134b, 140–143a, 189 III, 210a, 226b, 291, 353a, 370	aufgeh.
56.	VO zur Änderung des § 219 StGB	3.2.47		219	geänd.
57.	Ges. zum Schutz der persönlichen Freiheit	15.7.51	BGBl. I 448	234a, 241a	eingef.
				139 I	geänd.
58.	Strafrechtsänderungsgesetz	30.8.51	739	80–101, 106a, 106b, 129a, 187a, 316a, 353a	eingef.
				4 III, 129, 317	geänd.
				135, 318, 318a	aufgeh.
59.	Ges. über den Kapitalverkehr	15.12.52	801	145a	aufgeh.
60.	Ges. zur Sicherung des Straßenverkehrs	19.12.52	832	90, 94, 315, 316	geänd.
				42a Nr. 7, 42 m, 315a, 316a	eingef.
				316a wurde 316b	
61.	Zweites Strafrechtsänderungsgesetz	6.3.53	42	141	eingef.
62.	Drittes Strafrechtsänderungsgesetz	4.8.53	735	1, 3 II, 4 III, 7, 11, 12, 17, 20, 21, 23, 24, 25, 26, 27 II, 28 III, 28b II, 29 VI, 31, 32 I, 34, 42b I, 42f, 42h I, 44 II, 49a, 52 II, 67 I, 70 I, 74 III, 75 I u. II, 93, 104, 105, 106, 106a I, 107, 107a, 108, 109, 111 II, 117 II, 132, 132a, 139, 143, 147, 149, 159, 163 II, 166, 168, 170a II, 173 II, 176 I, 177 I, 179 I, 181a I, 197, 201, 202, 203, 205, 206, 211 I, 212 I, 216, 217 II, 218 III, 219, 228, 232 III, 236 I, 237 I, 239a, 240, 253, 263 IV, 266 II, 275, 276 II, 294, 300, 301 I, 314, 325, 326, 330c, 345 II, 352 I, 355, 356 I, 358, 359, 360, 361, 364 II, 367 II, 368	geänd.
				2, 16 III, 24a, 56, 102, 103, 104a, b, 107b, c, 108a, b, 109a, 114 III, 138, 140, 173 V, 212 II, 248b, c, 260 II, 265a III, 266 III, 302d II	eingef.
				2a, 13, 27b II, 66 II, 103a, 113 IV, 117 IV, 130a, 138, 153 II, 156 II, 162, 195, 211 III, 338, 361 II, 367	aufgeh.
				§ 58 wurde § 55, § 139a wurde § 142 und § 139b wurde § 143	
63.	Neue Bekanntmachung	25.8.53 bericht. 1954	1083 33		redaktionelle Änderungen eingef.

	Änderndes Gesetz	Datum	Bundesgesetzbl. I Seite	geänderte Paragraphen des StGB	Art. d. Änderung
64.	Ges. über den Beitritt der Bundesrepublik Deutschland zu der Konvention vom 9. Dezember 1948 über die Verhütung und Bestrafung des Völkermordes	9.8.54	II 729	220a	
65.	Viertes Strafrechtsänderungsgesetz	11.6.57	597	4 III, 91 I, 94 I, 114 I,	geänd.
				360	aufgeh.
				141	eingef.
				109–109i, 363	
				§ 109 wurde § 108c § 109a wurde § 108d	
66.	Seemannsgesetz	26.7.57	II 713	298	aufgeh.
67.	Fünftes Strafrechtsänderungsgesetz	24.6.60	477	361 Nr. 6 c	geänd.
68.	Sechstes Strafrechtsänderungsgesetz	30.6.60	478	96 a	eingef.
				130, 189	geänd.
69.	Entscheidung des Bundesverfassungsgerichts vom 21.3. 1961	13.4.61	455	90a I	geänd.
				90a III	aufgeh.
70.	Arzneimittelgesetz	16.5.61	533	367 I Nr. 3	teilw. aufgeh.
71.	Siebentes Strafrechtsänderungsgesetz	1.6.64	337	311	geänd.
				311a–c	eingef.
				94 I, 140 I, 325	geänd.
72.	Vereinsgesetz	5.8.64	593	90a, 129a	aufgeh.
				90a, 90 b	eingef.
				128 II, III, 129	geänd.
73.	Zweites Straßenverkehrssicherungsgesetz	26.11.64	921	1 II, III, 27 II, 42 m, 70 I, 94, 315, 315a, 316	geänd.
				37, 42n, 42o, 42p, 60 II, 315b–d	eingef.
74.	Ges. über die Werbung auf dem Gebiete des Heilwesens	11.7.65	604	184	geänd.
75.	Ges. zum strafrechtlichen Schutz gegen den Mißbrauch von Tonaufnahme- und Abhörgeräten	22.12.67	1360	298, 353d	eingef.
76.	Einführungsges. zum Ges. über Ordnungswidrigkeiten	24.5.68	503	42, 50 II, 145, 284b, 296 IV, 298 V, 311c	aufgeh.
				27 II, 40, 41, 153, 184 I, 245a III, 295, 296 III, 296a II, 360 II, 366, 367	geänd.
				40 a–c, 41 a–c, 42, 50 II, III, 50a, 132a IV, 184 III, 219 III, 282, 285b, 298 V, VI, 325a	eingef.
77.	Bundeswaffengesetz	14.6.68	633	367 I Nr. 9	aufgeh.
78.	Achtes Strafrechtsänderungsgesetz	25.6.68	741	20, 80–101, 109i II, 128	aufgeh.
				4 III, 104b I, 105, 106, 108, 129 II, V, VI, 138 I, 187a I, 353b, 353c	geänd.
				46a, 80–101a, 109k	eingef.
79.	Erstes Gesetz zur Reform des Strafrechts	25.6.69	645	7, 14 bis 19, 20a, 21, 22, 23 bis 26, 27b, 27c, 28 III, 31–36, 42d, 45, 119, 121 II, 143 III, 161, 172, 175–175b, 179, 201–210, 243–	

Tabelle der Änderungen des StGB

	Änderndes Gesetz	Datum	Bundes-gesetzbl. I Seite	geänderte Paragraphen des StGB	Art. d. Ände-rung
				245a, 261, 264, 296, 316b III, 362	aufgeh.
				1, 29, 42a, 42 e–42i, 42l III, 42 m I, 44, 49a I, 60, 67, 70, 73–77, 83a I, 84 IV, V, 87 III, 90 II, 92a, 95, 96 II, 98 II, 101, 104b I, 108c, 109i, 122a, 129 IV–VI, 157, 158 I, 164, 166, 167, 176I, 181, 184, 216, 218, 219 III, 232 II, 233, 235–238, 240 I,246, 248, 250 I, 256, 258 I, 262, 263, 266 II, 271, 272, 274 I, 281, 282, 285a, 311a I, 311b I, 313 II, 315 VI, 316a II, 317, 325, 333, 334, 347, 358, 361	geänd.
				13, 14–19, 20, 21, 23–26, 27b, 27c, 31–33, 167a, 174 II, 175, 181 II, 243, 244, 268	eingef.
80.	Zweites Gesetz zur Reform des Strafrechts	4.7.69		1–77, 92b II, 101 II, 109k II, 335, 360–370	aufgeh.
				80a, 83a, 84 IV, V, 86 II, 86a I, 87 III, 90 I, II, 90a I, 90b I, 91, 92b, 98 II, 101a, 109h, 109k, 110, 129 V, VI, 139 III, 145c, 157 I, II, 158 I, 159, 184 I, 184a, 186, 187 I, 187a I, 196, 200 I, 233, 245, 256, 262, 264, 285b, 295, 296a II, 298 V, 311b I, 315 VI. 316a II, 330a, 357 I	geänd.
				1–79b, 145, 145a, 181b, 184c, 184d, 223a II, 228a, 245, 264	eingef.
81.	Gesetz über das Postwesen	28.7.69	1006	367 I Nr 5 a	aufgeh.
82.	Neuntes Strafrechtsänderungsgesetz	4.8.69	1065	66, 67, 70	geänd.
83.	Gesetz über die freiwillige Kastration und andere Behandlungsmethoden	15.8.69	1143	228	geänd.
84.	Gesetz über explosionsgefährliche Stoffe	25.8.69	1358	367 I Nr 4	aufgeh.
				367 I Nr 5, 8	geänd.
85.	Neue Bekanntmachung	1.9.69	1445		redaktionelle Änderungen geänd.
86.	Zehntes Strafrechtsänderungsgesetz	7.4.70	313	361 Nr 6 c	
87.	Drittes Gesetz zur Reform des Strafrechts	20.5.70	505	110, 114–118	aufgeh.
				111, 113, 125	geänd.
				114, 125a	eingef.
88.	Gesetz über das Zentralregister und das Erziehungsregister	18.3.71	243	25a I S 3	aufgeh.
				26	geänd.
89.	Weingesetz	14.7.71	893	368 Nr 1	aufgeh.
90.	Gesetz zur Verbesserung des Mietrechts usw	4.11.71	1745	302f	eingef.
91.	Elftes Strafrechtsänderungsgesetz	16.12.71	1977	4, 316a	geänd.
				316c	eingef.

	Änderndes Gesetz	Datum	Bundes-gesetzbl. I Seite	geänderte Paragraphen des StGB	Art. d. Änderung
92.	Zwölftes Strafrechtsänderungs-gesetz	16.12.71	1979	138, 239a	geänd.
				239b	eingef.
93.	Gesetz zur Änderung des Straßen-verkehrsgesetzes	20.7.73	870	37 I S 2	eingef.
94.	Viertes Gesetz zur Reform des Strafrechts	23.11.73	1725	131, 143, 170, 170a, 170c,	
				174–184b, 361 Nr 6–6c, 9	aufgeh.
				4 III, 41, 80a, 86 II, 86a I,	
				90 I, 90a I, 90b I,	
				111 I, 138 I, 166 I, II, 169,	geänd.
				170b, 170d, 171, 173, 186,	
				187I, 187a I, 200 I, 219 III,	
				223b I, 235 II, 236, 237	eingef.
				68 IV, 131, 174–184c	
95.	Einführungsgesetz zum Strafgesetz-buch	2.3.74	469	49 I Nr 4, 104b, 108b III,	
				109b, 109c, 120–122b, 136,	
				137, 146–152, 188, 189 II, III,	
				191, 196–198, 227 II, 228, 231,	
				248, 248a, 257–258, 264a, 275,	
				276, 285, 285a, 294 S 2, 298–	
				302, 311a, 311b, 327, 328,	
				331–335, 341, 342, 346, 347,	
				350, 351, 353d, 355, 359–370	aufgeh.
				2, 4, 5, 6, 11, 12 III, 19, 40 II,	
				41, 44 I, 47 II, 48 I, 50, 52 IV,	
				55 II, 56d III, 56f, 56g I, 57,	
				61, 63, 64 I, 65, 67, 67a, 67b,	
				67c I, 67d, 67e, 67g, 68 II,	
				68a, 68d, 68f, 69 II, 70,	
				70b IV, 71 I, 72 III, 73d II, 74 III,	
				74d IV, 77a, 77b I, 77d I, 78,	
				78a, 78c, 79 I, 79a, 80a, 81, 82,	
				83a I, 84, 86, 86a, 87, 89 III, 90,	
				90a I, 90b I, 91, 92a, 92b, 94,	
				95, 96, 97, 97b II, 98 II, 101,	
				101a, 102, 103, 104a, 106a I,	
				106b I, 107b, 108c, 108d, 109 II,	
				109a I, 109e, 109f, 109g,	
				109h, 109i, 109k, 111, 113,	
				114, 123, 125 I, 129, 131 I,	
				132a–134, 138, 139, 140, 142 I,	
				145c, 145d, 153, 154, 156, 157,	
				158 I, 159, 164, 165, 166,	
				174b I, 184, 185, 186, 187,	
				187a I, 190, 194, 200, 212 I,	
				213, 217, 219 II, 220a, 221,	
				223, 223a, 223b II, 229, 230,	
				232, 233, 234, 234a, 235 I, 236,	
				238, 239, 239a, 240, 241, 241a,	
				242, 243, 246, 247, 248b,	
				248c III, 249, 250, 251, 253,	
				256, 259, 260, 262, 263, 265,	
				265a, 266, 267, 271, 272 I, 273,	
				281 I, 282, 285b, 286 I, 288 II,	
				289, 295, 296a, 297, 302a, 303,	

Tabelle der Änderungen des StGB

	Änderndes Gesetz	Datum	Bundesgesetzbl. I Seite	geänderte Paragraphen des StGB	Art. d. Änderung
				304 I, 305 I, 306, 307, 308, 309, 310a, 311, 312, 313 I, 315 VI, 315c I, 316a, 316b I, 316c IV, 317 I, 321, 324, 325, 325a, 330–330b, 336, 340, 343–345, 348, 352 I, 353, 353a I, 353b, 354, 356 I, 357, 358	geänd.
				120, 121, 136, 145, 145a, 146–152, 181b, 201–205, 224 II, 225 II, 226 II, 228, 239c, 245, 248a, 257–258a, 275, 310b, 311a–311c, 331–335a, 353d, 355	eingef.
96.	Fünftes Gesetz zur Reform des Strafrechts	18.6.74	1297	218–220	aufgeh.
				218–219b	eingef.
97.	Gesetz zur Änderung des Einführungsgesetzes zum Strafgesetzbuch	15.8.74	1942	52 I, 203 II, 233, 238 II	geänd.
98.	Gesetz zur Ergänzung des Ersten Gesetzes zur Reform des Strafverfahrensrechts	20.12.74	3686	155	geänd.
99.	Neue Bekanntmachung	2.1.75	1		redaktionelle Änderungen
100.	Dreizehntes Strafrechtsänderungsgesetz	13.6.75	1349	69 II, 142	geänd.
101.	Vierzehntes Strafrechtsänderungsgesetz	22.4.76	1056	86 III, 111 II, 126, 140, 145d, 241	geänd.
				88a, 130a	eingef.
102.	Fünfzehntes Strafrechtsänderungsgesetz	18.5.76	1213	218a–219b	aufgeh.
				203 I, 218 I–III	geänd.
				218a–219d	eingef.
103.	Adoptionsgesetz	2.7.76	1749	11 I, 77 II, 173, 174 I, 221 II	geänd.
104.	Erstes Gesetz zur Bekämpfung der Wirtschaftskriminalität	29.7.76	2034	302a–302e	aufgeh.
				6, 265a I	geänd.
				264, 265b, 283–283d, 302a	eingef.
105.	Gesetz zur Änderung des Strafgesetzbuches, der Strafprozeßordnung, des Gerichtsverfassungsgesetzes, der Bundesrechtsanwaltsordnung und des Strafvollzuggesetzes	18.8.76	2181	138, 139 III	geänd.
				129a	eingef.
106.	Sozialgesetzbuch – Gemeinsame Vorschriften für die Sozialversicherung –	23.12.76	3845	108d	geänd.
				107b II	eingef.
107.	Gesetz über die Wahl der Abgeordneten des Europäischen Parlaments aus der Bundesrepublik Deutschland	16.6.78	709	108d	geänd.
108.	Sechzehntes Strafrechtsänderungsgesetz	16.7.79	1046	78	geänd.
109.	Siebzehntes Strafrechtsänderungsgesetz	21.12.79	2324	97b II, 353b, 358	geänd.
				353c	aufgeh.
110.	Achtzehntes Strafrechtsänderungsgesetz – Gesetz zur Bekämpfung der Umweltkriminalität	28.3.80	373	5, 69 II, 87 II, 126 I, 129a I, 138 I, 304 I	geänd.
				311d, 311e, 324–330d	eingef.

	Änderndes Gesetz	Datum	Bundesgesetzbl. I Seite	geänderte Paragraphen des StGB	Art. d. Änderung
				§ 321 wurde § 318, § 324 wurde § 319, § 326 wurde in geänderter Fassung § 320, § 325 wurde § 321, § 325a wurde in geänderter Fassung § 322, § 330 wurde § 323, § 330a wurde § 323a, § 330b wurde § 323b und § 330c wurde § 323c	
111.	Neunzehntes Strafrechtsänderungsgesetz	7.8.81	808	88a, 130a	aufgeh.
112.	Zwanzigstes Strafrechtsänderungsgesetz	8.12.81	1329	56f I, 57 57 a	geänd. eingef.
113.	Seefischereigesetz	12.7.84	876	296a	aufgeh.
114.	Gesetz zur Verbesserung des Wahlrechts für die Sozialversicherungswahlen	27.7.84	1029	107b II	geänd.
115.	Gesetz zur Änderung des Strafvollzugsgesetzes	20.12.84	1654	61, 66, 67 I, 67a I, 67b I, 67 d I, 67e II, 67f, 67 g II, 68e III, 71 I, 121 IV 63 II, 65	geänd. aufgeh.
116.	Gesetz zur Neuregelung des Jugendschutzes in der Öffentlichkeit	25.2.85	425	131, 184 IV 184 I Nr. 3 a	geänd. eingef.
117.	Einundzwanzigstes Strafrechtsänderungsgesetz	13.6.85	965	76a II, 78 I, 86a, 194 I, II	geänd.
118.	Zweiundzwanzigstes Strafrechtsänderungsgesetz	18.7.85	1510	303 III	geänd.
119.	Gesetz zur Änderung des Strafgesetzbuches und des Versammlungsgesetzes	18.7.85	1511	125, 125a	geänd.
120.	Dreiundzwanzigstes Strafrechtsänderungsgesetz – Strafaussetzung zur Bewährung	13.4.86	393	48 51 II, 53 I, II, 54 I, II, 56 II, 56d I, 56f I, II, 56g II, 57 II, III, IV, 57a I, 59 I, 59a Überschrift, 66 III, 67 II, IV, V, 68 I, II, 129a VII, 181b, 218 II, 228, 239c, 245, 256, 262, 263 V, 321 57 V (bisher 57 V wurde 57 VI), 57b, 59a III, 67d V	aufgeh. geänd.
121.	Zweites Gesetz zur Bekämpfung der Wirtschaftskriminalität	15.5.86	721	303 III 6 Nr. 7, 14 II, 78c I, 138 I Nr. 4, 202 III, 205 II, 271 I, 273, 274 I, 348 I 152a, 202a, 263a, 264a, 266a, 266b, 269, 270, 303a, 303b, 303c	eingef. eingef. aufgeh. geänd. eingef.
122.	Gesetz zur Änderung des Gesetzes über Ordnungswidrigkeiten, des Straßenverkehrsgesetzes und anderer Gesetze	7.7.86	977	315c I Nr. 2	geänd.
123.	Gesetz über die Vermeidung und Entsorgung von Abfällen (Abfallgesetz)	27.8.86	1410	327 II Nr. 2	geänd.
124.	Erstes Gesetz zur Verbesserung der Stellung des Verletzten im Strafverfahren (Opferschutzgesetz)	18.12.86	2496	46 II	geänd.

Tabelle der Änderungen des StGB

	Änderndes Gesetz	Datum	Bundes-gesetzbl. I Seite	geänderte Paragraphen des StGB	Art. d. Ände-rung
125.	Gesetz zur Bekämpfung des Terrorismus	19.12.86	2566	129a, 140 130a, 305a	geänd. eingef.
126.	Vierundzwanzigstes Strafrechtsänderungsgesetz – § 168 StGB	13.1.87	141	168 I	geänd.
127.	Strafverfahrensänderungsgesetz 1987	27.1.87	475	77b V	eingef.
128.	Neue Bekanntmachung	10.3.87	945		redaktionelle Änderungen
129.	Gesetz zur Neustrukturierung des Post- und Fernmeldewesens und der Deutschen Bundespost (Poststrukturgesetz)	8.6.89	1026	354 III	geänd.
130.	Gesetz zur Änderung des Strafgesetzbuches, der Strafprozeßordnung und des Versammlungsgesetzes und zur Einführung einer Kronzeugenregelung bei terroristischen Straftaten	9.6.89	1059	125, 239a, 239b, 243	geänd.
131.	Gesetz zu dem Übereinkommen vom 26. Oktober 1979 über den physischen Schutz von Kernmaterial	24.4.90	II 326	126 I Nr. 7	geänd.
132.	Gesetz zu dem Übereinkommen vom 10. März 1988 zur Bekämpfung widerrechtlicher Handlungen gegen die Sicherheit der Seeschifffahrt und zum Protokoll vom 10. März 1988 zur Bekämpfung widerrechtlicher Handlungen gegen die Sicherheit fester Plattformen, die sich auf dem Festlandsockel befinden	13.6.90	II 493	6 Nr. 3, 316c	geänd.
133.	Gesetz zur Neuordnung des Kinder- und Jugendhilferechts (Kinder- und Jugendhilfegesetz)	26.6.90	1163	203 I Nr. 4	geänd.
134.	Fünfundzwanzigstes Strafrechtsänderungsgesetz – § 201 StGB	20.8.90	1764	201 II	geänd.
135.	Gesetz zur Reform des Rechts der Vormundschaft und Pflegschaft für Volljährige (Betreuungsgesetz)	12.9.90	2002	247 77 III S 2	geänd. aufgeh.
136.	Vertrag zwischen der Bundesrepublik Deutschland und der Deutschen Demokratischen Republik über die Herstellung der Einigung Deutschlands – Einigungsvertrag –	23.9.90	II 885	5 Nr 8, 9, 66, 144, 175, 182, 218–219d, 236	Geltung partiell eingeschränkt
137.	Gesetz zur Änderung des Außenwirtschaftsgesetzes, des Strafgesetzbuches und anderer Gesetze	28.2.92	372	73 I, III, IV, 73 b	geänd.
138.	Sechsundzwanzigstes Strafrechtsänderungsgesetz – Menschenhandel	14.7.92	1255	180a III–V 6 Nr 4, 138 I Nr 5, 181, 181b 180b	aufgeh. geänd. eingef.
139.	Gesetz zur Bekämpfung des illegalen Rauschgifthandels und anderer Erscheinungsformen der Organisierten Kriminalität (OrgKG)	15.7.92	1302	52 IV, 53 III, IV, 54 II S 2, 55 II, 74e III, 76, 150, 152a V, 245, 260, 262, 285b 41 S 2, 43a, 74d (der bisherige 74d wird 74e), 181c, 244 III, 244a, 260a, 261, 284 III	geänd. eingef.

	Änderndes Gesetz	Datum	Bundesgesetzbl. I Seite	geänderte Paragraphen des StGB	Art. d. Änderung
140.	Gesetz zum Schutz des vorgeburtlichen/werdenden Lebens, zur Förderung einer kinderfreundlicheren Gesellschaft, für Hilfen im Schwangerschaftskonflikt und zur Regelung des Schwangerschaftsabbruchs (Schwangeren- und Familienhilfegesetz)	27.7.92	1398	218–219d 203 I Nr 4 a 218–219b Die §§ 218–219b sind auf Grund Urteils des BVerfG v 4.8.1992 (BGBl I 1585) einstweilen nicht in Kraft getreten.	aufgeh. geänd. eingef.
141.	Gesetz zur Entlastung der Rechtspflege	11.1.93	50	78b IV	eingef.
142.	Siebenundzwanzigstes Strafrechtsänderungsgesetz – Kinderpornographie	23.7.93	1346	5 Nr 8 6 Nr 6, 184 III, VI (bisher IV) 184 IV, V, VII	neugef. geänd. eingef.
143.	Gesetz zur Ausführung des Übereinkommens der Vereinten Nationen vom 27. Dezember 1988 gegen den unerlaubten Verkehr mit Suchtstoffen und psychotropen Stoffen (Ausführungsgesetz Suchtstoffübereinkommen 1988)	2.8.93	1407	261 I Nr 2	geänd.
144.	Achtundzwanzigstes Strafrechtsänderungsgesetz – Abgeordnetenbestechung	13.1.94	84	108e	eingef.
145.	Neunundzwanzigstes Strafrechtsänderungsgesetz – §§ 175, 182 StGB	31.5.94	1168	182 175	neugef. aufgeh.
146.	Dreißigstes Strafrechtsänderungsgesetz – Verjährung von Sexualstraftaten an Kindern und Jugendlichen	23.6.94	1310	78b I	neugef.
147.	Einunddreißigstes Strafrechtsänderungsgesetz – Zweites Gesetz zur Bekämpfung der Umweltkriminalität –	27.6.94	1440	325, 326, 327, 328, 330–330c 75 S 1, 311c (bisher 311e), 311d, 311e (bisher 311c), 322, 324, 329, 330d, 324a, 325a	neugef. geänd. eingef.
148.	Gesetz zur Vermeidung, Verwertung und Beseitigung von Abfällen	27.9.94	2705	327 II Nr 3 (Inkrafttreten 6. 10. 96)	geänd.
149.	Ausführungsgesetz zu dem Basler Übereinkommen vom 22. März 1989 über die Kontrolle der grenzüberschreitenden Verbringung gefährlicher Abfälle und ihrer Entsorgung (Ausführungsgesetz zum Basler Übereinkommen)	30.9.94	2771	326, 330 I Nr 1, 330c	geänd.
150.	Einführungsgesetz zur Insolvenzordnung	5.10.94	2911	283, 283d (Inkrafttreten 1. 1. 99)	geänd.
151.	Gesetz zur Überwachung des Verkehrs mit Grundstoffen, die für die unerlaubte Herstellung von Betäubungsmitteln mißbraucht werden können (Grundstoffüberwachungsgesetz)	7.10.94	2835	261 I Nr 2	geänd.
152.	Gesetz zur Änderung des Strafgesetzbuches, der Strafprozeßordnung und anderer Gesetze (Verbrechensbekämpfungsgesetz)	28.10.94	3186	56b II, 59a II (bisher 59a II, III), 130, 223, 225, 282 86 I, 86a, 131, 184, 223a I, 223b, 224 II, 253, 256, 261, 275 I, 340 46a, 56 II S 2, 276, 276a	neugef. geänd. eingef.

Tabelle der Änderungen des StGB

	Änderndes Gesetz	Datum	Bundes-gesetzbl. I Seite	geänderte Paragraphen des StGB	Art. d. Ände-rung
153.	Zweiunddreißigstes Strafrechts-änderungsgesetz – §§ 44, 69b StGB –	1.6.95	747	§ 44 II 69b I	aufgeh. neugef.
154.	Gesetz zur Ausführung des Seerechtsübereinkommens der Vereinten Nationen vom 10. Dezember 1982 sowie des Übereinkommens vom 28. Juli 1994 zur Durchführung des Teils XI des Seerechtsübereinkommens (Ausführungsgesetz Seerechtsübereinkommen 1982/1994)	6.6.95	778	5 Nr 11	neugef.
155.	Schwangeren- und Familienhilfe-änderungsgesetz (SFHÄndG)	21.8.95	1050	218a I–III, 219 170b, 203 I Nr 4a, 218c, 240 I S 2	neugef. geänd. eingef.
156.	Dreiunddreißigstes Strafrechts-änderungsgesetz – §§ 177–179 StGB –	1.7.97	1607	78b I Nr 1, 181b, 238 I, II 177 (bisher 177, 178) 179 237	geänd. eingef. neugef. aufgeh.
157.	Gesetz zur Regelung der Rahmenbedingungen für Informations- und Kommunikationsdienste (Informations- und Kommunikationsdienste-Gesetz)	22.7.97	1870	11 III 74d III, IV, 86 I, 184 IV, V S 1	neugef. geänd.
158.	Gesetz zur Bekämpfung der Korruption	13.8.97	2038	11 I Nr 2, 331 I, II S 1, 332 I, II, 334 I, 358 333 I, II, 335 297–302, 338 302a wird 291, 335a wird mit Änderungen 337, 336 wird 339	 geänd. neugef. eingef.
159.	Gesetz über die Spende, Entnahme und Übertragung von Organen (Transplantationsgesetz)	5.11.97	2631	5 Nr 15	eingef.
160.	Gesetz zur Reform des Kindschaftsrechts (Kindschaftsrechtsreformgesetz)	16.12.97	2942	11 I Nr 1	geänd.
161.	Begleitgesetz zum Telekommunikationsgesetz	17.12.97	3108	202 I, 265a I, 317, 358 88 I Nr 1, 2, 206 (bisher354), 316b I Nr 1	geänd. neugef.
162.	Gesetz zur Bekämpfung von Sexualdelikten und anderen gefährlichen Straftaten	26.1.98	160	56c III Nr 1, 57 I, 67d II S1, 68 II, 68d, 181b 66 IV (neu) S 5, 67d I S 1, 2, 68f I S 1 66 III (bisher III wird IV), 67 d III (bisher III wird IV), 68c II (bisher II wird III), 68e IV 67d IV (alt)	 geänd. neugef. eingef.
163.	Sechstes Gesetz zur Reform des Strafrechts	26.1.98	164	56f III S 2, 66 III S 1, 78b I Nr. 1, Nr 1, 87 II Nr 1, 90 II, 113 II S 2 Nr 2, 121 III S 2 Nr 3, 125a S 2 Nr 3, 138 I Nr 4, 139 III S 1 Nr 3, 146 I, 180a II Nr 2, 183 IV Nr 2, 184 III, IV, 213, 220a I Nr 2, 239a I, III, 239b I, 240 I S 1, 241 I, II, 243 I S 2 Nr 1 und 6, II, 244a I, 248c I, 251, 263a II,	aufgeh.

	Änderndes Gesetz	Datum	Bundes-gesetzbl. I Seite	geänderte Paragraphen des StGB	Art. d. Änderung
				264 V (neu), VI (neu) S 1, 286 (bisher 285b) II S 1, 294, 315 I, 315a I, 315b I, 315c I, 316c I S 1, 319 (bisher 323) I, II, 330a I, 330b I S 1	geänd.
				5 Nr 8b, 6 Nr 2 und 7, 126 I Nr 3, 6 und 7, 127, 129a I Nr 3, 138 I Nr 9, 146 III (neu), 152a, 168, 174a, 176 III, IV (neu), 177, 179, 181a I, II, 181b, 221, 223–23 1 (statt bisher 223–230), 234, 235, 236, 239, 242 I, 244, 246, 249 I, 250, 253 I, 263 III, 265, 266 II (neu), 267 III, 268 V, 269 III, 273, 282, 287 (bisher 286), 292, 293, 297, 306–314a (statt bisher 306–314), 315 III, 316a, 316c II–IV, 318, 320–322, Überschrift zu 326, 330a II, 340 II	neugef.
				5 Nr 6a, 142 IV (bisher IV wird V), 146 II (bisher II wird III), 174c, 176a, 176b, 178, 240 IV, 248c III (bisher III wird IV), 263 V (bisher V wird VI), VII, 264 III (bisher III–VII werden IV–VIII), V(neu), VI (neu), 267 IV, 271 II, III (bisher II wird IV), 275 II (bisher II wird III), 276 II, 284 IV, 315 IV (bisher IV, V werden V, VI), 330 II, III, 330a III (bisher III, IV werden IV, V), 340 III	eingef.
				144, 176 III, IV (bisher V, VI werden III, IV), 217, 238, 240 I S 2, 244a IV, 266 II (bisher III wird II), 272, 315b VI (alt), 319 (bisher 323) V, 330 I S 2 Nr 1, 2 (bisher Nr 3–6 werden Nr 1–4) (bisher 170b wird 170, bisher 170d wird 171, bisher 171 wird 172, bisher 187a wird 188, bisher 284a wird 285)	aufgeh.
164.	Gesetz zur Änderung des Straßenverkehrsgesetzes und anderer Gesetze	24.4.98	747	44 II (neu), III S 1 (neu), 69 III S 2, 69a VII S 2	geänd.
				69 b	neugef.
165.	Gesetz zur Verbesserung der Bekämpfung der Organisierten Kriminalität	4.5.98	845	(bisher 44 III, IV werden II, III) 261	geänd.
166.	Gesetz über die Berufe des Psychologischen Psychotherapeuten und des Kinder- und Jugendlichenpsychotherapeuten, zur Änderung des Fünften Buches Sozialgesetzbuch und anderer Gesetze	16.6.98	1311	132a I Nr 2	geänd.
167.	Ausführungsgesetz zu dem Vertrag vom 24. September 1996 über das umfassende Verbot von Nuklearversuchen	23.7.98	1882	328 I Nr 1, 2, 330b I	geänd.
				5 Nr 11 a, 328 II Nr 3, 4 VI	eingef.

Tabelle der Änderungen des StGB

	Änderndes Gesetz	Datum	Bundes-gesetzbl. I Seite	geänderte Paragraphen des StGB	Art. d. Änderung
168.	Elftes Gesetz zur Änderung des Luftverkehrsgesetzes	25.8.98	2432	4	geänd.
169.	Drittes Gesetz zur Änderung der Bundesnotarordnung und anderer Gesetze	31.8.98	2585	203 III	neugef.
170.	Gesetz zur Änderung der Bundesrechtsanwaltsordnung, der Patentanwaltsordnung und anderer Gesetze	31.8.98	2600	203 I Nr 3	geänd.
171.	Gesetz zu dem Übereinkommen vom 26. Juli 1995 über den Schutz der finanziellen Interessen der Europäischen Gemeinschaften (EG-Finanzschutzgesetz)	10.9.98	2322 (Teil II)	264 I, IV 264 VII	geänd. neugef.
172.	Gesetz zu dem Protokoll vom 27. September 1996 zum Übereinkommen über den Schutz der finanziellen Interessen der Europäischen Gemeinschaft (EU-Bestechungsgesetz)	10.9.98	2340 (Teil II)	5 Nr 14 a	eingef.
173.	Gesetz zur Neuregelung des Schutzes von Verfassungsorganen des Bundes	11.8.99	1818	106a	aufgeh.
174.	Gesetz zur Änderung und Ergänzung des Strafverfahrensrechts (StVÄG 1999)	2.8.00	1253	203 II 1 Nr 6	eingef.
175.	Gesetz zur Beendigung der Diskriminierung gleichgeschlechtlicher Gemeinschaften: Lebenspartnerschaften (Lebenspartnerschaftsgesetz – LPartG)	16.2.01	266	11 I Nr 1, 77 II 1, 2. 77 d II 1	geänd.
176.	Gesetz zur Bekämpfung gefährlicher Hunde	12.4.01	530	143	eingef.
177.	Gesetz zur Regelung des Rechts der Untersuchungsausschüsse des Deutschen Bundestages (Untersuchungsausschußgesetz)	19.6.01	1142	153 II	eingef.
178.	Gesetz zur Einführung des Euro in Rechtspflegegesetzen …	13.12.01	3574, 3578	40 II S 3	geänd.
179.	Gesetz zur Bekämpfung von Steuerverkürzungen …	19.12.01	3922, 3924	261 I S 3	geänd.
180.	Gesetz zur Regelung der Rechtsverhältnisse der Prostituierten (Prostitutionsgesetz)	20.12.01	3983	180a I 181a II	geänd. neugef.
181.	Entscheidung des Bundesverfassungsgerichts vom 20.3.02	25.4.02	1340	43 a	aufgeh.
182.	Gesetz zur Einführung des Völkerstrafgesetzbuches	26.6.02	2254	6 Nr 1, 220 a 78 II, 79 II, 126 I Nr 2, 129a I Nr 1, 130 III, 138 I Nr 6, 139 III Nr 2	aufgeh. geänd.
183.	Fünftes Gesetz zur Änderung des Steuerbeamten-Ausbildungsgesetzes und zur Änderung von Steuerge- setzen	23.7.02	2715, 2722	261 S 3	geänd.
184.	Gesetz zur Erleichterung der Bekämpfung von illegaler Beschäftigung und Schwarzarbeit	23.7.02	2787	266a I, III 266a IV	geänd. eingef.

	Änderndes Gesetz	Datum	Bundes-gesetzbl. I Seite	geänderte Paragraphen des StGB	Art. d. Änderung
185.	Gesetz zur Einführung der vorbehaltenen Sicherungsverwahrung	21.8.02	3344	66 66 a	geänd. eingef.
186.	Gesetz zur Ausführung des Zweiten Protokolls vom 19. Juni 1997 zum Übereinkommen über den Schutz der finanziellen Interessen der Europäischen Gemeinschaften, der Gemeinsamen Maßnahme betreffend die Bestechung im privaten Sektor vom 22. Dezember 1998 und des Rahmenbeschlusses vom 29. Mai 2000 über die Verstärkung des mit strafrechtlichen und anderen Sanktionen bewehrten Schutzes gegen Geldfälschung im Hinblick auf die Einführung des Euro	22.8.02	3387	14 I Nr 1, 75 S 1 Nr 3, 4, 149 I Nr 1, 2 75 S 1 Nr 5, 149 I Nr 3, 299 III	geänd. eingef.
187.	Vierunddreißigstes Strafrechtsänderungsgesetz – § 129b StGB (34. StrÄndG)	22.8.02	3290	129 I, 129a III, 138 II, 139 IIII S 1 Nr. 3, 261 I S 2 Nr 5 129b	geänd. eingef.
188.	Gesetz zur Umsetzung des Rahmenbeschlusses des Rates vom 12. Juni 2002 zur Terrorismusbekämpfung und zur Änderung anderer Gesetze	22.12.03	2836	129a, 261 I Nr 5	geänd.
189.	Fünfunddreißigstes Strafrechtsänderungsgesetz zur Umsetzung des Rahmenbeschlusses des Rates der Europäischen Union vom 28. Mai 2001 zur Bekämpfung von Betrug und Fälschung im Zusammenhang mit unbaren Zahlungsmitteln (35. StrÄndG)	22.12.03	2838	6 Nr 7, 138 I Nr 4, 146 I Nr 2, 150, 151 Nr 5, 261 I S 2 Nr 4 a 152 a 152b, 263a III, IV	geänd. neugef. eingef.
190.	Drittes Gesetz für moderne Dienstleistungen am Arbeitsmarkt	23.12.03	2848, 2898	68 b	geänd.
191.	Gesetz zur Änderung der Vorschriften über die Straftaten gegen die sexuelle Selbstbestimmung und zur Änderung anderer Vorschriften	27.12.03	3007	6 Nr 6, 66 III S 1, 78b I Nr 1, 130 II Nr 2, 131 I, II, 140, 174 I, 174a I, II, 174b I, 174c I, 176 I, IV, VI, 176a VI, 181a II, 236 V 131 IV, 139 III S 2, 176a I–V, 184 II, 236 I 139 III S 3, 176 III, IV Nr 3, V, 179 III, 184 a–184c 184 III–VII 184 a–c unnummeriert in 184 d–f	geänd. neugef. eingef. aufgeh.
192.	Entscheidung des Bundesverfassungsgerichts vom 16.3.04	8.4.04	543	143 I	aufgeh.
193.	*Gesetz gegen den unlauteren* Wettbewerb (UWG)	3.7.04	1414	301 II	geänd.
194.	Gesetz zur Umsetzung der Reform der Gemeinsamen Agrarpolitik	21.7.04	1763	261 I Nr 3	geänd.
195.	Gesetz zur Einführung der nachträglichen Sicherungsverwahrung	23.7.04	1838	66b, 67d VI, 68 II	eingef. geänd.
196.	Gesetz zur Intensivierung der Bekämpfung der Schwarzarbeit	23.7.04	1842	266a II–VI, VI	geänd. eingef.

Tabelle der Änderungen des StGB

	Änderndes Gesetz	Datum	Bundesgesetzbl. I Seite	geänderte Paragraphen des StGB	Art. d. Änderung
197.	Gesetz zur Steuerung und Begrenzung der Zuwanderung und zur Regelung des Aufenthalts und der Integration von Unionsbürgern und Ausländern (Zuwanderungsgesetz)	30.7.04	1950	261 I S 2 Nr 4b, 276a	geänd.
198.	Sechsunddreißigstes Strafrechtsänderungsgesetz – § 201a StGB (36. StrÄndG)	30.7.04	2012	201a, 205 I	eingef. geänd.
199.	Erstes Gesetz zur Modernisierung der Justiz (1. Justizmodernisierungsgesetz)	24.8.04	2198, 2207	7 II Nr 2, 77b V, 114 I	geänd.
200.	Gesetz zur Überarbeitung des Lebenspartnerschaftsrechts	15.12.04	3396	11 I Nr 1	geänd.
201.	Siebenunddreißigstes Strafrechtsänderungsgesetz (37. StrÄndG)	11.2.05	239	6 Nr 4, 126, 138, 140 180b, 181 181b, 181c 232, 233, 233a, 233b 234, 240, 261	geänd. aufgeh. geänd. eingef. geänd.
202.	Gesetz zur Änderung des Versammlungsgesetzes und des Strafgesetzbuches	24.3.05	969	130 IV	eingef.
203.	Gesetz zur Umsetzung des Urteils des Bundesverfassungsgerichts vom 3.3.04 (akustische Wohnraumüberwachung)	24.6.05	1841	129 IV	geänd.
204.	Achtunddreißigstes Strafrechtsänderungsgesetz (38. StrÄndG)	4.8.05	2272	78b V	eingef.
205.	Neununddreißigstes Strafrechtsänderungsgesetz (39. StrÄndG)	1.9.05	2674	303 II, 304 II	eingef.
206.	Erstes Gesetz über die Bereinigung von Bundesrecht im Zuständigkeitsbereich des BMJ	19.4.06	866, 887	143	aufgeh.
207.	Erstes Gesetz zum Abbau bürokratischer Hemmnisse insbesondere in der mittelständischen Wirtschaft	22.8.06	1970, 1971	203 II a	eingef.
208.	Gesetz zur Stärkung der Rückgewinnhilfe und der Vermögensabschöpfung bei Straftaten	24.10.06	2350	73d I S 3	geänd.
209.	Zweites Gesetz zur Modernisierung der Justiz (2. Justizmodernisierungsgesetz)	22.12.06	3416, 3432	42 S 3, 57 V 56f I S 2, 57 III, 57a I, III 59 I S 1 Nr 2, 59a I S 2, 59 II	eingef. geänd. aufgeh.
210.	Personenstandsreformgesetz	19.2.07	122	169 I	geänd.
211.	Gesetz zur Strafbarkeit beharrlicher Nachstellungen (40. StrÄndG)	22.3.07	354	238	eingef.
212.	Gesetz zur Reform der Führungsaufsicht …	13.4.07	513	ua 68 II, 68 a–g 66 b	eingef. geänd.
213.	Gesetz zur Sicherung der Unterbringung …	16.7.07	1327	ua 67 II 2–4, III 2, 3	eingef.
214.	Gewebegesetz	20.7.07	1574	5 Nr. 15	geänd.
215.	Gesetz zur Bekämpfung der Computerkriminalität (41. StrÄndG)	7.8.07	1786	202b, c, 303a III 303b IV, V	eingef.
216.	Gesetz … zur Bekämpfung nuklearterroristischer Handlungen	26.10.07	2523	309 VI	geänd.
217.	Gesetz zur Neuregelung des Rechtsberatungsrechts	12.12.07	2840	203 I Nr 6	geänd.
218.	Gesetz zur Neuregelung der Telekommunikationsüberwachung …	21.12.07	3198	261 I	geänd.

	Änderndes Gesetz	Datum	Bundes-gesetzbl. I Seite	geänderte Paragraphen des StGB	Art. d. Änderung
219.	Grundstoffüberwachungsgesetz (GüG)	11.3.08	306	261 I	geänd.
220.	Achtes Gesetz zur Änderung des Steuerberatungsgesetzes	8.4.08	666	203 I Nr 6	geänd.
221.	Geldwäschebekämpfungsergänzungsgesetz	13.8.08	1690	261 I, VII	geänd.
222.	Gesetz zur Bekämpfung der sexuellen Ausbeutung von Kindern und der Kinderpornographie	31.10.08	2149	182 II, IV, 184c 236 II 2	eingef.
223.	Aufhebung der Höchstgrenze des Tagessatzes bei Geldstrafen (42. StrÄndG)	29.6.09	1658	40 I 3	geänd.
224.	Gesetz zur Stärkung der Rechte von Verletzten und Zeugen in Strafverfahren	29.7.09	2280	78b I Nr 1	geänd.
225.	Strafzumessung bei Aufklärungen und Präventionshilfe (43. StrÄndG)	29.7.09	2288	46b, 145d III, IV, 164 III	eingef.
226.	Gesetz zur Verfolgung der Vorbereitung von schweren staatsgefährdenden Gewalttaten	30.7.09	2437	89a, b, 91	eingef.
227.	Gesetz zur Neuregelung des Wasserrechts	31.7.09	2585	327 II Nr 2	geänd.
228.	Umsetzungsgesetz Rahmenbeschlüsse Einziehung und Vorverurteilung	2.10.09	3214	56 g II	geänd.
229.	Gesetz zur Neuordnung des Rechts der Sicherungsverwahrung und zu begleitenden Regelungen	22.12.12	2300	66, 66 a 66b I, II 66b III 67d III, 68b I, 68c III, 68d, 68e I	geänd. aufgeh. geänd.
230.	Gesetz zur Umsetzung des Rahmenbeschlusses 2008/913/JI des Rates vom 28. November 2008 zur strafrechtlichen Bekämpfung bestimmter Formen und Ausdrucksweisen von Rassismus und Fremdenfeindlichkeit und zur Umsetzung des Zusatzprotokolls vom 28. Januar 2003 zum Übereinkommen des Europarats vom 23. November 2001 über Computerkriminalität betreffend die Kriminalisierung mittels Computersystemen begangener Handlungen rassistischer und fremdenfeindlicher Art	16.3.11	418	130 I, II Nr 2	geänd.
231.	Gesetz zur Verbesserung der Bekämpfung der Geldwäsche und Steuerhinterziehung (Schwarzgeldbekämpfungsgesetz)	28.4.11	676	261 I S 2 Nr. 4 lit b	geänd.
232.	Gesetz zur Bekämpfung der Zwangsheirat und zum besseren Schutz der Opfer von Zwangsheirat sowie zur Änderung weiterer aufenthalts- und asylrechtlicher Vorschriften	23.6.11	1266	237 240 IV S 2	eingef. geänd.
233.	Vierundvierzigstes Gesetz zur Änderung des Strafgesetzbuchs – Widerstand gegen Vollstreckungsbeamte (StrÄndG 44)	1.11.11	2130	113 I, II Nr. 1 114 III, 121 III 125a S 2 Nr. 2 244 III	geänd. eingef. geänd. eingef. geänd.

	Änderndes Gesetz	Datum	Bundes-gesetzbl. I Seite	geänderte Paragraphen des StGB	Art. d. Ände-rung
				244 IV 305a I Nr 2, 3	eingef. geänd.
234.	Fünfundvierzigstes Strafrechtsänderungsgesetz zur Umsetzung der Richtlinie des Europäischen Parlaments und des Rates über den strafrechtlichen Schutz der Umwelt (45. StrÄndG)	6.12.11	2557	311 I, 325 II, IV, VI, VII 325 III, V 326 I, II, 327 II, 328 I, III 329 IV, VI 329 V, 330 I, 330c I 330d II	geänd. eingef. geänd. eingef. geänd. eingef.
235.	Gesetz zur Neuordnung des Kreislaufwirtschafts- und Abfallrechts	24.2.12	212	327 II Nr 3	geänd.
236.	Gesetz zur Stärkung der Pressefreiheit um Straf- und Strafprozessrecht (PrStG)	25.6.12	1374	353b III a	eingef.
237.	Gesetz zur Stärkung der Täterverantwortung	15.11.12	2298	59a II S 1 Nr 4, S 2 Hs 2 59a II 2 S 1 Nr 5	geänd. eingef.
238.	Gesetz zur bundesrechtlichen Umsetzung des Abstandsgebotes im Recht der Sicherungsverwahrung	5.12.12	2425	67a II S 2, IV 4 S 2, 67c I, 67d II S 2, 67e II 2, 68c IV S 1, 68e I S 1 66 c	geänd. eingef.
239.	Gesetz zur Änderung des Umwelt-Rechtsbehelfsgesetzes und anderer umweltrechtlicher Vorschriften	21.1.13	95	326 II Nr 1	geänd.
240.	Gesetz zur Umsetzung der Richtlinie über Industrieemissionen	8.4.13	734	327 II Nr 2, 3 327 II Nr 4	geänd. eingef.
241.	Gesetz zur Änderung jagdrechtlicher Vorschriften (JagdRÄndG)	29.5.13	1386	292 III	eingef.
242.	Sechsundvierzigstes Strafrechtsänderungsgesetz – Beschränkung der Möglichkeit zur Strafmilderung bei Aufklärungs- und Präventionshilfe (46. StrÄndG)	10.6.13	1497	46b I S 1 Nr 1, 2	geänd.
243.	Gesetz zur Stärkung der Rechte von Opfern sexuellen Missbrauchs (StORMG)	26.6.13	1981	78b I Nr 1	geänd.
244.	Gesetz zur Umsetzung der Richtlinie 2011/61/EU über die Verwalter alternativer Investmentfonds	4.7.13	1981	151 Nr 3	geänd.
245.	Siebenundvierzigstes Gesetz zur Änderung des Strafgesetzbuches – Strafbarkeit der Verstümmelung weiblicher Genitalien (47. StrÄndG)	24.9.13	3671	226a	eingef.
246.	Gesetz zur Modernisierung des Geschmacksmustergesetzes sowie zur Änderung der Regelungen über die Bekanntmachungen zum Ausstellungsschutz	10.10.13	3799	261	geänd.
247.	Achtundvierzigstes Strafrechtsänderungsgesetz – Erweiterung des Straftatbestandes der Abgeordnetenbestechung (48. StrÄndG)	23.4.14	410	5, 108d, 108e, 261	geänd.
248.	Neunundvierzigstes Gesetz zur Änderung des Strafgesetzbuches – Umsetzung europäischer Vorgaben zum Sexualstrafrecht (49. StrÄndG)	21.1.15	10	5, 6, 78b, 130, 130a, 131, 174, 176, 176a, 182, 183, 184, 184a, 184b, 184c, 184d, 184e, 184f, 184g 194, 201a, 205	geänd. neugef. eingef. geänd.
249.	GVVG-Änderungsgesetz (GVVG-ÄndG)	12.6.15	926	89a IIa, 89c 261	eingef. geänd.

	Änderndes Gesetz	Datum	Bundes-gesetzbl. I Seite	geänderte Paragraphen des StGB	Art. d. Ände-rung
250.	Gesetz zur Umsetzung von Empfehlungen des NSU-Untersuchungsausschusses des Deutschen Bundestages	12.6.15	925	46	geänd.
251.	Zehnte Zuständigkeitsanpassungsverordnung	31.8.15	1471	89a, 89b, 129b	geänd.
252.	Asylverfahrensbeschleunigungsgesetz	20.10.15	1722	261	geänd.
253.	Gesetz zur Bereinigung des Rechts der Lebenspartner	20.11.15	2010	77b, 172, 181a	geänd.
254.	Gesetz zur Bekämpfung der Korruption	20.11.15	2025	5, 11, 78b, 202c, 261, 263, 264, 2 67, 298, 299, 301, 302, 329, 331, 332, 333, 334, 335a, 336, 338	geänd. eingef. geänd.
255.	Gesetz zur Strafbarkeit der geschäftsmäßigen Förderung der Selbsttötung	3.12.15	2177	217	eingf.
256.	Gesetz zur Einführung einer Speicherpflicht und einer Höchstspeicherfrist für Verkehrsdaten	10.12.15	2218	202d 205	eingf. geänd.
257.	Gesetz zur Bekämpfung von Korruption im Gesundheitswesen	30.5.16	1254	299a, 299b 300, 302	eingef. geänd.
258.	Erstes Finanzmarktnovellierungsgesetz (1. FiMaNoG)	30.6.16	1514	261	geänd.
259.	Gesetz zum besseren Informationsaustausch bei der Bekämpfung des internationalen Terrorismus	26.6.17	1818	84 II, 85 II, 129a IX	geänd.
260.	Gesetz zur Novellierung des Rechts der Unterbringung in einem psychiatrischen Krankenhaus gemäß § 63 des Strafgesetzbuches und zur Änderung anderer Vorschriften	8.7.16	1610	63 64 67 VI 67d	neugef. geänd. eingef. geänd.
261.	Gesetz zur Verbesserung der Bekämpfung des Menschenhandels und zur Änderung des Bundeszentralregistergesetzes sowie des Achten Buches Sozialgesetzbuch	11.10.16	2226	6, 126, 138 232 232a, 232b 233, 233a 233b, 261 I	geänd. neugef. eingef. neugef. geänd.
262.	Gesetz zur Änderung abfallverbringungsrechtlicher Vorschriften	1.11.16	2452	326 II Nr 1	aufgeh.
263.	Fünfzigstes Gesetz zur Änderung des Strafgesetzbuches – Verbesserung des Schutzes der sexuellen Selbstbestimmung (50. StrÄndG)	4.11.16	2460	5, 66 III, 78b I, 140 177 178 179 184i, 184j 218a III, 240 IV	geänd. neugef. geänd. aufgeh. eingef. geänd.
264.	Gesetz zur Modernisierung des Besteuerungsverfahrens	18.7.16	1679	355 I	geänd.
265.	Gesetz zur Änderung des Völkerstrafgesetzbuches	22.12.16	3150	80 80a, 138, 140	aufgeh. geänd.
266.	Gesetz zur Verbesserung des Schutzes gegen Nachstellungen	1.3.17	386	238	geänd.
267.	Einundfünfzigstes Gesetz zur Änderung des Strafgesetzbuches – Strafbarkeit von Sportwettbetrug und der Manipulation von berufssportlichen Wettbewerben (51. StrÄndG)	11.4.17	815	5, 261, 265c, 265d, 265e	geänd. eingef.

	Änderndes Gesetz	Datum	Bundesgesetzbl. I Seite	geänderte Paragraphen des StGB	Art. d. Änderung
268.	Zweiundfünfzigstes Gesetz zur Änderung des Strafgesetzbuches – Stärkung des Schutzes von Vollstreckungsbeamten und Rettungskräften (52. StrÄndG)	23.5.17	1226	113, 114, 115, 125, 125a, 323c II	geänd. neugef. eingef. geänd. eingef.
269.	Gesetz zur Reform der strafrechtlichen Vermögensabschöpfung	13.4.17	872	2, 11, 41, 43a, 52, 53, 54, 55, 57, 59, 73, 73a, 73b, 73c, 73d, 73e, 74, 74a, 74b, 74c, 74d, 74e, 74f, 75, 76, 76a, 76b, 78, 79, 79a, 89a, 101a, 109k, 129b, 150 I, 152a, 152b, 181c, 184b, 184d, 233b II, 244 IV, 244a III, 256 II, 260 III, 260a III, 261, 263 VII, 263a, 282 I, 286 I, 297, 302, 338	geänd. aufgeh. geänd. neugef. geänd. neugef. geänd. neugef. geänd. neugef. eingef. geänd. aufgeh. geänd. aufgeh. geänd. aufgeh. geänd. aufgeh. geänd. aufgeh. geänd. aufgeh.
270.	Gesetz zur Einführung der elektronischen Akte in der Justiz und zur weiteren Förderung des elektronischen Rechtsverkehrs	5.7.17	2208	78c, 353d	geänd.
271.	Dreiundfünfzigstes Gesetz zur Änderung des Strafgesetzbuches – Ausweitung des Maßregelrechts bei extremistischen Straftätern (53. StrÄndG)	11.7.17	1612	66, 68b	geänd.
272.	Vierundfünfzigstes Gesetz zur Änderung des Strafgesetzbuches – Umsetzung des Rahmenbeschlusses 2008/841/JI des Rates vom 24. Oktober 2008 zur Bekämpfung der organisierten Kriminalität (54. StrÄndG)	17.7.17	2440	129, 129a	geänd.
273.	Fünfundfünfzigstes Gesetz zur Änderung des Strafgesetzbuches – Wohnungseinbruchdiebstahl (55. StrÄndG)	17.7.17	2442	244	geänd.
274.	Gesetz zur Reform der Straftaten gegen ausländische Staaten	17.7.17	2439	103	aufgeh.
275.	Zweites Finanzmarktnovellierungsgesetz (2. FiMaNoG)	23.7.17	1693	261	geänd.
276.	Gesetz zur effektiveren und praxistauglicheren Ausgestaltung des Strafverfahrens	17.8.17	3202	44, 129, 266a	geänd.
277.	Sechsundfünfzigstes Strafrechtsänderungsgesetz – Strafbarkeit nicht genehmigter Kraftfahrzeugrennen im Straßenverkehr (56. StrÄndG)	30.9.17	3532	69, 315d, 315e, 315f, 316	geänd. neugef. eingef. geänd.

	Änderndes Gesetz	Datum	Bundesgesetzbl. I Seite	geänderte Paragraphen des StGB	Art. d. Änderung
278.	Gesetz zur Neuregelung des Schutzes von Geheimnissen bei der Mitwirkung Dritter an der Berufsausübung schweigepflichtiger Personen	30.10.17	3618	68a, 203, 204, 309	geänd.
279.	Berichtigung des Gesetzes zur effektiveren und praxistauglicheren Ausgestaltung des Strafverfahrens	1.11.17	3630	129	geänd.
280.	G zur Umsetzung des G zur Einführung des Rechts auf Eheschließung für Personen gleichen Geschlechts	18.12.18	2639	11	geänd.
281.	G zur Verbesserung der Information über einen Schwangerschaftsabbruch	22.3.19	350	219a	geänd.
283.	G zur Änd. des BundeswahlG und anderer Gesetze	18.6.19	834	107a	geänd.
284.	G zur Umsetzung der RL (EU) 2017/1371	19.6.19	844	264, 335a	geänd.
285.	G zur Reform der Psychotherapeutenausbildung	15.11.19	1604	139	geänd.
286.	Zweites Datenschutz-Anpassungs- und Umsetzungsgesetz EU[20]	20.11.19	1626	203, 355	geänd.
287.	Siebenundfünfzigstes G zur Änd. des StGB – Versuchsstrafbarkeit des Cybergroomings	3.3.20	431	176, 176a, 184b, 184i	geänd.
288.	Entscheidung des Bundesverfassungsgerichts vom 26.2.2020	19.3.20	525	217	nichtig
289.	Achtundfünfzigstes G zur Änd des StGB – Strafrechtlicher Schutz bei Verunglimpfung der Europäischen Union und ihrer Symbole	12.6.20	1247	104, 104a 90c	geänd. eingef.
290.	G zur Durchführung der VO (EU) 2017/1939 des Rates vom 12.10.2017 zur Durchführung einer Verstärkten Zusammenarbeit zur Errichtung der Europäischen Staatsanwaltschaft und zur Änd. weiterer Vorschriften	10.7.20	1648	203, 353b	geänd.
291.	Neunundfünfzigstes G zur Änd. des StGB – Verbesserung des Persönlichkeitsschutzes bei Bildaufnahmen	9.10.20	2075	201a, 205 184k	geänd. eingef.
294.	Einhundertsechzigstes G zur Änd. des StGB – Modernisierung des Schriftenbegriffs und anderer Begriffe sowie Erweiterung der Strafbarkeit nach den §§ 86, 86a, 111 und 130 des Strafgesetzbuches bei *Handlungen im Ausland*	30.11.20	2600	5, 6, 11, 20, 74d, 76a, 80a, 86, 86a, 90, 90a, 90b, 90c, 91, 111, 130, 130a, 131, 140, 165, 166, 176, 176a, 184, 184a, 184b, 184c, 186, 187, 188, 194, 200, 219a 184d	geänd. aufgeh.
296.	JahressteuerG 2020	21.12.20	3096	73e	geänd.
297.	G zur Verbesserung der strafrechtlichen Bekämpfung der Geldwäsche	9.3.21	327	76a 261	geänd. neugef.

	Änderndes Gesetz	Datum	Bundes-gesetzbl. I Seite	geänderte Paragraphen des StGB	Art. d. Ände-rung
299.	Einundsechzigstes ÄndG – Umsetzung der RL (EU) 2019/713 des Europäischen Parlaments und des Rates vom 17. April 2019 zur Bekämpfung von Betrug und Fälschung im Zusammenhang mit unbaren Zahlungsmitteln und zur Ersetzung des Rahmenbeschlusses 2001/413/JI des Rates	10.3.21	333	6, 138, 152a, 152b, 263a	geänd.
				152c	eingef.
301.	G zur Bekämpfung des Rechtsextremismus und der Hasskriminalität	30.3.21	441, geänd. durch G v. 30.3.21, 448	46, 115, 126, 140, 185, 186, 188, 194, 241	geänd.
302.	G zur Bekämpfung sexualisierter Gewalt gegen Kinder	16.6.21	1810	66, 78b, 140, 174, 174a, 174b, 174c, 180, 181b, 183, 184c	geänd.
				176, 176a, 176b, 184b	neugef.
				176c, 176d, 184l	eingef.
305.	G zur Fortentwicklung der StPO und zur Änd. weiterer Vorschriften	25.6.21	2099	78c, 129, 355	geänd.
306.	G zur Neuregelung des Berufsrechts der anwaltlichen und steuerberatenden Berufsausübungsgesellschaften sowie zur Änd. weiterer Vorschriften im Bereich der rechtsberatenden Berufe	7.7.21	2363	203	geänd.
307.	G zur Änd. des StGB – effektivere Bekämpfung von Nachstellungen und bessere Erfassung des Cyberstalkings sowie Verbesserung des strafrechtlichen Schutzes gegen Zwangsprostitution	10.8.21	3513	232a	geänd.
				238	neugef.
309.	G zur Änd. des Anti-Doping-G	12.8.21	3542	145d, 164	geänd.
310.	G zur Änd. des StGB – Strafbarkeit des Betreibens krimineller Handelsplattformen im Internet	12.8.21	3544	5, 128, 129	geänd.
				127	eingef.
312.	G zur Änd. des StGB – Verbesserung des strafrechtlichen Schutzes gegen sogenannte Feindeslisten, Strafbarkeit der Verbreitung und des Besitzes von Anleitungen zu sexuellem Missbrauch von Kindern und Verbesserung der Bekämpfung verhetzender Inhalte sowie Bekämpfung von Propagandamitteln und Kennzeichen verfassungswidriger und terroristischer Organisationen	14.9.21	4250	5, 86, 86a, 89, 130, 130a, 193, 194, 201a	geänd.
				126a, 176e, 192a	eingef.
314.	G zur Verbesserung der Transparenzregeln für die Mitglieder des Deutschen Bundestages und zur Anhebung des Strafrahmens des § 108e des StGB	8.10.21	4650	108e	geänd.

	Änderndes Gesetz	Datum	Bundes-gesetzbl. I Seite	geänderte Paragraphen des StGB	Art. d. Änderung
315.	G zur Änd. des InfektionsschutzG und weiterer Gesetze anlässlich der Aufhebung der Feststellung der epidemischen Lage von nationaler Tragweite	22.11.21	4906	275, 281	geänd.
				277, 278, 279	neugef.
317.	G zur Änd. des StGB – Aufhebung des Verbots der Werbung für den Schwangerschaftsabbruch (§ 219a StGB), zur Änd. des Heilmittelwerbe G, zur Änd. des SchwangerschaftskonfliktG, zur Änd. des EinführungsG zum StGB und zur Änd. des G zur strafrechtlichen Rehabilitierung der nach dem 8. Mai 1945 wegen einvernehmlicher homosexueller Handlungen verurteilten Personen	11.7.22	1082	218b	geänd.
				219a	aufgeh.

Strafgesetzbuch

Vorbemerkung

1 **1.** Das heute geltende **Strafgesetzbuch (StGB)** lässt sich zurückführen auf das Strafgesetzbuch für das Deutsche Reich vom 15.5.1871 (knapper Rückblick bei Stuckenberg GA 2022, 5). Auf dem Boden der Bundesrepublik Deutschland hat es seither ununterbrochen – wenngleich mit immer zahlreicheren Änderungen – Geltung behalten, während es in der DDR 1968 durch ein neues DDR-StGB abgelöst worden ist (ausf. Vormbaum Das Strafrecht der DDR, 2015), das seinerseits mit der Wiedervereinigung weitestgehend außer Kraft gesetzt worden ist. Die Vereinigung der beiden deutschen Staaten durch den Beitritt der DDR hat das Strafgesetzbuch nur am Rande berührt. Selbst hat es dadurch keine Änderung erfahren, ist aber weitgehend auf das Beitrittsgebiet erstreckt worden und dort am 3.10.1990 in Kraft getreten (Art. 1 I, 8 EV). Ausgenommen waren nur wenige Vorschriften, an deren Stelle früheres DDR-Recht fortgegolten hat (Anh. II). Diese Ausnahmen sind inzwischen durch den gesamtdeutschen Gesetzgeber aufgehoben worden oder aus anderen Gründen obsolet. Daher gilt das StGB jetzt einheitlich im ganzen Bundesgebiet (→ § 3 Rn. 4).

2 **2.** Den **Inhalt des Strafgesetzbuches** haben die systematischen gesetzgeberischen Bemühungen um eine **Gesamtreform des Strafrechts** in den Jahren von 1953 bis etwa 1974 nachhaltig geprägt. Sie haben eine umfassende Strukturveränderung des materiellen Rechts bewirkt, die in den **fünf Gesetzen zur Reform des Strafrechts** (StrRG) Ausdruck gefunden hat. Während für den AT mit dem In-Kraft-Treten des 2. StrRG ein gewisser Abschluss erreicht werden konnte, ist die Reform des Bundestages nur teilweise durchgesetzt worden, obwohl die noch der Umgestaltung bedürftige Materie durch den Inhalt des E 1962 (Timm, Der Entwurf eines Strafgesetzbuchs von 1962, 2016, mit positiver Bespr. Steinberg JZ 2017, 3) und der verschiedenen Entwürfe des AE bis zu einem gewissen Grade konkretisiert war. Spätestens seit der 8. Wahlperiode kann von einer systematischen Fortsetzung der Reformarbeiten nicht mehr die Rede sein. Seither hat die Strafgesetzgebung bis in die jüngste Vergangenheit immer nur an aktuelle Anlässe oder Bedürfnisse im politischen, gesellschaftlichen oder justiziellen Bereich angeknüpft und daher nur punktuelle Rechtsänderungen (sog. ad-hoc-Gesetze) hervorgebracht. Das war aus mancherlei Gründen nicht stets vermeidbar, aber doch deshalb bedauerlich, weil die längst überfällige Neuordnung zentraler Materien, die noch aus der Zeit des Nationalsozialismus stammen (namentlich Tötung, Nötigung und Untreue), auf der Strecke geblieben ist (→ Vor § 38 Rn. 20). Erst in der 13. Wahlperiode hat der Gesetzgeber das seit fast fünfundzwanzig Jahren Versäumte wenigstens teilweise durch das problematische 6. StrRG (→ Vor § 1 Rn. 13) nachzuholen versucht (Fischer FS Frisch, 2013, 31 „Blick zurück nach vorn"). – Die Reformbemühungen und ihre Ergebnisse sind ua in den Materialien zur Strafrechtsreform, den Niederschriften über die Sitzungen der Großen Strafrechtskommission (Ndschr), den Entwürfen zu den Reformgesetzen mit ihren Begründungen und den Protokollen des BT-Sonderausschusses (Prot. 4–7) dokumentiert (vgl. Horstkotte/Kaiser/Sarstedt, Tendenzen in der Entwicklung des heutigen Straf-

rechts, 1973; Madlener/Papenfuss/Schöne, Strafrecht und Strafrechtsreform, 1974; Sturm FS Dreher, 1977, 513; Jescheck in Max-Planck-Gesellschaft, Jahrbuch 1980, S. 18; Hirsch GS Kaufmann, 1986, 133; Baumann/Lenckner in Juristische Fakultät Tübingen, 40 Jahre Bundesrepublik Deutschland. 40 Jahre Rechtsentwicklung, 1990, S. 293, 325; rechtsvergleichend Jescheck SchwZStr 1975, 1; Jescheck FS Lange, 1976, 365; Jescheck ZStW 90, (1978), 777; ZStW 91 (1979), 1037; ZStW 1998 (1986), 1 (18); Lüttger, Strafrechtsreform und Rechtsvergleichung, 1979, S. 12, 39, 66, 86, 115; rückblickend Heinz FS Strätz, 2009, 233 (265f.) und die Beiträge in Steinberg/Koch/Popp, Strafrecht in der alten Bundesrepublik 1949–1990, 2020). Zusammenfassend lässt sich der Verlauf der Gesetzgebungsarbeiten wie folgt kurz skizzieren:

3 **a)** Die **4. und 5. Wahlperiode** haben die Ersten **wichtigen Teilergebnisse der Strafrechtsreform** erbracht. Zu ihnen gehören schon die Vorschriften über den Tonaufnahmemissbrauch (Gesetz v. 22.12.1967, BGBl. 1360), die Neuordnung des Rechts der Einziehung im EGOWiG (§§ 40–42 StGB aF) und die Reform des Staatsschutzrechts im 8. StÄG (Übersichtsbeiträge: Krauth/Kurfess/Wulf JZ 1968, 577 (609, 731); Woesner NJW 1968, 2129; Müller-Emmert NJW 1968, 2134). Eine umfassende Strukturveränderung des StGB haben aber erst die beiden ersten, aE der 5. Wahlperiode verkündeten **Gesetze zur Reform des Strafrechts** (1. und 2. StrRG) bewirkt (Übersichtsbeiträge zu beiden Gesetzen: Müller-Emmert/Friedrich JZ 1969, 245; Schultz MDR 1969, 904).

4 **b)** Den Kern der Reformgesetzgebung bildet das **2. StrRG,** das an die Stelle der Einleitenden Bestimmungen und des Ersten Teils des StGB einen neuen Allgemeinen Teil gesetzt hat und am 1.1.1975 in Kraft getreten ist (Gesetz v. 13.7.1973, BGBl. 909). Seine Schwerpunkte liegen auf dem Gebiet der Kriminalpolitik. Vor allem die Einführung einer einheitlichen Freiheitsstrafe (§§ 38, 39, 46ff.), die Umgestaltung der Geldstrafe nach dem Tagessatzsystem (§§ 40–43), die Erweiterung der Strafaussetzung zur Bewährung (§§ 56–58), die Einführung der Verwarnung mit Strafvorbehalt (§§ 59–59c) und die grundlegende Umstrukturierung des Maßregelsystems (§§ 61–72) sind hervorzuheben (Übersichtsbeiträge zum 2. StrRG: Müller-Emmert/Friedrich DRiZ 1969, 273; Hohler NJW 1969, 1225; Hassemer JuS 1970, 97; Reiss Rpfleger 1970, 322; rückblickend Ebert in Pauly, Wendepunkte, 2009, S. 186, 191). Demgegenüber hat das **1. StrRG** nur noch historische Bedeutung.

5 **c)** Das als Ergänzung zum 2. StrRG unerlässliche **EGStGB** ist im Frühjahr 1974 verkündet worden. Es enthält in erster Linie die zur Anpassung an den neuen AT erforderlichen Vorschriften, geht aber insofern über diesen Rahmen weit hinaus, als es im AT das 2. StrRG einer punktuellen Revision unterzogen und im BT weniger umstrittene Tatbestände oder Tatbestandsgruppen durch Neuregelungen ersetzt hat (Übersichtsbeitrag: Göhler NJW 1974, 825).

6 **d)** In der **6. Wahlperiode** hat das **3. StrRG** die umstrittene Neuordnung der Straftaten gegen den Gemeinschaftsfrieden (§§ 111, 113, 114, 125, 125a) gebracht (Übersichtsbeitrag: Dreher NJW 1970, 1153). Außerdem sind in § 316c und in den §§ 239a, 239b neue Tatbestände gegen Luftpiraterie (**11. StÄG;** Übersichtsbeitrag: Kunath JZ 1972, 199) und Menschenraub (**12. StÄG;** Übersichtsbeiträge: Müller-Emmert/Maier MDR 1972, 97; Bohlinger JZ 1972, 230) eingeführt worden.

e) In der **7. Wahlperiode** hat zunächst das **4. StrRG** die Straftaten gegen Personenstand, Ehe und Familie (§§ 169–173) und die Sexualstraftaten (§§ 174–184c) neu geregelt (Übersichtsbeiträge: Sturm/Laufhütte/Horstkotte JZ 1974, 1 (46, 84); Hanack NJW 1974, 1; Dreher JR 1974, 45; Jung JuS 1974, 126). Ihm ist als weiterer Schritt zur Reform des Bundestages das noch nach seiner Verkündung umstrittene **5. StrRG** gefolgt, das den Strafschutz gegen Abtreibung durch Einführung einer Fristenregelung auf eine neue Grundlage stellen wollte, aber in seinem Kern durch Urteil des BVerfG v. 25.2.1975 (BGBl. I 625; sa BVerfGE 39, 1 = NJW 1975, 573) für verfassungswidrig erklärt (→ Vor § 218 Rn. 2, 3) und deshalb durch das **15. StÄG** geändert worden ist. In dieser Wahlperiode wurden ferner verkündet: Das **13. StÄG,** das Anwendungs- und Auslegungsschwierigkeiten beseitigen sollte, zu denen die seit 1940 geltende Fassung des Tatbestandes der Verkehrsunfallflucht geführt hatte (Übersichtsbeiträge: Sturm JZ 1975, 406; Janiszewski DAR 1975, 169; Müller-Emmert/Maier DRiZ 1975, 176; Jagusch NJW 1975, 1631), das **14. StÄG,** das zur wirksameren Bekämpfung des Terrorismus neue oder erweiterte Tatbestände gegen das Androhen, Vortäuschen, Befürworten und Billigen von Gewalttaten und gegen das Anleiten zu ihrer Begehung einführte (Übersichtsbeiträge: Sturm JZ 1976, 347; Laufhütte MDR 1976, 441; Stree NJW 1976, 1177; Jung JuS 1976, 477), das **StGB/StPOÄndG,** das den Kampf gegen den organisierten Terrorismus zu intensivieren suchte (Übersichtsbeiträge: Jung JuS 1976, 760; Dahs NJW 1976, 2146; Sturm MDR 1977, 6; Maul DRiZ 1977, 207), und das **1. WiKG,** das für den Bereich des StGB neue Vorschriften zur Bekämpfung der Wirtschaftskriminalität in Kraft setzte (Übersichtsbeiträge: Müller-Emmert/Maier NJW 1976, 1657; Göhler/Wilts DB 1976, 1609 (1657); Jung JuS 1976, 757; Berz BB 1976, 1435; Heinz GA 1977, 193 (209, 225)). 7

f) Die **8. Wahlperiode** ist dadurch gekennzeichnet, dass der Sonderausschuss für die Strafrechtsreform wegfiel und damit die systematische Fortführung der Reformarbeiten praktisch beendet wurde. Während dieser Periode sind **Gesetz** geworden: das **16. StÄG,** das die Unverjährbarkeit des Mordes bestimmt (Übersichtsbeiträge: Jung JuS 1979, 832; Schulz MDR 1979, 901), das **17. StÄG,** das den Strafschutz staatlicher Geheimnisse zur besseren Gewährleistung der Pressefreiheit eingeschränkt (Übersichtsbeiträge: Möhrenschlager JZ 1980, 161; Jung JuS 1980, 308; Rogall NJW 1980, 751), und das **18. StÄG,** das den strafrechtlichen Umweltschutz neu gestaltet hat (Übersichtsbeiträge: Rogall JZ-GD 1980, 101; de With RuP 1980, 33; Sack NJW 1980, 1424; Bottke JuS 1980, 539; Vogel ZRP 1980, 178 (180); Sander DB 1980, 1249; Schultz MDR 1980, 905 (906); Laufhütte/Möhrenschlager ZStW 92 (1980), 912; Schroeder ZStW-Beiheft 1982, 1 (16)). 8

g) In der **9. Wahlperiode** sind nur zwei, gegen Ende der vorausgegangenen Periode am Einspruch des Bundesrates gescheiterte, Gesetze ergangen: das **19. StÄG,** das die §§ 88a, 130a (Verfassungsfeindliche Befürwortung von Straftaten, Anleitung zu Straftaten) aufgehoben (→ Vor § 125 Rn. 1), und das **20. StÄG,** das die Aussetzung des Restes einer lebenslangen Freiheitsstrafe eingeführt hat (Übersichtsbeiträge: Kunert NStZ 1982, 89; Jung JuS 1982, 222). 9

h) Die **10. Wahlperiode** hat zahlreiche punktuelle Änderungen gebracht: die Einführung der Vollzugslösung für die Unterbringung in einer Sozialtherapeutischen Anstalt (§ 65 StGB aF) durch das **StVollzÄndG** (Übersichtsbeiträge: Jung JuS 1985, 248; krit. Böhm NJW 1985, 1813); die dem Jugendschutz dienende Umgestaltung der §§ 131, 184 durch das **JÖSchNG** (Übersichtsbeiträge: v. Hartlieb 10

NJW 1985, 830; Jung JuS 1985, 565; Greger NStZ 1986, 8); die gegen rechtsextremistische Bestrebungen gerichtete Änderung der §§ 76a II, 78 I, 86a, 194 I, II durch das **21. StÄG** (Übersichtsbeiträge: Ostendorf NJW 1985, 1062; Marqua DRiZ 1985, 226; Vogelsang NJW 1985, 2386); die Einschränkung des Antragserfordernisses in § 303 III durch das **22. StÄG;** die Erweiterung der Landfriedensbruchstatbestände in § 125 durch das **1. StGB/VersGÄndG** (Übersichtsbeiträge: Kühl NJW 1985, 2379; Strohmaier StV 1985, 469; sa Werle FS Lackner, 1987, 481); der weitere Ausbau der Strafaussetzung zur Bewährung durch das **23. StÄG** (Übersichtsbeiträge: Jung JuS 1986, 741; Greger JR 1986, 353; Dölling NJW 1987, 1041); die Fortentwicklung des Wirtschaftsstrafrechts durch das **2. WiKG** (Übersichtsbeiträge: Möhrenschlager wistra 1986, 123; Joecks wistra 1986, 142; Otto wistra 1986, 150; Martens wistra 1986, 154; Schroth wistra 1986, 158; Achenbach NJW 1986, 1835; Granderath DB-Beilage Heft 18/1986, 1; Lenckner/Winkelbauer CR 1986, 483 (654, 824); Tiedemann JZ 1986, 865; Weber NStZ 1986, 481; Schmidt-Lademann WM 1986, 1241; Haft NStZ 1987, 6; Knauth NJW 1987, 28; Bühler MDR 1987, 448; Frommel JuS 1987, 667); die Einbeziehung des Fahrens in falscher Fahrtrichtung auf Autobahnen und Kraftfahrstraßen in den Tatbestand der Straßenverkehrsgefährdung durch das **OWiGÄndG;** die stärkere Betonung der Opferinteressen in § 46 II durch das **OpferSchG;** die Verschärfung der Strafvorschriften gegen terroristische Aktivitäten durch das **TerrBekG** (Übersichtsbeiträge: Dencker StV 1987, 117; Achenbach Kriminalistik 1987, 296; Kühl NJW 1987, 737); die Ergänzung des § 168 zur Verhütung kommerziellen Missbrauchs toter menschlicher Embryonen und Feten durch das **24. StÄG** (Übersichtsbeiträge: Sternberg-Lieben NJW 1987, 2962; krit. Koch NJW 1988, 2286); und das Ruhen der Strafantragsfrist beim Sühneversuch durch das **StVÄG 1987.**

11 **i)** Aus der **11. Wahlperiode** sind hervorzuheben: das **2. StGB/VersGÄndG,** das eine Verbesserung der Sicherheitslage angestrebt hat (Übersichtsbeiträge: Kunert/Bernsmann NStZ 1989, 449; Achenbach Kriminalistik 1989, 633; Jung JuS 1989, 1025); die Erstreckung des **§ 316c** auf Angriffe gegen den Seeverkehr durch das Ratifikationsgesetz zu dem Übereinkommen zur Bekämpfung widerrechtlicher Handlungen gegen die Sicherheit der Seeschifffahrt v. 13.6.1990 (BGBl. II 493); das **25. StÄG,** das die persönlichkeitsverletzende Verwertung von Informationen aus illegalen Abhöraktionen verbietet (Übersichtsbeiträge: Jung JuS 1991, 169; Schmitz JA 1995, 118); und der **Einigungsvertrag,** der das Strafrecht der Bundesrepublik mit Wirksamwerden des Beitritts der DDR (Art. 1 I EV) mit gewissen Einschränkungen und Maßgaben (→ § 3 Rn. 4–6) auf das Beitrittsgebiet erstreckt hat (Art. 8 EV). Das **KJHG** und das **BtG** haben den Text des StGB nur geringfügig geändert (Erweiterung des § 203 I Nr. 4 und Streichung des § 77 III 2), sind aber für die Anwendung zahlreicher Tatbestände des Bundestages bedeutsam.

12 **j)** In der **12. Wahlperiode** sind verkündet worden: das **AWG/StGBÄndG** mit einer Verschärfung der Vorschriften über den Verfall (Übersichtsbeiträge: Pietsch KJ 1991, 475; Hantke NJW 1992, 2123); das **26. StÄG** zur Verstärkung des Strafschutzes gegen den internationalen Menschenhandel (→ Vor § 174 Rn. 6); das **OrgKG,** das neue materiell- und verfahrensrechtliche Maßnahmen zur intensiveren Bekämpfung der organisierten Kriminalität eingeführt hat (Übersichtsbeiträge: Möhrenschlager wistra 1992, 281 (326); Rieß NJ 1992, 491; Krüger Polizei 1993, 26; zum materiell-rechtlichen Teil Krey/Dierlamm JR 1992, 353; zum prozessrechtlichen Teil Hilger NStZ 1992, 457 (523); zu den für das Betäubungsmittelrecht er-

heblichen Teilen Körner NJW 1993, 233 (234)); das **SFHG,** das die gesamtdeutsche Neuregelung des Schwangerschaftsabbruchs bringen sollte, von dem aber im Normenkontrollverfahren wichtige Einzelvorschriften für nichtig erklärt und durch eine vorläufige Anordnung des BVerfG ersetzt wurden (→ Vor § 218 Rn. 9); das **RPflEntlG,** das für Großverfahren eine zusätzliche Möglichkeit des Ruhens der Verjährung eröffnet (Übersichtsbeitrag: Siegismund/Wickern wistra 1993, 136 (141)); das **VerjG,** das für Unrechtstaten, die während des SED-Unrechtsregimes begangen, aber aus rechtsstaatswidrigen Gründen nicht verfolgt wurden, das Ruhen der Verjährung vorsieht (→ § 2 Rn. 27a); das **27. StÄG,** das dem Schutz vor sexuellem Missbrauch von Kindern durch Verschärfung der Vorschriften gegen kinderpornographische Schriften und Darstellungen dient (→ Vor § 174 Rn. 7); das **2. VerjG,** das im Hinblick auf besondere personelle und organisatorische Schwierigkeiten der Strafverfolgung in den neuen Bundesländern die Verjährung von Taten der unteren und mittleren Kriminalität aufgeschoben hat (→ § 2 Rn. 27b); das **28. StÄG,** das die Abgeordnetenbestechung mit Strafe bedroht; das **29. StÄG,** das unter Aufhebung der §§ 175, 182 eine einheitliche Jugendschutzvorschrift gegen sexuellen Missbrauch einführt (→ Vor § 174 Rn. 8); das **30. StÄG,** das für schwere Sexualstraftaten an Kindern und Jugendlichen das Ruhen der Verjährung bis zur Vollendung des 18. Lebensjahres des Opfers vorsieht; das **31. StÄG,** mit dem das Umweltstrafrecht weiterentwickelt wird (→ Vor § 324 Rn. 6a); das Grundstoffüberwachungsgesetz v. 7.10.1994 (BGBl. I 2835), das den § 261 I Nr. 2 geringfügig ergänzt; das **VerbrBG,** das einerseits den Opferschutz verbessern und andererseits die Möglichkeiten der Bekämpfung von Gewalt-, Massen- und organisierter Kriminalität erweitern soll (Übersichtsbeiträge: König/Seitz NStZ 1995, 1; Krüger Kriminalistik 1995, 41; Dahs NJW 1995, 553; König Kriminalistik 1995, 471); das **AbfG** v. 27.9.1994 (BGBl. I 2705), das den § 327 II Nr. 3 an das KrW-/AbfG angepasst hat; das **EGInsO** iVm dem EGInsOÄndG, das die §§ 283, 283d an die InsO angepasst hat.

m) In der **13. Wahlperiode** sind verkündet worden: das **32. StÄG,** das eine **13**
nach internationalem Recht nicht gebotene Privilegierung von ausländischen Kraftfahrzeugführern beseitigt hat (→ Vor § 69b Rn. 1); das **SRÜAusfG,** das durch Neufassung des § 5 Nr. 11 die Verfolgung von Straftaten auf See an das internationale Seerecht angepasst hat (→ § 5 Rn. 3); das **SichVG,** das den Anwendungsbereich der Sicherungsverwahrung auf das Beitrittsgebiet erstreckt hat (→ Vor § 66 Rn. 1); das **SFHÄndG,** das zur Umsetzung der zweiten verfassungsgerichtlichen Entscheidung zum Schwangerschaftsabbruch (BVerfGE 88, 203= NJW 1993, 1751) erlassen werden musste (→ Vor § 218 Rn. 19); das **33. StÄG,** das die §§ 177–179 (namentlich Vergewaltigung und sexuelle Nötigung) grdl. umgestaltet hat (→ Vor § 174 Rn. 10); das **IuKDG,** das den Begriff der Schriften iSd § 11 III und die Voraussetzungen ihrer Verbreitung an die Rahmenbedingungen für die Informations- und Kommunikationsdienste angepasst hat (→ § 11 Rn. 28); das **KorrBG,** das die Vorschriften über Bestechung und Bestechlichkeit, auch im privaten Geschäftsverkehr, erheblich verschärft hat (→ Vor § 298 Rn. 1); das **TPG,** das die Transplantation von menschlichen Organen erstmals gesetzlich geregelt, im StGB (§ 5 Nr. 15) aber nur eine Erweiterung des Geltungsbereichs vorgenommen hat (zur Transplantation → § 168 Rn. 4a); das **KindRG,** das den § 11 I Nr. 1 mit der neuen Rechtslage nach der allgemeinen Reform des Kindschaftsrechts in Einklang gebracht hat (→ Vor § 11 Rn. 1); das **BegleitG,** das mehrere Vorschriften, namentlich über den Geheimnisschutz (§ 88 I Nr. 1, 2, §§ 206, 265a I, 316b I Nr. 1,

§§ 317, 358), an das TDG angepasst hat; das **SexBG,** das die intensivere Bekämpfung von Sexualdelikten und anderen Gewalttaten anstrebt (→ Vor § 38 Rn. 6, 7); das **6. StrRG,** das die nach den beiden ersten Strafrechtsreformgesetzen planmäßig eingeleitete, aber seit Beginn der 8. Wahlperiode zum Erliegen gekommene Reform des Bundestages soweit wie möglich abzuschließen sucht (→ Vor § 38 Rn. 8–11); das **StVGÄndG,** das die §§ 44 II, III, 69 III und § 69b an die Zweite EG-Führerscheinrichtlinie angepasst hat (→ Vor § 69b Rn. 1); das **OrgKVerbessG,** das den § 261 weiter verschärft hat; das **PsychThG,** das den § 132a I Nr. 2 durch Einbeziehung psychologischer und psychotherapeutischer Berufsbezeichnungen erweitert hat (→ Vor § 132a Rn. 1); das **VVNVAG,** das zur Durchsetzung des umfassenden Verbots von Nuklearversuchen die § 328 I Nr. 1, 2, § 330b I geändert und die §§ 5 Nr. 11a, 328 II Nr. 3, 4, VI eingeführt hat (→ Vor § 328 Rn. 1); das **11. LuftVGÄndG,** das den § 4 technisch geändert hat (→ Vor § 4 Rn. 1); das **3. BNotOÄndG,** das den § 203 III geringfügig erweitert hat (→ Vor § 203 Rn. 1); das **BRAOÄndG,** das den § 203 I Nr. 3 auf Organe von Rechtsanwalts- und Patentanwaltsgesellschaften erstreckt hat (→ Vor § 203 Rn. 1); das **EGFinSchG,** das § 264 I, IV, VII zur Anpassung an das EG-Recht geändert oder neu gefasst hat (→ Vor § 264 Rn. 1); das **EUBestG,** das den § 5 Nr. 14a (Erweiterung des Geltungsbereichs der Abgeordnetenbestechung) eingefügt hat (→ Vor § 5 Rn. 1).

14 **n)** In der **14. Wahlperiode** sind verkündet worden: das **Gesetz zur Änderung des Schutzes von Verfassungsorganen des Bundes,** das § 106a aufgehoben hat; das **StVÄG 1999,** dessen Art. 3 die Nr. 6 in § 203 II eingefügt hat (→ § 203 Rn. 10a); das **LPartG,** dessen Art. 3 § 11 I Nr. 1a (→ § 11 Rn. 2) und § 77 II 1, 2 (→ Vor § 38 Rn. 11a) um die Begriffe „Lebenspartner" und „Lebenspartnerschaft" ergänzt hat; das **Gesetz zur Bekämpfung gefährlicher Hunde,** dessen Art. 3 den neuen § 143 eingefügt hat, der den unerlaubten Umgang mit gefährlichen Hunden unter Strafe stellt; das **UntersuchungsausschussG,** dessen Art. 2 § 153 einen Abs. 2 angefügt hat (→ § 153 Rn. 3); das **Gesetz zur Einführung des Euro,** dessen Art. 21 § 40 II 3 angepasst hat; das **SteuerverkürzungsbekämpfungsG,** dessen Art. 4 § 261 geändert hat; das **ProstG,** dessen Art. 2 §§ 180a I, 181a II geändert bzw. eingefügt hat; das Gesetz zur Einführung des **Völkerstrafgesetzbuches,** dessen Art. 2 § 220a aufgehoben und zahlreiche Vorschriften geändert hat; das **SteuerbeamtenausbildungsÄG,** dessen Art. 8 § 261 geändert hat; das **SchwarzarbeitsBG,** dessen Art. 8 § 266a geändert hat; das Gesetz zur Einführung der **vorbehaltenen Sicherungsverwahrung,** dessen Art. 1 § 66a eingefügt hat; das **EU-Rechtsinstrumente-AG,** dessen Art. 1 §§ 14, 75, 149 geändert und § 299 III eingefügt hat; das **34. StÄG,** dessen Art. 1 ua § 129b eingefügt hat.

15 **o)** In der **15. Wahlperiode** sind verkündet worden: das **TerrBekG 03,** dessen Art. 1 ua § 129a geändert hat; das **35. StÄG,** dessen Art. 1 ua §§ 152a, 152b geändert hat; das 3. Gesetz für **moderne Dienstleistungen am Arbeitsmarkt,** dessen Art. 44 § 68b geändert hat; das **SexÄG,** dessen Art. 1 ua §§ 184–184f geändert bzw. neugefasst hat; das **UWG,** dessen Kap. 5, § 20 VI, § 301 II geändert hat; das Gesetz zur Umsetzung der Reform der Gemeinsamen **Agrarpolitik,** dessen Art. 6 II § 261 I Nr. 3 technisch geändert hat; das Gesetz zur Einführung der **nachträglichen Sicherungsverwahrung,** das ua § 66b eingefügt hat; das Gesetz zur Intensivierung der Bekämpfung der **Schwarzarbeit,** dessen Art. 2 § 266a II–IV geändert hat; das **ZuwanderungsG,** dessen Art. 11 Nr. 14 §§ 261 I 2 Nr. 4b, 276a geändert hat; das **36. StÄG,** dessen Art. 1 ua § 201a einfügt hat; das **1. Justizmodernisie-**

rungsG, dessen Art. 12c die §§ 7 II Nr. 2, 77b V und § 114 I geändert hat; das Gesetz zur Überarbeitung des Lebenspartnerschaftsrechts, dessen Art. 5 XXIX § 11 I Nr. 1 ergänzt hat; das **37. StÄG,** dessen Art. 1 Nr. 10 vor allem den Menschenhandel unter Aufhebung von §§ 180b, 181 in den §§ 232–234 neu geregelt hat; das Gesetz **zur Änderung des VersG und StGB,** dessen Art. 2 einen neuen Abs. 4 in § 130 eingestellt hat; das Gesetz zur Umsetzung des Urteils des BVerfG zur akustischen Wohnraumüberwachung v. 3.3.2004, das einen neuen Abs. 4 in § 129 eingestellt hat; das **38. StÄG,** dessen Art. 1 den § 78b um einen Abs. 5 ergänzt hat; das **39. StÄG,** dessen Art. 1 §§ 303, 304 um neue Absätze erweitert hat.

p) In der **16. Wahlperiode** ist § 143 durch Art. 167 des 1. Gesetz über die Be- **16** reinigung von Bundesrecht im Zuständigkeitsbereich des BMJ aufgehoben worden; weiter ist verkündet worden: das 1. Gesetz zum Abbau bürokratischer Hemmnisse …, dessen Art. 2 in § 203 einen Abs. 2a eingefügt hat; das Gesetz zur Stärkung der Rückgewinnungshilfe und der Vermögensabschöpfung bei Straftaten, dessen Art. 2 § 73d I 3 neu gefasst hat; das **2. JustizmodernisierungsG,** dessen Art. 22 ua §§ 42, 57 um neue Absätze ergänzt und §§ 56f, 57a, 59, 59a geändert hat; des PersonenstandsreformG, dessen Art. 2 § 169 I technisch geändert hat; das **40. StÄG** hat das „Stalking"-Phänomen durch § 238 strafrechtlich als Nachstellung erfasst; zahlreiche Änderungen bei §§ 56c, d, f, 57, 66b, 67d, g, h, 68 II, 68a–g, 70b, 79 und § 145a hat das Gesetz zur Reform der **Führungsaufsicht** gebracht; das Gesetz zur **Unterbringung** hat §§ 64, 67a, d, e geändert, neu gefasst oder eingeführt; das GewerbeG hat § 5 Nr. 15 geändert; das **41. StÄG** hat § 202a neu gefasst und um §§ 202b, c ergänzt, § 205 geändert und § 303a III eingeführt; § 203 I Nr. 6 wurde durch das Rechtsberatungs- und das SteuerberatungsG geändert; § 261 wurde durch das TelekommunikationsüberwachungsG, das GrundstoffüberwachungsG und das GeldwäscheergänzungsG gleich drei Mal geändert; §§ 309 VI, 310 I 3, 4, III wurden neu gefasst durch das VN-UmsetzungsG zur Bekämpfung nuklearterroristischer Handlungen; vor allem im Bereich der §§ 182–184g, aber auch der §§ 161–163, brachte das EU-UmsetzungsG **Kinderausbeutung/-pornographie** zahlreiche Änderungen; das **42. StÄG** erhöhte die Tagessatzhöchstgrenze des § 42; § 78b I Nr. 1 wurde durch das OpferrechtsreformG geändert; das **43. StÄG** brachte eine neue allgemeine Kronzeugenregelung in § 46b; das Gesetz zur Verfolgung der Vorbereitung von schweren staatsgefährdenden Gewalttaten führte die §§ 89a, b, 91 ein (sog. **„Terrorcamp"**-G); das WasserrechtsneuregelungsG änderte § 327 II Nr. 2; das UmsetzungsG Einziehung/Vorverurteilung änderte § 56g II.

q) In der **17. Wahlperiode** sind verkündet worden: das Gesetz zur Neu- **17** rodung der Sicherungsverwahrung, das Ende 2010 umfangreiche Änderungen der §§ 66–68e gebracht hat, zwei Jahre später folgte in Umsetzung einer Entscheidung des BVerfG mit dem Gesetz zur bundesrechtlichen Umsetzung des Abstandsgebots im Recht der Sicherungsverwahrung die Einfügung von § 66c sowie weitere einmal Änderungen der §§ 67a–68e; das Gesetz zur Umsetzung des RB 2008/913/JI zur strafrechtlichen Bekämpfung von Rassismus und Fremdenfeindlichkeit hat § 130 I, II geändert; das SchwarzgeldbekämpfungsG hat eine Änderung in § 261 I gebracht; das Gesetz zur Bekämpfung der Zwangsheirat hat § 237 eingefügt und § 240 geändert; das 44. StÄG mit Änderungen der §§ 113, 114, 121, 125a, 244, 305a; das 45. StÄG, das in Umsetzung der Richtlinie 2008/99/EG die §§ 311, 325, 326–330d geändert hat; das Gesetz zur Neuordnung des Kreislaufwirtschafts- und Abfallrecht hat § 327 geändert, ebenso das Gesetz zur Umsetzung der Richtlinie über Industrieemissionen; das PrStG führte zu einer Änderung des § 353b;

das Gesetz zur Stärkung der Täterverantwortung hat § 59a geändert; das Gesetz zur Änderung des Umwelt-RechtsbehelfsG hat erneut § 326 II Nr. 1 geändert; das JagdRÄndG hat § 292 III eingefügt; das 46. StÄG hat § 46b I geändert, das StORMG § 78b I und das Gesetz zur Umsetzung der RL 2011/61/EU (AIFM-UmsetzungsG) § 151; unmittelbar vor Ende der Legislaturperiode ist schließlich mit dem 47. StÄG § 226a neu eingefügt worden. Mit dem Gesetz v. 10.10.2013 ist schließlich zum 1.1.2014 § 261 I 2 Nr. 4b geändert worden.

18 **r)** Die Strafgesetzgebung in der **18. Wahlperiode** war von zunehmender Hektik geprägt (zum damaligen Stand der Kriminalpolitik Heinrich KriPoZ 2017, 4). Zu Beginn standen grundlegende Projekte auf der kriminalpolitischen Reformagenda wie die Reform der Tötungs- und Sexualdelikte; zu beiden Vorhaben wurden Expertenkommissionen eingesetzt, die ihre Arbeit abschließen konnten, doch ist daraus kein Reformgesetz erwachsen, so dass die veröffentlichten Berichte allenfalls Grundlage für weitere Diskussionen sein können. Als Schwerpunkte der Gesetzgebung zu nennen sind **Korruptionsbekämpfung** (Neuerungen ua bei §§ 108e, 299ff., 331ff.), **Terrorismusbekämpfung** (§§ 89a ff, 129ff.), **Sexualstrafrecht** (§§ 174ff.), **Menschenhandel** (§§ 232ff.), **Vermögensabschöpfung** (§§ 73ff.) sowie die Etablierung eines **Sportstrafrechts** (§§ 265c ff., Anti-Doping-Gesetz). Seit 2014 sind verkündet worden: das 48. StÄG zur Erweiterung von § 108e; das 49. StÄG zur Umsetzung von EU-Vorgaben im Sexualstrafrecht, aber auch in §§ 130ff.; das GVVG-ÄndG, das neben Änderungen der §§ 89a, 261 neu § 89c eingefügt hat; Art. 2 des Gesetzes zur Umsetzung von Empfehlungen des NSU-Untersuchungsausschusses änderte § 46, Art. 220 der 10. ZuständigkeitsanpassungsVO §§ 89a f., 129b, Art. 14 AsylverfBeschlG § 261 und Art. 23 LebenspartBerG §§ 77b, 172, 181a; das KorruptionsbekG v. 20.11.2015 änderte ua §§ 261, 263, 264, 298–302, 331ff., das Gesetz zur Strafbarkeit der geschäftsmäßigen Förderung der Selbsttötung brachte § 217 und Art. 5 des Gesetzes zur Einführung Speicherfristen § 202d und das Gesetz zur Bekämpfung von Korruption im Gesundheitswesen §§ 299a f. sowie Folgenänderungen der §§ 300, 302; das 1. FiMaNoG modifizierte § 261, Art. 8 des Gesetzes zum besseren Informationsaustausch bei der Bekämpfung des internationalen Terrorismus §§ 84f, 129a; das Gesetz zur Novellierung des Rechts der Unterbringung änderte §§ 63f, 67, 67d, das Gesetz zur Verbesserung der Bekämpfung des Menschenhandels ua §§ 232ff., 261; Art. 2 des Gesetzes zur Änderung abfallverbringungsrechtlicher Vorschriften strich § 326 II Nr. 1; das 50. StÄG änderte erneut das Sexualstrafrecht und fügte §§ 181i f. ein; Art. 16 des Gesetzes zur Modernisierung des Besteuerungsverfahrens änderte § 355, Art. 2 des Gesetzes zur Änderung des VStGB änderte §§ 5, 80a, 138, 140 und hob § 80 auf; das Gesetz zur Verbesserung des Schutzes gegen Nachstellungen änderte § 238; das 51. StÄG fügte vor alllem §§ 265c ff. ein; das 52. StÄG änderte §§ 113f. und fügte § 115 ein; das 53. StÄG änderte §§ 66, 68b; das Vermögensabschöpfungsgesetz fasste §§ 73ff. neu, fügte § 76b ein und strich in einer Vielzahl von Tatbeständen die Verweisung auf den erweiterten Verfall; das 54. StÄG änderte §§ 129f., das 55. StÄG § 244 und Art. 1 des Gesetzes zur effektiveren Ausgestaltung des Strafverfahrens §§ 44, 129, 266a. Beschlossen worden ist schließlich ein 56. StÄG, das § 315d als Tatbestand neu gefasst und die die bisherige Norm zu § 315e umnummeriert hat; das Gesetz zur Neuregelung des Schutzes von Geheimnissen änderte §§ 203, 204. Am 1.1.2018 wirksam geworden sind die Änderungen der §§ 78c, 353d durch Art. 7 EAkteJEG sowie die Streichung von § 103 durch das Gesetz zur

Reform der Straftaten gegen ausländische Staaten; zum 3.1.2018 ist mit Art. 24 XXII des 2. FiMaNoG erneut § 261 geändert worden.

s) Auch die Strafgesetzgebung in der **19. Wahlperiode** war von zunehmender Hektik geprägt. Der Großteil der Änderungen des StGB trat erst in deren Endphase 2020/21 in Kraft. Wieder war ein erheblicher Teil der Änderungen weniger Ausdruck langfristiger kriminalpolitischer Programmatik, als vielmehr einer kurzfristigen Symbolpolitik, in der vor allem Strafschärfungen mit Blick auf die Öffentlichkeit als Ausdruck einer vermeintlich effektiven Bekämpfung von Kriminalität angesehen werden (die Frage, ob der Gesetzgeber populistischen Neigungen nachgeben sollte, wird zwischenzeitlich unterschiedlich beantwortet; tendenziell dafür Hoven in Hoven/Kubiciel, Zukunftsperspektiven des Strafrechts, 2020, S. 101 mit Replik von Prittwitz, S. 117). Die in der abgelaufenen Wahlperiode nicht seltene mehrfache Änderung eines Gesetzes in kurzen Abständen macht es für den Rechtsunterworfenen nicht immer leicht, die zur Tatzeit (noch) geltende, teilweise mildere Fassung zu ermitteln; das gilt umso mehr, als durch die rasche Überholung einer Regelung diese teilweise nicht einmal umfassend kommentiert worden ist. Wie bereits in den letzten 25 Jahren kam es nur äußerst selten zu punktuellen Entkriminalisierungen, während die meisten Änderungsgesetze ausschließlich oder weit überwiegend tatbestandliche Ausweitungen und/oder Strafschärfungen mit sich brachten. Bei Vorschlägen aus dem BMJV, die – wie bei der Geldwäsche – eine Ausweitung (auf alle Straftaten) mit einem Verzicht auf eine Starfbarkeit etwa wegen Fahrlässigkeit kombiniert haben, kam es im Gesetzgebungsverfahren dann zur Rücknahme dieser subjektiven Einschränkung, so dass am Ende allein der Verzicht auf die Katalogtaten (und damit die Ausweitung der Strafbarkeit) Gesetz geworden ist. Zur Aufhebung des § 217 kam es durch Urt. des BVerfG v. 26.2.2020 (BVerfGE 153, 182 = NJW 2020, 905). Betrachtet man die nachfolgend aufgeführten Änderungen, zeigt sich, dass diese erneut das **Sexualstrafrecht** und die **Vermögensabschöpfung,** daneben insbes. auch **Staatsschutz- und Geheimnisschutztatbestände, Cyberkriminalität, Geldwäsche** und erstmals seit längerem auch wieder die **Beleidigungsdelikte** betreffen. – **Im Einzelnen** wurden § 11 durch Art. 14 EheRAnpG zum 22.12.2018 redaktionell modifiziert, § 219a durch Art. 1 SchIG zum 29.3.2019 etwas eingeschränkt (was allerdings an der Debatte darüber nichts geändert hat), §§ 264, 335a durch das Art. 2 EUFinSchStGuG zum 28.6.2019 an die Vorgaben der PIF-Richtlinie (EU) 2017/1371 angepasst, ebenso §§ 203, 355 zzum 26.11.2019 durch Art. 62 des 2. DSAnpUG-EU, § 107a durch Art. 6 BWahlGuaÄndG zum 1.7.2019 ausgeweitet. V.a. zum Schutz gegen Cybergrooming wurden durch das 57. StÄG §§ 176, 176a, 184b, 184i geändert. Das 58. StÄG erweiterte zum 24.6.2020 den Schutz ausländischer und EU-Flaggen in §§ 90c, 104, 104a. Zum 1.9.2020 erfolgte eine kleine Änderung in § 139, zum 29.12.2020 eine Ergänzung von § 73e. Das 59. StÄG erweiterte zum 1.1.2021 den Schutz gegen intime Bildaufnahmen in §§ 184k, 201a; zum gleichen Zeitpunkt ersetzte das 60. StÄG den Schriftenbegriff durch den der Inhalte in einer Vielzahl von Strafnormen. Zum 18.3.2021 folgten durch Art. 1 GwStrRVG eine erhebliche Ausweitung von §§ 76a, 261 und durch das 61. StÄG in Umsetzung der Richtlinie (EU) 2019/713 Änderungen der §§ 6, 138, 152a, 152b, 152c, 263a. Zum 3.4.2021 folgte mit Art. 1 des G zur Bekämpfung des Rechtsextremismus und der Hasskriminalität eine Änderung der §§ 46, 115, 126, 140, 185, 186, 188, 194, 241; zum 1.7.2021 folgten mit Art. 1 des G zur Bekämpfung sexualisierter Gewalt gegen Kinder eine umfängliche Reform v. a. der Sexualdelikte sowie mit Art. 20 StPOuaFG 19

Änderungen der §§ 78c, 129, 355. Zum 22.9.2021 brachte Art. 1 des G gegen sog. Feindeslisten u. a. Änderungen der §§ 86, 86a, 89, 130, 130a, 193, 194, 201a und fügte §§ 126a, 176e, 192a ein. Es folgten zum 1.10.2021 mittels Art. 2 AntDopÄndG Änderungen der §§ 145d, 164, mittels des G zur Bekämpfung krimineller Handelsplattformen solche der §§ 5, 127, 128, 129 und mittels des G zur Bekämpfung von Cyberstalking u. a. der §§ 232a, 238. Abschließend brachte das G zur Verbesserung der Transparenzregeln zum 19.10.2021 eine Anhebung des Strafrahmens von § 108e. Die am 7.7.2021 mit Art. 29 BRAORefG verkündete Änderung des § 203 trat erst zum 1.8.2022 in Kraft.

20 **t)** Anders als zuvor begann die **20. Wahlperiode** mit Strafrechtsänderungen bereits vor dem Zusammentritt der neuen Bundesregierung der „Ampel"-Koalition, denn erste Urteile ließen erkennen, dass die Fälschung von **Corona-Impfnachweisen** möglicherweise aufgrund einer Strafbarkeistlücke nicht durch die §§ 267 ff. erfasst werden konnte (vgl. OLG Bamberg NJW 2022, 556); diese Lücken hat der Gesetzgeber sofort zu schließen versucht und mit Art. 2 des G zur Änderung des IfSchG zum 24.11.2021 die §§ 275, 277, 278, 279, 281 geändert. Der Koalitionsvertrag verspricht eine zurückhaltendere Strafrechtspolitik, in der auch für unnötig gehaltene Straftatbestände im Interesse einer Rückkehr zu einem strengeren ultima-ratio-Verständnisses gestrichen werden sollen (so § 219a und die Strafbewehrung des „Schwarzfahrens" in § 265a); es bleibt abzuwarten, ob sich eine solche über die Legislatur wird durchhalten lassen (§ 219 ist im Juli 2022 gestrichen worden). Auch eine Regelung der Sterbehilfe steht nach dem Urteil des BVerfG noch aus. Erneut ihn der Diskussion ist schließlich die Schaffung einer Strafnorm gegen sog. digitalen Hausfriedensbruch.

21 **3.** Das **Strafgesetzbuch** enthält den Kernbestand des materiellen Strafrechts. Während sein Besonderer Teil (§§ 80a–358) im Wesentlichen die strafrechtlich erheblichen Handlungen abstrakt beschreibt und sie jeweils mit einer Strafdrohung verbindet, liegt der Schwerpunkt des AT (§§ 1–79b) auf der Festlegung der allgemeinen Grundsätze, welche die Anwendung des Bundestages und des Nebenstrafrechts präzisieren, erweitern oder einschränken (§§ 1–37; 77–79b), und auf der Darstellung des Systems der Strafen (§§ 38–60), der Maßregeln (§§ 61–72) und der sonstigen strafrechtlichen Maßnahmen (§§ 73–76a). Zum systematischen Zusammenhang der beiden Teile des StGB ua Naucke FS Welzel, 1974, 761; Fincke, Das Verhältnis des Allgemeinen zum Besonderen Teil des Strafrechts, 1975; mit Bespr. Gössel JA 1975, 385; Ebert JZ 1977, 199; Tiedemann FS Baumann, 1992, 7; Kubiciel, Die Wissenschaft vom Besonderen Teil des Strafrechts, 2013, S. 287.

22 **4. a)** Ein **Europäisches Strafrecht** im Sinne einer EU-weiten Kodifikation einzelner Teile des Strafrechts kann es nach derzeitigem Europarecht nicht geben, weil der EU eine Kompetenz zur Strafrechtssetzung fehlt. Daran hat auch die Neuregelung strafrechtlicher Anweisungskompetenzen in Art. 83 AEUV nichts geändert (Heger ZIS 2009, 409). Bereits zuvor hat die EU über Rahmenbeschlüsse und in ihrer Wirkung vergleichbaren Richtlinien den deutschen Gesetzgeber wiederholt zu Änderungen bzw. Ergänzungen des StGB veranlasst. Seit 2009 steht hierfür nur noch das Instrument einer Richtlinie zur Verfügung. In einer solchen können Vorgaben sowohl für den Tatbestand als auch für Strafen gemacht werden; für die harmonisierten Tatbestände können auch Regelungen vorgegeben werden, die in Deutschland allein den AT betreffen (zB Täterschaft, Versuch; Grünewald JZ 2011, 972; Satzger ZIS 2016, 771; Jähnke JR 2021, 193; Bechtel ZStW 133

(2021), 1049), woraus allerdings Friktionen zB zu den §§ 22ff., 25ff. resultieren können (näher Brons, Binnendissonanzen im AT, 2014). Zu nennen sind vor allem das Terror-, Geldfälschungs-, Menschenhandels- und Umweltstrafrecht, ebenso die Regelungen zur Einziehung in §§ 73ff. Die europarechtliche Verpflichtung zum Erlass bzw. zur Beibehaltung bestimmter Straftatbestände hat neben dem Verbot an den Gesetzgeber, solche Normen wieder aufzugeben, zwei fundamentale Verpflichtungen für die Rspr. zur Folge, denn die Merkmale solcher europäisierten Straftatbestände müssen – soweit nach deutschem Recht möglich (dh insbes. unter Beachtung der Wortlautgrenze) – europarechtskonform ausgelegt werden; bleiben Zweifel darüber, wie eine Norm im Lichte des Unionsrechts auszulegen ist (Heger in Böse, Enzyklopädie Europarecht, Europäisches Strafrecht, Bd. XI, 2. Aufl. 2020, § 5 Rn. 101–127), sind zumindest letztinstanzlich zuständige Gerichte (BGH, OLG) verpflichtet, eine solche Frage dem EuGH im Wege des Vorabentscheidungsverfahrens gem. Art. 267 AEUV vorzulegen; das gilt auch, wenn einer akzessorischen Strafnorm zugrunde liegende zivil- oder verwaltungsrechtliche Normen der Umsetzung eines EU-Rechtsakts dienen (dazu mit Blick auf eine mögliche richtlinienkonforme Auslegung von § 263 Heger HRRS 2014, 467 (471)).

Aus der Lehrbuch-Literatur: Ambos, Internationales Strafrecht, 5. Aufl. 2018; Hecker, Europäisches Strafrecht, 6. Aufl. 2021; Satzger, Internationales und Europäisches Strafrecht, 9. Aufl. 2020; Safferling, Internationales Strafrecht, 2011; Schramm, Internationales Strafrecht, 2. Aufl. 2018; Esser, Europäisches und Internationales Strafrecht, 2. Aufl. 2018; Jähnke/Schramm, Europäisches Strafrecht, 2017; sowie im Format von Handbüchern, Sieber/Satzger/Heintschel-Heinegg, Europäisches Strafrecht, 2. Aufl. 2014; Böse, Enzyklopädie Europarecht, Europäisches Strafrecht, Bd. XI, 2. Aufl. 2020.

b) Schon seit langem beeinflusst die **MRK** und die Rspr. des Straßburger Menschenrechtsgerichtshofs das deutsche Strafrecht (Kühl ZStW 100 (1988), 406 (601)). Dieser Einfluss betrifft vor allem das Strafverfahrensrecht, ist aber auch im materiellen Strafrecht und speziell im StGB nachweisbar (Diehm, Die Menschenrechte der EMRK und ihr Einfluss auf das deutsche Strafgesetzbuch, 2006); dieser dürfte in Zukunft noch verstärkt werden, über die zT fast gleichlautenden Garantien der **GRCh** der EU, welche ja auch das BVerfG in ersten Judikaten bereits in seinen Grundrechtsmaßstab mit einbezogen hat (vgl. BVerfGE 152, 216 = NJW 2020, 314; dazu näher Heger/Huthmann ZStW 133 (2021), 777). **23**

5. Das **Völkerstrafrecht** (dazu grdl. Werle/Jeßberger, Völkerstrafrecht, 5. Aufl. 2020), das durch die Tätigkeit der Ad-hoc-Tribunale für Ex-Jugoslawien und Ruanda seit 1993/94 sowie seine weitgehende Kodifikation im IStGH-Statut v. 17.7.1998 und der Errichtung des IStGH 2002 an Gewicht gewonnen hat, ist für Geltung und Inhalt des deutschen Strafrechts nicht unmittelbar von Bedeutung; da jedoch nach dem Grundsatz der Komplementarität eine Strafverfolgung vor dem IStGH ausscheidet, wenn vor nationalen Strafgerichten die Strafverfolgung sichergestellt ist, und die wesentlichen Bestimmungen des IStGH-Statuts im deutschen VStGB übernommen worden sind, kann das Völkerstrafrecht jedenfalls bei der Auslegung des VStGB, in welchem auch die § 80 aF (Vorbereitung eines Angriffskrieges) und § 220a aF (Völkermord) aufgegangen sind, auf dessen Inhalt mittelbar einwirken (zur Zukunft des Völkerstrafrechts Jeßberger in Hoven/Kubiciel, Zukunftsperspektiven des Strafrechts, 2020, S. 323). **24**

Allgemeiner Teil

1. Abschnitt. Das Strafgesetz

1. Titel. Geltungsbereich

§ 1 Keine Strafe ohne Gesetz

Eine Tat kann nur bestraft werden, wenn die Strafbarkeit gesetzlich bestimmt war, bevor die Tat begangen wurde.

1. Die Vorschrift normiert in wörtlicher Übereinstimmung mit Art. 103 II GG den Grundsatz **nullum crimen sine lege, nulla poena sine lege** (sog. **Gesetzlichkeitsprinzip;** Roxin in Roxin/Arzt/Tiedemann StrafR/StrafProzR S. 11–13, 38–40; Walter JA 2013, 727 (730); zu dessen Kerngehalt Sinn FS Wolter, 2013, 503 (504); die Verbindung mit dem Schutz der Menschenwürde in Art. 1 I GG betont Gaier wistra 2014, 161 (165); deutsch-chinesischer Vergleich in Hilgendorf/Liang, Das Gesetzlichkeitsprinzip im Strafrecht, 2013). Er gilt für den Straftatbestand und für die Strafdrohung (BVerfGE 45, 363 = NJW 1977, 1815; BVerfG NJW 2014, 2019; Herzberg Schünemann-Symposium, 2005, 31 (59)); daher erfasst er auch die im Gesetz nicht vorgesehene Strafschärfung (BVerfG JZ 1997, 142 (144) = NJW 1997, 929) und das Übergehen einer gesetzlich bestimmten Strafmilderung (Langer FS Dünnebier, 1982, 421); umstritten ist, ob und inwieweit auch Regelungen des AT erfasst sind (Schmitz in MüKoStGB Rn. 13–15). Ob er als Ausfluss des Rechtsstaatsprinzips (so mit Recht die hM; vgl. Schreiber, Gesetz und Richter, 1976, S. 213; Welke KJ 1995, 369), der Prinzipien der Demokratie und der Gewaltenteilung (so Grünwald ZStW 76 (1964), 1 (13); Grünwald FS Kaufmann, 1993, 433; ähnlich Ransiek, Gesetz und Lebenswirklichkeit, 1989, S. 45; diff. Schünemann, Nulla poena sine lege?, 1978, S. 9), des Schuldprinzips (so ua Kielwein, Grundgesetz und Strafrechtspflege, 1960, S. 127, 135) oder eines als Objektivitätsgarantie wirkenden Allgemeinheitsprinzips (so Marxen GA 1985, 533 (545); Jakobs StrafR AT Abschn. 4 Rn. 9) verstanden werden muss, ist umstritten, aber für die Gesetzesanwendung nur in Ausnahmefällen relevant (zu seiner Dogmengeschichte Krey, Keine Strafe ohne Gesetz, 1983; zu seiner Abgrenzung von dem allgemeinen öffentlich-rechtlichen Gesetzesvorbehalt Krey/Weber-Linn FS Blau, 1985, 123; zur historischen Entwicklung und zur internationalen Verbreitung des Gesetzlichkeitsprinzips Kirsch, Zur Geltung des Gesetzlichkeitsprinzips im Allgemeinen Teil des Strafrechts, 2014, S. 35, 69 mit Bespr. Neumann GA 2016, 733). Das verfassungsrechtliche „Schlüsselkonzept" der Verhältnismäßigkeit hat im Strafrecht noch nicht Fuß gefaßt; vgl. Goeckenjan, in Jestaedt/Lepsius, Verhältnismäßigkeit, 2016. Jedenfalls enthält er die folgenden verfassungsrechtlichen Garantien (vgl. etwa Paeffgen StraFo 2007, 442; diesem strafrechtlichen Grundmodell hält Kuhlen FS Otto, 2007, 89, ein verfassungsrechtliches Grundmodell entgegen): 1

a) Die Beschränkung des Strafrechts auf **Gesetze** (im Sinne jeder geschriebenen Rechtsnorm; speziell zu vom Rat der EG/EU erlassenen Akten Tiedemann FS Roxin, 2001, 1401; Schmitz in MüKoStGB Rn. 23), die alles bei Strafe verbo- 2 tene Verhalten und die jeweils angedrohte Strafe (näher Dannecker/Schuhr in LK-StGB Rn. 223; Kunig in v. Münch/Kunig GG Art. 103 Rn. 27, 31; Kühl FS Kerner, 2013, 621 (625); BVerfG NJW 2014, 2019; speziell zu Regelbeispielen als Strafzumessungsfaktoren BVerfG NJW 2008, 3627 mAnm Kudlich JR 2009, 210) so konkret umschreiben, dass Strafbarkeit und Anwendungsbereich der Tatbestände zu erkennen sind und sich durch Auslegung ermitteln lassen (**Bestimmtheitsgrundsatz;** vgl. ua BVerfGE 71, 108 (114) = NJW 1986, 1671; BVerfGE 87, 209 (223, 399, 411) = NJW 1993, 1457; BVerfGE 92, 1 (11) = NJW 1995, 1141; BVerfGE 105, 135 (153) = NJW 2002, 1779; BVerfG NJW 2003, 1030; NJW 2006, 2684 (2685, 3050); NJW 2007,1193 (1933, 1941); NJW 2008, 3346; NJW 2010, 47 (54); BGH NJW 2004, 2990; NJW 2005, 374 (375), 15, 3590 mit Bespr. Eisele; Kuhlen FS Otto, 2007, 89 (94) „Präzisierungsgebot"; dazu auch BVerfGE 126, 170 (198) = NJW 2010, 3209; und Wessels/Beulke/Satzger StrafR AT Rn. 65; sa Kirsch, Zur Geltung des Gesetzlichkeitsprinzips im Allgemeinen Teil des Strafrechts, 2014, S. 288; Neumann FS Beulke, 2015, 197 (205); Gropp in Jaeckel/Zabel/Zimmermann, Grundrechtspolitik und Rechtswissenschaft, 2015, S. 109, 122; Eschelbach/Krehl FS Kargl, 2015, 81 (84); Kuhlen in Hilgendorf, Das Gesetzlichkeitsprinzip im Strafrecht, 2013, S. 46, 54, 59; zur Bedeutung des Rechtsguts für den Bestimmtheitsgrundsatz Kühl FS Heinz, 2012, 775; Vogel ZStW 128 (2016), 139; der Grundsatz gilt nicht für zivilrechtliche Verpflichtungen wie Gewinnzusagen nach § 661 a BGB, BGH NJW 2003, 3620 (3621); auch Ordnungsmittel nach § 890 ZPO sind keine Kriminalstrafen, OLG Schleswig NJW 2006, 3578; BVerfG NJW 2014, 2019, berufsrechtliche Vorschriften; wohl aber Bußgeldtatbestände, BVerfG NJW 2010, 754, für die aber § 300 WiG eine § 1 entsprechende Regelung enthält, sodass Ordnungswidrigkeiten zwar unter Art. 103 II GG fallen; BGHSt 57, 193 = NJW 2012, 164; OLG Stuttgart NStZ 2012, 453; sa Eisele wistra 2014, 81 (87); Gaier wistra 2014, 161 (165); § 1 aber auf sie keine Anwendung findet, Dannecker/Schuhr in LK-StGB Rn. 69); für den Normadressaten soll das Risiko einer Ahndung erkennbar sein (zum „hypothetischen Straftäter" als unerlässlichem Ausgangspunkt Kunig in v. Münch/Kunig GG Art. 103 Rn. 28; BVerfG NVwZ 2014, 1571 mit Bespr. Kingreen Jura 2015, 662) und es soll der Gesetzgeber selbst über die Strafbarkeit (oder die Bußgeldvoraussetzungen) entscheiden (BVerfG NJW 2010, 754 (755); BGHSt 59, 218 (260) mit Bespr. Mitsch NJW 2015, 209; BGHSt 61, 110 (126) = NJW 2016, 1251; Kunig in v. Münch/Kunig GG Art. 103 Rn. 30); letzteres kann nicht durch den Verweis auf eine vorhandene und gefestigte Rspr. der Strafgerichte ersetzt werden (so aber BVerfGE 45, 363 (371) = NJW 1977, 1815; BVerfGE 48, 48 (56) = NJW 1978, 1423; BVerfGE 86, 288 (311) = NJW 1992, 2947; BVerfG NJW 2003, 1030; krit. Kühl FS Seebode, 2008, 61 (65); Kühl FS Kerner, 2013, 621; auch Kunig in v. Münch/Kunig GG Art. 103 Rn. 30). Das schließt aber nicht die Verwendung von Begriffen aus, die in besonderem Maße der Deutung durch den Richter bedürfen (stRspr; BGHSt 48, 373 (383) = BeckRS 2003, 10413; BGHSt 59, 150 (156) = BeckRS 2014, 4267); Paeffgen StraFo 2007, 442 (443); Kühl FS Seebode, 2008, 61 (64); Gropp in Jaeckel/Zabel/Zimmermann, Grundrechtspolitik und Rechtswissenschaft, 2015, S 112). Fragwürdig ist allerdings, wenn die Bestimmtheit eines neuen Gesetzes erst und nur durch Rückgriff auf die gesetzliche Begründung erreicht werden kann (so aber zu § 315 d I Nr. 3 BVerfGE NJW 2022, 1160). Diese unvermeidbare innere Spannung hat bewirkt, dass über die verfassungsrechtliche Bedeutung der Garantie und ihre Auswirkungen auf die Grenzen zulässiger Auslegung (→ Rn. 6) zwar im Ausgangspunkt zunehmend Einigkeit besteht, dass aber ihre Tragweite im Einzelfall, dh ihre mehr oder weniger strikte Durchsetzung, noch wenig geklärt ist (vgl. etwa BVerfGE 73, 206 (234) = NJW 1987, 43; BVerfGE 92, 1 (12) = NJW 1995, 1141; BVerfGE 126, 170 (196) = NJW 2010, 3209 mit Bespr. Fischer ZStW 123 (2011), 816; Hefendehl wistra 2012, 325; Kudlich ZWH 2011, 1; Kuhlen JR 2011, 246; Saliger NJW 2010, 3195; ZIS 2011, 902; Schünemann StraFo 2010, 477; ZIS 2012, 183; BVerfGE 131, 268 (306) = NJW 2012, 3357 mkritAnm Merkel ZIS 2012, 521; BGHSt 28, 72 = NJW 1978, 2519; BGH NJW 2015, 1124 mit Bespr. Gübner, „Führen" iSd § 315 c; Lemmel, Unbestimmte Strafbarkeitsvoraussetzungen im Besonderen Teil des Strafrechts und der Grundsatz nullum crimen sine lege, 1970; Schünemann, Nulla poena sine lege?, 1978, S. 29; Herzberg Schünemann-Symposium, 2005, 31; Cohen, Im Zweifel für die Strafe?, 2015; krit. Krahl, Die Rechtsprechung des Bundesverfassungsgerichts und des Bundesgerichtshofs zum Bestimmtheitsgrundsatz im Strafrecht (Art. 103 Abs. 2 GG), 1986; krit. zur Rolle des BVerfG Duttge/Küpper FS Krey, 2010, 39 (335, 348); Grünwald FS Kaufmann, 1993, 433; Süß in IKW Zustand StrafR S. 207; krit. auch Gaede in Leipold/Tsambikakis/Zöller Rn. 24; Kunig in v. Münch/Kunig GG Art. 103 Rn. 27, 29.

Speziell zur Bestimmtheit bei **Verweisungs- und Blankettatbeständen** 2a BVerfGE 14, 245 (252) = NJW 1962, 1563; BVerfGE 75, 329 = NJW 1987, 3175; BVerfGE 78, 374 = NJW 1989, 1663; BVerfGE 143, 38 = NJW 2016, 3648 mAnm Hecker und Schmitz wistra 2017, 455, sowie Bespr. Kretschmer ZIS 2016, 673, Bülte BB 2016, 3075, Cornelius NStZ 2017, 682, Brand/Kratzer JR 2018, 422; BVerfGE 153, 310 = NZWiSt 2020, 263 mit Bespr. Pohlreich HRRS 2020, 481, Bülte wistra 2020, 242, Herz NZWiSt 2020, 253 und Heger/Widmann EuR 2021, 356; BVerfG NJW 2016, 1229; NJW 1992, 35; krit. Paeffgen StraFo 2007, 442 (445), schaler Beigeschmack; BVerfG NJW 1993, 1909; NJW 2006, 2684; NJW 2010, 754 (755); BGHSt 37, 266 (272) = NJW 1991, 1306; BGHSt 41, 127 = NJW 1995, 2174; BGHSt 50, 105 (114) = NJW 2005, 2095; BGHSt 53, 128 (132) = NJW 2009, 1681 mzustAnm Bieneck/Schaefer wistra 2011, 89; Safferling NStZ 2009, 604; BGHSt 59, 11 (15) = NJW 2014, 325; BGHSt 62, 13 = NJW 2017, 966;; BGH NJW 1996, 3220; NJW 2014, 325; NJW 2015, 2675; NJW 2016,1251 (3648) mAnm Hecker; BGH StV 2017, 71 (76); OLG Hamburg NStZ-RR 2007, 233; Lenzen JR 1980, 133; Volkmann ZRP 1995, 220; Enderle, Blankettstrafgesetze. Verfassungs- und strafrechtliche Probleme von Wirtschaftsstraftatbeständen, 2000; Raabe, Der Bestimmtheitsgrundsatz bei Blankettstrafgesetzen am Beispiel der unzulässigen Marktmanipulation, 2007 mit Bespr. Wohlers/Kudlich ZStW 120 (2008), 592; Mankowski/Bock ZStW 120 (2008), 704 (709) zur Verweisung auf das Zivilrecht; Bülte JuS 2015, 769 (773, 775); Schneider/Kaltenhanser medstra 2015, 24 (27); Otto FS Seebode, 2008, 81; Schuster, Das Verhältnis von Strafnormen und Bezugsnormen aus anderen Rechtsgebieten, 2012 mit Bespr. Tiedemann JZ 2013, 733; Saliger in Kloepfer/Heger, Das Umweltstrafrecht nach dem 45. Strafrechtsänderungsgesetz, 2015, S. 527; Heger FS Kühl, 2014, 669; Cornelius, Verweisungsbedingte Akzessorietät bei Straftatbeständen, 2016; speziell zu § 370 AO Ransiek FS Tiedemann, 2008, 171; BGHSt 59, 150 (156) = BeckRS 2014, 4267 (zu BtMG), davor schon BGHSt 29, 6 = NJW 1979, 1943; BGHSt 37, 383 = NJW 1991, 2359; BGH NJW 2014, 1029; diff. zwischen echten und unechten Blankettatbeständen Otto Jura 2005, 538; zu Blankettnormen mit Rückverweisungsklausel Freund/Rostalski GA 2016, 442; dazu krit. Kühl FS Lackner, 1987, 815; zu Generalklauseln im Wirtschaftsstrafrecht Tiedemann FS Rissing-van Saan, 2011, 685; für einen „Verzicht auf Blankettstrafgesetze" Hellmann

FS Krey, 2010, 169 (190); ferner bei Fahrlässigkeitstatbeständen Bohnert ZStW 94 (1982), 68; Duttge FS Kohlmann, 2003, 13; Herzberg Schünemann-Symposium, 2005, 32; ZIS 2011, 444; zur Regelbeispieltechnik und besonders schweren Fällen Eisele, Die Regelbeispielsmethode im Strafrecht, 2004, S. 383; auch Strafnormen in einer gemeindlichen Satzung müssen dem Bestimmtheitsgrundsatz genügen, Kunig in v. Münch/Kunig GG Art. 103 Rn. 24; zur statischen und dynamischen Verweisung auf EU-Recht Satzger Europäisierung des StrafR S. 251, 260, Satzger/Langheld HRRS 2011, 460; Paeffgen StraFo 2007, 442 (446); Harms/Heine FS Amelung, 2009, 393 (394); Böse FS Krey, 2010, 74; zur Erosion durch Übernahme internationalen Rechts Jähnke ZIS 2010, 463 (466); zur rechtsstaatlichen und rechtspolitischen Bedenklichkeit unbestimmter Strafbarkeitsvoraussetzungen Naucke JuS 1989, 862). Allgemein zur Tatbestandsbestimmtheit bei Verwaltungsakzessorietät BVerfG NVwZ 2012, 505; Kühl FS Lackner, 1987, 834. Besondere Bestimmtheitsprobleme ergeben sich, wenn in neueren Strafvorschriften das von ihnen geschützte Rechtsgut, das als solches relativ offen und unbestimmt sein darf, zum tatbestandsmäßigen Erfolg, der bestimmt sein muss, gemacht wird; so etwa der höchstpersönliche Lebensbereich in § 201a (→ § 201a Rn. 3), die private Lebensgestaltung in § 238 (→ § 238 Rn. 2) und der öffentliche Friede in § 130 IV (→ § 130 Rn. 8b), wo dieses Problem jetzt auch vom BVerfG erkannt wurde (BVerfG NJW 2010, 47 (54)). Bedenklich ist hingegen das „blinde" Vertrauen des BVerfG's in die Fähigkeit des BGH, eine unbestimmte Strafnorm bestimmt zu machen (näher Kühl FS Seebode, 2008, 61 (69); Roxin JahrbÖR 2011, 1 (24); vgl. etwa BVerfG NJW 2003, 1030; BVerfGE 93, 266 (299) = NJW 1995, 3303; BVerfGE 126, 170 (196) = NJW 2010, 3209); dass sich der BGH dazu nicht immer in der Lage sieht, zeigt ein erstes Urteil zur Öffnungsklausel des § 238 I Nr. 5 aF (BGHSt 54, 189 (193) = FPR 2011, 227 = NJW 2010, 1680).

3 **b)** Die Beschränkung des Strafrechts auf **geschriebene Gesetze.** Damit ist strafbegründendes und strafschärfendes **Gewohnheitsrecht** nicht vereinbar; jedoch sind die Beseitigung von Strafgesetzen durch Gewohnheitsrecht (BGHSt 5, 12 (23) = NJW 1953, 1802; BGHSt 8, 360 (381) = NJW 1956, 431), die Auswirkung gewohnheitsrechtlicher Sätze anderer Rechtsgebiete auf das Strafrecht (BGHSt 11, 241 = NJW 1958, 1194) sowie die gewohnheitsrechtliche Verfestigung der Auslegung strafrechtlicher Begriffe und der Entwicklung dogmatischer Lehren zum AT nicht ausgeschlossen (str.; vgl. etwa Baumann FS Jescheck, 1985, 104 (111); Schmitt FS Jescheck, 1985, 223; Jakobs StrafR AT Abschn. 4 Rn. 46, 47; Dannecker/Schuhr in LK-StGB Rn. 174; Hirsch FS Lüderssen, 2002, 253 (263); Rönnau in LK-StGB Vor § 32 Rn. 65; abl. Schmitz in MüKoStGB Rn. 29; speziell zu rechtfertigendem Gewohnheitsrecht BGHSt 49, 189 (193) = NJW 2004, 2316 mAnm Gribbohm NStZ 2005, 38).

4 **c)** Das **Verbot der Rückwirkung** von Strafbarkeit und Strafe zum Nachteil des Täters (Rückwirkungsverbot; vgl. ua BVerfGE 46, 188 = BeckRS 1977, 105980; BVerfG StraFo 2008, 465; Grünwald ZStW 76 (1964), 1; Schroeder JA 2010, 167 (172); zur Begr. aus der Gewaltenteilung BVerfG JZ 2014, 510 mit Bespr. Lepsius JZ 2014, 484; Hey JZ 2014, 500); es gilt nicht für freiheitsentziehende Maßregeln wie die Sicherungsverwahrung (BVerfGE 109, 133 (177) = NJW 2004, 739; BVerfGE 128, 326 (376, 392) = NJW 2011, 1931 (1937); BVerfG NJW 2012, 3357 (3363); → Rn. 8). Es erfasst nur die Änderung des Gesetzes, auch gesetzlich umschriebener Rechtfertigungsgründe (BVerfG JZ 1997, 142 (144) = NJW 1997, 929; ebenso Sternberg-Lieben in Schönke/Schröder Vor § 32 Rn. 26), nicht der

richterlichen Auslegung (hM; vgl. etwa BVerfGE 18, 224 (240) = NJW 1965, 243; BVerfG NJW 2015, 1867; OLG Frankfurt a. M. NJW 1969, 1634; Tröndle FS Dreher, 1977, 117; Schünemann FS Bruns, 1978, 223 (233); Dannecker, Das intertemporale Strafrecht, 1993, S. 364; Roxin JahrbÖR 2011, 1 (26); anders Müller-Dietz FS Maurach, 1972, 41; Schreiber JZ 1973, 713; Neumann ZStW 103 (1991), 331; Ranft JuS 1992, 468; Hettinger FS Meyer-Goßner, 2001, 145 (149); Leite GA 2014, 220 (231); zur Kritik auch Kunig in v. Münch/Kunig GG Art. 103 Rn. 32a; → § 315c Rn. 6d). Auch das Verfahrensrecht gehört nicht hierher (diff. Wohlers FS Kargl, 2015, 587); die Umgestaltung eines Antrags- in ein Offizialdelikt wirkt daher nach der Rspr. in der Regel zurück (BGHSt 46, 310 = NJW 2001, 2102 mit krit. Bespr. Knauth StV 2003, 418; zw.); dagegen ist erfasst der Auffangrechtserwerb nach § 111i StPO aF, weil er eine Modifizierung der materiell-rechtlichen Verfallregelung des § 73 I 2 aF ist (Hailbronner/Thoms NJW 2007, 1093; dies muss konsequent ebenfalls für den zwischenzeitlich etablierten primären Erwerb des Einziehungsgutes durch den Staat bei nachfolgender Verteilung an die Opfer gelten), auch der Bewährungswiderruf nach § 57 V wegen seines teilweise materiell-rechtlichen Charakters (OLG Stuttgart StV 2008, 37). Zum Gesetzlichkeitsprinzip im Strafprozessrecht Kudlich in Kudlich/Montiel/Schuhr, Gesetzlichkeit und Strafrecht, 2012, S. 233. Zur Geltung im OWiR Blaue ZJS 2014, 371. Zu problematischen Auswirkungen durch internationale Regelungen Jähnke ZIS 2010, 463 (464).

d) Das **Verbot der Analogie** (krit. zur Terminologie Kuhlen FS Otto, 2008, 89 (97)) zur Begründung der Strafbarkeit oder der Strafe; zugunsten des Täters ist Analogie jedoch auch im Strafrecht zulässig (BGHSt 7, 190 = NJW 1955, 722; BGHSt 9, 310 = NJW 1956, 1406). Es ergänzt das an den Gesetzgeber gerichtete Bestimmtheitsgebot (Kuhlen FS Otto, 2008, 89 (99)); zum Analogieverbot Greco GA 2016, 138 (153) „… Verbot, eine Straftat auf von ihrem Wortlaut nicht mehr erfaßte Gegenstände anzuwenden" und Greco GA 2016, 195 (211)). **Analogie** ist Ausfüllung einer Gesetzeslücke durch Übertragung eines einem Tatbestand (Gesetzesanalogie) oder einer Mehrheit untereinander ähnlicher Tatbestände (Rechtsanalogie) zugrundeliegenden Rechtssatzes auf einen vom Gesetz nicht geregelten ähnlichen Fall (krit. und den Diskussionsstand zusf. Hassemer/Kargl in NK-StGB Rn. 70–101; zur sog. innertatbestandlichen Analogie → § 238 Rn. 6; → § 315 Rn. 6; sowie Kuhlen FS Otto, 2008, 89 (97); Köhne ZRP 2009, 87; zu Umgehungsversuchen Marinucci FS Tiedemann, 2008, 189) zur gesetzlich angeordneten entsprechenden Anwendung, zB in § 257 IV: „§ 248a gilt sinngemäß", Maties JR 2007, 265; zum Verbot der strafbegründenden oder strafschärfenden Analogie vgl. etwa § 353d Nr. 3 BVerfG JR 2015, 209 im Anschluß an BVerfGE 71, 108 (115) = NJW 1986, 1671. Das Verbot gilt mit Einschränkungen auch für Bestimmungen des AT (hM; expl. BGHSt 42, 158 (235) = NJW 1996, 2663, namentlich für die gesetzlich umschriebenen Rechtfertigungs-, Entschuldigungs- und Strafausschließungsgründe (vgl. etwa Seebode FS Krause, 1990, 375 (379); Dannecker/Schuhr in LK-StGB Rn. 174, 274; Dannecker FS Otto, 2008, 25; Gribbohm FS Salger, 1995, 39; Erb ZStW 108 (1996), 266; Rönnau in LK-StGB Vor § 32 Rn. 62–67; Paeffgen in NK-StGB Vor § 32 Rn. 62; anders Krey JZ 1979, 711; Lampe JuS 1989, 610 (612); Günther FS Grünwald, 1999, 213; einschr. Roxin ZStW 93 (1981), 68 (79); Sternberg-Lieben, Die objektiven Schranken der Einwilligung im Strafrecht, 1997, S. 316; speziell zu Einzelentscheidungen der Verwaltung, die die Rechtswidrigkeit tatbestandsmäßigen Verhaltens im Umweltstrafrecht ausschließen, Ransiek 5 in NK-StGB Vor § 324 Rn. 20; Jahn FS Beulke, 2015, 801; zu OLG Hamm NStZ 2014, 541). Das Analogieverbot gilt prinzipiell nicht im Strafprozeßrecht (Magnus ZRP 2015, 12 (15); Meyer-Goßner in Meyer-Goßner/Schmitt StPO Einl. Rn. 198). Ebenso unzulässig wie Analogie ist auch eine die Wortlautschranke (→ Rn. 6) überschreitende **tatbestandliche Reduktion** einer Vorschrift, zB des § 24 beim erfolgsqualifizierten Versuch (→ § 24 Rn. 22), zum Nachteil des Täters (BGHSt 42, 158 = NJW 1996, 2663; Gaede in Leipold/Tsambikakis/Zöller Rn. 39); eing. zur Geltung des Bestimmheitsgebots für § 24 Scheinfeld, Der Tatbegriff des § 24 StGB, 2006, S. 25–35. Den Gegensatz zur analogen Anwendung eines Rechtssatzes bildet die bloße Konkretisierung seines maßgeblichen Sinns durch grammatische, historische, systematische und teleologische **Auslegung** (BVerfGE 11, 126 (130) = NJW 1960, 1563; BGHSt 24, 40 = NJW 1971, 525; Kudlich ZStW 115 (2003), 1 (6); Kudlich FS Puppe, 2011, 213; Schäfers JuS 2015, 875; Hassemer und Schroth in Kaufmann/Hassemer/Neumann, Einführung in Rechtsphilosophie und Rechtstheorie der Gegenwart, 7. Aufl. 2004, S. 262, 280; Kindhäuser/Zimmermann StrafR AT § 3 Rn. 7; Schmitz in MüKoStGB Rn. 78–90; Vogel, Juristische Methodik, 1998, § 8 I 4 a; krit. Hassemer ZRP 2007, 213 (215, 219): werden Komplexität richterlichen Handelns nicht gerecht; → Vor § 13 Rn. 4; zur „ratio legis" Herzberg JuS 2005, 1; speziell zur „Lückenschließung" Kertai JuS 2011, 976), zu der die verfassungskonforme Auslegung hinzutritt (praktiziert von BVerfG NJW 2004, 1305; Hassemer ZRP 2007, 213 (215, 219); Höfling medstra 2015, 85 (90); Vogel, Juristische Methodik, 1998, § 8 I 4b; Hecker in Schönke/Schröder Vor § 1 Rn. 33, 34; eing. Kuhlen, Die verfassungskonforme Auslegung von Strafgesetzen, 2006 mit Bespr. Krehl StV 2008, 331; Simon GA 2007, 550; Kaspar GA 2014, 553; zur grundrechtsorientierten Auslegung Kudlich JZ 2003, 127).

6 aa) Die **Auslegung** hat sich nach überwiegender Meinung am sog. „objektivierten" Willen des Gesetzes (objektive Auslegungstheorie; vgl. BVerfGE 11, 126 (130) = NJW 1960, 1563; BVerfGE 105, 135 (157) = NJW 2002, 1779; BVerfG NJW 2004, 1305 (1306); Schwalm FS Heinitz, 1972, 47 und Schwalm FS Dreher, 1977, 53 (65)), also nicht ausschließlich am subjektiven Willen des historischen Gesetzgebers (subjektive Auslegungstheorie; Naucke FS Engisch, 1969, 274; zu deren Konflikt mit dem Analogieverbot Rüthers/Höpfner JZ 2005, 21) zu orientieren (zu beiden Theorien Würdinger JuS 2016, 19; zusf. Zippelius Methodenlehre § 4 II; Analyse der höchstrichterlichen Rspr. bei Simon, Gesetzesauslegung im Strafrecht, 2005, S. 475, der sich krit. zur objektiv-teleologischen Auslegungsmethode äußert (mit Bespr. Naucke NJW 2006, 489; Hilgendorf GA 2006, 654). Wieweit allerdings dessen Vorstellungen vom Regelungsgehalt und dessen Zwecksetzungen als Auslegungshilfsmittel heranzuziehen und als Auslegungsgrenzen verbindlich sind, ist noch nicht abschließend geklärt (zum Ganzen vgl. etwa Engisch in Enzyklopädie der geisteswissenschaftlichen Arbeitsmethoden, 1973, S. 39, 47; Krey, Studien zum Gesetzesvorbehalt im Strafrecht, 1977, S. 199, Studien; Schünemann FS Bockelmann, 1979, 117; Schroth, Theorie und Praxis subjektiver Auslegung im Strafrecht, 1983; Loos FS Wassermann, 1985, 123; Dopslaff, Wortbedeutung und Normzweck als die maßgeblichen Kriterien für die Auslegung von Strafrechtsnormen, 1985; Hettinger JuS 1997, L25). Dasselbe gilt für die erst in jüngerer Vergangenheit relevant gewordene Frage, wieweit für die Bundesrepublik verbindliche EG/EU-Richtlinien die Auslegung von Strafvorschriften beeinflussen (näher zur **richtlinienkonformen Auslegung** Hugger NStZ 1993, 421; Dannecker JZ 1996, 869 (871); Satzger Europäisierung des StrafR S. 518; Zieschang in Hoh-

loch, Wege zum europäischen Recht, 2002, S. 39, 45; Mansdörfer Jura 2004, 297 (300); Tonikidis JA 2013, 598; aus der Rspr. BGHSt 59, 11 = NJW 2014, 325 mit Bespr. Freund JZ 2014, 362; Hecker JuS 2014, 385; Maier/Budmann NJW 2014, 3342; Schuhr NStZ 2014, 333; eing. Schröder, Europäische Richtlinien und deutsches Strafrecht, 2002, S. 321; sa Weigend ZStW 105 (1993), 774; Schmitz in MüKoStGB Rn. 86–88; allg. zur europarechtskonformen Auslegung Vogel, Juristische Methodik, 1998, § 8 I 4 b; Wessels/Beulke/Satzger StrafR AT Rn. 57 „unionskonforme Auslegung"; Bergemeier HRRS 2013, 181; Hecker in Schönke/Schröder Rn. 37; zur „richtlinien- und unionskonformen" Auslegung Renzikowski NJW 2014, 25 (95) „Abo-Falle" mAnm Rönnau/Wegner JZ 2014, 1060; Krack ZIS 2014, 356; Cornelius NStZ 2015, 310; Achenbach NStZ 2015, 629; Satzger in Satzger/Schluckebier/Widmaier StGB Rn. 117; zu den Grenzen der „konventionsfreundlichen" Auslegung OLG Brandenburg StraFo 2015, 70 zu § 329 StPO); der EuGH fordert auch eine rahmenbeschlusskonforme Auslegung (EuGH JZ 2005, 838 (841) mit Bespr. Hillgruber; Gusy/Gärditz GA 2006, 225; Först, Die Pflicht zur rahmenbeschlusskonformen Auslegung, 2012; sie wird in deutschen Gesetzgebungsverfahren praktiziert, BT-Drs. 16/13673, 6–8 zum Rahmenbeschluss Vorverurteilung). Auslegung, auch extensive (BVerfG wistra 2004, 99, gerade bei eindeutigem Normzweck), wird vom Analogieverbot nicht berührt; sie kann sich zum Nachteil des Täters auswirken (BVerfG NJW 1982, 1512; BGHSt 6, 131 = BeckRS 9998, 122486), findet in diesem Falle aber – mit Rücksicht auf den Grundsatz nullum crimen sine lege – ihre Grenze an der sog. **Wortlautschranke,** die durch den äußerst möglichen (Rössner in HK-StrafR § 1 Rn. 8; enger Velten/Mertens ARSP 1990, 516) umgangssprachlichen Wortsinn gebildet wird (hM; vgl. ua BVerfGE 71, 108 (114) = NJW 1986, 1671; BVerfGE 75, 329 = NJW 1987, 3175; BVerfGE 87, 209 (224) = NJW 1993, 1457; BVerfGE 92, 1 (12) = NJW 1995, 1141; BVerfGE 105, 135 (157) = NJW 2002, 1779; BVerfGE 126, 170 (197) = NJW 2010, 3209; BVerfG NJW 1995, 2776; NJW 1996, 2663; NJW 2003, 1030; NJW 2005, 2140 (2141); NJW 2006, 2684 (2685, 3050); NJW 2007, 1193; NJW 2008, 3627, Pkw ist keine „Waffe" iSd § 113 II Nr. 1; → § 113 Rn. 24 mit zahlreichen Bespr.; krit. Küpper FS Krey, 2010, 335 (343); BVerfG NJW 2009, 2805; NJW 2010, 754 (755); NJW 2011, 3230; → § 240 Rn. 8; BVerfG JR 2010, 79 (84) mAnm Valerius; BVerfG wistra 2004, 99; BGHSt 4, 144 (148) = NJW 1953, 996; BGHSt 20, 235 = NJW 1965, 1870; BGHSt 26, 95 = NJW 1975, 1176; BGHSt 28, 224 (229) = NJW 1979, 726; BGHSt 29, 129 (133) = NJW 1980, 350; BGHSt 42, 235 (241) = NJW 1997, 138; BGHSt 43, 237 = NJW 1998, 465; BGHSt 48, 354 (357) = NJW 2003, 3717; BGHSt 50, 370 (372) = StV 2006, 525 = NJW 2006, 1890; BGHSt 54, 61 (66) = NJW 2010, 163; BGHSt NJW 2006, 1890 (1891); BGHSt NJW 2007, 524 mit Bespr. Satzger JK GG Art. 103 Rn. 2; BGHSt NJW 2015, 2675; BGHZ 197, 242 = NJW 2013, 2589 mit Bespr. Arnold JR 2015, 235 (240), Familienrecht; BGH NStZ 2016, 52; OLG Bamberg NStZ-RR 2008, 290 zu § 23 a StVO; OLG Nürnberg NJW 2010, 2071 (2073) zur Zahngold-„Asche" iSd § 168 I mit Bespr. Kudlich/Christensen JR 2011, 146; nur in der Begr. problematisch BGH NJW 1996, 328 mit krit. Bespr. Otto JK StGB § 1 Rn. 15; Bemmann MDR 1958, 394; Schünemann FS Klug, 1983, 169 (180); Lackner FS Heidelberg, 1986, 39; Neumann in Neumann/Rahlf/von Savigny, Juristische Dogmatik und Wissenschaftstheorie, 1976, S. 42; Krey ZStW 101 (1989), 838 (842); Scheffler Jura 1996, 505; Otto Schünemann-Symposium, 2005, 71; Duttge FS Krey, 2010, 39 (41); Walter JA 2013, 727 (731); Roxin JahrbÖR 2011, 1 (22); Roxin/Greco StrafR AT I § 5 Rn. 26–44; Vogel, Juristische Methodik, 1998, § 8 I 3c; Zippelius Methodenlehre § 9 IIa; Satzger in Satzger/Schluckebier/Widmaier StGB Rn. 39; Hecker in Schönke/Schröder Rn. 37; anders Schmidhäuser GS Martens, 1987, 231; Herzberg GA 1997, 251 (252); Jakobs StrafR AT Abschn. 4 Rn. 39–41; Stratenwerth/Kuhlen StrafR AT § 3 Rn. 31–33; krit. Kudlich/Christensen ARSP 2007, 128; Klatt, Theorie der Wortlautgrenze, 2004, S. 73 mit Bespr. Winkler JZ 2005, 940; Simon, Gesetzesauslegung im Strafrecht, 2005, S. 100 mit Bespr. Kudlich HRRS 2006, 41; Paeffgen StraFo 2007, 442 (443); Gaede in Leipold/Tsambikakis/Zöller Rn. 27–39; Hassemer/Kargl in NK-StGB Rn. 82; methodologisch auch Duttge FS Krey, 2010, 44; Kirsch, Zur Geltung des Gesetzlichkeitsprinzips im Allgemeinen Teil des Strafrechts, 2014, S. 178; die Wortlautschranke gilt auch für die verfassungskonforme Auslegung, vgl. Kuhlen, Die verfassungskonforme Auslegung von Strafgesetzen, 2006, S. 103, der daneben auch das Kriterium der „Verträglichkeit eines Normverständnisses mit dem Willen des Gesetzesgebers“ für beachtlich hält); neuerdings wird auch auf fachsprachliche Maßstäbe abgestellt (BVerfGE NJW 2007, 1666 mAnm Simon zu § 142 StGB II; → § 142 Rn. 25; Umgangssprache und Fachsprache ziehen heran Hassemer/Kargl in NK-StGB Rn. 79; zur Frage: umgangssprachliche Wortbedeutung oder juristisch-theologische Wortbedeutung,; für „allgemeinen Sprachgebrauch“ Greco GA 2016, 138 (145); Streng Liber Amicorum Landau, 2016, 471; krit. Becker/Martenson JZ 2016, 779 (786); wegen der Wortlautschranke kommt der grammatischen Auslegung im Strafrecht eine besondere Bedeutung zu (BVerfG NJW 2004, 1305 (1306)). Selbst innerhalb dieser Auslegungsgrenze dürfen Tatbestandsmerkmale – zB die Vermögensbeschädigung iSd § 263 – nicht so ausgelegt werden, dass sie vollständig in anderen Tatbestandsmerkmalen aufgehen (BGH NJW 2013, 1750 unter Bezugnahme auf BVerfGE 126, 170 (199) = NJW 2010, 3209; BVerfG NJW 2013, 365; krit. Basak in Brunhöber/Höffler/Kaspar/Reinbacher/Vormbaum, Strafrecht und Verfassung, 2013, S. 71). Man spricht von einem **„Verschleifungsverbot“** (so BGH NJW 2013, 1750; unter Bezug auf das BVerfG NJW 2015, 2949; aus der Lit. etwa Bülte NStZ 2014, 680; Kuhlen FS Schünemann, 2014, 611 (627); Schünemann FS Frisch, 2013, 837 (855); Wessels/Beulke/Satzger StrafR AT Rn. 78, sog. Verschleifungs- bzw. Entgrenzungsverbot; Fischer Rn. 8; Dannecker/Schuhr in LK-StGB Rn. 178); danach darf die Auslegung nicht zu einer Aufgabe der durch die Tatbestandsmerkmale bewirkten Eingrenzung der Strafbarkeit führen (BGH NJW 2013, 1750, wieder unter Bezug auf das BVerfG NJW 2015, 2949; krit. Krell ZStW 126 (2014), 902; zu BVerfGE 126, 170 (199) = NJW 2010, 3209; Fischer Rn. 8). Auch im Strafrecht ist eine „schöpferische Rechtsfindung“ geboten, wenn sich die „Bedürfnisse des Rechtsverkehrs“ geändert haben und eine „richterrechtliche Anpassung des Rechts an diese Bedürfnisse“ erforderlich ist (so BGHSt 50, 40 (52, 53) = NJW 2005, 1440 zu Urteilsabsprachen und Rechtsmittelverzicht; sa BVerfGE 122, 248 (265) = NJW 2009, 1469 mit Bespr. Dehne-Niemann ZStW 121 (2009), 321; Fahl JR 2009, 259; Kudlich/Christensen JZ 2009, 943; Möllers JZ 2009, 668; Bertheau NJW 2010, 973; Globke GA 2010, 399 zur Rügeverkümmerung nach § 274 StPO (BGHSt 51, 298 = NJW 2007, 2419); zur verfassungskonformen Rechtsfortbildung Kuhlen, Die verfassungskonforme Auslegung von Strafgesetzen, 2006, S. 101, 102, nur zugunsten des Bürgers). Zur richterlichen Rechtsfortbildung im Privatrecht Wiedemann NJW 2014, 2407. Zu einer strafrahmenorientierten Auslegung Kudlich ZStW 115 (2003), 1; Schroth, Theorie und Praxis subjektiver Auslegung im Strafrecht, 1983, S. 291. Zur normativen Auslegung Schroeder JZ 2011, 187.

bb) Die **Grenzen** zwischen Analogie und Auslegung sind fließend, und zwar vor allem deshalb, weil die richterliche Rechtsfindung sich nicht in Subsumtionsakten erschöpft, sondern Elemente der Rechtssetzung enthält (hM; vgl. ua Krey, Studien zum Gesetzesvorbehalt im Strafrecht, 1977, S. 80). Daher ist auch Auslegung nur in einem Verfahren möglich, das mit Analogieschlüssen arbeitet (Kaufmann, Analogie und Natur der Sache, 2. Aufl. 1982; krit. Schünemann FS Klug, 1983, 169). Die Abgrenzung wird ferner dadurch erschwert, dass die in den Strafrechtsnormen verwendeten Begriffe – wenn sie nicht an das Begriffsinstrumentarium eines anderen Rechtsgebiets anknüpfen (zur Frage, ob außerstrafrechtliche Regelungen Auslegungsgrenzen markieren, Kölbel GA 2002, 403) – grds. selbständig sind. Auch bei sprachlicher Übereinstimmung sind sie daher nach Sinn und Funktion des jeweiligen Strafrechtssatzes zu interpretieren (BGH NJW 1999, 299), also namentlich auch im Hinblick auf außerstrafrechtliche Begriffe nicht notwendig „begriffsakzessorisch". Das folgt schon aus den allgemeinen Auslegungsregeln und erfordert daher nicht die Annahme einer eigenständigen strafrechtsspezifischen Auslegungsmethode (Otto Jura 1989, 328; aM Bruns JR 1984, 133). Allerdings bewirkt diese Möglichkeit unterschiedlicher Begriffsbildung eine mehr **„tatsächliche (faktische) Betrachtungsweise"** im Strafrecht, die den Spielraum der Auslegung erweitert. Sie sollte, um die Einheit der Rechtsordnung nicht unnötig zu gefährden, nur mit Vorsicht wahrgenommen werden. In zahlreichen einschlägigen, meist Gesetzesumgehungen betreffenden Fallgruppen sind die Ergebnisse umstritten (vgl. etwa Bruns GA 1982, 1 (19); GA 1986, 1; Cadus, Die faktische Betrachtungsweise, 1984; Schmidt FS Rebmann, 1989, 419; Joerden wistra 1990, 1; Gübel, Die Auswirkungen der faktischen Betrachtungsweise auf die strafrechtliche Haftung faktischer GmbH-Geschäftsführer, 1994, S. 23; Otto Jura 1999, 97; Hellmann/Beckemper WirtschaftsStrafR Rn. 354–356; Tiedemann WirtschaftsStrafR Rn. 134, 270). 7

2. Schon **verfassungsrechtlich** gilt der Grundsatz des § 1 nicht nur für Hauptstrafen (Freiheitsstrafe, Geldstrafe, Jugendstrafe, Strafarrest), sondern auch für Nebenstrafen und alle strafrechtlichen Rechtsfolgen mit poenalem Charakter (Schmidt-Aßmann in Dürig/Herzog/Scholz GG Art. 103 Rn. 195; weitergehend Welke, Die Repersonalisierung des Rechtskonflikts, 2008, S. 317, auch zivilrechtlicher „poenaler" Schadensersatz wegen Verletzungen des allgemeinen Persönlichkeitsrechts), auch die Ersatzfreiheitsstrafe ist kein Beugemittel, sondern „echte Strafe" (BVerfG NJW 2006, 3626 (3627); Gaede in Leipold/Tsambikakis/Zöller Rn. 8). Erfasst werden daher – unabhängig von ihrer besonderen Hervorhebung in § 2 – ua auch Nebenstrafen (zB Fahrverbot nach § 44; öffentliche Bekanntmachung nach §§ 103 UrhG, 165, 200 StGB) und Nebenfolgen (§§ 45–45b), ferner die Einziehung, soweit sie strafähnlichen Charakter hat (→ § 74 Rn. 1). Nicht erfasst sind Regelungen über die Aussetzung einer verhängten Strafe (BVerfGE 117, 71 = NJW 2007, 1933 zu §§ 57, 57a). Auf vorbeugende Maßnahmen, wie etwa die Maßregeln der Besserung und Sicherung (BGHSt 16, 49 (56) = NJW 1961, 1364; BVerfGE 109, 133 = NJW 2004, 739; Schroeder JA 2010, 167 (172); Kunig in v. Münch/Kunig GG Art. 103 Rn. 20; aM für das Analogieverbot Fischer Rn. 22; zur Frage der Verfassungsmäßigkeit der damit nach § 2 VI verbundenen Rückwirkung beachte BVerfG NStZ-RR 2000, 281; BVerfGE 109, 133 (167) = NJW 2004, 739; Best ZStW 114 (2002), 88 (97)), den vormaligen (erweiterten) Verfall bzw die Einziehung von Taterträgen (§§ 73, 73d; BVerfGE 110, 1 = NJW 2004, 2073; BVerfGE 156, 354 = NJW 2021, 1222) und die Sicherungseinziehung 8

(BGHSt 23, 64 = NJW 1969, 1862), erstreckt sich die verfassungsrechtliche Garantie dagegen **nicht** (BGHSt 24, 103 = NJW 1971, 948; Krey/Esser StrafR AT Rn. 70, 71; Dannecker/Schuhr in LK-StGB Rn. 93–101; aM Bottke NJW 2005, 230); und zwar auch dann nicht, wenn das Gesetz (zB in § 2 V) sie ausdrücklich dem Rückwirkungsverbot unterwirft. Es fehlt an einem Anhalt dafür, dass der Begriff „Strafbarkeit" die reine Präventivmaßnahme einschließt (hM; anders ua Ullenbruch NStZ 1998, 326). Maßregeln wie der **Sicherungsverwahrung** fehlt der die Strafe kennzeichnende Missbilligungscharakter (→ § 46 Rn. 1; ebenso BVerfGE 109, 133 (167) = NJW 2004, 739; BVerfGE 109, 190(212) = NJW 2004, 750; BVerfGE 128, 326 (376) = NJW 2011, 1931 (1937); BVerfG NStZ 2010, 265; NJW 2012, 3357 (3363)). Auch aus Art. 7 I 2 MRK lässt sich eine vergleichbare Garantie nicht ableiten (Begr. zu § 2 E 1962, S. 108); anders der EGMR, der – ganz auf den Vollzug der Sicherungsverwahrung fixiert – in der Sicherungsverwahrung eine Strafe sieht und eine Verletzung des Art. 7 I MRK annimmt (EGMR NJW 2010, 2495 mit Bespr. Kinzig NStZ 2010, 233; Laue JR 2010, 198; Müller StV 2010, 207; krit. Hörnle FS Rissing-van Saan, 2011, 239; zust. Gaede in Leipold/Tsambikakis/Zöller § 2 Rn. 18; einschr. Hecker in Schönke/Schröder § 2 Rn. 40, gegen einen Vorrang der EMRK-Bestimmungen; EGMR NJW 2012, 1707). Jedoch können sich Schranken aus dem Rechtsstaatsprinzip (Art. 20 III GG; Schroeder JR 1971, 379), namentlich aus dem allgemeinen öffentlich-rechtlichen Gesetzesvorbehalt ergeben, der auch ein Analogieverbot in malam partem einschließt (Krey ZStW 101 (1989), 838 (853); Dannecker, Das intertemporale Strafrecht, 1993, S. 290; Peglau NJW 2000, 179; Roxin/Greco StrafR AT I § 5 Rn. 40) sowie bei freiheitsentziehenden Maßregeln aus dem speziellen Gesetzesvorbehalt des Art. 104 I GG (BVerfGE 29, 183 (195) = NJW 1970, 2205; BVerfGE 70, 297 (307) = NJW 1986, 767; BVerfGE 109, 133 (188) = NJW 2004, 739; BVerfGE NJW 2012, 3357 (3363); vgl. auch Satzger StV 2013, 244 zu BVerfGE 128, 326 = JuS 2011, 854; für Einstufung der Sicherungsverwahrung und der Therapieunterbringung Höffler/Kaspar ZStW 124 (2012), 87 (123)). Der Wegfall der Höchstfrist für eine erstmalig angeordnete Sicherungsverwahrung und der Fortdauer für davor mit Sicherungsverwahrung belegten Straftätern, stand nach dem BVerfG im Einklang mit dem sich aus Art. 2 II iVm Art. 20 III GG ergebenden rechtsstaatlichen Vertrauensschutzgebot (BVerfGE 109, 133 (180) = NJW 2004, 739 mit krit. Bespr. Kinzig NJW 2004, 911 (913); Sachs JuS 2004, 527; Waterkamp StV 2004, 267; Mushoff KritV 2004, 137; Passek GA 2005, 96 (100); krit. auch Satzger Jura 2006, 746 (752)); anders jetzt der EGMR NJW 2012, 1707 ua mit der dem deutschen Strafrecht „ins Gesicht schlagenden" Behauptung, die Sicherungsverwahrung sei eine Strafe, weil beide im Vollzug identisch seien; dass beiden der gleiche Übelscharakter zukommt, ist nicht zu bestreiten, aber nur die Strafe hat einen Missbilligungscharakter (Landau NStZ 2013, 194 (197); iErg wird die Entscheidung des EGMR überwiegend gebilligt, ua von Roxin JahrbÖR 2011, 1 (26)); dem folgt das BVerfG erfreulicherweise nicht (s. oben), bedauerlicherweise aber findet es – für findige Juristen offensichtlich problemlos – Ersatzvorschriften wie Art. 104 GG, die die Auffassung des EGMR hinsichtlich des Rückwirkungsverbots für die Sicherungsverwahrung stützen (ua BVerfGE 128, 326 (372, 404) = JuS 2011, 854; dazu Satzger Jura 2013, 244). So lässt sich wohl auch die weitgehende Zustimmung (s. oben) erklären. Wenn § 1 das Rückwirkungsverbot nur für Strafen vorsieht, so wird man dem entnehmen können, dass andere Sanktionen, auch freiheitsentziehende, diesem Verbot nicht unterfallen sollen. Inzwischen ist der Gesetzgeber dem Abstandsgebot des BVerfG gefolgt (in Kraft ist das neue Recht der Sicherungsverwahrung seit dem 1.6.2013; dazu Renzikowski NJW 2013, 1638).

3. Der Grundsatz des § 1 steht der Zulässigkeit einer sog. **Wahlfeststellung** nicht entgegen (hM). Diese beruht stets auf mehrdeutiger Tatsachengrundlage, kann aber je nach den anwendbaren Strafgesetzen als **echte** Wahlfeststellung zu einer alternativen oder als **unechte** Wahlfeststellung zu einer eindeutigen Verurteilung führen (eing. Wolter, Alternative und eindeutige Verurteilung auf mehrdeutiger Tatsachengrundlage im Strafrecht, 1972; Wolter, Wahlfeststellung und in dubio pro reo, 1987; Günther, Verurteilungen im Strafprozess trotz subsumtionsrelevanter Tatsachenzweifel, 1976; Montenbruck, Wahlfeststellung und Werttypus in Strafrecht und Strafprozessrecht, 1976; Joerden, Dyadische Fallsysteme im Strafrecht, 1986, S. 114; knapper Murmann GK StrafR § 31 Rn. 77–79; Rössner in HK-StrafR § 1 Rn. 12–16; zusf. Pohlreich ZStW 128 (2016), 676; Stuckenberg JA 2001, 221; Ranft JuS 2003, 417 (422); Noak Jura 2004, 539; Wachsmuth/Waterkamp JA 2005, 509; Kruse Jura 2008, 173; Norouzi JuS 2008, 17; JuS 2008, 113). 9

a) Die **Rspr.** billigte bisher – beachte jedoch den Vorlagebeschluss 2 StR 495/12 in BGH NStZ 2014, 392; NJW 2016, 331; zur erneuten Vorlage des 2. Senats Linder ZIS 2017, 311, in dem ein Verstoß gegen Art. 103 II GG gerügt wird, aA die anderen Senate (Fundstellen bei Linder ZIS 2017, 311 Fn. 1); aus der Lit. für Verfassungswidrigkeit Freund/Rostalski JZ 2015, 164; dagegen Ceffinato Jura 2014, 655; Stuckenberg ZIS 2014, 469; Wolter GA 2016, 316; sa Haas HRRS 2016, 190; Kühl StrafR AT § 1 Rn. 68d; Fischer Rn. 41. Neuerdings bleibt es bei der Wahlfeststellung: SU der GrS des BGH NJW 2017, 2842 (2846) mAnm Jahn „alles beim Alten"; und Anm. Kudlich JA 2017, 870 „also doch". – Wahlfeststellungen unter folgenden, nebeneinander zu erfüllenden Voraussetzungen (Dokumentation und Analyse der älteren Rspr. bei Wolter, Alternative und eindeutige Verurteilung auf mehrdeutiger Tatsachengrundlage im Strafrecht, 1972, S. 153; aus der Lit. wie hier: Rengier StrafR AT § 57 Rn. 14–16): 10

aa) Nach Ausschöpfung aller Ermittlungsmöglichkeiten darf eine **eindeutige Feststellung nicht möglich** sein, und zwar auch nicht mit Hilfe des Grundsatzes in dubio pro reo (BGHSt 11, 100 = NJW 1958, 349; BGHSt 22, 154 = NJW 1968, 1888; BGHSt 38, 83 = NJW 1992, 702 mAnm Schmoller JR 1993, 247). Dieser schließt bei Vorliegen eines „begriffs-logischen" oder „normativ-ethischen" (dazu ua BGHSt 32, 48 = NJW 1983, 2889) Stufenverhältnisses die Wahlfeststellung aus (stRspr). Auch in Fällen sog. Postpendenz (→ Rn. 19) hat die eindeutige Verurteilung Vorrang, wenn ihre materiellen Voraussetzungen ungeachtet der mehrdeutigen Tatsachengrundl als erfüllt gelten können (BGHSt 35, 86 = NJW 1988, 921 mit Bespr. Joerden JZ 1988, 847; Wolter NStZ 1988, 456; zu diesem § 259-Fall vgl. auch Rengier StrafR BT I § 22 Rn. 43a Fall 4b; BGH NJW 1990, 130 mAnm Wolter JR 1990, 471; BGH NStZ 1995, 500 mit Bespr. Körner wistra 1995, 311; BGH NStZ 2011, 510; dazu Rengier StrafR AT § 57 Rn. 32, 33; OLG Hamburg MDR 1994, 712; beachte auch OLG Hamburg NJW 1990, 2476; OLG Hamburg NStZ 1999, 363; Norouzi JuS 2008, 113; str.). 11

bb) **Jede** der in Frage kommenden, bestimmt umschriebenen (BGH GA 1967, 184) tatsächlichen Möglichkeiten muss – unter Ausschluss jeder weiteren Möglichkeit (BGHSt 12, 386 = NJW 1959, 825; BGHSt 15, 63 = NJW 1960, 2062; BGHSt 42, 65 (70) = StV 1996, 479; sa BGHSt NJW 1983, 405) – zusammen mit dem eindeutig festgestellten Sachverhalt ein Strafgesetz verletzen. 12

13 cc) Bei Verschiedenheit der möglicherweise verletzten Gesetze müssen die aus ihnen folgenden Schuldvorwürfe **psychologisch und rechtsethisch vergleichbar (gleichwertig)** sein (BGHSt 9, 390 = NJW 1957, 71; BGHSt 21, 152 (153) = NJW 1967, 359; BGHSt 25, 182 = NJW 1973, 1466; Günther in Günther/Taupitz/Kaiser, Embryonenschutzgesetz, 2. Aufl. 2014, Vor § 1 Rn. 100; Kühl StrafR AT § 21 Rn. 68d; Köchel/Wilhelm ZJS 2014, 269; Hecker in Schönke/Schröder Rn. 70–74, 99–103), dh eine im Wesentlichen gleiche seelische Beziehung des Täters zu den Verhaltensalternativen aufweisen und ihn mit einer im Wesentlichen gleichen ethischen Missbilligung belasten (BGH bei Holtz MDR 1985, 89; BayObLG JR 1974, 208; krit. OLG Saarbrücken NJW 1976, 65 (67); dazu Heinrich StrafR AT Rn. 1471).

14 **b)** aa) Bei sog. **Gesetzesalternativität** hat die Rspr. **echte Wahlfeststellungen zB zugelassen:** zwischen verschiedenen Begehungsformen desselben Delikts (BGHSt 22, 12 = NStZ 2012, 441; BGH NStZ-RR 1999, 106), etwa bei der alternativen Verwirklichung verschiedener Mordmerkmale (BGHSt 22, 12; BGH NStZ 2012, 441 mit krit. Bespr. Satzger JK StGB § 211 Rn. 65, wohl unechte Wahlfeststellung); zwischen verschiedenen gleichwertigen Formen der Täterschaft, dh Allein-, Mit- und Nebentäterschaft sowie mittelbare Täterschaft (BGHSt 11, 18 = NJW 1996, 2042 (2043)); zwischen Täterschaft und Anstiftung (BGHSt 1, 127 = NStZ 2009, 258; OLG Düsseldorf NJW 1976, 579); zwischen Diebstahl einerseits und Hehlerei (BGHSt 1, 302; auch gewerbsmäßiger, BGHSt 11, 26 = NJW 1957, 1933; beachte auch Norouzi JuS 2008, 17; JuS 2008, 113), Begünstigung (BGHSt 23, 360 = NJW 1971, 62 mAnm Schröder JZ 1971, 141), Unterschlagung (OLG Köln GA 1974, 121) oder Pfandkehr (OLG Düsseldorf NJW 1989, 115) andererseits; zwischen Unterschlagung einerseits und Hehlerei (BGHSt 16, 184 = NJW 1961, 1936) oder Untreue (OLG Braunschweig MDR 1951, 180) andererseits; zwischen Raub und räuberischer Erpressung (BGHSt 5, 280 = NJW 1954, 361); zwischen Betrug einerseits und Unterschlagung (OLG Hamm NJW 1974, 1957; OLG Saarbrücken NJW 1976, 65; aM Hoyer in SK-StGB § 263 Rn. 303, Postpendenzsituation), Hehlerei (BGH NJW 1974, 804) oder Untreue (BGH GA 1970, 24) andererseits; zwischen falscher Verdächtigung einerseits und Meineid (BayObLG MDR 1977, 860 mAnm Hruschka JR 1978, 26) oder falscher uneidlicher Aussage (BGHSt 32, 146 = NJW 1984, 2109; BayObLG NJW 1991, 3163) andererseits; zwischen fahrlässiger Trunkenheit im Verkehr und fahrlässigem Gestatten des Fahrens ohne Fahrerlaubnis (OLG Hamm NJW 1982, 192 mit Bespr. Schulz NJW 1983, 265); zwischen Erwerb von indischem Hanf und von Haschischzubereitungen (BayObLG JR 1974, 208); zwischen Betrug und Computerbetrug (BGH NJW 2008, 1394; NStZ 2014, 42; → § 263a Rn. 30; zur Postpendenz BGH NStZ 2008, 396). Der BGH bejaht das neuerdings auch bei Zweifeln über den 14. Geburtstag des Tatopfers (Pfister NStZ-RR 2000, 353 (354)). Liegt Gleichwertigkeit zweier Sachverhalte nur im Hinblick auf ein Teilgeschehen vor, das Element eines umfassenderen Gesamtgeschehens ist, so kann es erforderlich sein, die Würdigung auf das Teilgeschehen zu beschränken; bei Alternativität zwischen Raub (der stets einen Diebstahl enthält, → § 249 Rn. 1) und Unterschlagung oder Hehlerei ist daher Wahlfeststellung zwischen Diebstahl und Unterschlagung (BGHSt 25, 182 = NJW 1973, 1466) oder Hehlerei (BGH bei Holtz MDR 1986, 793) zulässig (krit. Hruschka NJW 1973, 1804; Schulz JuS 1974, 635). – Zur Wahlfeststellung im Ordnungswidrigkeitenrecht Mitsch FS Rengier, 2018, 79.

bb) **Verneint** hat die Rspr. echte Wahlfeststellungen dagegen zB zwischen vorsätzlicher Tötung und Beihilfe zur Körperverletzung (BGH GA 1967, 182; OLG Hamm NStZ-RR 2008, 143); zwischen Beteiligung am Tötungsdelikt und Strafvereitelung zugunsten möglicher anderer Täter (BGH NStZ-RR 2020, 175: wegen möglichem § 258 V auch keine Postpendenz); zwischen Diebstahl einerseits und Erpressung (BGH DRiZ 1972, 30), Betrug (BGH NStZ 1985, 123; einschr. für Trickdiebstahl und ähnliche Fälle OLG Karlsruhe NJW 1976, 902; sa Norouzi JuS 2008, 113 (114)) oder Vortäuschen einer Straftat (OLG Köln NJW 1982, 347) andererseits; zwischen schwerem Raub und Hehlerei (BGHSt 21, 152 = NJW 1967, 359 mAnm Deubner NJW 1967, 738; Oellers MDR 1967, 506); zwischen Betrug einerseits und Schwangerschaftsabbruch (BGH bei Dallinger MDR 1958, 739) oder Bestechlichkeit (BGHSt 15, 88 (100) = NJW 1960, 2154) andererseits; zwischen Landesverrat und landesverräterischer Fälschung (BGHSt 20, 100 = NJW 1965, 407); zwischen Beihilfe zum Raub und Strafvereitelung (wistra 1989, 19 = BeckRS 1988, 31102107); zwischen einem Vergehen nach dem BtMG und versuchter Strafvereitelung (BGHSt 30, 77 = NJW 1981, 1567 mAnm Günther JR 1982, 81). 15

cc) **Verneint** hat die Rspr. echte Wahlfeststellungen ferner zwischen Beihilfe einerseits und Täterschaft (BGHSt 23, 203 = NJW 1970, 478 mit Bespr. Schröder JZ 1970, 422; Löhr JuS 1976, 715; NStZ 1996, 434; Norouzi JuS 2008, 17 (20)) oder Anstiftung (BGHSt 31, 136 = NJW 1983, 239 mit Bespr. Baumann JZ 1983, 116; Dingeldey NStZ 1983, 166; Hruschka JR 1983, 177; Wolter JuS 1983, 769) andererseits. Aufgrund wertender Betrachtung bejaht sie hier ein **normativ-ethisches Stufenverhältnis** (→ Rn. 11), das zur (analogen) Anwendung des Grundsatzes in dubio pro reo führe (str.); bei dieser Annahme wird sie künftig auch das Verhältnis zwischen Täterschaft und Anstiftung (→ Rn. 14) nicht anders behandeln können, weil hier ein entsprechendes Stufenverhältnis besteht (vgl. BWME StrafR AT § 10 Rn. 11 Fn. 25). **Verneint** hat die Rspr. schließlich auch Wahlfeststellungen zwischen vorsätzlicher und fahrlässiger Begehung (BGHSt 9, 390 (393) = NJW 1957, 71; BGHSt 32, 48 (55) = NJW 2011, 2067; Fischer Rn. 36; krit. Hecker in Schönke/Schröder Rn. 85) sowie zwischen Vollrausch und der im Rausch begangenen Straftat (BGHSt 1, 275 = NJW 1952, 193; BGHSt 1, 327 = BeckRS 1951, 31195605), die Strafbarkeit des Täters aber dennoch stets bejaht: zunächst mit Hilfe der fragwürdigen Konstruktion von „Auffangtatbeständen" (zum Fahrlässigkeitsdelikt BGHSt 17, 210 = NJW 1962, 1257; zum Vollrausch BGHSt 9, 390 = NJW 1957, 71) und später durch Anwendung des Grundsatzes in dubio pro reo auf Grund eines normativ-ethischen Stufenverhältnisses (BGHSt 32, 48 (55) = NJW 2011, 2067; → § 323a Rn. 4, 5). Ein solches Stufenverhalten nimmt die neuere Rspr. auch zwischen Nichtanzeige nach § 138 und der Beteiligung an späterer Katalogtat an (BGHSt 55, 148 = NStZ 2010, 449 mit Bespr. Heghmanns ZIS 2010, 788; Schiemann NJW 2010, 229; Ziemann/Ziethen HRRS 2010, 477; → § 138 Rn. 6). 16

c) Auch sog. **Sachverhalts-(Tatsachen-, Tat-)Alternativität** steht nach der Rspr. einer (echten oder unechten) Wahlfeststellung nicht entgegen (BayObLG JR 1978, 25 mkritAnm Hruschka); sie liegt vor, wenn offen bleibt, durch welchen konkreten von mehreren verschiedenen Handlungskomplexen der Täter dasselbe Gesetz (OLG Karlsruhe NJW 1980, 1859; Norouzi JuS 2008, 17 (18)) oder verschiedene Gesetze verletzt hat (BWME StrafR AT § 10 Rn. 19–24). Das kommt zB bei zwei sich widersprechenden Aussagen (→ § 154 Rn. 15; Norouzi JuS 2008, 17 (20)) und bei dem Zweifel in Frage, ob ein Sexualdelikt nach §§ 176 aF, 174 (Missbrauch 17 von Kindern; Missbrauch von Schutzbefohlenen) vor oder nach dem 14. Geburtstag des Opfers begangen wurde (BGHSt 46, 85 = NJW 2000, 3147; → § 174 Rn. 18); im letzten Fall kann jedoch das Vergehen nach § 174 I mit der Folge verjährt sein, dass Einstellung des Verfahrens geboten ist (BGHSt 46, 85 = NJW 2000, 3147 → § 78 Rn. 2). Ebenso wie bei Gesetzesalternativität (→ Rn. 14) ist auch hier möglich, dass der Grundsatz in dubio pro reo der Wahlfeststellung ganz oder teilweise vorgeht oder dass die alternativen Sachverhalte nur in einem Teilgeschehen gleichwertig sind (vgl. BGHSt 35, 305 = StV 1989, 48 = NJW 1989, 596; BGHSt 36, 262 = NJW 1990, 129 mAnm Rudolphi JZ 1990, 197; Otto JR 1990, 205; BGH NJW 1990, 130 mAnm Wolter JR 1990, 471; Wolter NStZ 1994, 339; zusf. Beulke/Fahl Jura 1998, 262; sa Hruschka JuS 1982, 317 (321); Küper, Probleme der Hehlerei bei ungewisser Vortatbeteiligung, 1989, S. 80; Eschenbach Jura 1994, 302 (304); str.).

18 **d)** Das **prozessuale** Erfordernis der **Tatidentität** ist von den Voraussetzungen der Wahlfeststellung unabhängig und bedarf deshalb selbständiger Prüfung (BGHSt 32, 146 = NJW 1984, 2109 mit Bespr. Schröder NJW 1985, 780; BGH NStZ 1998, 635; NStZ 1999, 363; OLG Celle NJW 1988, 1225 mit Bespr. Kröpil NJW 1988, 1188; OLG Düsseldorf NStZ-RR 1999, 304; eing. Wolter, Alternative und eindeutige Verurteilung auf mehrdeutiger Tatsachengrundlage im Strafrecht, 1972, S. 132). Auch sonst kann das Prozessrecht auf die Möglichkeiten der Wahlfeststellung begrenzend wirken (näher Beulke/Fahl Jura 1998, 262 (266); speziell zur Opfer-Wahlfeststellung Tiedemann/Tiedemann FS Schmitt, 1992, 139).

19 **e)** Die Haltung des **Schrifttums** zur Wahlfeststellung reicht von völliger Ablehnung (zB Alwart GA 1992, 545 (562)) über die sehr eingeschränkte Billigung bei Alternativität verschiedener gleichwertiger Begehungsformen desselben Delikts (zB Heinitz JZ 1952, 100) bis hin zur Anerkennung iRd durch das KRG Nr. 11 aufgehobenen § 2b StGB aF (Nüse GA 1953, 33; Zeiler ZStW 1972, 4; v. Hippel NJW 1963, 1533). Indessen überwiegen vermittelnde Standpunkte. Wegen seiner Unbestimmtheit zunehmend abgelehnt wird das Erfordernis psychologischer und rechtsethischer Vergleichbarkeit bzw. Gleichwertigkeit (vgl. etwa Tröndle JR 1974, 133; Günther, Verurteilungen im Strafprozess trotz subsumtionsrelevanter Tatsachenzweifel, 1976, S. 106, 123; Wolter, Alternative und eindeutige Verurteilung auf mehrdeutiger Tatsachengrundlage im Strafrecht, 1972, S. 110; Montenbruck GA 1988, 531). Statt dessen wird häufig auf die **Identität des Unrechtskerns** abgestellt, der den jeweils in Frage kommenden tatsächlichen Möglichkeiten zugrundeliegen muss (Jakobs GA 1971, 257 (270); Otto FS Peters, 1974, 373 (390); Hruschka JR 1978, 26; Köchel/Wilhelm ZJS 2014, 269 für § 164 und § 258 bejahend; ähnlich Montenbruck, Wahlfeststellung und Werttypus in Strafrecht und Strafprozessrecht, 1976, S. 117, 124, der sich auf einen durch Abstraktion gewonnenen „Werttypus“ stützt; weiter diff. Günther JZ 1976, 665, der auf graduelle Unwertverschiedenheit abstellt). Mit beachtlichen Gründen wird auch versucht, die Rechtsprechungsformel durch präzisere Elemente zu konkretisieren. So wird zB vorausgesetzt, dass die wahldeutig festgestellten Straftaten „sich in ihrem typischen kriminellen Unrechtsgehalt nach Art und Umfang wesentlich gleichen“ (Rudolphi/Wolter in SK-StGB Nach § 55 Rn. 41) oder dass sie „in ihrem gesetzlich vertypten Unrechtsgehalt sowie in der Tatschuld konkret rechtsethisch vergleichbar“ sind (Wolter, Alternative und eindeutige Verurteilung auf mehrdeutiger Tatsachengrundlage im Strafrecht, 1972, S. 128). – Gegenstand intensiver Auseinandersetzungen mit der Rspr. sind ferner: die Abgrenzung zwischen Wahlfeststellungslagen und Stufenverhältnissen (Schmoller JR 1993, 157; Wolter, Alternative

und eindeutige Verurteilung auf mehrdeutiger Tatsachengrundlage im Strafrecht, 1972, S. 36); die vollständige oder teilweise Ausgrenzung sog. konkurrenz- oder tatbestandsrelevanter **Postpendenzfeststellungen** (Hruschka JZ 1970, 637; BAG NJW 1971, 1392; Küper FS Lange, 1976, 65 und Probleme der Hehlerei bei ungewisser Vortatbeteiligung, 1989; Schmoller JR 1993, 173; Wolter, Alternative und eindeutige Verurteilung auf mehrdeutiger Tatsachengrundlage im Strafrecht, 1972, S. 39; Joerden, Dyadische Fallsysteme im Strafrecht, 1986, S. 135; Gössel GA 1990, 318; Geppert Jura 1994, 441 (445); Walper Jura 1998, 622; Kudlich JA 2015, 32 (36); sa Gubitz/Wolters NJW 1999, 764; → Rn. 11); die Anerkennung der Sachverhaltsalternativität (Jakobs GA 1971, 257 (265); Montenbruck, Wahlfeststellung und Werttypus in Strafrecht und Strafprozessrecht, 1976, S. 289); die Konstruktion von „Auffangtatbeständen" (Günther, Verurteilungen im Strafprozess trotz subsumtionsrelevanter Tatsachenzweifel, 1976, S. 138, 149; Dannecker/Schuhr in LK-StGB Rn. 65). Im Ganzen ist die Kritik an der Rspr. auch unter anderen Gesichtspunkten vielfältig (vgl. etwa Dreher MDR 1970, 369; Röhmel JA 1975, 371; die Entwicklung der Rspr. zusf. Dannecker/Schuhr in LK-StGB Rn. 61–103).

§ 2 Zeitliche Geltung

(1) **Die Strafe und ihre Nebenfolgen bestimmen sich nach dem Gesetz, das zur Zeit der Tat gilt.**

(2) **Wird die Strafdrohung während der Begehung der Tat geändert, so ist das Gesetz anzuwenden, das bei Beendigung der Tat gilt.**

(3) **Wird das Gesetz, das bei Beendigung der Tat gilt, vor der Entscheidung geändert, so ist das mildeste Gesetz anzuwenden.**

(4) [1]**Ein Gesetz, das nur für eine bestimmte Zeit gelten soll, ist auf Taten, die während seiner Geltung begangen sind, auch dann anzuwenden, wenn es außer Kraft getreten ist.** [2]**Dies gilt nicht, soweit ein Gesetz etwas anderes bestimmt.**

(5) **Für Einziehung und Unbrauchbarmachung gelten die Absätze 1 bis 4 entsprechend.**

(6) **Über Maßregeln der Besserung und Sicherung ist, wenn gesetzlich nichts anderes bestimmt ist, nach dem Gesetz zu entscheiden, das zur Zeit der Entscheidung gilt.**

Fassung: Durch das VermögensabschöpfungsG (→ Vor § 1 Rn. 18) ist in Abs. 5 zum 1.7.2017 ohne inhaltliche Änderung das Wort „Verfall" gestrichen worden

I. 1. Die Vorschrift **konkretisiert das Rückwirkungsverbot** (→ § 1 Rn. 4) 1
näher (hM; anders Hassemer/Kargl in NK-StGB Rn. 3, zu eng und zu pauschal). Sie geht in **Abs. 1** von dem Grundsatz aus, dass sich die Strafe (einschließlich aller strafähnlichen Maßnahmen, → § 1 Rn. 8) nach dem **zurzeit der Tat** (§ 8) geltenden Gesetz bestimmt (zur strittigen Einordnung der Vorschrift in das Strafrechtssystem Schroeder FS Bockelmann, 1979, 785; Sommer, Das „mildeste Gesetz" iSd § 2 III StGB, 1979, S. 62; Tiedemann, Die gesetzliche Milderung im Steuerstrafrecht, 1985, S. 13; Dannecker, Das intertemporale Strafrecht, 1993, S. 251; allg. zu ihrer Problematik Schroeder ZStW 112 (2000), 44; zum Vorrang des Gemeinschaftsrechts hinsichtlich des zeitlichen Geltungsbereichs von Strafgesetzen

Dannecker FS Schroeder, 2006, 761; zur konventionsfreundlichen Auslegung von Art. 103 II GG und dem Grundsatz des lex mitior Bohlander StraFo 2011, 169). Überblick über das sog. „intertemporale Strafrecht" bei Satzger Jura 2006, 746.

2 **2. Abs. 2** ist namentlich bedeutsam für Dauerdelikte (→ Vor § 52 Rn. 11) und fortgesetzte Taten (→ Vor § 52 Rn. 13), bei denen sich die Tatbegehung über längere Zeiträume erstrecken kann. Er stellt auf die Beendigung des einheitlichen Geschehens ab (hM; vgl. etwa BGHSt 29, 124 (128) = NJW 1980, 897). Wird jedoch durch ein späteres Gesetz erst die Strafbarkeit begründet, so können frühere Teilakte – auch wenn sie als Ordnungswidrigkeiten mit Geldbuße bedroht waren (BGH bei Holtz MDR 1987, 280) – nicht in die Bewertung einbezogen werden (ebenso Kindhäuser/Hilgendorf in LPK-StGB Rn. 7); so etwa bei der Vorteilsannahme mit Drittbegünstigung nach § 331 StGB nF, wenn die Grundvereinbarung zum Zeitpunkt ihres Abschlusses noch straflos und erst bei Annahme der Vorteile strafbar war (OLG Stuttgart NJW 2003, 228); im Falle einer Verschärfung der Strafdrohung muss das zuvor mildere Gesetz bei der Strafzumessung und der Anordnung von Nebenstrafen, Nebenfolgen und Maßnahmen in der Weise berücksichtigt werden, dass den Tatteilen, die vor der Sanktionsverschärfung lagen, kein größeres Gewicht zukommt, als sie früher hatten (BVerfG NStZ 1996, 192; Satzger in Satzger/Schluckebier/Widmaier StGB Rn. 12; sa BGH NStZ 1994, 123; NStZ 1995, 92; BayObLG NJW 1996, 1422).

3 **3.** Nach **Abs. 3** gilt bei Verschiedenheit der Gesetze von der Tatzeit bis zur Entscheidung das **mildeste Gesetz** (sog. Meistbegünstigungsklausel; BVerfG StraFo 2008, 465; BGHSt 59, 271 = NJW 2014, 3047; eing. Sommer, Das „mildeste Gesetz" iSd § 2 III StGB, 1979, S. 62; Achenbach NStZ 2015, 629; zusf. Satzger Jura 2006, 746 (748)). An dieser Verschiedenheit fehlt es, wenn zwischen den zu vergleichenden Gesetzen mit übereinstimmender Schutzrichtung kein Schwereunterschied besteht (zur Außenwirtschaftsgesetz BGHSt 54, 275 = NJW 2014, 3047 zum Arzneimittelbegriff BGHSt 54, 259 = StV 2010, 242, zum Verhältnis zwischen § 175 aF und § 182 nF BGH NStZ 1995, 179; beachte jedoch auch BGH NStZ-RR 1996, 33 und für das Zusammentreffen mit Kindesmissbrauch BayObLG NStZ 1995, 500 mAnm Schroeder JR 1996, 40). Ob das auch gilt, wenn ein Strafgesetz unverändert bleibt und lediglich seinen Anwendungsbereich verliert (so KG NStZ 1994, 244; offen gelassen BGHSt 42, 113 = NStZ 1996, 549), ist nicht mehr aktuell, weil der bisher einzige einschlägige Fall, der die Strafbarkeit von Verstößen gegen Art. VIII MRG Nr. 53 (Interzonenhandelsgeschäfte) betraf, mit anderer Begründung gelöst worden ist (BVerfG NJW 1999, 3325; BGHSt 42, 113 = NStZ 1996, 549 mablAnm Kirsch wistra 1996, 267; BGHSt 43, 129 = DtZ 1997, 382; beachte auch LG München NJW 2000, 372, das – mit BVerfG NJW 1995, 2615 (2620) schwerlich vereinbar – annimmt, der Gesetzgeber habe das nur teilweise nicht mehr anwendbare Vermögenssteuergesetz stillschweigend gänzlich aufgehoben).

3a **a)** Welches Gesetz das **mildeste** ist, entscheidet sich nicht nach der abstrakten Strafdrohung, sondern in konkreter Betrachtung, dh danach, „welche Regelung für den Einzelfall nach seinen besonderen Umständen die mildere Beurteilung zulässt" (BGHSt 14, 156 = NJW 1960, 1163; BGHSt 20, 121 (124) = NJW 1965, 451; BGH NStZ 1996, 32; NStZ 1999, 613; NStZ-RR 2002, 201; NStZ-RR 2004, 14; NJW 2014, 3047; OLG München wistra 2007, 34 (35); krit. Tiedemann FS Peters, 1974, 193). Das kann auch ein sog. „Zwischengesetz" selbst dann sein, wenn es eine Strafvorschrift – sei es auch nur infolge eines Versehens (BGH NStZ 1992, 535) – ganz aufhebt; dies gilt auch, wenn die Strafbarkeit zum Zeitpunkt der Entscheidung neu begründet worden ist (OLG Bremen NStZ 2010, 174). Teils das alte und teils das neue Gesetz anzuwenden, ist nicht zulässig (BGHSt 20, 22 (29) = NJW 1964, 2359; BGHSt 24, 94 = NJW 1971, 850; BGHSt 37, 320 (322) = NJW 1991, 1242; BGHSt 48, 77 (97) = NJW 2003, 522; BGH NStZ 1997, 188; NStZ 2000, 136; BayObLG NJW 1998, 3366; Satzger Jura 2006, 746 (750); Dannecker/Schuhr in LK-StGB Rn. 59; sa Mitsch NStZ 2006, 33; aM Schröder JR 1966, 68; Sommer, Das „mildeste Gesetz" iSd § 2 III StGB, 1979, S. 85; diff. Hecker in Schönke/Schröder, Rn. 28, 32).

aa) Maßgebend ist der **gesamte sachlich-rechtliche Rechtszustand** (BGHSt 37, 320 (322) = NJW 1991, 1242; BGH NStZ 1998, 354; StraFo 2008, 387 = NStZ 2009, 91; OLG Bremen NStZ 2010, 174), für den auch das Verschlechterungsverbot relevant sein kann (BGHSt 38, 66 = NJW 1992, 516); bei Rechtsänderungen durch das 6. StrRG (→ 23. Aufl. 1999, Vor § 38 Rn. 8–11 der) kommt es bisweilen vor, dass das neue Gesetz trotz allgemeiner Verschärfung der Strafrahmen im Einzelfall milder ist (BGH NStZ 2000, 49; NStZ 2000, 418). Zu berücksichtigen ist vor allem auch die Änderung einer die Anwendbarkeit des Strafgesetzes begründenden (namentlich einer blankettausfüllenden) Norm (BGHSt 20, 177 = NJW 1965, 1143; BGHSt 34, 272 (282) = wistra 2002, 65; Satzger Jura 2006, 746 (751); Schuster, Das Verhältnis von Strafnormen und Bezugsnormen aus anderen Rechtsgebieten, 2012, mit Bespr. Tiedemann JZ 2013, 733; Bülte JuS 2015, 769 (775); speziell zu blankettausfüllenden EG (EU)-Vorschriften OLG Koblenz NStZ 1989, 188; OLG Stuttgart NJW 1990, 657; BeckRS 2015, 01002; für eine gemeinschaftskonforme Auslegung von § 2 III Satzger Europäisierung des StrafR S. 639; beachte auch Dannecker/Schuhr in LK-StGB Rn. 77). Das gilt nach der Rspr. auch dann, wenn diese Änderung nur mittelbare, das Unrecht der begangenen Tat nicht berührende Bedeutung hat (BGHSt 14, 156 = NJW 1960, 1163 zu § 257 aF; OLG Düsseldorf NJW 1969, 1679 zu § 145d; BayObLG MDR 1974, 685 zu § 164; zust. Mazurek JZ 1976, 233; Tiedemann, Die gesetzliche Milderung im Steuerstrafrecht, 1985, S. 18; aM Meyer JR 1975, 69; Wenner MDR 1975, 161; Jakobs StrafR AT Abschn. 4 Rn. 72; zw.). Keine Milderung im Hinblick auf § 370 AO (Steuerhinterziehung) bildet idR die nur für die Zukunft wirksame Änderung von Steuertarifen oder -vergünstigungen. Sie beruht im Allgemeinen nicht auf einer Änderung der für die Strafwürdigkeit maßgebenden Wertvorstellungen, hat ihren Grund vielmehr meistens in einer erst für die Zukunft wirksamen Umverteilung der Steuerlasten. Bei der Parteispendenaffäre der 1980er Jahre liegt dieser Grund – jedenfalls auch – in der Umgestaltung des Chancenausgleichs für die benachteiligten Parteien (BVerfGE 85, 264 = NJW 1992, 2545). Es gilt der Grundsatz der strikten Alternativität (BGH NJW 1997, 951; Fischer Rn. 9). Dass in solchen Fällen der Steueranspruch für vorausgegangene Besteuerungsabschnitte in vollem Umfang aufrecht erhalten bleibt, ist sachlich begründet und deshalb keine Milderung des Strafgesetzes (BGHSt 34, 272 = StV 1987, 197 mit abl. Bespr. Tiedemann NJW 1987, 1247; sa BVerfG NJW 1992, 35; Flämig, Steuerrecht als Dauerrecht, 1985, S. 104; Schreiber GS Kaufmann, 1989, 819 (828); Otto ZStW 107 (1995), 631; Gaede in Leipold/Tsambikakis/Zöller Rn. 6; Hassemer/Kargl in NK-StGB Rn. 33). Auch das Auslaufen des Vermögenssteuergesetzes am 1.7.1999 schließt die Erhebung von Steuern für vorausgegangene Zeitabschnitte nicht aus (so mit Recht BVerfGE 93, 121 = NJW 1995, 2615; BGHSt 47, 138 = NJW 2002, 762 mit Bespr. Haas NStZ 2002, 484; Brandenstein NJW 2000, 2326; OLG Frankfurt a. M. NJW 2000, 2368 mAnm Salditt NStZ 2000, 538; aM LG München NStZ 2000, 93). Nach Art. 97 § 24 EG AO (BGBl. 2011 I 676 (677)) gilt bei Selbstanzeigen, die bis zum 28.4.2011 bei der zuständigen Finanzbehörde eingegangen sind, das zur Tatzeit geltende mildere Recht (BGHSt 56, 299 (315) = NJW 2011, 3249). – Zu einer die „Rauschtat" nach § 323a betreffenden Rechtsänderung OLG Braunschweig NJW 1966, 1878; zur Änderung von § 331 durch das KorrBG OLG Stuttgart NJW 2003, 228. Die Änderung des persönlichen Anwendungsbereichs der ausländerrechtlichen Aufenthaltsgenehmigungspflicht fällt nicht in den Anwendungsbereich der Vorschrift (BGHSt 50, 105 (120) = NJW 2005, 2095; BGHSt NStZ 2005, 408 mkritAnm Herzog StV 2006, 578; abl. Gaede in Leipold/Tsambikakis/Zöller Rn. 6); auch nicht die Änderung ausländischen Sozialrechts (BGHSt 52, 67 = NJW 2008, 595 mAnm Heger JZ 2008, 369). Zur Umwandlung von Regelbeispielen in Qualifikationstatbestände BGHSt 55, 11 (17) = NJW 2010, 2365; zur Anwendung von Präklusionsregelungen NStZ 2010, 523 (zu § 46 III und § 31 BtMG).

5 bb) Ein neues Gesetz, das im Verhältnis zum Tatzeitgesetz ein nach Schutzzweck oder Angriffsweise **artverschiedenes Unrecht** beschreibt, darf in den Vergleich nicht einbezogen werden (BGHSt 39, 54 (68) = NJW 1993, 1019; BGHSt 56, 203 (222) = NJW 2011, 1747; BGHSt GA 1978, 147; Schünemann, Nulla poena sine lege?, 1978, S. 26; problematisch BayObLG JR 1996, 299 mAnm Heine; zu weit BGHSt 26, 167 = NJW 1975, 2214 mit abl. Bespr. Tiedemann JZ 1975, 692; zu eng Mohrbotter JZ 1977, 53; Schroeder FS Bockelmann, 1979, 785 (796); Schroeder NStZ 1993, 216; Sommer, Das „mildeste Gesetz" iSd § 2 III StGB, 1979, S. 163).

6 cc) Wird ein Straftatbestand nach der Tat in eine **Ordnungswidrigkeit** umgewandelt, so bewirkt § 2 iVm § 4 OWiG, das die Tat als Ordnungswidrigkeit zu behandeln ist (BGHSt 12, 148 (153) = GRUR 1959, 151; OLG Karlsruhe MDR 1974, 858; sa OLG Saarbrücken NJW 1974, 1009).

6a dd) Da sich die Vorschrift nur auf das materielle Recht (auch das Strafanwendungsrecht nach §§ 3–7, BGHSt 20, 22 (25) = NJW 1964, 2168) bezieht, bleibt ein Wechsel des **Verfahrensrechts** (zB Wegfall des Antragserfordernisses; BGHSt 50, 138 (141) = NJW 2005, 2566) unberücksichtigt (Gaede in Leipold/Tsambikakis/Zöller Rn. 7; Hassemer/Kargl in NK-StGB § 1 Rn. 60–63); das gilt zB auch für die Anknüpfung von verfahrensrechtlichen Folgen an das im Einzelfall nicht anzuwendende, zurzeit der Entscheidung aber geltende strengere Gesetz (BGH NJW 1999, 1647). – Folgt man wie hier (→ § 78 Rn. 1) der gemischten Verjährungstheorie, so muss die Verjährung wegen ihrer Zugehörigkeit (auch) zum materiellen Recht berücksichtigt werden (Fischer Rn. 7; auf Grund der verfahrensrechtlichen Theorie anders BVerfG NStZ 2000, 251; BGH NStZ 2000, 251; vgl. auch Gaede in Leipold/Tsambikakis/Zöller Rn. 7); jedoch ist die Verkürzung von Verjährungsfristen unabhängig vom Theorienstreit – allerdings mit der Maßgabe des § 78c V – stets zu beachten (BGHSt 21, 367 = NStZ 1999, 556; OLG München wistra 2007, 34 (35); OLG Hamburg StV 2021, 311; weitere Rspr. bei Miebach/Feilcke NStZ 2007, 496; Dannecker/Schuhr in LK-StGB Rn. 31; vgl. auch die ausdrückliche Regelung in Art. 309 EGStGB; nach der Rspr. auch bei Verkürzung nur für einen Zwischenzeitraum (→ Rn. 3) aufgrund Umwandlung eines Qualifikationstatbestandes in ein Regelbeispiel bei gleichem Strafrahmen (§ 78 III, IV) s. BGHSt 50, 138 = NStZ 2006, 32 mit abl. Bespr. Satzger JK StGB § 2 Rn. 3; Mitsch NStZ 2006, 33); dasselbe gilt für ihre Verlängerung, wenn sie sich nur aus einer Verschärfung der Strafdrohung ergibt (BGH GA 1954, 22; BGHSt 50, 138 (140) = NStZ

2006; BGHSt 32, 48 (55) = NJW 1983, 2889; BGHSt 11, 15 (17) = NJW 1958, 189; vgl. auch BGH NJW 2004, 693 mzustAnm Dölling JR 2005, 30). Zu **DDR-Alttaten** beachte jedoch → Rn. 27–27c.

b) Entscheidung ist auch die der Revisionsinstanz, in der das mildere Gesetz angewendet werden **muss** (BGHSt 20, 77 = NJW 1965, 52; BGH StV 1998, 380 (381); beachte auch BVerfG NJW 1993, 2167; BGHSt 26, 94 = NJW 1975, 1038 mit krit. Bespr. Küper FS Pfeiffer, 1988, 425). Das Revisionsgericht hat das mildere Gesetz auch anzuwenden, wenn bei ihm nur noch der Strafausspruch (BGHSt 20, 116 = StV 1999, 91; BayObLG NJW 1998, 3366), uU sogar nur noch die Entscheidung über Strafaussetzung zur Bewährung (BGHSt 26, 1 = NJW 1972, 2227), anhängig ist. 7

4. Abs. 4 schließt die Anwendung des Abs. 3 für sog. **Zeitgesetze** aus (zur Problematik von Zeitgesetzen Satzger FS Kühl, 2014, 407). „Zeitgesetz ist nicht nur ein Gesetz, das kalendermäßig begrenzt ist, sondern auch ein solches, das, mag es auch nicht ausdrücklich nur vorübergehend Geltung beanspruchen, nach seinem Inhalt eine nur als vorübergehend gedachte Regelung für wechselnde Zeitverhältnisse treffen will" (BGH NJW 1952, 72; sa BGHSt 6, 30 (37) = NJW 1954, 810; BGHSt 18, 12 = NJW 1962, 2115; Satzger Jura 2006, 746 (750); krit. zu dieser nur materiellen Begrenzung Tiedemann FS Peters, 1974, 193 (198); Rüping NStZ 1984, 450); dabei kommt es bei blankettausfüllenden Normen (→ Rn. 4) auf deren konkreten Inhalt und Zweck an (OLG Stuttgart NJW 1990, 657; BeckRS 2015, 01002), so dass nicht etwa die Steuergesetze im Ganzen (oder andere entsprechende Rechtsgebiete) als zeitgesetzliche Regelungen in Anspruch genommen werden können (Kunert NStZ 1982, 276; Rüping NStZ 1984, 450; Tiedemann, Die gesetzliche Milderung im Steuerstrafrecht, 1985, S. 35; aM Franzheim NStZ 1982, 137 (138); Samson wistra 1983, 235; sa die Nachw. zu § 370 AO unter → Rn. 4); speziell zu Blankettgesetzen mit Verweisungen auf EG-Verordnungen Harms/Heine FS Amelung, 2009, 393 (402)). 8

5. Abs. 5 unterwirft die Einziehung und die Unbrauchbarmachung (§§ 73–76a), die nur zT strafähnlichen Charakter haben (→ § 1 Rn. 8; → § 73 Rn. 1, 4b; → § 74 Rn. 1, 2; → § 74d Rn. 1), aus Gründen der Rechtsstaatlichkeit und der Vereinfachung durchgängig dem Rückwirkungsverbot (BGHSt 59, 105 (119) = NStZ 2014, 581). 9

6. Zu **Abs. 6** → § 1 Rn. 8 (zu § 67d III 1 BGHSt 56, 248 mAnm Schöch JR 2012, 173; zu § 66b I 2, II aF BGHSt 55, 234 (236, 238) = StV 2010, 576). Etwas anderes bestimmen zB Art. 303, 305, 315 I 2, 3 EGStGB für die Führungsaufsicht (§ 68) und das Berufsverbot (§ 70). 10

II. Auch auf Taten, die vor Wirksamwerden des **Beitritts** (Art. 1 I EV) **in der DDR begangen wurden (Alttaten),** ist § 2 nach dem EGStGB (Anh. I) mit folgenden Maßgaben anwendbar: Es ist von Strafe abzusehen, wenn nach dem zur Tatzeit (§ 8) geltenden (DDR-)Recht weder Freiheitsstrafe noch Verurteilung auf Bewährung noch Geldstrafe verwirkt waren (Art. 315 I 1 EGStGB); die Geldstrafe folgt allgemein den Regeln des StGB, unterliegt aber bei Anwendbarkeit des DDR-Rechts Beschränkungen des Höchstmaßes (Art. 315 II 3, 4 EGStGB); die Anordnung von Sicherungsverwahrung (§ 66) und Führungsaufsicht (§ 68 I) ist ausgeschlossen, wenn das StGB als das mildere Gesetz anzuwenden ist (Art. 315 I 2 EGStGB); Führungsaufsicht nach § 68f tritt nicht ein (Art. 315 I 3 EGStGB); im 11

Bereich der Aussetzung zur Bewährung unterliegen bestimmte nachträgliche Entscheidungen (Aussetzung des Strafrestes, Widerruf der Aussetzung) unmittelbar dem StGB, soweit sich nicht aus § 2 etwas anderes ergibt (Art. 315 III EGStGB). § 2 gilt jedoch nicht, wenn für die Tat das Strafrecht der Bundesrepublik schon vor Wirksamwerden des Beitritts gegolten hat (Art. 315 IV EGStGB).

12 Diese **Übergangsregelung** hat eine **Fülle von Streitfragen** aufgeworfen, die in wichtigen Bereichen (Taten der unteren und mittleren Kriminalität sind ohnehin weitgehend verjährt; → Rn. 27b) bis in die Gegenwart nicht zu einem Konsens geführt haben. Der ungewöhnlich kontroverse Diskussionsstand ist nicht zuletzt aus dem Umstand erklärbar, dass über die Frage, ob und wieweit es rechtspolitisch wünschenswert und rechtsstaatlich vertretbar ist, auf das Unrecht des untergegangenen DDR-Regimes mit strafrechtlichen Mitteln zu reagieren, tiefgreifende Meinungsverschiedenheiten bestehen (einen Überblick über den zeitlichen Ablauf der Meinungsbildung in Wissenschaft und Praxis bietet Schroeder NJW 2000, 3017, der überzeugend zeigt, dass es auch aus diesem Grunde nur zu einer höchst restriktiven Verfolgung des DDR-Unrechts gekommen ist). Schon in der ersten Phase nach dem Beitritt, in der sich die Rspr. entwickelte und zunehmend konsolidierte, ist dazu ein kaum überschaubares Schrifttum entstanden, dessen vollständiger Nachweis nicht mehr erforderlich ist. Es ist unverkennbar, dass die zT polarisierten Grundeinstellungen zu dieser Frage sowohl bei den Entscheidungsträgern als auch bei den Autoren rechtswissenschaftlicher Analysen auf die jeweiligen Ergebnisse abgefärbt haben. Das spiegelt sich vor allem in späteren Beiträgen wider, die sich schon mit der Rspr. der letzten Jahre kritisch auseinandersetzen konnten.

Aus dieser Lit. vgl. Weber/Piazolo, Eine Diktatur vor Gericht: Aufarbeitung von SED-Unrecht durch die Justiz, 1995; Schreiber ZStW 107 (1995), 157; Peschel-Gutzeit NJ 1995, 450 (453); Buchholz in Heuer, Die Rechtsordnung der DDR, 1995, S. 273 mit krit. Bespr. Rottleuthner NJ 1995, 580; Hoffmann KJ 1996, 580; Roggemann, Fragen und Wege zur Rechtseinheit in Deutschland, 1995; Roggemann NJ 1997, 226; Arnold, Die Normalität des Strafrechts in der DDR, 2 Bände, 1995/1996 (beachte auch den Sammelband des Verf. „Strafrechtliche Auseinandersetzung mit Systemvergangenheit am Beispiel der DDR, 2000"); Amelung GA 1996, 51; Amelung, Die strafrechtliche Bewältigung des DDR-Unrechts durch die deutsche Justiz, 1996; Schroeder DRiZ 1996, 81; Wolff DRiZ 1996, 88; Werketin RuP 1996, 139; Höppner NJ 1997, 281; Wassermann RuP 1997, 102; RuP 1999, 101; NJW 1997, 2152; v. Hippel RuP 1997, 150; Lüderssen JZ 1997, 525; Kreuter, Staatskriminalität und die Grenzen des Strafrechts, 1997; Mertens/Voigt, Opfer und Täter im SED-Staat, 1998; Baumann/Kury, Politisch motivierte Verfolgung: Opfer von SED-Unrecht, 1998; Körting RuP 1998, 129; Kim ARSP 1998, 505; Schöneburg NJ 1998, 566; Heitmann NJW 1999, 1443; Timmermann, Die DDR – Recht und Justiz als politisches Instrument, 2000; Timmermann, Die DDR – Analysen eines aufgegebenen Staates, 2001; eine zusammenfassende Schlussbewertung bietet Wassermann NJW 2000, 403; allg. zu Unrechtssystemen Lampe ZStW 106 (1994), 683; Schünemann ARSP-Beiheft 65 (1996), 97; Rogall FG BGH, 2000, 383; Mampel, Totalitäres Herrschaftssystem, 2001; krit. zu der im Positivismus begründeten Besserstellung staatlich organisierter Kriminalität Naucke, Die strafjuristische Privilegierung staatsverstärkter Kriminalität, 1996 mit krit. Bespr. Joerden GA 1997, 201; Hoyer ZStW 109 (1997), 633; Zurückweisung des Vorwurfs, die bundesdeutschen Gerichte hätten „Siegerjustiz" ausgeübt, bei Bär DAR 1999, 281.

13 Bei dieser Lage kann Ausgangspunkt der Beurteilung nur der Gesetzeswortlaut sein. Dieser zwingt zu der Annahme, dass **Art. 315 EGStGB** eine abschließende (BGHSt 39, 317 = NJW 1994, 140), wenn auch nicht ganz widerspruchsfreie, gesetzgeberische Entscheidung bildet, die auf folgenden Prinzipien beruht:

1. Im **Anwendungsbereich des Art. 315 I–III EGStGB** wird das frühere DDR-Recht für das Beitrittsgebiet als das vorausgegangene Recht behandelt, das der EV aufgehoben und durch das Recht der Bundesrepublik ersetzt hat (hM; vgl. etwa BGHSt 37, 320 = NJW 1991, 1242; BGHSt 38, 1 (18, 88) = NJW 1991, 2300, alle mwN). Dieses hat daher den Regelungsbereich des DDR-Rechts in sich aufgenommen (BGHSt 39, 317 (318) = NJW 1994, 140). Es erfasst nunmehr alle im Beitrittsgebiet begangenen einschlägigen Taten, und zwar auch dann, wenn es ausdrückliche oder stillschweigende Anwendungsbeschränkungen auf das Gebiet, die Institutionen oder die Interessen der Bundesrepublik vorsieht (zB in den §§ 108d, 113 I iVm § 11 I Nr. 2; → näher Voraufl.)

a) Allgemein kommt wegen der grundsätzlichen Unterschiede zwischen den zu vergleichenden Rechtsordnungen (dazu Lilie NStZ 1990, 153; Roggemann JZ 1990, 363; Buchholz NStZ 1990, 519) häufig in Frage, dass eine Vorschrift des DDR-Rechts (dazu ausf. Vormbaum, Das Strafrecht der DDR, 2016) **artverschiedenes Unrecht** beschreibt, das im Recht der Bundesrepublik keine Entsprechung hat (→ Rn. 5). Die näheren Voraussetzungen der damit erforderlichen **Unrechtskontinuität** sind umstritten (eing. Höchst JR 1992, 360; Dannecker, intertemporale Strafrecht, 1993, S. 516; krit. Schroeder NStZ 1993, 216; Schünemann FS Grünwald, 1999, 657 (658)). 14

aa) Bei den Tatbeständen zum Schutz von **Individualrechtsgütern,** wie zB Leben, körperliche Unversehrtheit, persönliche Freiheit (BGHSt 40, 125 = NJW 1994, 3174; → Rn. 19c), Ehre, Eigentum (beachte BGHSt 41, 187 = NJW 1996, 402 mkritAnm Otto JZ 1996, 582) und Vermögen, besteht idR Unrechtskontinuität (zu einem Fall der Erpressung, in dem die Unrechtskontinuität zwar bejaht, die Rechtswidrigkeit nach § 253 II aber verneint wurde, BGHSt 44, 68 = NJW 1998, 2612 mAnm Lagodny/Hesse JZ 1999, 313). Auch für Diebstahl, Betrug und Untreue zum **Nachteil sozialistischen Eigentums** (§§ 158, 159, 163 StGB/DDR aF) ist sie zu bejahen, weil das Recht der Bundesrepublik (und vor ihm schon das 6. StÄG/DDR) zwischen privatem und öffentlichem Vermögen (einschließlich Eigentum) nicht unterscheidet und ihnen gleichermaßen Schutz gewährt (BGHSt 44, 376 = NJW 1999, 1489). 15

Bei vorsätzlichen Tötungshandlungen sog. **Mauerschützen zur Verhinderung der Republikflucht** ist nicht die Unrechtskontinuität, sondern schon das Erfordernis der Strafbarkeit zurzeit der Tat umstritten; die Frage wird allerdings nur relevant, wenn die Tat nach dem Recht der Bundesrepublik, das schon vor dem Beitritt gegolten hat (→ Rn. 22–26), noch verfolgbar ist (→ Rn. 27a). Das kommt namentlich in Frage, wenn der Deliktserfolg erst im Bundesgebiet eingetreten ist (→ § 9 Rn. 2, 5, 6) oder wenn bei der Tat gegen einen Deutschen (§ 7 I; → § 2 Rn. 25; → § 7 Rn. 3) der Handlungs- oder Erfolgsort im Ausland liegt (problematisch BGH NStZ-RR 1998, 173 = JZ 1998, 366 mablAnm Schroeder). Tötungshandlungen an der Mauer waren zwar iSd § 112 StGB/DDR tatbestandsmäßig, aber im Verständnis des praktizierten DDR-Rechts gerechtfertigt, wenn sie sich im Rahmen der einschlägigen Dienstvorschriften über den Schusswaffengebrauch (expl. LG Magdeburg DtZ 1995, 380) und ab 1982 iRd § 27 GrenzG/DDR hielten (näher Polakiewicz EuGRZ 1992, 177 (178); Renzikowski NJ 1992, 152 (154); Roggemann DtZ 1993, 10 (15); Buchner, Die Rechtswidrigkeit der Taten von „Mauerschützen" im Lichte von Art. 103 II GG unter besonderer Berücksichtigung des Völkerrechts, 1996, S. 129), und darüber hinaus entschuldigt, wenn sie den Voraussetzungen des § 258 StGB/DDR (Handeln auf Befehl) genügten (zu Rechtfer- 16 tigung und Entschuldigung im DDR-Strafrecht Renzikowski ZStW 106 (1994), 93). An sich entsprachen das GrenzG/DDR und auch ein Teil der vorausgegangenen innerdienstlichen Anweisungen völkerrechtlichem Mindeststandard insoweit, als sie den Schusswaffengebrauch nur als letztes Mittel und nur zur Verhinderung des Grenzübertritts unter möglichster Schonung des Lebens zuließen (Polakiewicz EuGRZ 1992, 177 (181); Miehe FS Gitter, 1995, 647 (650)). Das Erfordernis der Verhältnismäßigkeit wurde jedoch durch die Ausreisepolitik der DDR überspielt; denn diese widersprach dem UNO-Pakt über bürgerliche und politische Rechte von 1966 (IPBPR; BGHSt 39, 1 (16) = NJW 1993, 141; Polakiewicz EuGRZ 1992, 177 (186); Rittstieg DuR 1991, 404 (416); vgl. auch Menschenrechtsausschuss der Vereinten Nationen NJW 2004, 2005), vor dessen Inkrafttreten auch schon dem Art. 3 der Allgemeinen Erklärung der Menschenrechte von 1948 (BGHSt 40, 241 = NStZ 1994, 533 mit abl. Bespr. Amelung NStZ 1995, 29; Gropp NJ 1996, 393), und hatte damit rechtfertigende Wirkung des Schusswaffengebrauchs auch in Fällen zur Folge, in denen jemand nur das ihm verweigerte, völkerrechtlich aber zustehende Ausreiserecht durchsetzen wollte. Überdies hat die Staatspraxis durch überwiegend geheimgehaltene Anweisungen eine „Befehlslage" geschaffen, in der dem Soldaten auch eindeutig unverhältnismäßiger Waffeneinsatz abgefordert und im Nachhinein regelmäßig belobigt wurde (BGHSt 39, 1 (11) = NJW 1993, 141; LG Berlin JZ 1992, 691; eing. zur Geschichte des Grenzregimes Koop, Den Gegner vernichten. Die Grenzsicherung der DDR, 1996). Deshalb hat die in der Bundesrepublik hM diesem Rechtfertigungsgrund schon vor dem Beitritt die Anerkennung versagt (vgl. etwa OLG Stuttgart NJW 1964, 63; OLG Düsseldorf NJW 1979, 59; NJW 1983, 1277; aM Grünwald JZ 1966, 633; Jakobs StrafR AT Abschn. 5 Rn. 18, 29). Die **Rspr.** hat an diesem Standpunkt auch nach dem Beitritt festgehalten und sich zunächst auf „allgemein anerkannte rechtsstaatliche Grundsätze" gestützt (KG NJW 1991, 2653; LG Berlin JZ 1992, 691). Dem hat sich der BGH in einer ersten Grundsatzentscheidung mit näher konkretisierter Begründung angeschlossen (BGHSt 39, 1 = NJW 1993, 141 mit Bespr. Günther StV 1993, 18; Schroeder JR 1993, 45; Fiedler JZ 1993, 206; OstEurR 1993, 259; Herrmann NStZ 1993, 118; Spendel RuP 1993, 61; Amelung JuS 1993, 637; Dannecker Jura 1994, 585) und diese Linie zur gefestigten Rspr. fortentwickelt (expl. BGHSt 39, 168 = NJW 1993, 1932 mAnm Herrmann NStZ 1993, 487; letztes Urteil in einem besonders gelagerten Fall: BGHSt 50, 16 (27) = NStZ-RR 2005, 310; die BGH-Rechtsprechung zusf. Amelung, Die strafrechtliche Bewältigung des DDR-Unrechts durch die deutsche Justiz, 1996, S. 11; eing. Rummler, Die Gewalttaten an der deutsch-deutschen Grenze vor Gericht, 2000; Willnow JR 1997, 221 (224); Papier/Möller NJW 1999, 3289 (3291); Marxen/Werle/Vormbaum Strafrechtl. Aufarbeitung, 2. Aufl. 2020, S. 8; sa Kirchner Jura 1998, 46; Rogall FG BGH, 2000, 383 (406); Kühl, Die Bedeutung der Rechtsphilosophie für das Strafrecht, 2001, S. 11). Dabei hat er die Rechtswidrigkeit der Taten aus „vorgeordneten allgemeinen Rechtsprinzipien" hergeleitet und das Ergebnis mit völkerrechtlichen Argumenten und dem Hinweis auf die schon dem DDR-Recht immanente Möglichkeit „menschenrechtsfreundlicher Auslegung" untermauert; auf der Schuldebene hat er Entschuldigung sowohl wegen Verbotsirrtums als auch wegen Handelns auf Befehl verneint (zusf. Kühl StrafR AT § 9 Rn. 118e, § 12 Rn. 159, § 13 Rn. 54, 61a; anders jedoch bei bedingtem Vorsatz bloß gefährlicher Körperverletzung BGHSt 41, 10 (14) = NJW 1995, 1437; BGH NStZ 1995, 286; NStZ-RR 1996, 323; oder der Tötung eines bewaffneten Fahnenflüchtigen BGHSt 42, 356 = NJW 1997, 1245 mkritAnm Ambos NStZ 1997, 492; die allerdings nicht auf den Einsatz von Minensperren beruhen darf BGHSt 44, 204 = NJW 1999, 589 mAnm Rotsch NStZ 1999, 239). Die im Schrifttum erhobenen Einwendungen (→ Rn. 16a) hat er als unbegründet zurückgewiesen. Das **BVerfG** hat die Rspr. der Strafgerichte als verfassungskonform gebilligt (BVerfGE 95, 96 = NJW 1997, 929 mit zT krit. Bespr. Starck JZ 1997, 147; Albrecht NJ 1997, 1; Ambos StV 1997, 39; Arnold NJ 1997, 115; Lamprecht DRiZ 1997, 140; Roggemann NJ 1997, 226 (231); Krajewski JZ 1997, 1054; Kluth JA 1998, 102; Classen GA 1998, 215; Alexy, Der Beschluss des Bundesverfassungsgerichts zu den Tötungen an der innerdeutschen Grenze v. 24.10.1996, 1997; krit. auch Joerden GA 1997, 201; Köhler StrafR AT S. 106; zust. Werle ZStW 109 (1997), 808 (825); Alwart JZ 2000, 227; Roxin JahrbÖR 2011, 1 (25)). Auch der EGMR hat keinen Verstoß gegen die MRK, insbes. gegen deren Art. 7, angenommen und somit die deutsche Rspr. zu den Mauerschützen und deren Befehlsgebern bestätigt (EGMR NJW 2001, 3035 mit zT krit. Bespr. Miller KJ 2001, 255; Rau NJW 2001, 3008; Roellecke NJW 2001, 3024; Werle NJW 2001, 3001; Dörr JuS 2002, 603); damit ist zumindest der Vorwurf der „Siegerjustiz" entkräftet (vgl. Menschenrechtsausschuss der Vereinten Nationen NJW 2004, 2005; näher Heger DGStZ 2021, 20). Für die Praxis ist damit die Behandlung der noch nicht erledigten Fälle abschließend vorgezeichnet, wenngleich die Entscheidung sich nicht zureichend mit den Einwendungen des Schrifttums (→ Rn. 16a) auseinandergesetzt hat.

Im **Schrifttum** ist die Frage der Strafbarkeit von Tötungen an der Mauer so kontrovers, dass jedenfalls für den Begründungsweg weder ein Konsens noch auch nur eine eindeutig hM auszumachen ist. Wie sich aus den oben nachgewiesenen Gerichtsentscheidungen und den Besprechungen dazu ergibt, lehnt eine starke Meinungsgruppe die Rechtsprechungsergebnisse ab. Sie stützt sich für den Bereich der Rechtfertigung überwiegend auf das Rückwirkungsverbot, auf völkerrechtliche Gesichtspunkte (allg. zur Völkerrechtslage Gornig NJ 1992, 4) und auf rechtstheoretische Gründe (Schmid, Das Verhältnis von Tatbestand und Rechtswidrigkeit aus rechtstheoretischer Sicht, 2002, S. 31, 97, 101); auf der Schuldebene hält sie die Annahme, dass für die Grenzsoldaten, die meist auf Befehl gehandelt hätten und besonderer ideologischer Indoktrination ausgesetzt gewesen seien, die Rechtswidrigkeit des Befehls offensichtlich und in ihrer Lage ein Verbotsirrtum vermeidbar gewesen sei, mit den tatsächlichen Verhältnissen für unvereinbar (vgl. etwa Ebert FS Hanack, 1999, 501 (531); Siekmann, Das Unrechtsbewusstsein der DDR-„Mauerschützen", 2005). Allerdings bejahen einige Gegner der Rspr. immerhin die Strafbarkeit der für die menschenrechtswidrige Gesetzes- und Befehlslage in der DDR Verantwortlichen (expl. Gropp NJ 1996, 393 (397); Ambos JA 1997, 983 (989); Ebert in Koch, 10 Jahre deutsche Rechtseinheit, 2001, S. 38). Demgegenüber wird das angesichts der Brutalität des Grenzregimes vorzugswürdige Ergebnis der Rspr. mit verschiedenartigen, meist auf überpositives Recht, ua die sog. Radbruch-Formel (dazu Saliger, Radbruchsche Formel und Rechtsstaat, 1995; Dreier JZ 1997, 421 (428); neuerdings Kühl FS Streng, 2017, 371 (376); Kühl StudZR 2017, 193 (196)), verweisenden Ansätzen gebilligt (expl. aus dem neueren Schrifttum Buchner, Die Rechtswidrigkeit der Taten von „Mauerschützen" im Lichte von Art. 103 II GG unter besonderer Berücksichtigung des Völkerrechts, 1996, S. 225; Kenntner RuP 1997, 170; Wolf NJ 1997, 505; Lüderssen JZ 1997, 525; Blumenwitz FS Kriele, 1997, 713; Kreuter, Staatskriminalität und die Grenzen des Strafrechts, 1997, S. 299; Rosenau, Tödliche Schüsse im staatlichen Auftrag, 2. Aufl. 1998 mit Bespr. Gropp JR 1999, 130; Classen GA 2000, 249; Alexy, Der Beschluss des Bundesverfassungsgerichts zu den Tötungen an der innerdeutschen Grenze v. 24.10.1996, 1997; Müßig, Ungerechtes Recht, 16a

2013 mit Beiträgen von Wittreck/Schildt/Willoweit; Hoyer in SK-StGB Vor § 3 Rn. 48; zusf. Hassemer/Kargl in NK-StGB § 1 Rn. 48a). Weitgehend anerkannt ist schließlich, dass jedenfalls **Exzesse** rechtswidrig waren, wenn sie auf Schieß- oder Geheimbefehlen beruhten, die auch im Kontext des DDR-Systems mit dem GrenzG oder mit der allgemein praktizierten „Befehlslage" unvereinbar waren (hM; vgl. BGHSt 43, 331 = NJW 1998, 1723; anders Jakobs GA 1994, 1).

16b Nach dem Tatzeitrecht gilt für die **Abgrenzung von Täterschaft und Teilnahme** und für die Rechtsfolgen der verschiedenen Beteiligungsformen § 22 StGB/DDR, nach dem die leitenden Funktionäre eines Machtapparates nicht mittelbare Täter, sondern nur Anstifter waren (KG NJW 1991, 2653; Renzikowski NJ 1992, 152 (154); unklar BGH NStZ 2001, 364); das schließt jedoch nicht aus, sie nach dem uU anwendbaren milderen Gesetz der Bundesrepublik als Täter zu erfassen (BGHSt 40, 218 = NJW 1994, 2703; BGHSt 44, 204 = NJW 1999, 589; BGHSt 45, 270 = NJW 2000, 443; → § 25 Rn. 2). Zu einem Grenzfall, der die Mitwirkung bei Maßnahmen zur Grenzziehung der DDR betrifft, BGH NJW 2001, 2409. Die bloße Vergatterung der Grenzsoldaten ist nur als Beihilfe bewertet worden (BGHSt 47, 100 = NStZ 2001, 589; → § 25 Rn. 2; → § 27 Rn. 4); zur mittelbaren Täterschaft von Mitgliedern der Politbüros vgl. BGHSt 48, 77 (97) = NJW 2003, 522 (zum milderen Gesetz).

17 bb) Für alle weiteren Taten, die vor der Wiedervereinigung begangen wurden, hat sich die Möglichkeit einer Strafverfolgung angesichts trotz der wiederholten Verschiebung des Verjährungsbeginns (→ 29. Aufl., § 2 Rn. 27a-27c) zwischenzeitlich eingetretener Verfolgungsverjährung erledigt, so dass für einen Rückblick nur auf die Kommentierung in § 2 Rn. 17–21a in der 29. Aufl.

18 **2.** Die Übergangsregelung des § 315 I–III (→ Rn. 13–21a) ist nicht anzuwenden, wenn für die Tat das Strafrecht der Bundesrepublik **schon vor dem Wirksamwerden des Beitritts gegolten hat** (Art. 315 IV EGStGB). Das trifft zu, wenn es im Hinblick auf einen auch in der Bundesrepublik begründeten Tatort (→ § 9 Rn. 3, 4) oder nach internationalem Strafrecht, namentlich nach den §§ 4–7, anwendbar war. Deshalb ist **stets vorab zu prüfen,** ob sich die Strafbarkeit in dieser Weise begründen lässt. Ist das der Fall, dann gilt nur das Strafrecht der Bundesrepublik mit der Folge, dass eine etwa konkurrierende Strafbarkeit nach DDR-Recht zurücktritt (zur Verjährung → Rn. 27) und die Frage nach dem milderen Gesetz nicht relevant wird (Lemke/Hettinger NStZ 1992, 21 (23)). Im Einzelnen:

19 **a)** Erfasst werden hier namentlich alle Taten, für die auf Grund der Weite des **Ubiquitätsprinzips** (→ § 9 Rn. 5) oder der **Anwendbarkeit des Schutzprinzips** (namentlich § 5 Nr. 1, 2, 3b, 4, 5a) deutsches Strafrecht gilt (zur Strafvereitelung nach § 258→ § 9 Rn. 4). Aus dem Gesetzeswortlaut, dem systematischen Zusammenhang und der Entstehungsgeschichte des EV ergibt sich zwingend, dass der Gesetzgeber die Strafbarkeit für diesen ganzen Bereich nicht in Frage stellen wollte (BGH NJW 1991, 2498 (2500); aM KG NJW 1991, 2501 (2502)). Allerdings war in Rspr. und Lehre von vornherein umstritten, ob unter diesem Gesichtspunkt auch Spionagetätigkeit für die DDR (§§ 94, 96, 98, 99) erfasst werden konnte, soweit sie von deren Boden aus entfaltet wurde (zu Struktur und Organisation der DDR-Spionage Marxen/Werle/Vormbaum Strafrechtl. Aufarbeitung, 2. Aufl. 2020, S. 126). Der **BGH** hat das mit Recht in stRspr bejaht (expl. BGHSt 39, 260 = NJW 1993, 3147; aM KG NJW 1991, 2501). Das **BVerfG** hat zwar zutr. anerkannt, dass nach der Gesetzeslage die Strafbarkeit nicht verneint werden kann, meint aber, dass der Grundsatz der Verhältnismäßigkeit zu folgenden – in der Entscheidung näher umschriebenen –

Einschränkungen zwinge: für Bürger der DDR, die Spionage gegen die Bundesrepublik allein vom Boden der DDR aus oder in Staaten betrieben haben, in denen sie vor Strafverfolgung aus Rechtsgründen sicher waren, greift unmittelbar ein Verfolgungshindernis ein; bei Bürgern der DDR, die in der Bundesrepublik oder in Staaten gehandelt haben, in denen sie mit Strafverfolgung rechnen mussten, bedarf es einer Abwägung der Umstände des Einzelfalls, ob und wie weit die Bestrafung mit dem Übermaßverbot vereinbar ist; je nach dem Abwägungsergebnis ist auch hier ein Strafverfolgungshindernis oder mindestens ein Grund zu deutlicher Strafmilderung gegeben (BVerfGE 92, 277 = NJW 1995, 1811). – Da die Entscheidung in ihren tragenden Gründen für die Strafgerichte **bindend** ist (§ 31 BVerfGG), muss sie zur Grundlage der Rspr. gemacht werden (BGHSt 41, 292 = NJW 1996, 1160; BGHSt 43, 125 (129) = NJW 1997, 2609). Sie betrifft aber nur die Spionagetätigkeit als solche, also nicht damit verbundene sog. Begleittaten, für die die allgemeinen Regeln gelten (BVerfGE 92, 277 (339) = NJW 1995, 1811; sa BVerfG NJW 1995, 2706; BGHSt 41, 292 (301) = NJW 1996, 1160 mit Bespr. Schlüchter/Duttge NStZ 1996, 457; str.). – Im **Schrifttum** ist der Diskussionsstand allerdings nach wie vor kontrovers. Teils wird das Ergebnis der bisherigen Rspr. befürwortet (Nachw. in BGHSt 39, 260 = NJW 1993, 3147), jedoch häufig (anders Doehring ZRP 1995, 293) mit der Forderung nach einer Amnestie für diese Taten verbunden (Simma/Volk NJW 1991, 871; Volk JR 1991, 431 (433); Schuster ZaöRV 1991, 651 (676); Paeffgen in NK-StGB Vor § 93 Rn. 32; sa Hillenkamp JZ 1996, 179). Eine starke Meinungsgruppe schließt dagegen mit sehr verschiedenartigen Ansätzen eine strafgerichtliche Verurteilung nach Völkerrecht, Verfassungsrecht oder materiellem Strafrecht aus (Nachw. in BGHSt 39, 260 = NJW 1993, 3147). Der Begründungsweg des BVerfG ist weithin auf Ablehnung gestoßen, weil der Verhältnismäßigkeitsgrundsatz nach dem in der Staatsrechtsdogmatik maßgebenden Verständnis für die Annahme eines Verfolgungshindernisses nicht tragfähig sei (so überzeugend die überstimmten Richter in ihrem Sondervotum BVerfGE 92, 277(341); krit. ua auch Arndt NJW 1995, 1803; Classen NStZ 1995, 371; Widmaier NJ 1995, 345; Schroeder JR 1995, 441; Ridder, Die deutsch-deutsche Spionage, 1996, S. 15; Schlüchter/Duttge NStZ 1996, 457; Gehrlein, Die Strafbarkeit der Ost-Spione auf dem Prüfstand des Verfassungs- und Völkerrechts, 1996, mit Bespr. Gornig JZ 1999, 299; Kreß GA 1999, 396; Paeffgen in NK-StGB Vor § 93 Rn. 32; zust. aber Albrecht NJ 1995, 337). Überdies bildet ein Verfolgungshindernis in der vom Gericht postulierten Form einen Fremdkörper im Strafprozessrecht (Volk NStZ 1995, 367; sa BayObLG NJW 1996, 669 mAnm Schmidt JR 1996, 427). Auf der Grundlage der von ihm vertretenen Strafbarkeit hat das BVerfG eine nur dem Gesetzgeber zustehende Amnestie gewährt, die in ihren Auswirkungen problematisch ist, weil sie die leitenden Funktionäre in den Zentralen straffrei stellt, die Agenten vor Ort aber, die in der Organisationskette nur vollziehende Organe sind, dem Strafbarkeitsrisiko aussetzt. Offenbar hat die Praxis die Problematik – mindestens teilweise – durch (extrem?) großzügige Einstellung der einschlägigen Verfahren entschärft (so Schmidt JR 1996, 427).

b) Nach dem Schutzprinzip erfasst wird hier ferner **§ 5 Nr. 6,** der nach früherer, 20
allerdings sehr umstrittener Rspr. auch Verschleppungen und politische Verdächtigungen (§§ 234a, 241a) dem Strafrecht der Bundesrepublik unterwarf, wenn sich die Tat gegen einen Deutschen mit Wohnsitz oder gewöhnlichem Aufenthalt in der DDR richtete (BGHSt 30, 1 = StV 1981, 174; BGHSt 32, 293 = NJW 1984, 1764; krit. Krey/Arenz JR 1985, 399 mwN). Diese Rspr. hat der BGH für DDR-Alttaten ausdrücklich bestätigt (BGHSt 40, 125 = NJW 1994, 3174 mkritAnm

Reimer NStZ 1995, 83; Seebode JZ 1995, 417; BGHSt 43, 125 = NJW 1997, 2609; NStZ 1997, 435 mAnm Schroeder; sa Marxen/Werle/Vormbaum Strafrechtl. Aufarbeitung, 2. Aufl. 2020, S. 66, 227).

21 **c)** Erfasst werden hier ferner alle Taten, auf die **schon vor dem Beitritt § 7 anwendbar** war. Praktisch kommt das jedoch nur in Ausnahmefällen in Frage:

aa) **Deutsche mit Lebensgrundlage in der DDR** (→ § 5 Rn. 2) hat die Rspr. nach ihrem Übergang zum internationalen Strafrecht (BGHSt 30, 1 = StV 1981, 174) unter Berufung auf den Geist des Grundlagenvertrages von 1972 nicht in den **Schutzbereich des § 7 I** einbezogen und eine Ausnahme nur für den Fall anerkannt, dass das Opfer auf Grund einer Verschleppung oder politischen Verdächtigung (→ Rn. 23a) eine Freiheitsberaubung (§ 239) erlitten hatte (BGHSt 32, 293 (297) = NJW 1984, 1764). Nicht nur diese Rspr., sondern vor allem die Einbeziehung weiterer Fallgruppen in den Schutzbereich des Strafrechts der Bundesrepublik war vor dem Beitritt der DDR umstritten (zusf. Krey/Arenz JR 1985, 399 mwN). Da Art. 315 I–III EV nunmehr für die Alttaten eine adäquate Lösung vorsieht, hat der BGH bei erster sich bietender Gelegenheit eine Ausdehnung des Anwendungsbereichs von § 7 I und damit zugleich von Art. 315 IV EGStGB über den Bestand der früheren Rspr. hinaus abgelehnt (hM; BGHSt 39, 1 (7) = NJW 1993, 141; anders Wilms/Ziemske ZRP 1994, 170, beide mwN). Inzwischen hat er auch seine frühere Annahme, dass für die aus einer politischen Verdächtigung erwachsene Freiheitsberaubung eine Ausnahme gelte, mit Recht aufgegeben (BGHSt 40, 125 (130) = NJW 1994, 3174; sa BGH NStZ 1995, 288; Lemke/Hettinger NStZ 1992, 21 (23); Renzikowski JR 1992, 270).

22 bb) Auch **§ 7 II** scheidet als Grundlage für Art. 315 IV EGStGB weitgehend aus. Seine erste Alternative (Täter zur Tatzeit Deutscher) war vor dem Beitritt auf Deutsche mit Lebensgrundlage in der DDR (→ § 5 Rn. 2) nicht anwendbar, weil dem der Grundlagenvertrag entgegenstand (BGHSt 39, 1 (7) = NJW 1993, 141 mwN). Übrig bleiben nur Taten, die Bundesbürger vor dem Beitritt in der DDR begangen haben und die auch am Tatort mit Strafe bedroht waren (→ § 7 Rn. 2). Bei Ermittlung der „identischen Norm“ versagt die Rspr. die Anerkennung von Rechtfertigungs- und Entschuldigungsgründen, die universal anerkannten Rechtsgrundsätzen widersprechen, ebenso wie bei entsprechenden Taten von DDR-Bürgern (→ Rn. 16, 16a, 19–19b); soweit sie jedoch deren strafrechtliche Haftung auf Willkürakte beschränkt hat (→ Rn. 19; → § 241a Rn. 1a), soll das für Taten von Bundesbürgern nicht gelten (BGHSt 42, 275 = StV 1997, 70 mit Bespr. König JR 1997, 317; zw.). Auch seine **zweite Alternative** (Neubürger) fällt regelmäßig aus: der Beitritt selbst begründet die Anwendbarkeit nicht, weil insoweit Art. 315 I EGStGB eine abschließende Sonderregelung trifft (→ Rn. 13); auch der vor dem Beitritt eingereiste Übersiedler wird nicht erfasst, weil die Neubürgerregelung schwerpunktmäßig stellvertretende Strafrechtspflege bezweckt (→ § 7 Rn. 1) und der Grund für ihre Ausübung durch den Beitritt weggefallen ist (so iErg mit Recht Samson NJW 1991, 335 (337); aM BGHSt 39, 317 = NJW 1994, 140 mablAnm Lackner NStZ 1994, 235; Fischer § 7 Rn. 9a; zw.).

23 **3.** Für die **Verjährung von Alttaten** (für eine Fallgruppe, die zwar vom Wortlaut des Gesetzes erfasst wird, seinem Zweck aber widerspricht, einschr. Albrecht GA 2000, 123) gilt der (abschließende) Art. 315a EGStGB (Anh. I). Er beruht auf dem EV und ist durch drei Verjährungsgesetze ergänzt worden (zusf. Letzgus NStZ 1994, 57; Rudolphi/Wolter in SK-StGB Vor § 78 Rn. 13–18; krit. Zimmermann, Strafrechtliche Vergangenheitsaufarbeitung und Verjährung, 1997, S. 112). Für

sung in eine psychiatrische Einrichtung angeordnet worden, so ist es verfassungsrechtlich nicht zulässig, sie als Maßregel iSd § 63 zu behandeln und nach den §§ 67–67g abzuwickeln (so aber KG NStZ 1994, 148 mAnm Toepel); anwendbar sind vielmehr die §§ 312ff. FamFG (BVerfG NStZ 1995, 399 mkritAnm Toepel NStZ 1996, 101; zw.).

10. Marxen/Werle/Vormbaum haben auf Grund aller für sie erreichbaren 30
Ermittlungsakten der zuständigen Staatsanwaltschaften und Gerichte einen **abschließenden Bericht** vorgelegt, der die Erscheinungsformen des DDR-Unrechts darstellt und abschließend bewertet. Sie halten den „strafrechtlichen Aufarbeitungsprozess" im Wesentlichen für gelungen (Marxen/Werle/Vormbaum Strafrechtl. Aufarbeitung, 2. Aufl. 2020, S. 241). Vor allem der iErg sehr weittragenden Beschränkung der Verfolgung auf schwere Menschenrechtsverletzungen und auf Wahlfälschungen stimmen sie zu (Marxen/Werle/Vormbaum Strafrechtl. Aufarbeitung, 2. Aufl. 2020, S. 242). Die Verfolgung von Menschenrechtsverletzungen sei zur Aufklärung der Öffentlichkeit und der daraus folgenden Bildung des öffentlichen Bewusstseins (Marxen/Werle/Vormbaum Strafrechtl. Aufarbeitung, 2. Aufl. 2020, S. 245) und vor allem für die Opfer unerlässlich, weil ihnen in den Verfahren öffentlich bestätigt wurde, dass sie Unrecht erlitten haben (Marxen/Werle/Vormbaum Strafrechtl. Aufarbeitung, 2. Aufl. 2020, S. 246). – Die Verfasser räumen aber auch Mängel ein: Mit Hilfe besserer gesetzlicher Vorgaben wäre eine raschere Erledigung, kürzere Verfahren und ein einheitliches Vorgehen der Strafverfolgungsbehörden möglich gewesen (Marxen/Werle/Vormbaum Strafrechtl. Aufarbeitung, 2. Aufl. 2020, S. 247); auch die Verjährungsgesetzgebung weise schwere Mängel auf (Marxen/Werle/Vormbaum Strafrechtl. Aufarbeitung, 2. Aufl. 2020, S. 248). Zu einer weitgehend übereinstimmenden Bewertung kommt auch Rogall FG BGH, 2000, 383. – Zur Rehabilitierung gem. § 1 I StrRehaG vgl. OLG Brandenburg ZOV 2020, 36 (nicht bei einer DDR-Verurteilung wegen Diebstahls, weil hier das gleiche Unrecht vorliege).

Vorbemerkung zu den §§ 3–7

1. Die §§ 3–7 regeln das sog. **internationale Strafrecht** (Strafanwendungs- 1
recht; eing. Oehler, Internationales Strafrecht, 2. Aufl. 1983; Jeßberger, Der transnationale Geltungsbereich des deutschen Strafrechts, 2011, mit Bespr. Böse ZStW 125, 112; zusf. Satzger IntStrafR § 5; Kindhäuser/Zimmermann StrafR AT § 4 Rn. 10–16). Es ist reformbedürftig, weil die jüngere Entwicklung des Völkerstrafrechts eine nachhaltige Begrenzung des Anwendungsbereichs dieser Vorschriften erfordert (Lagodny/Nill-Theobald JR 2000, 205); am 30.11.2009 ist der EU-Rahmenbeschluss 2009/948/JI zur Vermeidung und Beilegung von Kompetenzkonflikten in Strafverfahren erlassen worden (ABl. 2009 L 328, S. 42), der aber den deutschen Gesetzgeber nicht zu einer Änderung der §§ 3ff. verpflichtet (vgl. Hecker ZIS 2011, 60 (62); Böse/Meyer ZIS 2011, 336; Sinn ZIS 2013, 1; Eisele ZStW 125, 1). – Zu den Schranken des Geltungsbereichs, die sich aus rechtsstaatlichen (Schuldgrundsatz) und völkerrechtlichen Grundsätzen ergeben, ausf. Jeßberger, Der transnationale Geltungsbereich des deutschen Strafrechts, 2011, S. 140, 291. Zur Anwendbarkeit des deutschen Strafrechts auf kriminelle Publikationen im Internet s. Hilgendorf ZStW 113 (2001), 650 (659); Eser/Weißer in Schönke/Schröder § 9 Rn. 7–7d; zum Territorialitätsprinzip bei Internetstraftaten trotz Her-

kunftslandsprinzip in § 3 II TMG (→ § 184 Rn. 7a) vgl. Kudlich HRRS 2004, 278 (283) zu dem gleich lautenden § 4 II TDG aF. Zu Konsequenzen des deutschen Strafanwendungsrechts für global operierende Unternehmen s. Knaup, Die Begrenzung globaler Unternehmensleitung durch § 9 Abs. 2 S. 2 StGB, 2011, mit Bespr. Pelz ZIS 2014, 54.

1a **a)** Die Vorschriften sind **einseitige Kollisionsnormen,** da sie nicht die Anwendung ausländischen Strafrechts vorsehen, sondern nur den Umfang der innerstaatlichen Strafgewalt dadurch festlegen (Jescheck/Weigend StrafR S. 163; Böse in NK-StGB Rn. 9 „allenfalls"; krit. Neumann FS Müller-Dietz, 2001, 589 (595)), dass sie den Anwendungsbereich deutschen Strafrechts für Taten, die Beziehungen zum Ausland aufweisen, begrenzen (Makarov FS Kern, 1968, 253 (257); sa Schroeder DA 1968, 353; anders Neumann FS Müller-Dietz, 2001, 603).

1b **b) Taten** iSd internationalen Strafrechts sind, wie sich aus dem Sachzusammenhang ergibt (namentlich aus § 9), auch Teilnahme (BVerfG NStZ 2007, 274 (275); Werle/Jeßberger in LK-StGB Rn. 320; Satzger in Satzger/Schluckebier/Widmaier StGB § 3 Rn. 2; offen Eser/Weißer in Schönke/Schröder § 3 Rn. 4a), Versuch und versuchte Beteiligung, soweit sie mit Strafe bedroht sind. Dabei liegt ein **prozessualer Tatbegriff** zugrunde (offen gelassen von BGH NStZ 2019, 742 f.; wie hier Werle/Jeßberger in LK-StGB Rn. 314; für einen materiellen Tatbegriff Böse in NK-StGB Rn. 53).

1c **c) Deutsches Strafrecht** ist die Summe aller Normen der Bundesrepublik Deutschland (in den Grenzen des EV) und ihrer Länder, soweit sie Voraussetzungen und Folgen rechtswidriger Taten (→ § 11 Rn. 18) bestimmen. Es umfasst danach auch das Nebenstrafrecht und neben den Deliktstatbeständen grds. – vorbehaltlich allerdings von Ausnahmen, die sich aus der Einheit der jeweiligen ausländischen Rechtsordnung ergeben können – auch die blankettausfüllenden Normen (OLG Karlsruhe NStZ 1985, 317; speziell zum deutschen Insiderstrafrecht (§ 38 WpHG) Konring WM 1998, 1369); sowie die Unrechts-, Schuld- und Strafausschließungsgründe des deutschen Rechts OLG Köln MDR 1973, 688). Ist es im Einzelfall anwendbar, so wird damit die Berücksichtigung auch ausländischer Rechtssätze im Rahmen der Subsumtion (zB Beurteilung der Fremdheit einer Sache beim Diebstahl) nicht ausgeschlossen (BayObLG NJW 1972, 1722; Nowakowski JZ 1971, 633; Liebelt GA 1994, 21; speziell zum Irrtum Neumann FS Müller-Dietz, 2001, 604; eing. Cornils, Die Fremdrechtsanwendung im Strafrecht, 1978).

2 **2.** Für die Anknüpfung kommen vor allem in Frage (Ambos IntStrafR § 3; Satzger IntStrafR § 4; zur Unterscheidung von originärer und derivativer Strafgewalt s. Jeßberger, Der transnationale Geltungsbereich des deutschen Strafrechts, 2011, S. 220): der **Gebietsgrundsatz** (Territorialitätsprinzip), der die Geltung des Strafrechts auf das Staatsgebiet und damit auf solche Taten beschränkt, die innerhalb des staatlicher Souveränität unterliegenden Raumes begangen werden (Böse in NK-StGB Rn. 16; krit. Walther FS Eser, 2005, 925 (937)); das mit dem Gebietsgrundsatz verwandte **Flaggenprinzip,** nach dem das innerstaatliche Strafrecht auf Taten an Bord von Schiffen und Luftfahrzeugen erstreckt wird, die bei dem jeweiligen Staat registriert sind (BGHSt 53, 265 (267) = HmbSchRZ 2009, 150); der **aktive Personalgrundsatz** (Personalitätsprinzip, Staatsangehörigkeitsprinzip), der sich in Systemen, denen er als herrschendes Prinzip zu Grunde liegt, auf eine Treuepflicht des Täters gegenüber seiner Heimat und ihren Gesetzen stützt (krit. zur Begr. Böse in NK-StGB Rn. 18: Ausdruck autoritären Staatsdenkens); der **Schutzgrundsatz**

(Realprinzip), der die Geltung des Strafrechts an den Belangen der eigenen Rechtsgemeinschaft orientiert und deshalb auch den sog. **passiven Personalgrundsatz** (Individualschutzprinzip) umfasst, weil er die Strafbarkeit von der Verletzung eines eigenen Staatsangehörigen abhängig macht; der **Weltrechtsgrundsatz** (Universalprinzip), der im Interesse der ganzen Menschheit (nach Weigend FS Eser, 2005, 955 (971): grundlegende Interessen der gesamten Völkergemeinschaft), jedoch in den Grenzen des Völkerrechts (→ § 6 Rn. 1), unbeschränkte Strafbarkeit vorsieht (Böse in NK-StGB Rn. 21; zur Weltrechtspflege Weißer GA 2012, 416); der **Grundsatz der stellvertretenden Strafrechtspflege,** der die Geltung des Strafrechts in Fällen bestimmt, in denen eine ausländische Strafgewalt am Einschreiten gehindert ist (Bock HRRS 2010, 92 (94); zusf. Oehler FS Grützner, 1970, 110; krit. Zieher, Das sog. Internationale Strafrecht nach der Reform, 1977, S. 75); das **Kompetenzverteilungsprinzip,** das auf dem Gedanken beruht, auf Grund zwischenstaatlicher Vereinbarungen die Zuständigkeit zur Aburteilung von Taten aus Zweckmäßigkeitsgründen und um der Gerechtigkeit willen so zu bestimmen, dass Überschneidungen konkurrierender Strafrechte möglichst eingeschränkt und Doppelbestrafungen vermieden werden (Werle/Jeßberger in LK-StGB Rn. 255; Eser/Weißer in Schönke/Schröder Rn. 29, prozessuales Institut; Jeßberger, Der transnationale Geltungsbereich des deutschen Strafrechts, 2011, S. 286, Vertragsprinzip; zusf. Satzger Jura 2010, 108 (109–111)). Kritisch zu diesen Grundsätzen aus straftheoretischer Sicht Pawlik FS Schroeder, 2006, 357, der lediglich das Territorialitätsprinzip und das aktive Personalitätsprinzip, mit Einschränkungen auch den Grundsatz der stellvertretenden Strafrechtspflege, aus der Sicht des Betroffenen für legitimierbar hält, weil nur in diesen Fällen dem von ihm geforderten Gehorsam („Mitwirkungspflicht") ein effektiver Schutz durch den strafenden Staat entspricht (Grundsatz der „Reziprozität"); die übrigen Prinzipien – wie etwa das Weltrechtsprinzip – ordnet er der Gefahrenbekämpfung zu; so scharfsinnig die Kritik der Anknüpfungsprinzipien auch ist, so fragwürdig und kritikbedürftig ist ihre straftheoretische Basis. – De lege ferenda für ein Domizilprinzip, das an den ständigen Aufenthaltsort einer Person anknüpft (und als solches im IPR große Bedeutung hat), als zeitgemäße Alternative zur Anknüpfung an die Staatsangehörigkeit im Rahmen des Personalitätsprinzips plädiert vor dem Hintergrund aktueller Migrationsbewegungen Beyer Personelle Strafgewalt, 2020, 145.

3. Das **geltende Recht** ist im 2. StrRG (→ Vor § 1 Rn. 4) wieder zu dem deut- 3
scher Rechtstradition entsprechenden System zurückgekehrt (zur Entwicklungsgeschichte Jeßberger, Der transnationale Geltungsbereich des deutschen Strafrechts, 2011, S. 46). Es macht den Gebietsgrundsatz zum tragenden Prinzip des Strafanwendungsrechts und gibt den übrigen Grundsätzen nur insoweit Raum, als überwiegende kriminalpolitische Gründe eine Erweiterung des Anwendungsbereichs erfordern. Das aktive Personalitätsprinzip hat danach nur noch auf Spezialgebieten oder aus Gründen, die sich aus dem Gedanken internationaler Solidarität ergeben (Werle/Jeßberger in LK-StGB Rn. 235), ergänzende Funktion.

4. a) Inland (§§ 3, 5 Nr. 6, Buchst. a–c, Nr. 9 Buchst. b, Nr. 9a Buchst. b, 4
Nr. 15 Buchst. b, § 7 II Nr. 2) ist ein funktioneller Begriff. Er umfasst das Gebiet, in dem deutsches Strafrecht auf Grund hoheitlicher Staatsgewalt seine Ordnungsfunktion geltend macht (BGHSt 30, 1 = StV 1981, 174). Seit Wirksamwerden des Beitritts der DDR (Art. 1 I EV) deckt er sich mit dem staatsrechtlichen Inlandsbegriff und umfasst die in der Präambel des GG genannten Länder. Zum Inland gehören neben dem Landgebiet auch die Eigengewässer, das Küstenmeer und

der Luftraum über dem Staatsgebiet, nicht jedoch der Festlandsockel (unstr.). Im Bereich der Zoll- und Einfuhrgesetze gelten Erweiterungen. Einbezogen sind danach ua die Zollstellen der Bundesrepublik, die außerhalb des Bundesgebiets liegen (BayObLG NJW 1983, 529) und die Reisezüge, in denen deutsche Zollbeamte zur Grenzabfertigung auf fremdem Staatsgebiet befugt sind (OLG Oldenburg MDR 1974, 329).

5 **b)** Das StGB verwendet häufig auch noch (zB in § 5 Nr. 7) den Begriff des **räumlichen Geltungsbereichs dieses Gesetzes.** Dieser deckt sich seit Wirksamwerden des Beitritts der DDR (Art. 1 I EV) grds. mit dem Begriff des Inlands.

6 **c) Ausland** ist jedes Gebiet außerhalb des Inlands (→ Rn. 4; ebenso Böse in NK-StGB § 5 Rn. 2), also auch das offene Meer und Gebiete ohne Staatshoheit.

7 **5. a) Deutscher** ist, wer die deutsche Staatsangehörigkeit iSd Art. 116 I GG besitzt, also auch jemand mit einer weiteren Staatsangehörigkeit („Doppelstaater") und grds. auch der deutsche Volkszugehörige (BVerfGE 36, 1 (30) = NJW 1973, 1539; BGHSt 11, 63 = NJW 1958, 69). Jedoch werden Taten, die Deutsche mit Lebensgrundlage in den Gebieten jenseits der Oder-Neiße-Grenze dort begangen haben, nicht erfasst; ihre Einbeziehung wäre mit den von der Bundesrepublik im Warschauer Vertrag übernommenen Pflichten unvereinbar.

8 **b) Ausländer** ist jeder, der nicht Deutscher ist, also auch der Staatenlose.

9 **6.** Der Geltungsbereich des deutschen Strafrechts hängt nicht nur von den §§ 3 ff., sondern vorrangig von der **Auslegung** der einzelnen Tatbestände ab (anders Golombek, Der Schutz ausländischer Rechtsgüter im System des deutschen Strafanwendungsrechts, 2010, S. 22, 46, 112). Die Anwendung deutschen Strafrechts ist nur begründet, wenn der zu Grunde liegende Sachverhalt mit den Ordnungsaufgaben des inländischen Rechts sinnvoll verbunden ist (OLG Saarbrücken NJW 1975, 506; Ambos IntStrafR § 1 Rn. 32). Bei Individualrechtsgütern (zB auch dem Hausrecht in ausländischen Botschaften, OLG Köln NJW 1982, 2740 mablAnm Bernsmann StV 1982, 578) ist das idR schon nach den Grundsätzen des völkerrechtlichen Fremdenrechts zu bejahen (Vogler NJW 1977, 1866 mwN). Auch bei Universalrechtsgütern sind ausländische Interessen häufig einbezogen (vgl. etwa BGHSt 18, 333 (334) = NJW 1963, 1318; BGHSt 21, 277 (280) = NJW 1967, 2069; BGHSt 29, 85 (87) = NJW 1979, 2482; wistra 1993, 224); jedoch kann hier, namentlich bei Rechtsgütern des Staates, die Auslegung ergeben, dass nur inländische Interessen geschützt werden sollen (Oehler JR 1980, 485; BWME StrafR AT § 5 Rn. 68; eing. Lüttger FS Jescheck, 1985, 121). Das trifft zB zu für die Tatbestände über Hochverrat, Rechtsstaatsgefährdung und Landesverrat, über den Schutz der Landesverteidigung nach §§ 109 ff., über Widerstand gegen die Staatsgewalt nach § 113 (OLG Hamm NJW 1960, 1536 mAnm Schröder JZ 1960, 578; dazu auch Mitsch FS Krey, 2010, 351 (357)), über Gefangenenbefreiung nach § 120 (Vogler NJW 1977, 1866), über falsche uneidliche Aussage und Meineid (→ Vor § 153 Rn. 2; für internationale Gerichte s. § 162 I), über Vortäuschen einer Straftat nach § 145 d (→ § 145 d Rn. 1), über Strafvereitelung nach § 258 (→ § 258 Rn. 1), über Kreditbetrug nach § 265 b (→ § 265 b Rn. 1), über Steuerhinterziehung (OLG Hamburg NJW 1964, 935; BayObLG VRS 58 (1980), 196 = NJW 1980, 1057), aber auch über Urheberrechtsverletzungen nach §§ 106 ff. UrhG (BGH NJW 2004, 1674). Zum Verhält-

nis von §§ 3ff. zu § 129b I → § 129b Rn. 1; BGHSt 54, 264 = StV 2010, 525 mit Bespr. Valerius GA 2011, 696.

7. Die §§ 3–7 sind Teil des **materiellen** Strafrechts (hM; vgl. BayObLG NJW 1998, 392; Satzger Jura 2010, 108 (111): es gelten deshalb die Garantien des § 1 bzw. Art. 103 II GG); die danach maßgebenden Umstände gehören nicht zum gesetzlichen Tatbestand, sondern sind objektive Strafbarkeitsbedingungen (hM; vgl. etwa Fischer Rn. 30; anders Pawlik FS Schroeder, 2006, 357 (361, 373); sowie Böse FS Maiwald, 2010, 61 (77); Böse in NK-StGB Rn. 51; diff. Jeßberger, Der transnationale Geltungsbereich des deutschen Strafrechts, 2011). Sie haben jedoch im Hinblick auf die Strafgerichtsbarkeit zugleich die Wirkung eines Prozesshindernisses, weil der deutsche Richter nur deutsches Strafrecht anwenden darf (BGHSt 34, 1 = StV 1986, 473; Satzger in Satzger/Schluckebier/Widmaier StGB Rn. 2; Heger/Pohlreich, Strafprozessrecht, 2. Aufl. 2018, Rn. 194). Das Fehlen ihrer Voraussetzungen führt daher nicht zum Freispruch, sondern wegen des Vorrangs der prozessualen Wirkung zur Einstellung des Verfahrens. – Demgegenüber hat die Befreiung **Exterritorialer** von der deutschen Gerichtsbarkeit (§§ 18–20 GVG) keine materiell-rechtliche Bedeutung; sie gewährt nur Immunität und bildet daher lediglich ein Prozesshindernis (hM; OLG Düsseldorf NStZ 1987, 87 mAnm Jakobs; Werle/Jeßberger in LK-StGB Rn. 374; anders Bloy JuS 1993, L33 (L35)). Auch die (begrenzte) **Ausnahme ausländischer Streitkräfte** von der deutschen Gerichtsbarkeit nach dem NATO-Truppenstatut hat nur verfahrensrechtliche Bedeutung (näher Werle/Jeßberger in LK-StGB Rn. 395–406). – **Rechtsvergleichend** Sinn, Jurisdiktionskonflikte bei grenzüberschreitender Kriminalität, 2012; zu §§ 3ff. Wörner/Wörner in Sinn, Jurisdiktionskonflikte bei grenzüberschreitender Kriminalität, 2012, S. 203). – Auch angesichts der unionsrechtlichen Verpflichtung zur wechselseitigen Rechtshilfe der EU-Mitgliedstaaten zB aufgrund einer Europäischen Haftbefehls oder einer Europäischen Ermittlungsanordnung (dazu Böse ZIS 2014, 152) tut eine **Harmonisierung des Strafanwendungsrechts innerhalb der EU** Not, doch gibt es dazu bislang noch keine verbindlichen Vorgaben (de lege ferenda Zimmermann, Strafgewaltkonflikte in der Europäischen Union, 2014). 10

§ 3 Geltung für Inlandstaten

Das deutsche Strafrecht gilt für Taten, die im Inland begangen werden.

I. Die Vorschrift verwirklicht den **Gebietsgrundsatz** als Hauptprinzip des internationalen Strafrechts (→ Vor § 3 Rn. 2, 3; Mankowski/Bock ZStW 120 (2008), 704 (739): Territorialprinzip). 1

II. Deutsches Strafrecht → Vor § 3 Rn. 1; **Inland** → Vor § 3 Rn. 4; **Tatort** § 9. 2

III. 1. Welches Recht anzuwenden ist, wenn in Teilgebieten des Inlandes verschiedenes Strafrecht gilt, ist in den §§ 3ff. nicht geregelt. Es ist unbestritten, dass in diesen Fällen die Regeln des sog. **interlokalen Strafrechts** heranzuziehen sind. 3–6

a) Danach ist das **Recht des Tatorts** anzuwenden (hM; vgl. etwa BWME StrafR AT § 7 Rn. 78 mwN). Eine (alternative oder kumulative) Anwendung des am Gerichtsort (lex fori) oder am Täterwohnsitz (iSd Lebensgrundlage, → § 5 7

Rn. 2) geltenden Rechts ist grds. ausgeschlossen, denn die Anknüpfung an die lex fori würde die Strafbarkeit vom Zufall prozessualer Zuständigkeit abhängig machen, während die Heranziehung des Heimatrechts nur auf das seit dem 2. StrRG aufgegebene aktive Personalprinzip gestützt werden könnte (hM; diff. Jescheck/Weigend StrafR S. 191).

8 **b)** Das Tatortrecht ist von jedem **zuständigen inländischen Gericht** anzuwenden, auch wenn es am Gerichtsort nicht gilt (BGHSt 11, 365 (366) = NJW 1958, 1500). Das interlokale Strafrecht ist danach innerstaatliches Kollisionsrecht, das dem Richter – anders als das internationale Strafrecht (→ Vor § 3 Rn. 1) – auch die Anwendung für ihn fremden Rechts aufgibt.

9 **c)** Der **Tatort** bestimmt sich nach § 9 (→ § 9 Rn. 6). Ergeben sich danach mehrere Tatorte in verschiedenen Teilgebieten, so gilt das bei konkreter Betrachtung strengere Gesetz (hM).

10 **2.** Für die Anwendung der übergangsweise im **Beitrittsgebiet** fortgeltenden Vorschriften des StGB/DDR (Anh. II 1 c) ist das interlokale Strafrecht für die Praxis weitgehend bedeutungslos geworden, weil, soweit ersichtlich, inzwischen alle Unterschiede durch mehrere Gesetzgebungsakte aufgehoben worden sind.

11 **3.** Erhebliche praktische Bedeutung hat das interlokale Strafrecht dagegen für **unterschiedliches Landesstrafrecht** (va Pressestrafrecht) und bei zum Landesverwaltungsrecht akzessorischen Strafnormen.

§ 4 Geltung für Taten auf deutschen Schiffen und Luftfahrzeugen

Das deutsche Strafrecht gilt, unabhängig vom Recht des Tatorts, für Taten, die auf einem Schiff oder in einem Luftfahrzeug begangen werden, das berechtigt ist, die Bundesflagge oder das Staatszugehörigkeitszeichen der Bundesrepublik Deutschland zu führen.

Fassung: Durch das 11. LuftVÄndG (→ Vor § 1 Rn. 13) technisch geändert.

1 **1.** Die Vorschrift beruht auf dem **Flaggenprinzip** (→ Vor § 3 Rn. 2), das völkerrechtlich mit gewissen Begrenzungen anerkannt ist (dazu Jeßberger, Der transnationale Geltungsbereich des deutschen Strafrechts, 2011, S. 234). Sie gilt **unabhängig** davon, ob das Recht des Tatorts (§ 9) Strafe androht und ob sich das Fahrzeug innerhalb oder außerhalb fremden Hoheitsgebiets befindet (eing. Wille, Die Verfolgung strafbarer Handlungen an Bord von Schiffen und Luftfahrzeugen, 1974). Einschlägige Taten werden so behandelt, als wären sie im Inland begangen (OLG Schleswig wistra 1998, 30 mAnm Döllel wistra 1998, 70; Walter JuS 2006, 967 „fingiert"; Satzger Jura 2010, 108 (116); Böse in NK-StGB Rn. 2). Jedoch ist der Verfolgungszwang gelockert, wenn die Tat außerhalb des räumlichen Geltungsbereichs des Gesetzes (→ Vor § 3 Rn. 5) begangen wurde (§ 153c I Nr. 1, 2 StPO und dazu Clausmeier, Die Einstellung von Verfahren mit Auslandsberührung durch die Staatsanwaltschaft, 2016, S. 69f.; sa § 10 StPO und dazu BGHSt 53, 265 = HmbSchRZ 2009, 150).

2 **2. a)** Für **Schiffe** (gleichgültig ob Staats- oder Privat-, See- oder Binnenschiffe) ergibt sich die Berechtigung, die Bundesflagge zu führen, aus §§ 1, 2, 10, 11 FlaggRG; Schiffe, deren Berechtigung nach § 7 IV FlaggRG nicht ausgeübt werden

darf, werden nicht erfasst (BT-Drs. 7/550, 307). Für die Seestreitkräfte ergibt sich aus der Anordnung des Bundespräsidenten über die Dienstflagge der Seestreitkräfte der Bundeswehr v. 25.5.1956 (BGBl. I 447; BGHSt 53, 265 (266) = HmbSchRZ 2009, 150). Praktische Bedeutung hat § 4 insbes. bei der strafrechtlichen Verfolgung von Seeräubern (LG Hamburg BeckRS 2013, 7408).

b) Für **Luftfahrzeuge** (zum Begriff § 1 II LuftVG; Wille, Die Verfolgung strafbarer Handlungen an Bord von Schiffen und Luftfahrzeugen, 1974, S. 25; Böse in NK-StGB Rn. 2) ergibt sich die Berechtigung, das Staatszugehörigkeitszeichen zu führen, aus §§ 2 V, 3 LuftVG; auch Weltraumfahrzeuge sollen einbezogen sein (Satzger Jura 2010, 108 (116)) 3

§ 5 Auslandstaten mit besonderem Inlandsbezug

Das deutsche Strafrecht gilt, unabhängig vom Recht des Tatorts, für folgende Taten, die im Ausland begangen werden:

1. (aufgehoben)
2. Hochverrat (§§ 81 bis 83);
3. Gefährdung des demokratischen Rechtsstaates
a) in den Fällen des § 86 Absatz 1 und 2, wenn Propagandamittel im Inland wahrnehmbar verbreitet oder der inländischen Öffentlichkeit zugänglich gemacht werden und der Täter Deutscher ist oder seine Lebensgrundlage im Inland hat,
b) in den Fällen des § 86a Absatz 1 Nummer 1, wenn ein Kennzeichen im Inland wahrnehmbar verbreitet oder in einer der inländischen Öffentlichkeit zugänglichen Weise oder in einem im Inland wahrnehmbar verbreiteten Inhalt (§ 11 Absatz 3) verwendet wird und der Täter Deutscher ist oder seine Lebensgrundlage im Inland hat,
c) in den Fällen der §§ 89, 90a Abs. 1 und des § 90b, wenn der Täter Deutscher ist und seine Lebensgrundlage im räumlichen Geltungsbereich dieses Gesetzes hat, und
d) in den Fällen der §§ 90 und 90a Abs. 2;
4. Landesverrat und Gefährdung der äußeren Sicherheit (§§ 94 bis 100a);
5. Straftaten gegen die Landesverteidigung
a) in den Fällen der §§ 109 und 109e bis 109g und
b) in den Fällen der §§ 109a, 109d und 109h, wenn der Täter Deutscher ist und seine Lebensgrundlage im räumlichen Geltungsbereich dieses Gesetzes hat;
5a. Widerstand gegen die Staatsgewalt und Straftaten gegen die öffentliche Ordnung
a) in den Fällen des § 111, wenn die Aufforderung im Inland wahrnehmbar ist und der Täter Deutscher ist oder seine Lebensgrundlage im Inland hat,
b) in den Fällen des § 127, wenn der Zweck der Handelsplattform darauf ausgerichtet ist, die Begehung von rechtswidrigen Taten im Inland zu ermöglichen oder zu fördern und der Täter Deutscher ist oder seine Lebensgrundlage im Inland hat, und

c) in den Fällen des § 130 Absatz 2 Nummer 1, auch in Verbindung mit Absatz 5, wenn ein in Absatz 2 Nummer 1 oder Absatz 3 bezeichneter Inhalt (§ 11 Absatz 3) in einer Weise, die geeignet ist, den öffentlichen Frieden zu stören, im Inland wahrnehmbar verbreitet oder der inländischen Öffentlichkeit zugänglich gemacht wird und der Täter Deutscher ist oder seine Lebensgrundlage im Inland hat;

6. Straftaten gegen die persönliche Freiheit
   a) in den Fällen der §§ 234a und 241a, wenn die Tat sich gegen eine Person richtet, die zur Zeit der Tat Deutsche ist und ihren Wohnsitz oder gewöhnlichen Aufenthalt im Inland hat,
   b) in den Fällen des § 235 Absatz 2 Nummer 2, wenn die Tat sich gegen eine Person richtet, die zur Zeit der Tat ihren Wohnsitz oder gewöhnlichen Aufenthalt im Inland hat, und
   c) in den Fällen des § 237, wenn der Täter zur Zeit der Tat Deutscher ist oder wenn die Tat sich gegen eine Person richtet, die zur Zeit der Tat ihren Wohnsitz oder gewöhnlichen Aufenthalt im Inland hat;
7. Verletzung von Betriebs- oder Geschäftsgeheimnissen eines im räumlichen Geltungsbereich dieses Gesetzes liegenden Betriebs, eines Unternehmens, das dort seinen Sitz hat, oder eines Unternehmens mit Sitz im Ausland, das von einem Unternehmen mit Sitz im räumlichen Geltungsbereich dieses Gesetzes abhängig ist und mit diesem einen Konzern bildet;
8. Straftaten gegen die sexuelle Selbstbestimmung in den Fällen des § 174 Absatz 1, 2 und 4, der §§ 176 bis 178 und des § 182, wenn der Täter zur Zeit der Tat Deutscher ist;
9. Straftaten gegen das Leben
   a) in den Fällen des § 218 Absatz 2 Satz 2 Nummer 1 und Absatz 4 Satz 1, wenn der Täter zur Zeit der Tat Deutscher ist, und
   b) in den übrigen Fällen des § 218, wenn der Täter zur Zeit der Tat Deutscher ist und seine Lebensgrundlage im Inland hat;

9a. Straftaten gegen die körperliche Unversehrtheit
   a) in den Fällen des § 226 Absatz 1 Nummer 1 in Verbindung mit Absatz 2 bei Verlust der Fortpflanzungsfähigkeit, wenn der Täter zur Zeit der Tat Deutscher ist, und
   b) in den Fällen des § 226a, wenn der Täter zur Zeit der Tat Deutscher ist oder wenn die Tat sich gegen eine Person richtet, die zur Zeit der Tat ihren Wohnsitz oder gewöhnlichen Aufenthalt im Inland hat;

10. falsche uneidliche Aussage, Meineid und falsche Versicherung an Eides Statt (§§ 153 bis 156) in einem Verfahren, das im räumlichen Geltungsbereich dieses Gesetzes bei einem Gericht oder einer anderen deutschen Stelle anhängig ist, die zur Abnahme von Eiden oder eidesstattlichen Versicherungen zuständig ist;

10a. Sportwettbetrug und Manipulation von berufssportlichen Wettbewerben (§§ 265c und 265d), wenn sich die Tat auf einen Wettbewerb bezieht, der im Inland stattfindet;

11. Straftaten gegen die Umwelt in den Fällen der §§ 324, 326, 330 und 330a, die im Bereich der deutschen ausschließlichen Wirtschaftszone

begangen werden, soweit völkerrechtliche Übereinkommen zum Schutze des Meeres ihre Verfolgung als Straftaten gestatten;

11a. Straftaten nach § 328 Abs. 2 Nr. 3 und 4, Abs. 4 und 5, auch in Verbindung mit § 330, wenn der Täter zur Zeit der Tat Deutscher ist;

12. Taten, die ein deutscher Amtsträger oder für den öffentlichen Dienst besonders Verpflichteter während eines dienstlichen Aufenthalts oder in Beziehung auf den Dienst begeht;

13. Taten, die ein Ausländer als Amtsträger oder für den öffentlichen Dienst besonders Verpflichteter begeht;

14. Taten, die jemand gegen einen Amtsträger, einen für den öffentlichen Dienst besonders Verpflichteten oder einen Soldaten der Bundeswehr während der Ausübung ihres Dienstes oder in Beziehung auf ihren Dienst begeht;

15. Straftaten im Amt nach den §§ 331 bis 337, wenn
a) der Täter zur Zeit der Tat Deutscher ist,
b) der Täter zur Zeit der Tat Europäischer Amtsträger ist und seine Dienststelle ihren Sitz im Inland hat,
c) die Tat gegenüber einem Amtsträger, einem für den öffentlichen Dienst besonders Verpflichteten oder einem Soldaten der Bundeswehr begangen wird oder
d) die Tat gegenüber einem Europäischen Amtsträger oder Schiedsrichter, der zur Zeit der Tat Deutscher ist, oder einer nach § 335 a gleichgestellten Person begangen wird, die zur Zeit der Tat Deutsche ist;

16. Bestechlichkeit und Bestechung von Mandatsträgern (§ 108 e), wenn
a) der Täter zur Zeit der Tat Mitglied einer deutschen Volksvertretung oder Deutscher ist oder
b) die Tat gegenüber einem Mitglied einer deutschen Volksvertretung oder einer Person, die zur Zeit der Tat Deutsche ist, begangen wird;

17. Organ- und Gewebehandel (§ 18 des Transplantationsgesetzes), wenn der Täter zur Zeit der Tat Deutscher ist.

Fassung: Nr. 6, 8, 9 und 9a haben ihre jetzige Fassung erhalten durch das 49. StÄG (→ Vor § 1 Rn. 18) mit Wirkung zum 27.1.2015 – **Nr. 15, 16 und 17** sind eingefügt bzw. umnummeriert worden durch Art. 1 KorrBeKG (→ Vor § 1 Rn. 18) mit Wirkung zum 26.11.2015. – **Nr. 8** ist durch das 50. StÄG (→ Vor § 1 Rn. 18) an die veränderte Nummerierung im Sexualstrafrecht angepasst worden; **Nr. 10a** ist durch das 51. StÄG (→ Vor § 1 Rn. 18) eingefügt worden. – **Nr. 1** ist durch Art. 2 VStGBÄndG (→ Vor § 1 Rn. 18) zum 1.1.2017 aufgehoben worden. – **Nr. 3a und b** neu gefasst und **Nr. 5a** eingefügt durch das 60. StÄG (→ Vor § 1 Rn. 19) zum 1.1.2021, **Nr. 3** ausgeweitet zum 22.9.2021 durch G zur Verbesserung des strafrechtlichen Schutzes gegen sog. Feindeslisten (→ Vor § 1 Rn. 19) und zum 1.10.2021 durch G zur Strafbarkeit des Betreibens krimineller Handelsplattformen im Internet (→ Vor § 1 Rn. 19).

1. Die Vorschrift konkretisiert den **Schutzgrundsatz,** beruht zT aber auch (zB in Nr. 8, 9) auf dem Personalgrundsatz (→ Vor § 3 Rn. 2, 3; eing. Zieher, Das sog. Internationale Strafrecht nach der Reform, 1977, S. 103; krit. hinsichtlich Nr. 11 a und 17 Pawlik FS Schroeder, 2006, 357 (377); diff. Werle/Jeßberger in LK-StGB Rn. 11; wegen Verstoßes gegen das Diskriminierungsverbot aus Art. 18 I AEUV hält Pfaffendorf ZStW 129 (2017), 146 (175), eine Reihe von an die Staatsangehörigkeit des Täters anknüpfenden Varianten für unanwendbar). Unabhängig 1 vom Recht des Tatorts gilt sie – mit Rücksicht auf die allgemeine Strafbarkeit von Inlandstaten (§ 3) – nur für Taten, die im Ausland (→ Vor § 3 Rn. 6) begangen werden (näher dazu § 9).

2 **2.** Zu den in der Vorschrift mehrfach verwendeten Merkmalen: **Deutsches Strafrecht, Inland, Ausland, Deutscher, Ausländer, räumlicher Geltungsbereich des Gesetzes** → Vor § 3 Rn. 1, 4–8. – **Lebensgrundlage** (Nr. 9 Buchst. b) ist die Summe derjenigen Beziehungen, die den persönlichen und wirtschaftlichen Schwerpunkt im Verhältnis des Menschen zu seiner Umwelt ausmachen (Kindhäuser/Hilgendorf in LPK-StGB Rn. 2). Vorübergehende, uU auch längere, Auslandsaufenthalte von Diplomaten, konsularischen Vertretern, Geschäfts- oder Dienstreisenden (namentlich Amtsträgern und Soldaten) und von Urlaubern berühren die Lebensgrundlage idR nicht (BGHSt 10, 46 = NJW 1957, 310; einschr. Hoyer in SK-StGB Rn. 8, der nur Umgehungssachverhalte erfassen will). **Wohnsitz** ist der Ort, an dem jemand ordnungsrechtlich gemeldet ist; bei Doppelwohnsitz oder wechselnden Aufenthalten kommt es darauf an, wo der Täter seinen persönlichen, familiären und wirtschaftlichen Mittelpunkt hat (Werle/Jeßberger in LK-StGB Rn. 19). **Gewöhnlicher Aufenthalt** ist der Ort, an dem jemand zur Tatzeit eine Wohnung oder Unterkunft nicht nur ganz vorübergehend (etwa zur Tatvorbereitung) tatsächlich benutzt (weiter Eser/Weißer in Schönke/Schröder Rn. 5). **Amtsträger, Europäischer Amtsträger, für den öffentlichen Dienst besonders Verpflichteter** → § 11 Rn. 3–17.

3 **3. Nr. 1** ist aufgehoben (s. Fassungshinweis). **Nr. 2–5a:** Die aufgeführten Staatsschutzdelikte iwS kombinieren das Schutzprinzip zT mit der Staatsangehörigkeit des Täters und (Nr. 3 Buchst. c) bzw. oder dessen Lebensgrundlage; mit Nr. 5a Buchts. c sind einige Fälle der Volksverhetzung via Internet erfasst, die zwischenzeitlich die Rspr. unter §§ 3, 9 fassen wollte (→ § 9 Rn. 5). **Nr. 6 Buchst. b:** Die Vorschrift betrifft nur den Spezialfall der Kindesentziehung nach § 235 II Nr. 2. Die Tat muss sich – ungeachtet der Staatsangehörigkeit – gegen eine geschützte Person mit Wohnsitz oder gewöhnlichem Aufenthalt im Inland (→ Rn. 2) richten, dh entweder gegen das vorenthaltene Kind oder gegen die Eltern, einen Elternteil, den Pfleger oder den Vormund, soweit ihnen nach deutschem Recht einschließlich des internationalen Privatrechts die Personensorge für das Kind zusteht (BT-Drs. 13/7164, 27; → § 235 Rn. 1). Es ist unerheblich, ob der Täter Deutscher oder Ausländer ist und ob die Tat am Tatort mit Strafe bedroht ist (BT-Drs. 13/7164, 27; haben beide nur einen Wohnsitz im Ausland bleibt § 7 I, NStZ-RR 2016, 213). – **Nr. 6 Buchst. c** erfasst im Ausland durch einen oder gegenüber einem Deutschen bewirkte Zwangsheiraten (§ 237); angesichts erleichterter Doppelstaatsangehörigkeit dürfte diese Variante nicht ganz selten sein). **Nr. 7:** Vgl. § 18 I AktG; sog. Gleichordnungskonzerne (§ 18 II AktG) und Unternehmen, die sich lediglich in Händen deutscher Anteilseigner befinden, sind nicht geschützt (BT-Drs. V/4095, 5). Erfasst werden nicht nur spezifische Geheimnisschutzvorschriften wie §§ 201–204, sondern zB auch die §§ 242, 246, 266, soweit die Tat der Beschaffung von Geschäfts- oder Betriebsgeheimnissen dient (Zieher, Das sog. Internationale Strafrecht nach der Reform, 1977, S. 133; Weber ZStW 96 (1984), 376 (384); Rath JA 2007, 26 (30); krit. Böse in NK-StGB Rn. 23). **Nr. 8 Buchst. a:** Täter **und** Opfer müssen die einschränkenden Voraussetzungen erfüllen (krit. Eser/Weißer in Schönke/Schröder Rn. 20). **Nr. 8b:** Die auf dem aktiven Personalitätsprinzip (→ Vor § 3 Rn. 2, 3) beruhende Vorschrift erfasst alle Formen des sexuellen Missbrauchs von Kindern und Jugendlichen und erweitert den Täterkreis ohne

Einschränkung auf alle Deutschen (zu den Gründen BT-Drs. 12/4883, 7 und BT-Drs. 13/9064, 8). Die Aufhebung der Beschränkung auf Deutsche mit Lebensgrundlage im Inland ist völkerrechtlich problematisch, weil sie bei Fehlen einer Strafdrohung am Tatort auch den Täter, der nicht nur vorübergehend im Ausland lebt und dort in eine fremde Rechtsordnung integriert ist, einer nicht zureichend begründbaren Treupflicht gegenüber dem Heimatstaat unterwirft (Oehler IntStrafR Rn. 139; verfassungsrechtliche Bedenken bei Pawlik FS Schroeder, 2006, 357 (377); Böse in NK-StGB Rn. 26). **Nr. 9:** Nur Verstöße gegen § 218, nicht gegen §§ 218b, 219b werden erfasst (ebenso Rath JA 2007, 26 (30); Rudolphi/Rogall in SK-StGB Vor § 218 Rn. 60; → Vor Rn. 1). Für deutsche (im Ausland handelnde) Teilnehmer (§§ 26, 27) an dem Schwangerschaftsabbruch eines Ausländers an einer Ausländerin gilt die Vorschrift nicht (Werle/Jeßberger in LK-StGB Rn. 135); iÜ ist bei Beteiligung mehrerer, die teils Täterschaft und teils Teilnahme ist und auch nur teilweise im Ausland begangen wird, die Abgrenzung schwierig und noch wenig geklärt (Mitsch Jura 1989, 193). **Nr. 9a** setzt die Istanbul-Konvention um (BT-Drs. 18/2601, 21; Böse in NK-StGB Rn. 27). **Nr. 10:** Zur Zuständigkeit deutscher Stellen → § 153 Rn. 3; → § 154 Rn. 3; → § 156 Rn. 2; nicht erfasst wegen geringen Unrechtsgehalts §§ 159, 160, 163 (Böse in NK-StGB Rn. 14); für Aussagen vor internationalen Gerichten (§ 162 I) ergibt sich die deutsche Strafgewalt aus §§ 6 Nr. 9, 7 II (BT-Drs. 16/3439, 8; Sinn NJW 2008, 3526 (3527); Böse in NK-StGB Rn. 14). **Nr. 10a** soll Taten nach §§ 265c, 265d erfassen, die sich auf einen Wettbewerb im Inland beziehen, ist aber erheblicher völkerrechtlicher Bedenken ausgesetzt (vgl. Rehmet HRRS 2017, 518). **Nr. 11:** Gewässer iSd §§ 324, 326 und 330 ist auch das Meer, und zwar ohne räumliche Einschränkung (§ 330d I Nr. 1). Die Vorschrift dient der Anpassung an internationale Verpflichtungen der Bundesrepublik zur Verhütung von Meeresverschmutzung (SRÜ und SRÜAusfG; eing. Werle/Jeßberger in LK-StGB Rn. 165–179). Sie erfasst nur Taten, die im Bereich der deutschen ausschließlichen Wirtschaftszone begangen werden. Außerdem dürfen sie als Straftaten nur verfolgt werden, wenn völkerrechtliche Übereinkommen zum Schutz des Meeres es gestatten. Die dafür maßgebenden Regelungen enthält das SRÜ; soweit die Taten von Schiffen aus begangen werden, sind die Art. 220, 228, 230 sowie Art. 216 I a SRÜ einschlägig (zu Taten auf Seeplattformen beachte BT-Drs. 13/193, 28). Die Vorschrift wird ergänzt durch Art. 12 SRÜAusfG, der eine Erweiterung des Geltungsbereichs für Taten vorsieht, die in der Nord- oder Ostsee begangen werden. – Für Taten im deutschen Küstenmeer gilt § 3 mit einer Einschränkung durch Art. 230 II SRÜ, der – abgesehen vom Fall einer vorsätzlichen schweren Verschmutzungshandlung im Küstenmeer – nur Geldstrafen zulässt. – Für Taten außerhalb des durch Nr. 11 und Art. 12 SRÜAusfG erweiterten Geltungsbereichs bedarf es eines Anknüpfungspunktes nach §§ 4, 7 II. **Nr. 11 a:** Das Fehlen einer Strafdrohung am Tatort ist unerheblich. **Nr. 12:** Bei dienstlichem Aufenthalt kommt es auf einen Zusammenhang mit der Amts- oder Dienststellung nicht an. **Nr. 13:** Ausländer als Amtsträger sind namentlich die Wahlkonsuln (§ 133 BBG); der Täter muss zwar „als" Amtsträger usw, dh im Zusammenhang mit seiner dienstlichen Aufgabe handeln, jedoch kann er auch andere als Amtsdelikte begehen (hM; Satzger in Satzger/Schluckebier/Widmaier StGB Rn. 35; aM Fischer Rn. 13; Böse in NK-StGB Rn. 17) wie etwa ein Mord im Rahmen der organisierten Judenverfolgung während des 2. Weltkriegs (BGH NStZ-RR 2014, 278). **Nr. 14:** Während der Ausübung ihres Dienstes oder in Beziehung auf ihren Dienst → § 194 Rn. 13. **Nr. 15** vgl. → § 335a Rn. 8. **Nr. 16:** Der Täter muss nicht Deutscher sein (Böse in NK-

StGB Rn. 19). **Nr. 17:** Nur Verstöße gegen § 18 TPG, nicht gegen die weiteren in § 19 TPG vorgesehenen Strafvorschriften werden erfasst (näher zum TPG → § 168 Rn. 5). Die Vorschrift soll angesichts der vielfältigen Möglichkeiten einer Auslandsberührung – vor allem im Bereich von Vermittlungstätigkeiten – sicherstellen, dass ein hinreichend effektiver Schutz gegen länderübergreifenden, das Interesse der Bundesrepublik Deutschland berührenden Organhandel erreicht wird (BT-Drs. 13/4355, 32; verfassungsrechtliche Bedenken bei Böse in NK-StGB Rn. 27). Sie gilt auch für den Organempfänger, weil § 18 I TPG ihn ausdrücklich in die Strafdrohung wegen Organhandels einbezieht (dagegen Böse in NK-StGB Rn. 14, ebenso gegen die Einbeziehung des Arztes, der das Organ überträgt).

4 **4.** Die Vorschrift erfasst nur die Katalogstaten, nicht auch andere mit ihnen konkurrierende Taten (ebenso Satzger in Satzger/Schluckebier/Widmaier StGB Rn. 5; sa BGHSt 40, 125 (133) = NJW 1994, 3174; speziell zur Konkurrenz einer Umweltstraftat mit Todesfolge (§ 330a I, II) mit einem vorsätzlichen Tötungsdelikt (§§ 211, 212) Mitsch FS Krey, 2010, 351 (355). Zu beachten ist jedoch, dass es neuerdings auch Gesetze gibt, die zwar keine Änderung des StGB vorsehen, aber auf der Grundlage des Schutzprinzips ausländische Entscheidungsträger oder Bedienstete für die Anwendung vor Vorschriften des StGB inländischen Amtsträgern (§ 11 I Nr. 2, 3), für den öffentlichen Dienst besonders Verpflichteten (§ 11 I Nr. 4) oder Soldaten der Bundeswehr (§ 48 WStG) unmittelbar gleichstellen oder sonst den Geltungsbereich des Deutschen Strafrechts (→ Vor § 3 Rn. 1) erweitern (einschlägige Texte im Anh. V; speziell zum Bestechungskomplex Zieschang NJW 1999, 105).

5 **5. Lockerung des Verfolgungszwangs** § 153c I Nr. 1 StPO.

§ 6 Auslandstaten gegen international geschützte Rechtsgüter

Das deutsche Strafrecht gilt weiter, unabhängig vom Recht des Tatorts, für folgende Taten, die im Ausland begangen werden:

1. ***(aufgehoben)***
2. **Kernenergie-, Sprengstoff- und Strahlungsverbrechen in den Fällen der §§ 307 und 308 Abs. 1 bis 4, des § 309 Abs. 2 und des § 310;**
3. **Angriffe auf den Luft- und Seeverkehr (§ 316c);**
4. **Menschenhandel (§ 232);**
5. **unbefugter Vertrieb von Betäubungsmitteln;**
6. **Verbreitung pornographischer Inhalte in den Fällen der §§ 184a, 184b Absatz 1 und 2 und § 184c Absatz 1 und 2;**
7. **Geld- und Wertpapierfälschung (§§ 146, 151 und 152), Fälschung von Zahlungskarten mit Garantiefunktion (§ 152b Abs. 1 bis 4) sowie deren Vorbereitung (§§ 149, 151, 152 und 152b Abs. 5);**
8. **Subventionsbetrug (§ 264);**
9. **Taten, die auf Grund eines für die Bundesrepublik Deutschland verbindlichen zwischenstaatlichen Abkommens auch dann zu verfolgen sind, wenn sie im Ausland begangen werden.**

Fassung des Gesetzes zu Verbesserung der Bekämpfung des Menschenhandels; Streichung der Euroscheckvordrucke manges Relevanz in **Nr. 7** durch das 61. StÄG (→ Vor § 1 Rn. 19) zum 18.3.2021.

1 **1.** Die Vorschrift konkretisiert den **Weltrechtsgrundsatz** (→ Vor § 3 Rn. 2, 3; eing. Jeßberger, Der transnationale Geltungsbereich des deutschen Strafrechts, 2011, S. 271; Zieher, Das sog. Internationale Strafrecht nach der Reform, 1977, S. 142; zu seiner Legitimation Weigend FS Eser, 2005, 955 (964); zu den völkerrechtlichen Grundlagen Ambos IntStrafR § 3 Rn. 93–96; krit. Walther FS Eser, 2005, 925 (949); Pawlik FS Schroeder, 2006, 357 (360, 365, 382)). Unabhängig vom Recht des Tatorts gilt sie – mit Rücksicht auf die allgemeine Strafbarkeit von Inlandstaten (§ 3) – nur für Taten, die im Ausland (→ Vor § 3 Rn. 6) begangen werden (näher dazu § 9). Über den Gesetzeswortlaut hinaus erfordert das sog. Nichteinmischungsprinzip, dass kein völkerrechtliches Verbot entgegensteht (weiter Hilgendorf in Dreier/Forkel/Laubenthal, Raum und Recht, 2002, S. 333, 347), und ein legitimierender Anknüpfungspunkt im Einzelfall einen unmittelbaren Bezug zur Strafverfolgung im Inland herstellt (BGHSt 27, 30 = NJW 1977, 507; BGHSt 34, 334 = NJW 1987, 2168; NStZ 1994, 232 mAnm Oehler NStZ 1994, 485; s. jedoch auch BGHSt 45, 64 = NStZ 1999, 396 mit Bespr. Ambos NStZ 1999, 404; Werle JZ 1999, 1181; Lagodny/Nill-Theobald JR 2000, 205; Ambos NStZ-RR 2001, 225; BGHSt 46, 292 = NJW 2001, 2728 mAnm Hilgendorf JR 2002, 79; Roggemann NJW 1994, 1436; Hilgendorf in Dreier/Forkel/Laubenthal, Raum und Recht, 2002, S. 348; Werle/Jeßberger VölkerstrafR Rn. 233; krit. Böse in NK-StGB Rn. 8; Werle/Jeßberger in LK-StGB Rn. 25, völkerrechtskonforme Reduktion; für das Erfordernis eines legitimierenden Anknüpfungspunktes differenzierend Eser/Weißer in Schönke/Schröder Rn. 1a; zust. Magnus FS Magnus, 2014, 693; zu § 6 Nr. 5 ist umstritten, ob aus völkerrechtlicher Sicht einen Einschränkung geboten ist (so der 2. Strafsenat BGHSt 61, 290 = NJW 2017, 1043 mit Bespr. Heim NJW 2017, 1045; Schiemann JR 2017, 339) oder nicht (1. Strafsenat BGH JR 2017, 397; BGHR BtMG § 29 I Nr. 1 Erwerb 4), während das vom 2. Strafsenat (BGH NStZ 2015, 570) zuvor aufgestellte Erfordernis eines hinreichenden Inlandsbezug von diesem wieder aufgegeben wurde). Die Auswahl der dem Weltrechtsgrundsatz unterliegenden Tatbestände beruht überwiegend auf **zwischenstaatlichen Abkommen,** durch die sich die Bundesrepublik verpflichtet hat, bestimmte, das gemeinschaftliche Interesse der Vertragsparteien verletzende Verhaltensweisen mit Strafe zu bedrohen (Eser/Weißer in Schönke/Schröder Rn. 1). Um sicherzustellen, dass durch die Kasuistik des Katalogs keine Lücken entstehen, unterwirft Nr. 9 sämtliche Taten dem Universalprinzip, zu deren Verfolgung auch für den Fall der Begehung im Ausland eine solche Verpflichtung besteht; die Generalklausel ist ua (weitere Abkommen bei Ambos in MüKoStGB Rn. 21–29) für die vollständige Erfüllung der in Art. 2 I des IV. Genfer Abkommens zum Schutz von Zivilpersonen in Kriegszeiten v. 12.8.1949 mit den Zusatzprotokollen I und II v. 8.6.1977 (BGHSt 46, 291 = NJW 2001, 2732; BayObLG NJW 1998, 392; Ambos in MüKoStGB Rn. 20) und in Art. 4 I des Haager Abkommens über die widerrechtliche Inbesitznahme von Luftfahrzeugen v. 16.12.1970 (BT-Drs. VI/2721, 2; sa BGH NJW 1991, 3104; Vogler ZStW-Beiheft 1982, 89 (94)) übernommenen strafrechtlichen Verpflichtungen praktisch bedeutsam, soweit nicht bereits § 8 iVm § 1 VStGB eine Strafbarkeit begründet. Kritisch zur „missglückten" Vorschrift Hilgendorf in Dreier/Forkel/Laubenthal, Raum und Recht, 2002, S. 346; Jeßberger, Der transnationale Geltungsbereich des deutschen Strafrechts, 2011, S. 290; Merkel in Lüderssen, Aufgeklärte Kriminalpolitik oder Kampf gegen das Böse, Bd. III: Makrodelinquenz, 1998, S. 237, 252.

2 **2. Nr. 1** ist aufgehoben; der früher dort angeführte § 220a aF ist durch § 6 VStGB ersetzt worden. Für Völkerrechtsverbrechen gilt nach wie vor (zu einem „Altfall" BGH StV 2016, 738) das uneingeschränkte Weltrechtsprinzip (Werle/Jeßberger VölkerstrafR Rn. 236). **Nr. 2:** Die Einbeziehung nur noch von § 232 beruht auf deren weltweiter Gefährlichkeit (vgl. Böse in NK-StGB Rn. 10; krit. Oehler IntStrafR Rn. 888). **Nr. 3:** → § 316c Rn. 1, 16; zur Begr. Hilgendorf in Dreier/Forkel/Laubenthal, Raum und Recht, 2002, S. 353, übernationale Rechtsgüter; Werle/Jeßberger VölkerstrafR Rn. 378, gewohnheitsrechtlich anerkannt. **Nr. 4:** Folgeänderung zur Umsetzung der Menschenhandelsvorschriften von §§ 180b, 181 aF zu §§ 232ff., vgl. BT-Drs. 15/3045, 7. **Nr. 5:** Vertrieb ist jede Tätigkeit, die ein Betäubungsmittel entgeltlich in den Besitz eines anderen bringen soll. Das kann nicht nur durch Verkauf, sondern auch durch Ankauf geschehen, wenn dieser zugleich unselbständiger Teil des Handeltreibens ist (BGHSt 27, 30 = NJW 1977, 507; zw.); auch Beihilfehandlungen reichen, sofern sie sich auf den unbefugten Vertrieb beziehen (BVerfG NStZ 2007, 274 (275)); entgeltlicher Erwerb zum Eigenverbauch scheidet jedoch aus (BGHSt 34, 1 = StV 1986, 473 mAnm Herzog StV 1986, 474; BGH StV 1992, 65 = BeckRS 1991, 4921), ebenso der bloße Besitz (BGH StV 1984, 286 = BeckRS 1984, 31109418; BGH NStZ 2010, 521; NStZ 2012, 335 mAnm Patzak/Ambos NStZ 2013, 46). Im Übrigen vgl. das Einheits-Übereinkommen v. 30.3.1961 über Suchtstoffe (Gesetz v. 4.9.1973, BGBl. 1353; sa BGHSt 27, 30 = NJW 1977, 507 mit krit. Bespr. Wengler JZ 1977, 257; Oehler JR 1977, 424; Kunig JuS 1978, 594; BGHSt 34, 334 = NJW 1987, 2168 mit krit. Bespr. Rüter JR 1988, 136; Vogler JR 1988, 139; Körner NStZ 1986, 306; krit. Hilgendorf in Dreier/Forkel/Laubenthal, Raum und Recht, 2002, S. 354) **Nr. 6:** Verbreitung sog. harter Pornographie, → § 184a Rn. 5; → § 184b Rn. 12; und § 184c (näher Böse in NK-StGB Rn. 14); die genannten Vorschriften gelten auch iVm § 184d (→ § 184d Rn. 6); die Vorschrift ist hinsichtlich ihrer Völkerrechtsgemäßheit umstritten (Ambos in MüKoStGB Rn. 14; Eser/Weißer in Schönke/Schröder Rn. 7); de lege ferenda für die Einbeziehung des Interesses an der Eindämmung schwerer Formen transnationaler Datenkriminalität Hilgendorf in Dreier/Forkel/Laubenthal, Raum und Recht, 2002, S. 354. **Nr. 7:** → § 146 Rn. 16; → § 149 Rn. 8; → § 152a Rn. 10. **Nr. 8:** → § 264 Rn. 32 (gegen die alleinige Rückführung auf das Weltrechtsprinzip Böse in NK-StGB Rn. 17). **Nr. 9:** → Rn. 1.

3 **3.** Die Ausführungen unter → § 5 Rn. 4 gelten sinngemäß.

§ 7 Geltung für Auslandstaten in anderen Fällen

(1) **Das deutsche Strafrecht gilt für Taten, die im Ausland gegen einen Deutschen begangen werden, wenn die Tat am Tatort mit Strafe bedroht ist oder der Tatort keiner Strafgewalt unterliegt.**

(2) **Für andere Taten, die im Ausland begangen werden, gilt das deutsche Strafrecht, wenn die Tat am Tatort mit Strafe bedroht ist oder der Tatort keiner Strafgewalt unterliegt und wenn der Täter**
1. **zur Zeit der Tat Deutscher war oder es nach der Tat geworden ist oder**
2. **zur Zeit der Tat Ausländer war, im Inland betroffen und, obwohl das Auslieferungsgesetz seine Auslieferung nach der Art der Tat zuließe, nicht ausgeliefert wird, weil ein Auslieferungsersuchen innerhalb an-**

gemessener Frist nicht gestellt oder abgelehnt wird oder die Auslieferung nicht ausführbar ist.

Fassung: Die „angemessene Frist" in Abs. 2 Nr. 2 ist durch das 1. JuMoG (→ Vor § 1 Rn. 15) eingefügt worden.

1. Die Vorschrift konkretisiert in Abs. 1 den **passiven Personalgrundsatz** (KG NJW 2006, 3016; Walter JuS 2006, 967 (968); str.) und in Abs. 2 den **Grundsatz der stellvertretenden Strafrechtspflege** (→ Vor § 3 Rn. 2; Walter JuS 2006, 967 (969); krit. zur völkerrechtlichen Legitimation Jeßberger, Der transnationale Geltungsbereich des deutschen Strafrechts, 2011, S. 269); Abs. 2 Nr. 1 ist allerdings zugleich Ausdruck des aktiven Personalgrundsatzes (BGH NStZ-RR 2000, 208; diff. Eser/Weißer in Schönke/Schröder Rn. 1; krit. Pawlik FS Schroeder, 2006, 357 (364); aM Tröndle JR 1977, 1 (2), der die Vorschrift nur auf den Personalgrundsatz stützt; differenzierend Reinbacher ZJS 2018, 142 (144), Abs. 2 Nr. 1 Alt. 1 aktiver Personalitätsgrundsatz, Alt. 2 stellvertretende Strafrechtspflege). 1

2. Deutsches Strafrecht, Inland, Ausland, Deutscher, Ausländer → Vor § 3 Rn. 1, 4–8. 2

3. Die **Strafdrohung am Tatort** (das Erfordernis der „identischen Norm") setzt voraus, dass für die konkrete Tat iSd § 264 StPO unter irgendeinem rechtlichen Gesichtspunkt (hM; BGHSt 42, 275 = StV 1997, 70; OLG Celle NJW 2001, 2734 mit krit. Bespr. Hoyer JR 2002, 34; Ambos in MüKoStGB Rn. 6 „konkrete Betrachtungsweise"; speziell zum Verdeckungsmord Mitsch FS Krey, 2010, 351 (366)) kriminelle Strafe oder eine gleichwertige Sanktion angedroht ist; bloß ordnungsrechtliche Maßnahmen, die den Rechtsfolgen einer Ordnungswidrigkeit vergleichbar sind, genügen nicht (BGHSt 27, 5 = NJW 1976, 2354). Dabei kommt es nicht nur auf die am Tatort geltenden Verbots- und Gebotsnormen, sondern auch auf Rechtfertigungs- und Entschuldigungsgründe an (hM; vgl. etwa Rengier StrafR AT § 6 Rn. 21). Ob allerdings solche Gründe ausscheiden, die universal anerkannten Rechtsgrundsätzen widersprechen, ist bisher nur bei Taten aktuell geworden, die vor dem Beitritt in der DDR begangen wurden (→ § 2 Rn. 16, 16a; → § 2 Rn. 19–19b; → § 2 Rn. 26). Als allgemeine Problematik kann sich die Frage in gleicher Weise auch im Verhältnis zu anderen Staaten stellen (BayObLG NJW 1998, 392 mAnm Lagodny JR 1998, 475). Nach hM sollen Hindernisse, die nur der Verfolgung am Tatort rechtlich (Werle/Jeßberger in LK-StGB Rn. 41) oder tatsächlich (OLG Düsseldorf NJW 1983, 1277) entgegenstehen, unterschiedslos ohne Bedeutung sein (vgl. etwa BGHSt 2, 160 = BeckRS 1952, 30385532; BGHSt 20, 22 (27) = NJW 1964, 2168; BGH GA 1976, 242; NStZ-RR 2011, 245; KG JR 1988, 345). Während das in den Fällen des Abs. 1 und des Abs. 2 Nr. 1 im Hinblick auf das zu Grunde liegende Personalitätsprinzip (→ Rn. 1; sa BGH NStZ-RR 2000, 208) hinreichend legitimiert ist, dürfte in den Fällen des Abs. 2 Nr. 2 der hier allein maßgebende Grundsatz stellvertretender Strafrechtspflege erfordern, nicht nur das materielle Strafrecht, sondern auch die rechtlichen Verfolgungshindernisse am Tatort, soweit sie nicht gegen anerkannte Grundsätze des Völkerrechts verstoßen (Ambos in MüKoStGB Rn. 15, 16), zu respektieren (OLG Düsseldorf MDR 1992, 1161; Eser JZ 1993, 875; Pawlik FS Schroeder, 2006, 357 (378); Reinbacher ZJS 2018, 142 (147); Satzger in Satzger/Schluckebier/Widmaier StGB Rn. 22; aM Scholten NStZ 1994, 266; Werle/Jeßberger in LK-StGB Rn. 46; offen gelassen Jagodzinski NJW 1993, NJW 1993, 2769 (2775); BGH JR 1994, 161 mablAnm Lagodny/Pappas).

3 **4. Abs. 1:** Es muss sich um einen bestimmten oder wenigstens bestimmbaren Deutschen (→ Vor § 3 Rn. 7) handeln (BGHSt 18, 283 = NJW 1963, 1070), der unmittelbar in seinen Rechtsgütern widerrechtlich verletzt wird oder verletzt werden soll (BGHSt 39, 54 (49) = NStZ 1993, 231; Satzger Jura 2010, 190 (191); Werle/Jeßberger in LK-StGB Rn. 69–72); juristische Personen mit Sitz in Deutschland sind nicht einbezogen (BGH MJW 2018, 2742; OLG Stuttgart NStZ 2004, 402; KG NJW 2006, 3016; AG Bremen NStZ-RR 2005, 87; Walter JuS 2006, 967 (968); Fischer Rn. 4; aM Böse in NK-StGB Rn. 4; Hoyer in SK-StGB Rn. 8; allg. zur Anwendbarkeit deutschen Strafrechts bei Handlungen zum Nachteil einer deutschen GmbH, die nur im Ausland aktiv ist, Ensenbach wistra 2011, 4 (6); grundlegend Satzger in FS Werle, 2022, 499). Umstritten ist, ob auch die Leibesfrucht „Deutscher" sein kann (zu Recht abl. Walter JuS 2006, 967 (968))

4 **5. a) Abs. 2 Nr. 1** ist auf alle Deutschen, ohne Rücksicht auf den Ort ihrer Lebensgrundlage (→ § 5 Rn. 2), anwendbar (zu DDR-Alttaten → § 2 Rn. 26). Die Vorschrift folgt aus dem Auslieferungsverbot des Art. 16 II 1 GG (Bock HRRS 2010, 92 (94); BWME StrafR AT § 5 Rn. 49; krit. Vogler NJW 1977, 1866; sa OLG Celle NJW 2001, 2734 mAnm Hoyer JR 2002, 34; sa Mankowski/Bock ZStW 120 (2008), 704 (728)) und ist daher nicht einschlägig, wenn der verwirklichte Tatbestand nur inländische Interessen schützt (→ Vor § 3 Rn. 9; sa BGH NJW 1986, 1444; NJW 2004, 1674). Seine **zweite Alternative** (Neubürger) ist verfassungsrechtlich bedenklich, weil sie deutsches Strafrecht auf Täter für anwendbar erklärt, die ihm zur Tatzeit noch nicht unterworfen waren (aM BGHSt 20, 22 = NJW 1964, 2168); ein milderes Tatortrecht wirkt deshalb begrenzend (hM; BGHSt 39, 317 (321) = NJW 1994, 140; Ambos IntStrafR § 3 Rn. 48; Böse in NK-StGB Rn. 19); das gilt nicht für Alt. 1 (OLG Karlsruhe NStZ-RR 2010, 48 mit abl. Bespr. Bock HRRS 2010, 92).

5 **b) Abs. 2 Nr. 2** setzt voraus, dass der im Inland betroffene Ausländer sonst ohne Strafe bliebe, weil die ausländische Strafrechtspflege nicht wirksam werden kann (BGH NStZ 2019, 460), etwa weil weder der Tatort- noch der Heimatsstaat des Täters trotz Möglichkeit dessen Auslieferung erstreben (BGH NStZ-RR 2018, 226). Es muss feststehen, **dass nicht ausgeliefert werden kann oder ausgeliefert wird** (BGHSt 45, 65 = NJW 1991, 3104; Vogler ZStW-Beiheft 1982, 89 (98)); entscheidender Zeitpunkt ist die Urteilsverkündung in der letzten Tatsacheninstanz, so dass das Revisionsgericht nach rechtsfehlerfreier Behandlung der Sache durch den Tatrichter nicht mehr zu prüfen hat, ob der Angeklagte ausgeliefert werden muss (BGH NJW 2001, 3717; krit. Böse in NK-StGB Rn. 18); ist ein Auslieferungsersuchen gestellt, so bedarf es der Entscheidung der für die Auslieferung zuständigen Behörde (BGHSt 18, 283 = NJW 1963, 1070). Für die Zulässigkeit der Auslieferung „nach Art der Tat" kommt es nur auf die einschlägigen Vorschriften des IRG (dort §§ 3–9), nicht auf die Auslieferungsverträge an (BGHSt 18, 283 = NJW 1963, 1070; Kindhäuser/Hilgendorf in LPK-StGB Rn. 9); zum Auslieferungsverbot nach Art. 54 SDÜ bei teilweiser Verurteilung in Deutschland OLG München NJW 2007, 788. Die „angemessene Frist" soll der Praxis, Anfragen an mögliche Verfolgerstaaten mit einer Frist (meist drei Wochen) zu versehen, eine Rechtsgrundlage geben (BT-Drs. 15/3482, 25). **„Im Inland betroffen"**(BGH NStZ-RR 2007, 48 (50); zur Auslieferung an Deutschland wegen einer anderen Tat *BGHR StGB § 7 Abs 2 Nr 2 Inland 2*).

6 **6. Lockerung des Verfolgungszwangs** § 153c I Nr. 1 StPO.

§ 8 Zeit der Tat

[1]Eine Tat ist zu der Zeit begangen, zu welcher der Täter oder der Teilnehmer gehandelt hat oder im Falle des Unterlassens hätte handeln müssen. [2]Wann der Erfolg eintritt, ist nicht maßgebend.

1 **1.** Die **Begriffsbestimmung der Tatzeit** ist namentlich bedeutsam für §§ 2, 19, 20 (dazu BGH NStZ-RR 2015, 275; NStZ-RR 2017, 176), §§ 21, 55 I, 56g II, 59 II, 66 I, III, IV. Für den Beginn der Verfolgungsverjährung gilt eine abweichende Regelung (§ 78a).

2 **2.** Sind an einer Tat mehrere als **Mittäter** beteiligt, so ist die Tat in dem Zeitpunkt begangen, in dem ein zurechenbarer Tatbeitrag geleistet wird; bei bloßer **Teilnahme** mehrerer (Anstifter oder Gehilfen) ist für jeden Tatbeitrag die Tatzeit selbständig zu beurteilen (BGH NStZ-RR 2005, 151 für Gehilfen; näher dazu Werle/Jeßberger in LK-StGB Rn. 15; zu einer Besonderheit bei nachträglicher Gesamtstrafenbildung → § 55 Rn. 4), auf den Zeitpunkt der Haupttat kommt es nicht an (Böse in NK-StGB Rn. 3); beim **mittelbaren Täter** kommt es auf die Handlung des von ihm beherrschten Werkzeugs an (vgl. Fischer Rn. 3; Werle/Jeßberger in LK-StGB Rn. 9; aM Hoyer in SK-StGB Rn. 5; Satzger in Satzger/Schluckebier/Widmaier StGB Rn. 6; Böse in NK-StGB Rn. 3).

3 **3.** Verbindet ein Tatbestand mehrere natürliche Handlungen zu einer Bewertungseinheit oder liegt eine natürliche oder rechtliche Handlungseinheit vor (→ Vor § 52 Rn. 4–19a), so kann sich die Tatzeit auf einen längeren Zeitraum erstrecken. Sie endet nach der sog. **Tätigkeitstheorie** bei positivem Tun, wenn der Täter mit dem deliktischen Handeln aufhört, und im Falle des Unterlassens, wenn die Rechtspflicht zum Handeln erlischt oder vom Täter nicht mehr deliktisch verletzt wird (BGHSt 11, 119 (124) = NJW 1958, 391; Fischer Rn. 4; str.).

§ 9 Ort der Tat

(1) **Eine Tat ist an jedem Ort begangen, an dem der Täter gehandelt hat oder im Falle des Unterlassens hätte handeln müssen oder an dem der zum Tatbestand gehörende Erfolg eingetreten ist oder nach der Vorstellung des Täters eintreten sollte.**

(2) **[1]Die Teilnahme ist sowohl an dem Ort begangen, an dem die Tat begangen ist, als auch an jedem Ort, an dem der Teilnehmer gehandelt hat oder im Falle des Unterlassens hätte handeln müssen oder an dem nach seiner Vorstellung die Tat begangen werden sollte. [2]Hat der Teilnehmer an einer Auslandstat im Inland gehandelt, so gilt für die Teilnahme das deutsche Strafrecht, auch wenn die Tat nach dem Recht des Tatorts nicht mit Strafe bedroht ist.**

1 **1.** Die Vorschrift normiert das sog. **Ubiquitätsprinzip** (krit. Pawlik FS Schroeder, 2006, 357 (375)). Sie ist Grundlage für die Ausübung staatlicher Hoheitsgewalt, **nicht Bestandteil des Unrechtstatbestandes** (Jescheck/Weigend StrafR S. 180; str.). Der Vorsatz braucht sich daher nicht auf den Tatort zu erstrecken (vgl. Jeßberger, Der transnationale Geltungsbereich des deutschen Strafrechts, 2011, S. 132; Neumann FS Müller-Dietz, 2001, 589 (591, 605); Miller/Rackow ZStW 117

(2005), 379 (414); str.). Sinn und Zweck der Vorschrift ist es, deutsches Strafrecht auch bei Vornahme der Tathandlung im Ausland zur Anwendung zu bringen, wenn es im Inland zur Schädigung oder konkreten Gefährdung von Rechtsgütern kommt, die die jeweilige Strafvorschrift zu vermeiden bezweckt (KG NJW 2006, 3016).

2 **2.** Tatort bei **Taten mit Auslandsberührung.**

a) Abs. 1: Ein **Tatort** ist als **Handlungsort** jeder Ort, an dem der Täter eine auf Tatbstandsverwirklichung gerichtete Handlung vornimmt, sofern damit die Schwelle zum Versuchsbeginn überschritten ist, so dass Vorbereitungshandlungen nicht genügen (BGH StV 2019, 601) Bei mehraktigen und fortgesetzten Taten (→ Vor § 52 Rn. 13) sowie bei Dauer- und Distanzdelikten ist er überall begründet, wo Teilakte der einheitlichen Tat verwirklicht (BGH NStZ 1986, 415; NStZ 2016, 414, jeweils zum Transport von Drogen als Teil des Handeltreibens iSv § 29 I Nr. 1 BtMG), namentlich wo im natürlichen Sinne selbständige Einzelakte vorgenommen werden. Begehung (dazu Lampe GA 2009, 673) nur eines Einzelakts im Inland genügt (RGSt 50, 423). Entsprechendes gilt, wenn im Inland nur der Tatbeitrag eines **Mittäters** geleistet wird (BGH NJW 1991, 2498; KG NJW 1991, 2501; sa BGH NJW 2002, 3486; OLG Karlsruhe NStZ-RR 1998, 314; Rotsch ZIS 2010, 168 (172); zu mittäterschaftlichem Unterlassen Rotsch ZIS 2010, 168 (173); Rath JA 2007, 26; Satzger Jura 2010, 108 (114); aM Heinrich FS Weber, 2004, 91 (107)), und zwar nach der Rspr. (→ § 25 Rn. 11) selbst dann, wenn dieser Beitrag für sich betrachtet nur eine Vorbereitungshandlung ist (BGHSt 39, 88 = NStZ 1993, 180 mAnm Küpper JR 1993, 292; BGH NStZ 1996, 502; NStZ-RR 2009, 197), ferner wenn mit der Ausführung eines (strafbaren) Versuchs begonnen (BGH NJW 1975, 1610 mkritAnm Schroeder NJW 1976, 490) oder eine selbständig mit Strafe bedrohte Vorbereitungshandlung begangen wird (BGHSt 34, 101 = NJW 1987, 1152; BGHSt 39, 88 = NStZ 1993, 180; BGH StV 2011, 728; StV 2019, 601; OLG Koblenz wistra 2012, 39; Miller/Rackow ZStW 117 (2005), 379 (408)). Bei **mittelbarer Täterschaft** wirkt auch die Tätigkeit des Tatmittlers tatortbegründend (hM; vgl. BGH wistra 1991, 135 NStZ 2019, 742 mAnm Kudlich (zum Waffenhandel aus dem Ausland)Ambos in MüKoStGB Rn. 10; anders Heinrich FS Weber, 2004, 91 (106); Hoyer in SK-StGB Rn. 5). Bei **Unterlassungsdelikten** ist als Handlungsort der Ort maßgebend, an dem der Täter spätestens hätte handeln müssen, um den Erfolg noch rechtzeitig abzuwenden (Eser/Weißer in Schönke/Schröder Rn. 4; ebenso Satzger Jura 2010, 108 (112); aber auch der Aufenthaltsort des Täters während der Unterlassung, aM zu Letzterem Walter JuS 2006, 870 (871); sa Rotsch ZIS 2010, 168 (171)). **Erfolg** ist grds. nur der im Tatbestand vorausgesetzte Erfolg (BGHSt 44, 52 = NJW 1998, 2610; BGHSt 51, 29 (31) = NJW 2006, 1984; OLG Köln NStZ-RR 2009, 84 zu § 246: wo sich der Zueignungswille manifestiert; OLG Koblenz NStZ 2011, 95 zu § 164; AG Bremen NStZ-RR 2005, 87; ähnlich KG NJW 2006, 3016; Schwarzenegger FS Schmid, 2001, 143 (151); Hilgendorf ZStW 113 (2001), 650 (661, 669)). Bei einer einheitlichen Tat, deren Erfolg nur teilweise in Deutschland eintritt, unterliegen auch die übrigen Teilerfolge der deutschen Strafbarkeit (OLG München NJW 2007, 788); das Gleiche gilt für Zwischenerfolge wie zB Irrtum und Verfügung bei § 263 (BGH StraFo 2013, 73). Ein Erfolgsort liegt danach aber auch dort, wo die Wirkung einer Äußerung eintritt, die erst mit Eingang beim Empfänger den Tatbestand vollendet (BGH NStZ-RR 1998, 348), ferner wo die Wirkung einer Strafvereitelung eintritt, was im Hinblick auf das in § 258 geschützte Rechtsgut (→ § 258

Rn. 1) nur im Inland möglich ist (BGHSt 45, 97 (100) = NJW 1999, 2908 mAnm Dölling JR 2000, 379; krit. Müller NStZ-RR 2002, 356 (361)), und wo eine qualifizierende besondere Folge iSd § 18 eintritt (Böse in NK-StGB Rn. 9). Bei Dauerdelikten (zB §§ 235, 239) genügt, wenn die tatbestandsmäßigen Auswirkungen im Ausland beginnen und sich im Inland fortsetzen (BGH NStZ 2015, 338 (341)). Schädliche Auswirkungen des Erfolges auf Dritte genügen dagegen nicht (OLG Frankfurt a. M. NJW 1989, 675; problematisch OLG Koblenz wistra 1984, 79). Auch reine, als solche nicht mit Strafe bedrohte Transitverbrechen ohne Auswirkungen auf das Inland begründen keinen Erfolgsort (einschr. Oehler FS Hübner, 1984, 759; Werle/Jeßberger in LK-StGB Rn. 40). Bei **konkreten Gefährdungsdelikten** ist Erfolg schon der Eintritt der Gefahr (BGH NJW 1991, 2498; KG NJW 1991, 2501; Hilgendorf ZStW 113 (2001), 650 (661, 669); Rath JA 2006, 435 (437); Satzger Jura 2010, 108 (112). Bei **abstrakten Gefährdungsdelikten,** die keinen Gefahrerfolg voraussetzen (→ Vor § 13 Rn. 32), also zB auch bei schlichten Tätigkeitsdelikten (→ Vor § 32 Rn. 13; vgl. etwa OLG München StV 1991, 504; OLG Köln NStZ 2000, 39; OLG Stuttgart NStZ 2004, 402; KG NJW 2006, 3016; OLG Brandenburg StraFo 2013, 122, beide zu § 259; LG Stuttgart MMR 2015, 347 zu § 187) und beim Handeltreiben iSd §§ 29–30a BtMG (BGHSt 30, 277 (278) = NJW 1982, 708; BGH NJW 2002, 3486; StraFo 2006, 461; StraFo 2011, 391; BGHR StGB § 9 Erfolg 3; OLG Karlsruhe NStZ-RR 1998, 314;) kann an einen solchen nicht angeknüpft werden (BGH NStZ-RR 2013, 253; BGH NJW 2018, 2742; StV 2019, 678; LG Köln NZWiSt 2012, 188 mAnm Valerius; Satzger in Satzger/Schluckebier/Widmaier StGB Rn. 7; Böse in NK-StGB Rn. 12; anders Martin, Strafbarkeit grenzüberschreitender Umweltbeeinträchtigungen, 1989, S. 79, 118; Martin ZRP 1992, 19; Heinrich GA 1999, 72; Rengier StrafR AT § 6 Rn. 17; wohl auch Jescheck/Weigend StrafR S. 179; krit. Walter JuS 2006, S. 872), und zwar auch dann nicht, wenn er nach Tatbegehung als konkrete Gefahr eintritt (hM; vgl. Tiedemann WirtschaftsStrafR Rn. 275; Satzger StrafR § 5 Rn. 25–28; Kindhäuser/Hilgendorf in LPK-StGB Rn. 10; Eser/Weißer in Schönke/Schröder Rn. 6a; anders Lüttger JZ 1964, 569 (570); Hoyer in SK-StGB Rn. 7). Entsprechendes gilt, wenn **nach Vollendung** ein die Tat nur beendigender, aber nicht tatbestandsmäßiger Erfolg (zB Bereicherung beim Betrug, → Vor § 22 Rn. 2) eintritt (hM; vgl. BayObLG NJW 1992, 1248; Schwarzenegger FS Schmid, 2001, 143 (153); Hilgendorf ZStW 113 (2001), 650 (669); Ambos in MüKoStGB Rn. 20; speziell zu § 142 Mitsch NZV 2009, 105 (108); aM OLG Stuttgart NJW 1974, 914; Jescheck/Weigend StrafR S. 178). Nach dem Schutzzweck der Vorschrift werden auch Erfolge erfasst, die nicht zum Unrechtstatbestand ieS, sondern nur zu weiteren Elementen der Strafdrohung gehören, namentlich die Erfolge, die in Regelbeispielen für besonders schwere Fälle (Werle/Jeßberger in LK-StGB Rn. 37; aM Böse in NK-StGB Rn. 9: Überschreitung des möglichen Wortsinns von § 9 I Var. 3) oder in objektiven Bedingungen der Strafbarkeit beschrieben werden (Rath JA 2006, 435 (438); Satzger Jura 2010, 108 (113)), etwa bei der Rauschtat nach § 323a (BGHSt 42, 235 (242) = NJW 1997, 138 mit abl. Bespr. Gottwald JA 1998, 343; Hilgendorf ZStW 113 (2001), 650 (662); iE auch Hecker ZIS 2011, 398, der aber auf die dortige Realisierung einer erfolgsartbegründenden Gefahr abstellt; aM Satzger NStZ 1998, 112; Satzger IntStrafR § 5 Rn. 29–32; diff. Spendel in LK-StGB, 11. Aufl. 1992, § 323a Rn. 254) oder bei den Insolvenzdelikten (Tiedemann in LK-StGB § 283 Rn. 242a).

3 **b) Abs. 2:** Bei **Teilnahme** ist Tatort sowohl der Ort der (versuchten, vollendeten oder vorgestellten) Haupttat (BGH NJW 1991, 2498), als auch der Ort der Teilnahme (BGH NStZ-RR 2014, 343; OLG Schleswig NStZ-RR 1998, 313; Satzger Jura 2010, 108 (114)). Bei versuchter Beteiligung (§ 30) begründet auch der Begehungsort des in Aussicht genommenen Verbrechens einen Tatort (näher zu Fragen der Akzessorietät der Teilnahme im internationalen Strafrecht Gribbohm JR 1998, 177). S. 2 (dazu Keller FS Kargl, 2015, 241; Kundlich FS Merkel, 2020, 625) ist an sich schon aus dem Gesamtzusammenhang des S. 1 ableitbar (aM Gribbohm JR 1998, 177), er fingiert für die Inlandsteilnahme die Anwendbarkeit deutschen Strafrechts auf die Haupttat mit der Folge, dass diese Teilnahme, nicht aber die Haupttat deutschem Strafrecht unterworfen wird (Satzger Jura 2010, 108 (114); Werle/Jeßberger in LK-StGB Rn. 47, 48; Hoyer in SK-StGB Rn. 10). Speziell zur Teilnahme bei Internet-Kriminalität Hilgendorf ZStW 113 (2001), 650 (675), beim transnationalen Wirtschaftsstrafrecht Knaup, Die Begrenzung globaler Unternehmensleitung durch § 9 Abs. 2 S. 2 StGB, 2011, S. 91; zu Einschränkungsmöglichkeiten Knaup, Die Begrenzung globaler Unternehmensleitung durch § 9 Abs. 2 S. 2 StGB, 2011, S. 117). Zur transnationalen Täterschaft und Teilnahme Miller/Rackow ZStW 117 (2005), 379. Zur Beihilfe durch Ärzte an im Ausland vorgenommenen Kinderwunschbehandlungen AG Augsburg medstra 2016, 383 mit Bespr. Frister medstra 2016, 321; Magnus NStZ 2015, 57.

4 **c)** Eine Tat iSd § 264 I StPO ist **im Ganzen** eine Inlandstat, auch wenn nur Teile von ihr einen inländischen Tatort begründen (OLG Karlsruhe Justiz 1999, 29; Werle/Jeßberger in LK-StGB Rn. 109). Eine im Ausland begangene Strafvereitelung (§ 258) ist deshalb stets Inlandstat, weil ihr Erfolgsort notwendig (Schutz nur der inländischen Rechtspflege, → § 258 Rn. 1) im Inland liegt (BGHSt 44, 52 = NJW 1998, 2610 mit krit., dem Ergebnis aber zustAnm Schroeder JR 1998, 428; Geerds NStZ 1999, 51; aM Oehler IntStrafR Rn. 252, 264; zw.); die Anwendung des Tatbestandes unterliegt jedoch völkerrechtlichen Einschränkungen (BGHSt 44, 52 = NJW 1998, 2610).

5 **d)** Das in § 9 **extrem** durchgeführte Ubiquitätsprinzip kann, namentlich bei **Distanz- und Teilnahmedelikten,** zu unbefriedigenden Ergebnissen führen, weil in Grenzfällen vom Täter (oder Teilnehmer) ohne zureichenden Grund die Beachtung eines für ihn fremden Rechts gefordert wird (zur Kritik und zu dogmatisch verschiedenartigen Ansätzen der Abhilfe Jung JZ 1979, 325; Heinrich FS Weber, 2004, 91; Satzger Jura 2010, 108 (115); Werle/Jeßberger in LK-StGB Rn. 54–72; Hoyer in SK-StGB Rn. 9–13). Auch die Rechtslage bei Distanzdelikten, die keinen durch die Tathandlung bewirkten tatbestandsmäßigen Erfolg voraussetzen (zB § 130 III), ist umstritten (→ § 130 Rn. 8a). In Fällen, in denen eine im Ausland vorgenommene Handlung durch Datenübertragung über das **Internet** (→ § 184 Rn. 7–7b) im Inland verfügbar gemacht wird, begründen weder der Standort des Servers noch die Zugänglichkeit der Daten im Inland oder die damit möglichen Gefahren einen inlandischen Tatort (BGH NStZ 2015, 81; NStZ 2017, 146; NStZ-RR 2019, 108 (110); OLG Hamm NStZ-RR 2018, 292; Mey, Die Anwendbarkeit des deutschen Strafrechts bei Straftaten via Internet, 2020, S. 50; überholt ist damit BGHSt 46, 212 = NJW 2001, 624 mit zT krit. Bespr. Sieber ZRP 2001, 97; Hörnle NStZ 2001, 309; Jeßberger JR 2001, 432; Kudlich StV 2001, 397; Lagodny JZ 2001, 1198; Koch GA 2002, 707; dazu krit. auch Eser/Weißer in Schönke/Schröder Rn. 7a; Heghmanns in Achenbach/Ransiek/Rönnau WirtschaftsStrafR-HdB Kap. VI Rn. 21; Hilgendorf ZStW 113 (2001), 650 (671); Satzger Jura 2010,

108 (116); Kudlich in Taeger/Vassilaki, Rechtsinformatik und Informationsrecht 2009, S. 13, 17; abl. Schünemann GA 2003, 299 (304); Velten FS Rudolphi, 2004, 329; beachte zur Problematik ferner Sieber, Verantwortlichkeit im Internet, 1999; Sieber NJW 1999, 2065; Körber, Rechtsradikale Propaganda im Internet – der Fall Többen, 2003, S. 144; Laitenberger, Die Strafbarkeit der Verbreitung rassistischer, rechtsextremistischer und neonazistischer Inhalte, 2003, S. 90–94; Hilgendorf NStZ 2000, 518; Jofer, Strafverfolgung im Internet, 1999; Zöller GA 2000, 563; Park GA 2001, 23; Heinrich FS Weber, 2004, 91 (97); Kappel, Das Ubiquitätsprinzip im Internet, 2007, S. 109; Ambos in MüKoStGB Rn. 25–35; Fischer Rn. 5–8b; Satzger StrafR § 5 Rn. 43–53; Wörner ZIS 2012, 458; Busching MMR 2015, 295; Kudlich/Berberich NStZ 2019, 633); ob die Problematik durch eine Erweiterung des Tätigkeitsorts auf inländische Zugangsprovider (aM Eser/Weißer in Schönke/Schröder Rn. 7d) gelöst werden kann, erscheint eher zweifelhaft. Dass nur im Ausland vorgenommene Tätigkeiten durch das Fernsehen auch im Inland sichtbar werden (zB Verwenden von Kennzeichen iSv § 86a I Nr. 1) oder auf einem ausländischen Internetserver mit Zugriffsmöglichkeit aus dem Inland eingestellt werden, begründet nicht eine Tatbegehung auch im Inland (BGH NStZ 2015, 81; zust. Zimmermannn HRRS 2015, 441; Valerius HRRS 2015, 186; Hecker JuS 2015, 274; damit ist die abweichende Position von KG NJW 1999, 3500 überholt), doch greift hier nunmehr uU § 5 Nr. 3 Buchst. a. Zur ebenfalls str. Tatortbestimmung bei Presse- und Rundfunkdistanzdelikten vgl. ua Oehler, Das deutsche Strafrecht und die Piratensender, 1970; Oehler FS Hübner, 1984, 753 (758); v. d. Horst ZUM 1993, 227; Weigend ZUM 1994, 133; Beisel/Heinrich JR 1996, 95; Kühl in Löffler LPG Vor §§ 20ff. Rn. 20, 21, 26.

3. § 9 gilt für das **gesamte Strafrecht,** also auch für das interlokale Strafrecht (→ § 3 Rn. 3–10). Hier können bei Distanz- und Teilnahmedelikten ähnliche Schwierigkeiten auftreten wie bei Delikten mit Auslandsberührung (→ Rn. 5). 6

4. Zur **Lockerung des Verfolgungszwangs** bei Inlandsteilnahme an einer außerhalb des räumlichen Geltungsbereichs (→ Vor § 3 Rn. 5) begangenen Haupttat und bei Distanzdelikten, die durch eine außerhalb dieses Bereichs ausgeübte Tätigkeit begangen werden, § 153c I Nr. 1, II StPO. 7

§ 10 Sondervorschriften für Jugendliche und Heranwachsende

Für Taten von Jugendlichen und Heranwachsenden gilt dieses Gesetz nur, soweit im Jugendgerichtsgesetz nichts anderes bestimmt ist.

1. Für **Jugendliche** enthält das JGG folgende grundsätzlichen Abweichungen vom allgemeinen Strafrecht: 1

a) Schuldfähigkeit des Jugendlichen setzt Altersreife voraus (§ 3 JGG).

b) Ein **selbständiges System jugendgemäßer Reaktionsmittel** (Erziehungsmaßregeln, Zuchtmittel, Jugendstrafe), das auch die Aussetzung zur Bewährung und das Zusammentreffen mehrerer Gesetzesverletzungen einschließt (§§ 5–32, 88, 89a JGG), tritt an die Stelle des allgemeinen Strafensystems (ebenso Kindhäuser/Hilgendorf in LPK-StGB Rn. 4; Satzger in Satzger/Schluckebier/Widmaier StGB Rn. 1). 2

3 **c) Nebenfolgen** nach § 45 treten weder als Rechtswirkungen der Strafe ein, noch können sie verhängt werden; die Bekanntgabe der Verurteilung ist unzulässig (§ 6 JGG).

4 **d)** Von den **Maßregeln der Besserung und Sicherung** dürfen nur die Unterbringung in einem psychiatrischen Krankenhaus oder einer Entziehungsanstalt, die Führungsaufsicht und die Entziehung der Fahrerlaubnis angeordnet werden (§ 7 JGG). Für eine Anwendung des Jugendstrafrechts auf junge Erwachsene bis zum 24. Lebensjahr de lege ferenda Kiesswetter in Arbeitsgemeinschaft Strafrecht des Deutschen Anwaltvereins, Strafverteidigung im Rechtsstaat, 2009, S. 305.

5 **2.** Bei **Heranwachsenden** ist nach dem Reifestand oder der Art der Straftat (Jugendverfehlung) im Einzelfall zu entscheiden, ob das Rechtsfolgensystem des JGG oder allgemeines Strafrecht anzuwenden ist (§ 105 JGG). Zweifel an der Richtigkeit der These, dass das Jugendstrafrecht grds. das mildere Recht sei, hegt Kinzig FS Eisenberg, 2009, 379.

2. Titel. Sprachgebrauch

§ 11 Personen- und Sachbegriffe

(1) **Im Sinne dieses Gesetzes ist**

1. **Angehöriger:**
   wer zu den folgenden Personen gehört:
   a) **Verwandte und Verschwägerte gerader Linie, der Ehegatte, der Lebenspartner, der Verlobte, Geschwister, Ehegatten oder Lebenspartner der Geschwister, Geschwister der Ehegatten oder Lebenspartner, und zwar auch dann, wenn die Ehe oder die Lebenspartnerschaft, welche die Beziehung begründet hat, nicht mehr besteht oder wenn die Verwandtschaft oder Schwägerschaft erloschen ist,**
   b) **Pflegeeltern und Pflegekinder;**
2. **Amtsträger:**
   wer nach deutschem Recht
   a) **Beamter oder Richter ist,**
   b) **in einem sonstigen öffentlich-rechtlichen Amtsverhältnis steht oder**
   c) **sonst dazu bestellt ist, bei einer Behörde oder bei einer sonstigen Stelle oder in deren Auftrag Aufgaben der öffentlichen Verwaltung unbeschadet der zur Aufgabenerfüllung gewählten Organisationsform wahrzunehmen;**

2a. **Europäischer Amtsträger:**
   wer
   a) **Mitglied der Europäischen Kommission, der Europäischen Zentralbank, des Rechnungshofs oder eines Gerichts der Europäischen Union ist,**
   b) **Beamter oder sonstiger Bediensteter der Europäischen Union oder einer auf der Grundlage des Rechts der Europäischen Union geschaffenen Einrichtung ist oder**
   c) **mit der Wahrnehmung von Aufgaben der Europäischen Union oder von Aufgaben einer auf der Grundlage des Rechts der Europäischen Union geschaffenen Einrichtung beauftragt ist;**

3. **Richter:**
wer nach deutschem Recht Berufsrichter oder ehrenamtlicher Richter ist;
4. **für den öffentlichen Dienst besonders Verpflichteter:**
wer, ohne Amtsträger zu sein,
a) bei einer Behörde oder bei einer sonstigen Stelle, die Aufgaben der öffentlichen Verwaltung wahrnimmt, oder
b) bei einem Verband oder sonstigen Zusammenschluß, Betrieb oder Unternehmen, die für eine Behörde oder für eine sonstige Stelle Aufgaben der öffentlichen Verwaltung ausführen,
beschäftigt oder für sie tätig und auf die gewissenhafte Erfüllung seiner Obliegenheiten auf Grund eines Gesetzes förmlich verpflichtet ist;
5. **rechtswidrige Tat:**
nur eine solche, die den Tatbestand eines Strafgesetzes verwirklicht;
6. **Unternehmen einer Tat:**
deren Versuch und deren Vollendung;
7. **Behörde:**
auch ein Gericht;
8. **Maßnahmen:**
jede Maßregel der Besserung und Sicherung, die Einziehung und die Unbrauchbarmachung;
9. **Entgelt:**
jede in einem Vermögensvorteil bestehende Gegenleistung.

(2) **Vorsätzlich im Sinne dieses Gesetzes ist eine Tat auch dann, wenn sie einen gesetzlichen Tatbestand verwirklicht, der hinsichtlich der Handlung Vorsatz voraussetzt, hinsichtlich einer dadurch verursachten besonderen Folge jedoch Fahrlässigkeit ausreichen läßt.**

(3) **Inhalte im Sinne der Vorschriften, die auf diesen Absatz verweisen, sind solche, die in Schriften, auf Ton- oder Bildträgern, in Datenspeichern, Abbildungen oder anderen Verkörperungen enthalten sind oder auch unabhängig von einer Speicherung mittels Informations- oder Kommunikationstechnik übertragen werden.**

Fassung: Das LPartG (→ Vor § 1 Rn. 14; → Vor § 38 Rn. 11a) hat Abs. 1 Nr. 1a an die geänderte zivilrechtliche Rechtslage angepasst. Abs. 1 Nr. 2 Buchst. c durch das KorrBG (→ Vor § 298 Rn. 1) um den Hinweis erweitert „unbeschadet der zur Aufgabenerfüllung gewählten Organisationsform". Abs. 3 durch das IuKDG (→ Vor § 1 Rn. 13) unter Einfügung des Wortes „Datenspeicher" neu gefasst. Abs. 1 Nr. 1a ist durch das LPartüberarbeitungsG (→ Vor § 1 Rn. 15) weitergehend auf Lebenspartner erstreckt worden. Das Vermögensabschöpfungsgesetz (→ Vor § 1 Rn. 18) strich „Verfall" aus Nr. 8. – Durch G zur Umsetzung des Gesetzes zur Einführung des Rechts auf Eheschließung für Personen gleichen Geschlechts ist zum 22.12.2018 in Nr. 1 der Hinweis auf das LPartG gestrichen worden; mit dem 60. StÄG (→ Vor § 1 Rn. 19) ist zum 1.1.2021 Abs. 3 neu gefasst worden.

1. Die Vorschrift dient der **gesetzestechnischen Vereinfachung** (ebenso Saliger in NK-StGB Rn. 3; Satzger in Satzger/Schluckebier/Widmaier StGB Rn. 1; krit. Stratenwerth ZStW 76 (1964), 669). Sie bestimmt einige im Strafrecht häufig vorkommende Begriffe abschließend und entbindet daher von der Notwendigkeit, sie an jeder einschlägigen Stelle jeweils neu zu umschreiben. In dieser Formalisierung liegt eine den Richter bindende Entscheidung, die ihm die Möglichkeit 1 nimmt, aus Gründen des konkreten Zusammenhangs, in dem ein Begriff vorkommt, zu einer den Wortlaut des § 11 überschreitenden Auslegung zu kommen (so zu § 11 I Nr. 2 Welp FS Lackner, 1987, 761 (771); iE auch Stein/Deiters in SK-StGB Rn. 11; aM Lenckner ZStW 106 (1994), 502 (507); Saliger in NK-StGB Rn. 16; zw.). Diese Bindungswirkung erstreckt sich nach der Eingangsformel der Vorschrift nur auf das StGB. Jedoch werden die Begriffe regelmäßig, aber nicht notwendig auch im Nebenstrafrecht in demselben Sinne verwendet (Saliger in NK-StGB Rn. 3; zum Umgang mit Definitionen in der Rechtswissenschaft Puppe GS Kaufmann, 1989,15).

2 **2. Abs. 1 Nr. 1: Angehöriger** (vgl. zB § 35 I). **Verwandtschaft und Schwägerschaft,** die hier auf die gerade Linie beschränkt sind (BayObLG NJW 1998, 3580), können vor allem durch blutsmäßige Abstammung begründet sein, und zwar auch dann, wenn die Beziehung durch eine nichteheliche Geburt vermittelt wird (§§ 1592 ff. BGB). Gleichwertig einbezogen sind auch die **Lebenspartnerschaft** iSd LPartG (Saliger in NK-StGB Rn. 10; Hecker in Schönke/Schröder Rn. 8; entgegen dem gesetzgeberischen Willen auf heterosexuelle Lebensgemeinschaften ausdehnend Müther JA 2004, 375 (377)) und die Annahme als Kind (§§ 1741 ff. BGB). Die Aufhebung oder das Erlöschen einer Beziehung (zB nach §§ 1755, 1756 BGB) berührt die Angehörigeneigenschaft nicht (beachte jedoch § 77 II 2). Für die Beziehungen, die aus der **Ehe** oder der **Lebenspartnerschaft** abgeleitet werden, genügt deren formelle Gültigkeit (RGSt 60, 246; → § 172 Rn. 2). Nach früherer Nichtigerklärung (§§ 17 ff. EheG aF) oder Auflösung der Ehe dauert die Beziehung fort (so schon BGHSt 7, 383 = NJW 1955, 1198); wo das Gesetz jedoch unmittelbar an die Ehegatteneigenschaft anknüpft (zB § 181 a III), wird idR eine bestehende Ehe vorausgesetzt. Eine auf Analogie gestützte Einbeziehung von Partnern **eheähnlicher Gemeinschaften** scheidet im Allgemeinen schon deshalb aus, weil es an einer planwidrigen Gesetzeslücke fehlt (Saliger in NK-StGB Rn. 14), und ist meist auch aus Gründen der Rechtssicherheit bedenklich (hM; eing. Konrad, Probleme der eheähnlichen Gemeinschaft im Strafrecht, 1986, S. 66; zT abw. Skwriblies, Nichteheliche Lebensgemeinschaft und Angehörigenbegriff im Straf- und Strafprozessrecht, 1990; → § 157 Rn. 9; → § 213 Rn. 4). **Verlöbnis** ist ein ernsthaftes (BGH JZ 1989, 256), nicht sittenwidriges (jedoch nicht unbedingt zivilrechtlich wirksames, RGSt 38, 242; Saliger in NK-StGB Rn. 11) gegenseitiges (BGH bei Holtz MDR 1986, 98) Eheversprechen. Es fehlt namentlich beim Heiratsschwindler (BGHSt 3, 215 = NJW 1952, 1386) und meist auch beim noch verheirateten Partner (BGH NStZ 1983, 564 mAnm Pelchen; BGH NJW 1984, 135), es sei denn, dass dieser ein Recht auf Scheidung hat und sie bereits betreibt (so die im Schrifttum hM; anders BayObLG NJW 1983, 831 mit krit. Bespr. Strätz JR 1984, 127; zusf. Füllkrug StV 1986, 37; Pelchen FS Pfeiffer, 1988, 287); das mögliche, aber nicht erwiesene Verlöbnis ist zugunsten des Täters zu berücksichtigen (BayObLG NJW 1961, 1222), auch das mit dem LPartüberarbeitungsG (→ Vor § 1 Rn. 15) geschaffene Verlöbnis unter Lebenspartnern (§ 1 III LPartG; vgl. Wellenhofer NJW 2005, 705) ist erfasst (Hecker in Schönke/Schröder Rn. 9). **Pflegeelternschaft** setzt eine Beziehung voraus, die – wie die natürliche Elternschaft – eine dauernde, sittlich gleichwertige Verbundenheit zum Kind herstellt (RGSt 58, 61). – Zum **Irrtum** über die Angehörigeneigenschaft Stree FamRZ 1962, 55.

3 **3. Abs. 1 Nr. 2: Amtsträger** (vgl. zB §§ 331–334).

a) Beamter (Buchst. a) ist im staatsrechtlichen Sinne zu verstehen (ebenso Saliger in NK-StGB Rn. 19; Satzger in Satzger/Schluckebier/Widmaier StGB Rn. 19). Es kommt auf die förmliche Berufung in ein Beamtenverhältnis durch Aushändigung einer Ernennungsurkunde, nicht auf die Art der übertragenen Aufgaben an (BGHSt 37, 191 (192) = NJW 1991, 367; Heinrich, Der Amtsträgerbegriff im Strafrecht, 2001, S. 317; Saliger in NK-StGB Rn. 20; → Rn. 10). Einem im Zuge der Bahnreform beurlaubten Beamten, der jetzt bei der Deutschen Bahn AG angestellt ist, fehlt jedoch die Beamteneigenschaft, wenn seine Tätigkeit keine Dienste iSd Beamtenrechts sind (BGHSt 49, 214 (217) = NJW 2004, 3129 mit Bespr. Heinrich NStZ 2005, 198 (200)). **4**

b) Das **sonstige öffentlich-rechtliche Amtsverhältnis** (Buchst. b) ist einschränkend auszulegen, da es sonst die Fälle des Buchst. c voll mitumfassen würde (Heinrich NStZ 2005, 198, 349). Es setzt die Übertragung eines Geschäftskreises im Bereich der vollziehenden Gewalt (→ Rn. 11) voraus, durch die ein beamtenähnliches Dienst- und Treueverhältnis begründet wird (Welp FS Lackner, 1987, 761 (764)). Hierher gehören etwa der Minister (§ 1 BMinG), der Parlamentarische Staatssekretär (§ 1 III ParlStG), der Wehrbeauftragte (§ 15 I WBeauftrG) sowie der Notar und Notarassessor (§§ 1, 7 IV 1, 2 BNotO), nicht der Vormund, der Insolvenzverwalter und der Testamentsvollstrecker (Saliger in NK-StGB Rn. 25). Abweichend vom früheren Recht (BGHSt 12, 108 = NJW 1959, 158; BGHSt 25, 204 = NJW 1973, 1758) werden auch die Träger solcher Ehrenämter erfasst, deren Übernahme staatsbürgerliche Pflicht ist (zB Wahlvorsteher); da § 11 auch die ehrenamtlichen Richter einbezogen hat (→ Rn. 12), kann für die Ehrenbeamten nichts anderes gelten. **5**

c) Die **Amtsträgereigenschaft nach Buchst. c** setzt voraus: **6**

aa) eine **Bestellung,** dh eine Übertragung der Tätigkeit durch **öffentlich-rechtlichen Akt,** der nicht formgebunden ist (BGHSt 43, 96 = NJW 1997, 3034; BGHSt 61, 135 = NJW 2016, 1398; BGH NJW 2007, 2932; OLG Stuttgart Justiz 1976, 261) und deshalb auch schlüssig erklärt werden kann (Fischer Rn. 20; aM Dingeldey NStZ 1984, 503 (504); beachte auch BGHSt 42, 230 = StV 1997, 182). Zwar wird zT auch angenommen, dass ein nichtöffentlich-rechtlicher Akt, etwa ein Privatdienstvertrag, schon als solcher genügen könne (funktionale Betrachtungsweise); demgegenüber ist aber schon lange in Rspr. und Lehre der öffentlich-rechtliche Charakter der Bestellung (organisatorische Betrachtungsweise) hervorgehoben worden (BGHSt 2, 119 (120) = NJW 1952, 516; BGHSt 8, 321 (323) = NJW 1956, 389; BayObLG NJW 1996, 268; Hilgendorf in LK-StGB Rn. 35; näher Otto Jura 1997, 47; Heinrich NStZ 2005, 198 (521)). Bis in die jüngere Vergangenheit war jedoch weitgehend unbestritten, dass mit dem Erfordernis der Bestellung keine zu Buch schlagende Einschränkung verbunden sei, weil jeder privatrechtliche Einzelauftrag nach öffentlichem Recht als schlüssige Erklärung der Bestellung gedeutet werden könne (expl. Weiser NJW 1994, 968 (969); Lenckner ZStW 106 (1994), 502 (520); Haft NJW 1995, 1113; Hilgendorf in LK-StGB Rn. 35; Saliger in NK-StGB Rn. 26, organisatorisch eingeschränkte funktionale Betrachtungsweise; Hecker in Schönke/Schröder Rn. 19). Inzwischen vertritt der BGH aber die Auffassung, dass eine öffentlich-rechtliche Bestellung nur bejaht werden könne, wenn sie entweder zu einer organisatorischen Eingliederung in die Behördenstruktur (gemeint ist hier wohl die erste Alternative des Buchst. c; dazu Schramm JuS 1999, 333 (335)) oder zu einer den Einzelauftrag überschreitenden längerfristigen Tätigkeit (zweite Alternative) führe (BGHSt 43, 96 = NJW 1997, 3034 mit Bespr. Otto JR 1998, 73; 45, 16

(19) mkritAnm Ransiek NStZ 1998, 564; BGHSt 46, 310 (312); BGHSt 54, 39 mAnm Mehle NJW 2009, 3253; BGH NJW 2001, 3062; NJW 2004, 693; NStZ 2008, 87; KG NStZ-RR 2008, 198; dagegen Leimbrock, Strafrechtliche Amtsträger, 2009, S. 379, 418; vgl. auch Rengier StrafR BT II § 59 Rn. 10–14). Diese Wende der Rspr. ist zu begrüßen, weil sie die problematische Weite der nach der Gesetzesänderung gebotenen rein funktionalen Deutung des Begriffs „der Wahrnehmung von Aufgaben der öffentlichen Verwaltung" (→ Rn. 9) deutlich einzugrenzen sucht (ebenso Saliger in NK-StGB Rn. 29). Bedenken erweckt aber das Abstellen auf eine längerfristige Tätigkeit, weil das bloß zeitliche Moment nicht ausschlaggebend sein kann (ebenso Heinrich NStZ 2005, 198 (540); Knauer/Kaspar GA 2005, 385 (389); Stein/Deiters in SK-StGB Rn. 31 b; anders wohl Saliger in NK-StGB Rn. 29). Auf einen einzigen Auftrag beschränkte Bestellungen, die einen Privaten in den Fällen des Buchst. c (zweite Alternative) zu einem Auftreten gegenüber Dritten befugen, das zum Kernbereich staatlichen Verwaltungshandelns gehört, würde je nach den Umständen ohne zureichenden Grund ausgeschieden. Aufgrund rechtsgutsgeleiteter restriktiver Auslegung ist deshalb die Annahme vorzugswürdig, dass die Tätigkeit des Privaten (abweichend von der ersten Alternative) in Anlehnung an BGHSt 38, 199 (202) = StV 1992, 224 „schon ihrer Art nach Verwaltungstätigkeit (des Staates) sein", der Private also den Staat für jedermann erkennbar gegenüber dem Bürger repräsentieren muss (so Schramm JuS 1999, 333 (336); ähnlich Otto JR 1998, 73; 45, 16 (19), der fordert, dass dem Privaten eigenverantwortliche Entscheidungsbefugnis gegenüber Dritten eingeräumt sein muss; zu eng Ransiek NStZ 1997, 519); Amtsträger waren daher auch ausländische Hilfsmannschaften, die an staatlich organisierten Massentötungen mitgewirkt haben (BGH NStZ-RR 2014, 278). In Fortentwicklung der BGH-Rechtsprechung sollte diese Restriktion an das Erfordernis des öffentlich-rechtlichen Bestellungsaktes anknüpfen, diesen also nur bejahen, wenn Gegenstand des Auftrags eine solche Befugnis ist. Im Schrifttum wird stattdessen überwiegend eine im Wesentlichen gleiche Einschränkung erst bei dem Merkmal der „Wahrnehmung von Aufgaben der öffentlichen Verwaltung" vorgeschlagen (expl. Lenckner ZStW 106 (1994), 502; Haft NStZ 1998, 29; Schramm JuS 1999, 333 (336); Hecker in Schönke/Schröder Rn. 20), was jedoch auf dasselbe Ergebnis hinausläuft. Danach bleibt jedenfalls die allgemein anerkannte Annahme, dass die aushilfsweise Heranziehung eines Arbeiters, der allgemein im Reinigungsdienst tätig ist, zu einzelnen Verrichtungen öffentlich-rechtlicher Art nicht als Bestellung zu bewerten ist (BGH GA 1953, 49). Das Gleiche gilt für die niedergelassenen Kassenärzte, die als freiberuflich tätige Vertragsärzte keine Funktionsträger der gesetzlichen Krankenversicherungen sind (BGHSt 57, 202 (212) = NJW 2012, 2530; beachte jetzt §§ 299 a f.).

7 bb) die Bestellung durch eine rechtlich **zuständige Stelle,** die im Urteil zu bezeichnen ist.

8 cc) die Wahrnehmung des Aufgabenkreises bei einer **Behörde** (→ Rn. 20) oder einer **sonstigen Stelle** oder in deren Auftrag. **Sonstige Stellen** sind Institutionen, ohne Rücksicht auf ihre Organisationsform, die keine Behörden, rechtlich aber befugt sind, bei der Ausführung von Gesetzen mitzuwirken, namentlich Körperschaften und Anstalten des öffentlichen Rechts, organisatorisch ausgrenzbare Teile von Behörden und zur Erfüllung öffentlicher Aufgaben berufene Vereinigungen, Ausschüsse oder Beiräte (BT-Drs. 7/550, 209). So erfüllen etwa die öffentlich-rechtlichen Rundfunkanstalten mit der Gewährleistung der Grundversorgung durch ihr Programm eine öffentliche Aufgabe, weshalb sie als sonstige Stellen und die bei ihnen angestellten Redakteure als Amtsträger anzusehen sind (BGHSt 54, 202

= NJW 2010, 784 mit krit. Bespr. Stoffers NJW 2010, 789; nur iE zust. Heinrich JR 2010, 529); gleiches gilt für Sparkassen bei ihrer Tätigkeit als Kommunalbanken (BGH NStZ 2020, 271 mAnm Hoven; Ladiges WuB 2020, 364) sowie für als Körperschaften des öffentlichen Rechts ausgestaltete Universitäten (KG NStZ-RR 2008, 373), Rechtsanwaltsversorgungswerke (BGH NJW 2009, 3248 (3249)) gesetzlichen Krankenkassen (BGHSt 57, 202 (2) = NJW 2012, 2530) und kassenärztliche Vereinigungen (KG wistra 2015, 71). Auch privat-rechtlich organisierte, aber staatlich gesteuerte Unternehmen (→ Rn. 9) kommen in Frage, wenn sie aufgrund einer Gesamtbewertung „verlängerter Arm des Staates" sind (BGHSt 43, 370 = NJW 1998, 1874; BGHSt 45, 16 = NJW 1999, 2378; BGHSt 49, 214 = NJW 2004, 3129; BGHSt 52, 290 = wistra 2009, 20; BGHSt 56, 97 = JuS 2011, 561 = NStZ 2011, 510 mAnm Radtke; Schomerius ZUR 2011, 440 „DB Netz AG"; BGH NJW 2001, 3062; NJW 2004, 693; NStZ 2006, 628; Rengier StrafR BT II § 59 Rn. 9; Saliger in NK-StGB Rn. 41; krit. zu dieser Einschränkung Rudolphi/Stein in SK-StGB Rn. 30a; Leimbrock, Strafrechtliche Amtsträger, 2009, S. 126; sa Radtke NStZ 2007, 57, immanente staatliche Steuerung bei Organisationsprivatisierung). Ein staatlich (oder kommunal) beherrschtes Unternehmen ist jedoch keine sonstige Stelle, wenn ein am Unternehmen beteiligter Privater wesentliche Entscheidungen mitbestimmen kann, etwa aufgrund einer im Gesellschaftsvertrag festgelegten Sperrminorität (BGHSt 50, 299 = NJW 2006, 925 mAnm Noltensmeier StV 2006, 132; LG Köln NJW 2004, 2173 für eine Abfallverwertungsgesellschaft; dazu auch Bauer HRRS 2011, 401). Auch die Deutsche Bahn AG unterliegt nicht derartig staatlicher Steuerung, dass sie einer Behörde gleichgestellt werden kann (BGHSt 49, 214 (219) = NJW 2004, 3129; aM Heinrich NStZ 2005, 198 (200); Stein/Deiters in SK-StGB Rn. 30a), was allerdings nicht für deren selbständige Tochterunternehmen gelten muss (BGH NJW 2008, 3724, PBDE mit krit. Bespr. Rübenstahl); das Gleiche gilt für die Flughafen Frankfurt a. M. AG (BGHSt 45, 16 (19) = NJW 1999, 2378), das Bayerische Rote Kreuz in seiner privatrechtlichen Tätigkeit (BGHSt 46, 310 (313) = NJW 2001, 2102), die Waldorfschule (OLG München NJW 2008, 1174) oder eine medizinisch-psychologische Begutachtungsstelle für Fahreignung (BGH NStZ 2009, 563).

dd) die Wahrnehmung von **Aufgaben der öffentlichen Verwaltung.** Nach 9
den Gesetzesmaterialien (BT-Drs. 7/550, 208) und stRspr sollen damit im Wesentlichen diejenigen Tätigkeiten erfasst werden, die im Sinne der Rspr. zu § 359 StGB aF (BGHSt 9, 203 (222) = NJW 1956, 1326; BGHSt 11, 345 = NJW 1958, 1101) aus der Staatsgewalt abgeleitet sind und staatlichen Zwecken dienen (BGHSt 37, 191 (194) = NJW 1991, 367; BGHSt 38, 199 (201) = StV 1992, 224; zusf. Heinrich NStZ 2005, 91 (434). Dazu gehört jedenfalls die **Eingriffsverwaltung,** die Aufgaben der staatlichen Anordnungs- und Zwangsgewalt wahrnimmt (Saliger in NK-StGB Rn. 31), und zwar auch dann, wenn Private (zB Technische Überwachungsvereine) mit solcher Hoheitsbefugnis beliehen sind (BGHSt 38, 199 (201) = StV 1992, 224; OLG Brandenburg BeckRS 2015, 126482; Knauer/Kaspar GA 2005, 385 (387); auch bei der Leichenschau durch dazu ermächtigten Freiberufler, OLG Karlsruhe medstra 2017, 233; und Mitglieder des Prüfungsausschusses eines Schießsportvereins zur Abnahme der Sachkundeprüfung, BGH NStZ 2019, 652; OLG Celle NStZ-RR 2016, 303), außerdem aber auch die **Leistungsverwaltung zur Daseinsvorsorge,** die unmittelbar für die Daseinsvoraussetzungen der Allgemeinheit oder ihrer Glieder sorgt (BGHSt 12, 89 = NJW 1958, 1932; sa VerfGH Berlin NVwZ 2000, 794 mit Bespr. Schmehl JuS 2001, 233; Rengier StrafR BT II § 59 Rn. 8), etwa im Bereich kommunaler Energieversorgung

(BGH NJW 2004, 693 mit Bespr. Dölling JR 2005, 30 und mkritAnm Krehl StV 2005, 325; BGH NStZ 2006, 628), der Gesundheitsvorsorge (beachte aber BGHSt 46, 310 (313) = NJW 2001, 2102), der Müllentsorgung (BGHSt 50, 299 = NJW 2006, 925; NStZ 2007, 211), des Schulamts (BGHSt 61, 135 = NJW 2016, 1398), des öffentlich-rechtlichen Rundfunks mit seinem Grundversorgungsauftrag (BGHSt 54, 202 = NJW 2010, 784 mit krit. Bespr. Heinrich JZ 2010, 529; Stoffers NJW 2010, 789) einschließlich ihre Gebühreneinzugszentrale GEZ (BGHSt 47, 22 = NJW 2001, 2560; BGHSt 54, 202 = NJW 2010, 784; aM Hellmann wistra 2007, 281), der berufsständischen Versorgungswerke als Teil der sozialen Sicherungssysteme (BGH NJW 2009, 3248), der gesetzlichen Krankenkassen (BGHSt 57, 202 (208) = NJW 2012, 2530; BGH NStZ 2005, 214; aM Rust/Wostry MedR 2009, 319), des öffentlichen Personennahverkehrs (KG NJW 2008, 2132 (2133); OLG Düsseldorf NStZ 2008, 459; auch in Hinsicht auf die Werbevermarktung, BGH StV 2019, 42), der Sparkassen als Kommunalbanken (BGH NStZ 2020, 271) oder der Flutschadensabwicklung (BGH NStZ 2008, 87). Dabei ist die „Wahrnehmung von Aufgaben der öffentlichen Verwaltung" rein funktional, dh ungeachtet der öffentlich- oder privat-rechtlichen Organisationsform, zu verstehen (die abw. Auffassung in BGHSt 38, 199 = StV 1992, 224 ist durch Gesetzesänderung überholt, BT-Drs. 13/5584, 12). Erfasst wird daher auch das privat-rechtlich (etwa als AG: OLG Düsseldorf NStZ 2008, 459, meist als GmbH) organisierte, aber staatlich gesteuerte Unternehmen (zB die Deutsche Gesellschaft für Technische Zusammenarbeit (GTZ) bzw. heute Deutsche Gesellschaft für Internationale Zusammenarbeit (GIZ) oder die Treuhand Liegenschaftsgesellschaft (TL GmbH)), das dem Allgemeinwohl dienende, mit Leistungen verbundene politische Aufgaben (namentlich der Entwicklungs- und Kulturpolitik) erfüllt; seine Aktivitäten werden in der modernen Verwaltungsrechtslehre mit Recht als Teilbereich der öffentlichen Verwaltung gedeutet (BGHSt 43, 370 = NJW 1998, 1874 mkritAnm Ransiek NStZ 1998, 564 (GTZ); BGH NJW 2001, 3062 (TL GmbH); einschr. Heinrich JZ 2010, 452 (477), der eine „Monopolstellung" verlangt und deshalb Aufgaben der öffentlichen Verwaltung nur dann annimmt, wenn der Staat besondere, der Privatperson nicht zustehende Eingriffsrechte oder Einflussmöglichkeiten besitzt oder auf Grund einer besonderen Gewährleistungsfunktion tätig wird; sa Leimbrock, Strafrechtliche Amtsträger, 2009, S. 183). Der Charakter als öffentliche Aufgabe geht nicht verloren, wenn zum Zweck des Allgemeinwohls die Absicht der Gewinnerzielung hinzutritt (BGH NJW 2001, 3063; NJW 2004, 693). Allerdings kommt es im Bereich der Daseinsvorsorge neben der Organisationsprivatisierung zunehmend zu einer Aufgabenprivatisierung (zum Begriff BGHSt 49, 214 (221) = NJW 2004, 3129), die dadurch gekennzeichnet ist, dass der Aufgabenbereich der Daseinsvorsorge auch privaten Marktteilnehmern offensteht und der Hoheitsträger die Funktion einem privatrechtlich organisierten und marktwirtschaftlich agierenden Unternehmen der öffentlichen Hand überträgt. Trägt dessen Handeln ebenso einen ausschließlich erwerbswirtschaftlichen Charakter wie dasjenige der rein privaten Mitbewerber, ist die Wahrnehmung einer öffentlichen Aufgabe zweifelhaft (BGHSt 50, 299 = NJW 2006, 925 mAnm Noltensmeier StV 2006, 132; Radtke NStZ 2007, 57 (60); zur entsprechenden Problematik bei erwerbswirtschaftlich-fiskalischer Tätigkeit des Staates → Rn. 9a). Dies gilt auch für kommunale, erwerbswirtschaftlich ausgerichtete Wohnungsbaugesellschaften, die mit anderen Wohnraumanbietern in Konkurrenz stehen (BGH NJW 2007, 2932). Das von der Deutschen Bahn wahrgenommene Eisenbahnwesen wird aufgrund der Ausgestaltung der Privatisierung und wegen staatlicher Gewährleistungen allerdings weiterhin zu Recht als öffentliche Aufgabe angesehen (BGHSt 49, 214 (221) = NJW 2004, 3129, wo aber die „sonstige Stelle" (→ Rn. 8) verneint wurde; BGHSt 56, 97= NStZ 2011, 510 mAnm Radtke; enger BGHSt 50, 299 = NJW 2006, 925; bei kommunalen Versorgungsunternehmen diff. Becker StV 2006, 263 (266), abl. für deren Aufsichtsratsmitglieder Lesch FS Puppe, 2010, 685 (693)). Kein Amtsträger ist der Insolvenzverwalter (Heinrich JZ 2010, 390; aM LG Nürnberg-Führt wistra 2019, 301; Brand DZWiR 2008, 318; zw.) und der vormundschaftsgerichtlich bestellte Betreuer (OLG München NJW 2009, 2837). Von dieser funktionalen Abgrenzung unberührt bleibt das Erfordernis eines öffentlich-rechtlichen Bestellungsaktes (→ Rn. 6). Dieser ermöglicht eine hinreichend sichere Abgrenzung mit der Folge, dass es andersartiger Einschränkungen nicht mehr bedarf (→ Rn. 6).

Ob auch rein **erwerbswirtschaftlich-fiskalische,** dh die Grenzen der Da- 9a
seinsvorsorge überschreitende, **Betätigung** des Staates und anderer Körperschaften des öffentlichen Rechts erfasst wird, ist von der Rspr. zum früheren Beamtenbegriff (§ 359 StGB aF) nicht einheitlich beantwortet, überwiegend aber verneint worden (BGHSt 12, 89 = NJW 1958, 1932; KG JR 1961, 228; Welp FS Lackner, 1987, 761 (784)). Die Gesetzesmaterialien zu § 11 sind in diesem Punkt widersprüchlich: Einerseits drücken sie die Meinung aus, dass der neugefasste Amtsträgerbegriff „im Wesentlichen mit dem bisherigen Begriff des Beamten im strafrechtlichen Sinne" übereinstimme (BT-Drs. 7/550, 208); andererseits bekräftigen sie aber zugleich die Auffassung, dass auch die erwerbswirtschaftlich-fiskalische Tätigkeit einzubeziehen sei, weil der Begriff der „öffentlichen Verwaltung" weit ausgelegt werden müsse (BT-Drs. 7/550, 209; zust. Fischer Rn. 22; abl. Rudolphi/Stein in SK-StGB Rn. 28; zusf. Heinrich JZ 2010, 478; offen gelassen BGHSt 31, 264 (269) = NJW 1983, 2509). Beide Annahmen sind nicht miteinander vereinbar; denn die in den Gesetzesmaterialien postulierte weite Auslegung hat eine – mindestens theoretisch – erhebliche Ausweitung des früheren Beamtenbegriffs, wie er von der Rspr. geprägt worden ist, zur Folge (überzeugend Welp FS Lackner, 1987, 761 (782). Rein erwerbswirtschaftlich-fiskalische Tätigkeit scheidet daher aus (iE auch Knauer/Kaspar GA 2005, 385 (390); Rengier StrafR BT II § 59 Rn. 9a; Radtke in MüKoStGB Rn. 77; Saliger in NK-StGB Rn. 35; Hecker in Schönke/Schröder Rn. 20). Auszuscheiden ist ferner neben der Gesetzgebung (→ Rn. 11) auch die **Rspr.,** nicht dagegen die Verwaltungstätigkeit in der Rechtspflege (Hilgendorf in LK-StGB Rn. 49). Personen, die erst **zur Wahrnehmung von Verwaltungsaufgaben herangebildet werden** (zB Verwaltungslehrlinge und -praktikanten), werden als solche nicht erfasst (BT-Drs. 7/1261, 4), können im Einzelfall aber, auch wenn sie noch minderjährig sind, mit der selbständigen Wahrnehmung der Aufgaben betraut sein (Hilgendorf in LK-StGB Rn. 36; vgl. auch KG NStZ-RR 2008, 198). Überhaupt muss der Bestellte die Aufgaben selbst sachlich wahrnehmen; nur untergeordnete und mechanische Hilfstätigkeiten (Schreibarbeiten, Reinigung usw) reichen nicht aus (BGHSt 61, 135 (1) = NJW 2016, 1398; Fischer Rn. 23c; Saliger in NK-StGB Rn. 38).

Knüpft man in dieser Weise an die **Rspr. zum strafrechtlichen Beamten-** 9b
begriff iSd § 359 StGB aF an, so ist sie weitgehend auf den Amtsträger übertragbar. Zwar ergibt sich diese Auslegung aus den verwendeten Begriffen nicht zwingend, entspricht aber am ehesten den Intentionen des Gesetzgebers (zahlreiche Beispiele dazu in der Kommentar- und Lehrbuchliteratur und bei Heinrich JZ 2010, 91).

d) Die Amtsträger müssen grds. (→ § 5 Rn. 4) **nach deutschem Recht** zu ih- 10
ren Aufgaben bestellt sein (ebenso Walther Jura 2009, 421; Saliger in NK-StGB

Rn. 17; Satzger in Satzger/Schluckebier/Widmaier StGB Rn. 16). Beurteilungsgrundlage ist danach das in der Bundesrepublik geltende Bundes-, Landes- und Kommunalrecht (näher Heinrich JZ 2010, 554; Heinrich GS Keller, 2003, 103 (105), der zu Recht darauf hinweist, dass die Einbeziehung von Ausländern in den Amtsträgerbegriff nicht grds. ausgeschlossen ist; für eine völkerrechtlich-autonome Auslegung internationaler Gleichstellungsvorschriften Walther Jura 2009, 421). Nach ihm werden alle im Dienst des Bundes, der Länder, der Gemeinden, der Gemeindeverbände sowie der Körperschaften, Anstalten und Stiftungen des öffentlichen Rechts tätigen Amtsträger erfasst (BT-Drs. 7/550, 209). Nicht hierher gehören Träger von Ämtern in Religionsgesellschaften des öffentlichen Rechts, es sei denn, dass ihnen Aufgaben der öffentlichen (staatlichen oder kommunalen) Verwaltung besonders übertragen sind (BGHSt 37, 191 = NJW 1991, 367; OLG Düsseldorf NJW 2001, 85). Zur Behandlung von **Irrtümern** in Bezug auf den Amtsträgerbegriff s. Bernsmann FS Puppe, 2010, 361.

11 **e)** Nach den Intentionen des Gesetzgebers soll die gesetzgebende Gewalt im Ganzen aus dem Amtsträgerbegriff ausgenommen sein (BT-Drs. 7/550, 209). Danach werden **Abgeordnete des Bundestages und der Länderparlamente** auch dann nicht erfasst, wenn sie innerhalb der gesetzgebenden Körperschaften Funktionsträger (zB Bundestagspräsident) sind (Deiters NStZ 2003, 453; Rengier StrafR BT II § 59 Rn. 15; Hilgendorf in LK-StGB Rn. 48; Satzger in Satzger/Schluckebier/Widmaier StGB Rn. 31; zw.). Auch Mitglieder von **Gemeindevertretungen** (Gemeinderäte, Stadträte usw) sind – wie jetzt auch aus § 108e (→ § 108e Rn. 8) zu schließen ist – nicht als solche Amtsträger (BGHSt 51, 44 (49) = NJW 2006, 2050 mit zust. Bespr. Feinendegen NJW 2006, 2014; Satzger JK StGB § 331 Rn. 11; krit. aber Niehaus ZIS 2008, 49; Deiters NStZ 2003, 453; Rengier StrafR BT II § 59 Rn. 16; Hilgendorf in LK-StGB Rn. 48; Dahs/Müssig NStZ 2006, 191; aM LG Krefeld NJW 1994, 2036; LG Köln NStZ 2003, 364 mit krit. Bespr. Marcel StraFo 2003, 259; Heinrich NStZ 2005, 201). Wegen der Doppelfunktion eines solchen Organs ist danach zu differenzieren, ob es eine Normsetzungs- oder Verwaltungstätigkeit ausübt (hM; BGHSt 51, 44 (57) = NJW 2006, 2050 mit Bespr. Feinendegen NJW 2006, 2014; Niehaus ZIS 2008, 49; BGH NStZ 2006, 628; Radtke in MüKoStGB Rn. 82; krit. Deiters NStZ 2003, 458): Soweit das Gremium im Bereich der materiellen Rechtssetzung tätig wird (zB bei Ortssatzungen; vgl. Radtke in MüKoStGB Rn. 82), kann allenfalls § 108e einschlägig sein; dagegen ist Amtsträgereigenschaft zu bejahen, wenn es (zB durch Erlass eines Verwaltungsakts; vgl. Marcel StraFo 2003, S 259) Aufgaben der öffentlichen Verwaltung (und sei es gemeinsam mit anderen Personen) wahrnimmt (hM; vgl. Hecker in Schönke/Schröder Rn. 21; eing. v. Treskow, Die Anwendung der Bestechungsdelikte auf die Funktionsträger der Kommunen, 2008, S. 181) oder ein einzelnes Mitglied – sei es auch unentgeltlich – zu solcher Wahrnehmung bestellt wird (Hilgendorf in LK-StGB Rn. 48; für ein in den Aufsichtsrat eines städtischen Verkehrsunternehmen bestelltes Gemeinderatsmitglied iE auch OLG Stuttgart NJW 2003, 228; enger Szesny/Brockhaus NStZ 2007, 624). Für **Soldaten** geht § 48 WStG als abschließende Sonderregelung vor (BT-Drs. 7/550, 209; Saliger in NK-StGB Rn. 18).

11a **4. Abs. 1 Nr. 2a: Europäischer Amtsträger:** Durch das Gesetz zur Bekämpfung der Korruption (s. Fassungshinweis) ist der Kreis möglicher Täter von Amtsdelikten auch auf europäische Amtsträger erstreckt worden. Damit ist die zuvor geltende nur partielle Gleichstellung durch das EUBestG (s. → 28. Aufl. 2014, Anh. V) durch eine vollumfängliche tatbestandliche Gleichbehandlung der in Nr. 2a a–c aufgezählten europäischen Amtsträger mit ihren deutschen Pendants gegeben (zu den im EUBestG bis 2015 ebenfalls geregelten Amtsträgern anderer EU-Mitgliedstaaten s. § 335a). So war etwa nach dem EUBestG nur die Bestechung von EU-Amtsträger, nicht auch deren bloße Vorteilsgewährung strafbar, während heute die §§ 331ff. auf deutsche wie europäische Amtsträger ohne Unterschied anwendbar sind. Da alle bislang im EUBestG genannten Gruppen europäischer Amtsträger in Nr. 2a übernommen worden sind, ist für Taten bis zum 25.11.2015 das EUBestG (dazu noch BGHSt 60, 266 = NJW 2015, 2675 mAnm Heinrich JZ 2015, 265; Rathgeber NZWiSt 2015, 359; Rübenstahl/Dust JR 2016, 106) uneingeschränkt anwendbar (Heinrich wistra 2016, 471 (477)).

Buchst. a erfasst Mitglieder der **Europäischen Kommission,** der **Europäischen Zentralbank,** des **Rechnungshofs** oder eines **Gerichts der EU;** dazu gehören neben dem EuGH auch das EuG erster Instanz und das Gericht für den öffentlichen Dienst der EU, doch wären auch in Zukunft erst zu schaffende EU-Gerichte erfasst (BT-Drs. 18/4350, 18; nicht also der EGMR), nicht dagegen auch der derzeit vorbereitete Europäische Staatsanwalt (der aber unter Buchst. b fallen würde). **Buchst. b** erfasst alle anderen **Beamten** oder **sonstigen Bediensteten der EU** oder einer **auf Grundlage von EU-Recht geschaffener Einrichtung** (zB Eurojust, Europol, OLAF, Eurostat, Europäische Staatsanwaltschaft; Radtke in MüKoStGB Rn. 107), wobei der vorherige Bezug zu Gemeinschaftsbeamten (§ 1 Nr. 2b EuBestG) nicht mehr erforderlich ist. Nicht hierzu zählen die Mitglieder des Europäischen Parlaments (s. § 108) sowie des Europäischen Rates (mit Ausnahme des Kommissionspräsidenten, der unter Buchst. a fällt) und des Rates (BT-Drs. 18/4350, 19). Fraglich erscheint es für die Mitarbeiter von mit der EU inhaltlich verbundenen, aber strukturell aufgrund eines eigenen völkerrechtlichen Vertrags geschaffenen Gemeinschaftseinrichtungen wie dem Europäischen Stabilitätsmechanismus; da dessen formale Grundlage nicht das primäre oder sekundäre EU-Recht bildet, dürfte Buchst. b zu verneinen sein. **Buchst. c** soll als Auffangklausel alle Personen erfassen, die auch aufgrund eines Werkvertrages (BT-Drs. 18/4350, 19) **mit der Wahrnehmung von Aufgaben der EU** oder von **Aufgaben einer auf der Grundlage von EU-Recht geschaffenen Einrichtung** beauftragt und daher funktionell Bediensteten der EU gleichzustellen sind v. Heintschel-Heinegg in BeckOK StGB Rn. 32 11b

5. Abs. 1 Nr. 3: Richter (vgl. zB § 339). Ausländische Richter werden nicht erfasst; ebenso auch nicht Schiedsrichter, die jedoch in den Tatbeständen über Bestechlichkeit und Rechtsbeugung dem Richter weitgehend gleichgestellt sind. – **Berufsrichter** §§ 2ff. DRiG. **Ehrenamtliche Richter** §§ 44, 45 DRiG. Hierher gehören namentlich die Laienrichter, die nach § 45a DRiG in der Strafgerichtsbarkeit die Bezeichnung „Schöffen" und in der Zivil-, Verwaltungs-, Finanz-, Arbeits- und Sozialgerichtsbarkeit die Bezeichnung „ehrenamtliche Richter" führen (Saliger in NK-StGB Rn. 46), ferner zB die anwaltlichen Richter in der Ehrengerichtsbarkeit (§§ 92, 100 BRAO) und die Beisitzer bei den Disziplinargerichten (BT-Drs. 7/550, 210). 12

6. Abs. 1 Nr. 4: für den öffentlichen Dienst besonders Verpflichteter 13
(vgl. zB §§ 331–334).

a) Zu **Buchst. a** → Rn. 8, 9. Da die besonders Verpflichteten nicht Amtsträger 14
sein dürfen, werden Beamte und solche Angestellte, die selbst öffentliche Aufgaben wahrnehmen, hier nicht erfasst (BGH NStZ 1994, 277 = BeckRS 9998, 86380;

mit Beispielen Saliger in NK-StGB Rn. 49). Zur förmlichen Verpflichtung von Notariatsmitarbeitern Starke FS Rudolphi, 2004, 315.

15 **b) Buchst. b:** Die **genannten Organisationen** müssen für eine Behörde oder sonstige Stelle (→ Rn. 8) Aufgaben der öffentlichen Verwaltung ausführen, dh gleichsam als deren verlängerter Arm (BT-Drs. 7/550, 211) staatliche Daseinsvorsorge in privatrechtlicher Form (sog. Verwaltungsprivatrecht) betreiben (zusf. Heinrich wistra 2016, 471 (574)). **Verband** ist ein Zusammenschluss von natürlichen oder juristischen Personen oder Vereinigungen zur Förderung gemeinsamer, namentlich wirtschaftlicher, sozialer, kultureller oder politischer Interessen. Der **sonstige Zusammenschluss** umfasst zB auch Beiräte, Ausschüsse und ähnliche Einrichtungen (BT-Drs. 7/550, 211; Saliger in NK-StGB Rn. 50). **Betrieb** ist eine, gleichgültig in welcher Rechtsform, auf Dauer angelegte organisatorische Zusammenfassung von persönlichen und sachlichen Mitteln zur Erreichung des – nicht notwendig wirtschaftlichen – Zwecks, Güter oder Leistungen zu erzeugen oder zur Verfügung zu stellen; er umfasst nicht nur Produktionsbetriebe, sondern zB auch Reparaturwerkstätten, Handelsgeschäfte, Geldinstitute, Arzt-, Architekten- und Anwaltspraxen, uU sogar Forschungsinstitute (ebenso Hellmann/Beckemper WirtschaftsStrafR Rn. 923; Saliger in NK-StGB Rn. 50). Das neben dem Betrieb erwähnte **Unternehmen** soll die hier gebotene weite Auslegung gewährleisten (BT-Drs. V/1319, 65).

16 **c)** Der Täter muss entweder „bei" einer der genannten Stellen **beschäftigt** sein, dh in einem Dauerbeschäftigungsverhältnis zu ihr stehen, etwa als Schreibkraft, Bürokraft, Bote, Raumpfleger usw, oder „für" sie, dh auf Grund eines entsprechenden Auftrags (BGHSt 42, 230 = StV 1997, 182; Saliger in NK-StGB Rn. 51), vorübergehend herangezogen werden, etwa als Gutachter oder als Mitglied eines beratenden Ausschusses (BT-Drs. V/1319, 65).

17 **d)** Die ferner erforderliche (wirksame, BGH NJW 1980, 846) **förmliche Verpflichtung** soll nach § 1 I Nr. 1, 2 VerpflG in jedem Falle vorgenommen werden, in dem die übrigen Voraussetzungen der Nr. 4a oder Nr. 4b erfüllt sind (Heinrich wistra 2016, 471(587)).

18 **6. Abs. 1 Nr. 5: rechtswidrige Tat** (vgl. zB § 12 II). Voraussetzung ist eine tatbestandsmäßige (→ Vor § 13 Rn. 15) und rechtswidrige (→ Vor § 13 Rn. 16) Handlung. Ob diese bei den Vorsatzdelikten natürlichen Vorsatz und bei den Fahrlässigkeitsdelikten eine objektive Sorgfaltspflichtverletzung erfordert (→ Vor § 13 Rn. 20; → § 15 Rn. 34, 38; → Vor § 25 Rn. 9), wird durch die Begriffsbestimmung nicht präjudiziert (BT-Drs. 7/550, 211; Hecker in Schönke/Schröder Rn. 42; „belanglos" nach Saliger in NK-StGB Rn. 55).

19 **7. Abs. 1 Nr. 6: Unternehmen** (vgl. zB §§ 81 I, 184b III; § 1 I Nr. 2 ESchG (BayObLG NJW 2021, 405)). Die kriminalpolitische Funktion der sog. **echten Unternehmenstatbestände** besteht darin, den Versuch iSd § 22 (hM; einschr. Burkhardt JZ 1971, 352 (356)) in bestimmten Fällen der Vollendung gleichzustellen und dadurch die Strafmilderung nach § 49 I auszuschließen (zusf. Berz, Formelle Tatbestandsverwirklichung und materialer Rechtsgüterschutz, 1986, S. 126; Sowada GA 1988, 195; Wolters, Das Unternehmensdelikt, 2001, S. 82, 264, 334 mit Bespr. Zieschang ZStW 115 (2003), 395, der jedoch beim „grob unverständigen Versuch" den Strafrahmen des § 23 III anwenden will, S. 274). Das Unternehmen umfasst nicht die Vorbereitung der Tat (BGHR § 176 Abs. 4 Nr. 3 Einwirken 1;

Saliger in NK-StGB Rn. 57). Ein strafbarer Versuch des Unternehmens wird teilweise schon begrifflich ausgeschlossen (hM; vgl. Hilgendorf in LK-StGB Rn. 84; Satzger in Satzger/Schluckebier/Widmaier StGB Rn. 47); er ist mindestens aber als dem Gesetzeszweck zuwiderlaufend auszuscheiden (Roxin StrafR AT II § 29 Rn. 345; Hillenkamp in LK-StGB Vor § 22 Rn. 125; iErg ähnlich Stein/Deiters in SK-StGB Rn. 45); eine Strafrahmenmilderung nach § 23 II scheidet aus (Saliger in NK-StGB Rn. 58; Wolters, Das Unternehmensdelikt, 2001, S. 264, anders jetzt Wolters FS Rudolphi, 2004, 347). § 24 ist unanwendbar (Saliger in NK-StGB Rn. 59; Hecker in Schönke/Schröder Rn. 49; aM Wolters, Das Unternehmensdelikt, 2001, S. 254, 332; dem zust. Radtke in MüKoStGB Rn. 139; Hofmann-Holland in MüKoStGB § 24 Rn. 187); jedoch sind bei den Unternehmenstatbeständen häufig besondere Vorschriften über tätige Reue vorgesehen (→ § 24 Rn. 29). Für die sog. **unechten Unternehmensdelikte** gilt die Begriffsbestimmung nicht (Saliger in NK-StGB Rn. 61). Unter dieser nach Inhalt und Grenzen umstrittenen Bezeichnung werden solche Tatbestände zusammengefasst, die insofern Versuchsstruktur aufweisen, als sie erfolgsgerichtete Tätigkeit („Tendenztätigkeit") schon als solche mit Strafe bedrohen, ohne dass dieser Erfolg eintreten müsste (dazu Schröder FS Kern, 1968, 457 (464); Berz, Formelle Tatbestandsverwirklichung und materialer Rechtsgüterschutz, 1986, S. 132; Hilgendorf in LK-StGB Rn. 87–91). Die Leistungsfähigkeit dieses rein klassifikatorischen Begriffs ist gering; denn ob und wieweit ein Tatbestand einem echten Unternehmenstatbestand strukturgleich ist, hängt von der Auslegung des betroffenen Tatbestandes ab und ist oft zweifelhaft (Sowada GA 1988, 198; Wolters, Das Unternehmensdelikt, 2001, S. 335; Satzger in Satzger/Schluckebier/Widmaier StGB Rn. 49). Auch für die unechten Unternehmensdelikte wird eine tätige Reue in Analogie zu den Vorschriften für die echten Unternehmensdelikte (§§ 83a, 314a, 320 I) befürwortet.

8. Abs. 1 Nr. 7 stellt lediglich die Behördeneigenschaft der Gerichte klar. **Behörden** sind ständige, von der Person ihres Trägers unabhängige Organe der inländischen (nach dem jeweiligen Schutzzweck uU auch ausländischen, BGH NJW 1963, 1318; → Vor § 3 Rn. 9) Staatsgewalt, die dazu berufen sind, unter öffentlicher Autorität für die Erreichung der Zwecke des Staates tätig zu sein (BVerfGE 10, 20 (48) = BeckRS 2009, 37695), zB auch Dienststellen von Gemeinden (RGSt 40, 161), Spruchkörper der Industrie- und Handelskammern (RGSt 52, 198), Fakultäten (Fachbereiche) der Universitäten (RGSt 75, 112) und selbständige Strafvollzugsanstalten (BGH GA 1968, 84). Die Behördendefinition in § 6 I AO verdrängt auch in Steuerstrafverfahren nicht § 11 I Nr. 7 (OLG München NStZ-RR 2013, 15). 20

9. Abs. 1 Nr. 8: Maßnahme (vgl. zB § 78 I). Der zusammenfassende Begriff dient nur gesetzestechnischen Zwecken. Lediglich vollstreckungssichernde Maßnahmen zB nach § 111e StPO sind daher keine Maßnahmen iSd § 11 I Nr. 8 (BGH NStZ-RR 2011, 42 = BeckRS 2010, 19563). 21

10. Abs. 1 Nr. 9: Entgelt (vgl. zB § 180 II). Erfasst wird nur die vermögenswerte Gegenleistung. Immaterielle und solche Vorteile, die nicht in einem Austauschverhältnis stehen, scheiden daher aus (ebenso Saliger in NK-StGB Rn. 69; Satzger in Satzger/Schluckebier/Widmaier StGB Rn. 55). 22

11. Abs. 2 betrifft die sog. **Vorsatz-Fahrlässigkeits-Kombination** (krit. Hardtung Teilvorsatzdelikte S. 8 „irreführend"), die vorsätzliche Begehung einer Tathandlung, aber nur fahrlässige Verursachung einer daraus erwachsenden beson- 23 deren Folge voraussetzt. Sie kommt im StGB in der Form der sog. **erfolgsqualifizierten Delikte** (§ 18; vgl. Küper FS Kühl, 2014, 315) und außerdem in zahlreichen Gefährdungstatbeständen vor (zB § 315c III Nr. 1); außerdem gibt es neuerdings erfolgsqualifizierte Gefährdungsdelikte (zB § 221 II Nr. 2, III; Saliger in NK-StGB Rn. 70, Unterfall; krit. Schroeder FS Lüderssen, 2002, 599 (602)).

24 **a)** Ob sie im Hinblick auf die Tathandlung als **Vorsatztat** zu behandeln ist und die Anwendung der Regeln fahrlässiger Nebentäterschaft auf die besondere Folge beschränkt bleibt, war – von den erfolgsqualifizierten Delikten abgesehen (→ § 18 Rn. 4) – im früheren Recht umstritten (Hilgendorf in LK-StGB Rn. 104). Abs. 2 entscheidet die Frage mit Recht im Sinne der Vorsatztat: In den umstrittenen Fällen wird stets durch eine vorsätzliche Tathandlung fahrlässig eine konkrete Gefahr verursacht. Der Handlungsteil bildet hier den Kern der Tat, während die als Folge verursachte Gefahr zu ihm in demselben Verhältnis steht wie die fahrlässig verursachte Folge beim erfolgsqualifizierten Delikt (hM; vgl. etwa Saliger in NK-StGB Rn. 70; anders Miseré, Die Grundprobleme der Delikte mit strafbegründender besonderer Folge, 1997, S. 48; Gössel FS Lange, 1976, 219). Dass der Vorsatzteil – abweichend von den Fällen des § 18 – als solcher meist nicht selbständig mit Strafe bedroht ist, steht dieser Annahme nicht entgegen; denn jedenfalls ist diese Handlung stets rechtswidrig (zB im Verkehrsrecht eine Ordnungswidrigkeit). Dass solche Handlungen nicht schon allgemein mit Strafe bedroht sind, hängt allein damit zusammen, dass die ganze Handlungsgruppe zu viele nicht ausreichend gefährliche Verhaltensweisen einschließt, denen gegenüber strafrechtliche Reaktion unverhältnismäßig wäre (Lackner, Das konkrete Gefährdungsdelikt im Verkehrsstrafrecht, 1967, S. 10). Ihre Poenalisierung bei konkreter Gefährdung verfolgt daher nur den Zweck, die Strafbarkeit auf ausreichend gefährliche Handlungen zu beschränken.

25 **b)** Die Behandlung der Vorsatz-Fahrlässigkeits-Kombination als Vorsatztat (BGH VRS 57, 271) ist namentlich bedeutsam im Hinblick auf den **Versuch** (→ § 23 Rn. 1; krit. Hardtung Teilvorsatzdelikte S. 219), auf die **Teilnahme** (→ § 18 Rn. 4–7; → Vor § 25 Rn. 9; → § 26 Rn. 7) sowie auf die Voraussetzungen der **Sicherungsverwahrung** (§ 66) und der **Einziehung** (§ 74).

26 **12.** In **Abs. 3** ist zum 1.1.2021 der neue Oberbegriff der **Inhalte** legal definiert worden, der neben den bisher dort enthaltenen Begriffen der Schriften und Darstellungen (nunmehr Verkörperungen) auch Übertragungen ohne Speicherungen umfasst und damit den modernen Entwicklungen bei der Kommunikationstrechnologie Rechnung trägt (vgl. BT-Drs. 19/19859, 24f.). Dieser Inhalte-Begriff gilt nur, wenn die jeweilige Vorschrift (zB §§ 130 II, 131 I, 184 I) ausdrücklich auf Abs. 3 verweist (ebenso Saliger in NK-StGB Rn. 73). Für die Frage, ob die Begriffe der Inhalte, der Schrift und der Verkörperung nach Zweck und Sinnzusammenhang der einzelnen Tatbestände unterschiedlich auszulegen sind, ist Abs. 3 wie schon nach vorherigem Recht (dazu Stein/Deiters in SK-StGB Rn. 56) ohne Bedeutung.

27 **a) Schriften** sind sinnlich wahrnehmbare, auf einige Dauer angelegte Verkörperungen von gedanklichen Inhalten durch Buchstaben, Bilder oder andere stoffliche Zeichen (BGHSt 13, 375 = NJW 1960, 492), die geeignet sind, die Vorstellung eines Sinnzusammenhangs zu erwecken (auch Geheim-, Kurz- und Bilderschriften). Dass sie bereits den jeweils vorgesehenen Endzustand als Buch, Zeitschrift, Flugblatt usw erreicht haben, ist nicht unbedingt erforderlich; auch Platten,

Drucksätze, Negative und Matritzen kommen je nach dem Inhalt des einschlägigen Tatbestandes in Frage (BGHSt 32, 1 = NJW 1983, 2270).

b) Verkörperungen, die wie die Darstellungen nach bisherigem Recht als Oberbegriff (RGSt 47, 404; Saliger in NK-StGB Rn. 74) Schriften, Ton- und Bildträger, Datenspeicher und Abbildungen umfassen, sind stoffliche oder sonst auf einige Dauer fixierte Zeichen, welche die Vorstellung eines wahrnehmbaren Vorgangs oder Gedankens vermitteln. Wie der zur Klarstellung (BT-Drs. 13/7385, 36) eingefügte Hinweis auf Datenspeicher zeigt, kommt es auf die Art der Fixierung (zB auch elektromagnetische und elektronische) nicht an. Einbezogen sind danach ua auch Plastiken (RG GA 57 (1910), 400), Videokassetten, Ton- und Bildaufzeichnungen im Rund-(Fernseh- und Hör-)funk (Weigend ZUM 1994, 133 Fn. 3) und Datenspeicher in Computernetzen (OLG Hamburg JR 2000, 125 mAnm Bertram; Sieber JZ 1996, 494 (495); Derksen NJW 1997, 1878 (1881); sa BayObLG NJW 2000, 2911; LG München NJW 2000, 1051 mAnm Vassilaki NStZ 2000, 535; → § 74 d Rn. 5; → § 184 Rn. 7) und Smartphones (BGH NStZ-RR 2015, 139), einschließlich der eine Datei nur flüchtig speichernden elektronischen Arbeitsspeicher (BGHSt 47, 55 (58) = NJW 2001, 3558 mAnm Kudlich JZ 2002, 310 und Bespr. Eckstein ZStW 117 (2005), 107 (116); krit. Lindemann/Wachsmuth JR 2002, 206 (208), Fischer Rn. 36 a; Saliger in NK-StGB Rn. 78). Die bisher nicht erfassten Darstellungen auf einem Computerbildschirm, bei denen es an der erforderlichen, auf einige Dauer angelegten Fixierung fehlt, sind nunmehr als Übertragung ohne Speicherunmg (→ Rn. 29) erfasst. 28

c) Inhalte iSv Abs. 3 können schließlich auch **unabhängig von einer Speicherung mittels Informations- und Kommunikationstechnik** übertragen werden; erfasst sind damit sowohl Live- und Echtzeit-Übertragungen als auch zB Telefax, E-Mail, SMS, Messenger-Dienste wie Whatsapp (bisher bereits als Darstellung erfasst von OLG Hamm MMR 2016, 425), (IP-)Telefonie und Rundfunk ((BT-Drs. 19/19859, 25 f.). **Übertragen** meint das Übermitteln von einem an einen anderen Ort (BT-Drs. 19/19859, 26), so dass die bloße Verstärkung des gesprochenen Wortes durch Mikrofon und Lautsprecher nicht ausreicht (Valerius BeckOK, Rn. 71). 29

§ 12 Verbrechen und Vergehen

(1) **Verbrechen sind rechtswidrige Taten, die im Mindestmaß mit Freiheitsstrafe von einem Jahr oder darüber bedroht sind.**

(2) **Vergehen sind rechtswidrige Taten, die im Mindestmaß mit einer geringeren Freiheitsstrafe oder die mit Geldstrafe bedroht sind.**

(3) **Schärfungen oder Milderungen, die nach den Vorschriften des Allgemeinen Teils oder für besonders schwere oder minder schwere Fälle vorgesehen sind, bleiben für die Einteilung außer Betracht.**

1. Die **Zweiteilung** (Dichotomie) der rechtswidrigen Taten (→ § 11 Rn. 18) 1
und damit auch der Straftaten in Verbrechen und Vergehen bedeutet eine Abstufung der Delikte nach ihrem Unrechtsgehalt und ihrer allgemeinen Strafwürdigkeit. Sie gestattet zugleich, die beiden Kategorien sowohl im materiellen (zB §§ 23 I, 30 StGB) wie auch im formellen Strafrecht (zB §§ 153, 153 a StPO) unterschiedlich zu behandeln. – In jüngster Zeit ist die Differenzierung politisch in dem Sinne aufgela-

den worden, dass bestimmte gravierende Straftaten (etwa Kinderpornographie gem. § 184b I; Mandatsträgerbestechung gem. § 108) nicht länger „nur" als Vergehen betrachtet, sondern ohne Rücksicht auf die materielle Schwere der konkreten Tatvariante in jedem Fall als Verbrechen klassifiziert werden müssten. Damit wird der Begriff eines „Verbrechens" letztlich zu einem politischen Kampfbegriff, was uU auch den an der konkreten Tat beteiligten Personen (Täter, Opfer) nicht gerecht wird.

2 **2.** Für die Einordnung sind die **Hauptstrafen** maßgebend, die dem anwendbaren Tatbestand abstrakt zugeordnet sind (sog. **abstrakte** gegen konkrete oder spezialisierende **Betrachtungsweise,** BGHSt 2, 393 = NJW 1952, 835).

3 **a)** Es entscheidet das **Mindestmaß** der Hauptstrafe, die für die im Tatbestand beschriebene Handlung abstrakt angedroht ist (Saliger in NK-StGB Rn. 4). Die Deliktskategorie kann sich also ändern, wenn das Gesetz aus einem Tatbestand durch Hinzufügen weiterer Merkmale **(benannte Strafänderungen)** einen neuen Tatbestand bildet (Kühl StrafR AT § 1 Rn. 7–9a), gleichgültig ob dieser ein qualifizierter (zB §§ 225 III, 226, 227), ein privilegierter (zB § 216) oder ein eigenständiger Tatbestand (zB § 249 im Verhältnis zu § 242) ist (Saliger in NK-StGB Rn. 10), gleichgültig auch, ob die Merkmale die Tat oder nur den Täter betreffen.

4 **b)** Nach **Abs. 3** sind Änderungen des Strafrahmens durch Vorschriften des **AT,** etwa nach § 49, und die nur allgemein umschriebenen Änderungen in besonders schweren und minder schweren Fällen **(unbenannte Strafänderungen)** für die Einteilung unerheblich (so schon BGHSt 2, 181 = NJW 1952, 593). Erfasst werden danach auch die strafbegründenden Vorschriften über Versuch (§ 22), Teilnahme (§§ 26, 27) und versuchte Beteiligung (§ 30); sie sind nach dem Sinnzusammenhang des Gesetzes als unselbständige Erscheinungsformen der Deliktstatbestände ebenso wie diese einzuordnen (hM; für die Beihilfe OLG Karlsruhe StraFo 2016, 69, anders Triffterer NJW 1980, 2049). Werden benannte Strafänderungen nur als zwingende Beispiele für insgesamt unbenannte Milderungs- oder Schärfungsgründe verwendet (zB § 241a IV), so gehen sie in der unbenannten Strafänderung auf, so dass die Deliktskategorie selbst dann unberührt bleibt, wenn das Beispiel verwirklicht ist (BGHSt 11, 233 (241) = NJW 1958, 1194; BGHSt 20, 184 = NJW 1965, 701; BGH NJW 1967, 1330; Fischer Rn. 11; Saliger in NK-StGB Rn. 9; aM Dreher JZ 1965, 455). Dasselbe gilt, wenn ein besonders schwerer Fall nur durch sog. Regelbeispiele verdeutlicht wird (BT-Drs. V/4094, 4; Eisele, Die Regelbeispielsmethode im Strafrecht, 2004, S. 168; → § 46 Rn. 11).

5 **c) Nebenstrafen** (zB § 44), **Nebenfolgen** (§ 45) und **Maßnahmen** (§ 11 I Nr. 8) berühren die Einteilung nicht.

2. Abschnitt. Die Tat

1. Titel. Grundlagen der Strafbarkeit

Vorbemerkung

I. Der **1. Titel** des Abschnitts, der sich mit den allgemeinen Merkmalen der Tat befasst, regelt in einer Anzahl systematisch nur lose zusammenhängender Vorschriften wichtige Grundvoraussetzungen der Strafbarkeit und setzt damit der **Lehre vom Wesen der Straftat** nicht lediglich einen festen Rahmen, sondern trägt auch unmittelbar zu ihrem Inhalt bei. 1

II. Die **Straftat** ist nach Inhalt und Grenzen nicht – jedenfalls nicht unmittelbar – aus vorrechtlichen oder sonst ungeschriebenen Kriterien abzuleiten, sondern ein Produkt der positiven Rechtssetzung, der das Prinzip der gesetzlichen Beschreibung allen strafrechtlich relevanten Verhaltens zu Grunde liegt (formeller Verbrechensbegriff; → § 1 Rn. 1–3). Die Frage, ob und wieweit das Verbrechen auch nach sachlichen, dem Gesetz vorgegebenen Kriterien umschrieben werden kann **(materieller Verbrechensbegriff),** ist weder im Grundsätzlichen noch in den Einzelheiten abschließend geklärt (krit. Androulakis ZStW 108 (1996), 300, der die Strafe für primär und die Bildung eines materiellen Verbrechensbegriffs für einen sinnlosen Umweg hält). – Nicht nur über diesen Titel hinaus, sondern bis in das Strafverfahrensrecht hinein reicht der Vorschlag eines „normativ-funktionales Straftatbegriffs" iS eines hinreichend gewichtigen Verhaltensnormverstoßes (so Rostalski Der Tatbegriff im Strafrecht, 2019). 2

1. Für **Strafwürdigkeit** und **Strafbedürftigkeit** menschlichen Verhaltens (Otto GS Schröder, 1978, 53; Otto StrafR AT § 1 Rn. 48–50; Bosch FS Otto, 2007, 845; Hamm FS Kargl, 2015, 165 (173); Frisch GA 2017, 364 in Bezug auf das Straftatsystem und die Relevanz für den Allgemeinbegriff der Straftat; sa BWME StrafR AT § 3 Rn. 19 und Jescheck/Weigend StrafR S. 50; speziell bei §§ 201 a, 238 Kühl FS Schöch, 2010, 419 (432, 436)) sind nicht nur Aspekte der Kriminalpolitik, namentlich der Schutzaufgabe des Strafrechts (Rechtsgüterschutz; zur Ergänzung durch eine Theorie des Sozialschadens Jakobs FS Amelung, 2009, 37 (44); Roxin/Greco StrafR AT I § 2 Rn. 6; Roxin in Roxin/Arzt/Tiedemann StrafR/StrafProzR S. 2, 3; Hassemer/Neumann in NK-StGB Vor § 1 Rn. 70; abl. Amelung in Hefendehl, Die Rechtsgutstheorie, 2003, S. 159; anders Schünemann in Hefendehl, Die Rechtsgutstheorie, 2003, S. 137, nahe Verwandtschaft mit Rechtsgutsprinzip; sa schon Amelung, Rechtsgüterschutz und Schutz der Gesellschaft, 1972; diesbzgl. spricht Swoboda ZStW 122 (2010), 24 (43) von einer „soziologischen Schadenslehre") und des kriminologischen Erkenntnisstandes (krit. dazu Bock JuS 1994, 89; Kühne GA 1994, 503; zum Umgang mit empirischen Voraussetzungen Stächelin, Strafgesetzgebung im Verfassungsstaat, 1998, S. 167; Frisch FS Maiwald, 2010, 239 (242)) bedeutsam, sondern auch Erfordernisse der Menschenrechte, der Bürgerrechte und des sonstigen Verfassungsrechts, aus denen vor allem die **Subsidiarität** des Strafrechts abgeleitet wird (Appel, Verfassung und Strafe, 1998, S. 414). Dieses Grundprinzip ist – mindestens verbal – allgemein anerkannt (Jäger in SK-StGB Vor § 1 Rn. 14; zur einschlägigen Rspr. des BVerfG Vogel StV 1996, 110; sa Brandt, Die Bedeutung des Subsidiaritätsprinzips für Entpoenalisierungen im Kriminalrecht, 3

1988; sowie Schünemann/Hörnle/Hefendehl/Wohlers/Seher in v. Hirsch/Seelmann/Wohlers, Mediating Principles, 2006, S. 18, 36, 48, 54, 70). Es geht dabei vornehmlich um die Legitimation des Strafrechts, namentlich seiner allgemein- und verfassungsrechtlichen Schranken, und um die Kriminalpolitik des Gesetzgebers (Kühl FS Tiedemann, 2008, 29 (41); Kühl FS Kühne, 2013, 15 (18)). Wenig geklärt sind vor allem die rechtspolitischen Fragen, ob und wie weit die zunehmende Instrumentalisierung und Funktionalisierung des modernen Strafrechts, sein Einsatz auch zur Zukunftssicherung und das Anwachsen sog. „symbolischer Gesetzgebung" zu billigen sind. Zur **ökonomischen Analyse** des Strafrechts vgl. Wittig, Der rationale Verbrecher, 1993; die Beiträge in Ott/Schäfer, Die Präventivwirkung zivil- und strafrechtlicher Sanktionen, 1999; Federmann, Kriminalstrafen im Kartellrecht, 2006, S. 295, 529; insbes. zum wohlfahrts- und verhaltensökonomischen Ansatz, Volk FS Widmaier, 2008, 987. Während das Subsidiaritätsprinzip das Strafrecht zur **ultima ratio** macht (Kühl FS Tiedemann, 2008, 29 (41); Walter JA 2013, 727 (728); BWME StrafR AT § 3 Rn. 19; Kunig in v. Münch/Kunig GG Art. 1 Rn. 36; Jahn/Brodowski JZ 2016, 969; Schünemann StraFo 2015, 178; Jahn/Brodowski ZStW 129 (2017), 363; Kindhäuser ZStW 129 (2017), 382; Priftwitz ZStW 129 (2017), 390; krit. Gärditz JZ 2016, 641), fordert die **„fragmentarische Natur"** des Strafrechts den Gesetzgeber auf, nur solche Lücken im strafrechtlichen Schutz von Rechtsgütern zu schließen, die unabweisbar sind, weil sonst Taten mit strafwürdigem Unrechtsgehalt straflos blieben (Kühl FS Tiedemann, 2008, 29 (35); Kühl FS Schöch, 2010, 419 (423); Kühl FS Kühne, 2013, 15 (19); Hillenkamp FS Kirchhof, 2013, 1349 (1358); Walter JA 2013, 727; Eschelbach/Krehl FS Kargl, 2015, 81 (83); Kulhanek ZIS 2014, 674; StV 2015, 725 (727); Wessels/Beulke/Satzger StrafR AT Rn. 15; weitere Bereiche der Fragmentarietät sieht Maiwald FS Maurach, 1972, 9 (10); zur verfassungsrechtlichen Verankerung Hefendehl JA 2011, 401; zu den historischen und philosophischen Wurzeln Vormbaum ZStW 123 (2011), 661; Zaczyk ZStW 123 (2011), 691; zur Bedeutung für die Kriminalpolitik Tiedemann, Tatbestandsfunktionen im Nebenstrafrecht, 1969, S. 136).

Aus der **Lit.** zur Straftat und deren Begrenzung auf strafbedürftiges und strafwürdiges Verhalten vgl. Gallas, Beiträge zur Verbrechenslehre, 1968, S. 1; Roxin JuS 1966, 377 (382); Roxin FS Kaiser, 1998, 885; Jakobs ZStW 97 (1985), 751; Naucke, Die Wechselwirkung zwischen Strafziel und Verbrechensbegriff, 1985; Wolff in Hassemer, Strafrechtspolitik, 1987, S. 137; Lüderssen StV 1987, 163; Lüderssen, Die Krise des öffentlichen Strafanspruchs, 1989; Lüderssen FS Kaufmann, 1993, 487; Lüderssen, Abschaffen des Strafens?, 1995; dazu Eser/Günther FS Lüderssen, 2002, 195 (205); Eser/Günther in IKW Zustand StrafR S. 159; Kindhäuser, Gefährdung als Straftat, 1989, S. 29; Kindhäuser GA 1989, 493; Voß, Symbolische Gesetzgebung, 1989; Weigend/Nestler-Tremel, Modernes Strafrecht und ultima-ratio-Prinzip, 1990; Tiedemann, Verfassungsrecht und Strafrecht, 1991; Prittwitz, Strafrecht und Risiko, 1993; Lampe FS Schmitt, 1992, 77; Müller-Dietz FS Schmitt, 1992, 95; Hassemer ZRP 1992, 378; Hassemer Produktverantwortung S. 1; Kühl FS Spendel, 1992, 75; Wolter NStZ 1993, 1; Hilgendorf NStZ 1993, 10; Frisch FS Stree/Wessels, 1993, 69; Jäger FS Schüler-Springorum, 1993, 229; Stratenwerth ZStW 105 (1993), 679; Hirsch in Kühne/Miyazawa, Neue Strafrechtsentwicklungen im deutsch-japanischen Vergleich, 1995, S. 11; Schünemann GA 1995, 201; Jescheck FS Miyazawa, 1995, 363; Vormbaum ZStW 107 (1995), 734; Weigend FS Triffterer, 1996, 695; Heine in Eser-Beiträge, 1995, S. 51; Kargl ARSP 1996, 485; Krüger, Die Entmaterialisierungstendenz beim Rechtsgutsbegriff, 2000; Wohlers, Deliktstypen des Präventionsstrafrechts, 2000 mit Bespr. Kühl GA 2004, 120; Zaczyk ZStW 114 (2002), 884; Hefendehl Kollektive Rechtsgüter S. 179; Eser FS Lüderssen, 2002, 195; Roxin FS Marinucci, 2006, 715; Heinz FS Strätz, 1999, 233; → Rn. 32.

Diese Hinweise zeigen, dass die Diskussion vor allem des letzten Jahrzehnts durch eine bedauerliche Polarisierung gekennzeichnet ist, die häufig eine sachbezogene Abwägung der komplexen und sich ständig wandelnden Interessenlage vermissen lässt und dadurch einen Konsens über die kriminalpolitischen Notwendigkeiten nahezu unmöglich macht. Auch in der Gesetzgebungsebene stehen sich gegenläufige Maßnahmen und Vorhaben zur weiteren Entkriminalisierung, namentlich im Bereich des Sanktionensystems (→ Vor § 38 Rn. 3), einerseits und zur nachdrücklichen Verschärfung des Strafrechts gegen die wachsende Gewalt- und Massenkriminalität andererseits gegenüber. Die Kriminalpolitik wird hier jedes Extrem vermeiden und zur gleichgewichtigen Gewährleistung von Freiheit und innerer Sicherheit einen Mittelweg suchen müssen. Im Bereich des StGB wird die hektische ad-hoc-Gesetzgebung der jüngeren Vergangenheit diesem Anspruch nicht gerecht (vgl. etwa → Vor § 1 Rn. 19; → Vor § 38 Rn. 4–23; → Vor § 73 Rn. 1; → § 73d Rn. 1). Zum Konzept eines (verschärften) sog. **Feindstrafrechts** vgl. dessen Protagonisten Jakobs ZStW 97 (1985), 751; ZStW 117 (2005), 839 und seine Kritiker (ua Schünemann GA 2003, 299; Streng/Neumann/Schneider/Morguet in Uwer, Bewahren Sie Ruhe, 2006, S. 227, 299, 335; Gössel FS Schroeder, 2006, 33; Kindhäuser FS Schroeder, 2006, 81; Saliger JZ 2006, 756; Sinn ZIS 2006, 107, Gonzáles/Cussac, Feindstrafrecht, 2007; Paeffgen FS Amelung, 2009, 81 (94); Vormbaum, Kritik des Feindstrafrechts, 2009; Heinrich ZStW 121 (2009), 94; Palazzo FS Tiedemann, 2008, 15; Polaino Navarrete FS Jakobs, 2007, 529; Morguet, Feindstrafrecht – Eine kritische Analyse, 2009 mit Bespr. Zabel GA 2009, 670; Jäger FS Roxin II, 2011, 71; Wittig FS Roxin II, 2011, 113; Schöch in Lösel/Albrecht/Bender/Jehle/Martin, Kriminologie und wissenschaftliche Kriminalpolitik, 2007, S. 45, 51; Marzahn, Das Feindstrafrecht als Komponente des Präventionsstaats? 2011; Kühl FS Heinz, 2012, 766; sa Wessels/Beulke/Satzger StrafR AT Rn. 62; speziell zum Terroristen s. Pawlik, Der Terrorist und sein Recht, 2008 mit krit. Bespr. Rogall GA 2009, 375; Steinsiek, Terrorabwehr durch Strafrecht? 2012; Muñoz Conde FS Volk, 2009, 495; Fischer Einl. Rn. 12b). Zu einem möglichen **Präventivstrafrecht** aus serbischer Sicht Stojanovic FS Kühl, 2014, 473; Bäcker, Kriminalpräventionsrecht, 2015 mit Bespr. Gärditz JZ 2016, 513; Kaspar, Verhältnismäßigkeit und Grundrechtsschutz im Präventivstrafrecht, 2014 mit Bespr. Valerius ZStW 127 (2015), 428; Bülte JZ 2015, 828; zur Legitimation eines präventivorientierten Strafrechts Sieber NStZ 2009, 353 (356); Wohlers, Deliktstypen des Präventionsstrafrechts, 2000; Zaczyk FS Beulke, 2015, 69; Fischer Einl. Rn. 12; krit. Neumann FS Kargl, 2015, 347 (357); Brunhöber, Strafrecht im Präventivstaat, 2014.

2. a) Diese verfassungsrechtliche und rechtspolitische Begrenzung des Strafrechts hat **Ausstrahlungen in die praktische Anwendung des StGB** insofern, als alle geltenden Strafrechtssätze an der Verfassung zu messen sind (in Frage gestellt von BVerfGE 120, 224 = NJW 2008, 1137, das auf das Verhältnismäßigkeitsprinzip setzt; krit. Kühl FS Heinz, 2012, 766 (769, 774)) und als kriminalpolitische Gesichtspunkte und kriminologische Erkenntnisse (dazu Rácz JR 1984, 234) ihre Auslegung beeinflussen können. Im Vordergrund steht dabei ihr Schutzzweck, namentlich das jeweils geschützte **Rechtsgut.** 4

Aus der **Lit.** vgl. Sina, Die Dogmengeschichte des strafrechtlichen Begriffs „Rechtsgut“, 1962; Rudolphi FS Honig, 1970, 151; Jäger in SK-StGB Vor § 1 Rn. 3–11; Otto in Müller-Dietz, Strafrechtsdogmatik und Kriminalpolitik, 1971, S. 1; Amelung, Rechtsgüterschutz und Schutz der Gesellschaft, 1972; Amelung in Jung, Recht und Moral, 1991, S. 269; Amelung in

Alexy/Meyer/Paulson/Sprenger, Neukantianismus und Rechtsphilosophie, 2002, S. 363; Hassemer, Theorie und Soziologie des Verbrechens, 1973; Hassemer NStZ 1989, 553; Hassemer FS Wolff, 1998, 101 (110); Hassemer GS Schlüchter, 2002, 133 (151); Hassemer/Neumann in NK-StGB Vor § 1 Rn. 142–148; Weigend ZStW 98 (1986), 44 (49); Kindhäuser FS Schroeder, 2006, S. 132; Graul, Abstrakte Gefährdungsdelikte und Präsumtionen im Strafrecht, 1991, S. 41; Tiedemann, Verfassungsrecht und Strafrecht, 1991, S. 50; Müssig, Schutz abstrakter Rechtsgüter und abstrakter Rechtsgüterschutz, 1994; Kargl in IKW Zustand StrafR S. 53; Koriath GA 1999, 561 (576); Schmidt, Untersuchung zur Dogmatik und zum Abstraktionsgrad abstrakter Gefährdungsdelikte, 1999, S. 119; Lampe FS Roxin, 2011, 84 (101); Schünemann FS Roxin, 2011, 1 (27); Lagodny, Strafrecht vor den Schranken der Grundrechte, 1996, S. 138, der einen nur negativ ausgrenzenden, verfassungsrechtlichen Rechtsgutsbegriff entwirft; krit. Jakobs FS Saito, 2003, 780, nach dem das Strafrecht nicht Rechtsgüter, sondern die Normgeltung schützt (ebenso Frisch FS Müller-Dietz, 2001, 237 (253); Freund in MüKoStGB Rn. 71); krit. zur Möglichkeit einer allumfassenden materialen Definition des Rechtsguts Stratenwerth FS Lenckner, 1998, 377; Stratenwerth in Hefendehl/v. Hirsch/Wohlers, Die Rechtsgutstheorie, 2003, S. 255, der sog. Verhaltensdelikte zum Schutz von grundlegenden Wertvorstellungen anerkennen will (krit. zum Schutz von Gefühlen, Wertvorstellungen und Tabus Hörnle, Grob anstößiges Verhalten, 2005 mit Bespr. Wohlers ZStW 118 (2006), 758; Bloy GA 2006, 656; dazu Seelmann FS Jung, 2007, 893; Roxin Schünemann-Symposium, 2005, 135 (147)); krit. Appel, Verfassung und Strafe, 1998, S. 336, 481; Wohlers ZStW 118 (2006), 213; Bottke FS Lampe, 2003, 463; Renzikowski ARSP-Beiheft 104 (2005), 115 (124); positiv zum kritischen Gehalt des Rechtsgutsbegriff dagegen Stächelin, Strafgesetzgebung im Verfassungsstaat, 1998, S. 30, 99; auch für kollektive Rechtsgüter Hefendehl, Die Rechtsgutstheorie, 2003, S. 18, 28, 42, 79; dazu auch Lampe FS Tiedemann, 2008, 79; Sternberg-Lieben FS Paeffgen, 2015, 31; sa die Beiträge von Scheerer/Schulz/Stächelin/Kindhäuser in Lüderssen, Aufgeklärte Kriminalpolitik, Bd. I, 1998, S. 179, 208, 239, 263; sowie den Sammelband Hefendehl/v. Hirsch/Wohlers, Die Rechtsgutstheorie – Legitimationsbasis des Strafrechts oder dogmatisches Glasperlenspiel?, 2003; Neumann/Prittwitz, Personale Rechtsgutslehre und Opferorientierung im Strafrecht, 2007; Hefendehl GA 2007, 1; Hefendehl Haffke-Symposium, 2009, 165, 173; Stübinger FS Kargl, 2015, 573 (575); zusf. Hirsch FS Spinellis, 2001, 425; Roxin Schünemann-Symposium, 2005, 135 (mit Kritik an Hirsch FS Spinellis, S. 146); Hirsch FS Hassemer, 2010, 373; krit. Pawlik, Das Unrecht des Bürgers, 2012, S. 127; zu materiellen Rechtsgutskonzepten Kubiciel, Die Wissenschaft vom Besonderen des Strafrechts, 2013, S. 57–80 (mit Bespr. Bung GA 2015, 550: konkretisierungs- und ergänzungsbedürftig). Zur Rechtsgutslehre im Verfassungsrecht/Verfassungsstaat Engländer ZStW 127 (2015), 616; Kudlich ZStW 127 (2015), 635; sowie die Diskussionsbeiträge bei Brodowski ZStW 127 (2015), 711. Zum Rechtsgüterschutz durch Gefährdungsdelikte Kindhäuser FS Krey, 2010, 249; krit. Hirsch FS Tiedemann, 2008, 145 (161). Für eine Ergänzung des „Rechtsgutsschemas" durch ein „modernes Regelmodell" im Wirtschaftsstrafrecht Alwart JZ 2006, 546 (547). Für die Einbeziehung künftiger Generationen Roxin FS Marinucci, 2006, 715 (737); → Vor § 324 Rn. 7; sa Stratenwerth FS Amelung, 2009, 355 (362); zum Rechtsgedanken in der Unrechtslehre Roxin AL 2012, 237; den gesetzgebungskritischen Rechtsgutsbegriff stellt Roxin GA 2013, 433, auf den Prüfstand; zum Unrecht als Kern der Straftat Kühl FS Kühne, 2013, 15 (22); zu den Rechtsgütern bei der Dopingbekämpfung Roxin FS Samson, 2010, 445 (449, 453). Aus amerikanischer Sicht zur „Rechtsgutstheorie" Dubber ZStW 117 (2005), 485; aus spanischer Sicht Mir Puig Schünemann-Symposium, 2005, 77 (95); aus portugiesischer Sicht Figueiredo Dias GA 2014, 202. In europäischer, rechtsvergleichender Perspektive Bacigalupo FS Jakobs, 2007, 1.

Das hat nicht nur zu der verbreiteten Forderung nach einer vorwiegend **„teleologischen" Auslegung** (→ § 1 Rn. 6, 7) der Deliktstatbestände geführt (zum sog. Geringfügigkeitsprinzip als Auslegungsregel Ostendorf GA 1982, 333), sondern weitergehend einer Methode durchgängig teleologischer (meist normativer) Begriffsbildung und -bestimmung auch bei den allgemeinen strafrechtlicher Lehren zum Durchbruch verholfen (Schmidhäuser FS Würtenberger, 1977, 91; Bloy, Die Beteiligungsform als Zurechnungstypus im Strafrecht, 1985, S. 20; Rudolphi in Schünemann, Grundfragen des modernen Strafrechtssystems, 1984, S. 69; Keller ZStW 107 (1995), 457; Röttger, Unrechtsbegründung und Unrechtsausschluss, 1993, S. 34, 244; Roxin FS Kaiser, 1998, 885; Roxin ZStW 116 (2004), 929; Freund/Rostalski StrafR AT § 1 Rn. 31–34; krit. zu einer „folgenorientierten" Auslegung Hassemer FS Coing, 1982, 493; Kaufmann in Philipps/Scholler, Jenseits des Funktionalismus, 1989, S. 85; krit. auch Küpper, Grenzen der normativierenden Strafrechtsdogmatik, 1990, der sich grds. gegen die zunehmende Normativierung wendet; Stratenwerth, Was leistet die Lehre von den Strafzwecken?, 1995, der meint, dass die Funktionalisierung der strafrechtlichen Begriffsbildung nicht leisten kann, was sie verspricht; krit. auch Kargl JZ 1997, 283, der der rechtsgutorientierten Auslegungsmethode zum Zwecke der Objektivierung eine am Bestimmtheitsgrundsatz orientierte Auslegung entgegenstellt; für eine Ausrichtung auf die „Zwecke des Strafrechtssystems" Silva Sánchez FS Jakobs, 2007, 645 (661)); Frisch, Lebendiges und Totes in der Verbrechenslehre Hans Welzel, 2015 mit Beiträgen von Burkhardt, Frisch, Jakobs, Neumann und Pawlik.

Wieweit auch die Beziehungen zum **Opfer** und dessen Verhalten als Elemente **4a** teleologischer Auslegung einbezogen werden dürfen (sog. viktimologisches Prinzip), ist umstritten. Sicher ist diese Möglichkeit nicht auszuschließen (Arzt MschrKrim 1984, 105; Kratzsch FS Oehler, 1985, 65 (71)); jedoch ist bei der praktischen Umsetzung Vorsicht geboten, weil es ohne Willkür und ohne Gefährdung der Rechtssicherheit oft nicht möglich ist, aus dem allgemeinen Erfordernis der Strafbedürftigkeit zu Lasten des Verbrechensopfers teleologische Restriktionen einzelner Tatbestandsmerkmale oder Einschränkungen des Schutzbereichs der Norm abzuleiten, die in Wortlaut, Sinn und historischer Entwicklung des jeweiligen Tatbestandes keine Grundlage haben (vgl. etwa Hillenkamp, Vorsatztat und Opferverhalten, 1981; Hillenkamp, Der Einfluss des Opferverhaltens auf die dogmatische Beurteilung der Tat, 1983; Hillenkamp ZStW 129 (2017), 596; Freund in MüKoStGB Vor § 13 Rn. 30; Hassemer FS Klug, 1983, 217; Günther FS Lenckner, 1998, 69; Lagodny, Strafrecht vor den Schranken der Grundrechte, 1996, S. 354; Cancio ZStW 111 (1999), 357 (370); zusf. Roxin/Greco StrafR AT I § 14 Rn. 15–25; weiter ausdehnend Amelung GA 1977, 1; GA 1984, 579; Hassemer, Schutzbedürftigkeit des Opfers und Strafrechtsdogmatik, 1981; Schünemann in Schneider, Das Verbrechensopfer in der Strafrechtspflege, 1982, S. 407, Schünemann FS Faller, 1984, 357; Schünemann NStZ 1986, 439; Schünemann FS Schmitt, 1992, 117 (127); Schünemann in Schünemann/Dubber, Die Stellung des Opfers im Strafrechtssystem, 2000, S. 1; sowie Schünemann in Schünemann, Strafrechtssystem und Betrug, 2002, S. 51; Hörnle JZ 2006, 950; GA 2009, 626; Frisch GA 2021, 65).

b) aa) Die rechtspolitisch gebotene Begrenzung des Strafrechts auf strafwürdige **5** und strafbedürftige Handlungen hat außerdem den Ansatzpunkt dafür geboten, aus dem Bereich des kriminellen Strafrechts die **Ordnungswidrigkeiten** als Typen minderen Unrechts auszuscheiden und ihre Regelung dem OWiG zu überlassen (dazu iE Gürtler/Seitz in Göhler OWiG Einl. Rn. 1–15; Bohnert in KK-OWiG Einl. Rn. 50–111; sa Günther FS Tiedemann, 2008, 165, Delikte ohne Opfer?; ob alle OWis durch die „Beeinträchtigung der institutionellen Gefahren- und Daseinsvorsorge" zusammengehalten werden können (so Klesczewski OWiR Vorwort V) ist eher fraglich, aber diskussionswürdig).

5a bb) Noch nicht wirklich bewältigt ist dagegen die Problematik der sog. **Bagatelldelikte,** dh derjenigen Taten, die zwar nach ihrem Typus strafwürdig sind, nach den Umständen des Einzelfalls aber einer Kriminalstrafe nicht bedürfen (eing. Krümpelmann, Die Bagatelldelikte, 1966; Dreher FS Welzel, 1974, 917; Kaiser ZStW 90 (1978), 877; Kunz, Das strafrechtliche Bagatellprinzip, 1984; Sagel-Grande in Zieger/Schroeder, Die strafrechtliche Entwicklung in Deutschland – Divergenz oder Konvergenz, 1988, S. 23; Frisch FS Stree/Wessels, 1993, 69 (98); Lampe, Deutsche Wiedervereinigung, Vorschläge zur prozessualen Behandlung der Kleinkriminalität, Bd. I, 1993; Ostendorf ZRP 1995, 18; → Vor § 38 Rn. 3; rechtsvergleichend Hirsch ZStW 92 (1980), 218; Nowakowski ZStW 92 (1980), 255; Hauser ZStW 92 (1980), 295; Cosmo ZStW 92 (1980), 561; Hulsman ZStW 92 (1980), 568; Beckmann ZStW 92 (1980), 592); Müller-Dietz GS Constantinesco, 1983, 517; Vinciguerra FS Tiedemann, 2008, 105). Die geltende, überwiegend prozessrechtliche Konzeption (namentlich §§ 153, 153 a StPO), die im Bereich der Aneignungs-, Bereicherungs- und Begünstigungsdelikte durch die § 248 a, dazu mit neuerer Lit. Fischer § 248 a Rn. 1 a; § 257 IV 2, §§ 259 II, 263 IV, 263 a II, 265 a III und § 266 II ergänzt wird (→ § 248 a Rn. 1), war im Zusammenhang mit ihrer Einführung Gegenstand heftiger, teils überzogener Kritik (vgl. etwa AE (StPO), 1980, S. 20; Baumann ZRP 1972, 1; Dencker JZ 1973, 144; Hanack FS Gallas, 1973, 339; Schmidhäuser JZ 1973, 529; Kunz, Die Einstellung wegen Geringfügigkeit durch die Staatsanwaltschaft, 1980; Kausch, Der Staatsanwalt – Ein Richter vor dem Richter?, 1980; Walter ZStW 95 (1983), 32 (53); zur Initialfunktion des § 153 a vor der Urteilsabsprache Jahn/Bendrik ZNR 2016, 261 (279)). Sie wird aber – trotz zahlreicher begründeter Bedenken gegen die unbestimmte, unkontrollierbare Ermessensspielräume eröffnende Gesamtregelung (vgl. etwa Naucke FS Lackner, 1987, 695) – zunehmend als kriminalpolitischer Fortschritt gewertet, der allerdings noch weiter zu entwickeln ist (vgl. etwa Hund ZRP 1994, 4; Bertram NJW 1995, 238; Dölling FS Geerds, 1995, 239; zusf. Dölling in Lampe, Deutsche Wiedervereinigung, Bd. I: Vorschläge zur prozessualen Behandlung der Kleinkriminalität, 1993, S. 3; krit. Backes KritV 1986, 315; Hohendorf NJW 1987, 1177; Hauf ZRP 1994, 3; Hauf MschrKrim 1995, 366; Lagodny, Strafrecht vor den Schranken der Grundrechte, 1996, S. 460; sa Blum, Strafbefreiungsgründe und ihre kriminalpolitischen Begründungen, 1996, S. 41, 92). Speziell zum **Laden- und Betriebsdiebstahl** ist ein umfangreiches Schrifttum entstanden (vgl. namentlich folgende Entwürfe, Gutachten und Monographien: Entwürfe eines Gesetzes gegen Ladendiebstahl (AE-GLD), 1974, und eines Gesetzes zur Regelung der Betriebsjustiz (AE-BJG), 1976; Meurer, Die Bekämpfung des Ladendiebstahls, 1976; Naucke/Deutsch, 51. DJT, Bd. I, Gutachten Teil D, E; Schoreit, Problem Ladendiebstahl, 1979; Wagner, Staatliche Sanktionspraxis beim Ladendiebstahl, 1979; Schmechting, Personaldelikte, 1982). In der aktuellen Diskussion wird für die Bagatellkriminalität insbes. der Ladendiebstahl, eine Herabstufung zu Ordnungswidrigkeiten gefordert; auch soll die kurze Freiheitsstrafe durch gemeinnützige Arbeit verbüßt werden können (Kinzig FS Schöch, 2010, 659).

6 **III.** Auf der Grundlage des formellen Verbrechensbegriffs ist die Straftat, soweit das Gesetz nicht ausnahmsweise noch weitere Voraussetzungen aufstellt (→ Rn. 28), **tatbestandsmäßige, rechtswidrige und schuldhafte Handlung** (hM; zum Wandel des Begriffs der Straftat Frisch GA 2015, 65). Dabei ist **tatbestandsmäßig** eine Handlung, wenn sie der abstrakten Beschreibung eines Strafgesetzes (einem Tatbestand oder Deliktstypus) entspricht (zur „Entdeckung der Tatbestandlichkeit“

Hillenkamp FS Kirchhof, 2013, 1349). Sie ist dann Tat, der Handelnde Täter. Die Handlung ist **rechtswidrig,** wenn ihre Bewertung nach rechtlichen Maßstäben einen Widerspruch zur Rechtsordnung im Ganzen ergibt; das Gesetz bezeichnet sie dann als rechtswidrige Tat (→ § 11 Rn. 18). Die Handlung ist schließlich **schuldhaft,** wenn die rechtswidrige Tat dem Täter zum Vorwurf gereicht. Die Grundlagen dieses Systems sind das Ergebnis einer langen historischen Entwicklung (dazu Jescheck ZStW 93 (1981), 3 (4); Müller-Dietz GA 1992, 99; rechtsvergleichend Hünerfeld ZStW 93 (1981), 979; Jescheck ZStW 98 (1986), 1 (2)). Diese schien zunächst auf einen übersichtlichen Streitstand zwischen kausaler und finaler Verbrechenslehre hinauszulaufen, ist in der Folgezeit aber durch eine nachhaltige Tendenz zur Funktionalisierung des Strafrechts überholt worden und hat zahlreiche Systementwürfe hervorgebracht, die zwar durchweg miteinander verwandt sind, aber sowohl in den normtheoretischen Ansätzen wie auch in der Einzelausgestaltung differieren (expl. sei nur auf die von Frisch, Jakobs, Roxin, Schmidhäuser und Wolter entwickelten Modelle verwiesen; vgl. auch Lesch, Der Verbrechensbegriff, 1999, S. 175, der den Verbrechensbegriff einer funktionalen Revision unterzieht, bei der Verbrechen, Unrecht und Schuld „nur als Synonyme adäquat reformuliert werden" können, Lesch, Der Verbrechensbegriff, 1999, S. 277; krit. zur funktionalen Begr. des Verbrechenssystems Lampe FS Roxin, 2001, 45; in jüngerer Zeit wird auch die These von Jakobs ZStW 107 (1995), 84; Jakobs RW 2010, 283 (303) wieder aufgewärmt, dass es kein unverschuldetes Unrecht gebe, ein Schuldunfähiger also kein Unrecht begehen könne (vgl. Walter, Der Kern des Strafrechts, 2006; Sinn, Straffreistellung von Drittverhalten, 2007; zu Recht krit. Roxin GA 2011, 678 (694); schon Greco GA 2009, 636; vgl. auch Kühl StrafR AT § 1 Rn. 30). Dadurch ist auf allen Stufen des Verbrechensaufbaues eine Fülle von Streitfragen entstanden, die bisher nicht abschließend geklärt sind (näher dazu die folgenden Erläuterungen). Umstritten ist auch, ob Strafwürdigkeit und Strafbedürftigkeit in einem funktionalen System selbständige Elemente des Verbrechens bilden (so etwa Langer, Das Sonderverbrechen, 1972, S. 274; Sax JZ 1976, 9 (11); Schmidhäuser StrafR AT § 2 Rn. 14) oder nur als allgemeine Leitlinien für die Auslegung dienen (so die überwiegende Meinung; rechtsvergleichend Romano/Costa Andrade Coimbra-Symposium, 1995, 107, 121). Empfohlen wird schließlich auch eine (modifizierte) Einbeziehung der Strafzumessung und von Teilen des Strafprozessrechts in das Straftatsystem (zB Frisch FS Stree/Wessels, 1993, 69 (98); Wolter FS GA, 1993, 269; Freund GA 1995, 4; Wolters/Freund, Straftat, Strafzumessung und Strafprozess im gesamten Strafrechtssystem, 1996). Im Ganzen ist das Schrifttum zur Verbrechenssystematik, das durch die erst in jüngerer Vergangenheit herausgearbeitete, inzwischen weitgehend anerkannte normtheoretische Unterscheidung von Verhaltens- und Sanktionsnormen neue Impulse erfahren hat (zusf. Haffke Coimbra-Symposium, 1995, 89; krit. Hoyer, Strafrechtsdogmatik nach Armin Kaufmann, 1997, S. 41 mit Bespr. Neumann GA 1999, 443; Renzikowski ARSP 2001, 110), kaum mehr übersehbar.

Aus der **Lit.** zum Straftatsystem und Kriminalpolitik vgl. Roxin, Kriminalpolitik und Strafrechtssystem, 2. Aufl. 1973; Rödig FS Lange, 1976, 39; Naucke, Grundlinien einer rechtsstaatlich-praktischen allgemeinen Straftatlehre, 1979; Marxen, Straftatsystem und Strafprozess, 1984, S. 13; Marxen ARSP-Beiheft 18 (1983), S. 55; Schünemann, Grundfragen des modernen Strafrechtssystems, 1984; Hruschka JZ 1985, 1; Schmidhäuser, Form und Gehalt der Strafgesetze, 1988; Schmidhäuser Studienbuch StrafR AT § 4 Rn. 1–31; Hirsch FS Köln, 1988, 399 (411); Kindhäuser, Gefährdung als Straftat, 1989, S. 29; Altpeter, Strafwürdigkeit und Straftatsystem, 1990; Kargl, Handlung und Ordnung im Strafrecht, 1991; Vogel, Norm und Pflicht bei den unechten Unterlassungsdelikten, 1992; Wolter Coimbra-Symposium, 1995, 3; Wolter GA 1996, 207; Otto Jura 1995, 468; Jakobs ZStW 107 (1995), 84; Lüderssen ZStW 107 (1995), 877; Schünemann Coimbra-Symposium, 1995, 149; Schünemann FS Roxin, 2001, 1 (12); Mir Puig ZStW 108 (1996), 759; Hillenkamp FS Kirchhof, 2013, 1349 (1351); Lagodny, Strafrecht vor den Schranken der Grundrechte, 1996, S. 471; Appel, Verfassung und Strafe, 1998, S. 433, 490, 559, 569, 574; Frisch GA 2017, 364; Freund/Rostalski StrafR AT § 2 Rn. 8, 43, 52, § 4 Rn. 2, 12; Roxin/Greco StrafR AT I § 7 Rn. 57–90; Puppe in NK-StGB Rn. 1–22; krit. Lackner FS GA, 1993, 149; aus italienischer Sicht Donini, Verbrechenslehre, 2005; Maiwald It. StrafR/StrafProzR S. 49–66.

6a Mit der neueren Entwicklung der Verbrechenslehre sind auch Bestrebungen verbunden, die in einem internationalen Diskurs einer **einheitlichen europäischen Strafrechtsdogmatik** näherzukommen suchen. Aufgrund der schon seit Jahrzehnten bestehenden engen wissenschaftlichen Beziehungen zu den Ländern im deutschsprachigen und im südeuropäischen Raum stehen die Chancen dafür gut; ob es allerdings gelingen wird, auch im Verhältnis zur französischen Rechtslehre und zum britischen Rechtskreis wesentliche Fortschritte zu erzielen, bleibt abzuwarten:

Aus der **Lit.** vgl. das Coimbra-Symposium und das Madrid-Symposium, 1994; Hirsch FS Spendel, 1992, 43; Vogel GA 2002, 517; Vogel JZ 1995, 331; Tiedemann FS Geerds, 1995, 95; Tiedemann JZ 1996, 647; Tiedemann FS Lenckner, 1998, 411; Dannecker JZ 1996, 869; Dannecker ZStW 117 (2005), 697; Perron ZStW 109 (1997), 281; Perron FS Lenckner, 1998, 227; Kühl ZStW 109 (1997), 777; sowie die Diskussionsbeiträge ua von Schünemann, Sieber und Weigend, bei Zieschang ZStW 109 (1997), 840; Tiedemann GA 1998, 107, Suárez GA 1998, 111, Cancio Melia GA 1998, 118, Manacorda GA 1998, 124; Vogel GA 1998, 127; Schünemann FS Roxin, 2001, 1; Bacigalupo FS Roxin, 2001, 136; Bacigalupo FS Jakobs, 2007, 1; Tiedemann ZStW 116 (2004), 945. Zu den Grunderfordernissen des AT für ein europäisches Sanktionenrecht Paliero ZStW 110 (1998), 417; Arroyo ZStW 110 (1998), 438; Ashworth ZStW 110 (1998), 461; Schick ZStW 110 (1998), 473; Tiedemann ZStW 110 (1998), 497); Dannecker FS Hirsch, 1999, 141; Weigend FS Roxin, 2001, 1375; Zieschang ZStW 113 (2001), 255; Grünewald JZ 2011, 962; sowie die Art. 10–14 von Delmas-Marty, Corpus Juris der strafrechtlichen Regelungen zum Schutz der finanziellen Interessen der EU, 1998 mit Bespr. Otto Jura 2000, 98 (104); Weigend FS Roxin, 2001, S. 1383. Ein von Vogel, Schünemann, Dannecker, Cancio und Suárez verfasster AT der sog. „Europa-Delikte" findet sich in Tiedemann, Wirtschaftsstrafrecht in der Europäischen Union, 2002, S. 91–196; über Europa hinausgehend Sancinetti, Mylonopoulos, Yamanaka, Wasek und Luzón in Hirsch, Krise des Strafrechts und der Kriminalwissenschaften?, 2001, S. 169, 174, 180, 186, 191. Praktisch hat die Harmonisierung des dogmatischen Teils des AT in der EU keine Priorität, Vogel in Zieschang/Hilgendorf/Laubenthal, Strafrecht und Kriminalität in Europa, 2003, S. 29, 50; dafür greift die Union – häufig gestützt auf Art. 31 e EUV aF bzw. seit 2009 Art. 83 AEUV – immer intensiver auf den Sanktionen- und Strafrahmenbereich zu, Vogel in Zieschang/Hilgendorf/Laubenthal, Strafrecht und Kriminalität in Europa, 2003, S. 51. Zum „Memorandum für ein Europäisches Modellstrafgesetzbuch" Sieber JZ 1997, 369; Sieber GS Schlüchter, 2002, 107; dazu auch Kühl ZStW 109 (1997), S. 797; Zuccalà GS Schlüchter, 2002, 117.

7 **1. a)** Der Begriff der **Handlung** im strafrechtlichen Sinne ist umstritten. Während die kausalen Handlungslehren zunächst von dem naturalistischen Handlungsbegriff ausgegangen waren (v. Liszt), hat sich später teils als Fortbildung dieses Begriffs, teils aber auch unabhängig von ihm (zuerst begr. von Schmidt JZ 1956, 188) in verschiedenen Varianten der „soziale Handlungsbegriff" entwickelt, der unter Handlung – bei zahlreichen Unterschieden iE – jedes sozial-erhebliche Verhalten im Sinne einer „Antwort des Menschen auf eine erkannte oder wenigstens erkenn-

bare Situationsanforderung durch Verwirklichung einer ihm nach seiner Freiheit zu Gebote stehenden Reaktionsmöglichkeit“ versteht (Jescheck/Weigend StrafR S. 223). Beiden Begriffen ist gemeinsam, dass der Inhalt der dem Verhalten zugrundeliegenden Willensrichtung kein entscheidendes Abgrenzungskriterium ist. Demgegenüber sieht die „finale Handlungslehre“ das Wesentliche der Handlung in der finalen Zwecktätigkeit, in der Steuerung des kausalen Geschehens auf eine vorgestellte Umweltveränderung (Welzel Dt. StrafR S. 33; Maurach/Zipf StrafR AT I § 16 Rn. 38; zusammenfassende kritische Würdigung der finalen Handlungslehre bei Herzberg Kunert-Symposium, 2006, 9; Frisch/Jakobs/Kubiciel/Pawlik/Stuckenberg, Lebendiges und Totes in der Verbrechenslehre Hans Welzels, 2015). Dass menschliches Handeln im Allgemeinen final gesteuert wird, ist ein unbezweifelbarer psychologischer Befund. Fraglich ist nur, ob die Finalität als ontologisches Strukturelement, als „Rückgrat der Handlung“ stets relevant ist, wenn die Handlung selbst strafrechtlicher Bewertung unterliegt. Dafür gibt es einen vorrechtlichen, nach der Natur der Sache zwingenden Grund nicht; denn es ist – zB bei unbewusster Fahrlässigkeit – keineswegs immer die Finalität als solche Gegenstand der Bewertung, sondern das Abweichen der Handlung von einer bestimmten Norm ohne Rücksicht auf ihren finalen Gehalt (so auch Welzel JuS 1966, 421; dazu Jakobs FS Schreiber, 2005, 949; anders jedoch Kaufmann FS Welzel, 1974, 393 (408); Weidemann GA 1984, 408; Hoyer, Strafrechtsdogmatik nach Armin Kaufmann, 1997, S. 180). Die Dogmatik ist deshalb nicht auf einen angeblich vorrechtlichen finalen Handlungsbegriff festgelegt (hM; anders Hirsch ZStW 93 (1981), 831; Hirsch FS Köln, 1988, 399; sowie Küpper, Grenzen der normativierenden Strafrechtsdogmatik, 1990, S. 44, die hier die abweichende Position der finalen Handlungslehre näher begründen; krit. Roxin ZStW 116 (2004), 929 (933); sa Gössel FS Miyazawa, 1995, 317). Auch die Rspr. hat diesen Ausgangspunkt der finalistischen Lehre nicht übernommen, obwohl sie eine ganze Anzahl ihrer Folgerungen billigt (BGHSt 2, 194 = NJW 1952, 593). Im Ganzen ist der Meinungsstreit auch heute noch nicht ausgetragen (zu den Konsequenzen für das Verfassungsrecht BVerfG NJW 1995, 248). Da ein zweckentsprechend umschriebener Handlungsbegriff immerhin gewisse Funktionen der Klassifizierung, Verbindung und Begrenzung erfüllen und die Begründung systematisch widerspruchsfreier Straftatlehren die Problematik nicht aussparen kann, beschäftigt sich das Schrifttum bis in die Gegenwart immer wieder mit der Handlung (jüngst Ast, Handlung und Zurechnung, 2019, mit krit. Bespr. Schladitz ZIS 2021, 399) oder einem anderen Oberbegriff, in dem die Phänomene menschlichen Verhaltens zusammengefasst werden können (Kahlo, Die Handlungsform der Unterlassung als Kriminaldelikt, 2001, S. 13, 227).

Dabei gehen die methodischen Ableitungen und die verwendeten Begriffe weit **7a** auseinander, während die Ergebnisse sich der Sache nach nur geringfügig unterscheiden und zugleich deutlich machen, dass die **Leistungsfähigkeit** eines dem Tatbestand vorgelagerten Handlungsbegriffs nur geringfügig ist (vgl. etwa Herzberg, Die Unterlassung im Strafrecht und das Garantenprinzip, 1972, S. 156; Herzberg GA 1996, 1 mit Erwiderung Schmidhäuser GA 1996, 303; Maiwald ZStW 86 (1974), 626; Hruschka, Strukturen der Zurechnung, 1976, S. 10; Bloy ZStW 90 (1978), 609; Puppe, Idealkonkurrenz und Einzelverbrechen, 1979, S. 231, 243; Puppe in NK-StGB Rn. 31–61; Kindhäuser, Intentionale Handlung, 1980; Kindhäuser GA 1982, 477 (487); Schmidhäuser GS Kaufmann, 1989, 131; Kargl, Handlung und Ordnung im Strafrecht, 1991; Jakobs, Der strafrechtliche Handlungsbegriff, 1992; Jakobs StrafR AT § 6 Rn. 24–32; dazu Herzberg FS Jakobs, 2007, 147; Wolter FS GA, 1993, 269 (283); Kelker, Der Nötigungsnotstand, 1993, S. 87;

Murmann, Die Nebentäterschaft im Strafrecht, 1993, S. 174; Schild GA 1995, 101; Schild in Leipold/Tsambikakis/Zöller Rn. 73–108; Kahlo, Die Handlungsform der Unterlassung als Kriminaldelikt, 2001, S. 227; auf psychoanalytischer Grundlage Behrendt, Die Unterlassung im Strafrecht, 1979, Behrendt FS Jescheck, 1985, 303; Behrendt GA 1993, 67; zur Diskussion der „kausalen Theorie der Handlung" in der Philosophie Keil, Handeln und Verursachen, 2000, S. 13). Allerdings wird der Handlungsbegriff zunehmend auch – etwa im Rahmen einer teleologischen Systematik (Schmidhäuser StrafR AT § 7 Rn. 33, § 8 Rn. 20) – als wenig ergiebig dem Unrechtstatbestand eingeordnet (zB Kaufmann FS Welzel, 1974, 393; Moos JR 1977, 309; Fischer Rn. 7; krit. Hirsch ZStW 93 (1981), 831 (844); Jescheck in LK-StGB Rn. 22; zur polnischen Diskussion Kaczmarek FS Gössel, 2002, 41) oder sogar als umfassende Begriffsbestimmung für unmöglich oder jedenfalls systematisch wertlos erklärt (zB Brammsen JZ 1989, 71; Hoyer, Strafrechtsdogmatik nach Armin Kaufmann, 1997, S. 382; krit. Überblick über die verschiedenen Handlungsbegriffe und die ihnen zugeschriebenen Funktionen bei Otter, Funktionen des Handlungsbegriffs im Verbrechensaufbau, 1973). Probleme für den Handlungsbegriff werfen auch die sog. **Besitzdelikte** (zB § 184b II, IV, → § 184b Rn. 4, 6) auf (vgl. Eckstein, Besitz als Straftat, 2001, S. 189, der sie als Zustandsdelikte ohne Handlungscharakter einstuft; ähnlich Lichtenthäler, Besitzverbot und Eigentumsschutz, 2020, S. 39; krit. dazu Deiters GA 2004, 58; Schroeder ZIS 2007, 444; Viveiros ZStW 133 (2021), 35; Gropp FS Otto, 2007, 249; Ambos FS Yamanaka, 2017, 233; Baumann, Besitz an Daten, 2015; Kühl StrafR AT § 2 Rn. 11; sa Pastor Muñoz GA 2006, 793; aus österreichischer Sicht, aber auch zum deutschen Strafrecht, Hochmayr, Strafbarer Besitz von Gegenständen, 2005, S. 145, die von einem „Erfolgs-Dauerdelikt" ausgeht; für verfassungswidrig hält diese echten Unterlassungsdelikte Lagodny, Strafrecht vor den Schranken der Grundrechte, 1996, S. 321, 335; Lagodny FS Amelung, 2009, 51 (57); aM Roxin JahrbÖR 2011, 1 (28), speziell zum Besitz von Dopingmitteln Roxin FS Samson, 2010, 445 (450)). Ob auch **Unternehmen**/Verbände handeln können, ist umstritten (vgl. Kühl StrafR AT § 2 Rn. 9; → § 14 Rn. 1a). Mit der Vorlage des Regierungsentwurfs eines sog. Verbandssanktionengesetzes 2020, welcher der Diskontinuität der 19. Legislaturperiode zum Opfer gefallen ist (dazu Heger JZ 2022, 115), ist jedenfalls die Vorstellung verbunden gewesen, dass einem Verband das Handeln seiner Mitarbeiter als Grundlage für eine Kriminalsanktion zugerechnet werden kann.

7b Weitgehend unbestritten (aM Herzberg GA 1996, 1) ist wohl nur, dass mit Hilfe dieses Grundbegriffs jedenfalls solche physiologischen Vorgänge des sensitiv-somatischen Bereichs, die ohne Mitwirkung der Geisteskräfte ablaufen und damit der **Beherrschbarkeit** durch den Willen gänzlich entzogen sind (OLG Schleswig VRS 64 (1983), 429 (430)), ausgeschieden werden können (Kühl StrafR AT § 2 Rn. 3), namentlich also Körperbewegungen, die im Zustand der Bewußtlosigkeit oder des Schlafes (Fahl Jura 1998, 456; sa Mir Puig Schünemann-Symposium, 2005, 77 (93); speziell zum Schlafwandler Kaspar JA 2006, 855, Heinrich StrafR AT Rn. 204; Kühl StrafR AT § 2 Rn. 6; zu dem nach Ermüdungserscheinungen einschlafenden Kraftfahrer BGHSt 23, 156 (159) = NJW 1970, 393, zum Epileptiker BGHSt 40, 341 (343) = NJW 1995, 795; Rengier StrafR AT § 7 Rn. 13) ausgeführt, durch vis absoluta hervorgerufen (Kühl StrafR AT § 2 Rn. 5; Kühl JuS 2007, 742 (746)) oder durch äußere Reize als reine Körperreflexe (Kühl StrafR AT § 2 Rn. 7; Roxin/Greco StrafR AT I § 8 Rn. 65, 70; Eisele in Schönke/Schröder, Vor § 13 Rn. 40) ausgelöst worden sind (zusf. Plate, Psyche, Unrecht und Schuld, 2002, S. 9); von Reflexbewegungen zu unterscheiden, sind Kurzschlusshandlungen bzw. Spontanreaktionen, bei denen auf eine erkannte Situation, zB ein Insekt im Innenraum eines Pkw, reagiert wird (Kühl StrafR AT § 2 Rn. 7; aus der Rspr. LG Karlsruhe NJW 2005, 915 (916)). Nicht abschließend geklärt ist dagegen die heute mit Recht überwiegend bejahte Frage, ob unbewusst gesteuerte Verhaltensweisen, wie sie zB bei automatisierten Reaktionen des Kraftfahrers im Verkehr oder bei Affektentladungen vorkommen, ungeachtet ihrer nur „unbewussten Finalität" als Handlungen verstanden werden können (vgl. etwa OLG Hamm NJW 1975, 657; Schewe, Reflexbewegung, Handlung, Vorsatz, 1972, S. 27; Jakobs FS Welzel, 1974, 307; Stratenwerth FS Welzel, 1974, 289; Maiwald ZStW 86 (1974), 626 (644); Krauß FS Bruns, 1978, 11 (15); Gimbernat GS Kaufmann, 1989, 159 (164); Merkel ZStW 119 (2007), 214; Walter, Kern des Strafrechts S. 28; Walter in LK-StGB Rn. 37; Roxin/Greco StrafR AT I § 8 Rn. 44–75; Jäger in SK-StGB Vor § 1 Rn. 19–21; Eisele in Schönke/Schröder, Vor § 13 Rn. 41).

b) Die Grundformen der Handlung sind **positives Tun und Unterlassen** 8 (→ § 13 Rn. 2–5; als Oberbegriff für Handeln und Unterlassen wählen Rudolphi/Stein in SK-StGB Vor § 13 Rn. 1, das Verhalten).

c) In zahlreichen Deliktstypen wird vorausgesetzt, dass die Handlung eine Än- 9 derung in der Außenwelt, einen „tatbestandsmäßigen Erfolg" **verursacht.** Für die Frage, ob ein solcher Erfolg auf eine bestimmte Handlung zurückgeführt werden kann, sind verschiedene Theorien entwickelt worden (zur philosophischen Diskussion Keil, Handeln und Verursachen, 2000, S. 151; Hüttemann, Ursachen, 2013; Bottek, Unterlassungen und ihre Folgen, 2014; Ast, Handlung und Zurechnung, 2019, mit krit. Bespr. Schladitz ZIS 2021, 399; nach Pérez Barberá ZStW 114 (2002), 600, ist die Kausalität nur eine von mehreren gleichrangigen Kategorien der Determination), von denen allerdings nur zwei die Gerichtspraxis nachhaltig beeinflusst haben. Die in der strafrechtlichen Rspr. anerkannte **Bedingungs-(Äquivalenz-)theorie** lässt als Ursache jede Bedingung genügen, die nicht hinweggedacht werden kann, ohne dass der konkrete Erfolg entfiele (condicio sine qua non, BGHSt 1, 332 = NJW 1951, 930; BGHSt 2, 20 (24) = BeckRS 1951, 31195443; BGHSt 45, 270 (294) = NJW 2000, 443; BGHSt 49, 1 (3) = NJW 2004, 237; OLG Celle NJW 2001, 2816; BayObLG NJW 2003, 371 (373); LG Kleve NStZ-RR 2003, 235 mit Bespr. Puppe NStZ 2004, 555; Roxin StV 2004, 485; Saliger JZ 2004, 977; zur Rspr. Fischer Rn. 21; Einwände gegen die Äquivalenztheorie bei Gössel GA 2015, 19 (24), der die Kausalität als „Grund-Folge-Verhältnis" versteht; zu ihrer Verteidigung Rengier StrafR AT § 13 Rn. 7; zur Terminologie Kindhäuser FS Kargl, 2015, 272). Sie behandelt alle Bedingungen, von denen der Erfolg abhängt, gleich (äquivalent), mit der Folge, dass auch der entgegen allgemeiner Erwartung eingetretene Erfolg erfasst wird (RGSt 54, 349), „Mitursächlichkeit" reicht (BGHSt 39, 195 (197) = NJW 1993, 1723; BGHSt 49, 1 = NJW 2004, 237; BGH NJW 2008, 2199; → Rn. 11). Demgegenüber sieht die in der zivilrechtlichen Rspr. herrschende **Adäquanztheorie** als Ursache nur diejenige Bedingung an, die allgemein nach der Lebenserfahrung geeignet ist, den tatbestandsmäßigen Erfolg herbeizuführen (BGHZ 7, 198 (204) = NJW 1953, 700). Sie hat sich in der strafgerichtlichen Praxis vor allem deshalb nicht durchgesetzt, weil spätestens seit Einführung des § 56 StGB aF (§ 18 nF), der auch für die erfolgsqualifizierten Delikte vollen Schuldzusammenhang voraussetzt, das Bedürfnis nach Einschränkung des Kausalitätserfordernisses nicht mehr als dringlich empfunden wurde (→ Rn. 14). Neuerdings wird als kausal nur objektiv rechtsverletzendes Verhalten angesehen, das auf die jeweilig betroffene Rechtssphäre einwirkt und den

Erfolg im Sinne eines physikalischen oder chemischen Prozesses der Energieübertragung bewirkt (Haas, Kausalität und Rechtsverletzung, 2002, S. 185; krit. Renzikowski ARSP-Beiheft 104 (2005), 115 (130)); damit wird die bisher als Fortschritt gegenüber der Adäquanz- und Relevanztheorie betrachtete Unterscheidung von naturgesetzlicher Kausalität und rechtlich wertender Zurechnung in Frage gestellt (für „strikte Trennung" Heinrich StrafR AT Rn. 222). Im Einzelnen gilt für die Bedingungstheorie (sa Ebert/Kühl Jura 1979, 561) Folgendes:

10 aa) Die **condicio-sine-qua-non-Formel** ist nur ein **methodisches Hilfsmittel** (hM; krit. Otto StrafR AT § 6 Rn. 13–28; Toepel, Kausalität und Pflichtwidrigkeitszusammenhang beim fahrlässigen Erfolgsdelikt, 1992, S. 52, 95; Erb JuS 1994, 449; Dencker, Kausalität und Gesamttat, 1996, S. 25; Frisch FS Gössel, 2002, 51; Hoyer FS Rudolphi, 2004, 95 (101); zu ihrer Verteidigung Frister StrafR AT § 9 Rn. 5–8; zu ihrer „Attraktivität" s. Samson FS Grünwald, 1999, 585 (605); ihre Unvereinbarkeit mit der Äquivalenztheorie behauptet Rothenfußer, Kausalität und Nachteil, 2003, S. 6, 111; modifizierte condicio-Formel bei Kindhäuser/Zimmermann StrafR AT § 10 Rn. 15, 16; krit. und für ein Abstellen auf den verwirklichten Kausalverlauf Große-Wilde ZIS 2017, 638). Sie erleichtert es, die gesetzmäßige, erkenntnistheoretisch und naturwissenschaftlich allerdings höchst problematische (dazu ua Maiwald, Kausalität und Strafrecht, 1980; Kindhäuser GA 1982, 477; Puppe ZStW 92 (1980), 863; Schulz FS Lackner, 1987, 39; Hilgendorf Jura 1995, 514; Hilgendorf JahrbRuE 2003, 83 (95); Hoyer GA 1996, 161 (162)) Verknüpfung der menschlichen Handlung mit dem Erfolg zu prüfen, hat aber keinen unmittelbaren Erkenntniswert für das Bestehen dieser Verknüpfung (Engisch, Die Kausalität als Merkmal der strafrechtlichen Tatbestände, 1931; Wolff, Kausalität von Tun und Unterlassen, 1965, S. 11; Samson, Hypothetische Kausalverläufe im Strafrecht, 1972, S. 23; Schales, Spezifische Fehlverhaltensfolgen und hypothetische Kausalverkäufe, 2014, abw. Lampe GS Kaufmann, 1989, 213, der Kausalität nicht als vorwiegend naturalen Zusammenhang, sondern als normative Funktion versteht). Das gilt namentlich auch für **psychisch vermittelte Kausalität,** die naturwissenschaftlich nicht als gesetzmäßiger Zusammenhang beweisbar, sondern nur als Motivationszusammenhang erklärbar ist (näher Engisch FS v. Weber, 2004, 247; Bernsmann ARSP 1982, 536; Puppe ZStW 95 (1983), 287 (297); Puppe in NK-StGB Rn. 129–132; Koriath, Kausalität, Bedingungstheorie und psychische Kausalität, 1988, S. 217; Hoyer FS Rudolphi, 2004, 95 (102); Bung, Wissen und Wollen im Strafrecht, 2009, S. 68, 78; Frisch FS Maiwald, 2010, 239 (254); krit. Dencker, Kausalität und Gesamttat, 1996, S. 29; Renzikowski FS Puppe, 2011, 201; → § 263 Rn. 54; aus philosophischer Sicht Walter, Mentale Verursachung, 2006).

10a Die **Rspr.** wendet die Formel dagegen überwiegend als selbständige Kausalitätsformel in der Weise an, dass sie den wirklichen Kausalverlauf mit dem hypothetischen vergleicht, der sich bei Fehlen der Handlung ergeben hätte (BGH NJW 1957, 1526), und Ursächlichkeit verneint, wenn der Erfolg in seiner konkreten Gestalt (krit. dazu Puppe in NK-StGB Rn. 62–68, 95; Puppe, Die Erfolgszurechnung im Strafrecht, 2000, S. 11, 20; Hilgendorf GA 1995, 515; Dencker, Kausalität und Gesamttat, 1996, S. 86; Rothenfußer, Kausalität und Nachteil, 2003, S. 51) auch ohne die Handlung eingetreten wäre. Oft führt das zu richtigen Ergebnissen. Jedoch ist inzwischen unbestritten, dass diese Formel teils zu weit und teils zu eng ist. Sie verdeckt vor allem das Problem, ob und in welchem Umfang anstelle der hinweggedachten Bedingung bereitstehende, aber nicht wirksam gewordene hypothetische Ersatzbedingungen hinzugedacht werden dürfen. Das ist grds., wenn auch nicht ausnahmslos (zB beim Abbruch, rettender Kausalverläufe, Kühl StrafR AT § 4

Rn. 17, 18; Frister StrafR AT § 9 Rn. 29; eing. Reinhold, Unrechtszurechnung und der Abbruch, rettender Kausalverläufe, 2009), zu verneinen (Spendel FS Engisch, 1969, 509 (513); Lenckner NJW 1971, 599; Kühl JR 1983, 32; aus der Rspr. vgl. BGHSt 49, 1 = NJW 2004, 237 mit Bespr. Neubacher Jura 2005, 857 (861); Roxin StV 2004, 485; krit. zur Begr. Frisch, Lebendiges und Totes in der Verbrechenslehre Hans Welzels, 2015, S. 54; zur Begr. auch aus Opferschutzgründen Kindhäuser ZStW 120 (2008), 481 (484); einschr. auf noch nicht vollständig durchgeführte Reservehandlungen Sancinetti ZStW 120 (2008), 661 (691)) und wird bei wirkenden Bedingungen, namentlich bei psychisch vermittelter Kausalität, auch von der Rspr. verneint (zB BGHSt 2, 20 (24) = BeckRS 1951, 31195443; BGHSt 13, 13 = NJW 1959, 993; BGHSt 45, 270 (295) = NJW 2000, 443). In der Wissenschaft sind Versuche mit verschiedenartigem Ansatz unternommen worden, um dieser Schwierigkeit, mit der vor allem die Frage der Erfolgsrelevanz verbunden ist, Herr zu werden (vgl. zB Wolff, Kausalität von Tun und Unterlassen, 1965, S. 19; Jakobs, Studien zum fahrlässigen Erfolgsdelikt, 1972, S. 19; Puppe in NK-StGB Rn. 80–100, nach der der Kausalfaktor nicht aus der Welt, sondern aus einer nach allgemeinen Gesetzen schlüssigen Erklärung des Erfolgseintritts hinwegzudenken ist; krit. dazu Erb JuS 1994, 449 (451); Hilgendorf GA 1995, 515; Toepel FS Puppe, 2011, 289). Am verbreitetsten ist die **Lehre von der gesetzmäßigen Bedingung,** die auf die naturgesetzliche Verbindung zwischen Handlung und Erfolg abhebt (Jescheck/Weigend StrafR S. 283; Eisele in Schönke/Schröder, Rn. 75; ähnlich Kindhäuser/Hilgendorf in LPK-StGB Rn. 72: Lehre von der hinreichenden Minimalbedingung; so auch schon Puppe in NK-StGB, Vor § 13 Rn. 103, dazu ausbauend Dold Rechtstheorie 2010, 109; krit. Samson FS Rudolphi, 2004, 259; Walter, Mentale Verursachung, 2006, S. 48; auch ihre Vereinbarkeit mit der Äquivalenztheorie bestreitet Rothenfußer, Kausalität und Nachteil, 2003, S. 8, 112, der selbst keine naturgesetzliche Verknüpfung zwischen einem vorangegangenen Ereignis und einem nachfolgenden Erfolg verlangt; diesen Ansatz zur Lehre von der objektiven Bedingung als „ergebnisbezogener Kausalfaktor" ausbauend Jäger FS Maiwald, 2010, 344 (353)). Unter Ablehnung der Lehre von der gesetzmäßigen Bedingung und der condicio sine qua non-Formel wird die meist nur für die objektive Zurechnung (→ Rn. 149) herangezogene **Risikoerhöhung** als Kausalitätskriterium verwendet (so von Hoyer FS Rudolphi, 2004, 95 (105)). Alle Lehren haben nachhaltig zu der Erkenntnis beigetragen, dass schlichter Ursachenzusammenhang im herkömmlichen Sinne allein nicht ausreicht, um die objektive Zurechnung einer Handlung zu begründen (→ Rn. 14; diff. Hilgendorf Jura 1995, 514 (521)).

bb) Die Ursächlichkeit einer Bedingung wird **nicht dadurch in Frage gestellt,** dass noch andere wichtigere oder spätere Bedingungen, sei es auch das vorsätzliche Verhalten eines zurechnungsfähigen Menschen (BGHSt 4, 360 = NJW 1953, 1878; BGH NStZ 2001, 29; BGH NStZ 2002, 253; Jäger FS Schroeder, 2006, 241 (243); Haas GA 2015, 86) oder das Verhalten des Opfers (BGH NStZ 1983, 72 = BeckRS 9998, 84916), zum Erfolg beigetragen haben (BGHSt 39, 195 = NJW 1993, 1723; BGHSt 39, 322 = NJW 1994, 205); BGHSt 49, 1 = NJW 2004, 237 mit krit. Bespr. Puppe ZJS 2008, 488; BGH NJW 2008, 2199 mit Bespr. Hardtung JZ 2008, 953; OLG Celle NJW 2001, 2816; OLG Stuttgart JR 2012, 163 mAnm Puppe). Deshalb gibt es **keine Unterbrechung des Kausalzusammenhangs** im strengen Sinne des Wortes und auch kein für die Kausalität relevantes Regressverbot (zur Dogmengeschichte des Regressverbots Ling, Die Unterbrechung des Kausalzusammenhangs durch willentliches Dazwischentreten eines 11

Dritten, 1996; speziell zur Regreßverbotslehre Reinhard/Franks/Kindhäuser FS Paeffgen, 2015, 129ff.; zu seiner Wiederbelebung Diel, Das Regressverbot als allgemeine Tatbestandsgrenze im Strafrecht, 1996 mit krit. Bespr. Murmann GA 1998, 460; krit. auch Otto FS Wolff, 1998, 395 (399)), jedoch kann ein Rückgriff auf Vorverhalten Dritter, des Opfers oder auch des Handelnden selbst nach den für die objektive Zurechnung geltenden Regeln ausgeschlossen sein (→ Rn. 14; jedoch → § 15 Rn. 43; näher Kühl StrafR AT § 4 Rn. 51, 52, 67–69; lehrreiche Fallbehandlungen bei Roxin FS Saito, 2003, 796; und bei Saito FS Roxin, 2001, 261). Unerheblich ist ferner, ob andere Bedingungen den gleichen Erfolg später herbeigeführt hätten (RGSt 69, 321; LG Nürnberg-Fürth NJW 2006, 1824 (1825)). Der sog. Abbruch eines rettenden Kausalverlaufs ist kausal für den Erfolg, zB den Tod des deshalb nicht Geretteten (Kühl StrafR AT § 4 Rn. 17, 18, 26; Rengier StrafR AT § 13 Rn. 18–20; eing. Reinhold, Ursachenzusammenhang und der Abbruch rettender Kausalverläufe, 2009). Bei der Konkurrenz verschiedener Bedingungen kommt sog. **„überholende" Kausalität** in Frage (dazu Seebald GA 1969, 193 (198); Joerden, Logik im Recht, 2. Aufl. 2010, S. 82); sie setzt voraus, dass ein intervenierendes Ereignis die Fortwirkung einer früheren Bedingung ausschaltet (sog. „abgebrochene" Kausalität; BGH NJW 2001, 1075 (1077) mAnm Eisele NStZ 2001, 416; zu eng OLG Stuttgart NJW 1982, 295 mablAnm Ebert JR 1982, 421 (422); zum „Neueröffnungseffekt" Kühl StrafR AT § 4 Rn. 33; abl. Grosse-Wilde ZIS 2017, 638 (648)) und unabhängig von ihr den Erfolg herbeiführt (BGH NJW 1989, 2479; vgl. auch BGH NStZ 2001, 29). **Alternative Kausalität** (Doppelkausalität, Mehrfachkausalität) liegt vor, wenn mehrere Bedingungen zwar alternativ, aber nicht kumulativ hinweggedacht werden können, ohne dass der Erfolg entfiele; iErg ist sie zwar als Ursächlichkeit überwiegend anerkannt, in der Begründung aber umstritten (BGHSt 39, 195 = NJW 1993, 1723 mit Bespr. Rogall JZ 1993, 1066; Murmann/Rath NStZ 1994, 215; Wolter JR 1994, 468; Toepel JuS 1994, 1009; zu dieser umstrittenen Entscheidung Rotsch FS Roxin II, 2011, 377; Kühl StrafR AT § 4 Rn. 20a; Rengier StrafR AT § 13 Rn. 33; BGH NStZ 1994, 539; BayObLG NJW 1960, 1964; Joerden, Dyadische Fallsysteme im Strafrecht, 1986, S. 151; Lampe GS Kaufmann, 1989, 189 (208); Dencker, Kausalität und Gesamttat, 1996, S. 86; Rothenfußer, Kausalität und Nachteil, 2003, S. 50; Kuhlen FG BGH, 2000, 647 (668); Kindhäuser GA 2012, 134 mit krit. Replik Puppe ZIS 2012, 267; Puppe in NK-StGB Rn. 92, 93, 108; krit. Frisch FS Gössel, 2002, 51 (55); Merkel FS Puppe, 2011, 151; abl. Frister StrafR AT § 9 Rn. 13), zur „Doppelkausalität von Sorgfaltspflichtverletzungen beider Unfallbeteiligter" Puppe JR 2013, 473, Anm. zu BGH NStZ 2013, 231. Diese Konstellation kann sich auch bei **Gremienentscheidungen** ergeben (Franke JZ 1992, 579; Kühl StrafR AT § 4 Rn. 20b; einschr. Satzger Jura 2014, 186 (193)); hier bleiben die die Entscheidung tragenden Stimmen auch dann ursächlich, wenn einzelne von ihnen ohne Auswirkung auf die Entscheidung hinweggedacht werden können (Weber BayVBl. 1989, 166 (169); Puppe JR 1992, 30 (32); Puppe in NK-StGB Rn. 122, nach der jede tragende Stimme notwendiger Bestandteil der zur Mehrheit gerade erforderlichen Stimmenanzahl als hinreichender Mindestbedingung ist (zust. Roxin/Greco StrafR AT I § 11 Rn. 19), ebenso Kraatz, Die fahrlässige Mittäterschaft, 2006, S. 367; Hilgendorf NStZ 1994, 561; Jakobs FS Miyazawa, 1995, 419 (424); Dencker, Kausalität und Gesamttat, 1996, S. 86; Rothenfußer, Kausalität und Nachteil, 2003, S. 179; Bloy FS Maiwald, 2010, 35 (55); eing. Schaal, Strafrechtliche Verantwortlichkeit bei Gremienentscheidungen in Unternehmen, 2001, S. 22; Knauer, Die Kollegialentscheidung im Strafrecht, 2001, S. 84; Corell, Strafrechtliche Verantwortlichkeit durch Mitwirkung an Kollegialentscheidungen auf der Leitungsebene von Wirtschaftsunternehmen, 2007; für eine Lösung über die Mittäterschaft Tiedemann WirtschaftsStrafR AT Rn. 176–179b; auch ohne Übereinkunft Corell FS Roxin I, 2012, 117 (125); für eine Ergänzung der condicio-Formel Röckrath NStZ 2003, 641; aM Nettesheim BayVBl. 1989, 161 (165); methodisch abw. Röh, Die kausale Erklärung überbedingter Erfolge im Strafrecht, 1995, der die Fälle, in denen mehr als die notwendigen Bedingungen erfüllt sind, nach Fallgruppen aufgliedert und das Ergebnis nach Maßgabe differenzierter „Adäquanzbedingungen" und „Regeln" begründet; zur Vielfalt denkbarer pflichtwidriger Kollegialentscheidungen Weißer, Kausalitäts- und Täterschaftsprobleme bei der strafrechtlichen Würdigung pflichtwidriger Kollegialentscheidungen, 1996, S. 162; sa Goll/Winkelbauer in Westphalen Produkthaftungs-HdB I § 47 Rn. 55, § 48 Rn. 26–30). Entsprechendes gilt bei kollektivem Unterlassen, wenn sämtliche Handlungspflichtigen untätig bleiben, die Vornahme der erfolgsabwendenden Handlung aber nur von ihrer Mehrheit beschlossen werden kann (BGHSt 37, 106 (130) = NJW 1990, 2560; Meier NJW 1992, 3193 (3197); Otto WiB 1995, 929 (934); Dencker, Kausalität und Gesamttat, 1996, S. 167; Deutscher/Körner wistra 1996, 327 (330); Dreher JuS 2004, 17 (18); krit. Hassemer Produktverantwortung S. 66; Schünemann FG BGH, 2000, 621 (632); Schaal, Strafrechtliche Verantwortlichkeit bei Gremienentscheidungen in Unternehmen, 2001, S. 114; Gaede in NK-StGB § 13 Rn. 16; abl. Knauer, Die Kollegialentscheidung im Strafrecht, 2001, S. 95; → Rn. 12). Speziell zur Einordnung einer Stimmenthaltung BGH NJW 2006, 522 mit krit. Bespr. Hanft Jura 2007, 58; zu § 266 → § 266 Rn. 2; Satzger Jura 2014, 186 (194). Auch **kumulative Kausalität,** bei der unabhängig voneinander vorgenommene Handlungen erst durch ihr Zusammentreffen den Erfolg bewirken, ist allgemein anerkannt (Satzger Jura 2014, 186 (190); Eisele in Schönke/Schröder, Rn. 83); sie soll auch bei den oben unter alternativer Kausalität eingeordneten Kollektiventscheidungen in Gremien vorliegen (so etwa BWME StrafR AT § 14 Rn. 37; Roxin/Greco StrafR AT I § 11 Rn. 19; sa Goll/Winkelbauer in Westphalen Produkthaftungs-HdB I § 47 Rn. 55 „Grenzbereich" und Satzger Jura 2014, 186 (191); krit. Kindhäuser/Zimmermann StrafR AT § 10 Rn. 42). Lässt sich ein Kausalzusammenhang unter Ausschluss jeder anderen Möglichkeit **unbezweifelbar feststellen,** so kommt es nach der Rspr. nicht darauf an, ob der zugrundeliegende Wirkungsmechanismus naturwissenschaftlich geklärt oder aufklärbar ist (sog. **generelle Kausalität;** BGHSt 37, 106 (111) = NJW 1990, 2560 „Lederspray"-Fall; krit. Rotsch ZIS 2018, 1, zur konkreten Kausalität bei Gremienentscheidungen; LG Aachen JZ 1971, 507; LG Frankfurt a. M. ZUR 1994, 33); jedoch muss die Überzeugungsbildung des Gerichts durch eine Gesamtwürdigung aller Umstände untermauert sein, die den Gesetzen der Logik und dem gesicherten wissenschaftlichen Erfahrungswissen nicht widersprechen darf (BGHSt 41, 206 = NStZ 1995, 590; beachte auch BGH NStZ-RR 1998, 102; zusf. Bode FS BGH, 2000, 515 (518); Kuhlen FG BGH, 2000, 647 (650); Tiedemann WirtschaftsStrafR AT Rn. 169–175). Im **Schrifttum** ist der Fragenkreis unter dem Gesichtspunkt der Erheblichkeit genereller Kausalität für den Tatbestand oder für das Beweisrecht umstritten und noch nicht abschließend geklärt (dem Ergebnis der Rspr. zust. Kuhlen NStZ 1990, 566; NStZ 1994, 1142 (1145); Otto Jura 1992, 90 (94); WiB 1995, 929; Beulke/Bachmann JuS 1992, 737 (738); Hilgendorf, Produzentenhaftung in der „Risikogesellschaft", 1993, S. 121; Erb JuS 1994, 449; Schulz in Lübbe, Kausalität und Zurechnung, 1994, S. 41; Wohlers JuS 1995, 1019; Schmidt-Salzer NJW 1996, 1 (5); Dencker, Kausalität und Gesamttat, 1996, S. 36; Deutscher/Körner wistra 1996,

292 (294); Zieschang Gefährdungsdelikte S. 109; Keller GA 1999, 255 (268); Tiedemann FS Hirsch, 1999, 765 (767); krit. Kaufmann JZ 1971, 569; Brammsen Jura 1991, 533; Samson StV 1991, 182; Puppe JR 1992, 30, JZ 1994, 1147; JZ 1996, 318; sowie Puppe in NK-StGB Rn. 83–85 „Verdachtsstrafe"; Braum KritV 1994, 179 (181); Hassemer Produktverantwortung S. 27; Volk NStZ 1996, 105; Hoyer GA 1996, 160 (168); Kühne NJW 1997, 1951; Hamm StV 1997, 159; Günther KritV 1997, 211; Denicke, Kausalitätsfeststellungen im Strafprozess, 1997, S. 77; Rotsch wistra 1999, 321 (322); Bosch, Organisationsverschulden in Unternehmen, 2002, S. 85; sa Frisch FS Maiwald, 2010, 239 (255)). Davon zu unterscheiden ist die namentlich bei der strafrechtlichen Produkthaftung und bei klinischen Arzneimittelprüfungen bedeutsame, aber noch wenig geklärte **statistische Kausalität,** die dadurch gekennzeichnet ist, dass zwar die Verursachung tatbestandsmäßiger Erfolge feststeht, ihre Zuordnung zu bestimmten Rechtsgutsobjekten aber nicht möglich ist. Sie reicht nur in den Grenzen prozessual zulässiger Opfer-Wahlfeststellung aus (Tiedemann/Tiedemann FS Schmitt, 1992, 139; Tiedemann WirtschaftsStrafR AT Rn. 180; weiter Kuhlen, Fragen einer strafrechtlichen Produkthaftung, 1989, S. 59; Rolinski FS Miyazawa, 1995, 483; abl. Ziethen, Grundlagen probabilistischer Zurechnung im Strafrecht, 2004, S. 31, 121, der selbst eine „probabilistische Lösung" entwickelt; für das Ausreichen eines „statistisch signifikanten Zusammenhangs" Frister StrafR AT § 9 Rn. 38; sa LG Frankfurt a. M. ZUR 1994, 33 mit krit. Bespr. Schulz ZUR 1994, 26; Hilgendorf Jura 1995, 514). **Bleibt ungeklärt,** ob ein Erfolg durch die eine oder die andere Handlung des Täters verursacht wurde, so kann der Grundsatz **in dubio pro reo** einer Zurechnung entgegenstehen (BGHSt 32, 25 (27) = NJW 1984, 621; BGH StV 1986, 200).

12 cc) Die Rspr. wendet die condicio-sine-qua-non-Formel mit Recht auch auf **Unterlassungen** an, obwohl nach wie vor umstritten ist, ob es hier Kausalität im Sinne der gesetzmäßigen Bedingung überhaupt gibt (bejahend ua Engisch FS v. Weber, 2004, 247 (264); Puppe JR 1992, 30 (33); Puppe in NK-StGB Rn. 117–119; Hilgendorf NStZ 1994, 561 (564); Merkel, Früheuthanasie, 2001, S. 270; verneinend Kaufmann, Die Dogmatik der Unterlassungsdelikte, 1959, S. 61; Stoffers GA 1993, 262 (265); vermittelnd Maiwald, Kausalität und Strafrecht, 1980, S. 78; vgl. auch Bosch FS Puppe, 2011, 373; zusf. und vermittelnd Roxin StrafR AT II § 31 Rn. 37–43; aus philosophischer Sicht Bottek, Unterlassungen und ihre Folgen, 2014) weitere dogmatische Ansätze verknüpfen hier das Erfordernis bloßer Kausalität mit Elementen der Zurechnung (expl. Lampe GS Kaufmann, 1989, 189 (204), der die funktionale Verknüpfung des Erfolges mit der ausgebliebenen Handlung für wesentlich hält; Wolff, Kausalität von Tun und Unterlassen, 1965, S 53, 55; Kahlo, Das Problem des Pflichtwidrigkeitszusammenhanges bei den unechten Unterlassungsdelikten, 1990, S. 306, 319; sowie Kahlo, Die Handlungsform der Unterlassung als Kriminaldelikt, 2001, S. 237, 247, 263, die unter Einbeziehung des Garantengedankens darauf abstellen, ob der Täter durch sein Unterlassen diejenige Möglichkeit ergriffen hat, die es dem anderen „zum Schlechten wendet"; Matt, Kausalität aus Freiheit, 1994, S. 210, der sich auf eine Zurechnungskonzeption der „Kausalität aus Freiheit" stützt; Gimbernat ZStW 111 (1999), 315 (321); dazu Roxin GA 2009, 73 (74) stellt auf einen destabilisierenden Gefahrenherd ab). Ungeachtet dieses Meinungsstreits ist jedenfalls eine Bewertung des Zusammenhangs zwischen Unterlassen und Erfolg mindestens im Sinne **sog. Quasikausalität** (Kühl StrafR AT § 18 Rn. 35; Schild in Bormann, Lebensbeendende Handlungen, 2017, S. 207, Kausales Tun und quasi kausales Unterlassen) möglich und zugleich erforderlich, um dem sozialen Sinngehalt des Geschehens gerecht zu werden (vgl.

Walter ZStW 95 (1983), 32 (49); krit. Ast, Normentheorie und Strafrechtsdogmatik, 2010, S. 100). Für die Beurteilung kommt es nach hM (anders ein Teil der Anhänger der Risikoerhöhungslehre; → Rn. 14) darauf an, ob die unterbliebene Handlung nicht „hinzugedacht" werden kann, ohne dass der Erfolg entfiele, dh ob sie mit an Sicherheit grenzender Wahrscheinlichkeit den Erfolg **verhindert hätte** (BGHSt 6, 1 = NJW 1954, 931; BGHSt 43, 381 (397) = NJW 1998, 1568; BGHSt 48, 77 (93) = NJW 2003, 522; BGHSt 52, 159 (165) = NJW 2008, 1897 mit Bespr. Kühl NJW 2008, 1899; zum Kfz-Werkstattleiter-Fall sa Jäger ExRep StrafR AT Rn. 336c, 336d: Fall 54; BGHSt 59, 292 = NJW 2015, 96 mit Bespr. Zimmermann/Linder ZStW 128 (2016), 713 (740); Satzger Jura 2015, 882; OLG München NJW 1987, 2940; BGH NStZ 2000, 414; BGH NStZ 2000, 583; NJW 2000, 2754 (2757) mkritAnm Altenhain NStZ 2001, 189; BGH NStZ-RR 2002, 303; NStZ 2007, 463; NJW 2010, 1087 (1092) mAnm Kühl; zur „Reichenhaller Eissporthalle" sa Ast ZStW 124 (2012), 612 (630); Greco ZIS 2011, 674 (688); Katz StV 2011, 537; Stübinger ZIS 2011, 602 (608); Fischer Rn. 39; BayObLG NStZ-RR 2004, 45; OLG Düsseldorf StV 1993, 477; NStZ-RR 2001, 199 mit zust. Bespr. Beulke/Swoboda FS Gössel, 2002, 73 (96); LG Saarbrücken NStZ-RR 2006, 75 (76); StA Paderborn NStZ 1999, 51; problematisch BGHSt 38, 325 (332) = NJW 1992, 3247 mit krit. Bespr. Nestler GA 1994, 514; sowie StA Oldenburg NStZ 1999, 461 mkritAnm Tröndle; Kölbel JuS 2006, 309 (310); Ransiek JuS 2010, 490 (495); Fischer Rn. 39: normativer Kausalitätsbegriff der Rspr.; krit. zur Rspr. Roxin StrafR AT II § 31 Rn. 44, 45; speziell zum Arztstrafrecht und dem dort möglichen „Organisationsverschulden" Zwiehoff MedR 2004, 364 (366); speziell zur Produkthaftung BGHSt 37, 106 (126) = NJW 1990, 2560 mit krit. Bespr. Brammsen Jura 1991, 533 (536); Puppe JR 1992, 30 (31); krit. auch Otto FS Hirsch, 1999, 291 (311); Schünemann GS Meurer, 2002, 37 (43); zust. aber Bode FS BGH, 2000, 515 (527); abschwächend Wachsmuth/Schreiber NJW 1982, 2094 mit abl. Erwiderung Scholl NJW 1983, 319; sa Burgstaller JBl 1996, 192, Gimbernat ZStW 111 (1999), 307 (321); Marinucci FS Maiwald, 2010, 485). Bei Gremienentscheidungen (→ Rn. 11) kann sich niemand darauf berufen, dass seine Stimme an den Mehrheitsverhältnissen und damit am Unterlassen (zB des Rückrufs) nichts geändert hätte (zu der unterschiedlichen Begr. der Kausalität des Unterlassens in diesen Fällen vgl. Bloy FS Maiwald, 2010, 35 (56); Satzger Jura 2014, 186; Kindhäuser/Zimmermann StrafR AT § 36 Rn. 22; Kühl StrafR AT § 18 Rn. 39a–d; Roxin StrafR AT II § 31 Rn. 65–68; Kuhlen in Achenbach/Ransiek/Rönnau WirtschaftsStrafR-HdB Kap. II Rn. 55–59; für eine sinngemäße Anwendung des Gedankens der alternativen Kausalität Rengier StrafR AT § 49 Rn. 23); dies ist von der Rspr. jetzt auch für das „parallele" oder „kumulative" Unterlassen der Humanisierung des Grenzsystems der ehemaligen DDR durch Mitglieder des Politbüros bestätigt worden: „Kann die zur Schadensabwendung erforderliche Maßnahme nur durch das Zusammenwirken mehrerer Beteiligter zu stande kommen, so setzt jeder, der es trotz seiner Mitwirkungskompetenz unterlässt, seinen Beitrag dazu zu leisten, eine Ursache dafür, dass die Maßnahme unterbleibt" (BGHSt 48, 77 (94) = NJW 2003, 522 mit Bespr. Dreher JuS 2004, 17; Knauer NJW 2003, 3101; Ranft JZ 2003, 582; vgl. auch Röckrath NStZ 2003, 641).

Für die Zurechnung genügt es jedoch **nicht,** wenn der Täter den konkret drohenden Erfolg nur unwesentlich hätte beeinflussen (→ § 212 Rn. 2) oder ihn durch einen anderen gleichwertigen Erfolg (zB Tod durch Sturz aus dem Fenster statt Flammentod, BGH bei Dallinger MDR 1971, 361; Freund/Rostalski StrafR AT § 6 Rn. 105–111) hätte ersetzen können (Jakobs, Studien zum fahrlässigen Erfolgs- **12a** delikt, 1972, S. 25; Ulsenheimer JuS 1972, 252 (253); aM Herzberg MDR 1971, 881). Die Möglichkeit, Wahrscheinlichkeit oder sichere Erwartung, dass bei Vornahme der unterbliebenen Handlung ein anderer Geschehensablauf (dh eine **hypothetische Ersatzbedingung**) den Erfolg herbeigeführt hätte, schließt die Ursächlichkeit nicht aus (BGH bei Dallinger MDR 1963, 369).

13 dd) Zu besonderen Kausalitätsfragen bei Fahrlässigkeitsdelikten → § 15 Rn. 41–45.

14 ee) Weitere allgemeine Voraussetzungen der **objektiven Zurechnung** stellt die Rspr. neben der Kausalität für das vorsätzliche Begehungsdelikt nicht auf (zust. ua Kaufmann FS Jescheck, 1985, 251; Hirsch FS Köln, 1988, 399 (404); Hirsch FS Lenckner, 1998, 119; sowie Küpper, Grenzen der normativierenden Strafrechtsdogmatik, 1990, S. 83, die das Problem auf dem Boden der finalen Handlungslehre dem subjektiven Tatbestand zuordnen; zusf. Greco ZStW 117 (2005), 519 (522); krit. auch Kindhäuser JahrbRuE 2005, 527; Schumann/Schumann FS Küper, 2007, 543 (551); Schild FS Jakobs, 2007, 601 (613); Bung KritV 2005, 96; beachte jedoch BGH NJW 2000, 2754 (2757), zum Erfordernis „der objektiven Zurechenbarkeit" beim unechten Unterlassungs-Erfolgsdelikt; die Terminologie wird auch schon verwendet von BGH NStZ 1992, 333; dazu Roxin FS Saito, 2003, 796, (787)). Gegen diese Position haben schon sehr früh die sog. Relevanztheorie (dazu Blei StrafR AT S. 104) und inzwischen auch das überwiegende Schrifttum zahlreiche Gesichtspunkte herausgearbeitet, aus denen sich eine weitergehende Beschränkung objektiver Zurechnung ableiten lässt (krit. Maiwald FS Miyazawa, 1995, 465, der bemängelt, dass die objektive Zurechnung im Widerspruch zu ihren historischen Wurzeln zum Lösungsansatz für ganz heterogene Problemstellungen geworden sei; ua zu dieser Kritik Roxin FS Maiwald, 2010, 715 (717); krit. auch Hilgendorf FS Weber, 2004, 33, Renzikowski ARSP-Beiheft 104 (2005), 115 (127); Sánchez-Lázaro ZStW 126 (2014), 277 (280); Kubiciel, Die Wissenschaft vom Besonderen des Strafrechts, 2013, S. 99; Gössel GA 2015, 18 „unersättlicher Schwamm"; die „grundsätzlichen Angriffe" zusf. Schroeder FS Szwarc, 2009, 273; zur „Genesis" der Lehre von der objektiven Zurechnung Schroeder FS Androulakis, 2004, 651; zur „Früh- und Vorgeschichte" Kubiciel, Die Wissenschaft vom Besonderen des Strafrechts, 2013, S. 81; krit. auch BWME StrafR AT § 14 Rn. 100; Haas NStZ 2002, 272 (303), der das sog. „Trilemma" diagnostiziert, dass die objektive Zurechnung mit Risiken ohne Inhalt arbeitet, die Haftungsbegründung nicht erzielt und das unerlaubte Risiko selbstbezüglich definiert; ausgewogen bilanzierend Frisch FS Roxin, 2001, 214; Frisch GA 2003, 719; JuS 2011, 19 (116, 205); zu Entwicklung, Grundlinien und offenen Fragen der Lehre von der objektiven Zurechnung; an Frisch anknüpfend Seher FS Frisch, 2013, 207 (221), der eine „Handlungszurechnung" verlangt, ähnlich Kubiciel, Die Wissenschaft vom Besonderen des Strafrechts, 2013, S. 100 „tatbestandsmäßige Handlung schlechthin"; zum „gegenwärtigen Stand" Kahlo FS Küper, 2007, 249). Allerdings ist der gegenwärtige Diskussionsstand durch eine Vielzahl zT divergierender, jedoch untereinander eng verwandter Vorschläge gekennzeichnet, die bisher noch nicht zu einem allgemeinen Konsens geführt haben (zusf. Ebert/Kühl Jura 1979, 561; Kudlich JA 2010, 681; zur Entwicklung der Doktrin der objektiven Zurechnung Schünemann GA 1999, 207; Hübner, Die Entwicklung der objektiven Zurechnung, 2004 mit Bespr. Seher GA 2006, 715; Cancio Melià GA 2016, 497; krit. aus historischer Sicht Garcia FS Schünemann, 2014, 363; zur Unrechtslehre als Grundlage Schladitz, Normtheoretische Grundlagen als Lehre von der objektiven zurechnung, 2021; zur polnischen Strafrechtslehre Zoll FS Frisch, 2013, 259, zum finnländischen Strafrecht Frände FS Frisch, 2013, 271). Immerhin

ist aber weitgehend als **Grundformel** (zu deren terminologischen Varianten Kühl StrafR AT § 4 Rn. 43–45) anerkannt, dass ein tatbestandsmäßiger Erfolg nur dann zurechenbar ist, wenn das ihn verursachende Verhalten eine rechtlich missbilligte (bzw. unerlaubte, verbotene oder relevante) **Gefahr** für den Erfolgseintritt **geschaffen** und sich diese Gefahr in dem konkreten Erfolg **realisiert** hat (so auch Rengier StrafR AT § 13 Rn. 46; Fischer Rn. 25; aus der Rspr. BGH NStZ 2017, 219; OLG Stuttgart JR 2012, 163; Dannecker/Streng NStZ 2014, 673 (677); krit. Goeckenjan, Revision der Lehre von der objektiven Zurechnung, 2015). – Zur Lehre von der objektiven Zurechnung in der italienischen Doktrin Maiwald FS Yamanoko, 2017, 153.

Im Einzelnen wird das Erfordernis der objektiven Zurechnung **unterschiedlich begründet.** Anfänglich wurde es unmittelbar aus dem sozialen Handlungsbegriff (→ Rn. 7) abgeleitet (Gesichtspunkt der objektiven Bezweckbarkeit, Maihofer FS Schmidt, 1961, 173). Heute wird das Erfordernis objektiver Zurechnung überwiegend selbständig neben der Kausalität postuliert (zB Jescheck/Weigend StrafR S. 277; Kühl StrafR AT § 4 Rn. 4, 36; Wessels/Beulke/Satzger StrafR AT Rn. 176–181); teils wird es aber auch an ihre Stelle gesetzt (zB Schmidhäuser Studienbuch StrafR AT § 5 Rn. 57–78) oder durch Umgestaltung der Kausalität in eine normative Kategorie in einen funktionalen Kausalitätsbegriff eingebracht (Lampe GS Kaufmann, 1989, 189; Puppe ZStW 99 (1987), 595; Puppe in NK-StGB Rn. 200–235, die die Lehre von der objektiven Zurechnung eing. und krit. an Beispielsfällen aus der Rspr. darstellt,; krit. zu Puppes Kausalitätsbegriff Schünemann GA 1999, S. 215 mit Replik Puppe Die Erfolgszurechnung im Strafrecht, 2000, S. 30, 185; krit. zur Lehre von der objektiven Zurechnung Haas NStZ 2002, 272 (272, 284)). Die neuen Lehren stützen sich überwiegend auf die Prinzipien der **Risikoerhöhung** oder der Schaffung eines unerlaubten (rechtlich missbilligten) Risikos (Otto FS Maurach, 1972, 91; Otto FS Wolff, 1998, 395; Volk GA 1976, 161 (167); Ebert JR 1982, 421; Ebert StrafR AT S. 52; Roxin GS Kaufmann, 1989, 237; Roxin FS Hirsch, 1999, 885 (886); Roxin ZStW 116 (2004), 929; Roxin/Greco StrafR AT I § 11 Rn. 44–145; unter Berücksichtigung von „Sonderwissen“, Roxin/Greco StrafR AT I § 11 Rn. 56, 57; ebenso Greco ZStW 117 (2005), 519 (553); Kahlo FS Küper, 2007, S. 259; Wolter GA 1991, 531; Freund, Erfolgsdelikt und Unterlassen, 1992, S. 9; Jakobs FS Hirsch, 1999, 45; Jakobs StrafR AT § 7 Rn. 39–50; Lesch AnwBl 2003, 227 (279); Ziethen ZIS 2007, 147; Jäger in SK-StGB Vor § 1 Rn. 57–81 a; krit. dazu Hoyer FS Rudolphi, 2004, 95 (103); krit. Kindhäuser JahrbRuE 2005, 527 (532, 538), der auch das Kriterium des Risikozusammenhangs bzw. der Gefahrrealisierung kritisiert; sa Wolter FS GA, 1981, 269; Wolter in Gimbernat/Schünemann/Wolter, Internationale Dogmatik der objektiven Zurechnung und der Unterlassungsdelikte, 1995, S. 3, Börgers, Studien zum Gefahrurteil im Strafrecht, 2008 mit Bespr. Kindhäuser GA 2009, 501; ferner Frisch, Tatbestandsmäßiges Verhalten und Zurechnung des Erfolgs, 1988, die auf dieser Grundlage – mit allerdings abweichenden Ansätzen und Zuordnungen – eine umfassende *Handlungs-* und Zurechnungslehre entwickeln; zwischen personalen und institutionellen Organisationsprinzipien unterscheidet; Müssig FS Rudolphi, 2004, 165 (175), der rechtsphilosophisch ansetzt; Müssig FS Jakobs, 2007, 405 (411)); die **Risikoverringerung** steht der objektiven Erfolgszurechnung entgegen (Kühl StrafR AT § 4 Rn. 53, 54; Pest/Merget Jura 2014, 166; iE auch Kindhäuser ZStW 120 (2008), 481 (496), mutmaßliche Einwilligung; ebenso Schumann Jura 2008, 408 (415); krit. dazu Roxin FS Maiwald, 2010, 715 (730); dazu de Sousa Mendes GA 2011, 557 (568)), es sei denn das Risiko wird ausgewechselt (Frisch JuS 2011, **14a**

117; Pest/Merget Jura 2014, 173; Kühl StrafR AT § 4 Rn. 55; Kindhäuser ZStW 120 (2008), 481 (497); Rengier StrafR AT § 13 Rn. 59; krit. zu dieser Differenzierung Sancinetti FS Jakobs, 2007, 583 (588); Walter in LK-StGB Rn. 93). Außerdem werden auch Gesichtspunkte der Adäquanz (Triffterer FS Bockelmann, 1979, 201; Triffterer FS Klug, 1983, 419), der Steuerbarkeit (Otto FS Wolff, 1998, 395 (404); sa Ebert StrafR AT S. 48), der Intensivierung (Samson, Hypothetische Kausalverläufe im Strafrecht, 1972, S. 96), der Organisations- und institutionellen Zuständigkeit (Jakobs, Die strafrechtliche Zurechnung von Tun und Unterlassen, 1996; Jakobs StrafR AT § 7 Rn. 56–71), der generellen Eignung der Sorgfaltsnorm (Puppe FS Bemmann, 1997, 227; Puppe in NK-StGB Rn. 226–247) sowie der **Selbstverantwortung** (Schumann, Strafrechtliches Handlungsunrecht und das Prinzip der Selbstverantwortung der Anderen, 1986; Cancio ZStW 111 (1999), 357 (373); krit. Luzón Peña GA 2011, 295 (302)) herangezogen; vgl. auch OLG Stuttgart JR 2012, 163 mkritAnm Puppe; OLG Celle StV 2013, 27 mAnm Rengier; dazu auch Mitsch JuS 2013, 20; zur eigenverantwortlichen Selbstgefährdung → Vor § 211 Rn. 12). Für eine Ausfüllung der Lehre von der objektiven Zurechnung mit Hilfe des Verantwortungsprinzips Jäger, Zurechnung und Rechtfertigung als Kategorialprinzipien im Strafrecht, 2006, S. 19, 43, das den Zurechnungsausschluss auf Tatbestandsebene mit der „fehlenden rechtlichen Verantwortlichkeit" in allen Fallgruppen begründen soll; zur Bedeutung des Opferverhaltens Esser FS Krey, 2010, 81, der an die Eigenverantwortlichkeit anknüpft. Auch bei der Abgrenzung von Verantwortungsbereichen (Kühl StrafR AT § 4 Rn. 83–85) spielt das Prinzip der Eigenverantwortlichkeit eine Rolle, und zwar in Fällen, in denen sich ein Dritter oder das Opfer in den vom Erstverursacher angestoßenen Kausalverlauf einschaltet; so wird bei einem sich vorsätzlich einschaltenden Dritten angenommen, dass die Verantwortung auf ihn übergeht, doch gilt das nicht ausnahmslos; etwa dann nicht, wenn der Erstverursacher (der Waffen unverschlossen herumliegenlassende Vater) konkrete Anhaltspunkte für deren Missbrauch durch einen Dritten (seinen Sohn) hat (so wohl die Konstellation im Amoklauf von Winnenden; dazu Kühl StrafR AT § 4 Rn. 85; Wessels/Beulke/Satzger StrafR AT Rn. 277, stellen darauf ab, ob die missachteten Aufbewahrungspflichten dem Schutz vor Vorsatztaten dienen). Zum erlaubten Risiko bei Organallokation Höfling medstra 2015, 85 (96); Dannecker/Streng NStZ 2014, 673; Schroth/Hofmann NStZ 2014, 486.

14b Soweit diese Lehren allerdings beim **unechten Unterlassungsdelikt** die Risikoerhöhung an die Stelle der Kausalität setzen (Stratenwerth FS Gallas, 1973, 227 (237); Otto NJW 1980, 417 (423); Jura 2001, 275 (276); Brammsen MDR 1989, 123; JR 1994, 373; Jäger in SK-StGB Rn. 16, Sept 2000; dazu Hoyer FS Rudolphi, 2004, 95; ähnlich auch Rudolphi/Stein in SK-StGB Rn. 22–25), dürften sie mit dem Gesetz (zB „verursachen" in §§ 222, 229) nur schwer vereinbar sein (Schünemann GA 1985, 341 (357); Schünemann GS Meurer, 2002, 37 (46); Lampe ZStW 101 (1989), 3 (10); Frisch JuS 2011, 520; Gimbernat ZStW 111 (1999), 307 (322); Merkel Früheuthanasie, 2001, S. 273; Schmucker, Die „Dogmatik" einer strafrechtlichen Produktverantwortung, 2001, S. 234; Arzt GS Schlüchter, 2002, 163 (171); Rengier StrafR AT § 49 Rn. 16; für das vergleichbare österreichische Recht Burgstaller JBl 1996, 192; für das italienische Recht Marinucci FS Maiwald, 2010, 485; rechtsvergleichend Maiwald FS Küper, 2007, 329; vermittelnd Puppe ZStW 95 (1983), 287; Puppe in NK-StGB Rn. 135–151; sowie Roxin StrafR AT II § 31 Rn. 46–54); sie übersehen außerdem, dass auch bei Anwendung der condicio-Formel (→ Rn. 12) nur der Erfolg entfällt, die Strafbarkeit wegen Versuchs aber bestehen bleibt (Arzt GS Schlüchter, 2002, 163 (171); Kölbel JuS 2006,

309 (311); Ransiek JuS 2010, 490 (496); Kühl StrafR AT § 18 Rn. 39; Roxin StrafR AT II § 31 Rn. 48). Ansonsten ist auch bei Unterlassungsdelikten die Prüfung der **objektiven Zurechnung** zusätzlich zur Kausalitätsprüfung angezeigt (Ransiek JuS 2010, 490 (493); Frister StrafR AT § 22 Rn. 26; näher Kölbel JuS 2006, 309 (313), der die Prüfungsstation der „Risikorealisierung" hervorhebt). Für die Zurechnung des Erfolges ist auch hier eine Abgrenzung der Verantwortungsbereiche erforderlich; neben einem aktiv und vorsätzlich handelnden Brandstifter ist der „quasikausal" und fahrlässig unterlassende Polizeibeamte nicht für den Brandstiftungserfolg verantwortlich (OLG Rostock NStZ 2001, 199 mit Bespr. Geppert JK StGB § 13 Rn. 32; Kölbel JuS 2006, 309 (312)). Speziell zu Problemen der objektiven Zurechnung in Fällen ärztlicher Aufgabenteilung Zwiehoff MedR 2004, 364 (371).

Zwar ist ihre **praktische Bedeutung** – wenn man von der Notwendigkeit einer Einschränkung in Bereichen arbeitsteiligen Zusammenwirkens (dazu ua Rudolphi FS Lackner, 1987, 863 (867); → § 15 Rn. 40) und von Fällen der eigenverantwortlichen Selbstgefährdung (BGHSt 32, 262 = NJW 1984, 1469; → Vor § 211 Rn. 12) absieht – für das **Vorsatzdelikt** gering (Hirsch FS Lenckner, 1998, 119 (142); sa Dold ZStW 122 (2010), 785); doch ändert das nichts an der Notwendigkeit, auch hier Kriterien der objektiven Zurechnung bereits auf der frühestmöglichen Ebene des objektiven Tatbestandes einzubringen, die von der Rspr. häufig erst auf der nachrangigen Ebene des Vorsatzes Berücksichtigung finden (vgl. Schünemann GA 1999, 207 (220), der beim Vorsatzdelikt sogar strengere Zurechnungsmaßstäbe anlegen will). **Beim Fahrlässigkeitsdelikt** ist dagegen eine Beschränkung schon der objektiven Zurechnung **unerlässlich** und dort auch von der Rspr. anerkannt (→ § 15 Rn. 41–45; OLG Stuttgart JR 2012, 163 mAnm Puppe); die Rspr. arbeitet aber auch oft noch mit der Vorhersehbarkeit, zB in sog. Regressverbotsfällen (→ Rn. 11) wie dem Amoklauf von Winnenden, in dem der vorsätzlich tötende Amokläufer an den unsorgfältig Waffen Lagernden anschließt (→ § 15 Rn. 46), oder zB auch in Fällen abnormer Konstitution des Opfers – „Bluter" – RGSt 54, 349, dazu Kühl StrafR AT § 4 Rn. 29; zur umstrittenen objektiven Zurechnung Kühl StrafR AT § 4 Rn. 65. **14c**

2. Die Handlung muss **tatbestandsmäßig** sein, dh ihre konkreten Umstände müssen den abstrakten Merkmalen einer im Gesetz beschriebenen und mit Strafe bedrohten Handlung entsprechen (Unrechtstatbestand oder Unrechtstypus; str.). Der Begriff „Tatbestand" ist nicht nur ein umstrittener Grundbegriff der Lehre vom Aufbau des Verbrechens, sondern vor allem ein sehr viel umfassenderer Begriff der allgemeinen Rechtslehre. Er ist auch für andere rechtliche Zusammenhänge verwendbar (zB Garantietatbestand, Erlaubnistatbestand, Irrtumstatbestand), sein Inhalt daher je nach der Zweckbestimmung wechselnd. – Soweit ihm die Aufgabe zufällt, im Schichtenaufbau des Verbrechens die Elemente einer Handlung zu beschreiben, an die überhaupt strafrechtliche Folgen anknüpfen können, wird darunter überwiegend der sog. Unrechtstatbestand im Sinne der gesetzlichen Unrechtsbeschreibung verstanden. Er umfasst die Summe derjenigen Merkmale, die ein bestimmtes strafrechtliches Verbot (oder Gebot) begründen (hM; anders Schmidhäuser, Form und Gehalt der Strafgesetze, 1988, S. 36; Schmidhäuser JZ 1989, 419; Schmidhäuser Studienbuch StrafR AT § 6 Rn. 9–15, der den Verbots- (bzw. Gebots-) Charakter des Unrechtstatbestandes leugnet und ihn ausschließlich als materiale Rechtsgutsverletzung versteht; ähnlich Hoyer FS Rudolphi, 2004, 137; Hoyer ARSP-Beiheft 104 (1993), 99; anders auch Sax JZ 1976, 9; **15**

JZ 1980, 429, der zwischen dem gesetzlichen Tatbestand und dem Unrechtstatbestand als einer strafwürdigen Rechtsgutsverletzung unterscheidet; ähnlich Kaufmann FS Lackner, 1987, 185). In diesem Sinne ist der Tatbestand die abstrakte Vertypung einer Handlung, deren konkrete Vornahme rechtswidrig ist, wenn sie nicht durch einen vorgehenden Erlaubnissatz gestattet wird (Unrechtstypus; krit. Walter ZStW 95 (1983), 32 (63)). Zu ihm gehören alle unrechtsrelevanten sowohl positiven und negativen als auch objektiven und subjektiven Elemente der Handlungsbeschreibung (zur Abgrenzung von anderen unrechtsrelevanten Verbrechenselementen → Rn. 17; → Vor § 32 Rn. 2–7); die **„Unbefugtheit"** kann zur Unrechtstypisierung bei ansonsten neutraler Handlungsumschreibung notwendig sein (→ § 201a Rn. 8; → § 238 Rn. 6; → § 303 Rn. 9a; → § 303a Rn. 4; Kunze, Das Merkmal „unbefugt" in den Strafnormen des Besonderen Teils des Strafgesetzbuchs, 2014), sie kann aber bei auch sonst ausreichend typisiertem Unrecht ein Hinweis auf zu prüfende Rechtfertigungsgründe sein (→ Vor § 201 Rn. 2; → § 201a Rn. 9; → § 324 Rn. 8; → § 326 Rn. 11; § 43 II Nr. 1 BGH NJW 2013, 2530). Auch Wissen und Wollen des Handelnden schließt er ein (→ § 15 Rn. 34; str.), nicht jedoch die Rechtswidrigkeit als solche. Mit dem sog. Gesamt-Unrechtstatbestand deckt er sich nicht (→ Rn. 17). Merkmale der Handlungsbeschreibung, die unrechtsneutral sind und nur die Schuld charakterisieren (besondere Schuldmerkmale oder schuldtypisierende Merkmale), werden im Schrifttum vielfach als Schuldtatbestand zusammengefasst und dem Unrechtstatbestand, mit dem zusammen sie den Deliktstatbestand bilden, gegenübergestellt (zum Ganzen Gallas ZStW 67 (1955), 1; Engisch FS Mezger, 1954, 127; Roxin, Offene Tatbestände und Rechtspflichtmerkmale, 2. Aufl. 1970, S. 106; Schaffstein FS Celle, 1961, 181; Schmidhäuser FS Engisch, 1969, 433; Schünemann GA 1985, 341 (347); zusf. Eisele in Schönke/Schröder Rn. 43–47; nach Lesch AnwBl 2003, 227 (274, 280) ist der Tatbestand „als Unrechtstatbestand mit dem Schuld- oder Verbrechenstatbestand identisch und bezeichnet den Inbegriff der Merkmale des Verbrechens"; zur Trennung zwischen Unrecht und Schuld Lesch JA 2002, 602). Die Tatbestandsmäßigkeit kann durch kollidierendes EU-Recht ausgeschlossen sein, sog. „Neutralisierung des Tatbestandes" (Satzger Europäisierung des StrafR S. 478).

16 **3.** Die Handlung muss weiter **rechtswidrig** sein, dh zur Rechtsordnung im Ganzen in Widerspruch stehen. Sie ist dann eine rechtswidrige Tat (→ § 11 Rn. 18), die zwar für eine Bestrafung nicht ausreicht, zB aber für bestimmte präventive Maßnahmen (nach §§ 63, 64, 69, 70, 73, 74, 74d), für die Beteiligung an fremdem Unrecht (§§ 26, 27, 259 I) und für die Strafbarkeit des Vollrauschs (§ 323a) relevant ist.

17 **a)** Da der Tatbestand vertyptes Unrecht ist, „indiziert" (krit. dazu Schmidhäuser FS Lackner, 1987, 77 (80)) die tatbestandsmäßige Handlung ihre **Rechtswidrigkeit** in dem Sinne, dass sie wegen ihrer allgemeinen Verbotswidrigkeit grds. vom Recht mißbilligt wird (krit. Herzberg GA 1993, 439 (444); Otto Jura 1995, 468). Dieses Indiz, das hier keine beweisrechtliche Kategorie bezeichnen, sondern die prinzipiell unrechtsbegründende Bedeutung der Tatbestandsverwirklichung charakterisieren soll, kann nur durch einen Rechtfertigungsgrund (Unrechtsausschließungsgrund) ausgeräumt werden (ähnlich Paeffgen in NK-StGB Vor § 32 Rn. 15). Die hM versteht darunter jeden dem generellen Verbot vorgehenden Erlaubnissatz (krit. Schmidhäuser FS Lackner, 1987, 77 (84)), der sich wegen der „Einheit der Rechtsordnung" aus den Normen des gesamten geschriebenen und ungeschriebenen Rechts ergeben kann; denn die Frage nach der Rechtmäßigkeit einer Handlung

kann für alle Rechtsgebiete nur einheitlich beantwortet werden (anders Walter ZStW 95 (1983), 32 (60)), so dass sich das Straftatmerkmal „rechtswidrig" als das negative Ergebnis eines Messens der tatbestandsmäßigen Handlung an der Gesamtrechtsordnung darstellt (zu den Rechtfertigungsgründen iE → Vor § 32 Rn. 2–29). Die Rechtswidrigkeit gehört nicht zum Tatbestand, sondern ist allgemeines Verbrechensmerkmal (BGHSt 2, 194 = NJW 1952, 593). Ob jedoch die Umstände, die einen Rechtfertigungsgrund ergeben, als sog. „negative Tatbestandsmerkmale" zum Unrechtstatbestand gehören, ist umstritten. Diese im Schrifttum verbreitete Ansicht führt dazu, dass Tatbestandsmäßigkeit und Rechtswidrigkeit zu einer einheitlichen Wertungsstufe, dem Gesamt-Unrechtstatbestand (vielfach auch nur als Gesamt- oder als Unrechtstatbestand bezeichnet), zusammengefasst werden und dass dadurch ein nur **zweigliedriger Verbrechensaufbau** entsteht (vgl. ua Kaufmann JZ 1954, 653; Kaufmann FS Lackner, 1987, 185; Schaffstein FS Celle, 1961, 175; Schünemann GA 1985, 341 (347); Schünemann FS Schmitt, 1992, 117 (125); Schünemann Coimbra-Symposium, 1995, 149, 173; Otto StrafR AT § 5 Rn. 24; Rinck, Der zweistufige Deliktsaufbau, 2000, S. 1, 309; ähnlich Puppe FS Stree/Wessels, 1993, 183; Puppe in NK-StGB Rn. 8–16; Hruschka StrafR logisch S. 196, 197, 225; zur normtheoretischen Problematik Rödig FS Lange, 1976, 39 (56); Hruschka GA 1980, 1; Paeffgen GS Kaufmann, 1989, 399; Otto Jura 1995, 468 (473); Schmid, Das Verhältnis von Tatbestand und Rechtswidrigkeit aus rechtstheoretischer Sicht, 2002, S. 95, nach dem es „keinen sachlichen Grund für die unterschiedliche Behandlung der Rechtfertigungsgründe gegenüber den Tatbestandsmerkmalen" gibt). Dafür spricht zwar, dass es zur Begründung einer Straftat nur zwei abschließende Wertungen (Rechtswidrigkeit und Schuld) gibt und dass in dem hier und wohl auch von der hM vertretenen **dreigliedrigen Verbrechensaufbau** die Stufen der Tatbestandsmäßigkeit und Rechtswidrigkeit Basis desselben Urteils über das Unrecht sind und insoweit keine jeweils selbständige Funktion erfüllen. Gleichwohl verdient dieser Aufbau den Vorzug, weil er den vielfältigen strukturellen Unterschieden der beiden Stufen, die sich namentlich aus der Verschiedenheit der Beziehungen zur Gesamtrechtsordnung (→ Vor § 32 Rn. 5) und der jeweiligen Bewertungsrichtung (Jescheck in LK-StGB, 11. Aufl. 1992, Rn. 44) ergeben, besser Rechnung trägt (zusf. Kindhäuser/Zimmermann StrafR AT § 6 Rn. 8–12; Wessels/Beulke/Satzger StrafR AT Rn. 118–129; Eisele in Schönke/Schröder, Rn. 15–19; zust. auch Schroth FS Kaufmann, 1993, 595; Hoyer, Strafrechtsdogmatik nach Armin Kaufmann, 1997, S. 150; Roxin/Greco StrafR AT I § 10 Rn. 13–26, die allerdings hervorheben, dass sich daraus keine Konsequenzen für die Irrtumslehre ergeben; grds. auch Jäger FS Roxin II, 2011, 43). Da der Erlaubnistatbestandsirrtum nach ganz hM (→ § 17 Rn. 9–16) die Strafbarkeit wegen eines Vorsatzdelikts ausschließt, hat die Streitfrage ihre praktische Bedeutung weitgehend verloren.

b) Die rechtswidrige Tat bildet zugleich **Unrecht.** Während die Rechtswidrigkeit nur den Widerspruch zwischen Handlung und Norm ausdrückt und daher nicht abstufbar ist, bedeutet das Unrecht den durch die Handlung verwirklichten, von der materialen Wertordnung des Rechts mißbilligten Unwert als solchen, der nach Qualität und Quantität differieren kann (hM). Den Kern des Unrechts bildet der eigenmächtige Übergriff des Täters in die rechtlich geschützte Freiheitssphäre des Opfers (Kühl FS Kühne, 2013, 24). Der Unrechtsbegriff ist bis heute nicht abschließend geklärt. 18

aa) Auf Grund der Vorstellung, dass die Rechtsnormen vornehmlich Bewertungsnormen sind, hat die ältere – jahrzehntelang ganz herrschende – **objektive** 19

Unrechtslehre alle menschlichen Verhaltensweisen als Unrecht qualifiziert, sofern sie nur einen rechtlich missbilligten Zustand zur Folge hatten, und daraus das Grundprinzip abgeleitet, dass alle „objektiven", dh der äußeren Tatseite zugehörigen, Merkmale dem Unrecht und alle „subjektiven", dh täterpsychischen, der Schuld zuzuordnen seien. In der Folgezeit hat diese Lehre – namentlich nach Entdeckung der zwingend beweisbaren subjektiven Unrechtselemente (dazu Blei StrafR AT S. 73) – zwar dadurch tiefgreifende Veränderungen erfahren, dass auch bestimmte psychische Merkmale – unter Ausschluss allerdings des Vorsatzes – in den Unrechtstatbestand einbezogen wurden, damit aber ihr im Wesentlichen objektives Unrechtsverständnis nicht preisgegeben (vgl. etwa Nowakowski ZStW 63 (1951), 287; Engisch FS Rittler, 1957, 165).

20 bb) Erst in der modernen strafrechtlichen Dogmatik hat sich eine in zahlreichen Varianten (dazu Gallas FS Bockelmann, 1979, 155) vertretene und noch nicht abschließend geklärte **personale Unrechtslehre** durchgesetzt, die den Schwerpunkt der Rechtsnormen in ihrer Funktion als Bestimmungsnormen sieht und daher das Unrecht vornehmlich im menschlichen Verhalten sucht, soweit es dem gebietenden Imperativ des Rechts widerspricht (nach Loos FS Maiwald, 2010, 469 (483), muss der Unrechtsbegriff die inhaltliche Bestimmung des sanktionierten Verhaltens leisten). Unter diesen Gesichtspunkten werden heute überwiegend **Handlungs- (Verhaltens- oder Akt-)Unwert** einerseits und **Erfolgs- (Sachverhalts-)Unwert** andererseits als die beiden Elemente des Unrechts unterschieden (vgl. ua Krauß ZStW 76 (1964), 19; Otto ZStW 87 (1975), 539; Puppe FS Stree/Wessels, 1993, 183; ähnlich auch Kindhäuser, Gefährdung als Straftat, 1989, S. 50; Kühl StrafR AT § 3 Rn. 3–6; Kühl FS Kühne, 2013, 15 (23); vgl. auch Lampe FS Hirsch, 1999, 83 „Beziehungsunrecht"; aM Spendel DRiZ 1978, 327; Spendel FS Weber, 2004, 3; zusf. Ebert/Kühl Jura 1981, 225; Hirsch ZStW 93 (1981), 831; ZStW 94 (1982), 239; Hirsch GS Meurer, 2002, 3; Hirsch, Grundwissen bei Hohn JuS 2008, 494; rechtsvergleichend Hünerfeld ZStW 93 (1981), 979 (981); Eser FS Lenckner, 1998, 25 (36)). Dass der Erfolgsunwert allein zur Begründung des Unrechts nicht ausreicht, folgt zwingend aus dieser Lehre (beachte jedoch Samson FS Grünwald, 1999, 585, der dem Erfolgsunrecht eine maßgebliche Funktion für die Quantifizierung des Handlungsunrechts zuweist); sie muss voraussetzen, dass auch das Täterverhalten selbst fehlerhaft ist. Der Wertung unterliegt dabei nach überwiegender Meinung das Verhalten als finalkausale Sinneinheit, die auch durch die im Tatbestand beschriebenen Handlungsmodalitäten und objektiv-täterschaftlichen Elemente mitgeprägt wird (so mit Recht Gallas FS Bockelmann, 1979, 159; Ebert/Kühl Jura 1981, 236; diff. Wolter FS GA, 1993, 269 (294); krit. Röttger, Unrechtsbegründung und Unrechtsausschluss, 1993, S. 38, der im „Gefährdungsunwert" den objektiven Handlungsunwert sieht), während häufig auch der Verhaltensunwert auf einen reinen Intentionsunwert reduziert wird (so zB Rudolphi FS Maurach, 1972, 57; abl. Hirsch ZStW 94 (1982), 239). Jedenfalls beziehen alle Spielarten der personalen Unrechtslehre bei den Vorsatzdelikten das Wissen und Wollen des Täters (Roxin ZStW 80 (1968), 694 (716); Jescheck/Weigend StrafR S. 242 sowie die Anhänger der finalen Handlungslehre; zur abweichenden Rspr. Herzberg FG BGH, 2000, 51; anders auch BWME StrafR AT § 12 Rn. 16: Vorsatz als Schuldform) und bei den Fahrlässigkeitsdelikten den Sorgfaltsmangel (hM; → § 15 Rn. 37, 38) in den Unrechtstatbestand ein (anders Kindhäuser GA 1994, 197); dass beide dann später auch für die Schuldbewertung bedeutsam werden können, ist dadurch nicht ausgeschlossen (Hünerfeld ZStW 93 (1981), 979 (999); Eisele in Schönke/Schröder, Rn. 120, 121).

cc) Darüber hinaus wird im Rahmen der **personalen Unrechtslehren** auch vertreten, dass der aus der Handlung erwachsende **schädliche Erfolg** für die Unrechtsbewertung überhaupt belanglos sei und nur als objektive Bedingung der Strafbarkeit (als Manifestation begangenen Unrechts) das Strafbedürfnis begründe (Horn, Konkrete Gefährdungsdelikte, 1973, S. 78, 95; Zielinski, Handlungs- und Erfolgsunwert im Unrechtsbegriff, 1973, S. 128, 143; Zielinski FS Lampe, 2003, 533 (544); Kaufmann FS Welzel, 1974, 393 (411); Schaffstein GA 1975, 342; Schöne GS Kaufmann, 1993, 649 (654); Lüderssen FS Bockelmann, 1979, 181; Lüderssen FS Herzberg, 2008, 109; Stein, Die strafrechtliche Beteiligungsformenlehre, 1988, S. 81; Sànchez ZStW 101 (1989), 352 (369); Dornseifer GS Kaufmann, 1989, 427; Hoyer, Strafrechtsdogmatik nach Armin Kaufmann, 1997, S. 164, 230; Sancinetti FS Jakobs, 2007, 583; Haas ZStW 123 (2011), 226 (258)); jedoch dürfte diese Auffassung die abgestuften Straf- und Bußgeldrahmen des geltenden Rechts, die jeweils denselben Verhaltensfehler je nach dem eingetretenen Erfolg höchst unterschiedlich bewerten (zB auf Fahrlässigkeit beruhende Verkehrswidrigkeit, Körperverletzung oder Tötung), kaum hinreichend erklären (mit Recht abl. daher Schünemann FS Schaffstein, 1975, 159 (169); Stratenwerth FS Schaffstein, 1975, 177; Gallas FS Bockelmann, 1979, 155 (156); Hirsch ZStW 94 (1982), 239 (240); Hirsch FS Köln, 1988, 399 (409); Paeffgen GS Kaufmann, 1989, 399 (412); Roxin ZStW 116 (2004), 929 (937); Frisch GA 2014, 489 (496, 500); Puppe in NK-StGB Rn. 20, 21; eing. Mylonopoulos, Über das Verhältnis von Handlungs- und Erfolgsunrecht im Strafrecht, 1981, S. 30, 129; Wolter, Objektive und personale Zurechnung von Verhalten, Gefahr und Verletzung in einem funktionalen Straftatsystem, 1981, S. 75, 197; Maiwald in Schöch, Wiedergutmachung und Strafrecht, 1987, S. 64; Kratzsch GA 1989, 49 (71); Freund, Erfolgsdelikt und Unterlassen, 1992, S. 88, 92; Freund/Rostalski StrafR AT § 2 Rn. 52–60; mit neuen Ansätzen krit. Dencker GS Kaufmann, 1989, 441; Degener ZStW 103 (1991), 357; sa Schroeder FS Otto, 2007, 165 (172); Lüderssen FS Herzberg, 2008, 109). 21

4. Die Handlung (die rechtswidrige Tat, → § 11 Rn. 18) muss schließlich **schuldhaft** sein, dh dem Täter zum Vorwurf gereichen (Frister JuS 2013, 1057; Kaspar Präventivstrafrecht S. 265 „sanktionermöglichende Komponente des Schuldprinzips“; anders Hörnle, Kriminalstrafe ohne Schuldvorwurf, 2013; formal Herzberg GA 2015, 250 (257): strafrechtliche Schuld liegt nur vor, wenn jemand eine rechtswidrige Tat iSv § 11 I Nr. 5 begeht, auf die keine gesetzliche Schuldverneinung zutrifft). Die daraus folgende, iE allerdings sehr differenzierte Anerkennung des **Schuldprinzips** im Strafrecht ist ganz hM (anders jedoch zB Gimbernat ZStW 82 (1970), 379; Foth ARSP 76 (1990), 249; Kargl, Kritik des Schuldprinzips, 1982; Scheffler, Kriminologische Kritik des Schuldstrafrechts, 1985; Scheffler, Grundlegung eines kriminologisch orientierten Strafrechtssystems, 1987; Baurmann, Zweckrationalität und Strafrecht, 1987; Hoyer, Strafrechtsdogmatik nach Armin Kaufmann, 1997, S. 108, 389; krit. Neumann GA 1999, 443 (444); zur Rspr. Neumann FG BGH, 2000, 83; → § 46 Rn. 1–5; zum österreichischen Strafrecht Bernreiter „nulla poena sine culpa“ Tat oder Täterschuld? 2015). Die Schuld kann in drei verschiedenen Fragestellungen relevant werden: als Umschreibung der Frage nach der Rechtfertigung der Strafsanktion überhaupt (Schuldidee), als Bezeichnung für den Anknüpfungstatbestand der Strafzumessung (Strafzumessungsschuld, → § 46 Rn. 22–49) oder als Summe der Voraussetzungen, unter denen dem Täter die von ihm begangene rechtswidrige Tat als eine vorwerfbare zugerechnet wird (Strafbegründungsschuld). Für die Begründung der Straftat kommt es nur auf die letztere 22 an (Achenbach, Historische und dogmatische Grundlagen der strafrechtssystematischen Schuldlehre, 1974, S. 2; zum unterschiedlichen Schuldverständnis in der modernen Verbrechenslehre und im Strafzumessungsrecht Hörnle JZ 1999, 1080 (1083); zum Verhältnis von Strafbegründungs- und Strafzumessungsschuld vgl. Frisch FS Müller-Dietz, 2001, 237; Jäger in SK-StGB Vor § 19 Rn. 1; krit. zu dieser Differenzierung Kaspar Präventivstrafrecht S. 269). Zur **verfassungsrechtlichen** Absicherung des Schuldprinzips BVerfGE 20, 323 (331) = NJW 1967, 195; BVerfGE 57, 250 (275) = NJW 1981, 1719; BVerfGE 95, 96 (140) = NJW 1997, 929; BVerfGE 110, 1 (13) = NJW 2004, 2073; BGH NJW 2003, 3620; BVerfG NJW 2009, 2267 (2289); BVerfG NJW 2011, 1931 (1937); BGHSt 50, 40 (49) = NJW 2005, 1440; bestätigt von BVerfG NJW 2009, 1061 (1062); Lagodny, Strafrecht vor den Schranken der Grundrechte, 1996, S. 386; Stächelin, Strafgesetzgebung im Verfassungsstaat, 1998, S. 242; Appel, Verfassung und Strafe, 1998, S. 109, 518; Roxin FS Volk, 2009, 601 (607); Roxin/Greco StrafR AT I § 3 Rn. 52, mindestens Verfassungsgewohnheitsrecht; Hörnle FS Tiedemann, 2008, 325; Kühl FS Kühne, 2013, 15; Kaspar Präventivstrafrecht S. 267; Rönnau in LK-StGB Vor § 32 Rn. 308; Satzger StrafR § 9 Rn. 50; Kunig in v. Münch/Kunig GG Art. 1 Rn. 36. **Rechtsvergleichend** Jescheck, Beiträge zum Strafrecht, 1998, S. 281, 310 und 421; zum italienischen Verfassungs- und Strafrecht Maiwald It. StrafR/StrafProzR S. 29, 118; Überlegungen zu einer „global akzeptablen Normierung" bei Haddenbrock GA 2003, 521; nach Vogel GA 2010, 1 (4), weist es keine deutlichen kulturellen Bezüge auf. Zu den **historischen** Wurzeln des Schuldprinzips Beck AL 2015, 102.

23 **a)** aa) In diesem Sinne bedeutet Schuld vor allem **Vorwerfbarkeit** (BGHSt 2, 194 (200) = NJW 1952, 593; dazu Neumann FG BGH, 2000, 83 (86); Hilgendorf JahrbRuE 2003, 83 (96); nach Langer, Die Sonderstraftat, 2007, S. 106, Vorwerfbarkeit über eine auch „geistige Gemeinschaftswertverfehlung"). Den Kern des Schuldvorwurfs wird man darin zu finden haben, dass der Täter rechtswidrig gehandelt hat, obwohl er unter den konkreten Umständen fähig war, sich von der Rechtspflicht zu normgemäßem Verhalten bestimmen zu lassen (Frisch FS Kühl, 2014, 187; ähnlich Roxin/Greco StrafR AT I § 19 Rn. 3; Roxin GA 2015, 489, Verwirklichung von Unrecht trotz normativer Ansprechbarkeit; zur Schuldlehre Roxins jetzt Merkel FS Roxin II, 2011, 737, der selbst das Andershandelnkönnen für ein unmögliches Schulderfordernis hält; und Merkel in Muders/Rüther/Schöne-Seifert/Stier, Willensfreiheit im Kontext, 2015, S. 109, 130; ebenso Frister JuS 2013, 1057 (1059); Schünemann GA 2015, 274; Gropp/Sinn StrafR AT § 7 Rn. 34; Paeffgen in NK-StGB Vor § 32 Rn. 231; sa Hirsch FS Otto, 2007, 307 (310); str.). Damit ist allerdings nach heute überwiegender und zutreffender Ansicht kein aus dem ethischen Indeterminismus abgeleiteter Vorwurf wegen einer individuellen sittlichen Verfehlung gemeint, sondern nur ein sozialer Tadel (krit. Lampe, Strafphilosophie, 1999, S. 226) wegen des Zurückbleibens hinter Verhaltensanforderungen, die der freiheitlich verfasste und daher menschliche Freiheit anerkennende Staat an seine Bürger mit normaler Motivierbarkeit durch soziale Normen als Grundbedingung friedlichen Zusammenlebens stellen muss (sog. **sozialer Schuldbegriff;** Beck AL 2015, 102 (104); dafür Kaspar Präventivstrafrecht S. 271, 325; krit. Schünemann FS Lampe, 2003, 537 (544), unzulässige Fiktion, die nur durch die Übernahme einer Theorie der gesellschaftlichen Realität der Willensfreiheit gerettet werden könne; krit. auch Kindhäuser FS Hassemer, 2010, 761 (765) Fn. 10; speziell zum sozialen Schuldbegriff Maiwalds ZStW 75 (1953), 499 (512);

krit. Burkhardt FS Maiwald, 2010, 79). Auch die Deutung der Schuld als „Gesinnungsunwert" (Gallas ZStW 67 (1955), 1 (45); Jescheck/Weigend StrafR S. 426; sa Tiedemann, Verfassungsrecht und Strafrecht, 1991, S. 58; krit. Roxin FS Mangakis, 1999, 237 (241)), als „rechtsgutsverletzendes geistiges Verhalten" (Schmidhäuser StrafR AT § 6 Rn. 16), als „mangelnde Loyalität gegenüber der kommunikativen Autonomie anderer" (Kindhäuser ZStW 107 (1995), 701 (728); Kindhäuser/Zimmermann StrafR AT § 21 Rn. 9, diskursiver Schuldbegriff), als Ergebnis eines „Schulddialogs" (Haft, Der Schulddialog, 1978; ähnlich Kunz ZStW 98 (1986), 823; Kunz FS Schüler-Springorum, 1993, 459) oder einer „psychosozialen" Interaktion (Böllinger MschrKrim 1993, 3), begründet trotz der jeweils verschiedenen theoretischen Ansätze (vgl. etwa Schmidhäuser FS Jescheck, 1985, 485) im Hinblick auf diese zentrale Aussage keinen signifikanten Unterschied (zusf. Müller-Dietz, Grundfragen des strafrechtlichen Sanktionensystems, 1979, S. 1; zu Welzels Schuldbegriff der mangelnden Rechtstreue Jakobs FS Schreiber, 2005, 949 (957)) oder bleibt unterbestimmt, wie das auf Habermas und Rawls aufbauende Konzept einer „deliberativen Person" (Günther, Schuld und kommunikative Freiheit, 2005 mit krit. Bespr. Kelker ZStW 118 (2006), 215; Zaczyk GA 2006, 646). Dasselbe gilt für die Anknüpfung von Schuld an ein Handeln, das in „relativer Freiheit" (Tiemeyer ZStW 100 (1988), 527; Geisler, Zur Vereinbarkeit objektiver Bedingungen der Strafbarkeit mit dem Schuldprinzip, 1998, S. 32, 95 mit Bespr. Lampe GA 2000, 399), „selbstbestimmt" (Frister, Schuldprinzip, Verbot der Verdachtsstrafe und Unschuldsvermutung als materielle Grundprinzipien des Strafrechts, 1988, S. 17; Frister MschrKrim 1994, 316 mit Erwiderung Haddenbrock MschrKrim 1994, 324; sa Frister JuS 2013, 1057 (1060), Fähigkeit, sich auf verständige Art und Weise für oder gegen die Beachtung der Norm zu entscheiden), „geistig (intelligibel) frei" (Haddenbrock FS Salger, 1995, 633 (647); Haddenbrock NStZ 1995, 581; MschrKrim 1996, 50) oder im „Bewusstsein der Freiheit" (Burkhardt FS Lenckner, 1998, 3; in Kombination mit normativer Ansprechbarkeit auch Schöch in Eisenburg, Die Freiheit des Menschen, 1998, S. 82, 93) vollzogen wird; sa Momsen FS Jung, 2007, 569 (575), Fähigkeit zu zweckrationalem Verhalten in freier Entscheidung).

bb) Schuld kann **nicht völlig zweckfrei,** sondern nur auf der Grundlage ihrer **24**
Funktion in einem auf Rechtsgüterschutz gerichteten System bestimmt werden (Burkhardt GA 1976, 321; Stratenwerth, Die Zukunft des strafrechtlichen Schuldprinzips, 1977; Kaufmann FS Wassermann, 1985, 889; Lagodny, Strafrecht vor den Schranken der Grundrechte, 1996, S. 310; Neumann in Lüderssen, Aufgeklärte Kriminalpolitik, Bd. I, 1998, S. 391; aM Dreher, Die Willensfreiheit, 1987, S. 50); deshalb ist nicht ausgeschlossen, dass präventive Gesichtspunkte in die Beurteilung einfließen (Rudolphi JBl 1981, 289; Rudolphi in Bönner/de Boor, Unrechtsbewusstsein, 1982, S. 1; Schreiber FS DRiAkad, 1983, 73 (79); Lackner FS Kleinknecht, 1985, 245 (255); Tiemeyer ZStW 100 (1988), 527; Roxin FS Kaufmann, 1993, 519; Roxin FS Kaiser, 1998, 885 (889)), oder dass in Grenzfällen ein an sich begründeter Schuldvorwurf nach dem Gesetz (zB bei entschuldigendem Notstand nach § 35) außer Ansatz bleibt, weil der Rechtsgüterschutz eine strafrechtliche Reaktion nicht erfordert (Roxin SchwZStr 1987, 356 (373); Asada FS Roxin, 2001, 519; Walter Kern des Strafrechts S. 139; krit. Hirsch ZStW 106 (1994), 746 (756)).

cc) Eine Reduzierung der Schuld auf ein **rein generalpräventives Derivat** (so **25**
Jakobs, Schuld und Prävention, 1976; Jakobs ZStW 101 (1989), 516; ZStW 118 (2006), 831 (852); Jakobs FS Kühl, 2014, 281; Jakobs StrafR AT § 1 Rn. 4–7 a, § 17 Rn. 18–56, der sein funktionales Straftatsystem im Ganzen auf die generalpräven-

tive Leitidee der „Einübung von Rechtstreue" gründet; krit. Feijoo Sánchez FS Jakobs, 2007, 75; ähnlich Achenbach in Schünemann, Grundfragen des modernen Strafrechtssystems, 1984, S. 135; Lesch JA 1994, 590 (596); Lesch, Der Verbrechensbegriff, 1999, S. 213, 278; Müssig FS Rudolphi, 2004, 165 (169); vgl. auch Frisch GA 2015, 65 (77)) oder auf eine **generalpräventive Funktion** (so auf psychoanalytischer Grundlage Haffke, Tiefenpsychologie und Generalprävention, 1976, S. 57; Haffke GA 1978, 33; Streng ZStW 92 (1980), 637; ZStW 101 (1989), 273; JZ 1993, 109; NStZ 1995, 161; diff. Neumann ZStW 99 (1987), 564; Schneider, Grund und Grenzen des strafrechtlichen Selbstbegünstigungsprinzips, 1991, S. 54, 71) ist mit dem Schuldverständnis des geltenden Rechts schwerlich vereinbar (Schünemann in Schünemann, Strafrechtssystem und Betrug, 2002, S. 153, 170; Maiwald FS Lackner, 1987, 149; Kindhäuser GA 1989, 493; Schreiber in Thomas, Schuld: Zusammenhänge und Hintergründe, 1990, S. 61; Kahlo, Das Problem des Pflichtwidrigkeitszusammenhanges bei den unechten Unterlassungsdelikten, 1990, S. 213; Griffel MDR 1991, 109; Bock ZStW 103 (1991), 636; Lampe in Jung/Müller-Dietz/Neumann, Recht und Moral, 1991, S. 305; Albuquerque ZStW 110 (1998), 640; Jescheck JBl 1998, 609 (616); Neumann in Lüderssen, Aufgeklärte Kriminalpolitik, Bd. I, 1998, S. 399; Neumann FS Jakobs, 2007, 435; Hirsch FS Otto, 2007, 307 (322); Roxin FS Mangakis, 1999, 237 (243); Roxin GA 2011, 678 (694); Pawlik, Das Unrecht des Bürgers, 2012, S. 84; Schünemann ZStW 126 (2014), 1 (5, 21); Paeffgen in NK-StGB Vor § 32 Rn. 212–223; Rönnau in LK-StGB Vor § 32 Rn. 313; Jäger in SK-StGB Vor § 19 Rn. 1b; nach Walter Kern des Strafrechts S. 113, unlogischer Ansatz; anders Frister, Die Struktur des „voluntativen Schuldelements", 1993, S. 74, nach dem die „Zurechnungsperspektive" im traditionellen und im generalpräventiven Schuldbegriff identisch sein soll; sa Stratenwerth, Was leistet die Lehre von den Strafzwecken?, 1995, der ganz allg. eine Funktionalisierung des Systems mit Hilfe der Strafzwecklehre nicht für weiterführend hält; krit. auch Schneider, Kann die Einübung in Normanerkennung die Strafrechtsdogmatik leiten? 2004 mit krit. Bespr. Neumann ZStW 122 (2010), 429). Bedenken bestehen auch gegen die Einbettung der Schuld in eine neue, die präventiven Strafzwecke einbeziehende Systemkategorie der persönlichen Verantwortlichkeit (so Roxin FS Henkel, 1974, 171; Roxin ZStW 96 (1984), 641; Roxin FS Kaiser, 1998, 885 (889); Schünemann in Schünemann, Strafrechtssystem und Betrug, 2002, S. 168; Schünemann GA 1986, 293 (299); ähnlich Jäger FS Henkel, 1974, 125 (133); Amelung JZ 1982, 618 (620)), weil damit eine problematische Verkürzung des Schuldprinzips auf seine die Strafe nach oben limitierende Funktion verbunden wird (krit. Schöneborn ZStW 92 (1980), 682; Stratenwerth, Die Zukunft des strafrechtlichen Schuldprinzips, 1977; Otto GA 1981, 481; Krümpelmann GA 1983, 337; Kaufmann Jura 1986, 225; Hirsch FS Köln, 1988, 399 (417); Hirsch FS Otto, 2007, 307 (323); Rönnau in LK-StGB Vor § 32 Rn. 316; Paeffgen in NK-StGB Vor § 32 Rn. 224, 225; sa Walter Kern des Strafrechts S. 115). Solche inneren Verknüpfungen von Schuld und Prävention bergen bei dem gegenwärtigen, durch zahlreiche Missverständnisse belasteten Diskussionsstand (dazu Roxin FS Bockelmann, 1979, 279) die Gefahr, dass der in der Freiheitsidee verwurzelte Schuldbegriff, der im Verhältnis zu präventiver Zweckverfolgung auf einer anderen Ebene liegt, über seine immanenten Schranken hinaus durch utilitaristische Elemente verwässert wird (Kaufmann FS Wassermann, 1985, 889; Hirsch ZStW 106 (1994), 154; diff. Kunz ZStW 98 (1986), 823; aM Jakobs ZStW 101 (1989), 516). Schließlich ist es auch nicht möglich, die Schuld auf eine bloße Ausprägung des Verhältnismäßigkeitsgrundsatzes (so Ellscheid/Hassemer in Civitas-Jahrbuch für

Sozialwissenschaften, Bd. 9, 1970, S. 27; vgl. auch Hassemer StV 2006, 321 (332) „Angemessenheit"; Scheffler, Kriminologische Kritik des Schuldstrafrechts, 1985, S. 90) zu reduzieren (Kaufmann FS Lange, 1976, 27; Stratenwerth, Die Zukunft des strafrechtlichen Schuldprinzips, 1977, S. 36).

b) aa) Ob die Fähigkeit, schuldhaft zu handeln, **Willensfreiheit** des Menschen **26**
voraussetzt und damit eine Parteinahme in den philosophischen und naturwissenschaftlichen Auseinandersetzungen um Indeterminismus und Determinismus erfordert, ist umstritten (vgl. ua Engisch, Die Lehre von der Willensfreiheit in der strafrechtsphilosophischen Doktrin der Gegenwart, 1963; Griffel, Der Mensch, Wesen ohne Verantwortung?, 1975; Griffel GA 1996, 457; Danner, Gibt es einen freien Willen?, 4. Aufl. 1977; Lackner FS Kleinknecht, 1985, 245 (248); Tiemeyer GA 1986, 203; ZStW 105 (1993), 483; Dreher, Die Willensfreiheit, 1987; Schünemann in Hirsch/Weigend, Strafrecht und Kriminalpolitik in Japan und Deutschland, 1989, S. 147; Pothast JA 1993, 104; Hoyer, Strafrechtsdogmatik nach Armin Kaufmann, 1997, S. 114; Geisler, Zur Vereinbarkeit objektiver Bedingungen der Strafbarkeit mit dem Schuldprinzip, 1998, S. 38; Spilgies Rechtstheorie 1999, 525; Guss, Willensfreiheit oder: Beruht das deutsche Strafrecht auf einer Illusion?, 2002; Bröckers, Strafrechtliche Verantwortung ohne Willensfreiheit, 2015, S. 386, Strafe als Kollektivform des „Zur-Verantwortung-Ziehens"; Schiemann NJW 2004, 2056; Gropp/Sinn StrafR AT § 7 Rn. 30–35). Die Frage ist zu verneinen. Für die im Schrifttum überwiegend vertretenen Spielarten eines „sozialen" Schuldbegriffs (→ Rn. 23) ergibt sich das schon aus dessen Prämissen (vgl. etwa Roxin FS Henkel, 1974, 171 (174); Roxin ZStW 96 (1984), 641 (650); Roxin FS Mangakis, 1999, 237 (244); Krümpelmann GA 1983, 337; Beck AL 2015, 102 (107); sa Patzig in Thomas, Schuld: Zusammenhänge und Hintergründe, 1990, S. 157; Haddenbrock JR 1991, 225; Haddenbrock FS Salger, 1995, 633), hat sich aber auch allgemein als hM durchgesetzt (zB Lenckner, Strafe, Schuld und Schuldfähigkeit, 1972, S. 97; Streng FS Leferenz, 1983, 397; Streng ZStW 101 (1989), 273; Tiemeyer ZStW 100 (1988), 527; Schöch in Eisenburg, Die Freiheit des Menschen, 1998, S. 92; Schmidhäuser StrafR AT § 10 Rn. 6; Jescheck in Köck/Moos, Dienst am Strafrecht – Dienst am Menschen, 1998, S. 67; Jäger in SK-StGB Vor § 19 Rn. 1). Die hier vertretene Position geht davon aus, dass Willensfreiheit naturwissenschaftlich weder beweisbar noch widerlegbar ist (krit. Spilgies Rechtstheorie 1999, 526). Das schließt aber nicht aus, dass der Mensch als ein auf Selbstverantwortung angelegtes Wesen das Postulat der relativen Freiheit in Entscheidungslagen und damit zugleich der Motivierbarkeit durch Normen als notwendige Grundbedingung des Zusammenlebens versteht und es deshalb zur Basis der gesamten Rechts- und Gesellschaftsordnung macht. So gesehen ist das Rechtssystem auf den Freiheitsanspruch des Menschen und seinen Erlebnishorizont gegründet und deshalb inhaltlich von einem auf relativem Indeterminismus beruhenden System nicht verschieden (aM Tiemeyer ZStW 105 (1993), 483 (511)). Das zeigt sich nicht zuletzt daran, dass die empirische Unbeweisbarkeit der Willensfreiheit auch von den meisten Vertretern indeterministischer Positionen anerkannt wird; sie halten sie nur weder für beweisfähig noch für beweisbedürftig (vgl. etwa Lange FS Göppinger, 1990, 103; Otto GA 1981, 481 (486); Griffel ZStW 98 (1986), 28; GA 1989, 193; ARSP 80 (1994), 96; GA 1996, 457; ARSP 2001, 432; Dreher, Die Willensfreiheit, 1987, S. 379; Dreher FS Spendel, 1992, 13; Grasnick JR 1991, 364; Hirsch ZStW 106 (1994), 746 (759); Burkhardt FS Lenckner, 1998; Burkhardt FS Maiwald, 2010, 79 (82), der das „Freiheitserle-

ben" betont; dazu auch Kühl StrafR AT § 10 Rn. 4; Hillenkamp in Hillenkamp, Neue Hirnforschung – Neues Strafrecht?, 2006, S. 85, 110; Hillenkamp JZ 2015, 391; ZStW 124 (2012), 83; Walter Kern des Strafrechts S. 111; sa Fischer Rn. 8–11, § 20 Rn. 3a; krit. Spilgies Rechtstheorie 1999, 530).

26a bb) Vertreter der neueren **Hirnforschung** bezeichnen unter Bezugnahme auf grundlegende Experimente (Libet und bestätigend Haggard&Eimer) die menschliche Willensfreiheit als bloßes „Epiphänomen" – so Prinz – bzw. das Freiheitsgefühl als „List des limbischen Systems" – so Roth – (Prinz in Geyer, Hirnforschung und Willensfreiheit, 2004, S. 20; Roth, Denken, Fühlen, Handeln, 2001, S. 449; Roth, Aus Sicht des Gehirns, 2003; Roth/Lück/Strüber NKrimPol 2006, 55; Pauen/Roth, Neurowissenschaften und Philosophie, 2001; Singer in Geyer, Hirnforschung und Willensfreiheit, 2004, S. 30; Singer, Ein neues Menschenbild?, 2006; Singer Gehirn&Geist 2004, 30). Gegen eine solch weitgehende Interpretation der durchaus beachtlichen Experimente werden von verschiedener Seite zu Recht grundlegende Einwände erhoben: so etwa Unzulänglichkeiten der Methode; Unklarheit, was gemessen wurde; unzureichendes Wissen über neuronale Korrelate auf der mittleren Ebene des Gehirns; Überinterpretation der Ergebnisse; fehlende Übertragbarkeit auf komplexe Entscheidungen; Kategorienfehler; Einwände aus der Quantenmechanik. Sogar Libet betrachtet die Existenz eines freien Willens zumindest als eine „genauso gute, wenn nicht bessere wissenschaftliche Option als ihre Leugnung durch die deterministische Theorie" (Libet in Geyer, Hirnforschung und Willensfreiheit, 2004, S. 268, 287). Aus der inzwischen umfangreichen Lit. s. Beckermann in Schmidinger/Sedmak, Der Mensch – ein freies Wesen?, 2005, S. 111; Beckermann in Köchy/Stederoth, Willensfreiheit als interdisziplinäres Problem, 2006, S. 289; Habermas Deutsche Zeitschrift für Philosophie 52 (2004), 871; Hagner, Der Geist bei der Arbeit, 2006; Heun JZ 2005, 853; Hochhuth JZ 2005, 745; Kasper Deutsche Zeitschrift für Philosophie 52 (2004), 921; Koch ARSP 2006, 223; Kriele ZRP 2005, 185; Nida-Rümelin, Über menschliche Freiheit, 2005; Rösler in Köchy/Stederoth, Willensfreiheit als interdisziplinäres Problem, 2006, 165; Wolff JZ 2006, 925; zum philosophischen Hintergrund an der Heiden/Schneider, Hat der Mensch einen freien Willen? 2009; zur Schuldfrage aus argentinischer Sicht Donna ZStW 123 (2011), 387; **(straf-)rechtliche Reaktionen:** Alwart JahrbRuE 2005, 357 (368); Bung, Wissen und Wollen im Strafrecht, 2009, S. 18, 30; zust. Roxin ZStW 122 (2010), 672 (674); krit. Steinberg JZ 2010, 194); Burkhardt FS Eser, 2005, 77; Burkhardt FS Maiwald, 2010, 79 (82); Czerner ArchKrim 218 (2006), 65 (129, 137); Detlefsen, Grenzen der Freiheit – Bedingungen des Handelns – Perspektive des Schuldprinzips, 2006 mit Bespr. Zabel HRRS 2007, 230; Dölling Forens Psychiatr Psychol Kriminol 1 (2007) 59; Frisch FS Kühl, 2014, 187; Griffel ARSP 2004, 590; Günther KJ 2006, 116; Hassemer ZStW 121 (2009), 829 (846) „Kategorienfehler"; Herdegen FS Richter, Bd. II, 2006, 233; Herzberg, Willensunfreiheit und Schuldvorwurf, 2010 mit krit. Bespr. Rath GA 2011, 731; Herzberg ZStW 124 (2012), 12; Herzberg FS Kühl, 2014, 259; Hillenkamp JZ 2005, 313, Hillenkamp in Hillenkamp, Neue Hirnforschung – Neues Strafrecht?, 2006, S. 85; Hirsch ZIS 2010, 62; Hörnle Schünemann-Symposium, 2005, 105 (122); Hörnle FS 200 Jahre Juristische Fakultät Humboldt-Universität zu Berlin, 2010, 1261 (1265); Jäger GA 2013, 3; Jakobs, System der strafrechtlichen Zurechnung, 2012, S. 65; Jakobs ZStW 117 (2005), 247; Kelker, Zur Legitimität von Gesinnungsmerkmalen im Strafrecht, 2007, S. 384; Krauß FS Jung, 2007, 411; Lampe ZStW 118 (2006), 1; Lüderssen FS Puppe, 2011, 65; Merkel, Willensfreiheit und Schuld, 2008 mit krit. Bespr. Zaczyk GA

2009, 371; positiv Duttge JZ 2010, 412; Merkel FS Herzberg, 2008, 3; Mosbacher JR 2005, 61; Müller-Dietz GA 2006, 338; Rath, Das subjektive Rechtfertigungselement, 2002, S. 439; Schiemann NJW 2004, 2056; krit. dazu Rath ZRph 2004, 164; Replik Reinelt NJW 2004, 2792; Schiemann ZJS 2012, 774; Schuhr in Beck, Jenseits von Mensch und Maschine, 2012, S. 43; Spilgies, Die Bedeutung des Determinismus-Indeterminismus-Streits für das Strafrecht, 2004; dazu krit. Kudlich HRRS 2004, 217; HRRS 2005, 51; Schöch in LK-StGB § 20 Rn. 26; Streng FS Jakobs, 2007, 675; Stübinger, Das „idealisierte" Strafrecht, 2008, S. 341, 364; Tag in Individuum und Verband, hrsg. im Auftrag der Rechtswissenschaftlichen Fakultät der Universität Zürich, 2006, S. 245; Walter FS Schroeder, 2006, 131; Lampe/Merkel/Dölling, in Lampe, Willensfreiheit und rechtliche Ordnung, 2008, S. 304, 332, 371; weitere Literaturnachweise bei Paeffgen in NK-StGB Vor § 32 Rn. 230j. Die Verantwortung des Einzelnen für seine Handlungen und die berechtigte allgemeine Erwartung des Rechtmäßighandelnkönnens wird durch die vermeintliche naturwissenschaftliche Widerlegung nicht in Frage gestellt (Kühl StrafR AT § 10 Rn. 4; ähnlich Paeffgen in NK-StGB Vor § 32 Rn. 231; Hirsch ZIS 2010, 62) Baltzer FS Kargl, 2015, 525 (auch gegen Hörnle und Merkel); für Übernahme des zivilrechtlichen Freiheitsbegriffs in das Strafrecht Cording/Roth NJW 2015, 26.

c) aa) Die Schuld kann im Einzelfall wegen Schuldunfähigkeit (§§ 19, 20 StGB; § 3 JGG), unvermeidbaren Verbotsirrtums (→ § 17 Rn. 7) oder rechtswidrigen Befehls (BGHSt 5, 239 = NJW 1954, 359; Hoyer, Die strafrechtliche Verantwortlichkeit innerhalb von Weisungsverhältnissen, 1998, S. 18; krit. Gropp/Sinn StrafR AT § 7 Rn. 99; § 11 II SG; § 5 I WStG; zum Verhältnis von § 5 I WStG und § 3 VStGB Walter JR 2005, 279 (281); sa BGHSt 49, 189 (194) = NJW 2004, 2316 mit Bespr. Zöller Jura 2005, 552 (560)) ausgeschlossen (sog. **Schuldausschließungsgrund**) oder wegen Unzumutbarkeit (→ Vor § 32 Rn. 30–32) nicht zurechenbar sein (sog. **Entschuldigungsgrund**). Ob ein Bedürfnis für die Unterscheidung dieser beiden Kategorien besteht, wird überwiegend bejaht (vgl. etwa Sternberg-Lieben in Schönke/Schröder Vor § 32 Rn. 108; krit. Roxin/Greco StrafR AT I § 19 Rn. 57; Rönnau in LK-StGB Vor § 32 Rn. 323; sa Heghmanns AL 2015, 96; Heinrich AL 2015, 89 (92)). 27

bb) Zur Frage, ob und wieweit der **Vorsatz** Schuldelement ist, → § 15 Rn. 31–34.

5. Für Ausnahmefälle sieht das Gesetz über die tatbestandsmäßige, rechtswidrige und schuldhafte Handlung hinaus (hM; anders Jakobs StrafR AT Abschn. 10 Rn. 1–25, der alle Fälle auf Unrecht oder Schuld zurückbezieht) weitere materiellrechtliche Voraussetzungen vor, welche die Strafbarkeit einschränken (zusf. und zT krit. Volk ZStW 97 (1985), 871): 28

a) Strafausschließungsgründe (zB in §§ 36, 173 III, 258 VI) und **Strafaufhebungsgründe** (zB in §§ 24, 31, 306e). Sie sind überwiegend persönlicher Natur und bewirken, dass der Täter trotz Begehung einer rechtswidrigen und schuldhaften Tat aus kriminalpolitischen Gründen straffrei bleibt oder straffrei wird. Ihre Rechtsnatur ist umstr (eing. Bloy, Die dogmatische Bedeutung der Strafausschließungs- und Strafaufhebungsgründe, 1976; krit. Walter JR 2005, 279 (350); sa Roxin JuS 1988, 425 (431)). Jedenfalls lassen sie sich nicht auf einen einheitlichen Grundgedanken zurückführen. In der Rspr. und zT auch in der Lehre werden sogar einige Vorschriften, die wegen verminderter Schuld Strafausschluss vorsehen (zB 29

§§ 139 III 1, 173 III, 258 VI) den Strafausschließungsgründen zugeschlagen, obwohl sie aus der Schuld abgeleitet sind und sich daher von den Schuldausschließungsgründen allenfalls dem Grade nach unterscheiden (BayObLG JR 1979, 252; aM Bloy, Die dogmatische Bedeutung der Strafausschließungs- und Strafaufhebungsgründe, 1976; S. 122, 125; Rönnau in LK-StGB Vor § 32 Rn. 340, 378).

30 **b) Objektive Bedingungen der Strafbarkeit** (zu ihrer Problematik Bemmann, Zur Frage der objektiven Bedingungen der Strafbarkeit, 1957; Schmidhäuser ZStW 71 (1959), 545; Stratenwerth ZStW 71 (1959), 565; Stree JuS 1965, 465; Krause Jura 1980, 449; Frister, Schuldprinzip, Verbot der Verdachtsstrafe und Unschuldsvermutung als materielle Grundprinzipien des Strafrechts, 1988, S. 49; Vest ZStW 103 (1991), 584 (598); Lagodny, Strafrecht vor den Schranken der Grundrechte, 1996, S. 233, 444; Geisler, Zur Vereinbarkeit objektiver Bedingungen der Strafbarkeit mit dem Schuldprinzip, 1998, S. 130; Geisler GA 2000, 166; Stächelin, Strafgesetzgebung im Verfassungsstaat, 1998, S. 248; Geppert GS Meurer, 2002, 315 (328); Satzger Jura 2006, 108; Rönnau JuS 2011, 697; zu ihrer Entstehungsgeschichte Haß, Wie entstehen Rechtsbegriffe?, 1973). Sie sind außerhalb der tatbestandsmäßigen, rechtswidrigen und schuldhaften Handlung stehende selbständige Strafvoraussetzungen (Geisler, Zur Vereinbarkeit objektiver Bedingungen der Strafbarkeit mit dem Schuldprinzip, 1998, S. 574), die das Gesetz bisweilen aus Zweckmäßigkeitsgründen zur Strafeinschränkung verwendet (vgl. Satzger Jura 2006, S. 110; krit. Frister StrafR AT § 21 Rn. 1–10, Umgehung des Schuldprinzips), zB die „rechtswidrige Tat" in § 323a I (→ § 323a Rn. 5) und die schwere Folge in § 231 (→ § 231 Rn. 5). Ihr Fehlen schließt die Strafbarkeit aus; der Vorsatz braucht sie nicht zu umfassen (Warda Jura 1979, 286 (290)).

31 **IV.** Nach der Struktur der Deliktstypen und der Schwere der angedrohten Strafen werden **verschiedene Arten von Straftaten** unterschieden.

1. Die Unterteilung in **Verbrechen und Vergehen** beruht auf der Schwere der angedrohten Strafen (§ 12).

31a **2. Grundform** der Straftat ist das **vollendete Vorsatzdelikt** (→ § 15 Rn. 3–34), das überwiegend durch positives Tun **(Begehungsdelikt),** aber auch durch Unterlassen **(Unterlassungsdelikt)** begangen werden kann (→ Vor § 13 Rn. 7, 8; → § 13 Rn. 2–5; krit. zur Terminologie Schmidhäuser FS Müller-Dietz, 2001, 761 (779)). Es wird ergänzt durch das **Fahrlässigkeitsdelikt** (zur Fahrlässigkeit → § 15 Rn. 35–54), das ebenfalls als Begehungs- oder Unterlassungsdelikt vorkommt. Daneben steht das **Versuchsdelikt,** das dadurch gekennzeichnet ist, dass die Tatbestandsverwirklichung zwar vollständig gewollt, aber nur unvollständig erreicht wird (→ § 22 Rn. 1). Die Lehrbuch- und Kommentarliteratur orientiert sich mit Recht überwiegend an dieser Einteilung. Das ist vor allem deshalb sinnvoll, weil so die Regelform der gesetzlichen Tatbestände als Grundform behandelt werden kann und erst daraus die auch in der Praxis weniger bedeutsamen Sonderformen abgeleitet werden. Dem steht nicht entgegen, dass sich das vollendete vorsätzliche Begehungsdelikt auch als „qualifiziertes Versuchs-, Fahrlässigkeits- und Unterlassungsdelikt" deuten lässt (so Herzberg JuS 1996, 377). Es wäre verfehlt, daraus den Schluss zu ziehen, dass deshalb das vorsätzliche Begehungsdelikt nur eine qualifizierte Deliktsform sein könne; damit würde das Verhältnis zwischen den gesetzlichen Tatbeständen und den aus ihnen abzuleitenden Deliktsformen auf den Kopf gestellt.

3. Für die Unterscheidung von **Erfolgsdelikten** (zB § 211) und **schlichten Tätigkeitsdelikten** (zB § 153) ist der Gesichtspunkt maßgebend, ob zur Vollendung der Tat ein durch die Handlung verursachter Erfolg gehört oder ob bloßes Tätigwerden genügt; eine Mischform bilden die sog. erfolgsverbundenen Tätigkeitsdelikte (bzw. verhaltensgebundenen Erfolgsdelikte), bei denen es zwar auf die Verursachung eines Erfolges ankommt, aber nur bestimmt beschriebene Tätigkeiten vom Tatbestand erfasst werden (zB Vermögensbeschädigung durch Täuschung beim Betrug). Unter den Erfolgsdelikten sind die **Verletzungsdelikte** und die **konkreten Gefährdungsdelikte** zu unterscheiden. Bei jenen besteht der tatbestandsmäßige Erfolg (vgl. Puppe, Die Erfolgszurechnung im Strafrecht, 2000, S. 17 „nachteilige Veränderung an einem Rechtsgutsobjekt"; zur sog. „materiellen Vollendung" vgl. auch Jakobs FS Roxin, 2001, 793, (798) der bei Delikten gegen die Person auf die „Organisationsanmaßung" abstellt) in der Verletzung (zB § 223), bei diesen in der bloßen Gefährdung (zB § 315 c; → § 315 c Rn. 1, 20–27) eines bestimmten Angriffsobjekts (hM; Simmert ZStW 128 (2016), 1141; krit. Stratenwerth/Kuhlen StrafR AT § 8 Rn. 14; weiter diff. Kuhlen GA 1986, 389; ZStW 105 (1993), 697 (711), der unter Schutzzweckgesichtspunkten als weitere Form das sog. Kumulationsdelikt postuliert; weiterführend Wohlers, Deliktstypen des Präventionsstrafrechts, 2000, S. 318; Hefendehl JA 2011, 183; krit. Silva Sànchez GA 2010, 307 (314)); ob das Objekt individualisierbar sein muss oder ob es – etwa bei gesundheitsschädlichen Wirkungen von Produkten und Arzneimitteln – genügt, sein Vorhandensein in einer nicht weiter konkretisierbaren Mehrzahl von Objekten aufzuweisen, ist umstritten und noch nicht abschließend geklärt (bejahend Kuhlen, Fragen einer strafrechtlichen Produkthaftung, 1989, S. 57; aM Tiedemann NJW 1990, 2051). Im Gegensatz zu den konkreten stehen die **abstrakten Gefährdungsdelikte** (zu diesen und zu den konkreten Erfolgsdelikten Rotsch ZIS 2015, 577 (579); mit Recht krit. zu dieser ungenauen, aber allg. üblichen Bezeichnung Hirsch FS Kaufmann, 1993, 545 (557); Hirsch FS Lüderssen, 2002, 253 (259); Hirsch FS Tiedemann, 2008, 145; sowie Zieschang Gefährdungsdelikte S. 16, 52, 64, 162, 197, der – im Anschluss an Hirsch – weitere „Gefährdungsdeliktsstrukturen" aufzeigt; nach den besonderen „Tatbestandsstrukturen" unterscheidet Wohlers, Deliktstypen des Präventionsstrafrechts, 2000; konkrete Gefährlichkeitsdelikte, Kumulationsdelikte und Vorbereitungsdelikte; zu Rechtsgutstheorie und Deliktsstruktur v. Hirsch/Wohlers in Hefendehl wistra 2012, 196; speziell zur Deliktsstruktur von Vorschriften, die kollektive Rechtsgüter schützen Hefendehl wistra 2012, 147 (383); und Stratenwerth in Hefendehl wistra 2012, 255), für die das Gesetz nur die Bedingungen einer generellen Gefährlichkeit beschreibt, ohne die Gefährdung eines bestimmten Objekts im Einzelfall vorauszusetzen (zB § 316; Stratenwerth FS Lüderssen, 2002, 373 (374, 376), das verpönte Verhalten ist „an sich" schon strafwürdiges Unrecht). Hierher gehören auch solche Tatbestände (etwa §§ 126 I, 130 I, III, 238 (neu), § 325 I), in denen die generelle Gefährlichkeit der Handlung durch das Erfordernis der „Eignung" zur Herbeiführung eines bestimmten Erfolges umschrieben wird (sog. **potenzielle Gefährdungsdelikte;** gegen ihre Einordnung bei den abstrakten Gefährdungsdelikten Zieschang FS Wolter, 2013, 557; zu ihrer häufigen Verwendung im Nebenstrafrecht Wolter FS Schroeder, 2006, 431 (443) „generelle Risikodelikte"). Obwohl bei ihnen auch konkrete Umstände in die Bewertung einzubeziehen sind, begründet das keine echte Mischform, also kein **„abstrakt-konkretes Gefährdungsdelikt"** (so Schröder ZStW 81 (1969), 7; JZ 1967, 522; ebenso BGHSt 46, 212 (218) = NJW 2001, 624), weil es auch hier nicht auf einen Gefahrerfolg, sondern nur auf die (abstrakte) Gefährlich- 32 keit der Tathandlung ankommt (Gallas FS Heinitz, 1972, 171; Berz, Tatbestandsverwirklichung und materialer Rechtsgüterschutz, 1986, S. 58; Hoyer, Die Eignungsdelikte, 1987; Fischer GA 1989, 445; Jescheck/Weigend StrafR S. 264; Heine/Bosch in Schönke/Schröder Vor § 306 Rn. 4; Fischer Rn. 19; aus der Rspr. BGHSt 46, 212 (218) = NJW 2001, 624; krit. Zieschang FS Wolter, 2013, 557, der die Herbeiführung eines konkret gefährlichen Zustandes verlangt; str.). Die Abgrenzung der Gefährdungsdelikte iE, ihre Legitimation unter dem Gesichtspunkt der Vorverlegung des Rechtsgüterschutzes und die kriminalpolitische Vorzugswürdigkeit ihrer verschiedenen Formen sind umstritten. Auch hier ist ähnlich wie beim Problem der allgemeinen Legitimierung strafrechtlicher Sanktionen (→ Rn. 3) eine bedauerliche Polarisierung zu verzeichnen. Zum subjektiven Tatbestand der Gefährdungsdelikte Göttl JuS 2017, 306.

Aus der **Lit.** vgl. Horn, Konkrete Gefährdungsdelikte, 1973, S. 57; Brehm, Zur Dogmatik des abstrakten Gefährdungsdelikts, 1973; Schünemann JA 1975, 787 (792, 797); Wolter, Objektive und personale Zurechnung von Verhalten, Gefahr und Verletzung in einem funktionalen Straftatsystem, 1981, S. 64; Ostendorf JuS 1982, 426; Otto ZStW 96 (1984), 339 (362); Otto Madrid-Symposium, 1994, 453; Jakobs ZStW 97 (1985), 751 (767); Berz, Tatbestandsverwirklichung und materialer Rechtsgüterschutz, 1986, S. 53; Kindhäuser, Gefährdung als Straftat, 1989, S. 163; Kindhäuser Madrid-Symposium, 1994, 125; Kindhäuser, Gefährdung als Straftat, 1989, S. 263; Kratzsch GA 1989, 49 (67); JuS 1994, 372; Graul, Abstrakte Gefährdungsdelikte und Präsumtionen im Strafrecht, 1991; Meyer, Die Gefährlichkeitsdelikte, 1992; Hirsch FS Kaufmann, 1993, 545; Prittwitz, Strafrecht und Risiko, 1993, S. 245; Kuhlen GA 1994, 347; Weigend FS Triffterer, 2011, 695 (701); Lagodny, Strafrecht vor den Schranken der Grundrechte, 1996, S. 240, 437; Zieschang FS Wolter, 2013, S. 349; Stächelin, Strafgesetzgebung im Verfassungsstaat, 1998, S. 93; Schmidt, Untersuchung zur Dogmatik und zum Abstraktionsgrad abstrakter Gefährdungsdelikte, 1999; Wohlers, Deliktstypen des Präventionsstrafrechts, 2000, S. 21, 338; Koriath GA 2001, 51 (66); Hefendehl, Die Rechtsgutstheorie, 2003, S. 161; Stratenwerth FS Lüderssen, 2002, 373 (375); Hassemer StV 2006, 321 (326); Kindhäuser FS Krey, 2010, 249; Heine/Bosch in Schönke/Schröder Vor § 306 Rn. 2; überzogen die Kritik von Herzog StV 1986, 474; zu Recht krit. Hörnle JZ 2006, 179); speziell zur zunehmenden Einführung von abstrakten, durch echtes Unterlassen begehbaren Gefährdungsdelikten Volk FS Tröndle, 1989, 219 (230); zu Produktgefahren Reus, Das Recht in der Risikogesellschaft, 2010, die eine StGB-Vorschrift zur Produktverantwortlichkeit vorschlägt; zur strafrechtlichen Verarbeitung der Gefährdung in der Risikogesellschaft Frisch FS Jung, 2007, 189 (194); zusf. Schroeder ZStW-Beiheft 1982, 1 (2); rechtsvergleichend Weber ZStW-Beiheft 1987, 1; Platzgummer ZStW-Beiheft 1987, 37; Grasso ZStW-Beiheft 1987, 57; Györgyi ZStW-Beiheft 1987, 97; Spotowski ZStW-Beiheft 1987, 125; Maier ZStW-Beiheft 1987, 141.

Diese für die Begehungsdelikte entwickelten Differenzierungen sind überwiegend, jedoch nicht durchgängig und nicht immer mit der gleichen Abgrenzung, auch auf Unterlassungsdelikte (→ § 13 Rn. 2–5) anwendbar (Dedes GA 1977, 230).

33 **4. Sonderdelikte** sind dadurch charakterisiert, dass ihr Tatbestand nicht von jedermann (auch „Allgemeindelikte" und „Jedermannsdelikte"; s. Wessels/Beulke/Satzger StrafR AT Rn. 53; etwa zu § 38 II WpHG BGHSt 59, 105 (110) = NStZ 2014, 581; eing. zu Sonderdelikten Nestler/Lehner Jura 2017, 403 (412)), sondern nur von bestimmten Tätern (zB Amtsträgern, § 11 I Nr. 2, §§ 331 ff.) verwirklicht werden kann (hM; anders Langer, Das Sonderverbrechen, 1972, S. 389; Deichmann, Grenzfälle der Sonderstraftat, 1994, S. 4, die über die Beschränkung des Täterkreises hinaus spezifisches tatbestandliches Sonderunrecht und eine Sonderstrafdrohung voraussetzen; anders auch Klesczewski ARSP-Beiheft 66 (1997), 77 (97), der auf die besondere Weise der Rechtsgutsverletzung abhebt). Vor allem im

Nebenstrafrecht ist die Abgrenzung, die von der Auslegung des einzelnen Tatbestandes abhängt, häufig umstritten (vgl. etwa BGH NJW 1992, 3114 mit krit. Bespr. Holthausen NStZ 1993, 568; auch im StGB: BGH JR 2015, 272 mAnm Kretschmer). Man unterscheidet (Kindhäuser/Hilgendorf in LPK-StGB Vor § 13 Rn. 254–256) echte Sonderdelikte, bei denen das Tätermerkmal strafbegründend wirkt (zB in § 339), und unechte, bei denen es nur die Strafe schärft (zB in § 340). – Der Begriff des Sonderdelikts wird bisweilen auch als Synonym für das eigenständige Verbrechen, das sog. **delictum sui generis,** verwendet, mit dem ein Delikt bezeichnet wird, das tatbestandlich zwar auf einer schon anderweit geregelten Deliktsart fußt, mit ihr also ganz oder teilweise substanzgleich ist, aber formell als selbständige Neubildung auftritt (Nagler in LK-StGB, 7. Aufl. 1954, S. 44). Tragweite und Leistungsfähigkeit dieses Begriffs sind umstritten (vgl. ua Haffke JuS 1973, 402; Hassemer, Delictum sui generis, 1974). Zur Abgrenzung vom sog. **Pflichtdelikt** Sánchez-Vera, Pflichtdelikt und Beteiligung, 1999, S. 197; zum Pflichtdelikt als Teil der Sonderdelikte Roxin/Greco StrafR AT I § 10 Rn. 129; Heine/Weißer in Schönke/Schröder Vor § 25 Rn. 84, 84a.

5. Zu den **eigenhändigen Delikten** → § 25 Rn. 3. 34

§ 13 Begehen durch Unterlassen

(1) **Wer es unterläßt, einen Erfolg abzuwenden, der zum Tatbestand eines Strafgesetzes gehört, ist nach diesem Gesetz nur dann strafbar, wenn er rechtlich dafür einzustehen hat, daß der Erfolg nicht eintritt, und wenn das Unterlassen der Verwirklichung des gesetzlichen Tatbestandes durch ein Tun entspricht.**

(2) **Die Strafe kann nach § 49 Abs. 1 gemildert werden.**

1. Die Dogmatik des **unechten Unterlassungsdelikts** ist iRd früheren Rechts 1 ausschließlich von Rspr. und Lehre entwickelt worden. Dabei hat sich überwiegendes Einverständnis nur im Hinblick auf die grundsätzliche Möglichkeit ergeben, dass auch durch die Nichtvornahme einer gebotenen Handlung der Tatbestand eines Begehungsdelikts verwirklicht werden kann. Voraussetzungen und Grenzen dieser Deliktsfigur sind dagegen nach wie vor umstritten (Berster, Das unechte Unterlassungsdelikt, 2014 „gordischer Knoten“). Der durch das 2. StrRG (→ Vor § 1 Rn. 4) eingeführte § 13 hat sich im Wesentlichen darauf beschränkt, das unechte Unterlassen als solches im Gesetz zu verankern, die Fülle der Streitfragen aber der weiteren Klärung durch Wissenschaft und Praxis überlassen (BGHSt 36, 227 = NJW 1990, 332; krit. Roxin JuS 1973, 197). Aus der internationalen Diskussion Jescheck ua ZStW 97 (1985), 707 (710, 731); Jescheck FS Tröndle, 1989, 795; Schünemann FS Amelung, 2009, 303 (320): Spanien; zu Italien Maiwald It. StrafR/StrafProzR S. 147–157; zur japanischen und polnischen Diskussion Yamanaka/Wasek Strafrechtskolloquium, 1998, 109 (135). Geschichtlicher Überblick bei Schünemann ZStW 96 (1984), 287. – Überblick bei Kühl JA 2014, 507 (512).

2. a) Das **Unterlassen** ist neben dem positiven Tun die zweite Grundform der 2 Handlung (→ Vor § 13 Rn. 7, 8, 31a).

aa) Ob es sachlogisch überhaupt **als Handlung** verstanden werden kann (so Kahlo, Die Handlungsform der Unterlassung als Kriminaldelikt, 2001, S. 235, 243) oder nicht vielmehr als ihr genaues Gegenteil erscheint (so Gallas ZStW 67 (1955),

1 (8); Kaufmann, Die Dogmatik der Unterlassungsdelikte, 1959, S. 59; sa Schmidhäuser GS Kaufmann, 1989, 131; aus rechtstheoretischer Sicht abl. Röhl JA 1999, 600 (603); dazu Herzberg FS Röhl, 2003, 270) oder ob es umgekehrt im Rahmen eines negativen Handlungsbegriffs die Grundform der Handlung bildet (so Herzberg JZ 1988, 573 (575); GA 1996, 1 (9)), kann auf sich beruhen, weil unbestritten beide Formen wegen ihres vergleichbaren sozialen Sinngehalts in gleicher Weise strafrechtlicher Bewertung zugänglich sind. Während das positive Tun ein vom Willen ausgelöstes aktives Eingreifen in die Außenwelt ist (vgl. zB BGH VRS 61 (1981), 213 = BeckRS 1981, 30395024), wird die Unterlassung dadurch gekennzeichnet, dass der Täter, obwohl er es könnte (nach aM: einer rechtlichen Erwartung zuwider), nicht in einen Kausalverlauf eingreift (grdl. und krit. Maiwald JuS 1981, 473; im Ansatz abw. Hoyer, Strafrechtsdogmatik nach Armin Kaufmann, 1997, S. 345, 384; → Vor § 13 Rn. 7).

3 bb) Die **Abgrenzung** kann im Einzelfall problematisch sein, namentlich wenn Elemente von Tun und Unterlassen zusammentreffen (eing. Stoffers, Die Formel „Schwerpunkt der Vorwerfbarkeit" bei der Abgrenzung von Tun und Unterlassen?, 1992; Haas, Kausalität und Rechtsverletzung, 2002, S. 111, 212; Walter ZStW 116 (2004), 555 (558); Merkel FS Herzberg, 2008, 193; Gössel in Maurach/Gössel/Zipf StrafR AT II § 45 Rn. 42–45; krit. zu dieser Fragestellung Röhl JA 1999, 895 (898)). Die Rspr. stellt insoweit wertend „auf den Schwerpunkt des Vorwurfs" ab (BGHSt 6, 46 (59) = NJW 1954, 969; BGHSt 51, 165 (173) = NJW 2007, 782; BGHSt 52, 159 (163) = NJW 2008, 1897 mit Bespr. Kühl NJW 2008, 1899; Lindemann ZIS 2008, 404; BGHSt 53, 38= mit Bespr. Duttge HRRS 2009, 149; BGHSt 56, 277 (286) = NJW 2011, 2895 mit Bespr. Kudlich NJW 2011, 2856; BGHSt 57, 28 = NJW 2012, 546 mit abl. Bespr. Freund/Timm HRRS 2012, 223; BGHSt 59, 292 (297) = NJW 2015, 96; BGH NJW 2010, 1087 mit Bespr. Kühl 1092; Ast ZStW 124 (2012), 612 (630); Greco ZIS 2011, 674 (688); Stübinger ZIS 2011, 602 (608); BGH NStZ 2010, 214 (215); NStZ 1999, 607; NStZ 2003, 657 mit krit. Bespr. Nepomuck StraFo 2004, 9, iE zust. Duttge JR 2004, 34, StraFo 2012, 173(Fall Winnenden); OLG Hamburg NStZ-RR 2015, 206; sa BGHSt 40, 257 = NJW 1995, 204 mit krit. Bespr. Stoffers Jura 1998, 580; BGH NStZ-RR 2006, 10; NStZ-RR 2006, 174 (175); LG Nürnberg-Fürth NJW 2006, 1824; ebenso Krey/Esser StrafR AT Rn. 1107; Wessels/Beulke/Satzger StrafR AT Rn. 700; Fischer Vor § 13 Rn. 17; Bosch in Schönke/Schröder Rn. 158a; krit. Stoffers JuS 1993, 23; Struensee FS Stree/Wessels, 1993, 133 (136); Otto Jura 2000, 549; Roxin FS Spinellis, 2001, 945 (949); Herzberg FS Röhl, 2003, 270 (275); Czerner JR 2005, 94; Führ Jura 2006, 265 (267); Hettinger FS Paulus, 2013, 82; Merkel FS Herzberg, 2008, 196; BWME StrafR AT § 15 Rn. 27). Das Schrifttum stützt sich überwiegend auf andere – teils aus vorrechtlichen Strukturen, teils aus normativen Erwägungen abgeleitete – Kriterien (zusf. Roxin FS Engisch, 1969, 380; Engisch FS Gallas, 1973, 163; Sieber JZ 1983, 431; Gössel ZStW 96 (1984), 321 (323); Schneider, Tun und Unterlassen beim Abbruch lebenserhaltender medizinischer Behandlung, 1997, S. 53; Walter ZStW 116 (2004), 555 (566); krit. Volk FS Tröndle, 1989, 219; Kargl GA 1999, 459 (463); Kuhlen FS Puppe, 2011, 669; aus normtheoretischer Sicht Ast, Normentheorie und Strafrechtsdogmatik, 2010, S. 81); zB auf das Fehlen einer gewillkürten Körperbewegung (Struensee FS Stree/Wessels, 1993, 143), auf die Kausalität im Sinne der gesetzmäßigen Bedingung für den Eintritt des Erfolges (Samson FS Welzel, 1974, 579; Küpper, Grenzen der normativierenden Strafrechtsdogmatik, 1990, S. 72; Stoffers GA 1993, 262; Joecks/Jäger StGB Rn. 18), auf positiven Energieeinsatz (vgl. Stein in SK-StGB Vor § 13

Rn. 6, 77, Aktivität; in ergänzter Form auch Führ Jura 2006, 265 (269); in Kombination mit dem Kausalitätskriterium auch Eckstein, Besitz als Straftat, 2001, S. 124, 140; in Kombination mit der Schwerpunktformel v. Coelln, Das „rechtliche Einstehen müssen" beim unechten Unterlassungsdelikt, 2008, S. 68), auf den grundsätzlichen Vorrang positiven Tuns (Kaufmann FS Schmidt, 1961, 200 (212); Kienapfel ÖJZ 1976, 281; für diese „Konkurrenzlösung" auch Frister StrafR AT § 22 Rn. 11–15; Kindhäuser/Zimmermann StrafR AT § 35 Rn. 4; ähnlich Weigend in LK-StGB Rn. 7), auf den äußerlich vermittelten Eingriff in die Wirklichkeit der betroffenen Person (Kahlo NJW 1990, 1521), auf die Herbeiführung einer Verschlechterung im Gegensatz zum Ausbleiben einer Verbesserung der Lage des Schutzobjekts (Schmidhäuser StrafR AT § 16 Rn. 104–106), auf die Nichterbringung einer verbessernden Leistung (Kargl GA 1999, 459 (475)), auf die „soziale Sinnhaftigkeit des Geschehens" (Schmidt FS Engisch, 1969, 339; Ulsenheimer/Gaede ArztStrafR Rn. 146) oder auf die Sichtbarkeit der Handlung (Bung ZStW 120 (2008), 526; OLG Frankfurt NZWiSt 2021, 401, bei Anordnung einer Schlachtung entgegen § 17 TierSchG wegen des Handelns kein Unterlassen); krit. aus ethischer Sicht Hoßfeld, Tun und Unterlassen, 2007.

Positives Tun kann grds. nicht in ein Unterlassen umgedeutet werden. Für bestimmte Fallgruppen sind jedoch Ausnahmen überwiegend anerkannt (iE zust. Freund, Erfolgsdelikt und Unterlassen, 1992, S. 68; sa Unberath JahrbRuE 1995, 437; → Vor § 211 Rn. 8). So wird ein Unterlassen angenommen, wenn sich der Täter durch positives Tun außerstande gesetzt hat, eine erst später aktuell werdende Handlungspflicht zu erfüllen (**omissio libera in causa,** OLG Karlsruhe NStZ-RR 2001, 57 (59); OLG Koblenz NStZ-RR 2006, 77 mAnm Cramer NStZ 2007, 334 zu §§ 258, 258a; Roxin FS Engisch, 1969, 384 und Roxin StrafR AT II § 31 Rn. 103–107; Joerden, Strukturen des strafrechtlichen Verantwortlichkeitsbegriffs, 1988, S. 52; Winter, Der Abbruch rettender Kausalität, 2000, S. 113, 132; Müller, Fahrlässige Tätigkeitsübernahme und personale Zurechnung, 2001, S. 138; Ast, Normentheorie und Strafrechtsdogmatik, 2010, S. 157; Heinrich StrafR AT Rn. 874; Rudolphi/Stein in SK-StGB Vor § 13 Rn. 9, 48, 86; mit abw. Begr. ebenso Struensee FS Stree/Wessels, 1993, 146; krit. Frister JR 1998, 63; abl. und für die Anwendung von § 323a Baier GA 1999, 272; str.), oder wenn er einen von ihm selbst zur Erfüllung einer Rettungspflicht angestoßenen Kausalverlauf wieder abbricht, bevor die rettende Kausalreihe den Gefährdeten erreicht hat (**Rücktritt vom Gebotserfüllungsversuch,** Roxin StrafR AT II § 31 Rn. 108–114; Walter ZStW 116 (2004), 555 (561) „unterlassungsgleiches Handeln"; Winter, Der Abbruch rettender Kausalität, 2000, S. 46, 77; Bosch in Schönke/Schröder, Vor § 13 Rn. 160; ohne Einschränkung für Unterlassen Gimbernat Schünemann-Symposium, 2005, 163 (166); diff. Herzberg FS Röhl, 2003, 270 (278); Führ Jura 2006, 265 (269); einschr. Stein in SK-StGB Vor § 13 Rn. 81; aM Joecks/Jäger StGB Rn. 17; Rengier StrafR AT § 48 Rn. 22, 23; aus spanischer Sicht Sánchez FS Frisch, 2013, 299; sa Ast ZStW 124 (2012), 151). Die aktive Vereitelung eines vom Täter nicht selbst eingeleiteten rettenden Kausalverlaufs ist dagegen positives Tun (Ebert JuS 1976, 319; Küper, Grund- und Grenzfragen der rechtfertigenden Pflichtenkollision im Strafrecht, 1979, S. 78; Schneider, Das Verbrechensopfer in der Strafrechtspflege, 1982, S. 179; Winter, Der Abbruch rettender Kausalität, 2000, S. 133, 154; Gropp GS Schlüchter, 2002, 173 (179); Herzberg FS Röhl, 2003, 277; Duttge GA 2006, 573 (576); Gaede in NK-StGB Rn. 9; aM Gössel ZStW 96 (1984), 321 (328); anders auch Gimbernat Schünemann-Symposium, 2005, 163 (178), der eine dritte Form der Tatbestandsverwirklichung neben Tun und Unterlassen konstruiert; diff. Ranft JuS 1963, 340; 3a

Haas, Kausalität und Rechtsverletzung, 2002, S. 131, 217, der ein subjektives Recht des Opfers gegenüber dem Täter auf Wahrung des rettenden Kausalverlaufs verlangt). Speziell zum tätigen **Behandlungsabbruch** durch den Arzt, durch einen Angehörigen oder Betreuer → Vor § 211 Rn. 8a; neuerdings für aktives Tun BGHSt 55, 191 (201) = NJW 2010, 2963; zust. Fischer FS Roxin II, 2011, 557 (569); Hirsch JR 2011, 37; Walter ZIS 2011, 76 (77); abl. Roxin GA 2013, 313 (316); Streng FS Frisch, 2013, 739 (754); Frister StrafR AT § 22 Rn. 8; Kühl StrafR AT § 18 Rn. 17; Neumann in NK-StGB Vor § 211 Rn. 126; krit. Hillenkamp in Anderheiden/Eckart, Handbuch Sterben und Menschenwürde, 2012, S. 349, 368. Nach BGH NJW 2022, 3021 m. Bespr. Jäger JA 2022, 870, soll gleiches sogar gelten, wenn der Tod durch eine vom Täter auf Wunsch des Opfers verabreichte Insulin-Injektion eintritt und der Täter danach untätig das gewünschte Sterben des Opfers geschehen lässt. Das Unterlassen von Sorgfaltsvorkehrungen macht das Fahrlässigkeitsdelikt nicht zum Unterlassungsdelikt, weil diese „Unterlassungskomponente" dem aktiven Begehen immanent ist (BGH NStZ 2003, 657; mit Bespr. Duttge JR 2004, 34; Führ Jura 2006, 265; Nepomuk StraFo 2004, 9; Ulsenheimer StV 2007, 77; Kühl StrafR AT § 18 Rn. 24; anders Herzberg FS Röhl, 2003, 270). Für „passives Tun" als dritte Handlungsform Streng ZStW 120 (2008), 1.

4 **b)** Das Unterlassen kann als solches strafbar sein (**echtes Unterlassungsdelikt,** zB §§ 138, 323c) oder den Tatbestand eines Begehungsdelikts verwirklichen (**unechtes Unterlassungsdelikt;** für die Aufgabe der Terminologie Schmidhäuser FS Müller-Dietz, 2001, 761). Das für die Abgrenzung der beiden Kategorien (für eine dritte Kategorie Sànchez FS Roxin, 2001, 641) maßgebende Kriterium ist umstritten. Es dürfte darin zu finden sein, dass sich beim echten Unterlassen das Unrecht in der Nichtvornahme einer vom Gesetz geforderten Handlung erschöpft (BGHSt 14, 281 = NJW 1960, 1677; OLG Karlsruhe NStZ-RR 2001, 57 (58); Kühl JuS 2007, 497; Ransiek JuS 2010, 490; aM Schünemann ZStW 96 (1984), 287 (302); Kahlo, Das Problem des Pflichtwidrigkeitszusammenhanges bei den unechten Unterlassungsdelikten, 1990, S. 26, 35; Freund/Rostalski StrafR AT § 6 Rn. 11, 31; Bosch in Schönke/Schröder Vor § 13 Rn. 137; krit. Seelmann JuS 1991, 290 (291); Walter ZStW 116 (2004), 555 (580); rechtstheoretisch Röhl JA 1999, 895). Zur zweifelhaften Legitimation der echten und unechten Unterlassungsdelikte Tavarez FS Volk, 2009, 813 (827).

5 **c) Tatbestandsmäßig** setzt jede Unterlassung die Nichtvornahme einer positiven Handlung voraus, die beim echten Unterlassen im Tatbestand beschrieben ist und beim unechten die Erfolgsabwendung erwarten lässt; sie muss zur Rettung des bedrohten Rechtsguts erforderlich sein (Kühl StrafR AT § 18 Rn. 27; Wittig WirtschaftsStrafR § 6 Rn. 51; ähnlich Bosch in Schönke/Schröder Vor § 13 Rn. 150; die von der „geforderten Handlung" sprechen; nach Weigend in LK-StGB Rn. 63, geeignet und erforderlich; nach Heinrich StrafR AT Rn. 894, Nichtvornahme der gebotenen Handlung; Wessels/Beulke/Satzger StrafR AT Rn. 705, gebotene und erforderliche Handlung. Im Bereich der Produkthaftung kann sie auch in einer Rückrufpflicht bestehen (BGHSt 37, 106 (119) = NJW 1990, 2560 mit Bespr. Schmidt-Salzer NJW 1990, 2966; Kuhlen NStZ 1990, 586 (588); Brammsen GA 1993, 97; ebenso Bode FS BGH, 2000, 515 (522); Kuhlen in Achenbach/Ransiek/Rönnau WirtschaftsStrafR-HdB Kap. II Rn. 39, 40; zur Konkretisierung und zeitlichen Begrenzung dieser Pflicht Kuhlen FS Eser, 2005, 359; krit. Otto FS Hirsch, 1999, 291 (293); aM Schünemann in Breuer/Kloepfer/Marburger/Schröder, Umweltschutz und technische Sicherheit im Unternehmen, 1994, S. 137, 163; Schmu-

cker, Die „Dogmatik" einer strafrechtlichen Produktverantwortung, 2001, S. 154; sa Weißer, Kausalitäts- und Täterschaftsprobleme bei der strafrechtlichen Würdigung pflichtwidriger Kollegialentscheidungen, 1996, S. 65; Goll/Winkelbauer in Westphalen Produkthaftungs-HdB I § 47 Rn. 20; Ransiek ZGR 1999, 613 (616)). Nur die sicher voraussehbare Erfolglosigkeit eines sinnlosen Rettungsbemühens lässt die Handlungspflicht entfallen (BGHSt 48, 77 (92) = NJW 2003, 522; BGH NStZ 2000, 414). Die Handlung muss dem Täter nach den Umständen möglich (BGHSt 6, 46 (57) = NJW 1954, 969; BGH GA 1968, 336; Ransiek JuS 2010, 490 (492); grdl. Maiwald JuS 1981, 473 (476)) und – nach einem Teil der Lit. (Stree FS Lenckner, 1998, 393; Heinrich StrafR AT Rn. 904; Krey/Esser StrafR AT Rn. 1173; Gaede in NK-StGB Rn. 17) – zumutbar sein (aus der Rspr. BGHSt 55, 206 (222) = NJW 2010, 2672; dazu Kühl StrafR AT § 18 Rn. 33); die **Zumutbarkeit** ist jedoch ein stets vorauszusetzendes Schuldelement (hM; vgl. etwa Esser/Bettendorf NStZ 2012, 233 (236); Kühl StrafR AT § 18 Rn. 33, 140; Wessels/Beulke/Satzger StrafR AT Rn. 739; diff. Küper, Grund- und Grenzfragen der rechtfertigenden Pflichtenkollision im Strafrecht, 1979, S. 86; für Tatbestandsausschluss Ransiek JuS 2010, 585 (586); Stratenwerth/Kuhlen StrafR AT § 13 Rn. 63, 83; für Rechtfertigung Gropp/Sinn StrafR AT § 11 Rn. 53–56; Wortmann, Inhalt und Bedeutung der „Unzumutbarkeit normgemäßen Verhaltens" im Strafrecht, 2002, S. 160; Barthel, Die (Un-)Zumutbarkeit des erfolgsabwendenden Tuns, 2004, S. 132, 237; für eine analoge Anwendung von § 34 Köhler StrafR AT S. 298; abl. Frister StrafR AT § 22 Rn. 60; Schlehofer in MüKoStGB Vor § 32 Rn. 274–279; Rudolphi/Stein in SK-StGB Vor § 13 Rn. 51; rechtsvergleichend Moos ZStW 116 (2004), 891). Die Pflichterfüllung ist nur dann unzumutbar, wenn durch sie eigene billigenswerte Interessen in einem dem drohenden Erfolg – bei Mitbewertung auch der jeweiligen Rettungschancen (BGH NJW 1994, 1357 mAnm Loos JR 1994, 511) – nicht angemessenen Umfang gefährdet würden (BGH NStZ 1984, 164; Bosch in Schönke/Schröder Vor § 13 Rn. 156; sa BGHSt 41, 113 (116) = NJW 1995, 2045; BGHSt 43, 381 (398) = NJW 1998, 1568; BGHSt 48, 77 (96) = NJW 2003, 522; krit. zum (Un-)-Zumutbarkeitskriterium bei den unechten Unterlassungsdelikten Momsen, Die Zumutbarkeit als Begrenzung strafrechtlicher Pflichten, 2006, S. 386, 537); die Gefahr eigener Strafverfolgung schließt die Zumutbarkeit idR nicht aus (BGHSt 11, 353 (355) = NJW 1958, 957; BGH NStZ 1985, 24; Ulsenheimer GA 1972, 1 (8, 22); Stree FS Lenckner, 1998, 393 (405); Stratenwerth/Kuhlen StrafR AT § 13 Rn. 85; krit. Kölbel, Selbstbelastungsfreiheiten, 2006, S. 89, 325, 447).

Im Zuge der Corona-Krise begann 2020 in der Rechtswissenschaft die Diskussion über die rechtliche, aber auch ethische Zulässigkeit sowie die Grenzen einer **5a** **Triage** in Form der Auswahl der Patienten, wenn auch bei Ausschöpfung aller Kapazitäten (etwa der Intensivstationen einer Region) nicht allen gleichermaßen Bedürftigen auch zeitgelich geholfen werden kann, so dass möglicherweise Patienten sterben, weil andere statt ihrer Atemgeräte, Betten in der Station, rettende Medikamente oä bekommen haben und für sie danach keine solchen mehr verfügbar waren. Eine rechtswissenschaftliche Diskussion dazu hat es zwar bereits früher für Katastrophen usw gegeben (zuletzt Brettel in GS Tröndle, 2019, 405), doch wurde sie 2020/21 durch die Überbelegung vieler Intensivstationen immer wieder akut; betroffene Kliniken bildeten sog. Triage-Kommissionen. Kann ein Arzt nur einen von mehreren gleichzeitig gleich bedürftigen Patienten mit einem lebensrettenden Atemgerät versorgen, weil er mehr nicht hat oder erst die erste Beamtmung durchführen muss, bevor er sich dem zweiten Patienten zuwenden kann, liegt ein Fall der rechtfertigenden Pflichtenkollision (→ Rn. 5) vor. Schwierig ist die Situation, wenn der Arzt gleichzeitig zwei oder mehr Patienten antrifft und dabei wählen muss, wem er hilft (und wem damit zunächst nicht). Zwar muss der Gesetzgeber trotz des Wirtschaftlichkeitsgebots für die gesetzlichen Krankenkassen möglichst für genügend Hilfsmittel usw. sorgen (Tolmein NJW 2021, 270), doch ändert dies nichts daran, dass, wenn im konkreten Fall ein Mangel herrscht, die Ärzte nicht alle Patienten gleichermaßen versorgen können. Zu den strafrechtlichen Konsequenzen für den Arrzt vgl. Etterer ZMGR 2021, 15; Waßmer JA 2021, 298; Jansen ZIS 2021, 155; Streng-Baunemann ZIS 2021, 170; Gerson medstra 2021, 142; Coca-Vila GA 2021, 446; Gaede/Kubiciel/Saliger/Tsambikakis medtsra 2020, Rönnau/Wegner JuS 2020, 403; Hoven JZ 2020, 449; Windhöfel JZ 2020, 455; Merle/Augsburg JZ 2020, 704; Sowada NStZ 2020, 452; Busch ZStW 132 (2020), 749; Jäger/Gründel ZIS 2020, 151; Taupitz MedR 2020, 440; Lindner medstra 2020, 199; Sternberg-Lieben MedR 2020, 627; Walter GA 2020, 656; sowie die Beiträge in Hilgendorf/Hoven/Rostalski (Hrsg.), Triage in der (Strafrechts-)Wissenschaft, 2021. V.a. aus medizinischer Sicht sollte allein auf das Kriterium bestmöglicher Überlebenschancen der konkreten Erkranknung (nicht etwa auch des anschließenden längeren Überlebens) abzustellen sein. Das BVerfG (NJW 2022, 380) hat festgestellt, dass der Gesetzgeber einer dabei möglichen Benachteilingung behinderter Personen durch eine gesetzliche Regelung abhelfen muss; da diese angesichts der damit verbundenen möglichen (Um-)Verteilung von Rettungsressourcen notwendig auch die nichtbehinderten Menschen betreffen würde, muss wohl eine generelle Regelung der Triage zumindest in einer Pademiesituation erfolgen. Umstritten ist vor allem, ob dabei auch Regelungen für eine erst nach dem Behandlungsbeginn vorzunehmende sog. „Ex-post-Triage" vorzusehen sind. Im Referentenentwurf vom Juli 2022 sind solche nicht mehr enthalten.

6 **3.** Bei den **unechten Unterlassungsdelikten** muss als **Kern des Tatbestandes** (str.) hinzukommen, dass der Täter durch sein Unterlassen den tatbestandsmäßigen Erfolg eines Strafgesetzes **verursacht** (→ Vor § 13 Rn. 12, 14), obwohl er rechtlich dafür einzustehen hat, dass der Erfolg nicht eintritt (**Garantenpflicht;** krit. Langer, Die Sonderstraftat, 2007, S. 457). In engen Grenzen können auch schlichte Tätigkeitsdelikte, namentlich wenn sie abstrakte Gefährdungsdelikte sind, erfasst werden (BGHSt 38, 325 (328) = NJW 1992, 3247 zu § 326 I Nr. 3; BGHSt 46, 212 = NJW 2001, 624 zu § 130; BGH NStZ 1997, 545 zu § 326 I; BayObLG JR 1979, 289 mkritAnm Horn; Tenckhoff FS Spendel, 1992, 347; Oğlakcioğlu, Der Allgemeine Teil des Betäubungsmittelstrafrechts, 2013; Hecker JuS 2015, 274 (276); aM Jescheck FS Tröndle, 1989, 795; str.). Die Voraussetzungen der Garantenpflicht werden in Rspr. und Lehre als **Garantenstellung** bezeichnet (zusf. Schünemann ZStW 96 (1984), 287 (304); Kühl JuS 2007, 497; Ransiek JuS 2010, 585; rechtsvergleichend Jescheck FS GA, 1993, 115; zur Genealogie der Lehre von den Garantenstellungen Pawlik, Das Unrecht des Bürgers, 2012, S. 162). Die Notwendigkeit einer Garantenstellung (nicht ihre Voraussetzungen iE; → Rn. 7–15) ist in Rspr. und Lehre weitgehend **anerkannt.**

Aus dem monographischen Schrifttum expl. Kaufmann, Die Dogmatik der Unterlassungsdelikte, 1959; Androulakis, Studien zur Problematik der unechten Unterlassungsdelikte, 1963; Rudolphi, Die Gleichstellungsproblematik der unechten Unterlassungsdelikte und der Gedanke der Ingerenz, 1966; Schünemann, Grund und Grenzen der unechten Unterlassungsdelikte, 1971; Herzberg, Die Unterlassung im Strafrecht und das Garantenprinzip, 1972; Schöne, Unterlassene Erfolgsabwendungen und Strafgesetz, 1974; Brammsen, Die Entstehungsvoraussetzungen der Garantenpflichten, 1986; Gallas, Studien zum Unterlassungsdelikt,

NStZ-RR 2016, 30; krit. speziell zur Praxis bei Tötungsdelikten Legnaro/Aengenheister MschrKrim 1995, 212). Ferner darf einer nach dem Zweifelsatz angenommenen verminderten Schuldfähigkeit (→ § 20 Rn. 23) kein geringeres Gewicht nur deshalb beigemessen werden, weil sie nicht erwiesen, sondern nur zugunsten des Täters zu Grunde gelegt worden ist (BGH NStZ 1996, 328 mwN). Unabhängig von der Wahl des Strafrahmens ist es unzulässig, anstelle einer nach § 63 gebotenen Unterbringung auf eine übermäßige, der Schuld nicht entsprechende Freiheitsstrafe zu erkennen (BGHSt 20, 264 = NJW 1965, 1806).

4. Auch die Strafmilderung wegen verminderter Schuldfähigkeit kann unter dem Gesichtspunkt der **alic** (→ § 20 Rn. 25) ausgeschlossen sein (hM; BGHSt 21, 381 (382) = NJW 1968, 657; BGHSt 34, 29 (33) = NJW 1986, 2384; BGHSt 49, 239 (245) = NJW 2004, 3350; BGH NStZ 1999, 448; NStZ 2000, 584 mit krit. Bespr. Streng JuS 2001, 540; BGH NStZ 2003, 535; NStZ 2005, 384; Schöch in LK-StGB Rn. 33, 34; Morge, Die actio libera in causa im Rahmen des § 21 StGB, 2016; diff. Fischer Rn. 16; anders Landgraf, Die „verschuldeter" verminderte Schuldfähigkeit, 1988, S. 15, 132; Roxin/Greco StrafR AT I § 20 Rn. 69). Speziell zum Versuchsbeginn in diesen Fällen Schweinberg JuS 2006, 507 (509). 6

5. Die Anforderungen an **Feststellung und Begründung** der verminderten Schuldfähigkeit stimmen mit denen bei Schuldunfähigkeit überein (→ § 20 Rn. 19–23a). Hat das Gericht § 20 verneint, so darf § 21 idR nicht übergangen werden (BGH bei Dallinger MDR 1968, 372; OLG Koblenz VRS 47, 340). Zur Möglichkeit der **Unterbringung** in einem psychiatrischen Krankenhaus oder einer Entziehungsanstalt → § 20 Rn. 24. 7

2. Titel. Versuch

Vorbemerkung

1. Das Verbrechen durchläuft bis zu seiner vollständigen Beendigung idR die **Stadien** der Vorbereitung, des Versuchs und der Vollendung (Grundfälle dazu Kühl JuS 1979, 718 (874); JuS 1980, 120; JuS 1980, 273; JuS 1980, 506; JuS 1980, 650; JuS 1980, 811; JuS 1981, 193; JuS 1982, 110 (189); krit. zu dieser der hM zugrundeliegenden Stufenlehre Alwart GA 1986, 245). – Überblick über die Entwicklungsstufen der Straftat bei Kühl JA 2014, 907 (912). 1

2. Vollendung der Tat liegt vor, wenn der Tatbestand in allen seinen Voraussetzungen verwirklicht ist (Jakobs FS Roxin, 2001, 793 (798), der von dieser formellen Vollendung die materielle unterscheidet und letztere bei Delikten gegen die Person mit der „Organisationsanmaßung" bestimmt), ohne Rücksicht darauf, ob das Gesamtgeschehen damit bereits seinen Abschluss erreicht hat (Kühl JuS 1982, 110; JuS 2002, 729; aus der Rspr. OLG München NStZ 2006, 630 (631) „wenn alle objektiven Tatumstände bei Vorliegen der sonstigen subjektiven und individuellen Strafbarkeitsvoraussetzungen verwirklicht sind"). Der Diebstahl (§ 242) ist etwa mit der Wegnahme, der Betrug (§ 263) mit Eintritt des Vermögensschadens vollendet; das ist abstrakt problemlos, konkret aber oft schwierig festzustellen (→ § 242 Rn. 15–18; → § 263 Rn. 40–46; zur Vollendung bei der Brandstiftung nach § 306a BGHSt 56, 94 = NJW 2011, 2148). Zweifel an der Tatvollendung in Masseverfahren Beulke/Berghäuser FS Breidling, 2017, 13 (20). Von ihr ist daher die **Beendigung** zu unterscheiden. Sie tritt nach immer noch verbreiteter, aller- 2

dings nicht einheitlicher Lehre erst ein, wenn das Geschehen, soweit es aus tatsächlichen oder rechtlichen Gründen eine Einheit bildet, abgeschlossen vorliegt und wenn namentlich auch die Umstände verwirklicht sind, die nach dem jeweiligen Deliktstypus infolge Vorverlegung der Vollendung zwar nicht mehr zur Tatbestandsbeschreibung gehören, aber das Unrecht der Tat mitprägen (sog. materielle Beendigungslehre). Soweit dabei die Verwirklichung des Tatbestandes infolge der iterativen Delikts- (zB Dauerdelikt; vgl. Kühl FS Roxin, 2001, 665 (676); Schmitz, Unrecht und Zeit, 2001, S. 192; Ebert StrafR AT S. 117 „durative" Deliktsstruktur; aus der Rspr. BGH NStZ 2004, 44; OLG Düsseldorf NJW 2006, 630 (631)) oder Handlungsstruktur (zB Körperverletzung durch mehrere Schläge) oder infolge natürlicher oder rechtlicher Handlungseinheit (→ Vor § 52 Rn. 4–19a) nach Vollendung fortgesetzt wird, ist das Hinausschieben des Beendigungszeitpunktes unproblematisch. Dieser Lehre liegt jedoch die Annahme zugrunde, dass auch Handlungen nach Vollendung, die als solche auch bei weitester Auslegung kein Tatbestandsmerkmal mehr erfüllen (zB die Sicherung des Gewahrsams an der Beute beim Diebstahl oder die Verwirklichung der Bereicherungsabsicht beim Betrug; OLG Bamberg wistra 2016, 332), zur Begehung der Tat gehören können (BGHSt 4, 132 = NJW 1953, 915; BGHSt 8, 390 = NJW 1956, 478; BGHSt 19, 323 = NJW 1964, 1810; BGHSt 20, 194 = NJW 1965, 1087; BGHSt 21, 377 = NJW 1968, 260; BGHSt 28, 224 (229) = NJW 1979, 726; BGHSt 52, 300 (303) = NJW 2008, 3076 mit krit. Bespr. Gleß/Geth StV 2009, 183; Kuhlen JR 2009, 53; Mitsch Jura 2009, 534 (535) zu §§ 332, 334; BGH NJW 1987, 2687; JZ 1989, 759; Stratenwerth JZ 1961, 95; Furtner JR 1966, 169; Wessels/Beulke/Satzger StrafR AT Rn. 591, 592; eing. Hau, Die Beendigung der Straftat und ihre rechtlichen Wirkungen, 1974; zusf. Jescheck FS Welzel, 1974, 683; Art. 103 II GG heranziehend Mitsch JA 2017, 408). Diese Ansicht wird mit durchschlagenden Gründen, namentlich wegen Verstoßes gegen den Grundsatz der Gesetzesbestimmtheit und wegen Vernachlässigung der Handlungsseite der Tat, in Frage gestellt (Isenbeck NJW 1965, 2326; Gössel ZStW 85 (1973), 591 (644); Herzberg, Täterschaft und Teilnahme, 1977, S. 71; Hruschka JZ 1983, 217; Rudolphi FS Jescheck, 1985, 559; Bitzilekis ZStW 99 (1987), 723; Kühl FS Roxin, 2001, 665 (675); Kühl JuS 2002, 729 (731); Wolff, Begünstigung, Strafvereitelung und Hehlerei, 2002, S. 89; Brüning NStZ 2006, 253 (254); Hsueh, Abschied vom Begriff der Tatbeendigung im Strafrecht, 2013; Köhler StrafR AT S. 536; Roxin StrafR AT II § 25 Rn. 221, § 26 Rn. 262; Zaczyk in NK-StGB § 22 Rn. 6; diff. zwischen Verhaltens- und Erfolgsbeendigung Kühl, Die Beendigung des vorsätzlichen Begehungsdelikts, 1974; Kühl JZ 1978, 549; JuS 1982, 110 (113, 189); eine Anwendung auf Tötungsdelikte erwägt – weitgehend folgenlos – Walther NStZ 2005, 657). Die Streitfrage betrifft ein Problem der Tatbestandsauslegung und lässt sich deshalb nicht losgelöst von den einzelnen Tatbeständen beantworten (Küper JZ 1981, 251; JZ 1986, 862 (868); ebenso OLG München NStZ 2006, 630 (631); speziell zu § 142 Mitsch NZV 2009, 105); haltbar ist, zumindest soweit es um strafbarkeitsbegründende/schärfende Folgen geht, nur eine **tatbestandsbezogene Beendigung** (Kühl FS Roxin, 2001, 665 (673); Kühl JuS 2002, 729 (731); abl. BGHSt 52, 300 = NJW 2008, 3076 (303); zu § 283 auch BGH NJW 2016, 1525; StV 2017, 106). Sie hat vor allem Bedeutung für Mittäterschaft (→ § 25 Rn. 12) und Beihilfe (→ § 27 Rn. 3), für Abgrenzung und Konkurrenz von Teilnahme und Begünstigung (→ § 27 Rn. 3), für die Verwirklichung qualifizierender Umstände nach Vollendung (BGHSt 20, 194 = NJW 1965, 1087; BGHSt 22, 227 = NJW 1968, 2252 mAnm Hruschka JZ 1969, 607; BGHSt 52, 376 = NJW 2008, 3651 mit Bespr. Mitsch JR 2009,

FS Baumann, 1992, 33; Perron/Weißer in Schönke/Schröder Rn. 14; zw.). An die Ablehnung der Milderung sind strenge Anforderungen zu stellen, die umso höher sind, je stärker sich der gemilderte vom ordentlichen Strafrahmen unterscheidet (BGH StV 1990, 157), vor allem wenn zwischen lebenslanger und zeitiger Freiheitsstrafe zu wählen ist (BGHSt 53, 31 (32) = StV 2009, 527; BGH StV 1993, 355; NStZ 1994, 183; NStZ-RR 2003, 136; NStZ-RR 2009, 70; Streng Sanktionen Rn. 926; aM Roxin/Greco StrafR AT I § 20 Rn. 44, die hier die Milderung für zwingend halten). Immerhin ermöglicht es die Kann-Vorschrift, in engen Grenzen (dazu Theune NStZ 1986, 153 (154); Bruns JR 1986, 337) die schuldhafte Herbeiführung des biologischen Defekts zu berücksichtigen (BGH NStZ 1986, 114; Detter NStZ 1991, 272; Schöch in LK-StGB Rn. 26; sa BGH NStZ 1990, 537; NStZ 1992, 547; OLG München NStZ-RR 2008, 355; zu Fällen nicht vorwerfbaren Vorhaltens BGH NStZ 2004, 495; NStZ 2004, 619; str.) und die Strafe bei Psychopathen an deren häufig geringere Strafempfindlichkeit anzupassen (BGH bei Dallinger MDR 1953, 146; aM Landgraf, Die „verschuldete" verminderte Schuldfähigkeit, 1988, S. 90; Roxin/Greco StrafR AT I § 20 Rn. 39; zw.). Die Versagung der Strafmilderung wegen schuldhafter Herbeiführung eines Affekts ist nur dann rechtsfehlerfrei, wenn der Täter nach den konkreten Umständen den Affektaufbau verhindern konnte und die Folgen des Affektdurchbruchs für ihn voraussehbar waren, wobei sich die Verschuldensprüfung auf die Genese des zur Tat führenden Affekts beschränkt (BGHSt 35, 143 = StV 1988, 196; BGHSt 53, 31= StV 2009, 527 mAnm Streng JR 2009, 341). Jedoch darf die Milderung nicht lediglich aus präventiven Gründen und daher nicht auf Grund solcher Umstände versagt werden, die ihrerseits durch den biologischen Defekt bedingt sind (BGHSt 16, 360 (364) = NJW 1962, 498; BGH NStZ 1986, 114; OLG Köln NJW 1986, 2328; OLG Jena BA 1995, 303; BWME StrafR AT § 19 Rn. 25; Streng FS Benakis, 2008, 593 (612); aM Terhorst MDR 1982, 368), es sei denn, dass dieser zur Schuld voll zurechenbar ist (BGH NStZ 1993, 342; NStZ 1996, 328; OLG Jena VRS 90, 174 = BeckRS 1995, 05008). Dabei gibt es keinen Erfahrungssatz des Inhalts, dass fehlende Unrechtseinsicht die Strafmilderung eher nahelegt als verminderte Steuerungsfähigkeit (BGH NStZ 1985, 357; StV 1989, 15). Wird bei § 211 der niedrige Beweggrund wegen subjektiver Besonderheiten verneint, kann die Strafmilderung abzulehnen sein (BGH NStZ-RR 2006, 234). Selbst wenn eine Strafrahmenverschiebung nach § 49 I wegen selbstverschuldeter Trunkenheit nicht in Betracht kommt, hat der Richter die verminderte Schuldfähigkeit zu erörtern, weil sich diese bei der Strafzumessung ieS zugunsten des Täters auswirken kann (OLG München NStZ-RR 2008, 355).

bb) Bei **Trunkenheit** forderte die ältere Rspr. nicht nur, dass der Täter den Rausch zurechenbar herbeigeführt hat, sondern auch, dass er nach Alkoholgenuss zu Handlungen neigt, die der begangenen Tat vergleichbar sind (vgl. dazu BGH NJW 1993, 2544, aber auch NStZ-RR 1997, 163 (165)), und dass er das wusste oder wissen musste (BGHSt 35, 143 (145) = NJW 1988, 2747; sa BGHSt 43, 66 (78) = NJW 1997, 2460; BGHSt 43, 171 (177) = NJW 1997, 3180; BGH NJW 1992, 1519; NStZ 1993, 278; NStZ-RR 1999, 295 (297); NStZ-RR 2003, 136; OLG Karlsruhe DAR 1991, 393; Dölling in Kiesel, Rausch, 1999, S. 173; krit. Foth DRiZ 1990, 417; NJ 1991, 386; Foth FS Salger, 1995, 31; krit. auch Streng Sanktionen Rn. 926; Rautenberg DtZ 1997, 45, der eine Gesetzesänderung vorschlägt; ebenso Schnarr/Hennig in Schnarr/Hennig/Hettinger, Alkohol als Strafmilderungsgrund, Vollrausch, Actio libera in causa, 2001, S. 79, 164; zw.). In der neueren Rspr. setzt sich jedoch eine strengere Betrachtungsweise durch (zusf. 4a

Theune NStZ-RR 2005, 329 (334); NStZ-RR 2006, 329 (330)). So will der 3. Strafsenat an der bisherigen Rspr. nicht mehr festhalten und die Strafmilderung bei **selbstverschuldeter Trunkenheit** regelmäßig versagen (BGHSt 62, 247 = NJW 2018, 1180 mAnm Jahn; BGH NStZ 2016, 203; medstra 2016, 169; NStZ-RR 2017, 70; StV 2021, 421; NJW 2003, 2394 mit Bespr. Foth NStZ 2003, 597; Frister JZ 2003, 1019; Neumann StV 2003, 527; Scheffler BA 2003, 449; Streng NJW 2003, 2963; Rau JR 2004, 403; Schäfer JR 2004, 425; Verrel/Hoppe JuS 2005, 308; krit. auch Hörnle Schünemann-Symposium, 2005, 105 (130); Fischer Rn. 25; dem 3. Strafsenat folgend der 1. Strafsenat BGH NStZ 2005, 151); im Fall einer Alkoholkrankheit oder -überempfindlichkeit soll es an einem Selbstverschulden fehlen (BGH NStZ 2004, 495; NStZ 2008, 130; NStZ 2009, 258; NStZ 2012, 687). Diese Rspr. ist nicht nur im Hinblick auf die Entstehungsgeschichte (Neumann StV 2003, 527; Streng NJW 2003, 2963; Rau JR 2004, 403; sa Foth NStZ 2003, 597; Duensing StraFo 2005, 15 (17)), sondern auch wegen eines möglichen Verstoßes gegen das Schuldprinzip umstritten (Baier JA 2004; Frister JZ 2003, 1019; Neumann StV 2003, 527; Schöch GA 2006, 371; Roxin/Greco StrafR AT I § 20 Rn. 45; eine Gesamtreform fordert Streng NJW 2003, 2963. Davon leicht abweichend stellt der 5. Strafsenat auf die schulderhöhende Kompensation der alkoholbedingten Schuldmilderung durch persönliche oder situative Umstände ab, die zu einer signifikanten Erhöhung des Risikos von Straftaten führen müsse (BGHSt 49, 239 = NJW 2004, 3350 mit Bespr. König NJ 2005, 44; dazu auch Schäfer in Schäfer/Sander/van Gemmeren Strafzumessung Rn. 540; BGH NStZ 2005, 385 (386); NStZ 2008, 619; NStZ 2009, 202 (496); ebenso der 4. Strafsenat BGH NStZ 2006, 274). Dies leuchtet ein bei Vorhersehbarkeit und Vermeidbarkeit der Tat in alkoholisiertem Zustand, wofür im weitesten Sinne vergleichbare Vorerfahrungen (BGHSt 49, 239 (243) = NJW 2004, 3350) genügen (wie zB bei §§ 212, 227 mehrfache Vorstrafen wegen Gewaltdelikten unter Alkoholeinfluss, BGH NStZ 2004, 495; NStZ 2005, 285 (286)) sowie für die Fälle der alic (→ Rn. 6), während in der vom 3. Strafsenat weiter genannten Fallgruppe des Trinkens in gefahrträchtigen Situationen (etwa in Gemeinschaft anderer, BGHSt 49, 239 (243) = NJW 2004, 3350) die Grenzziehung zu nicht vorwerfbaren sozialadäquaten Verhaltensweisen häufig nur schwer möglich sein dürfte. Diese für Alkohol geltenden Grundsätze können nicht ohne weiteres auf **andere Genuss-** und Betäubungsmittel (zB Kokain, BGH StV 2005, 19) übertragen werden.

5 **b)** Wird von der Milderungsmöglichkeit Gebrauch gemacht, so ändert sich zunächst **nur der Strafrahmen** nach dem Maßstab des § 49 I (beachte auch § 50; → § 213 Rn. 10). Bei der Strafzumessung innerhalb dieses Rahmens (→ § 49 Rn. 10) sind auch Art und Maß der psychischen Störung relevant (Schöch MschrKrim 1983, 333; sa BayObLG VRS 67 (1984), 219 = LSK 1985, 120085; Maisch MschrKrim 1983, 343). Vor allem dürfen erschwerende Umstände im Täterverhalten (zB besondere Brutalität) nicht strafschärfend berücksichtigt werden, wenn sie eine unverschuldete (dazu BGH bei Holtz MDR 1988, 98) Folge des schuldmindernden psychischen Zustandes sind (BGHSt 16, 360 (364) = NJW 1962, 498; BGH NStZ 1987, 453; BGH NStZ-RR 1997, 66; NStZ-RR 1997, 295; sa BGH NJW 1988, 1153; NStZ 1989, 318; StV 1989, 198; StV 2005, 495); auch als verschuldete Folge dürfen sie nur nach dem Maßstab der geminderten Schuld erschwerend zu Buch schlagen (BGH NStZ 1988, 310; NStZ 1989, 18; NStZ 1991, 581; NJW 1988, 2621; NStZ-RR 1996, 193; NStZ-RR 2003, 104;

1989; Sangenstedt, Garantenstellung und Garantenpflicht von Amtsträgern, 1989; Vogel, Norm und Pflicht bei den unechten Unterlassungsdelikten, 1993; Gimbernat/Schünemann/Wolter, Internationale Dogmatik der objektiven Zurechnung und der Unterlassungsdelikte, 1995, S. 49; Kahlo NJW 1990, 247 (252); Langer, Die Sonderstraftat, 2007, S. 456; abw. Freund, Erfolgsdelikt und Unterlassen, 1992, der das Erfordernis einer Garantenstellung verwirft, die Tatbestandsmäßigkeit vielmehr von einschränkenden Kriterien abhängig macht, die für Tun und Unterlassen übereinstimmen (Freund, Erfolgsdelikt und Unterlassen, 1992, S. 51, 124; sa Freund/Rostalski StrafR AT § 6 Rn. 14, 22, 49–56); insoweit ähnlich Jakobs, Die strafrechtliche Zurechnung von Tun und Unterlassen, 1996; Jakobs, System der strafrechtlichen Zuordnung, 2012, mit Bespr. Schünemann ZStW 126 (2014), 13 (sa Jakobs StrafR AT § 29 Rn. 26–73), der die Zurechnung bei Begehungs- und Unterlassungsdelikten gleichermaßen auf Organisations- und institutionelle Zuständigkeit stützt; Schrägle, Das begehungsgleiche Unterlassungsdelikt, 2017, der das Vorliegen eines funktional-kriminalpolitisch gegründeten Garantieverhältnisses zwischen Unterlassendem und Rechtsträger verlangt.

a) Eine **Garantenstellung** wird nicht durch die aus echten Unterlassungstatbeständen (zB § 323c I, BGH JR 1956, 347) folgende, für jedermann geltende Handlungspflicht begründet (BGHSt 3, 65 = NJW 1952, 1062; sa BGH bei Holtz MDR 1981, 100). Sie ist viel-mehr eine besondere Pflichtenstellung, die von der uneinheitl, erst in jüngerer Vergangenheit um Einschränkung bemühten **Rspr.** auf folgende, sich vielfältig überschneidende (zum Verdienst der Rspr. Arzt FG BGH, 2000, 755 (761)) Entstehungsgründe (Rechtsquellen) zurückgeführt werden: 7

aa) Auf **Gesetz** (vgl. Stam ZStW 131 (2019), 259), zB auf § 1353 BGB, der den Ehegatten ua verpflichtet, dem anderen in Gefahr beizustehen (BGHSt 2, 150 = NJW 1952, 552; Krey/Esser StrafR AT Rn. 1131; krit. Bergmann, Strafbarkeit vertragswidrigen Unterlassens, 2012, S. 308; zu deren Ende bei dauerhaft gemeinter Trennung BGHSt 48, 301 = JuS 2004, 82 mit Bespr. Freund NJW 2003, 3384, Rönnau JR 2004, 158, Ingelfinger NStZ 2004, 409; zust. Pawlik, Das Unrecht des Bürgers, 2012, S. 189 Fn. 219; Kühl/Hinderer JuS 2010, 919 (924); Rengier StrafR AT § 50 Rn. 21; Wessels/Beulke/Satzger StrafR AT Rn. 718) oder ihn von Straftaten im gemeinsamen, durch das Zusammenleben bedingten Herrschaftsbereich abzuhalten (BGHSt 6, 322 = NJW 1954, 1818; BGH GA 1967, 115; sa OLG Stuttgart NJW 1986, 1767 mit Bespr. Ranft JZ 1987, 908 (909)); auf § 1618a BGB, der Eltern und Kinder zu gegenseitigem Beistand verpflichtet, woraus sich bei faktsichem Zusammenleben idR eine Schutzpflicht als Garantenpflicht ableiten lässt (BGH HRRS 2022 Nr. 122; vgl. Gaede in NK-StGB Rn. 61; Schramm RW 2014, 88 (112, 114) zur Patchwork-Familie; → Rn. 10); zur Schutzpflicht der Kinder gegenüber ihren Eltern (Engelmann HRRS 2013, 351 (356); Kühl StrafR AT § 16 Rn. 4); auf §§ 1626ff. BGB wird die Garantenstellung der Mutter gegenüber ihrem Kind gestützt (BGH NStZ 1999, 607); sie beginnt mit dem Einsetzen der Geburtswehen (BGH NStZ 2010, 214; Weigend in LK-StGB Rn. 26); auf §§ 16, 17 I Nr. 5 PStG wird die Pflicht zB der Mutter zur Anzeige der Geburt ihres Kindes beim Standesamt gestützt (Neuheuser NStZ 2001, 175 (177)); auf § 30 Nr. 2 LMBG aF (heute § 5 LFGB), der das Inverkehrbringen bestimmter gesundheitsgefährdender Gegenstände oder Mittel verboten hat (BGHSt 37, 106 (117) = NJW 1990, 2560; sa Kirchner, Die Unterlassungshaftung bei rechtmäßigem Vorverhalten im Umweltstrafrecht 2003, S. 102, 161, mit Hinweis auf § 4 II Nr. 2 ProdSG aF); auf Polizeigesetzen iwS, die Amtsträger im Rahmen ihrer Zuständigkeit und ihres Pflichtenkreises zur Abwehr von Gefahren für bestimmte, ihnen anvertraute Rechtsgüter verpflichten (BGHSt 38, 388 = NJW 1993, 544; BGH NJW 1987, 199; NStZ 2000, 147; Krey/Esser StrafR AT Rn. 1134, 1136; sa OLG Rostock NStZ 2001, 199 mit krit. Bespr. Geppert JK StGB § 13 Rn. 32; 8

→ Rn. 14); auf § 81 a IV SGB V, der eine Anzeigepflicht für Kassenärztliche Vereinigungen begründet (Ellbogen MedR 2006, 457; zu deren Strafbewehrung → § 258 Rn. 7 a), auch § 60 I Nr. 2 SGB I begründet eine Garantenpflicht zur Mitteilung für Leistungsempfänger (OLG Köln NStZ-RR 2010, 79 (80); OLG Düsseldorf NStZ 2012, 703; KG NZWiSt 2014, 65; OLG Braunschweig NStZ 2015, 520; krit. Bringewat NStZ 2011, 131; offen gelassen von BGH NStZ-RR 2019, 78); schließlich auch auf § 21 I Nr. 2, II Nr. 1, 3 StVG, § 31 II StVZO, die bestimmte Pflichten des Kraftfahrzeughalters begründen (problematisch BayObLG JR 1979, 289 mAnm Horn); zur Garantenstellung von Hebammen nach §§ 3, 4 SächsHebG OLG Dresden StV 2015, 120, bei der Steuerhinterziehung BGH wistra 2014, 100 mkritAnm Kasiske: der Verfügungsberechtigte; auf die besondere strafprozessualen Pflichtenstellung für einen Zeuge, der damit Garant für die staatliche Strafrechtspflege ist (BGH bei Jahn JuS 2018, 296); **nicht** jedoch auf § 1 II 2 SGB VIII, der Pflichten für Sozialarbeiter des Jugendamtes begründet (OLG Stuttgart NJW 1998, 3131; anders aber OLG Oldenburg StV 1997, 133; Bringewat, Tod eines Kindes, 1997, 563; Bringewat NJW 1998, 944 (946); sa OLG Düsseldorf NStZ-RR 2001, 199; OLG Hamm medstra 2021, 108; AG Arnsberg ZKJ 2020, 194 mAnm Wiesner; Beulke/Swoboda FS Gössel, 2002, 73 (83), die für den zuständigen Sachbearbeiter des Jugendamts auf Art. 6 II GG abstellen, S. 86; eing. Bohnert ZStW 117 (2005), 290 (301); Dießner, Die Unterlassungsstrafbarkeit der Kinder- und Jugendhilfe bei familiärer Kindeswohlgefährdung, 2009; abl. Zaczyk FS Rudolphi, 2004, 361), auf § 2 StVollzG, der nur die Aufgaben des Vollzugs umschreibt (BGHSt 43, 82 = NJW 1997, 2059 mit insoweit zustAnm Seebode JR 1998, 338; aM OLG Hamburg NStZ 1996, 102 mit krit. Bespr. Verrel GA 2003, 595; → § 258 Rn. 7 a) und auf § 44 NWUnivG, der formell die Stellung eines Abteilungsleiters umschreibt (BGH NJW 2000, 2754); für den Betriebsbeauftragten auch nicht auf § 21 II Nr. 1 WHG (Böse NStZ 2003, 637 (638); für den Arbeitnehmer nicht aus der Rücksichtnahmepflicht nach § 241 II iVm § 611 BGB (OLG Celle NStZ-RR 2010, 207). Auch aus EG/EU-Verordnungen (Schröder NStZ 2006, 669 (673)) und aus internationalen Menschenrechtspakten und -erklärungen kann sich eine Garantenstellung ergeben (BGHSt 48, 77 (91) = NJW 2003, 522; zur Garantenstellung von Schiffskapitänen Esser/Bettendorf NStZ 2012, 233 (234)). Ob dies auch aus zB ärztlichem Standesrecht gelten kann, ist fraglich (offen gelassen in BGHSt 64, 121 = NJW 2019, 3092 mit Bespr. Kudlich JA 2019, 867), doch **endet die Garantenstellung** eines Arztes für das Leben seines Patienten wegen § 1901 a BGB jedenfalls, wenn er vereinbarungsgemäß nur noch dessen freiverantwortlichen Suizid begleitet (BGHSt 64, 135 = NJW 2019, 3089 mAnm Sowada NStZ 2019, 670; Engländer JZ 2019, 1049; Hillenkamp JZ 2019, 1053, Grünewald JR 2020, 167; Stam medstra 2020, 100; Bespr. Lorenz HRRS 2019, 351; Neumann StV 2020, 126; Brechtken/Leifeld medstra 2019, 339; Rissing-van Saan/Verrel NStZ 2020, 121; Sternberg-Lieben medstra 2020, 3; Coenen medstra 2020, 84; Hecker JuS 2020, 82; Weißer ZJS 2020, 85).

9 bb) Auf **freiwilliger Übernahme** (Kinderschwester, Arzt, nichtärztliche medizinische Hilfsperson, Sozialarbeiter, Taxifahrer; vgl. zB BGHSt 5, 187 (190) = NJW 1954, 519; BGHSt 7, 211 = NJW 1955, 718; BGHZ NJW 2015, 477; OLG Hamm NJW 1975, 604; OLG Stuttgart NJW 1998, 3131; LG Zweibrücken VRS 98 (2000), 284 = BeckRS 2000, 9508; Stree FS Mayer, 1966, 145; Bringewat, Tod eines Kindes, 1997, S. 48; Bringewat NJW 1998, 944; Boll, Strafrechtliche Probleme bei Kompetenzüberschreitungen nichtärztlicher medizinischer Hilfspersonen in Notsituationen, 2000, S. 172, 200; Tag, Der Körperverletzungstatbestand im Spannungsfeld zwischen Patientenautonomie und Lex artis, 2000, S. 407; Beulke/Swo-

boda FS Gössel, 2002, 73 (84); Stein in SK-StGB Rn. 58–63; speziell zu Garantenpflichten von Ärzten Lipp in Laufs/Katzenmeier/Lipp ArztR Kap. IV B; zum Bereitschaftsarzt LG Gießen BeckRS 2012, 15337; speziell zu „Notinseln"-Betreibern Hertel HRRS 2009, 555; sa BGH NJW 2000, 2741 (2754, 2756) mkritAnm Altenhain NStZ 2001, 189); auch Reiseleiter, selbst bei einer Gruppe illegal Eingereister (BGH NStZ 2008, 276 mit Bespr. Kühl HRRS 2008, 359; Wilhelm NStZ 2009, 15). Wer dabei die Garantenpflicht eines anderen übernimmt, tritt auch in eine Garantenstellung gegenüber den durch die Pflicht Begünstigten ein (BGHSt 19, 286 (289) = NJW 1964, 1283). Die Garantenstellung wird nicht schon durch Abschluss eines Vertrages über den Schutz des Rechtsgutes begründet, auf dessen zivilrechtliche Wirksamkeit es ohnehin nicht ankommt (RGSt 64, 81 (84)), sondern idR erst dadurch, dass der Täter in seine Schutzfunktion **tatsächlich** eintritt (OLG Celle NJW 1961, 1939; Ransiek ZGR 1999, 613 (619); krit. Maiwald JuS 1981, 473 (481)) und dadurch für den Gefährdeten eine Vertrauenslage schafft (OLG Düsseldorf NJW 1991, 2979 mAnm Meurer JR 1992, 38; einschr. Bringewat, Tod eines Kindes, 1997, S. 52). Das kann auch ohne Vertrag geschehen, zB wenn jemand die Überwachung einer Gefahrenquelle in einer Weise übernimmt, dass bei anderen das Vertrauen auf den Fortbestand des Schutzes entsteht (Arzt JA 1978, 557 (560); JA 1980, 712), oder wenn er durch eine begonnene Hilfeleistung (§ 323c I) den Hilfsbedürftigen in eine nicht nur wesentlich (so missverständlich BGH NJW 1993, 2628), sondern auch nachteilig veränderte Lage bringt (so mit Recht Hoyer NStZ 1994, 85; Jung JuS 1994, 262; Mitsch JuS 1994, 555; sa Bergmann, Strafbarkeit vertragswidrigen Unterlassens, 2012, S. 278). Übernommen werden können nicht nur Obhutspflichten mit **„Schutzfunktionen"** (BGH NStZ 2008, 276 (277) mit Bespr. Kühl HRRS 2008, 359; Wilhelm NStZ 2009, 15; Kühl StrafR AT § 18 Rn. 68), sondern auch **Sicherungspflichten** (BGHSt 52, 159 = NJW 2008, 1897 mit Bespr. Kühl Werkstattleiter mit Lkw-Wartung; BGHSt 53, 38 (44) = NJW 2009, 240, Sanierungsbeauftragter für Schule; BGH NJW 2010, 1087 (1092) mit Bespr. Kühl, Sanierungsbeauftragter für Eissporthalle; Kühl StrafR AT § 18 Rn. 119; Kühl HRRS 2008, 359). Zur Abgrenzung von Verantwortungsbereichen bei gleichgeordneter oder vertikaler Arbeitsteilung gilt auch hier der Vertrauensgrundsatz (Altenhain NStZ 2001, 189 (190); → § 15 Rn. 40); zur Garantenpflicht bei arbeitsteiliger Wahrnehmung oder Übernahme der **Verkehrssicherungspflicht** (BGHSt 47, 224 = NStZ 2002, 421 mit Bespr. Freund NStZ 2002, 424; Kudlich JR 2002, 468; OLG Stuttgart NJW 2005, 2567 mit Bespr. Duttge NStZ 2006, 266 (271); OLG Frankfurt NStZ-RR 2019, 143: Winterdienst; vgl. auch LG Saarbrücken NStZ-RR 2006, 75), etwa bei arbeitsteilig ausgeführten Abbrucharbeiten (BGHSt 53, 38 = NJW 2009, 240 mit Bespr. Bußmann NStZ 2009, 386; Duttge HRRS 2009, 145; Kraatz JR 2009, 182; Renzikowski StV 2009, 443; Wegner HRRS 2009, 382; zu weiteren Fallgruppen Mergner/Matz NJW 2015, 197). Der Bauherr ist zur Überwachung des Bauleiters verpflichtet, wenn er dessen nachlässige Arbeit wahrnimmt (BGHSt 19, 286 (289) = NJW 1964, 1283; OLG Stuttgart NStZ 2006, 450). Zur strafrechtlichen Produkthaftung → Vor § 13 Rn. 12; zur Haftung von Sportveranstaltern LG Waldshut-Tiengen NJW 2002, 153 mAnm Rammig/Schödel SpuRt 2002, 189; Duttge NStZ 2006, 266 (271)).

cc) Auf enger **Familien-** (speziell dazu Bülte GA 2013, 389, der bei familiärer **10**
Verbundenheit auf das gegenseitige berechtigte Vertrauen und Erwarten abstellt), **Lebens- oder Gefahrengemeinschaft.** Hier ergibt sich allerdings die Garantenstellung häufig schon aus Gesetz oder Übernahme (→ Rn. 8, 9; Schramm RW 2014, 88 (113)). In Frage kommen zB Verwandtschaft gerader (schon vor der rechtlichen

Gleichstellung auch nichtehelicher, RGSt 66, 71) Linie (BGHSt 7, 268 = NJW 1955, 1038; BGHSt 19, 167 = NJW 1964, 731mit Bespr. Geilen FamRZ 1964, 385; zu weit KG JR 1969, 27 mablAnm Lackner), und Verlöbnis bei tatsächlicher Lebensgemeinschaft (OLG Neustadt JR 1955, 104; BGH NJW 1960, 1821; str.). Die Garantenstellung der Kinder gegenüber ihren Eltern bemißt sich nach § 1618a BGB (BGH NStZ 2017, 401; NStZ 2018, 34; zu Tochter-Mutter BGH StraFo 2017, 72). Bei Geschwistern wäre eine tatsächliche Übernahme der Schutzfunktion neben oder anstelle der Eletrn erforderlich (BGH bei Eisele JuS 2021, 986; LG Kiel NStZ 2004, 157 mit zust. Bespr. Otto JK StGB § 13 Rn. 39). Die Haus- oder sonstige Wohngemeinschaft genügt als solche nicht (Kretschmer Jura 2006, 898 (903); Fischer Rn. 46; vgl. auch Bergmann, Strafbarkeit vertragswidrigen Unterlassens, 2012, S. 332); sie erfordert vielmehr die aus den Umständen hervorgehende Übernahme von Schutzfunktionen durch die Beteiligten (BGH NStZ 1984, 163 mit Bespr. Rudolphi NStZ 1984, 149; sa BGH NStZ 1985, 122; NJW 1987, 850; → Rn. 14, 15). Dasselbe gilt für die Gefahrengemeinschaft, namentlich für die Gemeinschaft von Bergsteigern oder am Arbeitsplatz. Bei der bloßen Zechgemeinschaft (BGH NJW 1954, 1047; NStZ 1983, 454) und der Gemeinschaft beim Erwerb oder Konsum von Betäubungsmitteln (OLG Stuttgart NJW 1981, 182) fehlt es regelmäßig an dieser Übernahme (BGH StV 2020, 373 mit Bespr. Nussbaum ZJS 2021, 86: anders nur wenn darüber hinaus erkennbar Schutzfunktion gegenüber Hilfsbedürftigen aus der Gruppe übernommen wird); ebenso bei einer Gruppe illegal Eingereister (BGH NStZ 2008, 276 mit Bespr. Kühl HRRS 2008, 359; Wilhelm NStZ 2009, 15; Kretschmer StraFo 2009, 192). Zur Reichweite der Beschützergarantenstellung bei eigenverantwortlicher Selbstgefährdung (→ Vor § 211 Rn. 12) BGH NStZ 2017, 219 mAnm Jäger; krit. Fahl GA 2018, 418, weil Rspr. durch die Strafbewehrung Dritter vor der Konseqeunz echter Eigenverantwortung zurückschrecke.

11 dd) Auf vorausgegangenem, die nahe Gefahr des Erfolgseintritts (BGHSt 54, 44 (47) = BKR 2009, 422; BGHSt 59, 68 (70) = NJW 2014, 711; BGH NJW 1992, 1246 mit krit. Bespr. Seelmann StV 1992, 416; Neumann JR 1993, 161; BGH NStZ-RR 1997, 292; NStZ 1998, 83; NStZ 2000, 414 BGH NJW 1999, 69 (71); NJW 2000, 2754 (2756); NStZ-RR 2009, 366 mit zust. Bespr. Kudlich JA 2010, 151; BGH NStZ 2009, 381 (382); NStZ-RR 2013, 137, zu Brandstiftungsdelikten; BGH NStZ 2013, 578; NStZ-RR 2012, 319; Murmann NStZ 2012, 387; Oğlakcioğlu NStZ-RR 2012, 246; beachte auch BGHSt 43, 381 (396) = NJW 1998, 1568; OLG Schleswig NStZ 1982, 116; krit. Analyse der Rspr. bei Jakobs FG BGH, 2000, 29) begründenden Verhalten; zu Legitimität und Grenzen der Ingerenz Paradissis, Unterlassungsstrafbarkeit in sog. Weiterungsfällen, 2015 **(Ingerenz).** Im Allgemeinen soll dazu pflichtwidriges verschuldetes oder unverschuldetes (BGHSt 2, 279 (283) = BeckRS 1952, 30391949; BGHSt 4, 20 = NJW 1953, 634; BGHSt 11, 353 = NJW 1958, 957) positives Tun (auch eines Mittäters, sofern es sich nicht um einen Exzess handelt, BGH NJW 1999, 69 (71) mit zust. Bespr. Geppert JK StGB § 212 Rn. 4; BGH NStZ 2000, 583; NStZ 2004, 294 (296); auch eines „psychischen Gehilfen" BGH NStZ 2002, 139 mit krit. Bespr. Geppert JK StGB § 27 Rn. 16) oder Unterlassen ausreichen (BGH StV 1982, 218 mit krit. Bespr. Stree FS Klug, 1983, 395; BGH NStZ 1985, 24; NJW 1992, 1246; NStZ 1998, 83; NStZ 2004, 89 mAnm Schneider; krit. zu dieser dogmatisch noch nicht zufrieden stellend erfassten Ingerenzhaftung für Weiterungstaten (meist Tötungstaten nach gemeinschaftlich begangenen Körperverletzungen) Jakobs FG BGH, 2000, 29 (44), der entgegen der subjektivierenden Rspr. darauf abstellt, welches unerlaubte Risiko der Vortatbeteiligte durch seine Beteiligung gesetzt hat; vgl. auch

Otto FS Geppert, 2011, 441 (448); Zimmermann JuS 2011, 629 (632)). Darüber hinaus und auch in zahlreichen Einzelfragen, namentlich bei rechtmäßigem Vorverhalten, hat die Rspr. die Abgrenzung noch nicht abschließend geklärt. Während sie anfangs die Garantenstellung allgemein auch bei rechtmäßigem Vorverhalten bejaht hatte (expl. BGHSt 11, 353 = NJW 1958, 957) und damit die Verkehrssicherungspflicht bei Eröffnung von Gefahrenquellen umfassend begründen konnte (BGH NJW 1971, 1093; Kindhäuser/Zimmermann StrafR AT § 36 Rn. 67), erkennt sie zunehmend Ausnahmen an. So verneint sie eine Garantenstellung, wenn die verursachte Gefahr auf einer Notwehrhandlung beruht (BGHSt 23, 327 = NJW 1970, 2252 mit abl. Bespr. Herzberg JuS 1971, 74; Welp JZ 1971, 433; BGH NJW 1987, 850 mit Bespr. Ranft JZ 1987, 865; BGH NStZ 2000, 414; zust. Ransiek JuS 2010, 585 (589); Jakobs, System der strafrechtlichen Zurechnung, 2012, S. 37; Freund/Rostalski StrafR AT § 6 Rn. 74; Zieschang StrafR AT Rn. 617; Joecks/Jäger StGB Rn. 57; Rudolphi/Stein in SK-StGB Rn. 40a; Kudlich StrafR AT Fall 195a; zweifelnd StrafR AT § 18 Rn. 95; Kühl JuS 2007, 497 (503); sa Kühl/Hinderer JuS 2009, 919; für eine Klarstellung in § 323c Walther FS Herzberg, 2008, 503 (512)) oder wenn sie keine adäquate (BayObLG NJW 1953, 556; OLG Oldenburg NJW 1961, 1938) oder nur eine durch sozialübliches, allgemein gebilligtes Verhalten verursachte Gefahr gewesen ist (BGHSt 26, 35 = NJW 1975, 1175; OLG Stuttgart NJW 1986, 1767; krit. Jakobs FG BGH, 2000, 35). Unter dem letzteren Gesichtspunkt scheidet zB als Garant idR aus, wer durch rechtmäßiges Verhalten die Gefahr einer fremden Straftat verursacht und diese dann nicht verhindert oder deren Folgen nicht abgewendet hat (BGHSt 19, 152 = NJW 1964, 166; s. jedoch OLG Köln NJW 1973, 861; weiter Riemenschneider/Paetzold NJW 1997, 2420 (2424)); die Rspr. hält diesen Gedanken auch für tragfähig, wenn jemand trotz verkehrsrichtigen Verhaltens in einen Unfall verwickelt wird und alsdann die Rettung des verletzten Verkehrsopfers unterlässt (BGHSt 25, 218 = NJW 1973, 1706 mAnm Rudolphi JR 1974, 160; einschr. BGHSt 34, 82 = NJW 1986, 2516 mit krit. Bespr. Herzberg JZ 1986, 986; Rudolphi JR 1987, 162; Ranft JZ 1987, 864; Jakobs FG BGH, 2000, S. 39). Die vorsätzliche aktive Gefahrschaffung zB für das Leben soll nach der Rspr. nicht zu einer Ingerenz-Garantenpflicht für dieses Rechtsgut führen (BGH NStZ-RR 1996, 131 mablAnm Stein JR 1999, 265; ebenso Otto FS Hirsch, 1999, 291 (305); Otto FS Lampe, 2003, 491 (512), Hillenkamp FS Otto, 2007, 287; offen gelassen BGH NJW 2003, 1060 mit Bespr. Freund NStZ 2004, 123; Stein JR 2004, 79; Wilhelm NStZ 2005, 177; sa BGH NStZ 2004, 89 mAnm Schneider; BGH NStZ-RR 2006, 10); dem ist zu widersprechen (Freund in MüKoStGB Rn. 130; zusf. Krack ZStW 117 (2005), 555 (569)), doch tritt die vorsätzliche Tötung durch Unterlassen hinter der aktiven vorsätzlichen Tötung zurück (Schroeder FS Küper, 2007, 539 (540); Kühl StrafR AT § 18 Rn. 105a; Fischer Rn. 57). Zur möglichen Übernahme einer Ingerenzgarantenpflicht BGH NStZ 2003, 259 mit Bespr. Jasch NStZ 2005, 8. Eine Garantenpflicht erfordert, dass das Vorverhalten zu einer Gefahrenerhöhung im Sinne einer naheliegenden Gefahr des Erfolgseintritts führ, was bei anders gearteten Folgetaten – wie räuberischer Erpressung nach Betrug – idR nicht der Fall (BGH bei Eisele JuS 2019, 77).

b) aa) Im **Schrifttum** ist – nicht zuletzt infolge divergierender normtheoretischer Ansätze – schon die Kernfrage umstritten, aus welchen Grundgedanken die Garantenpflichten herzuleiten sind (dazu unter Zusammenfassung der verschiedenen Lehren Ransiek JuS 2010, 585 (587); Gaede in NK-StGB Rn. 30–37). Ungeklärt ist namentlich, ob ihnen ein einheitliches Prinzip zugrundeliegt. Als solche 12

werden namentlich diskutiert: das Vertrauensprinzip (Wolff, Kausalität von Tun und Unterlassen, 1965, S. 37; Blei FS Mayer, 1966, 119; sa Matt, Kausalität aus Freiheit, 1994, S. 204, nach dem Obhuts- und Sicherungspflichten nur aus „intersubjektiven" Willenserklärungen oder aus Vertrauensbeziehungen hervorgehen können; auf „Vertrautheit" stellt ab Perdomo-Torres, Garantenpflichten aus Vertrautheit, 2006; zur Konkretisierungsbedürftigkeit des Vertrauensprinzips Otto StrafR AT § 9 Rn. 28, der auf enge menschliche Verbundenheit abstellt, Otto FS Herzberg, 2008, 255); die Herrschaft über den Grund des Erfolges (Schünemann ZStW 126 (2014), 229; Schünemann GA 1985, 341 (374); Schünemann in Gimbernat/Schünemann/Wolter, Internationale Dogmatik der objektiven Zurechnung und der Unterlassungsdelikte, 1995, S. 49; zust. Kretschmer Jura 2006, 898 (899) „Kontrollherrschaft"; krit. Maiwald JuS 1981, 473 (480); Timpe, Strafmilderungen des Allgemeinen Teils des StGB und das Doppelverwertungsverbot, 1983, S. 163; Bottke Schünemann-Symposium, 2005, 191, der dem die „Gestaltungsherrschaft" entgegensetzt) oder die Entscheidungshoheit über ihn (Sangenstedt, Garantenstellung und Garantenpflicht von Amtsträgern, 1989, S. 378, 412); die tatsächlichen gesellschaftlichen Erwartungsverhältnisse (Brammsen Jura 1985, 530; so auch Bülte GA 2013, 389 bei familiärer Verbundenheit); Solidarpflichten (Schulte, Garantenstellung und Solidarpflicht, 2001); allgemeine Prinzipien der Fairness und Konsequenz aus einem früheren Verhalten (Weigend in LK-StGB Rn. 23, 24; krit. Schünemann FS Amelung, 2009, 303 (304, 305)) oder ein umfassender negativer Handlungsbegriff (Herzberg JuS 1971, 197; krit. dazu Brammsen JZ 1989, 71 (72)). Damit hängt die Frage zusammen, ob die Begründung der Garantenpflicht ausschließlich selbständigen strafrechtlichen Regeln folgt (so die hM im Schrifttum; vgl. etwa Schünemann ZStW 96 (1984), 287 (304); Gallas, Studien zum Unterlassungsdelikt, 1989, S. 67, 78; Grünewald, Zivilrechtlich begründete Garantenpflichten im Strafrecht?, 2001, S. 119) oder ob, wovon die Rspr. ausgeht (→ Rn. 7; offen gelassen BGHSt 37, 106 (114) = NJW 1990, 2560), ganz oder teilweise auf außerstrafrechtliche Pflichten zurückgegriffen werden muss (sog. Rechtsquellenlehre). Zur **Abgrenzung der Garantenstellungen** verwendet das Schrifttum überwiegend andere oder differenziertere Kriterien als die Rspr. Diskutiert wird vor allem, ob und wie weit aus natürlicher Verbundenheit, Übernahme, Gefahrengemeinschaft, Ingerenz, Sachherrschaft, Herrschaft über einen Gefahrenbereich und Innehabung eines rechtlich geschützten Herrschaftsbereichs Garantenstellungen erwachsen (expl. Schünemann ZStW 96 (1984), 287 (304); Otto/Brammsen Jura 1985, 530 (592, 646); Ransiek ZGR 1999, 613 (614); Bosch in Schönke/Schröder, Rn. 7–59). Auf dieser Grundlage hat sich eine funktionelle Zweiteilung in Garantenstellungen entweder zum Schutz konkreter Rechtsgüter (**Obhutspflichten** des Beschützergaranten) oder zur Überwachung von Gefahrenquellen (**Sicherungspflichten** des Überwachungsgaranten) durchgesetzt (sog. Funktionenlehre; vgl. etwa Kaufmann JZ 1971, 283; Rudolphi JR 1987, 103; Stein in SK-StGB Rn. 23; Freund, Erfolgsdelikt und Unterlassen, 1992, S. 159, 265; Freund/Rostalski StrafR AT § 2 Rn. 16, § 6 Rn. 14, 22, 49; Jescheck ZStW 77 (1965), 109 (123); Schlüchter FS Salger, 1995, 139 (145); Kühl JuS 2007, 497 (500); Ransiek JuS 2010, 585 (587); jetzt auch in der Rspr.: BGHSt 48, 77 (91) = NJW 2003, 522; OLG Stuttgart NJW 1998, 3131; Justiz 2001, 166 (168); OLG Oldenburg medstra 2019, 101; krit. Pawlik ZStW 111 (1999), 335 (337); gegen die Funktionenlehre Schrägle, Das begehungsgleiche Unterlassungsdelikt, 2017, S. 63).

13 bb) Auch bei den einzelnen Garantenstellungen ist noch vieles umstritten. Das gilt namentlich für die Frage, ob sog. natürliche Verbundenheit auf Grund enger **fa-**

milienrechtlicher Beziehung (→ Rn. 8, 10) unabhängig vom Bestehen einer konkreten Vertrauenslage pflichtbegründend wirkt (so mit Recht BGHSt 19, 167 = NJW 1964, 731; Geilen FamRZ 1961, 148; Otto/Brammsen Jura 1985, 530 (538); ähnlich Lilie JZ 1991, 541; Albrecht, Begründung von Garantenstellungen in familiären und familienähnlichen Beziehungen, 1998, die eine Begrenzung auf „nahe stehende" Personen vorschlagen; Schramm RW 2014, 88 (113); aM Rudolphi NStZ 1984, 149; Gallas, Studien zum Unterlassungsdelikt, 1989, S. 86; Freund NJW 2003, 288; Kretschmer Jura 2006, 898 (903); Bülte GA 2013, 389 (402), der für den konkreten Einzelfall die Ermittlung des von Vertrauen und Erwarten durch gerichtliche Beweisaufnahme verlangt; speziell Eltern, auch Adoptiv-, Pflege- und Stiefeltern, Brückner, Das Angehörigenverhältnis der Eltern im Straf- und Strafprozeßrecht, 2000, S. 63, 89, 94, 105; speziell zur nichtehelichen Lebensgemeinschaft Kretschmer JR 2008, 51; Otto FS Herzberg, 2008, 255 (265); sehr restriktiv Böhm, Garantenpflichten aus familiären Beziehungen, 2006; zu verschiedenen Familienverhältnissen im Hinblick auf die „Vertrautheit" diff. Perdomo-Torres, Garantenpflichten aus Vertrautheit, 2006, S. 188, 197, 200, 208). Ferner gilt das für die Handlungspflicht aus **Ingerenz** (zusf. Sowada Jura 2003, 236). Hier wird inzwischen überwiegend angenommen, dass nur pflichtwidrige Vorhandlungen genügen (BGHSt 37, 106 = NJW 1990, 2560; BGHSt 43, 381 (397) = NJW 1998, 1568; OLG Karlsruhe Justiz 1975, 151; Rudolphi NStZ 1984, 149; JR 1987, 162; Rudolphi/Stein in SK-StGB Rn. 38; Gallas, Studien zum Unterlassungsdelikt, 1989, S. 92; Otto WiB 1995, 929 (933); Heinrich StrafR AT Rn. 960; aM Behrendt, Affekt und Vorverschulden, 1983, S. 80; Timpe, Strafmilderungen des Allgemeinen Teils des StGB und das Doppelverwertungsverbot, 1983, S. 181). Dieser Ansatz gibt jedoch den Grund für die Haftung nicht zutr. an (so überzeugend Herzberg JZ 1986, 986; Rengier JuS 1989, 802 (807); Freund NJW 2003, 180; JuS 1990, 213 (216); Merkel, Früheuthanasie, 2001, S. 226; krit. ua auch Arzt JA 1980, 712 (713); Otto FS Hirsch, 1999, 291 (305); sowie Otto FS Gössel, 2002, 99; zu Ingerenz und umgekehrtem Erlaubnistatbestandsirrtum Hoven GA 2016, 16; zur Garantenstellung bei Selbstgefährdung BGH NJW 2016, 176 mit Bespr. Schiemann/Eisele JuS 2016, 276; sa Kühl StrafR AT § 18 Rn. 103). Sicherungspflichten können jedenfalls auch entstehen, wenn aus erlaubten Risikovorhandlungen Dauergefahren erwachsen (Rengier JuS 1989, 802 (807)), was übrigens bei rechtmäßiger Eröffnung von Gefahrenquellen unter dem Gesichtspunkt der Sachherrschaft unbestritten ist (Weber FS Oehler, 1985, 83; Otto FS Hirsch, 1999, 291 (296); Otto FS Gössel, 2002, 99 (106); Bosch in Schönke/Schröder, Rn. 43). Neuerdings wird versucht, die gebotene Begrenzung auf anderem Wege zu erreichen: teils dient die Lehre vom Schutzzweckzusammenhang (Stree FS Klug, 1983, 395; → § 15 Rn. 43), namentlich das Risikoerhöhungsprinzip iVm einem eingeschränkten Regressverbot (Otto FS Hirsch, 1999, 291 (308); Kirchner Jura 1998, 117 (134); vgl. auch Jäger, Zurechnung und Rechtfertigung als Kategorialprinzipien im Strafrecht, 2006, S. 11, 37, 43, bei fehlender Verantwortung für vorangegangenes Verhalten prinzipiell auch keine Verantwortung für ein Folgeverhalten), als Ausgangspunkt; teils wird allgemeiner die Lehre von den Verantwortungsbereichen bzw. Organisationskreisen herangezogen (Rengier JuS 1989, 802 (807); Jakobs StrafR AT Abschn. 29 Rn. 29–36); schließlich wird auch als bisher noch nicht diskutierte Voraussetzung gefordert, dass die Vorhandlung im Hinblick *auf den subjektiven* Tatbestand oder sonst die Strafbarkeit defizitär sein, im Übrigen aber einem strikt objektiven Unrechtstatbestand entsprechen müsse (Dencker FS Stree/Wessels, 1993, 159). Mit einem Teil dieser neuen Ansätze ist die Entschei-

dung zur **Produkthaftung** in BGHSt 37, 106 (115) = NJW 1990, 2560 vereinbar (vgl. Otto Jura 1998, 409 (411); Otto FS Schroeder, 2006, 339; Eidam, Unternehmen und Strafe, 4. Aufl. 2014, S. 174; auf die Produktbeobachtungspflicht abstellend Goll/Winkelbauer in Westphalen Produkthaftungs-HdB I § 47 Rn. 9–16; im Zivilrecht ist die Produkthaftung zT gesetzlich durch das ProdukthaftungG, außerdem durch die deliktische Haftung nach § 823 I BGB geregelt, die bei Verletzung von Verkehrsicherungspflicht eingreift, BGH NJW 2014, 2106), wo allerdings zu Unrecht ein pflichtwidriges Vorverhalten bejaht und darauf fußend Ingerenz angenommen wird (krit. dazu Kuhlen NStZ 1990, 566 (568); Samson StV 1991, 182 (184); Puppe JR 1992, 30; Beulke/Bachmann JuS 1992, 737 (739); Meier NJW 1992, 3193 (3196); Brammsen GA 1993, 97; Hassemer Produktverantwortung S. 51; Otto Jura 1998, 409 (411); Otto FS Hirsch, 1999, 291 (304); Deutscher/Körner wistra 1996, 292 (299); Weißer, Kausalitäts- und Täterschaftsprobleme bei der strafrechtlichen Würdigung pflichtwidriger Kollegialentscheidungen, 1996, S. 35, 64; Schwartz, Strafrechtliche Produkthaftung, 1999, S. 42; Ransiek ZGR 1999, 613; Jakobs FG BGH, 2000, 29 (42); Schünemann FG BGH, 2000, 621 (634); Schünemann FS Amelung, 2009, 303 (316); Lenz, Produkthaftung, 2014; Timpe HRRS 2017, 272; Kuhlen in Achenbach/Ransiek/Rönnau WirtschaftsStrafR-HdB Kap. II Rn. 27–47; zu dieser Kritik sa Bode FS BGH, 2000, 515 (523)). Umstritten ist ferner, ob es bei der Ingerenz einen Haftungsübergang zB auf den neu in die GmbH eingetretenen Geschäftsführer gibt (so BGHSt 37, 106 (120) = NJW 1990, 2560; aM Otto FS Hirsch, 1999, 291 (295); → Vor § 324 Rn. 11). Hält man die Begründung der Garantenstellung bei der strafrechtlichen Produkthaftung mit Ingerenz für nicht tragfähig, so bleiben als alternative Begründungen ein Abstellen auf Sachherrschaft, die zu einer Überwachungsgarantenstellung führt (Brammsen GA 1993, 97 (113); Kühl StrafR AT § 18 Rn. 110; Rengier StrafR AT § 50 Rn. 60; FS Kühl, 2014, 383; an der Rspr. BGH NStZ 2012, 319 mit Bespr. Hecker JuS 2012, 755; Kudlich JA 2012, 470; Murmann NStZ 2012, 387; Puppe ZIS 2013, 45; sa Wittig WirtschaftsStrafR § 6 Rn. 55), oder auf die überlegene Sachkenntnis des Produzenten, die zur Übernahme einer Schutzposition gegenüber dem auf seine Kompetenz angewiesenen Verbraucher verpflichtet (Roxin StrafR AT II § 32 Rn. 210–216; einschr. auf Markenwaren Schünemann FG BGH, 2000, 621 (640); sa Freund FS Herzberg, 2008, 225 (234)); krit. Überblick bei Bloy FS Maiwald, 2010, 35 (44–49). Vereinzelt wird der Handlungspflicht aus Ingerenz auch jede selbständige Berechtigung abgesprochen (Pfleiderer, Die Garantenstellung aus vorausgegangenem Tun, 1968, S. 76; Langer, Das Sonderverbrechen, 1972, S. 504; Schünemann GA 1974, 231; Sangenstedt, Garantenstellung und Garantenpflicht von Amtsträgern, 1989, S. 319).

14 **c)** Am wenigsten geklärt ist bisher die **Garantenpflicht zur Verhinderung fremder Straftaten,** die auf verschiedenen Verpflichtungsgründen beruhen kann.

aa) Die Gerichte haben sie bisher in viel zu weitem Umfang anerkannt (→ Rn. 8; → Vor § 153 Rn. 7). Mit Recht verneint die im Schrifttum hM eine Pflicht zur Beaufsichtigung der Lebensführung des anderen **Ehegatten** (Geilen FamRZ 1961, 147 (157); Tenckhoff JuS 1978, 308 (311); Otto FS Herzberg, 2008, 255 (263); Freund/Rostalski StrafR AT § 6 Rn. 79; Köhler StrafR AT S. 217; Stein in SK-StGB Rn. 36b; Kudlich in Satzger/Schluckebier/Widmaier StGB Rn. 19). Neuerdings wird auch erwogen, ober der Mensch Überwachungsgarant hinsichtlich sich selbst als Gefahrenquelle sein kann (Kaspar JA 2006, 855 (856); Heinrich

StrafR AT Rn. 970a). Auch die Begrenzung strafrechtlich relevanten **Unterlassens von Amtsträgern** (→ Rn. 8) ist umstritten. Immerhin dürfte aber die vorzugswürdige Meinung überwiegen, dass Amtsträgern (namentlich Polizeibeamten) nicht nur in Ausnahmefällen im Rahmen ihrer Zuständigkeit und ihres Pflichtenkreises die Obhut konkreter Allgemein- oder Individualrechtsgüter anvertraut sein kann (s. etwa BGHSt 48, 77 (91) = NJW 2003, 522; BGHSt 57, 292 (297) = NJW 2012, 3251; BGHSt 59, 292 = NJW 2015, 96 mit Bespr. Schiemann NJW 2015, 20 (22); aus der Lit. Böhm JuS 1961, 181; Wagner, Amtsverbrechen, 1975, S. 242; Schultz, Amtswalterunterlassen, 1984, S. 163; Brammsen, Die Entstehungsvoraussetzungen der Garantenpflichten, 1986, S. 190; Sangenstedt, Garantenstellung und Garantenpflicht von Amtsträgern, 1989, S. 610; Freund NJW 2003, 3384; Laubenthal JuS 1993, 907; Laubenthal FS Weber, 2004, 109 (115); Bergmann StV 1993, 518; Pawlik ZStW 111 (1999), 335; Pawlik, Das Unrecht des Bürgers, 2012, S. 187; Bergmann, Strafbarkeit vertragswidrigen Unterlassens, 2012, S. 305; Heinrich StrafR AT Rn. 948, 949; Rengier StrafR AT § 50 Rn. 34; aM Herzberg JZ 1986, 986; Schünemann ZStW 126 (2014), 13; Winkelbauer JZ 1986, 1119; Rudolphi JR 1987, 336; JR 1995, 167; Ranft JZ 1987, 908 (914); Mitsch NStZ 1993, 384; Zaczyk FS Rudolphi, 2004, 361; Ransiek JuS 2010, 585 (588); diff. Kahlo NJW 1990, 1521; vermittelnd Kühl StrafR AT § 18 Rn. 87–90; Roxin StrafR AT II § 32 Rn. 85–98; vgl. auch die Nachw. unter → § 258 Rn. 7a; → § 258a Rn. 4; → Vor § 324 Rn. 8–13); eine Pflicht des Vorgesetzten zur Verhinderung von Straftaten seiner Untergebenen über § 357 und §§ 33, 41 WStG hinaus ist nur in eingeschränktem Umfang anzuerkennen (Hoyer, Die strafrechtliche Verantwortlichkeit innerhalb von Weisungsverhältnissen, 1998, S. 21; Köhler StrafR AT S. 222, 225). Doch ist der Sachgebietsleiter für die Bauerhaltung städtischer Gebäude gegenüber dem Hausmeister einer Schule überwachungspflichtig, auch wenn er die Verkehrssicherungspflicht für die Schule diesem übertragen hat (LG Saarbrücken NStZ-RR 2006, 75 (76)). Der Leiter der Innenrevision einer Anstalt des öffentlichen Rechts kann als Garant verpflichtet sein, betrügerische Abrechnungen zu unterbinden (BGHSt 54, 44 = BKR 2009, 422 mit zT krit. Bespr. Jahn JuS 2009, 1142; Kretschmer JR 2009, 474; Rotsch ZJS 2009, 712; Stoffers NJW 2009, 3176; Mosbacher/Dierlamm NStZ 2010, 268; Warneke NStZ 2010, 312). Auch der „Gesellschafter-Geschäftsführer" hat die Organisation des Speditionsunternehmens seines Vaters so zu überwachen, dass die Lenkzeitverstöße nicht mehr vorkommen (LG Nürnberg-Fürth NJW 2006, 1824 (1826)). Zur Verantwortung von Ärzten für Straftaten Untergebrachter StA Paderborn NStZ 1999, 51 mkritAnm Pollähne; gegen eine Überwachungsgarantstellung des Arztes gegenüber seinem (zB zum Führen von Kraftfahrzeugen ungeeigneten und deshalb für andere Verkehrsteilnehmer gefährlichen) Patienten Geppert FS Gössel, 2002, 303–315. Der **Schulleiter** soll verpflichtet sein, seine Schüler vor sexuellen Übergriffen zu bewahren (BGH NStZ-RR 2008, 9). Zur Garantenpflicht eines **Betreuers** zur Verhinderung von Straftaten (Tierquälerei) des Betreuten OLG Celle NJW 2008, 1012 mit Bespr. Bernau/Rau/Zschieschack NJW 2008, 3759; Bosch JA 2008, 471; dazu auch Kudlich in Satzger/Schluckebier/Widmaier StGB Rn. 19, der von einer gesetzlichen Pflicht ausgeht). Den **Gebäudeeigentümer** trifft keine Garantenpflicht, Kennzeichen verbotener Vereine an seinem Haus zu beseitigen, die ein anderer ohne sein Wissen dort angebracht hat, selbst wenn sie seiner politischen Ansicht entsprechen (OLG Hamm NStZ-RR 2021, 60).

Schließlich werden auch in anderen Zusammenhängen weitgehende Einschrän- **14a**
kungen empfohlen (vgl. etwa Rudolphi JR 1987, 336; Welp, Vorausgegangenes

Tun als Grundlage einer Handlungsäquivalenz der Unterlassung, 1968, S. 274). Umgekehrt wird im Bereich der Wirtschaftskriminalität zunehmend – allerdings mit sehr verschiedenen Begründungsansätzen (Bottke wistra 1991, 81 (85); v. Freier, Kritik der Verbandsstrafe, 1998, S. 271), iErg aber wohl mit Recht – die sog. **Geschäftsherrenhaftung,** dh eine generelle Garantenpflicht des Betriebsinhabers und leitender Funktionäre im Betrieb zur Verhinderung von betriebsbezogenen Straftaten nachgeordneter Betriebsangehöriger befürwortet (Schubarth SchwZStr 1976, 370; Schünemann ZStW 96 (1984), 287 (310); Schünemann Madrid-Symposium, 1994, 265 (274); sowie Schünemann GS Meurer, 2002, 37 (50); Rogall ZStW 98 (1986), 573 (613); Bottke, Haftung aus Nichtverhütung von Straftaten Untergebener in Wirtschaftsunternehmen de lege lata, 1994; Bottke Schünemann-Symposium, 2005, 191 (198); Hoyer NStZ 1994, 85; Gimbernat FS Roxin, 2001, 651; Utz, Zur personalen Reichweite der strafrechtlichen Geschäftsherrenhaftung, 2016; Lindemann/Sommer JuS 2015, 1075; Wittig WirtschaftsStrafR § 6 Rn. 56–60; Murmann GK StrafR § 29 Rn. 64; Rengier StrafR AT § 50 Rn. 68; diff. Schlüchter FS Salger, 1995, 139 (161); Spring, Die strafrechtliche Geschäftsherrenhaftung, 2009, S. 284 mit Bespr. Wohlers/Kudlich ZStW 124 (2012), 1066; einschr. Köhler StrafR AT S. 222, 225; v. Freier, Kritik der Verbandsstrafe, 1998, S. 271; einschr. auch Schall FS Rudolphi, 2004, 267; der dafür das Kriterium der „Betriebsbezogenheit" heranzieht (S. 278); Schall FS Kühl, 2014, 417; ebenso Schulze NJW 2014, 3484 (3486); sa BGHSt 37, 106 = NJW 1990, 2560; BGHSt 47, 224 = NStZ 2002, 421, zu beiden nicht ganz einschlägigen Entscheidungen Spring, Die strafrechtliche Geschäftsherrenhaftung, 2009, S. 122; Göhler FS Dreher, 1977, 611; Brammsen GA 1993, 97 (110); Ransiek, Unternehmensstrafrecht, 1996, S. 36; Walter, Die Pflichten des Geschäftsherrn im Strafrecht, 2000; Bosch, Organisationsverschulden in Unternehmen, 2002, S. 81, 84; abl. Hsü, Garantenstellung des Betriebsinhabers zur Verhinderung strafbarer Handlungen seiner Angestellten?, 1986; Heine, Die strafrechtliche Verantwortlichkeit von Unternehmen, 1995, S. 116; Otto FS Schroeder, 2006, 339; Rudolphi/Stein in SK-StGB Rn. 35 a; speziell zur Garantenpflicht des Aufsichtsrats zur Verhinderung solcher Straftaten der Organe des Unternehmens Cramer FS Stree/Wessels, 1993, 563; zur Haftung im Rahmen konzernrechtlicher Strukturen Mansdörfer/Timmerbeil WM 2004, 362 (368); speziell zu Pflichten aus Compliance-Programmen Sieber FS Tiedemann, 2008, 449 (463); Warneke NStZ 2010, 312; die Haftung eines **Compliance-Officers** bejaht für betriebsbezogene Taten BGHSt 54, 44 = BKR 2009, 422; Kudlich StrafR AT Fall 198 c; Petermann FS Schiller, 2014, 53; zust. Rönnau/Schneider ZIP 2010, 53, abl. Mosbacher/Dierlamm NStZ 2010, 268; Spring GA 2010, 222; die möglichen Garantenstellungen untersuchen eing. Poguntke, Straf- und ordnungswidrigkeitenrechtliche Risiken für Compliance-Beauftragte, 2013, S. 176–261, 559; Konu, Die Garantenstellung des Compliance-Officers, 2014; Kruse, Compliance und Rechtsstaat, 2014; Scharnberg, Illegale Internal Investigations, 2015; Schmid JA 2013, 835, mit dem Ergebnis: Überwachungsgarantenpflicht kraft Übernahme). **Betriebsbezogen** ist eine Tat dann, wenn sie einen inneren Zusammenhang mit der betrieblichen Tätigkeit des Begehungstäters oder mit der Art des Betriebes aufweist, was auch der Fall ist, wenn ein Ladenangestellter den Laden zum Drogenverkauf nutzt (BGH NStZ 2018, 648 mit Bespr. Wagner NZWiSt 2019, 365; Nassif CCZ 2019, 98). Nicht betriebsbezogen sind etwa wiederholte körperliche Misshandlungen anderer Beschäftigter des Betriebs (BGHSt 57, 42 = NJW 2012, 1237 mit Bespr. Kudlich HRRS 2012, 177; Mansdörfer/Trüg StV 2012, 305; Roxin JR 2012, 305; Schall FS Kühl, 2014, 417

(sog. Mobbing-Fall)). Zur abweichenden zivilgerichtlichen Rspr. BGHZ 194, 26 (39) = NJW 2012, 3439; sa Rönnau StraFo 2014, 265 (271). Näher zum Compliance-Beauftragten bzw. Officer Kühl StrafR AT § 18 Rn. 118d–f: pro Garant Knauer FS Roxin I, 2012, 465; contra Rotsch ZJS 2009, 712; Schrott, Unterlassungszurechnung bei drittvermittelten Rettungsgeschehen, 2014; Kuhlen NZWiSt 2015, 121, Jahn FS Wessing, 2016, 537. Auch kann ein **Internet-Provider** uU dazu verpflichtet sein, gegen Darstellungen (zB rechtsextremer oder pornographischer Art), die in Computernetzwerken verfügbar sind, vorzugehen (Kühl StrafR AT § 18 Rn. 115; Wessels/Beulke/Satzger StrafR AT Rn. 723; Freund in MüKo-StGB Rn. 158–167); die strafrechtliche Haftung wird allerdings durch das TMG eingeschränkt (→ § 184 Rn. 7, 7a; Kudlich, Die Unterstützung fremder Straftaten durch berufsbedingtes Verhalten, 2004, S. 502; Popp, Die strafrechtliche Verantwortung von Internet-Providern, 2002, S. 146; Malek in Malek/Popp, Strafsachen im Internet, 2. Aufl. 2015, Rn. 111–118; Heghmanns in Achenbach/Ransiek/Rönnau WirtschaftsStrafR-HdB Kap. VI 2 Rn. 55; Eisele in Schönke/Schröder § 184 Rn. 70).

bb) In jedem Fall setzt eine solche Verhinderungspflicht eine die Verantwortung begründende besondere Beziehung voraus (dazu Tenckhoff JuS 1978, 308; näher konkretisierend Freund NJW 2003, 3384), die meistens in einer **Vertrauenslage** besteht, in der sich der von der Straftat Bedrohte auf das verhindernde Tätigwerden eines anderen verlassen durfte (OLG Karlsruhe GA 1971, 281; OLG Braunschweig GA 1977, 240). Das kann zutreffen, wenn ein Gastwirt (BGH NJW 1966, 1763) oder ein Wohnungsinhaber (BGHSt 27, 10 = NJW 1977, 204 mit Bespr. Naucke JR 1977, 290; Tenckhoff JuS 1978, 308; NStZ-RR 2003 Kretschmer ZfStrVo 2003, 212 (214)) körperliche Angriffe auf die von ihm aufgenommenen Gäste geschehen lässt; jedoch hat ein Rauminhaber nicht schon als solcher dafür einzustehen, dass in seinen Räumen keine Straftaten begangen werden (BGHSt 30, 391 = NJW 1982, 1235; Kudlich StrafR AT Fall 196; BGH NJW 1993, 76; NStZ-RR 2003, 153; StraFo 2006, 468, in Wohnung betriebener Betäubungsmittelhandel; dazu auch BGH NStZ 2010, 221 mit zust. Bespr. Bosch JA 2010, 306; BGH NStZ-RR 2012, 58; NStZ 2014, 164 mit Bespr. Kretschmer JR 2014, 39; BGH NStZ-RR 2019, 218; StV 2021, 423; OLG Zweibrücken StV 1986, 483; KG NJW 1998, 3791, Vermieter; OLG Zweibrücken NStZ-RR 2000, 119, Grundstücksinhaber; Reus/Vogel MDR 1990, 869; Freund/Rostalski StrafR AT § 6 Rn. 76–78; Gaede in NK-StGB Rn. 47, 51; Stein in SK-StGB Rn. 37; eing. Landscheidt, Zur Problematik der Garantenpflichten aus verantwortlicher Stellung in bestimmten Räumlichkeiten, 1985; vgl. auch Bergmann, Strafbarkeit vertragswidrigen Unterlassens, 2012, S. 318). An einer Vertrauenslage fehlt es zwischen dem Referendar, der ein zusätzliches Referendariat in einem anderen Bundesland übernimmt, und der Einstellungsbehörde (OLG Saarbrücken NJW 2007, 2868). Zu einem administrativen Ansprechpartner LG Gießen StV 2015, 226 mit Bespr. Liesching, der die Schaffung einer Gefahrenquelle oder Ingerenz für möglich hält; zum ehrenamtlichen Übungsleiter LG Detmold SpuRt 2017, 76 mit Bespr. Sauerwein SpuRt 2017, 55. 15

4. Nach Abs. 1 muss das unechte Unterlassen ferner der **Verwirklichung des gesetzlichen Tatbestandes durch ein Tun entsprechen** (zusf. Satzger Jura 2011, 749); sie ist ein Tatbestandsmerkmal (Fahl JA 2013, 674; aM Hertel AL 2013, 68 (72), objektive Strafbarkeitsbedingung). Diese sog. **Entsprechensklausel** ist umstritten (Nitze, Die Bedeutung der Entsprechensklausel beim Begehen durch 16

Unterlassen (§ 13 StGB), 1989, S. 15, der sie zu Unrecht für funktionslos hält). Mindestens schränkt sie bei den erfolgsverbundenen Tätigkeitsdelikten, die durch eine gesetzliche Beschreibung der Tatmodalitäten charakterisiert sind (→ Vor § 13 Rn. 32; zB § 211 → § 211 Rn. 2; und § 263 → § 263 Rn. 15), die Möglichkeit der Begehung auf solche Fälle der Untätigkeit ein, die denselben sozialen Sinngehalt aufweisen, wie das im Tatbestand beschriebene positive Tun (sog. Modalitätenäquivalenz; vgl. Rudolphi ZStW 86 (1974), 70; Ransiek JuS 2010, 585 (589); Kühl StrafR AT § 18 Rn. 123; Wessels/Beulke/Satzger StrafR AT Rn. 730; Fischer Rn. 85; krit. Roxin FS Lüderssen, 2002, 577 (581, 583), der die Entsprechungsklausel auf „begehungstäterbezogene Qualifikationsmerkmale" beschränken will; einschr. auch Kargl ZStW 119 (2007), 250 (287); Weigend in LK-StGB Rn. 77; abl. Perdomo-Torres, Garantenpflichten aus Vertrautheit, 2006, S. 497, 500; Perdomo-Torres FS Jakobs, 2007, 497, der auf eine normativierende Auslegung einzelner Deliktstatbestände wie §§ 211, 240, 242, 263 setzt; zum EmbryonenschutzG Günther in Günther/Taupitz/Kaiser, Embryonenschutzgesetz, 2. Aufl. 2014, Vor § 1 Rn. 79, 86). Bei Tatbeständen mit beliebiger Art der Erfolgsverursachung wird die Bewirkensäquivalenz durch die Garantenstellung als solche hergestellt (Roxin JuS 1973, 197 (198); Küper, Grund- und Grenzfragen der rechtfertigenden Pflichtenkollision im Strafrecht, 1979, S. 99; Rudolphi NStZ 1984, 149; Jescheck FS GA, 1993, 115 (125); krit. Schünemann ZStW 96 (1984), 287 (312); Stein in SK-StGB Rn. 3–9; aM Arzt JA 1980, 712 (716); Kahlo, Das Problem des Pflichtwidrigkeitszusammenhanges bei den unechten Unterlassungsdelikten, 1990, S. 322; BGHSt 48, 77 (96) = NJW 2003, 522 wendet die Klausel in einem Totschlagsfall an); für die Anwendung auf erfolgsqualifizierte Delikte Ingelfinger GA 1997, 573 (589); Roxin FS Lüderssen, 2002, 577 (585). Eine Erstreckung der Klausel auch auf Fälle der Unzumutbarkeit des gebotenen Handelns (→ Rn. 5) scheidet jedoch aus (hM; anders OLG Karlsruhe MDR 1975, 771).

17 **5. a) Abs. 2** sieht im unechten Unterlassen einen **fakultativen besonderen gesetzlichen Milderungsgrund** iSd § 49 I (→ § 49 Rn. 2); er gilt nicht für echte Unterlassungsdelikte wie die Aussetzung durch Imstichlassen (BGHSt 57, 28 = NJW 2012, 546 mit Bespr. Freund/Timm HRRS 2012, 223 (232); Jäger JA 2012, 154; Theile ZJS 2012, 389). Er beruht im Wesentlichen auf Schulderwägungen, weil es zur Vornahme einer positiven Handlung idR stärkerer Willensintensität bedarf als zu einem untätigen Geschehenlassen (Roxin JuS 1973, 197 (200); krit. Jescheck FS GA, 1993, 115 (127); krit. auch Lerman GA 2008, 78); jedoch kann auch der Unrechtsgehalt unechten Unterlassens hinter dem entsprechenden Begehungsdelikt zurückbleiben (BGH NJW 1982, 393 mAnm Bruns JR 1982, 465 sa BGH bei Detter NStZ 2015, 444).

18 **b)** Zunächst ist zu entscheiden, ob von der Milderungsmöglichkeit **überhaupt Gebrauch gemacht wird** (dazu und zu der Frage, welchen Regeln diese Würdigung folgt, → § 49 Rn. 4). Diese Prüfung erfordert eine Gesamtwürdigung aller wesentlichen Umstände und beschränkt sich aber auf unterlassungsbezogene Umstände (→ § 49 Rn. 4). Jedoch sollte hier die Mehrzahl der Fälle ausgeschieden werden, in denen eine konkrete Schulddifferenz zwischen Tun und Unterlassen schon nach der Art des Tatbestandes unwahrscheinlich ist; das dürfte nicht nur für die Pflichtdelikte, zB Untreue (→ § 266 Rn. 2; s. BGH NStZ 2015, 517; sa OLG Hamburg StraFo 2015, 297), wenn nicht – wie bei der Rechtsbeugung (→ § 339 Rn. 5) – die Höhe der Mindeststrafe und das Fehlen von Strafmilderungsgründen sowie daran anknüpfende zusätzliche Sanktionen im Falle eines bloßen Untätigblei-

bens als besondere Härte eine Milderungsmöglichkeit nach Abs. 2 nahe legen, sondern auch für die meisten erfolgsverbundenen Tätigkeitsdelikte (→ Vor § 13 Rn. 32) zutreffen (Roxin JuS 1973, 197 (200); mit anderem Ansatz diff. Timpe JR 1990, 428). Außerdem wird die Milderung zu versagen sein, wenn der Schuldgehalt des Unterlassens nach den Umständen des Einzelfalls nicht hinter vergleichbarem positivem Tun zurückbleibt (Detter NStZ 1993, 473). Eine Milderung kommt dagegen in Betracht, wenn die gebotene Handlung vom Unterlassungstäter mehr verlangt als den normalen Einsatz rechtstreuen Willens, zB bei schweren Beziehungsstörungen zwischen einer persönlichkeitsgestörten Mutter und ihren Kindern (BGH NStZ 1998, 245). Im Bereich der Fahrlässigkeitsdelikte wiegen Unterlassungstaten regelmäßig ebenso schwer wie Begehungstaten (OLG Stuttgart NJW 2005, 2567 (2568)). Wird von der Milderungsmöglichkeit Gebrauch gemacht, so ändert sich zunächst **nur der Strafrahmen** nach dem Maßstab des § 49 I (beachte auch § 50). Zur Strafzumessung innerhalb dieses Rahmens → § 49 Rn. 10.

c) Soweit das Gesetz in einzelnen Tatbeständen nicht nur die positive Herbeiführung eines schädlichen Erfolges, sondern auch die Begehungsform des pflichtwidrigen Unterlassens beschreibt (zB in §§ 225 I, 340 I), liegt eine spezielle Regelung der Gleichstellungsfrage vor, auf die Abs. 2 nicht anwendbar ist (BGHSt 36, 227 = NJW 1990, 332; Rudolphi ZStW 86 (1974), 68 (69); aM Schünemann ZStW 96 (1984), 287 (317); Rotsch JA 2013, 278 (283); Stein in SK-StGB Rn. 65; zw.). 19

6. Zu **Vorsatz und Irrtum** beim Unterlassungsdelikt → § 15 Rn. 7, 23; → § 16 Rn. 5; zur rechtfertigenden Pflichtenkollision → § 15 Rn. 34; zur **Zumutbarkeit** → Rn. 5; zum **fahrlässigen** Unterlassen → § 15 Rn. 54. Wann eine Unterlassung **vollendet** ist, lässt sich nicht allgemein, sondern nur nach dem jeweils verletzten Tatbestand bestimmen (zusf. Schaffstein FS Dreher, 1977, 147); zum **Versuch** beim unechten Unterlassungsdelikt → § 22 Rn. 17. Zur **Teilnahme** durch Unterlassen oder durch Beteiligung am Unterlassungsdelikt → § 26 Rn. 3; → § 27 Rn. 5, 6. 20

7. Auch nach Einführung des § 13 ist die **verfassungsrechtliche Problematik** des unechten Unterlassungsdelikts im Hinblick auf den Bestimmtheitsgrundsatz (→ § 1 Rn. 2) nicht voll ausgeräumt. Das Gesetz hat alle wesentlichen Sachfragen, die für die Abgrenzung relevant sind, ungelöst gelassen. Jedoch dürfte nach den allgemeinen Grundsätzen, die in der verfassungsrechtlichen Rspr. entwickelt worden sind (zB BVerfGE 26, 41 = NJW 1969, 1759; BVerfGE 96, 68 (97) = NJW 1998, 50; BVerfG NJW 2003, 1030 mit krit. Bespr. Seebode JZ 2004, 305), die Verfassungsmäßigkeit nicht in Zweifel zu ziehen sein (Roxin JuS 1973, 197; Fünfsinn, Der Aufbau des fahrlässigen Verletzungsdelikts durch Unterlassen im Strafrecht, 1985, S. 9; krit. Lilie JZ 1991, 541; Jähnke FS BGH, 2000, 393 (401); BWME StrafR AT § 15 Rn. 39–41; Weigend in LK-StGB Rn. 19; aM Schürmann, Unterlassungsstrafbarkeit und Gesetzlichkeitsgrundsatz, 1986, S. 126, 187; Seebode FS Spendel, 1992, 317; sa Nickel, Die Problematik der unechten Unterlassungsdelikte im Hinblick auf den Grundsatz „nullum crimen sine lege" (Art. 103 Abs. 2 GG), 1972). 21

§ 14 Handeln für einen anderen

(1) **Handelt jemand**
1. **als vertretungsberechtigtes Organ einer juristischen Person oder als Mitglied eines solchen Organs,**
2. **als vertretungsberechtigter Gesellschafter einer rechtsfähigen Personengesellschaft oder**
3. **als gesetzlicher Vertreter eines anderen,**

so ist ein Gesetz, nach dem besondere persönliche Eigenschaften, Verhältnisse oder Umstände (besondere persönliche Merkmale) die Strafbarkeit begründen, auch auf den Vertreter anzuwenden, wenn diese Merkmale zwar nicht bei ihm, aber bei dem Vertretenen vorliegen.

(2) [1]**Ist jemand von dem Inhaber eines Betriebs oder einem sonst dazu Befugten**
1. **beauftragt, den Betrieb ganz oder zum Teil zu leiten, oder**
2. **ausdrücklich beauftragt, in eigener Verantwortung Aufgaben wahrzunehmen, die dem Inhaber des Betriebs obliegen,**

und handelt er auf Grund dieses Auftrags, so ist ein Gesetz, nach dem besondere persönliche Merkmale die Strafbarkeit begründen, auch auf den Beauftragten anzuwenden, wenn diese Merkmale zwar nicht bei ihm, aber bei dem Inhaber des Betriebs vorliegen. [2]**Dem Betrieb im Sinne des Satzes 1 steht das Unternehmen gleich.** [3]**Handelt jemand auf Grund eines entsprechenden Auftrags für eine Stelle, die Aufgaben der öffentlichen Verwaltung wahrnimmt, so ist Satz 1 sinngemäß anzuwenden.**

(3) **Die Absätze 1 und 2 sind auch dann anzuwenden, wenn die Rechtshandlung, welche die Vertretungsbefugnis oder das Auftragsverhältnis begründen sollte, unwirksam ist.**

1 **1. a)** Der **Grundgedanke** der Vorschrift besteht darin, iRd kriminalpolitischen Bedürfnisses den Anwendungsbereich solcher Tatbestände, die sich an bestimmte Normadressaten richten, auch auf deren Vertreter zu erstrecken, soweit diese tatsächlich oder rechtlich die Erfüllung der den Normadressaten obliegenden Sonderpflichten übernommen haben. § 14 ist danach keine allgemeine Regelung der strafrechtlichen Haftung natürlicher Personen für Pflichtverletzungen in Unternehmen oder anderen Verbänden (Rogall in Amelung, Individuelle Verantwortung und Beteiligungsverhältnisse bei Straftaten in bürokratischen Organisationen des Staates, der Wirtschaft und der Gesellschaft, 2000, S. 145, 146), sondern in seinem Anwendungsbereich auf solche Tatbestände beschränkt, die nicht für jedermann gelten, sondern nur für (natürliche oder juristische) Personen Sonderpflichten begründen (hM; vgl. etwa Kuhlen WiVerw 1991, 181 (241); Winkemann, Probleme der Fahrlässigkeit im Umweltstrafrecht, 1991, S. 143; Schlüchter FS Salger, 1995, 139 (143)). Deshalb ist stets vorab zu prüfen und in Grenzfällen durch Auslegung zu ermitteln, ob der in Frage kommende Tatbestand wirklich ein solches Sonderdelikt beschreibt (zur Struktur der Sonderdelikte Ceffinato, Legitimation und Grenzen der strafrechtlichen Vertreterhaftung, 2012, S. 120, 198) und ob er keine dem § 14 vorgehende Sonderregelung für Vertreter (iwS) enthält (Schünemann/Greco in LK-StGB Rn. 20–27; für das Umweltstrafrecht Martin, Sonderdelikte im Umweltstrafrecht, 2006). Die dogmatische Ableitung der Vertreterhaftung ist umstritten (Rogall in Amelung, Individuelle Verantwortung und Beteiligungsverhältnisse bei

Straftaten in bürokratischen Organisationen des Staates, der Wirtschaft und der Gesellschaft, 2000, S. 157; eing. Schünemann FS Rudolphi, 2004, 297 (307); Ceffinato, Legitimation und Grenzen der strafrechtlichen Vertreterhaftung, 2012, S. 204, 314), für die praktische Anwendung aber nur von untergeordneter Bedeutung. Jedenfalls handelt es sich um einen allgemeinen Strafausdehnungsgrund (Roxin StrafR AT II § 27 Rn. 85; krit. Radtke in MüKoStGB Rn. 1), der für das gesamte Strafrecht gilt, aber im Nebenstrafrecht seinen Schwerpunkt hat (sa § 9 OWiG und dessen Kommentierung von Gürtler in Göhler OWiG). An der Vorschrift, die im Bereich des Abs. 2 schwer vertretbare Strafbarkeitslücken lässt (hM; anders Marxen JZ 1988, 286), ist vielfältige Kritik geübt worden (vgl. etwa Schünemann, Unternehmenskriminalität und Strafrecht, 1979, S. 127; Bruns GA 1982, 1 (28); Weber ZStW 96 (1984), 376 (409); Tiedemann NJW 1986, 1842). Das 2. WiKG (→ Vor § 263 Rn. 2) hat ihr nur in sehr engen Grenzen Rechnung getragen (zu fortbestehenden Reformforderungen Achenbach JuS 1990, 601 (602); Bottke wistra 1991, 81 (83); Rogall in Amelung, Individuelle Verantwortung und Beteiligungsverhältnisse bei Straftaten in bürokratischen Organisationen des Staates, der Wirtschaft und der Gesellschaft, 2000, S. 175 mit Anhang S. 180; Schünemann/Greco in LK-StGB Rn. 83–87; einen „Ergänzungsvorschlag" macht Ceffinato, Legitimation und Grenzen der strafrechtlichen Vertreterhaftung, 2012, S. 388). Zur Vorgeschichte und Entwicklung Rogall in Amelung, Individuelle Verantwortung und Beteiligungsverhältnisse bei Straftaten in bürokratischen Organisationen des Staates, der Wirtschaft und der Gesellschaft, 2000, S. 147 mit Anhang S. 176; Pohl, Der Vertretensbezug der Handlung iSd § 14 StGB, 2013, S. 24–36. Rechtsvergleichend Radtke in MüKoStGB Rn. 130; Schünemann/Greco in LK-StGB Rn. 78–82; Überblick bei Valerius Jura 2013, 15 (17); Prüfungsschema Wittig WirtschaftsStrafR § 6 Rn. 79.

b) Die Regelung des § 14 hängt nicht zuletzt auch mit der Problematik der sog. **Verbands-(Unternehmens-)Haftung** zusammen. Täter und Teilnehmer einer Straftat können nur **natürliche Personen** sein. Juristische Personen (→ Rn. 2) und andere Personenmehrheiten sind als solche im strafrechtlichen Sinne nicht handlungsfähig; das ist freilich nicht unbestritten (vgl. Kühl StrafR AT § 2 Rn. 9 mNw in Fn. 19), aber nach geltendem Recht gibt es keine Strafbarkeit von Unternehmen/Verbänden (zu Bestrebungen im Ausland und auf EU-Ebene Wessels/Beulke/Satzger StrafR AT Rn. 141). Es trifft sie daher auch keine strafrechtliche Verantwortlichkeit für Handlungen ihrer Organe und Vertreter; auch das ist nicht unbestritten (vgl. Kühl StrafR AT § 10 Rn. 7 Fn. 7, 8), aber auch hier steht das geltende Recht noch entgegen (Wessels/Beulke/Satzger StrafR AT Rn. 141; vgl. jedoch den Gesetzesentwurf Nordrhein-Westfalens für ein Verbandsstrafrecht v. 17.9.2013, dazu Möhrenschlager wistra 2017, 9 (13); krit. Wohlers ZRG 2016, 364 (383); zum Verbandsstrafrecht Kulhanek ZStW 127 (2015), 303. Umgekehrt hängt deren Strafbarkeit allein davon ab, ob sie in ihrer Person die gesetzlichen Voraussetzungen erfüllen; § 14 hat insoweit lückenschließende Funktion (Rogall in Amelung, Individuelle Verantwortung und Beteiligungsverhältnisse bei Straftaten in bürokratischen Organisationen des Staates, der Wirtschaft und der Gesellschaft, 2000, S. 158). Zu der Möglichkeit gegen juristische Personen oder Personenvereinigungen eine Geldbuße zu verhängen, wenn deren leitende Funktionäre eine Straftat oder Ordnungswidrigkeit begangen haben, beachte § 30 OWiG (zu nur teilweise begründeten Unterschieden zwischen Straf- und Ordnungswidrigkeitenrecht Achenbach FS Stree/Wessels, 1993, 545; Schulze NJW 2014, 3483). Auf der **1a**

Grundlage des geltenden Rechts ist der Ausschluss der Unternehmenshaftung **unbestritten. Reformbestrebungen,** das nach dem Vorbild ausländischer Regelungen (zB Frankreich, Koch ZStW 107 (1995), 405; krit. Zieschang ZStW 115 (2003), 117; zB England und Wales, Wells ZStW 107 (1995), 676; zB Niederlande, de Doelder FS Tiedemann, 2008, 563; zu Österreich und der Schweiz sogleich; vgl. auch Laue Jura 2010, 339; Theile/Petermann JuS 2011, 496; Vogel StV 2012, 427) zu ändern, sind während des ganzen Jahrhunderts wirksam gewesen (zur dieser Reformdiskussion Trüg wistra 2010, 241; ZWH 2011, 6; Jäger FS Roxin I, 2012, 43; Leipold ZRP 2013, 34; zu einem Gesetzantrag aus NRW vgl. abl. Leipold NJW-Spezial 2013, 696; Schünemann ZIS 2014, 1 (18); sa Löffelmann JR 2014, 185; Rönnau/Wegner ZRP 2014, 158; Zieschang GA 2014, 91; für eine Änderung der §§ 30, 31 OWiG Beulke/Moosmayer CCZ 2014, 146, dem Ansatz folgend Böse ZStW 123 (2011), 132; Ransiek StV 2014 I fragt: Die Unternehmensstrafe – Kommt sie doch noch?). Sie haben bisher zwar noch nicht zum Erfolg geführt, aber nach dem gegenwärtigen Diskussionsstand gute Aussicht, sich in absehbarer Zeit durchzusetzen; zum zunehmenden Einfluss der EU auf das nationale Recht hinsichtlich der (nicht notwendig strafrechtlichen) Verantwortlichkeit juristischer Person Vogel in Zieschang/Hilgendorf/Vogel, Strafrecht und Kriminalität in Europa, 2003, S. 29, 52; Hochmayr FS Yamanaka, 2017, 91; sa Wessels/Beulke/Satzger StrafR AT Rn. 141 mit Fn. 21. Als „Legitimationsgrundlage für die Annahme einer Unternehmensstrafbarkeit" könnte der Gedanke des „Organisationsverschuldens" dienen (Tiedemann WirtschaftsStrafR Rn. 244a; dagegen Schünemann/Greco in LK-StGB Vor § 25 Rn. 24); der Schuldvorwurf soll sich danach auf das „Unterlassen von Vorsorgemaßnahmen" beziehen (Tiedemann WirtschaftsStrafR Rn. 270; Tiedemann FS Achenbach, 2011, 563 (567); schon Tiedemann NJW 1988, 1169). „Deliktskataloge für eine Verbandsstrafbarkeit" entwirft Kudlich in Kempf/Lüderssen/Volk, Unternehmensstrafrecht, 2012, S. 217). Zu „Vorsatz und Fahrlässigkeit im neuen Unternehmensstrafrecht" Tiedemann FS Hurtado Pozo, 2012, 495 (505); krit. zu Kollektivschuld Cigüela Sosa GA 2016, 629. Adam, Die Strafbarkeit juristischer Personen im Völkerrecht, 2015. Für eine Maßregellösung wie die Unternehmenskuratel Schünemann/Greco in LK-StGB Vor § 25 Rn. 24. Die neuere Diskussion im Gefolge des oben zitierten Gesetzentwurfs NRW hat an Schwung zugenommen: Beulke/Hochmayr CCZ 2014, 146, Reformvorschlag zu den §§ 30, 130 OWiG; Jahn ZIS 2015, 1; Mitsch studere 2015, 37 (57); Wohlers ZRG 2016, 364; Zieschang GA 2014, 91; Heger JöR 65 (2017), 213; Heger JZ 2022, 115; außerdem aktuelle Diskussionsbeiträge bei v. Hirsch NZWiSt 2016, 161; Dannecker/Dannecker NZWiSt 2016, 162 (speziell zu europäischen und verfassungsrechtlichen Vorgaben); Sammelbände von Jahn/Schmitt/Leonardy/Schopp, Das Unternehmensstrafrecht und seine Alternativen, 2016, besprochen von Coelln KriPoZ 2016, 147; Nietsch, Unternehmensstrafrecht im Umbruch, 2016, besprochen von Heuking KriPoZ 2016, 150; zu Sinn und Unsinn der Unternehmensstrafe Wagner ZGR 2016, 112; gegen ein Unternehmensstrafrecht Eidam, Organgedanke, 2016, S. 240 mit Bespr. Roxin StV 2016, 125f.; Greco GA 2015, 503 (516); vgl. auch Rogall AL 2017, 1; braucht Deutschland ein Unternehmensstrafrecht? Leipold StraFo 2017, 217, kein echter Mehrwert. Zum Unternehmen als Täter Bürger ZStW 130 (2018), 704.

Aus der älteren **Lit.** vgl. Jescheck ZStW 65 (1953), 210; Schmitt, Strafrechtliche Maßnahmen gegen Verbände, 1958; Schünemann, Unternehmenskriminalität und Strafrecht, 1979, S. 155; Schünemann Madrid-Symposium, 1994, 265; Ackermann, Die Strafbarkeit juristischer Per-

sonen im deutschen Recht und in ausländischen Rechtsordnungen, 1984; Stratenwerth FS Schmitt, 1992, 295; Hirsch, Die Frage der Straffähigkeit von Personenverbänden, 1993; Hirsch ZStW 107 (1995), 285; Schroth, Unternehmen als Normadressaten und Sanktionsobjekte, 1993; Volk JZ 1993, 429; Otto, Die Strafbarkeit von Unternehmen und Verbänden, 1993; Otto Jura 1998, 409; Alwart ZStW 105 (1993), 752; Ehrhardt, Unternehmensdelinquenz und Unternehmensstrafe, 1994; Vadillo Madrid-Symposium, 1994, 297; Achenbach Coimbra-Symposium, 1995, 283; Heine, Die strafrechtliche Verantwortlichkeit von Unternehmen, 1995; Heine ÖJZ 1996, 211; sowie Heine SchwZStr 2001, 22 (34); Tiedemann in Schoch/Stoll/Tiedemann, Freiburger Begegnung, 1996, S. 30; Ransiek, Unternehmensstrafrecht. Strafrecht, Verfassungsrecht, Regelungsalternativen, 1996; Lagodny, Strafrecht vor den Schranken der Grundrechte, 1996, S. 412; Eichinger, Die strafrechtliche Produkthaftung im deutschen im Vergleich zum anglo-amerikanischen Recht, 1997; v. Freier, Kritik der Verbandsstrafe, 1998; Dannecker/Heine in Alwart, Verantwortung und Steuerung von Unternehmen in der Marktwirtschaft, 1998, S. 5, 75, 90; sowie Dannecker/Heine GA 2001, 101; Wegner ZRP 1999, 186; dazu Hetzer ZRP 1999, 529; Hetzer wistra 1999, 361; Ransiek ZGR 1999, 613 (652); Krekeler FS Hanack, 1999, 639; Scholz ZRP 2000, 435; Peglau ZRP 2001, 406; Jakobs FS Lüderssen, 2002, 559; Seelmann, Kollektive Verantwortung im Strafrecht, 2002; Heine in Hettinger, Verbandsstrafe, 2002, S. 121; Hefendehl MschrKrim 2003, 27; Haeusermann, Der Verband als Straftäter und Strafprozesssubjekt, 2003; Kohlhoff, Kartellstrafrecht und Kollektivstrafe, 2003; Quante, Sanktionsmöglichkeiten gegen juristische Personen und Personenvereinigungen, 2005; Mir Puig Schünemann-Symposium, 2005, 77 (94); Gómez-Jara Díez ZStW 119 (2007), 290; Böse FS Jakobs, 2007, 15; Reyes Alvarado/Schünemann/Sieber/Nieto Martín/Paliero FS Tiedemann, 2008, 413 (429, 449, 485, 503); v. Freier GA 2009, 98; diff. zwischen Haftung und Ahndung Achenbach FS Roxin I, 2012, 3; Neumann in Kempf/Lüderssen/Volk, Unternehmensstrafrecht, 2012, S. 13; Prittwitz Lüderssen-Symposion, 2014, 129; für eine „dritte Spur" Jäger FS Roxin I, 2012, 43 (51); ähnlich Schmitt-Leonardy, Unternehmenskriminalität ohne Strafrecht?, 2013; krit. Bosch, Organisationsverschulden in Unternehmen, 2002, S. 37, 584; krit. zur Zurechnung Frisch FS Wolter, 2013, 349; zu auf den Schuldgrundsatz gestützten Einwänden Böse FS Jakobs, 2007, 15; dazu auch Wohlers/Kudlich ZStW 121 (2009), 720; sa Lampe ZStW 106 (1994), 683 (697, 707, 728); Heine JZ 1995, 651; Mäder ZStW 107 (1995), 689; Seelmann ZStW 108 (1996), 652; krit. zum „europäischen Konvergenzdruck" Kelker FS Krey, 2010, 221; **rechtsvergleichend** Achenbach ua in: Schünemannn/de Figueirado Dias, Coimbra-Symposium, 1995, 283–366; Eidam, Straftäter Unternehmen, 1997, S. 30; Heine in Eser/Huber/Cornils, Einzelverantwortung und Mitverantwortung im Strafrecht, 1998, S. 95; Heine ÖJZ 2000, 871; sowie Heine FS Lampe, 2003, 577; Stratenwerth FS Burgstaller, 2004, 197; Radtke in MüKoStGB Rn. 130; Rogall in KK-OWiG § 30 Rn. 233–254 a; Schünemann/Greco in LK-StGB Rn. 82 sowie Art. 14 von Delmas-Marty, Corpus Juris der strafrechtlichen Regelungen zum Schutz der finanziellen Interessen der EU, 1998 mit Bespr. Otto Jura 2000, 98 (105); dazu auch Radtke in MüKoStGB Rn. 129; aus angelsächsischer, israelischer, südafrikanischer, finnischer, koreanischer und polnischer Sicht Kremnitzer/Snyman/Frände/Woong Yim/Szwarc in Hirsch, Krise des Strafrechts und der Kriminalwissenschaften?, 2001, S. 215, 225, 228, 233, 235; verschiedene rechtsvergleichende Beiträge zum Unternehmensstrafrecht – ua zum US-amerikanischen Recht (Beale), zum französischen Recht (Tricot) ua (Hilf) in ZStW 126 (2014), aus der internationalen Debatte Kremnitzer/Ghanayim ZStW 113 (2001), 539; zur bevorstehenden **schweizerischen** Regelung Arzt SchwZStr 2002, 226; Heine SchwZStr 2003, 24; Seelmann FS Schmid, 2001, 169, sie ist seit 2003 in Art. 102 schweizerisches StGB zu finden; dazu Pieth FS Jung, 2007, 717; und Nieto FS Tiedemann, 2008, 497; knapp Tiedemann WirtschaftsStrafR AT Rn. 242 in Fn. 365; zur **österreichischen** Diskussion Zeder ÖJZ 2001, 630; Knopp/Rathmann JR 2005, 359; sie hat 2006 zu einem „Verbandsverantwortlichkeitsgesetz" geführt; dazu Schmoller FS Otto, 2007, 453; und Schmoller FS Küper, 2007, 519; Fuchs NKrimPol 2014, 252; zur italienischen Diskussion Kuhlmann, Verbandssanktionierung in Italien, 2014; zur **spanischen** Diskussion de la Cuesta/Pérez Machio FS Tiedemann, 2008, 527; Rodríguez Mourullo FS Tiedemann, 2008, 545; sowie Martínez Cantón FS Wolter, 2013, 1371.

2 **2. Persönlicher Anwendungsbereich. a) Abs. 1: Juristische Personen** sind Organisationen mit eigener Rechtspersönlichkeit (zB AG, GmbH, eingetragener Verein, Stiftung; zur sog. Vor-GmbH beachte Deutscher/Körner wistra 1996, 8; BGH NStZ 2016, 460 mAnm Lohse StV 2017, 78); bei der Einmann-GmbH ist nur der (auch faktische) Geschäftsführer bzw. Liquidator (BGH NJW 2013, 1892), nicht der Einmann-Gesellschafter oder dessen Generalbevollmächtigter Organ (Binz NJW 1978, 802; aM Fleischer NJW 1978, 96). **Rechtsfähige Personengesellschaften** (Angleichung an § 14 II BGB; BT-Drs. 14/8998, 8) sind die OHG und die KG (krit. dazu Schulte NJW 1983, 1773); nicht erfasst sind die GbR als Innengesellschaft (BGH NStZ-RR 2019, 184), wohl aber inzwischen die am Rechtsverkehr teilnehmende Außengesellschaft (BT-Drs. 14/8998, 8; Radtke in MüKoStGB Rn. 85; Fischer Rn. 3; sa Achenbach wistra 2002, 441 (442)), und der nicht rechtsfähige Verein, bei denen der Gesellschafter oder der Vorstand unmittelbar verantwortlich ist (Roxin StrafR AT II § 27 Rn. 120). Bei der GmbH und Co-KG fällt der Geschäftsführer der GmbH unter die Vorschrift (OLG Stuttgart MDR 1976, 690; Perron/Eisele in Schönke/Schröder, Rn. 23; sa Bruns GA 1982, 1 (11)). **Gesetzliche Vertreter** sind auch die Parteien kraft Amtes, wie zB Insolvenzverwalter (auch der vorläufige, sofern mit Verwaltungs- und Verfügungsbefugnis ausgestattet, Gold, Die strafrechtliche Verantwortung des vorläufigen Insolvenzverwalters, 2004, S. 45), Vergleichsverwalter, Nachlassverwalter und Testamentsvollstrecker (BT-Drs. V/1319, 63)

3 **b) Abs. 2** hat für den BT nur geringe Bedeutung (zu § 323 aF (jetzt § 319), beachte OLG Hamm NJW 1969, 2211). Sein Schwerpunkt liegt im Nebenstrafrecht.

aa) **Betrieb** → § 11 Rn. 15. Mit der **Betriebsleitung beauftragt** (Nr. 1) ist (strenge Anforderungen nach BGH wistra 2016, 304 mAnm Reichling), wem ausdrücklich oder stillschweigend (BGH MDR 1990, 41; Perron/Eisele in Schönke/Schröder Rn. 30) die Geschäftsführung so übertragen wurde, dass er (ganz oder teilweise) selbständig und verantwortlich für den Betriebsinhaber handelt (OLG Karlsruhe NStZ 2007, 648); teilweise Leitung kann Leitung eines räumlich selbständigen Betriebsteils (Zweigniederlassung) oder eines selbständigen Aufgabenbereichs im Gesamtbetrieb sein (BGH MDR 1990, 41; Perron/Eisele in Schönke/Schröder Rn. 32; krit. zur Unbestimmtheit der Abgrenzung BT-Drs. 10/318, 15; Marxen JZ 1988, 286). – **Ausdrücklich** (krit. dazu BT-Drs. 10/318, 15, → Rn. 1) **beauftragt** (Nr. 2) ist, wem durch (schriftliche oder mündliche) Erklärung des Befugten bestimmte Aufgaben zugewiesen sind. Der Auftrag muss so konkret sein, dass der Beauftragte die von ihm zu erfüllenden Pflichten eindeutig erkennen kann (BGHSt 58, 10 (12) = NJW 2012, 3385; BGH wistra 2021, 76). Dabei ist nur die Umschreibung des Aufgabenbereichs im Ganzen (zB Bearbeitung der Personal- oder der Steuersachen), nicht die Angabe jeder einzelnen Aufgabe und auch nicht die Angabe der mit den Aufgaben verbundenen Pflichten erforderlich (BT-Drs. 10/5058, 25; Ceffinato, Legitimation und Grenzen der strafrechtlichen Vertreterhaftung, 2012, S. 322). **In eigener Verantwortung** setzt selbständige Wahrnehmung des Aufgabenbereichs (BGH MDR 1990, 41), dh mindestens Entscheidungsbefugnis mit einem gewissen Bewegungsspielraum voraus (BT-Drs. 5/2601, 15; bejahend für den Betriebsbeauftragten Kuhlen in Amelung, Individuelle Verantwortung und Beteiligungsverhältnisse bei Straftaten in bürokratischen Organisationen des Staates, der Wirtschaft und der Gesellschaft, 2000, S. 71, 92); es gelten strenge Anforderungen, weil sonst die Gleichstellung mit Organen und Betriebsleitern nicht zu rechtfertigen wäre (BGHSt 58, 10 (12) = NJW 2012, 3385).

4 bb) Die Vorschrift bezieht sich nur auf **betriebsbezogene Aufgaben,** dh auf solche, die dem Betriebsinhaber in dieser Eigenschaft obliegen (Rogall in Amelung, Individuelle Verantwortung und Beteiligungsverhältnisse bei Straftaten in bürokratischen Organisationen des Staates, der Wirtschaft und der Gesellschaft, 2000, S. 169). Die Haftung des Beauftragten tritt nicht ein, wenn die Zuweisung des Aufgabenbereichs rechtlich verboten oder sozialinadäquat ist (Marxen JZ 1988, 286 (288); krit. Kuhlen in Amelung, Individuelle Verantwortung und Beteiligungsverhältnisse bei Straftaten in bürokratischen Organisationen des Staates, der Wirtschaft und der Gesellschaft, 2000, S. 92; aM Roxin StrafR AT II § 27 Rn. 134; Ceffinato, Legitimation und Grenzen der strafrechtlichen Vertreterhaftung, 2012, S. 297; Perron/Eisele in Schönke/Schröder, Rn. 36).

5 cc) Wieweit der Normadressat durch die Übertragung von **eigener Verantwortlichkeit frei** wird, bestimmt sich nicht nach § 14, sondern nach allgemeinen Regeln, namentlich nach dem Umfang der Aufsichtspflicht (OLG Celle NJW 1969, 759; zusf. Schünemann/Greco in LK-StGB Rn. 67, 68). Die grds. fortbestehende Haftung des Vertretenen, Betriebsinhabers oder Stellenleiters wird vor allem im Bereich der Fahrlässigkeitsstrafbarkeit erheblich abgeschwächt sein (Roxin StrafR AT II § 27 Rn. 138).

6 **c) Abs. 3** bezieht die **faktische,** wegen Unwirksamkeit der Bestellung aber rechtlich nicht legitimierte Tätigkeit von Organen, Vertretern und Beauftragten in den Anwendungsbereich ein (BGH bei Holtz MDR 1980, 453; Fischer Rn. 18). Die bloße Ausfüllung einer den Abs. 1 und 2 entsprechenden tatsächlichen Stellung genügt daher nicht; es muss vielmehr ein (unwirksamer) Bestellungsakt hinzukommen (Demuth/Schneider BB 1970, 641 (646); Hoyer NStZ 1988, 369; Hoyer in SK-StGB Rn. 83–87; Lindemann Jura 2005, 305 (312); Perron/Eisele in Schönke/Schröder Rn. 42, 43). Diese zweite Begrenzung wird allerdings durch die in der Rspr. anerkannte, im Hinblick auf Art. 103 II GG nicht unproblematische Lehre vom sog. **„faktischen“ Organ** weitgehend überspielt (vgl. etwa BGHSt 21, 101 (103) = NJW 1966, 2225; BGHSt 31, 118 = NJW 1983, 240; mit Bespr. Bruns JR 1984, 133; BGHSt 46, 62 = NJW 2000, 2285; mit Bespr. Joerden JZ 2001, 310; Wessing NJW 2003, 2265; BGHSt 47, 318 (324) = NJW 2002, 2480; BGH StV 1984, 461 mAnm Otto; BGH NZWiSt 2020, 288 mAnm Rieks; BGH wistra 2020, 260 mAnm Matt; BGH wistra 2013, 272 (273) mAnm Esser ZWH 2013, 315; BGH NJW 2015, 712 mAnm v. Galen NStZ 2015, 471; Bergmann NZWiSt 2015, 143; Kudlich ZWH 2015, 64; Zenker NJ 2015 212; Floeth NZI 2015, 187; Ceffinato StV 2015, 442; OLG Düsseldorf NStZ 1988, 368 mAnm Hoyer; BayObLG MDR 1991, 890; Tiedemann NJW 1986, 1842 (1845); BGH wistra 2015, 151 (152); Löffeler wistra 1989, 121; Fuhrmann FS Tröndle, 1989, 139; Gübel, Die Auswirkungen der faktischen Betrachtungsweise auf die strafrechtliche Haftung faktischer GmbH-Geschäftsführer, 1994; Moosmayer NStZ 2000, 295; Hombrecher JA 2012, 535 (540); JA 2013, 541 (543); Ceffinato, Legitimation und Grenzen der strafrechtlichen Vertreterhaftung, 2012, S. 263; Pohl, Der Vertretensbezug der Handlung iSd § 14 StGB, 2013, S. 37; Achenbach NStZ 2014, 695 „Kunstfigur“; Rogall in Amelung, Individuelle Verantwortung und Beteiligungsverhältnisse bei Straftaten in bürokratischen Organisationen des Staates, der Wirtschaft und der Gesellschaft, 2000, S. 166; Hellmann/Beckemper WirtschaftsStrafR Rn. 921; Tiedemann WirtschaftsStrafR Rn. 57; Schünemann/Greco in LK-StGB Rn. 69–77; Radtke in MüKoStGB Rn. 119–125).

7 **3. a) Handeln** (Abs. 1) umfasst positives Tun oder pflichtwidriges Unterlassen (→ § 13 Rn. 2–15; auch beim echten Unterlassungsdelikt des § 266a, BGH NJW

1997, 130 (131); → § 266a Rn. 4, 8). Ist der Aufgabenbereich der Vertretung intern auf mehrere Personen, zB bei einer juristischen Person oder einer Handelsgesellschaft auf mehrere Mitglieder eines Organs oder mehrere Gesellschafter aufgeteilt, so bleiben sie alle Normadressaten (Bruns GA 1982, 1 (12); aM Schünemann/Greco in LK-StGB Rn. 53); jedoch ist Untätigkeit außerhalb ihres Verantwortungsbereichs meist nicht als Unterlassungsdelikt tatbestandsmäßig, weil es an der Möglichkeit, der Erkennbarkeit oder der Zumutbarkeit der gebotenen Handlung und uU auch an der Pflichtwidrigkeit des Unterlassens fehlt (vgl. etwa OLG Hamm NJW 1971, 817; BayObLG NJW 1974, 1341; Demuth/Schneider BB 1970, 641 (644)).

8 **b)** Nach bisheriger Rspr. sollte Handeln **„als"** (Abs. 1; nach BT-Drs. 14/8998, 8: in Ausübung, nicht bei Gelegenheit) oder **„auf Grund des Auftrags"** (Abs. 2) voraussetzen, dass der Vertreter zumindest auch im Interesse des Geschäftsherrn und nicht in ausschließlich eigenem handelt (BGHSt 30, 127 = NJW 1981, 1793; BGH wistra 1986, 262; NStZ 1987, 279 mablAnm Gössel JR 1988, 256; OLG Karlsruhe NJW 2006, 1364; Schünemann FG BGH, 2000, 621 (643); Schünemann/Greco in LK-StGB Rn. 50, 51; einschr. BGHSt 34, 221 = NJW 1987, 1710 mkritAnm Winkelbauer JR 1988, 33; diff. Rogall in Amelung, Individuelle Verantwortung und Beteiligungsverhältnisse bei Straftaten in bürokratischen Organisationen des Staates, der Wirtschaft und der Gesellschaft, 2000, S. 172). Diese sog. **Interessentheorie** hat der BGH **aufgegeben** und stellt auf einen **funktionalen objektiven Zusammenhang** mit dem Pflichtenkreis bzw. ein Tätigwerden im Geschäftskreis des vertretenen Normadressaten ab (BGHSt 57, 229 = NJW 2012, 2366; BGH StV 2022, 23; Wittig WirtschaftsStrafR § 6 Rn. 100; sa schon BGH NJW 2009, 2225 mzustAnm Link; Bittmann wistra 2010, 8, Dehne-Niemann wistra 2010, 417; Radtke GmbHR 2009, 875; JR 2010, 233; Schwarz HRRS 2009, 341; nur iErg zust. Brand NStZ 2010, 9; NZWiSt 2012, 64; sowie Leipold/Schaefer NZG 2009, 937; BGH NStZ-RR 2009, 373; NStZ-RR 2012, 80 (91) mit Bespr. Radtke/Hoffmann; Valerius NZWiSt 2012, 65; Habetha/Klatt NStZ 2015, 671; so bereits AG Halle-Saalkreis NJW 2002, 77; Labsch wistra 1985, 1 (4, 59); Lampe GA 1987, 241 (251); Weber StV 1988, 16; Reiß wistra 1989, 81; Schäfer wistra 1990, 81 (83); Arloth NStZ 1990, 570 (574); Deutscher/Körner wistra 1996, 8; Achenbach FG BGH, 2000, 593 (600); sa Kühl StrafR AT § 20 Rn. 165c; Rengier StrafR AT § 42 Rn. 14; Perron/Eisele in Schönke/Schröder, Rn. 26; eing. Pohl, Der Vertretensbezug der Handlung iSd § 14 StGB, 2013, S. 15, 87). – Der formelle Geschäftsführer, der einen faktischen neben sich gewähren lässt, ist wie ein Delegierender zu behandeln. Hinsichtlich des die operativen Unternehmensaufgaben wahrnehmenden faktischen Geschäftsführers treffen ihn infolgedessen Überwachungspflichten, die er insbesondere dann verletzt, wenn er Anhaltspunkte für dessen Fehlverhalten hat und nichts unternimmt (BGH wistra 2020, 260; NZWiSt 2020, 288).

9 **4.** Die **besonderen persönlichen Merkmale** nach Abs. 1 sind mit denen des § 28 (→ § 28 Rn. 3) nicht gleichbedeutend (Gallas ZStW 80 (1968), 1 (21); Blauth, Handeln für einen anderen nach geltendem und kommenden Strafrecht, 1968, S. 109, 113; Herzberg ZStW 88 (1976), 68 (110); Bruns GA 1982, 1 (13); Rogall in Amelung, Individuelle Verantwortung und Beteiligungsverhältnisse bei Straftaten in bürokratischen Organisationen des Staates, der Wirtschaft und der Gesellschaft, 2000, S. 168; Hoyer in SK-StGB Rn. 27; Perron/Eisele in Schönke/Schröder, Rn. 8; aM Langer FS Lange, 1976, 241 (254); Ceffinato, Legitimation und

Grenzen der strafrechtlichen Vertreterhaftung, 2012, S. 339–342). Ihr sachlicher Gehalt ist noch nicht abschließend geklärt (vgl. etwa Wiesener, Die strafrechtliche Verantwortlichkeit von Stellvertretern und Organen, 1971; Bruns FS Heinitz, 1972, 317 (324); Bruns GA 1982, 1; Schünemann, Unternehmenskriminalität und Strafrecht, 1979, S. 127, 227; Schünemann GA 1986, 293 (334)).

a) Da die Vorschrift die Strafdrohung gegen bestimmte Normadressaten auf deren Vertreter erstreckt (→ Rn. 1), kommen nach wohl noch herrschender, aber umstrittener Meinung nur solche Merkmale in Frage, die **den Täter objektiv kennzeichnen** und die eine Vertretung (iwS) nicht ausschließen (zw.; mit zT beachtlichen Erwägungen grds. anders Schünemann/Greco in LK-StGB Rn. 1, 9; Bruns GA 1982, 1). Daher scheiden aus: 10

aa) alle **subjektiven Merkmale** (Gesinnungs-, Motiv- und Absichtsmerkmale, → § 28 Rn. 4) sowie alle finalen Merkmale, die – wie zB das Sich- oder einem Dritten-Zueignen bei der Unterschlagung (BGHSt 40, 8 (19) = NJW 1994, 1228; BGHSt 41, 187 (198) = NJW 1996, 402, beide zu § 246 StGB aF) – eine bestimmte Innentendenz des Delikts begründen; sie sind untrennbar mit dem Handlungsvollzug verbunden und können deshalb nicht selbständig beim Vertretenen vorliegen (hM; anders Bruns GA 1982, 1 (33)); 11

bb) alle **höchstpersönlichen Merkmale,** bei denen der Normadressat nicht durch einen Extraneus gleichwertig repräsentiert werden kann (diff. Hoyer in SK-StGB Rn. 29–31; krit. Ceffinato, Legitimation und Grenzen der strafrechtlichen Vertreterhaftung, 2012, S. 301; Wittig WirtschaftsStrafR § 6 Rn. 80; str.). Hierher gehören namentlich alle Merkmale, die den Täter in einer tatsächlichen, nicht auswechselbaren Lage beschreiben (zB Gefangener, § 121; Schiffsführer, § 297) oder die aus rechtlichen Gründen an seine Person gebunden sind (zB Amtsträger, § 11 I Nr. 2; Arzt, Zahnarzt usw, § 203 I; Unfallbeteiligter, § 142). 12

b) Was übrig bleibt, sind Merkmale, die namentlich in **drei Tatbestandsgruppen** vorkommen: 13

aa) In Tatbeständen, die bestimmten Personengruppen (einschließlich juristischen Personen) die **Sonderpflicht** auferlegen, dass in einzelnen sozialen Bereichen ein von der Rechtsordnung erwünschter Zustand gewährleistet wird, und ihnen deshalb (zB als Unternehmer, Arbeitgeber, Hersteller, Veranstalter, Betreiber von Anlagen) Sonderpflichten auferlegen (krit. Ransiek ZGR 1999, 613 (617); zum Anlagenbetreiber Martin, Sonderdelikte im Umweltstrafrecht, 2006, S. 31, 149). Das gilt auch, wenn ein Sacheigentümer oder -besitzer nach den allgemeinen Regeln (→ § 13 Rn. 13; gegen die Anwendung des § 14 auf „Garantengemeindelikte" Ceffinato, Legitimation und Grenzen der strafrechtlichen Vertreterhaftung, 2012, S. 111; Perron/Eisele in Schönke/Schröder, Rn. 6) Sicherungspflichten hat (LG Koblenz NStZ 1987, 281). Ob diese Pflichten von ihnen selbst oder anderen erfüllt werden, ist für die Schutzwirkung idR gleichgültig.

bb) In Tatbeständen, die Verletzungshandlungen nur bestimmten, in besonderer Beziehung zum geschützten Rechtsgut stehenden Personengruppen bei Strafe verbieten, weil von ihnen erfahrungsgemäß spezifische Gefahren für das Rechtsgut ausgehen (zB der Gemeinschuldner nach § 283 (BGH NJW 2013, 1892 (1893); krit. Pohl, Der Vertretensbezug der Handlung iSd § 14 StGB, 2013, S. 151, 159); der Vollstreckungsschuldner nach § 288; Wittig WirtschaftsStrafR § 6 Rn. 81). Hier kann der Vertreter den Normadressaten regelmäßig gleichwertig repräsentieren. 14

cc) In Tatbeständen, in denen die Täterbeschreibung auch Personenmehrheiten und natürliche Personen einschließt, für die Organe, gesetzliche Vertreter (Abs. 1) 15

oder Beauftragte (Abs. 2) gleichwertig handeln können, wie zB Veranstalter oder Halter nach § 284 (BayObLG NJW 1979, 2258; aM Meurer/Bergmann JuS 1983, 668 (673); anders auch Wiesener, Die strafrechtliche Verantwortlichkeit von Stellvertretern und Organen, 1971, S. 49, Schünemann/Greco in LK-StGB Rn. 21; Böse in NK-StGB Rn. 9, 10, die auf Grund tatsächlicher Betrachtungsweise unmittelbar die Vertreter als Veranstalter usw ansehen; zw.) und Verteiler von Gegenständen nach § 5 AMG (Bruns FS Heinitz, 1972, 317 (327)). Sogar Zahlungseinstellung und Eröffnung des Insolvenzverfahrens nach § 283 VI werden hier einbezogen (BayObLG NJW 1969, 1495; zw.).

16 **5.** Der **Vorsatz** des Vertreters oder Beauftragten muss bei Vorsatzdelikten auch die Umstände umfassen, aus denen sich die Vertreterhaftung ergibt (Rogall in Amelung, Individuelle Verantwortung und Beteiligungsverhältnisse bei Straftaten in bürokratischen Organisationen des Staates, der Wirtschaft und der Gesellschaft, 2000, S. 174; Joecks/Jäger StGB Rn. 12). Bei Kenntnis dieser Umstände ist das Fehlen des Bewusstseins, die dem Vertretenen (Auftraggeber) obliegenden Pflichten erfüllen zu müssen, für den Vorsatz unerheblich (→ § 15 Rn. 14, 15).

§ 15 Vorsätzliches und fahrlässiges Handeln

Strafbar ist nur vorsätzliches Handeln, wenn nicht das Gesetz fahrlässiges Handeln ausdrücklich mit Strafe bedroht.

1 **I. 1.** Nach ihrem **Regelungsgehalt** hat die Vorschrift nur technische Bedeutung. Sie ermöglicht es, in den Deliktsbeschreibungen die Strafbarkeit auf vorsätzliches Handeln zu beschränken, ohne auf das Vorsatzerfordernis besonders hinweisen zu müssen. Abweichend vom früheren Recht (vgl. zB BGHSt 6, 131 = NJW 1954, 1253) ist es daher nicht zulässig, bei Fehlen eines solchen Hinweises aus Sinn und Zweck der Vorschrift zu ermitteln, ob auch fahrlässiges Handeln mit Strafe bedroht ist (ebenso Puppe in NK-StGB Rn. 11; Stein in SK-StGB Rn. 1, 6). Das EGStGB (→ Vor § 1 Rn. 5) hat die durch diese Formalisierung gebotene technische Bereinigung des gesamten Strafrechts durchgeführt, so dass nunmehr jedem Tatbestand die verbindliche gesetzgeberische Entscheidung über Erfassung oder Ausschluss fahrlässigen Handelns zugrunde liegt.

2 **2.** Da das Gesetz auf eine Begriffsbestimmung von Vorsatz und Fahrlässigkeit verzichtet (zu den Gründen BT-Drs. V/4095, 8), müssen sie von Rspr. und Lehre näher konkretisiert und in den Verbrechensaufbau eingeordnet werden. Gesetzesvorschlag bei Freund FS Küper, 2007, 63 (82).

3 **II.** Eine **unpräzise Kurzformel** beschreibt den **Vorsatz** als Wissen und Wollen der Tatbestandsverwirklichung (RGSt 51, 305 (311); BGHSt 36, 1 (17) = NJW 1989, 781; Geppert Jura 2001, 55 (56); Sternberg-Lieben/Sternberg-Lieben JuS 2012, 884, erste Annäherung; Kühl StrafR AT § 5 Rn. 6; krit. Schroth, Vorsatz und Irrtum, 1998, S. 3; Herzberg FG BGH, 2000, 51 (64); Freund FS Küper, 2007, 63 (66); Jakobs RW 2010, 283 (285), suggeriert Trennbarkeit, wo doch das Wollen der Willensinhalt sei; Puppe in NK-StGB Rn. 14; unter Betonung des allerdings normativ verstandenen Wollenselements Bung, Wissen und Wollen im Strafrecht, 2009, S. 139, 154; mit krit. Bespr. Roxin ZStW 122 (2010), 672; abl. Lesch JA 1997, 802 (808)). Im Schrifttum ist sie überwiegend nur mit näheren, zT umstrittenen Konkretisierungen anerkannt (→ Rn. 23–25); von einer Mindermeinung wird sie auch ganz verworfen (→ Rn. 27).

Der Kern des Vorsatzes besteht in der Entscheidung für die Handlung samt ihrer Folgen (Kühl StrafR AT § 5 Rn. 11; eing. Hassemer GS Kaufmann, 1989, 295). – Rechtsvergleichend Safferling, Vorsatz und Schuld, 2008 mit Bespr. Roxin JZ 2008, 988; Heger GA 2009, 667; Greco ZIS 2009, 813; Pawlik ZIS 2010, 339. Zum Völkerstrafrecht Stuckenberg, Vorstudien zu Vorsatz und Irrtum im Völkerstrafrecht, 2007 mit Bespr. Ambos JZ 2008, 683; Schroeder ZStW 120 (2008), 619; Pawlik ZIS 2010, 339 (341); zusf. Satzger Jura 2008, 112; Wolters LdRerg 8/1900; eing. Sterberg-Lieben/Sternberg-Lieben JuS 2012, 884 (976). Zum Beweis des Vorsatzes Kaiser ZStW 132 (2020), 780.

1. Wissen und Wollen müssen sich auf die **Tatbestandsverwirklichung,** dh auf diejenigen Merkmale **(Tatumstände)** erstrecken, die nach dem jeweiligen Deliktstypus den objektiven Tatbestand bilden (hM; vgl. etwa Krey/Esser StrafR AT Rn. 409; Sternberg-Lieben/Schuster in Schönke/Schröder, Rn. 16; Sternberg-Lieben/Sternberg-Lieben JuS 2012, 884; anders Frisch, Vorsatz und Risiko, 1983, S. 118, der nicht die Summe der Tatumstände, sondern nur das Verhaltenselement der Tatbestände (das „tatbestandsmäßige Verhalten“) in seiner Risikobezogenheit auf das Rechtsgut als Gegenstand des Vorsatzes ansieht; ebenso Freund/Rostalski StrafR AT § 7 Rn. 41; ähnlich Schlehofer, Vorsatz und Tatabweichung, 1996, S. 169; Sànchez ZStW 101 (1989), 352 (370); Schroth, Vorsatz und Irrtum, 1998, S. 94; Herzberg/Hardtung JuS 1999, 1073 (1076); sa Küper GA 1987, 479 (506); Brammsen JZ 1989, 71 (80)). 4

a) Die **Tatbestandsmerkmale** beschreiben die Tatumstände in abstrakten Begriffen, und zwar nicht nur in **deskriptiven** (zB Sache, wegnehmen; zum Irrtum über das Alter des Opfers BGH StraFo 2007, 122 = NStZ 2007, 329; speziell bei Kinder- und Jugendpornographie Mitsch ZStW 124 (2012), 323), sondern auch in mehr oder weniger **normativen** (wertausfüllungsbedürftigen; zB Urkunde), die bisweilen sogar reine Rechtsbegriffe sind (zB Fremdheit der Sache; dazu Gropp FS Weber, 2004, 127; Satzger Jura 2015, 156 (160), Verbrechen in § 241). Die Unterscheidung ist dogmatisch umstritten (zusf. Sternberg-Lieben/Sternberg-Lieben JuS 2012, 289 (290); abl. Dopslaff GA 1987, 1; Puppe GA 1990, 145; Puppe in NK-StGB § 16 Rn. 41–67; krit. auch Koriath Jura 1996, 113 (125), Schroth, Vorsatz und Irrtum, 1998, S. 21, Herzberg/Hardtung JuS 1999, 1073 und Fakhouri Gómez GA 2010, 258; sa Safferling, Vorsatz und Schuld, 2008, S. 153 mit krit. Bespr. Pawlik ZIS 2010, 339 und Heger GA 2009, 667); für die Qualität eines Merkmals als Tatumstand aber unerheblich (→ Rn. 14–17); zu den besonderen Schwierigkeiten im Nebenstrafrecht Günther in Günther/Taupitz/Kaiser, Embryonenschutzgesetz, 2. Aufl. 2014, Vor §§ 55, 56 mit Beispiel zum Merkmal „Embryo“. Auch ungeschriebene Tatbestandsmerkmale wie die Kausalität (auch der Kausalverlauf) und die Umstände aus denen sich die objektive Zurechnung ergibt, müssen vom Vorsatz umfasst sein (Kühl StrafR AT § 5 Rn. 15, 16; zur objektiven Zurechnung näher Jakobs RW 2010, 283 (301); Kudlich JA 2010, 681 (687); Sternberg-Lieben/Sternberg-Lieben JuS 2012, 289 (294)). 5

b) Nicht zu den **Tatumständen** gehören die objektiven Bedingungen der Strafbarkeit (→ Vor § 13 Rn. 30); auf sie muss sich der Vorsatz deshalb nicht beziehen (Rönnau JuS 2011, 697 (699); Sternberg-Lieben/Sternberg-Lieben JuS 2012, 884 (887)). Auch die **Rechtswidrigkeit** der tatbestandsmäßigen Handlung ist kein Tatbestandsmerkmal; sie ist mit Rücksicht auf die Funktion des Unrechtstypus, die Rechtswidrigkeit zu indizieren (→ Vor § 13 Rn. 17), allgemeines Verbrechensmerkmal (BGHSt 2, 194 = NJW 1952, 593; Sternberg-Lieben/Sternberg-Lieben 6

JuS 2012, 884 (885)). Das gilt unabhängig davon, ob die Strafvorschrift einen Hinweis auf den Widerspruch zum Recht enthält (zB „rechtswidrig" in § 303 I; „widerrechtlich" in § 123; „unbefugt" in § 168). Jedoch kann sich in Fällen, in denen ein Tatbestand das Unrecht nicht abschließend umschreibt, in einem solchen Hinweis ein zusätzliches Tatbestandselement verbergen, das den Tatbestand erst zum Unrechtstypus macht (→ § 132 Rn. 8; → § 132a Rn. 10; → § 303a Rn. 4; → Vor § 13 Rn. 15). Es kommen auch weitere Ausnahmen in Frage, etwa wenn in einem Tatbestand nur ein einzelner Umstand (zB „zu Unrecht bereichern" in § 253, BGHSt 4, 105 = NJW 1953, 834; „rechtswidriger Vermögensvorteil" in § 263, BGHSt 3, 160 = NJW 1952, 1345; BGH MDR 1997, 182; „rechtswidrige Zueignung" in §§ 242, 249, BGH StraFo 2008, 38) als rechtswidrig charakterisiert wird (BGH GA 1962, 144; unklar BGHSt 17, 87 = NJW 1962, 971; Sternberg-Lieben/Sternberg-Lieben JuS 2012, 884 (885)) oder wenn speziell Verwaltungsrechtswidrigkeit der Handlung vorausgesetzt wird (zB „unter Verletzung verwaltungsrechtlicher Pflichten", → § 325 Rn. 4–12; BayObLG NStZ-RR 2000, 122; zum Merkmal „unbefugt" → Vor § 13 Rn. 15; zum Irrtum über ein vereinsverechtliches Betätigungsverbot als Tatbestandsirrtum bei § 20 I S. 1 Nr. 4 VereinsG BGH NJW 2020, 2652 mzustAnm Hinderer NStZ 2020, 683; Lenk NStZ-RR 2021, 29; Bespr. Theile ZJS 2020, 96). Grundsätzlich kann daher die Einordnung nicht nach abstrakten Regeln, sondern nur durch Auslegung des einzelnen Tatbestandes bestimmt werden (hM; → Rn. 14–17; → § 17 Rn. 22).

7 **c)** Bei den **unechten Unterlassungsdelikten** (§ 13) gehören zum Tatbestand nicht nur die für das Begehungsdelikt vorausgesetzten Merkmale, sondern auch die Umstände, aus denen sich die Möglichkeit der zur Erfolgsabwendung gebotenen Handlung und die Garantenstellung des Täters ergeben (→ § 13 Rn. 5–15; zu den die Garantenstellung begründenden Umständen Kühl JuS 2007, 497 (503); Satzger Jura 2011, 432 (434), mit Beispielsfällen; zum Irrtum über die Garanteneigenschaft Puppe ZStW 134 (2022), 320). Die aus der Garantenstellung folgende Garantenpflicht ist dagegen kein Tatumstand, sondern ebenso wie die Rechtswidrigkeit allgemeines Verbrechensmerkmal (hM; vgl. etwa BGHSt 16, 155 = NJW 1961, 1682; Arzt FG BGH, 2000, 755 (758); Kühl StrafR AT § 18 Rn. 129; Sternberg-Lieben/Schuster in Schönke/Schröder, Rn. 96; anders Wolff, Kausalität von Tun und Unterlassen, 1965, S. 49; Klesczewski StrafR AT Rn. 274; Köhler StrafR AT S. 232; Stratenwerth/Kuhlen StrafR AT § 13 Rn. 74, 75). Auch bei den **echten Unterlassungsdelikten** (→ § 13 Rn. 4) ist die aus dem Gebotstatbestand folgende Handlungspflicht als solche kein Tatumstand; denn sie ist mit dem rechtlichen Handlungsgebot identisch, dessen Verletzung die Rechtswidrigkeit indiziert (BGHSt 19, 295 = NJW 1964, 1332; BGHSt 46, 373 (374) = NStZ 2001, 600 (602) mAnm Lemme). Zum Unterlassungsvorsatz gehört jedenfalls das **Bewusstsein möglicher Erfolgsabwendung** (hM; enger Jakobs RW 2010, 283 (302); Stratenwerth/Kuhlen StrafR AT § 13 Rn. 74, Einsicht in die soziale Bedeutung); iÜ ist seine Struktur umstritten (vgl. etwa Kaufmann, Die Dogmatik der Unterlassungsdelikte, 1959, S. 66, 116, 309; Kaufmann FS v. Weber, 2004, 207; krit. Hoyer, Strafrechtsdogmatik nach Armin Kaufmann, 1997, S. 336, 385; Grünwald FS Mayer, 1966, 281; Spendel JZ 1973, 137 (141); Puppe in NK-StGB Rn. 117–119; Rudolphi/Stein in SK-StGB Vor § 13 Rn. 35; sa Jakobs JuS 1969, 485; Haffke ZStW 87 (1975), 44 (47); → Rn. 23). Im Kern enthält er – dem Begehungsvorsatz (→ Rn. 3) vergleichbar – eine Entscheidung für das Untätigbleiben (BGHSt 19, 299 = NJW 1964, 1330; Satzger Jura 2011, 432 (433); Kühl StrafR AT § 18 Rn. 125).

d) Rein **subjektive (täterpsychische) Merkmale,** wie Absichten (zB Bereicherungsabsicht, § 253 I), Motive (zB Beweggrund, § 211 II), Tendenzen (zB beharrlich, § 184f) und Gesinnungen (zB rücksichtslos, § 315c I Nr. 2) können nicht in dem vorstehenden Sinne vom Vorsatz umfasst sein (Schroth, Vorsatz und Irrtum, 1998, S. 46), ein „korrespondierendes Bewusstsein" kann verlangt werden (Jakobs StrafR AT Abschn. 8 Rn. 45; Kühl StrafR AT § 5 Rn. 19; diff. Sternberg-Lieben/Schuster in Schönke/Schröder, Rn. 24; zusf. Sternberg-Lieben/Sternberg-Lieben JuS 2012, 884 (888)). Sie gehören, da sie innerseelische Vorgänge und Zustände beim Täter beschreiben, nicht zum äußeren, sondern neben dem Vorsatz als selbständige Unrechts- oder Schuldelemente zum inneren Tatbestand (zusf. Warda Jura 1979, 71 (74); aM Walter Kern des Strafrechts S. 123, 346; zur psychologischen Problematik dieser Merkmale Jäger FS Henkel, 1974, 125 (136); krit. zu den Gesinnungsmerkmalen im Tatstrafrecht Stratenwerth FS Weber, 2004, 171; Hirsch FS Lüderssen, 2002, 253 (258); krit. aus rechtsphilosophischer Sicht Kühl, Die Bedeutung der Rechtsphilosophie für das Strafrecht, 2001, S. 41; für die Berechtigung von Gesinnungsmerkmalen als Ausdruck für das Maß der Geltungsverkehrung Köhler StrafR AT S. 170, 364, 373; Kelker, Zur Legitimität von Gesinnungsmerkmalen im Strafrecht, 2007, die auf die Bedeutung der Tätereinstellung für das wechselseitige Anerkennungsverhältnis und auf eine Schuldsteigerung abstellt; abl. Timm, Gesinnung und Tatstrafrecht, 2012, S. 188; dagegen Gierhake ZIS 2015, 292 (299) „vertiefte Rechtsgeneration"). 8

2. Auf der **Wissensseite** erfordert der Vorsatz als **intellektuelles Element,** dass sich der Täter zurzeit der Tatbestandsausführungshandlung (Kühl StrafR AT § 5 Rn. 20; aus der Rspr. BGH NStZ 2010, 503 mit Bespr. Hecker JuS 2010, 1114) – dh im Regelfall während der Zeitspanne des Täterverhaltens vom Beginn (→ § 22 Rn. 3, 4) bis zur Beendigung (→ § 24 Rn. 3–7) des Versuchs; er muss vom Täter nicht notwendig bis zum Eintritt der Vollendung durchgehalten werden (Beispiele bei Hecker JuS 2010, 1115; und bei Sternberg-Lieben/Sternberg-Lieben JuS 2012, 976 (980); Wolter FS Leferenz, 1983, 545 (547); Herzberg FS Oehler, 1985, 163) – des Vorliegens aller Umstände des äußeren Tatbestandes (→ Rn. 4–7) bewusst ist (hM; krit. Frisch FS Wolter, 2013, 349; Frisch GS Kaufmann, 1989, 311 (339)); im Sonderfall des beendigten Versuchs (→ § 22 Rn. 8) reicht es, dass die Vorbereitungshandlung vorsätzlich erfolgt, der Vorsatz muss nicht bis ins Versuchsstadium durchgehalten werden (Fad, Die Abstandnahme des Beteiligten von der Tat im Vorbereitungsstadium, 2005, S. 67). Grundsätzlich muss dieses Bewusstsein **aktuell** sein (BGH NJW 1953, 152; StV 2004, 79). Jedoch sind Abschwächungen (BGH StV 2002, 191) oder Ausnahmen für unreflektiertes, aber jederzeit verfügbares Wissen – mit allerdings noch nicht abschließend geklärten Begrenzungen – weithin anerkannt (zusf. Schild FS Stree/Wessels, 1993, 241; Otto Jura 1996, 468; Jäger Ex-Rep StrafR AT Rn. 68–70; Sternberg-Lieben/Schuster in Schönke/Schröder, Rn. 51; sa Mylonopoulos, Komparative und Dispositionsbegriffe im Strafrecht, 1998, S. 154, der das „dispositionale Wissen" einbezieht zur Präsenz des Wissens Jakobs RW 2010, 304; dazu Kühl StrafR AT § 5 Rn. 9 in Fn. 24b); ein „potentieller" Vorsatz, wonach der Täter die relevanten Umstände aus ihn belastenden Gründen nicht kennt (so aber Jakobs ZStW 114 (2002), 584; und – de lege ferenda – Pawlik, Das Unrecht des Bürgers, 2012, S. 302, mit krit. Bespr. Gaede ZStW 121 (2009), 239), reicht für die Wissensseite nicht aus, denn hierfür wird von § 16 I die wirkliche Kenntnis der relevanten Umstände gefordert (auch sog. Kenntnisprinzip, Kuhlen DStJG 15 (1993), 117 (137); auch auf § 16 I abhebend Vogel GA 2006, 9

386 (388); Duttge HRRS 2012, 259 (361); Schünemann ZStW 126 (2014), 1 (15); gegen Jakobs, System der strafrechtlichen Zurechnung, 2012, S. 53); sie werden teils auf die Möglichkeit **sachgedanklicher Erfassung** von Sinnzusammenhängen gestützt (Schmidhäuser FS Mayer, 1966, 317; Satzger JA 2008, 112 (115) „sachgedankliches Mitbewusstsein"; aus der Rspr. BGH StV 2002, 191), teils auf die Anerkennung eines unreflektierten Mitbewusstseins (BayObLG NJW 1977, 1974; Platzgummer, Die Bewusstseinsform des Vorsatzes, 1964; ähnlich Schewe, Bewusstsein und Vorsatz, 1967; Rinck, Der zweistufige Deliktsaufbau, 2000, S. 363) und teils auch auf die Notwendigkeit normativer, tatbestandsabhängiger Bestimmung der subjektiven Anforderungen an eine „Entscheidung gegen das Rechtsgut" (Frisch GS Kaufmann, 1989, 311; krit. dazu Mylonopoulos, Komparative und Dispositionsbegriffe im Strafrecht, 1998, S. 146; beachte auch Köhler GA 1981, 285; Schroth, Vorsatz und Irrtum, 1998, S. 88; Jakobs StrafR AT Abschn. 8 Rn. 11, 12). Wenig geklärt ist namentlich die Frage der Bewusstseinsform bei **Affekttaten;** für den Regelfall wird hier der Vorsatz (nicht zuletzt auch aus kriminalpolitischen Gründen) zu bejahen sein (hM; vgl. BGH NStZ-RR 2003, 8; NStZ-RR 2004, 139; sa BGH NStZ 2003, 369 (603); NStZ 2004, 620; NStZ-RR 2004, 44 mit Bespr. Trück NStZ 2004, 497; Roxin/Greco StrafR AT I § 12 Rn. 129; für den bedingten Vorsatz anders Prittwitz GA 1994, 454; krit. auch Nau, Die Bewußtseinsform bei normalpsychologischen Affekttaten: Ein Vorsatzproblem?, 2001, S. 105, vielfach „Fiktion"; dagegen Zabel in Klesczewski, Affekt und Strafrecht, 2004, S. 35; zusf. Plate, Psyche, Unrecht und Schuld, 2002, S. 47). Dass bei einer BAK von mehr als 2% die Steuerungsfähigkeit erheblich herabgesetzt sein kann, ändert regelmäßig nichts an der für den Vorsatz allein maßgeblichen Einsicht, dass das Fahren im öffentlichen Verkehr in diesem Zustand verboten ist (BGH NJW 2015, 1834; zum § 316-Vorsatz → § 316 Rn. 4); absolute Grenzwerte müssen vom Vorsatz nicht umfaßt sein, da es sich bei ihnen nicht um Tatbestandsmerkmale, sondern um Beweisregeln handelt (BGHSt 19, 299 = NJW 1964, 1330). Die **Gründe** für das Fehlen des erforderlichen Bewusstseins sind unerheblich; auch die Verkennung der Wirklichkeit auf Grund von Wahnvorstellungen schließt den Vorsatz aus (BGHSt 35, 347 (350) = NJW 1989, 912; Roßmüller/Rohrer Jura 1990, 582; aM Herzberg Jura 1990, 16 (19)). Früheres, nicht mehr bewusstes (bzw. jederzeit verfügbares) Wissen (**dolus antecedens,** BGHSt 6, 329 = NJW 1954, 1855) und nachträglich erlangte Kenntnis (**dolus subsequens,** BGHSt 10, 151 = NJW 1957, 718; BGH JZ 1983, 864 mAnm Hruschka; BGH NStZ 1984, 214; BGHSt 63, 88 = NJW 2018, 1621; BGH NStZ 2018, 27; NStZ-RR 2020, 79) genügen nicht (Sternberg-Lieben/Sternberg-Lieben JuS 2012, 976 (979); Kindhäuser/Zimmermann StrafR AT § 13 Rn. 8; Kühl StrafR AT § 5 Rn. 22, 23; Vogel/Bülte in LK-StGB Rn. 52).

10 **a)** Im Einzelnen muss die Vorstellung alle Tatumstände umfassen, die der Tatbestand als Ausgangslage voraussetzt, ferner die Vornahme der Tathandlung selbst, den künftigen tatbestandsmäßigen Erfolg und den ihn mit der Handlung verbindenden Kausalverlauf (hM).

aa) Dazu ist keine volle Kongruenz zwischen wirklichem Geschehen und Vorstellungsbild des Täters erforderlich, wohl aber ein solches Maß an **Konkretisierung,** dass sich der wesentliche Gehalt der im objektiven Sachverhalt auffindbaren Tatumstände in der Tätervorstellung widerspiegelt (zu dem Grad der erforderlichen Bestimmtheit Schröder JR 1968, 305; Backmann JuS 1972, 196). Darüber hinaus haben sich einige Regeln entwickelt, nach denen bestimmte Unterschiede zwi-

schen Wirklichkeit und Vorstellung für die Zurechnung erheblich oder unerheblich sind. Die Rspr. hat solche **Abweichungen** traditionell nur iRd Vorsatzes, dh ausschließlich unter dem Gesichtspunkt subjektiver Zurechnung, behandelt (vgl. dazu etwa Hillenkamp, Die Bedeutung von Vorsatzkonkretisierungen bei abweichendem Tatverlauf, 1971; zusf. Schreiber JuS 1985, 873; offen gelassen BGHSt 38, 32 = NJW 1991, 3161). Nachdem die hM früher der Rspr. gefolgt war, haben sich inzwischen zahlreiche, im dogmatischen Ansatz unterschiedliche Lehren entwickelt, die bei der objektiven Zurechnung (→ Vor § 13 Rn. 14) und der subjektiven Kenntnis von deren Voraussetzungen ansetzen, aber nur ausnahmsweise zu abweichenden Ergebnissen führen (zusf. Roxin GS Kaufmann, 1989, 237; sa Wolter FS GA, 1993, 269 (276, 292); aM Kaufmann FS Jescheck, 1985, 251 (261); Hirsch FS Köln, 1988, 399 (404); anders auch Puppe, Vorsatz und Zurechnung, 1992, S. 21, 35; Puppe in NK-StGB § 16 Rn. 64--93, die schon für die objektive Zurechnung von Vorsatzunrecht die Schaffung einer „qualifizierten" Gefahr fordert und alle Abweichungen nach dem Maßstab der wissentlichen Setzung einer solchen Gefahr bewertet; ähnlich auch Schlehofer, Vorsatz und Tatabweichung, 1996, S 25, 57, der beim Versuchsdelikt auf die „Vorstellung" und beim vollendeten Delikt auf die „Kenntnis" der auf den Zeitpunkt des unmittelbaren Ansetzens (§ 22) zu beziehenden unmittelbaren Gefahr der Tatbestandsverwirklichung abstellt; beachtenswerte Kritik an der Rspr. und dem Diskussionsstand bei Frisch, Tatbestandsmäßiges Verhalten und Zurechnung des Erfolgs, 1988, S. 571).

bb) Namentlich der **Kausalverlauf** braucht nur in seinen wesentlichen Zügen, **11**
nicht in allen Einzelheiten von der Tätervorstellung gedeckt zu sein. Nach der **Rspr.** berühren **unwesentliche Abweichungen** den Vorsatz nicht; unwesentlich ist dabei, was sich noch innerhalb der Grenzen des nach allgemeiner Lebenserfahrung Voraussehbaren hält (Adäquanzurteil) und keine andere Bewertung der Tat rechtfertigt (vgl. etwa BGHSt 7, 325 (329) = NJW 1955, 801; BGHSt 38, 32 = NJW 1991, 3161; BGHSt 56, 162 (166) = NJW 2011, 2065; BGH NJW 1989, 176; NStZ 2001, 29 mit Bespr. Trüg JA 2001, 365; BGH NStZ 2002, 475; NStZ 2007, 700 mit Bespr. Puppe GA 2008, 569; BGH NStZ 2016, 721; JR 2021, 402; OLG Hamm NStZ-RR 2014, 109). In der **Wissenschaft** ist die Problematik nur in den dogmatischen Ansätzen, aber weniger in den Ergebnissen umstritten (vgl. etwa Wolter ZStW 89 (1977), 649; GA 1991, 531 (542); Wolter in Schünemann, Grundfragen des modernen Strafrechtssystems, 1984, S. 103, 112; Schroeder GA 1979, 321 (327); Herzberg JA 1981, 369 (470); Schmoller ÖJZ 1982, 449 (487); Driendl GA 1986, 253; Joerden JahrbRuE 1994, 307; Schlehofer, Vorsatz und Tatabweichung, 1996, Burkhardt FS Nishihara, 1998, 15; Schroth, Vorsatz und Irrtum, 1998, S. 94; Zieschang StrafR AT Rn. 91–93; Puppe, Vorsatz und Zurechnung, 1992, S. 49; Puppe in NK-StGB Rn. 77, § 16 Rn. 75–80; sowie Puppe ZStW 129 (2017), 1; Sternberg-Lieben/Schuster in Schönke/Schröder, Rn. 55, 56; sa Kindhäuser JahrbRuE 2005, 527 (537), der die „Einmischung" der Lehre von der objektiven Zurechnung für „sachwidrig" hält; krit. zur Wissenschaft Walter Kern des Strafrechts S. 278; krit. auch Freund FS Maiwald, 2010, 211 (218), der die Realisierung einer erkannten Schädigungsmöglichkeit verlangt; krit. auch schon Frisch, Tatbestandsmäßiges Verhalten und Zurechnung des Erfolgs, 1988, S. 571; eing. Bock, Atypische Kausalverläufe in objektiver Zurechnung und subjektivem Tatbestand, 2008 mit Bespr. Gössel ZIS 2009, 324; Rohnfelder, Probleme der Diskongruenz von Kausalverlauf und Vorsatz, 2012). Zusammenfassend zu Rspr. und Wissenschaft Sternberg-Lieben/Sternberg-Lieben JuS 2012, 289 (293); Aufbauschema bei Bechtel JA 2016, 906 (909)).

11a Unwesentliche Abweichungen **kommen namentlich in Frage** bei andersartiger Wirkungsweise der Handlung und uU auch bei **verfrühtem Erfolgseintritt** (hM; anders Hruschka JuS 1982, 317 (320); Struensee GS Kaufmann, 1989, 523 (533); einschr. Wolter FS Leferenz, 1983, 545 (559); Wolter GA 2006, 406; Frisch, Tatbestandsmäßiges Verhalten und Zurechnung des Erfolgs, 1988, S. 621; eine Lösung über die objektive Zurechnung favorisiert Yamanaka FS Otto, 2007, 489); letzteres wird von der Rspr. zu Recht nur erwogen, wenn sich die Tat (zB durch tödlich wirkende Schläge gegen den Kehlkopf) schon im Versuchsstadium befand, der Taterfolg aber erst durch spätere Handlungen (zB Luftinjektion in die Armvene) herbeigeführt werden sollte (BGH NStZ 2002, 475 mit Bespr. Roxin GA 2003, 257); tritt der Taterfolg dagegen schon im Vorbereitungsstadium ein, so liegt mangels strafrechtlich relevanten Kausalverlaufs auch keine Kausalverlaufsabweichung vor (BGH NJW 2002, 1057 mit Bespr. Jäger JR 2002, 383; Roxin GA 2003, 257; Sowada Jura 2004, 814; Valerius JA 2006, 261 (264); vgl. auch Joecks/Jäger StGB Rn. 34; Stratenwerth/Kuhlen StrafR AT § 8 Rn. 94; vgl. auch schon BGH NStZ 1991, 537).

11b Nach hM soll das sogar beim sog. **dolus generalis** gelten, der dadurch gekennzeichnet ist, dass der Erfolg vermeintlich durch eine vorsätzliche Handlung, wirklich aber erst nachträglich unvorsätzlich herbeigeführt wurde, zB wenn der Täter das von ihm vermeintlich schon getötete Opfer erst durch eine nachträgliche Handlung zu Tode bringt, etwa dadurch, dass er es ins Wasser wirft oder in der Erde vergräbt (BGHSt 14, 193 = NJW 1960, 1261; Ebert StrafR AT S. 150; Heinrich StrafR AT Rn. 1098; Hilgendorf/Valerius StrafR AT § 4 Rn. 112; Joecks/Jäger StGB Rn. 35–37; Rengier StrafR AT § 15 Rn. 57; nur für den Regelfall zust. Puppe, Vorsatz und Zurechnung, 1992, S. 54; Puppe in NK-StGB § 16 Rn. 81–85; krit. dazu Hettinger GA 2006, 289 zu § 16; einschr. Roxin FS Würtenberger, 2013, 109; Roxin/Greco StrafR AT I § 12 Rn. 174–192; Wolter FS Leferenz, 1983, 545 (559); Frisch, Tatbestandsmäßiges Verhalten und Zurechnung des Erfolgs, 1988 S. 620; Schlehofer, Vorsatz und Tatabweichung, 1996, S. 176; Schroth, Vorsatz und Irrtum, 1998, S. 99; Jerouschek/Kölbel JuS 2001, 417 (422); Stein in SK-StGB § 16 Rn. 38; Sternberg-Lieben/Schuster in Schönke/Schröder, Rn. 58; zu Recht aM Maiwald ZStW 78 (1966), 30; Hruschka JuS 1982, 317 (319); Hettinger FS Spendel, 1992, 237; Toepel JuS 1994, 1009 (1012); Sancinetti FS Roxin, 2001, 349; Oğlakcioğlu JR 2011, 103; zum Einfluss der Täterlehre Jäger FS Schroeder, 2006, 241 (248); zusf. Wolters LdRerg 8/1900, S. 8; Sternberg-Lieben/Sternberg-Lieben JuS 2012, 289 (295)); das überzeugt nicht, weil der Täter bei seiner ersten Handlung im Versuch stecken bleibt und bei seiner zweiten Handlung sich in einem Tatbestandsirrtum befindet, so dass neben dem Tötungsversuch allenfalls – § 16 I 2 – eine fahrlässige Tötung in Betracht kommt (Kühl StrafR AT § 13 Rn. 48; Kindhäuser/Zimmermann StrafR AT § 27 Rn. 52). Tötet der Täter das Opfer fahrlässig und beseitigt er das vermeintlich noch lebende Opfer mit Tötungsvorsatz, so liegen nur § 222 und ein versuchtes Tötungsdelikt (zB versuchter Verdeckungsmord) vor (Altvater NStZ 2002, 21, wo die Regeln über Kausalverlaufsabweichungen mangels vorsätzlichen Erstaktes zu Recht nicht angewendet werden). Die Rspr. bezieht hier auch den Fall der sog. **sukzessiven Schuldunfähigkeit** ein, dh den Eintritt der Voraussetzungen des § 20 nach Beginn, aber vor Beendigung der Tathandlung (sehr weit BGHSt 23, 133 = NJW 1970, 715 mAnm Oehler JZ 1970, 380; BGH NStZ 1998, 30; NStZ 2003, 535; einschr. Wolter FS Leferenz, 1983, 545 (551); Schlehofer, Vorsatz und Tatabweichung, 1996, S. 175; Puppe in NK-StGB § 16 Rn. 91, 92; krit. Geilen JuS 1972, 73 (76); → § 20 Rn. 16).

Nicht unwesentlich ist dagegen die Abweichung, wenn ein außenstehender **Dritter** vor Erfolgseintritt in den Geschehensablauf eingreift und ihn selbständig auf den (oder einen gleichwertigen) Erfolg steuert (so für das „Einführen" von Drogen, die vor Überschreiten der Grenze gestohlen und vom Dieb selbst eingeführt werden, BGHSt 38, 32 = NJW 1991, 3161 mkritAnm Graul JR 1992, 114); eine wesentliche Abweichung wird auch angenommen, wenn sich das Opfer in einer vom Täter veranlassten Panikreaktion selbst verletzt (BGHSt 48, 34 (37) = NJW 2003, 150 mit krit. Bespr. Hardtung NStZ 2003, 261; Heger JA 2003, 455 (456); Kühl JZ 2003, 637 (640); Puppe JR 2003, 123; Sowoda Jura 2003, 549). 11c

cc) Eine wesentliche Abweichung liegt auch vor, wenn ein Angriff fehlgeht, dh statt des ausersehenen ein anderes gleichwertiges Objekt verletzt (sog. **aberratio ictus,** RGSt 58, 27). Hier kommen – wenn das andere Objekt nicht auf Grund bedingten Vorsatzes einbezogen ist (BGHSt 34, 53 = NJW 1986, 2325; BGH NStZ 2009, 210; zum schweizerischen Recht Leu SchwZStr 2014, 383 (402)) – nur Versuch und je nach den Umständen auch eine tateinheitlich begangene Fahrlässigkeitstat in Frage (hM; vgl. etwa Sternberg-Lieben/Schuster in Schönke/Schröder, Rn. 57; jetzt auch Erb FS Frisch, 2013, 389); zur Vermeidung von Wertungswidersprüchen und nicht zuletzt auch aus Gerechtigkeitsgründen ist es nicht hinreichend begründbar, auch Objekte in den Zurechnungszusammenhang einzubeziehen, die von Vorstellung und Willen des Täters nicht gedeckt sind (sog. Konkretisierungstheorie; vgl. etwa Hettinger GA 1990, 531; Streng JuS 1991, 910 (911); Joerden JahrbRuE 1994, 307 (321); Toepel JahrbRuE 1994, 413; Freund FS Maiwald, 2010, 211 (224); El-Ghazi JuS 2016, 303; eing. Rath, Zur strafrechtlichen Behandlung der aberratio ictus und des error in objecto des Täters, 1993, S. 247; iE auch Gropp FS Lenckner, 1998, 55 (57), der die Zufälligkeit der tatbestandlichen Identität des Erreichten mit dem Angestrebten als Voraussetzung betont; anders die objektive Konkretisierungstheorie von Burchard, Irren ist menschlich, 2008, S. 406, 450, der die objektive Zurechnung der Verletzung des Getroffenen verneint; krit. Hettinger GA 2009, 553; positiv Jakobs HRRS 2009, 456; Dehne-Niemann ZIS 2010, 343). Eine Ausscheidung von Fällen, in denen die Individualität des Objekts für das im Tatbestand vertypte Unrecht ohne Belang ist (sog. materielle Gleichwertigkeitstheorie, Hillenkamp, Die Bedeutung von Vorsatzkonkretisierungen bei abweichendem Tatverlauf, 1971, S. 85) oder in denen es nach dem Tatplan nicht auf die Identität des Objekts ankommt (sog. Tatplantheorie, Roxin/Greco StrafR AT I § 12 Rn. 165), erweckt wegen der Zurechnung vom Täter nicht gewollten Unrechts Bedenken. Die auf § 16 I 1 gestützte Gegenposition, nach der die Konkretisierung des Vorsatzes auf bestimmte Objekte der jeweiligen Gattung unerheblich ist (sog. Gleichwertigkeitstheorie; vgl. ua Puppe GA 1981, 1; Puppe, Vorsatz und Zurechnung, 1992, S. 16, 49; Puppe in NK-StGB § 16 Rn. 95–106; Frister StrafR AT § 11 Rn. 57–60; Kuhlen, Die Unterscheidung von vorsatzausschließendem und nichtvorsatzausschließendem Irrtum, 1987, S. 479; Stein in SK-StGB Rn. 32; Schroth, Vorsatz und Irrtum, 1998, S. 100; krit. Jakobs GA 1999, 382 (383); Heuchemer JA 2005, 275; krit. Rath JA 2005, 709; Lampe GA 2009, 673 (696), personale Zurechnung des Todes und soziale Verantwortung dafür; kritische Auseinandersetzung mit der Minderheitsmeinung bei Koriath JuS 1997, 901 mit Erwiderung Puppe JuS 1998, 287; Grotendiek, Strafbarkeit des Täters in Fällen der aberratio ictus und des error in persona, 2000, S. 70, 78, 94, 109 mit Bespr. Rath GA 2001, 406; Lubig Jura 2006, 655 (657); Kindhäuser/Zimmermann StrafR AT § 27 Rn. 57; Rengier StrafR AT § 15 Rn. 34, 35), hat zwar manche Gründe für sich, orientiert sich aber zu sehr an for- 12

malen Kriterien, deren Ableitung aus dem Gesetz nicht zwingend ist (zu Grenzfällen → Rn. 13a).

13 dd) Die Verwechslung des Angriffsobjekts mit einem gleichwertigen anderen (sog. **error in persona vel in obiecto**) berührt den Vorsatz grds. nicht (für die Standardfälle unstr.). Sie liegt vor, wenn der Vorsatz auf ein bestimmtes, im Tatbestand vertyptes Objekt konkretisiert ist, dieses durch den Angriff auch verletzt wird, aber hinsichtlich seiner Identität oder sonstiger Eigenschaften nicht der Tätervorstellung entspricht. Dieser Irrtum betrifft keinen Tatumstand iSd § 16 I 1 und ist auch als Motivirrtum (krit. dazu Rath, Zur Unerheblichkeit des error in persona vel in objecto, 1996, S. 11; Koriath JuS 1998, 215 (219)) unerheblich (BGHSt 11, 268 = NJW 1958, 836; BGHSt 37, 214 (216) = NJW 1991, 933; BayObLG JR 1987, 431 mAnm Streng; Heinrich StrafR AT Rn. 1102; zusf. Sternberg-Lieben/Sternberg-Lieben JuS 2012, 289 (295); sa Warda FS Blau, 1985, 159). Der Irrtum des Täters über die Person des Opfers ist für den Anstifter unbeachtlich (BGH NJW 2017, 3097 mAnm Kudlich).

13a ee) Die **Abgrenzung** der aberratio ictus vom error in obiecto kann in Grenzfällen schwierig sein (Kudlich/Koch JA 2017, 827). Insoweit ist der Streitstand noch sehr kontrovers (krit. dazu Puppe GA 1981, 1 (4); Puppe in NK-StGB § 16 Rn. 96–101). Vor allem für die Fälle, in denen der Täter das Tatobjekt nicht vor Augen hat (für Unerheblichkeit des Motivirrtums auch dann BGH NStZ 1998, 294 mit Bespr. Schliebitz JA 1998, 833; Herzberg NStZ 1999, 217, abl.; insoweit zust. Krack JuS 1999, 832; Geppert JK StGB § 16 Rn. 4), werden mit verschiedenen Ansätzen Differenzierungen vorgeschlagen, über die noch kein Konsens erzielt wurde (zusf. Rath GA 2001, 283; Sternberg-Lieben/Sternberg-Lieben JuS 2012, 289 (297); zum Streitstand im Ganzen ua Prittwitz GA 1983, 110 (127); Wolter in Schünemann, Grundfragen des modernen Strafrechtssystems, 1984, S. 103; Geppert Jura 1992, 163; Rath, Zur Unerheblichkeit des error in persona vel in objecto, 1996, S. 13, 25; Schlehofer, Vorsatz und Tatabweichung, 1996, S. 170; Toepel JA 1996, 886; JA 1997, 948; Schroth, Vorsatz und Irrtum, 1998, S. 103; Koriath JuS 1998, 215; Grotendiek, Strafbarkeit des Täters in Fällen der aberratio ictus und des error in persona, 2000, S. 103; Freund FS Maiwald, 2010, 211 (226); Erb FS Frisch, 2013, 389 (393); Hoyer FS Wolter, 2013, 419 (429); Heinrich StrafR AT Rn. 1112; Rengier StrafR AT § 15 Rn. 42–50; Roxin/Greco StrafR AT I § 12 Rn. 193–201; → § 26 Rn. 6). Zum Irrtum über das Tatobjekt (den Inhalt eines Behältnisses) BGH NStZ 2006, 686 mit krit. Bespr. Böse GA 2010, 249.

14 **b)** Die Vorstellung der Tatumstände muss lediglich deren Bedeutung richtig erfassen (**Bedeutungskenntnis;** Sternberg-Lieben/Sternberg-Lieben JuS 2012, 289 (290); Kühl StrafR AT § 5 Rn. 91–97 mit Beispielsfällen). Namentlich bei den normativen Tatbestandsmerkmalen (→ Rn. 5) braucht der Täter nicht die aus den Gesetzesbegriffen folgende rechtliche Wertung zu vollziehen; hier genügt sog. **Parallelwertung in der Laiensphäre** (oder besser: Parallelwertung im Täterbewusstsein), die voraussetzt, dass der Täter die Tatsachen kennt, die dem normativen Begriff zugrundeliegen, und auf der Grundlage dieses Wissens den sozialen Sinngehalt des Begriffs richtig begreift (hM; vgl. etwa BGHSt 3, 248 (255) = NJW 1953, 113; BGHSt 4, 347 = NJW 1953, 1680; Mezger JZ 1951, 179; Fukuda FS Hirsch, 1999, 175; Erb NStZ 2001, 317; krit. Anm. zu OLG Düsseldorf NJW 2001, 167; Gropp FS Weber, 2004, 127 (137) zu BGHSt 17, 87 = NJW 1962, 971; Satzger Jura 2015, 156 (160); Hinderer JA 2009, 864; Sternberg-Lieben/Sternberg-Lieben JuS 2012,

289 (290); Sternberg-Lieben/Schuster in Schönke/Schröder, Rn. 43a; ähnlich Kindhäuser/Hilgendorf in LPK-StGB § 16 Rn. 10, der „ein Handeln mit sinngleicher Begrifflichkeit" für ausreichend hält; zusf. Roxin/Greco StrafR AT I § 12 Rn. 100–121; krit. Kaufmann, Die Parallelwertung in der Laiensphäre, 1982; Kaufmann FS Lackner, 1987, 185; sowie Groteguth, Norm- und Verbots(un)kenntnis § 17 S. 2 StGB, 1993, S. 78, 86, die auch das Begreifen des Unrechts selbst oder ein materiell-konkretes Verletzungswissen einbeziehen; ähnlich Schroth, Vorsatz und Irrtum, 1998, S. 49; Schlüchter, Irrtum über normative Tatbestandsmerkmale im Strafrecht, 1983; die zur Abgrenzung auf eine „teleologisch reduzierte Sachverhaltssicht" abstellt; in den Ansätzen abw. auch Kuhlen, Die Unterscheidung von vorsatzausschließendem und nichtvorsatzausschließendem Irrtum, 1987, S. 204, der im Ergebnis zur Irrtumslehre des RG zurückkehrt; Kuhlen DStJG 15 (1993), 118 (132); Frisch in Eser RuE III S. 217, 276; Heidingsfelder, Der umgekehrte Subsumtionsirrtum, 1991, S. 33, die die erforderliche Wertung nicht als Parallelwertung, sondern als Problem der Normkonkretisierung verstehen; Kindhäuser GA 1990, 407, der die Parallelwertung erst im Rahmen der Vermeidbarkeit des Verbotsirrtums thematisiert; Joerden JahrbRuE 1994, 307 (322), der sich für die Abgrenzung auf eine logisch-analytische Methode stützt; Rinck, Der zweistufige Deliktsaufbau, 2000, S. 323, der zwischen Tat- und Rechtsirrtum unterscheidet; krit. auch Vogel/Bülte in LK-StGB § 16 Rn. 26; für aus § 16 abgeleitete Vorsatz ausschließende Rechtsirrtümer Herzberg JuS 2008, 386; ganz abl. Dopslaff GA 1987, 1, der die Unterscheidung zwischen deskriptiven und normativen Merkmalen überhaupt verwirft; abl. zur Lehre von den normativen Tatbestandsmerkmalen Heinrich FS Puppe, 2011, 449 (464), zu deren „Fehlbarkeit" Palma GA 2012, 220 (227); ähnlich Puppe GA 1990, 145; Puppe FS Herzberg, 2008, 245 (247), die den Begriff der normativen Tatbestandsmerkmale ablehnt und Rechtsverhältnisse als institutionelle Tatsachen versteht; für einen Verzicht auf den Terminus Herzberg/Hardtung JuS 1999, 1073 (1074), die zwischen Tatumständen und Vorfeldumständen unterscheiden, sowie Schulz FS Bemmann, 1997, 246, der keinen zusätzlichen Wertungsakt für erforderlich hält; grundlegend Kuhli, Normative Tatbestandsmerkmale in der strafrichterlichen Rechtsanwendung 2018; vgl. auch Jakobs FS Rudolphi, 2004, 107 (113), nach dessen malus-Theorie bei Unrechts-Unkenntnis der Vorsatz ebenso fehlen soll wie bei Unkenntnis von Tatsachen; krit. auch Walter Kern des Strafrechts S. 243; Neumann FS Puppe, 2011, 171 (185); sa Papathanasiou, Irrtum über normative Tatbestandsmerkmale, 2014 mit krit. Bespr. Schuster GA 2016, 60). – Dass der Täter den in seiner Bedeutung zutreffend erkannten Umstand rechtlich unrichtig subsumiert (er hält zB ein für den Rechtsverkehr erhebliches Beweiszeichen nicht für eine Urkunde nach § 267; vgl. Kudlich StrafR AT Fall 53 – Bierfilz), ist als sog. **Subsumtionsirrtum** für den Vorsatz unerheblich (hM; vgl. etwa Kühl StrafR AT § 13 Rn. 10; Puppe FS Herzberg, 2008, 275 (282); krit. Frisch in Eser RuE III S. 282, der schon das Vorliegen eines Irrtums verneint); er kann aber als Verbotsirrtum Bedeutung gewinnen (→ § 17 Rn. 22).

aa) Die **Abgrenzung** ist bisweilen schwierig und wegen der noch nicht 15 abschließend geklärten Strukturelemente einer Parallelwertung (dazu Schlüchter, Irrtum über normative Tatbestandsmerkmale im Strafrecht, 1983, S. 67; krit. dazu Schroth, Vorsatz und Irrtum, 1998, S. 73) seit langem umstritten (zur Dogmengeschichte des Abgrenzungsproblems Tischler, Verbotsirrtum und Irrtum über normative Tatbestandsmerkmale, 1984; vgl. auch Hinderer JA 2009, 864). Das gilt namentlich bei Taten nach §§ 153, 154, 156 (BGHSt 1, 13 = NJW 1951, 160; BGHSt 3, 248 = NJW 1953, 76), § 184 (OLG Stuttgart Justiz 1977, 240), § 211 (BGHSt 50, 89 (91) = NJW 2005, 1876 zur Ermöglichungsabsicht) oder § 356 (BGHSt 5, 301

= NJW 1954, 609; BGHSt 9, 341 = NJW 1956, 1687; BGHSt 18, 192 = NJW 1963, 597) und ganz besonders bei Zuwiderhandlungen gegen Blanketttatbestände des Nebenstrafrechts (→ § 17 Rn. 22). Ferner gilt es auch bei den früher sog. Komplexbegriffen (v. Weber GA 1953, 161), wie zB dem des Amtsträgers: Die Rspr. lässt hier die Kenntnis der tatsächlichen Umstände genügen, aus denen sich die Amtsträgereigenschaft ergibt (BGHSt 2, 119 = NJW 1952, 516; BGHSt 8, 321 = NJW 1956, 389), sieht also vom Erfordernis der Parallelwertung ab. Dogmatisch erweckt das Bedenken, die jedoch iErg unschädlich sind; denn wer die Umstände seiner Bestellung als Amtsträger kennt, begreift regelmäßig auch die tatsächliche Bedeutung seiner Position als die eines staatlichen Aufgabenbereichs (Roxin/Greco StrafR AT I § 12 Rn. 113); ob er sich auch für einen Amtsträger hält, ist unerheblich (Subsumtionsirrtum, BGH GA 1959, 348). Nimmt der Steuerpflichtige irrtümlich an, ein Steueranspruch sei nicht entstanden, liegt ein Tatbestandsirrtum und kein Verbotsirrtum vor (BGH NZWiSt 2019, 261). Irrt der Täter über seine Arbeitgeberstellung oder die daraus resultierende Pflicht zum Abführen von Sozialversicherungsbeiträgen, liegt ein Tatbestandsirrtum vor (BGHSt 64, 195 = NJW 2019, 3532), nicht (mehr) ein Verbotsirrtum (so zuvor BGH NStZ 2010, 337). Für Vorsatzirrelevanz jedes Rechtsirrtums dagegen Wolf, Error facti et error iuris, 2019.

16 bb) Ebenso umstritten ist auch die Behandlung der sog. **gesamttatbewertenden Tatbestandsmerkmale,** dh solcher Merkmale, die nicht nur das unrechtsbegründende Verhalten als solches beschreiben, sondern wegen ihres hohen normativen Gehalts zugleich schon die sonst dem allgemeinen Rechtswidrigkeitsurteil vorbehaltene Gesamtbewertung mitumfassen (zB grob verkehrswidrig in § 315c I Nr. 2; zumutbar in § 323c); soweit hier bei der Subsumtion unter den normativen Begriff das Rechtswidrigkeitsurteil von den ihm zugrundeliegenden tatsächlichen Umständen getrennt werden kann, genügt für den Vorsatz die Kenntnis dieser Umstände, während die rechtliche Bewertung den Regeln über den Verbotsirrtum folgt (vgl. etwa OLG Hamm NJW 1968, 212; BayObLG NJW 1969, 565; Schaffstein FS Celle, 1961, 175 (191); Schlüchter JuS 1985, 373; JuS 1985, 617; Puppe GA 1990, 145 (170); Puppe in NK-StGB Vor § 13 Rn. 27–29; Sternberg-Lieben/Sternberg-Lieben JuS 2012, 884 (885); Herzberg GA 2016, 737; Jescheck/Weigend StrafR S. 296; Kühl StrafR AT § 13 Rn. 59b; Roxin/Greco StrafR AT I § 12 Rn. 105; Sternberg-Lieben/Schuster in Schönke/Schröder § 16 Rn. 21; krit. Baumann FS Welzel, 1974, 533; Kaufmann FS Lackner, 1987, 185; Otto GS Meyer, 1990, 583 (586); Schroth, Vorsatz und Irrtum, 1998, S. 20; Jakobs FS Rudolphi, 2004, 107 (118); Herzberg/Hardtung JuS 1999, 1073 (1075), die von Sammelmerkmalen sprechen; die Rechtsfigur überhaupt abl. Schmidhäuser StrafR AT § 9 Rn. 12; nach Walter in LK-StGB Vor § 13 Rn. 56 „überflüssig"). Noch weitergehend nimmt die Lehre von den sog. **Rechtspflichtmerkmalen** gewisse Elemente der Deliktsbeschreibung, deren Funktion darin besteht, die Pflichtwidrigkeit der Tatbestandsverwirklichung zu konkretisieren oder zu begrenzen, aus dem Tatbestand aus mit der Folge, dass der Irrtum über sie einen Verbotsirrtum bildet (Welzel JZ 1952, 19 (133); ZStW 67 (1955), 196 (224)); die Lehre ist überwiegend auf Ablehnung gestoßen und auch inhaltlich eingeschränkt worden (dazu Kaufmann FS Klug, 1983, 277; Schroth, Vorsatz und Irrtum, 1998, S. 19).

17 cc) Umstritten ist schließlich die Behandlung von Tatbestandsmerkmalen, die negative **Wertprädikate** ausdrücken (zB „pornographisch", → § 184 Rn. 2, 9; „niedriger" Beweggrund, → § 211 Rn. 5; „roh" misshandeln, → § 225 Rn. 5; „rücksichtslos" fahren, → § 315c Rn. 19). Hier genügt es sowohl bei Merkmalen, die vom Vorsatz umfasst sein müssen, als auch bei rein täterpsychischen Merkmalen

(→ Rn. 8), dass der Täter die Bedeutung der Umstände, die dem Wertprädikat unterliegen, richtig begreift; ob er das besondere Unwerturteil auch für sich selbst nachvollzieht, zB seinen Beweggrund selbst als niedrig bewertet (BGH NJW 1967, 1140), ist unerheblich (hM; expl. Schaffstein FS Celle, 1961, 197; diff. Puppe in NK-StGB § 16 Rn. 52–59; aM Kunert, Die normativen Merkmale der strafrechtlichen Tatbestände, 1958, S. 102).

c) Das intellektuelle Element kann in der Weise erfüllt sein, dass der Täter die Tatbestandsverwirklichung **sicher kennt oder als sicher voraussieht** (Gewissheitsvorstellung) oder dass er das Vorliegen von Tatumständen nur für **möglich** hält oder mit der **Möglichkeit** ihres Eintritts rechnet (Möglichkeitsvorstellung). Während bei der Absicht (→ Rn. 20) jede der beiden Vorstellungen ausreicht, kommt bei der Wissentlichkeit (→ Rn. 21) nur die Gewissheits- und beim bedingten Vorsatz (→ Rn. 23) nur die Möglichkeitsvorstellung in Betracht (zu den danach möglichen Kombinationen Spendel FS Lackner, 1987, 167). Zur zunehmenden Normativierung des intellektuellen Moments krit. Gaede ZStW 121 (2009), 239. 18

3. Auf der **Willensseite** setzt der Vorsatz als **voluntatives Element** eine bestimmte psychische (emotionale) Einstellung des Täters zur Tatbestandsverwirklichung voraus (hM; → Rn. 26, 27; zur Legitimierung des voluntativen Vorsatzelements Sternberg-Lieben/Sternberg-Lieben JuS 2012, 976: Vorsatz als bewusste Entscheidung gegen das Rechtsgut; so auch Hassemer GS Kaufmann, 1989, 289 (295); sa Kühl StrafR AT § 5 Rn. 60), die sich bei den verschiedenen Vorsatzformen unterschiedlich ausprägt und deren Mindestinhalt noch nicht abschließend geklärt ist (zur psychologischen Problematik Schewe, Reflexbewegung, Handlung, Vorsatz, 1972, S. 78; Krauß FS Bruns, 1978, 11 (21); Janzarik ZStW 104 (1992), 65; Morselli ZStW 107 (1995), 324; sa Stratenwerth ZStW 85 (1973), 469; zur Abgrenzung gegenüber der Motivation Krümpelmann ZStW 87 (1975), 888). Auf dieser Grundlage wird zwischen **direktem (unbedingtem) Vorsatz** mit seinen Spielarten der Absicht (→ Rn. 20) und der Wissentlichkeit (→ Rn. 21, 22) sowie dem **bedingten Vorsatz** (→ Rn. 23–27) unterschieden (krit. Puppe, Vorsatz und Zurechnung, 1992, S. 35, 63; Puppe in NK-StGB Rn. 105–114, die das voluntative Element ausschließlich normativ bestimmt und deshalb die Unterscheidung verschiedener Vorsatzformen für gegenstandslos hält; ähnlich Bung, Wissen und Wollen im Strafrecht, 2009, S. 191; krit. auch Lesch JA 1997, 802, der die Wissentlichkeit und den bedingten Vorsatz als dolus indirectus zusammenfasst und von der Absicht als dolus directus abhebt). Das voluntative Element ist stets – wie sich zwingend aus dem inneren Zusammenhang mit dem intellektuellen Element, aber im Gegensatz zu ihm ergibt – nicht auf jeden einzelnen Tatumstand, sondern auf die Verwirklichung des Tatbildes im Ganzen zu beziehen. 19

a) Zu den Formen des **direkten Vorsatzes:** 20

aa) **Absicht:** Die Tatbestandsverwirklichung ist das Ziel, auf dessen Erreichung es dem Täter ankommt (vgl. §§ 16, 17 I E 1962; zusf. Satzger Jura 2008, 112 (116); Witzigmann JA 2009, 488 (489); Sternberg-Lieben/Sternberg-Lieben JuS 2012, 976 (977); aus der Rspr. BGHSt 55, 206 (210) = NJW 2010, 2672). Sie braucht nicht Endziel, dh Beweggrund (Motiv) zu sein; es genügt, wenn sie als Mittel zur Erreichung eines außertatbestandlichen Zwecks angestrebt wird (BGHSt 4, 107 = NJW 1953, 834; BGHSt 16, 1 = NJW 1961, 1172; zusf. Hochmayr JBl 1998, 205; eingehende begriffliche Analyse bei Merkel, Früheuthanasie, 2001, S. 174).

Als intellektuelles Element, das auch hier unverzichtbar ist (aM Schroeder in LK-StGB, 11. Aufl. 1992, § 16 Rn. 76; aufgegriffen von Vogel/Bülte in LK-StGB Rn. 84, 85) genügt nach hM die bloße Möglichkeitsvorstellung (→ Rn. 18), zB A schießt auf B, um ihn zu töten, rechnet aber mit einem Fehlgehen des Schusses (BGHSt 21, 283 = NJW 1967, 2319; Joerden JZ 2002, 414 (415); Mir Puig Schünemann-Symposium, 2005, 77 (98); Sternberg-Lieben/schuster in Schönke/Schröder, Rn. 67; unrichtig BGHSt 16, 1 (5) = NJW 1961, 1172); einschränkend ist aber zu verlangen, dass der Täter von einem tatbestandsmäßigen Risiko des Erfolgseintritts ausgeht (Kühl StrafR AT § 5 Rn. 37; Joecks/Kulhanek in MüKoStGB § 16 Rn. 22; Stein in SK-StGB § 16 Rn. 40). Zur Abgrenzung von Absicht und bedingtem Vorsatz Schroeder FS Rudolphi, 2004, 285 (291). Das Gesetz setzt Absicht häufig auch voraus, um den Tatbestand auf bestimmte Vorsatzformen zu beschränken (Beispiel bei Schroeder FS Rudolphi, 2004, 285) oder um eine die Tathandlung begleitende Zweckvorstellung des Täters besonders zu erfassen, verfährt dabei aber uneinheitlich: Der Absichtsbegriff hat idR die Funktion, entweder nur den bedingten Vorsatz (→ Rn. 23–27) auszuschließen (zB in § 288, RGSt 59, 314) oder, wie es hier vorausgesetzt wird, das auf den Erfolg zielgerichtete Wollen zu beschreiben (zB in § 263 I, BGHSt 16, 1 = NJW 1961, 1172), was der häufig vorkommenden Wendung „um zu" (zB in § 253) entspricht; vereinzelt wird Absicht auch dem Beweggrund gleichgesetzt (zusf. Oehler NJW 1966, 1633; eing. Gehrig, Der Absichtsbegriff in den Straftatbeständen des Besonderen Teils des StGB, 1986; zu den BT-Absichten unter Einbeziehung von Nebenfolgen Bung, Wissen und Wollen im Strafrecht, 2009, S. 207, 243 mit zT krit. Bespr. Jakobs GA 2009, 319; Steinberg JZ 2010, 194 und (insoweit zust.) Roxin ZStW 122 (2010), 672; gegen die Unterscheidung von Zwischenzielen und Nebenfolgen Jakobs RW 2010, 283 (288)). Die Auslegung richtet sich stets nach dem jeweiligen Sinn- und Zweckzusammenhang, in dem das Merkmal vorkommt. Zu Funktionen und Bedeutungen des Absichtsbegriffs Witzigmann JA 2009, 488.

21 bb) **Wissentlichkeit:** Der Täter handelt, obwohl er weiß oder als sicher voraussieht, dass er den Tatbestand verwirklicht (vgl. §§ 16, 17 II E 1962, § 17 III AE; ähnlich BGH NJW 2001, 980 (981); NStZ-RR 2006, 174 (175) „als sichere Folge seiner Handlung voraussieht"); die Hoffnung auf Ausbleiben des Erfolges bzw. der Folgen ist ohne Bedeutung (BGH NStZ-RR 2006, 174 (175)). Hier folgt der unbedingte Verwirklichungswille aus dem Handeln trotz Gewissheitsvorstellung (→ Rn. 18; ebenso Joerden JZ 2002, 414 (415); Sternberg-Lieben/Sternberg-Lieben JuS 2012, 976 (977); Kühl StrafR AT § 5 Rn. 38; krit. Lesch JA 1997, 802 (808); auch Bung, Wissen und Wollen im Strafrecht, 2009, S. 220), zB A setzt ein Haus in Brand und sieht als unerwünschte, aber unvermeidliche Nebenwirkung den Tod der Hausbewohner voraus. Wer sicher voraussieht, dass ein bestimmter Erfolg eintreten wird, will ihn auch im Rechtssinne (Ransiek NStZ 2011, 678 (679)). Auch den Begriff „wissentlich" und andere inhaltsgleiche Begriffe verwendet das Gesetz bisweilen zur Ausgrenzung der bloßen Möglichkeitsvorstellung. In neueren Gesetzen stimmen sie mit der hier gegebenen Begriffsbestimmung überein (zB in §§ 87 I, 226 II; 258 I, II).

22 cc) **Beabsichtigter unsicherer Erfolg mit sicherer Nebenfolge:** Der Täter strebt einen nur für möglich gehaltenen außertatbestandlichen Erfolg an, sieht für den Fall des Erfolgseintritts aber die Tatbestandsverwirklichung als sicher voraus; zB A legt zur Begehung eines Versicherungsbetrugs auf einem Schiff eine Zeitbombe und zweifelt an dem zeitgerechten Funktionieren des Zeitzünders, hält aber für den Fall der Zündung den Tod der Mannschaft für sicher (ebenso Stern-

berg-Lieben/Schuster in Schönke/Schröder Rn. 68; iE auch Puppe StrafR AT § 1 Rn. 16, 39; aM Hochmayr JBl 1998, 205 (215)).

b) Bedingter Vorsatz (krit. zur Terminologie Roxin/Greco StrafR AT I § 12 Rn. 24; Joecks/Kulhanek in MüKoStGB § 16 Rn. 31) kommt nur in Frage, wenn der Täter handelt (mit unbedingtem Handlungswillen, BGH GA 1963, 147), obwohl er die Tatbestandsverwirklichung für möglich hält (→ Rn. 18); beim unechten Unterlassungsdelikt kann sich diese Vorstellung auch auf die Ursächlichkeit (→ Vor § 13 Rn. 12) beziehen (BGH NStZ 2007, 463), so dass der Täter nicht anzunehmen braucht, die „von ihm erwartete Handlung (werde) mit an Sicherheit grenzender Wahrscheinlichkeit den strafrechtlichen Erfolg verhindern" (so aber der 5. StS BGHSt 62, 223 = NJW 2017, 3249 mit zust. Bespr. Schroth/Hofmann medstra 2018, 3 (10f.); Rosenau/Lorenz JR 2018, 168 (180f.); Kraatz NStZ-RR 2017, 329 (334); dagegen zu Recht abl. Kudlich/Hoven, in: FS Rogall, 2018, S. 209 (220); Rissing-van Saan/Verrel NStZ 2018, 57 (65f.); Sternberg-Lieben/Sternberg-Lieben JZ 2018, 32 (37); Hoven NStZ 2017, 707f.; Greco GA 2018, 539; Ast HRRS 2017, 500; Epitropakis, Die Strafbarkeit der Manipulationen bei der Organallokation nach den Tötungs- und Körperverletzungsdelikten, 2020, S. 230f. (249); sowie nunmehr – allerdings in einem obiter dictum – der 1. StS BGH NJW 2021, 326 mAnm Mitsch; zust. Heß HRRS 2021, 266). Dass zu dem intellektuellen ein **voluntatives** Element hinzukommen muss, wird überwiegend (→ Rn. 26, 27) bejaht; sein genauer Inhalt ist jedoch umstritten (zusf. Geppert Jura 2001, 55; Otto Jura 1996, 468 (472); Hermanns/Hülsmann JA 2002, 140; Sternberg-Lieben/Sternberg-Lieben JuS 2012, 884; sa BGH NStZ 2015, 392; NStZ 2016, 25 mit Bespr. Satzger Jura 2017, 116 zu § 15; speziell bei der Steuerhinterziehung Ransiek NStZ 2011, 679; beim sexuellen Missbrauch mit „Sexspielzeug" BGH NStZ 2010, 389; bei § 5 HeilPraktG BGH NJW 2011, 3591 mit krit. Bespr. Duttge JZ 2012, 210 (211); zum vermeintlichen Tötungsvorsatz von „Rasern" Walter NJW 2017, 1350, zur historischen Entwicklung dieses Streits Jescheck ZStW 93 (1981), 3 (29); rechtsvergleichend mit Italien Canestrari GA 2004, 210): 23

aa) Wohl noch herrschend sind die in zahlreichen Varianten vertretenen **Einwilligungstheorien;** die eine bestimmte, allerdings jeweils unterschiedlich beschriebene, voluntative (emotionale) Haltung des Täters voraussetzen. Insoweit wird in Bezug auf die Tatbestandsverwirklichung etwa vorausgesetzt: „zustimmen" oder „einverstanden" sein Maurach/Zipf StrafR AT I § 22 Rn. 36), „billigen" oder „billigend in Kauf nehmen" (so meist die Rspr., zB BGHSt 7, 363 = NJW 1955, 1120; BGHSt 19, 101 = NJW 1963, 2236; BGH NStZ 1983, 365; NStZ-RR 2000, 327; BGH NStZ-RR 2004, 140; NZV 2005, 538; NZV 2006, 270 (271); NStZ-RR 2006, 317 (318); NStZ-RR 2009, 13 (14); NStZ 2008, 453; BayObLG StV 1993, 641 mAnm Dannecker/Stoffers; OLG Saarbrücken NStZ-RR 2009, 80 (91); krit. Analyse der Rspr. bei Herzberg FG BGH, 2000, 51 (72); Herzberg FS Schwind, 2006, 317 (336); krit. auch Joecks/Kulhanek in MüKoStGB § 16 Rn. 57), „ernst nehmen" (Stratenwerth ZStW 71 (1959), 51; Wolff FS Gallas, 1973, 197), „sich" (um anderer Ziele willen) „abfinden" (§ 16 E 1962; auch BGHSt 36, 1 (9) = NJW 1989, 781; BGH NStZ-RR 1996, 2; NStZ 2002, 314; NStZ 2003, 431; NStZ 2003, 603; NStZ 2006, 98 (99); NStZ 2011, 699 (701) „billigt oder sich schon damit abfindet"; krit. Puppe ZIS 2014, 66 (68), ähnlich BGH NStZ-RR 2010, 241; NStZ-RR 2012, 105; BGHSt 56, 277 (284) = NJW 2011, 2895 mit Bespr. Beckemper ZJS 2012, 132 und Kudlich NJW 2011, 2586; BayObLG NJW 2003, 371 (372); OLG Braunschweig NStZ 2013, 593 (595); abl. 24

für den entschiedenen Fall einer Manipulation der Zuteilung von Spenderorganen Schroth NStZ 2013, 441; zust. aber Helmecke/Seeger famos 1/2014, 5) oder bloß „in Kauf nehmen" (§ 17 II AE; gleichgültige Inkaufnahme verlangen Sternberg-Lieben/Schuster in Schönke/Schröder Rn. 80, 82, 84; speziell zum voluntativen Element beim Betrugsvorsatz BGH wistra 2008, 342; zu Besonderheiten des Untreuevorsatzes BGHSt 47, 295 (302) = NJW 2002, 2801; → § 266 Rn. 19, krit. Vogel/Bülte in LK-StGB Rn. 114). Die meisten Vertreter dieser Richtung stellen darauf ab, dass der Täter die Tatbestandsverwirklichung ernstlich für möglich hält und sich mit ihr abfindet (Gropp/Sinn StrafR AT § 5 Rn. 109; Heinrich StrafR AT Rn. 300; Jescheck/Weigend StrafR S. 299; Kühl StrafR AT § 5 Rn. 85; Wessels/Beulke/Satzger StrafR AT Rn. 226; Henn JA 2008, 699; Kühl/Hinderer JuS 2009, 919 (922); krit. ua Weigend ZStW 93 (1981), 657 (667); Schünemann GA 1985, 341 (360); Stein in SK-StGB § 16 Rn. 25–27). Mit dem Sich-Abfinden wird die Assoziation des „billigenden" Inkaufnehmens mit einem „Erwünschtsein" vermieden; man kann sich auch mit unerwünschten Folgen seines Handelns abfinden (aus der Rspr. BGH NStZ 2003, 604; NStZ-RR 2017, 385; OLG Braunschweig NStZ 2013, 593 (595); zur Rspr. Kühl StrafR AT § 5 Rn. 56). Alle diese Formeln sind infolge ihres umgangssprachlich unklaren und schillernden Inhalts nicht hinreichend präzise und trennscharf (krit. Schünemann FS Hirsch, 1999, 363 (367); zusf. Küpper ZStW 100 (1988), 758 (764)). Das kennzeichnende Abgrenzungskriterium wird man darin zu finden haben, dass der Täter um seines außertatbestandlichen Zieles willen der Vornahme der Handlung den Vorzug gibt vor dem Verzicht auf sie, obwohl er das Risiko der Tatbestandverwirklichung nicht psychisch verdrängt, sondern innerlich angenommen („einkalkuliert") und sich damit für die Möglichkeit der Rechtsgutsverletzung entschieden hat (Roxin JuS 1964, 53; Roxin/Greco StrafR AT I § 12 Rn. 21–34; krit. Prittwitz JA 1988, 486 (490); Vogel/Bülte in LK-StGB Rn. 125; str.). Er muss danach seinen Verwirklichungswillen gegenüber dem Gewicht dieses voll erfassten Risikos durchhalten (ähnlich Hassemer GS Kaufmann, 1989, 289 (300); Schroth, Vorsatz und Irrtum, 1998, S. 13; von anderen Ansätzen aus auch Frisch in Eser RuE III S. 473; Frisch GS Meyer, 1990, 533 (536); sowie Köhler FS Hirsch, 1999, 65 (77); die Gestaltungsmacht betont Jakobs RW 2010, 283 (291); sa Bung, Wissen und Wollen im Strafrecht, 2009, S. 133, 168, 219, 269, der auf die Entscheidung für die Handlung abstellt und dafür eine „Lieber-Wollen-als" Formel prägt; zT krit. dazu Greco ZIS 2009, 816; Jakobs GA 2009, 319; Pawlik ZIS 2010, 339 (340); Roxin ZStW 122 (2010), 672; Steinberg JZ 2010, 194; aus vorrechtlicher Sicht zust. Janzarik ZStW 104 (1992), 65). Auf eine gefühlsmäßige Bejahung des schädlichen Erfolges im Sinne einer erwünschten Wirkung kommt es daher nicht an (hM; krit. Engisch NJW 1955, 1688); bei an sich unerwünschten Nebenfolgen ist aber eine bewusste oder infolge Risikogewöhnung unreflektierte Abwägung erforderlich (vgl. Jakobs RW 2010, 283 (291)), an der es fehlt, wenn der Täter in dem – sei es auch unvernünftigen und ihn selbst korrumpierenden – Vertrauen handelt, die Tatbestandsverwirklichung werde ausbleiben. Auch die bloß gefahrmindernde „Manifestation des Vermeidewillens" ist als solche nicht ausschlaggebend (hM; anders Kaufmann ZStW 70 (1958), 64); Vermeidebemühungen können aber, wenn der Täter ihretwegen die Tatbestandsverwirklichung nicht mehr in Betracht zieht, schon die erforderliche Möglichkeitsvorstellung ausschließen oder sonst je nach Sachlage mehr oder weniger das Fehlen einer Entscheidung gegen das Rechtsgut indizieren (Hillenkamp GS Kaufmann, 1989, 351; Hassemer GS Kaufmann, 1989, 291; weiter Schroth NStZ 1990, 324 (325); krit. Puppe in NK-StGB Rn. 41, 42). Das alles kommt auch in der sog. 2. Frank'schen Formel

(Frank StGB aF Vor § 59) zum Ausdruck: „Mag es so oder anders sein, so oder anders werden – auf jeden Fall handle ich".

Auch die **Rspr.,** die verbal auf „billigen" oder „billigend in Kauf nehmen" abstellt (BGH NStZ 2014, 35), dürfte dieses Abgrenzungsprinzip zugrundelegen (vgl. etwa BGHSt 36, 1 (9) = NJW 1989, 781; ihr grds. zust. Vogel/Bülte in LK-StGB Rn. 126–128). Sie verfährt allerdings nicht einheitlich, oft formelhaft und auch nicht widerspruchsfrei (krit. ua Herzberg JZ 1988, 635 (637); Brammsen JZ 1989, 71 (77); Bauer wistra 1991, 168; Puppe in NK-StGB Rn. 34). Das beruht vor allem auf der Schwierigkeit, dass das selbständig abzuklärende (BGH NStZ 1988, 175 mit abl. Bespr. Schumann JZ 1989, 427; BGH StV 1993, 307; StV 1994, 640) voluntative Element (iSd beschriebenen Risikobereitschaft) im Prozess **nicht als solches feststellbar** ist. Als innere Tatsache kann es nur aus – oft nicht hinreichend aussagekräftigen – äußeren Indizien (Indikatoren, Hassemer GS Kaufmann, 1989, 305; Schroth FS Widmaier, 2008, 779 (791); auch zu Gegenindikatoren Schroth FS Widmaier, 2008, 779 (794); Steinberg JZ 2010, 712 (715); Kühl StrafR AT § 5 Rn. 87; Neumann in NK-StGB § 212 Rn. 11–14; Sternberg-Lieben/Schuster in Schönke/Schröder Rn. 87a–87c; Stein in SK-StGB Rn. 58; Vogel/Bülte in LK-StGB Rn. 102–105; Puppe ZIS 2014, 66 (69); aus der Rspr. BayObLG NStZ-RR 2004, 45) erschlossen werden (BGH NStZ 2003, 265; zusf. Hermanns/Hülsmann JA 2002, 140 (142), objektivierender Ansatz; zu Grenzen der Normativierung und Objektivierung Vogel GA 2006, 386; allg. zur Feststellung des Vorsatzes im Prozess Loos in Immenga, Rechtswissenschaft und Rechtsentwicklung, 1980, S. 261, 267; Hruschka FS Kleinknecht, 1985, 191; Freund, Normative Probleme der „Tatsachenfeststellung", 1987; sa BGH NJW 1991, 2094; Volk FS Kaufmann, 1993, 611; Ling JZ 1999, 335; Kaiser ZStW 132 (2020), 780; Stratenwerth/Kuhlen StrafR AT § 8 Rn. 127; informative Übersicht über die Kriterien der Gesamtwürdigung bei Schroth StrafR BT S. 63; sa Puppe ZIS 2014, 66 (68)). Leider hat die Revisions-Rechtsprechung bisher noch keine gleichmäßig anwendbaren Kriterien für Relevanz und Gewichtung einschlägiger Indiztatsachen entwickelt (problematisch OLG Celle NZV 2001, 354 mkritAnm Wrage NZV 2002, 196), sondern sich meist entweder mit mehr oder minder pauschalen Beanstandungen oder mit unzureichend konkretisierten Hinweisen auf die Unvollständigkeit der Würdigung begnügt (krit. ua Puppe NStZ 1987, 363; GA 2006, 65; Freund JR 1988, 116; StV 1991, 232; Frisch GS Meyer, 1990, 533 (550); Ingelfinger JR 2000, 299 (301); Volk FG BGH, 2000, 739 (744); Steinberg/Stam NStZ 2011, 177; sa Prittwitz JA 1988, 486 (495), der im Rahmen einer sog. Indizientheorie die in Frage kommenden Beweisanzeichen zu gewichten sucht; krit. Puppe in NK-StGB Rn. 54; Philipps FS Roxin, 2001, 365, der ein „Modell multikriterieller computergestützter Entscheidungen" entwirft). Immerhin hält sie aber **Gewicht und Nähe der Gefahr** für wichtig (zum Indizwert einer höchst lebensgefährlichen Handlung Steinberg JZ 2010, 712). Ist im Einzelfall das Risiko der Tatbestandsverwirklichung hoch und überlässt der Täter es dem Zufall, ob sich die von ihm erkannte Gefahr verwirklicht, so liegt bedingter Vorsatz zwar nicht notwendig vor (BGHSt 35, 21 (25) = NJW 1988, 79; BGHSt 38, 345 (350) = NJW 1993, 273 mit krit. Bespr. Scheffler StV 1993, 470; Beulke JR 1994, 116; Stumpf NStZ 1997, 7; BGHSt 57, 183 (186) = NJW 2012, 1524; BGH StV 2004, 74; NStZ 2006, 446; NJW 2014, 3387; NStZ-RR 2018, 373; StV 2018, 742; sa die Nachw. der zT überzogenen Rspr. zum Tötungsvorsatz unter → § 212 Rn. 3), ist aber doch nahe liegend (BGH JZ 1981, 35 mAnm Köhler; BGH NStZ 1994, 584; NStZ 1996, 227; NStZ 1999, 507; NStZ 2000, 583; NStZ-RR 2001, 369; NJW 2003, 836; NStZ 2003, 431,

25

541; NStZ 2003, 603; NStZ 2004, 330; NStZ 2006, 98 (99); NStZ-RR 2004, 140; NStZ-RR 2004, 204; NStZ-RR 2006, 317 (318); NStZ 2007, 150, 151; NStZ 2007, 639; NStZ 2007, 700 (701); NStZ 2008, 392; NStZ 2008, 453; NStZ 2009, 91 mit zust. Bespr. Satzger JK StGB § 15 Rn. 8; BGH NStZ 2009, 629 mit Bespr. Steinberg JZ 2010, 712; BGH NStZ-RR 2008, 273 (341); NStZ-RR 2008, 451; NStZ-RR 2009, 309 (310); NStZ 2008, 451; NStZ 2009, 91; NStZ 2010, 373; NStZ 2010, 515; NStZ-RR 2012, 77; NStZ-RR 2012, 105; NStZ-RR 2013, 341; NStZ 2014, 35NStZ 2016, 670; NStZ 2019, 208 mAnm Beining; BGH NStZ 2019, 344; aber sa BGH NStZ-RR 2008, 370; NStZ-RR 2009, 372; speziell bei vorgeschädigten Opfern BGH NJW 2008, 2199; speziell zu ärztlichem Fehlverhalten BGH NStZ 2004, 35; anders bei Verabreichen von lebensgefährdenden Schmerzmitteln über einen längeren Zeitraum, BGH NStZ 2006, 36). Weitere Anhaltspunkte, mit denen sich der Tatrichter in einer **Gesamtschau aller objektiven und subjektiven Tatumstände** (BGHSt 36, 1 (10) = NJW 1989, 781; BGHSt 56, 277 (284) = NJW 2011, 2895 mit Bespr. Kudlich NJW 2011, 2856; BGH NStZ 2003, 259 (265); NStZ 2003, 431; NStZ-RR 2007, 199 (267); NStZ-RR 2007, 305; NStZ-RR 2009, 350; NStZ 2009, 91; NStZ 2010, 571; NStZ-RR 2010, 178; NStZ-RR 2011, 105; NStZ 2011, 211; NStZ 2011, 699, 702; NStZ 2013, 581; NStZ-RR 2012, 105; NStZ-RR 2013, 75 (76); NStZ-RR 2013, 89; NStZ-RR 2012, 159 (160); NStZ-RR 2012, 169; sowie BGH NStZ-RR 2012, 341; NStZ 2014, 35 mAnm Schiemann HRRS 2013 Nr. 939; BGH NStZ-RR 2014, 133; NStZ 2015, 514; NStZ 2016, 668 (670); OLG Braunschweig NStZ 2013, 593 (594); einschr. auf Fälle einer einzigen Gewalttat BGH bei Altvater NStZ 2003, 21 (22)) je nach Sachlage befassen muss (BGH NStZ 1994, 585; StV 1994, 654), bieten namentlich: die Motivation des Täters (zB unbedingt an das Geld des Opfers zu gelangen, BGH NStZ-RR 2000, 327); die **Gleichgültigkeit** des Täters gegenüber dem möglichen Erfolgseintritt (als „Einverstanden sein" interpretiert von BGHSt 40, 304 (306) = NJW 1995, 974; BGHSt 50, 1 (7) = NJW 2005, 996 zu § 26; → § 26 Rn. 4; BGH BeckRS 2002, 9744; in Gleichgültigkeitsfällen Vorsatz verneinend BGH StV 1995, 511; BayObLG NJW 2003, 371 (372); sa Schroth StrafR BT S. 793); sein Wissensstand, auch sein konkretes Wissen um die Gefährlichkeit der von ihm gewählten Angriffsart (zB von Brandanschlägen auf Ausländerwohnungen, BGH NStZ-RR 1996, 35; sa BGH NStZ 2003, 265), die Schnelligkeit des Geschehensablaufs und die Spontanität des Taterschlusses (BGH NZV 2001, 266; StV 2004, 74; StV 2012, 89; NStZ-RR 2011, 73; NStZ-RR 2012, 369; NStZ 2010, 571; NStZ 2014, 35; zu Spontantaten Fischer § 212 Rn. 11); der Grad seiner Intelligenz (BGH NJW 2003, 836 (837)); Einsichts- und Steuerungsfähigkeit (BGH StV 1992, 10; NStZ 2003, 370), namentlich auch die jeweilige seelische Belastung (zB durch Alkohol, Drogen, Affekt; vgl. etwa BGH DAR 2002, 274; NStZ 2004, 51, 329; NStZ 2006, 169; NStZ-RR 2004, 204; NStZ-RR 2007, 199; NStZ-RR 2007, 307; NStZ-RR 2010, 144; NStZ 2009, 91; NStZ 2009, 503; NStZ 2010, 571; NStZ 2012, 151; NStZ-RR 2012, 46; NStZ-RR 2013, 75 (76); BGH NStZ 2020, 218; BGH NStZ-RR 2018, 332; NStZ 2020, 613; StV 2021, 229; nicht aber bei dennoch überlegtem und zielgerichteten Vorgehen, BGH NStZ-RR 2013, 341 (342); krit. Roxin/Greco StrafR AT I § 12 Rn. 80); die Gefährlichkeit seiner Angriffsweise im Hinblick auf die jeweilige Tatsituation (BGH NStZ 1994, 483; NJW 1999, 2533 (2534) mAnm Ingelfinger JR 2000, 299 (301)), und seine Vermeidebemühungen (→ Rn. 24; BGH NStZ 2003, 259; NStZ-RR 2006, 100 (101); OLG Saarbrücken NStZ-RR 2009, 80 (81); sogar unzureichende Vorkehrungen, BGH NStZ 2002, 316) sowie die Ankündigung

der Tat gegenüber einem rettungsbereiten Dritten (BGH NStZ 2019, 523); der Umstand, ob er zugleich sich selbst (BGHSt 63 88 = NJW NJW 2018, 1621; BGHSt 65, 42 = NJW 2020, 2900; BGH NStZ 2018, 460; OLG Köln NZV 1992, 80) oder ihm nahe stehende Personen gefährdet hat (etwa die Tochter, BGH NStZ-RR 2009, 173 (175); vgl. auch schon BGH NStZ 1988, 175; NStZ-RR 2007, 267, dazu Schroth StrafR BT S. 795); sein Nachtatverhalten, soweit es Rückschlüsse auf den psychischen Zustand zur Tatzeit zulässt (vgl. BGH NStZ-RR 2006, 8 (9); NStZ-RR 2007, 199; NStZ 2007, 331; NStZ 2012, 443, nachträgliches Bedauern); Besonderheiten seiner Persönlichkeit, aus denen Hinweise auf die Motivlage ableitbar sind (BGH NStZ-RR 2008, 309 (310); zur Beweiswürdigung BGH NJW 2012, 2898, Schönheitschirurg; BGH NStZ 2012, 384; zusf. Schroth NStZ 1990, 324 mit Erwiderung Frisch NStZ 1991, 23; speziell zur AIDS-Problematik → § 224 Rn. 10); die fußballerische Vorerfahrung des Täters und die Fähigkeit, heftige Fußtritte gegen den Kopf zu dosieren, können gegen das Willenselement sprechen (BGH NStZ 2013, 581). Der Vorschlag von Puppe (ZStW 103 (1991), 1 (14, 40); Puppe, Vorsatz und Zurechnung, 1992, S. 40; Puppe in NK-StGB Rn. 64–87), das voluntative Element nicht als psychologischen Befund, sondern normativ im Sinne einer „vernünftigen" Einstellung zur jeweiligen Risikolage zu verstehen, ist problematisch, weil er die individuelle Entscheidung des Täters für die mögliche Rechtsgutsverletzung, die allein für die Begründung personalen Vorsatzunrechts tragfähig ist, ihres personalen Charakters entkleidet (krit. Stein in SK-StGB § 16 Rn. 26; krit. auch Ling JZ 1999, 339; für durchgängige Normativierung aber auch Schild Widmungsschrift Rehbinder, 1995, 119). Da überdies in diesem Modell der Maßstab der Vernünftigkeit weitgehend im Dunkeln bleibt, liegt es nahe, dass er nicht weniger unsicher und für Willkürentscheidungen anfällig ist als der Maßstab der Rspr., und zwar namentlich auch deshalb, weil die abschließende Bewertung in jedem Falle auf dem ebenso schwer beweisbaren Wissenselement (den Vorstellungen des Täters über die Risikolage) fußen muss (vgl. etwa BGH NStZ 1987, 424; NStZ 1988, 361; NStZ 1991, 126).

bb) Die in der Vergangenheit vielfach, heute aber kaum mehr vertretene **Wahrscheinlichkeitstheorie** leugnet ein voluntatives Element ganz und stellt für die Abgrenzung zur bewussten Fahrlässigkeit allein auf das Maß der vom Täter angenommenen Wahrscheinlichkeit der Tatbestandsverwirklichung ab (Mayer StrafR AT S. 121; eing. Puppe in NK-StGB Rn. 58–63, nach der sich die theoretischen Ausgangspositionen dieser Theorie durchgesetzt haben). Allerdings stehen dieser Lehre einige Varianten der Einwilligungstheorie verhältnismäßig nahe. Das gilt zB für die Ansicht von Welzel (Welzel Dt. StrafR S. 68), nach der es darauf ankommt, ob der Täter mit dem Eintritt des Erfolges rechnet oder auf sein Ausbleiben vertraut, ferner für die sog. „Gefährdungstheorie", nach der ausschlaggebend ist, ob sich der Täter von seinem Vorhaben nicht abhalten lässt, obwohl er die konkrete Gefahr der Tatbestandsverwirklichung erkennt (Otto NJW 1979, 2414; Otto StrafR AT § 7 Rn. 34–37; Brammsen JZ 1989, 71 (78)), und schließlich auch für die sog. „Vereinigungstheorie", die voraussetzt, dass der Täter die Tatbestandsverwirklichung billigt, für wahrscheinlich hält oder ihr völlig gleichgültig gegenübersteht (Schroeder in LK-StGB, 11. Aufl. 1992, § 16 Rn. 85–93; ebenso Joecks/Kulhanek in MüKoStGB § 16 Rn. 59; zur **Gleichgültigkeit** als möglichem Vorsatzelement in der Rspr. → Rn. 25; Hermanns/Hülsmann JA 2002, 140 (141); Sternberg-Lieben/Schuster in Schönke/Schröder, Rn. 84: aus Gleichgültigkeit in Kauf nehmen; krit. zum Vorsatz als Gleichgültigkeit Puppe in NK-StGB Rn. 56, 57; Kindhäuser FS Eser, 2005, 26

345 (356); Kindhäuser/Zimmermann StrafR AT § 14 Rn. 26, 29; Hoyer GA 2021, 368 (379); Walter Kern des Strafrechts S. 185; zur „Gleichgültigkeit als dolus indirectus" Jakobs ZStW 114 (2002), 584 (595), der beides annimmt, wenn der Täter nur eigene Interessen wahrnimmt und eine sich aufdrängende Tatbestandsverwirklichung nicht bedenkt; krit. Vogel GA 2006, 386 (388)).

27 cc) In Teilen des neueren Schrifttums wird ein selbständiges voluntatives Element auch auf der **Grundlage abweichender Vorsatzkonzeptionen verneint** und bedingter Vorsatz – von Grenzfällen abgesehen – schon bei jedem Handeln im Bewusstsein möglicher Tatbestandsverwirklichung angenommen (**Möglichkeitstheorie;** vgl. ua Schmoller ÖJZ 1982, 259 (281); Schmidhäuser FS Oehler, 1985, 135; Kindhäuser ZStW 96 (1984), 1; GA 1994, 197 (203); Hruschka FS Kleinknecht, 1985, 191 (193); Schumann JZ 1989, 427; Langer GA 1990, 435 (458); Jakobs StrafR AT Abschn. 8 Rn. 8; Zielinski in Leipold/Tsambikakis/Zöller §§ 15, 16 Rn. 18, 72–80; iErg auch Joerden, Strukturen des strafrechtlichen Verantwortlichkeitsbegriffs, 1988, S. 150; einschr. Kargl, Der strafrechtliche Vorsatz auf der Basis der kognitiven Handlungstheorie, 1993, S. 70, der das Bewusstsein überwiegender Wahrscheinlichkeit fordert). Diese Lehren suchen zwar unbestreitbare Schwächen der Einwilligungstheorien zu vermeiden. Meist verlagern sie diese aber nur ohne spürbare Verbesserung der Abgrenzungskriterien (→ Rn. 25) in andere systematische Zusammenhänge (krit. dazu Puppe ZStW 103 (1991), 1 (6, 9)); denn sie sind genötigt, die nach ihrem Ausgangspunkt allein maßgebende Relevanz der Möglichkeitsvorstellung wieder einzugrenzen, um eine unangemessene Ausdehnung des Vorsatzbereichs zu verhüten (abl. daher ua Spendel FS Lackner, 1987, 167; Küpper ZStW 100 (1988), 758; Brammsen JZ 1989, 71; Schultz FS Spendel, 1992, 303). So wird zB das Erfordernis der Möglichkeitsvorstellung einschränkend interpretiert (so Schmidhäuser FS Oehler, 1985, 135; Schmidhäuser JuS 1980, 241; JuS 1987, 373 (377); sowie Schmidhäuser Studienbuch StrafR AT § 7 Rn. 36–43) oder das kognitive und das voluntative Element in einem bestimmt strukturierten, auch Willensmomente einbeziehenden **Risikobewusstsein** (ein „Für-sich-so-Sehen") konfundiert (so Frisch NStZ 1991, 23; Freund JR 1988, 116; Freund/Rostalski StrafR AT § 7 Rn. 54, 68 („normative Risikotheorie" nach Murmann GK StrafR § 24 Rn. 32); ähnlich Bottke in Schünemann/Pfeiffer, Die Rechtsprobleme von AIDS, 1988, S. 171, 193; und Mir Puig Schünemann-Symposium, 2005, 77 (99)) oder noch weitergehend eine Einschränkung schon des objektiven Tatbestandes der Vorsatzdelikte auf die Setzung „unabgeschirmter" Gefahren postuliert (so Herzberg JuS 1986, 249; JuS 1987, 777; NJW 1987, 1461 (1463); NJW 1987, 2283; JZ 1988, 635; JZ 1989, 470 (476), mit Gesetzesvorschlag Herzberg FS Schwind, 2006, 317 (336); zust. Schlehofer NJW 1989, 2017 (2018); krit. Jakobs RW 2010, 283 (294), nach Vorsatz der „Wille mit dem Inhalt" ist, „eine entscheidungsrelevante Gefahr zu gestalten"; ähnlich Puppe in NK-StGB Rn. 64–87, § 16 Rn. 68–74, die auf die Setzung einer „qualifizierten" Gefahr abstellt; krit. Lüderssen FS Schreiber, 2005, 289 (299); Roxin FS Rudolphi, 2004, 243; Herzberg FS Schwind, 2006, 317 (326); Jakobs RW 2010, 283 (295); abl. ua Prittwitz StV 1989, 123 (124); Jakobs StrafR AT Abschn. 8 Rn. 29a; sa Canestrari GA 2004, 210, nach dem sich der Vorsatz zunächst auf ein nicht erlaubtes Risiko beziehen muß; Schladitz ZStW 134 (2022), 97). Im Ganzen ist die Diskussion noch zu wenig fortgeschritten, um darauf einen grundsätzlichen, auch für die Rspr. annehmbaren Umbau der Vorsatzlehre gründen zu können. Unergiebig ist jedenfalls eine sprachliche Kontroverse (ebenso Roxin/Greco StrafR AT I § 12 Rn. 72; Sternberg-Lieben/Schuster in Schönke/Schröder Rn. 12–14). Zwar werden die voluntativen

Voraussetzungen des Vorsatzes umgangssprachlich nur zT von dem in der Kurzformel (→ Rn. 3) verwendeten Begriff des Wollens gedeckt (so mit Recht Schmidhäuser FS Oehler, 1985, 135; sa Morselli ZStW 107 (1995), 324). Das hat aber für die Konstituierung des Vorsatzbegriffs keine Aussagekraft (Spendel FS Lackner, 1987, 167) und ist deshalb auch untauglich, als Sachargument für die Forderung nach vollständigem Verzicht auf das voluntative Element zu dienen (hM; anders Schmidhäuser FS Oehler, 1985, 137 (146); sa Langer FS Geerds, 1995, 51 (68)). Der sprachliche Einwand legt allenfalls eine Präzisierung der (unexakten) Kurzformel nahe. – Kritisch zur Verabsolutierung einzelner Kriterien Duttge JahrbRuE 2003, 103 (109), der auf die relevanten Aspekte der Situation abstellen will.

c) Grundsätzlich reicht **jede Vorsatzform** zur Erfüllung des inneren Tatbestandes aus, es sei denn, dass sich aus Wortlaut oder Zweck der einzelnen Vorschrift etwas anderes ergibt (Vogel/Bülte in LK-StGB Rn. 96). Der Ausschluß des dolus eventualis als Vorsatzform ist dem StGB nicht fremd (KG NJW 2014, 3798 (3800)); so etwa §§ 87 I, 126 II, 134, 145, 164, 187, 201 III, 241 II, 258, 279, 344; aus dem Nebenstrafrecht: § 95 II Nr. 2 AufenthaltsG und § 38 Nr. 2 PfandbriefG. Bei den konkreten Gefährdungsdelikten (→ Vor § 13 Rn. 32) braucht sich der (direkte oder bedingte) Vorsatz nur auf die Gefährdung zu beziehen (sog. **Gefährdungsvorsatz;** zusf. Wolters LdRerg 8/1900, S. 9). Er deckt sich nicht mit dem Verletzungsvorsatz; denn die Erwartung, den Schaden vermeiden zu können, schließt nicht aus, dass der Täter die Gefahr (nicht den Schaden) als notwendige Folge der Tathandlung ansieht oder sie als deren mögliche Folge billigend in Kauf nimmt (BGHSt 22, 67 (73) = NJW 1968, 1244; BGHSt 26, 244 (246) = NJW 1976, 381; BGH NStZ 2001, 247 mit Bespr. Heger JA 2001, 631; v. Hippel ZStW 75 (1963), 433; Küpper ZStW 100 (1988), 758 (768); Sternberg-Lieben/Schuster in Schönke/Schröder Rn. 98a; Fischer Rn. 10; Hoyer in SK-StGB Anh. zu § 16 Rn. 11; iE auch Frisch in Eser RuE III S. 290; Joerden, Strukturen des strafrechtlichen Verantwortlichkeitsbegriffs, 1988, S. 151; Schünemann FS Hirsch, 1999, 363 (375); Radtke NStZ 2000, 88 (89); aM Horn, Konkrete Gefährdungsdelikte, 1973, S. 204; Wolter JuS 1981, 168 (171); Schmidhäuser FS Oehler, 1985, 135 (153); nach Stein FS Wolter, 2013, 521, setzen vorsätzliche Gefährlichkeits- und konkrete Gefährdungsdelikte Verletzungsvorsatz voraus); allerdings setzt dabei die erforderliche Bedeutungskenntnis (→ Rn. 14) voraus, dass diese Folge auch vom Täter als bedrohlicher Zustand begriffen wird (Meyer-Gerhards JuS 1976, 228; sa BGH NZV 1996, 457). 28

d) Bisweilen treffen **mehrere Vorsatzformen** in der Weise zusammen, dass der Täter zwar nur eine Handlung vornehmen will, dabei aber mehrere, einander nach den Umständen ausschließende Tatbestandsverwirklichungen anstrebt oder in Kauf nimmt (sog. **Alternativvorsatz**), etwa wenn er Wild entwendet, das nach seiner Kenntnis entweder noch herrenlos ist (§ 292) oder schon einem anderen gehört (§ 242), oder wenn er einen Schuss abgibt, um entweder einen Menschen (§§ 211, 212) oder wenigstens den ihn begleitenden Hund (§ 303) tödlich zu treffen. Da der Täter in solchen Fällen jeweils alle beteiligten Rechtsgüter verletzt oder gefährdet hat, kommt nach hM Strafbarkeit in Bezug auf alle Möglichkeiten (bei dem jeweils objektiv nicht verwirklichten Tatbestand uU wegen Versuchs) in Frage (Schlehofer, Vorsatz und Tatabweichung, 1996, S. 173; Köhler StrafR AT S. 169; Roxin/Greco StrafR AT I § 12 Rn. 92–94; Zieschang StrafR AT Rn. 173; Puppe in NK-StGB Rn. 115, 116; Stein in SK-StGB § 16 Rn. 50); vorzugswürdig ist die Auffassung, die den Vorsatz des schwereren Delikts für maßgeblich hält (Kühl 29

JuS 1980, 273 (275); Otto StrafR AT § 7 Rn. 23; Vogel/Bülte in LK-StGB Rn. 136; diff. Schmitz ZStW 112 (2000), 301 (318, 332); Heinrich StrafR AT Rn. 294; Sternberg-Lieben/Schuster in Schönke/Schröder, Rn. 90–92; Wessels/Beulke/ Satzger StrafR AT Rn. 231–237; vgl. auch Joerden ZStW 95 (1983), 565; JZ 1990, 298; JZ 2002, 414 (415); Sànchez ZStW 101 (1989), 352 (379); Walter Kern des Strafrechts S. 299, Konkurrenzproblem; zusf. Jeßberger/Sander JuS 2006, 1065). Führt der Versuch einer in Richtung einer Person beabsichtigten Körperverletzung oder Tötung zum ersatzweise billigend in Kauf genommenen Erfolg bei einer anderen Person soll nach neuester Rspr. Idealkonkurrenz zwischen § 223 und §§ 223, 22 anzunehmen sein (BGHSt 65, 231 = NJW 2021, 795 mAnm Mitsch; zust. Roxin JR 2021, 2021, 332; Grünewald JZ 2021, 635; Schuster NStZ 2021, 422; Eisele JuS 2021, 336; Kudlich JA 2021, 339; Theile ZJS 2021. 551; dafür auch Li ZIS 2022, 27; überzeugend krit. dagegen Schefer/Kemper HRRS 2021, 173; schon tatbestandsmäßig sei es kein kumulativer Vorsatz, überdies sollte der Versuch konkurrenzrechtlich hinter die Vollendung (bei der tatsächlich getroffenen Person zurücktreten)). Dagegen ist beim **kumulativen Vorsatz,** bei dem der Täter davon ausgeht, dass neben der primär gewollten Tatbestandsverwirklichung ein weiterer Erfolg eintreten könnte, Tateinheit zwischen den versuchten bzw. vollendeten Straftaten anzunehmen (Satzger Jura 2008, 112 (118); Kühl StrafR AT § 5 Rn. 27b; sa BGH NStZ-RR 2006, 168 mit zust. Bespr. Satzger JK StGB § 24 Rn. 35; krit. aber Bosch JA 2006, 330).

30 **4.** Die Wissens- und Willensseite des Vorsatzes sind nur verschiedene Elemente **desselben** komplexen psychologischen Sachverhalts. Der Versuch, das Wesen des Vorsatzes vornehmlich aus seinem Wissenselement (Vorstellungstheorie) oder seinem Willenselement (Willenstheorie) zu erklären, hat überwiegend nur noch dogmengeschichtliche Bedeutung (Maurach/Zipf StrafR AT I, 8. Aufl. 1992, § 22 Rn. 14–17).

31 **5.** Der unter → Rn. 4–30 erläuterte Vorsatz ist ein wertfreier psychologischer Sachverhalt (str. für den bedingten Vorsatz). Dass er als solcher selbständige Bedeutung erlangen kann (zB iRd § 20), ist allgemein anerkannt. Ein Kernpunkt der wissenschaftlichen Auseinandersetzungen in den letzten Jahrzehnten (zu deren historischem Ablauf Jescheck ZStW 93 (1981), 3 (32)) war jedoch die Frage, ob der Vorsatz sich in der psychologischen Beziehung des Täters zur Tat erschöpft (sog. „natürlicher" Vorsatz) oder ob er als **dolus malus** noch ein zusätzliches Moment voraussetzt, nämlich das Bewusstsein (die Einsicht), Unrecht zu tun (Unrechtsbewusstsein, → § 17 Rn. 2; vgl. Jakobs StrafR AT Abschn. 19 Rn. 14; Jakobs FS Rudolphi, 2004, 107 (110); krit. Schünemann ZStW 126 (2014), 1 (13)).

32 **a)** Das **Reichsgericht** (zB RGSt 61, 242 (258); RGSt 62, 289; RGSt 63, 215 (218)) hat das Erfordernis des Unrechtsbewusstseins unter Hinweis auf den Wortlaut des § 59 aF grds. verneint (error iuris nocet).

33 **b)** Die **Vorsatztheorie,** die in Frontstellung zu der mit dem Schuldprinzip unvereinbaren Rspr. des RG entstanden ist und auch heute noch vereinzelt in der Wissenschaft vertreten wird (→ § 17 Rn. 1), sieht im Unrechtsbewusstsein das Kernstück des Vorsatzes (Cramer in Schönke/Schröder, 19. Aufl. 1978, Rn. 101). Sie ist trotz mancher gewichtiger Argumente von der Rspr. vor allem deshalb verworfen worden, weil sie zu dem kriminalpolitisch unbefriedigenden Ergebnis führt, dass der vorwerfbar (sog. Rechtsfahrlässigkeit), aber ohne Unrechtsbewusstsein handelnde Täter straffrei bleiben muss, wenn die fahrlässige Begehung nicht mit Strafe

bedroht ist. Das 2. StrRG hat der Vorsatztheorie durch § 17 den Boden entzogen. Zum Zivilrecht Walker AL 2015, 102 (112).

c) Die **Schuldtheorie,** der sich die Rspr. seit BGHSt 2, 194 = NJW 1952, 593 angeschlossen hat und die jetzt auch durch § 17 (→ § 17 Rn. 1) bestätigt wird, trennt Vorsatz und Unrechtsbewusstsein (zust. Sternberg-Lieben/Sternberg-Lieben JuS 2012, 884 (887)). Sie geht davon aus, dass die tatbestandsmäßige und rechtswidrige Handlung, die auch die erforderliche psychische Beziehung des Täters zur Tat aufweist, als Objekt der Schuldbewertung von der Wertung selbst zu scheiden sei. Bei dieser Betrachtung kann der Vorsatz nur ein selbständiges, vom normativen Schuldurteil unabhängiges Schuldelement (so wohl noch die Rspr.) oder schon ein Element der tatbestandsmäßigen Handlung sein (so mit Recht die personalen Unrechtslehren, → Vor § 13 Rn. 20); dabei schließt die letzte Ansicht nicht aus, dem Vorsatz eine Doppelfunktion in dem Sinne zuzuweisen, dass er im Unrechtstatbestand Träger des subjektiven Handlungssinns ist und zugleich im Schuldbereich (etwa als Träger des Gesinnungsunwerts, Gallas, Beiträge zur Verbrechenslehre, 1968, S. 55) eine besondere Schuldform bildet (Wessels/Beulke/Satzger StrafR AT Rn. 142; aM Schroth FS Kaufmann, 1993, 595 (601); sa Hirsch ZStW 94 (1982), 239 (257); Hirsch FS Otto, 2007, 307 (314); Schünemann GA 1985, 341 (360); ferner Ziegert, Vorsatz, Schuld und Vorverschulden, 1987, S. 162, der aus der finalen Handlungslehre einen zweiteiligen Vorsatzbegriff ableitet, in dem die Handlungsentscheidung dem Tatbestand und die Entscheidung für die Rechtsgutsverletzung der Schuld zugeordnet wird; krit. zur Doppelstellung des Vorsatzes Röttger, Unrechtsbegründung und Unrechtsausschluss, 1993, S. 241). Da die Unrechtshandlung stets vorwerfbar ist, wenn der Täter die Fähigkeit hatte, sich durch die entgegenstehende Rechtsnorm zur Nichtvornahme der Handlung motivieren zu lassen, ist zur Begründung des Schuldurteils kein aktuelles Unrechtsbewusstsein erforderlich; es genügt die ungenutzte Möglichkeit, zu ihm vorzudringen (potenzielles Unrechtsbewusstsein). Daraus folgt, dass das fehlende Unrechtsbewusstsein den Vorsatz unberührt lässt, wohl aber die Schuld ausschließt, wenn der Täter nach den Umständen nicht in der Lage war, das Unrecht der Tat zu erkennen (vgl. zB BGHSt 2, 194 = NJW 1952, 593). **34**

III. Fahrlässig handelt, wer entweder die Sorgfalt außer acht lässt, zu der er nach den Umständen und seinen persönlichen Verhältnissen verpflichtet und fähig ist, und deshalb die Tatbestandsverwirklichung nicht erkennt (unbewusste Fahrlässigkeit; vgl. § 18 I E 1962) oder wer die Tatbestandsverwirklichung für möglich hält, jedoch pflichtwidrig und vorwerfbar im Vertrauen darauf handelt, dass sie nicht eintreten werde (bewusste Fahrlässigkeit; vgl. § 18 II E 1962). Sowohl der genaue Inhalt des Fahrlässigkeitsbegriffs wie auch seine Integration in den Deliktsaufbau sind **noch nicht abschließend geklärt** und in Teilbereichen sehr umstritten. Die Meinungsverschiedenheiten beruhen auf unterschiedlichen (zB normlogischen, normtheoretischen usw) Ansätzen und den daraus folgenden divergierenden Entwicklungen in der Unrechtslehre (→ Vor § 13 Rn. 18–21). Sie führen nur selten zu abweichenden Ergebnissen, wohl aber zu einer schwer überschaubaren Vielfalt von Aufbaumodellen und Systembegriffen. **35**

Zu ausgearbeiteten Konzeptionen außerhalb der Lehrbuch- und Kommentarliteratur vgl. etwa Welzel, Fahrlässigkeit und Verkehrsdelikte, 1961; dazu Jakobs in Frisch, Lebendiges und Totes in der Verbrechenslehre Hans Welzels, 2015, S. 257, 272); Kaufmann ZfRV 1964, 41; Jescheck, Aufbau und Behandlung der Fahrlässigkeit im modernen Strafrecht, 1965; Burgstaller,

Das Fahrlässigkeitsdelikt im Strafrecht, 1974; Jakobs ZStW-Beiheft 1974, 6; Schünemann JA 1975, 435 (511, 575, 647, 715, 787); Schünemann GS Meurer, 2002, 37 (39); Schmidhäuser FS Schaffstein, 1975, 129; Gössel FS Bruns, 1978, 43; Gössel FS Bengl, 1984, 23; Fünfsinn, Der Aufbau des fahrlässigen Verletzungsdelikts durch Unterlassen im Strafrecht, 1985; Schöne GS Kaufmann, 1986, 649; Donatsch, Sorgfaltsbemessung und Erfolg beim Fahrlässigkeitsdelikt, 1987; Kremer-Bax, Das personale Verhaltensunrecht der Fahrlässigkeitstat, 1999; sa Schroeder ZStW 91 (1979), 257; Gössel ZStW 91 (1979), 270; Maiwald JuS 1989, 186; Kindhäuser GA 1994, 197; Burkhardt in Wolters/Freund, Straftat, Strafzumessung und Strafprozess im gesamten Strafrechtssystem, 1996, S. 99; Überblick über die „Lösungsstrategien" Koriath FS Jung, 2007, 397 (400); Rostalski GA 2016, 73 (88). Aus kriminologischer Sicht Höffler ZStW 131 (2019), 1036, und Singelnstein ZStW 139 (2019), 1069. Zum Verhältnis zum Verfahrensrecht Momsen ZStW 131 (2019), 1009. Zu **Reformbestrebungen,** fahrlässiges Verhalten bei geringfügiger Schuld zu entkriminalisieren, expl. § 16 II aE; Schlüchter, Grenzen strafbarer Fahrlässigkeit, 1996, Koch, Die Entkriminalisierung im Bereich der fahrlässigen Körperverletzung und Tötung, 1998; Webel, Strafbarkeit leicht fahrlässigen Verhaltens, 1999, S. 265; nur zum Schutz elementarer Rechtsgüter nach Koriath FS Jung, 2007, 397 (409); zusf. Sauer, Die Fahrlässigkeitsdogmatik der Strafrechtslehre und der Strafrechtsprechung, 2003, S. 135; Sternberg-Lieben/Schuster in Schönke/Schröder, Rn. 203 a; zu den kriminalpolitischen Unzulänglichkeiten des klassischen Fahrlässigkeitskonzepts in der modernen Industriegesellschaft Schünemann GS Meurer, 2002, 37 (42); Duttge FS Yamanaka, 2017, 29; Duttge FS Fischer, 2018, 201. **Rechtsvergleichend** Schünemann GS Meurer, 2002, 37; Duttge in MüKoStGB Rn. 60–81, mit Polen Giezek FS Gössel, 2002, 117; mit Italien Maiwald It. StrafR/StrafProzR S. 84; Colombi Ciacchi, Fahrlässigkeit und Tatbestandsbestimmtheit, 2005; mit Frankreich Pfefferkorn, Grenzen strafbarer Fahrlässigkeit im französischen und deutschen Recht, 2006; beide besprochen von Duttge GA 2008, 115 (118).

36 **1.** Das **Fahrlässigkeitsunrecht** setzt nach hM eine **objektive Sorgfaltspflichtverletzung** (→ Rn. 37–40) und die **objektive Voraussehbarkeit (Erkennbarkeit,** → Rn. 46, 47) der Tatbestandsverwirklichung voraus (hM; so Kindhäuser/Hilgendorf in LPK-StGB Rn. 47, 52; Paeffgen in NK-StGB § 229 Rn. 7; sa Goeckenjan R&P 2016, 27, zu Vernunft und Unvernunft in der Rspr. zum Fahrlässigkeitskriterium der „Vorhersehbarkeit" Rostalski JZ 2017, 560; aus der Rspr. BGHSt 49, 166 (174) = NJW 2004, 2458; OLG Köln NStZ-RR 2003, 304; OLG Bamberg NStZ-RR 2008, 10 (11)); eine Zuordnung zur Schuldebene ist mittlerweile ausgeschlossen (Kaspar JuS 2012, 16 (17); → Rn. 38). Beide Merkmale sind innerlich verbunden, so dass sie nicht isoliert beurteilt werden können (Kaspar JuS 2012, 16 (19); Fischer Rn. 23; eing. Kaminski, Der objektive Maßstab im Tatbestand des Fahrlässigkeitsdelikts, 1992, S. 14; krit. Duttge in MüKoStGB Rn. 110). In der Strafrechtswissenschaft wird das erste Erfordernis zT geleugnet und allein auf die objektive Erkennbarkeit abgestellt (so zB Schroeder JZ 1989, 776; Schmidhäuser FS Schaffstein, 1975, 129; Schmidhäuser JuS 1987, 373 (377); Röttger, Unrechtsbegründung und Unrechtsausschluss, 1993, S. 45, 58; Kremer-Bax, Das personale Verhaltensunrecht der Fahrlässigkeitstat, 1999, S. 47; Weigend FS Gössel, 2002, 129 (131); Frister StrafR AT § 12 Rn. 3; sa Jakobs StrafR AT Abschn. 9 Rn. 5, 7, der einschr. auf das erlaubte Risiko abhebt). Zum Teil wird es auch als entbehrlich bezeichnet, weil es über die allgemeinen Zurechnungskriterien nicht hinausführe (so zB Roxin/Greco StrafR AT I § 24 Rn. 8–12; Wolter GA 1977, 257 (267); Wolter FS GA, 1993, 269 (310); vgl. dazu Mitsch JuS 2001, 105 (106); Otto GS Schlüchter, 2002, 77 (88); auf die Schaffung einer erhöhten Gefahr stellen ab: Gropp/Sinn StrafR AT § 12 Rn. 65; ähnlich Freund FS Maiwald, 2010, 211 (213); Murmann GK StrafR § 30 Rn. 9; krit. Dehne-Niemann GA 2012, 89). Zum Teil wird auf die Vermeidbarkeit der Tatbestandsverwirklichung durch Aufbringung

der erwarteten und erbringbaren Sorgfalt abgestellt (Kindhäuser GA 1994, 197 (206); JahrbRuE 2005, 527 (531); Kindhäuser/Zimmermann StrafR AT § 33 Rn. 2–5). Zusammenfassend zu den grundsätzlichen Lösungskonzepten zur Bestimmung des Unrechts des fahrlässigen Delikts Hirsch FS Lampe, 2003, 515 (517); Paeffgen in NK-StGB § 229 Rn. 6–14. Überblicksbeitrag bei Beck JA 2009, 111; JA 2009, 268.

2. a) Die **objektive Sorgfaltspflichtverletzung** (→ Rn. 36; Nestler JuS 2015, 562 (563); nach Gropp/Sinn StrafR AT § 12 Rn. 23 „äußere Sorgfalt") ist nach dem allgemeinen Maßstab der Anforderungen zu bestimmen, die an einen einsichtigen und besonnenen Menschen (Welzel Dt. StrafR S. 132; zw. bei schuldunfähigen Kindern Ceffinato/Kalb JA 2014, 887 (888)) in der konkreten Lage des Täters, namentlich in dem jeweiligen Verkehrskreis (dazu Kaminski, Der objektive Maßstab im Tatbestand des Fahrlässigkeitsdelikts, 1992, S 135; sa § 276 II BGB, dazu Rengier StrafR AT § 52 Rn. 15) zu stellen sind (hM; vgl. etwa BGH NJW 2000, 2754 (2758); NStZ 2005, 446 (447) „soziale Rolle des Handelnden"; krit. zu den in dieser Entscheidung gestellten Anforderungen an eine „rauchende Mutter" zum Schutz von Kleinkindern vor einem Schwelbrand Herzberg NStZ 2005, 602; Kudlich JuS 2005, 848; Walther JZ 2005, 686; Duttge NStZ 2006, 266 (269); zu ehrenamtlichen Jugendtrainern AG Detmold SpuRt 2015, 177 mit Bespr. Kudlich/Vieweg SpuRt 2015, 138; OLG Hamburg SpuRt 2015, 172; dazu Eisele JuS 2015, 954, Regeln des Sportverbands als Indiz; OLG Hamm MedR 2006, 358; Kaspar JuS 2012, 16 (19) „Meta-Sorgfaltsregel"; Gropp/Sinn StrafR AT § 12 Rn. 31; zur Argumentation mit Maßstabfiguren Schmoller JBl 1990, 631; krit. Jakobs FS Hirsch, 1999, 45 (55); Ida FS Hirsch, 1999, 225 (230); Puppe FS Otto, 2007, 389 (396); Kindhäuser GA 2007, 447 (459); Kremer-Bax, Das personale Verhaltensunrecht der Fahrlässigkeitstat, 1999, S. 170; Duttge, Zur Bestimmtheit des Handlungsunwerts von Fahrlässigkeitsdelikten, 2001, S. 66 mit krit. Bespr. Sternberg-Lieben JZ 2001, 1024; Herzberg GA 2001, 568; mit Replik auf Herzberg Duttge GA 2003, 451; Duttge FS Kohlmann, 2003, 13; Duttge JahrbRuE 2003, 103 (110); JZ 2014, 261; Duttge in MüKoStGB Rn. 121, der ein „Veranlassungsmoment" verlangt; krit. dazu Roxin/Greco StrafR AT I § 24 Rn. 47–52; krit. auch Hoyer in SK-StGB Anh. zu § 16 Rn. 20, 36–40, der auf „Risikoanhaltspunkte" abstellt; positiver Sternberg-Lieben/Schuster in Schönke/Schröder Rn. 121); über die Rückführung dieses Maßstabes auf bestimmte materielle Rechtsprinzipien besteht noch keine Einigkeit (vgl. etwa Schünemann JA 1975, 575; Gössel in Maurach/Gössel/Zipf StrafR AT II § 43 Rn. 33–47). Rechtsprechungsübersicht zur „Begründung des Verhaltensfehlers" bei Duttge NStZ 2006, 266 (267–270). 37

aa) Als Trägerin des Handlungsunwerts (→ Vor § 13 Rn. 20) ist die objektive Pflichtwidrigkeit **Element des Tatbestandes** (hM; vgl. zB Gallas ZStW 67 (1955), 1 (26); Kaufmann FS Welzel, 1974, 393 (406); Burgstaller, Das Fahrlässigkeitsdelikt im Strafrecht, 1974, S. 26; Maiwald FS Dreher, 1977, 437 (448); Hirsch ZStW 94 (1982), 239 (266); Krey/Esser StrafR AT Rn. 1343; Rengier StrafR AT § 52 Rn. 5, Handlungsunwert; Murmann GK StrafR § 30 Rn. 12–15; krit. Bohnert ZStW 94 (1982), 68 (80)). Auch in der Rspr. ist anerkannt, dass sie jedenfalls kein bloßes Schuldelement, sondern schon Gegenstand des Rechtswidrigkeitsurteils ist (BGHZ 24, 21 = NJW 1957, 785; BGH VRS 127 (2014), 30 = NJW 2014, 3100; OLG Köln NJW 1963, 2381; Rechtsprechungsanalyse bei Sauer, Die Fahrlässigkeitsdogmatik der Strafrechtslehre und der Strafrechtsprechung, 2003, S. 287). Im Übrigen sind die Gegenmeinungen differenziert: Teils 38

wird die objektive Pflichtwidrigkeit als selbständiges Erfordernis überhaupt geleugnet, und zwar entweder auf dem Boden einer objektiven Unrechtslehre (zB Oehler FS Schmidt, 1961, 232 (246)) oder auf der Grundlage einer Abgrenzung schon des Tatbestandes mit Hilfe eines **individuellen,** am Täter orientierten **Maßstabes** (zB Stratenwerth FS Jescheck, 1985, 285; Mir Puig GS Kaufmann, 1989, 253 (268); Mir Puig ZStW 108 (1996), 759 (781); Castaldo GA 1993, 495; Kremer-Bax, Das personale Verhaltensunrecht der Fahrlässigkeitstat, 1999, S. 129, 181; Frister StrafR AT § 12 Rn. 5; Gropp/Sinn StrafR AT § 12 Rn. 82; Jakobs StrafR AT Abschn. 9 Rn. 5–13; Kindhäuser/Zimmermann StrafR AT § 33 Rn. 49; Duttge in MüKoStGB Rn. 95; für das österreichische Strafrecht Moos FS Burgstaller, 2004, 111; ähnlich Freund GA 1991, 387 (396); Freund FS Küper, 2007, 63 (69); Freund/Rostalski StrafR AT § 5 Rn. 22; Weigend FS Gössel, 2002, 129 (138); abl. ua Schünemann FS Schaffstein, 1975, 159; Wolter GA 1977, 257 (265); Hirsch FS Köln, 1988, 399 (410); diff. Kretschmer Jura 2000, 267 (271); Roxin/Greco StrafR AT I Roxin/Greco StrafR AT I § 24 Rn. 53–65, nach „unten" generalisieren; Roxin/Greco StrafR AT I Roxin/Greco StrafR AT I § 24 Rn. 57, nach „oben" individualisieren; widersprüchlich nach Duttge in MüKoStGB Rn. 98; aus der Rspr. vgl. BayObLG NJW 1998, 3580); teils wird sie als bloßes Zurechnungskriterium gekennzeichnet (Kindhäuser GA 1994, 197 (208); JahrbRuE 1994, 339, der zwischen Pflicht- und Obliegenheitsverletzungen unterscheidet), nur allgemein dem Unrechtsbereich zugewiesen (Maihofer ZStW 70 (1958), 159 (187)) oder ihrem Fehlen – namentlich in Fällen eines auf Grund Güterabwägung noch erlaubten Risikos (BGHZ 24, 21 = NJW 1957, 785) – rechtfertigende Wirkung zugeschrieben (BWME StrafR AT § 22 Rn. 34; diff. Lampe ZStW 101 (1989), 3; eing. Hoyer ZStW 121 (2009), 860); teils wird sie auch als selbständiges Element der Schuld (Roeder, Die Einhaltung des sozialadäquaten Risikos und ihr systematischer Standort im Verbrechensaufbau, 1969, S. 94) behandelt. Bei diesem Meinungsstreit spielt neben den Differenzen in der Unrechtslehre (→ Vor § 13 Rn. 19–21) auch die – im Ergebnis unbegründete (Schünemann FS Schaffstein, 1975, 159 (165); Wolter GA 1977, 257 (269); Hirsch ZStW 94 (1982), 239 (272); krit. Castaldo GA 1993, 503) – Sorge eine Rolle, dass die Anwendung eines doppelten Prüfungsmaßstabs zu ungerechtfertigter Privilegierung von Tätern mit **überdurchschnittlichen Kenntnissen** oder **Fähigkeiten** führen könnte (zusf. Kaspar JuS 2012, 16 (20); Laue JA 2000, 666 (668); Kretschmer Jura 2000, 267 (271); Murmann FS Herzberg, 2008, 123; Jakobs RW 2010, 283 (312); Heinrich StrafR AT Rn. 1038; Kühl StrafR AT § 17 Rn. 27–32; Zieschang StrafR AT Rn. 432; Joecks/Jäger StGB Rn. 58–65; Sternberg-Lieben/Schuster in Schönke/Schröder Rn. 133–142; die hL abl. Jakobs RW 2010, 283 (309); vgl. auch Börgers, Studien zum Gefahrurteil im Strafrecht, 2008, S. 41, 43; eing. Greco ZStW 117 (2005), 519; Sacher, Sonderwissen und Sonderfähigkeiten in der Lehre vom Straftatbestand, 2006, S. 187; krit. Gössel GA 2007, 605).

39 bb) Die objektive Sorgfaltspflicht ist auf zahlreichen Sachgebieten durch **Verhaltensvorschriften** (sog. Sondernormen, zB Verkehrsregeln, Unfallverhütungsvorschriften, Lenkzeitvorschriften, Spielregeln beim Kampfsport usw) oder allgemeine **Erfahrungssätze** (zB ärztliche Kunstregeln, Spickhoff NJW 2015, 1731, anerkannte Regeln der Technik usw) konkretisiert und verallgemeinert (zu den offenen Verhaltensnormen in ungeregelten Verhaltensbereichen Mikus, Die Verhaltensnorm des fahrlässigen Erfolgsdelikts, 2002, S. 182, der nur ein „verantwortungsbewusst-vertretbares Verhalten" verlangt). Diese sind das Ergebnis einer auf Erfahrung und Überlegung beruhenden umfassenden Voraussicht möglicher Gefahren

(BGHSt 4, 182 = NJW 1953, 1231; BGHSt 12, 75 = NJW 1958, 1980; OLG Karlsruhe NStZ-RR 2000, 141) und machen damit die Grenzen des erlaubten (rechtlich nicht missbilligten) Risikos (→ Vor § 32 Rn. 29; Gleß/Weigend ZStW 126 (2014), 561 (591)) deutlich (zur Bedeutung technischer Normen für dieses Risiko Lenckner FS Engisch, 1969, 490; Große Vorholt, Behördliche Stellungnahme in der strafrechtlichen Produkthaftung, 1997, S. 106; speziell zu **Sportnormen** Rössner FS Hirsch, 1999, 313; Kretschmer Jura 2000, 267 (270); Schild, Sportstrafrecht, 2002, S. 25; Sternberg-Lieben/Schuster in Schönke/Schröder Rn. 214–215 a, zB FIS-Regeln für Skifahrer, die aber nicht für Massengebirgsläufe gelten; zum „Zugspitz-Lauf" AG Garmisch-Partenkirchen SpuRt 2011, 127 mit Bespr. Jahn JuS 2011, 844; BGH NJW 2015, 1540 mablAnm Mitsch, verabredete Kämpfe zwischen Hooligens; zu den Sorgfaltspflichten eines Übungsleiters OLG Hamburg NStZ-RR 2015, 209, zu sog. ärztlichen Standards Sternberg-Lieben FS Weber, 2004, 69 (87); Staudt, Medizinische Richt- und Leitlinien im Strafrecht, 2012 mit krit. Bespr. Duttge GA 2014, 720; Ulsenheimer/Gaede ArztStrafR Rn. 66; zur Ermittlung des Sorgfaltsstandards bei unklarem Stand in der Wissenschaft am Beispiel von Hepatitis B Paeffgen FS Rudolphi, 2004, 187). Die Verletzung solcher Vorschriften oder Regeln ist daher für die Annahme eines Sorgfaltsmangels zwar in hohem Maße **indiziell,** aber nicht zwingend (Schürer-Mohr, Erlaubte Risiken, 1998, S. 195; Kudlich FS Otto, 2007, 373 (387); Esser/Keuten NStZ 2011, 314 (318); Winter in Vieweg, Impulse des Sportrechts, 2015, S. 159, 182; Hoyer in SK-StGB Anh. zu § 16 Rn. 38; für „durchnormierte" Sachgebiete aM Gössel in Maurach/Gössel/Zipf StrafR AT II § 43 Rn. 48; aus der Rspr. BGHSt 55, 121 = NJW 2010, 2595, Brechmitteleinsatz mit Bespr. Krüger/Krocke Jura 2011, 289 (296); Jura 1959, 292 (294), Polizeigewahrsamanordnung im Fall Oury Jalloh mit Bespr. Schiemann NJW 2015, 20), während umgekehrt deren Einhaltung – namentlich bei außergewöhnlichen Gefährdungssachverhalten (BGHSt 37, 184 = NJW 1991, 501) – Fahrlässigkeit nicht notwendig ausschließt (BGHSt 4, 182 (185) = NJW 1953, 1231; OLG Köln NJW 1986, 1947; eing. zum Verhältnis zwischen Sorgfaltspflicht und Sondernorm Bohnert JR 1982, 6). Sondernormen können auch dem Unionsrecht entspringen, Satzger Europäisierung des StrafR S. 606; so etwa die EWG-Verordnung Nr. 3820/85 zu den zulässigen Lenkzeiten für Kraftfahrer (LG Nürnberg-Fürth NJW 2006, 1824 (1825)); allg. zu EG-Verordnungen Schröder NStZ 2006, 669; zur Bedeutung von EU-Richtlinien für die Bestimmung von Sorgfaltspflichten vgl. Sternberg-Lieben/Schuster in Schönke/Schröder Rn. 224 a.

Soweit die Rechtsordnung anerkennt, dass sich jeder an einem gefahrenträchti- **39a**
gen Vorgang Beteiligte unter gewissen Voraussetzungen auf die Beachtung dieser Vorschriften oder Regeln durch die anderen Beteiligten verlassen darf (**Vertrauensgrundsatz;** vgl. zB BGHSt 7, 118 = NJW 1955, 472; OLG Hamm SpuRt 2016, 214; Böhmer MDR 1964, 100; JR 1967, 291; Burgstaller, Das Fahrlässigkeitsdelikt im Strafrecht, 1974, S. 58; Brinkmann, Der Vertrauensgrundsatz als eine Regel der Erfahrung, 1996, S. 110, 138; Kretschmer Jura 2000, 267 (270); Eidam JA 2011, 912; Kaspar JuS 2012, 16 (20); Timpe StraFo 2016, 11; Pizzaro, Das erlaubte Vertrauen im Strafrecht, 2017; Kindhäuser/Hilgendorf in LPK-StGB Rn. 61–66; Vogel/Bülte in LK-StGB Rn. 224–232; Hoyer in SK-StGB Anh. zu § 16 Rn. 39, 40; speziell im Straßenverkehr Heß in BHJJ StVO § 1 Rn. 24–30; krit. Wohlers, Deliktstypen des Präventionsstrafrechts, 2000, S. 332: Leerformel; zu „Sinn" und „Unsinn" des Vertrauensgrundsatzes Puppe Jura 1998, 21; für einen „erweiterten Vertrauensgrundsatz" Duttge FS Yamanaka, 2017, 465), hat sie auch nach dieser Richtung die Grenzen des erlaubten Risikos näher bestimmt (OLG

Stuttgart NStZ 1997, 190 mit Bespr. Gössel JR 1997, 519; BayObLG NJW 2003, 371 (373); beachte auch Tiedemann FS Hirsch, 1999, 765 (778)). Dieser Grundsatz gilt ua dann nicht, wenn sich andere Verkehrsteilnehmer deutlich erkennbar nicht an die Regeln halten (BGH NJW 1980, 650; StV 1998, 199; Kühl StrafR AT § 17 Rn. 39; Roxin/Greco StrafR AT I § 24 Rn. 23).

39b Im **Straßenverkehrsrecht** ist der Maßstab der Sorgfaltspflicht anhand der Verkehrsvorschriften (vor allem der StVO und StVZO) durch eine unübersehbare Fülle von Gerichtsentscheidungen und der Vertrauensgrundsatz durch eine umfangreiche, nicht durchweg widerspruchsfreie Kasuistik näher konkretisiert worden (vgl. etwa Kirschbaum, Der Vertrauensschutz im deutschen Straßenverkehrsrecht, 1980; Schumann, Strafrechtliches Handlungsunrecht und das Prinzip der Selbstverantwortung der Anderen, 1986, S. 7; Krümpelmann FS Lackner, 1987, 289; Pießkalla NZV 2007, 438; Kindhäuser/Zimmermann StrafR AT § 33 Rn. 37; Dehne-Niemann ZStW 130 (2018), 1035; aus österreichischer Sicht Lewisch FS Burgstaller, 2004, 97; speziell zum Fahren auf Sicht LG Freiburg Justiz 2008, 127; Bohnert DAR 1986, 11). Vergleichbares gilt für gefahrgeneigte **berufliche Tätigkeiten,** für die bestimmte Berufspflichten herausgearbeitet worden sind; zB Verletzung der ärztlichen Kunstregeln (→ § 223 Rn. 8–10; zu den ärztlichen Standards Spickhoff NJW 2015, 1731; Sternberg-Lieben/Schuster in Schönke/Schröder Rn. 212–212i) oder der Besuchspflicht des behandelnden Arztes (BGH NJW 1961, 2068; NStZ 1983, 263; OLG Köln NJW 1991, 764), speziell des Bereitschafts- (BGHSt 7, 211 = NJW 1955, 718) und des Sportarztes (zur Frage des Doping → § 223 Rn. 5, 10), des Facharztes (OLG Hamm MedR 2006, 358) sowie des Psychiaters bei Gewährung von Ausgang Sicherungsuntergebrachter (BGHSt 49, 1 (5) = NJW 2004, 237 mAnm Puppe NStZ 2004, 554; Kontrolluntersuchungen für medizinisches Personal (BGH NStZ 2003, 657; vgl. auch Paeffgen FS Rudolphi, 2004, 185 (205)); Überwachung des Pflegepersonals (BGHSt 6, 282 = NJW 1954, 1536); Sorgfaltspflichten des Pflegepersonals in Alten- und Pflegeheimen (Pfleiderer/Schubert MedR 2005, 591); Unfallverhütungspflichten der beim Bauen Beteiligten (BGHSt 19, 286 = NJW 1964, 1283; BGH MDR 1978, 504; OLG Karlsruhe NJW 1977, 1930; OLG Stuttgart NJW 1984, 2897; Gallas, Die strafrechtliche Verantwortlichkeit der am Bau Beteiligten, 1964), des Kfz-Werkstattleiters (OLG Köln NJW 1966, 1468), des Fahrlehrers (OLG Hamm NJW 1979, 993), des Fahrers von Transportfahrzeugen (OLG Karlsruhe NStZ-RR 2000, 141 mit Bespr. Duttge NStZ 2006, 266 (267), UVV „Fahrzeuge" – VGB 12), des Sicherheitspersonals beim Übungsschießen (BGHSt 20, 315 = NJW 1966, 359), des Bergbahnunternehmers für Skiabfahrtstrecken (BGH NJW 1973, 1379 mit Bespr. Hepp NJW 1973, 2085; Hummel NJW 1974, 170; sa Kürschner NJW 1982, 1966) und des Veranstalters von Sportveranstaltung (BGH NJW 2003, 2018 mit Bespr. Emmerich JuS 2003, 1026; Winter in Vieweg, Impulse des Sportrechts, 2015, S. 159). Zur Sorgfaltspflicht des **Hundehalters** BayObLG NJW 1991, 1695; NJW 1993, 2001; OLG Düsseldorf NJW 1992, 2583; NJW 1993, 1609 mAnm Brammsen JR 1994, 373; OLG Hamm NJW 1996, 1295; OLG Köln NStZ-RR 2002, 304 mit Bespr. Duttge NStZ 2006, 266 (272); OLG Frankfurt a. M. NStZ-RR 2011, 205; OLG Karlsruhe NStZ-RR 2014, 276; LG Verden NStZ 2006, 689. Zur Sorgfaltspflicht des Skifahrers OLG Hamm SpuRt 2002, 18, Sternberg-Lieben/Schuster in Schönke/Schröder Rn. 215, 215a.

39c cc) Beim Erfolgsdelikt kann der Sorgfaltsmangel auch in einem Verhalten gefunden werden, das den Täter in eine Lage bringt, in der ihm der Erfolg, weil unvermeidbar, nicht mehr vorgeworfen werden kann; eines Rückgriffs auf die Rechtsfigur der alic bedarf es dazu nach der Rspr. nicht (BGHSt 40, 341 (343) = NJW 1995, 795; BGHSt 42, 235 (236) = NJW 1997, 138 mit krit. Bespr. Horn StV

1997, 264; OLG Nürnberg NStZ-RR 2006, 248; krit. auch Mitsch JuS 2001, 105 (111); Fellenberg, Zeitliche Grenzen der Fahrlässigkeitshaftung, 2000, S. 95; sa BGH NStZ-RR 1996, 100; → § 20 Rn. 25, 28; für entbehrlich halten die alic Kaspar JuS 2012, 112 (116); Schöch in LK-StGB § 20 Rn. 206; zw.). Er kann auch darin liegen, dass jemand, etwa als Arzt (zB BGHSt 3, 91 = NJW 1952, 1102), Aufgaben übernimmt oder fortführt, denen er nicht gewachsen ist (sog. **Übernahmefahrlässigkeit;** zB BGHSt 10, 133 = NJW 1957, 719; BGHSt 43, 306 (311) = NJW 1998, 1802; BGHSt 55, 121 (123) = NJW 2010, 2595 mit Bespr. Brüning ZJS 2010, 549 (592); Eidam NJW 2010, 2599; Krüger/Knocke Jura 2011, 306 (311); BGHSt 56, 277 = NJW 2011, 2895; BGH JR 1986, 248 mAnm Ulsenheimer; Gropp/Sinn StrafR AT § 12 Rn. 29; Heinrich StrafR AT Rn. 1056 „Übernahmeverschulden"; Hoyer in SK-StGB Anh. zu § 16 Rn. 22; Kindhäuser/Hilgendorf in LPK-StGB Rn. 50; krit. zu ihrer Zurechnungsstruktur Neumann, Zurechnung und „Vorverschulden", 1985, S. 186; einschr. Duttge NStZ 2006, 447; speziell zum Handeln nichtärztlicher Hilfspersonen in Notsituation Boll, Strafrechtliche Probleme bei Kompetenzüberschreitungen nichtärztlicher medizinischer Hilfspersonen in Notsituationen, 2000, S. 20, 196; speziell „im ärztlichen Feld" Jung FS Puppe, 2011, 1401; allg. zur fahrlässigen Tätigkeitsübernahme Müller, Fahrlässige Tätigkeitsübernahme und personale Zurechnung, 2001, S. 98).

dd) Bei **arbeitsteiligem Handeln** hängt es von den jeweiligen Verantwor- **40**
tungsbereichen und von dem auch hier mit gewissen Modifikationen anwendbaren Vertrauensgrundsatz (→ Rn. 39) ab, welche Beteiligten ihre Sorgfaltspflicht verletzt haben und in welchem Umfang die für den Gesamtvorgang Verantwortlichen im Hinblick auf das mitwirkende Personal Kontroll-, Aufsichts- und Auswahlpflichten treffen (Roxin/Greco StrafR AT I § 24 Rn. 25; eing. Schumann, Strafrechtliches Handlungsunrecht und das Prinzip der Selbstverantwortung der Anderen, 1986, S. 19) und wieweit sie für Organisationsmängel selbst einzustehen haben; dazu Schmidt-Salzer BB 1992, 1866). Die Frage ist ua bedeutsam: bei **Operationen** oder sonst arbeitsteiligen ärztlichen Behandlungen (zB BGHSt 43, 306 (310) = NJW 1998, 1802 mit Bespr. Eidam JA 2011, 912 (914); BGH NJW 1980, 649 (650); NJW 1991, 1539; MedR 1983, 104; StV 1988, 251; OLG Hamm MedR 2005, 471; OLG Naumburg MedR 2005, 232; Kraatz NStZ-RR 2015, 131 mit OLG Naumburg BeckRS 2014, 05590; Stratenwerth FS Schmidt, 1961, 383; Kamps, Ärztliche Arbeitsteilung und strafrechtliches Fahrlässigkeitsdelikt, 1981; Wilhelm, Verantwortung und Vertrauen bei Arbeitsteilung in der Medizin, 1984; Majunke, Anästhesie und Strafrecht, 1988; Peter, Arbeitsteilung im Krankenhaus aus strafrechtlicher Sicht, 1992; Zwiehoff MedR 2004, 364 (368), differenziert zwischen horizontaler und vertikaler Aufgabenteilung; Duttge ZIS 2011, 349; zusf. Ulsenheimer/Gaede ArztStrafR Rn. 215–317; speziell zu Therapeuten in arbeitsteiligen Behandlungsteamzusammenhängen Grünebaum, Zur Strafbarkeit des Therapeuten im Maßregelvollzug bei fehlgeschlagenen Lockerungen, 1996, S. 121); bei **Aufgabenteilung in Unternehmen** zwischen Organen und Betriebsangehörigen. Zur Innovationsverantwortung zB bei Digitalisierung Fateh-Moghadam ZStW 131 (2019), 863; beim Outsourcing Beck ZStW 131 (2019), 967; im Wirtschaftsstrafrecht Schuhr ZStW 131 (2019), 985.

Speziell zur **Produkthaftung in Betrieben** BGHSt 37, 106 (123) = NJW 1990, 2560 mit Bespr. *Kuhlen* NStZ 1990, 566; Beulke/Bachmann JuS 1992, 737; Deutscher/Körner wistra 1996, 292 (327); sa Bode FS BGH, 2000, 515 (525); Kuhlen FG BGH, 2000, 647 (655); LG Frankfurt a. M. ZUR 1994, 33 mit Bespr. Schulz ZUR 1994, 26; Rönnau wistra 1994, 203;

Braum KritV 1994, 179; BGHSt 41, 206 = NStZ 1995, 590 mit Bespr. Otto WiB 1995, 929; BGH NJW 1995, 2933 mkritAnm Samson StV 1996, 93; zum „Fall Degussa" Tiedemann FS Hirsch, 1999, 765 (770); eing. Schmidt-Salzer, Produkthaftung, Bd. I: Strafrecht, 2. Aufl. 1988 mit krit. Bespr. Schumann StV 1994, 106; Frisch, Tatbestandsmäßiges Verhalten und Zurechnung des Erfolgs, 1988, S. 208; Kuhlen, Fragen einer strafrechtlichen Produkthaftung, 1989; Hilgendorf, Strafrechtliche Produzentenhaftung in der „Risikogesellschaft", 1993; Heine, Die strafrechtliche Verantwortung von Unternehmen, 1995; Hassemer, Produktverantwortung im modernen Strafrecht, 2. Aufl. 1996; Schünemann in Breuer/Kloepfer/Marburger, Umweltschutz und technische Sicherheit im Unternehmen, 1994, S. 137; Schünemann GS Meurer, 2002, 37 (47, 62); Goll/Winkelbauer in Westphalen Produkthaftungs-HdB I § 48 Rn. 1–31; Höhfeld, Strafrechtliche Produktverantwortung und Zivilrecht, 1999; Schmucker, Die „Dogmatik" einer strafrechtlichen Produktverantwortung, 2001, S. 193; Eidam, Unternehmen und Strafe, 5. Aufl. 2018, S. 436; Bosch, Organisationsverschulden in Unternehmen, 2002; Bloy FS Maiwald, 2010, 35 (41); Kuhlen in Achenbach/Ransiek/Rönnau Wirtschafts-StrafR-HdB Kap. II 5 Rn. 72; Kuhlen in Hilgendorf, Aktuelle Herausforderungen des chinesischen und deutschen Strafrechts, 2015, S. 189; Sternberg-Lieben/Schuster in Schönke/Schröder Rn. 223; rechtsvergleichend Eichinger, Die strafrechtliche Produkthaftung im deutschen im Vergleich zum anglo-amerikanischen Recht, 1997; zum schweizerischen Recht Donatsch SchwZStr 2002, 1 (15); Vorschläge de lege ferenda bei Freund in Meurer, Die Haftung der Unternehmensleitung, 1999, S. 67, 86; sa Dreher ZGR 1992, 22 (43); Meier NJW 1992, 3193; Hilgendorf NStZ 1993, 10 (15); Kuhlen JZ 1994, 1142; Hoyer GA 1996, 160; Große Vorholt, Behördliche Stellungnahme in der strafrechtlichen Produkthaftung, 1997, S. 95, 103; Schulz in Lüderssen, Aufgeklärte Kriminalpolitik, Bd. III, 1998, S. 43; Rotsch wistra 1999, 321 (325); Ransiek ZGR 1999, 613; Böse wistra 2005, 41; zur **Verantwortlichkeit nach Arbeitsunfällen** in Betrieben Herzberg DB 1981, 690; Herzberg, Die Verantwortung für Arbeitsschutz und Unfallverhütung im Betrieb, 1984, S. 143; Benz BB 1991, 1185; zur Verantwortlichkeit in **Betrieben für den Umweltschutz** → § 324 Rn. 16; zur sog. Geschäftsherrenhaftung → § 13 Rn. 14; ferner bei **Delegation** von **Sicherungspflichten** auf Subunternehmen (BGH bei Holtz MDR 1983, 985) oder vom Betreiber einer Schwebebahn auf den Bauleiter (BGHSt 47, 224 = NStZ 2002, 421 mit Bespr. Freund NStZ 2002, 424; Kudlich JR 2002, 468; sowie Duttge NStZ 2006, 266 (269); zum Fall auch Eidam JA 2010, 912 (915); Esser/Keuten NStZ 2011, 314 (319)) oder bei arbeitsteiliger Erledigung von Bauleistungen durch verschiedene Gewerke (BGHSt 53, 38 = NJW 2009, 240 mit Bespr. Bußmann NStZ 2009, 386; Duttge HRRS 2009, 145; Kraatz JR 2009, 182; zust. Renzikowski StV 2009, 443; Wegner HRRS 2009, 381; Satzger JK StGB § 222 Rn. 8; zum Fall Bock StrafR AT Fall 12, S. 357; Eidam JA 2010, 912 (915); Jäger ExRep StrafR AT Rn. 375; Kudlich StrafR AT Fall 198 b).

41 **b)** Bei Erfolgsdelikten genügt es nicht, dass die sorgfaltswidrige Handlung den tatbestandsmäßigen Erfolg lediglich verursacht hat (Kausalzusammenhang). Zur sachgemäßen weiteren Begrenzung der **objektiven Zurechnung** (→ Vor § 13 Rn. 14; beachte auch BayObLG NStZ-RR 1998, 328 (329)) muss der Erfolg seinen **Grund gerade in der Sorgfaltspflichtverletzung** haben, sich also als Realisierung der in ihr angelegten Gefahr darstellen (Magnus JuS 2015, 402; Hoyer in SK-StGB Anh. zu § 16 Rn. 66); daran fehlt es, wenn er auch bei Beachtung gehöriger Sorgfalt eingetreten wäre (hM; vgl. etwa Erb, Rechtmäßiges Alternativverhalten, 1991; Frisch JuS 2011, 116 (205); anders Spendel JuS 1964, 14; Bindokat JZ 1977, 549; Ranft NJW 1984, 1425; → Rn. 45). Tragweite und dogmatische Einordnung dieses sog. **Pflichtwidrigkeitszusammenhangs** sind umstritten (zusf. Kretschmer Jura 2000, 267 (273); Hirsch FS Lampe, 2003, 515 (531); Magnus JuS 2015, 404 (406); Nestler JuS 2015, 562 (564); zur Terminologie Stiebig FG Paulus, 2009, 151 (152); aus der Rspr. OLG Köln NStZ-RR 2002, 304 mit Bespr. Duttge NStZ 2006, 266 (272); OLG Hamm NZV 2016, 242 mit Bespr. Satzger

Jura 2016, 1456; zur Rspr. hinsichtlich des Straßenverkehrs König in Hentschel/König/Dauer §§ 222, 229 Rn. 15–19). Beim Vorsatzdelikt hat der Pflichtwidrigkeitszusammenhang keinen Anwendungsbereich (Haas GA 2015, 86 (98), Hengstenberg, Die hypothetische Einwilligung im Strafrecht, 2013, S. 315).

aa) Die **Rspr.** behandelt ihn im Gegensatz zur überwiegenden Lehre als bloßes Kausalitätsproblem. Sie hält die Handlung dann nicht im Rechtssinne für ursächlich, wenn der gleiche Erfolg nach den Umständen – allerdings nicht lediglich als Folge pflichtwidrigen Verhaltens Dritter (BGHSt 30, 228 = NJW 1982, 292 mit Bespr. Puppe JuS 1982, 660; Kühl JR 1983, 32; Magnus JuS 2015, 402 (403)) – auch bei Beachtung gehöriger Sorgfalt eingetreten wäre (vgl. zB BGHSt 11, 1 = NJW 1958, 149; dazu ua Puppe FG BGH, 2000, 287; Dehne-Niemann GA 2012, 89 (106); Kaspar JuS 2012, 112 (114); BGHSt 21, 59 = NJW 1966, 1871; OLG Karlsruhe JR 1985, 479 mkritAnm Kindhäuser; speziell zu fehlgeschlagenen Lockerungsgewährungen im Strafvollzug BGHSt 49, 1 = NJW 2004, 237; Bock StrafR AT Fall 1 mit Bespr. Pollähne JR 2004, 429; Puppe NStZ 2004, 554; Roxin StV 2004, 485; Saliger JZ 2004, 977; Neubacher Jura 2005, 857 (861); Duttge NStZ 2006, 266 (272); Kaspar JuS 2012, 112 (114); Magnus JuS 2015, 403; Schatz NStZ 2003, 581, zu LG Potsdam 18.10.2002 – 23 KLs 1/02; Kühl StrafR AT § 17 Rn. 62; Roxin/Greco StrafR AT I § 24 Rn. 29); speziell zu ärztlichem Fehlverhalten v. Glahn AnwBl 2002, 573; dabei hat die Prüfung der Ursächlichkeit erst mit Eintritt der konkreten Gefahrenlage (BGHSt 24, 31 (34) = NJW 1971, 290; BGHSt 33, 61 (64) = NJW 1985, 1350; BGHSt 53, 55 (59) = NJW 2009, 1155; Fischer Vor § 13 Rn. 33; Vogel/Bülte in LK-StGB Rn. 188; krit. dazu Krümpelmann FS Lackner, 1987, 289 (294); Puppe Jura 1997, 624 (627); Puppe in NK-StGB Vor § 13 Rn. 239) einzusetzen, wobei es dann ohne weitere Differenzierungen auf die Pflichtwidrigkeit des Täterverhaltens in dieser Situation ankommen soll und der Vergleich mit einem Fahrer, der mit angepasster Geschwindigkeit gefahren wäre, und nicht – was richtig wäre – mit einem nüchternen Fahrer gezogen wird (BGHSt 24, 31 = NJW 1971, 290 mit abl. Bespr. Maiwald FS Dreher, 1977, 437, abl. auch Schünemann JA 1975, 718; zum Fall auch Dold Rechtstheorie 2010, 109 (122) unter dem Aspekt „Mehrfachkausalität von Sorgfaltpflichtverletzungen", Kühl StrafR AT § 17 Rn. 63; Rengier StrafR AT § 52 Rn. 41; fortgeführt von BGH NStZ 2013, 231 (232) mit Bespr. Hecker JuS 2013, 467; Jäger JA 2013, 393; vgl. auch BGHSt 33, 61 = NJW 1985, 1350 mit krit. Bespr. Puppe JZ 1985, 295; Ebert JR 1985, 356; Streng NJW 1985, 2809; Peters JR 1992, 50; BGHSt 49, 1 = NJW 2004, 237 mit zT krit. Bespr. Ogorek JA 2004, 356; Otto JK StGB Vor § 13 Rn. 16; Pollähne JR 2004, 429; Puppe NStZ 2004, 554; Roxin StV 2004, 485; Saliger JZ 2004, 977; Duttge NStZ 2006, 266 (272); BayObLG NZV 1994, 283 mkritAnm Schmid BA 1994, 330; Puppe NStZ 1997, 389; OLG Düsseldorf VRS 88, 268; sa BGH JR 1989, 382 mit Bespr. Krümpelmann JR 1989, 353; OLG Frankfurt a. M. JR 1994, 77 mAnm Lampe); daran fehlt es, wenn ein riskantes Verhalten (zB Ausgangsgewährung) durch ein anderes (zB gewaltsamer Ausbruch) ersetzt wird (BGHSt 49, 1 = NJW 2004, 237 mit den obigen Besprechungen; Kühl StrafR AT § 17 Rn. 62; Roxin/Greco StrafR AT I § 11 Rn. 103; Wessels/Beulke/Satzger StrafR AT Rn. 197). 42

bb) Das **Schrifttum** macht verschiedenartige Erklärungsversuche: Während man zunächst einen besonderen Rechtswidrigkeitszusammenhang angenommen (Engisch, Die Kausalität als Merkmal der strafrechtlichen Tatbestände, 1931, S. 67) oder eine Erklärung aus dem allgemeinen Gesichtspunkt der Vermeidbarkeit versucht hatte (Wessels JZ 1967, 449), ist heute weithin die Annahme einer Tatbestandsvoraussetzung anerkannt (eing. mit Beispielsfällen aus der Rspr. Puppe Jura 43

1997, 513). Die heute wohl noch hM deutet sie mit Recht als Begrenzung der objektiven Zurechnung durch den **Schutzbereich der Norm** (sog. **Risikozusammenhang;** vgl. die Nachw. unter → Vor § 13 Rn. 14; ferner ua Rudolphi JuS 1969, 549; Burgstaller, Das Fahrlässigkeitsdelikt im Strafrecht, 1974, S. 96; Schünemann GA 1985, 341 (358); GA 1999, 207 (225); aM Maiwald JuS 1984, 439 (442); Hirsch FS Köln, 1988, 399 (406); Frisch, Tatbestandsmäßiges Verhalten und Zurechnung des Erfolgs, 1988, S. 81; Otto Jura 1992, 90 (96); Kindhäuser GA 1994, 197 (204); diff. Lampe ZStW 101 (1989), 3; rechtsvergleichend Reitmaier, Die objektive Erfolgszurechnung im österreichischen Strafrecht, 1998; speziell zu § 12 TPG, der nur die Organverteilung betrifft und nicht das Leben schützen will, Bülte StV 2013, 753; zu OLG Braunschweig NStZ 2013, 593; zum Vorsatz → Rn. 24). Dabei wird der Schutzzweckgedanke auch zu **weiteren,** allerdings iE umstrittenen Einschränkungen der Fahrlässigkeitshaftung herangezogen (sog. **Schutzzweckzusammenhang;** expl. Roxin FS Gallas, 1973, 241; Roxin/Greco StrafR AT I § 11 Rn. 106–145, § 24 Rn. 41–46; Schünemann JA 1975, 715; GA 1999, 207 (214); Burgstaller FS Jescheck, 1985, 357; Puppe Jura 1997, 624; Kühl StrafR AT § 17 Rn. 68–76; Rengier StrafR AT § 52 Rn. 37–43; Fischer Vor § 13 Rn. 30; krit. Vogel/Bülte in LK-StGB Rn. 202; eing. zu den unterschiedlich weit reichenden Konzeptionen Degener, „Die Lehre vom Schutzzweck der Norm" und die strafgesetzlichen Erfolgsdelikte, 2001, S. 511, der diese „Lehre" für entbehrlich hält; ohne Heranziehung des Schutzzweckgedankens kommen zu vergleichbaren Einschränkungen auch Frisch, Tatbestandsmäßiges Verhalten und Zurechnung des Erfolgs, 1988; Frisch NStZ 1992, 1 (62); Wolter GA 1991, 531 (536); Wolter FS GA, 1993, 269 (300); Freund, Erfolgsdelikt und Unterlassen, 1992, S. 199, 226; Derksen, Handeln auf eigene Gefahr, 1992; Derksen NJW 1995, 240; aus der Rspr. BGHSt 21, 59 = NJW 1966, 1871; dazu Kühl StrafR AT § 17 Rn. 73, 74; OLG Karlsruhe JR 1985, 479 mAnm Kindhäuser). Auf dieser Grundlage können nicht vorhersehbare **Folgeschäden** (dazu Namias, Die Zurechnung von Folgeschäden im Strafrecht, 1993) und **Spätfolgen** von der Zurechnung ausgeschlossen werden (Gómez GA 2001, 283; sa Kühl StrafR AT § 4 Rn. 71, 91). Besonders wichtig ist aber, dass der Schutzzweckgedanke die Ausscheidung auch von Fällen ermöglicht, denen ein mit der Tathandlung einhergehendes oder ihr nachfolgendes Verhalten eines **Dritten** (sog. „Drittschädigungseffekte") der Zurechnung des Erfolges entgegensteht (Hauck GA 2009, 280). Zu diesen Fällen gehört namentlich die (umstrittene) fehlerhafte ärztliche Behandlung von fahrlässig verursachten Verletzungen (näher Frisch, Tatbestandsmäßiges Verhalten und Zurechnung des Erfolgs, 1988, S. 423; Schmoller FS Triffterer, 2011, 223 (227); Diel, Das Regressverbot als allgemeine Tatbestandsgrenze im Strafrecht, 1996, S. 225; Otto FS Wolff, 1998, 395 (408); Schünemann GA 1999, 207 (223); Geppert Jura 2001, 490; Roxin/Greco StrafR AT I § 11 Rn. 115–117), bei der inzwischen auch die Rspr. den Schutzzweckgedanken zunehmend heranzieht (OLG Stuttgart JZ 1980, 618; NJW 1982, 295 mkritAnm Ebert JR 1982, 421); die Fahrlässigkeitshaftung des Ausgang gewährenden Arztes entfällt bei erkennbarer Tatgeneigtheit des den Ausgang zu einer vorsätzlichen Tatbegehung missbrauchenden Strafgefangenen (BGHSt 49, 1= NJW 2004, 237 mit Bespr. Roxin StV 2004, 485; weitere Bespr. und Nachw. → Rn. 42). Auch das intervenierende **Verhalten des Verletzten** (sog. Selbstgefährdung und einverständliche Fremdgefährdung; zu deren Abgrenzung und teilweiser Gleichstellung Roxin GA 2012, 655 (663)) gehört hierher (BGHSt 53, 55 (60) = NJW 2009, 1155 „verbotenes Beschleunigungsrennen" mkritAnm Kühl NJW 2009, 1158; Duttge NStZ 2009, 690; Kudlich JA 2009, 389; Puppe GA 2009, 486; Renzikowski

HRRS 2009, 347; Roxin JZ 2009, 399; Satzger JK StGB § 222 Rn. 8; sowie Bock StrafR AT Fall 2, S. 34; OLG Celle NJW 2001, 2816 mkritAnm Walther StV 2002, 367; → Vor § 211 Rn. 12; → § 228 Rn. 2, 2a, 2b).

cc) Im Rahmen der Lehre von der objektiven Zurechnung stehen sich im Schrifttum vor allem **zwei Grundpositionen** gegenüber: Die eine fordert – übereinstimmend mit der Rspr. (vgl. etwa BGHSt 11, 1 = NJW 1958, 149; BGHSt 33, 61 = NJW 1985, 1350; BGHSt 37, 106 (126) = NJW 1990, 2560; BGH StV 1994, 425; BayObLG NZV 1992, 452; sa BayObLG NZV 1998, 386 mit krit. Bespr. Fahl JA 1998, 924) – auf der Grundlage der sog. **Vermeidbarkeitstheorie,** dass der Erfolg bei gehöriger Sorgfalt mit an Sicherheit grenzender Wahrscheinlichkeit vermieden worden wäre (Ulsenheimer JZ 1969, 364; Beck JA 2009, 268; Frisch JuS 2011, 208; Niewenhuis, Gefahr und Gefahrverwirklichung im Verkehrsstrafrecht, 1984, S. 43; Joecks/Jäger StGB § 222 Rn. 22; Heinrich StrafR AT Rn. 1045; Kindhäuser/Zimmermann StrafR AT § 33 Rn. 48; Krey/Esser StrafR AT Rn. 1355, 1358; Rengier StrafR AT § 52 Rn. 33; Wessels/Beulke/Satzger StrafR AT Rn. 676–681; Sternberg-Lieben/Schuster in Schönke/Schröder, Rn. 177, 178; sa Arzt GS Schlüchter, 2002, 163 (164) „Wahrscheinlichkeitstheorie"). Demgegenüber lässt es die – im ganzen und in zahlreichen Einzelheiten unterschiedlich ausgeprägte – **Risikoerhöhungslehre** genügen, wenn die Sorgfaltspflichtverletzung auch bei ex-post-Betrachtung das Risiko des Erfolgseintritts gegenüber dem erlaubten Risiko signifikant erhöht hat (vgl. etwa Roxin ZStW 74 (1962), 411; Stratenwerth FS Gallas, 1973, 227; Burgstaller, Das Fahrlässigkeitsdelikt im Strafrecht, 1974, S. 129; Otto JuS 1974, 702 (708); Otto GS Schlüchter, 2002, 77 (86); Otto StrafR AT § 10 Rn. 17–27; Schünemann GA 1985, 341 (354); GA 1999, 207 (226); sowie Schünemann GS Meurer, 2002, 37 (46); Kahlo GA 1988, 66; Kahlo, Das Problem des Pflichtwidrigkeitszusammenhanges bei den unechten Unterlassungsdelikten, 1990, S. 259; Greco ZIS 2011, 578; Kaspar JuS 2012, 115; Bock StrafR AT Fall 2, S. 25; Stratenwerth/Kuhlen StrafR AT § 8 Rn. 36, 37; Puppe in NK-StGB Vor § 13 Rn. 225; Puppe FS Roxin, 2001, 287; abl. ua Kaufmann FS Jescheck, 1985, 273; Küpper, Grenzen der normativierenden Strafrechtsdogmatik, 1990, S. 100; Erb, Rechtmäßiges Alternativverhalten und seine Auswirkungen auf das Strafrecht, 1991, S. 120; Freund, Erfolgsdelikt und Unterlassen, 1992, S. 128; Freund/Rostalski StrafR AT § 5 Rn. 78–87; Kindhäuser GA 1994, 197 (219); Toepel, Kausalität und Pflichtwidrigkeitszusammenhang beim fahrlässigen Erfolgsdelikt, 1992, S. 146; normtheoretische Reformulierung bei Dehne-Niemann GA 2012, 89; Gropp/Sinn StrafR AT § 12 Rn. 54; Jakobs StrafR AT Abschn. 7 Rn. 98 ff.; zusf. Roxin/Greco StrafR AT I § 11 Rn. 88–105; in Österreich hat sie einen „Siegeszug" angetreten (Schmoller FS Wolter, 2013, 479 (482)). In diesem Streit ist die Risikoerhöhungslehre dogmatisch und kriminalpolitisch vorzugswürdig. Da die Ursächlichkeit des sorgfaltswidrigen Verhaltens für den Erfolg und die Realisierung der darin angelegten Gefahr feststehen, ist es eine normativ zu beantwortende Frage der objektiven Zurechnung, also nicht des Grundsatzes in dubio pro reo, ob schon die bloße Möglichkeit der Erfolgsverursachung durch erlaubtes Alternativverhalten als Haftungsausschluss anzuerkennen ist, obwohl dem schutzbedürftigen Opfer konkrete Rettungschancen entzogen wurden (so mit Recht Frisch, Tatbestandsmäßiges Verhalten und Zurechnung des Erfolgs, 1988, S. 537, der zu einer verneinenden Antwort kommt; sowie Küper FS Lackner, 1987, 247; und Kühl StrafR AT § 17 Rn. 47–67, die zu einer bejahenden Antwort kommen; vgl. auch Schmoller FS Wolter, 2013, 479 (490, 499); mit abw. dogmatischer Begr. ebenfalls bejahend Lampe ZStW 101 (1989), 3; Lampe GS Kaufmann, 1989, 189 (202)). 44

45 dd) Der **gegenwärtige Diskussionsstand** ist von einer abschließenden Klärung weit entfernt. Gerade in jüngerer Vergangenheit mehren sich die Stimmen, die sich kritisch, diff. oder auch ganz abl. mit den bisher vorgeschlagenen Lösungsmodellen auseinandersetzen und zT andere Wege beschreiten. Neue Ansätze finden sich namentlich in **Konzeptionen,** die von **folgenden Annahmen** ausgehen: die Reichweite der Kausalität sei dadurch einzugrenzen, dass die Eigenschaften der Handlung, welche die Sorgfaltspflichtverletzung begründen, für die Erklärung des Erfolgseintritts notwendig sein müssten (mit Unterschieden schon in den Ansätzen Jakobs FS Lackner, 1987, 53; Jakobs StrafR AT § 7 Rn. 78 ff.; Puppe ZStW 99 (1987), 595; GA 1994, 297 (308); Puppe FS Bemmann, 1997, 227; Puppe in NK-StGB Vor § 13 Rn. 200–225; Toepel, Kausalität und Pflichtwidrigkeitszusammenhang beim fahrlässigen Erfolgsdelikt, 1992, S. 49); die „Gefährdetheit" des Opfers (Krümpelmann FS Bockelmann, 1979, 443; Krümpelmann GA 1984, 491; Krümpelmann FS Jescheck, 1985, 313; Erb, Rechtmäßiges Alternativverhalten und seine Auswirkungen auf das Strafrecht, 1991, S. 146, 153; Erb JuS 1994, 449 (454)) oder dessen „Defektlage" (Ranft NJW 1984, 1425) sei in die Beurteilungsbasis einzubeziehen; der Schwerpunkt der Problematik liege nicht im Beziehungsverhältnis der Handlung zum Erfolg, sondern schon in der Handlung selbst und deren Unrechtsqualität (Frisch, Tatbestandsmäßiges Verhalten und Zurechnung des Erfolgs, 1988, S. 9; Freund/Rostalski StrafR AT § 5 Rn. 81); mit dem Gesichtspunkt der Trennung von Verantwortungsbereichen sei die gebotene Einschränkung schon beim Handlungsunrecht erreichbar (Schumann, Strafrechtliches Handlungsunrecht und das Prinzip der Selbstverantwortung der Anderen, 1986, S. 107); der Pflichtwidrigkeitszusammenhang auf der Grundlage mißbilligter Finalität sei als Problem der Kongruenz von objektivem und subjektivem Tatbestand zu erfassen (Struensee GA 1987, 97; ähnlich Küpper, Grenzen der normativierenden Strafrechtsdogmatik, 1990, S. 104; sa Struensee JZ 1987, 53 (54) mit Erwiderung Herzberg JZ 1987, 536); oder die Legitimation für den Pflichtwidrigkeitsvorwurf sei aus der Differenz zwischen der Gefährdung durch das pflichtwidrige Verhalten des Täters einerseits und der (minderen) Gefährdung durch ein gedachtes pflichtmäßiges Verhalten andererseits herzuleiten (Lampe ZStW 101 (1989), 3); der Pflichtwidrigkeitszusammenhang lasse sich auf die Frage der Gefahrrealisierung zurückführen (Stiebig FG Paulus, 2009, 151 (171)); für ein Mitbedenken der subjektiven Situation von Täter und Opfer Arzt GS Schlüchter, 2002, 163 (172); schließlich soll der Pflichtwidrigkeitszusammenhang erst bei der Strafzumessung Berücksichtigung finden (Jordan GA 1997, 349 (367)).

46 **3. a) Objektive Voraussehbarkeit** der Tatbestandsverwirklichung (→ Rn. 36) liegt nach der Rspr. vor, wenn der eingetretene (OLG Saarbrücken VRS 47, 343) tatbestandsmäßige Erfolg nach allgemeiner Lebenserfahrung, sei es auch nicht als regelmäßige, so doch als nicht ungewöhnliche Folge erwartet werden konnte (sog. **Adäquanzzusammenhang,** RGSt 65, 135; Schünemann GS Meurer, 2002, 37 (40); für einzelne Lebensbereiche Jähnke in LK-StGB, 11. Aufl. 1992, § 222 Rn. 10–23; zu den Faktoren der Erkennbarkeit Sauer, Die Fahrlässigkeitsdogmatik der Strafrechtslehre und der Strafrechtsprechung, 2003, S. 391, 638; für Fälle sog. Risikogewöhnung einschr. Jakobs FS Bruns, 1978, 31). Auf die Voraussehbarkeit, zB einer vorsätzlichen Tötung als Folge einer ungesicherten Verwahrung von Waffen, stellt die Rspr. auch in sog. Regressverbotsfällen wie dem Amoklauf von Winnenden ab (so der Hinweis an das Tatgericht BGH NStZ 2013, 238 mAnm Widmaier mit Bespr. Berster ZIS 2012, 267; abl. Braun JR 2013, 37; Jäger JA 2012,

634, der mit der objektiven Zurechnung arbeitet; so auch sonst die Strafrechtswissenschaft, zB Kühl StrafR AT § 4 Rn. 49, 85; Rengier StrafR AT § 13 Rn. 88, § 52 Rn. 65; auf die Vorhersehbarkeit abstellend Zieschang StrafR AT Rn. 440–443; vgl. auch Mitsch ZJS 2011, 128). Unwesentliche Besonderheiten des Kausalverlaufs brauchen nicht erkennbar gewesen zu sein; darüber hinaus soll es entgegen der im Schrifttum hM (Sternberg-Lieben/Schuster in Schönke/Schröder Rn. 180; anders Wolter FS GA, 1993, 269 (293)) genügen, dass der Erfolg nur im Endergebnis, nicht auch im Kausalverlauf voraussehbar war (BGHSt 39, 322 (324) = NJW 1994, 205; BGHSt 49, 166 (174) = NJW 2004, 2458; BGHSt 53, 55 (58, 59) = NJW 2009, 1155; BGHSt 59, 292 (294–297) = NJW 2015, 96), es sei denn, dass der konkrete (OLG Karlsruhe NJW 1976, 1853) Ablauf der Ereignisse außerhalb aller Lebenserfahrung lag (BGHSt 12, 75 = NJW 1958, 1980; BGH NStZ 1992, 333; NJW 2001, 1075 (1077), NStZ 2001, 478; OLG Düsseldorf NJW 1991, 2979 mAnm Meurer JR 1992, 38; OLG Nürnberg NStZ-RR 2006, 248; LG Kleve NStZ-RR 2003, 235; sa OLG Celle NJW 2001, 2816 mkritAnm Walther StV 2002, 367; krit. Puppe JuS 1989, 728 (732)), namentlich dass ohne das fern liegende hinzutretende Verhalten eines Dritten der Erfolg nicht eingetreten wäre (BGHSt 3, 62 (64) = NJW 1952, 1184; BayObLG JZ 1982, 731; OLG Hamm NJW 1983, 2456); das könnte im oben angesprochenen Amoklauf zu einer Ablehnung der Voraussehbarkeit führen (so etwa Braun JR 2013, 37); denn dass der Vater mit einem Missbrauch der Waffen durch seinen psychisch labilen Sohn rechnete, besagt noch nicht, dass er an einen außerhalb aller Lebenserfahrung liegenden Amoklauf dachte (das Kriterium abl. Jäger FS Kühne, 2013, 3 (11), der auf den spezifischen Schutzzweck der Aufbewahrungsnorm abstellen will; ob der aber in der Verhinderung vorsätzlicher Tötungen besteht, müsste erst begründet werden). Allerdings verneint auch die Rspr. die Voraussehbarkeit zunehmend häufiger, wenn der eingetretene Erfolg nicht vom Schutzzweck der Norm (→ Rn. 43) gedeckt war (OLG Hamm VRS 61 (1981), 353 = LSK 1982, 150118; BayObLG NZV 1989, 359 mAnm Deutscher; → Rn. 43).

b) Die **systematische Einordnung** der objektiven Voraussehbarkeit in den Deliktsaufbau ist unter denselben Gesichtspunkten wie bei der objektiven Pflichtwidrigkeit (→ Rn. 38) umstritten (zusf. Triffterer FS Bockelmann, 1979, 201). 47

4. Für die **Rechtswidrigkeit** der Fahrlässigkeitstat gelten die allgemeinen Regeln, nach denen die tatbestandsmäßige Handlung die Rechtswidrigkeit indiziert, diese aber durch einen Rechtfertigungsgrund ausgeschlossen sein kann (hM; → Vor § 13 Rn. 16–21; → Vor § 32 Rn. 2; anders Otto Jura 1995, 468 (475); Otto GS Schlüchter, 2002, 77 (84); speziell zur Einwilligung in Fremdgefährdungen, der sog. Risikoeinwilligung, → § 228 Rn. 2a; Kühl StrafR AT § 17 Rn. 82–88). Allerdings bedingt die besondere Struktur des Fahrlässigkeitsdelikts, dass nicht alle allgemeinen Rechtfertigungsgründe in Frage kommen und dass auch Einschränkungen im Hinblick auf die subjektiven Rechtfertigungselemente (→ Vor § 32 Rn. 6) geboten sind (vgl. etwa Schünemann JA 1975, 787; Frisch FS Lackner, 1987, 113 (130); Rinck, Der zweistufige Deliktsaufbau, 2000, S. 271; Mitsch JuS 2001, 105 (110); Beck JA 2009, 268 (269); Rönnau JuS 2009, 594; Kaspar JuS 2012, 115; krit. Alwart GA 1983, 433 (455); ein subjektives Rechtfertigungselement verlangen etwa Rönnau in LK-StGB Vor § 32 Rn. 82; Paeffgen in NK-StGB Vor § 32 Rn. 143, 144; ebenso Roxin/Greco StrafR AT I § 24 Rn. 103; und Duttge in MüKoStGB Rn. 202, 203, die aber die Strafbarkeit des objektiv „Gerechtfertigten" verneinen; eing. Jungclaussen, Die subjektiven Rechtfertigungselemente beim 48

Fahrlässigkeitsdelikt, 1987; dagegen Rath, Das subjektive Rechtfertigungselement, 2002, S. 328, der selbst „Straflosigkeit" bei Vorliegen der objektiven Rechtfertigungsvoraussetzungen annimmt, S. 632; sa BGH NJW 2001, 3200). Auf der Grundlage divergierender Begriffsbestimmungen ist außerdem umstritten, ob und mit welcher Begrenzung ein übergesetzlicher Rechtfertigungsgrund des erlaubten Risikos (bzw. der Güterkollision) anzuerkennen ist (→ Vor § 32 Rn. 29; sa Gössel in Maurach/Gössel/Zipf StrafR AT II § 44 Rn. 47; Sternberg-Lieben/Schuster in Schönke/Schröder Rn. 188; krit. dazu Webel, Strafbarkeit leicht fahrlässigen Verhaltens, 1999, S. 216). Zur Bedeutung der Einwilligung bei fahrlässig verursachten Verletzungen → § 228 Rn. 2, 2a.

49 **5. a)** Zur Begründung des **Schuldvorwurfs** muss der Täter nach seinen **persönlichen Kenntnissen und Fähigkeiten** – namentlich nach seiner Intelligenz und Kritikfähigkeit, die auch durch Altersabbau beeinträchtigt sein können (BayObLG NJW 1996, 2045) – in der Lage gewesen sein, die objektive Sorgfaltspflichtverletzung zu vermeiden und die Tatbestandsverwirklichung vorauszusehen (hM; vgl. etwa BGHSt 40, 341 (348) = NJW 1995, 795 mAnm Kaatsch BA 1995, 293; 51, 18 (21); zust. Rengier StrafR AT § 52 Rn. 84; für die Ablehnung bereits der objektiven Vorhersehbarkeit Kühl StrafR AT § 17a Rn. 30; ebenso Bosch JA 2006, 743 (745); Satzger JK StGB § 224 Rn. 5; sa BayObLG NJW 1998, 3580; OLG Karlsruhe NStZ 2000, 141 (143); OLG Köln NStZ-RR 2002, 304; anders Schmidhäuser FS Schaffstein, 1975, 129 (141); zur Aporie der Schuldbegründung bei unbewußter Fahrlässigkeit Spilgies ZIS 2010, 490). In Teilen des Schrifttums wird die subjektive Voraussehbarkeit schon als Tatbestandselement (→ Rn. 38; sa Struensee JZ 1987, 53; Kindhäuser JahrbRuE 2005, 527 (528)) oder speziell als Element des subjektiven Tatbestandes (Wolter, Objektive und personale Zurechnung von Verhalten, Gefahr und Verletzung in einem funktionalen Straftatsystem, 1981, S. 42; Wolter FS GA, 1993, 269 (279); Gössel in Maurach/Gössel/Zipf StrafR AT II § 43 Rn. 167) eingeordnet. Zum auch sog. „Übernahmeverschulden" (Kühl StrafR AT § 17 Rn. 91) → Rn. 39c „Übernahmefahrlässigkeit".

50 **b)** Nach den Regeln der Schuldtheorie (→ Rn. 31, 34; sowie → § 17 Rn. 2–8) setzt die **Schuld** ferner mindestens **potentielles Unrechtsbewusstsein** voraus, dh die nach den Fähigkeiten und Kenntnissen des Täters ungenutzte Möglichkeit, zur Unrechtseinsicht vorzudringen (hM; anders Arzt ZStW 91 (1979), 857). Zur bisher kaum diskutierten Möglichkeit eines Erlaubnistatbestandsirrtums bei Fahrlässigkeitsdelikten Börner GA 2003, 276, der § 17 S. 2 anwenden will; anders Ludes/Pannenburg Jura 2013, 24, die eine Lösung über die „normale Fahrlässigkeitsdogmatik" suchen; gegen einen solchen Irrtum bei unbewusster Fahrlässigkeit OLG Koblenz NZV 2008, 367.

51 **c)** Der **Schuldvorwurf** entfällt allgemein auch dann, wenn dem Täter anderes Handeln **nicht zumutbar** war, etwa weil er eigene billigenswerte Interessen – zB Verlust des Arbeitsplatzes (Rengier StrafR AT § 52 Rn. 88) – aufopfern müsste (hM; vgl. zB RGSt 30, 25 mit krit. Bespr. Achenbach Jura 1997, 631; BayObLG bei Bär DAR 1991, 363; Roxin/Greco StrafR AT I § 24 Rn. 122–128 „gewohnheitsrechtlich gesichert"; krit. Maiwald FS Schüler-Springorum, 1993, 475; Webel, Strafbarkeit leicht fahrlässigen Verhaltens, 1999, S 218; Gropp/Sinn StrafR AT § 12 Rn. 114; Krey/Esser StrafR AT Rn. 1352; Duttge in MüKoStGB Rn. 209 „Leerformel"; Hoyer in SK-StGB Anh. zu § 16 Rn. 103; diff. Gössel in Maurach/

Gössel/Zipf StrafR AT II § 44 Rn. 50–62; aM Momsen, Die Zumutbarkeit als Begrenzung strafrechtlicher Pflichten, 2006, S. 449, 537; eing. Wortmann, Inhalt und Bedeutung der „Unzumutbarkeit normgemäßen Verhaltens" im Strafrecht, 2002, S. 111, 130; zusf. Beck JA 2009, 268 (270)); die Gefahr eigener Strafverfolgung genügt dazu idR nicht (Ulsenheimer GA 1972, 1).

d) Zum Verhältnis zwischen den **gesetzlich normierten Schuldregeln** der §§ 17, 19, 20, 21, 33, 35 StGB, § 3 JGG beachte Herzberg Jura 1984, 402 (411). **52**

6. Unter dem Gesichtspunkt objektiver und subjektiver Voraussehbarkeit kann der Vorwurf gegen den Täter dahin gehen, dass er die Tatbestandsverwirklichung überhaupt nicht in seine Betrachtung einbezogen habe (**unbewusste Fahrlässigkeit;** rechtshistorisch Koch ZIS 2010, 175), oder dass er sie zwar für möglich gehalten (OLG Stuttgart NJW 1976, 1852 mAnm Gollwitzer JR 1977, 207), aber im ernsthaften, nicht nur vagen Vertrauen auf ihr Ausbleiben (BGH StV 1981, 549; NStZ 2003, 541 (603); NJW 2010, 3526; BayObLG NStZ-RR 2004, 45) gehandelt habe (**bewusste Fahrlässigkeit;** krit. Köhler, Die bewusste Fahrlässigkeit, 1982; Köhler FS Hirsch, 1999, 65 (74); Köhler StrafR AT S. 178; für einen subjektiven Tatbestand Hoyer in SK-StGB Anh. zu § 16 Rn. 11). Die Abgrenzung dieser zweiten Form ergibt sich aus der Begriffsbestimmung des bedingten Vorsatzes. Je nach den Anforderungen, die man dort an das voluntative Element stellt (→ Rn. 23–27), verändert sich der Bereich der bewussten Fahrlässigkeit. Deshalb wird diese überhaupt geleugnet von denen, die ein Handeln trotz Vorstellung möglicher Tatbestandsverwirklichung stets als bedingten Vorsatz ansehen (→ Rn. 27). Bewusste Fahrlässigkeit wiegt nicht generell schwerer als unbewusste (OLG Karlsruhe VRS 35, 365; Tenckhoff ZStW 88 (1976), 897 (904); Jakobs StrafR AT Abschn. 9 Rn. 3, 23; Puppe in NK-StGB Rn. 9; aM Arzt GS Schröder, 1978, 119 (127); diff. Roxin/Greco StrafR AT I § 24 Rn. 68; sa Webel, Strafbarkeit leicht fahrlässigen Verhaltens, 1999, S. 189, der unbewusste und leichte Fahrlässigkeit gleichsetzt; zw.). **53**

7. Auch **(echtes oder unechtes) Unterlassen** (→ § 13 Rn. 4, 6) ist fahrlässig begehbar (stRspr), es wird allerdings nicht jedes fahrlässige Tun deshalb zu einem Unterlassen, weil der Täter die im Verkehr erforderliche Sorgfalt außer Acht lässt (Kühl StrafR AT § 18 Rn. 23, 24; → § 13 Rn. 3; aktuell für das unverschlossene Liegenlassen von Waffen im Fall des Amoklaufs von Winnenden Jäger FS Kühne, 2013, 3 (9), aktives Tun; aM BGH NStZ 2013, 238). Ob und wieweit sich allerdings aus dem Unterlassungsbegriff und dem damit zusammenhängenden sog. Umkehrprinzip Einschränkungen für die Möglichkeit der Tatbestandsverwirklichung ergeben, ist umstritten. Mit Recht lehnt die hM eine Beschränkung der Unterlassungsfahrlässigkeit auf den fehlgeschlagenen Gebotserfüllungsversuch ab (so aber Kaufmann, Die Dogmatik der Unterlassungsdelikte, 1959, S. 41, 170); es genügt, wenn das Unterbleiben der gebotenen Handlung sorgfaltswidrig und die tatbestandsmäßige Situation im Hinblick sowohl auf das Handlungsziel wie auch die Handlungsmittel erkennbar war (vgl. ua Grünwald FS Mayer, 1966, 281; Haffke ZStW 87 (1975), 44; Schöne JZ 1977, 150; Struensee JZ 1977, 217; Struensee FS Stree/Wessels, 1993, 133 (152); Vogel/Bülte in LK-StGB Rn. 62; zum Aufbau des fahrlässigen Unterlassungsdelikts Kühl StrafR AT § 19 Rn. 3–6). Beim fahrlässigen Verletzungsdelikt durch Unterlassen sind Garantenpflicht (→ § 13 Rn. 6) und Sorgfaltspflicht zwar begrifflich auseinander zuhalten, fallen aber meist inhaltlich zusammen, weil die Garantenpflicht nur durch sorgfaltsgemäßes Verhalten erfüllt **54**

werden kann (Fünfsinn, Der Aufbau des fahrlässigen Verletzungsdelikts durch Unterlassen im Strafrecht, 1985, S. 98; sa Rackow, Neutrale Handlungen als Problem des Strafrechts, 2007, S. 162; diff. Sternberg-Lieben/Schuster in Schönke/Schröder, Rn. 143; sa Röhl JA 1999, 895 (900)). Die Problematik der objektiven Zurechnung stellt sich auch hier (Kühl StrafR AT § 19 Rn. 4a–6; aus der Rspr. BGHSt 52, 159 (163) = NJW 2008, 1897 mAnm Kühl; BGH NJW 2010, 1087 (1091) mAnm Kühl; Bosch JK StGB § 13 Rn. 44; zum eingeschränkten Vertrauen auf den anderen bei arbeitsteiliger Erledigung BGHSt 47, 224 = NStZ 2002, 421 mit Bespr. Freund NStZ 2002, 424; Kudlich JR 2002, 468; Duttge NStZ 2006, 266 (269); BGHSt 53, 38 = NJW 2009, 240 mit Bespr. Bußmann NStZ 2009, 386; Duttge HRRS 2009, 149; Kraatz JR 2009, 182; Renzikowski StV 2009, 443).

55 **IV. Leichtfertigkeit** (zB in § 176d) ist ein erhöhter Grad von bewusster (BGH StV 1994, 480) oder unbewusster (BGH NStZ-RR 2000, 366 (367)) Fahrlässigkeit (Radtke FS Jung, 2007, 737 (750); Steinberg ZStW 131 (2019), 888; Kaspar JuS 2012, 16 (17); Hellmann in Krey/Hellmann/Heinrich StrafR BT Rn. 299; krit. Weigend ZStW 93 (1981), 657). Sie entspricht objektiv der groben Fahrlässigkeit des bürgerlichen Rechts (BGHSt 14, 240 (255) = NJW 1960, 1310; BGHSt 33, 66 = NJW 1985, 690; BGHZ 106, 204 = r+s 1990, 48; BGH NJW 2014, 3234 (3236); BFH wistra 2014, 65 (68); wistra 2015, 191 (194), Steuerverkürzung; OLG Hamm NStZ 1983, 459 mAnm Müller-Dietz; Tenckhoff ZStW 88 (1976), 897; Walker AL 2015, 102 (112); diff. Wegscheider ZStW 98 (1986), 624; krit. Arzt GS Schröder, 1978, 119); vorauszusetzen ist danach, dass der Täter die sich ihm aufdrängende Möglichkeit der Tatbestandsverwirklichung aus besonderem Leichtsinn oder besonderer Gleichgültigkeit außer acht lässt (ähnlich Birnbaum, Die Leichtfertigkeit – zwischen Fahrlässigkeit und Vorsatz, 2000, S. 143, 279; Radtke FS Jung, 2007, 737 (750); Kühl StrafR AT § 17 Rn. 44; Rengier StrafR AT § 52 Rn. 9; Sternberg-Lieben/Schuster in Schönke/Schröder, Rn. 205; aus der Zivil-Rechtsprechung zum groben Behandlungsfehler BGH NJW 2012, 227; vgl. auch BGHSt 56, 277 (281) = NJW 2011, 2895 zu groben Verstößen gegen die ärztliche Kunst). Subjektiv sind die persönlichen Fähigkeiten und Kenntnisse des Täters zugrundezulegen (→ Rn. 49).

56 **V.** Nach hM sollen Vorsatz und Fahrlässigkeit **einander ausschließen,** weil das voluntative Element (→ Rn. 24, 25) einen qualitativen Unterschied begründe (vgl. etwa BGHSt 4, 341 = NJW 1953, 1721; Kühl StrafR AT § 17 Rn. 4; Roxin/Greco StrafR AT I § 24 Rn. 79; krit. Herzberg FG BGH, 2000, 51 (58); anders Jakobs StrafR AT Abschn. 9 Rn. 4; sa Rostalski GA 2016, 73). Das erscheint zwar insofern problematisch, als im Rahmen der Lehre von der objektiven Zurechnung überwiegend die konstitutiven Erfordernisse des Fahrlässigkeitstatbestandes auch für den Vorsatztatbestand postuliert werden (→ Vor § 13 Rn. 14; sa Herzberg JuS 1996, 377 (379); Mitsch JuS 2001, 105 (112); Kudlich FS Benakis, 2008, 265; Freund/Rostalski StrafR AT § 7 Rn. 35–39; Puppe in NK-StGB Rn. 5; Vogel/Bülte in LK-StGB Rn. 12–20; Hoyer in SK-StGB Anh. zu § 16 Rn. 2–5; zur übereinstimmenden österreichischen Rechtslage Triffterer FS Klug, 1983, 419; Schmoller ÖJZ 1983, 655 (657)), doch kann das letztlich die Unterschiede zwischen vorsätzlichem und fahrlässigem Verhalten nicht beseitigen (Kühl StrafR AT § 17 Rn. 4) Jedenfalls steht bloßer Verdacht des Vorsatzes der Bestrafung wegen fahrlässigen Handelns nach einhelliger, aber unterschiedlich begründeter Ansicht (Stufenverhältnis, Auffangtatbestand, Wahlfeststellung) nicht entgegen (vgl. etwa BGHSt 17, 210 = NJW 1962, 1257; BGHSt 32, 48 (50) = NJW 1983, 2889; Wolter, Wahlfest-

stellung und in dubio pro reo, 1987, S. 57; Mylonopoulos ZStW 99 (1987), 685; Sternberg-Lieben/Schuster in Schönke/Schröder Rn. 3).

§ 16 Irrtum über Tatumstände

(1) [1]**Wer bei Begehung der Tat einen Umstand nicht kennt, der zum gesetzlichen Tatbestand gehört, handelt nicht vorsätzlich.** [2]**Die Strafbarkeit wegen fahrlässiger Begehung bleibt unberührt.**

(2) **Wer bei Begehung der Tat irrig Umstände annimmt, welche den Tatbestand eines milderen Gesetzes verwirklichen würden, kann wegen vorsätzlicher Begehung nur nach dem milderen Gesetz bestraft werden.**

1. Die Bestimmung des **Tatbestandsirrtums** bzw. Tatumstandsirrtum (Hettinger FG Paulus, 2009, 80; Kühl StrafR AT § 13 Rn. 7; Vogel/Bülte in LK-StGB Rn. 14) in § 16 spiegelt im Wesentlichen die Ergebnisse wider, die sich in den Auseinandersetzungen um die verschiedenen Vorsatzlehren (→ § 15 Rn. 31–34) herauskristallisiert haben. Zusammenfassend Wolters LdRerg 8/740, S. 2–7; Sternberg-Lieben/Sternberg-Lieben JuS 2012, 289 (297). Im Ansatz abw. Walter Kern des Strafrechts S. 215, 389, der den Irrtum nach dem Grad seiner Vorwerfbarkeit unterscheidet und § 16 für „zu mild" hält (S. 408); krit. Bespr. Kuhlen ZStW 120 (2008), 140. 1

a) Das **RG** hatte noch auf dem Boden seiner Grundposition (→ § 15 Rn. 32) eine inkonsequente Irrtumslehre entwickelt, die auf der Unterscheidung zwischen „Tatirrtum" und „Rechtsirrtum" beruhte (Heger AL 2011, 398). Während es jenem als Irrtum über Tatsachen vorsatzausschließende Wirkung beilegte, sollte dieser für den Vorsatz nur dann erheblich sein, wenn er sich auf einen „außerstrafrechtlichen" Rechtsbegriff bezog (zB RGSt 42, 26; RGSt 72, 305 (309)). Diese mit dem Schuldprinzip unvereinbare Rspr. ist seit 1952 überholt (BGHSt 2, 194 = NJW 1952, 593 = NJW 1952, 593). Sieht man jedoch von der einhelligen Anerkennung des unvermeidbaren Verbotsirrtums ab, so ist eine auffallende Kontinuität in den Rechtsprechungsergebnissen über die 1952 vollzogene Wende hinaus zu verzeichnen. Das hat zu beachtenswerten, aber noch diskussionsbedürftigen Versuchen geführt, auf die Unterscheidung des RG zurückzugreifen, sie aber dogmatisch neu zu begründen (→ § 15 Rn. 14).

b) In den **modernen Lehren zum Vorsatz** ist zwar umstritten, ob und in welcher näheren Ausprägung das Unrechtsbewusstsein (→ § 17 Rn. 2–5) Voraussetzung des Vorsatzes ist (→ § 15 Rn. 31–34). Das hindert aber nicht, wenngleich die Abgrenzung nicht abschließend geklärt (→ § 15 Rn. 14–17) und bisweilen auch schwierig ist (→ § 17 Rn. 22), zwischen der Nichtkenntnis von Tatumständen und dem Fehlen des Unrechtsbewusstseins zu unterscheiden und sie in den verschiedenen Kategorien des Tatbestandsirrtums (§ 16) und des Verbotsirrtums (§ 17) zu erfassen (anders die Anhänger der Vorsatztheorie, → § 17 Rn. 1; deren Kritik zusf. Geerds Jura 1990, 421). Für die Schuldtheorie wird der Meinungsstreit erst bei den Fragen relevant, ob der Verbotsirrtum den Vorsatz ausschließt (→ § 15 Rn. 33, 34) und wie der Erlaubnistatbestandsirrtum einzuordnen ist (→ § 17 Rn. 9–18). 2

2. Fehlt das Wissenselement des Vorsatzes im Hinblick auch nur auf einen Tatumstand (ein Merkmal des äußeren Tatbestandes), so ist der Vorsatz ausgeschlossen 3

(→ § 15 Rn. 4–18). Der Täter handelt im **Tatbestandsirrtum** (zusf. Krümpelmann ZStW-Beiheft 1978, 6 (12); Warda Jura 1979, 1 (3, 71, 113)). Dieser bildet die Kehrseite des Wissenselements (BFH NJW 2008, 2944) und ist daher nicht mit dem „Tatirrtum" des RG zu verwechseln; abweichend davon kann er sich einerseits auch auf normative Begriffe (uU reine Rechtsbegriffe) beziehen (→ § 15 Rn. 14), und andererseits ist er auf die Merkmale des äußeren Tatbestandes beschränkt. Ob und wieweit die für ihn geltenden Regeln auch auf entsprechende Irrtümer in anderen Bereichen des Verbrechensaufbaus anwendbar sind, bedarf jeweils besonderer Prüfung (zum Irrtum über einen Erlaubnistatbestand → § 17 Rn. 9–18 und über die Voraussetzungen eines Entschuldigungsgrundes → § 35 Rn. 13). Im Einzelnen gilt für Tatbestände von Vorsatzdelikten Folgendes:

4 **a)** Bezieht sich der Tatbestandsirrtum auf **strafbegründende Merkmale,** so entfällt damit die Tatbestandsmäßigkeit (→ § 15 Rn. 9–17); bei **straferhöhenden Merkmalen** hat es mit der Verwirklichung des Grundtatbestandes sein Bewenden (Abs. 1 S. 1). Ob das ohne Einschränkung auch für den Irrtum über **Tatbestandsalternativen** (sog. doppelter Tatbestandsirrtum) gilt, ist in der Rspr. kaum behandelt (beachte jedoch RGSt 35, 286; BGH NStZ 2009, 210; zusf. Sternberg-Lieben/Sternberg-Lieben JuS 2012, 289 (292)), in der Lehre aber umstritten. Teils wird die Frage bejaht (zB Kuhlen, Die Unterscheidung von vorsatzausschließendem und nichtvorausatzausschließendem Irrtum, 1987, S. 508; Schlehofer, Vorsatz und Tatabweichung, 1996, S. 171; nach Walter Kern des Strafrechts S. 295, sachwidrig). Teils werden Ausnahmen unter der Voraussetzung angenommen, dass die Alternativen qualitativ gleichwertig sind (so Sternberg-Lieben/Schuster in Schönke/Schröder, Rn. 12) oder dass sie vom Gesetz als erschöpfende Beschreibung eines gedachten Gattungsbegriffs gewollt sind (so Schroeder GA 1979, 321; einschr. Rudolphi/Stein in SK-StGB Rn. 35). Soweit sich das Ergebnis nicht schon aus den allgemeinen Abweichungsregeln ergibt (zB bei der aberratio ictus oder dem Subsumtionsirrtum), ist die Unerheblichkeit des Irrtums jedenfalls dann zu bejahen, wenn die jeweils vom Vorsatz umfasste Alternative lediglich eine quantitative oder qualitative Herabstufung der verwirklichten Alternative bedeutet oder wenn sie als Bestandteil einer vom Gesetz ausdrücklich oder stillschweigend intendierten erschöpfenden Kasuistik eines Gattungsbegriffs erscheint (näher Warda FS Stree/Wessels, 1993, 267; Schroth, Vorsatz und Irrtum, 1998, S. 67; Fischer, Der Irrtum über Tatbestandsalternativen, 2000, S. 150, 171; Rolofs JA 2003, 304; Sheng-wei Tsai, Zur Problematik der Tatbestandsalternativen im Strafrecht, 2006 mit Bespr. Puppe GA 2008, 341; Roxin/Greco StrafR AT I § 12 Rn. 136; Sternberg-Lieben/Schuster in Schönke/Schröder, Rn. 12; auf eine „subjektive Gleichwertigkeit" abstellend Walter Kern des Strafrechts S. 298; zum von ihm sog. „Variantenirrtum" speziell im verwaltungsakzessorischen Umweltstrafrecht Matejko ZIS 2006, 205).

5 **b)** Bei den **Unterlassungsdelikten** kann sich der Tatbestandsirrtum auch auf Umstände beziehen, aus denen sich die Möglichkeit und Zumutbarkeit (str.; → § 13 Rn. 5) des gebotenen Handelns sowie die Garantenstellung ergeben (→ § 15 Rn. 7). Der Irrtum lediglich über die Handlungspflicht als solche (sog. **Gebotsirrtum**) betrifft dagegen nur das Unrechtsbewusstsein und ist nach den für den Verbotsirrtum geltenden Regeln zu behandeln (→ § 15 Rn. 7; → § 17 Rn. 6; zusf. Satzger Jura 2011, 432).

6 **c)** Bezieht sich der Tatbestandsirrtum auf Umstände, die den Tatbestand **eines milderen Gesetzes** ergeben würden, so kann nur nach dem milderen Gesetz be-

straft werden (Abs. 2), zB nach § 216 bei der irrigen Annahme eines ernstlichen Tötungsverlangens (BGH NStZ 2012, 85; → § 216 Rn. 5; Joecks/Jäger StGB Rn. 25). Der Täter wird also auch hier so behandelt, als ob seine Vorstellung richtig gewesen wäre (Warda Jura 1979, 113; beachte auch Küper GA 1968, 321; Mitsch ZStW 124 (2012), 323 (338)). Die Vorschrift gilt unterschiedslos für alle objektiven Elemente des Deliktstatbestandes; ihren Regelungsbereich auf Unrechtsmerkmale zu beschränken, weil bei Schuldmerkmalen das mildere Gesetz ohnehin anwendbar sei, ist dogmatisch nicht geboten (Schroth, Vorsatz und Irrtum, 1998, S. 110; Puppe in NK-StGB Rn. 4, 5; Sternberg-Lieben/Schuster in Schönke/Schröder, Rn. 26, 27; aM Franke JuS 1980, 172; Roxin/Greco StrafR AT I § 12 Rn. 139; sa Walter Kern des Strafrechts S. 300; Stein in SK-StGB Rn. 5).

d) Vom Tatbestandsirrtum zu unterscheiden ist der sog. **umgekehrte Irrtum.** 7
Hält der Täter irrig einen strafbegründenden oder -erhöhenden Umstand für gegeben, so kommt untauglicher Versuch in Frage (→ § 22 Rn. 12, 13; BGHSt 42, 268 (272) = NJW 1997, 750; BGH NStZ 2008, 214 zu § 253; sa Rath Jura 1998, 539 (541)). Verkennt er das Vorliegen eines Umstandes, der die Anwendung eines milderen Gesetzes begründet (zB Unkenntnis des ernstlichen Verlangens im Falle des § 216; → § 216 Rn. 5), so entfällt die Privilegierung mit der Folge, dass der Grundtatbestand anwendbar bleibt (vgl. Warda Jura 1979, 113 (114); diff. BWME StrafR AT § 21 Rn. 24–26; Jescheck/Weigend StrafR S. 310; Stein in SK-StGB Rn. 59; Sternberg-Lieben/Schuster in Schönke/Schröder, Rn. 28; Vogel/Bülte in LK-StGB Rn. 107; sa Walter Kern des Strafrechts S. 300; Küper Jura 2007, 260).

3. Ist die Strafbarkeit wegen vorsätzlicher Begehung infolge Tatbestandsirr- 8
tums ausgeschlossen, so bleibt Strafbarkeit wegen **fahrlässiger Begehung** übrig, wenn diese selbständig mit Strafe bedroht ist und ihre Voraussetzungen (→ § 15 Rn. 35–54), was bei Vorwerfbarkeit des Irrtums regelmäßig zutrifft, voll erfüllt sind. Der Vorsatz ist auch dann ausgeschlossen, wenn der Täter den Irrtum schuldhaft herbeigeführt hat (Stein in SK-StGB Rn. 6; zur bloßen Fahrlässigkeitshaftung wegen voraussehbar falscher Situationseinschätzung nach Alkoholkonsum BGH StV 1999, 369 = BeckRS 1997, 31360129).

§ 17 Verbotsirrtum

[1]Fehlt dem Täter bei Begehung der Tat die Einsicht, Unrecht zu tun, so handelt er ohne Schuld, wenn er diesen Irrtum nicht vermeiden konnte. [2]Konnte der Täter den Irrtum vermeiden, so kann die Strafe nach § 49 Abs. 1 gemildert werden.

1. Die Vorschrift regelt den sog. **Verbotsirrtum** auf dem Boden der Schuld- 1
theorie (→ § 15 Rn. 34; Frister JuS 2013, 1057 (1062); abl. Walter, Der Kern des Strafrechts, 2006, S. 410, der § 17 für „zu hart" hält; und einen Gesetzesvorschlag macht Walter, Der Kern des Strafrechts, 2006, S. 443); sie ist verfassungsmäßig (BVerfGE 41, 121 = NJW 1976, 413 mit krit. Bespr. Langer GA 1976, 193; zur Bindungswirkung der Entscheidung Kramer/Trittel JZ 1980, 393; Schmidhäuser JZ 1980, 396). Ihr liegt die verbindliche gesetzgeberische Entscheidung zugrunde, dass die Tatbestände der Vorsatzdelikte nicht nur bei aktuellem, sondern auch bei potenziellem (virtuellem) Unrechtsbewusstsein anwendbar sind (hM; Sternberg-

Lieben/Sternberg-Lieben JuS 2012, 884 (887); Nestler Jura 2015, 567; Kaspar, Verhältnismäßigkeit und Grundrechtsschutz im Präventivstrafrecht, 2014, 716; anders Langer GA 1976, 206; Langer, Die Sonderstraftat, 2007, S. 120; sowie Schmidhäuser Studienbuch StrafR AT § 7 Rn. 68–90, die trotz § 17 an der Vorsatztheorie festhalten; ähnlich auch Otto GS Meyer, 1990, 583 (597); Otto Jura 1996, 468 (474); Otto StrafR AT § 15 Rn. 5–11; Koriath Jura 1996, 113; zum Gegenstand des Unrechtsbewußtseins Renzikowski FS Yamanaka, 2017, 185). Im Kern ist die Entscheidung kriminalpolitischer Natur (Lackner JZ 1978, 210). Der Gesetzgeber hält den Übergang zur Vorsatzstrafe nicht erst gegenüber dem für erforderlich, der sich gegen das Recht auflehnt; er lässt es vielmehr ohne Verstoß gegen das Schuldprinzip (krit. Koriath Jura 1996, 124) genügen, dass der Täter weiß und will, was er tut, wenn er nur den Widerspruch zum Recht hätte einsehen können (krit. Schmidhäuser NJW 1975, 1807; JuS 1987, 373 (378); Schünemann NJW 1980, 735; Kaufmann FS Lackner, 1987, 185; Naucke FS Roxin, 2001, 503; Freund/Rostalski StrafR AT § 7 Rn. 90; Köhler StrafR AT S. 411, 413; zusf. Neumann JuS 1993, 793; Lesch JA 1996, 346). Ein Verbotsirrtum kommt aber auch bei Fahrlässigkeitsdelikten in Betracht (OLG Karlsruhe NJW 1977, 2167 (2168); LG Bückeburg NJW 2005, 3014 (3017) mit Bespr. Melkos/Clauß DAR 2006, 73; Roxin/Greco StrafR AT I § 24 Rn. 110–113; Sternberg-Lieben/Schuster in Schönke/Schröder, Rn. 9; sa Herzberg FS Otto, 2007, 265). Zusammenfassend Wolters LdRerg 8/740, S. 7–9; zu Geschichte und Gegenwart des Verbotsirrtums Heger in Sinn, Menschenrechte und Strafrecht, 2013, S. 77; speziell zu Irrtümern im Bereich der Schuld Bachmann JA 2009, 510.

2 **2. a)** Die Einsicht, Unrecht zu tun (das **Unrechtsbewusstsein**), ist nicht für das Unrecht (hM; anders Mir Puig in Eser RuE III S. 303), sondern nur für die Schuldbewertung relevant (hM); vgl. Zabel, Schuldtypisierung als Begriffsanalyse, 2007 mit krit. Bespr. Jakobs HRRS 2007, 232 und Erwiderung Zabel HRRS 2007, 255. Sie ist die Erkenntnis, dass die Tat gegen die verbindliche materiale Wertordnung des Rechts verstößt und daher rechtlich verboten ist (BGHSt 52, 227 (240) = NStZ 2009, 275; BGH NStZ-RR 2017, 123; Sternberg-Lieben/Schuster in Schönke/Schröder Rn. 4; einschr. Neumann JuS 1993, 793; hinsichtlich unterschiedlicher Rechtsordnungen Neumann FS Müller-Dietz, 2001, 589 (606); speziell zum Prozess der Bildung von Unrechtsbewusstsein Groteguth, Norm- und Verbots(un)kenntnis § 17 S. 2 StGB, 1993, S. 35; diff. zwischen belastenden (zB Gleichgültigkeit) und anderen Gründen der Normunkenntnis Manso Porto, Normunkenntnis aus belastenden Gründen, 2009, S. 149). Einerseits ist danach nicht genügend das bloße Bewusstsein einer vorrechtlichen sozialen Wertwidrigkeit (OLG Karlsruhe NStZ-RR 2000, 60 (61)), der Sozialschädlichkeit (Rudolphi JBl 1981, 289 (291)), des Widerspruchs zur Sittenordnung (BGH GA 1969, 61) oder des nur formalen Verstoßes gegen ein hinsichtlich seines Schutzzwecks unverstandenes Gesetz (Rudolphi, Unrechtsbewusstsein, Verbotsirrtum und Vermeidbarkeit des Verbotsirrtums, 1969, S. 44; ähnlich OLG Karlsruhe NStZ-RR 2000, 60 (61), aM Jescheck/Weigend StrafR S. 453; zw.). Andererseits ist nicht erforderlich, dass der Täter die verletzte Rechtsnorm im Einzelnen kennt oder gar um die Strafbarkeit (Sanktionierbarkeit) seines Verhaltens (nach deutschen Strafrecht, BGHSt 45, 97 = NJW 1999, 2908 mit Bespr. Börger NStZ 2000, 31; Dölling JR 2000, 379; Neumann StV 2000, 425; Müller NStZ 2002, 356 (361); krit. zur Begr. Pawlik FS Schroeder, 2006, 357 (368)) weiß (hM; vgl. etwa BGHSt 2, 194 (202) = NJW 1952, 593; BGHSt 10, 35 (41) = NJW 1957, 229; BGHSt 52, 182 (190) = NJW

2008, 1827; BGHSt 52, 307 (313) = NJW 2008, 2723; anders Joecks/Kulhanek in MüKoStGB Rn. 14–16; Neumann in NK-StGB Rn. 20–26; krit. auch Zabel GA 2008, 33 (39, 54)); es genügt die Einsicht, dass die Tat Unrecht von der im Tatbestand beschriebenen Art ist (OLG Stuttgart NStZ 1993, 344; OLG Karlsruhe NJW 2003, 1061; →Rn. 6), auch wenn der Täter sie nicht für tatbestandsmäßig (problematisch KG NJW 1990, 782) oder nur für eine Ordnungswidrigkeit hält (OLG Celle NJW 1987, 78; Neumann in NK-StGB Rn. 28); krit. Walter Kern des Strafrechts S. 303 oder von einem Verstoß gegen Standesrecht wie § 43a IV BRAO ausgeht (BGHSt 52, 307 (313) = NJW 2008, 2723 zu § 356 mit krit. Bespr. Bosch JA 2008, 903 (905); Müssig NStZ 2009, 421 (425); weitere Anm. Brammsen NStZ 2009, 279; Lagodny JR 2009, 36). Bei Tätern aus fremden Kulturkreisen kann die Abgrenzung schwierig sein (Krauß in Bönner/de Boor, Unrechtsbewusstsein, 1982, S. 30; Valerius NStZ 2003, 341; Vogel/Bülte in LK-StGB Rn. 100, 101; zur Problematik der Verbotsunkenntnis von Ausländern vgl. Laubenthal/Baier GA 2000, 205). Im Falle des sog. **Gültigkeitsirrtums** bleibt das Unrechtsbewusstsein unberührt, wenn der Täter die Wertung des Rechts kennt, sie aber auf Grund abweichender Gewissensentscheidung (Gewissenstäter) oder aus anderen außerrechtlichen Gründen (Überzeugungstäter) für unrichtig hält (BGHSt 4, 1 (3) = NJW 1953, 431; KG NJW 2001, 2600; allg. zum Gewissens- und Überzeugungstäter Heinitz ZStW 78 (1966), 615; Müller-Dietz FS Peters, 1974, 91; Roxin FS Henkel, 1974, 171 (195); Roxin FS Maihofer, 1988, 389; Roxin GA 2011, 1; Ebert, Der Überzeugungstäter in der neueren Rechtsentwicklung, 1975; Ebert JuS 1976, 319 (321); Peters ZStW 89 (1977), 103; Peters FS Stree/Wessels, 1993, 3; Küper JZ 1989, 617 (622); Hirsch, Strafrecht und Überzeugungstäter, 1996; Wandres, Die Strafbarkeit des Auschwitz-Leugnens, 2000, S. 264; Figueiredo Dias FS Roxin, 2001, 531 (545); Frisch FS Schroeder, 2006, 11; Walter Kern des Strafrechts S. 305; Theune in LK-StGB § 46 Rn. 106–111; Vogel/Bülte in LK-StGB Rn. 95–99; speziell zu Terroristen als Überzeugungstäter Zöller, Terrorismusstrafrecht, 2009, S. 244; zu Einschränkungen der Strafbarkeit durch das Grundrecht des Art. 4 GG →Vor § 32 Rn. 32; →§ 323c Rn. 1). Dagegen fehlt das Unrechtsbewusstsein, wenn der Täter glaubt, eine Verbotsnorm des einfachen Rechts widerspreche einer höheren Rechtsnorm, etwa eine Rechtsverordnung einem förmlichen Gesetz oder dieses dem Grundgesetz (BGHSt 4, 1 (3) = NJW 1953, 431) oder dem EU-Recht.

b) Für die **Aktualität** des Unrechtsbewusstseins ergeben sich dieselben Fragen 3
wie beim Vorsatz (→§ 15 Rn. 9).

c) Auch wenn der Täter **nur für möglich hält,** Unrecht zu tun (sog. **Un-** 4
rechtszweifel), hat er das Unrechtsbewusstsein, wenn er diese Möglichkeit in derselben Weise wie beim bedingten Vorsatz in seinen Willen aufnimmt (hM; vgl. etwa BGHSt 4, 1 (4) = NJW 1953, 431; BGH NStZ 1996, 338; NJW 2011, 1236 (1239) mAnm Heger JZ 2011, 961; dazu Kühl StrafR AT § 13 Rn. 59a; OLG Braunschweig NStZ-RR 1998,; OLG Karlsruhe NStZ 2000, 60 (61); OLG Hamburg NStZ 2014, 656 (659); Kienapfel ÖJZ 1976, 113 (116); Groteguth, Norm- und Verbots(un)kenntnis § 17 S. 2 StGB, 1993, S. 71; Leite GA 2011, 688; Vogel/Bülte in LK-StGB Rn. 27; Sternberg-Lieben/Schuster in Schönke/Schröder, Rn. 5a; einschr. Lesch JA 1996, 504; Jakobs StrafR AT Abschn. 19 Rn. 30; diff. Walter, Der Kern des Strafrechts, 2006S. 321; krit. Kölbel Zeitschrift für Rechtssoziologie 2005, 249 (253) „fiktionales Element“; Puppe FS Rudolphi, 2004, 231 (234); sa BVerfG NJW 2006, 2684 (2686); zw.). Es genügt das Bewußtsein, die Handlung verstoße

gegen irgendwelche, wenn auch im Einzelnen nicht klar vorgestellte gesetzliche Bestimmungen (BGHSt 58, 15 (26) = NZWiSt 2013, 16; OLG Hamburg NJW 2013, 932). Demgegenüber verneint eine Mindermeinung mit bedenkenswerten Gründen (ebenso, jedoch ohne Begr. OLG Düsseldorf MDR 1984, 866) den Verbotsirrtum hier allg., also ohne Rücksicht auf ein voluntatives Element, befürwortet dafür aber Strafmilderung nach § 49 I oder Strafausschluss, soweit nach den Umständen die Vorwerfbarkeit erheblich vermindert oder ausgeschlossen war (Warda FS Welzel, 1974, 499; sa Paeffgen JZ 1978, 738 (745); Kunz GA 1983, 457; Seier JuS 1986, 217 (220); Neumann JuS 1993, 793 (795)). Das Unrechtsbewusstsein ist nicht „defektfrei", wenn sich der Täter „wahnbedingt" eine Notstandslage vorgestellt hat (BGH NStZ 2011, 336 mit Bespr. Sinn ZJS 2011, 402).

5 **d)** Bleibt das Unrechtsbewusstsein **zweifelhaft,** so gilt der Grundsatz in dubio pro reo (BayObLG NJW 1954, 811). Hat der Täter auf Grund einer nicht umstrittenen Gerichtsentscheidung oder einer nach den Umständen verlässlichen Rechtsauskunft gehandelt, so wird es idR entweder schon am Unrechtszweifel (→ Rn. 4) fehlen oder dieser jedenfalls nicht beweisbar sein (hM; anders Kunz GA 1983, 457).

6 **3.** Fehlt dem Täter einer rechtswidrigen Tat das Unrechtsbewusstsein (→ Rn. 2), so befindet er sich im **Verbotsirrtum** (BGH NStZ-RR 2017, 123; krit. Analyse der Rspr. bei Neumann FG BGH, 2000, 83 (95)). Das gilt grds. unabhängig davon, ob er schon das Verbot als solches nicht kennt (abstrakter Verbotsirrtum; vgl. BayObLG NStZ-RR 2001, 281) oder ob er nur aus besonderen Gründen, etwa auf Grund Subsumtionsirrtums (→ § 15 Rn. 14), Gültigkeitsirrtums (→ Rn. 2) oder Erlaubnisirrtums (→ Rn. 19), die Tat für rechtmäßig hält (konkreter Verbotsirrtum). Ebenso wenig kommt es darauf an, ob er schon über die Verbotsnorm als solche (direkter Verbotsirrtum) oder erst über Bestehen oder Grenzen eines Rechtfertigungsgrundes irrt (indirekter Verbotsirrtum; vgl. etwa BGH NStZ 2012, 144 (145) mAnm Grabow); ferner auch, ob er von dem Unrecht eine falsche Vorstellung hat oder ob ihm eine Vorstellung überhaupt fehlt (BayObLG MDR 1963, 333; Stree JuS 1973, 461 (467)). Die Ursache des Irrtums ist unerheblich; deshalb handelt auch im Verbotsirrtum, wer seine Tat auf Grund **abergläubischer** Wahnvorstellungen (BGHSt 35, 347 (350) = NJW 1989, 912; Neumann in NK-StGB Rn. 47; aM Herzberg Jura 1990, 16 (19); Schumann NStZ 1990, 32 (35); Kretschmer JR 2004, 444 (446); Kudlich JZ 2004, 76; Sternberg-Lieben/Schuster in Schönke/Schröder, Rn. 4; beachte auch Struensee ZStW 102 (1990), 21; Roßmüller/Rohrer Jura 1990, 582; Kühl StrafR AT § 13 Rn. 84 Fn. 100; Vogel/Bülte in LK-StGB Rn. 119, 120) oder eines Irrtums über einen persönlichen Strafausschließungsgrund oder eine objektive Bedingung der Strafbarkeit (Satzger JA 2006, 108 (112); Fischer Rn. 6; aM Maurach/Zipf StrafR AT I § 38 Rn. 11; diff. Neumann in NK-StGB Rn. 50) rechtlich für erlaubt hält (zw.). Beim **Irrtum über ein Genehmigungserfordernis** kann je nach in Betracht kommenden Tatbestand ein Tatbestands- oder Verbotsirrtum vorliegen (näher Rengier in KK-OWiG § 11 Rn. 37b–44; Fischer § 16 Rn. 6; krit. Walter in LK-StGB Vor § 13 Rn. 53; Fakhouri Gómez GA 2010, 259 (263)); betrifft er ein grds. wertwidriges Verhalten, das nur im Einzelfall durch die Genehmigung erlaubt ist (repressives Verbot mit Befreiungsvorbehalt), so liegt ein Verbotsirrtum vor (BGH NStZ-RR 2003, 55; sa BGH NStZ 1993, 594; NJW 1996, 1604; NJW 2008, 2596; LG Ravensburg NStZ-RR 2007, 353 (354); Sternberg-Lieben/Schuster in Schönke/Schröder, Rn. 12a); betrifft er hingegen ein sozialadäquates Verhalten, das nur durch ein präventives Verbot mit Erlaubnisvorbehalt kontrolliert wird, liegt ein Tatbestandsirrtum vor (OLG

Celle NJW 2004, 3791; OLG Frankfurt a. M. StraFo 2006, 78; OLG Stuttgart NStZ-RR 2009, 356 (357); BayObLG NJW 1997, 1319; OLG Oldenburg wistra 2014, 114 zu § 54 KWG; → § 325 Rn. 16). Das Unrechtsbewusstsein ist jeweils auf das dem Tatbestand zugrunde liegende Verbot zu beziehen, so dass es bei Zusammentreffen mehrerer Gesetzesverletzungen **„teilbar"** ist (BGHSt 10, 35 = NJW 1957, 229; BGHSt 22, 314 = NJW 1969, 851; BGH NStZ-RR 1996, 24; zu dem damit zusammenhängenden sog. doppelten Irrtum Hirsch, Die Lehre von den negativen Tatbestandsmerkmalen, 1960, S. 229; Haft JuS 1980, 430 (588, 659); Kuhlen, Die Unterscheidung von vorsatzausschließendem und nichtvorsatzausschließendem Irrtum, 1987, S. 494; Puppe GA 1990, 145 (164); Plaschke Jura 2001, 234). Nach der Rspr. reicht es jedoch **bei qualifizierten Tatbeständen** aus, wenn der Täter das spezifische Unrecht des Grunddelikts erkannt hat, weil sich hier das Unrechtsbewusstsein auch auf die Qualifikation erstrecke (BGHSt 15, 377 (383) = NJW 1961, 1031 mit Bespr. Schmidhäuser NJW 1975, 1807 (1812); BGHSt 42, 123 (130) = NJW 1996, 2804 mAnm Seelmann StV 1996, 672; Jescheck/Weigend StrafR S. 456; aM Jäger in SK-StGB Rn. 9), und zwar auch dann, wenn die Qualifikation ein qualitativ anderes Rechtsgut schützt (mit Recht insoweit diff. Neumann in NK-StGB Rn. 36, 37; Sternberg-Lieben/Schuster in Schönke/Schröder, Rn. 8). Der Gebotsirrtum beim **Unterlassungsdelikt** (→ § 16 Rn. 5) ist nur eine besondere Form des Verbotsirrtums, die sich aus der andersartigen Struktur des Unterlassens ergibt (→ § 15 Rn. 7).

4. a) Der Verbotsirrtum lässt den Vorsatz unberührt, schließt jedoch die Schuld 7
aus, wenn der Täter ihn **nicht vermeiden** konnte. Die **Rspr.** hält zu Unrecht den Maßstab der Vermeidbarkeit für strenger als den einer vorwerfbaren Sorgfaltspflichtverletzung bei der Fahrlässigkeit (BGHSt 4, 236 = NJW 1953, 1151; BGHSt 21, 18 (20) = NJW 1966, 787; OLG Frankfurt a. M. NStZ-RR 2003, 263; krit. Neumann FG BGH, 2000, 83 (100); Frister JuS 2013, 1057 (1062); Bohnert ZStW 127 (2015), 97 (117); Nestler Jura 2015, 567 (571); Stein in SK-StGB Rn. 30a; Sternberg-Lieben/Schuster in Schönke/Schröder Rn. 14, 15; → § 15 Rn. 36–39). Danach kommt es darauf an, ob der konkrete Täter nach seinen individuellen Fähigkeiten (BGHSt 3, 357 (366) = NJW 1953, 75; BGHSt 59, 292 (295) = NJW 2015, 96 mit Bespr. Schiemann NJW 2015, 20 (21); BGH NJW 1962, 1831) bei Einsatz „aller seiner Erkenntniskräfte und sittlichen Wertvorstellungen" (BGHSt 4, 1 = NJW 1953, 431; BGH NStZ 2000, 307 (309); krit. zum Kriterium der „Gewissensanspannung" Roos, Die Vermeidbarkeit des Verbotsirrtums nach § 17 StGB im Spiegel der BGH-Rechtsprechung, 2000, S. 155, 360; Kölbel Zeitschrift für Rechtssoziologie 2005, 249 (254); Walter Kern des Strafrechts S. 310; auch Zabel GA 2008, 33 (51), der vom „handlungsleitenden Aufklärungswillen" spricht), uU auch durch Erkundigung (BGHSt 4, 236 = NJW 1953, 1151; OLG Düsseldorf NStZ 1981, 444; OLG Köln NJW 1996, 472; OLG Frankfurt a. M. NStZ-RR 2003, 263, dies gilt auch für Angehörige fremder Kulturkreise, Valerius, Kultur und Strafrecht, 2011, S. 202), zur Unrechtseinsicht hätte kommen können. Dazu ist eine umfangreiche, nicht widerspruchsfreie **Kasuistik** entstanden, die sich namentlich auf folgende Fragen bezieht: ob und wieweit dem Täter die Unkenntnis strafrechtlicher Sondernormen für spezielle Tätigkeiten (etwa als Geschäftsführer, Lebensmittelhändler, Gastwirt, Großhandelskaufmann, Kraftfahrer, Rechtsberater usw) zur Last fällt (zB BGH NStZ 1984, 510; OLG Köln GA 1956, 326; OLG Oldenburg NJW 1992, 2438; BayObLG NStZ 2000, 148; NJW 2003, 2253; NJW 2004, 306; OLG Jena NJW 2004, 3579 mAnm Müller NJ 2005, 319; OLG Hamm NJW 2005,

241 (244); NJW 2005, 245 (246); Eidam ZStW 127 (2015), 120; Rudolphi JBl 1981, 289 (296)); welche Bedeutung der Motivation durch unrichtige, überholte oder widersprechende Gerichtsentscheidungen oder Rechtsauskünfte zukommt (zB BGHSt 20, 342 (372) = NJW 1966, 1227; KG JR 1977, 379 mAnm Rudolphi; KG JR 1978, 166 mit Bespr. Meyer JuS 1979, 250; OLG Stuttgart JR 1978, 294 mAnm Sack; BayObLG NJW 1980, 1057; StV 1992, 421; OLG Hamm NJW 1982, 659 (661); sa OLG Zweibrücken StV 1992, 119; diff. Krey/Esser StrafR AT Rn. 728, 729); wann die Rechtsauskunft eines sachkundigen Ratgebers so von dessen Eigeninteresse geprägt ist, dass ihr nicht vertraut werden darf (BGHSt 40, 257 (264) = NJW 1995, 204; BGH NStZ 2000, 307 (309); OLG Braunschweig StV 1998, 492); wann nach der Auskunft einer unzuständigen Behörde weiterer Rechtsrat eingeholt werden muss (BGH NStZ 2000, 364); Hinzuziehung eines Rechtsanwalts und eines Lehrstuhlinhabers auf dem Gebiet des Zivilrechts (BGH NJW 2017, 1487 mit Bespr. Kudlich); wann eine Aktualisierung der Informationen erforderlich ist (BGH NZWiSt 2021, 325 mAnm Lamsfuß; Zimmermann StV 2021, 703; Borgel wistra 2021, 355); ob das Unterlassen der Erkundigung für den Verbotsirrtum ursächlich geworden sein muss (mit Recht bejahend die hM; vgl. BGHSt 37, 55 (67) = NJW 1990, 3026; BayObLG NJW 1989, 1744 mit Bespr. Rudolphi JR 1989, 387; Zaczyk JuS 1990, 889; OLG Braunschweig StV 1998, 492; Rengier StrafR AT § 31 Rn. 26; anders noch BGHSt 21, 18 (21) = NJW 1966, 787). Bei nicht geklärten Rechtsfragen ist die Vermeidbarkeit zu verneinen (OLG Karlsruhe NJW 2003, 1061; speziell im Bereich der Sportwettenvermittlung KG BeckRS 2012, 11907 mit Bespr. Jahn JuS 2013, 79); bei komplexen Sachverhalten und erkennbar schwierigen Rechtsfragen ist ein detailliertes schriftliches Gutachten erforderlich (BGH NStZ-RR 2009, 13 (14); BGHSt 58, 15 = NZWiSt 2013, 16; dazu Eidam ZStW 127 (2015), 120 (126); BGH NStZ 2013, 461 mit krit. Bespr. Bosch JK StGB § 17 Rn. 5; Dahs StV 2014, 14; zu strafrechtlichen Expertengutachten in wirtschaftsrechtlichen Fallkonstellationen Eidam ZStW 127 (2015), 120); bei widersprüchlicher Rspr. ist die Klärung abzuwarten (OLG Stuttgart NStZ 2008, 243; OLG Celle NZV 2009, 92). Zum möglichen Verbotsirrtum der sog. Mauerschützen und dessen umstrittener Vermeidbarkeit → § 2 Rn. 16, 16a (zusf. Siekmann, Das Unrechtsbewusstsein der DDR-„Mauerschützen", 2005); zum möglichen Erlaubnisirrtum bei „Massenerschießungen" als „Vergeltungsaktion" vgl. BGHSt 49, 189 = NJW 2004, 2316 mit Bespr. Gribbohm NStZ 2005, 38; Zöller Jura 2005, 552 (560). In der **Wissenschaft** wird die Vermeidbarkeit überwiegend verneint, wenn der Täter keinen Anlass hatte sich zu informieren, wenn er trotz sorgfältiger Prüfung oder Erkundigung in seinem Irrtum befangen blieb oder wenn er bei unterbliebener Erkundigung auch durch sie nicht zur Unrechtskenntnis gelangt wäre (Neumann JuS 1993, 793 (797)). Allerdings hat die bisherige, durch verschiedenartige Ansätze gekennzeichnete Diskussion noch nicht zur abschließenden Klärung geführt (vgl. etwa Horn, Verbotsirrtum und Vorwerfbarkeit, 1969, S. 55; Roxin FS Henkel, 1974, 171 (187); Roxin/Greco StrafR AT I Roxin/Greco StrafR AT I § 21 Rn. 38–45; Schünemann NJW 1980, 735 (741); Schünemann in Hirsch/Weigend, Strafrecht und Kriminalpolitik in Japan und Deutschland, 1989, S. 147, 172; Timpe GA 1984, 51; Stratenwerth GS Kaufmann, 1989, 485 (486); Groteguth, Norm- und Verbots(un)kenntnis § 17 S. 2 StGB, 1993S. 122; Lesch JA 1996, 607; Puppe FS Rudolphi, 2004, 231 (236); Jakobs StrafR AT Abschn. 19 Rn. 35–45; sa Cornelius GA 2015, 101 (104)). Zur Notwendigkeit und zu den Grenzen einer gemeinschaftskonformen Auslegung des § 17 Satzger Europäisierung des StrafR S. 643. Der EuGH (NJW 2013, 3083) formuliert „pauschal und kategorisch" (Weit-

precht NJW 2013, 3086), dass ein anwaltliches Gutachten grds. kein rechtlich relevantes Vertrauen in die Vereinbarkeit eines bestimmten Verhaltens mit europäischem Kartellrecht begründen könne. Zum Verbotsirrtum im Völkerstrafrecht Satzger, Internationales und Europäisches Strafrecht, 10. Aufl. 2022, § 15 Rn. 42, § 17 Rn. 23; Werle/Jeßberger VölkerstrafR Rn. 671–675 mit Bedenken wegen des Schuldprinzips.

b) Konnte der Täter den Verbotsirrtum **vermeiden,** so ist seine Schuld nicht ausgeschlossen. Jedoch sieht S. 2 einen **fakultativen besonderen gesetzlichen Milderungsgrund** iSd § 49 I vor. Es ist daher zunächst zu entscheiden, ob von der Milderungsmöglichkeit überhaupt Gebrauch gemacht wird (dazu und zu der Frage, welchen Regeln diese Würdigung folgt, → § 49 Rn. 4). Im Allgemeinen ist die Milderung angezeigt (Walter Kern des Strafrechts S. 326); Ausnahmen kommen jedoch namentlich in Frage, wenn der Verbotsirrtum auf Rechtsblindheit oder Rechtsfeindschaft beruht (krit. Hörnle Schünemann-Symposium, 2005, 105 (132)) bzw. wenn das strafbare Verhalten mit einer Verletzung beruflicher Pflichten im Kernbereich des Strafrechts und einer schwerwiegenden Vernachlässigung der Prüfungs- oder Erkundigungspflicht einherging (BayObLG StV 2021, 581). Wird von der Milderungsmöglichkeit Gebrauch gemacht, so ändert sich zunächst **nur der Strafrahmen** nach dem Maßstab des § 49 I (beachte auch § 50); dabei darf jedoch zur Vermeidung eines Wertungswiderspruchs die für fahrlässige Begehung angedrohte Strafe nicht unterschritten werden (BayObLG MDR 1957, 434; Rostalski GA 2016, 73 (89); aM Stein in SK-StGB Rn. 50; Sternberg-Lieben/Schuster in Schönke/Schröder Rn. 25). Zur Strafzumessung innerhalb des danach maßgebenden Rahmens → § 49 Rn. 10. – Zum österreichischen Strafrecht Schmollen FS Fuchs, 2014, 403. 8

5. a) Nach der sog. **strengen Schuldtheorie** (Welzel, Das Deutsche Strafrecht, 11. Aufl. 1969 (dazu Frisch in Frisch, Lebendiges und Totes in der Verbrechenslehre Hans Welzels, 2015, S. 217, 240) Maurach, Bockelmann, Hirsch, Gössel ua, vgl. etwa Erb FS Paeffgen, 2015, 205; Paeffgen FS Frisch, 2013, 403; Paeffgen in NK-StGB Vor § 32 Rn. 103–129; Zieschang StrafR AT Rn. 355, 359; zusf. Schroeder in LK-StGB, 11. Aufl. 1992, § 16 Rn. 47–52; anders Vogel/Bülte in LK-StGB Rn. 116; zur polnischen Regelung vgl. Joerden in Wolf, Kriminalität im Grenzgebiet, 2002, S. 33, 53) ist unerheblich, ob der Verbotsirrtum darauf beruht, dass sich der Täter vorwerfbar Umstände vorgestellt hat, die sein Verhalten rechtfertigen würden (**Irrtum über einen Erlaubnistatbestand** hierzu zur uneingeschränkten Schuldtheorie Heuser ZStW 132 (2020), 330), vielfach auch als Irrtum über einen Tatumstand (dann „Erlaubnistatumstandsirrtum“, so Ebert StrafR AT S. 156; Kühl StrafR AT § 13 Rn. 63; Kelker Jura 2006, 591), über die sachlichen Voraussetzungen eines Rechtfertigungsgrundes, über eine objektive Rechtfertigungslage oder über rechtfertigende Umstände bezeichnet). Fühlt sich zB jemand angegriffen und tötet er deshalb einen anderen in der irrigen Annahme der Notwehrvoraussetzungen (Putativnotwehr), so wird er nach dieser Theorie bei Vermeidbarkeit des Irrtums nicht nach § 222, sondern wegen Mordes oder Totschlags nach §§ 211, 212, 17 S. 2 bestraft. Zur Behandlung im Gutachten Kelker Jura 2006, 591 mit systematischem Überblick. Zum spanischen Recht Requejo JA 2005, 114. Zum Erlaubnistatbestandsirrtum beim Fahrlässigkeitsdelikt Ludes/Pannenborg Jura 2013, 24. Zum „Zusammenspiel“ von Erlaubnistatbestandsirrtum und § 35 Fahl JA 2017, 481. 9

10 **b)** Da dieses Ergebnis fragwürdig ist, hat sich als hM eine **Gegenposition** durchgesetzt, die – allerdings ungenau und mit umstrittener Begrenzung – unter der Sammelbezeichnung **„eingeschränkte Schuldtheorie"** zusammengefasst wird (krit. zur Terminologie Hruschka FS Roxin, 2001, 441) und den Erlaubnistatbestandsirrtum denselben Rechtsfolgen unterwirft wie den Tatbestandsirrtum (vom Ergebnis her ist auch die sog. unselbständige Schuldtheorie von Jakobs StrafR AT Abschn. 11 Rn. 43–59, die Strafbarkeit wegen vorsätzlicher Tat zwar bejaht, sie aber auf den Fahrlässigkeitsstrafrahmen reduziert, hier einzuordnen; sa Jakobs FS Paeffgen, 2015, 221). Sie anerkennt damit die besondere Qualität dieses Irrtums. Er ist dadurch gekennzeichnet, dass er sich auf das Objekt der Wertung bezieht und nicht – wie der Verbotsirrtum – eine falsche Wertung des Objekts bedeutet. Insofern ist er dem Tatbestandsirrtum (ieS) eng verwandt; denn er bezieht sich wie dieser auf Umstände, die einen Tatbestand ausfüllen, allerdings nicht einen unrechtsbegründenden, sondern einen unrechtsausschließenden. Im Hinblick auf sein Gesamtverhalten weiß der Irrende regelmäßig ebenso wenig, was er tut, wie der im Tatbestandsirrtum Handelnde; denn nicht nur in zahlreichen Deliktstatbeständen (dazu Herzberg JA 1986, 190 (194)), sondern häufig auch in der sozialen Wirklichkeit sind die Umstände des Unrechts- und Erlaubnistatbestandes zu einer inneren Einheit verbunden. Die Begründung des Ergebnisses gehört allerdings zu den noch ungelösten dogmatischen Problemen des AT (krit. zu allen systemabhängigen Lösungsmodellen v. Hippel FS Spendel, 1992, 23 (24); krit. zu allen „auf dem dreistufigen Deliktsaufbau fußenden Ansätzen" Rinck, Der zweistufige Deliktsaufbau, 2000, S. 91, 199):

11 aa) Die **Rspr.** (BGHSt 3, 105 (194, 271) = NJW 1952, 1023; BGHSt 31, 264 (286) = NJW 1983, 2509; BGHSt 32, 243 (248) = NStZ 1984, 261; BGHSt 45, 219 (224) = NJW 2000, 885; BGH JR 1996, 69 (71); BGH bei Altvater NStZ 2004, 23 (27, 30); BGH BeckRS 2015, 20783 mit Bespr. Engländer JuS 2016, 366; BGH NStZ 2020, 725; zum Verdienst der Rspr. bei der Durchsetzung der eingeschränkten Schuldtheorie Arzt FG BGH, 2000, 755 (758)) greift inkonsequent auf die alte Unterscheidung des RG zwischen Tat- und Rechtsirrtum (dazu Heger AL 2011, 398) zurück und hält den Vorsatz für ausgeschlossen, wenn der Täter nur über Tatsachen geirrt hat; dann sei er an sich rechtstreu, wisse aber nicht, was er tue (mit eingehender Begr. zust. Kuhlen, Die Unterscheidung von vorsatzausschließendem und nichtvorsatzausschließendem Irrtum, 1987, S. 331). Das widerspricht jedoch dem in der Rspr. anerkannten dreigliedrigen Verbrechensaufbau, nach dem sich der Vorsatz nur auf die Verwirklichung des Unrechtstatbestandes (iSd Unrechtstypus), nicht auch auf das Fehlen von Rechtfertigungsgründen bezieht (Herdegen FS BGH, 1975, 195 (206); → Vor § 13 Rn. 17).

12 bb) In der **Wissenschaft** ist die dogmatische Begründung umstritten (Besprechungsaufsatz zum Diskussionsstand bei Schünemann/Greco GA 2007, 774). Zwar hat das Ergebnis der Rspr. (keine Strafbarkeit wegen vorsätzlicher Tat) überwiegend Billigung gefunden. Jedoch setzen die dafür maßgebenden, auf divergierenden normtheoretischen Grundlagen beruhenden (dazu Gössel FS Triffterer, 2011, 93) dogmatischen Ableitungen teils am Tatbestand, teils am Unrecht und teils erst an der Schuld an. Außerdem besteht keine Einigkeit, ob der Erlaubnistatbestandsirrtum in eine der herkömmlichen Irrtumskategorien eingeordnet werden kann (krit. Grünwald GS Noll, 1984, 183, der hier nur bedeutungslose terminologische Differenzen sieht). Inzwischen hat sich eine kaum mehr übersehbare Vielfalt von durchweg systemabhängigen Deutungen entwickelt. Diese haben alle ihre Stärken und Schwächen; in gewissen Grenzfällen können sie Widersprüchen und

Ungereimtheiten nur mit fragwürdigen dogmatischen Konstruktionen begegnen. Im Wesentlichen lassen sich folgende – unter sich keineswegs homogene und überdies mit unterschiedlicher Terminologie arbeitende (vgl. etwa Roxin/Greco StrafR AT I Roxin/Greco StrafR AT I § 14 Rn. 54–60) – Meinungsgruppen unterscheiden:

cc) Die (problematische) Lehre von den **negativen Tatbestandsmerkmalen** 13 (→ Vor § 13 Rn. 17) hält den Erlaubnissachverhalt für einen (negativen) Teil der Tatbestandsvoraussetzungen und muss deshalb dem Irrtum über ihn vorsatzausschließende Wirkung beimessen (vgl. etwa Schroth, Vorsatz und Irrtum, 1998, S. 114; Schünemann/Greco GA 2006, 777 (791); ähnlich Kindhäuser/Hilgendorf in LPK-StGB Vor § 32 Rn. 39; Hoyer in SK-StGB Vor § 32 Rn. 47–51).

dd) Eine damit verwandte, vorzugswürdige Lehre hält zwar nicht den Tat- 14 bestandsvorsatz, aber doch das **Vorsatzunrecht** für ausgeschlossen, weil auch der auf der Rechtswidrigkeitsebene zu prüfende Erlaubnistatbestand eine subjektive Seite habe, deren Erfüllung es erst rechtfertige, das spezifische Unrecht eines Vorsatzdelikts zu bejahen (vorsatzunrechtsverneinende eingeschränkte Schuldtheorie). Die Begründungen im Einzelnen, die überwiegend eine analoge Anwendung des § 16 I befürworten (so auch BGH NStZ 2020, 725 mAnm Rückert; Bespr. Eisele JuS 2020, 985), sind allerdings im Ansatz uneinheitlich und müssen noch zu einem fest umrissenen Lösungsmodell fortentwickelt werden (vgl. etwa Frisch, Vorsatz und Risiko, 1983, S. 243; Frisch in Eser RuE III S. 217, 268; Schumann, Strafrechtliches Handlungsunrecht und das Prinzip der Selbstverantwortung der Anderen, 1986, S. 32; Herzberg FS Stree/Wessels, 1993, 203; Kuhlen, Die Unterscheidung von vorsatzausschließendem und nichtvorsatzausschließendem Irrtum, 1987, S. 331 mit Bespr. Schünemann/Greco GA 2006, 777 (790); Puppe FS Stree/Wessels, 1993, 183; Puppe StrafR AT § 1 Rn. 27, § 2 Rn. 11; Scheffler Jura 1993, 617; Dieckmann Jura 1994, 178; Graul JuS 1995, 1049; Kelker Jura 2006, 591 (595); Momsen/Peter JA 2006, 550 (554); BWME StrafR AT § 21 Rn. 31; Freund/Rostalski StrafR AT § 7 Rn. 106; Kühl StrafR AT § 13 Rn. 73; Kühl/Hinderer Jura 2012, 490; Roxin/Greco StrafR AT I § 14 Rn. 64–78; Eisele in Schönke/Schröder, Vor § 13 Rn. 19; sowie Sternberg-Lieben/Schuster in Schönke/Schröder, § 16 Rn. 18; → Vor § 32 Rn. 5).

ee) Die sog. **rechtsfolgenverweisende Schuldtheorie** sieht in dem Erlaubnis- 15 tatbestandsirrtum einen **Irrtum eigener Art,** der erst auf der Schuldebene relevant wird und einerseits zwar Quelle eines Verbotsirrtums ist (krit. Langer, Die Sonderstraftat, 2007, S. 121), andererseits aber die beschriebenen (→ Rn. 10) strukturellen Gemeinsamkeiten mit dem Tatbestandsirrtum aufweist. Aufgrund der nach beiden Richtungen bestehenden Übereinstimmungen und Unterschiede ist dieser Irrtum deshalb nach seinem Gewicht für die Unrechts- und Schuldbewertung zwischen den anderen Irrtümern einzuordnen. An sich werden deshalb weder die Rechtsfolgen des § 17 noch die des § 16 seinen Besonderheiten voll gerecht (Dreher FS Heinitz, 1972, 207; Krümpelmann ZStW-Beiheft 1978, 6 (47)), so dass die Problematik befriedigend nur durch Gesetzesänderung lösbar ist (Dreher FS Heinitz, 1972, 207). Da jedoch das geltende Recht nur zwei Maßstäbe der Reaktion auf irrtumsbedingtes Verhalten kennt, ist es berechtigt, den zwar andersartigen Irrtum, der immerhin aber mit dem Tatbestandsirrtum eng verwandt ist, dessen Rechtsfolgen zu unterwerfen und eine Bestrafung wegen vorsätzlicher Tat auszuschließen. Da der Täter keinen Handlungsunwert verwirklichen wollte, verdient er, sofern man nicht schon das Vorsatzunrecht für ausgeschlossen hält (→ Rn. 14), auch keinen der Vorsatzschuld gleichwertigen Vorwurf (Dreher FS Heinitz, 1972, 207; Gallas

FS Bockelmann, 1979, 155 (168); mit gleicher oder ähnlicher Begr. ebenso Engisch ZStW 70 (1958), 566 (583); Lesch JA 1996, 504 (507); Gropp/Sinn StrafR AT § 13 Rn. 112; Heinrich StrafR AT Rn. 1133; Jescheck/Weigend StrafR S. 464; Krey/Esser StrafR AT Rn. 745; Maurach/Zipf StrafR AT I § 37 Rn. 41–43; Rengier StrafR AT § 30 Rn. 20; Stratenwerth/Kuhlen StrafR AT § 9 Rn. 159–165; Wessels/Beulke/Satzger StrafR AT Rn. 478, 479; Fischer § 16 Rn. 22d; krit. Geppert Jura 2007, 33 (36); aM Paeffgen, Der Verrat in irriger Annahme eines illegalen Geheimnisses (§ 97b StGB) und die allgemeine Irrtumslehre, 1979, S. 93, Verrat; Krümpelmann ZStW-Beiheft 1978, 6 (47), die zwar von der Andersartigkeit des Irrtums ausgehen, aber daran festhalten, dass gemindertes vorsätzliches Unrecht und damit notwendig auch vorsätzliche Schuld vorliege, die andere Rechtsfolgen als die des § 16 erforderten; sa Paeffgen GS Kaufmann, 1989, 399; Erb FS Paeffgen, 2015, 214; weitere Variante bei Heuchemer, Der Erlaubnistatbestandsirrtum, 2005 mit krit. Bespr. Schneider GA 2006, 243; Schünemann/Greco GA 2006, 777 (780); krit. auch Roxin/Greco StrafR AT I § 14 Rn. 60, 78; als Anwendungsfall des § 17 betrachtet den Irrtum Erb FS Paeffgen, 2015, 205). Im Hells Angels-Fall hat der 2. Strafsenat die Vorsatzschuld verneint (BGH NStZ 2012, 272 (274, 275) mAnm Engländer; Hecker JuS 2012, 263; Jäger JA 2012, 227 (228); Voigt/Hoffmann-Holland NStZ 2012, 362; Paeffgen FS Frisch, 2013, 403 (420); Jäger ExRep StrafR AT Rn. 217, 218: Fall 35).

16 **c)** Ist der Erlaubnistatbestandsirrtum **vorwerfbar,** so tritt Bestrafung aus dem Fahrlässigkeitstatbestand ein, sofern ein solcher vorgesehen ist (BGHSt 45, 378 (383) = JuS 2000, 717; BGH NStZ 2014, 30 mit Bespr. Kudlich JA 2014, 153; OLG Hamburg NJW 1975, 603 mAnm Rudolphi JR 1975, 512; Walter Kern des Strafrechts S. 337; aM Paeffgen FS Frisch, 2013, 403 (420); und die Anhänger der strengen Schuldtheorie → Rn. 9). Das lässt sich mindestens darauf stützen, dass das Verhalten des Irrenden unabhängig von dem vorliegenden natürlichen Vorsatz sorgfaltswidrig ist (Gallas FS Bockelmann, 1979, 155 (171)). Für eine gesetzliche Regelung der sog. „Erlaubnisfahrlässigkeit" Hirsch FS Schroeder, 2006, 223 (239) mit dem Vorschlag eines § 16a.

17 **d)** Für Rechtfertigungsgründe, die eine **komplexe Güter- und Interessenabwägung** erfordern, namentlich für den übergesetzlichen Notstand früheren Rechts, hat die Rspr. die eingeschränkte Schuldtheorie nicht angewendet, weil sie insoweit als „subjektives Rechtfertigungselement" stets eine umfassende Prüfung der Sach- und Rechtslage durch den Täter verlangt und bei einer vorwerfbaren Verletzung dieser Pflicht die Rechtfertigung versagt hat (BGHSt 2, 111 (114) = NJW 1952, 312; BGHSt 3, 7 = NJW 1952, 893; krit. Welzel ZStW 67 (1955), 219; Lenckner, Der rechtfertigende Notstand, 1965, S. 198). Für den **rechtfertigenden Notstand** (§ 34) ist diese Rspr. überholt (Herdegen FS BGH, 1975, 195 (208); Rudolphi GS Schröder, 1978, 73; Küper, Der „verschuldete" rechtfertigende Notstand, 1983, S. 115; aM OLG Hamm VRS 50, 464; Maurach/Zipf StrafR AT I § 37 Rn. 53–56; für Irrtumsfälle auch Paeffgen FS Frisch, 2013, S. 154; Krümpelmann ZStW-Beiheft 1978, 6 (48); zw.). Sie wird durch § 34 nicht gestützt (Stree JuS 1973, 461 (464)). Auch besteht für sie kein zwingendes Bedürfnis: Zwar kann sich der Erlaubnistatbestandsirrtum – ebenso wie der Tatbestandsirrtum (→ § 16 Rn. 3) – nicht nur auf Tatsachen, sondern auch auf normative Begriffe, namentlich auf reine Rechtsbegriffe, beziehen (Herdegen FS BGH, 1975, 195 (201); str.), so dass über die Irrtumsqualität erst die Bedeutungskenntnis (→ § 15 Rn. 14–17) entscheidet; jedoch sind gerade bei den Rechtfertigungsgründen mit komplexer Gü-

ter- und Interessenabwägung sog. gesamttatbewertende Merkmale häufig, bei denen die rechtliche Bewertung den Regeln über den Verbotsirrtum folgt (→ § 15 Rn. 16; krit. Geerds Jura 1990, 421 (425)). Ferner ist das Unterbleiben der Prüfung idR ein Indiz dafür, dass der Täter im Hinblick auf das Fehlen rechtfertigender Umstände im Zweifel war (→ Rn. 18). Bei Rechtfertigungsgründen dagegen, die sich aus dem Gedanken **erlaubten Risikos** erklären lassen und deshalb die Herbeiführung auch objektiv unrichtiger Ergebnisse zulassen (zB mutmaßliche Einwilligung, → Vor § 32 Rn. 19; einschr. Kühl StrafR AT § 9 Rn. 47; und Wahrnehmung berechtigter Interessen, → § 193 Rn. 10), ist auch im Schrifttum eine Prüfungspflicht des Täters mit Recht überwiegend anerkannt (Lenckner FS Mayer, 1966, 165; Jescheck/Weigend StrafR S. 466; aM Rudolphi GS Schröder, 1978, 73; Puppe FS Stree/Wessels, 1993, 183 (194); Walter Kern des Strafrechts S. 101; Roxin/Greco StrafR AT I § 14 Rn. 83–87; Sternberg-Lieben/Schuster in Schönke/Schröder, § 16 Rn. 20, 21).

e) Ein Irrtum über rechtfertigende Umstände liegt nach herrschender, aber noch wenig geklärter Meinung nicht vor, wenn der Täter solche Umstände **nur für möglich hält,** ihr Fehlen aber nach den für den bedingten Vorsatz geltenden Regeln (→ § 15 Rn. 24, 25) in seinem Willen aufnimmt (BGH bei Holtz MDR 1978, 108; diff. Schroth FS Kaufmann, 1983, 595 (608); Schroth, Vorsatz und Irrtum, 1998, S. 124; Roxin/Greco StrafR AT I § 14 Rn. 90–92; anders Frisch in Eser RuE III S. 415; Herzberg JA 1989, 243 (247); eing. Schüler, Der Zweifel über das Vorliegen einer Rechtfertigungslage, 2004). Zu der noch ungeklärten Frage, ob und unter welchen Voraussetzungen in diesen Fällen die Schuld gemindert oder ausgeschlossen sein kann, Warda FS Lange, 1976, 119. **18**

f) Von dem Erlaubnistatbestandsirrtum ist zu unterscheiden: **19**

aa) der bloße **Erlaubnisirrtum,** dh der Irrtum über das Bestehen eines rechtlich nicht anerkannten (Bestandsirrtum) oder die Grenzen eines rechtlich anerkannten (Grenzirrtum) Rechtfertigungsgrundes; er ist Verbotsirrtum (zB BGHSt 22, 223 = NJW 1968, 2345; BGHSt 45, 219 (224) = NJW 2000, 885 mit Bespr. Hoyer JR 2000, 473 (475); BGH NStZ 2003, 596; beachte auch Küper JZ 1989, 617 (622); Rath Jura 1998, 539 (540); Kelker Jura 2006, 591 (596));

bb) der Irrtum über Umstände, die einen **Entschuldigungsgrund** ergeben würden (dazu § 35 II). **20**

g) Kommt es zu einem **doppelten Irrtum** dergestalt, dass ein Erlaubnisirrtum mit einem Erlaubnistatbestandsirrtum zusammentrifft, liegt iErg nur ein Erlaubnisirrtum nach § 17 vor, da das Verhalten des Täters selbst beim Vorliegen der irrig angenommenen Umstände nicht von einem Rechtfertigungsgrund gedeckt wäre (Plaschke Jura 2001, 235; Kelker Jura 2006, 591 (597); Knobloch JuS 2010, 864 (868); Heinrich StrafR AT Rn. 1148; Kühl StrafR AT § 13 Rn. 81; Wessels/Beulke/Satzger StrafR AT Rn. 485; sa Mitsch ZStW 124 (2012), 323 (340); Kuhlen FS Paeffgen, 2015, 247). **20a**

6. Dem Verbotsirrtum (→ Rn. 6) und dem Erlaubnistatbestandsirrtum (→ Rn. 9–18) entspricht jeweils ein **umgekehrter Irrtum** (Hotz JuS 2016, 221). Wer sein Handeln irrig für verboten hält (zB das Verbot homosexueller Betätigung annimmt), begeht ein strafloses **Wahndelikt** (zu dessen Verhältnis zum untauglichen Versuch → § 22 Rn. 15). Die Umkehrung des Erlaubnistatbestandsirrtums besteht darin, dass jemand unter den objektiven Voraussetzungen eines Rechtfertigungsgrundes handelt, ohne sie zu kennen (→ § 22 Rn. 16). **21**

22 **7.** Im **Tatbestandsaufbau** wird die Frage nach dem Verbotsirrtum erst relevant, wenn zuvor Tatbestandsmäßigkeit und Rechtswidrigkeit der Tat bejaht sind, die Zurechnung also nur noch durch das Fehlen des Unrechtsbewusstseins in Frage gestellt werden kann. Deshalb ist die **Unterscheidung** des Verbotsirrtums vom Tatbestandsirrtum (§ 16) und vom Erlaubnistatbestandsirrtum (→ Rn. 9–16) erforderlich. Sie ist bisweilen **schwierig** (speziell im Wirtschaftsstrafrecht Schuster, Das Verhältnis von Strafnormen und Bezugsnormen aus anderen Rechtsgebieten, 2012, S. 88, 115; Bülte NStZ 2013, 65: oft gar kein Verbotsirrtum, sondern ein Tatbestandsirrtum). Häufig hängt das mit der besonderen Struktur des einzelnen Tatbestandes (vgl. etwa BGH NJW 1996, 1604; Meyer JuS 1983, 513 (514)), mit der problematischen Abgrenzung des Tatbestandsirrtums vom Subsumtionsirrtum (→ § 15 Rn. 15) oder mit den Meinungsverschiedenheiten über gesamttatbewertende Tatbestandsmerkmale und deren Umsetzung im konkreten Fall zusammen (→ § 15 Rn. 16). Auf dem Gebiet des Nebenstrafrechts ist namentlich bei **Blanketttatbeständen** noch vieles umstritten (vgl. zB Warda, Die Abgrenzung von Tatbestands- und Verbotsirrtum bei Blankettstrafgesetzen, 1955; Tiedemann ZStW 81 (1969), 869; Tiedemann FS Schaffstein, 1975, 195 (209); Schaffstein FS Geerds, 1995, 95; Weber ZStW 96 (1984), 376 (392); Puppe GA 1990, 145 (162); Puppe in NK-StGB § 16 Rn. 18–28; Kindhäuser GA 1990, 406; krit. zu Puppe und Kindhäuser: Schroth, Vorsatz und Irrtum, 1998, S. 32, 39; Bachmann, Vorsatz und Rechtsirrtum im allgemeinen Strafrecht und im Steuerstrafrecht, 1993; Walter Kern des Strafrechts S. 358; Fakhouri Gómez GA 2010, 259; Schuster, Das Verhältnis der Strafnormen und Bezugsnormen aus anderen Rechtsgebieten, 2012 mit Bespr. Tiedemann JZ 2013, 733; Stein in SK-StGB § 16 Rn. 18, 19; sa BGH NJW 1994, 61 mAnm Puppe NStZ 1993, 595). Bei ihnen dürfte die Auslegung des einzelnen Tatbestandes entscheiden, und zwar unter dem Gesichtspunkt, ob die bloße Kenntnis der in der ausfüllenden Verbotsnorm vorausgesetzten tatsächlichen Umstände ausreicht, um eine zutreffende Parallelwertung (→ § 15 Rn. 14) zu ermöglichen, oder ob dazu auch die Kenntnis des Verbots selbst erforderlich ist (ähnlich Roxin/Greco StrafR AT I § 12 Rn. 107–111; Roxin FS Tiedemann, 2008, 381; Tiedemann WirtschaftsStrafR Rn. 225; anders Herzberg GA 1993, 439; JZ 1993, 1017, der sich allein an der oft zufälligen Gesetzestechnik und dem darauf fußenden Gesetzeswortlaut orientiert; dazu Herzberg FS Otto, 2007, 265 (281); enger Böse FS Puppe, 2011, 1353 (1356); zum Streitstand Sternberg-Lieben/Sternberg-Lieben JuS 2012, 884 (885)). Deshalb gehört zB bei der Steuerhinterziehung (§ 370 AO) und der Unterhaltspflichtverletzung (§ 170) die Kenntnis des Steuer- bzw. Unterhaltsanspruchs zum Vorsatz (zu § 170 → § 170 Rn. 11; näher zum Streitstand im Steuerstrafrecht BGH GA 1978, 278 = BeckRS 1978, 108260; NStZ 1991, 89; wistra 1995, 191; BayObLG NJW 1976, 635; MDR 1992, 1077; OLG Bremen StV 1985, 282; OLG Köln StraFo 2004, 282 mit krit. Bespr. Kudlich JuS 2004, 1015; BFH NJW 2008, 2944; Volk DStZ 1983, 223; Samson in Kohlmann, Strafverfolgung und Strafverteidigung im Steuerstrafrecht, 1983, S. 99; Lüderssen wistra 1983, 223; Maiwald, Unrechtskenntnis und Vorsatz im Steuerstrafrecht, 1984; Schlüchter wistra 1985, 43; Meyer NStZ 1986, 443; NStZ 1987, 500; Thomas NStZ 1987, 260; Frisch in Eser RuE III S. 217, 286; Tiedemann ZStW 107 (1995), 639; Schroth, Vorsatz und Irrtum, 1998, S. 52; Ransiek wistra 2012, 365; Kuhlen FS Kargl, 2015, 297; Kuhlen DStJG 15 (1993), 118).

§ 18 Schwerere Strafe bei besonderen Tatfolgen

Knüpft das Gesetz an eine besondere Folge der Tat eine schwerere Strafe, so trifft sie den Täter oder den Teilnehmer nur, wenn ihm hinsichtlich dieser Folge wenigstens Fahrlässigkeit zur Last fällt.

1. a) Das **erfolgsqualifizierte Delikt** ist die Verwirklichung eines vorsätzlichen oder fahrlässigen, durch den Eintritt einer besonderen Folge qualifizierten Grundtatbestandes. Es beruht auf der Erwägung, dass die Begehung eines Grunddelikts erhöhte Strafe verdienen kann, wenn sie eine nach der Lebenserfahrung typische, für den Täter voraussehbare besondere Schadensfolge verursacht. Seine Rechtfertigung ist unter verfassungsrechtlichen, dogmatischen und kriminalpolitischen Gesichtspunkten umstritten und auch im Hinblick auf die Frage nicht abschließend geklärt, ob und wieweit verfassungskonforme Auslegung bei einzelnen Tatbeständen Restriktionen erfordert (vgl. etwa Hirsch GA 1972, 65; Wolter JuS 1981, 168; Küpper, Der „unmittelbare" Zusammenhang zwischen Grunddelikt und schwerer Folge beim erfolgsqualifizierten Delikt, 1982, S. 24; Küpper ZStW 111 (1999), 785; Küper GA 1984, 187; Rengier, Erfolgsqualifizierte Delikte und verwandte Erscheinungsformen, 1986; Paeffgen JZ 1989, 220; Paeffgen in NK-StGB Rn. 43–54; Dornseifer GS Kaufmann, 1989, 427; Ferschl, Das Problem des unmittelbaren Zusammenhangs beim erfolgsqualifizierten Delikt, 1999; Puppe, Die Erfolgszurechnung im Strafrecht, 2000, S. 200; Hardtung Teilvorsatzdelikte S. 43, 188 mit Bespr. Otto GA 2004, 50; völlig abl. Lorenzen, Zur Rechtsnatur und verfassungsrechtlichen Problematik der erfolgsqualifizierten Delikte, 1981). – Zur **Entwicklungsgeschichte** Puppe, Die Erfolgszurechnung im Strafrecht, 2000, S. 195; Rengier, Erfolgsqualifizierte Delikte und verwandte Erscheinungsformen, 1986, S. 11. – **Rechtsvergleichend** Ambos GA 2002, 455. – Zur **Fallbearbeitung** Kudlich JA 2009, 246. 1

b) Soweit die einschlägigen Tatbestände für die Verknüpfung der Tathandlung mit dieser Folge **nur Ursächlichkeit** voraussetzen, werden sie allgemein durch § 18 um das Schulderfordernis erweitert. In diesem Sinne ist die Vorschrift im Bereich des StGB bedeutsam für die §§ 221 II Nr. 2, III, 226, 227, 235 V, 238 III, 239 III Nr. 2, IV, 306b I, 308 II, 309 III, 312 III, IV, 315 III Nr. 2, 315b III, 318 III, IV, 330 II Nr. 2, 330a II. Nicht hierher gehören die Tatbestände, bei denen, wie etwa in § 231 I (BGH NJW 1954, 765) oder § 323a (BGHSt 6, 89 = NJW 1954, 1048), ein besonderer Erfolg die Strafbarkeit erst begründet (str.). 2

2. Problematik und praktische Bedeutung der erfolgsqualifizierten Delikte konzentrieren sich auf die Kombination eines vorsätzlichen Grunddelikts mit einer fahrlässig bewirkten Folge (Vorsatz-Fahrlässigkeitskombination, → § 11 Rn. 23–25; echtes erfolgsqualifiziertes Delikt). Zwar wird auch das Zusammentreffen mit einer vorsätzlichen Folge erfasst (hM; anders Rengier, Erfolgsqualifizierte Delikte und verwandte Erscheinungsformen, 1986, S. 98), jedoch ist dann idR ein schwererer Tatbestand erfüllt, wie etwa Mord oder Totschlag, wenn es sich um die Todesfolge handelt; es gibt aber Ausnahmen, bei denen ein schwererer Vorsatztatbestand fehlt, zB bei § 239 III Nr. 1, wenn eine Freiheitsberaubung über eine Woche gedauert hat (zur umstrittenen Einordnung dieser Vorschrift → § 239 Rn. 9). Das Gesetz enthält außerdem eine (seit dem 6. StrRG → Vor § 38 Rn. 16–22, größer gewordene) Anzahl von Tatbeständen, die als Erfolgsqualifizierung eine wenigstens leichtfertig verursachte Folge voraussetzen (zB in §§ 176b, 178, 239a III, 239b II, 251, 306c, 307 3

III, 308 III, 309 IV, 316a III und § 316c III; durch Verweise auch in §§ 179 VI, 252, 255 und § 313 II, 314 II; zu deren rechtspolitischer und verfassungsrechtlicher Problematik Radtke FS Jung, 2007, 737); für sie gelten, da Leichtfertigkeit nur eine erschwerte Form der Fahrlässigkeit ist (→ § 15 Rn. 55; speziell zur leichtfertigen Herbeiführung qualifizierter Tatfolgen Tenckhoff ZStW 88 (1976), 897; Hardtung Teilvorsatzdelikte S. 169), die folgenden Regeln sinngemäß. Zu neuen Erscheinungsformen des erfolgsqualifizierten Delikts wie das „begleithandlungserfolgsqualifizierte Delikt" (zB § 239 III Nr. 2, IV) und das „erfolgsqualifizierte Gefährdungsdelikt" (zB § 221 II Nr. 2, III) vgl. Schroeder FS Lüderssen, 2002, 599 (602).

4 **3.** Die Vorsatz-Fahrlässigkeits-Kombination beim erfolgsqualifizierten Delikt bildet eine **Sinneinheit,** die das Grunddelikt als den eigentlichen Kern und die besondere Folge als nur zusätzliche Kennzeichnung des Unrechts zusammenschließt (hM). Die Präponderanz des Kerndelikts rechtfertigt es einerseits, an ihm die Möglichkeit von Täterschaft und Teilnahme am erfolgsqualifizierten Delikt im ganzen zu messen, hindert andererseits aber nicht, die besondere Folge für jeden Beteiligten selbständig nach den Regeln der fahrlässigen Nebentäterschaft zu beurteilen (vgl. etwa Hirsch GA 1972, 65 (75); Kaufmann, Das Schuldprinzip, 1961, S. 240; Sternberg-Lieben/Schuster in Schönke/Schröder, Rn. 7; krit. Renzikowski, Restriktiver Täterbegriff und fahrlässige Beteiligung, 1997, S. 295; sa Lorenzen, Zur Rechtsnatur und verfassungsrechtlichen Problematik der erfolgsqualifizierten Delikte S. 62; str. Daraus folgt:

5 **a) Täterschaft und Teilnahme** sind nach der Beteiligungsform am Grunddelikt zu bestimmen (hM; vgl. etwa Sowada FS Schroeder, 2006, 621 (628); Kühl StrafR AT § 20 Rn. 274–276; anders Gössel FS Lange, 1976, 219).

6 **b)** Ob der Täter oder Teilnehmer wegen des Grunddelikts oder des erfolgsqualifizierten Delikts zu bestrafen ist, hängt nicht von den Beiträgen der anderen Beteiligten, sondern allein von seiner Beziehung zu der besonderen Folge ab (BGHSt 19, 339 = NJW 1964, 1809 mAnm Cramer JZ 1965, 31; BGH NJW 1987, 77; NStZ 1998, 511 (512); 2008, 280; Roxin StrafR AT II § 26 Rn. 167; zusf. Sowada Jura 1995, 644 (646); Kudlich JA 2000, 511 (514, 516); dabei ist die Beurteilung von Exzessen (→ § 25 Rn. 17; → § 227 Rn. 3) noch nicht abschließend geklärt (dazu Sowada FS Schroeder, 2006, 621; sa BGH NStZ 1998, 511 (513); NStZ-RR 2000, 366; NStZ 2004, 684; dazu krit. Rengier FS Geppert, 2011, 479 (493); Stuckenberg FS Jakobs, 2007, 693 (707); BGH NStZ 2005, 93 mAnm Heinrich und Bespr. Kudlich JuS 2005, 568; BGHSt 48, 34 (39) = JuS 2003, 503; BGH NStZ 2008, 280 (281) mit Bespr. Murmann ZJS 2008, 456; Walter NStZ 2008, 548; Grabow/Pohl Jura 2009, 656 (660); BGH NStZ-RR 2020, 143; NStZ 2021, 735 mAnm. Schrott; Bespr. Kudlich JA 2021, 871; Kühl StrafR AT § 20 Rn. 117). Zur mittäterschaftlichen Zurechnung der Kindstötung als Körperverletzng mit Todesfolge durch Unterlassen an den untätig gebliebenen Elternteil BGH NStZ 2018, 462 mAnm. Drees; Kudlich JA 2018, 472; allg. zum erfolgsqualifizierten Delikt durch Unterlassen Eisele FS Rengier, 2018, 3; zur mittäterschaftlichen Schleusung mit Todesfolge gem. § 97 I AufenthG für den an der tödlichen Überfahrt nicht beteiligten Schleuser s. BGH NStZ 2019, 287. Zum Ausschluss der sukzessiven Mittäterschaft → § 25 Rn. 12; zur Möglichkeit eines Mittäterexzesses BGH NStZ 2013, 280 mit Bespr. Jäger JA 2013, 313; Isfen Jura 2014, 1087; Eisele StrafR BT I Rn. 385; Rengier StrafR BT II § 16 Rn. 36.

c) Genügt für die besondere Folge Fahrlässigkeit, so soll es nach der Rspr. regelmäßig nur auf die objektive und subjektive Voraussehbarkeit dieser Folge ankommen (→ § 15 Rn. 46, 49; → § 227 Rn. 3), weil die Sorgfaltspflichtverletzung (→ § 15 Rn. 37, 38) schon wegen der Begehung des Grunddelikts zu bejahen sei (BGHSt 24, 213 = NJW 1972, 217; BGHSt 48, 34 (39) = JuS 2003, 503; BGHSt 51, 18 (21) = JuS 2006, 758; BGH NStZ 1982, 27; NStZ 1997, 82; NStZ 2001, 478; NStZ 2004, 162; NJW 2012, 2453 (2454); StV 2021, 353; Frister StrafR AT § 28 Rn. 3, 4; krit. zur Rspr. Duttge NStZ 2006, 266 (273); einschr. Kühl StrafR AT § 17a Rn. 30; aM Wolter GA 1984, 443 (445); Küper FS Kühl, 2014, 315; weiter einschr. Paeffgen in NK-StGB Rn. 43–54, der für die Todesfolge sog. Leichtfertigkeitszusammenhang fordert; dagegen de lege lata Engländer GA 2008, 669 (684)). 7

4. Ob und wieweit bei den erfolgsqualifizierten Delikten und den übrigen Vorsatz-Fahrlässigkeits-Kombinationen (→ § 11 Rn. 23–25) die schwere Folge durch die Tathandlung **unmittelbar** verursacht sein muss, ist umstritten (zusf. Sowada Jura 1994, 643). Allerdings ist schon die Fragestellung problematisch, weil es nicht eigentlich um Unmittelbarkeit geht, sondern um die komplexere Frage, ob und nach welchen dogmatischen Regeln angesichts der durchweg sehr hohen Strafdrohungen die objektive Zurechnung der besonderen Folge zu begrenzen ist (näher dazu mit jeweils eigenen Lösungsvorschlägen Geilen FS Welzel, 1974, 655; Wolter GA 1984, 443; Küpper, Der „unmittelbare" Zusammenhang zwischen Grunddelikt und schwerer Folge beim erfolgsqualifizierten Delikt, 1982, S. 80; Maiwald JuS 1984, 439; Rengier, Erfolgsqualifizierte Delikte und verwandte Erscheinungsformen, 1986, S. 144; Rengier Jura 1986, 143; Altenhain GA 1996, 19; Puppe, Die Erfolgszurechnung im Strafrecht, 2000, S. 200, 275). Die Rspr. stellt dagegen mehr auf die Unmittelbarkeit ab (eingehende Rechtsprechungsanalyse bei Kühl FG BGH, 2000, 237) und fordert sie nach zT widersprüchlichen Entscheidungen jetzt für die Körperverletzung mit Todesfolge (→ § 227 Rn. 2) und mit gewissen Einschränkungen auch für die konkrete Gefahr bei den Gefährdungsdelikten (→ § 315c Rn. 27). Bei der Freiheitsberaubung (→ § 239 Rn. 9), der Geiselnahme (→ § 239a Rn. 9) und dem Raub mit Todesfolge (→ § 251 Rn. 1) bezieht sie dagegen auch einzelne Fallgruppen ein, in denen der Tod durch eigenes Verhalten des Opfers (zB Selbstmord des der Freiheit Beraubten) oder durch Eingreifen Dritter (zB Gegenmaßnahmen der Polizei) – also im Verhältnis zur Tathandlung mittelbar – verursacht wird (näher zur Rspr. Kühl FG BGH, 2000, 237 (260, 265); zum **Unmittelbarkeitszusammenhang** Kühl StrafR AT § 17a Rn. 24–28; aus der Rspr. zu § 227 BGHSt 48, 34 (39) = NJW 2003, 150 mzustAnm Kühl JZ 2003, 237; BGH NStZ 2008, 278 mit Bespr. Bosch JA 2008, 547; Steinberg JZ 2009, 1053). Im Ganzen ist die Frage noch nicht abschließend geklärt. Anerkannt ist lediglich, dass sich in der besonderen Folge eine im Grunddelikt typischerweise angelegte Gefahr realisiert haben muss (hM; vgl. etwa Puppe, Die Erfolgszurechnung im Strafrecht, 2000, S. 276; Stiebig FG Paulus, 2009, 151 (171); zum **Gefahrverwirklichungszusammenhang** vgl. BGH NStZ 1992, 33; Kühl StrafR AT § 17a Rn. 14–23a; aus der Rspr. BGHSt 56, 277 (287) = NJW 2011, 2895 mAnm Beckemper ZJS 2012, 132 (135)). Darüber hinaus dürfte eine einheitliche Lösung kaum möglich sein, das Ergebnis vielmehr von der Auslegung der einzelnen Erfolgsqualifizierungen abhängen (BGHSt 33, 322 = NJW 1986, 438; BGHSt 38, 295 = NJW 1992, 2103; Küpper, Der „unmittelbare" Zusammenhang zwischen Grunddelikt und schwerer Folge beim erfolgsqualifizierten Delikt, 1982; Wolter 8

JR 1986, 465; Puppe StrafR AT § 1 Rn. 9, 14; Hardtung Teilvorsatzdelikte S. 43, 188; Sternberg-Lieben/Schuster in Schönke/Schröder, Rn. 4; einschr. Rengier Jura 1986, 143; Altenhain GA 1996, 19; Engländer GA 2008, 669 (670)). Führt das Opfer einer Nachstellung den tödlichen Erfolg iSd § 238 III durch selbstschädigendes Verhalten (Suizid) herbei, ist der tatbestandsspezifische Zusammenhang zwischen Grunddelikt und tödlichem Erfolg bereits dann zu bejahen, wenn das Verhalten des Opfers motivational auf die Verwirklichung des Grundtatbestandes zurückzuführen ist und diese Motivation für sein selbstschädigendes Verhalten handlungsleitend war (BGHSt 62, 49 = NJW 2017, 2211 mAnm Ast; Bespr. Kudlich JA 2021, 712; Jahn JuS 2017, 1032).

9 **5. a)** Tritt die fahrlässig verursachte besondere Folge schon mit dem **Versuch** des Grunddelikts ein (sog. erfolgsqualifizierter Versuch; BGHSt 48, 34 = JuS 2003, 503 mit Bespr. Hardtung NStZ 2003, 261; Heger JA 2003, 455; Kühl JZ 2003, 637; Laue JuS 2003, 743; Puppe JR 2003, 123; Sowada Jura 2003, 549; Altvater NStZ 2004, 23 (27); Kühl FS Gössel, 2002, 191 (199); Engländer GA 2008, 669 (671); Putzke JuS 2009, 1086), so ist wegen Versuchs des erfolgsqualifizierten Delikts zu strafen, wenn die besondere Folge – wie zB in § 251 (BGH NJW 2001, 2187; NStZ 2001, 534) oder in § 239 III 2, IV (→ § 239 Rn. 9) – eine typische Auswirkung schon der Tathandlung ist (zum Rücktritt in diesen Fällen → § 24 Rn. 22). Ist sie dagegen nach der tatbestandlichen Struktur erst eine typische Auswirkung des zum Grunddelikt gehörenden Erfolges, so muss man annehmen, dass auch das Gesetz die besondere Folge nicht lediglich an die Handlung, sondern erst an den aus ihr erwachsenden Erfolg anknüpfen wollte (Kühl FS Gössel, 2002, 191; Hillenkamp in LK-StGB Vor § 22 Rn. 110; gegen diese Differenzierung Engländer GA 2008, 669 (685); Heinrich StrafR AT Rn. 697). Daher scheidet in solchen Fällen die Annahme eines Versuchs aus; nach der Rspr. soll jedoch Versuch nach § 227 (→ § 227 Rn. 3) und nach § 306b (→ § 306b Rn. 2) in Frage kommen, wenn die besondere Folge unmittelbar durch die Tathandlung bewirkt wurde (BGH NStZ-RR 2019, 378; → Rn. 8). Abweichend verlangt Hardtung Teilvorsatzdelikte S. 15, 242, 263, 281 bei dem von ihm sog. „folgenschweren Versuch des Grunddelikts" unter Berufung auf § 22 Vorsatz auch hinsichtlich der schweren Folge (zust. Herzberg JZ 2007, 615 (623); Herzberg FS Amelung, 2009, 159; Herzberg in MüKo-StGB, Nebenstrafrecht I, 2. Aufl. 2013, § 23 Rn. 18; krit. Kühl FS Gössel, 2002, 201; Küper FS Herzberg, 2008, 323; Roxin StrafR AT II § 29 Rn. 338); bei ihrer fahrlässigen Verursachung soll aber der Versuch des Grunddelikts aus dem Strafrahmen der Erfolgsqualifikation bestraft werden (zu diesem „Versuchs- oder Vorstellungseinwand" Kühl StrafR AT § 17a Rn. 42–44; Vogel/Bülte in LK-StGB Rn. 77, 79; Engländer GA 2008, 669 (671); zum durch § 11 II widerlegten „Fahrlässigkeitseinwand" von Gössel/Zipf in Maurach/Gössel/Zipf StrafR AT II, 7. Aufl. 1989, § 43 Rn. 71; Kühl StrafR AT § 17a Rn. 41; Engländer GA 2008, 669 (685).

10 **b)** Kann die besondere Folge nach dem Deliktstypus **auch vorsätzlich** herbeigeführt werden, so ist Versuch möglich, wenn der Entschluss die besondere Folge zwar umfasst, die Handlung sie aber nicht herbeiführt (sog. versuchte Erfolgsqualifizierung, BGHSt 21, 194 = NJW 1967, 737; BGH GA 1958, 304; NJW 2001, 2187; NStZ 2001, 534; Putzke JuS 2009, 1085); das trifft zB für § 239 II aF, jetzt § 239 III Nr. 1 (BGHSt 10, 306 = NJW 1957, 1325; inzwischen str., → § 239 Rn. 9) und für § 224 aF (jetzt § 226 I) bei bedingtem Vorsatz zu (BGHSt 21, 194 = NJW 1967, 737 mablAnm Schröder JZ 1967, 368; → § 226 Rn. 1). Dasselbe gilt für Erfolgsqualifizierungen, die verlangen, dass die schwere Folge „wenigstens

leichtfertig" herbeigeführt sein muss (→ Rn. 3); das trifft zB für § 251 zu (→ § 251 Rn. 2, 3). Ob dabei das Grunddelikt schon vollendet wurde, ist unerheblich (BGH NJW 2022, 254; Kühl Jura 2003, 19 (20); Roxin StrafR AT II § 29 Rn. 320; aM Maurach/Schroeder/Maiwald/Hoyer/Momsen StrafR BT § 9 Rn. 26 für § 226); ebenso, ob bei versuchtem Grunddelikt dieser Versuch schon strafbar ist (Kühl StrafR AT § 17a Rn. 37; Hillenkamp in LK-StGB Vor § 22 Rn. 115; aM Wessels/Beulke/Satzger StrafR AT Rn. 617).

c) Die **Strafbarkeit des Versuchs** (§ 23 I) bestimmt sich nach dem erfolgsqualifizierten Delikt; anders als bei der versuchten Erfolgsqualifizierung (Kühl Jura 2003, 19 (20); Kühl StrafR AT § 17a Rn. 37; Hillenkamp in LK-StGB Vor § 22 Rn. 115; Stein in SK-StGB Rn. 34; aM Krey/Esser StrafR AT Rn. 1373; Fischer Rn. 8) fordert die hM aber, dass beim erfolgsqualifizierten Versuch (→ Rn. 9) der Versuch des Grunddelikts strafbar sein muss (Kühl Jura 2003, 19 (21); Kühl StrafR AT § 17a Rn. 45–47; Rengier, Erfolgsqualifizierte Delikte und verwandte Erscheinungsformen, 1986, S. 245; Hardtung Teilvorsatzdelikte S. 265, 281; Ebert StrafR AT S. 128; Gropp/Sinn StrafR AT § 9 Rn. 49c; Heinrich StrafR AT Rn. 699; Krey/Esser StrafR AT Rn. 1375; Roxin StrafR AT II § 29 Rn. 323; Hillenkamp in LK-StGB Vor § 22 Rn. 109; Paeffgen in NK-StGB Rn. 112; Sternberg-Lieben/Schuster in Schönke/Schröder, Rn. 9; aM Laubenthal JZ 1987, 1067; Rath JuS 1999, 140 (142); Heger ZStW 119 (2007), 593 (619); BWME StrafR AT § 26 Rn. 11; Otto StrafR AT § 18 Rn. 89; Stein in SK-StGB Rn. 38; zw.); die Problematik ist durch die Einführung der Versuchsstrafbarkeit, etwa in §§ 223 II, 239 II, auf wenige Fälle, zB §§ 221 II Nr. 2, III, 235 V, reduziert worden (→ § 221 Rn. 7; → § 235 Rn. 8). Die Strafbarkeit des Grunddeliktsversuchs ist nicht erforderlich, wenn der Täter mit diesem Versuch die besondere Folge vorsätzlich herbeiführt (Hillenkamp in LK-StGB Vor § 22 Rn. 114; aM Paeffgen in NK-StGB Rn. 113). 11

d) Zum Versuch des erfolgsqualifizierten Delikts **im Ganzen** Ulsenheimer GA 1966, 257; Kühl Jura 2003, 19; Küpper, Der „unmittelbare" Zusammenhang zwischen Grunddelikt und schwerer Folge beim erfolgsqualifizierten Delikt, 1982, S. 113; Rengier, Erfolgsqualifizierte Delikte und verwandte Erscheinungsformen, 1986, S. 234; Laubenthal JZ 1987, 1065 (1067); Rath JuS 1999, 140 (141); Sowada Jura 1995, 644 (649); Bacher, Versuch und Rücktritt vom Versuch beim erfolgsqualifizierten Delikt, 1999; Hardtung Teilvorsatzdelikte S. 15, 31, 263, 281; Paeffgen in NK-StGB Rn. 109–127 (zum Rücktritt → § 24 Rn. 22). 12

6. Zum **Verhältnis** zwischen den erfolgsqualifizierten Delikten und den Tatbeständen, welche die Herbeiführung der besonderen Folge schon für sich mit Strafe bedrohen (zB §§ 211, 212, 222), BGHSt 8, 54 = NJW 1955, 1765; BGHSt 9, 135 = NJW 1956, 1038; BGHSt 19, 101 (106) = NJW 1963, 2236; BGHSt 20, 269 = NJW 1965, 2262; BGHSt 28, 18 = NJW 1978, 1490; BGH NJW 1965, 2116; Schröder NJW 1956, 1737; Hruschka GA 1967, 42. Bei Erfolgsqualifikationen mit mehrfachem Erfolg (zB mehrerer Opfer bei § 251) liegt (gleichartige) Tateinheit vor (Schroeder FS Lüderssen, 2002, 599 (603)). Zum Verjährungsbeginn → § 78a Rn. 4. 13

§ 19 Schuldunfähigkeit des Kindes

Schuldunfähig ist, wer bei Begehung der Tat noch nicht vierzehn Jahre alt ist.

1 **1.** Dogmatisch enthält die Vorschrift eine **unwiderlegliche Vermutung** der Schuldunfähigkeit von Kindern (hM; vgl. Mitsch Jura 2017, 795; Streng in MüKo-StGB Rn. 5). Sie begründet deren absolute Strafunmündigkeit. Dabei kommt es auf die Zeit der Tat (§ 8), nicht des Verfahrens an. Da die Tat des Kindes rechtswidrig bleibt, ist daran Teilnahme – zB Anstiftung durch den Vater – möglich (Ceffinato/Kalb JA 2014, 887), der Vater kann aber auch mittelbarer Täter sein (→ § 29 Rn. 1). Gegen eine Herabsenkung der Schuldunfähigkeit Wolfslast FS Bemmann, 1997, 274; Kreuzer NJW 2002, 2345 (2348); für eine modifizierte Absenkung bei schwersten Gewalttaten Hefendehl JZ 2000, 600 (604). Zur strafrechtlichen Altersgrenze als Forschungsproblem Hommers/Lewand MschrKrim 2001, 425.

2 **2. Verfahrensrechtlich** ist die absolute Strafunmündigkeit Prozesshindernis (hM; vgl. Eisenberg/Koelbel JGG § 1 Rn. 46). Sie führt daher nicht zum Freispruch, sondern wegen des Vorrangs der prozessualen Wirkung zur Einstellung des Verfahrens (§§ 260 III, 206a StPO; ebenso Streng in MüKoStGB Rn. 11).

§ 20 Schuldunfähigkeit wegen seelischer Störungen

Ohne Schuld handelt, wer bei Begehung der Tat wegen einer krankhaften seelischen Störung, wegen einer tiefgreifenden Bewußtseinsstörung oder wegen einer Intelligenzminderung oder einer schweren anderen seelischen Störung unfähig ist, das Unrecht der Tat einzusehen oder nach dieser Einsicht zu handeln.

Fassung: Durch das 60. StÄG (→ Vor § 1 Rn. 19) sind zum 1.1.2021 die Begriffe „Schwachsinn" und „Abartigkeit" durch „Intelligenzminderung" und „Störung" ersetzt worden.

1 **1.** Für die Bestimmung der **Schuldfähigkeit** des (erwachsenen) Menschen legte das Gesetz bis 2020 eine **gemischte, ungenau als biologisch-psychologisch bezeichnete, Methode** zugrunde, nach der Ausschluss (§ 20) und Minderung (§ 21) der Schuldfähigkeit bestimmte biologische Zustände voraussetzen, die sich in bestimmter Weise auf die Psyche des Täters auswirken (vgl. etwa Krümpelmann ZStW 88 (1976), 6; Leferenz ZStW 88 (1976), 40; Meyer ZStW 88 (1976), 46; Venzlaff ZStW 88 (1976), 57; Gschwind ZStW 88 (1976), 66; Wolfslast JA 1981, 464; Blau/Franke Jura 1982, 393; Rasch/Volbert MschrKrim 1985, 137; Roxin FS Spann, 1986, 457; Rosenau in Venzlaff/Foerster/Dreßing/Habermeyer, Psychiatrische Begutachtung, 7. Aufl. 2020, S. 83; Blau MschrKrim 1989, 71; Bung FS Kargl, 2015, 65 (71); krit. Frister, Die Struktur des „voluntativen Schuldelements", 1993, S. 175, der die biologischen Eingangsmerkmale für funktionslos hält, und Frister StrafR AT § 18 Rn. 9, 12, wo er die Schuldfähigkeit als „Fähigkeit zu einem verständigen Entscheidungsprozess" bestimmt; krit. zu dem Begriffspaar „biologisch-psychologisch" Rasch StV 1984, 264 (265); Schild in NK-StGB Rn. 33; Fischer Rn. 5; Streng in MüKoStGB Rn. 15 unterscheidet „biologisch-psychologisch" und „psychologisch-normativ"; ähnlich Jäger in SK-StGB Rn. 3, 4 „biologisch-normative Methode"). Mit der Ersetzung der Termini „Schwachsinn"

und „Abartigkeit" sind die an deren Stelle getretenen Begriffe „Intelligenzminderung" und seelische „Störung" bewusst normativiert worden. – Rechtsgeschichtlich zu den psychowissenschaftlichen Konzepten zur Beurteilung strafrechtlicher Verantwortlichkeit Schmidt-Recla, Theorien zur Schuldfähigkeit, 2000. Zur umstrittenen Schuldfähigkeit und Strafbarkeit von Unternehmen/Verbänden vgl. Kühl StrafR AT § 10 Rn. 7. Zur geringen Bedeutung nach der Strafverfolgungsstatistik Dölling FS Rolinski, 2002, 55 (61). Zusammenfassend Keiser Jura 2001, 376. **Rechtsprechungsübersicht:** Pfister NStZ-RR 2009, 161; NStZ-RR 2010, 161; NStZ-RR 2011, 193; NStZ-RR 2012, 161; NStZ-RR 2013, 161; NStZ-RR 2014, 193; NStZ-RR 2015, 161; NStZ-RR 2016, 161; NStZ-RR 2017, 161; NStZ-RR 2018, 161; NStZ-RR 2019, 233; NStZ-RR 2020, 233; NStZ-RR 2021, 193.

2. Die **biologische Komponente** der Schuldunfähigkeit beschreibt das Gesetz 2
in drei Gruppen von biologisch anomalen Zuständen, die sich zT überschneiden und wegen der Komplexität psychisch abnormer Zustände auch keine sichere Grenzziehung ermöglichen (zusf. zur Zuordnung der psychiatrisch-psychologischen Diagnosen zu den einzelnen Merkmalsgruppen Rasch StV 1984, 264; nach Frister JuS 2013, 1057 (1059) „mißglückte Eingangsmerkmale"; krit. zur Umsetzung dieser Zuordnung in der Praxis Verrel MschrKrim 1994, 272). Es knüpfte dabei an den – inzwischen allerdings zunehmend überholten – Krankheitsbegriff der Psychiatrie an (krit. Rosenau in Venzlaff/Foerster/Dreßing/Habermeyer, Psychiatrische Begutachtung, 7. Aufl. 2020, S. 85), versucht zugleich, Widersprüche zur psychologischen Begriffsbildung zu vermeiden, und macht durch Einbeziehung auch nicht krankhafter Zustände den früher maßgebenden juristischen Krankheitsbegriff überflüssig (Begr. zu §21 E 1962, S. 137; zusf. Schöch in LK-StGB Rn. 36–41; überzogen die Kritik von Thoss NJW 1979, 1909 (1910)). Welches Eingangsmerkmal der §§20, 21 als erfüllt angesehen wird, darf dabei im Urteil nicht offenbleiben (BGH NStZ-RR 2017, 165; NStZ-RR 2019, 239;); bei gesichertem Vorliegen eines psychiatrischen Befunds handelt es sich bei dieser Prüfung wie bei der Prüfung aufgehobener oder erheblich eingeschränkter Steuerungsfähigkeit um Rechtsfragen (BGH NStZ-RR 2019, 134; StV 2019, 232). Im Einzelnen kommen alternativ in Frage:

a) Die **krankhafte seelische Störung.** Der Begriff **Störung** ist weit auszule- 3
gen; er umfasst auch angeborene Zustände (Begr. zu §24 E 1962, S. 137). **Seelisch** bedeutet so viel wie psychisch und deckt den Bereich des Intellektuellen und des Emotionalen ab (Begr. zu §24 E 1962, S. 137). **Krankhaft** ist eine Störung, wenn sie nachweislich auf eine somatische Ursache zurückgeht oder wenn eine solche Ursache nach psychiatrischer Erkenntnis vermutet (postuliert) werden muss (Schöch in LK-StGB Rn. 59; diff. Witter FS Lange, 1976, 723; krit. Venzlaff ZStW 88 (1976), 57; Schreiber NStZ 1981, 46; Rasch NStZ 1982, 177; StV 1984, 264 (265); zusf. Keiser Jura 2001, 376 (379)). Zu dieser **ersten Gruppe** gehören daher namentlich:

aa) Die auf einem nachweisbaren **hirnorganischen Prozess** beruhenden Geis- 4
teskrankheiten **(exogene Psychosen),** zB Paralyse, Hirnarteriosklerose (RGSt 73, 121) und Epilepsie, sowie andere Störungen auf somatischer Grundlage, zB Zustände nach Hirnverletzungen (Tepperwien DAR 2003, 289) oder Vergiftungen, altersbedingte Hirnabbauprozesse wie Alzheimer oder senile Demenz (BGH StV *1989, 102;* Fischer Rn. 10; zur Bedeutung des Alterabbaus bei Sexualdelikten BGH NStZ 1999, 297 mAnm Kröber; sa Detter in Arbeitsgemeinschaft Strafrecht

des Deutschen Anwaltvereins, Strafverteidigung im Rechtsstaat, 2009, S. 275, 276), Folgeerscheinungen von Alkohol-, Drogen- oder Medikamentenabhängigkeit (BGH NJW 1969, 563; BGH bei Holtz MDR 1977, 982; MDR 1978, 109; BGH NJW 1995, 1229 mit Bespr. Pluisch NZV 1996, 98; BGH NStZ-RR 1997, 258; NStZ 1999, 448; NStZ 1999, 519 (520); NStZ 2012, 44 einschr. zur Angst vor Entzugserscheinungen; BGH NStZ 2013, 53; StV 2019, 242; StV 2021, 358; NStZ-RR 2021, 77; zum Suchtdruck wegen physischer Rauschmittelabhängigkeit BGH BeckRS 2012, 00750; Täschner NJW 1984, 638; zum Missbrauch von Anabolika LG Freiburg NStZ-RR 1998, 138). Auch der durch Alkohol (→ Rn. 18) oder durch andere Mittel (Drogen, Psychopharmaka) ausgelöste Rausch gehört hierher, weil mit ihm eine toxische Beeinträchtigung der Hirntätigkeit verbunden ist (BGHSt 43, 66 (69) = NJW 1997, 2460; BGH NStZ-RR 1997, 163; Dölling in Kiesel, Rausch, 1999, S. 149, 169; Streng FS Benakis, 2008, 593 (595); Roxin/Greco StrafR AT I § 20 Rn. 10; Stein in SK-StGB Rn. 7; aM Krümpelmann ZStW 88 (1976), 6 (16); zur Schuldfähigkeitsbeurteilung bei akuter Alkoholintoxikation und Alkoholabhängigkeit Foerster/Leonhardt in Schneider/Frister, Alkohol und Schuldfähigkeit, 2002, S. 54, 56); allerdings kann er – wie es häufig in Rspr. und Lehre geschieht (vgl. etwa Arbab-Zadeh NJW 1978, 2326; Kindhäuser/Zimmermann StrafR AT § 22 Rn. 8) – ebenso gut auch als tiefgreifende Bewusstseinsstörung (→ Rn. 6–8) erfasst werden, weil sich die beiden Merkmale überschneiden und keines von ihnen Vorrang hat (Spiegel DAR 1982, 197). Auch beim sog. erweiterten Suizid (Tötung des Intimpartners oder von Kindern vor dem Suizidversuch), kommt solche wahlweise Zuordnung in Frage (Mielke NStZ 1996, 477; sa Winckler/Foerster NStZ 1996, 32).

5 bb) Die zu den Formenkreisen der **Schizophrenie** (dementia praecox; dazu Huber FS Leferenz, 1983, 463; zur schizoaffektiven Psychose BGH NStZ-RR 2006, 168; NStZ-RR 2012, 239; NStZ-RR 2013, 145; NStZ-RR 2014, 243; NStZ-RR 2014, 305; NStZ 2013, 98; StV 2015, 215; NStZ 2020, 409; StV 2021, 255) und der **Zyklothymie** (manisch-depressives Irresein, BGH NJW 2001, 1435 (1436); mittelschwere Depression, BGH NJW 2004, 3051 (3055); sa Theune NStZ-RR 2005, 231) gehörenden Geisteskrankheiten **(endogene Psychosen),** bei denen die Psychiatrie die somatische Ursache nur postuliert (zusf. Schöch in LK-StGB Rn. 82–90). Eifersuchtswahn kann, zB im Rahmen eine Alkoholabhängigkeit, eine endogene (alkoholische) Psychose sein (BGH NJW 1997, 3101 mit zust. Bespr. Winckler/Foerster NStZ 1998, 297; Blau JR 1998, 207; BGH NJW 2015, 2055; NStZ-RR 2016, 72 „isolierter Beziehungswahn"); es kommt aber auch, zB bei neurotischer Verfestigung (Blau JR 1998, 209), eine andere seelische Störung (→ Rn. 11) in Betracht (BGH NStZ-RR 2016, 72).

6 **b)** Die **tiefgreifende Bewusstseinsstörung.** Zu dieser **zweiten Gruppe** gehören Tätigkeitsakte in voller Bewusstlosigkeit nicht (→ Rn. 14); für krankhafte Bewusstseinsstörungen ist sie wegen Überschneidung mit der ersten Gruppe praktisch bedeutungslos (zum Alkohol- und Drogenrausch beachte jedoch → Rn. 4). Das Adjektiv **„tiefgreifend"** soll die Vorschrift auf Bewusstseinsstörungen von solcher Intensität einschränken, die das Persönlichkeitsgefüge in vergleichbar schwerwiegender Weise beeinträchtigen wie eine krankhafte seelische Störung (BGH NStZ 1983, 280; NStZ 1990, 231; NStZ-RR 2012, 140, Zwangserkrankung; krit. Fischer Rn. 29).

7 aa) Einen **selbständigen Anwendungsbereich** hat danach die tiefgreifende Bewusstseinsstörung bei nichtkrankhaften Zuständen. Diese können zB auf Er-

schöpfung (BGH NStZ 1983, 280), Übermüdung (zur Verstärkung durch Alkohol OLG Frankfurt a. M. NStZ-RR 2002, 362), Schlaftrunkenheit oder Hypnose beruhen (zusf. Plate, Psyche, Unrecht und Schuld, 2002, S. 406), haben insoweit aber kaum praktische Bedeutung (krit. Glatzel StV 1982, 434; StV 1983, 339). Dagegen ist der hochgradige **Affekt** theoretisch und praktisch wichtig (BGHSt 11, 20 = BGHSt 11, 20; krit. Analyse der Rspr. bei Neumann FG BGH, 2000, 83 (89)). Er kann in Ausnahmefällen (BGH bei Dallinger MDR 1974, 721) die Voraussetzungen der §§ 20, 21 auch dann erfüllen, wenn der Täter an keiner Krankheit leidet und sein Zustand auch nicht von anderen Ausfallerscheinungen begleitet ist (BGH NStZ 1984, 259; NStZ 1995, 539). Selten wird ein Affekt vorliegen, wenn Erregungszustände des Täters zum normalen Geschehen gehören, zB bei vorsätzlichen Tötungen (BGH NStZ-RR 2004, 234; NStZ 2013, 31). Zu seiner Feststellung bedarf es einer umfassenden Ermittlung aller Umstände (dazu BGH NStZ 1995, 175; StV 1997, 295; NStZ-RR 2003, 8; NStZ-RR 2013, 358; zum voluntativen Vorsatzelement BGH StV 2012, 663), denen erfahrungswissenschaftlich auf Grund von relativ unbestimmten und auch umstrittenen Kriterien (dazu ua Rasch NJW 1980, 1309; NJW 1993, 757; Saß NervA 1983, 587; Steller MschrKrim 1988, 16; Rösler NervA 1991, 49; krit. Glatzel Kriminalistik 1995, 97) Affektrelevanz beigelegt wird (allg. zur Affektproblematik aus psychiatrischer Sicht Mende FS Bockelmann, 1979, 311; Venzlaff FS Blau, 1985, 391; Endres StV 1998, 674; Marneros, Affekttaten und Impulstaten, 2007; Marneros MschrKrim 2007, 331; aus psychologischer Sicht Undeutsch in Eisen, Handwörterbuch der Rechtsmedizin, Bd. II, 1974, S. 91; Wegener, Einführung in die forensische Psychologie, 1981, S. 73; aus (empirisch-)kriminologischer Sicht Eisenberg Kriminologie § 24 Rn. 7; in interdisziplinärer Überschau Saß, Affektdelikte, 1993; zu sozialpsychologischen Aspekten Grosbüsch, Die Affekttat, 1981; sa Nau, Die Bewusstseinsform bei normalpsychologischen Affekttaten, 2001; rechtsphilosophisch Köhler in Klesczewski, Affekt und Strafrecht, 2004, S. 9; für eine Intensivierung der neurowissenschaftlichen Affektforschung Haas FS Krey, 2010, 117 (146)). Solche Umstände können sich nicht nur aus der Affektgenese (dazu BGH StV 1993, 185; Glatzel StV 1993, 220; krit. Krümpelmann FS Rasch, 1993, 157) und dem Affektverlauf (dazu BGH StV 1991, 18; StV 1994, 13; NStZ 1999, 508), namentlich dem Verhalten vor und während der Tat, ergeben, zB das Fehlen von Sicherheitsvorkehrungen gegen Entdeckung (BGH NStZ 2005, 349). Als Indizien kommen auch Nachtatumstände in Frage, zB Fassungslosigkeit über die Folgen der Affektentladung (BGH NStZ 1988, 268 mAnm Venzlaff; und Schlothauer StV 1988, 59; BGH StV 2001, 228; krit. Maisch StV 1995, 381; krit. auch Bernsmann NStZ 1989, 160, der den hier sachfremden, in der Praxis offenbar aber virulenten Aspekt der Täter-Opfer-Beziehung in die Beurteilung einbezieht; zu deren Virulenz und zur Bedeutung von „Vorgestalten" der Tat BGH StV 2001, 228); weniger aussagekräftig sind Erinnerungslücken (BGHSt 43, 66 (73) = NJW 1997, 2460; BGH StV 1998, 539; Maatz NStZ 2001, 1 (6); beachte jedoch BGH NStZ-RR 2003, 8; NStZ-RR 2006, 300; zu den Erscheinungsformen von Erinnerungsstörungen zusf. Glatzel StV 2003, 189). Diese Umstände sind Gegenstand einer sowohl empirischen als auch normativen Gesamtwürdigung (BGH NStZ 1990, 231; NStZ 1995, 539; NStZ 1996, 77; NStZ 2013, 31; Blau FS Tröndle, 1989, 109 (123); zusf. Salger FS Tröndle, 1989, 201; Sander FS Eisenberg, 2009, 359, krit. Haas FS Krey, 2010, 123. Nach früher weitergehender (zB BGH bei Holtz MDR 1987, 444), inzwischen aber eingeschränkter **Rspr.** muss der Affekt in dem Sinne **unverschuldet** sein, dass der Täter unter den konkreten Umständen den Aufbau des Affekts zu verhindern und die Folgen seiner

Entladung, also auch die Begehung der Affekttat selbst, vorauszusehen nicht imstande war (BGHSt 35, 143 = StV 1988, 196 mAnm Blau JR 1988, 514; Frisch NStZ 1989, 263; BGHSt 53, 31 = NJW 2009, 305 mAnm Streng JR 2009, 341; Haas FS Krey, 2010, 117; BGH NStZ 1997, 333; krit. zur Rspr. Neumann FG BGH, 2000, 83 (90). Im **Schrifttum** ist die Ausscheidung verschuldeter Affekte überwiegend anerkannt (aM v. Winterfeld NJW 1975, 2229; Schroth in Philipps/Scholler, Jenseits des Funktionalismus, 1989, S. 109; krit. Neumann, Zurechnung und „Vorverschulden", 1985, S. 240). Jedoch ist die dogmatische Begründung schon in den Ansätzen umstritten und das Ausmaß der Einschränkung daher wenig geklärt (vgl. etwa Geilen FS Maurach, 1972, 173; Rudolphi FS Henkel, 1974, 199; Behrendt, Affekt und Vorverschulden, 1983, S. 64, 77; Krümpelmann, Affekt und Schuldfähigkeit, 1988, S. 229; Landgraf, Die „verschuldete" verminderte Schuldfähigkeit, 1988, S. 99; Frisch ZStW 101 (1989), 538; Stratenwerth GS Kaufmann, 1989, 485 (495); Otto Jura 1992, 329; Haas FS Krey, 2010, 140; nach vorzugswürdiger Ansicht sind die Grundsätze der alic (→ Rn. 25) anzuwenden (Frisch ZStW 101 (1989), 569 (571); Haas FS Krey, 2010, 143; Jescheck/Weigend StrafR S. 439; Roxin/Greco StrafR AT I § 20 Rn. 18; Fischer Rn. 34, 59; krit. Stein in SK-StGB § 20 Rn. 12, § 21 Rn. 4a). Zur Bedeutung des Affekts für die Schuld vgl. auch Schewe, Reflexbewegung, Handlung, Vorsatz, 1972, S. 130; Krümpelmann FS Welzel, 1974, 327 (338); Krümpelmann GA 1983, 337 (352); Moos ZStW 89 (1977), 796; Bresser FS Leferenz, 1983, 429 (430); Zabel in Klesczewski, Affekt und Strafrecht, 2004, S. 23; zum affektbefangenen Handeln als Unrechts- oder Schulddifferenzierungsgrund im BT Klesczewski in Klesczewski, Affekt und Strafrecht, 2004, S. 57.

8 bb) Auch **gruppendynamische Einflüsse** genügen für sich allein nicht, um ihre Auswirkungen als Bewusstseinsstörungen erfassen zu können (Jäger, Individuelle Zurechnung kollektiven Verhaltens, 1985, S. 43; Jakobs StrafR AT Abschn. 18 Rn. 17; Streng in MüKoStGB Rn. 109; aM Schumacher NJW 1980, 1880; StV 1993, 549).

9 **c)** Die **Intelligenzminderung oder eine andere schwere seelische Störung;** durch diese beiden Begriffe sind zum 1.1.2021 die z. Z. der Entstehung von § 20 noch als medizinische Termini gebräuchlichen Begriffe „Schwachsinn oder eine andere schwere seelische Abartigkeit" erestzt worden, ohne dass dadurch eine inhaltliche Änderung angestrebt war. Der Gesetgebr hat bewusst von einer Kodifizierung aktueller medizinischer Termine abgesehen, um zukünftige diesbezügliche Änderungen mit zu erfassen (vgl. BT-Drs. 19/19859, 35). Daraus folgt, dass die an die Stelle der überholten Terminologie getretenen, nicht mehr unmittelbar medizinisch konnotierte Begrifflichkeiten in § 20 so auszulegen sind, dass sie weiterhin das von den vorherigen Termini umfasste Feld seelischer Störungen erfassen, darüber aber auch nicht hinausgehen. Gemeinsames Merkmal dieser **dritten Gruppe** ist die **seelische Störung,** womit der problematische Begriff der „Abartigkeit" hinfällig geworden ist. Sie setzt eine Abweichung von einer zugrundegelegten Durchschnittsnorm des seelischen Zustandes voraus, die nicht krankhaft (pathologisch) ist (BGHSt 34, 22 = NJW 1986, 2893; BGHSt 35, 76 = NJW 1988, 2054; BGH NJW 1998, 2753 insoweit mkritAnm Winckler/Foerster NStZ 1999, 126; BGH NStZ-RR 2008, 335), dh nicht auf nachweisbaren oder „postulierbaren" organischen Prozessen oder Defekten beruht (Begr. zu § 25 E 1962, S. 141; krit. Schreiber NStZ 1981, 46; Rasch NStZ 1982, 177) und daher in diesem Sinne auch keinen „Krankheitswert" hat (BGH NJW 1989, 918; NStZ 1989, 430; NStZ 1991, 330).

Erfasst werden damit seelische Fehlanlagen und -entwicklungen (Begr. zum E 1962, S. 141).

10 aa) Unter **Intelligenzminderung** (diese weite Begriff, der sprachlich jede etwas geringere Intelligenz erfassen könnte, ist an die Stelle des überholten Begriffs des „Schachsinns" als einem Krankheitsbild getreten und in diesem Sinne auszulegen; → Rn. 9) ist daher nicht jede bloße Minderung der geistigen Leistungsfähigkeit (BGH NStZ-RR 2020, 36) oder leichte Intelligenzminderungen mit Verhaltensauffälligkeiten (BGH StV 2019, 239), sondern nur die angeborene oder auf seelischer Fehlentwicklung beruhende Intelligenzschwäche ohne nachweisbare organische Ursache zu verstehen (BGH NStZ 1997, 199; NStZ-RR 2006, 265). Erfasst werden davon als erste Gruppe etwa die Folgen intrauteriner, geburtstraumatischer oder frühkindlicher Hirnschädigungen oder Symptome eines hirnorganischen Krankheitsprozesses (zB im Sinne einer organischen Demenz). Eines Rückgriffs auf in der Psychiatrie die „früher gebräuchliche Unterscheidung des Schwachsinns nach dem Schweregrad: (Idiotie als Intelligenzgrad auf der durchschnittlichen Stufe eines Kindes unter sechs Jahren, die Imbezillität als entsprechende Stufe bis zu 14 Jahren (vgl. Theune NStZ-RR 2005, 230) und die Debilität als Stufe bis zu 18 Jahren) bedarfes nicht, denn für die Bejahung der Intelligenzminderung iSv § 20 reicht der damit verbundene unterdurchschnittliche Intelligenzgrad aus; ein Schuldausschluss oder eine Schuldminderung folgt dann aber wie bisher erst aus einer Gesamtbetrachtung (BT-Drs. 19/19859, 35 unter Hinweis auf Hinz JR 2019, 98 (101); vgl. etwa BGH NStZ-RR 2021, 41).

11 bb) Die **anderen schweren seelischen Störungen** (bis zum 31.12.2020: „Abartigkeiten") umfassen namentlich die – in den Seinswissenschaften nach Inhalt und Grenzen umstrittenen (vgl. etwa Lange FS Leferenz, 1983, 25 (28)) – **Psychopathien** (BGH NStZ-RR 1998, 106), die sog. **Persönlichkeitsstörungen** (Streng ZStW 133 (2021), 613 (614); Überblick bei Schäfer in Schäfer/Sander/van Gemmeren Strafzumessung Rn. 535), deren Diagnose für sich genommen jedoch noch keine Aussage über die Schuldfähigkeit zulässt (BGH NStZ-RR 2008, 70 (104); NStZ-RR 2008, 338; BeckRS 2011, 24007; NStZ-RR 2012, 368). Zu ihnen gehören etwa die **„Borderline"**-Persönlichkeitsstörung (BGHSt 42, 385 = StV 1997, 299; restriktiv BGH NStZ 2002, 142; NStZ-RR 2006, 235; NStZ-RR 2006, 193 (197); NStZ-RR 2006, 329 (332); NStZ 2018, 704; NStZ-RR 2021, 277; sowie Streng in MüKoStGB Rn. 44), die „gemischte" Persönlichkeitsstörung (BGH NStZ 2000, 585), die „kombinierte Persönlichkeitsstörung" BGH NStZ-RR 2004, 105; NStZ-RR 2004, 331; NStZ-RR 2014, 244), die amti- bzw. dissoziale Persönlichkeitsstörung (BGH NStZ-RR 2015, 137; NStZ-RR 2020, 222; StV 2021, 240; einschr. BGHSt 44, 338 (342) = NJW 1999, 1792; BGH StV 2001, 565; Detter NStZ 2003, 133; zusf. Theune NStZ-RR 2003, 228; NStZ-RR 2005, 329 (333); zum Begriff der psychischen Störung iSd Art. 5 I 2e MRK, § 1 I Nr. 1 ThUG vgl. BGHSt 56, 254 = NJW 2011, 2744 mAnm Schöch JR 2012, 173; Singelnstein ZJS 2012, 128), die schizotype Persönlichkeit (BGHSt 44, 369 = NJW 1999, 3422; BGH NStZ 2005, 326; Detter NStZ 2001, 467), die bipolare Persönlichkeitsstörung (BGH StV 2021, 415), die paranoide Persönlichkeitsstörung (BGH NStZ 2004, 8; BeckRS 2012, 04726; Theune NStZ-RR 2005, 330; StV 2021, 358; zur sog. Anpassungsstörung BGH NStZ-RR 2004, 70; NJW 2014, 3382; NJW 2015, 266 (268)); histrionische Persönlichkeitsstörung (BGH NJW 2014, 2738; NJW 2015, 3319; wistra 2016, 68; NStZ-RR 2021, 138; NStZ-RR 2021, 168), **Neurosen** (dazu de Boor FS Klug, 1983, 571; Merkel und Bochnik/Gärtner MedR 1986, 53 (57)) und **Triebstörungen** (dazu BGH NJW

1989, 2958; JR 1990, 119 mAnm Blau; BGH NStZ 1993, 181; NStZ 1994, 75; NStZ 1996, 401; NStZ 1998, 30; NStZ-RR 2006, 335 (336); speziell zur **Pädophilie** BGH NJW 1998, 2753 mAnm Winckler/Foerster NStZ 1999, 126; BGH NStZ 1999, 611; NStZ 2001, 243 (244) mkritAnm Nedopil NStZ 2001, 474; BGH NStZ-RR 2007, 337; NStZ 2016, 6; NStZ 2016, 144 mit Praxiskommentar Piel; BGH StV 2017, 29 (31); NStZ-RR 2018, 69; NStZ-RR 2019, 168; NStZ-RR 2021, 240; StV 2021, 292; Detter NStZ 2016, 392); zur psychiatrischen Begutachtung von Sexualstraftätern Mauthe DRiZ 1999, 262; Rose StV 2003, 101; Boetticher/Nedopil/Bosinski/Saß NStZ 2005, 57 (60)). Auch vom „Scheitern im Leben" geprägte Auswirkungen auf die Tat (BGH BeckRS 2012, 00750) sowie das Aufmerksamkeitsdefizit- und Hyperaktivitätssyndrom **ADHS** soll eine andere schwere seelische Störung sein können (OLG Hamm NStZ-RR 2008, 138). Zu **„FASD"**- (= Fetal Alcohol Spectrum Disorder) vgl. BGH NStZ 2020, 368; zur **posttraumatischen Belastungsstörung** (BGH NStZ-RR 2020, 8).

11a Jedoch können sich seelische Fehlanlagen und Fehlentwicklungen auch in **anderen Abweichungen** ausprägen (Schmitt ZStW 92 (1980), 346; zusf. Rasch StV 1991, 126; Blau FS Rasch, 1993, 113; sa Glatzel StV 1982, 40; Albrecht GA 1983, 193 (203); zusf. Plate, Psyche, Unrecht und Schuld, 2002, S. 368). In Frage kommen etwa Taubstummheit, **nichtstoffgebundene Abhängigkeit** (zusf. Mende FS Rasch, 1993, 32), wie zB Spielsucht, die allerdings erst dann bedeutsam wird, wenn sie zu schwersten Persönlichkeitsveränderungen oder zu starken Entzugserscheinungen geführt hat (BGHSt 49, 365 (369) = NJW 2005, 230 mit Bespr. Bottke NStZ 2005, 327; Schöch JR 2005, 296; Schramm JZ 2005, 418; Wahle Kriminalistik 2005, 79; BGHSt 58, 184 (191) = NStZ 2013, 415; BGH NStZ 2005, 281; NJW 2013, 181; JR 2014, 307 mzustAnm Petzsche; Kellermann StV 2005, 287; Schöch in LK-StGB Rn. 161–165), Kaufsucht (OLG Düsseldorf NStZ-RR 2007, 7), Stehlsucht (dazu Osburg, Psychisch kranke Ladendiebe, 1992; Osburg FS Rasch, 1993, 38; Foerster/Knöllinger StV 2000, 457), Eifersucht (BGH NJW 1997, 3101 mAnm Blau JR 1998, 207), Fetischismus, Hörigkeit (Schumacher FS Sarstedt, 1981, 361; Achner/Bischof MschrKrim 1992, 136; aM BGHR § 21 seelische Abartigkeit 18; sa BGH StV 1997, 630; zw.), suchtmäßiger Konsum von Horror-Videos (problematisch LG Passau NStZ 1996, 601 mAnm Brunner JR 1997, 120) und Hang zum Querulieren (OLG Düsseldorf GA 1983, 473). Beim Stalking (jetzt § 238) können Wahnvorstellungen eine Rolle spielen (einschr. BGH BeckRS 2004, 08127 mAnm Pollähne R & P 2005, 88).

11b Die Störung muss **„schwer"**, dh im Einzelfall so erheblich sein, dass sie von der Durchschnittsnorm des seelischen Zustandes nicht weniger abweicht als die krankhafte seelische Störung und daher – auf Grund einer Ganzheitsbetrachtung von Täter und Tat (BGHSt 37, 397 = NJW 1991, 2975; BGHSt 49, 45 (52) = StV 2005, 15 mit Indikatoren-Katalog; BGH StV 1993, 185; NStZ 1994, 75; NStZ-RR 1997, 355; NJW 1998, 2753; NStZ-RR 1999, 77; NStZ-RR 1999, 136; sowie BGH NStZ-RR 2006, 199; NStZ 1999, 395 mAnm Winckler/Foerster NStZ 2000, 192; BGH NStZ 2001, 243 mAnm Nedopil NStZ 2001, 474; BGH NStZ 2007, 518; NStZ-RR 2009, 337; NStZ-RR 2010, 7; BeckRS 2012, 23534; BayObLG NJW 1999, 1794) – als Beeinträchtigung des Persönlichkeitskerns gedeutet werden kann (BGH NJW 1982, 2009 mAnm Blau JR 1983, 69; BGH NJW 1997, 3101 mAnm Blau JR 1998, 207; BGH NJW 1998, 2753; BayObLG NJW 1999, 1794; krit. Leferenz ZStW 88 (1976), 40 (42); Streng Sanktionen Rn. 852; Fischer Rn. 38, 43). Für die Quantifizierung des Schweregrades bieten die in der forensischen Psychiatrie entwickelten **operationalisierten Klassifika-**

tionssysteme wichtige Anhaltspunkte für das Vorliegen einer psychischen Störung (BGH StV 1997, 630; krit. Kröber/Faller/Wulf MschrKrim 1994, 339); sie sind aber nicht schon als solche verbindlich (BGH NStZ 1995, 176; StV 2001, 565; Schäfer in Schäfer/Sander/van Gemmeren Strafzumessung Rn. 522) und machen daher eine konkrete psychiatrische und juristische Gesamtwürdigung nicht überflüssig (BGH NStZ 1992, 380; NStZ 1997, 383; Saß/Wiegand FS Göppinger, 1990, 349; zur Quantifizierung beachte auch Foerster NStZ 1988, 444; MschrKrim 1989, 83; krit. zur Berücksichtigung normativer Aspekte Theune ZStW 114 (2002), 300 (317); zum Indikatorenkatalog Scholz/Schmidt, Schuldfähigkeit bei schwerer anderer seelischer Abartigkeit, 2004). Bloße biologische Retardierung genügt nicht (BGHSt 22, 41= NJW 1968, 1195; Beeck/Wuttke NJW 1973, 2245). Deshalb hat die ältere Rspr. „bloße Willensschwäche und sonstige Charaktermängel" als für die Schuldfähigkeit unerheblich behandelt (BGHSt 23, 176 (190) = NJW 1970, 338; BGH NJW 1962, 1779; BGHSt 21, 59 = NJW 1966, 1871; sa Haddenbrock NJW 1967, 285; Bresser FS Leferenz, 1983, 429 (435)). Auch schwere seelische Störungen, die das Willens-, Gefühls- oder Triebleben betreffen (vgl. etwa BGHSt 14, 30 (32) = NJW 1960, 1393), schließen die Schuldfähigkeit selten ganz aus; **meist** werden sie **nur** iRd **§ 21** bedeutsam (BGH NStZ 1991, 31; NJW 1997, 3101; NJW 1998, 2752 mAnm Winckler/Foerster NStZ 1999, 236; BGH NStZ 2002, 476; OLG Hamm NJW 1977, 1498; Witter FS Lange, 1976, 723 (733); krit. Rasch NStZ 1982, 177; Rosenau in Venzlaff/Foerster/Dreßing/Habermeyer, Psychiatrische Begutachtung, 7. Aufl. 2020, S. 102), reichen hier aber im Hinblick auf das Merkmal „schwer" regelmäßig zur Annahme einer erheblich verminderten Schuldfähigkeit aus (BGH StV 1991, 511; StV 1997, 127; StV 2002, 17; NStZ 1996, 380 mkritAnm Winckler/Foerster NStZ 1997, 334; BGH StraFo 2001, 249; AG München NStZ 1996, 334 mAnm Kellermann; beachte auch BGH NStZ 1997, 485). Doch kann die Erheblichkeit trotz Annahme einer schweren Persönlichkeitsstörung ausnahmsweise zu verneinen sein, etwa in den Fällen, in denen der Täter innerhalb eines komplexen Tatgeschehens kontrolliert-zielgerichtet und kaltblütig vorgeht (BGHSt 49, 45 (54) = StV 2005, 15, § 239a bei gravierend-gemischter Persönlichkeitsstörung; vgl. auch BGHSt 48, 4 (9) = NJW 2002, 3484, § 263 bei Größenwahnsinn).

3. a) Die **psychologische Komponente** der Schuldfähigkeit erfordert einen anomalen biologischen Zustand von solchem Grade (dh solcher Quantität, Schüler-Springorum FS Venzlaff, 1986, S. 52), dass er die Fähigkeit ausschließt, entweder das Unrecht der Tat einzusehen (intellektueller Faktor: **Einsichtsfähigkeit,** Unterscheidungsvermögen) oder nach dieser Einsicht zu handeln (voluntativer Faktor: **Steuerungsfähigkeit,** Hemmungsvermögen; krit. zu dieser Beschreibung der selbstverantwortlichen Entscheidung über die Begehung einer Straftat Frister JuS 2013, 1057 (1060)). Ob er schon aus einem einzigen biologischen Mangel oder erst aus dem Zusammenwirken mehrerer, von der Vorschrift erfasster Mängel hergeleitet werden kann, macht keinen Unterschied (stRspr; Schaffstein FS Stutte, 1979, 253 (266); Keiser Jura 2001, 376 (379)). Die **Einsichtsfähigkeit** fehlt, wenn der Täter nicht zum Unrechtsbewusstsein (→ § 17 Rn. 2; BGH NJW 2014, 2738; NJW 2016, 728) durchdringen kann (aus psychiatrischer Sicht krit. Janzarik NervA 1991, 423), die **Steuerungsfähigkeit,** wenn er trotz Unrechtseinsicht auch bei Aufbietung aller ihm eigenen Widerstandskräfte seinen Willen nicht durch vernünftige Erwägungen bestimmen kann (zB BGHSt 14, 30 (32) = NJW 1960, 1393; BGHSt 23, 176 (190) = NJW 1970, 338; BGH BeckRS 2011, 21180; Schä- 12

fer in Schäfer/Sander/van Gemmeren Strafzumessung Rn. 523; krit. Streng FS Leferenz, 1983, 397 (403); krit. auch Frister, Die Struktur des „voluntativen Schuldelements", 1993, S. 118, der die Schuldfähigkeit abweichend vom Gesetzeswortlaut als Fähigkeit zu einer hinreichend differenziert strukturierten Willensbildung definiert und die beiden Fähigkeiten lediglich als kognitive und affektive Komponenten desselben Willensbildungsprozesses versteht). Die Fähigkeit, sich nach der Unrechtseinsicht zu verhalten, betrifft die Tathandlung; äußeres Verhalten wie Tatvorbereitung, Tatausführung und Nachtatverhalten ist nur ein Indiz für diese innere Fähigkeit (BGH NStZ-RR 2013, 72). Fehlt die Einsichtsfähigkeit, ist auch die Steuerungsfähigkeit nicht mehr gegeben; manche schwerwiegenden Krankheitsbilder können sogar beide Fähigkeiten aufheben (BGH NStZ-RR 2006, 167); dies ist aber die Ausnahme (BGH BeckRS 2012, 23337), weshalb idR zwischen beiden zu unterscheiden ist (BGH NStZ-RR 2018, 305). Der Schuldfähige muss daher beide Fähigkeiten haben (BGH VRS 23 (1962), 207 (209)). Nicht verantwortlich ist danach der durch Rechtsnormen **nicht motivierbare** Täter (→ Vor § 13 Rn. 23). Ob damit zugleich Willensfreiheit im Sinne des Indeterminismus vorausgesetzt wird, ist umstritten, aber iErg zu verneinen (→ Vor § 13 Rn. 26; Schneider, Die Beurteilung der Zurechnungsunfähigkeit, 4. Aufl. 1961; Krümpelmann ZStW 88 (1976), 6 (14); Venzlaff FS DRiAkad, 1983, 277 (283); Haddenbrock, Soziale oder forensische Schuldfähigkeit (Zurechnungsfähigkeit), 1992; Haddenbrock MschrKrim 1994, 44; MschrKrim 1994, 324; MschrKrim 1996, 50; NStZ 1995, 581; Frister MschrKrim 1994, 316; JuS 2013, 1057 (1059)).

13 **b)** Der für die Beurteilung anzulegende **Maßstab** ist ein **normativer** (BGH NStZ-RR 2021, 69; StV 2021, 217), die traditionelle Bezeichnung als „psychologische" Komponente daher irreführend (ähnlich Fischer Rn. 45). Auszugehen ist von der Erkenntnis, dass schon prinzipiell eine wissenschaftlich nachprüfbare Aussage darüber ausgeschlossen ist, ob ein bestimmter Mensch in einer bestimmten Lage fähig war, eine bestimmte Handlung zu vermeiden (Jescheck/Weigend StrafR S. 407; Streng in MüKoStGB Rn. 53; Jäger in SKaM Schünemann GA 1986, 293 (295); diff. Cerezo Mir ZStW 108 (1996), 9 (18)). Darüber hinaus ist auch die allgemeine Frage nach den Grenzen menschlicher Motivierbarkeit durch Normen in weiten Bereichen offen, weil sie entweder schon prinzipiell oder jedenfalls nach dem gegenwärtigen Wissensstand nicht beantwortbar ist (hM; vgl. etwa BGH NJW 1991, 852; krit. Rosenau in Venzlaff/Foerster/Dreßing/Habermeyer, Psychiatrische Begutachtung, 7. Aufl. 2020, S. 104; Tiemeyer ZStW 100 (1988), 527 (553); Haddenbrock MschrKrim 1994, 44; vgl. auch Osterkorn, Zum Paradox von Ideologie und Pragmatik der §§ 20, 21 StGB, 1997, S. 97, 217). Deshalb ist jeder erwachsene Mensch grds. – auch aus general- (Jakobs StrafR AT Abschn. 17 Rn. 20; Fischer Rn. 45) und spezialpräventiven Gründen (dazu Roxin FS Bockelmann, 1979, 279 (293)) – als verantwortliches Mitglied der Rechtsgemeinschaft zu behandeln (vgl. Kühl StrafR AT § 10 Rn. 4), solange seine Unansprechbarkeit durch Normen nicht methodisch einwandfrei aufweisbar ist (zum Grundsatz in dubio pro reo → Rn. 23). Das setzt neben dem Vorliegen der biologischen Merkmale (→ Rn. 2–11) voraus, dass der psychische Ausnahmezustand des Täters zu solchen Zuständen gehört, für die nach naturwissenschaftlicher Erfahrung schwere Beeinträchtigungen der Kontroll- und Steuerungsfunktion des Bewusstseins über die Handlungsantriebe kennzeichnend sind (Lackner FS Kleinknecht, 1985, 245 (265); Salger FS Pfeiffer, 1988, 379 (380); Maatz BA 1996, 233 (235); StV 1998, 279; ähnlich Krümpelmann GA 1983, 337; weiter diff. Schöch in LK-StGB Rn. 42–46; sa

v. Gerlach in Ebert, Aktuelle Probleme der Strafrechtspflege, 1991, S. 165; str.). Speziell zur Bedeutung der höheren Hemmschwelle vor Tötungsdelikten (bejahend) Streng FS Kühne, 2013, 47 (56); abl. Nedopil FS Widmaier, 2008, 925 (933).

4. a) Tätigkeitsakte, die **nicht vom Willen getragen und vom Bewusstsein völlig unkontrolliert** sind, wie Reflexbewegungen, Bewegungen in voller Bewusstlosigkeit (Schlaf, Ohnmacht, Delirium usw) und gänzlich automatische Akte, werden von § 20 nicht berührt (BGH bei Holtz MDR 1994, 127). Sie sind strafrechtlich schon keine Handlungen (→ Vor § 13 Rn. 7). Betroffen sind dagegen Trieb- und Affekthandlungen; sie sind willensgesteuerte Akte, mögen ihre Antriebe sich bisweilen auch impulsiv in Aktion umsetzen, ehe eine wirksame Kontrolle durch Gegenvorstellungen einsetzen kann (zur Handlungsproblematik des Affekts vgl. Schewe, Reflexbewegung, Handlung, Vorsatz, 1972, S. 63; Krümpelmann FS Welzel, 1974, 327 (329); Stratenwerth FS Welzel, 1974, 289 (300)). Dasselbe gilt auch für Handlungen während des sog. Schlafwandelns, das meist durch fortbestehende äußere Handlungsfähigkeit, aber nachfolgende Erinnerungslosigkeit charakterisiert ist (Payk MedR 1988, 125). 14

b) Einsichts- oder Steuerungsunfähigkeit (→ Rn. 12), die auf **anderen als den unter** → Rn. 2–11 **genannten Gründen beruht,** ist für § 20 unerheblich (BGHSt 21, 59 = NJW 1966, 1871; Blau/Franke Jura 1982, 393 (397); Stein in SK-StGB Rn. 5; aM Roxin FS Spann, 1986, 457 (468); Roxin/Greco StrafR AT I § 20 Rn. 7, der auf psychopathologische Anknüpfungspunkte ganz verzichten will; krit. Haffke R & P 1991, 94 (96); Frister, Die Struktur des „voluntativen Schuldelements", 1993, S. 171; Fischer Rn. 6; zw.); allerdings ist die Frage ohne praktische Bedeutung, weil das Merkmal der „seelischen Abartigkeit" – bzw. angesichts der begrifflichen Offenheit erst recht seit der Ersetzung dasjenige der „seelischen Störung" – nach dem gegenwärtigen (umstrittenen) Diskussionsstand so konturlos ist, dass es alle psychischen Ausnahmezustände von hinreichender Intensität aufnehmen kann (Blau FS Rasch, 1993, 113 (123); Keiser Jura 2001, 376 (380); Roxin/Greco StrafR AT I § 20 Rn. 7). Zu beachten ist überdies, dass jegliche Einsichtsunfähigkeit, die dem Täter die Unrechtseinsicht verschließt, einen Unterfall des Verbotsirrtums bildet (BGH NStZ 1985, 309; NStZ 1986, 264; Streng Sanktionen Rn. 859) und daher schon nach dessen Regeln zum Ausschluss oder zur Minderung der Schuld führt (→ § 17 Rn. 7, 8; aM Schild in NK-StGB Rn. 62–64). Die praktische Bedeutung (nicht zugleich auch die rechtliche; dazu Küper JZ 1989, 617 (621)) der Einsichtsunfähigkeit nach § 20 ist daher durch die Entwicklung der Lehre vom Verbotsirrtum weitgehend entfallen (Dreher GA 1957, 98; Schröder GA 1957, 297; Kaufmann FS Schmidt, 1961, 319; Schöch in LK-StGB Rn. 12). 15

5. Für die Beurteilung der Schuldfähigkeit kommt es auf die **konkrete Tat** und die **Zeit** ihrer Begehung (§ 8) an (BGHSt 14, 114 = NJW 1960, 731; BGH NJW 1983, 350; NStZ 1997, 485; NStZ 2012, 44; Streng in MüKoStGB Rn. 2; beachte auch BGH StV 1995, 406). Die Störung muss sich in der konkreten Tat ausgewirkt haben (BGH NJW 1997, 3101 mAnm Blau JR 1998, 207; BGH NStZ-RR 1998, 106; NStZ-RR 2001, 81; NStZ-RR 2005, 137; NStZ-RR 2007, 105 (106); StV 2014, 336; Schäfer in Schäfer/Sander/van Gemmeren Strafzumessung Rn. 521). Bei länger dauerndem Tatgeschehen ist die Prüfung auf den gesamten Zeitraum der strafrechtlich relevanten Handlungen zu erstrecken (BGH NStZ 1994, 481; NStZ-RR 2012, 6). Schuldunfähigkeit ist rechtlich keine Dauereigenschaft; sie bewirkt nur 16

den Ausschluss der Schuld im Hinblick auf eine bestimmte Tat (Schöch in LK-StGB Rn. 184, Teilbarkeit der Schuldfähigkeit). Werden durch eine einheitliche Handlung zwei Tatbestände erfüllt, soll die Schuldfähigkeitsbeurteilung nicht teilbar sein (BGH NStZ 2012, 44). Gerät der Täter erst nach Versuchsbeginn in den Zustand der Schuldunfähigkeit, so ändert dies nichts an seiner Strafbarkeit wegen vollendeter Tat (hM; vgl. etwa BGH NStZ 2003, 535; Kühl StrafR AT § 11 Rn. 25; Schöch in LK-StGB Rn. 193; einschr. Streng in MüKoStGB Rn. 112); es gelten die Regeln über den abweichenden Kausalverlauf (sukzessive Schuldunfähigkeit; → § 15 Rn. 11; Schild in NK-StGB Rn. 107). Wird er hingegen bereits im Vorbereitungsstadium schuldunfähig, kommt eine Strafbarkeit auch dann nicht in Betracht, wenn die Tat dem im Zustand der Schuldfähigkeit gefassten Plan entspricht (BGHSt 23, 356 = NJW 1971, 254; § 12 Rn. 192; Perron/Weißer in Schönke/Schröder Rn. 40).

17 **a)** Bei **schweren biologischen Störungen,** namentlich den zum Kernbereich der Psychosen (→ Rn. 4, 5) gehörenden Erkrankungen, ist die Schuldfähigkeit zwar nicht notwendig, aber doch regelmäßig ausgeschlossen (ebenso Jäger in SK-StGB Rn. 24); das gilt auch für die Schizophrenie (BGH NStZ 1991, 527; sa BGH NStZ-RR 1998, 5; einschr. BGH NStZ-RR 2012, 239; NStZ-RR 2013, 98; BeckRS 2012, 22958; NStZ-RR 2020, 274; NStZ-RR 2021, 7; StV 2021, 232), vor allem für deren akute Schübe (BGH StV 1995, 405; NStZ-RR 2012, 306; diff. Huber FS Leferenz, 1983, 463). In den **übrigen Fällen,** namentlich bei Folgeerscheinungen von Alkohol- oder Drogenabhängigkeit (→ Rn. 4), bei Affektzuständen (→ Rn. 7), bei leichteren Formen des Schwachsinns (→ Rn. 10) und bei Psychopathien, Neurosen und Triebstörungen (→ Rn. 11), für die meist nur § 21 in Frage kommt, bedarf die psychologische Komponente (→ Rn. 12, 13) dagegen sorgfältiger Prüfung. Einerseits ist hier zu beachten, dass **planmäßiges Handeln,** Alkoholgewöhnung, unauffälliges Verhalten nach der Tat und ungetrübtes Erinnerungsvermögen nicht ohne weiteres einen Schluss auf die Steuerungsfähigkeit zulassen (BGHSt 34, 22 = NJW 1986, 2893; BGHSt 35, 308 = StV 1988, 482; BGH NJW 1989, 1043; NStZ 1992, 78; StV 1995, 407; NStZ-RR 1996, 289; NStZ-RR 2002, 202; NStZ-RR 2002, 476; NStZ-RR 2018, 136; speziell zum planvollen Vorgehen Schöch in LK-StGB Rn. 187) und dass sie auch die Annahme von Einsichtsunfähigkeit nicht unbedingt ausschließen (BGH GA 1955, 271; GA 1971, 365). Andererseits kommt aber durchaus in Frage, dass sie in ihrer Gesamtheit für die Begründung der Schuldfähigkeit ausreichen (BGHSt 36, 286 (292) = StV 1990, 105 mwN; sa BGH StV 1991, 155; und den Beschluss des 1. Strafsenat des BGH StV 1996, 593 (601)). Überhaupt bildet der Umstand, dass der Täter in einem sinnentsprechenden, für den normalen Menschen nachvollziehbaren Motivationszusammenhang gehandelt hat, ein wichtiges Indiz für seine Schuldfähigkeit (Haddenbrock FS Sarstedt, 1981, 35 (42); MschrKrim 1994, 44, der bemängelt, dass die Rspr. diesen Gesichtspunkt infolge Überbetonung des indeterministischen Elements der Steuerungsfähigkeit vernachlässige); das gilt selbst dann, wenn der Entschluss zur Tat eine lange Vorgeschichte hat und aus einer folgerichtigen, bis zu einem gewissen Grade zwangsläufig erscheinenden Entwicklung erklärbar ist (Witter FS Leferenz, 1983, 441 (451)).

18 **b)** Sorgfältig zu prüfen sind auch die Fälle der **Trunkenheit.** Diese braucht keine „sinnlose" zu sein (BGHSt 1, 384 = NJW 1952, 113; BayObLG NJW 1953, 1523; sa BGH BA 1985, 486). Für das Ausmaß der alkoholbedingten Beeinträchtigung bildet die BAK ein wichtiges Indiz (stRspr; vgl. etwa BGHSt 36, 286 = StV 1990, 105; BGH NJW 1991, 852; krit. Luthe/Rösler ZStW 98 (1986), 314; zu Mindestanforderungen an Schuldfähigkeitsgutachten Boetticher/Nedopil/Bosin-

ski/Saß NStZ 2005, 57; krit. Eisenberg NStZ 2005, 304). Sie ist daher im Allgemeinen, wenn auch nicht ausnahmslos (BGH StV 1989, 12 mkritAnm Weider; BGH NStZ 1994, 334; sa OLG Düsseldorf NJW 1990, 1492), unter Beachtung des Grundsatzes in dubio pro reo (→ Rn. 23) zu ermitteln und anzugeben (BGH NStZ 1991, 126; StV 1993, 466; krit. Rengier/Forster BA 1987, 161). Nach einem – wegen der unterschiedlichen Wirkung des Alkohols nicht schematisch anwendbaren (BGH NJW 1969, 1585; GA 1977, 56; OLG Düsseldorf NZV 1994, 367) – statistischen Erfahrungssatz liegt bei einer BAK von 3‰ aufwärts Schuldunfähigkeit nahe, ist aber nicht notwendig gegeben (stRspr; vgl. etwa BGH StV 1987, 385; GA 1988, 271; NStZ 1991, 126; NStZ-RR 2021, 241; NStZ-RR 2021, 303; OLG Düsseldorf NStZ-RR 1998, 86; NZV 1998, 418; krit. Rengier/Forster BA 1987, 161; Schmidt/Schmitt BA 1995, 268). Bei Vorliegen besonderer Umstände, zB beim Fahren nach erstmaligem Alkoholgenuss (OLG Düsseldorf NZV 1994, 324 mAnm Schneble BA 1994, 264), beim pathologischen Rausch (BGHSt 40, 198 = StV 1994, 650 mAnm Blau JR 1995, 117; LG Kreuznach NStZ 1992, 338; krit. Venzlaff FS Schreiber, 2005, 509; Schöch in LK-StGB Rn. 99, 114; Streng in MüKoStGB Rn. 33; Fischer Rn. 18), beim Zusammenwirken von Alkohol mit Medikamenten (OLG Köln BA 1975, 279; OLG Karlsruhe BA 1991, 190), Rauschmitteln (BGH StV 1988, 294; StV 1992, 569; StV 2000, 612), Persönlichkeitsstörungen (BGH NStZ-RR 1997, 299; NStZ-RR 2008, 335) oder affektiver Spannung (BGH StV 1989, 104; NStZ-RR 2008, 105) und bei nicht alkoholgewöhnten Heranwachsenden (OLG Düsseldorf NStZ-RR 1998, 86; NZV 1998, 418), kommt sie schon viel früher in Frage (BGH StV 1990, 259; OLG Zweibrücken NJW 1983, 1386; OLG Düsseldorf NJW 1992, 992). Maßgebend ist eine Gesamtwürdigung, in der neben der BAK, die nicht schon als Indiz relativiert werden darf (BGH NStZ 1995, 539), alle wesentlichen Umstände im Erscheinungsbild und Verhalten des Täters vor, während und nach der Tat zu beurteilen und abzuwägen sind (BGH StV 1989, 14; NStZ 1991, 126; NStZ 1996, 227; NStZ-RR 2002, 207 (208); NStZ-RR 2003, 71; einschr. zu Ausfallerscheinungen BGH StV 2012, 281; sa Dölling in Kiesel, Rausch, 1999, S. 170). Hierbei kann die Einschränkung der Steuerungsfähigkeit durch die Alkoholisierung nicht allein mit der hohen Alkoholtoleranz des alkoholabhängigen Täters sowie dem Fehlen äußerlich erkennbarer alkoholbedingter Ausfallerscheinungen verneint werden, weil äußeres Leistungsverhalten und innere Steuerungsfähigkeit bei hoher Alkoholgewöhnung weit auseinanderfallen können (BGH NStZ 2007, 696). Danach ist die BAK nicht isoliert zu würdigen (unstr.). Im Rahmen der Gesamtbewertung schlägt sie umso mehr zu Buch, je höher sie ist, verliert aber an Indizwert, je mehr nach Zahl und Gewicht erhebliche Gegenindizien in die Abwägung einfließen (BGHSt 43, 66 = NJW 1997, 2460; BGHSt 57, 247 = NJW 2012, 2672 mit Bespr. Schiemann NJW 2012, 2675; krit. Fahl JZ 2013, 314; Satzger JK StGB § 21 Rn. 3; zu Besonderheiten bei verminderter Schuldfähigkeit → § 21 Rn. 3); so wird etwa bei einem Alkoholabhängigen das indizielle Gewicht der BAK idR geringer einzustufen sein als bei einem Gelegenheitskonsumenten (BGH NStZ 1997, 591; NStZ-RR 2002, 207 (208); NStZ-RR 2003, 71; OLG Schleswig SchlA 2002, 141; Kröber NStZ 1996, 569 (573)). Bei Fehlen jeglicher weiterer Indizien wird der nach dem Zweifelssatz errechnete Maximalwert ausschlaggebend (BGHSt 36, 286 = StV 1990, 105; BayObLG VRS 82 (1992), 182 = BeckRS 1991, 06087). Bei der Würdigung ist auch zu berücksichtigen, dass die Hemmschwelle eines Betrunkenen meist umso höher liegt, je schwerer die Tat wiegt (BGH bei Spiegel DAR 1979, 176; BGH bei Detter NStZ 2001, 468), so dass zB bei Tötungsdelikten,

bei denen nach statistischer Erfahrung erst ab etwa 3,3‰ Schuldunfähigkeit naheliegt (BGH NStZ 1991, 126; sa Maatz BA 1996, 233 (238)), die Steuerungsfähigkeit in Folge Alkoholkonsums nur selten ganz fehlen wird (BGH NStZ 1987, 453; beachte jedoch BGH StV 1996, 204; StV 1997, 296); umgekehrt liegt die Hemmschwelle regelmäßig niedriger, wenn die Tat durch Unterlassen begangen wurde, weil der Alkoholgenuss die Neigung fördert, einem Geschehen einfach seinen Lauf zu lassen (BGH StV 1995, 406). Die Selbsteinschätzung des Täters hat im Allgemeinen nur geringen Beweiswert (BGH StV 1992, 62).

19 **6. a)** Die Schuldfähigkeit bedarf keiner näheren **Prüfung und Begründung,** wenn Anhaltspunkte für ihre Beeinträchtigung völlig fehlen (stRspr). Sind jedoch tatsächliche Umstände behauptet oder auch nur erkennbar (dazu BPatG BeckRS 2012, 1381; OLG Düsseldorf NStZ-RR 1996, 134; weiter Streng in MüKoStGB Rn. 29; sa Schewe FS Geerds, 1995, 561), die ihren Ausschluss oder ihre Verminderung möglich erscheinen lassen, so ist dies in einem mehraktiven Verfahren zu prüfen (BGHSt 49, 45 = NJW 2004, 1810; BGH NStZ 2013, 53) und es bedarf der Erörterung im Urteil (unvollständige Würdigung ist idR sachlich-rechtlicher Fehler, OLG Köln MDR 1975, 858; OLG Düsseldorf VRS 88 (1995), 444; zusf. Keiser Jura 2001, 376 (381)). Das kommt namentlich in Frage: bei Geisteskrankheiten ieS und bei Hirnschädigungen (BGH bei Holtz MDR 1978, 459; MDR 1986, 441); bei Wahnvorstellungen (BGH NStZ-RR 1997, 129; NStZ-RR 2002, 202; NStZ-RR 2018, 271; speziell zum Eifersuchtswahn BGH NJW 1997, 3101); bei großem Alkoholgenuss (BGH bei Dallinger MDR 1956, 526), namentlich wenn die BAK den statistischen Erfahrungssatz (→ Rn. 18) überschreitet oder ihm schon mit mehr als 2,5‰ nahekommt (OLG Frankfurt a. M. NStZ-RR 1996, 85); bei langjähriger Abhängigkeit von Alkohol (OLG Karlsruhe VRS 85 (1993), 347 = NStZ 1993, 554), Drogen (BGH StV 1988, 198; OLG Köln MDR 1981, 953; → § 21 Rn. 2) oder Psychopharmaka (Salger DAR 1986, 383); bei Anhaltspunkten für Schwachsinn (OLG Köln MDR 1980, 245); bei sexuell motivierten Triebhandlungen (BGH NStZ 1989, 190; OLG Zweibrücken StV 1986, 436); bei erheblichen psychiatrischen Beeinträchtigungen von Kindheit an (BGH NStZ-RR 2004, 7); bei Ersttaten in vorgerücktem Alter, denen oft ein altersbedingter Abbauprozess zu Grunde liegt (BGH NStZ 1983, 34; NStZ 1999, 297 mAnm Kröber; OLG Köln StV 1992, 321; StV 1995, 633); bei der Möglichkeit des Zusammenwirkens verschiedener biologischer Störungen (BGH StV 1989, 102 (103); NStZ 2003, 363) und bei Gewaltdelikten (Dölling FS Müller-Dietz, 2001, 119). Auch bei anderen auffälligen Umständen sind nähere Ausführungen unverzichtbar (BGH StV 1995, 408; KG VRS 14, 288). Eine anomale Chromosomenkombination kann jedoch allein keinen Zweifel an der Schuldfähigkeit begründen (BGH bei Dallinger MDR 1971, 185). Die bislang angenommene psychodiagnostische Aussagekraft totaler oder zeitlich begrenzter Erinnerungslücken (BGH StV 1987, 57; StV 1992, 569; NStZ 1997, 268) wird vom BGH jedoch neuerdings bezweifelt (BGHSt 43, 66 (73) = NJW 1997, 2460; BGH StV 1998, 539; Maatz NStZ 2001, 1 (6) mwN; skeptisch auch Krümpelmann FS Hanack, 1999, 717 (730)). Treffen **mehrere** psychische Defektzustände zusammen, so dürfen diese nicht isoliert betrachtet werden, weil bei der gebotenen Gesamtbetrachtung erst ihr Zusammenspiel zu einer Minderung oder Aufhebung der Schuldfähigkeit führen kann (BGH NStZ-RR 2004, 364, Alkohol und Affekt; zur rechtlichen Bewertung dieser Komorbiditätsphänomene Streng StV 2004, 614).

20 **b)** aa) Sowohl die biologischen Regelwidrigkeiten wie deren psychologische Auswirkungen sind durch einen **Sachverständigen** zu begutachten (BGH NJW

1967, 299; NStZ 1989, 190; NStZ 2003, 369; NStZ-RR 2007, 74; OLG Karlsruhe BA 1991, 190; zur Zusammenarbeit mit dem Sachverständigen Schöch in LK-StGB Rn. 217–239), wenn das Gericht nicht ausnahmsweise selbst über die erforderliche, idR näher darzulegende (BGH StV 1988, 52; wistra 1994, 29; NStZ 2013, 53 (54); OLG Düsseldorf NJW 1989, 1559) besondere Sachkunde verfügt (dazu BGH StV 1986, 45 (138); OLG Düsseldorf StV 1984, 236; OLG Karlsruhe VRS 85 (1993), 347 = NStZ 1993, 554; problematisch weit BGH NJW 2008, 1329 (1330) mit zu Recht krit. Bespr. Erb StV 2008, 618 (621); krit. auch Streng in MüKoStGB Rn. 162). Die aus dem Gutachten folgende Entscheidung hat dann das Gericht eigenverantwortlich nach Maßstäben des Rechts zu treffen (BGHSt 7, 238 = NJW 1955, 840; BGHSt 8, 113 = NJW 1955, 1566; BGHSt 42, 385 (387) = StV 1997, 299; BGH NJW 1997, 3101 mAnm Winckler/Foerster NStZ 1998, 297; Blau JR 1998, 207; BGH NStZ 1999, 395 mAnm Winckler/Foerster NStZ 2000, 192; BGH NStZ-RR 2003, 8 (39); NStZ-RR 2004, 39; BeckRS 2011, 22404; NStZ 2013, 53; BGH bei Detter NStZ 2009, 74 (75); OLG Köln BeckRS 2011, 01000; Sarstedt FS Schmidt-Leichner, 1977, 171; Haddenbrock FS Sarstedt, 1981, 35; Kaufmann JZ 1985, 1065; krit. Roxin FS Spann, 1986, 457 (466); Tiemeyer ZStW 100 (1988), 527 (553)); jedoch kann es der Sachverständige dabei regelmäßig wirksam unterstützen (Venzlaff in Thomas, Schuld: Zusammenhänge und Hintergründe, 1990, S. 41), so dass dessen Äußerung auch zu dieser Frage keinen Rechtsfehler bedeutet (BGH bei Spiegel DAR 1976, 87; Jäger in SK-StGB Rn. 23; krit. Streng FS Leferenz, 1983, 397; Streng in MüKoStGB Rn. 178). Beschränkt sich das Gericht darauf, sich der Beurteilung des Sachverständigen zur Frage der Schuldfähigkeit anzuschließen, muss es dessen wesentliche Anknüpfungspunkte im Urteil so wiedergeben, wie dies zum Verständnis des Gutachtens und zur Beurteilung seiner Schlüssigkeit erforderlich ist (BGHSt 34, 29 (31) = NJW 1986, 2384; BGH NStZ 2003, 307; NStZ-RR 2008, 39; NStZ-RR 2011, 241). Weicht das Gericht von dessen Ansicht ab, so muss es sich mit ihr im Urteil auseinandersetzen (BGH NStZ 1984, 259; StV 1990, 248; StV 2019, 226), uU einen weiteren Sachverständigen zuziehen (BGH GA 1977, 275; StV 1986, 138; NStZ-RR 2015, 82, aussagepsychologischer Sachverständiger; zur möglichen Befangenheit eines Richters wegen Einholung eines weiteren Gutachtens beachte BGHSt 48, 4 (8) = NJW 2002, 3484 mit Bespr. Duttge NStZ 2003, 375; Schumacher/Arndt StV 2003, 96; Schöch in LK-StGB Rn. 225). Das Gericht muss ein weiteres Gutachten einholen, wenn das erste Gutachten formale und inhaltliche Mängel aufweist und deshalb Zweifel an der Sachkunde des Gutachters berechtigt sind (BGHSt 49, 347 (351) = NStZ 2005, 205 mit Bespr. Nedopil JR 2005, 216). Gutachter und Gericht dürfen nicht offenlassen, welche Form der psychischen Beeinträchtigung vorliegt und welchen Eingangsmerkmalen der §§ 20, 21 sie zuzuordnen ist (stRspr; BGHSt 49, 347 (351, 355) = NStZ 2005, 205). Zur Problematik der tatsächlichen Kooperation zwischen Richter und Sachverständigem Wolff StV 1992, 292; Streng NStZ 1995, 12; NStZ 1995, 161; Schmitt FS Geerds, 1995, 541 (sa Rasch FS Schüler-Springorum, 1993, 561; Verrel ZStW 106 (1994), 332; Dölling FS Kaiser, 1998, 1037; Schmidt/Scholz MschrKrim 2000, 414; Wächtler StV 2003, 184; vgl. auch Helbing ZRP 2004, 55). Zu den Fehlermöglichkeiten bei der Begutachtung Müller/Nedopil Forensische Psychiatrie S. 425.

bb) Über Möglichkeiten und Grenzen forensischer Begutachtung der Schuldfähigkeit bestehen zwischen den verschiedenen Forschungsrichtungen der Seinswissenschaften, namentlich zwischen Psychiatrie und Psychologie, zT grundsätz- 21

liche Meinungsverschiedenheiten, die zu einer bis heute nicht überwundenen **Uneinheitlichkeit der Gutachtenpraxis** geführt haben:

Aus der **Lit.** vgl. etwa Sarstedt FS Schmidt-Leichner, 1977, 17; Haddenbrock FS Sarstedt, 1981, 35; Albrecht GA 1983, 193 (203); Streng NStZ 1995, 161; Rasch MschrKrim 1982, 257; Venzlaff FS DRiAkad, 1983, 277; NStZ 1983, 199; Foerster NJW 1983, 2049; DRiZ 1991, 197; Schreiber FS DRiAkad, 1983, 74 (82); Saß Forensia 1985, 33; Schorsch StV 1985, 522; Haddenbrock JR 1991, 225 mit Erwiderung Luthe/Witter; sa Gschwind/Petersohn/Rautenberg, Die Beurteilung psychiatrischer Gutachten im Strafprozess, 1982; Heinz, Fehlerquellen forensisch-psychiatrischer Gutachten, 1982; Plewig, Funktion und Rolle des Sachverständigen aus der Sicht des Strafrichters, 1983; Barton, Der psychowissenschaftliche Sachverständige im Strafverfahren, 1983; Glatzel, Forensische Psychiatrie, 1985; Rasch/Konrad, Forensische Psychiatrie, 3. Aufl. 2004; Venzlaff/Foerster/Dreßing/Habermeyer, Psychiatrische Begutachtung, 7. Aufl. 2020; Baer, Psychiatrie für Juristen, 1988; Luthe, Forensische Psychopathologie, 1988; Beck-Mannagetta/Reinhardt, Psychiatrische Begutachtung im Strafverfahren unter besonderer Berücksichtigung der Psychodynamik, 1989; Witter, Unterschiedliche Perspektiven in der allgemeinen und in der forensischen Psychiatrie, 1990; Frank/Harrer, Der Sachverständige im Strafrecht. Kriminalitätsverhütung, 1990; Rode/Legnaro, Psychiatrische Sachverständige im Strafverfahren, 1994; Janzarik, Grundlagen der Schuldfähigkeitsprüfung, 1995; Luthe, Die zweifelhafte Schuldfähigkeit, 1996; Rössner FS Lenckner, 1998, 837; Tondorf, Der psychologische und psychiatrische Sachverständige im Strafverfahren, 2002; Schöch FS Widmaier, 2008, 967 (968); Baltzer FS Egg, 2013, 15; zu Verständnisproblemen zwischen Juristen und Sachverständigen Nedopil NStZ 1999, 433; speziell zu Gutachten über Affekttäter (→ Rn. 7) und ihre Uneinheitlichkeit Diesinger, Der Affekttäter, 1977; Albrecht GA 1983, 193 (203); Venzlaff FS Blau, 1985, 391; Osterkorn, Zum Paradox von Ideologie und Pragmatik der §§ 20, 21 StGB, 1997; Endres StV 1998, 674; über Drogenabhängige Täschner BA 1993, 313; über Gewalttäter Dölling FS Müller-Dietz, 2001, 119.

22 cc) Als **Gutachter** kommt meist ein Psychiater in Frage (Rauch FS Leferenz, 1983, 379; krit. Bauer/Thoss NJW 1983, 305; zur „Domäne der Psychiater" krit. Streng in MüKoStGB Rn. 163; ähnlich Safferling in Matt/Renzikowski Rn. 92). Bei Hirnverletzten ist jedoch nach der Rspr. regelmäßig ein für die Beurteilung von Hirnschädigungen besonders vorgebildeter Facharzt zuzuziehen (Nr. 63 RiStBV; BGH bei Holtz MDR 1990, 95; krit. Glatzel StV 1990, 132; beachte auch BGH NStZ 1991, 80; NJW 1993, 1540); auch zur Klärung möglicher altersbedingter Abbauprozesse bedarf es besonderer Erfahrungen auf diesem psychiatrischen Spezialgebiet (BGH StV 1989, 102). Ob bei nicht krankhaften Zuständen (→ Rn. 6–11) statt des Psychiaters ein Fachpsychologe (ggf. auch Psychoanalytiker; vgl. Duncker MschrKrim 1988, 381) den Vorzug verdient oder zusätzlich zuzuziehen ist (krit. zur gutachterlichen Kompetenz der beiden Fachrichtungen im Einzelfall Wolff NStZ 1983, 537 mit Erwiderung Rauch NStZ 1984, 497; speziell zur „Ausgrenzung von psychoanalytisch orientierten Gutachtern" Streng in MüKoStGB Rn. 163), unterliegt pflichtmäßigem Ermessen (BGHSt 34, 355 = NJW 1987, 2593 mAnm Meyer NStZ 1988, 87; BGH NStZ 1990, 400; sa Undeutsch FS Lange, 1976, 703 (714); Kühne, Psychologie im Rechtswesen, 1988, S. 89; Rasch NStZ 1992, 257 mit Erwiderung Täschner NStZ 1994, 221; für eine Einbeziehung von Diplom-Psychologen Scholz ZStW 116 (2004), 618 (627); Scholz/Schmidt, Schuldfähigkeit bei schwerer anderer seelischer Abartigkeit, 2004, die für Tötungsdelikte einen interdisziplinären Indikatorenkatalog aufstellen; krit. Habermeyer MschrKrim 2004, 410). Zur Frage, ob und wieweit auch Gutachten von Molekularbiologen (Genom-Analysen) zur Klärung genetischer Belastung hilfreich sein können, Triffterer/Mitterauer MedR 1994, 290.

c) aa) In Fällen **nicht behebbaren, begründeten Zweifels** sind die Voraussetzungen zugunsten des Täters anzunehmen (BGHSt 8, 113 (124) = NJW 1955, 1566; BGH bei Holtz MDR 1983, 619; Dölling in Kiesel, Rausch, 1999, S. 170). Begründet ist ein Zweifel nur dann, wenn nach der festgestellten Tatsachengrundlage die Möglichkeit der Schuldunfähigkeit nicht weit hergeholt ist (Schwalm JZ 1970, 487 (492)). Außerdem muss der Zweifel Tatsachen betreffen, sich also auf Art und Grad des psychischen Ausnahmezustandes beziehen; ist nur die rechtliche Wertung zweifelhaft, so ist nach den unter → Rn. 13 dargelegten Grundsätzen zu entscheiden (BGHSt 14, 68 (73) = NJW 1960, 545; BGH NStZ 1996, 328; NStZ 2000, 24; NStZ-RR 2006, 335; Lackner FS Kleinknecht, 1985, 245 (264); Maatz BA 1996, 233 (236); Fischer Rn. 67; Streng in MüKoStGB Rn. 29; krit. Schild in NK-StGB Rn. 26). 23

bb) Bei **Ermittlung der BAK** muss die Rückrechnungsmethode den nach den Umständen höchstmöglichen Abbauwert zugrunde legen, um dadurch eine Benachteiligung des Täters auszuschließen; die Rspr. geht dabei von einem maximalen stündlichen Abbauwert von 0,2‰ zzgl. eines einmaligen Sicherheitszuschlags von 0,2‰ aus (BGHSt 37, 231 (237) = NJW 1991, 852; BGH NStZ 1995, 539; sa Gerchow/Heifer ua BA 1985, 77), dessen Unterschreitung auf Grund eines niedrigeren „individuellen" Abbauwertes sie nicht für zulässig hält (BGH NJW 1991, 2356 mAnm Grüner JR 1992, 117; Detter NStZ 2001, 467; Salger DRiZ 1989, 174). Bei dieser Rückrechnung sind die beiden ersten Stunden nach Trinkende nicht auszusparen (BayObLG NJW 1974, 1432; OLG Zweibrücken NJW 1983, 1386). Bei fehlender Blutprobe kommt eine Berechnung auf Grund der Trinkmenge nach der Widmark-Formel in Frage (→ § 315c Rn. 10). Jedoch ist auch hier der Grundsatz in dubio pro reo zu wahren (BGH NStZ 2020, 473; Dölling in Kiesel, Rausch, 1999, S. 169); dazu genügt es nach der Rspr., wenn ein stündlicher Abbau von 0,1‰ zugrundegelegt und ein Resorptionsdefizit von 10% berücksichtigt wird (BGHSt 34, 29 = NJW 1986, 2384; BGHSt 36, 286 = StV 1990, 105; BGH NStZ 1989, 473; Detter NStZ 1993, 474; NStZ 2020, 613; beachte jedoch BGH NStZ 1994, 334; LG Ravensburg NStZ-RR 1997, 36; zusf. Salger DRiZ 1989, 174; Theune NStZ-RR 2003, 181 (188); NStZ-RR 2006, 194; sa Schewe FS Salger, 1995, 715 (721)). Führen die Trinkmengenangaben zu einer medizinisch unrealistisch hohen BAK, hat zur Kontrolle eine Berechnung mit dem höchstmöglichen Abbauwert von 0,2‰, einem Sicherheitszuschlag von 0,2‰ und einem Resorptionsdefizit von 30% zu erfolgen (BGH NStZ 1998, 458; StraFo 2001, 409). Die Berechnungsgrundlagen sind im Urteil anzugeben (BGH StV 1992, 317; NStZ-RR 1996, 258; BGH bei Detter NStZ 2002, 415). 23a

7. Wird Schuldunfähigkeit bejaht, so ist zu prüfen, ob die Voraussetzungen der Unterbringung in einem **psychiatrischen Krankenhaus** nach § 63 oder in einer **Entziehungsanstalt** nach § 64 erfüllt sind (beachte auch § 126a StPO). 24

8. Der bei Begehung der Tat schuldunfähige Täter kann unter dem Gesichtspunkt der **actio libera in causa** (alic) verantwortlich sein. Alic ist eine Handlung, für die der Täter in willensfreiem Zustand eine Ursache setzt, die dann erst in willensunfreiem Zustand die Verwirklichung des Tatbestandes zur Folge hat (str.; zur Freiheit in causa Alwart JahrbRuE 2005, 357 (365)). Hauptanwendungsfall ist das verantwortliche In-Gang-Setzen eines Geschehensablaufs, der im Zustand der Schuldunfähigkeit (zB im Alkoholrausch) oder der Handlungsunfähigkeit (zB Unterlassen während des Schlafs; str.) zu Ende geführt wird; wie weit sich die alic auch auf andere strafbegründende Merkmale beziehen kann, ist umstritten (dazu 25

Maurach JuS 1961, 373; Cramer, Der Vollrauschtatbestand als abstraktes Gefährdungsdelikt, 1962, S. 129; Krause FS Mayer, 1966, 305; Jäger in SK-StGB Rn. 29a). Grundwissen bei Rönnau JuS 2010, 300. Die **Rspr.** betrachtet als Strafgrund ausschließlich die Steuerungsvorgänge zurzeit der Schuldfähigkeit und knüpft deshalb auch nur an diese an; danach ist die alic nur eine scheinbare Ausnahme von dem Grundsatz (→ Rn. 16), dass für die Verantwortlichkeit die Zeit der Tat maßgebend ist (BGHSt 17, 333 (335) = NJW 1962, 1830; zur BGH-Rspr. Otto FG BGH, 2000, 111 (119); Zenker, Actio libera in causa, 2002, S. 122 mit Bespr. Neumann GA 2004, 667); neuerdings scheidet sie aber solche Tatbestände aus, die nicht lediglich die Herbeiführung eines schädlichen Erfolges, sondern die Vornahme einer bestimmten, unmittelbar auszuführenden Tathandlung (zB Führen eines Kraftfahrzeugs) voraussetzen (BGHSt 42, 235 = NJW 1997, 138 mit Bespr. Ambos NJW 1997, 2296; Fahnenschmidt/Klumpe DRiZ 1997, 77; Hardtung NZV 1997, 230; Hirsch NStZ 1997, 230; Horn StV 1997, 264; Hruschka JZ 1997, 22; Neumann StV 1997, 23; Spendel JR 1997, 133; Wolff NJW 1997, 2032; Geppert JK StGB § 20 Rn. 2a, 2b; zust. für eigenhändige Delikte Jäger in SK-StGB Rn. 28d; krit. Dölling in Kiesel, Rausch, 1999, S. 172; Zenker, Actio libera in causa, 2002, S. 157; speziell bei Rauschdelikten im Straßenverkehr Freund GA 2014, 137; zusf. Satzger Jura 2006, 513 (516)). Für andere Tatbestände will sie anscheinend an der bisherigen Rspr. festhalten (BGH NStZ 1997, 230 (Ls.) mzustAnm Hirsch JR 1997, 391; BGH NStZ 1999, 448; NStZ 2000, 584).

25a In der **Wissenschaft** gehen die Meinungen über die dogmatische Struktur der alic weit auseinander (zusf. Hruschka JZ 1989, 310; Hirsch FS Nishihara, 1998, 88; Jakobs FS Nishihara, 1998, 105; Jerouschek FS Hirsch, 1999, 241; Satzger Jura 2006, 513; Streng JZ 2000, 20; Streng in MüKoStGB Rn. 114–140; Schünemann FS Lampe, 2003, 537 (554); Heinrich StrafR AT Rn. 601–607; Paeffgen in NK-StGB Vor § 323a Rn. 5–29; Schöch in LK-StGB Rn. 198–201; Perron/Weißer in Schönke/Schröder Rn. 35–35b; eing. Zenker, Actio libera in causa, 2002, S. 21; sa die Nachw. in BGHSt 42, 235 = NJW 1997, 138; schon im Ansatz abw. Schild FS Triffterer, 2011, 203, der die alic als grundsätzliches, bei jeder Straftat mögliches Problem der Zurechnung von Unfreiheit versteht; von der „Nichtnotwendigkeit" der alic geht auch González-Rivero, Strafrechtliche Zurechnung bei Defektzuständen, 2001, S. 233, aus; zur Vereinbarkeit der alic mit dem Schuldprinzip Lagodny, Strafrecht vor den Schranken der Grundrechte, 1996, S. 407). Es stehen sich verschiedene Konzeptionen gegenüber. Teils erkennen sie die Rechtsfigur nur in den Grenzen der allgemein anerkannten dogmatischen Regeln an (LG Münster NStZ-RR 1996, 266; Horn GA 1969, 289; dazu Hoyer GA 2008, 711; Paeffgen ZStW 97 (1985), 513; ganz abl. Hettinger GA 1989, 1; Hettinger FS Geerds, 1995, 623; Hettinger FS Rengier, 2018, 39; Köhler StrafR AT S. 397; Salger/Mutzbauer NStZ 1993, 561; Sydow, Die actio libera in causa nach dem Rechtsprechungswandel des Bundesgerichtshofs, 2002, S. 225; abl. inzwischen auch Hruschka JZ 1996, 64, der das von ihm bisher vertretene Ausnahmemodell für verfassungswidrig hält und Vorschläge zur Gesetzesänderung unterbreitet; krit. Deiters in Schneider/Frister, Alkohol und Schuldfähigkeit, 2002, S. 121, 137; ebenso Renzikowski in Kaufmann, Recht auf Rausch und Selbstverlust durch Sucht, 2003, S. 317, 322; Paeffgen in NK-StGB Vor § 323a Rn. 29; Paeffgen in Egg/Geisler, Alkohol, Strafrecht und Kriminalität, 2000, S. 49, 54, hält die „Rechtspraxis … derzeit für verfassungswidrig"; keinen Verstoß gegen das Gesetzlichkeitsprinzip sieht Jähnke FS BGH, 2000, 403). Überwiegend bieten sie aber weiterreichende Konstruktionen an. Diese suchen – auf der Grundlage allerdings sehr divergierender Ansätze – die Lösung teils

schon im Tatbestandsbereich (hM; sog. **Tatbestandsmodell** vgl. etwa Puppe JuS 1980, 346; Küper, Der „verschuldete" rechtfertigende Notstand, 1983, S. 80; Küper FS Leferenz, 1983, 573; Wolter FS Leferenz, 1983, 545 (567); Roxin FS Lackner, 1987, 307; Schünemann in Hirsch/Weigend, Strafrecht und Kriminalpolitik in Japan und Deutschland, 1989, S. 147, 169; Herzberg FS Spendel, 1992, 203; Schlüchter FS Hirsch, 1999, 345 (348); Spendel FS Hirsch, 1999, 379; BWME StrafR AT § 19 Rn. 40; Schöch in LK-StGB Rn. 198; Jäger in SK-StGB Rn. 28–28e; krit. Stratenwerth GS Kaufmann, 1989, 485 (491); Hruschka FS Gössel, 2002, 145; Deiters in Schneider/Frister, Alkohol und Schuldfähigkeit, 2002, S. 133, der ein Unterlassungsdelikt annehmen will; krit. auch Fischer Rn. 52; abl. Leupold, Die Tathandlung der reinen Erfolgsdelikte und das Tatbestandsmodell der „actio libera in causa" im Lichte verfassungsrechtlicher Schranken, 2005 mit Bespr. Hettinger GA 2007, 175, wegen Verstoßes gegen Art. 103 II GG verfassungswidrig), insbes. als **Fall mittelbarer Täterschaft** (Hirsch NStZ 1997, 230; Jakobs, System der strafrechtlichen Zurechnung, 2012, S. 68; Schünemann FS Lampe, 2003, 537; Dold GA 2008, 427 (441); krit. Mitsch FS Küper, 2007, 347) oder auf der Ebene des Unrechts (Schmidhäuser, Die actio libera in causa: ein symptomatisches Problem der deutschen Strafrechtswissenschaft, 1992 mit krit. Bespr. Frister ZStW 108 (1996), 645). Teils setzen sie auch erst auf der Schuldebene an und postulieren eine Ausnahme vom Koinzidenzprinzip; als nähere dogmatische Begründungen dienen ihnen ein auf teleologischer Reduktion der §§ 20, 21 beruhendes „Ausnahmemodell" (Hruschka JuS 1968, 554; SchwZStr 1974, 48 (61); Joerden, Strukturen des strafrechtlichen Verantwortlichkeitsbegriffs, 1988, S. 35; sa Otto Jura 1999, 217) oder eine darauf beruhende „Relationstheorie" (Jerouschek JuS 1997, 385; Jerouschek/Kölbel JuS 2001, 417 (421)), ein aus funktionalem Schuldverständnis abgeleitetes „Ausdehnungsmodell" (Streng ZStW 101 (1989), 273 (308); JZ 2000, 20 (22); Safferling in Matt/Renzikowski Rn. 79: sachlich richtiger Ansatz; sa Stühler, Die actio libera in causa de lege lata und de lege ferenda, 1999, S. 94, 163), eine die Zurechnung erweiternde „Surrogationstheorie" (Kindhäuser, Gefährdung als Straftat, 1989, S. 120) oder eine Abkehr vom Koinzidenzprinzip durch Erweiterung des Schuldurteils über die Grenzen der rechtswidrigen Tat hinaus (Neumann FS Kaufmann, 1983, 581).

Vorzugswürdig ist das **Ausnahmemodell** (Kühl StrafR AT § 11 Rn. 18; **25b**
Krey/Esser StrafR AT Rn. 710; Wessels/Beulke/Satzger StrafR AT Rn. 415; krit. Hettinger FS Geerds, 1995, 623 (633); Hilgendorf/Valerius StrafR AT § 6 Rn. 17; Schild in NK-StGB Rn. 99). Nachdem dieses Modell auch von der Rspr. für verfassungswidrig gehalten wird (BGHSt 42, 235 = NJW 1997, 138; nach Safferling in Matt/Renzikowski Rn. 78, kaum zu behebender Konflikt mit Art. 103 II GG), bleibt für die Praxis bei nicht verhaltensgebundenen Delikten nur der Rückgriff auf das Tatbestandsmodell. Da aber auch dieses Modell wegen der Vorverlegung auf die Steuerungsvorgänge zurzeit der Schuldfähigkeit dogmatische Schwierigkeiten bereitet, sollte eine gesetzgeberische Entscheidung angestrebt werden (vgl. Sick/Renzikowski ZRP 1997, 484 (487); Streng JZ 2000, 20 (26) mit Gesetzgebungsvorschlag für § 20 II; Fischer Rn. 55; den kontroversen Diskussionsstand spiegelt der Tagungsbericht vom Marburger Strafrechtsgespräch 1997 wider, bei Dietmeier ZStW 110 (1998), 393 (400–408)). – Kritisch zu aktuellen Vorschlägen einer **gesetzlichen Regelung** der alic bei § 20 aus der Wissenschaft Hettinger in Schnarr/Hennig/Hettinger, Alkohol als Strafmilderungsgrund, Vollrausch, Actio libera in causa, 2001, S. 190, 283, 287, 298, der selbst einen Regelungsvorschlag für die vorsätzliche und fahrlässige alic (neue Abs. 2 und 3 des § 20) macht; dazu

Sternberg-Lieben GA 2002, 179 (181); und Hirsch FS Lüderssen, 2002, 253 (263)); weitere Regelungsvorschläge macht Hennig in Schnarr/Hennig/Hettinger, Alkohol als Strafmilderungsgrund, Vollrausch, Actio libera in causa, 2001, S. 101, 163. Zu Regelungsvorschlägen bei § 323a → § 323a Rn. 1. Zur gesamten Reformdiskussion Streng in MüKoStGB Rn. 159–161. Rechtsvergleichend Paeffgen in NK-StGB Vor § 323a Rn. 62–65. Zur Rechtsgeschichte Hettinger in Schnarr/Hennig/Hettinger, Alkohol als Strafmilderungsgrund, Vollrausch, Actio libera in causa, 1988, S. 79; Hruschka FS Link, 2003, 687.

26 **a)** aa) Bei **vorsätzlicher** alic erstreckt sich der mindestens bedingte (BGH NStZ 2002, 28; zust. Stein in SK-StGB Rn. 31; OLG Koblenz BA 1989, 294) Vorsatz des (sei es auch nur vermindert, OLG Düsseldorf NJW 1962, 684) schuldfähigen Täters darauf, dass er in unfreiem Zustand eine bestimmte (BGHSt 17, 259 = NJW 1962, 1578; BGHSt 21, 381 = NJW 1968, 657; BGH NStZ 1992, 536), nicht notwendig schon in allen Einzelheiten konkretisierte (BGH NJW 1977, 590) Tat begehen oder zu Ende führen werde (ähnlich BGHSt 2, 14 = NJW 1952, 353; BGH NJW 1955, 1037; einschr. OLG Schleswig MDR 1989, 761); dabei sind die allgemeinen Regeln über Abweichungen des Vorstellungsbildes von der Wirklichkeit (→ § 15 Rn. 10–13a) anwendbar, aus denen ua folgt, dass sich der error in persona des unfrei Handelnden als aberratio ictus in Bezug auf den zuvor gefassten Vorsatz auswirkt (Perron/Weißer in Schönke/Schröder, Rn. 37; Schöch in LK-StGB Rn. 204; einschr. Kühl StrafR AT § 11 Rn. 23; aM Streng in MüKoStGB Rn. 144; Safferling in Matt/Renzikowski Rn. 84; zusf. Schweinberger JuS 2006, 507; zw.); zum Zusammentreffen der vorsätzlichen alic mit einem Erlaubnistatbestandsirrtum vgl. Kühl StrafR AT § 11 Rn. 23. Darüber hinaus muss sich der Vorsatz auch auf die Herbeiführung des unfreien Zustandes selbst erstrecken (BGHSt 23, 356 (358) = NJW 1971, 254; BGH NStZ 1995, 329; Rudolphi JuS 1969, 461 (465); Puppe JuS 1980, 346 (348); Roxin FS Lackner, 1987, 307 (320); Schöch in LK-StGB Rn. 202; Streng in MüKoStGB Rn. 142; aM Cramer JZ 1968, 273; Hruschka JuS 1968, 554 (558); SchwZStr 1974, 48 (73); offen gelassen BGH NStZ 2002, 28; zw.). Der Hauptfall vorsätzlicher alic besteht darin, dass sich jemand vor einer geplanten Tat Mut antrinkt und sie dann in schuldunfähigem Zustand ausführt.

27 bb) **Versuchte alic** liegt nicht schon mit Eintritt der Schuldunfähigkeit vor, sondern erst mit dem unmittelbaren Ansetzen zu der im unfreien Zustand ausgeführten rechtswidrigen Tat (hM; vgl. Rath JuS 1999, 140 (143); Wessels/Beulke/Satzger StrafR AT Rn. 419; anders Hirsch FS Nishihara, 1998, 98; Jakobs, System der strafrechtlichen Zurechnung, 2012, S. 119; Roxin FS Maurach, 1972, 213 (230); Schlüchter FS Hirsch, 1999, 345 (359); Jäger in SK-StGB § 22 Rn. 21; diff. Spendel FS Hirsch, 1999, 379 (390); Freund GA 2014, 137 (149); Hillenkamp in LK-StGB § 22 Rn. 166; zusf. Putzke JuS 2009, 990). Rücktritt vom Versuch auch während des unfreien Zustandes wirkt strafbefreiend (Roxin FS Lackner, 1987, 319; Mitsch Jura 1989, 485 (489); Streng in MüKoStGB Rn. 147; aM Kusch, Der Vollrausch, 1984, S. 129; Deiters in Schneider/Frister, Alkohol und Schuldfähigkeit, 2002, S. 135; Jakobs StrafR AT Abschn. 17 Rn. 68; zusf. Schweinberger JuS 2006, 507 (510).

28 **b)** Auch **fahrlässige** alic, bei welcher der schuldfähige Täter den unfreien Zustand vorsätzlich oder fahrlässig herbeigeführt und dabei entweder fahrlässig nicht bedacht oder sich im Vertrauen darauf, dass es schon gut gehen werde, über die Möglichkeit hinweggesetzt hat, dass er in diesem Zustand eine bestimmte Tat

(→ Rn. 26) begehen oder zu Ende führen werde, war bisher in der Rspr. anerkannt (expl. BGHSt 17, 333 (335) = NJW 1962, 1830; BayObLG NJW 1969, 1583) und namentlich bei Trunkenheitsfahrten nach §§ 315 c, 316 praktisch bedeutsam (expl. BayObLG JR 1979, 289 mAnm Horn; OLG Hamm NJW 1983, 2456; Janiszewski NStZ 1988, 264; sa schon RGSt 22, 413 mit Bespr. Fahl JA 1999, 842, der die weitere Entwicklung der Rspr. aufzeigt); mit der neuen in BGHSt 42, 235 = NJW 1997, 138 eingeleiteten Rspr. (→ Rn. 25) ist das nicht mehr vereinbar (zur Rspr. des BGH Otto FG BGH, 2000, 111 (126); zur Sachfrage ebenso Sternberg-Lieben GS Schlüchter, 2002, 217 (238)). Auch soweit fahrlässige alic in anderen Fällen bejaht wurde (zB BGH bei Spiegel DAR 1968, 283 (291)), greift die Rspr. nicht mehr darauf zurück, weil solche Fälle unmittelbar mit den für das Fahrlässigkeitsdelikt geltenden Regeln bewältigt werden könnten (→ § 15 Rn. 39 a; Sternberg-Lieben GS Schlüchter, 2002, 217 (237); Deiters in Schneider/Frister, Alkohol und Schuldfähigkeit, 2002, S. 135; Bedenken bei Hruschka JZ 1997, 22 (24); Horn StV 1997, 264; Fellenberg, Zeitliche Grenzen der Fahrlässigkeitshaftung, 2000, S. 20, 47, 95; Hettinger FS Schroeder, 2006, 209 (221), der eine gesetzliche Regelung fordert; nach Zenker, Actio libera in causa, 2002, S. 171, sogar: „grundgesetzwidrig"; → Rn. 25). Zusf. Satzger Jura 2006, 513 (516).

c) Über das Verhältnis der alic zu § 21 → § 21 Rn. 6; zu § 323 a → § 323 a Rn. 19. 29

§ 21 Verminderte Schuldfähigkeit

Ist die Fähigkeit des Täters, das Unrecht der Tat einzusehen oder nach dieser Einsicht zu handeln, aus einem der in § 20 bezeichneten Gründe bei Begehung der Tat erheblich vermindert, so kann die Strafe nach § 49 Abs. 1 gemildert werden.

1. Vermindert schuldfähig ist, wessen Einsichts- oder Steuerungsfähigkeit (→ § 20 Rn. 12, 13) infolge der unter → § 20 Rn. 2–11 b genannten biologischen Ursachen zwar nicht ausgeschlossen, aber erheblich vermindert ist (RGSt 67, 149). Mit dem wenig geklärten Erfordernis der **Erheblichkeit** werden bloße Unterschiede innerhalb einer nicht eng zu verstehenden Bandbreite der Normalität ausgeschieden (BGH NStZ-RR 2004, 38; NStZ-RR 2005, 75; zur Erheblichkeit der iRd § 21 besonders bedeutsamen schweren seelischen Störung bzw. früher „Abartigkeit" → § 20 Rn. 11 b); dabei handelt es sich um eine vom Richter in eigener Verantwortung zu beurteilende Rechtsfrage (BGHSt 43, 66 (77) = NJW 1997, 2460; BGHSt 49, 45 (53) = StV 2005, 15; BGHSt 53, 221 (223) = NJW 2009, 1979; BGH BeckRS 2011, 22404; Schöch in LK-StGB Rn. 19; Streng in MüKo-StGB Rn. 18), weshalb der in-dubio-Grundsatz nicht anwendbar ist (vgl. BGH NStZ 2000, 27; NStZ 2005, 149; Schöch in LK-StGB Rn. 19; krit. Theune ZStW 114 (2002), 300 (314), der sich gegen die Einbeziehung normativer Aspekte wendet). Je schwerwiegender das Delikt ist, desto höher sind die Anforderungen, die die Rechtsordnung an jedermann stellt, und umso strenger sind die Voraussetzungen für die Bejahung die Erheblichkeit (BGHSt 43, 66 = NJW 1997, 2460; BGHSt 49, 45 (53) = StV 2005, 15; BGH NStZ-RR 2004, 329; StraFo 2016, 301; NStZ-RR 2017, 37); unerhebliche Beeinträchtigungen können aber für die Strafzumessung relevant bleiben (→ § 46 Rn. 39). Die Vorschrift beruht auf der Erwägung, dass auch dem Schuldfähigen unter diesen Voraussetzungen ein norm- 1

gemäßes Verhalten wesentlich schwerer fallen kann (Keiser Jura 2001, 376 (380); Streng Sanktionen Rn. 918; Perron/Weißer in Schönke/Schröder Rn. 1; sa Duensing StraFo 2005, 15 (18); krit. Bresser NJW 1978, 1188; Göppinger FS Leferenz, 1983, 411; Weinschenk Forensia 1986, 55; Haffke R & P 1991, 94, die verminderte Schuldfähigkeit mit beachtlichen Gründen für eine reine Strafzumessungsfrage halten; sa Müller-Dietz NJW 1992, 1276 (1280); Frister, Die Struktur des „voluntativen Schuldelements“, 1993, S. 188). Der Anwendungsbereich der Vorschrift ist **eingeschränkt.** Zum einen scheidet sie aus, wenn nur die Einsichtsfähigkeit vermindert war, der Täter aber das Unrecht eingesehen hat (BGHSt 21, 27 = NJW 1966, 893; BGHSt 34, 22 (25) = NJW 1986, 2893; BGH NStZ 1988, 24; NStZ-RR 1999, 207; NStZ-RR 2002, 328; NStZ-RR 2007, 73; NStZ-RR 2008, 106; BeckRS 2011, 22582; BeckRS 2011, 22505; NStZ-RR 2012, 366; NJW 2012, 246; NJW 2014, 2738; NStZ 2022, 34; Streng Sanktionen Rn. 921); zum anderen muss das Fehlen der Einsicht dem Täter vorzuwerfen sein (BGHSt 40, 341 (349) = NJW 1995, 795 mAnm Foerster/Winckler NStZ 1995, 344; BGH NJW 1991, 762; NJW 2014, 2738; NStZ-RR 2015, 273; NStZ-RR 2004, 38; Schöch in LK-StGB Rn. 10–12; krit. Schild in NK-StGB Rn. 12); kann dieser Vorwurf nicht erhoben werden, greift § 20 ein (BGHSt 40, 341 (349) = NJW 1995, 795; BGH NStZ-RR 2003, 325; NStZ-RR 2008, 106; NStZ-RR 2013, 71). Aufgrund der unterschiedlichen Anforderungen an die Defektqualität können beide Alternativen nicht gleichzeitig gegeben sein (BGHSt 40, 341 (349) = NJW 1995, 795; BGH StraFo 2005, 205; BGH bei Pfister NStZ-RR 2008, 161; Schöch in LK-StGB Rn. 5; Streng in MüKoStGB Rn. 15) und der Richter muss sich Klarheit darüber verschaffen, welche von ihnen vorliegt (BGH NJW 1995, 1229 mAnm Pluisch NStZ 1995, 330; Schild in NK-StGB Rn. 10). – **Rechtsvergleichend** Enz, Verminderte Schuldfähigkeit im deutschen und US-amerikanischen Strafrecht, 2016.

2 **2. a)** Für die verminderte Schuldfähigkeit haben vor allem **Psychopathien, Neurosen, Triebstörungen** (BGH NStZ-RR 2002, 230), **leichtere Formen des Schwachsinns** (OLG Koblenz MDR 1980, 1043), **altersbedingte Persönlichkeitsveränderungen** (BGH NStZ-RR 2006, 38), **Affektzustände** (BGH StV 1997, 630; StV 2001, 228; NStZ 2002, 541; NStZ-RR 2003, 8; zur psychischen Situation bei einer Kindstötung BGH NStZ-RR 2005, 168), **Folgeerscheinungen von Alkohol-, Drogen- oder Medikamentenabhängigkeit,** jedoch nicht schon Abhängigkeit als solche (BGH JR 1987, 206 mAnm Blau; Kanischke StV 1988, 199; BGH StV 1994, 304; StV 2005, 19; NStZ-RR 1997, 225 (227); NStZ-RR 2001, 81; NStZ-RR 2002, 263; NStZ-RR 2006, 88; NStZ 2001, 82 (83, 85); sowie BGH NStZ 2003, 369; NStZ 2005, 166; NStZ 2006, 151 mAnm Dannhorn NStZ 2006, 453; BGH NStZ-RR 2008, 274; BVerwGE 93, 358; BayObLG NJW 1999, 1794; OLG Köln NStZ 1989, 90; aM OLG Celle NStZ 1987, 407; die uneinheitliche Rspr. des BGH zusf. Theune NStZ 1997, 57 (59); NStZ-RR 2003, 225), akuter **Drogenrausch** (BGH NStZ-RR 2002, 263; zum Cannabisrausch BGH NStZ 2001, 83; BGH bei Detter NStZ 2001, 467; zum Affektdurchbruch in Folge Drogen- und Alkoholkonsum BGH NStZ 2003, 367; NStZ-RR 2005, 333; NStZ-RR 2013, 72) und **alkoholbedingte Rauschzustände** (→ § 20 Rn. 18) beträchtliche Bedeutung (Maatz StV 1998, 279); wahnhafte Störungen (BGH NStZ-RR 2015, 168; NStZ 2019, 26).

3 **b)** In Fällen **alkoholischer Beeinträchtigung** lag nach einem bisher von der Rspr. anerkannten **statistischen Erfahrungssatz** bei einer BAK von 2‰ (bei schweren Gewalthandlungen gegen Leib und Leben, insbes. bei Tötungen, von

2,2‰, BGHSt 43, 66 (69) = NJW 1997, 2460; BGH bei Detter NStZ 2003, 133; BGH NStZ 2015, 634; OLG Dresden BA 56, 203) aufwärts erheblich verminderte Schuldfähigkeit nahe, war von 2,6‰ an in hohem Grade wahrscheinlich und konnte bei 3‰ regelmäßig nicht ausgeschlossen werden (BGHSt 34, 29 (31) = NJW 1986, 2384; BGHSt 35, 308 (312) = StV 1988, 482). Eine unmittelbar konstante Abhängigkeit besteht indessen nicht, so dass bei Jugendlichen oder Heranwachsenden (BGH NStZ 1997, 384; NStZ 2000, 136; NStZ-RR 1997, 162) oder Vorliegen besonderer Umstände, zB bei alkoholtypischen Ausfallerscheinungen (BGH NStZ 1990, 384; StV 1990, 402; StV 2012, 281) oder bei einer als persönlichkeitsfremd und nicht erklärlich erscheinenden Tat (BGH NStZ 2000, 193), auch schon geringere Werte Anlass zur Prüfung sein können, deren Ergebnis näher zu begründen ist (→ § 20 Rn. 18, 19; beachte auch BGH NStZ 1994, 239). Jedoch neigte die überwiegend vom 4. Strafsenat des BGH getragene Rspr. zu einer problematischen Schematisierung, indem sie einerseits auf die Feststellung des zurückgerechneten Maximalwerts der BAK (→ § 20 Rn. 23a), auch wenn keine Blutprobe zur Verfügung stand (BGH NStZ-RR 1997, 33), besonderes Gewicht legte (BGHSt 34, 29 = NJW 1986, 2384; BGHSt 37, 231 = NJW 1991, 852) und andererseits die Summe der individuellen Faktoren im Erscheinungsbild und Verhalten des Täters regelmäßig für unzureichend hielt, um eine Ausnahme von dem Erfahrungssatz zu Lasten des Täters zu begründen (zusf. BGHSt 37, 231 = NJW 1991, 852 mkritAnm Mayer NStZ 1991, 526; BGH StV 1996, 478 (535); Salger FS Pfeiffer, 1988, 379). Allenfalls bei der unteren und mittleren (Massen-)Kriminalität war dieser Trend zur Vermeidung unverhältnismäßigen Ermittlungsaufwands hinnehmbar (Blau JR 1988, 210; Schäfer in Schäfer/Sander/van Gemmeren Strafzumessung Rn. 529); bei ernsteren Straftaten war er nicht akzeptabel. Der 1. Strafsenat dagegen vertrat unter Berufung auf das einhellig kritische rechtsmedizinische Schrifttum die These, dass die BAK als Indiz zwar nicht bedeutungslos werden könne (BGH StV 1990, 107 mkritAnm Weider), dass ihre Indizwirkung aber umso schwächer werde, je mehr sie als zurückgerechneter Maximalwert die Wirklichkeit verfehlen könne (BGHSt 35, 308 = StV 1988, 482; BGHSt 36, 286 = StV 1990, 105 mAnm Blau JR 1990, 294; v. Gerlach BA 1990, 305; v. Gerlach in Ebert, Aktuelle Probleme der Strafrechtspflege, 1991, S. 165); demgegenüber hielt der 4. Strafsenat das für einen Verstoß gegen den Zweifelssatz (BGHSt 37, 231 = NJW 1991, 852; krit. Foth NStZ 1996, 423; Maatz BA 1996, 233).

Inzwischen ist kein Strafsenat mehr der Auffassung, es gebe einen gesicherten medizinisch-statistischen Erfahrungssatz, wonach ab einem bestimmten **Grenzwert** die Steuerungsfähigkeit in aller Regel erheblich vermindert sei (BGHSt 43, 66 (75) = NJW 1997, 2460 mkritAnm Loos JR 1997, 514; BGH NJW 1998, 3427; NStZ 2002, 552; NStZ-RR 2003, 71; NStZ-RR 2015, 8; sa Kröber NStZ 1996, 569, Maatz StV 1998, 279 (281), Maatz/Wahl FS BGH, 2000, 531 (539); Tolksdorf DAR 1998, 165). Der 4. Strafsenat hält gleichwohl daran fest, dass bei BAK-Werten von 2‰ aufwärts § 21 ernstlich in Betracht zu ziehen und auf Grund des Zweifelsatzes anzuwenden ist, wenn – wie idR – keine sicheren Anhaltspunkte für eine Verneinung verminderter Steuerungsfähigkeit vorliegen (BGH NStZ-RR 1997, 162; zu ähnlichen Tendenzen beim 2. und 5. Strafsenat vgl. BGHSt 43, 66 (72) = NJW 1997, 2460; BGH NStZ-RR 1997, 163; NStZ-RR 1998, 107; StV 1998, 257; NStZ 1998, 295; NStZ 2005, 683; eher auf der Linie des 1. Strafsenat der 3. Strafsenat BGH NJW 1998, 3427). In der BGH-Rechtsprechung muss daher auch künftig mit Unterschieden in der Bewertung und Gewichtung einzelner psychodiagnostischer Kriterien gerechnet werden (BGHSt 43, 66 (76) = NJW 1997, 3a

2460; BGH StV 2013, 653; Fischer § 20 Rn. 23; Maatz/Wahl FS BGH, 2000, 531 (541); Rissing-van Saan in Schneider/Frister, Alkohol und Schuldfähigkeit, 2002, S. 103, 107; die unübersichtliche Rspr. zusf. Theune NStZ-RR 2003, 193; NStZ-RR 2005, 225 (227); NStZ-RR 2006, 329 (330)). So verlangt der 1. StS auch bei einer BAK von über 2‰ eine umfassende Gesamtwürdigung unter Berücksichtigung der Vorgeschichte der Tat, des Verhaltens der Angeklagten vor, während und nach der Tat und seiner Alkoholgewöhnung (BGHSt 43, 66 (69) = NJW 1997, 2460; BGH NStZ 2005, 92; StV 2019, 242). Neben der Alkoholmenge sind jedenfalls auch psychodiagnostische Kriterien von Bedeutung (BGHSt 43, 66 = NJW 1997, 2460; stRspr nach Fischer § 20 Rn. 17a). Der BAK kommt umso geringere Bedeutung zu, je mehr sonstige psychodiagnostische Beweisanzeichen zur Verfügung stehen (BGHSt 57, 247 = NJW 2012, 2672 mzustAnm Schiemann NJW 2012, 2675; Kudlich JA 2012, 871; krit. Fahl JZ 2013, 314; Satzger JK StGB § 21 Rn. 3; zust. für den Bereich niedriger und mittlerer BAK-Werte Fischer § 20 Rn. 17a). Lässt sich die BAK nicht errechnen, weil sich Trinkmenge und -zeit nicht eingrenzen lassen, kann sich die Beurteilung nur nach psychodiagnostischen Kriterien richten (BGH NStZ 2000, 24; NStZ-RR 1997, 226; NStZ-RR 1999, 297; BayObLG DAR 2021, 274). **Psychodiagnostische Kriterien,** die – auch bei Vorliegen einer erheblichen BAK (vgl. BGH NStZ 1992, 532: 3,54‰; BGH NStZ 2005, 329: 2,9‰; BGH BeckRS 2012, 03228: 2,3‰; BGH NJW 2015, 3525: 3,9‰; BGH NStZ-RR 2016, 103) – als Anhaltspunkte gegen eine Verminderung der Steuerungsfähigkeit sprechen können, sind zB genaue Tatvorbereitung und planmäßige Ausführung der Tat, schnelle Situationserkennung und angepasste Reaktionen auf neue Situationen oder umsichtiges Nachtatverhalten (Maatz StV 1998, 279 (282); BGH BeckRS 2012, 03228), logische und schlüssige Handlungskonsequenzen mit motorischen Kombinationsleistungen bei und nach der Tat (BGH NStZ-RR 2000, 265; einschr. BGH NStZ-RR 2013, 71; BGH bei Detter NStZ 2001, 468; BGH NStZ 2005, 329), während innerhalb des BGH Streit über die Aussagekraft der Alkoholgewöhnung und des Erinnerungsvermögens herrscht (bejahend der 1. und 4. Strafsenat, vgl. BGHSt 43, 66 (71) = NJW 1997, 2460; BGH NStZ 2002, 532; NStZ-RR 1999, 297; NStZ-RR 2003, 71; Maatz NStZ 2001, 1 (7); skeptisch dagegen der 2. und 5. Strafsenat, vgl. BGHSt 43, 66 (73) = NJW 1997, 2460; BGH NStZ 1998, 297 (298); Rissing-van Saan in Schneider/Frister, Alkohol und Schuldfähigkeit, 2002, S. 112; Schäfer in Schäfer/Sander/van Gemmeren Strafzumessung Rn. 528). Zu kontraindikatorischen psychodiagnostischen Beurteilungskriterien BGH NStZ 2012, 262.

4 **3. a)** aa) Verminderte Schuldfähigkeit ist ein **fakultativer besonderer gesetzlicher Milderungsgrund** iSd § 49 I. Es ist daher zunächst zu entscheiden – was auch bei lebenslanger Freiheitsstrafe (gegenüber vermindert schuldfähigen Mördern) verfassungsrechtlich unbedenklich ist (BVerfGE 50, 5 = NJW 1979, 207) –, ob von der Milderungsmöglichkeit überhaupt Gebrauch gemacht wird (dazu und zu der Frage, welchen Regeln diese Würdigung folgt, → § 49 Rn. 4). Die Rspr. geht dabei von der problematischen Annahme aus, dass eine erhebliche Minderung der Einsichts- oder Steuerungsfähigkeit zwar stets zu einer Verminderung der Schuldfähigkeit führt (BGH bei Dallinger MDR 1968, 372), aber nur grds. (BGH StV 1991, 254), also nicht notwendig, zu einer solchen Minderung der Schuld im Ganzen, dass stets eine Bestrafung aus dem milderen Rahmen geboten wäre (stRspr; vgl. etwa BGHSt 7, 28 = NJW 1955, 190; BGH NJW 1981, 1221; NStZ 1982, 200; Fischer Rn. 20; krit. Neumann FG BGH, 2000, 83 (94); aM Kotsalis

298; BGHSt 53, 234 = NJW 2009, 3041 mit Bespr. Dehne-Niemann ZIS 2009, 377; Jahn JuS 2009, 754; Kraatz Jura 2009, 852; Mitsch JR 2009, 298; Nestler JR 2010, 100; Waszcynski HRRS 2010, 111; BGH NStZ 1993, 538; wistra 1993, 264; NStZ 2007, 332 (334) mAnm Kudlich JR 2007, 381; einschr. BGHSt 55, 79 = NJW 2010, 1892 mAnm Kühl JZ 2010, 1131; Kudlich NStZ 2011, 518; Bachmann/Goeck Jura 2012, 133; krit. Schünemann JA 1980, 393 (394); Kühl FS Roxin, 2001, 665 (683); Kühl JuS 2002, 729 (734); Zopfs Jura 2007, 517; Eisele StrafR BT II Rn. 183, 360; Hohmann/Sander StrafR BT I § 2 Rn. 12, § 6 Rn. 14, 28, 30, 34, 35; Jakobs StrafR AT Abschn. 25 Rn. 12; Rengier StrafR BT I § 4 Rn. 49, § 8 Rn. 30–35; Wessels/Hillenkamp/Schuhr StrafR BT II Rn. 267; Kindhäuser in NK-StGB § 244 Rn. 21; diff. zwischen § 244 und § 250 Hellmann in Krey/Hellmann/Heinrich StrafR BT II Rn. 191, 318), auch von Erfolgsqualifikationen (BGHSt 38, 295 = NJW 1992, 2103 mit krit. Bespr. Rengier JuS 1993, 460; krit. auch Kühl JuS 2002, 729 (685) und für die Bildung von **Handlungseinheiten** auf Grund eines Verhaltens nach Vollendung (BGHSt 26, 24 = NJW 1975, 320; BGH StV 1983, 104; NStZ 1984, 409; NJW 1992, 2103 (2104); NStZ 1993, 77; NStZ 1995, 588; NStZ-RR 2000, 367; NJW 2001, 763; NStZ 2002, 33 mit Bespr. Heger JA 2002, 454 (456); BGH NStZ-RR 2002, 334; StV 2004, 480; NStZ 2003, 371; NStZ 2004, 329; NStZ 2005, 387; NStZ 2006, 100; BayObLG MDR 1983, 247; Mitsch JuS 1993, 385 (386); Kühl JuS 2002, 729 (735); Rissing-van Saan in LK-StGB § 52 Rn. 21; → § 52 Rn. 4). Ob diese Einzelfragen überhaupt durch Annahme einer eigenständigen Beendigungsphase ohne Blick auf die jeweiligen Systemzusammenhänge gelöst werden können, ist zweifelhaft (krit. Otto FS Lackner, 1987, 715 (716); für Mittäterschaft und Beihilfe verneinend Lesch, Das Problem der sukzessiven Beihilfe, 1992, S. 66). Zur Beendigung der Tat als Anknüpfung für die Verjährung → § 78a Rn. 1 (BGH NJW 2016, 1525). Zum Beendigungsbegriff im Verjährungs- und intertemporalen Strafanwendungsrecht Hsueh, Abschied vom Begriff der Tatbeendigung im Strafrecht, 2013, S. 100–150; zur Beendigung und Verjährung bei Bestechung und Bestechlichkeit BGHSt 52, 300 = NJW 2008, 3076 mit Bespr. Mitsch Jura 2009, 534 (bei der Vorteilsannahme Sowada in LK-StGB § 331 Rn. 131; Stein in SK-StGB § 331 Rn. 42a), bei der Untreue Cordes/Sartorius NJW 2013, 2635; bei Steuerdelikten BGHSt 57, 151 = NJW 2012, 1746; Dallmeyer ZStW 124 (2012), 711).

3. Vorbereitung und Versuch sind Stadien des Verbrechens vor der Voll- 3
endung. Vorbereitung ist eine Tätigkeit, die für die Durchführung der geplanten Tat geeignete Vorbedingungen schaffen soll, aber noch nicht zur Verwirklichung des Tatbestandes unmittelbar ansetzt (zur Abgrenzung vom Versuch → § 22 Rn. 4). Die Vorbereitung ist grds. straflos (Ausnahme § 30 II). Jedoch hat das Gesetz eine Anzahl gefährlicher Handlungen, die inhaltlich Vorbereitungshandlungen zu schwereren Taten sind, entweder durch unselbständige Ausdehnung von Tatbeständen in den Vorbereitungsbereich (zB § 83) oder durch Schaffung selbständiger Tatbestände (zB §§ 96 I, 149) mit Strafe bedroht (krit. Rath JuS 1999, 32 (34)). Ihre Begehung ist stets eine vollendete Tat; ihre versuchte Begehung ist nur bei den selbständig vertypten Tatbeständen möglich (weiter einschr. Zaczyk in NK-StGB § 22 Rn. 4).

§ 22 Begriffsbestimmung

Eine Straftat versucht, wer nach seiner Vorstellung von der Tat zur Verwirklichung des Tatbestandes unmittelbar ansetzt.

1 **1.** Versuch ist **vollständig gewollte, aber unvollständig gebliebene Tat** (ebenso Heger/Petzsche in Matt/Renzikowski Rn. 2; ähnlich Hillenkamp in LK-StGB Rn. 8; Zaczyk in NK-StGB Rn. 1; rechtsvergleichend Schumann, Versuch einer paedagogischen Standortbestimmung, 2005 mit Bespr. Brockhaus GA 2008, 184). Damit wird im Sinne der Stufenlehre das zweite Stadium der Entwicklung des Verbrechens beschrieben (→ Vor § 22 Rn. 1; zust. Gössel FS Wolter, 2013, 403 (417)) und zugleich verdeutlicht, dass dieses Stadium mit dem Eintritt der Vollendung zum Abschluss kommt. Das bedeutet aber nicht, dass die Nichtvollendung ein Begriffsmerkmal des Versuchs in dem Sinne wäre, dass bei ihrem Wegfall auch der vorausgegangene Versuch als nicht existent behandelt werden müsste (das wird zu Unrecht von Herzberg JuS 1996, 377 (378); Hardtung Jura 1996, 293 unterstellt). Die Umschreibung des Versuchs will insoweit nur klarstellen, dass die nächsthöhere Verbrechensstufe erreicht wurde und dass es deshalb nicht mehr sinnvoll ist, die niedere Stufe zur Argumentationsbasis zu machen. – Der Versuch setzt den **Entschluss** voraus, eine Straftat zu begehen (→ Rn. 2), ferner die **Betätigung des Entschlusses** durch Handlungen, die mindestens unmittelbar zur Tatbestandsverwirklichung ansetzen (→ Rn. 3–7). Kennzeichnend ist daher die vollständige Erfüllung des subjektiven Tatbestandes (hM; anders Struensee GS Kaufmann, 1989, 523, der den subjektiven Tatbestand bis zur Beendigung des Versuchs noch nicht für erfüllt hält, dabei aber nicht hinreichend bedenkt, dass der Vorsatz während der gesamten Tathandlung, dh vom Beginn bis zur Beendigung des Versuchs, vorliegen muss, mag er sich auch während dieser Zeitspanne durchaus konkretisieren oder sogar verändern). Nach überwiegender Meinung muss ihr ein Mangel im objektiven Tatbestand gegenüberstehen (BGHSt 36, 221 (222) = NJW 1989, 2900; BGH StV 1986, 201; weiter Hardtung Jura 1996, 293 (296)). Ob der Versuch auch den Fall einschließt, dass zwar der objektive Tatbestand vollständig erfüllt, aber eine Rechtfertigungslage gegeben ist, die der Täter nicht erkennt, ist umstritten (→ Rn. 16). – Zu internationalen Einflüssen auf die Versuchsstrafbarkeit Heger/Petzsche in Matt/Renzikowski Rn. 16–18. Den Kontinentaleuropäischen Raum **rechtsvergleichend** Seminara, Il delitto tentato, 2012, besprochen von Maiwald ZStW 126 (2014), 552. Zu den **Voraussetzungen** iE Überblick über das Versuchsdelikt bei Kühl JA 2014, 900 (911); zum Aufbau Krack JA 2015, 905:

2 **a) Entschluss** bedeutet die Verwirklichung des gesamten subjektiven Tatbestandes, also nicht nur des Vorsatzes (bedingter genügt, sofern er auch zur Vollendung genügen würde, RGSt 61, 159; sa BGH MDR 1997, 182; krit. Puppe NStZ 1984, 488 (490); Streng JZ 1990, 212 (219); Herzberg NStZ 1990, 311; Bauer wistra 1991, 168; Zaczyk in NK-StGB Rn. 19; zusf. Pahlke, Rücktritt bei dolus eventualis, 1993, S. 20; krit. zur Identifizierung des Vorsatzes bei vollendeter und versuchter Tat Streng ZStW 109 (1997), 862 (870); zust. Langer, Die Sonderstraftat, 2007, S. 430; Jung JA 2006, 228; diff. zwischen dem subjektiven Tatbestand bei vollendeter und versuchter Tat Murmann, Versuchsunrecht und Rücktritt, 1999, S. 9), sondern auch der im Tatbestand vorausgesetzten subjektiven Merkmale (Absichten, Motive usw), die als solche gegenüber dem Vorsatz selbständig sind (→ § 15 Rn. 8). Nach hM ist daher nicht entschlossen, wer über das Ob der Tat

noch nicht abschließend entschieden hat (BGH GA 1963, 147; Kratzsch JA 1983, 578; Putzke JuS 2008, 897; vgl. auch Frister FS Wolter, 2013, 375 (388)); wer die Durchführung des Tatplans vom Fehlen bestimmter äußerer Umstände abhängig macht (BGH NStZ 2013, 579 mit abl. Bespr. Jäger JA 2013, 949) oder es nur bis zum Versuch kommen lassen will (agent provocateur), wohl aber, wer die Ausführung von einer Bedingung abhängig macht, deren Eintritt er nicht beherrscht (BGHSt 21, 14 = NJW 1966, 787; Schmid ZStW 74 (1962), 48; Spendel JuS 1969, 314; Schultz FS Spendel, 1992, 303 (313); Rath JuS 1998, 1006 (1012); Zaczyk in NK-StGB Rn. 15). Im Schrifttum werden mit zT beachtlichen Gründen Erweiterungen vorgeschlagen, etwa in dem Sinne, dass ein „Vorbehalt späterer Entschlussfassung" nach Eintritt in die Ausführungsphase unerheblich sein soll (so Arzt JZ 1969, 54; ähnlich für das vergleichbare österreichische Recht Fuchs FS Triffterer, 2011, 73; krit. Schultz FS Spendel, 1992, 312; Rath JuS 1998, 1006) oder dass es schon genügt, wenn die zur Tat hindrängenden Motive das Übergewicht über die Hemmungsvorstellungen erlangt haben (so Roxin GS Schröder, 1978, 145 (159); Roxin JuS 1979, 1 (3); Roxin StrafR AT II § 29 Rn. 88; Neuhaus GA 1994, 224 (228); krit. dazu Puppe GA 1984, 101 (116); Frister FS Wolter, 2013, 375 (386); zusf. Kühl JuS 1980, 273; Rath JuS 1998, 1006 (1011).

b) Für die **Betätigung des Entschlusses** genügt jedenfalls die Vornahme der 3
tatbestandsmäßigen Handlung, denn dann hat der Täter mehr getan, als zur Tatbestandsverwirklichung unmittelbar iSd § 22 (→ Rn. 4) angesetzt (BGH NStZ 2006, 331; Murmann, Versuchsunrecht und Rücktritt, 1999, S. 13; Kühl StrafR AT § 15 Rn. 55; krit. Küper JZ 1992, 338, der an sich tatbestandsentsprechende, das Rechtsgut aber noch nicht gefährdende Handlungen wegen Fehlens der Unmittelbarkeit nicht genügen lässt; krit. auch Rönnau JuS 2013, 879 (881); Roxin StrafR AT II § 29 Rn. 110–120; Hoffmann-Holland in MüKoStGB Rn. 122–125; auf Ausnahmefälle hinweisend Hillenkamp in LK-StGB Rn. 92–95, der selbst die Zwischenaktstheorie anwenden und Versuch verneinen will, wenn es an der Gefahr der Tatbestandsverwirklichung noch fehlt). Tatbestandsmäßig ist aber etwa beim Betrug nur die Täuschung, die über den Irrtum unmittelbar die Vermögensverfügung auslösen soll (BGHSt 37, 294 = NJW 1991, 1068 mit Bespr. Kienapfel JR 1992, 122; abl. Küper JZ 1992, 54, 69 (127); BGH NStZ 2011, 400; OLG Hamm StraFo 2011, 411; KG BeckRS 2012, 12410; Tiedemann FG BGH, 2000, 551 (562); Wessels/Hillenkamp/Schuhr StrafR BT II Rn. 590; vgl. auch schon BGHSt 31, 178 = NJW 1983, 1130 mit Bespr. Lenckner NStZ 1983, 409; Maaß JuS 1984, 25; Bloy JR 1984, 123; OLG Karlsruhe NJW 1982, 59 mit krit. Bespr. Burkhardt JuS 1983, 426; Burkhardt zust. Roxin StrafR AT II § 29 Rn. 116; OLG München wistra 2006, 436; sa Berz Jura 1984, 511 (512); Seier ZStW 101 (1989), 563; Kühl StrafR AT § 15 Rn. 55); ähnlich für die Gewaltanwendung beim Raub (RGSt 69, 327; Meyer GA 2002, 367 (369)) und für die Herstellung eines falschen Führerscheins bei der Urkundenfälschung, wenn nur noch die Eintragung des Berechtigten fehlt (BGH bei Holtz MDR 1978, 625).

c) Für die **Abgrenzung des Versuchs von der Vorbereitung** (→ Vor § 22 4
Rn. 3) kommt es darauf an, ob der Täter nach seiner Vorstellung von der Tat **unmittelbar zur Tatbestandsverwirklichung angesetzt** hat (Ansatzformel; zusf. Bosch Jura 2011, 909; Rönnau JuS 2013, 879; Kühl JA 2014, 911; Ceffinato/Kalb JuS 2015, 805 (812)). Nach dieser Begriffsbestimmung ist die Grenzziehung an der (subjektiven) Vorstellung des Täters zu orientieren (BGH GA 1955, 123), aber nach objektiven Maßstäben durchzuführen (hM; krit. Bockelmann JZ 1954, 468). Lange

Zeit ist die ältere **Rspr.** von der sog. Frank'schen Formel (Frank StGB Kap. II Rn. 2b) ausgegangen, nach der zum Anfang der Ausführung schon alle Handlungen gehören, die „vermöge ihrer notwendigen Zusammengehörigkeit mit der Tatbestandshandlung für die natürliche Auffassung als deren Bestandteil erscheinen" (RGSt 77, 162; ähnlich Joecks/Jäger StGB Rn. 27). Später hat sie das Erfordernis der Unmittelbarkeit und den Gefährdungsgedanken stärker herausgestellt und Versuch nur angenommen, wenn nach dem Gesamtplan des Täters „die Einzelhandlungen in ihrer Gesamtheit einen derartigen unmittelbaren Angriff auf das geschützte Rechtsgut bilden, dass es dadurch schon gefährdet ist" (BGHSt 2, 380 = BeckRS 1952, 31192429). Nichts wesentlich anderes drückt auch die Ansatzformel aus. Sie bestätigt die frühere Rspr. insofern, als der (subjektive) Gesamtplan des Täters die Beurteilungsgrundlage bildet (näher Hillenkamp FS Roxin, 2001, 689 (696); Kühl StrafR AT § 15 Rn. 45; aus der Rspr. OLG Hamburg StV 2013, 216), der Bewertungsmaßstab selbst aber ein objektiver ist (Hillenkamp in LK-StGB Rn. 62; Kühl StrafR AT § 15 Rn. 45; OLG Hamburg StV 2013, 216) Ferner kommt es nach wie vor auf die Unmittelbarkeit des Angriffs an, dh auf das Vorliegen von Handlungen, die im ungestörten Fortgang **ohne Zwischenakte** oder jedenfalls in unmittelbar räumlichen und engem zeitlichen Zusammenhang in die Tatbestandsverwirklichung einmünden sollen (BGHSt 26, 201 = NJW 1976, 58 mit Bespr. Otto NJW 1976, 578; Gössel JR 1976, 249; Meyer JuS 1977, 19; BGHSt 30, 363 (364) = NJW 1982, 1164; BGHSt 31, 10 (12) = NJW 1982, 1600; BGHSt 31, 178 (182) = NJW 1983, 1130; 36, 249 (250); BGHSt 48, 34 (36) = JuS 2003, 503; BGHSt 54, 69 (128) = NJW 2009, 3448; BGHSt 55, 94 (102) = NStZ 2011, 287; BGH NStZ 2006, 331; NStZ 2008, 409 mit krit. Bespr. Kretschmer NStZ 2008, 379; BGH NStZ-RR 2008, 139; NStZ 2013, 156; NStZ 2014, 447 (449) mAnm Krehl; BGH NStZ 2015, 207; NStZ 2015, 339; StraFo 2014, 516 mit zust. Bespr. Kudlich JA 2015, 152; BGH NStZ 2014, 447 (449) mAnm Krehl; BGH NStZ 2014, 633; NStZ 2015, 207; NStZ 2015, 332; StraFo 2014, 516; BayObLG NStZ 2004, 401; OLG Braunschweig NStZ 2013, 593 (596); OLG Celle NStZ-RR 2012, 111; OLG Hamburg StV 2013, 216; KG NStZ-RR 2013, 138; sa Kühl JuS 1980, 650; Berz Jura 1984, 511 (514); Rönnau JuS 2013, 879 (881); Hofmann JA 2016, 193; JA 2016, 194; ähnlich Frister StrafR AT § 23 Rn. 27, der aber ein „Verwirklichungsbewusstsein" verlangt; zu eng Vogler FS Stree/Wessels, 1993, 285 (297), der nur „tatbestandsspezifische", dh dem Unrecht der vollendeten Tat entsprechende Handlungen genügen lässt; krit. auch Roxin StrafR AT II § 29 Rn. 108, 109; sowie Kühl GS Vogler, 2004, 17 (18); abw. Schmidhäuser StrafR AT § 15 Rn. 50, der sich für eine „ganzheitliche" Abgrenzung ausspricht; Kratzsch, Verhaltenssteuerung und Organisation im Strafrecht, 1985, S. 35, 428, der die Lösung aus einem systemtheoretischen Ansatz ableitet; Vehling, Die Abgrenzung von Vorbereitung und Versuch, 1991, S. 135, der „Ansetzen" als Setzung eines rechtlich missbilligten Risikos durch rolleninadäquates Verhalten und die „Unmittelbarkeit" als tatbestandsindizierenden Zusammenhang dieses Verhaltens mit dem geplanten Delikt versteht; krit. dazu Mitsch GA 1996, 297; Herzberg in MüKoStGB Rn. 155, 171, verlangt als „Ansetzungserfolg" eine „unmittelbare Gefahr" der Tatbestandsverwirklichung; ebenso, aber als Ergänzung der Zwischenaktstheorie Hillenkamp in LK-StGB Rn. 85; Zaczyk, Das Unrecht der versuchten Tat, 1989, S. 311; Murmann, Versuchsunrecht und Rücktritt, 1999, S. 25, die auf die Mächtigkeit des Täters über das angegriffene Rechtsgut des unterlegenen Opfers abstellen). Die tatbestandsmäßige Handlung muss der Täter noch nicht vorgenommen haben (BGHSt 54, 69 (127) = NJW 2009, 3448 zu § 263; BGH NStZ-RR 2008, 139 zu

§ 308; s. jedoch BVerfG StraFo 2006, 450 (451), bei § 240 müsse er mit der Anwendung der Nötigungsmittel beginnen; OLG Jena NStZ-RR 2009, 236, bei §§ 152 I, 152a I Nr. 1 müsse mit der Fälschungshandlung selbst begonnen werden; → Rn. 6 „Skimming"). Zum sog. „Cash Trapping" vgl. OLG Köln NStZ 2021, 48 mAnm Niemann.

Daneben berücksichtigt die Rspr. auch das im früheren Recht anerkannte Erfordernis die aus Tätersicht **unmittelbare Gefährdung** des geschützten **Rechtsguts** (BGHSt 30, 363 = NJW 1982, 1164; BGHSt 43, 177 (182) = NJW 1997, 3453; BGH NStZ 2015, 399; nur zur Konkretisierung nach BGH NJW 2002, 1057 mAnm Jäger JR 2002, 383; BGH NStZ 2006, 331; NStZ 2013, 156 (157); NStZ 2013, 483 (484); für ein enges Gefährdungskriterium nach der „Handlungsvorstellung" des Täters Gropp FS Gössel, 2002, 175 (184); krit. Rönnau JuS 2013, 879 (881); Kühl StrafR AT § 15 Rn. 81–85) sowie – methodisch bedenklich – das subjektive Kriterium des Überschreitens der **Schwelle zum „Jetzt geht es los"** (BGHSt 48, 34 (35) = NJW 2003, 150 mit krit. Bespr. Kühl JZ 2003, 637 (639); Heger JA 2003, 455; Puppe JR 2003, 123 (125); BGHSt 65, 15 = NJW 2020, 2570 mAnm Fahl JR 2020, 73; Bespr. Piazena HRRS 2020, 346; Eisele JuS 2020, 798; v. Heintschel-Heinegg JA 2020, 550; Rotsch ZJS 2020, 481; BGH NJW 2003, 3068 (3070); NStZ 2004, 38; NStZ 2013, 156; NStZ 2014, 447 (449) mAnm Krehl; KG NStZ-RR 2013, 138 (139); BGH NStZ 2020, 598 mkritAnm Kudlich; krit. auch Rönnau JuS 2013, 879; Krack JA 2015, 905 (909); Kindhäuser/Zimmermann StrafR AT § 31 Rn. 15; Murmann GK StrafR § 28 Rn. 70; Hillenkamp in LK-StGB Rn. 67; Zaczyk in NK-StGB Rn. 24; zust. aber Safferling ZStW 118 (2006), 682 (700)). Im **Schrifttum** bestehen noch erhebliche Meinungsunterschiede über Inhalt und Tragweite des Unmittelbarkeitserfordernisses (vgl. etwa Meyer ZStW 87 (1975), 598 (602); Kratzsch JA 1983, 420; Fahl JuS 1998, 1106 (1107); Zaczyk in NK-StGB Rn. 24); Roxin JuS 1979, 1 (4); Roxin FS Herzberg, 2008, 341; ähnlich Jäger ExRep StrafR AT Rn. 298) stellt beim unbeendigten Versuch (→ § 24 Rn. 3) unter Berufung auf die Eindruckstheorie (→ Rn. 11) auf zwei nebeneinander notwendige Kriterien ab: auf die „Berührung der Sphären" von Täter und Opfer und auf einen „engen zeitlichen Zusammenhang zwischen Täterhandlung und erwartetem Erfolgseintritt" (krit. Kühl JuS 1980, 506 (507); Kratzsch JA 1983, 578 (579); Berz Jura 1984, 511 (516); Vehling, Die Abgrenzung von Vorbereitung und Versuch, 1991, S. 56; Fahl JuS 1998, 1106 (1108). Jedoch dürfte diese für den Regelfall zutreffende Konkretisierung nur in der Mehrzahl der einschlägigen Sachverhalte eine brauchbare Entscheidungshilfe bieten. Es gibt Fallgruppen, bei denen sie versagen muss, etwa weil der Tatbestand kein konkretes Angriffsobjekt oder keinen tatbestandsmäßigen Erfolg voraussetzt oder weil schon nach seinem Inhalt Begehung in zeitlich gestreckter Form typisch ist (→ Rn. 10). Namentlich im Wirtschafts- und Steuerstrafrecht macht die Anknüpfung wegen solcher Besonderheiten bisweilen Schwierigkeiten (zB OLG Karlsruhe JR 1973, 425 mit Bespr. Tiedemann JR 1973, 412; OLG Karlsruhe MDR 1977, 600 mAnm Hübner MDR 1977, 1040; BayObLG JR 1978, 38 mAnm Hübner; Gribbohm/Utech NStZ 1990, 209 (210)); ebenso im BtM-Strafrecht, in dem die Rspr. nicht nachvollziehbare Differenzierungskriterien entwickelt (Oğlakcioğlu JZ 2015, 981 (986); ua in BGH NStZ 2012, 43). Der Kern der Problematik liegt darin, dass es sich um eine Frage der Tatbestandsauslegung handelt, die sich nicht losgelöst von den einzelnen Tatbeständen beantworten lässt (BGH NJW 1988, 3109; StV 1994, 21; OLG Stuttgart Justiz 1996, 92; Hillenkamp in LK-StGB Rn. 86); dabei können „Leitfälle und Typenvergleich" zur Präzisierung des Unmittelbarkeitserfordernisses hilfreich sein 4a

(Meyer GA 2002, 367). Jedenfalls will aber die Neufassung mit der Hervorhebung des „unmittelbaren" Ansetzens der in der älteren Rspr. verbreiteten Tendenz einer zu weiten Ausdehnung des Versuchsstadiums entgegenwirken (Begr. zu § 26 E 1962, S. 144). Rechtsvergleichend mit europäischem und Völker-Strafrecht Safferling ZStW 118 (2006), 682. Das unmittelbare Ansetzen ist für jedes vom Täter ins Auge gefasste Delikt gesondert zu bestimmen, so dass zB der am Fenstergitter rüttelnde Täter schon zum Einbruchsdiebstahl, nicht aber zur Vergewaltigung der Bewohnerin angesetzt haben kann (vgl. BGH NStZ 2000, 418 mit krit. Bespr. Bellay NStZ 2000, 591; anders Putzke JuS 2009, 988).

5 aa) **Versuch** ist – vorbehaltlich besonderer Umstände, die im Einzelfall eine abweichende Beurteilung rechtfertigen können – von der Rspr. **zutreffend bejaht** worden: wenn ein zur Tötung Entschlossener eine Schusswaffe anlegt, auch wenn der Hahn noch nicht gespannt ist (RGSt 59, 386); wenn er eine geladene Waffe herauszieht, um sofort zu entsichern und zu schießen (RGSt 68, 336; str.); wenn er in einen Raum eindringt, um das Opfer sofort zu erschießen (BGH NStZ 1987, 20) oder wenn er mit gezücktem Messer auf das Opfer zuläuft, um es zu erstechen (BGH NStZ 2020, 618 mit Bespr. Bock JR 2021, 497), nicht aber, wenn er erst prüfen will, ob er eine für die Tatbegehung günstige Situation antrifft (BGH NJW 1993, 2125); wenn er sich in einen Raum einschleicht, den nach seiner Meinung das Opfer zu betreten im Begriffe steht (BGH LM Nr. 22 zu § 211 StGB); wenn er mit den erforderlichen Tatmitteln in das in Brand zu setzende Gebäude eingedrungen ist (BGH NStZ 2006, 331 (332) mit zust. Bespr. Geppert JK StGB § 22 Rn. 24, krit. aber Hagemeier/Radtke NStZ 2008, 198 (207); Schuhr StV 2007, 188; zw.); wenn der Täter einen Güterzug anhält (OGHSt 2, 157), auf das Trittbrett eines Wagens aufspringt (RGSt 54, 328) oder einen Raum betritt, um daraus sofort zu stehlen, selbst wenn die diebische Absicht noch nicht auf bestimmte Sachen konkretisiert ist (OLG Hamm JMBl. NRW 1976, 19); wenn ein Taschendieb im Gedränge fremden Taschen mit den Händen nahekommt (BGH GA 1958, 191); wenn ein Geldautomat aufgestemmt wird, um Sprengstoff einzuleiten und ihn nach der Sprengung leerzuräumen (BGH NStZ 2020, 729), wenn jemand zum Einführen von Betäubungsmitteln im Straßenverkehr oder auf Schmuggelwegen so nahe an die Grenze (oder eine vor ihr eingerichtete Kontrollstelle) herankommt, dass sein Vorgehen nach dem Tatplan und den Umständen des Einzelfalls (Unterschiede zB nach der Art des Transports) dem Überschreiten der Grenze unmittelbar vorgelagert erscheint (BGHSt 36, 249 = NJW 1990, 654; OLG Düsseldorf MDR 1994, 1235; sa Winkler NStZ 1983, 462), wenn er im Flugreiseverkehr sein Gepäck vor dem unmittelbar bevorstehenden Abflug in deutsches Hoheitsgebiet eincheckt (BGH NJW 1990, 2072) oder wenn er im Fracht- oder Postverkehr das Transportgut zur Beförderung aufgibt (BGHSt 36, 249 = NJW 1990, 654; beachte auch BGH NJW 1994, 2164; OLG Düsseldorf NJW 1993, 2253); wenn ein Sexualtäter ein Kind an einen geeigneten Ort führt, um es dort sofort zu missbrauchen (BGHSt 35, 6 = NJW 1988, 1274); wenn ein Räuber den Begleiter des Opfers gewaltsam ausschaltet, um die dadurch eintretende Schutzlosigkeit unmittelbar für die Tat auszunutzen (BGHSt 3, 297 = NJW 1953, 114; Berz Jura 1984, 511 (518); zw.); wenn der Täter den Wachhund eines Anwesens beseitigt (RGSt 53, 217) oder den Wächter besticht (RGSt 55, 191), um sofort nach Ausschaltung des Hindernisses aus dem dann unbewachten Raum zu stehlen (zusf. Roxin JuS 1979, 1 (6); str.); wenn der Täter prüft, ob sich ein Objekt für den unmittelbar anschließenden Angriff eignet (BGHSt 22, 80 = NJW 1968, 1100; aM Hillenkamp in LK-StGB Rn. 108), zB wenn er die Schwangere unmittelbar vor Beginn des Schwangerschaftsabbruchs

untersucht (BGH bei Dallinger MDR 1953, 19; str.), nicht aber wenn sich die Prüfung auf mehrere Gegenstände erstreckt und die Bestimmung des Tatobjekts noch offen ist (OLG Oldenburg StV 1983, 506) oder wenn im Falle eines Einbruchsdiebstahls nach der Prüfung erst noch die Angriffsmittel aus einem Versteck geholt werden müssen (zu weit BGH bei Dallinger MDR 1966, 892).

bb) **Bloße Vorbereitung** (typische Vorbereitungshandlungen sind das Beschaffen der Tatwerkzeuge, das Aufsuchen des Tatorts und das Auskundschaften einer Tatgelegenheit, Roxin StrafR AT II § 29 Rn. 174–179; Hillenkamp in LK-StGB Rn. 106–108) ist von der Rspr. mit dem unter → Rn. 5 gemachten Vorbehalt **zutr.** angenommen worden: wenn ein Sexualtäter ein späteres Zusammentreffen mit einem Kind verabredet (BGH bei Dallinger MDR 1974, 545; MDR 1974, 722; anders noch BGHSt 6, 302 = NJW 1954, 1694; sa OLG Celle NJW 1972, 1823 mit Bespr. Rudolphi JuS 1973, 20), wenn er es an einen geeigneten Ort führt, um es dort zur freiwilligen Vornahme oder Duldung sexueller Handlungen zu verführen (BGHSt 35, 6 = NJW 1988, 1274; krit. Vehling, Die Abgrenzung von Vorbereitung und Versuch, 1991, S. 151; Zaczyk in NK-StGB Rn. 25; zust. aber Roxin StrafR AT II § 29 Rn. 168) oder wenn er sich vergeblich bemüht, in das Anwesen des Opfers einzudringen, um dieses zu bestehlen und zu vergewaltigen (BGH NStZ 2000, 418 mkritAnm Bellay NStZ 2000, 591; zum Fall auch Putzke JuS 2009, 987); wenn Räuber vor einer Bank vorfahren, aber noch ihre Waffen aus den mitgeführten Tragetaschen holen und ihre Masken überstreifen müssen (BGH bei Holtz MDR 1978, 985), oder wenn sie einen Supermarkt betreten, um vor dem geplanten Überfall zu prüfen, ob die Anwesenheit zu vieler Kunden der Ausführung ihres Plans entgegensteht (BGH NStZ-RR 1996, 34); wenn der im Treppenhaus befindliche Dieb das Opfer noch durch Täuschung zum Öffnen der Tür bewegen und in ein Gespräch verwickeln will (OLG Hamm StV 1997, 242); wenn Einbrecher mit ihrem Werkzeug bereits in Angriffsposition gegangen sind, aber erst noch einen günstigen Zeitpunkt für den Einsatz des Werkzeugs abwarten wollen (BGH NStZ 1989, 473); wenn das erforderliche Werkzeug für einen Pkw-Diebstahl erst noch aus dem in geringer Entfernung geparkten Fahrzeug des Täters geholt werden muss (OLG Hamburg StV 2013, 216); wenn der Mittäter eines geplanten Raubes, der erst Stunden später nach Hinzukommen weiterer Komplizen gemeinschaftlich ausgeführt werden soll, beim Opfer erfolglos Einlass begehrt (KG GA 1971, 54; aM Otto JA 1980, 641 (643); sa BGH StV 1994, 240); wenn jemand in der Absicht, einen Fahrzeugdiebstahl zu begehen, das Tankschloss eines Fahrzeugs ausbaut, um es als Muster für die Anfertigung eines Nachschlüssels zu verwenden (BGH StV 1992, 62), oder wenn er sich sonst einen Nachschlüssel für das Fahrzeug beschafft (BGHSt 28, 162 = NJW 1979, 378); wenn ein Fahrzeugführer zur Begehung einer Urkundenfälschung einen gefälschten Führerschein nur mit sich führt, um ihn für den Fall einer Kontrolle vorzuzeigen (BGH bei Holtz MDR 1976, 987 mit abl. Bespr. Meyer MDR 1977, 444); wenn ein Versicherter eine diebstahlsversicherte Sache beiseiteschafft (BGH NJW 1952, 430) oder eine schadensversicherte beschädigt (OLG Koblenz VRS 53, 27), um den Vorgang als Versicherungsfall zu melden; wer die Versicherung „betrügerisch" zur Leistung auf den Todesfall in Anspruch nehmen will, bereitet den Erfüllungsbetrug nur vor, weil er noch wesentliche Zwischenakte (Fingieren des Todes und gefälschte Unterlagen beschaffen) zurücklegen muss (BGHSt 54, 69 (128) = NJW 2009, 3448), dagegen ist ein Eingehungsbetrug schon verursacht, wenn mit falschen Angaben ein Versicherungsbetrug beantragt wird (BGHSt 54, 69 (127) = NJW 2009, 3448); wenn sich jemand bemüht, Kartenrohlinge ausgehändigt zu erhalten, um Zahlungskarten mit Garantiefunktion iSd §§ 152a, 152b nachzumachen, sog. Skimming (BGHSt 56, 170 = NJW 2011, 2375; BGH NJW 2010, 623; NJW 2014, 1463 mit Bespr. Schiemann JR 2014, 303; BGH NStZ-RR 2011, 367; anders für die Weitergabe der Daten an Mittäter BGH NStZ 2011, 517 mit Bespr. Kudlich ZWH 2011, 32; Saliger StV 2012, 528; Fischer § 152a Rn. 16a, § 152b Rn. 9a); beim sog. Phising iSd § 263a (→ § 263a Rn. 14b), wenn der Täter die gephishten Bankdaten noch nicht für eine Überweisung verwendet hat (KG BeckRS 2012, 18313 mit zust. Bespr. Jahn JuS 2012, 1135); wenn jemand, der Zuhälterei begehen will, eine Frau zu bestimmen sucht, der Prostitution nachzugehen (BGHSt 6, 98 = NJW 1954, 1294; s. jedoch BGHSt 19, 350 = NJW 1964, 1630); wenn ein HIV-Infizierter in einer Bar einer Prostituierten ungeschützten Geschlechtsverkehr lediglich ansinnt (BayObLG NJW 1990, 781) oder eine Geldzahlung für die Vornahme sexueller Handlungen einem Jugendlichen nur anbietet (BGH NStZ-RR 2021, 335); wenn jemand mit der Absicht des Inverkehrbringens einem anderen Falschgeld anbietet, das er sich erst noch von einem „Hintermann" beschaffen muss (BGH NStZ 1986, 548); wenn es bei einem Trickbetrug mithilfe des „Wash-Wash-Verfahrens" noch nicht zu der eigentlichen „Prozedur" der Vervielfältigung von Geldscheinen mittels chemischer Hilfsmittel gekommen ist (KG NStZ-RR 2013, 138 mit zust. Bespr. Kudlich JA 2013, 552; Bosch JK StGB § 22 Rn. 25); wenn beim Einführen von Betäubungsmitteln (§ 29 I Nr. 1 BtMG; zum BtMG auch BGH NStZ 2014, 717: aufbewahrt zum Weiterverkauf) der Transport sich noch aus größerer Entfernung der Grenze nähert (BGH NStZ 1983, 511), unmittelbar vor deren Überschreiten zum Zwecke des Übernachtens unterbrochen wird (BGH NStZ 1983, 224) oder im Straßenverkehr noch nicht das Gelände kurz vor der Grenze erreicht hat (BGHSt 36, 249 = NJW 1990, 654); wenn beim Erwerb von Betäubungsmitteln lediglich ein Verpflichtungsgeschäft abgeschlossen ist, aber die Übertragung der tatsächlichen Verfügungsgewalt durch den Vorbesitzer noch nicht unmittelbar bevorsteht (BGHSt 40, 208 = NJW 1994, 3019) oder wenn sich der Vermittler von Verträgen über Kriegswaffen (§ 16 I Nr. 7 KWKG) auf bloße Sondierung der Vertragsbereitschaft möglicher Partner beschränkt (BGH NJW 1988, 3109; BayObLG NJW 1991, 855 mkritAnm Oswald NStZ 1991, 46; Lohberger NStZ 1990, 61); wenn zum Anbau von Cannabis erst ein Haus angemietet wird (BGH NJW 2011, 1461 mit Bespr. Weber JR 2011, 454; anders beim Beginn der Aussaat, BGH NStZ 2012, 43; vgl. auch OLG München NStZ 2011, 464; Schmidt NJW 2012, 3072). Nicht überzeugend begründet ist die Annahme bloßer Vorbereitung in einem Fall, in dem ein Mittäter eines geplanten erpresserischen Menschenraubes an der Tür des Opfers klingelt, aber die Entführung plangemäß abbricht, als das Opfer mit einem Kleinkind auf dem Arm öffnet (BGH NStZ 1999, 395 mit krit. Bespr. Jäger NStZ 2000, 415; krit. auch Roxin StrafR AT II § 29 Rn. 154; neuer „Klingel"-Fall, bei dem das Opfer nicht ahnungslos war, BGH NStZ-RR 2004, 361 mit krit. Bespr. Kudlich JuS 2005, 186; Otto JK StGB § 211 Rn. 42; BGH NStZ 2012, 85 mit zust. Bespr. Kudlich JA 2012, 310; krit. Bosch JK StPO § 264 Rn. 18; zu den „Klingelfällen" seit BGHSt 26, 201 = NJW 1976, 58; Bosch Jura 2011, 909 (912); Kühl StrafR AT § 15 Rn. 64; sa BGH NStZ 2014, 633).

7 cc) **Entgegen der Annahme der Rspr.** (namentlich der älteren) dürfte **Versuch** mit dem unter → Rn. 5 gemachten Vorbehalt idR zu **verneinen** sein: wenn der Täter das Opfer am Tatort erwartet oder ihm dort auflauert (hM; vgl. Roxin JuS 1979, 1 (6); Vehling, Die Abgrenzung von Vorbereitung und Versuch, 1991, S. 145; Streng ZStW 109 (1997), 862 (876); anders BGH NJW 1952, 514 mit

krit. Bespr. Fahl JA 1997, 635; Gropp FS Gössel, 2002, 175 (181, 187); krit. auch Roxin StrafR AT II § 29 Rn. 155), es sei denn, dass er die Angriffsmittel bereits „in tätige Beziehung“ (BGHSt 2, 380 = BeckRS 1952, 31192429) zu dem vermeintlich in den Angriffsbereich eingetretenen Opfer gesetzt hat (BGHSt 26, 201 = NJW 1976, 58; zust. Kühl StrafR AT § 15 Rn. 64; Roxin StrafR AT II § 29 Rn. 137, 156; sowie Kudlich StrafR AT Fall 221; sa BGH bei Holtz MDR 1989, 1050; BGH NStZ 1997, 83); wenn ein Sexualtäter ein Kind zur Vornahme oder Duldung sexueller Handlungen zu überreden sucht (Roxin StrafR AT II S. 5; aM BGH BeckRS 1974, 00018; str.) oder wenn er mit ihm ein Kino besucht, um es danach zu missbrauchen (aM BGH GA 1966, 164; wie hier Heger/Petzsche in Matt/Renzikowski Rn. 38); wenn ein Einbruchsdieb eine Winde lediglich aus einem nahegelegenen Versteck hervorholt, um damit ein Fenstergitter auseinanderzubiegen (Rudolphi JuS 1973, 20 (24); Roxin StrafR AT II S. 5; aM BGHSt 2, 380 = BeckRS 1952, 31192429) oder eine Tür nicht öffnen kann (BGH NStZ 2019, 716 mAnm Kudlich NStZ 2020, 34 und Bespr. Fahl JR 2020, 420; Diebstahlsversuch nach BGH NStZ 2021, 537 mzustAnm Fahl NStZ-RR 2021, 341, aber, wenn die Tür geöffnet werden kann, auch wenn das Diebesgut nicht unmittelbar griffbereit liegt, oder beim Ansetzen zum Öffnen eines Fensters einer Tankstelle, in der Waren ungesichert liegen, BGH NJW 2020, 2486); wenn jemand Diebesgut auf einem wenig gesicherten Außengelände eines Baumarkts zur Abholung bereit legt (LG Potsdam NStZ 2007, 336 mablAnm Walter NStZ 2008, 157; abl. auch Putzke JuS 2009, 986; Kühl StrafR AT § 15 Rn. 62); wenn jemand, der die Selbstbefreiung eines Gefangenen fördern will, die Haftanstalt betritt (Roxin StrafR AT II S. 5; Jäger in SK-StGB Rn. 15; aM BGHSt 9, 62 = NJW 1956, 69); wenn ein Wirtschaftstäter Ware auf ein Fahrzeug lädt, um sie unter Verletzung des AWG alsbald über die Grenze zu bringen (aM BGHSt 20, 150 = NJW 1965, 770).

d) Die Ansatzformel (→ Rn. 4) schließt nicht aus, dass der Versuch auch noch **nach Beendigung der Handlung** des jeweils Tatbeteiligten beginnt. 8

aa) Das ist bedeutsam namentlich, wenn jemand – wie beim beendigten Versuch (→ § 24 Rn. 3; ebenso Hillenkamp in LK-StGB Rn. 132 Fn. 281) – **alles zur Tatbestandsverwirklichung Erforderliche** bereits getan hat (zum Zeitpunkt des Vorsatzes → § 15 Rn. 9). Die neuere **Rspr.** nimmt Versuchsbeginn hier erst an, wenn das deliktische Geschehen (uU erst durch das Verhalten eines anderen, auch des Opfers) soweit fortgeschritten ist, dass es bei ungestörtem Fortgang unmittelbar in die Tatbestandsverwirklichung einmündet und nach dem Tatplan eine unmittelbare Gefährdung des geschützten Rechtsguts eintritt (BGHSt 43, 177 = NJW 1997, 3453 mit Bespr. Gössel JR 1998, 293; Roxin JZ 1998, 211; Otto NStZ 1998, 243; Wolters NJW 1998, 578; Kudlich JuS 1998, 596; Derksen GA 1998, 592; Mitsch ZIS 2013, 369; FS Kühne, 2013, 31; zum Fall auch Bosch Jura 2011, 909 (913); krit. Joecks/Jäger StGB § 25 Rn. 77; vgl. auch Rath JuS 1998, 1106 (1110); Hruschka GS Zipf, 1999, 235 (251); ähnlich Gössel JR 1976, 251; Otto JA 1980, 641 (645); Wessels/Beulke/Satzger StrafR AT Rn. 603; eing. Hillenkamp in LK-StGB Rn. 139–141; dabei soll auch das Opferverhalten Einfluss auf die Unmittelbarkeit des Ansetzens erlangen (BGHSt 43, 177 (181) = NJW 1997, 3453; Hillenkamp in LK-StGB Rn. 140; krit. dazu Murmann, Versuchsunrecht und Rücktritt, 1999, S. 22; abl. Frister StrafR AT § 23 Rn. 29). In der **Wissenschaft** wird Versuch hier überwiegend schon bejaht, wenn der Täter das Geschehen endgültig aus der Hand gegeben oder wenn er das Rechtsgut unmittelbar gefährdet hat

(Roxin StrafR AT II § 29 Rn. 192–225; Papageorgiou-Gonatas, Wo liegt die Grenze zwischen Vorbereitungshandlungen und Versuch?, 1988, S. 243, 265; Kindhäuser/Zimmermann StrafR AT § 39 Rn. 61; ähnlich Murmann, Versuchsunrecht und Rücktritt, 1999, S. 16; Bosch Jura 2011, 909 (915); krit. dazu Rath JuS 1998, 1106 (1110); krit. zur unmittelbaren Rechtsgutsgefährdung durch das Verhalten des Opfers Streng GS Zipf, 1999, 325 (332); der auf Unterlassen abstellt Streng GS Zipf, 1999, 325 (339, 346); einen „Ansetzungserfolg" in Gestalt einer unmittelbaren Gefahr der Tatbestandsverwirklichung aus der Sicht des Täters verlangt Herzberg FS Rudolphi, 2004, 75 (80); auf das Überschreiten der Schwelle zum „Jetzt geht es los" abstellend Safferling ZStW 118 (2006), 682 (701); nach Tatbeständen diff. Freund/Rostalski StrafR AT § 8 Rn. 42; aM Schilling, Der Verbrechensversuch des Mittäters und des mittelbaren Täters, 1975, S. 100, der Versuch durchgängig bejaht; diff. Meyer ZStW 87 (1975), 598 (609); Kratzsch JA 1983, 578 (585)). Kommt es zu Versuch oder Vollendung der Tat, so kann der Täter im Vorbereitungsstadium Straffreiheit dadurch erlangen, dass er seine Tatbehandlung rückgängig macht oder das Opferverhalten ausbleibt (Fad, Die Abstandnahme des Beteiligten von der Tat im Vorbereitungsstadium, 2005, S. 76 mit Bespr. Jakobs GA 2006, 825).

9 bb) Die Frage ist außerdem im Bereich der **Beteiligung relevant** (rechtsvergleichend Jescheck ZStW 99 (1987), 111; speziell mit dem griechischen Recht Mylonopoulos GA 2011, 462, der Anwesenheit und Handlungsbereitschaft verlangt). **Bei Mittäterschaft** nimmt die hM (nach Hillenkamp in LK-StGB Rn. 171 „noch herrschend") mit Recht an, dass alle Mittäter einheitlich in das Versuchsstadium eintreten, sobald einer von ihnen zur Ausführungshandlung unmittelbar ansetzt, und zwar unabhängig davon, ob einzelne ihren vollen Tatbeitrag (→ § 25 Rn. 11) schon im Vorbereitungsstadium erbracht haben (sog. Gesamtlösung; vgl. zB BGHSt 11, 268 = NJW 1958, 836; BGHSt 36, 249 = NJW 1990, 654; Küper, Versuchsbeginn und Mittäterschaft, 1978; Küper JZ 1979, 775; Stoffers MDR 1989, 208; Ingelfinger JZ 1995, 704 (711); Erb NStZ 1995, 424 (426); Dencker, Kausalität und Gesamttat, 1996, S. 20, 132, 142, 244; Buser, Zurechnungsfragen beim mittäterschaftlichen Versuch, 1998, S. 16; Krack ZStW 110 (1998), 611; Rath JuS 1999, 140 (144); Fad, Die Abstandnahme des Beteiligten von der Tat im Vorbereitungsstadium, 2005, S. 91 mit krit. Bespr. Jakobs GA 2006, 825; Heinrich StrafR AT Rn. 740; Kühl StrafR AT § 20 Rn. 123; Zieschang StrafR AT Rn. 515; Hillenkamp in LK-StGB Rn. 173; Zaczyk in NK-StGB Rn. 67; einschr. Frister StrafR AT § 29 Rn. 9; aM Schilling, Der Verbrechensversuch des Mittäters und des mittelbaren Täters, 1975, S. 104; Rudolphi FS Bockelmann, 1979, 369 (383); Bloy, Die Beteiligungsform als Zurechnungstypus im Strafrecht, 1985, S. 266; Valdágua ZStW 98 (1986), 839; Stein, Die strafrechtliche Beteiligungsformenlehre, 1988, S. 314; Puppe FS Spinellis, 2001, 915 (932); Roxin StrafR AT II § 29 Rn. 297; diff. Kratzsch JA 1983, 578 (587); zusf. Seher JuS 2009, 304 (308)). Allerdings muss der zur Ausführung Ansetzende wirklich Mittäter sein. Hat er sich schon vorher von der Tat distanziert und nur noch zum Schein mitgemacht, so ist die Zurechnung zu Lasten anderer Mittäter ausgeschlossen (BGHSt 39, 236 = NJW 1993, 2251 mit abl. Bespr. Hauf NStZ 1994, 263; Heckler GA 1997, 72; für Zurechnung auch Weber FS Lenckner, 1998, 435 (443); Buser, Zurechnungsfragen beim mittäterschaftlichen Versuch, 1998, S. 87, 113; Fischer Rn. 22; Kudlich StrafR AT Fall 229; dem BGH iE zust. Gorka, Der Versuchsbeginn des Mittäters, 2000, S. 170; zur „Scheinmittäterschaft" Renzikowski JuS 2013, 481 (486)). Dasselbe gilt, wenn der zur Ausführung Ansetzende in Wahrheit ahnungslos ist, infolge einer Täuschung aber von

dem (oder den) anderen täterschaftlich Beteiligten als Tatgenosse angesehen wird; obwohl hier Strafbarkeit wegen untauglichen Versuchs naheliegt (so BGHSt 40, 299 = NStZ 1995, 120; Kudlich StrafR AT Fall 230; fortgesetzt von BGH NStZ 2004, 110 mit krit. Bespr. Krack NStZ 2004, 697; Geppert JK StGB §25 II Rn. 15; krit. Analyse Krack ZStW 117 (2005), 555 (561)), dürfte dem das (auch) objektiv zu verstehende Erfordernis unmittelbaren, auf dem Tatentschluss beruhenden Ansetzens entgegenstehen (Kühne NJW 1995, 934; Küpper/Mosbacher JuS 1995, 488; Ingelfinger JZ 1995, 704; Joerden JZ 1995, 735; Erb NStZ 1995, 424; Joecks/Jäger wistra 1995, 58; Zopfs Jura 1996, 19; Ahrens JA 1996, 664; Dencker, Kausalität und Gesamttat, 1996, S. 241; Streng ZStW 109 (1997), 862 (890); Krack NStZ 2004, 623; Rath JuS 1999, 140 (144); Mitsch ZIS 2013, 369; Mitsch FS Kühne, 2013, 31; Kühl StrafR AT §20 Rn. 123a; Zieschang StrafR AT Rn. 520; Hillenkamp in LK-StGB Rn. 176; krit. auch Graul JR 1995, 427; Bloy ZStW 117 (2005), 3 (29); Roxin FS Odersky, 1996, 488 (495); Renzikowski JuS 2013, 481 (487); Globke/Hettinger FS Kühl, 2014, 213 (226); Kindhäuser/Hilgendorf in LPK-StGB Rn. 43; dem Ergebnis der Rspr. jedoch zust. Jung JuS 1995, 360; Sonnen JA 1995, 361; Roßmüller/Rohrer MDR 1996, 986; Heckler GA 1997, 72; Weber FS Lenckner, 1998, 435 (447); Globke/Hettinger FS Kühl, 2014, 213 (224); Buser, Zurechnungsfragen beim mittäterschaftlichen Versuch, 1998, S. 127; Heinrich StrafR AT Rn. 743–746; Hoffmann-Holland in MüKo-StGB Rn. 142; Fischer Rn. 23a; für eine Erfassung als Alleintäter durch Unterlassen Krack ZStW 117 (2005), 555 (565)). Zusammenfassend Putzke JuS 2009, 1083; Geppert Jura 2011, 30 (36); Bosch Jura 2011, 915. Überblick bei Kühl JA 2014, 668 (673).

Bei **mittelbarer Täterschaft** ist die Frage umstritten (eing. Krüger, Der Versuchsbeginn bei mittelbarer Täterschaft, 1994; zusf. Putzke JuS 2009, 989 und Heinrich StrafR AT Rn. 747–751). Nach überwiegender Ansicht sind die im Schrifttum für den beendigten Versuch entwickelten Grundsätze nach hier zu übertragen (→ Rn. 8); maßgebend ist danach im Sinne einer modifizierten Einzellösung der Zeitpunkt, in dem der mittelbare Täter die Herrschaft über das Geschehen endgültig aus der Hand gibt oder das geschützte Rechtsgut unmittelbar gefährdet wird (Roxin/Greco StrafR AT I §29 Rn. 230; Hoffmann-Holland in MüKoStGB Rn. 126–137; Streng ZStW 109 (1997), 862 (886); Fad, Die Abstandnahme des Beteiligten von der Tat im Vorbereitungsstadium, 2005, S. 147; Rönnau JuS 2014, 109 (112); Wessels/Beulke/Satzger StrafR AT Rn. 872, 873; Frister StrafR AT §29 Rn. 5; Jescheck/Weigend StrafR S. 672; ähnlich Jäger in SK-StGB Rn. 20a). Die Rspr. stellt darauf ab, ob der Täter nach seiner Vorstellung die Einwirkung auf den Tatmittler abgeschlossen hat, dieser nach dem Tatplan in unmittelbarem Anschluss die Tat ausführen soll und das geschützte Rechtsgut damit bereits in diesem Zeitpunkt gefährdet ist (BGHSt 30, 363 = NJW 1982, 1164 mit abl. Bespr. Kühl JuS 1983, 180; Küper JZ 1983, 361; Sippel NJW 1983, 2226; BGHSt 40, 257 (268) = NJW 1995, 204; BGHSt 43, 177 (179) = NJW 1997, 3453 mzustAnm Roxin JZ 1998, 211 (212); BGH NJW 2020, 559 (560); NStZ 2021, 92 mAnm Kretschmer; Bespr. Jahn JuS 2021, 84; Gössel JR 1998, 293 (295), der die Rspr. aber der sog. Gesamtlösung zuordnet, zust. auch Heger/Petzsche in Matt/Renzikowski Rn. 43; eingehende Auseinandersetzung mit dem sog. „Passauer-Apothekerfall" bei Weddig, Mittelbare Täterschaft und Versuchsbeginn bei der Giftfalle, 2008 mit Bespr. Pintaske ZIS 2010, 391; BGH wistra 2014, 486 bei Bilsdorfer NJW 2015, 1426 (1428); BGH NJW 2014, 2132 (2134); OLG München NJW 2006, 3364 (3366) mit Bespr. Schiemann; Bosch JA 2007, 151; 9a

Kraatz Jura 2007, 531; ähnlich Zaczyk FS Krey, 2010, 485 (497); Zaczyk in NK-StGB Rn. 30; iE auch Zieschang StrafR AT Rn. 523, der auf die Zwischenakte des mittelbaren Täters abstellt); soll der Tatmittler die Tat mit zeitlicher Verzögerung im Anschluss an noch ausstehende Vorbereitungshandlungen ausführen oder bei Ungewissheit der Tatausführung durch den Tatmittler, beginnt der Versuch erst mit dem unmittelbaren Ansetzen des Tatmittlers (BGH StV 2001, 272; NJW 2020, 559). In Teilen des Schrifttums wird der Versuchsbeginn im Sinne einer reinen Einzellösung auch mit der (beginnenden oder abgeschlossenen) Einwirkung auf den Tatmittler gleichgesetzt (Baumann JuS 1963, 85 (92); Schilling, Der Verbrechensversuch des Mittäters und des mittelbaren Täters, 1975, S. 101; ähnlich Puppe JuS 1989, 361 (362); Puppe FS Dahs, 2005, 173; dem Ansatzpunkt zust. Fischer Rn. 26). Vorzugswürdig ist aber die Ansicht, die iSe Gesamtlösung den Versuch erst mit dem unmittelbaren Ansetzen des Tatmittlers beginnen lässt (Kühl JuS 1983, 180; Kühl FS Küper, 2007, 289 (303); Kühl StrafR AT § 20 Rn. 91; Küper JZ 1983, 361; Kadel GA 1983, 299; Küpper GA 1986, 437 (447); GA 1998, 519 (521); Eschenbach Jura 1992, 637 (645); Gössel JR 1998, 293 (295); Krack NStZ 2004, 625; Krack FS Eckert, 2008, 467; Rath JuS 1999, 140 (143); Krey/Esser StrafR AT Rn. 1239; Hillenkamp in LK-StGB Rn. 158; Heger/Petzsche in Matt/Renzikowski Rn. 54; diff. Kratzsch JA 1983, 578 (586); krit. Herzberg FS Roxin, 2001, 749); umstritten ist, auf wessen Vorstellungen dabei abzustellen ist (vgl. Küper JZ 1983, 270; Hillenkamp FS Roxin, 2001, 689 (708)). Kurzer Überblick bei Kühl JA 2014, 668 (673).

10 **e)** Bei **mehrgliedrigen Tatbeständen** ist die Ansatzformel (→ Rn. 4) im Allgemeinen nicht auf die Verwirklichung irgendeines tatbestandlichen Handlungsmerkmals (so die früher hM; vgl. etwa OLG Bamberg NStZ 1982, 247), sondern auf die **Tatbestandsverwirklichung im Ganzen** zu beziehen (BGHSt 31, 178 = NJW 1983, 1130; Burkhardt JuS 1983, 426; Fischer Rn. 36; Zaczyk in NK-StGB Rn. 52). Die Frage ist namentlich bedeutsam für mehraktige Delikte sowie für Qualifikations- und Privilegierungstatbestände. Hier führt die Verwirklichung eines erschwerenden oder mildernden Umstandes nur dann zum Versuch, wenn sie sich auch in Bezug auf den Grundtatbestand als unmittelbares Ansetzen darstellt (Roxin JuS 1979, 1 (7); Laubenthal JZ 1987, 1065 (1066); Kühl StrafR AT § 15 Rn. 50–54; Hillenkamp in LK-StGB Rn. 123; BGH NZM 2016, 90 bei Eisele JuS 2017, 179; Kudlich JA 2017, 152). Wird ein erschwerender Umstand erst nach Überschreiten der Versuchsschwelle des Grundtatbestandes verwirklicht, so beginnt der Versuch des qualifizierten Delikts erst mit dem unmittelbaren Ansetzen zur Verwirklichung der Strafschärfung (BGH NStZ 1995, 339 mAnm Wolters). In einzelnen Bereichen, etwa bei tatbestandlichen Abwandlungen (vgl. Kühl JuS 1980, 506 (509); zusf. Stree FS Peters, 1974, 179), kann die Deliktstruktur Abweichungen erfordern. Gerade bei Delikten, die typischerweise in zeitlich gestreckter Form begangen werden, kann die Anknüpfung des Unmittelbarkeitserfordernisses erst an spätere Phasen der Tatbestandsverwirklichung zweckwidrig sein (aM Kratzsch JA 1983, 578 (582)); das gilt jedenfalls dann, wenn schon die vorausgehenden Phasen zum Tatbestandskern gehören (Laubenthal JZ 1987, 1065) – Zum Versuchsbeginn bei **Regelbeispielen** → § 46 Rn. 15.

11 **2. a) Strafgrund** des Versuchs ist der **betätigte rechtsfeindliche Wille,** dh der durch Handlungen, die in der Außenwelt in Erscheinung treten, manifest gewordene Verbrechensvorsatz (ebenso Heger/Petzsche in Matt/Renzikowski Rn. 9; krit. Gössel FS Wolter, 2013, 403 (409)). Diese **subjektive Versuchstheorie** ent-

spricht **stRspr** (BGHSt 11, 324 = NJW 1958, 1050). § 22 bekennt sich ausdrücklich zu ihr. Im **Schrifttum** wird sie überwiegend in der modifizierten Form der sog. **Eindruckstheorie** vertreten, die den betätigten verbrecherischen Willen als Strafgrund nur unter der weiteren Voraussetzung anerkennt, dass durch die Willensäußerung das Vertrauen der Allgemeinheit auf die Geltung der Rechtsordnung erschüttert und der Rechtsfrieden beeinträchtigt werden kann (vgl. etwa Roxin JuS 1979, 1; Streng ZStW 109 (1997), 862 (865); Momsen in Momsen/Bloy/Rackow, Fragmentarisches Strafrecht, 2003, S. 61; Böhm/Jung medstra 2016, 262; Gropp/Sinn StrafR AT § 9 Rn. 48; Jescheck/Weigend StrafR S. 514, 530; eing. Papageorgiou-Gonatas, Wo liegt die Grenze zwischen Vorbereitungshandlungen und Versuch?, 1988, S. 200; ähnlich Niepoth, Der untaugliche Versuch beim unechten Unterlassungsdelikt, 1994; krit. zu ihrer Leistungsfähigkeit Safferling ZStW 118 (2006), 682 (690); Kühl StrafR AT § 15 Rn. 41; Zaczyk in NK-StGB Rn. 11; abl. Androulakis FS Schreiber, 2005, 13 (16); Köhler StrafR AT S. 454; sa Bloy ZStW 113 (2001), 76 (79)); damit soll die Ausscheidung des irrealen Versuchs (→ Rn. 14) erklärt und auch sonst eine Überdehnung der Strafbarkeit verhütet werden. Demselben Ziel dienen auch die meisten neueren Lehren, die das Versuchsunrecht und namentlich das Verhältnis von subjektiver und objektiver Tatseite dogmatisch näher zu klären suchen (vgl. etwa die dualistische Begr. von Alwart, Strafwürdiges Versuchen, 1982; Schmidhäuser StrafR AT § 15 Rn. 21–58, die intentionale und nichtintentionale Versuche unterscheiden und darauf eine Differenzierung stützen; Kratzsch, Verhaltenssteuerung und Organisation im Strafrecht, 1985, S. 63, 430, der den Versuch als abstraktes Gefährdungsdelikt deutet, bei dem das Überschreiten einer rechtlich nicht mehr tolerierbaren Gefahrenschwelle vorausgesetzt wird; Zaczyk in NK-StGB S. 126, der das Versuchsunrecht als Zugriff auf rechtlich konstituierte Freiheit differenziert bestimmt; zust. Klesczewski StrafR AT Rn. 464; ähnlich Murmann ZJS 2008, 5, der auf die Verletzung des „Anerkennungsverhältnisses" abstellt; Androulakis FS Schreiber, 2005, 13 (19), feindseliges Eindringen in befriedete Sphären; Adams/Shavell GA 1990, 337, die eine ökonomische Versuchstheorie zugrundelegen; Vehling, Die Abgrenzung von Vorbereitung und Versuch, 1991, S. 87; Jakobs StrafR AT Abschn. 25 Rn. 13–23, die den Versuch unter Rückgriff auf die Theorie der positiven Generalprävention als Expressivwerden eines Normbruchs beschreiben; aufgegriffen und um die Gefährlichkeit ergänzt von Polaino FS Gössel, 2002, 157; ähnlich Kindhäuser/Hilgendorf in LPK-StGB Vor § 22 Rn. 4, der auf die „Desavouierung von Normgeltung" abhebt; Valerius JA 2010, 113; Freund/Rostalski StrafR AT § 8 Rn. 14, die auf die Gefährdung der Verhaltensnormgeltung abstellen; Zieschang Gefährdungsdelikte S. 135, 141, der auf die objektive, konkrete Gefährlichkeit des Verhaltens abhebt; ähnlich Malitz, Der untaugliche Versuch beim unechten Unterlassungsdelikt, 1998, S. 132, 155, 230 mit krit. Bespr. Bloy GA 2000, 498; Maier, Die Objektivierung des Versuchsunrechts, 2005 mit krit. Bespr. Zaczyk GA 2008, 56; sa Rey-Sanfiz, Die Begriffsbestimmung des Versuchs und ihre Auswirkung auf den Versuchsbeginn, 2006 mit krit. Bespr. Meyer ZIS 2008, 178; eine dualistische Konzeption entwickelt auch Roxin FS Nishihara, 1998, 157; Roxin StrafR AT II § 29 Rn. 13–24, der eine Vereinigungs-theorie aus „objektiver" Gefährlichkeitstheorie, subjektiver „Tätertheorie" und „Eindruckstheorie" entwickelt, die den Strafgrund des tauglichen Versuchs in der tatbestandsnahen Gefährdung, den des untauglichen Versuchs im tatbestandsnahen, rechtserschütternden Normbruch sieht; ähnlich Momsen in Momsen/Bloy/Rackow, Fragmentarisches Strafrecht, 2003, S. 88; zur Kritik an den Versuchstheorien Weigend in Hirsch/Weigend, Strafrecht und Kriminalpolitik in Japan und Deutschland, 1989, S. 113; Wächter, Das Unrecht der versuchten Tat, 2015; krit. zur subjektiven Versuchstheorie als Wegbereiter der NS-Strafrechtsdoktrin Hirsch JZ 2007, 494; zusf. Berz, Formelle Tatbestandsverwirklichung und materialer Rechtsgüterschutz, 1986, S. 39; Rath JuS 1998, 1006 (1007)). Auf der Grundlage des § 22 bedeutet Ansetzen zur Tatbestandsverwirklichung nicht, dass auch eine Vollendung der Tat möglich gewesen sein müsste (so aber die überholte Lehre vom „Mangel am Tatbestand", Frank StGB Kap. I). Es ist deshalb unerheblich, ob die Versuchshandlung das angegriffene Rechtsgut objektiv gefährdet oder überhaupt zur Gefährdung geeignet ist; nach der Rspr. ist allein entscheidend, ob das nach der Vorstellung des Täters von der Tat zutrifft (BGHSt 30, 363 (366) = NJW 1982, 1164). Die sog. objektiven Versuchstheorien, die anfangs zwischen absolut und relativ untauglichem Versuch unterschieden und später auf die konkrete Gefährlichkeit des Angriffs abgestellt haben (Spendel NJW 1965, 1881; JuS 1969, 314; Dicke JuS 1968, 157), sind überholt.

12 **b)** aa) Strafbar ist danach auch der sog. **untaugliche Versuch,** dh der Versuch, der unter keinen Umständen zur Vollendung hätte führen können (zu den Erscheinungsformen Valerius JA 2010, 113 (114)). Dessen Strafwürdigkeit ist in der Rspr. bisweilen auch auf einen anfechtbaren, in Wahrheit nur sehr begrenzt tragfähigen Umkehrschluss aus § 59 aF (§ 16 I nF) gestützt worden, wonach der Irrtum über das Vorhandensein von Tatumständen dem Täter ebenso schaden müsse, wie ihm das Fehlen solcher Umstände nach dieser Vorschrift zugute komme (RGSt 42, 92; krit. Engisch FS Heinitz, 1972, 185; Herzberg JuS 1980, 469 (478); Puppe FS Lackner, 1987, 199; Puppe FS Stree/Wessels, 1993, 183 (196); Puppe ZStW 128 (2016), 301). Aus der subjektiven Betrachtungsweise folgt, dass es genügt, wenn irgendetwas (→ Rn. 14) – sei es der tatbestandsmäßige Erfolg oder ein anderer Umstand – an der Verwirklichung des objektiven Tatbestandes fehlt (vgl. Bloy ZStW 113 (2001), 76 (83), fehlendes Erfolgsunrecht), während der subjektive voll verwirklicht sein muss (hM; vgl. Heinrich Jura 1998, 393; Seier/Gaude JuS 1999, 456 (457); **Einschränkungen** werden zT in den neueren Versuchslehren (→ Rn. 11) vertreten; sa Jakobs GS Kaufmann, 1989, 271 (277), der auf der objektiven Seite nur „kommunikativ relevantes" Verhalten genügen lässt; einschr. ferner Struensee ZStW 102 (1990), 21, der aus dem Verursachungsvorsatz die nicht durch „realtaugliche" Umstände gestützte sog. Wahnkausalität ausscheidet; krit. Bloy ZStW 113 (2001), 76 (87), der den Entschluss zu einer zurechenbaren Tat verlangt; Rath JuS 1998, 1106 (1112); Renzikowski in Kaufmann, Wahn und Wirklichkeit, 2003, S. 309, 312, 321, der die „begründete Annahme" des Tatbestands voraussetzt; Zaczyk in NK-StGB Rn. 37, der eine „Verwirklichungsmacht" verlangt; Langer, Die Sonderstraftat, 2007, S. 431, nur der „Zielversuch"; Hirsch FS Roxin, 2001, 711; Hirsch FS Lüderssen, 2002, 253 (255); sowie Hirsch GS Vogler, 2004, 31, unterscheidet zwischen gefährlichen und ungefährlichen untauglichen Versuchen; gegen die Strafbarkeit Köhler StrafR AT S. 458, der die nahe liegende Möglichkeit der Verletzung bei objektiver Prognose ex ante verlangt; abl. auch Bottke JahrbRuE 2005, 395; und schon Bottke FG BGH, 2000, 135 (153) = NJW 2000, 2669: kein Rechtsgutsangriff; krit. zu diesen Einschränkungen Herzberg GA 2001, 258; im Ansatz abw. Lagodny, Strafrecht vor den Schranken der Grundrechte, 1996, S. 204; schon Lagodny in Eser-Beiträge, 1995, S. 27, 35, der auf das Sicherheitsbedürfnis des Opfers abstellt; zusf. zu diesen Einschränkungen Roxin StrafR AT II § 29 Rn. 51–58; rechtsvergleichend Jung ZStW 117 (2005), 937; Maiwald FS Loos, 2010, 159; zur Diskussion in Österreich Fuchs FS Burgstaller, 2004, 41 (43); zum Beitrag der Rechtsphilosophie skeptisch

Roxin FS Küper, 2007, 489; dagegen Zaczyk FS Maiwald, 2010, 885; speziell zum neuen spanischen Recht Mir Puig FS Roxin, 2001, 729). Entscheidend ist allein die Vorstellung des Täters von der **Tauglichkeit** seiner Handlung (BGH bei Dallinger MDR 1973, 900; Hillenkamp FS Roxin, 2001, 689), wobei unerheblich ist, ob er über die Tauglichkeit des Objekts oder des Mittels irrt (RGSt 34, 127). Das gilt (etwa für § 323a) auch für einen im Zustand der Schuldunfähigkeit handelnden Täter (BGH NStZ-RR 2020, 203).

bb) Dasselbe gilt auch für den Gesamtbereich des Irrtums über die **Tauglichkeit des Subjekts,** also nicht nur für die täterschaftlich eingeschränkten Gemeindelikte (insoweit unstr.); denn das Fehlen der für den Täter kennzeichnenden Pflichtenstellung bildet allein keinen zureichenden Grund, um die Betätigung des Tatentschlusses zum bloßen Wahndelikt (→ Rn. 15) abzuwerten (RGSt 72, 109; Bruns GA 1979, 161; Heinrich Jura 1998, 393; Seier/Gaude JuS 1999, 456; BWME StrafR AT § 26 Rn. 30; Hillenkamp in LK-StGB Rn. 237; aM RGSt 8, 198; Langer FS Lange, 1976, 241 (244); Tiedemann GS Schröder, 1978, 289 (295); Zaczyk GA 2008, 298; Zaczyk in NK-StGB Rn. 39; Schmitz Jura 2003, 593 (594, 601); Bloy ZStW 117 (2005), 3 (33); diff. Kaufmann FS Klug, 1983, 277 (283); Schünemann GA 1986, 293 (317); zusf. Valerius JA 2010, 113 (115); zw.); das 2. StrRG (→ Vor § 1 Rn. 4) hat zwar die Streitfrage in der Erwartung unentschieden gelassen, die Rspr. werde auch ohne ausdrückliche Regelung zur Straflosigkeit kommen (BT-Drs. V/4095, 11; Hillenkamp in LK-StGB Rn. 232), sich aber mit den Argumenten der Gegenmeinung nicht auseinandergesetzt (Jäger in SK-StGB Rn. 27, 28). 13

cc) Als untauglicher Versuch nicht erfasst wird lediglich der sog. **irreale** (oder abergläubische) **Versuch** (zusf. Valerius JA 2010, 113 (116); Satzger Jura 2013, 1017), bei dem der Täter auf die Wirksamkeit nicht existierender (oder nach dem Stand der wissenschaftlichen Erkenntnis jedenfalls nicht nachweisbarer) magischer Kräfte baut (RGSt 33, 321; Gössel GA 1971, 225 (232); Meyer ZStW 87 (1975), 598 (614); Alwart, Strafwürdiges Versuchen, 1982, S. 201; Rath JuS 1998, 1106 (1113); Seier/Gaude JuS 1999, 456 (459); Bloy ZStW 113 (2001), 76 (108); Herzberg GA 2001, 258; Hillenkamp FS Schreiber, 2005, 135 (148); Kretschmer JR 2004, 444 (445); Roxin FS Jung, 2007, 829 (836); einschr. Struensee GS Kaufmann, 1989, 31; BWME StrafR AT § 26 Rn. 37; Heger/Petzsche in Matt/Renzikowski § 23 Rn. 12, 13; iE auch Walter Kern des Strafrechts S. 378; → § 23 Rn. 5; speziell vor dem Hintergrund kultureller Pluralisierung Hilgendorf JZ 2009, 139 (142)). Zur Abgrenzung vom untauglichen Versuch und vom grob unverständigen Versuch iSd § 23 III Heinrich StrafR AT; Bloy ZStW 113 (2001), 76 (109), der die Abgrenzung für nicht durchführbar hält; → § 23 Rn. 6. 14

c) Nicht hierher gehört das straflose **Wahnverbrechen,** bei dem der Täter irrig annimmt, er verletze ein Strafgesetz, das es in Wahrheit nicht gibt (RGSt 66, 126; sa BGHSt 1, 13 = NJW 1951, 160; BGH NJW 1994, 1357 mAnm Loos JR 1994, 510; OLG Koblenz NJW 2001, 1364; zu den Erscheinungsformen Valerius JA 2010, 113; Böhm/Jung medstra 2016, 267 (271); zusf. Rath JuS 1999, 32; Putzke JuS 2009, 898). Allerdings ist die Abgrenzung des untauglichen Versuchs vom Wahnverbrechen bei Irrtümern über normative Tatbestandsmerkmale (→ § 15 Rn. 14–17) bisweilen schwierig und noch nicht abschließend geklärt (zusf. Valerius JA 2010, 113); denn es kann zweifelhaft sein, ob ein Täter, der alle dem normativen Merkmal zugrundeliegenden Tatsachen kennt (problematisch insoweit Mitsch NStZ 1994, 88), über einen Tatumstand (Parallelwertung in der Laiensphäre) oder 15 über den Anwendungsbereich einer Norm (umgekehrter Subsumtionsirrtum, → § 17 Rn. 21) geirrt hat (vgl. zB BGHSt 7, 53 (58) = NJW 1955, 271; BGHSt 13, 235 (240) = NJW 1959, 2173; BGHSt 64, 161 = NJW 2019, 3392; Zaczyk in NK-StGB Rn. 41–49, der verlangt, dass ein „konkretes Rechtsverhältnis zur angegriffenen Person wirklich besteht"; sa Streng GA 2009, 529). Die Rspr. (zusf. Schmitz Jura 2003, 593 (594, 600)) hat namentlich die Fälle bisher nicht einheitlich behandelt, in denen der Täter in Folge irriger Ausdehnung des Anwendungsbereichs einer außerhalb des Straftatbestandes liegenden, von diesem nur in Bezug genommenen Norm zur Vorstellung eines Umstandes gekommen ist, der nach seinem sachlichen Bedeutungsgehalt das normative Tatbestandsmerkmal erfüllt; zB der Eigentümer hält seine Sache infolge falscher rechtlicher Wertung für fremd (OLG Stuttgart NJW 1962, 65; iE zust. Puppe FS Herzberg, 2008, 275 (276); Roxin StrafR AT II § 29 Rn. 419; BayObLG NJW 1963, 310 mit krit. Bespr. Bindokat NJW 1963, 745 (746); sa OLG Bamberg NJW 2008, 1543 „Zahngold" mit Bespr. Jahn JuS 2008, 457; Streng GA 2009, 537; Kudlich JA 2015, 872; ebenso bei herrenloser Sache OLG Hamburg NJW 2012, 1601 (1604) „Zahngold"; sa Fischer § 22 Rn. 54, § 242 Rn. 57; allg. zum „selbstbelastenden Rechtsirrtum" über das Merkmal ‚in fremdem Eigentum stehend' Burkhardt JZ 1981, 681; wistra 1982, 178; GA 2013, 346, Wahndelikt; ebenso Frisch GA 2019, 305 (324); aM die hL mit der „Versuchslösung", so ua Puppe FS Herzberg, 2008, 275 (276); Neumann FS Puppe, 2011, 172 (182); Schuster, Das Verhältnis von Strafnormen und Bezugsnormen aus anderen Rechtsgebieten, 2012, S. 115; Kühl StrafR AT § 15 Rn. 98; Rengier StrafR AT § 35 Rn. 24; für Wahndelikt neuerdings Bülte NStZ 2013, 65 (71)); der Täter hält einen nichtigen Vertrag irrig für wirksam und deshalb für vermögensschädigend (LG Mannheim NJW 1995, 3398 mit Bespr. Behm NStZ 1996, 117; Krauss NJW 1996, 2850; Scheffler JuS 1996, 1070; Abrahms/Schwarz Jura 1997, 355; Maier, Die Objektivierung des Versuchsunrechts, 2005, S. 247; Roxin StrafR AT II § 29 Rn. 390); er hält den von ihm erstrebten Vermögensvorteil irrig für rechtswidrig (BGHSt 42, 268 = NJW 1997, 750 mit Bespr. Arzt JR 1997, 469; Kudlich NStZ 1997, 432; Hillenkamp in LK-StGB Rn. 205; zum Prozessbetrug OLG Koblenz NJW 2001, 1364); er glaubt irrig, die einen Eid abnehmende Stelle sei zuständig (BGHSt 3, 248 (254) = NJW 1953, 113; BGHSt 12, 56 (58) = NJW 1958, 1881; Rath JuS 1999, 32 (34); Herzberg JuS 1999, 1073 (1076); Puppe FS Herzberg, 2008, 275 (292); Puppe StrafR AT § 1 Rn. 32, 42; Roxin StrafR AT II § 29 Rn. 417) oder eine bestimmte Angabe falle unter die Wahrheitspflicht (BGHSt 2, 74 (76) = BeckRS 1952, 31195875; BGHSt 3, 221 (226) = NJW 1953, 36; BGHSt 25, 244 (246) = NJW 1974, 154; anders BGHSt 14, 345 = NJW 1960, 1681); er wertet iRd § 258 (Strafvereitelung) das Verhalten des Vortäters (möglicherweise also auch dessen Ordnungswidrigkeit, Puppe FS Lackner, 1987, 199 (227); aM BayObLG NJW 1981, 772 mablAnm Stree JR 1981, 297) irrig als Straftat (BGHSt 15, 210 = NJW 1961, 228 mablAnm Weber MDR 1961, 426; Roxin StrafR AT II § 29 Rn. 418); er hält eine aus Einzelteilen hergestellte Collage irrig für eine Urkunde (OLG Düsseldorf NJW 2001, 167 mit Bespr. Erb NStZ 2001, 317; Puppe NStZ 2001, 482; Hillenkamp in LK-StGB Rn. 217, 223, 228; zu § 267 vgl. auch BGHSt 13, 235 = NJW 1959, 2173; BGH NJW-Spezial 2020, 153 mit Bespr. Kudlich JA 2020, 470; Hillenkamp in LK-StGB Rn. 205); er macht gegenüber der Steuerbehörde falsche Angaben in der irrigen Meinung, dass das wirkliche Geschehen eine Steuerschuld begründet (BGHSt 16, 283 (285) = NJW 1962, 212), oder er hält das Unterlassen, die objektiv nicht vorgeschriebene Einkommensteuererklärung abzugeben, irrig für pflichtwidrig nach § 370 AO (KG NStZ 1982,

73 mit abl. Bespr. Burkhardt wistra 1982, 178). Dass diese Fälle einheitlich dem untauglichen Versuch (so zB Herzberg JuS 1980, 469; Herzberg GS Schlüchter, 2002, 189; Nierwetberg Jura 1985, 238; Jäger in SK-StGB Rn. 32a, 32b; beachte auch Engisch FS Heinitz, 1972, 185) oder einheitlich dem Wahndelikt (so zB Burkhardt JZ 1981, 681; Dopslaff GA 1987, 1 (26); Endrulat, Der „*Umgekehrte Rechtsirrtum*": untauglicher Versuch oder Wahndelikt?, 1994; Jakobs StrafR AT Abschn. 25 Rn. 38–42a) zugeschlagen werden müssen, war bisher überwiegende Meinung (zur Dogmengeschichte Tischler, Verbotsirrtum und Irrtum über normative Tatbestandsmerkmale, 1984, S. 264). Beide Alternativen befriedigen nicht. Deshalb werden zunehmend differenziertere Kriterien herausgearbeitet, über die allerdings noch kein Konsens erzielt werden konnte (vgl. etwa Schlüchter, Irrtum über normative Tatbestandsmerkmale im Strafrecht, 1983, S. 164; Schlüchter JuS 1985, 527; Schünemann GA 1986, 293 (312); Kuhlen, Die Unterscheidung von vorsatzausschließendem und nichtvorsatzausschließendem Irrtum, 1987, S. 558; Heidingsfelder, Der umgekehrte Subsumtionsirrtum, 1991, S. 108; Roxin JZ 1996, 981; Roxin StrafR AT II § 29 Rn. 409–415; krit. Walter Kern des Strafrechts S. 383; zusf. Schmitz Jura 2003, 593 (595–599); Hillenkamp in LK-StGB Rn. 214; im Ansatz abw. Kindhäuser GA 1990, 407). Jedenfalls sind diejenigen Fälle als Wahndelikte zu bewerten, in denen sich der Täter infolge irriger Überdehnung einer außerstrafrechtlichen, durch Verweisung in den Tatbestand integrierten Pflicht (zB der Wahrheitspflicht bei den Aussagedelikten oder der Steuerpflichtigkeit bei den Steuerdelikten) zu Unrecht für einen Normadressaten hält (iE ebenso Schmitz Jura 2003, 600; näher dazu Kaufmann FS Klug, 1983, 277 (289); ähnlich auch Puppe GA 1990, 145 (154), die zwischen Irrtümern über „rechtlich-institutionelle Tatbestandsmerkmale" und „Blankettmerkmale" unterscheidet; Frisch in Eser RuE III S. 217, 276, der darauf abstellt, ob sich der Täter nach seiner Vorstellung gegen das geschützte Rechtsgut entscheidet, und Heidingsfelder, Der umgekehrte Subsumtionsirrtum, 1991, S. 152, der den jeweiligen Normbereich zu konkretisieren sucht und dazu zwischen merkmalsumschreibenden, -ausfüllenden, -begrenzenden und normbereichsneutralen Normen unterscheidet; ähnlich Roxin JZ 1996, 981 speziell zum Steuerrecht OLG Düsseldorf NStZ 1989, 370 (372) mkritAnm Rainer; Reiß wistra 1986, 193).

16 **d)** Umstritten sind die Fälle, in denen jemand einen Tatbestand voll verwirklicht, aber unter den **objektiven Voraussetzungen eines Rechtfertigungsgrundes** handelt, ohne es zu wissen („Grundwissen" bei Rönnau JuS 2009, 594). Wegen Fehlens des erforderlichen subjektiven Rechtfertigungselements (→ Vor § 32 Rn. 6) bleibt die Handlung jedenfalls rechtswidrig (hM; anders Spendel in LK-StGB, 11. Aufl. 1992, § 32 Rn. 138; krit. dazu Rath, Das subjektive Rechtfertigungselement, 2002, S. 29, 76; einschr. Lagodny in Eser-Beiträge, 1995, S. 35), so dass, da begrifflich auch kein Versuch vorliegt (hM; anders Schünemann GA 1985, 341 (373); Herzberg JA 1986, 190; Frisch FS Lackner, 1987, 113 (138); Rinck, Der zweistufige Deliktsaufbau, 2000, S. 201, 307; Knobloch JuS 2010, 684 (687); Freund/Rostalski StrafR AT § 3 Rn. 18; Puppe GA 2003, 764 (771); Roxin/Greco StrafR AT I § 14 Rn. 104; Rönnau in LK-StGB Vor § 32 Rn. 90; Hoyer in SK-StGB Vor § 32 Rn. 80), an eine Bestrafung wegen vollendeter Tat zu denken wäre (so zB BGHSt 2, 111 (114) = NJW 1952, 556; zur Rspr. krit. Hirsch FG BGH, 2000, 199 (234); BGHSt 58, 268 = NJW 2013, 2530 mAnm Brodowski JR 2014, 87 (90); offen gelassen BGH NStZ 2007, 325; Gössel FS Triffterer, 2011, 93 (99); Haft StrafR AT S. 71; Heinrich StrafR AT Rn. 392; Köhler StrafR AT S. 323;

Schmidhäuser Studienbuch StrafR AT § 6 Rn. 24; Zieschang StrafR AT Rn. 232; Zaczyk in NK-StGB Rn. 57; Paeffgen in NK-StGB Vor § 32 Rn. 124–129; diff. Gallas FS Bockelmann, 1979, 155 (172); Paeffgen GS Kaufmann, 1989, 399 (421)); jedoch wird mit Recht überwiegend Strafbarkeit nur wegen Versuchs angenommen, weil es hier – der versuchten Tat gleichwertig – am Unrechtserfolg (Erfolgsunwert) fehlt (KG GA 1975, 213; OLG Celle BeckRS 2013, 07170 mit Bespr. Jahn JuS 2013, 1042; OLG Naumburg NStZ 2013, 718 (719) mit Bespr. Jahn JuS 2013, 1139 (1140); Plaschke Jura 2001, 235 (238); Geppert Jura 2007, 33 (34); Walter Kern des Strafrechts S. 373; Kuhlen FS Beulke, 2015, 153, Konvergenzproblematik; Krey/Esser StrafR AT Rn. 467–469; Kühl StrafR AT § 6 Rn. 16; Otto StrafR AT § 10 Rn. 28, § 18 Rn. 47–53; Rengier StrafR AT § 17 Rn. 18; Duttge in HK-StrafR Vor §§ 32–35 Rn. 13; Joecks/Jäger StGB Vor § 32 Rn. 14; Kindhäuser/Hilgendorf in LPK-StGB Vor § 32 Rn. 20; Jäger in SK-StGB Rn. 29; Sternberg-Lieben in Schönke/Schröder, Vor § 32 Rn. 15; Fischer § 32 Rn. 27, § 34 Rn. 28; sa BGHSt 38, 144 (155) = NJW 1992, 763; den Streitstand zusf. Rönnau JuS 2009, 594 (596); sowie Hillenkamp/Cornelius StrafR AT Problem 4, S. 35–38; nach Rath, Das subjektive Rechtfertigungselement, 2002, S. 632 soll kein „kriminalunrechtlicher Versuch“ vorliegen).

17 **3.** Auch der Versuch einer **Unterlassungstat** – sogar der untaugliche (hM; BGHSt 38, 356 = NJW 1992, 3309 mablAnm Niepoth JA 1994, 337; BGHSt 40, 257 (272) = NJW 1995, 204; BGH NStZ 2000, 414 (415); Radtke JuS 1996, 878; Rath JuS 1999, 32 (36); diff. nach der konkreten Gefährlichkeit Malitz, Der untaugliche Versuch beim unechten Unterlassungsdelikt, 1998, S. 48, 200 mit krit. Bespr. Bloy GA 2000, 498; anders Niepoth JA 1994, 360; Zaczyk in NK-StGB Rn. 60) – ist möglich und im Rahmen der allgemeinen Regeln (→ § 23 Rn. 1) strafbar (zusf. zum Versuch des unechten Unterlassungsdelikts Kudlich JA 2008, 601; Putzke JuS 2009, 1084; Exner Jura 2010, 276; Ransiek JuS 2010, 678 (681); Grundwissen bei Rönnau JuS 2014, 112f.). Jedoch ist beim unechten Unterlassen (→ § 13 Rn. 4, 6) der Versuchsbeginn (→ Rn. 4) umstritten (den Streitstand zusf. BGHSt 38, 356 = NJW 1992, 3309; Kudlich JA 2008, 603; Heinrich StrafR AT Rn. 752–755). Zu Unrecht wird dafür teils auf das Versäumen der ersten Rettungsmöglichkeit nach Fassen des Tatentschlusses (Schröder JuS 1962, 86; Herzberg MDR 1973, 89) und teils umgekehrt auf das Vergeben der letztmöglichen Rettungschance (Kaufmann, Die Dogmatik der Unterlassungsdelikte, 1959, S. 210) oder – etwas früher – auf das Vorstadium der „letzten Erfolgsabwendungschance“ (Küper ZStW 111 (1999), 1 (29) Fn. 62) abgestellt. Maßgebend dürfte vielmehr der Zeitpunkt sein, von dem ab die Erfolgsabwendung aus der Sicht des Täters geboten ist. Das trifft idR erst zu, sobald nach seiner Vorstellung von der Sachlage das geschützte Rechtsgut ohne sofortige Abhilfe konkret gefährdet wird, die Lage des Bedrohten also sich in Bezug auf dieses Rechtsgut jederzeit verschlechtern kann (Otto JA 1980, 641 (645); Malitz, Der untaugliche Versuch beim unechten Unterlassungsdelikt, 1998, S. 217; Exner Jura 2010, 279; BGH wistra 2013, 430 mAnm Ceffinato wistra 2014, 88; Eser/Bosch in Schönke/Schröder Rn. 50, 51; Zaczyk in NK-StGB Rn. 64; Wohlers in NK-StGB § 13 Rn. 23; sa BGHSt 40, 257 (272) = NJW 1992, 3309; zT abw. Vehling, Die Abgrenzung von Vorbereitung und Versuch, 1991, S. 163; Köhler StrafR AT S. 467; Stein in SK-StGB Vor § 13 Rn. 65–68; Fischer Rn. 33); umstritten ist, ob es genügt, wenn der Täter sich von der Gefahrstelle entfernt und den Bedrohten seinem Schicksal überlasst (so etwa Grünwald JZ 1959, 46; aM Otto JA 1980, 641; zusf. Roxin JuS 1979, 1 (12); Papa-

georgiou-Gonatas, Wo liegt die Grenze zwischen Vorbereitungshandlungen und Versuch?, 1988, S. 270, 291; Zaczyk in NK-StGB Rn. 64 S. 319; Rath JuS 1999, 32 (35)). Zum Rücktritt vom Versuch des Unterlassungsdelikts → § 24 Rn. 22a.

§ 23 Strafbarkeit des Versuchs

(1) **Der Versuch eines Verbrechens ist stets strafbar, der Versuch eines Vergehens nur dann, wenn das Gesetz es ausdrücklich bestimmt.**

(2) **Der Versuch kann milder bestraft werden als die vollendete Tat (§ 49 Abs. 1).**

(3) **Hat der Täter aus grobem Unverstand verkannt, daß der Versuch nach der Art des Gegenstandes, an dem, oder des Mittels, mit dem die Tat begangen werden sollte, überhaupt nicht zur Vollendung führen konnte, so kann das Gericht von Strafe absehen oder die Strafe nach seinem Ermessen mildern (§ 49 Abs. 2).**

1. Abs. 1: Verbrechen § 12 I. Als **Vergehen** (§ 12 II) kommen nur vorsätzliche 1
in Frage; der Versuch einer fahrlässigen Tat fällt nicht unter § 22, ein fahrlässiger Versuch ist nicht denkbar, jedenfalls nicht strafbar. Dagegen ist Versuch im Gesamtbereich der Vorsatz-Fahrlässigkeits-Kombinationen (→ § 11 Rn. 23; → § 18 Rn. 9) begrifflich möglich; jedoch fehlt es bei den Vergehen zT an der erforderlichen ausdrücklichen Strafdrohung. Zur kriminalpolitischen Entscheidung des Gesetzgebers über die Versuchsstrafbarkeit vgl. Samson FS Grünwald, 1999, 585 (601); und eing. Meinecke, Die Gesetzgebungssystematik der Versuchsstrafbarkeit von Verbrechen und Vergehen im StGB, 2001, S. 176, die für eine Beibehaltung des § 23 I plädiert, den Gesetzgeber aber auffordert, bei bestimmten Verbrechen im BT ausnahmsweise Straflosigkeit des Versuchs anzuordnen.

2. a) Abs. 2 sieht nur einen **fakultativen besonderen gesetzlichen Mil-** 2
derungsgrund iSd § 49 I vor. Es ist daher zunächst zu entscheiden, ob von der Milderungsmöglichkeit überhaupt Gebrauch gemacht wird (dazu und zu der Frage, welchen Regeln diese Würdigung folgt, → § 49 Rn. 4). Für die danach gebotene Gesamtwürdigung der versuchsbezogenen Umstände haben namentlich die Gefährlichkeit des Versuchs, für die kriminelle Intensität, verbrecherischer Wille und Tauglichkeit der eingesetzten Mittel mitbestimmend sind (BGH NStZ-RR 2003, 72; NStZ 2004, 620; NStZ 2020, 599), und die Nähe zur Tatvollendung Gewicht (→ § 49 Rn. 4; sa BGH NStZ-RR 2014, 136; Fischer Rn. 3); daneben sind ua auch die Gründe für das Ausbleiben des Erfolges und die Vornahme rücktrittsähnlicher Bemühungen (Jakobs StrafR AT Abschn. 25 Rn. 79) bedeutsam (hM; anders Frisch FS Spendel, 1992, 381, der die Milderung von einer spezifischen Unwertdifferenz abhängig macht; beachte auch Timpe, Strafmilderungen des Allgemeinen Teils des StGB und das Doppelverwertungsverbot, 1983, S. 91). Der Umstand allein, dass die Vollendung entgegen der Vorstellung des Täters nur zufällig oder sonst ohne sein Verdienst ausgeblieben ist (BGHSt 36, 1 (19) = NJW 1989, 781; BGH NJW 1962, 355; StV 1985, 411; NStZ 2015, 517) oder dass es sich um einen beendigten Versuch iSd § 24 (→ § 24 Rn. 4) gehandelt hat (BGH bei Detter NStZ 1996, 426), reicht zur Versagung der Milderung nicht aus.

3 **b)** Wird von der Milderungsmöglichkeit Gebrauch gemacht, so ändert sich zunächst **nur der Strafrahmen** nach dem Maßstab des § 49 I (beachte auch § 50). Zur Strafzumessung innerhalb dieses Rahmens → § 49 Rn. 10.

4 **3.** Zu **Abs. 3** vgl. zunächst → § 49 Rn. 5–11; das sonst unübliche Vorziehen der milderen Rechtsfolge soll ausdrücken, dass das **Absehen von Strafe** die Regel und die Milderung nach Ermessen nur die Ausnahme bildet (BT-Drs. V/4095, 12; Heger/Petzsche in Matt/Renzikowski Rn. 28). Für die Abschaffung von Abs. 3 Malitz, Der untaugliche Versuch beim unechten Unterlassungsdelikt, 1998, S. 190, 231; Walter Kern des Strafrechts S. 377: kriminalpolitisch maßlos; sa Bloy ZStW 113 (2001), 76 (109).

5 **a)** Abs. 3 setzt einen **strafbaren untauglichen Versuch** voraus (vgl. Roxin FS Jung, 2007, 829 (830)); für den irrealen Versuch, der iSd § 22 kein Versuch ist (→ § 22 Rn. 14), gilt er daher nicht (Gössel GA 1971, 225 (234); Roxin JuS 1973, 329 (331); Seier/Gaude JuS 1999, 456 (460); Ebert StrafR AT S. 125; Zaczyk in NK-StGB Rn. 17; aM Heinrich Jura 1998, 393 (397); Heinrich StrafR AT Rn. 680; Hilgendorf JZ 2009, 139 (143); Putzke JuS 2009, 898; Satzger Jura 2013, 1017 (1025); BWME StrafR AT § 26 Rn. 34; Otto StrafR AT § 18 Rn. 63; Stratenwerth/Kuhlen StrafR AT § 11 Rn. 61; Fischer Rn. 9). Seine analoge Anwendung auf Versuche mit nur bedingtem Vorsatz (→ § 22 Rn. 2) ist mit den für die richterliche Rechtsschöpfung geltenden Regeln unvereinbar (hM; anders Herzberg NStZ 1990, 311 (317)). Zur Abgrenzung von untauglichem Versuch und Wahndelikt Toepel ZIS 2017, 606.

6 **b)** Unter welchen Voraussetzungen ein Versuch **„überhaupt“ nicht zur Vollendung führen konnte,** ist zweifelhaft. Eine scharfe Grenze lässt sich, wie die erfolglosen Bemühungen um die Abgrenzung zwischen absolut und relativ untauglichen Versuchen bewiesen haben, nicht ziehen (Gössel GA 1971, 225 (227); Heger/Petzsche in Matt/Renzikowski Rn. 25), ist im Hinblick auf das zusätzliche Erfordernis des groben Unverstandes aber auch nicht geboten (Roxin JuS 1973, 329 (330); aM Heinrich Jura 1998, 395). Der Schriftliche Bericht des Sonderausschusses (BT-Drs. V/4095, 12) stellt auf das Fehlen konkreter und abstrakter Gefährlichkeit ab (ebenso BGHSt 41, 94 = NJW 1995, 2176; dazu Heinrich Jura 1998, 393; krit. Maiwald FS Loos, 2010, 159 (168)); darüber hinaus dürfte erforderlich sein, dass der Versuch nach dem durchschnittlichen Erfahrungswissen der Bürger (also nicht dem Fachwissen einzelner) offensichtlich untauglich war (Jescheck/Weigend StrafR S. 531; ähnlich Gössel GA 1971, 225 (228); Bloy ZStW 113 (2001), 76 (99); nur im Ansatz, nicht in den Ergebnissen abw. Timpe, Strafmilderungen des Allgemeinen Teils des StGB und das Doppelverwertungsverbot, 1983, S. 118; anders Struensee ZStW 102 (1990), 21 (44), dessen Vorschlag zur Ausscheidung sog. Wahnkausalität den Abs. 3 praktisch gegenstandslos macht und deshalb mit ihm unvereinbar ist; sa Bloy ZStW 113 (2001), 76 (87)).

7 **c)** Die Untauglichkeit muss sich aus der **Art des Tatobjekts oder des Tatmittels** ergeben. Mit dieser Beschränkung sollte nur eine ausdrückliche Anerkennung des Versuchs bei untauglichem Subjekt (→ § 22 Rn. 13) vermieden werden (BT-Drs. V/4095, 11); sie steht deshalb einer entsprechenden Anwendung der Vorschrift auch auf diese Fälle, sofern man ihre Strafbarkeit bejaht, nicht entgegen (Gössel GA 1971, 225 (235); Heinrich Jura 1998, 393 (395); zw.).

d) Grober Unverstand, der nicht auf Schwachsinn zu beruhen braucht (Begr. zu § 27 E 1962, S. 145), liegt vor, wenn der Täter von gemeinhin bekannten naturgesetzlichen Zusammenhängen völlig abwegige Vorstellungen hat, deren Unrichtigkeit nach durchschnittlichem Erfahrungswissen offenkundig ist (BGHSt 41, 94 = NJW 1995, 2176 mit Bespr. Radtke JuS 1996, 878; mit ähnlichem Beispiel Roxin JuS 1973, 329 (331); ebenso Heinrich Jura 1998, 393 (396); Rath JuS 1998, 1106 (1112); Seier/Gaude JuS 1999, 456); Valerius JA 2010, 113 (116); Kudlich StrafR AT Fall 256; nur iE zust. Hillenkamp in LK-StGB Rn. 70, der jede objektiv abwegige Fehlvorstellung genügen lassen will (Hillenkamp in LK-StGB Rn. 61) und „bloße Strafmilderung" für angebracht hält, wenn die Falschheit der Vorstellung erst durch Sachverstand aufgedeckt wird (Hillenkamp in LK-StGB Rn. 72)); der bloße Irrtum über die erforderliche Dosis eines wirksamen Giftes genügt dazu im Allgemeinen nicht (BGHSt 41, 94 = NJW 1995, 2176) 8

§ 24 Rücktritt

(1) [1]**Wegen Versuchs wird nicht bestraft, wer freiwillig die weitere Ausführung der Tat aufgibt oder deren Vollendung verhindert.** [2]**Wird die Tat ohne Zutun des Zurücktretenden nicht vollendet, so wird er straflos, wenn er sich freiwillig und ernsthaft bemüht, die Vollendung zu verhindern.**

(2) [1]**Sind an der Tat mehrere beteiligt, so wird wegen Versuchs nicht bestraft, wer freiwillig die Vollendung verhindert.** [2]**Jedoch genügt zu seiner Straflosigkeit sein freiwilliges und ernsthaftes Bemühen, die Vollendung der Tat zu verhindern, wenn sie ohne sein Zutun nicht vollendet oder unabhängig von seinem früheren Tatbeitrag begangen wird.**

I. 1. Der Rücktritt ist **persönlicher Strafaufhebungsgrund** (hM; vgl. etwa Lilie/Albrecht in LK-StGB Rn. 50; anders Roxin FS Heinitz, 1972, 251 (273); Rudolphi ZStW 85 (1973), 104 (121); Ulsenheimer, Grundfragen des Rücktritts vom Versuch in Theorie und Praxis, 1976, S. 90; Streng ZStW 101 (1989), 273 (322), die ihn als Schuldausschließungs- oder Entschuldigungsgrund verstehen; für Schuldausschließungsgrund in einem „Modell der Gesamtbetrachtung" Schumann, Zum Standort des Rücktritts vom Versuch im Verbrechensaufbau, 2006, S. 132, 165 mit Bespr. Gössel GA 2007, 608; Zaczyk in NK-StGB Rn. 5, 6 „Schuldaufhebungsgrund"; Bottke, Strafrechtswissenschaftliche Methodik und Systematik bei der Lehre vom strafbefreienden und strafmildernden Täterverhalten, 1979, S. 603, 611, der ihn als strafzumessungsnahen Verantwortungsausschluss einordnet; Burkhardt, Der „Rücktritt" als Rechtsfolgebestimmung, 1975, S. 121, der ihn als vorwiegend präventiv orientierte Strafzumessungsregel deutet; anders auch v. Scheurl, Rücktritt vom Versuch und Tatbeteiligung mehrerer, 1972, S. 14; Bloy, Die dogmatische Bedeutung der Strafausschließungs- und Strafaufhebungsgründe, 1976, S. 147, 166; Jäger, Der Rücktritt vom Versuch als zurechenbare Gefährdungsumkehr, 1996; für nachträglichen Unrechtsausschluss Amelung ZStW 120 (2008), 205 (242, 245); für Abs. 1 S. 1 Var. 1 anders Frister StrafR AT § 24 Rn. 7 „Tatbestandsaufhebungsgrund"). **Dogmengeschichtlich** zum „System von Versuch und Rücktritt" Schumann, Zum Standort des Rücktritts vom Versuch im Verbrechensaufbau, 2006, S. 1–131, 163; Loos FS Jakobs, 2007, 347. Zur **Reform:** Herr- 1

mann, Der Rücktritt im Strafrecht, 2013, die die verschiedenen Rücktrittsvarianten einebnen, das Freiwilligkeitserfordernis abschaffen und die starre Rechtsfolge flexibilisieren will. Zur Fallbearbeitung Hoven JuS 2013, 305; JuS 2013, 403. Rechtsprechungsübersichten Miebach/Heim NStZ-RR 2009, 129; Heger StV 2010, 320. Überblick über den Rücktritt Kühl JA 2014, 907 (911).

2 **2.** Der **Grund der Strafbefreiung** ist umstritten (zusf. Ulsenheimer, Grundfragen des Rücktritts vom Versuch in Theorie und Praxis, 1976, S. 33; Berz, Formelle Tatbestandsverwirklichung und materialer Rechtsgüterschutz, 1986, S. 18; Herzberg FS Lackner, 1987, 325; Kudlich JuS 1999, 240; Bürger ZJS 2015, 23 (25); eing. Lilie/Albrecht in LK-StGB Rn. 5–45; krit. zur isolierten Bestimmung des Rechtsgrundes von Versuch und Rücktritt, Haas ZStW 123 (2011), 226 (232)). Er dürfte darin zu finden sein, dass sich der freiwillig Zurücktretende zwar nicht in jedem Einzelfall, aber doch typischerweise als minder gefährlich erweist und dadurch den Verzicht auf Prävention vertretbar macht (sog. **Strafzwecktheorie,** BGHSt 9, 48 (52) = NJW 1956, 718; Roxin StrafR AT II § 30 Rn. 4–10; Bottke, Strafrechtswissenschaftliche Methodik und Systematik bei der Lehre vom strafbefreienden und strafmildernden Täterverhalten, 1979, S. 565; Krauß JuS 1981, 883 (888); Yamanaka FS Roxin, 2001, 773; Murmann GK StrafR § 28 Rn. 105; krit. Scheinfeld, Der Tatbegriff des § 24 StGB, 2006, S. 69 mit Bespr. Jäger GA 2009, 195 (196)); meist wird dabei auf das Präventionsbedürfnis schlechthin (zB BGHSt 9, 48 (52) = NJW 1956, 718) teils mit besseren Gründen aber auch nur auf den generalpräventiven Aspekt der Normbekräftigung (→ § 46 Rn. 28) abgestellt (v. Scheurl, Rücktritt vom Versuch und Tatbeteiligung mehrerer, 1972, S. 26; Gores, Der Rücktritt des Tatbeteiligten, 1982, S. 149; Schünemann GA 1986, 293 (323); Ranft Jura 1987, 527 (532); Bergmann ZStW 100 (1988), 329; Jerouschek ZStW 102 (1990), 793 (812); Freund/Rostalski StrafR AT § 9 Rn. 16; Amelung ZStW 120 (2008), 205 (244): geltungsbestätigende Gefährdungsumkehr; ähnlich Wege, Rücktritt und Normgeltung, 2011, S. 76 mit Bespr. Zaczyk GA 2013, 546; unter Einbeziehung des Versöhnungsgedankens auch Lampe JuS 1989, 610). Das übrige Schrifttum stützt sich – selbständig oder ergänzend – auch noch auf andere, nur zT mit der Strafzwecktheorie verwandte Erwägungen: zB auf den Gedanken des Anreizes zur Rückkehr in die Gesetzmäßigkeit (Theorie von der „goldenen Brücke“, Stratenwerth/Kuhlen StrafR AT § 11 Rn. 70), auf den Bewährungsgedanken (Konfliktbewährungstheorie, Walter, Der Rücktritt vom Versuch als Ausdruck des Bewährungsgedankens im zurechnenden Strafrecht, 1980, S. 5; Walter GA 1981, 403), auf das Prinzip zurechenbarer Gefährdungsumkehr (Jäger GA 2009, 128; Jäger ExRep StrafR AT Rn. 311), auf die erledigende Erfüllung einer durch den Versuch begründeten Rechtsschuld (Schulderfüllungstheorie, Herzberg FS Lackner, 1987, S. 342; Herzberg NStZ 1989, 49), auf die Prämiierung freiwilliger Nichtvollendung der Tat (Prämientheorie, Bockelmann NJW 1955, 1417) bzw. auf einen Gnadenerweis aus diesem Grunde (Gnadentheorie, Jescheck/Weigend StrafR S. 539), auf die freiwillige Änderung der Verhaltensrichtung, weil und solange der Täter alle unerlaubten Risiken noch plangemäß sicher in der Hand hat (Jakobs ZStW 104 (1992), 82), auf einen begrenzten Systembruch zugunsten der Wahrung des Opferinteresses (Weinhold, Rettungsverhalten und Rettungsvorsatz beim Rücktritt vom Versuch, 1990, S. 41), auf den Gedanken des bestmöglichen Opferschutzes (Kudlich JuS 1999, 240 (241); krit. zum Opferschutzprinzip Greeve, Zielerreichung im Eventualversuch und in anderen Versuchsformen, 2000, S. 221; Scheinfeld, Der Tatbegriff des § 24 StGB, 2006, S. 53), auf die Wiederherstellung

des verletzten Rechtsverhältnisses (Murmann, Versuchsunrecht und Rücktritt, 1999, S. 27, 67) und allgemein auf das Fehlen der Strafbedürftigkeit (Muñoz Conde ZStW 84 (1972), 756; Bloy, Die dogmatische Bedeutung der Strafausschließungs- und Strafaufhebungsgründe, 1976, S. 242; mehrere Ansätze verbindend Boß, Der halbherzige Rücktritt, 2002, S. 25, 35, ebenso Lilie/Albrecht in LK-StGB Rn. 42–45. Alle Theorien haben Vorzüge und Schwächen. Auf der Grundlage des geltenden Normtextes ist eine durchgängig befriedigende Erklärung bisher nicht gelungen (zur verfassungsrechtlich geforderten Neuregelung Lagodny, Strafrecht vor den Schranken der Grundrechte, 1996, S. 489). Die gegen die Strafzwecktheorie namentlich von Herzberg FS Lackner, 1987, 325 erhobenen Einwendungen haben Gewicht, treffen aber nicht unterschiedslos auf deren verschiedene Ausprägungen zu (dazu Bergmann ZStW 100 (1988), 336) und können auch die Schulderfüllungstheorie nicht als vorzugswürdige Alternative erweisen (Rudolphi NStZ 1989, 508 (510) mit Erwiderung Herzberg NStZ 1990, 172; Weinhold, Rettungsverhalten und Rettungsvorsatz beim Rücktritt vom Versuch, 1990, S. 23; Bauer wistra 1992, 201 (203)).

II. Im Rahmen des **Abs. 1 S. 1** ist zwischen **unbeendigtem** und **beendigtem** Versuch zu unterscheiden (stRspr; BGH NJW 2017, 576). Die Unterscheidung dient nur der zweckentsprechenden Abgrenzung der gesetzlichen Rücktrittsmöglichkeiten (Otto Jura 1992, 423; Kampermann, Grundkonstellationen beim Rücktritt vom Versuch, 1992, S. 65; Pahlke, Rücktritt bei dolus eventualis, 1993, S. 111; ähnlich Jäger, Der Rücktritt vom Versuch als zurechenbare Gefährdungsumkehr, 1996, S. 65, der nicht nach den Versuchsstadien, sondern danach abgrenzt, ob eine (umzukehrende) Gefährdung eingetreten ist; anders Murmann GK StrafR S. 33, 67, der zwischen Fällen vor und nach Vornahme der tatbestandsmäßigen Handlung unterscheidet). Sie kann daher nur als Ableitung aus den gesetzlichen Merkmalen des Aufgebens und des Verhinderns verstanden werden, auch wenn die beiden Versuchsformen in Rspr. und Lehre häufig als selbständige Rechtsfiguren behandelt und um den sog. fehlgeschlagenen Versuch (→ Rn. 10) ergänzt werden (krit. namentlich Herzberg JZ 1989, 114 (120); NJW 1989, 862; NJW 1991, 1633; sowie Herzberg NStZ 1990, 311; Heckler, Die Ermittlung der beim Rücktritt vom Versuch erforderlichen Rücktrittsleistung anhand der objektiven Vollendungsgefahr, 2002, S. 148; zusf. Lettl JuS 1998, L 81; Kudlich JuS 1999, 240 (241)). **Beendigt** ist der Versuch, wenn der Täter glaubt, alle zur Verwirklichung des Tatbestandes erforderlichen Handlungen vorgenommen zu haben (BGHSt 4, 180 = NJW 1953, 1231; BGHSt 31, 170 = NJW 1983, 764; BGH NStZ 2011, 209 (dazu krit. Jäger ExRep StrafR AT Rn. 316); BGH NStZ 2014, 447 (449) mAnm Krehl; iE unrichtig OLG Karlsruhe NJW 1978, 331 mit abl. Bespr. Küper NJW 1978, 956; Schroeder JuS 1978, 824), **unbeendigt,** wenn er glaubt, dass es zur Verwirklichung des Tatbestandes noch weiterer Handlungen bedürfe und diese ihm auch vorzunehmen möglich erscheinen (stRspr, BGHSt 39, 221 (222) = NJW 1993, 2061; BGH NStZ-RR 2006, 101 (102); NStZ-RR 2012, 105; BeckRS 2016, 21451 mit Bespr. Jäger JA 2013, 550). Es ist also ausschließlich auf die (subjektive) Vorstellung des Täters vom Geschehensablauf, nicht auf die objektive Lage abzustellen (hM; anders Borchert/Hellmann GA 1982, 429; Ostermeier StraFo 2008, 102 (103); diff. Jäger JA 2013, 89; Heckler, Die Ermittlung der beim Rücktritt vom Versuch erforderlichen Rücktrittsleistung anhand der objektiven Vollendungsgefahr, 2002, S. 161 (krit. zu Jäger und Heckler Roxin StrafR AT II § 30 Rn. 40–45); zum möglichen Einfluss der 3

Schuldunfähigkeit BGH NStZ 2004, 324; speziell zum Rücktritt nach Setzen einer unumkehrbaren tödlichen Ursache Walther NStZ 2005, 657 (664)). Sind mehrere Tötungsversuche durch Schüsse innerhalb weniger Sekunden ohne jegliche zeitliche Zäsur verwirklicht, so ist § 24 hinsichtlich jedes Versuchs gesondert zu prüfen (BGH NStZ 2012, 562 mit Bespr. Hecker JuS 2013, 362).

4 **1.** Der Versuch ist **jedenfalls beendigt,** wenn der Täter bei Abbruch der Tatausführung mit der nach den Umständen nicht fern liegenden **Möglichkeit rechnet** (nicht nur rechnen muss, BGH NStZ 1992, 434; Heger/Petzsche in Matt/Renzikowski Rn. 33), dass es zur Vollendung keiner weiteren Tätigkeit mehr bedürfe (BGH NStZ 2005, 263 mit Bespr. Puppe JR 2005, 383; Scheinfeld NStZ 2006, 375 (378)), und zwar unabhängig vom Vorhandensein und vom Inhalt eines Tatplans (stRspr und hM; vgl. BGHSt 39, 221 (227) = NJW 1993, 2061; BGH NStZ-RR 2006, 101 (102); krit. Weinhold, Rettungsverhalten und Rettungsvorsatz beim Rücktritt vom Versuch, 1990, S. 115, 138; anders Feltes GA 1992, 395 (416)); eine Ausnahme gilt hier, wenn der Täter noch in unmittelbarem Zusammenhang mit der letzten Ausführungshandlung seine Vorstellung als **irrig erkennt** und deshalb zur Vollendung weitere Tätigkeit für erforderlich hält (BGHSt 36, 224 = NJW 1989, 3231 mablAnm Ranft JZ 1989, 1128; BGH NStZ 1999, 449 mit krit. Bespr. Puppe JR 2000, 72; Heuchemer JAR 2001, 18; Otto JK StGB § 24 Rn. 29; BGH NStZ 2000, 531; NStZ 2002, 427; NStZ 2005, 150 (151) mit BesprScheinfeld NStZ 2006, 375; BGH NStZ 2005, 331 (332); NStZ-RR 2002, 73; NStZ 2006, 685; NStZ-RR 2008, 336; BeckRS 2012, 01703 mit Bespr. Hecker JuS 2012, 947; BGH NStZ 2013, 463; BGH StraFo 2015, 291 = BeckRS 2015, 8836; BGH StV 2018, 713; NStZ-RR 2020, 272; einschr. bei Flucht des Täters vom Tatort BGH NStZ 2012, 688; Otto Jura 2001, 341 (344); Roxin StrafR AT II § 30 Rn. 163; Zaczyk in NK-StGB Rn. 42; krit. Ostermeier StraFo 2008, 102 (104) „Umkehrhorizont"; eing. Knörzer, Fehlvorstellungen des Täters und deren „Korrektur" beim Rücktritt vom Versuch nach § 24 Abs. 1 StGB, 2008, S. 282 mit Bespr. Bloy GA 2009, 442); umgekehrt liegt beendigter Versuch vor, wenn der Täter seine Vorstellung, zur Vollendung noch weiter handeln zu müssen, noch in der Tatsituation („unmittelbar darauf") als irrig erkennt (BGH NStZ 1998, 614 mit krit. Bespr. Jäger NStZ 1999, 608; Otto JK StGB § 24 Rn. 26 (zu dieser Entscheidung auch Knörzer, Fehlvorstellungen des Täters und deren „Korrektur" beim Rücktritt vom Versuch nach § 24 Abs. 1 StGB, 2008, S. 327); BGH NStZ-RR 2009, 131; NStZ 2010, 146; BeckRS 2012, 01703 mit Bespr. Hecker JuS 2012, 947; BGH StV 2020, 83 mit Bespr. Hecker JuS 2020, 368; Raschke ZJS 2020, 172; krit. auch Otto StrafR AT § 19 Rn. 62, der den gesamten Zeitraum zwischen Gefahrbegründung und Gefahrrealisierung als Rücktrittshorizont bei objektiv gefährlichen Versuchshandlungen ansieht; dem BGH zust. Heinrich StrafR AT Rn. 833, 834; Kühl StrafR AT § 16 Rn. 32; Roxin StrafR AT II § 30 Rn. 164; Lilie/Albrecht in LK-StGB Rn. 181; sa BGH NStZ 2005, 151 (152)); eine solche Korrektur ist ausgeschlossen, wenn zwischenzeitlich bereits (irrtumsbedingt) ein Rücktritt vom unbeendeten Versuch erfolgt ist (Heger StV 2010, 320 (323)). Nach der Rspr. sind an die Annahme, dass der Täter noch nicht mit dem Erfolgseintritt gerechnet habe, strenge Anforderungen zu stellen (BGH NStZ 1994, 76; Kudlich JuS 1999, 349); danach soll es schon genügen, wenn er die tatsächlichen Umstände erkannt hat, die den Erfolgseintritt nach der Lebenserfahrung nahelegen (BGHSt 39, 221 (231) = NJW 1993, 2061; BGH NStZ 1994, 76; NStZ 1999, 299; NStZ 1999, 300; NStZ 2005, 263 mAnm

Puppe JR 2005, 383, die eine „Wende" in der Rspr. erkennen will, und krit. Bespr. Scheinfeld NStZ 2006, 375 (378); mit Recht krit. Roxin JZ 1993, 896 (897)). Für die Beendigung unerheblich ist ferner der Umstand, dass sich der Täter zugleich die alternative Möglichkeit, zur Vollendung noch weiterhandeln zu müssen, vorgestellt hat (unstr.); die Rspr. hält diese Konstellation ohne nähere Begründung auch für gegeben, wenn sich der Täter nach der letzten Ausführungshandlung überhaupt **keine Vorstellungen** über die Folgen seines Tuns gemacht hat (BGHSt 40, 304 = NJW 1995, 974 mit krit. Bespr. Schmidt JuS 1995, 650; BGH NStZ 1999, 299; NStZ 1999, 300, iE, jedoch mit anderem Ansatz zust. Puppe NStZ 1995, 304; Murmann JuS 1996, 590; Heckler NJW 1996, 2490; BGH NStZ-RR 2009, 239; NStZ 2011, 90; NStZ 2011, 209; NStZ 2011, 337; BeckRS 2012, 01703; NStZ 2013, 703; NStZ 2014, 143 mAnm Nestler; BGH NStZ-RR 2014, 241; NStZ 2014, 143; krit. Bosch Jura 2014, 395 (400); BGH NStZ-RR 2015, 261 mit Praxiskommentar Becker; BGH NStZ 2015, 509; Bürger ZJS 2015, 23 (24); BGH NStZ 2019, 399; NStZ-RR 2021, 271); ob dies „nur" nach besonders gefährlichen Gewalthandlungen gilt (BGH SraFo 2005, 166), ist nicht klar (vgl. BGH NStZ-RR 2006, 6 „namentlich" nach solchen). Als innere Tatsache muss diese gedankliche Indifferenz des Täters gegenüber den von ihm bis dahin angestrebten oder doch zumindest in Kauf genommenen Konsequenzen aber positiv festgestellt werden (BGH NStZ-RR 2021, 272).

2. a) In **allen übrigen Fällen** sollte nach der inzwischen aufgegebenen **Rspr.** 5
über die Abgrenzung grds. der sog. „Planhorizont", dh die Vorstellung bei Beginn der Tatausführung, entscheiden (sog. **Tatplantheorie;** BGHSt 14, 75 = NJW 1960, 587; Timpe AL 2014, 236). Nur wenn der Täter in diesem Zeitpunkt keine bestimmten Vorstellungen über den Umfang des erforderlichen Handelns hatte (BGHSt 22, 330 = NJW 1969, 1358) oder wenn er nur von dem Willen beherrscht war, so lange weiterzuhandeln, bis er das seinem Vorsatz entsprechende Ziel erreicht hatte (BGHSt 22, 176 = NJW 1968, 1838), sollte zur Annahme eines unbeendigten Versuchs der Abbruch der Tatausführung in der Vorstellung genügen, zur Verwirklichung des Erfolges noch weiterhandeln zu müssen (BGH GA 1974, 77; StV 1981, 67). Danach sollte es vom Tatplan abhängen, ob ein wiederholter Angriff auf dasselbe Rechtsgut Fortführung eines unbeendigten oder Wiederholung eines fehlgeschlagenen Versuchs war (BGHSt 4, 180 = NJW 1953, 1231; BGHSt 10, 129 = NJW 1957, 595; BGHSt 21, 319 = NJW 1967, 2368). Unter dem Eindruck nahezu einhelliger Kritik aus dem Schrifttum (→ Rn. 6) stellt die Rspr. jetzt grds. auf den „**Rücktrittshorizont** nach Abschluss der letzten Ausführungshandlung" – auch „Erkenntnishorizont" genannt (BGH NStZ 2008, 393 mit Bespr. Jahn JuS 2008, 371; Schroeder JR 2008, 252; Jäger Jura 2009, 53;; BGH NStZ 2009, 688) – ab (BGHSt 33, 295 (298) = NJW 1986, 73 im Anschluss an BGHSt 31, 170 (175) = NJW 1983, 764; BGH StV 2003, 213 (214); NStZ 2004, 324; NStZ-RR 2006, 6; NStZ-RR 2006, 370; NStZ 2007, 399; NStZ 2009, 630 mit krit. Bespr. Wörner NStZ 2010, 66; BGH NStZ-RR 2009, 42; NStZ 2009, 25; NStZ 1986, 264 (266); sowie BGH NStZ 1986, 628; NStZ 2010, 384; NStZ 2010, 690; NStZ 2011, 35 (36); NStZ 2011, 90; sowie BGH NStZ 2011, 209 mit zust. Bespr. v. Heintschel-Heinegg JA 2011, 551; BGH NStZ 2011, 400 mit krit. Bespr. Jäger JA 2011, 390; BGH NStZ 2011, 688; NStZ 2013, 156 (157); NStZ 2013, 273 (274); NStZ-RR 2014, 9; NStZ 2014, 171; NStZ 2014, 450 mAnm Engländer; BGH NStZ 2014, 569 mAnm Nestler; BGH NStZ-RR 2015, 106 mit krit. Bespr. Jäger JA 2015, 548; BGH StV 2015, 423; Bürger ZJS 2015, 23 (25); BGH StV 2017, 672

(673); NStZ 2017, 459; BeckRS 2016, 21451 mit Bespr. Hecker JuS 2017, 696; BGH StV 2020, 464). Sie ist damit weitgehend zu der in Teilen des Schrifttums vertretenen sog. „Gesamtbetrachtung" (→ Rn. 6) übergegangen (stRspr; → Rn. 7–15).

6 **b)** Im **Schrifttum** hatte sich als gut begründete Gegenposition zur Tatplantheorie die sog. **Gesamtbetrachtungslehre** entwickelt, die inzwischen hM geworden ist und einen Versuch regelmäßig noch für unbeendigt hält, wenn der Täter glaubt, dass zur Tatbestandsverwirklichung im Rahmen der begonnenen Tatausführung weitere Tätigkeit unerlässlich und ihm nach den konkreten Umständen auch möglich sei, und wenn die vorgenommenen und die noch vorzunehmenden Einzelakte in einem derart engen zeitlich-räumlichen Zusammenhang stehen, dass sie einen einheitlichen Lebensvorgang (zT auch: eine natürliche Handlungseinheit, so etwa BGH NStZ 2005, 263) bilden würden (BGHSt 40, 75 = NJW 1994, 1670 mit krit. Bespr. Haft NStZ 1994, 536; BGH NStZ 1994, 493; NStZ 1996, 96; NStZ-RR 2014, 105; sa Roxin JuS 1981, 1 (6); BGH JR 1986, 424; Puppe NStZ 1986, 14; Streng JZ 1990, 212; Schall JuS 1990, 263; Jäger ExRep StrafR AT Rn. 314; Heger/Petzsche in Matt/Renzikowski Rn. 15; Zaczyk in NK-StGB Rn. 14; einschr. Schlüchter FS Baumann, 1992, 71; krit. Murmann JuS 1996, 44; zusf. Otto Jura 2001, 341). Allerdings sind unter den Anhängern dieser Lehre sowohl in der Rspr. als auch im Schrifttum noch zahlreiche Einzelfragen umstritten (→ Rn. 7–15). Außerdem ist einzuräumen, dass die Gesamtbetrachtung nicht zu durchgängig befriedigenden Ergebnissen führt. Deshalb haben die als Gegenpositionen entwickelten Lehren, die einer in unterschiedlicher Weise differenzierenden **Einzelbetrachtung** den Vorzug geben (zB Geilen JZ 1972, 335; Jakobs JuS 1980, 714; ZStW 104 (1992), 82; Timpe AL 2014, 236 (239); Kühl JuS 1981, 193 (194); eing. v. Scheurl, Rücktritt vom Versuch und Tatbeteiligung mehrerer, 1972, S. 54; Burkhardt, Der „Rücktritt" als Rechtsfolgebestimmung, 1975, S. 17; Ulsenheimer, Grundfragen des Rücktritts vom Versuch in Theorie und Praxis, 1976, S. 240; Ulsenheimer JZ 1984, 852; Bergmann ZStW 100 (1988), 329 (351); ähnlich die Tatänderungstheorie von v. Heintschel-Heinegg ZStW 109 (1997), 29 (50)), und einige weitere **vermittelnde Konzeptionen** (Herzberg FS Blau, 1985, 97; Herzberg NJW 1986, 2466; NJW 1988, 1559; NJW 1989, 197; NJW 1991, 1633 (1635); sowie Herzberg JuS 1990, 273 (277); Schlüchter FS Baumann, 1992, 71, Jäger, Der Rücktritt vom Versuch als zurechenbare Gefährdungsumkehr, 1996, S. 122; Scheinfeld, Der Tatbegriff des § 24 StGB, 2006, S. 100, 109 mit zust. Bespr. Jäger GA 2009, 195 (197)) durchaus gewichtige Argumente für sich. Der gegenwärtige Diskussionsstand ist durch eine verwirrende Fülle von Streitfragen gekennzeichnet. Das bisher unbewältigte Dilemma beruht nicht zuletzt auch darauf, dass nach dem Gesetz für höchst ungleichwertige Rücktrittsleistungen nur die sachwidrige Alternative voller Versuchsstrafbarkeit oder Straffreiheit zur Verfügung steht (weiterführend Bergmann ZStW 100 (1988), 329 (351); krit. Streng JZ 1990, 212 (220); Herzberg NStZ 1990, 311 (312)).

7 **III.** Rücktritt vom **unbeendigten** Versuch nach Abs. 1 S. 1 Alt. 1 setzt voraus:

1. Das **Aufgeben** der weiteren Tatausführung und den **Abbruch** der tatbestandsverwirklichenden Handlung (Tun oder Unterlassen), die nach der Vorstellung des Täters zur Vollendung noch fortgesetzt werden müsste.

8 **a) Aufgeben** erfordert vor allem den **Entschluss,** auf die Vollendung der **konkreten Tat** endgültig (hM; BGHSt 41, 10 (12) = NStZ 1995, 282; BGH NStZ

2009, 501 (502) mit Bespr. Hecker JuS 2010, 79; BGH NStZ 2010, 384; Kudlich/Schuhr in Satzger/Schluckebier/Widmaier StGB Rn. 30) **zu verzichten** (BGHSt 7, 296 = NJW 1955, 915); der Verzicht auf gewisse Beschleunigung des ohnehin erwarteten Erfolges (zB des verletzungsbedingten Todes) reicht nicht (BGH NStZ 2011, 688 (689) mit zust. Bespr. Hecker JuS 2012, 82).

aa) Die Anforderungen an die hiernach notwendige **Identität** der noch nicht voll ausgeführten mit der aufgegebenen Tat sind umstritten. Problematisch sind dabei die Fälle, in denen der Täter die geplante Ausführungshandlung zwar abbricht, sich aber weiteres Handeln vorbehält (vgl. etwa Küper JZ 1979, 775 (778); Streng JZ 1984, 652). Dieses gehört nach der neueren Rspr. nur dann zur konkreten Tat, wenn es mit dem vorausgegangenen Geschehen in engem zeitlich-räumlichen Zusammenhang stehen und denselben materiell-rechtlichen Tatbestand verwirklichen würde (BGHSt 33, 142 = NJW 1985, 1788 mkritAnm Streng NStZ 1985, 359; BGHSt 39, 221 (231) = NJW 1993, 2061; zust. Günther GS Kaufmann, 1989, 541). Das Erfordernis eines solchen Zusammenhangs verdient Zustimmung (Lenckner FS Gallas, 1973, 281 (320); Weinhold, Rettungsverhalten und Rettungsvorsatz beim Rücktritt vom Versuch, 1990, S. 61; Zieschang StrafR AT Rn. 554; Zaczyk in NK-StGB Rn. 17, 50); es bedarf nur des endgültigen Verzichts auf die konkrete Tat (BGH NStZ-RR 2009, 230), nicht auch auf die Erreichung des Tatziels durch eine – sei es auch gleichartige – spätere Tat (so aber BGHSt 7, 296 = NJW 1955, 915; BGH GA 1968, 279; NStZ 2002, 28; ähnlich auch Jäger in SK-StGB Rn. 18a; wie hier Rengier StrafR AT § 37 Rn. 89; str.). Die Einschränkung auf Fälle der Tatbestandsidentität ist dagegen zu eng. Zu erfassen ist auch solches Handeln, das sich aus der Sicht des Täters als einheitliche Fortsetzung desselben Angriffs auf das dasselbe Rechtsgut ohne wesentliche planwidrige Abweichungen im Hinblick auf Angriffsobjekt und Angriffsmodalitäten darstellt (Herzberg FS Blau, 1985, 97 (100, 102)), sich der Tatbestandswechsel also aus mehr oder weniger zufälligen Differenzierungen der Tatbestände ergibt, wie das zB beim Übergang vom Trickdiebstahl zum Betrug oder vom Raub zur räuberischen Erpressung zutrifft (vgl. Kühl StrafR AT § 16 Rn. 46; Zaczyk in NK-StGB Rn. 51; zu weit Streng NStZ 1985, 359; krit. Scheinfeld NStZ 2006, 3; BGH NStZ 2006, 45; NStZ 2006, 140). 9

bb) Aufgeben setzt ferner **Wahlmöglichkeit** voraus (ebenso Kudlich/Schuhr in Satzger/Schluckebier/Widmaier StGB Rn. 17). Es liegt daher nicht vor, wenn der Täter – auch in der Konstellation von Abs. 2 (BGH NStZ-RR 2020, 204) – sich nicht mehr in der Lage sieht, das Ziel seiner konkreten Tat zu erreichen, wenn er also weitere Tätigkeit in dem durch die Gesamtbetrachtung abgesteckten Rahmen (→ Rn. 6) nicht mehr für möglich hält (hM; zusf. Kudlich JuS 1999, 240 (242); diff. Jäger, Der Rücktritt vom Versuch als zurechenbare Gefährdungsumkehr, 1996, S. 66, der teilweise auch das objektive Fehlen einer Gefährdung einbezieht). Aus seiner Sicht ist der Versuch dann nicht unbeendigt, sondern **fehlgeschlagen** (BGHSt 33, 295 = NJW 1986, 73; BGHSt 34, 53 = NJW 1986, 2325; BGHSt 39, 221 (231) = NJW 1993, 2061; BGHSt 40, 75 = NJW 1994, 1670; BGHSt 41, 368 (369) = NJW 1996, 936; BGH StV 1994, 181; NStZ-RR 1996, 195; StV 1997, 128 mit krit. Bespr. Otto JK StGB § 24 Rn. 24; BGH NStZ 1999, 395 mit Bespr. Jäger NStZ 2000, 415; BGH NStZ-RR 2000, 41 mit krit. Bespr. Otto JK StGB § 24 Rn. 30; BGH NStZ 2000, 531; NStZ-RR 2001, 171; NJW 2003, 911; StV 2003, 396; NStZ 2005, 263 mit krit. Bespr. Scheinfeld NStZ 2006, 375 (378); BGH NStZ 2006, 685; StraFo 2005, 166; NStZ-RR 2006, 168; NStZ 2008, 215; NStZ 2008, 275 (276), fehlgeschlagener Doppelselbstmord; BGH 10

NStZ 2009, 264 (265); NStZ 2009, 630 mit Bespr. Wörner NStZ 2010, 66; BGH NStZ 2011, 629; NStZ-RR 2012, 239 (240); NStZ 2013, 156; NStZ 2013, 273; sowie BGH NStZ 2013, 705; BeckRS 2013, 19605; NStZ-RR 2014, 201; NStZ 2014, 634 mit krit. Bespr. Bürger ZJS 2015, 26 (30); BGH NJW 2015, 2898 mAnm Kudlich NJW 2015, 2901; BGH StraFo 2015, 470; StraFo 2015, 571; NStZ 2015, 571; NStZ 2015, 26 mAnm Puppe NStZ 2015, 332; BGH NStZ-RR 2015, 75 (76); BeckRS 2015, 11573; BGH NStZ 2016, 720; StV 2017, 671, krit. zur Rechtsfigur des fehlgeschlagenen Versuchs Schroeder NStZ 2009, 9; dagegen Roxin NStZ 2009, 319; Gössel GA 2012, 65 (71); Fahl GA 2014, 453; Bürger ZJS 2015, 23 (28); eing. und sehr restriktiv Wörner, Der fehlgeschlagene Versuch zwischen Tatplan und Rücktrittshorizont, 2009, S. 168, 180; aus griechischer Sicht Mylonopoulos FS Roxin I, 2012, 165 (167)). Dies gilt nicht, wenn der Versuch aus Tätersicht beendigt, aber seine Fortführung aussichtslos ist, weil das vermeintlich tödlich verletzte Opfer sich inzwischen in Deckung gebracht hat (zweifelnd auch BGH NStZ-RR 2000, 41, wo eine analoge Anwendung von § 24 I 2 erwogen wird; dafür Fischer Rn. 7a, krit. aber Otto JK StGB § 24 Rn. 30; sa Heger/Petzsche in Matt/Renzikowski Rn. 14).

11 Die **Grenzen dieses Ausschlusses** sind in der Rspr. noch nicht abschließend geklärt. So dürfte zB schon das Aufgeben und nicht erst die Freiwilligkeit zu verneinen sein (so zT aber die Rspr.; so etwa BGHSt 9, 48 = NJW 1956, 718; dazu Fahl JA 2003, 757; Jäger ExRep StrafR AT Rn. 313; ähnlich Krey/Esser StrafR AT Rn. 1274), wenn dem Täter das Weiterhandeln in Folge psychischer Schockwirkung unmöglich ist (BGH bei Holtz MDR 1979, 279; sa BGH NStZ-RR 1997, 261; NStZ-RR 1998, 203) oder wenn er beim Diebstahl (krit. dazu Feltes GA 1992, 395 (409)) wider Erwarten nichts findet (BGHSt 4, 56 = NJW 1953, 711), wenn er eine bestimmte gesuchte Sache nicht findet (BGHSt 13, 156 = NJW 1959, 1645; beachte jedoch Bloy JuS 1986, 986), wenn er eine gesuchte Sache als wertlos erkennt und sie deshalb nicht nimmt (RGSt 45, 6), wenn er beim Öffnen des Fensters zum Einsteigen von Nachbarn gestört wird (BGH NStZ 2020, 353 mAnm Kudlich; Bespr. Eisele JuS 2020, 796) oder wenn er zu bestimmtem Zweck viel stehlen will und das Wenige, das er findet, deshalb verschmäht (BGHSt 4, 56 = NJW 1953, 711; zw.); auch wenn er erkennt, dass er hinsichtlich der zu tötenden Person einem error in persona unterlegen ist und deshalb die Waffe sinken lässt (Kühl StrafR AT § 16 Rn. 15 mit Nachw. in Fn. 32; diff. zwischen unbeendetem und beendetem Versuch Brand/Wostry GA 2008, 611; ebenso Rengier StrafR AT § 37 Rn. 23, 24). Ferner bejaht die **Rspr.** einen fehlgeschlagenen Versuch nur bei tatsächlicher, nicht auch bei „rechtlicher“ Unmöglichkeit der weiteren Tatausführung, etwa wenn das Opfer nach Ansetzen des Täters zur Vergewaltigung in den sofortigen Vollzug des Geschlechtsverkehrs wirksam (sei es auch nur aus der Sicht des Täters) eingewilligt hat (BGHSt 39, 244 = NJW 1993, 2188 zu § 177 aF mit krit. Bespr. Streng NStZ 1993, 582; Bottke JZ 1994, 71; Bauer MDR 1994, 134; Vitt JR 1994, 199; zust. Kudlich JuS 1999, 240 (244); Kudlich/Schuhr in Satzger/Schluckebier/Widmaier StGB Rn. 28; diff. Scheinfeld NStZ 2006, 131 (143); krit. Krey/Esser StrafR AT Rn. 1281; abl. Kühl StrafR AT § 16 Rn. 14; Stratenwerth/Kuhlen StrafR AT § 11 Rn. 76; Zaczyk in NK-StGB Rn. 24). Im **Schrifttum** ist der aus tatsächlichen Gründen fehlgeschlagene Versuch iErg weithin anerkannt, während der Fall der „rechtlichen“ Unmöglichkeit umstritten ist (vgl. die Nachw. in BGHSt 39, 244 = NJW 1993, 2188 und den Bespr. dazu). **Vorzugswürdig** ist die Ansicht, dass es auch hier am Aufgeben der weiteren Tatausführung fehlt, weil infolge der Einwilligung des Opfers die Wahlmöglichkeit, die Vergewaltigung zu

vollenden oder aufzuhören, weggefallen ist. Die abweichende Begründung des BGHSt 39, 244 = NJW 1993, 2188 der Täter habe deshalb nicht aufgegeben, weil er darauf bestanden habe, den Geschlechtsverkehr genau seinem Tatplan entsprechend durchzuführen, ist nicht tragfähig; sie übersieht, dass der bewilligte und daher tatbestandslose Geschlechtsverkehr nicht als weitere Tatausführung gedeutet werden kann.

Ob darüber hinaus **weitere Fallgruppen** des fehlgeschlagenen (oder sonst nicht fortsetzungsfähigen) Versuchs anzuerkennen sind, ist in der Gesamtbetrachtungslehre umstritten (Fallgruppen bei Lilie/Albrecht in LK-StGB Rn. 117–139). Die **Rspr.** hat bisher noch keine eindeutige Grenze gezogen, sondern für den unbeendigten Versuch „jedenfalls" genügen lassen, dass der (uU auch der die Tat bestreitende, BGH StV 1996, 373) Täter nach seiner Vorstellung die Tat mit den bereits eingesetzten oder anderen (BGH bei Holtz MDR 1995, 1089; BGH StV 1996, 372) zur Hand liegenden einsatzbereiten Mitteln noch vollenden kann (stRspr; vgl. BGHSt 35, 90 (94) = NJW 1988, 1602; BGH StV 1989, 246; NStZ-RR 1997, 259; NStZ-RR 2003, 40; NStZ 2006, 685; NStZ 2007, 399; NStZ 2009, 688 mit krit. Bespr. Bosch JA 2010, 70; BGH NStZ StV 2010, 170); sie hat dabei mit Recht nicht das Bereitstehen „artgleicher" Tatmittel verlangt (so aber Ranft Jura 1987, 527; krit. auch Scheinfeld NStZ 2006, 131; einschr. aber auch Murmann, Versuchsunrecht und Rücktritt, 1999, S. 47, nach dem der Täter zur weiteren Handlung schon unmittelbar angesetzt haben muss), was zu formal und daher zu eng gewesen wäre (Rengier JZ 1988, 931). Nach anfänglichem Schwanken des BGH hat der GS die Fortsetzungsfähigkeit des Versuchs auch für den Fall bekräftigt, dass der Täter von weiteren Handlungen deshalb absieht, weil er sein mit der Tat verfolgtes **außertatbestandliches Ziel** (das Primärziel) erreicht hat (BGHSt 39, 221 (231) = NJW 1993, 2061 mit überwiegend abl. Bespr. Roxin JZ 1993, 896; Hauf MDR 1993, 922; Bauer NJW 1993, 2590; Jung JuS 1994, 82; sa BGH NStZ-RR 1996, 195; NStZ-RR 1997, 593; NStZ-RR 1998, 134 sowie den Vorlagebeschluss des 1. Strafsenat BGH NJW 1993, 943 mit Bespr. Puppe JZ 1993, 361; Streng NStZ 1993, 257; Bauer StV 1993, 356; fortgeführt von BGH NStZ 2006, 685; NStZ 2008, 275 mit krit. Bespr. v. Heintschel-Heinegg; BGH NStZ 2009, 86; NStZ 2011, 90; NStZ 2011, 629; NStZ-RR 2011, 143 mit zust. Bespr. Satzger JK StGB § 253 Rn. 14; BGH NStZ-RR 2013, 105; NStZ-RR 2014, 105; NStZ 2014, 202; NStZ 2014, 450 mAnm Engländer; und Jäger JA 2015, 149 (151)). In der **Lit.** wird die Rücktrittsmöglichkeit bei vollständiger Erreichung des Primärziels überwiegend, allerdings mit unterschiedlicher Begründung, verneint (wie der BGH jedoch Pahlke, Rücktritt bei dolus eventualis, 1993, S. 110; BGH GA 1995, 72; Hauf MDR 1993, 922; Kudlich JuS 1999, 349 (353); Meurer NJW 2000, 2936 (2939); Bott Jura 2008, 753; Timpe AL 2014, 236 (238); Rengier StrafR AT § 37 Rn. 62; Joecks/Jäger StGB Rn. 29; Krey/Esser StrafR AT Rn. 1293; Wessels/Beulke/Satzger StrafR AT Rn. 635; Zieschang StrafR AT Rn. 557; Fischer Rn. 9; Lilie/Albrecht in LK-StGB Rn. 190; im Ausgangspunkt auch Streng JZ 1990, 212; Streng in Maurach/Gössel/Zipf StrafR AT II, 7. Aufl. 1989, § 41 Rn. 29, 72, 119, die jedoch die Freiwilligkeit des Rücktritts in einzelnen Fallgruppen oder allg. verneinen; so auch Jäger, Der Rücktritt vom Versuch als zurechenbare Gefährdungsumkehr, 1996, S. 109; Jäger ZStW 112 (2000), 783 (808); sowie Greeve, Zielerreichung im Eventualversuch und in anderen Versuchsformen, 2000, S. 170, 237; Beckemper JA 2003, 203; sa Amelung ZStW 120 (2008), 205 (239)). Meist wird angenommen, dass ein Täter, dessen Vorsatz mit Zielerreichung erloschen sei, keinen Rücktrittsentschluss fasse und deshalb die Tatausführung auch 12 nicht aufgebe (so etwa Puppe, Roxin und Otto JK StGB § 24 Rn. 20; Seier JuS 1989, 102; Bottke JZ 1994, 71 (73); Bock JuS 2006, 606; Scheinfeld NStZ 2006, 131, 142; BWME StrafR AT § 27 Rn. 25; Heinrich StrafR AT Rn. 837; Jäger ExRep StrafR AT Rn. 318; Roxin StrafR AT II § 30 Rn. 62; Zaczyk in NK-StGB Rn. 53); teils wird das Ergebnis auch mit verschiedenartigen Ansätzen unmittelbar aus dem Zweck der Rücktrittsregelung abgeleitet (so etwa Walter, Der Rücktritt vom Versuch als Ausdruck des Bewährungsgedankens im zurechnenden Strafrecht, 1980, S. 107; Schall JuS 1990, 623; Rudolphi JZ 1991, 525 (527); Bauer wistra 1992, 201; Murmann, Versuchsunrecht und Rücktritt, 1999, S. 49, der einen fehlgeschlagenen Versuch annimmt). **Vorzugswürdig** ist die Auffassung, nach der es am Merkmal des Aufgebens fehlt, wenn die weitere Tatausführung aus der Sicht des Täters völlig sinnlos geworden ist. In diesem Falle entfällt der Tatvorsatz und damit zugleich die Möglichkeit, das Zweckelement des finalen Begriffs „Aufgeben" noch zu verwirklichen. Wer auf nichts verzichtet, gibt auch nichts auf. Diese Auslegung ist zwar nicht zwingend, aber unbedenklich und wird den Zwecken der Rücktrittsregelung (→ Rn. 2) besser gerecht als die Rspr. Sie bedeutet auch keinen Rückfall in die Tatplantheorie (→ Rn. 5), sondern ist Ausdruck des Umstandes, dass das Tatgeschehen im Ganzen mit der Zielerreichung abgeschlossen ist. Daraus folgt dann auch, dass ein Aufgeben so lange möglich bleibt, als es aus der Sicht des Täters noch sinnvoll ist, zur Sicherung oder Festigung des jeweils erreichten Ziels die Tatausführung fortzusetzen (Kühl StrafR AT § 16 Rn. 38–41); Opferschutzgesichtspunkte (Kudlich JuS 1999, 349 (354); Bott Jura 2008, 753) können daran nichts ändern (zu Recht krit. Scheinfeld NStZ 2006, 131; Kühl StrafR AT § 16 Rn. 41). Dass nach der hier vertretenen Auffassung für Tathandlungen mit bedingtem Vorsatz geringere Chancen eröffnet werden als für solche mit direktem Vorsatz, ist allerdings nicht unbedenklich (krit. namentlich Herzberg NJW 1988, 1561 (1564); JuS 1990, 273; NStZ 1990, 311; JR 1991, 159; eing. Pahlke, Rücktritt bei dolus eventualis, 1993, S. 159), aber als eine aus der Grundstruktur des Rücktrittsprivilegs hervorgehende Folgerung hinzunehmen (Schall JuS 1990, 623; Puppe NStZ 1990, 433; Otto Jura 1992, 423 (427); Weinhold, Rettungsverhalten und Rettungsvorsatz beim Rücktritt vom Versuch, 1990, S. 47; Scheinfeld NStZ 2006, 131; Roxin StrafR AT II § 30 Rn. 75).

13 b) **Teilweises Aufgeben** der Tatausführung in der Weise, dass der Täter nach Versuchsbeginn statt eines geplanten qualifizierten Delikts nur das Grunddelikt begeht (zB Wegwerfen der mitgeführten Schusswaffe vor der Wegnahme bei Diebstahl oder Raub, §§ 244 I Nr. 1 a, 250 I Nr. 1 a), ist mit der Wirkung eines **Teilrücktritts** einzubeziehen, soweit auch bei ihm die Gründe der Privilegierung (→ Rn. 2) vorliegen (Günther GS Kaufmann, 1989, 550 (551); Mitsch JA 2014, 268 (273); Rengier StrafR AT § 37 Rn. 150; Roxin StrafR AT II § 30 Rn. 299; Eser/Bosch in Schönke/Schröder Rn. 113; aM BGH NStZ 1984, 216 mablAnm Streng JZ 1984, 216; Zaczyk, zust. aber Otto JZ 1985, 21 (27); Lilie/Albrecht in LK-StGB Rn. 494; aM für das Beispiel Freund/Rostalski StrafR AT § 9 Rn. 52; s. aber für § 177 IV Nr. 1 aF (= § 177 VI Nr. 1 nF) BGHSt 51, 276 = NJW 2007, 1699 mit Bespr. Schroeder JR 2007, 481; Streng JZ 2007, 1089, nur bei Vollendung der Qualifikation abzulehnen; zust. Fischer Rn. 27; sa Kadel JR 1987, 117 (119); Kudlich JuS 1999, 349 (356)). Verneint wird die Möglichkeit eines **Gefährdungs-Teilrücktritts** zB vom Versuch der §§ 255, 250 II Nr. 1, zumindest wenn sich die qualifikationsbegründenden abstrakten Gefahr bereits verwirklicht hat (BGHSt 64, 80 (89) = NJW 2019, 3659 mAnm Schiemann; Jäger NStZ 2020, 224; Renzikowski

JR 2020, 326; Bespr. Eisele JuS 2020, 275; Kudlich JA 2020, 64; Heghmanns ZJS 2020, 164; Küper GA 2020, 584; in anderen Fällen für Gefährdungs-Teilrücktritt Streng GA 2021, 487 (495)).

Dasselbe gilt auch für den Versuch von Regelbeispielen (→ § 46 Rn. 14); so etwa wenn der Täter einer (versuchten oder vollendeten) sexuellen Nötigung nach § 177 V die bereits versuchte Vergewaltigung nach § 177 IV Nr. 1 aufgibt (Eisele, Die Regelbeispielsmethode im Strafrecht, 2004, S. 323, der § 24 unmittelbar anwenden will; Kühl StrafR AT § 16 Rn. 48). **14**

c) Tritt der **tatbestandsmäßige Erfolg** bei unwesentlicher Abweichung des Kausalverlaufs (→ § 15 Rn. 11) entgegen der Vorstellung des Täters verfrüht ein, so ist die Tat vollendet und Rücktritt deshalb ausgeschlossen (hM; vgl. etwa Kühl StrafR AT § 16 Rn. 79; Roxin StrafR AT II § 30 Rn. 116; anders Wolter ZStW 89 (1977), 649 (695); Wolter FS Leferenz, 1983, 545 (559); sowie Bottke JZ 1994, 71, die nur Versuch annehmen, aber die Rücktrittsmöglichkeit verneinen, während Schroeder in LK-StGB, 11. Aufl. 1992, § 16 Rn. 34 auch diese bejaht; diff. Eser/Bosch in Schönke/Schröder, Rn. 22–25; eing. Küper ZStW 111 (1999), 1 (37)); nur bei Verneinung der objektiven Zurechnung des Erfolgs ist Raum für die Anwendung von § 24 I 2 (Kühl StrafR AT § 16 Rn. 82; Wessels/Beulke/Satzger StrafR AT Rn. 627, 645). **15**

2. Freiwilligkeit. Nach der Rspr. handelt der Täter – unabhängig davon, ob bei seinem Entschluss äußere Umstände mitwirken oder nicht (BGH StV 1982, 259) oder erst nach Einwirken eines Dritten (BGH NStZ-RR 2009, 366) – freiwillig, wenn ihm nach seinem Vorstellungsbild (BGH StV 1988, 527; BGH bei Holtz MDR 1995, 878) die Tat – sei es auch mit anderen Mitteln (BGH StV 1993, 189) – ohne unvertretbar erhöhtes Risiko (BGH NStZ 1993, 76; NStZ 1993, 279; StV 1993, 189; NStZ 1999, 299; NStZ-RR 2006, 168 (169); NStZ 2007, 265; NStZ-RR 2020, 376; krit. Feltes GA 1992, 395 (411); str.) noch ausführbar und ihr Zweck noch erreichbar erscheint (BGHSt 7, 296 = NJW 1955, 915; dazu Amelung ZStW 120 (2008), 205 (224, 237); BGH NJW 1984, 2169; NStZ 2011, 688 (689) mit Bespr. Hecker JuS 2012, 82; str.), wenn er also „Herr seiner Entschlüsse" geblieben ist (BGH StV 1996, 86; StV 2003, 614; NStZ 2005, 150 (151); NStZ 2009, 688 (689); BeckRS 2013, 19605; NStZ-RR 2014, 9; NStZ 2014, 450 mAnm Engländer; BGH StV 2015, 687 (689); StV 2021, 93 mit Bespr. Hecker JuS 2020, 1219; krit. Maiwald GS Zipf, 1999, 255 (262); Bottke FG BGH, 2000, 135 (162); Amelung ZStW 120 (2008), 205 (208)); aus griechischer Sicht Mylonopoulos FS Roxin I, 2012, 165, Vernunft des rechtstreuen Bürgers. Für Tatsachenzweifel über die Freiwilligkeit gilt der Grundsatz in dubio pro reo (BGH StV 1993, 189; StV 1995, 509; NStZ 1999, 300; NStZ-RR 2003, 199; StraFo 2004, 24 (26); NStZ 2007, 265; NStZ 2008, 215; OLG Düsseldorf NJW 1999, 2911; problematisch BGH NStZ 1989, 18; Heger/Petzsche in Matt/Renzikowski Rn. 25). **16**

a) Freiwilligkeit liegt regelmäßig vor, wenn die vorgefundene Handlungssituation gegenüber dem Tatplan keinen Grund zum Rücktritt bietet (ähnlich Krauß JuS 1981, 883 (886); Heger/Petzsche in Matt/Renzikowski Rn. 24). **Unfreiwilligkeit** setzt danach eine aus dieser Situation erwachsene äußere Zwangslage oder innere Hemmung (BGH NStZ 1994, 428; NStZ 2014, 202; dazu Amelung ZStW 120 (2008), 205 (238)) voraus, die dem Täter trotz fortbestehender Wahlmöglichkeit (→ Rn. 10) als zwingender Hinderungsgrund erscheint (BGHSt 35, **17**

184 = NJW 1988, 1603; BGH StV 1992, 224; NJW 1993, 2125; NStZ-RR 2003, 199; OLG Düsseldorf NJW 1999, 2911; str.). Deshalb nimmt die Rspr. zutr. Unfreiwilligkeit an, wenn der Täter das **erhöhte Tatrisiko** nicht mehr für vertretbar hält (→ Rn. 16; enger Bitzilekis FS Hassemer, 2010, 661 (676)). Sie überdehnt jedoch den Bereich der Freiwilligkeit, wenn sie auch den Täter privilegiert, der unter dem Druck der Umstände deshalb aufgibt, weil ihm die Erfüllung eines ihn plötzlich herausfordernden Handlungsbedarfs dringlicher erscheint als die Fortsetzung des Versuchs, zB wenn er beim Tötungsversuch von einem Opfer ablässt, um sich einem anderen zuwenden zu können (BGHSt 35, 184 = NJW 1988, 1603; vom Standpunkt der normativen Theorien iE wie hier Roxin StrafR AT II § 30 Rn. 359; dem BGH zust. aber Fischer Rn. 20; Kudlich/Schuhr in Satzger/Schluckebier/Widmaier StGB Rn. 66; iE auch Amelung ZStW 120 (2008), 205 (242) „freiwillig"; gegen Freiwilligkeit in solchen Fällen Bitzilekis FS Hassemer, 2010, 661 (672). Bloße Mutlosigkeit (BGH NStZ 1992, 537) oder Furcht vor Strafe (BGH MDR 1951, 359; NStZ 2003, 199; NStZ-RR 2012, 167 (168); Lilie/Albrecht in LK-StGB Rn. 249) ist regelmäßig unschädlich, es sei denn, dass der Täter die Tat vernünftigerweise nicht auf sich nehmen kann, weil ihm äußere Umstände die Besorgnis alsbaldiger Entdeckung und Bestrafung aufdrängen (BGHSt 9, 48 = NJW 1956, 718; BGH bei Holtz MDR 1983, 983; sa BGH NStZ 1992, 587; NStZ 2007, 399; StV 2010, 170; NStZ 2011, 454; NStZ 2011, 688 (689); NStZ 2013, 639 mit Bespr. Engländer; str.). Auch wer erkennt, dass der Zweck der Tat nur durch eine vom Tatplan abweichende, wesentlich gravierendere Begehungsweise erreicht werden kann, gibt häufig nicht freiwillig auf, weil sich sein Risiko unvertretbar erhöht hat (LG Arnsberg NJW 1979, 1420; beachte dazu BGH StV 1993, 189; NStZ-RR 1996, 161). Schuldunfähigkeit als solche ist dagegen kein Hinderungsgrund (BGHSt 23, 356 = NJW 1971, 254; BGH NStZ 2004, 324; sa BGH NStZ-RR 1999, 8). Freiwillig handelt meist auch, wer mit der Tatausführung im Affektstau anfängt, nach Affektentladung (BGH bei Dallinger MDR 1975, 541; BGH NStZ 2003, 199; NStZ 2004, 324 mit krit. Bespr. Otto JK StGB § 24 Rn. 32) oder nach Beruhigung durch Dritte (BGH NStZ 1988, 69; StraFo 2012, 23; NStZ-RR 2020, 303) aber aufgibt oder wer beim Diebstahl nichts Bestimmtes stehlen will, nur wenig findet und deshalb nichts nimmt (RGSt 70, 1; aM Bitzilekis FS Hassemer, 2010, 661 (678); zum Diebstahl → Rn. 11). Beim Versuch der sexuellen Nötigung, insbes. beim Regelbeispiel der Vergewaltigung (§ 177 IV Nr. 1) ist die Abgrenzung bisweilen schwierig (BGH bei Holtz MDR 1989, 857; MDR 1991, 432; OLG Zweibrücken JR 1991, 214 mAnm Otto; alle zu § 177 aF); hier handelt jedenfalls freiwillig, wer aufgibt, weil ihm das Opfer rechtmäßige Zielerreichung durch die Zusage späteren freiwilligen Geschlechtsverkehrs angeboten hat (BGHSt 20, 279 = NJW 1965, 2410 mAnm Lackner JR 1966, 106; BGH NStZ 1988, 550; alle zu § 177 aF; zur „sexuellen Nötigung; Vergewaltigung" → Rn. 11).

18 **b)** Das Gesetz zwingt zu der unter → Rn. 17 vertretenen Abgrenzung nach **Kriterien,** die sich am **Willen,** dh der vom jeweiligen Maß psychischen Drucks abhängigen Entschließungsfreiheit des Zurücktretenden, orientieren. Der Begriff „freiwillig" schließt die gänzliche Eliminierung dieses psychologischen Elements aus (BGHSt 35, 184 = NJW 1988, 1603 mit Bespr. Jakobs JZ 1988, 519; Lackner NStZ 1988, 405; Bloy JR 1989, 70; Lampe JuS 1989, 610; Grasnick JZ 1989, 821; Küpper, Grenzen der normativierenden Strafrechtsdogmatik, 1990, S. 179; sa Alwart JahrbRuE 2005, 357 (367); krit. Maiwald GS Zipf, 1999, 255 (268); Stratenwerth/Kuhlen StrafR AT § 11 Rn. 86; vermittelnd Lilie/Albrecht in LK-StGB

Rn. 243; Zaczyk in NK-StGB Rn. 68; str.). Seine theoriegeleitete, rein normative Deutung ist wegen Überschreitung der verfassungsrechtlich gewährleisteten Wortlautschranke (BVerfGE 73, 206 (235) = NJW 1987, 43; Fischer Rn. 20) insoweit unzulässig, als sie eindeutige Fälle freiwilligen, dh nicht auf äußerem Druck oder innerer Hemmung beruhenden, Rücktritts mit teleologischen Erwägungen für strafbar erklärt (Herzberg FS Lackner, 1987, 325 (335); Schall JuS 1990, 623 (629); Otto JR 1991, 215; Bitzilekis FS Hassemer, 2010, 661 (667); aM Lampe JuS 1989, 612; krit. zu dieser Gegenüberstellung Amelung ZStW 120 (2008), 205 (207), der beide Perspektiven vereinen will, so dass freiwillig zurücktritt, wer einen Versuch unabhängig von Rechtsdurchsetzungszwang und vergleichbaren Zwängen sowie ohne bestimmende Wirkung einer unbeherrschbaren Reaktion körperlicher oder seelischer Art abbricht, Amelung ZStW 120 (2008), 205 (237)). Ausschließlicher Maßstab kann daher nicht sein, ob das Rücktrittsmotiv sittlich billigenswert ist (BGHSt 7, 296 = NJW 1955, 915; BGH NJW 1980, 602 mit krit. Bespr. Walter GA 1981, 403; BGH NStZ 2003, 265 zu § 306e; BGH StV 2003, 615; NStZ 2005, 150 (151); OLG Düsseldorf NJW 1999, 2911), ob es mit der Motivation zur konkreten Tat unverträglich ist (so Jakobs StrafR AT Abschn. 26 Rn. 30), ob es aus der Sicht der Verbrechermoral unvernünftig ist (so Roxin FS Heinitz, 1972, 251; Jäger in SK-StGB Rn. 25), ob es bei strafzweckorientierter Bewertung eine Rückkehr zu rechtstreuem Verhalten bedeutet (so Bottke FG BGH, 2000, 135; Bottke JR 1980, 441; ähnlich Greeve, Zielerreichung im Eventualversuch und in anderen Versuchsformen, 2000, S. 242), ob der Täter den mit der Versuchshandlung hervorgerufenen Eindruck persönlicher Gefährlichkeit nachträglich widerlegt (so Krauß JuS 1981, 883 (888)), ob er durch sein Verhalten die mit dem Versuch verbundene Erschütterung des Normvertrauens der Allgemeinheit wieder rückgängig macht (so Schünemann GA 1986, 293 (323); ähnlich Streng NStZ 1993, 582; sa Amelung ZStW 120 (2008), 205 (211)), ob er zur Normbefolgung hinreichend bereit ist (so Walter, Der Rücktritt vom Versuch als Ausdruck des Bewährungsgedankens im zurechnenden Strafrecht, 1980, S. 59) oder ob er in die Bahnen des Rechts zurückkehrt (so Ulsenheimer GA 1972, 1; Borchert/Hellmann Jura 1982, 658 (662)). Diese normativen Lehren mögen zwar den Grund des Rücktrittsprivilegs deutlicher herausarbeiten und auch einzelne unbefriedigende Ergebnisse vermeiden; sie überschreiten aber die Grenze zulässiger Auslegung (BGHSt 35, 184 = NJW 1988, 1603; → § 1 Rn. 6; krit. Maiwald GS Zipf, 1999, 255 S. 270, der den Gegensatz psychologisch-normativ relativiert, weil auch die psychologische Theorie mangels eines tauglichen empirisch-psychologischen Kriteriums auf den Zweck der Strafbefreiung zurückgreifen müsse). Unerlässlich ist vielmehr stets eine psychische Druck- oder Hemmungslage, die dann allerdings im Hinblick auf ihre Mindestintensität normativ zu bewerten ist und deshalb nicht das von der Rspr. geforderte Maß erreichen muss (nur zT auf dieser Linie liegt der Vorschlag von Jäger, Der Rücktritt vom Versuch als zurechenbare Gefährdungsumkehr, 1996, S. 98; Jäger ZStW 112 (2000), 783 (809); sowie Jäger ExRep StrafR AT Rn. 319, die Freiwilligkeit nach dem für mittelbare Täterschaft maßgebenden Verantwortungsprinzip zu bestimmen und sie nur bei Nötigung, Schuldunfähigkeit, Irrtum oder Wegfall des Handlungssinns zu verneinen).

IV. Rücktritt vom **beendigten** Versuch (tätige Reue) nach Abs. 1 S. 1 Alt. 2 19
setzt voraus:

1. **Eigene,** zur Verhinderung der Tatvollendung geeignete Tätigkeit, bei welcher der Täter noch an den Eintritt der Vollendung glaubt (BGH NJW 1969, 1073;

Gössel ZStW 87 (1975), 3 (36); Heger/Petzsche in Matt/Renzikowski Rn. 51; beachte auch BGHSt 41, 10 (12) = NStZ 1995, 282 mit abl. Bespr. Otto JK StGB § 17 Rn. 3), mag er auch vorher vorübergehend schon einen Fehlschlag des Versuchs angenommen haben (BGH NStZ 1981, 388). **Tätigkeit Dritter** kann ausreichen, wenn der Täter sie veranlasst hat (BGHSt 33, 295 = NJW 1986, 73; BGH StV 1994, 304; NStZ-RR 1997, 193; NStZ 2008, 329; NStZ 2008, 508; Herzberg NJW 1989, 862 (866)). Bloß **passives Verhalten** genügt nicht (RGSt 39, 220; sa BGH bei Dallinger MDR 1969, 532), es sei denn, dass ausnahmsweise – was allerdings meist nur beim Beteiligtenrücktritt (→ Rn. 25) oder in den Fällen des § 31 (→ § 31 Rn. 5) vorkommt – schon das Unterlassen ein geeignetes Mittel der Erfolgsabwendung ist (BGHSt 4, 200 = NJW 1953, 1271; BGHSt 32, 133 = StV 1984, 282; BGH NJW 1984, 2169; Maiwald FS Wolff, 1998, 337 (349); problematisch OLG Karlsruhe NJW 1978, 331 mit abl. Bespr. Küper NJW 1978, 956; Schroeder JuS 1978, 824). Einen „antizipierten" Rücktritt, etwa durch eine vor dem Versuch geleistete Erfolgsverhinderung durch Bestellen eines Arztes zum Duell, gibt es nicht (Scheinfeld JuS 2006, 397; Murmann GK StrafR § 28 Rn. 145; anders, aber diff. Kudlich/Schuhr in Satzger/Schluckebier/Widmaier StGB Rn. 61; aM auch Singelnstein JA 2011, 761; Rengier StrafR AT § 37 Rn. 128). Auch eine antizipierte tätige Reue wird diskutiert (Oğlakcioğlu/Kulhanek JR 2014, 462).

19a **a)** Welche **Mindestvoraussetzungen** das Eingreifen des Täters erfüllen muss, ist umstritten: Die uneinheitliche **Rspr.** (dazu Roxin FS Hirsch, 1999, 327; Murmann, Versuchsunrecht und Rücktritt, 1999, S. 61) lässt teils schon jedes Verhalten genügen, das aus Tätersicht – sei es auch nur möglicherweise – den Erfolg verhindern kann (BGHSt 33, 295 (301) = NJW 1986, 73; dazu Jäger ExRep StrafR AT Rn. 324a, 324b; BGH NJW 1985, 813; 2002, 3719 mit Bespr. Herzberg FS Kohlmann, 2003, 37 (40); BGHSt 48, 147 = NJW 2003, 1058 mit Bespr. Engländer JuS 2003, 641 und kritAnm Jakobs JZ 2003, 743, jeweils zum Unterlassungsversuch; → Rn. 22a; BGH NZV 2006, 553 „Geisterfahrer"; sa BGH NStZ-RR 2010, 276; NStZ 2011, 688 (689); NStZ 2012, 28), teils fordert sie zusätzlich eine auf Verhinderung der Tatvollendung gerichtete (BGH NJW 1989, 2068), also nicht ausschließlich anderen Zwecken dienende Tätigkeit (BGH NJW 1986, 1001; NStZ-RR 1999, 327) und teils stellt sie noch weitergehend darauf ab, ob der Täter die jeweils erkannten Verhinderungschancen ausgeschöpft hat (BGHSt 31, 46 (49) = NJW 1982, 2263 „Krankenhausfall"; Kühl StrafR AT § 16 Rn. 69; nach Scheinfeld, Der Tatbegriff des § 24 StGB, 2006, S. 124, keine sorgfaltsgemäße Erfolgsverhinderung; aM Jäger GA 2009, 195 (198), Vertrauen auf Rettung; BGH NStZ-RR 1997, 193; NStZ 2008, 329; NStZ 2008, 508); dagegen BGHSt 48, 147 = NJW 2003, 1058; BGH NStZ 2004, 614 mit krit. Bespr. Rotsch/Sahan JZ 2005, 206). Bei der Rettung eines Menschenlebens gelten hohe Anforderungen (BGH NStZ 2008, 329; NStZ 2012, 28). In der **Lit.** hält die überwiegende Meinung zu Recht ein im Hinblick auf die Erfolgsverhinderung zurechenbares Verhalten für ausreichend (Bloy JR 1989, 70; Rudolphi NStZ 1989, 508 (511); Weinhold, Rettungsverhalten und Rettungsvorsatz beim Rücktritt vom Versuch, 1990, S. 139, 168; Oğlakcioğlu/Kulhanek JR 2014, 462 (467); Zaczyk in NK-StGB Rn. 57; vgl. auch Boß, Der halbherzige Rücktritt, 2002, S. 156, der eine geeignete Rettungshandlung verlangt), während die Gegenansicht ernsthaftes Bemühen iSd Abs. 1 S. 2 (→ Rn. 20) des Täters verlangt (Walter, Der Rücktritt vom Versuch als Ausdruck des Bewährungsgedankens im zurechnenden Strafrecht, 1980, S. 136, 139; Roxin JR 1986, 424 (427); Herzberg NJW 1989, 862; NJW 1991, 1633 (1637); Herzberg

FS Kohlmann, 2003, 37; Römer MDR 1989, 945 (947); Jakobs ZStW 104 (1992), 82 (89); Murmann, Versuchsunrecht und Rücktritt, 1999, S. 64; sa Rau, Ernsthaftes Bemühen beim Rücktritt nach § 24 Abs. 1 S. 1 StGB?, 2002).

b) Nach dem problematischen Wortlaut und dem umstrittenen Schutzzweck des § 24 (→ Rn. 2) dürfte zur Minderung der unvermeidlichen Spannungen **wie folgt zu differenzieren** sein: Handelt der Täter allein, so genügt es, wenn ihm das Ausbleiben des Erfolges als sein Werk zurechenbar ist (Rudolphi NStZ 1989, 508 (512; Jäger, Der Rücktritt vom Versuch als zurechenbare Gefährdungsumkehr, 1996, S. 96; Roxin FS Hirsch, 1999, 327 (335)); wirkt er mit einem Dritten zusammen, muss er das Geschehen wie ein Täter (auch Mittäter oder mittelbarer Täter) oder Anstifter beherrschen, also nicht lediglich Beihilfe leisten (Rudolphi NStZ 1989, 508 (513); Herzberg NJW 1989, 862 (866); Heinrich StrafR AT Rn. 851; Otto StrafR AT § 19 Rn. 49; ähnlich Zaczyk in NK-StGB Rn. 61; anders für unersetzliche Rettungsbeiträge Roxin FS Hirsch, 1999, S. 342); hat er den Dritten nur zum Eingreifen veranlasst, so muss er die Situation jedenfalls so arrangiert haben, dass dieser sich zur Erfolgsabwendung herausgefordert fühlt (zust. Lilie/Albrecht in LK-StGB Rn. 291; Heger/Petzsche in Matt/Renzikowski Rn. 45); die bloße Ermöglichung des Eingreifens durch Dritte reicht nicht. Dagegen schadet es nicht, dass der Dritte das Ob und Wie der Erfolgsabwendung bestimmt, wenn er nur durch das Verhalten des Täters zu seiner konkreten Rettungshandlung „angestiftet" worden ist (enger BGHSt 31, 46 = NJW 1982, 2263; BGH NJW 1989, 2068 mablAnm Rudolphi NStZ 1989, 508; Herzberg JR 1989, 449; abl. auch Boß, Der halbherzige Rücktritt, 2002, S. 53, 193; BGH NJW 1990, 3219; NStZ-RR 1997, 193). Gegen eine solche Differenzierung unter Berufung auf den Wortlaut etwa Zieschang GA 2003, 353, der vom Täter berechenbare Abwehrmaßnahmen verlangt. 19b

2. Eintritt des Verhinderungserfolges. Nach der zu weiten und der Einschränkung bedürftigen Rspr. (→ Rn. 19a, 19b) muss der Täter für die Nichtvollendung nur (mit-)ursächlich sein (BGHSt 33, 295 (301) = NJW 1986, 73; BGHSt 44, 204 (207) = NJW 1999, 589 mit krit. Bespr. Müssig JR 2001, 228; BGH NJW 1986, 1001; NStZ 1999, 128 mit krit. Bespr. Otto JK StGB § 24 Rn. 28; BGH NStZ 2004, 614 mit krit. Bespr. Rotsch/Sahan JZ 2005, 205; BGH NStZ 2006, 504 (505)). Dass er objektiv mehr oder anderes hätte tun können, um die Vollendung mit größerer Sicherheit zu verhindern, ist unschädlich (BGHSt 44, 204 (208) = NJW 1999, 589 mit Bespr. Schroeder JR 1999, 297; BGH NStZ 1981, 388; NStZ-RR 1997, 233; NStZ 1999, 128; NStZ 2004, 614; Puppe NStZ 1984, 488; Kühl StrafR AT § 16 Rn. 71, § 20 Rn. 263; Fischer Rn. 35). Tritt die Vollendung trotz des Bemühens des Täters ein **(misslungener Rücktritt),** so ist die Tat, wenn der Erfolg der Versuchshandlung objektiv zugerechnet werden kann (Angerer, Rücktritt im Vorbereitungsstadium, 2004, S. 36; Kindhäuser/Zimmermann StrafR AT § 32 Rn. 16; Kühl StrafR AT § 16 Rn. 79; Roxin StrafR AT II § 30 Rn. 125; Heger/Petzsche in Matt/Renzikowski Rn. 5; Kudlich/Schuhr in Satzger/Schluckebier/Widmaier StGB Rn. 7; → § 13 Rn. 14) und keine wesentliche Abweichung des Kausalverlaufs (→ § 15 Rn. 11, 12) vorliegt, zwar nicht als versuchte (Herzberg JZ 1989, 114 (116); str.), wohl aber als vollendete strafbar (hM; vgl. Krauß JuS 1981, 883 (886); Otto StrafR AT § 19 Rn. 54; Lilie/Albrecht in LK-StGB Rn. 80; Zaczyk in NK-StGB Rn. 78; krit. Lenckner FS Gallas, 1973, 281 (290); zT abw. Schröder JuS 1962, 81; Walter, Der Rücktritt vom Versuch als Ausdruck des Bewährungsgedankens im zurechnenden Strafrecht, 1980, S. 143; 20

Bottke, Strafrechtswissenschaftliche Methodik und Systematik bei der Lehre vom strafbefreienden und strafmildernden Täterverhalten, 1979, S. 557; aM Gropp/Sinn StrafR AT § 9 Rn. 62–67; eing. Angerer, Rücktritt im Vorbereitungsstadium, 2004, S. 36). Bleibt die Vollendung ohne Zutun des Täters aus (krit. zu dieser Voraussetzung Herzberg NJW 1991, 1633 (1637)), so genügt das **Bemühen um die Abwendung** (**Abs. 1 S. 2;** Fallgruppen bei Noltensmeier/Henn JA 2010, 269 (270)), wenn es freiwillig (→ Rn. 16–18) und ernsthaft ist, dh die Verhinderungsmöglichkeiten ausschöpft, soweit sie dem Täter bekannt sind (BGHSt 31, 46 = NJW 1982, 2263; BGHSt 33, 295 = NJW 1986, 73; BGH NJW 1986, 1001; StV 1992, 62; NStZ-RR 1997, 193; NStZ-RR 2000, 41; NStZ-RR 2000, 42; NStZ 2008, 329; NStZ 2012, 28; NStZ-RR 2010, 276; zur Rspr. Kühl StrafR AT § 16 Rn. 72; Rengier StrafR AT § 37 Rn. 144–147; ähnlich Herzberg NJW 1989, 864 (866); Römer MDR 1989, 945; krit. Maiwald FS Wolff, 1998, 337 (353); eing. Römer, Fragen des „Ernsthaften Bemühens" bei Rücktritt und tätiger Reue, 1987; zusf. Kudlich JuS 1999, 349 (351); str.); daran fehlt es, wenn die Tat nach der Vorstellung des Täters vollendet ist (BGH bei Miebach/Heim NStZ-RR 2009, 129 (132) Nr. 15; zum „subjektiv misslungenen Rücktritt" Hinderer JuS 2009, 625; Kühl StrafR AT § 16 Rn. 79); der Verzicht auf weitere unbekannt untaugliche Versuche beim unbeendeten untauglichen Versuch reicht aber (BGH NStZ-RR 2005, 70). Grob unverständige Bemühungen reichen, nicht dagegen abergläubische (Maiwald FS Wolff, 1998, 344; Noltensmeier/Henn JA 2010, 269 (270), auch hier kann sich der Täter Dritter bedienen (BGH StV 1997, 244), das Bemühen kann ausnahmsweise auch in einem Unterlassen bestehen (Maiwald FS Wolff, 1998, 351; Heger/Petzsche in Matt/Renzikowski Rn. 56; aM Lilie/Albrecht in LK-StGB Rn. 335; Zaczyk in NK-StGB Rn. 86). Zu Fällen fehlender Kausalität und objektiver Zurechnung Noltensmeier/Henn JA 2010, 269 (271); aufgegriffen von Kühl StrafR AT § 16 Rn. 83.

21 3. **Freiwilligkeit** des Rücktritts (→ Rn. 16–18). Obwohl das 2. StrRG (→ Vor § 1 Rn. 4) die umstrittene Regelung des früheren Rechts, die nach ihrem Wortlaut ausschließlich auf den Zeitpunkt der Tatentdeckung abstellt, durch das dahinterstehende Prinzip der Freiwilligkeit ersetzt hat, bleibt die Entdeckung nach wie vor bedeutsam (BGH bei Dallinger MDR 1975, 365): Wer sich entdeckt weiß, handelt zwar nicht notwendig (BGH StV 1983, 413; StV 1992, 62, 224; NStZ 2011, 688; Knapp JuS 1976, 801 (802); Rengier StrafR AT § 37 Rn. 148, 149), aber doch häufig unfreiwillig (BGH NStZ 1999, 300 (301); NStZ 2015, 457 (458)). Entdeckt ist die Tat, wenn jemand, der nicht zum engeren Kreis des Täters gehört, uU auch der Verletzte (BGHSt 24, 48 = NJW 1971, 439; BGH NJW 1972, 2004 mAnm v. Löbbecke NJW 1973, 62), von ihr erfahren und sie als Straftat erkannt hat mit der Möglichkeit, sie zu verhindern oder anzuzeigen (BGH JR 1952, 414).

22 **V.** Der Rücktritt ist beim Versuch eines **erfolgsqualifizierten Delikts** (→ § 18 Rn. 9) auch dann nicht unbedingt ausgeschlossen, wenn die Tathandlung die besondere Folge schon verursacht hat (hM; BGHSt 42, 158 = NJW 1996, 2663 mit iE zust. Bespr. Küper JZ 1997, 229, abl. aber Jäger NStZ 1998, 161; sa Jäger ExRep StrafR AT Rn. 326; Zaczyk in NK-StGB Rn. 81; wie hier Ebert StrafR AT S. 139; Zieschang StrafR AT Rn. 578; Lilie/Albrecht in LK-StGB Rn. 461; iE auch Hardtung Teilvorsatzdelikte S. 255); eine Änderung dieser zwingend aus § 24 folgenden (anders Küper JZ 1997, 229 (232), der das Ergebnis aus der „grunddeliktischen Versuchsakzessorietät" des „vollendet qualifizierten Versuchs" herleitet), aber unbefrie-

digenden Rechtslage ist nur durch Gesetz möglich (ebenso Jäger in SK-StGB Rn. 8a; zusf. Anders GA 2000, 64; Kühl Jura 2002, 19 (22)).

VI. Ob auch bei der **Unterlassungstat** zwischen unbeendigtem und beendigtem Versuch unterschieden werden kann, ist umstritten (zusf. Kudlich JA 2008, 601 (603); Ransiek JuS 2010, 678 (681); Exner Jura 2010, 276 (279); vertiefend Stein GA 2010, 129). Weil der Unterlassungstäter – dem im Stadium des beendigten Versuchs befindlichen Täter vergleichbar – in jedem Fall tätig werden muss (anders Engländer JZ 2012, 130; wieder anders Murmann GA 2012, 711), wird eine Unterscheidung vielfach abgelehnt; die Vornahme der zunächst unterlassenen Handlung kann danach nur dann strafbefreiend wirken, wenn der Unterlassungstäter damit den Erfolgseintritt verhindert (BGH NStZ 1997, 485 mit Bespr. Kudlich/Hannich StV 1998, 370; Brand/Fett NStZ 1998, 507; Stuckenberg JA 1999, 273; Küpper JuS 2000, 225; BGH NJW 2000, 1730; NStZ 2012, 29 (30) mkritAnm Mandla NStZ 2012, 29 (31); Heger/Petzsche in Matt/Renzikowski Rn. 59; anders BGH NStZ 2010, 690; Freund/Rostalski StrafR AT § 9 Rn. 48; Köhler StrafR AT S. 482; Roxin StrafR AT II § 30 Rn. 139; zur Rspr. Roxin StrafR AT II § 30 Rn. 145–151; Wohlers in NK-StGB § 13 Rn. 25; Zaczyk in NK-StGB Rn. 47; speziell zur Problematik des untauglichen Unterlassungsversuchs Kudlich JuS 1999, 349 (352); JA 2008, 601 (604), der § 24 I 2 anwenden will; ebenso Lilie/Albrecht in LK-StGB Rn. 479). Die Gegenmeinung unterscheidet, ob nach der Tätervorstellung die Vornahme der ursprünglich gebotenen und unterlassenen Handlung zur Erfolgsabwendung noch ausreicht oder zusätzliche Hilfsmaßnahmen dafür erforderlich sind (Lönnies NJW 1962, 1950; Gropp/Sinn StrafR AT § 9 Rn. 72; Jescheck/Weigend StrafR S. 639; Wessels/Beulke/Satzger StrafR AT Rn. 743–745; Eser/Bosch in Schönke/Schröder, Rn. 27–30; Lilie/Albrecht in LK-StGB Rn. 467; Rudolphi/Stein in SK-StGB Vor § 13 Rn. 70–75); dies erscheint im Hinblick auf den aus der Sicht des Täters unterschiedlichen Gefährdungsgrad richtig (Kühl StrafR AT § 18 Rn. 153): Die Zurechnung des Erfolgseintritts trotz (verspäteter) Vornahme der (ursprünglich) erforderlichen Handlung ist nur berechtigt, wenn der Täter davon ausgegangen ist, dass er die Vollendung nicht mehr durch Vornahme der unterlassenen Handlung, sondern nur durch den Einsatz anderer Gegenmittel verhindern könne. Gibt er hingegen vor Erfolgseintritt seinen Tatentschluss auf und holt die unterlassene Handlung in der irrigen Annahme nach, damit den Erfolgseintritt abwenden zu können, kann das **Erfolgsabwendungsrisiko** kein anderes sein, als wenn der Täter sein positives Tun im Glauben aufgibt, bereits damit einen Erfolgseintritt zu verhindern (mit beachtlichen Gründen aM Küper ZStW 111 (1999), 1 (42f.), der – wie beim Begehungsdelikt – auch beim unbeendeten Unterlassungsversuch dem Täter das Erfolgsabwendungsrisiko aufbürdet; ebenso BGH NJW 2000, 1730 (1732); Rengier StrafR AT § 49 Rn. 62–64; Roxin StrafR AT II § 30 Rn. 140; Fischer Rn. 14a). Die **Rspr.** behandelt den Unterlassungsversuch wie den beendigten Versuch (→ Rn. 19a) und verlangt nicht die Wahl des sichersten und „optimalen" Rettungsmittels (BGHSt 48, 147 = NJW 2003, 1058 mit zT krit. Bespr. Engländer JuS 2003, 641; Jakobs JZ 2003, 743; Neubacher NStZ 2003, 576; Puppe NStZ 2003, 309; Seelmann JR 2004, 162; Zwiehoff StV 2003, 631; zust. Joecks/Jäger StGB § 13 Rn. 104; Heger/Petzsche in Matt/Renzikowski Rn. 62; ebenso schon BGH NJW 2002,; NJW 2002, 3720; zust. Lilie/Albrecht in LK-StGB Rn. 474; sa BGH NStZ 2016, 664 mit Bespr. Kudlich und Jäger JA 2016, 950). Rücktrittsunfähig ist auch hier der fehlgeschlagene Versuch (BGH NJW 2003, 1057 mit Bespr. Kudlich JR 2003, 380; Freund NStZ 2004, 326), der etwa **22a**

bei Unterbrechung der Gefährdungslage anzunehmen ist (BGHSt 48, 147 = NJW 2003, 1058).

23 **VII.** Der Rücktritt wirkt nur für den Versuch **als solchen.** Er macht die in Tat- oder Gesetzeseinheit stehende vollendete Tat nicht straflos **(qualifizierter Versuch).** Beispiele: § 224 bei Versuch nach § 212 (BGH JR 1952, 414; Guhra/Sommerfeld JA 2003, 775; sa BGHSt 16, 122 = NJW 1961, 1779; → § 212 Rn. 8); § 226 II bei Rücktritt vom Tötungsversuch (BGH NJW 2001, 980); § 241 I bei Versuch nach § 255 (OLG Karlsruhe NJW 1978, 331); § 177 Vbei Versuch der Vergewaltigung nach § 177 VI (→ § 177 Rn. 21). Es ist unzulässig, den auf die versuchte Tat gerichteten Vorsatz und ausschließlich darauf bezogene Tatumstände strafschärfend zu berücksichtigen; jedoch können solche Umstände schärfend zu Buch schlagen, die sich auf das Tatgeschehen insgesamt beziehen und den Unrechts- und Schuldgehalt auch des vollendeten Delikts charakterisieren (BGHSt 42, 43 = NJW 1996, 2044; vgl. auch BGH NJW 2002, 3717; NStZ 2003, 533; das gilt auch für Motive, die nicht nur die versuchte (Mord-)Tat, sondern auch die vollendete (Körperverletzungs-)Tat prägen (BGH NStZ 2003, 143; iE mzustAnm Jäger StV 2003, 220).

24 **VIII.** Als persönlicher Strafaufhebungsgrund wirkt der Rücktritt nur **für den Beteiligten, der in seiner Person die Voraussetzungen erfüllt** (BGHSt 1, 172 (179) = NJW 1951, 610; eing. zum Beteiligtenrücktritt v. Scheurl, Rücktritt vom Versuch und Tatbeteiligung mehrerer, 1972, Krauß JuS 1981, 883 (888); Gores, Der Rücktritt des Tatbeteiligten, 1982, S. 138; Roxin FS Lenckner, 1998, 267; zusf. Vogler ZStW 98 (1986), 331 (340); Kölbel/Selter JA 2012, 1; rechtsgeschichtlich Linke, Der Rücktritt vom Versuch bei mehreren Tatbeteiligten, 2010, S. 1–26; rechtsvergleichend Jescheck ZStW 99 (1987), 111 (141); Linke, Der Rücktritt vom Versuch bei mehreren Tatbeteiligten, 2010, S. 27–48.

25 **1. Abs. 2** fordert ausnahmslos, dass der Täter entweder die Vollendung durch die übrigen Beteiligten verhindert oder sich unter den Voraussetzungen des S. 2 freiwillig und ernsthaft darum bemüht (→ Rn. 20; krit. Herzberg NJW 1991, 1633 (1638), der Abs. 2 zu Unrecht für funktionslos hält). Verhinderung durch Untätigbleiben (Unterlassen) kommt bisweilen unter denselben Voraussetzungen wie beim Rücktritt vom Versuch der Beteiligung in Frage (→ § 31 Rn. 5), zB wenn Mittäter nach unbeendigtem Versuch einvernehmlich nicht mehr weiterhandeln (BGHSt 42, 158 (162) = NJW 1996, 2663; BGH StraFo 2007, 422; NStZ 2009, 688; StV 2012, 16; NStZ-RR 2012, 167 (168); NStZ 2013, 521; NStZ 2015, 8; StV 2014, 285; StV 2014, 472; NStZ-RR 2020, 204; einschr. BGH StV 2010, 170 mit krit. Bespr. Satzger JK StGB § 24 Rn. 40 zu § 24 Abs. 2; sa Ladiges JuS 2016, 13; Krey/Esser StrafR AT Rn. 1330; Heger/Petzsche in Matt/Renzikowski Rn. 70; Kudlich/Schuhr in Satzger/Schluckebier/Widmaier StGB Rn. 58; Fischer Rn. 40a) oder wenn nur der Zurücktretende die Vollendung noch herbeiführen könnte (BGH StV 1992, 10; sa Otto Jura 1992, 423 (430); Kudlich JuS 1999, 449 (450)). Der fehlgeschlagene Versuch (→ Rn. 10) ist auch hier rücktrittsunfähig (BGH StV 2012, 16 mit zust. Bespr. Kudlich JA 2011, 869 „Rücktrittssperre"; BGH NStZ-RR 2015, 8; Kühl StrafR AT § 20 Rn. 263). An sich gilt Abs. 2 auch für den angestifteten oder unterstützten Alleintäter (Zaczyk in NK-StGB Rn. 96; Wessels/Beulke/Satzger StrafR AT Rn. 913; sa Hoven JuS 2013, 308); da dieser jedoch durch sein Aufgeben die Vollendung der Tat unmöglich macht, decken sich für ihn iErg die Voraussetzungen des Beteiligtenrücktritts mit denen des Abs. 1 (ebenso Mitsch FS Baumann, 1992,

89, der jedoch den Rücktritt des Alleintäters dem Anwendungsbereich des Abs. 2 entzieht; ebenso Roxin FS Lenckner, 1998, 267; diesen noch weiter einschr. Loos Jura 1996, 518; wie hier Kudlich/Schuhr in Satzger/Schluckebier/Widmaier StGB Rn. 52; krit. zur Verwendung des Begriffs des Beteiligten in der Legaldefinition des § 28 II Schroeder JuS 2002, 139). Abs. 2 hat deshalb vor allem für Anstifter, Gehilfen und Mittäter Bedeutung; für mittelbare Täter nur, wenn auch der Tatmittler Täter ist (Roxin FS Lenckner, 1998, 267; zusf. Kudlich JuS 1999, 449). Verhindert der Tatmittler oder ein anderes Werkzeug die Tatvollendung in bewusster Willensvertretung des mittelbaren Täters nach dessen – auch allgemeinen – Weisungen, wirkt dies für den mittelbaren Täter nach Abs. 2 S. 2 Var. 2 strafbefreiend; dies gilt auch für den mit der Erfolgsverhinderung einverstandenen Gehilfen des mittelbaren Täters (BGHSt 44, 204 = NJW 1999, 589 mit krit. Bespr. Rotsch NStZ 1999, 239; Schroeder JR 1999, 297; Kudlich JA 1999, 624; Müssig JR 2001, 228; Otto JK StGB § 27 Rn. 27; BGH NStZ-RR 2012, 167 (168); Kölbel/Selter JA 2012, 1 (6); zust. Gropp/Sinn StrafR AT § 9 Rn. 91; sa BGH JZ 2005, 203 (207) mAnm Rotsch/Sahan). Zustimmend zum personalen Anwendungsbereich Linke, Der Rücktritt vom Versuch bei mehreren Tatbeteiligten, 2010, S. 82–100; Kölbel/Selter JA 2012, 1; Dorn-Haag JA 2016, 674.

2. Dass der Beteiligte **lediglich seinen Tatbeitrag rückgängig macht** 26
(→ Rn. 27), genügt allein nicht (Lilie/Albrecht in LK-StGB Rn. 393); krit. Roxin JuS 1973, 329 (333); Meyer ZStW 87 (1975), 598 (619); Walter JR 1976, 100). Dieses nicht unbedenkliche, aber nach dem Gesetzeswortlaut zwingende Ergebnis ist hinzunehmen, seine Ausschaltung durch korrigierende Auslegung jedenfalls nicht möglich (hM; vgl. Krey/Esser StrafR AT Rn. 1324–1326; Roxin FS Lenckner, 1998, 267 (279); anders Walter, Der Rücktritt vom Versuch als Ausdruck des Bewährungsgedankens im zurechnenden Strafrecht, 1980, S. 133; Herzberg NJW 1991, 1633 (1638); diff. Haft JA 1979, 306 (311); eing. zum Rücktritt durch Vollendungsverhinderung Linke, Der Rücktritt vom Versuch bei mehreren Tatbeteiligten, 2010, S. 149–214; knapper Kölbel/Selter JA 2012, 1 (5)). Im Übrigen ist seine Tragweite nicht groß; denn das Rückgängigmachen des Tatbeitrags bleibt insoweit erheblich, als es nach S. 2 bewirkt, dass nicht Verhinderung der Vollendung, sondern nur ernsthaftes Bemühen um sie erforderlich ist, wenn die anderen Beteiligten die Tat dennoch vollenden (Grünwald FS Welzel, 1974, 701 (705); Fischer Rn. 41).

3. Eine Tat ist iSv Abs. 2 S. 2 **unabhängig von dem früheren Tatbeitrag** be- 27
gangen (Kölbel/Selter JA 2012, 1 (7)), wenn in ihr nichts mehr enthalten ist, was mit diesem Beitrag in ursächlichem Zusammenhang steht (BGH NJW 1951, 410), oder wenn sie dem Beteiligten aus anderen Gründen (etwa wegen einer wesentlichen Abweichung des Kausalverlaufs) nicht zugerechnet werden kann (Gores, Der Rücktritt des Tatbeteiligten, 1982, S. 180). Ob das zutrifft, hängt von den Umständen ab; namentlich bei psychischer Beihilfe dürfen die Anforderungen nicht überspannt werden (Gores, Der Rücktritt des Tatbeteiligten, 1982, S. 106, 113; Krey/Esser StrafR AT Rn. 1332; Eser/Bosch in Schönke/Schröder, Rn. 99). Im Übrigen kommt es nicht nur auf das Fehlen der Zurechenbarkeit an. Die begangene Tat muss auch mit derjenigen identisch sein, zu welcher der frühere Beitrag geleistet wurde (näher zu dieser Identität Lenckner FS Gallas, 1973, 281 (303); Grünwald FS Welzel, 1974, 701 (713); Küper JZ 1979, 775 (778); Gores, Der Rücktritt des Tatbeteiligten, 1982, S. 217; Streng JZ 1984, 652; Roxin FS Lenckner, 1998, 267 (283); Heger/Petzsche in Matt/Renzikowski Rn. 75; str.); das kann namentlich dann zweifelhaft sein, wenn jemand den Haupttäter umstimmt und zur Aufgabe

des Tatentschlusses überredet, dieser später aber das ursprünglich Geplante auf Grund eines neuen Entschlusses doch verwirklicht (Roxin FS Lenckner, 1998, 276); hier dürfte oft schon das Fortwirken der durch die Anstiftung gesetzten Motive zu verneinen sein (Stree GA 1974, 63; aM Herzberg JZ 1989, 114 (116); diff. Fad, Die Abstandnahme des Beteiligten von der Tat im Vorbereitungsstadium, 2005, S. 185; zw.). Aus S. 2 ergibt sich für den Fall, dass eine Tat von den anderen Beteiligten vollendet wurde, namentlich folgendes: War die Tat von dem früheren Tatbeitrag unabhängig, fehlt aber das erforderliche Bemühen (dazu Grünwald FS Welzel, 1974, 701 (714); Gores, Der Rücktritt des Tatbeteiligten, 1982, S. 185) des zuvor Beteiligten um Verhinderung der Vollendung, so bleibt er wegen Versuchs strafbar (v. Scheurl, Rücktritt vom Versuch und Tatbeteiligung mehrerer, 1972, S. 144; Haft JA 1979, 306 (309); Fischer Rn. 42b; aM Walter JR 1976, 100); unabhängig von solchem Bemühen liegt dagegen Beteiligung an der vollendeten Tat vor, wenn schon die Wirksamkeit des früheren Tatbeitrags – sei es auch unter dem Einfluss von List oder Gewalt (hM; anders Otto JA 1980, 707 (711); → Rn. 20; zw.) – nicht beseitigt wurde (BGHSt 28, 346 (348) = NJW 1979, 1721; BGH NStZ 1999, 449; Roxin FS Lenckner, 1998, 267 (272); abw. Backmann JuS 1981, 336).

28 **4.** Der Beteiligtenrücktritt setzt voraus, dass die Haupttat ins **Versuchsstadium** eingetreten ist (Lilie/Albrecht in LK-StGB Rn. 371; „grundsätzlich" ebenso Eisele ZStW 112 (2000), 745). Wer schon vorher eine geplante Tat verhindert oder seinen Tatbeitrag mit allen Auswirkungen rückgängig macht, tritt nicht zurück, sondern ist schon nicht Beteiligter an einer Haupttat (BGHSt 28, 346 (347) = NJW 1979, 1721; Roxin FS Lenckner, 1998, 267 (270); Roxin StrafR AT II § 30 Rn. 309, 315; Renzikowski in Maurach/Gössel/Zipf StrafR AT II § 52 Rn. 64; Heger/Petzsche in Matt/Renzikowski Rn. 72; Eisele ZStW 112 (2000), 769, mit Hinweis auf die Problematik des psychischen Fortwirkens von Tatbeiträgen, an das strenge Anforderungen zu stellen seien; eing. Angerer, Rücktritt im Vorbereitungsstadium, 2004, S. 119 für mittelbare Täter; Angerer, Rücktritt im Vorbereitungsstadium, 2004, S. 125 für Mittäter; Angerer, Rücktritt im Vorbereitungsstadium, 2004, S. 205 für Anstifter und Gehilfen; Fad, Die Abstandnahme des Beteiligten von der Tat im Vorbereitungsstadium, 2005, S. 158 für mittelbare Täterschaft; Fad, Die Abstandnahme des Beteiligten von der Tat im Vorbereitungsstadium, 2005, S. 182 für die Anstiftung; Fad, Die Abstandnahme des Beteiligten von der Tat im Vorbereitungsstadium, 2005, S. 208 für die Beihilfe). Kann der nur im Vorbereitungsstadium Beteiligte seinen Beitrag nicht unwirksam machen, so bleibt er bei Tatidentität Teilnehmer der vollendeten Haupttat (Eisele ZStW 112 (2000), 767, 782; Heger/Petzsche in Matt/Renzikowski Rn. 72; Zaczyk in NK-StGB Rn. 117); Mittäterschaft scheidet jedoch wegen Fehlens der (funktionellen) Tatherrschaft aus (Roxin FS Lenckner, 1998, 267 (272); Roxin StrafR AT II § 30 Rn. 318; → § 25 Rn. 10; aM BGH NStZ 1999, 449 mit Bespr. Puppe JR 2000, 72; str.).

29 **IX.** Soweit Versuchshandlungen (namentlich in der Form des Unternehmens, → § 11 Rn. 19) in **selbständigen Tatbeständen** mit Strafe bedroht sind (zB §§ 81 I, 82 I, 316c I Nr. 2), gilt § 24 nach deren (formeller) Vollendung nicht (BGHSt 15, 198 = NJW 1961, 276; Kindhäuser/Hilgendorf in LPK-StGB Rn. 72). Jedoch sind sowohl im BT wie auch im **Nebenstrafrecht besondere Rücktrittsvorschriften** für diese Fälle, für tatbestandlich verselbständigte Vorbereitungshandlungen und für einige andere Taten vorgesehen (zB §§ 83a, 87 III, 142 IV, 149 II, 158, 163 II, 264 V, 306e, 314a, 320, 330b). Meist entspricht die

Struktur dieser Vorschriften – unter iE wechselnden Voraussetzungen und unter Einbeziehung auch zusätzlicher Elemente (etwa aus dem Formenkreis der sog. Kronzeugenregelungen, Bernsmann JZ 1988, 539; Behrendt GA 1991, 337; Jeßberger, Kooperation und Strafzumessung, 1999, S. 52; vgl. auch § 261 VIII, → § 261 Rn. 18; → § 129 Rn. 12; im AT § 46b) – der **tätigen Reue** (→ Rn. 19–21); sie privilegieren ein Täterverhalten nach Vollendung, das den Eintritt des eigentlichen Deliktsschadens verhindert; der Begriff der tätigen Reue wird hierfür nur in einzelnen Vorschriften (§§ 83a, 306e, 314a, 320, 330b) verwendet. Die gewährte Vergünstigung besteht allerdings häufig nicht in obligatorischer Strafaufhebung (so zB aber in §§ 98 II 2, 149 II, 163 II, 261 VIII, 298 III 1, 306e II, 314a III, 320 III, 330b I 2); sie reicht vielmehr je nach dem kriminalpolitischen Bedürfnis über obligatorische Strafmilderung (§ 142 IV), fakultative Strafaufhebung in der Form des Absehens von Strafe (§§ 87 III, 266a V 1) und fakultative Strafmilderung nach Ermessen gem. § 49 II (§§ 314a I, 320 I) bis zur eingeschränkten fakultativen Strafmilderung nach § 49 I (zB in § 239a IV 1). Häufig werden Strafmilderung nach Ermessen (im Fall des § 142 IV obligatorische Strafmilderung nach § 49 I; dazu Schulz NJW 1998, 1440) und Absehen von Strafe auch wahlweise zugelassen (zB in §§ 83a, 84 V, 98 II 1, 158 I, 306e I, 314a II, 320 II, 330b I 1; → § 49 Rn. 7). Im Ganzen verfährt das Gesetz bei der Eröffnung solcher Rücktrittsmöglichkeiten auffallend **uneinheitlich** (krit. mit Reformvorschlägen Bottke, Strafrechtswissenschaftliche Methodik und Systematik bei der Lehre vom strafbefreienden und strafmildernden Täterverhalten, 1979, S. 691; Berz, Formelle Tatbestandsverwirklichung und materialer Rechtsgüterschutz, 1986; Hillenkamp in Schöch, Wiedergutmachung und Strafrecht, 1987, S. 81; Schäfer, Die Privilegierung des „freiwillig-positiven" Verhaltens des Delinquenten nach formell vollendeter Straftat, 1992, S. 239; Schmidt-Hieber NJW 1992, 2001 (2003); Blöcker, Die tätige Reue, 2000, S. 200; zur verfassungsrechtlich geforderten Neuregelung der Vorschriften über tätige Reue unter Einbeziehung der §§ 24, 31: Lagodny, Strafrecht vor den Schranken der Grundrechte, 1996, S. 508, der eine Grundentscheidung für eine Strafzumessungslösung oder eine Strafbefreiung verlangt). Bei zahlreichen Tatbeständen ohne ausdrückliche Rücktrittsregelung ist daher die Frage einer Analogie zu Gunsten des Täters umstritten (vgl. etwa → § 125 Rn. 12; → § 138 Rn. 5; → § 146 Rn. 12; → § 164 Rn. 10; → § 257 Rn. 7; → § 265 Rn. 5; → § 323c Rn. 11; → § 357 Rn. 3; weiterführend Berz FS Stree/Wessels, 1993, 331; rechtsstaatliche Bedenken erhebt Blum, Strafbefreiungsgründe und ihre kriminalpolitischen Begründungen, 1996, S. 22, 49, 91; verfassungsrechtliche Bedenken bei Lagodny, Strafrecht vor den Schranken der Grundrechte, 1996, S. 499; abl. mangels unbewusster Regelungslücke Hinderer JuS 2009, 625; die Rspr. lehnt sie grds. ab, vgl. RGSt 56, 95; BGHSt 14, 217 = NJW 1960, 1261; BGHSt 15, 199 = NJW 1961, 83; aber auch BGHSt 6, 85 = NJW 1954, 1209). Zur tätigen Reue im Wirtschaftsstrafrecht Krack NStZ 2001, 505.

3. Titel. Täterschaft und Teilnahme

Vorbemerkung

1 **1. a)** Die **Grundformen** der **Beteiligung** mehrerer an einer Tat sind **Täterschaft und Teilnahme.** Täterschaft ist eigene, nicht unbedingt eigenhändige, Begehung der Tat, während Teilnahme Beteiligung an der Begehung der Tat durch einen anderen ist (eine eigenwillige „Architektur der Beteiligungsformen" entwirft Puppe GA 2013, 514). Eine Alternative zu diesem differenzierenden System bildet die Zusammenfassung aller Beteiligungsformen in dem sog. **Einheitstäterbegriff.** Sie ist im Schrifttum vereinzelt befürwortet (Geerds GA 1965, 216 (218); Schwalm FS Engisch, 1969, 551; Kienapfel, Der Einheitstäter im Strafrecht, 1971; umfassende Bestandsaufnahme bei Rotsch, „Einheitstäterschaft" statt Tatherrschaft, 2009; krit. Jakobs, Theorie der Beteiligung, 2014, S. 21), in einigen ausländischen Rechten verwirklicht (zB in Österreich; vgl. Kienapfel JuS 1974, 1; Burgstaller ÖRiZ 1975, 13 (29); Schmoller ÖJZ 1983, 337 (379); Bock Jura 2005, 673, der auch auf Dänemark hinweist) und für das Recht der Ordnungswidrigkeiten in § 9 aF (jetzt § 14) OWiG eingeführt worden (BGHSt 31, 309 = NJW 1983, 2272 mit Bespr. Göhler wistra 1983, 242; BGH NJW 1997, 3254; sa Kienapfel NJW 1983, 2236; Seier JA 1990, 342 (382); Bloy FS Schmitt, 1992, 33; eing. Schumann, Zum Einheitstätersystem des § 14 OWiG, 1979). Als Lösung auch für das allgemeine Strafrecht ist sie überwiegend auf Ablehnung gestoßen (Roxin JuS 1973, 329 (334); Maiwald FS Bockelmann, 1979, 343; Bloy, Die Beteiligungsform als Zurechnungstypus im Strafrecht, 1985, S. 149; Dencker FS Lüderssen, 2002, 530; Frisch LdRerg 8/1620, S. 1; Heine/Weißer in Schönke/Schröder Rn. 11; Tendenzen zur Einheitstäterschaft sieht Volk FS Roxin, 2001, 563; vgl. aber Schmoller GA 2006, 365 mit internationalem Anspruch; zum österreichischen Recht Fuchs FS Burgstaller, 2004, 41 (47)); eine Wiederbelebung auf dem Boden einer normativ-funktionalen Straftatlehre unternimmt Rotsch, „Einheitstäterschaft" statt Tatherrschaft, 2008, mit positiver Bespr. Meyer ZIS 2010, 447, der nur zwischen unmittelbarer und mittelbarer Rechtsgutsbeeinträchtigung unterscheidet. Reyes Alvarado will die Unterscheidung von Täterschaft und Teilnehmer auf die Strafzumessung verlangen (Reyes Alvarado FS Jakobs, 2007, 553 (569)). Mit dieser Alternative sind die Regelungsmodelle der Beteiligung nicht erschöpft; im internationalen Kontext werden zwölf Regelungsmodelle diskutiert (Vogel ZStW 114 (2002), 403 (406) mNachw in Fn. 11, 13); rechtsvergleichend mit Skandinavien und Österreich Hamdorf, Beteiligungsmodelle im Strafrecht, 2002; mit Italien Miller, Die Beteiligung am Verbrechen nach italienischem Strafrecht, 2007; Maiwald It. StrafR/StrafProzR S. 134–147; mit Japan Shimada GA 2009, 469; zum europäischen Strafrecht Tiedemann FS Nishihara, 1998, 496; Rehaag, Prinzipien von Täterschaft und Teilnahme in europäischer Rechtstradition, 2009; Weißer, Täterschaft in Europa, 2011. Zur Täterschaft und Teilnahme im Völkerstrafrecht Swoboda ZStW 128 (2016), 931. Zur Verbandshaftung → § 14 Rn. 1 a; sowie Vogel ZStW 114 (2002), 403 (416), der dieses Regelungsmodell als „Kollektivhaftungsmodell" bezeichnet. Zu Täterschaft und Beihilfe bei NS-Gewaltverbrechen Dencker ZNR 2005, 49.

2 **b)** Das differenzierende System ist nur für die **vorsätzliche** Beteiligung durchgeführt. Beim Fahrlässigkeitsdelikt, jedenfalls bei unbewusster Fahrlässigkeit, scheitert die Unterscheidung schon deshalb, weil für die Abschichtung verschiedener Beteiligungsformen weder die Tatherrschaft noch der Täterwille in Frage kommen

und ein anderes Abgrenzungskriterium fehlt (Jescheck/Weigend StrafR S. 573, 654, 676; Kindhäuser/Zimmermann StrafR AT § 38 Rn. 56; aM Otto FS Spendel, 1992, 271; Otto Jura 1998, 409 (411); Eschenbach Jura 1992, 637; zusf. Renzikowski, Restriktiver Täterbegriff und fahrlässige Beteiligung, 1997, S. 261). Für jede **fahrlässige** Beteiligung kommt es vielmehr gleichermaßen auf die objektive Zurechenbarkeit an (→ § 15 Rn. 41–45), gleichgültig, ob die einzelnen Tatbeiträge den Erfolg unmittelbar verursacht oder ihn nur veranlasst, ermöglicht oder gefördert haben (hM; im Ausgangspunkt ebenso Otto FS Spendel, 1992, 271). Allerdings dürfte das nicht ausschließen, dass auf der Fahrlässigkeitsebene gewisse Strukturunterschiede zwischen unmittelbar und nur mittelbar erfolgsverursachenden Handlungen zu berücksichtigen sind; ob sich diese aus den Beteiligungsformen des Vorsatzdelikts herleiten lassen (so Otto FS Spendel, 1992, 271; Eschenbach Jura 1992, 637; ähnlich auch Dencker, Kausalität und Gesamttat, 1996, S. 174, der § 25 II als Ausprägung eines allgemeinen Prinzips versteht, das auch fahrlässiges Zusammenwirken einschließt), oder aus der andersartigen Ausgangslage beim Fahrlässigkeitsdelikt zu entwickeln sind (so Weißer Jura 1998, 230 (236)), ist noch nicht geklärt (näher zur fahrlässigen Mittäterschaft → § 25 Rn. 13; zu den Begründungsschwierigkeiten Schünemann GS Meurer, 2002, 37 (43); zur fahrlässigen Teilnahme am Vorsatzdelikt → § 26 Rn. 1; → § 27 Rn. 1; gegen eine fahrlässige mittelbare Täterschaft BGH NJW 1997, 3254; terminologisch auch Gropp GA 2009, 265; für deren Konstruierbarkeit Otto Jura 1998, 409 (412); Otto StrafR AT § 21 Rn. 123, 124; sowie Renzikowski, Restriktiver Täterbegriff und fahrlässige Beteiligung, 1997, S. 262, 273; Renzikowski FS Otto, 2007, 423, der eine gegenüber dem Tatmittler „überlegene Vermeidemacht“ verlangt; einschr. Hoyer in SK-StGB § 25 Rn. 153; zusf. zu Täterschaft und Teilnahme beim Fahrlässigkeitsdelikt Kühl StrafR AT § 20 Rn. 10). Überblick über Täterschaft und Teilnahme Kühl JA 2014, 668 (674). Speziell zu Täterschaft und Teilnahme im Wirtschaftsrecht Bottke JuS 2002, 320; Tiedemann WirtschaftsStrafR Rn. 235–249. Zum italienischen Recht Cornacchia FS Jakobs, 2007, 53.

2. Der für die **Abgrenzung von Täterschaft und Teilnahme** maßgebende Gesichtspunkt ist umstritten (knapper, aber instruktiver Überblick bei Frisch LdRerg 8/1620, S. 2–5; zusf. Rengier JuS 2010, 281; Grundsätzliches und Spezifisches zur Abgrenzungsproblematik von Täterschaft und Teilnahme, Bode JAZ 2018, 34; entstehungsgeschichtlich Maiwald FS Schroeder, 2006, 283; Ebrahim-Nesbat, Die Herausbildung der strafrechtlichen Teilnahmeformen im 19. Jahrhundert, 2006; knapp Roxin StrafR AT II § 25 Rn. 1; zum römischen Recht Bock, Römischrechtliche Ausgangspunkte der strafrechtlichen Beteiligungslehre, 2006). Während die Rspr. und ein Teil des Schrifttums von dem sog. extensiven Täterbegriff ausgehen (krit. Schünemann/Greco in LK-StGB Rn. 11–16), ist in der Lehre überwiegend der sog. restriktive Täterbegriff anerkannt (zusf. Bloy, Die Beteiligungsform als Zurechnungstypus im Strafrecht, 1985, S. 115; Renzikowski, Restriktiver Täterbegriff und fahrlässige Beteiligung, 1997, S. 13; Hoyer in SK-StGB Rn. 1–8). Nach diesem sind die Deliktstatbestände nur auf den anwendbar, der alle Deliktsvoraussetzungen in seiner Person erfüllt, so dass sich die Teilnahmevorschriften des AT als Erweiterung der Strafbarkeit, als sog. Strafausdehnungsgründe, darstellen. Jener sieht dagegen alle kausalen Beiträge zur Tatbestandsverwirklichung als gleichwertig und damit grds. als Täterschaft an, so dass hier die Teilnahmevorschriften als sog. Strafeinschränkungsgründe die Strafbarkeit begrenzen (krit. Spendel JuS 1974, 749 (754)). 3

4 **a)** Die ältere Rspr. hat die Unterscheidung von Täterschaft und Teilnahme auf der Grundlage des extensiven Täterbegriffs im Hinblick auf die Gleichwertigkeit aller Tatbeiträge (RGSt 9, 75) nach rein subjektiven Gesichtspunkten vorgenommen (**subjektive Teilnahmelehre;** krit. Analyse der Rspr. bei Roxin FG BGH, 2000, 177), während im Schrifttum überwiegend (anders jedoch BWME StrafR AT § 29 Rn. 59) auf dem Boden des restriktiven Täterbegriffs nach mehr oder minder objektiven Maßstäben abgegrenzt wird (diff. Heine/Weißer in Schönke/Schröder Rn. 72–85). Zwar ist die in der Lehre ursprünglich herrschende **formell-objektive Theorie,** die nur den als Täter ansah, der den Tatbestand unmittelbar selbst verwirklichte, einer differenzierteren Betrachtung gewichen, bei der es vor allem darum geht, auch die Formen geistiger Tatbeherrschung ohne unmittelbaren Beitrag zur Tatbestandsverwirklichung als Täterschaft zu erfassen. Zur Bewältigung namentlich dieser Problematik haben sich die – in Einzelheiten unterschiedlichen – **materiell-objektiven Theorien** entwickelt (zusf. Hoyer in SK-StGB Rn. 9–15, § 25 Rn. 10–29). Deren letzte und im Schrifttum jetzt ganz herrschende Ausprägung ist die **Tatherrschaftslehre,** die unter Einbeziehung auch subjektiver Elemente in der **finalen Tatherrschaft,** dem vom Vorsatz umfassten „In-den-Händen-Halten" des Tatgeschehens, das maßgebliche Unterscheidungskriterium sieht (zB Gallas, Beiträge zur Verbrechenslehre, 1968, S. 78, 130; Jescheck/Weigend StrafR S. 651; Krey/Esser StrafR AT Rn. 827–833; Wessels/Beulke/Satzger StrafR AT Rn. 518; Roxin StrafR AT II § 25 Rn. 13, 27–32; krit. Freund/Rostalski StrafR AT § 10 Rn. 45, 60; Heinrich, Rechtsgutszugriff und Entscheidungsträgerschaft, 2002; weitere Kritik → Rn. 6; Grundfälle zur Tatherrschaftslehre Herzberg, Täterschaft und Teilnahme, 1977). Allerdings ist auch diese Lehre nicht einheitlich. Weil der Herrschaftsgedanke nicht für alle Tatbestände passt, ist sie in Grenzbereichen, namentlich bei den sog. **Pflichtdelikten,** darauf angewiesen, modifizierende oder ergänzende Abgrenzungskriterien heranzuziehen, über die keine Einigkeit besteht (vgl. etwa Roxin StrafR AT II § 25 Rn. 268; Roxin Täterschaft/Tatherrschaft S. 335; sowie Roxin FS Schünemann, 2014, 509; Bloy, Die Beteiligungsform als Zurechnungstypus im Strafrecht, 1985, S. 229; Schünemann GA 1986, 293 (331); Murmann, Die Nebentäterschaft im Strafrecht, 1993, S. 160; Sánchez-Vera, Pflichtdelikt und Beteiligung, 1999, S. 147; Bacigalupo FS Tiedemann, 2008, 253; Pariona Arana, Täterschaft und Pflichtverletzung, 2010; krit. Krey/Esser StrafR AT Rn. 869, 870; Putzke FS Roxin II, 2011, 425; sa Bottke, Täterschaft und Gestaltungsherrschaft, 1992; Bottke Coimbra-Symposium, 1995, 235; sowie Bottke Schünemann-Symposium, 2005, 191, der den problematischen (mit Recht krit. Lesch GA 1994, 112) Versuch unternimmt, als „Baustein" eines gemeineuropäischen Strafrechtssystems den Oberbegriff der „Gestaltungsherrschaft" zu entwickeln, aus dem er die verschiedenen Formen der Täterschaft ableitet). Eine gewisse Synthese der widerstreitenden Lehren versucht Schmidhäuser (Schmidhäuser Studienbuch StrafR AT § 10 Rn. 163–168) mit einer wertenden Ganzheitsbetrachtung (sog. Ganzheitstheorie) zu erreichen (ähnlich auch Geerds Jura 1990, 173, der den Theoriengegensatz ablehnt und die wichtigsten Kriterien beider Theorien als Grundlage einer normativen Abgrenzung heranzieht). Auch neuere Lehren verhalten sich insoweit abl. (vgl. etwa Stein, Die strafrechtliche Beteiligungsformenlehre, 1988, der die von ihm empfohlene andersartige Abgrenzung auf die Unterscheidung von Verhaltensnormen und strafrechtlichen Sanktionsnormen stützt; krit. dazu Küper ZStW 105 (1993), 445; Joerden, Strukturen des strafrechtlichen Verantwortlichkeitsbegriffs, 1988, der auf Grund einer formalen Strukturanalyse jeweils direkte und indirekte Verantwortlichkeit mit Täterschaft und Teilnahme gleichsetzt;

Lesch, Das Problem der sukzessiven Beihilfe, 1992, der bei Beteiligung mehrerer Mittäterschaft und Beihilfe nicht nach der Tatherrschaft (bzw. dem Täterwillen), sondern nach dem Anteil des Beteiligten an dem jeweiligen, durch die Gesamttat entstandenen Normgeltungsschaden bestimmt; einschr. auch Schild, Täterschaft als Tatherrschaft, 1994, der die für die Tatherrschaftslehre zentrale Unterscheidung von Handlungs- und Willensherrschaft leugnet; ein „normatives Tatherrschaftsgefälle" bei Beteiligten mit Sich- und Drittzueignungsabsicht konstruiert für § 242 Kudlich FS Schroeder, 2006, 271 (275, 282)).

b) Auf der Grundlage der subjektiven Teilnahmelehre hat die **Rspr.** ursprünglich sehr undifferenziert darauf abgestellt, ob der Beteiligte „die Tat als eigene oder als fremde wollte" (sog. **animus-Formel,** zB RGSt 2, 160; RGSt 3, 181; RGSt 35, 13). Danach kommt in extremen Fällen einerseits als Mittäter in Frage, wer selbst keinen tatbestandsverwirklichenden Beitrag leistet (RGSt 66, 236 (240)), und andererseits als Gehilfe, wer in seiner Person den Tatbestand unmittelbar voll erfüllt (RGSt 74, 84; sog. Badewannenfall). Trotz einiger Schwankungen ist der BGH dieser Rspr. gefolgt (zB BGHSt 6, 226 (248) = NJW 1954, 1292; BGHSt 8, 70 = NJW 1956, 270; BGHSt 28, 346 (348) = NJW 1979, 1721), hat aber versucht, die animus-Formel durch fassbarere Elemente zu objektivieren, und sie damit der Tatherrschaftslehre angenähert (eingehende Rechtsprechungsanalyse bei Johannsen, Die Entwicklung der Teilnahmelehre in der Rechtsprechung, 2009); die allgemeinen Regeln gelten auch für das BtM-Strafrecht (BGH NStZ 2019, 416; StV 2019, 317). So fordert er für den „Täterwillen" eine wertende Beurteilung aller Umstände (BGHSt 37, 289 (291) = NJW 1991, 1068; BGHSt 53, 145 (154) = NJW 2009, 1360; BGH NStZ 1991, 91; StV 1997, 411; NJW 1999, 2449; NJW 1999, 3131; wistra 2001, 420; NStZ-RR 2002, 74; wistra 2002, 255; NStZ 2002, 200; NStZ 2003, 253; NStZ-RR 2006, 88; NStZ 2006, 94; NStZ-RR 2010, 139; NStZ-RR 2012, 120; NStZ-RR 2012, 121 (122); NStZ-RR 2012, 241 (243); NStZ-RR 2013, 40; NStZ 2010, 445 (447); NStZ 2012, 379; NStZ 2013, 104; Rechtsprechungsanalyse bei Roxin FG BGH, 2000, 177 (194)), die von der Vorstellung des Täters umfasst sind (BGHSt 36, 363 (367) = NJW 1990, 2828); dabei bezeichnet er als wesentliche Anhaltspunkte den „Willen zur Tatbeherrschung" (BGHSt 13, 162 = NJW 1959, 1694; BGH NJW 1998, 2149 (2150); NStZ-RR 2001, 148; NStZ-RR 2003, 265 (267); NStZ-RR 2004, 40; NStZ 2006, 94; NStZ-RR 2009, 199; NStZ-RR 2010, 236), die objektive Mitbeherrschung des Geschehensablaufs (BGHSt 8, 393 = NJW 1956, 475; BGHSt 28, 346 (349) = NJW 1979, 1721; BGH NStZ 1987, 364), den Umfang der Tatbeteiligung (BGHSt 2, 150 = NJW 1952, 552; BGH NStZ 1990, 80; NStZ 1990, 130; wistra 2015, 189; wistra 2016, 314; StraFo 2016, 392; StraFo 2016, 648; NJW 2016, 884; NStZ-RR 2016, 335; NStZ-RR 2017, 5, Abgrenzung Mittäter und Gehilfe), das enge Verhältnis zur Tat und das eigene Interesse am Taterfolg (BGHSt 16, 12 = NJW 1961, 1541; BGHSt 34, 124 = NJW 1986, 2584; BGHSt 47, 383 (385) = JuS 2003, 301; BGH NStZ 1993, 444; NStZ 2004, 330 (331); wistra 1994, 57; NStZ-RR 1998, 136; NStZ-RR 2010, 236; NStZ-RR 2019, 203; NStZ 2020, 22; NStZ 2020, 600; NStZ 2020, 727; NStZ 2021, 354); eine einseitige Orientierung an der Interessenlage (sog. Interessentheorie, RGSt 74, 84) lehnt er ausdrücklich ab (BGHSt 8, 393 = NJW 1956, 475; BGH NStZ-RR 2003, 309). Jedoch hat er auf der anderen Seite in einer mit § 25 I nF (→ § 25 Rn. 1) nicht mehr vereinbaren Weise die Möglichkeit bestätigt, dass die vollständige unmittelbare Tatbestandsverwirklichung auch zu bloßer Gehilfenschaft führen könne (BGHSt 18, 5

87 = NJW 1963, 259 Stachynskij-Fall; BGH VRS 23 (1962), 207; BGH bei Dallinger MDR 1974, 547), während er für den Sonderfall des einseitig fehlgeschlagenen Doppelselbstmords eine subjektive Abgrenzung überhaupt verwirft (BGHSt 19, 135 = NJW 1965, 699; Kühl Jura 2010, 81 (83); → § 216 Rn. 3). Im Ganzen bietet die Rspr. kein einheitliches Bild (zusf. Bloy, Die Beteiligungsform als Zurechnungstypus im Strafrecht, 1985, S. 99; Schünemann/Greco in LK-StGB § 25 Rn. 17–31; krit. Krey/Esser StrafR AT Rn. 834–838; Hoyer in SK-StGB § 25 Rn. 4–9). Sie bekennt sich zwar verbal meist noch zur subjektiven Teilnahmelehre, übernimmt häufig aber Maßstäbe der Tatherrschaftslehre (zB BGHSt 8, 393 = NJW 1956, 475; BGHSt 19, 135 = NJW 1965, 699) und hat ausdrücklich auch auf die „vom Täterwillen getragene objektive Tatherrschaft" (BGHSt 35, 347 (353) = NJW 1989, 912; ähnlich auch BGHSt 43, 219 (232) = NStZ 1997, 544; BGHSt 53, 145 (154) = NJW 2009, 1360; BGH StV 1994, 241; NJW 1999, 2449) und die „Tatherrschaft" abgestellt (BGHSt 45, 270 (296) = NJW 2000, 443; BGHSt 47, 383 (385) = JuS 2003, 301; BGH wistra 2018, 254; OLG Stuttgart NStZ-RR 2003, 253; BGH NStZ-RR 2010, 139; NStZ 2010, 445 (447) „Buback" – psychische Unterstützung im Vorfeld des Attentats reicht nicht für Täterschaft; Möller NStZ 2012, 120 (121); sowie BGH NStZ 2013, 40; StraFo 2011, 332 (333); BeckRS 2012, 18738 mit Bespr. Hecker JuS 2013, 177; BGH wistra 2015, 188 (189); umgekehrt spricht die fehlende Tatherrschaft für Beihilfe BGH NStZ-RR 2017 mit Bespr. Eisele JuS 2017, 367; BGH NStZ 2018, 650 mAnm Schlösser; BGH NStZ-RR 2018, 271; NStZ-RR 2020, 239; krit. hinsichtlich der tatsächlichen Relevanz der Tatherrschaft für die Rspr. gerade bei der Abgrenzung von Mittäterschaft und Beihilfe Heger JA 2002, 628 (631); Schroth JZ 2003, 215; Renzikowski JuS 2013, 481 (483); sowie schon Roxin Täterschaft/Tatherrschaft S. 644; speziell zur Abgrenzungsproblematik beim Handeltreiben iSd BtMG und zur Einordnung des Kuriers – idR als Gehilfe im Hinblick auf das „Gesamtgeschäft" – BGHSt 51, 219 = NJW 2007, 1220 mAnm Puppe JR 2007, 298, verfassungsrechtlich nicht beanstandet von BVerfG NStZ 2008, 39; BGH NStZ-RR 2007, 246; NStZ 2007, 529 (530, 531); NStZ-RR 2007, 320; NStZ-RR 2008, 152; NStZ 2008, 284; NJW 2008, 1460 mAnm Krack JR 2008, 340; BGH NJW 2008, 2276; NStZ 2009, 392; NStZ-RR 2009, 121; NStZ-RR 2009, 254; StV 2012, 288; NStZ-RR 2014, 211; NStZ-RR 2015, 113; NStZ-RR 2015, 229 mAnm Koranyi StV 2015, 259; BGH StV 2015 632 (633); NStZ 2015, 225; NStZ-RR 2019, 73; NStZ-RR 2021, 216; Schmidt NJW 2009, 2999; NJW 2014, 2995; NJW 2015, 3008; Feldmann wistra 2015, 41 (44), Oğlakcioğlu JZ 2015, 981 (986)); zur untergeordneten Stellung innerhalb einer Bande NGH NStZ 2020, 344. Diese Unsicherheit der Anknüpfung, die sich in den Strafsenaten des BGH in der Anerkennung tatrichterlicher Spielräume bei der Abgrenzung von Mittäterschaft und Teilnahme äußert (daher für einheitliches Abstellen auf die Tatherrschaftslehre Harden NStZ 2021, 193), erschwert es sehr, hinreichend bestimmte Abgrenzungskriterien zu entwickeln. Zahlreiche Untersuchungen haben ergeben, dass es in der Rspr. überwiegend Strafwürdigkeitserwägungen des Einzelfalls sind, die letztlich den Ausschlag geben (Roxin Täterschaft/Tatherrschaft S. 643; Herzberg, Täterschaft und Teilnahme, 1977, S. 6; Jescheck/Weigend StrafR S. 651).

6 **c)** Die im Schrifttum überwiegend vertretene **Tatherrschaftslehre** (→ Rn. 4) verdient angesichts der Rechtsunsicherheit, die mit der subjektiven Lehre verbunden ist, den Vorzug. Obwohl auch in ihrem Bereich noch manches nicht abschließend geklärt ist, gewährleistet sie doch Ergebnisse, die im Durchschnitt bestimmter

und damit eher vorausberechenbar sind als die der subjektiven Lehre (vgl. die Nachw. unter → Rn. 4 sowie Roxin JZ 1966, 293; Otto Jura 1987, 246; Heinrich StrafR AT Rn. 1206; Heine/Weißer in Schönke/Schröder Rn. 57–60, 66; aM Baumann JuS 1963, 85; Arzt JZ 1981, 412 (414); BWME StrafR AT § 29 Rn. 59–72) und auch die der strukturärmeren Ganzheitstheorie (hM; anders Schmidhäuser FS Stree/Wessels, 1993, 343; krit. Schünemann/Greco in LK-StGB § 25 Rn. 12); zu weiteren abweichenden Konzepten – wie etwa denen von Köhler StrafR AT S. 458; Stein, Die strafrechtliche Beteiligungsformenlehre, 1988, Herzberg in Amelung, Individuelle Verantwortung, 2000, S. 33, 40; die „Verantwortlichkeitsherrschaft" krit. aufgreifend Hoyer FS Herzberg, 2008, 379; Jakobs FS Lampe, 2003, 561; Roxin StrafR AT II § 25 Rn. 3; Schünemann/Greco in LK-StGB § 25 Rn. 12–15; Schild, Tatherrschaftslehren, 2009, S. 33–81. Zur (zunehmenden) Kritik an der Tatherrschaftslehre vgl. Haas, Die Theorie der Tatherrschaft und ihre Grundlagen, 2009, S. 80, 112, 134, der bei mittelbarer- und Mit-Täterschaft die Unrechtsbegründung auf eine Verhaltenszurechnung stützt, bei der Teilnahme hingegen auf das nach der äußeren Tatsituation die rechtswidrige Tat veranlassende oder unterstützende Verhalten; Haas ZStW 119 (2007), 519; Marlie, Unrecht und Beteiligung, 2009, S. 179; Lampe ZStW 119 (2007), 471 (517); Schlehofer FS Herzberg, 2008, 355 (360). Zur Tatherrschaft in Unternehmen aus kriminologischer Perspektive Hefendehl GA 2004, 575. Allerdings haben sich die Gegensätze infolge der Annäherung der Rspr. an die Tatherrschaftslehre (→ Rn. 5) erheblich verringert (Küpper GA 1986, 437; Frisch LdRerg 8/1620, S. 5; sa Geerds Jura 1990, 173).

3. Zu den **Formen der Täterschaft** vgl. § 25. 7

4. Teilnahme im Sinne der Beteiligung an fremder Tat kann **Anstiftung** 8
oder **Beihilfe** sein (§§ 26, 27). Nach der sog. akzessorietätsorientierten Verursachungstheorie ist Strafgrund der Teilnahme, dass Anstifter und Gehilfen die vom Täter begangene rechtswidrige Tat fördern bzw. mitverursachen (hM; vgl. Kühl StrafR AT § 20 Rn. 132; Nikolidakis, Grundfragen der Anstiftung, 2004, S. 19, 49; Satzger Jura 2008, 514 (516); Koriath FS Maiwald, 2010, 417; aus der Rspr. OLG Frankfurt a. M. NJW 2004, 2028 (2032); diff. Gössel FS Spinellis, 2001, 379, der fünf Arten von Gründen unterscheidet; anders Schumann, Strafrechtliches Handlungsunrecht und das Prinzip der Selbstverantwortung der Anderen, 1986, S. 49, der auf die Solidarisierung mit fremdem Unrecht abstellt; Jakobs GA 1996, 253, der Voraussetzungen gemeinsamer Organisation entwickelt, aus denen er die objektive Zurechnung der Haupttat als jeweils eigene Tat auch der anderen Beteiligten ableitet; sa Jakobs, Theorie der Beteiligung, 2014, S. 12; diff. Roxin FS Stree/Wessels, 1993, 365, der neben akzessorischen auch nichtakzessorische Elemente des Teilnahmeunrechts anerkennt; ebenso Heine/Weißer in Schönke/Schröder Rn. 16; diff. auch zwischen Beihilfe und Anstiftung Heghmanns GA 2000, 473, der auf die konkrete Erhöhung oder Schaffung der Gefahr für das Rechtsgut abstellt; zusf. Frisch LdRerg 8/1620, S. 11; Kühl JA 2014, 669). Die sog. Schuldteilnahmetheorie, die den Strafgrund daraus herleitet, dass der Teilnehmer den Täter schuldig werden lässt (Mayer StrafR AT S. 155) ist überholt (ebenso Heghmanns GA 2000, 475). Dagegen ist auf der Grundlage einiger, nicht ganz übereinstimmender Verursachungstheorien umstritten, ob und mit welchen Maßgaben selbständige Straftatbestände der Teilnahme (sog. Teilnehmerdelikte) angenommen werden können. (Lüderssen, Der Strafgrund der Teilnahme, 1967; Lüderssen FS Miyazawa, 1995, 449; Meyer GA 1979, 252;

Stein, Die strafrechtliche Beteiligungsformenlehre, 1988, S. 86; Renzikowski, Restriktiver Täterbegriff und fahrlässige Beteiligung, 1997, S. 123; Schmidhäuser Studienbuch StrafR AT § 10 Rn. 6 ff.) treten dafür ein, behaupten jedoch eine Loslösung vom Unrecht der Haupttat in unterschiedlichem Umfang (krit. Herzberg ZStW 99 (1987), 49 (61); Heghmanns GA 2000, S. 473). Im Ganzen sind die Meinungsverschiedenheiten von untergeordneter Bedeutung, weil die sachlichen Differenzen über den Umfang der Abhängigkeit von der Haupttat vergleichsweise gering sind und meist auch ohne Zuhilfenahme des Strafgrundes der Teilnahme erklärt werden können (zusf. Schünemann/Greco in LK-StGB Vor § 26 Rn. 1–17; krit. Bloy, Die Beteiligungsform als Zurechnungstypus im Strafrecht, 1985, S. 172; Jakobs, Theorie der Beteiligung, 2014; beachte auch die von der hM teilweise abweichende Konzeptionen von Herzberg GA 1971, 1; Sax ZStW 90 (1978), 927; vgl. auch Selter ARSP 2011, 249 (271)).

9 **a)** aa) Teilnahme setzt das Vorliegen (oder den mit Strafe bedrohten Versuch) einer **fremden Tat,** der sog. **Haupttat,** voraus, von der die Beurteilung der nichttäterschaftlichen Tatbeiträge abhängt. Als Haupttat genügt eine rechtswidrige Tat (→ § 11 Rn. 18), bei der die Schuld des Täters unerheblich ist (sog. **limitierte Akzessorietät,** → § 29 Rn. 1; krit. Hruschka ZStW 110 (1998), 581 (603)); auch auf seine Strafmündigkeit (§ 19) kommt es nicht an; er muss aber handlungsfähig sein (BayObLG NStZ-RR 2003, 276). Allerdings muss sie ein Rechtsgut verletzen, das auch **für den Teilnehmer fremd** ist (hM); denn nach ihrem Strafgrund (→ Rn. 8) erfordert Teilnahme an vollendeter Tat einen Angriff des Haupttäters auf ein auch gegenüber dem Teilnehmer geschütztes Rechtsgut (Roxin FS Stree/Wessels, 1993, 365; Nikolidakis, Grundfragen der Anstiftung, 2004, S. 51; Jakobs StrafR AT Abschn. 22 Rn. 8; Kühl StrafR AT § 20 Rn. 139; Otto StrafR AT § 22 Rn. 7; Hoyer in SK-StGB Vor § 26 Rn. 31, 32; sa Nowak JuS 2004, 197 mit Fallbeispielen zu § 246). Ferner muss die Haupttat mit **Vorsatz** (uU auch im Rahmen einer Vorsatz-Fahrlässigkeitskombination, → § 11 Rn. 23) iSd Wissens und Wollens der Tatbestandsverwirklichung (→ § 15 Rn. 3–30) begangen sein. Davon entbindet § 29 nicht (so schon BGHSt 9, 370 = NJW 1957, 29). Die §§ 26, 27 I stellen das ausdrücklich klar. Teilnahme an vorsatzloser Tat (sog. Urheberschaft) gibt es daher nicht (Baumann JuS 1963, 132; Gimbernat FS Henkel, 1974, 151 (157); Heinrich StrafR AT Rn. 1281; aM Roxin Täterschaft/Tatherrschaft S. 364; Roxin JZ 1966, 293; Rudolphi GA 1970, 353 (360); Rudolphi FS Maurach, 1972, 51 (67)). Mindestens ist sie nach §§ 26, 27 nicht mehr mit Strafe bedroht (hM); jedoch schließt der Erlaubnistatbestandsirrtum (→ § 17 Rn. 9–18) des Haupttäters die Vorsätzlichkeit seiner Tat nicht aus (Roxin Täterschaft/Tatherrschaft S. 554; iE ebenso Frisch, Vorsatz und Risiko, 1983, S. 252; aM die meisten Anhänger der unter → Vor § 13 Rn. 17; → § 17 Rn. 13 behandelten Lehre von den negativen Tatbestandsmerkmalen sowie Herzberg JA 1989, 294 (297); Hoyer in SK-StGB Vor § 26 Rn. 37; Heine/Weißer in Schönke/Schröder Rn. 28, 29; Schünemann/Greco in LK-StGB Vor § 26 Rn. 21; zusf. Heinrich StrafR AT Rn. 1136–1141; zum Streitstand Hillenkamp/Cornelius StrafR AT Problem 22, S. 169–173). – Das gilt auch, wenn wie in § 96 I AufenthG die Anstiftung und Beihilfe zum Einschleusen von Ausländern gem. § 95 AufenthG Tatbestandsmerkmal ist, so dass auch diese Tat – und nicht nur die des § 96 I AufenthG – vorsätzlich geschehen sein muss (BGH NJW 2018, 3658 mAnm Kretschmer).

10 bb) Außerdem ergibt ein argumentum a maiore ad minus, dass mindestens **wie ein Anstifter** erfasst werden müsste, wer bei Leistung seines Tatbeitrags irrig an-

nimmt, der Haupttäter handele vorsätzlich (so auf Grund früheren Rechts Gallas, Beiträge zur Verbrechenslehre, 1968, S. 78, 106; aM BGHSt 9, 370 (382) = NJW 1957, 29; Bockelmann FS Gallas, 1973, 261; gegen BGHSt 9, 370 = NJW 1957, 29; BWME StrafR AT § 30 Rn. 26, 27). Hier steuert der Hintermann das Geschehen objektiv wie ein (mittelbarer) Täter, während er subjektiv als bloßer Teilnehmer zu handeln glaubt. Eine Bestrafung wegen Anstiftung wäre deshalb „Kriminalpolitisch wünschenswert" (Roxin Täterschaft/Tatherrschaft S. 556). Da jedoch § 26 ausdrücklich eine (hier nicht gegebene) „vorsätzliche" Haupttat voraussetzt, wird man über die Wortlautschranke (→ § 1 Rn. 6) nicht hinwegkommen und die sinnwidrige Einschränkung der Strafbarkeit hinnehmen müssen (so iE die hM; vgl. etwa KG NJW 1977, 817 (819) mit Bespr. Schall JuS 1979, 104 (106); Herzberg, Täterschaft und Teilnahme, 1977, S. 46; Maiwald ZStW 88 (1976), 712 (730); Cramer FS Bockelmann, 1979, 389 (399); Otto JuS 1982, 557 (560); Bloy ZStW 117 (2005), 3 (26); Krey/Esser StrafR AT Rn. 1002; Kühl StrafR AT § 20 Rn. 89; Rengier StrafR AT § 43 Rn. 78; Schünemann/Greco in LK-StGB § 25 Rn. 144; Heine/Weißer in Schönke/Schröder Rn. 76; Fischer Rn. 9; zusf. Kretschmer Jura 2003, 535). Zu dem umgekehrten Fall, dass der Hintermann den deliktisch handelnden Täter irrig für sein Werkzeug hält, → § 25 Rn. 5.

b) Teilnahme auch **ohne Begehung oder Versuch einer Haupttat** ist nur nach § 30 strafbar. Handlungen, die strukturell als Teilnahme oder versuchte Teilnahme an fremdem Tun erscheinen, sind bisweilen auch selbständig mit Strafe bedroht (zB in §§ 111, 120, 160, 180); ihre Begehung ist Täterschaft. **11**

5. Von **notwendiger Teilnahme,** die hier nicht unbedingt Beteiligung an „fremder" Tat bedeutet, spricht man, wenn die Tatbestandsverwirklichung die Mitwirkung mehrerer begrifflich voraussetzt (ähnlich Hoyer in SK-StGB Vor § 26 Rn. 70). Sie macht bei den sog. Konvergenzdelikten (Küper GA 2003, 363 (377)), bei denen die notwendig Mitwirkenden in derselben Rolle handeln (zB der Gefangenenmeuterei nach § 121), keine Schwierigkeiten. Bei den sog. Begegnungsdelikten, in denen die notwendig Beteiligten verschiedene Rollen haben (zB Sexueller Missbrauch von Schutzbefohlenen, § 174; Förderung sexueller Handlungen Minderjähriger, § 180 I), ist ihre besondere Problematik zwar allgemein anerkannt, in ihrer dogmatischen Ableitung und den Einzelheiten aber umstritten (vgl. etwa Lange, Die notwendige Teilnahme, 1939; Otto FS Lange, 1976, 197; Wolter JuS 1982, 343; Bohnert GS Meyer, 1990, 519; Osamu Jura 1999, 246; Schneider wistra 2015, 369 (376) zu § 266). Immerhin besteht aber für die Mehrzahl der einschlägigen Vorschriften Einverständnis, dass die im Tatbestand nicht mit Strafe bedrohten Beteiligten, zB der begünstigte Gläubiger in § 283c I (hM; → § 283c Rn. 8), straflos sind, soweit sie nicht das notwendige Maß der Mitwirkung überschreiten (BGHSt 10, 386 = NJW 1957, 1771; BGHSt 15, 377 = NJW 1961, 931; BGHSt 19, 107 = NJW 1963, 2238; Heine/Weißer in Schönke/Schröder Rn. 43). Darüber hinaus sind diejenigen notwendig Beteiligten, zu deren Schutz ein Tatbestand dient, auch wegen weitergehender Beteiligung straflos, wenn sie kein anderes Strafgesetz verletzen (BGHSt 10, 386 = NJW 1957, 1771; speziell zu § 180 I → § 180 Rn. 14; zu § 216 II → § 216 Rn. 7). Während anfangs die Straflosigkeit dogmatisch meist unmittelbar aus der Teilnahmelehre abgeleitet wurde (zB Lange, Die notwendige Teilnahme, 1939) hat sich das Schwergewicht zunehmend auf die Auslegung der einschlägigen Deliktstatbestände verlagert. So verwirft Sowada, Die „notwendige Teilnahme" als funktionales Privilegierungsmodell im Strafrecht, 1992, ein einheitliches Prinzip und stützt stattdessen seine Ergebnisse entweder auf **12**

allgemeingültige Prinzipien (namentlich zur Begr. der Straflosigkeit des geschützten Tatopfers, Sowada, Die „notwendige Teilnahme" als funktionales Privilegierungsmodell im Strafrecht, 1992, S. 62) oder auf die Besonderheiten der jeweiligen Tatbestände (Sowada, Die „notwendige Teilnahme" als funktionales Privilegierungsmodell im Strafrecht, 1992, S. 161, 195, 221; Sowada GA 1995, 60). Ähnlich arbeitet Gropp, Deliktstypen mit Sonderbeteiligung, 1992, typische Fallgruppen heraus, bei denen auf Grund einer methodisch geleiteten Auslegung der jeweiligen Tatbestände die Straflosigkeit des notwendig Beteiligten begründbar ist (Gropp, Deliktstypen mit Sonderbeteiligung, 1992, S. 125; sowie Gropp/Sinn StrafR AT § 10 Rn. 157–179).

13 **6.** Ist jemand an derselben Tat **mehrfach** beteiligt (zB als Mittäter und Anstifter), so geht die leichtere als subsidiäre (→ Vor § 52 Rn. 26) Beteiligungsform regelmäßig in der schwereren auf (RGSt 62, 74; RGSt 63, 133; Hoyer in SK-StGB Vor § 26 Rn. 29), also Anstiftung und Beihilfe in Täterschaft (BGHSt 30, 28 = NJW 1981, 1325; BGHSt 47, 202 = NJW 2002, 692; BGH NStZ 2000, 421) und Beihilfe in Anstiftung (BGHSt 4, 244 = NJW 1953, 1193). Teilnahme an Anstiftung oder Beihilfe ist (mittelbare) Teilnahme an der Haupttat (→ § 26 Rn. 8; krit. Hruschka ZStW 110 (1998), 581 (605); treffen dabei ungleichwertige Teilnahmehandlungen zusammen (Anstiftung zur Beihilfe, RGSt 59, 396; Beihilfe zur Anstiftung, RGSt 14, 318), so entscheidet die mildere Form (str.; vgl. Schwind MDR 1969, 13; Herzberg GA 1971, 1).

14 **7.** Von den Beteiligungsformen sind die sog. **Anschlussstraftaten** (zB Begünstigung, Strafvereitelung, Hehlerei und Geldwäsche, §§ 257–261) und **Bezugsstraftaten** (zB Nichtanzeige von Verbrechen, § 138) zu unterscheiden. Sie sind selbständige Taten.

§ 25 Täterschaft

(1) **Als Täter wird bestraft, wer die Straftat selbst oder durch einen anderen begeht.**

(2) **Begehen mehrere die Straftat gemeinschaftlich, so wird jeder als Täter bestraft (Mittäter).**

1 **1. Abs. 1** unterscheidet im Rahmen der Täterschaft (→ Vor § 25 Rn. 1) zwischen dem unmittelbaren und dem mittelbaren Täter (krit. Schild, Täterschaft als Tatherrschaft, 1994, nach dem beide Formen der Täterschaft in einem umfassenden Täterbegriff aufgehen, so dass auch der mittelbare Täter die Tat „selbst" begeht; abl. Bloy GA 1996, 239). Zur Undeutlichkeit des Begriffs „Begehen" Lampe GA 2009, 673.

1a **a) Unmittelbarer Täter** ist, wer die Tat selbst begeht. Nach den Begründungen zu § 29 E 1962, (S. 49) und § 27 AE (S. 67) trifft das für den zu, der alle Tatbestandsmerkmale in seiner Person verwirklicht (einschr. auf die vollständig eigenhändige Schaffung des im tatbestandlichen Erfolg verwirklichten unerlaubten Risikos Hoyer in SK-StGB Rn. 36; Jakobs, Theorie der Beteiligung, 2014 mit Bespr. Haas GA 2016, 66). Er ist danach stets Täter (uU auch Mittäter, sog. additive Mittäterschaft; dazu Bloy GA 1996, 424 (426); Dencker, Kausalität und Gesamttat, 1996, S. 127), selbst wenn er es unter dem Einfluss eines anderen und nur in dessen Interesse tut (BGH StV 2019, 441; NStZ-RR 2021, 103), kann also nicht nach der subjektiven Teilnahmelehre (→ Vor § 25 Rn. 4, 5) wegen fehlenden Täterwillens bloßer Gehilfe sein (so OLG Stuttgart NJW 1978, 715; offen gelassen BGH NStZ 1987, 224; sa BGH StV 1990, 203; NStZ 1999, 83; NStZ-RR 1999, 186; zur BGH-Rechtsprechung Roxin FG BGH, 2000, 176 (189); aM Schlösser JR 2006, 102 (107), der einen „Täter hinter dem Gehilfen" konstruiert). Gegenüber dieser klaren gesetzgeberischen Entscheidung fallen inhaltlich abweichende Beratungen des Sonderausschusses für die Strafrechtsreform nicht ins Gewicht (Roxin Täterschaft/Tatherrschaft S. 549 mwN; ebenso Kühl StrafR AT § 20 Rn. 30). Im Rahmen der **Produkthaftung** rechnet die Rspr. die in einem Betrieb verursachten schädlichen Erfolge auch demjenigen zu, der sie durch betriebliche Maßnahmen tätig veranlasst hat (BGHSt 37, 106 (114) = NJW 1990, 2560; → § 15 Rn. 40); nähere Voraussetzungen und Grenzen dieser Haftung sind noch weitgehend ungeklärt (expl. Schünemann in Breuer/Kloepfer/Marburger/Schröder, Umweltschutz und technische Sicherheit im Unternehmen, 1994, S. 144; Ransiek ZGR 1999, 613 (633); krit. Heine in Eser, Beiträge, 1995, S. 51, 59). Sie erfüllt jedenfalls nicht durchgängig die Voraussetzungen mittelbarer Täterschaft und muss deshalb mindestens in Teilbereichen als unmittelbare Täterschaft verstanden werden (beachte dazu Dencker, Kausalität und Gesamttat, 1996, S. 165, der die Zurechnung der von einem Kollektiv begangenen Tat zum Individuum auf den Grundgedanken des § 25 II stützt). – Zu den einzelnen Formen der Täterschaft vgl. den Überblick bei Kühl JA 2014, 668 (670–672). – Zum „Roboter" (bzw. Künstliche Intelligenz o. ä.) als Täter Simmler/Markwalder ZStW 129 (2017), 20 (47).

b) Mittelbarer Täter ist, wer die Tat „durch einen anderen" begeht, dh einen anderen als Tatmittler (Werkzeug) für sich handeln lässt (zusf. Frisch LdRerg 8/1620, S. 6–9; zu den gesetzlichen und dogmatischen Grundlagen Beulke/Witzigmann AL 2012, 251). Das setzt nach der Tatherrschaftslehre seine Tatherrschaft (nach der subjektiven Lehre seinen Täterwillen, BGHSt 9, 370 (380) = NJW 1957, 29; beachte jedoch zur Rspr. Roxin FG BGH, 2000, 176 (190)) voraus (hM; eing. Morozinis, Dogmatik der Organisationsdelikte, 2010; prinzipiell abw. Schumann, Strafrechtliches Handlungsunrecht und das Prinzip der Selbstverantwortung der Anderen, 1986, S. 69; im Ansatz abw. auch Kindhäuser FS Bemmann, 1997, 339 (346); Jakobs GA 1997, 553, die auf Verantwortlichkeit bzw. Zuständigkeit des Hintermannes für den Defekt des Ausführenden abheben); das Gesamtgeschehen muss sich als Werk des Hintermanns darstellen, dieser also den Tatmittler – etwa in Folge Irrtums, Zwanges oder Schuldunfähigkeit – in der Hand haben (Cramer FS Bockelmann, 1979, 389 (397); Jescheck/Weigend StrafR S. 663; eing. Meyer, Ausschluss der Autonomie durch Irrtum, 1984; zusf. Hünerfeld ZStW 99 (1987), 228 (234)). Tatmittler kann daher im Allgemeinen nicht sein, wer den Tatbestand – sei es auch auf Grund eines vom Hintermann verursachten Motivirrtums – selbst vorsätzlich, rechtswidrig und schuldhaft verwirklicht; denn die Bewertung des Gesetzes, die den Vormann für seine Tat verantwortlich macht, schließt es regelmäßig aus, ihn zugleich als Werkzeug eines anderen anzusehen **(Verantwortungsprinzip).** Ob dieses Prinzip überhaupt als maßgebendes Abgrenzungskriterium taugt (dazu Herzberg Jura 1990, 16) und ob es Ausnahmen – wie den „Täter hinter dem Täter" (Kühl StrafR AT § 20 Rn. 72; krit. Jakobs, Theorie der Beteiligung, 2014, S. 33 „verfehlt – sogenannte Figur"; speziell in deutschen Krankenhäusern Kudlich/Schulte-Sasse NStZ 2011, 241) – verträgt, ist umstritten (vgl. etwa Schroeder, Der Täter hinter dem Täter, 1965; dazu Schünemann/Wolf FS Schroeder, 2006, 401 (415); Herzberg, Täterschaft und Teilnahme, 1977, S. 13, 14, 27; Roxin 2

FS Lange, 1976, 173; Roxin Täterschaft/Tatherrschaft S. 211; Bloy, Die Beteiligungsform als Zurechnungstypus im Strafrecht, 1985, S. 345; Joerden, Strukturen des strafrechtlichen Verantwortlichkeitsbegriffs, 1988, S. 62; Küper JZ 1989, 935; Murmann GA 1998, 78 (85); Renzikowski, Restriktiver Täterbegriff und fahrlässige Beteiligung, 1997, S. 81; Kutzner, Die Rechtsfigur des Täters hinter dem Täter und der Typus der mittelbaren Täterschaft, 2004 mit Bespr. Schroeder GA 2008, 413; Zieschang FS Otto, 2007, 505; Krey/Esser StrafR AT Rn. 880; sa Hruschka ZStW 110 (1998), 581 (606); neue Fallgruppe bei Schroeder FS Küper, 2007, 539, der Rücktrittsverhinderer). Die bisher uneinheitliche Rspr. (BGHSt 40, 218 = NJW 1994, 2703; vgl. auch BGHSt 43, 219 (231) = NStZ 1997, 544; Heine JZ 2000, 920) erkennt neuerdings mit Recht Ausnahmen vom Verantwortungsprinzip – im Anschluss an Roxin (vgl. Roxin StrafR AT II § 25 Rn. 110, 111) – in Fallgruppen an, die dadurch gekennzeichnet sind, dass der Hintermann durch Organisationsstrukturen vorgegebene Rahmenbedingungen ausnutzt, innerhalb deren sein Tatbeitrag regelhafte Abläufe auslöst, sog. **Organisationsherrschaft** (BGHSt 40, 218 = NJW 1994, 2703 mit zT krit. Bespr. Roxin JZ 1995, 49; Jakobs NStZ 1995, 26; Jung JuS 1995, 173; Schroeder JR 1995, 177; Gropp JuS 1996, 13; Murmann GA 1996, 269; Otto JK StGB § 25 I Rn. 3; BGHSt 45, 270 (296) = NJW 2000, 443; BGHSt 48, 77 (90) = NJW 2003, 522; der Rspr. zust. Rogall FG BGH, 2000, 383 (420); Rummler, Die Gewalttaten an der deutsch-deutschen Grenze, 2000, S. 431, 464; Nack GA 2006, 342; sa BGHSt 40, 257 = NJW 1995, 204; BGHSt 40, 266; BGHSt 40, 307 = NJW 1995, 1564, BGHSt 40, 316); Bloy GA 1996, 424 (437); Hirsch, AkadWissNRW, Vorträge G 342, S. 22; Ambos GA 1998, 226; Küpper GA 1998, 519 (523); problematisch BGHSt 42, 65 = BeckRS 1996, 30390888 mit krit. Bespr. Otto JK StGB § 25 I Rn. 6; nach Walter, Sinn, Straffreistellung von Drittverhalten, 2007, S. 155, 375 muss der Täter der Gestalter eines „Machtverhältnisses“ sein; zust. Roxin JZ 2007, 835; Beulke ZIS 2009, 170; krit. Jakobs ZStW 119 (2007), 1002; krit. Analyse der Rspr. bei Rotsch ZStW 112 (2000), 518 (536); krit. zur Rechtsfigur Krey/Nuys FS Amelung, 2009, 203 (215); Renzikowski FS Schünemann, 2014, 495 (504); zusf. Frisch LdRerg 8/1620, S. 8; zur Organisationsherrschaft als „Allzweckwaffe“ Weißer AL 2012, 244 im Wirtschaftsstrafrecht I Roxin FS Fischer, 2018, 267; für die Organisationsherrschaft und gegen das Selbstverantwortungsprinzip Greco ZIS 2011, 9; zum internationalen Strafrecht Radtke GA 2006, 350, zum Völkerstrafrecht Kreß GA 2006, 304; Werle/Burghardt FS Maiwald, 2010, 849; aus europäischer Sicht Weißer, Täterschaft in Europa, 2011, S. 46, 461, deutscher Sonderweg; rechtsvergleichend Okhanashvili, Die Strafbarkeit des Organisationstäters und des Organisators in Deutschland un Georgien, 2021). Erforderlich ist danach Handeln in einer hierarchischen Machtstruktur, in der die leitenden Funktionäre auf Grund ihrer faktisch anerkannten Autorität die ausführenden Befehls- oder Weisungsempfänger reibungslos und austauschbar einsetzen können (auf diese „Fungibilität“ hebt Roxin StrafR AT II § 25 Rn. 107 ab; neben dieser und der „Rechtsgelöstheit“ fordert Roxin FS Schroeder, 2006, 387 (397), eine „organisationsbezogene Tatbereitschaft“; dazu auch Roxin FS Krey, 2010, 449; Kulhanek ZStW 127 (2015), 303 (317), Fungibilität). Hier hat der Hintermann trotz der Verantwortlichkeit des Vordermanns die Fäden in einem Maße in der Hand, das es rechtfertigt, ihn als Tatherrn (Täter hinter dem Täter) anzusehen (Ebert FS Hanack, 1999, 501 (533); Rogall FG BGH, 2000, 383 (420); iE auch Schlösser, Soziale Tatherrschaft, 2004, S. 357; Schlösser JR 2006, 102, der sog. „Schreibtischtäter“ als mittelbare Täter „kraft sozialer (Tat-)Herrschaft“ einstuft; sa Heinrich, Rechtsgutszugriff und Entscheidungsträgerschaft, 2002, S. 273; Heinrich

FS Krey, 2010, 147, der ein „hemmschwellenrelevantes Entscheidungsdefizit" beim Ausführenden verlangt; krit. Roxin StrafR AT II § 25 Rn. 185; krit. Jakobs ZStW 119 (2007), 1002; Donna FS Gössel, 2002, 261; Zaczyk GA 2006, 411; Schild in NK-StGB Rn. 75, 123; einschr. Hoyer in SK-StGB Rn. 90; abl. Rotsch ZStW 112 (2000), 518; Rotsch NStZ 2005, 13; Renzikowski, Restriktiver Täterbegriff und fahrlässige Beteiligung, 1997, S. 87; Herzberg in Amelung, Individuelle Verantwortung und Beteiligungsverhältnisse bei Straftaten in bürokratischen Organisationen des Staates, der Wirtschaft und der Gesellschaft, 2000, S. 33 mit Replik Roxin und Duplik Herzberg in Amelung, Individuelle Verantwortung und Beteiligungsverhältnisse bei Straftaten in bürokratischen Organisationen des Staates, der Wirtschaft und der Gesellschaft, 2000, S. 57; Joecks/Jäger StGB Rn. 60; Frister StrafR AT § 27 Rn. 40; Köhler StrafR AT S. 510; Otto StrafR AT § 21 Rn. 92, der Mittäterschaft annimmt; ebenso Krey/Nuys FS Amelung, 2009, 203 (220). Liegt der Tatbeitrag in einer bloßen Vergatterung, die die Befehlslage für die Grenzsoldaten lediglich aktualisiert, so ist nur Beihilfe gegeben (BGHSt 47, 100 = NJW 2001, 3060). Solche Organisationsstrukturen kommen nicht nur in staatlichen, sondern auch unternehmerischen oder sonst geschäftsähnlichen Gebilden vor und erlauben es deshalb, auch Bereiche des organisierten Verbrechens einzubeziehen (BGHSt 40, 218 = NJW 1994, 2703; BGHSt 48, 331 = NJW 2004, 375; BGHSt 49, 147 = JuS 2004, 1117; zu beiden Schlösser GA 2007, 161; BGH NJW 1998, 767 (769) mit krit. Bespr. Dierlamm NStZ 1998, 568; Otto JK StGB § 25 I Rn. 7; BGH JR 2004, 245 mAnm Rotsch = NStZ 2004, 457; BGH NStZ 2008, 89 mit Bespr. Satzger JK StGB § 25 I Alt. 2 Rn. 9, Abgrenzung zur Mittäterschaft; krit. zur Rspr. Roxin FG BGH, 2000, 177 (192); Schünemann FG BGH, 2000, 621 (628); Schünemann FS Schroeder, 2006, 401 (412), Mittäterschaft; Heinrich FS Krey, 2010, 147; Weißer, Täterschaft in Europa, 2011, S. 291; der Rspr. zust. Kuhlen FG BGH, 2000, 647 (671); Nack GA 2006, 342 (344): einschr. Urban, Mittelbare Täterschaft kraft Organisationsherrschaft, 2004, S. 201; abl. Murmann GA 1996, 269; Muñoz Conde FS Roxin, 2001, 609; Heinrich FS Krey, 2010, 147; Weißer AL 2012, 244; krit. Heine in Eser-Beiträge, 1995, S. 51, 61; Heine SchwZStr 2001, 22 (24, 29); Heine/Weißer in Schönke/Schröder, Rn. 26; Rotsch NStZ 1998, 491 (493); wistra 1999, 321 (326); Renzikowski, Restriktiver Täterbegriff und fahrlässige Beteiligung, 1997, S. 90; Hoyer, Die strafrechtliche Verantwortlichkeit innerhalb von Weisungsverhältnissen, 1998, S. 28; Küpper GA 1998, 519 (524); Bosch, Organisationsverschulden in Unternehmen, 2002, S. 241; Achenbach in Achenbach/Ransiek/Rönnau WirtschaftsStrafR-HdB Kap. I 3 Rn. 30; Roxin StrafR AT II § 25 Rn. 129–138; Tiedemann WirtschaftsStrafR AT Rn. 241; einschr. auf bestimmte Formen Ambos GA 1998, 239; einschr. auch Bottke FS Gössel, 2002, 235; weiterführend Ransiek ZGR 1999, 613 (634), der auf die Einbindung in die Organisation abstellt; aus kriminologischer Perspektive Hefendehl GA 2004, 575). Zur umstrittenen mittelbaren Täterschaft durch Unterlassen in diesem Falle → Rn. 6a.

aa) Die **Tatbestandsmäßigkeit,** dh der äußere (zur Kausalität Hoyer FS Rudolphi, 2004, 95 (97)) und innere Tatbestand, ist nicht in der Person des Tatmittlers, sondern in der des mittelbaren Täters zu prüfen (Heine/Weißer in Schönke/Schröder, Rn. 8). Es ist daher unerheblich, ob der Tatmittler tatbestandsmäßig handelt; außerdem kann sich sein error in obiecto für den Hintermann – ebenso wie bei der Anstiftung (→ § 26 Rn. 6) – als aberratio ictus auswirken (Kühl StrafR AT § 20 Rn. 89a; Schünemann/Greco in LK-StGB Rn. 149; aM Streng JuS 1991, 910 (916); Kindhäuser/Zimmermann StrafR AT § 39 Rn. 81; zusf. Lubig 3

Jura 2006, 655 (658)). Mittelbare Täterschaft **scheidet danach aus,** wenn dem Hintermann eine besondere, im Tatbestand vorausgesetzte Täterqualität fehlt (sog. Sonderdelikte, → Vor § 13 Rn. 33; BGHSt 2, 169 = NJW 1952, 556; BGH NJW 2014, 3115 zu § 264 I 2; Nestler/Lehner Jura 2017, 403) oder wenn der Tatbestand nach der ihm zugrundeliegenden gesetzgeberischen Entscheidung unmittelbares Handeln voraussetzt (sog. **eigenhändige Delikte;** Satzger Jura 2011, 103 (106); krit. Weißer, Täterschaft in Europa, 2011, S. 299). Diese zweite Deliktskategorie ist zwar als solche überwiegend anerkannt, jedoch im Hinblick auf die sie begründenden Merkmale und die Abgrenzung iE noch nicht abschließend geklärt (zusf. Herzberg ZStW 82 (1970), 896; Wohlers SchwZStR 1998, 95; Satzger Jura 2011, 103; Schünemann/Greco in LK-StGB Rn. 45–52; Schild in NK-StGB Vor § 25 Rn. 1, § 25 Rn. 5; Heine/Weißer in Schönke/Schröder, Vor § 25 Rn. 85; die Rechtsfigur ganz abl. Schubarth SchwZStr 1996, 325; ZStW 110 (1998), 827 (839); Puppe ZStW 120 (2008), 504 (525); Gerhold/Kuhne ZStW 124 (2012), 943 (988); „Antikritik" bei Schünemann FS Jung, 2007, 881 (887); zweifelnd auch Jakobs StrafR AT Abschn. 21 Rn. 19–23; eing. Fuhrmann, Das Begehen der Straftat gem. § 25 Abs. 1 StGB, 2004); zu ihr gehören nach hM namentlich Delikte, bei denen ein spezifischer Handlungsunwert im Vordergrund steht, wie zB Beischlaf zwischen Verwandten (→ § 173 Rn. 6) und sexueller Missbrauch widerstandsunfähiger Personen (→ § 179 Rn. 2), nicht aber „sexuelle Nötigung; Vergewaltigung" (→ § 177 Rn. 2), daneben auch einige weitere Delikte, wie zB Aussagedelikte (→ Vor § 153 Rn. 7) und das Führen von Fahrzeugen in fahruntüchtigem Zustand (→ § 315c Rn. 4; Eisele JA 2007, 168; diff. Zimmermann JuS 2010, 22 (25)), auch die Trunkenheitsfahrt nach § 316 (Rengier StrafR AT § 10 Rn. 29; aM Roxin StrafR AT II § 25 Rn. 295).

4 bb) Mittelbare Täterschaft kraft Willens- oder Wissensherrschaft (namentlich Nötigungs- oder Irrtumsherrschaft) **kommt** vor allem **in Frage** (zu den Fallgruppen Beulke/Witzigmann AL 2013, 59): Wenn der Tatmittler tatbestandslos handelt (hM; vgl. etwa Frisch LdRerg 8/1620, S. 6; einschr. Jakobs GA 1996, 253 (267)), zB bei Selbstverletzung oder -tötung (BGHSt 32, 38 = NJW 1983, 2579; krit. Spendel FS Lüderssen, 2002, 605, unmittelbare Täterschaft; krit. auch Joerden in Kaufmann, Wahn und Wirklichkeit, 2003, S. 255; sa Hillenkamp FS Schreiber, 2005, 135 (146); als Beispiel bei Eisele StrafR BT I Rn. 183; Kudlich StrafR AT Fall 263; BGH bei Holtz MDR 1981, 631; Küpper GA 1998, 519 (520); Meurer NJW 2000, 2936 (2937); Schünemann/Greco in LK -StGB Rn. 106–112; eing. Meyer, Ausschluss der Autonomie durch Irrtum, 1984, S. 3; krit. Timpe StraFo 2013, 358; auf die objektive Zuordnung als Alternative weist Murmann GK StrafR § 27 Rn. 22 Fn. 30 hin; zusf. Kühl Jura 2010, 81 (82); → Vor § 211 Rn. 13–13b; für „rechtfertigungsähnliche" Situationen vgl. auch Heine/Weißer in Schönke/Schröder, Rn. 10); wenn er sich im Tatbestandsirrtum befindet (BGHSt 30, 363 (364) = NJW 1982, 1164; sa BGHSt 42, 65 (70) = BeckRS 1996, 30390888; BGH NStZ 2013, 103 mit krit. Bespr. Jäger JA 2013, 71; krit. zur Begr. mit überlegenem Wissen Jakobs GA 1997, 553; dagegen Küpper GA 1998, 519 (522); wenn er gerechtfertigt ist, zB bei zulässiger durch Täuschung veranlasster Verhaftung (krit. Weißer, Täterschaft in Europa, 2011, S. 253) gespaltenes Unrechtsurteil) oder bei provozierter Notwehrlage (BGHSt 3, 4 = NJW 1952, 944; BGHSt 10, 306 = NJW 1957, 1325; eing. Randt, Mittelbare Täterschaft durch Schaffung von Rechtfertigungslagen, 1997; speziell zur Verursachung einer Notwehrlage Kudlich JuS 2000, L 49; Puppe FS Küper, 2007, 443; speziell zum Prozessbetrug Krey/Esser StrafR AT Rn. 897; abl. Fahl Jura 1996, 74 (78)); wenn er durch eine wahre Anzeige bewusst einen rechtswidrig handelnden Staatsapparat für eigene Ziele ausnutzt (BGHSt 42, 275

(277) = NJW 1997, 951); wenn er schuldunfähig (BGH NJW 1983, 462) oder wegen eines Einsichtsmangels, der stets einen Verbotsirrtum begründet (BGHSt 21, 27 = NJW 1966, 893), vermindert schuldfähig ist (Schünemann/Greco in LK-StGB Rn. 115–118; weiter Schaffstein NStZ 1989, 153 und Heine/Weißer in Schönke/Schröder, Rn. 43, die verminderte Schuldfähigkeit voll einbeziehen; aM Herzberg, Täterschaft und Teilnahme, 1977, S. 12, Schumann, Strafrechtliches Handlungsunrecht und das Prinzip der Selbstverantwortung der Anderen, 1986, S. 76; Jakobs StrafR AT Abschn. 21 Rn. 94, die Fälle des § 21 ganz ausscheiden; zw.); wenn er in unvermeidbarem (unstr.) oder auch nur in **vermeidbarem Verbotsirrtum** handelt (BGHSt 35, 347 = NJW 1989, 912 mit durchweg krit., dem Ergebnis aber zust. Bespr. Schaffstein NStZ 1989, 153; Küper JZ 1989, 935, Herzberg Jura 1990, 16; Schumann NStZ 1990, 32; Meurer NJW 2000, 2936 (2938); Koch JuS 2008, 402; Weißer, Täterschaft in Europa, 2011, S. 218; zust. Heinrich StrafR AT Rn. 1258–1260; Rengier StrafR AT § 43 Rn. 42; krit. Spendel FS Lüderssen, 2002, 605 (608), Anstiftung; für Anstiftung und Beihilfe Joerden in Kaufmann, Wahn und Wirklichkeit, 2003, S. 264; krit. auch Krey/Esser StrafR AT Rn. 931; sa BGHSt 40, 257 (266) = NJW 1995, 204 mit krit. Bespr. Otto JK StGB § 25 I Rn. 4; Otto FS Roxin, 2001, 483; Bottke JuS 1992, 765 (767); Jakobs GA 1996, 253 (267); Kindhäuser FS Bemmann, 1997, 339 (341); Murmann GA 1998, 78; Puppe FS Rudolphi, 2004, 231 (240)); wenn er wegen Notstands (§ 35 I) entschuldigt ist (RGSt 31, 395; RGSt 64, 30; Krey/Esser StrafR AT Rn. 883; sa Hruschka ZStW 110 (1998), 581 (603); oder wenn er bei einem manipulierten error in persona (→ § 15 Rn. 13; Murmann JA 2008, 324; Frister StrafR AT § 27 Rn. 14; Heine/Weißer in Schönke/Schröder, Rn. 24; aM Koch JuS 2008, 402; Joecks/Jäger StGB Rn. 48; sa Haft/Eisele GS Keller, 2003, 81 (99)) oder sonst einer gleichwertigen Manipulation den konkreten Handlungssinn verkennt (Roxin FS Lange, 1976, 173 (189); Meyer, Ausschluss der Autonomie durch Irrtum, 1984, S. 99; Neumann JA 1987, 244 (250); einschr. auf Strafzumessungsrelevanz Hoyer in SK-StGB Rn. 75–78; aM Bloy, Die Beteiligungsform als Zurechnungstypus im Strafrecht, 1985, S. 358; Schumann, Strafrechtliches Handlungsunrecht und das Prinzip der Selbstverantwortung der Anderen, 1986, S. 76; Otto Jura 1987, 246 (255); Herzberg Jura 1990, 16 (25); Muñoz Conde ZStW 106 (1994), 547 (561); Renzikowski, Restriktiver Täterbegriff und fahrlässige Beteiligung, 1997, S. 82; zw.). Von der subjektiven Teilnahmelehre aus folgerichtig rechnet der BGH hierher auch den Fall, dass der die Tathandlung unmittelbar Ausführende nur Gehilfe ist (doloses Werkzeug, BGHSt 2, 169 (170) = NJW 1952, 556; krit. Spendel FS Lange, 1976, 147 (160)).

Aufgrund normativer Deutung des Tatherrschaftsbegriffs kann Zentralgestalt des **4a** Geschehens und daher mittelbarer Täter auch sein: wer als **Amtsträger** dem gutgläubigen Tatmittler eine wirksame, aber **materiell rechtswidrige behördliche Erlaubnis** erteilt (→ Vor § 324 Rn. 10); wer sich eines anderen, dem nur die im Tatbestand geforderte Absicht fehlt **(absichtsloses doloses Werkzeug),** als Tatmittler bedient (Gallas, Beiträge zur Verbrechenslehre, 1968, S. 78, 100; aM Roxin Täterschaft/Tatherrschaft S. 718; dagegen Putzke FS Roxin II, 2011, 425 (437); eing. Witzigmann, Das „absichtslos-dolose" Werkzeug, 2009; sa Krämer Jura 2005, 833; zw.); der Standardfall dieser Fallgruppe – fehlende Sich-Zueignungsabsicht des Tatmittlers – ist wegen der Einbeziehung der Drittzueignungsabsicht in § 242 (→ § 242 Rn. 26a) entfallen (Jäger JuS 2000, 651 (652); Krey/Esser StrafR AT Rn. 920–922; Roxin StrafR AT II § 25 Rn. 155; Frisch LdRerg 8/1620, S. 8; vgl. aber Dencker in DSNS StrRG § 1 Rn. 36–39); ob sie für Fälle der fehlenden Drittzueignungsabsicht (vgl. Noak, Drittzueignung und 6. Srafrechtsreformgesetz, 1999,

S. 59, 73; Fahl JA 2004, 287; Wessels/Beulke/Satzger StrafR AT Rn. 537) fortlebt, bleibt abzuwarten. Wer beim echten Sonderdelikt einen anderen, dem nur die im Tatbestand (zB in § 339) vorausgesetzte Täterqualität fehlt **(qualifikationsloses doloses Werkzeug),** als Tatmittler für sich handeln lässt (Gallas, Beiträge zur Verbrechenslehre, 1968, S. 78; Jescheck/Weigend StrafR S. 669; Kindhäuser/Zimmermann StrafR AT § 39 Rn. 19; Rengier StrafR AT § 43 Rn. 18; Schünemann/Greco in LK-StGB § 288 Rn. 39 „Garantensonderdelikt"; iErg ebenso Herzberg, Täterschaft und Teilnahme, 1977, S. 31; Roxin Täterschaft/Tatherrschaft S. 746, die allerdings die Täterschaft des Hintermanns nicht auf die Tatherrschaft, sondern auf dessen Pflichtbindung stützen; ebenso Pariona Arana, Täterschaft und Pflichtverletzung, 2010, S. 155, 220; Sánchez-Vera, Pflichtdelikt und Beteiligung, 1999, S. 163, der aber unmittelbare Täterschaft annimmt; abl. wegen fehlender Tatherrschaft und freier Verantwortlichkeit des Ausführenden Zieschang FS Otto, 2007, 505 (516); für § 348 Zieschang in LK-StGB § 348 Rn. 35; aM auch Bloy, Die Beteiligungsform als Zurechnungstypus im Strafrecht, 1985, S. 237; Stratenwerth/Kuhlen StrafR AT § 12 Rn. 38–41, die eine nicht mit Strafe bedrohte Mischform annehmen; abw. ferner Wagner, Amtsverbrechen, 1975, S. 378; Spendel FS Lange, 1976, 155; Klesczewski StrafR AT Rn. 595: Unterlassen); zur mittelbaren Täterschaft des befehlserteilenden Vorgesetzten Hoyer FS Rudolphi, 2004, 18. (Mit-)Täter eines Handeltreibens mit BtM kann nur sein, wer subjektiv selbst eigennützig handelt, so dass die Förderung fremden Eigennutzes nicht ausreicht (BGH NStZ-RR 2014, 375; NStZ-RR 2021, 382; StV 2021, 422).

5 cc) Soweit es auf die Abgrenzung zwischen mittelbarer Täterschaft und **Anstiftung** ankommt (zB Bestimmung eines Schuldunfähigen zur Begehung einer rechtswidrigen Tat; → § 11 Rn. 18; → § 29 Rn. 1), entscheidet das Vorliegen oder Fehlen der Tatherrschaft bzw. nach subjektiver Lehre des Täterwillens; damit hat die Täterschaft – auch als mittelbare – grundsätzlichen Vorrang vor der Teilnahme (primärer Täterbegriff). Wer den Mangel in der Person des Tatmittlers kennt, hat idR (aber nicht notwendig) Tatherrschaft (Täterwillen). Handelt ein unmittelbarer Täter volldeliktisch, hält ihn aber der Hintermann irrig für sein Werkzeug (zB irrige Annahme der Schuldunfähigkeit), so fehlt es an der Tatherrschaft, so dass Anstiftung als die mindere Beteiligungsform (arg. a maiore ad minus) anzunehmen ist (Gallas, Beiträge zur Verbrechenslehre, 1968, S. 78, 107; Tenckhoff JuS 1976, 526 (528); Cramer FS Bockelmann, 1979, 389 (399); Bloy ZStW 117 (2005), 3 (26); Kühl StrafR AT § 20 Rn. 83; Schünemann/Greco in LK-StGB Rn. 147; Heine/Weißer in Schönke/Schröder, Vor § 25 Rn. 76; aM Kudlich JuS 2003, 755; Küper FS Roxin II, 2011, 910; Letzgus, Vorstufen der Beteiligung, 1972, S. 30; Herzberg, Täterschaft und Teilnahme, 1977, S. 45; Krey/Esser StrafR AT Rn. 1093; Rengier StrafR AT § 43 Rn. 82; Hoyer in SK-StGB Rn. 145, die nur versuchte mittelbare Täterschaft annehmen; dagegen Bloy ZStW 117 (2005), 25; zusf. Kretschmer Jura 2003, 535 (536)); nach der subjektiven Theorie bleibt dagegen in diesen Fällen der Täterwille unberührt (Baumann JZ 1958, 230 (232)). Zu dem umgekehrten Fall, dass der Hintermann irrig volldeliktisches Handeln des Vormanns annimmt, → Vor § 25 Rn. 10.

6 **c)** Zum **Versuch** bei mittelbarer Täterschaft → § 22 Rn. 9. Zum Rücktritt vom Versuch → § 24 Rn. 25; zur Abstandnahme im Vorbereitungsstadium → § 24 Rn. 28.

6a **d)** Mittelbare Täterschaft durch **Unterlassen** ist mangels „Anstoßes" und steuernder Beherrschung eines Tatmittlers durch einen Unterlassenden nicht möglich (noch hM, vgl. etwa Otto StrafR AT § 21 Rn. 108; Kühl StrafR AT § 20 Rn. 267; eing. Mosenheuer, Unterlassen und Beteiligung, 2009, S. 116, 121 mit zust. Bespr. Bachmann ZIS 2010, 349; aM Brammsen NStZ 2000, 337; zusf. Ransiek JuS 2010, 678 (679); Bachmann/Eichinger JA 2011, 105); dies sieht die Rspr. in Fällen des Unterlassens mehrerer gleichrangiger Inhaber zentraler staatlicher Macht anders; ihnen werden die Tötungen durch die sog. Mauerschützen wegen ihrer „Tatherrschaft" (→ Rn. 2) zugerechnet (BGHSt 48, 77 = NJW 2003, 522 mit kontroverser Bespr. Dreher JuS 2004, 17; Knauer NJW 2003, 3101; Ranft JZ 2003, 582; Otto JK StGB § 13 Rn. 34; zust. Bottke Schünemann-Symposium, 2005, 191 (203); Schünemann/Greco in LK-StGB Rn. 214; krit. Kindhäuser/Zimmermann StrafR AT § 39 Rn. 43).

2. Unter dem Gesichtspunkt der Beteiligung mehrerer ist im Rahmen der Täterschaft (→ Vor § 25 Rn. 1) zwischen **dem Alleintäter, dem Nebentäter und dem Mittäter** zu unterscheiden (Küpper GA 1998, 519). **Abs. 2** behandelt nur den Fall der Mittäterschaft. 7

a) Bei **Allein- und Nebentäterschaft** verwirklicht der Täter den Tatbestand vollständig (BGH NStZ 1994, 91), und zwar entweder als alleiniger Täter oder unter kausaler Mitwirkung des Beitrags eines unabhängig von ihm handelnden anderen Täters; im letzteren Falle sind beide selbständig als Täter zu behandeln (BGHSt 4, 20 = NJW 1953, 634; BGH bei Holtz MDR 1996, 117; Küpper GA 1998, 519 (525); Hoffmann-Holland ZStW 118 (2006), 620 (631); Frisch LdRerg 8/1620, S. 10; eing. Murmann, Die Nebentäterschaft im Strafrecht, 1993, S. 183; krit. Fincke GA 1975, 161; für den Fahrlässigkeitsbereich einschr. Sánchez Lázaro GA 2005, 700 (702)). 8

b) Mittäterschaft ist bewusstes und gewolltes Zusammenwirken mehrerer (nicht nur Handeln aus einer Gruppe, BGHSt 41, 149 = NJW 1995, 2998; beachte jedoch BGHSt 42, 65 (68) = BeckRS 1996, 30390888; aus familiärer Verbundenheit, BGH NStZ 1996, 227, auf Grund gemeinsam gewonnener Erkenntnisse oder gemeinsam angestellter Überlegungen, BGHSt 24, 286 (288) = NJW 1972, 694; sa BGH StV 1992, 160) bei Begehung ein und derselben Tat (BGH NJW 1958, 349; problematisch BGH NStZ 1997, 82 mablAnm Stein StV 1997, 582; zusf. nicht unbedingt Mitwirkung am Kerngeschehen BGH StraFo 2017, 199 (sa bei sukzessive Mittäterschaft → Rn. 12); BGH NStZ-RR 2018, 178; NStZ 2019, 514; Roxin JA 1979, 519; Seelmann JuS 1980, 571; Geppert Jura 2011, 30; Buchholz AL 2012, 54; Hinweise zur Fallbearbeitung bei Marlie JA 2006, 613; für eine „neue Prüfungsstruktur" Seher JuS 2009, 1; aus der Rspr. zur fehlenden Mittäterschaft BGH StraFo 2014, 297 (298); NStZ 2020, 600); fehlt es am Zusammenwirken, so kommt Nebentäterschaft in Frage (→ Rn. 8). Jeder Mittäter führt die Tat selbst und zugleich dadurch aus, dass er die anderen für sich handeln lässt; sein Tatbeitrag ergänzt die übrigen zum Ganzen der Tat, die ihm deshalb voll zugerechnet wird (RGSt 71, 23; BGHSt 48, 189 (192) = NStZ 2003, 435; BGH NJW 1999, 3131; wistra 2001, 217; NStZ 2002, 440; NStZ 2007, 289 (290); NStZ 2008, 273; NStZ 2010, 445 (447); NStZ 2012, 379; NStZ-RR 2012, 120; NStZ-RR 2012, 209; NStZ-RR 2012, 241 (243); sowie BGH NStZ-RR 2013, 40; wistra 2015, 188 (189); StraFo 2016, 81; StV 2017, 444; OLG Frankfurt a. M. NStZ 2009, 700 mit Bespr. Kudlich JA 2009, 551; OLG München NJW 2011, 3664 (3666); Frisch LdRerg 8/1620, S. 10; Haas StudZR 2015, 197, 309; ähnlich Kindhäuser FS A Hollerbach, 2001, 627 (628) „Normbruch durch verbundenes Handeln"; Renzikowski JuS 2013, 481 9

(485), Mittäterschaft als Personengemeinschaft; krit. Lampe ZStW 106 (1994), 683 (716), der die volle Verantwortung aller Mittäter aus der Begehung von „Systemunrecht" ableitet; ähnlich auch Dencker, Kausalität und Gesamttat, 1996, S. 120; Dencker FS Lüderssen, 2002, 525, der Abs. 2 als Ausprägung eines allgemeinen Prinzips versteht, dem die Anerkennung einer von mehreren gemeinschaftlich begehbaren Tat zugrundeliegt („Haftungsprinzip Gesamttat") und das die Lösung von Kausalitätsproblemen über die Grenzen des § 25 hinaus bei Beteiligung mehrerer am Gesamtgeschehen überzeugender als die hM erklären soll; krit. auch Puppe FS Spinellis, 2001, 915 (917), die Mittäterschaft als gegenseitige Anstiftung versteht; Haas, Die Theorie der Tatherrschaft und ihre Grundlagen, 2008, S. 112, der die Verhaltenszurechnung auf ein wechselseitiges Mandat stützt, ohne dass es auf den eigenen Tatbeitrag ankommt; krit. auch Freund/Rostalski StrafR AT § 10 Rn. 149). Ein „error in persona" wirkt sich auch beim Mittäter nicht aus; ihm wird die tatbestandsmäßige Handlung aufgrund des gemeinsamen Tatplans bei arbeitsteiligem Vorgehen zugerechnet (BGH NStZ 2019, 511). Zurechnung ist auch möglich, wenn sich das Zusammenwirken auf einen Tatbeitrag bezieht und die Mittäter ansonsten nicht denselben Straftatbestand erfüllen (auch sog. teilweise Mittäterschaft, Kühl StrafR AT § 20 Rn. 102; Haas JR 2014, 104; StudZR 2015, 257 (308); Haas in Matt/Renzikowski § 25 Rn. 96; Rengier FS Puppe, 2011, 849 zu § 252; Rengier StrafR AT § 44 Rn. 29a; aus der Rspr. BGHSt 36, 231 = NJW 1989, 2826 mAnm Beulke NStZ 1990, 278; BGH NStZ 2013, 280 mit Bespr. Jäger JA 2013, 312); ebenso an einen untätig gebliebenen Garanten, der gegenüber dem Handelnden sein Einvernehmen deutlich gemacht hat (BGH NStZ 2019, 341). Nur wer als **Täter tauglich** ist, kann Mittäter sein. Deshalb scheidet aus: wer beim eigenhändigen Delikt (→ Rn. 3) nicht unmittelbar handelt (vgl. BGH NStZ 2002, 440 (441); NStZ 2010, 456; Geppert Jura 2011, 30; Satzger Jura 2011, 103 (106)); wem beim echten Sonderdelikt (→ Vor § 13 Rn. 33) die besondere Täterqualität fehlt (BGHSt 14, 123 = NJW 1960, 829; sa BGH NStZ 2002, 601 (602)); wer beim Unterlassungsdelikt nicht zum Handeln verpflichtet ist (BayObLG MDR 1991, 890); wer beim Raub selbst Zueignungsabsicht hat (BGH StraFo 2011, 408 = NJW 2011, 3111; Kühl StrafR AT § 20 Rn. 101 für § 242); oder wer beim unerlaubten Entfernen vom Unfallort nicht Unfallbeteiligter ist (BGHSt 15, 1 = NJW 1960, 2060). In diesen Fällen kommt nur Teilnahme in Frage (→ § 26 Rn. 1; → § 27 Rn. 1). – Speziell zur (Ausweitung der) Mittäterschaft im Völkerstrafrecht Satzger FS Volk, 2009, 649; aus der Rspr. BGH JZ 2016, 103 mAnm Burghardt. – Im Übrigen setzt Mittäterschaft voraus:

10 aa) Den **gemeinschaftlichen Entschluss** (hM; zusf. Seher JuS 2009, 304; Rengier JuS 2010, 281 (285); anders Derksen GA 1993, 163; Lesch ZStW 105 (1993), 271; Jakobs StrafR AT Abschn. 21 Rn. 43, die für die Zurechnung der Tatbeiträge einen „Einpassungsentschluss" oder eine „Einpassung in einen durch Fremdplanung bestimmten Kontext" genügen lassen; s. jedoch Jakobs FS Herzberg, 2008, 395 (397); krit. dazu Küpper ZStW 105 (1993), 295; Ingelfinger JZ 1995, 704 (707); Renzikowski FS Schünemann, 2014, 102; Kindhäuser/Hilgendorf in LPK-StGB Rn. 52; Hoyer in SK-StGB Rn. 126, 127; monographisch Steckermeier, Der Tatentschluß von Mittätern, 2015). Er erfordert das gegenseitige (Streng GA 1985, 233; OLG Köln JR 1980, 422 mAnm Beulke), auf gemeinsamem Wollen beruhende (Bauwens wistra 1988, 106) Einverständnis (BGHSt 6, 248 = NJW 1954, 1495; BGH NStZ 1994, 339), eine bestimmte Tat durch gemeinsames, arbeitsteiliges (BGH StV 1992, 376) Handeln zu begehen (speziell zu den str. Voraussetzungen des Einverständnisses bei Kollektiventscheidungen in Gremien Franke

JZ 1982, 579; Nettesheim BayVBl. 1989, 161; Weber BayVBl. 1989, 166; Franzheim NJW 1993, 1836; Jakobs FS Miyazawa, 1995, 419; Hoyer GA 1996, 160 (172); Dencker FS Lüderssen, 2002, 179; Ransiek ZGR 1999, 613 (637); Hoyer in SK-StGB Rn. 128–130; → Vor § 13 Rn. 11). Bei Tötungsdelikten muss der gemeinsame Tatentschluss auf die Tötung eines Menschen durch arbeitsteiliges Zusammenwirken gerichtet, weshalb es nicht ausreicht, dass sich die Täter lediglich zu einem gemeinsamen Unternehmen entschlossen haben, durch das ein Mensch zu Tode kommt (BGH NStZ 2020, 602; NStZ 2021, 605). Es kann ausdrücklich oder **stillschweigend** (BGHSt 37, 289 (292) = NJW 1991, 1068; BGHSt 42, 65 (68) = BeckRS 1996, 30390888; BGH NStZ 1994, 394; NStZ 1999, 510; NStZ 2003, 85; NStZ-RR 2011, 200; wistra 2015, 59 (61); NStZ-RR 2016, 6; StV 2017, 443; KG StV 2013, 349; aM Puppe NStZ 1991, 571 (573); Puppe FS Spinellis, 2001, 915 (924)) und auch noch nach Beginn der Tatausführung jedenfalls so lange hergestellt werden, als auf seiner Grundlage (weitere) tatbestandsverwirklichende Handlungen (oder Unterlassungen) vorgenommen werden (unstr.; vgl. ua BGHSt 37, 106 (130) = NJW 1990, 2560; Gössel FS Jescheck, 1985, 537; zur weiterreichenden sukzessiven Mittäterschaft → Rn. 12). Umgekehrt muss das Einverständnis mindestens bis zum Überschreiten der Versuchsschwelle der „Gesamttat" (→ § 22 Rn. 9) fortbestehen; wer sich schon vorher vom gemeinschaftlichen Entschluss distanziert, ist nicht Mittäter, sondern wegen Fehlens der (funktionellen) Tatherrschaft allenfalls Teilnehmer (Graul GS Meurer, 2002, 89 (99); weiter BGHSt 28, 346 = NJW 1979, 1721, BGH NStZ 1994, 29; Eser/Bosch in Schönke/Schröder, § 24 Rn. 76, 77, die eine Distanzierung im Vorbereitungsstadium bei fortwirkendem Tatbeitrag regelmäßig nur für relevant halten, wenn damit zugleich ein notwendiges Tatbestandsmerkmal, etwa die Zueignungsabsicht beim Raub, entfällt; krit. dazu Otto JK StGB § 25 Rn. 8; diff. Eisele ZStW 112 (2000), 745 (758); Fad, Die Abstandnahme des Beteiligten von der Tat im Vorbereitungsstadium, 2005, S. 109, 121, 222, der Straflosigkeit durch Aufgabe des Vorsatzes oder des gemeinsamen Tatentschlusses unterscheidet; sa Angerer, Rücktritt im Vorbereitungsstadium, 2004, S. 125, 201, die selbst eine „subjektiv optimale Rettungshandlung" nicht immer ausreichen lässt; sa BGH NStZ 2009, 25 mkritAnm Roxin NStZ 2009, 7 und Bespr. Geppert Jura 2011, 30 (38); Roxin FS Frisch, 2013, 613; zusf. Rengier JuS 2010, 281 (286)). Wie sich das Zurückziehen des Einverständnisses nach Eintritt der „Gesamttat" in das Versuchsstadium auswirkt, bestimmt sich nach den für den Rücktritt geltenden Regeln (BGH StV 1992, 376 mablAnm Zaczyk; sa Hauf NStZ 1994, 263 (264)); wird es schon vor Beendigung des Gesamtverhaltens zurückgezogen, ist damit regelmäßig der Verlust der Tatherrschaft verbunden (auf dem Boden der subjektiven Lehre weiter BGHSt 37, 289 = NJW 1991, 1068 mit überwiegend abl. Bespr. Roxin JR 1991, 206; Herzberg JZ 1991, 856; Puppe NStZ 1991, 571; Erb JuS 1992, 197; Stein StV 1993, 411; Hauf NStZ 1994, 263; iE zust. Stratenwerth/Kuhlen StrafR AT § 12 Rn. 87).

bb) Einen **objektiven Tatbeitrag,** der für die Tatbestandsverwirklichung wegen der wechselseitigen Zurechnung der Tatbeiträge nicht notwendig mitursächlich sein muss (Kamm, Die fahrlässige Mittäterschaft, 1999, S. 60; Fad, Die Abstandnahme des Beteiligten von der Tat im Vorbereitungsstadium, 2005, S. 103; Roxin StrafR AT II § 25 Rn. 213; krit. zum Verzicht auf die Kausalität Puppe FS Spinellis, 2001, 915 (927); Hoyer FS Rudolphi, 2004, 95 (98); Walther NStZ 2005, 657 (661, 663); zur Mitursächlichkeit bei Kollektiventscheidungen → Vor § 13 Rn. 11), den der Beteiligte aber als Mitträger der Tatherrschaft (oder nach subjektiver Lehre mit Täterwillen) leistet (→ Vor § 25 Rn. 3–6; zur Abgrenzung von der mittelbaren Tä- 11 terschaft Küpper GA 1998, 519 (522)). Auch nach der **Tatherrschaftslehre** braucht der Beitrag nicht unbedingt ein Tatbestandsmerkmal zu erfüllen und auch nicht Ausdruck der Herrschaft gerade über die Tatbestandsverwirklichung zu sein. Es genügt, wenn er ein Teilstück der gemeinschaftlich beschlossenen, eine Sinneinheit bildenden Tatausführung in dem Sinne ist, dass er iRd arbeitsteiligen Zusammenwirkens den Tatablauf – sei es auch nur durch Planung und Organisation (str.) – wesentlich mitgestaltet („Gestaltungsherrschaft", Jakobs StrafR AT Abschn. 21 Rn. 48; krit. Roxin StrafR AT II § 25 Rn. 251) und dadurch eine durchgängige Abhängigkeit der Beteiligten untereinander begründet (Jescheck/Weigend StrafR S. 679; weiterführend Ingelfinger JZ 1995, 704 (708); str.). Eine weitergehende Beschränkung dieser sog. **„funktionellen Tatherrschaft"** auf den Geschehensausschnitt der jeweiligen Tatbestandsverwirklichung (so Rudolphi FS Bockelmann, 1979, 369; Bloy, Die Beteiligungsform als Zurechnungstypus im Strafrecht, 1985, S. 196; Bloy GA 1996, 424 (436); Herzberg ZStW 99 (1987), 49 (58); Eschenbach Jura 1992, 637 (644); Puppe FS Spinellis, 2001, 915 (931); Zieschang ZStW 107 (1995), 361; Roxin FS Odersky, 1996, 489; Renzikowski FS Schünemann, 2014, 103; krit. Kindhäuser/Hilgendorf in LPK-StGB Rn. 52; anders Heinrich, Rechtsgutszugriff und Entscheidungsträgerschaft, 2002, S. 285, der einen „Entscheidungsverbund" ausreichen lässt; krit. Roxin StrafR AT II § 25 Rn. 264) bedeutet einen partiellen Rückfall in die inzwischen überwundene formell-objektive Theorie (→ Vor § 25 Rn. 4) mit ihren zT unbefriedigenden Ergebnissen; das zeigt sich namentlich an der Ausschaltung wichtiger Tatgenossen, zB des **Bandenchefs,** der den gesamten Einsatz organisiert, aber am Tatort nicht mitgewirkt hat (vgl. zB BGHSt 33, 50 = NJW 1985, 502; ebenso Frisch LdRerg 8/1620, S. 11; Fad, Die Abstandnahme des Beteiligten von der Tat im Vorbereitungsstadium, 2005, S. 139; Seher JuS 2009, 304 (308); Weißer, Täterschaft in Europa, 2011, S. 337, 513; Heinrich StrafR AT Rn. 1228; Kühl StrafR AT § 20 Rn. 110, 111; sa Jakobs, Theorie der Beteiligung, 2014, S. 50), von Personen der Leitungsebene eines Unternehmens, die für die Weiterherstellung und den Weitervertrieb eines als schädlich erkannten Produkts stimmen (BGHSt 37, 106 (114) = NJW 1990, 2560; Otto Jura 1998, 409 (410)), oder des Diebstahlskomplizen, dem im Rahmen der Arbeitsteilung erst das Verladen und Abtransportieren der Beute zufällt (eing. zu der noch nicht abschließend geklärten Problematik Herzberg, Täterschaft und Teilnahme, 1977, S. 65; Cramer FS Bockelmann, 1979, 389 (400); Seelmann JuS 1980, 571 (573); Küpper GA 1986, 437 (444); Dencker, Kausalität und Gesamttat, 1996, S. 200; Hoyer in SK-StGB Rn. 112–120; Heine/Weißer in Schönke/Schröder, Vor § 25 Rn. 80 sowie § 25 Rn. 66–68; zusf. Stoffers MDR 1989, 208; Bock StrafR AT Fall 11, S. 328, Fall 12, S. 376; speziell zur Tatherrschaft bei mehraktigen Delikten mit mehreren Beteiligten Woelk, Täterschaft bei zweiaktigen Delikten, 1994). Tatherrschaft hat schließlich auch derjenige, der durch das Filmen einer Vergewaltigung deren erniedrigende Wirkung auf das Opfer plangemäß untermauert (LG Stendal 18.3.2021 – 503 KLs 7/20), doch dürfte dies die Grenze markieren.

11a Die **Rspr.** stellt auf der Grundlage der subjektiven Lehre geringere Anforderungen (→ Vor § 25 Rn. 5). Nach ihr kann uU auch ausreichen: Nur vorbereitende oder unterstützende Tätigkeit (BGHSt 16, 12 (14) = NJW 1961, 1541; BGHSt 28, 346 (348) = NJW 1979, 1721; BGHSt 39, 381 (386) = NJW 1994, 670; BGHSt 40, 299 = NStZ 1995, 120; BGHSt 48, 52 (56) = NJW 2003, 446; BGH NJW 1985, 1035 mablAnm Roxin StV 1985, 278; BGH StV 1986, 384 mablAnm Roxin; BGH NStZ-RR 2002, 74 mit Bespr. Heger JA 2002, 628; BGH NStZ 2009, 25 mkritAnm Roxin NStZ 2009, 7, Ausschließung eines Mittäters im Vorbereitungsstadium führt zu Beihilfe; BGH NStZ-RR 2009, 199 (200); BeckRS 2012, 18738; NStZ-RR 2012, 209; NStZ 2013, 104; einschr. BGH NStZ 2002, 200; der Rspr. zust. Fischer Rn. 32), die jedoch nach Beendigung der Tat nicht mehr in Frage kommt (BGHSt 2, 344 = NJW 1952, 1146; BGHSt 48, 52 (56) = NJW 2003, 446), soweit sich die Mitwirkung nach der Willensrichtung des sich Beteiligenden als Teil der Tätigkeit aller darstellt (BGH NStZ 2022, 95 mAnm Habetha; Zivanic ZWH 2021, 378); bloß psychisches Veranlassen, zB ein Rat (BGHSt 11, 268 (271) = NJW 1958, 836), oder psychisches Bestärken (BGHSt 37, 289 (292) = NJW 1991, 1068 mablAnm Schirrmacher JR 1995, 386; BGH NStZ 1995, 122 mit abl. Bespr. Küpper NStZ 1995, 331; Geppert JK StGB § 25 II Rn. 10; BGH NJW 1999, 3131; beachte jedoch BGH StV 1994, 422) von erheblichem Gewicht (BGH StV 2022, 159 (160)), was sich jedoch nicht schon aus der Anwesenheit bei der Tat ergibt (BGH NStZ 2003, 85; wohl aber im Dabeisein, das Billigen ausdrückt, liegen kann, BGH NStZ 2020, 730 mAnm Kudlich); dagegen regelmäßig nicht die bloße Zusage späterer Beuteverwertung, die nur Beihilfe ist (BGHSt 8, 390 = NJW 1956, 478; sa BGH StV 1992, 579; NStZ 1999, 609; NStZ 2002, 200), wohl aber in einer Zusage (der Begleitung illegal eingereister Flüchtlinge in ein anderes Lnad), die bereits einen obejktiven Nutzen vermittelt (BGH NStZ-RR 2020, 184). Nicht ausreichend ist bloßes Fördern und Billigen der Tat, denn dieses ist typsich für Beihilfe (BGH NStZ-RR 2018, 271). Die mittäterschaftliche Beteiligung an einem Vorfelddelikt (zB § 152b II „Skimming") führt nicht zu Mittäterschaft am anschließenden Delikt (zB § 263a), wenn der Beteiligte darauf keinen tatherrschaftlichen Einfluss mehr hat (BGH ZWH 2012, 360 (361) = BeckRS 2012, 14663, Beihilfe; krit. wegen der fehlenden Bestimmtheit des Gehilfenvorsatzes Oğlakcioğlu ZWH 2012, 362; vgl. auch schon BGH NJW 2011, 2375 mit Bespr. Duttge NStZ 2012, 438). Hat umgekehrt der Beteiligte den Tatbestand vollständig selbst verwirklicht, so ist er grds. Mittäter (BGHSt 38, 315 = NStZ 1992, 545 mit Bespr. Wiegmann JuS 1993, 1003; BGH NStZ 1992, 545; MDR 1995, 442; → Rn. 1). Auch bei Tötungsdelikten schließt die fehlende Mitwirkung am Kerngeschehen Mittäterschaft nicht aus (BGH NStZ-RR 2000, 327; NStZ 2012, 379 (380); sehr weit BGH NJW 2021, 2896 („NSU") mAnm Fahl NStZ 2021, 667 und mablAnm Roxin JR 2021, 650; krit Bespr. Valerius NJW 2021, 2851; zur Vorinstanz krit. Drenkhahn/Momsen/Diederichs NJW 2020, 2582; Sasse NJ 2018, 373); Mittäterschaft an einer Körperverletzung ist nicht schon deshalb ausgeschlossen, weil der Beteiligte nicht selbst eine Körperverletzungshandlung ausgeführt hat (BGHSt 47, 383 (385) = JuS 2003, 301 mit zust. Bespr. Baier JA 2003, 365 (367); Schroth JZ 2003, 215; BGH NStZ 2003, 662; NStZ-RR 2010, 236; ebenso für das Verbringen von Rauschgift nach Deutschland BGH NStZ 2012, 41 (42)). Bei mehraktigen Delikten ist eine Verteilung der verschiedenen Akte auf die Mittäter denkbar (RGSt 58, 279; RGSt 71, 350 (353); sa BGHSt 27, 205 = NJW 1977, 1784; Woelk, Täterschaft bei zweiaktigen Delikten, 1994, S. 46, 119). Ferner ist Tun des einen und Unterlassen (→ § 13 Rn. 2–5) des anderen Mittäters oder sogar einverständliches **Unterlassen** nicht ausgeschlossen (BGHSt 37, 106 (129) = NJW 1990, 2560 mit krit. Bespr. Brammsen Jura 1991, 533 (536); Samson StV 1991, 182 (184); BGH NJW 1966, 1763; Otto Jura 1998, 409 (411); zusf. Ransiek JuS 2010, 678; Kühl StrafR AT § 20 Rn. 268–270; abl. zu einer Mittäterschaft durch Unterlassen Mosenheuer, Unterlassen und Beteiligung, 2009, S. 135 mit zust. Bespr. Bachmann ZIS 2010, 349; str.).

cc) **Rspr.** und früher hM halten sog. **sukzessive Mittäterschaft** (dazu BGH 12
StV 2018, 717) über die unter → Rn. 10 beschriebene Grenze hinaus für möglich (zusf. Grabow/Pohl Jura 2009, 656; Seher JuS 2009, 304 (306); Rengier JuS 2010,

281 (282); Geppert Jura 2011, 30 (34);). Danach soll das erforderliche Einverständnis der Beteiligten auch nach der Tatbestandsverwirklichung bis zur Tatbeendigung (→ Vor § 22 Rn. 2) hergestellt werden können (BGH NStZ 1999, 510; NStZ 2000, 594; NStZ 2004, 263; NStZ 2008, 280 mit krit. Bespr. Murmann ZJS 2008, 456 (461); Walter NStZ 2008, 548; einschr. BGH NStZ 2012, 207; NStZ 2012, 379 (380); StV 2016, 106; NStZ-RR 2020, 348; NStZ 2022, 170 (für § 334); krit. Bitzilekis ZStW 99 (1987), 723 (732)); ein Tätigwerden nach Beendigung begründet keine sukzessive Mittäterschaft mehr (BGH NStZ-RR 2011, 111 (112); NStZ 2019, 513). Dabei werden dem Mittäter die vor seinem Eintreten verwirklichten und ihm bekannten Umstände (BGH bei Holtz MDR 1995, 117) – und zwar auch solche, die nur das Regelbeispiel eines besonders schweren Falles begründen (BGH StV 1994, 240) – zugerechnet, soweit sie in der gemeinschaftlichen Weiterführung fortwirken und noch nicht als tatbestandliches Geschehen abgeschlossen vorliegen (BGHSt 2, 344 = NJW 1952, 1146; BGH NStZ 1985, 70; NStZ 1997, 272; NStZ 1998, 565; wistra 2009, 389 (390); NStZ 2011, 699 (702); StraFo 2013, 344; NStZ-RR 2014, 73; StV 2017, 44; NStZ-RR 2019, 205; NStZ 2020, 727; OLG Köln NJW 1986, 333; Gropp/Sinn StrafR AT § 10 Rn. 97; zu weit BGH JZ 1981, 596 mit Bespr. Küper JZ 1981, 586; Kühl JuS 1982, 189; Kühl StrafR AT § 20 Rn. 129; zu weit auch BGH NStZ 2003, 85 mit abl. Bespr. Otto JK StGB § 25 Rn. 14). Allerdings wird es, wenn der Beteiligte erst spät, namentlich nach Vollendung der Tat, eintritt, meist am Täterwillen oder an dem für die Tatbestandsverwirklichung mitursächlichen Beitrag fehlen (BGH NStZ 1984, 548; ebenso für das Ausüben einer untergeordneten Rolle nach Vollendung BGH wistra 2002, 255; gegen Mittäterschaft nach Beendigung BGH NStZ 2008, 152 zu § 242; sa BGH NStZ 2020, 727) – Mit den Grundlagen der **Tatherrschaftslehre** ist diese Erweiterung nicht vereinbar, vor allem deshalb, weil der nachträglich eintretende Mittäter über Vorgänge der Vergangenheit schon begrifflich keine Tatherrschaft haben kann (Roxin StrafR AT II § 25 Rn. 227; Rudolphi FS Bockelmann, 1979, 369 (377); Gössel FS Jescheck, 1985, 537; Otto Jura 1987, 246 (253); Kühl JuS 2002, 729 (733); Kühl StrafR AT § 20 Rn. 126–128; Murmann ZIS 2008, 456 (459); Schmitz, Unrecht und Zeit, 2001, S. 194; Heinrich StrafR AT Rn. 1239; Krey/Esser StrafR AT Rn. 1198; Kindhäuser/Hilgendorf in LPK-StGB Rn. 55; Vogel/Bülte in LK-StGB § 249 Rn. 55, § 253 Rn. 43; aM Küpper GA 1986, 437 (447); mit anderem Ansatz auch Dencker, Kausalität und Gesamttat, 1996, S. 251; Walther NStZ 2005, 657 (660); sowie Weißer, Täterschaft in Europa, 2011, S. 516; abl. auch für ein Einheitstätersystem Schmoller GS Zipf, 1999, 295; mit Beispielen aus dem EschG Günther in Günther/Taupitz/Kaiser, 2. Aufl. 2014, Vor § 1 Rn. 30–33).

13 dd) Mittäterschaft beim **Fahrlässigkeitsdelikt** (zusf. Weißer Jura 1998, 230; eing. Kamm, Die fahrlässige Mittäterschaft, 1999 mit Bespr. Bloy GA 2000, 392; Kraatz, Die fahrlässige Mittäterschaft, 2006) ist zwar – bezogen auf das sorgfaltswidrige Verhalten – begrifflich denkbar, fällt aber wegen Fehlens eines gemeinsamen Tatentschlusses nicht unter § 25 II (hM; vgl. etwa Puppe FS Spinellis, 2001, 915 (922); Bottke GA 2001, 463 (481); Vassilaki FS Schreiber, 2005, 499 (502); Kindhäuser/Hilgendorf in LPK-StGB §§ 25–31 Rn. 45; Kraatz, Die fahrlässige Mittäterschaft, 2006, S. 147, 366; Heinrich StrafR AT Rn. 997; Heine/Weißer in Schönke/Schröder Vor § 25 Rn. 114; → Vor § 25 Rn. 1, 2; anders Weißer Jura 1998, 230 (232); Renzikowski FS Schünemann, 2014, 288; Roxin StrafR AT II § 25 Rn. 242). Fahrlässiges Zusammenwirken mehrerer wird jedenfalls in den Grenzen objektiver Zurechenbarkeit als Nebentäterschaft erfasst, weil das Gesetz hier keine Differenzierung der Beteiligungsformen vorsieht (Wessels/Beulke/Satzger StrafR AT Rn. 507;

aM Otto Jura 1998, 409 (411); Renzikowski FS Schünemann, 2014, 284). Schwierigkeiten kann es nur in Grenzfällen geben, zB wenn ungeklärt bleibt, welche von mehreren arbeitsteilig vorgenommenen Handlungen den Erfolg verursacht hat (sog. additive Kausalität) und bei Gremien- oder Kollegialentscheidungen (Frister StrafR AT § 26 Rn. 5, 6; Kühl StrafR AT § 20 Rn. 116a; Roxin StrafR AT II § 25 Rn. 241; Wessels/Beulke/Satzger StrafR AT Rn 507; Knauer, Die Kollegialentscheidung im Strafrecht 2001, S. 181; Bosch, Organisationsverschulden in Unternehmen, 2002, S. 283; Schaal, Strafrechtliche Verantwortlichkeit bei Gremienentscheidungen in Unternehmen, 2001, S. 209; krit. Dreher JuS 2004, 17 (18); abl. Puppe GA 2004, 129 (137); Kraatz, Die fahrlässige Mittäterschaft, 2006, S. 367, der bei Kollegialentscheidungen eine Lösung über Kausalitätserwägungen vorschlägt). Das Ergebnis hängt davon ab, ob und wieweit auch im Fahrlässigkeitsbereich eine gemeinschaftliche Verantwortlichkeit arbeitsteilig Zusammenwirkender anzuerkennen ist (verneinend die wohl noch hM; vgl. etwa Herzberg, Täterschaft und Teilnahme, 1977, S. 73; Rotsch FS Puppe, 2011, 887; Murmann GK StrafR § 27 Rn. 54, 55; anders Otto FS Spendel, 1992, 282; Otto, Die Strafbarkeit von Unternehmen und Verbänden, 1993, S. 9; Eschenbach Jura 1992, 637; Dencker, Kausalität und Gesamttat, 1996, S. 174). Die Bejahung dürfte indessen vorzugswürdig sein (sa Brammsen/Kaiser Jura 1992, 35 (37); Beulke/Bachmann JuS 1992, 737 (744); Hoyer FS Puppe, 2011, 515; Haas StudZR 2015, 297 (303, 308); Rengier StrafR AT § 53 Rn. 3); ob sie aus den Teilnahmeformen des Vorsatzdelikts ableitbar ist (so Otto FS Spendel, 1992, 282) oder einer selbständigen Begründung bedarf, ist umstritten. Nicht voll überzeugend ist die selbständige (Unterlassungs-)Begründung, wonach alle Beteiligten ihre Garantenpflicht zur Verhütung der aus dem arbeitsteiligen Vorgehen erwachsenen Gefahren verletzt haben sollen (so aber Walder FS Spendel, 1992, 363; krit. Otto Jura 1988, 409 (412); Renzikowski FS Schünemann, 2014, S. 291; Weißer JZ 1998, 230 (235); Kamm, Die fahrlässige Mittäterschaft, 1999, S. 96, 175). Im Vordringen begriffen sind Konstruktionen, die in Parallele zum Vorsatzdelikt eine gemeinschaftliche Gefahrschaffung und Gefahrrealisierung im Bewusstsein, arbeitsteilig an einem gemeinsamen Werk (zB Herstellung eines Produkts) zu arbeiten, verlangen (so mit Unterschieden in den einzelnen Anforderungen Renzikowski FS Schünemann, 2014, 288; Weißer JZ 1998, 230 (239); Küpper GA 1998, 519 (526); Ransiek ZGR 1999, 613 (644); Ransiek in NK-StGB § 324 Rn. 66; Pfeiffer Jura 2004, 519; Greco ZIS 2011, 684 (687); Kamm, Die fahrlässige Mittäterschaft, 1999, S. 209; Knauer, Die Kollegialentscheidung im Strafrecht 2001, S. 221; Frister StrafR AT § 26 Rn. 4; Otto StrafR AT § 21 Rn. 117; Rengier StrafR AT § 53 Rn. 6; Roxin StrafR AT II § 25 Rn. 242; einschr. auf seltene Fälle der wechselseitigen Pflicht zur Überwachung des anderen Mitsch JuS 2001, 105 (109); beachte auch die Ansätze von Eschenbach Jura 1992, 637; Lesch GA 1994, 112 (119); Jakobs GA 1996, 253 (265); zur Rspr. Kuhlen FG BGH, 2000, 647 (668); zusf. Geppert Jura 2011, 30 (32–34); Kaspar JuS 2012, 112 (116); Kühl StrafR AT § 20 Rn. 116d; Roxin Täterschaft/Tatherrschaft S. 737; Hoyer in SK-StGB Rn. 154; Heine/Weißer in Schönke/Schröder Vor § 25 Rn. 115, 116, die auf die Unterlassungsdogmatik zurückgreifen wollen; allgemein, dh nicht nur für Kollegialentscheidungen (s. oben), abl. Puppe GA 2004, 129; Kraatz, Die fahrlässige Mittäterschaft, 2006, S. 366).

c) Alle Mittäter haften im Umfang der Willensübereinstimmung für die **Tat im Ganzen.** Daraus folgt jedoch nicht ihre Strafbarkeit aus demselben Tatbestand. Unterschiede können sich ergeben 14

15 aa) aus §§ 28 II, 29, die auch bei Mittäterschaft gelten (→ § 28 Rn. 1; → § 29 Rn. 1);

16 bb) aus **verschiedenem Umfang** der Verbrechensentschlüsse, die nur teilweise übereinstimmen (zB Körperverletzung beim einen, Tötung beim anderen Mittäter, RGSt 44, 321);

17 cc) aus **Exzess** eines Mittäters, für den die anderen nicht haften (BGH NStZ 2012, 563; NStZ 2013, 400 mit Bespr. Hecker JuS 2013, 943; BGH NStZ 2013, 462; NStZ 2017, 272 mit Praxiskommentar Eidam; BGH NJW 2020, 2486; NStZ-RR 2020, 143; NStZ 2021, 287). Exzess ist Überschreitung des gemeinschaftlichen Entschlusses (rechtsvergleichend Weißer, Täterschaft in Europa, 2011, S. 486, 452). Unwesentliche Abweichungen (→ § 15 Rn. 11), namentlich solche, mit denen nach den Umständen gewöhnlich zu rechnen ist (BGH GA 1985, 270; NStZ 2000, 29; NStZ 2002, 597; OLG Düsseldorf NJW 1987, 268; krit. Puppe FS Spinellis, 2001, 915 (926, 933); sa BGHSt 53, 145 = NJW 2009, 1360 mit Bespr. Jahn JuS 2009, 466; BGH NStZ 2005, 261; NStZ-RR 2005, 71, wo dem der Fall der Gleichgültigkeit hinsichtlich der Handlungsweise des Tatgenossen gleichgesetzt wird; ebenso BGH NStZ 2012, 563; NStZ 2013, 280 und 400; zw.) oder bei denen die verabredete Tatausführung nur durch eine in ihrer Schwere und Gefährlichkeit gleichwertige ersetzt wird, sind dabei unerheblich (BGH NJW 1973, 377; NStZ 1998, 511 (513); NStZ-RR 2006, 37; sa BGH NStZ 2005, 93 mAnm Heinrich und Bespr. Kudlich JuS 2005, 568; dazu auch Sowada FS Schroeder, 2006, 621 (624)); handelt bei einem mittäterschaftlichen Raub (§§ 249, 25 II) einer plötzlich bei seiner Wegnahmehandlung auf „eigene Rechnung", soll das an der Zurechnung zum anderen Mittäter nichts ändern (BGH NStZ 2012, 508 mit abl. Bespr. Renzikowski JuS 2013, 481 (486), nur Versuch); zur Haftung für ein erfolgsqualifiziertes Delikt wie bei §§ 227, 251 vgl. Kühl StrafR AT § 20 Rn. 117; aus der Rspr. BGH NStZ 2010, 33; → Rn. 18. Überwiegend wird das auch für den error in obiecto (→ § 15 Rn. 13) angenommen, der nicht nur für den Handelnden, sondern auch für die übrigen Mittäter unerheblich sein soll (zusf. Küper, Versuchsbeginn und Mittäterschaft, 1978, S. 35; Lubig Jura 2006, 655 (659); diff. Haft/Eisele GS Keller, 2003, 81 (88, 99); str.); deshalb liege bei verabredeter gezielter Abwehr von Verfolgern Tötungsversuch beider Mittäter vor, wenn der eine auf den anderen schieße, weil er ihn irrig für einen Verfolger halte (BGHSt 11, 268 = NJW 1958, 836; Kudlich StrafR AT Fall 285; Küper, Versuchsbeginn und Mittäterschaft, 1978; Streng JuS 1991, 910 (915); Scheffler JuS 1992, 920; Puppe FS Spinellis, 2001, 915 (939); Weißer, Täterschaft in Europa, 2011, S. 368, 436; Heinrich StrafR AT Rn. 1240; Krey/Esser StrafR AT Rn. 949–953; aM Herzberg, Täterschaft und Teilnahme, 1977, S. 63; Rudolphi FS Bockelmann, 1979, 369 (380); Roxin StrafR AT II § 25 Rn. 195; wohl auch Gropp/Sinn StrafR AT § 12 Rn. 81; zusf. Kühl StrafR AT § 20 Rn. 122; Isfen Jura 2014, 1087; vermittelnd Frisch LdRerg 8/1620, S. 12).

18 dd) bei **erfolgsqualifizierten Delikten** aus einer unterschiedlichen Haftung nach § 18 (→ § 18 Rn. 4–6; beachte dazu BGH NStZ 1997, 82).

18a ee) Zur grds. möglichen Zurechnung eines **qualifizierenden Umstands,** zB der Bewaffnung eines Beteiligten, vgl. BGHSt 48, 189 = NStZ 2003, 435 mzustAnm Altenhain NStZ 2003, 437; vgl. auch schon den Vorlagebeschluss BGH NStZ 2002, 440 mit Bespr. Nestler StV 2002, 504; BGH NStZ 2004, 263; anders noch BGHSt 42, 368 = NStZ 1997, 244; BGH NJW 2002, 3116, jeweils zu § 30a II Nr. 2 BtMG; Wessels/Beulke/Satzger StrafR AT Rn. 531; → § 244 Rn. 2.

d) Zum **Versuch** bei Mittäterschaft → § 22 Rn. 9; zum **Rücktritt** → § 24 Rn. 24–28; zur Abstandnahme im Vorbereitungsstadium → Rn. 10. 19

3. Wahlfeststellung zwischen den verschiedenen Formen der Täterschaft ist möglich (→ § 1 Rn. 14). – Will das Gericht eine andere Beteiligungsform annehmen als in der zugelassenen Anklage genannt, bedarf es eines rechtlichen Hinweises gem § 265 StPO; das gilt wegen der unterschiedlichen Verteidigungsmöglichkeiten auch für den Wechsel von Mittäterschaft zu mittelbarer Täterschaft (BGH NStZ 2018, 673). 20

§ 26 Anstiftung

Als Anstifter wird gleich einem Täter bestraft, wer vorsätzlich einen anderen zu dessen vorsätzlich begangener rechtswidriger Tat bestimmt hat.

1. Anstifter ist, wer vorsätzlich einen anderen zu dessen vorsätzlich (nicht fahrlässig) begangener rechtswidriger Tat (→ § 11 Rn. 18; → Vor § 25 Rn. 9; → § 29 Rn. 1) bestimmt hat, über die nicht er selbst, sondern der andere die Tatherrschaft hatte (sonst mittelbare Täterschaft, → § 25 Rn. 2–5; → § 29 Rn. 1). Anstifter kann auch sein, wer kein ideelles oder materielles Interesse am Taterfolg hat; auf seine Motivation kommt es grundsätzlich nicht an (BGH NStZ-RR 2021, 273). Fahrlässige Anstiftung ist nicht als solche strafbar (RGSt 73, 5), kann es jedoch als Täterschaft eines Fahrlässigkeitsdelikts sein (→ Vor § 25 Rn. 2; aM Hruschka ZStW 110 (1998), 581 (609); zusf. Herzberg, Täterschaft und Teilnahme, 1977, S. 100). Haupttat kann auch ein eigenhändiges Delikt (→ § 25 Rn. 3) oder ein Sonderdelikt (→ Vor § 13 Rn. 33; BGHSt 5, 75 = NJW 1954, 82) sein. Die Anstiftung wird auch als Erfolgsdelikt verstanden (Schroeder GA 2016, 65). Anstiftung wird ohne Milderungsmöglichkeit zwingend gleich der Haupttat bestraft (BGH bei Kudlich JA 2018, 630); krit. zur „Gleichbestrafung“ Nikolidakis, Grundfragen der Anstiftung, 2004, S. 56 mit Bespr. Mitsch GA 2007, 718. – **Rechtsvergleichend** Syrrothanassi, Die Regelung der Anstiftung in einem europäischen Modellstrafgesetzbuch, 2007. – **Rechtsgeschichtlich** Nydegger, Zurechnungsfragen im System strafbarer Beteiligung, 2012, S. 5–54. – **Überblick zur Anstiftung** Kühl JA 2014, 668 (672). 1

2. a) Bestimmen bedeutet Verursachen (auch Mitverursachen, BGHSt 45, 373 (374) = NJW 2000, 1877; BGH NStZ 1994, 29; NStZ 2000, 421; NJW 2002, 2724 (2727); NStZ 2006, 96 mit krit. Bespr. Puppe NStZ 2006, 424; BGH NStZ 2015, 374; KG wistra 2015, 71 Scheinfeld GA 2007, 695 (702, 709); abl. Otto FS Amelung, 2009, 225 (240), der ein rechtsgutsgefährdendes Verhalten verlangt; eine verbindliche Tataufforderung verlangt Nydegger, Zurechnungsfragen im System strafbarer Beteiligung, 2012, S. 353; weiter Hoyer in SK-StGB Rn. 9; Hoyer FS Rudolphi, 2004, 95 (102), konkretes Reagieren auf die Einwirkung des Anstifters) des Tatentschlusses in einem anderen, gleichgültig durch welches Mittel (BGHSt 2, 279 = BeckRS 1952, 30391949; BGHSt 45, 373 (374) = NJW 2000, 1877; BGH NStZ 2000, 421; Hardtung FS Herzberg, 2008, 394 (418)), auch durch eine Drohung (BGH NJW 2003, 1060; Wessels/Beulke/Satzger StrafR AT Rn. 568). Auch eine Frage (BGH GA 1980, 183), uU sogar bloßes Schaffen einer sozialinadäquaten, zur Tat anreizenden Sachlage kann genügen (Herzberg, Täterschaft und Teilnahme, 1977, S. 53, 146; Bloy, Die Beteiligungsform als Zurech- 2 nungstypus im Strafrecht, 1985, S. 328; Kuhlen/Roth JuS 1995, 711 (712); Heghmanns GA 2000, 473 (487); Scheinfeld GA 2007, 695 (709); BWME StrafR AT § 30 Rn. 63; Kindhäuser/Zimmermann StrafR AT § 41 Rn. 10), wenn es einen objektiv tatbefürwortenden Grund und damit eine unerlaubte Gefahr schafft (Christmann, Zur Strafbarkeit so genannter Tatsachenarrangements wegen Anstiftung, 1977, S. 129; Kühl StrafR AT § 20 Rn. 172, 173; anders Satzger Jura 2008, 514 (517); Satzger JK StGB § 27 Rn. 25). Demgegenüber schränkt das Schrifttum überwiegend auf kommunikative Beeinflussung ein (Meyer MDR 1975, 982; Otto JuS 1982, 557 (560); Schlüchter/Duttge NStZ 1997, 595; Roxin FS Stree/Wessels, 1993, 365 (376); Kretschmer Jura 2008, 265 (266); Krüger JA 2008, 492; Bülte/Hagemeier NStZ 2015, 317; Magnus NStZ 2015, 57 (60); Nepomuk, Anstiftung und Tatinteresse, 2008; Ebert StrafR AT S. 210; Freund/Rostalski StrafR AT § 10 Rn. 115; Krey/Esser StrafR AT Rn. 1037; Rengier StrafR AT § 45 Rn. 30; Wessels/Beulke/Satzger StrafR AT Rn. 568; Heine/Weißer in Schönke/Schröder Rn. 4; Fischer Rn. 3; Frisch LdRerg 8/1620, S. 14; zu weiteren Einschränkungen Krey/Esser StrafR AT Rn. 1040, 1041; Hillenkamp/Cornelius StrafR AT Problem 23, S. 176; sog. „Kollusionstheorie“ vertreten etwa von Amelung FS Schroeder, 2006, 147 (163, 177); Piazena, Das Verabreden, Auffordern und Anleiten zur Begehung von Straftaten unter Nutzung der Kommunikationsmöglichkeiten des Internets, 2014, S. 134; Heinrich StrafR AT Rn. 1292; Schünemann/Greco in LK-StGB Rn. 15; vgl. auch Joerden FS Puppe, 2011, 563 (568)); krit. zu allen „Deutungen“ Koriath FS Maiwald, 2010, 417 (428); anders Timpe GA 2013, 156 Verletzung der Obliegenheit, sich nicht für den Tatentschluss des Ausführenden zuständig zu machen. Eine im Rahmen des Vertretbaren erteilte „reine“ Rechtsauskunft genügt nicht; sie ist verfassungsrechtlich nicht verbietbar und wird daher entweder schon als nicht tatbestandsmäßig (so Maiwald ZStW 93 (1981), 885 (889); Volk BB 1987, 139 (144); Kudlich, Die Unterstützung fremder Straftaten durch berufsbedingtes Verhalten, 2004, S. 478 unter Hinweis auf § 3 I BRAO; Heine/Weißer in Schönke/Schröder Rn. 13) oder jedenfalls als gerechtfertigt angesehen (so Mallison, Rechtsauskunft als strafbare Teilnahme, 1979, S. 134; krit. Müller-Dietz GA 1982, 282; Hruschka JR 1984, 258; sa BGH NJW 1992, 3047; OLG Düsseldorf JR 1984, 257; OLG Stuttgart NJW 1987, 2883; sowie Ignor StraFo 2001, 42). Rechtsvergleichend Jung GA 2006, 301; aus schweizerischer Sicht Riklin GA 2006, 361. Redmann, Anstiftung und anstiftungsähnliche Handlungen im StGB unter Berücksichtigung linguistischer Aspekte, 2014, S. 74–187 mit zT krit. Bespr. Schumann ZIS 2015, 416.

2a **b)** Ist der andere schon zur Tat entschlossen (**omnimodo facturus,** BGH NStE Nr. 5; NStZ-RR 2021, 273; krit. zum Begriff Puppe in NK-StGB § 15 Rn. 101; Scheinfeld GA 2007, 695 (702); krit. auch Stehen, Die Rechtsfigur des omnimodo facturus, 2011 mit Bespr. Meyer ZIS 2010, 524; Schild in NK-StGB Rn. 14; zum „Werdegang“ dieser Rechtsfigur Bock JR 2008, 143), so liegt nur psychische Beihilfe (BGH NStZ-RR 1996, 1; → § 27 Rn. 4) oder versuchte Anstiftung nach § 30 (RGSt 72, 373) vor; anders jedoch, wenn er nur allgemein tatbereit, aber noch nicht zu bestimmter Tat (→ Rn. 4, 5) entschlossen ist (BGHSt 45, 373 (374) = NJW 2000, 1877; BGH NStZ 1994, 29; Heinrich StrafR AT Rn. 1295), wenn er noch schwankt (BGH bei Dallinger MDR 1972, 569) oder wenn er einen zunächst gefassten Tatentschluss wieder aufgegeben hat. Bloßes Bestimmen zur Änderung von Tatmodalitäten reicht im Allgemeinen nicht (BGH NStZ-RR 1996, 1; Heine/Weißer in Schönke/Schröder, Rn. 8; anders für die Veranlassung zur Veränderung der Tatzeit Schroeder GA 2006, 375). Wird jedoch der zur Begehung eines Grunddelikts Entschlossene zur Tat in qualifizierter Form (zB schwerer Raub statt einfacher Raub) bestimmt (sog. **Aufstiftung**), so soll das für die Anstiftung zur qualifizierten Tat genügen (BGHSt 19, 339 = NJW 1964, 1809 mit Bespr. Cramer JZ 1965, 31; abl. Kahlo FS Seebode, 2008, 159; Rengier StrafR AT § 45 Rn. 38; Roxin StrafR AT II § 26 Rn. 104, sog. „synthetische Konzeption"; aM Hoyer in SK-StGB Rn. 19, 20; zum Streitstand Hillenkamp/Cornelius StrafR AT Problem 25, S. 184–189); es sprechen jedoch – nach dem sog. „analytischen Trennungsprinzip" – die besseren Gründe dafür, dem Anstifter das Grunddelikt, zu dessen Begehung er bereits entschlossen war, nicht anzulasten (Kühl StrafR AT § 20 Rn. 183; Joerden FS Puppe, 2011, 563 (578)). Für diese und weitere Fälle, in denen der andere schon gewisse Vorstellungen von der Tat hat, ist das für die Abgrenzung zur Beihilfe maßgebende Kriterium umstritten (zusf. Küpper JuS 1996, 23; Geppert Jura 1997, 299 (304)). Überwiegend wird als entscheidend angesehen, ob der hervorgerufene Entschluss gegenüber diesen Vorstellungen ein aliud bedeutet, was dann allerdings häufig auf Grund einer mehr analytisch trennenden (zB Grünwald JuS 1965, 311 (313); Bemmann FS Gallas, 1973, 273) oder einer mehr ganzheitlichen (Stree FS Heinitz, 1972, 277; Schünemann/Greco in LK-StGB Rn. 34, 35) Unrechtsbetrachtung unterschiedlich beantwortet wird (gegen alle „Sonderlösungen" Hardtung FS Herzberg, 2008, 394 (440)). Keine Anstiftung liegt vor, wenn der zur Begehung der qualifizierten Tat Entschlossene zur Begehung des Grunddelikts bestimmt wird (sog. **Abstiftung;** vgl. Küpper JuS 1996, 23; Geppert Jura 1997, 299 (384); Kudlich JuS 2005, 592; Koch/Wirth JuS 2010, 207; Joerden FS Puppe, 2011, 563 (577); Kühl StrafR AT § 20 Rn. 185; Roxin StrafR AT II § 26 Rn. 69); psychische Beihilfe scheitert idR an der Risikoverringerung (Kudlich JuS 2005, 592(594); → § 27 Rn. 2a); liegt sie wegen der Erhöhung des Begehungsrisikos ausnahmsweise doch vor, so ist an eine Rechtfertigung nach § 34 zu denken (Kudlich JuS 2005, 592 Heinrich StrafR AT Rn. 1297; Schünemann/Greco in LK-StGB Rn. 30). Eingehend zur „Umstimmungsproblematik" Nepomuk, Anstiftung und Tatinteresse, 2008, S. 242, 311; Welz, Zum Verhältnis von Anstiftung und Beihilfe, 2010, S. 117, 155–157).

c) Bestimmen geht **zeitlich** der Tat voraus, doch kann es einer bereits vollendeten Tat nachfolgen, wenn diese durch weitere den Tatbestand vollständig verwirklichende Einzelakte vertieft wird (sog. **sukzessive Anstiftung;** Börner Jura 2006, 415 (417); Grabow Jura 2009, 408; Heinrich StrafR AT Rn. 1302a). So etwa wenn der Täter, der von dem von ihm zusammengeschlagenen Opfer ablassen will, durch den Zuruf: „Nochmal" zu einem weiteren Schlag „gebracht" wird (zu diesem und anderen Beispielen Börner Jura 2006, 415 (417). 2b

d) Im **neueren Schrifttum** werden zur allgemeinen Einschränkung gegenüber der Beihilfe auch andere Gesichtspunkte als Abgrenzungskriterien herangezogen (zusf. Schulz JuS 1986, 933; Hilgendorf Jura 1996, 9; krit. Heghmanns GA 2000, 473 (482): zB die Planherrschaft des Anstifters (Schulz, Die Bestrafung des Ratgebers, 1980, S. 137; Bloy, Die Beteiligungsform als Zurechnungstypus im Strafrecht, 1985, S. 330); die Abhängigkeit des Täters vom Willen des Anstifters (Jakobs StrafR AT Abschn. 22 Rn. 21, 22); kollusives Zusammenwirken zwischen beiden (Roxin StrafR AT II § 26 Rn. 74; Schünemann/Greco in LK-StGB Rn. 2, 15); der zwischen ihnen geschlossene Unrechtspakt (Puppe GA 1984, 101; NStZ 2006, 424; krit. Scheinfeld GA 2007, 695 (704)); eine Motivherrschaft über den Täter (Hoyer in SK-StGB Rn. 13); ein „Motivationsakt" (Müller, Falsche Zeugenaussage 2c und Beteiligungslehre, 2000, S. 160); eine „Minderform der Tatherrschaft" (Paeffgen FS Hanack, 1999, 591 (596)); ein spezielles Lenkungsmoment in der Anstiftungshandlung oder eine voluntative Dominanz des Anstifters (Ingelfinger, Anstiftervorsatz und Tatbestimmtheit, 1992, S. 175, 210); oder der Aufforderungscharakter der Anstiftung im Gegensatz zu bloßer „Entscheidungshilfe" (Joerden, Strukturen des strafrechtlichen Verantwortlichkeitsbegriffs, 1988, S. 119; auf die korrumpierende Aufforderung als Sprechakt stellt ab Amelung FS Schroeder, 2006, 147; eine Autoritäts- und Abhängigkeitsverhältnisse ausnutzende Tataufforderung verlangt Nepomuk, Anstiftung und Tatinteresse, 2008, S. 167 mit krit. Bespr. Meyer ZIS 2010, 149 (150)). Darüber hinaus wird mit Recht auch allgemein eine über das Kausalitätserfordernis hinausgehende Begrenzung des Anstiftungsunrechts durch Kriterien der objektiven Zurechnung (→ Vor § 13 Rn. 14) gefordert (Herzberg JuS 1987, 617; Weßlau ZStW 104 (1992), 105; ähnlich auch Hilgendorf Jura 1996, S. 10, der schon im Rahmen der Kausalitätsprüfung eine sozial inadäquate Risikoerhöhung fordert).

3 **3.** Anstiftung **durch Unterlassen** ist regelmäßig, aber nicht notwendig (Joerden, Strukturen des strafrechtlichen Verantwortlichkeitsbegriffs, 1988, S. 118; Maurach/Gössel/Zipf StrafR AT II, 7. Aufl. 1989, § 51 Rn. 17; aM Grünwald GA 1959, 110 (122); Amelung FS Schroeder, 2006, 147 (178); zusf. Bachmann/Eichinger JA 2011, 509; zw.) ausgeschlossen, weil Untätigkeit nur in Ausnahmefällen zum Fassen eines Tatentschlusses motiviert (zusf. Bloy JA 1987, 490). Dagegen ist Anstiftung (ebenso wie Beihilfe, → § 27 Rn. 6) durch positives Tun zur **Begehung eines Unterlassungsdelikts** rechtlich ohne Einschränkung möglich (BGHSt 14, 280 (282) = NJW 1960, 1677; Stree GA 1963, 1; Arzt JA 1980, 553; Hinderer JA 2009, 25; Heinrich StrafR AT Rn. 878–880; Krey/Esser StrafR AT Rn. 1189; Roxin Täterschaft/Tatherrschaft S. 510; aM Kaufmann, Die Dogmatik der Unterlassungsdelikte, 1959, S. 190, 317).

4 **4. a)** Der **Vorsatz** (bedingter genügt, BGHSt 2, 279 = BeckRS 1952, 30391949; BGHSt 44, 99 = NStZ 1998, 615 mAnm Roxin NStZ 1998, 616; dafür soll Gleichgültigkeit hinsichtlich der Tatausführung reichen, BGHSt 50, 1 (7) = NJW 2005, 996 mit zu Recht krit. Bespr. Jäger JR 2005, 477; Puppe JZ 2005, 902 (904); BGH NStZ 2006, 288 (289) mit zu Recht krit. Bespr. Satzger JK StGB § 211 Rn. 48) des Anstifters ist ein „doppelter": Einerseits muss er die Anstiftungshandlung als solche umfassen. Andererseits muss er sich auf eine bestimmte, dh ausreichend konkretisierte (→ Rn. 5). Handlung beziehen, welche die Voraussetzungen einer vorsätzlich begangenen rechtswidrigen Tat erfüllt (hM; zB BGH NStZ-RR 2021, 49), also nicht notwendig auch Unrechtsbewusstsein des Anstifters erfordert (Schumann FS Stree/Wessels, 1993, 383; krit. Paeffgen FS Hanack, 1999, 591 (622); aM Herzberg GA 1993, 439 (454); → § 15 Rn. 6; → § 17 Rn. 2, 22); außerdem muss die rechtswidrige Tat nach der Vorstellung des Anstifters nicht nur versucht (agent provocateur), sondern auch vollendet werden sollen (hM; vgl. Küper GA 1974, 321; Deiters JuS 2006, 302 (303); Hoyer in SK-StGB Rn. 28; eing. Nikolidakis, Grundfragen der Anstiftung, 2004, S. 57). Darüber hinaus wird auch nicht erfasst, wer zwar die Vollendung der Haupttat in Kauf nimmt, aber durch rechtzeitiges Eingreifen deren erfolgreiche Beendigung oder jedenfalls den Eintritt einer Rechtsgutsverletzung verhindert (OLG Oldenburg NJW 1999, 2751 mit zust. Bespr. Geppert JK StGB § 26 Rn. 6; BGH StV 2007, 527; Herzberg JuS 1983, 737; Kühl JuS 2002, 729 (735); Nikolidakis, Grundfragen der Anstiftung, 2004, S. 71, 81; Deiters JuS 2006, 302 Kretschmer Jura 2008, 265 (267); Hinderer

JuS 2009, 625; Heinrich StrafR AT Rn. 1315; Krey/Esser StrafR AT Rn. 1065; Rengier StrafR AT § 45 Rn. 71; Roxin Täterschaft/Tatherrschaft S. 374; Heine/Weißer in Schönke/Schröder Rn. 23, 24; krit. Seier/Schlehofer JuS 1983, 50 (52); Bitzilekis ZStW 99 (1987), 723 (744); aM Keller, Rechtliche Grenzen der Provokation von Straftaten, 1989, S. 212, 236; dagegen Deiters JuS 2006, 302 S. 304; Roxin StrafR AT II § 26 Rn. 165; Heghmanns GA 2000, 473 (487); Schild in NK-StGB Rn. 28: Rechtfertigung nach § 34 denkbar, dagegen Schünemann/Greco in LK-StGB Rn. 69)..

Auf Grund dieser Lehre kann die Strafbarkeit von **Lockspitzeln** (dazu Rönnau JuS 2015, 19), die im Auftrag oder mit Billigung staatlicher Behörden agieren (Verdeckte Ermittler (§§ 110a–110e StPO) und sog. V-Leute; zur Unterscheidung Beulke/Swoboda StrafProzR Rn. 423; Meyer-Goßner/Schmitt StPO § 110a Rn. 2–4a), durch Einsatz polizeilicher Sicherungsmaßnahmen nicht unerheblich eingeschränkt werden; jedoch sind die Grenzen iE, namentlich im Bereich der abstrakten Gefährdungsdelikte, im Hinblick sowohl auf die Tatbestandsmäßigkeit wie auch die Möglichkeiten der Rechtfertigung (nach BGHSt 45, 321 = NJW 2000, 1123 mit Bespr. Roxin JZ 2000, 369; Sinner/Kreuzer StV 2000, 114, ist die Anstiftung eines bisher Unverdächtigen durch einen Lockspitzel wegen Verstoßes gegen Art. 6 I MRK rechtswidrig; vgl. auch EGMR NStZ 1999, 47; NJW 2009, 3565; NJW 2015, 3631 mAnm Petzsche JR 2015, 88; Pauly StV 2015, 411; Sommer StraFo 2014, 411; krit. zur Rspr. Lüderssen FG BGH, 2000, 883 (886); Wolter FG BGH, 2000, 963 (982); Renzikowski GS Keller, 2003, 197) umstritten und noch nicht abschließend geklärt (vgl. etwa Dencker FS Dünnebier, 1982, 447 (471); Ostendorf/Meyer-Seitz StV 1985, 73; Lüderssen StV 1985, 178; Schünemann StV 1985, 424 (427); Schünemann GA 1986, 293 (319); Sommer JR 1986, 485; Drywa, Die materiell-rechtlichen Probleme des V-Mann-Einsatzes, 1986; Keller, Rechtliche Grenzen der Provokation von Straftaten, 1989, S. 277; Schwarzburg, Tatbestandsmäßigkeit und Rechtswidrigkeit der polizeilichen Tatprovokation, 1991, S. 17, 35; BGH NStZ 1995, 469; Krey, Rechtsprobleme des strafprozessualen Einsatzes Verdeckter Ermittler einschließlich des „Lauschangriffs“ zu seiner Sicherung und als Instrument der Verbrechensaufklärung, 1993, Rn. 70–93, 431–632; Harzer StV 1996, 336; Paeffgen FG BGH, 2000, 695 (723) Fn. 130; Kreuzer FS Schreiber, 2005, 225 (234); Dann, Staatliche Tatprovokation im deutschen, englischen und schottischen Recht, 2006; Köhler StrafR AT S. 530; Roxin StrafR AT II § 26 Rn. 154–157; Zieschang in LK-StGB § 34 Rn. 17a; Hoyer in SK-StGB Vor § 26 Rn. 60–66; Heine/Weißer in Schönke/Schröder, Rn. 21–24; → Vor § 32 Rn. 24). Dasselbe gilt für die damit unmittelbar zusammenhängende, hier nicht zu erörternde Frage, ob und unter welchen Voraussetzungen zu Gunsten des Provozierten ein Verfahrenshindernis (nur ausnahmsweise nach BGHSt 46, 159 (168) = NJW 2001, 1146), sonst ein Verfahrensmangel, ein Beweisverwertungsverbot, ein Strafausschließungsgrund (für einen vortatbestandlichen Strafrechtsausschließungsgrund v. Danwitz, Staatliche Straftatbeteiligung, 2005, S. 225, 329 mit krit. Bespr. Renzikowski ZStW 119 (2007), 137 (145)) oder ein Strafmilderungsgrund (→ Vor § 32 Rn. 33; → § 46 Rn. 30, 33; BGHSt 45, 321 = NJW 2000, 1123); angenommen werden kann (eing. Roxin, Die Rechtsfolgen schwerwiegender Rechtsstaatsverstöße in der Strafrechtspflege, 3. Aufl. 2000; vgl. auch Roxin FS Kreuzer, 2009, 613 (631); Beulke/Swoboda StrafProzR Rn. 288; Hellmann StrafProzR Rn. 171; Roxin/Schünemann StrafVerfR § 37 Rn. 7); eine sog. Gleichbehandlungslösung von proviziertem und Provokateur schlägt Schünemann (in LK-StGB Rn. 62–72) vor (knapper Roxin/Schünemann StrafVerfR § 37 Rn. 8). Vgl. zur Strafbarkeit des Pro- 4a vokateurs auch Eidam FS Neumann, 2017, 723; de lege ferenda für Orientierung an § 9a II S. 3 BVerfSchG Greco GA 2021, 672 (681). – Im Koalitionsvertrag der „Ampel"-Koalition ist eine gesetzliche Regelung dieser Problematik vorgesehen.

5 **b)** In **Bezug auf die Haupttat ausreichend konkretisiert** (→ Rn. 4) ist nach hM der Vorsatz, wenn ihm die Vorstellung einer in ihren Grundzügen, namentlich ihrem wesentlichen Unrechtsgehalt und ihrer Angriffsrichtung, umrissene, nicht notwendig schon in allen Einzelheiten umschriebene Tat zugrundeliegt (vgl. etwa BGHSt 15, 276 = NJW 1961, 518; BGHSt 34, 63 = NJW 1986, 2770 mkritAnm Roxin JZ 1986, 908; zum Fall auch Jäger ExRep StrafR AT Rn. 258; BGHSt 42, 332 = NStZ 1997, 234 mAnm Schlüchter/Duttge NStZ 1997, 595; BGHSt 50, 1 (7) = NJW 2005, 996 mkritAnm Jäger JR 2005, 477; Puppe JZ 2005, 902 (904); BGH NStZ-RR 2004, 40; NStZ 2006, 96; Bülte/Hagemeier NStZ 2015, 317 (321); Magnus NStZ 2015, 57 (60); krit. Puppe NStZ 2006, 424; Warneke, Die Bestimmheit des Beteiligtenvorsatzes, 2007, S. 172); richtigerweise ist das Erfordernis der Haupttatkonkretisierung schon im objektiven Tatbestand (beim Begriff des Bestimmens oder bei der objektiven Zurechnung) zur Geltung zu bringen (vgl. Herzberg JuS 1987, 617; Weßlau ZStW 104 (1992), 105; Bock JA 2007, 599 (601); Kretschmer Jura 2008, 265 (267); Koch/Wirth JuS 2010, 205; Roxin FS Stree/Wessels, 1993, 365; Roxin StrafR AT II § 26 Rn. 134; Heinrich StrafR AT Rn. 1305; Frister StrafR AT § 28 Rn. 24; Kühl StrafR AT § 20 Rn. 188; aM Satzger Jura 2008, 514 (518); Rengier StrafR AT § 45 Rn. 54). Die bloße Bestimmung eines anderen zur Begehung irgendwelcher unbestimmter oder nur nach dem gesetzlichen Tatbestand (zB Diebstahl) umschriebener Taten genügt danach regelmäßig nicht. Auch die etwas weitergehende Individualisierung durch bloße Angabe abstrakter Tattypen (zB Bankraub) oder Tatobjekte (zB Gelddiebstahl) ändert daran im Allgemeinen nichts (BGHSt 34, 63 (66) = NJW 1986, 2770; Magnus NStZ 2015, 57). Gefordert wird vielmehr mindestens die Vorstellung der „wesentlichen Dimensionen" des Haupttatunrechts (so Roxin FS Stree/Wessels, 1993, 365; Roxin FS Salger, 1995, 129) oder die Vorstellung eines nicht einheitlich definierten zeitlichen oder örtlichen Rahmens, innerhalb dessen sich die Haupttat abspielen soll (BGHSt 34, 63 (66) = NJW 1986, 2770; auch bei einer Mehrzahl von Haupttaten, BGH NStZ 2002, 200; ähnlich Fad, Die Abstandnahme des Beteiligten von der Tat im Vorbereitungsstadium, 2005, S. 191 „umrisshaft individualisiertes Geschehen"). Alle diese Versuche der Begrenzung sind zwar hilfreich, aber nicht abschließend. Entscheidend ist nämlich allein, ob der Anstifter in Bezug auf alle Umstände der Haupttat vorsätzlich handelt (§ 16 I) und ob er Angriffsziel oder Angriffsrichtung maßgeblich beeinflussen will; deshalb kann es auch nur darauf ankommen, ob das im Einzelfall feststellbare Maß an Konkretisierung ausreicht, um den Vorsatz des Anstifters nach den allgemeinen Regeln zu begründen (Wolf JR 1992, 428; Wild JuS 1992, 911; ähnlich BGH NStZ 1996, 434) und seinen Willen zu bestimmender Einflussnahme hinreichend deutlich zu machen (beachte dazu Ingelfinger, Anstiftervorsatz und Tatbestimmtheit, 1992, S. 175, 210). – In **Bezug auf den Haupttäter nicht ausreichend konkretisiert** ist die Aufforderung eines individuell unbestimmten Personenkreises zur Begehung bestimmter Taten (OLG Hamm VRS 26, 105; Rogall GA 1979, 11 (12); aM Dreher FS Gallas, 1973, 307 (321); ähnlich Hoyer in SK-StGB Vor § 26 Rn. 55; → § 111 Rn. 1, 3), wohl aber die Aufforderung an die eine oder andere unbestimmte Person aus einem individuell bestimmten Personenkreis (BGH NJW 1994, 2703 (2705); Roxin StrafR AT II § 26 Rn. 148).

c) Der **Irrtum** des Anstifters über Abweichungen des Kausalverlaufs ist ebenso zu beurteilen wie beim Täter. Dagegen verfehlt beim Irrtum des Haupttäters über das Tatobjekt (→ § 15 Rn. 13) der Rechtsgutsangriff des Anstifters infolge der Objektsverwechslung sein Ziel; er wirkt sich daher meistens, wenn auch nicht in jedem Falle, als aberratio ictus aus (Schünemann/Greco in LK-StGB Rn. 84–90; Freund/Rostalski StrafR AT § 10 Rn. 130–132). Die von der Rspr. inzwischen bevorzugte und dem Rechtsgefühl auch besser entsprechende Gleichbehandlung von Haupttäter und Anstifter (BGHSt 37, 214 = NJW 1991, 933; BGH NStZ 1998, 294; zu BGHSt 37, 214 = NJW 1991, 933 unter dem Gesichtspunkt einer Mittäterschaft im Vorbereitungsstadium Zieschang ZStW 107 (1995), 361 (365)) ist in ihrer Begründung mit den für die aberratio ictus anerkannten Regeln nicht vereinbar (Roxin JZ 1991, 680 und Roxin FS Spendel, 1992, 289; Schlehofer GA 1992, 307; Bemmann FS Stree/Wessels, 1993, 397; Sowada Jura 1994, 37 (41); Erb FS Frisch, 2013, 389 (398); Heinrich StrafR AT Rn. 1307–1311; Jescheck/Weigend StrafR S. 690; Joecks/Jäger StGB Rn. 31–33; Köhler StrafR AT S. 528; Jäger ExRep StrafR AT Rn. 262). Die im Schrifttum unternommenen Versuche, diese Rspr. zu stützen, gehen von divergierenden dogmatischen Ansätzen aus (Puppe NStZ 1991, 124; Streng JuS 1991, 910; Geppert Jura 1992, 163; Weßlau ZStW 104 (1992), 105; Küpper JR 1992, 294; Stratenwerth FS Baumann, 1992, 57; Gropp FS Lenckner, 1998, 55; Schroth, Vorsatz und Irrtum, 1998, S. 107; Haft/Eisele GS Keller, 2003, 81 (82, 96); Nikolidakis, Grundfragen der Anstiftung, 2004, S. 113, 177; Heger JA 2008, 859 (865); Wessels/Beulke/Satzger StrafR AT Rn. 579; Zieschang StrafR AT Rn. 743–746; Sternberg-Lieben in Schönke/Schröder, § 15 Rn. 59a; sowie Heine/Weißer in Schönke/Schröder, Rn. 26; vgl. auch Streng ZStW 109 (1997), 862 (895)). Eine Klärung des Streitstandes haben sie noch nicht erreicht (zum Streitstand Kindhäuser/Hilgendorf in LPK-StGB Vor § 25 Rn. 73–77; zusf. Lubig Jura 2006, 655 (658)). Als diskussionswürdiges Abgrenzungskriterium bietet sich aber die Fragestellung an, ob der Haupttäter sich im Rahmen der Vorgaben des Anstifters zur Identifizierung des Opfers gehalten hat (so namentlich Stratenwerth FS Baumann, 1992, 57; ähnlich Kindhäuser/Zimmermann StrafR AT § 41 Rn. 36–38; Rengier StrafR AT § 45 Rn. 58; Hoyer in SK-StGB Vor § 26 Rn. 49–53; krit. Walter Kern des Strafrechts S. 288). – Zur Behandlung des Irrtums über die Qualität des Vormanns als Haupttäter oder bloßer Tatmittler → Vor § 25 Rn. 10; → § 25 Rn. 5. 6

5. Die **Haupttat** (die vorsätzlich begangene rechtswidrige Tat, → Vor § 25 Rn. 9) muss – durch die Anstiftung verursacht oder mitverursacht – begangen worden sein. Versuch genügt, wenn er als solcher mit Strafe bedroht ist (hM; vgl. etwa Deiters JuS 2006, 302 (303); Kühl StrafR AT § 20 Rn. 137; Schild in NK-StGB Rn. 32); ebenso die Vorsatz-Fahrlässigkeits-Kombination, wenn sich die Anstiftung auf deren Vorsatzelement bezieht (OLG Stuttgart MDR 1976, 335; → § 11 Rn. 25; beachte auch Schroeder JuS 1994, 846; abweichend verlangt Vorsatz auch hinsichtlich des Gefährdungsteils Noak JuS 2005, 312). Vorbehaltlich der Modifikationen durch § 28 (→ § 28 Rn. 2–12) werden die Grenzen der Haftung des Anstifters durch die Haupttat bestimmt. Deshalb liegt nur Anstiftung zum Grunddelikt vor, wenn der Haupttäter trotz Aufforderung zum qualifizierten Delikt (zB Meineid, schwerer Raub) nur das Grunddelikt begeht (zB falsche Aussage, einfacher Raub); damit trifft uU versuchte Anstiftung zu dem qualifizierten Delikt (§ 30 I) tateinheitlich zusammen (BGHSt 9, 131 = NJW 1956, 1038); dies soll nach der Rspr. auch gelten, wenn der Haupttäter entgegen der Vorstellung des Anstifters nur einen Totschlag und keinen Habgier-Mord begeht (BGHSt 50, 1 (9) = NJW 2005, 996; 7

→ § 30 Rn. 10). Im Übrigen haftet der Anstifter nur im Rahmen der von ihm vorgestellten Tat, wobei es auf unwesentliche Abweichungen nicht ankommt (BGH LM Nr. 37 zu § 154 StGB; sa BGH NJW 1987, 77; weiter Montenbruck ZStW 84 (1972), 323). Ein Tatbestandsirrtum (§ 16) kommt ihm deshalb zugute. Für einen Exzess (→ § 25 Rn. 17) des Haupttäters haftet er nicht (RGSt 60, 1; diff. Weßlau ZStW 104 (1992), 105; eing. Altenhain, Die Strafbarkeit des Teilnehmers beim Exzess, 1994). Zu seiner Haftung bei erfolgsqualifizierten Delikten → § 18 Rn. 5–7.

8 **6.** Wer einen anderen zur Anstiftung anstiftet **(Kettenanstiftung),** begeht (mittelbare) Anstiftung zur Haupttat ohne Rücksicht auf die Zahl der Zwischenpersonen (BGHSt 6, 359 = NJW 1954, 1896; eing. Joerden, Strukturen des strafrechtlichen Verantwortlichkeitsbegriffs, 1988, S. 137; Selter, Kettenanstiftung und Kettenbeihilfe, 2008 mit Bespr. Murmann GA 2009, 444; sa Kühl/Hinderer JuS 2010, 697; Magnus NStZ 2015, 60). Er braucht weder den Haupttäter noch die Zahl der Zwischenglieder zu kennen (BGH NStZ 1994, 29) und kann sich auch eines gutgläubigen Mittelsmannes bedienen (BGHSt 8, 137 = NJW 1955, 1642; krit. Gallas JR 1956, 226; Meyer JuS 1973, 755). Wenn mehrere sich an einer Anstiftung beteiligen oder zum Tatentschluss eines anderen beitragen, können sie untereinander in demselben Verhältnis wie Mittäter und Teilnehmer (BGH NStZ 2000, 421; Roxin StrafR AT II § 25 Rn. 238; Heine/Weißer in Schönke/Schröder Rn. 5; aM Schmitt Jura 1982, 549 (553)) oder wie Nebentäter (OLG Düsseldorf SJZ 1948, 470) stehen; der hier als Gehilfe Beteiligte leistet (mittelbare) Beihilfe zur Haupttat (BGH NStZ 1996, 562; NStZ 2000, 421; NJW 2006, 2935 mablAnm Müller StV 2007, 531; BGH NStZ 2009, 392; OLG Bamberg NJW 2006, 2935; Heinrich StrafR AT Rn. 1344; Kühl StrafR AT § 20 Rn. 242b; Roxin StrafR AT II § 26 Rn. 178; → Vor § 25 Rn. 13).

9 **7.** Zum **Rücktritt** von der Anstiftung → § 24 Rn. 24–28; zur Abstandnahme im Vorbereitungsstadium → § 24 Rn. 28; Fad JA 2002, 745; sowie Angerer, Rücktritt im Vorbereitungsstadium, 2004, S. 205, auch zu den Sonderfällen der vorübergehenden und des vermeintlichen Umstimmens des Täters (S. 232, 235).

10 **8.** Ob **mehrfache** Anstiftung oder Anstiftung zu mehreren Taten eine **Handlungseinheit oder -mehrheit** bildet, ist nicht nach der Haupttat, sondern allein nach der Einheit oder Mehrheit der Anstiftungshandlungen zu beurteilen (→ Vor § 52 Rn. 22). – Verwirklicht der Täter mit seiner Anstiftungshandlung (zB Anstiftung zur Steuerhinterziehung gem § 370 AO) zugleich selbst eine Straftat (zB Steuerhehlerei gem § 374 AO), der gegenüber die Anstiftung (zu § 370 AO) bloß mitbestrafte Vortat ist, entfällt eine tateinheitliche Anstiftungs-Strafbarkeit (BGHSt 64, 152 = NJW 2020, 412 mAnm Gehm wistra 2020, 161).

§ 27 Beihilfe

(1) **Als Gehilfe wird bestraft, wer vorsätzlich einem anderen zu dessen vorsätzlich begangener rechtswidriger Tat Hilfe geleistet hat.**

(2) **[1]Die Strafe für den Gehilfen richtet sich nach der Strafdrohung für den Täter. [2]Sie ist nach § 49 Abs. 1 zu mildern.**

1 **1. Gehilfe** ist, wer vorsätzlich einem anderen zu dessen vorsätzlich (nicht fahrlässig) begangener rechtswidriger Tat (→ § 11 Rn. 18; → Vor § 25 Rn. 9; → § 29 Rn. 1) Hilfe leistet. Beihilfe kann auch zur Anstiftung zu einer Straftat geleistet wer-

den (OLG Bamberg NJW 2004, 2935 (2937)). Gehilfe ist auch, wer die Tatförderung eines weiteren Gehilfen unterstützt (sog. „Beihilfe zur Beihilfe"; vgl. BGH NJW 2001, 2409 mit Bespr. Kudlich JuS 2002, 751; Stratenwerth/Kuhlen StrafR AT § 12 Rn. 224). Er darf nicht selbst Tatherrschaft – sei es auch nur zusammen mit dem anderen – haben (sonst Mittäterschaft, → § 25 Rn. 11). Fahrlässige Beihilfe ist nicht als solche strafbar, kann es aber als Täterschaft eines Fahrlässigkeitsdelikts sein (→ Vor § 25 Rn. 2; aM Spendel JuS 1974, 749; einschr. auch Bindokat JZ 1986, 421). Vorsätzliche Beihilfe zu fahrlässiger Tat ist uU als mittelbare Täterschaft (→ § 25 Rn. 2–4) erfassbar. Beihilfe liegt auch vor, wenn der Gehilfe seine Rolle im Tatgeschehen überschätzt, ihr täterschaftliches Gewicht beimisst (Bloy ZStW 117 (2005), 3 (30)). Die Haupttat kann auch ein eigenhändiges Delikt (→ § 25 Rn. 3), ein Sonderdelikt (→ Vor § 13 Rn. 33) oder eine mitbestrafte Nachtat (RGSt 67, 70; → Vor § 52 Rn. 32; → Rn. 8) sein. Überblick zur Beihilfe Kühl JA 2014, 668 (672, 673); Grundfälle bei Seher JuS 2009, 793; zum Prüfungsaufbau Gaede JA 2007, 757. Zur erstmals entschiedenen Beihilfe zum Mord in 300.000 Fällen durch Dienst im KZ als „überfälliges Stück Rechtsgeschichte" Momsen StV 2017, 546 zu BGHSt 61, 252 = NJW 2017, 498 mAnm Grünewald; Fahl HRRS 2017, 167; Safferling JZ 2017, 238; sa Kühl StrafR AT § 20 Rn. 233, 242. Zum Komplex „NS-Mordbeihilfe" Küper JZ 2017, 229. Zu Massentötungen durch KZ-Aufseher Heinrich Jura 2017, 1367.

2. a) Hilfeleisten ist ein für die Begehung der Haupttat im Sinne der condicio-sine-qua-non-Formel oder Lehre von der gesetzmäßigen Bedingung (→ Vor § 13 Rn. 10) kausaler Tatbeitrag, der die Rechtsgutsverletzung ermöglicht oder verstärkt oder die Durchführung der Tat erleichtert oder absichert und der nicht Täterschaft (→ § 25 Rn. 1, 2, 7) oder Anstiftung ist (→ § 26 Rn. 1–2b); zusf. Geppert Jura 2007, 589; sa Magnus NStZ 2015, 57. Ob die Haupttat ohne die Beihilfe unterblieben oder fehlgeschlagen wäre, ist idR unerheblich, weil ein Tatbeitrag seine Wirkung nicht dadurch verliert, dass im Falle seines Ausbleibens eine andere, aber konkret nicht wirksam gewordene Bedingung (hypothetische Ersatzbedingung) an seine Stelle getreten wäre (OLG Frankfurt a. M. NStZ-RR 2005, 184 (186); Geppert Jura 1999, 266 (268); Roxin StrafR AT II § 26 Rn. 184; Hoyer in SK-StGB Rn. 9; → Vor § 13 Rn. 10). Deshalb genügt im Allgemeinen das Schaffen günstigerer Vorbedingungen für die Haupttat, zB psychische Stärkung der Tatbereitschaft, Erleichterung der Tatausführung, Übernahme von Abwehr- oder Warnfunktionen gegen mögliche Störungen, Beschleunigung des Taterfolgs usw (zur Begrenzung beachte BGH NStZ 1985, 318; abl. für die Zusage einer unbedeutenden Hilfeleistung vor Tatbegehung BGH NJW 2013, 2211 (2212); speziell beim „Schmiere stehen"BGH StraFo 2012, 151). Über dieses Ergebnis besteht – von Grenzfällen abgesehen (dazu Spendel FS Dreher, 1977, 167 (174)) – Einigkeit. Umstritten ist jedoch die Begründung. Die Rspr. glaubt, auch für den Erfolg „nichtkausales" Fördern oder Erleichtern der Tat einbeziehen zu müssen (zB BGHSt 46, 107 (109) = NJW 2000, 3010; BGHSt 54, 140 = NJW 2010, 248 mit zu Recht krit. Bespr. Möller StV 2010, 250; Satzger JK StGB § 27 Rn. 22; zust. aber Mosbacher NStZ 2010, 457; BGH NStZ 1983, 462 mAnm Winkler; BGH NJW 2001, 2409; NJW 2002, 1963 (1965); NStZ 2004, 499; NJW 2007, 384 mit krit. Bespr. Jahn JuS 2007, 382; Kudlich JA 2007, 309; Satzger JK StGB § 27 Rn. 20; BGH NStZ 2012, 316; NStZ 2013, 483; vgl. jedoch BGH NJW 2008, 1460 mAnm Weber NStZ 2008, 467; dagegen BGH StraFo 2008, 310, zu beiden Entscheidungen Schmidt NJW 2009, 3000; OLG Stuttgart wistra 2000, 392; OLG Düsseldorf 2

StraFo 2002, 21; OLG Frankfurt a. M. NStZ-RR 2005, 184 (186); sa Zieschang FS Küper, 2007, 733 (745); krit. Timpe JA 2012, 430 (432); Fischer Rn. 14b), ohne allerdings erkennbar zu machen, dass in der Mehrzahl der mit der „Förderungsformel" entschiedenen Fälle in Wahrheit Ursächlichkeit gegeben war (Samson, Hypothetische Kausalverläufe im Strafrecht, 1972, S. 55; krit. zur sog. Förderungsformel Osnabrügge, Die Behilfe und ihr Erfolg, 2002, S. 17); daran soll es fehlen, wenn der Täter eines Dauerdelikts zu dessen Fortsetzung schon fest entschlossen ist (BayObLG NJW 2002, 1663 mit abl. Bespr. König NJW 2002, 1623; OLG Düsseldorf StraFo 2002, 21; anders jetzt OLG Frankfurt a. M. NStZ-RR 2005, 184). Im Schrifttum wird zT auf sog. „Zufluss- oder Verstärkerkausalität" abgestellt (Class FS Stock, 1966, 126; Dreher MDR 1972, 553; Letzgus, Vorstufen der Beteiligung, 1972, S. 71, 75; sa Murmann JuS 1999, 548 (551), der eine Verschlechterung der Opferlage verlangt), die aber im Sinne der gesetzmäßigen Bedingung Kausalität ist und daher keine Erweiterung des Haftungsrahmens bedeutet (Samson FS Peters, 1974, 121 (123); Roxin FS Miyazawa, 1995, 501 (502); Otto FS Lenckner, 1998, 193 (195); Geppert Jura 1999, 266. Zur Grenzziehung werden auch – zT unter ausdrücklicher Verneinung des Kausalitätserfordernisses – Gesichtspunkte der Risikoerhöhung (Salamon, Vollendete und versuchte Beihilfe, 1968; Schaffstein FS Honig, 1970, 169; Otto FS Lenckner, 1998, 193 (196); Ranft ZStW 97 (1985), 269; sa Küper JuS 1986, 862 (864); Murmann JuS 1999, 548 (550); sowie Theile, Tatkonkretisierung und Gehilfenvorsatz, 1999, S. 54, 74, kausale Risikoerhöhung; zur Beihilfe als Risikosteigerung Heghmanns FS Roxin II, 2011, 867 (872)), der abstrakten Gefährdung (Herzberg GA 1971, 1), der Zurechnung nach Wahrscheinlichkeitsgesetzen (Osnabrügge, Die Behilfe und ihr Erfolg, 2002, S. 214, 262) oder der Solidarisierung mit dem Haupttäter (Vogler FS Heinitz, 1972, 295; Schumann, Strafrechtliches Handlungsunrecht und das Prinzip der Selbstverantwortung der Anderen, 1986, S. 54; Schild Trappe, Harmlose Gehilfenschaft?, 1995, S. 96) herangezogen (krit. Bloy, Die Beteiligungsform als Zurechnungstypus im Strafrecht, 1985, S. 270). Bei dem gegenwärtigen Streitstand dürfte der Verzicht auf das Kausalitätserfordernis kaum gerechtfertigt sein, weil er die Abgrenzung zur versuchten, nicht mit Strafe bedrohten Beihilfe weitgehend verwischt (Spendel FS Dreher, 1977, 167 (185); Rudolphi FS Bruns, 1978, 315 (327); BGH StV 1982, 518; Gores, Der Rücktritt des Tatbeteiligten, 1982, S. 42; Roxin FS Miyazawa, 1995, 501; Geppert Jura 1999, 266 Charalambakis FS Roxin, 2001, 625; Heinrich StrafR AT Rn. 1327; Joecks/Jäger StGB Rn. 9; Schünemann/Greco in LK-StGB Rn. 2–6; anders Fad, Die Abstandnahme des Beteiligten von der Tat im Vorbereitungsstadium, 2005, S. 199, der nur eine Kausalität zwischen Gehilfenhandlung und der Handlung des Haupttäters verlangt).

2a Darüber hinaus ist eine weitere Begrenzung der Strafbarkeit durch Heranziehung von Elementen der **objektiven Zurechnung** (→ Vor § 13 Rn. 14) erforderlich (Fad, Die Abstandnahme des Beteiligten von der Tat im Vorbereitungsstadium, 2005, S. 201; Kindhäuser FS Otto, 2007, 355 (371); Kretschmer Jura 2008, 265; eing. Rogat, Die Zurechnung bei der Beihilfe, 1997, S. 47). Soweit ein an sich kausaler Tatbeitrag keine Risikoerhöhung bewirkt (fehlende Chancenerhöhung; vgl. Kühl StrafR AT § 20 Rn. 221; Neuansatz bei Hoyer FS Jakobs, 2007, 175 (188)), sondern die Chancen der Haupttat nur verringert (zB Ablenken des auf den Kopf des Opfers gezielten Schlages auf die Schulter), scheidet er aus dem Anwendungsbereich aus (Geppert Jura 1999, 266 (269); Grünewald KJ 2000, 49 (58); Jäger, Zurechnung und Rechtfertigung als Kategorialprinzipien im Strafrecht, 2006, S. 5, 19, fehlende rechtliche Verantwortung; Kühl StrafR AT § 4 Rn. 54, § 20 Rn. 221;

Hoyer in SK-StGB Rn. 23; Eisele in Schönke/Schröder Vor § 13 Rn. 94; krit. Schild in NK-StGB Rn. 5, 18; aM Köhler StrafR AT S. 147, der nur eine Rechtfertigung für möglich hält; für mutmaßliche Einwilligung Schroeder Schünemann-Symposium, 2005, 151 (161); Schumann Jura 2008, 408 (415); Kindhäuser ZStW 120 (2008), 481 (496)).

Dasselbe gilt für allgemein übliche und deshalb gesellschaftlich tolerierte **Alltagsgeschäfte** (Müller FS Schreiber, 2005, 343 (354); zusf. Tag JR 1997, 49; Geppert Jura 1999, 266 (269); Murmann JuS 1999, 548 (552); Beckemper Jura 2001, 163; Schneider NStZ 2004, 312; Kretschmer Jura 2008, 265 (269); Satzger Jura 2008, 514 (517); Frisch LdRerg 8/1620, S. 17; Hoyer in SK-StGB Rn. 24–33; krit. zum unbefriedigenden Streitstand Kindhäuser/Zimmermann StrafR AT § 42 Rn. 19–23; aus der Rspr. BGH StraFo 2004, 63; von „unverdächtigen" Handlungen spricht Rackow, Neutrale Handlungen im Strafrecht, 2007, S. 44 mit Bespr. Otto ZStW 120 (2008), 418; Kudlich GA 2008, 741). Im Schrifttum wird – soweit nicht eine Einschränkung erst im subjektiven Tatbestand, zB durch Ausscheiden bei bloßem Eventualvorsatz, gesucht wird (vgl. Ebert StrafR AT S. 215; so etwa BGH NStZ 2000, 34 mit krit. Bespr. Wessing NJW 2003, 2265; Otto FS Lenckner, 1998, 193 (214); Otto JZ 2001, 436; Ambos JA 2000, 721; BWME StrafR AT § 31 Rn. 32c; Heinrich StrafR AT Rn. 1331; sowie Fischer Rn. 18; sa Kindhäuser JahrbRuE 2005, 527 (536)) – deren Ausscheidung teils nur auf den Gesichtspunkt erlaubten Risikos (so Otto ZKredW 1994, 775 (776); Otto FS Lenckner, 1998, 193 (200); Niedermair ZStW 107 (1995), 507; Schmoller FS Triffterer, 2011, 223 (246); Wohlers NStZ 2000, 169 (173); Rabe von Kühlewein JZ 2002, 1139; beim Vorsatz auch Amelung FS Grünwald, 1999, 9) oder sozialer bzw. professioneller Adäquanz (Hassemer wistra 1995, 41 (81); Knauer ZStW 126 (2014), 844 (850, 859); Joecks/Jäger StGB Rn. 24; Stratenwerth/Kuhlen StrafR AT § 12 Rn. 161; Wessels/Beulke/Satzger StrafR AT Rn. 582a; Paeffgen in NK-StGB Vor § 32 Rn. 37–39; Lesch FS Schiller, 2014, 448; aus der Rspr. LG Landshut NStZ-RR 2009, 61 zu § 95 AufenthG; krit. Müller, Falsche Zeugenaussage und Beteiligungslehre, 2000, S. 177, 184; Beckemper Jura 2001, 163 (165); Puppe, Die Erfolgszurechnung im Strafrecht, 2000, S. 151; Otto FS Amelung, 2009, 225 (232)) und teils auch auf das Erfordernis eines besonderen, iE nicht abschließend geklärten Sinnbezugs der Teilnahme auf die Haupttat gestützt (BGHSt 46, 107 (112) = NJW 2000, 3010; BGH wistra 2014, 170; Schumann Jura 2008, 408; Frisch, Tatbestandsmäßiges Verhalten und Zurechnung des Erfolgs, 1988, S. 283, 289; ausgebaut unter Heranziehung von Notstandsprinzipien Frisch FS Lüderssen, 2002, 539 (551), die wesentliche Taterleichterung und die sehr nahe liegende Möglichkeit einer Straftatbegehung verlangen; krit. Robles Planas GA 2008, 18, der für Grenzfälle auf die Strafbarkeit nach §§ 138, 323c hinweist; Meyer-Arndt wistra 1989, 281; Hefendehl Jura 1992, 374 (376); Roxin FS Stree/Wessels, 1993, 365 (378); Roxin StrafR AT II § 26 Rn. 221, 228; Jakobs GA 1996, 253 (260); Jakobs StrafR AT § 24 Rn. 13, 17; Wohlleben, Beihilfe durch äußerlich neutrale Handlungen, 1996, S. 120; Lüderssen FS Grünwald, 1999, 329 (341); Ransiek wistra 1997, 41; Weigend FS Nishihara, 1998, 197; Lesch JA 2001, 986; Schall GS Meurer, 2002, 103 (115); Puppe in NK-StGB Vor § 13 Rn. 167–170, 176, 177; Freund/Rostalski StrafR AT § 10 Rn. 138–142; Gropp/Sinn StrafR AT § 10 Rn. 154b; Heine/Weißer in Schönke/Schröder Rn. 10, 11; Schünemann/Greco in LK-StGB Rn. 17; krit. Müller, Falsche Zeugenaussage und Beteiligungslehre, 2000, S. 169; Beckemper Jura 2001, 163 (167); zusf. Hillenkamp/Cornelius StrafR AT Problem 28, S. 203–216; Kühl StrafR AT § 20 Rn. 222; gegen jegliche Sonderkriterien Hartmann ZStW 116 2b

(2004), 585; für eine grundrechtsorientierte Auslegung Kudlich JZ 2003, 127). Zur japanischen Diskussion Yamanaka FS Jakobs, 2007, 767.

2c Praktische Bedeutung hat die Frage auch für **berufsbedingte Handlungen** (zB eines Notars, BGH NStZ-RR 1999, 184 (186) mit zust. Bespr. Otto JK StGB § 27 Rn. 13; eines Geschäftsführers eines Finanzdienstleistungsunternehmens BGH StV 2014, 474 mAnm Boll/Orlowski; BGH NZWiSt 2014, 143; eines Rechtsanwalts, BGH NStZ 2000, 34 mit Bespr. Wohlers NStZ 2000, 169; Ignor StraFo 2001, 42; BGH NStZ 2017, 337; wistra 2021, 22; NJW 2021, 247 mAnm Brand; eines firmenexternen Steuerberaters, OLG Köln BeckRS 2011, 03078; BGH StraFo 2014, 462 (464); sa Trüg ZWH 2014, 436; Putzke ZJS 2014, 635; oder eines Arbeitgebers, BGH NJW 2002, 1963 (1965); sa BGH wistra 2000, 459 (460); NStZ-RR 2001, 241; sowie BGH NJW 2001, 2409 mit Bespr. Kudlich JuS 2002, 751 „berufstypische Mitwirkung bei der Erstellung von Jahresbefehlen zur Grenzsicherung der DDR"; zum Handeltreiben nach dem BtMG OLG Düsseldorf StV 2003, 626; BGH NStZ-RR 2015, 343; sowie BGH NStZ 2017, 337 mit Praxiskommentar Kudlich; und BGH HRRS 2017, 215; zum „Schmuggel" BGH wistra 2005, 227 (228); zu § 266 BGH NJW 2006, 522 (528), krit. Rackow, Neutrale Handlungen im Strafrecht, 2007, Fn. 1494; Kühl StrafR AT § 20 Rn. 222b, Zahlung von Anerkennungsprämien; BGH NJW 2014, 401, mit Lastschrifteneinzug Beauftragter, mkritAnm Greco wistra 2015, 1; eing. Wolff-Reske, Berufsbedingtes Verhalten als Problem mittelbarer Erfolgsverursachung, 1995; Kudlich, Die Unterstützung fremder Straftaten durch berufsbedingtes Verhalten, 2004; speziell zu Anwaltstätigkeiten Rogat, Die Zurechnung bei der Beihilfe, 1997, S. 152, 178, zu ärztlicher Tätigkeit Mitsch JahrbRuE 2007, 203 (205); auch Magnus NStZ 2015, 57 (59); namentlich von Bankbediensteten in Bezug auf Steuerhinterziehung von Bankkunden erlangt (expl. BGHSt 46, 107 = NJW 2000, 3010 mit Bespr. Jäger wistra 2000, 344; Kudlich JZ 2000, 1178; Lesch JR 2001, 383; BGH NJW 2003, 2996; LG Wuppertal wistra 1999, 473 (474); LG Bochum NJW 2000, 1430; vgl. auch schon BGH wistra 1988, 261; aus dem Schrifttum vgl. Carl/Klos wistra 1994, 211; Löwe-Krahl wistra 1995, 210; Ransiek wistra 1997, 41; Otto FS Lenckner, 1998, 193 (220); Schünemann GA 1999, 207 (224); Behr wistra 1999, 245 (247); Harzer/Vogt StraFo 2000, 39; Pilz, Beihilfe zur Steuerhinterziehung durch neutrale Handlungen von Bankmitarbeitern, 2001; zum berufsbedingten Vorschubleisten iSd § 233a aF Kudlich FS Roxin II, 2011, 881.

2d Nach dieser **Rspr.** liegt eine Beihilfe begründende Solidarisierung mit dem Täter zum einen dann vor, wenn der Hilfeleistende sicher weiß, dass das Handeln des Täters ausschließlich auf die Begehung einer Straftat abzielt, zum anderen dann, wenn der Hilfeleistende zwar nur mit einer Straftatbegehung rechnet, die Tatgeneigtheit des Täters aber erkennt und deshalb das Risiko einer Tatbegehung hoch ist; in beiden Konstellationen verliert der Tatbeitrag seinen Charakter als berufstypische, neutrale Handlung (zur Entwicklung der Rspr. vgl. Roxin StrafR AT II § 26 Rn. 247–254; s. etwa BGH StraFo 2014, 462 (464); NStZ 2017, 461; NStZ-RR 2021, 7). Diese subjektiv ansetzende Differenzierung findet sich auch in der **Rechtslehre** (vor allem bei Roxin StrafR AT II § 26 Rn. 218–246, aber auch bei BWME StrafR AT § 31 Rn. 32c), doch erscheint eine vorrangige Orientierung an objektiven Kriterien wie vor allem dem erlaubten Risiko (Kühl StrafR AT § 20 Rn. 222a), aber auch dem deliktischen Sinnbezug vorzugswürdig; beides freilich Kriterien, die einer Konkretisierung bedürfen, zu der auch subjektive Gesichtspunkte wie sicheres Wissen oder bloße Erkennbarkeit herangezogen werden können. Eine Annäherung von Rspr. und Rechtslehre scheint deshalb möglich. Einen zustimmungsfähigen objektiv-subjektiven Ansatz, der Beihilfe bei unbedingtem Vorsatz annimmt, bei bedingtem Vorsatz aber zusätzlich „trifftige Anhaltspunkte" für die deliktische Verwendung „gerade die erbrachten Leistung" verlangt, formuliert Kudlich (Die Unterstützung fremder Straftaten durch berufsbedingtes Verhalten, 2004, S. 534 (mit Bespr. Pawlik GA 2006, 240), der die mögliche „Kompensation objektiver Strafbarkeitsmängel durch subjektive Gegebenheiten" kritisiert; sa Kudlich JA 2013, 791; zu Kudlich auch Rackow, Neutrale Handlungen im Strafrecht, 2007, S. 38, 238, 542, der selbst nach Fallgestaltungen differenziert; krit. auch Kindhäuser FS Otto, 2007, 355 (371), der eine „tatbestandsspezifische Risikosteigerung" verlangt). Ein weiterer Anwendungsbereich tut sich beim Betrieb eines „Anonymisierungsservers" auf, in dessen Schatten ein Nutzer anonym Straftaten begehen kann (näher Kudlich in Hilgendorf, Informationsstrafrecht und Rechtsinformatik, 2004, S. 12, 20, der Fälle ausschließt, in denen der Betreiber die Begehung einer Straftat nur „allgemein" für möglich hält). Zur Fallbearbeitung im Gutachten Rotsch Jura 2004, 14.

b) Hilfeleisten ist **zeitlich** schon möglich, wenn die Haupttat erst vorbereitet wird (BGHSt 28, 346 (348) = NJW 1979, 1721; BGHSt 46, 107 (117) = NJW 2000, 3010; BGH NJW 1985, 1035; NJW 2001, 2409; NStZ-RR 2006, 87; NStZ 2013, 483), selbst wenn der Haupttäter noch nicht zur Tat entschlossen (RGSt 28, 287; BGHSt 2, 344 = NJW 1952, 1146; Roxin StrafR AT II § 26 Rn. 256) oder diese für den Gehilfen noch nicht konkretisiert ist (RGSt 31, 35). Sie soll nach der Rspr. noch möglich sein, wenn die Haupttat vollendet, aber im Sinne einer verbreiteten Meinung (→ Vor § 22 Rn. 2) noch nicht beendigt ist (BGHSt 6, 248 (251) = NJW 1954, 1495; BGH NJW 1985, 814; NJW 1990, 654; NStZ 2007, 35 mit Bespr. Kudlich JA 2007, 308; BGH NStZ 2008, 280 mit krit. Bespr. Walter NStZ 2008, 548; BGH NStZ-RR 2015, 13 (14); NStZ-RR 2019, 6; OLG Düsseldorf MDR 1988, 515; speziell beim Dauerdelikt BGH NStZ 2004, 44; ebenso Frister StrafR AT § 28 Rn. 50; Jescheck/Weigend StrafR S. 692; Krey/Esser StrafR AT Rn. 1088; Wessels/Beulke/Satzger StrafR AT Rn. 583; deutlich auch Satzger JK StGB § 27 Rn. 25; Heine/Weißer in Schönke/Schröder Rn. 20; Fischer Rn. 6; sa BayObLG NStZ-RR 1999, 314; NStZ 1999, 568; zust. Grabow/Pohl Jura 2009, 656); dem ist für tatbestandlose „Beendigungsphasen" wie zB der Beutesicherungsphase nach einem Diebstahl oder Raub – nicht für Dauerdelikte – zu widersprechen (Kühl FS Roxin, 2001, 665 (679), Kühl JuS 2002, 729 (733); Kühl StrafR AT § 20 Rn. 233; ebenso Herzberg, Täterschaft und Tatherrschaft, 1977, S. 71; Rudolphi FS Jescheck, 1985, 559; Geppert Jura 2007, 589, 591 Fn. 42; Schmitz, Unrecht und Zeit, 2001, S. 199; Brüning NStZ 2006, 253 (254); Sengbusch Jura 2007, 623 (629); Hsueh, Abschied vom Begriff der Tatbeendigung, 2013, S. 228; Heinrich StrafR AT Rn. 1324; Jakobs StrafR AT Abschn. 22 Rn. 40; Köhler StrafR AT S. 536; Rengier StrafR AT § 45 Rn. 124; Zieschang StrafR AT Rn. 761; Hoyer in SK-StGB Rn. 18; Joecks/Jäger StGB Rn. 12; Kindhäuser/Hilgendorf in LPK-StGB Rn. 22; Roxin StrafR AT II § 26 Rn. 259–262; Schild in NK-StGB Rn. 17; Schünemann/Greco in LK-StGB Rn. 42; → § 142 Rn. 40; rechtsvergleichend Schmoller GS Zipf, 1999, 295 (303), zum polnischen Recht Kaczmarek FS Rudolphi, 2004, 123 (134)); jedoch können dem Gehilfen, der sich erst während der Begehung der Haupttat beteiligt, schon zuvor eingetretene Tatfolgen nur nach den für die sukzessive Mittäterschaft geltenden Regeln (→ § 25 Rn. 10, 12) zugerechnet werden (BGH NStZ 1994, 123 mit krit. Bespr. Otto JK StGB § 27 Rn. 10; beachte auch Lesch, Das Problem der sukzessiven Bei- 3 hilfe, 1992). Folgt man der Rspr., so hängt die Frage, ob Beihilfe nach Vollendung oder Begünstigung vorliegt, von der Willensrichtung ab; Überschneidungen sind dann möglich (BGHSt 4, 132 (133) = NJW 1953, 992; OLG Köln NJW 1990, 587; Furtner JR 1966, 169; Piatkowski/Saal JuS 2005, 979 (981); krit. Roxin StrafR AT II § 26 Rn. 261; aM Vogler FS Dreher, 1977, 405 (416); Seelmann JuS 1983, 32 (33); Laubenthal Jura 1985, 630; sa Weisert, Der Hilfeleistungsbegriff bei der Begünstigung, 1999, S. 217; zw.). Nach Beendigung der Haupttat ist Beihilfe ausgeschlossen (BGH NStZ 2000, 31 zu §§ 249, 257; BGH NStZ 2008, 152 zu § 242; BGH wistra 2009, 113 (114) zu § 263; BGH wistra 2012, 302 zu § 263a – „Phishing"; BGH NJW 2013, 220 (221 f.) zu § 242, nach Sicherung des Gewahrsams; OLG Düsseldorf NStZ-RR 2005, 336 (337) mit zust. Bespr. Geppert JK StGB § 27 Rn. 19; Brüning NStZ 2006, 253 zu § 203; → § 203 Rn. 28; Geppert Jura 2007, 589 (593); speziell zu § 353b → § 353b Rn. 13a „Fall Cicero" des BVerfG NJW 2007, 1120). Auch die Beihilfe zur Tatanstiftung (→ Rn. 1) soll nach Abschluss der Anstiftung noch bis zur Beendigung der Haupttat möglich sein (OLG Bamberg NJW 2006, 2935 (2937), das dann aber nicht wegen Beihilfe zur Anstiftung, sondern wegen mittelbarer Beihilfe zur Haupttat bestrafen will). – Zur Möglichkeit einer Zurechnung von Gehilfenbeiträgen zum Haupttäter vgl. Kudlich FS Rengier, 2018, 59.

4 **3.** Beihilfe kann als **physische** (technische) oder **psychische** (intellektuelle; beachte ua BGHSt 40, 307 (315) = NJW 1995, 1564; BGH NStZ 2016, 136 mit Bespr. Hecker JuS 2015, 944; Radtke NStZ 2016, 643; BayObLG NJW 1984, 1366; OLG Karlsruhe MDR 1984, 1045) geleistet werden (Geppert Jura 2007, 589 (591); eing. Welz, Zum Verhältnis von Anstiftung und Beihilfe, 2010, S. 59). Beseitigung letzter Hemmungen des Tatentschlossenen kann genügen (BGH NJW 1951, 451; Roxin StrafR AT II § 26 Rn. 68, 200; krit. Krey/Esser StrafR AT Rn. 1077; für Anstiftung Charalambakis FS Roxin, 2001, 625 (635)). In Frage kommt auch bloße Stärkung des Tatentschlusses (eing. und einschr. Baunack, Grenzfragen der strafrechtlichen Beihilfe, 1999, S. 98; zusf. Timpe JA 2012, 430 (435)), die zB aus der Zusage von Hilfeleistung nach der Tat erwachsen (BGH NStZ 1999, 609; JR 2000, 423 (424) mablAnm Krack; BGH NStZ 2008, 516; OLG Stuttgart wistra 2000, 392 mit Bespr. Otto JK StGB § 27 Rn. 16; Roxin StrafR AT II § 26 Rn. 201; krit. Charalambakis FS Roxin, 2001, 625 (634); → § 257 Rn. 9) oder das Sicherheitsgefühl des Täters erhöhen kann (BGH NStZ 1993, 535; StraFo 2011, 332 = BeckRS 2011, 16367; NStZ 2012, 316 mAnm Hadamitzky/Richter NZWiSt 2014, 145; OLG Naumburg NJW 2001, 2034; BayObLG NJW 2002, 1663; OLG Düsseldorf StraFo 2002, 21; NStZ-RR 2005, 336 mit zust. Bespr. Geppert JK StGB § 27 Rn. 19; Rudolphi StV 1992, 518 (520); Roxin FS Miyazawa, 1995, 501 (505); krit. Otto FS Lenckner, 1998, 193 (198); sa Murmann JuS 1999, 548 (551), der eine entschlussfestigende Wirkung ausreichen lässt; ähnlich Hoyer in SK-StGB Rn. 14); eine solche Bestärkung des Tatentschlusses ist auch in der Vergatterung von Grenzsoldaten, die bereits durch die bestehende Befehlslage zum Schusswaffengebrauch entschlossen waren, gesehen worden (BGHSt 47, 100 = NJW 2001, 3060), ebenso in der Dienstausübung im Fall organisierter Massenverbrechen (BGHSt 64, 89 = NJW 2019, 2627 mAnm Gierhake; Kulhanek NStZ 2019, 544; Kudlich JR 2020, 81; Bespr. Jahn JuS 2019, 1030) und in der Zusage der Begleitung illegal eingeschleuster Personen (BGH NStZ-RR 2020, 184). Die Rspr. hat das sogar für bloße Anwesenheit bei Tatausführung unter der Voraussetzung angenommen, dass dadurch der Tatentschluss be-

stärkt wird (BGH StV 1982, 517 mit überwiegend krit. Bespr. Rudolphi StV 1992, 518; Sieber JZ 1983, 431; BGH NStZ 2019, 461; NStZ 2020, 730 mAnm Kudlich; Ranft JZ 1987, 859; krit. auch Geppert JK StGB § 27 Rn. 19; Charalambakis FS Roxin, 2001, 625 (637); abl. Stoffers Jura 1993, 11; sa Freund JuS 1990, 213 (218)); sie hat diese Annahme aber durch die Klarstellung eingeschränkt, dass jedenfalls bloßes, dem Haupttäter nicht vermitteltes Billigen der Tat – ebenso wie bloßes Wissen um sie (BGH NStZ 1996, 563 (564); NStZ-RR 2019, 218; NStZ-RR 2019, 240; NStZ-RR 2021, 10) oder ein Interesse am Taterfolg (BGH NStZ 1993, 233; NStZ 1993, 385; StV 1994, 22; StV 1994, 175) – dazu allein nicht ausreicht (BGH NStZ 1995, 490; NStZ 1998, 517, 622 mit zust. Bespr. Geppert JK StGB § 27 Rn. 12; 1999, 451; BGH NStZ-RR 2001, 40; NStZ 2002, 139 mit krit. Bespr. Geppert JK StGB § 27 Rn. 16; BGH wistra 2004, 180; StraFo 2006, 468 (469); NStZ-RR 2007, 37; NStZ 2010, 221 (224); StraFo 2010, 339 (340); NStZ-RR 2011, 111 (112); OLG Koblenz StV 2014, 749 (756); Kühl StrafR AT § 20 Rn. 228); auch eine bloße Duldung reicht nicht aus (OLG Karlsruhe StraFo 2007, 162; zust. Fischer Rn. 13 a), auch nicht das Unterschreiben der Einkommensteuererklärung durch den Ehegatten (OLG Karlsruhe NJW 2008, 162; allg. zu Fragen der Beteiligung Roxin FS Rengier, 2018, 93). Ob der Haupttäter von der Hilfeleistung Kenntnis hat, ist jedenfalls bei der physischen Beihilfe unerheblich (BGH StV 1981, 72; NStZ 2004, 499; StraFo 2012, 151; Geppert JK StGB § 27 Rn. 19 „heimliche Beihilfe"; Schünemann/Greco in LK-StGB Rn. 10; aM Heghmanns GA 2000, 474 (479), der einen „Beistandspakt" verlangt).

4. a) Ob und unter welchen Voraussetzungen Beihilfe **durch Unterlassen der Verhinderung eines Begehungsdelikts** begangen werden kann, ist umstritten (zusf. Samson/Langrock wistra 2007, 161 (163); Rengier JuS 2010, 281 (284); Ransiek JuS 2010, 678 (679); Bachmann/Eichinger JA 2011, 105 (107); JA 2011, 512; Satzger Jura 2015, 1055 (1061); Otto JuS 2017, 289; Heinrich StrafR AT Rn. 1212–1217; Haas ZIS 2011, 392 mit „eigener Lehre"; → Vor § 153 Rn. 7; zum polnischen Recht Zoll FS Herzberg, 2008, 1013). Erforderlich ist jedenfalls Garantenstellung (→ § 13 Rn. 6) des Gehilfen (BGH NJW 1989, 914 (916); wistra 1993, 59; NStZ 2009, 321; OLG Zweibrücken NStZ-RR 2000, 119). Im Übrigen wendet die Rspr. zur Abgrenzung die animus-Formel (→ Vor § 25 Rn. 5) an (zB BGHSt 2, 150 = NJW 1952, 552; BGHSt 13, 162 (166) = NJW 1959, 1694; BGHSt 43, 381 (396) = NJW 1998, 1568; BGH StV 1986, 59 mit Bespr. Arzt StV 1986, 337; Ranft JZ 1987, 908 (917); BGH NJW 1992, 1246 mit Bespr. Seelmann StV 1992, 416; BGH NStZ 2009, 321 (322) mit krit. Bespr. Bosch JA 2009, 655; Becker HRRS 2009, 242; Geppert JK StGB § 27 Rn. 21; BGH NStZ 2012, 379 (380): neben innerer Haltung auch Tatherrschaft maßgebend; krit. zur Rspr. Sering, Beihilfe durch Unterlassen, 2000, S. 20), was jedoch wegen der andersartigen Struktur des Unterlassens zu einer Verschärfung der mit der subjektiven Lehre verbundenen Unsicherheiten führt (hM; anders Arzt JA 1980, 553 (558)). Aus dieser Struktur ist vielmehr abzuleiten, dass der untätig bleibende Garant gegenüber dem voll verantwortlich handelnden Begehungstäter nur Randfigur des Tatgeschehens und daher Gehilfe ist (Gallas JZ 1952, 371 und 1960, 686 (687); Ranft ZStW 94 (1982), 815; Jescheck/Weigend StrafR S. 696; Schmidhäuser Studienbuch StrafR AT § 13 Rn. 12–15; Kudlich in Satzger/Schluckebier/Widmaier StGB § 13 Rn. 43; eing. Mosenheuer, Unterlassen und Beteiligung, 2009, S. 189 mit krit. Bespr. Bachmann ZIS 2010, 349 (350); Jakobs GA 2010, 361; Murmann ZIS 2010, 387; Kudlich StrafR AT Fall 195 a; vgl. auch Bottke FS Rudolphi, 2004, 15). Dem- 5 gegenüber wird in Teilen des Schrifttums die Möglichkeit von Beihilfe durch Unterlassen für den Regelfall überhaupt verneint (Kaufmann, Die Dogmatik der Unterlassungsdelikte, 1959, S. 291; Grünwald GA 1959, 110; Bloy, Die Beteiligungsform als Zurechnungstypus im Strafrecht, 1985, S. 216 und Bloy JA 1987, 490), teils wird der Garant grds. als Täter angesehen (Frister StrafR AT § 26 Rn. 40; ebenso für den Sonderpflichtigen Pariona Arana, Täterschaft und Pflichtverletzung, 2010, S. 221), teils aber auch nach verschiedenartigen Kriterien, unter denen namentlich die Art der Garantenstellung („Beschützer"- oder „Überwachungsgarant") eine Rolle spielt, zwischen Unterlassungstäterschaft und -beihilfe differenziert (vgl. etwa Rudolphi, Die Gleichstellungsproblematik der unechten Unterlassungsdelikte und der Gedanke der Ingerenz, 1966, S. 138; Herzberg, Täterschaft und Tatherrschaft, 1977, S. 83; Otto Jura 1987, 246 (250); Sering, Beihilfe durch Unterlassen, 2000, S. 101; Hoffmann-Holland ZStW 118 (2006), 620; Haas ZIS 2011, 392 (396); Kindhäuser/Zimmermann StrafR AT § 38 Rn. 1181–1183; Rengier StrafR AT § 51 Rn. 18–22; Krey/Esser StrafR AT Rn. 70–72; Heine/Weißer in Schönke/Schröder Vor § 25 Rn. 90–102; Schünemann/Greco in LK-StGB Rn. 211, 212; krit. Nestler GA 1994, 514 (527); Ransiek ZGR 1999, 613 (636); für eine Konkurrenzlösung Walter ZStW 116 (2004), 555 (584), zust. Bachmann ZIS 2010, 349 (356)). In vergleichbarer Weise umstritten ist auch die von der Rspr. (zB BGH NJW 1953, 1838; beachte auch BGHSt 43, 381 (397) = NJW 1998, 1568) grds. bejahte Frage, ob das **Unterlassen der Erschwerung eines Begehungsdelikts** Beihilfequalität haben kann (so zutr. Ranft ZStW 97 (1985), 269; aM Schünemann/Greco in LK-StGB Rn. 53; eing. Sering, Beihilfe durch Unterlassen, 2000, S. 103, 136; zusf. Ransiek JuS 2010, 678 (680)).

6 **b)** Auch zum **Unterlassungsdelikt** kann Beihilfe durch positives Tun (→ § 26 Rn. 3) oder durch Unterlassen geleistet werden (Satzger Jura 2015, 1055); sie kann regelmäßig nur psychische Beihilfe (→ Rn. 4) sein (BayObLG NJW 1990, 1861 mit krit. Bespr. Seelmann JuS 1991, 290; Geppert Jura 1999, 266 (271); Welz, Zum Verhältnis von Anstiftung und Beihilfe, 2010, S. 89; aM Renzikowski in Maurach/Gössel/Zipf StrafR AT II § 52 Rn. 66) und setzt im letzteren Falle Garantenstellung (Aufsichtspflicht) gegenüber dem Täter voraus (Heine/Weißer in Schönke/Schröder, Vor § 25 Rn. 102).

7 **5.** Der **Vorsatz** des Gehilfen ist ein „doppelter" (zusf. Satzger Jura 2008, 514; krit. Murmann JuS 1999, 548 (552)): Er muss die Unterstützungshandlung als solche, dh gerade in ihrer unterstützenden Wirkung (BGH NStZ 1983, 462; NStZ 1985, 318; NStZ 2007, 289 (290); BayObLG NStZ 1999, 627; OLG Düsseldorf StraFo 2002, 21 (22); speziell zur psychischen Beihilfe OLG Düsseldorf NStZ-RR 2005, 336 mit zust. Bespr. Geppert JK StGB § 27 Rn. 19), umfassen (BGHSt 3, 65 = NJW 1952, 1062) und sich außerdem auf eine bestimmte (BGH NStZ 1996, 493), ihrem wesentlichen Unrechtsgehalt und der Angriffsrichtung nach umrissene, nicht notwendig schon in allen Einzelheiten konkretisierte (BGHSt 11, 66 = NJW 1958, 69; BGHSt 42, 135 (138) = NJW 1996, 2517; BGHSt 42, 332 (334) = NStZ 1997, 234 mAnm Schlüchter/Duttge NStZ 1997, 595; BGH NStZ-RR 2000, 326; wistra 2007, 143; NStZ 2011, 399; NStZ 2012, 264; StraFo 2012, 239 = BeckRS 2012, 8602; wistra 2012, 302; wistra 2016, 31; NStZ-RR 2015, 75; NStZ-RR 2015, 81 (82); HRRS 2017, 217; NStZ 2017, 274; BayObLG NJW 1991, 2582 mit Bespr. Wolf JR 1992, 428; LG Gießen StV 2015, 226 mAnm Liesching; Satzger Jura 2008, 514 (518); eing. Theile, Tatkonkretisierung und Gehilfenvorsatz, 1999, S. 144, 193 „abstrakt anschaulicher Haupttatvorsatz") Handlung

beziehen, welche die Voraussetzungen einer vorsätzlich begangenen rechtswidrigen Tat erfüllt (hM; → § 26 Rn. 4) und nach der Vorstellung des Gehilfen nicht nur versucht (zB Lieferung eines, wie er weiß, zur Tatbestandsverwirklichung untauglichen Mittels, RGSt 60, 23), sondern vollendet werden soll (BGH JA 1985, 364 mit Bespr. Sonnen; einschr. BGH VRS 61 (1981), 213). Da die Beihilfe nicht den Willen zu bestimmender Einflussnahme auf die Haupttat erfordert, sind die Anforderungen an deren Konkretisierung hier weniger streng als bei der Anstiftung (BGH NStZ 2002, 145 (146); Roxin FS Salger, 1995, 129 (136); Kretschmer Jura 2008, 265 (268); Satzger Jura 2008, 514 (520); Heine/Weißer in Schönke/Schröder, Rn. 29; aM Warneke, Die Bestimmtheit des Beteiligungsvorsatzes, 2007, S. 141; Hoyer in SK-StGB Vor § 26 Rn. 47); so kann es uU genügen, wenn der Gehilfe weiß, dass seine Handlung den Haupttäter zu einer sonst noch nicht weiter konkretisierten Haupttat bestimmter Art (zB zu einem Betrug auf Grund eines falschen Wertgutachtens, BGHSt 42, 135 = NJW 1996, 2517 mit Bespr. Kindhäuser NStZ 1997, 273; Loos JR 1997, 297; Roxin JZ 1997, 210; Scheffler JuS 1997, 598; Schlehofer StV 1997, 412; Büscher JuS 1998, 384; doppelter Anstiftervorsatz, wenn zu Heimtückemord oder zur Körperverletzung angestiftet wird, BGH NStZ-RR 2016, 43 mit Bespr. Hecker JuS 2016, 364, nur unwesentliche Abweichung; Satzger Jura 2017, 115 zu §§ 211, 227, 226) instandsetzen wird. Das Konkretisierungserfordernis ist entgegen der Rspr. bereits im objektiven Tatbestand zu prüfen (Kühl StrafR AT § 20 Rn. 188, 242; anders Satzger Jura 2008, 514 (518)). Der Gehilfe braucht die Person des Haupttäters nicht unbedingt zu kennen (BGHSt 3, 65 = NJW 1952, 1062; BGH NStZ 2002, 145 (146); FG Hamburg BeckRS 2014, 94321 bei Bilsdorfer NJW 2015, 1426 (1428)). Auch ist Beihilfe, weil **bedingter Vorsatz genügt** (BGHSt 2, 279 (281) = BeckRS 1952, 30391949; BGH wistra 1993, 181; OLG Düsseldorf StraFo 2002, 21 (22)), nicht notwendig ausgeschlossen, wenn der Gehilfe den Erfolg der Haupttat nicht wünscht oder ihn sogar gegenüber dem Täter ausdrücklich missbilligt (BGH bei Holtz MDR 1990, 293; BGH bei Altvater NStZ 2002, 20 (21)). – Bei **mehraktigen Haupttaten** ist Beurteilungsgegenstand nur das vom Vorsatz umfasste Geschehen; dem Gehilfen **nicht bekannte Teilakte** (zB Verschaffen von Falschgeld mit nachfolgendem In-Verkehr-Bringen nach § 146 I Nr. 3, BGH NStZ 1997, 80) **bleiben unberücksichtigt.** Im Übrigen gelten die Ausführungen unter → § 26 Rn. 5, 6 sinngemäß; zur Frage, wie sich ein error in persona des Haupttäters auf den Gehilfenvorsatz auswirkt, diff. Haft/Eisele GS Keller, 2003, 81 (89, 100).

6. Die **Haupttat** muss ebenso wie bei der Anstiftung begangen, mindestens ver- 8
sucht worden sein (→ § 26 Rn. 7; speziell zur Beihilfe zum Versuch Küper JuS 1986, 862 (864), die vereinzelt ganz abgelehnt wird, Osnabrügge, Die Behilfe und ihr Erfolg, 2002, S. 232, 263); dass sie für den Haupttäter eine mitbestrafte Nachtat (→ Vor § 52 Rn. 32) ist, schließt nach der Rspr. die Strafbarkeit der Beihilfe nicht aus (BGHSt 14, 38 (45) = NJW 1960, 684; BGHSt 30, 28 = NJW 1981, 1325; zum Problem der wiederholten Zueignung → § 246 Rn. 7).

7. Der **Versuch der Beihilfe** ist nicht – auch nicht nach § 30 – mit Strafe be- 9
droht (BGH NStZ 1983, 462; NStZ 1994, 501; NStZ 2009, 392). Zum **Rücktritt** von der Beihilfe → § 24 Rn. 24–28; zum Abstandnehmen im Vorbereitungsstadium → § 24 Rn. 28; Fad, Die Abstandnahme des Beteiligten von der Tat im Vorbereitungsstadium, 2005, S. 208. Wie Kettenanstiftung (→ § 26 Rn. 8) ist auch eine **Kettenbeihilfe** als mittelbare Beihilfe zur Haupttat möglich (BGH NJW 2001,

2409 (2410); NStZ 2013, 483; Kühl StrafR AT § 20 Rn. 242b; monographisch Selter, Kettenanstiftung und Kettenbeihilfe, 2008).

10 **8. Abs. 2 S. 2** enthält einen **obligatorischen besonderen gesetzlichen Milderungsgrund** iSd § 49 I; der gemilderte Strafrahmen ist für die Einteilung nach § 12 (→ § 12 Rn. 4) und für die Verjährung nach § 78 (→ § 78 Rn. 9) unerheblich. Zur rechtlichen Bedeutung und zum Umfang der Milderung → § 49 Rn. 2, 3, 8–11 (→ § 50 Rn. 1–4). Bei Beihilfe zum Versuch, nicht aber bei Beihilfe zu Beihilfe kommt doppelte Milderung in Frage (→ § 50 Rn. 5); doppelte Milderung ist auch aus § 27 II und § 28 I möglich, zB wenn der Gehilfe im Zeitpunkt der Gehilfenhandlung nicht selbst in einem Treueverhältnis iSd § 266 zu dem Geschädigten stand (BGH NStZ-RR 2006, 109; StV 2012, 285).

11 **9.** Für das **Zusammentreffen** mehrerer Beihilfehandlungen gilt dasselbe wie bei der Anstiftung (→ § 26 Rn. 10; zur mehrfachen Beihilfe Heghmanns FS Roxin II, 2011, 868 (871)).

12 **10.** Sog. **verselbständigte Beihilfe** liegt vor, wenn das Gesetz neben den zentralen Tathandlungen auch solche Begehungsformen (zB Unterstützen, Fördern, Hilfeleisten usw) mit Strafe bedroht, die materiell nur Beihilfe zu diesen Handlungen sind (krit. Sommer JR 1981, 490). Sie ist Täterschaft und geht in den Grenzen ihres Anwendungsbereichs der Beihilfe vor. Ob sie zugleich als abschließende Strafbarkeitserweiterung zu verstehen ist, also eine Anwendung des § 27 überhaupt sperrt, ist nicht einheitlich, sondern nur auf Grund teleologischer Auslegung der einschlägigen Tatbestände zu beantworten (Sommer JR 1981, 490).

§ 28 Besondere persönliche Merkmale

(1) **Fehlen besondere persönliche Merkmale (§ 14 Abs. 1), welche die Strafbarkeit des Täters begründen, beim Teilnehmer (Anstifter oder Gehilfe), so ist dessen Strafe nach § 49 Abs. 1 zu mildern.**

(2) **Bestimmt das Gesetz, daß besondere persönliche Merkmale die Strafe schärfen, mildern oder ausschließen, so gilt das nur für den Beteiligten (Täter oder Teilnehmer), bei dem sie vorliegen.**

1 **1.** Die Vorschrift beruht auf dem **Grundgedanken,** dass für Umstände, die Unrecht, Schuld oder Strafwürdigkeit mitbestimmen, aber nur die Person charakterisieren, nicht die allgemeinen Regeln gelten dürfen; soweit die Strafgerechtigkeit es erfordert, sollen sie nur dem Beteiligten (Mittäter oder Teilnehmer) zugerechnet werden, bei dem sie vorliegen. Das Gesetz verfährt dabei unterschiedlich, je nachdem, ob es sich um strafbegründende (Abs. 1) oder um strafändernde oder – ausschließende (Abs. 2) Umstände handelt. Dieser umstrittenen Unterscheidung liegt kein einheitliches Prinzip zugrunde (krit. daher Kaufmann ZStW 80 (1968), 34 (36); Langer, Das Sonderverbrechen, 1972, S. 485). Der damit verbundene Widerspruch ist als gesetzgeberische Willensentscheidung hinzunehmen; ihn dadurch auflösen zu wollen, dass man Abs. 2 nicht auf die jeweils anwendbaren Tatbestände bezieht, sondern nur als Modifizierung des Strafrahmens versteht (so ua Stein, Die strafrechtliche Beteiligungsformenlehre, 1988, S. 41, 49; Hake, Beteiligtenstrafbarkeit und „besondere persönliche Merkmale", 1994, S. 86; Hirsch FS Schreiber, 2005, 153; Kaspar/Braichmann ZJS 2017, 249 (250); Roxin in LK-StGB, 11. Aufl. 1992, Rn. 1–9; dagegen Schünemann/Greco in LK-StGB Rn. 9, ingeniöser An-

satz, der aber mit dem geltenden Recht nicht zu vereinbaren ist; Hoyer in SK-StGB Rn. 1–5; abl. Grünwald GS Kaufmann, 1989, 555 (564); Küper ZStW 104 (1992), 559 (581); Küper FS Jakobs, 2007, 311; Roger GA 2013, 694; Heine/Weißer in Schönke/Schröder Rn. 27), verbietet sich vor allem deshalb, weil dem Wortlaut und Entstehungsgeschichte des EGOWiG entgegenstehen: § 50 II StGB aF (jetzt § 28 I) ist bei voller Kenntnis des Strukturunterschiedes zu § 50 III StGB aF (jetzt § 28 II) eingeführt worden; er sollte die Ungerechtigkeit ausgleichen, die mit der zuvor maßgebenden Unerheblichkeit der strafbegründenden persönlichen Merkmale für die Strafrahmenbestimmung verbunden war (BT-Drs. V/1319, 61). Umstritten ist ferner die Tragweite des Abs. 2: teils wird er im Verhältnis zu § 29 als spezielle Schuldregelung (BGHSt 8, 205 (209) = NJW 1956, 69) und teils ausschließlich als Tatbestands- oder Unrechtsproblem (Welzel JZ 1952, 72; Langer FS Lange, 1976, 241 (261); Hake, Beteiligtenstrafbarkeit und „besondere persönliche Merkmale“, 1994) aufgefasst. Dem Zweck der Vorschrift dürfte aber ihre Beschränkung weder auf den Unrechts- noch auf den Schuldbereich entsprechen (Heine/Weißer in Schönke/Schröder, Rn. 3–9). Sie erfasst vielmehr als spezielle Regelung alle einschlägigen personalen Umstände des besonderen Deliktstatbestandes (des Deliktstypus), gleichgültig, ob sie zum Unrecht oder zur Schuld gehören oder ob sie erst die Strafbarkeit ausschließen oder aufheben (krit. Herzberg ZStW 88 (1976), 68 (70); Hoyer in SK-StGB Rn. 6–14; → Rn. 5; str.). Lernbeitrag zu Grundfragen der Vorschrift bei Valerius Jura 2013, 15 (17); zusf. Otto Jura 2004, 469.

2. Abs. 1 schreibt für den Teilnehmer Strafmilderung vor, wenn bei ihm **besondere persönliche Merkmale fehlen, welche die Strafbarkeit des Täters begründen.** Dadurch wird die kriminalpolitisch bedenkliche Spannung abgemildert, die nach früherem Recht darin bestand, dass zwar die strafändernden persönlichen Merkmale unmittelbar jedem Beteiligten zuzurechnen waren (§ 50 II idF vor dem EGOWiG; → Rn. 8–12), während die strafbegründenden nur bei der Strafzumessung innerhalb des ordentlichen Strafrahmens berücksichtigt werden konnten. Fehlen dem Teilnehmer mehrere besondere persönliche Merkmale, ist im Interesse einer gerechten Strafzumessung nur eine Milderung vorzunehmen (BGH NJW 2021, 1767 mit Praxiskommentar Valerius und Bespr. Kudlich JA 2021, 606). 2

a) **Besondere persönliche Merkmale** stimmen inhaltlich nicht mit den entsprechenden Merkmalen des § 14 I überein (→ § 14 Rn. 9–15). 3

aa) Als **persönliche** Merkmale erfassen sie solche Eigenschaften (körperliche, seelische oder rechtliche Wesens- oder Charaktermerkmale eines Menschen), Verhältnisse (dessen Umweltbeziehungen) und andere Umstände, die zum Deliktstypus gehören und sich auf den Täter beziehen, unabhängig davon, ob sie für eine gewisse Dauer Bestand haben oder nur in der Tat hervortreten (str.).

bb) Sie sind **besondere** Merkmale, wenn sie den Täter charakterisieren, dh vornehmlich aus Gründen, die in seiner Person oder in einer besonderen, an die Person gebundenen Inpflichtnahme liegen, das Unrecht, die Schuld oder auch nur die Strafbarkeit (den Tatunwert iwS) mitbestimmen (str.). Die hM nennt sie dann täterbezogen. Den Gegensatz bilden Merkmale, die nur der sachlichen Charakterisierung der Tat (der Rechtsgutsverletzung) dienen und unter diesem Gesichtspunkt tatbezogen sind (vgl. etwa Rengier StrafR AT § 46 Rn. 13). Diese sehr unbestimmt beschriebene und durch vielfältige Missdeutungen belastete Unterscheidung ist schon grds. umstritten: Teils werden nur solche Umstände anerkannt, die eine Sonderpflicht des Täters begründen (Langer, Das Sonderverbrechen, 1972; Langer 4

FS Lange, 1976, 241 (261); Langer FS Wolf, 1985, 335; Deichmann, Grenzfälle der Sonderstraftat, 1994, S. 4; Otto Jura 2004, 469; für Abs. 1 auch Küper JZ 2006, 1157 (1167); vgl. auch Hoyer in SK-StGB Rn. 32–38, der zwischen funktionell sachlichen und funktionell präventionsorientierten Merkmalen unterscheidet); teils wird zusätzlich auf die Erwerbsanmaßung und den Missbrauchswillen abgestellt (Klesczewski ARSP-Beiheft 66 (1997), 77 (100)), teils werden nur die speziellen Schuldmerkmale und die Tätermerkmale der Pflichtdelikte erfasst (Roxin in LK-StGB, 11. Aufl. 1992, Rn. 51–57; sa Sánchez-Vera, Pflichtdelikt und Beteiligung, 1999, S. 167, 180; Bacigalupo FS Tiedemann, 2008, 253); teils wird auch jedes Merkmal einbezogen, das nicht in mittelbarer Täterschaft verwirklicht werden kann (Schünemann Jura 1980, 354; GA 1986, 293 (336); Schünemann FS Küper, 2007, 561). Die Auffassung, dass ein persönliches Merkmal nur dann streng akzessorisch zu behandeln sei, wenn es entweder funktionell ein sachliches sei oder keine Bedeutung für den Tatunwert habe (so Herzberg GA 1991, 145 (176); sa Herzberg ZStW 88 (1976), 68), kommt in der Sache, nicht in der Terminologie, der hM sehr nahe; denn ein so beschriebenes Merkmal ist regelmäßig tatbezogen, weil es nicht aus Gründen, die in der Person des Täters liegen, den Tatunwert mitbestimmt (ähnlich auch Schwerdtfeger, Besondere persönliche Unrechtsmerkmale, 1991, S. 263; Hake, Beteiligtenstrafbarkeit und „besondere persönliche Merkmale", 1994, S. 97, die mit Unterschieden in der Terminologie ein solches Merkmal annehmen, wenn es den Tatbeteiligten nicht in gleicher Weise belastet wie den, der das Merkmal aufweist). Auch die Abgrenzung iE ist noch nicht abschließend geklärt (vgl. zB BGHSt 8, 205 (209) = NJW 1956, 69; BGHSt 22, 375 (378) = NJW 1969, 1445; BGHSt 39, 326 = NJW 1994, 271; BGHSt 41, 1 = NJW 1995, 1764; Gallas, Beiträge zur Verbrechenslehre, 1968, S. 154; Blauth, Handeln für einen anderen nach geltendem und kommendem Strafrecht, 1968, S. 92; Grünwald GS Kaufmann, 1989, 555). Sie wird vor allem dadurch erschwert, dass sich die Einordnung nicht nach dem abstrakten Inhalt des Merkmals, sondern nach seiner Funktion im Zusammenhang des Tatbestandes richtet (Kindhäuser/Hilgendorf in LPK -StGB Rn. 15; abw. Puppe ZStW 120 (2008), 504 (525)) und dass es auch prinzipielle Unterschiede zwischen strafbegründenden und strafändernden Merkmalen gibt (Arzt JZ 1973, 681 (685); Herzberg GA 1991, 145 (177)). Mit Recht wird überwiegend angenommen, dass Merkmale, die das Handlungssubjekt in einer besonderen Pflichtenstellung kennzeichnen (zB Stellung als Amtsträger oder als Treunehmer iSd § 266), regelmäßig (einschr. Grünwald GS Kaufmann, 1989, 561), sowie Gesinnungs-, Motiv- und Absichtsmerkmale häufig (einschr. Stratenwerth/Kuhlen StrafR AT § 12 Rn. 196; Hoyer GA 2012, 123) hierher gehören.

5 **b)** aa) Danach sind **strafbegründende** persönliche Merkmale namentlich: die Soldateneigenschaft bei militärischen Straftaten (§ 2 Nr. 1 WStG), die Amtsträgereigenschaft bei den eigentlichen Amtsdelikten (→ Vor § 331 Rn. 2; Rönnau/Wegner JuS 2015, 505), die Tätereigenschaft bei § 203 (→ § 203 Rn. 2), die Gewerbs- oder Gewohnheitsmäßigkeit, soweit sie für die Strafbarkeit konstitutiv ist (zB in § 180a I), das Treueverhältnis nach § 266 I (BGHSt 55, 36 (61) = NJW 2010, 3730; BGHSt 55, 266 (268) = NJW 2010, 3458; BGH NStZ-RR 2008, 6; NStZ-RR 2009, 102; NStZ 2011, 399; NStZ 2012, 316; wistra 2015, 146; → § 266 Rn. 2), die Arbeitgebereigenschaft bei § 266a (→ § 266a Rn. 2; anders Lackner/Kühl 29. Aufl. 2018), die Pflichtenstellung nach § 283 I, II (BGHSt 58, 115 = NJW 2013, 949; BGH NStZ-RR 2019, 180; wistra 2018, 437), das Schutzverhältnis nach § 225 (→ § 225 Rn. 3) und die Stellung als Geschäftsführer zB bei § 15a

InsO und §§82 I Nr. 1, 3, 84 I GmbHG (auch als faktischer Geschäftsführer; BGHSt 46, 62 (64) = NJW 2000, 2285 mkritAnm Joerden JZ 2001, 310, der dadurch die haftungsbegrenzende Regelung des §28 I eingeebnet sieht) die steuerrechtliche Erklärungspflicht bei einer Steuerhinterziehung durch Unterlassen gem. §370 I Nr. 2 AO (BGHSt 63, 282 = NJW 2019, 1621 mAnm Feindt/Rettke wistra 2019, 330 und Weidemann wistra 2019, 422; mit zust. Bespr. Ransiek JR 2019, 342, Ibold HRRS 2019, 206 und Rausch-Bernsmann ZWH 2020, 363; BGH NStZ 2020, 495; NStZ 2021, 300; NZWiSt 2020, 191 mAnm Höft) und die (zumindest Ingerenz-)Garantenstellung bei den unechten Unterlassungsdelikten (BGH NJW 2021, 1767 mit Praxiskommentar Valerius und Bespr. Kudlich JA 2021, 606; Langer FS Lange, 1976, 241 (262); Vogler FS Lange, 1976, 265; Hake JR 1996, 161; Grunst NStZ 1998, 548 (551); Hinderer JA 2009, 25 (27); Weigend in LK-StGB §13 Rn. 87; Wohlers in NK-StGB §13 Rn. 28; Hoyer in SK-StGB Rn. 35; diff. BGHSt 41, 1 (4) = NJW 1995, 1764; Herzberg GA 1991, 145 (161); Sánchez-Vera, Pflichtdelikt und Beteiligung, 1999, S. 43, 64, 187; Kindhäuser/Zimmermann StrafR AT §38 Rn. 64; Renzikowski in Maurach/Gössel/Zipf StrafR AT II §53 Rn. 79; Schünemann/Greco in LK-StGB Rn. 58; aM Geppert ZStW 82 (1970), 40; Ranft JZ 1995, 1186; Freund FS Herzberg, 2008, 225 (238); Valerius Jura 2013, 15 (19); Jescheck/Weigend StrafR S. 658; Heine/Weißer in Schönke/Schröder, Rn. 19; Stein in SK-StGB Vor §13 Rn. 62 und Lackner/Kühl 29. Aufl. 2018) sowie der Vermögensvorteil gem. §96 I AufenthG (LG Bremen StV-S 2021, 45). Rein schuldtypisierende subjektive Merkmale (zB böswillig, §90a I Nr. 1; roh, §225 I) sind dagegen – weil sonst ein Wertungswiderspruch bestünde – (Küper ZStW 104 (1992), 559 (586)) mit Hilfe des §29 auszuscheiden (aM Gallas bei Grebing ZStW 88 (1976), 162 (173); Grünwald GS Kaufmann, 1989, 555 (568); Schünemann/Greco in LK-StGB Rn. 16–21; wie hier Herzberg ZStW 88 (1976), 68 (71); Hake, Beteiligtenstrafbarkeit und „besondere persönliche Merkmale“, 1994, S. 153; Kühl StrafR AT §20 Rn. 157; vgl. auch Niedermair ZStW 106 (1994), 388). Der BGH rechnet schließlich auch die Motiv- und Absichtsmerkmale beim Mord hierher (→ Rn. 9; beachte jedoch zu einem möglichen „Kurswechsel“ → Vor §211 Rn. 22; Küper JZ 2006, 1157).

bb) Zu den **tatbezogenen** (hier nicht erfassten) Merkmalen gehören ua die Absicht bei den meisten erfolgskupierten (zB §§242 I, 253 I, 263 I, BGHSt 22, 375 = NJW 1969, 1445; Rengier StrafR AT §46 Rn. 20; Heine/Weißer in Schönke/Schröder Rn. 16; Fischer Rn. 6a; aM Schünemann Jura 1980, 568 (581); Umansky/Mathieu HRRS 2015, 36; Hoyer in SK-StGB Rn. 23–31; bei §235 IV Nr. 2 BGHSt 55, 229 = NJW 2010, 3669; krit. Schünemann GA 2011, 445; dagegen Hoyer GA 2012, 123) und den verkümmert zweiaktigen (zB §146) Delikten (Blauth, Handeln für einen anderen nach geltendem und kommendem Strafrecht, 1968, S. 101), das Mitsichführen eines Gegenstands (§30a BtMG, StraFo 2008, 254), die Eigenschaft als Gefangener nach §121 (→ §121 Rn. 2), als illegal einreisender Ausländer nach §92 AuslG (BGH NStZ 1999, 409), als Unfallbeteiligter nach §142 (→ §142 Rn. 39), als Zeuge oder Sachverständiger nach §153 (→ §153 Rn. 7), als Verheirateter nach §172 (→ §172 Rn. 7), als Verwandter nach §173 (→ §173 Rn. 6), die Erklärungs-, Auskunfts-, Mitwirkungs- und Anzeigepflichten im Steuerrecht bei §370 I Nr. 1 AO (BGHSt 41, 1 = NJW 1995, 1764 mAnm Ranft JZ 1995, 1186; Hake JR 1996, 161) und die Heimtücke bei §211 (→ §211 Rn. 16). 6

7 **c)** Abs. 1 enthält einen **obligatorischen besonderen gesetzlichen Milderungsgrund** iSd § 49 I. Zur rechtlichen Bedeutung und zum Umfang der Milderung → § 49 Rn. 2, 3, 8–11 (beachte auch § 50).

8 **3. a) Abs. 2** verselbständigt die Handlungen der Beteiligten, soweit besondere persönliche Merkmale (→ Rn. 4) **die Strafe schärfen, mildern oder ausschließen.** In diesen Grenzen lockert er damit zugleich das Akzessorietätserfordernis (hM; vgl. etwa Engländer FS Krey, 2010, 71; anders Cortes Rosa ZStW 90 (1978), 413 (438); Hake, Beteiligtenstrafbarkeit und „besondere persönliche Merkmale", 1994, S. 86; sa Sánchez-Vera, Pflichtdelikt und Beteiligung, 1999, S. 186; zur möglichen Berücksichtigung des (zB durch Gewerbsmäßigkeit) gesteigerten Unrechts der Haupttat bei der Strafzumessung für den Teilnehmer BGH wistra 2005, 177; krit. zur „irreführenden Legaldefinition" des Beteiligten Schroeder JuS 2002, 139). Hier sind namentlich folgende Merkmale zu unterscheiden:

9 aa) **strafschärfende,** zB Gewerbs- und Gewohnheitsmäßigkeit (BGHSt 6, 260 = NJW 1954, 1695; BGHSt 57, 95 (122) = NJW 2012, 1377; BGH StV 1996, 87, wistra 2005, 227 (228); wistra 2008, 379; StV 2012, 339 (342); StraFo 2014, 215; NStZ 2019, 277; NStZ-RR 2021, 207; NJW 2020, 1080 mzustAnm Kudlich; ablAnm Hinderer NStZ 2020, 276; Kudlich in BeckOK StGB Rn. 16.2), Bandenmäßigkeit bei Diebstahl und Raub (BGHSt 46, 120 (128) = NStZ 2000, 645; BGHSt 47, 214 (216) = JuS 2002, 717; BGH NStZ 2007, 526 mit zust. Bespr. Satzger JK StGB § 244a Rn. 1; BGH NStZ 2008, 575; NStZ-RR 2012, 121 (122); NStZ 2014, 635 mit Praxiskommentar Langenhahn NStZ-RR 2015, 113 (114); aM Valerius Jura 2013, 15 (19); Hoyer in SK-StGB Rn. 34; → § 244 Rn. 7; bei § 373 AO BGH wistra 2005, 227 (228) für § 28 II), Handeln aus Eigennutz nach § 92a I Nr. 1 AuslG (aM BayObLG NJW 1999, 1794 mablAnm Klesczewski StV 1999, 257), Handeln gegen Entgelt oder in Bereicherungs-, Schädigungsabsicht bei § 203 V (→ § 203 Rn. 28; anders bei § 271 III, BGHSt 53, 34 (38) = NJW 2009, 1518; → § 203 Rn. 11), die Amtsträgereigenschaft bei den uneigentlichen Amtsdelikten (→ Vor § 331 Rn. 2) wie etwa § 340 (→ § 340 Rn. 1; aM Sánchez-Vera, Pflichtdelikt und Beteiligung, 1999, S. 195, 225, der alle Pflichtdelikte, auch die sog. unechten, dem Abs. 1 zuschlägt), das Anvertrautsein einer Sache im Falle des § 246 (→ § 246 Rn. 13), die Ermöglichungsabsicht in § 306b II Nr. 2 (BGH NStZ 2000, 197) und die Motiv- und Absichtsmerkmale beim Mord (→ § 211 Rn. 16); der BGH anerkennt zwar die persönliche Natur dieser Merkmale, hält sie zu Unrecht aber für strafbegründend (→ Vor § 211 Rn. 22, auch zum möglichen „Kurswechsel"; → § 211 Rn. 16).

10 bb) **strafmildernde.** Erfasst werden hier namentlich die besonderen Schuldmerkmale (zB die Motivierung durch das Verlangen in § 216 (→ § 216 Rn. 2); Schünemann/Greco in LK -StGB Rn. 77), die den Deliktstypus verändern (Gallas, Beiträge zur Verbrechenslehre, 1968, S. 130, 154 zum aufgehobenen § 217).

11 cc) **strafausschließende,** zB tätige Reue nach vollendetem Delikt (→ § 24 Rn. 29) und Angehörigeneigenschaft bei der Strafvereitelung (→ § 258 Rn. 17; str.).

dd) Auch strafändernde **reine Schuldmerkmale** gehören hierher (zusf. Küper ZStW 104 (1992), 559; Küper FS Jakobs, 2007, 311 (322)). Sie fallen ausnahmslos als zum Tatbestand gehörig (→ Rn. 1) nicht erst unter den allgemeineren § 29 (Grünwald GS Kaufmann, 1989, 555 (567); aM Langer FS Lange, 1976, 241 (252, 260); Hake, Beteiligtenstrafbarkeit und „besondere persönliche Merkmale", 1994, S. 153; Jescheck/Weigend StrafR S. 658, 659).

b) Wenn in einem sog. **Mischtatbestand** ein besonderes persönliches Merkmal eine **Ordnungswidrigkeit zu einer Straftat qualifiziert** (zB „beharrlich" in § 184f, das von § 120 I Nr. 1 OWiG nicht verlangt wird), so gilt die Qualifizierung nach § 14 IV OWiG nur für den Beteiligten, bei dem das Merkmal vorliegt (BayObLG NJW 1985, 1566 mAnm Geerds JR 1985, 472; Mitsch OWiR § 13 Rn. 49, 50). Im Ergebnis wird damit das Prinzip des § 28 II in den Grenzbereich zwischen Ordnungswidrigkeiten und Straftaten erstreckt mit der Folge, dass auch die Ordnungswidrigkeit eines Beteiligten als „Haupttat" für die strafbare Teilnahme eines anderen Beteiligten in Frage kommt (Cramer, Grundbegriffe des Rechts der Ordnungswidrigkeiten, 1971, S. 84). Nach Wortlaut und Sinn erfasst § 14 IV OWiG auch die Konstellation, dass der Übergang von der Ordnungswidrigkeit zur Straftat nicht ausschließlich vom Vorliegen eines besonderen persönlichen Merkmals abhängt, sondern daneben auch mit einer allgemein umschriebenen Anhebung des objektiven Schweregrades der Tathandlung verbunden ist (anders die hM; vgl. etwa Mitsch OWiR § 13 Rn. 51; Rengier in KK-OWiG § 14 Rn. 50); wenn also mehrere an einer grob verkehrswidrig begangenen Straßenverkehrsgefährdung (§ 315c I Nr. 2) beteiligt sind, aber nur einer von ihnen „rücksichtslos" handelt, so begeht nur er eine Straftat in der Beteiligungsform, wie sie sich aus den §§ 25–27 ergibt, während die übrigen Beteiligten Täter (§ 14 OWiG) einer Ordnungswidrigkeit nach § 24 StVG sind. 12

§ 29 Selbständige Strafbarkeit des Beteiligten

Jeder Beteiligte wird ohne Rücksicht auf die Schuld des anderen nach seiner Schuld bestraft.

1. Die Vorschrift normiert den Grundsatz der **limitierten Akzessorietät.** Danach sind Mittäter, Anstifter und Gehilfen (§§ 25 II, 26, 27) von der Schuld der anderen Beteiligten unabhängig. Namentlich für Anstiftung und Beihilfe genügt das Vorliegen einer vorsätzlich begangenen rechtswidrigen Haupttat (→ Vor § 25 Rn. 9; Kühl StrafR AT § 20 Rn. 136), bei der die Schuld fehlen kann (hM; anders Jakobs GA 1996, 253). Unter dem Gesichtspunkt der Beteiligung ist es daher unerheblich, ob der Mit- oder Haupttäter schuldfähig ist, ob er in unvermeidbarem Verbotsirrtum handelt oder ob ihm ein Entschuldigungsgrund, zB nach § 35 (→ § 35 Rn. 15), zur Seite steht (ebenso Krey/Esser StrafR AT Rn. 996; Kindhäuser/Hilgendorf in LPK -StGB Rn. 2). Kennt der Beteiligte allerdings den die Schuld ausschließenden Mangel in der Person des Mit- oder Haupttäters, so liegt idR mittelbare Täterschaft vor (→ § 25 Rn. 2–5; Kühl StrafR AT § 20 Rn. 66), die sich bei gemeinschaftlichem (arbeitsteiligem) Handeln (→ § 25 Rn. 9–11) mit dem unmittelbaren mittäterschaftlichen Tatbeitrag des Hintermanns zum Ganzen der Tat verbindet (Roxin in LK-StGB, 11. Aufl. 1992, § 25 Rn. 171; anders Krey/Nuys FS Amelung, 2009, 203 (208): Mittäterschaft als lex specialis). Wirklich praktische Bedeutung hat danach die Limitierung der Akzessorietät nur außerhalb des Anwendungsbereichs mittelbarer Täterschaft, namentlich bei eigenhändigen (→ § 25 Rn. 3) und Sonderdelikten (→ Vor § 13 Rn. 33), die der Extraneus nicht als Täter begehen kann. 1

2. Die Vorschrift geht in ihrer Bedeutung über die Regelung der Abhängigkeit zwischen Täterschaft und Teilnahme hinaus. Sie besagt allgemein, dass bei **jedem** an einer rechtswidrigen Tat Beteiligten die Schuld und ihr Ausmaß (BGH bei Holtz 2

MDR 1978, 623) gesondert und selbständig zu prüfen sind (beachte dazu Bruns GA 1988, 339). Ihr Rechtsgedanke gilt außerdem überall, wo mehrere an einem Tatgeschehen im weitesten Sinne, etwa als notwendig Beteiligte (→ Vor § 25 Rn. 12) oder Täter eines Anschlussdelikts (→ Vor § 25 Rn. 14), beteiligt sind (ebenso Kindhäuser/Hilgendorf in LPK-StGB Rn. 1).

§ 30 Versuch der Beteiligung

(1) [1]**Wer einen anderen zu bestimmen versucht, ein Verbrechen zu begehen oder zu ihm anzustiften, wird nach den Vorschriften über den Versuch des Verbrechens bestraft.** [2]**Jedoch ist die Strafe nach § 49 Abs. 1 zu mildern.** [3]**§ 23 Abs. 3 gilt entsprechend.**

(2) **Ebenso wird bestraft, wer sich bereit erklärt, wer das Erbieten eines anderen annimmt oder wer mit einem anderen verabredet, ein Verbrechen zu begehen oder zu ihm anzustiften.**

1 **1.** Die Vorschrift behandelt in **Abs. 1** einen Fall vorweggenommener Teilnahme **(versuchte Anstiftung)** und in **Abs. 2** weitere verwandte **Beteiligungsformen im Vorbereitungsstadium,** die wegen der konspirativen Bindung mehrerer gefährlich sind (vgl. ua BGHSt 44, 91 (95) = NStZ 1999, 25; BGHSt 53, 174 (178) = NJW 2009, 1221; BGH NStZ 2011, 570; Dreher GA 1954, 11; Schröder JuS 1967, 289; Letzgus, Vorstufen der Beteiligung, 1972; Letzgus GS Vogler, 2004, 49; sowie Letzgus in HK-StrafR Rn. 4–8; krit. Köhler StrafR AT S. 545; Hoyer in SK-StGB Rn. 11; anders Roxin StrafR AT II § 28 Rn. 2, gefährliche Formen der Verbrechensvorbereitung; speziell zum Strafgrund der versuchten Anstiftung BGHSt 44, 99 (103) = NJW 1998, 2835; BGH NStZ 1998, 347; NStZ 2013, 334, Kräfte in Richtung auf das angegriffene Rechtsgut in Bewegung setzt, über die er nicht mehr die volle Herrschaft behält; Bloy JR 1992, 493 (495); Geppert Jura 1997, 546; krit. zur Unrechtsbegründung bei der Verbrechensverabredung Fieber, Die Verbrechensverabredung, § 30 Abs. 2, Alt. 3 StGB, 2001, S. 105, 187; Becker, Der Strafgrund der Verbrechensverabredung gem. § 30 Abs. 2, Alt. 3, 2012, S. 182, 218; Piazena, Das Verabreden, Auffordern und Anleiten zur Begehung von Straftaten unter Nutzung der Kommunikationsmöglichkeiten des Internets, 2014, S. 180; gegen den Vorwurf des Gesinnungsstrafrechts Roxin StrafR AT II § 28 Rn. 45). Sie enthält keine selbständigen Tatbestände, sondern nur eine Erweiterung der Strafbarkeit bei rechtswidrigen Taten (→ § 11 Rn. 18), die als Verbrechen (§ 12 I) mit Strafe bedroht sind (krit. zur gesetzgeberischen Legitimation der Vorschrift Jakobs ZStW 97 (1985), 751 (752, 756); krit. dazu Lagodny, Strafrecht vor den Schranken der Grundrechte, 1996, S. 231; als problematische Vorfeldkriminalität sieht § 30 Hefendehl Kollektive Rechtsgüter S. 36, 38, 106, 379; krit. zum Sichbereiterklären (Mitsch FS Maiwald, 2010, 534 (552)) und zur Annahme des Erbietens Dessecker JA 2005, 549 (554); für insgesamt „gelungen" hält die Vorschrift Thalheimer, Die Vorfeldstrafbarkeit nach §§ 30, 31 StGB, 2008, S. 237; vgl. auch Petzsche ZStW 131 (2019), 576. – Zur Entstehungsgeschichte Thalheimer, Die Vorfeldstrafbarkeit nach §§ 30, 31 StGB, 2008, S. 5; Letzgus in HK-StrafR Rn. 1–3. Zur Reform: einen gesetzlichen Ausschluss des § 30 vor der ersten Bandentat verlangen Flemming/Reinbacher NStZ 2013, 136 (143).

a) Die **Verbrechensnatur** der künftigen Tat ist jeweils nach der – sei es auch irrigen – Vorstellung von den Tatumständen dessen zu beurteilen, der nach § 30 handelt (BGH NJW 1982, 2738). Hängt die Beurteilung als Verbrechen vom Vorliegen oder Fehlen eines besonderen persönlichen Merkmals ab (zB Tötung auf Verlangen im Verhältnis zum Totschlag, → § 216 Rn. 2), so kommt es nach § 28 II, der auch hier anwendbar ist, auf die Qualifikation des nach § 30 Handelnden, nicht des in Aussicht genommenen Täters an (Schröder JuS 1967, 289 (292); Langer FS Lange, 1976, 241 (249); Langer, Die Sonderstraftat, 2007, S. 423; Vogler/Kadel JuS 1976, 245 (249); Kühl JuS 1979, 874 (876); Kühl StrafR AT § 20 Rn. 247; BWME StrafR AT § 32 Rn. 48; Joecks/Jäger StGB Rn. 8, 9; Heine/Weißer in Schönke/Schröder Rn. 13; aM BGHSt 6, 308 = NJW 1954, 1776; BGHSt 53, 174 = NJW 2009, 1221 mit krit. Bespr. Dehne-Niemann JR 2009, 695; v. Heintschel-Heinegg JA 2009, 547; Mitsch JR 2010, 355; Schünemann GA 2011, 445 (456); Valerius Jura 2013, 15 (19); Geppert JK StGB § 30 Rn. 7; BGH StV 1987, 386; NStZ 2006, 34 (35); sa BGH NStZ-RR 2017, 140; Satzger Jura 2017, 1341 zu Abs. 2, §§ 30 I, 28 II; Wessels/Beulke/Satzger StrafR AT Rn. 830; Letzgus GS Vogler, 2004, 201; Jescheck/Weigend StrafR S. 702; Rengier StrafR AT § 47 Rn. 15; Renzikowski in Maurach/Gössel/Zipf StrafR AT II § 53 Rn. 122; anders auch Hoyer in SK-StGB Rn. 17–23, Letzgus in HK-StrafR Rn. 45, Schünemann/Greco in LK-StGB Rn. 43; Zaczyk in NK-StGB Rn. 22–30, die das Vorliegen des persönlichen Merkmals kumulativ bei Täter und Teilnehmer verlangen; iErg wie hier jedoch BGHSt 3, 228 = NJW 1953, 32; BGHSt 4, 17 = NJW 1953, 592; BGHSt 14, 353 = NJW 1960, 1727; zusf. Dessecker JA 2005, 549 (553)). Der Gegenstandpunkt führt zu dem schwer erträglichen Ergebnis, dass das Prinzip der nichtakzessorischen Zurechnung persönlicher Merkmale ohne zureichenden Grund nur für die erfolgreiche, nicht aber für die nur versuchte Teilnahme durchgeführt wird; die Bestimmung lediglich des Strafrahmens nach § 28 II, die auch von der Gegenmeinung eingeräumt wird, mildert diesen Einwand allenfalls, räumt ihn aber nicht aus. Auch die differenzierende Auffassung von Roxin, der nur die unrechtsrelevanten persönlichen Merkmale zur Strafbegründung heranzieht (Roxin StrafR AT II § 28 Rn. 27–29; diff. auch Kindhäuser/Zimmermann StrafR AT § 43 Rn. 11), befriedigt nicht, weil § 28 II in den Grenzen seines Anwendungsbereichs die Zurechnung von Verbrechens- oder Vergehensunrecht gerade von den persönlichen Verhältnissen des jeweils Beteiligten abhängig macht (Herzberg ZIS 2015, 136 (144); Merkel ZIS 2014, 565). Allerdings ist auch der hier vertretene Standpunkt Einwendungen ausgesetzt, die sich aus der inneren Widersprüchlichkeit des § 28 ergeben (→ § 28 Rn. 1). 2

b) Das in Aussicht genommene Verbrechen muss nicht notwendig schon in allen Einzelheiten **konkretisiert,** aber doch so bestimmt sein, dass der andere es – und zwar ohne notwendige Hilfestellung des Anstifters (aM OLG Hamm MDR 1992, 601 mit abl. Bespr. Bloy JR 1992, 493; zw.) – begehen könnte, wenn er wollte (BGHSt 50, 142 = NJW 2005, 2867 mit zT krit. Bespr. Kühl NStZ 2006, 94 (95); Kudlich JA 2006, 91; Kütterer-Lang JuS 2006, 206 (207); Mosenheuer ZIS 2006, 100; BGH NStZ 1998, 347 mkritAnm Kretschmer NStZ 1998, 401; Graul JR 1999, 249; BGH NJW 2013, 1106 mit Bespr. Hecker JuS 2013, 748; LG Zweibrücken NStZ-RR 2002, 136; Kindhäuser/Zimmermann StrafR AT § 43 Rn. 4; Roxin StrafR AT II § 28 Rn. 13; Heine/Weißer in Schönke/Schröder, Rn. 5; sa BGHSt 18, 160 = NJW 1963, 518; BGH MDR 1960, 595; BGH NStZ 2018, 10 (12); Roxin JA 1979, 169 (172)). Das „Ob“ der Tat muss „festbeschlossen“ 3 sein, das „Wie“ kann offenbleiben (BGH NStZ 2007, 697 mit zust. Bespr. Kudlich JA 2008, 146; Kühl StrafR AT § 20 Rn. 252, 253); daher genügt, wenn die Tat in ihren wesentlichen Grundzügen konkretisiert ist (BGH NStZ-RR 2021, 338), doch dürfen Tatzeit, Tatbeteiligte, Tatobjekt und sonstige Umstände der Tat nicht völlig vage bleiben, weil sonst die Strafbarkeit zu weit ins Vorfeld der eigentlichen Tat vorverlagert würde (BGH NStZ 2019, 655 mzustAnm Cornelius; Bespr. Theile ZJS 2019, 246).

4 **2. a)** Versuchte Anstiftung nach **Abs. 1** kommt in drei Formen vor (zusf. Dessecker JA 2005, 549 (551); Putzke JuS 2009, 1087; eing. Pahlke, Rücktritt bei dolus eventualis, 1993, S. 23; weitere Formen bei Roxin StrafR AT II § 28 Rn. 9): Entweder fasst der andere keinen Tatentschluss (hM; anders Letzgus, Vorstufen der Beteiligung, 1972, S. 127, 141), oder er führt ihn nicht aus, oder er war schon vor dem Anstiftungsversuch zur Tat entschlossen (RGSt 72, 373 (375)). Die Abgrenzung bestimmt sich nach den allgemeinen, zu §§ 22, 26 entwickelten Grundsätzen (BGHSt 8, 261 = NJW 1956, 229; Hoyer in SK-StGB Rn. 31, 32; einschr. Schröder JuS 1967, 289; Herzberg ZStW 99 (1987), 49 (78); Bloy JR 1992, 493 (496); Graul JR 1999, 249 (251), zw.). Daher braucht die Anstiftungserklärung dem anderen nicht zuzugehen (BGHSt 8, 261 = NJW 1956, 229; Roxin JA 1979, 169 (171); Geppert Jura 1997, 550; str.); er braucht sie auch nicht zu verstehen (RGSt 47, 230); der andere muss aber vorbehaltlos zur Tatbegehung veranlasst werden; daran fehlt es, wenn sein Tatentschluss von der Erbringung einer Mitwirkungshandlung durch den Anstifter abhängen soll (BGH NStZ 1998, 347 mit Bespr. Graul JR 1999, 249; BGH NStZ 1998, 403). Bestimmen → § 26 Rn. 2 (eine Kommunikation, aber keine Unrechtsvereinbarung iSd Abs. 2 verlangt Krüger JA 2008, 492). Die Schwelle zum Versuchsbeginn ist überschritten, wenn sich die Bestimmungshandlung auf eine ausreichend bestimmte Tat konkretisiert und der Angestiftete die Tat begehen könnte, wenn dieser es wollte (BGH NStZ 2019, 855 mAnm Rückert). Versuchte Kettenanstiftung (→ § 26 Rn. 8) wird jetzt kraft ausdrücklicher Bestimmung erfasst (so früher schon BGHSt 7, 234 = BeckRS 1955, 00041); ebenso die erfolgreiche Anstiftung zur versuchten Anstiftung (Kroß Jura 2003, 250 (251); Kühl StrafR AT § 20 Rn. 250; Roxin StrafR AT II § 28 Rn. 31; Heine/Weißer in Schönke/Schröder, Rn. 35; anders bei Scheitern schon des „Erstanstifters“ Letzgus in HK-StrafR Rn. 22; Zaczyk in NK-StGB Rn. 32, verfassungswidrige Regelung des § 30 I); jedoch ist Beihilfe zur versuchten Anstiftung nicht strafbar (BGHSt 14, 156 = NJW 1960, 1163 mablAnm Dreher NJW 1960, 1163; Roxin StrafR AT II § 28 Rn. 35). Die versuchte mittelbare Täterschaft ist nicht erfasst (Schünemann/Greco in LK-StGB Rn. 22; aM Hoyer in SK-StGB Rn. 5–10; für dessen Einbeziehung Thalheimer, Die Vorfeldstrafbarkeit nach §§ 30, 31 StGB, 2008, S. 237).

5 **b)** Subjektiv ist der volle „doppelte“ Anstiftungsvorsatz (→ § 26 Rn. 4–6; OLG Düsseldorf NJW 2015, 1032 (1034)) erforderlich (hM); er muss namentlich auch die Ausführung der Tat, also nicht nur den Umstand umfassen, dass der andere die Anstiftung ernst nehme (BGHSt 18, 160 = NJW 1963, 358; BGH NStZ 1998, 403; BayObLG NJW 1998, 2542 (2544); Roxin JA 1979, 169 (171); Geppert Jura 1997, 546 (550));. Wie bei der Anstiftung (→ § 26 Rn. 4) genügt bedingter Vorsatz (BGHSt 44, 99 = NJW 1998, 2835 mit Bespr. Roxin NStZ 1998, 616, Bloy JZ 1999, 157; BGH NStZ 2013, 334 mit Bespr. Hecker JuS 2013, 748; zust. Wessels/Beulke/Satzger StrafR AT Rn. 563); der Anstifter muss aber nicht noch zusätzlich die Aufforderung ernstlich gemeint oder die

Haupttat ernstlich gewollt haben (BGH NStZ 2013, 334 in Abkehr von der älteren Rspr. zu § 49a I aF; zust. Roxin NStZ 1998, 616; Bloy JZ 1999, 157; Kühl StrafR AT § 20 Rn. 251).

3. a) In **Abs. 2** bedeutet **Sichbereiterklären** die ernst gemeinte (BGHSt 6, 346) Kundgabe der vorbehaltslosen (OLG Hamm NStZ-RR 1997, 133 mit zust. Bespr. Otto JK StGB § 30 Rn. 4) Bereitwilligkeit zur Begehung eines Verbrechens gegenüber einem anderen; BGH NJW 2015, 1032 mAnm Schiemann (zu §§ 129a, 129b); dies soll sogar gegenüber dem ausersehenen Opfer denkbar sein, wenn die Erklärung in concreto geeignet ist, eine motivationale Selbstbindung des Täters zu begründen (so BGHSt 63, 161 = NJW 2019, 449 mablAnm Kudlich; Puschke HRRS 2019, 346; Eisele JuS 2019, 497; krit. auch Mitsch JR 2019, 257; Schiemann NStZ 2019, 186), was aber zu weit gehen dürfte. Es erfasst das Sicherbieten (BayObLGSt 1953, 154) und die Annahme einer Aufforderung zur Begehung eines Verbrechens; die Zusage eines Gehilfenbeitrags reicht nicht (BGH NJW 2001, 1289 (1290)); zur Problematik des untauglichen Versuchs Mitsch FS Maiwald, 2010, 534 (543), der diesen – wie bei § 138 (→ § 138 Rn. 2) – ausgrenzt. Die **Annahme des Erbietens** muss vom Erklärungsempfänger ernst gemeint sein (BGH NStZ 1998, 403); ob das Erbieten selbst ernstlich war, ist unerheblich (BGHSt 10, 388 = NJW 1957, 1770; Heine/Weißer in Schönke/Schröder Rn. 23; aM Letzgus, Vorstufen der Beteiligung, 1972, S. 148; Jescheck/Weigend StrafR S. 705; Hoyer in SK-StGB Rn. 41; Renzikowski in Maurach/Gössel/Zipf StrafR AT II § 53 Rn. 139; für eine Strafbarkeit des Annehmenden nach § 30 I Roxin StrafR AT II § 28 Rn. 86). **Verabredung** (eing. Fieber, Die Verbrechensverabredung, § 30 Abs. 2, Alt. 3 StGB, 2001) ist die – auch stillschweigende – Übereinkunft von mindestens zwei Personen, eine bestimmte Tat als Mittäter zu begehen (BGHSt 53, 174 (176) = NJW 2009, 1221; BGH NStZ 1993, 137; NStZ 2011, 570; NJW 2017, 2134 mAnm Kudlich; BGH NStZ-RR 2018, 221; Eisele JuS 2017, 891; Dessecker JA 2005, 549 (551); Hoyer in SK-StGB Rn. 50) oder einen anderen gemeinschaftlich zu ihrer Begehung anzustiften (BGH NStZ 1988, 406); die Zusage bloßer Beihilfe genügt deshalb nicht (BGHSt 53, 147 (176) = NJW 2009, 1360; BGH NStZ-RR 2002, 74 mit Bespr. Heger JA 2002, 628; BGH HRRS 2006 Nr. 506 mit zust. Bespr. Kudlich JA 2006, 824). Es müssen mindestens zwei Personen ernstlich entschlossen sein (RGSt 58, 392; BGH NStZ 2009, 497; Thalheimer, Die Vorfeldstrafbarkeit nach §§ 30, 31 StGB, 2008, S. 99; Schünemann/Greco in LK-StGB Rn. 63; Fischer Rn. 19; aM Letzgus in HK-StrafR Rn. 78; Heine/Weißer in Schönke/Schröder Rn. 24). Ist nur eine Person ernstlich entschlossen, so kommt für diese sich Bereiterklären in Betracht. Vom Willen der Beteiligten unabhängige Bedingungen schließen die Annahme einer Übereinkunft nicht aus (BGHSt 12, 306 = NJW 1959, 777; BGH NJW 1973, 156; ebenso OLG Hamm NStZ-RR 1997, 133 für Sichbereiterklären; sa Oswald NStZ 1991, 46). Die Verabredung kann auch zwischen Personen erfolgen, die sich lediglich über einen Tarnnamen in einem Internetchatforum kennen (BGH NStZ 2011, 570 mit Bespr. Weigend; Reinbacher NStZ-RR 2012, 41; Rotsch ZJS 2012, 680). Subjektiv ist Vorsatz hinsichtlich der verabredeten Tat erforderlich (BGH NStZ 1998, 403 mAnm Geerds JR 1999, 426; Roxin StrafR AT II § 28 Rn. 51; sa BGH NJW 1956, 30; BGH bei Holtz MDR 1987, 798); zu dessen Bestimmtheit BGH NStZ 2007, 697; NStZ 2009, 497; NJW 2013, 483; Kühl/Hinderer JuS 2010, 699; Rengier StrafR AT § 47 Rn. 25; zur Konkretisierung des Verbrechens schon → Rn. 3. Es reicht, wenn von zwei vorgesehenen Begehungsmöglichkeiten nur eine ein Verbrechen ist (BGH NStZ 1998, 6

510; NStZ 2011, 158; Roxin StrafR AT II § 28 Rn. 59). Wer nur eine Beihilfe verspricht, macht sich nicht strafbar (BGH StV 2017, 442).

7 **b) Versuch** und Vorbereitung von Handlungen nach Abs. 2 sind nicht strafbar (RGSt 58, 394); jedoch kann eine versuchte Verabredung zugleich versuchte Anstiftung oder Sichbereiterklären sein (ebenso Roxin StrafR AT II § 28 Rn. 68; sa BGHSt 61, 84 = NJW 2016, 1030). Da die Zusage einer Verbrechensbeihilfe von Abs. 2 nicht erfasst wird (→ Rn. 6), muss auch die Beihilfe zur Verbrechensverabredung aus dem Anwendungsbereich ausscheiden (BGH bei Holtz MDR 1982, 446; Roxin StrafR AT II § 28 Rn. 67).

8 **4.** Zum **Rücktritt** vgl. § 31.

9 **5.** Die **Strafe** ist die Versuchsstrafe (§ 23) für das in Aussicht genommene Verbrechen; dessen Strafrahmen ist nach den konkreten Umständen, also unter Berücksichtigung auch unbenannter Strafänderungen (besonders schwere und minder schwere Fälle), zu ermitteln (BGHSt 32, 133 = NJW 1984, 745; beachte auch BGH NStZ 1986, 453; NStZ 1990, 96). Die Strafmilderung nach § 49 I ist jedoch abweichend von § 23 II obligatorisch (→ § 49 Rn. 2, 3, 8–11; → § 50 Rn. 1–4). Doppelte Milderung – etwa bei Fehlen besonderer persönlicher Merkmale – kommt in Frage (BGH NStZ 2015, 46; → § 50 Rn. 5). Bei der **Strafzumessung** ieS (→ § 46 Rn. 32–44) fallen namentlich die Beschaffenheit der Verabredung selbst und das Ausmaß ins Gewicht, in dem sich die Beteiligten durch abredegemäße Vorbereitungshandlungen bereits dem Tatbeginn genähert hatten (BGH NStZ 1989, 571; StV 1997, 241).

10 **6.** Die tatbestandsnähere Variante geht tatbestandsferneren vor (Zaczyk in NK-StGB Rn. 68; Becker, Der Strafgrund der Verbrechensverabredung gem. § 30 Abs. 2, Alt. 3, 2012, S. 161; diff. nach Fallgestaltungen Schünemann/Greco in LK-StGB Rn. 79); deshalb tritt etwa die Verabredung nach Abs. 2 Var. 3 hinter der versuchten Anstiftung nach § 30 I als subsidiar zurück (BayObLG NJW 1956, 1000 (1001); aM BGH NStZ 1994, 383; Renzikowski in Maurach/Gössel/Zipf StrafR AT II § 53 Rn. 1, 144). **Tateinheit** mit anderen Taten, zB Nötigungsversuch (BGHSt 1, 305 = BeckRS 2013, 4145) oder Bestechung (BGHSt 6, 308 = NJW 1954, 1776), ist möglich; auch innerhalb der Tatvarianten des § 30 (BGH NJW 2016, 1032). Die Begehung oder der Versuch der in Aussicht genommenen Tat – auch mit anderen Teilnehmern als den erfolglos angestifteten (BGHSt 8, 38 = NJW 1955, 1644; beachte jedoch BGH NStZ 1998, 189 mzustAnm Geppert; BGHSt 44, 91 = NJW 1998, 2684 mit zust. Bespr. Beulke NStZ 1999, 26; zust. auch Gropp/Sinn StrafR AT § 9 Rn. 101c, wo zu Recht Tatmehrheit zwischen der versuchten, fehlgeschlagenen Anstiftung und der auf neuem Entschluss beruhenden Anstiftung zum Versuch angenommen wird) – verdrängt den § 30 (BGHSt 14, 378 = NJW 1960, 1819; BGHR, Abs. 1 S. 1, Konkurrenzen 2). Tateinheit zwischen versuchter Anstiftung zum Mord und Anstiftung zum Totschlag soll vorliegen, wenn der Anstifter irrig von der Begehung der Tötung aus Habgier ausgeht (BGHSt 50, 1 (9) = NJW 2005, 996 mit krit. Bespr. Jäger JR 2005, 477; Puppe JZ 2005, 902). Das alles gilt auch, wenn statt einer geplanten leichteren eine diese umfassende schwerere Tat verübt wird (ebenso Heine/Weißer in Schönke/Schröder Rn. 38), nicht dagegen, wenn die ausgeführte Tat leichter ist als die geplante; dann liegt Tateinheit mit der ausgeführten Tat vor (BGHSt 9, 131 = NJW 1956, 1038; Roxin StrafR AT II § 28 Rn. 38). Hinter den spezielleren §§ 83 (OLG Köln NJW 1954, 1259; aM Roxin StrafR AT II § 28 Rn. 42) und § 357 (RGSt 68, 90)

tritt § 30 zurück (Fischer Rn. 29); iVm § 234a I geht er dem § 234a III vor (BGHSt 6, 85 = NJW 1954, 1209; Roxin StrafR AT II § 28 Rn. 42). Bei der **Verabredung** mehrerer Taten soll es nach dem 2. Strafsenat darauf ankommen, was verabredet ist, dh auf das Konkurrenzverhältnis der vereinbarten und später zu begehenden Tat (BGH NStZ 2010, 209 (210)); nach dem 3. Strafsenat soll es dagegen zu Recht auf die Verabredungshandlung ankommen (BGHSt 56, 170 = NJW 2011, 2375 mit zust. Bespr. Duttge NStZ 2012, 438; Satzger JK StGB § 30 Rn. 18, sa Bachmann/Goeck JA 2011, 425). – Zwischen dem Sich-Bereiterklären und dem betreffenden Verbrechen handelt es sich prozessual um zwei Taten (BGH NStZ-RR 2018, 53 (54)).

§31 Rücktritt vom Versuch der Beteiligung

(1) **Nach § 30 wird nicht bestraft, wer freiwillig**
1. **den Versuch aufgibt, einen anderen zu einem Verbrechen zu bestimmen, und eine etwa bestehende Gefahr, daß der andere die Tat begeht, abwendet,**
2. **nachdem er sich zu einem Verbrechen bereit erklärt hatte, sein Vorhaben aufgibt oder,**
3. **nachdem er ein Verbrechen verabredet oder das Erbieten eines anderen zu einem Verbrechen angenommen hatte, die Tat verhindert.**

(2) **Unterbleibt die Tat ohne Zutun des Zurücktretenden oder wird sie unabhängig von seinem früheren Verhalten begangen, so genügt zu seiner Straflosigkeit sein freiwilliges und ernsthaftes Bemühen, die Tat zu verhindern.**

1. Der **Rücktritt** vom Beteiligungsversuch (eing. Bottke, Rücktritt vom Versuch der Beteiligung nach § 31 StGB, 1980; zusf. Vogler ZStW 98 (1986), 331 (352)) ist ebenso wie der vom Versuch Strafaufhebungsgrund (→ § 24 Rn. 1; Renzikowski in Maurach/Gössel/Zipf StrafR AT II § 53 Rn. 146) und in seiner Wirkung auf Handlungen nach § 30 beschränkt (BGHSt 15, 198 = NJW 1961, 276). Die zum fehlgeschlagenen Versuch bei § 24 (→ § 24 Rn. 10) entwickelten Grundsätze lassen sich nicht auf § 31 übertragen (BGH NJW 2003, 981; zw.). 1

2. Abs. 1 setzt in allen Alternativen den endgültigen (hM; anders Bottke, Rücktritt vom Versuch der Beteiligung nach § 31 StGB, 1980, S. 30) Verzicht auf das verbrecherische Vorhaben (→ § 24 Rn. 7–9) und Freiwilligkeit (→ § 24 Rn. 16–18; BGH NStZ 1998, 510; NStZ-RR 2010, 138 (139); Roxin StrafR AT II § 28 Rn. 88; sa Bottke, Rücktritt vom Versuch der Beteiligung nach § 31 StGB, 1980) voraus (Fischer Rn. 2a); an der auch hier erforderlichen Tatidentität (→ § 24 Rn. 9) fehlt es, wenn das Vorhaben wegen des Ausscheidens eines Tatbeteiligten auch von den übrigen zunächst aufgegeben, später aber auf Grund eines neuen Entschlusses ausgeführt wird (BGH NStZ 1992, 537; vgl. auch BGH NStZ 1999, 449; Hoyer in SK-StGB Rn. 18). Ist der Rücktritt misslungen, weil das Verbrechen begangen oder versucht wurde, so tritt idR Strafbarkeit wegen Beteiligung ein (BGH NStZ 1987, 118); die Ausführungen unter → § 24 Rn. 24–28 gelten sinngemäß (aM Bottke, Rücktritt vom Versuch der Beteiligung nach § 31 StGB, 1980). Im Übrigen gilt Folgendes: 2

3 **a)** Beim **Anstiftungsversuch** (Nr. 1) genügt das Aufgeben der Einwirkung auf den anderen, solange dieser noch keinen Tatentschluss gefasst hat und auch noch keine Gefahr entstanden ist, dass er die Tat begeht (BGH StV 2008, 248 = NStZ-RR 2008, 142; Frister StrafR AT § 29 Rn. 42). Besteht jedoch eine solche Gefahr, so muss der Täter sie abwenden, was idR nur durch positives Tun, ausnahmsweise aber auch durch passives Verhalten (BGH NStZ-RR 1997, 289 mit zust. Bespr. Otto JK StGB § 31 Rn. 3), möglich ist. Ist der Anstiftungsversuch beendigt (→ § 24 Rn. 3), so bedarf es nur der Abwendung der Gefahr. Es hängt daher von den Umständen ab, ob der Rücktritt beide Voraussetzungen der Nr. 1 erfüllen muss oder ob eine von ihnen genügt (Begr. zu § 36 E 1962, S. 155). Nicht von Nr. 1 erfasst ist die Abstandnahme von einer erst vorbereiteten Anstiftung zu einem Verbrechen (Fad, Die Abstandnahme des Beteiligten von der Tat im Vorbereitungsstadium, 2005, S. 175). Ist der Täter infolge **Verkennung der Gefahr** untätig geblieben, so schließt das – abweichend vom Gesetzeswortlaut, aber zur Vermeidung eines Wertungswiderspruchs zu § 24 (→ § 24 Rn. 3) – die Vergünstigung nicht aus (Herzberg JZ 1989, 114; Roxin StrafR AT II § 28 Rn. 94, 95; Heine/Weißer in Schönke/Schröder, Rn. 5; aM Bottke, Rücktritt vom Versuch der Beteiligung nach § 31 StGB, 1980, S. 54; zw.). Von einem **fehlgeschlagenen** Anstiftungsversuch (BGHSt 50, 142 = NJW 2005, 2867 mit Bespr. Kühl NStZ 2006, 94; Kütterer-Lang JuS 2006, 206 (207); Mosenheuer ZIS 2006, 100 (103); Puppe JR 2006, 75; BGH NStZ-RR 1997, 260; NStZ 2002, 311; Fischer Rn. 3; Hoyer in SK-StGB Rn. 5, 6) ist Rücktritt nur unter den Voraussetzungen des Abs. 2 und nur dann möglich, wenn der Täter den Fehlschlag noch nicht kennt. Ein ernsthaftes Bemühen liegt hier nur vor, wenn der Anstifter alle Kräfte anspannt, um den vermeintlichen Tatentschluss des präsumtiven Täters rückgängig zu machen, und er dadurch die aus seiner Sicht bestehende Gefahr beseitigt, dass der Angestiftete die Tat begeht (BGH NStZ 2002, 311), dies kann auch hier durch ein Unterlassen geschehen, wenn der Anstifter davon ausgehen kann, dass der präsumtive Täter noch auf sein „Startzeichen" wartet (Kühl NStZ 2006, 94). Kein fehlgeschlagener Versuch liegt vor, wenn der Täter nach „anfänglichem Misslingen" die Fortsetzungsmöglichkeit erkennt (BGH StV 2008, 248 = NStZ-RR 2008, 142; Kühl StrafR AT § 20 Rn. 259). Zu Rücktrittsproblemen bei der versuchten Kettenanstiftung Kroß Jura 2003, 250 (252).

4 **b)** Bei der **Bereitschaftserklärung** (Nr. 2) muss der Täter sein Vorhaben in einer nach außen erkennbaren Weise (Jescheck/Weigend StrafR S. 706; Hoyer in SK-StGB Rn. 14, 15; aM BGH NStZ 2011, 570 mit Bespr. Weigend; Reinbacher NStZ-RR 2012, 41; Rotsch ZJS 2012, 680; Bottke, Rücktritt vom Versuch der Beteiligung nach § 31 StGB, 1980, S. 48; Frister StrafR AT § 29 Rn. 41; Renzikowski in Maurach/Gössel/Zipf StrafR AT II § 53 Rn. 158; Schünemann/Greco in LK-StGB Rn. 17, 18), zB durch Widerruf (BWME StrafR AT § 32 Rn. 54), aufgeben. Das Verschieben der Tatausführung auf eine günstige Gelegenheit reicht ebenso wenig wie der Austausch des Tatmittels (OLG Hamm StV 1997, 242; Letzgus in HK-StrafR Rn. 15).

5 **c) Bei der Verabredung eines Verbrechens** oder der **Annahme eines Erbietens** (Nr. 3) ist – ähnlich wie beim Beteiligtenrücktritt nach § 24 II 1 – Verhinderung der Tat erforderlich. Das setzt idR positives Tun voraus (BGH NStZ-RR 2016, 367); jedoch ist hier auch bloßes Unterlassen häufiger als in den Fällen des § 24 (→ § 24 Rn. 19, 25) ein geeignetes Mittel der Erfolgsabwendung, zB wenn der Täter seinen eigenen, nach seiner Vorstellung für die Durchführung der Tat un-

erlässlichen Beitrag nicht erbringt, um die Tat oder jedenfalls ihre Vollendung zu verhindern (BGHSt 32, 133 = NJW 1984, 745; BGH NJW 1984, 2169, beide mAnm Kühl JZ 1984, 292; Küper JR 1984, 265; BGH NStZ-RR 1997, 289; NStZ 1999, 395 (396); NStZ 2007, 287; NJW 2008, 240; Frister StrafR AT § 29 Rn. 43; Roxin StrafR AT II § 28 Rn. 102; Fischer Rn. 5).

3. Zu **Abs. 2** → § 24 Rn. 20, 26, 27 (beachte auch BGH NStZ 1987, 118; NStZ-RR 1997, 289; NJW 2008, 240; sowie ergänzend Roxin StrafR AT II § 28 Rn. 107–112); für eine Neufassung des Abs. 2 mit Gesetzesvorschlag Thalheimer, Die Vorfeldstrafbarkeit nach §§ 30, 31 StGB, 2008, S. 237, 243. 6

4. Ist eine Tat **zum Versuch gediehen,** so lebt bei Rücktritt vom Versuch die Strafbarkeit nach § 30 nicht wieder auf (BGHSt 14, 378 = NJW 1960, 1819; BGH NStZ 1999, 449 (451); sa Küper JZ 1979, 775 (782); Mitsch FS Herzberg, 2008, 443 (451); str.), es sei denn, dass die versuchte Tat leichter ist als die geplante (Vogler FS Bockelmann, 1979, 715 (728); Lilie/Albrecht in LK-StGB § 24 Rn. 483; aM Roxin JA 1979, 169 (175); Schünemann/Greco in LK-StGB § 30 Rn. 83; Letzgus in HK-StrafR § 30 Rn. 105). 7

4. Titel. Notwehr und Notstand

Vorbemerkung

I. Der Titel unterscheidet zwischen **Rechtfertigungs- und Entschuldigungsgründen** (→ Vor § 13 Rn. 17, 27), deren systematische Trennung nicht in allen Strafrechtsordnungen durchgeführt ist, für das deutsche Strafrecht aber zwingend aus den Vorschriften des AT folgt (hM; anders von der Linde, Rechtfertigung und Entschuldigung im Strafrecht?, 1988; zT abw. Freund/Rostalski StrafR AT § 4 Rn. 1, 25, 48, 53; rechtsvergleichend Eser RuE I–IV; sa Perron ZStW 99 (1987), 902). Geregelt sind hier nur der Unrechtsausschluss wegen Notwehr (§ 32) oder rechtfertigenden Notstandes (§ 34) und der Schuldausschluss wegen Notwehrexzesses (§ 33) oder entschuldigenden Notstandes (§ 35). Sie bilden lediglich einen kleinen Ausschnitt aus der Gesamtheit dieser Gründe. 1

II. Rechtfertigungsgründe (Unrechtsausschließungsgründe) sind geschriebene oder ungeschriebene Erlaubnissätze, die das Indiz der Rechtswidrigkeit einer tatbestandsmäßigen Handlung widerlegen und damit die Rechtmäßigkeit der Tat, dh ihre Vereinbarkeit mit der Gesamtrechtsordnung, begründen (hM; → Vor § 13 Rn. 15–17). Späth, Rechtfertigungsgründe im Wirtschaftsstrafrecht, 2016. 2

1. Ob sich die Rechtfertigungsgründe auf ein **einheitliches Grundprinzip** zurückführen lassen oder nur aus verschiedenen Leitgesichtspunkten erklärbar sind, ist umstritten, für ihre Anwendung aber ohne praktische Bedeutung (vgl. etwa Stratenwerth ZStW 68 (1956), 41; Noll ZStW 77 (1965), 1; Lenckner, Der rechtfertigende Notstand, 1965, S. 133; Lenckner GA 1985, 295 (302); Rudolphi GS Kaufmann, 1989, 371; Schmidhäuser GA 1991, 97 (99); Rinck, Der zweistufige Deliktsaufbau, 2000, S. 50; Köhler StrafR AT S. 237; Engländer in Matt/Renzikowski Rn. 4; Paeffgen in NK-StGB Rn. 44–48; Hoyer in SK-StGB Rn. 27–29; Duttge in HK-StrafR Vor §§ 32–35 Rn. 8, unterscheidet fünf Prinzipien; sa Hruschka FS Dreher, 1977, 189; Jakobs, System der strafrechtlichen Zurechnung, 2012, S. 44; Hruschka FS Dreher, 1977, 189 (190) unterscheidet intra- und extra- 3 systematische Rechtfertigungsgründe; zum „Nutzen dieser Unterscheidung" Renzikowski JahrbRuE 2005, 643 (667); den Verhältnismäßigkeitsgrundsatz betrachtet als „Strukturelement" der Rechtfertigungsgründe Hoyer ARSP-Beiheft 104 (1993), 99). Eine **prozedurale** Rechtfertigung wird etwa bei der Sterbehilfe (→ Vor § 211 Rn. 6, 8) und beim Schwangerschaftsabbruch (→ Vor § 218 Rn. 16) diskutiert (dafür Hassemer FS Mahrenholz, 1994, 733; Saliger FS Hassemer, 2010, 599; abl. Günther in SK-StGB Rn. 78 – Sept 99).

4 **2.** Umstritten ist ferner, ob neben den Rechtfertigungsgründen eine allgemeine Kategorie spezifischer **Strafunrechtsausschließungsgründe** anzuerkennen ist (so Günther, Strafrechtswidrigkeit und Strafunrechtsausschluss, 1983, S. 257; Günther FS Spendel, 1992, 189, der zwischen echten und unechten Strafunrechtsausschließungsgründen unterscheidet und nur den letzteren Wirkung für die Gesamtrechtsordnung beimisst). Diese Lehre macht zwar eine Anzahl von Streitfragen leichter lösbar, wird mit Recht aber wegen der Unbestimmtheit ihrer Grenzziehungen überwiegend als problematisch und nicht unbedingt notwendig abgelehnt (näher Amelung JZ 1982, 617 (619); Schünemann GA 1985, 341 (351); Roxin FS Oehler, 1985, 181; Roxin JuS 1988, 425 (430); Reichert-Hammer JZ 1988, 617; Rudolphi GS Kaufmann, 1989, 371 (373); Gössel GA 1993, 276 (277); Kelker, Der Nötigungsnotstand, 1993, S. 65; Cortes Rosa Coimbra-Symposium, 1995, 183, 201; Paeffgen in NK-StGB Rn. 42, 43; Hoyer in SK-StGB Rn. 9–15).

5 **3.** Einen weiteren Streitpunkt bildet die Frage, ob über das Vorliegen der einen Rechtfertigungsgrund ausfüllenden Umstände durchgängig eine objektiv nachträgliche Prognose (**ex-ante-Urteil,** → § 315 c Rn. 22) entscheidet (so ua Kaufmann FS Welzel, 1974, 393 (399); Frisch, Vorsatz und Risiko, 1983, S. 419, 424; Frisch JA 1989, 243 (247); Herzberg FS Stree/Wessels, 1993, 203; Rudolphi GS Kaufmann, 1989, 371 (377); Freund GA 1991, 387 (406); Freund/Rostalski StrafR AT § 3 Rn. 9; Hoyer in SK-StGB Rn. 54–62) oder ob solche Umstände, die nicht schon nach der Struktur des jeweiligen Rechtfertigungsgrundes prognostischen Gehalt haben, sämtlich oder wenigstens zT wirklich vorliegen müssen, möglicherweise also erst ex-post verifizierbar sind (so die bisher hM; vgl. etwa Gallas FS Bockelmann, 1979, 154 (166); Sternberg-Lieben in Schönke/Schröder, Rn. 10–12, 20; diff. Paeffgen in NK-StGB Rn. 79–84; zur zeitlichen Struktur von ex-ante- und ex-post-Beurteilungen Krümpelmann FS Triffterer, 2011, 137; didaktisch Nippert/Tinkl JuS 2002, 964). Der Meinungsstreit hat seinen Ursprung in der Frage, ob die rechtfertigenden Erlaubnissätze (→ Vor § 13 Rn. 17) ebenso wie die unrechtsbegründenden Verbote und Gebote (→ Vor § 13 Rn. 15) ausschließlich als Verhaltensregeln (Bestimmungsnormen) zu deuten sind oder ob auch allgemeine Wertaspekte, etwa die Perspektive des Opfers oder die Gewährleistung des Rechtsgutes gegenüber objektiv unbegründeten Eingriffen, einbezogen werden müssen (bejahend Paeffgen GS Kaufmann, 1989, 399 (412); Hirsch FS Kaufmann, 1983, 545 (546); Schroth FS Kaufmann, 1993, 595 (604); Gössel FS Triffterer, 2011, 93; aM Frisch in Eser RuE III S. 217, 260; rechtsvergleichend Eser FS Lenckner, 1998, 25, der für „Straffreistellungen" zwischen „Verhaltensregeln und Behandlungsnormen" unterscheidet). Die Frage lässt sich nicht zwingend beantworten, weil beide Auffassungen gewichtige Gründe für sich haben, zugleich aber auch nicht spannungsfrei und mit durchgängig überzeugenden Ergebnissen durchgehalten werden können. Deshalb hat sich eine Vielzahl widerstreitender Lehrmeinungen und daraus folgend eine weitgehend ungeklärte dogmatische Lage entwickelt. Das tritt namentlich hervor beim Erlaubnistatbestandsirrtum (→ § 17 Rn. 9–16) und seiner Umkehrung

(→ § 22 Rn. 16), beim Unrechtszweifel (→ § 17 Rn. 18) und bei der Beurteilung des Verhältnisses von Erlaubnissätzen zu negativ formulierten Tatbestandseinschränkungen (dazu Herzberg JA 1989, 243 (294)), deren Abgrenzung ohnehin häufig zweifelhaft ist (dazu Triffterer FS Oehler, 1985, 209). Auch in dem Streit um einen zwei- oder dreigliedrigen Verbrechensaufbau hat die Fragestellung Gewicht (→ Vor § 13 Rn. 17). Nach dem gegenwärtigen Diskussionsstand dürfte die übergewichtige Betonung der Bestimmungsfunktion von Normen, die mit einer Ausblendung der Opferperspektive und einer Schwächung des Rechtsgüterschutzes einhergeht, nicht hinreichend begründet sein, um darauf prinzipielle Änderungen der in diesem Erläuterungsbuch zugrundegelegten systematischen Vorgaben stützen zu können.

4. Im Gegensatz zur früheren objektiven Unrechtslehre (→ Vor § 13 Rn. 19) 6
genügt zum Unrechtsausschluss eine bloß objektive Rechtfertigungslage nicht (hM; zur Rspr. Hirsch FG BGH, 2000, 199 (233); anders Spendel FS Bockelmann, 1979, 245; dagegen Rath, Das subjektive Rechtfertigungselement, 2002, S. 29, 76; krit. auch Lagodny, Strafrecht vor den Schranken der Grundrechte, S. 474; zusf. Paeffgen in NK-StGB Rn. 85–90). Das hier mögliche Versuchsunrecht (→ § 22 Rn. 16) wird nur ausgeschlossen, wenn der Täter mindestens in Kenntnis dieser Lage handelt (so zB Schünemann GA 1985, 341 (371); Freund/Rostalski StrafR AT § 3 Rn. 20; Puppe StrafR AT § 13 Rn. 5; Engländer in Matt/Renzikowski Rn. 7; Sternberg-Lieben in Schönke/Schröder, Rn. 14; überzeugend Frisch FS Lackner, 1987, 113 (133)); es soll ein Fürmöglichhalten ausreichen, wenn der Täter auf das Vorhandensein der Rechtfertigungssituation vertraut (Rengier StrafR AT § 17 Rn. 11; Sternberg-Lieben in Schönke/Schröder Rn. 14; zu § 34 OLG Naumburg StraFo 2013, 344 (345)). Nach überwiegender, im Ansatz allerdings sehr unterschiedlich begründeter (krit. dazu Frisch FS Lackner, 1987, 113 (115)) Meinung soll dagegen eine der Rechtfertigungslage entsprechende Willensrichtung des Täters erforderlich sein (Jescheck/Weigend StrafR S. 328; Krey/Esser StrafR AT Rn. 454, 461; diff. Gallas FS Bockelmann, 1979, 155 (172); Walter Kern des Strafrechts S. 99; Maurach/Zipf StrafR AT I § 25 Rn. 26–28; aus der Rspr. BGHSt 56, 11 (22) = NJW 2011, 1014). Im Einzelnen sind Inhalt und Grenzen dieser sog. **subjektiven Rechtfertigungselemente** noch nicht abschließend geklärt (vgl. zB Rudolphi FS Maurach, 1972, 51; Alwart GA 1983, 433; Loos FS Oehler, 1985, 227; Herzberg JA 1986, 190, 541; Frisch FS Lackner, 1987, 113; Rinck, Der zweistufige Deliktsaufbau, 2000, S. 251; Rath, Das subjektive Rechtfertigungselement, 2002, S. 141, 196; Streng FS Otto, 2007, 469; Krack in Koriath/Krack/Radtke/Jehle, Grundfragen des Strafrechts, Rechtsphilosophie und die Reform der Juristenausbildung, 2010, S. 145; Paeffgen in NK-StGB Rn. 91–101; Rönnau in LK-StGB Rn. 83–89; diff. Wolter, Objektive und personale Zurechnung von Verhalten, Gefahr und Verletzung in einem funktionalen Straftatsystem, 1981, S. 136; Röttger, Unrechtsbegründung und Unrechtsausschluss, 1993, S. 285; zusf. Rönnau JuS 2009, 594).

5. Zur **Konkurrenz** mehrerer Rechtfertigungsgründe Warda FS Maurach, 7
1972, 143; Seelmann, Das Verhältnis von § 34 StGB zu anderen Rechtfertigungsgründen, 1978; Peters GA 1981, 445; Renzikowski, Notstand und Notwehr, 1994, S. 18; Thiel, Die Konkurrenz von Rechtfertigungsgründen, 2000; Jakobs StrafR AT Abschn. 11 Rn. 16, 17; Paeffgen in NK-StGB Rn. 77; Rönnau in LK-StGB Rn. 78; sa Sternberg-Lieben JA 1996, 129 (131).

8 **III.** Als Rechtfertigungsgründe kommen namentlich **in Frage:**

1. Die **Notwehr** (§ 32).

2. Der **rechtfertigende Notstand** (§ 34) und die **rechtfertigende Pflichtenkollision** (→ § 34 Rn. 15).

9 **3.** Die **bürgerlich-rechtlichen Notrechte nach §§ 228, 229** (BGH NStZ 2012, 144 (145) mAnm Grabow; und mit Bespr. Hecker JuS 2011, 940; BayObLG NJW 1991, 934 mit krit. Bespr. Schroeder JZ 1991, 681; Laubenthal JR 1991, 519; Joerden JuS 1992, 23; Duttge Jura 1993, 416; OLG Düsseldorf NJW 1991, 2716 mit krit. Bespr. Scheffler Jura 1992, 352; AG Grevenbroich NJW 2002, 1060 mit zust. Bespr. Otto Jura 2003, 685 (686); AG Riesa MMR 2019, 581 mAnm Krumm; Ernst CR 2019, 581; Bespr. Hecker JuS 2019, 913, § 228-Rechtfertigung für Abschuss einer über dem Grundstück filmenden Drohne; zur erlaubten Selbsthilfe vgl. Werner, Staatliches Gewaltmonopol und Selbsthilfe, 1999, S. 12; Duchstein JuS 2015, 105; zur Selbsthilfe des Betreibers einer SB-Tankstelle Krüger NZV 2003, 218, zu der des Fahrausweisprüfers Schauer/Wittig JuS 2004, 107), **§ 859 I** (BGH NJW 1998, 1000; OLG Frankfurt a. M. NStZ-RR 2000, 107), **§§ 858, 859** (BGH NStZ 2015, 571 (578)), § 859 II (BGH NStZ-RR 1999, 265 mit Bespr. Heger JA 2000, 188; BGH NJW 2015, 2898 mAnm Kudlich NJW 2015, 2901 und Jäger JA 2015, 874 (876); OLG Schleswig NStZ 1987, 75 mablAnm Hellmann NStZ 1987, 455) und **§ 904 BGB** (krit. Hellmann, Die Anwendbarkeit der zivilrechtlichen Rechtfertigungsgründe im Strafrecht, 1987; sa Weber, Der zivilrechtliche Vertrag als Rechtfertigungsgrund im Strafrecht, 1986; zusf. zu §§ 229, 859 Zieschang FS Knemeyer, 2012, 449 (456)) sowie **§ 241a BGB** (→ § 303 Rn. 9). Überblick über §§ 228, 904 BGB bei Erb JuS 2010, 20 (22), zu beiden auch Duttge in HK-StrafR Vor §§ 32–35 Rn. 25, 26 zu § 904 BGB; Duttge in HK-StrafR Vor §§ 32–35 Rn. 27–29 zu § 228 BGB. Zu „Not- und Selbsthilferechten" Klingbeil, 2017. Dagegen soll die **berechtigte Geschäftsführung ohne Auftrag** (§§ 677–687 BGB) als solche keinen strafrechtlichen Rechtfertigungsgrund bilden, weil sie nur Ausgleichsrechte und -pflichten regele (hM; s Fischer Rn. 4; anders Rönnau in LK-StGB Rn. 215; BWME StrafR AT § 17 Rn. 114); obwohl die meisten einschlägigen Handlungen auch auf Grund rechtfertigenden Notstandes (→ § 34 Rn. 4) oder mutmaßlicher Einwilligung (→ Rn. 19) gerechtfertigt werden können, widerspricht die prinzipielle, allerdings praktisch kaum bedeutsame Ausscheidung der Geschäftsführung ohne Auftrag dem Grundsatz der Einheit der Rechtsordnung (Weber FS Baur, 1981, 133 (139); Schroth JuS 1992, 476; eing. und diff. zur strafrechtlichen Relevanz Fisch, Strafbarkeitsausschluss durch berechtigte Geschäftsführung ohne Auftrag, 2000). Zu **verfassungsrechtlichen Notstandsregelungen** Windthorst in Thiel, Wehrhafte Demokratie, 2003, S. 365, 367.

4. Die **Wahrnehmung berechtigter Interessen** (§ 193) bzw überwiegender berechtigter Interessen (§§ 184k III, 201a IV).

10 **5.** Die **Einwilligung des Verletzten.** Sie ist zwar ausdrücklich nur für die Körperverletzung in § 228 geregelt, kann aber als Verzicht des Verletzten auf Rechtsschutz (Sternberg-Lieben in Schönke/Schröder Rn. 33; ähnlich Amelung/Eymann JuS 2001, 937 (939); Renzikowski JahrbRuE 2005, 643 (660); str.) auch in anderen Tatbeständen rechtfertigende Wirkung entfalten. Ihre Einordnung als **Rechtfertigungsgrund** entspricht stRspr (zB BGHSt 16, 309 = NJW 1962, 682; zust. Hirsch

FG BGH, 2000, 199 (214)) und wird mit Recht in großen Teilen des Schrifttums auch heute noch vertreten (zB Geppert ZStW 83 (1971), 947 (959); Murmann, Die Selbstverantwortung des Opfers im Strafrecht, 2005, S. 369; Gropp GA 2015, 5 (17), insbes. zum ärztlichen Heileingriff, BWME StrafR AT § 17 Rn. 95; Ebert StrafR AT S. 86; Jescheck/Weigend StrafR S. 375; Kühl StrafR AT § 9 Rn. 22; Otto StrafR AT § 8 Rn. 127; Wessels/Beulke/Satzger StrafR AT Rn. 539; Zieschang StrafR AT Rn. 276; Sternberg-Lieben in Schönke/Schröder Rn. 33, sa Hruschka FS Dreher, 1977, 189 (197); Hoyer, Strafrechtsdogmatik nach Armin Kaufmann, 1997, S. 225; Sternberg-Lieben, Die objektiven Schranken der Einwilligung im Strafrecht, 1997, S. 59 mit Bespr. Kühl ZStW 115 (2003), 385; Dölling FS Gössel, 2002, 209 (216)). Auf der Grundlage divergierender Deutungen des Rechtsgutsbegriffs hat jedoch zunehmend die Ansicht an Boden gewonnen, dass es bei Einwilligung stets an einer Rechtsgutsverletzung und damit schon am Tatbestand fehle (zB Schmidhäuser FS Geerds, 1995, 593; Schmidhäuser Studienbuch StrafR AT § 5 Rn. 107; Kientzy, Der Mangel am Straftatbestand infolge Einwilligung des Rechtsgutsträgers, 1970, S. 32; Rudolphi ZStW 86 (1974), 68 (86); Zipf ÖJZ 1977, 379; Kaufmann FS Klug, 1983, 277 (282); Weigend ZStW 98 (1986), 44; Roxin, Über die Einwilligung im Strafrecht, 1987; Roxin FS Amelung, 2009, 269; Roxin/Greco StrafR AT I § 13 Rn. 12–18; Göbel, Die Einwilligung im Strafrecht als Ausprägung des Selbstbestimmungsrechts, 1992, S. 68; Niedermair, Körperverletzung mit Einwilligung und die Guten Sitten, 1999, S. 30, 101; Paul, Zusammengesetztes Delikt und Einwilligung, 1998, S. 113; Tag, Der Körperverletzungstatbestand im Spannungsfeld zwischen Patientenautonomie und Lex artis, 2000, S. 65, 285, 441; Rönnau, Willensmangel bei der Einwilligung im Strafrecht, 2001, S. 92, 124; Rönnau in LK-StGB Rn. 156; Kindhäuser FS Rudolphi, 2004, 135 (137); Ingelfinger, Grundlagen und Grenzbereiche des Tötungsverbots, 2004, S. 208; Hoyer ARSP-Beiheft 104 (1993), 99 (112); Jäger, Zurechnung und Rechtfertigung als Kategorialprinzipien im Strafrecht, 2006, S. 22; Schlehofer in MüKo-StGB Rn. 146–153; ähnlich für das österreichische Recht Hinterhofer, Die Einwilligung im Strafrecht, 1998, S. 14; diff. Kohlmann FS Werner, 1984, 387; Jakobs StrafR AT Abschn. 7 Rn. 111, § 14 Rn. 4–6; sowie Jakobs FS Schroeder, 2006, 507). Für einen Strafunrechtsausschließungsgrund Günther in SK-StGB Rn. 51 – Mai 98. Rechtsvergleichend mit Japan Tanaka in Riesenhuber, Deutsch-japanische Perspektiven, 2013, S. 137.

a) Als **Rechtfertigungsgrund** hat die Einwilligung keine große praktische Bedeutung. Sie kommt als solcher namentlich dann **nicht** in Frage, wenn der Tatbestand **11**

aa) ausdrücklich (zB in § 248b) oder sinngemäß (zB eindringen, § 123 I; nötigen, § 240 I; wegnehmen, § 242 I; einsperren, § 239 I, Geppert JuS 1975, 384 (386); zum Einverständnis des Vermögensinhabers bei § 266 BGHSt 50, 331 (342) = NJW 2006, 522; BGHSt 54, 52 (57) = NJW 2009, 3666; BGH NStZ-RR 2012, 80; JZ 2014, 909 mAnm Schmidt JZ 2014, 878 (886); → § 266 Rn. 20) ein Handeln gegen (darauf einschr. Ludwig/Lange JuS 2000, 446) oder ohne den Willen des Verletzten voraussetzt (Engländer in Matt/Renzikowski Rn. 14). Dessen **Einverständnis** (Geerds GA 1954, 262; zusf. Beckert JA 2013, 507 (511)) schließt dann schon den Tatbestand aus (ebenso für das „mutmaßliche" Einverständnis Ludwig/Lange JuS 2000, 450; Heinrich StrafR AT Rn. 478a; aM Marlie JA 2007, 112 (118); Rengier StrafR AT § 23 Rn. 48; eing. Disput, Die (mutmaßliche) Zustimmung des Rechtsgutsträgers und deren Auswirkungen auf die Erfüllung des strafrechtlichen Tatbestandes, 2009; Holznagel, Zustimmung als negatives Tatbestandsmerkmal, 2019). Wieweit dabei Willensmängel die Wirksamkeit des Einverständnisses in Frage stellen, ist nicht allgemein zu beantworten (so aber mit zT entgegengesetzten Ergebnissen Geerds GA 1954, 262; Kientzy, Der Mangel am Straftatbestand infolge Einwilligung des Rechtsgutsträgers, 1970, S. 65; Kühne JZ 1979, 241 (242)), sondern eine Frage der Auslegung des jeweiligen Tatbestandes (Jescheck/Weigend StrafR S. 374; sa Otto FS Geerds, 1995, 603; Rönnau, Willensmangel bei der Einwilligung im Strafrecht, 2001, S. 156, 182) und auch nicht durch Gleichbehandlung von Einverständnis und Einwilligung auf der Grundlage der Lehre von den „rechtsgutsbezogenen Willensmängeln" (Arzt, Willensmängel bei der Einwilligung, 1970, S. 24) befriedigend zu lösen (hM; anders Schlehofer, Einwilligung und Einverständnis, 1985; ähnlich Hinterhofer, Die Einwilligung im Strafrecht, 1998, S. 59; zusf. Beckert JA 2013, 507 (509));

12 bb) auch den Schutz des zustimmenden Verletzten (etwa wegen seiner Minderjährigkeit, Abhängigkeit oder Hilflosigkeit) bezweckt (zB §§ 174, 291; Rönnau Jura 2002, 665 (668));

13 cc) ein Rechtsgut der Allgemeinheit, sei es auch nur neben anderen Rechtsgütern, schützt (zB BGHSt 5, 66 = NJW 1954, 201; BGHSt 6, 232 = NJW 1954, 1255; BGHSt 50, 80 (90) = NJW 2005, 1876; BGHSt 53, 145 (168) = NJW 2009, 1360; OLG Düsseldorf NJW 1962, 1263; Amelung/Eymann JuS 2001, 937 (939); Blum NZV 2011, 378 (380); zu Grenzfragen → § 315c Rn. 32); speziell zur Erlaubnis der für den Schutz zuständigen Behörde Gänßle, Das behördliche Zulassen strafbaren Verhaltens, eine rechtfertigende Einwilligung?, 2003, mit Bespr. Heghmanns ZIS 2006, 262;

14 dd) ein Individualrechtsgut schützt, über das der Träger keine Dispositionsbefugnis hat, weil allgemeine Interessen berührt sind (BGH NJW 1992, 250). An dieser Befugnis fehlt es, wie § 216 ergibt, namentlich bei den Tötungsdelikten (Hirsch FS Welzel, 1974, 775; Rönnau Jura 2002, 665 (667); Köhler StrafR AT S. 248, 255), auch bei fahrlässiger Tötung (BGHSt 7, 114 = NJW 1955, 472; BGH NJW 2009, 1155 mkritAnm Kühl; OLG Celle MDR 1980, 74; Dölling GA 1984, 71 (86); → § 228 Rn. 2a), und mit Einschränkungen auch bei der Körperverletzung (→ § 228 Rn. 10). Menrath, Die Einwilligung in ein Risiko, 2013.

15 **b)** Angesichts dieser Ausnahmen (→ Rn. 11–14) ist die Einwilligung als Rechtfertigungsgrund idR nur für Taten gegen die Körperintegrität, die Ehre (→ § 185 Rn. 12), den persönlichen Geheimbereich, das Eigentum (→ § 303 Rn. 9) und das Vermögen bedeutsam (hM; vor allem bei Eigentum und Vermögen aM Jakobs FS Schroeder, 2006, 507, tatbestandsausschließend).

16 **c)** Voraussetzungen und Wirksamkeit der rechtfertigenden Einwilligung bestimmen sich weitgehend nach der für die Körperverletzung in § 228 getroffenen Regelung (vgl. die Anm. dort). Auf folgende Besonderheiten ist jedoch hinzuweisen:

aa) Die Wirksamkeit der Einwilligung hängt allgemein, nicht nur bei der Körperverletzung, von der konkreten Einsichts- und Urteilsfähigkeit des Verletzten ab (→ § 228 Rn. 5), also nicht von dessen zivilrechtlicher Geschäftsfähigkeit (Ceffinato/Kalb JA 2014, 829, zu Minderjährigen). Das gilt auch für Taten gegen das Vermögen (hM; vgl. etwa Heinrich StrafR AT Rn. 467; Fischer Rn. 3c; Engländer in Matt/Renzikowski Rn. 18; jetzt auch Sternberg-Lieben in Schönke/Schröder Rn. 40; zur Rspr. Hirsch FS BGH, 1975, 199 (215); sa Weber FS Baur, 1981, 133 (141)).

bb) Ist eine juristische Person (auch Gebietskörperschaft) Trägerin des verletzten Rechtsguts, so setzt die Wirksamkeit der Einwilligung auch die zivil- oder öffentlichrechtliche Befugnis des Einwilligenden voraus, für die betroffene Körperschaft zu handeln (BGH NJW 2003, 1824); daran fehlt es bei evidentem Missbrauch der Vertretungsmacht (BGH NJW 2003, 1824). **17**

cc) Der für die Körperverletzung geltende Ausschluss der Rechtfertigung, wenn die Tat trotz der Einwilligung sittenwidrig ist (→ § 228 Rn. 10), beruht auf dem besonderen Rang des Rechtsgutes der Körperintegrität und kann daher nicht allgemein auf die Einwilligung erstreckt werden (Noll ZStW 77 (1965), 1 (21); Berz GA 1969, 145; Jescheck/Weigend StrafR S. 380; Engländer in Matt/Renzikowski Rn. 17; aM BGHSt 6, 251 = NJW 1954, 1495; diff. Göbel, Die Einwilligung im Strafrecht als Ausprägung des Selbstbestimmungsrechts, 1992, S. 62; sa Amelung, Die Einwilligung in die Beeinträchtigung eines Grundrechtsgutes, 1981, S. 56). **18**

6. Die **mutmaßliche Einwilligung** ist gewohnheitsrechtlich als Rechtfertigungsgrund anerkannt (hM, Sternberg-Lieben in Schönke/Schröder, Rn. 54; Jäger, Zurechnung und Rechtfertigung als Kategorialprinzipien im Strafrecht, 2006, S. 34; Mitsch ZJS 2012, 38; BWME StrafR AT § 17 Rn. 114; Engländer in Matt/Renzikowski Rn. 23; Paeffgen in NK-StGB Rn. 157; auch nach der Rspr. BGHSt 16, 309 (312) = NJW 1962, 682; BGHSt 40, 257 (263) = NJW 1995, 204). Sie kommt in zwei Formen vor (OLG Koblenz VRS 57, 13): als Handeln im Interesse des Betroffenen, das mit der zivilrechtlichen Geschäftsführung ohne Auftrag (→ Rn. 9) eng verwandt ist (zB ärztliche Eingriffe an Bewusstlosen; speziell zur Problematik im Zusammenhang mit der Sterbehilfe → Vor § 211 Rn. 8; innerhalb dieser Erscheinungsform unterscheiden Otto/Albrecht Jura 2010, 264 (265) zwei Fallgruppen: auf den Willen kann mittels Indizien geschlossen werden oder der Wille ist nicht bekannt; speziell zur Suizidverhinderung Günzel, Das Recht auf Selbsttötung, seine Schranken und die strafrechtlichen Konsequenzen, 2000, S. 125; speziell zur Notfallbehandlung Köhler NJW 2002, 853 (854)), und als Handeln zu eigenem, dem Interesse des Betroffenen nicht ernstlich widerstreitenden Nutzen (sog. „mangelndes Interesse", zB bei vorübergehender Benutzung des Fahrzeugs eines Freundes). **19**

a) Ihre **Rechtsnatur** ist umstritten. Nach der Rspr. bildet sie einen eigenständigen Rechtfertigungsgrund (BGHSt 35, 246 = NJW 1988, 2310; Erb FS Schünemann, 2014, 337 (339) „systematische Eigenständigkeit"; Paeffgen in NK-StGB Rn. 158 „hM") und ist am ehesten wohl als selbständige Ausprägung erlaubten Risikos zu erklären (Roxin FS Welzel, 1974, 447; sa Lenckner FS Mayer, 1966, 165 (175); Rieger, Die mutmaßliche Einwilligung in den Behandlungsabbruch, 1997, S. 74, 111; Sternberg-Lieben in Schönke/Schröder Rn. 54; rechtsvergleichend Cortes Rosa Coimbra-Symposium, 1995, 183, 207). Im Schrifttum wird ihr selbständige Bedeutung teils überhaupt abgesprochen (Zipf, Einwilligung und Risikoübernahme im Strafrecht, 1970, S. 52; anders jedoch Maurach/Zipf StrafR AT I § 28 Rn. 4); teils wird sie auch als Sonderform der Einwilligung (Hruschka FS Dreher, 1977, 189 (205)) oder des rechtfertigenden Notstandes (Otto StrafR AT § 8 Rn. 131; dagegen BWME StrafR AT § 17 Rn. 114, nach denen die Einwilligung eine spezielle Erscheinungsform der mutmaßlichen Einwilligung ist) verstanden. **20**

21 **b)** Bei beiden Formen ist **erforderlich,** dass der Betroffene zu rechtfertigender Einwilligung befugt ist und zu ihr vermutlich auch willens wäre, dass er aber nicht rechtzeitig (BVerfG NJW 2002, 2164; OLG Frankfurt a. M. MDR 1970, 694; Roxin FS Welzel, 1974, 447 (461)) oder nicht ohne Gefährdung seines Interesses (Samson NJW 1978, 1182; str.) gefragt werden kann (Hoyer JR 2000, 473 (474) „Subsidiaritätsprinzip"; Köhler NJW 2002, 853 (854); für den Fall „mangelnden Interesses" aM Tiedemann JuS 1970, 108 (109); sa Rönnau in LK-StGB Rn. 222). Der Inhalt des mutmaßlichen Willens ist vornehmlich aus den persönlichen Umständen des Betroffenen, seinen individuellen Interessen, Wünschen und Wertvorstellungen, zu ermitteln (Kindhäuser/Zimmermann StrafR AT § 19 Rn. 9; Hilgendorf FS Kühl, 2014, 505 (514); näher Rieger, Die mutmaßliche Einwilligung in den Behandlungsabbruch, 1997, S. 94). Der Maßstab objektiver Vernünftigkeit hat nur indizielle Bedeutung; liegen jedoch für einen entgegenstehenden Willen keine Anhaltspunkte vor, so ist von dem auszugehen, was gemeinhin als vernünftig gilt (BGHSt 35, 246 = NJW 1988, 2310 mit problematischem, auf unzutreffender Beurteilung von Irrtumsfragen beruhendem Ergebnis; abl. daher Weitzel/Geppert/Giesen JZ 1988, 1022; Müller-Dietz JuS 1989, 280; Hoyer StV 1989, 245; BWME StrafR AT § 17 Rn. 121; BGHSt 40, 257 (262) = NJW 1995, 204; BGHSt 45, 219 = NJW 2000, 885 mit Bespr. Hoyer JR 2000, 473; Wasserburg StV 2004, 373; Köhler NJW 2002, 853; krit. zur BGH-Rechtsprechung Hirsch FG BGH, 2000, 199 (221); sa GenStA Nürnberg NStZ 2008, 343).

c) Zum **Irrtum** über die Voraussetzungen mutmaßlicher Einwilligung → § 17 Rn. 17.

21a **6a.** Zur sog. **hypothetischen Einwilligung** → § 228 Rn. 17a; sowie Kühl StrafR AT § 9 Rn. 47a; Otto StrafR AT § 8 Rn. 134; Rönnau in LK-StGB Rn. 231; sie ist kein Rechtfertigungsgrund (offen gelassen von der Rspr.; vgl. BGH NStZ 2004, 442; NStZ-RR 2004, 16); „diskussionswürdig" nach Wessels/Beulke/Satzger StrafR AT Rn. 384a); krit. Sickor JA 2008, 11; Sickor JR 2008, 179; für restriktive Handhabung Krüger medstra 2017, 12; gänzlich abl. Jäger, Zurechnung und Rechtfertigung als Kategorialprinzipien im Strafrecht, 2006, S. 23; Merkel JZ 2013, 975; eing. Edlbauer, Die hypothetische Einwilligung als arztstrafrechtliches Haftungskorrektiv, 2009; Beck FS Merkel, 2020, S. 761. Zur Abgrenzung von der mutmaßlichen Einwilligung Mitsch ZJS 2012, 38 (43). Rechtsvergleichend mit Japan Yamanaka FS Frisch, 2013, 865.

22 **7.** Das Züchtigungsrecht (→ § 223 Rn. 11, 12), welches als Befugnis zur körperlichen Züchtigung aus Erziehungszwecken zwischenzeitlich überholt ist; denkbar bleibt aber eine Rechtfertigung anderer Taten (zB § 239 beim Hausarrest) durch das **elterliche Erziehungsrecht.**

22a **7a.** Die zivilrechtlich geregelte **Beschneidung von Knaben** (§ 1631d BGB; → § 223 Rn. 12a; Renzikowski NJW 2014, 2539; Wessels/Beulke/Satzger StrafR AT Rn. 556; Manok, Die medizinisch nicht indizierte Beschneidung des männlichen Kindes, 2015; Kindhäuser/Hilgendorf in LPK-StGB Vor § 32 Rn. 70).

23 **8.** Das **Festnahmerecht** nach § 127 I 1 StPO (zusf. Satzger Jura 2009, 107; Sickor JuS 2012, 1074; Hillenkamp/Cornelius StrafR AT Problem 8, S. 60–66). Erforderlich ist eine wirklich begangene Straftat (so die sog. Tatlösung; vgl. etwa OLG Hamm NJW 1972, 1826; NJW 1977, 590; Lenckner, Der rechtfertigende Notstand, 1965, S. 139; Günther FS Kühl, 2014, 885; Wiedenbrüg JuS 1973, 418;

Schumann JuS 1979, 559 (560); Schlüchter JR 1987, 309; Otto Jura 2003, 685; Satzger Jura 2009, 110; Jahn, Das Strafrecht des Staatsnotstands, 2004, S. 494; Beulke/Swoboda StrafProzR Rn. 235; Jescheck/Weigend StrafR S. 398; Krey/Esser StrafR AT Rn. 643, 646; Zieschang StrafR AT Rn. 321; Roxin/Schünemann StrafVerfR § 31 Rn. 4; Volk StPO § 10 Rn. 67; Meyer-Goßner/Schmitt StPO § 127 Rn. 4; Engländer in Matt/Renzikowski Rn. 38; Sternberg-Lieben in Schönke/Schröder Rn. 81/82; Fischer Rn. 7a; offen gelassen OLG Düsseldorf NJW 1991, 2716; BGHSt 45, 378 = NJW 2000, 1348; Mitsch JuS 2000, 848, wohl auch OLG Celle BeckRS 2015, 00003 mit zust. Bespr. Jahn JuS 2015, 565; Satzger Jura 2015, 1261 zu § 127 Abs. 1 StPO); ein dringender Tatverdacht genügt auch bei gewissen, noch nicht abschließend geklärten Einschränkungen nicht (so aber die sog. Verdachtslösung; vgl. etwa BGH NJW 1981, 745; OLG Hamm NStZ 1998, 370; AG Grevenbroich NJW 2002, 1060; Fincke JuS 1973, 87; Borchert JA 1982, 338; Arzt FS Kleinknecht, 1985, 1; Kargl NStZ 2000, 8; Wagner ZJS 2011, 465 (470); Freund/Rostalski StrafR AT § 3 Rn. 11, 13; Heinrich StrafR AT Rn. 508; Köhler StrafR AT S. 319; Rengier StrafR AT § 22 Rn. 10; Roxin/Greco StrafR AT I § 17 Rn. 23–25; Roxin GA 2014, 638 (653); Paeffgen in NK-StGB Rn. 185; Hellmann StrafProzR Rn. 266; Kühne StrafProzR Rn. 450; krit. zum Meinungsstand Marxen FS Stree/Wessels, 1993, 705, der sich für eine eingeschränkte Verdachtslösung ausspricht; ähnlich Bülte ZStW 121 (2009), 377 (400) im Anschluss an BayObLG JR 1987, 344 (345)); zum Festnahmerecht des Betreibers einer SB-Tankstelle Krüger NZV 2003, 218, zu dem des Fahrausweisprüfers Schauer/Wittig JuS 2004, 107. Das Festnahmerecht ist von der Schwere der Anlasstat unabhängig (Otto Jura 2003, 685 (686); str.). Die Vorschrift rechtfertigt nur solche Handlungen, die im Allgemeinen für eine Festnahme notwendig sind, daher regelmäßig nicht – vorbehaltlich der Ausübung von Notwehr während der Auseinandersetzung (Roxin/Schünemann StrafVerfR § 31 Rn. 10) – die Zufügung gravierender Körperverletzungen oder den Einsatz von Hieb-, Stich- oder Schusswaffen (hM; BGHSt 45, 378 = NJW 2000, 1348 mit Bespr. Baier JA 2000, 630; Mitsch JuS 2000, 848; Kargl/Kirsch NStZ 2000, 604; Trüg/Wentzell Jura 2001, 30; BGH NStZ-RR 1998, 50 mit Bespr. Geppert JK StPO § 127 Rn. 3; OLG Stuttgart NJW 1984, 1694; Schröder Jura 1999, 10; Kargl NStZ 2000, 14; Otto Jura 2003, 685 (687); Bülte ZStW 121 (2009), 377 (415); Roxin/Greco StrafR AT I § 17 Rn. 28; Kindhäuser/Hilgendorf in LPK -StGB Vor § 32 Rn. 87; Kühne StrafProzR Rn. 455; sehr weit BGH bei Holtz MDR 1979, 985; zu Recht krit. dazu Hirsch FG BGH, 2000, 199 (225)). Zur Anwendbarkeit des § 127 I StPO auch auf Festnahmen durch Polizeibeamte (Wagner ZJS 2011, 465 (466)) und zum Verhältnis der Vorschrift zu § 163b I StPO Kramer NJW 1993, 111; Benfer MDR 1993, 828; Meyer-Goßner/Schmitt StPO § 127 Rn. 7; diff. Pewestorf JA 2009, 43 (str.). Zum Festnahmerecht von Staatsanwaltschaft und Polizei Mewes JA 2006, 206. Die Festnahme kann nicht nur zur Feststellung der Identität, sondern auch zur vorläufigen Anwesenheitssicherung erfolgen (BayObLG NStZ-RR 2002, 336 mit zust. Bespr. Otto JK StPO § 127 Rn. 5; zusf. zu den Festnahmegründen Otto Jura 2003, 685 (686)).

9. Die **Dienstrechte** der Beamten und Soldaten. Sie sind bedeutsam zB bei **24**
Festnahmen (BayObLG NStZ 1988, 518 mAnm Molketin NStZ 1989, 488) und Waffengebrauch (BGHSt 26, 99 = NJW 1975, 1231 mit krit. Bespr. Triffterer MDR 1976, 355; BGHSt 35, 379 = NJW 1989, 1811 mAnm Waechter StV 1990, 23; Dölling JR 1990, 170; BGH NJW 1999, 2533 mAnm Ingelfinger JR 2000, 299; LG Ulm NStZ 1991, 83 mAnm Arzt; zum finalen Rettungsschuß oder zum

gezielten Todesschuß Fischer Rn. 6; Kühl StrafR AT § 9 Rn. 117; aus der schweizerischen Diskussion Giger, Legitimation staatlicher Tötung durch den finalen Rettungsschuß, 2013) und allgemein bei Diensthandlungen von Vollstreckungsbeamten (→ § 113 Rn. 2), vor allem von Polizeivollzugsbeamten (zusf. Amelung JuS 1986, 329). Die Grenzen solcher Rechte ergeben sich aus dem öffentlichen Recht und sind unter verschiedenen Gesichtspunkten umstritten (Sellmeier/Warg NWVBl 2015, 139; gegen OLG Düsseldorf NStZ 2013, 590; und Hofmann/Ritzert NStZ 2014, 177; Sternberg-Lieben in Schönke/Schröder Rn. 87–89a; zusf. Ladiges JuS 2011, 879 (882); → § 113 Rn. 7–14), etwa beim **Handeln auf Befehl** oder andere dienstliche Weisung (vgl. zB Stratenwerth, Verantwortung und Gehorsam, 1958; Schumann, Strafrechtliches Handlungsunrecht und das Prinzip der Selbstverantwortung der Anderen, 1986, S. 36; Küper JuS 1987, 81 (91); Huth NZWehrr 1988, 252; Lenckner FS Stree/Wessels, 1993, 223; Hoyer, Die strafrechtliche Verantwortlichkeit innerhalb von Weisungsverhältnissen, 1998, S. 9; Walter JR 2006, 279; Meyer GA 2012, 556; Bülte, Vorgesetztenverantwortlichkeit im Strafrecht, 2015; Kühl StrafR AT § 9 Rn. 118a–e; Fischer Rn. 8, Duttge in HK-StrafR Vor §§ 32–35 Rn. 32; Rönnau in LK-StGB Rn. 295–301; beachte auch BGHSt 22, 223 (225) = NJW 1968, 2345; BGHSt 49, 189 (194) = NJW 2004, 2316 mit Bespr. Zöller Jura 2005, 552 (560); Jura 53, 145 (161), unverbindlicher Befehl lediglich Entschuldigungsgrund) und bei nachrichtendienstlicher Tätigkeit staatlicher Stellen (zB Evers NJW 1987, 153); bei strategischer Kommunikationsüberwachung Cornelius JZ 2013, 693 (700). Bei Kampfhandlungen im Kriege und im bewaffneten Konflikt ist auch das Völkerrecht für die Rechtfertigung bedeutsam (BGHSt 23, 103 = NJW 1969, 2105; Schwenck FS Lange, 1976, 97; Maurach/Schroeder/Maiwald/Hoyer/Momsen StrafR BT § 2 Rn. 11–13; Wessels/Beulke/Satzger StrafR AT Rn. 416; Engländer in Matt/Renzikowski Rn. 43; speziell zu Tötungen durch Soldaten der Bundeswehr, Ladiges JuS 2011, 879 (883); Müssig/Meyer FS Puppe, 2011, 1501; Richter HRRS 2012, 28; zur „kollateralen" Tötung von Zivilisten im Krieg Merkel JZ 2012, 1143; Merkel Lüderssen-Symposion, 2014, S. 223; mit Erwiderung Zimmermann JZ 2014, 388; Fischer Rn. 6a; Bettendorf, Die strafrechtliche Verantwortlichkeit deutscher Soldaten bei Anwendung militärischer Gewalt, 2015; allg. zur Tötung von Angehörigen der Zivilbevölkerung Maurach/Schroeder/Maiwald/Hoyer/Momsen StrafR BT § 2 Rn. 14). Auch soweit **Verdeckte Ermittler** (VE; §§ 110a–110e StPO; zur Abgrenzung vom bloßen Scheinaufkäufer BGHSt 41, 64 = NJW 1995, 2237) zum Einsatz kommen, dürfen diese zwar nach §§ 110a III, 110c StPO (nicht analog anwendbar auf V-Leute (BGHSt 41, 42 = NJW 1995, 2236) und bloße Scheinaufkäufer (Roxin StV 1998, 43 (44); offen gelassen BGH NJW 1997, 1516) und zur Gefahrenabwehr auch nach den PolG der Länder (zB § 20 II, III PolG NRW) einzelne möglicherweise tatbestandsmäßige Handlungen vornehmen, die ihre „Legende" und den Zutritt zu Wohnungen betreffen (§ 110c S. 1 StPO; nach Schneider NStZ 2004, 359 (364), verfassungswidrig); iÜ ist ihnen aber – nach der (umstrittenen) gesetzgeberischen Entscheidung (dazu Prot. Nr. 36 des BT-Rechtsausschusses v. 1.4.1992, S. 11) – die Begehung von – auch milieubedingten – Straftaten (zB zur Erhaltung der „Legende") nicht erlaubt (hM; BGH NStZ-RR 2021, 175; zusf. Schwarzburg NStZ 1995, 469; → § 26 Rn. 4). Eine Strafbarkeit kann aber entfallen, wenn wegen des Auftrags, als VE tätig zu werden, zB §§ 258, 258a (→ § 258a Rn. 3), §§ 284, 285 (→ § 285 Rn. 1) schon tatbestandlich nicht verwirklicht werden konnten, oder der VE ausnahmsweise nach § 34 gerechtfertigt war (Perron in Schönke/Schröder, § 34 Rn. 41c, nur für präventives Verhalten ohne gesetzliche Grundlage; weiter Krey,

Rechtsprobleme des strafprozessualen Einsatzes Verdeckter Ermittler einschließlich des „Lauschangriffs“ zu seiner Sicherung und als Instrument der Verbrechensaufklärung, 1993, Rn. 555–622; aM Nitz, Einsatzbedingte Straftaten verdeckter Ermittler, 1997, S. 111; Hettinger, Entwicklungen im Strafrecht und Strafverfahrensrecht der Gegenwart, 1997, S. 85; Hillenkamp/Cornelius StrafR AT Problem 5, S. 40, 47; vgl. auch die Gemeinsamen Richtlinien über … den Einsatz von … Verdeckten Ermittlern im Rahmen der Strafverfolgung, Anl. D der RiStBV, Abschn. II Nr. 2.2).

10. Die **behördliche Erlaubnis** (Genehmigung, Gestattung, Bewilligung usw). 25
Sie kann je nach der Struktur der anwendbaren Vorschrift schon auf der Tatbestandsebene relevant werden, bisweilen aber auch nur rechtfertigend wirken (hM; vgl. etwa Kühl StrafR AT § 9 Rn. 120–127; Roxin/Greco StrafR AT I § 17 Rn. 58–68; Paeffgen in NK-StGB Rn. 201, 202; gegen die Möglichkeit einer solchen Unterscheidung Walter JR 2006, 279; aM Heghmanns, Grundzüge einer Dogmatik der Straftatbestände zum Schutz von Verwaltungsrecht oder Verwaltungshandeln, 2000, S. 141, 173, 190, Tatbestandsausschluss; ebenso Jäger, Zurechnung und Rechtfertigung als Kategorialprinzipien im Strafrecht, 2006, S. 26; für Umweltdelikte ebenso schon Frisch, Verwaltungsakzessorietät und Tatbestandsverständnis im Umweltstrafrecht, 1993, S. 60; zusf. Winkelbauer NStZ 1988, 201; Rengier ZStW 101 (1989), 874; Rönnau in LK-StGB Rn. 273–294; eing. Marx, Die behördliche Genehmigung im Strafrecht, 1993; Fortun, Die behördliche Genehmigung im strafrechtlichen Deliktsaufbau, 1998; aus der Rspr. vgl. BGH NJW 2008, 2596 zu § 3 BtMG; beachte namentlich → § 284 Rn. 12; → Vor § 324 Rn. 9–11; → § 324 Rn. 9–13; → § 325 Rn. 10; → § 327 Rn. 2; → § 331 Rn. 14–18; speziell zur Erlaubnis im waffenrechtlichen Straftatbestand Klein JR 2008, 185, zur Arzneimittelzulassung nach § 96 Nr. 5 AMG Mayer MdR 2008, 595).

11. Das **Streikrecht** (expl. Niese, Streik und Strafrecht, 1954; Franke JuS 1980, 26
891; Ostendorf, Kriminalisierung des Streikrechts, 1987; Hauck in Leipold/Tsambikakis/Zöller Rn. 30, Laufhütte/Kuschel in LK-StGB § 81 Rn. 27; Bauer/Gmel in LK-StGB § 105 Rn. 19; zur Mitwirkung des Betriebsrats Rieble/Klebec NZA 2006, 758).

12. Das **Widerstandsrecht** nach Art. 20 IV GG (eing. Kühl StrafR AT § 9 27
Rn. 93–107; Paeffgen in NK-StGB Rn. 179–184; Jobst, Begrenzung des Rechtsgehorsams, 2015; Widerstand als Chance und politisches Gebot, aus verfassungsrechtlicher Sicht Schmahl JahrbÖR 2007, 99). Es verleiht keine Befugnis, die nicht schon durch Staatsnotwehr (→ § 32 Rn. 3) oder rechtfertigenden Notstand (§ 34) gedeckt wäre (Schneider, Widerstand im Rechtsstaat, 1969; Doehring, Der Staat 1969, 429; sa Wenzel DRiZ 1995, 7; Zippelius, Recht und Gesellschaft in der offenen Gesellschaft, 2. Aufl., 1996, S. 337; sa Kunz/Mona, Rechtsphilosophie, Rechtstheorie, Rechtssoziologie, 2006, S. 242–252, auch zum zivilen Ungehorsam); auch die Tötung Unbeteiligter kann gerechtfertigt sein (Ladiges JuS 2011, 879 (882)). Auch der tatbestandsmäßige sog. **zivile Ungehorsam** (eing. dazu Glotz, Ziviler Ungehorsam im Rechtsstaat, 1983; Laker, Ziviler Ungehorsam, 1986; zusf. Kröpil JR 2011, 283) ist nicht schon als solcher, sondern nur bei Vorliegen eines anerkannten Rechtfertigungsgrundes erlaubt (BVerfGE 73, 206 (250) = NJW 1987, 43; LG Dortmund NStZ-RR 1998, 139 (141); AG Lüneburg Nds. Rpfl. 2004, 49 (51); Hassemer FS Wassermann, 1985, 325; Lenckner JuS 1988, 349; Hirsch, Strafrecht und Überzeugungstäter, 1996, S. 28; Radtke GA 2000, 19 (28); Kühl StrafR AT § 9 Rn. 111; Perron in Schönke/Schröder, § 34 Rn. 41 a; aM

Dreier FS Scupin, 1983, 573; Roth-Stielow RuP 1991, 215; v. d. Pfordten, Rechtsethik, 2001, S. 526; → Rn. 32).

28 13. Die **Kollision von Grundwerten der Verfassung.** Tatbestandsmäßiges Verhalten kann uU deshalb gerechtfertigt sein, weil eine Wertabwägung nach Maßgabe der grundgesetzlichen Wertordnung und unter Berücksichtigung der Einheit dieses grundlegenden Wertsystems das Übergewicht des vom Täter gewahrten Interesses ergibt (zB BVerfGE 30, 173 = NJW 1971, 1645). Hierher gehört namentlich die grundrechtsimmanente Begrenzung an sich nicht durch Gesetzesvorbehalt eingeschränkter Grundfreiheiten, etwa der Kunstfreiheit nach Art. 5 III 1 GG (→ § 90 a Rn. 10; → § 193 Rn. 14; Roxin/Greco StrafR AT I § 18 Rn. 49–53; Laufhütte/Kuschel in LK-StGB § 86 a Rn. 27–32, § 90 a Rn. 28–32; Schroeder in LK-StGB § 109 d Rn. 3; aus österreichischer Sicht Schmoller in Pauger, Art goes law, 2005, S. 197) oder der Freiheit der Religionsausübung nach Art. 4 II GG (zur Problematik des Schächtens nach jüdischem oder islamischem Ritus Gucht JR 1974, 15; sa AG Balingen NJW 1982, 1006; BVerfG DVBl 2002,; → § 34 Rn. 15). Darüber hinaus sind auf dieser Grundlage aber auch die Fälle zu lösen, in denen ein Grundrecht (zB die Meinungs- oder Pressefreiheit nach Art. 5 GG; vgl. etwa Arzt FS Weber, 2004, 17 (23); aus der Rspr. vgl. OLG Düsseldorf NJW 2006, 630 (631); zu Art. 8 GG BVerfG JZ 2011, 685 (687) mit Bespr. Jahn JuS 2011, 563; Jäger JA 2011, 553; zu Protesten gegen Castor-Transporte Linck ZRP 2011, 44) zwar durch die allgemeinen Gesetze begrenzt wird, diese aber ihrerseits auf Grund der „Wechselwirkung" zwischen ihnen und dem betroffenen Grundrecht der Einschränkung bedürfen (BVerfGE 7, 198 = NJW 2018, 686; stRspr; sa Radtke GA 2000, 19 (27); Engländer in Matt/Renzikowski Rn. 47; Rönnau in LK-StGB Rn. 138); im Beleidigungsrecht gehen sie in der Wahrnehmung berechtigter Interessen auf (→ § 193 Rn. 1), können aber auch in anderen Bereichen vorkommen und dort, wenn keine spezielle Regelung (zB § 201 II 3) getroffen ist, einen unmittelbaren Rückgriff auf die Verfassung erfordern (zB bei § 90 a, → § 90 a Rn. 9; bei § 111, → § 111 Rn. 8 a; bei § 131, → § 131 Rn. 12; bei § 166, → § 166 Rn. 4; bei § 184, → § 184 Rn. 3; bei § 201 a, → § 201 a Rn. 8). Aus der Menschenwürde sollte sich kein Rechtfertigungsgrund für Sterbehilfe herleiten lassen (BGHSt 46, 279 (284) = NJW 2001, 1802), doch ist dies mit der Entscheidung des BVerfG zur Nichtigerklärung von § 217 aF nicht mehr vereinbar (BVerfGE 153, 182 = NJW 2020, 905).

28a **13 a.** Ein über dem Grundgesetz stehendes **Staatsnotrecht** für außergewöhnliche Notlagen des Staates und seiner Rechtsgüter besteht angesichts des Vorbehalts des Gesetzes (Art. 20 III GG) und grundgesetzlichen Notstandsverfassung nicht (Jahn, Das Strafrecht des Staatsnotstandes, 2004, S. 605 mit krit. Bespr. Jakobs ZStW 117 (2005), 418, zust. Gusy GA 2008, 746; gegen einen übergesetzlichen „Staatsnotstand" Momsen, Die Zumutbarkeit als Begrenzung strafrechtlicher Pflichten, 2006, S. 468; zu staatlichen Notwehrsituationen Nolte FS Jesse, 2013, 223). Aus der Schweizer Notrechtsdebatte Küffer, Eine liberale Kritik am Notrecht, 2014. – Vor diesem Hintergrund erscheint zweifelhaft, ob im Interesse eines behördlicherseits faktisch nicht genügend gesicherten **Tierschutzes** (ggf. im Lichte von Art. 20 a GG auszulegen, so Felde ZJS 2018, 468) Notrechte zB in Bezug auf § 123 (zur Dokumentation der Missstände) geltend gemacht werden können (so aber OLG Naumburg NJW 2018, 2064 mkritAnm Hotz; für Nothilfe etwa LG Magdeburg StV 2018, 335; krit. Greco JZ 2019, 390; Keller FS Merkel, 2020, 779; für Notstand Reinbacher ZIS 2019, 509; Dehne-Niemann/Greisner GA 2019, 205; Vierhaus/Arnold NuR 2019, 73; wie hier wegen Vorrangs hoheitlicher

Befugnisse nur in Ausnahmefällen für Rückgriff auf private Notrechte Bock ZStW 131 (2019), 555; gegen jede Rechtfertigung wegen Tierschutzzielen auch Scheuerl/Glock NStZ 2018, 448). Nichts anderes gilt für straftatbestandsmäßige Aktionen zur Verdeutlichung der Notwendigkeit von **Klimaschutz.**

14. Das **erlaubte Risiko.** Es ist nach Rechtsnatur, Umfang und Grenzen umstritten. Früher wurde es meist nur als allgemeines Strukturprinzip verstanden, dh als Sammelbegriff für Begrenzungen, die in anderen Rechtfertigungsgründen enthalten oder sonst unter anderen rechtlichen Gesichtspunkten einzuordnen sind (Kienapfel, Das erlaubte Risiko, 1966; Hirsch ZStW 74 (1962), 78 (88); Preuß, Untersuchungen zum erlaubten Risiko im Strafrecht, 1974, S. 225; Maiwald FS Jescheck, 1985, 405; Duttge FS Maiwald, 2010, 133; sa Lübbe in Lüderssen, Aufgeklärte Kriminalpolitik, Bd. 1, 1998, S. 373). In der neueren Lehre wird es überwiegend als allgemein-gültiger Ausschluss der objektiven Zurechnung (→ Vor § 13 Rn. 14) gedeutet (Kindhäuser GA 1994, 197 (215); sa Kindhäuser JahrbRuE 1994, 339; Kindhäuser FS Maiwald, 2010, 397), der nach überwiegender Meinung tatbestandsausschließend wirkt (Frisch, Vorsatz und Risiko, 1983, S. 118; Herzberg JR 1986, 6; JZ 1989, 470 (474); Prittwitz JA 1988, 427 (436); Schlehofer JuS 1992, 659; Schürer-Mohr, Erlaubte Risiken, 1998, S. 151; Tiedemann FS Hirsch, 1999, 765 (776); Köhler StrafR AT S. 185; Roxin/Greco StrafR AT I § 11 Rn. 66; Engländer in Matt/Renzikowski Rn. 48; diff. Paeffgen in NK-StGB Rn. 24; offen gelassen BGHSt 36, 1 (16) = NJW 1989, 781). In bestimmten Fallgruppen wird ihm auch rechtfertigende (Schmidhäuser FS Schaffstein, 1975, 129 (138); Gössel FS Bengl, 1984, 23 (37); sa Schaffstein FS Lackner, 1987, 795) oder vereinzelt sogar schuldausschließende Wirkung (Roeder, Die Einhaltung des sozialadäquaten Risikos und ihr systematischer Standort im Verbrechensaufbau, 1969) beigemessen (zusf. zu den verschiedenen Möglichkeiten erlaubten Risikos Sternberg-Lieben in Schönke/Schröder § 15 Rn. 144–147; Sternberg-Lieben in Schönke/Schröder Vor § 32 Rn. 100–107a, 107b). Jedenfalls weist es auf der Grundlage der personalen Unrechtslehre (→ Vor § 13 Rn. 20) eine gemeinsame Struktur insofern auf, als es Fälle gefährlicher Handlungen zusammenfasst, bei denen der Handlungsunwert einschließlich des darauf bezogenen Vorsatzes ausgeschlossen ist (Maiwald FS Jescheck, 1985, 405 (425)). Ähnliches gilt auch für das sog. **sozialadäquate Verhalten,** das zwar die Merkmale eines Tatbestandes erfüllt, sich aber völlig im Rahmen der normalen, geschichtlich gewordenen sozialen Ordnung bewegt (BGHSt 23, 226 (228) = NJW 1970, 767; Hirsch ZStW 74 (1962), 78; Zipf ZStW 82 (1970), 633; beachte auch Klug FS Schmidt, 1961, 249). Allerdings ist die Sozialadäquanz nicht als Rechtfertigungsgrund begreifbar (hM; anders Gropp/Sinn StrafR AT § 6 Rn. 230); sie bildet vielmehr nur den nicht näher konkretisierten Ausgangspunkt für eine teleologisch zu begründende einschränkende Auslegung oder Reduktion einschlägiger Tatbestände (ähnlich OLG München NStZ 1985, 549; Ebert/Kühl Jura 1981, 225 (226); Roxin FS Klug, 1983, 303; Otto FS Amelung, 2009, 225; Rönnau in LK-StGB Rn. 52; ganz abl. Hirsch in LK-StGB, 11. Aufl. 1992, Rn. 29; sa Wolter, Objektive und personale Zurechnung von Verhalten, Gefahr und Verletzung in einem funktionalen Straftatsystem, 1981, S. 57; Wolter Coimbra-Symposium, 1995, 3, 22; Dölling ZStW 96 (1984), 36 (57); Dölling FS Otto, 2007, 219; Kindhäuser GA 1994, 197 (198, 215); Cancio Melia GA 1995, 179; Eser FS Roxin, 2001, 203 (205, 208); Gracia Martín FS Tiedemann, 2008, 205; Altermann FS Eisenberg, 2009, 233; Paeffgen in NK-StGB Rn. 28–37; Überblick über die aktuelle Verwendung der Sozialadäquanz im Strafrecht bei Knauer ZStW 126 (2014), 29

844; zusf. Rönnau JuS 2011, 11). Dasselbe gilt auch für das sog. **Geringfügigkeitsprinzip,** das in vielfältiger Weise durch teleologische Auslegung von Tatbeständen und Erlaubnissätzen konkretisierbar ist (Ostendorf GA 1982, 333).

30 **IV. Entschuldigungsgründe** schließen bei rechtswidrigen Taten (→ § 11 Rn. 18) die Schuld unter dem Gesichtspunkt der Unzumutbarkeit aus (→ Vor § 13 Rn. 27; krit. Momsen, Die Zumutbarkeit als Begrenzung strafrechtlicher Pflichten, 2006, S. 206). Ein allgemeiner Schuldausschließungsgrund wegen Unzumutbarkeit ist nur bei den Unterlassungsdelikten (→ § 13 Rn. 5) und bei den Fahrlässigkeitsdelikten (→ § 15 Rn. 51) anerkannt (vgl. Walter Kern des Strafrechts S. 153: Strafverfolgung inopportun). Einen Entschuldigungsgrund der „Verstrickung in ein Unrechtssystem" gibt es nicht (Ebert, Die „Banalität des Bösen", 2010, S. 30). Bei den vorsätzlichen Begehungsdelikten reichen dagegen nur folgende Einzelausprägungen der Unzumutbarkeit aus (hM; vgl. etwa Engländer in Matt/Renzikowski Rn. 51; Paeffgen in NK-StGB Rn. 253, 255; mit unzureichender Begr. weiter Wittig JZ 1969, 546; Lücke JR 1975, 55 mit abl. Bespr. Achenbach JR 1975, 492):

31 **1.** Der **entschuldigende Notstand** (§ 35).

2. Der **Notwehrexzess** (§ 33).

3. Der **übergesetzliche** (den Anwendungsbereich des § 35 überschreitende; so auch Fischer Vor § 32 Rn. 15) **entschuldigende Notstand** (in der Strafrechtswissenschaft hM; vgl. etwa Kühl StrafR AT § 12 Rn. 92–108; Paeffgen in NK-StGB Rn. 292–296a; Jäger in SK-StGB Vor § 19 Rn. 8; zusf. Zieschang JA 2007, 679 (685)). Grundwissen bei Rönnau JuS 2017, 113. Er setzt voraus, dass jemand in einer nicht anders behebbaren Notlage (→ § 34 Rn. 2, 3) gehandelt hat, die Abwägung aber nicht das Überwiegen, sondern nur die Gleichwertigkeit des geschützten Interesses ergibt (Gallas, Beiträge zur Verbrechenslehre, 1968, S. 59; Welzel ZStW 63 (1951), 47; Küper JuS 1971, 474 (477); Küper JZ 1989, 617 (625); zusf. Otto Jura 2005, 470 (477); Kühl StrafR AT § 12 Rn. 92–108; Rönnau in LK-StGB Rn. 342–359; Neumann in NK-StGB § 35 Rn. 54–62c; krit. Spendel FS Engisch, 1969, 509 (518); abl. Momsen, Die Zumutbarkeit als Begrenzung strafrechtlicher Pflichten, 2006, S. 462, 537; zur irrigen Annahme einer solchen Notlage → § 35 Rn. 13; Schramm in Fischer/Pauly, Höchstrichterliche Rechtsprechung in der frühen Bundesrepublik, 2015, S. 153, 164. Problemaufriss ausgehend von NS-Anstaltstötungen bei Koch JA 2005, 745; Burkhardt, Das NS-Euthanasie-Unrecht vor den Schranken der Justiz, 2015, S. 567, 603; Rönnau JuS 2017, 113 (114); für § 34-Rechtfertigung bei Abwendung des sicheren Todes mehrerer Menschen durch Tötung eines für die Entstehung der Gefahr nicht verantwortlicher Menschen Mitsch FS Weber, 2004, 49 (61) „Nantucket Sleighride" – Der Tod des Matrosen Owen Coffin; krit. dazu Otto Jura 2005, 470 (475) Fn. 50; und Hilgendorf in Blaschke/Förster/Lumpp/Schmidt, Sicherheit statt Freiheit?, 2005, S. 107, 111). Demgegenüber hat die Rspr. nur einen Strafausschließungsgrund angenommen (OGHSt 1, 321; OGHSt 2, 117 (120); anders aber OLG Hamm NJW 1976, 721). Im Schrifttum wird zT auch die Anerkennung eines „rechtsfreien Raumes" (Kaufmann FS Maurach, 1972, 327; Comes, Der rechtsfreie Raum, 1975; Schild JA 1978, 449, 570, 631; Dingeldey Jura 1979, 478; Koriath JahrbRuE 2003, 317 (335); abl. Hirsch FS Bockelmann, 1979, 89; Roxin JuS 1988, 425 (429)) oder einer „notstandsähnlichen Lage" gefordert, die das Verhalten des Täters zwar nicht erlaubt, aber das Strafunrecht ausschließt (Günther FS Spendel, 1992, 326; zust.

S. 215; Lüderssen in IKW Zustand StrafR S. 159; Engländer in Matt/Renzikowski Rn. 4, die Bewährung des Rechts als mittragenden Zweck ausscheiden; relativierend Bülte GA 2011, 145 (158); gegen die Verengung auf den Angreifer Koch ZStW 122 (2010), 804 (811); „individualistisch" speziell für die Nothilfe Kuhlen GA 2008, 282 (286); Engländer, Grund und Grenzen der Nothilfe, 2008, S. 38 mit zT krit. Bespr. Jäger RW 2010, 80; Kühl JZ 2010, 136; Kuhlen ZStW 121 (2009), 671; Sowada GA 2010, 118; krit. zur Rechtsbewährung auch Pitsounis in Lüderssen/Nestler-Tremel/Weigend, Modernes Strafrecht und ultima-ratio-Prinzip, 1990, S. 227, 257; Lesch FS Dahs, 2005, 81; Koriath FS Müller-Dietz, 2001, 361 (368) „metaphysische Konstruktion", Freund/Rostalski StrafR AT § 3 Rn. 91; Kargl ZStW 110 (1998), 38 (57), der die Notwehr als individualrechtlichen Geltungskonflikt akzentuiert, sowie v. d. Pfordten FS Schreiber, 2005, 359, der die Suspendierung der sozialen Gemeinschaft zwischen Angreifer und Angreifendem betont; grds. abw. ferner Mitsch, Rechtfertigung und Opferverhalten, 2004, S. 115, 309; Renzikowski, Notstand und Notwehr, 1994, S. 275, der die Notwehrbefugnis als Sicherung der Gleichordnung von koordinierten Rechtssubjekten versteht, und Klesczewski FS Wolff, 1998, 225 (240), der sie durch die „schützende Gerechtigkeit" als „Erlaubnissatz" begründet sieht; krit. hinsichtlich des Nothilferechts Kasiske Jura 2004, 832, der auf den Gedanken des Gesellschaftsvertrags abstellt; philosophische Kritik an beiden Notwehrbegründungen und am Erlaubtsein der Tötung des mein Leben Angreifenden Bittner in Bleisch/Strub Pazifismus: Ideengeschichte, Theorie und Praxis, 2006, S. 265; anders aus moralphilosophischer Sicht Fritze, Die Tötung Unschuldiger, 2004, 515; dass das Recht dem Unrecht nicht zu weichen braucht, betont Dreier JZ 2007, 261 (263); zu diesem Satz auch Krauß FS Puppe, 2011, 635 (652); Kindhäuser FS Frisch, 2013, 493). Sie ist, wie Abs. 1 ausdrücklich klarstellt, ein **Rechtfertigungsgrund** (zweifelnd Jäger, Zurechnung und Rechtfertigung als Kategorialprinzipien im Strafrecht, 2006, S. 31, 44), so dass Notwehr gegen Notwehr nicht möglich ist (RGSt 67, 337; BGHSt 39, 374 (376) = NJW 1994, 871; auch nicht bei zeitlich aufeinanderfolgenden, wechselseitigen Angriffen, BGH NStZ 2003, 599 mit iE zust. Bespr. Otto JK StGB § 32 Rn. 28). Zur Akzeptanz des deutschen Notwehrrechts in der Bevölkerung Amelung/Kilian FS Schreiber, 2005, 3; Kilian, Zur Akzeptanz des deutschen Notwehrrechts in der Bevölkerung, 2011. **Rechtsvergleichend** Wittemann, Grundlinien und Grenzen der Notwehr in Europa, 1997; Dannecker FS Hirsch, 1999, 141 (156); Lührmann, Tötungsrecht zur Sachverteidigung?, 1999, S. 86; Perron FS Eser, 2005, 1019; Jäger RW 2010, 44; Rönnau/Hohn in LK-StGB Rn. 6–45. Zu Bestrebungen nach Vereinheitlichung innerhalb der EU Dannecker in Tiedemann, Wirtschaftsstrafrecht in der Europäischen Union, 2002, S. 147; Rönnau/Hohn in LK-StGB Rn. 46–50, 74; krit. Erb in MüKoStGB Rn. 30–33. Zur Schweiz Pflaum ZStW 131 (2019), 524. Zum Völkerstrafrecht Weigend FS Tiedemann, 2008, 1439; rechtsvergleichend mit Japan Yamanaka FS Frisch, 2013, 511, insbes. zur „selbst herbeigeführten Notwehrlage"; zum chinesischen Notwehrrecht Bozbayidir ZStW 128 (2016), 1093. Zur Rspr. des BGH seit 1999 Erb NStZ 2004, 369. Zur **geschichtlichen Entwicklung** Schaffstein, Die allgemeinen Lehren vom Verbrechen, 1930, S. 68; Krey JZ 1979, 702 (704); Grünewald ZStW 122 (2010), 51 (53); Köhler StrafR AT S. 264; Roxin/Greco StrafR AT I § 15 Rn. 4; Rönnau/Hohn in LK-StGB Rn. 4; Erb in MüKoStGB Rn. 10. Für eine „Neufundierung der Notwehrdogmatik" Frisch FS Yamanaka, 2017, 49. – Zu Problemen der Selbstverteidigung in der Realität eing. Rückert, Effektive Selbstverteidgung und Notwehrrecht, 2017.

2 2. Zu den **Voraussetzungen** der Notwehr nach Abs. 2:

a) Angriff ist die von einem Menschen drohende (krit. Schroeder JuS 1980, 336; Jakobs in Eser RuE IV S. 143, 147; Köhler StrafR AT S. 266) Verletzung rechtlich geschützter Interessen (hM; mit einschr. Tendenz weiter konkretisierend Kratzsch StV 1987, 224); unbewusst fahrlässiges Verhalten (so Otto FS Würtenberger, 2013, 129 (141); Klesczewski FS Wolff, 1998, 244) und das Verhalten von Schuld- oder Willensunfähigen (so Otto FS Würtenberger, 2013, 129; Marxen, Die „sozialethischen" Grenzen der Notwehr, 1979, S. 61; auch Kindhäuser in NK-StGB Rn. 26, Angreifer muss schuldfähige Person sein) schon nicht als Angriff zu deuten, ist nicht hinreichend begründbar (Roxin ZStW 93 (1981), 68 (82); Herzog in NK-StGB Rn. 5, 6; Günther in SK-StGB Rn. 26; Duttge in HK-StrafR § 32 Rn. 5); Schlafende greifen nicht an (BGHSt 48, 255 = NJW 2003, 2464 mit Bespr. Hillenkamp JZ 2004, 48 (50); Otto NStZ 2004, 142 (143); Engländer in Matt/Renzikowski Rn. 9), wohl aber Kinder (OLG Düsseldorf BeckRS 2016, 14622 mit Bespr. Eisele JuS 2017, 81). Der Angriff eines Tieres genügt nicht (hM; vgl. Krause GS Kaufmann, 1993, 673 (676); Kindhäuser in NK-StGB Rn. 32; anders Spendel in LK-StGB, 11. Aufl. 1992, Rn. 38–45, 58; dagegen Rönnau/Hohn in LK-StGB Rn. 99), es sei denn, dass sich seiner ein Mensch bedient (sonst Sachwehr nach § 228 BGB; dazu Seier JuS 1982, 521). Auch bloße **Untätigkeit** kommt in Frage, wenn der Täter zum Handeln rechtlich iSd § 13 verpflichtet ist (BayObLG NJW 1963, 824; Geilen Jura 1981, 200; Heinrich StrafR AT Rn. 343; Hauck in Leipold/Tsambikakis/Zöller Rn. 2; eing. Lagodny GA 1991, 300; Renzikowski, Notstand und Notwehr, 1994, S. 289; Stahl, Notwehr gegen Unterlassen, 2015; Günther in SK-StGB Rn. 30–33; krit. Joerden JuS 1992, 23 (26); aM Schumann FS Dencker, 2012, 287 (289); Perron/Eisele in Schönke/Schröder Rn. 10; str.), zB ein Gefangener nach Wegfall des Haftgrundes nicht entlassen wird. Zum „Angriff mit Scheinwaffen" → Rn. 19.

3 **b) Wehrfähig** ist vor allem jedes **Individualrechtsgut** beliebiger Art (ähnlich Engländer in Matt/Renzikowski Rn. 11: absolute Rechte iSd § 823 BGB), ua auch das werdende Leben (Lesch, Notwehrrecht und Beratungsschutz, 2000, S. 13), der Besitz (RGSt 60, 273), die persönliche Freiheit (BGH NStZ 2011, 630 zu § 240), das Hausrecht (BGH bei Holtz MDR 1979, 986; OLG Düsseldorf NJW 1997, 3383; LG Freiburg Justiz 2007, 144 (146)) und das Persönlichkeitsrecht (BGH NJW 1975, 2075 mit Bespr. Schmidt JZ 1976, 31; Paeffgen JZ 1978, 738; einschr. Günther in SK-StGB Rn. 41–44) mit seinen speziellen Ausprägungen der Ehre (BGHSt 3, 217 = NJW 1952, 1422; BGH NStZ-RR 2015, 303; NStZ-RR 2018, 272; OLG Celle NJW 1968, 1342; nach Valerius, Kultur und Strafrecht, 2011, S. 141, im internationalen Vergleich keine Selbstverständlichkeit), des Rechts am eigenen Bild (OLG Karlsruhe NStZ 1982, 123; BGH NStZ 2003, 599 (600); OLG Hamburg BeckRS 2012, 11658; krit. Kindhäuser in NK-StGB Rn. 39; sa Jarass JZ 1983, 280 (282); Haberstroh JR 1983, 314) und der Privatsphäre (BGH NJW 1966, 2353; NStZ 2003, 599 (600); OLG Düsseldorf NStZ 1994, 343; Schünemann JuS 1979, 275 (276); beachte jedoch BayObLG NJW 1962, 1782). Dasselbe gilt für den Gemeingebrauch (BayObLG NJW 1963, 824; NJW 1995, 2646; aM OLG Stuttgart NJW 1966, 745 mAnm Bockelmann; Heinrich in Krey/Hellmann/Heinrich StrafR BT I Rn. 403; Fischer § 240 Rn. 49; zum *„Kampf um die Parklücke"* Blum NZV 2011, 378) und das Recht, sich im Straßenverkehr vorschriftsmäßig zu bewegen (BayObLG NJW 1993, 211; Heinrich JuS 1994, 17; Dölling JR 1994, 113). Für die allgemeine Handlungsfreiheit

gilt die Einschränkung, dass die Schwelle zur Nötigung einschließlich des § 240 II überschritten sein muss (OLG Düsseldorf NJW 1994, 1232; Fischer Rn. 9; Zwang mittels körperlicher Gewalt zum Verlassen der Wohnung, BGH NStZ 2011, 630; speziell zur Zutrittsverweigerung durch Türsteher Siekor Jura 2008, 14). Ob die körperliche Unversehrtheit schon durch Pusten von Zigarettenrauch und Spuckepartikeln in das Gesicht angegriffen wird, ist zweifelhaft (so aber AG Erfurt NStZ 2014, 160 mit abl. Bespr. Jäger JA 2014, 472; Jahn JuS 2014, 176). **Rechtsgüter des Staates** sind grds., allerdings mit Einschränkungen, wehrfähig (Staatsnotwehr, RGSt 63, 215 (220); Perron/Eisele in Schönke/Schröder, Rn. 6; aM Roxin ZStW 93 (1981), 68 (75); Wagner, Individualistische oder überindividualistische Notwehrbegründung, 1984, S. 46; Engländer in Matt/Renzikowski Rn. 13; zw.). Auch Rechtsgüter **der Allgemeinheit** sind insoweit einbezogen, als ein einzelner durch den Angriff unmittelbar betroffen ist (Fahl JA 2016, 807; weitergehend bei Angriffen auf Umweltrechtsgüter Adler, Nothilfe zugunsten der Umwelt?, 1998, S. 64, 148). Dagegen ist Nothilfe (→ Rn. 12) zugunsten bloßer Allgemeininteressen, wie der öffentlichen Ordnung im Straßenverkehr oder der Rechtsordnung im Ganzen, nicht möglich (BGHSt 5, 245 = NJW 1954, 401; OLG Düsseldorf NJW 1961, 1783; OLG Stuttgart NJW 1966, 745; Kühl StrafR AT § 7 Rn. 38).

c) Der Angriff ist **gegenwärtig** vom Augenblick seines **unmittelbaren Bevorstehens** (BGH NJW 1995, 973; NStZ 2000, 365; NStZ-RR 2009, 70 (71); HRRS 2017, Nr. 74; NStZ-RR 2017, 38; Otto Jura 1999, 552; beachte BayObLG NJW 1985, 2600 mit Bespr. Bottke JR 1986, 291; Kratzsch StV 1987, 224; OLG Stuttgart NJW 1992, 850); die Unmittelbarkeit ist bei straftatbestandsmäßigen Angriffen analog § 22 zu bestimmen (Kühl StrafR AT § 7 Rn. 40; weitergehend Kindhäuser/Hilgendorf in LPK-StGB Rn. 17, konkrete Gefährdung des Rechtsguts). Der Angriff **dauert fort** bis zu seinem vollständigen Abschluss (BGHSt 27, 336 (339) = NJW 1978, 899; BGH NStZ 1987, 20; NJW 1992, 516; NStZ-RR 2004, 10; Altvater NStZ 2003, 21 (24); BGH NStZ 2006, 152 (153); NStZ-RR 2017, 38; StraFo 2017, 115; zusf. Kühl JuS 2002, 729 (735); Hauck in Leipold/Tsambikakis/Zöller Rn. 4); daher darf auch dem flüchtenden Dieb in unmittelbarem Zusammenhang mit der Tat (Mitsch JA 1989, 79 (83)) die Beute abgejagt werden (BGH bei Holtz MDR 1979, 985; Stemler ZJS 2010, 347 (348); Wessels/Beulke/Satzger StrafR AT Rn. 328; dazu rechtshistorisch und -philosophisch Siciliano, Das Leben des fliehenden Diebes, 2006, mit Bespr. Schroeder GA 2006, 536 (2. Aufl. 2013 mit Bespr. Schroeder GA 2015, 236); ebenso für den Raub BGH bei Altvater NStZ 2004, 23 (29); für den bei einer Erpressung fortdauernden Angriff auf das Vermögen ebenso BGHSt 48, 207 (209) = NJW 2003, 1955 mit Bespr. Roxin JZ 2003, 966; Zaczyk JuS 2004, 750 (752); Quentin NStZ 2005, 128; zust. Rengier StrafR AT § 18 Rn. 25). Auch die Schaffung eines unmittelbar bedrohlichen, dh akut zugespitzten, Dauerzustandes genügt (Schroeder JZ 1974, 113; NJW 1978, 2577; Otto Jura 1999, 552). Ein solcher liegt zB vor, wenn und solange der Angegriffene unter dem Druck einer nötigenden oder erpresserischen Drohung steht (Amelung GA 1982, 381; Eggert NStZ 2001, 225; Kroß, Notwehr gegen Schweigegelderpressung, 2004, S. 119; Kaspar GA 2007, 36 (42); Jäger ExRep StrafR AT Rn. 112; Roxin/Greco StrafR AT I § 15 Rn. 29; Kindhäuser in NK-StGB Rn. 59; aM KG JR 1981, 254 mAnm Tenckhoff; Arzt MDR 1965, 344; Baumann MDR 1965, 346; Müller NStZ 1993, 366; Müller FS Schroeder, 2006, 323; → Rn. 11 a, 15). Die Gegenwärtigkeit ist idR auch bei unbefugten, das Persönlichkeitsrecht ver- 4 letzenden Bildaufnahmen zu bejahen (hM; vgl. etwa OLG Karlsruhe NStZ 1982, 123; OLG Düsseldorf NJW 1994, 1971; anders Haberstroh JR 1983, 314); der Angriff auf das Hausrecht ist abgeschlossen, wenn sich der „Eindringling“ zum Verlassen des Grundstücks aufgemacht hat (LG Freiburg Justiz 2007, 144 (146)). Darüber hinaus genügt aber eine bloße Dauergefahr iSd § 34 nicht (→ § 34 Rn. 2); deshalb ist auch die Tötung des sog. Familientyrannen regelmäßig nicht durch Notwehr gerechtfertigt (BGHSt 48, 255 = NJW 2003, 2464 mit Bespr. Hillenkamp JZ 2004, 48 (50); Otto NStZ 2004, 142 (143); Hillenkamp FS Miyazawa, 1995, 141 (152); Haverkamp GA 2006, 586 (592); Günther in SK-StGB Rn. 66; vgl. auch Schramm JA 2013, 881 (886); weiter Byrd in Bottke, Familie als zentraler Grundwert demokratischer Gesellschaften, 1994, S. 117, 120; aM Trechsel KritV 2000, 183 „Dauerangriff“). Auch ist § 32 auf präventive, anders nicht mögliche Abwehr künftiger Angriffe (sog. notwehrähnliche Lage) nicht entsprechend anwendbar (hM; vgl. zB BGH NJW 1979, 2053; Otto NStZ 2004, 142; Roxin/Greco StrafR AT I § 15 Rn. 27; anders Suppert, Studien zur Notwehr und „notwehrähnlichen Lage“, 1973, S. 356, 381; Lesch FS Dahs, 2005, 81 (109) sieht hier ein Problem der Erforderlichkeit; → § 34 Rn. 9). An der Gegenwärtigkeit fehlt es nicht bei automatisierter Gegenwehr, sog. **antizipierte** Notwehr (Müssig ZStW 115 (2003), 224 (240); Rönnau JuS 2015, 880 (881); Lauth, Antizipierte Notwehr, 2004, S. 76, 137; Heinrich ZIS 2010, 183; Kühl StrafR AT § 7 Rn. 43; → Rn. 8, 10).

5 **d)** Der Angriff ist **rechtswidrig,** wenn das objektive Recht das Angriffsverhalten negativ bewertet, dh als **Handlungsunwert** missbilligt (Hirsch FS Dreher, 1977, 211; Roxin ZStW 93 (1981), 68 (84); JZ 2000, 99; Graul JuS 1995, 1049 (1051); Sinn GA 2003, 96 (104); Lesch FS Dahs, 2005, 81 (94); Perron/Eisele in Schönke/Schröder Rn. 19–21). Demgegenüber orientiert sich die weitergehende hM am drohenden Erfolgsunwert, dh an der Duldungspflicht des Angegriffenen (Gallas ZStW 67 (1955), 39; Jescheck/Weigend StrafR S. 341). Nach beiden Auffassungen ist Notwehr auch gegen Schuldunfähige, namentlich Geisteskranke, Betrunkene und Kinder, möglich (hM; vgl. etwa Günther in SK-StGB Rn. 28–30; zusf. Geilen Jura 1981, 256; aM Engländer, Grund und Grenzen der Nothilfe, 2008, S. 256 mit krit. Bespr. Jäger RW 2010, 86 (89); Kühl JZ 2010, 136). In Teilen des Schrifttums werden jedoch Einschränkungen vorgeschlagen; danach soll der Angriff etwa vorsätzlich und schuldhaft (Renzikowski, Notstand und Notwehr, 1994, S. 279; Kindhäuser/Hilgendorf in LPK-StGBs. aber Kindhäuser in NK-StGB Rn. 64–66, der eine „Verantwortlichkeit“ verlangt; einen Verstoß gegen die subjektiven Rechte des Angegriffenen verlangt Engländer in Matt/Renzikowski Rn. 19), vorwerfbar vorsätzlich oder bewusst fahrlässig (Frister GA 1988, 291 (305); anders jetzt Frister StrafR AT § 16 Rn. 12), verschuldet (Krause FS Bruns, 1978, 71 (83); Krause GA 1979, 329; Hoyer JuS 1988, 89; anders aber Hoyer, Strafrechtsdogmatik nach Armin Kaufmann, 1997, S. 211; Jakobs StrafR AT Abschn. 12 Rn. 14–20; Jakobs FS Spinellis, 2001, 447 (452)), „zurechenbar“ (Hruschka FS Dreher, 1977, 189 (202); Eue JZ 1990, 765) oder „unter grober Rechtsmissachtung“ (Schmidhäuser GA 1991, 97 (127)) begangen sein (Pawlik GA 2003, 12 (14)). Nicht erforderlich ist jedenfalls, dass der Angriff den Tatbestand eines Strafgesetzes verwirklicht (→ Vor § 13 Rn. 15; zB furtum usus; auch der nach § 218a I tatbestandslose Angriff, Otto Jura 1996, 135 (139); Lesch FS Dahs, 2005, 14; Lesch ZfL 2001, 2; Mitsch JR 2006, 450 (451); Satzger Jura 2008, 424 (432); Löhmer ZfL 2011, 38 (44); aM Hillenkamp FS Herzberg, 2008, 483 (500); → Vor § 218 Rn. 25). Zur umstrittenen Bestimmung der Rechtswidrigkeit des (Angriffs-)Ver-

haltens von Amtsträgern vgl. BGH BeckRS 2015, 13281; NJW 2015, 3109 mAnm Fikentscher NJW 2015, 3133; Engländer NStZ 2015, 577; sa Rückert JA 2017, 3; OLG Hamm NStZ-RR 2009, 271; OLG Celle BeckRS 2012, 18009 mit Bespr. Jahn JuS 2013, 268; Erb FS Gössel, 2002, 217; Erb in MüKoStGB Rn. 74–81; Zimmermann JR 2010, 363 (366); Kühl StrafR AT § 7 Rn. 70–75; Rönnau/Hohn in LK-StGB Rn. 116–137, § 113 Rn. 15; zum sog. strafrechtlichen Rechtmäßigkeitsbegriff → § 113 Rn. 7–14; Einschränkungen der Verteidigungshandlungen über die Gebotenheit (→ Rn. 13) werden erwogen (OLG Hamm NStZ-RR 2009, 271 unter Heranziehung des Rechtsgedankens des § 113 IV 2; Kühl StrafR AT § 7 Rn. 74, 265; Rosenau in LK-StGB § 113 Rn. 63. Ist polizeiliches Vorgehen von der Durchsuchungsanordnung nicht gedeckt, so ist es rechtswidrig (vgl. im Hells Angels-Fall BGH NStZ 2012, 272 (275) mAnm Engländer; Erb JR 2012, 208). Die Rechtswidrigkeit des Angriffs **fehlt,** wenn dieser ein erlaubtes Tun darstellt, insbes. wenn er durch einen Rechtfertigungsgrund gedeckt ist (BGH NStZ 2005, 85 (86); Kühl StrafR AT § 7 Rn. 60–63; Roxin/Greco StrafR AT I § 15 Rn. 14), etwa durch Selbsthilfe nach § 229 BGB (BGH NStZ 2012, 144 (145) mAnm Grabow und Bespr. Hecker JuS 2011, 940). Bei einer einverständlichen Rauferei sind regelmäßig schon die jeweiligen Angriffshandlungen der Beteiligten nicht rechtswidrig; mindestens ist, weil beide Seiten gleichermaßen Angreifer und Verteidiger sind, eine Berufung auf Notwehr für den ausgeschlossen, der den kürzeren zieht und zu einer lebensgefährlichen Waffe greift (BGH NJW 1990, 2263; NStZ-RR 2006, 376; OLG Stuttgart NJW 1992, 850; LG Köln MDR 1990, 1033).

e) Die Voraussetzungen der Notwehrlage (→ Rn. 2–5; zusf. Kühl Jura 1993, 6
57) müssen **objektiv** – sei es auch erst auf Grund eines ex-post-Urteils – **vorliegen** (hM; → Vor § 32 Rn. 5; vgl. etwa Kindhäuser in NK-StGB Rn. 26; Zieschang StrafR AT Rn. 201; aM Walther JZ 2003, 52 (53); Hoyer in SK-StGB Vor § 32 Rn. 78); Scheinangriffe schaffen keine Notwehrlage (Kühl StrafR AT § 32 Rn. 721; Rengier StrafR AT § 18 Rn. 12). Sind sie nicht voll erfüllt, so kommt für die Lösung der Kollision **Defensivnotstand** (→ § 34 Rn. 4, 9) in Frage (BGHSt 39, 133 (136) = NJW 1993, 1869; BGH NJW 1989, 2479 mit krit. Bespr. Küpper JuS 1990, 184; Eue JZ 1990, 765; Otte, Der durch Menschen ausgelöste Defensivnotstand, 1998, S. 33, 91).

f) aa) Die Abwehrhandlung setzt als subjektives Rechtfertigungselement **Verteidigungswillen** voraus (hM; vgl. etwa BWME StrafR AT § 17 Rn. 32; Rönnau/Hohn in LK-StGB Rn. 262; anders Spendel FS Oehler, 1985, 197; für das Zivilrecht Mansel in Jauernig BGB § 227 Rn. 6). Er wird vor allem in der Rspr. als Absicht im Sinne zielgerichteten Wollens verstanden, den Angriff abzuwehren oder wenigstens zu erschweren (BGH GA 1980, 68; OLG Frankfurt a. M. NJW 1950, 119 (120); → Vor § 32 Rn. 6; aus der Lit. Geppert Jura 2007, 33; zw.). Bei dieser Deutung wird er weder durch unbedingten Tötungsvorsatz noch durch Überschreiten der Notwehrgrenzen zwingend ausgeschlossen (BGH bei Holtz MDR 1978, 279); auch andere Zwecke oder Tatmotive (zB Wut) können hinzutreten, sofern sie den Verteidigungszweck nicht völlig überlagern (BGHSt 3, 194 = NJW 1952, 1304; BGH NStZ 1983, 500; NStZ 1996, 29; NStZ 2000, 365; NStZ 2003, 599 (600); Altvater NStZ 2002, 20 (25); BGH NJW 2003, 1955 (1958) mit zust. Bespr. Zaczyk JuS 2004, 750 (753); BGH NStZ 2005, 332 (334); NStZ 2007, 325; NJW 2013, 2133; StV 2018,727 = BeckRS 2017, 10888 mit Bespr. Jäger JA 2017, 629; OLG Stuttgart NJW 1992, 850; BayObLG NStZ-RR 1999, 9; OLG Koblenz StV 2011, 622 (623); Notwehr kann bei „völlig zurücktretendem Verteidigungswillen" ausgeschlossen sein (BGH NStZ-RR 2012, 84 (86); NJW 2013, 2133). Demgegenüber stellt ein beachtlicher Teil der Wissenschaft mit Recht nicht auf zweckhaftes Handeln ab, sondern lässt bloße Kenntnis der rechtfertigenden Umstände genügen (→ Vor § 32 Rn. 6; sa Kühl Jura 1993, 233; Meyer GA 2003, 807 (820); Gaede FS Rengier, 2018, 27; Günther in SK-StGB Rn. 135; Hauck in Leipold/Tsambikakis/Zöller Rn. 26, Perron/Eisele in Schönke/Schröder Rn. 63; Kindhäuser in NK-StGB Rn. 147; Engländer in Matt/Renzikowski Rn. 63; bei als möglich erkannten Angriff verlangt eine Abwägung Frister FS Rudolphi, 2004, 45 (53); speziell zum Irrtum über die Zielrichtung des Angriffs Krack in Koriath/Krack/Radtke/Jehle, Grundfragen des Strafrechts, Rechtsphilosophie und die Reform der Juristenausbildung, 2010, S. 145). Zur Rechtslage beim Fehlen des Verteidigungswillens → § 22 Rn. 16.

8 bb) Verteidigung kann defensive Abwehr **(Schutzwehr)** oder Gegenangriff **(Trutzwehr)** sein (BayObLG NJW 1963, 824); auch automatisierte Gegenwehr durch Selbstschussanlagen (sog. antizipierte Notwehr) ist nicht ausgeschlossen (Kunz GA 1984, 539 (541); Schlüchter FS Lenckner, 1998, 313; Jäger ExRep StrafR AT Rn. 120). „Weggehen", zB aus der eigenen Wohnung, ist keine Verteidigung und wird deshalb nicht verlangt (BGH NJW 2003, 1955 (1957); NJW 2013, 2133 (2135) mit Bespr. Jäger JA 2013, 708; OLG Koblenz StV 2011, 622 (624) mit Bespr. Jahn JuS 2011, 655 (656); Kühl StrafR AT § 7 Rn. 78; einschr. Wessels/Beulke/Satzger StrafR AT Rn. 339; dagegen Freund/Rostalski StrafR AT § 3 Rn. 105).

9 **g)** aa) **Erforderlich** ist diejenige Verteidigungshandlung, die einerseits die sofortige Beendigung des Angriffs erwarten lässt (BGHSt 27, 336 = NJW 1978, 899; BGH NStZ 2000, 365; NStZ 2004, 615; NStZ 2006, 152; NStZ-RR 2011, 238; NStZ 2012, 272; NStZ-RR 2013, 139; NStZ-RR 2013, 305; NJW 2014, 1121; StV 2014, 337; NStZ-RR 2015, 303; NStZ-RR 2016, 271, mehrere Messerstiche; BGH NStZ 2017, 276; BayObLG NStZ 1988, 408; OLG Koblenz StV 2011, 622 (623); OLG Celle BeckRS 2013, 13245), die endgültige Beseitigung der Gefahr also gewährleistet (BGH NStZ 1987, 322; NStZ 2005, 85), die andererseits aber das schonendste, dh am wenigsten schädliche oder gefährliche, Mittel von mehreren gleich sicheren Mitteln (Kühl StrafR AT § 7 Rn. 100) zur Erreichung des Abwehrerfolges bildet (BGH GA 1956, 49; NJW 2003, 1955 (1957); NStZ 2006, 152 (154); 2012, 272 (274) mAnm Engländer; BGH NJW 2013, 2133 (2135); OLG Frankfurt a. M. NStZ-RR 2013, 107; zusf. Kühl Jura 1993, 118; zum Unterschied zwischen der Erforderlichkeit bei § 32 und § 34 Petersen JA 2017, 502). Der Angegriffene braucht sich daher nicht auf das Risiko einer ungenügenden Abwehrhandlung einzulassen (BGH NJW 1980, 2263 mkritAnm Arzt JR 1980, 211; BGH NStZ 1983, 500; NStZ 1996, 29; NStZ 1998, 508; NStZ-RR 1999, 264; NStZ-RR 2007, 199, Messerstich in Oberkörper eines körperlich überlegenen Angreifers; dazu Kühl StrafR AT § 7 Rn. 103; Kühl/Hinderer JuS 2009, 919; anders bei Stich mit Butterflymesser gegen harmlosen Angriff eines körperlich unterlegenen Angreifers, BGH NStZ-RR 2012, 71 im Anschluss an BGHSt 26, 256 (258) = NJW 1976, 634; BGH NStZ 2009, 626 (627); sa Warda Jura 1990, 393 (396); Murmann/Rath NStZ 1994, 215; zu Einschränkungen → Rn. 14) oder Dritte um Hilfe angehen (BGH NStZ 2020, 725 mAnm Rückert; Erb JR 2021, 42; Bespr. Eisele JuS 2020, 925), darf umgekehrt aber Intensität und Gefährlichkeit des Angriffs nicht unnötig überbieten (BGHSt 24, 356 (358) = NJW 1972, 1821; BGH NStZ 1987, 172), namentlich eine lebensgefährliche Waffe nur als letztes

Mittel der Verteidigung einsetzen (BGHSt 26, 143 (146) = NJW 1975, 1612; BGHSt 42, 97 (100) = NJW 1996, 2315; BGH NJW 2001, 3200 (dazu krit. Seelmann JR 2002, 249); BGH NJW 2003, 1955 (1957) mit krit. Bespr. Zaczyk JuS 2004, 750 (753); BGH NStZ 1994, 581; NStZ 2002, 140; NStZ-RR 1999, 40; BGH NStZ 2004, 10; NStZ 2004, 615; NStZ 2005, 85; NStZ 2006, 152; StraFo 2006, 463 = BeckRS 2006, 09125; BGH NStZ-RR 2009, 70 (71); NStZ 2009, 626 (627) mit zust. Bespr. Hecker JuS 2010, 172 (173); OLG Koblenz StV 2011, 622 (624); OLG Celle BeckRS 2013, 13245 mit Bespr. Jahn JuS 2014, 18, Schlag mit Bierkrug auf Kopf; zusf. Erb NStZ 2004, 369 (371–374); ein Warnschuss aber muss dem Schusswaffeneinsatz nicht immer vorangehen, so im Hells Angels-Fall BGH NStZ 2012, 272 (274) mAnm Engländer; Erb JR 2012, 207; van Rienen ZIS 2012, 380; sa OLG Frankfurt a. M. NStZ-RR 2013, 107), auch der Einsatz eines Messers ist nur in der Regel vorher anzudrohen (BGH NStZ-RR 2011, 238; NStZ 2011, 630 (631); NStZ-RR 2013, 105; NStZ-RR 2013, 139 (140); NStZ-RR 2018, 69), insbes. nicht gegenüber einem bewaffneten Angreifer (BGH NStZ 2016, 526; NStZ 2018, 84; NStZ-RR 2018, 170); unter dieser Voraussetzung hat er dann grds. nicht für ungewollte Auswirkungen einzustehen, die aus der Gefährlichkeit des angewendeten Mittels erwachsen (BGHSt 27, 313 = NJW 1978, 955 mit krit. Bespr. Hassemer JuS 1980, 412; BGH StV 1999, 143 (145); NJW 2001, 1075 (1076); NStZ 2005, 31; BayObLG NStZ 1988, 408; Kretschmer Jura 2002, 114; Erb in MüKoStGB Rn. 133; Kühl StrafR AT § 7 Rn. 112, § 17 Rn. 78). Nicht ausgeschlossen ist auch eine geringere als die erforderliche Abwehr. Diese muss aber, weil die Erfolgseignung Begriffselement der Erforderlichkeit ist (Kühl StrafR AT S. 120), mindestens in dem Sinne zur Abwehr geeignet sein, dass sie die Chance eröffnet, den Angriff – sei es auch nur geringfügig – abzuschwächen, zu erschweren oder zu verzögern (hM; OLG Düsseldorf NJW 1994, 1971; Warda GA 1996, 405; Joecks FS Grünwald, 1999, 251; Engländer in Matt/Renzikowski Rn. 25, 63; anders Alwart JuS 1996, 953; Erb in MüKoStGB Rn. 152; Duttge in HK-StrafR § 32 Rn. 17; problematisch BGH NJW 2003, 1955 (1957) mit krit. Bespr. Roxin JZ 2003, 966 (967) und Zaczyk JuS 2004, 950 (952)); wenn jemand sich freiwillig auf eine solche Abwehr einlässt und dabei fahrlässig einen schädlichen Erfolg verursacht, den er bei Ausschöpfung der zulässigen Verteidigung vorsätzlich hätte herbeiführen dürfen, so schließt das die Rechtfertigung nicht aus (BGHSt 25, 229 = NJW 1974, 154 mit krit. Bespr. Schwabe NJW 1974, 670; BGH NJW 2001, 3200 mit Bespr. Otto NStZ 2001, 591 (595); Seelmann JR 2002, 249; Engländer in Matt/Renzikowski Rn. 31). Zur Reihenfolge der Maßnahmen gegen Messerstiche BGH NStZ 2016, 593.

bb) Die Erforderlichkeit bestimmt sich nach einem **objektiven Urteil ex ante** 10
(→ § 315c Rn. 22; → Vor § 32 Rn. 5; BGH NStZ 2009, 626 (627); NStZ-RR 2013, 139; NJW 2013, 2133 (2135); NStZ 2014, 30; StV 2014, 337; NStZ 2014, 450; NStZ 2015, 151; NStZ-RR 2015, 303; NStZ 2016, 54; NStZ-RR 2016, 271; Kühl StrafR AT § 7 Rn. 107–110; Rengier StrafR AT § 18 Rn. 47; krit. Amelung Jura 2003, 91 (92)), und zwar nach der „Kampflage", dh der Stärke und Hartnäckigkeit des Angriffs und den Abwehrmitteln, die dem Angegriffenen in der konkreten Situation zu Gebote stehen (BGH NStZ 1987, 322; NJW 1991, 503 mAnm Rudolphi JR 1991, 210; LG München StV 1999, 143; BGH NStZ 2005, 85; iErg problematisch BayObLGSt 1990, 141 mit Bespr. Spendel JR 1991, 250; Schmidhäuser JZ 1991, 937; Rogall JuS 1992, 551; krit. zur Maßgeblichkeit allein der Kampflage Bernsmann ZStW 104 (1992), 290 (313)); dass er diese verbotswidrig mitführt (zB eine Schusswaffe ohne behördliche Erlaubnis), begründet nicht zu-

gleich die Rechtswidrigkeit der Abwehr (BGH NJW 1986, 2716 mkritAnm Hassemer JuS 1986, 913; BGH StV 1990, 543; krit. Bernsmann ZStW 104 (1992), 290, 317). **Automatisierte Gegenwehr** (→ Rn. 8) muss – soweit erforderlich durch Warnungen und ein System abgestufter Reaktionen der Selbstschutzanlage – so programmiert sein, dass es nicht zu Überreaktionen kommt (Kunz GA 1984, 539 (549); Müssig ZStW 115 (2003), 224; Lauth, Antizipierte Notwehr, 2004, S. 138; Rönnau JuS 2015, 880; gegen § 32 und für Heranziehung des erlaubten Risikos Roxin/Greco StrafR AT I § 15 Rn. 53; das sozialadäquate Risiko berücksichtigt in einem dreistufigen Konzept Heinrich ZIS 2010, 183). Bei **Ehrangriffen** ist tätliche Abwehr nur ausnahmsweise erforderlich (BGHSt 3, 217 = NJW 1952, 1422; BayObLG NJW 1991, 2031 mit Bespr. Mitsch JuS 1992, 289; OLG Köln NJW-Spezial 2020, 217; Vormbaum JR 1992, 163).

11 cc) Auf **Verhältnismäßigkeit** der Schäden (Güterproportionalität), die durch den Angriff und durch die Verteidigung drohen, kommt es grds. (→ Rn. 13) nicht an (hM; vgl. BGH NJW 2003, 1955 (1957); mit Bespr. Zaczyk JuS 2004, 750 (753); BGH NStZ 2005, 85 (87); Ladiges JuS 2011, 879 (880); Kühl StrafR AT § 7 Rn. 4, 116; Engländer in Matt/Renzikowski Rn. 27; krit. Bülte GA 2011, 145 (156); anders Klose ZStW 89 (1977), 61 (90); Kaspar Präventivstrafrecht S. 597, 600, 615; sa Schroeder FS Maurach, 1972, 127 (138); BGH NJW 1978, 2577 (2578); Lagodny, Strafrecht vor den Schranken der Grundrechte, 1996, S. 264; krit. Neumann GA 1999, 443 (447); Klesczewski FS Wolff, 1998, 244; Klesczewski StrafR AT Rn. 346; Lilie FS Hirsch, 1999, 277; Jäger JA 2013, 708; zur geschichtlichen Wurzel dieser Abkehr vom Prinzip der Güterproportionalität rechtsvergleichend Kühl FS Triffterer, 2011, 149; Maiwald FS Marinucci, 2006, 1579; rechtsvergleichend mit den USA Wössner, Die Notwehr und ihre Einschränkungen in Deutschland und in den USA, 2006); es dürfen deshalb auch angegriffene Sachgüter mit lebensgefährlichen Handlungen verteidigt werden; daran hat **Art. 2 II lit. a MRK** auch für die Fälle nichts geändert, in denen der Privatmann (für den Einsatz staatlicher Macht gilt uU anderes, Jescheck/Weigend StrafR S. 349; Paeffgen in NK-StGB Vor § 32 Rn. 70; Hecker EuStrafR § 3 Rn. 68–74; Ambos IntStrafR § 10 Rn. 74; Satzger, Internationales und Europäisches Strafrecht, 10. Aufl. 2022, § 11 Rn. 33, mittelbare Drittwirkung) einen Sachangriff durch Verletzung von Leib oder Leben des Angreifers abwehrt (Bockelmann FS Engisch, 1969, 456; Krey JZ 1979, 702 (707); Laber, Der Schutz des Lebens im Strafrecht, 1997, S. 136; Hilgendorf/Valerius StrafR AT § 5 Rn. 42; Krey/Esser StrafR AT Rn. 550; Otto StrafR AT § 8 Rn. 65; Erb in MüKoStGB Rn. 22; für das Zivilrecht Mansel in Jauernig BGB § 227 Rn. 7; eing. Bisson, Die lebensgefährliche Verteidigung von Vermögenswerten, 2002, S. 219, der aber § 32 für teilverfassungswidrig hält; wohl auch Satzger Jura 2009, 759 (762); aM Frister GA 1985, 553; GA 1988, 291 (314); Trechsel ZStW 101 (1989), 819 (820); Wittemann, Grundlinien und Grenzen der Notwehr in Europa, 1997, S. 268; Stiller, Grenzen des Notwehrrechts bei der Verteidigung von Sachwerten, 1999, S. 165; Lührmann, Tötungsrecht zur Sachverteidigung?, 1999, S. 209, 258; Jung/Koriath in Ranieri, Die Europäisierung der Rechtswissenschaft, 2002, S. 41, 43, 47–60; Grollwitzer in Löwe/Rosenberg, 25. Aufl. 2004, MRK Art. 2 Rn. 19; aM für absichtliche und wissentliche Tötungen Zieschang GA 2006, 415; Duttge in HK-StrafR § 32 Rn. 24; diff. Wagner, Individualistische oder überindividualistische Notwehrbegründung, 1984, S. 65; eing. Diehm, Die Menschenrechte der EMRK und ihr Einfluss auf das deutsche Strafgesetzbuch, 2006, S. 325–386; zusf. Geilen Jura 1981, 370 (377); Ladiges JuS 2011, 879 (881); Heinrich StrafR AT Rn. 365–370). Ob § 32 die Tötung des Angreifers

zur Verteidigung von Sachgütern erlaubt, wird zunehmend mit grund- und menschenrechtlicher Begründung bezweifelt (vgl. etwa Bernsmann ZStW 104 (1992), 290; Koriath FS Müller-Dietz, 2001, 361 (383); Lührmann, Tötungsrecht zur Sachverteidigung?, 1999, S. 70; Stiller, Grenzen des Notwehrrechts bei der Verteidigung von Sachwerten, 1999, S. 144, 160; dagegen wegen Verstoßes gegen das Analogieverbot des Art. 103 II GG Satzger Jura 2009, 759 (763); speziell zum Lebensschutz des fliehenden Diebes Siciliano, Das Leben des fliehenden Diebes, 2006). Die praktische Relevanz von Art. 31 IStGH-Statut ist gering zu veranschlagen (näher Erb in MüKoStGB Rn. 25–28). Stangl, Verhältnismäßige Notwehr, 2013, S. 215, will in der Rspr. zu § 32 so viele Verhältnismäßigkeitserwägungen erkennen, dass er die Abschaffung der durch § 34 ersetzbaren Vorschrift verlangt; Kaspar Präventivstrafrecht S. 612, verlangt de lege lata eine Proportionalitätsklausel.

dd) Private **Notwehr** ist im Verhältnis zur staatlichen Gefahrenabwehr grds. nur **subsidiär** (hM). Ist daher in einer Notwehrlage ausreichende **polizeiliche (oder sonst staatliche) Hilfe** präsent und zu ebenso wirksamer Abwehr fähig und bereit, so fehlt es an der Erforderlichkeit, weil die in erster Linie zur Wahrung des Rechts berufene staatliche Gewalt Vorrang hat (hM; vgl. Geilen Jura 1981, 308 (316); Burr JR 1996, 230; Erb FS Nehm, 2006, 181; Fischer Rn. 35; anders Seebode FS Krause, 1990, 375 (388); Pelz NStZ 1995, 305). Muss jedoch polizeiliche Hilfe erst herbeigerufen werden, so kann dies vom Angegriffenen nur verlangt werden, wenn es ohne weiteres (BGH VRS 30, 281), dh ohne das Risiko einer nicht ganz unerheblichen Gütereinbuße (so Haas, Notwehr und Nothilfe, 1978, S. 302), möglich ist (weiter BGH NJW 1980, 2263; zust. Erb in MüKoStGB Rn. 141; abl. Roxin/Greco StrafR AT I § 15 Rn. 50; beachte auch BGHSt 39, 133 = NJW 1993, 1869 mAnm Roxin NStZ 1993, 335; Lesch StV 1993, 578; Engländer in Matt/Renzikowski Rn. 34; einschr. Klesczewski FS Wolff, 1998, 245; Sengbusch, Die Subsidiarität der Notwehr, 2008, S. 214; speziell zur Notwehr gegen Schweigegelderpressung Kroß, Notwehr gegen Schweigegelderpressung, 2004, S. 163; Kaspar GA 2007, 36 (43)). Präsenz **privater Hilfe** kann dagegen für die Erforderlichkeit nur relevant werden, wenn ihre Inanspruchnahme eine schonendere Abwehr des Angriffs ermöglichen würde (Perron/Eisele in Schönke/Schröder Rn. 41). Muss sie erst angefordert werden, so kann dies vom Täter außerdem nur verlangt werden, wenn es ohne weiteres möglich ist (BGHSt 27, 336 (337) = NJW 1978, 899). Aus dem **Subsidiaritätsgedanken** folgt weiter, dass die Abwehr von rechtswidrigen **Unterlassungen** (→ Rn. 2) nicht erforderlich ist, wenn und soweit die Rechtsordnung den Angegriffenen (zB bei Nichterfüllung von Ansprüchen) auf den Rechtsweg verweist oder seine Abwehrbefugnis (zB beim Selbsthilferecht nach § 229 BGB) einschränkt (zusf. Lagodny GA 1991, 300; str.). **11a**

h) Ob der Verteidiger den Angriff von sich oder einem anderen (auch Tiere, Herzog JZ 2016, 190; Reinbacher ZIS 2019, 509 (513); → Vor § 32 Rn. 28 a) abwenden will, bleibt sich gleich. Für die sog. **Nothilfe** gelten keine grundsätzlichen Besonderheiten. Sie ist weder dem Verhältnismäßigkeitsgrundsatz unterworfen (hM; anders Seelmann ZStW 89 (1977), 36; Prittwitz FS Kargl, 2015, 439; dagegen Kasiske Jura 2004, 832 (836); Roxin/Greco StrafR AT I § 15 Rn. 121) noch für Fälle der sog. „professionellen" privaten Nothilfe eingeschränkt (Kunz ZStW 95 (1983), 973 (985); aM Hoffmann-Riem ZRP 1977, 277 (283); eing. und diff. Helmrich, Die Berufung gewerblicher Sicherheitskräfte auf Notwehr und Nothilfe, 2008). Allerdings können hier die Erforderlichkeit (→ Rn. 9–11 a) und die Not- **12**

wendigkeit sozialethischer Einschränkungen (→ Rn. 13–16; eing. für die Nothilfe Kasiske Jura 2004, 836 (838)) im Hinblick auf die Beteiligung einer weiteren Person anders als im Normalfall zu beurteilen sein (zu provozierten Angriffen Mitsch GA 1986, 533). Außerdem darf einem Angegriffenen, der berechtigt und fähig ist, über die verletzten Rechtsgüter zu verfügen, keine Nothilfe geleistet werden, wenn er selbst sich nicht verteidigen will, sog. **aufgedrängte** Nothilfe (BGHSt 5, 245 = NJW 1954, 401; BGH StV 1987, 59; Kühl StrafR AT § 7 Rn. 149; Joecks/Jäger StGB Rn. 53; Erb in MüKoStGB Rn. 182; Engländer in Matt/Renzikowski Rn. 35; Günther in SK-StGB Rn. 12; eing. Seuring, Die aufgedrängte Nothilfe, 2004; Seeberg, Aufgedrängte Nothilfe, Notwehr und Notwehrexzess, 2005 mit Bespr. Kubiciel HRRS 2006, 264; Sengbusch GA 2007, 124, der eine Entschuldigung nach § 33 erwägt; grds. abl. Engländer, Grund und Grenzen der Nothilfe, 2008, S. 126, 373, der aber den Angegriffenen vor übereilten Entscheidungen schützen will; krit. dazu Kuhlen ZStW 121 (2009), 671 (673); Kühl JZ 2010, 136). Das gilt jedenfalls in Fällen wirksamer Einwilligung des Angegriffenen, weil es dann schon an einer Notwehrlage fehlt (unstr.), soll aber auch dann gelten, wenn sich dessen Verhalten nur als Hinnahme des Angriffs darstellt (hM). Demgegenüber hält eine Mindermeinung den entgegenstehenden Willen des Angegriffenen für schlechthin unbeachtlich (Schroeder FS Maurach, 1972, 127 (141); Haas, Notwehr und Nothilfe, 1978, S. 281; Schmidhäuser Studienbuch StrafR AT § 6 Rn. 80). Beide Auffassungen befriedigen nicht. Vorzugswürdig ist folgende Differenzierung: Beachtlich ist dieser Wille nur insoweit, als der Angegriffene die mit der Nothilfe verbundenen Risiken aus Gründen des Selbstschutzes (Lange JZ 1976, 546; Klose ZStW 89 (1977), 69 (96); Maurach/Zipf StrafR AT I § 26 Rn. 52) oder der Schonung des Angreifers (Seier NJW 1987, 2476 (2483); Jakobs StrafR AT Abschn. 12 Rn. 60) nicht einzugehen wünscht und seine Einstellung entsprechend den für die mutmaßliche Einwilligung geltenden Grundsätzen (→ Vor § 32 Rn. 19–21) zu respektieren ist (ähnlich Bitzilekis, Die neue Tendenz zur Einschränkung des Notwehrrechts, 1984, S. 72; Wagner, Individualistische oder überindividualistische Notwehrbegründung, 1984, S. 36; weiter einschr. Geilen Jura 1981, 308 (312); Sternberg-Lieben JuS 1999, 444; Kasiske Jura 2004, 836 (838); Zieschang StrafR AT Rn. 236, der neben Dispositionsbefugnis eine freiverantwortliche Entscheidung zur Duldung des Angriffs verlangt; ebenso schon Seuring, Die aufgedrängte Nothilfe, 2004, 247). Sozialethische Notwehreinschränkungen (→ Rn. 13) sind auch vom Nothelfer zu beachten (Kuhlen GA 2008, 282 (289); Kühl StrafR AT § 7 Rn. 142). Speziell zur Nothilfe bei der Sterbehilfe bzw. dem Behandlungsabbruch zB durch Zerschneiden des Schlauchs einer PEG-Sonde BGHSt 55, 191 (197) = NJW 2010, 2963 (abl.); Kühl StrafR AT § 7 Rn. 138. Zur Frage, ob es Nothilfeverbote durch Befehl geben kann Hinz NZWehrr 2011, 144.

13 **3. a)** Eine Notwehrhandlung nach Abs. 2 ist rechtmäßig, wenn sie **„geboten“** ist (Abs. 1; Überblick bei Stemler ZJS 2010, 351). In der Regel ergibt sich das Gebotensein aus den **Voraussetzungen des Abs. 2 von selbst,** weil die Bewährung der Rechtsordnung grds. erfordert, dass das Recht dem Unrecht nicht zu weichen braucht. Es wird jedoch überwiegend angenommen, dass **sozialethische** oder **übergeordnete rechtliche** Erwägungen **Einschränkungen** des Notwehrrechts begründen.

14 aa) Die **Rspr.** (krit. Analyse bei Hirsch FG BGH, 2000, 199 (201)) versagt unter diesem Gesichtspunkt – allerdings nicht immer nach denselben Maßstäben (dazu Lenckner JR 1984, 206) – die Rechtfertigung, wenn einem Angriff ohne unzu-

mutbare Preisgabe eigener Interessen (ehrenrührige Flucht ist stets unzumutbar, BGH GA 1965, 147; problematisch BGH JR 1980, 210 mkritAnm Arzt) verteidigungslos ausgewichen werden kann (BGHSt 5, 245 = NJW 1954, 401) oder wenn die Verteidigung nach den Umständen, etwa in Fällen sog. **Absichtsprovokation** (BGH NJW 1983, 2267 mit krit. Bespr. Berz JuS 1984, 340; Lenckner JR 1984, 206; BGH NJW 2003, 1955 (1958) mkritAnm Roxin JZ 2003, 966 (967); sa BGH NJW 2001, 1075 mAnm Roxin JZ 2001, 667; BGH NStZ-RR 2011, 305), einen Missbrauch des Notwehrrechts bedeutet (BGH NJW 1962, 308; OLG Hamm NJW 1977, 590 mit Bespr. Schumann JuS 1979, 559; BayObLG NJW 1995, 2646; Engländer, Grund und Grenzen der Nothilfe, 2008, S. 316; Heinrich StrafR AT Rn. 375; krit. Drescher JR 1994, 423). Bei **sonst schuldhaft** (einschr. BGH NStZ-RR 2020, 336: mindestens leichtfertig) **provozierten Angriffen** – nicht jedoch bei Angriffen, die lediglich aus einem rechtlich oder sozialethisch nicht zu missbilligenden Vorverhalten des Angegriffenen erwachsen sind (BGHSt 27, 336 = NJW 1978, 899 mAnm Kienapfel JR 1979, 72; BGH NStZ 1989, 474 mAnm Beulke JR 1990, 380; BGH NStZ 1993, 332; StV 1996, 87; Grünewald ZStW 122 (2010) 51 (79); sa BGH NStZ-RR 2002, 203 mit Bespr. Walther JZ 2003, 52 (54); BGH NStZ 2005, 85; HRRS 2009 Nr. 584 mit Bespr. Oğlakcioğlu HRRS 2010, 107 (108); BGH NStZ-RR 2011, 74 mit zust. Bespr. Kudlich JA 2011, 233 (234); Bosch JK StGB § 32 Rn. 36; BGH NStZ 2011, 82 (83); BeckRS 2017, 10888 mit Bespr. Jäger JA 2017, 629; BGH NStZ-RR 2017, 270), wohl aber bei rechtswidrigem (darauf einschr. Engländer, Grund und Grenzen der Nothilfe, 2008, S. 328, 330; Grünewald ZStW 122 (2010) 51 (82); Krey/Esser StrafR AT Rn. 559; Rengier StrafR AT § 18 Rn. 78); zusf. Voigt/Hoffmann-Holland NStZ 2012, 362 (363); und auch nur sozialethisch wertwidrigem Vorverhalten (BGHSt 42, 97 = NJW 1996, 2315 mit zust. Bespr. Kühl StV 1997, 298, abl. aber Krack JR 1996, 833; abl. auch Rönnau/Hohn in LK-StGB Rn. 255; BGH NJW 2003, 1955 (1958) mit krit. Bespr. Roxin JZ 2003, 966 (967); Zaczyk JuS 2004, 750 (753), zust. aber Trüg JA 2004, 272 (273); BGH NStZ 2006, 332 mit krit. Bespr. Bosch JA 2006, 490, Roxin StV 2006, 235; Satzger JK StGB § 32 Rn. 30; BGH NStZ-RR 2011, 74; NStZ 2011, 82 (83); BGH NStZ 2014, 451; NStZ-RR 2016, 272; NStZ 2020, 358; NStZ 2021, 93 mAnm Mitsch; wie hier Wessels/Beulke/Satzger StrafR AT Rn. 348; Fischer Rn. 44; Engländer FS Wolter, 2013, 319; Zoller FS Kühne, 2013, 629, beide zu „sozialethisch"; beachte auch BGH NJW 2000, 3079 (bestätigt durch BVerfG NJW 2001, 669) mit krit. Bespr. Otto JK StGB § 32 Rn. 26) – hat der Täter danach ein erhöhtes Risiko in Kauf zu nehmen (sog. **Dreistufentheorie** (Kühl StrafR AT § 7 Rn. 258), BGHSt 26, 143 = NJW 1975, 1612 mkritAnm Kratzsch NJW 1975, 1933; BGHSt 42, 97 = NJW 1996, 2315 mit Bespr. Krack JR 1996, 466; Kühl StV 1997, 298; BGH NStZ-RR 1997, 194 mit krit. Bespr. Otto JK StGB § 32 Rn. 24; BGH NStZ-RR 1999, 40; NJW 2001, 1075 (1076) mit Bespr. Eisele NStZ 2001, 416; Engländer Jura 2001, 534; Jäger JR 2001, 512; Mitsch JuS 2001, 751; Roxin JZ 2001, 667; BGH NStZ 2002, 426 mit Bespr. Heger JA 2003, 8; BGH NStZ 2003, 420; NStZ 2006, 332 mit zust. Bespr. Bosch JA 2006, 490; Roxin JZ 2001, 667; Satzger JK StGB § 32 Rn. 35; BGH HRRS 2009 Nr. 584 mAnm Oğlakcioğlu HRRS 2010, 106; BGH NStZ 2009, 626 mit Bespr. Oğlakcioğlu HRRS 2010, 106; BGH NStZ 2011, 82 (83); BGH NStZ-RR 2011, 74 mit krit. Bespr. Bosch JK StGB § 32 Rn. 36 „unsinnige Konstruktion"; BGH NStZ-RR 2013, 139; NStZ 2014, 451; NStZ 2016, 84 (86); OLG Stuttgart NJW 1992, 850; OLG Hamm bei Jahn JuS 2006, 466; krit. Analyse der Rspr. bei Hirsch FG BGH, 2000, 203; aM Hinz JR 1993, 353; speziell zur Einschränkung bei einem bedingt vorsätzlich herbeigeführten Schusswechsel BGHSt 39, 374 = NJW 1994, 871mit Bespr. Arzt JZ 1994, 314 (315); Spendel NStZ 1994, 279); bei rechtswidrigem Vorverhalten und Voraussehbarkeit des weiteren Geschehens soll eine fahrlässige Tat vorliegen, auch wenn die Verteidigungshandlung erforderlich und geboten war (BGH NJW 2001, 1075 mit Bespr. Mitsch JuS 2001, 751; abl. Anm. Roxin JZ 2001, 667, krit. auch Eisele NStZ 2001, 416; Engländer Jura 2001, 534 (536); Duttge NStZ 2006, 266 (270); Satzger Jura 2006, 513 (520); Grünewald ZStW 122 (2010), 51 (76); Kretschmer Jura 2012, 189 (194); auf die actio illicita in causa (→ Rn. 15) greift die Rspr. dabei nicht zurück; zu Recht anders, wenn nicht an eine vorwerfbare Provokation angeknüpft werden kann (BGH NStZ 2011, 82 (83) mit zust. Bespr. Hecker JuS 2011, 272 (274); Kretschmer Jura 2012, 189 (193); Satzger JK StGB § 32 Rn. 35, zust. auch Rengier StrafR AT § 18 Rn. 83; zur sog. **Abwehrprovokation** vgl. BGH JR 1980, 210 mAnm Arzt; OLG Stuttgart NJW 1992, 850; Küpper JA 2001, 438; Lindemann/Reichling JuS 2009, 496; Heinrich StrafR AT Rn. 380a; Kühl StrafR AT § 7 Rn. 261). Die Ausübung des Notwehr- oder Nothilferechts ist auch bei einer verschuldeten Angriffsprovokation im sonst zulässigen Rahmen gestattet, wenn dem Angriff nicht ausgewichen werden kann oder dem Handelnden der Einsatz weniger gefährlicher Verteidigungsmittel nicht möglich ist (BGH NStZ-RR 2021, 134). – Zur „Provokation der Provokation" Kühl StrafR AT § 7 Rn. 262; Mitsch JuS 2017, 19; sa BGH NStZ 2016, 84 mit Bespr. Hecker JuS 2016, 177. – Bloße Kenntnis oder („billigende") Annahme, das eigene Verhalten werde eine andere Person zum rechtswidrigen Angriff provozieren, begründet dagegen keine Einschränkung des Notwehrrechts (BGH NStZ 2021, 607 mit Bespr. Eisele JuS 2021, 797); ebensowenig wechselseitige Beleidigungen (BGH StV 2021, 97).

14a Dasselbe soll – allerdings in der neueren Rspr. mit einschränkender Tendenz (BGH NJW 1984, 986 mit Bespr. Spendel JZ 1984, 507; Schroth NJW 1984, 2562; Montenbruck JR 1985, 115; Loos JuS 1985, 859; BGH NJW 2001, 3200 (3202) mit Bespr. Eisele JA 2001, 922 (924); Kretschmer Jura 2002, 114 (116); BGH NStZ-RR 2002, 203 mit Bespr. Walther JZ 2003, 52 (56); einschr. auch Fischer Rn. 37; krit. zur Rspr. Voß, Die Notwehrsituation innerhalb sozialer Verhältnisse, 2013, S. 59–63) – auch bei **Angriffen unter Ehegatten** oder sonst persönlich eng verbundenen Personen (aM für das Verhältnis zwischen Eltern und Kindern Brückner, Das Angehörigenverhältnis der Eltern im Straf- und Strafprozeßrecht, 2000, S. 72) gelten, wenn sie nur die Gefahr leichter Körperverletzungen mit sich bringen (BGH NJW 1975, 62 mit Bespr. Kratzsch JuS 1975, 435; Geilen JR 1976, 314; Marxen in Lüderssen/Sack, Vom Nutzen und Nachteil der Sozialwissenschaften für das Strafrecht, 1980, S. 63; Lesch FS Dahs, 2005, 81 (104); Kühl JahrbRuE 2003, 219 (241); Kühl FS Otto, 2007, 63 (76); Schramm, Ehe und Familie im Strafrecht, 2011, S. 110 mit zust. Bespr. Kudlich ZStW 125, 362 (370); Kudlich JA 2013, 886; krit. Zieschang FS Knemeyer, 2012, 449 (460); aM Engels GA 1982, 109; Frister GA 1988, 291 (307); Wohlers JZ 1999, 434; Zieschang Jura 2003, 527; Kretschmer JR 2008, 51 (53); Engländer, Grund und Grenzen der Nothilfe, 2008, S. 357–362; sowie Engländer in Matt/Renzikowski Rn. 48). In solchen Fällen muss der Täter dem Angriff möglichst ausweichen oder fremde Hilfe herbeirufen; zur Trutzwehr mit einer lebensgefährlichen Waffe darf er erst Zuflucht nehmen, wenn er alle Möglichkeiten der Schutzwehr ausgeschöpft hat (sog. Dreistufentheorie; BGHSt 24, 356 = NJW 1972, 1677; BGHSt 42, 97 = NJW 1996, 2315 mAnm Kühl StV 1997, 298; BGH NStZ 1988, 269 mablAnm Hohmann/Matt JR 1989, 161; BGH NStZ 1993, 133; NStZ 2002, 426; NStZ 2003, 420); nur wenn sich ihm diese Möglichkeit nicht bietet, ist er zu der erforderlichen Verteidigung befugt (BGHSt 26, 256 = NJW 1976, 634; BGH NStZ 1988, 450 mAnm Sauren; BGH NJW 1991, 503; StV 1996, 87). Bedeutsam sind solche Einschränkungen des Notwehrrechts ferner bei **Angriffen von** Kindern, **Geisteskranken,** Betrunkenen (speziell dazu Radtke JuS 1993, 577; Zieschang FS Knemeyer, 2012, 449 (459); sa BGH NJW 2001, 3200 (3202); BGH NJW 2003, 1955 (1959) mit Bespr. Roxin JZ 2003, 966 (968); Zaczyk JuS 2004, 750 (754); zu Recht verneint das Rechtsbewährungsinteresse (→ Rn. 1) gegenüber Betrunkenen AG Rudolstadt NStZ-RR 2007, 265 mit abl. Bespr. Satzger JK StGB § 32 Rn. 32, ebenso schon BayObLG NStZ-RR 1999, 9) und ersichtlich Irrenden (Dallinger MDR 1975, 194; BayObLG NJW 1991, 2031 mit Bespr. Mitsch JuS 1992, 289; Vormbaum JR 1992, 163; Heinrich StrafR AT Rn. 384; sa BSG NJW 1999, 2301 mit Bespr. Roxin JZ 2000, 99; Simon JuS 2001, 639; zu schuldlos Irrenden Kudlich JA 2016, 150 mit OLG Hamm BeckRS 2015, 10734; zu erkennbar schuldlos handelnden Personen BGH NStZ 2016, 526 mit Bespr. Bosch Jura 2016, 1223 zu § 32; Hecker JuS 2016, 1037) und bei der sog. Unfugabwehr (Arzt FS Schaffstein, 1975, 77 (82); Kühl StrafR AT § 7 Rn. 187–191; str.) einschließlich der **krass unverhältnismäßigen Abwehr** von unerheblichen Angriffen auf Sachgüter (RGSt 55, 82 mit Bespr. Fahl JA 2000, 460; BGH bei Holtz MDR 1979, 985; BGH NJW 2003, 1955 (1957); NStZ 2011, 630 (631); OLG Stuttgart DRZ 1949, 42 mAnm Gallas; BayObLGSt 1954, 65 = NJW 1954, 1377; Krause GS Kaufmann, 1993, 673; Frister GA 1988, 291 (310); Kargl ZStW 110 (1998), 38; Stiller, Grenzen des Notwehrrechts bei der Verteidigung von Sachwerten, 1999, S. 144; Maiwald FS Marinucci, 2006, 1579 (1584); Grünewald ZStW 122 (2010), 51 (63); Bülte GA 2011, 145 (160); Ladiges JuS 2011, 879 (880); Engländer in Matt/Renzikowski Rn. 44; zusf. Krey JZ 1979, 702; Kühl Jura 1990, 244 (249); zu weit Schmidhäuser GA 1991, 97 (134); zu weit einschr. LG München NJW 1988, 1860 mit krit. Bespr. Schroeder JZ 1988, 567; Beulke Jura 1988, 644; Mitsch NStZ 1989, 26; sowie Puppe JuS 1989, 728; abl. Lesch FS Dahs, 2005, 81 (106); sa Mayr, Error in persona vel obiecto und aberratio ictus bei der Notwehr, 1992; Jakobs in Eser RuE IV S. 143, 153, der Strafbarkeit des Angegriffenen wegen unterlassener Hilfeleistung annimmt). Auch das Opfer einer Erpressung soll sich dann nicht in der gebotenen Weise verteidigen, wenn es den Erpresser in einer „gesuchten, vorbereiteten Situation" tötet (BGHSt 48, 207 (212) = NJW 2003, 1955 mkritAnm Roxin JZ 2003, 966 (968); Schneider NStZ 2003, 428; Erb NStZ 2004, 369 (370); beachte aber die abschließende Entscheidung BGH NStZ 2005, 332 (334)). Die fehlende Gebotenheit soll auch der Informationserlangung durch Folter – der auch sog. **Rettungs-** oder Notwehr**folter** – entgegenstehen können (Hilgendorf JZ 2004, 331 (339); Perron FS Weber, 2004, 143 (149); Roxin FS Eser, 2005, 461 (465); Rengier StrafR AT § 18 Rn. 97; Roxin/Greco StrafR AT I § 15 Rn. 106; zur Problematik → Rn. 17 a, 17 b); inwiefern hier die die Notwehr tragenden Grundgedanken (→ Rn. 1) zurücktreten, ist aber nicht zu sehen (eine neue Fallgruppe der „Menschenwürdeverletzung" kreiert Duttge in HK-StrafR § 32 Rn. 32). Die Abwendung rechtswidriger Angriffe von Amtsträgern (→ Rn. 5) soll durch die Gebotenheit eingeschränkt sein (OLG Hamm NStZ-RR 2009, 271; Rosenau in LK-StGB § 113 Rn. 63). Außerhalb dieser sog. Evidenzfälle will die Rspr. die Gebotenheit nicht verneinen, auch nicht in Fällen, in denen mehrere Umstände aus verschiedenen anerkannten Fallgruppen vorliegen (BGH NJW 2003, 1955 (1960) mit Bespr. Erb NStZ 2004, 369 (374); Roxin JZ 2003, 966 (969); Zaczyk JuS 2004, 750 (759); aM Sowada FS Herzberg, 2008, 459 (481)).

15 bb) Im **Schrifttum** sind diese Einschränkungen iErg überwiegend anerkannt (zusf. Roxin ZStW 93 (1981), 68; Geilen Jura 1981, 370; Schünemann GA 1985, 341 (367); Kühl Jura 1990, 244; Sternberg-Lieben JA 1996, 568; Meyer/Ulbrich JA 2006, 775 (776); krit. Hassemer FS Bockelmann, 1979, 225; Pitsounis in Lüderssen/Nestler-Tremel/Weigend, Modernes Strafrecht und ultima-ratio-Prinzip, 1990, S. 227, 232; Klesczewski FS Wolff, 1998, 225; Loos FS Deutsch, 1999, 233; v. Rienen, Die „sozialethischen" Einschränkungen des Notwehrrechts, 2009, S. 179, 301; BWME StrafR AT § 17 Rn. 34–42; Paeffgen in NK-StGB Vor § 32 Rn. 150; abl. Matt NStZ 1993, 271; Renzikowski, Notstand und Notwehr, 1994, S. 301; Langer, Die Sonderstraftat, 2007, S. 103–105; Spendel in LK-StGB, 11. Aufl. 1992, Rn. 255–320; für das Zivilrecht auch Mansel in Jauernig BGB § 227 Rn. 7; gegen eine Notwehreinschränkung wegen Provokation Mitsch, Rechtfertigung und Opferverhalten, 2004, S. 405; für eventualvorsätzliche und fahrlässige Provokation auch Zieschang FS Knemeyer, 2012, 449 (460); anders Grünewald ZStW 122 (2010), 51 (85), Verantwortlichkeit des Angegriffenen für sein Fehlverhalten gegenüber dem Angreifer); jedoch sind ihr Umfang iE und namentlich ihre dogmatische Begründung umstritten (vgl. ua Lenckner GA 1961, 229; Rudolphi JuS 1969, 461 (464); Schroeder FS Maurach, 1972, 127; Seelmann ZStW 89 (1977), 36 (38); Krause FS Bruns, 1978, 71; Schünemann JuS 1979, 275 (277); v. d. Pfordten FS Schreiber, 2005, 359 (372); eing. Courakis, Zur sozialethischen Begründung der Notwehr, 1978; Bitzilekis, Die neue Tendenz zur Einschränkung des Notwehrrechts, 1984, S. 81, 136; Montenbruck, Thesen zur Notwehr, 1983). Weitgehende Einigkeit besteht darin, dass die von der Rspr. verwendeten Generalklauseln zu unbestimmt sind und dass eine sinnvolle Begrenzung nur aus den der Notwehrregelung zugrunde liegenden Rechtsgedanken gewonnen werden kann (aM Koch ZStW 104 (1992), 785, der eine Abwägung des Notwehrprinzips mit einem andersartigen, ihm gegenläufigen Prinzip für erforderlich hält). Als Grundlage wird dabei vorwiegend das die Notwehr mitbestimmende überindividuelle Interesse der (eingeschränkten) **Bewährung des Rechts** herangezogen (Otto FS Würtenberger, 2013, 129; Otto StrafR AT § 8 Rn. 93–96; abl. Wagner, Individualistische oder überindividualistische Notwehrbegründung, 1984, S. 64).

15a **Nicht abschließend geklärt** sind namentlich die Fragen: ob sich ein Teil der kritischen Fallgruppen durch einschränkende Auslegung einzelner Elemente des Notwehrtatbestandes (zB des Angriffs oder dessen Rechtswidrigkeit) bewältigen lässt (Schmidhäuser GA 1991, 97 (127); Schmidhäuser FS Honig, 1970, 185; Otto FS Würtenberger, 2013, S. 138; Müller NStZ 1993, 366; → Rn. 2, 5); ob bei der Absichts- und den weiteren Formen der Notwehrprovokation (zusf. dazu Kühl Jura 1991, 57 und 175) das Vorverhalten des Angegriffenen rechtswidrig gewesen sein muss (so zB Schumann JuS 1979, 564; Roxin ZStW 93 (1981), 68 (89); Bitzilekis, Die neue Tendenz zur Einschränkung des Notwehrrechts, 1984, S S. 139; Grünewald ZStW 122 (2010), 50 (79, 85); Freund/Rostalski StrafR AT § 3 Rn. 117; Köhler StrafR AT S. 274; diff. Lenckner JR 1984, 206 (208)); ob bei solchen Angriffen der Gedanke der actio illicita in causa fruchtbar gemacht werden kann (so Bertel ZStW 84 (1972), 1; Freund/Rostalski StrafR AT § 4 Rn. 15; Perron/Eisele in Schönke/Schröder Rn. 57, 61; aM BGH NJW 1983, 2267; Roxin ZStW 75 (1963), 541; ZStW 93 (1981), 68 (91); krit. Freund GA 2006, 267; Constadinidis, Die „actio illicita in causa", 1982, S. 49; Neumann GA 1985, 389 (394); sa Küper, Der „verschuldete" rechtfertigende Notstand, 1983, S. 36; zusf. Satzger Jura 2006, 513 (518); speziell bei Putativnotwehr abl. Voigt/Hoffmann-Holland NStZ 2012,

362 (365)); ob und in welchem Umfang eine etwa bestehende Garantenstellung des Angegriffenen (zB der Ehefrau oder des Provokateurs) eine Begrenzung legitimiert (Marxen, Die „sozialethischen" Grenzen der Notwehr, 1979; Loos JuS 1985, 859; Kleinhenne, Garantenstellung und Notwehrrecht, 2014, S. 505, 560, Notwehr zwischen Garanten; Köhler StrafR AT S. 275; Joecks/Jäger StGB Rn. 48–50); ob rechtliche Solidaritätspflichten Einschränkungen innerhalb sozialer Näheverhältnisse legitimieren (Wohlers JZ 1999, 434; Koriath FS Müller-Dietz, 2001, 361 (382); Kühl JahrbRuE 2003, 219 (241); v. d. Pfordten FS Schreiber, 2005, 359 (372); Zieschang Jura 2003, 527 (530); v. Rienen, Die „sozialethischen" Einschränkungen des Notwehrrechts, 2009, S. 260, 301; nach Voß, Die Notwehrsituation innerhalb sozialer Verhältnisse, 2013, S. 152, sollten die Grundsätze der beziehungsbedingten Notwehrbeschränkung aufgegeben werden, obwohl sie einen fundierten moralischen Appell zur Rücksichtnahme enthielten); ob das Rechtsbewährungsprinzip im Hinblick auf das Beratungskonzept Nothilfe gegen den tatbestandslosen, aber rechtswidrigen Angriff auf das werdende Leben verbietet (so mit Recht Satzger JuS 1997, 800 (802); Satzger Jura 2008, 424 (432); zust. Weber in Arzt/Weber/Heinrich/Hilgendorf StrafR BT § 5 Rn. 48; Eser JZ 1994, 506; sa Mitsch JR 2006, 450 (452) „Verlegenheitslösung"; aM Lesch FS Dahs, 2005, 21 (69); Tröndle JR 2000, 394; Löhmer ZfL 2011, 38 (45); → Vor § 218 Rn. 25); ob und wie die heimliche Abwehr erpresserischer Androhung kompromittierender Enthüllungen durch Tötung oder Verletzung des Erpressers oder durch andere Selbsthilfemaßnahmen einzuschränken ist (sog. **Chantage** oder Schweigegelderpressung; Amelung GA 1982, 281; BGH NStZ 1998, 70; Novoselec NStZ 1997, 218; Krey/Esser StrafR AT Rn. 565; Roxin/Greco StrafR AT I § 15 Rn. 29, 54, 100–102; Fischer Rn. 38; Rönnau/Hohn in LK-StGB Rn. 261; krit. Wagner, Individualistische oder überindividualistische Notwehrbegründung, 1984, S. 74; Müller NStZ 1993, 366; abl. Eggert NStZ 2001, 225; Kaspar GA 2007, 36; eing. Kroß, Notwehr gegen Schweigegelderpressung, 2004, S. 128, die bereits die Erforderlichkeit verneint (→ Rn. 11 a); offen gelassen BGH NJW 2003, 1955 (1959) mAnm Roxin JZ 2003, 966 (968); das Erpressungsopfer, das sich beugt, kann sich nicht auf §§ 34, 35 berufen, Arzt JZ 2001, 1052; Arzt FS Weber, 2004, 17 (25)); schließlich ob und wie der Widerstand gegen unanfechtbare Regelungsakte der Judikative und der Exekutive einzuschränken ist (Neuheuser, Die Duldungspflicht gegenüber rechtswidrigem hoheitlichen Handeln im Strafrecht, 1996, S. 105, 135, 222). Ungeklärt ist auch das Eingreifen von § 32 im Straßenverkehr, zB bei der Kombination von „Drängeln" und „Behindern" (dazu Maatz NZV 2006, 337 (344)). Zur „Ehrennotwehr" des Arztes gegen „Abtreibungsgegner" Hillenkamp FS Herzberg, 2008, 483 (502).

cc) **Art. 103 II GG** steht diesen Einschränkungen, die als immanente Schranken **16** des Notwehrrechts erklärbar sind, nicht entgegen (hM; vgl. etwa Krey/Esser StrafR AT Rn. 566; anders Kratzsch GA 1971, 65; JuS 1975, 435; Koch ZStW 104 (1992), 785 (816); Erb ZStW 108 (1996), 266 (294); Rosenau in Satzger/Schluckebier/Widmaier StGB Rn. 31; v. Rienen, Die „sozialethischen" Einschränkungen des Notwehrrechts, 2009, S. 151, 177, 300; Engländer, Grund und Grenzen der Nothilfe, 2008, S. 307; krit. Sowada GA 2010, 118 (121); Engländer in Matt/Renzikowski Rn. 42; Paeffgen in NK-StGB Vor § 32 Rn. 63; krit. Seebode FS Krause, 1990, 375 (379); Wolter in Schünemann, Bausteine des europäischen Strafrechts, 1995, S. 53, 386; Loos FS Deutsch, 1999, 233 (245); Sinn FS Wolter, 2013, 503 (518)). Ob sie schon aus Abs. 2 abzuleiten sind oder sich erst aus Abs. 1 ergeben (so die hM), ist eine nur terminologische Frage (Lenckner GA 1968, 1; Roxin

ZStW 93 (1981), 68 (78); sa Kühl Jura 1990, 244 (245); Kühl FS Bemmann, 1997, 193).

17 **b)** Ob **hoheitliche (vor allem polizeiliche) Maßnahmen** zum Schutz eines Angegriffenen ausschließlich nach den öffentlich-rechtlichen Vorschriften über unmittelbaren Zwang (namentlich über Schusswaffengebrauch) zu beurteilen sind (so ua Krüger NJW 1970, 1483; NJW 1973, 1; Hoffmann-Riem ZRP 1977, 277 (282); Kunz ZStW 95 (1983), 973 (981); Amelung JuS 1986, 329 (331); Thewes, Rettungs- oder Todesschuss?, 1988, S. 35), oder ob Rechtfertigung durch Notwehr (Nothilfe) auch in Fällen in Frage kommt, in denen eine öffentlich-rechtliche Eingriffsermächtigung fehlt (so ua Bockelmann FS Engisch, 1969, 456 (467); Bockelmann FS Dreher, 1977, 235; Rupprecht JZ 1973, 263; R. Lange JZ 1976, 546; W. Lange MDR 1977, 10) ist umstritten (eing. Rönnau/Hohn in LK-StGB Rn. 216–223). Die Frage ist unter dem Stichwort des „gezielten Todesschusses der Polizei" ausf. diskutiert worden (vgl. §§ 35 II, 41 II des Musterentwurfs eines einheitlichen Polizeigesetzes mit Rechtsgutachten von Bockelmann, Lange, Lerche, Merten und Schmidhäuser sowie den Alternativentwurf einheitlicher Polizeigesetze des Bundes und der Länder, 1979, S. XI; der auch sog. finale Rettungsschuss ist bisher nur in einigen Landespolizeigesetzen, zB in § 54 II PolG BW ausdrücklich geregelt; sa Schmidhäuser/Kirchhof in Merten, Aktuelle Probleme des Polizeirechts, 1977, S. 53, 67; Riegel ZRP 1978, 73; Günther, Strafrechtswidrigkeit und Strafunrechtsausschluss, 1983, S. 47, 72; Beisel JA 1998, 721; sa Schacks JuS 2015, 407 (409)). Sie ist ebenso wie die umfassendere Frage, ob sich bei hoheitlichem Handeln die Rechtfertigung ausschließlich nach den öffentlich-rechtlichen Eingriffsnormen bestimmt (so ua Amelung JuS 1986, 329; Amelung FS Badura, 2003, 3 (11); de Lazzer/Rohlf JZ 1977, 207 (212); Jakobs StrafR AT Abschn. 12 Rn. 41–45) oder ob sie wenigstens durch den alles staatliche Handeln begrenzenden Verhältnismäßigkeitsgrundsatz eingeschränkt wird (so ua Jung, Das Züchtigungsrecht des Lehrers, 1977, S. 75; Seelmann ZStW 89 (1977), 36 (48); Schaffstein GS Schröder, 1978, 97 (111)), von einer abschließenden Klärung noch weit entfernt (Fischer Rn. 12). Die Rspr. hat die Relevanz allgemeiner Rechtfertigungsgründe auch für hoheitliches Handeln bisher idR bejaht (zB BGHSt 27, 260 = NJW 1977, 2364 mit Bespr. Amelung NJW 1978, 623; Lange NJW 1978, 784; BGH NStZ 2005, 31; OLG Hamburg JR 1973, 69 mkritAnm Schroeder; BayObLGSt 1991, 141 = NStZ 1992, 392 mit Bespr. Spendel JR 1991, 250, Schmidhäuser JZ 1991, 937; Rogall JuS 1992, 551; → § 34 Rn. 14) und sie als Eingriffsgrundlage nur ausnahmsweise als unzureichend angesehen, etwa für das Anhalten von beleidigenden Briefen aus der Haftanstalt (BVerfGE 35, 35 = NJW 1973, 1643; OLG Celle NJW 1973, 659; aM Kreuzer NJW 1973, 1262; Wimmer GA 1983, 145). Bei der widersprüchlichen Gesetzeslage ist die Frage ohne Inkaufnahme von Ungereimtheiten nicht befriedigend lösbar. Jedenfalls dürfte sich nach geltendem Recht kaum hinreichend begründen lassen, dass bei Fehlen einer öffentlich-rechtlichen Eingriffsermächtigung die unrechtsausschließende Wirkung allgemeiner Erlaubnissätze, denen ebenso wie den Deliktstatbeständen keine Ausnahme für hoheitliches Handeln zu entnehmen ist, grds. ausgeschaltet wird (Gössel JuS 1979, 162; Seebode FS Klug, 1983, 359; Seebode StV 1991, 80; Schmidhäuser GA 1991, 97 (137); Langer, Die Sonderstraftat, 2007, S. 103; Roxin/Greco StrafR AT I § 15 Rn. 108–115; Perron/Eisele in Schönke/Schröder Rn. 42a–42d; wohl auch Kindhäuser in NK-StGB Rn. 145; einschr. Ostendorf JZ 1981, 165 (172)). Die Nothilfe eines Amtsträgers ist daher ebenso wenig Unrecht, wie das nach hM

(anders Haas, Notwehr und Nothilfe, 1978, S. 319; Jakobs StrafR AT Abschn. 12 Rn. 42) für die Notwehr des zum Selbstschutz handelnden Amtsträgers zutrifft. Ob der Unrechtsausschluss allerdings eine öffentlich-rechtliche Eingriffsermächtigung bedeutet (verneinend die im Polizeirecht hM; vgl. etwa Beaucamp JA 2003, 402; sa Böckenförde NJW 1978, 1881; bejahend Roxin/Greco StrafR AT I § 15 Rn. 112; Perron/Eisele in Schönke/Schröder Rn. 42b) und ob das Handeln des Amtsträgers ohne solche besondere Ermächtigung hoheitsrechtlichen Charakter behält (vgl. Schwabe NJW 1974, 670; NJW 1977, 1902), lässt sich nicht allein nach strafrechtlichen, sondern nur nach übergeordneten, aus der Gesamtrechtsordnung abgeleiteten Gesichtspunkten beantworten, die der Annahme bereichsbeschränkter Rechtswidrigkeit nicht zwingend entgegenstehen (zusf. Seebode StV 1991, 80; Rogall JuS 1992, 551; Kühl StrafR AT § 7 Rn. 155; Heinrich StrafR AT Rn. 395–400; krit. Fischer Rn. 12; sa Günther, Strafrechtswidrigkeit und Strafunrechtsausschluss, 1983, S. 365, der dem Amtsträger das Notwehr(hilfe)recht „ad personam“, nicht aber der von ihm repräsentierten Staatsgewalt zuerkennt; zust. Joecks/Jäger StGB Rn. 60).

c) Zu beachten sind Wertungen der Gesamtrechtsordnung auch bei der unverändert virulenten Frage nach einer (Notwehr- oder Notstands-)Rechtfertigung von Amtsträgern (als zu rechtfertigende Tatbestände scheiden allerdings § 240 → § 240 Rn. 24; § 343 → § 343 Rn. 2, aus), die **Folter** oder folterähnliche Maßnahmen (zum Begriff BGHSt 46, 292 (303) = NJW 2001, 2728; Hecker KJ 2003, 210; Jerouschek/Kölbel JZ 2003, 613 (614)) androhen oder anwenden, um den Angriff auf (oder die Gefahr für) Rechtsgüter – im Entführungsfall v. Metzler: das Leben – anderer abzuwenden (zu den prozessualen Konsequenzen (= Keine Einstellung wegen Folterandrohung) LG Frankfurt a. M. StV 2003, 327 mAnm Weigend StV 2003, 436; bestätigt durch den BGH BeckRS 2011, 16172). Hierbei sind vor allem die Vorgaben der Art. 1 I, 104 I 2 GG (auf diese „Spezialregelung“ stützt sich Kunig in v. Münch/Kunig GG Art. 1 Rn. 36; ebenso Kahlo FS Hassemer, 2010, 415, der dieser Vorschrift das „strikte Gebot der Achtung der Menschenwürde“ unterlegt) sowie Art. 3 MRK (dazu Satzger, Internationales und Europäisches Strafrecht, 10. Aufl. 2022, § 11 Rn. 36), Art. 7, 10 IPBPR und Art. 2, 16 UN-Antifolterkonvention zu berücksichtigen (zu deren eingeschränkter Aussagekraft Gössel FS Otto, 2007, 41 (47); Eser FS Hassemer, 2010, 713 (720, 722)). Im Hinblick auf polizeilich-präventive Foltermaßnahmen zum Lebensschutz Entführter – sog. Rettungsfolter (Kühl StrafR AT § 7 Rn. 156a) oder Notwehrfolter (Merkel FS Jakobs, 2007, 357 (389); Erb in MüKoStGB Rn. 196) – wird man dennoch eine Rechtfertigung nach §§ 32, 34 nicht kategorisch ausschließen können (vgl. Jerouschek/Kölbel JZ 2003, 613 (620); Erb in MüKoStGB Rn. 196–200; aus rechtsphilosophischer Sicht auch Fahl JR 2004, 182; für ein absolutes Folterverbot hingegen Düx ZRP 2003, 180; Hamm NJW 2003, 946; Hecker KJ 2003, 212; Jeßberger Jura 2003, 711 (713); Kretschmer RuP 2003, 103 (106); Merten JR 2003, 404 (407); Schaefer NJW 2003, 947; Schroeder ZRP 2003, 180; Welsch BayVBl. 2003, 481 (487); Zimmermann NKrimPol 2003, 48; Satzger, Internationales und Europäisches Strafrecht, 10. Aufl. 2022, § 11 Rn. 36; Roxin/Greco StrafR AT I § 15 Rn. 103–107; Beulke/Swoboda StrafProzR Rn. 134a; dagegen zu Recht Eser FS Hassemer, 2010, 713; für eine Einschränkung der öffentlich-rechtlichen Folterverbote Brugger JZ 2000, 165; Miehe NJW 2003, 1219 (1220)). Sollte die Rechtfertigung an den Polizeigesetzen der Länder scheitern, die § 136a StPO für entsprechend anwendbar erklären, so könnte über deren Änderung zur Ermög- 17a lichung des Eingreifens in Extremfällen bedrohten Lebens nachgedacht werden (vgl. Hilgendorf JZ 2004, 331 (334)). Nicht übersehen werden darf, dass diese Gesetze auch regelmäßig Notrechtsvorbehalte (Kühl StrafR AT § 7 Rn. 153) enthalten; diese können allerdings nicht für die Rechtfertigung von Folter zur Erzwingung von Geständnissen herangezogen werden, da diesbzgl. die oben genannten nationalen und internationalen Regelungen abschließend sind, sondern nur dann die Rechtfertigung nach §§ 32, 34 ermöglichen, wenn es um die mögliche und erforderliche Rettung bedrohten **Menschenlebens** geht; die Gebotenheit iSd § 32 I oder die Angemessenheit iSd § 34 S. 2 gebieten zwar die Berücksichtigung von Wertungen der Gesamtrechtsordnung, sollten aber für die hier behandelten Extremfälle einer Rechtfertigung (und im Irrtumsfall einem Ausschluss der Strafbarkeit aus einem Vorsatzdelikt) nicht entgegenstehen (aM Saliger ZStW 116 (2004), 35 (48); → Rn. 14).

17b Seit dieser vorsichtigen Stellungnahme ist die Problematik weiter intensiv diskutiert und vom LG Frankfurt a. M. (NJW 2005, 656 mit Bespr. Ellbogen Jura 2005, 339; Erb NStZ 2005, 593; Götz NJW 2005, 953; Jerouschek JuS 2005, 296; Kudlich JuS 2004, 376; Norouzi JA 2005, 306; das Folterverbot bzw. das Verbot unmenschlicher Behandlung bestätigt für diese Fälle EGMR NStZ 2008, 699 mit Bespr. Esser NStZ 2008, 657; zust. Neumann in NK-StGB § 34 Rn. 118d; EGMR NJW 2010, 3145; zust. Fischer Rn. 15b) entschieden worden. Schon diese Entscheidung, die den die Schmerzandrohung veranlassenden Polizeibeamten wegen Nötigung nach § 240 unter Strafvorbehalt nach § 59 verwarnte, zeigt ein Missverhältnis zwischen dem zur Begründung herangezogenen Menschenwürdeverstoß und der geringen Strafe (Schuldigsprechung ohne aktuelles Übel). Wenn Menschenwürdeverstöße so sanktioniert werden, wird die Bedeutung der Menschenwürde herabgesetzt (zur Gefahr der Entwertung der Menschenwürde Hilgendorf, Menschenwürde und Demütigung, 2013, S. 131; Meier, Gilt das Verbot der Folter absolut?, 2016, Menschenwürde bietet keine eindeutige Handlungsanweisung). Die Argumentation mit der Menschenwürde, die zurzeit in vielen Bereichen „Konjunktur" hat, trägt bei der vorliegenden Problematik aber auch nichts zur Lösung bei (Herzberg JZ 2005, 321; Herzberg FS Kargl, 2015, 181 (196); Engländer, Grund und Grenzen der Nothilfe, 2008, S. 331; Eser FS Hassemer, 2010, 713 (719)), denn ihr kann die Menschenwürde des entführten und elend in einem Erdloch sterbenden Opfers entgegengehalten werden (Kudlich StrafR AT Fall 103; vgl. Peltzer ZRP 2013, 23 (25); anlässlich der Zusprechung einer Entschädigung von 3.000 EUR an den Entführer/Mörder durch das OLG Frankfurt a. M. NJW 2013, 75). Deshalb sollte man bei der Notwehrregelung als der zur Lösung solcher Fälle einschlägigen Rechtsvorschrift bleiben. Sie steht Polizeibeamten auch in Form der Notwehrhilfe zur Verfügung (→ Rn. 17). Polizeibeamte sind sogar verpflichtet, dem angegriffenen Leben von Bürgern Notwehrhilfe zu leisten, wenn sie sich nicht wegen Totschlags durch Unterlassen nach §§ 212, 13 strafbar machen wollen (Kühl StrafR AT § 7 Rn. 156, § 18 Rn. 83; aM Wessels/Beulke/Satzger StrafR AT Rn. 428). Die Androhung von Schmerzen ist als denkbar mildes Mittel zur Lebensrettung erforderlich und geboten (→ Rn. 14). Wer rettbares, rechtswidrig angegriffenes Leben nicht verteidigt, verhält sich nicht nur lebensverachtend, sondern handelt auch nicht dem Recht gemäß. Die Heranziehung der Menschenwürde und aus ihr abgeleiteter, angeblich absoluter Folterverbote sollten diese Rechtslage nicht verdunkeln. Der vom EGMR konstatierte Verstoß gegen Art. 3 MRK steht einer Anwendung von § 32 auf den (Lebens-)Retter nicht entgegen, sodass dieser nicht strafbar sein muss, wenn ein Verstoß uU auf andere Weise (Beweisverwertungsverbot, Entschädigung) ausgeglichen werden kann.

Aus der **Lit.** vgl. pro **Rechtfertigung:** Erb Jura 2005, 24; NStZ 2005, 593; Erb in Nitschke, Rettungsfolter im modernen Rechtsstaat? Eine Verortung, 2005, S. 149; sowie Erb FS Seebode, 2008, 99; Fahl JR 2004, 182; Gössel FS Otto, 2007, 41; Joecks/Jäger StGB Rn. 61–71; Kühl FS Jung, 2007, 433 (438); Kühl FS Seebode, 2008, 61 (72); sowie Kühl StrafR AT § 7 Rn. 156a; Merkel FS Jakobs, 2007, 375 (401); Murmann GK StrafR § 25 Rn. 104; Otto JZ 2005, 473 (480); Otto StrafR AT § 8 Rn. 59; Wagenländer, Zur strafrechtlichen Beurteilung der Rettungsfolter, 2006; Eser FS Hassemer, 2010, 713 (727); Schmitt in Meyer-Goßner, 53. Aufl. 2010, MRK Anh. 4 S. 1 zu Art. 3 MRK, anders jetzt Schmitt in Meyer-Goßner/Schmitt MRK Art. 3 Rn. 2, 2a; **gegen Rechtfertigung:** Jahn KritV 2004, 24; Neuhaus GA 2004, 521; Lüderssen FS Rudolphi, 2004, 698; Perron FS Weber, 2004, 143; Perron/Eisele in Schönke/Schröder Rn. 62a; Roxin FS Eser, 2005, 461; krit. dazu Gössel GA 2006, 44; Roxin FS Nehm, 2006, 205; Saliger ZStW 116 (2004), 35; Kreuzer/Schild in Nitschke, Rettungsfolter im modernen Rechtsstaat? Eine Verortung, 2005, S. 35, 69; Greco GA 2007, 628 (dagegen zu Recht Schünemann GA 2007, 644); Jäger JA 2008, 678 (680); Jäger FS Herzberg, 2008, 530; sowie Jäger ExRep StrafR AT Rn. 127b; Prittwitz FS Herzberg, 2008, 517; Satzger Jura 2009, 759 (764); Stemler ZJS 2010, 347 (355); Kindhäuser/Zimmermann StrafR AT § 15 Rn. 5; Kindhäuser/Hilgendorf in LPK-StGB Vor §§ 32–35 Rn. 9; Klesczewski StrafR AT Rn. 362; Rengier StrafR AT § 18 Rn. 97; Wessels/Beulke/Satzger StrafR AT Rn. 427; Zieschang StrafR AT Rn. 225; Momsen in BeckOK StGB Rn. 15; Duttge in HK-StrafR § 32 Rn. 32; Engländer in Matt/Renzikowski Rn. 58; Paeffgen in NK-StGB Vor § 32 Rn. 151; Rönnau in LK-StGB Vor § 32 Rn. 255–263, Rönnau/Hohn in LK-StGB § 32 Rn. 224, Zieschang in LK-StGB § 34 Rn. 17b; Hecker in Schönke/Schröder § 340 Rn. 10; Hellmann StrafProzR Rn. 473; Satzger, Internationales und Europäisches Strafrecht, 10. Aufl. 2022, § 11 Rn. 39, 40; eing. Möhlenbeck, Das absolute Folterverbot, 2008, S. 203; aus verfassungsrechtlicher Sicht Hufen JuS 2010, 1 (10); auch für Private Greve ZIS 2014, 239; aus rechtsphilosophischer Sicht wohl auch Joerden JahrbRuE 2005, 495; aus rechtsethischer Sicht von der Pfordten in Lenzen, Ist Folter erlaubt?, 2006, S. 147; aus moralphilosophischer Sicht Soglauer, Tödliche Konflikte, 2007, S. 26 mit Bespr. Kellerwessel ARSP 2009, 300; aus sprachphilosophischer Sicht Janich, kein neues Menschenbild, 2009; rechtsvergleichend Spinellis FS Seebode, 2008, 387; Wang, Die strafrechtliche Rechtfertigung von Rettungsfolter, 2014, im Vergleich mit den USA. Aus kriminologischer Sicht Krasmann/Wehrheim MschrKrim 2006, 265.

4. Notwehr rechtfertigt nur, soweit sich die Verteidigung **gegen Rechtsgüter des Angreifers** richtet (BGHSt 39, 374 (380) = NJW 1994, 871; OLG Frankfurt a. M. MDR 1970, 694; OLG Braunschweig NStZ 2013, 593 (596); Fahl JA 2016, 809; Kühl StrafR AT § 7 Rn. 84; Günther in SK-StGB Rn. 84, 84a). Die Verletzung von Rechtsgütern unbeteiligter **Dritter** kann – auch im Falle der Beschädigung oder Vernichtung der Angriffsmittel (Geilen Jura 1981, 256 (258); Renzikowski, Notstand und Notwehr, 1994, S 299; Gropengießer JR 1998, 89; diff. Erb in MüKoStGB Rn. 116–119; aM Spendel in LK-StGB, 11. Aufl. 1992, Rn. 210) – nur aus anderen Gründen (zB Notstand, Rengier StrafR AT § 19 Rn. 4; zur Annahme erweiterter polizeilicher Eingriffsbefugnisse krit. Bernsmann FS Blau, 1985, 23 (27)) gerechtfertigt oder entschuldigt sein (BGHSt 5, 245 (248) = NJW 1954, 401; Heinrich StrafR AT Rn. 339); dasselbe gilt für die mit der Verteidigung verbundene, mit Strafe bedrohte Beeinträchtigung von Allgemeininteressen (Widmaier JuS 1970, 611; Maatz MDR 1985, 881; Neuheuser, Die Duldungspflicht gegenüber rechtswidrigem hoheitlichen Handeln im Strafrecht, 1996, S. 83; aM OLG Celle NJW 1969, 1775; für Vergehen nach dem WaffG auch BGH NStZ 1981, 299; NStZ 1986, 357; NStZ 1999, 347; StV 1991, 63; StV 1996, 660 mit krit. Bespr. Otto JK StGB § 32 Rn. 23; BGH NStZ 1999, 347; beachte aber BGH NStZ-RR 2010, 140). Verletzt die Verteidigung einen Angreifer (zB die gewalttä- 18 tige Schwangere) und einen Nichtangreifer (zB die Leibesfrucht), so ist nur die Verletzung des Angreifers nach § 32 gerechtfertigt (Mitsch JR 2006, 450 (451); Kühl StrafR AT § 7 Rn. 85 a).

19 **5.** Der Irrtum über die tatsächlichen Voraussetzungen der Notwehr, namentlich das Bestehen einer Notwehrlage (Putativnotwehr), ist ein Erlaubnistatbestandsirrtum (→ § 17 Rn. 10; zusf. Geppert Jura 2007, 33 (34)). Er liegt namentlich vor, wenn der Angegriffene das Verhalten des anderen irrig als Angriff auffasst (BGH StV 1993, 241; NStZ 2003, 599 (600) mit Bespr. Otto JK StGB § 32 Rn. 28; OLG Stuttgart NJW 1992, 850; OLG Düsseldorf NJW 1994, 1232; sa OLG Koblenz NStZ-RR 1998, 273; OLG Düsseldorf NStZ-RR 1998, 273) oder irrig meint, der laufende Angriff werde in Kürze durch das Hinzutreten eines weiteren Angreifers verstärkt werden (BGH NStZ-RR 2013, 139 mit Bespr. Bosch JK StGB § 32 Rn. 38; sa schon BGH NStZ 2011, 630 mit Bespr. Hecker JuS 2012, 465), verkennt, dass der Angriff bereits beendet ist (BGH NStZ 2002, 141 mit Bespr. Duttge NStZ 2006, 266 (272); BGH NStZ 2014, 30 mit Bespr. Kudlich JA 2014, 153; BGH StV 2014, 347), die Stärke eines Angriffs in falscher Beurteilung der „Kampflage" (BGH StV 1990, 543; StraFo 2006, 463 (464) = BeckRS 2006, 09125 mit krit. Bespr. Geppert JK StGB § 33 Rn. 4) überschätzt (BGHSt 3, 194 = NJW 1952, 1304; BGH NStZ 1988, 269; StV 1999, 143 (145)) oder die Möglichkeit, den Angriff durch ein weniger gefährliches Mittel abzuwehren, nicht erkennt (BGHSt 45, 348 mit Bespr. Trüg/Wentzell Jura 2001, 30 (32); BGH bei Holtz MDR 1980, 453; BGH NStZ 2001, 530 mit Bespr. Duttge NStZ 2006, 266 (270); BGH NStZ-RR 2002, 73; NJW 2003, 1955 (1960) mAnm Roxin JZ 2003, 966 (968); s. jedoch OLG Celle NJW 1969, 1775 mablAnm Horn NJW 1969, 2156). Regelmäßig nicht hierher gehört der Fall, dass mittels einer „Scheinwaffe" ein besonders intensiver Angriff vorgetäuscht und der Angegriffene zu einer nach der objektiven Lage nicht erforderlichen Reaktion veranlasst wird; da nach dem hier maßgebenden ex-ante-Urteil (→ Rn. 10) meist schon die Erforderlichkeit der Abwehr zu bejahen ist, kann die Tat gerechtfertigt sein, auch wenn sich ex post die mindere Gefährlichkeit des Angriffs herausstellt (Born, Die Rechtfertigung der Abwehr vorgetäuschter Angriffe, 1984, S. 151; Schroth FS Kaufmann, 1983, 595 (609); Schröder JuS 2000, 235; Amelung Jura 2003, 91; Roxin/Greco StrafR AT I § 15 Rn. 9, 46; ferner die Anhänger der Lehre, die für alle Rechtfertigungsumstände eine objektive nachträgliche Prognose fordern (→ Vor § 32 Rn. 5); aM Schmidhäuser GA 1991, 97 (131, 132); Spendel in LK-StGB, 11. Aufl. 1992, Rn. 29, 335–340; anders auch Perron/Eisele in Schönke/Schröder, Rn. 34, der die ex-ante-Beurteilung der Erforderlichkeit nur auf die künftige Entwicklung, nicht auf die zurzeit der Abwehr gegebene tatsächliche Lage bezieht, und Otto Jura 1988, 330, der zwar die Erforderlichkeit verneint, die Rechtfertigung aber auf das Prinzip der Wahrung des höherrangigen Interesses stützt; sa Börgers, Studien zum Gefahrteil im Strafrecht, 2008, S. 163 mit Bespr. Kindhäuser GA 2009, 501 (503), der eine fiktive Einwilligung annimmt). Da die Rechtswidrigkeit des Angriffs als normatives Merkmal des Erlaubnistatbestandes, also nicht als allgemeines Verbrechensmerkmal zu deuten ist (hM; → § 15 Rn. 6; krit. Otto GS Meyer, 1990, 583 (591); zw.), liegt ferner ein Erlaubnistatbestandsirrtum nicht nur vor, wenn der Angegriffene sich irrig Umstände vorstellt, aus denen die Rechtswidrigkeit des Angriffs folgt (OLG Karlsruhe NStZ 1982, 123; Paeffgen JuS 1978, 738 (742)), sondern auch, wenn er auf Grund fehlerhafter Parallelwertung (→ § 15 Rn. 14) einen gerechtfertigten Angriff als rechtswidrig bewertet (hM; vgl. Lange, Zum Bewertungsirrtum über die Rechts-

widrigkeit des Angriffs bei der Notwehr, 1994; Sternberg-Lieben/Schuster in Schönke/Schröder, § 16 Rn. 19). In keinem Falle darf er ein gefährlicheres Abwehrmittel einsetzen, als es auf der Grundlage seines Irrtums in wirklicher Notwehr zulässig wäre (BGHSt 45, 378 (384) = NJW 2000, 1348; BGH NStZ 1987, 322; NStZ 1988, 269; NStZ 2001, 590; NJW 1997, 2123 (2124); NStZ-RR 2011, 238 mit Bespr. Hecker JuS 2011, 369; BGH NStZ 2012, 272 mit Bespr. Rotsch ZJS 2012, 109; OLG Düsseldorf NStZ-RR 1998, 273; sa Vogt Jura 1981, 380 (383)). Hat der Täter aus Verwirrung, Furcht oder Schrecken die Situation verkannt, so ist § 33 nicht anwendbar (→ § 33 Rn. 2). Jedoch kann aus diesem Grunde der Fahrlässigkeitsvorwurf (dazu Duttge NStZ 2006, 266 (272)) und damit uU jegliche Strafbarkeit entfallen (BGH NJW 1968, 1885; OLG Frankfurt a. M. GA 1970, 286); außerdem wendet ein Teil der Lehre bei bewusster Überschreitung der Erforderlichkeitsschwelle § 35 II entsprechend an (Sauren Jura 1988, 567 (572)). Bei richtiger Einschätzung der Sachlage ist die Annahme, jedes beliebige oder ein zur Abwehr nicht erforderliches Verteidigungsmittel benutzen zu dürfen, Verbotsirrtum (BGH NStZ 1988, 269; NStZ-RR 2002, 73).

§ 33 Überschreitung der Notwehr

Überschreitet der Täter die Grenzen der Notwehr aus Verwirrung, Furcht oder Schrecken, so wird er nicht bestraft.

1. Der **Notwehrexzess** ist ein **Entschuldigungsgrund** (hM; vgl. etwa BGHSt 3, 194 (197) = NJW 1952, 1304; Roxin FS Schaffstein, 1975, 105 (125); Dallmeyer FS Kargl, 2015, 73 (74); Rogall in SK-StGB Rn. 1; Diederich, Ratio und Grenzen des straflosen Notwehrexzesses, 2001, S. 55, 192; nach Motsch, Der straflose Notwehrexzess, 2003, S. 114 „sehr nahe liegend"), dessen Grenzen (beachte dazu Hardtung ZStW 108 (1996), 26 (49)) und dogmatische Rechtfertigung umstritten sind (Freund/Rostalski StrafR AT § 4 Rn. 55–58; zusf. Sauren Jura 1988, 573; Müller-Christmann JuS 1989, 717; Heuchemer/Hartmann JA 1999, 165; Geppert Jura 2007, 33 (37)). Notwehr gegen Notwehrexzess ist möglich (RGSt 66, 288). 1

2. Die Vorschrift betrifft jedenfalls den **intensiven Notwehrexzess,** dh den Fall, dass die Abwehrhandlung des Täters gegenüber einem wirklichen rechtswidrigen Angriff die Grenzen des Erforderlichen oder Gebotenen (Fischer Rn. 2) überschreitet (BGH NStZ-RR 2009, 70 (71); Berster GA 2016, 36). Auf den **extensiven Notwehrexzess,** dh die Vornahme von Abwehrhandlungen, wenn ein Angriff überhaupt nicht, noch nicht (aM Motsch, Der straflose Notwehrexzess, 2003, S. 101, analoge Anwendung von § 33) oder nicht mehr (dazu BGH NStZ 1987, 20; NStZ 2002, 141) vorliegt, ist sie nach hM nicht anwendbar (vgl. etwa Rudolphi JuS 1969, 461; Geilen Jura 1981, 370 (379); Müller-Christmann JuS 1989, 717 (718); Dallmeyer FS Kargl, 2015, 73 (76), aus Sicht der Psychoanalyse und Neurowissenschaften; Pawlik, Das Unrecht des Bürgers, 2012, S. 359; Berster GA 2016, 36; Jäger ExRep StrafR AT Rn. 196; Gropp/Sinn StrafR AT § 7 Rn. 85; Rogall in SK-StGB Rn. 4; aM Erb in MüKoStGB Rn. 14); bei engem zeitlichen Zusammenhang zwischen dem Angriffsende und der Exzesshandlung (sog. „nachzeitiger" Exzess) ist dies jedoch wegen der noch fortbestehenden Dramatik der Situation nicht begründet (Roxin FS Schaffstein, 1975, 111; Timpe JuS 1985, 117 (120); Otto Jura 1987, 604 (606); Trüg/Wentzell Jura 2001, 30 (33); Geppert 2

Jura 2007, 33 (38); Diederich, Ratio und Grenzen des straflosen Notwehrexzesses, 2001, S. 90; Motsch, Der straflose Notwehrexzess, 2003, S. 93, 101; Heinrich StrafR AT Rn. 587; Berster GA 2016, 41; Jakobs StrafR AT Abschn. 20 Rn. 31; Kindhäuser/Zimmermann StrafR AT § 25 Rn. 14; Köhler StrafR AT S. 424; Kühl StrafR AT § 12 Rn. 143, 144; Rengier StrafR AT § 27 Rn. 19; Wessels/Beulke/Satzger StrafR AT Rn. 447); § 33 greift auch dann ein, wenn der Täter beim sog. „nachzeitigen" Exzess die Grenzen der erforderlichen und gebotenen Abwehr überschritten hätte, falls der Angriff noch gegenwärtig wäre (Motsch, Der straflose Notwehrexzess, 2003, S. 113; BWME StrafR AT § 23 Rn. 42). Grundsätzlich werden dagegen Fälle der **Putativnotwehr** (→ § 32 Rn. 19) nicht erfasst (BGH NStZ 1983, 453; NStZ-RR 2002, 203 mit Bespr. Walther JZ 2003, 52 (56); BGH NStZ 2003, 599 (600); NStZ 2011, 630 (Beispiel bei Jäger ExRep StrafR AT Rn. 221 a); Heuchemer JA 1999, 724; Geppert Jura 2007, 39; Engländer JuS 2012, 408 (409); Berster GA 2016, 41; Jakobs StrafR AT Abschn. 20 Rn. 33; Kühl StrafR AT § 12 Rn. 156; Roxin/Greco StrafR AT I § 22 Rn. 95; einschr. Joecks/Jäger StGB Rn. 8; Perron/Eisele in Schönke/Schröder Rn. 8; aM Frister StrafR AT § 16 Rn. 41; für analoge Anwendung von § 33 Zieschang in LK-StGB Rn. 29, von § 35 II Rengier StrafR AT § 27 Rn. 29; zw.). Ob § 33 bei Überschreitung **anderer Rechtfertigungslagen** (zB § 34, dafür Frister StrafR AT § 17 Rn. 34; § 127 StPO) analog angewendet werden kann, ist umstr. und noch nicht abschließend geklärt (zusf. Heuchemer JA 1999, 725; Erb in MüKoStGB Rn. 17; einschr. auf § 127 StPO Motsch, Der straflose Notwehrexzess, 2003, S. 107); einschr. auf § 228 BGB Roxin/Greco StrafR AT I § 22 Rn. 98; einschr. auf schuldhaftes Verhalten des Betroffenen Jakobs StrafR AT Abschn. 20 Rn. 32; ähnlich Heuchemer, Der Erlaubnistatbestandsirrtum, 2005, S. 130; sa Hauck in Leipold/Tsambikakis/Zöller Rn. 5).

3 **3.** Die Überschreitung kann auch **bewusst** geschehen (BGH NStZ 1989, 474 mAnm Beulke JR 1990, 380; Roxin/Greco StrafR AT I S. 107; Müller-Christmann JuS 1989, 717 (719); Heuchemer/Hartmann JA 1999, 165; Theile JuS 2006, 965; Erb in MüKoStGB Rn. 15; Duttge in HK-StrafR § 33 Rn. 5; aM Paeffgen in NK-StGB Vor § 32 Rn. 278; Perron/Eisele in Schönke/Schröder Rn. 6; aM für den bewusst extensiven Exzess Köhler StrafR AT S. 425; anders – zumindest de lege ferenda – auch Albrecht GA 2013, 369 (388); str.). Für sie müssen die genannten – sei es auch verschuldeten – psychischen Zustände (**asthenischen Affekte;** zusf. Dallmeyer FS Kargl, 2015, 73 (75); Zieschang in LK-StGB Rn. 53–62; vertiefend Pawlik, Das Unrecht des Bürgers, 2012, S. 360, nach dem diese Affekte typischerweise auf Schwäche beruhen, sie lassen deshalb keine Verletzung von Rechtsnormen erwarten; iE auch Roxin/Greco StrafR AT I § 22 Rn. 69, nach dem es an der präventiven Bestrafungsnotwendigkeit fehlt) mindestens mitursächlich (BGHSt 3, 194 = NJW 1952, 1304; BGH GA 1969, 23; NStZ-RR 1999, 264 mit zust. Bespr. Satzger JAR 1999, 17; Heuchemer JA 2000, 382; BGH NJW 2001, 3200 (3202); Seelmann JR 2002, 249; Sander FS Eisenberg, 2009, 259; Engländer in Matt/Renzikowski Rn. 11), also nicht notwendig motivationsdominant sein (Otto Jura 1987, 604 (606); Kindhäuser in NK-StGB Rn. 25; aM Erb in MüKoStGB Rn. 22); sie müssen aber so intensiv sein, dass sie die Fähigkeit, das Geschehen richtig zu verarbeiten, erheblich beeinträchtigen (BGH NStZ 1995, 76 mit krit. Bespr. Otto JK StGB § 33 Rn. 2; BGH NStZ-RR 1997, 194; NStZ-RR 1999, 264; NJW 2013, 2133 (2136); Rogall in SK-StGB Rn. 9); war der Störungsgrad von dieser Intensität, ist § 33 auch dann noch anzunehmen, wenn die Überschreitung die Notwehrgrenzen durch andere, auch sthenische Affekte wie Wut oder Zorn mitver-

ursacht wurde (BGH NJW 2013, 2133 (2136)); deshalb ist nicht jedes Angstgefühl als Furcht zu beurteilen (BGH NJW 2001, 3200 (3202); Kretschmer Jura 2002, 114; Seelmann JR 2002, 249; BGH StraFo 2006, 463 (464) = BeckRS 2006, 09125), wohl aber die Todesangst (BGH NStZ-RR 2004, 10); auch Berufsboxer können von einem astherischen Affekt erfasst sein (BGH NStZ-RR 2009, 70 (71) mit Bespr. Kudlich JA 2009, 308). Notwehrexzess ist selbst bei vorhergesehenen und schon lange erwarteten Angriffen nicht ganz ausgeschlossen (BGHSt 3, 194 (197) = NJW 1952, 1304; BGH NJW 1962, 308; NJW 1980, 2263; Roxin/Greco StrafR AT I § 22 Rn. 78).

4. Die Rspr. (BGH NJW 1962, 308 mablAnm Schröder JR 1962, 187; OLG Hamm NJW 1965, 1928 mit krit. Bespr. Rudolphi JuS 1969, 461) hat bisher die Vorschrift zu Unrecht nicht für anwendbar gehalten, wenn der Täter den Angriff durch grob missbilligenswertes Verhalten **provoziert** hat (Roxin FS Schaffstein, 1975, 105 (122); Bitzilekis, Die neue Tendenz zur Einschränkung des Notwehrrechts, 1984, S. 194; Motsch, Der straflose Notwehrexzess, 2003, S. 86; Rogall in SK-StGB Rn. 12; Zieschang in LK-StGB Rn. 68); auch die neuerdings (BGH NStZ 2016, 84 (86) mit Bespr. Hecker JuS 2016, 177; s. schon BGHSt 39, 133 = NStZ 1993, 332 mit insoweit abl. oder krit. Bespr. Roxin NStZ 1993, 335; Lesch StV 1993, 578; Arzt JZ 1994, 314; Müller-Christmann JuS 1994, 649; Otto JK StGB § 32 Rn. 19; krit. auch Geppert Jura 2007, 33 (39); Erb in MüKoStGB Rn. 11; zust. jedoch Drescher JR 1994, 421; Fischer Rn. 7; BGH NJW 1997, 2460) eingeräumte Einschränkung auf Fälle, in denen sich der Angegriffene planmäßig auf eine Auseinandersetzung eingelassen hat, ist mit dem Gesetz schwerlich vereinbar (krit. Renzikowski FS Lenckner, 1998, 249, der auf die Eigenverantwortlichkeit des Angreifers abhebt); keinesfalls ist der Ausschluss allein schon deshalb begründet, weil sich der Angegriffene dem Angriff durch Flucht oder vorsorgliche Einschaltung der Polizei hätte entziehen können (BGH NJW 1995, 973). – Leidet der Täter zur Tatzeit an einer psychischen Störung (zB paranoider Schizophrenie) und befand er sich in einem affektiven Ausnahmezustand, so hat sich das Gericht mit der Frage zu befassen, ob er die Grenzen der Notwehr aus Verwirrung, Furcht oder Schrecken überschritten hat (BGH NStZ-RR 2018, 272). 4

§ 34 Rechtfertigender Notstand

[1]Wer in einer gegenwärtigen, nicht anders abwendbaren Gefahr für Leben, Leib, Freiheit, Ehre, Eigentum oder ein anderes Rechtsgut eine Tat begeht, um die Gefahr von sich oder einem anderen abzuwenden, handelt nicht rechtswidrig, wenn bei Abwägung der widerstreitenden Interessen, namentlich der betroffenen Rechtsgüter und des Grades der ihnen drohenden Gefahren, das geschützte Interesse das beeinträchtigte wesentlich überwiegt. [2]Dies gilt jedoch nur, soweit die Tat ein angemessenes Mittel ist, die Gefahr abzuwenden.

1. Dem Notstand iSd § 34 liegt, soweit es um die erforderliche Güterabwägung zwischen Erhaltungs- und Eingriffsgut geht, das **Prinzip des überwiegenden Interesses** zugrunde (hM; vgl. Zieschang in LK-StGB Rn. 3; krit. zur Interessenabwägungslehre Köhler StrafR AT S. 282); soweit es um die Begründung der Duldungspflicht des Betroffenen geht, muss auf das Prinzip der Solidarität zurückgegriffen werden (Kühl FS Lenckner, 1998, 143; Kühl FS Hirsch, 1999, 259 (263); 1

Kühl StrafR AT § 8 Rn. 7–10; Erb JuS 2010, 17; Engländer GA 2010, 15 (20); sa Engländer GA 2017, 243 mit interessenbasiertem Ansatz; Greco ZStW 134 (2022), 1; Hilgendorf FS Kühl, 2014, 509 (514); Otto FS Kühl, 2014, 341 (358); Perdomo-Torres, Die Duldungspflicht im rechtfertigenden Notstand, 2011, S. 36, 39; Frister StrafR AT § 17 Rn. 1; Joecks/Jäger StGB Rn. 1; Krey/Esser StrafR AT Rn. 587; Duttge in HK-StrafR § 34 Rn. 1; Kindhäuser/Hilgendorf in LPK-StGB Rn. 16; ähnlich Neumann in NK-StGB Rn. 9; Neumann in v. Hirsch/Neumann/Seelmann, Solidarität im Strafrecht, 2013, S. 155; Günther in SK-StGB Rn. 11; Renzikowski, Notstand und Notwehr, 1994, S. 33, 199; Renzikowski JahrbRuE 2005, 643 (651), der die Rechtfertigung auf den gebotenen Ausgleich zwischen der Eigenständigkeit des Individuums und dessen Verantwortung für fremde Rechtssphären aus Solidarität stützt; krit. Haas, Kausalität und Rechtsverletzung, 2002, S. 260, der auf die Solidarität der Allgemeinheit zur Wahrung der Legitimität rechtlicher Herrschaft abhebt; nach Pawlik, Der rechtfertigende Notstand, 2002, S. 82, kommt der Notstandspflicht ein freiheitsermöglichender, quasi-institutioneller Charakter zu (vgl. Pawlik, Das Unrecht des Bürgers, 2012, S. 249 „allgemeine Entlastung von gewissen existentiellen Lebensrisiken“, wobei der „Adressat eines Aggressivnotstands … als Repräsentant der Allgemeinheit angesehen wird“ und Pawlik JahrbRuE 2014, 155; sowie Pawlik in ZIS 2015, 124 krit. zu Coninx, Das Solidaritätsprinzip im Lebensnotstand, 2012); nach Hoyer ARSP-Beiheft 104 (1993), 99 (105) ist § 34 auch „Kollisionsregel“ zugunsten der Verbotsnorm; ein allgemeines Rechtsprinzip der Solidarität entwickelt auf rechtsphilosophischer und verfassungsrechtlicher Grundlage Kühnbach, Solidaritätspflichten Unbeteiligter, 2007; Helmers, Möglichkeit und Inhalt des Notstandsrechts, 2016; zusf. und integrierend § 16 Rn. 10, 11). Er ist **Rechtfertigungsgrund,** Notwehr gegen die Notstandshandlung daher nicht möglich; wer die Notstandshandlung nicht duldet, macht sich strafbar (näher und diff. Silva Sànchez GA 2006, 382). Zum rechtsphilosophischen Hintergrund Kühl StrafR AT § 8 Rn. 1–10. Rechtsvergleichend Dannecker FS Hirsch, 1999, 143 (159). Dörr, Dogmatische Aspekte der Rechtfertigung bei Binnenkollision von Rechtsgütern, 2016, mit kritischer Bespr. Neumann ZIS 2017, 704. Rechtsgeschichtlich Schaffstein, Die allgemeinen Lehren von Verbrechen, 1930, S. 83; Koch, Art Notstand, in Cordes/Haverkamp/Lück/Werkmüller/Bertelsmeier-Kierst, Handwörterbuch zur deutschen Rechtsgeschichte, 2. Aufl. 2016, Sp. 1988–1994; Zieschang in Hilgendorf/Weitzel, Der Strafgedanke in seiner historischen Entwicklung, 2007, S. 173; einen „Abriss der Entwicklung des Notstandsrechts“ bietet Momsen, Die Zumutbarkeit als Begrenzung strafrechtlicher Pflichten, 2006, S. 78–139. Überblick über die Varianten, Voraussetzungen und zentralen Probleme bei Erb JuS 2010, 17 ff.; JuS 108 ff.). Überblick über §§ 34, 35 bei Zieschang JA 2007, 679, zu § 34 S. 681–684. Zu § 34 bei Verkehrsstraftaten wie §§ 142, 315 c, 316 Blum NZV 2011, 378 (380) und bei Ordnungswidrigkeiten OLG Bamberg NJW 2015, 1320, notstandsähnliche Situation. Zur Heranziehung des § 34 im Völkerrecht, insbes. bei Einreisedelikten El-Ghazi/Fischer-Lescano StV 2015, 386.

2 **2.** Zu den **Voraussetzungen** (eing. Lenckner, Der rechtfertigende Notstand, 1965; zusf. Bergmann JuS 1989, 109; sa Küper JuS 1987, 81; BGH NJW 2016, 2818 mit Bespr. Kudlich JuS 2017, 71 „schulmäßige“ Prüfung):

a) Gefahr ist ein Zustand, in dem nach den konkreten Umständen der Eintritt eines Schadens naheliegt (→ § 315 c Rn. 21, 22); der Gefahrbegriff ist hier nicht anders als auch sonst im StGB zu verstehen (hM; vgl. etwa Hirsch FS Kaufmann,

1983, 545 (555); anders Dimitratos, Das Begriffsmerkmal der Gefahr in den strafrechtlichen Notstandsbestimmungen, 1989, S. 5; Blanke, Das qualifizierte Nötigungsmittel der Drohung mit gegenwärtiger Gefahr für Leib und Leben, 2007, S. 160, 185; Roxin/Greco StrafR AT I § 16 Rn. 14; in Abgrenzung zum Gefahrbegriff im Zivilrecht und im Staats- und Verwaltungsrecht Zieschang GA 2006, 1; abgrenzend zur konkreten Gefahr Zieschang JA 2007, 679 (681)). Maßstab ist die objektive nachträgliche Prognose eines sachkundigen, über das Spezialwissen des Täters verfügenden Beurteilers (ex-ante-Urteil, → § 315c Rn. 22; BGHSt 48, 255 (258) = NJW 2003, 2464; BayObLG NJW 2000, 888; Kretschmer Jura 2005, 662 (663); Sinn FS Roxin II, 2011, 673 (682)), über deren Bezugspunkte auch hier keine Einigkeit besteht (zusf. Schaffstein FS Bruns, 1978, 89; Hirsch FS Kaufmann, 1983, 545 str.). **Gegenwärtig** ist eine Gefahr, auch eine Dauergefahr (BGH NJW 1979, 2053 mit Bespr. Hruschka NJW 1980, 21; Hirsch JR 1980, 115; Schroeder JuS 1980, 336; zu diesem „Spanner"-Fall auch Frister StrafR AT § 17 Rn. 5, 25, keine Defensivnotstandslage mangels unmittelbarer Gefahr), dann, wenn nach menschlicher Erfahrung der ungewöhnliche Zustand bei natürlicher Weiterentwicklung jederzeit in einen Schaden umschlagen kann, wenn also der Eintritt eines Schadens sicher oder doch höchstwahrscheinlich ist, sofern nicht sofort Abwehrmaßnahmen ergriffen werden (BGHSt 48, 255 (259) = NJW 2003, 2464; BGH NJW 1989, 176; NStZ-RR 2006, 200; NJW 2016, 2818; OLG Düsseldorf NJW 2006, 630; Otto Jura 1999, 552; Küper FS Rudolphi, 2004, 151; Zieschang GA 2006, 1 (6); Kindhäuser/Zimmermann StrafR AT § 17 Rn. 18, 19; Fischer Rn. 8; die „konkrete Möglichkeit" eines Schadenseintritts lässt ausreichen Engländer in Matt/Renzikowski Rn. 11; speziell zu „ticking time bomb Situationen" Jahn, Das Strafrecht des Staatsnotstandes, 2004, S. 249). Die **Ursache der Gefahr** ist unerheblich; auch Nötigung durch einen anderen **(Nötigungsnotstand)** scheidet daher nicht von vornherein aus (Krey Jura 1979, 316 (321); Küper, Darf sich der Staat erpressen lassen?, 1986, S. 47; Küper GA 1995, 138; Göbel, Die Einwilligung im Strafrecht als Ausprägung des Selbstbestimmungsrechts, 1992, S. 105; Hassemer FS Lenckner, 1998, 97 (115); Biewald, Regelgemäßes Verhalten und Verantwortlichkeit, 2003, S. 257; BWME StrafR AT § 17 Rn. 81; Jakobs StrafR AT Abschn. 13 Rn. 14; Krey/Esser StrafR AT Rn. 613; Kindhäuser/Hilgendorf in LPK-StGB Rn. 25–28; aM Kelker, Der Nötigungsnotstand, 1993, S. 87; Jahn, Das Strafrecht des Staatsnotstandes, 2004, S. 260; Wessels/Beulke/Satzger StrafR AT Rn. 443; Perron in Schönke/Schröder Rn. 41b; mit verfassungsrechtlicher Begr. gegen Rechtfertigung Meyer GA 2004, 356; diff. Günther, Strafrechtswidrigkeit und Strafunrechtsausschluss, 1983, S. 355; Roxin FS Oehler, 1985, 181 (187); Neumann in NK-StGB Rn. 53–55; Joecks/Jäger StGB Rn. 45–48; vgl. auch KG JZ 1997, 629 mAnm Marxen und Bespr. Geppert JK StPO § 362 Rn. 1; zu ungewöhnlichen Situationen des Nötigungsnotstands Brand/Lenk JuS 2013, 883); jedenfalls schlägt aber der Umstand, dass der Genötigte – wenn auch gezwungenermaßen – auf der Seite des Unrechts agiert, bei der Interessenabwägung zu seinen Ungunsten zu Buch (Kühl StrafR AT § 8 Rn. 132; aM Frister StrafR AT § 17 Rn. 19, 20; Engländer in Matt/Renzikowski Rn. 41); eine solidarische Duldungspflicht ist dem Opfer der Rettungshandlung allenfalls hinsichtlich geringfügiger Sacheingriffe aufzuerlegen, und auch dann nur bei unausweichlicher Gefahr für höchstpersönliche Rechtsgüter des Bedrohten (vgl. Köhler StrafR AT S. 293; abl. Sinn, Straffreistellung aufgrund von Drittverhalten, 2007, S. 332 mit krit. Bespr. Jakobs ZStW 119 (2007), 1002 (1008)). Weder die Verursachung der Gefahr noch die der Notstandslage müssen unverschuldet sein (BGH VRS 36 (1969) 22 (23);

BayObLG NJW 1978, 2046; OLG Celle VRS 63, 449). Verschulden fällt jedoch bei der Interessenabwägung (→ Rn. 6–13) ins Gewicht (Küper JZ 1976, 515 (518); Küper, Der „verschuldete“ rechtfertigende Notstand, 1983, S. 24, 160; aM Meißner, Die Interessenabwägungsformel in der Vorschrift über den rechtfertigenden Notstand (§ 34 StGB), 1990, S. 252); außerdem kann sich – *allerdings in sehr* engen Grenzen (dazu Küper, Der „verschuldete“ rechtfertigende Notstand, 1983, S. 36, 164) – bei unmittelbarer Anknüpfung an das schuldhafte Vorverhalten als solches (actio illicita in causa) das Vorliegen einer rechtswidrigen Tat ergeben (OLG Hamm VM 1970, 86; BayObLG NJW 1978, 2046 mit abl. Bespr. Hruschka JR 1979, 125; Dencker JuS 1979, 779; OLG Celle VRS 63, 449; gegen diese Konstruktion Günther in SK-StGB Rn. 47). Rechtsvergleichend mit Japan Matsumiya FS Jakobs, 2007, 361.

3 **b)** Die Gefahr darf durch **kein anderes** (milderes) **Mittel abwendbar** sein. Das ist nach der Rspr. streng zu beurteilen (BGHSt 3, 7 = NJW 1952, 893; BGH NJW 2016, 2818; OLG Koblenz MDR 1972, 885; LG Dortmund NStZ-RR 1998, 139 (140); LG Köln NJW 1998, 2688) und entspricht inhaltlich dem Merkmal der Erforderlichkeit bei der Notwehr (Grebing GA 1979, 81 (85); → § 32 Rn. 9, 10; speziell zur Eignung der Notstandshandlung zur Gefahrenabwehr OLG Karlsruhe NJW 2004, 3646; OLG Naumburg NStZ 2013, 718 (720) mit Bespr. Jahn JuS 2013, 1139; Kühl StrafR AT § 8 Rn. 80–85; Erb in MüKoStGB Rn. 108–113; Engländer in Matt/Renzikowski Rn. 20; Perron in Schönke/Schröder Rn. 20), allerdings mit der Maßgabe, dass auch das Herbeirufen rechtzeitiger obrigkeitlicher Hilfe (BGHSt 39, 133 = NJW 1993, 1869 mAnm Roxin NStZ 1993, 335; BGH NJW 2016, 2818) sowie Ausweichen und Flucht Möglichkeiten der Gefahrabwendung sind (ebenso Engländer in Matt/Renzikowski Rn. 21); soweit gesetzliche Regelungen wie § 3 II BtMG (ausnahmsweise Zulassung von der Nutzung von MtM zur Selbstmedikation) vorliegen, können deren Voraussetzungen nicht unter Rückgriff auf § 34 umgangen werden, so dass hier die Erforderlichkeit fehlt (BGH NStZ 2018, 226; weiter OLG Frankfurt NJW-Spezial 2018, 474). In schwierigen Gefahrlagen können für die Auswahl der einsetzbaren Mittel komplexe Prognosen und Abwägungen notwendig werden (Lenckner FS Lackner, 1987, 95). – Zur Tötung des sog. Familientyrannen → Rn. 9. – Zum Aufdecken von Sicherheitsmängeln im Luftverkehr durch Mitführen eines Butterflymessers durch einen Journalisten als Flugpassagier OLG Düsseldorf NJW 2006, 630. Zum Benutzen der sog. „Babyklappe“ durch die Mutter (§ 169 I Var. 1, 3) Beulke FS Herzberg, 2008, 605 (618, 619); Schall in SK-StGB § 169 Rn. 24, 25. – Zu Aktionen zur Erregung von Aufmerksamkeit für den Klimawandel Bönte HRRS 2021, 164; gegen eine § 34-Rechtfertigung der Besetzung privater Kraftwerke (§ 123) allein wegen des Ziels Klimaschutz AG Recklinghausen 12.8.2021 – 32 Cs – 33 Js 486/20, BeckRS 2021, 27893; zum Tierschutz näher → Vor § 32 Rn. 28 a.

4 **c) Notstandsfähig** sind Rechtsgüter aller Art, auch solche der Allgemeinheit (BGH bei Dallinger MDR 1975, 723; BGH StV 1988, 432; OLG Düsseldorf NJW 2006, 630, Sicherheitsmangel des Lufttransports; Erb JuS 2010, 108; Schünemann/Greco in LK-StGB § 203 Rn. 136; aM Günther in SK-StGB Rn. 23; Engländer in Matt/Renzikowski Rn. 17) wie etwa der Tierschutz (OLG Naumburg NJW 2018, 2064, Angemessenheit des Eindringens in den Stall zur Dokumentation von Missständen aber nur bei Wissen um Verstoß, nicht bei bloßer Vermutung; → Vor § 32 Rn. 28 a). Deshalb kann der Rechtfertigungsgrund bei Güter- und In-

teressenkollisionen jeder Art vorkommen (hM; BGHSt 12, 299 = NJW 1959, 586; BGH NJW 1968, 2288; einschr. Roxin/Greco StrafR AT I § 16 Rn. 13, der nicht notwehrfähige Rechtsgüter (→ § 32 Rn. 2) ausscheidet; einschr. auch Neumann in NK-StGB Rn. 24–31; Perdomo-Torres, Die Duldungspflicht im rechtfertigenden Notstand, 2011, S. 38); namentlich im Verkehrsrecht hat er erhebliche praktische Bedeutung erlangt (OLG Koblenz NJW 1988, 2316 mit krit. Bespr. Mitsch JuS 1989, 964; sa OLG Karlsruhe JZ 1984, 240 mkritAnm Hruschka; BayObLG NJW 1991, 1626; NJW 2000, 888; OLG Köln NZV 1995, 119; OLG Düsseldorf NZV 1996, 122; NZV 1996, 250; OLG Frankfurt a. M. NStZ-RR 1996, 136; OLG Hamm NJW 1996, 2437; OLG Naumburg DAR 2000, 131; Rengier in KK-OWiG § 16 Rn. 3, 9–11; speziell zu ärztlichen Patientenfahrten Schrader DAR 1995, 84). Das Eingriffsgut braucht auch nicht als das von vornherein verfügbare Rettungsmittel für das gefahrbedrohte Gut (das Erhaltungsgut) zu erscheinen (Küper JZ 1976, 515; Grebing GA 1979, 81 (86); str.). In der Regel nimmt die Abwehrhandlung das Eingriffsgut eines Unbeteiligten in Anspruch (sog. Aggressivnotstand). Es ist jedoch – wenn die Voraussetzungen der Notwehr (§ 32) fehlen – nicht ausgeschlossen, dass nur in die Gütersphäre dessen eingegriffen wird, von dem die Gefahr ausgeht (sog. Defensivnotstand; nach Krey/Esser StrafR AT Rn. 621, Defensivnotstand gegen Menschen); hier gelten für die Interessenabwägung Besonderheiten (→ Rn. 9). Darüber hinaus ist denkbar, dass die Kollision auf denselben Rechtsgutsträger beschränkt bleibt (hM; vgl. etwa Merkel, Früheuthanasie, 2001, S. 528; Merkel FS Schroeder, 2006, 310; krit. Engländer GA 2010, 15 (22f.); Neumann FS Herzberg, 2008, 83; Kühl StrafR AT § 8 Rn. 34; Zieschang StrafR AT Rn. 310; Perron in Schönke/Schröder Rn. 8a; anders Schroth JuS 1992, 476 (478); Renzikowski, Notstand und Notwehr, 1994, S. 64; Mitsch, Rechtfertigung und Opferverhalten, 2004, S. 413; Erb JuS 2010, 11 (19); Erb FS Schünemann, 2014, 337 (350), der die Suizidverhinderung und die indirekte Sterbehilfe als „scheinbare“ Ausnahme der mutmaßlichen Einwilligung einstuft; Pawlik in ZIS 2015, 250; Engländer GA 2010, 15; Kindhäuser/Hilgendorf in LPK-StGB Rn. 39), so etwa, wenn eine Rettungshandlung vorgenommen wird, die den Tod eines Suizidenten verhindern soll (Bottke GA 1982, 346 (356); Bernsmann Jura 1982, 261 (271); Günzel, Das Recht auf Selbsttötung, seine Schranken und die strafrechtlichen Konsequenzen, 2000, S. 126; Erb FS Schünemann, 2014, 337 (346); Engländer in Matt/Renzikowski Rn. 8) oder die den Zweck verfolgt, einen sicheren Nachteil für den Bedrohten abzuwenden, selbst aber auch ein erhebliches Risiko in sich birgt (Ulsenheimer JuS 1972, 252 (255); sa Spendel JZ 1973, 137 (140); str.); meist – allerdings nicht bei unmittelbarer Lebensgefahr (Lenckner FS Lackner, 1987, 99; aM Boll, Strafrechtliche Probleme bei Kompetenzüberschreitungen nichtärztlicher medizinischer Hilfspersonen in Notsituationen, 2000, S. 137, 199) – werden diese Fälle, bei denen sich die Interessenabwägung auf eine bloße Chancenabwägung reduziert, schon wegen mutmaßlicher Einwilligung (→ Vor § 32 Rn. 19) gerechtfertigt sein (für Spezialität der Einwilligung Schmitz, Rechtfertigender Notstand bei internen Interessenkollisionen, 2013, S. 122–182 mit Bespr. Henking GA 2015, 181).

d) „Um zu“ erfordert als subjektives Rechtfertigungselement den **Rettungswillen** des Täters, der überwiegend, namentlich in der Rspr., als Absicht im Sinne zielgerichteten Wollens verstanden wird, die Gefahr abzuwenden (Zieschang in LK-StGB Rn. 45–47; sa BGH NStZ-RR 1998, 173 mit krit. Bespr. Lemke NJ 1998, 265; zw.); die Verfolgung auch anderer Ziele schließt ihn nicht aus (BGH JR 5

1998, 366). Demgegenüber stellt eine Mindermeinung mit Recht nicht auf zweckhaftes Handeln ab, sondern lässt bloße Kenntnis der rechtfertigenden Umstände genügen (→ Vor § 32 Rn. 6; ebenso Erb JuS 2010, 108 (113); Fischer Rn. 27; Neumann in NK-StGB Rn. 106–108; Perron in Schönke/Schröder, Rn. 48). Er soll sie nicht „definitiv kennen" müssen; es reiche, wenn er im Vertrauen auf das Vorliegen eines rechtfertigenden Sachverhalts handle (OLG Naumburg NStZ 2013, 718 (719) mit Bespr. Jahn JuS 2013, 1139; → Vor § 32 Rn. 6). Beseitigt der Täter daher unwissend eine Gefahrenlage, so bleibt sein Verhalten rechtswidrig (BGHSt 2, 111 (114) = NJW 1952, 556; zur dann eingreifenden Strafbarkeit wegen Versuchs → § 22 Rn. 16; ebenso Fischer Rn. 28). Ein Pflichtenwiderstreit ist nicht erforderlich (OLG Düsseldorf NJW 1970, 674; → Rn. 15).

6 **e)** Die **Interessenabwägung** dient dem Zweck zu ermitteln, ob auf Grund der konkreten Lage des Einzelfalls das vom Täter geschützte gegenüber dem von ihm verletzten Interesse wertmäßig den Vorzug verdient; dabei ist für die „Wesentlichkeit" des Übergewichts keine quantitativ große, sondern nur eine ganz eindeutige, begründetem Zweifel entrückte Wertdifferenz zu fordern (Küper GA 1983, 289; krit. Hoyer FS Küper, 2007, 173; aM Neumann in NK-StGB Rn. 67; Engländer in Matt/Renzikowski Rn. 23; Zieschang in LK-StGB Rn. 76; zw.). Das Abwägungsergebnis hängt von der Gesamtheit aller widerstreitenden Interessen und Gründe ab (Engländer in Matt/Renzikowski Rn. 23); namentlich der Rang der betroffenen Rechtsgüter, der Grad der ihnen drohenden Gefahren und das Bestehen besonderer Gefahrtragungspflichten (dazu Küper JZ 1980, 753; Bernsmann FS Blau, 1985, 23 (33); eing. Lugert, Zu den erhöht Gefahrtragungspflichtigen im differenzierten Notstand, 1991; für „typologische Betrachtung" Duttge in HK-StrafR § 34 Rn. 16; aus der Rspr. OLG Karlsruhe NJW 2004, 3645) auf der einen und die **Angemessenheit** im Sinne der sozialethischen Bewertung der Notstandshandlung im Rahmen der Gesamtrechtsordnung (hM; vgl. etwa Kühl StrafR AT § 8 Rn. 166–182; Erb in MüKoStGB Rn. 141–164; einschr. auf Verstöße gegen die Menschenwürde auch Roxin/Greco StrafR AT I § 16 Rn. 95–100; anders Joerden GA 1991, 411, der die Angemessenheitsklausel des S. 2 als regelutilitaristisches Korrektiv versteht) auf der anderen Seite bilden wichtige Richtpunkte der Bewertung (Ebert JuS 1976, 319 (322); Lenckner GA 1985, 295; Jescheck/Weigend StrafR S. 362; krit. Stree JuS 1973, 461 (464); anders diff. Meißner, Die Interessenabwägungsformel in der Vorschrift über den rechtfertigenden Notstand (§ 34 StGB), 1990, S. 182, 218 mit krit. Bespr. Küper ZStW 106 (1994), 822; speziell zu Fällen, in denen der Notstandseingriff die Rechtsgüter mehrerer Betroffener beeinträchtigt, Joerden GA 1993, 245). Die bisher nicht ausgetragene Streitfrage, ob S. 2 gegenüber der Interessenabwägung eine selbständige Wertungsstufe bedeutet (so mit Recht Grebing GA 1979, 81; Hruschka JuS 1979, 385 (390); Joerden GA 1991, 411; Meißner, Die Interessenabwägungsformel in der Vorschrift über den rechtfertigenden Notstand (§ 34 StGB), 1990, S. 212; Renzikowski JahrbRuE 2005, 643 (645); aM Haft StrafR AT S. 105) oder nur als Kontrollklausel fungiert (so ua Lenckner GA 1985, 146), hat keine praktische Bedeutung, weil sie nach hM auf das Ergebnis der Gesamtwürdigung keinen Einfluss hat (zusf. Zieschang in LK-StGB Rn. 78–81; sa Küper, Darf sich der Staat erpressen lassen?, 1986, S. 52; Merkel in IKW Zustand StrafR S. 171, 176); so etwa im Fall der sog. „Zwangsblutspende", bei dem die Notstandsrechtfertigung unabhängig von seiner Verortung bei der Interessenabwägung (so etwa Frister StrafR AT § 17 Rn. 15; Roxin/Greco StrafR AT I § 16 Rn. 48, 49, 92) oder bei der Angemessenheit (so etwa Kühl StrafR

AT §8 Rn. 169–173; Rengier StrafR AT §19 Rn. 59; Wessels/Beulke/Satzger StrafR AT Rn. 319) umstritten bleibt (gegen Rechtfertigung Wessels/Beulke/Satzger StrafR AT Rn. 320; Hilgendorf/Valerius StrafR AT §5 Rn. 86; Erb in MüKo-StGB Rn. 272–275; Neumann in NK-StGB Rn. 118; Perron in Schönke/Schröder Rn. 41e; dafür Frister StrafR AT §17 Rn. 15; Roxin/Greco StrafR AT I §16 Rn. 48; diff. Rengier StrafR AT §19 Rn. 61; auch Pawlik, Der rechtfertigende Notstand, 2002, S. 252 „als unzulässig erscheinen lassen"); zur Rolle der Interessenabwägung und der Angemessenheit bei „tragic choice-Konstellationen" Jahn, Das Strafrecht des Staatsnotstandes, 2004, S. 254, 255; zur Folter, selbst zum Ausschluss der Rettungsfolter, nicht überzeugend Duttge in HK-StrafR §34 Rn. 22; Neumann in NK-StGB Rn. 118d; abl. für Rettungsfolter Kühl StrafR AT §8 Rn. 174; → §32 Rn. 17a). Im Einzelnen:

aa) Das **menschliche Leben** schlägt bei der Abwägung als absoluter Wert zu Buch. Es ist nicht nach Alter, Gesundheit, sozialer Leistungsfähigkeit usw abstufbar, es ist auch nicht quantifizierbar (Zieschang FS Knemeyer, 2012, 449 (463)). Auch das „vom Tod gezeichnete, unrettbar verlorene" Menschenleben darf deshalb nicht zur Rettung eines anderen durch lebensverkürzenden Eingriff geopfert werden (hM; zusf. Küper JuS 1981, 785; Zieschang FS Knemeyer, 2012, 463; Laber, Der Schutz des Lebens im Strafrecht, 1997, S. 151; Krey/Esser StrafR AT Rn. 616, 617; Engländer in Matt/Renzikowski Rn. 27; eing. Zimmermann, Rettungstötungen, 2009, S. 25, der zwischen solchen Tötungen auf Kosten eines Unbeteiligten und innerhalb einer Gefahrengemeinschaft, Zimmermann, Rettungstötungen, 2009, S. 297 unterscheidet mit krit. Bespr. Ladiges ZIS 2010, 503; aus verfassungsrechtlicher Sicht Dreier JZ 2007, 261; Rücker, Die Allokation von Lebenschancen, 2014; die hM hält jedoch indirekte Euthanasie zu Recht als gerechtfertigtes Notstandshandeln für zulässig (→ Vor §211 Rn. 7; zur Interessenabwägung bei Sterbehilfeentscheidungen in Fällen schwerstgeschädigter Neugeborener Merkel in IKW Zustand StrafR S. 552, 638, bei Manipulation der Zuteilung von Spenderorganen OLG Braunschweig NStZ 2013, 593 (596)). 7

bb) Während bei materiellen Gütern, wie Eigentum und Vermögen, eine rechnerische Abwägung nicht ausgeschlossen ist (BGHSt 12, 299 = NJW 1959, 586), aber auch nur selten den Ausschlag gibt (BGH NJW 1976, 680 mit Bespr. Küper JZ 1976, 515; Kienapfel JR 1977, 27), ist eine quantitative Abstufung bei **höchstpersönlichen Gütern,** namentlich dem Leben, grds. nicht möglich (→ Rn. 9); daher keine Rechtfertigung, wenn der sichere Tod weniger Menschen zur Rettung vieler in Kauf genommen wird (OGHSt 1, 321 = JuS 2017, 113; OGHSt 2, 117 = NJW 2017, 2842; Lenckner GA 1985, 295 (309); Küper JZ 1989, 617 (623); Jakobs FS Spinellis, 2001, 447 (456); eing. Küper, Grund- und Grenzfragen der rechtfertigenden Pflichtenkollision im Strafrecht, 1979, S. 48, 121; anders für den „freiwilligen ‚Opfertod" Mitsch FS Weber, 2004, 49 (61) (→ Vor §32 Rn. 31). Speziell zum **Abschuss eines von Terroristen entführten Flugzeugs** ist §14 III Luftsicherheitsgesetz geschaffen, aber vom BVerfG ua wegen Verletzung der Menschenwürde der Passagiere für verfassungswidrig erklärt worden (BVerfGE 115, 118 = NJW 2006, 751 mAnm Schenke NJW 2006, 736; zust. Hassemer StV 2006, 321 (330); Roxin/Greco StrafR AT I §16 Rn. 88; Zieschang StrafR AT Rn. 263; „Nachruf" bei Gropp GA 2006, 284); es kommt jedoch (übergesetzlicher) entschuldigender Notstand in Frage (Streng FS Stöckel, 2010, 135 (156); Jäger ExRep StrafR AT Rn. 208; Wessels/Beulke/Satzger StrafR AT Rn. 452a; ähnlich Roxin ZIS 2011, 552, Verneinung der Verantwortlichkeit; gegen die Verortung bei der Schuld Jakobs FS Krey, 2010, 207; → Vor §32 8

Rn. 31; aus der strafrechtlichen Diskussion zur möglichen Rechtfertigung/Entschuldigung vgl. Mitsch JR 2005, 274 (277); Pawlik JZ 2004, 1045 (1046); Sinn NStZ 2004, 585; Merkel JZ 2007, 373; Hirsch FS Küper, 2007, 149; Ladiges ZIS 2008, 129 (133); Ladiges JuS 2011, 879 (882); Rogall NStZ 2008, 1 (3); Hörnle FS Herzberg, 2008, 555; Günther FS Amelung, 2009, 147 (153); Streng FS Stöckel, 2010, S. 135; Dannecker/Streng JZ 2012, 444 (450)); wegen des möglichen Lebensschutzes der Menschen, auf die das Flugzeug zugesteuert wird, ist Rechtfertigung nach § 34 anzunehmen (Kühl Jura 2009, 881 (882); erwogen auch von Erb in MüKoStGB Rn. 143–156; Neumann in NK-StGB Rn. 76, 77e, 78, die von „einseitiger" bzw. „asymetrischer" Verteilung von Rettungschancen ausgehen, abl. Jakobs FS Krey, 2010, Frister StrafR AT § 17 Rn. 14, wegen „stets geltender Opfergrenze"; Rengier StrafR AT § 19 Rn. 33; Roxin/Greco StrafR AT I § 16 Rn. 88; Fischer Rn. 18; Engländer in Matt/Renzikowski Rn. 33; eing. Zimmermann, Rettungstötungen, 2009, S. 375, 378, überwiegendes Interesse am Erhalt zukunftsoffenen gegenüber todgeweihten Lebens; aus verfassungsrechtlicher Sicht Dreier JZ 2007, 261 (265); Isensee FS Jakobs, 2007, 205; aus moralphilosophischer Sicht Zoglauer, Tödliche Konflikte, 2007, S. 64, 70 mit Bespr. Kellerwessel ARSP 2009, 300; aus philosophischer Sicht abl. Sandkühler, Menschenwürde und Menschenrechte, 2013, S. 311.

9 cc) Eine Abwehrhandlung im **Defensivnotstand** (→ Rn. 4), die zwar weder die Voraussetzungen des § 32 (→ § 32 Rn. 6) noch die des § 228 BGB erfüllt, immerhin aber nur in die Gütersphäre dessen eingreift, der die Gefahr erst geschaffen hat (die objektive Zurechnung der Gefahr verlangt Köhler FS Schroeder, 2006, 257), kann nach § 34 gerechtfertigt sein (Küper JZ 1976, 72 (122); Hirsch JR 1980, 115; Otte, Der durch Menschen ausgelöste Defensivnotstand, 1998, S. 95, 191; Zieschang JA 2007, 679 (683); Erb JuS 2010, 17 (18); Roxin/Greco StrafR AT I § 16 Rn. 84–86; aus der Rspr. BGH NJW 1979, 2053, sog. „Spanner-Fall"; dazu Kühl StrafR AT § 8 Rn. 36; Rengier StrafR AT § 19 Rn. 40; zur Rspr. Hirsch FG BGH, 2000, 199 (207); aM Hruschka FS Dreher, 1977, 203, BGH JuS 1979, 385 (391); NJW 1980, 21; Lugert, Zu den erhöht Gefahrtragungspflichtigen im differenzierten Notstand, 1991, S. 36; Koriath JA 1998, 250 (255); Joerden in Wolf, Kriminalität im Grenzgebiet, 2002, S. 33, 49; Renzikowski JahrbRuE 2005, 643 (654); Frister StrafR AT § 17 Rn. 21; Engländer in Matt/Renzikowski Rn. 5, 47; Hauck in Leipold/Tsambikakis/Zöller Rn. 7; Neumann in NK-StGB Rn. 86, die sich für diese Fälle auf eine Analogie zu § 228 BGB stützen; zusf. Pawlik GA 2003, 12; Kindhäuser/Hilgendorf in LPK-StGB Rn. 49–53; sa Jakobs FS Spinellis, 2001, 447 (453); eing. zur Dogmatik des Defensivnotstands im Strafrecht Wilenmann, Freiheitsdistribution und Verantwortungsbegriff, 2014, der die „Verantwortung" zur Begründung heranzieht). Sie kann quantitativ und qualitativ weitergehen als die Abwehr im Aggressivnotstand (hM; anders Meißner, Die Interessenabwägungsformel in der Vorschrift über den rechtfertigenden Notstand (§ 34 StGB), 1990, S. 250). Hier schlägt der Gesichtspunkt der notwehrähnlichen Verteidigung gegen eine von einem anderen verursachte Gefahr bei der Interessenabwägung zusätzlich zu Buch, so dass sich trotz Höherwertigkeit des betroffenen Rechtsgutes ein Wertvorzug des verteidigten Interesses ergeben kann (hM; nur in den Ansätzen, nicht den Ergebnissen abw. Eue JZ 1990, 765; Renzikowski, Notstand und Notwehr, 1994, S. 238). In Extremfällen kann sogar die Tötung eines Menschen gerechtfertigt sein (Jakobs in Eser RuE IV S. 143, 166; Pawlik Jura 2002, 26 (29)); das gilt zB für die **Perforation,** dh die zur Rettung der Mutter gebotene Tötung eines Kindes in der Geburt (Otte, Der durch Menschen ausgelöste Defensivnotstand,

1998, S. 141, 189; Hirsch FS Eser, 2005, 309 (318); Günther FS Amelung, 2009, 147 (154); Ladiges JuS 2011, 879 (881); Kühl StrafR AT § 8 Rn. 139; Roxin/Greco StrafR AT I § 16 Rn. 79; Weber in Arzt/Weber/Heinrich/Hilgendorf StrafR BT § 5 Rn. 91; Neumann in NK-StGB Rn. 91; Zieschang in LK-StGB Rn. 74; für übergesetzliche Entschuldigung Ingelfinger, Grundlagen und Grenzbereiche des Tötungsverbots, 2004, S. 120; Zieschang FS Knemeyer, 2012, 449 (465); zweifelnd Jakobs StrafR AT Abschn. 13 Rn. 22; Jakobs FS Spinellis, 2001, 447 (458), gegen Duldungspflicht der Leibesfrucht; krit. Merkel JZ 2007, 610; Merkel in NK-StGB § 218 Rn. 36–39, § 218a Rn. 101–104, der § 218a II anwenden will; sowie Pawlik Jura 2002, 26 (31); Jäger ZStW 115 (2003), 765 (772), der ein nicht rechtswidriges Unterlassen annimmt; zw.); es wird auch für die Tötung eines siamesischen Zwillings durch Abtrennen vom zu rettenden Zwilling diskutiert (für Rechtfertigung Merkel in Roxin/Schroth MedStrafR S. 637; Koch GA 2011, 129 (140); anders Joerden in Wolf, Kriminalität im Grenzgebiet, 2002; Joerden, Menschenleben, 2003, S. 119, 128); umstritten ist, ob die Tötung der Passagiere eines entführten Flugzeugs, das zB auf ein Hochhaus zugesteuert wird, als Defensivnotstand eingeordnet werden kann (zum Streitstand Kühl StrafR AT § 8 Rn. 138a; dafür etwa Gropp GA 2006, 284 (286); dazu Stübinger ZStW 123 (2011), 403 (419); Hirsch FS Küper, 2007, 149 (154, 164); Rogall NStZ 2008, 1 (3); Erb JuS 2010, 108 (111); dagegen etwa Pawlik JZ 2004, 1048; Hörnle FS Herzberg, 2008, 555 (565); Streng FS Stöckel, 2010, 135 (144, 151); Günther FS Amelung, 2009, 147 (153); Frisch FS Puppe, 2011, 425 (449); Ladiges JuS 2011, 879 (882); Roxin ZIS 2011, 552 (558); Fischer Rn. 18; für eine § 34-Rechtfertigung ohne Abstellen auf Defensivnotstand Kühl StrafR AT § 8 Rn. 158a; → Rn. 8); regelmäßig gilt das aber nicht für die Tötung des sog. **Familientyrannen,** weil es hier fast immer an der für eine Tötung zu fordernden Zuspitzung der Notlage (→ Rn. 2) fehlt (so zur andersartigen Abwendbarkeit iSd § 35 durch Inanspruchnahme staatlicher und karitativer Hilfe BGHSt 48, 255 (260) = NJW 2003, 2464; Hillenkamp JZ 2004, 48 (50); Kargl Jura 2004, 189; Otto NStZ 2004, 142; Welke ZRP 2004, 15; Widmaier NJW 2003, 2788; Rengier NStZ 2004, 233 (237); ebenso LG Offenburg StV 2003, 672 (674); Hillenkamp FS Miyazawa, 1995, 141 (154); Kühl Jura 2009, 881 (883); Günther FS Amelung, 2009, 147 (156); Schramm, Ehe und Familie im Strafrecht, 2011, S. 148 mit krit. Bespr. Hörnle JZ 2013, 1095; Roxin/Greco StrafR AT I § 16 Rn. 87; krit. Haverkamp GA 2006, 586 (593, 595); anders Byrd in Bottke, Familie als zentraler Grundwert demokratischer Gesellschaften, 1994, S. 117, 125; sa Nothhafft MschrKrim 1999, 111; „empirische Erkenntnisse" bei Gropengießer, Der Haustyrannenmord, 2008, S. 5, 80–175, der vier Fallvarianten „durchspielt"; zur Haustyrannentötung im „Justizkulturvergleich" Schroeder FS Kühne, 2013, 815); auch bei zugespitzter Notlage lehnt der BGH § 34 mangels Überwiegens des Lebens der Familienmitglieder gegenüber dem Leben des Familientyrannen ab (BGHSt 48, 255 (260) = NJW 2003, 2464 mit krit. Bespr. Otto NStZ 2004, 142; Hillenkamp FS Miyazawa, 1995, 141, der aber iE zustimmt; zust. auch Zieschang StrafR AT Rn. 264; anders mit beachtlichen Gründen Frister StrafR AT § 17 Rn. 29; Krey/Esser StrafR AT Rn. 629; Erb in MüKoStGB Rn. 235–237). Bedeutsam ist diese Sonderform des Defensivnotstandes namentlich bei Abwehrhandlungen gegen Dauergefahren (aM Frister StrafR AT § 17 Rn. 25, der eine dem gegenwärtigen Angriff entsprechende Unmittelbarkeit der Gefahr verlangt), etwa gegen Nötigungen und Erpressungen, wenn sie den Voraussetzungen des § 32 nicht genügen (→ § 32 Rn. 4; → § 201 Rn. 13; zu weiteren Fallgruppen Pawlik GA 2003, 12 (17ff.)). Für eine gesetzliche, dem BGB entsprechende

Trennung von Aggressiv- und Defensivnotstand im StGB Günther FS Amelung, 2009, 147 (156).

10 dd) Wer **Garant** (→ § 13 Rn. 6) für das Erhaltungsgut ist, darf in Rechtsgüter Unbeteiligter nur wie jeder Dritte eingreifen, und zwar auch dann, wenn die Garantenstellung auf enger Familienbindung beruht (hM; zusf. Küper JZ 1976, 110 (120)).

11 ee) Bei der **Kollision verschiedenartiger Rechtsgüter** (zB bei einer nach § 168 tatbestandsmäßigen Entnahme von Leichenblut zur Wahrnehmung eines Beweisinteresses) können gesetzliche Wertungen in vergleichbaren Zusammenhängen (zB Zulässigkeit von Blutentnahmen nach der StPO) Hinweise für die Abwägung bieten (Roxin JuS 1976, 505 (510)).

12 ff) Speziell zur Interessenabwägung bei **staatlicher** Gefangenenfreigabe auf Grund Erpressung nach Geiselnahme (zB Entführungsfälle Lorenz und Schleyer) vgl. ua BVerfGE 46, 160 = NJW 1977, 2255; BVerfGE 46, 214 = NJW 1977, 2355; Krey ZRP 1975, 97; Küper, Darf sich der Staat erpressen lassen?, 1986; krit. Fischer Rn. 22.

13 gg) Eine selbständige Pflicht zu **sorgfältiger Prüfung der Sachlage** (im Sinne eines subjektiven Rechtfertigungselements) ist dem § 34 nicht zu entnehmen (Rath, Das subjektive Rechtfertigungselement, 2002, S. 186; Kühl StrafR AT § 8 Rn. 186; Zieschang in LK-StGB Rn. 77; aM BWME StrafR AT § 17 Rn. 84; Paeffgen in NK-StGB, Vor §§ 32 ff. Rn. 131–137); jedoch kann das Fehlen einer solchen Prüfung für den Rettungswillen und die Beurteilung von Irrtümern des Täters erheblich sein (→ § 17 Rn. 17, 18).

14 3. **Spezielle gesetzliche Konkretisierungen** von Notrechten, zB die Notwehr (§ 32), der Defensiv- und der Aggressivnotstand des bürgerlichen Rechts (§§ 228, 904 BGB) und das Festnahmerecht des Bürgers (§ 127 I StPO), gehen dem § 34 vor (Mansel in Jauernig BGB § 228 Rn. 5, § 904 Rn. 8); wieweit sie allerdings bei Fehlen ihrer Voraussetzungen auch den Rückgriff auf diese Vorschrift versperren, ist noch nicht abschließend geklärt und hängt von dem Verhältnis der Rechtfertigungsgründe untereinander und ihren Regelungsbereichen ab (vgl. ua Warda FS Maurach, 1972, 143; Seelmann, Das Verhältnis von § 34 StGB zu anderen Rechtfertigungsgründen, 1978; Seelmann ZStW 95 (1983), 797 (808); Peters GA 1981, 445; Thiel, Die Konkurrenz von Rechtfertigungsgründen, 2000, S. 50, 148, 225; sa Günther FS Amelung, 2009, S. 361). Wenn besondere Vorschriften auf Grund gesetzlicher Bewertung bestimmter Interessenkonflikte **staatliche Eingriffsbefugnisse** abschließend regeln, wie das zB für die StPO im Hinblick auf die Beschaffung von Beweismitteln zutrifft (BGHSt 34, 39 = NJW 1986, 2261), scheidet § 34 als Auffangnorm grds. aus (Perron in Schönke/Schröder, Rn. 6, 7; str.; speziell zum Einsatz Verdeckter Ermittler bei der Bekämpfung von Kinderpornografie im Internet Soiné NStZ 2003, 225 (229)); soweit jedoch solche speziellen Regelungen fehlen oder nicht als abschließend zu verstehen sind, kann bei **hoheitlichem Handeln von Amtsträgern** die rechtfertigende Wirkung des § 34 nicht grds. ausgeschlossen werden (BGHSt 27, 260 = NJW 1977, 2364; OLG Frankfurt a. M. NJW 1975, 271; OLG Saarbrücken NStZ 1991, 386 mkritAnm Krehl; Schaffstein GS Schröder, 1978, 97 (114); Gössel JuS 1979, 162; Bottke JA 1980, 93 (95); Ostendorf JZ 1981, 165 (171); krit. Analyse der Rspr. bei Hirsch FG BGH, 2000, 199 (209); aM de Lazzer/Rohlf JZ 1977, 207 (212); Amelung NJW 1977, 833; Jakobs in Eser RuE IV S. 143, 162; Joecks/Jäger StGB Rn. 40–43; Neumann in NK-StGB

Rn. 113–116; Engländer in Matt/Renzikowski Rn. 43; Zieschang in LK-StGB Rn. 6–20; sa Hassemer FS Coing, 1982, 493 (508, 523); Küper JZ 1976, 77; speziell zu milieubedingten rechtsextremistischen Straftaten – §§ 86, 86a, 130 – von V-Leuten Kubiciel NStZ 2003, 57, zum Einsatz von V-Leuten der Nachrichtendienste zur Informationsbeschaffung BGH NStZ 2011, 153 mit krit. Bespr. Soiné NStZ 2013, 83 (87); OLG Düsseldorf NStZ 2013, 590 mit krit. Bespr. Soiné GA 2014, 527); jedoch fließen hier – mindestens unter dem Gesichtspunkt der Angemessenheit – auch öffentlich-rechtliche Wertungen der Gesamtrechtsordnung, namentlich des Grundgesetzes, in die Beurteilung ein (Grebing GA 1979, 81 (93, 99, 102)). Zur aktuell virulenten Problematik der möglichen Rechtfertigung von Folter zum Lebensschutz → § 32 Rn. 17a. Zum ebenfalls aktuellen Problem des Ankaufs von Kontodaten von „Steuerhinterziehern“ durch staatliche Stellen (nicht §§ 257, 259) vgl. § 34 abl. Sieber NJW 2008, 881 (885); Trüg/Habetha NJW 2008, 887 (890); Fahl ZJS 2009, 61 (68); Ignor/Jahn JuS 2010, 390 (393); Satzger FS Achenbach, 2011, 447 (460). Ob rechtfertigender Notstand zugleich eine öffentlich-rechtliche Eingriffsermächtigung begründet, ist ebenso wie bei der Nothilfe umstritten (→ § 32 Rn. 17).

4. Im Gesetz nicht geregelt ist die sog. **Pflichtenkollision,** die voraussetzt, dass der Träger zweier rechtlicher (nicht nur sittlicher oder religiöser; unrichtig AG Balingen NJW 1982, 1006; krit. Böse ZStW 113 (2001), 40 (46) Fn. 34) Pflichten durch Erfüllung der einen zwangsläufig die andere verletzen muss (RGSt 59, 404). Soweit sie – wie häufig – die Voraussetzungen des rechtfertigenden Notstandes erfüllt, steht der Anwendung des § 34 nichts entgegen (Neumann FS Roxin, 2001, 421 (428); Jescheck/Weigend StrafR S. 365; aM Zieschang in LK-StGB Rn. 5). Wenn eine Handlungs- mit einer Unterlassungspflicht kollidiert, ist das zugleich die einzige Möglichkeit der Rechtfertigung (Küper JZ 1976, 29; Küper JuS 2016, 1070; Roxin/Greco StrafR AT I § 16 Rn. 117; aM Hruschka FS Larenz, 1983, 257 (274); Otto Jura 2005, 470 (474); vgl. auch Joerden JahrbRuE 1997, 43 (47); Lampe FS Lenckner, 1998, 159 (172); Gropp FS Hirsch, 1999, 207 (212); Renzikowski JahrbRuE 2005, 643 (658); aus der (zivilrechtlichen) Rspr. vgl. OLG München MedR 2003, 174 mit (auch strafrechtlicher) Bespr. Ulsenheimer FS Eser, 2005, 1225 (1238); zw.). Bei einer Kollision **gleichwertiger** oder nur geringfügig verschiedenwertiger **Handlungspflichten** bildet dagegen der Pflichtenwiderstreit nach herrschender, in Einzelheiten allerdings sehr differenzierter Meinung die Grundlage für einen selbständigen übergesetzlichen Unrechtsausschluss bzw. Rechtfertigungsgrund (vgl. ua Mangakis ZStW 84 (1972), 447; Küper JuS 2016, 1070; Küper FS Rengier, 2018, 67; Hruschka JZ 1984, 241 (242); Lenckner GA 1985, 295 (304); Joerden, Dyadische Fallsysteme im Strafrecht, 1986, S. 82; Joerden JahrbRuE 1997, 43 (46); Joerden FS Otto, 2007, 331; Cortes Rosa Coimbra-Symposium, 1995, 183, 205; Gropp FS Hirsch, 1999, 216; Renzikowski JahrbRuE 2005, 657; Tag, Der Körperverletzungstatbestand im Spannungsfeld zwischen Patientenautonomie und Lex artis, 2000, S. 99; Satzger Jura 2010, 753 (755) mit BGHSt 48, 307 (311) = NJW 2003, 3787; Walter Kern des Strafrechts S. 144; Otto Jura 2005, 470 (471); Köhler StrafR AT S. 297; Krey/Esser StrafR AT Rn. 633; Roxin/Greco StrafR AT I § 16 Rn. 118–125; Kühl StrafR AT § 18 Rn. 134; Wessels/Beulke/Satzger StrafR AT Rn. 1036; Neumann in NK-StGB Rn. 124–133; Neumann FS Roxin, 2001, 421; sowie Neumann FS Yamanaka, 2017, 171; Rönnau in LK-StGB Vor § 32 Rn. 115–127; Hoyer in SK-StGB Vor § 32 Rn. 42; für analoge Anwendung des § 34 Stein in SK-StGB Vor § 13 Rn. 45. Grundwissen bei Rönnau 15

JuS 2013, 113). Nach verschiedenen Mindermeinungen werden diese Fälle auch dem Tatbestandsbereich (Freund, Erfolgsdelikt und Unterlassen, 1992, S. 281; Freund/Rostalski StrafR AT § 3 Rn. 43, 71, § 6 Rn. 96; Hoyer, Strafrechtsdogmatik nach Armin Kaufmann, 1997, S. 144; Hoyer ARSP-Beiheft 104 (1993), 99 (110); Scheid, Grund- und Grenzfragen der Pflichtenkollision beim strafrechtlichen Unterlassungsdelikt, 2000, S. 150, 157; Jäger, Zurechnung und Rechtfertigung als Kategorialprinzipien im Strafrecht, 2006, S. 30, besondere Form der Risikoverringerung), dem sog. „rechtsfreien Raum" (→ Vor § 32 Rn. 31), den „Strafunrechtsausschließungsgründen" (Günther FS Amelung, 2009, 331) oder dem übergesetzlichen schuldausschließenden Notstand (→ Vor § 32 Rn. 31; Gallas, Beiträge zur Verbrechenslehre, 1968, S. 59, 69; Jescheck/Weigend StrafR S. 368, 501; Fischer Rn. 11 a; Paeffgen in NK-StGB, Vor §§ 32 ff. Rn. 174, 295; Ulsenheimer FS Eser, 2005, 1240) zugeordnet. Zu „Erlaubniskollisionen" Joerden FS Otto, 2007, 331. Das Unrecht ist auch ausgeschlossen bei der Kollision gleichrangiger Unterlassungspflichten (Otto Jura 2005, 470 (473); aM Jescheck/Weigend StrafR S. 368, Schuldausschließungsgrund).

§ 35 Entschuldigender Notstand

(1) [1]**Wer in einer gegenwärtigen, nicht anders abwendbaren Gefahr für Leben, Leib oder Freiheit eine rechtswidrige Tat begeht, um die Gefahr von sich, einem Angehörigen oder einer anderen ihm nahestehenden Person abzuwenden, handelt ohne Schuld.** [2]**Dies gilt nicht, soweit dem Täter nach den Umständen, namentlich weil er die Gefahr selbst verursacht hat oder weil er in einem besonderen Rechtsverhältnis stand, zugemutet werden konnte, die Gefahr hinzunehmen; jedoch kann die Strafe nach § 49 Abs. 1 gemildert werden, wenn der Täter nicht mit Rücksicht auf ein besonderes Rechtsverhältnis die Gefahr hinzunehmen hatte.**

(2) [1]**Nimmt der Täter bei Begehung der Tat irrig Umstände an, welche ihn nach Absatz 1 entschuldigen würden, so wird er nur dann bestraft, wenn er den Irrtum vermeiden konnte.** [2]**Die Strafe ist nach § 49 Abs. 1 zu mildern.**

1 **1.** Der **Notstand** iSd § 35 ist nach der sog. Differenzierungstheorie (zusf. dazu Frister JuS 2013, 1057 (1062); Roxin/Greco StrafR AT I § 22 Rn. 1–6; krit. Koriath JahrbRuE 2003, 317 (319)) **Entschuldigungsgrund** (hM; vgl. schon BGHSt 2, 242 = BeckRS 1952, 31195702; Kindhäuser/Hilgendorf in LPK-StGB Rn. 1; anders Gimbernat FS Welzel, 1974, 485, und Bernsmann, „Entschuldigung" durch Notstand, 1989, S. 374, der einen Strafausschließungsgrund annimmt; krit. Schünemann FS Lampe, 2003, 537 (558); Köhler StrafR AT S. 334, Strafunrechtsausschließungsgrund; krit. zu beiden Pawlik JahrbRuE 2003, 287 (304); nach Renzikowski JahrbRuE 2003, 269 (284), ist im existenzbedrohenden Notstand die „öffentlich-rechtliche Verhaltensnorm" aufgehoben; als „Prototyp … aller Opportunitätsregeln zur menschlichen Schwäche" sieht Abs. 1 Walter Kern des Strafrechts S. 351). Er ist deshalb von dem rechtfertigenden Notstand nach § 34 und den rechtfertigenden zivilrechtlichen Notständen nach §§ 228, 904 BGB zu unterscheiden. Seine Anwendung ist subsidiär; sie kommt immer erst in Frage, wenn die Notstandshandlung eine rechtswidrige Tat bildet. Gegen diese ist Notwehr möglich (hM; Rogall in SK-StGB Rn. 1). Die **dogmatische Begründung** der Entschul-

digung ist umstritten (Bosch Jura 2015, 347 (348)). Überwiegend wird sie auf das Zusammentreffen eines gesteigerten Motivationsdrucks mit einer Unrechtsminderung gestützt, die sich aus dem Handeln zur Rettung des Erhaltungsguts ergibt (Jescheck/Weigend StrafR S. 477; Rogall in SK-StGB Rn. 2–4, 13; krit. Renzikowski JahrbRuE 2003, (269) 271; Frister JuS 2013, 1057 (1062); sa Schmidhäuser, Form und Gehalt der Strafgesetze, 1988, S. 58; Röttger, Unrechtsbegründung und Unrechtsausschluss, 1993, S. 246; rechtsvergleichend Wasek ZStW 105 (1993), 306), teils als Konkretisierung der an den Täter auf der Schuldebene zu stellenden Anforderungen verstanden (Frister, Die Struktur des „voluntativen Schuldelements“, 1993, S. 206; krit. Schünemann FS Lampe, 2003, 537); teils auf die Anerkennung der Existenz besonderer Solidaritätsverhältnisse zurückgeführt (Neumann in NK-StGB Rn. 6; beschränkt auf die Notstandshilfe Coninx JahrbRuE 2014, 117), teils auf das normativ bedeutsame Anliegen des Gefährdeten, überhaupt als Subjekt präsent zu bleiben (Pawlik JahrbRuE 2003, 287 (308 ff.) und teils auch nur mit generalpräventiven Gründen erklärt (Timpe JuS 1984, 859 (860); Roxin/Greco StrafR AT I § 22 Rn. 11; Hauck in Leipold/Tsambikakis/Zöller Rn. 1; krit. Pawlik JahrbRuE 2003, 287 (296); Renzikowski JahrbRuE 2003, 269 272; Frister JuS 2013, 1057 (1063)); eine vertragstheoretische Begründung bietet Momsen, Die Zumutbarkeit als Begrenzung strafrechtlicher Pflichten, 2006, S. 168, 537, der die (Un-)Zumutbarkeit als normatives Schuldelement versteht(S. 364), mit krit. Bespr. Pawlik HRRS 2008, 152; zusf. Hörnle JuS 2009, 873 (875 ff.), die Aufopferungspflichten ablehnt; Heinrich AL 2015, 89. Zum grundrechtlich geforderten Lebensnotstand Lagodny, Strafrecht vor den Schranken der Grundrechte, 1996, S. 410. Zur ratio des § 35 eing. Zimmermann, Rettungstötungen, 2009, S. 217. Zu den Entstehungsgründen und der dogmatischen Einordnung – Rechtsvergleichend mit der Schweiz Coninx JahrbRuE 2014, 117.

2. Die **Voraussetzungen** des Abs. 1 S. 1: 2

a) Gegenwärtige, nicht anders abwendbare Gefahr → § 34 Rn. 2, 3. Sie muss eine wirkliche, nicht nur angenommene sein. Ihre Ursache ist nicht für die Notstandslage, uU aber für die Zumutbarkeit (→ Rn. 6–8) bedeutsam; sie kann auch in dem nötigenden Druck eines Dritten bestehen (sog. Nötigungsnotstand, § 52 StGB aF; Heinrich AL 2015, 89 (95); Rogall in SK-StGB Rn. 16; → § 34 Rn. 2). Da die Notstandshandlung rechtswidrig ist, darf dem Täter keine andere rechtmäßige oder schonendere (BayObLG GA 1973, 208) – sei es auch weniger bequeme (BGH NJW 1952, 111) – Möglichkeit der Abwehr oder des Ausweichens (zB Notwehr oder Flucht) zu Gebote stehen (BGH NJW 1966, 1823 (1825); Kindhäuser/Hilgendorf in LPK-StGB Rn. 5). Die Maßstäbe decken sich weitgehend, aber nicht voll mit denen, die für die Notstandslage nach § 34 maßgebend sind (Lenckner FS Lackner, 1987, 95 (110); Rogall in SK-StGB Rn. 21–24). Dass der Täter eine Dauergefahr, die – auch als Bedrohung durch einen Gewalttäter (dazu Spendel FS Schmitt, 1992, 205) – eine gegenwärtige sein kann (BGH NJW 1951, 769), lediglich hinauszuschieben vermag, begründet die anderweitige Abwendbarkeit nicht (BGHSt 5, 371 = NJW 1954, 765; BGH NJW 1979, 2053); beim sog. Familientyrannen ist die Gefahr idR anders abwendbar (→ § 34 Rn. 9; dabei ist auch das GewSchG zu beachten). Zur Notstandslage Grundwissen bei Rönnau JuS 2016, 786 (788).

3 **b) Notstandsfähige Rechtsgüter** sind nur: das **Leben** (beachte dazu Küper JZ 1989, 617 (624)), hier mangels eines kriminalpolitischen Bedürfnisses nicht auch das ungeborene (Roxin JA 1990, 97 (101); Zieschang in LK-StGB Rn. 12; Müssig in MüKoStGB Rn. 13; Fischer Rn. 3; aM Bosch Jura 2015, 347 (349); Duttge in HK-StrafR § 35 Rn. 4; Rogall in SK-StGB Rn. 15); der **Leib** im Sinne körperlicher Unversehrtheit (§§ 223 ff.); jedoch genügt nach dem Normzweck (→ Rn. 11) nur die Gefahr erheblicher Verletzungen (AG Hanau DAR 1981, 226; Roxin JA 1990, 97 (101); krit. Walter Kern des Strafrechts S. 137: nicht höher als bei §§ 223, 229; weiter einschr. auf die Gefahr einer schweren Körperverletzung iSd § 226 Bernsmann ZStW 104 (1992), 290 (322); einschr. auch Pawlik JahrbRuE 2003, 287 (303); Hörnle JuS 2009, 873 (878)); die **Freiheit** im Sinne körperlicher Bewegungsfreiheit nach § 239 I (hM; vgl. etwa Hruschka NJW 1980, 21 (23); Schroeder JuS 1980, 336 (338); Rengier StrafR AT § 26 Rn. 6), nicht die allgemeine Handlungsfreiheit (Kindhäuser/Hilgendorf in LPK-StGB Rn. 3), auch nicht die Freiheit zur sexuellen Selbstbestimmung (hM; vgl. etwa Zieschang in LK-StGB Rn. 15; Neumann in NK-StGB Rn. 17; anders Roxin/Greco StrafR AT I § 22 Rn. 28; Engländer in Matt/Renzikowski Rn. 5; zw.), auch nicht das Recht auf ein gewissenskonformes Leben (AG Dannenberg NStZ-RR 2006, 385 (386)). Eine analoge Anwendung auf andere Güter- und Interessenkollisionen ist nicht möglich (hM; OLG Frankfurt a. M. StV 1989, 107; Engländer in Matt/Renzikowski Rn. 5; anders Timpe JuS 1984, 859 (863); speziell für den Nötigungsnotstand bei Gefahr für nichthöchstpersönliche Rechtsgüter Büsemann/Hömpler Jura 2010, 184); jedoch ist damit die Annahme eines selbständigen übergesetzlichen Notstandes nicht zwingend ausgeschlossen (→ Vor § 32 Rn. 31).

4 **c)** In **persönlicher Hinsicht** ist die Notstandshandlung beschränkt auf den Schutz von Rechtsgütern des **Täters,** eines **Angehörigen** (→ § 11 Rn. 2) oder einer **nahe stehenden Person,** dh einer mit dem Täter in Hausgemeinschaft lebenden oder ihm in ähnlicher Weise wie ein Angehöriger persönlich verbundenen Person (OLG Koblenz NJW 1988, 2317; Bosch Jura 2015, 347 (350); Heinrich AL 2015, 89 (93); Köhler StrafR AT S. 335; Zieschang in LK-StGB Rn. 33–35; beachte auch BVerfG NJW 1995, 2776).

5 **d) Subjektiv** ist das Bewusstsein und der Wille zur Gefahrenabwehr erforderlich (hM; vgl. etwa BGHSt 3, 271 = NJW 1953, 112; BGH NJW 1953, 112; Bosch Jura 2015, 347 (352); Roxin/Greco StrafR AT I § 22 Rn. 32; einschr. Momsen, Die Zumutbarkeit als Begrenzung strafrechtlicher Pflichten, 2006, S. 247; anders Timpe JuS 1984, 859 (860); Jakobs StrafR AT Abschn. 20 Rn. 11); andere Motive können daneben wirksam sein. Die Ursächlichkeit der psychischen Bedrängnis für den Handlungsentschluss wird bei Vorliegen der Gefahrabwendungsabsicht unwiderleglich vermutet (Zieschang in LK-StGB Rn. 39; krit. Küper JZ 1989, 617 (625)).

6 **3.** Liegen die Voraussetzungen des **Abs. 1 S. 1** vor, so ist die Annahme eines Notstandes idR begründet. **S. 2** bildet nur eine Ausnahme (BT-Drs. V/4095, 16; Rönnau JuS 2016, 786 (789); aM González-Rivero, Strafrechtliche Zuständigkeit bei Defektzuständen, 2001, S. 233; zu seiner dogmatischen Problematik Neumann, Zurechnung und „Vorverschulden", 1985, S. 207; Roxin JA 1990, 137; Momsen, Die Zumutbarkeit als Begrenzung strafrechtlicher Pflichten, 2006, S. 253, der S. 2 auf die Stufe des S. 1 hebt). Nach ihm tritt Entschuldigung nicht ein, wenn dem Täter die Hinnahme der Gefahr zumutbar war (OLG Oldenburg NJW 1988, 3217). Zusammenfassend zu S. 2 Hörnle JuS 2009, 873 (877–880); vertiefend Lerman

ZStW 127 (2015), 284, zu Fällen, in denen sowohl der Notstandstäter als auch das Opfer verpflichtet sind, die Gefahrenlage hinzunehmen.

a) Die **beiden Beispiele** der selbstverursachten Gefahr und des Bestehens eines besonderen Rechtsverhältnisses sollen den Bewertungsmaßstab der Zumutbarkeit verdeutlichen (BT-Drs. V/4095, 16; sa Momsen, Die Zumutbarkeit als Begrenzung strafrechtlicher Pflichten, 2006, S. 255; Heinrich AL 2015, 89 (94)). Sie sind nicht abschließend und binden auch nicht in dem Sinne, dass ihre Bejahung zwingend den Ausschluss des Notstandes ergibt (Jescheck SchwZStr 1975, 1 (28); Rogall in SK-StGB Rn. 7; Engländer in Matt/Renzikowski Rn. 8; Zieschang in LK-StGB Rn. 48; aM BWME StrafR AT § 23 Rn. 26–32); vielmehr entscheidet auch hier letztlich die Zumutbarkeit (hM; krit. zur Unbestimmtheit der Gefahrtragungsregel Bernsmann FS Blau, 1985, 23). 7

aa) Bei der **selbstverursachten Gefahr** sind die näheren Voraussetzungen der Zumutbarkeit umstritten (zum sog. „Wettermannfall" von RGSt 72, 246 jetzt Fahl JA 2013, 274). Mit Unterschieden iE wird ua darauf abgestellt, ob die Notstandslage objektiv pflichtwidrig (Wessels/Beulke/Satzger StrafR AT Rn. 441; Zieschang in LK-StGB Rn. 49; zusf. Bosch Jura 2015, 347 (352)) oder schuldhaft (Köhler StrafR AT S. 338; Perron in Schönke/Schröder Rn. 20; ähnlich Rogall in SK-StGB Rn. 33, nach Engländer in Matt/Renzikowski Rn. 9, Vorhersehbarkeit der Gefahr reicht) herbeigeführt wurde oder ob der Täter für ihren Grund zuständig war (Timpe JuS 1985, 35 (36); Müssig in MüKoStGB Rn. 55). Vorzugswürdig dürfte der Gesichtspunkt sein, ob der Täter sich ohne zureichenden Grund in eine Gefahr begeben hat, die voraussehbar zur Notstandslage führen konnte (Roxin JA 1990, 137 (139); Kindhäuser/Hilgendorf in LPK-StGB Rn. 11; ähnlich Pawlik JahrbRuE 2003, 287 (307); auch Hörnle JuS 2009, 873 (879); ähnlich Rengier StrafR AT § 26 Rn. 19; krit. Momsen, Die Zumutbarkeit als Begrenzung strafrechtlicher Pflichten, 2006, S. 322; vgl. auch BGH NJW 2000, 3079; bestätigt von BVerfG NJW 2001, 669 mit krit. Bespr. Otto JK StGB § 32 Rn. 26 zum Mord an einem DDR-Grenzsoldaten durch einen Fluchtwilligen); das wird man für die Ehefrau eines sog. Familientyrannen nicht annehmen können (BGHSt 48, 255 (259) = NJW 2003, 2464 mit zust. Bespr. Hillenkamp JZ 2004, 48 (51)). 8

bb) Das Merkmal des **besonderen Rechtsverhältnisses** stellt klar, dass die mit ihm verbundene Verschärfung des Maßstabs nicht allein aus moralischer Verpflichtung, sondern nur aus einem „Rechtsverhältnis", zB der Berufspflicht als Polizeibeamter, Soldat, Feuerwehrmann (Hörnle JuS 2009, 873 (879); Kühl StrafR AT § 12 Rn. 69), Seemann (zum Schiffskapitän nach § 109 SeemansG Esser/Bettendorf NStZ 2012, 233 (237)), Richter oder Arzt (BGH NJW 1964, 730), abgeleitet werden kann (BT-Drs. V/4095, 16; Momsen, Die Zumutbarkeit als Begrenzung strafrechtlicher Pflichten, 2006, S. 339). Die Pflichtenstellung muss gegenüber der Allgemeinheit bestehen (Momsen, Die Zumutbarkeit als Begrenzung strafrechtlicher Pflichten, 2006, S. 340; Engländer in Matt/Renzikowski Rn. 11; Perron in Schönke/Schröder, Rn. 22–24; aM Zieschang in LK-StGB Rn. 53); hier nicht erfasst werden daher Schutzpflichten gegenüber Einzelnen (→ Rn. 11), wohl aber gesetzliche Duldungspflichten, die sich aus rechtmäßigen Einwirkungen staatlicher Organe ergeben (Roxin JA 1990, 137 (138); Pawlik JahrbRuE 2003, 287 (305); Kölbel, Selbstbelastungsfreiheiten, 2006, S. 444, 448; Zieschang in LK-StGB Rn. 68), zB die Vollstreckung eines Haftbefehls (RGSt 54, 338), die Vollziehung einer Freiheitsstrafe oder die Verurteilung eines Unschuldigen zu Strafe (Vormbaum JuS 1980, 367 (368)), anders jedoch bei langjähriger Freiheitsstrafe (Frister 9

StrafR AT § 20 Rn. 15; Kühl StrafR AT § 12 Rn. 79; Perron in Schönke/Schröder, Rn. 26).

10 cc) Auch bei **Notstandshilfe** ist die Zumutbarkeit auf den Notstandstäter, nicht auf die Sympathieperson, zu beziehen (hM; aM Momsen, Die Zumutbarkeit als Begrenzung strafrechtlicher Pflichten, 2006, S. 370; zusf. Gropengießer/Mutschler Jura 1995, 155 (158)). Bei **selbstverursachter Gefahr** wird ihm jedoch häufig nicht zumutbar sein, auf die Rettung der von ihm in Gefahr gebrachten Person zu verzichten (Jescheck/Weigend StrafR S. 485; Neumann in NK-StGB Rn. 38; Fischer Rn. 11; aM Engländer in Matt/Renzikowski Rn. 10; Zieschang in LK-StGB Rn. 65; sa Pawlik JahrbRuE 2003, 287 (313); Lerman ZStW 127 (2015), 284 (296)), während bei Bestehen eines **besonderen Rechtsverhältnisses** die Erfüllung der Schutzaufgabe regelmäßig vorgeht (hM; Rogall in SK-StGB Rn. 40; Engländer in Matt/Renzikowski Rn. 12). Hat umgekehrt der **gefährdete Dritte** die Gefahr selbst verursacht oder steht er in einem besonderen Rechtsverhältnis, so ist meist auch dem zu seinen Gunsten handelnden Notstandstäter die Hinnahme der Gefahr nach der Generalklausel des S. 2 zuzumuten (hM; vgl. etwa Krey Jura 1979, 316 (323); Krey/Esser StrafR AT Rn. 756; Timpe JuS 1985, 35 (38); diff. Roxin JA 1990, 137 (139)).

11 **b) Über die Regelbeispiele** (→ Rn. 7–10) hinaus hat S. 2 vor allem Bedeutung, wenn gegenüber Einzelnen besondere Schutz- oder Obhutspflichten bestehen (zB aus freiwilliger Übernahme oder aus enger Familien-, Lebens- oder Gefahrengemeinschaft, → § 13 Rn. 9, 10; Roxin/Greco StrafR AT I § 22 Rn. 53; speziell zur Tötung des sog. Familientyrannen BGHSt 48, 255 (259) = NJW 2003, 2464 mit Bespr. Hillenkamp JZ 2004, 48 (51)). Ferner folgt aus S. 2, dass zwischen der Schwere der Gefahr und der rechtswidrigen Notstandstat eine gewisse **Proportionalität** bestehen muss (hM; vgl. RGSt 66, 397; Kindhäuser/Zimmermann StrafR AT § 24 Rn. 10; Rogall in SK-StGB Rn. 19; Engländer in Matt/Renzikowski Rn. 13; krit. Joerden in Wolf, Kriminalität im Grenzgebiet, 2002, S. 33, 50; Zieschang in LK-StGB Rn. 62; enger Pawlik JahrbRuE 2003, 287 (316); Renzikowski JahrbRuE 2003, 269 (282); krit. Momsen, Die Zumutbarkeit als Begrenzung strafrechtlicher Pflichten, 2006, S. 378); sog. „Jedermannsgefahren", denen in Hungersnöten, Kriegs- und Nachkriegszeiten oder ähnlichen Mangellagen die ganze Bevölkerung (oder doch deren Mehrheit) ausgesetzt ist, sind hinzunehmen (Engländer in Matt/Renzikowski Rn. 14 „Sozialnot"), wenn dem nicht besondere Umstände entgegenstehen (Roxin JA 1990, 97 (101), der allerdings schon das Vorliegen einer Leibesgefahr verneint; ebenso Kühl StrafR AT § 12 Rn. 33, 44, 91).

12 **c)** Die in S. 2 vorgesehene **fakultative besondere gesetzliche Milderung** iSd § 49 I (→ § 49 Rn. 2–4; → § 49 Rn. 8–11; beachte auch § 50) gilt grds., wenn zwar die Voraussetzungen des S. 1 erfüllt sind, dem Täter aber die Hinnahme der Gefahr zuzumuten war. Ausgenommen sind nur die Fälle, in denen die Zumutbarkeit für den Täter (nicht lediglich für die nahe stehende Person, Krey Jura 1979, 316 (324)) auf dem Bestehen eines besonderen Rechtsverhältnisses beruht. Wer spezifische Schutzpflichten übernommen hat, soll nicht darauf vertrauen können, dass er bei Versagen milde angefasst wird (Prot. 5, Nr. 2111; krit. Stree JuS 1973, 461 (471)); das schließt jedoch eine mildernde Berücksichtigung des auch hier meist gesteigerten Motivationsdrucks im ordentlichen Strafrahmen nicht aus (BT-Drs. V/4095, 16; Roxin/Greco StrafR AT I § 22 Rn. 56).

4. Abs. 2 enthält eine ausdrückliche Regelung des früher (BGHSt 5, 371 = NJW 1954, 765; BGHSt 18, 311 = NJW 1963, 1258; Vogler GA 1969, 103) umstrittenen Irrtums über die tatsächlichen Voraussetzungen des Notstandes; erfasst sind etwa das Übersehen oder Nichtbedenken anderer Auswege (BGHSt 48, 255 (261) = NJW 2003, 2464 mit zust. Bespr. Rengier NStZ 2004, 233 (239); krit. Haverkamp GA 2006, 586 (599); sa BGH NStZ-RR 2006, 200; zusf. Bosch Jura 2015, 347 (354)); der Irrtum ist auch beachtlich, wenn er sich nur auf die negativen Voraussetzungen des Abs. 1 S. 2 bezieht (hM; vgl. Hardtung ZStW 108 (1996), 26; aM Jakobs StrafR AT Abschn. 17 Rn. 78; zw.). Als solcher ist er weder Tatbestands- noch Verbotsirrtum, sondern ein Irrtum eigener Art (hM; vgl. etwa Roxin/Greco StrafR AT I § 22 Rn. 61; Momsen, Die Zumutbarkeit als Begrenzung strafrechtlicher Pflichten, 2006, S. 371; krit. Frister JuS 2013, 1057; rechtsvergleichend Cortes Rosa Coimbra-Symposium, 1995, 183, 188), der lediglich den für den Verbotsirrtum geltenden Regeln unterworfen ist (→ § 17 Rn. 7, 8); jedoch behandelt S. 2 den Irrtum mit Rücksicht auf den gesteigerten Motivationsdruck, der der wirklichen Notstandslage psychologisch gleichwertig ist (BT-Drs. V/4095, 16; Müssig in MüKoStGB Rn. 78, fehlende Rechtsfeindschaft), als **obligatorischen besonderen gesetzlichen Milderungsgrund** iSd § 49 I (→ § 49 Rn. 2, 3, 8–11; beachte auch § 50). Abs. 2 ist auf den Irrtum über die tatsächlichen Voraussetzungen eines **übergesetzlichen schuldausschließenden Notstandes** (→ Vor § 32 Rn. 31) entsprechend anwendbar (Küper JZ 1989, 617 (626); Hardtung ZStW 108 (1996), 48; aus „postfinalistischer Sicht" abl. Walter Kern des Strafrechts S. 352; zw.); ob weitere Möglichkeiten analoger Anwendung bestehen, ist noch wenig geklärt (näher Hardtung ZStW 108 (1996), 46; Walter Kern des Strafrechts S. 353, der auch Strafausschließungsgründe aus dem BT einbeziehen will; → Vor § 13 Rn. 29). 13

5. Nach der **Rspr.** ist der Notstandstäter zu **gewissenhafter Prüfung** der möglichen Auswege aus der Gefahr verpflichtet (BGHSt 48, 255 (262) = NJW 2003, 2464; BGH NStZ 1992, 487; Fischer Rn. 18; krit. Hirsch FG BGH, 2000, 199 (211)); die Anforderungen sind umso strenger, je schwerer die Notstandshandlung wiegt (BGHSt 18, 311 = NJW 1963, 1258; Heinrich AL 2015, 89 (95)), während umgekehrt die Prüfungspflicht ganz entfallen kann, wenn nach den Umständen sofortiges Handeln zur Vermeidung von Rechtseinbußen geboten ist und Überlegungszeit nicht zur Verfügung steht oder die zumutbare Anwendung milderer Mittel nur entfernt in Frage kommt (BGH StV 1993, 583 = NStZ 1992, 487; sa BGHSt 48, 255 (262) = NJW 2003, 2464; mit Bespr. Kargl Jura 2004, 189 (190), lange Überlegungsfrist vor Tötung des sog. Familientyrannen; ebenso LG Offenburg StV 2003, 672 (674), das aber S. 2 anwenden will). Ebensowenig wie beim rechtfertigenden Notstand (→ § 34 Rn. 13; → § 17 Rn. 17) ergibt sich aber eine selbständige Pflicht dieser Art aus dem Gesetz. Jedoch kann das Unterlassen einer solchen Prüfung die Vermeidbarkeit des Irrtums über die Notstandsvoraussetzungen (→ Rn. 13) begründen, uU sogar für die Zumutbarkeit (→ Rn. 6) Bedeutung gewinnen, wenn nach den Umständen vom Täter erwartet werden musste, dass er zur Schadensbegrenzung zunächst die Wirksamkeit milderer Mittel erprobte (iErg ebenso BGH NStZ 1992, 487). 14

6. Bei **Beteiligung mehrerer** ist nach § 29 nur entschuldigt, wer in seiner Person die Notstandsvoraussetzungen erfüllt (hM; vgl. Roxin JA 1990, 137 (143); Engländer in Matt/Renzikowski Rn. 18; Renzikowski in Maurach/Gössel/Zipf StrafR AT II § 53 Rn. 23; anders Rogall in SK-StGB Rn. 51). 15

5. Titel. Straflosigkeit parlamentarischer Äußerungen und Berichte

§ 36 Parlamentarische Äußerungen

[1]Mitglieder des Bundestages, der Bundesversammlung oder eines Gesetzgebungsorgans eines Landes dürfen zu keiner Zeit wegen ihrer Abstimmung oder wegen einer Äußerung, die sie in der Körperschaft oder in einem ihrer Ausschüsse getan haben, außerhalb der Körperschaft zur Verantwortung gezogen werden. [2]Dies gilt nicht für verleumderische Beleidigungen.

1 **1.** § 36 betrifft die **Indemnität** von Mitgliedern bestimmter Verfassungsorgane. Staatsrechtlich ist die Frage für die Mitglieder des Bundestages in Art. 46 I GG, der Bundesversammlung in § 7 des Gesetzes v. 25.4.1959 (BGBl. I 230) und der Gesetzgebungsorgane der Länder in den Landesverfassungen geregelt. Da diese jedoch nicht voll übereinstimmen, besteht die Funktion des § 36 darin, für den Anwendungsbereich des materiellen Strafrechts (StGH Bremen MDR 1968, 24; OLG München JuS 1975, 326; aM Walter JZ 1999, 981 (984)) Voraussetzungen und Grenzen der Indemnität in Übereinstimmung mit Art. 46 I GG bundeseinheitlich zu regeln (BT-Drs. V/4095, 17); insoweit abweichendes Landesrecht, auch Landesverfassungsrecht (zB Art. 51 II BayGO, Kuhn BayVBl. 1989, 169), ist unwirksam (hM; vgl. etwa OLG Celle NdsRpfl 2014, 280; Walter JZ 1999, 981; str.).

2 **2. Bundestag** vgl. Art. 38 ff. GG. **Bundesversammlung** Art. 54 GG. Welche Körperschaften **Gesetzgebungsorgane der Länder** sind, ergibt sich aus den Landesverfassungen; auch die Bürgerschaften der Stadtstaaten (Berlin, Bremen, Hamburg) werden erfasst. **Regierungsmitglieder** gehören dagegen nicht hierher; sind sie zugleich Abgeordnete, so genießen sie Indemnität nur, wenn sie sich in dieser Rolle, also nicht in ihrer Eigenschaft als Regierungsmitglieder äußern (hM; anders Graul NJW 1991, 1717; zw.).

3 **3.** Die Indemnität schafft nur einen persönlichen **Strafausschließungsgrund,** so dass nicht nur Notwehr, sondern auch strafbare Teilnahme möglich ist (hM; vgl. etwa Hoyer in SK-StGB Vor §§ 36, 37 Rn. 3; Häger in LK-StGB Rn. 9; Hauck in Leipold/Tsambikakis/Zöller Rn. 1; anders Schünemann GA 1986, 293 (304); Jakobs StrafR AT Abschn. 10 Rn. 16; Roxin/Greco StrafR AT I § 23 Rn. 26; Neumann in NK-StGB Rn. 3); auf die irrige Annahme ihrer Voraussetzungen ist § 16 I daher unanwendbar (Warda Jura 1979, 286 (291)).

4 **4.** Mit der Indemnität nicht zu verwechseln ist die **Immunität,** die für BTags-Abgeordnete in Art. 46 II–IV GG und für Landtagsabgeordnete in den Landesverfassungen sowie in § 152a StPO geregelt ist. Sie bildet nur ein Verfahrenshindernis (hM).

5 **5.** Geschützt sind nur Äußerungen in der Körperschaft oder einem ihrer Ausschüsse. Auch die Fraktionen und deren Arbeitskreise gehören dazu (BT-Drs. V/4095, 17; Hauck in Leipold/Tsambikakis/Zöller Rn. 5; aM Perron in Schönke/Schröder Rn. 4), ebenso der Gemeinsame Ausschuss nach Art. 53a GG, der Vermittlungsausschuss nach Art. 77 II GG (Neumann in NK-StGB Rn. 11) und der Richterwahlausschuss nach Art. 95 II GG, wiewohl sie keine Ausschüsse des Bundestages, sondern gemischte Gremien sind (Häger in LK-StGB Rn. 33; zweifelnd

noch BT-Drs. V/4095, 17; anders Voraufl.); da es sich um eine Straffreistellung handelt, steht § 1 dieser Erstredckung nicht entgegenes.

6. Strafausschluss tritt nicht ein bei **verleumderischen Beleidigungen** 6
(Hauck in Leipold/Tsambikakis/Zöller Rn. 5) nach §§ 187, 188 II, 90 III.

§ 37 Parlamentarische Berichte

Wahrheitsgetreue Berichte über die öffentlichen Sitzungen der in § 36 bezeichneten Körperschaften oder ihrer Ausschüsse bleiben von jeder Verantwortlichkeit frei.

1. Die Vorschrift beruht auf dem Grundgedanken, dass neben der parlamentari- 1
schen Äußerung (§ 36) auch deren Bekanntgabe an eine breitere Öffentlichkeit von jeder staatlichen Sanktion freigehalten werden soll. Die Rechtsnatur der hier gewährten **Indemnität** (Freistellung von jeder Verantwortlichkeit) ist umstritten. Die hM nimmt Rechtfertigung an (OLG Braunschweig NJW 1953, 516; Jakobs StrafR AT Abschn. 16 Rn. 30; Maurach/Schroeder/Maiwald/Hoyer/Momsen StrafR BT § 26 Rn. 3; Roxin/Greco StrafR AT I § 23 Rn. 14; Neumann in NK-StGB Rn. 2; Häger in LK-StGB Rn. 10). Soweit jedoch ein Bericht nicht schon wegen seiner Bedeutung für eine authentische Information der Bürger durch Wahrnehmung berechtigter Interessen gerechtfertigt ist (Kühl in Löffler LPG § 20 Rn. 106), trägt der Grundgedanke des § 37 die Annahme rechtmäßigen Verhaltens bei der Veröffentlichung ehrenrühriger, selbst verleumderischer, oder unwahrer Äußerungen nicht. Wenn gegen die Äußerung Notwehr möglich ist (→ § 36 Rn. 3), sollte sie auch gegenüber Berichten über diese Äußerung möglich sein. Es liegt deshalb nur ein **Strafausschließungsgrund** vor, der nicht auf die Person des Berichterstatters beschränkt ist (so aber Gropp/Sinn StrafR AT § 8 Rn. 15), sondern sachlich wirkt und dadurch strafbare Teilnahme ausschließt (BWME StrafR AT § 7 Rn. 29; Jescheck/Weigend StrafR S. 188; Hoyer in SK-StGB Vor §§ 36, 37 Rn. 3; Perron in Schönke/Schröder Rn. 1).

2. Die Vorschrift betrifft nur **öffentliche Sitzungen** der in § 36 bezeichneten 2
Körperschaften und ihrer Ausschüsse (→ § 36 Rn. 2, 5); für Berichte aus dem BT bedeutet sie nur eine Wiederholung des Art. 42 III GG (Hauck in Leipold/Tsambikakis/Zöller Rn. 3). Im Übrigen erfasst die Indemnität nur wahrheitsgemäße schriftliche und mündliche **Berichte,** die den Verlauf der Sitzungen sachlich schildern, dagegen nicht die Wiedergabe einzelner Reden oder Äußerungen (RGSt 18, 207), auch nicht Berichte über Sitzungen von nicht zur Bundesrepublik gehörenden Körperschaften (BGH NJW 1954, 1252).

3. Abschnitt. Rechtsfolgen der Tat

Vorbemerkung

1 **1.** Das **Rechtsfolgensystem** des StGB ist ein **zweispuriges** (dualistisches) **System** (rechtsvergleichend Jescheck in Jescheck, Die Freiheitsstrafe und ihre Surrogate im deutschen und im ausländischen Recht, 1984, Bd. 3, S. 1939; zur Zukunft der Zweispurigkeit nach den Urteilen des BVerfG und des EGMR Kaspar ZStW 127 (2015), 654; rechtsgeschichtlich Eser FS Müller-Dietz, 2001, 213; Laue in Maurach/Gössel/Zipf StrafR AT II § 67 Rn. 2–5; sa Zieschang, Das Sanktionensystem in der Reform des französischen Strafrechts im Vergleich zum deutschen Strafrecht, 1992; Brodowski ZStW 127 (2015), 721). Es unterscheidet grds. zwischen **Strafen** (Haupt- und Nebenstrafen), die dem Schuldprinzip unterworfen sind (§§ 38ff.), und **Maßregeln,** die dem Schutz der Allgemeinheit vor dem gefährlichen Täter dienen (§§ 61ff.; vgl. etwa Eser FS Müller-Dietz, 2001, 235; Walter JA 2015, 87; krit. zu dieser sog. „Rechtsfolgendoktrin" Hassemer/Neumann in NK-StGB Vor § 1 Rn. 300, der die Gemeinsamkeiten betont; zur Unterscheidbarkeit und Übereinstimmung sa Frisch ZStW 102 (1990), 343 (355)); einige besondere strafrechtliche Maßnahmen, bei denen der Straf- oder Maßregelcharakter nicht eindeutig bestimmt oder bestimmbar ist (zB Einziehung, Unbrauchbarmachung), bilden nur Ausnahmen von der Regel (Laue in Maurach/Gössel/Zipf StrafR AT II § 67 Rn. 1; krit. Müller-Dietz, Grundfragen des strafrechtlichen Sanktionensystems, 1979, S. 67). Diese Entscheidung für die Zweispurigkeit beruht auf der früher unbestrittenen, in jüngerer Vergangenheit aber auch international zunehmend in Frage gestellten Annahme, dass der Schutzzweck des Strafrechts mit dem Mittel der Strafe allein nicht hinreichend erfüllt werden kann (→ § 61 Rn. 2).

2 **2.** Zur **tatsächlichen Anwendung** des geltenden Rechtsfolgesystems in der Praxis unter dem Gesichtspunkt, ob und wieweit die mit ihm verfolgten gesetzgeberischen Ziele erreicht wurden, vgl. ua Heinz ZStW 94 (1982), 632; ZStW 111 (1999), 461; sowie Heinz FS Strätz, 2009, 233; Terdenge, Strafsanktionen in Gesetzgebung und Gerichtspraxis, 1983; Dölling ZStW 104 (1992), 259; Schöch in Jehle, Kriminalprävention und Strafjustiz, 1996, S. 291; Meier JZ 2015, 488; Villmow in NK-StGB Rn. 16, 85–98; eing. Meier Sanktionen, 5. Aufl. 2019; Streng, Strafrechtliche Sanktionen, 3. Aufl. 2012.

2a **3.** In der **kriminalpolitischen Diskussion** um die vorzugswürdige Gestaltung des **Strafensystems** (zum Maßregelsystem → § 61 Rn. 2) haben sich seit In-Kraft-Treten des 2. StrRG (→ Vor § 1 Rn. 4) die Gewichte nicht unerheblich verschoben. Gegenwärtig stehen sich – zT nur schwer vereinbar – Tendenzen gegenüber, die einerseits auf deutliche Verstärkung der in der Strafrechtsreform angelegten Humanisierung des Strafrechts (→ Rn. 3), andererseits aber auf dessen nachdrückliche Verschärfung zur Gewährleistung der inneren Sicherheit (→ Rn. 4–22) gerichtet sind (zu den Gründen für diese Spannungen Jung GA 1996, 507; → Vor § 13 Rn. 3); zu neueren „Entwicklungen im strafrechtlichen Rechtsfolgensystem" Meier StV 2008, 263; Meier Sanktionen, 5. Aufl. 2019, S. 465; „60 Leitsätze für das Sanktionensystem" formuliert Geiger, Die Rechtsnatur der Sanktion, 2006, S. 338–350.

4. Seit der **Resozialisierungsgedanke** – auch international – wegen der insgesamt enttäuschenden Erfolge stationärer Behandlung von Straftätern unter dem Stichwort „Behandlungseuphorie" **an Boden verloren** hat (Jescheck ZStW 91 (1979), 1037; Villmow in NK-StGB Rn. 28, 29, 65; diff. Lüderssen JA 1991, 222; neuerdings werden durch Befunde der Sanktionsforschung wieder „Erfolge" konstatiert, Meier JZ 2010, 112), außerdem über die Möglichkeiten und Ergebnisse praxisunterstützender kriminologischer Forschung Ernüchterung eingetreten ist (Bock ZStW 102 (1990), 504; Dünkel/Flügge/Lösch/Pörksen ZRP 2010, 175 (178)) und dadurch in der Kosten-Nutzen-Analyse die negativen Aspekte der Freiheitsstrafe stärker zu Buch schlagen, haben sich zahlreiche, noch nicht ausdiskutierte Tendenzen entwickelt mit dem Ziel, die Freiheitsstrafe durch ambulante Sanktionsformen weiter zurückzudrängen (zusf. Dölling ZStW 104 (1992), 259; Schöch FS Schüler-Springorum, 1993, 245; Jung/Müller-Dietz, Langer Freiheitsentzug – wie lange noch?, 1994; für eine „Laufzeitleistungsstrafe" Mühl, Strafrecht ohne Freiheitsstrafen – absurde Utopie oder logische Konsequenz, 2015; Villmow in NK-StGB Rn. 30–40; krit. Bertram NJW 1994, 1045; Weßlau StV 1999, 278). Meist geht es dabei um die (teilweise oder vollständige) Ersetzung der Strafe durch selbständige oder ergänzende Ersatzsanktionen und um die Erweiterung von Bewährungsmöglichkeiten (zur Bedeutung der Mediation Kaspar NJW 2015, 1642). Hierher gehören namentlich der Täter-Opfer-Ausgleich (Kilchling, Täter-Opfer-Ausgleich im Strafvollzug, 2017) und die Intensivierung der Schadenswiedergutmachung (→ § 46a Rn. 1; bilanzierend Meier JZ 2015, 488 (493)) sowie die Ermöglichung freier Arbeit (→ § 40 Rn. 20), die inzwischen im Gesetz – wenn auch unvollkommen – geregelt sind. Erörtert werden ferner die Erstreckung des Anwendungsbereichs der Strafaussetzung auf längere Freiheitsstrafen, die Einführung der Möglichkeit, Geldstrafen zur Bewährung auszusetzen, die Erweiterung des Anwendungsbereichs der Verwarnung mit Strafvorbehalt und die Umwandlung des Fahrverbots in eine Hauptstrafe (vgl. Zopfs FS Wolter, 2013, 815); auch der Vorschlag, eine Verurteilung auf Bewährung als selbständige Ersatzsanktion nach dem Vorbild des § 33 StGB/DDR; dazu Horn ZRP 1990, 81; sa Dünkel/Spiess BewH 1992, 117) und der als Experiment eingeführte elektronisch überwachte Hausarrest gehören hierher (dazu BR-Entwurf, BT-Drs. 14/1519; sa Ostendorf ZRP 1997, 473; LG Frankfurt a. M. NJW 2001, 697; Heghmanns ZRP 1999, 297; Dahs NJW 1999, 3469; Streng ZStW 111 (1999), 827 (848); Schädler/Wulf ua BewH 1999, 3 (11, 23, 31, 44, 51, 68, 75); Albrecht ua ZRP 2000, 466; Dünkel in NK-StGB § 38 Rn. 10; eing. Hûdy, Elektronisch überwachter Hausarrest, 1999; Wittstamm, Elektronischer Hausarrest?, 1999; Fünfsinn FS Eisenberg, 2009, 691; Krahl FS Seebode, 2008, 482). 3

Parallel zu diesen Bestrebungen wird unter dem Stichwort **„Diversion"** die Vermehrung informeller, justitielle Verfahren möglichst aussparender Formen der Erledigung von Straftaten erörtert (dazu ua Kerner, Diversion statt Strafe?, 1983; Herrmann ZStW 96 (1984), 455; Blau/Franke ZStW 96 (1984), 485; Blau Jura 1987, 25; Heinz MschrKrim 1987, 129; DVJJ-JOURNAL 1998, 245; DVJJ-JOURNAL 1999, 11; DVJJ-JOURNAL 1999, 131; DVJJ-JOURNAL 1999, 261; Jung, Sanktionensysteme und Menschenrechte, 1992, S. 129; Jung GA 1993, 535; v. d. Woldenberg, Diversion im Spannungsfeld zwischen „Betreuungsjustiz" und Rechtsstaatlichkeit, 1993; Villmow in NK-StGB Rn. 24, 25, 106). Der gesamte Fragenkreis war ua auch Gegenstand des 59. DJT (vgl. dazu die Verhandlungen der Strafrechtlichen Abteilung zum Thema „Empfehlen sich Änderungen und Ergänzungen bei den Strafrechtlichen Sanktionen ohne Freiheitsentzug?", Sitzungs- 3a bericht O, und die Beiträge zu deren Vorbereitung: Schöch, 59. DJT, Bd. I Gutachten, Teil D; Horn JZ 1992, 828; Pfeiffer ZRP 1992, 338; Rössner NStZ 1992, 409; Weigend GA 1992, 345; zusf. Berichte über den DJT und die Beschlüsse der strafrechtlichen Abteilung in 59. DJT, NJW 1992, 3011 (3021); JZ 1993, 84; beachte auch die zT zu weit gehenden Vorschläge bei Albrecht/Hassemer/Voß, Rechtsgüterschutz durch Entkriminalisierung, 1992). Der gegenwärtige (zT kontroverse) Diskussionsstand hat das BMJ veranlasst, eine unabhängige Sachverständigenkommission mit dem Prüfungsauftrag einzuberufen, ob und wie weit eine **Reform des Sanktionensystems** angezeigt ist. Die Kommission hat ihre Arbeit Anfang 1998 aufgenommen und nach dem Regierungswechsel auch weitergeführt. Die Ergebnisse sind inzwischen in dem „Abschlussbericht der Kommission zur Reform des strafrechtlichen Sanktionensystems" v. 20.3.2000 veröffentlicht worden (dazu und zu weiteren Länder-Entwürfen Stöckel FS Gössel, 2002, 329; Häger in LK-StGB Rn. 63–66 a). Auf seiner Grundlage hat das BMJ alsdann den „Referentenentwurf eines Gesetzes zur Reform des strafrechtlichen Sanktionssystems" (Stand 8.12.2000) zur Diskussion gestellt (näher Helgerth/Krauß ZRP 2001, 281; Franke ZRP 2002, 20; Wolters ZStW 114 (2002), 63; Kühl in Hess Wandel der Rechtsordnung S. 141; zusf. der instruktive Überblick über die „Wandlungen der Kriminalpolitik seit der Großen Strafrechtsreform", Kaiser FS Roxin, 2001, 989; Schöch in KSK Kriminologie § 7 Rn. 1–11; für neue Sanktionsformen Roxin GS Zipf, 1999, 135 (146); eher krit. Streng ZStW 111 (1999), 827). Nach einem weiteren Referentenentwurf vom Juni 2003 (vgl. Dünkel NKrimPol 2003, 123) lag zwischenzeitlich ein Regierungsentwurf eines Gesetzes zur Reform des Sanktionenrechts vor (BT-Drs. 15/2725; dazu Zypries StraFo 2004, 221 (222)), der aber gestoppt wurde. Plädoyer für rationale Reformen des strafrechtlichen Sanktionssystems Dünkel/Flügge/Lösch/Pörksen ZRP 2010, 175. Rechtsvergleichend mit England und Wales Wischmeyer ZStW 118 (2006), 773. Neue Kriminalsanktionen wie Konfiskation, Verfall, chemische Zwangsbehandlung von Sexualstraftätern und Wiedergutmachungsstrafe bei Hochmayr ZStW 124 (2012), 64; zur Schadenswiedergutmachung als Nebenstrafe Meier GS Walter, 2014, 743. Monographisch Weigel, Entwicklungslinien, Gegenwart und Perspektiven des strafrechtlichen Sanktionensystems, 2015.

4 **5.** Unter dem Eindruck **wachsender Kriminalität,** namentlich der organisierten Kriminalität sowie der Gewalt-, der Sexual- und der Massenkriminalität, hat sich etwa seit 1980 die Tendenz zur Aktivierung auch des materiellen Strafrechts zum Schutz der inneren Sicherheit signifikant verstärkt und zu einem höchst kontroversen Diskussionsstand in Bezug auf die Möglichkeiten geführt, mittels Ausdehnung des Strafbarkeitsbereichs zu dieser Sicherheit beizutragen. Auf der Gesetzgebungsebene stehen Bestrebungen zu weiterer rechtsstaatlich-liberaler Humanisierung und Entkriminalisierung (→ Rn. 3) nachhaltigen Forderungen zur Verschärfung nicht nur bei der schwersten Kriminalität, sondern auch bei ihren mittleren Formen zT schroff gegenüber (krit. zu dieser Entwicklung Hettinger, Entwicklungen im Strafrecht und Strafverfahrensrecht der Gegenwart, 1997, S. 9 mit Bespr. Zaczyk GA 1998, 197; zur Beurteilung der Sicherheitslage aus kriminologischer Sicht Schwind ZRP 1999, 107).

a) Die materiell-rechtlichen Programme des **OrgKG** mit seinen zahlreichen Qualifikationstatbeständen (→ Vor § 73 Rn. 1) und das **VerbrBG** (→ Vor § 1 Rn. 12), das einerseits den Täter-Opfer-Ausgleich weiter im Gesetz verankert (→ § 46 a Rn. 1), andererseits aber im BT viele Verschärfungen von Tatbeständen und Strafrahmen gebracht hat, spiegeln die auseinanderstrebenden Tendenzen wider. Schwerpunkte des VerbrBG sind erweiterte Vorschriften gegen den Rechtsextremismus (→ Vor § 130 Rn. 1), die Schließung von Strafbarkeitslücken im Bereich der organisierten Kriminalität (§§ 253, 256, 261, 275–276a) und die **Verschärfung von Strafrahmen** im Bereich der Körperverletzung (§§ 223–225, 340 aF; krit. dazu Hettinger GA 1995, 399). Beide Gesetze sind aus unmittelbar zeitbedingten Bedürfnissen entstanden und unter unangemessenem Zeitdruck verabschiedet worden. Sie sind, wie die zahlreichen aus ihnen erwachsenen Streitfragen belegen, als ad-hoc-Gesetze problematisch (überzogen jedoch die am Entw des VerbrBG geübte Kritik des Strafrechtsausschusses des DAV Bandisch StV 1994, 153; sowie Neumann StV 1994, 273; Frommel KJ 1994, 323 (327)).

b) In diesen Zusammenhang gehört ferner das **KorrBG** (→ Vor § 1 Rn. 13; Saliger FS Kargl, 2015, 493), das unter dem frischen Eindruck schwerer Korruptionsskandale entstanden, immerhin aber in einer breiten Diskussion nicht nur in den Medien, sondern auch in Fachkreisen erörtert worden ist (→ Vor § 298 Rn. 1). 5

c) Auch das **SexBG** (→ Vor § 1 Rn. 13) setzt ganz auf Stärkung des Sicherheitsinteresses der Allgemeinheit. Die Ausarbeitung der Entwürfe und ihre Beratung in den gesetzgebenden Körperschaften war durch eine Reihe sexuell motivierter Kindesmorde und weiterer Fälle von Kindesmissbrauch im In- und Ausland veranlasst. Daraus erwuchs ein enormer Druck auf den Gesetzgeber, das Strafrecht zur Gewährleistung der Sicherheit der Allgemeinheit unverzüglich zu verschärfen (unter diesem Gesichtspunkt aus kriminologischer Sicht sehr krit. Albrecht ZStW 111 (1999), 863; ebenso Böllinger/Dessecker in NK-StGB § 66 Rn. 37). Zu diesem Zweck sieht das Gesetz zahlreiche – kriminalpolitisch zT höchst problematische – Änderungen des materiellen Strafrechts vor, die folgende Gegenstände betreffen: Einführung einer begrenzten Möglichkeit, Heilbehandlungen auch ohne Einwilligung des Verurteilten anzuordnen (§ 56c III Nr. 1; → § 56c Rn. 8b); Modifizierung der Anforderungen an die Prognose bei Aussetzung des Strafrestes zur Bewährung (§ 57 I 1 Nr. 2; → § 57 Rn. 7); Zulassung der Sicherungsverwahrung gegenüber Sexual- und Gewalttätern unter bestimmten Voraussetzungen schon nach dem ersten Rückfall (§ 66 III; → § 66 Rn. 10a–10e; zusf. zur Kritik Frisch LdRerg 8/1390, S. 8); Wegfall der Befristung der ersten Sicherungsverwahrung auf zehn Jahre (§ 67d I; → § 67d Rn. 7a; verfassungsgemäß nach BVerfG NJW 2004, 739); Verschärfung der Entlassungsprognose bei den freiheitsentziehenden Maßregeln (§ 67d II; → § 67d Rn. 3); Möglichkeit, unter bestimmten Voraussetzungen die Führungsaufsicht auch unbefristet anzuordnen (§ 66c II; → § 66c Rn. 1a–1c); Herabsetzung des Mindestmaßes der gegen Sexualtäter verhängten Freiheitsstrafe als Voraussetzung für den Eintritt der Führungsaufsicht nach Vollverbüßung (§ 68f I 1; → § 68f Rn. 1). Zu den Änderungen des Strafprozess- und des Strafvollzugsrechts, die eine erhebliche Ausweitung der Begutachtung von Sexualtätern und ihre Behandlung in sozialtherapeutischen Anstalten (→ Vor § 63 Rn. 2) vorschreiben vgl. Schöch NJW 1998, 1257 (1260); Rotthaus NStZ 1998, 597; sa OLG Karlsruhe NStZ 1998, 638; Dessecker NStZ 1998, 1; Schneider JZ 1998, 436 (442); Rosenau StV 1999, 388 (395); speziell zur kriminologischen Problematik beachte den Sammelband Kröber/Dohle, Sexualstraftaten und Gewaltdelinquenz, 1998). Angesichts dessen drohte der Reform dasselbe Schicksal, das in der Strafrechtsreform die geplante und immer wieder verschobene Einführung einer selbständigen Maßregel der Unterbringung in einer sozialtherapeutischen Anstalt (§ 65 aF) erlitten hat (→ Vor § 63 Rn. 2; ähnlich auch Hammerschlag/Schwarz NStZ 6

1998, 321 (325); Rotthaus NStZ 1998, 597 (600); Rosenau StV 1999, 388) doch ließen die Zahlen über sozialtherapeutische Einrichtungen nach § 9 StVollzG (Steigerung von 20 auf 31) und die verfügbaren Haftplätze (Steigerung von 888 auf 1201) eine optimistischere Einschätzung zu (BT-Drs. 15/1311, 3 unter Berufung auf jährliche Erhebungen der kriminologischen Zentralstelle Wiesbaden von 1997–2002; zur zunehmenden Bedeutung sozialtherapeutischer Anstalten Kaiser/Schöch StVollz § 10 Rn. 46–54.

7 Aus den **Gesetzesmaterialien zum SexBG** vgl. ua den Regierungsentwurf (BT-Drs. 13/8586), die Initiativvorlage der Koalitionsfraktionen (BT-Drs. 13/7163), den Gesetzentwurf des Bundesrates (BT-Drs. 13/7559), die Beschlussempfehlung des BT-Rechtsausschusses (BT-Drs. 13/8989), dessen Bericht (BT-Drs. 13/9062) und die Beratungen im Plenum des Bundestages (SBer 13, Nr. 18431). **In-Kraft-Treten:** 31.1.1998. **Übersichtsbeiträge:** Schöch NJW 1998, 1257; Hammerschlag/Schwarz NStZ 1998, 328; Schmidt-Jortzig NStZ 1998, 441 (442) (krit. Stellungnahmen zum Gesetz im Ganzen Boetticher MschrKrim 1998, 354; Deutsche Gesellschaft für Sexualforschung MschrKrim 1998, 368; Rosenau StV 1999, 388; Rengier in JMBW, Der Schutz vor Sexualstraftaten, 2003, S. 9, 23).

8 **d)** Schließlich gehört auch das **6. StrRG** (→ Vor § 1 Rn. 13) hierher. Zwar ist es kein ad-hoc-Gesetz. Es hat den Versuch unternommen, die nach dem 1. und 2. StrRG (→ Rn. 4) planmäßig eingeleitete, aber seit Beginn der 8. Wahlperiode zum Erliegen gekommene Reform des Besonderen Teils (→ Vor § 1 Rn. 8) soweit wie möglich abzuschließen (BT-Drs. 13/8587, 18). Schwerpunkte waren erklärtermaßen die Anliegen, die mit dem VerbrBG (→ Rn. 4) eingeleitete Harmonisierung der Strafrahmen des StGB fortzusetzen, Strafvorschriften zur Verbesserung des Strafschutzes oder zur Erleichterung der Rechtsanwendung zu ergänzen oder neu zu formulieren und nicht mehr zeitgemäße oder entbehrlich gewordene Vorschriften aufzuheben (BT-Drs. 13/9064, 7). Angesichts dieses anspruchsvollen Vorhabens hätte das Gesetz gründlicher Vorbereitung bedurft. Seit Einstellung der systematischen Reformarbeiten sind mehr als zwei Jahrzehnte vergangen, in denen sich die Überzeugungen von den Aufgaben des Strafrechts – mit vielfältigen Auswirkungen auf Rspr. und Lehre – tiefgreifend gewandelt haben. Ohne eine umfassende Bestandsaufnahme und Klärung des Entwicklungsstandes war deshalb nicht auszukommen. Daran hat es aber weitgehend gefehlt: Der einschlägige Referentenentwurf des BMJ (Stand: 15.7.1996) ist Ende Oktober 1996 an die Landesjustizverwaltungen, den BGH und interessierte Verbände mit der Bitte um Stellungnahme versandt worden. Ohne deren Äußerungen abzuwarten und auszuwerten, wurde der Entwurf schon in der ersten Märzhälfte 1997 mit einigen – überwiegend marginalen – Änderungen als Initiativvorlage der Koalitionsfraktionen im BT eingebracht (BT-Drs. 13/7164) und zur selben Zeit auch als Regierungsvorlage verabschiedet (BT-Drs. 13/8587) auf einer viel zu schmalen Materialgrundlage wurde er dann in einer einzigen Sitzung des BT-Rechtsausschusses im November 1997 beschlossen (Prot. 13, Nr. 100; sa die Beschlussempfehlung und den Bericht des Rechtsausschusses BT-Drs. 13/8991, 9064) und wenige Tage später durch das Plenum des Bundestages verabschiedet (SBer 13, Nr. 18431; sa BR-Drs. 991/97). Die Opposition hat sich weitgehend der Stimme enthalten, aber die unangemessene Eile – ebenso wie viele andere Verfahrensbeteiligte (expl. die öffentliche Anhörung von Sachverständigen im BT-Rechtsausschuss, Prot. 13, Nr. 88) – scharf gerügt und hervorgehoben, dass es „nicht erforderlich (sei), hier alles im Schweinsgalopp durchzuziehen" (Däubler-Gmelin SBer 13, Nr. 18438; sa Däubler-Gmelin

ZRP 1998, 327). Im zweiten Durchgang hat der BR den Gesetzesbeschluss des Bundestages zwar nicht verworfen; es wurde aber von mehreren Ländervertretern vielfältige Kritik geübt und vor allem bedauert, dass die Vorbereitungszeit in krassem Missverhältnis zu den Dimensionen des Vorhabens gestanden habe (PlenProt Nr. 712, S. 177, 198).

Gleichwohl hat das Gesetz **beachtliche Fortschritte** gebracht. So wird immerhin durch die den Schwerpunkt bildende – keineswegs immer gelungene und durch zahlreiche neue Wertungswidersprüche belastete (näher dazu DSNS StrRG S. 4; weitere Beispiele in den Einzelbeiträgen der Verfasser; expl. auch Fischer NStZ 1999, 13) – „Harmonisierung der Strafrahmen" das Ungleichgewicht zwischen den Strafdrohungen zum Schutz der Person auf der einen und des Eigentums oder Vermögens auf der anderen Seite deutlich abgemildert und zugleich – namentlich durch Bildung von Strafrahmentypen für nach Art und Schwere gleichwertige Tatbestandsgruppen – eine gegenüber dem bisherigen Recht einheitlichere Struktur der qualifizierenden und privilegierenden Änderungen von Regelstrafrahmen erreicht. Ferner werden zahlreiche Streitfragen, deren Klärung schon in den früheren Reformarbeiten vorgesehen war, durch Umformulierung von Tatbeständen ausgeräumt. Das Gesetz hat auch die seit langem veraltete Systematik der gemeingefährlichen Delikte, namentlich der Brandstiftung, modernisiert und eine Anzahl überholter Vorschriften aufgehoben oder grdl. umgestaltet. Es hat damit mancherlei bisher Versäumtes nachgeholt und verdient insoweit **Zustimmung** (so überwiegend auch das Schrifttum; expl. Hörnle Jura 1998, 169 (182); Kudlich JuS 1998, 468 (473); krit. DSNS StrRG S. 1; nahezu ganz abl. Stächelin StV 1998, 98). 9

Der Fortschritt wurde aber **teuer erkauft.** Zahlreiche, zT erst nach Verabschiedung des Gesetzes erhobene Einwendungen sind unberücksichtigt geblieben oder überhaupt nicht erörtert worden. Zum Teil scharfe Kritik wurde namentlich unter folgenden Gesichtspunkten geübt (→ 23. Aufl. 1999, Rn. 17–21): Die Harmonisierung der Strafdrohungen sei bei den Delikten gegen die Person nahezu durchgängig dadurch erreicht worden, dass die Spannweite der Bestrafungsmöglichkeiten durch Verschärfung der Strafrahmen oder durch Vermehrung von Qualifikationstatbeständen in besonders schweren Fällen zT unverhältnismäßig nach oben erweitert worden sei, obwohl eine Absenkung bei den Eigentums- und Vermögensdelikten nahegelegen hätte; das Nebenstrafrecht sei wegen Zeitmangels aus der Strafrahmenharmonisierung vollständig ausgeklammert worden, was zu sachlich nicht begründbaren Unterschieden zwischen Verstößen gegen das StGB und gegen das übrige Strafrecht geführt habe; die nach neuestem Diskussionsstand in Wissenschaft und Praxis überwiegend abgelehnte Methode, besonders schwere Fälle mit Regelbeispielen im Gesetz näher zu konkretisieren, habe sich als so problematisch erwiesen, dass ihre Abschaffung oder grundlegende Änderung hätte erwogen werden müssen; das Gesetz dürfe nicht als Abschluss, sondern müsse als erste Phase der iÜ noch ausstehenden Bereinigung des Bundestages verstanden werden, was namentlich für die aus der Zeit des Nationalsozialismus stammenden Vorschriften über Tötung (→ Vor § 211 Rn. 25), Nötigung (→ § 240 Rn. 2, 3) und Untreue (→ § 266 Rn. 1) überfällig sei; die angestrebte geschlechtsneutrale Fassung der Tatbestände die zu häufig schwerfälligen, bisweilen zu sprachlich nicht mehr vertretbaren Formulierungen geführt habe, lasse ein leitendes Prinzip vermissen und sei deshalb willkürlich. 10

Aus den **Gesetzesmaterialien** vgl. ua den Referentenentwurf des BMJ (Stand 15.7.1996), den Regierungsentwurf (BT-Drs. 13/8587), die Initiativvorlage der 11

Koalitionsfraktionen (BT-Drs. 13/7164), den Gesetzentwurf des Bundesrates zu §§ 221, 234 (BT-Drs. 13/6038), den Regierungsentwurf zu § 174c (BT-Drs. 13/8267), die öffentliche Anhörung im BT-Rechtsausschuss (Prot. 13, Nr. 88), dessen Beschlussempfehlung (BT-Drs. 13/8991) und Bericht (BT-Drs. 13/9064) sowie die Beratungen im Plenum des Bundestages (SBer 13, Nr. 18431) und des Bundesrates (PlenProt Nr. 712, S. 177). **In-Kraft-Treten:** 1.4.1998. **Übersichtsbeiträge:** Stächelin StV 1998, 98; Kreß NJW 1998, 633; Hörnle Jura 1998, 169; Bericht in DRiZ 1998, 147; Wolters JZ 1998, 397; Kudlich JuS 1998, 468; Sander/Hohmann NStZ 1998, 273; Lesch JA 1998, 474; Hoffmann JA 1998, 615; Achenbach JuS 1999, L 41; sa Schlüchter, Bochumer Erläuterungen zum 6. Strafrechtsreformgesetz, 1998; DSNS StrRG mit Bespr. Kreß NJW 1999, 2655; Bussmann StV 1999, 613; beachte ferner Freund ZStW 109 (1997), 55 (Würdigung des Referentenentwurfs des BMJ unter Einbeziehung der Stellungnahme eines Arbeitskreises von Strafrechtslehrern); die Berichte von Geißler JR 1998, 184; und Dietmeier ZStW 110 (1998), 393 über das sog. „Marburger Strafrechtsgespräch 1997" und das Referat von Arzt auf der Strafrechtslehrertagung 1999 (Arzt ZStW 111 (1999), 757). Beiträge zu einzelnen Abschnitten oder Vorschriften des Bundestages werden im jeweiligen Sachzusammenhang behandelt.

11a **e)** Aus der 14. Wahlperiode ist noch das Gesetz zur Einführung der vorbehaltenen Sicherungsverwahrung zu nennen (→ Vor § 1 Rn. 14; → Vor § 63 Rn. 3 sowie die Kommentierung von § 66a), aus der 15. Wahlperiode das SexÄG (→ Vor § 1 Rn. 15; → Vor § 174 Rn. 12), das vor allem auf die Anhebung der Strafrahmen zur Bekämpfung der Straftaten gegen die sexuelle Selbstbestimmung setzt (zu Recht krit. Duttge/Hörnle/Renzikowski NJW 2004, 1065), sowie das Gesetz zur Einführung der nachträglichen Sicherungsverwahrung (→ Vor § 1 Rn. 15; → Vor § 63 Rn. 3; der damals eingeführte § 66b aF wurde allerdings aufgrund von Entscheidungen des EGMR (2009) und des BVerfG (2011) wieder aufgehoben, so dass es heute – wie 2002–2004 – in § 66bd nur die Möglichkeit der nachträglichen Anordnung einer vorbehaltenen Sicherungsverwahrung gibt: → § 66b Rn. 1), aus der 16. Wahlperiode das **2. JuMoG,** das ua den Anwendungsbereich der Verwarnung mit Strafvorbehalt erweitert (→ § 59 Rn. 1).

12 **6. Im Ganzen** war die **Gesetzgebungspraxis** in den letzten Wahlperioden unter den angegebenen Gesichtspunkten **höchst problematisch** (speziell zum Sexualstrafrecht krit. Schroeder JZ 1999, 827). Die Änderung von langfristig angelegtem Kernstrafrecht erfordert mehr Gelassenheit, mehr Streben nach innerer Geschlossenheit und Widerspruchsfreiheit des Gesamtsystems und damit eine ausreichende Spanne gründlicher Vorbereitung. Bei größeren Projekten ist das ohne Zuziehung einer unabhängigen Sachverständigenkommission nicht zu leisten. Gerade jetzt, wo es auf eine sorgfältige Abwägung der gegenläufigen Tendenzen entscheidend ankommt (dazu Kaiser Kriminologie S. 762; Kaiser Widmungsschrift Rehbinder, 1995, 31), ist hektische Eile nicht hilfreich. Das gilt auch für die geplante Wiedereinführung einer **Kronzeugenregelung,** die als aufgesplitterte bereichsspezifische Regelung (vgl. den Gesetzesantrag Bayerns und Niedersachsens BR-Drs. 958/03 sowie den Entwurf der CDU/CSU-Fraktion BT-Drs. 15/2333 und des Bundesrates BT-Drs. 15/2771) oder als allgemeine Strafzumessungsregelung in einem neuen § 46b möglich erscheint (RefE v. 18.4.2006) und inzwischen als § 46b realisiert ist (vgl. die Kommentierung des § 46b) sowie für die mehrfache Reform der **Sicherungsverwahrung** (→ Rn. 11a; vgl. dazu Braum ZRP 2004, 105 „Mit fast üblicher Hektik dreht der Strafgesetzgeber er-

neut am Rad des Maßregelrechts"), die ebenfalls inzwischen zu einem gewissen Abschluss gebracht worden ist (→ Vor § 63 Rn. 3), jetzt aber möglicherweise wegen eines Beschlusses der 2. Kammer des 2. Senats des EGMR (BGH NStZ 2010, 265; dazu Laue in Maurach/Gössel/Zipf StrafR AT II § 68 Rn. 29–34) wieder aufgerollt bzw. auf den alten § 66 „zurückgerollt" werden muss (Kinzig NStZ 2010, 233 (239)). Die Reform ist inzwischen „durchgezogen" (→ Vor § 63 Rn. 3) und bewegt sich auf der Basis des BVerfG v. 4.5.2011 = NJW 2011, 1931 (BGBl. I 1003, Tenor der Entscheidung; vgl. Fischer § 66 Rn. 8a). Hinzugekommen ist das Gesetz zur bundesrechtlichen Umsetzung des Abstandsgebots im Recht der Sicherungsverwahrung v. 5.12.2012 (BGBl. I 2425; dazu Renzikowski NJW 2013, 1638).

1. Titel. Strafen

– Freiheitsstrafe –

§ 38 Dauer der Freiheitsstrafe

(1) **Die Freiheitsstrafe ist zeitig, wenn das Gesetz nicht lebenslange Freiheitsstrafe androht.**

(2) **Das Höchstmaß der zeitigen Freiheitsstrafe ist fünfzehn Jahre, ihr Mindestmaß ein Monat.**

1. Das StGB bezeichnet als **Freiheitsstrafe** sowohl die im allgemeinen Strafrecht vorgesehene besondere Strafart als auch jede Form der freiheitsentziehenden Strafe, also auch Jugendstrafe und Strafarrest (zusf. Kürzinger in Jescheck, Die Freiheitsstrafe und ihre Surrogate im deutschen und ausländischen Recht, 1984, Bd. 3, S. 1800; sa Dünkel in NK-StGB Rn. 22; rechtsvergleichend Jescheck in Jescheck, Die Freiheitsstrafe und ihre Surrogate im deutschen und ausländischen Recht, 1984, Bd. 3, S. 1990). Was die einzelne Vorschrift jeweils meint, ist durch Auslegung zu ermitteln (Häger in LK-StGB Rn. 2). § 38 bezieht sich auf die besondere Strafart (Wolters in SK-StGB Rn. 2, Freiheitsstrafe ieS). Zur Jugendstrafe als einzigem Fall einer echten Kriminalstrafe im Jugendstrafrecht Laubenthal/Baier/Nestler, Jugendstrafrecht, 3. Aufl. 2015, Rn. 709. 1

2. Lebenslange Freiheitsstrafe zB in §§ 211, 212 II (zu ihrer Verfassungsmäßigkeit BVerfGE 45, 187 = NJW 1977, 1525 mit krit. Bespr. Schmidhäuser JR 1978, 265; Beckmann GA 1979, 441; 25 Jahre danach Köhne JR 2003, 5; sa BVerfGE 50, 5 = NJW 1979, 207; BVerfGE 86, 288; BVerfG NJW 1986, 2241; NJW 1995, 3244; NStZ 2006, 680 (681); NJW 2009, 1061 (1063); dazu Kühl FS Maiwald, 2010, 433 (446); Jescheck/Triffterer, Ist die lebenslange Freiheitsstrafe verfassungswidrig?, 1978; Dünkel in NK-StGB Rn. 30–33; Häger in LK-StGB Rn. 14–17; beachte ferner Weber, Die Abschaffung der lebenslangen Freiheitsstrafe, 1999; Kaspar Präventivstrafrecht S. 839; Kett-Straub, Die lebenslange Freiheitsstrafe, 2011 mit Bespr. Laubenthal GA 2013, 178; Müller-Dietz ZStW 124 (2012), 236). Zur rechts- und kriminalpolitischen Problematik ihrer Verhängung, ihres Vollzugs und dessen Auswirkungen für den Gefangenen ua LG Verden NJW 1976, 980; Röhl, Über die lebenslange Freiheitsstrafe, 1969; Einsele/Feige/Müller-Dietz, Die Reform der lebenslangen Freiheitsstrafe, 1971; Goemann, Das Schicksal der Lebenslänglichen, 1977; Kreuzer ZRP 1977, 49; Laubenthal, Lebenslange Freiheitsstrafe, 2

1987; Weber/Scheerer, Leben ohne Lebenslänglich, 1988; Nickolei/Reindl, Lebenslänglich, 1993; Hille NStZ 1995, 227; Bock/Mährlein ZRP 1997, 376; Albrecht FS Kilian, 2013, 809; Dessecker MschrKrim 2012, 81; Schacks JuS 2015, 407; speziell zu ihrer Anwendung bei Tötungsdelikten Kerner ZStW 98 (1986), 874; rechtsvergleichend Huber JZ 1977, 16; Jescheck in Jescheck, Die Freiheitsstrafe und ihre Surrogate im deutschen und ausländischen Recht, 1984, Bd. 3, S. 2005; Dünkel in NK-StGB Rn. 28, 51, 52. Die für Mord ausnahmslos angedrohte lebenslange Freiheitsstrafe kann nicht wegen rechtsstaatswidriger Verfahrensverzögerungen (→ § 46 Rn. 44) reduziert werden (BVerfG NStZ 2006, 680). Zur kriminalprognostischen Begutachtung Kröber/Dölling/Laygraf/Saß, Handbuch der Forensischen Psychiatrie, Bd. 3, 2006, S. 155; Plädoyer für die Abschaffung der lebenslangen Freiheitsstrafe Höffler/Kaspar GA 2015, 453; sa Kreuzer FS Schöch, 2010, 495 (509). Zur möglichen Aussetzung des Strafrestes s. § 57 a. Zur Strafmilderung bei § 211 durch die sog. Rechtsfolgenlösung → Vor § 211 Rn. 20.

3 **3. Höchst- und Mindestmaß der zeitigen Freiheitsstrafe** nach Abs. 2 gelten nur, soweit der Einzelstrafrahmen kein geringeres Höchstmaß und kein erhöhtes Mindestmaß androht. **Überschreitung** des Höchstmaßes ist auch bei Tatmehrheit nicht möglich (§ 54 II 2); die Vollzugsdauer von fünfzehn Jahren kann jedoch überschritten werden, wenn auf mehrere selbständige Strafen, gleich ob Einzel- oder Gesamtstrafen, nebeneinander erkannt worden ist (BGHSt 33, 367 = NJW 1986, 440; BGHSt 43, 216 = NJW 1998, 171 mkritAnm Fahl JR 1998, 430; Häger in LK-StGB Rn. 47; krit. Dünkel in NK-StGB Rn. 38, 39) oder wenn neben einer Freiheitsstrafe die Ersatzfreiheitsstrafe für eine kumulativ verhängte Geldstrafe (zB nach § 53 II 2) zu verbüßen ist (vgl. Fischer Rn. 5). Das Mindestmaß gilt nicht für die Ersatzfreiheitsstrafe (→ § 43 Rn. 2). Das Mindestmaß der Freiheitsstrafe übersteigt das für eine Geldstrafe vorgesehene Mindestmaß nach § 40 I 2 (OLG Hamm NStZ-RR 2014, 214).

4 **4.** Bemessung in Strafeinheiten § 39. Nebenfolgen der Freiheitsstrafe §§ 45–45 b. Strafbemessung im Allgemeinen §§ 46–51; bei mehreren Gesetzesverletzungen §§ 52–55. Strafaussetzung zur Bewährung bei zeitiger Freiheitsstrafe §§ 56, 57, 58; bei lebenslanger Freiheitsstrafe § 57 a.

5 **5.** Zu den in der **DDR** begangenen **Alttaten** → § 2 Rn. 11 ff.

§ 39 Bemessung der Freiheitsstrafe

Freiheitsstrafe unter einem Jahr wird nach vollen Wochen und Monaten, Freiheitsstrafe von längerer Dauer nach vollen Monaten und Jahren bemessen.

1 **1.** Auf **Tage** und auf **Bruchteile** von Wochen, Monaten oder Jahren darf nicht erkannt werden (Mösl NStZ 1984, 159; Dünkel in NK-StGB Rn. 2). Wird dennoch ein halber Monat verhängt, so sind das zwei Wochen (BGHSt 7, 322 = NJW 1955, 1158, wo ein halber Monat mit 15 Tagen gleichgesetzt wurde, ist überholt, weil die Freiheitsstrafe nicht mehr nach Tagen bemessen werden darf, Häger in LK-StGB Rn. 5). Die Vorschrift gilt nicht für die Ersatzfreiheitsstrafe (→ § 43 Rn. 2).

2. Die **kleinste Strafeinheit** von einer Woche oder einem Monat darf grds. nicht unterschritten werden (zu Ausnahmen bei der Gesamtstrafenbildung → § 54 Rn. 4; → § 55 Rn. 3). 2

3. Freiheitsstrafen, die nach Wochen bemessen sind (beachte BayObLG NJW 1976, 1951; OLG Koblenz VRS 51, 350), enden mit dem Wochentag, dessen Bezeichnung dem des Strafantritts entspricht. Dasselbe gilt bei der Bemessung nach Monaten oder Jahren für das Datum des Strafantritts; fehlt dieses infolge der Ungleichheit der Jahre (Schaltjahr) oder Monate, so endet die Strafe am letzten Tag des Monats (RGSt 29, 75). Zur Strafzeitberechnung iE vgl. §§ 37 ff. StVollstrO (beachte jedoch BVerfG NStZ 1994, 452; OLG Saarbrücken NStZ 1994, 408). 3

– Geldstrafe –

Vorbemerkung

1. Die Umstellung der Geldstrafe auf das sog. **Tagessatzsystem,** dem das skandinavische Tagesbußensystem als Vorbild gedient hat, bildet einen Kernpunkt der Strafrechtsreform. Mit der Aufspaltung der Strafe in der Weise, dass die Zahl der Tagessätze im Wesentlichen den Schuldgehalt der Tat, die Höhe des einzelnen Tagessatzes dagegen die wirtschaftliche Leistungsfähigkeit des Täters widerspiegelt, sollte eine gerechtere Strafzumessung, vor allem mehr Opfergleichheit für wohlhabende und minderbemittelte Täter erreicht werden (BT-Drs. V/4095, 20; Schöch in KSK Kriminologie § 7 Rn. 49–54). 1

a) Die **Einführung** dieses Systems ist im Vorbereitungsstadium des 2. StrRG (→ Vor § 1 Rn. 4) nahezu einhellig befürwortet worden. Es hatte sich für die Bemessung des Tagessatzes in Anlehnung an das skandinavische Recht auf das sog. **Einbußeprinzip** gestützt, nach dem unter einem Tagessatz derjenige als Bewertungseinheit gedachte Geldbetrag zu verstehen ist, „dessen Einbuße dem Täter auf Grund seiner erzielbaren Einkünfte, seines verwertbaren Vermögens und seines tatsächlichen Lebenszuschnitts unter Berücksichtigung seiner Unterhalts- und sonstigen angemessenen Zahlungsverpflichtungen sowie seiner persönlichen Verhältnisse im Durchschnitt täglich zuzumuten ist" (BT-Drs. V/4095, 20). Modellvorstellung für den Tagessatz sollte danach die Einsparung sein, die der Täter im Durchschnitt bei bescheidener Lebensführung täglich erwirtschaften konnte. Da diese Größenordnung bei dem Umrechnungsverhältnis von 1:1 zwischen einem Tag Freiheitsstrafe und einem Tagessatz (§ 43 S. 2) in offensichtlichem Widerspruch zu der belastenderen Wirkung der Freiheitsstrafe stand, außerdem auch im Verhältnis zur Geldstrafenpraxis der Gerichte als entschieden zu gering erschien, ist das EGStGB (→ Vor § 1 Rn. 5) durch Änderung des § 40 II zum sog. **Nettoeinkommensprinzip** übergegangen, das die gesamten – tatsächlichen oder erzielbaren – Nettoeinkünfte zum Ausgangspunkt der Bewertung macht (BT-Drs. 7/1261, 4); Vorschlägen, statt dessen den Umrechnungsmaßstab des § 43 S. 2 zugunsten der Freiheitsstrafe zu verändern (zB Tröndle ZStW 86 (1974), 545 (575); aM Horn JR 1977, 95 (100); Streng ZStW 111 (1999), 827 (841)), ist das Gesetz nicht gefolgt. Darin liegt eine verbindliche gesetzgeberische Entscheidung, nach der die allgemeine Größenordnung des Tagessatzes nicht auf das beschränkt bleibt, was ein Täter täglich einsparen kann, sondern grds. die Nettoeinkünfte im Ganzen umfasst (hM; krit. Schott JR 2003, 315; anders 2

Brandis, Geldstrafe und Nettoeinkommen, 1987, S. 179; anders auch v. Selle, Gerechte Geldstrafe, 1997, S. 122, 220, nach dem der notwendige Eigenunterhalt des Täters nicht Teil des Nettoeinkommens ist). Die dem Täter abverlangte Einbuße orientiert sich also an einem Maßstab, der zwar nach wie vor das Prinzip der Opfergleichheit gewährleisten, aber nicht mehr die der Tageszahl entsprechende Reduzierung des Täters auf einen bescheidenen Lebensstandard widerspiegeln soll (BT-Drs. 7/1261, 4; Tröndle JR 1975, 472).

3 **b)** Das 2. StrRG hatte außerdem das **Höchstmaß** des Tagessatzes im Hinblick auf den Bestimmtheitsgrundsatz auf 1.000 DM festgesetzt (BT-Drs. V/4095, 21); das EGStGB hat diese Grenze, um auch besonders wohlhabende Täter ausreichend treffen zu können, auf 10.000 DM erhöht (BT-Drs. 7/1261, 6), damit aber für die Geldstrafe Größenordnungen erschlossen, die in keinem Verhältnis mehr zu Taten stehen, die zur unteren oder mittleren Kriminalität gehören; das Prinzip der Opfergleichheit lässt sich nicht schrankenlos, dh ohne Überschreitung absoluter, aus Verhältnismäßigkeit und Gerechtigkeit abzuleitender Grenzen, verwirklichen (Naucke, Tendenzen in der Strafrechtsentwicklung, 1975, S. 6; Jescheck SchwZStr 1975, 1 (35); aM Horn JR 1977, 95 (98)); daran hat die Umstellung auf 5.000 EUR durch das EuroEinfG (→ Vor § 1 Rn. 14) nichts geändert; dennoch werden Geldstrafen mit einem Tagessatz in dieser Höhe (zB Vermeidung einer zu vollstreckenden Freiheitsstrafe nach § 41) gelegentlich verhängt (Häger in LK-StGB Rn. 13). Durch das 42. StÄG (→ Vor § 1 Rn. 16) wurde das Höchstmaß in § 40 II 3 auf 30.000 EUR erhöht (→ § 40 Rn. 1); damit sollte für Täter, deren Tagesnettoeinkommen 5.000 EUR übersteigt, eine gerechte, sie gleich belastende Geldstrafe ermöglicht werden (BT-Drs. 16/11606, 56). Zugleich wird durch die Festlegung des Höchstmaßes dem Bestimmtheitsgrundsatz des Art. 103 II GG entsprochen, der bei völliger Aufhebung des Höchstmaßes verfassungsrechtliche Bedenken ausgelöst hätte (BT-Drs. 16/11606, 56).

4 **c)** Die Geldstrafe hat nicht die Aufgabe, das für die Tat erlangte Entgelt und den aus ihr gezogenen Gewinn **abzuschöpfen.** Da das Tagessatzsystem bei Einbeziehung auch dieser Funktion nicht durchführbar wäre, ist die Aufgabe der Abschöpfung zunächst dem Verfall und seit 2017 der Einziehung von Taterträgen (§§ 73–73 e) zugewiesen worden (BGH bei Dallinger MDR 1975, 541).

5 **2.** Aus dem **Schrifttum** zum Tagessatzsystem vgl. ua Zipf ZStW 86 (1974), 516; Tröndle ZStW 86 (1974), 545; Grebing ZStW 88 (1976), 1049; Frank NJW 1976, 2329; Horn ZStW 89 (1977), 547 (556); JR 1977, 95; Driendl ZStW 88 (1976), 1137; Jescheck FS Würtenberger, 2013, 257; Brustbauer JR 1978, 100; Jescheck/Grebing, Die Geldstrafe im deutschen und ausländischen Recht, 1978; v. Selle, Gerechte Geldstrafe, 1997; rechtsvergleichend Albrecht in NK-StGB § 40 Rn. 6; zur geschichtlichen Entwicklung Albrecht LdRerg 8/580, S. 1. Zu „ungelösten Problemen der Geldstrafe“ Meier StV 2008, 263 (268), der die „fehlende Höchstpersönlichkeit“ und die „Vollstreckung der Ersatzfreiheitsstrafe“ ins Visier nimmt.

§ 40 Verhängung in Tagessätzen

(1) [1]**Die Geldstrafe wird in Tagessätzen verhängt.** [2]**Sie beträgt mindestens fünf und, wenn das Gesetz nichts anderes bestimmt, höchstens dreihundertsechzig volle Tagessätze.**

(2) [1]**Die Höhe eines Tagessatzes bestimmt das Gericht unter Berücksichtigung der persönlichen und wirtschaftlichen Verhältnisse des Täters.** [2]**Dabei geht es in der Regel von dem Nettoeinkommen aus, das der Täter durchschnittlich an einem Tag hat oder haben könnte.** [3]**Ein Tagessatz wird auf mindestens einen und höchstens dreißigtausend Euro festgesetzt.**

(3) **Die Einkünfte des Täters, sein Vermögen und andere Grundlagen für die Bemessung eines Tagessatzes können geschätzt werden.**

(4) **In der Entscheidung werden Zahl und Höhe der Tagessätze angegeben.**

Fassung des Abs. 2 durch Art. 22 EuroEinfG (→ Vor § 1 Rn. 14). Änderung des Höchstsatzes in Abs. 2 S. 3 durch das 42. StÄG (→ Vor § 1 Rn. 16).

1. Die Geldstrafe ist die **mildeste Strafart** des Kriminalrechts (auch im Verhältnis zum Strafarrest nach § 9 WStG). Im Strafensystem ist sie **Hauptstrafe,** auch wenn sie neben Freiheitsstrafe verhängt wird (RGSt 52, 342). Grundsätzlich zu der Strafart im ganzen Zipf, Die Geldstrafe, 1966; zusf. Mitsch JA 1993, 304; Schütz Jura 1995, 399 (407); → Vor § 40 Rn. 5. Zu ihrer **historischen** Entwicklung und ihrem Verhältnis zu anderen Geldsanktionen Rüping ZStW 85 (1973), 672; Stapenhorst, Die Entwicklung des Verhältnisses von Geldstrafe zu Freiheitsstrafe seit 1882, 1993; zu ihrer **Zumessung** Albrecht, Strafzumessung und Vollstreckung bei Geldstrafen, 1980, S. 97; **rechtstatsächlich** Meemar, Die Strafanpassung im Rahmen der Tagessatzgeldstrafe, 2009; rechtsvergleichende Lit. bei Kinzig in Schönke/Schröder, Vor Rn. 1; speziell zur Abwälzbarkeit ihrer Wirkungen auf andere Hillenkamp FS Lackner, 1987, 455. Die Geldstrafe ist in die Bemühungen um die **Reform des strafrechtlichen Sanktionensystems** einbezogen (→ Vor § 38 Rn. 3; Albrecht LdRerg 8/580, S. 6). Nach dem gegenwärtigen Stand ist das Tagessatzsystem nicht in Frage gestellt. Diskutiert wird aber neben einigen marginalen Änderungen die Umstellung des Umrechnungsmaßstabes (§ 43 S. 2) auf 1 : 2 zugunsten der Freiheitsstrafe (Art. 1 Nr. 1 des Bundesratsentwurfs zur Verbesserung des strafrechtlichen Sanktionensystems BR-Drs. 594/97) und die Aussetzung der Geldstrafe zur Bewährung (Art. 1 Nr. 1 des SPD-Fraktions-Entw zur Reform des strafrechtlichen Sanktionensystems BT-Drs. 13/4462, 4); umgesetzt ist die Erweiterung der Möglichkeit für Zahlungserleichterungen im Opferinteresse (→ § 42 Rn. 3) und die Erhöhung des Höchstsatzes zur wirksamen und gerechten Erfassung von (Wirtschaftsstraf-)Tätern mit sehr hohem Einkommen durch Abs. 2 S. 3 (der Regierungsentwurf hatte „nur" 20.000 EUR vorgesehen, BT-Drs. 16/11606; vgl. Beschlussempfehlung und Bericht des BT-Rechtsausschusses BT-Drs. 16/12143, 3: Anhebung auf 30.000 EUR zur Gewährleistung der Belastungsgleichheit). 1

2. In den **Strafrahmen des Besonderen Teils und des Nebenstrafrechts** ist die Geldstrafe nach der Konzeption des EGStGB (BT-Drs. 7/550, 192, 204) grds. nicht allein (Ausnahmen: WStG und ZDG, Art. 10 II, 12 I EGStGB), sondern nur wahlweise neben Freiheitsstrafe angedroht, und zwar immer dann, wenn deren gesetzliches Mindestmaß nicht erhöht ist. Sie deckt damit den Gesamtbereich der un- 2 teren und mittleren Kriminalität ab. Gegenüber der kurzfristigen Freiheitsstrafe hat sie Vorrang nach Maßgabe des § 47 (→ § 47 Rn. 2–7). Soweit dieser nicht anwendbar ist, steht sie neben der Freiheitsstrafe zur Wahl. Deren Ausübung unterliegt pflichtmäßigem Ermessen (→ § 46 Rn. 50) und bestimmt sich nach den allgemeinen Strafzumessungsregeln des § 46 (hM; anders Grünwald FS Schaffstein, 1975, 219 (234); Horn FS Schaffstein, 1975, 241 (244), die hier nur präventive Gesichtspunkte gelten lassen). Jedoch ist es nicht zulässig, nur wegen der Wohlhabenheit des Täters (BGHSt 3, 259 (263) = NJW 1953, 72; BayObLG NJW 1995, 3264) oder wegen der Besorgnis, dass der Täter die Geldstrafe voraussichtlich nicht aus eigenen Mitteln aufbringen muss (BayObLG NJW 1994, 1167; str.), Freiheitsstrafe statt Geldstrafe zu verhängen; dasselbe gilt für den Fall voraussehbarer Zahlungsunfähigkeit (BGH GA 1968, 84; OLG Hamm MDR 1975, 329). Kumulative Geldstrafe neben Freiheitsstrafe ist in den Strafdrohungen beseitigt (Art. 12 III EGStGB) und nur unter den Voraussetzungen des § 41 allgemein zugelassen.

3 **3.** Für die Verhängung der Geldstrafe gilt das **Tagessatzsystem** (→ Vor § 40 Rn. 1–4). Es spaltet den Strafzumessungsvorgang in zwei getrennte Akte in der Weise auf, dass zunächst die Zahl der Tagessätze nach dem Schuldgehalt der Tat und der Präventionsbedürftigkeit des Täters (str.) bestimmt und alsdann die Höhe der Tagessätze aus Gründen der gleichen Fühlbarkeit der Belastung nach den persönlichen und wirtschaftlichen Verhältnissen des Täters festgesetzt wird (hM; vgl. etwa Zipf JuS 1974, 137 (139); Albrecht LdRerg 8/580, S. 2, 3; BT-Drs. 16/11606, 6; schon im Ansatz abw. v. Selle, Gerechte Geldstrafe, 1997, S. 154, der die Wirkung der Geldstrafe als Zwang zu befristetem Konsumverzicht beschreibt und daraus die mit dem Gesetz schwerlich vereinbare Folgerung zieht, dass das tatsächliche Konsumverhalten des Täters den Maßstab für die Bewertung der Opfergleichheit bildet). Von der sorgfältigen Trennung dieser Akte hängt das richtige Ergebnis ab. Wer den Gesamtbetrag der Geldstrafe vorweg festlegt und ihn erst nachträglich in Tagessätze zerlegt, vereitelt Sinn und Funktion des ganzen Systems (Häger in LK-StGB Vor § 40 Rn. 52).

4 **4.** Die **Mindestgrenzen** für Zahl (Abs. 1 S. 2) und Höhe (Abs. 2 S. 3) der Tagessätze gelten auch bei Vorliegen besonderer gesetzlicher Milderungsgründe iSd § 49 (→ § 49 Rn. 2, 5; Schäfer in Schäfer/Sander/van Gemmeren Strafzumessung Rn. 506 Fn. 34). Heraufsetzung der **Höchstzahl** in § 54 II 2 (→ § 54 Rn. 3); Herabsetzung in § 49 I Nr. 2 (→ § 49 Rn. 2). Zum **Höchstmaß** des einzelnen Tagessatzes → Vor § 40 Rn. 3.

5 **5.** Die **Zahl der Tagessätze** ist nach den allgemeinen Strafzumessungsregeln (→ § 46 Rn. 32–49) zu bestimmen (BayObLG JZ 1975, 538; Häger in LK-StGB Rn. 2). Dabei können auch generalpräventive Erwägungen, soweit man sie überhaupt für zulässig hält (→ § 46 Rn. 28–30; Klussmann NJW 1974, 1275), und sogar spezialpräventive Gesichtspunkte (Zipf JuS 1974, 137 (139); Häger in LK-StGB Rn. 7; aM Klussmann NJW 1974, 1275; Horn JR 1977, 95 (98); Horn/Wolters in SK-StGB Rn. 4; diff. Grebing ZStW 88 (1976), 1049 (1092)) zu Buch schlagen. Außer Betracht bleibt lediglich die wirtschaftliche Belastbarkeit (BGH NJW 1976, 634; einschr. Schöch in KSK Kriminologie § 7 Rn. 52) und die auf ihr beruhende *Strafempfindlichkeit* des Täters, für die es auf seine gesamten persönlichen und wirtschaftlichen Verhältnisse ankommt (Grebing ZStW 88 (1976), 1049 (1056); Frank NJW 1976, 2329).

6. Für die (in vollem Euro-Betrag festzusetzende) **Höhe der Tagessätze** gilt **Abs. 2** (zur angestrebten „Signalwirkung" dieser Beträge BT-Drs. 14/6371, 18), der allerdings keine starre Bindung des Richters bezweckt, sondern nur allgemeine Anhaltspunkte für die Bewertung des Einzelfalls gibt (BGHSt 27, 212 = NJW 1977, 1459 mkritAnm Zipf JR 1978, 163; OLG Celle JR 1977, 382 mAnm Tröndle; BGH NStZ-RR 2017, 305). Er beruht auf dem **Nettoeinkommensprinzip** (→ Vor § 40 Rn. 2). 6

a) aa) Das **Nettoeinkommen** ist im Gesetz nicht definiert. Nach dem Zweck der Vorschrift ist es nicht steuerrechtlich zu verstehen (hM; Dölling in Maurach/Gössel/Zipf StrafR AT II § 59 Rn. 47, wirtschaftliche Betrachtungsweise). Es umfasst alle Einkunftsarten, auch aus Kapitalvermögen (OLG Celle NStZ 1983, 315 mAnm Schöch), Vermietung (beachte BayObLG NJW 1977, 2088 mkritAnm Frank JR 1978, 30), Verpachtung usw, ohne Rücksicht auf Pfändungsfreigrenzen. Auch Kindergeld (OLG Celle NJW 1977, 1248 mAnm Tröndle JR 1977, 247; Meyer MDR 1981, 275 (276); str.) und Einkünfte aus laufenden Renten-, Versorgungs- und Unterhaltsbezügen gehören hierher (Dölling in Maurach/Gössel/Zipf StrafR AT II § 59 Rn. 47); dabei können letztere uU auch in Naturalleistungen (zB bei Hausfrauen und -männern, OLG Köln MDR 1979, 691; Frank JR 1978, 30) und nicht kapitalisierungsfähigen Sachzuwendungen bei einem vermögenslosen Asylbewerber (OLG Oldenburg NStZ-RR 2008, 6; OLG Dresden NJW 2009, 2966; OLG Stuttgart StV 2009, 131; LG Karlsruhe StraFo 2006, 422; Fischer Rn. 7; Radtke in MüKoStGB Rn. 87), Arbeitslosenunterstützung (OLG Hamburg NJW 1975, 2030), Sozialhilfe (OLG Köln NJW 1977, 307; OLG Stuttgart NJW 1994, 745; OLG Hamburg NStZ 2001, 655, OLG Frankfurt a. M. StV 2002, 308; KG StV 2005, 89, alle drei mit Hinweis auf § 42), Studienförderung (OLG Köln NJW 1976, 636; LG Offenburg NStZ 2006, 40 mit Hinweis auf Bedarfsregelsätze nach § 13 BAFöG; sa OLG Hamm NJW 1976, 1221; Nierwetberg JR 1985, 316) oder Gefangenenentlohnung (BayObLG NJW 1986, 2842) bestehen. Auch Einkünfte aus Vermögenswerten, die auf andere Personen übertragen sind, kommen in Frage, wenn sie ungeachtet der formell fremden Rechtsträgerschaft tatsächlich dem Täter unmittelbar oder mittelbar (zB durch Minderung seiner Unterhaltspflicht) zufließen oder sonst seiner Verfügung unterliegen (BGH NJW 1993, 408 mAnm Krehl NStZ 1993, 336). Sogar „unbare" Vorteile sind uU als Einkommen erfassbar (OLG Hamm MDR 1983, 1043); so kann etwa der Mietwert eines selbstgenutzten Eigenheims (OLG Hamm MDR 1983, 1043; Brandis, Geldstrafe und Nettoeinkommen, 1987, S. 160) oder, wenn jemand in Erwartung der Erbschaft im elterlichen Betrieb gegen bloßes Taschengeld mitarbeitet, der volle wirtschaftliche Wert der Arbeitskraft veranschlagt werden (OLG Köln MDR 1979, 691). Reine Vermögensveränderungen, wie Erbschaften, Schenkungen usw, scheiden jedoch aus (hM; anders Brandis, Geldstrafe und Nettoeinkommen, 1987, S. 156). Treffen Gewinn aus einer und Verlust aus einer anderen Einkunftsart zusammen, so kommt es idR auf den Saldo an (BayObLG NJW 1977, 2088; OLG Zweibrücken StV 2001, 347; beachte auch OLG Zweibrücken NStZ-RR 2001, 82). Von den Einkünften abzuziehen sind namentlich die laufenden Steuern (beachte OLG Hamm JR 1978, 165 (166)), bei Unselbständigen die Sozialversicherungsbeiträge und bei Selbständigen die Betriebsausgaben (Albrecht in NK-StGB Rn. 25), Werbungskosten (BayObLG bei Rüth DAR 1976, 173), Verluste (beachte jedoch OLG Zweibrücken MDR 1993, 887) und auch solche Versicherungsleistungen, die der Sozialversicherung Nichtselbständiger vergleichbar sind (BayObLG 7 bei Rüth DAR 1982, 248; Tröndle ÖJZ 1975, 589 (591)). Bei **Ehegatten,** von denen der eine keine eigenen oder nur geringe (OLG Frankfurt a. M. StV 2007, 470, keine „Gesamthaftung" des Familieneinkommens; OLG Celle StraFo 2011, 407) Arbeitseinkünfte hat, das Nettoeinkommen aus Gründen der Gleichberechtigung hälftig aufzuteilen, bedeutet eine ungerechtfertigte Übertragung von Rechtssätzen, die anderen Zwecken dienen (BGHSt 27, 228 = NJW 1978, 228; OLG Düsseldorf MDR 1984, 959; aM Frommel NJW 1978, 862); hier wird es für den im Haushalt tätigen Partner idR auf die Höhe des ihm tatsächlich zufließenden oder zustehenden Unterhalts ankommen (OLG Celle JR 1977, 382 mAnm Tröndle; OLG Celle StraFo 2011, 407; aM Grebing ZStW 88 (1976), 1049 (1080), der auf den hypothetischen Unterhaltsanspruch bei Getrenntleben abstellt; eing. Schaeffer, Die Bemessung der Tagessatzhöhe unter Berücksichtigung der Hausfrauenproblematik, 1978, S. 93;). Die Bestimmung des Nettoeinkommens ist als **tatrichterliche Aufgabe** vom Revisionsgericht bis zur Grenze des Vertretbaren hinzunehmen; jedoch müssen die Urteilsgründe eine Nachprüfung der Rechtsanwendung ermöglichen (OLG Düsseldorf NStZ 1998, 464; OLG Hamburg NStZ 2001, 655; OLG Frankfurt a. M. StV 2002, 308; OLG Hamm wistra 2006, 191; OLG Celle StraFo 2011, 407). Bei nahe am Existenzminimum Lebenden kann es geboten sein, vom Nettoprinzip abzuweichen (OLG Dresden NJW 2009, 2966; Fischer Rn. 11a). Zum **Nettoeinkommen im Ganzen** Ising, Die Feststellung des Nettoeinkommens als Bemessungsgrundlage bei Bestimmung der Tagessatzhöhe nach § 40 StGB, 1979; Krehl, Die Ermittlung der Tatsachengrundlage zur Bemessung der Tagessatzhöhe bei der Geldstrafe, 1985; Brandis, Geldstrafe und Nettoeinkommen, 1987; v. Selle, Gerechte Geldstrafe, 1997, S. 219; Meemar, Die Strafanpassung im Rahmen der Tagessatzgeldstrafe, 2009; S. 117.

8 bb) Der **Tagesdurchschnitt** wird nach der durchschnittlichen Einkommenshöhe aller, dh auch der arbeitsfreien, Tage eines Einkommenszeitraums bestimmt (BGH bei Holtz MDR 1979, 454). Bei Tätern mit wechselnden Einkünften ist ein Querschnitt für einen von der Gegenwart ausgehenden und so weit zurückreichenden Zeitraum zu bilden, dass erkennbar wird, was der Täter nachhaltig verdient. Umgekehrt kann uU auch eine in die Zukunft reichende Zeitspanne mitbewertet werden, wenn eine Veränderung der Einkommensverhältnisse zuverlässig absehbar ist (BGHSt 26, 325 = NJW 1976, 1547; OLG Hamm JR 1978, 165; Frank MDR 1976, 626; Grebing JR 1978, 142 (144)).

9 cc) Das **erzielbare Einkommen** nach S. 2 ist Bewertungsgrundlage nur, wenn zumutbare Erwerbsmöglichkeiten ohne billigenswerten Grund nicht wahrgenommen werden und deshalb kein oder nur ein herabgesetztes Nettoeinkommen erzielt wird (OLG Hamm NJW 1978, 230; OLG Frankfurt a. M. NJW 1988, 2624; weiter einschr. BayObLGSt 1998, 6 = BeckRS 1998, 2749 mAnm Krehl NStZ 1999, 189; unklar OLG Hamburg JR 1982, 160 mablAnm v. Spiegel). Im Allgemeinen – dh ohne starre Bindung des Tatrichters (BGHSt 27, 212 = NJW 1977, 1459) – ist dabei maßgebend, was der Täter nach seinen persönlichen und wirtschaftlichen Verhältnissen verdienen könnte, wenn er nur wollte (BGH bei Dallinger MDR 1975, 541; OLG Koblenz StV 1998, 424). Für den Arbeitsunfähigen scheidet daher das erzielbare Nettoeinkommen als Bewertungsgrundlage aus. Eine Ehefrau, deren ausschließliche Tätigkeit im Haushalt für die Betreuung einer mehrköpfigen Familie notwendig oder auch nur sinnvoll ist, kann nicht auf die abstrakte Möglichkeit, eine Arbeitsstelle anzunehmen, verwiesen werden; für sie ist Nettoeinkommen nur das, was ihr als Unterhalt zufließt oder zusteht (Horstkotte Prot. 7, Nr. 635; → Rn. 7). Dasselbe gilt darüber hinaus auch für solche Ehefrauen, die sich grds. für

eine sog. Hausfrauenehe entschieden haben (entsprechend für eine Hausmannehe), denn die Freiheit zu dieser Lebensentscheidung verbietet es, durch Zumutung der Aufnahme von Erwerbstätigkeit in entgegengesetzter Richtung Druck auszuüben (OLG Köln NJW 1979, 277; Meyer MDR 1986, 103; Kindhäuser/Hilgendorf in LPK-StGB Rn. 11; Albrecht in NK-StGB Rn. 41, 45; aM Baumann NStZ 1985, 393). Auch bei Studenten wird im Hinblick auf ihre jeweilige Studiensituation häufig kein durch Arbeitsaufnahme erzielbares Einkommen zugrunde gelegt werden können (OLG Frankfurt a. M. NJW 1976, 635; OLG Köln NJW 1976, 636; Frank MDR 1976, 626 (628); Dölling in Maurach/Gössel/Zipf StrafR AT II § 59 Rn. 60; Häger in LK-StGB Rn. 35; diff. Meyer MDR 1981, 275 (279)). Aus ähnlichen Gründen kann ferner ein selbständiger Gewerbetreibender idR nicht darauf verwiesen werden, durch Aufnahme einer Angestelltentätigkeit ein höheres Einkommen zu erzielen (BayObLG JR 1999, 213 mAnm Krehl NStZ 1999, 189; Dölling JR 1999, 215). Bildet bei diesen und vergleichbaren Tätergruppen das Nettoeinkommen keine sinnvolle Ausgangsgrundlage, so ist auf den Lebenszuschnitt abzustellen, den der Täter mit Hilfe der ihm verfügbaren Mittel aufrechterhalten kann (Tröndle ÖJZ 1975, 589 (593)). Wer dagegen zur Vermeidung der Geldstrafe unangemessen schlecht bezahlte Arbeit annimmt, ist auf seine bessere Fähigkeit festzulegen (Horstkotte Prot. 7, Nr. 635; → Rn. 7).

b) Nach Abs. 2 S. 2 ist idR von dem tatsächlichen oder erzielbaren Nettoeinkommen (→ Rn. 7–9) **auszugehen.** Dieses bildet danach nur den regelmäßigen Ausgangspunkt der Bewertung, die sich alsdann **zur Erzielung einer für alle möglichst gleichen Strafwirkung** der jeweiligen wirtschaftlichen Belastbarkeit des Täters (nach oben oder unten) anzupassen hat (OLG Hamm NJW 1980, 1534). Diese Anpassung unterliegt tatrichterlicher Würdigung, für die es keine schematischen Regeln und keine rechnerisch fixierbaren Ergebnisse gibt (Häger in LK-StGB Rn. 21; im Ansatz abw. v. Selle, Gerechte Geldstrafe, 1997). Sie besteht in einer Abwägung aller aus den persönlichen und wirtschaftlichen Verhältnissen des Täters abzuleitenden Gründe, soweit sie unter dem Gesichtspunkt der Belastbarkeit für oder gegen ein Abweichen vom Nettoeinkommen sprechen; andere Gründe, zB die Annahme eines Missverhältnisses zwischen Tatschwere und Geldstrafenendbetrag (OLG Schleswig NStZ 1983, 317) oder die Billigkeitserwägung, dass der Täter sein Einkommen freimütig angegeben habe und eine Schätzung (→ Rn. 17) zu einem niedrigeren Ergebnis geführt hätte (BGH 14.10.1980 – 1 StR 437/80), sind nicht tragfähig. Die Anpassung bedarf der Begründung (BGH NStZ 1989, 178), die vom Revisionsgericht nur begrenzt nachprüfbar ist (OLG Oldenburg MDR 1975, 1038). Legen die Umstände eine Anpassung nahe, so darf sie in den Urteilsgründen nicht übergangen werden (OLG Karlsruhe NStZ 1988, 500). Im Einzelnen: 10

aa) **Belastungen mit Unterhaltsverpflichtungen** werden regelmäßig in ihrem tatsächlichen Umfang (BayObLG NStZ 1988, 499 mAnm Terhorst; OLG Hamm wistra 2006, 191) mindernd zu Buch schlagen, weil sie den wirtschaftlichen Bewegungsspielraum ohne jeglichen Ausgleich einschränken (OLG Celle JR 1977, 382 mAnm Tröndle; BayObLG NJW 1977, 2088; Meyer MDR 1981, 275 (277)). Für das Maß ihrer Berücksichtigung können die RegBetrV und die unterhaltsrechtlichen Leitlinien der OLG (NJW-Beilage zu Heft 34/1999) Anhaltspunkte bieten (OLG Hamm NJW 1976, 722; Seib NJW 1976, 2202; krit. Tröndle ÖJZ 1975, 589 (591); Meyer NJW 1976, 1110), jedoch mit der Einschränkung, dass zur Verfügung stehende konkretere Bemessungsgrundlagen vorgehen (OLG Celle NJW 1977, 1248; JR 1977, 382; Tröndle JR 1977, 247; JR 1977, 385; Krehl NStZ 11

1999, 189; str.). **Andere Verpflichtungen** rechtfertigen eine Minderung der Tagessatzhöhe nur, wenn sie keine Kosten der Lebenshaltung sind, die jedermann treffen (Dölling in Maurach/Gössel/Zipf StrafR AT II § 59 Rn. 56), sondern den Lebenszuschnitt des Täters im Verhältnis zum Durchschnitt der Bezieher gleicher Einkommen fühlbar einschränken und wenn ihre Berücksichtigung zur Vermeidung einer unbilligen Härte angezeigt ist (OLG Karlsruhe NStZ 1988, 500 mit krit. Bespr. Krehl NStZ 1999, 465; sa OLG Celle JR 1977, 382 mAnm Tröndle; speziell zu Schulden aus Steuerrückständen OLG Hamm JR 1978, 165; OLG Stuttgart NJW 1995, 67; aus BAFöG-Krediten BayObLG NJW 1992, 2582 mkritAnm Streng JR 1993, 472). Dass bei vermögenslosen Tätern laufende Verpflichtungen stets abzuziehen sind, lässt sich aus dem Nettoeinkommensprinzip, das nur einen Bewertungsmaßstab liefert, aber keine Zurückstufung des Täters auf das Existenzminimum im Auge hat (→ Vor § 40 Rn. 2), nicht ableiten (Meyer MDR 1975, 188 (190); aM Horn JZ 1974, 287 (288)). Deshalb kann auch berücksichtigt werden, ob die überdurchschnittlichen Verpflichtungen von „rentierlichen Aufwendungen" (zB vermögenswirksamen Investitionen) herrühren (BGH bei Holtz MDR 1980, 104), ob sie eine wirtschaftlich sinnvolle Grundlage haben (zB Bau eines Eigenheims, Krankheit usw) oder ob sie Ausdruck einer leichtsinnigen Lebensführung sind (OLG Köln VRS 64, 114; Häger in LK-StGB Rn. 57).

12 bb) Das **Vermögen** ist nicht als solches Bewertungsgrundlage. Das folgt schon aus der ausdrücklichen Anknüpfung in Abs. 2 S. 2 an das Nettoeinkommen und aus der Überlegung, dass ein konfiskatorischer Charakter der Geldstrafe problematisch wäre (Meyer MDR 1975, 188; Zipf JBl 1977, 304 (308); Schöch in KSK Kriminologie § 7 Rn. 54; weniger einschr. Frank MDR 1979, 99). Maßgebender Gesichtspunkt ist daher nicht lediglich, ob dem Täter die Verwertung von Vermögensstücken zumutbar ist (aM Krehl NStZ 1988, 62). Es kommt vielmehr darauf an, ob die mit dem – uU auch formell fremden, dem Täter aber für eigene Zwecke zur Verfügung stehenden (BGH NJW 1993, 408 mAnm Krehl NStZ 1993, 336) – Vermögen regelmäßig verbundene geringere Empfindlichkeit gegen Geldstrafen zur besseren Verwirklichung des Gedankens der Opfergleichheit die volle Ausschöpfung des Nettoeinkommens oder – namentlich bei einem Missverhältnis zwischen Einkommen und Lebenszuschnitt – auch dessen Überschreitung erfordert (BayObLG bei Rüth DAR 1978, 207; Grebing ZStW 88 (1976), 1049 (1083); zur Rspr. Häger in LK-StGB Rn. 63; enger Meyer MDR 1980, 16; weiter Frank MDR 1979, 99; Wolters in SK-StGB Rn. 11; schon im Ansatz abw. v. Selle, Gerechte Geldstrafe, 1997, S. 181, 193). Betriebsvermögen, aus denen die Einkünfte erwirtschaftet werden, bleiben im Regelfall außer Ansatz (BayObLG NJW 1987, 2029 mAnm Zipf JR 1987, 380; krit. Krehl NStZ 1988, 62); dasselbe gilt für kleine Vermögen und Kapitalansammlungen, die eine gesetzliche Alterssicherung ersetzen (Frank MDR 1979, 99 (101)). Bei Vermögen dagegen, die aus wirtschaftlichen Erwägungen zur Wertsteigerung angelegt sind und deshalb keine oder nur geringe Einkünfte abwerfen, bietet sich die potenzielle Ertragskraft als Maßstab an (OLG Celle NStZ 1983, 315 mkritAnm Schöch). Im Ganzen kommt es darauf an, Art und Umfang des Vermögens, seine Liquidität und seine Funktion für den Vermögensträger (zB Eigenheim) so zu berücksichtigen, dass eine unangemessene Bevorzugung von Wohlhabenden vermieden, die Grenze der Konfiskation aber nicht überschritten wird (OLG Köln StV 2001, 347; beachte auch die Kritik von Naucke, Tendenzen in der Strafrechtsentwicklung, 1975, S. 13).

13 cc) Ferner bildet **§ 46 I 2** eine wichtige Schranke. Gerade bei haltlosen Tätern und bei solchen mit Einkommen am (OLG Hamm NJW 1980, 1534 mkritAnm

Meyer NJW 1980, 2480; OLG Köln StV 1993, 365) oder unter dem Existenzminimum (OLG Köln NJW 1977, 307 mAnm Meyer NJW 1977, 724) ist die wirtschaftliche Belastbarkeit häufig eingeschränkt (näher OLG Stuttgart MDR 1993, 887). Deshalb ist stets zu erwägen, ob und wie weit der rigorose Entzug von finanziellen Mitteln Gefahren für die künftige Lebensführung mit sich bringt (BGHSt 26, 325 = NJW 1976, 1547; OLG Celle NStZ-RR 1998, 270; Häger in LK-StGB Vor § 40 Rn. 52, § 40 Rn. 60; aM Frank NJW 1976, 2329 (2331); Heghmanns NStZ 1994, 519); da diese Frage speziell die wirtschaftliche Belastbarkeit und damit das Prinzip der Opfergleichheit betrifft, ist sie nicht schon bei der Tagessatzzahl, sondern erst bei deren Höhe zu berücksichtigen (→ Rn. 5; aM Vogler JR 1978, 353 (354)). Daraus folgt zugleich, dass auch die **Zahl der Tagessätze** für ihre Höhe bedeutsam sein kann. Zwar wirkt sich der Gesichtspunkt, dass jede Strafe mit zunehmender Höhe nicht lediglich linear, sondern progressiv fühlbarer wird (Begr. zu § 68 E 1962, S. 193), schon auf die Tagessatzzahl aus (Vogler JR 1978, 353). Speziell für die Geldstrafe gilt aber insofern Besonderes, als sie stets zunächst auf die für die wirtschaftliche Bedürfnisbefriedigung weniger wichtigen und alsdann mit zunehmender Höhe auf immer existenznotwendigere Mittel zugreift. Dieser Zusammenhang, der bei der Freiheitsstrafe keine Entsprechung hat, zwingt dazu, die wirtschaftliche Belastbarkeit und die Gefahr der Entsozialisierung wegen fehlender finanzieller Mittel bei hohen Geldstrafen anders zu beurteilen als bei niedrigen. Er betrifft schwerpunktmäßig auch die Voraussetzungen der Tagessatzhöhe, weil er sich speziell auf die wirtschaftliche Belastbarkeit auswirkt (→ Rn. 5; aM Vogler JR 1978, 353; Heghmanns NStZ 1994, 519). Es ist deshalb legitim, die zusätzliche Belastung, die bei einer hohen Tagessatzzahl in der vollen Ausschöpfung des Nettoeinkommens steckt, durch eine Minderung des einzelnen Tagessatzes auszugleichen (BGHSt 26, 325 = NJW 1976, 1547; OLG Hamburg StV 1997, 472; Tröndle JR 1976, 162; Streng Sanktionen Rn. 133; Horn/Wolters in SK-StGB Rn. 13; aM Frank NJW 1976, 2329; Kadel, Die Bedeutung des Verschlechterungsverbotes für Geldstrafenerkenntnisse nach dem Tagessatzsystem, 1984, S. 27, 35; Heghmanns NStZ 1994, 519; v. Selle, Gerechte Geldstrafe, 1997, S. 29).

dd) Der durch die Tat erzielte **Gewinn** kann allenfalls berücksichtigt werden, 14
soweit er die wirtschaftliche Belastbarkeit des Täters erhöht (BGH bei Holtz MDR 1976, 633); wird er nach §§ 73ff. eingezogen oder durch den Verletzten abgeschöpft, so ist er für die Tagessatzhöhe unerheblich.

c) Vom Nettoeinkommen wird **ausnahmsweise** (Abs. 2 S. 2) dann nicht aus- 15
zugehen sein, wenn der Täter ohne ins Gewicht fallendes Einkommen aus seinem Vermögen lebt (krit. Frank MDR 1979, 99 (101)) oder wenn hinreichende Anhaltspunkte für die Schätzung seiner Einkünfte (Abs. 3) fehlen. In solchen Fällen wird der **allgemeine Lebenszuschnitt** Bewertungsgrundlage (OLG Hamburg MDR 1981, 953; Fischer Rn. 12).

d) Für die Höhe des Tagessatzes kommt es auf die Verhältnisse **zurzeit der Ent-** 16
scheidung an (BGH NJW 1976, 634; → Rn. 19; → § 55 Rn. 11–14); das gilt auch bei einer nachträglichen Gesamtstrafenbildung nach § 460 StPO (LG Frankfurt a. M. NStZ-RR 2011, 40). Nach ihnen und ihrer voraussichtlichen Weiterentwicklung bestimmt sich die belastende Strafwirkung. Deshalb wird die Frage, wann der Täter die Geldstrafe zahlen kann, erst iRd § 42 erheblich. Die mutmaßliche Bewilligung von Zahlungserleichterungen ist daher kein Grund, wegen der Erstreckung des Eingriffs auf einen längeren Zeitraum dessen belastende Wirkung

geringer zu veranschlagen und deshalb den Tagessatz zu erhöhen (Horn NJW 1974, 625 (626); Grebing ZStW 88 (1976), 1049 (1096)).

17 **7.** Der Täter ist zu Auskünften über die **tatsächlichen Grundlagen für die Bemessung des Tagessatzes** nicht verpflichtet. Auch das Steuergeheimnis ist nicht eingeschränkt (Zipf JuS 1974, 137 (140); krit. Baumann JZ 1963, 733 (738); Schöch ZStW 92 (1980), 143 (171)), so dass Auskünfte der Finanzämter nur insoweit zulässig sind, als nach § 30 IV, V AO eine Offenbarungsbefugnis besteht (Köpp DRiZ 1984, 314; krit. Kohlmann FS Spendel, 1992, 257). Das Bankgeheimnis öffentlich-rechtlicher Kreditinstitute genießt gegenüber der StA keinen besonderen Schutz (Köhler in Meyer-Goßner/Schmitt StPO § 161 Rn. 4); dennoch werden Bankauskünfte wegen der damit verbundenen Ermittlungsschwierigkeiten nur selten erreichbar sein. – Deshalb hat die in **Abs. 3** vorgesehene **Schätzung** große Bedeutung. Sie setzt voraus, dass der Täter keine, unzureichende oder unzutreffende Angaben über seine wirtschaftlichen Verhältnisse macht (OLG Düsseldorf StV 1995, 643; BGH NStZ-RR 2017, 305; Dölling in Maurach/Gössel/Zipf StrafR AT II § 59 Rn. 71). Sie wird aber nicht erst zulässig, wenn alle anderen Ermittlungsmöglichkeiten erschöpft sind (BayObLG VRS 60, 103; Albrecht in NK-StGB Rn. 48). Es muss vielmehr nur eine hinreichend konkrete, im Urteil näher darzulegende (OLG Frankfurt a. M. StV 1984, 157; KG StV 2005, 89) Schätzungsgrundlage erarbeitet werden können (OLG Koblenz NJW 1976, 1275; Grebing JR 1978, 142; BGH NJW 1993, 409 mAnm Krehl NStZ 1993, 337; Hellmann GA 1997, 509; Schäfer in Schäfer/Sander/van Gemmeren Strafzumessung Rn. 101; Streng Sanktionen Rn. 136; zu pauschal OLG Celle NJW 1984, 185 mkritAnm Stree JR 1983, 205), die – anders als die Schätzung selbst – nach den allgemeinen Beweisgrundsätzen (OLG Düsseldorf StV 1997, 460), also auch unter Beachtung des Zweifelssatzes, zu ermitteln ist (BGH NStZ 1989, 361; OLG Düsseldorf BA 1997, 167); zu objektiv willkürlichen Schätzungen BVerfG NStZ-RR 2016, 46. Alsdann kommt es darauf an, ob bei Anlegung eines zur Vermeidung ungerechtfertigter Bevorzugung Wohlhabender strengen Maßstabes (Köpp DRiZ 1984, 314) der Aufwand weiterer Ermittlungen im Verhältnis zum Ausmaß der noch bestehenden Ungewissheit nach pflichtmäßigem Ermessen (→ § 46 Rn. 50) unangebracht wäre (hM; vgl. etwa Nierwetberg JR 1985, 316 (318); Hofmann StraFo 2003, 70; Schöch ZStW 92 (1980), 7 (55); Häger in LK-StGB Rn. 68–75; enger BT-Drs. V/4095, 21; anders Hellmann GA 1997, 503, der mit beachtlichen Gründen unterschiedliche Lösungen für die verschiedenen Vorschriften, die eine Schätzung zulassen (§§ 40 III, 43a I, 73b, 73d II, 74c III), vorschlägt, außerdem innerhalb der Vorschriften nach Fallgruppen differenziert und Auswirkungen der Schätzungsbefugnis auf den Umfang der Beweisaufnahme (§§ 244, 245 StPO) verneint; näher zum Übergang in das Schätzungsverfahren Krehl, Die Ermittlung der Tatsachengrundlage zur Bemessung der Tagessatzhöhe bei der Geldstrafe, 1985, S. 93, 186). Diesen Grundsätzen entspricht die gegenwärtige Praxis nicht mehr. Das Bemühen um Vermeidung unverhältnismäßigen Aufwands hat zu dem problematischen Zustand geführt, dass sich die Gerichte regelmäßig mit den Angaben des Täters auch dann zufrieden geben, wenn beweisrechtlich weitere Ermittlungen nahe liegen (krit. Meier Sanktionen, 5. Aufl. 2019, S. 78).

18 **8. a)** Im **Urteil** müssen nur Zahl und Höhe der Tagessätze angegeben werden (Abs. 4; § 260 IV 3 StPO). Die Angabe der Gesamtsumme im Urteilstenor steht im Ermessen des Gerichts (§ 260 IV 5 StPO); sie ist idR aus Gründen der Klarstellung

zu empfehlen (Naucke NJW 1978, 407; Häger in LK-StGB Rn. 77; aM Streng Sanktionen Rn. 137; Wolters in SK-StGB Rn. 16; krit. Vogler JR 1978, 353).

b) Eine **Anfechtung des Urteils** kann wegen des unter → Rn. 13 beschriebenen Zusammenhangs nicht auf die Zahl (Horn JR 1977, 95 (97); Grünwald JR 1978, 71; Häger in LK-StGB Rn. 78; aM OLG Koblenz NJW 1976, 1275; Grebing JR 1981, 1 (3); Kadel, Die Bedeutung des Verschlechterungsverbotes für Geldstrafenerkenntnisse nach dem Tagessatzsystem, 1984, S. 29; zw.), im Allgemeinen aber auf die Höhe der Tagessätze beschränkt werden (BGHSt 27, 70 = NJW 1977, 442; BayObLG JR 1976, 161 mAnm Tröndle; OLG Köln NJW 1977, 307; Schäfer in Schäfer/Sander/van Gemmeren Strafzumessung Rn. 104). Das **Verschlechterungsverbot** nach §§ 331 I, 358 II StPO schließt wegen der Koppelung mit der Ersatzfreiheitsstrafe (§ 43) eine Erhöhung der Zahl der Tagessätze aus (BayObLG JZ 1975, 538; beachte jedoch → § 44 Rn. 12). Dagegen bleibt die Nachholung einer versehentlich unterbliebenen Bestimmung der Tagessatzhöhe möglich (BGHSt 30, 93 = NJW 1981, 2071 mAnm Meyer JR 1982, 73; BGHSt 34, 90 = NJW 1987, 199), ferner auch deren Heraufsetzung, wenn nur die Gesamtsumme nicht überschritten wird (OLG Celle NJW 1976, 121; OLG Köln VRS 60, 46; Meyer NJW 1979, 148; Albrecht in NK-StGB Rn. 53; sa OLG Düsseldorf JR 1986, 121 mkritAnm Welp; zw.); die abweichende Auffassung von Schröter (BGH NJW 1978, 1302); Grebing JR 1981, 1 (2), die jede Auswirkung auf die Tagessatzhöhe verneinen, verkennt den Vorrang des Verschlechterungsverbots vor dem materiellen Recht (Dencker NStZ 1982, 152 (153); Häger in LK-StGB Rn. 83), während umgekehrt die volle Einbeziehung der Tagessatzhöhe in das Verbot (so Kadel, Die Bedeutung des Verschlechterungsverbotes für Geldstrafenerkenntnisse nach dem Tagessatzsystem, 1984, S. 43; Kadel GA 1979, 459) über das Gebotene hinausgeht. Daraus folgt auch, dass eine rechtsirrig hinter der gesetzlichen Mindestzahl der Tagessätze zurückbleibende Geldstrafe nicht etwa aufzuheben und von Strafe abzusehen ist (BGHSt 27, 176 = NJW 1977, 1405; str.). Zu Art und Umfang der Bindung des Rechtsmittelrichters an das Verschlechterungsverbot → § 46 Rn. 44. 19

9. a) Kumulative Geldstrafe § 41. Zahlungserleichterungen § 42. Ersatzfreiheitsstrafe § 43. 20

b) Vollstreckung §§ 459–459d, 459h StPO (dazu Albrecht, Strafzumessung und Vollstreckung bei Geldstrafen, 1980, S. 223; Albrecht LdRerg 8/580, S. 4; krit. Janssen, Die Praxis der Geldstrafenvollstreckung, 1994). Zur Möglichkeit der Tilgung uneinbringlicher Geldstrafen durch **freie Arbeit** beachte Art. 293 EGStGB; von der dort erteilten Ermächtigung haben die Länder Gebrauch gemacht (Meier Sanktionen, 5. Aufl. 2019, S. 83). Empirische Forschung zur Geldstrafenzumessung und -betreibung bei Albrecht in Ulsamer StrafR/StrafVerfR 8/580, S. 5. Die Eröffnung dieser Möglichkeit ist ein **Teilergebnis** intensiver, auf **Zurückdrängung der Freiheitsstrafe gerichteten Bestrebungen** (→ Vor § 38 Rn. 3); zu Entwicklung und Stand der Diskussion um den Einbau der freien Arbeit in das Strafrechtssystem vgl. den BR-Entwurf, BT-Drs. 13/10485, der freie Arbeit als selbständige Sanktion vorschlägt (krit. dazu Böhm ZRP 1998, 360; Weßlau StV 1999, 278 (284); zum Ganzen vgl. ferner ua Pfohl, Gemeinnützige Arbeit als strafrechtliche Sanktion, 1983; Kerner/Kästner, Gemeinnützige Arbeit in der Strafrechtspflege, 1986; Blau GS Kaufmann, 1993, 191; Albrecht/Schädler ZRP 1988, 278; Jehle/Feuerhelm/Block, Gemeinnützige Arbeit statt Ersatzfreiheitsstrafe, 1990, Feuerhelm, Gemeinnützige Arbeit als Alternative in der Geldstrafenvollstreckung, 1991; Feuerhelm, Stellung und Ausgestaltung der gemeinnützigen Arbeit im Strafrecht, KUP Bd. 22, 1997; Feuerhelm BewH 1998, 323; Jung, Sanktionensysteme und Menschenrechte, 1992, S. 129; Schöch in Jehle, Kriminalprävention und Strafjustiz, 1996, S. 291, 312; Heghmanns ZRP 1999, 297; Streng ZStW 111 (1999), 827 (837); Dünkel/Flügge/Lösch/Pörksen ZRP 2010, 175; Bögelein/Ernst/Neubacher, Vermeidung von Ersatzfreiheitsstrafen, 2014; Höffler/Kaspar GA 2015, 453, Ausweitung der gemeinnützigen Arbeit drängt sich generalpräventiv auf; rechtsvergleichend Jescheck ZStW 98 (1986), 1 (24); Albrecht/Schädler, Community Service, 1986; Cornils MschrKrim 1995, 322; Killias/Camathias/Stump ZStW 112 (2000), 637; Kinzig in Schönke/Schröder Vor § 38 Rn. 26).

§ 41 Geldstrafe neben Freiheitsstrafe

Hat der Täter sich durch die Tat bereichert oder zu bereichern versucht, so kann neben einer Freiheitsstrafe eine sonst nicht oder nur wahlweise angedrohte Geldstrafe verhängt werden, wenn dies auch unter Berücksichtigung der persönlichen und wirtschaftlichen Verhältnisse des Täters angebracht ist.

Fassung: Streichung von S. 2 durch das VermögensabschöpfungsG (→ Vor § 1 Rn. 18) zum 1.7.2017.

1 **1. a)** Die Vorschrift hat **Ausnahmecharakter,** weil sich die **Kumulation** von Freiheitsstrafe und Geldstrafe für die Wiedereingliederung des Täters meist ungünstig auswirkt und deshalb uU gegen § 46 I 2 verstößt (Fischer Rn. 2; diff. Janca/Schroeder/Baron wistra 2015, 409 (412); abl. daher Zipf JuS 1974, 137 (140); Grebing JZ 1976, 745 (749); einschr. auch BGHSt 26, 325 = NJW 1976, 1547; krit. Eberbach NStZ 1987, 486; Streng Sanktionen Rn. 142). Im Bereich der Wirtschafts- und Steuerkriminalität kann es nach den persönlichen und wirtschaftlichen Verhältnissen des Täters angezeigt sein, ihn nicht nur an der Freiheit, sondern auch am Vermögen zu treffen (BGHSt 26, 325 = NJW 1976, 1547). Die Vorschrift soll auch in Verfahren zum Zuge kommen, in denen die Anordnung einer Vermögensstrafe nach Nichtigerklärung von § 43a durch das BVerfG aufzuheben ist (BGH NStZ 2003, 198).

1a **b)** Es ist eine **unzulässige Umgehung** der zeitlichen Schranken des § 56 I (BGHSt 32, 60 = NJW 1984, 2170 mAnm Horn JR 1984, 211) oder des § 56 II (BGH NJW 1985, 1719 mAnm Bruns JR 1986, 71; aM AG Saarbrücken NStZ 1984, 76 mAnm Horn), wenn eine nach allgemeinen Strafzumessungsregeln verwirkte Freiheitsstrafe ausschließlich zu dem Zweck ermäßigt und mit einer auf § 41 gestützten Geldstrafe kumuliert wird, um sie aussetzungsfähig zu machen (BT-Drs. 16/11606, 7 mit Hinweis auf BGH BeckRS 2006, 17; NStZ-RR 2006, 102 (Ls.)); iÜ steht aber die kumulierte Geldstrafe der Aussetzung auch einer zweijährigen Freiheitsstrafe nicht entgegen, wenn die Kumulierung als eine dem Täter und der Tat insgesamt besser gerecht werdende Sanktion erscheint (BGHSt 32, 65 = NJW 1984, 2170; BGH StV 1999, 424 (426); sa BGH NStZ-RR 1998, 108; BGH bei Detter NStZ 1999, 497).

2 **2. a) Sich bereichern** bedeutet, sich (unbedingt oder bedingt) vorsätzlich einen Vermögensvorteil (→ § 263 Rn. 59) verschaffen; Bereicherungsabsicht im

Sinne zielgerichteten Wollens (→ § 15 Rn. 20) ist nicht erforderlich, weil das Gesetz für diese Einschränkung keinen Anhalt bietet (Kindhäuser/Hilgendorf in LPK-StGB Rn. 4; Häger in LK-StGB Rn. 9; Wolters in SK-StGB Rn. 8; aM OLG Hamm NJW 1975, 1370; OLG Düsseldorf GA 1976, 117). Es ist unerheblich, ob die Bereicherung Tatbestandsmerkmal des anwendbaren Gesetzes ist (so schon BGHSt 17, 35 = NJW 1962, 748).

b) „Durch die Tat" erfordert nicht notwendig unmittelbare Bereicherung aus der Tat; auch ein für die Tat erlangtes oder erwartetes Entgelt genügt (BGHSt 32, 60 = NJW 1984, 2170 mkritAnm Horn JR 1984, 211; Kindhäuser/Hilgendorf in LPK-StGB Rn. 5). 3

3. a) Die **Höhe der Freiheitsstrafe** und die **Zahl der Tagessätze** dürfen zusammen das Schuldmaß nicht überschreiten, müssen sich also – aufeinander abgestimmt – innerhalb des Schuldrahmens halten, mit der Folge, dass sich Verhängung und Ausmaß der Geldstrafe auf die Höhe der Freiheitsstrafe mildernd auswirken können (BGHSt 32, 60 = NJW 1984, 2170). Da die Vorschrift nach pflichtmäßigem Ermessen (→ § 46 Rn. 50) anzuwenden ist (BGH bei Holtz MDR 1991, 294; BGH NStZ-RR 2020, 239), ermöglicht sie eine flexiblere Gestaltung der nach den allgemeinen Strafzumessungsregeln (→ § 46 Rn. 22–49) zu bestimmenden Strafartreaktion. 4

b) Aus dem Erfordernis der Schuldangemessenheit der Gesamtreaktion (→ Rn. 4) wird gefolgert, dass die kumulativ angedrohte Geldstrafe **keine Strafrahmenerweiterung** bewirkt (Schäfer in Schäfer/Sander/van Gemmeren Strafzumessung Rn. 214; Fischer Rn. 7; aM Häger in LK-StGB Rn. 19). Vielmehr sollen vom Höchstmaß der angedrohten Strafe die Tagessätze der Geldstrafe abgezogen werden (beachte § 43 S. 2), damit das im Strafrahmen zum Ausdruck kommende Schuldhöchstmaß nicht überschritten wird (hM; vgl. Albrecht in NK-StGB Rn. 5; Wolters in SK-StGB Rn. 3; Kinzig in Schönke/Schröder Rn. 8; aus der Rspr. BGH NJW 1985, 1719; NStZ-RR 2014, 338; anders Dölling in Maurach/Gössel/Zipf StrafR AT II § 59 Rn. 33). 5

4. Subsidiarität zu §§ 73ff. (OLG Celle StV 2008, 587 iE mzustAnm Peglau wistra 2009, 124; Radtke in MüKoStGB Rn. 9), nicht aber zu § 56b II Nr. 2, 4 (Radtke in MüKoStGB Rn. 10). 6

§ 42 Zahlungserleichterungen

[1]Ist dem Verurteilten nach seinen persönlichen oder wirtschaftlichen Verhältnissen nicht zuzumuten, die Geldstrafe sofort zu zahlen, so bewilligt ihm das Gericht eine Zahlungsfrist oder gestattet ihm, die Strafe in bestimmten Teilbeträgen zu zahlen. [2]Das Gericht kann dabei anordnen, daß die Vergünstigung, die Geldstrafe in bestimmten Teilbeträgen zu zahlen, entfällt, wenn der Verurteilte einen Teilbetrag nicht rechtzeitig zahlt. [3]Das Gericht soll Zahlungserleichterungen auch gewähren, wenn ohne die Bewilligung die Wiedergutmachung des durch die Straftat verursachten Schadens durch den Verurteilten erheblich gefährdet wäre; dabei kann dem Verurteilten der Nachweis der Wiedergutmachung auferlegt werden.

Fassung: Das 2. JuMoG (→ Vor § 1 Rn. 16) hat an die bisherige Vorschrift einen weiteren Satz angefügt.

1 **1.** Die Vorschrift bezieht sich nur auf die Bewilligung von Zahlungserleichterungen im **Urteil** (oder Strafbefehl). Für entsprechende, zT weitergehende Vergünstigungen im Vollstreckungsverfahren – auch für die etwa erforderliche Änderung der Bewilligung im Urteil – ist die Vollstreckungsbehörde nach § 459 a StPO zuständig (Kölsch NJW 1976, 408). Die Vergünstigung erfasst die Verfahrenskosten, auf die sie auch beschränkt werden kann (§ 459 a IV StPO). Von Zahlungserleichterungen wird in erheblichem Umfang Gebrauch gemacht (so Albrecht in NK-StGB Rn. 2 mit Hinweis auf kriminologische Forschungen.

2 **2.** § 42 wird erst relevant, wenn die Strafzumessung abgeschlossen ist, dh Zahl und Höhe der Tagessätze feststehen (Häger in LK-StGB Rn. 3; → § 40 Rn. 16). **Nicht zuzumuten** ist die sofortige Zahlung idR, wenn der Verurteilte keine ausreichenden Rücklagen besitzt und die Geldstrafe so hoch ist, dass er sie im Hinblick auf seinen Lebensbedarf (einschließlich Familie) und seine laufenden Verpflichtungen nicht auf einmal aus seinen Einkünften aufbringen kann (Häger in LK-StGB Rn. 7, 8). Ist von vornherein nicht zu erwarten, dass er innerhalb angemessener Frist (dazu OLG Stuttgart MDR 1993, 996) wirklich zahlt, so braucht keine Vergünstigung bewilligt zu werden (so schon BGHSt 13, 356 = NJW 1960, 251; einschr. Albrecht in NK-StGB Rn. 6; mit beachtlichen Gründen anders OLG Bremen NJW 1962, 217; LG Berlin StV 2005, 93; NStZ 2005, 336).

3 **3.** S. 1 ist **Muss-Vorschrift,** mit der sich das Urteil auch ohne Antrag auseinanderzusetzen hat (Detter NStZ 1990, 578; für nachträgliche Gesamtstrafenbeschlüsse ebenso LG Berlin NStZ-RR 2006, 373 (375)). Da jedoch bei Geldstrafen bis zur Höhe eines Monatseinkommens die sofortige Zahlung idR zumutbar ist, bedeutet das Fehlen eines ablehnenden Ausspruchs in diesem unteren Bereich nur dann einen sachlich-rechtlichen Fehler, wenn nach den Umständen eine Ausnahme von der Regel nahe lag (OLG Schleswig NJW 1980, 1535 mAnm Zipf JR 1980, 425; krit. Albrecht in NK-StGB Rn. 5). Die Rspr. hält die Bewilligung, obwohl ihre Ausgestaltung eine typische Aufgabe des Tatrichters ist, durch das Revisionsgericht für nachholbar (BGH bei Holtz MDR 1980, 453; OLG Karlsruhe MDR 1979, 515; Meyer MDR 1976, 714; Schäfer in Schäfer/Sander/van Gemmeren Strafzumessung Rn. 820; Häger in LK-StGB Rn. 22; aM Radtke in MüKoStGB Rn. 26; Kinzig in Schönke/Schröder Rn. 8; zw.). S. 2 ist **Kann-Vorschrift,** über deren Anwendung pflichtmäßiges Ermessen (→ § 46 Rn. 50) entscheidet. S. 3 ist eine Soll-Vorschrift, mit der die Opferinteressen auf Wiedergutmachung gestärkt werden sollen (BT-Drs. 16/3038, 25 (58); sowie BT-Drs. 16/3640, 8). Wird die Wiedergutmachung von der verurteilten Person nicht betrieben, so kann die Vollstreckungsbehörde die Entscheidung über die Zahlungserleichterung nachträglich ändern oder aufheben (§ 459 a StPO; BT-Drs. 16/3038, 58).

4 **4.** Solange dem Verurteilten die Vergünstigung eingeräumt ist, darf die **Vollstreckung** weder der Geld- noch der Ersatzfreiheitsstrafe eingeleitet oder fortgesetzt werden (OLG Hamburg MDR 1975, 330); die Vollstreckungsverjährung ruht (§ 79 a Nr. 2 Buchst. c). Zum Vollstreckungsverfahren iÜ §§ 459–459 d StPO (krit. dazu Meier ZRP 1991, 68).

§ 43 Ersatzfreiheitsstrafe

[1]An die Stelle einer uneinbringlichen Geldstrafe tritt Freiheitsstrafe. [2]Einem Tagessatz entspricht ein Tag Freiheitsstrafe. [3]Das Mindestmaß der Ersatzfreiheitsstrafe ist ein Tag.

1. Die Ersatzfreiheitsstrafe ist **echte Strafe,** nicht Beugemaßnahme (BGHSt 20, 13 (16) = NJW 1964, 2069; BVerfG NJW 2006, 3626; Kinzig in Schönke/Schröder, Rn. 2). Ihre Verbüßung tilgt daher zugleich die Geldstrafe, so dass deren spätere Beitreibung ausgeschlossen ist (RGSt 45, 332). Die Vorschrift gilt nicht für die Einziehung des Wertersatzes nach §§ 73a, 74c. Ihrer Art nach ist die Ersatzstrafe grds. Freiheitsstrafe (beachte jedoch § 11 WStG). Für die Abschaffung der Ersatzfreiheitsstrafe Köhne JR 2004, 453; Reformüberlegungen bei Dünkel ua ZRP 2010, 296; Wolters in SK-StGB Rn. 8, 9. Rechtsvergleichend Albrecht in NK-StGB Rn. 3. 1

2. Wegen des feststehenden (→ Vor § 40 Rn. 2) Umrechnungsverhältnisses bedarf es **keiner Festsetzung im Urteil** (OLG Bremen NJW 1975, 1524; Häger in LK-StGB Rn. 5). Das von §§ 38 II, 40 I 2 abweichende Mindestmaß erklärt sich aus dem festen Verhältnis der Ersatzstrafe zur Geldstrafe und aus der Tatsache, dass im Einzelfall ein Teil der Geldstrafe bezahlt und daher die Ersatzstrafe nur für den Rest relevant sein kann (BT-Drs. V/4095, 22). 2

3. a) Zur **Vollstreckung der Ersatzstrafe** §§ 459e, 459f StPO (beachte auch § 456a StPO; zu Besonderheiten bei der Vollstreckung gegen Personen im Insolvenzverfahren Franke NStZ 1999, 548; mit der Anordnung der Ersatzfreiheitsstrafe muss nicht bis zum Abschluss des Insolvenzverfahrens zugewartet werden, BVerfG NJW 2006, 3626). Die richterliche Anordnung, dass die Vollstreckung der Ersatzstrafe **unterbleibt,** weil sie eine unbillige Härte wäre (§ 459f StPO), setzt eine Gesamtwürdigung der Verhältnisse des Verurteilten voraus (Häger in LK-StGB Rn. 18). Trotz der Bedenken, die allgemein gegen kurzfristige Freiheitsstrafen bestehen (→ § 47 Rn. 1), wird zu berücksichtigen sein, dass eine großzügige Handhabung der Härteklausel die generalpräventive Wirksamkeit des Geldstrafensystems in Frage stellen kann. Die Anordnung ist daher regelmäßig (zu einer Ausnahme OLG Schleswig StV 1998, 673 mAnm Pause/Bobinski) nur begründet, wenn der Verurteilte an der Uneinbringlichkeit (§ 459e IV StPO) schuldlos und die Tilgung durch freie Arbeit (→ § 40 Rn. 20) nicht möglich war, wenn selbst außergewöhnliche Anstrengungen ihn nicht in die Lage versetzen, die erforderlichen Mittel ratenweise aufzubringen, und wenn es zur Erreichung des Strafzwecks keiner weiteren Einwirkung mehr bedarf (hM; vgl. etwa BGHSt 27, 90 (93) = NJW 1977, 815; BVerfG NJW 2006, 3626 (3627); OLG Düsseldorf MDR 1983, 341; MDR 1985, 76; problematisch LG Dortmund StV 1996, 218; krit. Frank NJW 1978, 141; v. Selle NStZ 1990, 118; v. Selle, Gerechte Geldstrafe, 1997, S. 90; Hennig ZRP 1990, 99; BewH 1999, 298; Bublies BewH 1992, 178; Hemdorf/Wölber ZStW 111 (1999), 929; sa Villmow FS Kaiser, 1998, 1291). 3

b) Eine **Aussetzung der Ersatzfreiheitsstrafe zur Bewährung** ist unzulässig (BWME StrafR AT § 34 Rn. 18; aM Albrecht in NK-StGB Rn. 7). Dieser generalpräventiv motivierte Ausschluss erzeugt Spannungen zu den §§ 47, 56, die durch Anwendung des § 459d (dazu Volckart NStZ 1982, 496 (498)) und des § 459f StPO nur zT ausgeglichen werden können. 4

§ 43a Aufgehoben durch das VermögensabschöpfungG (BGBl. I 872; → Vor § 1 Rn. 18) mit Wirkung vom 1.7.2017.

– Nebenstrafe –

§ 44 Fahrverbot

(1) [1]**Wird jemand wegen einer Straftat zu einer Freiheitsstrafe oder einer Geldstrafe verurteilt, so kann ihm das Gericht für die Dauer von einem Monat bis zu sechs Monaten verbieten, im Straßenverkehr Kraftfahrzeuge jeder oder einer bestimmten Art zu führen.** [2]**Auch wenn die Straftat nicht bei oder im Zusammenhang mit dem Führen eines Kraftfahrzeugs oder unter Verletzung der Pflichten eines Kraftfahrzeugführers begangen wurde, kommt die Anordnung eines Fahrverbots namentlich in Betracht, wenn sie zur Einwirkung auf den Täter oder zur Verteidigung der Rechtsordnung erforderlich erscheint oder hierdurch die Verhängung einer Freiheitsstrafe oder deren Vollstreckung vermieden werden kann.** [3]**Ein Fahrverbot ist in der Regel anzuordnen, wenn in den Fällen einer Verurteilung nach § 315 c Abs. 1 Nr. 1 Buchstabe a, Abs. 3 oder § 316 die Entziehung der Fahrerlaubnis nach § 69 unterbleibt.**

(2) [1]**Das Fahrverbot wird wirksam, wenn der Führerschein nach Rechtskraft des Urteils in amtliche Verwahrung gelangt, spätestens jedoch mit Ablauf von einem Monat seit Eintritt der Rechtskraft.** [2]**Für seine Dauer werden von einer deutschen Behörde ausgestellte nationale und internationale Führerscheine amtlich verwahrt.** [3]**Dies gilt auch, wenn der Führerschein von einer Behörde eines Mitgliedstaates der Europäischen Union oder eines anderen Vertragsstaates des Abkommens über den Europäischen Wirtschaftsraum ausgestellt worden ist, sofern der Inhaber seinen ordentlichen Wohnsitz im Inland hat.** [4]**In anderen ausländischen Führerscheinen wird das Fahrverbot vermerkt.**

(3) [1]**Ist ein Führerschein amtlich zu verwahren oder das Fahrverbot in einem ausländischen Führerschein zu vermerken, so wird die Verbotsfrist erst von dem Tage an gerechnet, an dem dies geschieht.** [2]**In die Verbotsfrist wird die Zeit nicht eingerechnet, in welcher der Täter auf behördliche Anordnung in einer Anstalt verwahrt worden ist.**

(4) [1]**Werden gegen den Täter mehrere Fahrverbote rechtskräftig verhängt, so sind die Verbotsfristen nacheinander zu berechnen.** [2]**Die Verbotsfrist auf Grund des früher wirksam gewordenen Fahrverbots läuft zuerst.** [3]**Werden Fahrverbote gleichzeitig wirksam, so läuft die Verbotsfrist auf Grund des früher angeordneten Fahrverbots zuerst, bei gleichzeitiger Anordnung ist die frühere Tat maßgebend.**

Fassung aufgrund des Gesetzes zur effektiveren und praxistauglicheren Ausgestaltung des Strafverfahrens vom 17.8.2017 (BGBl. I 3202), in Kraft getreten am 24.8.2017.

1 **1.** Das Fahrverbot ist **Nebenstrafe** (im Gegensatz zu § 69 nicht Maßregel) und als Denkzettelstrafe namentlich für Kraftfahrer gedacht, die im Verkehr aus Nachlässigkeit oder Leichtsinn erheblich versagt haben, aber zum Führen von Kraftfahrzeugen noch geeignet sind (zusf. Lackner JZ 1965, 92 (120); Krumm NJW 2004, 1627 (1628); Exner Jura 2016, 255; ebenso BWME StrafR AT § 34 Rn. 24; Dölling

in Maurach/Gössel/Zipf StrafR AT II § 60 Rn. 1; Kindhäuser/Hilgendorf in LPK-StGB Rn. 1; Wolters in SK-StGB Rn. 3; eing. Geiger, Die Rechtsnatur der Sanktion, 2006, S. 242 mit Bespr. Kaspar GA 2009, 261 (264)). Das Fahrverbot nach **§ 25 StVG** hat engere Voraussetzungen; die dazu entwickelten Grundsätze für das Regelfahrverbot können deshalb nicht ohne weiteres auf § 44 übertragen werden (OLG Köln NZV 1996, 286 zum Fahrverbot als Nebenfolge im Verkehrsordnungswidrigkeitenrecht Fromm JR 2014, 149; zur Beharrlichkeit als Voraussetzung eines Fahrverbots nach § 25 I 1 StVG Krumm NJ 2015, 56). Auch die dem Betroffenen dort in bestimmten Fällen eingeräumte Vier-Monats-Frist für das Wirksamwerden des Fahrverbots gilt im Strafrecht nicht (Hentschel DAR 1998, 138 (140); zu den Gründen Fehl NZV 1998, 439). Referentenentwürfe des BMJ vom Dezember 2000 und Juni 2003 zum Entwurf eines Gesetzes zur Reform des Sanktionenrechts sahen eine Erweiterung des verkehrsstrafrechtlichen Fahrverbots vor (vgl. Wolters ZStW 114 (2002), 63 (70); vgl. auch den Koalitionsentwurf BT-Drs. 14/9358; zuletzt Gesetzesentwurf des Bundesrates, BT-Drs. 16/8695); zur Diskussion um das Fahrverbot als Strafe für alle Straftaten vgl. Kühl, in: Hess, Wandel der Rechtsordnung, 2003, S. 141, 155; Stöckel FS Böttcher, 2007, 624; Streng Sanktionen Rn. 359; Streng ZRP 2004, 237; Zopfs FS Wolter, 2013, 815; Wolters in SK-StGB Rn. 22; sa Kaspar Präventivstrafrecht S. 859. Bei Geldbußen etwa wegen eines Handy-Verstoßes nach § 23 Ia StVO kommt § 44 nicht in Betracht, wohl aber ein Fahrverbot nach § 25 StVG (OLG Hamm NStZ-RR 2014, 59; Hufnagel NJW 2014, 3265 (3268); Fischer Rn. 6), das aber keine Nebenstrafe enthält (Kinzig in Schönke/Schröder Rn. 5: erzieherische Nebenfolge); mit Rspr. Heß/Burmann NJW 2015, 1152 (1199). 2017 hat der Gesetzgeber schließlich das Fahrverbot durch Streichung des Erfordernisses eines Zusammenhangs mit einer Verkehrsstraftat in S. 1 und Einfügung eines neuen S. 2 zu einer **allgemeinen Nebenstrafe** umgestaltet, die nicht mehr nur bei Straftaten im Zusammenhang mit dem Straßenverkehr in Betracht kommt. – **Rechtstatsachen** bei Böse in NK-StGB Rn. 2, 3; Kinzig in Schönke/Schröder Rn. 1c). Zur Strafzumessungspraxis Dölling in Maurach/Gössel/Zipf StrafR AT II § 60 Rn. 14.

2. Zu den **Voraussetzungen:** 2

a) Straftat ist eine rechtswidrige Tat (→ § 11 Rn. 18), die schuldhaft begangen wurde (einschließlich Versuch, Teilnahme und versuchter Beteiligung). Länger als zwei Jahre zurückliegende Taten rechtfertigen ein Fahrverbot als „Denkzettel" nicht mehr (vgl. BayObLG NZV 2002, 280; KG NZV 2002, 281; Hentschel NJW 2003, 716 (727); Krumm NJW 2004, 1627 (1628)).

b) aa) Der seit Einführung des Fahrverbots als Nebenstrafe für dieses charakteristischen **Zusammenhang mit dem Führen eines Kraftfahrzeugs** (so Abs. 1 S. 1 aF) ist nach der Streichung dieses Erfordernisses aus S. 1 nF und der Einfügung eines S. 2 nF, der explizit Fahrverbote außerhalb dieses Zusammenhangs vorsieht, nicht mehr zwingende Voraussetzung eines solchen. Wohl aber dürfte im Regelfall (gerade auch wegen der zusätzlichen Voraussetzungen in S. 2 für den Verzicht auf einen solchen Zusammenhang) derselbe der Verhängung eines Fahrverbots nicht nur in Altfällen weiterhin zugrunde liegen. **Kraftfahrzeug** ist nach § 1 II StVG das durch Maschinenkraft angetriebene, nicht an Gleise gebundene Landfahrzeug (BGHSt 39, 249 = NJW 1993, 2629; sa BayObLG NStZ-RR 2001, 26). Nicht ausreichend ist ein Zusammenhang lediglich mit dem Führen eines abgeschleppten, betriebsunfähigen Kraftfahrzeugs (Hentschel JR 1991, 113), eines Fahrrades (BVerwG NJW 3

1989, 1623; zu einem Grenzfall beachte jedoch OLG Oldenburg NStZ-RR 1999, 377); oder eines Schienenfahrzeugs (hM; vgl. BayObLG NZV 1993, 239; anders LG München NZV 1993, 83 mablAnm Hentschel), wohl aber mit dem Führen eines führerscheinfreien Kraftfahrzeugs (Martin DAR 1972, 119; OLG Oldenburg NJW 1969, 199; BayObLG NStZ-RR 2001, 26 mit Bespr. Fahl JAR 2001, 51) oder eines Elektrorollstuhls (AG Löbau NJW 2008, 530 mit zust. Bespr. Jahn JuS 2008, 80 (82)). Im Übrigen muss eine Beziehung gerade zum **Führen** (→ § 315 c Rn. 3), sei es auch nur im nicht öffentlichen Verkehrsraum (LG Stuttgart NZV 1996, 213; König in Hentschel/König/Dauer § 69 Rn. 3 a; Böse in NK-StGB Rn. 9; Streng Sanktionen Rn. 348; aM Kinzig in Schönke/Schröder § 69 Rn. 12; zw.), bestehen). In diesem Rahmen legt die Rspr. den Begriff sehr weit aus (krit. Kulemeier NZV 1993, 212; Geppert in LK-StGB § 69 Rn. 34; Jescheck/Weigend StrafR S. 826; Böse in NK-StGB Rn. 12; Streng Sanktionen Rn. 349). Zwar genügt Benutzen des Fahrzeugs nur bei Gelegenheit der Tat nicht (OLG Stuttgart NJW 1973, 2213), wohl aber zu ihrer Vorbereitung, Durchführung, Deckung oder Ausnutzung (OLG Koblenz NZV 1997, 369). Danach wird, wenn der notwendige funktionale Zusammenhang besteht (BGH NStZ-RR 1998, 271), auch erfasst: Verbringen des Opfers zum Tatort, Herbeiführen eines manipulierten „Unfalls" zur Vorbereitung eines Versicherungsbetrugs (BGH StV 1992, 64; OLG München NJW 1992, 2776), Einsatz beim Drogenhandel (BGH NStZ 1992, 586; NStZ 2000, 26; OLG Düsseldorf NZV 1992, 331; einschr. BGH NStZ 2003, 122), Abtransport der Beute bei Diebstahl oder Schmuggel (OLG Düsseldorf VRS 67, 255) und vorausgeplante Benutzung des Fahrzeugs zur Flucht (BGH NStZ 1995, 229). Auch Tätlichkeiten bei Auseinandersetzungen über Verkehrsverhalten (OLG Köln NJW 1963, 2370; LG Koblenz NStZ-RR 1996, 117), falsche Anzeigen (§ 145 d) zur Vertuschung von Trunkenheitsfahrten (OLG Hamm VRS 57, 184; zw.) und Fälschungen von Führerscheinen zum Zweck der Vorlage bei möglichen Verkehrskontrollen (Cramer MDR 1972, 558; einschr. Kinzig in Schönke/Schröder, § 69 Rn. 5, 18; Hentschel Trunkenheit Rn. 594, die den Zusammenhang nur bei wirklicher Vorlage bejahen; beachte auch OLG Köln MDR 1972, 621; zw.) reichen idR aus. – Der Zusammenhang soll nach der Rspr. nicht notwendig eigenhändiges Führen erfordern (BGHSt 10, 333 = NJW 1957, 1287 mablAnm Hartung JZ 1958, 131; OLG München NJW 1992, 2777; Dreher/Fad NZV 2004, 231 (235); aM Hentschel Trunkenheit Rn. 587, 588; Geppert in LK-StGB § 69 Rn. 45 mwN; zw.). Auch das Überlassen eines Fahrzeugs an einen Fahruntüchtigen oder an einen Fahrer ohne Fahrerlaubnis (OLG Stuttgart NJW 1961, 690; sa OLG Koblenz NJW 1988, 152) und die Anordnung der Inbetriebnahme eines vorschriftswidrigen Fahrzeugs (Kinzig in Schönke/Schröder § 69 Rn. 15; zw.) werden daher erfasst (zu weit LG Ravensburg NZV 1993, 325 mablAnm Körfer). Deshalb ist der erforderliche Zusammenhang, wenn er nur in der Person eines Mittäters besteht, iRd gemeinschaftlichen Tatentschlusses (→ § 25 Rn. 10) auch dem anderen zuzurechnen (BGH bei Holtz MDR 1978, 968; OLG München NJW 1992, 2777). Die Rspr. bezieht zu Unrecht (hM; vgl. Geppert in LK-StGB § 69 Rn. 40) auch Fälle ein, in denen ein Zusammenhang **nur mit dem Besitz** des Fahrzeugs besteht (BGHSt 5, 179 = NJW 1954, 159 betr. Betrug durch Vorspiegelung von Kreditwürdigkeit; BGH VRS 30, 275 betr. Erschleichen von Tankstellenleistungen; krit. Böse in NK-StGB Rn. 14) oder die Tat sogar erst der Erlangung des Besitzes an dem Fahrzeug dient (BGHSt 17, 218 = NJW 1962, 1211).

4 bb) Als **Verletzung der Pflichten eines Kraftfahrzeugführers** (OLG Celle MDR 1967, 1026) kommt ua Widerstand gegen Blutentnahme in Frage (OLG

Hamm VRS 8, 46). Nicht hierher gehört dagegen, wer von einer Autobahnbrücke aus Steine auf die Fahrbahn geworfen und dabei Menschen verletzt oder getötet hat (BGH NZV 2001, 133).

c) Mangels Verurteilung zu **Freiheitsstrafe oder Geldstrafe** ist das Fahrverbot unzulässig, wenn von Strafe abgesehen (zB nach §§ 60, 316a II) oder eine Verwarnung mit Strafvorbehalt nach § 59 (→ § 59 Rn. 3) ausgesprochen wird, dagegen zulässig neben Erziehungsmaßregeln und Zuchtmitteln (§ 8 III JGG; Kinzig in Schönke/Schröder Rn. 9, 10; Wolters in SK-StGB Rn. 6; aM Halecker, Der „Denkzettel" Fahrverbot, 2005, S. 161) und neben Aussetzung der Verhängung der Jugendstrafe nach § 27 JGG (Lackner JZ 1965, 92 (95); Schöch JR 1978, 74 (75); Streng Sanktionen Rn. 351; aM Warda GA 1965, 65 (68); Geppert in LK-StGB Rn. 12; Böse in NK-StGB Rn. 17). Zum Fahrverbot beim **Zusammentreffen mehrerer Gesetzesverletzungen** → § 52 Rn. 9; → § 53 Rn. 6a, 7; → § 55 Rn. 17, 18. 5

d) aa) Da das Fahrverbot Nebenstrafe ist, gelten die allgemeinen **Strafzumessungsregeln,** namentlich das Erfordernis der Schuldangemessenheit (→ § 46 Rn. 23–25); zwischen Haupt- und Nebenstrafe besteht eine Wechselwirkung insofern, als beide zusammen das Maß der Tatschuld nicht überschreiten dürfen Dölling in Maurach/Gössel/Zipf StrafR AT II § 60 Rn. 7; Kinzig in Schönke/Schröder Rn. 14) und als sie – wenn auch mit verschiedenen Mitteln – überwiegend dieselben Strafzwecke verfolgen (BGHSt 24, 11 = NJW 1971, 105; OLG Köln VRS 81 (1991), 21 = LSK 1991, 410111). Unter ihnen hat die Spezialprävention (Warnung des Täters) besondere (OLG Celle NJW 1968, 1101; OLG Düsseldorf StV 1986, 20; OLG Hamm StV 2004, 489), aber keine ausschließliche Bedeutung (BayObLGSt 1967, 7; weiter einschr. OLG Köln DAR 1996, 154). Zu berücksichtigen sind ferner ua das Nachtatverhalten (OLG Düsseldorf NZV 1993, 76), die seit der Tat vergangene Zeit (OLG Hamm StV 2004, 489; OLG Jena VRS 112, 351; OLG Karlsruhe NStZ-RR 2007, 323; LG München I NZV 2005, 56) und die Strafempfindlichkeit des Täters, namentlich das Ausmaß, in dem er auf den Gebrauch seines Fahrzeugs angewiesen ist (OLG Celle VRS 62, 38; Dölling in Maurach/Gössel/Zipf StrafR AT II § 60 Rn. 7; zum Elektrorollstuhl AG Löbau NJW 2008, 530 (531); zur Ausnahme einer bestimmten Fahrzeugklasse LG Cottbus DAR 2007, 716). Wegen seiner einschneidenden Wirkung ist das Verbot nur gerechtfertigt, wenn der mit ihm angestrebte spezialpräventive Zweck mit der Hauptstrafe allein (auch mit ihrer Erhöhung, OLG Stuttgart DAR 1998, 153; LG München I NZV 2005, 56) nicht erreicht werden kann (OLG Köln NZV 1992, 159; DAR 1996, 154; OLG Düsseldorf VRS 84, 335; KG DAR 2007, 594; Schäfer in Schäfer/Sander/van Gemmeren Strafzumessung Rn. 300; zu seiner Anwendung gegenüber Drogensüchtigen Theisinger NStZ 1981, 294; Braun NStZ 1982, 191). Es scheidet daher bei Taten aus, deren Unwert sich in einem bloßen Ordnungsverstoß erschöpft (expl. zB OLG Hamm VRS 36, 177; OLG Saarbrücken VRS 37, 310); jedoch brauchen die strengeren Voraussetzungen des § 25 StVG (Fahrverbot bei Ordnungswidrigkeiten) nicht erfüllt zu sein (BGHSt 24, 348 = NJW 1972, 1333; König in Hentschel/König/Dauer § 44 Rn. 4). Umgekehrt reicht die Schwere fahrlässig verursachter Folgen (zB fahrlässige Tötung) für sich allein nicht aus (Molketin MDR 1982, 896). 6

bb) **Abs. 1 S. 3 nF** (= S. 2 aF) enthält eine an die Regelbeispiele des § 69 II Nr. 1, 2 (nicht an dessen weitere Regelbeispiele, BayObLG VRS 58, 362) anknüpfende Strafbemessungsregel, die der Koordinierung mit § 25 StVG dient (beachte OLG Hamm NJW 1975, 1983; OLG Köln DAR 1992, 152); sie gilt trotz der un- 7 exakten Verweisung auf den ganzen Abs. 3 des § 315c ersichtlich nur für Fälle der Trunkenheit im Verkehr (Geppert in LK-StGB Rn. 34), hier allerdings auch dann, wenn die Entziehung der Fahrerlaubnis allein wegen der Auswirkung einer länger dauernden vorläufigen Maßnahme unterbleibt (→ § 69 Rn. 8) und das Fahrverbot infolge Anrechnung nach § 51 V nur noch symbolische Bedeutung hat (BGHSt 29, 58 = NJW 1980, 130; Böse in NK-StGB Rn. 27; aM Kinzig in Schönke/Schröder Rn. 16). Für Teilnehmer greift die Regelwirkung nicht ein (Dreher/Fad NZV 2004, 231 (235)).

8 **3. Abs. 1 S. 2 nF** bestimmt, dass diese Nebenstrafe **namentlich,** dh typischerweise (aber nicht notwendig ausschließlich, so dass theoretisch auch andere Fälle denkbar sind), in Betracht kommt, wenn es zur Einwirkung auf den Täter oder die Verteidigung der Rechtsordnung erforderlich erscheint oder wenn dadurch eine Freiheitsstrafe vermieden oder der Vollstreckung zur Bewährung ausgesetzt werden kann. Während das Fahrverbot in den beiden ersten Fällen den Täter zusätzlich belastet, dient es in den beiden letztgenannten Fällen der Abmilderung der Schärfe einer verhängten Strafsanktion. Dass ein Fahrverbot auch bei nicht verkehrsbezogenen Straftaten angeordnet werden kann, ist milderes Gesetz iSd § 2 III, soweit durch die Anordnung eines Fahrverbots die Verhängung einer Freiheitsstrafe oder deren Vollstreckung vermieden werden kann (OLG Düsseldorf BA 56, 202); deshalb muss in solchen Fällen die Anordnung eines Fahrverbots iVm einer Geldsanktion erörtert werden (OLG Stuttgart NZV 2019, 632).

9 **4.** Neben **Entziehung der Fahrerlaubnis** (§ 69) ist das Fahrverbot idR sinnlos; ein Nebeneinander ist jedoch zB denkbar, wenn die Sperre (§ 69a) auf bestimmte Arten von Kraftfahrzeugen beschränkt wurde (BGH NZV 2019, 153; BayObLG NStZ 2020, 736; OLG Düsseldorf VM 72, 23; Dölling in Maurach/Gössel/Zipf StrafR AT II § 60 Rn. 2).

10 **5. Verboten** wird mit Wirkung für das Inland (dazu Bouska DAR 1995, 93) das Führen von Kraftfahrzeugen **jeder** (einschließlich fahrerlaubnisfreier) **oder einer bestimmten Art.** Durch das Verbot bleibt – anders als im Falle des § 69 (→ § 69 Rn. 11) – die Fahrerlaubnis (§ 2 StVG) in ihrem Bestande unberührt. **Bestimmte Arten** sind nur solche, auf die nach § 5 I 2 StVZO im Hinblick auf Bauartbesonderheiten (BayObLG NJW 1989, 2959; NZV 1991, 397), die Fahrerlaubnis beschränkt werden kann oder deren Verwendungszweck durch besondere Bauart oder Ausrüstung bestimmt ist (zusf. König in Hentschel/König/Dauer § 69a Rn. 6; aM Weihrauch NJW 1971, 829). Andere Beschränkungen auf das Fahren unter bestimmten Bedingungen sind unzulässig (OLG Hamm NJW 1975, 1983; OLG Celle DAR 1996, 64; Orlich NJW 1977, 1179; aM LG Göttingen NJW 1967, 2320; diff. Zabel BA 1980, 95; BA 1983, 477). Die **Beschränkung des Verbots** auf bestimmte Arten kann (zB bei Berufskraftfahrern) zur Wahrung der Schuldangemessenheit (→ Rn. 6) geboten sein (BayObLG StV 1991, 265; OLG Köln VRS 81 (1991), 21 = LSK 1991, 410111; sa OLG Düsseldorf NStZ-RR 1996, 247; AG Lüdinghausen NZV 2005, 593).

11 **6.** Anordnung durch **Urteil** oder Strafbefehl (§ 407 II Nr. 1 StPO). Das Verbot wird mit **Rechtskraft** wirksam, mit Abs. 2 nF wenn der Führerschein bereits amtlich verwahrt ist, ansonsten mit der Verwahrung bzw. spätestens einen Monat nach Rechtskraft; letzteres gilt auch bei Fehlen einer Fahrelaubnis (LG Osnabrück NZV 2021, 277). Da nach früherem Recht unbeschadet der Wirksamkeit jedoch die Verbotsfrist zur Verhütung von Missbrauch regelmäßig (zu Ausnahmen BGH NZV

1993, 199; Hentschel NJW 1982, 1073 (1082); Hentschel DAR 1988, 156) erst mit dem Tag, an dem die amtliche Verwahrung beginnen sollte (Koch DAR 1966, 343), dh an dem amtlicher Gewahrsam der Behörde begründet wird (zu zT str. Einzelfragen Schäpe DAR 1998, 10; zur Frage, auf welchen Zeitpunkt es bei Unmöglichkeit der Herausgabe des Führerscheins ankommt, LG Essen NZV 2006, 166), verlängert diese Neuregelung idR die Frist nicht, sondern wirkt nur deklaratorisch. Nach dem StVGÄndG (→ Vor § 69b Rn. 1) sind auch internationale, von einer deutschen Behörde ausgestellte Führerscheine sowie Führerscheine, die von der Behörde eines Mitgliedsstaates der EU oder eines anderen Vertragsstaates des EWR (→ § 69b Rn. 1b) ausgestellt sind, in Verwahrung zu nehmen. Besteht eine solche Verwahrung, so wird bei **mehrfacher Anordnung** eines Fahrverbots der Beginn der Verbotsfrist durch ganz oder teilweise zeitgleiche Verbotsfristen in anderen Sachen nicht gehemmt; eine im Hinblick auf den Strafcharakter des Fahrverbots an sich nahe liegende Vollstreckung „nacheinander" war mit dem früheren Gesetzeswortlaut unvereinbar (OLG Celle NZV 1993, 157; BayObLG VRS 86, 71 mkritAnm Hentschel DAR 1994, 75; Geppert in LK-StGB Rn. 81, 82; Wolters in SK-StGB Rn. 16a; str.), ist mit dem neuen **Abs. 4** (dazu Schüch NStZ 2018, 15). aber nunmehr vorgesehen. Damit und weil die **Höchstdauer eines Fahrverbots in Abs. 1** von drei auf **sechs Monate** verlängert worden ist, sind nunmehr bei mehreren Fahrverboten erheblich längere Zeiten des Nichtfahrendürfens möglich. Als Zeiten **behördlicher** (auch im Ausland erlittener, BGHSt 24, 62 = NJW 1971, 473) **Verwahrung** nicht einzurechnen sind namentlich Freiheitsstrafe, Jugendarrest, UHaft und Unterbringung nach §§ 63–66; dabei sind Freigangs-, Urlaubs- und Ausgangstage Teil des Verwahrungsvollzugs und deshalb nicht abziehbar (OLG Stuttgart NStZ 1983, 429; OLG Frankfurt a. M. NJW 1984, 812; OLG Köln NStZ-RR 2008, 213; → § 120 Rn. 3–7; → § 68c Rn. 4). Auf die materielle Rechtmäßigkeit der Verwahrung kommt es nicht an (BGH NJW 1969, 1678; OLG Düsseldorf Rpfleger 1992, 173; s. jedoch BGHSt 7, 160 = NJW 1955, 556). Zur **Anrechnung** einer vorläufigen Maßnahme nach §§ 111a, 94 StPO (→ § 69a Rn. 5) vgl. § 51 V StGB, § 450 II StPO. Zum neuen

7. Zum **Verfahren** vgl. auch §§ 111a V, 232 I 1, 233 I 1, 268c, 409 I 2 und 463b **12**
StPO. Eine **Beschränkung der Anfechtung** auf das Fahrverbot ist wegen des inneren Zusammenhangs mit der Hauptstrafe idR (OLG Köln NStZ-RR 2020, 323) – jedoch nicht notwendig (OLG Hamm VRS 49, 275; OLG Zweibrücken BA 58, 265) – unzulässig (OLG Düsseldorf NZV 1993, 76; Händel NJW 1971, 1472; Dölling in Maurach/Gössel/Zipf StrafR AT II § 60 Rn. 4; Kinzig in Schönke/Schröder Rn. 31); eine Abhängigkeit besteht aber nur zwischen Fahrverbot und Gesamtstrafe, nicht im Verhältnis zu den jeweiligen Einzelstrafen (OLG Jena NZV 2006, 167). Das **Verschlechterungsverbot** (→ § 69a Rn. 10) steht der Verhängung eines Fahrverbots dann nicht entgegen, wenn dadurch eine wegfallende Freiheitsstrafe von gleicher oder längerer Dauer ersetzt werden soll (BayObLG MDR 1978, 422; Kinzig in Schönke/Schröder Rn. 3); dagegen schließt es aus, eine verhängte Geldstrafe herabzusetzen und statt dessen auf ein Fahrverbot zu erkennen, weil dieses gegenüber der Geldstrafe die strengere Sanktion ist (Hentschel Trunkenheit Rn. 962; Häger in LK-StGB § 40 Rn. 84; aM OLG Schleswig NStZ 1984, 90; sa OLG Düsseldorf NZV 1993, 123; zw.). Umgekehrt lässt es, wenn ein neben Geldstrafe verhängtes Fahrverbot aufgehoben wird, eine angemessene Erhöhung der Geldstrafe zu (hM). Das gilt jedenfalls für die Tagessatzhöhe (BayObLG NJW 1980, 849; enger Dölling in Maurach/Gössel/Zipf StrafR AT II § 60 Rn. 4), die

allerdings an § 40 II gebunden bleibt (BayObLG bei Bär DAR 1989, 364; OLG Karlsruhe NStZ-RR 2006, 23; Meyer DAR 1981, 33; str.). Nach hM (vgl. Geppert in LK-StGB Rn. 108, 109; anders LG Köln NStZ-RR 1997, 370) soll dagegen eine Erhöhung der Anzahl der Tagessätze ausgeschlossen sein (zw.). – Zu Art und Umfang der Bindung des Rechtsmittelrichters an das Verschlechterungsverbot → § 46 Rn. 44; vgl. auch OLG Dresden StraFo 2021, 293 (mit probl. Erg.). **Vollstreckung** § 59a StVollstrO; Seib DAR 1982, 283; Mürbe DAR 1983, 45; Grohmann DAR 1988, 45 (46).

13 8. **Zuwiderhandlungen:** § 21 I Nr. 1, 2 StVG (verfassungsrechtliche Bedenken erhebt Cramer DAR 1998, 464).

14 9. Auch der von einer **DDR-Behörde** erteilte Führerschein ist in amtliche Verwahrung zu nehmen (Abs. 3 S. 2).

– Nebenfolgen –

§ 45 Verlust der Amtsfähigkeit, der Wählbarkeit und des Stimmrechts

(1) **Wer wegen eines Verbrechens zu Freiheitsstrafe von mindestens einem Jahr verurteilt wird, verliert für die Dauer von fünf Jahren die Fähigkeit, öffentliche Ämter zu bekleiden und Rechte aus öffentlichen Wahlen zu erlangen.**

(2) **Das Gericht kann dem Verurteilten für die Dauer von zwei bis zu fünf Jahren die in Absatz 1 bezeichneten Fähigkeiten aberkennen, soweit das Gesetz es besonders vorsieht.**

(3) **Mit dem Verlust der Fähigkeit, öffentliche Ämter zu bekleiden, verliert der Verurteilte zugleich die entsprechenden Rechtsstellungen und Rechte, die er innehat.**

(4) **Mit dem Verlust der Fähigkeit, Rechte aus öffentlichen Wahlen zu erlangen, verliert der Verurteilte zugleich die entsprechenden Rechtsstellungen und Rechte, die er innehat, soweit das Gesetz nichts anderes bestimmt.**

(5) **Das Gericht kann dem Verurteilten für die Dauer von zwei bis zu fünf Jahren das Recht, in öffentlichen Angelegenheiten zu wählen oder zu stimmen, aberkennen, soweit das Gesetz es besonders vorsieht.**

1 1. **Öffentliche Ämter** sind solche, deren Träger Dienste verrichten, die aus der Staatsgewalt abgeleitet sind und staatlichen Zwecken dienen (RGSt 62, 24 (27)); für Notare, Laienrichter und Rechtsanwälte ergibt sich das Erfordernis der Amtsfähigkeit aus § 49 BNotO, § 32 Nr. 1 GVG und § 14 II Nr. 2 BRAO. Ausländische Ämter bleiben unberührt. **Öffentliche Wahlen** sind (weiter als Wahlen iSd § 108d) alle Wahlen in öffentlichen Angelegenheiten (ebenso Wolters in SK-StGB Rn. 5).

2 2. **Abs. 1** betrifft nur Verbrechen (→ § 12 Rn. 2–4), und zwar auch Versuch, Teilnahme und versuchte Beteiligung (§ 30). Die Nebenfolgen treten mit Rechtskraft der Verurteilung ein, **ohne dass es eines besonderen Ausspruchs bedarf** (krit. Jekewitz GA 1977, 161 (169); GA 1981, 433 (438); Nelles JZ 1991, 17). Für das Mindestmaß der Freiheitsstrafe kommt es bei Tatmehrheit auf die Einzelstrafen an (→ § 53 Rn. 6a, 7; Fischer Rn. 6a; Dölling in Maurach/Gössel/Zipf StrafR AT II § 61 Rn. 2; aM BGH NStZ 1981, 342).

3. Soweit die Aberkennung eines **besonderen Ausspruchs** bedarf (Abs. 2, 5), handelt es sich materiell um Nebenstrafen, die das Gesetz allerdings, um den hier nur am Rande mitspielenden Strafgedanken nicht zu betonen, als **Nebenfolgen** bezeichnet (hM; anders Nelles JZ 1991, 17). Daher sind die allgemeinen Strafzumessungsregeln anwendbar (BGH bei Dallinger MDR 1956, 9; Dölling in Maurach/Gössel/Zipf StrafR AT II § 61 Rn. 5; Kinzig in Schönke/Schröder Rn. 8; aM Albrecht in NK-StGB Rn. 6; Streng Sanktionen Rn. 364). Eingehend zu Nebenfolgen Sobota ZIS 2017, 248 (256), der zu dem Ergebnis kommt: „**Nebenfolgen** sind Rechtsminderung, die kraft Gesetzes (= automatisch) an eine Verurteilung zur Hauptstrafe anknüpfen und einem positiv-generalpräventiven Zweck dienen." Siehe auch schon Sobota, Die Nebenfolge im System strafrechtlicher Sanktionen, 2015 mit Bespr. Kinzig GA 2016, 158. 3

4. Die **Aberkennung nach Abs. 2, 5** ist nur zulässig, soweit das Gesetz sie besonders vorsieht (vgl. etwa § 264 VII 1; zu § 358 BGH NJW 2008, 929). Unter dieser Voraussetzung kommt sie auch bei Versuch, Teilnahme und versuchter Beteiligung (§ 30) in Frage. Der Ausspruch unterliegt pflichtmäßigem Ermessen (→ § 46 Rn. 50) und kann auf einzelne Fähigkeiten beschränkt werden. 4

5. Der **Verlust der Rechtsstellungen und Rechte,** den Abs. 3 und 4 regeln, ist endgültig, ihr Neuerwerb nach Ablauf der gesetzlichen oder im Urteil bestimmten Frist aber möglich. Eine andere Bestimmung iSd Abs. 4 trifft § 47 BWG. 5

6. Zur Rechtsnatur der Nebenfolgen Sobota, Die Nebenfolgen im System strafrechtlicher Sanktionen, 2015, mit Bespr. Kinzig GA 2016, 158, ob sie einem positiv-generalpräventiven Zweck dienen, ist umstritten – § 45 ist unter dem Gesichtspunkt **rechtspolitisch** umstritten, ob Statusfolgen als strafrechtliche Sanktionen überhaupt vertretbar sind (verneinend Nelles JZ 1991, 17; Schwarz, Die Strafgerichtliche Aberkennung der Amtsfähigkeit und des Wahlrechts, 1991; Albrecht in NK-StGB Rn. 1; verfassungsrechtliche Bedenken bei Stein GA 2004, 22; diff. Weinrich, Statusmindernde Nebenfolgen als Ehrenstrafen im Sanktionensystem, 2009, S. 214; sa Jekewitz GA 1977, 161; GA 1992, 589; menschenrechtliche Bedenken aus Art. 3 MRK bei Diehm, Die Menschenrechte der EMRK und ihr Einfluß auf das deutsche Strafgesetzbuch, 2006, S. 416, 426). 6

§ 45a Eintritt und Berechnung des Verlustes

(1) **Der Verlust der Fähigkeiten, Rechtsstellungen und Rechte wird mit der Rechtskraft des Urteils wirksam.**

(2) [1]**Die Dauer des Verlustes einer Fähigkeit oder eines Rechts wird von dem Tage an gerechnet, an dem die Freiheitsstrafe verbüßt, verjährt oder erlassen ist.** [2]**Ist neben der Freiheitsstrafe eine freiheitsentziehende Maßregel der Besserung und Sicherung angeordnet worden, so wird die Frist erst von dem Tage an gerechnet, an dem auch die Maßregel erledigt ist.**

(3) **War die Vollstreckung der Strafe, des Strafrestes oder der Maßregel zur Bewährung oder im Gnadenweg ausgesetzt, so wird in die Frist die Bewährungszeit eingerechnet, wenn nach deren Ablauf die Strafe oder der Strafrest erlassen wird oder die Maßregel erledigt ist.**

1 **1.** Die Wirkungen der Nebenfolgen (§ 45) treten mit **Rechtskraft** ein. Die Fristen beginnen jedoch erst nach Erledigung der Freiheitsstrafe (auch einer Gesamtstrafe) oder der freiheitsentziehenden Maßregel (§§ 63–66); die im Urteil festgesetzte Dauer verlängert sich also um die Zeit zwischen Rechtskraft und Erledigung (RGSt 67, 95; krit. Jekewitz GA 1977, 161 (170)); verfassungskonforme Auslegung erfordert jedoch eine Ausnahme für das Stimmrecht, das grds. auch Strafgefangenen zusteht und ihnen deshalb nicht über die im Urteil bestimmte Verbotsfrist hinaus vorenthalten werden darf (Theune in LK-StGB Rn. 4; Fischer Rn. 3; zw.).

2 **2.** Zu **Abs. 3** vgl. §§ 56, 56a, 56g I, 57, 67b, 67c I, II 2, 67d II, 67g V.

§ 45b Wiederverleihung von Fähigkeiten und Rechten

(1) **Das Gericht kann nach § 45 Abs. 1 und 2 verlorene Fähigkeiten und nach § 45 Abs. 5 verlorene Rechte wiederverleihen, wenn**
1. der Verlust die Hälfte der Zeit, für die er dauern sollte, wirksam war und
2. zu erwarten ist, daß der Verurteilte künftig keine vorsätzlichen Straftaten mehr begehen wird.

(2) **In die Fristen wird die Zeit nicht eingerechnet, in welcher der Verurteilte auf behördliche Anordnung in einer Anstalt verwahrt worden ist.**

1 **1.** Die **Wiederverleihung (Rehabilitation) durch Richterspruch** stellt nur die Amtsfähigkeit, die Wählbarkeit und das Stimmrecht für die Zukunft wieder her. Nach § 45 III, IV verlorene Rechtsstellungen und Rechte sind daher endgültig erloschen; sie können nur nach den allgemeinen beamten- und wahlrechtlichen Vorschriften neu erworben werden.

2 **2.** Die Hälfte der Zeit (dh der im Urteil bestimmten Dauer) rechnet ab Rechtskraft des Urteils; jedoch werden Zeiten behördlicher Verwahrung (→ § 44 Rn. 11) nicht eingerechnet (Abs. 2).

3 **3.** Zum Erfordernis der **günstigen Täterprognose** (Abs. 1 Nr. 2) → § 56 Rn. 8–14; abweichend von § 56 I genügt hier die Erwartung, dass der Verurteilte künftig keine **vorsätzlichen** Taten mehr begehen wird.

4 **4. Verfahren** § 462 I 2 StPO.

2. Titel. Strafbemessung

§ 46 Grundsätze der Strafzumessung

(1) **[1]Die Schuld des Täters ist Grundlage für die Zumessung der Strafe. [2]Die Wirkungen, die von der Strafe für das künftige Leben des Täters in der Gesellschaft zu erwarten sind, sind zu berücksichtigen.**

(2) **[1]Bei der Zumessung wägt das Gericht die Umstände, die für und gegen den Täter sprechen, gegeneinander ab. [2]Dabei kommen namentlich in Betracht:**

die Beweggründe und die Ziele des Täters, besonders auch rassistische, fremdenfeindliche, antisemitische oder sonstige menschenverachtende,

die Gesinnung, die aus der Tat spricht, und der bei der Tat aufgewendete Wille,

das Maß der Pflichtwidrigkeit,

die Art der Ausführung und die verschuldeten Auswirkungen der Tat,

das Vorleben des Täters, seine persönlichen und wirtschaftlichen Verhältnisse sowie

sein Verhalten nach der Tat, besonders sein Bemühen, den Schaden wiedergutzumachen, sowie das Bemühen des Täters, einen Ausgleich mit dem Verletzten zu erreichen.

(3) **Umstände, die schon Merkmale des gesetzlichen Tatbestandes sind, dürfen nicht berücksichtigt werden.**

Fassung: Durch Gesetz v. 12.6.2015 (BGBl. I 925; → Vor § 1 Rn. 18) wurde Abs. 2 ergänzt, durch Gesetz zur Bekämpfung des Rechtsextremismus und der Hasskriminalität (→ Vor § 1 Rn. 19) zum 3.4.2021 um antisemitische Motive erweitert.

I. Die Vorschrift konkretisiert einige allgemeine Grundsätze der Strafzumessung, ohne in dem Meinungsstreit über **Sinn und Zweck der Strafe** (Schünemann FS Yamanaka, 2017, 501) abschließend Partei zu ergreifen. Obwohl das Strafrecht wie alles Recht ein Schutzrecht ist, dh nur zur Gewährleistung des friedlichen Zusammenlebens der Menschen beitragen soll, ist die Strafe nicht ausschließlich an diesem Zweck ausgerichtet. Ihr **Sinn** liegt vielmehr darin, durch staatliche Missbilligung (zu dieser auch sog. sozialethischen Missbilligung näher Kühl JahrbRuE 2003, 219 (228, 239); Kühl ZStW 116 (2004), 870 (876); Kühl FS Eser, 2005, 149; Kühl FS Stöckel, 2010, 117 (125); Kühl FS Maiwald, 2010, 433 (441); Kühl FS Kühne, 2013, 15 (16); Roxin FS Volk, 2009, 601; GA 2015, 185 (194); Walter JA 2013, 727 (729); Duttge FS Beulke, 2015, 68; Frisch NStZ 2016, 16 (19), auf den „rechtlichen" Tadel stellen ab Wessels/Beulke/Satzger StrafR AT Rn. 620; Sachs, Moral, Tadel, Buße, 2015; krit. zu deren Relevanz für die Einordnung einer Sanktion wie Geldbuße oder Geldauflage als Strafe Geiger, Die Rechtsnatur der Sanktion, 2006, S. 86; zu deren Relevanz bei Einordnung etwa der Sicherungsverwahrung → § 1 Rn. 8; krit. auch Haas, Strafbegriff, Staatsverständnis und Prozeßstruktur, 2008, S. 235 mit Bespr. Neumann ZIS 2009, 190; Weßlau GA 2010, 47 (49); Weigend JZ 2009, 564; gegen eine zu starke Betonung des „Tadelelements" Kaspar Präventivstrafrecht S. 324, mit Bespr. Jung GA 2015, 463 (465); zum Missbilligungscharakter der Strafe in der anglo-amerikanischen Strafrechtstheorie (Strawson, Feinberg, v. Hirsch) Günther FS Lüderssen, 2002, 205 (216), der selbst die „symbolisch-expressive Bedeutung der Strafe" betont) und Übelszufügung den durch die schuldhafte Tat angemaßten Eingriff in fremde Rechtsgüter auszugleichen (BGHSt 24, 132 (134) = NJW 1971, 61; BGH NJW 2006, 2129 (2130); NStZ-RR 2015, 77; NStZ-RR 2015, 240; Kühl FS Volk, 2009, 275 (279)), dem Täter zugleich Sühne durch Annahme und Verarbeitung des Übels zu ermöglichen (str.; krit. zur Verwendung des Sühnebegriffs durch die Rspr. Grommes, Der Sühnebegriff in der Rechtsprechung, 2006) und dadurch die Unverbrüchlichkeit der Rechtsordnung und die Verantwortlichkeit des Täters für ihre Verletzung herauszustellen (ähnlich BVerfGE 64, 261 = NJW 1984, 33; BVerfGE 96, 245 (249) = NJW 1998, 443; BVerfGE 105, 135 (153) = NJW 2002, 1779; BVerfGE 109, 133 (167) = NJW 2004, 739 (744); BVerfGE 117, 71 = NJW 2007, 1933 (1935); BVerfG NJW 2005, 2140 (2141); BGH NJW 2003, 3620; Gallas 1

ZStW 80 (1968), 1 (3); str.). Das Strafrecht bedient sich dieses Mittels vornehmlich deshalb, weil die Strafe durch ihren Appell an die Verantwortlichkeit dem Wesen des Menschen, namentlich seinem Freiheitsbewusstsein, in besonderer Weise gemäß ist, weil sie ihn als Persönlichkeit und in seinen Menschenrechten respektiert (dazu Jung GA 1993, 535; Frisch, Grundfragen des Strafzumessungsrechts aus deutscher und japanischer Sicht, 2011, S. 11), weil sie ihm garantiert, nur nach dem Maß des „Verdienten" in Anspruch genommen zu werden, und weil solche Art staatlichen Eingriffs in sinnfälliger Weise durch das Erfordernis der Gerechtigkeit begrenzt wird (Theune FS Pfeiffer, 1988, 449; sa Kühl FS Stöckel, 2010, 117 (122, 127); Kühl FS Maiwald, 2010, 433 (445); ähnlich Neumann FS Jakobs, 2007, 435 (448)). Daraus folgt das in der Rspr. als Verfassungsrechtssatz (BVerfGE 86, 288 (313) = NJW 1992, 2947; BVerfGE 96, 245 (249) = NJW 1998, 443; BVerfGE 109, 133 (171) = NJW 2004, 739; BVerfG NJW 1995, 248; NJW 2009, 1061 (1063); NJW 2009, 2267 (2289); NJW 2016, 1149; zur Rspr. des BVerfG Roxin FS Volk, 2009, 601 (607); BGHSt 50, 40 (49) = NJW 2005, 1440) anerkannte Prinzip, dass es keine Strafe ohne Schuld geben darf **(nulla poena sine culpa; Schuldprinzip);** zu diesem verfassungsrechtlichen Ausdruck des Schuldprinzips Adam/Schmidt/Schumacher NStZ 2017, 7. Zugleich werden damit auch Art und Höhe der Strafe von der Schuld des Täters abhängig gemacht (→ Rn. 22–25). Vorschläge zur Reform des § 46 bei Kaspar Präventivstrafrecht S. 845, Strafe durch präventiven Rechtsgüterschutz. – **Rspr. zum Strafzumessungsrecht:** bei Detter NStZ 2021, 22; NStZ 2022, 150.

2 **1. Für die absoluten** oder besser: **repressiven Straftheorien** (Kant, Hegel, Binding) war diese Abhängigkeit eine vollständige, weil sich für sie der Sinn der Strafe im Schuldausgleich erschöpfte (diff. Schild SchwZStr 1982, 364; Walter ZJS 2011, 636; Bielefeldt GA 1990, 108; Seelmann ARSP 1993, 228; aus der Rspr. BGH StV 2017, 32). Demgegenüber betonten die **relativen** oder besser: **präventiven Straftheorien** (namentlich Franz v. Liszt, dazu Streng ZJJ 2017, 208) einseitig den Präventionszweck der Strafe (zusf. zu den Problemen utilitaristischer Strafrechtfertigung Koller ZStW 91 (1979), 45; zur tiefenpsychologischen Rechtfertigung der Generalprävention Haffke, Tiefenpsychologie und Generalprävention, 1976; dazu Wittig Haffke-Symposium, 2009, 13; eine vertragstheoretische Interessentheorie, nach der die Strafe im rationalen Interesse jeden Bürgers liegt, entwirft Hoerster, Muss Strafe sein?, 2012, S. 81 mit Bespr. Zimmermann GA 2013, 133; ob Strafe sein mus, bezweifeln Fabricius/Kahle StV 2014, 437). Die Entwicklung ist über beide Extreme hinweggegangen (zu den „Wandlungen der Strafzwecklehre" Roxin FS Müller-Dietz, 2001, 701; krit. zur undifferenzierten Entgegensetzung von absoluten und relativen Theorien Frommel, Präventionsmodelle in der deutschen Strafzweck-Diskussion, 1987; Scheffler JahrbRuE 1995, 375). In einer freiheitlichen Gesellschaft hat die Strafe nicht die Aufgabe, Schuldausgleich und Gerechtigkeit um ihrer selbst willen zu üben (Kaufmann FS Henkel, 1974, 89 (100); Stratenwerth, Die Zukunft des strafrechtlichen Schuldprinzips, 1977); sie ist vielmehr nur gerechtfertigt, wenn sie sich zugleich als ein notwendiges Mittel zur Erfüllung der präventiven Schutzaufgabe des Strafrechts erweist (BGHSt 24, 40 = NJW 1971, 439; vgl. auch BVerfGE 32, 40 (46) = NJW 1972, 93; BVerfGE 72, 105 (114) = NJW 1986, 2241; Roxin FS Volk, 2009, 601 (613); krit. Sánchez Lázaro ZStW 129 (2017), 177; sa Klocke/Müller StV 2014, 370; auch Kaspar StV 2014, 250, ohne Vergeltungstheorie; „nur" auf präventive Zielsetzungen hebt Popp Haffke-Symposium, 2009, 113 (121) ab). Deshalb hat sich in einem lan-

gen Entwicklungsprozess, der über zahlreiche sog. **Vereinigungstheorien** geführt hat (näher Koriath Jura 1995, 625; anspruchsvolle Begr. bei Pérez-Barberá GA 2014, 504; krit. Lampe, Strafphilosophie, 2000, S. 59), eine Fülle von Konzeptionen herausgebildet, die untereinander stark differieren, überwiegend aber darin übereinstimmen, dass sie die Strafe als eine vielschichtige Rechtsfolge verstehen, die zwar aus Gründen der Gerechtigkeit und zum Schutze des Bürgers durch die Schuld begrenzt wird, innerhalb dieser Grenzen aber eine ganze Anzahl einander zT widerstreitender präventiver Zwecke verfolgt, die unter den Begriffen **General- prävention und Spezialprävention** (→ Rn. 26–30) zusammengefasst werden (Roxin GA 2015, 185 (190); krit. ua Kindhäuser GA 1989, 493; Naucke KritV 1993, 135; Bock Jura 1994, 46; Jäger FS Schüler-Springorum, 1993, 229; krit. auch Stratenwerth, Was leistet die Lehre von den Strafzwecken?, 1995, der eine konsistente Strafzwecklehre für die Begriffsbildung im Straftatsystem und für die Rechtsfolgen der Tat nicht für weiterführend hält; und Kargl GA 1998, 53, der die Verfolgung von präventiven Strafzwecken mit dem Strafbegriff für vereinbar hält und als Finalgrund des Strafrechts nur die Garantie der Selbstbeschränkung, die sich der demokratische Staat, dem das Gewaltmonopol zum Ausschluss der Selbsthilfe zugewachsen sei, im Interesse seiner Bürger auferlege; eingehende Auseinandersetzung mit der Vereinbarkeit von Vergeltung und Prävention bei Walter ZJS 2011, 644; JA 2013, 727 (729); Meier GS Walter, 2014, 831, die angemessene Vergeltung habe Nutzen für die gesellschaftliche Zukunft, indem sie ein natürliches und empirisch belegbares Gerechtigkeitsbedürfnis der Bürger stillt; sa BVerfGE 91, 1 (31) = NJW 1995, 1077; BVerfGE 109, 133 (173) = NJW 2004, 739; zur „straftheoretischen Zurückhaltung" des BVerfG Roxin FS Volk, 2009, 601 (606)). Als Gegenposition werden auch vertreten: eine modifizierte, von Kant und Hegel ausgehende **absolute Straftheorie** (so namentlich Wolff ZStW 97 (1985), 786; Köhler, Der Begriff der Strafe, 1986; Köhler FS Lackner, 1987, 11; Beck, Unrechtsbegründung und Vorfeldkriminalisierung, 1992, S. 53, 61; Harzer in IKW Zustand StrafR S. 31; speziell Hegel aufgreifend Stübinger, Das „idealisierte" Strafrecht, 2008 mit Bespr. Klesczewski GA 2010, 125; v. Hirsch/Neumann/Seelmann, Strafe warum? Gegenwärtige Strafbegründung im Licht von Hegels Straftheorie, 2011, mit Bespr. Mühl GA 2014, 732; zur „absoluten" Ausrichtung Kants und Hegels sa Haas, Strafbegriff, Staatsverständnis und Prozeßstruktur, 2008, S. 182 mit zust. Bespr. Neumann ZIS 2009, 190; sa Kühl, Die Bedeutung der Rechtsphilosophie für das Strafrecht, 2001, S. 26; Kühl FS Stöckel, 2010, 117 (122); mit abweichendem Ansatz ähnlich Hörnle/v. Hirsch GA 1995, 261, nach denen Strafe und Strafmaß ausschließlich durch die Schwere des Unrechts und das daraus folgende Unwerturteil zu legitimieren sind; Hörnle JZ 1999, 1080; eing. Hörnle, Tatproportionale Strafzumessung, 1999, die – mit § 46 I 2, II unvereinbar – vorschlägt, schon nach geltendem Recht Strafe und Strafmaß strikt am verschuldeten Unrecht zu orientieren, dh die Gesinnung des Täters nicht als solche zu bewerten) und eine „zivile" Straftheorie, die das Strafrecht als Teilsystem der sozialen Kontrolle versteht (Rössner FS Roxin, 2001, 977). Eine **neue Straftheorie** „jenseits von Vergeltung und Prävention" entwirft Günther FS Lüderssen, 2002, 205, der – wenig realistisch (vgl. Frisch FS Jareborg, 2002, S. 207, 225; abl. auch Kühl FS Eser, 2005, 149 (160); Roxin/Greco StrafR AT I § 3 Rn. 46) – der Strafe symbolisch-expressiven Gehalt zumisst, der vollständig, dh ohne nachträgliche Übelszufügung, in der verfahrensmäßigen Unrechts- und Schuldfeststellung zum Ausdruck gebracht werden könne (Günther FS Lüderssen, 2002, 219; ebenso Mühl GA 2014, 732 (735), der schlichte Ausspruch sozialethischer Mißbilligung als befriedigende Reaktion). Jenseits von absoluten und relativen Theorien hält Neumann FS Jakobs, 2007, 435 (448), nur das „Prinzip der Retribution" („weil er verbrochen hat") für gerechtfertigt; das ist schon der zutreffende und – solange es Strafen gibt – unüberholbare Ausgangspunkt von Kant gewesen (Kühl FS Eser, 2005, 149; zu kurz greifende Kritik am Vergeltungsgedanken bei Bieri, Eine Art zu leben, 2013, S. 284); auf Retribution und Bestätigung der Geltung des Rechts als Elemente einer freiheitstheoretisch unterfütterten Vergeltungstheorie setzt auch Kubiciel, Die Wissenschaft vom besonderen Teil des Strafrechts, 2013, S. 169; sa Walter, Strafe und Vergeltung, 2016. Von verschiedenen Seiten wird eine **Renaissance der absoluten Vergeltungstheorien** konstatiert (so etwa von Pawlik, Das Unrecht des Bürgers, 2012, S. 87; Hassemer/Neumann in NK-StGB Vor § 1 Rn. 107 „Die Weisheit absoluter Straftheorien"). Für eine stärkere Berücksichtigung des Opfers in der Straftheorie Hörnle JZ 2006, 950; zust. Weigend RW 2010, 39 (44), der dem „Genugtuungsgedanken" zu einer Renaissance verhelfen will; Dölling in Maurach/Gössel/Zipf StrafR AT II § 63 Rn. 84; Dölling GS Brugger, 2014, 659; Kölbel StV 2014, 698 (701); → § 46 a Rn. 1 a. Ausgehend von Pflicht des Bürgers zur Mitwirkung an der Aufrechterhaltung eines Zustandes der Freiheitlichkeit versteht Pawlik, Das Unrecht des Bürgers, 2012, S. 90, die Strafe als Antwort auf die Verletzung dieser Mitwirkungspflicht (Pawlik, Das Unrecht des Bürgers, 2012, S. 82). Zusammenfassend zu den Straftheorien Momsen/Rackow JA 2004, 336; Roxin in Roxin/Arzt/Tiedemann StrafR/StrafProzR S. 4–7, 26–35; Kühl in Kühl/Reichold/Ronellenfitsch, Einführung in die Rechtswissenschaft, 2. Aufl. 2015, § 43 Rn. 21–44; Roxin/Greco StrafR AT I § 3 Rn. 1–62; sowie vertiefend Hörnle, Straftheorien, 2. Aufl. 2017, S. 60, die eine Kombination unterschiedlicher Begründungsansätze für erforderlich hält und diese als „expressive Straftheorien" bezeichnet, die ihren Grund in der begangenen Tat und dem Umgang mit ihr sehen (vgl. dazu die Bespr. von Zaczyk GA 2013, 362); sa Hörnle, Kriminalstrafe ohne Schuldvorwurf, 2013 mit krit. Bespr. Roxin GA 2015, 489 (500–502); knapper Überblick bei Dölling FS Kirchhof, 2013, 1329; krit. Darstellung bei Fabricius/Kahle StV 2014, 437 (438). Die normativen **Straftheorien** und die in der Kriminologie entwickelten **Kriminalitätstheorien** verfolgen unterschiedliche Zwecke und sind deshalb wesensverschieden (Dölling in Müller-Graff/Roth, Recht und Rechtswissenschaft, 2000, S. 35; Schöch in KSK Kriminologie § 7 Rn. 15–104; zu ihrer Kompatibilität Hermann GA 1992, 516; Scheffler JahrbRuE 1995, 375; beachte auch den Übersichtsbeitrag Schneider Jura 1996, 337 (397); sowie → § 57 Rn. 39 a). Es gibt aber auch „wirkungsorientierte", „empirische" Herangehensweisen an den Begriff der Strafe (vgl. etwa Jung, Was ist Strafe?, 2002, S. 15; Heinz FS Jung, 2007, 273). – Zum **Völkerstrafrecht:** Werkmeister, Straftheorien im Völkerstrafrecht, 2015; für inländische Strafverfahren Epik, Die Strafzumessung bei Taten nach dem VStGB, 2017.

3 **2.** Aus der vielschichtigen Aufgabe des Strafrechts ergibt sich die sog. **„Antinomie der Strafzwecke",** die nicht restlos aufgelöst werden kann (hM; anders Köhler, Über den Zusammenhang von Strafrechtsbegründung und Strafzumessung, 1983, S. 26, 33; neuerdings auch Frisch FG BGH, 2000, 269; → Rn. 27; sa Wolff ZStW 97 (1985), 786; Köhler, Über den Zusammenhang von Strafrechtsbegründung und Strafzumessung, 1983, und den Grund dafür bildet, warum die Auseinandersetzungen um Sinn und Zweck der Strafe ständig in Fluss bleiben (expl. Roxin JuS 1966, 377; JA 1980, 221; GA 2015, 185; Roxin in Stolleis, Die Bedeutung der Wörter, 1991, S. 341; Gallas ZStW 80 (1968), 1; Henkel, Die „richtige" Strafe, 1969, S. 6; Müller-Dietz, Grundfragen des strafrechtlichen Sanktio-

nensystems, 1979, S. 16; Kaufmann GS Kaufmann, 1993, 425; zusf. und zT krit. Streng Sanktionen Rn. 6; Lesch JA 1994, 510 (590); Maurer, Komparative Strafzumessung, 2005, S. 183; sa Schreiber ZStW 94 (1982), 279; Benda FS Faller, 1984, 307; zur historischen Entwicklung des Meinungsstreits Jescheck ZStW 93 (1981), 3 (44); Naucke ZStW 94 (1982), 525). – Zu Friktionen der Strafzwecklehre mit modernen, ökonomisierten Konzepten des Strafprozesses Weyrich, Straftheorien und Rechtswirklichkeit, 2021, 177.

a) Die einander gegenüberstehenden Theorien, die meist das Schuldprinzip anerkennen, legen ihren Schwerpunkt zunehmend auf **generalpräventive** Aspekte (zB Schmidhäuser, Vom Sinn der Strafe, 2. Aufl. 1971; Schmidhäuser FS Wolff, 1998, 443; Schmidhäuser StrafR AT § 3 Rn. 8–29), wobei in jüngerer Vergangenheit die sog. **positive Generalprävention** ganz in den Vordergrund gerückt ist (→ Rn. 28, 30). Vorwiegend **spezialpräventiv** orientiert ist die in der internationalen Bewegung der „Défense Sociale" diskutierte Theorie der „Neuen sozialen Verteidigung" (Melzer JZ 1970, 764; Melzer ZStW 84 (1972), 648; Kaspar Präventivstrafrecht S. 329; sa Jescheck FS Blau, 1985, 425). Die Forderung nach einem reinen, auf Resozialisierung ausgerichteten Maßnahmenrecht (Plack, Plädoyer für die Abschaffung des Strafrechts, 1974; Foth ARSP 76 (1990), 249) ist weitgehend in den Hintergrund getreten (krit. zu den spezialpräventiven Straftheorien Bockelmann FS Lange, 1976, 1; sa Walter FS Oehler, 1985, 693). Es wird auch eine straftheoretische und kriminalpolitische Verlagerung von der positiven zur negativen Spezialprävention und damit eine repressive Kriminalpolitik ausgemacht (so von Bock StV 2007, 269 (270)). Andere Konzeptionen schließlich vermeiden solche Schwerpunktbildungen. Sie berücksichtigen general- und spezialpräventive Elemente je nach den kriminalpolitischen Einzelbedürfnissen (zB Gössel FS Pfeiffer, 1988, 3) und begrenzen sie durch die Erfordernisse eines rechtsstaatlichen Strafrechts (dazu Hassemer JuS 1987, 257; Kaspar, Verhältnismäßigkeit und Grundrechtsschutz im Präventivstrafrecht, 2014, passim). 4

b) Auf der anderen Seite bedeutet es eine gewisse **Abwendung** von der Gedankenwelt der Prävention, wenn die Rechtfertigung für moderne sozialtherapeutische Bemühungen im Strafvollzug oft nicht mehr auf die spezialpräventive Schutzaufgabe des Strafrechts gestützt, sondern aus der Mitverantwortung der Gesellschaft für das Verbrechen und ihrer Solidaritätspflicht gegenüber dem Rechtsbrecher (Gewährung von Hilfe zur Selbsthilfe) abgeleitet wird (Stratenwerth FS Bockelmann, 1979, 901); im Schrifttum zum Strafvollzug (vgl. namentlich § 2 S. 1 StVollzG) ist dieser Gesichtspunkt inzwischen dominierend (expl. Jung/Müller-Dietz, Langer Freiheitsentzug – wie lange noch?, 1994). Mit anderen Ansätzen verwerfen verschiedene soziologische, namentlich systemtheoretische Richtungen und die dem sog. labeling-Ansatz folgende „kritische Kriminologie" aus sehr einseitiger Position nicht nur das Schuldprinzip als Manifestation struktureller Gewalt (vgl. etwa Kargl, Kritik des Schuldprinzips, 1982 mit krit. Bespr. Müller-Dietz GA 1985, 139; Scheffler, Grundlegung eines kriminologisch orientierten Strafrechtssystems, 1987 mit krit. Bespr. Kunz GA 1988, 430); sie lehnen auch eine spezialpräventive Ausrichtung der Straffolgen als nicht zu legitimierende „Behandlungsideologie" ab, weil sie ein Instrument selektiver Strafverfolgung sei und die gesamtgesellschaftlichen Ursachen der Kriminalität verschleiere (vgl. etwa Hilbers/Lange KrimJ 1973, 52; Foucault, Überwachen und Strafen. Die Geburt des Gefängnisses, 1976; Baratta ZStW 92 (1980), 107; sa Christ KrimJ 1973, 60; Driendl ZStW 92 (1980), 185 (196); Neumann/Schroth, Neuere Theorien von Kriminalität und Strafe, 5

1980; Schreiber ZStW 94 (1982), 279 (295); Albrecht ZStW 97 (1985), 831; Bock ZStW 102 (1990), 504 (518); Bock JuS 1994, 89; Kargl, Die Funktion des Strafrechts in rechtstheoretischer Sicht, 1995; Kargl ARSP 1996, 485).

6 **II.** Dass das StGB grds. (gewisse Widersprüche enthalten ua die §§ 21, 323 a) auf dem Schuldprinzip beruht, zeigen schon die gesetzlichen **Strafdrohungen,** die idR Strafrahmen sind und für den jeweiligen Deliktstypus durch die unterschiedliche Bestimmung der Mindest- und der Höchststrafe eine abstrakte Unrechts- und Schuldbewertung zum Ausdruck bringen (Maier in MüKoStGB Rn. 112; Kinzig in Schönke/Schröder, Vor § 38 Rn. 40; zusf. Schütz Jura 1995, 399 (402); krit. zu der im internationalen Vergleich übergroßen (durch das 6. StrRG, → 23. Aufl. 1999, Vor § 38 Rn. 18 noch vergrößerten) Weite vieler Strafrahmen Streng, Strafzumessung und relative Gerechtigkeit, 1984, S. 293; für eine deutlichere Konturierung der Strafrahmen Kinzig in Schönke/Schröder § 46 Rn. 72; zum immer intensiver werdenden Zugriff der EU auf den Sanktionen- und Strafrahmenbereich Vogel in Zieschang/Hilgendorf/Laubenthal, Strafrecht und Kriminalität in Europa, 2003, S. 29, 51; zur kompetenzrechtlichen Problematik der Vorgabe von Art und Ausmaß strafrechtlicher Sanktionen durch Richtlinien der EG Eisele JZ 2001, 1157 (1163); gegen die Kompetenz der EG, die Mitgliedsstaaten zum Einsatz des Kriminalstrafrechts anzuweisen, Satzger Europäisierung des StrafR S. 393; zur Bedeutung der Verfahrens- und Beweisordnung des IStGH-Statuts auf die Strafzumessung Peglau, Humanitäres Völkerrecht-Forum-Verbreitung, 2001, 247 „statutsfreundliche Auslegung"). Als Voraussetzung für die abschließende Strafzumessung ist zunächst, und zwar in jedem Falle (OLG Schleswig NStZ 1986, 511), der für die konkrete Tat anwendbare, also auch der für besonders schwere oder minder schwere Fälle vorgesehene (hM; vgl. BGH NStZ 1983, 407), Strafrahmen zu ermitteln. In der Regel ergibt er sich unmittelbar aus dem jeweils anwendbaren Strafgesetz, das allerdings häufig eine nach pflichtmäßigem Ermessen (→ Rn. 50) auszuübende Wahlmöglichkeit zwischen mehreren Strafrahmen eröffnet, zB zwischen lebenslanger und zeitiger Freiheitsstrafe (BGH NStZ 1994, 485) oder zwischen Freiheitsstrafe und Geldstrafe (→ § 40 Rn. 2). Er kann auch durch Vorschriften des AT (zB Strafmilderung bei Versuch, § 23 II, und Beihilfe, § 27 II 2) modifiziert sein.

7 **1.** Zur Vermeidung unangemessen weiter Strafrahmen bildet das Gesetz für denselben Deliktstypus häufig verschiedene Wertstufen, und zwar entweder dadurch, dass es den Regelstrafrahmen bei Hinzutreten bestimmt beschriebener Merkmale durch einen verschärften oder gemilderten Strafrahmen ergänzt (sog. **benannte Strafänderungen,** zB § 224), oder dadurch, dass es ohne tatbestandliche Ausformung (sog. **unbenannte Strafänderungen**) in **„besonders schweren"** (zB § 212 II) oder **„minder schweren"** (zB § 249 II) Fällen die Bestrafung aus einem höheren oder geringeren Strafrahmen vorsieht (Hettinger FS Küper, 2007, 109; Kinzig in Schönke/Schröder Vor § 38 Rn. 53). Umstände, auf denen eine benannte Strafänderung beruht, sind gewöhnliche Tatbestandsmerkmale (hM). Die unbenannten Strafänderungen sieht die Rspr. dagegen als bloße **Strafzumessungsregeln** an (stRspr; vgl. etwa BGHSt 2, 181 = NJW 1952, 593; BGHSt 3, 47 = NJW 1952, 983; BGHSt 4, 226 = NJW 1953, 1270), die voraussetzen, dass die Tat im Ganzen unter Berücksichtigung auch der Täterpersönlichkeit – namentlich im Hinblick auf die Schwere des angerichteten Schadens (BGH wistra 1995, 188), die Hartnäckigkeit und Stärke des verbrecherischen Willens oder die besondere Gefährlichkeit der angewendeten Mittel – so sehr von den er-

fahrungsgemäß gewöhnlich vorkommenden und deshalb vom Gesetz für den Spielraum des ordentlichen Strafrahmens schon bedachten Fällen an Strafwürdigkeit abweicht, dass der ordentliche Strafrahmen unangemessen erscheint (stRspr; vgl. BGHSt 29, 319 = NJW 1981, 692; BGH NStZ-RR 2008, 153). Diese Formel hat im Schrifttum schon vor dem 6. StrRG mit Recht vielfältige Kritik erfahren, die zT in ausgearbeitete – hier nicht iE zu erörternde – Lösungsmodelle zur wenigstens partiellen Überwindung der mit der Rspr. verbundenen Unbestimmtheit und inneren Widersprüchlichkeit eingemündet ist (vgl. etwa Wahle GA 1969, 161; Zipf, Die Strafmaßrevision, 1969, S. 28; Calliess JZ 1975, 112; Hettinger, Das Doppelverwertungsverbot bei strafrahmenbildenden Umständen, 1982, S. 217; Hettinger FS Maiwald, 2010, 293; Timpe, Strafmilderungen des Allgemeinen Teils des StGB und das Doppelverwertungsverbot, 1983, S. 64; Montenbruck, Strafrahmen und Strafzumessung, 1983, S. 50, 67, 93; Montenbruck NStZ 1987, 311; Maiwald NStZ 1984, 433; Frisch/Bergmann JZ 1990, 944; Horn GS Kaufmann, 1989, 573 (579); Horn in SK-StGB Rn. 56–61, 65–66a; Grasnick JZ 1992, 260; speziell zum minder schweren Fall des Totschlags auch Maatz FS Salger, 1995, 91).

a) Im **früheren Recht** waren bei den unbenannten Strafänderungen weitere Wertstufen (zB schwere Fälle, mildernde Umstände) vorgesehen. Sie sind nicht mehr relevant, weil sie schon vor langer Zeit eliminiert und – wenn auch in problematischer Weise (krit. Hettinger FS GA, 1993, 77) – in das geltende Recht übergeleitet worden sind (BGHSt 26, 97 = NJW 1975, 1174 mkritAnm Zipf JR 1976, 24; Sturm JZ 1975, 6 (8); Horstkotte FS Dreher, 1977, 265 (267)). 8

b) Nach der **Rspr.** (zur Kritik → Rn. 7) sind nur einzelne strafschärfende oder -mildernde Umstände, wie etwa die ungewöhnliche Schwere oder Geringfügigkeit des angerichteten Schadens (BGH NStZ 1984, 413; StV 1996, 34) oder die erheblich verminderte Schuldfähigkeit des Täters, allein keine zureichende Grundlage für eine unbenannte Strafänderung. Es bedarf vielmehr einer die unrechts- und schuldrelevante Vorgeschichte einbeziehenden (BGH JR 1986, 75 mkritAnm Timpe) **Würdigung der Tat und der Täterpersönlichkeit im ganzen** (BGHSt 28, 318 (319) = NJW 1979, 1666; BGH NStZ 1991, 529; NStZ 2000, 254; NStZ-RR 1998, 298; NStZ-RR 1999, 293; NStZ 2009, 37; OLG Frankfurt a. M. StV 1994, 131; sa Eser JZ 1981, 821), bei der dann allerdings auch ein einziger Milderungsgrund den Ausschlag geben kann (BGH NStZ 1986, 117; NStZ-RR 1996, 228; krit. Hettinger JZ 1982, 849 (852)). Für den Übergang zum minder schweren Fall sind nicht nur die der Tat vorausgehenden oder sie begleitenden Umstände, zB das Zusammentreffen mit anderen Gesetzesverletzungen (BGH NStZ 1989, 72) oder das Fehlen oder Vorliegen von Vorstrafen (BGH bei Holtz MDR 1990, 97), zu berücksichtigen; auch der Tat nachfolgende Umstände können zu Buch schlagen, soweit sie für das Tat- und Täterbild im Ganzen relevant sind (BGH StV 1989, 152; → Rn. 40–44; auch Taten, die vor der aktuellen Verurteilung begangen wurden, aber erst nach dieser geahndet werden, BGH NStZ-RR 2010, 40); lediglich den Schuldspruch begründende Umstände als solche scheiden nach dem Grundgedanken des Abs. 3 aus (BGH NStZ-RR 1996, 228; OLG Jena NStZ-RR 1996, 294). Außerdem gehört der drohende Verlust einer Amts- oder vergleichbaren Berufstellung (→ Rn. 36a) nicht hierher, weil er lediglich eine mittelbare, das Tatbild nicht berührende Bestrafungsfolge ist und daher nur bei der konkreten Strafzumessung als präventionsrelevant iSd Abs. 1 S. 2 zu Buch schlagen kann (Streng NStZ 1988, 485; Nicolaus, Die Berücksichtigung mittelbarer Straftatfolgen bei der Strafzumessung, 1992, S. 103; krit. Mesteck-Schmülling, Mittelbare Straftatfolgen und ihre 9

Berücksichtigung bei der Strafzumessung, 2004, S. 62, 68; aM BGHSt 35, 148 = NJW 1988, 2749; BGH NStZ 1996, 539; OLG Frankfurt a. M. StV 1994, 131; OLG Jena NStZ-RR 1996, 294; Schäfer FS Tröndle, 1989, 395; zw.). Zur Wahrung des Grundsatzes der Verhältnismäßigkeit kommt in Frage, dass bei Regelstrafrahmen mit besonders hohen Mindeststrafen der Übergang zum gemilderten Strafrahmen schon früher erfolgt, als dies bei anders strukturierten Tatbeständen mit geringeren Regelmindeststrafen begründbar wäre (BGH NJW 1996, 2316; problematisch LG Lübeck NStZ 1997, 498 mAnm Haffke). Zu dem hier einschlägigen Grundsatz in dubio pro reo → Rn. 32.

10 aa) Die **Einordnung** in den einen oder anderen Strafrahmen ist Aufgabe tatrichterlicher Würdigung und daher nur begrenzt nachprüfbar (BGH NStZ 1984, 359 mAnm Zipf; BGH NStZ 1991, 529; beachte jedoch BGH NStZ 1998, 254; die BGH-Rechtsprechung zusf. Kalf NJW 1996, 1447).

10a bb) Da die unbenannten Strafänderungen nur die **Ermittlung des Strafrahmens** betreffen, lassen sie die Strafzumessung ieS unberührt. Das **Verbot der Doppelverwertung von Tatbestandsmerkmalen** (Abs. 3) versperrt hier nur die Möglichkeit, den abstrakten Gesichtspunkt, dass es sich um einen besonders schweren oder minder schweren Fall handelt, zu Buch schlagen zu lassen (BGH NJW 1989, 3230 mwN; → Rn. 45, 46). Im Übrigen ist es aber zulässig, uU sogar geboten (BGH StV 1984, 151), Umstände, die zuvor schon zur Ermittlung des Strafrahmens beigetragen haben, in die abschließende Gesamtwürdigung (→ Rn. 47) einzubeziehen (BGH StV 1991, 346; → § 49 Rn. 10).

11 **2.** Zwischen den benannten und unbenannten Strafänderungen gibt es **Mischformen,** in denen beide Methoden der Wertstufenbildung kombiniert werden. Das gilt seit langem für die auf der Grundlage des 6. StrRG nur noch selten vorkommenden Vorschriften, in denen ausdrücklich benannte Änderungsgründe als Beispiele für eine iÜ unbenannte Strafänderung verwendet werden (zB §§ 213, 241 a IV). Hier sind die Beispiele zwingend und daher gewöhnliche Tatbestandsmerkmale (→ § 12 Rn. 4). Große Bedeutung hat dagegen schon seit geraumer Zeit die Methode der Exemplifizierung besonders schwerer Fälle durch sog. **Regelbeispiele** erlangt (zB in § 243; krit. zu dieser „verfehlten deutschen Gesetzesfigur" Hirsch FS Gössel, 2002, 287). Sie ist nach der Rspr. verfassungsgemäß (BVerfGE 45, 363 = NJW 1977, 1815; Eisele, Die Regelbeispielsmethode im Strafrecht, 2004, S. 397; Hettinger FS Maiwald, 2010, 293 (307); anders eine starke Meinungsgruppe im Schrifttum (→ 23. Aufl. 1999, Vor § 38 Rn. 19); sa Maiwald FS Gallas, 1973, 137; Hirsch FS Gössel, 2002, 296). Die Regelbeispiele sind keine Tatbestandsmerkmale, sondern nur Elemente der Strafzumessungsregel (→ Rn. 7) des besonders schweren Falls (hM; BGHSt 23, 254 (256) = NJW 1970, 1317; BGHSt 26, 104 = NJW 1975, 1286; BGHSt 33, 370 (373) = NJW 1986, 940; anders Teile des Schrifttums, namentlich Eisele, Die Regelbeispielsmethode im Strafrecht, 2004, S. 172, der sowohl die Regelbeispiele als auch die Generalklausel des besonders schweren Falles als Tatbestandsmerkmal einstuft, weil sie Voraussetzung für den schärferen Strafrahmen sind, und Kindhäuser FS Triffterer, 2011, 123, der das Regelbeispiel als unselbständigen Qualifikationstatbestand deutet, der zusammen mit dem Grundtatbestand einen Gesamttatbestand bildet und deshalb Tatbestandsmerkmale enthält; zust. Streng Sanktionen Rn. 516). Sie zwingen den Richter nicht zur Annahme eines besonders schweren Falles, hindern ihn aber auch nicht (OLG Stuttgart NJW 1982, 1659). Vielmehr soll die Gesamtheit der Regelbeispiele nur einen konkreten Hinweis geben, welchen ungefähren Schweregrad das Gesetz für die Strafrahmenver-

schiebung zugrundelegt. Außerdem bedarf, wenn die Voraussetzungen eines Regelbeispiels erfüllt sind, die Annahme eines besonders schweren Falles idR keiner näheren Begründung (→ Rn. 13). Da die Problematik widerspruchsfrei nicht lösbar war, hat sich die Rspr. nur mühsam konsolidieren und einige Einzelfragen bisher nicht abschließend klären können (→ Rn. 14, 15, 17; vgl. ferner die Nachw. unter → Rn. 7; Fabry NJW 1986, 15; speziell zu § 243 Wessels FS Maurach, 1972, 295; Arzt JuS 1972, 385 (515); Blei FS Heinitz, 1972, 419; Schmitt FS Tröndle, 1989, 313; Kindhäuser FS Triffterer, 2011, 123; Gropp JuS 1999, 1041 (1047)). Im Rahmen der Vorarbeiten und Beratungen zum 6. StrRG ist die Methode erneut in Zweifel geraten, und zwar sowohl unter verfassungsrechtlichen als auch kriminalpolitischen Gesichtspunkten, die im Gesetzgebungsverfahren leider nur unzureichend geprüft worden sind (→ 23. Aufl. 1999, § 38 Rn. 18; näher zur Bewertung der Regelbeispielsmethode und ihren Alternativen Eisele, Die Regelbeispielsmethode im Strafrecht, 2004, S. 407) Bei der Schaffung des AntiDopG 2015 hat der Gesetzgeber explizit der Regelbeispielsmethode eine Absage erteilt und die Strafschärfungsgründe ausschließlich – und abweichend vom vorhergehenden Recht – als Qualifikationen gefasst; daraus sind allerdings bei späteren Änderungen des StGB keine vergleichbaren Konsequenzen gezogen worden (so wurden etwa aus den zwingenden Beispielen in § 129 IV aF mit der Reform 2017 in § 129 V Regelbeispiele). – Zu der Methode **iE:**

a) Die **Voraussetzungen der Regelbeispiele** sind nach den allgemeinen Auslegungsgrundsätzen festzustellen und in der Revision nachprüfbar. Vor allem ist, wenn sich aus der anwendbaren Vorschrift nichts anderes ergibt, Vorsatz erforderlich (BGHSt 26, 244 = NJW 1976, 381; BGH NStZ 1984, 165; Eisele, Die Regelbeispielsmethode im Strafrecht, 2004, S. 283; Eisele JA 2006, 309 (312); BWME StrafR AT § 20 Rn. 38). **12**

b) aa) Ist die **Tat vollendet und sind die Voraussetzungen eines Regelbeispiels erfüllt,** so ist idR ein besonders schwerer Fall anzunehmen (sog. Indizwirkung des Regelbeispiels; zusf. Eisele, Die Regelbeispielsmethode im Strafrecht, 2004, S. 197; Putzke JuS 2009, 1083 (1084); Wessels FS Lackner, 1987, 423). Das gilt nur dann nicht, wenn besondere Umstände, die in der Tat oder der Persönlichkeit des Täters liegen (→ § 47 Rn. 2), das Unrecht, die Schuld (dazu BGH NStZ 1983, 268; NStZ-RR 2003, 297) oder die Strafwürdigkeit (str.) gegenüber dem Durchschnittsfall des Regelbeispiels (dazu Arzt JuS 1972, 385 (389)) so wesentlich mindern, dass bei Bewertung aller entlastenden und belastenden Umstände die Zuordnung der Tat zu der höheren Strafrahmenstufe unangemessen wäre (BGH NStZ 1982, 425; NStZ 1984, 27; NStZ 1999, 244; NStZ 2004, 265; StraFo 2011, 362; OLG Celle NStZ-RR 1997, 265; Wessels/Hillenkamp/Schuhr StrafR BT II Rn. 209; Kindhäuser/Hilgendorf in LPK-StGB Rn. 18). Ob das zutrifft, unterliegt tatrichterlicher Würdigung (BGH NJW 1987, 2450; OLG Karlsruhe NJW 1978, 1697 (1699); beachte auch BGH StV 1994, 314) und bedarf ausdrücklicher Begründung, wenn nach dem Sachverhalt das Vorliegen solcher Umstände naheliegt (BGH NJW 1989, 1680; NStZ 1999, 244; die BGH-Rspr. zusf. Kalf NJW 1996, 1447). In Frage kommt namentlich, dass die Rechtsgutsverletzung nur geringen Schaden angerichtet hat (beachte auch § 243 II), dass gerade die Gründe nicht vorliegen, die zur Typisierung des Regelbeispiels geführt haben, oder dass der Täter Opfer tatprovozierenden Verhaltens eines Lockspitzels (→ § 26 Rn. 4f) geworden ist (BGHSt 32, 345 (355) = NJW 1984, 2300; dagegen Eisele, Die Regelbeispielsmethode im Strafrecht, 2004, S. 257). **13**

13a bb) Sieht das Gesetz neben dem Regelstrafrahmen **sowohl für besonders schwere wie auch für minder schwere Fälle** Sonderstrafrahmen vor (eine Konstellation, die iRd § 177 I, II, V nF häufiger relevant sein wird als im bisherigen Recht, Dessecker NStZ 1998, 1 (2)), so ist bei Erfüllung eines Regelbeispiels die Annahme eines minder schweren Falles, dh eine doppelte Strafrahmenmilderung, nicht notwendig ausgeschlossen, kommt aber nur bei Vorliegen außergewöhnlicher Umstände in Frage (BGH StV 1999, 603; BGH bei Pfister NStZ-RR 1999, 355; NStZ-RR 2000, 356; BayObLG NJW 1991, 1275 mAnm Grasnick JZ 1992, 260; Eisele, Die Regelbeispielsmethode im Strafrecht, 2004, S. 281).

14 c) Ist die **Tat vollendet, sind aber die Voraussetzungen eines Regelbeispiels nicht erfüllt,** so ist die Annahme eines besonders schweren Falles nicht unbedingt ausgeschlossen (hM; vgl. etwa Reichenbach Jura 2004, 260; anders Calliess JZ 1975, 112 (117); NJW 1998, 929; noch weiterginge die Bejahung der Möglichkeit des Versuchs eines Regelbeispiels (diese möchte BGH NStZ-RR 2020, 312, ausdrücklich „offen halten" und mithin nicht per se verwerfen)). Er darf jedoch nur bejaht werden, wenn die gebotene (BGH GA 1978, 242) und in Zweifelsfällen näher zu begründende (BGHSt 28, 318 = NJW 1979, 1666 mit Bespr. Bruns JR 1979, 353) Gesamtwürdigung (BGH StV 1985, 272; NStZ-RR 1997, 293) ergibt, dass die Anwendung lediglich des Regelstrafrahmens unangemessen wäre (BGHSt 29, 319 = NJW 1981, 692; OLG Düsseldorf NJW 2000, 158; Wessels/Hillenkamp/Schuhr StrafR BT II Rn. 210). Dabei dienen die Regelbeispiele als allgemeiner Maßstab (näher zur Bestimmung von besonders schweren Fällen Eisele, Die Regelbeispielsmethode im Strafrecht, 2004, S. 229, der sich jedoch vom Standpunkt der Tatbestandslösung gegen eine Gesamtwürdigung wendet, S. 207; Eisele JA 2006, 309 (311)). Sie bilden ihrerseits Typen von Taten, die für den Tatbestand kennzeichnende schwere Begehungsformen beschreiben und bei denen schon nach der Bewertung des Gesetzes regelmäßig eine wesentliche Erhöhung von Unrecht und Schuld vorliegt. Wo zwar ein Regelbeispiel nicht erfüllt ist, aber einer der Schärfungsgründe, die in ihm Ausdruck gefunden haben, der Art oder dem Gewicht nach (dazu BGH NJW 1990, 1489; Eisele JA 2006, 309 (310) „weitere Analogiewirkung") in gleichwertiger Weise zutrifft, liegt die Annahme eines besonders schweren Falles nahe (OLG Stuttgart NStZ 1985, 76 mit Bespr. Dölling JuS 1986, 688; BayObLG JR 1987, 466 mAnm Dölling; Eisele, Die Regelbeispielsmethode im Strafrecht, 2004, „engere Analogiewirkung"; ähnlich Wessels FS Maurach, 1972, 295 (303); einschr. Arzt JuS 1972, 385 (390, 545); Kadel JR 1985, 386; krit. Maiwald NStZ 1984, 433 (438)). Jedoch kann uU auch die verschuldete Anrichtung eines besonders großen Schadens im Hinblick auf die damit verbundene Erhöhung schon des Unrechts (BGHSt 29, 319 = NJW 1981, 692 mAnm Bruns JR 1981, 335; BGH NStZ 1983, 455; krit. Wessels FS Maurach, 1972, 295 (304); Otto JZ 1985, 21 (24)) und wiederholte Begehung im Hinblick auf die Erhöhung der Schuld genügen; umgekehrt kann Mitverschulden des Opfers für die Anwendung des Regelstrafrahmens ausschlaggebend sein (LG Gera NStZ-RR 1996, 167). Ein besonders schwerer Fall kommt auch in Frage, wenn bei vollendeter Tat die Verwirklichung des Regelbeispiels nur versucht worden ist, wie zB in den Fällen BGHSt 10, 230 = NJW 1957, 1077; BGH NJW 1998, 2987 (v. Löbbecke MDR 1973, 374; Eisele, Die Regelbeispielsmethode im Strafrecht, 2004, S. 317; aM Arzt JuS 1972, 385 (517); Joecks/Jäger StGB § 243 Rn. 50; Rengier StrafR BT I § 3 Rn. 55); hier kommt es darauf an, ob die Gefährlichkeit der Tathandlung und die krimi-

nelle Intensität trotz objektiven Fehlens des Erschwerungsgrundes Unrecht und Schuld wesentlich erhöht haben (hM); die Indizwirkung kann entfallen, wenn der Täter es freiwillig aufgibt, das Regelbeispiel (zB die Vergewaltigung nach § 177 IV Nr. 1) zu verwirklichen (BGHSt 17, 1 = NJW 1962, 681 zu § 177 aF; zum geltenden Recht → § 177 Rn. 11; allg. und für die unmittelbare Anwendung von § 24 Eisele, Die Regelbeispielsmethode im Strafrecht, 2004, S. 323).

d) Auch der **Versuch der Tat** kann, wenn er mit Strafe bedroht ist (§ 23 I), als besonders schwerer Fall der Strafschärfung unterliegen (hM; vgl. etwa Eisele JA 2006, 309,314; anders Calliess JZ 1975, 112 (118); Degener FS Stree/Wessels, 1993, 305; krit. Arzt StV 1985, 104; aus der Rspr. BGH NJW 2017, 1189). Die unter → Rn. 13, 14 dargelegten Grundsätze gelten sinngemäß. Jedoch tritt die Indizwirkung – ebenso wie bei vollendeter Tat (→ Rn. 13) – nur ein, wenn das Regelbeispiel verwirklicht wurde (im Schrifttum hM; expl. Otto JZ 1993, 559 (565); Zopfs GA 1995, 320 (322); Graul JuS 1999, 852; Rengier StrafR BT I § 3 Rn. 52; Wessels/Hillenkamp/Schuhr StrafR BT II Rn. 212; ebenso auch OLG Düsseldorf NJW 1983, 2712; aM BGHSt 33, 370 = NJW 1986, 940 mit Bespr. Küper JZ 1986, 518, Schäfer JR 1986, 522; Eckstein JA 2001, 548; BayObLG NStZ 1997, 442 mit Bespr. Wolters JR 1999, 37, Sander/Malkowski NStZ 1999, 36; Eisele, Die Regelbeispielsmethode im Strafrecht, 2004, S. 311; Eisele JA 2006, 309,314; Kindhäuser FS Triffterer, 2011, 123 (130); Gropp JuS 1999, 1041 (1050); Reichenbach Jura 2004, 260 (262); diff. BGH NStZ 1995, 339 mAnm Wolters; zusf. Putzke JuS 2009, 1083 (1085)); wurde es nur versucht, so ist die Annahme eines unbenannten besonders schweren Falles (→ Rn. 14) zu erwägen (BGH bei Detter NStZ 1998, 182; BayObLG NJW 1980, 2207). Auch für den Strafrahmen der versuchten Tat in einem besonders schweren Fall gilt die **fakultative Strafmilderung** nach § 23 II; der Richter kann daher die Mindeststrafe des geschärften Rahmens in den Grenzen des § 49 I Nr. 3 unterschreiten (Eisele, Die Regelbeispielsmethode im Strafrecht, 2004, S. 314; Wessels FS Maurach, 1972, 295 (307); Zipf FS Dreher, 1977, 389 (392); Sternberg-Lieben Jura 1986, 183 (186); aM Dreher MDR 1974, 57; zw.). Ob die Merkmale eines Regelbeispiels als solche zur **Abgrenzung des Versuchs von der Vorbereitungshandlung** herangezogen werden dürfen, ist umstritten. Dagegen spricht die Rechtsnatur der besonders schweren Fälle als bloße Strafzumessungsregeln (Wessels FS Maurach, 1972, 295 (305); Stree FS Peters, 1974, 179 (181); Sternberg-Lieben Jura 1986, 183 (185); Gössel FS Tröndle, 1989, 357; Murmann GK StrafR § 28 Rn. 80). Andererseits typisieren sie aber rechtlich relevante, gegenüber dem jeweiligen Tatbestand spezialisierte Taten, die das Gesetz im Ganzen richterlicher Bewertung unterwirft, so dass es vertretbar ist, sie nicht anders als Qualifikationsmerkmale zu behandeln (OLG Hamm MDR 1976, 155 mablAnm Hillenkamp MDR 1977, 242). Die Frage ist allerdings nur selten entscheidungserheblich, weil eine schematische Vorverlegung des Versuchsbeginns auf das unmittelbare Ansetzen zur Verwirklichung eines straferhöhenden Umstandes mit Recht überwiegend abgelehnt wird (→ § 22 Rn. 10; Eisele JA 2006, 309 (313); Putzke JuS 2009, 985 (988); Heinrich StrafR AT Rn. 733a; Kühl StrafR AT § 15 Rn. 53, 54; Wessels/Hillenkamp/Schuhr StrafR BT II Rn. 219). 15

e) Ob **Teilnahme** (Anstiftung oder Beihilfe) an der Tat ein besonders schwerer (oder minder schwerer) Fall ist, bestimmt sich – unter Berücksichtigung allerdings auch der Haupttat – nach dem Tatbeitrag des Teilnehmers, der selbständig zu würdigen ist (BGHSt 29, 239 (244) = NJW 1980, 2204; BGH StV 1992, 372; StV 16

1996, 87; NStZ-RR 2012, 342; eing. Bruns GA 1988, 339; Horn GS Kaufmann, 1989, 573 (592); anders Eisele, Die Regelbeispielsmethode im Strafrecht, 2004, S. 340; Eisele JA 2006, 309 (315), der eine Gesamtwürdigung ablehnt und §§ 26ff. unmittelbar anwendet (akzessorische Haftung mit Durchbrechung nach § 28 II); → Vor § 52 Rn. 22). Für besondere persönliche Merkmale in den Regelbeispielen ist vom Grundgedanken des § 28 II auszugehen (hM; anders Bruns GA 1988, 339 (350); Gössel FS Tröndle, 1989, 357 (366); zw.). Im Übrigen hängt aber das Ergebnis der Gesamtwürdigung (→ Rn. 9) entscheidend vom Umfang und Gewicht des Teilnehmerbeitrags und der daraus abzuleitenden Schuld ab (BGH NJW 1983, 54; NStZ 1983, 217; → § 29 Rn. 2).

17 **f)** Liegt ein **besonderer gesetzlicher Milderungsgrund** (§ 49) vor, so kann das Anlass geben, ihn schon bei der Frage zu berücksichtigen, ob ein besonders schwerer Fall anzunehmen ist, und diesen uU zu verneinen (BGH NJW 1986, 1699; NStZ 1986, 368; Wessels FS Maurach, 1972, 295 (302); aM Braunsteffer NJW 1976, 736; Horn GS Kaufmann, 1989, 573 (591); zw.). Nach dem Grundgedanken des § 50 (Verbot der Doppelverwertung von Milderungsgründen) ist jedoch eine Doppelmilderung in dem Sinne, dass sowohl von der Annahme eines besonders schweren Falles abgesehen und das Mindestmaß des Regelstrafrahmens unterschritten wird, nicht zulässig (BGH NJW 1986, 1699).

18 **g)** Da die Regelbeispiele nur Elemente einer Strafzumessungsregel sind (→ Rn. 11), gibt es im Verhältnis zu den Tatbeständen, auf denen sie aufbauen, **keine Konkurrenz** (BGH StV 1996, 94; anders vom Standpunkt der Tatbestandslösung aus Eisele, Die Regelbeispielsmethode im Strafrecht, 2004, S. 354); der Richter hat bei vollendeter oder versuchter Verwirklichung des Regelbeispiels lediglich zu beurteilen, ob die Tat den erforderlichen Schweregrad erreicht und deshalb aus dem geschärften Strafrahmen zu ahnden ist (zur Verwirklichung mehrerer Regelbeispiele in demselben Tatgeschehen → Rn. 45). Nach der Rspr. kann ein besonders schwerer Fall (zB § 243 I 2 Nr. 1) auch andere Tatbestände (zB §§ 123, 303) nicht verdrängen (BGH NJW 2002, 150 (151); aM Eisele, Die Regelbeispielsmethode im Strafrecht, 2004, → § 243 Rn. 24).

19 **h)** Trägt eine Handlung, welche die Voraussetzungen eines Regelbeispiels erfüllt, zugleich zur Verwirklichung eines anderen Tatbestandes bei, so führt das idR zu **Tateinheit** (oder Gesetzeseinheit), weil auch die spezielle Typisierung der Tat, die in dem Regelbeispiel zum Ausdruck kommt, einen hinreichenden Grund bildet, das Gesamtgeschehen zu einer Bewertungseinheit zusammenzufassen (→ Vor § 52 Rn. 10).

20 **i)** Zwischen mehreren Regelbeispielen, die zum selben Tatbestand gehören, ist **Wahlfeststellung** (→ § 1 Rn. 14) möglich (näher Eisele, Die Regelbeispielsmethode im Strafrecht, 2004, S. 364; str.).

21 **j)** Im **Urteilsspruch** die Tat als besonders schweren Fall zu kennzeichnen, ist nicht erforderlich, weil nach § 260 IV 1, 2 StPO nur benannte Strafänderungen (→ Rn. 7) für die rechtliche Bezeichnung der Tat im Tenor relevant sind (BGHSt 27, 287 = NJW 1978, 282; anders Eisele, Die Regelbeispielsmethode im Strafrecht, 2004, S. 379). Umgekehrt ist eine solche Kennzeichnung aber auch kein Rechtsfehler (BGH NJW 1970, 2120; NJW 1977, 1830; krit. Schmitt FS Tröndle, 1989, 313 (315)), wenn sie auch der Tendenz der Rspr. zuwiderläuft, den Tenor möglichst von allem Unwesentlichen zu entlasten (BGHSt 23, 254 = NJW 1970, 1317;

Granderath MDR 1984, 988; anders (nur) für § 177 VI Nr. 1 BGH NJW 1998, 2987). Bei Beschränkung eines Rechtsmittels auf die Straffrage sind auch die Regelbeispielsvoraussetzungen nachzuprüfen, es sei denn, dass diese – was häufig zutreffen wird – als sog. doppelrelevante Tatsachen schon dem Schuldspruch zugrundeliegen (BGHSt 29, 359 = NJW 1981, 589; str.). Zum Einfluss von in dubio pro reo auf die Strafzumessung Gräbner ZStW 134 (2022), 200.

III. Abs. 1 betrifft die **Strafzumessung ieS,** dh die Ermittlung der Strafhöhe innerhalb des anwendbaren Strafrahmens (gegen eine Vermengung mit Strafaussetzungsgesichtspunkten BGH NStZ-RR 2008, 369 im Anschluss an BGHSt 29, 319 = NJW 1981, 692; → § 56 Rn. 5. Der Bestrafungsvorgang im Ganzen erschöpft sich darin nicht. Er umfasst vielmehr auch die Ermittlung des anwendbaren Strafrahmens, die Bestimmung der Strafart, bei der häufig kein Wahlrecht nach Ermessen besteht (beachte namentlich § 47), und die Entscheidungen über Strafaussetzung (§§ 56ff.), Verwarnung mit Strafvorbehalt (§§ 59ff.) oder Absehen von Strafe (zB § 60). Alle diese Vorgänge und die Strafzumessung ieS werden meist unter dem Oberbegriff der Strafzumessung iwS (auch Strafbemessung) zusammengefasst (zur systematischen Reihenfolge der hier erforderlichen Schritte Horn, Die strafrechtlichen Sanktionen, 1975; Günther JZ 1989, 1025; Brögelmann JuS 2002, 903; Eisenhuth Jura 2004, 81; instruktiv Dölling in Frisch, Grundfragen des Strafzumessungsrechts aus deutscher und japanischer Sicht, 2011, S. 85; sa Köhler StrafR AT S. 578) und den Rechtsfolgevoraussetzungen gegenübergestellt (Gössel FS Tröndle, 1989, 357). Zur Strafzumessung im europäischen Vergleich Meier Sanktionen, 5. Aufl. 2019, S. 264. 22

1. Mit der Bestimmung des **Abs. 1 S. 1,** dass für die Strafzumessung ieS **die Schuld des Täters die Grundlage bildet,** wird das Schuldprinzip ausdrücklich im Gesetz verankert (→ Rn. 1). Unter **Schuld** ist hier nicht die Strafbegründungsschuld (→ Vor § 13 Rn. 22) zu verstehen; Anknüpfungspunkt ist vielmehr das nach seiner Schwere abstufbare verschuldete Unrecht (hM; vgl. etwa Streng in Fischer/Hoven, Schuld, 2017, S. 221; Kindhäuser/Hilgendorf in LPK-StGB Rn. 29; krit. Frisch ZStW 99 (1987), 349 (384); im Grundsatz zust. aber Frisch FS Müller-Dietz, 2001, 237 (238); Montenbruck, Abwägung und Umwertung, 1989, S. 68; Meier JuS 2005, 769 (771); Streng Sanktionen Rn. 523–526; nach Haffke FS Amelung, 2009, 17 (31) ist Schuld der Rechtsgrund der Strafe, was Strafbegründungs- und Strafzumessungsschuld betreffe; sa Frisch GA 2014, 489 (502)). Die Vorschrift ist ein Kompromiss (Lackner FS Gallas, 1973, 117 (128)). Nach ihrem Wortsinn braucht die Schuld nur die Basis der Strafzumessung zu bilden; dass auch andere Strafzwecke mitwirken dürfen, ist damit eingeräumt (hM; diese Konzeption grds. verwerfend Freund GA 1999, 509; zu Schuld und Prävention als gleichermaßen tragende Strafzumessungsprinzipien im japanischen Strafrecht Ida in Frisch, Grundfragen des Strafzumessungsrechts aus deutscher und japanischer Sicht, 2011, S. 99). Ausgeschlossen ist nur, die Antinomie der Strafzwecke (→ Rn. 3) in der Weise zu lösen, dass die Strafe aufhört, eine gerechte Antwort auf die schuldhafte Tat zu sein (vgl. Hassemer StV 2006, 321 (332); OLG Frankfurt a. M. StV 2014, 486; zum Verhältnis von Prävention und Vergeltung Hassemer FS Schroeder, 2006, 51 (63); dazu auch Kindhäuser FS Schroeder, 2006, 81 (91), Haffke FS Amelung, 2009, 17 (30); Kubiciel, Die Wissenschaft vom besonderen Teil des Strafrechts, 2013, S. 169; sa Dölling in Maurach/Gössel/Zipf StrafR AT II § 63 Rn. 89; Kinzig in Schönke/Schröder Vor § 38 Rn. 6, 17). In dieser Allgemeinheit ist das Schuldprinzip heute überwiegend anerkannt (BVerfGE 6, 389 (439) = BeckRS 2005, 30765; BVerfGE 23

73, 206 (253) = NJW 1987, 43; BVerfGE 109, 133 (171) = NJW 2004, 739; BVerfG NJW 2009, 2267 (2289); BGHSt 50, 40 (49) = NJW 2005, 1440; BGH StraFo 2017, 32; OLG Hamm NStZ-RR 2015, 105).

24 **2.** Die Rspr. und ein Teil des Schrifttums haben bisher versucht, der Antinomie der Strafzwecke durch die sog. **Spielraum- oder Rahmentheorie** gerecht zu werden (zusf. Meier JuS 2005, 769 (770)). Diese wird durch Abs. 1 S. 1 nicht ausgeschlossen (Horstkotte JZ 1970, 122).

a) Ihr liegt folgender **Gedankengang** zugrunde: aus Gründen der Gerechtigkeit und zum Schutz des Bürgers darf die Strafe das Maß der Schuld nicht überschreiten (BGHSt 7, 28 (32) = NJW 1955, 273; BGH GA 1974, 78; ebenso BVerfGE 54, 100 = NJW 1980, 1943; BVerfGE 91, 1 (31) = NJW 1995, 1077; BVerfGE 109, 133 (171) = NJW 2004, 739; Roxin FS Volk, 2009, 601 (615); Erber-Schropp, Schuld und Strafe, 2015). Dieses Maß kann allenfalls theoretisch (krit. Neumann FS Spendel, 1992, 435), aber im Hinblick auf die Komplexität der Schuldbewertung, die ihr immanenten vielfältigen Abwägungen und die Unzulänglichkeit menschlicher Erkenntnis nicht praktisch so bestimmt angegeben werden, dass sich daraus eine feste Strafgröße ableiten ließe. Es ergibt sich vielmehr nur ein gegenüber dem gesetzlichen Strafrahmen wesentlich engerer Rahmen, innerhalb dessen die Strafe – schon oder noch – schuldangemessen ist (BGHSt 20, 264 (266) = NJW 1965, 1806). Dessen Grenzen sind allerdings ebenso wie die schuldangemessene Strafe selbst nicht exakt bestimmbar, sondern nur auf Grund der richterlichen Wertung, welche Strafgrößen nach allgemeinem Verständnis noch als gerechte Antwort auf die konkrete Tat erlebt werden können, in etwa fassbar (Bruns NJW 1979, 289 (292); krit. Dreher FS Bruns, 1978, 141 (156)). Unter diesem konkreten Schuldrahmen kann, da Gerechtigkeit nicht um ihrer selbst willen geübt wird, noch ein weiterer Bereich des Strafrahmens zur Verfügung stehen, wenn spezialpräventive Gründe es zwingend erfordern und die Verteidigung der Rechtsordnung es noch gestattet, hinter der schuldangemessenen Strafe zurückzubleiben (Roxin FG Schultz, 1977, 463 (473); Roxin FS Bockelmann, 1979, 279 (304); Roxin/Greco StrafR AT I § 3 Rn. 54; Lackner, Über neue Entwicklungen in der Strafzumessungslehre und ihre Bedeutung für die richterliche Praxis, 1978, S. 23; Wolter GA 1980, 81 (94); Frisch ZStW 99 (1987), 349 (367); Günther JZ 1989, 1025 (1029); Meier Sanktionen, 5. Aufl. 2019, S. 171 f.; Schäfer in Schäfer/Sander/van Gemmeren Strafzumessung Rn. 460; Kinzig in Schönke/Schröder Vor § 38 Rn. 21; aM BGHSt 57, 133 = DStRE 2012, 508; sa schon BGHSt 29, 319 = NJW 1981, 692 mAnm Bruns JR 1981, 335; Theune in LK-StGB Rn. 41; zw.). Der dadurch entstehende Spielraum ist vom Richter für die Verfolgung der anerkannten Strafzwecke auszunutzen; deren Berücksichtigung in diesem Rahmen ist also substantieller Bestandteil der Strafzumessung (zusf. zu den Grundsätzen der BGH-Rechtsprechung Theune StV 1985, 162 (205); Schütz Jura 1995, 399 (404); Dölling in Frisch, Grundfragen des Strafzumessungsrechts aus deutscher und japanischer Sicht, 2011, S. 90; Meier GA 2015, 443; krit. Rechtsprechungsanalyse bei Frisch FG BGH, 2000, 269 (270)).

25 **b)** Die Rahmentheorie ist ein **brauchbares,** allerdings nicht zwingend beweisbares **Modell** zur planmäßigen Einordnung und Abwägung der uU widerstreitenden Zumessungsgesichtspunkte, aber kein Allheilmittel zur Auflösung der Strafzweckantinomie (krit. Streng Sanktionen, Rn. 626–632 und Streng FS Müller-Dietz, 2001, 875 mit „empirischer Studie"; Kaspar Präventivstrafrecht S. 785; Albrecht, Strafzumessung bei schwerer Kriminalität, 1994, S. 37; Hörnle, Tatpro-

portionale Strafzumessung, 1999, S. 23; Maurer, Komparative Strafzumessung, 2005, S. 185; Köhler StrafR AT S. 600; Theune in LK-StGB Rn. 43–47). In der Rspr. wird sie nur unzureichend durchgeführt (krit. Grasnick JA 1990, 81 (83); sa Meine NStZ 1994, 159). Im Schrifttum ist sie umstritten (dafür ua Spendel, Zur Lehre vom Strafmaß, 1954, S. 168, 176; Zipf JuS 1974, 137 (143); Dölling FS Schreiber, 2005, 55; Haas, Strafbegriff, Staatsverständnis und Prozeßstruktur, 2008, S. 274; Meier Sanktionen, 5. Aufl. 2019, S. 171 „hierarchisches Modell"; Jescheck/Weigend StrafR S. 880; iErg ebenso Grasnick, Über Schuld, Strafe und Sprache, 1987; Grasnick JA 1990, 81, der von einem phänomenologischen Ansatz aus die Anerkennung des Schuldrahmens befürwortet).

Die **Gegenpositionen** sind vielfältig. So fordert zB die sog. **Stellenwerttheorie** (Kaspar Präventivstrafrecht S. 787) dem Richter unter Einräumung lediglich eines revisionsrechtlich nicht nachprüfbaren Beurteilungsspielraums ab, eine genaue Entsprechung von Schuld und Strafe zu finden (sog. Punktstrafe, Köhler StrafR AT S. 598–600; Wolters in SK-StGB Rn. 8, 33–40; krit. Hörnle, Tatproportionale Strafzumessung, 1999, S. 102; Streng FS Müller-Dietz, 2001, 875 (891); Dölling FS Schreiber, 2005, 55 (57); Maurer, Komparative Strafzumessung, 2005, S. 185; Kaspar Präventivstrafrecht S. 784; Meier Sanktionen, 5. Aufl. 2019, S. 173) oder in einem gestaltenden sozialen Wertungsakt ohne Berücksichtigung präventiver Gesichtspunkte die schuldangemessene Strafe verantwortlich zu bestimmen (Henkel, Die „richtige" Strafe, 1969, S. 33). Keinen inhaltlichen Gegensatz zur Spielraumtheorie bildet die Lehre, die den Strafzumessungsvorgang als einen gestaltenden sozialen Wertungsakt unter Einbeziehung auch der Prävention versteht (so Dreher JZ 1967, 41; JZ 1968, 209; dazu Kaspar Präventivstrafrecht S. 787); denn dass Strafzumessung nur in einem solchen wertenden Akt möglich ist, wird auch von den Anhängern der Spielraumtheorie nicht bestritten (Bruns NJW 1979, 289; Dölling FS Schreiber, 2005, 55. Dagegen reduziert die Theorie vom sog. Schuldüberschreitungsverbot, die in §§ 2, 59 aE de lege ferenda vorgeschlagen wird, das Schuldprinzip auf seine nach oben begrenzende Funktion und orientiert die Strafzumessung selbst ausschließlich an den präventiven Gesichtspunkten der Wiedereingliederung des Täters und des Schutzes der Rechtsgüter (Schultz JZ 1966, 115; Roxin ZStW 81 (1969), 613 (632); Roxin JA 1980, 545 (547); methodisch ähnlich Rudolphi ZStW 86 (1974), 68 (76); krit. Schöneborn ZStW 88 (1976), 349; Frisch FG BGH, 2000, 269 (279); Dölling FS Schreiber, 2005, 55; Streng Sanktionen Rn. 632). Auf ähnlicher Linie liegen mehrere – im Ansatz unterschiedliche – folgenorientierte Strafzumessungslehren, wie zB die soziologisch orientierte Theorie von Giehring (in Pfeiffer/Oswald, Strafzumessung. Empirische Forschung und Strafrechtsdogmatik im Dialog, 1989, S. 77) und die schwerpunktmäßig generalpräventiv ausgerichtete Tatproportionalitätstheorie von Schünemann (in Schünemann, Grundfragen des modernen Strafrechtssystems, 1984, S. 153, 187; Schünemann in Eser/Cornils, Neuere Tendenzen der Kriminalpolitik, 1987, S. 209; sowie Schünemann in Frisch/v. Hirsch/Albrecht, Tatproportionalität, 2003, S. 185). Im Anschluss an ausländische Entwicklungen empfehlen v. Hirsch/Jareborg, Strafmaß und Strafgerechtigkeit, 1991, – auch unter dem Stichwort **Tatproportionalität** (Frisch/v. Hirsch/Albrecht, Tatproportionalität, 2003; sa v. Hirsch FS Burgstaller, 2004, 59; Teixeira, Grundlagen einer tatproportionalen Strafzumessungslehre, 2014; krit. Meier Sanktionen, 5. Aufl. 2019, S. 174; sa Giannoulis, Studien zur Strafzumessung, 2014 mit Bespr. Streng GA 2015, 473) – eine völlige Abkehr von general- und spezialpräventiver Fundierung der Strafe und eine Anknüpfung ausschließlich an das Maß des jeweils verschuldeten Tatunrechts (in der Tendenz ähn- **25a** lich Albrecht, Strafzumessung bei schwerer Kriminalität, 1994, S. 66; Freund GA 1999, 509; Hörnle, Tatproportionale Strafzumessung, 1999, S. 127, 143; krit. Ellscheid FS Müller-Dietz, 2001, 201; Maurer, Komparative Strafzumessung, 2005, S. 186; Streng Sanktionen Rn. 636–640; Dölling in Frisch, Grundfragen des Strafzumessungsrechts aus deutscher und japanischer Sicht, 2011, S. 90). Zur Rahmentheorie ablehnend verhalten sich schließlich auch die an positive Generalprävention anknüpfenden funktionalen Vergeltungstheorien (vgl. etwa Lesch JA 1994, 590 (596); Jakobs StrafR AT Abschn. 1 Rn. 4–16; → Vor § 13 Rn. 25). Insgesamt erkennen aber die abweichenden Ansichten überwiegend die Garantiefunktion des Schuldprinzips an (zusf. zu den älteren Modellen Lackner FS Gallas, 1973, 117; Müller-Dietz in Wadle, Recht und Gesetz im Dialog, 1982, S. 43, 56; krit. zur Unfähigkeit aller Modelle, hinreichende Gleichmäßigkeit der Strafzumessung in der Praxis zu gewährleisten, Streng, Strafzumessung und relative Gerechtigkeit, 1984, S. 1; Streng FS Heidelberg, 1986, 501; ähnlich Maurer, Komparative Strafzumessung, 2005, der acht Phasen einer Komparativen Strafzumessung vorschlägt, S. 195; Modelle bei Kunz in Frisch, Grundfragen des Strafzumessungsrechts aus deutscher und japanischer Sicht, 2011, S. 135; zum japanischen Strafrecht Ida in Frisch, Grundfragen des Strafzumessungsrechts aus deutscher und japanischer Sicht, 2011, S. 101).

26 3. Die **Präventionszwecke,** die innerhalb des konkreten Schuldrahmens zu berücksichtigen sind, bestehen darin, den Täter von Straftaten abzuhalten, ihn in die Gemeinschaft wieder einzugliedern, die Allgemeinheit vor ihm zu sichern (Spezialprävention) oder Dritte von der Begehung von Straftaten abzuhalten (Generalprävention).

27 **a)** Dass jedenfalls der Teilaspekt der **Spezialprävention,** den Täter zu resozialisieren oder seine Entsozialisierung tunlichst zu vermeiden (BGHSt 24, 40 = NJW 1971, 439), für die Strafzumessung ieS unmittelbar bedeutsam ist, wird durch **Abs. 1 S. 2** ausdrücklich bestätigt (hM; vgl. ua BGH NStZ 1987, 550; StV 1995, 296; StV 1998, 375; StV 2003, 222; OLG Karlsruhe StV 1998, 375; Blau MschrKrim 1977, 329; Dölling FS Schreiber, 2005, 55 (59); Dölling FS Lampe, 2003, 597 (598); Kaspar Präventivstrafrecht S. 676; krit. Hassemer FS Coing, 1982, 493 (518); Müller-Dietz FS Spendel, 1992, 413; Frisch FS Kaiser, 1998, 765 (769); Frisch FG BGH, 2000, 269 (308); speziell bei jungen Angeklagten und sehr hohen Freiheitsstrafen BGH NStZ 2003, 495; zusf. Meier JuS 2005, 769 (771)). Die Vorschrift lässt also auch bei der Strafhöhenbemessung die Berücksichtigung spezialpräventiver Gründe zu (OLG München NJW 2009, 160 (161); Meier JZ 2010, 112 (115); str.), jedenfalls soweit sie sich strafmildernd auswirken (hM). Ihre Heranziehung auch zur Strafschärfung kommt dagegen nur in Ausnahmefällen in Frage, weil für eine weite Grauzone aus den ungesicherten empirischen Grundlagen kein hinreichend umsetzbarer Maßstab ableitbar ist (Strafschärfung ganz abl. Grasnick JA 1990, 81 (87); Volckart, Praxis der Kriminalprognose, 1997, S. 80; zu Forschungsperspektiven zur Verbesserung spezialpräventiver Strategien bei Gewaltdelikten Meier JZ 1995, 433, nach dem Befunde der neueren Sanktions- und Behandlungsforschung nahelegen, dass sich mit strafrechtlichen Sanktionen spezialpräventive Effekte erreichen lassen, BGH JZ 2010, 113 (120); zur Angewiesenheit auch der Individualprävention auf empirische Befunde Frisch FS Kaiser, 1998, 765; Dölling in Maurach/Gössel/Zipf StrafR AT II § 63 Rn. 121, 122; zu der spezialpräventiven „Erfolgsbeurteilung" Schöch in KSK Kriminologie § 7 Rn. 21–26; zur Akzeptanz der Resozialisierung in der Bevölkerung vgl. die Umfrage von Schwind FS Müller-

Dietz, 2001, 841; zu spezialpräventiven Wirkungen von stationären und ambulanten Sanktionen in der Praxis Streng in Frisch, Grundfragen des Strafzumessungsrechts in Deutschland und Japan, 2011, S. 40). Gegenüber dieser differenzierenden Bewertung wird im Schrifttum zu Unrecht vereinzelt angenommen, dass die Strafhöhe ausschließlich von Schulderwägungen getragen werde, während die Präventionszwecke nur in anderen Stadien des Bestrafungsvorgangs (bei der Wahl der Strafart, der Strafaussetzung, der Verwarnung mit Strafvorbehalt und dem Absehen von Strafe) verfolgt werden dürften (sog. Stellenwert- oder Stufentheorie, Horn FS Bruns, 1978, 165; Horn in SK-StGB Rn. 33–40; mit Einschränkungen auch Grasnick JA 1990, 81 (87); krit. Bruns ZStW 92 (1980), 724; abl. Roxin FS Bruns, 1978, 183; Lackner, Über neue Entwicklungen in der Strafzumessungslehre und ihre Bedeutung für die richterliche Praxis, 1978, S. 10; Müller-Dietz in Wadle, Recht und Gesetz im Dialog, 1982, S. 28; Schreiber NStZ 1981, 338; v. Selle, Gerechte Geldstrafe, 1997, S. 98). Neuerdings hat Frisch ein „Strafkonzept" entwickelt und vorgestellt, das „nach oben" offen und auf die Wiederherstellung des Rechts gerichtet ist; es führt von wenigen, eher unwichtigen Ausnahmen abgesehen, zu denselben Ergebnissen, zu denen die Rspr. auf Grund einer lediglich „falschen Etikettierung" bisher schon (intuitiv) gelangt ist (Frisch FG BGH, 2000, 269; sa Frisch in Frisch, Grundfragen des Strafzumessungsrechts aus deutscher und japanischer Sicht, 2011, S. 25).

b) Ob für die Strafhöhe auch **generalpräventive Gesichtspunkte** mitbestimmend sein dürfen, ist umstritten. Die Meinungsverschiedenheiten hängen nicht nur mit dem Grundlagenstreit über die Strafzwecke zusammen, sondern auch damit, dass die empirischen Fragen der Generalprävention, dh Art und Grad der Wirkungen, die vom Bestehen und von der Durchsetzung des Strafrechts auf das Verhalten der Menschen ausgehen, weitgehend ungeklärt und auch nur in engen Grenzen durch kriminologische Forschung aufklärbar sind (vgl. etwa Schumann, Positive Generalprävention, 1989, S. 26; Dölling ZStW 102 (1990), 1; Bönitz, Strafgesetze und Verhaltenssteuerung, 1991; Bock JuS 1994, 89; Müller-Dietz in Jehle, Kriminalprävention und Strafvollzug, KUP Bd. 17, 1996, S. 227; Schöch in KSK Kriminologie § 7 Rn. 27–32; Streng in Frisch, Grundfragen des Strafzumessungsrechts in Deutschland und Japan, 2011, S. 39; Kraatz JZ 2015, 246 (248); aM Curti ZRP 1999, 234; → Rn. 29). Hinzu kommt, dass sich in der jahrzehntelangen Diskussion das Verständnis vom Begriff der Generalprävention gewandelt hat. Es geht jetzt nicht mehr in erster Linie um negative Generalprävention (sog. **Abschreckungsgeneralprävention**), dh den Zweck, Dritte von der Begehung von Straftaten abzuhalten (Allgemeinabschreckung), sondern vornehmlich um **positive Generalprävention** (sog. **Integrationsgeneralprävention**), dh die Funktion der Normbekräftigung im Sinne der Stabilisierung des allgemeinen Wertbewusstseins in der Bevölkerung durch eine gerechte und gleichmäßige Strafrechtspflege (vgl. die Nachw. unter → Vor § 13 Rn. 25; sa Roxin FS Bockelmann, 1979, 279 (304); Schünemann GA 1986, 293 (349); Hassemer JuS 1987, 257; ZRP 1997, 316; Hart-Hönig, Gerechte und zweckmäßige Strafzumessung, 1992; Streng in Lampe, Rechtsgleichheit und Rechtspluralismus, 1995, S. 279; Dölling FS Schreiber, 2005, 55 (59); Frisch FS Schünemann, 2014, 55 (63); Kaspar Präventivstrafrecht S. 675; Dölling in Maurach/Gössel/Zipf StrafR AT II § 63 Rn. 85; Kindhäuser/Zimmermann StrafR AT § 2 Rn. 14, 15; Meier Sanktionen, 5. Aufl. 2019, S. 186; Schöch in KSK Kriminologie § 7 Rn. 32; krit. Luzón GA 1984, 395; Wolff ZStW 97 (1985), 786; v. Hirsch/Jareborg, Strafmaß und Strafgerechtigkeit, 1991, S. 9; v. 28

Hirsch/Schorsder FS Kargl, 2015, 213 (223); Bock ZStW 103 (1991), 636; Hörnle/v. Hirsch GA 1995, 261; Schmidhäuser FS Wolff, 1998, 443 (447); Calliess FS Müller-Dietz, 2001, 99 (108), der als „alleinige Strafzwecke" Resozialisierung und Sicherung anerkennt, S. 112; Pawlik, Das Unrecht des Bürgers, 2012, S. 84; zusf. Calliess FS Müller-Dietz, 2001, 99; Neumann/Schroth, Neuere Theorien von Kriminalität und Strafe, 1980, S. 33; eing. zum Für und Wider Schünemann/ v. Hirsch/Jareborg, Positive Generalprävention als letzte Auskunft oder letzte Verlegenheit der Straftheorie, 1998; zur Effizienz der positiven Generalprävention Streng in Lampe, Rechtsgleichheit und Rechtspluralismus, 2001, S. 43; aus amerikanischer Sicht Dubber ZStW 117 (2005), 485). Sie wird vereinzelt – allerdings zu Unrecht – als Element oder Funktion schon des Schuldbegriffs verstanden (→ Vor § 13 Rn. 25), hat jedenfalls aber für die Strafzumessung eine differenziertere Bedeutung als die reine Allgemeinabschreckung. Daher ist zu unterscheiden:

29 aa) Eine Strafschärfung zur **Allgemeinabschreckung** hält die **Rspr.** innerhalb des konkreten Schuldrahmens (→ Rn. 24) für zulässig (BGHSt 28, 318 (326) = NJW 1979, 1666; BGH NStZ 1995, 77; wistra 2002, 260), und zwar auch bei Fahrlässigkeitstaten (BGH bei Holtz MDR 1980, 813). Einschränkend erkennt sie jedoch an, dass eine schwerere als die sonst verwirkte Strafe nur gerechtfertigt werden kann, wenn die Tat die Gefahr der Nachahmung begründet hat (BGH GA 1986, 509), wenn bereits eine gemeinschaftsgefährliche Zunahme solcher oder ähnlicher Straftaten, wie sie zur Aburteilung stehen, zu verzeichnen ist (BGHSt 17, 321 (324) = NJW 1962, 1306; BGH StV 1994, 424; StraFo 2008, 336; NStZ-RR 2008, 308 (309); Dölling FS Schreiber, 2005, 55 (60); krit. Foth NStZ 1990, 219; problematisch BGH NStZ 1996, 79; vgl. auch BGH StV 2005, 387, bei Taten mit Ausnahmecharakter „eher nicht"; BGH StraFo 2005, 515, bei Taten in Konfliktlagen „eher fern" liegend; zu einem Fall zwischenzeitlicher Gesetzesverschärfung beachte BayObLG StV 2000, 368), oder wenn festzustellen ist, dass Praktiken organisierter Kriminalität auf das Inland übergegriffen haben (BGH wistra 1992, 212; diff. Streng JZ 1993, 109 (114)). In der **Lit.** wird diese Form der Strafschärfung überwiegend, allerdings mit unterschiedlicher Begründung, abgelehnt (zur Problematik generalpräventiver Strafschärfung Dölling in Maurach/Gössel/Zipf StrafR AT II § 63 Rn. 100–105; zusf. Meier JuS 2005, 769 (772)): teils mit dem auf Kant zurückgehenden Argument, dass der Täter nicht als Mittel zur Erreichung eines außerhalb seiner selbst liegenden Zwecks benutzt werden dürfe (Warda, Dogmatische Grundlagen des richterlichen Ermessens, 1962, S. 167; Köhler JZ 1982, 772; Wolff ZStW 97 (1985), 786; krit. Schmidhäuser FS Wolff, 1998, 443 (450)); teils mit Erwägungen, die sich auf § 46 I stützen (Roxin FG Schultz, 1977, 463 (469); Roxin FS Bruns, 1978, 183 (196)), und teils auch mit dem Hinweis, dass generalpräventiv motivierte Strafschärfung wegen der ungesicherten empirischen Grundlagen nicht legitimiert sei (Hassemer in Hassemer/Lüderssen/Naucke, Hauptprobleme der Generalprävention, 1979, S. 29; Wolfslast NStZ 1982, 112; Frisch ZStW 99 (1987), 349 (370); Frisch FS Schünemann, 2014, 55 (57); Streng in Frisch, Grundfragen des Strafzumessungsrechts in Deutschland und Japan, 2011, S. 46).

30 bb) Die Schwerpunktverlagerung auf die **Integrationsprävention** (→ Rn. 28) hat das Meinungsbild nicht unwesentlich verändert und zu differenzierteren Auffassungen im Schrifttum geführt (vgl. etwa Horstkotte JZ 1970, 122 (124); Lange ZStW 95 (1983), 606 (607); Lampe, Strafphilosophie, 2000, S. 214). Der Gedanke der Normstabilisierung hat zahlreiche neue Gesichtspunkte ins Blickfeld treten lassen. So wird er zB für eine zweckorientierte Erklärung des Vergeltungs- (bzw. Schuldausgleichs-)Prinzips herangezogen (Ebert in Krummacher, Geisteswissen-

schaften – wozu?, 1988, S. 35). Ferner hat er zu den Fragestellungen geführt, ob bei dem unbestrittenen Mangel an empirischem Wissen die durchgängige Verhängung möglichst schuldangemessener Strafen nicht am ehesten geeignet ist, Normstabilisierung zu erreichen (Müller-Dietz FS Jescheck, 1985, 813; krit. Mir Puig ZStW 102 (1990), 914 (925); zweifelnd Frisch FG BGH, 2000, 269 (277)) oder ob umgekehrt nicht die den durchschnittlichen Erwartungen der rechtstreuen Bürger entsprechende staatliche Reaktion als die jeweils gerechte Strafe erscheint (Streng ZStW 101 (1989), 273; Streng in Lampe, Rechtsgleichheit und Rechtspluralismus, 2001, S. 279, 281; krit. Hörnle/v. Hirsch GA 1995, 261 (264)). Das provoziert die weitere Überlegung, ob die positive Generalprävention nicht als übergreifender Strafzweck die übrigen präventiven Zwecke weitgehend in sich aufnehmen und zugleich begrenzen kann (Streng ZStW 101 (1989), 328).

Schließlich kommen auch zahlreiche **schuldunabhängige Bewertungsfaktoren** ins Spiel, etwa das Interesse an der Erhaltung des Rechtsfriedens (Müller-Dietz GA 1983, 481) oder die Genugtuung für den Verletzten durch Wiedergutmachung (zur bisher wenig beachteten Problematik von „Opfer und Strafzumessung" vgl. Meier JuS 2005, 769 (772f.), der die **Opferinteressen** bei der Strafzumessung nicht in einem eigenständigen Strafzweck bündeln, sondern ihnen lediglich bei der Bestimmung der Zwecke des Strafrechts als Ganzem eine eigenständige Position einräumen will). Ein weiterer Bewertungsfaktor ist schließlich die Möglichkeit der Strafmilderung unter dem Gesichtspunkt, dass ein nicht Tatbereiter durch **polizeiliche Lockspitzel** in Schuld und Strafe verstrickt wurde (BGH NStZ 1995, 506; NStZ 2010, 504; NStZ 2013, 99; problematisch BGH NStZ 1986, 162 mit Bespr. Puppe NStZ 1986, 404; Bruns MDR 1987, 172). Die Rspr. hat hier seit BGHSt 32, 345 = NJW 1984, 2300 bis in die jüngere Vergangenheit die sog. „Strafzumessungslösung" – auch „Strafmilderungslösung" genannt (so von Roxin/Schünemann StrafVerfR § 37 Rn. 7) – vertreten. Danach soll die dem Staat zuzurechnende Provokation des Spitzels nur durch Strafmilderung, nicht auch durch Strafbefreiung berücksichtigt werden können (so mit eingehender Begr. noch BGHSt 45, 321 = NJW 2000, 1123 mit abl. Bespr. Endriss/Kinzig NStZ 2000, 269; Sinner/Kreuzer StV 2000, 114; Roxin JZ 2000, 363; Kudlich JuS 2000, 951; Lesch JR 2000, 434; krit. auch Renzikowski GS Keller, 2003, 197; Kreuzer FS Schreiber, 2005, 225 (237) sowie Ambos IntStrafR § 10 Rn. 23; BGHSt 47, 44 = NJW 2001, 2981 mAnm Weber NStZ 2002, 50; BGH NStZ 2009, 405; NStZ 2014, 277 mit abl. Bespr. Jahn JuS 2014, 371; zust. Beulke/Swoboda StrafProzR Rn. 288; Kaspar Präventivstrafrecht S. 774; Murmann StPO Rn. 275; zur Legitimierung der Schuldunterschreitung will Streng FS Müller-Dietz, 2001, 875 (903), auf das „Fairness"-Prinzip abstellen); dabei wird auch auf die mögliche Anwendung des § 59 hingewiesen (BGHSt 32, 345 (355) = NJW 1984, 2300; BGHSt 45, 321 (340) = NJW 2000, 1123). Neuerdings, aber vereinzelt, hat der BGH jedoch eingeräumt, dass Art. 6 I, III MRK und das Rechtsstaatsprinzip in „außergewöhnlichen Einzelfällen" auch eine Freistellung von Strafe (durch Einstellung des Verfahrens) erfordern könnten (BGHSt 46, 159 = NJW 2001, 1146; BGH NJW 2016, 91; dazu Satzger Jura 2016, 574; Jahn/Kudlich JR 2016, 54; Praxiskommentar von Mitsch NStZ 2016, 57; sa Meyer/Wohlers JZ 2015, 761 (769); Schäfer in Schäfer/Sander/van Gemmeren Strafzumessung Rn. 471b; für Einstellung des Verfahrens etwa Lüderssen FG BGH, 2000, 883; Herzog StV 2003, 410; Penkuhn/Brill JuS 2016, 682 (684); Meyer-Lohkamp StraFo 2017, 43 (53); Eschelbach GA 2015, 545 (559), nach Roxin/Schünemann StrafVerfR § 37 Rn. 8, perverse Konsequenz?; Stuckenberg in Löwe/Rosenberg StPO § 206a Rn. 85; 30a

→ § 78b Rn. 7; aus Art. 6 I MRK ergibt sich jedenfalls kein Anspruch auf Strafverfolgung gegen sich selbst, BGH NStZ-RR 2003, 172). Damit ist zugleich ein wichtiger Schritt zur Annäherung an die Rspr. des EGMR NStZ 1999, 47; dazu Kempf StV 1999, 128; Kinzig StV 1999, 288; EGMR NJW 2009, 3565 mit Bespr. Gaede/Buermayer HRRS 2008, 279, krit. Greco StraFo 2010, 52; EGMR NStZ 2015, 412 mAnm Petzsche JR 2015, 81) vollzogen (beachte dazu auch Küpper JR 2000, 257; Taschke StV 1999, 632; Lansnicker/Schwirtzek NJW 2001, 1969; Fischer Rn. 66–69; nach Satzger, Internationales und Europäisches Strafrecht, 7. Aufl. 2015, § 11 Rn. 79 ist die Position des BGH mit den Vorgaben der EMRK nicht zu vereinbaren nach Roxin/Schünemann StrafVerfR § 37 Rn. 7a ist die Vereinbarkeit unklar und umstritten; eing. Diehm, Die Menschenrechte der EMRK und ihr Einfluß auf das deutsche Strafgesetzbuch, 2006, S. 431, 445, 457, 467); es wird für den Verführten auch ein Schuld- oder Strafausschließungsgrund erwogen (vgl. Schünemann in LK-StGB Rn. 71; → Vor § 32 Rn. 33). Zwischenzeitlich ist der BGH – wie nicht anders zu erwarten – zur „Strafzumessungslösung" zurückgekehrt (BGHSt 60, 238 = NStZ 2015, 541 mit Bespr. Sinn/Maly NStZ 2015, 379; Jahn/Kudlich JR 2016, 54). Die vom Großen Senat für Fälle konventionswidriger Verfahrensdauer (→ Rn. 44) entwickelte „Vollstreckungslösung" (BGHSt 52, 124 = NJW 2008, 860) gilt – noch – nicht für Fälle der Tatprovokation (Schäfer in Schäfer/Sander/van Gemmeren Strafzumessung Rn. 471e, bleibt wohl bei der „Strafzumessungslösung"; anders Eschelbach in Satzger/Schluckebier/Widmaier StGB Rn. 139; für deren Anwendung Kraatz JR 2008, 189 (194); diff. und krit. Heghmanns ZJS 2008, 197 (202); abl. Streng JZ 2008, 979 (985); Meier Sanktionen, 5. Aufl. 2019, S. 254; Schmitt in Meyer-Goßner/Schmitt EMRK Art. 6 Rn. 9). Nachdem inzwischen der EGMR (EuGRZ 2021, 179 mit Bespr. Hübner HRRS 2020, 441; Ruppert Strafo 2020, 445; Payandeh JuS 2021, 185; Esser StV 20201, Petzsche JR 2021, 368; Klaus ZIS 2021, 388) – gestützt auf ein umfassendes Beweisverwertungsverbot – erneut eine Verurteilung wegen rechtsstaatswidriger Provokation moniert hat und ein erster Anlauf zur gesetzlichen Regelung am Ende der 19. Legislaturperiode gescheitert ist, hat sich nunmehr die „Ampel"-Koalition prinzipiell auf eine solche Regelung verständigt.

31 **c)** Zu dem **Spannungsverhältnis** zwischen den materiell-rechtlichen Strafzwecken und dem spezialpräventiv ausgerichteten **Vollzugsziel** (§ 2 S. 1 StVollzG) vgl. neben der vollzugsrechtlichen Spezialliteratur ua BVerfGE 64, 261 = NJW 1984, 33 mit krit. Bespr. Dürholt FS Mahrenholz, 1994, 797; Müller-Dietz, Strafzwecke und Vollzugsziel, 1973; Bemmann FS Bockelmann, 1979, 891; Benda FS Faller, 1984, 307; Arloth GA 1988, 403.

32 **IV.** Für die Ermittlung des **Maßes der Schuld** und der präventiven Erfordernisse zählt **Abs. 2** beispielhaft Umstände auf, die überwiegend ambivalent formuliert sind, dh je nach Lage des Falles schärfend oder mildernd ins Gewicht fallen können. Die richterliche Aufgabe besteht darin, die sog. **Strafzumessungstatsachen** (realen Strafzumessungsgründe), dh alle erkennbaren schuld- oder präventionsrelevanten Umstände, nach den Regeln des Strafprozessrechts (BGH NStZ 1991, 182), also auch unter Beachtung des Grundsatzes in dubio pro reo (BGH StV 1988, 328; NStZ-RR 2001, 296; NStZ-RR 2004, 41; sa BGH NStZ 1987, 70; NStZ 1997, 336; StV 1996, 26), zu ermitteln und in den sog. **Strafzumessungserwägungen** (logischen Strafzumessungsgründen) jeweils ihr Gewicht und ihre schärfende oder mildernde Wirkung (Bewertungsrichtung) für die abschließende Abwägung und Umwertung in ein bestimmtes Strafmaß (→ Rn. 47–49)

festzulegen (expl. BGH NJW 1987, 2685; NStZ 2006, 96; sa Günther JZ 1989, 1025; Günther FS Göppinger, 1990, 453; Montenbruck, Abwägung und Umwertung, 1989, S. 22; Grasnick JA 1990, 81; Schall/Schirrmacher Jura 1992, 514; Jura 1992, 624; Fahl JuS 1998, 748; abl. Frisch FS GA, 1993, 1). Dabei sind nur die Strafzumessungstatsachen zu bewerten; Dölling in Maurach/Gössel/Zipf StrafR AT II § 63 Rn. 140–145; hypothetische Sachverhalte, die zu ihnen keinen Bezug haben, scheiden als Maßstab aus (BGH NStZ-RR 1997, 354). Schon aus Gründen der Logik ist der nicht bezweifelbare Grundsatz zu wahren, dass das bloße Fehlen eines Strafschärfungsgrundes nicht mildernd und das Fehlen eines Milderungsgrundes nicht schärfend bewertet werden darf (Wessels/Hettinger/Engländer StrafR BT I Rn. 187). Dafür kommt es aber nach neuerer Rspr. nicht auf mehr oder weniger zufällige positive oder negative Formulierungen der Strafzumessungsgründe, sondern auf deren sachlichen Gehalt an (BGH NStZ 1987, 550; StV 1995, 24). Ob das in einem Urteil beschriebene Fehlen entlastender bzw. belastender Umstände schärfend bzw. mildernd bewertet werden darf, kann danach nur nach Lage des Einzelfalls beurteilt werden (BGHSt 34, 345 = NJW 1987, 3014 mAnm Bruns NStZ 1987, 451; Grasnick JZ 1988, 157; sa den Vorlagebeschluss BGH NStZ 1987, 119 mit Bespr. Bruns JR 1987, 89; Hettinger StV 1987, 146; Hassemer JuS 1987, 660; eing. Niemöller GA 2012, 237; str.); selbst ein und derselbe Umstand kann sowohl strafschärfende als auch strafmildernde Gesichtspunkte ergeben (BGH NJW 1995, 1038 mablAnm Joerden JZ 1995, 907; nur das Ergebnis abl. Streng StV 1995, 411; zw.). Bei diesem Ausgangspunkt der Rspr. ist es schwer möglich, den Maßstab eines gedachten oder empirisch zu bestimmenden Durchschnittsfalls zugrundezulegen, etwa den sog. „normativen" Normalfall (so aber Theune StV 1985, 162 (168, 205); ähnlich Grasnick JA 1990, 81 (85); JZ 1991, 933; JZ 1992, 260; aM BGHSt 34, 345 = NJW 1987, 3014; Schäfer in Schäfer/Sander/van Gemmeren Strafzumessung Rn. 406; Streng Sanktionen Rn. 753; krit. Neumann FS Spendel, 1992, 435 (444)) oder den Regelfall im Sinne des tatsächlich am häufigsten vorkommenden Falles (so Horn StV 1986, 168; Bruns JZ 1988, 1053). Ohne den Bezugspunkt eines wie auch immer zu umschreibenden **„Regeltatbildes"** (Meier Sanktionen, 5. Aufl. 2019, S. 237) ist jedoch nicht auszukommen; denn erst wenn ein solches feststeht, können die von ihm nicht erfassten Tatumstände als schärfend oder mildernd eingeordnet werden. Die Bemühungen in der Strafrechtswissenschaft um die nähere Konkretisierung eines Regeltatbildes haben noch nicht zum Konsens geführt. Meinungsverschiedenheiten bestehen vor allem im Hinblick auf das Maß der Abstraktion, dh auf den Umfang der Merkmale, die das Regeltatbild konstituieren (sehr einschr. insoweit Albrecht, Strafzumessung bei schwerer Kriminalität, 1994, S. 108, 113, 116 mit krit. Bespr. Streng ZStW 109 (1997), 183 (186); ähnlich auch Schünemann, Grundfragen des modernen Strafrechtssystems, 1984). Nicht abschließend geklärt ist auch, ob eine mehr normative oder mehr empirische Deutung den Vorzug verdient. Die erste Deutung orientiert den Strafzumessungsvorgang schwerpunktmäßig am Straftatsystem und schlägt als Lösung schrittweises Vergleichen mit Falltypen ohne ausgeprägte Besonderheiten (Ausgangsfalltypen) vor (so Frisch GA 1989, 338 (355); ähnlich Jescheck/Weigend StrafR S. 874). Die zweite Deutung orientiert sich an den Erfahrungen der Praxis mit Falltypen von vergleichbarer Ausprägung der tatbestandlichen Leitmerkmale (so Streng NStZ 1989, 393 (397); JuS 1993, 918 (928); eing. Maurer, Komparative Strafzumessung, 2005, S. 94; ähnlich Grasnick JA 1990, 81). Eingehend zum Ganzen Fahl, Zur Bedeutung des Regeltatbildes bei der Bemessung der Strafe, 1996, S. 100; Fahl ZStW 111 (1999), 156 (166); Götting, Gesetzliche Strafrahmen und

Strafzumessungspraxis, 1997, S. 213; Kreß GA 2001, 90; krit. Hettinger GA 1993, 1; zusf. Meier JuS 2005, 879 (880). Jedenfalls muss die Tat auf Grund einer Basisbeurteilung grob in den Strafrahmen „eingerastert" werden, womit zugleich eine gewisse Konkretisierung der sog. „Einstiegsstelle" (Bruns) verbunden ist (→ Rn. 48). Diese Wertung dürfte ohne Einbeziehung sowohl normativer als auch empirischer Elemente nicht auskommen. Zur vergleichenden Strafzumessung bei Tatbeteiligten BGHSt 56, 262 = NJW 2011, 2597 mit Bespr. Streng JR 2012, 252. Zur Frage der Strafzumessung bei Mittätern vgl. BGH NStZ-RR 2002, 105; Fischer Rn. 22–24. Zur Frage, wieweit sich das Urteil zu den Strafzumessungstatsachen und -erwägungen äußern muss, → Rn. 51; zur Gewinnung von Strafzumessungstatsachen und zur prozessualen Feststellung des Strafmessungsmaterials Dölling in Maurach/Gössel/Zipf StrafR AT II § 63 Rn. 136–139. Zu den Strafzumessungsvorstellungen von Laien Streng MschrKrim 2004, 127.

33 **1.** Die Umstände im **ersten Teil des Katalogs** betreffen das objektive Gewicht der Tat sowie ihre Gefährlichkeit und Verwerflichkeit (zB BGHSt 3, 179 = NJW 1952, 1306; OLG Hamm NJW 1968, 998; zusf. Frisch FG BGH, 2000, 269 (286)). Der in einer (Gesamt-)Freiheitsstrafe zum Ausdruck kommende Unrechts- und Schuldgehalt einer Tat wird durch eine bloße Änderung des Konkurrenzverhältnisses von Tatmehrheit in Tateinheit im Allgemeinen nicht verändert (BGH NStZ-RR 2021, 336). – Eine Ergänzung des Katalogs im zweiten Teil um „menschenverachtende, rassistische oder fremdenfeindliche Beweggründe" erfolgte in Umsetzung der Empfehlungen des ersten NSU-Untersuchungsausschusses zum 1.8.2015 (vgl. von Eitzen, Rassistische und fremdenfeindliche Gewalttaten in Deutschland vor dem Hintergrund internationaler Vorgaben und Entwicklungen, 2021, S. 300–354); die Gesetzesänderung hatte jedoch nur klarstellende Bedeutung (vgl. BT-Drs. 18/3007, 14), so dass auch bei der Strafzumessung für zuvor begangene Taten die zwischenzeitlich explizierten Merkmale typischerweise negativ berücksichtigt werden sollen (BGH StraFo 2020, 459). Wiewohl antisemitische Motive wohl stets auch unter die drei genannten Begriffe gefasst werden konnten, hat der Gesetzgeber diese zur Klarstellung zum 3.4.2021 noch ausdrücklich in den Katalog aufgenommen, ohne dass dies aber inhaltlich für zuvor begangene Straftaten etwas ändern dürfte.

33a **a)** Die **Beweggründe** (Motive) des Täters (BGH NStZ-RR 2003, 362), seine **Ziele,** (inzwischen sind diese Ziele, s. Fassung, näher umschrieben als besonders rassistische, fremdenfeindliche oder sonstige menschenverachtende, was inhaltlich wenig besagt und den Mord nicht kennzeichnet; aus der krit. Lit. Fischer Rn. 26a, 26b; Kindhäuser/Hilgendorf in LPK-StGB Rn. 33; Kempfer in HK-StrafR Rn. 21; Jungblut StV 2015, 573; Pagande JuS 2015, 695; ferner die aus der Tat sprechende **Gesinnung** (Frisch FG BGH, 2000, 269 (288); Kaspar Präventivstrafrecht S. 849; Berger, Das Gesinnungsmoment im Strafrecht, 2008; Timm, Gesinnung und Strafrecht, 2012 mit Bespr. Grünewald GA 2015, 309; Lang, Vorteilskriminalität, 2015, S. 150; → Rn. 36, 47), der bei der Tat **aufgewendete Wille** (die verbrecherische Energie oder Handlungsintensität; dazu BGH wistra 1986, 24; krit. Walter GA 1985, 197; Walter GS Kaufmann, 1993, 493; speziell zur vorbereitenden Maskierung bei der Tatausführung (beachte BGH NStZ 2000, 586), die unter mehreren Gesichtspunkten schärfend und mildernd Gewicht haben kann, BGH NStZ 1998, 188 mablAnm Jahn StV 1998, 653), und das **Maß der Pflichtwidrigkeit** (dazu OLG Stuttgart NZV 1991, 80; OLG Hamm VRS 87, 288; sa BGH NJW 1998, 1162; NStZ-RR 2015, 75; NJW 2015, 967; speziell für § 332 BGH wistra 2002, 420; zu § 353b BGHSt 52, 220 = NJW 2008, 2057 mit zust. Bespr. Streng JR 2009, 78; zur Problematik der Verletzung beruflicher Pflichten Schäfer in Schäfer/Sander/van Gemmeren Strafzumessung Rn. 345, 346) sind für die Schuld von wesentlicher Bedeutung (BGH NJW 1981, 2204). Wie sie sich auswirken, ist schwerpunktmäßig nach rechtlichen, unterstützend auch nach ethischen Maßstäben zu beurteilen (ähnlich Bruns RStZ S. 210; einschr. Frisch ZStW 99 (1987), 751 (767); zw.) und hängt von den Umständen des Einzelfalls ab; zu diesen gehören ua die jeweils gegebenen äußeren Tatanreize (KG NJW 1982, 838), speziell auch das **tatprovozierende** oder fördernde – sei es auch zulässige (BGH NStZ 1992, 488) – Verhalten verdeckter Ermittler oder **polizeilicher Lockspitzel** (BGHSt 32, 345 = NJW 1984, 2300; BGH NStZ 1994, 289; NStZ 1997, 136; StV 1994, 15; StV 1994, 369; Brögelmann JuS 2002, 903 (908); → Rn. 30), die Häufung von Taten (zB Serientaten; vgl. BGHSt 53, 222 (232) = NJW 2009, 1979; → Rn. 37a), die Hindernisse, die bei der Tat überwunden werden müssen (BGH wistra 1983, 145) und das unterschiedliche Gewicht der Tatbeiträge mehrerer Beteiligter (BGH StV 1996, 661). Bewirkt bei **verminderter Schuldfähigkeit** die psychische Ausnahmesituation des Täters eine Steigerung der Handlungsintensität (zB besonders brutales Vorgehen), so schlägt diese nur auf der Grundlage der geminderten Schuld erschwerend zu Buch (→ § 21 Rn. 5; vgl. BGH NStZ-RR 2003, 362; NStZ 2021, 159). Zu berücksichtigen ist eine „strukturell **notstandsähnliche Situation**" bei der Tötung eines schwerbehinderten Kindes (BGH NStZ-RR 2006, 270). – Obwohl bedingter **Vorsatz** (→ § 15 Rn. 23–27) im Allgemeinen leichter wiegt als unbedingter und deshalb bisweilen auch milder als dieser bewertet werden kann (BGH NJW 1981, 2204; krit. Hörnle in Frisch, Grundfragen des Strafzumessungsrechts aus deutscher und japanischer Sicht, 2011, S. 120), ist die Vorsatzform nicht für sich allein, sondern nur im Zusammenhang mit den Vorstellungen und Zielen des Täters eine taugliche Beurteilungsgrundlage (BGH StV 1990, 304; StV 1993, 72; OLG Düsseldorf MDR 1990, 564; sa Schall JuS 1990, 623 (628); Frisch FG BGH, 2000, 269 (290)); auf jeden Fall ausgeschlossen ist eine Abstufung nur nach den verschiedenen Formen des direkten Vorsatzes (→ § 15 Rn. 20–22), weil sich hier Anhaltspunkte für die Schuldschwere überhaupt erst aus der Motivation des Täters ableiten lassen (BGH NJW 1981, 2204 mAnm Bruns JR 1981, 512; speziell zum direkten Vorsatz BGHSt 63, 54 = NStZ 2018, 533mAnm Tomiak HRRS 2017, 225). Unter den Motiven sind als solche nur die dem Täter **bewussten** schuldrelevant (Trechsel ZStW 93 (1981), 397); unbewusste Antriebe (auch die in der Tiefenpsychologie anerkannten unbewussten Motive) können allenfalls für den Grad der Steuerungsfähigkeit (→ Rn. 39) Gewicht haben. – Die Motivation durch **Gewissensgründe,** die den Täter zu einer achtbaren, durch ernste innere Auseinandersetzung gewonnenen Entscheidung gebracht haben, begründet, soweit nicht Straflosigkeit eintritt (→ Vor § 32 Rn. 32), ein „Wohlwollensgebot", das sich strafmildernd auswirkt (expl. BVerfGE 23, 127 (134) = NJW 1968, 979; BayObLG NJW 1980, 2424; JR 1981, 171 mAnm Peters; OLG Hamm NJW 1980, 2425 mAnm Crummenerl StV 1981, 76; OLG Bremen StV 1996, 378; BayObLG NStZ-RR 1996, 349; OLG Koblenz NStZ-RR 1997, 149; AG Dannenberg NStZ-RR 2006, 385 (386); sa Frisch FS Schroeder, 2006, 11 (31)); in Fällen der Dienstflucht nach § 53 I ZDG ist es mit den §§ 46, 47 unvereinbar, die Länge der Freiheitsstrafe an der Dauer des verweigerten Ersatzdienstes zu orientieren und die Verhängung einer Geldstrafe prinzipiell auszuschließen (OLG Hamm NJW 1980, 2425; NStZ-RR 1999, 155). Zur Problematik des Gewissenstäters BVerfGE 23, 127 (134) = NJW 1968, 979; BVerfG NJW 2000, 3269; zur **politi-**

schen Motivation BGH NJW 1995, 340; Schünemann in de Boor, Politisch motivierte Kriminalität – echte Kriminalität?, 1978, S. 49, 87

33b Die **Explizierung bestimmter Ziele als „besonders"** iSv strafschärfend zu bewerten ist mit der sonstigen Systematik von Abs. 2 nicht wirklich abgestimmt, denn während in anderen Fällen (etwa bei der Gesinnung) jeweils eine Vielzahl nicht einzeln erwähnter Motive usw. starfschärfend wie -mildernd zur Anwendung kommen kann, sind die vier explizierten Motivlagen ausschließlich strafschärfend zu berücksichtigen (zur Anwendung Cremer/Cobbinah StV 2019, 648). Besonders meint hier nicht, dass sie gegenüber anderen Motiven hervortreten, sondern dass – sofern es Anhaltspunkte für eines der vier explizierten Ziele gibt – diese auch erkannt und als solche festgehalten werden sollen (anders Fischer Rn. 26b: „bloße Ausschmückung"), so dass nicht etwa eine auch antisemitische Motivation im Urteil nicht als solche benannt wird. Auch wenn eines der genannten Motive bejaht wird, muss noch eine Abwägung mit anderen, auch ungenannten Motiven usw. erfolgen (Fischer Rn. 26b), doch wird idR die Verhängung der nach dem Strafrahmen niedrigsten Strafe auszuscheiden haben. **Menschenverachtend** sind Motive, die einzelne Gruppen von Menschen als minderwertig oder verächtlich einstufen, **rassistisch** sind sie, wenn sie auf eine Ungleichwertigkeit wegen vorgeblicher Ethnizität abzielen, **fremdenfeindlich,** wenn es um eine Abwertung von ausländischen Personen geht; eine antisemtische Zielsetzung wird idR auch menschenverachtend bzw. rassistisch motiviert sein, so dass diese nicht erst mit der Aufnahme dieses Merkmals in den Katalog – und damit seit Schaffung dieses Katalogs 2015 – besonders zu berücksichtigen gewesen ist (von Eitzen, Rassistische und fremdenfeindliche Gewalttaten in Deutschland vor dem Hintergrund internationaler Vorgaben und Entwicklungen, 2021, S. 359). **Antisemitisch** ist nach der International Holocaust Remembrance Alliance (IRHA) eine bestimmte Wahrnehmung von Juden, die sich ihnen gegenüber als Hass ausdrücken kann und gegen jüdische oder nichtjüdische Einzelpersonen und/oder deren Eigentum sowie gegen jüdische Gemeindeinstitutionen oder religiöse Einrichtungen richtet. – Da **Abs. 3** (→ Rn. 45) auch insoweit gilt, sind die explizierten Merkmale nicht (negativ) zu berücksichtigen, auf die der jeweilige Tatbestand abstellt; so wird man etwa bei § 130 I Nr. 2 eine menschenverachtende Gesinnung nicht zusätzlich heranziehen können, ebensowenig bei § 130 III Antisemitismus als Grundlage des Holocaustleugnens; dagegen ist eine Strafschärfung einer antisemitischen Beleidigung nicht deshalb ausgeschlossen, weil diese wegen ihres Inhalts nach § 194 I S. 2 von Amts wegen verfolgt wurde.

33c **b)** aa) **Art der Ausführung** betrifft die Durchführung der Tat iE, namentlich Umfang, Dauer und Gefährlichkeit des Verhaltens, meist auch die Größe des zurechenbaren (dazu BGH StV 1989, 105) tatbestandsmäßigen Schadens (zB für den Vermögensschaden bei § 266 BGH wistra 2009, 428 (432); allg. für vorrangiges Abstellen auf den Handlungsunwert Zielinski FS Schreiber, 2005, 533 (541)). Ihre Bewertung hängt ganz von den Umständen des Einzelfalls ab (näher zum äußeren Tatbild Theune in LK-StGB Rn. 127–164).

34 bb) Nur **verschuldete,** dh mindestens vorhersehbare und dem Täter vorwerfbare (BGHSt 37, 179 = NJW 1991, 307; BGH StraFo 2004, 27; NStZ-RR 2006, 372; NStZ-RR 2010, 170; NStZ 2015, 582 (584); sa Berz NStZ 1986, 86; Hörnle in Frisch, Grundfragen des Strafzumessungsrechts aus deutscher und japanischer Sicht, 2011, S. 118; Grosse-Wilde, Erfolgszurechnung in der Strafzumessung, 2016; Streng Sanktionen Rn. 555), **außertatbestandliche Auswirkungen** der Tat (dazu Grosse-Wilde ZStW 133 (2021), 60) dürfen für das Schuldurteil berücksichtigt werden (BGH NStZ 1993, 385; NJW 2002, 645;

das Maß der aus der Tat sprechenden kriminellen Intensität und Gesinnung Gewicht haben (Dölling FS Schreiber, 2005, 55 (58); zusf. zu dieser umstrittenen, in der Rspr. anerkannten Indizkonstruktion Bruns RStZ S. 220, 231; BGH NStZ 1981, 81; JR 1981, 249; krit. Stratenwerth, Tatschuld und Strafzumessung, 1972, S. 15; Schaffstein FS Gallas, 1973, 99 (108); Frisch ZStW 99 (1987), 751 (772, 779)). Namentlich die allgemeine Lebensführung kann sich, auch wenn sie sittlich zu missbilligen ist, nur dann schulderhöhend auswirken, wenn aus einem der beiden Gesichtspunkte ein Zusammenhang mit der Tat besteht (BGH NJW 1988, 1153; StV 1991, 106; NStZ-RR 2010, 25; NStZ-RR 2011, 5). Umstände, bei denen ein solcher Zusammenhang fehlt, sind zur Bildung des Schuldurteils unbrauchbar (sog. **unzulässige Strafzumessungserwägungen**); das gilt auch für bloß moralisierende Erwägungen (BGH NStZ-RR 2021, 103). Zur Frage, ob und ggf. inwieweit gleichwohl auf die Lebensleistung etwa einer prominenten Person bei der Strafzumessung eingegangen werden kann, eing. Stadler, Die Lebensleistung des Täters als Strafzumessungserwägung, 2019. – **Rechtsvergleichend** zu den Umständen der Strafzumessung außerhalb der Tat Frisch ZStW 99 (1987), 207.

Die persönlichen Umstände können aber unabhängig von ihrer Bedeutung für die Schuld insoweit **„präventionsrelevant"** sein, als sie iSd **Abs. 1 S. 2** Wirkungen erwarten lassen, die für das künftige Leben des Täters in der Gesellschaft bedeutsam sind (krit. Terhorst JR 1989, 184; Müller-Dietz FS Spendel, 1992, 413 (424, 429)). In diesen Zusammenhang gehören die die Wechselwirkung zwischen der Strafe und einer Maßregel der Besserung und Sicherung (BGH NStZ-RR 2021, 369) sowie namentlich die sog. **mittelbaren Straftatfolgen** (eing. dazu Nicolaus, Die Berücksichtigung mittelbarer Straftatfolgen bei der Strafzumessung, 1992; Mesteck-Schmülling, Mittelbare Straftatfolgen und ihre Berücksichtigung bei der Strafzumessung, 2004; knappe Übersicht bei Schäfer in Schäfer/Sander/van Gemmeren Strafzumessung Rn. 430). Zu Buch schlagen können unter diesem Gesichtspunkt zwingende dienstrechtliche Folgen, etwa der Verlust der Beamten- oder Soldatenstellung bei rechtskräftiger Verurteilung zu Freiheitsstrafe von mindestens einem Jahr wegen einer vorsätzlichen Tat nach § 41 I BBG oder §§ 54 II Nr. 2, 48 Nr. 2 SG (BGHSt 32, 68 (79) = NJW 1984, 2772; BGHSt 35, 148 = NJW 1988, 2749; BGH JZ 1989, 652; NStZ-RR 2010, 39; wistra 2016, 28; wistra 2016, 29; OLG Hamm JR 2000, 35 mAnm Kuhlen; für Anwendung der sog. „Vollstreckungslösung" auch hier Streng JZ 2008, 979 (983); zu Disziplinarmaßnahmen Mesteck-Schmülling, Mittelbare Straftatfolgen und ihre Berücksichtigung bei der Strafzumessung, 2004, S. 92). Dasselbe gilt für sonst drohende berufliche Nebenfolgen, etwa der Verlust eines gesicherten Arbeitsplatzes im öffentlichen Dienst (BGH StV 2000, 662), die Ausschließung aus der Rechtsanwaltschaft (BGH NStZ 1987, 550; StV 1991, 207; beachte jedoch BGH bei Holtz MDR 1989, 491), die Untersagung des Berufs als Steuerberater (BGH StV 1991, 207; wistra 1991, 300), den Widerruf der Approbation als Arzt (BGH NStZ-RR 2020, 355) oder Apotheker (BGH StV 1991, 157; NStZ 1996, 539) oder die unehrenhafte Entlassung aus der Bundeswehr (*BGH StV 1991, 106*); auch ausländerrechtliche Folgen (zB Ausweisung nach § 47 I AuslG) können uU im Einzelfall Bedeutung erlangen (BGH NStZ 2002, 196; eing. Mesteck-Schmülling, Mittelbare Straftatfolgen und ihre Berücksichtigung bei der Strafzumessung, 2004, S. 25, 46, 138). Auch **andere belastende Straftatfolgen** können – wie sich schon aus § 60 ergibt (Streng FS Jung, 2007, 959; zust. Fischer Rn. 34d) – Gewicht haben (BGH StV 1992, 155; NStZ 1999, 240; für deren Berücksichtigung über die analoge Anwendung des § 51 – sog. „Vollstreckungslösung" (→ Rn. 44a) – Streng JZ 2008, 979 (980)), zB wenn der Widerruf einer Strafausset- **36a** zung in anderer Sache droht (OLG Düsseldorf NStZ-RR 2011, 105; OLG Hamm NStZ-RR 1998, 374; NStZ-RR 2010, 202; einschr. Schäfer in Schäfer/Sander/van Gemmeren Strafzumessung Rn. 432) oder wenn eine Veränderung der Lebensverhältnisse des Täters oder langer Zeitablauf zur Folge haben kann, dass die Strafwirkungen besonders hart und für die weitere Entwicklung abträglich sind (BGH StV 1998, 365). Die Verbüßung der Untersuchungshaft führt grds. nicht zu einer Strafmilderung (BGH NJW 2006, 2645; BGH bei Detter NStZ 2010, 563; anders bei Ausländern ohne hinreichende Deutschkenntnisse, BGH StraFo 2011, 405). Nachteilige Folgen wie etwa die vorhersehbare Rückzahlung eines sehr hohen Schadensbetrags nach Entdeckung der (Untreue-)Tat sind nicht „schlechthin strafmildernd" (BGH JR 2006, 256 insoweit mzustAnm Streng); die aus der Aufdeckung der Tat folgenden beruflichen Nachteile bis hin zu einem dauerhaften „Berufsverbot" sind dagegen – wie im Bereich des Beamtenrechts – zu berücksichtigen (Streng JR 2006, 261). Auch andere Maßnahmen wie etwa die Einziehung sind – als Nebenstrafe – zu berücksichtigen (BGH NStZ-RR 2012, 169; weitere Rspr. bei Detter NStZ 2010, 563). Bei Rückfall- und Wiederholungstätern kann sich die Präventionsrelevanz ferner darauf gründen, dass die wiederholte Tatbegehung auf bestimmten Persönlichkeits- oder Sozialisationsdefiziten oder auf bestimmten Milieueinflüssen beruht und deshalb eine Sanktion erfordert, die – im Rahmen der Schuldangemessenheit – der Verbrechensdisposition des Täters am besten entgegenwirkt (Zipf FS Tröndle, 1989, 439 (446); krit. zur Tendenz der Rspr., Wiederholungstäter „härter" anzufassen, Kunz in Frisch, Grundfragen des Strafzumessungsrechts aus deutscher und japanischer Sicht, 2011, S. 142; eine explizit auf Wiederholungstäter zugeschnittene Vorschrift kennt das japanische Strafrecht, Asada in Frisch, Grundfragen des Strafzumessungsrechts aus deutscher und japanischer Sicht, 2011, S. 152). Die Belastung durch eine gegen die Unschuldsvermutung des Art. 6 II MRK verstoßende **Kriminalberichterstattung** einschließlich von Vorverurteilungen (vgl. Kühl FS Müller-Dietz, 2001, 401; zur Rechtslage in Japan Asada in Frisch, Grundfragen des Strafzumessungsrechts aus deutscher und japanischer Sicht, 2011, S. 157) ist strafmildernd zu berücksichtigen, wenn sie sich in „handfesten" Folgen niederschlägt (BGH NJW 2000, 194 (195); NStZ-RR 2008, 343 (344); Wohlers StV 2005, 186 (192); Knauer GA 2009, 541; Rössner/Kempfer in HK-StrafR Rn. 42; Eschelbach in Satzger/Schluckebier/Widmaier StGB Rn. 170; Schäfer in Schäfer/Sander/van Gemmeren Strafzumessung Rn. 434; aber auch Schäfer in Schäfer/Sander/van Gemmeren Strafzumessung Rn. 430; Fischer Rn. 63; anders die hM; vgl. etwa Maier in MüKoStGB Rn. 276; trotz massiver Beeinträchtigung gegen die Anwendung von § 46 Schulz, Die rechtlichen Auswirkungen von Medienberichterstattung auf Strafverfahren, 2002, S. 131; zu erwägen ist auch hier die oben genannte „Vollstreckungslösung", dafür Eschelbach in Satzger/Schluckebier/Widmaier StGB Rn. 170; einschr. bei Personen mit exponierter Stellung in der Öffentlichkeit, BGH NJW 2000, 154 (157), Landtagsabgeordneter; und Verfehlung bei der Amtsausübung, BGHSt 52, 220 (222) = NJW 2008, 2057 mit krit. Bespr. Streng JR 2009, 78 (79), Landesministerin; weitergehend für eine Einstellung des Verfahrens Hillenkamp NJW 1989, 2841 (2845); in „Ausnahmefällen" auch Wohlers StV 2005, 186 (189); und schon Weiler StraFo 2003, 186 (190); dagegen die hM, vgl. etwa Schmitt in Meyer-Goßner/Schmitt StPO Einl. Rn. 148b).

36b Weder schuld- noch präventionsrelevant sind Umstände, die nach dem **Gleichheitssatz** (Art. 3 III GG) dem Betroffenen nicht zum Nachteil gereichen dürfen, zB die **Ausländereigenschaft** (auch die Eigenschaft als Asylbewerber, BGH NStZ

Theune in LK-StGB Rn. 177; sa BGH StV 2015, 552 mit Bespr. Staudinger), ist noch nicht vom EGMR entschieden (zur jüngeren Judikatur des Europäischen Gerichtshofs EGMR JR 2014, 533 mAnm Peglau; Stuckenberg StV 2007, 655 (659–662), der dieser einen Verstoß gegen die Unschuldsvermutung bei straferschwerender Berücksichtigung verfahrensfremder Taten ohne Verurteilung entnimmt); Bedenken „mit Blick auf die Unschuldsvermutung" sind erst recht angebracht, wenn das frühere Strafverfahren mit Freispruch endete (BGH NStZ 2006, 620 mit Bespr. Stuckenberg StV 2007, 655 (657); Hacker/Hoffmann JR 2007, 452); einstweilen gelten die Ausführungen unter → Rn. 41 sinngemäß. Bei der Berücksichtigung von Vortaten können auch gegenläufige Gesichtspunkte ins Spiel kommen. Während die Häufung von Straftaten im Allgemeinen auf erhöhte verbrecherische Energie (→ Rn. 33) hinweist, kann mit Serientaten gegen dasselbe Opfer, namentlich wenn ihnen eine persönliche Beziehung zugrundeliegt (BGH bei Holtz MDR 1995, 879), eine durch die Situation bedingte Herabsetzung der Hemmschwelle verbunden sein, die dem Täter nicht voll anzulasten ist und deshalb schon bei der Einzelstrafe mildernd wirken kann (BGH NStZ-RR 2021, 207). Strafen für mehrere gleichartige Taten dürfen deshalb in demselben Verfahren nicht allein deshalb verschärft werden, weil sie der ersten angeklagten Tat nachgefolgt sind (OLG Jena JR 1995, 510 mAnm Terhorst). Die Grenze ist bei der schulderhöhenden Berücksichtigung nicht angeklagter Taten überschritten, wenn zwischen den Taten kein innerer Zusammenhang besteht (BGH NStZ 2014, 202; StraFo 2015, 334, etwa zwischen § 242 und § 211).

cc) **Vorausgegangene Lebensbewährung** (BGHSt 8, 186 = NJW 1955, 1889; BGH GA 1956, 154). Nach der Rspr. soll darüber hinaus ein im Wesentlichen straffreies Vorleben regelmäßig schon als solches (also nicht erst als Indiz für vorausgegangene Lebensbewährung) mildernd zu Buch schlagen (BGH NStZ 1988, 70; StV 1996, 205; Maier in MüKoStGB Rn. 274; mit guten Gründen krit. Frisch GA 1989, 338 (358)). 38

b) Die **persönlichen und wirtschaftlichen Verhältnisse** sind, wenn sie in innerer Beziehung zur Tat stehen, häufig schuldrelevant. Sie können zugleich oder auch nur präventionsrelevant sein (Zipf, Die Strafmaßrevision, 1969, S. 119). Hier können vor allem bedeutsam sein: der Grad der Einsichts- und Steuerungsfähigkeit (→ § 20 Rn. 12), der sich bei alkoholischer Enthemmung (BGH bei Dallinger MDR 1974, 365; sa StV 1996, 89; Schnarr in Schnarr/Hennig/Hettinger, Alkohol als Strafmilderungsgrund, Vollrausch, actio libera in causa, 2001), bei Drogenabhängigkeit (BGH bei Dallinger MDR 1974, 544; Arbab-Zadeh NJW 1978, 2326 (2328); Kreuzer NJW 1979, 1241; zur strafmildernden Berücksichtigung einer begonnenen Drogentherapie BGH NStZ-RR 2012, 183) oder bei iSd § 21 nicht erheblichen Beeinträchtigungen der Schuldfähigkeit (BGH NStZ 1993, 33) häufig, aber nicht notwendig, strafmildernd auswirken wird (ebenso Rössner/Kempfer in HK-StrafR Rn. 31; → § 21 Rn. 5); **Strafempfindlichkeit** (Frisch FS Jareborg, 2002, 226; Dölling in Maurach/Gössel/Zipf StrafR AT II § 63 Rn. 116–119), die nur bei erheblicher Erhöhung, namentlich bei hohem Alter (BGH StV 1991, 206; einschr. BGH NJW 2006, 2129 mit Bespr. Nobis NStZ 2006, 489; Streng JR 2007, 271; Satzger JK StGB § 46 Rn. 51, ergibt keine Strafobergrenze, allerdings muss Chance verbleiben, wieder der Freiheit teilhaftig zu werden) oder schwerer Erkrankung (BGH StV 1991, 207; NStZ 1991, 527; NStZ-RR 2008, 105; NStZ 2015, 338), nicht aber ohne besondere Anhaltspunkte bei Schwangerschaft und voraussichtlicher Geburt des Kindes während der Strafhaft (BGHSt 44, 125 = NJW 39

1998, 3286 mAnm Laubenthal JR 1999, 163) relevant ist (zur strittigen Berücksichtigung der AIDS-Erkrankung Dencker StV 1992, 125; Nestler-Tremel, AIDS und Strafzumessung, 1992; Streng StV 1995, 556; Nestler/Kunz in Szwarc, AIDS und Strafrecht, 1996, S. 211, 229) und **Strafempfänglichkeit** (BGHSt 7, 28 (31) = NJW 1955, 273; BGH NStZ 1983, 408; StV 1989, 152; Maier in MüKoStGB Rn. 292; sehr weit Schäfer FS Tröndle, 1989, 395; einschr. Streng NStZ 1988, 485; Dölling in Maurach/Gössel/Zipf StrafR AT II § 63 Rn. 120; Wolters in SK-StGB Rn. 121; zusf. Müller-Dietz FS Spendel, 1992, 413 (421)); Begabung; Erziehung und Bildung; soziale Stellung, namentlich Beruf (einschr. BGH NStZ-RR 2021, 369: nur wenn berufliche Pflicht verletzt), unternehmerische Tätigkeit (OLG Düsseldorf StV 1995, 525) und gesellschaftliche Funktionen (BGH NStZ 1988, 175; NJW 1996, 3089; NStZ 2000, 366; Frisch ZStW 99 (1987), 751 (763)). Familie; Wohnung; Einkommen und Vermögen (zur Bedeutung der wirtschaftlichen Verhältnisse bei der Geldstrafe → § 40 Rn. 3, 6–16).

40 c) Bei den **Umständen nach der Tat** (eing. Hertz, Das Verhalten des Täters nach der Tat, 1973; zu „Vor- und Nachtatverhalten" Stahl, Strafzumessungstatsachen zwischen Verbrechenslehre und Straftheorie, 2015) ist zu beachten, dass **Nachtatverhalten** – zB die Begehung neuer Straftaten (→ Rn. 41) oder das Verhindern oder Unterlassen der Schadenswiedergutmachung (BGH NStZ 1994, 582; OLG Köln StV 1989, 533; OLG Jena NStZ-RR 2011, 271), nicht das Unterlassen des Rücktritts vom Versuch (OLG Stuttgart NStZ 2012, 633) oder das sich nach einer Tötung nicht um den Leichnam kümmern (BGH NStZ 2019, 470) – grds. (anders bei Nachtrunk in Fällen des § 142, BGHSt 17, 143 = NJW 1962, 1115) nur als Indiz schuldrelevant sein (zur Prävention → Rn. 36 a), nicht aber schon als solches schuldmindernd oder -schärfend ins Gewicht fallen kann (BGH NJW 1971, 1758; NStZ 1983, 453; NStZ 1998, 404; NStZ 2013, 580 (581); OLG Köln StV 1984, 75; sa Frisch FG BGH, 2000, 269 (292); Kölbel, Selbstbelastungsfreiheiten, 2006, S. 470; Dölling FS Frisch, 2013, 1181; Meier GA 2015, 443; Kaspar Präventivstrafrecht S. 810; Dölling in Maurach/Gössel/Zipf StrafR AT II § 63 Rn. 50, 52); so etwa bei der Beseitigung von Tatspuren (BGH NStZ 2021, 729; Meier Sanktionen, 5. Aufl. 2019, S. 217). Anderes gilt aber, wenn das Nachtatverhalten neues Unrecht schafft oder der Täter Ziele verfolgt, die ein ungünstiges Licht auf ihn werfen (BGH NStZ 2011, 513).

41 aa) Bedeutsam kann vor allem die **Begehung neuer Straftaten** sein (BGH NStZ-RR 2003, 110; NStZ-RR 2010, 8; NStZ-RR 2016, 7; zusf. Bruns NStZ 1981, 81; JR 1981, 249), selbst wenn sie (zB wegen Einstellung des Verfahrens nach § 154 StPO) nicht verfolgt werden (BGHSt 30, 165 = NJW 1981, 2422 mAnm Bruns StV 1982, 18; Terhorst JR 1982, 247; mit Einschränkungen auch BGHSt 30, 197 = NStZ 1982, 40; BGH NStZ 1983, 20) oder noch nicht rechtskräftig abgeurteilt sind (OLG Schleswig MDR 1976, 1036; OLG Zweibrücken GA 1979, 112; einschr. OLG Saarbrücken NJW 1975, 1040 mAnm Zipf JR 1975, 470; zw.); dem dürfte die **Unschuldsvermutung** (Art. 6 II MRK) nicht entgegenstehen, weil deren Anforderungen im Bereich der Strafzumessung dadurch genügt werden kann, dass sich das (zur Entscheidung in der Sache zuständige) Gericht durch prozessordnungsmäßige Feststellungen von der Tatbegehung überzeugt (BGHSt 34, 209 = NJW 1987, 660 mablAnm Vogler NStZ 1987, 127; BGH StV 1995, 520; Meyer FS Tröndle, 1989, 61 (73); aM Haberstroh NStZ 1984, 289 (291); Ostendorf StV 1990, 230; beachte auch BVerfGE 74, 358 = NJW 1987, 2427; → § 56f Rn. 3). Zur Berücksichtigung drohender Bewährungswiderrufe aus

anderen Verfahren vgl. OLG Stuttgart StraFo 2006, 298; BGH NStZ-RR 2020, 239.

bb) Ferner können als Nachtatumstände relevant werden: **Einsichtslosigkeit,** die Wiederholungsgefahr begründet (BGH NJW 1955, 1158); fehlender oder vorhandener **Wiedergutmachungswille** (BGH GA 1975, 84); die (nach § 31 II BtMG iVm § 46b III nicht mehr zu berücksichtigende) Aufklärungshilfe in Betäubungsmittelsachen (BGHSt 56, 191 = NStZ-RR 2011, 321); Inhalt und Ausmaß der Bemühungen um Wiedergutmachung (BGH StV 1992, 145) oder um einen Ausgleich mit dem Verletzten (§ 46a), der nicht notwendig auf materielle Entschädigung gerichtet sein muss (BT-Drs. 10/6124, 17; problematisch OLG Hamburg NStZ 1989, 226 mkritAnm Hillenkamp StV 1989, 532, Weigend JR 1990, 29; Grasnick JZ 1990, 704; eing. zu den Möglichkeiten, nach Leistung von Wiedergutmachung de lege lata auf Strafe zu verzichten oder sie zu mildern, und zu Vorschlägen, weitere gesetzliche Möglichkeiten dieser Art zu schaffen, Brauns, Die Wiedergutmachung der Folgen der Straftat durch den Täter, 1996, S. 73, 171), gerade wenn die Voraussetzungen von § 46a (→ § 46a Rn. 7) nicht gegeben sind (BGH NStZ-RR 2020, 240); freiwillige Teilnahme an einer verkehrserzieherischen Nachschulung (Bode BA 1984, 31 (32); → § 69 Rn. 8) oder an einer Substitutionsbehandlung (KG StV 1997, 250); besondere, mit bloßer Anrechnung nicht hinreichend erfasste Belastungen durch den UHaft-Vollzug (BGH bei Detter NStZ 1994, 198; Deckers/Püschel NStZ 1996, 419; str.). 42

cc) Das **Verhalten im Strafprozess** kann nur in sehr engen Grenzen relevant werden. Den Beschuldigten kann es nicht von Rechts wegen belasten, dass er seine Tat – meist auch wenn der Schuldspruch schon rechtskräftig ist (BGH StV 1994, 125; StV 1996, 88; sa BGH StV 1995, 132) – bestreitet (BGH NStZ 1987, 171; StV 1998, 482; NStZ 2014, 396; StraFo 2014, 354, leugnen; BGH NStZ-RR 2015, 9; NStZ-RR 2015, 239; KG StraFo 2020, 251). Das gilt selbst dann, wenn er hartnäckig falsche Angaben macht (BGH NStZ 1996, 80; NStZ 2007, 463; NStZ-RR 2018, 170; bei konkreter, einzelfallbezogener Feststellung von Hartnäckigkeit bei Aussagedelikten doch, OLG Nürnberg NJW 2007, 1767; OLG Hamm NStZ-RR 2009, 368, nicht, wenn nur der Nicht-Widerruf angelastet wird), dem Anklagevorwurf unter Anpassung an die Entwicklung der Beweislage mit wechselndem wahrheitswidrigem Vorbringen zu begegnen sucht (BGH StV 1996, 88), die Schuld anderen zuschiebt (BGH StV 1995, 633; NStZ-RR 1999, 328; NStZ-RR 2007, 463; NStZ-RR 2015, 9; OLG München StV 2012, 290; Maier in MüKoStGB Rn. 445, 446; beachte jedoch BGH NStZ 1991, 181; NStZ 1995, 78 mablAnm Jahn StV 1996, 259; Schäfer in Schäfer/Sander/van Gemmeren Strafzumessung Rn. 380), eine Einstellung nach § 153a StPO vorschlägt (OLG Köln NJW 2011, 2746) oder die (uU psychisch belastende) Vernehmung von Zeugen unvermeidlich macht (BGH NJW 1966, 894; OLG Düsseldorf StV 1990, 13). Fragen an Zeugen und Sachverständige zu einem sachfremden Beweisthema können strafschärfend berücksichtigt werden (BGH NStZ 2004, 163); nicht jedoch ohne weiteres das Bezichtigen des Opfers (BGH NStZ 2010, 692; NStZ-RR 2015, 9) oder eines Zeugen der Lüge (BGH NStZ 2004, 616; Döllel/Dreeßen SchlHA 2004, 226). Unerheblich ist ferner, dass er kein Geständnis (BGH NJW 2001, 2983 mzustAnm Wolters StV 2002, 76; vgl. auch BGH StraFo 2003, 97 mAnm Salditt; OLG Düsseldorf StV 1996, 217; OLG Stuttgart StraFo 2005, 167) oder nur ein Teilgeständnis ablegt (BGH StV 1992, 13; NStZ-RR 2010, 237; relativierend BGH NStZ-RR 2011, 306) oder nicht schon früher gestanden hat (BGH NStZ 2009, 43), dass er Tatspuren beseitigt, ohne dadurch neues Unrecht zu setzen (vgl. 43

Dölling FS Frisch, 2013, 1181 (1187)); sonst weitere Ziele zu verfolgen oder Rückschlüsse auf seine innere Einstellung zur Tat zu ermöglichen (BGH StV 1995, 131; StV 1995, 623; NStZ-RR 1997, 99; NStZ-RR 1997, 196); dass er zur Verdeckung seiner Täterschaft ein gefälschtes Tagebuch vorlegt (BGH StV 1991, 255), dass er seine Hintermänner nicht nennt (BGH StV 1996, 88) oder dass er sich der Festnahme oder sonst der Strafverfolgung entzieht (BGH NJW 1989, 176). Auch kann von einem **leugnenden Beschuldigten** nicht erwartet werden, dass er seine Verteidigungsposition durch Bekundung von Einsicht, Reue (BGH NStZ 2006, 96; NStZ-RR 2011, 306; StraFo 2014, 394; StraFo 2015, 389; StV 2017, 36; NStZ-RR 2015, 309; OLG Düsseldorf StraFo 2005, 167; Hammerstein FS Odersky, 1996, 401) oder Bedauern (BGH StV 1982, 223; wistra 1988, 303; sa BGH wistra 1989, 57; OLG Düsseldorf DAR 1994, 284), durch Angaben zur Verhütung drohenden Schadens (Schmidt MDR 1981, 881 (883)), durch Schadenswiedergutmachung (BGH NStZ 1993, 77; NStZ 2003, 199; NStZ-RR 1996, 233; OLG Hamm VRS 94, 104; beachte jedoch BGH NStZ 1994, 582) oder vergleichbar indizielles Verhalten (zB BGH StV 1989, 388; OLG Koblenz StV 1996, 14) gefährdet oder dass er sich sonst in der Wahrnehmung von Verteidigungsrechten zurückhält (BGH StV 1990, 403 (404); StV 1994, 305) oder sich mit ihnen in Widerspruch setzt (BGH StV 1998, 378). Leugnen ist daher regelmäßig nicht relevant und sein Inhalt in den übrigbleibenden Ausnahmefällen nur in den Grenzen der Indizkonstruktion (→ Rn. 36) verwertbar (vgl. Frisch FG BGH, 2000, 269 (296)). Auch Schweigen im Prozess – sei es auch nur zu bestimmten Einzelfragen (BGH NStZ-RR 1996, 71) – schlägt als solches nicht zu Buch (näher BGHSt 20, 281 (298) = NJW 1966, 210; BGHSt 32, 140 (144) = NJW 1984, 1829; BGH NStZ 2003, 544; StV 2013, 697; OLG Brandenburg NStZ-RR 2015, 53; Wessels JuS 1966, 169; Günther JR 1978, 89; Kühl JuS 1986, 118; Fischer Rn. 52; krit. Leitmeier JR 2014, 372); dasselbe gilt für das bloße Dulden der falschen Aussage eines Zeugen (BGH StV 1994, 125; StraFo 2004, 104; wistra 2004, 297), und zwar selbst dann, wenn dem Beschuldigten bewusst ist, dass dem Zeugen besonders schwere Konsequenzen aus der Falschaussage (zB Bewährungswiderruf) drohen (BGH StV 1995, 297). Deshalb verbieten sich im Rahmen der Strafzumessungserwägungen abwertende Kommentare gegenüber dem Verteidigungsverhalten (KG StV 2021, 417). – Opferschonende Motivation (zB Vermeidung sekundärer Viktimisierung des sexuell missbrauchten Kindes) ist dagegen als Milderungsgrund überwiegend anerkannt (hM; vgl. Dencker ZStW 102 (1990), 51 (60); anders Weßlau KJ 1993, 461).

43a Das **Geständnis** hat als dem Beschuldigten freistehendes Verteidigungsverhalten nicht schon als solches Gewicht (Dencker ZStW 102 (1990), 51; weiter Jerouschek ZStW 102 (1990), 793 (807)), kann es aber nach der Rspr. auf Grund der Indizkonstruktion (stRspr; ähnlich Hauer, Geständnis und Absprache, 2007, S. 81, 88; Eschelbach in Satzger/Schluckebier/Widmaier StGB Rn. 126; aM Dencker ZStW 102 (1990), 51 (56)) und jedenfalls auch dadurch erlangen, dass es die Beweislage verändert (BGH StV 1998, 481; Dencker, Kausalität und Gesamttat, 1996, S. 74; sa BGH NStZ 2000, 366; NStZ 2006, 568; NStZ 2014, 453); es kann wegen der Distanzierung des Täters von der Tat diese in einem milderen Licht erscheinen lassen (Meier JuS 2005, 879 (880); Dölling FS Frisch, 2013, 1181 (1186); Murmann FS Frisch, 2013, 1131; Leitmeier JR 2014, 372 (373); Steinberg GA 2015, 649 (652); Schreiber/Klein JA 2015, 888; Sickor, Das Geständnis, 2014 mit Bespr. Kühne Jura 2015, 354; Kinzig in Schönke/Schröder Rn. 41 b). Mit Festigung der Rspr., dass **Absprachen** im Strafprozess unter bestimmten Voraussetzungen zulässig sind

(BGHSt 43, 195 = NJW 1998, 86 mit Bespr. Herrmann JuS 1999, 1162; Rönnau wistra 1998, 49; Satzger JA 1998, 98; Weigend NStZ 1999, 57; BGHSt 50, 40 = NJW 2005, 1440; dazu mit Hinweisen auf Anmerkungen Schmitt in Meyer-Goßner/Schmitt StPO Einl. Rn. 119g; zusf. und krit. Küpper/Bode Jura 1999, 351 (393); Kuckein/Pfister FS BGH, 2000, 641; BGH StV 2015, 153; zur Zulässigkeit informeller Absprachen; sa Schünemann StraFo 2016, 46 (49)), hat das prozesstaktisch motivierte Geständnis große praktische Bedeutung erlangt (krit. zu dieser Entwicklung Kunz in Frisch, Grundfragen des Strafzumessungsrechts aus deutscher und japanischer Sicht, 2011, S. 145; Herzog GA 2014, 688 (695)). Ungeachtet der hier unverkennbaren Problematik (dazu Dencker ZStW 102 (1990), 51; Meier Sanktionen, 5. Aufl. 2019, S. 21; Steinberg GA 2015, 649 (652)) anerkannte die Rspr. – nicht zuletzt aus Gründen der Prozessökonomie – die strafmildernde Wirkung solcher Geständnisse und ließ es auch zu, dem Beschuldigten schon vor dem Urteil eine noch nicht auf ein bestimmtes Maß konkretisierte Milderung in Aussicht zu stellen (BGHSt 43, 195 (206) = NJW 1998, 86; einschr. BGHSt 49, 84 = wistra 2004, 268; BGH JR 2015, 446 mAnm Bünnigmann; Dölling in Maurach/Gössel/Zipf StrafR AT II § 63 Rn. 177); genannt werden durfte eine Strafobergrenze, nicht aber eine exakte Strafhöhe (sog. „Punktstrafe"; BGHSt 50, 40 (47) = NJW 2005, 1440; BGHSt 51, 84 (86) = NJW 2006, 3362; zur Rspr. Streng JZ 2007, 154). Diesen Vorgaben der Rspr. und deren Appell, eine diesen folgende gesetzliche Regelung zu schaffen (BGHSt 50, 40 = NJW 2005, 1440), ist der Gesetzgeber mit dem Gesetz zur Regelung der Verständigung im Strafverfahren v. 29.7.2009 (BGBl. I 2353) gefolgt (zur Verfassungsmäßigkeit des Gesetzes und zu seinem defizitären Vollzug BVerfGE 133, 168 = NJW 2013, 1058; krit. Stuckenberg ZIS 2013, 212; Trück ZWH 2013, 169; Schünemann StraFo 2015, 177 (182); zuvor schon krit. Frisch FS Dencker, 2012, 95; Knauer NStZ 2013, 433; Stratenwerth GA 2013, 111). Danach „soll" das Geständnis „Bestandteil jeder Verständigung" sein (§ 257c II 2 StPO; Kirsch StraFo 2010, 96 (98)); ob ein „Geständnis" auch schon in einer „schlanken" geständigen Einlassung zu sehen ist (BGH NJW 2011, 1527; StV 2012, 135; Jahn/Müller NJW 2009, 2625 (2628)), erscheint zweifelhaft (Fischer Rn. 113a; Schmitt in Meyer-Goßner/Schmitt StPO § 257c Rn. 16 verlangt ein „glaubhaftes, qualifiziertes Geständnis"; ähnlich Weimar/Mann StraFo 2010, 12 (14)); jedenfalls entbindet das Geständnis das Gericht nicht von seiner Aufklärungspflicht nach § 244 II StPO (BVerfGE 133, 168 = NJW 2013, 1058 mit Bespr. Knauer NStZ 2013, 433 (435); Mosbacher NZWiSt 2013, 201 (202); dem BVerfG folgend BGHSt 59, 21 (25) = NJW 2014, 872; BGH NStZ 2014, 70; krit. Deiters GA 2014, 701; weiter Kudlich NStZ 2013, 379 (380), Abgleich nach Aktenlage genüge; sa Landau NStZ 2014, 425 (430)); Verständigungen ohne Geständnis sind danach zwar theoretisch möglich (nach Bittmann wistra 2009, 414, nicht sachgemäß), werden in der Praxis aber wohl nicht vorkommen; der Sache nach wird das Geständnis zu einer geringeren als der Strafe führen, die ohne das Geständnis „herausgekommen" wäre. Nach § 257c III 2 StPO „kann" das Gericht unter Beachtung der „allgemeinen Strafzumessungserwägungen" – gemeint sind wohl die des § 46 – „auch eine Ober- und Untergrenze der Strafe angeben" (BGH NStZ 2011, 231; NStZ 2011, 648; krit. Altenhain/Haimerl JZ 2010, 327 (331)); damit ist die Vereinbarung einer Punktstrafe scheinbar ausgeschlossen (so ausdrücklich BGH NStZ 2011, 231; NStZ 2011, 648), diese wird es aber in der Praxis dennoch geben, und zwar an der „Untergrenze" des vereinbarten Strafrahmens (Kinzig in Schönke/Schröder Rn. 41f.; nach Schmitt in Meyer-Goßner/Schmitt StPO § 257c Rn. 20, 21 dient die Neuregelung eher der Vertuschung von Punktstrafenvereinbarungen; s. jedoch BGH NJW 2011, 1159,

Verhängung der als Obergrenze genannten Strafe; vgl. auch BGH NStZ-RR 2011, 231; NStZ-RR 2011, 648). Herausgehoben wird von § 257c II 1 StPO der Strafzumessungsfaktor „Prozessverhalten der Verfahrensbeteiligten"; damit soll wohl der Verzicht auf bestimmte Anträge, Einwendungen und sonstige Beanstandungen honoriert werden, was bedeuten könnte: ohne Wohlverhalten keine Vereinbarung über eine gemilderte Strafe (zu Recht krit. Fischer Rn. 119b; Schmitt in Meyer-Goßner/Schmitt StPO § 257c Rn. 14). Eine erschöpfende Erfassung und systematische Einordnung des Problems im Ganzen unternimmt Torka, Nachtatverhalten und Nemo tenetur, 2000; Kudlich ZRP 2015, 10, sieht Wertungswidersprüche.

44 dd) **Verstöße der Strafverfolgungsbehörden** (bei Verfahrensverzögerungen auch anderer staatlicher Stellen, BGH NStZ 2010, 230) gegen Verfahrensrecht, zB rechtsfehlerhafte Nichtbelehrung über Zeugnis- und Auskunftsverweigerungsrechte (BGH NStZ 2005, 33), sind nicht schon als solche relevant, sondern regelmäßig nur, wenn sie mit der Tat selbst zusammenhängen, strafähnliche Auswirkungen haben oder wegen Verletzung der MRK einen Ausgleich durch Strafmilderung erfordern (BGH NStZ 1989, 526; wistra 1992, 26; beachte auch BGHSt 37, 10 = NJW 1990, 1924 mAnm Scheffler wistra 1990, 319; Gatzweiler NStZ 1991, 46; problematisch AG Tiergarten StraFo 2007, 73 zu Recht mablAnm Berg, geplante Durchsuchung unter Missachtung des Richtervorbehalts; eing. zum MRK-Einfluss Diehm, Die Menschenrechte der EMRK und ihr Einfluß auf das deutsche Strafgesetzbuch, 2006, S. 431, 451, 460, 467; zur Bindungswirkung von EGMR-Urteilen I Roxin in Arbeitsgemeinschaft Strafrecht des Deutschen Anwaltvereins, Strafverteidigung im Rechtsstaat, 2009, S. 1070). Namentlich **überlanger zeitlicher Abstand zwischen Tat und Verurteilung** (BGH NStZ-RR 1999, 108; NJW 1999, 1198; wistra 2009, 347; wistra 2016; 29; NStZ 2016, 277; Meier JuS 2005, 879 (880); Maier in MüKoStGB Rn. 404; Horter ZStW 133 (2021), 358) sowie **überlange,** mit psychischen Belastungen des Beschuldigten verbundene **Verfahrensdauer** (BGH NJW 1999, 1198; NStZ-RR 2011, 171; BVerfG NJW 1993, 3254 (3256); zu deren Kriterien BGH NStZ-RR 2006, 50; wistra 2009, 23; OLG Jena StV 2009, 132; weitere Rspr. Detter NStZ 2005, 498 (499); Detter NStZ 2006, 146 (147); NStZ 2006, 562; NStZ 2010, 138; sa BVerfG NStZ-RR 2005, 346; NStZ 2006, 680; sa Beukelmann StraFo 2011, 213; zur Neuregelung der Entschädigung krit. Hinne ZRP 2015, 201) gehören hierher (BGHSt 24, 239 = NJW 1972, 402; BGHSt 54, 12 = NJW 2009, 2319; BGH NStZ-RR 2016, 7; zusf. Schroth NJW 1990, 29; Krehl/Eidam NStZ 2006, 1 (8); krit. Paeffgen StV 2007, 487; speziell zur Entwicklung der Rspr. Abs. 1 Roxin FS Volk, 2009, 617; zu „aktuellen Einzelfragen" Schmitt StraFo 2008, 313 (314); eing. Scheffler, Die überlange Dauer von Strafverfahren, 1991, S. 201; Pest, Das Verzögerungsverbot im Strafverfahren, 2016), dabei ist das gesamte Verfahren zu betrachten (BGH NJW 2011, 3315; NStZ-RR 2011, 240); sie wirken schon als solche strafmildernd (BGH NJW 1990, 56; NStZ 1997, 29 mAnm Scheffler; BGH StV 2011, 407; StV 2011, 651; StV 2015, 172; aM Wohlers JR 1994, 138 (141); auch sachlich bedingter Dauer, BGH NStZ 2011, 651); nicht jedoch Verfahrensverzögerungen, die der Beschuldigte selbst verursacht hat (BVerfG NStZ-RR 2005, 346) oder die auf das Verhalten ausländischer Behörden zurückzuführen sind (BGHSt 57, 1 (2) = NJW 2011, 3314). § 211 verfügt über keinen Strafrahmen, der Schuldmilderungen wegen überlanger Verfahrensdauer zulässt (BVerfG NStZ 2006, 680 (681) mit Bespr. Gaede JR 2007, 254). Speziell in Wirtschaftsstrafsachen ist ein Zeitraum für die sorgfältige Vorbereitung erforderlich (BGHSt 57, 123 (136) = DStRE 2012, 508

mAnm Michalke NJW 2012, 1462; dazu auch Schwartz StV 2012, 477; auch für Sachverhalte mit hoher Komplexität ist die Verfahrensdauer aber begrenzt, BGH NStZ 2012, 470). Liegt zugleich ein **Verstoß gegen Art. 6 I MRK** oder bei UHaft gegen **Art. 5 III Hs. 1 MRK** (BGH NStZ 2010, 229) vor (zu dessen Kriterien vgl. BGH NStZ-RR 2001, 294; wistra 2003, 20; wistra 2007, 257; NStZ 2004, 639; NJW 2006, 1529; NJW 2007, 2647 (2648); NStZ-RR 2006, 177 mAnm Krehl StV 2006, 408; BGH JR 2006, 297 (300) mAnm Cirener/Sander; BGH JR 2006, 526 mAnm Erb; BGH StV 2008, 633 (634); BayObLG JR 2003, 507 mAnm Scheffler; Ress FS Müller-Dietz, 2001, 627 (642); Peglau JuS 2006, 704; Tepperwien NStZ 2009, 1; eing. Brett, Verfahrensdauer bei Verfassungsbeschwerdeverfahren, 2009, S. 246–277; Ambos IntStrafR § 10 Rn. 21; Beulke/Swoboda StrafProzR Rn. 26; Maier in MüKoStGB Rn. 435–448; Schmitt in Meyer-Goßner/Schmitt EMRK Art. 6 Rn. 7, 8; Paeffgen in SK-StPO EMRK Art. 6 Rn. 118–124; Paeffgen GA 2014, 275 (280); zu Divergenzen zur Spruchpraxis des EGMR Paeffgen StV 2007, 487 (492)), so bildet das neben dem Gesichtspunkt des Zeitablaufs einen eigenständigen Milderungsgrund (BGH NStZ 1992, 78; StV 1992, 452 mkritAnm Scheffler StV 1993, 568; BGH wistra 1996, 19; wistra 2002, 300; wistra 2004, 184; StV 2002, 598; NStZ-RR 2005, 320; BayObLG wistra 1994, 352; OLG Karlsruhe Justiz 2004, 306; Rechtsprechungsanalyse bei Peglau JuS 2006, 704; Ulsamer FS Faller, 1984, 373; Roxin, Die Rechtsfolgen schwerwiegender Rechtsstaatsverstöße in der Strafrechtspflege, 3. Aufl. 2000, S. 51, 91, 152, 230; Streng FS Müller-Dietz, 2001, 875 (900); einschr. für die Jugendstrafe BGH JR 2003, 509 zu Recht mkritAnm Scheffler); in diesem Falle hat das Gericht die Verletzung des Beschleunigungsgebots ausdrücklich festzustellen und – nach der inzwischen aufgegebenen sog. „Strafzumessungslösung" (→ Rn. 44 a) – das Ausmaß der Berücksichtigung dieses Umstandes (auch in der Entscheidung der Revisionsinstanz, BVerfG NStZ 1997, 591; StV 1998, 377) näher zu bestimmen (BVerfG NJW 1993, 3254; NJW 1995, 1277; sa EuGH EuZW 1999, 115; BGHSt 35, 137 = StV 1988, 236; BGH NStZ 1997, 451; NStZ 2007, 539; wistra 1998, 58; wistra 1998, 101; wistra 2002, 300; wistra 2002, 420; wistra 2003, 297; sowie BGH wistra 2004, 184; Fischer Rn. 129). In krassen Fällen hat die Rspr. ein Verfahrenshindernis angenommen (BGHSt 46, 159 (171) = NJW 2001, 1146 mit Bespr. Kempf StV 2001, 134; Ostendorf/Radtke JZ 2001, 1094; und Abs. 1 Roxin StraFo 2001, 51; Roxin FS Volk, 2009, 617 (622); Trurnit/Schroth StraFo 2005, 358 (362); OLG Rostock BeckRS 2010, 08643; Mansdörfer GA 2010, 165; BVerfG NJW 1984, 967, zust. Tepperwien NStZ 2009, 1 (4); Schmitt in Meyer-Goßner/Schmitt EMRK Art. 6 Rn. 9; Fischer Rn. 130; OLG Schleswig StraFo 2003, 247; OLG Saarbrücken StV 2007, 178; für die Strafzumessungslösung noch BVerfG NStZ 2004, 335 mAnm Foth; zur Verteidigung der täterfreundlichen Strafzumessungslösung Streng JZ 2008, 979 (982); zur möglichen Abhilfe für Strafverfahrensverzögerungen durch Einstellung nach §§ 153, 154 StPO EGMR NJW 2008, 3273; BGH NStZ 2010, 641; für eine Entschädigung wegen amtspflichtwidriger Strafverfolgung Paeffgen StV 2007, 487 (494); s. dazu den RefE eines Gesetzes für eine Entschädigungsregelung NJW-aktuell 17/2010, 62).

Diese sog. „Strafzumessungslösung" hat der Große Senat auf Vorlage des 3. Straf- **44a**
senat (BGH NJW 2007, 3294 mit Bespr. Peglau NJW 2007, 3298; Salditt StraFo 2007, 513; Abs. 1 Roxin StV 2008, 14; Weber JR 2008, 36; Geppert JK StGB § 46 Rn. 3) im Beschluss v. 17.1.2008 zugunsten der sog. **„Vollstreckungslösung"** verworfen (BGHSt 52, 124 = NJW 2008, 860 mit Bespr. Bußmann NStZ 2008, 236; Gaede JZ 2008, 422; v. Heintschel-Heinegg JA 2008, 474; Ignor/Berthau

NJW 2008, 2209; Keiser GA 2008, 686; Kraatz JR 2008, 189; Scheffler ZIS 2008, 269; Streng JZ 2008, 979; Volkmer NStZ 2008, 608; Ziegert StraFo 2008, 321; Reichenbach NStZ 2009, 120; Satzger JK StGB § 46 Rn. 4; BGH NStZ-RR 2014, 314; NStZ-RR 2015, 23; NJW 2014, 2806; vgl. auch Schmitt StraFo 2008, 313 (315); Meier Sanktionen, 5. Aufl. 2019, S. 251; Plankemann, Überlange Verfahrensdauer, 2015; Schäfer in Schäfer/Sander/van Gemmeren Strafzumessung Rn. 12, 436, 443, 471 d; eing. Möller, Der Wechsel vom Strafabschlagsmodell hin zur Vollstreckungslösung – Wirklich eine Lösung?, 2012; krit. Biehl, Die Vollstreckungslösung des BGH, 2014; Maier in MüKoStGB Rn. 473–478; Schmitt in Meyer-Goßner/Schmitt MRK Art. 6 Rn. 9a–9f; krit. Abs. 1 Roxin FS Volk, 2009, 617 (624); Beukelmann StraFo 2011, 212; für Jugendsachen, BGHSt 57, 1 (2) = NJW 2011, 3314; BGH NStZ 2010, 94; auch für berufsgerichtliche Verfahren gegen Steuerberater, BGH NJW 2010, 1155). Danach erfolgt die Strafzumessung ohne Berücksichtigung des Konventionsverstoßes (BGH NStZ-RR 2008, 368), aber unter Berücksichtigung der belastenden überlangen Verfahrensdauer (Walter GS Kaufmann, 1993, 146; BGHSt 54, 9 (13) = StV 2009, 684; BGH wistra 2009, 347; zur Problematik Heghmanns ZJS 2008, 197 (199)). Das dabei gefundene Strafmaß wird nur dann wegen des Konventionsverstoßes (nicht nur gegen Art. 6 I MRK, sondern auch gegen Art. 5 III 1 Hs. 2, BGH NStZ 2010, 229, einheitliche Kompensation) herabgesetzt, wenn die Feststellung dieses Verstoßes als **Kompensation** nicht ausreicht (Walter GS Kaufmann, 1993, 146; BGH StraFo 2008, 297; StV 2008, 298 mAnm Köberer; BGH StV 2008, 404; StV 2008, 633 (635); BGH NStZ-RR 2011, 239; weitere Rspr. bei Maier/Percic NStZ-RR 2009, 329; Tepperwien NStZ 2009, 1 (4); Eschelbach in Satzger/Schluckebier/Widmaier StGB Rn. 167); letzteres ist bei geringen Verzögerungen – Weiterleitung der Akten an die zust. Staatsanwaltschaft nach sieben Monaten – ausreichend (BGH BeckRS 2013, 00982 mit Bespr. Satzger JK StGB § 266 Rn. 39). In diesem Fall ist Kompensation analog § 51 I 1 vorzunehmen und im Urteilstenor zu bestimmen, welcher Teil der Strafe als vollstreckt gilt (Walter GS Kaufmann, 1993, 147; nach Schäfer in Schäfer/Sander/van Gemmeren Strafzumessung Rn. 443, Vollstreckungsabschlag statt Strafabschlag). Dabei ist der Umfang der Verzögerung, das Maß des Fehlverhaltens der Staatsorgane (BGH NStZ-RR 2008, 368 (369); StV 2008, 404) und die konkreten Auswirkungen auf den Angeklagten zu berücksichtigen (BGH NStZ 2009, 287; weitere Rspr. bei Maier/Percic NStZ-RR 2009, 329 (331); Detter NStZ 2010, 138, 563; näher Schäfer in Schäfer/Sander/van Gemmeren Strafzumessung Rn. 443 d). Das gilt auch für Gesamtstrafen (BGH NStZ 2008, 477; Beukelmann StraFo 2011, 213); hier muss ein Geständnis zwar bei der Gesamtstrafe, aber nicht noch einmal bei der Kompensation berücksichtigt werden (BGH wistra 2009, 437). Bei einer **Geldstrafe** ist die Anzahl der „vollstreckten" Tagessätze anzugeben (Walter GS Kaufmann, 1993, 145). Bei einer zur **Bewährung** ausgesetzten Freiheitsstrafe wirkt die Anrechnung erst beim Widerruf (Walter GS Kaufmann, 1993, 124; krit. Fischer Rn. 137 „unvermeidlich, aber systemwidrig"). Bei einer **lebenslangen** Freiheitsstrafe bezieht sich die Anrechnung auf die Mindestverbüßungsdauer des § 57a I Nr. 1, soll aber nur ausnahmsweise erfolgen (BGHSt 54, 259 (262) = NJW 2010, 1157; BGHSt 55, 1 (2) = NJW 2010, 1470; BGH NJW 2010, 1470; dagegen Fischer Rn. 136 „uneingeschränkt" anzuwenden; krit. auch Beukelmann StraFo 2011, 212). Die Kompensation ist bei mehreren Angeklagten nach den individuellen Umständen des Einzelfalles für jeden eigenständig zu beurteilen (BGH NJW 2009, 307). Diese Vollstreckungslösung hat ua den Vorteil, dass der verhängten Strafe vor der Kompensation der Schuldgehalt der Tat anzusehen ist (Schäfer in Schäfer/Sander/van Gemmeren Strafzumessung Rn. 442a mit weiteren Vorteilen gegenüber der Strafzumessungslösung; ähnlich Streng JZ 2008, 979 (983) „plakativ deutlich zu machen“). Da aber die überlange Verfahrensdauer ohnehin strafmildernd zu berücksichtigen ist, wird die Vollstreckungslösung möglicherweise nur selten zu einer weiteren Kompensation führen (Schäfer in Schäfer/Sander/van Gemmeren Strafzumessung Rn. 443e, 443f, in seltenen Fällen „sehr grober Konventionswidrigkeit“; zust. Beukelmann StraFo 2011, 214). Für Extremfälle kommt weiterhin die Einstellung wegen eines Verfahrenshindernisses in Betracht (Beulke/Swoboda StrafProzR Rn. 26; Schäfer in Schäfer/Sander/van Gemmeren Strafzumessung Rn. 443h; zweifelnd Abs. 1 Roxin FS Volk, 2009, 617 (628); Eschelbach in Satzger/Schluckebier/Widmaier StGB Rn. 169). Ob die analoge Anwendung des § 51 auf andere aus einer Straftat folgende Belastungen außergewöhnlichen Zuschnitts wie etwa berufliche Folgen oder Druck durch exzessive mediale Berichterstattung (→ Rn. 36a) erstreckt werden wird (dafür Streng JZ 2008, 979) ist noch offen (vgl. Beukelmann StraFo 2011, 215).

Die rechtsstaatswidrige Verfahrensverzögerung ist grds. nur auf **Verfahrensrüge** **44b**
hin vom Revisionsgericht zu prüfen (Rspr. bei Maier/Percic NStZ-RR 2009, 329 (332); Schmitt in Meyer-Goßner/Schmitt EMRK Art. 6 Rn. 9g, auch zu den Begründungsanforderungen; dazu auch BGH NStZ-RR 2014, 21), das gilt auch, wenn ein Verfahrenshindernis in Extremfällen geltend gemacht wird (Meyer-Goßner NStZ 2003, 173; Meyer-Goßner FS Eser, 2005, 386); die Erhebung der allgemeinen Sachrüge reicht ausnahmsweise, wenn sich die Voraussetzungen einer Verzögerung bereits aus den Urteilsgründen ergeben oder aber entsprechende Anhaltspunkte in den Gründen zu ihrer Prüfung drängen (BGHSt 49, 342 = wistra 2004, 181; BGH NStZ-RR 2006, 50; NStZ-RR 2006, 56; NStZ-RR 2006, 177; wistra 2004, 398; wistra 2005, 109; sowie BGH wistra 2009, 121; NJW 2007, 2647 (2648); NStZ-RR 2011, 171; vgl. auch Sander NStZ 2005, 390; Wohlers JR 2005, 187; Weber JR 2008, 36 (37)). Eine isolierte Anfechtung der Kompensationsentscheidung ist nicht möglich, wenn eine enge Verknüpfung zwischen Verfahrensverzögerung und Strafbemessung besteht (BGH NStZ 2014, 635 mit zust. Praxiskommentar Langenhahn). Nach der Rspr. kann das Revisionsgericht nach § 354 I a StPO die Strafe selbst herabsetzen (BGH wistra 2009, 437; StV 2011, 31 mAnm Dehne-Niemann; BGH NStZ-RR 2015, 23; weitere Rspr. bei Maier/Percic NStZ-RR 2008, 329 (333); Fischer Rn. 154; einschr. Theune in LK-StGB Rn. 342; jetzt auch BVerfGE 118, 212 = NJW 2007, 2977, → Rn. 52); nicht nachvollziehbare Strafabschläge bei Anwendung der Strafzumessungslösung braucht das Revisionsgericht nicht hinzunehmen (BGH StV 2007, 461 (462) mit Bespr. Paeffgen StV 2007, 487). Ist der Richter in der Rechtsmittelinstanz an das **Verschlechterungsverbot** (§§ 331 I, 358 I StPO) gebunden, so betrifft diese Bindung nur die prozessrechtlich maßgebende Obergrenze. Davon abgesehen bestimmen sich Art und Umfang der gebotenen Strafmilderung ausschließlich nach den Ergebnissen des neuen Verfahrens (BGHSt 45, 308 = NJW 2000, 748 mAnm Maiwald NStZ 2000, 389; BGHSt 54, 135 = NJW 2009, 3734; zu einer vergleichbaren Problematik beachte BayObLG NStZ-RR 2000, 379 mit krit. Rspr. Czermak NStZ 2001, 399). Zur Reichweite des Verschlechterungsverbots bei der Umstellung von der Strafzumessungs- zur Vollstreckungslösung in laufenden Verfahren vgl. BGH StraFo 2008, 250 mAnm Schäfer JR 2008, 302; dazu auch Tepperwien NStZ 2009, 1 (5); Beukelmann StraFo 2011, 214; weitere Rspr. bei Maier/Percic NStZ-RR 2009, 329 (334)). Inzwischen sieht das Gesetz über den Rechtsschutz bei überlangen Gerichtsverfahren und strafrechtlichen Ermittlungsverfahren v. 24.11.2011

(BGBl. I 2302) die Möglichkeit einer Entschädigung im Anschluss an die Verfahrensrüge vor (vgl. Brummund JA 2012, 214); die nähere Ausgestaltung erfolgt in den §§ 198–201 GVG (vgl. dazu die Kommentierung von Schmitt in Meyer-Goßner/Schmitt GVG § 198 Rn. 1–5; zur Frage der Angemessenheit der Verfahrensdauer Gercke/Heinisch NStZ 2012, 301; chronische Überlastung zählt nicht, BVerfG JZ 2013, 145 mAnm Huerkamp).

45 **3. a)** Von der Berücksichtigung ausgeschlossen sind Umstände, die schon **Merkmale des gesetzlichen Tatbestandes sind (Abs. 3);** die Rspr. bezieht hier auch sonstige unrechts- und schuldbegründende Merkmale ein (BGH StV 1997, 519). Das hängt damit zusammen, dass alle diese Merkmale zur Bestimmung des Strafrahmens beitragen und sich daher in jeder konkreten Strafe insofern auswirken, als diese sich nur innerhalb des Rahmens bewegen darf und dort vornehmlich nach dem Maßstab der Schuldschwere abzustufen ist (OLG Stuttgart MDR 1961, 343; OLG Hamm VRS 31, 287). In Folge dieses Funktionszusammenhangs sind die Tatumstände, soweit sie lediglich ein Tatbestandsmerkmal (auch ein ungeschriebenes, OLG Koblenz NStZ-RR 1997, 149, oder ein zum subjektiven Tatbestand gehörendes, BGH StraFo 2013, 477) ausfüllen (zB der Tod eines Menschen im Falle des § 222, BayObLG NJW 1954, 1211; Streng Sanktionen Rn. 698; Dölling in Maurach/Gössel/Zipf StrafR AT II § 63 Rn. 63), für die Strafzumessung verbraucht (eing. Hettinger, Das Doppelverwertungsverbot bei strafrahmenbildenden Umständen, 1982, S. 153; Hettinger GA 1993, 1; Timpe, Strafmilderungen des Allgemeinen Teils des StGB und das Doppelverwertungsverbot, 1983, S. 32; El-Ghazi JZ 2014, 180 (181), der das Doppelverwertungsverbot auf den Schuldgrundsatz zurückführt). Sie dürfen als solche, dh in ihrer mit dem Tatbestandsmerkmal übereinstimmenden generellen Bedeutung, weder schärfend noch mildernd berücksichtigt werden (**Verbot der Doppelverwertung von Tatbestandsmerkmalen;** vgl. ua BGHSt 17, 321 (324) = NJW 1962, 1306; BGHSt 45, 361 (366) = NJW 2000, 1204; BGHSt 48, 255 (263) = NJW 2003, 2464; BGH NStZ 2001, 85; NStZ 2006, 96; NStZ 2009, 100; NStZ 2010, 76; NStZ 2011, 365; StV 1998, 656; NStZ 2017, 277 mit Praxiskommentar Kett-Straub; OLG Frankfurt a. M. StV 1997, 639; OLG Stuttgart StV 2015, 118), auch Qualifikationsmerkmalen (BGH NStZ 2002, 198; NStZ-RR 2015, 71, beide zu § 176a I Nr. 4; BayObLG NStZ 2003, 105 zu § 250). Dasselbe muss dann auch für den gesetzgeberischen Zweck gelten, der einem Tatbestand im Ganzen zugrundeliegt (BGH StV 1991, 558; StV 1998, 656 (657); NStZ-RR 2004, 41; NStZ-RR 2004, 80). Zur **Rspr.** Maier NStZ-RR 2018, 233; NStZ-RR 2020, 1; NStZ-RR 2021, 197. Im **Jugendstrafrecht** findet Abs. 3 keine Anwendung (BGH NStZ-RR 1997, 21 (22); StV 2021, 31; Fischer Rn. 76a), im OWiR findet die Vorschrift analoge Anwendung (OLG Stuttgart Justiz 2014, 63; Gürtler in Göhler OWiG § 17 Rn. 17).

45a Die hM hat hier früher auch solche Umstände einbezogen, die zwar nicht notwendig, aber doch typischerweise mit der Verwirklichung eines Tatbestandes verbunden sind und daher dessen **Unrechtsgehalt mitprägen** (BGH StV 1991, 106; StV 1994, 306; BayObLG VRS 86, 339, StV 2002, 427; OLG Köln StV 2003, 662), zB das (nicht übersteigerte, BGH NStZ-RR 1997, 50) Streben nach Gewinn bei Betrug und Untreue (BGH NStZ 1984, 343) oder beim Handeltreiben mit Betäubungsmitteln (BGH NJW 1980, 1344; StV 2021, 425; OLG Düsseldorf StV 1994, 23; Fahl ZStW 111 (1999), 156 (170); Brögelmann JuS 2002, 903 (907); beachte jedoch BGH NJW 2000, 597; BGH bei Detter NStZ 2004, 136; anders jetzt BGH NStZ-RR 2010, 25; NStZ-RR 2011, 271; anders auch für das Gewinnstreben beim Einschleusen von Ausländern nach § 96 I Nr. 10 AufenthG, BGH StraFo 2013, 477), der nicht besonders hohe Alkoholisierungsgrad bei Trunkenheit im Verkehr (BayObLG NZV 1992, 453), die bloß abstrakte Gefährlichkeit der Tathandlung bei Begehung eines abstrakten Gefährdungsdelikts (BGH StV 1998, 658; BayObLG NStZ 1998, 261) oder die Förderung der Tatbereitschaft des Haupttäters durch die Beihilfe (BGH NStZ 1998, 404) oder auch der Umstand, dass die Beihilfe aus eigenem Antrieb erfolgte (BGH StV 2011, 364). Deren Einbeziehung folgt zwar nicht aus dem Doppelverwertungsverbot (Timpe, Strafmilderungen des Allgemeinen Teils des StGB und das Doppelverwertungsverbot, 1983, S. 57; Fahl ZStW 111 (1999), 156 (159); El-Ghazi JZ 2014, 180 (184)), ist aber dennoch begründet, weil diese Umstände jedenfalls zum „Regeltatbild" gehören und deshalb nicht erschwerend zu Buch schlagen können (Dölling in Maurach/Gössel/Zipf StrafR AT II § 63 Rn. 66; → Rn. 32). Bei der Vergewaltigung nach § 177 aF, jetzt § 177 VI Nr. 1, hält demgegenüber die Rspr. (anders noch BGH NStZ 1985, 215; beachte auch BGH bei Miebach NStZ 1992, 226; NStZ 1993, 225) den ungeschützten, bis zum Samenerguss ausgeführten Geschlechtsverkehr als erschwerte Tatmodalität für einen Schärfungsgrund, obwohl diese Angriffsweise nach allen Erfahrungen der Praxis die Regelform der Vergewaltigung ist (BGHSt 37, 153 = NJW 1991, 185 mit krit. Bespr. Neumann StV 1991, 256, Weßlau StV 1991, 259; Hassemer JuS 1991, 516; Grasnick JZ 1991, 933, zust. aber Schäfer in Schäfer/Sander/van Gemmeren Strafzumessung Rn. 396; Fischer Rn. 80; BGH NStZ 1999, 505; zu § 177 idF 1998 vgl. BGH StraFo 2003, 177; NJW 2001, 2185; NStZ-RR 2002, 136; NStZ-RR 2002, 165; NStZ 2002, 646; mehrere Entscheidungen bei Pfister NStZ-RR 2001, 366; NStZ-RR 2004, 353 (359f.); zur Spruchpraxis der Strafsenate des BGH vgl. Maier in MüKoStGB Rn. 571–582). Damit bildet die Rspr. die in BGHSt 34, 345 = NJW 1987, 3014 entwickelten Grundsätze (→ Rn. 32) zwar widerspruchsfrei fort, vollzieht aber eine grundsätzliche Abkehr von der hM, indem sie den Bezugspunkt für die Unterscheidung von schärfenden und mildernden Umständen preisgibt und alles einer weniger strukturierten Gesamtwürdigung überlässt (Schall/Schirrmacher Jura 1992, 624; in der Bewertung wie hier auch Fahl ZStW 111 (1999), 156; aM Hettinger GA 1993, 1). Mit diesem neuen Maßstab sind zahlreiche frühere – und auch neuere (zB BGH StV 1997, 520; StV 1999, 597; sa BGH StV 1997, 634) – Entscheidungen zum Doppelverwertungsverbot nicht vereinbar.

Jenseits der durch das „Regeltatbild" gezogenen Grenze können konkrete, nach **Quantität oder Qualität** steigerungsfähige Ausprägungen eines Tatbestandsmerkmals **strafschärfend oder -mildernd berücksichtigt** werden (ebenso Streng Sanktionen Rn. 701). Differenzierungen sind hier im Hinblick auf die Gleichheit aller Menschen nicht lediglich nach dem (jugendlichen oder fortgeschrittenen) Alter des Opfers einer Tötung möglich (BGH NStZ 1996, 129; StV 1996, 148; BayObLG NJW 1974, 250 mAnm Schroeder; OLG Frankfurt a. M. JR 1980, 76 mAnm Bruns; zust. Wessels/Hettinger/Engländer StrafR BT I Rn. 185; problematisch BGH JZ 1997, 1185 mablAnm Spendel), wohl aber zB nach der Größe des tatbestandsmäßigen Schadens (speziell zur Abstufung nach endgültigem Schaden und bloß schadensgleicher Vermögensgefährdung beim Betrug BGH StV 1996, 25), etwa der Schwere einer Körperverletzung, oder nach dem Ausmaß einer verursachten Gefahr (OLG Koblenz VRS 55, 278 (281); speziell zur unterschiedlichen Gefährlichkeit von Rauschmitteln BGH bei Holtz MDR 1979, 986; KG JR 1995, 34 und von Kriegswaffen BGH NStZ-RR 1997, 134). Berücksichtigt werden darf eine besonders gefährliche Art der Tatausführung bei § 250 II Nr. 1 (BGH NStZ 45b

2003, 29) und das Versetzen einer größeren Anzahl von Menschen in Furcht und Schrecken bei § 255 (BGH NStZ 2003, 29), bei § 224 I Nr. 5 dagegen nicht die hohe Gefährlichkeit der Tatausführung (KG StraFo 2015, 16) und bei § 227 nicht der direkte Verletzungsvorsatz (BGH NStZ-RR 2021, 168), bei § 174c ist das hohe Berufsethos der Heilberufe Tatbestandsmerkmal und nicht erst Strafzumessungsmerkmal. Bei Tötungsdelikten schlägt jedoch nur solche Gewaltanwendung besonders zu Buch, die das zur Herbeiführung des Todes notwendige Maß überschreitet (BGH StV 1996, 148; StV 1998, 657; NStZ-RR 2003, 294; NStZ-RR 2004, 105; StraFo 2007, 248; StV 2014, 412; vgl. auch BGH NStZ 2013, 579; Maier in MüKoStGB Rn. 549); der direkte Tötungsvorsatz darf dem Täter, der mit „absolutem Vernichtungswillen" handelte, nicht nochmals angerechnet werden (BGH NJW 2003, 2465 (2468); NStZ 2003, 544; NStZ 2008, 624; NStZ 2009, 564; NStZ 2012, 689; NStZ-RR 2015, 171 (Ls.); NStZ-RR 2016, 8; Maier in MüKoStGB Rn. 549; anders für Tötungsabsicht, BGH NStZ 2012, 689; wieder anders BGH StV 2017, 523 mit Bespr. Streng), auch nicht auf die grundsätzliche Bewertung des Totschlags als schwerwiegendes Delikt (BGH NStZ-RR 2008, 106); ebenfalls nicht, dass die Tötung den Verlust des Vaters für die gemeinsamen Kinder zur Folge hat, weil die Leidzufügung bei Angehörigen regelmäßige Tatfolge des vollendeten Tötungsdelikts ist (BGH StV 2011, 158). Bei der Falschaussage kann hartnäckiges Bestehen auf ihr berücksichtigt werden (OLG Hamm NStZ-RR 2009, 638), beim Diebstahl aber nicht, dass der Täter sich Gebrauchsvorteile hinsichtlich der gestohlenen Baumaschine verschafft hat (OLG Nürnberg NJW 2008, 2518: gehört zum „Bild" des Diebstahls), bei Vergewaltigung nicht, dass der Täter seine Überlegenheit rücksichtslos zur Befriedigung seines Sexualtriebs ausgenutzt hat (BGH BeckRS 2008, 02494; OLG Hamm StraFo 2021, 345), bei sonstigen Sexualstrafen nicht, dass er sein sexuelles Verlangen umsetzen wollte und seine Opfer zu Sexualobjekten degradiert habe (BGH BeckRS 2008, 11718; ähnlich zu § 177 II 2 Nr. 1 aF = § 177 VI 2 Nr. 1 BGH NStZ 2009, 43; und zu § 176a I Nr. 1 aF BGH bei Pfister NStZ-RR 2008, 367 Nr. 34), beim sexuellen Missbrauch von Kindern der Umstand eines jungen Alters nur dann, wenn der Täter über den in § 176 aF geregelten „Durchschnittsfall" hinausgehend konkrete physische und psychische Belastungen des Kindes herbeiführt (OLG Koblenz StV 2012, 541; sa BGH NStZ 2015, 333: ohne pädophile Neigungen; zu § 176 auch BGH StV 2017, 34). Mittäterschaftliches Handeln kann in seiner Pauschalität nicht berücksichtigt werden (BGH StraFo 2016, 429), auch nicht die Gefahr des Versuchs bei späterer Vollendung (BGH StraFo 2016, 422, mittäterschaftliche Tatbegehung; BGH NStZ-RR 2016, 24).

45c **Berücksichtigungsfähig** sind ferner graduierbare Auswirkungen auf von der Tat nur mittelbar Betroffene (BayObLG NZV 1994, 115). Schließlich kann (dazu BGH NStZ 1987, 70; NStZ 1993, 434; sowie BGH NStZ-RR 2006, 168 (169)) **strafschärfend** wirken, dass die Tat zugleich mehrere Gesetze mit unterschiedlicher Schutzrichtung (BGHSt 39, 100 (108) = NJW 1993, 1662; sa BGH NStZ 1993, 537 (591)) oder dasselbe Gesetz in gleichartiger Idealkonkurrenz (BGH bei Holtz MDR 1992, 932), in mehreren Begehungsformen (BGH NJW 1994, 2034; NJW 1999, 369; diff. Montenbruck, Strafrahmen und Strafzumessung, 1983, S. 135; beachte auch BGH NStZ-RR 1999, 78; → Vor § 52 Rn. 29; → § 52 Rn. 2, 10), in derselben Begehungsform mehrmals oder durch Verwirklichung mehrerer Regelbeispiele (BGH NJW 1999, 1041 mAnm Laubenthal JZ 1999, 583; Eisele, Die Regelbeispielsmethode im Strafrecht, 2004, S. 217); Regelbeispiele sind wie Tatbestandsmerkmale zu behandeln (BGH StraFo 2014, 517; Fischer Rn. 76a für

gemeinerungsfähigkeit von Strafmaßbegründungen (krit. Hassemer MschrKrim 1983, 26; aus der Rspr. BGH StraFo 2015, 113). Beim gegenwärtigen Stand wird sich eine allgemeine, als richtig zu bewertende Praxis überhaupt nur bei gehäuft vorkommenden Taten typischer Prägung herausbilden und in diesem Rahmen auch die einzelne Strafzumessung beeinflussen können (BGHSt 28, 318 (323) = NJW 1979, 1666 mit Bespr. Bruns JR 1979, 353; krit. zur fehlenden Begründung der Orientierung an „Üblichkeiten" Maurer, Komparative Strafzumessung, 2005, S. 179). Darüber hinaus ist eine Anpassung an Entscheidungen anderer Gerichte jedenfalls dann rechtsfehlerhaft, wenn sie nicht auf der eigenen Wertung des Gerichts beruht (BGHSt 28, 318 (323) = NJW 1979, 1666; BGH NStZ-RR 1997, 196; krit. zur Bedeutung des Gleichheitssatzes für die Strafzumessung Arzt FS Stree/Wessels, 1993, 49). Deshalb sind allgemeine Empfehlungen für die Strafzumessung auf Richtertagungen und ähnlichen Veranstaltungen nicht problemlos. Sie fördern zwar die Einheitlichkeit der Rspr. (Schultz BA 1977, 307), verführen aber leicht zu generalisierendem, mit § 46 unvereinbarem schematischem Vorgehen (Leonhard DAR 1979, 89; Scherer DAR 1980, 107); auch ist die Übereinstimmung solcher Empfehlungen mit den Intentionen des Gesetzes nicht ohne weiteres gesichert (krit. Lackner JR 1970, 1 (4, 9)). Aus ähnlichen Gründen bieten auch Vorschläge, mit Hilfe mathematischer Methoden, namentlich schematisierender Bewertungsverfahren, zu rational besser fundierten Ergebnissen zu kommen (so etwa Haag, Rationale Strafzumessung, 1970; v. Linstow, Berechenbares Strafmaß, 1974; krit. Dölling in Maurach/Gössel/Zipf StrafR AT II § 63 Rn. 185), keine wirkliche Reformchance (v. Hippel FS Lange, 1976, 285; Hassemer ZStW 90 (1978), 64; Bruns ZStW 92 (1980), 736; Schreiber NStZ 1981, 338 (340); Köberer, Iudex non calculat, 1996). Dagegen könnte eine Verbesserung des Informationsaustauschs durch gezielte empirische Untersuchungen auf abgegrenzten Teilgebieten (zB Wirtschafts-, Steuer- oder Verkehrsstrafrecht) weiterführend sein (zB Schöch, Strafzumessungspraxis und Verkehrsdelinquenz, 1973; Meine wistra 1986, 94; sa Streng FS Heidelberg, 1986, 501 (520); Weigend FS Köln, 1988, 579). Im Ganzen hat die moderne **Sanktionsforschung** noch keine wirksame Abhilfe anbieten können, wenngleich das Wissen um die Auswirkungen strafrechtlicher Sanktionen auf das Sozialgefüge deutlich zugenommen hat (vgl. etwa Albrecht in Kerner/Kury/Sessar, Deutsche Forschungen zur Kriminalitätsentstehung und Kriminalitätskontrolle, 1983, S. 1297; Kunz in Kielwein, Entwicklungslinien der Kriminologie, 1985; Pfeiffer/Oswald, Strafzumessung. Empirische Forschung und Strafrechtsdogmatik im Dialog, 1989; skeptisch Bock ZStW 102 (1990), 504; **rechtsvergleichend** Bruns ZStW 94 (1982), 111; Burgstaller ZStW 94 (1982), 127; Dubs ZStW 94 (1982), 161; Stile ZStW 94 (1982), 173; Weigend ZStW 94 (1982), 200; Meyer ZStW 94 (1982), 227); Dolcini ZStW 94 (1982), 373; v. Hirsch ZStW 94 (1982), 1047; Albrecht FS Pallin, 1989, 11; Albrecht ZStW 102 (1990), 596; Dessecker ZStW 102 (1990), 627; Ida in Frisch, Grundfragen des Strafzumessungsrechts aus deutscher und japanischer Sicht, 2011, S. 100; Ambos, Strafzumessung, Angloamerikanische und deutsche Einblicke, 2020; zu Frankreich: Müller, Die Anwendung von Strafzumessungsregel im deutsch-französischen Vergleich, 2004; Giraud-Willer, Kritik starrer Mindeststrafen, 2021 (mit Bespr. Kühne JZ 2022, 143); sa den zusf. Bericht von Jung FS Miyazawa, 1995, 437 über die Empfehlung des Europarates zur Strafzumessung von 1993).

VI. 1. Die Strafzumessung ist ein Akt **tatrichterlicher Würdigung** (stRspr; **50**
vgl. etwa BGHSt 7, 28 (32) = NJW 1955, 273; BGHSt 27, 2 (3) = NJW 1976,

2271 mAnm Bruns JR 1977, 164; BGH JR 29, 319 (320) mAnm Bruns JR 1981, 335; BGH NJW 2006, 2129 (2130); NStZ 2006, 568; StV 2017, 32; OLG Oldenburg wistra 2014, 111 (115); OLG Jena NJW 2006, 3654 mAnm Nobis NStZ 2006, 489; Streng JR 2007, 271; sa Franke StraFo 2016, 269; Kudlich StraFo 2016, 274; Knauer NStZ 2016, 1). Ob und wieweit damit Ermessensausübung verbunden, dh dem Richter ein **Rechtsfolgeermessen** in dem Sinne eingeräumt ist, dass er zwischen mehreren „richtigen" Strafen wählen darf, ist umstritten und nicht zuletzt auch von der Bestimmung des Ermessensbegriffs abhängig (Engisch FS Peters, 1974, 15). Unbestritten schließt das Rechtsstaatsprinzip es aus, Art und Maß der strafrechtlichen Reaktion von Rechts wegen dem richterlichen Belieben zu überlassen (so schon Drost, Das Ermessen des Strafrichters, 1930, S. 38). Der Richter ist insoweit nicht frei, sondern an die Wert- und Zweckvorstellungen des Gesetzes gebunden. Das gilt nicht nur für die Bestimmung der Strafhöhe innerhalb des Strafrahmens, sondern auch für die Wahl der Strafart und sogar jenseits der Strafzumessung für alle Fälle, in denen das Gesetz dem Richter die Anordnung strafrechtlicher Rechtsfolgen zur Wahl stellt (→ § 49 Rn. 7). Bei diesem unbestrittenen Ausgangspunkt reduzieren sich die Auseinandersetzungen um den Ermessenscharakter der Strafzumessung auf ein rechtstheoretisches Problem (aM Bruns JR 1977, 160 (162)). Auch wenn der Richter sich an alle gesetzlichen und von Rspr. und Lehre entwickelten Richtlinien für die Findung der Strafe hält, ist sein Ergebnis wegen der Komplexität der maßgebenden Erwägungen niemals zwingend als das allein „richtige" zu erweisen. In dem Spielraum des rational nicht mehr Überprüfbaren kommt daher die persönliche gestaltende Willensentscheidung des Richters notwendig zum Tragen (Dreher JZ 1967, 41 (44)). Sieht man schon darin Ermessensausübung, dann ist auch der Strafzumessungsakt ieS eine Ermessensentscheidung (Engisch FS Peters, 1974, 36). Setzt man jedoch für das Ermessen eine Befugnis zur Wahl zwischen mehreren „gleich richtigen" Entscheidungsalternativen voraus, so scheidet bei Konkretisierung der Strafe innerhalb des anwendbaren Strafrahmens Ermessen überhaupt aus (so Frisch, Revisionsrechtliche Probleme der Strafzumessung, 1971; Frisch ZStW 99 (1987), 751 (802); Grasnick JZ 1992, 260; näher zum Ganzen Warda, Dogmatische Grundlagen des richterlichen Ermessens im Strafrecht, 1962; Bruns FS Engisch, 1969, 708; Bruns FS Welzel, 1974, 739 (740); Maatz StraFo 2002, 373 (378); Haas, Strafbegriff, Staatsverständnis und Prozeßstruktur, 2008, S. 385; Dölling in Maurach/Gössel/Zipf StrafR AT II § 63 Rn. 181). Dann wird die Grenze erst überschritten, wenn das Gesetz in sog. „Kann-Vorschriften" die Wahl einer Rechtsfolge ausdrücklich dem Richter überlässt; allerdings ist auch dies kein prinzipieller Übergang, weil dem Richter auch hier nur **pflichtmäßiges,** dh an die Wert- und Zweckvorstellungen des Gesetzes gebundenes, **Ermessen** eingeräumt ist (BGHSt 1, 175 (177) = NJW 1951, 610).

51 **2.** Eine sorgfältige **Begründung** der Strafzumessung ieS ist sowohl prozessual wie auch materiell-rechtlich geboten. Es ist ein **Verfahrensfehler** nach § 267 III 1 StPO (beachte auch § 344 II 2 StPO), wenn die für die Zumessung der Strafe wirklich (Bruns JR 1977, 162 (163)) bestimmend gewesenen Umstände, dh die für das Gericht „tragenden" Strafzumessungsgründe, im Urteil nicht angeführt sind (stRspr); Dölling in Maurach/Gössel/Zipf StrafR AT II § 63 Rn. 187. Außerdem liegt ein **sachlich-rechtlicher Fehler** vor, wenn das Urteil mangels hinreichender Darlegung der Strafzumessungsgründe – namentlich bei hohen Strafen (BGH NStZ-RR 2003, 138; OLG Karlsruhe StV 1993, 403) – nicht zuverlässig auf seine

materiell-rechtliche Richtigkeit nachgeprüft werden kann (stRspr; vgl. etwa BGHSt 53, 222 (232) = NJW 2009, 1979; BGH NJW 1976, 2220; NStZ-RR 1996, 133; StV 2003, 671; sa Jähnke ZRP 1998, 71; Dölling in Maurach/Gössel/Zipf StrafR AT II § 63 Rn. 182, 189). Das kommt vor allem in Frage: wenn die Begründung in sich fehlerhaft ist (BGH NJW 1995, 340), namentlich unauflösbare Widersprüche enthält (Mösl NStZ 1983, 161; sa BGH NStZ-RR 2012, 179), wenn Umstände außer Acht gelassen wurden, die für die Beurteilung des Unrechts- und Schuldgehalts und damit der Schwere der Tat von besonderer Bedeutung sind (BGH NStZ 2006, 227); wenn der Tatrichter die persönlichen Verhältnisse (BGH StV 1992, 463; StV 1998, 636) oder sonst Umstände, deren Erörterung sich nach dem Sachzusammenhang aufdrängte, übergangen (BGH NStZ 1986, 312; NStZ-RR 2011, 370; sa BGH JZ 1988, 264; OLG Köln NJW 1986, 2328; BayObLG JR 2003, 297 mzustAnm Verrel; BGH NJW 2006, 2129 (2130)) oder gegen rechtlich anerkannte Strafzwecke verstoßen (BGH wistra 1997, 181) oder sie überhaupt nicht in den Kreis seiner Erwägungen einbezogen hat (BGHSt 17, 35 (36 = NJW 1962, 748; BGH NJW 1979, 2621; NStZ-RR 2003, 52); oder wenn der neu entscheidende Tatrichter ohne nähere Begründung eine gleich hohe Strafe wie im früheren Urteil verhängt hat, obwohl er von einem wesentlich geringeren Strafrahmen oder sonst erheblichen Milderungsgründen ausgegangen ist (BGH StV 1991, 19; OLG Zweibrücken StV 1992, 469; OLG Stuttgart NStZ-RR 2001, 16). Darüber hinaus hält die Rspr. mit Recht auch die Verhängung einer vom Üblichen abweichenden, **unvertretbar hohen** (BGH MDR 1992, 399 mablAnm Schäfer; BGH NStZ 1992, 381 mkritAnm Pauli NStZ 1993, 233; BGH StV 1996, 661) **oder niedrigen** (BGHSt 17, 35 = NJW 1962, 748; BGH NJW 1977, 1247 mAnm Bruns JR 1977, 160; BGH NJW 1990, 846; NStZ 1994, 494; NStZ 2012, 169; StV 1996, 427 mablAnm Köberer; BayObLG NStZ 1988, 408 mkritAnm Meine NStZ 1989, 553; zusf. Meier JuS 2005, 879 (881)) **Strafe** für fehlerhaft (BGHSt 29, 319 = JR 1981, 335; BGHSt 34, 345 = NJW 1987, 3014; BGHSt 57, 123 (127) = DStRE 2012, 508; zust. Streng JuS 1993, 919 (923); krit. Terhorst JR 1988, 272). Dasselbe gilt für eine unvertretbar ungleiche Behandlung von Tatbeteiligten (BGH StV 1994, 375; StV 2011, 275; NStZ-RR 1998, 50; Streng JuS 1993, 919) auch wenn der eine Täter nach Jugendstrafrecht und der andere nach Erwachsenenstrafrecht verurteilt wird (BGHSt 56, 262 (263) = NJW 2011, 2597 mit Bespr. Streng JR 2012, 252; dazu auch Hörnle HRRS 2011, 511). Im Ganzen ist die Rspr. zum sachlich-rechtlichen Fehler durch eine schwer überschaubare, nicht immer widerspruchsfreie Kasuistik gekennzeichnet (zusf. zur BGH-Rechtsprechung Theune FS Pfeiffer, 1988, 449; Eschelbach JA 1998, 498). Prozess- und sachlich-rechtliche Begründungsmängel können in einem sog. **Doppelfehler** zusammentreffen, der seine materiell-rechtliche Relevanz auch dann behält, wenn keine formgerechte Verfahrensrüge erhoben wurde (vgl. etwa OLG Köln NJW 1954, 1053; Dölling in Maurach/Gössel/Zipf StrafR AT II § 63 Rn. 187). – Nicht verlangt wird eine erschöpfende Darstellung aller Strafzumessungserwägungen; sie ist nicht vorgeschrieben und idR auch nicht möglich (stRspr; vgl. etwa BGHSt 3, 179 = NJW 1952, 1306; BGHSt 24, 268 = NJW 1972, 454; BGH NStZ 1996, 539; NStZ-RR 1997, 195; NStZ 2006, 227 (228); NJW 2018, 2210; NStZ-RR 2021, 346). Deshalb ist das Übergehen einzelner im Katalog des Abs. 2 erwähnter Umstände nicht für sich allein (BGH NStZ 1998, 188), sondern nur dann ein sachlich-rechtlicher Fehler, wenn der jeweilige Umstand für die konkrete Strafzumessung erkennbar Gewicht hatte (OLG Koblenz VRS 47, 256).

52 **3.** In der **Revisionsinstanz** ist die Strafzumessung nur insoweit angreifbar, als sie Verfahrensfehler (die gerügt werden müssen) oder sachlich-rechtliche Fehler aufweist (→ Rn. 51). Wie allerdings die Grenzen dieser Nachprüfung im Hinblick auf das Element tatrichterlicher Würdigung näher zu bestimmen sind, ist umstritten. Während die Rspr. dem Tatrichter einen relativ weiten Spielraum des Unüberprüfbaren einräumt (BGHSt 29, 319 = NJW 1981, 692; BGHSt 34, 349 = NJW 1987, 3014; BGH NJW 2012, 1459), ist in der Lit. eine nachhaltig einschränkende Tendenz spürbar (vgl. etwa Schünemann in Dreher, Pönometrie-Rationalität oder Irrationalität der Strafzumessung, 1977, S. 73; Streng, Strafzumessung und relative Gerechtigkeit, 1984, S. 296; Frisch ZStW 99 (1987), 751 (802); Theune FS Pfeiffer, 1988, 449; Radtke FS Maiwald, 2010, 643, der aber auch die Notwendigkeit eigener Strafzumessung durch die Revisionsgerichte betont; Dölling in Maurach/Gössel/Zipf StrafR AT II § 63 Rn. 192). Eine eigene Sachentscheidung des Revisionsgerichts ist nach § 354 I StPO möglich. Diese Kompetenz ist 2004 mit § 354 I Buchst. a, b StPO durch das 1. JuMoG erweitert worden (näher Theune in LK-StGB Rn. 342; Fischer Rn. 150–155; krit. Gaede HRRS 2007, 292 (293): verfassungswidrig). Das Recht auf faires Verfahren nach Art. 6 I MRK lässt die Strafzumessung durch das Revisionsgericht nur dann zu, wenn „lückenloser, warheitsorientiert ermittelter und aktueller Strafzumessungssachverhalt" vorliegt (BVerfGE 118, 212 (234) = NJW 2007, 2977 mit Bespr. Paster/Sättele NStZ 2007, 609; Dehne-Niemann ZIS 2008, 239; Maier NStZ 2008, 227; Peglau JR 2008, 80; krit. Gaede GA 2008, 394 (402); Berenbrink GA 2008, 625 (627); vgl. auch Köberer FS Hamm, 2008, 303 (315); Radtke FS Maiwald, 2010, 643 (645); krit. auch Eschelbach in Satzger/Schluckebier/Widmaier StGB Rn. 7, Fiktion).

53 **VII. 1.** Zur **Konzeption des § 46 im Ganzen** Stratenwerth, Tatschuld und Strafzumessung, 1972; Lackner FS Gallas, 1973, 117; Zipf JuS 1974, 142; die Entwicklungstendenzen zusf. Bruns FS Welzel, 1974, 739; rechtsvergleichend Buchala FS Triffterer, 2011, 561.

54 **2.** Zur **Strafzumessung im Ganzen** beachte ferner die folgenden Gesamtdarstellungen, von denen auch die älteren heute noch bedeutsam sind: Dreher, Über die gerechte Strafe, 1947; Spendel, Zur Lehre vom Strafmaß, 1954; v. Weber, Die richterliche Strafzumessung, 1956; Bruns, Strafzumessungsrecht, 2. Aufl. 1974; Zipf, Die Strafzumessung, 1977; Meier Sanktionen, 5. Aufl. 2019, S. 165–266; sowie in knapper Form Meier JuS 2005, 769 (773); JuS 2005, 879 (881); Streng Sanktionen Rn. 479–769; Albrecht, Strafzumessung bei schwerer Kriminalität, 1994; Gesamtdarstellung der Rechtsprechungsgrundsätze bei Schäfer/Sander/van Gemmeren Strafzumessung, 6. Aufl. 2017.

§ 46a Täter-Opfer-Ausgleich, Schadenswiedergutmachung

Hat der Täter

1. **in dem Bemühen, einen Ausgleich mit dem Verletzten zu erreichen (Täter-Opfer-Ausgleich), seine Tat ganz oder zum überwiegenden Teil wiedergutgemacht oder deren Wiedergutmachung ernsthaft erstrebt oder**
2. **in einem Fall, in welchem die Schadenswiedergutmachung von ihm erhebliche persönliche Leistungen oder persönlichen Verzicht erfordert hat, das Opfer ganz oder zum überwiegenden Teil entschädigt,**

so kann das Gericht die Strafe nach § 49 Abs. 1 mildern oder, wenn keine höhere Strafe als Freiheitsstrafe bis zu einem Jahr oder Geldstrafe bis zu dreihundertsechzig Tagessätzen verwirkt ist, von Strafe absehen.

1. Die Vorschrift dient zusammen mit den Änderungen der §§ 56, 56b, 59a durch das VerbrBG (→ Vor § 1 Rn. 12) etwa gleichgewichtig der Verbesserung des Opferschutzes und der Zurückdrängung repressiver Bestrafung im unteren und mittleren Kriminalitätsbereich, um auf diesem Wege die friedensstiftende Wirkung des Strafverfahrens sinnvoll zu ergänzen. Sie versucht, Teilergebnisse der intensiven Diskussionen in jüngerer Vergangenheit um den **Täter-Opfer-Ausgleich** und die **Schadenswiedergutmachung** im Gesetz zu verankern (beachte den AE (WMG)). Flankiert wurde die vorausgegangene Entwicklung durch eine Fülle kaum übersehbaren Schrifttums. Die Vorschrift knüpft an Erfahrungen an, die im Rahmen zahlreicher Modellprojekte (zusf. Bannenberg, Wiedergutmachung in der Strafrechtspraxis, 1993, S. 85, 261; zu bayerischen Modellprojekten Dölling FS Stöckel, 2010, 349 (350)), namentlich in der Jugendstrafrechtspflege, gesammelt worden sind (BT-Drs. 12/6853, 21). Obwohl nahezu Konsens bestand (aM Albrecht FS Schüler-Springorum, 1993, 81), dass der TOA und die Schadenswiedergutmachung eine wichtige Ergänzung des Sanktionensystems bedeuteten und deshalb breiteren Raum im Gesetz finden sollten, war die Frage der Umsetzung in eine konkrete Regelung umstritten (BT-Drs. 12/8588, 4). § 46a wurde deshalb nur als vorläufiger und begrenzter Versuch der Schaffung eines gesetzlichen Rahmens verstanden (Jescheck/Weigend StrafR S. 864). Die Frage der kriminalpolitischen Bewährung blieb zunächst offen (krit. Kaiser ZRP 1994, 314 (319); Dahs NJW 1995, 553; Hamm StV 1995, 491; Meier GA 1999, 1; sa Walther ZRP 1997, 395). Es ist zunächst nur punktuell, aber mit steigender Tendenz (expl. Pfeiffer, Täter-Opfer-Ausgleich im allgemeinen Strafrecht, 1997; Hartmann, Staatsanwaltschaft und Täter-Opfer-Ausgleich, 1998; Walter ua, Täter-Opfer-Ausgleich aus der Sicht von Rechtsanwälten, 1999, S. 5; sa die Tagungsberichte von Gutschke BewH 1999, 91; Karliczek NJ 1999, 131; Dölling/Hartmann, Täter-Opfer-Ausgleich im Erwachsenenstrafrecht, 2000) in wenigen Bezirken gelungen den unverzichtbaren organisatorischen Hintergrund zu schaffen, der sicherstellt, dass die erfahrungsgemäß schwierigen Kontakte zwischen Täter und Opfer durch fachkundige Berater vermittelt und gefördert werden können. Im Ganzen hatte sich an der bisher zurückhaltenden Praxis nicht viel geändert (optimistischer Schöch FG BGH, 2000, 309; einen Bedeutungsgewinn in der Praxis konstatiert Schroth FS Hamm, 2008, 677). Dem hat der Gesetzgeber durch strafverfahrensrechtliche Verankerung des TOA entgegenzuwirken versucht (TOAStPO, → Vor § 1 Rn. 14). Durch Ergänzung des § 153a I StPO und Einfügung der §§ 155a, 155b StPO hat er die Pflichten der Staatsanwaltschaft und des Gerichts zur Erteilung entsprechender Auflagen oder Weisungen wesentlich erweitert. Der Erfolg dieser Maßnahmen lässt sich noch nicht abschließend beurteilen. Es kommt darauf an, ob sich die wichtigsten, häufig vorgebrachten Bedenken ausräumen lassen, dass nämlich die durchgängige Institutionalisierung des Rechtsinstituts die Freiwilligkeit im Verhalten der Beteiligten gefährden (dazu Hillenkamp FS Streng, 2017, 259), taktisch motivierte Scheinversöhnungen begünstigen, das Opfer zusätzlichen Belastungen auszusetzen und einen verantwortlichen Nutzen-Kosten-Analyse widersprechenden Aufwand fordern könnte (krit. auch Loos ZRP 1993, 51 (54); Lampe GA 1993, 485 (487); Walther JZ 1997, 1110 (1112); Kilchling, Opferinteressen und Strafverfolgung, 1995, S. 692, 695; Jerouschek JZ 2000, 185 (190); Schaffstein FS Roxin, 2001, 1665; Pielsticker, § 46a StGB-Revisionsfalle oder sinn- 1 volle Bereicherung des Sanktionenrechts?, 2004, mit Bespr. Mertens ZIS 2008, 111; Schöch FS Roxin, 2001, 1045; Köberlein, Schadenswiedergutmachung und Legalbewährung, 2006; Bosch FS Otto, 2007, 845; empirische Befunde zur Legalbewährung nach Täter-Opfer-Ausgleich Dölling/Hartmann/Traulsen MschrKrim 2002, 189; dazu Meier JZ 2010, 113 (119); empirische Untersuchungen bei Kunz MschrKrim 2007, 466; Taubner MschrKrim 2008, 281; unter Gesichtspunkten der Rechtsstaatlichkeit ferner Blum, Strafbefreiungsgründe und ihre kriminalpolitischen Begründungen, 1996, S. 16, 89).

1a **2.** Der Täter-Opfer-Ausgleich und die Schadenswiedergutmachung sind **keine Strafen.** Sie bilden zwar keine „selbständige dritte Spur im Sanktionensystem" (so Roxin FS Baumann, 1992, 243 in Bezug auf den AE (WGM); de lege ferenda noch weitergehend Walther ZStW 111 (1999), 123; Walther, Vom Rechtsbruch zum Realkonflikt: Wiedergutmachung als Grundauftrag des Kriminalrechts, 2000, die ein mehrspuriges „Kriminalrecht" vorschlägt, bei dem die Wiedergutmachung als selbständige Spur zwischen Strafe und Maßregel steht; dazu Weigend FS Müller-Dietz, 2001, 975 (980); vgl. auch Sarhan, Wiedergutmachung zugunsten des Opfers im Lichte strafrechtlicher Trennungsdogmatik, 2006, der die Wiedergutmachung und den TOA mit einem neuen Verständnis der Strafe als Genugtuung für das Opfer fundieren will); sie sind aber doch eigenständige Reaktionsmittel, die Strafe überflüssig machen oder mildern sollen (hM; beachte Stein NStZ 2000, 391, der näher darlegt, dass der TOA dem Strafzweck des Schuldausgleichs hinreichend gerecht wird; anders Schild FS Geerds, 1995, 157, der die Umgestaltung des TOA in eine echte Strafe fordert).

1b **3.** Die Vorschrift gilt **allgemein,** also auch bei Verbrechen (zu einem Mordversuch sa BGH NStZ-RR 2018, 346; ebenso Kindhäuser/Hilgendorf in LPK-StGB Rn. 1; krit. die strafrechtliche Abteilung des 59. DJT NJW 1992, 3021); die gänzliche Ausscheidung bestimmter Tatbestandsgruppen (zB der Gewaltdelikte und des Kindesmissbrauchs) ist daher unzulässig (BGH NStZ 1995, 492; NStZ-RR 2009, 369; NStZ 2010, 82; sa OLG Karlsruhe NJW 1996, 3286; Meier JZ 1995, 434 (436); LG Potsdam NJ 1998, 214 mAnm Lemke). Auf sog. „opferlose Delikte", durch die keine bestimmte (natürliche oder juristische, BGH NStZ 2000, 205) Person unmittelbar (daher scheiden nach einem Mord die Angehörigen als Verletzte aus, BGH NJW 2019, 319) materiell oder immateriell geschädigt wurde, ist Nr. 1 nicht anwendbar, wohl aber uU Nr. 2 (BGHSt 60, 84 = NJW 2015, 500 zu § 315b mAnm Kaspar JZ 2015, 312; Kraatz NJ 2015, 261; BGHR § 339 DDR-Richter 2 zu § 339; BGH NStZ 2020, 601 zu § 356), weil ein Täter auch dann Bereitschaft zur Übernahme von Verantwortung zeigen könne, wenn durch die Tat nur die Allgemeinheit betroffen war (BGH NStZ 2000, 205 mAnm Dierlamm NStZ 2000, 536). Auch bei **Steuerhinterziehung** (§ 370 AO) kommt es darauf an, ob im Einzelfall die Voraussetzungen erfüllt sind (str.). Ein Täter-Opfer-Ausgleich iSd Nr. 1 scheidet allerdings bei einer der Gesetzesentwicklung entsprechenden Auslegung aus (BGH NStZ 2001, 200; anders → 28. Aufl. 2014). Die Anwendbarkeit der Nr. 2 kommt aber bei Vorliegen ihrer nur schwer erfüllbaren Voraussetzungen in Frage (BGH NStZ-RR 2010, 147: in Ausnahmefällen). Dass der Staat die Allgemeinheit repräsentiert, steht seiner Eigenschaft als durch die Tat Geschädigter nicht entgegen (Parigger FS Rieß, 2002, 783; aM Woring DStZ 1996, 459; Schabel wistra 1997, 201; zw.). Auch dass die Selbstanzeige nach § 371 AO dem Täter eine weiterreichende Vergünstigung gewährt, ist kein Hinderungsgrund; da sie andere Voraussetzungen und andere Rechtsfolgen hat als § 46a, kann sie nicht als vorgehende Spezialregelung gedeutet werden (Schwedhelm/Spatschek DStR 1995, 1449; Brauns, Die Wiedergutmachung der Folgen der Straftat durch den Täter, 1996, S. 73, 171; Briel NStZ 1997, 33; Kottke DB 1997, 549; Schabel wistra 1997, 201; aM Blesinger wistra 1996, 90; Klawitter DStZ 1996, 553; Meier GA 1999, 1 (9); zw.). Weiterführend Kasperek, Zur Auslegung und Anwendung des § 46a StGB, 2002; Pielsticker, § 46a StGB – Revisionsfalle oder sinnvolle Bereicherung des Sanktionenrechts?, 2004; Kaspar/Weiler/Schlickum, Der Täter-Opfer-Ausgleich, 2014; Bemmann JR 2003, 226. Zur obergerichtlichen Rspr. Hüttemann StV 2002, 678; Franke NStZ 2003, 410; Schädler NStZ 2005, 366. Zu den Darlegungsanforderungen in der Revision s. OLG Karlsruhe BeckRS 2015, 20078; zur Überprüfbarkeit in der Revision s. KG StraFo 2017, 35.

4. Im Zentrum der Vorschrift steht die **Wiedergutmachung des durch die Tat verursachten Schadens,** auch des immateriellen, selbst wenn dieser zivilrechtlich nicht geschuldet ist (vgl. Kinzig in Schönke/Schröder Rn. 3; Schöch FS Rissing-van Saan, 2011, 639; zu Modellen der materiellen Wiedergutmachung Hryniewicz-Lach ZStW 131 (2019), 425; zur Frage unter welchen Voraussetzungen bloße Sicherstellung von Vermögensbestandteilen oder des Vermögens im ganzen schon eine Wiedergutmachungsleistung ist, BGH NStZ 2000, 83). Meistens, aber nicht notwendig (zB Widerruf einer ehrenrührigen Behauptung), geht es um den Ausgleich des materiellen Schadens und um Schmerzensgeld (die Annahme in BGH NStZ 1995, 492, dass Nr. 1 vor allem den Ausgleich der immateriellen Folgen einer Tat und Nr. 2 den materiellen Schadensersatz betreffe, findet im Gesetz keine Stütze, Brauns, Die Wiedergutmachung der Folgen der Straftat durch den Täter, 1996, S. 324; Schöch FG BGH, 2000, 309 (325)); daher stellen Zahlungen, die nur einen Ausgleich der immateriellen Folgen betreffen, die materiellen Schäden aber nicht berücksichtigen, keine hinreichende Kompensation der durch die Straftat verursachten Folgen dar (BGH NStZ-RR 2019, 369). Dient eine Geldzahlung als bloßer Ausgleich für bei einer Raubtat weggenommenen Geldbeträge, ist Nr. 2 vorrangig zu prüfen, wenn die Zahlung den Schmerzensgeldanspruch des Verletzten ausgleichen sollte Nr. 1 (BGH NJW 2020, 486). Sind durch eine Straftat mehrere Opfer betroffen, muss hinsichtlich jedes Geschädigten mindestens eine Alternative von § 46a erfüllt sein (BGH NStZ 2002, 364; NStZ 2012, 439; NStZ-RR 2013, 372; wistra 2016, 486 mAnm Waßmer ZWH 2017, 22; BGH NStZ 2018, 276; OLG Hamm NStZ 2021, 430; sa BGHR § 76a Nr. 1 Ausgleich 10, bei Entschädigung eines Opfers durch Dritte muss Täter zumindest Verantwortung für Tat übernehmen); werden bei einer Tat einzelne Opfer nicht geschädigt (zB wegen Flucht vor einer Verletzung), genügt ein Tatausgleich mit den geschädigten Opfern (BGH StV 2020, 842 mAnm Rausch-Bernsmann/Wollschläger). Während bei Straftaten mit materiellen Folgen für das eine und immateriellen Folgen für das andere Tatopfer (zB Nötigung eines Bankangestellten zu Vermögensschädigungen der Bank) ein Zusammentreffen von Täter-Opfer-Ausgleich und Schadenswiedergutmachung möglich ist (BGH NJW 2001, 2557 insoweit mzustAnm Kühl/Heger JZ 2002, 363; König JR 2002, 252; Dölling/Hartmann NStZ 2002, 366) sowie für Vermögensstraftaten bei unterhalb der Grenze von Nr. 2 bleibenden oder ohne persönlichen Verzicht erbrachten Entschädigungen auch Nr. 1 anwendbar ist (BGH wistra 2002, 21), hält die Rspr. namentlich für Sexualstraftaten weiterhin daran fest, dass auch Schmerzensgeld und Schadensersatzzahlungen an die Geschädigten allein an Nr. 1 zu messen sind, so dass eine unter persönlichem Verzicht erbrachte weitgehende Wiedergutmachung der materiellen Schäden nicht zu einer Anwendung von Nr. 2 führen kann (BGH NJW 2002, 3264 2 iE mablAnm Kaspar StV 2002, 651; BGH NStZ 2002, 29). Da die Vorschrift aber in **Nr. 1** für den Täter einen Anreiz zur Erreichung des Täter-Opfer-Ausgleichs schaffen oder ihm in **Nr. 2** einen besonderen persönlichen Einsatz abfordern will (BT-Drs. 12/6853, 21; OLG Hamm NStZ-RR 2009, 272 (273); Streng in NK-StGB Rn. 17, 19; → Rn. 4), genügte der hM zunächst nur vollständige oder überwiegende, dh mindestens die Hälfte des Gesamtschadens übersteigende Leistung (in BGH NJW 2001, 2557 inzident in Frage gestellt; vgl. Kühl/Heger JZ 2002, 363 (364); krit. hierzu König JR 2002, 252 (254); Dölling/Hartmann NStZ 2002, 366 (367)); dies wurde von der Rspr. später ausdrücklich aufgegeben (BGH wistra 2009, 347 (349), bei Teilschadensausgleich von weniger als der Hälfte muss sich der Geschädigte mit der Teilleistung zufrieden geben und den Täter von der weitergehenden Haftung freistellen; ebenso BGH NStZ-RR 2019, 206; Kinzig in Schönke/Schröder Rn. 5), wenn weitere nicht geldwerte Leistungen des Geschädigten vorliegen, solange nicht die Schadensersatzforderungen des Verletzten die gezahlten Leistungen des Täters bei weitem übersteigen (OLG Hamm NStZ-RR 2009, 272 (273); für die gesamtschuldnerische Haftung von Tatbeteiligten nach §§ 830, 840 BGB ((auch zu anderen Konstellationen der Schadenswiedergutmachung von gesamtschuldnerisch haftenden Tatbeteiligten vgl. Kaspar GA 2003, 146))); dafür müssen die eingetretenen materiellen und immateriellen Schäden festgestellt werden (BGH StV 2021, 31). Bloße Wiedergutmachung (Streng Sanktionen, 3. Aufl. 2021, Rn. 462) oder im Falle der Nr. 1 auch das ernsthafte (dazu BGH NStZ 1999, 454) Streben nach Wiedergutmachung, soweit sie dem Täter nach den Umständen möglich und zumutbar ist (ähnlich Kilchling NStZ 1996, 309 (314); Wolters in SK-StGB Rn. 5), reicht für sich allein nicht. Hinzukommen muss eine besondere Leistung des Täters (näher dazu unter krit. Würdigung der Rspr. Brauns, Die Wiedergutmachung der Folgen der Straftat durch den Täter, 1996, S. 320; Kilchling NStZ 1996, 309 (312)):

3 **a) Nr. 1:** Hier muss der Täter zusätzlich im Rahmen von Bemühungen um einen **Täter-Opfer-Ausgleich** (zu diesen drei Begriffen Maiwald GA 2005, 339 (342)), dh um Schadenswiedergutmachung und Aussöhnung mit dem Verletzten (vgl. die Initiativvorlage der SPD-Fraktion BT-Drs. 12/6141, 8), gehandelt haben. Er muss danach mindestens ernsthaft – sei es auch erfolglos (BGH NStZ 2002, 29; NStZ-RR 2002, 263; zB wegen Weigerung des Verletzten) – versucht haben (BGH NStZ-RR 2006, 373; NStZ-RR 2009, 369; StV 2007, 410; NStZ 2008, 452), die Aussöhnung zu erreichen; einseitige Wiedergutmachungsbestrebungen des Täters ohne den Versuch einer Einbeziehung des Opfers genügen nicht (BGH NStZ-RR 2003, 363; NJW 2013, 483; NStZ 2012, 439), doch geht die Forderung der Rspr., dass das Opfer die Bemühungen des Täters als friedensstiftenden Ausgleich akzeptiert haben muss (BGHSt 48, 134 (143) = NJW 2003, 1466; BGH NStZ-RR 2003, 363; NStZ-RR 2014, 304; NStZ 2010, 82; OLG Hamm NStZ-RR 2009, 272 (273); vgl. Maiwald GA 2005, 339 (346); krit. Bosch FS Otto, 2007, 845 (857), Disposition des Opfers über den staatlichen Sanktionsanspruch?) über das Erfordernis des ernsthaften Erstrebens hinaus (vgl. BGH NJW 2002, 3264) und wird deshalb als Verpflichtung des Tatrichters zur Betrachtung der konkreten Interessen von Täter und Opfer, nicht eines objektiven Dritten, verstanden (BGHSt 48, 134 (143) = NJW 2003, 1466; sa BGH NStZ-RR 2012, 43). Das erfordert einen kommunikativen Prozess (BGH StraFo 2009, 245 (246); NStZ-RR 2009, 133 mzustAnm Rose JR 2010, 189; BGH NStZ-RR 2013, 240; OLG Hamm NStZ-RR 2009, 272 (273)), bei dem in schwierigen Fällen auch „indirekte Vermittlung“ in Frage kommt, bei der Dritte den Kontakt herstellen und aufrecht erhalten

(Schöch FG BGH, 2000, 309 (321, 325); Streng in NK-StGB Rn. 12). In diesem Prozess sind neben dem Opfer (ohne dessen Einbeziehung scheidet Nr. 1 aus), das bei Nr. 1 nur eine natürliche Person sein kann (vgl. BGH NStZ 2000, 205; Loos FS Hirsch, 1999, 851 (863); zum Streitstand Eckstein FS Schroeder, 2006, 777 (780) Fn. 27), regelmäßig (aber nicht notwendig, OLG Stuttgart NJW 1996, 2109; Brauns, Die Wiedergutmachung der Folgen der Straftat durch den Täter, 1996, S. 311; aM König/Seitz NStZ 1995, 1 (2)) auch sachkundige Berater einbezogen, doch kann die Vermittlung auch zB über den Verteidiger des Täters erfolgen (BGH NJW 2001, 2557 mzustAnm Kühl/Heger JZ 2002, 363; König JR 2002, 252; Dölling/Hartmann NStZ 2002, 366; BGH StV 2022, 156; zu den Gestaltungsmöglichkeiten des Verteidigers Püschel StraFo 2006, 261). Der Täter muss danach, unabhängig davon, von wem die Initiative ausgeht (OLG Köln NStZ-RR 2004, 71), in umfassenden Ausgleichsbemühungen möglichst eine Lösung des Gesamtkonflikts angestrebt haben (BGH NStZ 1995, 492; sa BGH StV 1999, 89; NStZ 2003, 29; NStZ-RR 2003, 363; NStZ-RR 2006, 373; OLG OLG Stuttgart NJW 1996, 2109; BayObLG NJW 1998, 1654 mablAnm Horn JR 1999, 41). Mit dieser Einschränkung soll sichergestellt werden, dass die grundlose Privilegierung reicher Täter, die jederzeit zur Wiedergutmachung imstande sind, verhindert wird (BT-Drs. 12/6853, 21); schon aus generalpräventiven Gründen (Streng in NK-StGB Rn. 13) darf die Vorschrift nicht als „Freikauf" von Verantwortung verstanden werden (OLG Hamm NStZ-RR 2008, 71; NStZ-RR 2009, 272 (273)), doch genügen geringere Wiedergutmachungsbemühungen, wenn es auf deren Basis zu einer umfassenden Versöhnung kommt (BGH NStZ 2016, 401). Das Verhalten des Täters muss Ausdruck von Übernahme der Verantwortung sein (BGHSt 48, 134 = NJW 2003, 1466; BGH NStZ-RR 2008, 304; NStZ-RR 2010, 176; OLG Hamm NStZ-RR 2008, 71; Fischer Rn. 11); zwar ist dies nicht von vornherein ausgeschlossen, wenn der Täter einzelne Tatumstände beschönigt, doch muss er zu diesen im Grundsatz stehen (BGH NStZ-RR 2014, 172; NStZ-RR 2017, 198). Darüber hinaus erfordert nach neuerer Rspr. ein Täter-Opfer-Ausgleich eine Mitwirkung des Opfers (BGH StV 2012, 150), so dass dessen Weigerung (auch unter Vorbehalt späterer Annahme, BGH NStZ-RR 2014, 304) grds. einem Ausgleich nach Nr. 1 entgegenstehen soll (BGH NStZ 2006, 275 mzustAnm Rose ZIS 2006, 488); vom Opfer nicht akzeptierte Ausgleichsbemühungen des Täters genügen danach nur, wenn das Opfer bei deren Zurückweisung seine Rechtsposition missbraucht (Schädler NStZ 2005, 366). Noch weiter in Richtung auf einen umfassenden Opferschutz, der den Aspekt einer vom Täter erbrachten Ausgleichsleistung zurücktreten lässt, geht die Forderung des BGH, dass bei Gewalt- und Sexualdelikten für einen erfolgreichen Täter-Opfer-Ausgleich idR ein Geständnis (nicht auch ein öffentliches Schuldbekenntnis) des Täters erforderlich sein soll (so BGHSt 48, 134 = NJW 2003, 1466 mkritAnm Götting StraFo 2003, 251; Kaspar JR 2003, 426; Schulte NKrimPol 2004, 36, zust. aber Dölling/Hartmann NStZ 2004, 382; BGH NStZ-RR 2006, 373; NStZ 2008, 452; NStZ 2010, 82; zust. Fischer Rn. 14); ist für das Opfer nach gelungenen Ausgleichsbemühungen die strafrechtliche Ahndung und das Verteidigungsverhalten des Täters nicht mehr von besonderem Interesse, steht ein nur eingeschränktes Geständnis der Anwendung von § 46a jedenfalls nicht entgegen (BGH NStZ 2003, 199; OLG Karlsruhe JR 2016, 387). Die Opferrolle des Geschädigten wird nicht schon dadurch bestritten, dass sich der Täter für seine Unschuld auf § 33 („panische Angst") beruft (BGH NStZ 2010, 82 (83); anders für das Berufen auf Notwehr BGH NStZ-RR 2008, 303; NStZ-RR 2013, 240, auf eine vermeintliche Notwehrlage OLG Hamm NStZ-RR 2009,

272 (273) und für „Alleinschuldzuweisung" an der Eskalation BGH NStZ-RR 2010, 176). – Zur friedensstiftenden Wirkung eines Vergleiches im Adhäsionsverfahren vgl. BGH NStZ-RR 2019, 305.

4 **b) Nr. 2:** Hier muss der Täter freiwillig – sei es auch unter dem Druck des Opfers oder des Strafverfahrens – die erbrachte Wiedergutmachung (→ Rn. 2) durch erhebliche **persönliche,** also nicht von Dritten (Brauns, Die Wiedergutmachung der Folgen der Straftat durch den Täter, 1996, S. 317), namentlich der Haftpflichtversicherung (BayObLG VRS 94, 443), übernommene **Leistungen oder persönlichen Verzicht** erreicht haben (ebenso Streng Sanktionen Rn. 464). Das erfordert besondere persönliche Anstrengungen, die Ausdruck der Übernahme von Verantwortung gerade gegenüber dem Opfer sind (BGH NStZ-RR 2009, 133 (134) mzustAnm Rose JR 2010, 189; BGH NStZ-RR 2010, 147; OLG Stuttgart NJW 1996, 2109; KG StV 1997, 473; OLG München wistra 2007, 437; OLG Hamm NStZ-RR 2009, 272 (273)), zB umfangreiche Arbeiten in der Freizeit oder erhebliche Einschränkungen im finanziellen Bereich (BT-Drs. 12/6853, 22); dass der Täter solche Leistungen erst während der Haupt- oder Berufungsverhandlung (BGH NStZ-RR 2009, 17; KG StraFo 2017, 35; vgl. auch OLG Hamburg StraFo 2016, 518) erbracht hat, oder nachdem er auf Zahlung in Anspruch genommen worden ist, schließt die Vergünstigung nicht notwendig aus (BGH NStZ 1995, 284; ebenso für im Rahmen von Nr. 1 geleistete Zahlungen BGH NStZ 2003, 29); dass ein Mittäter mehr als die Hälfte des (Bestechungs-)Schadens ersetzt hat, schließt Nr. 2 nicht aus (BGH NStZ-RR 2009, 133 (134) mzustAnm Rose JR 2010, 189). Eine bloße Zusage der Schadenswiedergutmachung reicht für Nr. 2 nicht aus (BGHR StGB § 46a Wiedergutmachung 10). Dafür setzt Nr. 2 – anders als Nr. 1 – keinen über die Annahme oder Ablehnung der Leistung hinausgehenden kommunikativen Prozess zwischen Täter und Opfer voraus (OLG München StraFo 2018, 530).

4a **c)** Beide Alternativen beschreiben **selbständige Voraussetzungen,** die übereinstimmend Schadensausgleich bezwecken (ebenso Schöch FG BGH, 2000, 309 (324)). Die **Nr. 1** legt jedoch zusätzlich besonderes Gewicht auf den Täter-Opfer-Ausgleich, dh auf die Überwindung der immateriellen Tatfolgen, während die **Nr. 2** sich mit besonderem persönlichen Einsatz bei der materiellen Wiedergutmachung begnügt (BGH NStZ 1995, 492). Das Gericht kann die Strafmilderung auf jede der beiden Alternativen stützen; liegen jedoch die Voraussetzungen beider vor, sollten sie wegen ihrer Bedeutung für die Ermessensausübung (→ Rn. 5) nebeneinander festgestellt werden (BGHSt 48, 138 = NJW 1997, 138; Kinzig in Schönke/Schröder Rn. 6). Voraussetzung einer Strafmilderung ist bei mehreren Opfern einer Tat, dass gegenüber jedem Geschädigten zumindest eine Alternative erfüllt ist (BGH NStZ-RR 2017, 306).

5 **5. a)** Die **erste Alternative** der Strafdrohung sieht nur einen **fakultativen besonderen gesetzlichen Milderungsgrund** iSd § 49 I vor (krit. Brauns, Die Wiedergutmachung der Folgen der Straftat durch den Täter, 1996, S. 302; Maiwald GA 2005, 339 (348)). Es ist daher zunächst zu entscheiden, ob von der Milderungsmöglichkeit überhaupt Gebrauch gemacht wird (OLG Bamberg wistra 2013, 117; dazu und zu der Frage, welchen Regeln diese Würdigung folgt, → § 49 Rn. 4). Für die danach gebotene Gesamtwürdigung (Streng in NK-StGB Rn. 21) haben ua Gewicht: die Intensität der Täterbemühungen und die mit ihnen erreichte friedensstiftende Wirkung; der Zeitpunkt ihres frühen oder späten Beginns, der zB durch Abwarten der Rechtskraft des Schuldspruchs hinausgeschoben werden kann (BGH

war zunächst nicht erforderlich; mit dem 46. StÄG ist aber (wie auch in § 31 S. 1 Nr. 1 BtMG) im Interesse einer Stärkung des Schuldprinzips (BT-Drs. 17/9695, 6) eine Beschränkung auf Zusammenhangstaten erfolgt (zusf. Peglau NJW 2013, 1910). Um Missbrauchsgefahren zu begegnen, wird § 46b (wie § 31 BtMG) von den Strafvorschriften des § 145d III (→ § 145d Rn. 10a) und des § 164 III (→ § 164 Rn. 11a) flankiert (krit. Frank/Titz ZRP 2009, 137 (139); Salditt StV 2009, 375 (378); Zopfs ZIS 2011, 669). – Zur **Entstehungsgeschichte** König NJW 2009, 2481. – **Rechtsvergleichend**e Hinweise bei Kinzig in Schönke/Schröder Rn. 1. Zur **Rspr.** Maier NStZ-RR 2011, 329; Detter NStZ 2011, 330 (333).

2. Abs. 1. Als **Anlasstat** kommt nicht jede mit Freiheitsstrafe bedrohte Tat in 2
Betracht; sie muss schon mit einer im Mindestmaß (ein Monat, § 38 II) erhöhten zeitigen Freiheitsstrafe oder mit lebenslanger Freiheitsstrafe bedroht sein; eine Katalogtat iSd § 100a II StPO muss es aber nicht sein (BGH NStZ-RR 2013, 241). Für zeitige Freiheitsstrafen sind nach S. 2 nur „Schärfungen", nicht „Milderungen" zu berücksichtigen. Erfasst werden benannte und unbenannte Strafschärfungen sowie Regelbeispiele einschließlich zwingender Beispiele (→ § 12 Rn. 3, 4; → § 46 Rn. 7, 11; BT-Drs. 16/6268, 10). Milderungen (krit. zu dieser Einschränkung Fischer Rn. 6a: Bevorzugung von Tätern der mittleren oder schweren Kriminalität) sind auch solche des AT wie etwa für Gehilfen nach § 27 II (BT-Drs. 16/6268, 10) – Gehilfen sind **wie Anstifter** als „Täter" erfasst (Fischer Rn. 7). Erfasst konnten aber nicht nur Tatbeteiligte, sondern auch Opfer der Tat (zB eines erpresserischen Menschenraubs) sein, denen hinsichtlich einer anderen Tat (zB ein Urkundsdelikt) Strafmilderung iSd § 46b gewährt werden kann (BGH NJW 2010, 2741 zu § 46b StGB aF); allerdings muss diese inzwischen im Zusammenhang mit jener stehen. Die Strafmilderung erfolgt nach § 49 I, bei der an sich verwirkten lebenslangen Freiheitsstrafe darf die Strafmilderung aber nicht unter zehn Jahre Freiheitsstrafe gehen (S. 1 aE). Für ab dem 1.8.2013 begangene (vgl. § 8) bzw. beendete (vgl. § 2 II) Taten (für bis dahin begangene Taten gilt § 46b aF als günstigere Norm gem. § 2 III; BT-Drs. 17/9695, 1; BGH wistra 2015, 99; Peglau NJW 2013, 1910 (1913)) gilt einschränkend für beide Alternativen des Abs. 1, dass die Bezugstat (Katalogtat iSd § 100a II StPO) mit der Anlasstat **in Zusammenhang stehen** muss. Weder muss es sich damit bei der Anlasstat ebenfalls um eine Katalogtat oder eine Tat der gleichen Delikts- bzw. Kriminalitätskategorie handeln, noch muss zwischen beiden Taten partiell Tateinheit bestehen oder die Bezugstat auch Gegenstand des gegen den Kronzeugen geführten Strafverfahrens sein; in Anlehnung an die Rspr. zu § 31 BtMG (BGH NStZ 1995, 193) ist vielmehr ausreichend, aber auch erforderlich, dass sich beide Taten in ein kriminelles Gesamtgeschehen einfügen lassen (BT-Drs. 17/9695, 8f.; BGH NStZ 2021, 285; NStZ-RR 2021, 207; Peglau NJW 2013, 1910 (1912)). Bei aufeinander aufbauenden Taten muss die eigene Tat eine zumindest mittelbar unterstützende Funktion für die offenbarte Tat haben oder umgekehrt; ein bloß zeitliches oder örtliches Zusammentreffen reicht hingegen ebenso wenig wie persönliche Beziehungen beider Täter (BT-Drs. 17/9695, 8f). Danach wird nur in seltenen Fällen § 46b gegenüber der früheren Rechtslage entfallen (zB bei informellen V-Situationen, Peglau NJW 2013, 1910) dem geforderten Zusammenhang beider Taten steht nicht entgegen, dass der Kronzeuge die eigene Tat leugnet, so dass in solchen Konstellationen § 46b anwendbar bleibt (Peglau NJW 2013, 1910; zu § 46b aF BGH NStZ-RR 2012, 201).

3. Abs. 1 Nr. 1. Die sog. Aufklärungshilfe (Fischer Rn. 8; Streng in NK-StGB 3
Rn. 9; Kinzig in Schönke/Schröder Rn. 8, 9) steht nach Abs. 1 S. 3 unter der Be-

dingung, dass der Aufklärungsbeitrag eines Tatbeteiligten über den „eigenen Tatbeitrag" hinausgehen muss; nicht erforderlich ist ein Geständnis oder die Offenlegung des gesamten Wissens (BGHR StGB § 46b Abs. 1 Nr. 1 Aufdeckung 1). Der „Kronzeuge" muss zur **Aufdeckung** einer Tat des § 100a II StPO-Katalogs beitragen (dem Katalog zust. Peglau wistra 2009, 409 (410)), wofür ausreicht, wenn die Katalogtat nur iVm § 30 strafbar ist (BGH StV 2021, 33) oder der Angezeigte vom Versuch einer Katalogtat zB (§§ 212, 22) strafbefreiend zurückgetreten und nur wegen einer Nichtkatalogtat (zB § 224) strafbar ist (BGHSt 59, 193 = NJW 2014, 1752). Von der Aufstellung eines eigenen Katalogs in § 46b, der besonders schwer aufzuklärende Delikte enthält, hat der Gesetzgeber abgesehen (krit. die Stellungnahme des Bundesrates BT-Drs. 16/6268, 18); ob eine Katalogtat vorliegt, muss das Tatgericht bei der Aburteilung feststellen (BGH NStZ-RR 2016, 274). Als Strafzumessungstatsache muss das Vorliegen einer Katalogtat vom erkennenden Gericht selbständig geprüft werden (OLG Hamburg NStZ-RR 2011, 201), wobei die Vorteile der Kronzeugenregelung als Anreiz für ein möglicherweise wahrheitswidriges Belasten eines Dritten einbezogen werden müssen (BGH NStZ-RR 2014, 115). Die Aufdeckung muss durch freiwilliges Offenbaren des Wissens geschehen; das entspricht § 31 BtMG, auf dessen Auslegung, insbes. durch die Rspr., zurückgegriffen werden kann (BT-Drs. 16/6268, 12; BGHSt 55, 153 (155) = NJW 2010, 2741; Kinzig in Schönke/Schröder Rn. 10). Die Aufdeckung muss der Erfolg des Offenbarens sein (zur schwierigen Beweiswürdigung Fischer Rn. 15), doch genügt, wenn wichtige Tatsachen oder Beweise offenbart werden oder bereits vorhandenen Erkenntnissen eine sicherere Grundlage verschafft wird (BGH NJW 2019, 2486; NStZ-RR 2019, 112; NStZ-RR 2019, 371; NStZ-RR 2021, 207), nicht aber ein rein zeitliches und örtliches Zusammentreffen der Taten oder bloße Identität der Tatbeteiligten (BGHSt 63, 210 = NJW 2019, 245; BGH NStZ-RR 2020, 304); bloßes erfolgloses Bemühen reicht nicht; es muss ein wesentlicher Beitrag zur Aufklärung sein (BGH NStZ 2016, 720; Kinzig in Schönke/Schröder Rn. 12, was bei Aufklärungshilfe im Ermittlungsverfahren auch bei Zeugnisverweigerung in der Hauptverhandlung möglich ist; BGH wistra 2013, 462). Die typische Zwangslage des „Kronzeugen" als Beschuldigtem, dem Strafe droht, steht der Freiwilligkeit nicht entgegen (Streng in NK-StGB Rn. 8); auch nicht der Umstand, dass er als unbeteiligter Zeuge zur Aussage verpflichtet ist (BGHSt 55, 153 (155) = NJW 2010, 2741). Bei der Gesamtabwägung, ob ein minder schwerer Fall zB des § 263 V vorliegt, ist die Aufklärungshilfe als vertypter Milderungsgrund einzustellen (BGH wistra 2011, 99; StV 2016, 283); auch kann die Indizwirkung eines Realbeispiels (→ § 46 Rn. 13) entfallen (BGH StV 2016, 565). Das zur Aufdeckung einer Straftat führende Wissen muss offenbart werden, nachdem gegen den „Kronzeugen" als Beschuldigten Ermittlungen aufgenommen worden sind; anderenfalls könnte er sich als Informant quasi ein „Bonusheft" ansammeln (BGH NStZ-RR 2015, 248); allerdings sind zuvor als Zeuge gemachte Angaben bei der Strafzumessung gem. § 46 zu berücksichtigen (BGH StV 2021, 33). – Zur Aufklärungshilfe im Jugendstrafverfahren s. BGH NStZ 2021, 372.

4 **4. Abs. 1 Nr. 2.** Die sog. **Präventionshilfe** (Fischer Rn. 16; Streng in NK-StGB Rn. 10; Kinzig in Schönke/Schröder Rn. 8, 15) muss sich auf denselben Straftatenkatalog wie die Aufklärungshilfe beziehen (→ Rn. 3); ebenso wie dort wird auch hier ein freiwilliges Offenbaren verlangt, das aber rechtzeitig und einer Dienststelle gegenüber erfolgen muss. **Dienststellen** sind nicht nur solche der

Strafverfolgung wie Polizei, Staatsanwaltschaft oder Gericht, sondern auch andere staatliche und kommunale Behörden (zum Behördenbegriff → § 11 Rn. 20); nicht ausreichend ist daher eine Mitteilung an das potenzielle Tatopfer (für analoge Anwendung Fischer Rn. 20). **Rechtzeitig** → § 139 Rn. 5. Die Tat muss sich noch im Planungs- oder straflosen Vorbereitungsstadium befinden (Kinzig in Schönke/Schröder Rn. 15). Erfolg ist die **Tatverhinderung;** dafür muss die Hilfe des „Kronzeugen" mindestens geeignet sein (Peglau wistra 2009, 409 (411)).

5. Abs. 2 enthält einen nicht abschließenden („insbesondere") Katalog der **Milderungskriterien** (Peglau wistra 2009, 409 (411)), während Nr. 1 aufklärungsspezifische Kriterien (Fischer Rn. 27) nennt, hat Nr. 2 deren Verhältnis zur Schwere der Straftat und zur Schuld des Täters zu beachten (nach Streng in NK-StGB Rn. 11 eine strafzumessungsrechtliche Abwägung; zu mehreren Taten BGH NStZ-RR 2013, 203), so dass bei schweren Taten und großer Schuld des „Kronzeugen" hohe Anforderungen an seinen Beitrag zur Aufklärung oder Verhinderung oder an die Schwere der aufzuklärenden oder zu verhindernden Straftat zu stellen sind (BGH StV 2013, 629; Kinzig in Schönke/Schröder Rn. 18). Bei Vorliegen der Voraussetzungen von Abs. 1 Nr. 1 oder Abs. 1 Nr. 2 muss das Gericht eine Strafmilderung prüfen (BGH wistra 2013, 462; wistra 2015, 351; NStZ 2015, 264f.; näher Fischer Rn. 25–31); das Leugnen eigener Tatbeteiligung ist dann im Rahmen von Abs. 2 zu berücksichtigen (BGH StV 2011, 534; NStZ-RR 2012, 201). 5

6. Abs. 3 präkludiert ein Offenbaren iSd Abs. 1, wenn es nach Eröffnung des Hauptverfahrens (§ 207 StPO; nicht maßgeblich ist der Zeitpunkt der Kenntnis des Angeklagten, BGH StraFo 2011, 61) gegen den Täter (= verhinderter „Kronzeuge") erfolgt; sowohl die Strafmilderung als auch das Absehen von Strafe ist dann ausgeschlossen (krit. Salditt StV 2009, 375 (377), Verstoß gegen die Einlassungsfreiheit), damit prozesstaktisches Zurückhalten von Wissen und damit eine Prozessverschleppung verhindert werden (BT-Drs. 16/6268, 14). Danach erfolgendes Offenbaren von Wissen kann aber nach allgemeinen Strafzumessungsregeln des § 46 berücksichtigt werden (BGHSt 56, 191= NJW 2011, 2529 zu § 31 BtMG; BGH NStZ-RR 2016, 143; Kinzig in Schönke/Schröder Rn. 21); das nicht berücksichtigte Bedürfnis nach Kooperation besteht aber auch während der Hauptverhandlung. 6

7. Spezielle Kronzeugenregelungen wie § 129 VI Nr. 2, § 31 BtMG oder § 4a AntiDopG (dazu Heger in Tsambikakis/Rostalski Medizinstrafrecht, 2022, § 4a AntiDopG) gehen grds. vor (BT-Drs. 16/6268, 15; Fischer Rn. 32; Kindhäuser/Hilgendorf in LPK-StGB Rn. 7), doch kann auf § 466 zurückgegriffen werden, wenn dies für den Täter günstiger ist (BGH StV 2014, 619). Aufgrund von § 31 S. 3 BtMG sind Abs. 2 und 3 auch für die Kronzeugen-Regelung des § 31 BtMG anwendbar. Sind innerhalb von Abs. 1 die Voraussetzungen von Nr. 1 und 2 erfüllt, kommt auch eine doppelte Strafrahmenmilderung in Betracht (Maier in MüKo-StGB Rn. 143). – Zur Kartellrechtlichen Kronzeugenregelung vgl. Buzari, Kronzeugenregelungen in Straf- und Kartellrecht unter besonderer Berücksichtigung des § 46b StGB, 2015. 7

§ 47 Kurze Freiheitsstrafe nur in Ausnahmefällen

(1) **Eine Freiheitsstrafe unter sechs Monaten verhängt das Gericht nur, wenn besondere Umstände, die in der Tat oder der Persönlichkeit des Täters liegen, die Verhängung einer Freiheitsstrafe zur Einwirkung auf den Täter oder zur Verteidigung der Rechtsordnung unerläßlich machen.**

(2) [1]**Droht das Gesetz keine Geldstrafe an und kommt eine Freiheitsstrafe von sechs Monaten oder darüber nicht in Betracht, so verhängt das Gericht eine Geldstrafe, wenn nicht die Verhängung einer Freiheitsstrafe nach Absatz 1 unerläßlich ist.** [2]**Droht das Gesetz ein erhöhtes Mindestmaß der Freiheitsstrafe an, so bestimmt sich das Mindestmaß der Geldstrafe in den Fällen des Satzes 1 nach dem Mindestmaß der angedrohten Freiheitsstrafe; dabei entsprechen dreißig Tagessätze einem Monat Freiheitsstrafe.**

1 **1.** Die Vorschrift (zu ihrer Verfassungsmäßigkeit BVerfGE 28, 386 = NJW 1970, 1453) bezweckt, die nach hM regelmäßig **schädliche** und kriminalpolitisch meist auch nicht gebotene **kurzfristige Freiheitsstrafe** zur Ausnahme zu machen (sog. ultima-ratio-Klausel, BGHSt 24, 40 = NJW 1971, 525; OLG Jena NJW 2006, 3654 (3655); OLG Hamm StV 2016, 572; OLG Frankfurt StV 2019, 460; zur Kritik an dieser Regelung Weigend JZ 1986, 260, der kurze Freiheitsstrafen in bestimmten Bereichen für sinnvoll hält; Kohlmann FS Triffterer, 2011, 603, der zur Ergänzung des Sanktionensystems die Herabsetzung des Mindestmaßes der Freiheitsstrafe auf eine Woche vorschlägt; dagegen für eine restriktive Auslegung von § 47 Beulke FS Heinz, 2012, 594; Schaeferdiek, Die kurze Freiheitsstrafe im schwedischen und deutschen Strafrecht, 1997, der auf Grund eines Vergleichs mit dem schwedischen Recht eine grundsätzliche Rechtsänderung empfiehlt; sa Jescheck/Weigend StrafR S. 745). § 47 gilt allgemein (beachte jedoch § 10 WStG; § 56 ZDG), namentlich auch für Verbrechen (zB bei Strafmilderung nach § 49). Er ist unabhängig davon anwendbar, ob Strafaussetzung nach § 56 in Frage kommt; vor allem dürfen Gesichtspunkte der Strafzumessung „im Sinne der Findung einer schuldangemessenen Strafe mit solchen der Strafaussetzung … nicht vermengt werden" (BGH NStZ 2001, 311; doch folgen aus einer Bejahung von § 47 erhöhte Darlegungsanforderungen für die Anwendung von § 56 I, OLG Dresden NStZ-RR 2013, 41; OLG Hamburg StraFo 2020, 76). Angesichts der Mindestfreiheitsstrafe von einem Monat (§ 38 II) kann § 47 nur Anwendung finden, wenn nicht eine Geldstrafe von weniger als 30 Tagessätzen tat- und schuldangemessen ist (OLG Dresden NStZ-RR 2015, 10). Die gänzliche Ausscheidung bestimmter Tatbestands- (zB fahrlässige Tötung, Trunkenheit im Verkehr, Diebstahl absolut geringwertiger Sachen, Besitz von Kleinstmengen von Drogen zum Eigenkonsum, Erschleichung von Leistungen) oder Tätergruppen (OLG Frankfurt a. M. StV 1997, 252) ist unzulässig (OLG Düsseldorf NJW 1970, 767; OLG Frankfurt a. M. NJW 1970, 957; OLG Stuttgart NJW 2006, 1222; OLG Nürnberg StraFo 2006, 502; OLG Oldenburg StraFo 2008, 297; Schott StV 2003, 587 (589)). Insbesondere die Frage, ob bei Bagatelldelikten eine Freiheitsstrafe nicht mehr schuldangemessen ist, entscheidet sich nach den Verhältnissen des Einzelfalles (BGHSt 52, 84 = NJW 2008, 672 mit Bespr. Grosse-Wilde HRRS 2009, 363; Jahn JuS 2008, 371; OLG Hamm NStZ-RR 2009, 73). Bei Tatmehrheit kommt es auf die Einzelstrafen (BGH bei Detter NStZ 1992, 479), nicht auf die Gesamtstrafe an (OLG Stuttgart NJW 1970, 820; sa OLG Köln NStZ 1983, 264). § 47 ist keine Strafzumessungs-

norm und keine Strafnorm mit milderer Strafdrohung iSd § 359 Nr. 5 StPO (OLG Nürnberg NStZ-RR 2015, 318).

2. Voraussetzungen des Abs. 1 (zusf. zu seiner kriminalpolitischen Problematik Lackner JR 1970, 1; Theune in LK-StGB Rn. 1, 2); die Erörterung dieser Voraussetzungen in Bezug auf Einzelfreiheitsstrafen von unter 6 Monaten ist auch dann nicht entbehrlich, wenn der Angeklagte gleichzeitig zu einer hohen Freiheitsstrafe verurteilt wird (BGH NStZ-RR 2020, 273; BayObLG StV 2021, 257): 2

a) Besondere Umstände in der Tat oder der Persönlichkeit des Täters liegen vor, wenn entweder bestimmte Tatsachen die konkrete Tat von den durchschnittlichen, gewöhnlich vorkommenden Taten gleicher Art unterscheiden oder wenn bestimmte Eigenschaften (zB kriminelle Neigungen) oder Verhältnisse (zB Begehung mehrerer Taten, Vorstrafen) beim Täter einen Unterschied gegenüber dem durchschnittlichen Täter solcher Taten begründen (OLG Frankfurt a. M. StV 1995, 27; BayObLG NJW 1995, 3264; NJW 1996, 798; NStZ-RR 2003, 275; OLG Düsseldorf wistra 1997, 151; OLG Nürnberg StraFo 2006, 502 (503); OLG Jena NJW 2006, 3654; Frisch FS Kaiser, 1998, 765 (773)); es genügt auch, wenn erst die Umstände in Tat **und** Persönlichkeit zusammen die Freiheitsstrafe unerlässlich machen (OLG Frankfurt a. M. VRS 42, 188).

b) Einwirkung auf den Täter kann hier bedeuten: die psychisch-disziplinäre Beeinflussung durch Verhängung der schwersten Strafart oder die komplexe Einwirkung durch Strafaussetzung und die mit ihr verbundenen Bewährungsmaßnahmen (BGHSt 24, 164 = NJW 1971, 1415; Grünwald FS Schaffstein, 1975, 219 (227); → Rn. 1); ausreichend ist auch, wenn angesichts der Vorstrafen aus spezialpräventiven Gründen eine andere als eine Freiheitsstrafe nicht mehr erfolgsversprechend erscheint (OLG Bamberg OLGSt StGB § 47 Nr. 16). Begrifflich gehört auch die konkrete Behandlung im Strafvollzug hierher; sie hat jedoch deshalb keine praktische Bedeutung, weil sie schon wegen der Kurzfristigkeit der Strafe keine Erfolgsaussicht bietet (Horstkotte NJW 1969, 1601 (1602); Dünnebier JR 1970, 241 (245); krit. Weigend JZ 1986, 260). Besteht unter keinem der einschlägigen Gesichtspunkte Aussicht auf eine positive Wirkung beim Täter, so ist diese Alternative nicht anwendbar (aM BayObLG NStZ 1989, 75 mablAnm Köhler JZ 1989, 697). Voraussehbare Zahlungsunfähigkeit oder die Besorgnis, dass der Täter die Geldstrafe voraussichtlich nicht aus eigenen Mitteln aufbringen muss, ist allein kein Grund, um auf ihn durch Verhängung von Freiheitsstrafe einzuwirken, selbst dann nicht, wenn die Begehung weiterer Straftaten zur Finanzierung der Geldstrafe zu erwarten ist (OLG Frankfurt a.M. StV 1997, 252; Schott StV 2003, 587 (589); → § 40 Rn. 2). 3

c) aa) **Verteidigung der Rechtsordnung** ist ein wegen seiner Unbestimmtheit problematischer Begriff (zusf. Dreher JR 1970, 228; Maiwald GA 1983, 49; krit. Koch NJW 1970, 328; Grünwald FS Schaffstein, 1975, 219 (228); Hassemer FS Coing, 1982, 493 (521); abl. Naucke ua, Verteidigung der Rechtsordnung, 1971). Aus seiner Entstehungsgeschichte (BT-Drs. V/4094, 6), seiner Anwendung in der Praxis und der wissenschaftlichen Diskussion ergibt sich folgende **negative Abgrenzung:** Auf eine umfassende Abwägung aller Strafzwecke (vgl. Bruns GA 1956, 193) kommt es nicht an (BGHSt 24, 40 = NJW 1971, 525). Gesichtspunkte der Sühne für begangenes Unrecht, die Belange des Verletzten (BayObLG NJW 1978, 1337) und für sich allein auch die Schwere der Schuld oder der Tatfolgen (zu letzteren BayObLG MDR 1972, 339) reichen nicht aus (BGHSt 24, 40 = NJW 4

1971, 525). Die Schuld ist als selbständiger Gesichtspunkt in den Ausschussberatungen bewusst eliminiert worden (Prot. 5, Nr. 2134, 2798); sie hat daher für die Verhängung von Freiheitsstrafe auch keine einschränkende Wirkung, weil die Schuldangemessenheit nach dem Verhältnis von Schuld und Strafe der Höhe nach zu bestimmen ist (Horn JR 1987, 294; aM Köhler JZ 1989, 697). Schließlich ist hier auch nicht die Behandlung oder Abschreckung des Täters gemeint; denn sie ist durch das Merkmal „Einwirkung auf den Täter" speziell erfasst.

5 bb) **Positiv** erfordert die Verteidigung der Rechtsordnung, die generalpräventive Wirksamkeit der Strafrechtsordnung durch gleichmäßigen, nicht schwächlichen Einsatz der strafrechtlichen Reaktionsmittel in einem Maße zu erhalten, dass die rechtliche Gesinnung der Bevölkerung nicht erschüttert wird (ähnlich BGHSt 24, 40 = NJW 1971, 525; BGH NJW 1972, 832; Streng Sanktionen Rn. 140; krit. Koch DAR 1971, 263; abw. Köhler, Über den Zusammenhang von Strafrechtsbegründung und Strafzumessung, 1983, S. 60). Der Maßstab für diese rechtliche (dem Tatsachenbeweis daher nicht zugängliche, OLG Celle JR 1980, 256 mAnm Naucke; Maiwald GA 1983, 49 (66)) Wertung ergibt sich aus dem Strafzweck der Integrationsprävention (→ § 46 Rn. 30). Es kommt darauf an, ob der Verzicht auf Freiheitsstrafe nach den Umständen eine Gefahr für die Wirksamkeit der staatlichen Rechtspflege, dh für ihr Ernstgenommenwerden in der rechtstreuen (dazu KG StV 1993, 120) Bevölkerung, bedeuten würde (Zipf FS Bruns, 1978, 205 (216); sa OLG Celle StV 1993, 195) und daher als ungerechtfertigtes Zurückweichen vor dem Verbrechen erscheinen müsste (OLG Hamm MDR 1970, 693; OLG Nürnberg StraFo 2006, 502 (504); weiter einschr. Horstkotte JZ 1970, 122 (127)). Das kann namentlich zutreffen, wenn der Täter aus ungewöhnlicher Rechtsfeindschaft (OLG Frankfurt a. M. NJW 1971, 1813; NJW 1977, 2175), Brutalität (OLG Koblenz MDR 1974, 768; sa LG Koblenz NStZ 1991, 283), hartnäckiges rechtsmissbräuchliches und gemeinschädliches Verhalten (OLG Nürnberg StraFo 2006, 502) oder Gleichgültigkeit (uU also auch fahrlässig, OLG Hamm NJW 1970, 870), nicht aber auf Grund eines nach der Gesetzeslage verständlichen Verbotsirrtums (BGH NJW 1998, 1162), Rechtsgüter angreift oder missachtet (BayObLG NJW 1970, 1382; OLG Hamm NJW 1970, 1614), wenn er schon bei Tatbegehung darauf spekuliert, von Freiheitsstrafe verschont zu bleiben (BGHSt 24, 40 (47) = NJW 1971, 525; aM Schott StV 2003, 587 (590)), wenn die Tat einen erheblichen „Nachahmungseffekt" für andere befürchten lässt (BGH NStZ 1985, 165) oder wenn sie Ausdruck einer in der Bevölkerung verbreiteten Einstellung ist, welche die verletzte Norm nicht ernst nimmt (BGHSt 24, 40 (47) = NJW 1971, 525); der bloße Anstieg einer Deliktsart genügt für sich allein nicht (OLG Hamburg StV 2000, 353; OLG Frankfurt a. M. NJW 1971, 666; OLG Karlsruhe VRS 48, 341; Schott StV 2003, 587 (589); zu weit OLG Stuttgart NJW 1971, 629). Seit dem 1.8.2015 (→ Vor § 1 Rn. 18) sind menschenverachtende, rassistische oder fremdenfeindliche, darüber hinaus seit dem 3.4.2021 explizit auch antisemitische Beweggründe nach § 46 II 2 (→ § 46 Rn. 33) zu berücksichtigen, doch können solche im Einzelfall auch für die Unerlässlichkeit einer kurzen Freiheitsstrafe sprechen.

6 **d) Unerlässlich** verlangt mehr als die Gebotenheit (§ 56 III) der Verhängung einer Freiheitsstrafe (OLG Stuttgart StraFo 2009, 118; OLG Naumburg StV 2016, 573; Fischer Rn. 7); sie ist anzunehmen, wenn sie die erforderliche Einwirkung auf den Täter oder die Verteidigung der Rechtsordnung voraussichtlich besser erreichen wird als jedes andere, im konkreten Fall zulässige (zu eng insoweit Eickhoff NJW 1971, 272) Reaktionsmittel, namentlich also besser als eine hohe, aber noch

schuldangemessene Geldstrafe (OLG Köln StV 1984, 378; OLG Düsseldorf VRS 92, 329; OLG Stuttgart StraFo 2009, 118) oder als eine Verbindung von Geldstrafe mit Fahrverbot oder Entziehung der Fahrerlaubnis (OLG Frankfurt a. M. NJW 1971, 669; str.), und wenn sie bei Berücksichtigung auch der Unzuträglichkeiten, die mit der kurzfristigen Freiheitsstrafe verbunden sind, unverzichtbar erscheint (ähnlich Horstkotte JZ 1970, 122 (126); sa BGH NStZ 1996, 429; OLG Bremen StV 1994, 130; OLG Saarbrücken NStZ 1994, 192; OLG Hamburg StraFo 2006, 465; problematisch AG Wermelskirchen StV 2000, 502 mablAnm Ostendorf). Bei Ersttaten (OLG Frankfurt a. M. VRS 42, 184; OLG Hamm wistra 1989, 234; OLG Köln NJW 2001, 3491; Frisch FS Kaiser, 1998, 765 (774); vgl. aber BayObLG NStZ-RR 2003, 275) und bei Taten, die auf einer echten Gewissensentscheidung beruhen (BayObLG NJW 1992, 191), wird Freiheitsstrafe regelmäßig nicht unerlässlich sein. Auch bei mehreren Taten und bei Rückfall ist der Ausnahmecharakter der Vorschrift zu beachten (KG StV 1997, 640; StV 2022, 172; OLG Köln StV 1999, 8). Jedoch wird bei einer Häufung von Taten (BGH bei Dallinger MDR 1970, 196) und bei mehrfach rückfälligen Tätern (BGHSt 24, 64 = NJW 1971, 664; OLG Hamm MDR 1971, 66; beachte jedoch BayObLG StV 1992, 322; OLG Jena NJW 2006, 3654) Freiheitsstrafe häufiger unerlässlich sein, und zwar uU auch dann, wenn der jeweils angerichtete Schaden geringfügig (OLG Düsseldorf JR 1987, 292 mAnm Horn; OLG Hamburg NStZ-RR 2004, 72; OLG Köln OLGSt StGB § 47 Nr. 18; mehrmonatige Freiheitsstrafen halten für denkbar OLG Celle NStZ-RR 2004, 142; BayObLG NJW 2003, 2926; OLG Nürnberg StraFo 2006, 502; krit. OLG Braunschweig NStZ-RR 2002, 75; OLG Karlsruhe MDR 1997, 85; OLG Stuttgart NJW 2006, 1222 (1223); hingegen bei besonders geringfügigen Fällen abl. OLG Stuttgart NJW 2002, 3188 mAnm Eisenberg MschrKrim 2003, 443; OLG Karlsruhe NJW 2003, 1825; OLG Frankfurt a. M. StV 2004, 382; OLG Hamburg StraFo 2006, 465; OLG Hamm NStZ-RR 2009, 73; ebenso Krumm NJW 2004, 328; Schott StV 2003, 587 (590)), die Tat aber nicht im ganzen bagatellhaft war (OLG Karlsruhe MDR 1997, 85; zu streng BayObLG NStZ 1989, 75 mablAnm Köhler JZ 1989, 697). Verbüßt der Angeklagte hingegen zum Zeitpunkt der Hauptverhandlung erstmals eine längere Haftstrafe, muss die gegenwärtige Hafterfahrung und deren oftmals positiver Effekt auf sein künftiges Leben sowie seine Einstellung zur Rechtsordnung bei der Beurteilung der Unerlässlichkeit berücksichtigt werden (OLG Köln NStZ-RR 2007, 266; OLG Naumburg StV 2016, 573); dabei spricht selbst eine negative Kriminalprognose nicht zwingend für Unerlässlichkeit, während eine positive Kriminalprognose iSd § 56 I dagegen spricht (OLG Naumburg StraFo 2016, 424). Dass Folge der Unerlässlichkeit einer Freiheitsstrafe ein Bewährungswiderruf für Vorverurteilungen ist, kann nicht bei der Frage einer Bejahung von § 47 I einbezogen werden (OLG Köln OLGSt StGB § 47 Nr. 18; OLG Bamberg DAR 2015, 394). Die Beurteilung erfordert eine **Gesamtwürdigung** von Tat und Täter (BGH StV 1994, 370; OLG Frankfurt a. M. StV 1995, 27; StV 2004, 382; Döllel/Dreeßen SchlHA 2004, 226 (227); OLG Nürnberg StraFo 2006, 502; OLG Hamburg StraFo 2006, 465; OLG Jena NJW 2006, 3654; OLG Nürnberg StV 2008, 472), dabei gibt es für Männer und Frauen keinen grundsätzlichen Unterschied (so für die Strafaussetzung BGHSt 17, 354 = NJW 1962, 1832).

3. Die Bejahung der Ausnahmevoraussetzungen des Abs. 1 (uU auch deren Verneinung, wistra 1983, 146; OLG Düsseldorf VRS 92, 329) bedarf schon materiellrechtlich sorgfältiger **Begründung** (Mösl NStZ 1982, 453; BayObLG NStZ-RR 7

2003, 275; OLG Köln NJW 2001, 3491; NStZ 2003, 421; OLG Naumburg StV 2012, 734; OLG Saarbrücken StV 2012, 733; beachte jedoch OLG Köln NStZ 1983, 264) und kann als tatrichterliche Würdigung vom Revisionsgericht nur begrenzt nachgeprüft werden (OLG Koblenz VRS 51, 428; OLG Schleswig NJW 1982, 116; OLG Braunschweig NStZ-RR 2002, 75; OLG Stuttgart NJW 2002, 3188; OLG Nürnberg StraFo 2006, 502 (503); OLG Jena NJW 2006, 3654; problematisch OLG Zweibrücken VRS 45, 108). Zum formellen Begründungszwang § 267 III 2 StPO, aber auch BGH NStZ 2004, 554. Liegt eine Tatserie vor und hat das Gericht trotz deren Berücksichtigung und des durch sie entstandenen Schadens neben Freiheitsstrafen auch Einzelgeldstrafen verhängt, so müssen die Urteilsgründe erkennen lassen, weshalb es in einem Teil der Fälle Freiheitsstrafen für geboten, iÜ aber Geldstrafen für ausreichend erachtet hat (BGHSt 52, 220 (233) = NJW 2008, 2057).

8 **4. Abs. 2** ist überwiegend **obsolet** geworden, weil alle Strafdrohungen, die durch Art. 12 I EGStGB um eine Geldstrafdrohung erweitert worden sind (BGHSt 60, 215 = NJW 2015, 1769 mit Bespr. Einecker StV 2016, 595), schon unmittelbar unter Abs. 1 fallen. Für Abs. 2 bleiben jedoch neben den Strafdrohungen mit erhöhtem Mindestmaß der Freiheitsstrafe (S. 2; OLG Düsseldorf NStZ-RR 2013, 202) auch Strafdrohungen aus dem WStG und ZDG übrig, für die Art. 12 I EGStGB nicht gilt (dort Art. 10 II); für diese bleibt die Vorschrift anwendbar (BayObLG NJW 1992, 191; AG Dannenberg NStZ-RR 2006, 385 (387); Fischer Rn. 12; abw. Horn NStZ 1990, 270). Die **allein angedrohte Freiheitsstrafe** wird nicht – auch nicht als Rechnungsposten – festgesetzt. Entspricht ihr Mindestmaß dem gesetzlichen, so ist die Geldstrafe nach ihrem gesetzlichen Mindestmaß (fünf Tagessätze, § 40 I) zu bestimmen (Horn NStZ 1990, 270).

§ 48 (weggefallen)

§ 49 Besondere gesetzliche Milderungsgründe

(1) **Ist eine Milderung nach dieser Vorschrift vorgeschrieben oder zugelassen, so gilt für die Milderung folgendes:**
1. **An die Stelle von lebenslanger Freiheitsstrafe tritt Freiheitsstrafe nicht unter drei Jahren.**
2. **[1]Bei zeitiger Freiheitsstrafe darf höchstens auf drei Viertel des angedrohten Höchstmaßes erkannt werden. [2]Bei Geldstrafe gilt dasselbe für die Höchstzahl der Tagessätze.**
3. **Das erhöhte Mindestmaß einer Freiheitsstrafe ermäßigt sich**
   im Falle eines Mindestmaßes von zehn oder fünf Jahren auf zwei Jahre,
   im Falle eines Mindestmaßes von drei oder zwei Jahren auf sechs Monate,
   im Falle eines Mindestmaßes von einem Jahr auf drei Monate,
   im übrigen auf das gesetzliche Mindestmaß.

(2) **Darf das Gericht nach einem Gesetz, das auf diese Vorschrift verweist, die Strafe nach seinem Ermessen mildern, so kann es bis zum gesetzlichen Mindestmaß der angedrohten Strafe herabgehen oder statt auf Freiheitsstrafe auf Geldstrafe erkennen.**

1. § 49 bestimmt **zwei allgemeine Maßstäbe,** nach denen sich die Strafrahmen ändern (hM), wenn das Gericht die Strafe nach einer Vorschrift mildert, die den einen oder den anderen Maßstab ausdrücklich für anwendbar erklärt. 1

2. a) Abs. 1 gibt den Maßstab für die Fälle an, in denen eine **umfangsmäßig beschränkte Strafmilderung** vorgeschrieben oder zugelassen ist (zB in §§ 17 S. 2, 21, 23 II, 27 II, 46b). In diesen Fällen begrenzen die Nr. 1–3 die Ermäßigung des Strafrahmens sowohl für das Höchst- wie auch für das Mindestmaß; den Übergang auf eine mildere Strafart lassen sie nicht zu. Lässt das Gesetz die Wahl zwischen mehreren Strafrahmen (zB zwischen lebenslanger und zeitiger Freiheitsstrafe), muss vor der Milderung der anzuwendende Strafrahmen bestimmt werden (BGH bei Holtz MDR 1979, 279); deshalb setzt Nr. 2 auch das Höchstmaß der wahlweise neben Freiheitsstrafe angedrohten Geldstrafe regelmäßig auf 270 Tagessätze herab (hM; anders Horn NStZ 1990, 270). 2

b) Die Strafmilderung ist in der jeweils anwendbaren Vorschrift nur ausnahmsweise **zwingend** vorgeschrieben (zB in § 27 II 2). 3

c) Bei **fakultativer** (dh nur zugelassener) **Milderung** ist zunächst zu entscheiden, ob von der Milderungsmöglichkeit überhaupt Gebrauch gemacht wird (hM; anders Zipf, Die Strafmaßrevision, 1969, S. 32, der nur eine Erweiterung des ordentlichen Strafrahmens bis zur unteren, aus Abs. 1 folgenden Grenze annimmt). Diese Entscheidung bestimmt sich nicht nach § 49, sondern nach den allgemeinen Strafzumessungsregeln. Sie erfordert eine **Gesamtwürdigung** (hM; vgl. etwa Maier in MüKoStGB Rn. 12; krit. Timpe, Strafmilderungen des Allgemeinen Teils des StGB und das Doppelverwertungsverbot, 1983, S. 82, 107, 206, 238, 297; Horn GS Kaufmann, 1989, 573 (586); Frisch/Bergmann JZ 1990, 944; Frisch FS Spendel, 1992, 381 (399)), die jedoch nur auf eine eingeschränkte Tatsachenbasis gestützt werden darf (str.). Demgegenüber nimmt die stRspr an, dass alle schuldrelevanten Umstände, uU also auch Vorstrafen (aM OLG Hamm NJW 1958, 561), in einer Gesamtwürdigung von Tat und Täter zu berücksichtigen seien und später auch in der abschließenden Straffestsetzung (→ Rn. 10) zu Buch schlagen könnten (so etwa BGHSt 16, 351 = NJW 1962, 355; BGHSt 17, 266 = NJW 1962, 1685; BGH NJW 1989, 3230; NStZ-RR 2014, 136 zum Versuch; BGHSt 7, 28 = NJW 1955, 273; BGH NStZ 2004, 619 zur verminderten Schuldfähigkeit und den Anforderungen bei der Wahl zwischen lebenslanger und zeitiger Strafe; BGH NJW 1998, 3068 mablAnm Rudolphi JR 1999, 293 zum Unterlassen; BGH NStZ 2021, 105 zu einer § 33 nicht erfüllenden Drucksituation). Dem ist zu widersprechen (krit. auch Schäfer in Schäfer/Sander/van Gemmeren Strafzumessung Rn. 509). Mit Recht beschränkt eine starke Meinungsgruppe die Gesamtwürdigung auf solche Umstände, die auf den jeweiligen gesetzlichen Milderungsgrund bezogen sind (vgl. etwa Kett-Straub in NK-StGB Rn. 7; Stein in SK-StGB § 23 Rn. 3; krit. Frisch/Bergmann JZ 1990, 944 (949); Frisch FS Spendel, 1992, 381). Zwar steht das Doppelverwertungsverbot einer umfassenden Gesamtwürdigung nicht entgegen (hM); diese ist aber mit dem Zweck der auf einen bestimmten Grund begrenzten Milderung nicht vereinbar, weil sie das Ergebnis von Bedingungen außerhalb des gesetzlichen Zweckzusammenhangs abhängig macht (ähnlich Dreher JZ 1957, 155 (156) „Umgehung"; sa Bergmann, Die Milderung der Strafe nach § 49 Abs. 2 StGB, 1988, S. 20; Frisch FS Spendel, 1992, 381 S. 382). Im Übrigen ist die Annahme der Rspr. (BGHSt 17, 266 = NJW 1962, 1685) unzutreffend, dass auf den Milderungsgrund bezogene und von ihm unabhängige Umstände nicht hinreichend unterscheidbar 4 seien; gerade diese Unterscheidung wird seit Einführung des § 50 zur Beantwortung der Frage, ob eine Doppelmilderung zulässig ist, verlangt (→ § 50 Rn. 3) und in der Praxis ohne Schwierigkeiten durchgeführt (dazu Hettinger, Das Doppelverwertungsverbot bei strafrahmenbildenden Umständen, 1982, S. 237). Immerhin erkennt die Rspr. inzwischen aber an, dass bei der Gesamtwürdigung den auf den Milderungsgrund bezogenen Umständen, beim Versuch also namentlich dessen Gefährlichkeit und Nähe zur Tatvollendung, besonderes Gewicht zukommt (BGHSt 35, 347 (355) = NJW 1989, 912; BGHSt 36, 1 (18) = NJW 1989, 781; BGH NJW 1989, 3230; NStZ 1995, 285; NStZ 1998, 245; NStZ-RR 2003, 72; NStZ-RR 2011, 112; NStZ-RR 2016, 136; Theune in LK-StGB Rn. 10; für die Berücksichtigung ausschließlich versuchsspezifischer Gründe Zaczyk in NK-StGB § 23 Rn. 8; krit. Maurer, Komparative Strafzumessung, 2005, S. 98 Fn. 18). Umgekehrt darf eine Strafrahmenverschiebung zB wegen § 13 II nicht allein deshalb versagt werden, dass der Täter den Taterfolg „unschwer hätte verhindern können“, weil hierdurch eine Voraussetzung der Strafbarkeit wegen Unterlassens gegen die Strafmilderung angeführt wird (BGH StV 2015, 297). Beruht die erhebliche Verminderung der Schuldfähigkeit iSd § 21 auf vom Täter zu verantwortender Trunkenheit, war umstr, ob dies für sich allein, dh ohne Gesamtwürdigung, die Versagung der Strafrahmenverschiebung gem. Abs. 1 rechtfertigt (so 3. Strafsenat BGH NStZ 2016, 203 in einem Anfragebeschluss; dagegen 1. und 2. Strafsenat BGH NStZ 2017, 84; HRRS 2017 Nr. 146; vermittelnd 4. Strafsenat BGH NStZ-RR 2016, 305); die vorsätzliche Berauschung sollte angesichts der allgemein bekannten Risiken aber zumindest idR gegen eine Strafrahmenverschiebung sprechen (BGH NStZ 2017, 84; NStZ-RR 2016, 74). Der GS hat nunmehr klargestellt, dass eine selbst verschuldete **Trunkenheit** die Versagung der Strafrahmenmilderung allein tragen kann, auch wenn eine vorhersehbare signifikante Erhöhung des Risikos der Begehung von Straftaten aufgrund der persönlichen oder situativen Verhältnisse des Einzelfalls nicht festgestellt ist (BGHSt 62, 247 = NJW 2018, 1180 mAnm Jahn; BGH NStZ-RR 2018, 199; StV 2021, 421; NStZ 2022, 93). Gleiches gilt für Persönlichkeitsstörungen, deren straftatfördernde Wirkung der Täter kennt (BGH NStZ-RR 2019, 302).

5 **3. a) Abs. 2** enthält den Maßstab für die **umfangsmäßig unbegrenzte Milderung,** die das StGB in zahlreichen Vorschriften (zB § 23 III) vorsieht (eing. Bergmann, Die Milderung der Strafe nach § 49 Abs. 2 StGB, 1988). In diesen Fällen ist die Milderungsmöglichkeit nur insofern begrenzt, als das Mindestmaß der angedrohten Hauptstrafe bzw. der hier wahlweise zugelassenen Geldstrafe verbindlich bleibt. Zur Vermeidung von Wertungswidersprüchen dürfte allerdings von einer Herabsetzung auch des Höchstmaßes der Strafe nach dem Maßstab des Abs. 1 auszugehen sein (so mit Recht Bergmann, Die Milderung der Strafe nach § 49 Abs. 2 StGB, 1988, S. 34; aM Maier in MüKoStGB Rn. 30).

6 **b)** Die Milderung nach Abs. 2 ist ausnahmslos dem (pflichtmäßigen, → § 46 Rn. 50) Ermessen des Gerichts anheimgestellt und daher stets nur **fakultativ.** Deshalb ist auch hier nach den zu Abs. 1 entwickelten Regeln (→ Rn. 4) zu entscheiden, ob von der Milderungsmöglichkeit überhaupt Gebrauch gemacht wird (für den Regelfall ebenso Bergmann, Die Milderung der Strafe nach § 49 Abs. 2 StGB, 1988, S. 63; zu § 320s. BGHSt 61, 76 = NJW 2016, 1667).

7 **c)** In der Mehrzahl der auf Abs. 2 verweisenden Vorschriften ist neben der Milderung auch das **Absehen von Strafe** zugelassen (→ § 24 Rn. 29). In diesen Fällen

entscheidet das Gericht nach (pflichtmäßigem, → § 46 Rn. 50) Ermessen, ob es die Vergünstigung überhaupt gewährt und ob es die Strafe nur mildert oder ganz von ihr absieht (eing. Bergmann, Die Milderung der Strafe nach § 49 Abs. 2 StGB, 1988, S. 73).

4. a) Zu der Möglichkeit, statt der Milderung nach § 49 einen **minder schweren Fall** anzunehmen, → § 50 Rn. 2. 8

b) Die **Urteilsgründe** müssen erkennen lassen, das die Milderung erwogen (BGH bei Dallinger MDR 1969, 358; KG JR 1966, 307; OLG Saarbrücken VRS 75, 33) und welcher Strafrahmen zugrundegelegt wurde (BGH StV 1984, 205; JZ 1989, 860). 9

5. Die Bedeutung der Vorschrift erschöpft sich in der **Veränderung der Strafrahmen** (→ § 50 Rn. 2–4). Einerseits folgt daraus, dass die Strafe jeweils unmittelbar aus dem anwendbaren Strafrahmen zu entnehmen ist (BGHSt 1, 115 = BeckRS 1951, 31370548; BGHSt 33, 92 = NJW 1985, 1406). Milderung bedeutet daher nicht notwendig, dass auf eine Strafe erkannt wird, die unter der allgemein angedrohten erhöhten Mindeststrafe liegt (BGH JZ 1956, 500; Dreher JZ 1956, 682; aM Börker JZ 1956, 477). Andererseits gelten für die Strafzumessung innerhalb des gemilderten Rahmens die allgemeinen Regeln (→ § 46 Rn. 32–49); dabei ergibt sich aus dem Verbot der Doppelverwertung von Tatbestandsmerkmalen (§ 46 III; → § 46 Rn. 45), dass die Milderungsgründe (zB verminderte Schuldfähigkeit, Versuch, Beihilfe) nicht als solche nochmals berücksichtigt werden dürfen (BGH NJW 1989, 3230 mwN; krit. Horstkotte FS Dreher, 1977, 265 (280)); jedoch ist auf ihre Konkretisierungen zurückzukommen, soweit sie nach Art und Maß graduierbar sind und daher für die Strafzumessung unterschiedliches Gewicht haben (BGHSt 26, 311 = NJW 1976, 1326; BGH GA 1989, 569; NStZ 1992, 538; StV 1998, 601). 10

6. Der **Deliktscharakter** nach § 12 bleibt durch die Strafrahmenänderung unberührt (→ § 12 Rn. 4). Dasselbe gilt für die Zulässigkeit von **Nebenstrafen** und von Maßnahmen iSd § 11 I Nr. 8 (zB → § 44 Rn. 2; → § 74 Rn. 3). 11

§ 50 Zusammentreffen von Milderungsgründen

Ein Umstand, der allein oder mit anderen Umständen die Annahme eines minder schweren Falles begründet und der zugleich ein besonderer gesetzlicher Milderungsgrund nach § 49 ist, darf nur einmal berücksichtigt werden.

1. Die Vorschrift verbietet neben § 46 III die sog. **Doppelverwertung von Strafzumessungstatsachen** (→ § 46 Rn. 46) in einem weiteren Bereich ausdrücklich. Sie betrifft **nur die Strafrahmenwahl** in Fällen, in denen ein vertypter gesetzlicher Milderungsgrund nach § 49 vorliegt (BGH NStZ 1987, 504; NStZ-RR 2020, 204). 1

2. a) Sind die Voraussetzungen eines obligatorischen (str.) oder fakultativen besonderen gesetzlichen Milderungsgrundes (→ § 49 Rn. 2–6) erfüllt, so kann die 2

Strafmilderung statt durch Anwendung des § 49 (auch dessen Abs. 2, BGHSt 33, 92 = NJW 1985, 1406) durch Annahme eines im Gesetz vorgesehenen und im Einzelfall zu bejahenden (BGH NStZ 1993, 278) **minder schweren Falles** (→ § 46 Rn. 7) gewährt werden (BGHSt 16, 360 = NJW 1962, 498; BGHSt 27, 298 = NJW 1978, 768; BGH NJW 1983, 350; *NStZ 1984, 118; NStZ-RR 2021*, 381; aM Timpe JR 1986, 76; eing. Hettinger, Das Doppelverwertungsverbot bei strafrahmenbildenden Umständen, 1982, S. 233; krit. auch Goydke FS Odersky, 1996, 371). Das gilt auch dann, wenn der gesetzliche Milderungsgrund allein den minder schweren Fall begründet und neben ihm keine weiteren Milderungsgründe vorliegen (BGH NStZ 1985, 367; NStZ 1990, 96; Schäfer in Schäfer/Sander/van Gemmeren Strafzumessung Rn. 512; Wessels/Hettinger/Engländer StrafR BT I Rn. 170; speziell zum minder schweren Fall des Totschlags beachte Horn GS Kaufmann, 1989, 573 (589); Maatz FS Salger, 1995, 91; Schneider NStZ 2001, 455 (459); Deckers FS Rieß, 2002, 651 (674); Eser/Weißer in Schönke/Schröder § 213 Rn. 14; → § 213 Rn. 10). Ob das Gericht von dieser Möglichkeit Gebrauch macht, unterliegt grds. pflichtmäßigem Ermessen (BGHSt 21, 57 = NJW 1966, 1276; BGH NStZ 1982, 200; BGHR StGB § 50 Mehrfachmilderung 4; aM Frisch JR 1986, 89; Streng Sanktionen Rn. 542; Wolters in SK-StGB Rn. 5, die den jeweils günstigeren Strafrahmen für maßgebend halten; dagegen Schneider NStZ 2001, 455) es kommt darauf an, welcher Strafrahmen dem Richter zur Ahndung des Unrechts besser geeignet erscheint (BGH NStZ 1999, 610). Das Urteil muss erkennen lassen, dass sich das Gericht dieser Wahlmöglichkeit bewusst war (BGH StV 1988, 385; BGH bei Detter NStZ 1999, 495). Im Allgemeinen wird von der meist günstigeren Strafdrohung für minder schwere Fälle auszugehen sein (BGH StV 1996, 89; NStZ-RR 2015, 111; NStZ-RR 2015, 155; NStZ 2019, 409; StV 2020, 590); ist allerdings ein minder schwerer Fall ausnahmsweise mit einer für den Täter ungünstigeren Strafe bedroht, als sie sich bei Anwendung des § 49 I ergibt (zB in § 249 II), so hat ein obligatorischer gesetzlicher Milderungsgrund (→ § 49 Rn. 3) Vorrang (BGH NStZ-RR 2010, 305; Schlothauer StV 2015, 550f.), weil eine generelle Vorschrift nicht einen Vorteil entziehen kann, der durch eine speziellere ohne Einschränkung gewährt wird (Hettinger, Das Doppelverwertungsverbot bei strafrahmenbildenden Umständen, 1982, S. 250, 285 mwN). Für den günstigeren Strafrahmen kommt es nicht notwendig auf die jeweils angedrohten Strafmindestmaße an; je nach Lage des Einzelfalls kann auch ein Vergleich der Höchstmaße ausschlaggebend sein (BGHSt 33, 92; Frisch JR 1986, 89). Im Übrigen ist beim Zusammentreffen mehrerer Milderungsgründe eine bestimmte Prüfungsreihenfolge einzuhalten (→ Rn. 3).

3 **b)** § 50 schließt eine **Doppelverwertung** in dem Sinne aus, dass derselbe Milderungsgrund zugleich zur Begründung einer allgemeinen Strafrahmenermäßigung wegen eines minder schweren Falles und einer darauf aufbauenden weiteren Ermäßigung nach der besonderen Milderungsvorschrift iVm § 49 herangezogen wird. Möglich bleibt dagegen eine (uU obligatorische, BGH NStZ 1987, 72) Doppelmilderung, wenn nicht erst Konkretisierungen des vertypten besonderen Milderungsgrundes, sondern schon andere Gründe allein die Annahme eines minder schweren Falles rechtfertigen (BGH NJW 1980, 950 mit Bespr. Bruns JR 1980, 226; Hettinger, Das Doppelverwertungsverbot bei strafrahmenbildenden Umständen, 1982, S. 290; sa BGH NStZ 1995, 287; StV 1997, 521; StraFo 2012, 24). In solchen Fällen sind zunächst die gesetzlich nicht vertypten Milderungsgründe heranzuziehen (BGH NStZ 1984, 357; NStZ 1999, 610; StV 1992, 371; NStZ-RR 2008, 105; NStZ-RR 2010, 336; OLG Düsseldorf NStZ-RR 2013, 202). Reichen

sie zur Annahme eines minder schweren Falles aus, so ergibt sich zugleich, dass der außerdem vorliegende besondere gesetzliche Milderungsgrund nicht verbraucht ist (BGH NStZ 1988, 128; NStZ 2012, 271; StV 1991, 557; StV 1992, 372; StV 2015, 299; NStZ-RR 2013, 7, 168; NStZ-RR 2015, 275). Reichen sie nicht aus, ist alsdann zu prüfen, ob der gesetzliche Milderungsgrund allein oder zusammen mit den anderen Umständen einen minder schweren Fall begründen (BGH NStZ-RR 1996, 194) bzw. einem besonders schweren Fall entgegenstehen kann (BGH NStZ-RR 2012, 207; NStZ-RR 2016, 274; NStZ-RR 2017, 12; NStZ-RR 2017, 168; StV 2015, 549; StV 2016, 565) und ob diese Möglichkeit zu wählen ist (→ Rn. 2). Wird auch das verneint, hat es bei dem besonderen gesetzlichen Milderungsgrund sein Bewenden (BGH NStZ 2015, 696; zusf. Goydke FS Odersky, 1996, 371 (378)).

c) Darf ein Umstand nur einmal berücksichtigt werden, so schließt er zunächst nur eine doppelte **Strafrahmenermäßigung** aus. Bei der Strafzumessung innerhalb des gemilderten Rahmens gelten für seine Berücksichtigung dieselben Beschränkungen wie in den Fällen des § 49 (→ § 49 Rn. 10; BGH StV 2014, 412; weiter Horstkotte FS Dreher, 1977, 265 (277); sa BGH GA 1993, 230; NStZ-RR 1998, 295; str.); alle anderen Milderungs- und Schärfungsgründe sind dagegen voll zu berücksichtigen (Dreher JZ 1957, 155). Nicht ausgeschlossen ist auch, die Alkoholisierung zuerst auf Tatbestandsebene und dann noch über § 21 als Grund für eine Strafrahmenermäßigung zu berücksichtigen (BGH StraFo 2013, 479). 4

3. Das **Zusammentreffen mehrerer besonderer Milderungsgründe** iSd **Abs. 1** ist im Gesetz nicht geregelt. Eine mehrfache Strafrahmenermäßigung ist daher nicht ausgeschlossen, etwa bei verminderter Schuldfähigkeit und Versuch (BGHSt 30, 166 = NJW 1981, 2367 mAnm Bruns JR 1982, 166) oder Provokation nach § 213 (→ § 213 Rn. 10) oder vermeidbarem Verbotsirrtum (BGH wistra 2013, 153), bei Versuch und solcher Provokation (BGH bei Holtz MDR 1994, 1071; BGH NStZ 2011, 339; NStZ 2013, 341; StraFo 2012, 24), bei Beihilfe zum Versuch (RGSt 2, 383) oder bei Beihilfe, die durch Unterlassen (§ 13 II) begangen wurde (BGH bei Holtz MDR 1989, 491), oder wenn bei § 370 I AO der Gehilfe keine Pflicht zur Aufklärung der Finanzbehörden hat, sofern nicht allein deshalb Beihilfe statt Täterschaft angenommen worden ist (BGH NStZ-RR 2019, 213; NStZ 2020, 495; NZWiSt 2020, 191; sa BGH NStZ-RR 2018, 379), nicht aber bei Beihilfe zur Beihilfe, weil diese Beihilfe zur Haupttat ist (RGSt 23, 300; → Vor § 25 Rn. 13; krit. Joerden, Strukturen des strafrechtlichen Verantwortlichkeitsbegriffs, 1988, S. 139). Die Milderungsgründe müssen aber jeweils eine selbständige sachliche Grundlage haben (Bruns JR 1980, 226); daher keine Doppelmilderung bei Beihilfe, die lediglich deshalb – also nicht auch aus anderen Gründen (BGH NStZ 1981, 299; wistra 1994, 139) – keine Täterschaft ist, weil beim Beteiligten ein strafbegründendes besonderes persönliches Merkmal (§ 28 I) fehlt (BGHSt 26, 53 = NJW 1975, 837 mAnm Bruns JR 1975, 510; BGH wistra 1988, 303; wistra 2015, 146; KG StV 2013, 89; Herzberg GA 1991, 145 (159); Schünemann in LK-StGB § 28 Rn. 84; aM Gribbohm FS Salger, 1995, 39 (42, 44), nach dem die Rspr. gegen das Analogieverbot (→ § 1 Rn. 5–7) verstößt). Fehlen mehrere besondere persönliche Merkmale, welche die Strafbarkeit des Täters begründen, beim Teilnehmer, so ist dessen Strafe nach § 28 I, § 49 I nur einmal zu mildern (BGH NJW 2021, 1767. NStZ 2021, 372). 5

§ 51 Anrechnung

(1) [1]**Hat der Verurteilte aus Anlaß einer Tat, die Gegenstand des Verfahrens ist oder gewesen ist, Untersuchungshaft oder eine andere Freiheitsentziehung erlitten, so wird sie auf zeitige Freiheitsstrafe und auf Geldstrafe angerechnet.** [2]**Das Gericht kann jedoch anordnen, daß die Anrechnung ganz oder zum Teil unterbleibt, wenn sie im Hinblick auf das Verhalten des Verurteilten nach der Tat nicht gerechtfertigt ist.**

(2) **Wird eine rechtskräftig verhängte Strafe in einem späteren Verfahren durch eine andere Strafe ersetzt, so wird auf diese die frühere Strafe angerechnet, soweit sie vollstreckt oder durch Anrechnung erledigt ist.**

(3) [1]**Ist der Verurteilte wegen derselben Tat im Ausland bestraft worden, so wird auf die neue Strafe die ausländische angerechnet, soweit sie vollstreckt ist.** [2]**Für eine andere im Ausland erlittene Freiheitsentziehung gilt Absatz 1 entsprechend.**

(4) [1]**Bei der Anrechnung von Geldstrafe oder auf Geldstrafe entspricht ein Tag Freiheitsentziehung einem Tagessatz.** [2]**Wird eine ausländische Strafe oder Freiheitsentziehung angerechnet, so bestimmt das Gericht den Maßstab nach seinem Ermessen.**

(5) [1]**Für die Anrechnung der Dauer einer vorläufigen Entziehung der Fahrerlaubnis (§ 111a der Strafprozeßordnung) auf das Fahrverbot nach § 44 gilt Absatz 1 entsprechend.** [2]**In diesem Sinne steht der vorläufigen Entziehung der Fahrerlaubnis die Verwahrung, Sicherstellung oder Beschlagnahme des Führerscheins (§ 94 der Strafprozeßordnung) gleich.**

1 **1. Anrechnung von Freiheitsentziehung nach Abs. 1:**

a) Anrechnungsfähig sind UHaft iSd §§ 112ff. StPO (bei Gesamtstrafenfähigkeit auch verfahrensfremde, OLG Naumburg StraFo 2013, 32) und andere Freiheitsentziehung, die der Täter bis zur Rechtskraft des Urteils (OLG Frankfurt a. M. NJW 1980, 537; OLG Düsseldorf MDR 1990, 172) **aus Anlass der Tat** erlitten hat; deren Verhängung und Fortsetzung muss also in ursächlichem Zusammenhang mit den Handlungen stehen, die den Gegenstand des Verfahrens bilden (OLG Koblenz BeckRS 2016, 2263), namentlich: einstweilige Unterbringung nach § 126a StPO (BGH NStZ-RR 2014, 138) oder nach §§ 71 II, 72 IV JGG; Unterbringung zur Beobachtung nach § 81 StPO (BGHSt 4, 325 = NJW 1953, 1679) oder nach § 73 JGG; Polizeihaft nach § 127 II StPO oder § 19 S. 1 IRG; Auslieferungshaft nach §§ 15, 16 IRG (BGH NStZ-RR 2012, 271), Durchlieferungshaft nach § 45 II IRG und andere Zulieferungshaft (BGH GA 1956, 120; GA 1968, 336; OLG Köln MDR 1982, 70); Abschiebehaft (BGH NStZ 1997, 385; NStZ-RR 2012, 271; OLG Hamm NJW 1977, 1018); Sicherungsverwahrung (OLG Köln StV 2013, 574) und Maßregelunterbringung (OLG Braunschweig NStZ-RR 2014, 262), bei Fehleinweisungen (KG StraFO 2015, 128; LG Görlitz StraFo 2014, 171) von Verfassungswegen (BVerfGE 130, 372 = NJW 2012, 1784) auch auf verfahrensfremde Strafen (KG NStZ-RR 2015, 325); Anstaltsunterbringung nach Landesrecht (BGH bei Dallinger MDR 1971, 363); Freiheitsentziehung auf Grund vorläufiger Festnahme durch eine Privatperson nach § 127 I StPO (Pohlmann Rpfleger 1970, 265 (270); aM Baumgärtner MDR 1970, 190; zw.); persönlicher Sicherheitsarrest nach §§ 918, 933 ZPO (KG NStZ-RR 2005, 388). **Nicht** anrechnungsfähig sind die bloße Aufenthaltsbeschränkung (OLG Zweibrücken NJW 1975, 509; problematisch BGH NJW 1998, 767 mablAnm Gullo/Murmann wistra 1998, 261) und die Zeit einer Untersuchung nach § 81a StPO (LG Oldenburg Rpfleger 1970, 175 mablAnm Pohlmann; Waldschmidt NJW 1979, 1920; aM LG Osnabrück NJW 1973, 2256; zw.). Zur Anrechnung von Disziplinararrest → Rn. 17 und von Drogenbehandlung § 36 BtMG.

b) Anrechenbar ist die Freiheitsentziehung auf die im Urteil verhängte Strafe, 2
und zwar – nach dem Wortlaut – **nur auf zeitige Freiheitsstrafe und Geldstrafe.** Eine Anrechnung auf Maßnahmen iSd § 11 I Nr. 8 kommt nicht in Betracht; die im früheren Recht überwiegend bejahte Anrechenbarkeit auf Verfall und Einziehung (BGHSt 10, 235 = NJW 1957, 1040) ist mit der eindeutigen Neuregelung nicht vereinbar (hM; vgl. Theune in LK-StGB Rn. 35). Auf die Mindestverbüßungszeit der lebenslangen Freiheitsstrafe ist die Vorschrift entsprechend anwendbar (BGH NJW 2004, 3789). Wird der Vorwegvollzug eines Teils der Strafe angeordnet (→ § 67 Rn. 4, 5), so ist auf diesen Teil anzurechnen (BGH NJW 1991, 2431; StraFo 2010, 207; NStZ-RR 2014, 58; NStZ-RR 2014, 107; aM OLG Schleswig NStZ 1990, 407 mkritAnm Volckart StV 1990, 458; Funck JR 1992, 476). Wird wegen rechtsstaatswidriger Verfahrensverzögerung ein Vollstreckungsnachlass gewährt (BGHSt 52, 124 = NJW 2008, 860), ist verbüßte UHaft nur auf den verbleibenden Teil der Strafe anzurechnen (OLG Rostock BeckRS 2012, 18331).

c) S. 1 legalisiert den **Grundsatz der Verfahrenseinheit** (OLG Frankfurt a. M. 3
MDR 1988, 794; OLG Celle MDR 1989, 665, beide mwN; beachte auch BVerfG NJW 1994, 2219). Danach sind auch solche Freiheitsentziehungen anrechenbar, die der Verurteilte aus Anlass einer Tat erlitten hat, deretwegen er nicht bestraft wird, wenn sie nur Gegenstand **desselben,** sei es auch vor dem Urteil abgetrennten (BGH GA 1966, 210), **Verfahrens** ist oder gewesen ist. Das gilt auch dann, wenn die erlittene Freiheitsentziehung bereits beendigt war, bevor die Tat, deretwegen eine Verurteilung ausgesprochen wird, begangen wurde (BGHSt 28, 29 = NJW 1978, 1636 mAnm Tröndle JR 1979, 73). Früher war allgemein anerkannt, dass S. 1 unmittelbar nur Fälle erfasst, in denen die Verfahren zu irgendeinem Zeitpunkt förmlich verbunden waren. Umstritten war nur, ob auf Grund analoger Anwendung auch sog. verfahrensfremde Freiheitsentziehung insoweit einzubeziehen war, als sie in Verfahren erlitten wurde, bei denen nur die Möglichkeit einer förmlichen Verbindung bestand (Nachw. in BGHSt 43, 112 = NJW 1997, 2392 mAnm Stree NStZ 1998, 136). Inzwischen legt der BGHSt 43, 112 = NJW 1997, 2392 S. 1 erweiternd dahin aus, dass eine förmliche Verbindung nicht notwendig sei, dass vielmehr sog. funktionale Verfahrenseinheit genüge, die dadurch gekennzeichnet sei, dass sich die Freiheitsentziehung in dem einen Verfahren „auf den Gang oder den Abschluss des zur Verurteilung führenden Verfahrens konkret ausgewirkt" habe (BGHSt 43, 116 = NJW 1997, 2392). Das liege namentlich nahe bei Verfahrenseinstellungen nach § 154 I, II StPO (BVerfG NJW 1999, 2430 mkritAnm Blechinger Rpfleger 1998, 80; KG StV 1998, 562) und bei sog. Überhaft, dh beim Unterbleiben des Vollzugs eines Haftbefehls im Hinblick auf den Haftvollzug in dem anderen Verfahren (BGHSt 43, 120 = NJW 1997, 2392; auch bei Gewährung einer Entschädigung nach dem StrEG, OLG Düsseldorf StV 2001, 517; auch für die Überhaft nach Sicherungshaftbefehl, LG Amberg StV 2003, 452). Da die Problematik durch diese Erweiterung weitgehend entschärft ist, hat der BGHSt 43, 120 = NJW 1997, 2392 die Frage offen gelassen, ob darüber hinaus auch eine analoge Anwen-

dung der Vorschrift in Frage kommt. Zur Anrechnung bei Gesamtstrafenbildung nach § 55 BGHSt 23, 297 = NJW 1971, 1373; Theune in LK-StGB Rn. 3–8; sa OLG Hamm NJW 1972, 2192; OLG Frankfurt a. M. GA 1980, 262.

4 **d)** Die Anrechnung ergibt sich, sofern keine (verbindliche, OLG Karlsruhe MDR 1994, 1032) Anordnung nach S. 2 ergeht (→ Rn. 6–8), **unmittelbar aus dem Gesetz** (S. 1). Die Vollstreckungsbehörde hat sie daher bei der Strafzeitberechnung (§ 39 StVollstrO) von Amts wegen zu berücksichtigen. Ein besonderer Ausspruch im Tenor ist idR nicht geboten (hM; anders Dreher MDR 1970, 965 (966) mwN), aber als deklaratorischer Hinweis (BGH NStZ 1994, 335) in nicht ganz eindeutigen Fällen empfehlenswert (weiter einschr. BGHSt 27, 287 = NJW 1978, 229; Streng Sanktionen Rn. 576). Notwendig ist ein Ausspruch jedoch namentlich dann, wenn der Anrechnungsmaßstab (→ Rn. 16) zweifelhaft ist oder wenn bei Verhängung mehrerer Strafen (zB nach §§ 52 III, 53 II 2 oder § 55 I) der Klärung bedarf, auf welche Strafe oder in welcher Verteilung auf die einzelnen Strafen anzurechnen ist (BGHSt 24, 29 = NJW 1971, 290); dabei ist zugunsten des Verurteilten darauf zu achten, dass er das Ende der Mindestverbüßungszeiten seiner Strafen möglichst früh erreichen kann (OLG Frankfurt a. M. NStZ 1990, 147); fehlt es in Zweifelsfällen an einer solchen Bestimmung, so kann sie im Verfahren nach §§ 458, 462 StPO nachgeholt werden (Schmitt in Meyer-Goßner/Schmitt StPO § 458 Rn. 3; Wendisch in Löwe/Rosenberg StPO § 458 Rn. 3; str.).

5 **e)** Da S. 1 den ganzen Zeitraum bis zur Rechtskraft abdeckt (→ Rn. 1), wird nicht nur die bis zum Urteil erlittene Freiheitsentziehung erfasst, sondern auch die zwischen Urteilserlass und Eintritt der Voraussetzungen des § 450 I StPO (hM; vgl. Pohlmann Rpfleger 1970, 265 (269); Dreher MDR 1970, 965).

6 **f)** Die **Anordnung nach S. 2,** dass die Anrechnung unterbleibt, hat Ausnahmecharakter (zusf. Dreher MDR 1970, 965; Dencker MDR 1971, 627). Sie bezieht sich nur auf bereits erlittene Freiheitsentziehung (Pohlmann Rpfleger 1969, 378; Dencker MDR 1971, 629; zw.) und bedarf des besonderen Ausspruchs im Urteil sowie sorgfältiger, nicht nur formelhafter Begründung (OLG Köln NJW 1953, 769); auch eine Versagung durch das Revisionsgericht ist nicht ausgeschlossen (Kinzig in Schönke/Schröder Rn. 20; aM NJW 1972, 730; diff. Theune in LK-StGB Rn. 68; zw.).

7 aa) Die Versagung darf nicht auf die Tat als solche, sondern nur **auf das Verhalten nach der Tat** gestützt werden. Daher ist unerheblich, ob die Tat besonders verwerflich war oder der Verurteilte durch ihre Begehung die UHaft selbst verschuldet hat (BGH StV 1999, 312). Darüber hinaus genügen auch die gesetzlichen Voraussetzungen der UHaft (Fluchtverdacht, Verdunkelungsgefahr) für sich allein zur Begründung nicht (BGHSt 23, 307 = NJW 1985, 1406; OLG Düsseldorf NJW 1969, 439). Dasselbe gilt für hartnäckiges Leugnen und Uneinsichtigkeit, auch wenn sie erhöhte Schuld oder Gefährlichkeit indizieren; denn das Nachtatverhalten muss sich auf die Haft, nicht auf Schwere oder Gefährlichkeit der Tat beziehen (BT-Drs. V/4094, 25; sa BGHSt 23, 307 = NJW 1970, 1752). Schließlich scheidet auch erlaubtes Prozessverhalten, wie etwa die Stellung iErg unbegründeter Beweisanträge (BGH StV 1989, 152; BGH bei Holtz MDR 1990, 885) oder die Einlegung eines aussichtslosen Rechtsmittels, selbst dann aus, wenn damit nur eine Verlängerung der UHaft bezweckt wurde (Theune in LK-StGB Rn. 47; aM Pohlmann Rpfleger 1969, 378 (379)).

bb) Die Versagung kommt namentlich in Betracht, wenn und soweit ein nicht der Verteidigung dienendes Verhalten nach der Tat entweder darauf abzielt, eine angeordnete UHaft zu verlängern, um sich durch deren spätere Anrechnung einen Vorteil bei der Strafvollstreckung zu verschaffen, oder den Zweck verfolgt, das Verfahren aus anderen Gründen böswillig zu verschleppen (BGHSt 23, 307 = NJW 1970, 1752; BGH NStZ 1999, 347; NStZ 2002, 367; Streng Sanktionen Rn. 578). Darüber hinaus kommt die Versagung auch in Frage, wenn der Verurteilte zum Zwecke der Prozessverschleppung Fluchtversuche unternommen (BGH GA 1962, 115; BGH bei Dallinger MDR 1970, 730), Fluchtabsichten ausdrücklich erklärt (OLG Düsseldorf GA 1968, 58) oder die bei Haftverschonung angeordnete Meldepflicht verletzt (OLG Hamm NJW 1966, 2177) und dadurch auch tatsächlich eine Verschleppung des Verfahrens verursacht hat (BGHSt 23, 307 = BGHSt 23, 307 mkritAnm Schröder JR 1971, 28; BGH NStZ 1999, 347; aM Dreher MDR 1970, 965 (968); Dencker MDR 1971, 627). 8

g) Angerechnete Freiheitsentziehung gilt für die Voraussetzungen der **Aussetzung des Strafrestes (§ 57 IV)** und die der Sicherungsverwahrung (§ 66 IV 2) als verbüßte Strafe. 9

2. Anrechnung von Strafe nach Abs. 2: 10

a) Die Ersetzung einer rechtskräftig verhängten Strafe in einem späteren Verfahren kommt ua in Frage bei **nachträglicher Bildung einer Gesamtstrafe** (§ 55 StGB, § 460 StPO), bei Erledigung eines rechtskräftigen Strafbefehls durch spätere Verurteilung (BayObLG NJW 1976, 2139), nach Aufhebung eines rechtskräftigen Urteils im Wiederaufnahmeverfahren und nach Wiedereinsetzung in den vorigen Stand (beachte auch BayObLG JR 1987, 511 mAnm Berz; Mürbe JR 1989, 1). Anrechenbar ist die frühere Strafe nur, soweit sie vollstreckt oder durch Anrechnung (zB nach §§ 57 IV, 67 IV) erledigt ist, nicht dagegen, wenn die Erledigung auf anderen Gründen (zB Begnadigung) beruht.

b) Die Anrechnung ist hier ebenso wie in Abs. 1 (→ Rn. 4) **auch ohne besonderen Ausspruch** bei der Strafzeitberechnung zu berücksichtigen (BGH StV 2016, 562). 11

3. Anrechnung nach Abs. 3: 12

a) Gegenüber ausländischen Strafurteilen gilt das Verbot der Doppelbestrafung nach Art. 103 III GG idR (Ausnahmen zB in § 56 III IRG) nicht (BVerfGE 12, 62 (66) = NJW 2017, 3643; BGH NJW 1969, 1542; OLG Frankfurt a. M. NJW 1997, 1937; Kett-Straub in NK-StGB Rn. 31; krit. Endriß/Kinzig StV 1997, 665); allerdings ist in Art. 54 SDÜ und Art. 50 GRC für Strafurteile aus anderen EU- oder Schengen-Staaten ein zT leicht eingeschränktes Doppelbestrafungsverbot vorgesehen (BGHSt 56, 11 = NJW 2011, 1014). Zur Vermeidung ungerechtfertigter Härten ist deshalb eine wegen derselben Tat **im Ausland** – sei es auch nur wegen des Einzelakts einer Handlungseinheit (BGHSt 29, 63 = NJW 1979, 2481) – **verhängte und vollstreckte Strafe** (auch eine durch Anrechnung erledigte) nach S. 1 zwingend anzurechnen. Dass die Tat im Ausland im Hinblick auf das verletzte Rechtsgut oder aus anderen Gründen rechtlich abweichend beurteilt worden ist oder dass sie nur Gegenstand eines Verwaltungsverfahrens war (BayObLG NJW 1972, 1631), steht der Anrechnung nicht entgegen (beachte auch § 153c I Nr. 3 StPO und dazu Clausmeier, Die Einstellung von Verfahren mit Auslandsberührung durch die Staatsanwaltschaft, 2016, S. 103–126). Auch hier gilt der Grundsatz der

Verfahrenseinheit (→ Rn. 3), so dass die Anrechnung selbst dann geboten ist, wenn die ausländische Strafvollstreckung eine selbständige Tat betrifft, die nicht mit abgeurteilt wird, aber Gegenstand des inländischen Verfahrens – sei es auch nur zur Herbeiführung der Verfahrenseinstellung nach § 153c I Nr. 1 StPO (BGH NJW 1990, 1428) – gewesen ist (BGHSt 35, 172 = NJW 1988, 3108; BGH NStZ 1997, 337; StraFo 2011, 519; StV 2017, 320).

13 **b)** S. 2 bezieht sich nur auf solche **Freiheitsentziehung** (namentlich UHaft und Auslieferungshaft), die im Ausland nicht zu einer Verurteilung geführt hat oder die in dem ausländischen Urteil nicht angerechnet oder erst während des Vollstreckungsverfahrens erlitten worden ist (BVerfGE 29, 312 = NJW 1970, 2287). Nicht erfasst ist aber Abschiebehaft, die nicht auf dem gleichen Verfahren beruht (BGH NStZ-RR 2021, 387), sowie die Zeit der Unterbringung im unbefristeten ausländischen Maßregelvollzug (BGH NStZ-RR 2021, 292). Nach dem Grundsatz der Verfahrenseinheit (→ Rn. 3) ist die Freiheitsentziehung selbst dann auf eine Gesamtstrafe voll anzurechnen, wenn sie die Einzelstrafe wegen der im Ausland abgeurteilten Tat übersteigt (OLG Hamm MDR 1973, 154). Außerdem ergibt sich die Rechtsfolge der Anrechnung unmittelbar aus dem Gesetz (→ Rn. 4), so dass es eines besonderen Ausspruchs nur bedarf, wenn der Anrechnungsmaßstab (→ Rn. 16) ungewiss ist (BGH NStZ 1997, 385; unklar insoweit BVerfGE 29, 312 = NJW 1970, 2287 str.).

14 **4. Anrechnung nach Abs. 5:**

a) Die genannten vorläufigen Maßnahmen (zur vorläufigen Entziehung der Fahrerlaubnis beachte LG Frankenthal DAR 1979, 341; Maatz StV 1988, 84) sind nur auf das Fahrverbot iSd § 44, also nicht auf die als Fahrverbot wirkende Entziehung der Fahrerlaubnis nach § 69b I (LG Köln MDR 1981, 954 mit Bespr. Hentschel MDR 1982, 107) und auch nicht auf andere Strafen oder Maßnahmen (§ 11 I Nr. 8) anrechenbar. Zu den vorläufigen Maßnahmen gehört auch die Sicherstellung (iwS) des Führerscheins als Beweismittel nach § 94 I, II StPO, weil sie den Täter von der Verkehrsteilnahme ausschließt (aM Grohmann DAR 1988, 45; Geppert in LK-StGB § 44 Rn. 72); soweit jedoch während der Sicherstellung ein Ersatzführerschein erteilt war, ist die Anrechnung wegen Wegfalls ihres Grundes unzulässig. – Es ist nicht erforderlich, dass die Tat, die zu der vorläufigen Maßnahme geführt hat, zugleich Grundlage des Fahrverbots ist (→ Rn. 3); es genügt, dass sie Gegenstand desselben Verfahrens war (Fischer Rn. 21; aM Warda GA 1965, 65 (82)). Wenn die jeweils anzurechnende Dauer die der Verbotsfrist erreicht oder übersteigt, ist das Fahrverbot erledigt (→ § 44 Rn. 7).

15 **b)** Wird kein Fahrverbot, sondern nur die **Entziehung der Fahrerlaubnis** angeordnet, so ist nicht Abs. 4, sondern § 69a IV–VI anwendbar. Tritt das Fahrverbot ausnahmsweise neben die Entziehung (→ § 44 Rn. 9), so ist die vorläufige Maßnahme jedenfalls dann anrechenbar, wenn die mit ihr verbundenen Einschränkungen einschneidender waren als die der endgültigen Maßregel; in den übrigen Fällen dürfte dagegen § 69a IV–VI vorgehen (weiter Karl DAR 1987, 283, der eine Anrechnung in diesen Fällen ganz ausschließt).

16 **5.** § 51 versteht unter **Tat** durchgängig den einheitlichen geschichtlichen Vorgang iSd § 264 StPO (BGHSt 29, 63 = NJW 1979, 2481; zusf. Schmitt in Meyer-Goßner/Schmitt StPO § 264 Rn. 1–6b). Der **Anrechnungsmaßstab** ist idR fest bestimmt: Ein Tag UHaft oder anderer Freiheitsentziehung steht einem Tag Frei-

heitsstrafe und bei Geldstrafe **(Abs. 4 S. 1)** einem Tagessatz gleich; eine Strafe kann daher nicht durch eine nach diesem Maßstab kürzere (BGHSt 27, 287 = NJW 1978, 229) oder längere (BGH bei Dallinger MDR 1974, 544) UHaft für verbüßt erklärt werden. Wegen dieser Bestimmtheit kann die idR ohnehin nur deklaratorische (BGH NStZ 1983, 524) Angabe des Anrechnungsmaßstabs im Urteil unterbleiben (BGHSt 24, 29 = NJW 1971, 290). Daher darf im Vollzug von UHaft kein Strafmilderungsgrund iSv § 49 gesehen werden, solange damit nicht ungewöhnliche, über die üblichen deutlich hinausgehenden Beschwernisse verbunden sind (BGH NStZ-RR 2014, 82; 2017, 40 (42)). Nur in Ausnahmefällen ist der Maßstab nach pflichtmäßigem Ermessen (→ § 46 Rn. 50) zu bestimmen. Das gilt nach **Abs. 4 S. 2** namentlich für ausländische Strafen oder andere Freiheitsentziehungen (BGH NStZ 1984, 214; NStZ 1985, 21, 497; zusf. Müller-Dietz FS Salger, 1995, 105), bei denen das Ermessen in der Weise auszuüben ist, dass der im Ausland (nicht entsprechend anwendbar auf das Inland, OLG Hamm NStZ-RR 2016, 137, und bei der Vollstreckung ausländischer Straferkenntnisse, OLG Stuttgart NStZ-RR 2017, 257) erlittene Eingriff nach Art und Schwere abgeschätzt und in ein dem inländischen Strafensystem zu entnehmendes Äquivalent umgesetzt wird (BGH NStZ 1986, 312; sa OLG Frankfurt a. M. StV 1988, 20; OLG Koblenz GA 1989, 310; OLG Düsseldorf StV 1995, 426; OLG Zweibrücken NStZ-RR 1996, 247; KG NStZ-RR 1997, 350; OLG Celle NStZ 1998, 137; LG Zweibrücken NStZ-RR 1997, 206; LG Augsburg und LG Baden-Baden StV 1997, 81 (82) mAnm Endriß; LG München StV 2001, 19; LG Kleve StV 2003, 453; für 1 : 1 bei Freiheitsentziehungen in EU-Staaten OLG Hamm NStZ 2009, 10; zu den von Staat zu Staat unterschiedlichen Anrechnungsmaßstäben Kett-Straub in NK-StGB Rn. 40; Lösungsvorschlag bei Bock ZIS 2010, 482 (489). Hier bedarf es dann eines besonderen Ausspruchs (BGH NJW 2004, 3789; BGHR StGB § 51 Abs. 4 Anrechnung 5–7), der im Hinblick auf die zwingend vorgeschriebene Anrechnung auch nachträglich nach § 458 StPO herbeigeführt werden kann (aM OLG Oldenburg NJW 1982, 2741). Das Revisionsgericht kann den Maßstab entsprechend § 354 I StPO selbst bestimmen, wenn die dafür maßgeblichen Umstände dem Urteil zu entnehmen sind (BGH NStZ-RR 2009, 370 mit Bespr. Bock ZIS 2010, 482).

6. Die Anrechnung einer wegen derselben Tat verhängten **disziplinarischen Arreststrafe** (dagegen nicht Arrest im Strafvollzug nach § 103 I Nr. 9 StVollzG, OLG Hamm NJW 1972, 593; Kett-Straub in NK-StGB Rn. 13) ist verfassungsrechtlich geboten (BVerfGE 21, 378 = NJW 1967, 1651). Sie ist kein Fall des § 51 (aM Theune in LK-StGB Rn. 7; zw.). Jedoch ist die technische Methode der Anrechnung (OLG Frankfurt a. M. NJW 1971, 852) in beiden Fällen gleich (OLG Oldenburg NJW 1968, 2256). 17

3. Titel. Strafbemessung bei mehreren Gesetzesverletzungen

Vorbemerkung

1 **I.** Der Inhalt des Titels über die **Strafbemessung bei mehreren Gesetzesverletzungen** beruht im Wesentlichen auf dem **1. StrRG,** das sich für die Beibehaltung des sog. Gesamtstrafenprinzips entschieden hat (BT-Drs. V/4094, 25, 26; krit. Kaspar Präventivstrafrecht S. 849). Die Entscheidung ist umstritten (zum gegensätzlichen Einheitsstrafenprinzip namentlich Niese, Materialien zur Strafrechtsreform, Bd. 1, 1954, S. 155; Schmitt ZStW 75 (1963), 179; Zipf JuS 1974, 137 (145); Rebmann FS Bengl, 1984, 99; krit. auch Schoreit FS Rebmann, 1989, 443). Sie wird zurzeit in der Gesetzgebungsebene nachgeprüft (vgl. ua die Beschlussempfehlung und den Bericht des Rechtsausschusses BT-Drs. 11/2587, 5). Vor allem ist sie Bestandteil des Auftrags der Kommission, die das BMJ zur Prüfung der Frage eingesetzt hat, ob und wieweit eine Reform des Sanktionensystems angezeigt ist (→ Vor § 38 Rn. 3); eing. zur **Reform** Erb ZStW 117 (2005), 37–106; Reinbacher Hdb. StrafR § 61 Rn. 23 ff. – Die Regelung hat das Ziel bestmöglicher Verwirklichung materieller Gerechtigkeit (BVerfG NJW 2004, 279). Rechtsvergleichend mit Italien Maiwald It. StrafR/StrafProzR S. 158–167.

2 **II.** Der Titel sieht für den Fall, dass eine einzige Handlung mehrere Strafgesetze verletzt (§ 52), und für den anderen zugleich das Verfahrensrecht berührenden Fall, dass der Richter mehrere Handlungen desselben Täters abzuurteilen hat (§§ 53–55), unterschiedliche Rechtsfolgen vor (zusf. zu den Konkurrenzen Warda JuS 1964, 81; Kühl JA 1978, 475; Geppert Jura 2000, 598 (651); Mitsch JuS 1993, 385; Joerden in Wolf, Kriminalität im Grenzgebiet, Bd. 5/6, 2002, S. 163; Walter JA 2004, 133 und 572; Seher JuS 2004, 392; JuS 2004, 482; eing. Geerds, Zur Lehre von der Konkurrenz im Strafrecht, 1961). Deshalb kommt es darauf an, ob im Rechtssinne nur **eine Handlung oder eine Mehrheit** von ihnen vorliegt.

3 **III. 1. Eine Handlung** liegt zunächst vor, wenn im natürlichen Sinne nur eine Willensbetätigung (der bei den Unterlassungstaten die pflichtwidrige Nichtbetätigung des Willens gleichsteht) stattgefunden hat (hM; so etwa Laue in Maurach/Gössel/Zipf StrafR AT II § 54 Rn. 12; vgl. BGHSt 1, 20 = NJW 1951, 203; krit. Frister StrafR AT § 30 Rn. 15, der auf die „soziale Sinneinheit" abstellt; abw. Puppe, Idealkonkurrenz und Einzelverbrechen, 1979, S. 247; Puppe GA 1982, 143; Puppe in NK-StGB § 52 Rn. 24–34, für die es auf die Einheit des konkreten Unrechts, dh auf die sachliche Unrechtsverwandtschaft der verwirklichten Tatbestände ankommt). Eine solche **„natürliche Handlung"** ist stets auch rechtlich eine Handlung, selbst wenn sie mehrere tatbestandliche Erfolge verursacht oder sogar mehrere höchstpersönliche Rechtsgüter verletzt (BGHSt 1, 20 = NJW 1951, 203; BGHSt 16, 397 = NJW 1962, 645; BGH StraFo 2003, 281; HRRS 2013 Nr. 939; BeckRS 2016, 113925 mit Bespr. Bosch Jura 2015, 745 (752); BGH wistra 2020, 382; sa BGHSt 43, 366 (367) = NJW 1998, 1502); auch das pflichtwidrige Unterlassen ist eine „einzige Unterlassungstat", selbst wenn es zu mehreren Tötungen führt (BGHSt 48, 77 (97) = NJW 2003, 522 zum mittelbaren Unterlassungstäter).

4 **2.** Der Begriff der Handlung ist **kein naturwissenschaftlicher,** sondern ein durch den sozialen Sinnzusammenhang bestimmter.

a) Deshalb können nach der – allerdings mit beachtlichen Gründen angreifbaren (→ Rn. 8) – **Rspr.** auch mehrere in engem zeitlich-räumlichen Zusammenhang stehende Willensbetätigungen, die denselben Deliktstatbestand (uU auch mehrere Tatbestände, die nur Schwerestufen desselben Delikts bilden, BGH NStZ 1996, 383) mehrfach (iterativ) oder fortschreitend (sukzessiv) verwirklichen, nach natürlicher Betrachtungsweise als ein einheitliches Tun erscheinen und daher eine sog. **natürliche Handlungseinheit** bilden (zusf. Warda FS Oehler, 1985, 241; Sowada Jura 1995, 245; Walter JA 2004, 572; Roxin StrafR AT II § 33 Rn. 29–60; Rissing-van Saan in LK-StGB Rn. 10–16).

aa) **Gekennzeichnet** ist diese Einheit durch einen „solchen unmittelbaren Zusammenhang zwischen mehreren menschlichen, strafrechtlich erheblichen Verhaltensweisen …, dass sich das gesamte Tätigwerden an sich (objektiv) auch für einen Dritten als ein einheitlich zusammengefasstes Tun bei natürlicher Betrachtungsweise erkennbar macht" (BGHSt 4, 219 = NJW 1953, 1193; sa BGHSt 10, 129 (230) = NJW 1957, 595; BGHSt 22, 67 (76) = NJW 1968, 1056; BGHSt 41, 368 = NJW 1996, 936 mAnm Beulke/Satzger NStZ 1996, 432; BGHSt 43, 312 = NJW 1998, 1652; BGHSt 43, 314 = NJW 1998, 1652; BGHSt 43, 381 = NJW 1998, 1568; BGHSt 43, 386 = NJW 1998, 1568; BGHSt 44, 258 = NJW 1999, 1122; BGHSt 44, 46 = NJW 1998, 1963; BGHSt 44, 6 = NJW 1998, 1234; BGHSt 44, 12 = NJW 1998, 1234; BGHSt 44, 265 = NJW 1999, 730; BGH NJW 1995, 1766 mit krit. Bespr. Sowada NZV 1995, 465; BGH NStZ 1999, 38; NStZ 2000, 30; NStZ-RR 1998, 68; NStZ-RR 2002, 75; NStZ 2005, 263; NStZ-RR 2006, 202; NStZ-RR 2010, 375; NStZ-RR 2012, 241 (242); NStZ 2012, 525 mit Bespr. Kudlich JA 2012, 554 (555) „lehrbuchartig"; BGH wistra 2015, 269; NStZ-RR 2013, 10 (12); StraFo 2017, 342; NStZ-RR 2019, 310; NStZ-RR 2020, 306; OLG Brandenburg NZV 2006, 109 (110); OLG Frankfurt a. M. NStZ-RR 2004, 74; OLG München NStZ-RR 2006, 371 (372); OLG Zweibrücken DAR 2003, 1; zu weit LG Frankfurt a. M. ZUR 1994, 33 (36) mit Bespr. Schulz ZUR 1994, 26 (28); Laue in Maurach/Gössel/Zipf StrafR AT II § 54 Rn. 15). Die Einzelakte müssen auf einem einheitlichen Willen (BGH NJW 1984, 1568; NStZ 1998, 621; BA 1999, 179; OLG Frankfurt a. M. NStZ-RR 2004, 74) im Sinne derselben Willensrichtung, also nicht notwendig auf demselben Entschluss (BGHSt 4, 219 = BGHSt 4, 219; aM BGH NJW 1977, 2321 mit abl. Bespr. Maiwald NJW 1978, 300) beruhen. Im Ganzen kommt es darauf an, wie die Lebensauffassung das äußere Tatbild beurteilt (OLG Koblenz DAR 1976, 138). Zur „natürlichen Unterlassungseinheit" BGH NStZ 2012, 461 mAnm Waßmer NStZ 2012, 706; Sternberg-Lieben/Bosch in Schönke/Schröder Rn. 28 a; → § 52 Rn. 7). 5

bb) Der Begriff wird in der Rspr. **sehr weit ausgedehnt** und bisweilen auch mit dem Ziel verwendet, mehrere an sich selbständige Tatbestandsverwirklichungen zur Tateinheit zu verbinden (dazu, insbes. zur sog. Polizeiflucht, → § 52 Rn. 3). In Frage kommen ua: Wegnahme mehrerer Gegenstände bei Diebstahl oder Raub (BGH NStZ 1996, 493); Abgabe zweier Angebote zu zwei zusammenhängenden Ausschreibungen (§ 298; BGH StV 2003, 451), Übergang von einer vollendeten zur versuchten schweren räuberischen Erpressung (BGH NStZ 1999, 406); Übergang von der §§ 255, 316a-Vortat zum versuchten Verdeckungsmord (BGH NStZ 2003, 371); mehrere falsche Angaben in einer Aussage (OLG Köln StV 1983, 507; anders für zwei falsche eidesstattliche Versicherungen BGHSt 45, 16 (24) = NJW 1999, 2378 zu § 156); mehrere falsche Belege in einer (zB an das Finanzamt) gerichteten Postsendung (BGH StV 2000, 498); Vornahme mehrerer sexueller Handlungen (§ 184f) an derselben oder an verschiedenen Personen in engem zeitlich-räumlichen Zusammenhang (BGH bei Pfister NStZ-RR 1999, 323 (326); sa BGH NJW 2002, 381). Übergang von einer fehlgeschlagenen Ausfüh- 6 rungshandlung zu einer anderen wirksameren Ausführungsart (BGHSt 10, 129 = NJW 1957, 595; dazu vgl. Roxin StrafR AT II § 33 Rn. 45, 46; für § 255 StV 2012, 283); Fortführung einer zunächst erfolglosen Anstiftung durch eine weitere Anstiftungshandlung (BGHSt 8, 38 = NJW 1955, 1644; BGH StV 1983, 456); Tötung eines zunächst nur verletzten, aber irrig schon für tot gehaltenen Opfers nach Erkennen des Irrtums (BGH NJW 1990, 2896); Übergang vom Körperverletzungs- zum Tötungsvorsatz, wenn er ohne Zäsur im Tatgeschehen und mit unveränderter Motivation stattfindet (BGHSt 35, 305 (306) = NJW 1989, 596; BGH NStZ-RR 1999, 101; anders bei Zäsur zwischen § 221 und §§ 211, 224, auch wenn die hilflose Lage andauerte, BGH NStZ 2002, 432); wegen Zäsur auch keine natürliche Handlungseinheit, wenn der Wegnahmeentschluss der Tötungshandlung zeitlich nachfolgt, auch wenn der Tod erst im Zeitpunkt der Wegnahme eintritt (BGH NStZ-RR 2006, 202); Übergang von einem Einzelakt zum nächsten, wenn sich der Täter bei sukzessiver Tatbestandsverwirklichung durch eine Folge von Einzelakten dem tatbestandlichen Erfolg nähert (BGH wistra 1996, 348), wie zB bei mehreren Täuschungen zur Herbeiführung derselben Steuerverkürzung (BGHSt 36, 105 (116) = NJW 1989, 1619; BGHSt 38, 37 = NJW 1991, 3227; BayObLG NStZ-RR 1997, 341; Schlüchter NStZ 1990, 180; 182; aM Kratzsch JR 1990, 177 (181); idR stehen die Abgaben unrichtiger Steuererklärungen als selbständige Taten in Tatmehrheit, BGH wistra 2005, 55; wistra 2014, 443 (444); ebenso Umsatzsteuervoranmeldungen und anschließende Umsatzsteuerjahreserklärung, BGH NJW 2005, 836; zusf. Bilsdorfer NJW 2006, 657 (660)) oder zB mehrfaches Geltendmachen unberechtigter Ansprüche gegenüber einer Versicherung auf Grund eines Stufenplans (OLG Stuttgart Justiz 2002, 132). Ob im letzten Falle eine Handlungseinheit angenommen werden kann, bestimmt die Rspr. neuerdings nach den Grundsätzen, die für die Identität der Tat im Bereich des Rücktritts entwickelt worden sind (→ § 24 Rn. 9): Nur solange dem Täter noch die Möglichkeit des Rücktritts offenstehe, liege eine Handlungseinheit vor; andernfalls sei die vorausgegangene Tat gescheitert und eine weitere begangen worden (BGHSt 41, 368 = NJW 1996, 936 mit zT krit. Bespr. Beulke/Satzger NStZ 1996, 432; Lesch JA 1996, 629; Puppe JR 1996, 513; BGHSt 43, 381 (387) = NJW 1998, 1568 mAnm Gribbohm NStZ 1998, 572; BGHSt 44, 91 = NJW 1998, 2684 mAnm Beulke NStZ 2000, 532; BGH NStZ 2005, 263; StV 2012, 283 (284); OLG Stuttgart Justiz 2002, 132; der Rspr. zust. Kühl StrafR AT § 21 Rn. 25a; Wessels/Beulke/Satzger StrafR AT Rn. 763a; Sternberg-Lieben/Bosch in Schönke/Schröder Rn. 18); im Einzelfall kann das zu mehreren Komplexen natürlicher Handlungseinheiten führen, die auf dasselbe Ziel gerichtet und nur durch das Scheitern der jeweils vorausgegangenen Versuche getrennt sind (BGHSt 41, 368 = NJW 1996, 936; BGHSt 44, 91 = NJW 1998, 2684; für tatbestandliche Handlungseinheit Heinrich StrafR AT Rn. 1423). In den vorstehend nachgewiesenen Urteilsbesprechungen wird das Ergebnis der neuen Rspr. mit gewissen Einschränkungen und Vorbehalten überwiegend gebilligt, aber dogmatisch kontrovers begründet.

7 cc) Zu **verneinen** ist die Einheit nach der schwankenden Rspr. nur regelmäßig, aber nicht notwendig (zB BGH NStZ 1985, 217; NJW 1985, 1565 mablAnm Maiwald JR 1985, 513; BGH NStZ-RR 2000, 139; NStZ-RR 2001, 82; NStZ-RR 2004, 14 (16); NStZ 2003, 366; NStZ 2005, 262; NStZ 2006, 284; StraFo 2009, 246; NStZ 2012, 562 mit zust. Bespr. Hecker JuS 2013, 362; Kudlich JA 2012, 554 (555); Wächter StV 2013, 384; sa BGH NStZ 2003, 146; anders BGH StV 1981, 396; zur Rspr. (zust.) Wagemann Jura 2006, 580, Rissing-van Saan in LK-StGB Rn. 14; Fischer Rn. 7, 8), bei Angriffen auf **höchstpersönliche Rechtsgüter,** zB

Tötungen, Körperverletzungen oder Beleidigungen, die sich nacheinander gegen verschiedene Personen richten (zB BGHSt 16, 397 = NJW 1962, 645; BGHSt 37, 289 = NJW 1991, 1068; BGH NStZ 1984, 311; NStZ 1996, 129; NStZ 2006, 86 (88); StraFo 2008, 383 (384); problematisch BGH NJW 1997, 265). Da die Verletzung höchstpersönlicher Rechtsgüter aber keine steigerungsfähige Größe darstellt, scheidet eine natürliche Handlungseinheit immer aus, wenn verschiedene Rechtsgutsträger betroffen sind (Maiwald NJW 1978, 301; Maiwald, Die natürliche Handlungseinheit, 1964, S. 80; Kühl StrafR AT § 21 Rn. 19; Roxin StrafR AT II § 33 Rn. 38; Jäger in SK-StGB Rn. 52; aM Seher JuS 2004, 392 (396); Wagemann Jura 2006, 580; Jescheck/Weigend StrafR S. 712; Otto StrafR AT § 23 Rn. 15; Sternberg-Lieben/Bosch in Schönke/Schröder, Rn. 23, die nur eine Bewertungseinheit (→ Rn. 10a) ablehnen).

b) Im **Schrifttum** werden gegen die Rechtsfigur der natürlichen Handlungseinheit Einwendungen vor allem unter den Gesichtspunkten erhoben, dass die rechtliche Zusammenfassung mehrerer Verwirklichungen desselben Tatbestandes nicht auf eine vorjuristische natürliche Betrachtung, sondern nur auf normative Erwägungen gestützt werden könne (Wolter StV 1986, 315; Bringewat, Die Bildung der Gesamtstrafe, 1987, S. 14; Ranft JuS 2003, 420; Haft StrafR AT S. 282; Reinbacher Hdb. StrafR § 61 Rn. 49; Roxin StrafR AT II § 33 Rn. 53–58; Jäger in SK-StGB Rn. 47; Puppe ZStW 132 (2022), 1; aM Warda FS Oehler, 1985, 241 (257); Mitsch JuS 1993, 385 (388)) und dass die Annahme von Tateinheit zwischen mehreren Gesetzen im bloßen Vorliegen einer natürlichen Handlungseinheit keine zureichende Grundlage habe (→ § 52 Rn. 3). Soweit allerdings das Schrifttum die natürliche Handlungseinheit anerkennt, schränkt es deren Anwendungsbereich gegenüber der Rspr. meist erheblich ein, verfährt dabei aber uneinheitlich. 8

IV. Eine Handlung liegt auch vor, wenn mehrere natürliche Handlungen (oder Handlungseinheiten) aus Rechtsgründen eine **Bewertungseinheit,** eine sog. **rechtliche Handlungseinheit,** bilden (zusf. Walter JA 2004, 572 (573); krit. Wolter StV 1986, 315, der als Ergänzung eine sog. normative Handlungseinheit vorschlägt). Eingehend zur Lehre von der Tateinheit Puppe JuS 2017, 503; JuS 2017, 637 mit Abschnitten zur tatbestandlichen Handlungseinheit, zu Dauerdelikten und zur Klammerwirkung, im 2. Teil zur Idealkonkurrenz. Im Einzelnen: 9

1. Vor allem kann der **Tatbestand eines Strafgesetzes** mehrere Handlungen zu einer sog. **tatbestandlichen Handlungseinheit** verbinden (hM; krit. Puppe in NK-StGB § 52 Rn. 12; Keller, Zur tatbestandlichen Handlungseinheit, 2004, der ein „typologisches Modell" entwirft). Die Rspr. verwendet diesen Begriff nur selten (zB in BGHSt 46, 6 (11) = NJW 2000, 2118; BGHSt 54, 189 = NJW 2010, 1680; BGH NStZ-RR 2017, 26, Fälschen und dabei geplanter späterer Gebrauch; → § 267 Rn. 27; vgl. auch BGHSt 49, 177 (187) = NJW 2004, 2840; BGH StV 2012, 534 (537)), spricht vielmehr häufiger „von gesetzlicher (oder gesetzlich vertypter) Handlungseinheit" oder von „tatbestandlicher Bewertungseinheit" (Laue in Maurach/Gössel/Zipf StrafR AT II § 54 Rn. 21) und ordnet einen Teil der einschlägigen Fälle auch der natürlichen Handlungseinheit (jedoch die Einschränkungen, die oben unter → Rn. 6 behandelt sind) oder der Fortsetzungstat (→ Rn. 16) zu. Unter diesem Gesichtspunkt erfasst werden jedenfalls mehraktige Delikte (zB In-Verkehr-Bringen von Falschgeld, das sich der Täter verschafft hat, § 146 I Nr. 3; → § 146 Rn. 14), zusammengesetzte Delikte (zB Gewaltanwendung und Wegnahme beim Raub, § 249, oder Zusammenrotten und Nötigen bei der Gefangenen- 10 meuterei, § 121 I Nr. 1) und überhaupt solche Delikte, bei denen der **Tatbestand** eine Mehrheit gleich- oder verschiedenartiger Handlungen zwingend oder wenigstens im Rahmen einer pauschalierenden Handlungsbeschreibung als möglich voraussetzt, zB: mehrere innerlich verbundene Aktionen im Rahmen derselben Agentenbeziehung (§§ 98, 99, BGHSt 43, 1 = NJW 1997, *1715 mit zT krit.* Bespr. Schlüchter/Duttge/Klumpe JZ 1997, 995; Paeffgen JR 1999, 89; Kopp Jura 1999, 577; allg. zur Behandlung rechtlicher Handlungseinheiten im Staatsschutz-Strafrecht Rissing-van Saan FS BGH, 1975, 475; allg. zu Serienstraftaten Brähler, Die rechtliche Behandlung von Serienstraftaten und -ordnungswidrigkeiten, 2000; → § 98 Rn. 7); Beschaffen mehrerer Nachrichten beim militärischen Nachrichtendienst (§ 109f, BGHSt 16, 26 (32) = NJW 1961, 1074); mehrere Tätigkeitsakte der Beteiligung als Mitglied einer kriminellen Vereinigung (§ 129, BGHSt 29, 288 = NJW 1980, 2718; zu § 129a s. BGHSt 46, 249 = NJW 2001, 1359 mit Bespr. Mitsch NStZ 2002, 159; Paeffgen NStZ 2002, 281 (285); zu § 20 I Nr. 4 VereinsG beachte BGHSt 43, 312 = NJW 1998, 1652; BGH NStZ 2000, 322); mehrfaches Ausgeben als Träger eines Amtes bei unbefugtem Führen einer Amtsbezeichnung (§ 132a, BGH GA 1965, 373); mehrere sexuelle Handlungen unter Ausnutzung derselben Drohung mit Gewalt (§ 177, BGH NStZ 1985, 546; BGH bei Miebach NStZ 1997, 178; BGH bei Pfister NStZ-RR 2003, 353 (360)); ein Völkermord (§ 6 I V StGB), wenn sich die tatbestandlichen Handlungen auf eine bestimmte, näher konkretisierte nationale, rassische, religiöse oder ethnische (Teil)Gruppe beziehen und die Handlungen als ein einheitlicher örtlicher und zeitlich begrenzter Lebenssachverhalt erscheinen (so zum aufgehobenen § 220a BGHSt 45, 65 = NJW 2000, 2517 mzustAnm Werle JZ 1999, 1181; Ambos NStZ 1999, 404, der es allerdings genügen lassen will, wenn nur dieselbe (Teil)Gruppe angegriffen wird, der örtliche und zeitliche Zusammenhang aber fehlt); wiederholte Verletzungshandlungen beim Quälen von Schutzbefohlenen (§ 225, BGHSt 41, 113 = NJW 1995, 2045 mit krit. Bespr. Wolfslast/Schmeissner JR 1996, 338; BGH StV 2012, 534 (537); nach Roxin StrafR AT II § 33 Rn. 264, Rückgriff auf die Rechtsfigur der fortgesetzten Handlung) oder beim Raufhandel (§ 231); mehrere der Erpressung dienende Handlungen nur, wenn sie in engem zeitlichen und räumlichen Zusammenhang stehen und einen einheitlichen Lebensvorgang bilden; auch Fälle sind nicht ausgenommen, in denen letztlich nur die ursprüngliche Drohung aufrechterhalten wird (BGH NStZ 2000, 532); mehrere Einzelhandlungen, durch die bei Betrug oder Untreue eine schadensgleiche Vermögensgefährdung (→ § 263 Rn. 40; → § 266 Rn. 17) zum endgültigen Schaden vertieft wird (BGH NStZ-RR 1998, 43; → § 263 Rn. 64). Tatbeiträge zur gleichzeitigen Forderung einer Vielzahl von **Serienbetrugstaten** mehrerer Beteiligter (BGHSt 49, 177 (183) = NJW 2004, 2840, rechtliche Zusammenfassung unter Heranziehung des Zweifelsatzes zu einem „– **uneigentlichen** – **Organisationsdelikt**“). Mehrfache (ratenweise) Annahme oder Gewährung von Vorteilen bei Bestechlichkeit oder Bestechung (§§ 332, 334) nicht schon, wenn sie auf derselben Unrechtsvereinbarung beruht (BGH NStZ-RR 1998, 269), wohl aber, wenn diese den Gesamtvorteil genau festlegt (BGHSt 41, 292 (302) = NJW 1996, 1160; BGH StV 1995, 84; NStZ-RR 1996, 354); mehrere Rechtsbeugungshandlungen (§ 339) in demselben Verfahren mit identischer Zielrichtung zugunsten oder zuungunsten desselben Beschuldigten (BGHSt 41, 247 (250) = NJW 1995, 3324); mehrere Akte des Handeltreibens oder sonst verbotenen Umgangs mit Betäubungsmitteln im Rahmen desselben – in der Rspr. uneinheitlich umschriebenen (krit. Geppert NStZ 1996, 57 (59)) – Güterumsatzes (§§ 29ff. BtMG, BGHSt 30, 28 = NJW 1981, 1325; BGHSt 43, 252 (255) = NJW

1998, 168 mkritAnm Fürstenau StV 1998, 482; BGH NJW 1996, 469; NStZ 1997, 243; NStZ 1999, 192; NStZ 2000, 540; NStZ-RR 2015, 14 (15); Schmidt NJW 2014, 2995; sa BGH bei Zschockelt NStZ 1997, 226; BGH NStZ 1998, 239; Rissing-van Saan in LK-StGB Rn. 39–46; nach Roxin StrafR AT II § 33 Rn. 265, Reminiszenz an die fortgesetzte Handlung); mehrfaches Sich-Hinwegsetzen über die Unwirksamkeit einer Kartellabsprache (§ 38 I Nr. 1 GWB, BGH NJW 1996, 1973 (1975) mkritAnm Kindhäuser JZ 1997, 101); gleichzeitige verbotswidrige Beschäftigung mehrerer Kinder (§ 58 I Nr. 1 JArbSchG, BayObLG GA 1975, 54); mehrere Behandlungen eines Patienten, wenn sie auf unveränderter Diagnose und Therapie beruhen (BayObLG NStZ-RR 2000, 381); oder mehrere falsche Angaben über verschiedene steuerpflichtige Vorgänge in einer Umsatzsteuervoranmeldung (BGH NJW 1980, 2591; sa BGH wistra 1996, 231; zur Steuerhinterziehung im Festsetzungsverfahren und im Beitreibungsverfahren BGH NStZ-RR 2012, 372 mit Bespr. Bilsdorfer NJW 2013, 1409 (1411)), mehrere Nachstellungen (§ 238), die erst in ihrer Gesamtheit zu erforderlichen Beeinträchtigung der Lebensgestaltung führen (BGHSt 54, 189 = NJW 2010, 1680); oder wenn sich die Tatbeiträge im Aufbau und der Aufrechterhaltung des auf die Straftaten ausgerichteten „Geschäftsbetriebes“ erschöpfen (BGH NStZ-RR 2021, 28). Der bereits oben mit BGHSt 49, 177 = NJW 2004, 2840 angesprochene Begriff des „uneigentlichen Organisationsdelikts“ (einer rechtlichen Handlungseinheit) erfreut sich einer zunehmenden Verwendung, nicht aber einer durchgehenden Bejahung. Das „uneigentliche Organisationsdelikt“ drängt sich auf, wenn einzelne Taten nicht mehr individuell zugeordnet werden können. Bejahend aus der Rspr. BGHSt 49, 177 = NJW 2004, 2840; BGH NStZ 2013, 641; NStZ 2015, 89 (93); NStZ 2015, 334; wistra 2016, 308; abl. BGHSt 60, 1 (13) = NStZ 2015, 89 „Schrottimmobilien“. Aus der umfangreichen Lit. Kische, Die Rechtsfigur des „uneigentlichen Organisationsdelikt“, 2014; Reichenbach Jura 2016, 139 (144), entbehrliche Rechtsfigur; krit. Rissing-van Saan FS Tiedemann, 2008, 391 (334); auch Fischer Vor § 52 Rn. 25; Sternberg-Lieben/Bosch in Schönke/Schröder Vorb. § 52ff. Rn. 17a; Wessels/Beulke/Satzger StrafR AT Rn. 1062; Kühl StrafR AT § 21 Rn. 23.

Eine **Bewertungseinheit** (der Begriff findet in der Rspr. häufige Verwendung: **10a**
BGH StV 2014, 285; StraFo 2015, 342; in der Lit. bei Fischer Vor § 52 Rn. 12 mit BGHSt 41, 113 = NJW 1995, 2045; BGHSt 42, 215 = NJW 1996, 3424; BGHSt 43, 1 = NJW 1997, 1715, BGHSt 43, 125 = NJW 1997, 2609; BGHSt 45, 64 = NJW 1999, 2604; Laue in Maurach/Gössel/Zipf StrafR AT II § 54 Rn. 21) kommt **auch** beim Verbreiten von Schriften (zB § 74d) in Frage, wenn sie Bestandteil einer zusammengehörigen, für den sukzessiven Vertrieb bestimmten Auflage sind (aM AG Weinheim NStZ 1996, 203 mablAnm Wilhelm; sa BayObLG NStZ-RR 1996, 135), auch sonst bei Äußerungsdelikten wie zB § 130 I, III (Warda Geilen-Symposium, 2003, 199 (204)); auch bei sukzessiver Tatausführung eines Subventionsbetrugs im zweistufigen Subventionsverfahren (BGH NStZ 2007, 578). Es reicht jedoch nicht aus, wenn ein Geldwäscher sich bei verschiedenen Gelegenheiten Geldbeträge verschafft (§ 261 II Nr. 1 iVm § 261 I 2 aF), auch wenn sie aus derselben Vortat stammen (BGHSt 43, 149 = NJW 1997, 3322 mkritAnm Arzt JR 1999, 79). Wenn erst die Summierung von Handlungen, die als solche nicht mit Strafe bedroht sind, die Tatbestandsverwirklichung ergibt, wie zB bei mehrfacher Verletzung von Fürsorge- und Erziehungspflichten, die erst wegen der Summierung eine gröbliche Verletzung nach § 171 ergibt, bei mehreren Verstößen gegen die Buchführungspflicht, die erst die Buchführung insgesamt nach § 283 I Nr. 5 Alt. 2 unordentlich machen (BGH NStZ 1995, 347; Roxin StrafR AT II § 33

Rn. 265), beim Lagern verschiedener Betäubungsmittel zum Eigengebrauch an unterschiedlichen Orten, wenn erst deren Summe eine nicht geringe Menge ergibt (BGH NStZ-RR 2020, 317), oder beim Verrat mehrerer Geheimnisse, die erst zusammen als Staatsgeheimnis zu bewerten sind (BGH NStZ 1996, 492), liegt eine Bewertungseinheit vor (Schröder JZ 1972, 651; Sternberg-Lieben in Schönke/Schröder Rn. 17c); dabei macht es keinen Unterschied, ob in solchen Fällen schwerwiegende Einzelakte auch schon für sich allein die Schwelle der Tatbestandsmäßigkeit erreichen können, wie das zB bei der Verletzung der Unterhaltspflicht (§ 170) und der Vernachlässigung der Sorgepflicht gegenüber Schutzbefohlenen (§ 225) in Frage kommt (beachte dazu BGHSt 40, 138 (164) = NJW 1994, 1663; Rissing-van Saan in LK-StGB Rn. 27). Ferner können auch Einzelakte verschiedener Begehungsformen desselben Delikts wegen des zwischen ihnen bestehenden inneren Zusammenhangs eine Bewertungseinheit bilden, zB die Ausübung tatsächlicher Gewalt über Waffen und der Erwerb von Waffen, wenn diese demselben Waffenlager zugeführt werden (BGH NStZ 1998, 251). Schließlich werden im Schrifttum die von der Rspr. schon als natürliche Handlungseinheiten erfassten Fälle wiederholter gleichartiger Tatbestandsverwirklichung in unmittelbarer zeitlich-räumlicher Abfolge (Sternberg-Lieben/Bosch in Schönke/Schröder Rn. 17; aM Warda FS Oehler, 1985, 241 (257)) und sukzessiver Tatbestandsverwirklichung (→ Rn. 6) überwiegend als tatbestandliche Handlungseinheiten verstanden (zB Serienbetrug nach einheitlicher Kontaktaufnahme (BGH wistra 2020, 149; OLG Jena wistra 2020, 520) oder das Betreiben von Bankgeschäften iSv § 54 I Nr. 2 KWG (BGH NStZ 2020, 169)). – Bei Tatsachenzweifeln über die Verbindung mehrerer Handlungen zu einer Bewertungseinheit gilt der **Grundsatz in dubio pro reo** (BGHSt 49, 177 (184) = NJW 2004, 2840; BGH NStZ 1994, 547; NStZ 1995, 193; NStZ 2000, 532); nach der Rspr. ist die Zusammenfassung jedoch nicht geboten, wenn lediglich die nicht konkretisierte Möglichkeit einer solchen Verbindung besteht (BGH NJW 1995, 2300; NStZ 1997, 344; StV 1998, 594; NStZ-RR 1999, 218; Zschockelt NStZ 1997, 226; krit. Geppert NStZ 1996, 57 (60)).

11 **2.** Im **Dauerdelikt** werden solche natürlichen Handlungen (einschließlich Unterlassungen; dazu Struensee, Die Konkurrenz bei Unterlassungsdelikten, 1971, S. 57) zu einer tatbestandlichen Handlungseinheit (str.) verbunden, mit denen der Täter die Tat nicht lediglich vollendet, sondern den Tatbestand entweder durch pflichtwidriges Aufrechterhalten eines von ihm geschaffenen rechtswidrigen Zustandes oder durch ununterbrochenes Fortsetzen der Tathandlung weiterverwirklicht (BGHSt 42, 215 = NJW 1996, 3424; Rissing-van Saan in LK-StGB Rn. 49–56; eing. Schmitz, Unrecht und Zeit, 2001; zur Figur der durativen Tatbegehung bei Zustandsdelikten Reinbacher Hdb. StrafR § 61 Rn. 37; Reinbacher FS Werle 2022, 881). Dauerdelikte sind zB Freiheitsberaubung (§ 239), Hausfriedensbruch (§ 123) und Fahren in fahruntüchtigem Zustand (§ 316; BGHSt 21, 203 (205) = NJW 1967, 942; AG Lüdinghausen NZV 2007, 485; Eisele JA 2007, 168 (172); Kühl StrafR AT § 21 Rn. 24; zu §§ 315c, 315b → § 315c Rn. 4), nicht aber die Zuhälterei (aM BGHSt 39, 390 = NJW 1994, 1015; BGH NStZ-RR 2001, 170; Sternberg-Lieben/Bosch in Schönke/Schröder Rn. 81), die Körperverletzung (BGH NStZ-RR 2013, 10 (11)) oder die Nachstellung (BGHSt 54, 189 = NJW 2010, 1680). Vom Dauerdelikt zu unterscheiden ist das bloße Zustandsdelikt (zB Personenstandsfälschung, § 169), bei dem die Aufrechterhaltung des durch die Tat geschaffenen Zustandes keine selbständige kriminelle Bedeutung hat (Mezger JW 1938, 494). Dauerdelikte werden mit der Begründung des rechtswidrigen Zustan-

des vollendet, aber erst mit dessen Wiederaufhebung beendigt (→ Vor § 22 Rn. 2). Wird der rechtswidrige Zustand vorübergehend aufgehoben (zB Unterbrechen einer Trunkenheitsfahrt), so hängt die Annahme mehrerer Taten davon ab, ob der Täter sich auf Grund veränderter Umstände zur Wiederbegründung des rechtswidrigen Zustandes neu entschließen musste (BGHSt 21, 203 = NJW 1967, 942; OLG Düsseldorf NZV 1999, 388) oder ob er infolge der veränderten Motivationslage zu einem solchen Entschluss Anlass hatte (OLG Celle JR 1982, 79 mAnm Rüth; OLG Düsseldorf VRS 87, 290 (292)); nach der uneinheitlichen Rspr. ist das zwar häufig (BGH NStZ 1997, 508; BayObLG JR 1982, 249 mAnm Hentschel), aber nicht notwendig (BGHSt 22, 67 (76) = NJW 1968, 1056; BGH NJW 1983, 1744; BayObLG DAR 1995, 411), zu bejahen (zusf. und krit. Seier NZV 1990, 129 (131); sa Peters JR 1993, 265; → § 142 Rn. 42). Eine Zäsur der vorausgehenden Dauerdelikte des Besitzes und des Führens einer Waffe bewirkt die Verwendung der Waffe, auch wenn sie durch Notwehr gerechtfertigt war (BGH NStZ 2012, 452). Strafbare Beihilfe ist nach der Rspr. während des ganzen Zeitraums bis zur Beendigung möglich; jedoch ist nach Vollendung auch Begünstigung denkbar (→ § 27 Rn. 3). Verjährung (→ § 78a Rn. 7) und andere an die Tatbegehung anknüpfende Fristen beginnen erst mit der Beendigung. Zum Zusammentreffen mit anderen Gesetzesverletzungen → § 52 Rn. 7.

3. a) Als weitere rechtliche Handlungseinheit hat die Rspr. auf Grund einer schon im letzten Jahrhundert wurzelnden Tradition (zB RGSt 17, 103 (111)) die sog. **fortgesetzte Tat** bis in die jüngere Vergangenheit anerkannt (zusf. Jung JuS 1989, 289; v. Heintschel-Heinegg JA 1993, 136). Danach setzte die Zusammenfassung zur Handlungseinheit die Begehung von Einzelakten voraus, die jeder für sich tatbestandsmäßig, im Wesentlichen gleichartig und von einem Gesamtvorsatz getragen waren. Objektiv mussten sie danach dasselbe rechtliche Verbot verletzen, einander in der Ausführungsweise ähneln und in einem gewissen räumlichen und zeitlichen Zusammenhang stehen (BGHSt 8, 34 = NJW 1955, 1407; sa BGH NStZ 1993, 35). Subjektiv musste der (Gesamt-)Vorsatz von vornherein oder wenigstens vor Beendigung des jeweils vorausgegangenen Teilakts sämtliche Teile der Handlungsreihe als Teilstücke eines einheitlichen Geschehens so umfassen, dass die einzelnen Teilakte als unselbständige Bestandteile einer Tat erschienen; dazu musste das Wissen und Wollen den späteren Verlauf zwar nicht in seinen Einzelheiten, aber mindestens insoweit vorweg begreifen, als es sich um das zu verletzende Rechtsgut, seinen Träger, den Umfang des Gesamterfolges und den ungefähren Tatrahmen nach Ort, Zeit und Art der Begehung handelte (BGHSt 1, 313 = NJW 1951, 893; BGHSt 15, 268 = NJW 1961, 565; BGHSt 36, 105 = NJW 1989, 1619; BGHSt 37, 45 = NJW 1990, 2697). Über diese Grundvoraussetzungen bestand in der Rspr. verbal Einverständnis. Über ihre nähere Konkretisierung hat sich jedoch eine widersprüchliche und kaum mehr überschaubare Kasuistik entwickelt, die zur Verunsicherung der Praxis geführt und zunehmende Kritik an dem Rechtsinstitut im Ganzen herausgefordert hat (zB Jähnke GA 1989, 376; Timpe JA 1991, 12; Fischer NStZ 1992, 415; Geppert Jura 1993, 649; Jung NJW 1994, 916). Entzündet hat sich diese vor allem an der Möglichkeit, den Gesamtvorsatz noch bis zur Beendigung eines Teilakts zu fassen (BGHSt 19, 323 = NJW 1964, 1810; BGHSt 21, 319 = NJW 1968, 57; BGHSt 23, 33 = NJW 1969, 2209; BGHSt 33, 35 = NJW 1985, 208), an der schwer erträglichen Verschiebung des Verjährungsbeginns bis zur Beendigung des letzten Teilakts (BGHSt 1, 84 = MDR 1951, 498; BGHSt 24, 218 = NJW 1972, 64; BGHSt 36, 105 = NJW 1989, 1619) und schließlich auch an den 12 erst in jüngerer Vergangenheit entwickelten Rechtsfiguren der „institutionalisierten" Steuerhinterziehung (BGHSt 39, 256 = NJW 1993, 2693; BGH NJW 1991, 3225), des „eingespielten Bezugs- und Vertriebssystems" bei Drogendelikten (BGHSt 33, 122 = NJW 1985, 1173; BGHSt 35, 318 = NJW 1989, 724) und des „häuslichen und familiären Beziehungsgeflechts" bei Sexualdelikten (BGH NStZ 1992, 553; NStZ 1993, 237; StV 1993, 191), mit denen das Erfordernis des auf einen konkreten Gesamterfolg gerichteten Vorsatzes überspielt wurde.

13 **b)** Angesichts der ständig wachsenden Rechtsunsicherheit und der damit verbundenen Ausuferung des Anwendungsbereichs der Fortsetzungstat hat die höchstrichterliche Rspr. **auf das Rechtsinstitut grds. verzichtet** und Ausnahmen nur noch in sehr eingeschränktem Umfang zugelassen (BGHSt 40, 138 = NJW 1994, 1663; Rissing-van Saan in LK-StGB Rn. 57–65). Sie hält die Verbindung mehrerer Verhaltensweisen, die jede für sich einen Straftatbestand erfüllen, zu einer fortgesetzten Handlung nur noch für gerechtfertigt, wenn dies, was am Straftatbestand zu messen sei, zur sachgerechten Erfassung des verwirklichten Unrechts und der Schuld unumgänglich sei (die Begr. zusf. Schmidt JuS 1994, 1076). Rechtsvergleichend mit Polen Joerden in Wolf, Kriminalität im Grenzgebiet, Bd. 5/6, 2002, S. 171.

14 aa) Für diese **grundsätzliche Kehrtwendung** (Jahrhundertentscheidung, OLG Hamm NJW 1994, 1636; Roxin StrafR AT II § 33 Rn. 272), die übrigens auch das Schweiz. BG NStZ 1993, 331 vollzogen hat, spricht viel (abl. Gribbohm FS Odersky, 1996, 387; krit. auch Aden JZ 1994, 1109). Sie räumt prinzipielle Anwendungen aus, die sich vor allem gegen die Enge des Strafrahmens bei fortgesetzter Tat, gegen deren Behandlung als nur eine Tat in Fällen, in denen die Begehung mehrerer Taten zu den Voraussetzungen einer besonderen Rechtsfolge gehört (→ § 66 Rn. 8; → § 244 Rn. 6), gegen die Anknüpfung von Verjährung (→ Rn. 12; → § 78 a Rn. 6) oder Amnestien (BGH NJW 1956, 1059) an die Beendigung aller Teilakte und gegen die uneinheitliche Beurteilung der rechtskräftigen Erledigung von im Strafverfahren nicht ermittelten Teilakten (expl. BGHSt 15, 268 = NJW 1961, 565; BGHSt 33, 122 = NJW 1985, 1173; BGH NJW 1985, 1174; NStZ 1992, 142).

15 bb) Die Annahme von Fortsetzungszusammenhang bietet andererseits aber **auch Vorteile,** die vor allem in der Vermeidung umständlicher Strafzumessungsakte und der Vereinfachung des Verfahrens liegen, die der GS allerdings als geringfügig bewertet und nicht für ausschlaggebend gehalten hat (BGHSt 40,157 = NJW 1994, 1663); ebenso überwiegend (anders Gribbohm FS Odersky, 1996, 387) das Schrifttum (Rissing-van Saan in LK-StGB Rn. 77–79). Diese Vorteile sind aber von den Tatgerichten zT exzessiv genutzt worden und erklären deshalb die Zählebigkeit des Rechtsinstituts. Offenbar ihretwegen hatten jedenfalls die vorlegenden Senate des BGH keinen zureichenden Grund gesehen, den Fortsetzungszusammenhang grds. in Frage zu stellen (BGH NStZ 1993, 434; NStZ 1993, 585). Ob allerdings der nahezu vollständige Verzicht die optimale Lösung war oder ob er nicht besser durch eine weniger rigorose Einschränkung des Anwendungsbereichs ersetzt worden wäre, lässt sich noch nicht abschließend beurteilen („die fortgesetzte Handlung geht, die Probleme bleiben", Arzt JZ 1994, 1000; sa Geißler JR 1998, 184; Dietmeier ZStW 110 (1998), 393 in ihren Berichten über das „Marburger Strafrechtsgespräch 1997").

15a Der Erfolg des eingeschlagenen Weges war weitgehend davon abhängig, ob die **Praxis** die mit der neuen Rechtslage verbundenen veränderten Anforderungen an die Feststellung der einzelnen Taten und an die Strafbemessung (§§ 53, 54) sinnvoll verarbeiten, namentlich die dafür in der Entscheidung gegebenen Hinweise

(BGHSt 40, 138 (158) = NJW 1994, BGH NJW 1994, 1663; sa BGHSt 40, 374 = NJW 1995, 1166 mkritAnm Bohnert NStZ 1995, 460; BGH NJW 1994, 2556 mkritAnm Peters NStZ 1994, 591; BGH NJW 1994, 2557; NJW 1994, 2966; NJW 1995, 2234; NJW 1995, 2933; NStZ 1994, 393; NStZ 1994, 502; NStZ 1995, 78; Erb GA 1995, 430; krit. Arzt JR 1999, 79) ohne erhöhten Zeit- und Arbeitsaufwand umsetzen konnte. Wichtig war auch, ob und welche Vermeidungsstrategien sich in der Rspr. entwickeln würden, um die Vorteile des Fortsetzungszusammenhangs wenigstens in Teilbereichen zu erhalten (krit. zu der damit verbundenen Unsicherheit Gribbohm FS Odersky, 1996, 387 (397)). Das ist – auch in der Rspr. des BGH – in erheblichem Umfang und mit zT problematischen Begründungen geschehen; im materiellen Recht hat es namentlich durch extensive Anwendung der Rechtsfiguren der natürlichen und der tatbestandlichen Handlungseinheit sowie der Bewertungseinheit (→ Rn. 10) und durch Herausarbeitung von Besonderheiten der Gesamtstrafenbildung bei Serienstraftaten (→ § 54 Rn. 6) sowie im Prozessrecht durch Herabsetzung von Anforderungen an die Feststellung solcher Taten (→ § 53 Rn. 2) Annäherungen an die bisherige Rechtslage gegeben (insoweit krit. Zieschang GA 1997, 457).

Wenig geklärt sind noch die Auswirkungen auf das **Ordnungswidrigkeitenrecht.** Dort gilt abweichend von §§ 53, 54 das Kumulationsprinzip (§ 20 OWiG; Mitsch OWiR § 20 Rn. 17). Ob und wie weit sich das neue strafrechtliche Modell auch mit diesem Prinzip vereinbaren und auf das Ordnungswidrigkeitenrecht übertragen lässt, bedarf noch weiterer Klärung (expl. dazu BGH NJW 1996, 1973 (1975); BayObLG NJW 1994, 2305; Göhler wistra 1995, 300; Geppert NStZ 1996, 118 (119)). Entsprechendes gilt für strafähnliche Maßnahmen des bürgerlichen und öffentlichen Rechts (Vertragsstrafe, Ordnungsgeld, Ordnungshaft usw), wo der Fortsetzungszusammenhang ebenfalls – zT noch weitergehend als im Strafrecht – anerkannt war (expl. dazu OLG Frankfurt a. M. NJW 1995, 2567; VG Gießen DAR 1995, 379; Tausch NJW 1997, 2656). 15b

Die bisher überwiegend zustimmende (→ Rn. 15) Haltung des **Schrifttums** hat sich noch nicht abschließend konsolidiert (vgl. Roxin StrafR AT II § 33 Rn. 273). So ist zB mit guten Gründen die Forderung erhoben worden, den Fortsetzungszusammenhang unter der Bezeichnung „fortgesetzte Handlungseinheit" für die klassischen, nach früherem Verständnis unproblematischen Fallgruppen beizubehalten (Schlüchter/Duttge NStZ 1996, 457 (465); Schlüchter in SK-StPO § 264 Rn. 21) oder wenigstens die Sachverhalte zu erfassen, in denen der Täter auf Grund eines Entschlusses einen genau umschriebenen Gesamterfolg ratenweise herbeiführt (iErg ebenso Geppert NStZ 1996, 57 (60), der hier natürliche Handlungseinheit annimmt; ähnlich Sowada NZV 1995, 465 (468)). Auch Vorschläge zur Erweiterung anderer anerkannter Handlungseinheiten (expl. Bittmann/Dreier NStZ 1995, 105 mit Bespr. Zschockelt NStZ 1995, 109; Bohnert NStZ 1995, 460; Geppert NStZ 1996, 57; Warda Geilen-Symposium, 2003, 199) weisen in dieselbe Richtung. Zu bedenken ist ferner, dass die Fortsetzungstat in ihren Voraussetzungen und ihrem kriminalpolitischen Wert umstritten, überwiegend aber doch – sei es auch mit einschränkender Tendenz und mit Unterschieden in Einzelheiten – als vertretbar akzeptiert war und zT sogar als zu eng empfunden wurde, was sich in der Forderung nach Anerkennung des sog. „Fortsetzungsvorsatzes" niederschlug (Bringewat, Die Bildung der Gesamtstrafe, 1987, S. 37). 15c

cc) Künftig soll **Fortsetzungszusammenhang nur noch möglich sein,** wenn der Tatbestand zur sachgerechten Erfassung **von Unrecht und Schuld** die Verbindung mehrerer Einzelakte unumgänglich macht (BGHSt 40, 138 (162) 16

= NJW 1994, 1663). Das sollte nur in Ausnahmefällen in Frage kommen, war zunächst aber ausdrücklich nur für die §§ 173, 174, 176, 263 (BGHSt 40, 138 (165) = NJW 1994, 1663) ausgeschlossen und für die §§ 174a, 174b, 179 als nahe liegend bezeichnet worden (BGHSt 40, 166 = NJW 1994, 1663; dass die Entscheidung keinen Maßstab für die Beurteilung dieser „Unumgänglichkeit" anbietet, moniert Gribbohm FS Odersky, 1996, 387 (397)). In der Zwischenzeit hat die Rspr. den Ausschluss auf zahlreiche weitere Tatbestände des StGB und des Nebenstrafrechts erstreckt (expl. BGHSt 40, 195 = NJW 1994, 2368; BGHSt 41, 292 (302) = NJW 1996, 1160; vgl. die Aufzählung bei Roxin StrafR AT II § 33 Rn. 263). Im Ganzen geht der Anwendungsbereich aber nicht über das hinaus, was in der Rspr. als „gesetzliche Handlungseinheit" (BGHSt 15, 259 (262) = NJW 1961, 227; BGHSt 16, 26 (32) = NJW 1961, 1074) oder „tatbestandliche Bewertungseinheit" (BGHSt 30, 28 (31) = NJW 1981, 1325) und im Schrifttum mit weiterem Anwendungsbereich als tatbestandliche Handlungseinheit (→ Rn. 10) eingeordnet wurde; denn wenn es darauf ankommt, ob schon die Auslegung des Tatbestandes zur sachgerechten Erfassung von Unrecht und Schuld die Verbindung mehrerer Tathandlungen zu einer Bewertungseinheit erfordert, ist das gerade der Gesichtspunkt, der für den Begriff der tatbestandlichen Handlungseinheit konstituierend ist (ähnlich Geisler Jura 1995, 74 (80); Geppert NStZ 1996, 57; Zschockelt JA 1997, 411 (416)). Die Rspr. wird deshalb diese Fälle im Rahmen ihrer begrifflichen Unterscheidungen im Konkurrenzbereich entweder schon als tatbestandliche Bewertungseinheit oder, wenn deren Voraussetzungen fehlen, als Fortsetzungstaten zu erfassen haben (krit. v. Heintschel-Heinegg JA 1994, 586).

17 **c)** Soweit danach eine fortgesetzte Tat **überhaupt noch in Frage kommt,** gilt Folgendes:

aa) Unüberwindbare Tatsachenzweifel am Vorliegen des Gesamtvorsatzes sind nach dem Grundsatz in dubio pro reo zu lösen (Bezirksgericht Meiningen NStZ 1991, 490; Bringewat JuS 1970, 329; Stree FS Krause, 1990, 393 (401); aM BGHSt 23, 33 = NJW 1969, 2209; BGHSt 35, 318 (324) = NJW 1989, 724; BGH GA 1987, 180; Jähnke GA 1989, 376 (391); sa Montenbruck, In dubio pro reo aus normtheoretischer, straf- und strafverfahrensrechtlicher Sicht, 1985, S. 115).

18 bb) Sämtliche Einzelakte bilden rechtlich **eine einzige Straftat** (RGSt 68, 297).

cc) In den Zusammenhang können nur Einzelakte einbezogen werden, die als solche **alle Voraussetzungen der Strafbarkeit** erfüllen und darüber hinaus prozessual verfolgbar sind (BGHSt 17, 157 = NJW 1962, 972). Sollte es, was nach Einschränkung des Fortsetzungszusammenhangs (→ Rn. 13) nur noch höchst selten in Frage kommt, für Strafbarkeit oder Strafschärfung auf Umfang oder Menge des von der Tat betroffenen Rechtsgutsobjekts ankommen (zB mehrere Akte des Handeltreibens „in nicht geringer Menge" nach § 30 I BtMG im Rahmen desselben Güterumsatzes; → Rn. 10; Ruppert MDR 1994, 973 (974)), so ist der aus allen Einzelakten resultierende Gesamtumfang oder die entsprechende Gesamtmenge maßgebend (hM; vgl. etwa BGH StV 1991, 19; StV 1992, 162; anders Ostendorf DRiZ 1983, 426).

19 dd) Setzt sich die Tat aus Teilakten zusammen, die **teils eine leichtere, teils eine schwerere Form** desselben Delikts ausmachen, so ist auf die fortgesetzte Tat einheitlich die schwerere Vorschrift anwendbar (RGSt 67, 183). Dasselbe gilt, wenn die Teilakte Vollendungs- und Versuchshandlungen sind (BGH bei Dallinger MDR 1975, 542), jedoch mit der Einschränkung, dass bei Begehung lediglich eines voll-

endeten leichteren und eines versuchten schwereren Einzelakts Tateinheit zwischen der vollendeten leichteren und der versuchten schwereren Tat anzunehmen ist (BGH bei Dallinger MDR 1958, 564). Die Strafe wird dem Strafrahmen für den schwersten verwirklichten Einzelakt entnommen.

4. Als rechtliche Handlungseinheit kannte die frühere Rspr. auch die sog. **Sammelstraftat** (Kollektivdelikt), die aus Einzelakten gewerbsmäßiger, gewohnheitsmäßiger oder geschäftsmäßiger Begehung zu einer rechtlichen Handlungseinheit zusammengefasst wurde (RGSt 61, 147). Seit RGSt 72, 164 sieht die Rspr. jedoch solche Handlungen mit Recht als selbständige Straftaten an (BGHSt 1, 41 = MDR 1951, 308; BGHSt 26, 284 = NJW 1976, 1512; Roxin StrafR AT II § 33 Rn. 276; Rissing-van Saan in LK-StGB Rn. 80; vgl. aber BGHSt 49, 177 = NJW 2004, 2840 zur Anwendung des Zweifelsatzes bei mehreren Beteiligten). Zur Beteiligung → § 28 Rn. 8, 9. **Gewerbsmäßig** (zB §§ 146 II, 180a I, 232 III Nr. 3, 243 I 2 Nr. 3, 253 IV 2, 260 I Nr. 1, 263 V, 267 III 2 Nr. 1) handelt, wem es darauf ankommt, sich aus wiederholter (uU auch aufgrund Heranziehung des Zweifelsatzes zu rechtlicher Handlungseinheit zusammengefasster, BGHSt 49, 177 = NJW 2004, 2840; BGH NStZ 2016, 28; NStZ 2015, 540; NStZ 2015, 395; NStZ 2014, 271; NJW 2015, 2274; OLG Stuttgart NStZ 2014, 719 (720); → Rn. 13) Begehung eine fortlaufende (unmittelbare oder mittelbare über Dritte, BGH NStZ 1998, 622; allein für Dritte genügt nicht, BGH NStZ 2008, 282) Haupt- oder auch nur Nebeneinnahmequelle (BGH bei Holtz MDR 1976, 633; BGH wistra 2003, 460) von einiger Dauer und einigem Umfang (BGH StV 1983, 281; NStZ 2004, 265; StV 2012, 339 (342); StraFo 2017, 122; OLG Karlsruhe Justiz 2004, 246) zu schaffen (beachte BGH NJW 1992, 381), ohne dass er daraus ein „kriminelles Gewerbe" zu machen braucht (BGHSt 1, 383 = NJW 1952, 113; BGH NStZ-RR 2011, 373; NJW 2012, 325 (328); OLG Köln NStZ 1991, 585; ebenso Küper/Zopfs StrafR BT Rn. 295; eing. Meisl, Die Gewerbsmäßigkeit im Strafrecht, 2006; Waschkewitz wistra 2015, 56; nach Schulz FS Hassemer, 2010, 899 (914) „wissenschaftlich unterbelichtetes" Merkmal); eine Vorverurteilung wird nicht vorausgesetzt (BT-Drs. 16/13673, 8). Grenzen der Doppelrelevanz gewerbsmäßiger Begehung BGH NJW 2017, 284. **Gewohnheitsmäßig** (zB §§ 284 II, 292 II Nr. 1) handelt, wer aus einem durch Übung ausgebildeten, selbständig fortwirkenden Hang tätig wird, dessen Befriedigung ihm bewusst oder unbewusst ohne innere Auseinandersetzung gleichsam von der Hand geht (BGHSt 15, 377 = NJW 1961, 931; BayObLG MDR 1962, 325). **Geschäftsmäßig** (nur noch in § 206, → § 206 Rn. 2; die Verwendung im ehemaligen RBerG ist im RDG nicht mehr enthalten) handelt, wer bei der Tat die Absicht hat, die Wiederholung gleichartiger Taten zu einem dauernden oder mindestens wiederkehrenden Bestandteil seiner wirtschaftlichen oder beruflichen Betätigung zu machen. **Gewohnheitsmäßig** setzt mehrere (mindestens zwei, RGSt 70, 338 (340)) spezifisch deliktsbezogene Taten voraus (BGH GA 1971, 209; Sternberg-Lieben in Schönke/Schröder Rn. 98, 99), während bei Gewerbsmäßigkeit (BGHSt 49, 177 (181) = NJW 2004, 2840; Hecker in Schönke/Schröder § 260 Rn. 2) und Geschäftsmäßigkeit (BayObLG MDR 1962, 325) eine einzige Tat mit dem erforderlichen Fortsetzungswillen genügen kann. Dieser Wille muss sich jeweils auf das Delikt beziehen, dessen Tatbestand das Merkmal der Gewerbsmäßigkeit (BGH NJW 1996, 1069; NStZ 1998, 89) oder Geschäftsmäßigkeit voraussetzt. 20

5. Auch das sog. **Massenverbrechen** (zB Euthanasieprogramm, sog. Endlösung der Judenfrage) bildet als solches keine rechtliche Handlungseinheit (BGHSt 1, 219 = NJW 1951, 810; Rissing-van Saan in LK-StGB Rn. 81); jedoch hat die Rspr. 21

einheitliche Vernichtungsaktionen häufig als natürliche Handlungseinheiten (→ Rn. 4–8) zusammengefasst (BGH JZ 1967, 643; NJW 1969, 2056; zu weit Bauer JZ 1967, 625).

22 **V.** Ob **Beteiligung** (→ Vor § 25 Rn. 1) an einer Tat eine Handlungseinheit oder -mehrheit bildet, ist nicht nach der Gesamttat der mehreren Tatgenossen oder der Haupttat zu beurteilen, sondern allein nach dem Tatbeitrag des einzelnen Beteiligten (BGHSt 49, 306 (316) = NJW 2005, 163; BGH NStZ-RR 2008, 275; NStZ 2008, 516; wistra 2010, 19; wistra 344, 345; wistra 2011, 66; wistra 2011, 437; NStZ-RR 2013, 105; NJW 2013, 2211 (2212); NStZ 2014, 702; Rissing-van Saan in LK-StGB Rn. 82; zur Tragweite dieser Begrenzung beachte BGH NStZ 2000, 29; auch im Bereich der Bewertungseinheit BGH StraFo 2004, 145; NStZ-RR 2014, 180). Deshalb unterliegen bei Mittäterschaft die verschiedenen Tatbeiträge jeweils selbständiger Beurteilung (stRspr; vgl. BGHSt 49, 177 = NJW 2004, 2840; BGH StV 2002, 73; NStZ-RR 2003, 265 (267); wistra 2007, 100; NZWiSt 2020, 407; das gilt auch für die Verabredung nach § 30 II BGHSt 56, 170 = NJW 2011, 2375 mit Bespr. Bachmann/Goeck JR 2011, 425; Duttge NStZ 2012, 138; zust. Satzger JK StGB § 25 Rn. 18; Fischer § 30 Rn. 25); auch wenn jemand durch dieselbe Handlung oder pflichtwidrige Unterlassung zu mehreren selbständigen Taten Beihilfe leistet (BGHSt 40, 374 (377) = NJW 1995, 1166; BGHSt 49, 306 (316) = NJW 2005, 163; BGH NStZ-RR 2008, 168 (169); NStZ-RR 2008, 386; NStZ 2007, 526; NStZ 2008, 516; NStZ 2009, 443 (444), Unterlassen; BGH NJW 2013, 2211 (2212); wistra 2014, 437; BayObLG NJW 1989, 2142; Roxin StrafR AT II § 26 Rn. 285; zu einem Grenzfall beachte BGH NStZ 2000, 83; mehrere selbständige Unterstützungshandlungen stehen in Tatmehrheit zueinander (BGH NStZ-RR 2008, 168 (169); NJW 2009, 690 (692); mehrere an sich selbständige Beihilfehandlungen werden aus Gründen der Akzessorietät dann zu einer Tat, wenn sie sich auf eine einzige Haupttat beziehen (BGH NStZ-RR 2014, 180) oder wenn ein mittelbarer Täter den (oder mehrere) Tatmittler durch nur einen Auftrag zur Vornahme mehrerer Handlungen veranlasst (BGHSt 49, 147 (164) = NJW 2004, 2248; BGH NStZ 1994, 35; wistra 1996, 303; wistra 1997, 181; wistra 2001, 144; wistra 2002, 421; NStZ-RR 2004, 9; zur mittelbaren Unterlassungstäterschaft mehrerer BGHSt 48, 77 (97) = NJW 2003, 522), liegt Handlungseinheit vor; ebenso bei einer Anstiftungshandlung zu mehreren Haupttaten (BGHSt 40, 374 (377) = NJW 1995, 1166; Rissing-van Saan in LK-StGB Rn. 83). Bleibt aus tatsächlichen Gründen zweifelhaft, ob Handlungseinheit oder -mehrheit vorliegt, ist zugunsten des Beteiligten von Handlungseinheit auszugehen (BGH NStZ 1997, 121).

23 **VI.** Eine Handlung (dh jede Handlungseinheit) kann zugleich **mehrere Gesetze** verletzen **(Konkurrenz).** Ob das zur Annahme mehrerer Straftaten zwingt (Einheits- oder Mehrheitstheorie; vgl. Puppe, Idealkonkurrenz und Einzelverbrechen, 1979, S. 27; Puppe JuS 2016, 961; Schmidhäuser FS GA, 1993, 191 (198)) ist umstritten, aber nur von theoretischer und dogmengeschichtlicher Bedeutung. Praktisch wichtig ist dagegen die Unterscheidung von **echter und unechter Konkurrenz.**

24 **1. a)** Die Struktur des Strafrechtssystems, in dem die Vorschriften sich gegenseitig ergänzen und überdecken, bringt es mit sich, dass das systematische Verhältnis verschiedener zusammentreffender, dem Wortlaut nach verletzter Gesetze ergeben kann, dass einzelne von ihnen nicht anwendbar sind, weil der deliktische Gehalt einer Tat jeweils schon durch ein anderes Gesetz erschöpfend erfasst wird (**unechte**

Konkurrenz; vgl. etwa BGHSt 31, 380 = NJW 1983, 2152; BGHSt 39, 100 (108) = NJW 1993, 1662; BGHSt 41, 113 (115) = NJW 1995, 2045; beachte auch BGH NJW 2001, 2186). Für ihre Abgrenzung von der echten Konkurrenz (→ Rn. 30) kommt es in Zweifelsfällen darauf an, ob der Klarstellung bedarf, dass der deliktische Gehalt der Tat durch Anwendung nur eines der verletzten Gesetze nicht erschöpfend erfasst werden kann (eing. Abels, Die „Klarstellungsfunktion" der Idealkonkurrenz, 1991). Der unechten Konkurrenz, die in Fällen der Handlungseinheit auch als **Gesetzeseinheit** oder **Gesetzeskonkurrenz** bezeichnet wird, liegen folgende Gesichtspunkte zugrunde (zusf. Mitsch JuS 1993, 471; krit. zur uneinheitlichen Rspr. und Lehre Fahl, Zur Bedeutung des Regeltatbildes bei der Bemessung der Strafe, 1996, S. 250; sa Fahl GA 1996, 476 (480)).

aa) **Spezialität.** Das spezielle Gesetz, das alle Merkmale eines anderen Gesetzes **25** aufweist und sich nur dadurch von diesem unterscheidet, dass es wenigstens noch ein weiteres Merkmal enthält, das den Sachverhalt unter einem genaueren Gesichtspunkt erfasst (BGH NJW 1999, 1561), geht dem allgemeinen vor (zB § 249 den §§ 240, 242; § 130 III Alt. 1 dem § 140 Nr. 2; § 266a dem § 263, StraFo 2007, 342; → § 266a Rn. 20). Eine privilegierende Spezialität liegt vor, wenn der Täter durch die Spezialvorschrift privilegiert werden soll; ob das der Fall ist, ist durch Auslegung zu ermitteln (BGHSt 49, 34 (37) = NJW 2004, 1054); ist die Privilegierung gewollt, entfaltet die privilegierende Vorschrift eine Sperrwirkung, die den Rückgriff auf das allgemeinere Delikt ausschließt (BGHSt 53, 288 (293) = NJW 2009, 2611, wo dies im Verhältnis von § 222 und § 30 I Nr. 3 BtMG verneint wird).

bb) **Subsidiarität.** Das Gesetz, das ausdrücklich (Subsidiaritätsklausel; formelle **26** Subsidiarität) oder sonst erkennbar (materielle Subsidiarität) nur für den Fall Geltung beansprucht, dass kein anderes eingreift, tritt zurück. Nach dem Ausmaß der Subsidiarität (im Verhältnis zu allen anderen Gesetzen, zu Gesetzen bestimmter Art oder zu ganz bestimmten Gesetzen) ist zwischen absoluter, relativer und spezieller (zB §§ 145d, 316) Subsidiarität zu unterscheiden. Materiell subsidiär (zwischen ausdrücklicher und stillschweigender Subsidiarität unterscheidet Puppe JuS 2016, 961 (964)) sind zB die fahrlässige Begehungsform gegenüber der vorsätzlichen (BGHSt 39, 195 = NJW 1993, 1723; BGH StraFo 2015, 335 (336)), der Versuch gegenüber der Vollendung (BGH GA 1956, 26 (28); NStZ-RR 2005, 201 (202); NJW 2008, 1394 (1395); Laue in Maurach/Gössel/Zipf StrafR AT II § 55 Rn. 15; nach BWME StrafR AT § 36 Rn. 6 Fn. 15 auch Spezialität; anders Roxin StrafR AT II § 33 Rn. 203, idR tatbestandliche oder natürliche Handlungseinheit; krit. Puppe JuS 2016, 261 (263)), § 30 gegenüber § 26 (BGHSt 14, 378 = NJW 1960, 1819), Teilnahme gegenüber Täterschaft (BGHSt 30, 28 (30) = NJW 1981, 1325, Beihilfe; BGHSt 47, 188 (202) = NJW 2002, 1585, Anstiftung; Roxin StrafR AT II § 33 Rn. 212; → Vor § 25 Rn. 13); die Körperverletzung als Durchgangsstadium gegenüber der Tötung (→ § 212 Rn. 7), auch die versuchte schwere Körperverletzung nach § 226 gegenüber dem versuchten Totschlag (BGH HRRS 2013 Nr. 939) und § 221 gegenüber § 212 (RGSt 68, 407), die konkrete Lebensgefährdung nach § 306b II Nr. 1 verdrängt die abstrakte nach § 224 I Nr. 5 (BGH StraFo 2007, 430), § 324 verdrängt § 326 I Nr. 4a (BGHSt 38, 325 (338) = NJW 1992, 3247; Kühl StrafR AT § 21 Rn. 54; Rengier StrafR BT II § 48 Rn. 10). Es widerspricht der Wortlautschranke (→ § 1 Rn. 6), ausdrückliche absolute Subsidiarität (zB § 246 I Hs. 2) durch einschränkende Auslegung als bloß relative zu deuten (BGHSt 43, 237 = NJW 1998, 465; BGHSt 47, 243 = NJW 2002, 2188; Kühl StrafR AT § 21 Rn. 53; aM Roxin StrafR AT II § 33 Rn. 195, 196); frühere entgegenstehende Rspr. (zB BGHSt 6, 297 (298) = NJW 1954, 1614; BGHSt 8, 191 (192) = NJW

1956, 32) ist nach neuerem Verständnis des Art. 103 II GG überholt (BGHSt 43, 237 = NJW 1998, 465 mablAnm Rudolphi JZ 1998, 471).

27 cc) **Konsumtion.** Ein Gesetz, das den Unrechtsgehalt der Verletzung eines anderen Gesetzes deshalb mitberücksichtigt, weil dieses zum sog. „Regeltatbild" gehört (dazu Fahl, Zur Bedeutung des Regeltatbildes bei der Bemessung der Strafe, 1996, S. 293; Reinbacher Hdb. StrafR § 62 Rn. 75) und deshalb regelmäßig mit verletzt wird (sog. „typische Begleittat"), geht dem anderen vor (BGHSt 46, 24 = JuS 2000, 925 mkritAnm Kindhäuser NStZ 2001, 31; v. Heintschel-Heinegg FS Jakobs, 2007, 131; krit. Eschelbach in Satzger/Schluckebier/Widmaier StGB § 52 Rn. 27), wie das zB für § 218 im Verhältnis zu § 223 zutrifft (BGHSt 10, 312 = NJW 1957, 1446). Konsumiert werden regelmäßig auch §§ 123, 303 vom Einbruchsdiebstahl nach §§ 243 I 2 Nr. 1, 244 I Nr. 3 (Kühl StrafR AT § 21 Rn. 60; Roxin StrafR AT II § 33 Rn. 213), doch ist die Sachbeschädigung dann keine typische Begleittat, wenn sie vom regelmäßigen Verlauf des Diebstahls abweicht und einen eigenständigen Unrechtsgehalt aufweist, zB bei einem die Diebstahlbeute deutlich übersteigenden Sachschaden (BGH NJW 2002, 150 mit Bespr. Rengier JuS 2002, 850; Sternberg-Lieben JZ 2002, 514; BGH NStZ-RR 2017, 340); Tateinheit zwischen schwerem Diebstahl und Sachbeschädigung nimmt der BGH jetzt generell – und nicht mehr nur ausnahmsweise – an (BGHSt 63, 253 = NJW 2019, 1086 (unter Aufgabe von BGH NStZ-RR 2017, 340) mAnm Mitsch; Bespr. Jäger JA 2019, 386; eing. Fahl GA 2019, 721; BGH NStZ 2014, 40 mit Bespr. Hecker JuS 2014, 181; Zöller ZJS 2014, 214; abl. Reinbacher Hdb. StrafR § 62 Rn. 55). Neue Fälle der Konsumtion hat der BGH zwischen mittelbarer Falschbeurkundung nach § 271 StGB und § 95 II Nr. 2 AufenthG entdeckt (BGHSt 54, 140 = NJW 2010, 248 mkritAnm Mosbacher NStZ 2010, 457, der aus Klarstellungsgründen für Tateinheit plädiert; zust. aber Satzger JK StGB § 27 Rn. 22; Fischer § 271 Rn. 25; → § 271 Rn. 12) sowie zwischen § 241 und (versuchtem) Totschlag (BGH NStZ 2019, 472; StraFo 2020, 78 mit Bespr. Höltkemeier HRRS 2021, 308).

28 **b)** Die **Abgrenzung** der verschiedenen Formen von Gesetzeseinheit ist umstritten (Klug ZStW 68 (1956), 399; Puppe, Idealkonkurrenz und Einzelverbrechen, 1979, S. 313; Puppe GA 1982, 143 (160); Abels, Die „Klarstellungsfunktion" der Idealkonkurrenz, 1991, S. 17, 33; eing. Reinbacher Hdb. StrafR § 62 Rn 17 ff.; Rissing-van Saan in LK-StGB Rn. 89–164); zT wird die Konsumtion der Subsidiarität zugeschlagen (Stree in Schönke/Schröder, 26. Aufl. 2002, Rn. 131, 132; anders jetzt Sternberg-Lieben/Bosch in Schönke/Schröder, Rn. 124; aM Jescheck/Weigend StrafR S. 735; eing. Geerds, Zur Lehre von der Konkurrenz im Strafrecht, 1961, S. 203; Vogler FS Bockelmann, 1979, 715). Anwendbar ist nur das vorgehende Gesetz; steht dessen Anwendung der Zweifelssatz entgegen, so bleibt das an sich zurücktretende Gesetz anwendbar (BGHSt 39, 164 = NJW 1993, 1871); ob das auch gilt, wenn das vorgehende Gesetz wegen eines Strafaufhebungsgrundes (zB Rücktritt vom Versuch) oder eines Prozesshindernisses (zB Fehlen des Strafantrags) unanwendbar ist, hängt von dem Verhältnis der verletzten Gesetze untereinander ab (zB BGHSt 1, 152 = NJW 1951, 571; BGHSt 19, 188 = NJW 1964, 559, BGHSt 19, 320 = NJW 1964, 1380; BGH NStZ 1997, 387; Vogler FS Bockelmann, 1979, 715 (726)). Stehen zwei vollendete Delikte in Gesetzeseinheit, so ist das nicht ohne weiteres auch für den Versuch des schwereren im Verhältnis zur Vollendung des minderschweren Delikts anzunehmen. Dass der Täter nicht allein die schwerere Tat versucht, sondern auch die minder schwere vollendet hat, kann nur durch Annahme von Tateinheit klargestellt werden (Jäger in SK-StGB

Rn. 81). Nachdem der BGH seine früher in Teilbereichen entgegenstehende Rspr. aufgegeben hat (expl. BGHSt 44, 196 = NJW 1999, 69 mAnm Satzger JR 1999, 203; BGH HRRS 2013 Nr. 939; sa BGH JR 2001, 70 mablAnm Stein; → § 241 Rn. 4), ist das, soweit ersichtlich, weitgehend unbestritten. Aus Gründen der Klarstellung soll auch § 226 I Nr. 3 mit dem sonst verdrängten § 224 in Tateinheit stehen, wenn es um die lebensgefährliche Behandlung iSv dessen Nr. 5 geht (BGHSt 53, 23 = NJW 2009, 863 mit zust. Bespr. Geppert JK StGB § 226 Rn. 12). Diese sog. **Klarstellungsfunktion** der Tateinheit wird auch „Ausschöpfungsgebot" genannt (Rissing-van Saan in LK-StGB Rn. 90; Reinbacher Hdb. StrafR § 61 Rn. 2); „erschöpfend" klargestellt wird der Umfang des Unrechts bei mehrfacher Verletzung desselben Gesetzes und bei der Verletzung mehrerer Gesetze (Rissing-van Saan in LK-StGB § 52 Rn. 3, 38; sa BGH NJW 2014, 3047).

c) Bei Gesetzeseinheit darf – wenn sich aus dem Zweckzusammenhang der verwirklichten Tatbestände nichts anderes ergibt (dazu Warda JuS 1964, 81 (92)) – das **Mindestmaß** der in dem verdrängten Gesetz angedrohten Hauptstrafe nicht unterschritten werden (BGHSt 1, 152 = NJW 1951, 571; BGH bei Holtz MDR 1981, 99; beachte auch BGHSt 30, 166 = NJW 1981, 2367 mAnm Bruns JR 1982, 166; Küpper GS Meurer, 2002, 123 (134) „Sperrwirkung des Strafrahmens"; Streng Sanktionen Rn. 685 „Sperrwirkung des verdrängten Gesetzes"; Laue in Maurach/Gössel/Zipf StrafR AT II § 55 Rn. 5). Auch die **Nebenstrafen,** Nebenfolgen und Maßnahmen iSd § 11 I Nr. 8 können auf dieses Gesetz gestützt werden (BGHSt 7, 307 (312) = NJW 1955, 957; BGHSt 8, 46 = NJW 1955, 1366). In der **Strafzumessung** ist die schärfende Berücksichtigung des verdrängten Gesetzes nicht ausgeschlossen (BGHSt 21, 183 (185) = NJW 1967, 835; BGH NJW 1999, 369 (370); aM Fahl GA 1996, 319; diff. Seier Jura 1983, 225 (234); → § 46 Rn. 45). **29**

2. Verletzt eine Handlung mehrere anwendbare (dh nicht in Gesetzeseinheit stehende) Gesetze **(echte Konkurrenz),** so liegt **Tateinheit** (Idealkonkurrenz) vor (→ § 52 Rn. 1). Zu den **BHJ-Delikten** s. Patzak, Konkurrenzverhältnisse beim unerlaubten Handeltreiben mit Betäubungsmitteln, 2021 (mit Bespr. Oğlakcioğlu StV 2022, 620). **30**

VII. Die §§ 53–55 regeln die **Tatmehrheit** (Realkonkurrenz), dh den Fall, dass mehrere Handlungen (Handlungseinheiten) mehrere Gesetze verletzen. Die verschiedenen Gesetze müssen aber anwendbar sein; auch hier gibt es wie bei der Handlungseinheit (→ Rn. 24–28) Fälle, in denen sich aus dem Verhältnis der verletzten Gesetze die Unanwendbarkeit eines von ihnen ergibt. Man spricht hier zwar häufig nicht von Gesetzeseinheit (anders Rissing-van Saan in LK-StGB Rn. 92), sondern von **mitbestrafter (strafloser) Nachtat oder Vortat;** die Unanwendbarkeit der zurücktretenden Gesetze folgt aber wie bei der Gesetzeseinheit aus den Gesichtspunkten der Subsidiarität oder der Konsumtion (vgl. v. Krog, Die straflosen Vor- und Nachtaten, 1975; Vogler FS Bockelmann, 1979, 715 (716); Bringewat, Die Bildung der Gesamtstrafe, 1987, S. 67; Laue in Maurach/Gössel/Zipf StrafR AT II § 56 Rn. 6; sa Puppe JuS 2016, 961 (965), Versuch und Vollendung; str.). **31**

1. Eine **Nachtat** ist straflos (in der Haupttat mitbestraft), wenn sie sich in der Sicherung oder Auswertung der durch die Vortat erlangten Position erschöpft (hM; vgl. etwa Schneider wistra 2001, 408 (409); anders Puppe GA 1982, 143 (158); Puppe in NK-StGB Rn. 31; aus der jüngsten Rspr. BGH NStZ 2014, 579; NJW 2015, 2354 (2356)), zB Sachbeschädigung der gestohlenen oder unterschlagenen **32**

Sache (RGSt 59, 174), Abheben der Einlage auf gestohlenem Sparbuch (BGH StV 1992, 272; wistra 1999, 108; StraFo 2007, 423; beachte jedoch BGH NStZ 1993, 591 mit krit. Bespr. Otto JK StGB § 263 Rn. 39; Kühl StrafR AT § 21 Rn. 64), Untreue an betrügerisch erlangten Gegenständen (BGHSt 6, 67 = NJW 1954, 1009; sa BGH NStZ 2001, 195); speziell zum sog. *Sicherungsbetrug Sickor GA 2007, 590;* Kühl StrafR AT § 21 Rn. 64; → § 263 Rn. 69; aus der Rspr. BGH wistra 2011, 230 (Sicherungsbetrug im Arrestverfahren). Die Nachtat ist dagegen nicht straflos, wenn sie einen neuen, andersartigen Schaden bewirkt (BGHSt 5, 295 (297) = NJW 1954, 650; BGH NStZ 1987, 23; NStZ 2014, 579: § 263a nach § 263; sa schon BGH NStZ 2008, 281 (282)) oder den durch die Vortat entstandenen Schaden durch einen weiteren vergrößert (BGHSt 6, 67 = NJW 1954, 1009; sa BGHSt 16, 280 = NJW 1962, 117); zB Betrug zum Nachteil eines Dritten durch Verkauf einer gestohlenen (oder unterschlagenen) Sache (RGSt 49, 16; sa BayObLG NJW 1999, 1648 mit krit. Bespr. Otto JK StGB § 263 Rn. 54), auch bei vorher angekauftem Diebesgut (BGH NStZ 2009, 38). Wiederverwendung gestohlener entwerteter Wertzeichen (BGHSt 3, 289 = NJW 1953, 111), Herstellen unechter Urkunden aus gestohlenen Vordrucken und deren betrügerische Verwendung (BGH bei Holtz MDR 1982, 280), unerlaubter Waffenbesitz (§ 53 III Nr. 1a WaffG) nach Diebstahl der Waffe (OLG Hamm NJW 1979, 117), Betrug einer Versicherung nach vorsätzlicher Schadensverursachung durch Eingriff in den Straßenverkehr (Fleischer NJW 1976, 878 (880)) oder Betrug zur Abwendung einer Vertragsstrafe nach vorausgegangener Beförderungserschleichung (Dylla-Krebs NJW 1990, 888; zw.). Dagegen kommt Unterschlagung als mitbestrafte Nachtat nach einem Aneignungsdelikt nicht in Frage, da Manifestationen des Zueignungswillens nach vorausgegangenem Zueignungsakt den Tatbestand des § 246 nicht erfüllen (→ § 246 Rn. 7). Kann die Vortat nicht bestraft werden, so entfällt die Straflosigkeit der Nachtat stets, wenn die Vortat nicht erwiesen (BGH bei Dallinger MDR 1955, 269) oder nach §§ 154, 154a StPO aus dem Verfahren endgültig ausgeschieden ist (BGH GA 1971, 83); wieweit die Nachtat strafbar ist, wenn der Bestrafung der Vortat ein Strafaufhebungsgrund (zB Rücktritt) oder ein Verfahrenshindernis (zB Verjährung, BGH NStZ 2009, 203; NJW 2015, 2354 (2357), Fehlen des Strafantrags) entgegensteht, hängt von der Art des Hindernisses ab und ist in der Mehrzahl der einschlägigen Fallgruppen umstritten (vgl. zB BGHSt 18, 324 = NJW 1963, 1214; BGHSt 38, 366 (368) = NJW 1993, 476 mablAnm Stree JZ 1993, 476; BGHSt 39, 233 (235) = NJW 1993, 2692; BGH NJW 1968, 2115; NJW 2015, 2354; Vogler FS Bockelmann, 1979, 715 (732); Bringewat, Die Bildung der Gesamtstrafe, 1987, S. 78; Otto Jura 1994, 276; Geppert Jura 1994, 441 (444); Schneider wistra 2001, 408; Sternberg-Lieben/Bosch in Schönke/Schröder Rn. 136; Eschelbach in Satzger/Schluckebier/Widmaier StGB § 52 Rn. 21). Zur Teilnahme an der mitbestraften Nachtat → § 27 Rn. 8.

33 **2.** Eine **Vortat** ist straflos (in der Nachtat mitbestraft), wenn ihr Unrechtsgehalt durch die Nachtat voll erfasst und deshalb durch deren Bestrafung mit abgegolten wird (BGH NJW 1967, 60; OLG Hamm MDR 1979, 421; zu einem problematischen Grenzfall BGH NStZ 2001, 316), zB das Gefährdungsdelikt gegenüber dem nachfolgenden Verletzungsdelikt, wenn die Gefährdung sich als bloße Vorstufe derselben Rechtsgutsverletzung darstellt (BGHSt 8, 243 = NJW 1956, 112), die Vorbereitungshandlung oder der (nicht gescheiterte; → Rn. 6) Versuch gegenüber dem später vollendeten Delikt (BGHSt 10, 230 = NJW 1957, 1077; BGH NJW 2014, 3047; NZV 1999, 91; Frister StrafR AT § 31 Rn. 20) oder die Anstiftung im Ver-

hältnis zu der Tat, an welcher sich der Teilnehmer später als Mittäter beteiligt (→ Vor § 25 Rn. 13; ebenso für die versuchte Anstiftung, BGH NStZ 2000, 197 (199)); die versuchte Anstiftung, wenn der Auffordernde das Verbrechen selbst begeht (BGH StraFo 2010, 296 mit zust. Bespr. Kudlich JA 2010, 664), auch die versuchte Anstiftung zur später erfolgreichen Anstiftung (BGHSt 8, 38 = NJW 1955, 1644; Geppert NStZ 1997, 546 (552)).

VIII. Dieselbe Tat im prozessualen Sinne (§ 264 StPO) deckt sich nicht mit den materiell-rechtlichen Konkurrenzregeln (BVerfG NJW 2004, 279). Zu ihr gehört nach der Rspr. das gesamte Geschehen, soweit es mit dem durch den Gegenstand des Verfahrens bezeichneten geschichtlichen Vorkommnis nach der Auffassung des Lebens einen einheitlichen Vorgang bildet (expl. BGHSt 45, 211 (212) = NJW 2000, 226; sa BVerfG NJW 2004, 279; BVerfGK 7, 417 (418) = BeckRS 2006, 22726). Der Begriff dient daher anderen, spezifisch prozessrechtlichen Zwecken; er ist jeweils selbständig zu bestimmen (BGH NStZ-RR 2012, 356: eigenständiger Begriff), mit der Folge, dass sich bei zeitlich gestreckten Taten, die eine Handlungseinheit (namentlich Tateinheit) bilden (→ Rn. 10–19; → § 52 Rn. 4–6; sowie Paeffgen FS Heinze, 2005, 615 (618)), die Ergebnisse nur in der Regel (BGH NStZ 2009, 705 (706); nach Paeffgen FS Heinze, 2005, 615 (621) „weitgehend"), aber nicht notwendig decken und dass bei Tatmehrheit nur eine Tat im prozessualen Sinne vorliegen kann (BGH NStZ 2009, 705; BGHSt 59, 4 (8) = NJW 2013, 3668; BGH NJW 2005, 836; NStZ 2009, 705 (706); NStZ 2015, 96 (97); Ranft JuS 2003, 417 (421); Beulke FG BGH, 2000, 781 (801); Paeffgen FS Heinze, 2005, 615 (622); Schmitt in Meyer-Goßner/Schmitt StPO § 264 Rn. 6a). Im Schrifttum ist der Begriff umstritten (expl. die Urteilsbesprechung von Grünwald StV 1986, 243; Puppe JR 1986, 205; Brauns StV 1986, 533; Neuhaus NStZ 1987, 138; Neuhaus StV 1990, 342; Mitsch NStZ 1987, 457; JR 1990, 162; Schlüchter JR 1991, 1057; Kindhäuser JZ 1997, 101; sa Krauth FS Kleinknecht, 1985, 215; Erb GA 1994, 265; Gubitz JR 1998, 491; Ranft JuS 2003, 417; die BGH-Rechtsprechung zusf. Wankel JA 1997, 231). 34

§ 52 Tateinheit

(1) **Verletzt dieselbe Handlung mehrere Strafgesetze oder dasselbe Strafgesetz mehrmals, so wird nur auf eine Strafe erkannt.**

(2) [1]**Sind mehrere Strafgesetze verletzt, so wird die Strafe nach dem Gesetz bestimmt, das die schwerste Strafe androht.** [2]**Sie darf nicht milder sein, als die anderen anwendbaren Gesetze es zulassen.**

(3) **Geldstrafe kann das Gericht unter den Voraussetzungen des § 41 neben Freiheitsstrafe gesondert verhängen.**

(4) **Auf Nebenstrafen, Nebenfolgen und Maßnahmen (§ 11 Absatz 1 Nummer 8) muss oder kann erkannt werden, wenn eines der anwendbaren Gesetze dies vorschreibt oder zulässt.**

Fassung: Abs. 4 S. 1 wurde durch das Vermögensabschöpfungsgesetz (→ Vor § 1 Rn. 18) gestrichen.

1. Vgl. zunächst → Vor § 52 Rn. 2–30. 1

2. Tateinheit (Idealkonkurrenz) setzt voraus, dass ein und dieselbe Handlung (auch natürliche oder rechtliche Handlungseinheit) mehrere anwendbare, dh nicht 2 in Gesetzeseinheit stehende (→ Vor § 52 Rn. 24), Gesetze verletzt. Die Mehrheit kann sich aus der Verletzung verschiedener Gesetze (sog. **ungleichartige** Tateinheit) oder aus der mehrmaligen Verletzung desselben Gesetzes (sog. **gleichartige** Tateinheit; dazu BGHSt 1, 20 = NJW 1951, 203; BGHSt 26, 284 = NJW 1976, 1512; BGHSt 40, 307 (314) = NJW 1976, 1512; Walter JA 2004, 133 (134)) ergeben. Bleibt aus tatsächlichen Gründen zweifelhaft, ob Tateinheit oder -mehrheit vorliegt, so ist die dem Täter günstigere Möglichkeit anzunehmen (BGH StV 1992, 54).

3 **a) Mehrere Gesetze** werden durch **dieselbe Handlung** verletzt, wenn mindestens Teile des Handlungsvollzugs, die nach der Rspr. auch in der Phase nach Vollendung aber vor Beendigung liegen können (→ Vor § 22 Rn. 2; so etwa das Gebrauchmachen von einer Urkunde in der Beendigungsphase der räuberischen Erpressung, die von der Rspr. in der Verwirklichung der Bereicherungsabsicht gesehen wird, BGH NStZ 2014, 272 mit Praxiskommentar Becker; nicht aber nach der Beendigung, BGH NStZ 2001, 88; NStZ-RR 2001, 298 (299)), zugleich zur Verwirklichung des einen und des anderen Gesetzes beitragen (hM; vgl. zB BGHSt 22, 206 = NJW 1976, 1512 mkritAnm Schröder JZ 1969, 32; BGHSt 47, 22 (25) = NJW 2001, 2560; BGH NJW 2001, 763; NStZ 2003, 371; NStZ 2004, 329; NStZ 2005, 387; StV 2004, 480; NStZ-RR 2006, 202; NStZ 2009, 445 zu §§ 266, 299; abw. Puppe, Idealkonkurrenz und Einzelverbrechen, 1979, S. 125, Puppe GA 1982, 143; Puppe in NK-StGB Rn. 24–49a). Ein einheitlicher Entschluss zu mehreren Handlungen (BayObLG GA 1973, 112), ein einheitlicher Zweck oder Beweggrund (BGHSt 7, 149 = NJW 1955, 430; BGHSt 22, 206 (208) = NJW 1968, 1973), eine Mittel-Zweck- oder Grund-Folge-Verknüpfung (BGHSt 43, 25 = NJW 1997, 1862; BGHSt 43, 261 = NJW 1998, 168; BGH NJW 1996, 1973) oder Handeln am selben Ort, zur selben Zeit (BGHSt 18, 29 (32) = NJW 1962, 2310) oder während derselben Autofahrt (OLG Hamm VRS 52, 131; sa BayObLG MDR 1997, 483) reichen allein nicht aus (BGHSt 43, 149 = NJW 1997, 3322; BGHSt 43; 317 = NJW 1998, 1001; sowie BGHSt 44, 228 = NJW 1999, 369; BGH StV 2000, 473; StraFo 2015, 212). Die Rspr. ist insoweit nicht ganz einheitlich; sie greift bisweilen auf den in diesem Zusammenhang systemfremden Gedanken natürlicher Handlungseinheit (→ Vor § 52 Rn. 4–7, zB BGH StraFo 2005, 82) zurück und begnügt sich – namentlich bei der **sog. Polizeiflucht** (BGHSt 22, 67 (76) = NJW 1968, 1056; BGHSt 48, 233 (239) = NJW 2003, 1613; BGH NZV 2001, 265; zust. Heinrich StrafR AT Rn. 1416; krit. Zieschang FS Rissing-van Saan, 2011, 787 (801); Kühl StrafR AT § 21 Rn. 16; Laue in Maurach/Gössel/Zipf StrafR AT II § 54 Rn. 19; Wessels/Beulke/Satzger StrafR AT Rn. 1071; Rissing-van Saan in LK-StGB Vor § 52 Rn. 8, 16, 18; Reinbacher Hdb. StrafR § 61 Rn. 51f. sowie Sternberg-Lieben/Bosch in Schönke/Schröder Vor § 52 Rn. 24; einschr. BGH NJW 1995, 1766) – mit einem einheitlichen Handlungswillen (BGHSt 22, 67 (76) = NJW 1968, 1056) oder enger zeitlich-räumlicher Verbundenheit der Handlungsvollzüge (zB BGH NJW 1977, 2321; NJW 1995, 1766; MDR 1995, 731; mit Recht abl. Maiwald, Die natürliche Handlungseinheit, 1964; Maiwald NJW 1978, 300; Kindhäuser JuS 1985, 100; Warda FS Oehler, 1985, 241 (248); Sowada NZV 1995, 465 (466); Rissing-van Saan in LK-StGB Rn. 20). Wird dasselbe Gesetz nur einmal, aber in mehreren im Wesentlichen gleichwertigen Tatbestandsalternativen verletzt (zB Mord unter Verwirklichung mehrerer Mordmerkmale), so liegt nicht Tateinheit, sondern nur eine Gesetzesverletzung vor (BGHSt 44, 228 = NJW 1999, 369; BGH NJW 1994, 2034 mit Bespr.

v. Hippel JR 1995, 125; Altenhain ZStW 107 (1995), 382; Sternberg-Lieben/Bosch in Schönke/Schröder Rn. 27, 28; → § 177 Rn. 19; → § 211 Rn. 17; → § 224 Rn. 12; → § 244 Rn. 10); das gilt jedoch nicht, soweit die Alternativen jeweils eigenständiges Unrecht beschreiben (hM; anders Altenhain ZStW 107 (1995), 382).

b) Erforderlich und stets hinreichend (auch bei Angriffen gegen verschiedene 4
höchstpersönliche Rechtsgüter, BGH bei Miebach NStZ 1992, 177; NStZ-RR 1998, 103) ist **teilweise Identität** der Ausführungshandlungen (BGHSt 7, 149 = NJW 1955, 430; BGHSt 43, 317 = NJW 1998, 1001 mit Bespr. Momsen NStZ 1999, 306; BGH StV 1983, 456; NStZ-RR 2000, 367; NStZ 2007, 578 (579); NStZ 2009, 445; sowie BGH NStZ 2014, 162; NStZ 2015, 113; NStZ 2015, 217; NStZ 2016, 313; wistra 2015, 146; wistra 2016, 70; NJW 2014, 3589; OLG München NStZ-RR 2006, 371 (372); weiter Sternberg-Lieben/Bosch in Schönke/Schröder Rn. 9 „Zeitgleichheit"), zB auch wenn ein Sexualtäter auf Grund gemeinsamer Aufforderung mehrerer Kinder sexuelle Handlungen an deren Körper vornimmt (BGH NJW 1998, 1502). Die Rspr. nimmt das auch für den Fall an, dass die Ausführungshandlungen den bereits vollzogenen Rechtsgutsangriff nur noch beenden (→ Vor § 22 Rn. 2; → Rn. 3; zust. Jäger in SK-StGB Rn. 16; Rengier StrafR AT § 56 Rn. 50, 52; Rissing-van Saan in LK-StGB Rn. 21; krit. Kühl JuS 2002, 729 (735); BWME StrafR AT § 36 Rn. 26; abl. Heinrich StrafR AT Rn. 1417; für Absichtsdelikte auch Sternberg-Lieben/Bosch in Schönke/Schröder Rn. 11–13). Teilidentität im Versuchsstadium genügt bei nur unmittelbarem Ansetzen zur Tatbestandsausführungshandlung nicht (Kühl StrafR AT § 21 Rn. 42; Rissing-van Saan in LK-StGB Rn. 22; auch BGHSt 16, 397 (398) = NJW 1962, 645, anders BGH wistra 2011, 99, Teilidentität zwischen Einzelakten der teils vollendeten, teils versuchten Wegnahmehandlungen in derselben Tiefgarage; krit. Zieschang FS Rissing-van Saan, 2011, 787 (795)). Solche Teilüberdeckung liegt ferner vor, wenn nur ein Teilakt einer natürlichen oder rechtlichen Handlungseinheit zur Verwirklichung eines anderen Tatbestandes beiträgt, wenn mehrere natürliche oder rechtliche Handlungseinheiten (→ Vor § 52 Rn. 4–19a) nur in einem Teilakt einen identischen Handlungsvollzug aufweisen (BGHSt 6, 81 = NJW 1962, 645; BGH NStZ 1991, 81; Miebach NStZ 1993, 225) oder wenn mehrere an sich selbständige Handlungen im Hinblick auf ein anderes Gesetz Bestandteile derselben Handlungseinheit sind (BGH VRS 49, 177), zB mehrere Körperverletzungen, die zur Aufrechterhaltung derselben Freiheitsberaubung begangen werden.

aa) Daraus folgt das **Prinzip der Verklammerung** unter sich selbständiger 5
Handlungen durch eine andere (dritte) Handlung zur Tateinheit (zusf. Geppert Jura 1997, 214). Es ist aus materiellen und prozessualen Gründen problematisch (krit. Wahle GA 1968, 97; Puppe, Idealkonkurrenz und Einzelverbrechen, 1979, S. 199; Werle JR 1979, 93 (96); NJW 1980, 2671; Lippold, Die Konkurrenz bei Dauerdelikten als Prüfstein der Lehre von den Konkurrenzen, 1985; Jakobs StrafR AT Abschn. 33 Rn. 11, 12).

bb) Die Rspr. schließt seine Anwendbarkeit allerdings für den Fall aus, dass die 6
mehreren selbständigen Handlungen (nicht nur eine von ihnen, BGHSt 31, 29 = NJW 1982, 2080; BGH NStZ 1993, 39; NStZ 1999, 25; NStZ-RR 2010, 141; NStZ 2014, 272 mit Praxiskommentar Becker; BGH NStZ 2015, 344 mit Praxiskommentar Schiemann; BGH NJW 2016, 657; einschr. BGH NStZ-RR 2014, 141; NStZ-RR 2015, 176; zur Klammerwirkung einer minder schweren Dauerstraftat, wenn nur eines der anderen Delikte schwerer wiegt, BGH NStZ 2013, 158; NStZ 2014, 272 mit Praxiskommentar Becker; anders noch BGHSt 3, 165

= NJW 1952, 1263) gegenüber der verklammernden Handlungseinheit einen **größeren Unwert verkörpern** (problematisch BGHSt 33, 4 = NJW 1984, 2838 mit krit. Bespr. Peters JR 1993, 265), was zB für mehrere Tötungen im Rahmen derselben Gewaltanwendung beim Raub (BGHSt 2, 246 = NJW 1952, 631) oder derselben Drohung bei der räuberischen Erpressung (BGH NJW 1998, 619 mit Bespr. Satzger JR 1998, 518; Wilhelm NStZ 1999, 80; auch bei versuchter räuberischer Erpressung mit Todesfolge, BGH NStZ 2005, 262 mit Bespr. Kudlich JuS 2005, 383) oder schwere Vergewaltigung und Körperverletzung mit Freiheitsberaubung (BGH NStZ 2008, 209; zust. Rengier StrafR AT § 56 Rn. 66) zutrifft (sa BGHSt 42, 162 = NJW 1996, 2802; BGH JR 1983, 210 mAnm Keller; BGH NStZ 1993, 133; JR 1995, 71 mAnm Geerds; BGH StV 1996, 668; NZV 2000, 474; NStZ 2001, 158; wistra 2012, 310; Schöneborn NJW 1974, 734; Erb JR 1995, 169; → § 129 Rn. 13; → § 142 Rn. 42). Dasselbe gilt, wenn beim Zusammentreffen mehrerer Handlungseinheiten der das Bindeglied bildende Teilakt an Unrechtsgehalt hinter den übrigen Teilen der Handlungseinheiten zurückbleibt (BGHSt 18, 26 = NJW 1962, 2262; BGH NJW 1963, 57; NStZ 2011, 577; wistra 2016, 31 (33); → Vor § 52 Rn. 10). Das schwerste Delikt verklammert zwei weniger schwere Delikte (BGH NStZ-RR 2014, 144), so etwa die Nachstellung (§ 238) eine Beleidigung (§ 185) und eine Bedrohung nach § 241 (BGHSt 54, 189 (201) = FPR 2011, 227); § 129a verklammert mehrere (Versuchs-)Taten nach § 263 (BGHSt 54, 69 (131) = NJW 2009, 3448). Ein Vergehen kann daher nicht zwei Verbrechen verklammern (BGH VRS 141, 105). Die für die Entklammerung angeführten Gründe sind dogmatisch anfechtbar und letztlich nur auf Gerechtigkeitserwägungen gestützt (eing. Werle, Die Konkurrenz bei Dauerdelikt, Fortsetzungstat und zeitlich gestreckter Gesetzesverletzung, 1981, S. 48; sa Bringewat, Die Bildung der Gesamtstrafe, 1987, S. 56).

7 **c)** Nach der Rspr. kommt Tateinheit **auch in Frage** zwischen vorsätzlicher und fahrlässiger Tat (BGHSt 1, 278 = NJW 1951, 810; → § 229 Rn. 3), ferner zwischen Unterlassungsdelikten (BGHSt 18, 376 (379) = NJW 1963, 1683; BGH NStZ 1983, 29), wenn die mehreren Handlungsgebote durch eine Handlung zu erfüllen sind (BGHSt 37, 106 (134) = NJW 1990, 2560; BGH NJW 1985, 1719 mkritAnm Puppe JR 1985, 245; BGH NJW 2005, 374 mit Bespr. Bilsdorfer NJW 2006, 657 (661); sa OLG Hamburg NStZ-RR 1999, 329), im Allgemeinen aber nicht zwischen einem Begehungs- und einem echten Unterlassungsdelikt (BGHSt 6, 229 = NJW 1954, 1292; Roxin StrafR AT II § 33 Rn. 88; beachte auch BGH NStZ 2001, 101 mkritAnm Wilhelm NStZ 2001, 404); Tateinheit liegt hier nur dann vor, wenn gerade – wie zB im Verhältnis zwischen §§ 142, 323c (→ § 142 Rn. 42) – die Begehung der einen Tat der Erfüllung des dem Unterlassungstatbestand zugrundeliegenden Handlungsgebots entgegenstand (insoweit problematisch BayObLG VRS 60, 112). Im Ganzen sind die Möglichkeiten des Zusammentreffens bei **Unterlassungsdelikten** noch nicht abschließend geklärt (eing. Struensee, Die Konkurrenz bei Unterlassungsdelikten, 1971, S. 16; Reinbacher Hdb. StrafR § 61 Rn. 73ff.; sa Bringewat, Die Bildung der Gesamtstrafe, 1987, S. 49; Jäger in SK-StGB Rn. 12; Rissing-van Saan in LK-StGB § 52 Rn. 13–15, Vor § 52 Rn. 84–86). Beim Zusammentreffen mit **Dauerdelikten** (→ Vor § 52 Rn. 11) kommt es darauf an, ob die zur Verwirklichung eines anderen Tatbestandes beitragende Handlung zugleich als Begründung oder Aufrechterhaltung des durch das Dauerdelikt geschaffenen rechtswidrigen Zustandes erscheint (BGHSt 18, 29 = NJW 1962, 2310; BGHSt 27, 66 = NJW 1977, 442; BGHSt 29, 233 (239) = NJW 1980, 1533; Zieschang StrafR AT Rn. 785). So trifft

zB Fahren ohne Fahrerlaubnis (§ 21 StVG) oder in fahruntüchtigem Zustand (§ 316) häufig tateinheitlich mit Diebstahl eines Kraftwagens (BGHSt 18, 66 = NJW 1963, 60; BGH VRS 30, 283) oder mit unerlaubtem Entfernen vom Unfallort (BayObLG NJW 1963, 168) zusammen (für Diebestouren mit dem Fahrzeug bejaht von BGH NStZ-RR 2021, 222; zu §§ 267, 263a ebenso BGH NStZ-RR 2020, 384). Dasselbe gilt für Freiheitsberaubung mit Körperverletzung, wenn die Misshandlung der Aufrechterhaltung der Freiheitsentziehung dient (Jäger in SK-StGB Vor § 52 Rn. 55); und für Hausfriedensbruch, in dessen Verlauf Widerstand gegen die Staatsgewalt geleistet wird (BayObLG GA 1957, 219; sa OLG Köln NJW 1982, 296). Dagegen genügt es nicht, wenn nur gelegentlich eines Dauerdelikts, sei es auch in zeitlich-räumlicher Verbundenheit, ein anderer Tatbestand erfüllt wird (BGHSt 18, 29 = NJW 1962, 2310; OLG Koblenz NJW 1978, 716; Heinrich StrafR AT Rn. 1430; krit. Puppe StrafR AT, 2. Aufl. 2011 § 1 Rn. 34; anders Frister StrafR AT § 30 Rn. 26), und zwar auch dann nicht, wenn dessen Verwirklichung erst durch das Dauerdelikt ermöglicht wird (hM; vgl. etwa Jäger in SK-StGB Rn. 19; anders Stree in Schönke/Schröder, 26. Aufl. 2002, Vor § 52 Rn. 91; wie die hM jetzt Sternberg-Lieben/Bosch in Schönke/Schröder, Vor § 52 Rn. 90; eing. Zieschang FS Rissing-van Saan, 2011, 787, Tateinheit nur bei teilweiser Überschneidung der Ausführungsakte, wobei allerdings das unmittelbare Ansetzen entgegen der hiesigen Auffassung (→ Rn. 4) als Ausführungsakt gelten soll). Mit dem Dauerdelikt tateinheitlich zusammentreffende, unter sich jedoch selbständige Gesetzesverletzungen sind nach dem Prinzip der Verklammerung (→ Rn. 5, 6) zu behandeln. Die Abgrenzung ist oft deshalb umstritten, weil über den Inhalt der zusammentreffenden Tatbestände Zweifel bestehen und die Annahme von Tateinheit wegen des Verklammerungsprinzips zu unerwünscht weiten Handlungseinheiten mit problematischen Auswirkungen auf den Strafklageverbrauch führt (vgl. etwa die Kontroverse um die Konkurrenz zwischen unerlaubtem Führen einer Waffe nach dem WaffG und einem mit der Waffe begangenen Totschlag, BGHSt 31, 29; OLG Hamm NStZ 1986, 278; OLG Zweibrücken NJW 1986, 2841; Ranft JuS 2003, 417 (421); sa BGHSt 36, 151 (154) = NJW 1989, 1810; BGH NStZ-RR 1999, 8; NStZ 1999, 347; NStZ 1999, 513; → Rn. 6). Ebenso kann Tateinheit angesichts der finalen Verknüpfung beider Vergehen zwischen § 331 HGB und § 265b angenommen werden bei einer unrichtigen Darstellung der Verhältnisse in einem Abschluss mit dem Ziel der Verwendung des Abschlusses als Tatmittel zur Begehung eines Kreditbetrugs (BGH NStZ-RR 2020, 45). Schließlich soll auch ein vor Beginn mehrerer Diebstähle verwirklichtes Regelbeispiel des § 243 I 2 alle Wegnahmehandlungen zu einer Tat verklammern können (BGH NStZ-RR 2018, 203, für Einbruch in Haus zur Vornahme mehrerer Diebstähle). – Tatmehrheit soll dagegen nach neuerer Rspr. anzunehmen sein, wenn mehrere gleichzeitig abgegebene, inhaltsgleiche Steuererklärungen verschiedene Steuerarten betreffen (BGH NStZ 2019, 154 mAnm Bittmann; Reichling JR 2019, 302; Gehm NZWiSt 2019, 31; Feindt/Rettke DStR 2018, 2383; Ebner HFR 2018, 918; Mertes ZWH 2019, 19; Bespr. Rolletschke wistra 2019, 133; Rolletschke/Roth wistra 2019, 228; BGH NZWiSt 2020, 109).

3. Der Regelung der Rechtsfolgen in **Abs. 2** liegt das sog. **Absorptionsprinzip** zugrunde, das allerdings zur Verdeutlichung der vorbehaltenen Wirkungen auch der milderen Gesetze (→ Rn. 9, 10) besser als **Kombinationsprinzip** bezeichnet wird (Sternberg-Lieben/Bosch in Schönke/Schröder, Rn. 34, 35). Danach ist bei ungleichartiger Tateinheit zwar auch aus dem (bzw. den) milderen Gesetz(en) zu verurteilen (RGSt 49, 401), die Strafe aber nur dem Gesetz zu 8 entnehmen, das die schwerste Strafe, dh grds. die schwerste Strafart (Rangfolge: Freiheitsstrafe, Strafarrest nach § 9 WStG, Geldstrafe) und nur bei gleicher Strafart die höchste Strafe, androht. Für die Ermittlung der Strafdrohung gilt nicht die abstrakte Betrachtungsweise des § 12 (→ § 12 Rn. 2); vielmehr sind die konkret vorliegenden unbenannten oder im AT vorgesehenen Strafschärfungs- und Strafmilderungsgründe mit ihren besonderen Strafrahmen zu berücksichtigen (BGH NStZ 1981, 301; Detter NStZ 1994, 177; NStZ 1994, 474; Sternberg-Lieben/Bosch in Schönke/Schröder, Rn. 37). Für die Schwere der Strafe kommt es auf das angedrohte Höchstmaß der Hauptstrafe, bei gleicher Art und Schwere der Hauptstrafe auf Nebenstrafen oder Nebenfolgen und erst dann auf das Mindestmaß der Strafen an (RGSt 54, 29; Streng Sanktionen Rn. 668); bei Zusammentreffen von Verbrechen und Vergehen kann die schwerste Strafe auch im Vergehenstatbestand angedroht sein (BGH bei Dallinger MDR 1970, 560).

9 **4.** Die nach **Abs. 2 S. 1 an sich zurücktretenden milderen Gesetze** bleiben zT bedeutsam:

a) Die Hauptstrafe darf das **Mindestmaß** der in den milderen Gesetzen angedrohten Hauptstrafen nicht unterschreiten (Abs. 2 S. 2). Die kumulative Geldstrafe (§ 41) kann auch auf die Verletzung eines milderen Gesetzes gestützt werden (Abs. 2 S. 2, Abs. 3, 4). Für Nebenstrafen usw bleiben die milderen Gesetze voll anwendbar (Abs. 4 S. 2).

10 **b)** Bei der **Strafzumessung** kann die Verletzung auch des milderen Gesetzes schärfend ins Gewicht fallen (Walter JA 2004, 133 (134); → § 46 Rn. 45).

§ 53 Tatmehrheit

(1) **Hat jemand mehrere Straftaten begangen, die gleichzeitig abgeurteilt werden, und dadurch mehrere Freiheitsstrafen oder mehrere Geldstrafen verwirkt, so wird auf eine Gesamtstrafe erkannt.**

(2) [1]**Trifft Freiheitsstrafe mit Geldstrafe zusammen, so wird auf eine Gesamtstrafe erkannt.** [2]**Jedoch kann das Gericht auf Geldstrafe auch gesondert erkennen; soll in diesen Fällen wegen mehrerer Straftaten Geldstrafe verhängt werden, so wird insoweit auf eine Gesamtgeldstrafe erkannt.**

(3) **§ 52 Abs. 3 und 4 gilt sinngemäß.**

1 **1.** Vgl. zunächst → Vor § 52 Rn. 23–33.

2 **2. Tatmehrheit (Realkonkurrenz)** liegt vor (→ § 52 Rn. 2), wenn jemand durch mehrere selbständige Straftaten mehrere anwendbare, dh nicht in unechter Konkurrenz stehende (→ Vor § 52 Rn. 31–33), Gesetze verletzt, und zwar mehrere verschiedene Gesetze oder dasselbe Gesetz mehrmals (**ungleichartige** und **gleichartige** Tatmehrheit). Noch nicht abschließend geklärt ist die mit dem Verzicht auf die Rechtsfigur des Fortsetzungszusammenhangs (→ Vor § 52 Rn. 13) notwendig gewordene Neuorientierung in der Behandlung von fortgesetzt begangenen **Serienstraftaten.** Die Problematik betrifft überwiegend das Prozessrecht (zum materiellen Recht → Vor § 52 Rn. 15 a). Hier sind noch Entwicklungen im Gange, die darauf abzielen, die Folgen der neuen Rechtslage abzumildern, namentlich durch Herabsetzung der Anforderungen an die Bestimmtheit der Anklageschrift (BGHSt 56, 12 = NJW 2011, 1014; BGHSt 56, 109 = NJW 2011, 1687; sowie BGHSt 56,

183 = NJW 2011, 2308; BGHSt 56, 186 = NJW 2011, 2308) und des Eröffnungsbeschlusses, durch Zulassung der Verteilung eines festgestellten Gesamtschadens auf die Einzeltaten im Wege der Schätzung, durch Ausdehnung des Begriffs derselben Tat im prozessualen Sinne (§ 264 StPO) mit der daraus folgenden Rechtskraftwirkung und durch Erweiterung der Möglichkeit des Revisionsgerichts, trotz Veränderung der Konkurrenzverhältnisse die für eine Mehrheit von Gesetzesverletzungen verhängte Strafe aufrecht zu erhalten (zusf. Geppert NStZ 1996, 57 (63); Zieschang GA 1997, 455 (465); Rissing-van Saan in LK-StGB Vor § 52 Rn. 69–76; Fischer Vor § 52 Rn. 54–56; ua sa BGHSt 42, 107 = NJW 1996, 2107; BGH NJW 2000, 1878 (1880); NStZ 2001, 101 mit krit. Bespr. Wilhelm NStZ 2001, 404; BGH bei Pfister NStZ-RR 2000, 353 (354); Kalf NStZ 1997, 66; Bender NStZ 1997, 423).

Die Vorschrift regelt nur den Fall, dass die Taten **gleichzeitig** abgeurteilt, dh in demselben Verfahren und vor demselben Gericht verhandelt und entschieden werden (Bringewat, Die Bildung der Gesamtstrafe, 1987, S. 85; zur strittigen Frage der Gleichzeitigkeit in Fällen der Verbindung nach § 237 StPO BGHSt 37, 42 = NJW 1990, 2632 mit abl. Bespr. Bringewat JR 1991, 74; Steinmetz JR 1993, 228); sie ist jedoch unter den Voraussetzungen des § 55 auch anzuwenden, wenn ein Teil der Taten schon abgeurteilt ist (Meier JuS 2005, 879 (881)). **Grundfälle** zur Gesamtstrafe Wolff JuS 1999, 800. 2a

3. a) § 53 führt das sog. **Asperationsprinzip** (zu dessen Sinn und Richtigkeit Meier JuS 2005, 879 (881); Laue in Maurach/Gössel/Zipf StrafR AT II § 56 Rn. 28–39; aus schweizerischer Sicht Koch, Asperationsprinzip und retrospektive Konkurrenz, 2013) für alle Hauptstrafen (auch den Strafarrest nach §§ 9, 13 WStG) mit Ausnahme der Jugendstrafe (§§ 31, 32 JGG, BGHSt 10, 100 = NJW 1956, 680) durch. Es besteht darin, dass beim Zusammentreffen mehrerer selbständiger Handlungen nicht die verwirkten Einzelstrafen kumuliert, sondern die jeweils verwirkte schwerste Einzelstrafe (die Einsatzstrafe, Walter JA 2004, 133 (134)) – soweit sie nicht ohnehin schon lebenslang ist – erhöht wird. Nach den für alle Taten erforderlichen Schuldfeststellungen ist zunächst für jede Tat die konkret verwirkte Einzelstrafe (mit Strafzumessungsgründen, BGHSt 1, 252 = NJW 1951, 611) zu bestimmen, und zwar unter Beachtung des § 38 II und ggf. des § 47 (BGH MDR 1969, 1022) und bei Geldstrafen mit Angabe auch der Tagessatzhöhe (BGHSt 30, 93 = NJW 1981, 2071; OLG Hamm MDR 1978, 420 mit Bespr. Meyer MDR 1978, 894; Gössel JR 1979, 75). Erst dann ist die Gesamtstrafe in den durch § 54 gezogenen Grenzen zu verhängen; ist auch nur eine Einzelstrafe nicht bestimmt, so ist die Gesamtstrafe fehlerhaft (BGHSt 4, 345 = NJW 1953, 1879). **Erkannt ist dabei nur auf die Gesamtstrafe,** die alle im Schuldspruch genannten Taten abgilt (deshalb keine Teilvollstreckung einer rechtskräftig festgesetzten Einzelstrafe, RGSt 74, 387). Die Einzelstrafen sind aber keine bloßen Rechnungsgrößen. Sie behalten insofern selbständige Bedeutung, als sie Grundlage für die Verhängung von Nebenstrafen usw (Abs. 3) sein können, als sie im Rechtsmittel- und Wiederaufnahmeverfahren von der Aufhebung der Gesamtstrafe und anderer Einzelstrafen idR unberührt bleiben (OLG Köln JMBl. NRW 1977, 139), als die nicht angefochtenen Einzelstrafen in Teilrechtskraft erwachsen und als das Verbot der Schlechterstellung (§§ 331, 358 II StPO) verletzt ist, wenn zwar keine höhere Gesamtstrafe aber höhere Einzelstrafen festgesetzt werden (BGHSt 1, 252 = NJW 1951, 611). 3

b) Das Asperationsprinzip gilt nicht nur beim Zusammentreffen mehrerer Freiheitsstrafen oder mehrerer Geldstrafen (Abs. 1), sondern auch beim **Zusammen-** 4

treffen von Freiheitsstrafe mit Geldstrafe (Abs. 2 S. 1; aus der Rspr. BGH StraFo 2017, 72). Im letzten Falle kann jedoch das Gericht (nach pflichtmäßigem Ermessen, → § 46 Rn. 50) auf die Geldstrafe gesondert erkennen (Abs. 2 S. 2; wenn davon nicht Gebrauch gemacht wird, bedarf es näherer Begr., BGH NStZ-RR 2015, 174 (175)). Ob es davon Gebrauch macht, bestimmt sich nach den allgemeinen Strafzumessungsgrundsätzen (BGH JR 1989, 425 mAnm Bringewat; Fischer Rn. 6). Die gesonderte Verhängung kommt namentlich in Frage, wenn die Gesamtstrafe als das schwerere Übel erscheint, weil die Einzelstrafe zur Bewährung ausgesetzt werden kann (BGH JR 1989, 425; NJW 1990, 2897; sa BGH wistra 1994, 61; NStZ-RR 2002, 264; StraFo 2007, 513, Härteausgleich für entgangene bewährungsfähige Gesamtstrafenbildung) oder weil sonst Gründe der Gerechtigkeit, der Spezialprävention oder der Vermeidung zwingender beamtenrechtlicher Folgen (BGH NStZ 1989, 572; OLG Hamburg StV 2002, 658; nicht aber erzieherische Belange gegenüber Erwachsenen, KG NStZ 2003, 207) gegen die sonst gebotene Erhöhung der Freiheitsstrafe sprechen (sa LG Frankenthal StV 1992, 234); neben lebenslanger oder hoher zeitiger Freiheitsstrafe ist sie dagegen meist nicht angezeigt. Im Übrigen ist bei der Beurteilung nicht von einem Regel-Ausnahme-Verhältnis auszugehen (in der Wissenschaft überwiegende Meinung expl. Jescheck/Weigend StrafR S. 727; Jäger in SK-StGB Rn. 18; aM aber etwa Sternberg-Lieben/Bosch in Schönke/Schröder Rn. 20; anders die stRspr expl. BGH JR 1989, 425; BGH bei Detter NStZ 1999, 498; KG NStZ 2003, 208; OLG Köln NStZ-RR 2005, 169; BayObLG MDR 1982, 770), sondern von den Umständen des Einzelfalls (zusf. Bringewat, Die Bildung der Gesamtstrafe, 1987, S. 93). Das begründungslose Übergehen dieser Möglichkeit ist jedenfalls dann ein sachlich-rechtlicher Fehler, wenn sie nach den Umständen naheliegt (BGH NJW 1989, 2900; wistra 1998, 58; StV 1999, 598; KG NStZ 2003, 207 (208); OLG Köln NStZ-RR 2005, 169). Wird die Geldstrafe gesondert verhängt, so kann auch die Ersatzfreiheitsstrafe nicht in die Gesamtstrafenbildung einbezogen werden (BayObLG MDR 1971, 860; OLG Frankfurt a. M. NStZ-RR 2002, 363; Bringewat, Die Bildung der Gesamtstrafe, 1987, S. 103; Jäger in SK-StGB Rn. 17; aM Frister in NK-StGB Rn. 28). Besteht eine Einzelstrafe aus Freiheitsstrafe und kumulativer Geldstrafe (§ 41), so sollte die letztere auch im Gesamtstrafenausspruch gesondert verhängt werden (Abs. 3 iVm § 52 III; vgl. Küper NJW 1975, 547; Bringewat, Die Bildung der Gesamtstrafe, 1987, S. 100). Dabei ist über die Kumulation für jede Einzeltat gesondert zu entscheiden (BGH NStZ-RR 1998, 6). Die verschiedenen Möglichkeiten, auf Geldstrafe gesondert zu erkennen, können auch zum Zusammentreffen mehrerer Einzelgeldstrafen führen; für diese ist dann – und zwar nach dem Gesetzeszweck ohne Rücksicht darauf, ob sie selbständig oder neben Freiheitsstrafe (§ 41) verhängt werden (BGHSt 23, 260 = NJW 1970, 1330; BGHSt 25, 380 (382) = NJW 1975, 126 mAnm Küper NJW 1975, 547) – eine Gesamtgeldstrafe (keine Gesamtfreiheitsstrafe, BGH StV 1999, 598) zu bilden (Abs. 2 S. 2).

5 **c)** Soweit das Asperationsprinzip im Falle des Abs. 2 nicht angewendet wird, ist auf die verwirkten Einzelstrafen nebeneinander zu erkennen (Kumulationsprinzip). Dasselbe gilt, wenn Kriminalstrafen mit Geldbußen nach dem OWiG zusammentreffen (OLG Köln NJW 1979, 379; Mitsch OWiR § 20 Rn. 24).

6 **4. a)** Die Notwendigkeit oder Zulässigkeit von **Nebenstrafen** usw (Abs. 4 iVm § 52 IV 2) hängt davon ab, ob sie neben einer Einzelstrafe, die nicht notwendig die Einsatzstrafe sein muss, vorgeschrieben oder zugelassen sind (BGHSt 34, 138 = NJW 1987, 1955; eing. Bringewat, Die Bildung der Gesamtstrafe, 1987, S. 107);

dass erst die Gesamtstrafe die Voraussetzungen der Nebenstrafen usw erfüllt, genügt nicht (BGH NJW 1968, 115). Sie sind grds. **neben der Gesamtstrafe** (neben den Einzelstrafen nur im Falle der Kumulation) einheitlich und unter Einhaltung ihrer Höchstgrenzen anzuordnen (BGHSt 24, 205 (207) = NJW 1971, 2180; BGHSt 34, 138 = NJW 1987, 1955). Das gilt namentlich für das Fahrverbot (BayObLG VRS 51, 221; Widmaier NJW 1971, 1158 (1159)), das auch in Fällen des Abs. 2 S. 2 zur Vermeidung unbegründeter Schlechterstellung nicht mehrfach verhängt werden darf (hM; anders Bringewat, Die Bildung der Gesamtstrafe, 1987, S. 115); entsprechendes gilt, wenn wegen einer Straftat die Voraussetzungen des § 44 und wegen einer realkonkurrierenden Ordnungswidrigkeit die des § 25 StVG erfüllt sind (OLG Celle NZV 1993, 157).

b) Sind **verschiedene Rechtsfolgen** neben verschiedenen Einzelstrafen anzuordnen, so können sie idR neben der Gesamtstrafe kumuliert werden (BGHSt 12, 85 = NJW 1958, 2025); bei Maßregeln kann jedoch die Anordnung der einen die andere ausschließen (§ 72). 7

§ 54 Bildung der Gesamtstrafe

(1) [1]**Ist eine der Einzelstrafen eine lebenslange Freiheitsstrafe, so wird als Gesamtstrafe auf lebenslange Freiheitsstrafe erkannt.** [2]**In allen übrigen Fällen wird die Gesamtstrafe durch Erhöhung der verwirkten höchsten Strafe, bei Strafen verschiedener Art durch Erhöhung der ihrer Art nach schwersten Strafe gebildet.** [3]**Dabei werden die Person des Täters und die einzelnen Straftaten zusammenfassend gewürdigt.**

(2) [1]**Die Gesamtstrafe darf die Summe der Einzelstrafen nicht erreichen.** [2]**Sie darf bei zeitigen Freiheitsstrafen fünfzehn Jahre und bei Geldstrafe siebenhundertzwanzig Tagessätze nicht übersteigen.**

(3) **Ist eine Gesamtstrafe aus Freiheits- und Geldstrafe zu bilden, so entspricht bei der Bestimmung der Summe der Einzelstrafen ein Tagessatz einem Tag Freiheitsstrafe.**

Fassung des Vermögensabschöpfungsgesetz (→ Vor § 73 Rn. 3–7).

1. Die Vorschrift bestimmt die **Methode,** nach der bei Tatmehrheit (§ 53) die **Gesamtstrafe zu bilden ist** (eing. Bringewat, Die Bildung der Gesamtstrafe, 1987, S. 117; krit. Montenbruck JZ 1988, 332). 1

2. Bestehen eine (oder mehrere) der Einzelstrafen in **lebenslanger Freiheitsstrafe,** so ist nur diese als Gesamtstrafe zu verhängen (Abs. 1 S. 1). Zu den Auswirkungen der Einzelstrafen auf die Mindestverbüßungszeit bei Aussetzung des Strafrestes zur Bewährung beachte § 57b. 2

3. In allen übrigen Fällen (Abs. 1 S. 2) gilt Folgendes: 3

a) Zunächst ist die verwirkte höchste Einzelstrafe (bei Geldstrafe entscheidet allein die Tagessatzzahl, BGH NJW 1986, 1117), bei Strafen verschiedener Art die ihrer Art nach schwerste Einzelstrafe (Rangfolge: Freiheitsstrafe, Strafarrest nach §§ 9, 13 WStG, Geldstrafe; unzulässig ist daher, aus einer Geld- und einer Freiheitsstrafe eine Gesamtgeldstrafe zu bilden, KG StV 2012, 654) zu ermitteln (sog. **Einsatzstrafe**). Zur Gewinnung der Gesamtstrafe ist sie um mindestens eine Strafeinheit (nach § 39 bei Freiheitsstrafe unter einem Jahr eine Woche und über einem Jahr ein Monat; nach § 40 I bei Geldstrafe ein Tagessatz) zu erhöhen (Rissing-van Saan in LK-StGB Rn. 6), muss aber hinter der Summe der Einzelstrafen um mindestens eine Strafeinheit zurückbleiben (**konkretes Höchstmaß,** Abs. 2 S. 1); außerdem darf sie die in Abs. 2 S. 2 bestimmten absoluten Grenzen nicht übersteigen **(abstraktes Höchstmaß).** Auch eine Einsatzgeldstrafe ist lediglich zu erhöhen (dh nicht nach § 47 II als Freiheitsstrafe zu verhängen), wenn die zugrundeliegenden Einzelgeldstrafen nach § 47 I festgesetzt worden sind und die Gesamtstrafe 180 Tagessätze oder mehr beträgt (BGH NStZ 1995, 178). Eine Erhöhung der Einsatzstrafe unterbleibt ausnahmsweise im Falle des § 331 StPO (OLG Oldenburg StraFo 2006, 208; mit § 358 II StPO auch Fischer Rn. 5).

4 **b)** Erreicht bereits die Einsatzstrafe das **abstrakte Höchstmaß,** so muss ihre Erhöhung unterbleiben (BGH bei Dallinger MDR 1971, 545). Kann § 39 nicht eingehalten werden, weil sonst die Summe der Einzelstrafen erreicht oder überschritten würde (zB Einzelstrafen von einem Jahr und von einer Woche Freiheitsstrafe), so tritt er zurück (BGH NStZ-RR 2004, 137; zu Grenzfällen beachte OLG Karlsruhe MDR 1995, 404; Bringewat, Die Bildung der Gesamtstrafe, 1987, S. 129); namentlich die langfristige Freiheitsstrafe muss daher ausnahmsweise nicht nach vollen Monaten bemessen werden (BGHSt 16, 167 = NJW 1961, 1827; Rissing-van Saan in LK-StGB Rn. 7).

5 **c)** Zur **Ersatzfreiheitsstrafe** vgl. § 43.

6 **d)** aa) Die **zusammenfassende Würdigung der Person des Täters und der einzelnen Straftaten** (Abs. 1 S. 3) erfordert einen gesonderten Zumessungsakt. Die Strafzumessung im Ganzen ist danach zweistufig (hM; anders Montenbruck JZ 1988, 332). Die auf der ersten Stufe gebotene Festsetzung der Einzelstrafen (→ § 53 Rn. 3; durch das Revisionsgericht analog § 354 I StPO nachholbar, BGH NStZ-RR 2012, 181) beruht auf einer den allgemeinen Regeln folgenden Würdigung der Einzeltaten, dh auf ihrer Bewertung unter allen für sie relevanten Gesichtspunkten (hM; einschr. Dreher JZ 1957, 155; sa Schweling GA 1955, 289); Strafänderungsgründe, die unmittelbar den Unrechts- oder Schuldgehalt der Einzeltaten betreffen (zB § 21), sind daher schon bei den Einzelstrafen, nicht erst bei der Gesamtstrafe zu berücksichtigen (BGH NJW 1966, 509; Rissing-van Saan in LK-StGB Rn. 11; sa BGH NStZ-RR 1998, 107). Auf der zweiten Stufe folgt dann eine **Würdigung des Gesamtkomplexes der Taten,** bei der vor allem zu berücksichtigen sind: die Zahl und Schwere der Taten (zB die Gesamtmenge der gehandelten Drogen, BGH NStZ-RR 2015, 47), ihr Verhältnis zueinander, ihr sachlicher, zeitlicher und situativer Zusammenhang (dazu ua BGH NStZ 1996, 187; StV 1997, 76; NStZ-RR 1997, 228; NStZ-RR 2003, 9; NStZ-RR 2007, 300; StraFo 2004, 105; OLG Bamberg OLGSt StGB § 54 Nr. 2), ihre größere oder geringere Selbständigkeit, namentlich aber auch die Verhältnisse des Verurteilten, seine Strafempfänglichkeit, seine Schuld im Hinblick auf das Gesamtgeschehen und die Frage, ob die Taten auf einem kriminellen Hang (Serientäter) oder bei Fahrlässigkeitsdelikten einer allgemein gleichgültigen Einstellung beruhen (hM; vgl. ua BGHSt 24, 268 = NJW 1972, 454; BGH NJW 1995, 2234; NStZ 2001, 365; StV 2016, 563; schon im Ansatz anders Bohnert ZStW 105 (1993), 846). Die bei den Einzeltaten verwerteten Strafzumessungstatsachen sind auf der zweiten Stufe in ihrer Bedeutung für die Gesamtheit der Taten nochmals zu berücksichtigen (BGH NStZ 1983, 183; NStZ-RR 1998, 236; Rissing-van Saan in LK-StGB

Rn. 12). Das bedeutet nicht notwendig einen Verstoß gegen das **Doppelverwertungsverbot** (BGHSt 24, 268 = NJW 1972, 454; sa Bringewat, Die Bildung der Gesamtstrafe, 1987, S. 143; aM Sternberg-Lieben/Bosch in Schönke/Schröder Rn. 15). Sie sind nämlich nur insoweit verbraucht, als sich Aspekte des Gesamtkomplexes schon in einer Einzelstrafe ausgewirkt haben; dieser innere Zusammenhang zwischen den beiden Stufen ist zur Vermeidung materieller Doppelverwertungen sorgfältig zu beachten (iErg ähnlich Frister in NK-StGB Rn. 23, 24; Streng Sanktionen Rn. 525).

bb) Die Gesamtstrafenbildung bedarf einer besonderen, rechtlich nachprüfbaren **Begründung** (BGHSt 24, 268 = NJW 1972, 454; BGH StV 1983, 237; Rissing-van Saan in LK-StGB Rn. 10), die umso eingehender sein muss, je mehr sich die Gesamtstrafe der unteren oder oberen Grenze des Zulässigen nähert (BGH NJW 1995, 2234; NStZ-RR 2003, 272; wistra 2010, 264; OLG Düsseldorf StV 1986, 376; OLG Dresden IBR 2015, 520; zusf. Bringewat, Die Bildung der Gesamtstrafe, 1987, S. 137) oder sich sonst auffallend von der Einsatzstrafe entfernt (BGH StV 1994, 424; wistra 1997, 227 (228); StraFo 2010, 164; NStZ-RR 2013, 108; zum Strafrahmen sa OLG Düsseldorf wistra 2007, 235), doch legt eine starke Erhöhung der Einsatzstrafe nicht ohne weiteres einen Fehler bei der Gesamtstrafenbildung nahe (BGH NJW 2010, 3176), ebenso wenig das Beibehalten einer Gesamtstrafe auch bei Einbeziehung einer weiteren Einzelstrafe (BGH NStZ-RR 2015, 240). Der Hinweis des Gerichts, es hätte dieselbe Gesamtstrafe auch verhängt, wenn die eine oder andere Tat nicht erwiesen worden wäre, ist fehlerhaft (BGH LM Nr. 17 zu § 74 StGB aF). Eine Beschränkung der Revision auf den Gesamtstrafenausspruch ist grds. möglich (BGH NStZ-RR 2012, 288; NStZ 2014, 220). Wird eine Gesamtstrafe aufgehoben, darf wegen des Verschlechterungsverbots die Summe der danach verhängten Freiheitsstrafe und der Tagessätze einer Geldstrafe die aufgehobene Strafe nicht übertreffen (BGH StV 2016, 788). 7

§ 55 Nachträgliche Bildung der Gesamtstrafe

(1) [1]**Die §§ 53 und 54 sind auch anzuwenden, wenn ein rechtskräftig Verurteilter, bevor die gegen ihn erkannte Strafe vollstreckt, verjährt oder erlassen ist, wegen einer anderen Straftat verurteilt wird, die er vor der früheren Verurteilung begangen hat.** [2]**Als frühere Verurteilung gilt das Urteil in dem früheren Verfahren, in dem die zugrundeliegenden tatsächlichen Feststellungen letztmals geprüft werden konnten.**

(2) **Nebenstrafen, Nebenfolgen und Maßnahmen (§ 11 Abs. 1 Nr. 8), auf die in der früheren Entscheidung erkannt war, sind aufrechtzuerhalten, soweit sie nicht durch die neue Entscheidung gegenstandslos werden.**

Fassung des Vermögensabschöpfungsgesetzes (→ Vor § 73 Rn. 3–7).

1. Die Vorschrift ermöglicht es, Einzelstrafen (nicht Urteile, KG JR 1986, 119), die bei gleichzeitiger Aburteilung nach §§ 53, 54 Grundlage einer Gesamtstrafenbildung gewesen wären, auch bei **getrennter Aburteilung** durch Einbeziehung in das letzte Urteil noch nachträglich ebenso zu behandeln. Der Täter soll durch den verfahrensrechtlichen Zufall gemeinsamer oder getrennter Aburteilung weder besser noch schlechter gestellt werden (BGHSt 7, 180 (182) = NJW 1955, 799; BGHSt 17, 173 (174) = NJW 1962, 1212; BGHSt 32, 190 = NJW 1984, 375; 1

BGHSt 33, 230 = NJW 1986, 200; BGHSt 33, 367 = NJW 1986, 440; BGHSt 55, 1 = NJW 2010, 1470; BGH NStZ-RR 2001, 368; LG Berlin NStZ-RR 2006, 373 (374); BGH bei Detter NStZ 2010, 141; Rissing-van Saan in LK-StGB Rn. 2; eing. Bringewat, Die Bildung der Gesamtstrafe, 1987, S. 151; zusf. Arnoldi/Rutkowski NStZ 2011, 493). Abgesehen davon, dass der Spezialitätsgrundsatz des Auslieferungsrechts die Einbeziehung im Einzelfall verbieten kann (BGH NStZ 1998, 149; NStZ 2012, 100; NStZ-RR 2013, 178; NStZ-RR 2016, 290; StV 2014, 481; StV 2015, 563), erleidet dieser Grundsatz nur insofern eine Ausnahme, als erledigte (vollstreckte, verjährte oder erlassene) Strafen nicht mehr in ein neues Urteil einbezogen werden können. Übersicht über die **aktuelle Rspr. des BGH** bei Sander NStZ 2016, 584; NStZ 2016, 656. Die **Voraussetzungen** iE:

2 **a)** Der Täter muss in einem früheren Verfahren (beachte jedoch BGH JR 1984, 121 mAnm Bloy) durch Urteil oder eine dem Urteil gleichstehende Entscheidung (zB Strafbefehl, BGH wistra 1997, 264) eines deutschen Gerichts (BGHSt 43, 79 = NJW 1997, 1993; Rissing-van Saan in LK-StGB Rn. 5) zu einer Freiheitsstrafe oder Geldstrafe **verurteilt** worden sein. Die Einbeziehung einer Jugendstrafe ist jedoch unzulässig (hM; BGHSt 36, 270 = NJW 1990, 523 mit krit. Bespr. Schoreit ZRP 1990, 175; Bringewat JuS 1991, 24; Böhm/Büch-Schmitz NStZ 1991, 131; BGH NStZ 2016, 683; LG Hannover StV 2015, 648); dafür war bisher ein Härteausgleich (→ Rn. 3) durch Herabsetzung der verwirkten Strafe zu gewähren (BGHSt 36, 270 = NJW 1990, 523; sa BGHSt 36, 294 (297) = NJW 1990, 778; BGH NStZ-RR 1998, 151), was je nach Sachlage auch durch Herabsetzung aller verwirkten Einzelstrafen möglich sein sollte (BGHSt 36, 270 (275) = NJW 1990, 523; aM Bringewat JuS 1991, 24; zw.); zur inzwischen von der Rspr. angewendeten sog. **Vollstreckungslösung** → Rn. 3. Der Rechtsgedanke des Härteausgleichs ist außerdem in Betracht zu ziehen, wenn vom zeitlichen Ablauf her gesamtstrafenfähige Taten nicht miteinander abgeurteilt werden können, weil Entscheidungen ausländischer Gerichte nicht einbezogen werden dürfen (BGHSt 43, 79 = NJW 1997, 1993; BGH NStZ 1998, 134; StV 2000, 196; StV 2015, 353). Dies gilt nicht, wenn eine gemeinsame Aburteilung aller Taten allenfalls theoretisch nach § 7 II Nr. 2 möglich gewesen wäre (BGH NStZ 2010, 30 mit krit. Bespr. Esser StV 2010, 266; v. Gemmeren JR 2010, 132); in diesem Fall ist die ausländische Vorverurteilung beim „Gesamtstrafübel" im Rahmen der Strafzumessung nach § 46 strafmindernd zu berücksichtigen (BGH NJW 2010, 2677 mzustAnm v. Gemmeren JR 2010, 168; Kühl NStZ-RR 2013, 338). Die nach Abs. 1 S. 1 außerdem vorausgesetzte Rechtskraft der Verurteilung (BGH NStZ 1990, 448), nicht nur einer Einzelstrafe (BGH 50, 188 (191) = NJW 2005, 3155), schließt deren Nachprüfung auf materielle Richtigkeit und auf die Frage aus, ob ihr ein Verfahrenshindernis entgegenstand (BGH MDR 1982, 1031; NStZ 2015, 334). Für den genauen **Zeitpunkt** der früheren Verurteilung kommt es nach **Abs. 1 S. 2** auf die Verkündung des letzten tatrichterlichen Urteils an, das über die Schuld- und die Straffrage (sei es auch nur die Strafaussetzung zur Bewährung, BGHSt 15, 66 = NJW 1960, 2006; OLG Schleswig NStZ 1990, 359) entschieden hat (BGHSt 2, 230 = NJW 1952, 796). Als solche Urteile kommen danach auch in Frage: Das Urteil des Berufungsgerichts, wenn dieses die Berufung nicht als unzulässig verworfen hat (BGHSt 17, 173 = NJW 1962, 1212; BGH NStZ-RR 2013, 7; NStZ-RR 2016, 75); das Urteil in der Tatsacheninstanz nach Revision, selbst wenn die Zurückverweisung nur zur Berichtigung der Gesamtstrafenbildung erfolgt ist (BGH NStZ-RR 2014, 242; OLG Celle NJW 1973, 2214; OLG Karlsruhe GA 1974, 347; str.), das Urteil nach

Einspruchseinlegung gegen eine Strafbefehl (BGH NStZ 2002, 590) und das letzte tatrichterliche Urteil nach Wiederaufnahme des Verfahrens (BayObLG JR 1982, 335 mAnm Stree; str.), nicht aber das Revisionsurteil (Jäger in SK-StGB Rn. 7; Sternberg-Lieben/Bosch in Schönke/Schröder Rn. 25) oder die „Verurteilung" zur vorbehaltenen Geldstrafe durch Beschluss nach §59b I (BGH NJW 2020, 2202). Wurde zwar die eine neue Strafe nach sich ziehende Tat vor einer rechtskräftigen Vorverurteilung begangen, lag dieser aber eine Tat zugrunde, die wiederum vor einer (nicht erledigten) vorausgegangenen Vorverurteilung begangen wurde, hat die zeitlich erste Entscheidung ihrerseits Zäsurwirkung, nicht hingegen die zweite (BGH NStZ-RR 2021, 42). Falls die frühere Verurteilung nicht verkündet, sondern (namentlich beim Strafbefehl) durch Mitteilung bekanntgemacht worden ist, kommt es auf den Erlass an (BGHSt 33, 230 = NJW 1986, 200; Rissing-van Saan in LK-StGB Rn. 8; str.), der mit der Unterzeichnung zusammenfällt (BGHSt 33, 230 = NJW 1986, 200; aM Bringewat, Die Bildung der Gesamtstrafe, 1987, S. 159; zw.).

b) Die durch die frühere Verurteilung verhängte Strafe (nicht lediglich Maß- 3
regel, BayObLG bei Bär DAR 1991, 364) darf nicht erledigt, also **nicht vollständig vollstreckt** (dh die Freiheits- oder Ersatzfreiheitsstrafe verbüßt oder die Geldstrafe bezahlt), **verjährt oder erlassen** sein (BGH NJW 1982, 2080; NStZ-RR 2004, 330 mAnm Güntge NStZ 2005, 208; BGH NStZ-RR 2010, 202; NStZ-RR 2016, 76). Dass die Strafe zur Bewährung ausgesetzt ist, steht danach einer Einbeziehung nicht entgegen, und zwar auch dann nicht, wenn die Bewährungszeit bereits abgelaufen, die Strafe aber noch nicht erlassen ist (BGH NJW 1991, 2847; NStZ 1993, 235; Rissing-van Saan in LK-StGB Rn. 23; aM Frister in NK-StGB Rn. 22; → §56g Rn. 1; → §58 Rn. 2a). Ob eine Strafe erledigt ist, bestimmt sich nach dem Zeitpunkt des letzten tatrichterlichen Urteils in dem neuen Verfahren, in dem die der neuen Tat zugrundeliegenden Feststellungen – sei es auch nur zur Straffrage oder zu Teilen der Straffrage (BGHSt 15, 66 (69) = NJW 1960, 2006; BGH NStZ-RR 1996, 162) – letztmalig geprüft werden konnten (hM; BGHSt 12, 94 = NJW 1959, 56; OLG Brandenburg StraFo 2016, 107). Neben einer Freiheitsstrafe gesondert verhängte Einzelgeldstrafen (→ §53 Rn. 4) sind trotz Vollstreckung einbeziehungsfähig, solange die Verurteilung noch nicht insgesamt erledigt ist (BGH NStZ-RR 2007, 232). Kann eine Gesamtstrafe nur deshalb nicht mehr gebildet oder eine frühere Einzelstrafe nur deshalb nicht mehr einbezogen werden, weil sich die frühere Strafe erledigt hat, und hat der Täter dadurch einen Nachteil erlitten (dazu BGH NStZ 1990, 436; StV 1990, 348; wistra 2002, 422; NStZ-RR 2008, 370), so war nach bisheriger Rspr. als **Härteausgleich** die verwirkte Einzelstrafe oder die übrigbleibende Gesamtstrafe angemessen – allerdings nicht notwendig im Wege über die Bildung einer fiktiven Gesamtstrafe (BGHSt 31, 102 = NJW 1982, 2510 mkritAnm Vogt JR 1983, 250) – herabzusetzen (so für zeitige Freiheitsstrafen weiterhin der 4. Strafsenat BGH NJW 2011, 868; und der 2. Strafsenat BGH NStZ-RR 2016, 251). Diese Strafzumessungslösung hat der 5. Strafsenat des BGH zugunsten der vom Großen Senat für konventionswidrige überlange Verfahren entwickelten Vollstreckungslösung (BGHSt 52, 124 = NJW 2008, 860; → §46 Rn. 44a; sa BGH NStZ 2008, 477) aufgegeben, so dass jetzt ein Teil der in ihrer Höhe unveränderten Strafe zur Kompensation/als Härteausgleich als vollstreckt/verbüßt gilt; so etwa in Fällen entgangener Bewährung (BGHSt 55, 1 = NJW 2010, 1470 mzustAnm Kühl NStZ-RR 2013, 338), nicht bei ausländischen Vorverurteilungen (→ Rn. 2). Bei der lebenslangen Freiheitsstrafe erfolgt der Härteaus-

gleich bei der Mindestverbüßungsdauer nach § 57a I Nr. 1 oder in Fällen festgestellter besonderer Schuldschwere bei deren Verlängerung nach § 57a I Nr. 2 (BGHSt 55, 1 = NJW 2010, 1470 mzustAnm Kühl NStZ-RR 2013, 338; BGH NStZ-RR 2009, 104); auch die Verneinung einer naheliegenden Feststellung der besonderen Schuldschwere kommt als kompensierender Härteausgleich in Betracht (BGHSt 55, 1 = NJW 2010, 1470). Nach der Kritik des 4. Strafsenat (BGH NJW 2011, 868) differenziert der 5. Strafsenat (BGH StV 2012, 596) zwischen Fällen einer Verbüßung gesamtstrafenfähiger Vorverurteilung (Vollstreckungslösung) und Fällen, in denen das Tatgericht bereits einen Härteausgleich im Wege des Strafabschlags vorgenommen hat (weiterer Strafabschlag). Wird die Gesamtstrafenbildung erst nach Einlegung eines Rechtsmittels infolge Erledigung der früheren Strafe unzulässig, so kann das Verbot der Schlechterstellung für das Ausmaß des Härteausgleichs bedeutsam sein (BGHSt 12, 94 = NJW 1959, 56; sa OLG Koblenz NStZ-RR 2004, 330; OLG München NJW 2006, 1302; beachte aber OLG Hamm NJW 2008, 2358). Wird die **Gesamtstrafe aufgehoben,** so soll diese nach der Rspr. in der erneuten Verhandlung nach Maßgabe der Vollstreckungssituation zum Zeitpunkt der ersten Verhandlung und damit auch dann vorzunehmen sein, wenn inzwischen die einzubeziehende Strafe erledigt ist (BGH NStZ-RR 2008, 72; NStZ-RR 2009, 41; zw.) – unabhängig davon, ob die Urteilsaufhebung auch aus anderen Gründen als der unterbliebenen oder fehlerhaften Gesamtstrafenbildung (so noch BGHSt 15, 66 (71) = NJW 1960, 2006; BGH NJW 1982, 2080; aM schon dazu OLG Schleswig MDR 1981, 866; Bringewat, Die Bildung der Gesamtstrafe, 1987, S. 191) erfolgt ist (BGH NStZ 2001, 645).

4 **c)** Die **neue Tat** muss – sei es auch nur möglicherweise (OLG Oldenburg GA 1960, 28) – **vor der früheren Verurteilung** begangen, und zwar nach der wohl hM nicht nur vollendet, sondern auch beendigt sein (BGH NStZ-RR 2015, 305; OLG Bamberg StV 2017, 117; vgl. etwa Kindhäuser/Hilgendorf in LPK-StGB Rn. 2; Schäfer in Schäfer/Sander/van Gemmeren Strafzumessung Rn. 679; mit guten Gründen anders Bringewat, Die Bildung der Gesamtstrafe, 1987, S. 162; Streng JR 2005, 346; Frister in NK-StGB Rn. 5; zw.). Bei Dauerstraftaten (→ Vor § 52 Rn. 11) kommt es auf die Wiederaufhebung des rechtswidrigen Zustandes an (OLG Hamm NJW 1957, 1937; OLG Stuttgart Justiz 2001, 491; Rissing-van Saan in LK-StGB Rn. 9). Für strafbar begangene Versuchstaten kommt es auf die Versuchshandlung unabhängig davon an, ob sie zur Vollendung führt (anders OLG Hamburg JR 2005, 345 mablAnm Streng; wie hier Frister in NK-StGB Rn. 5). Nach dem Zweck der Vorschrift (→ Rn. 1) soll wenig überzeugend für **Teilnahmehandlungen** (abw. von § 8) auf die Beendigung der Haupttat abzustellen sein (OLG Stuttgart MDR 1992, 177; sa BGH NStZ 1994, 482).

5 **2. a)** Die nachträgliche Anwendung der §§ 53, 54 lässt die in den verschiedenen Verfahren ausgesprochenen **Einzelstrafen** unberührt; sie kann deshalb auch nicht deren Wegfall bewirken (BGHSt 12, 99 = NJW 1959, 54). Wurden in der früheren Verurteilung für alle Einzeltaten oder für einzelne von ihnen keine Einzelstrafen festgesetzt, so ist eine Einbeziehung dieser Verurteilung unzulässig, weil dem Richter des neuen Verfahrens die Zuständigkeit zur Festsetzung von Einzelstrafen fehlt (BGHSt 41, 374 = NJW 1996, 1220, 3. Strafsenat; BGHSt 43, 34 = NJW 1997, 1993, 2. Strafsenat; BGH NStZ-RR 1998, 296; NStZ-RR 1999, 137; NStZ-RR 2004, 106; Sternberg-Lieben/Bosch in Schönke/Schröder Rn. 38; zw.); dieser hat jedoch die darin liegende Härte bei Bemessung der neuen Strafe auszugleichen (BGHSt 43, 34 = NJW 1997, 1993; BGH NStZ-RR 2004, 106; aM BGH NStZ

1997, 385; NStZ 1999, 185, 5. Strafsenat, wonach es bei Fehlen einer oder mehrerer Einzelstrafen geboten sein soll, den § 55 unter Zugrundelegung der denkbar günstigsten Einzelstrafen anzuwenden; dafür auch Rissing-van Saan in LK-StGB Rn. 12; krit. zum „Streit" zwischen den Senaten Fischer Rn. 8b). Ist eine aus diesem Grunde fehlerhafte Verurteilung (zu Unrecht) in eine neue Verurteilung einbezogen worden, so schließt dieser Rechtsfehler die Zäsurwirkung der neuen Verurteilung nicht aus (BGHSt 44, 179 = NJW 1998, 3725 mAnm Stree NStZ 1999, 184; Bringewat JR 1999, 514; zw.). Ist bei einer Einzelstrafe gem. § 41 neben einer Freiheits- auch eine Geldstrafe verhängt worden, muss bei nachträglicher Gesamtstrafenbildung geprüft werden, ob die Voraussetzungen von § 41 noch vorliegen (OLG Celle StV 2013, 513).

b) Das **Prinzip des § 55** gilt unabhängig davon, ob in der früheren Verurteilung bereits eine Gesamtstrafe nach §§ 53–55 gebildet war und ob alle durch die neue Verurteilung verwirkten Einzelstrafen die Voraussetzungen der Einbeziehung erfüllen. Soweit erforderlich, ist deshalb eine frühere Gesamtstrafe **aufzulösen** (BGHSt 9, 5 = NJW 1955, 1405) und für diejenigen Einzelstrafen, bei denen die Voraussetzungen der Einbeziehung vorliegen, eine neue Gesamtstrafe zu bilden (BGH NStZ-RR 1999, 268). In diesen Grenzen ist also eine Durchbrechung der Rechtskraft zugelassen (auch bei Berufungsbeschränkung auf Strafaussetzung zur Bewährung BGHSt 55, 220 = NJW 2010, 3589; LG Freiburg NStZ-RR 2008, 236; aM OLG Brandenburg NStZ-RR 2007, 196), und zwar auch dann, wenn die frühere Gesamtstrafe fehlerhaft gebildet war (BGHSt 35, 243 = NJW 1988, 2749 mkritAnm Stree JR 1988, 517). Rspr. und ein Teil der Lehre beschränken sie jedoch mit Recht – vor allem zur Verhütung unbegründet unterschiedlicher Zumessung der Gesamtstrafe (→ § 54 Rn. 6) in der früheren und der neuen Verurteilung – auf das für eine sinnvolle Gesamtstrafenbildung unerlässliche Maß: Danach darf die neue Gesamtstrafe die frühere nicht unterschreiten (BGHSt 7, 180 (183); aM Sternberg-Lieben/Bosch in Schönke/Schröder Rn. 40) und sie auch nicht um mehr als die Summe der einzubeziehenden Einzelstrafen überschreiten (BGHSt 15, 164 = NJW 1960, 2349; BGH NStZ 2005, 210; Gollwitzer JR 1983, 165; Rissing-van Saan in LK-StGB Rn. 31; aM Bringewat MDR 1987, 793; str.). Die einbezogenen Einzelstrafen werden so angesehen, als sei die ihnen zugrunde liegende Aburteilung schon zusammen mit der früheren Verurteilung erfolgt (BGH GA 1956, 50; OLG Zweibrücken NJW 1968, 310; OLG Karlsruhe GA 1974, 347). Daraus folgt, dass Einzelstrafen für Taten, die erst nach der früheren Verurteilung begangen worden sind, daneben selbständig bleiben (BGH NJW 1991, 1763 mAnm Bringewat JR 1991, 513; Jäger in SK-StGB Rn. 11; aM LG Frankenthal NJW 1967, 794); aus ihnen ist uU eine besondere Gesamtstrafe zu bilden (BGH StV 1981, 620; NStZ 2003, 200; zur sog. „doppelten Gesamtstrafe" OLG Hamm MDR 1976, 162; eing. Bringewat, Die Bildung der Gesamtstrafe, 1987, S. 169). 6

c) aa) Aus der Maßgeblichkeit der jeweils frühesten Verurteilung (→ Rn. 6) ergibt sich der **Grundsatz,** dass von der frühesten unerledigten Vorverurteilung auszugehen ist, die eine Zäsur bildet und eine Zusammenfassung nur mit Einzelstrafen wegen vorausgegangener Taten ermöglicht (BGH NStZ 2007, 28; krit. dazu Frister StV 1993, 431; Wilhelm NStZ 2008, 425; zur Verfassungsmäßigkeit der Zäsurwirkung BVerfG NStZ 1999, 500). Die Zäsurwirkung eines auf Geldstrafe lautenden Urteils (Detter NStZ 1992, 172) entfällt auch dann nicht, wenn das die Gesamtstrafe bildende Gericht nach § 53 II 2 verfährt (BGHSt 32, 190 (194) = NJW 1984, 375; BGHSt 44, 179 (184) = NJW 1998, 3725; BGH NStZ 2008, 90; StV 7

2016, 562; zur Zäsurwirkung der Entscheidung, auf Geldstrafe gesondert zu erkennen Karl MDR 1988, 365). Liegen im Zeitpunkt der letzten tatrichterlichen Verhandlung (OLG Düsseldorf VRS 95, 212) mehrere noch nicht erledigte Vorverurteilungen vor, die schon vorher zu einer rechtlich fehlerfreien (dazu OLG Zweibrücken NJW 1973, 2116) Gesamtstrafenbildung geführt haben, und sind im neuen Verfahren mehrere Taten abzuurteilen, so bildet jede weitere Vorverurteilung eine **Zäsur,** die eine Zusammenfassung wiederum nur mit Einzelstrafen wegen Taten ermöglicht, die vor dieser, aber nach der vorausgegangenen Verurteilung begangen wurden (BGHSt 9, 370 (383) = NJW 1957, 29; BGHSt 35, 243 = NJW 1988, 2749; BGH NStZ 2002, 590; StraFo 2016, 165). Das kann für die Gesamtheit der Taten zu mehreren Gesamtstrafen führen, im Hinblick auf die Zäsurwirkung aber auch ergeben, dass Einzelstrafen in die Gesamtstrafenbildung nicht einbezogen werden können (BGHSt 33, 367 = NJW 1986, 440; BGH wistra 1998, 344; NStZ 2007, 28). Dabei ist allein die materielle Rechtslage maßgebend (BGH NJW 1996, 668 mkritAnm Bringewat; BGH NStZ 1996, 330; NStZ 2003, 200; NStZ-RR 2004, 137; Rissing-van Saan in LK-StGB Rn. 15), aus der sich ua folgende Konsequenzen ergeben: Sind dem neuen Verfahren zwei (oder mehr) Verurteilungen vorausgegangen, bei denen § 55 nicht erfüllt war, so bildet eine neu verwirkte Einzelstrafe auch dann keine ausreichende Klammer für die Bildung einer einzigen Gesamtstrafe, wenn sie gegenüber allen Vorverurteilungen die Voraussetzungen der Einbeziehung erfüllt; hier kann nur mit den Einzelstrafen der frühesten Verurteilung eine Gesamtstrafe gebildet werden (BGH StV 1993, 26; beachte jedoch BGH NStZ 1998, 35; diff. Stree JR 1987, 73). Ist die einer neu verwirkten Einzelstrafe zugrunde liegende Tat zwischen zwei Vorverurteilungen begangen worden, für die nach § 460 StPO eine Gesamtstrafe zu bilden ist, so darf die Strafe aus der zweiten Verurteilung nicht zur Bildung einer Gesamtstrafe mit der neuen Einzelstrafe herangezogen werden (BGHSt 32, 190 = NJW 1984, 375; BGH NStZ-RR 2007, 369; NStZ-RR 2014, 74; NStZ-RR 2016, 275; NStZ 2016, 627); das gilt auch, wenn in der ersten Vorverurteilung nur auf Geldstrafe erkannt worden ist (BGHSt 32, 190 = NJW 1984, 375).

8 bb) Nach der Rspr. des BGH geht die beschriebene Zäsurwirkung (→ Rn. 7) entsprechend dem Regelungsbereich des § 55 nur von **noch nicht erledigten** Vorverurteilungen aus (BGHSt 32, 190 (193) = NJW 1984, 375; BGH NJW 1982, 2080; BayObLG NJW 1993, 2127; Sternberg-Lieben/Bosch in Schönke/Schröder Rn. 16; aM Frister in NK-StGB Rn. 18). Bei der Gesamtstrafenbildung nach § 460 StPO kann auch eine erledigte Vorverurteilung eine Zäsur bilden, wenn die Erledigung erst nach Erlass des letzten Urteils eingetreten ist (BGH NStZ-RR 2007, 369 (370)); das gleiche gilt, wenn in der Rechtsmittelinstanz eine Gesamtstrafe aufgehoben und die Sache an das Tatgericht zurückverwiesen wird, weil hier auf die Vollstreckungssituation zurzeit der ersten Verhandlung abzustellen ist (BGH NStZ-RR 2006, 232; NStZ-RR 2016, 75). Eine Erweiterung über diese Grenze würde dem eindeutigen Gesetzeswortlaut widersprechen (expl. BGH NJW 1988, 1801 mablAnm Bringewat JR 1988, 215; krit. Schäfer in Schäfer/Sander/van Gemmeren Strafzumessung Rn. 688); ebensowenig entfalten nicht einbeziehungsfähige Strafen (BGH StraFo 2006, 246) oder schon in eine frühere Vorverurteilung einzubeziehende Vorverurteilungen (BGH NStZ-RR 2009, 172; NStZ-RR 2017, 74) Zäsurwirkung.

9 cc) Stellt sich erst **nach Bildung einer Gesamtstrafe** heraus, dass die dabei berücksichtigten Taten sämtlich oder zT vor einer früheren Verurteilung begangen worden sind, so hindert die Rechtskraft der Gesamtstrafe nicht, die Einzelstrafen zur Bildung einer oder mehrerer neuer Gesamtstrafen anders zusammenzufassen (BayObLG NJW 1955, 1488; OLG Hamburg MDR 1965, 760); hat jedoch eine Einzelstrafe bereits zur Bildung einer anderen, noch nicht rechtskräftigen Gesamtstrafe gedient, so darf sie zur Vermeidung von Doppelbestrafungen nicht einbezogen werden (BGHSt 20, 292 = NJW 1966, 114; BGH NStZ-RR 2011, 306; beachte auch BGHSt 44, 1 = NJW 1998, 1874).

dd) Ergibt sich auf Grund einer **zufälligen Zäsurwirkung,** die zur Kumulierung mehrerer selbständiger Gesamtstrafen (oder einer Gesamtstrafe und einer selbständigen Einzelstrafe) zwingt (→ Rn. 6), ein zu hohes „Gesamtstrafübel", so sind möglicherweise – namentlich bei Serienstraftaten – die kumulierten Strafen in ihrer Summe nicht mehr schuldangemessen, so dass sie zur Erreichung eines insgesamt gerechten Ergebnisses herabgesetzt werden müssen (BGHSt 41, 310 = NJW 1996, 667 mkritAnm Peters NStZ 1996, 383; BGH NStZ-RR 1996, 227; NStZ-RR 2008, 234; NStZ-RR 2016, 368; StraFo 2003, 63; StV 2007, 632; StV 2011, 225; zu Unterbringungsanordnungen beachte jedoch BGH NStZ 1998, 79; NStZ-RR 2011, 105). Führt der zufällige Wegfall der Zäsurwirkung zu einer für den Angeklagten besonders nachteiligen Gesamtstrafe, so hat der Härteausgleich nach der Vollstreckungslösung zu erfolgen (→ Rn. 3). **9a**

d) Dem § 55 liegt **kein ungeschriebenes Verschlechterungsverbot** zugrunde (Gollwitzer JR 1983, 165). Seine Anwendung ist daher nicht ausgeschlossen, wenn die Gesamtstrafenbildung – etwa bei Einbeziehung einer Geldstrafe in den Fällen des § 53 II 1 – zum Nachteil des Täters ausschlägt (BGHSt 35, 208 = NJW 1989, 45; BGH NStZ-RR 1997, 228; zusf. Bringewat StV 1993, 47). Bei Verlust der Strafaussetzung zur Bewährung ist aber ein Härteausgleich (→ Rn. 3) zu gewähren (BGHSt 55, 1 = NJW 2010, 1470; BGH StraFo 2007, 513; StV 2016, 562; → § 53 Rn. 4). Hat jedoch der Täter durch einen rechtskräftigen oder nur von ihm angefochtenen Strafausspruch einen über das in §§ 53–55 vorgesehene Maß hinausgehenden Vorteil erlangt, so darf dieser durch die Gesamtstrafe nicht mehr beeinträchtigt werden (BGHSt 8, 203 = NJW 1956, 69; BGH NJW 1991, 1763 mAnm Bringewat JR 1991, 513; BGH NStZ 2007, 28 (29); NStZ-RR 2016, 275). Dasselbe gilt, wenn der Erstrichter über die Gesamtstrafenbildung schon ausdrücklich oder stillschweigend zugunsten des Täters entschieden, zB auf eine Geldstrafe nach § 53 II 2 gesondert erkannt hatte (OLG Düsseldorf StV 1993, 34; JR 2001, 477 mkritAnm Bringewat; sa OLG Celle StV 2012, 549), nicht aber, wenn er darüber – gleich aus welchen Gründen (BGHSt 35, 208 (214) = NJW 1989, 45) – keine Entscheidung getroffen hat, namentlich weil ihm die Möglichkeit der Einbeziehung unbekannt war (BGHSt 35, 208 (214) = NJW 1989, 45 mit Bespr. Böttcher JR 1989, 205; Bringewat JuS 1989, 527; beachte auch OLG Frankfurt a. M. NStZ-RR 1996, 177; KG NStZ 2003, 207; OLG Hamm NStZ-RR 2008, 235). **10**

e) Kann anderenfalls den Regeln über die Bildung einer Gesamtstrafe oder den Härteausgleich nicht vollständig Rechnung getragen werden, kann entgegen § 39 die **Gesamtfreiheitsstrafe** von über einem Jahr nach vollen Wochen bemessen werden (BGHSt 16, 167 = NJW 1961, 1827; BGH NStZ 1996, 187; NStZ-RR 2004, 137; NStZ-RR 2016, 240). Ist aus mehreren Einzelgeldstrafen, bei denen die **Tagessatzhöhe unterschiedlich festgesetzt** ist, eine Gesamtstrafe zu bilden, so ist Einsatzstrafe (→ § 54 Rn. 3) die Einzelstrafe mit der höchsten Tagessatzzahl (BGHSt 27, 359 = NJW 1978, 1390). Ihre nach § 54 vorgeschriebene Erhöhung ist für die Tagessatzzahl unproblematisch. Für die Bestimmung der Tagessatzhöhe **11**

ist dagegen die Regel des § 40 II (→ § 40 Rn. 16), auf die wirtschaftlichen Verhältnisse zurzeit der letzten einzubeziehenden Verurteilung abzustellen, mit dem Grundprinzip der Gesamtstrafenbildung unvereinbar, den Täter so zu stellen, wie er gestanden hätte, wenn alle Taten im ersten Verfahren abgeurteilt worden wären (→ Rn. 1, 6; aM BGH NStZ-RR 2011, 40). Die Tagessatzhöhe lässt sich daher nicht widerspruchsfrei bestimmen (ebenso Rissing-van Saan in LK-StGB Rn. 38; Sternberg-Lieben/Bosch in Schönke/Schröder Rn. 37 a).

12 aa) Haben sich die **Verhältnisse des Täters verschlechtert,** so ist für deren Beurteilung nach § 40 II grds. auf die Zeit der Gesamtstrafenbildung abzustellen. Dem steht jedoch entgegen, dass die Rechtskraft der früheren Verurteilung jedenfalls erfordert, den § 54 nicht nur auf die Tagessatzzahl, sondern auch auf das Produkt aus Zahl und Höhe der Tagessätze zu beziehen, so dass die Endsumme der Gesamtgeldstrafe einerseits die entsprechende Endsumme aus der früheren Verurteilung überschreiten und andererseits hinter der Endsumme aus der Gesamtheit der Einzelstrafen zurück bleiben muss (Häger in LK-StGB § 40 Rn. 67; sa Vogt NJW 1981, 899; str.). Die Kollision zwischen den beiden widerstreitenden Prinzipien lässt sich dadurch auf ein Minimum reduzieren, dass die Tagessatzhöhe nach § 40 II bestimmt, das Ergebnis aber so weit (also nicht weiter) korrigiert wird, als es zur Wahrung der beschriebenen Mindestwirkung des § 54 unerlässlich ist (BGHSt 27, 359 = NJW 1978, 1390; Bringewat, Die Bildung der Gesamtstrafe, 1987, S. 222; Streng Sanktionen Rn. 532). Die im Schrifttum und anfangs auch in Teilen der Rspr. vertretene Gegenposition, die Tagessatzhöhe so zu „splitten", dass sie im Umfang einer Einzelstrafe unverändert übernommen und nur für den Rest an der anderen orientiert wird (Vogler in LK-StGB, 10. Aufl. 1978, Rn. 31, 32), hat sich mit Recht nicht durchgesetzt (Rissing-van Saan in LK-StGB Rn. 39–41).

13 bb) Haben sich die **Verhältnisse des Täters verbessert,** so ist die Kollision nach den gleichen Grundsätzen zu lösen. Danach ist die gem. § 40 II ermittelte Tagessatzhöhe so weit zu senken, dass die Endsumme der Gesamtgeldstrafe hinter der Endsumme aus der Gesamtheit aller Einzelstrafen zurückbleibt (BGHSt 28, 360 = NJW 1980, 648; OLG Frankfurt a. M. NStZ-RR 1997, 264; Rissing-van Saan in LK-StGB Rn. 41).

14 cc) Hat der Täter in den unter → Rn. 12, 13 behandelten Fällen einen Teil der einbezogenen Geldstrafe bereits bezahlt, so wird nach gefestigter, aber problematischer Rspr. und hM (krit. LG Konstanz MDR 1991, 171 mAnm Tulatz; LG Hildesheim NStZ 1991, 136 mAnm Meyer-Goßner NStZ 1991, 434; sa Siggelkow Rpfleger 1994, 93; Rpfleger 1994, 285) die Wirkung der Anrechnung (§ 51 II) nicht nach dem Nennbetrag der Gesamtstrafe, sondern nach dem Maßstab der früheren Strafe bestimmt (BGHSt 28, 360 (364) = NJW 1980, 648; BayObLG MDR 1978, 1043; Bringewat, Die Bildung der Gesamtstrafe, 1987, S. 232; Sternberg-Lieben/Bosch in Schönke/Schröder Rn. 37 a).

15 **3. a)** Die Anwendung des § 55 ist **obligatorisch,** wenn seine Voraussetzungen im Zeitpunkt des Urteils vorliegen; sie darf auch nicht deshalb unterbleiben, weil für die in der früheren Verurteilung verhängte Strafe bereits ein Härteausgleich (→ Rn. 3) dafür gewährt worden ist, dass damals eine Gesamtstrafenbildung wegen Verbüßung einer anderen Strafe nicht mehr möglich war (BGH NJW 1994, 2493). Die Verletzung der Vorschrift ist **Revisionsgrund** (Rissing-van Saan in LK-StGB Rn. 48). Der Rechtsmittelführer darf nicht auf das Verfahren nach § 460 StPO verwiesen werden (BGHSt 12, 1 = NJW 1958, 1643; BGHSt 25, 382 = NJW 1975, 126), es sei denn, dass der Bestand der einzubeziehenden Einzelstrafen – zB auf

Grund eines aussichtsreichen Wiedereinsetzungsantrags (BGHSt 23, 98 = NJW 1969, 2210 mit krit. Bespr. Küper MDR 1970, 885) oder einer alsbald zu erwartenden weiteren Gesamtstrafenentscheidung (BGH NJW 1997, 2892) – zweifelhaft ist, oder dass die Entscheidung weitere mit erheblichem Zeitaufwand verbundene – nicht lediglich auf mangelnder Terminvorbereitung beruhende (OLG Köln MDR 1983, 423; StraFo 2006, 119) – Ermittlungen erforderlich macht (Mösl NStZ 1982, 454; OLG Hamm NJW 1970, 1200 mAnm Küper NJW 1970, 1559). Gegenüber einem Straferlass gem. § 56g I gebührt idR der Einbeziehung früherer Strafen der Vorrang (OLG Karlsruhe NStZ 2017, 95).

b) Es ist ein **sachlich-rechtlicher Fehler,** wenn eine Entscheidung über die Einbeziehung einer früheren Verurteilung schweigt, obwohl sie naheliegt (OLG Jena NStZ-RR 1998, 144 mwN). Wegen möglicher Zäsurwirkungen (→ Rn. 7–10) müssen die Urteilsgründe den Vollstreckungsstand und die Tatzeit von Vorverurteilungen wiedergeben (BGH NStZ-RR 2011, 307); bei der nachträglichen Gesamtstrafenbildung bedarf es idR einer Schilderung der vom früheren Richter angestellten Strafzumessungs- bzw. Entscheidungserwägungen (BGH NStZ-RR 2013, 287). 15a

4. § 55 ist nur anwendbar, wenn mindestens eine Tat zur **Aburteilung steht** und die ihretwegen verwirkte Einzelstrafe im Verhältnis zu früher verwirkten Einzelstrafen die Anwendung der §§ 53, 54 begründet. Allerdings kann sich in einem solchen Falle ergeben, dass die Möglichkeiten der gesonderten Verhängung von Geldstrafe (§ 53 II 2, IV) nicht zur Bildung einer Gesamtstrafe zwingen (Bender NJW 1971, 791; Gollmer NJW 1971, 1247; sa BGHSt 25, 382 = NJW 1975, 126). Die Bildung einer nachträglichen Gesamtstrafe unter Überschreitung der Strafgewalt auch durch das Berufungsgericht ist unzulässig und bleibt dem Beschlussverfahren vorbehalten (OLG Jena NStZ-RR 2003, 139). Zur Ermöglichung revisionsgerichtlicher Nachprüfung müssen die einbezogenen Taten und Einzelstrafen **im Urteil konkret bezeichnet** werden (BGH NStZ 1987, 183; NStZ-RR 1998, 103; BayObLG NStZ-RR 2001, 331). Ist bei mehreren rechtskräftigen Verurteilungen die Bildung einer Gesamtstrafe – gleich aus welchen Gründen (nicht aber, wenn sie vom Tatgericht geprüft und ausdrücklich abgelehnt wurde, OLG Jena NStZ-RR 2006, 102) – unterblieben, so bestimmt sich die nachträgliche Gesamtstrafenbildung nach **§§ 460, 462a III StPO** (→ § 57b Rn. 4); ausnahmsweise darf sie der Tatrichter dem Beschlussverfahren überlassen (BGH NStZ 2005, 32). Sind die Voraussetzungen des § 55 (oder des § 460 StPO) nicht erfüllt, so hat es bei der Kumulation der Strafen sein Bewenden; das gilt auch dann, wenn die Summe der mehreren Freiheitsstrafen das gesetzliche Höchstmaß von 15 Jahren (§ 38 II) überschreitet (BGHSt 33, 367 = NJW 1986, 440; BGH NStZ 2000, 84; Fischer § 38 Rn. 4b; einschr. Sternberg-Lieben/Bosch in Schönke/Schröder § 53 Rn. 8). 16

5. a) Nach **Abs. 2** gilt auch für § 55 der allgemeine Grundsatz, dass **Nebenstrafen usw** nicht in die Gesamtstrafenbildung einbezogen, sondern selbständig und zT einheitlich neben der Gesamtstrafe angeordnet werden (→ § 53 Rn. 6–7; beachte aber → § 54 Rn. 3). Das gilt jedoch nur, wenn es zur Gesamtstrafenbildung kommt; sind nur diese Nebenrechtsfolgen noch nicht erledigt, so begründet das deren einheitliche Anordnung nicht (OLG Dresden NZV 1993, 402 mwN; str.). Aus Abs. 2 folgt ferner, dass die Rechtsfolgen entfallen, wenn die Gesamtstrafe aufgehoben wird. Sie sind daher grds. neu auszusprechen (OLG Hamm VRS 57, 184 (185)). Da jedoch dieser Ausspruch unter bestimmten Voraussetzungen den Inhalt haben 17 muss, dass die in der früheren Entscheidung angeordneten Rechtsfolgen aufrechterhalten werden (→ Rn. 18), erscheinen diese in den Grenzen der gesetzlichen Bindung nicht als Teil des Gesamtstrafenausspruchs, sondern als fortgeltender Bestandteil des Rechtsfolgenausspruchs für die zugrundeliegende Einzeltat, dessen Rechtskraft zu respektieren ist (BGH NJW 1979, *2113; BGHR StGB* § 55 Abs. 2 Aufrechterhalten 12; Rissing-van Saan in LK-StGB Rn. 50). Bei Einbeziehung gem. § 31 II 1 JGG entfallen die Rechsfolgen, so dass zu prüfen ist, ob diese neu festzusetzen (nicht wie in Abs. 2: aufrechtzuerhalten) sind (BGH StraFo 2011, 240). Ist gem. § 32 JGG für in verschiedenen Altersstufen begangene Taten allgemeines Strafrecht angewendet worden, kann bei der Nachholung einer unterbliebenen Gesamtstrafenbildung gem. §§ 460, 462 StPO hiervon nicht abgewichen werden (OLG Stuttgart StV 2016, 708).

18 **b)** Die in der früheren Entscheidung angeordneten Rechtsfolgen sind **aufrechtzuerhalten,** soweit sie nicht durch die neue Entscheidung gegenstandslos werden (zur Erledigung in anderer Weise, bei der eine Aufrechterhaltung nicht notwendig ist BGH NStZ-RR 2004, 247). Das trifft jedenfalls zu, wenn sie nach ihrer Wirkung in den Rechtsfolgen enthalten sind, die neu angeordnet werden (BGH NStZ 1992, 231; Geppert MDR 1972, 280 (285)); denn nur unter dieser Voraussetzung kann das Grundprinzip des § 55 gewahrt werden, den Täter nicht schlechter zu stellen, als er bei Aburteilung aller Taten in der früheren Entscheidung gestanden hätte (BGHSt 30, 305 = NJW 1982, 1005). So macht idR eine Freiheitsstrafe nach § 45 I wegen ihrer automatischen Statusfolgen einen besonderen Ausspruch nach § 45 II, die Entziehung der Fahrererlaubnis wegen der längerfristigen Ausschaltung des Täters aus dem Verkehr ein Fahrverbot und die Sicherungsverwahrung wegen ihrer zeitlich nicht begrenzten Verwahrungsmöglichkeit meist auch (→ § 72 Rn. 1) die Unterbringung in einer Entziehungsanstalt gegenstandslos (BGHSt 30, 305 = NJW 1982, 1005). Wäre jedoch auf Grund der neuen Tat die frühere Anordnung lediglich mit unverändertem Inhalt anzuordnen, so hat es bei der Aufrechterhaltung sein Bewenden (BGHSt 30, 305 = NJW 1982, 1005; beachte auch BGH NZV 1997, 183; NJW 2009, 2903; OLG Karlsruhe NStZ-RR 1999, 211). Der Zweckzusammenhang zwingt ferner dazu, bei Neuanordnung einer **Entziehung der Fahrerlaubnis** den Beginn der neuen Sperre abweichend von § 69a V auf die Rechtskraft der früheren Entscheidung zu beziehen (so schon BGHSt 24, 205 = NJW 1971, 2180; OLG Stuttgart VRS 71, 275; sa BGH NStZ 1996, 433; BeckRS 2016, 9856) und für den Fall, dass die alte Sperrfrist bereits abgelaufen ist, eine das Prinzip wahrende Regelung zu treffen (OLG Düsseldorf NZV 1991, 317). Damit ist zwar eine mit dem Wesen der Maßregel unvereinbare Anrechnung verbunden, die aber im Hinblick auf den Zweck des § 55 hinzunehmen ist (iErg ebenso Bringewat, Die Bildung der Gesamtstrafe, 1987, S. 245; Rissing-van Saan in LK-StGB Rn. 56; Frister in NK-StGB Rn. 57; aM Geppert in LK-StGB § 69a Rn. 62–66; Hentschel Trunkenheit Rn. 741; zw.). Ob über die aus dem Grundprinzip des § 55 folgenden Grenzen hinaus auch solche Rechtsfolgen gegenstandslos werden, die nach ihren Voraussetzungen zurzeit der neuen Entscheidung nicht (mehr) begründet sind, ist umstritten (offen gelassen BGHSt 42, 306 = NJW 1997, 875; verneinend Bringewat JR 1998, 122; zw.). Das lässt sich jedenfalls nicht aus § 55 herleiten und wird von der Rspr. bisher auch nur für einen Ausnahmefall bejaht: Von der an sich begründeten Aufrechterhaltung einer Unterbringung nach § 63 soll abzusehen sein, wenn deren Voraussetzungen nicht (mehr) bestehen, die neue Tat aber die Voraussetzungen einer anderen freiheitsentziehenden Maßregel

erfüllt; insoweit soll § 72 I Vorrang vor § 55 II 1 haben (BGHSt 42, 306 = NJW 1997, 875 mablAnm Bringewat JR 1998, 122; zw.). Der Gesamtstrafenrichter ist an die Rechtskraft der früheren Entscheidung insoweit gebunden, als er eine durch sie angeordnete und noch nicht erledigte (Spiegel DAR 1978, 152) Rechtsfolge aufrecht erhalten muss, wenn die neue Tat keine Grundlage für die Anordnung einer weiterreichenden Rechtsfolge bietet (BGH NJW 2000, 3654; sa BGH NJW 1979, 2113). Im Rahmen der beschriebenen Bindung steht dem Richter nur die Prüfung zu, ob die alte Rechtsfolge gesetzmäßig angeordnet worden ist (BGHSt 30, 305 = NJW 1982, 1005). Die Aufrechterhaltung bedarf des ausdrücklichen Ausspruchs (BGHSt 30, 305 = NJW 1982, 1005; OLG Köln VRS 48, 85; beachte auch NZV 2001, 45 = NJW 2000, 3654). Sie bewirkt, dass die Rechtsfolgen mit dem Inhalt fortbestehen, den sie nach der früheren Entscheidung hatten (Sternberg-Lieben/Bosch in Schönke/Schröder Rn. 59). Dadurch kommt dem Täter zB bei Entziehung der Fahrerlaubnis der bereits abgelaufene Teil der Sperre zugute; diese Rechtslage wird zweckmäßig im Urteil klargestellt (Geppert MDR 1972, 280 (285)). Bei nachträglicher Gesamtstrafenbildung muss sich aus dem Tenor ergeben, welche Einzelstrafen für welche Taten einbezogen worden sind (BGH NStZ-RR 2015, 149).

6. Zur Anrechnung von **UHaft** oder anderer Freiheitsentziehung auf die nach § 55 gebildete Gesamtstrafe BGHSt 23, 297 = NJW 1971, 1373 mzustAnm Koffka JR 1971, 336; Theune in LK-StGB § 51 Rn. 3–8. Zu Jugendstrafverfahren vgl. § 31 II JGG und dazu BGH StraFo 2011, 240; StraFo 2011, 288). Eine **Auslieferung** auch aufgrund eines Europäischen Haftbefehls ist unzulässig, wenn bei Anwendbarkeit deutschen Strafrechts und gegebener Gesamtstrafenfähigkeit ein Härteausgleich im Ausstellungsmitgliedstaat (umgekehrt in Deutschland → Rn. 3) nicht gewährt wird (OLG Hamm NStZ-RR 2016, 389). Fehlt bei drohender Vollstreckung auch im Ausland ein inländischer Gerichtsstand, kann das Gesamtstrafübel bei der Strafzumessung berücksichtigt werden (BGH StV 2011, 589; StraFo 2017, 375). **19**

4. Titel. Strafaussetzung zur Bewährung

Vorbemerkung

1. Die durch das 3. StÄG eingeführte und durch das 1. StrRG (→ Vor § 1 Rn. 4) erweiterte **Strafaussetzung zur Bewährung** gehört zu den wichtigsten Reformen des Strafrechts nach dem Krieg (zu Entstehungsgeschichte und Entwicklung Dünkel ZStW 92 (1980), 1039; Kerner/Hermann/Bockwoldt, Straf(rest)aussetzung und Bewährungshilfe, 1984, S. 6; Meyer-Reil, Strafaussetzung zur Bewährung: Reformdiskussion und Gesetzgebung seit dem Ausgang des 19. Jahrhunderts, 2006; Hubrach in LK-StGB Rn. 1–10; rechtsvergleichend Dünkel/Spiess, Alternativen zur Freiheitsstrafe. Strafaussetzung zur Bewährung und Bewährungshilfe im internationalen Vergleich, 1983; Jescheck in Jescheck, Die Freiheitsstrafe und ihre Surrogate im deutschen und ausländischen Recht, 1984, S. 2096; sa Lüderssen in Hassemer, Strafrechtspolitik, 1987, S. 83). Schon seit geraumer Zeit sind Bestrebungen wirksam, die darauf abzielen, den Anwendungsbereich der Strafaussetzung nochmals zu erweitern (vgl. etwa Schöch ZStW 92 (1980), 143 (146); Dünkel ZStW 92 (1980), 1043; ZStW 92 (1980), 1052; ZStW 92 (1980), 1072; Feltes, Strafaussetzung zur Bewährung bei freiheitsentziehenden Strafen von mehr als **1**

einem Jahr, 1982; Zipf FS Jescheck, 1985, 977). Das **23. StÄG** (→ Vor § 1 Rn. 10) hat eine solche – allerdings sehr zurückhaltend bemessene – Erweiterung vorgenommen. Dabei war von größerer kriminalpolitischer Bedeutung nur die Vorschrift, die bei Erstbestraften die Aussetzung des Restes von Freiheitsstrafen bis zu zwei Jahren unter erleichterten Voraussetzungen zuließ (§ 57 I Nr. 1; → § 57 Rn. 13–16). Im Übrigen hat das Gesetz nur den Zweck verfolgt, die praktische Anwendung der Straf- und Maßregelaussetzung durch nähere Konkretisierungen, technische Korrekturen und flexiblere Verfahrensregeln zu erleichtern. Auch das **VerbrBG** (→ Vor § 38 Rn. 4), das bei Voraussetzungen und Folgeentscheidungen der Strafaussetzung den Gedanken der Wiedergutmachung stärker betont hat, bringt keine Weiterentwicklung in der angegebenen Richtung.

2 **2.** Die Diskussion um die Erweiterung des Rechtsinstituts ist deshalb zunächst unvermindert weitergegangen (expl. Dölling ZStW 104 (1992), 259 (276); Dünkel/Spiess BewH 1992, 117), in den letzten Jahren aber stark abgeflaut, weil eine Milderung des Strafrechts unter den gegenwärtigen Verhältnissen überwiegend für bedenklich gehalten wird (abl. daher ua der Abschlussbericht der Kommission zur Reform des strafrechtlichen Sanktionensystems, → Vor § 38 Rn. 3; König ZRP 2001, 67).

§ 56 Strafaussetzung

(1) [1]**Bei der Verurteilung zu Freiheitsstrafe von nicht mehr als einem Jahr setzt das Gericht die Vollstreckung der Strafe zur Bewährung aus, wenn zu erwarten ist, daß der Verurteilte sich schon die Verurteilung zur Warnung dienen lassen und künftig auch ohne die Einwirkung des Strafvollzugs keine Straftaten mehr begehen wird.** [2]**Dabei sind namentlich die Persönlichkeit des Verurteilten, sein Vorleben, die Umstände seiner Tat, sein Verhalten nach der Tat, seine Lebensverhältnisse und die Wirkungen zu berücksichtigen, die von der Aussetzung für ihn zu erwarten sind.**

(2) [1]**Das Gericht kann unter den Voraussetzungen des Absatzes 1 auch die Vollstreckung einer höheren Freiheitsstrafe, die zwei Jahre nicht übersteigt, zur Bewährung aussetzen, wenn nach der Gesamtwürdigung von Tat und Persönlichkeit des Verurteilten besondere Umstände vorliegen.** [2]**Bei der Entscheidung ist namentlich auch das Bemühen des Verurteilten, den durch die Tat verursachten Schaden wiedergutzumachen, zu berücksichtigen.**

(3) **Bei der Verurteilung zu Freiheitsstrafe von mindestens sechs Monaten wird die Vollstreckung nicht ausgesetzt, wenn die Verteidigung der Rechtsordnung sie gebietet.**

(4) [1]**Die Strafaussetzung kann nicht auf einen Teil der Strafe beschränkt werden.** [2]**Sie wird durch eine Anrechnung von Untersuchungshaft oder einer anderen Freiheitsentziehung nicht ausgeschlossen.**

1 **1.** Vgl. zunächst → Vor § 56 Rn. 1, 2

2 **2.** Die **Rechtsnatur** der Strafaussetzung, die jedenfalls nicht als bloßer Gnadenerweis verstanden werden kann (BGH NJW 1954, 39), ist in Rspr. und Wissenschaft nicht abschließend geklärt.

a) Nach ihrer **rechtlichen Konstruktion** ist die Aussetzung keine Strafe eigener Art und auch keine Maßregel, sondern nur eine Modifikation der Vollstreckung (ebenso Schäfer in Schäfer/Sander/van Gemmeren Strafzumessung Rn. 126). Sie bewirkt lediglich, dass die Vollstreckung der Freiheitsstrafe aufgeschoben und diese dann später erlassen wird, wenn der Täter die Widerrufsvoraussetzungen (§ 56f) nicht erfüllt (vgl. etwa BGHSt 7, 180 = NJW 1955, 799). Deshalb ist die Strafhöhe unabhängig von der Aussetzung zuzumessen (BGHSt 29, 319 = NJW 1981, 692; OLG Karlsruhe NStZ-RR 1997, 2).

b) Nach ihrer **kriminalpolitischen Aufgabe** ist die Aussetzung iVm der Freiheitsstrafe ein eigenartiges Rechtsinstitut, das weder durch den Strafzweck noch durch den Präventionszweck allein voll erklärt werden kann, sondern Elemente beider in sich vereinigt. Unter diesem Gesichtspunkt bezeichnen die im Schrifttum vertretenen Ansichten, die Strafaussetzung sei der Sache nach anzusehen als bessernde Maßregel (Schmidt ZStW 1964, 1 (7)), als spezialpräventive Resozialisierungsmaßnahme (Kaufmann JZ 1958, 297; ähnlich Ostendorf in NK-StGB Vor § 56 Rn. 1, 3) oder als selbständige, der Freiheitsstrafe gleichberechtigte Sanktionsart (Geerds JZ 1969, 341), sämtlich einen zutreffenden Aspekt (zusf. Müller-Dietz, Grundfragen des strafrechtlichen Sanktionensystems, 1979, S. 58). Zu beachten bleibt jedoch, dass der Zweck der Aussetzung vielschichtig ist; während er sich bei bestimmten Tätergruppen (zB den Gelegenheitstätern) in einer Vergünstigung erschöpft, um die schädlichen Wirkungen der Freiheitsstrafe zu vermeiden (BayObLG NJW 2003, 3499 (3501)), kommt es bei anderen Gruppen darauf an, die Chance der Resozialisierung sinnvoll zu nutzen (BGHSt 24, 40 = NJW 1971, 525). § 56 ist aber kein milderes Strafgesetz iSv § 359 Nr. 5 StPO (OLG Nürnberg NStZ-RR 2015, 318). Zur Strafpraxis Ostendorf in NK-StGB Vor § 56 Rn. 5, 6. 3

3. a) Nur **Freiheitsstrafe** (nicht Ersatzfreiheitsstrafe, Hubrach in LK-StGB Rn. 4) kann nach § 56 zur Bewährung ausgesetzt werden. Zur Aussetzung von Maßregeln § 67b; zu Sonderregelungen für Jugendliche § 21 JGG und für Soldaten §§ 14, 14a WStG. 4

b) Die **Jahresgrenze** nach Abs. 1 und die Zweijahresgrenze nach Abs. 2 bestimmen sich – auch bei Verbrechen und bei Gesamtstrafen (§ 58 I) – nach der Höhe der erkannten Strafe; deshalb keine Aussetzung, wenn nur in Folge Anrechnung von Freiheitsentziehung (§ 51) eine geringere Freiheitsstrafe zu verbüßen ist (BGHSt 5, 377 = NJW 1954, 846). Die jeweilige Höchstgrenze darf nicht nur deshalb unter- oder überschritten werden, damit die Aussetzung möglich bleibt (BGHSt 29, 319 = NJW 1981, 692; BGH NStZ-RR 2008, 369; → § 41 Rn. 1a) oder umgekehrt ausgeschlossen wird (BGH StV 1996, 263); jedoch hat der Richter hier einen Spielraum, innerhalb dessen er nach § 46 I 2 die von der Strafe ausgehenden Wirkungen für das künftige Leben des Täters zu berücksichtigen hat (BGH StV 1991, 513; StV 2001, 346; → § 46 Rn. 24, 27, 36). 5

c) Aussetzung eines **Teils der Strafe** ist unstatthaft (Abs. 4 S. 1). Bloße Anrechnung von Freiheitsentziehung (§ 51) steht jedoch nicht entgegen (Abs. 4 S. 2), es sei denn, dass die Strafe durch die Anrechnung voll aufgezehrt wird (BGHSt 31, 25 = NJW 1982, 1768 mablAnm Stree NStZ 1982, 327; BGH StV 1992, 157; NStZ-RR 2008, 350; aM Haberstroh NStZ 1984, 289 (293); Ziethen HRRS 2008, 502); die in einem rechtskräftigen Urteil entgegen der Rspr. angeordnete Aussetzung ist jedoch bestandskräftig mit der Folge, dass sie die nachträgliche Korrektur der mit dem Urteil verbundenen Bewährungsmaßnahmen unzulässig macht (OLG Köln 6

NStZ 1999, 534). Im Übrigen ist Teilvollstreckung nur durch Aussetzung des Strafrestes nach § 57 erreichbar; fasst der Richter sie schon im Urteil ins Auge, so ist die Ablehnung der Aussetzung näher zu begründen (BGH NJW 1955, 996).

7 **d)** Dass neben der Freiheitsstrafe eine **Maßregel** angeordnet wird (BGHSt 15, 316 = NJW 1961, 683; Hubrach in LK-StGB Rn. 3) oder dass in anderer Sache noch eine freiheitsentziehende Maßregel zu vollstrecken ist (aM OLG Hamburg MDR 1976, 773; zw.), steht der Aussetzung nicht notwendig entgegen (BGH JR 2002, 113 mAnm Sarres) jedoch werden meist die weiteren Voraussetzungen fehlen. Es kommt zB aber in Frage, dass Strafe und Unterbringung (§§ 63, 64) eines vermindert Schuldfähigen zur Bewährung ausgesetzt werden und im Rahmen der Führungsaufsicht eine Weisung nach § 56c III erteilt wird (BGH NStZ-RR 1997, 291; beachte dazu §§ 67b, 68b II 2 und 68g).

8 **4. a) Sachliche Voraussetzung** ist nach **Abs. 1** die **günstige Täterprognose** (Ausnahmen in § 183 III, IV). Für sie kommt es auf die Erwartung straffreier (BayObLG StV 1992, 15), dh einer die Strafgesetze allgemein – also nicht nur für die Dauer der Bewährungszeit (Nehm DAR 1993, 162; BayObLG VRS 62, 37; Schäfer in Schäfer/Sander/van Gemmeren Strafzumessung Rn. 130) – respektierenden künftigen Lebensführung an (krit. zu der Beschränkung auf lediglich straffreie Führung Peters FS Heinitz, 1972, 501 (504)); neben dieser Rechtstreue ist nicht erfoderlich, dass der Täter sich auch zur hiesigen Werteordnung bekennt (BGH StV 2021, 44). Die Erwartung von Bagatelltaten, nicht jedoch hinter der begangenen Tat lediglich zurückbleibenden Taten (Hubrach in LK-StGB Rn. 15; Kinzig in Schönke/Schröder Rn. 15; aM BayObLG NStZ-RR 2003, 105) bleibt dabei außer Ansatz (Schall in SK-StGB Rn. 13; enger OLG Celle StRR 02/2017, 3); auch die bloße Aussicht, dass sich die begangene Tat nicht wiederholen werde, genügt allein nicht (BayObLGSt 1967, 35). Andererseits kann aber nur eine Verhaltens-, nicht auch eine Gesinnungsänderung verlangt werden; Aussetzung kommt daher auch bei Überzeugungstätern in Frage (BGHSt 6, 186 = NJW 1954, 1412; BGHSt 7, 6 = NJW 1955, 112; OLG Hamm NJW 1969, 890; Ostendorf in NK-StGB Rn. 5; Schall in SK-StGB Rn. 12), erfordert hier aber konkrete Anhaltspunkte für die Verhaltensänderung (BGH NJW 1995, 340 (341); OLG Karlsruhe NStZ-RR 1996, 58). Bei Gewissenstätern, die nach der Rspr. im Hinblick auf ihre ein für allemal getroffene Gewissensentscheidung auch wegen künftiger Wiederholung der begangenen Tat nicht mehr bestraft werden können (BVerfGE 23, 191 = NJW 1968, 982), darf jedoch der verfassungsrechtliche Schutzzweck nicht dadurch unterlaufen werden, dass die bloße Erwartung einer solchen Wiederholungstat, deren Strafbarkeit ohnehin zweifelhaft ist (Struensee JZ 1984, 645), zur Begründung einer ungünstigen Prognose herangezogen wird (OLG Oldenburg NJW 1989, 1231; OLG Bremen StV 1989, 395; Hubrach in LK-StGB Rn. 14). **Erwartung** setzt keine sichere Gewähr für künftig straffreie Führung voraus; es genügt, dass nach den festgestellten Tatsachen die Wahrscheinlichkeit künftig straffreien Verhaltens höher einzuschätzen ist als die Möglichkeit neuer Straftaten (BGH NStZ 1997, 594; NStZ-RR 2005, 38; OLG Oldenburg NJW 2015, 2745 mAnm Schiemann; in der Sache ebenso BGHSt 7, 6 = NJW 1955, 112; BGH StV 1991, 514; nach Frisch FS Kaiser, 1998, 765 (775), haben die Gerichte damit das spezialpräventive Programm praktisch umgesetzt; abw. Frisch, Prognoseentscheidungen im Strafrecht, 1983, S. 49; sa Frisch FS Maiwald, 2010, 239 (246)), nicht hingegen schon dass sich eine günstige Sozialprognose nur nicht ausschließen lässt (OLG Hamburg NStZ-RR 2017, 72). Für diese Tatsachen gilt der Grundsatz **in dubio**

pro reo uneingeschränkt (BGH wistra 2000, 464; Neubacher GA 2004, 402 (405); Fischer Rn. 4a; Hubrach in LK-StGB Rn. 12; aM Schäfer in Schäfer/Sander/van Gemmeren Strafzumessung Rn. 132; Schall in SK-StGB Rn. 20). Die aus diesen Tatsachen folgenden Urteile, namentlich das Prognoseurteil selbst, sind davon schon deshalb nicht betroffen, weil sie keine Tatsachen, sondern nur Schlussfolgerungen aus den Tatsachen sind (dazu Schneider, Grundlagen der Kriminalprognose, 1996, S. 40; sa Volckart, Praxis der Kriminalprognose, 1997, S. 19). Für das Prognoseurteil ergibt nach hM Wortlaut und Zweck des Gesetzes, dass das Gericht die Wahrscheinlichkeit (dh qualifizierte Möglichkeit) künftig straffreier Führung positiv bejahen, Zweifel also zum Nachteil des Täters ausschlagen lassen muss (expl. BGH bei Detter NStZ 1992, 172; OLG Düsseldorf JR 1988, 72 mAnm Greger; Schäfer in Schäfer/Sander/van Gemmeren Strafzumessung Rn. 132, aM Terhorst MDR 1978, 973 (975); Ostendorf in NK-StGB Rn. 25; anders auch LG Hamburg MDR 1992, 978, Frisch, Prognoseentscheidungen im Strafrecht, 1983, S. 50, 61, Montenbruck, In dubio pro reo aus normtheoretischer, straf- und strafverfahrensrechtlicher Sicht, 1985, S. 96; Streng in Dölling, Die Täter-Individualprognose, 1995, S. 114, die den Zweifelssatz im Prognosebereich nicht für einschlägig halten).

b) Die Täterprognose erfordert eine **individuelle Würdigung** aller, also nicht 9
nur der in Abs. 1 S. 2 beispielhaft aufgeführten Umstände, die Rückschlüsse auf das künftige Verhalten des Täters zulassen (OLG Düsseldorf JR 1988, 72); bei Straftaten bestimmter Art, etwa bei Sexualdelikten, auf eine solche Würdigung zu verzichten, ist unzulässig, weil das Gesetz keine allgemeine Ausnahme vorsieht (BGHSt 6, 298 = NJW 1954, 1087; BGH NStZ-RR 1999, 281; JR 2002, 113 mAnm Sarres; BGH StraFo 2011, 324). Unerheblich ist, ob der Täter ungünstige Umstände verschuldet hat; auch krankhafte Eigenschaften können daher berücksichtigt werden (BGHSt 10, 287 = NJW 1957, 1287). Der bloße Verdacht einer weiteren Straftat darf wegen der Unschuldsvermutung nicht berücksichtigt werden (BGH StraFo 2017, 245). Wird über mehrere aussetzungs-, aber nicht gesamtstrafenfähige Freiheitsstrafen zugleich entschieden, muss die Prognose angesichts identischer Grundlagen einheitlich erfolgen (BGH NStZ 2001, 319; OLG Celle NStZ-RR 2011, 324). Wird nach § 47 eine kurze Freiheitsstrafe verhängt, bedarf die Annahme von Abs. 1 besonderer Darlegung (OLG Dresden NStZ-RR 2013, 41). Im Rahmen der Gesamtheit der körperlichen, geistigen und seelischen Eigenschaften fallen häufig ins Gewicht:

aa) Aus dem **Vorleben** frühere Erziehungsmaßnahmen und Vorstrafen (BGH 10
NStZ-RR 2005, 38; NStZ-RR 2010, 306; OLG Koblenz MDR 1971, 235; beachte jedoch BGH StV 1991, 346), soweit sie nicht getilgt oder tilgungsreif sind (§ 51 I BZRG; OLG Karlsruhe Justiz 1973, 27), ferner begangene, nicht notwendig schon rechtskräftig abgeurteilte oder auch nur einem schwebenden Verfahren zu grunde liegende Straftaten, soweit sie zweifelsfrei beweisbar sind und das Gericht dazu eigene Feststellungen trifft (BVerfG NStZ 1988, 21; StV 1995, 521; NStZ-RR 2019, 336; Hubrach in LK-StGB Rn. 23; zur zweifelhaften und abzulehnenden Vereinbarkeit mit der Unschuldsvermutung → § 56f Rn. 3; aM Ostendorf in NK-StGB Rn. 12, der aber – zu Unrecht – ein glaubhaftes Geständnis ausreichen lässt; ebenso Schall in SK-StGB Rn. 26), und früheren Strafverfahren zugrundeliegende Vorgänge, soweit sie prognostisches Gewicht haben (OLG Hamm NJW 1965, 925). Vor allem ein am „spürbarsten“ empfundener Erstvollzug (→ § 57 Rn. 13) kann eine spezialpräventive Wirkung (BGH NStZ-RR 2005, 38: Nachrei-

fung und Stabilisierung; OLG Naumburg StV 2016, 574) entfaltet haben, die eine günstige Prognose rechtfertigt (OLG Köln NStZ-RR 2007, 226; StV 2008, 24; KG StV 2021, 53). Dass die Tat während einer in anderer Sache schwebenden Bewährungszeit begangen wurde, spricht im Allgemeinen gegen eine günstige Prognose (OLG Saarbrücken NJW 1975, 2215; OLG Koblenz BA 1989, 53; KG VRS 139, 145; 55, 442; BayObLG StraFo 2020, 501), es sei denn, dass besondere Umstände, etwa ein grundlegender Einstellungswandel (BayObLG StV 1992, 15; OLG Braunschweig StV 1992, 588) oder eine günstige Veränderung (Stabilisierung) der Lebensverhältnisse (BayObLG StV 1994, 187) des Täters, dieses Indiz entkräften (BGH NStZ 1983, 454; StV 1991, 261; NStZ-RR 2005, 38; NStZ-RR 2012, 170; NStZ-RR 2012, 202; BayObLG NJW 1993, 805; OLG Karlsruhe NStZ-RR 2005, 200; Frisch FS Kaiser, 1998, 765 (776); Schäfer in Schäfer/Sander/van Gemmeren Strafzumessung Rn. 138); dagegen liegt kein Bewährungsversagen vor, wenn die Zeit abgelaufen, aber noch kein Beschluss über den Straferlass ergangen ist (BGH NStZ-RR 2017, 201). Positiv zu bewerten ist idR Nichtverstoß gegen ein angeordnetes Berufsverbot (BGH NStZ-RR 2019, 24). Bisher straffreie Lebensführung eines Täters darf nicht deshalb unberücksichtigt gelassen werden, weil Strafffreiheit eine Selbstverständlichkeit sei (BGH StV 2021, 188).

11 bb) Aus den **Tatumständen** die Beweggründe und Ziele des Täters (zum Handel aus humanitären Gründen BGH NJW 2015, 2276). Bei Überzeugungstätern (→ § 17 Rn. 2) führt das Festhalten an der politischen Gesinnung allein noch nicht zu einer ungünstigen Sozialprognose (BGH StV 2001, 505). Bei Fahrlässigkeitsdelikten ist die Schwere der verschuldeten Folgen allein nicht indiziell (Dede MDR 1970, 721), wohl aber die bewusste Gefahrschaffung (BGH NJW 2017, 3011 mAnm Esposito). Auch die Tatumstände eines vom Rücktritt betroffenen Delikts können berücksichtigt werden (BGH NStZ-RR 2019, 337).

12 cc) Aus dem **Verhalten nach der Tat** die Einstellung des Täters zur Tat (näher Zabel ua BA 1990, 260), für die zB das Verheimlichen des Verbleibs der Beute (OLG Karlsruhe MDR 1978, 71) sowie namentlich auch das Bemühen um Schadenswiedergutmachung (→ Rn. 19) und um einen Ausgleich m it dem Verletzten (→ § 46 Rn. 42; → § 46a Rn. 1, 3) Anhaltspunkte bieten; fehlende Wiedergutmachung allein ist allerdings kein ausreichender Grund für die Annahme künftigen Versagens (BGHSt 5, 238 = NJW 1954, 359), Ebenso wenig kann ein strafrechtlich irrelevantes Verhalten eine ungünstige Prognose begründen (BGH NStZ-RR 2003, 264). Auch gegenüber dem Prozessverhalten ist Vorsicht geboten, weil die Ausnahmesituation des Strafverfahrens nur geringen Indizwert hat (expl. BGH VRS 26, 22; OLG Hamm NJW 1960, 61; sa OLG Hamm StV 1988, 348). Außerdem darf – ebenso wie bei der Strafzumessung (→ § 46 Rn. 43) – die Verteidigungsstrategie oder sonst ein Verhalten nach der Tat, mit dem sich der Täter lediglich der Bestrafung entziehen wollte, regelmäßig nicht negativ bewertet werden (BGH StV 1998, 378; StV 1998, 482; StV 1999, 602; StV 2001, 505; StV 2016, 563; NStZ 1997, 434; NStZ-RR 2018, 105; StV 2022, 158; OLG Düsseldorf StV 2019, 332; Streng Sanktionen Rn. 153, problematisch OLG Hamm NStZ 1989, 27 mkritAnm Eisenberg NStZ 1989, 366; beachte auch OLG Hamm StV 1997, 92).

13 dd) Aus den **Lebensverhältnissen** vor allem deren mutmaßliche Weiterentwicklung, dh die Verhältnisse, unter denen der Täter voraussichtlich leben wird. Es macht keinen Unterschied, ob sich diese von selbst ergeben oder ob sie planmäßig durch Bewährungsmaßnahmen, andere behördliche Vorkehrungen oder private Hilfsangebote (zB Rehabilitationsmöglichkeiten für Drogensüchtige; vgl. etwa BGH StV 1998, 378; OLG Hamm StV 1991, 427; Adams/Eberth NStZ 1983,

193; Lesting MschrKrim 1993, 320; zur Stabilisierung durch Haft vgl. BGH NStZ 2002, 312 mit Verweis auf BGHR §56 Abs. 1 Sozialprognose 11, Stabilisierung durch Haft; zur Warnfunktion der E rstverbüßung einer Freiheitsstrafe OLG Karlsruhe NStZ-RR 2005, 200) geschaffen werden (BGHSt 8, 182 = NJW 1955, 1889; sa BGH StV 1991, 514); dabei hat das Gericht je nach Sachlage deren Anordnung im Rahmen seiner Zuständigkeit zu prüfen (BGH StV 1992, 63; StV 2015, 564, Weisung, sich einer sexualtherapeutischen Behandlung zu unterziehen), uU sich auch um ihre Herbeiführung zu bemühen (BGH NJW 1991, 3289; OLG Düsseldorf NJW 1993, 805). Daraus folgt, dass bei Drogensüchtigen auch Unterschiede in den konkreten Rehabilitationschancen, die sich bei Anordnung der Strafaussetzung oder bei Wahrnehmung von Behandlungsmöglichkeiten im Vollstreckungsverfahren nach §§35, 36 BtMG ergeben, für die Prognose Gewicht haben (Slotty NStZ 1981, 321 (327); Wesemann StraFo 2009, 60; sa OLG Braunschweig StV 1998, 493). Trotz mehrjähriger Abstinenz und erfolgreich abgeschlossener Therapie kann eine negative Sozialprognose gestellt werden, wenn es in einem früheren Urteil nur deshalb zur Strafaussetzung zur Bewährung gekommen ist, weil der Täter längere Zeit abstinent war und sich in Therapie begab, aber in der Bewährungszeit alkoholbedingt eine einschlägige Tat begangen hat (OLG München NZV 2008, 530), doch steht ein durch die neue Tat dokumentierter Alkoholrückfall der Annahme einer positiven Veränderung der Lebensverhältnisse nicht von vornherein entgegen, da Rückfälle nach langjährigem Alkoholmissbrauch den günstigen Verlauf insgesamt nicht in Frage stellen müssen (OLG Koblenz NStZ-RR 2015, 42). Zu Buche schlagen kann ferner, dass im Urteil zugleich die Unterbringung in einer Entziehungsanstalt nach §67b ausgesetzt wird (BGH NStZ 1988, 451). Schließlich ist es auch nicht widersprüchlich, wenn der Richter einerseits die Verhängung einer Freiheitsstrafe zur Einwirkung auf den Täter für unerlässlich hält (→ §47 Rn. 3, 6), andererseits aber die günstige Prognose bejaht (BGHSt 24, 164 = NJW 1971, 1415; Schall in SK-StGB Rn. 31; str.). Diese wird auch nur idR, aber nicht notwendig (aM OLG Hamburg JR 1977, 515 mAnm Grunau; OLG Düsseldorf MDR 1985, 165; zw.), durch die Tatsache ausgeschlossen, dass in anderer Sache noch längere Freiheitsentziehung zu vollstrecken ist (vgl. Döllel/Dreeßen SchlHA 2004, 226 (227)). Widersprüchlich wäre dagegen die Aussetzung einer Strafe wegen einer neu begangenen Tat allein im Hinblick darauf, dass ihretwegen der Widerruf der Strafaussetzung wegen früherer Taten zu erwarten ist (aM OLG Köln NStZ 1994, 205 mablm Berg; Schall in SK-StGB Rn. 29; wie hier Hubrach in LK-StGB Rn. 20; Ostendorf in NK-StGB Rn. 12; sa Radtke FS Müller-Dietz, 2001, 609 (613, 621)). Für eine negative Prognose ist das Fehlen eines festen Wohnsitzes, einer Berufsausbildung oder einer sicheren Arbeitsstelle nicht ausreichend (BGH NStZ-RR 2007, 138), doch kann der Unwille, sich um eine Arbeitsstelle zu bemühen, negativ berücksichtigt werden (BGH NStZ-RR 2019, 242). Speziell zur Prognose bei Sexualstraftätern in Therapie BGH StV 2003, 389.

c) Im Ganzen unterliegt die Prognose **tatrichterlicher Würdigung,** die vom Revisionsgericht nur begrenzt nachgeprüft werden kann (OLG Düsseldorf NStZ-RR 1996, 260; KG StV 1999, 605; BayObLG StV 2002, 427; OLG Nürnberg StraFo 2006, 502 (504); OLG Braunschweig NStZ-RR 2015, 19; sa BGH NStZ-RR 2008, 276, weiter Beurteilungsspielraum für den Tatrichter; KG StV 2020, 54; zusf. Hubrach in LK-StGB Rn. 31–33). Maßgeblicher Beurteilungszeitpunkt für die Prognose ist stets, auch bei nachträglicher Gesamtstrafenbildung nach §55, der der jetzigen Entscheidung (BGH NJW 2003, 2841; NStZ-RR 2020, 7). Bei nahe 14 liegenden Zweifeln – namentlich bei erheblicher Vorstrafenbelastung (BGH StV 1997, 521; OLG Düsseldorf JR 1994, 39 mAnm Terhorst) und bei Begehung der Tat während einer laufenden Bewährungszeit (BayObLG bei Bär DAR 1992, 364; Döllel/Dreeßen SchlHA 2004, 226 (227, 228)) – bedarf sie eingehender Begründung (BGH NStZ 1983, 454; BayObLG NJW 1993, 805; NStZ-RR 2004, 42; OLG Düsseldorf JR 2001, 202 mAnm Wohlers; OLG Nürnberg StraFo 2006, 502) formelhafte Wiederholung des Gesetzeswortlauts, allgemeine, nicht auf den Einzelfall bezogene Ausführungen (BGH StV 1996, 207) oder ein bloßer Hinweis auf den Eindruck in der Hauptverhandlung genügen idR nicht (OLG Köln MDR 1967, 416). In zweifelhaften Fällen kann sich die Zuziehung eines Sachverständigen empfehlen (OLG Celle JR 1985, 32 mAnm Meyer). In der Praxis steht die sog. **intuitive Prognose,** dh die auf die kriminologischen Erfahrungen des Tatrichters gestützte Gesamtbewertung, im Vordergrund (vgl. BGH NStZ 2020, 83; krit. Böllinger in Lüderssen/Sack, Vom Nutzen und Nachteil der Sozialwissenschaften für das Strafrecht, 1980, S. 283; Ostendorf in NK-StGB Rn. 19–21). Wegen der mit ihr verbundenen Fehlerquellen hat die kriminologische Forschung die differenzierteren Verfahren der **klinischen** und der **statistischen Prognose** (Schöch in LK-StGB Rn. 170, Vor § 61 Rn. 163–169) entwickelt, die sich im Bereich des § 56 teils wegen des großen Aufwandes und teils wegen Fehlens von Beweisen für ihre größere Treffsicherheit (dazu Kerner in Lüderssen/Sack, Vom Nutzen und Nachteil der Sozialwissenschaften für das Strafrecht, 1980, S. 307) bisher nicht in nennenswertem Umfang durchgesetzt haben (vgl. etwa Tenckhoff DRiZ 1982, 95; Nedopil Forensia 1986, 167; Streng Sanktionen Rn. 608; Schneider, Grundlagen der Kriminalprognose, 1996; Schneider JZ 1998, 436 (439); scharfe Kritik bei Bock StV 2007, 269 (272, 274), Individualprognose mit statischen Regeln erstellen, ist rechtswidrig; speziell zum Stand der Prognoseforschung Dölling, Die Täter-Individualprognose, 1995 mit Bespr. Kunz MschrKrim 1997, 124; umfangreiches Informationsmaterial zur Theorie und praktischen Problematik der Prognose in dem Sammelband Frisch/Vogt, Prognoseentscheidungen in der strafrechtlichen Praxis, 1994; und in Volckart, Praxis der Kriminalprognose, 1997). Zu bedenken ist auch, dass das empirische Wissen über die Prognose von Durchschnittstätern ohne besondere Auffälligkeiten gering ist und dass es überdies im Bereich der Massenkriminalität, namentlich der Vermögens- und Verkehrsdelikte, schon aus Zeitgründen meist nicht möglich und oft auch nicht wünschenswert ist, die erforderlichen Fakten für eine erschöpfende Prognose zu erheben (vgl. die Kritik von Frisch, Prognoseentscheidungen im Strafrecht, 1983, S. 4, 44; Frisch FS Kaiser, 1998, 765 (790)). In solchen, die große Mehrzahl bildenden Fällen entscheiden die Gerichte durchweg nach nur oberflächlicher Prüfung intuitiv und verschaffen damit zwar der Strafaussetzung einen breiteren Anwendungsbereich, lassen aber die wirklichen Entscheidungskriterien im Dunkeln. Daraus sind Bestrebungen erwachsen, das Prognoseerfordernis normativ umzudeuten: Die Summe der Prognosefälle soll den drei Gruppen eindeutig positiver, „fraglicher" und eindeutig negativer Prognosen zugeordnet werden. Alsdann soll je nach dem Zweck der anwendbaren Vorschrift normativ entschieden werden, ob die Gruppe der „fraglichen" Fälle bei Beachtung der Prinzipien der Geeignetheit und der Erforderlichkeit zur Auslösung der jeweils vorgesehenen Rechtsfolge ausreicht, was bei der Strafaussetzung zur Bewährung schon zur Erhaltung ihres weiten Anwendungsbereichs regelmäßig zu bejahen ist (Frisch, Prognoseentscheidungen im Strafrecht, 1983, S. 133; ähnlich Krainz MschrKrim 1984, 298; krit. Bock NStZ 1990, 457; Schneider, Grundlagen der Kriminalprognose, 1996, S. 46; sa Frisch StV 1988, 359; Frisch R & P 1992, 110; Bock ZStW 102

(1990), 504 (512); Streng in Dölling, Die Täter-Individualprognose, 1995, S. 97, 117; speziell zur Entwicklung der Prognoseforschung Nedopil in Dölling, Die Täter-Individualprognose, 1995, S. 83; zu Perspektiven künftiger Prognoseforschung Dölling in Dölling, Die Täter-Individualprognose, 1995, S. 129; Schöch FS Kaiser, 1998, 1239 (1252); Mindestanforderungen für Prognosegutachten bei Boetticher/Kröber/Müller-Isberner/Böhm/Müller-Metz/Wolf NStZ 2006, 537; krit. dazu Bock StV 2007, 267, der vom „Elend der klinischen Kriminalprognose" spricht und die sog. Angewandte Kriminologie im Gefolge Göppingers favorisiert, aber auch fragt, ob es für diese noch Platz in der Gesamten Strafrechtswissenschaft gibt, Göppinger ZStW 121 (2009), 450; krit. zu Bocks Kritik an den „Mindestanforderungen" Schöch FS Widmaier, 2008, 967 (969)).

5. Abs. 3 bildet einen Ausschlussgrund, der sich nach den Verhältnissen zurzeit der Entscheidung bestimmt (BGH NJW 1956, 919); bei mehreren selbständigen (Gesamt-)Freiheitsstrafen wegen gleichartiger Taten kann nur einheitlich über die Vollstreckung entschieden werden (BayObLG NStZ-RR 2002, 297 mzustAnm Götting JR 2003, 207). Er wird erst relevant, wenn die Voraussetzungen von Abs. 1 oder Abs. 2, vor allem die günstige Prognose (BayObLG NStZ-RR 1998, 299; StV 2002, 659), bejaht sind (BGH StV 1991, 19; OLG Köln NZV 1993, 357; sa BGH StV 1995, 20). **15**

a) Die Beschränkung des Abs. 3 auf Strafen von **mindestens sechs Monaten** dient der Zurückdrängung der kurzfristigen Freiheitsstrafe (BT-Drs. V/4094, 11). Es wäre eine unzulässige Umgehung des Gesetzes, diesen Zweck durch Verschärfung der Anforderungen an eine günstige Täterprognose zu vereiteln (OLG Hamm DAR 1973, 101); das gilt namentlich auch für die Fälle, in denen der Richter nach § 47 (→ § 47 Rn. 3) eine Freiheitsstrafe zur Einwirkung auf den Täter (BGHSt 24, 164 = NJW 1971, 1415) oder zur Verteidigung der Rechtsordnung für unerlässlich gehalten hat. **15a**

b) Zur **Verteidigung der Rechtsordnung** zunächst → § 47 Rn. 4, 5, 7. Bei einem Sachverhalt, der Anhaltspunkte für die Notwendigkeit der Strafvollstreckung aus diesem Grunde aufweist, ist ausdrückliche Erörterung geboten (BGH NStZ 1989, 527 Nr. 4, 5; BGH NStZ 1991, 581; OLG Düsseldorf JR 1994, 39; BayObLG JR 2003, 297 mAnm Verrel; BayObLG NStZ-RR 2003, 105), sonst ausnahmsweise nicht (BGH NStZ-RR 2015, 241). Im Übrigen unterliegt die Entscheidung aber tatrichterlicher, vom Revisionsgericht nur begrenzt nachprüfbarer Würdigung (→ § 47 Rn. 7; speziell zu Abs. 3 BGH NStZ 1994, 336; NStZ-RR 1998, 7; OLG Karlsruhe NStZ-RR 1996, 198; BA 1999, 188 (190); BayObLG NJW 2003, 3499 (3501)). **16**

aa) Die Aussetzung ist zu **versagen,** wenn die Zweckerwägungen, die diesem Begriff zu Grunde liegen, gegenüber dem spezialpräventiven Zweck der Aussetzung so sehr das Übergewicht haben, dass der bloße Strafausspruch ohne Vollstreckung im Hinblick auf schwerwiegende Besonderheiten des Einzelfalls als ungerechtfertigtes Zurückweichen vor dem Verbrechen erscheinen müsste und daher die rechtliche Gesinnung in der über die Einzelheiten des Falles unterrichteten (BGH StV 1989, 150) Bevölkerung – also nicht lediglich bei bestimmten Einzelpersonen (OLG Karlsruhe DAR 1993, 397) – erschüttern könnte (BGHSt 24, 40 (64) = NJW 1971, 525; NStZ 2002, 312; NStZ-RR 2013, 40; BayObLG NJW 1978, 1337 mkritAnm Horn JR 1978, 514; OLG Hamburg NStZ 1984, 140; OLG Düsseldorf JR 2001, 296 (297) mAnm Götting; BayObLG JR 2003, 297 mkritAnm Verrel; BayObLG NStZ-RR 2003, 105; OLG Karlsruhe NZV 2008, 467; krit. Wehnert FS Widmaier, 2008, 813; Ostendorf in NK-StGB Rn. 33, 34). Deshalb kann der Versagungsgrund nicht allgemein mit dem Verstoß gegen bestimmte Tatbestände oder Tatbestandsgruppen (BGH NStZ 2001, 319) oder lediglich mit solchen Erwägungen begründet werden, die dem verletzten Tatbestand im Ganzen zu Grunde liegen (BGHSt 24, 40 (46) = NJW 1971, 525; NJW 1990, 193; OLG Stuttgart NZV 1991, 80). Auch die Ausländereigenschaft ist als solche ebenso wie allgemein bei der Strafzumessung (→ § 46 Rn. 36 b) nicht relevant (OLG Düsseldorf StV 1995, 526; sa BGH StV 1995, 414); aus ihr folgende Besonderheiten von Tat oder Täterpersönlichkeit können jedoch Gewicht haben (OLG Düsseldorf VRS 89, 444). Überhaupt bildet die Versagung (auch bei Vorliegen von Vorstrafen, BayObLG JR 1974, 519 mAnm Zipf) eine Ausnahme, die nur durch schwerwiegende, den Besonderheiten des Einzelfalls entnommene Gründe zu rechtfertigen ist (BGHSt 22, 192 = NJW 1968, 1787; BGHSt 24, 40 (46) = NJW 1971, 525). Für deren Bewertung geben die in § 56 vorgesehenen Strafgrenzen gewisse Anhaltspunkte. Danach gebietet die Verteidigung der Rechtsordnung bei Strafen unter sechs Monaten die Vollstreckung niemals, bei Strafen von mehr als einem Jahr dagegen häufiger; deshalb liegt die Annahme des Ausschlussgrundes umso ferner, je weniger die Strafe das Mindestmaß von sechs Monaten überschreitet (Dreher JR 1970, 228 (230); sa BGH NStZ 1985, 459; OLG Hamm NJW 1970, 1615).

17 bb) Die Anwendung des Abs. 3 **kommt etwa in Frage,** wenn eine Tat mit der Tendenz begangen wird, die Rechtstreue in der Bevölkerung zu untergraben (BGH GA 1976, 113). Außerdem weist uU schon die Art des Tatbestandes darauf hin, dass die Verteidigung der Rechtsordnung häufiger als bei anderen Taten die Vollstreckung gebietet. So hat die Rspr. für bestimmte Sexualdelikte (BGHSt 6, 298 = NJW 1954, 1087), für Wirtschaftsdelikte (BGHSt 53, 311 (320) = NJW 2009, 3379; BGH JZ 1975, 183 (185); GA 1979, 59; sa einschr. BGHSt 50, 299 (308) = NJW 2006, 925 „Kölner Müllskandal") und sog. „Vereinigungskriminalität" (BGH NStZ-RR 1999, 136; sa BGH bei Detter NStZ 1999, 498), für Delikte, die sich, wie zB die Volksverhetzung (BGH JZ 1995, 106; NStZ 1995, 128; OLG Brandenburg NStZ-RR 2017, 206) oder der Missbrauch nationalsozialistischer Kennzeichen (Schmidt MDR 1985, 183), gegen die staatliche oder öffentliche Ordnung als solche richten (OLG Frankfurt a. M. NJW 1971, 1813; OLG Karlsruhe NStZ-RR 1996, 58), und für Delikte, die den ordnungsmäßigen Gang der Rechtspflege gefährden (LG Koblenz NStZ 1991, 283 mAnm Molketin), den Gedanken herausgearbeitet, dass die Versagung der Aussetzung näher liegt als bei anderen Deliktsgruppen (zusf. Maiwald GA 1983, 49 (57)), dass sie ausnahmsweise sogar bei Ersttaten angezeigt sein kann (OLG Koblenz VRS 75, 37). Entsprechendes gilt für Delikte, mit denen eine zur Förderung von Allgemeininteressen gewährte privilegierte Rechtsstellung (zB als Rechtsanwalt, BGH NStZ 1988, 126; wistra 1995, 186) oder sonst eine Vertrauensstellung (BGH NJW 1991, 2574; NStZ 2015, 27, Verfügung über Rentenbeiträge) missbraucht wird, sowie für Trunkenheitsdelikte (BGHSt 24, 64 = NJW 1971, 664; OLG Hamm NZV 1993, 317 mAnm Molketin BA 1994, 133) und andere schwerste Verkehrsverstöße (OLG Karlsruhe NStZ-RR 2003, 246; NZV 2008, 467, bei einer verkehrsfeindlichen Motivation), bei denen Abs. 3 allerdings wegen des Mindestmaßes der Freiheitsstrafe im Allgemeinen nur bei schweren, nicht wiedergutzumachenden Unfallfolgen in Frage kommt (BGH NJW 2017, 3011 mAnm Esposito; OLG Koblenz NZV 1992, 451; OLG Hamm NStZ-RR 2014, 321), aber auch hier nicht notwendig zu bejahen ist (OLG Köln NZV 1993, 357; OLG Karlsruhe NStZ-RR 1996, 198; BayObLG NJW 2003,

3498; OLG Brandenburg NStZ-RR 2009, 168 zu leichter Fahrlässigkeit). Prägt gerade die religiöse Motivation die Tat (hier: „Abstrafung" eines Konvertiten zum Christentum), spricht dies für Anwendung von Abs. 3 (KG NStZ 2020, 298). Auch wenn die Umstände eines Einzelfalls so schwerwiegend sind, dass sie schon bei einer Ersttat zur Versagung führen müssten, können geringe Lebenserwartung des Täters (zB eines AIDS-Kranken, Dencker StV 1992, 125 (130)), schwere psychische Tatfolgen für ihn selbst (OLG Karlsruhe StV 1994, 188), überlange Verfahrensdauer (BGH StV 1985, 411; BayObLG VRS 69, 283; OLG Brandenburg NStZ-RR 2009, 168; zu streng OLG Koblenz VRS 59, 339) oder Verbüßung langdauernder UHaft (BGH StV 1990, 496; StV 1991, 157; auch Teilverbüßung OLG Brandenburg NStZ-RR 2009, 168) das Bedürfnis nach Verteidigung der Rechtsordnung relativieren oder ganz hinfällig machen.

6. Abs. 2 erweitert die Aussetzung von Freiheitsstrafen auf das Höchstmaß von zwei Jahren, setzt dabei aber das Vorliegen von Milderungsgründen voraus, die aus dem Durchschnitt herausragen (zusf. Hubrach in LK-StGB Rn. 35; krit. Horn GS Kaufmann, 1989, 573 (577)). Dabei ist das Vorliegen einer günstigen Sozialprognose iSv Abs. 1 stets vorrangig vor den besonderen Umständen zu prüfen (BGH NJW 2014, 3797, NStZ-RR 2015, 373), weil eine günstige Sozialprognose auch für die Beurteilung bedeutsam sein kann, ob Umstände iSv Abs. 2 vorliegen (→ Rn. 19). **18**

a) Die **besonderen Umstände** (→ § 47 Rn. 2), die hier nur mildernde sein können (Römer JR 1973, 448 (451)), müssen positiv festgestellt oder nach dem Zweifelssatz jedenfalls nicht ausschließbar sein (BGH wistra 2000, 464), nicht umgekehrt deren Nichtvorliegen (BayObLG NZV 2020, 596). Das Schweigen des Angeklagten im Prozess ist kein zureichender Grund, ihr Vorliegen zu verneinen (BGH StV 1993, 521; NStZ-RR 2012, 202; StR 17, Nr. 12, 2). Da sie die Grundlage einer **Gesamtwürdigung von Tat und Täterpersönlichkeit** bilden (dazu ua BGH NStZ 1982, 114; StV 1992, 13), müssen sie zwar Bezug zu Tat oder Täter haben (OLG Koblenz wistra 1988, 238), können aber sehr vielgestaltig sein; auch die Vorgeschichte der Tat (BGH StV 1983, 18), Verstrickung in die Tat durch polizeiliche Lockspitzel (OLG Koblenz MDR 1991, 787), geringe Lebenserwartung (BGH bei Spiegel DAR 1981, 192; Dencker StV 1992, 125 (130)) und nach der Tat eingetretene Umstände (BGHSt 29, 370 = NJW 1981, 409; BGH NStZ 1983, 218; sa LG Bremen StV 1995, 142), zB die Stabilisierung der Lebensverhältnisse (BGH StV 1986, 529) und durch die Tat bedingte berufliche Nachteile (BGH NStZ 1987, 172), können erheblich sein. Sogar Nachtatverhalten kommt in Frage (BGH StV 1983, 281; diff. OLG Karlsruhe GA 1979, 469), etwa das Bemühen um Schadenswiedergutmachung (BGH NStZ-RR 2006, 375 (376)), dem **S. 2** durch ausdrückliche Erwähnung mehr Gewicht verleihen sollte (BT-Drs. 12/6853, 22; Fischer Rn. 21); die Entschuldigung beim Tatopfer sowie Geständnis (auch ohne Reue, OLG Bamberg StV 2013, 162) und Schuldeinsicht im Strafprozess (BGH StV 1999, 602); auch geleistete Aufklärungshilfe nach § 31 BtMG gehört hierher (OLG Frankfurt a. M. NStZ-RR 1996, 213); ebenso der Verzicht auf die Rückgabe sichergestellten Bargeldes (BGH NStZ-RR 2020, 168). Die Gesamtwürdigung, für die auch die günstige Sozialprognose (Abs. 1) bedeutsam ist (BGH StV 1995, 20; NStZ 1997, 434; NStZ 2009, 441; StV 2003, 670; StV 2013, 84 (85); NStZ-RR 2003, 264; NStZ-RR 2006, 375 (376); NStZ-RR 2015, 107; wistra 2011, 461; StraFo 2016, 425; StV 2019, 559; OLG Köln NStZ-RR 2016, 181), führt zur Annahme besonderer Umstände, wenn diese ein solches Gewicht haben, **19**

dass die Strafaussetzung „als nicht unangebracht und als den allgemeinen vom Strafrecht geschützten Interessen nicht zuwiderlaufend" erscheint (BGHSt 29, 370 = NJW 1981, 409; BGH NStZ 1986, 27; NStZ 2009, 441; NStZ 2010, 147; NStZ-RR 2014, 138; zusf. Schlothauer StV 1983, 209). Eine Beschränkung der Vorschrift auf außergewöhnliche Konfliktlagen findet im Gesetz keine Grundlage (so schon BGHSt 29, 370 = NJW 1981, 409).

20 **b)** Die Aussetzung kommt namentlich in Frage, wenn schweren Tatfolgen ein vergleichsweise geringes Verschulden gegenübersteht (BGH NStZ 1981, 434; Grünwald FS Schaffstein, 1975, 219 (235); Streng Sanktionen Rn. 158). Bloß straffreies Vorleben (BGH GA 1978, 80), andere Strafmilderungsgründe, die nicht nur ausnahmsweise (OLG Stuttgart MDR 1980, 1038), sondern auch bei Durchschnittstaten häufig vorkommen (BGHSt 29, 319 (324) = NJW 1981, 692; beachte auch BGH NStZ 1988, 133), und die zu erwartenden Folgen des Vollzugs der Strafe für den Täter (BGH bei Holtz MDR 1982, 623) genügen idR nicht, doch sind die Folgen einer Strafverbüßung für die Familie des Täters bei der Gesamtabwägung zu berücksichtigen (OLG Hamm StV 2003, 672). Umstände, die bei einer Einzelbewertung nur durchschnittliche Milderungsgründe wären, können durch ihr Zusammentreffen das Gewicht besonderer Umstände erlangen (BGH NStZ 1991, 581; NStZ 2010, 147; StV 1998, 260; NStZ-RR 1999, 281; NStZ-RR 2016, 9; OLG Bamberg StV 2013, 162), zB bei gleichzeitigem Vorliegen von Unbestraftheit, erstmaliger Verbüßung von U-Haft, langer Dauer der seit der Tat vergangenen Zeit, Handeln auch im Interesse des Unternehmens und Abgabe eines Schuldanerkenntnisses (BGHSt 50, 299 (308) = NJW 2006, 925) oder der Leistung von Aufklärungshilfe (BGH NJW 2015, 967). Außerdem können konkrete spezialpräventive Bedürfnisse, zB die Wahrnehmung von therapeutischen Chancen bei Alkohol- oder Drogensüchtigen, zu Buch schlagen (OLG Köln NJW 1986, 2328; Tröndle MDR 1982, 1 (4)).

21 **c)** Die Gesamtwürdigung ist Aufgabe des Tatrichters und daher nur begrenzt nachprüfbar (stRspr; vgl. etwa BGH NStZ 1994, 336; NJW 1998, 3428 (3429); NStZ 2002, 312; NStZ-RR 2016, 107). Sie bedarf umso sorgfältigerer Begründung, je mehr sich die Strafe der Zweijahresgrenze nähert (BGH NStZ 1987, 21; NStZ-RR 2019, 339; OLG Hamm NZV 1993, 317 mAnm Molketin BA 1994, 133; Ostendorf in NK-StGB Rn. 30). Erkennbar ungewöhnliche Milderungsgründe müssen einbezogen werden (BGH StV 1994, 126); bei ihrem Vorliegen darf die Aussetzungsfrage nicht übergangen (BGH NStZ 1986, 374) oder mit einer formelhaften Wiederholung des Gesetzeswortlauts verneint (BGH NJW 1983, 1624; StV 1984, 375 (376)) oder bejaht (BGH NJW 2016, 2349) werden.

22 **7.** Die Voraussetzungen der Aussetzung sind **von Amts wegen** zu prüfen (Schall in SK-StGB Rn. 44). Liegen sie vor, so ist ihre Anordnung im Falle des Abs. 1 **obligatorisch** (BGHSt 24, 40 (43) = NJW 1971, 439) und im Falle des Abs. 2 **pflichtmäßigem,** vom Revisionsgericht nur begrenzt nachprüfbarem (BGH StV 1984, 174; NStZ 1984, 360; NStZ-RR 2006, 202; OLG Düsseldorf NStZ 1988, 325) **Ermessen** (→ § 46 Rn. 50) überlassen (BGH JR 1956, 426; einschr. Ventzke StV 1988, 367). Es ist daher unzulässig, bei Drogenabhängigen die an sich nach Abs. 1 begründete Aussetzung zu versagen und die Bemühungen um Rehabilitation dem nachrangigen (Vollstreckungs-)Verfahren nach §§ 35, 36 BtMG zu überlassen (OLG Oldenburg StV 1991, 420; Tröndle MDR 1982, 1 (2); Kreuzer NJW 1989,

1505 (1510); Ostendorf in NK-StGB Rn. 30; beachte jedoch → Rn. 13); auch im Falle des Abs. 2 ist solches Vorgehen sachwidrig (→ Rn. 20).

8. Zuständigkeit und Verfahren §§ 160 III, 260 IV, 267 III, 268a, 305a, 453–453b, 462a StPO. 23

a) Die Aussetzung kann nur im **Urteil** angeordnet werden. Die weiteren Entscheidungen nach §§ 56a ff. gehören dagegen in den selbständigen (BGH NJW 1974, 1518), mit dem Urteil (ggf. auch dem Berufungsurteil, OLG Köln NStZ 1991, 453 mAnm Horn JR 1991, 476; OLG Hamm MDR 1992, 989) zu verkündenden Beschluss nach § 268a I StPO; ob der versehentlich unterbliebene, mit dem Urteil zu verkündende Bewährungsbeschluss nachgeholt werden kann, ist umstritten, wird überwiegend aber verneint (expl. OLG Düsseldorf NStZ-RR 2000, 146 mwN). – Über den verfahrensrechtlichen Begründungszwang hinaus (§ 267 III 4 StPO) bedarf die Ablehnung der Aussetzung einer Begründung dann (sonst sachlich-rechtlicher Fehler; BayObLG NStZ-RR 2003, 105 (106)), wenn ihre Anordnung nach dem festgestellten Sachverhalt naheliegt (BGHSt 6, 167 = NJW 1954, 1255; beachte auch BGH NStZ 2001, 366) oder wenn der Eindruck erweckt werden kann, dass die Möglichkeit der Aussetzung übersehen wurde (BGHSt 6, 68 = NJW 1954, 928; OLG Düsseldorf StV 1996, 217; strenger Ostendorf in NK-StGB Rn. 38). Eine im Ausland verhängte Freiheitsstrafe ohne Bewährung ist für das inländische Vollstreckungsgericht „verbindlich“; bei einer Verletzung von Art. 2 I GG kann die hinsichtlich der Strafaussetzung bestehende Lücke im Rechtshilfeverfahren in analoger Anwendung von § 56 gefüllt werden (BVerfG EuGRZ 2009, 46).

b) Die Aussetzung ist – wie sich aus ihrer rechtlichen Struktur ergibt (→ Rn. 2) – grds. **abtrennbar.** Daher sind Teilrechtskraft des Schuld- und Strafausspruchs iÜ sowie Beschränkung des Rechtsmittels auf die Aussetzungsfrage denkbar (BGHSt 11, 393 = NJW 1958, 1358; OLG Hamburg JR 1979, 258 mAnm Zipf; OLG Karlsruhe NJW 1980, 133; OLG Hamburg NStZ-RR 2006, 18), bisweilen jedoch deshalb ausgeschlossen, weil ein erneutes Eingehen auf den nicht angefochtenen Teil der Entscheidung unumgänglich ist (OLG Köln NStZ 1989, 90; Hubrach in LK-StGB Rn. 66; zur Gefahr einer stufenweise widersprüchlichen Gesamtentscheidung BGH JR 2002, 313 mAnm Sarres). Auch nach Anwendung von § 47 kann die Berufung auf die Aussetzung beschränkt werden (OLG Jena StV 2021, 22). Zur umstrittenen Tragweite des Verbots der Schlechterstellung (§§ 331, 358 II StPO) JZ 1956, 101; OLG Hamburg MDR 1982, 776; zusf. Hubrach in LK-StGB Rn. 71; → § 56b Rn. 10. 24

c) Wird eine Strafe zur Bewährung ausgesetzt, so ist das mit der gleichzeitigen Anordnung einer DNA-Analyse nicht notwendig unvereinbar; denn die dafür vorgeschriebene Prognose (§ 81g I StPO) unterscheidet sich von der nach § 56 erheblich (LG Ingolstadt NJW 2000, 749; LG Göttingen NJW 2000, 751; LG Potsdam StV 2012, 331; zur gleichliegenden Problematik bei der Entziehung der Fahrerlaubnis → § 69 Rn. 6). Bei Bewilligung von Strafaussetzung ist das Gericht des ersten Rechtszuges auch für die erstmaligen Anordnungen nach §§ 56a–56d zuständig (BGH NStZ-RR 2003, 215). 25

§ 56a Bewährungszeit

(1) [1]**Das Gericht bestimmt die Dauer der Bewährungszeit.** [2]**Sie darf fünf Jahre nicht überschreiten und zwei Jahre nicht unterschreiten.**

(2) [1]**Die Bewährungszeit beginnt mit der Rechtskraft der Entscheidung über die Strafaussetzung.** [2]**Sie kann nachträglich bis auf das Mindestmaß verkürzt oder vor ihrem Ablauf bis auf das Höchstmaß verlängert werden.**

1 **1.** Die **Dauer der Bewährungszeit** wird im Beschluss nach § 268a I StPO in Zeiteinheiten (idR Jahren und Monaten) zwischen zwei und fünf Jahren (S. 2) festgesetzt (BGH NJW 1954, 522). Bei der konkreten Bemessung kommt es darauf an, wie lange der Verurteilte voraussichtlich der Hilfe, Weisungen und Aufsicht bedarf (Fischer Rn. 1). Ihr Beginn bestimmt sich nach der Rechtskraft des Urteils, in dem die Aussetzung angeordnet wurde (Abs. 2 S. 1; beachte OLG Schleswig NStZ 1990, 359; Seifert Jura 2008, 684). Das Ende bestimmt sich kalendarisch, dh bei Beginn am 1.1. endet eine zweijährige Frist am 31.12. des Folgejahres; § 43 StPO ist nicht analog anzuwenden (KG StraFo 2016, 83). Behördliche Verwahrung des Täters wirkt nicht verlängernd (OLG Braunschweig NJW 1964, 1581). Eine Überschreitung der Höchstdauer ist möglich im Anwendungsbereich der §§ 56f II Nr. 2, 57 III.

2 **2. a) Nachträgliche Verlängerung** der Bewährungszeit ist gem. Abs. 2 S. 2 – vorbehaltlich der weitergehenden Sonderregelung für Fälle der Abwendung des Widerrufs nach § 56f II (→ § 56f Rn. 9–13) – nur vor ihrem Ablauf (vgl. LG Zweibrücken StraFo 2006, 466; aM OLG Dresden Rpfleger 2011, 114; str.), also nicht bis zur Entscheidung über den Straferlass, und nur bis zum gesetzlichen Höchstmaß zulässig (OLG Düsseldorf MDR 1991, 556), innerhalb dieser Grenzen allerdings auch mehrmals (Fischer Rn. 3).

2a **b)** Die **Anordnung** nachträglicher Verkürzung oder Verlängerung unterliegt, soweit nicht § 56f II anwendbar ist, pflichtgemäßem Ermessen (→ § 46 Rn. 50; aM Hein NStZ 1983, 552). Dessen Ausübung hat sich an der Entwicklung des Verurteilten zu orientieren (KG StraFo 2009, 122). Im Falle der Verkürzung kann es angezeigt sein (ist aber nicht zwingend, LG Hamburg MDR 1992, 1165; Ostendorf in NK-StGB Rn. 4), einen längeren Zeitraum (der Bewährung) zwischen der Tat und der (spät eingetretenen) Rechtskraft des Urteils zu berücksichtigen; eine Verzögerung im Revisionsverfahren begründet aber keine Verkürzung (OLG Hamm NStZ 2011, 91). Eine Verlängerung kann abwendbar sein, wenn sich die Bewährungschancen durch Umgestaltung der Auflagen oder Weisungen verbessern lassen (OLG Düsseldorf VRS 74, 358). Fehler bei der vorausgegangenen Rechtsanwendung können dagegen nicht auf diesem Wege berichtigt werden (OLG Düsseldorf NStZ 1991, 53).

3 **3.** Ruhen der **Vollstreckungsverjährung** → § 79a Rn. 2. **Zuständigkeit und Verfahren** §§ 305a, 453 (Beschwerde gegen Ablehnung des Antrags auf nachträgliche Verkürzung, OLG Frankfurt a. M. NStZ-RR 2006, 327; OLG Oldenburg StraFo 2007, 33; OLG Hamm NStZ-RR 2011, 387), 462a StPO.

§ 56b Auflagen

(1) [1]**Das Gericht kann dem Verurteilten Auflagen erteilen, die der Genugtuung für das begangene Unrecht dienen.** [2]**Dabei dürfen an den Verurteilten keine unzumutbaren Anforderungen gestellt werden.**

(2) [1]**Das Gericht kann dem Verurteilten auferlegen,**
1. **nach Kräften den durch die Tat verursachten Schaden wiedergutzumachen,**
2. **einen Geldbetrag zugunsten einer gemeinnützigen Einrichtung zu zahlen, wenn dies im Hinblick auf die Tat und die Persönlichkeit des Täters angebracht ist,**
3. **sonst gemeinnützige Leistungen zu erbringen oder**
4. **einen Geldbetrag zugunsten der Staatskasse zu zahlen.**

[2]**Eine Auflage nach Satz 1 Nr. 2 bis 4 soll das Gericht nur erteilen, soweit die Erfüllung der Auflage einer Wiedergutmachung des Schadens nicht entgegensteht.**

(3) **Erbietet sich der Verurteilte zu angemessenen Leistungen, die der Genugtuung für das begangene Unrecht dienen, so sieht das Gericht in der Regel von Auflagen vorläufig ab, wenn die Erfüllung des Anerbietens zu erwarten ist.**

1. Die §§ 56b, 56c spalten die auf Grund der Aussetzung zulässigen gerichtlichen Maßnahmen in Auflagen und Weisungen auf. **Auflagen** sind strafähnliche Maßnahmen, die der Genugtuung für das begangene Unrecht dienen (OLG Zweibrücken JR 1991, 290; OLG Schleswig SchlHA 1995, 16; OLG Köln NJW 2005, 1671 (1672); Fischer Rn. 2; nach Ostendorf in NK-StGB Rn. 1 „Denkzettel"; ebenso OLG Celle NStZ 1990, 148 mAnm Arloth; krit. KG BeckRS 2016, 3501; Geiger, Die Rechtsnatur der Sanktion, 2006, S. 24, 86 mit Bespr. Kaspar GA 2009, 261 (263)). Sie eignen sich besonders für Täter, die der Aufsicht und Hilfe während der Bewährungszeit nicht bedürfen, denen ihre Verurteilung aber fühlbar zu machen ist. Die Auflagen stellen daher keinen Eingriff in Art. 2 II GG dar, sondern dienen iErg der Erhaltung der Freiheit (BVerfG NJW 2011, 3508). 1

2. Die Auflagen dürfen nicht **gesetzwidrig** sein (beachte dazu OLG Köln NStZ-RR 2000, 338; OLG Dresden StV 2013, 393; insoweit problematisch OLG Hamm NStZ-RR 2001, 91) und keine **unzumutbaren** Anforderungen stellen. Im Hinblick auf den abschließenden Auflagenkatalog (→ Rn. 3) liegt das Schwergewicht möglicherweise gesetzwidriger oder unzumutbarer Bewährungsmaßnahmen bei den Weisungen; die Ausführungen unter → § 56c Rn. 2, 3, 5 gelten sinngemäß; aber auch Auflagen müssen gem. Art. 2 II GG iVm dem Rechtsstaatsgebot so bestimmt gefasst werden, dass dem Verurteilten unmissverständlich verdeutlicht wird, was genau von ihm erwartet wird (BVerfG StV 2012, 481; vgl. auch OLG Hamm StV 2004, 657; OLG Braunschweig StV 2007, 257; LG Kreuznach NStZ-RR 2013, 349). 2

3. Abs. 2 enthält einen **erschöpfenden Katalog** der Auflagen, so dass andere Auflagen (zB die Auflage, die Einkommensverhältnisse zum Nachweis der Erfüllung einer Schadenswiedergutmachungsauflage offenzulegen, BVerfG NJW 1995, 2279 mwN) unzulässig sind (unstr.). Seine abschließende Fassung räumt der Schadenswiedergutmachung insoweit Vorrang ein, als andere Auflagen nicht erteilt wer- 3 den sollen, wenn sie der Erfüllung einer Wiedergutmachungsauflage entgegenstehen. Diese geht also vor, wenn die Verbindung mit anderen Auflagen zu einer die Wiedergutmachung gefährdenden Belastung führen würde. Ein Abweichen von dieser Soll-Vorschrift ist nur ausnahmsweise und nur mit eingehender Begründung zulässig (OLG Frankfurt a. M. NStZ-RR 2002, 330).

3a **a)** Die Auflage der **Schadenswiedergutmachung** (S. 1 Nr. 1) darf keine höheren Leistungen fordern, als der zivilrechtlichen Schadensersatzpflicht entspricht (hM; OLG Stuttgart NJW 1981, 1114 mit abl. Bespr. v. Spiegel NStZ 1981, 101; Frehsee NJW 1985, 1253; OLG Hamburg MDR 1982, 340; LG Zweibrücken NJW 1997, 1084; anders Frehsee, Schadenswiedergutmachung als Instrument strafrechtlicher Sozialkontrolle, 1987, S. 237; Ostendorf in NK-StGB Rn. 7; zusf. Müller-Dietz GS Schultz, 1987, 253); verfassungsrechtlich nicht zu beanstanden ist allerdings auch eine Einbeziehung der Wiedergutmachung von öffentlich-rechtlichen Schadenspositionen (BVerfG NStZ-RR 2002, 264). Nach der Rspr. darf sie nur als Ausgleich für das unmittelbar geschädigte Tatopfer, nicht nach dessen Tod für seinen Rechtsnachfolger (OLG Hamm NJW 2013, 2695) oder für die mittelbare Schädigung (zB bei einer Versicherung, LG Frankenthal StraFo 2009, 218) eines – uU freiwillig leistenden – Dritten angeordnet werden (OLG Hamm NStZ 1997, 237; NStZ-RR 1998, 138; zw.); auch der Gesamtschuldnerausgleich unter Dritten ist vom Anwendungsbereich der Nr. 1 ausgeschlossen (OLG Hamburg wistra 2004, 235). Nach dem Gesetzeszweck dürfte jedoch die Wiedergutmachung immaterieller Schäden auch dann einzubeziehen sein, wenn sie zivilrechtlich nicht begründbar ist (Kinzig in Schönke/Schröder Rn. 9; aM OLG Stuttgart NJW 1981, 1114; OLG Hamburg wistra 2004, 235) Die Auflage geht auch insofern über das Zivilrecht hinaus, als sie die Erfüllung durch strafrechtlichen Zwang sichert (OLG Frankfurt a. M. MDR 1994, 498; Baur GA 1957, 338) und als Anspruchsverjährung keinen Hinderungsgrund bildet (OLG Hamm NJW 1976, 527; Schall NJW 1977, 1045). Sie ist im Hinblick auf die bestehende Schadensersatzpflicht nur unzumutbar, wenn sie die Leistungsfähigkeit des Täters krass übersteigt (OLG Düsseldorf NStZ 1993, 136). Eine nähere Konkretisierung der Auflage durch speziellere Wiedergutmachungsanordnungen ist zulässig und meist auch angezeigt (OLG Bremen StV 1986, 253). Ob in Fällen des § 153a StPO die sog. Beratungsauflage (psychotherapeutische Beratung von Tätern, die im sozialen Nahraum gewalttätig geworden sind) als Wiedergutmachungsauflage verstanden werden kann, ist zweifelhaft und noch nicht abschließend geklärt (bejahend Beulke/Therkorn NStZ 1995, 474; Schall/Schirrmacher, Gewalt gegen Frauen und Möglichkeiten staatlicher Intervention, 1995, S. 48). Zahlung von Gerichtskosten ist keine Wiedergutmachung und kann daher nicht durch Auflage angeordnet werden (BGHSt 9, 365 = NJW 1956, 1886; OLG München MDR 1957, 500).

4 **b)** Die **Geldauflage** (S. 1 Nr. 2, 4) kann im Rahmen (beachte OLG Hamm NStZ 1991, 583) der vorrangigen Genugtuung für das begangene Unrecht auch Gewinnabschöpfung bezwecken (Eberbach NStZ 1987, 486; aM Schall in SK-StGB Rn. 3 str. und zw.). Es gibt für sie kein bestimmtes Mindest- und Höchstmaß (hM; anders Fünfsinn JuS 1987, 97 (98) sowie Horn StV 1992, 537, die eine Bindung an die Geldstrafe annehmen; zw.). Sie darf aber nicht unzumutbar sein (OLG Hamm VRS 37, 262; OLG Hamburg MDR 1971, 66), dh die Leistungsfähigkeit des Täters nicht überfordern (OLG Köln wistra 1998, 272); zur Konkretisierung dieser Grenze können die für die Berechnung der Tagessatzhöhe geltenden Grundsätze (→ § 40 Rn. 6–16) Anhaltspunkte bieten (OLG Frankfurt a. M. StV 1989,

250). Dem Verurteilten in Anlehnung an Art. 293 EGStGB die Abwendung der Bußzahlung durch **freie Arbeit** zu gestatten, ist mangels gesetzlicher Grundlage unzulässig (Ostendorf in NK-StGB Rn. 11; aM OLG Celle NStZ 1990, 148 mablAnm Arloth).

aa) Dass die Geldauflage zugunsten einer **gemeinnützigen Einrichtung** (S. 1 Nr. 2) „im Hinblick auf die Tat und die Persönlichkeit des Täters angebracht" sein muss, soll den Vorrang der Schadenswiedergutmachung unterstreichen, zugleich aber darauf hinweisen, dass die Auflage im Einzelfall auf Grund besonderer Umstände (in Tat- und Täterpersönlichkeit) auch neben der Schadenswiedergutmachung sinnvoll sein kann, zB wenn bei günstiger finanzieller Lage des Täters die Entschädigung des Opfers ohnehin außer Frage steht (BT-Drs. 12/6853, 22). Durch die Bestimmung der (begünstigten) gemeinnützigen Einrichtung wird der Täter idR nicht beschwert (OLG Köln NJW 2005, 1671). **4a**

bb) Die Geldauflage zugunsten der **Staatskasse** (S. 1 Nr. 4) sollte erst erwogen werden, wenn eine Geldauflage nach S. 1 Nr. 2 nicht erteilt wird (so schon BT-Drs. V/4094, 12; aM Schall in SK-StGB Rn. 14). **4b**

c) Als **gemeinnützige Leistungen** (S. 1 Nr. 3) kommen namentlich Arbeitsauflagen in Form von Hilfsdiensten in Krankenhäusern, Altersheimen oder ähnlichen gemeinnützigen Einrichtungen in Frage (BayObLG GA 1971, 375). Sie dienen der Genugtuung für das begangene Unrecht (Abs. 1) und setzen deshalb nicht voraus, dass der Verurteilte Störungen in seinem Arbeitsverhalten aufweist, die spezial-präventiver Beeinflussung bedürfen (so aber OLG Celle NStZ 1990, 148; → § 57 Rn. 23). Das Gericht darf nicht alle Konkretisierungen der Arbeitsauflage dem Bewährungshelfer überlassen, sondern muss den Zeitraum für deren Ableistung sowie zu erbringende Einzelleistungen selbst bestimmen (BVerfG NJW 2016, 148; StV 2012, 481; OLG Bamberg NStZ-RR 2014, 205; KG StRR 2014, 306), doch kann dies auch nachträglich erfolgen (LG Kaiserslautern StV 2016, 579). **5**

d) Eine Konkretisierung der Auflagen nach S. 1 Nr. 1, 3 dahin, dass der Täter zur Schadenswiedergutmachung oder zur Erbringung der gemeinnützigen Leistung eine **berufliche** Arbeit aufzunehmen habe, ist als **gesetzlich nicht legitimierter Eingriff** in die Freiheit der Berufswahl unzulässig (BVerfGE 58, 358 = NJW 1982, 323; sa OLG Koblenz NStZ-RR 1997, 149; OLG Celle StV 2002, 659; → § 56c Rn. 2). Von dieser Begrenzung abgesehen sind solche Auflagen jedoch verfassungsrechtlich unbedenklich, weil sie – ihre Zumutbarkeit (→ § 56c Rn. 2, 5) im Einzelfall vorausgesetzt (OLG Hamm NStZ-RR 1999, 155) – nicht mit der Anordnung von Zwangsarbeit iSd Art. 12 II GG gleichgesetzt werden können (BVerfGE 83, 119 = NJW 1991, 1043; Schall in SK-StGB Rn. 19). **6**

4. Die Anordnung von Auflagen unterliegt – mit den unter → Rn. 4a, 4b behandelten Maßgaben – **pflichtmäßigem Ermessen** (→ § 46 Rn. 50; sa OLG Frankfurt a. M. NStZ-RR 1998, 126; Schall in SK-StGB Rn. 20). **7**

5. Abs. 3 soll dem Täter die Möglichkeit freiwilliger Mitarbeit durch selbstgewählte Leistungen eröffnen. Dass diese auch durch Auflagen verlangt werden könnten, ist nicht erforderlich. Ein unzureichendes Anerbieten ist unbeachtlich. Liegt dagegen ein angemessenes Anerbieten vor, so darf von der gesetzlichen Regel nur abgewichen werden, wenn besondere Umstände dies rechtfertigen (Begr. zu § 74 E 1962, S. 201). Kommt der Täter der Verpflichtung nicht nach, so kann die Anordnung von Auflagen nach § 56e nachgeholt werden. **8**

9 **6. Nachträgliche Anordnung, Änderung oder Aufhebung** von Auflagen § 56e (→ § 56e Rn. 3); dabei sind die Grenzen unter → Rn. 2 zu beachten (LG Zweibrücken VRS 119, 121).

10 **7. Zuständigkeit und Verfahren** §§ 265a, 268a, 305a (beachte dazu OLG Köln NJW 1999, 373), 453, 453b, 462a II StPO; bei einer Strafaussetzung zur Bewährung nach § 36 I BtMG ist das Gericht des ersten Rechtszugs auch für Anordnungen nach §§ 54a–d zuständig (BGHSt 48, 252 = JR 2004, 81). Die Überwachung der Auflagen und Anerbieten obliegt dem Gericht (§ 453b StPO). Eine gegen die Strafaussetzung gerichtete Berufung erfasst zwar nicht unmittelbar den Beschluss nach § 268a StPO (→ § 56 Rn. 23); jedoch hat das Berufungsgericht, wenn es die Aussetzung aufrechterhält, auch über die Auflagen (und Weisungen) neu zu beschließen (BayObLG bei Rüth DAR 1970, 263) und ist dabei nicht an das Verbot der Schlechterstellung nach § 331 I StPO (OLG Hamburg NJW 1981, 470 mAnm Loos NStZ 1981, 363; OLG Oldenburg NStZ-RR 1997, 9; KG NStZ-RR 2006, 137), wohl aber an die Voraussetzungen des § 56e (→ § 56e Rn. 1–3) gebunden (OLG Hamm NJW 1978, 1596). Im Rahmen einer Verständigung gem. § 257c StPO sind mögliche Bewährungsauflagen zur Sicherstellung eines fairen Verfahrens anzusprechen, damit der Angeklagte davon nicht überrascht wird (BGHSt 59, 172 = NJW 2014, 1831 mzustAnm Bachmann JR 2014, 357; BGH NJW 2014, 3173; NStZ-RR 2016, 379; NStZ 2018, 420; OLG Saarbrücken NJW 2014, 238; OLG Frankfurt a. M. NJW 2015, 1974; aM OLG Rostock NStZ 2015, 663).

§ 56c Weisungen

(1) [1]**Das Gericht erteilt dem Verurteilten für die Dauer der Bewährungszeit Weisungen, wenn er dieser Hilfe bedarf, um keine Straftaten mehr zu begehen.** [2]**Dabei dürfen an die Lebensführung des Verurteilten keine unzumutbaren Anforderungen gestellt werden.**

(2) **Das Gericht kann den Verurteilten namentlich anweisen,**

1. **Anordnungen zu befolgen, die sich auf Aufenthalt, Ausbildung, Arbeit oder Freizeit oder auf die Ordnung seiner wirtschaftlichen Verhältnisse beziehen,**
2. **sich zu bestimmten Zeiten bei Gericht oder einer anderen Stelle zu melden,**
3. **zu der verletzten Person oder bestimmten Personen oder Personen einer bestimmten Gruppe, die ihm Gelegenheit oder Anreiz zu weiteren Straftaten bieten können, keinen Kontakt aufzunehmen, mit ihnen nicht zu verkehren, sie nicht zu beschäftigen, auszubilden oder zu beherbergen,**
4. **bestimmte Gegenstände, die ihm Gelegenheit oder Anreiz zu weiteren Straftaten bieten können, nicht zu besitzen, bei sich zu führen oder verwahren zu lassen oder**
5. **Unterhaltspflichten nachzukommen.**

(3) **Die Weisung,**

1. **sich einer Heilbehandlung, die mit einem körperlichen Eingriff verbunden ist, oder einer Entziehungskur zu unterziehen oder**

2. in einem geeigneten Heim oder einer geeigneten Anstalt Aufenthalt zu nehmen,

darf nur mit Einwilligung des Verurteilten erteilt werden.

(4) **Macht der Verurteilte entsprechende Zusagen für seine künftige Lebensführung, so sieht das Gericht in der Regel von Weisungen vorläufig ab, wenn die Einhaltung der Zusagen zu erwarten ist.**

Fassung: Abs. 3 Nr. 1 durch SexBG (→ Vor § 1 Rn. 13) geändert (Einschränkung des Einwilligungserfordernisses); Abs. 2 Nr. 3 durch das FührungsaufsichtG (→ Vor § 1 Rn. 16) neu gefasst.

1. Die Vorschrift behandelt von den Bewährungsmaßnahmen (§§ 56b, 56c) nur die **Weisungen** (beachte auch § 68b I). Sie sind richterliche Gebote oder Verbote, die dem Verurteilten helfen sollen, künftig **Straftaten** zu vermeiden (problematisch LG Frankfurt a. M. NJW 2001, 697, das die Überwachung durch die sog. „elektronische Fußfessel" als Weisung versteht; ebenso Hubrach in LK-StGB Rn. 6a; krit. Ostendorf in NK-StGB Rn. 1). Wegen ihrer spezialpräventiven Zielsetzung kommen sie vornehmlich für kriminell Gefährdete in Frage (Lackner JZ 1953, 428 (431)). 1

2. a) Weisungen dürfen nicht **gesetzwidrig** sein, namentlich nicht gegen das GG verstoßen (BVerfG NJW 1983, 442; Mrozynski JR 1983, 397). Unzulässig sind Weisungen, die nicht hinreichend **bestimmt** sind (KG StV 2021, 380; LG Nürnberg-Fürth StraFo 2015, 126 für das Verbot der Nutzung sozialer Netzwerke im Internet während der Bewährungszeit); schon das Gericht, nicht erst der Bewährungshelfer oder der Bewährungsproband (OLG Nürnberg StV 2010, 314; OLG Stuttgart Justiz 2014, 256) hat Art, Umfang, Zeit und Ort (einschr BVerfG NJW 2016, 148: Ort und Institution können durch Bewährungshelfer festgesetzt werden)des gebotenen Verhaltens so weit zu konkretisieren, dass Verstöße einwandfrei feststellbar sind und der Verurteilte die Möglichkeit eines Widerrufs abschätzen kann (BVerfG StV 2012, 481; OLG Frankfurt a. M. NStZ-RR 1997, 2; OLG Düsseldorf NStZ 1998, 318; OLG Jena NStZ 2006, 39; LG Hamburg StraFo 2020, 171; Kinzig in Schönke/Schröder Rn. 11). Unzulässig sind ferner Weisungen, welche die in Art. 1 GG geschützte Menschenwürde oder solche **Grundrechte** verletzen, die nicht unter besonderem Gesetzesvorbehalt stehen, etwa gegen die Glaubens-, Gewissens- und Bekenntnisfreiheit nach Art. 4 GG (zB Weisung zum Kirchenbesuch; Weisung an einen Totalverweigerer, einer erneuten Einberufung zum Zivildienst Folge zu leisten, LG Köln NJW 1989, 1171) oder gegen die Koalitionsfreiheit nach Art. 9 GG (zB Verbot, einem Verein beizutreten) verstoßen. Weisungen, die in ein unter Gesetzesvorbehalt stehendes Grundrecht eingreifen, sind zulässig, soweit sie in Abs. 2 ausdrücklich genannt sind; denn die Beispielsfälle füllen den Gesetzesvorbehalt des GG aus (OLG Hamburg NJW 1972, 168; weiter OLG Stuttgart Justiz 1987, 234, OLG Frankfurt a. M. NStZ-RR 2010, 389, Mrozynski JR 1983, 397 (398); Hubrach in LK-StGB Rn. 27, die diese Wirkung schon Abs. 1 beilegen; zw.). Gesetzlich nicht ausdrücklich vorgesehene Eingriffe in das informationelle Selbstbestimmungsrecht (Art. 2 GG; zB die Weisung an einen in Heilbehandlung befindlichen Sexualtäter, die behandelnden Ärzte und Therapeuten von der Schweigepflicht zu entbinden, OLG Nürnberg NStZ-RR 1999, 175; BVerfG MedR 2006, 586 (587)) oder in das Recht der freien Meinungsäußerung (Art. 5 GG; zB das Verbot, Reden in der Öffentlichkeit zu halten, hM; aM OLG 2

Braunschweig NJW 1957, 759) sind dagegen unzulässig. Dasselbe gilt schließlich auch für Weisungen, die zur Bedeutung der begangenen Tat **außer Verhältnis stehen** (Verhältnismäßigkeitsgrundsatz; → § 62 Rn. 1, 2); das gilt auch für die Weisung zur Meldung bei der Arbeitsagentur gegenüber einer Person im Rentenalter (KG OLGSt StGB § 56c Nr 10). Weiterreichende Eingriffe in Grundrechte auf Eingriffsbefugnisse im Strafvollzug zu stützen, ist verfassungsrechtlich nicht mehr vertretbar (BVerfGE 58, 358 zu § 56b). Art. 19 I 2 GG wird durch Abs. 1 und 2 nicht verletzt (di Fabio in Dürig/Herzog/Scholz Art. 2 Rn. 40; aM LG Limburg NJW 1957, 1246). Die Bewährungsweisung an einen ausländischen EU-Bürger, sich bei jeder Einreise in das Bundesgebiet bei dem für die Bewährungsüberwachung zuständigen Amtsgericht zu melden, ist mit der allgemeinen Freizügigkeit von Unionsbürgern unvereinbar und deshalb rechtswidrig (OLG Rostock NJ 2018, 165; anders OLG Köln NStZ-RR 2010, 49).

3 **b)** Zur umstrittenen Frage, wieweit Weisungen Eingriffe anordnen dürfen, die **gesetzlich anderweitig geregelt** sind (zB Berufsverbot, Entziehung der Fahrerlaubnis, Ableisten des Zivildienstes), vgl. ua BGHSt 9, 258 = NJW 1956, 1447; BayObLG NJW 1980, 2424; OLG Hamm StV 2016, 666, Verbot des Führens von Kfz als Weisung umgeht § 69; Mrozynski JR 1983, 397 (401); zusf. Hubrach in LK-StGB Rn. 30–32.

4 **c)** Weisungen müssen – mindestens auch (enger Ostendorf in NK-StGB Rn. 1) – **den Zweck verfolgen,** dem Verurteilten bei der Vermeidung von Straftaten in seiner künftigen Lebensführung (außerhalb des Strafvollzugs, OLG München NStZ 1985, 411; str.) zu **helfen** (OLG Köln StraFo 2009, 469, der Resozialisierung dienen; Hubrach in LK-StGB Rn. 6). Nicht zulässig sind daher ausschließlich der Sicherung (OLG Koblenz NStZ 1987, 24 mAnm Meyer) oder der Überwachung (so für Mitteilungspflicht bei Wohnungswechsel OLG Köln NStZ 1994, 509 mit krit. Bespr. Bringewat BewH 1994, 463; OLG Oldenburg NStZ 2008, 461; OLG Frankfurt a. M. NStZ 2009, 39; beachte jedoch OLG Celle NStZ 2004, 627) dienende Gebote (ebenso Streng Sanktionen Rn. 169); so ist zB die Weisung an einen Drogenabhängigen, seinen behandelnden Arzt von der Schweigepflicht zu entbinden, nicht zulässig (Mrozynski JR 1983, 397 (402)), während die Weisung, sich regelmäßig einem Urintest zu unterziehen, wegen ihrer mittelbar präventiven Wirkung noch vertretbar ist (BVerfG NJW 1993, 3315). Zur Problematik sog. „spiegelnder", dh an die Art der begangenen Tat unmittelbar anknüpfender, Weisungen Ebert FS Lackner, 1987, 399.

5 **d) Anforderungen** an die Lebensführung sind **unzumutbar** (Abs. 1 S. 2), wenn sie einen unverhältnismäßig einschneidenden Eingriff in die Lebensführung des Verurteilten enthalten (BGH StV 1998, 658; OLG Jena NStZ-RR 2009, 134 zum persönlichen Erscheinen beim zuständigen Bewährungshelfer alle 4 Wochen bei Wohnsitz im Ausland; zusf. Hubrach in LK-StGB Rn. 2), namentlich ihn in seiner Leistungsfähigkeit überfordert (OLG Köln StV 1998, 176); dann muss zB die Staatskasse die Kosten für Drogentests übernehmen (OLG Stuttgart NStZ 2013, 346; LG Leipzig StV 2014, 629). Bei einem Internetverbot gegenüber einem wegen § 184b Verurteilten ist dies zu verneinen, wenn die Nutzung des Internet für berufliche Qualifizierung ausgenommen ist (OLG Hamm NJW 2016, 582).

6 **3. a)** Der **Katalog der Weisungen in Abs. 2** ist nicht erschöpfend. Andere Weisungen, zB ein Alkoholverbot (OLG Düsseldorf MDR 1984, 686; OLG Karlsruhe BeckRS 2017, 100744; beachte aber OLG Hamm NStZ-RR 2008, 220; aM

Mrozynski JR 1983, 397 (398)), ein Verbot des Drogenkonsums (BVerfG StV 1993, 465), ein Tierhaltungs- und Betreuungsverbot (OLG Hamm NStZ-RR 2009, 44) oder das Gebot, an einem Verkehrsunterricht oder einer gruppenpädagogischen Nachschulung für Alkoholtäter (einem „Aufbauseminar für Kraftfahrer") teilzunehmen (Schädler BA 1984, 319; Kunkel BA 1984, 332) oder eine Fahrerlaubnis zu erwerben (OLG Stuttgart Justiz 2013, 115), kommen in Frage, sind allerdings oft problematisch (OLG Nürnberg StV 2010, 314), insbes. der elektronisch überwachte Hausarrest (Schall in SK-StGB Rn. 9). Der Beispielscharakter des Katalogs ist verfassungsrechtlich unbedenklich (Schall in SK-StGB Rn. 3).

b) Nr. 1: Der generalklauselartige Charakter des Beispiels lässt Anordnungen verschiedensten Inhalts zu; in der Praxis spielen namentlich eine Rolle: Aufenthaltsbeschränkungen und -verbote, zB in der Drogenszene (BVerfG StV 1993, 465) oder in Spielcasinos, Vergnügungsstätten oder Dirnenquartieren; Verpflichtung zur Anzeige von Wohnungswechseln (OLG Oldenburg NStZ 2008, 461; Schäfer in Schäfer/Sander/van Gemmeren Strafzumessung Rn. 179; Mosbacher in Satzger/Schluckebier/Widmaier StGB Rn. 9; aM Fischer Rn. 6); Beschränkungen in der Berufsausübung (OLG Hamburg NJW 1972, 168); Weisung, die Bundesrepublik zu verlassen und während der Bewährungszeit nicht wieder zu betreten, wenn die Gefahrenquelle für weitere Straftaten der Aufenthalt des Verurteilten in Deutschland ist (OLG Köln StraFo 2009, 469; NStZ-RR 2010, 49; LG Berlin NStZ 2005, 100; aM OLG Koblenz NStZ 1987, 24 mzustAnm Meyer; OLG Nürnberg StV 2014, 529; LG Landshut StV 2008, 83; Schäfer in Schäfer/Sander/van Gemmeren Strafzumessung Rn. 178; Hubrach in LK-StGB Rn. 6; zw.), doch ist bei EU-Bürgern § 6 FreizügG/EU zu beachten, so dass eine Weisung zur Meldung jeder Einreise idR unzulässig ist (OLG Rostock NJ 2018, 165 = BeckRS 2017, 137045). Anweisungen, eine (nicht jedoch eine bestimmte, OLG Jena NStZ-RR 2004, 138) Arbeits- oder Lehrstelle anzunehmen (OLG Hamm NStZ 1985, 310; sa BVerfGE 55, 28 (31) = NJW 1981, 165), vorübergehend in gemeinnützigen Einrichtungen zu arbeiten (Kohlhaas NJW 1965, 1068; → § 56b Rn. 6) oder Schulden nach einem Tilgungsplan abzutragen (ebenso Braasch in HK-StrafR Rn. 7). Unzulässig ist dagegen eine Weisung, die einem vollständigen Berufsverbot iSd § 70 gleichkommt (OLG Zweibrücken NJW 2004, 1190; aM OLG Frankfurt a. M. NStZ-RR 2012, 390; OLG Hamm NStZ-RR 2010, 90, jedenfalls bei Anfälligkeit für kriminelle Handlungen während der Ausübung eines bestimmten Berufs kann diese verboten werden; zw.). **Nr. 3** dient einerseits der Unterbrechung des Kontakts mit Kriminellen und andererseits der Verhütung des Missbrauchs Abhängiger zur Begehung von Straftaten (sa BGH bei Holtz MDR 1978, 623; das Verkehrsverbot bezieht sich seit der Neufassung durch das FührungsaufsichtG auch auf die verletzte Person; das Verkehrsverbot erfasst auch eine Kontaktaufnahme über das Facebook-Profil des Täters (OLG Hamm NStZ-RR 2015, 242). **Nr. 4** richtet sich namentlich gegen den Besitz von Waffen, Diebeswerkzeug, Wildereigerät, Fälschungsmitteln usw. **Nr. 5** wird vorwiegend bei Verletzung der Unterhaltspflicht (§ 170) praktisch (OLG Bremen JR 1961, 226); höhere Leistungen als die zivilrechtlich geschuldeten dürfen nicht verlangt werden (OLG Schleswig NStZ 1985, 269). 7

4. a) Abs. 3 hat auf Grund der Verweisungen in §§ 57 III 1, 59a II 3, 68b II 2 und 70a III 1 praktische Bedeutung auch für weitere Fälle der Aussetzung zur Bewährung. Der Schwerpunkt liegt bei den Maßregeln nach §§ 63, 64 (Schall in SK-StGB Rn. 18). In diesem Bereich ermöglicht die Weisung eine formfreiere, den 8

Vollzug der Maßregel ersetzende Behandlung, für welche die zeitliche Begrenzung nach § 67d I und die Überprüfungspflichten nach § 67e II nicht analog anwendbar sind (Schall in SK-StGB Rn. 18; aM Kinzig in Schönke/Schröder Rn. 22).

8a aa) **Heilbehandlung** (auch sog. Drogen-Screening-Tests, Kropp StV 2002, 284) und **Entziehungskur** müssen geeignet und darauf gerichtet sein, den Verurteilten gegen Straftaten weniger anfällig zu machen (Schall in SK-StGB Rn. 21). Sie können stationär oder ambulant (dazu v. Schumann JR 1977, 269) durchgeführt werden.

8b bb) Abweichend vom früheren Recht ist die **Einwilligung** des Verletzten in Heilbehandlungen jetzt nur noch erforderlich, wenn mit ihnen ein körperlicher Eingriff verbunden ist. Die damit zugelassene, kriminalpolitisch problematische **Zwangstherapie** (krit. dazu Schöch NJW 1998, 1257 (1259)) hat nur einen begrenzten Anwendungsbereich. Sie sollte aus verfassungsrechtlichen Gründen nur zu dem Zweck angeordnet werden, den Verurteilten durch psychische Beeinflussung zur Mitarbeit an seiner Therapie zu motivieren (Schöch NJW 1998, 1257; Ostendorf in NK-StGB Rn. 13; ähnlich auch Rosenau StV 1999, 388 (397); Schäfer in Schäfer/Sander/van Gemmeren Strafzumessung Rn. 181; problematisch OLG Hamm NStZ 2000, 373). Der Begriff des **körperlichen Eingriffs** ist unklar und im vergleichbaren Bereich des § 81a StPO umstritten (vgl. die Nachw. bei Schmitt in Meyer-Goßner/Schmitt StPO § 81a Rn. 9–15). Nach dem Zweck der Vorschrift dürften nicht nur Eingriffe erfasst werden, welche die Körpersubstanz verletzen (zB auch bloße Blutentnahmen), sondern alle diagnostischen und therapeutischen Maßnahmen, die mit einem Eindringen in das Körperinnere (dh nicht lediglich in natürliche Körperöffnungen) verbunden sind (zB Magen- und Darmpassagen, Endoskopien) oder auf den Körper durch Zuführen von Medikamenten (OLG Naumburg NJW 2009, 3314), durch ionisierende Strahlen (zB Strahlentherapien, Röntgenaufnahmen) oder durch Schallwellen (zB Ultraschallaufnahmen) einwirken; kein körperlicher Eingriff iSd Abs. 3 Nr. 1 (und des § 68 I Nr. 10) liegt in der Abnahme einer Haarprobe zur Drogenkontrolle (OLG München NJW 2010, 3527, 2. Strafsenat; OLG München StraFo 2011, 102, 1. Strafsenat; aM OLG München NStZ 2011, 94, 3. Strafsenat; OLG Nürnberg NStZ-RR 2012, 261). Auch wenn kein körperlicher Eingriff vorliegt, kann die Behandlung – und zwar unabhängig von dem Erfordernis der Einwilligung und deren Erteilung – **unzumutbar** sein (Abs. 1 S. 2). Das galt bisher schon für gefährliche (zB Elektroschocks, Bruns GA 1956, 213) und für medizinisch umstrittene (OLG Hamm NJW 1980, 1909) Behandlungen. Zum Schutz des Selbstbestimmungsrechts des Verurteilten wird es künftig allgemein für alle Behandlungen anzunehmen sein, die nach medizinischer Erkenntnis wegen der Möglichkeit unerwünschter Nebenwirkungen nicht risikolos sind.

9 **b)** Soweit die Einwilligung erforderlich ist (→ Rn. 8b), kann der Verurteilte sie bis zur Erteilung der Weisung (dazu OLG Celle MDR 1987, 956) zurücknehmen. Eine spätere Rücknahme berührt die Rechtmäßigkeit der Weisung nicht (OLG Celle MDR 1987, 956; OLG Hamburg NStZ 1992, 301; offen gelassen BGHSt 36, 97 = NJW 1989, 1556 mkritAnm Terhorst JR 1990, 72; str.); sie entzieht nur dem weiteren Klinik-, Anstalts- oder Heimaufenthalt die Rechtsgrundlage, steht aber dem Widerruf nach § 56f I Nr. 2 nicht entgegen, sofern dessen Voraussetzungen voll (dazu BGHSt 36, 97 = NJW 1989, 1556) erfüllt sind (OLG Karlsruhe MDR 1982, 341; OLG Hamburg NStZ 1992, 301; Streng Sanktionen Rn. 170; zur Rücknahme nach nur vorgespiegelter Behandlungsbedürftigkeit OLG Schles-

wig NStZ-RR 2004, 222). In der Regel wird die Weisung nach § 56e zu ändern oder aufzuheben sein (BGHSt 36, 100 = NJW 1989, 1619).

10 **5. Nachträgliche Anordnung, Änderung oder Aufhebung** von Weisungen § 56e (→ § 56e Rn. 2). Für die Möglichkeit **freiwilliger Zusagen** (Abs. 4) sowie die **Zuständigkeit und das Verfahren** gelten die Ausführungen zu den Auflagen entsprechend (→ § 56b Rn. 8, 10).

§ 56d Bewährungshilfe

(1) **Das Gericht unterstellt die verurteilte Person für die Dauer oder einen Teil der Bewährungszeit der Aufsicht und Leitung einer Bewährungshelferin oder eines Bewährungshelfers, wenn dies angezeigt ist, um sie von Straftaten abzuhalten.**

(2) **Eine Weisung nach Absatz 1 erteilt das Gericht in der Regel, wenn es eine Freiheitsstrafe von mehr als neun Monaten aussetzt und die verurteilte Person noch nicht 27 Jahre alt ist.**

(3) [1]**Die Bewährungshelferin oder der Bewährungshelfer steht der verurteilten Person helfend und betreuend zur Seite.** [2]**Sie oder er überwacht im Einvernehmen mit dem Gericht die Erfüllung der Auflagen und Weisungen sowie der Anerbieten und Zusagen und berichtet über die Lebensführung der verurteilten Person in Zeitabständen, die das Gericht bestimmt.** [3]**Gröbliche oder beharrliche Verstöße gegen Auflagen, Weisungen, Anerbieten oder Zusagen teilt die Bewährungshelferin oder der Bewährungshelfer dem Gericht mit.**

(4) [1]**Die Bewährungshelferin oder der Bewährungshelfer wird vom Gericht bestellt.** [2]**Es kann der Bewährungshelferin oder dem Bewährungshelfer für die Tätigkeit nach Absatz 3 Anweisungen erteilen.**

(5) **Die Tätigkeit der Bewährungshelferin oder des Bewährungshelfers wird haupt- oder ehrenamtlich ausgeübt.**

Fassung des FührungsaufsichtG (→ Vor § 1 Rn. 16).

1 **1. a)** Die **Unterstellung des Verurteilten unter die Aufsicht und Leitung einer** namentlich bestellten (OLG Celle NStZ-RR 2021, 243; OLG Hamburg NStZ-RR 2005, 221) **Bewährungshelferin oder eines Bewährungshelfers** (das FührungsaufsichtG – s. Fassungshinweis – hat die Vorschrift geschlechtsneutral gefasst, BT-Drs. 16/1993; BT-Drs. 16/4740, inhaltlich aber nicht geändert) ist eine Weisung iSd § 56c I (zu ihrer Verfassungsmäßigkeit BVerfG bei Bringewat BewH 1994, 210). Sie ermöglicht die besondere spezialpräventive Behandlungsmethode der Bewährungshilfe (Lackner JZ 1953, 428; zust. Streng Sanktionen Rn. 173), zu der es zwar eine kaum mehr übersehbare Fachliteratur gibt, die aber dennoch in ihren tatsächlichen Chancen, Risiken und Mängeln empirisch noch wenig geklärt ist (vgl. etwa Bockwoldt, Strafaussetzung und Bewährungshilfe in Theorie und Praxis, 1982; Bockwoldt GA 1983, 546; Hermann MschrKrim 1983, 267; Pfeiffer BewH 1984, 66; Schipholt NStZ 1993, 470; → Vor § 56 Rn. 1). Sie eignet sich vornehmlich für kriminell Gefährdete, die zur Vermeidung des Vollzugs der Freiheitsstrafe einer nachhaltigen Einwirkung auf die Lebensführung bedürfen (zusf. Schöch NStZ 1992, 364).

2 **b)** Die Weisung ist **angezeigt,** wenn ihre Anordnung erwarten lässt, dass der Verurteilte von Straftaten abgehalten wird, wenn schwächere Weisungen zu diesem Zweck nicht ausreichen oder weniger geeignet sind (BT-Drs. V/4094, 12) und wenn damit – auch im Verhältnis zur Schwere der Tat – keine unzumutbare Anforderung an die Lebensführung gestellt wird (§ 56c I 2). Hält der Richter diese Voraussetzungen für erfüllt, so muss er die Weisung erteilen.

3 **c)** Auch **Abs. 2** setzt die Erfüllung der Voraussetzungen des Abs. 1 voraus; jedoch geht das Gesetz davon aus, dass das idR zutrifft. Daher bedarf die positive Anordnung hier nur dann der Begründung, wenn Tatsachen festgestellt sind oder nahe liegen, aus denen sich das Fehlen dieser Voraussetzungen ergibt. Als Ausnahme ist das Absehen von der Weisung stets zu begründen.

4 **2.** Die **Unterstellungszeit** kann auf einen Teil der Bewährungszeit beschränkt werden. Mit dieser Möglichkeit flexibler Anpassung soll einerseits die Weisung auf das jeweils notwendige Maß begrenzt und andererseits der Erfahrung Rechnung getragen werden, dass es des Einsatzes von Bewährungshelfern meist nicht bis zum Ende der Bewährungszeit bedarf und dass es einer konsequenten Rückführung des Verurteilten in die volle Freiheit förderlicher ist, behördliche Stützungsmaßnahmen schon von vornherein nur nach dem mutmaßlichen Bedürfnis auszusprechen. Im Regelfall empfiehlt es sich, die Unterstellungszeit auf nicht mehr als 2 Jahre festzusetzen (beachte dazu BT-Drs. 10/1116, 2 (7); BT-Drs. 10/2720, 21; BT-Drs. 10/4391, 17; Streng Sanktionen Rn. 175; aM Ostendorf in NK-StGB Rn. 3). Soweit notwendig, kann sie später veränderten Bedürfnissen angepasst werden (→ § 56e Rn. 1, 2).

5 **3. Abs. 3** beschreibt die **Aufgaben der Bewährungshelferin oder des Bewährungshelfers.** Dieser unterliegt nach Abs. 4 S. 2 bei seiner Arbeit im Einzelfall ausschließlich den Anweisungen und der Fachaufsicht des Gerichts (näher dazu und zT krit. Rohnfelder, Die Bewährungshilfe, 1974, S. 138; Jung FS Göppinger, 1990, 511; Block, Rechtliche Strukturen der sozialen Dienste in der Justiz, 2. Aufl. 1997; Sohn in Jehle/Sohn, Organisation und Kooperation der sozialen Dienste in der Justiz, 1994, S. 59; Böhm BewH 1995, 297; Ostendorf in NK-StGB Rn. 9); deshalb kann er bei dem Gericht nicht zugleich als Bevollmächtigter handeln, zB Rechtsmittel einlegen (OLG Koblenz NStZ-RR 1996, 300; Schall in SK-StGB Rn. 7). Ein verbindliches Weisungsrecht gegenüber dem Verurteilten hat er nicht (iE OLG Stuttgart Justiz 2004, 488).

6 **4.** Das Nähere über die **haupt- oder ehrenamtliche Tätigkeit der Bewährungshelferin oder des Bewährungshelfers** (Abs. 5) ist durch Landesrecht geregelt.

§ 56e Nachträgliche Entscheidungen

Das Gericht kann Entscheidungen nach den §§ 56b bis 56d auch nachträglich treffen, ändern oder aufheben.

1 **1. Nachträgliche Entscheidungen,** die bei Auflagen und Weisungen in gleicher Weise zulässig sind, setzen neue, bei der Aussetzung noch nicht bestehende oder bekannt gewesene Umstände voraus (OLG Stuttgart NJW 1969, 1220; OLG Schleswig SchlHA 1995, 16; weiter Ostendorf in NK-StGB Rn. 2). Ob sie an-

gezeigt sind, bestimmt das Gericht nach pflichtmäßigem Ermessen (→ § 46 Rn. 50; diff. Horn MDR 1981, 13). Dabei sind personelle Engpässe des Gerichts, die Überlastung des zuständigen Richters oder der richterlicherseits beabsichtigte Tranport persönlicher justizpolitischer Überzeugungen keine zulässigen Ermessenserwägungen (BGH NStZ 2021, 365).

a) Bei der **Weisung** nach § 56d I (Bewährungshilfe) kann sich die nachträgliche Änderung auf eine bloße – durch die Bewährungszeit begrenzte – Verlängerung oder Verkürzung der Unterstellungszeit beschränken (beachte auch § 56f II). Im Übrigen kommt es bei den Weisungen auf die jeweiligen spezialpräventiven Bedürfnisse an. 2

b) Bei den repressiven **Auflagen** ist Zurückhaltung geboten; jedoch ist eine Veränderung zuungunsten des Verurteilten nicht schlechthin ausgeschlossen (OLG Frankfurt a. M. NStZ-RR 2002, 330; OLG Nürnberg GA 1962, 91; sa LG Baden-Baden NStZ 1987, 478), sofern nur die neuen Umstände das Genugtuungsbedürfnis, etwa durch Veränderung der Vermögensverhältnisse oder der Wiedergutmachungsvoraussetzungen (OLG Zweibrücken JR 1991, 290 mAnm Horn), vergrößert haben (BGH NJW 1982, 1544 mAnm Meyer JR 1982, 338; OLG Celle NStZ 1992, 336; OLG Frankfurt a. M. NStZ-RR 1996, 220) oder so nach einem korrekturbedürftigen Fehlverhalten des Verurteilten ein Bewährungswiderruf vermieden werden kann (KG BeckRS 2016, 3501); eine geänderte Beurteilung des Genugtuungsbedürfnisses reicht nicht (OLG Stuttgart NStZ-RR 2004, 362). 3

2. Zuständigkeit und Verfahren §§ 453, 462a StPO. Das Beschwerdegericht kann auch ohne Antrag eine gesetzeswidrige Weisung oder Auflage aufheben (OLG Dresden StV 2013, 393). Durchsuchungs- und Beschlagnahmeanordnungen zur Überwachung der Lebensführung während der Bewährungszeit sieht das Gesetz nicht vor (KG NJW 1999, 2979). Zum Verbot der Schlechterstellung → § 56 Rn. 24; → § 56b Rn. 10. 4

§ 56f Widerruf der Strafaussetzung

(1) [1]**Das Gericht widerruft die Strafaussetzung, wenn die verurteilte Person**
1. **in der Bewährungszeit eine Straftat begeht und dadurch zeigt, daß die Erwartung, die der Strafaussetzung zugrunde lag, sich nicht erfüllt hat,**
2. **gegen Weisungen gröblich oder beharrlich verstößt oder sich der Aufsicht und Leitung der Bewährungshelferin oder des Bewährungshelfers beharrlich entzieht und dadurch Anlaß zu der Besorgnis gibt, daß sie erneut Straftaten begehen wird, oder**
3. **gegen Auflagen gröblich oder beharrlich verstößt.**

[2]**Satz 1 Nr. 1 gilt entsprechend, wenn die Tat in der Zeit zwischen der Entscheidung über die Strafaussetzung und deren Rechtskraft oder bei nachträglicher Gesamtstrafenbildung in der Zeit zwischen der Entscheidung über die Strafaussetzung in einem einbezogenen Urteil und der Rechtskraft der Entscheidung über die Gesamtstrafe begangen worden ist.**

(2) [1]**Das Gericht sieht jedoch von dem Widerruf ab, wenn es ausreicht,**

1. weitere Auflagen oder Weisungen zu erteilen, insbesondere die verurteilte Person einer Bewährungshelferin oder einem Bewährungshelfer zu unterstellen, oder
2. die Bewährungs- oder Unterstellungszeit zu verlängern.

[2]In den Fällen der Nummer 2 darf die Bewährungszeit nicht um mehr als die Hälfte der zunächst bestimmten Bewährungszeit verlängert werden.

(3) **[1]Leistungen, die die verurteilte Person zur Erfüllung von Auflagen, Anerbieten, Weisungen oder Zusagen erbracht hat, werden nicht erstattet. [2]Das Gericht kann jedoch, wenn es die Strafaussetzung widerruft, Leistungen, die die verurteilte Person zur Erfüllung von Auflagen nach § 56b Abs. 2 Satz 1 Nr. 2 bis 4 oder entsprechenden Anerbieten nach § 56b Abs. 3 erbracht hat, auf die Strafe anrechnen.**

Fassung: Das 2. JuMoG (→ Vor § 1 Rn. 16) hat Abs. 1 S. 2 geändert. Sprachliche Anpassung durch das FührungsaufsichtG (→ Vor § 1 Rn. 16), keine inhaltliche Änderung.

1 **1.** Die **Widerrufsgründe nach Abs. 1** sind abschließend, dh durch andere Gründe nicht erweiterungsfähig (Frank MDR 1982, 353). Dagegen schließt eine fehlerhafte oder unterbliebene Belehrung nach §§ 268a III, 454 IV StPO den Widerruf nicht notwendig aus (hM; vgl. etwa OLG Oldenburg StraFo 2011, 524; Schall in SK-StGB Rn. 7; anders Koch NJW 1977, 419; beachte auch BVerfG NJW 1992, 2877; OLG Hamm StV 1992, 22 mAnm Budde); sie kann aber im Einzelfall für die Beurteilung der Widerrufsgründe relevant sein (OLG Celle NJW 1958, 1009).

2 **a) Nr. 1:** Die **Straftat** (bei Handlungseinheiten genügt ein Teilakt, OLG Celle NJW 1957, 113) muss alle materiellen Voraussetzungen der Strafbarkeit erfüllen (ebenso Mosbacher in Satzger/Schluckebier/Widmaier StGB Rn. 9); auch das Fehlen von Schuldausschließungs- (OLG Karlsruhe Justiz 1998, 569) oder Entschuldigungsgründen (→ Vor § 13 Rn. 27), von persönlichen Strafausschließungsgründen (einschließlich Strafaufhebungsgründen, Streck/Spatscheck NStZ 1995, 269) oder von objektiven Bedingungen der Strafbarkeit (→ Vor § 13 Rn. 29, 30) ist daher relevant, nicht dagegen der Strafantrag, der nach hM (→ § 77 Rn. 2) Prozessvoraussetzung ist (OLG Hamburg JR 1979, 379 mAnm Zipf; Schall in SK-StGB Rn. 9; krit. Frank MDR 1982, 353 (354)). Ausreichend ist auch eine **Auslandstat,** und zwar unabhängig davon, ob auf sie deutsches Strafrecht Anwendung finden kann. Dabei darf sich das Widerrufsgericht auf eine rechtskräftige ausländische Verurteilung stützen, soweit diese auf fundierter und nachvollziehbarer Tatsachengrundlage durch ein unabhängiges Gericht unter Wahrung der Rechte des Beschuldigten insbes. aus der EMRK ergangen ist (KG NStZ 2015, 165).

3 aa) Die Tat muss **während der Bewährungszeit** begangen sein (OLG Düsseldorf wistra 1993, 153); dass sie gegenüber einer vor der Bewährungszeit begangenen Tat als subsidiär zurücktritt (→ Vor § 52 Rn. 28), wie das zB beim Besitz gegenüber dem Erwerb von Betäubungsmitteln zutrifft (§ 29 BtMG), hindert die Anknüpfung nicht (OLG Düsseldorf NStZ 1995, 256). Bei Verurteilung auf wahldeutiger Grundlage müssen beide denkbaren Taten in die Bewährungszeit fallen (LG Kleve StraFo 2004, 392). Dagegen genügt es nicht, wenn die Tat im Falle nachträglicher Verlängerung nach Abs. 2 Nr. 2 (→ Rn. 12) in den rückwirkend einbezogenen Ausschnitt der Bewährungszeit fällt (OLG Düsseldorf StV 1994, 382; OLG Frankfurt a. M. NStZ-RR 2008, 221; KG NStZ-RR 2010, 27; OLG Ol-

denburg OLGSt StGB § 56f Nr. 62; OLG Karlsruhe Justiz 2020, 12; Schall in SK-StGB Rn. 16; aM OLG Hamm NStZ-RR 2010, 127; OLG Jena NStZ-RR 2014, 206 (unter Aufgabe von OLG Jena NStZ-RR 2007, 220); str.); da der Verurteilte in dieser Zeit dem Bewährungsregime tatsächlich nicht unterworfen war, würde die rückwirkende Begründung dieses Regimes nicht nur dem gebotenen Vertrauensschutz (so aber BVerfG NStZ 1995, 437 mit abl. Bespr. Lammer StV 1996, 161; Bringewat BewH 1996, 167), sondern auch den allgemeinen Regeln über die Rückwirkung nachteiliger Rechtsfolgen widersprechen (→ § 1 Rn. 8). Die Lit. hat bisher die Möglichkeit der Anknüpfung an einschlägige Taten ohne Einschränkung verneint (Dölling NStZ 1989, 345 (348); Hubrach in LK-StGB Rn. 5); die Annahme, dass sie durch einen rechtzeitigen, das Vertrauen des Verurteilten in den Ablauf der Bewährungszeit zerstörenden Hinweis des Gerichts eröffnet werden könnte, ist daher problematisch (aM BVerfG NStZ 1995, 437). **Vor der Bewährungszeit,** dh vor Rechtskraft der Entscheidung über die Strafaussetzung (§ 56a II 1), begangene Taten können den Widerruf nur unter den Voraussetzungen des **Abs. 1 S. 2** begründen (beachte OLG Düsseldorf MDR 1989, 281); die sog. **Vorlaufzeit** beginnt erst mit der letzten tatrichterlichen Entscheidung (OLG Hamburg NStZ-RR 2007, 198; OLG Celle StraFo 2017, 466); allerdings erfordern solche Taten uU die nachträgliche Bildung einer Gesamtstrafe und damit eine neue Entscheidung über die Aussetzung (→ § 58 Rn. 2–2b). Durch die Ergänzung des Abs. 1 S. 2 (s. Fassungshinweis) wird die Möglichkeit des Widerrufs einer im Rahmen **nachträglicher Gesamtstrafenbildung** bewilligten Strafaussetzung zur Bewährung eröffnet, wenn die verurteilte Person innerhalb der Bewährungszeit in einer einbezogenen Sache eine Straftat begangen hat (OLG Saarbrücken NStZ-RR 2008, 91; OLG Stuttgart Justiz 2019, 66; BT-Drs. 16/3038, 58). Die Ergänzung ist für Fälle gedacht, in denen dem Gericht bei der Entscheidung über die nachträgliche Gesamtstrafenbildung die innerhalb der Bewährung in der einbezogenen Sache begangene Tat entweder überhaupt nicht bekannt war oder gegen die verurteilte Person zwar ein Tatverdacht bestand, sich das Gericht aber noch kein zuverlässiges Urteil über ihre Täterschaft bilden konnte (BT-Drs. 16/3038, 58). Auf Taten, die zwischen der Verurteilung in einer einbezogenen Sache und der Entscheidung über die nachträgliche Gesamtstrafe lagen, konnte der Widerruf bisher nicht auf Abs. 1 S. 1 Nr. 1 gestützt werden (BT-Drs. 16/3038, 58, Schließung einer Gesetzeslücke). Nunmehr ist ein Widerruf auch möglich, wenn dessen Anlasstat nach der Entscheidung in der ersten in die nachträgliche Gesamtstrafenbildung, aber vor der Entscheidung in einer weiteren einbezogenen Sache begangen ist (OLG Hamm NStZ-RR 2014, 369; aM OLG Celle BeckRS 2011, 531; LG Berlin StV 2015, 237; str.). Auf **Altfälle,** dh Gesamtstrafenentscheidungen, die vor Inkrafttreten des 2. JuMoG (→ Vor § 1 Rn. 16) rechtskräftig geworden sind, ist Abs. 1 S. 2 wegen des Rückwirkungsverbots (→ § 1 Rn. 2) nicht anwendbar (OLG Dresden StV 2008, 313; OLG Saarbrücken NStZ-RR 2008, 91; LG Offenburg Justiz 2008, 124).

Aus der **Unschuldsvermutung** (Art. 6 II MRK, 48 I GRC) folgte nach früher **3a** hM nicht zwingend, dass die Tat **schon abgeurteilt** sein muss (BVerfG NStZ 1987, 118) oder auch nur eine Aburteilung erwarten lässt (OLG Hamburg MDR 1979, 515 mAnm Zipf JR 1979, 380; OLG Karlsruhe MDR 1993, 780). Dafür spricht zwar, dass die Beschränkung auf rechtskräftig abgeurteilte Taten wegen der aus ihr folgenden, oft sinnlosen Verfahrensverzögerungen den kriminalpolitischen Zweck der Strafaussetzung im Ganzen gefährdet (Stree NStZ 1992, 153; Wendisch JR 1992, 126; aM Ostendorf StV 1992, 288; zweifelnd Neubacher GA 2004, 402

(411)). Doch lässt sie sich nach einer Entscheidung des **EGMR** v. 3.10.2002 nicht mehr halten, wenn vom „Widerrufsgericht" Schuldfeststellungen, die nur dem erkennenden Gericht zukommen, getroffen wurden, denn darin liegt ein Verstoß gegen die Unschuldsvermutung (EGMR NJW 2004, 43 mit Bespr. Pauly StV 2003, 85; Boetticher StraFo 2003, 51; Peglau ZRP 2003, 242; zust. Kühl GS Vogler, 2004, 17 (25); Paeffgen in SK-StPO EMRK Art. 6 Rn. 203; eing. Diehm, Die Menschenrechte der EMRK und ihr Einfluß auf das deutsche Strafgesetzbuch, 2006, S. 470–500; Ambos IntStrafR § 10 Rn. 20; sa Schmitt in Meyer-Goßner/Schmitt StPO § 453c Rn. 4, MRK Art. 6 Rn. 12). De lege ferenda ist deshalb zu überlegen, ob die Widerrufsentscheidung nicht dem erkennenden Gericht übertragen werden sollte (so auch Boetticher StraFo 2003, 51; Pauly StV 2003, 85; Neubacher GA 2004, 402 (417); Seher ZStW 118 (2006), 101 (155); sa Radtke FS Müller-Dietz, 2001, 624), denn die Entscheidung auf einen Verdacht oder ein glaubhaftes, vor dem Gericht in Anwesenheit des Verteidigers abgelegtes **Geständnis** zu stützen (so jetzt – unter Billigung des BVerfG NJW 2005, 817 und wohl auch des EGMR NJW 2004, 43 (45) – die Rspr. der Oberlandesgerichte mit Unterschieden nur in Einzelheiten: OLG Celle StV 2003, 575; OLG Düsseldorf NJW 2004, 790; OLG Hamm StV 2004, 83 und; OLG Jena StV 2003, 574 (575); OLG Köln NStZ 2004, 685; OLG Nürnberg NJW 2004, 2032; OLG Schleswig NStZ 2004, 628; OLG Stuttgart NJW 2005, 83; OLG Zweibrücken NStZ-RR 2005, 8; OLG Koblenz StraFo 2009, 524; OLG Karlsruhe NStZ 2012, 702; OLG Oldenburg StV 2012, 484; KG BeckRS 2015, 18368; OLG Bremen BeckRS 2017, 128828; ebenso LG Zweibrücken StraFo 2006, 466; StraFo 2014, 759; LG Berlin VRS 130, 303; zust. Schall in SK-StGB Rn. 13; für den Widerruf einer im Gnadenweg erfassten Aussetzung OLG Hamburg NJW 2003, 3574; für polizeiliches Geständnis, StV 2021, 600 mAnm Staudinger (probl.); nicht allein auf eine Zeugenaussage, OLG Köln StV 2012, 737), ist mit der Unschuldsvermutung nicht zu vereinbaren, weil das Geständnis einen richterlichen Schuldspruch in einem gesetzlichen Verfahren nicht entbehrlich macht (Seher ZStW 118 (2006), 101 (149, 157); vgl. auch schon Vogler FS Tröndle, 1989, 423; Kühl GS Vogler, 2004, 17 (25); aM Neubacher GA 2004, 402 (413); Krumm NJW 2005, 1832 (1834)); Fischer Rn. 7; Hubrach in LK-StGB Rn. 10 „abgesichertes" Geständnis; Mosbacher in Satzger/Schluckebier/Widmaier StGB Rn. 12; Ostendorf in NK-StGB Rn. 7, der im glaubhaften Schuldeingeständnis einen Verzicht auf das „Prozessgrundrecht" der Unschuldsvermutung sieht).

3b Schon bisher war unbestritten, dass **bei Ermittlungsschwierigkeiten,** namentlich wenn der Verurteilte kein (zweifelsfrei glaubwürdiges) Geständnis abgelegt hat (OLG Zweibrücken StV 1985, 465; OLG Köln NJW 1991, 505; Radtke FS Müller-Dietz, 2001, 609 (611); nicht bei außergerichtlichem „Geständnis", OLG Schleswig SchlHA 2004, 161), oder sonst bei nicht abschließend geklärter Rechtslage (OLG Bremen StV 1990, 118; OLG Düsseldorf StV 1995, 31; KG StV 2013, 393, während neuer Ermittlungsverfahren) regelmäßig die Rechtskraft der Verurteilung abzuwarten ist (→ § 56g Rn. 1). Diese entfaltet zwar prozessrechtlich keine Bindungswirkung (OLG Düsseldorf NStZ 1990, 541; KG NStZ-RR 2005, 94; Stree NStZ 1992, 153 (156); auch nicht hinsichtlich der Sozialprognose OLG Schleswig SchlHA 2003, 183; Peglau GA 2004, 288 str.); jedoch darf sich das Gericht auf die Verurteilung stützen (OLG Zweibrücken StV 1985, 466; nach VerfG Berlin NStZ-RR 2013, 242 (zu § 26 JGG; OLG Hamm StRR 2014, 202) genügt erstinstanzliche Verurteilung, nicht jedoch bereits die Anklageerhebung, LG Bochum NStZ 2003, 567), es sei denn, dass diese erkennbar fehlerhaft ist (OLG Düsseldorf

StV 1996, 45; VRS 95, 253; KG NStZ-RR 2005, 94; sa OLG Frankfurt a. M. NStZ-RR 1996, 59) oder auf einer bloß summarischen Prüfung (Strafbefehl) beruht (OLG Zweibrücken JR 1991, 477 mAnm Stree; KG NStZ-RR 2001, 136; OLGSt StGB § 57 Nr. 58; sa LG Zweibrücken NStZ-RR 1996, 186; für Berücksichtigung eines rechtskräftigen Strafbefehls OLG Hamm NStZ-RR 2008, 25; OLG Celle Nds. Rpfl. 2016, 23; Seher ZStW 118 (2006), 101 (157); gegen das Rechtskrafterfordernis Krumm NJW 2005, 1832 (1833); nur bei Geständnis im Ermittlungsverfahren Neubacher GA 2004, 402 (414)). Vgl. auch Torka, Nachtatverhalten und Nemo tenetur, 2000 (mit zahlreichen Nachw. zum Sach- und Streitstand).

bb) Die Begehung der neuen Straftat (uU auch erst einer Mehrheit solcher Taten) **muss** (auf Grund einer Gesamtwürdigung, OLG Düsseldorf StV 1994, 200 und 1996, 45) **zeigen,** dass die Erwartung straffreier Führung (→ § 56 Rn. 8; beachte jedoch → § 183 Rn. 7) oder bei Aussetzung des Strafrestes die Verantwortbarkeit (→ § 57 Rn. 7) **nicht mehr besteht** (KG NStZ 2004, 156; LG Hamburg StV 1997, 90; Meynert MDR 1974, 807; krit. zur widerrufsfreundlichen Rspr. Boetticher NStZ 1991, 1; dies kann sich auch aus **Auslandstaten** ergeben, KG NStZ-RR 2009, 61; BT-Drs. 16/13673, 7), dh vor allem, dass die in der Verurteilung liegende Warnung missachtet wurde (zusf. Stree NStZ 1992, 153 (158)). Das ist nicht notwendig (OLG Düsseldorf BA 1998, 154; OLG Celle Nds. Rpfl. 2002, 61), aber regelmäßig zu verneinen, wenn die neue Tat Bagatellcharakter hat oder wenn die ihretwegen verhängte Strafe zur Bewährung ausgesetzt wurde (BVerfG NStZ 1985, 357; OLG Düsseldorf StV 1998, 214; OLG Nürnberg StV 2001, 411; OLG Stuttgart Justiz 2002, 231; OLG Hamm StraFo 2003, 21; LG München StV 2003, 347; Streng Sanktionen Rn. 183; für Bewährungsstrafe aufgrund eines Strafbefehls einschr. OLG Hamm NStZ-RR 2014, 206; problematisch BVerfG NJW 1995, 713 mit krit. Bespr. Bringewat BewH 1994, 348; ter Veen NStZ 1995, 437). Im Übrigen ist nicht unbedingt eine Vergleichbarkeit der früheren und neuen Taten nach Art und Schwere erforderlich (OLG Schleswig StV 1982, 527; OLG Düsseldorf StV 1983, 338; Frank MDR 1982, 353 (355); Schäfer in Schäfer/Sander/van Gemmeren Strafzumessung Rn. 192; aM Ostendorf in NK-StGB Rn. 4 „Kriminologischer Zusammenhang"); Gelegenheits- und Fahrlässigkeitstaten schließen aber die günstige Prognose idR (zu Grenzfällen OLG Hamm MDR 1971, 942; OLG Koblenz VRS 48, 263) nicht aus, wenn sie keinen inneren Zusammenhang mit der Tat haben, die der Aussetzung zugrunde lag (OLG Frankfurt a. M. StV 1982, 369; OLG Hamm NStZ 2012, 350; OLG Karlsruhe NStZ 2011, 92; sa KG StRR 2014, 353; Hubrach in LK-StGB Rn. 14). Dagegen kann aus der Verhängung einer Geldstrafe noch nicht auf eine günstige Legalprognose geschlossen werden (KG StRR 2014, 192). Der Widerruf kann nicht allein darauf gestützt werden, dass ein **Gewissenstäter** seine ein für allemal getroffene Gewissensentscheidung durch eine neue Tat manifestiert hat (BVerfG NJW 1989, 1211 mkritAnm Struensee StV 1990, 443; → § 56 Rn. 8). Darüber hinaus sprechen gute Gründe dafür, idR auch solche neuen Taten aus Resozialisierungsgründen auszuscheiden, die mit der Aussetzungsentscheidung in keinem Zusammenhang stehen (Zimmermann, Die Erwartung künftiger Straffreiheit, 2022, S. 419). 4

cc) Schweben **mehrere Strafaussetzungen,** so ist auf Grund der neuen Straftat in jedem Verfahren der Widerruf selbständig zu prüfen (Klussmann NJW 1973, 685; beachte jedoch die Konzentration der Zuständigkeit nach § 462a IV StPO). Der Widerruf ist nicht wegen Unverhältnismäßigkeit abzulehnen, wenn der Täter aufgrund der gleichzeitig in anderen Verfahren widerrufenen Strafaussetzungen ohnehin noch lange Zeit im Strafvollzug verbringen wird (OLG Oldenburg NStZ-RR 2006, 189). 5

6 **b) Nr. 2, 3: Gröblicher Verstoß** ist die schuldhafte (OLG Hamm StV 1993, 259) nach objektivem Gewicht und Vorwerfbarkeit schwerwiegende (BGHSt 36, 97 = NJW 1989, 1556; OLG Düsseldorf NStZ-RR 2002, 166; OLG Hamburg NStZ-RR 2004, 364; OLG Hamm NStZ-RR 2008, 220; → § 56c Rn. 9) Zuwiderhandlung gegen eine zulässige (BVerfG NJW 1995, 2279; OLG Köln NStZ 1994, 509; OLG Frankfurt a. M. NStZ-RR 1997, 2; OLG Hamburg wistra 2004, 235; OLG Dresden StV 2013, 393), dem Täter bekanntgemachte (OLG Düsseldorf StV 1985, 464), hinreichend bestimmte (BVerfG StV 2012, 481; NJW 2016, 148; OLG Bamberg NStZ-RR 2014, 205; LG Kreuznach NStZ-RR 2013, 349) und nicht durch eine Gesamtstrafenentscheidung (§ 58) überholte (KG JR 1987, 217) Weisung oder Auflage (LG Mainz MDR 1975, 772; enger OLG Bremen StV 1990, 118); bei Geldauflagen (→ § 56b Rn. 4) setzt er (dem Täter nachzuweisende) Zahlungsfähigkeit oder selbstverschuldete Zahlungsunfähigkeit voraus (OLG Düsseldorf NStZ-RR 1997, 323; LG Tübingen NStZ-RR 2009, 200 zur Verletzung der Mitwirkungspflicht bei der Aufklärung der Steuerverhältnisse), wobei Einkünfte aus sog. Schwarzarbeit nicht berücksichtigt werden dürfen (LG Münster NStZ-RR 2003, 264). Der Verstoß gegen eine durch Änderung der zivilrechtlichen Rechtslage gegenstandslos gewordene Auflage reicht nicht (LG Frankenthal StraFo 2009, 218). Der **beharrliche Verstoß** braucht nicht schwer zu sein (hM); erforderlich ist wiederholte Zuwiderhandlung in ablehnender Haltung gegen den Zweck der Weisung oder Auflage (ebenso Kindhäuser/Hilgendorf in LPK-StGB Rn. 9); Abmahnung ist nicht unbedingt erforderlich, Beharrlichkeit ohne sie idR aber nicht beweisbar (LG Mainz MDR 1975, 772). Ein Unterbleiben der Belehrung gem. §§ 268a, 453a, 454 Abs. 4 StPO ist im Rahmen der Beurteilung der Intensität und der Beharrlichkeit eines Weisungs- oder Auflagenverstoß von Bedeutung (OLG Dresden Rpfleger 2019, 421). Hinnahme von Verstößen gegen eine Therapieauflage seitens der Justiz kann einem Widerruf entgegenstehen (OLG Oldenburg NStZ-RR 2011, 324). Der Verstoß gegen Anerbieten (§ 56b III) oder Zusagen (§ 56c IV) genügt nicht; hier bedarf es zunächst der nachträglichen Anordnung nach § 56e. **Entziehen** bedeutet Ausschaltung der Einflussmöglichkeiten des Bewährungshelfers in häufiger Wiederholung oder auf längere Dauer (OLG Koblenz NStZ-RR 1996, 300); einzelne Unbotmäßigkeiten oder bloß mangelnde Zusammenarbeit mit dem Bewährungshelfer (AG Backnang StV 2015, 47) genügen nicht. Für die Begründung der nur (krit. dazu Kratzsch JR 1972, 369) im Falle der Nr. 2 erforderlichen ungünstigen Prognose, die sich auf Straftaten (nicht nur rechtswidrige Taten, KG JR 1983, 423) beziehen muss, reicht der Weisungsverstoß oder die Ausschaltung des Bewährungshelfers nicht ohne weiteres aus, es muss im Einzelfall die prognostische Gefahr weiterer Straftaten festgestellt werden (BVerfG NStZ-RR 2007, 338; OLG Düsseldorf StV 1986, 25; StV 1996, 443; OLG Zweibrücken JR 1991, 290 mAnm Horn; OLG Nürnberg StV 2010, 314; OLG Bamberg StV 2014, 628; krit. Fischer Rn. 11). Anders als bei Nr. 1 können Weisungs- und Auflagenverstöße im Wege des **Freibeweises** im Widerrufsverfahren festgestellt werden (Seher ZStW 118 (2006), 101 (144)), jedenfalls dann, wenn die Verletzung der Weisung nicht zugleich eine Straftat – etwa Unterhaltspflichtverletzung nach § 170 (zu einem solchen Fall LG Duisburg NStZ-RR 2005, 9, das auf Nr. 1 abstellt) – darstellt (vgl. Neubacher GA 2004, 402 (406)).

7 **2. a)** Der Widerruf ist **obligatorisch,** sobald eine Voraussetzung nach Abs. 1 eintritt und nicht nach Abs. 2 vom Widerruf abzusehen ist (→ Rn. 9); die Entscheidung darf daher nicht zurückgestellt werden, sobald das zuständige Gericht vom

Vorliegen der Widerrufsvoraussetzungen überzeugt ist (OLG Hamburg NStZ-RR 2005, 221; OLG Köln NStZ-RR 2015, 28). Vor Rechtskraft der Aussetzung (OLG Hamm NJW 1955, 1000; OLG Köln MDR 1956, 759) und nach Straferlass ist er jedoch nicht zulässig, während die Verbüßung einer Strafhaft, deren zugrundeliegende Entscheidung zur Prüfung des Widerrufs geführt hat (OLG Hamm NStZ-RR 2009, 259; anders OLG Naumburg StraFo 2006, 30 „Drehtüreffekt") sowie der bloße Ablauf der Bewährungszeit grds. (→ § 56g Rn. 1) nicht entgegensteht. Vom Zwang zum Widerruf sind keine weiteren Ausnahmen vorgesehen (OLG Düsseldorf NStZ 2000, 55; OLG Braunschweig Nds. Rpfl. 2011, 352; OLG Hamm NStZ-RR 2011, 123; zw.). Es ist deshalb nicht zureichend begründbar, bei Bagatelltaten den Widerruf für unverhältnismäßig zu erklären (so aber OLG Zweibrücken MDR 1989, 477; VRS 121, 141; vgl. auch Lembert NJW 2003, 3528) oder nach Wegfall aller Verlängerungsmöglichkeiten die Strafe nach Maßgabe des Abs. 2 zu erlassen (so OLG Celle NStZ 1991, 206; StraFo 2003, 413; OLG Düsseldorf NStZ 1994, 559; Ostendorf in NK-StGB § 56g Rn. 1; aM Stree NStZ 1992, 153 (160)); Härtefälle sind bei zutreffender Auslegung der Widerrufsvoraussetzungen regelmäßig vermeidbar, hier etwa durch die Annahmen, dass Bagatelltaten die der Aussetzung zugrunde liegende Erwartung nicht enttäuschen (→ Rn. 4; vgl. BGH NStZ 2010, 83) oder dass aE der Bewährungszeit die Beurteilung der Prognose zweifelhaft geblieben sei (→ § 56g Rn. 1; zw.). Begründet ist jedoch die Rspr., die einen vorläufigen Aufschub des Widerrufs in Fällen der Konkurrenz mit einem Therapieverfahren nach §§ 35, 36 BtMG zulässt; hier könnte der sofortige Widerruf den Therapieerfolg im anderen Verfahren sachwidrig gefährden und deshalb unverhältnismäßig sein (dazu OLG Düsseldorf StV 1989, 159 mAnm Hellebrand; OLG Celle StV 2012, 485). Ausnahmsweise kann auch eine unangemessene Verzögerung bei der Entscheidung über den Widerruf oder die Anlasstat dazu führen, dass ein an sich gebotener Widerruf aus Gründen der Rechtssicherheit und des Vertrauensschutzes unzulässig wird (OLG Karlsruhe Justiz 2001, 192; OLG Oldenburg Nds. Rpfl. 2002, 270; KG NJW 2003, 2468; OLG Koblenz StraFo 2009, 524; OLG Saarbrücken NStZ-RR 2009, 95; KG StV 2013, 393, NStZ-RR 2014, 271; StRR 2016, Heft 05, 2; OLG Köln StV 2015, 236); ebenso wenn die Bewährungszeit zwar nachträglich verlängert wurde, der Verlängerungsbeschluss aus Rechtsgründen aber nicht hätte ergehen dürfen (OLG Brandenburg NStZ-RR 2012, 261), nicht dagegen, wenn dem Verurteilten die Verlängerung nur nicht bekannt war (OLG Hamm NStZ-RR 2014, 371). Zu weiteren, einem Widerruf entgegenstehenden Vertrauenstatbeständen vgl. OLG Celle StV 2012, 549; KG StV 2016, 580.

b) Ob widerrufen werden muss, ist **in jeder Lage** des Bewährungsverfahrens **von Amts wegen** zu prüfen. Für Sachverhaltszweifel gilt der Grundsatz in dubio pro reo (OLG Hamm StV 1987, 69; Neubacher GA 2004, 402 (405); → § 56 Rn. 8; → § 61 Rn. 4). Im Übrigen muss das Gericht in den Fällen der Nr. 1 und 2 die vorausgesetzte ungünstige Prognose vorbehaltlos bejahen (aM Schall in SK-StGB Rn. 15); solange es insoweit noch zweifelt, ist der Widerruf nicht begründet (Frank MDR 1982, 353 (359) mwN; zur Bedeutung solcher Zweifel aE der Bewährungszeit → § 56g Rn. 1). 8

3. a) Abs. 2 ist eine Ausprägung des Verhältnismäßigkeitsgrundsatzes (OLG Düsseldorf StV 1994, 198; StV 2000, 563; OLG Hamburg NStZ-RR 2004, 364 (365); OLG Stuttgart Justiz 2007, 148). In den Fällen des Abs. 1 Nr. 1, 2 setzt das **Absehen vom Widerruf** voraus, dass nach der Überzeugung des Gerichts die 9 nach § 56 I (oder bei Strafrestaussetzung nach § 57 I) – also nicht nach strengeren Regeln (hM; anders OLG Bremen MDR 1974, 593) – erstellte Prognose gegenwärtig ungünstig ist (OLG Zweibrücken NStZ 1993, 510; LG Zweibrücken wistra 1995, 352), dass aber auf Grund neuer Tatsachen (KG NStZ-RR 2000, 170) die Erwartung besteht, sie könne bei Fortsetzung oder Änderung der Bewährungsmaßnahmen oder unter der Wirkung anderweitig getroffener Resozialisierungsmaßnahmen (zB der Langzeittherapie eines Drogenabhängigen, OLG Düsseldorf StV 1994, 199 (200), auch im Maßregelvollzug nach § 64, LG Regensburg StV 2014, 629 und OLG Hamm StV 2022, 244) so weit verbessert werden, dass sie den Widerruf nicht mehr begründet (ähnlich OLG Düsseldorf StV 1996, 442; KG StV 2012, 483; Frank MDR 1982, 353 (359); unklar OLG Celle StV 1990, 117; OLG Düsseldorf StV 1995, 31; diff. Horn JR 1981, 5 mwN). Auf die mutmaßlichen Wirkungen des nach dem Widerruf zu erwartenden Strafvollzugs kommt es nicht an (Klier NStZ 1981, 301; Dencker NStZ 1982, 152 (155); Hubrach in LK-StGB Rn. 23; aM OLG Schleswig NJW 1980, 2320 mzustAnm Schöch JR 1981, 161; Boetticher NStZ 1991, 1 (3)). Auch der Sühnezweck rechtfertigt keine Einschränkung (aM LG Saarbrücken MDR 1989, 179). Das Absehen ist, solange die höchstzulässige Verlängerung der Bewährungszeit noch nicht abgelaufen ist (→ Rn. 13), bei Vorliegen seiner Voraussetzungen **obligatorisch** (OLG Bremen MDR 1974, 593; zur Ausfüllung der richterlichen Beurteilungsspielräume Hermann MschrKrim 1988, 315).

10 **b)** Die nach **Abs. 2 Nr. 1** zulässigen Bewährungsmaßnahmen sind so auszuwählen, dass sie in ihrer Gesamtheit zur Verbesserung der gegenwärtig ungünstigen Prognose möglichst gut geeignet sind.

11 **c)** Die **nachträgliche Verlängerung der Bewährungszeit** vor ihrem Ablauf und innerhalb des gesetzlichen Höchstmaßes ist – uU auch mehrmals – schon nach § 56a II 2 zulässig (→ § 56a Rn. 2). Abweichend davon ist jedoch unter den Voraussetzungen des **Abs. 2 Nr. 2** eine solche Verlängerung obligatorisch, und zwar auch dann, wenn die **Bewährungszeit bereits abgelaufen ist** (BVerfG NStZ 1995, 437; OLG Zweibrücken NStZ 1993, 510) oder wenn dadurch das **gesetzliche Höchstmaß** (§ 56a I) **überschritten** wird (OLG Oldenburg NStZ 1988, 502 mablAnm Kusch; OLG Braunschweig StV 1989, 85; Maatz MDR 1988, 1017; Fischer Rn. 17; aM LG Kiel NStZ 1988, 501; Schrader MDR 1990, 391). Eine Verlängerung der Bewährungszeit ist im Fall des **Abs. 1 Nr. 3** auch bei erledigter Auflage zulässig (OLG Hamburg NStZ-RR 2004, 364).

12 aa) Die Verlängerung **nach Ablauf der Bewährungszeit** schließt sich nach dem Gesetzeswortlaut und im Interesse der Vermeidung überlanger Bewährungsverfahren nahtlos, dh rückwirkend (hM; vgl. BVerfG NStZ 1995, 437; OLG Hamm NStZ-RR 2010, 127; OLG Dresden Rpfleger 2011, 114; Streng Sanktionen Rn. 184; anders, dh ex nunc, OLG Bamberg NStZ-RR 2006, 326; OLG München StraFo 2013, 32; Horn NStZ 1986, 356), an die Bewährungszeit an (zur Einschränkung des Widerrufs → Rn. 3). Eine **Verlängerung der Unterstellungszeit** ist nur in den Grenzen der (uU zu verlängernden) Bewährungszeit möglich (→ § 56d Rn. 4). Nach einer Verlängerung der Bewährungszeit kann der Widerruf einer Strafaussetzung auf eine vor dem Verlängerungsbeschluss erfolgte Nachverurteilung gestützt werden, wenn die neue Straftat dem Gericht bei der Entscheidung über die Bewährungszeitverlängerung nicht bekannt war (OLG Celle Nds. Rpfl 2018, 112).

13 bb) Die **höchstzulässige Verlängerung** (das Anderthalbfache) wirkt, wie sich aus einem Vergleich mit § 56a und aus den – allerdings nicht widerspruchsfreien –

gesetzgeberischen Beratungen (dazu Dölling NStZ 1989, 345; Schrader MDR 1990, 391) ergibt, nur dann begrenzend, wenn sie über die allgemeine Verlängerungsmöglichkeit nach § 56a II 2 hinausgeht, meist also nur, wenn das gesetzliche Höchstmaß der Bewährungszeit (§ 56a I) überschritten wird (vgl. etwa OLG Frankfurt a. M. StV 1989, 25; OLG Hamm NStZ-RR 2011, 387; OLG Braunschweig Nds. Rpfl. 2011, 269; OLG Karlsruhe Justiz 2014, 113; OLG Köln OLGSt StGB § 56f Nr. 1; OLG Zweibrücken BeckRS 2012, 22073 (unter Angabe von BGH NStZ 1987, 328); anders OLG Dresden Rpfleger 2011, 114; OLG Celle Nds. Rpfl. 2010, 412; Nds. Rpfl. 2015, 181; Schrader MDR 1990, 391). Ihre Berechnung knüpft nicht an dieses Höchstmaß, sondern an die richterlich bestimmte Bewährungszeit an (BT-Drs. 8/3857, 12). Da es auf die „zunächst bestimmte" Bewährungszeit ankommt, sind zwischenzeitliche Verlängerungen für die Berechnung unerheblich (OLG Celle StV 1990, 117; OLG Düsseldorf MDR 1994, 142; OLG Schleswig StraFo 2009, 435; LG München NStZ 2003, 317; Dölling NStZ 1989, 345; Hubrach in LK-StGB Rn. 36; aM LG Itzehoe SchlHA 1987, 186). Das schließt jedoch nicht aus, dass sich die auf diese Weise berechnete Verlängerung an eine vorausgegangene, in den Grenzen des § 56a II 2 angeordnete Verkürzung oder Verlängerung anschließt (OLG Hamm NStZ 1988, 291 mablAnm Funck NStZ 1989, 46; einschr. Ostendorf in NK-StGB Rn. 14). Nach ihrem Ablauf ist eine weitere Verlängerung unzulässig (OLG Celle NStZ 1991, 206; StraFo 2003, 413; LG Zweibrücken MDR 1994, 1032; Dölling NStZ 1989, 345; aM OLG LG Zweibrücken MDR 1994, 1032; OLG Hamburg NStZ-RR 1999, 330; OLG Stuttgart NStZ 2000, 478; OLG Hamm NStZ-RR 2000, 346); sie wäre mit dem Zweck der Begrenzung, überlange Bewährungsverfahren zu verhüten, unvereinbar.

4. Die **Anrechnung nach Abs. 3 S. 2** ist nur in den angegebenen Fällen (§ 56b 14
II Nr. 2–4) vorgesehen (beachte jedoch OLG Dresden NStZ-RR 1998, 155; LG Tübingen NStZ-RR 2009, 258 zur Schaffung eines Vertrauenstatbestandes durch (rechtswidrige) Anrechnung), kann also nicht auf Leistungen zur Schadenswiedergutmachung nach § 56b II Nr. 1 (OLG München MDR 1980, 517; OLG Frankfurt a. M. NStZ-RR 2004, 462) oder zur Erfüllung von Weisungen nach § 56c (OLG Frankfurt a. M. NStZ-RR 2004, 462; LG Saarbrücken MDR 1989, 763; aM LG Freiburg StV 1983, 292) erstreckt werden. Sie wird nach pflichtmäßigem Ermessen (→ § 46 Rn. 50) bestimmt (BayObLG JR 1981, 514 mAnm Bloy; Fischer Rn. 18b; sa OLG Hamm NStZ 2001, 165; krit. Geiger, Die Rechtsnatur der Sanktion, 2006, S. 135, 151, der aus verfassungsrechtlichen Gründen für eine zwingende Anrechnung eintritt). Das gilt sowohl für das Ob der Anrechnung (OLG Bamberg MDR 1973, 154) wie auch für den Maßstab (BGH StV 2021, 40; LG Frankfurt a. M. NJW 1970, 2121; beachte dazu OLG Hamm StV 2001, 413; OLG Stuttgart NStZ-RR 2014, 371; zur Umrechnung in gemeinnützige Arbeit, OLG Braunschweig NJW-Spezial 2021, 666). Sie zu versagen, ist jedoch nur in Ausnahmefällen ermessensfehlerfrei begründbar (Frank JR 1986, 378), sofern nicht der Verurteilte eine Geldleistung mit Hilfe von Vermögensdelikten erbracht hat (BGH NStZ-RR 2002, 137; weiter OLG Hamm NStZ-RR 2016, 168, auch bei besonders krassem Bewährungsversagen oder bei nur unwesentlicher Belastung durch die Geldauflage). Sie ist mit dem Widerruf zu verbinden und nicht durch nachträgliche Entscheidung nachholbar (OLG Celle Nds. Rpfl. 1988, 142; OLG Frankfurt a. M. NStZ-RR 2006, 353; Neumann NJW 1977, 1185; str.).

5. **Zuständigkeit und Verfahren** §§ 453, 462a StPO (krit. dazu Boetticher 15
NStZ 1991, 1 (3); Bohlander NStZ 1999, 493; sa BGH NStZ 1999, 638; OLG

Düsseldorf NStZ 1999, 533; OLG Bamberg NStZ-RR 2013, 326; OLG Stuttgart NStZ-RR 2012, 190; OLG Hamm NStZ-RR 2011, 387); soweit die mündliche Anhörung des Verurteilten vorgesehen ist (Soll-Vorschrift), darf das Gericht davon – auch wenn es einen Widerrufsantrag der StA abzulehnen beabsichtigt (OLG Jena NStZ 1998, 216) – nur in begründeten Ausnahmefällen absehen (OLG Düsseldorf NStZ 1988, 243; OLG Frankfurt a. M. NStZ-RR 1996, 91 mAnm Kropp NStZ 1998, 536; OLG Frankfurt a. M. NStZ-RR 2003, 199; OLG Karlsruhe Justiz 2002, 135; Justiz 2003, 272; OLG Schleswig SchlHA 2003, 194; Ostendorf in NK-StGB Rn. 16; problematisch KG JR 1988, 39; OLG Koblenz MDR 1988, 992). § 453c StPO lässt die Anordnung von Sicherungsmaßnahmen, auch eines Haftbefehls, vor Rechtskraft des Widerrufsbeschlusses zu. Bleibt der Anspruch auf rechtliches Gehör (BGHSt 26, 127 = NJW 1975, 2211) gewahrt, so unterliegt es pflichtmäßigem Ermessen des Gerichts (→ § 46 Rn. 50), ob es statt des Sicherungshaftbefehls den Widerrufsbeschluss erlässt und öffentliche Zustellung anordnet (hM; OLG Zweibrücken MDR 1988, 1077; OLG Düsseldorf JR 1989, 166 mAnm Wendisch; zw.). Ein rechtskräftiger Widerruf kann zurückgenommen werden, wenn im Hinblick auf die Umstände, die ihn begründet haben, die Voraussetzungen der Wiederaufnahme vorliegen würden (OLG Düsseldorf MDR 1993, 67; Schall FS Stree/Wessels, 1993, 735; Ostendorf in NK-StGB Rn. 17; Schmitt in Meyer-Goßner/Schmitt StPO § 453 Rn. 17; sa Müller JR 1997, 124; aM OLG Zweibrücken NStZ 1997, 55; OLG Hamburg StV 2000, 568 mablAnm Kunz; OLG Stuttgart Justiz 2001, 170; OLG Düsseldorf JMBlNW 2004, 81; Gössel JR 1992, 125; zw.). Die Zuständigkeit der Strafvollstreckungskammer verdrängt stets die Zuständigkeit des Gerichts des ersten Rechtszuges; eine Zuständigkeitsfixierung durch Befasstsein des Tatgerichts gibt es insoweit nicht (BGH NStZ-RR 2019, 160; NStZ-RR 2020, 264).

§ 56g Straferlaß

(1) [1]**Widerruft das Gericht die Strafaussetzung nicht, so erläßt es die Strafe nach Ablauf der Bewährungszeit.** [2]**§ 56f Abs. 3 Satz 1 ist anzuwenden.**

(2) [1]**Das Gericht kann den Straferlaß widerrufen, wenn der Verurteilte wegen einer in der Bewährungszeit begangenen vorsätzlichen Straftat zu Freiheitsstrafe von mindestens sechs Monaten verurteilt wird.** [2]**Der Widerruf ist nur innerhalb von einem Jahr nach Ablauf der Bewährungszeit und von sechs Monaten nach Rechtskraft der Verurteilung zulässig.** [3]**§ 56f Abs. 1 Satz 2 und Abs. 3 gilt entsprechend.**

Fassung: Das UmsetzungsG zur Einziehung (→ Vor § 1 Rn. 16) hat die Beschränkung auf den „räumlichen Geltungsbereich dieses Gesetzes" in Abs. 2 S. 1 gestrichen.

1 **1.** Der **Straferlass nach Abs. 1** setzt voraus, dass die Bewährungszeit abgelaufen ist und nach der Überzeugung des Gerichts die Voraussetzungen für den Widerruf endgültig fehlen (BGH NStZ 1993, 235; OLG Hamm NStZ 1998, 478; NStZ-RR 2011, 123). Über ihn (und damit zugleich auch über den Widerruf nach § 56f) ist baldmöglichst zu entscheiden (näher Horn GS Kaufmann, 1993, 545). Jede Verzögerung, die nicht auf durchschlagenden Gründen beruht, etwa der nach den Umständen gegebenen Notwendigkeit, das Ergebnis des Strafverfahrens wegen der Tat nach § 56f I Nr. 1 (OLG Zweibrücken MDR 1989, 178; Frank MDR 1982,

353 (361) mwN; → § 56f Rn. 3) oder eine unmittelbar bevorstehende Gesamtstrafenbildung in einem anderen Verfahren abzuwarten (BVerfG NJW 1991, 558 mit abl. Bespr. Thietz-Bartram wistra 1990, 259; BGH NJW 1991, 2847; NStZ 1993, 235; → § 55 Rn. 3; → § 58 Rn. 2a), ist rechtsstaatswidrig (OLG Hamburg NJW 1970, 65; sa OLG Köln StV 2001, 412). Sie schließt bei ungebührlicher Länge den Widerruf aus, wenn der Verurteilte mit ihm nach den Umständen nicht mehr zu rechnen brauchte (OLG Zweibrücken NStZ 1988, 501; OLG Köln StV 1998, 211; OLG Karlsruhe StV 2001, 411; OLG Dresden StV 2016, 580; Neubacher GA 2004, 402 (411)); jedoch hat eine formelle Befristung auf sechs Monate (so OLG Hamm MDR 1966, 165) oder auf ein Jahr (so Kinzig in Schönke/Schröder § 56f Rn. 27) im Gesetz keine Grundlage (OLG Hamm NJW 1974, 1520; OLG Düsseldorf VRS 90, 284; Schroeder JZ 1974, 683). Bei zweifelhafter Sachlage sind die erforderlichen Ermittlungen regelmäßig noch in der Bewährungszeit durchzuführen. Bleibt aE die Beurteilung der Prognose zweifelhaft, so ist weder der Widerruf noch das Vorgehen nach § 56f II (→ § 56f Rn. 9) begründet, allenfalls noch eine Verlängerung der Bewährungszeit unter den Voraussetzungen des § 56a II 2 zulässig. Läuft im Einzelfall trotz vollständiger Verbüßung einer Freiheitsstrafe die Bewährung weiter, gebietet der Vertrauensgrundsatz, die Bewährungszeit nachträglich bis zum Entscheidungszeitpunkt zu verkürzen und die Strafe gem. Abs. 1 zu erlassen (OLG Celle NStZ-RR 2011, 122).

2. a) Abs. 2 lässt es aus kriminalpolitischen Gründen in engen Grenzen (dazu OLG Hamm NStZ 1989, 180) zu, durch **Widerruf des Straferlasses** sachlich ungerechtfertigte Entscheidungen (dazu OLG Düsseldorf MDR 1987, 865) nach pflichtmäßigem Ermessen (Ostendorf in NK-StGB Rn. 3; diff. Hubrach in LK-StGB Rn. 11; aM Kinzig in Schönke/Schröder Rn. 10; Schall in SK-StGB Rn. 12) zu beseitigen. Die Verurteilung muss **rechtskräftig** sein. Der Widerruf kann auch auf eine Verurteilung vor Rechtskraft des Erlassbeschlusses gestützt werden (LG Frankfurt a. M. StV 1982, 118); die Grundsätze der Verhältnismäßigkeit und des Vertrauensschutzes können einem Widerruf entgegenstehen, wenn der Betroffene zeitnah nach Ablauf der Bewährungszeit nicht auf diese Möglichkeit hingewiesen wurde (BVerfG NJW 2013, 2414; AG Wetzlar StV 2011, 108). Keine (konkludente) Verlängerung der Bewährungszeit zur Einhaltung der Jahresfrist nach S. 2 liegt in der Zurückstellung der Entscheidung über den Straferlass (BVerfG NJW 2009, 3570). Die frühere Beschränkung auf Verurteilungen im Geltungsbereich des StGB ist weggefallen (s. Fassungshinweis). Damit wird der Rahmenbeschluss 2008/675/JI des Rates v. 24.7.2008 zur Berücksichtigung der in anderen Mitgliedstaaten der EU ergangenen Verurteilungen in Strafverfahren (ABl. 2008 L 220, S. 32) umgesetzt (BT-Drs. 16/13673, 6). Somit können ausländische „rechtskräftige" Verurteilungen berücksichtigt werden, wenn sie Taten betreffen, die auch nach deutschem Recht vorsätzliche Straftaten wären (BT-Drs. 16/13673, 6). Die Änderung hebt die bisherige Beschränkung auf inländische Verurteilungen nicht nur für Verurteilungen in EU-Staaten, sondern generell auf (BT-Drs. 16/13673, 6). 2

b) Die den Widerruf auslösende Straftat muss die **gleichen Anforderungen** wie die Tat iRd § 56f I Nr. 1 (→ § 56f Rn. 2–4) erfüllen (OLG Schleswig SchlHA 1991, 82). Es genügt, wenn sie zwar vor der Bewährungszeit, aber nach Anordnung der Strafaussetzung begangen wurde (S. 3; → § 56f Rn. 3). Bei einer **Verurteilung zu Gesamtstrafe** muss mindestens eine Einzelstrafe den Anforderungen des Abs. 2 genügen (OLG Hamburg MDR 1987, 1046 mwN; str.). 3

4 **c)** Der Widerruf versetzt das Verfahren nur **in die Lage vor dem Straferlass** zurück, bewirkt also nicht zugleich die Vollstreckbarkeit der verhängten Freiheitsstrafe (OLG Hamm NStZ 1989, 323; OLG Düsseldorf MDR 1992, 506; Ostendorf in NK-StGB Rn. 3; aM OLG Zweibrücken NStZ 1995, 206; OLG Stuttgart Justiz 1998, 536; Hubrach in LK-StGB Rn. 13–15; *Schall in SK-StGB Rn. 15; Fischer* Rn. 8). Dazu bedarf es vielmehr der weiteren Entscheidung über den Widerruf der Strafaussetzung. Die Gegenmeinung schließt ohne zureichenden Grund die Möglichkeit aus, nach § 56f II (Absehen vom Widerruf) zu verfahren (OLG Hamm NStZ 1989, 323; OLG Düsseldorf MDR 1992, 506).

5 **3. Zuständigkeit und Verfahren** §§ 453, 462a StPO.

§ 57 Aussetzung des Strafrestes bei zeitiger Freiheitsstrafe

(1) [1]**Das Gericht setzt die Vollstreckung des Restes einer zeitigen Freiheitsstrafe zur Bewährung aus, wenn**
1. zwei Drittel der verhängten Strafe, mindestens jedoch zwei Monate, verbüßt sind,
2. dies unter Berücksichtigung des Sicherheitsinteresses der Allgemeinheit verantwortet werden kann, und
3. die verurteilte Person einwilligt.

[2]**Bei der Entscheidung sind insbesondere die Persönlichkeit der verurteilten Person, ihr Vorleben, die Umstände ihrer Tat, das Gewicht des bei einem Rückfall bedrohten Rechtsguts, das Verhalten der verurteilten Person im Vollzug, ihre Lebensverhältnisse und die Wirkungen zu berücksichtigen, die von der Aussetzung für sie zu erwarten sind.**

(2) **Schon nach Verbüßung der Hälfte einer zeitigen Freiheitsstrafe, mindestens jedoch von sechs Monaten, kann das Gericht die Vollstreckung des Restes zur Bewährung aussetzen, wenn**
1. die verurteilte Person erstmals eine Freiheitsstrafe verbüßt und diese zwei Jahre nicht übersteigt oder
2. die Gesamtwürdigung von Tat, Persönlichkeit der verurteilten Person und ihrer Entwicklung während des Strafvollzugs ergibt, daß besondere Umstände vorliegen,

und die übrigen Voraussetzungen des Absatzes 1 erfüllt sind.

(3) [1]**Die §§ 56a bis 56e gelten entsprechend; die Bewährungszeit darf, auch wenn sie nachträglich verkürzt wird, die Dauer des Strafrestes nicht unterschreiten.** [2]**Hat die verurteilte Person mindestens ein Jahr ihrer Strafe verbüßt, bevor deren Rest zur Bewährung ausgesetzt wird, unterstellt sie das Gericht in der Regel für die Dauer oder einen Teil der Bewährungszeit der Aufsicht und Leitung einer Bewährungshelferin oder eines Bewährungshelfers.**

(4) **Soweit eine Freiheitsstrafe durch Anrechnung erledigt ist, gilt sie als verbüßte Strafe im Sinne der Absätze 1 bis 3.**

(5) [1]**Die §§ 56f und 56g gelten entsprechend.** [2]**Das Gericht widerruft die Strafaussetzung auch dann, wenn die verurteilte Person in der Zeit zwischen der Verurteilung und der Entscheidung über die Strafaussetzung eine Straftat begangen hat, die von dem Gericht bei der Entscheidung**

über die Strafaussetzung aus tatsächlichen Gründen nicht berücksichtigt werden konnte und die im Fall ihrer Berücksichtigung zur Versagung der Strafaussetzung geführt hätte; als Verurteilung gilt das Urteil, in dem die zugrunde liegenden tatsächlichen Feststellungen letztmals geprüft werden konnten.

(6) **Das Gericht kann davon absehen, die Vollstreckung des Restes einer zeitigen Freiheitsstrafe zur Bewährung auszusetzen, wenn die verurteilte Person unzureichende oder falsche Angaben über den Verbleib von Gegenständen macht, die der Einziehung von Taterträgen unterliegen.**

(7) **Das Gericht kann Fristen von höchstens sechs Monaten festsetzen, vor deren Ablauf ein Antrag der verurteilten Person, den Strafrest zur Bewährung auszusetzen, unzulässig ist.**

Fassung: Anpassung von Abs. 6 an § 73 nF durch das Vermögensabschöpfungsgesetz (→ Vor § 73 Rn. 3–7).

1. Die Vorschrift gilt nur für die Aussetzung des Strafrestes bei **zeitiger Freiheitsstrafe,** nach überwiegender, wegen ihrer Ergebnisse aber wenig überzeugenden Rspr. (OLG Koblenz NStZ 1987, 120 und 1995, 254; Weber GS Schröder, 1978, 175; Dölling NStZ 1981, 86) nicht bei Ersatzfreiheitsstrafe (OLG Jena NStZ 1999, 317 mablAnm Seebode; OLG Zweibrücken StV 2001, 414; OLG Oldenburg StraFo 2006, 247; Bublies, Die Aussetzung des Restes der Ersatzfreiheitsstrafe, 1989; Wagner Rpfleger 1997, 421; Dünkel in NK-StGB Rn. 7; Fischer Rn. 3; Paeffgen in SK-StPO § 454 Rn. 3; für Einbeziehung de lege ferenda Schatz ZRP 2002, 438) und auch nicht bei Geldstrafe (zu ihrer kriminalpolitischen Bedeutung → Vor § 56 Rn. 1; zu ihrer Anwendung in der Praxis expl. Cornel MschrKrim 2002, 428; Meier JZ 2010, 113 (114); Dünkel in NK-StGB Rn. 104). Besonders geregelt sind die entsprechende Aussetzung bei **lebenslanger Freiheitsstrafe** (§ 57a), bei **Jugendstrafe** (§§ 88, 89a JGG; auch bei Vollstreckung im Erwachsenenvollzug, die an die Staatsanwaltschaft abgegeben ist; BGHSt 64, 273 = NJW 2020, 1152; OLG Hamburg StraFo 2013, 349; OLG Karlsruhe NStZ-RR 2018, 30; aM KG StraFo 2011, 372) und bei **Strafarrest** (§ 14a II WStG) sowie die Aussetzung von **Maßregeln** nach Vollzugsbeginn (vgl. etwa § 67d II). Internationaler Vergleich bei Dünkel in NK-StGB Rn. 90–106. §§ 57ff. gelten auch für die Vollstreckung eines gem. §§ 48ff. IRG für vollstreckbar erklärten **ausländischen Urteils** (OLG Köln NStZ-RR 2013, 58; OLG Karlsruhe NStZ-RR 2012, 145). 1

2. Die **Voraussetzungen des Abs. 1:** 2

a) Nr. 1: Die **zeitliche Schranke** ist nach der im Urteil verhängten Strafe zu berechnen; hält man die Aussetzung bei Ersatzfreiheitsstrafe für zulässig (→ Rn. 1), so ist auch hier die verhängte Strafe maßgebend (so überzeugend OLG Zweibrücken MDR 1987, 782; OLG Koblenz NStZ 1995, 254; anders ua Preisendanz JR 1976, 467; Zipf JR 1977, 122, nach denen die unter Berücksichtigung von Teilzahlungen tatsächlich zu vollstreckende Strafe Berechnungsgrundlage ist). Möglich ist eine Aussetzung aber nur, wenn noch ein aussetzungsfähiger Strafrest vorhanden ist (KG StraFo 2015, 128).

aa) **Milderungen der verhängten Strafe im Gnadenwege** bleiben außer Ansatz, weil sie Vergünstigungen sind, die ohne Bindung an rechtliche Maßstäbe bewilligt werden und deshalb nicht widerspruchsfrei in das Strafensystem integriert werden können (OLG Saarbrücken NJW 1973, 2037; OLG Oldenburg MDR 3

1984, 772; Hubrach in LK-StGB Rn. 6; aM Streng Sanktionen Rn. 230; Dünkel in NK-StGB Rn. 5; Schall in SK-StGB Rn. 5; → § 57a Rn. 8).

4 bb) Freiheitsstrafe wird vor allem durch **Anrechnung von UHaft oder anderer Freiheitsentziehung** – und zwar im Hinblick auf deren verbüßungsgleiche Wirkung auch durch gnadenweise Anrechnung (OLG Hamburg MDR 1977, 771) – erledigt. Darüber hinaus genügt aber, wie sich aus **Abs. 4** ergibt, auch Anrechnung von Geldstrafe nach § 51 II, von Leistungen nach § 56f III 2 und von Zeiten freiwilligen Aufenthalts in einer Therapieeinrichtung nach § 36 I, III BtMG (Dünkel in NK-StGB Rn. 8).

5 cc) Der Verurteilte muss sich zurzeit der Entscheidung nicht unbedingt in **Strafhaft** befinden (OLG Düsseldorf StV 1994, 194). Die Aussetzung ist daher zB auch zu prüfen, wenn die im Urteil angerechnete Freiheitsentziehung (§ 51) die mindestens zu verbüßende Zeit voll abdeckt (so schon BGH MDR 1959, 1022; sa OLG Celle NStZ 1985, 188) oder wenn die Strafvollstreckung nach § 455a StPO unterbrochen ist (KG NStZ 1983, 334). Umgekehrt steht ein in anderer Sache bestehender Haftbefehl als solcher der Aussetzung nicht entgegen (hM; vgl. Kölbel StV 1998, 236).

6 dd) Sind **mehrere selbständige Freiheitsstrafen** zu vollstrecken, so ist § 454b StPO zu beachten, mit dem das Gesetz die im früheren Recht umstrittene Rechtslage im Sinne des von der Rspr. nahezu einhellig anerkannten sog. Unterbrechungsmodells (zusf. Jabel MDR 1980, 718 mwN) entschieden und dem sog. Ganzheitsmodell (zusf. Doller ZRP 1978, 55 mwN) die Grundlage entzogen hat (→ Rn. 31–33).

7 **b) Nr. 2:** Ähnlich wie in § 56 I (→ § 56 Rn. 8–14) bedarf es einer **günstigen,** in ihren Anforderungen allerdings weniger restriktiven, **Täterprognose** (krit. zur ungenügenden Treffsicherheit aller Prognosemethoden Frisch ZStW 102 (1990), 707 (725); → § 56 Rn. 14).

7a aa) Nicht erforderlich ist die Erwartung (→ § 56 Rn. 8) künftig straffreier Führung. Es genügt vielmehr, dass die Aussetzung unter Berücksichtigung des Sicherheitsinteresses der Allgemeinheit **verantwortet** werden kann. Diese Neufassung durch das SexBG (→ Vor § 1 Rn. 13), die die Erprobungsklausel des früheren Rechts durch die Worte ersetzt hat, „wenn verantwortet werden kann zu erproben, ob der Verurteilte außerhalb des Strafvollzugs keine Straftaten mehr begehen wird", bedeutet keine Verschärfung des Maßstabs, sondern nur eine Klarstellung (BT-Drs. 13/9062, 9 (10); BVerfGE 117, 71 = NJW 2007, 1933; OLG Hamm NStZ 1998, 176; OLG Bamberg NJW 1998, 3508; OLG Stuttgart StV 1998, 668 mAnm Schüler-Springorum; KG NJW 1999, 1797; Rosenau StV 1999, 388; Cornils MschrKrim 2002, 424; Dölling FS Rolinski, 2002, 55 (59); krit. Rotthaus NStZ 1998, 597 (599); Streng ZStW 111 (1999), 827 (834); Dünkel in NK-StGB Rn. 16; aM OLG Koblenz NStZ 1998, 591 mkritAnm Feuerhelm NStZ 1999, 270; Boetticher MschrKrim 1998, 354 (363)).

7b Für die Strafrestaussetzung vorauszusetzen ist daher, dass im Laufe des Vollzugs die **Möglichkeit straffreier Führung** so viel **wahrscheinlicher** geworden ist, dass nach der Überzeugung des Gerichts eine reale Bewährungschance besteht und dass deshalb im Interesse der konsequenten Rückführung des Verurteilten in die Freiheit das Risiko seiner Entlassung, namentlich auch bei Berücksichtigung des Sicherheitsinteresses der Allgemeinheit (BGH NStZ-RR 2003, 200; OLG Koblenz NJW 1981, 1522; OLG Karlsruhe StV 2007, 12; OLG Bamberg OLGSt § 57 Nr. 59), vertretbar erscheint (näher zu der hier entstandenen umfangreichen Kasuistik Frisch FS Kaiser, 1998, 765 (777–779); Schall in SK-StGB Rn. 16, 17; Kinzig in Schönke/Schröder Rn. 9–12, 16, 17; Fischer Rn. 12–18; sa BVerfGE 70, 297; Wesemann StraFo 2009, 59 (63); beachte ferner OLG Düsseldorf NStZ-RR 2000, 187). Dieses Risiko ist umso größer, je schwerer das bei einem Rückfall bedrohte Rechtsgut wiegt, je gefährlicher die Straftaten sind, die der Verurteilte möglicherweise in der Freiheit begehen wird (BVerfGE 117, 71 = NJW 2007, 1933; Schmidt MDR 1991, 185; BGH NStZ-RR 2003, 200; OLG Stuttgart Justiz 1998, 289; OLG Karlsruhe StV 2007, 12) und je kriminogener die künftigen Umweltverhältnisse voraussichtlich sein werden. Diesem Risiko hat der Gesetzgeber, wie sich aus den Materialien zum SexBG ergibt, namentlich bei triebhaft motivierten, an Kindern und Frauen begangenen Taten (zum Kindesmissbrauch schon KG JR 1970, 428; OLG Düsseldorf NJW 1973, 2255), außerdem auch bei Verbrechen und schweren Gewalttaten der in §66 III 1 beschriebenen Art besonderen Stellenwert beigemessen und deshalb den Gesetzestext durch die ausdrücklichen Hinweise auf das Sicherheitsinteresse der Allgemeinheit und das Gewicht des bei einem Rückfall bedrohten Rechtsguts ergänzt (OLG Hamm NStZ-RR 2010, 338); ähnliches gilt für Taten, die zur Organisierten Kriminalität zählen (KG StraFo 2021, 84) und bei Tatbegehung aus rechtsextremer Gesinnung (OLG Brandenburg OLGSt StGB §57 Nr 67).

Bei Verurteilungen wegen solcher Taten ist unter den näheren Voraussetzungen des §454 II Nr. 1, 2 StPO (→Rn. 34a) ein **Sachverständigengutachten** zur Gefährlichkeit des Verurteilten einzuholen und idR mit den Verfahrensbeteiligten mündlich zu erörtern (vgl. BGH NStZ-RR 2012, 8; OLG Bremen StV 2015, 233; krit. Schöch NJW 1998, 1257 (1259); Schöch FS Kaiser, 1998, 1239 (1241); Streng ZStW 111 (1999), 827 (834); zust. jedoch Schneider JZ 1998, 436 (440); zur Problematik sa BT-Drs. 13/9062, 14; zu Vorbereitung, Inhalt und Aufbau des Gutachtens bei unbefristeten Freiheitsentziehungen (lebenslange Freiheitsstrafe, Sicherungsverwahrung) Kröber NStZ 1999, 593; zum sachlichen Gewicht der vorgeschriebenen Anhörung der Vollzugsanstalt (§454 I StPO) im Vergleich zu dem des Sachverständigengutachtens (§454 II Nr. 2 StPO) beachte ferner OLG Zweibrücken NStZ 2000, 446 mAnm Molketin NStZ 2001, 112; zum Verzicht auf eine eigene Diagnose OLG Karlsruhe RuP 2016, 271). Weigert sich der Verurteilte, bei der Begutachtung mitzuwirken, so scheidet – wie in den Fällen des §57a (→§57a Rn. 11) – die Aussetzung aus (OLG Karlsruhe NStZ 1991, 207; NStZ-RR 2004, 384; anders bei nachvollziehbaren Gründen OLG Celle NStZ-RR 2008, 260; beachte §52 StPO). Mindestens in diesem speziellen Bereich, aber auch ganz allgemein hat das SexBG die Gewichte bei der Gesamtwürdigung zugunsten der Wahrung des Sicherheitsinteresses verschoben. Die Praxis wird darauf unter Beachtung des Umstandes zu reagieren haben, dass die gesetzgeberischen Beratungen unter dem Druck einer durch bedauerliche Vorkommnisse aufgeheizten Stimmungslage in der Bevölkerung und den Medien gestanden haben. Auf der anderen Seite hat das BVerfG vor allem für die lebenslange Freiheitsstrafe (→§51a Rn. 11), in gleicher Weise aber auch für lange zeitige Freiheitsstrafen (zB in BVerfG NJW 2000, 501 (502) mablAnm Kröber NStZ 2000, 613) verfassungsrechtliche Schranken entwickelt, die den Begründungsaufwand der Fachgerichte stark vermehrt und ihren Beurteilungsspielraum nachhaltig eingeschränkt haben. Zu prüfen ist namentlich auch bei §57 der Verhältnismäßigkeitsgrundsatz (BVerfG NStZ-RR 2012, 385), wobei die zu berücksichtigenden Umstände durch Abs. 1 S. 2 konkretisiert werden (OLG Brandenburg BeckRS 2016, 1602; zu §57a BVerfGE 117, 71 (112) = NJW 2007, 1933). 7c

8 bb) Nach ihrer Entstehungsgeschichte hat **Nr. 2** nur den Sinn, mit Rücksicht auf die Gegebenheiten des Vollzugs gegenüber § 56 I die **Anforderungen** an die Täterprognose **abzumildern** (Begr. zu § 79 E 1962, S. 204). Diesem ausschließlich spezialpräventiven Zweck würde es zuwiderlaufen, mit Hilfe des Merkmals „verantworten" in Anlehnung an das frühere Recht (zB KG JR 1967, 149) den Strafzweck der Generalprävention oder das Erfordernis allseitiger Abwägung der Strafzwecke ins Spiel zu bringen (BVerfG NJW 1994, 378). Das schließt indessen nicht aus, schuldbezogene Umstände, namentlich auch die Schuldschwere und die entfaltete kriminelle Energie, als Indizien für die Prognose heranzuziehen; selbständige Bewertungsfaktoren sind sie aber nicht (OLG Koblenz StV 1998, 389) und überwiegend auch (zB Schuldeinsicht, Schuldverarbeitung) von zweifelhaftem und schwer abschätzbarem Indizwert (missverständlich OLG Bamberg NStZ 1989, 389 mkritAnm Müller-Dietz StV 1990, 29). Die emotionale Haltung des Täters zur Tat und die Tataufarbeitung können relevante Umstände sein (OLG Bamberg NJW 1998, 3508; OLG Hamm NStZ-RR 2010, 187; NStZ-RR 2010, 338), etwa das Lösen von einer radikalen Einstellung (BGH NStZ-RR 2018, 228). Die Verantwortbarkeitsklausel (ebenso auch in § 88 JGG) setzt eine Wahrscheinlichkeitsprognose für die Legalbewährung in Freiheit voraus, wobei die Anforderungen an die Aussicht auf künftige Straffreiheit umso höher anzusetzen sind, je schwerer sich die betreffenden Taten darstellen (BGH NStZ-RR 2018, 126).

9 cc) Im Einzelnen stützt sich die **Abwägung** bei der nach Maßgabe der Ausführungen unter → Rn. 7 zu erstellenden **Prognose** auf die unter → § 56 Rn. 9–14 (ergänzend Dünkel in NK-StGB Rn. 107–133) dargelegten Gesichtspunkte (hM; einschr. Frisch, Prognoseentscheidungen im Strafrecht, 1983, S. 142; zur Verschiedenartigkeit der Prognoseentscheidungen nach § 57 I 1 Nr. 2 und § 66 I Nr. 3 s. BVerfG NStZ-RR 2003, 282). Einzubeziehen sind nach Abs. 1 S. 2 das Gewicht des bei einem Rückfall bedrohten Rechtsguts (OLG Karlsruhe StV 2008, 314, sexuelle Selbstbestimmung) und das Verhalten im Vollzug (OLG Stuttgart Justiz 2007, 115; beachte OLG Köln StV 1991, 568; zu Vollzugslockerungen BVerfG StV 2003, 677; StV 2012, 543; sowie OLG Karlsruhe Justiz 2008, 142; OLG Bremen StraFo 2012, 116 jeweils zur zu Unrecht versagten Vollzugslockerung; zur Bedeutung des Leugnens einer Straftat im Verfahren nach § 57 OLG Karlsruhe Justiz 2008, 142; OLG Köln NStZ-RR 2015, 29 mAnm Brettel StV 2015, 239; Bock/Schneider NStZ 2003, 337; Brettel, Tatverleugnung und Strafrestaussetzung, 2007; beachte auch OLG Frankfurt a. M. NStZ-RR 2005, 248, kein Verstoß gegen Unschuldsvermutung durch Prognose; auch ein anhängiges anderes Strafverfahren kann bei der Prognose ohne Verstoß gegen die Unschuldsvermutung verwertet werden, OLG Hamm NStZ 2004, 685, NStZ-RR 2005, 154; StraFo 2008, 81; KG NStZ 2007, 472; NStZ-RR 2008, 157; OLG Bamberg OLGSt StGB § 57 Nr. 59; Fischer Rn. 17c; dagegen unterliegen getilgte Vorstrafen einem Verwertungsverbot, OLG Karlsruhe StRR 2015, 283). Bedeutung können dabei auch während des Vollzugs in den Lebensverhältnissen eingetretene (zB Kastration) oder durch Vollzugsmaßnahmen herbeigeführte Veränderungen haben; hierher gehören namentlich pädagogische und therapeutische, uU von externen Psychotherapeuten unterstützte Bemühungen im Vollzug (OLG Karlsruhe NStZ 1998, 638; StV 2007, 12; Schöch NJW 1998, 1257 (1261); beachte auch OLG Bremen NStZ-RR 2000, 671; OLG Hamm StV 2001, 308). Abzuwägen ist ferner, ob und wie weit der bloß zeitliche Aufschub des Sicherheitsrisikos durch Versagung der Aussetzung die Preisgabe der mit einer Aussetzung verbundenen spezial-präventiven Vorteile (Hilfs- und Kontrollmaßnahmen nach der Entlassung; Motivationsdruck usw) rechtfertigen kann

(Frisch ZStW 102 (1990), 707 (735); Streng Sanktionen Rn. 234; Dünkel in NK-StGB Rn. 20); die Möglichkeit einer Führungsaufsicht nach Vollverbüßung (§ 68f) ist dafür kein vollwertiger Ausgleich (Schöch NJW 1998, 1257 (1262)). Beim Zusammentreffen mehrerer selbständiger Strafen (→ Rn. 6) sind alle Strafen zu berücksichtigen (Friedrichs MDR 1956, 148; Schmidt NJW 1960, 278).

Nachdem das SexBG (→ Vor § 1 Rn. 13) die **§§ 6, 7, 9, 199 StVollzG** geändert oder ergänzt hat, kann für die Abwägung auch der Umstand Gewicht haben, ob und mit welchem Erfolg im Vollzug die Behandlung eines wegen einer Sexualstraftat Verurteilten (§§ 174–180, 182) in einer sozialtherapeutischen Anstalt (→ Vor § 63 Rn. 2) durchgeführt worden ist. Diese Neuregelung bildete einen Schwerpunkt des SexBG (krit. zu den damit verbundenen Erwartungen Jäger ZRP 2001, 28; positiver Dünkel in NK-StGB Rn. 41). Inzwischen haben die Bundesländer eigene LStVollzG erlassen, die zT entsprechende Bestimmungen enthalten (zB Hamburg § 10). **9a**

dd) **Zweifel** über das Prognoseurteil gehen – ebenso wie bei den Entlassungsprognosen im Maßregelrecht (→ § 61 Rn. 5) – zu Lasten des Verurteilten (OLG Düsseldorf VRS 86, 113; OLG Hamm StraFo 2008, 81 (82); OLG Bamberg OLGSt StGB § 57 Nr. 59; Hubrach in LK-StGB Rn. 21; aM Streng Sanktionen Rn. 666). Kann eine ausreichend günstige Legalprognose allein wegen zu Unrecht versagter vollzugsöffnender Maßnahmen nicht getroffen werden, kann wegen des bestehenden Prognosedefizits entsprechend § 454a Abs. 1 StPO die Aussetzung des Strafrestes zur Bewährung unter Bestimmung eines künftigen Entlasszeitpunktes angeordnet werden (OLG Karlsruhe NStZ-RR 2021, 191; vgl. auch BVerfG NStZ-RR 2020, 293). **10**

c) Nr. 3: Mit der hier vorausgesetzten **Einwilligung** räumt das Gesetz ein Recht auf Vollverbüßung ein (hM; anders Laubenthal JZ 1988, 951; krit. Böhm in Ebert, Aktuelle Probleme der Strafrechtspflege, 1991, S. 199); damit soll namentlich verhütet werden, dass dem Verurteilten die von seiner Mitarbeit abhängige Maßnahme aufgezwungen wird (krit. Böhm in Ebert, Aktuelle Probleme der Strafrechtspflege, 1991, S. 209; Kett-Straub FS Stöckel, 2010, 377 (394)). Deshalb ist es nicht geboten (OLG Düsseldorf NStZ 1994, 454; aM OLG Düsseldorf NJW 1993, 1665; OLG Rostock NStZ 2001, 278 mablAnm Arnoldi NStZ 2001, 503; Laubenthal JZ 1988, 951 (955)), häufig aber doch angezeigt, das Aussetzungsverfahren nach Verweigerung der Einwilligung nicht lediglich mit einem Aktenvermerk, sondern mit einer Entscheidung abzuschließen (Paeffgen in SK-StPO § 454 Rn. 10). Die Einwilligung, wie auch ihre Rücknahme, eine formfreie (OLG Celle BeckRS 2016, 16727; Groß in MüKoStGB Rn. 13) materiell-rechtliche Willenserklärung (OLG Hamm NStZ-RR 2013, 327) kann auch noch im Beschwerdeverfahren erteilt (OLG Karlsruhe MDR 1977, 333; OLG Stuttgart MDR 1990, 845) und bis zur Rechtskraft des Aussetzungsbeschlusses zurückgenommen werden (OLG Düsseldorf MDR 1995, 304; NStZ-RR 2014, 94; OLG Köln StraFo 2011, 415). Gibt der Verurteilte keine Erklärung ab, scheidet eine Strafaussetzung aus (OLG Celle Nds. Rpfl. 2017, 312). Dass der Verurteilte die Einwilligung verweigert hat, darf in einem späteren Verfahren nicht strafschärfend berücksichtigt werden (BGH NJW 1969, 244). **11**

3. Abs. 2 lässt die Aussetzung des Strafrestes schon **nach Verbüßung der Hälfte einer zeitigen Freiheitsstrafe** zu, wenn mindestens sechs Monate verbüßt sind (→ Rn. 18) und wenn neben den Voraussetzungen des Abs. 1 Nr. 2, 3 **12**

(→ Rn. 7–11) auch die Voraussetzungen **entweder der Nr. 1 oder der Nr. 2** vorliegen.

13 **a) Nr. 1: Erstmalige Verbüßung einer Freiheitsstrafe von nicht mehr als zwei Jahren.** Mit diesem Erstverbüßerprivileg soll die Resozialisierungschance genutzt werden, die darin liegt, dass der erstmalige Vollzug einer Freiheitsstrafe idR „am spürbarsten" empfunden wird (BT-Drs. 10/2720, 11; soweit namentlich das KG NStZ 2007, 472; NStZ-RR 2006, 354 wegen vorausgegangenen Bewährungsversagens eine Ausnahme machen will, geht es der Sache nach um einen in die Abwägung einzustellenden Aspekt, → Rn. 9).

14 aa) Zu den möglichen Arten der **zur Aussetzung anstehenden Freiheitsstrafe** → Rn. 1 (sa Maatz MDR 1985, 797 (799)). Die **Zweijahresgrenze** bestimmt sich – auch bei Gesamtstrafen – nach der Höhe der erkannten Strafe; deshalb keine Aussetzung, wenn die Grenze nur infolge Anrechnung (Abs. 4) unterschritten wird (→ Rn. 16).

15 bb) **Erstmals** wird Freiheitsstrafe verbüßt, wenn zuvor keine andere Freiheitsstrafe ganz oder teilweise – sei es auch in einem kurzen Zeitraum (zB Vollstreckung einer kurzfristigen Strafe nach Widerruf der Aussetzung) – tatsächlich verbüßt worden ist. Diese **vorverbüßte Freiheitsstrafe** ist nicht technisch iSd § 38 zu verstehen. Nach dem Zweck des Abs. 2 genügt auch Jugendstrafe (hM; OLG Stuttgart JZ 1987, 1085 mablAnm Eisenberg; OLG Karlsruhe NStZ 1989, 323; anders Eisenberg NStZ 1987, 167). Nach dem Gesetzeswortlaut müssten ferner Ersatzfreiheitsstrafe (§ 43) und Strafarrest (§ 9 WStG) ausreichen, weil sie ebenfalls Freiheitsstrafen sind (→ § 43 Rn. 1; → § 38 Rn. 1). Die Ersatzfreiheitsstrafe scheidet jedoch auf Grund teleologischer Reduktion aus, weil ihre Einbeziehung eine unvertretbare Schlechterstellung mittelloser Verurteilter bedeuten würde (OLG Zweibrücken MDR 1988, 984; OLG Stuttgart StV 1994, 250; Greger JR 1986, 353 (356)). Offenbar sollte auch der Strafarrest ausgenommen werden (so ohne Begr. BT-Drs. 10/2720, 11). Dafür sprechen in der Tat sein eng begrenzter Zeitrahmen, seine spezifisch militärische Zielsetzung und die Möglichkeit, Strafaussetzung auch zur Wahrung der Disziplin zu versagen (§ 14a I WStG); seine Ausscheidung ist deshalb vertretbar (iErg ebenso Maatz MDR 1985, 797 (799); Kinzig in Schönke/Schröder Rn. 23a), und zwar auch bei Berücksichtigung des Umstandes, dass die Aussetzungsregelungen in Abs. 1 und in § 14a II WStG wörtlich übereinstimmen (aM Greger JR 1986, 353; Hubrach in LK-StGB Rn. 30). Eingehend dazu, allerdings mit problematischem Ergebnis Herchen, Der „Erstverbüßer" (§ 57 Abs. 2 Nr. 1 StGB), 2000. Nicht ausreichend ist wegen der andersartigen Haftsituation und des entgegenstehenden Gesetzeswortlauts auch der Vollzug von **Maßregeln** (Streng Sanktionen Rn. 239; Dünkel in NK-StGB Rn. 49; beachte zu einer Sonderkonstellation OLG Düsseldorf RuP 2014, 108) und von **UHaft** oder anderer Freiheitsentziehung (§ 51), auch wenn er auf die Strafe angerechnet worden ist (OLG Stuttgart NStZ 1990, 103; OLG Zweibrücken StV 1998, 670; aM OLG Karlsruhe StV 1990, 119 mablAnm Groß; KG NStZ-RR 2014, 157; wie hier nur für kurzfristige UHaft OLG Braunschweig NStZ 1999, 532, alle mwN). Abs. 4 steht dem nicht entgegen, weil die Fiktion der Verbüßung den Verurteilten begünstigen soll und deshalb nicht gegen ihn gewendet werden darf (Hubrach in LK-StGB Rn. 32). Die Vorverbüßung einer nachträglich (§ 55 StGB, § 460 StPO) in eine **Gesamtstrafe** einbezogenen Freiheitsstrafe ist für die Verbüßung der Gesamtstrafe unschädlich. Das folgt zwar nicht zwingend aus dem Wortlaut der Nr. 1, wohl aber aus dem Grundgedanken des § 55 StGB, wonach der Täter durch den Zufall gemeinsamer

oder getrennter Aburteilung weder besser noch schlechter gestellt werden soll (Maatz MDR 1985, 797 (801); Greger JR 1986, 353; Kinzig in Schönke/Schröder Rn. 23a; problematisch OLG Zweibrücken MDR 1987, 603). Gegenüber Vorverbüßungen von Freiheitsstrafen, deren **Eintragung im Bundeszentralregister getilgt oder tilgungsreif** ist, greift das Verwertungsverbot des § 51 II BZRG zwar nicht seinem Wortlaut, wohl aber seinem Schutzzweck nach durch (unstr.). Vorverbüßung **außerhalb des räumlichen Geltungsbereichs** des Gesetzes (→ Vor § 3 Rn. 5) bildet keinen Ausschlussgrund (Maatz MDR 1985, 797 (802); Groß in MüKoStGB Rn. 25; Kinzig in Schönke/Schröder Rn. 23a; aM Greger JR 1986, 353; Hubrach in LK-StGB Rn. 31; → Rn. 40); dies soll nicht für Vorverbüßungen in EU-Mitgliedstaaten gelten (BT-Drs. 16/13673, 7, unter Hinweis auf das Prinzip gegenseitiger Anerkennungen von Verurteilungen und auf den Rahmenbeschluss Vorverurteilung, der eine „rahmenbeschlusskonforme Auslegung" des § 57 gebiete).

cc) Nicht ausdrücklich geregelt ist die Behandlung **mehrerer, nacheinander zu vollstreckender selbständiger Freiheitsstrafen** (§ 454b StPO). Das ist ein bedauerlicher gesetzestechnischer Mangel, vor allem weil der Normtext eindeutig an die Freiheitsstrafe im technischen, dh vollstreckungsrechtlichen Sinne anzuknüpfen scheint („eine" Freiheitsstrafe), der Gesetzeszweck aber eher dafür spricht, jeden zusammenhängenden Erstvollzug – sei es auch mehrerer Strafen – als privilegierungswürdig anzuerkennen (so mit Recht schon Maatz MDR 1985, 797 (800)). Die hM stellt deshalb auf den tatsächlichen Erstvollzug ab, bezieht grds. also auch den Anschlussvollzug ein (expl. OLG Zweibrücken NStZ 1986, 572; OLG Karlsruhe NStZ 1989, 323; OLG Stuttgart StV 1994, 250; Eisenberg NStZ 1987, 167; Maatz NStZ 1988, 114; Streng Sanktionen Rn. 239; Fischer Rn. 25; zur zeitlichen Unterbrechung zwecks Abschieben nach § 465a StPO OLG Bremen StraFo 2009, 122; → Rn. 31). Das erweckt Bedenken. Zwar mag der (nach Fischer Rn. 25a nicht eindeutige) Gesetzeswortlaut diese extensive Auslegung zur Not noch decken. Ihre nicht einmal ansatzweise geregelten Konsequenzen sind aber ohne Wertungswidersprüche und Inkaufnahme unbilliger Ergebnisse nicht sinnvoll begrenzbar. So war zwischen den Befürwortern des Modells lange Zeit umstritten, ob die Summe der in den Erstvollzug einbezogenen Strafen die Zweijahresgrenze (→ Rn. 13) nicht überschreiten darf (beachte OLG Stuttgart NStZ 2000, 593; Justiz 2006, 239; OLG Karlsruhe StraFo 2006, 210; OLG Köln NStZ-RR 2007, 251; Groß in MüKoStGB Rn. 48) und ob Erstvollzug auch dann noch zu bejahen ist, wenn sich die Zweitstrafe nicht unmittelbar anschließt, die zugrundeliegende Tat aber vor Vollzugsbeginn begangen wurde (so OLG Zweibrücken NStZ 1987, 175; Kinzig in Schönke/Schröder Rn. 23a; aM Maatz NStZ 1988, 114). Weitere Bedenken kommen hinzu: zufällige Zäsurwirkungen (→ § 55 Rn. 7) können darüber entscheiden, ob eine (uU nicht aussetzungsfähige) Gesamtstrafe oder eine selbständige Anschlussstrafe zu verhängen ist. Strafen wegen Taten, die erst während des Erstvollzugs begangen werden, können als Anschlussstrafen privilegierungsfähig sein. Schließlich kann in Einzelfällen zufälliges oder gezieltes Prozessverhalten, das verfahrensbeschleunigend oder -verzögernd wirkt, den Anschlussvollzug ermöglichen oder vereiteln. Bei dieser Rechtslage ist die Annahme **vorzugswürdig,** dass nur **die erstvollzogene** den erstmaligen Strafvollzug begründet (OLG Hamm MDR 1987, 512; Greger JR 1986, 353 (356); OLG Celle NStZ 1986, 573; Bietz JR 1987, 517; Schmitt in Meyer-Goßner/Schmitt StPO § 454b Rn. 2); hier kann und sollte zugunsten des Verurteilten mit der Vollstreckung der längeren Strafe begonnen werden (§ 43 IV StVollStrO; krit. Maatz StV 1987, 71). Umgekehrt kann

16

die Verbüßung des Restes einer Freiheitsstrafe, dessen gnadenweise Aussetzung zunächst angeordnet, später aber widerrufen worden ist, nicht als Zweitvollzug behandelt werden, obwohl nur eine Strafe verbüßt wurde (so aber OLG Karlsruhe JR 1989, 512 mzustAnm Bietz; zw.).

17 **b) Nr. 2: Besondere Umstände** müssen die Tat, ihre Auswirkungen bzw. die Entwicklung der Täterpersönlichkeit vom Durchschnitt vergleichbarer Fallgestaltungen so deutlich abheben und in einem so milden Licht erscheinen lassen, dass eine Strafaussetzung ohne Gefährdung der allgemeinen Interessen verantwortet werden kann (OLG Brandenburg OLGSt StGB § 57 Nr 64). Die Vorschrift gilt für alle zeitigen Freiheitsstrafen ohne Rücksicht auf deren Länge; die Schwere der Tat steht deshalb der Aussetzung nicht ohne weiteres entgegen (BGH NStZ-RR 2014, 229; OLG Karlsruhe NStZ-RR 1997, 323). Umgekehrt gibt es keine Regel, dass sozialintegrierte Täter nur die Hälfte der Strafe verbüßen müssen (OLG Frankfurt a. M. NStZ-RR 2002, 282; KG StRR 2014, 363). Von der Besonderheit abgesehen, dass hier die Entwicklung im Strafvollzug als Beurteilungselement ausdrücklich hervorgehoben wird und als solches zu Buche schlägt (sa OLG Koblenz StV 1991, 428; OLG Frankfurt a. M. NStZ-RR 1996, 213; StV 2005, 277; OLG Karlsruhe StV 2005, 276; LG Bonn StraFo 2002, 302 mAnm Sauer), verschärft die Nr. 2 die Anforderungen an die Aussetzung in demselben Sinne und nach den gleichen Maßstäben (OLG Stuttgart StV 1985, 831; OLG München NStZ 1987, 74; sa OLG Bamberg StV 1994, 252; LG Hildesheim StV 2008, 36) wie § 56 II (→ § 56 Rn. 18–21; aus der Rspr. vgl. ua OLG Hamm NStZ-RR 2013, 158; OLG Köln NStZ-RR 2015, 189; zur Berücksichtigung von Wiedergutmachung oder TOA mit Reformvorschlägen Steffen ZRP 2005, 218). In die danach erforderliche Gesamtwürdigung (→ § 56 Rn. 19) sind auch die im Urteil des erkennenden Gerichts bereits berücksichtigten Umstände einzubeziehen (OLG Frankfurt a. M. NStZ-RR 1996, 213; OLG Düsseldorf StV 1997, 94; wistra 1997, 151; KG wistra 2017, 363, extrem hoher Steuerschaden); die Tatumstände können jedoch infolge des größeren zeitlichen Abstandes von der Tat gegenüber den persönlichen Umständen an Gewicht verlieren (OLG Stuttgart StV 1995, 261; OLG Jena StV 1998, 503; OLG München NStZ 2016, 677 mAnm Linkhorst); problematisch ist eine generelle Absage an Abs. 2 Nr. 2 bei bestimmten Deliktsgruppen wie zB schwerwiegenden Betäubungsmittelstraftaten (so aber OLG Köln NStZ-RR 2011, 387). Hat das Urteil im Rahmen einer mehrstufigen Strafdrohung das Vorliegen eines minder schweren Falles verneint, so schließt das die Vergünstigung nicht notwendig aus (OLG München NStZ 1988, 129; OLG Düsseldorf StV 1991, 223). Umgekehrt bildet die Annahme eines minder schweren Falles im Urteil nicht schon als solche ein Indiz für das Vorliegen besonderer Umstände (ebenso Fischer Rn. 29; aM Barton JR 1991, 344); denn für deren Beurteilung kommt es nicht auf das Verhältnis zu den Regelfällen, sondern gerade zu den minder schweren Fällen der jeweiligen Tat an. Zur Anwendung der Nr. 2 in Fällen, in denen schon mehr als die Hälfte, aber noch nicht zwei Drittel der Strafe verbüßt sind, KG NStZ-RR 1997, 27; LG Hildesheim StV 2008, 36.

18 **c)** Zur Berechnung der aus Strafhälfte und Mindestverbüßungszeit von sechs Monaten (krit. dazu Groß StV 1985, 81 (82)) abzuleitenden **zeitlichen Schranken** → Rn. 2. Praktisch können nur Strafen von mehr als neun Monaten zur Anwendung des Abs. 2 führen; hat ein Verurteilter mehrere Strafen von jeweils nicht mehr als sechs Monaten zu verbüßen, kommt eine Aussetzung nach Abs. 2 nicht in

Betracht, weil für die Berechnung der Mindestverbüßungszeit die einzelnen Strafen nicht zusammengezählt werden dürfen (OLG Hamm NStZ-RR 2013, 61).

4. a) Unter den Voraussetzungen des **Abs. 1** ist die Aussetzung des Strafrestes **obligatorisch.** Deshalb ist es unzulässig, innerhalb eines Ermessensspielraums auch andere Strafzwecke als den der Spezialprävention zu berücksichtigen (→ Rn. 8). 19

b) Abs. 2 ist Kann-Vorschrift. Die Aussetzung unterliegt daher **pflichtmäßigem Ermessen** (→ § 46 Rn. 50). In den Fällen der Nr. 1, die mit Abs. 1 strukturgleich ist, muss sie jedoch die Regel bilden (Kindhäuser/Hilgendorf in LPK-StGB Rn. 12; Dünkel in NK-StGB Rn. 63); Versagungen sind hier nur bei Vorliegen besonderer Umstände (zB zwingenden Erwägungen positiver Generalprävention) begründbar (BGH NStZ 1988, 495; OLG Hamburg StV 1990, 414; NStZ-RR 2010, 13 (15); problematisch OLG Karlsruhe MDR 1988, 879; OLG Düsseldorf NStZ 1999, 478 mkritAnm Krehl NStZ 2000, 333; OLG Düsseldorf JR 2001, 296 mablAnm Götting). In Fällen der Nr. 2 können dagegen – wegen der dominierenden spezialpräventiven Zielsetzung allerdings auch nur ausnahmsweise (problematisch OLG Düsseldorf StV 1987, 353 mablAnm Böhm; OLG Hamburg JR 1991, 344 mablAnm Barton) – Schuldgesichtspunkte und generalpräventive Erwägungen im Rahmen der auch hier erforderlichen Gesamtwürdigung (OLG Frankfurt a. M. NStZ-RR 1999, 340) erheblich sein (OLG Karlsruhe MDR 1987, 782; OLG Stuttgart MDR 1993, 157; OLG Hamburg NStZ-RR 2010, 13 (15); aM Roxin FS Bruns, 1978, 183 (193); Mrozynski JR 1983, 133 (137); offen gelassen OLG Celle NStZ 1986, 456 mAnm Schöch; sa BVerfGE 64, 261 = NJW 1984, 33; Boetticher/Dürholt FS Mahrenholz, 1994, 763 (797)). 20

5. Ist **neben der Strafe eine freiheitsentziehende Maßregel (§§ 63–66) angeordnet,** so ist zu unterscheiden: 21

a) Wird die Strafe vor der Maßregel vollzogen, was bei der Sicherungsverwahrung stets, bei den übrigen Maßregeln nur unter den Voraussetzungen des § 67 II, III (→ § 67 Rn. 3–6) vorgesehen ist, so hindert das Bestehen der Unterbringungsanordnung die Aussetzung nicht (OLG Stuttgart MDR 1975, 241). Allerdings wird es häufig an der erforderlichen günstigen Prognose fehlen (KG GA 1956, 155; GA 1957, 148); ist sie aber gegeben, so ist zugleich nach § 67c I die Aussetzung der Unterbringung anzuordnen; denn es ist mit den Zwecken des Rechtsfolgensystems im ganzen unvereinbar, zwar die Voraussetzungen der Aussetzung des Strafrestes zu bejahen, aber eine weitere Unterbringung für erforderlich zu halten (OLG Stuttgart MDR 1975, 241; Mrozynski JR 1983, 133 (138); str.); die Unterbringungsmöglichkeit muss vielmehr bei der Prognose, ob der Täter „außerhalb des Strafvollzugs" keine Straftaten mehr begehen wird, außer Ansatz bleiben (OLG Frankfurt a. M. NJW 1980, 2535). Dem dürfte nicht entgegenstehen, dass im SexBG (→ Vor § 38 Rn. 6–15) der Maßstab für eine günstige Prognose im Maßregelrecht (→ § 67d Rn. 3) geringfügig verschärft worden ist; die hier notwendige Koordinierung hat Vorrang.

b) Wird die Maßregel ganz oder zT vor der Strafe vollzogen, so wird nach § 67 IV 1, V die Zeit des Vollzugs bis zur Zweidrittel-Grenze auf die Strafe angerechnet und zugleich eine vorzeitige Entscheidung über die Aussetzung des Strafrestes zugelassen (→ § 67 Rn. 7–10). Daher ist idR über die Aussetzung der Unterbringung und des Strafrestes gleichzeitig zu entscheiden, wobei auch hier eine unterschiedliche Bewertung der Prognose nicht in Betracht kommt (→ Rn. 21). 22

23 **6. a) Abs. 3** (weitere Anordnungen): Die Dauer des Strafrestes bildet für die **Bewährungszeit** ein spezielles, in keinem Falle unterschreitbares Mindestmaß. Die Bewährungszeit beginnt nach § 56a II 1 mit Rechtskraft der Entscheidung über die Strafaussetzung, dh hier des die Aussetzung des Strafrestes anordnenden Beschlusses (OLG Hamburg NStZ-RR 1999, 330; VRS 122, 275; Hubrach in LK-StGB Rn. 55). Zur Verlängerung der Bewährungszeit nach § 454a I StPO → Rn. 36. Die Erteilung von **Auflagen** ist idR unzweckmäßig, aber dann nicht ausgeschlossen, wenn die Genugtuung für das begangene Unrecht sie ausnahmsweise noch erfordert (hM; OLG Celle StV 1981, 454; Dünkel in NK-StGB Rn. 65; Hubrach in LK-StGB Rn. 57; anders OLG Celle NStZ 1990, 148 mablAnm Arloth). Für Sexualstraftäter kommt namentlich die **Weisung,** sich einer Heilbehandlung oder Entziehungskur zu unterziehen (→ § 56c Rn. 8), in Frage. Die **Unterstellung unter einen Bewährungshelfer** kann bei kurzen Strafresten unterbleiben, kommt aber schon bei Strafen von weniger als einem Jahr nicht nur ausnahmsweise in Frage; bei höheren Strafen ist sie die Regel (Abs. 3 S. 2).

24 **b)** Zum möglichen Zusammentreffen der Bewährungsaufsicht nach § 57 mit einer **Führungsaufsicht** vgl. § 68g.

24a **7. Abs. 5** übernimmt im Hinblick auf den Sachzusammenhang die zuvor in Abs. 3 enthaltene Verweisung auf §§ 56f und g (S. 1). In S. 2 wird ein weiterer Widerrufsgrund „neu normiert" (BT-Drs. 16/3038, 58), der eingreift, wenn die verurteilte Person die Tat zwischen der Verkündung des letzten tatrichterlichen Urteils und der Aussetzungsentscheidung begangen hat. Gemeint sind etwa Taten vor Beginn der Strafvollstreckung, während eines Hafturlaubs oder iRd offenen Vollzugs (BT-Drs. 16/3038, 58). Vorausgesetzt ist, dass die Tat bei der Aussetzungsentscheidung aus tatsächlichen Gründen nicht berücksichtigt werden konnte und im Falle ihrer Berücksichtigung zur Versagung der Strafaussetzung geführt hätte. Erfaßt sind Fälle, in denen die neue Tat dem Aussetzungsgericht nicht bekannt oder nicht nachweisbar war (BT-Drs. 16/3038, 58). Ein Widerruf ist auch auf Grund einer neuen Tat möglich, die nach Ablauf der ursprünglichen Bewährungszeit, aber noch vor Erlass eines rückwirkenden Verlängerungsbeschlusses fällt (OLG Hamm NStZ-RR 2010, 127; aM OLG Frankfurt a. M. NStZ-RR 2008, 221). Die Problematik des Vertrauensschutzes (dazu OLG Köln StraFo 2009, 123) entspricht der bei § 56f (→ § 56f Rn. 7), die der Vereinbarkeit mit der Unschuldsvermutung des Art. 6 II MRK entspricht der bei § 56f I 1 Nr. 1 (→ § 56f Rn. 3). Es gilt für Taten vor dem 18.4.2007 das Rückwirkungsverbot des § 1 (OLG Stuttgart StV 2008, 37; krit. zur Zeitpunktangabe Fischer Rn. 43). § 56f II ist auch bei einem Widerruf nach Abs. 5 S. 2 anwendbar (OLG Hamm NStZ-RR 2015, 108).

25 **8. Abs. 6** (zu seiner Funktion und Entstehungsgeschichte BT-Drs. 10/2720, 11):

a) Einziehung von Taterträgen → § 73 Rn. 1–10. Der Anwendungsbereich erstreckt sich namentlich auf die Tatbeute, aber auch auf alle anderen, in bestimmten Gegenständen konkretisierten unmittelbaren Vermögensvorteile, Nutzungen und Ersatzvorteile iSd § 73 I–III.

26 **b)** Das Absehen von der Aussetzung, für das es auf die Sachlage zurzeit der Entscheidung ankommt (Terhorst JR 1988, 295), unterliegt **pflichtmäßigem Ermessen** (OLG München JR 1988, 294; → § 46 Rn. 50). Es liegt vor allem nahe, wenn es dem Verurteilten darauf ankommt, die Einziehung zu vereiteln oder zu erschwe-

ren, insbes. wenn er falsche Angaben über den Verbleib der Beute macht (BGH bei Döllel/Dreeßen SchlHA 2004, 226 (229)). Zwar wird in solchen Fällen die Aussetzung häufig schon wegen schlechter Prognose unbegründet sein (OLG Hamburg NStZ 1988, 274 mablAnm Geiter/Walter StV 1989, 212; sa OLG Hamm NStZ-RR 1996, 382). Wenn das aber ausnahmsweise – etwa weil der Verurteilte nur aus Furcht vor Repressalien der Mittäter handelt – nicht zutrifft, wird Abs. 5 relevant (vgl. OLG Karlsruhe NStZ-RR 2005, 369; zur Ermessensausübung BT-Drs. 10/2720, 12; BT-Drs. 10/4391, 18). Hinsichtlich des Verbleibs der Beute kann das Vollstreckungsgericht neue Erkenntnisquellen nutzen und ist insofern an gegenteilige Feststellungen des Tatgerichts nicht gebunden (OLG Karlsruhe NStZ-RR 2005, 36).

9. Zuständigkeit und Verfahren §§ 454–454b, 462a StPO. 27

a) Zuständig ist idR die **Strafvollstreckungskammer** (§ 462a I StPO, §§ 78a, 78b GVG), und zwar schon, wenn der von Amts wegen zu beachtende Termin nach Abs. 1 herannaht (BGH NStZ-RR 2021, 390) und auch für die uU notwendigen und zu koordinierenden (→ Rn. 21, 22) Entscheidungen über die Vollstreckung einer neben der Strafe angeordneten Unterbringung sowie für alle nachträglichen Entscheidungen. Ein Abweichen durch das Beschwerdegericht kommt nur ausnahmsweise in Betracht (OLG Hamm StraFo 2009, 300). Bei **Exequatur** sind die Tatsachenfeststellungen, nicht aber die prognostischen Wertungen des erkennenden Gerichts bindend (Fischer Rn. 18); ergänzende Feststellungen sind erlaubt (OLG Hamburg NStZ-RR 2010, 13). Näher zu Organisation und Zuständigkeit NStZ 2000, 446; OLG Karlsruhe NStZ-RR 2001, 253.

b) Die Entscheidung setzt **Rechtskraft** der Verurteilung voraus (BGH GA 28 1982, 219; OLG Düsseldorf DRiZ 1973, 24; diff. Sandermann JZ 1975, 628; str.). Ihr steht nicht entgegen, dass eine vorausgegangene Aussetzung widerrufen worden ist (OLG Stuttgart NStZ 1984, 363 mAnm Ruß; OLG Frankfurt a. M. StV 1985, 25), selbst wenn mit der Vollstreckung des Strafrestes noch nicht begonnen wurde (LG Hamburg NStZ 1992, 253).

c) Die Anordnung der Aussetzung ergeht auf **Antrag oder von Amts wegen** 29 (zur Mitwirkung der Vollstreckungs- und der Vollzugsbehörde § 36 II StVollstrO).

aa) Ist ein **Antrag** – sei es auch nur ein wiederholter (OLG Oldenburg JZ 1955, 23) – **gestellt,** so ist er ohne vermeidbare zeitliche Verzögerung zu bescheiden, ggf. als unzulässig (Abs. 6) oder als verfrüht (dazu OLG Düsseldorf MDR 1987, 1046; → Rn. 36; OLG Dresden StV 1998, 671) zurückzuweisen. – Eine **Antragsbefugnis** mit Beschwerdeberechtigung steht nur den Verfahrensbeteiligten zu (KG JR 1972, 430; Oske MDR 1964, 726), also zB nicht der Ehefrau (OLG Schleswig SchlHA 1958, 288). Acht Monate nach der letzten Anhörung und Entscheidung über die Frage der Reststrafenaussetzung ist auf Antrag des Verurteilten eine erneute Anhörung und Entscheidung in der Sache zwingend geboten (OLG Celle StV 2020, 507).

bb) Auch bei **Fehlen eines Antrags** hat das Gericht **in den Fällen des** 30 **Abs. 1** – wenn keine Anschlussvollstreckung ansteht (→ Rn. 6, 31) – rechtzeitig vor Wegfall der zeitlichen Schranke (→ Rn. 2) mit der Prüfung zu beginnen (BGHSt 27, 302 = NJW 1978, 551) und bei positivem Ergebnis die Aussetzung auf den Zeitpunkt des Eintritts ihrer Zulässigkeit anzuordnen (OLG Celle NJW 1972, 2054; aM KG JR 1972, 430; JR 1973, 120); dadurch soll gewährleistet werden, dass der Verurteilte nicht nur deshalb mehr als das vorgeschriebene Mindestmaß seiner Strafe verbüßen muss, weil bei dessen Ablauf die Entscheidung noch aussteht (OLG Zweibrücken GA 1979, 277; GA 1981, 43). Diese Prüfung von Amts wegen ist auch dann nicht entbehrlich, wenn zuvor eine Aussetzung nach Abs. 2 abgelehnt wurde (für Abs. 2 Nr. 1 aM OLG Oldenburg StV 1987, 70 mablAnm Maatz; OLG Braunschweig Nds. Rpfl. 2002, 62; LG Braunschweig MDR 1994, 607 mit abl. Bespr. Bringewat BewH 1994, 468). Sie ist ferner (freilich nur einmal, OLG Karlsruhe NStZ-RR 2016, 125) **in den Fällen des Abs. 2 Nr. 1** geboten, weil nur so das zweckentsprechende Funktionieren der in § 454b II Nr. 1 StPO getroffenen Regelung sichergestellt werden kann (OLG Oldenburg StV 1987, 70 mablAnm Maatz; aM OLG München MDR 1987, 74). Liegt kein Antrag vor, so ist eine **förmliche ablehnende Entscheidung** zwar stets (auch bei fehlender Einwilligung nach Abs. 1 Nr. 3, → Rn. 11) möglich, aber nicht in jedem Falle geboten (OLG Celle NJW 1972, 2054; LG Mainz MDR 1974, 857; Wolf NJW 1975, 1962; aM KG JR 1973, 120 mAnm Peters; OLG Hamm NJW 1973, 337; OLG Düsseldorf NJW 1993, 1665; Paeffgen in SK-StPO § 454 Rn. 7; zw.), und zwar auch dann nicht, wenn die StA auf eine solche angetragen hat (OLG Hamburg MDR 1979, 516; aM OLG Celle MDR 1973, 695).

31 cc) Steht bei Wegfall der zeitlichen Schranken (→ Rn. 2, 18) die **Anschlussvollstreckung einer anderen Freiheitsstrafe** (nicht Jugendstrafe, OLG Düsseldorf MDR 1988, 79) der Entlassung in die Freiheit entgegen, so gilt nach § 454b StPO folgendes: Mehrere Freiheitsstrafen sind unmittelbar nacheinander zu vollstrecken; jedoch ist grds. die Vollstreckung jeder vorausgehenden Strafe – mit Ausnahme solcher Strafen, die auf Grund Widerrufs einer Aussetzung vollstreckt werden (BGHSt 57, 155 = NJW 2012, 1016; anders ter Veen FS Mahrenholz, 1994, 781; Ullenbruch NStZ 1999, 8), also nicht auch der Strafen, die nach einem Widerruf erst noch vollstreckt werden sollen (BGH NStZ-RR 1996, 221) oder für welche die Aussetzung lediglich abgelehnt wurde (OLG Zweibrücken MDR 1989, 843) – jeweils bei Erreichen der für die Aussetzung des Strafrestes maßgebenden zeitlichen Schranke zu unterbrechen und über die Aussetzung des Strafrestes erst zu entscheiden, wenn das für die Reste aller Strafen gleichzeitig geschehen kann (beachte OLG Düsseldorf JR 1994, 347 mkritAnm Bringewat; OLG Rostock MDR 1994, 501; OLG Hamm NStZ-RR 1997, 124; OLG Frankfurt a. M. NStZ-RR 2012, 189; auch im Rahmen von Abs. 2 Nr. 2, OLG Jena NStZ 2012, 389). Im Anwendungsbereich des § 454b StPO ist für die jeweils erforderlichen Unterbrechungen die Vollstreckungsbehörde zuständig, gegen deren Entscheidungen das Gericht angerufen werden kann (§ 458 II StPO). Fälle, in denen eine bevorzugte Aussetzung nach Abs. 2 Nr. 2 (Vorliegen besonderer Umstände) in Frage kommt, werden von § 454b StPO nicht erfasst (OLG Oldenburg MDR 1987, 75; OLG Celle MDR 1990, 176; aM OLG Zweibrücken NStZ 1989, 592 mablAnm Wendisch JR 1990, 212; OLG Frankfurt a. M. NStZ-RR 1997, 95; OLG Stuttgart NStZ-RR 2003, 253; zw.); jedoch kann die Vollstreckungsbehörde auch hier Unterbrechung nach Hälftevollzug anordnen (§ 43 IV StVollstrO), wobei allerdings ihre Entscheidung nach §§ 23 ff. EGGVG nur auf Ermessensfehler nachprüfbar ist (OLG Celle MDR 1990, 176; OLG Frankfurt a. M. NStZ-RR 1997, 95; sa BGH NJW 1991, 2030; OLG Hamburg MDR 1993, 261).

32 Hat die Vollstreckungsbehörde eine jeweils **gebotene Unterbrechung** aus Gründen versäumt, die in ihrem Verantwortungsbereich liegen (BVerfG NStZ 1988, 474; BGHSt 57, 155 = NJW 2012, 1016), oder hat sie sonst durch sachwidrigen (beachte dazu Funck NStZ 1992, 511) Eingriff in den Vollstreckungsablauf den Zeitpunkt der Vollstreckungsreife aller Strafreste (→ Rn. 31, 33) hinausgescho-

ben (problematisch LG Hamburg NStZ 1992, 253 mAnm Volckart), so darf der Verurteilte dadurch nicht benachteiligt werden. Soweit noch möglich, ist er deshalb so zu stellen, wie er bei rechtzeitiger Unterbrechung gestanden hätte. Dieser Ausgleich erfordert nur die daraus folgende Vorverlegung des Zeitpunktes der Entscheidungsreife (so ua OLG Hamburg MDR 1994, 934; OLG Karlsruhe NStZ-RR 1996, 60); darüber hinaus auch in die vollstreckten oder zu vollstreckenden Strafreste durch Anrechnung bzw. Verrechnung (so ua OLG Celle NStZ 1990, 252; OLG Zweibrücken StV 1998, 670; Volckart NStZ 1992, 254; eing. Wolf, Die Nichtbeachtung des Zwei-Drittel-Zeitpunktes in der Vollstreckung des strafgerichtlichen Freiheitsentzuges, 1988) oder durch rückwirkende Anordnung der Unterbrechung einzugreifen (so OLG Frankfurt a. M. NStZ 1990, 254; Graul GA 1991, 11; Wagner Rpfleger 1997, 421), besteht kein zureichender Grund (zu Schwierigkeiten, die sich für die Ermittlung des Ausgleichs aus der divergierenden Rspr. der OLG zu Abs. 2 Nr. 1 ergeben, Maatz NStZ 1990, 214 (218)). Kommt es später, etwa für eine Gesamtstrafenbildung oder für die formellen Voraussetzungen der Sicherungsverwahrung, auf die genaue Zuordnung der verbüßten Strafzeit an, wird so zu verfahren sein, dass dem Verurteilten aus der verspäteten Unterbrechung keine Nachteile erwachsen, dass ihm aber bereits erlangte Vorteile belassen werden (aM Graul GA 1991, 11). Bei lediglich **nach Ermessen** zulässigen, von der Vollstreckungsbehörde aber versäumten Unterbrechungen, ist eine entsprechende Vorverlegung des Zeitpunktes der Entscheidungsreife nicht möglich, weil es schon an der Zuständigkeit der Strafvollstreckungskammer (§ 454b II StPO) fehlt (aM OLG Celle JR 1991, 76 mAnm Müller-Dietz).

Steht für alle Strafreste die **Entscheidungsreife** bevor (→ Rn. 31), so gelten die Ausführungen unter → Rn. 30 sinngemäß; für einzelne von ihnen die Entscheidung aufzuschieben, ist daher unzulässig (OLG Düsseldorf MDR 1990, 569). Umgekehrt hat der Verurteilte auch keinen Anspruch auf frühere Entscheidung über einzelne Strafreste (OLG Zweibrücken MDR 1989, 843; Greger JR 1986, 353 (357)); nach dem Gesetzeszweck dürfte das auch für Hälfteaussetzungen nach Abs. 2 Nr. 2 gelten, weil eine Entscheidung vor Aussetzungsreife aller Strafen sinnvoll nicht getroffen werden kann (OLG Stuttgart NStZ-RR 2003, 253; Fischer Rn. 11; in einem vergleichbaren Fall ähnlich OLG Karlsruhe NStZ 1988, 73; aM OLG Zweibrücken MDR 1980, 1038). Zu einem Grenzfall im Verfahren, wenn noch nicht alle Strafreste entscheidungsreif sind, beachte OLG Frankfurt a. M. NStZ-RR 2000, 282. 33

d) aa) Der Verurteilte ist vor der Entscheidung – von einzelnen Ausnahmen abgesehen (zB bei einem ausgewiesenen Verurteilten, OLG Bamberg StV 2011, 421) – **mündlich zu hören** (§ 454 I 3, 4 StPO; zur strittigen Anhörungspflicht auch des Beschwerdegerichts OLG Düsseldorf StV 1993, 646; Barton JR 1991, 344). Das gilt auch dann, wenn im Verfahren von Amts wegen (→ Rn. 30) eine ablehnende Entscheidung unterbleiben kann (OLG Celle NStZ 1986, 238). Über die gesetzlich vorgesehenen Ausnahmen hinaus bedarf es einer solchen Anhörung nicht, wenn der Verurteilte dem Gericht gegenüber die erforderliche Einwilligung (→ Rn. 11) versagt oder definitiv auf eine Anhörung in dem Verfahren verzichtet hat (expl. BGH NJW 2000, 1663; nicht bei Irrtum über den Umfang der Entscheidung, OLG Celle Nds. Rpfl. 2015, 98). Die Rspr. lässt noch einige weitere zT umstrittene Ausnahmen zu (BGH NJW 2000, 1663 mwN; str.; sa OLG Düsseldorf NStZ-RR 2000, 315). Zuständig ist idR **das Gericht;** die Anhörung durch ein Mitglied des Spruchkörpers oder durch einen ersuchten Richter genügt nur in be- 34 sonders begründeten Ausnahmefällen (BGHSt 28, 138 = NJW 1978, 2561; OLG Brandenburg NStZ 1996, 405; weniger einschr. OLG Frankfurt a. M. NStZ-RR 1997, 29; beachte auch OLG Nürnberg NStZ 1998, 376; str.), die durch die Vollzugsbehörde niemals (OLG Düsseldorf MDR 1975, 597). Inhalt und Form der Anhörung unterliegen mangels gesetzlicher Regelung pflichtmäßigem Ermessen (näher Stromberg MDR 1979, 353; Bringewat NStZ 1996, 17; sa OLG Karlsruhe NJW 2005, 3013 zur möglichen Videokonferenz); von dem Termin ist der Verurteilte frühzeitig zu benachrichtigen (OLG Nürnberg StV 2003, 683). Der Anspruch des Verurteilten auf **rechtliches Gehör** iÜ bestimmt sich nach § 33 III StPO (OLG Hamm JMBl. NRW 1962, 294; Schmidt MDR 1961, 195); er erstreckt sich auch auf die Stellungnahme der Vollzugsanstalt (BVerfGE 17, 139 = NJW 1964, 293), deren Anhörung nach § 454 I 2 StPO obligatorisch ist (OLG Hamm MDR 1974, 1038; s. jedoch OLG Karlsruhe MDR 1978, 1046; OLG Hamm NJW 1980, 2090). Die Bestellung eines Verteidigers ist nicht in jedem Fall erforderlich (BVerfG NJW 2002, 2773).

34a bb) Zur zwingend vorgeschriebenen **Einholung eines Sachverständigengutachtens** in bestimmten Fällen → Rn. 7–7 c (näher OLG Frankfurt a. M. NStZ 1998, 639 mablAnm Cramer; OLG Zweibrücken NJW 1999, 1124; NJW 2005, 3439; KG NJW 1999, 1797; OLG Hamm NJW 1999, 2453; OLG Karlsruhe StraFo 2004, 70; NStZ-RR 2005, 223). In § 463 III iVm § 454 I StPO ist die Einholung eines solchen Gutachtens **nicht** zwingend vorgeschrieben (idR aber empfehlenswert), wenn das Gericht die Aussetzung nicht erwägt, sondern schon ohne diese Hilfe zu einer ungünstigen Prognose kommt (BGH NJW 2000, 1663; beachte jedoch OLG Nürnberg StV 2003, 682; OLG Stuttgart Justiz 2004, 123; zw.); angesichts des Beschleunigungsgebots in Haftsachen ist dieses Gutachten so früh wie möglich in Auftrag zu geben (BVerfG StV 2011, 41). Bei einer im Einzelfall nicht möglichen mündlichen Anhörung (zB infolge Abschiebung des Verurteilten) ist das Unterbleiben rechtlich folgenlos.

35 **e)** aa) Die Aussetzung kann **nicht rückwirkend** angeordnet werden (OLG Zweibrücken JR 1977, 292 mAnm Schätzler; OLG Stuttgart MDR 1985, 160). Sie wird mit dem in dem Beschluss angegebenen (späteren) Zeitpunkt wirksam; es genügt nicht, diesen Zeitpunkt nur durch Angabe eines „Entlassungszeitraums“ einzugrenzen und dessen Konkretisierung der Vollstreckungsbehörde zu überlassen (OLG Braunschweig NStZ 1999, 532). Fehlt es, was grds. vermieden werden sollte, an der Angabe des Zeitpunktes, so treten Wirksamkeit und nach § 307 I StPO auch Vollziehbarkeit der Aussetzung mit ihrem Ausspruch ein (OLG Zweibrücken JR 1977, 292; aM OLG Karlsruhe NJW 1976, 814; Doller NJW 1977, 2153). Jedoch kann das Gericht die Entlassung nicht selbst anordnen; es hat vielmehr nach § 36 II StPO die Entscheidung der StA zu übergeben, die ihrerseits entweder die Entlassung sofort (bzw. zu dem angeordneten späteren Zeitpunkt) veranlassen oder nach § 454 III StPO sofortige Beschwerde mit aufschiebender Wirkung einlegen kann (OLG Hamm NJW 1978, 175 mablAnm Herrmann NJW 1978, 653).

36 bb) Die für die Aussetzung gebotenen Ermittlungen sind früh einzuleiten, damit auch die Entscheidung selbst **so rechtzeitig** ergehen kann, dass die oft schwierigen, idR aber unverzichtbaren Entlassungshilfen für den Verurteilten (Beschaffung von Wohnung, Arbeit usw) sorgfältig vorbereitet (beachte dazu LG Gießen StV 2001, 33) und durchgeführt werden können. Bei langen Freiheitsstrafen empfiehlt es sich darüber hinaus, in Kontakten zwischen den Vollzugsbehörden und dem Gericht unverbindlich die Ausgangslage zu klären, damit Vollzugsmaßnahmen, die den

Übergang in die Freiheit erleichtern sollen, bei Sexualtätern namentlich auch sozialtherapeutische Behandlungen (OLG Karlsruhe NJW 1998, 3213), einerseits rechtzeitig, andererseits aber auch nicht verfrüht eingeleitet werden (dazu Dünkel BewH 1992, 196 (199); zur lebenslangen Freiheitsstrafe → § 57a Rn. 19). Diesem Zeitbedarf kann nach den konkreten Bedürfnissen, die nicht nur von der Persönlichkeit des Verurteilten, sondern auch von den örtlichen Verhältnissen in der öffentlichen und privaten Sozialarbeit abhängen, flexibel Raum gegeben werden. Aus § 454a I StPO, der eine Verlängerung der Bewährungszeit vorsieht, wenn die Aussetzung mindestens drei Monate vor der Entlassung beschlossen wird (bei Einlegung eines Rechtsmittels entscheidet der Zeitpunkt der Beschwerdeentscheidung, Greger JR 1986, 353 (354); zw.), dürfte zu folgern sein, dass die Aussetzung grds. geraume Zeit vor der Entlassung anzuordnen ist (dazu OLG Düsseldorf MDR 1987, 1046; OLG Zweibrücken NStZ 1991, 207; NStZ 1992, 148). Damit ist kein Risiko verbunden, weil § 454a II StPO die Aufhebung der Aussetzung bis zur Entlassung (in die Freiheit, OLG Dresden NStZ 2000, 614; JR 2001, 171 mablAnm Laubenthal, alle mwN; str. und zw.) zulässt, wenn auf Grund neu eingetretener oder bekannt gewordener (§ 454a II 1 StPO nF) Tatsachen die zunächst angenommene günstige Prognose nicht mehr bejaht werden kann (beachte dazu BVerfG NJW 1994, 377; → Rn. 23). Die Aufhebung der Aussetzung kommt jedoch nur bis zu dem in dem Aussetzungsbeschluss angegebenen Entlassungszeitpunkt in Frage; denn die Einhaltung der Formvorschriften eines freiheitsbeschränkenden Gesetzes ist ein Verfassungsgebot und setzt daher voraus, dass sich der Verurteilte zu Recht in Strafhaft befindet (BVerfG NJW 2001, 2247). Zu beachten ist das in Haftsachen geltende Beschleunigungsgebot (BVerfG StV 2016, 375).

f) Abs. 7 ist **Kann-Vorschrift.** Ob und für welchen Zeitraum eine **Sperrfrist** 37
für einen neuen Antrag festgesetzt wird, steht danach im Ermessen des Gerichts (OLG Düsseldorf NStZ-RR 2011, 326; → § 46 Rn. 45). Die Entscheidung bedarf idR einer kurzen, in Fällen aber, in denen das Fristende mit der Vollvollstreckung ganz oder nahezu zusammenfällt, einer näheren Begründung (OLG Hamm NStZ-RR 1999, 285 (286)); einer bloßen Absichtserklärung des Verurteilten, binnen sechs Monaten keinen Aussetzungsantrag zu stellen, kommt nicht die Bindungswirkung einer gerichtlichen Frist zu (OLG Köln StraFo 2011, 523). Die Anordnung kann auch mit einer von Amts wegen getroffenen ablehnenden Entscheidung nach Abs. 1 (→ Rn. 30) verbunden werden (OLG Hamm NStZ 1983, 265; str.).

aa) Eine Frist darf nur **für die Zeit** festgesetzt werden, in der eine günstige Ver- 38
änderung der Täterprognose nicht zu erwarten ist (OLG Düsseldorf MDR 1983, 247 mwN).

bb) Sie **beginnt** mit dem Erlass, nicht der Rechtskraft der Entscheidung (OLG Braunschweig NJW 1975, 1847; str.). Sie kann nachträglich nicht verkürzt oder aufgehoben werden (OLG München MDR 1987, 782).

cc) Während der Frist gestellte Anträge sind **unzulässig,** soweit der Mangel nicht vor der Entscheidung des Beschwerdegerichts durch Ablauf der Frist geheilt wird (KG NStZ 1985, 523; zw.); jedoch steht das einer (uU gebotenen; → Rn. 19, 30) Prüfung von Amts wegen nicht entgegen, soweit sich die der Sperrfrist zugrunde liegenden Verhältnisse grdl. geändert haben (OLG München MDR 1987, 782 (783); OLG Hamburg NStZ-RR 2015, 29; Hubrach in LK-StGB Rn. 65; Fischer Rn. 35).

g) Wird ein Verurteilter nach **Anordnung der Strafrestaussetzung** nicht zur 39
Bewährung entlassen, erlangt er vielmehr die Freiheit **auf andere Weise** (zB durch

Unterbrechung der Vollstreckung nach § 455a StPO), so werden dadurch die Bestandskraft des Aussetzungsbeschlusses und die Bewährungszeit nicht berührt, etwa erteilte Auflagen und Weisungen aber nicht verbindlich (Maatz MDR 1985, 100 mwN; zw.).

40 **10.** Zu dem für § 57 bedeutsamen erweiterten Einsatz **sozialtherapeutischer Behandlung von Sexualstraftätern** im Strafvollzug → 23. Aufl. 1999, Vor § 38 Rn. 13 (zum Entwicklungsstand dieses Spezialgebiets in der Bundesrepublik ist das kriminologische Schrifttum zum Straf- und Maßregelvollzug heranzuziehen; zu internationalen Erfahrungen Rüther MschrKrim 1998, 246; allg. zur Täterbehandlung zusf. Dölling in Jehle, Täterbehandlung und neue Sanktionsformen. Kriminalpolitische Konzepte in Europa, 2000, S. 21; Meier JZ 2010, 113 (114), der auch die hohen Rückfallquoten analysiert).

§ 57a Aussetzung des Strafrestes bei lebenslanger Freiheitsstrafe

(1) [1]**Das Gericht setzt die Vollstreckung des Restes einer lebenslangen Freiheitsstrafe zur Bewährung aus, wenn**
1. **fünfzehn Jahre der Strafe verbüßt sind,**
2. **nicht die besondere Schwere der Schuld des Verurteilten die weitere Vollstreckung gebietet und**
3. **die Voraussetzungen des § 57 Abs. 1 Satz 1 Nr. 2 und 3 vorliegen.**

[2]**§ 57 Abs. 1 Satz 2 und Abs. 6 gilt entsprechend.**

(2) **Als verbüßte Strafe im Sinne des Absatzes 1 Satz 1 Nr. 1 gilt jede Freiheitsentziehung, die der Verurteilte aus Anlaß der Tat erlitten hat.**

(3) [1]**Die Dauer der Bewährungszeit beträgt fünf Jahre.** [2]**§ 56a Abs. 2 Satz 1 und die §§ 56b bis 56g, 57 Abs. 3 Satz 2 und Abs. 5 Satz 2 gelten entsprechend.**

(4) **Das Gericht kann Fristen von höchstens zwei Jahren festsetzen, vor deren Ablauf ein Antrag des Verurteilten, den Strafrest zur Bewährung auszusetzen, unzulässig ist.**

Fassung: Das 2. JuMoG (→ Vor § 1 Rn. 16) hat Abs. 1 S. 2 und Abs. 3 technisch geändert.

1 **1.** Die auf dem 20. StÄG (→ Vor § 1 Rn. 9) beruhende Vorschrift dient dem Zweck, einer vom BVerfG (BVerfGE 45, 187 (229, 239) = NJW 1977, 1525) erhobenen Forderung nach Humanisierung der lebenslangen Freiheitsstrafe zu entsprechen (BT-Drs. 8/3218, 5; zum „Zusammenspiel" von Schuldausgleich und Prävention Kühl FS Maiwald, 2010, 433 (439); nach Streng JZ 2017, 507, spaltet § 57a die lebenslange Freiheitsstrafe in eine Schuldstrafe und in eine Sicherungsmaßnahme, für die andere Bedingungen gelten sollen). Sie gilt nur für die Aussetzung des Strafrestes bei **lebenslanger Freiheitsstrafe,** lehnt sich aber eng an die entsprechende Regelung bei zeitiger Freiheitsstrafe (§ 57) an (eing. Laubenthal, Lebenslange Freiheitsstrafe, 1987, S. 195; Mysegades, Zur Problematik der Strafrestaussetzung bei lebenslanger Freiheitsstrafe, 1988). Statistische Daten bei Dünkel in NK-StGB Rn. 51–60; zur ungewöhnlich geringen Rückfallquote Kaiser in KSK Kriminologie § 8 Rn. 28.

2 **2.** Nach dem Inkrafttreten des 20. StÄG hatte sich zu § 57a eine weithin gefestigte, nur in Einzelfragen divergierende Rspr. der Oberlandesgerichte entwickelt,

die zunächst auch in der **verfassungsgerichtlichen Normenkontrolle** unbeanstandet geblieben ist (BVerfGE 64, 261 = NJW 1984, 33; BVerfGE 72, 105 = NJW 1986, 2241), obwohl der Ausschlussgrund der besonderen Schuldschwere wegen seiner Unbestimmtheit (→ Rn. 3a–5) und seiner resozialisierungshemmenden Wirkung im Strafvollzug (Müller-Dietz Jura 1983, 628) nicht unproblematisch war (krit. Haffke, Tiefenpsychologie und Generalprävention, 1976, S. 59). Im weiteren Verlauf hat jedoch eine erneute Überprüfung zwar unverändert die Verfassungsmäßigkeit der Vorschrift bestätigt, durch das den früheren Aussagen des Gerichts widersprechende (dazu Meurer JR 1992, 441 (443)) Postulat einer bestimmten verfassungskonformen Auslegung aber die Struktur des Rechtsinstituts grdl. verändert (BVerfGE 86, 288 = NJW 1992, 2947). Abweichend von der im Gesetzeswortlaut eindeutig ausgedrückten Zuständigkeit des Vollstreckungsgerichts für die Entscheidung über alle Voraussetzungen der Strafaussetzung, ist nunmehr in Fällen des Mordes (für die übrigen Fälle fehlt eine Regelung; krit. dazu Meurer JR 1992, 441 (449)) die Frage der besonderen Schuldschwere schon bei der Verurteilung durch das erkennende Gericht für das spätere Verfahren verbindlich zu beantworten. Mit dieser Entscheidung dürfte das BVerfG seine Kompetenz zur Normenkontrolle überschritten und Gesetzgebung in Anspruch genommen haben; die Einwendungen der beiden überstimmten Richter sind insoweit überzeugend (BVerfGE 64, 261 (340, 355) = NJW 1984, 33; ebenso Meurer JR 1992, 441 (445); Radtke FS Müller-Dietz, 2001, 609 (619); krit. auch OLG Karlsruhe NJW 1993, 2189 mAnm Kintzi JR 1993, 386; Stree NStZ 1992, 464; Berkemann JR 1992, 450 (451); Geis NJW 1992, 2938; Eisenberg JZ 1992, 1188; Stark JZ 1994, 189; Boetticher FS Mahrenholz, 1994, 763 (773); Krey JR 1995, 221 (223); v. Hippel FS Geerds, 1995, 137 (153); Duttge FS Eisenberg, 2009, 271; Dünkel in NK-StGB Rn. 27; Fischer Rn. 14) nachdrückliche Kritik ferner in dem Bericht von Kintzi DRiZ 1993, 341 über die Entschließungen der Großen Strafrechtskommission des DRiB zu den Konsequenzen aus der verfassungsgerichtlichen Entscheidung). Wegen ihrer Bindungswirkung ist die Entscheidung in der Praxis der Strafgerichte weitgehend umgesetzt worden, hat aber in zahlreichen Einzelfragen, namentlich im Verfahrensrecht, nicht zu einer abschließenden Klärung geführt. – Zur Berücksichtigung von an sich gesamtstrafenfähigen EU-ausländischen Strafen bei Verhängung einer lebenslangen Freiheitsstrafe mit Feststellung der besonderen Schwere der Schuld vgl. BGHSt 65, 1 = NJW 2020, 3184.

3. Über die **besondere Schwere der Schuld** (Abs. 1 S. 1 Nr. 2) hat in Fällen 3
des Mordes (→ Rn. 2) auf Grund verfassungskonformer Auslegung nicht das Vollstreckungsgericht, sondern bei der Verurteilung schon das **erkennende Gericht** zu befinden. Folgerichtig sind hier auch Fälle des Völkermordes einzubeziehen, soweit sie der absoluten Strafdrohung des § 6 I VStGB unterliegen. Nach der Rspr. sollen auch die übrigen Fälle, in denen lebenslange Freiheitsstrafe nur fakultativ oder in besonders schweren Fällen angedroht ist, in die Zuständigkeit des erkennenden Gerichts fallen (BGHSt 44, 350 = NJW 1999, 1269 mit Bespr. Müller-Dietz JR 2000, 122). Dafür fehlt es aber an einer zureichenden Rechtsgrundlage. Dass auch das BVerfG für den Bereich der Mordtaten Gesetzgebungskompetenz in Anspruch genommen hat (→ Rn. 2), berechtigt die Fachgerichte nicht, ihrerseits den Anwendungsbereich der verfassungsgerichtlichen Regelung zu erweitern; denn diese ist für alle Staatsorgane zwar bindend, begründet aber keine Erweiterung fachgerichtlicher Gesetzgebungskompetenz (Kintzi DRiZ 1993, 341 (342); zweifelnd Müller-Dietz JR 2000, 122; aM Fischer Rn. 3; Hubrach in LK-StGB Rn. 12).

3a a) Die **Schuldschwereklausel** (eing. Revel, Anwendungsprobleme der Schuldschwereklausel des § 57a StGB, 1989; zu „Mängel und Inkonsistenzen" Duttge FS Eisenberg, 2009, 271) beruht auf der gesetzgeberischen, aus den Gesetzesmaterialien hervorgehenden Überlegung, dass die absolute Strafe – abweichend von der zeitigen – auf einem **höchst unterschiedlichen Schuldmaß** beruhen kann (zB Massenmord im Verhältnis zu einem aus einer Konfliktlage erwachsenen Verdeckungsmord) und dass es deshalb nicht sachgerecht wäre, den Aussetzungszeitpunkt in Übereinstimmung mit § 57 I (→ § 57 Rn. 2–11) von der Schuld ganz zu lösen (BT-Drs. 8/3218, 7). Vielmehr soll „eine 18-jährige, 20-jährige oder noch längere Verbüßungszeit" (so BT-Drs. 8/3218, 7; sa OLG Karlsruhe MDR 1995, 841) wegen der besonderen Schuldschwere möglich bleiben. Aus dieser Intention hat die früher hM abgeleitet, dass die Mindestverbüßungszeit das bei einer Verurteilung zur absoluten Strafe unerlässliche Schuldmindestmaß widerspiegele, von dem ab eine Aussetzung des Strafrestes möglich werde (sog. Basisschuld); dieses Maß müsse daher den Ausgangspunkt für die konkrete Bewertung der Schuldschwere bilden (expl. OLG Düsseldorf NStZ 1990, 509; OLG Hamm NStZ 1994, 452; NStZ 1994, 53). Die Frage ist jedoch vor allem nach der Entscheidung des BVerfG strittig geworden, weil innerhalb der Senate des BGH die Tendenz vorherrschend wurde, in Anlehnung an nicht ganz eindeutige Formulierungen des BVerfG (BVerfGE 86, 288 (314) = NJW 1992, 2947; sa BVerfG NStZ 1993, 431) die Basisschuld an den „erfahrungsgemäß gewöhnlich vorkommenden Mordfällen" zu orientieren (BGHSt 39, 121= NJW 1993, 1084; BGHSt 39, 208 = NJW 1993, 1999) mkritAnm Stree JR 1994, 166; Nestler GA 1994, 531; BGH NStZ 2009, 260; anders jedoch BGH NStZ 1994, 77; der Vorlagebeschluss BGH NStZ 1994, 540; sa Salger DRiZ 1993, 391; Foth NStZ 1993, 368; Kintzi FS Salger, 1995, 75). Der Große Senat hat in Analogie zu der Strafzumessungsentscheidung BGHSt 34, 345 = NJW 1987, 3014 jede Anknüpfung an eine Basisschuld verworfen und sich darauf beschränkt, für die Feststellung der besonderen Schuldschwere Umstände von Gewicht zu verlangen und die Entscheidung auf eine Gesamtwürdigung von Tat und Täterpersönlichkeit zu stützen (BGHSt 40, 360 = NJW 1995, 407 mit Bespr. Hauf NJW 1995, 1072; Kintzi JR 1995, 249; Streng JZ 1995, 556; Krümpelmann NStZ 1995, 337; BGH NStZ 41, 57 (62); NStZ 42, 226 (227); NStZ 2003, 146; NStZ-RR 2006, 236; NStZ-RR 2009, 103; krit. Duttge FS Eisenberg, 2009, 271 (283)). Theoretisch erweckt die Entscheidung Bedenken, weil es schon aus Gründen der Logik unausweichlich ist, für die Ermittlung des gesteigerten Grades eines Zustandes einen Basiszustand zugrundezulegen, der den geforderten Vergleich erst möglich macht. Diese Basisschuld kann zur Gewährleistung gerechter Ergebnisse nur in der Mindestschuld bestehen (so überzeugend Streng JZ 1995, 558; Hoffmann-Holland StraFo 2006, 275 (279); sa Kinzig in Schönke/Schröder Rn. 5). Insofern verdeckt die Entscheidung die Problematik nur und lässt alles in einer unstrukturierten Gesamtwürdigung aufgehen, die einer Vereinheitlichung der Praxis kaum förderlich ist (so mit Recht Krümpelmann NStZ 1995, 337 (338)). Andererseits ist die umstrittene Konkretisierung der Basisschuld wegen der Unbestimmtheit der maßgebenden Abgrenzungskriterien für die Einheitlichkeit der Rspr. wenig hilfreich (anders Hoffmann-Holland StraFo 2006, 275 für § 211). Die vom BGH eingeleitete Entwicklung bringt deshalb eine spürbare Vereinfachung, die allerdings nahezu die ganze Verantwortung auf den Tatrichter abwälzt (näher konkretisierend daher Streng JZ 1995, 560).

3b aa) Die Schuldschwere ist entsprechend den Regeln zu ermitteln, die für die **Strafzumessungsschuld** iSd § 46 I (→ § 46 Rn. 1, 22–25, 32) gelten (BVerfG

NJW 1995, 3244; BGHSt 42, 228 = NJW 1996, 3425, BGH NStZ-RR 2001, 296; OLG Karlsruhe JR 1988, 163; Groß in MüKoStGB Rn. 17; krit. Müller-Dietz Jura 1994, 72 (79)); eine Beschränkung auf das „verschuldete Unrecht" in dem Sinne, dass schuldtypisierende, das Unrecht nicht berührende Gesinnungsmomente ausscheiden, findet im Gesetz keine Stütze (so auch Schall in SK-StGB Rn. 9). Getilgte und tilgungsreife Strafen dürfen nicht herangezogen werden, selbst wenn sich der Angeklagte zu seiner Verteidigung auf sie bezogen hat (BGH NStZ-RR 2001, 237). Auch gilt das Doppelvertungsverbot des § 46 III (BGH NStZ-RR 2019, 174; NStZ-RR 2021, 104).

bb) Nach der Entscheidung des Großen Senats (→ Rn. 3a) müssen zur Recht- 4
fertigung der besonderen Schuldschwere **Umstände von Gewicht** vorliegen, die zB in der besonderen Verwerflichkeit der Tatausführung oder der Motive, in der Tötung mehrerer Personen bei einer Tat oder in der Begehung mehrerer Mordtaten oder weiterer schwerer Straftaten bestehen können (BGHSt 40, 360 (370) = NJW 1995, 407). Offenbar knüpft das Gericht damit an die Vorgabe des BVerfG (BVerfGE 86, 288 (313) = NJW 1992, 2947) an, nach der aus dem Begriff der „besonderen" Schuldschwere das Erfordernis eines „weiten" Abstands der konkreten Schuld von der Basisschuld anzulegen ist (sa BVerfG NJW 1994, 1273; Duttge FS Eisenberg, 2009, 271 (284); Hubrach in LK-StGB Rn. 13). Der danach anzulegende Maßstab ist bedauerlicherweise durch den Begriff der Umstände von Gewicht nur höchst undeutlich beschrieben (ähnlich Dünkel in NK-StGB Rn. 11). Immerhin dürfte aber die Grenze in den vielfach erörterten, kaum aber wirklich konkretisierbaren „Durchschnitts"- und „Regelfällen" nicht erreicht werden (so schon OLG Koblenz NStZ 1984, 167; Stree NStZ 1983, 289; aM ua OLG Düsseldorf NStZ 1990, 509; OLG Hamm NStZ 1994, 53; Lenzen NStZ 1983, 543; Fischer Rn. 10, die nur im „unteren" Wertungsbereich besondere Schuldschwere verneinen). Umgekehrt ist aber die im früheren Schrifttum zT geforderte Beschränkung auf eine ganz ungewöhnliche Schuldsteigerung, die dem obersten Bereich der Hochkriminalität zuzuordnen sei (vgl. etwa Meier-Beck MDR 1984, 447 (448); Laubenthal, Lebenslange Freiheitsstrafe, 1987, S. 215, 219; Fünfsinn GA 1988, 164 (170)), nach wie vor mit dem Gesetz nicht vereinbar (beachte auch BGHSt 31, 189 (192) = NJW 1983, 948).

cc) Die Entscheidung ist auf Grund einer (als tatrichterliche Aufgabe nur be- 5
grenzt nachprüfbaren, BGHSt 39, 159 = NJW 1993, 1724; BGH NJW 1996, 3425; NStZ-RR 1996, 354; NStZ-RR 2006, 236; NStZ-RR 2009, 103; NStZ 2003, 146; NStZ 2006, 505) **Gesamtwürdigung** aller in Bezug auf die abgeurteilte Tat schuldrelevanten Umstände und der Täterpersönlichkeit zu treffen (BGH NStZ 2019, 202); dabei schlagen die Umstände von Gewicht erheblich zu Buche, sind aber nicht notwendig ausschlaggebend (BGHSt 40, 360 (370) = NJW 1995, 407; Streng Sanktionen Rn. 250 „tendenziell plausibel"). Schulderhöhend iSd Abs. 1 S. 1 Nr. 2 kann nur die Motivationslage wirken, die in der konkreten Tatsituation zum Tragen kommt; maßgeblich ist allein die Motivation des Täters bei Begehung der Tat und nicht diejenige bei der Tatplanung (BGH NStZ-RR 2021, 384). Es kommt darauf an, ob die Schuld so schwer wiegt, dass der Verzicht auf eine Unterscheidung der Rechtsfolgen aus Gründen der Gerechtigkeit nicht mehr vertretbar wäre. Die in der früheren Rspr. und Lit. erörterten Beispiele für Umstände, die zu berücksichtigen sind, behalten überwiegend ihre Bedeutung (expl. OLG Karlsruhe NStZ 1983, 74 (76); NStZ 1991, 37; Stree NStZ 1983, 289 (291); Lenzen NStZ 1983, 543 (544); zusf. Salger DRiZ 1993, 391). Es genügt nicht, die besondere Schuldschwere lediglich mit dem Vorliegen eines Mordmerkmals zu be-

gründen (OLG Koblenz DAR 1983, 278), es sei denn, dass sich auf Grund der Gesamtwürdigung (BGH NStZ 1999, 501) aus dessen gradueller Steigerung oder dem Zusammentreffen mehrerer solcher Merkmale (BGHSt 39, 159 = NJW 1993, 1724; beachte aber BGH NStZ 2009, 203) eine ausreichende Schulderhöhung ableiten lässt (näher konkretisierend Revel, Anwendungsprobleme der Schuldschwereklausel des § 57a StGB, 1989, S. 100; sa Stree NStZ 1992, 464 (465)); diese kann deshalb in Analogie zu § 46 III nicht allein auf Gründe gestützt werden, die schon Voraussetzung der Mordqualifikation sind (BGHSt 42, 226 = NJW 1996, 3425 mAnm Horn JR 1997, 248; zum Zusammentreffen von § 251 und Habgiermord BGH NStZ 2009, 203). Neben dem Mord begangene, der leichten Kriminalität zuzuordnende Taten sind nicht zu berücksichtigen (BGH NStZ-RR 2002, 137). Erheblich verminderte Schuldfähigkeit schließt die Annahme der besonderen Schuldschwere nicht von vornherein aus (BGH NStZ 2005, 88; Kinzig in Schönke/Schröder Rn. 5).

5a dd) Ebenso wie allgemein bei der Strafzumessung (→ § 46 Rn. 43) darf das gesetzmäßige Recht des Beschuldigten, sich im Prozess zu verteidigen, nicht beeinträchtigt werden (BGH StV 1993, 639 sowie StV 2003, 17 (18)), alle zum Fall fehlender Reue des leugnenden Beschuldigten; zur Entlastung von ehemaligen RAF-Mitgliedern Kett-Straub GA 2007, 332 (342)); zur Geltung des Zweifelsatzes BGH NStZ-RR 2001, 296; → § 46 Rn. 32. – Auch Nachtatverhalten zur Spurenverdeckung erhöht idR nicht die Schuld (BGH NStZ-RR 2018, 334).

6 **b)** Der Tatrichter hat danach die Strafzumessung im Hinblick auf die später mögliche Aussetzung des Strafrestes zu ergänzen und für sie eine tragfähige und zugleich **verbindliche Grundlage** zu schaffen. Um das zu erreichen, hat er das Ergebnis der Schuldschwereprüfung **anzugeben** (BVerfGE 86, 288 (323) = NJW 1992, 2947), das negative in den Urteilsgründen (BGH NJW 1993, 2001; NStZ 2005, 88), das positive dagegen im Urteilsspruch (BGHSt 39, 121= NJW 1993, 1084 mAnm Meurer JR 1993, 251; BGH StV 1993, 244; vgl. auch BGH ZIS 2006, 226 mablAnm Wilhelm). Für diese Angabe genügt der bloße Ausspruch nicht, dass besondere Schuldschwere vorliegt; in den Urteilsgründen müssen vielmehr die Erschwerungsgründe „gewichtet" werden (BVerfGE 86, 288 (322) = NJW 1992, 2947), damit erkennbar wird, wie umfangreich die Schuldsteigerung ist (Stree NStZ 1992, 464; JR 1994, 166). Eine Umsetzung dieser Gewichtung in eine bestimmte Höchstverbüßungsdauer verlangt das BVerfG nicht (BGH StV 1993, 420; Stree NStZ 1992, 464; krit. Rotthaus NStZ 1993, 218 (219)) und schafft daher auch keine Rechtsgrundlage, so zu verfahren (BGH NJW 1997, 878 mAnm Stree NStZ 1997, 277; BGH NStZ-RR 2002, 264; Kintzi DRiZ 1993, 341 (344); Stark JZ 1994, 189 (190)). Aus seiner Sicht ist das inkonsequent, weil dadurch dem Vollstreckungsgericht eine ihm nicht zustehende eigenständige Bewertung der Schuldschwereentscheidung eröffnet und die Gefahr der Ungleichbehandlung heraufbeschworen wird (krit. auch Boetticher FS Mahrenholz, 1994, 763 (774)).

7 **c)** Die sog. **Altfälle,** bei denen es an der verfassungsrechtlich gebotenen Gewichtung der besonderen Schuldschwere im Urteil fehlt, hat ein Kernproblem der Neuordnung gebildet, dessen praktische Bedeutung allerdings infolge Fortschreitens der Zeit erheblich geschrumpft ist. Zahlreiche Fälle des Mordes boten früher für den Tatrichter wegen der Absolutheit der Mordmerkmale keinen Anlass, überhaupt eine Schuldbewertung vorzunehmen oder die schuldrelevanten Umstände vollständig festzustellen. Diese Bewertung muss nun aber für die Übergangszeit vom Vollstreckungsgericht nachgeholt werden. Zur rechtsstaatlichen Begrenzung

hat das BVerfG dazu folgende Regelung getroffen: Das Vollstreckungsgericht „darf zu Lasten des Verurteilten nur das dem Urteil zugrundeliegende Tatgeschehen und die **dazu** festgestellten Umstände der Ausführung und der Auswirkung der Tat berücksichtigen". Soweit das Urteil Aussagen enthält, die auch als Schuldfeststellung oder -wertung verstehbar sind, etwa über die subjektiven, die Tatschuld tragenden Kriterien, dürfen sie nur herangezogen werden, wenn sie in einem „Begründungszusammenhang" stehen, der die Schuldschwere iSd Abs. 1 S. 1 Nr. 2 gewichtet. Außerdem darf das Vollstreckungsgericht keine Bewertung der festgestellten Tatsachen vornehmen, die „über den Gehalt der unbezweifelbaren schwurgerichtlichen Wertung hinausgeht" oder „Umstände der Ausführung der Tat ganz oder teilweise mit Begriffen umschreiben, die im gesetzlichen Tatbestand eines nicht vom Schwurgericht bejahten Mordmerkmals genannt sind" (BVerfGE 86, 288 (324) = NJW 1992, 2947; BGH NJW 1993, 1124; sa OLG Brandenburg NStZ-RR 1999, 236; Wolf NStZ 1992, 579). Diese Begrenzung ist überzogen und kann zu ungerechten Ergebnissen und zu einer nicht vertretbaren Ungleichbehandlung führen (so mit Recht das Sondervotum des überstimmten Richters Winter BVerfGE 86, 288 (366); krit. auch OLG Karlsruhe NJW 1993, 2189 mAnm Kintzi JR 1993, 386; Streng Sanktionen Rn. 252); denn es hängt vom Zufall ab, ob und welche Schuldschwerefeststellungen und -bewertungen der Tatrichter über die Grenzen seiner für die Subsumtion gebotenen Aufklärungspflicht hinaus vorgenommen hat und ob sie in dem erforderlichen Zusammenhang stehen (dazu OLG Hamm NStZ-RR 1998, 71). Je mehr der Tatrichter seine Aufklärungspflicht „übererfüllt" hat, umso schlechter für den Verurteilten (krit. auch Rotthaus NStZ 1993, 218 (220)). Im Übrigen lässt sich die Begrenzung sinnvoll kaum durchhalten. Die Frage, ob eine tatsächliche Feststellung überhaupt der Schuldermittlung gedient und ob sie gerade auf die Bewertung der Tatschuld abgezielt hat, lässt sich anhand der Urteilsurkunde häufig nicht beantworten. Die Entscheidung des BVerfG schafft deshalb eine breite Grauzone, in der das Vollstreckungsgericht Gefahr läuft, bei Auswertung der tatrichterlichen Urteilsgründe die Verfassung zu verletzen (expl. OLG Karlsruhe ZfStrVo 1993, 375; OLG Nürnberg NStZ-RR 1997, 168; krit. Stree NStZ 1992, 464 (468); Vorschläge zu möglichst weitgehender Konzentration auf objektive Kriterien bei Kintzi DRiZ 1993, 345).

4. Zu den **Voraussetzungen des Abs. 1,** soweit sie die Alleinzuständigkeit des Vollstreckungsgerichts betreffen: 8

a) Nr. 1: Verbüßungszeit von 15 Jahren. Sie ist das gesetzliche Mindestmaß (beachte dazu Kunert NStZ 1982, 89 (92)). Für seine Berechnung bleiben Milderungen im Gnadenwege, die rechtlich zulässig, wenngleich in weiten Bereichen praktisch entbehrlich sind (Kunert NStZ 1982, 89 (95)), außer Ansatz (→ § 57 Rn. 3; OLG Hamm NStZ 1989, 267 mAnm Laubenthal JR 1989, 434; Hohmann StV 1989, 493; OLG Brandenburg NStZ 1995, 407; aM Dünkel in NK-StGB Rn. 4; Schall in SK-StGB Rn. 7). Aussetzung auf einen früheren Zeitpunkt ist unzulässig (OLG Hamburg MDR 1984, 163). Nach **Abs. 2** ist wie **verbüßte Strafe** zu berücksichtigen **jede** aus Anlass (→ § 51 Rn. 1) derjenigen Tat (iSd § 264 StPO) erlittene Freiheitsentziehung, deretwegen die lebenslange Freiheitsstrafe verhängt wurde (beachte aber → § 57b Rn. 6), und zwar auch dann, wenn die Verurteilung keinen Ausspruch über die Anrechnung enthält, wenn sie das Unterbleiben der Anrechnung angeordnet hat oder wenn die Nichtanrechnung nach § 51 I 2 sachlich an sich gerechtfertigt wäre (zu den Gründen dieser Abweichung von § 57 IV BT-Drs. 8/3218, 8).

9 **b) Nr. 2:** aa) Die Beurteilung der besonderen Schuldschwere als solcher ist idR dem erkennenden Gericht vorbehalten und für das Vollstreckungsgericht bindend (→ Rn. 3–7). Dass diese Verbindlichkeit umfassend ist, also nicht durch nachträgliche Erkenntnisse relativiert werden kann (OLG Frankfurt a. M. NStZ 1994, 54; aM Stree NStZ 1992, 464 (466); Kinzig in Schönke/Schröder Rn. 8, 11; Hubrach in LK-StGB Rn. 36, die neue Feststellungen zugunsten des Verurteilten für zulässig halten; anders auch OLG Koblenz StV 1994, 382; Fischer Rn. 17, die sich für eine eigenständige Bewertung der „Strafvollstreckungsschuld" aussprechen), liegt in der Konsequenz der verfassungsgerichtlichen Entscheidung. Eine Öffnung zugunsten des Verurteilten würde es nach den für die Aufklärungspflicht geltenden Regeln möglich machen, die Schuldschwereentscheidung des Tatrichters ganz neu aufzurollen, soweit dadurch eine günstigere Beurteilung erreichbar erscheint. Einschlägige Beweisanträge könnten nicht abgelehnt werden. Das Vollstreckungsgericht hat deshalb ausschließlich auf dem tatrichterlichen Urteil aufzubauen und nur – das aber ohne Einschränkung – darüber zu befinden, ob die bindend vorgegebene Schuldschwere **weitere Vollstreckung gebietet** (krit. OLG Karlsruhe NJW 1993, 2189, das eine Aufspaltung der Beurteilung von Schuldschwere und Gebotensein nicht für möglich hält; mit Recht anders Boetticher FS Mahrenholz, 1994, 776). Enthält das Urteil keine Feststellungen zur Schuldschwere, kann dies von der Strafvollstreckungskammer nicht nachgeholt werden (OLG Jena NStZ-RR 2002, 167).

10 bb) Weitere Vollstreckung ist **nicht notwendig geboten** (OLG Karlsruhe NStZ 1973, 74 (75); Stree NStZ 1983, 289 (291)). Dieses Element hat vielmehr eine selbständige normative Begrenzungsfunktion in dem Sinne, dass im Lichte der Strafzwecke geprüft werden muss, ob die Weitervollstreckung zur Erfüllung der Schutzaufgabe des Strafrechts notwendig ist (BGHSt 24, 42 = NJW 1971, 439; Lenzen NStZ 1983, 543 (544); Streng Sanktionen Rn. 253; Groß in MüKoStGB Rn. 20). Dabei ist davon auszugehen, dass es nach den allgemeinen Strafzumessungsgrundsätzen der gerechten (dh schuldangemessenen) Strafe grds. auch zur Erhaltung des Wertbewusstseins in der Bevölkerung bedarf (→ § 46 Rn. 30). Deshalb ist die Heranziehung des Gedankens der Verteidigung der Rechtsordnung für sich allein nicht geeignet, um die Notwendigkeit weiterer Vollstreckung auszuschließen (Stree NStZ 1983, 289 (291); problematisch OLG Nürnberg NStZ 1982, 509; NStZ 1983, 319); das gilt umso mehr, als der selbständige Versagungsgrund der Verteidigung der Rechtsordnung im Gesetzgebungsverfahren ausdrücklich als im konkreten Einzelfall „unangemessen" ausgeschieden worden ist (BT-Drs. 8/3857, 12; OLG Frankfurt a. M. NStZ 1994, 54). Die **Gesamtwürdigung** des Gebotenseins hat deshalb die progressive Steigerung der Straf- und Vollzugswirkungen zu beachten, die mit dem Fortschreiten der Zeit und dem Ansteigen des Lebensalters verbunden ist (BVerfG NStZ 1996, 53; sa Scheffler JR 1996, 485), und vor allem die nach der Tat eingetretenen Umstände in der Persönlichkeit, zB hohes Alter (BVerfGE 72, 105 = NJW 1986, 2241 mAnm Laubenthal JZ 1986, 850; OLG Hamm NStZ 1986, 315; OLG Frankfurt a. M. NStZ 1987, 329), Krankheit (namentlich krankheitsbedingter Persönlichkeitsabbau, OLG Karlsruhe MDR 1991, 892; LG Lübeck StV 1995, 33), Veränderung der Charakterstruktur, tadelfreies Verhalten im Vollzug (OLG Koblenz StV 1994, 382), Erprobung im Vollzug (zum Fehlen BVerfG NJW 2009, 1941; StV 2012, 543), Wiedergutmachungsbemühungen oder andere besondere Verdienste, zu berücksichtigen (OLG Düsseldorf NStZ 1990, 509; OLG Karlsruhe StV 1994, 29).

c) Nr. 3: Günstige Täterprognose. Die durch Nr. 3 und Abs. 1 S. 2 ermöglichte Vollstreckung der lebenslangen Freiheitsstrafe über den durch die besondere Schwere der Schuld bedingten Zeitpunkt hinaus wegen der Gefährlichkeit des Täters verletzt Art. 1 I, 2 II 2 GG nicht (BVerfGE 117, 71 = NJW 2007, 1933 mAnm Kinzig JR 2007, 165). Die Anforderungen stimmen mit denen der Aussetzung bei zeitiger Freiheitsstrafe (§ 57 I 1 Nr. 2 iVm S. 2; → § 57 Rn. 7–10) überein (zu einer aus dem Übermaßverbot abgeleiteten und nur in Ausnahmefällen relevanten Einschränkung beachte KG NStZ-RR 1997, 382). In diesem Bereich der Hochkriminalität ist bei der Erarbeitung der Prognose äußerste Sorgfalt geboten. Auf der einen Seite darf auf ein nur verhältnismäßig geringes Risiko, dass der Verurteilte erneut Tötungsdelikte oder andere schwere Verbrechen (nicht lediglich Taten der mittleren oder unteren Kriminalität, KG NStZ-RR 1997, 382; NStZ 2004, 156; OLG Karlsruhe NStZ 2011, 92; OLG Hamm NStZ 2012, 350) begeht, nicht eingegangen werden (BT-Drs. 8/3218, 6; BVerfGE 117, 71 (100) = NJW 2007, 1933; näher Bode FS Faller, 1984, S. 342); namentlich bei sexuell motivierten, an Kindern oder Frauen begangenen Gewalttaten hat das einen hohen Stellenwert (OLG Hamm NStZ-RR 2010, 187). Auf der anderen Seite hat der grundsätzliche Freiheitsanspruch des Verurteilten wegen der regelmäßig zurückgelegten langen Haftzeit großes Gewicht (BVerfG NJW 1992, 2344; StraFo 2009, 413; zur deutlichen und glaubhaften Abkehr von gewalttätigen Aktionen bei Festhalten an der RAF-Ideologie OLG Stuttgart BeckRS 2009, 10928, dazu Kett-Straub GA 2007, 332). Für die damit erforderliche Abwägung hat sich das Gericht von Verfassungs wegen um eine möglichst breite Tatsachenbasis zu bemühen (BVerfG NJW 1998, 2202; NJW 2000, 501 (502); sowie BVerfGE 117, 71 (107) = NJW 2007, 1933; sa OLG Brandenburg NStZ 1996, 405 mkritAnm Kröber NStZ 1996, 567) und die für das Ergebnis maßgeblichen Gesichtspunkte näher darzulegen (BVerfG NJW 1998, 2002); bleibt auf dieser Grundlage nur ein vertretbares Restrisiko übrig, so darf die Aussetzung nicht versagt werden (BVerfG NJW 1998, 2002); die bloß theoretische Möglichkeit eines Rückfalls steht der Aussetzung nicht entgegen (BVerfGE 117, 71 (120) = NJW 2007, 1933). Erfüllt der Verurteilte die Voraussetzungen des Abs. 1 S. 1 Nr. 1, 2 bereits ganz oder annähernd, hängt die Aussetzung also nur noch von der positiven Prognose ab, so hat das Vollstreckungsgericht – je länger die Haftdauer umso intensiver – darauf hinzuwirken, dass in den Grenzen des Vertretbaren alle Möglichkeiten, dem Verurteilten die Chance der Entlassung zu eröffnen, ausgeschöpft werden (BVerfGE 117, 71 (120) = NJW 2007, 1933) das soll auch für das Hinwirken auf die Gewährung von Vollzugslockerungen (BVerfG NJW 1998, 2202; BVerfGE 117, 71 (108) = NJW 2007, 1933; OLG Hamm NStZ 2014, 541 mAnm Ahmedi; krit. Heghmanns ZStW 111 (1999), 647; mit guten Gründen aM Wolf NStZ 1998, 590) und die Veranlassung von indizierter einzeltherapeutischer Behandlung gelten (OLG Karlsruhe NStZ-RR 2004, 287; sa schon BVerfG NStZ 1996, 614). Zur Gewährleistung einer zuverlässigen Prognose darf das Gericht – auch nach gnadenweiser (→ Rn. 8) Umwandlung der lebenslangen in eine zeitige Freiheitsstrafe (OLG Hamm NStZ 1989, 267 mAnm Laubenthal JR 1989, 434, abl. Hohmann StV 1989, 493; Paeffgen in SK-StPO § 454 Rn. 19; ebenso jetzt Fischer in KK-StPO § 454 Rn. 41) – die Aussetzung nicht anordnen (wohl aber ablehnen, so BT-Drs. 13/9062, 14; zw.), bevor ein **Sachverständigengutachten** eingeholt wurde (näher BVerfGE 117, 71 (106) = NJW 2007, 1933; BGH StraFo 2009, 413), namentlich über die Frage, ob keine Gefahr mehr besteht, dass die durch die Tat zutage getretene Gefährlichkeit fortbesteht (§ 454 II 1 Nr. 1 StPO); weigert sich der Verurteilte, an der Begutachtung mitzuwirken, so scheidet die Aussetzung aus 11

(OLG Karlsruhe NStZ 1991, 207 mwN; beachte auch BGH NJW 1993, 2449 mit Bespr. Rasch NStZ 1993, 509; Blau JR 1994, 32; Bringewat BewH 1994, 96; Schüler-Springorum StV 1994, 255). Wird wegen ungünstiger Prognose die Strafaussetzung nach Ablauf der durch die Schuldschwere gebotenen Zeit abgelehnt, sollen nach LG Marburg (StV 2012, 671 mAnm Bartsch/Kreuzer) die vom BVerfG (BVerfGE 128, 326 = NJW 2011, 1931) zu § 66 aufgestellten Grundsätze entsprechend gelten (zw.); dies gilt aber jedenfalls dann nicht, wenn nach Ende der Mindestverbüßungsdauer der Verurteilte wegen der Tatschuld immer noch als gefährlich gilt (BGH StV 2013, 630). **Einwilligung** des Verurteilten → § 57 Rn. 11; verfassungsrechtliche Bedenken gegen diesen „Fremdkörper" bei Kett-Straub GA 2007, 322 (329); Kett-Straub FS Stöckel, 2010, 377; das „Recht" des Verurteilten auf lebenslangen Vollzug bezweifelt Fischer Rn. 21. Wird infolge Versagung der Einwilligung die Aussetzung abgelehnt, so fehlt es für eine selbständige Entscheidung, bis wann der Ausschlussgrund der besonderen Schuldschwere der Aussetzung entgegensteht, an einer gesetzlichen Grundlage (→ Rn. 13); zur Begründung genügt in diesem Falle die bloße Feststellung des Fehlens der Einwilligung (OLG Düsseldorf NJW 1993, 1665; krit. Kett-Straub FS Stöckel, 2010, 377 (390)). Da diese bis zur Rechtskraft des Aussetzungsbeschlusses, auch noch im Beschwerdeverfahren, zurückgenommen werden kann (→ § 57 Rn. 11), zwingt die Rücknahme dazu, einen bereits erlassenen Aussetzungsbeschluss – ggf. auch durch das Beschwerdegericht – aufzuheben; damit wird zugleich die mit der Aussetzung verbundene Bestimmung der Mindestverbüßungszeit (→ Rn. 13) gegenstandslos (OLG Celle und LG Hannover StV 1996, 220, beide mAnm Plähn). Es verstößt nicht gegen die Unschuldsvermutung, wenn bei der Prognose das Verhalten des Inhaftierten während eines Freigangs negativ berücksichtigt wird, obwohl er in Bezug darauf vom Vorwurf einer Straftat freigesprochen worden ist (EGMR NJW 2015, 539).

12 **5.** Zur Rechtslage beim **Zusammentreffen der lebenslangen Freiheitsstrafe mit anderen Strafen** vgl. § 57b.

13 **6. a)** Bei Vorliegen der Voraussetzungen des Abs. 1 ist die Aussetzung **obligatorisch** (Böhm NJW 1982, 135). Wird sie – sei es auch nur wegen schlechter Prognose (Stree NStZ 1992, 464 (467); zw.) – abgelehnt, so ist auf Grund verfassungskonformer Auslegung zugleich auszusprechen, **bis wann** der Ausschlussgrund besonderer Schuldschwere der Aussetzung entgegensteht (BVerfGE 86, 288 (331) = NJW 1992, 2947; BVerfG NJW 1993, 1124); dabei wird nach einer inzwischen gefestigten Rechtspraxis die Grenze im Allgemeinen zwischen 15 Jahren und 25 Jahren festgesetzt, jedoch in Einzelfällen von außergewöhnlichem Unrechts- und Schuldgehalt auch erheblich überschritten (vgl. etwa BVerfG NJW 1995, 3244; NStZ 1996, 53; OLG Karlsruhe MDR 1995, 841). Es ist eine Gesamtwürdigung von Schuldschwere (→ Rn. 9), Verhalten im Vollzug und Persönlichkeitsentwicklung (→ Rn. 10) vorzunehmen (OLG Schleswig SchlHA 2003, 184). Dieser für den Gesamtbereich der lebenslangen Freiheitsstrafe geltende (Kintzi DRiZ 1993, 342) Eingriff in die frühere Rechtspraxis (zusf. OLG Frankfurt a. M. NStZ 1983, 555 mwN) räumt zahlreiche im Schrifttum erhobene Einwendungen aus (dazu ua Revel, Anwendungsprobleme der Schuldschwereklausel des § 57a StGB, 1989, S. 17) und bedeutet deshalb einen Fortschritt (Rotthaus NStZ 1993, 218; krit. Stark JZ 1994, 189 (190)); er lässt aber wegen seiner Unbestimmtheit namentlich in Extremfällen zahlreiche Fragen offen, wie die jeweils relevanten Schuldelemente konkret in Zeiteinheiten umzusetzen sind (krit. insoweit Scheffler JR 1996, 485). Darüber hinaus bietet das Gesetz für einen vorgezogenen isolierten Feststel-

lungsbeschluss über das Vorliegen besonderer Schuldschwere (so OLG Hamburg JR 1995, 299 mzustAnm Böhm; OLG Hamburg JR 1996, 247 mablAnm Kintzi; abl. auch Paeffgen in SK-StPO § 454 Rn. 13) oder über den Zeitpunkt, bis zu dem der Ausschlussgrund wirkt (so OLG Brandenburg NStZ 1995, 547), keine zureichende Grundlage (OLG Frankfurt a. M. StV 1995, 539; OLG Nürnberg NStZ 1997, 408; zu den Folgeproblemen, die sich aus der Gegenmeinung ergeben, beachte OLG Hamburg StV 1997, 261; LG Hamburg StV 1997, 88); das gilt mindestens in Fällen, in denen der Verurteilte keine Einwilligung nach Abs. 1 S. 1 Nr. 3 erteilt hat (OLG Celle NStZ 1998, 248). Mag auch der vorgezogene Feststellungsbeschluss die Rspr. des BVerfG (BVerfGE 86, 288 = NJW 1992, 2947) konsequent fortentwickeln und unter diesem Gesichtspunkt verfassungsrechtlich unbedenklich sein (so BVerfG NStZ 1997, 333), so fehlt ihm doch aus den unter → Rn. 3 dargelegten Gründen die gesetzliche Grundlage (OLG Nürnberg NStZ-RR 1998, 220). – Umgekehrt ist es nicht ausgeschlossen, diesen bereits bindend festgelegten Zeitpunkt zugunsten des Verurteilten vorzuverlegen, wenn auf Grund neuer nicht schuldrelevanter Umstände die Gesamtwürdigung (→ Rn. 10) nur noch eine kürzere Vollstreckungszeit erfordert (OLG Frankfurt a. M. NStZ 1996, 56). Ein **Härteausgleich** für an sich gesamtstrafenfähige, aber erledigte (→ § 55 Rn. 3) Strafen ist möglich (BGH NStZ-RR 2009, 104; NStZ 2018, 652; anders OLG Saarbrücken NStZ-RR 2007, 219).

b) Zum **Absehen von der Aussetzung** nach Abs. 1 S. 2 iVm § 57 VI → § 57 Rn. 25, 26. 14

7. Da lebenslange Freiheitsstrafe mit Sicherungsverwahrung idR nicht verbunden werden kann (→ § 66 Rn. 4, 10; Kett-Straub GA 2009, 586), kommt ihr **Zusammentreffen** allenfalls mit Unterbringungen nach §§ 63, 64 in Frage, hat aber trotz gewisser theoretischer Relevanz (dazu Böhm NJW 1982, 135 (139)) kaum praktische Bedeutung (Fischer Rn. 2a). Für etwa vorkommende Ausnahmefälle gelten die Ausführungen unter → § 57 Rn. 21, 22 weitgehend sinngemäß. 15

8. Abs. 3 (weitere Anordnungen): Die **Bewährungszeit** ist fest bestimmt, kann auch nicht nachträglich verkürzt, wohl aber unter den Voraussetzungen des § 56f II (→ § 56f Rn. 11) verlängert werden. Die **Ausgestaltung der Bewährungszeit** entspricht der Regelung des § 57 (→ § 57 Rn. 23, 24). Dasselbe gilt auch für den **Widerruf** der Aussetzung und den **Straferlass** (§§ 56f, 56g); da jedoch der Widerruf für den Verurteilten insofern einen tiefen Eingriff bedeutet, als er die Vollstreckung der zeitlich unbegrenzten („lebenslangen") Freiheitsstrafe wieder eröffnet, ist bei Vorsatztaten geringerer Schwere und bei Fahrlässigkeitstaten nur ausnahmsweise die Annahme begründbar, dass sich die Erwartung, die der Aussetzung zugrundelag, nicht erfüllt habe (Dünkel in NK-StGB Rn. 44; Fischer Rn. 25). Nach einem Widerruf steht bei später günstiger Prognose einer erneuten Aussetzung nichts im Wege (Kunert NStZ 1982, 89 (92)). Durch die zusätzliche Verweisung auf § 57 V 2 wird die dortige Erweiterung auf Aussetzungsentscheidungen nach § 57a erstreckt (BT-Drs. 16/3038, 58). 16

9. Zuständig ist die (große) Strafvollstreckungskammer (§ 462a I StPO, §§ 78a, 78b GVG). Zur Möglichkeit einer landesgesetzlich anzuordnenden **Zuständigkeitskonzentration** auf der Ebene der Beschwerdeinstanz (OLG) § 9 EGGVG. Zur Problematik der Zuständigkeitsverteilung Duttge FS Eisenberg, 2009, 271 (278). 17

18 **10. a)** Das Urteil des erkennenden Gerichts unterliegt auf Grund verfassungskonformer Auslegung auch insoweit der **Revision,** als die „Gewichtung der Schuld unter dem Gesichtspunkt ihrer besonderen Schwere im Urteil vorgenommen" wurde (BVerfGE 86, 288 (323) = NJW 1992, 2947). Nach der Systematik des Revisionsverfahrens kann das nur so verstanden werden, dass ein Urteil mit der Rüge, es fehle an einer Schuldgewichtung, ebenso angefochten werden kann wie mit der Rüge, die Schuldgewichtung sei falsch (BGH NStZ 2009, 260; Stree NStZ 1992, 464 (465); Kinzig in Schönke/Schröder Rn. 6a). Das Ausmaß der revisionsrichterlichen Kontrolle stimmt mit dem bei der Strafzumessung (→ § 46 Rn. 50–52) überein (Stree NStZ 1992, 464). Im Übrigen gibt es hier zahlreiche prozessrechtliche Zweifelsfragen, weil sich die verfassungskonforme Auslegung des BVerfG offensichtlich nicht in das Verfahrenssystem, namentlich der §§ 260, 265, 267, 337 StPO, einfügt (dazu Meurer JR 1992, 441 (446); beachte auch BGHSt 39, 121 = NJW 1993, 1084; BGHSt 39, 208 = NJW 1993, 1999 mAnm Stree JR 1994, 166; BGHSt 41, 57 = NJW 1995, 2365; Hubrach in LK-StGB Rn. 43; Fischer Rn. 27).

19 **b) Verfahren** des Vollstreckungsgerichts § 454 StPO. Auf Grund verfassungskonformer Auslegung ist die Frage der Aussetzung auf Antrag oder **von Amts wegen** so **rechtzeitig** zu prüfen und über sie zu entscheiden, dass die Vollzugsbehörden die zur Vorbereitung der Entlassung erforderlichen Maßnahmen ohne eigene Beurteilung der Schuldschwere und ohne Verzögerung der Entlassung treffen können (BVerfGE 86, 288 (331) = NJW 1992, 2947; BVerfGE 117, 71 = NJW 2007, 1933; sa Rotthaus NStZ 1993, 218). Das kann im Einzelfall schon vor Ablauf der in § 454 I 4 StPO bezeichneten Verbüßungszeit von 13 Jahren erforderlich sein (BVerfGE 117, 71 = NJW 2007, 1933; BVerfG NJW 1995, 3246; OLG Frankfurt a. M. StV 1995, 539; OLG Hamburg StV 1996, 677 mAnm Ritter; aM Schmitt in Meyer-Goßner/Schmitt StPO § 454 Rn. 41a), darf aber nicht unnötig früh geschehen, weil sonst die Entscheidungsgrundlage (→ Rn. 10) ohne zureichenden Grund verkürzt würde (OLG Karlsruhe StV 1994, 29; problematisch LG Marburg NStZ 1994, 253; Boetticher FS Mahrenholz, 1994, 763 (778)). Wird die Aussetzung abgelehnt, so bedarf es des unter → Rn. 13 beschriebenen besonderen Ausspruchs, der für das weitere Verfahren verbindlich ist (BVerfG 86, 288 (332) = NJW 1992, 2947). Für Antragstellung, Wiederholung von Anträgen, Antragsbefugnis, rechtliches Gehör und Wirksamwerden der Aussetzung gelten die Ausführungen unter → § 57 Rn. 29–39 sinngemäß, soweit nicht die beschriebenen verfassungsgerichtlichen Anforderungen strenger sind (beachte ergänzend **Abs. 4;** § 454 I 4 Nr. 1, 2 StPO; sa BVerfG NJW 1998, 1133; BVerfGE 117, 71 = NJW 2007, 1933). Im Übrigen wirft die Entscheidung des BVerfG auch hier zahlreiche Zweifelsfragen auf, die aber ausschließlich prozessuale Bedeutung haben (näher Meurer JR 1992, 441 (446); sa OLG Karlsruhe MDR 1993, 1110; sowie → Rn. 7; vgl. aber zum Problem überlanger Verfahrensdauer BVerfG NStZ 2001, 502; NStZ 2006, 680).

§ 57b Aussetzung des Strafrestes bei lebenslanger Freiheitsstrafe als Gesamtstrafe

Ist auf lebenslange Freiheitsstrafe als Gesamtstrafe erkannt, so werden bei der Feststellung der besonderen Schwere der Schuld (§ 57a Abs. 1 Satz 1 Nr. 2) die einzelnen Straftaten zusammenfassend gewürdigt.

1. Die auf dem 23. StÄG (→ Vor § 56 Rn. 1) beruhende Vorschrift behandelt – 1
zusammen mit den dort ebenfalls geänderten §§ 53 I, II, 54 I, II – die sog. Mehrfachtäterfrage.

2. Anknüpfungspunkt für die Prüfung der Voraussetzungen des § 57a I ist die 2
Gesamtstrafe (BGH NStZ 1998, 352). Sie gilt alle abgeurteilten Taten ab, die ihr zugrundeliegen (→ § 53 Rn. 3). Es ergibt sich daher schon aus dem Gesamtstrafenprinzip, wird also durch § 57b nur deklaratorisch klargestellt, dass die Bewertung nach der Schuldschwereklausel (§ 57a I Nr. 2) die Gesamtheit der Taten zu erfassen hat (ebenso Dünkel in NK-StGB Rn. 2). Weitere Taten, deretwegen neben der Gesamtstrafe – etwa infolge der Zäsurwirkung früherer Verurteilungen (→ § 55 Rn. 7) – selbständige Einzel- oder Gesamtstrafen verhängt worden sind, können danach bei dieser Würdigung nicht zu Buch schlagen (offen gelassen BGH NStZ-RR 1999, 170; zw.). Die Rspr. des BVerfG (→ § 57a Rn. 2) erfordert folgende Differenzierungen:

a) aa) In den Fällen, die von der Entscheidung des BVerfG (BVerfGE 86, 288 3
= NJW 1992, 2947) erfasst werden, ist die Prüfung der **besonderen Schuldschwere** dem **erkennenden Gericht** vorbehalten (→ § 57a Rn. 3). Sie stützt sich nicht nur auf die Einzeltaten, bei denen einzelne schon für sich die besondere Schuldschwere begründen können (BGH NJW 1997, 878 mkritAnm Stree NStZ 1997, 277, der mit Recht beanstandet, dass die Entscheidung die Feststellung besonderer Schuldschwere neben der Einzelstrafe nicht vorschreibt, sondern nur zulässt). Erforderlich ist stets in Bezug auf die Gesamtheit der Taten eine zusammenfassende Würdigung iSd § 54 I 3, die den unter → § 57a Rn. 3a–5a beschriebenen Regeln folgt; sie unterscheidet sich lediglich insofern von der „zusammenfassenden Würdigung" bei Bildung einer Gesamtstrafe, als sie nur auf die Schuldschwere bezogen ist und deshalb präventive Strafzwecke nicht besonders zur Geltung bringen darf. Mit dieser Maßgabe kommt es darauf an, ob sich aus den Gesamtumständen, namentlich der Zahl und Schwere der einzelnen Taten, ihrem Verhältnis zueinander, ihrem sachlichen, zeitlichen und situativen Zusammenhang (BGHSt 39, 121 (126) = NJW 1993, 1084; OLG Koblenz StV 1994, 382) sowie ihrer größeren oder geringeren Selbständigkeit, die erforderliche erhebliche Schuldsteigerung ableiten lässt (→ § 57a Rn. 3a–5a; Stree NStZ 1992, 464 (465); sa BGHSt 40, 360 = NJW 1995, 407). Bei schweren Einzelstrafen neben der Einsatzstrafe wird das nicht nur ausnahmsweise, sondern häufiger zu bejahen sein (der BR hält es sogar für die Regel, BT-Drs. 10/2720, 23; ebenso Fischer Rn. 4), während es bei einer Geldstrafe auszuschließen ist (BGHSt 54, 259 = NJW 2010, 1157).

bb) Das positive Ergebnis der Schuldgewichtung gehört auch hier in den Ur- 4
teilsspruch, das negative in die Urteilsgründe (→ § 57a Rn. 6). Bei **nachträglicher Gesamtstrafenbildung nach § 55** schlagen die einbezogenen Einzelstrafen bei der zusammenfassenden Schuldgewichtung zu Buche. Diese kann dazu führen, dass die von einer einbezogenen lebenslangen Freiheitsstrafe noch nicht erreichte besondere Schuldschwere durch die Gesamtheit der Taten erreicht wird; um-

gekehrt kann die mit einer solchen Strafe bereits verbundene Schuldschwerefeststellung nicht wegfallen, weil sie bindend ist und durch die weiteren Einzeltaten nur vergrößert werden kann (ebenso Sternberg-Lieben/Bosch in Schönke/Schröder § 55 Rn. 39a). Bei Einbeziehung der Verurteilung aus einem Altfall hat das erkennende Gericht keine überlegenen Aufklärungsmöglichkeiten, so dass es nahe liegt, die Gewichtung der Schuldschwere hier denselben Beweiseinschränkungen zu unterwerfen wie sonst in Altfällen (→ § 57a Rn. 7). Andererseits entscheidet aber das Gericht als erkennendes Gericht und regelmäßig sehr viel früher und deshalb sachnäher als das Vollstreckungsgericht (Kintzi DRiZ 1993, 341 (345)), so dass sich mangels ausreichender Übereinstimmung der Sachlage eine Übertragung der für das Vollstreckungsgericht geltenden Einschränkungen in das Erkenntnisverfahren schwer rechtfertigen lässt (zw.); mit dem Gesetz unvereinbar ist jedenfalls die Annahme, dass in solchen Fällen nur eine Gesamtstrafe zu bilden, die Schuldschwerefeststellung aber der späteren Entscheidung der Strafvollstreckungskammer zu überlassen sei (so aber LG Hannover StV 1996, 220 mAnm Plähn). Sinngemäß dasselbe gilt auch für **nachträgliche Gesamtstrafenbildungen nach § 460 StPO** (OLG Hamm NStZ 1996, 301; Hubrach in LK-StGB Rn. 6); dass hier der Gesichtspunkt der Sachnähe dadurch an Gewicht verliert, dass das erkennende Gericht die Entscheidung häufig in neuer Besetzung treffen wird, dürfte nicht ausschlaggebend sein (zw.).

5 **b)** Die Prüfung des **Vollstreckungsgerichts,** ob weitere Vollstreckung geboten ist (→ § 57a Rn. 10), muss auf der verbindlichen Gesamtschuldgewichtung des Tatrichters aufbauen (→ § 57a Rn. 9) oder diese in Altfällen mit den unter → § 57a Rn. 7 beschriebenen Einschränkungen vornehmen. Hier können sich bei gehäuftem Zusammentreffen schwerer Straftaten noch weitgehend ungelöste Fragen der Umsetzung der jeweils relevanten Schuldelemente in feste Zeiteinheiten ergeben (→ § 57a Rn. 13).

6 **3.** § 57a II (→ § 57a Rn. 8) gilt auch für **Freiheitsentziehungen** aus Anlass von Taten, die der Gesamtstrafenbildung zugrunde liegen, deretwegen aber nur zeitige Freiheitsstrafe als Einzelstrafe verwirkt ist (zw.); mindestens unter den Voraussetzungen des § 57 IV müssen sie wie verbüßte Strafe behandelt werden.

7 **4.** Nach Art. 316 II EGStGB gilt **§ 460 StPO** sinngemäß, wenn jemand vor dem Inkrafttreten des 23. StÄG zu mehreren lebenslangen Freiheitsstrafen oder zu lebenslanger und zeitiger Freiheitsstrafe verurteilt worden ist und wenn nach neuem Recht auf eine lebenslange Freiheitsstrafe als Gesamtstrafe erkannt worden wäre. Danach ist die nachträgliche Gesamtstrafenbildung in allen einschlägigen Altfällen vorgeschrieben, gleichgültig ob die mehreren Strafen in einem Urteil oder in verschiedenen Urteilen verhängt oder ob sie im Urteilstenor oder auf Grund des aufgehobenen § 260 IV 5 StPO in den Urteilsgründen ausgesprochen worden sind. Zuständig ist die Strafvollstreckungskammer (§ 462a I StPO).

8 **5.** Mehrere **nicht gesamtstrafenfähige Verurteilungen** bleiben mangels einer besonderen Vorschrift selbständig und sind nach den allgemeinen Regeln nacheinander zu vollstrecken (beachte dazu namentlich § 454b StPO; → § 57 Rn. 31–33); treffen dabei mehrere lebenslange Freiheitsstrafen zusammen, so sind für alle Strafen die Entscheidungen, bis wann die besondere Schwere der Schuld weitere Vollstreckung gebietet (→ § 57a Rn. 13), auf Grund einer Gesamtschau schon zu treffen, wenn die Vollstreckung des Restes der ersten Strafe zur Bewährung ausgesetzt wird (OLG Nürnberg NStZ 1999, 269). Die allgemeinen Regeln

können hier zu problematischen Ergebnissen führen. Vor allem kann der nachträglichen Gesamtstrafenbildung nach § 55 (oder nach § 460 StPO) die Zäsurwirkung von Vorverurteilungen mit der Folge entgegenstehen, dass uU bereits gebildete Gesamtstrafen aufzulösen und mehrere Gesamt- (oder Einzel-)strafen zu bilden sind (→ § 55 Rn. 7). Bei einer für den Verurteilten ungünstigen Reihenfolge seiner Taten und Verurteilungen kann sich eine solche Mehrzahl von Strafen und Mindestverbüßungszeiten ergeben, dass für ihn die verfassungsrechtlich gewährleistete Chance, seine Freiheit wieder zu erlangen, von vornherein nicht besteht (dazu Scheffler JR 1996, 485 (489)); in solchen Fällen sind die Mindestverbüßungszeiten in dem verfassungsrechtlich gebotenen Umfang herabzusetzen (ebenso Dünkel in NK-StGB Rn. 9; aM Hubrach in LK-StGB Rn. 7; Fischer Rn. 5). Denkbar wäre auch eine Übertragung der Vollstreckungserklärung (so BGHSt 55, 1= NJW 2010, 1470 zu § 57a).

§ 58 Gesamtstrafe und Strafaussetzung

(1) **Hat jemand mehrere Straftaten begangen, so ist für die Strafaussetzung nach § 56 die Höhe der Gesamtstrafe maßgebend.**

(2) [1]**Ist in den Fällen des § 55 Abs. 1 die Vollstreckung der in der früheren Entscheidung verhängten Freiheitsstrafe ganz oder für den Strafrest zur Bewährung ausgesetzt und wird auch die Gesamtstrafe zur Bewährung ausgesetzt, so verkürzt sich das Mindestmaß der neuen Bewährungszeit um die bereits abgelaufene Bewährungszeit, jedoch nicht auf weniger als ein Jahr.** [2]**Wird die Gesamtstrafe nicht zur Bewährung ausgesetzt, so gilt § 56f Abs. 3 entsprechend.**

1. a) Nach **Abs. 1** sind auch für die **Gesamtstrafe** die zeitlichen Schranken der Strafaussetzung nach § 56 (→ § 56 Rn. 5) maßgebend (BGHSt 25, 142 = NJW 1973, 910; krit. Sieg MDR 1981, 373). Dasselbe gilt für die Aussetzung des Strafrestes im Hinblick auf das Erfordernis der Teilverbüßung nach § 57 I Nr.1, II (beachte dazu LG Hamburg NStZ-RR 1997, 68). In Fällen des § 56 II (→ § 56 Rn. 18–21) oder des § 57 II Nr. 2 (→ § 57 Rn. 17) kommt es für das Vorliegen besonderer Umstände auf eine Gesamtwürdigung aller Taten (einschließlich der Täterpersönlichkeit) an, für die Einzelstrafen verhängt worden sind (so schon zu § 56 II aF BGHSt 29, 370 = NJW 1981, 409; BGH wistra 1986, 105, beide mwN). 1

b) Der Grundsatz gilt uneingeschränkt auch bei **nachträglicher Gesamtstrafenbildung** nach § 55 (BGHSt 29, 370 = NJW 1981, 409). 2

aa) Auch wenn in der früheren Entscheidung die Aussetzung für eine Einzel- oder Gesamtstrafe bereits abgelehnt oder widerrufen war, steht das einer Aussetzung der neuen Gesamtstrafe nicht zwingend entgegen (LG Bayreuth NJW 1970, 2122).

bb) War in der früheren Entscheidung die Vollstreckung einer Freiheitsstrafe ausgesetzt (→ § 55 Rn. 3), so entfällt die Aussetzung mit den auf ihr beruhenden weiteren Anordnungen (OLG Hamm NStZ 1991, 558); die Einbeziehung darf nicht deshalb unterbleiben, weil wegen § 56 II eine Strafaussetzung nicht mehr zulässig ist (BGH NStZ-RR 1997, 228). Über sie ist unter Berücksichtigung der zeitlichen Schranken des § 56 neu zu entscheiden (problematisch OLG Hamm MDR 1975, 948). Die Zulässigkeit des Widerrufs der Aussetzung bestimmt sich dann aus- 2a schließlich nach der neuen Entscheidung; daher begründen Straftaten, die während einer in den einbezogenen Entscheidungen festgesetzten Bewährungszeit, aber vor Anordnung der Aussetzung in der Gesamtstrafenentscheidung (beachte dazu § 56f I 2; OLG Stuttgart MDR 1992, 1067) begangen wurden, den Widerruf nicht (OLG Hamm StV 1998, 212; OLG Düsseldorf StV 2000, 565; sa OLG Düsseldorf NStZ 1999, 533 mkritAnm Wohlers JR 2000, 304). Wenn die einzubeziehende zur Bewährung ausgesetzte Strafe nur deshalb unerledigt ist, weil über den Straferlass noch zu entscheiden ist, hat die Fortsetzung des Bewährungsverfahrens keinen Vorrang (→ § 55 Rn. 3; → § 56g Rn. 1; aM Ostendorf in NK-StGB Rn. 3); das hier je nach den Umständen entstehende Spannungsverhältnis ist in der Gesamtstrafe unter Beachtung des Verhältnismäßigkeitsgrundsatzes aufzulösen (BGH NJW 1991, 2847); namentlich sind die Härten auszugleichen, die sich in Einzelfällen für den Verurteilten daraus ergeben können, dass er trotz Fehlens eines Widerrufsgrundes so gestellt wird, als ob die Aussetzung widerrufen worden wäre (BGH NStZ 1993, 235).

2b cc) Der Eintritt der Voraussetzungen des § 57 ist ausschließlich nach der neuen Entscheidung zu beurteilen.

3 **2. a) Abs. 2** sieht keine Anrechnung, sondern nur eine Erweiterung des gesetzlichen Rahmens der Bewährungszeit (§ 56a I) nach unten vor, um damit die Berücksichtigung bereits abgelaufener Bewährungszeit zu ermöglichen; die Bewährungszeit ist innerhalb des erweiterten Rahmens nach pflichtmäßigem Ermessen (→ § 46 Rn. 50) neu zu bestimmen.

4 **b)** Zu S. 2 → § 56f Rn. 14. Auch hier ist die Anrechnung mit der Bildung der Gesamtstrafe zu verbinden und nicht durch nachträgliche Entscheidung nachholbar (BayObLG MDR 1985, 70; aM Sieg StV 1998, 631). Aus systematischen Gründen muss das durch Ausspruch der Anrechnung auf die Vollstreckungsdauer, nicht durch Herabsetzung der Gesamtstrafe selbst geschehen (BGHSt 36, 378 = NJW 1990, 1674 mAnm Weber NStZ 1991, 35; BGH NStZ-RR 1996, 162; StV 2014, 481; beachte auch BGHSt 35, 238 = NJW 1988, 3161; BayObLG wistra 1994, 310). Das Ermessen, die Anrechnung zu versagen, ist im Hinblick auf die von § 56f III verschiedene Ausgangslage eingeschränkt (BGHSt 33, 326 = NJW 1986, 732 mAnm Frank JR 1986, 378, beide mwN). Der pflichtmäßigem Ermessen (→ § 46 Rn. 50) unterliegende Anrechnungsmaßstab ist an dem Ziel zu orientieren, einen angemessenen Härteausgleich im Hinblick darauf zu gewähren, dass die Leistungen iSd § 56f III nicht erstattet werden (BGHSt 33, 326 = NJW 1986, 732; OLG Stuttgart NStZ-RR 2014, 371); das Tagessatzsystem kann dafür Anhaltspunkte bieten, ist als alleiniger Maßstab (so Horn StV 1992, 537) aber zu starr (weiter einschr. OLG Celle NStZ 1992, 336). Die Anrechnung erbrachter Bewährungsauflagen hat idR zu erfolgen (BGH NStZ-RR 2009, 201; wistra 2014, 269; NStZ-RR 2014, 138; NStZ-RR 2017, 199; StV 2020, 470; StV 2021, 40).

5. Titel. Verwarnung mit Strafvorbehalt; Absehen von Strafe

Vorbemerkung

1. Die **Verwarnung mit Strafvorbehalt** (§§ 59–59c) bildet nach dem Reformprogramm des **2. StrRG** (→ Vor § 1 Rn. 4) die leichteste und zugleich „resozialisierungsfreundlichste" Sanktion im Strafensystem, deren Anwendung allerdings auf besonders gelagerte Ausnahmefälle beschränkt worden ist. In den gesetzgeberischen Beratungen war das Institut unter gegenläufigen Gesichtspunkten umstritten. Teils wurde von seiner Einführung eine Schwächung der generalpräventiven Wirkung des Strafrechts befürchtet und ihr daher widerraten (Begr. zum E 1962, S. 196; Häger in LK-StGB Vor § 38 Rn. 42), teils wurde aber auch eine Lösung empfohlen, die dieser untersten Stufe strafrechtlicher Reaktion zu einem breiten Anwendungsbereich verholfen hätte (§ 57 AE). 1

2. Die schließlich Gesetz gewordene Fassung ist ein **Kompromiss,** mit dem zwar nicht ganz auf die kriminalpolitisch wünschenswerten Vorzüge einer bloßen Verwarnung (Vermeidung des Strafmakels) verzichtet, die Maßnahme aber einer kleinen Gruppe kriminell ungefährdeter Täter vorbehalten wird (krit. Schöch JR 1978, 74). Sie war von vornherein umstritten (vgl. etwa Rezbach, Die Verwarnung mit Strafvorbehalt, 1970; Dreher FS Maurach, 1972, 275; Zipf JuS 1974, 137 (145)). Inzwischen haben sich die Bestrebungen zur Erweiterung der Vorschrift durchgesetzt (→ § 59 Rn. 1). – Zu der in § 10 des RegE eines Verbandssanktionengesetzes von 2021 (der nicht Gesetz werden sollte) vorgesehenen Verwarnung mit Verbandsgeldsanktionsvorbehalt s. Weiss JR 2021, 559. 2

§ 59 Voraussetzungen der Verwarnung mit Strafvorbehalt

(1) [1]**Hat jemand Geldstrafe bis zu einhundertachtzig Tagessätzen verwirkt, so kann das Gericht ihn neben dem Schuldspruch verwarnen, die Strafe bestimmen und die Verurteilung zu dieser Strafe vorbehalten, wenn**
1. **zu erwarten ist, daß der Täter künftig auch ohne Verurteilung zu Strafe keine Straftaten mehr begehen wird,**
2. **nach der Gesamtwürdigung von Tat und Persönlichkeit des Täters besondere Umstände vorliegen, die eine Verhängung von Strafe entbehrlich machen, und**
3. **die Verteidigung der Rechtsordnung die Verurteilung zu Strafe nicht gebietet.**

[2]**§ 56 Abs. 1 Satz 2 gilt entsprechend.**

(2) [1]**Neben der Verwarnung kann auf Einziehung oder Unbrauchbarmachung erkannt werden.** [2]**Neben Maßregeln der Besserung und Sicherung ist die Verwarnung mit Strafvorbehalt nicht zulässig.**

Fassung: Das 2. JuMoG (→ Vor § 1 Rn. 16) hat Abs. 1 S. 2 neu gefaßt und Abs. 2 aufgehoben; das VermögensabschöpfungsG (→ Vor § 1 Rn. 19) zum 1. 7. 2017 in Abs. 2 Verfall durch Einziehung ersetzt.

1. Die Vorschrift (zusf. Wiss Jura 1989, 622) sieht **die mildeste Sanktion** des StGB vor. Indem zwar die Schuld des Täters festgestellt (LG Frankfurt a. M. NJW 2005, 692 (696); BT-Drs. 16/3038, 58: wo „Unrechtsbenennung" notwendig ist), 1 die verwirkte Geldstrafe auch bestimmt, ihre Verhängung aber ausgesetzt wird, bleibt der Täter bei Bestehen der Bewährungszeit nicht nur von der Vollstreckung, sondern schon von der Verurteilung verschont (ebenso Kindhäuser/Hilgendorf in LPK-StGB Rn. 1). Er ist daher unbestraft (BT-Drs. V/4095, 24). Nach der Konzeption der Abs. 1 und 2 und den Intentionen des historischen Gesetzgebers (dazu Dreher FS Maurach, 1972, 275) hat die Vorschrift **Ausnahmecharakter** (stRspr; vgl. etwa BGHSt 46, 279 (290) = NJW 2001, 1802; OLG Stuttgart NStZ-RR 1996, 75; Cremer NStZ 1982, 449; Hubrach in LK-StGB Rn. 10, 16). Die von Anbeginn im Schrifttum beklagte praktische Bedeutungslosigkeit des Rechtsinstituts (BT-Drs. 16/3038, 58; Dölling ZStW 104 (1992), 259 (269); Dölling in Kröber/Dölling/Leygraf/Saß, Handbuch der Forensischen Psychiatrie, Bd. 1, 2007, S. 232; Schöch FS Baumann, 1992, 255; Kropp ZRP 2004, 241; Streng Sanktionen Rn. 155; Reformansatz bei Füglein/Lagardère ZRP 2013, 50) hat bisher nur einen geringfügigen Anstieg der Verurteilungszahlen bewirkt (dazu Scheel, Die Rechtswirklichkeit der Verwarnung mit Strafvorbehalt §§ 59–59c StGB, 1996; Meier Sanktionen, 5. Aufl. 2019, S. 63; Albrecht in NK-StGB Rn. 1; Schall in SK-StGB Rn. 3). Eine „moderate Erweiterung" hat zum 31. 12. 2006 das 2. JuMoG gebracht (BT-Drs. 16/3038, 58; → Rn. 6, 9; Schall in SK-StGB Rn. 2).

2 **2.** Die **Rechtsnatur** der Verwarnung ist ungeklärt. Eine Strafe ist sie schon deshalb nicht, weil ihre Funktion gerade darin besteht, Strafe zu verhüten (Dreher FS Maurach, 1972, 275 (294)). Sie dürfte als Reaktionsmittel eigener Art mit maßnahmeähnlichem Charakter anzusehen sein, das durch Missbilligung der Tat und Inpflichtnahme des Täters eine Besinnungswirkung für die Zukunft anstrebt (Dreher FS Maurach, 1972, 275; Füglein/Lagardère ZRP 2013, 48; Kaspar Präventivstrafrecht S. 629; anders Albrecht in NK-StGB Rn. 2, zur Bewährung ausgesetzte Geldstrafe).

3 **3.** Die **verwirkte Strafe** (bei Tatmehrheit die Gesamtstrafe, § 59c I) kann nur eine Geldstrafe sein (hM; vgl. etwa BayObLG NStZ 1982, 258 mAnm Meyer-Goßner). Neben Strafe ist eine Verwarnung nicht zulässig. Daher sind Verurteilung zu Freiheitsstrafe und Verwarnung wegen der nach § 41 oder § 53 II daneben verwirkten kumulativen Geldstrafe (BT-Drs. V/4095, 25) sowie Beschränkung der Verwarnung auf einen Teil der Geldstrafe nicht möglich. Im Hinblick auf den Wortlaut der §§ 44 I, 102 II, 165 I, 200 I ist auch für ein Fahrverbot (hM; OLG Stuttgart MDR 1994, 932; anders Schöch JR 1978, 74; Albrecht in NK-StGB Rn. 3) oder eine öffentliche Bekanntmachung (hM; anders Herdegen in LK-StGB, 10. Aufl. 1978, § 165 Rn. 3) neben der Verwarnung kein Raum. Zur Verbindung mit Maßnahmen (§ 11 I Nr. 8) vgl. Abs. 3. Dass der Täter anrechnungsfähige Freiheitsentziehung erlitten hat, ist kein Hinderungsgrund.

4 **4.** Zu den **materiellen Voraussetzungen** des Abs. 1:

a) Das Erfordernis einer **günstigen Täterprognose** deckt sich im Wesentlichen mit dem bei Strafaussetzung (→ § 56 Rn. 8–14; zur „Folterandrohung" durch hohen Polizeibeamten LG Frankfurt a. M. NJW 2005, 692 (696) mit krit. Bespr. Ellbogen Jura 2005, 343, der eine deutlichere Kriminalisierung des „Tabubruchs Folter" verlangt; vgl. auch Keiser GA 2009, 344; → § 32 Rn. 17 a); es ist jedoch schon dann nicht erfüllt, wenn vom Täter geringfügige Straftaten zu erwarten sind (Kinzig in Schönke/Schröder, Rn. 8; aM Albrecht in NK-StGB Rn. 5).

b) Gesamtwürdigung von Tat und Täterpersönlichkeit im Hinblick auf **besondere Umstände** (Nr. 2); OLG Köln StV 2015, 565; → § 47 Rn. 2; → § 56 Rn. 19. Zahlreiche Beispiele aus der Rspr. bei Groß/Kulhanek in MüKoStGB Rn. 12–14. 5

aa) Die danach erforderliche besondere **Privilegierungswürdigkeit** setzt deutliche Besonderheiten gegenüber vergleichbaren, gewöhnlich vorkommenden Durchschnittstaten (OLG Stuttgart NStZ-RR 1996, 75; OLG Hamm NStZ-RR 2007, 170; LG Oldenburg wistra 2002, 22) oder Durchschnittstätern voraus (BayObLG JR 1976, 511 mAnm Zipf; OLG Köln NStZ 1982, 333; sa BGHSt 46, 279 (291) = NJW 2001, 1802: altruistisch motivierte Beschaffung von Betäubungsmitteln). Sie werden meist darin bestehen, dass die Tat im Hinblick auf den besonders geringen Unrechts- und Schuldgehalt (BayObLG NJW 1990, 58, OLG Nürnberg NJW 2007, 526), die Motive des Täters (LG Ellwangen StV 1989, 112; AG Bremen StV 1985, 19; speziell zu – von Art. 4 I GG geschützten – religiösen Motiven BVerfG FamRZ 2006, 1094 = BeckRS 2009, 38783) oder die Ungewöhnlichkeit der Tatumstände (LG Berlin wistra 1996, 72 mAnm Hohmann/Sander) auch für den rechtstreuen Bürger einfühlbar ist, dass von der Bestrafung außerhalb des Strafzwecks liegende besondere Nachteile, namentlich beruflicher Art, zu befürchten sind (Dreher FS Maurach, 1972, 275 (293); Kinzig in Schönke/Schröder, Rn. 11–14; krit. Grünwald FS Schaffstein, 1975, 219 (237); Baumann JZ 1980, 464; aM Horn ZStW 89 (1977), 547 (550)) oder dass der Täter selbst schwere Tatfolgen erlitten hat (BayObLG NJW 1990, 58); speziell zum Handeln eines Polizeibeamten zur Lebensrettung eines Entführten, die aus subjektiver Sicht eine gewisse Nähe zu Rechtfertigungs- und Entschuldigungsgründen aufwies, LG Frankfurt a. M. NJW 2005, 692 (696); Keiser GA 2009, 344 (zur Möglichkeit von Nothilfe bei dieser Tat → § 32 Rn. 17a). Die deutliche Abweichung vom Durchschnittsfall kann sich auch aus dem Zusammentreffen mehrerer dieser Umstände ergeben (BayObLG wistra 2001, 359; LG München StV 2020, 321). Im Allgemeinen wird die Voraussetzung nur bei Konfliktstätern, bei kriminell ungefährdeten Gelegenheitstätern, bei gewissen Tätergruppen mit gemindertem Unrechtsbewusstsein (zB unversteuerte Parteispenden, Schöch FS Baumann, 1992, 260 (264); Albrecht in NK-StGB Rn. 7) und – im Hinblick auf § 56a II 1 Nr. 4 iVm S. 3 – bisweilen auch bei solchen drogenabhängigen Tätern zu bejahen sein, die ihren eigenen Rauschmittelbedarf unmittelbar oder im Wege sog. Beschaffungskriminalität decken (problematisch AG Tiergarten StV 1986, 389). Die Beschränkung auf außergewöhnliche Konfliktlagen (→ § 56 Rn. 19) ist auch hier zu eng (BayObLG NJW 1990, 58; KG StV 1997, 473; OLG Nürnberg NJW 2007, 526). Die Maßstäbe entsprechen vielmehr denen, die zu § 56 II entwickelt worden sind (LG Bremen StV 1986, 388; weiter BayObLG NJW 1990, 58). Danach kommen auch Verkehrsdelikte in Frage (OLG Stuttgart MDR 1994, 932); sie werden jedoch meist nicht erfasst, weil sie nur selten aus dem Durchschnittsrahmen herausfallen (OLG Hamm NJW 1976, 1221; OLG Düsseldorf NZV 1991, 435; weniger restriktiv OLG Zweibrücken NStZ 1984, 312 mAnm Lackner/Gehrig; OLG Zweibrücken StV 1986, 385; Buschbell DAR 1991, 168).

bb) Den Täter von der Verurteilung zu verschonen, mußte nach früherem Recht **angezeigt** sein; nach der Neufassung von Abs. 1 S. 1 Nr. 2 ist diese sog. Indizierung gestrichen, um der Vorschrift den Ausnahmecharakter zu nehmen (BT-Drs. 16/3038, 59; OLG Düsseldorf wistra 2007, 235 (236) betont weiterhin den Ausnahmecharakter). Es reicht jetzt das Vorliegen von besonderen Umständen, die eine **Verhängung** von Strafe **entbehrlich** machen. Auch dies ist der Fall, wenn wegen der beschriebenen Besonderheiten sich schon die Verhängung des Strafübels 6 als kriminalpolitisch überflüssig oder als sozial unverhältnismäßig erweist; das kann namentlich praktisch werden, wenn für die an sich begründete Einstellung des Verfahrens nach §§ 153, 153a StPO die erforderliche Zustimmung eines Verfahrensbeteiligten fehlt (BGH StV 1995, 19; OLG Zweibrücken StV 1986, 387; Horn NJW 1980, 106; Dencker StV 1986, 399). Jedoch darf bei Vorliegen der Voraussetzungen die Verwarnung nicht nur deshalb versagt werden, weil dem Täter kein unverhältnismäßiger sozialer Nachteil droht (OLG Zweibrücken NStZ 1984, 312; str.). Umgekehrt darf sie bei Fehlen der Voraussetzungen nicht allein auf eine überlange Verfahrensdauer gestützt werden (BGHSt 27, 274 = NJW 1978, 503 mablAnm Peters JR 1978, 247; problematisch LG Bremen StV 1998, 378; zw.); diese kann im Einzelfall aber zu der Annahme beitragen, dass die Voraussetzungen im Laufe des Verfahrens erfüllt worden sind (BGH wistra 1994, 345; Albrecht in NK-StGB Rn. 6).

7 **c)** Zu dem **generalpräventiven Ausschlussgrund der Verteidigung der Rechtsordnung** (Nr. 3) → § 47 Rn. 4, 5; → § 56 Rn. 16, 17; speziell im Fall der „Folterandrohung" durch Polizeibeamten LG Frankfurt a. M. NJW 2005, 692 (696); für einen langfristig angelegten, systematischen BAföG – Betrug OLG Nürnberg NJW 2007, 526. Er kommt vor allem bei Verkehrsdelikten in Frage, die auf Leichtsinn oder Verantwortungslosigkeit beruhen.

8 **d)** Die Würdigung der Voraussetzungen des Abs. 1 ist **Aufgabe des Tatrichters** und daher nur begrenzt nachprüfbar (BayObLG NJW 1990, 58 mwN). Dass dieser alle sich nach Sachlage aufdrängenden Gesichtspunkte fehlerfrei abgewogen hat, muss jedoch erkennbar sein (KG NZV 1997, 126; KG StraFo 2019, 465; → Rn. 11).

9 **5. Abs. 2** aF sollte sicherstellen, dass möglichst nur Ersttäter oder wenigstens kriminell Ungefährdete erfasst werden; er ist durch das 2. JuMoG aufgehoben worden, weil ein schematischer Ausschluß verwarnter oder bestrafter Täter nicht gerechtfertigt erschien (so BT-Drs. 16/3038, 59).

10 **6.** Abs. 1 ist **Kann-Vorschrift.** An sich steht daher der Ausspruch der Verwarnung im pflichtmäßigen Ermessen des Gerichts (→ § 46 Rn. 50). Wenn es jedoch „angezeigt" ist, den Täter von der Verurteilung zu Strafe zu verschonen, und generalpräventive Gründe nicht entgegenstehen, gibt es regelmäßig keine mit den Zwecken des Strafrechts vereinbaren Versagungsgründe (BGHSt 46, 279 (291) = NJW 2001, 1802; OLG Celle StV 1988, 109; Schäfer in Schäfer/Sander/van Gemmeren Strafzumessung Rn. 65, Streng Sanktionen Rn. 153; Kindhäuser/Hilgendorf in LPK-StGB Rn. 7; aM Hubrach in LK-StGB Rn. 22); das Revisionsgericht kann dann nach § 354 I StPO selbst entscheiden (BGHSt 46, 279 (291) = NJW 2001, 1802; Fischer Rn. 11; Schmitt in Meyer-Goßner/Schmitt StPO § 354 Rn. 26a).

11 **7. Verfahren** §§ 260 IV 4, 267 III 4, 268a I, III, 407 II Nr. 1 StPO. Die Verwarnung, deren Voraussetzungen von Amts wegen zu prüfen sind, wird im Urteil (Strafbefehl) ausgesprochen. Auch der Strafvorbehalt ist in die Urteilsformel aufzunehmen (§ 260 IV 4 StPO); für die Zumessung der vorbehaltenen Strafe gelten die allgemeinen Regeln. Über den verfahrensrechtlichen Begründungszwang (§ 267 III StPO) hinaus bedarf die Ablehnung der Verwarnung einer Begründung dann (sonst sachlich-rechtlicher Fehler), wenn ihr Ausspruch nach dem festgestellten Sachverhalt naheliegt oder der Eindruck erweckt werden kann, dass ihre Mög-

lichkeit übersehen wurde (OLG Zweibrücken VRS 66, 196); das wird idR anzunehmen sein, wenn die vom Gericht befürwortete Einstellung des Verfahrens nach §§ 153, 153a StPO nur an der erforderlichen Zustimmung eines Verfahrensbeteiligten gescheitert ist (aM OLG Düsseldorf NStZ 1985, 362 mablAnm Horn; Schöch JR 1985, 378; krit. Cremer NStZ 1982, 449 (452)). Eine Beschränkung des Rechtsmittels auf den Gesichtspunkt des § 59 ist trotz der engen Verknüpfung mit der vorbehaltenen Strafe nicht ausgeschlossen (BGH NStZ-RR 2018, 86; aM OLG Celle MDR 1976, 1041). Zum Verschlechterungsverbot beachte OLG Zweibrücken MDR 1992, 1072.

§ 59a Bewährungszeit, Auflagen und Weisungen

(1) [1]**Das Gericht bestimmt die Dauer der Bewährungszeit.** [2]**Sie darf zwei Jahre nicht überschreiten und ein Jahr nicht unterschreiten.**

(2) [1]**Das Gericht kann den Verwarnten anweisen,**
1. **sich zu bemühen, einen Ausgleich mit dem Verletzten zu erreichen oder sonst den durch die Tat verursachten Schaden wiedergutzumachen,**
2. **seinen Unterhaltspflichten nachzukommen,**
3. **einen Geldbetrag zugunsten einer gemeinnützigen Einrichtung oder der Staatskasse zu zahlen,**
4. **sich einer ambulanten Heilbehandlung oder einer ambulanten Entziehungskur zu unterziehen,**
5. **an einem sozialen Trainingskurs teilzunehmen oder**
6. **an einem Verkehrsunterricht teilzunehmen.**

[2]**Dabei dürfen an die Lebensführung des Verwarnten keine unzumutbaren Anforderungen gestellt werden; auch dürfen die Auflagen und Weisungen nach Satz 1 Nummer 3 bis 6 zur Bedeutung der vom Täter begangenen Tat nicht außer Verhältnis stehen.** [3]**§ 56c Abs. 3 und 4 und § 56e gelten entsprechend.**

Fassung: Das 2. JuMoG (→ Vor § 1 Rn. 16) hat in Abs. 1 S. 2 aus „drei Jahre" „zwei Jahre" gemacht. Das Gesetz zur Stärkung der Täterverantwortung (→ Vor § 1 Rn. 17) hat ua eine neue Nr. 5 in Abs. 2 eingefügt.

1. Abs. 1: Die **Bewährungszeit** unterscheidet sich nur im Mindest- und Höchstmaß von der Regelung bei Strafaussetzung (→ § 56a Rn. 1). Die Verkürzung der Höchstdauer auf zwei Jahre wurde im Hinblick auf das geringe Gewicht der erfassten Taten vorgenommen (BT-Drs. 16/3038, 59); ob dadurch die Bereitschaft der Praxis zur Anwendung von § 59 steigt, bleibt abzuwarten. Beginn daher mit Rechtskraft der Entscheidung. Auch nachträgliche Verkürzung oder Verlängerung dürfte entsprechend § 56a II 2 zulässig sein, weil der Ausschluss einer Verkürzung nicht hinreichend begründbar ist und der einer Verlängerung die nach § 59b I vorgesehene entsprechende Anwendung des § 56f II zum Nachteil des Verwarnten sachwidrig beeinträchtigen würde (Albrecht in NK-StGB § 1 ohne Randnummer; aM Hubrach in LK-StGB Rn. 3; Kinzig in Schönke/Schröder Rn. 3; Schall in SK-StGB Rn. 3; Fischer Rn. 2; zw.); überdies setzt § 453 I StPO nachträgliche Entscheidungen im Gesamtbereich des § 59a voraus, obwohl es sich iRd Abs. 1 nur um die Verkürzung oder Verlängerung der Bewährungszeit handeln kann. 1

2 **2. a)** Der **Katalog** des Abs. 2 ist erschöpfend (ebenso Kindhäuser/Hilgendorf in LPK-StGB Rn. 3); andere Anweisungen sind unzulässig; zur erforderlichen Bestimmtheit → § 56c Rn. 2. Zu **S. 1 Nr. 1** → § 46a Rn. 3; → § 56b Rn. 3, 3a; soweit die Anweisung in Frage kommt, sollte sie regelmäßig Vorrang haben. Zu **S. 1 Nr. 2** → § 56c Rn. 7; das Wort „seinen", das in § 56c II Nr. 5 fehlt, schließt Anweisungen, die sich nur auf einen Teil der Unterhaltspflichten beziehen, nicht aus. Zu **S. 1 Nr. 3** → § 56b Rn. 4–4b; die Geldauflage kann angezeigt sein, wenn es nur darum geht, den Verurteilten vom Strafmakel zu verschonen. Zu **S. 1 Nr. 4** → § 56c Rn. 8–8b; zur meist erforderlichen Einwilligung (S. 3 iVm § 56c III) → § 56c Rn. 9. Zu **S. 1 Nr. 5:** sozialer Trainingskurs BT-Drs. 17/10164; gemeint ist gewaltzentriertes und konfrontatives Unterstützungs- und Beratungsangebot zur Verhaltensänderung; eine Beschränkung auf männliche Täter ist vom Wortlaut nicht gedeckt (vgl. Fischer Rn. 8). Zu **S. 1 Nr. 6** → § 56c Rn. 6.

3 **b) S. 2** dient nur der Klarstellung; er enthält allgemeine, ohnehin für alle Auflagen und Weisungen geltende Grundsätze (→ § 56b Rn. 2; → § 56c Rn. 2, 5; aus der Rspr. LG Marburg NStZ-RR 2006, 337). Zu den Möglichkeiten freiwilliger Zusagen und nachträglicher Entscheidungen (S. 3) → § 56b Rn. 8, 10; → § 56c Rn. 10; → § 56e Rn. 1–3.

4 **3. Verfahren** §§ 265a, 268a I, III, 305a, 453–453b, 462a II StPO.

§ 59b Verurteilung zu der vorbehaltenen Strafe

(1) **Für die Verurteilung zu der vorbehaltenen Strafe gilt § 56f entsprechend.**

(2) **Wird der Verwarnte nicht zu der vorbehaltenen Strafe verurteilt, so stellt das Gericht nach Ablauf der Bewährungszeit fest, daß es bei der Verwarnung sein Bewenden hat.**

1 **1.** Die **Verurteilung zu der vorbehaltenen Strafe** ist obligatorisch, wenn die Voraussetzungen des § 56f I sinngemäß erfüllt sind und nicht nach § 56f II verfahren werden kann. Der Maßstab für die Erwartung, die einer Verwarnung zugrunde liegt, ist strenger als bei der Strafaussetzung (krit. Hubrach in LK-StGB Rn. 3; überzogene Kritik bei Albrecht in NK-StGB Rn. 1). Mit diesen Maßgaben gelten die Ausführungen unter → § 56f Rn. 2–14; → § 56g Rn. 1 sinngemäß (iErg ebenso Wolters in SK-StGB Rn. 2; einschr. Hubrach in LK-StGB Rn. 10).

2 **2.** Sowohl die Verurteilung nach Abs. 1 wie auch die Feststellung nach Abs. 2 (beachte §§ 12 II, 51 I BZRG, BGHSt 28, 338 = NJW 1979, 1720) werden durch **Beschluss** nach § 453 StPO ausgesprochen. Zuständigkeit § 462a II, IV StPO. Rechtlich bedeutet die Verurteilung zu der vorbehaltenen Strafe eine Ergänzung des zugehörigen Urteils; sie kann daher – abweichend von § 56f (→ § 56f Rn. 15) – bei Vorliegen von Wiederaufnahmegründen nur im Wiederaufnahmeverfahren angegriffen werden (zw.).

§ 59c Gesamtstrafe und Verwarnung mit Strafvorbehalt

(1) **Hat jemand mehrere Straftaten begangen, so sind bei der Verwarnung mit Strafvorbehalt für die Bestimmung der Strafe die §§ 53 bis 55 entsprechend anzuwenden.**

(2) **Wird der Verwarnte wegen einer vor der Verwarnung begangenen Straftat nachträglich zu Strafe verurteilt, so sind die Vorschriften über die Bildung einer Gesamtstrafe (§§ 53 bis 55 und 58) mit der Maßgabe anzuwenden, daß die vorbehaltene Strafe in den Fällen des § 55 einer erkannten Strafe gleichsteht.**

1. Bei **Tatmehrheit** wird es häufig an den Voraussetzungen des § 59 fehlen. 1

2. Im Sinne des **Abs. 1** bedeutet entsprechende Anwendung der §§ 53–55, dass für jede Tat eine Einzelstrafe bestimmt (→ § 53 Rn. 3), sodann die Einsatzstrafe ermittelt (→ § 54 Rn. 3) und auf ihrer Grundlage die Gesamtstrafe gebildet wird (→ § 54 Rn. 6). Im Urteil ist dann nur die Verurteilung zu der Gesamtstrafe vorzubehalten. Nicht völlig ausgeschlossen ist damit auch die nachträgliche entsprechende Anwendung der §§ 53, 54 in der Weise, dass eine Verwarnung mit Strafvorbehalt unter den Voraussetzungen des § 55 in eine neue Entscheidung einbezogen wird, die wiederum auf eine Verwarnung erkennt (Albrecht in NK-StGB Rn. 1). 2

3. Die Verwarnung ist **keine Verurteilung** iSd § 55 I. **Abs. 2** fingiert jedoch die Verurteilung für den Fall, dass jemand **nach** der Verwarnung (der Ausdruck „nachträglich" ist unexakt) wegen einer **vorher** begangenen Tat zu Strafe verurteilt wird; erst diese Fiktion ermöglicht die Einbeziehung der vorbehaltenen Strafe in die – uU auch nachträgliche nach § 460 StPO (BVerfG NStZ-RR 2002, 330; LG Darmstadt NStZ-RR 2008, 199 zur Geldstrafe; Deckenbrock/Dötsch NStZ 2003, 346; Hubrach in LK-StGB Rn. 10; aM Fischer Rn. 3) – Gesamtstrafenbildung. Über Abs. 2 hinaus ist die Einbeziehung einer Verwarnung nicht möglich. 3

4. Auch bei mehreren Taten ist **neben Strafe** eine Verwarnung wegen eines Teils der Taten nicht zulässig (→ § 59 Rn. 3). 4

§ 60 Absehen von Strafe

[1]**Das Gericht sieht von Strafe ab, wenn die Folgen der Tat, die den Täter getroffen haben, so schwer sind, daß die Verhängung einer Strafe offensichtlich verfehlt wäre.** [2]**Dies gilt nicht, wenn der Täter für die Tat eine Freiheitsstrafe von mehr als einem Jahr verwirkt hat.**

1. § 60 schreibt das **Absehen von Strafe** für den Fall vor, dass der Täter schon durch die Folgen der Tat im Sinne einer poena naturalis hinreichend „bestraft" ist (BT-Drs. V/4094, 6; Dölling in Kröber/Dölling/Leygraf/Saß, Handbuch der Forensischen Psychiatrie, Bd. 1, 2007, S. 223; Wagner GA 1972, 33; krit. Maiwald ZStW 83 (1971), 663; Kett-Straub JA 2009, 53; Hassemer FS Sarstedt, 1981, 65; Kaspar Präventivstrafrecht S. 625, 628; Bassakou, Beiträge zur Analyse und Reform des Absehens von Strafe nach § 60 StGB, 1991; eing. Schroers, Das Absehen von Strafe nach § 60 StGB, 1975; Müller-Dietz FS Lange, 1976, 303). In der Praxis spielt die Vorschrift auch wegen der Einstellungsmöglichkeit nach § 153b I StPO 1 keine Rolle (Meier Sanktionen, 5. Aufl. 2019, S. 56; Albrecht in NK-StGB Rn. 2; vgl. auch Schroeder FS Fezer, 2008, 543).

2 **2. a)** Die **Folgen der Tat** haben den Täter (auch Teilnehmer) getroffen, wenn sie seine persönliche oder wirtschaftliche Lage objektiv verschlechtert haben (zB eigene Verletzungen, finanzielle Verluste, Schall in SK-StGB Rn. 9), uU auch nur mittelbar (zB Tod eines Angehörigen, BGH NJW 1996, 3350, oder eines Unterhaltspflichtigen) oder nur durch psychische Schädigungen (zB Depressionen mit Krankheitswert); auch mittelbare, durch überlange Verfahrensdauer bewirkte Gesundheitsschäden können ausreichen (BGH NStZ-RR 2004, 230). Dass auch Dritte geschädigt wurden, schließt die Vergünstigung nicht aus, fällt aber bei der gebotenen Abwägung (→ Rn. 3) ins Gewicht (OLG Karlsruhe NJW 1974, 1006; Albrecht in NK-StGB Rn. 4).

3 **b)** Die **Folgen sind so schwer, dass die Verhängung einer Strafe offensichtlich verfehlt wäre,** wenn sich bei einer Abwägung des Schuldgrades, für den uU auch ein Mitverschulden des Verletzten zu Buch schlägt (OLG Karlsruhe NJW 1974, 1006), der Schwere der Tatfolgen und der Strafzwecke (Generalprävention, namentlich Verteidigung der Rechtsordnung, Spezialprävention) das Urteil unmittelbar aufdrängt (BGH NJW 1996, 3350), dass eine strafrechtliche Reaktion sowohl nach den Interessen des Täters wie auch der Allgemeinheit keine sinnvolle Funktion mehr erfüllen könnte (ähnlich BGHSt 27, 298 = NJW 1978, 768; wegen Verstoßes gegen das rechtsstaatliche Erfordernis der Erforderlichkeit der Strafe hält Schroeder FS Amelung, 2009, 125 (127), die offensichtliche Verfehltheit für verfassungswidrig). Dabei müssen die besseren Gründe so sehr für das Absehen von Strafe sprechen, dass dieses Ergebnis jedem ernsthaften Zweifel entrückt ist (BGHSt 27, 298 = NJW 1978, 768; BGH StraFo 2015, 299 (300); StraFo 2020, 459; NStZ-RR 2022, 70; OLG Karlsruhe NJW 1974, 1006 mAnm Maiwald JZ 1974, 773; Müller-Dietz FS Lange, 1976, 303; Albrecht in NK-StGB Rn. 12); ist es dagegen problematisch, so fehlt es an der Offensichtlichkeit (OLG Celle NJW 1971, 575; OLG Frankfurt a. M. NJW 1972, 456; unrichtig Wagner GA 1972, 33 (52), der jede Bedeutung des Merkmals leugnet). Rasch vorübergehende heftige Gemütsbewegungen, wie Schrecken, Entsetzen oder Furcht (BayObLG NJW 1971, 766), und seelische Belastung durch Schuldgefühle reichen daher allein nicht aus („Krankheitswert" verlangt Schall in SK-StGB Rn. 16; sa Horstkotte JZ 1970, 122 (127)). Das Merkmal der Offensichtlichkeit begründet keine Beweisregel (Maiwald ZStW 83 (1971), 663 (687)), so dass in die Würdigung auch Umstände eingehen können, die nach dem Zweifelssatz nur zu unterstellen sind (BGHSt 27, 298 = NJW 1978, 768; Albrecht in NK-StGB Rn. 11).

4 **3. a)** Die Vergünstigung kommt bei **Delikten jeder Art** – auch bei schwerer Schuld (OLG Düsseldorf VRS 42, 273; Baumann JR 1972, 60), uU sogar bei vorsätzlicher Tötung (BGHSt 27, 298 = NJW 1978, 768) – in Frage, soweit nicht das Mindestmaß der angedrohten Strafe das Höchstmaß des S. 2 überschreitet (gegen eine analoge Anwendung jenseits der Einjahresgrenze Kett-Straub JA 2009, 53 (54, 57)). Die Ausscheidung bestimmter Deliktsgruppen ist unzulässig (BGH NStZ 2015, 461 (462); OLG Köln NJW 1971, 2036); jedoch kann die Eigenart der Tat, zB Trunkenheit im Verkehr, die Abwägung zum Nachteil des Täters beeinflussen (OLG Karlsruhe NJW 1974, 1006; OLG Celle NStZ 1989, 385). Die an sich verwirkte Strafe ist diejenige, die bei Ausschöpfung der gegebenen Milderungsmöglichkeiten (zB minder schwerer Fall, BGHSt 27, 298 = NJW 1978, 768; oder Dop-

pelmilderung nach § 50 (→ § 50 Rn. 3), BGH NJW 1996, 3350 mAnm Stree NStZ 1997, 122) und bei Berücksichtigung aller Umstände, dh auch der Folgen der Tat, zu verhängen wäre, wenn es den § 60 nicht gäbe (Stree NStZ 1997, 122; Hubrach in LK-StGB Rn. 9; Albrecht in NK-StGB Rn. 13; aM Meier Sanktionen, 5. Aufl. 2019, S. 56; Streng Sanktionen, 3. Aufl. 2012 Rn. 713; krit. Maiwald ZStW 83 (1971), 663 (691); Müller-Dietz FS Lange, 1976, 303 (316)). Sie braucht nicht exakt bestimmt zu werden; es genügt der Hinweis, dass die Einjahresgrenze nicht überschritten ist.

b) Bei **mehreren Taten** sind die Voraussetzungen für jede gesondert zu prüfen 5 (weiter Hubrach in LK-StGB Rn. 12); bei Tateinheit müssen sie unter allen rechtlichen Gesichtspunkten, über die nur einheitlich entschieden werden kann (BayObLG NJW 1972, 696; OLG Karlsruhe NJW 1974, 1006 mAnm Zipf JR 1975, 162; str.), erfüllt sein (Fischer Rn. 7).

4. Die Vergünstigung ist bei Vorliegen ihrer Voraussetzungen **obligatorisch** 6 (BGH NJW 1996, 3350 mwN). In der Revision ist die tatrichterliche Abwägung (→ Rn. 3) nur begrenzt nachprüfbar (OLG Karlsruhe NJW 1974, 1006 mwN); jedoch müssen die Urteilsgründe die Vorschrift ausdrücklich erörtern, wenn besondere Umstände des Einzelfalls dazu drängen (BGH NJW 1996, 3350).

5. a) Wird von Strafe abgesehen, so ist der Täter unter Auferlegung der Kosten 7 **schuldig zu sprechen** (ebenso Albrecht in NK-StGB Rn. 16; Kindhäuser/Hilgendorf in LPK-StGB Rn. 1). Daneben ist zwar ein Fahrverbot, nicht aber die Entziehung der Fahrerlaubnis ausgeschlossen (BayObLG JZ 1972, 287; OLG Hamm VRS 43, 19).

b) Zum Absehen von Strafe durch **Strafbefehl** Mansperger NStZ 1984, 258 8 (zw.); zu seiner Abgrenzung von der **Einstellung des Verfahrens** nach § 153b StPO Wagner GA 1972, 33.

6. Titel. Maßregeln der Besserung und Sicherung

§ 61 Übersicht

Maßregeln der Besserung und Sicherung sind
1. **die Unterbringung in einem psychiatrischen Krankenhaus,**
2. **die Unterbringung in einer Entziehungsanstalt,**
3. **die Unterbringung in der Sicherungsverwahrung,**
4. **die Führungsaufsicht,**
5. **die Entziehung der Fahrerlaubnis,**
6. **das Berufsverbot.**

1. Die **Maßregeln der Besserung und Sicherung,** deren Zielsetzung schon 1 im Reformprogramm Franz v. Liszts angelegt war (Frisch ZStW 94 (1982), 565; ZStW 102 (1990), 343 (345); Hassemer StV 2006, 321 (323); Pollähne in NK-StGB Rn. 2), sind als rein präventive Maßnahmen erstmalig durch das sog. Gewohnheitsverbrechergesetz (zu dessen rechtsgeschichtlicher Bedeutung Müller, Das Gewohnheitsverbrechergesetz v. 24.11.1933, 1997) in das Rechtsfolgensystem des StGB eingefügt worden. Seither bilden sie einen wichtigen Bestandteil der Strafrechtsordnung, der stets im Vordergrund des kriminalpolitischen Interesses gestanden hat. Die Regelung iE, die aus langjährigen Vorarbeiten im Rahmen der Strafrechtsreform hervorgegangen ist (vgl. etwa §§ 55–64 E 1930), musste in der Folgezeit mehrfach geändert und den fortschreitenden Erkenntnissen auf dem Gebiet der chronischen Kriminalität angepasst werden. Tiefere Eingriffe beruhen auf dem 2. StrRG (→ Vor § 63 Rn. 1; → Vor § 68 Rn. 1, 2), dem StVollzÄndG (→ Vor § 63 Rn. 2), dem SexBG (→ Vor § 1 Rn. 13), dem Vorbehaltsverwahrungs-EinführungsG (→ Vor § 11 Rn. 14; § 66a), dem EinführungsG zur nachträglichen Sicherungsverwahrung (→ Vor § 1 Rn. 15; § 66b), dem FührungsaufsichtG (→ Vor § 1 Rn. 16) sowie dem SichVNOG und dem SichVAbstUmsG. – **Rechtsvergleichend** Pollähne in NK-StGB Rn. 6–10. – Zur **historischen Entwicklung** der Maßregeln als „zweite Spur im Strafrecht" Eser FS Müller-Dietz, 2001, 213; eing. Dessecker, Gefährlichkeit und Verhältnismäßigkeit, 2004, S. 25 mit Bespr. Pollähne GA 2006, 191.

2 **2.** Dem StGB liegt ein **zweispuriges (dualistisches)** Reaktionssystem zu Grunde (→ Vor § 38 Rn. 1). In ihm bilden die Maßregeln gegenüber der Strafe den zweiten Grundtypus der strafrechtlichen Rechtsfolgen (zusf. Müller-Christmann JuS 1990, 801; für eine stärkere Trennung der beiden „Rechtsfolgenstränge" Paeffgen FS Amelung, 2009, 81 (118); zu den Abgrenzungsproblemen bei der Sicherungsverwahrung Höffler/Kaspar ZStW 124 (2012), 87; Ziffer FS Frisch, 2013, 1077). Während die Strafe durch das Schuldprinzip begrenzt wird und die Verfolgung präventiver Zwecke nur in beschränktem Umfang zulässt (→ § 46 Rn. 1–5; → § 46 Rn. 22–31; zum Verhältnis von Schuld und Prävention eing. Mushoff, Strafe, Maßregel und Prävention, 2008; Radtke GA 2011, 636), dient die Maßregel dem Schutz der Allgemeinheit vor dem gefährlichen Täter (zur Gefährlichkeit Dessecker, Gefährlichkeit und Verhältnismäßigkeit, 2004, S. 128). Die Notwendigkeit dieses grundsätzlichen Dualismus war in den kriminalpolitischen Auseinandersetzungen um die Strafrechtsreform noch nahezu unbestritten. In der verfassungsgerichtlichen Rspr. ist sie akzeptiert (expl. BVerfGE 2, 118 = NJW 1953, 577; BVerfGE 42, 1 (6) = NJW 1976, 1677; BVerfGE 91, 1 (27) = NJW 1995, 1077; BVerfGE 109, 133 (173) = NJW 2004, 739; BVerfGE 128, 326 (377) = NJW 2011, 1931). Sie wird aber in den letzten Jahrzehnten zunehmend in Frage gestellt. In Zweifel geraten sind namentlich die Annahmen, dass die Maßregeln in ihrer jetzigen Gestalt verfassungsrechtlich legitimierbar seien, dass eine Erfolg versprechende Behandlung von Rückfalltätern, namentlich von Hangtätern, überhaupt möglich sei („Behandlungsideologie") und dass sich die vielfältigen Schwierigkeiten der Diagnose und Prognose empirisch bewältigen ließen (expl. Kaiser FS Pallin, 1989, 183 und Kaiser, Befinden sich die kriminalrechtlichen Maßregeln in der Krise?, 1990; Frisch ZStW 102 (1990), 343; Paeffgen FS Amelung, 2009, 81 (118); Köhler StrafR AT S. 55–58; Pollähne in NK-StGB Rn. 16–35; rechtsvergleichend Buchala ZStW 102 (1990), 394; Musco ZStW 102 (1990), 415; Victor ZStW 102 (1990), 435; Küpper ZStW 102 (1990), 448; sa Sagel-Grande ZStW 103 (1991), 732; Staudinger NStZ 1997, 467; Hassemer FS Samson, 2010, 31; → § 63 Rn. 1; → § 64 Rn. 1; → § 66 Rn. 1). Das geltende Recht strebt diesen präventiven Schutz je nach dem gesetzlichen Inhalt der Maßregel und den Umständen des Einzelfalls teils durch therapeutische Behandlung oder psychologische Einwirkung mit dem Ziel der Besserung des Täters und teils durch Isolierung aus der Gesellschaft oder Ausschaltung von bestimmten Betätigungen mit dem Ziel der Sicherung an. Die Vielschichtigkeit des Strafbegriffs, der auch die Verhütung künftiger Taten einschließt (→ § 46 Rn. 1–5), macht eine systematisch reine, am Vor beugungszweck orientierte Trennung von Strafe und Maßregel unmöglich (Schmitt FS Würtenberger, 2013, 277; nach BGHR StGB § 46 I SpezialpräventionG übernehmen Maßregeln insbes. indi-

vidualpräventive Funktionen, die die Strafe wegen ihrer Bindung an die Schuld nicht übernehmen kann). Der präventive Schutzzweck ist vielmehr beiden gemeinsam (zusf. Müller-Dietz, Grundfragen des strafrechtlichen Sanktionensystems, 1979, S. 67). Soweit dieser Zweck im Rahmen der schuldangemessenen Strafe verwirklicht werden kann, ist daneben für die Maßregel grds. kein Raum; sie ist vielmehr subsidiär in dem Sinne, dass sie das Schutzbedürfnis der Allgemeinheit in einem Bereich befriedigt, welcher der Strafe verschlossen ist (vgl. Hassemer StV 2006, 321 (324)). Dieser ausschließlich vorbeugende Zweck ergibt die Anwendbarkeit der Maßregeln uU auch bei Schuldunfähigen (§§ 63, 64, 69, 70). Zusammenfassend zur Problematik der Maßregeln Frisch LdRerg 8/950, S. 3, 13, der ihre Rechtfertigung auf den Gedanken der Wahrung des überwiegenden Interesses und der Schutzverpflichtung des Staates stützt (S. 4). – **Rspr.**-Übersicht: Detter NStZ 2012, 200; 2015, 683; 2017, 140; 2018, 18; 2019, 128; 2020, 464; 2021, 720.

3. Die **Übersicht** umfasst nur diejenigen Maßregeln, die das Gesetz im technischen Sinne als Maßregeln der Besserung und Sicherung versteht. Doch können auch andere Maßnahmen, etwa die Einziehung nach § 74 II Nr. 2 und § 74d, reinen Präventivcharakter haben. 3

4. a) Die **Anordnung von Maßregeln** setzt neben der Erfüllung jeweils unterschiedlicher formeller Voraussetzungen eine **Prognose** über das mutmaßliche künftige Fehlverhalten des Täters (über seine Gefährlichkeit) voraus (→ § 63 Rn. 4–10; → § 64 Rn. 5, 6; → § 66 Rn. 13–18; → § 68 Rn. 4–6; → § 69 Rn. 5–9; → § 70 Rn. 5–9; → § 56 Rn. 14; zusf. Frisch LdRerg 8/950, S. 5). Für die Anwendung des Grundsatzes **in dubio pro reo** gelten die Ausführungen unter → § 56 Rn. 8 sinngemäß. Aus ihnen folgt, dass bei Anordnungsprognosen eine den Täter begünstigende Wirkung eintritt, wenn das Gericht im Hinblick auf die der Prognose zugrundezulegenden Tatsachen letzte Zweifel nicht überwinden kann. Dasselbe gilt, wenn es sich beim Prognoseurteil von dem jeweils vorausgesetzten Wahrscheinlichkeitsgrad künftigen Fehlverhaltens nicht überzeugen kann (hM; vgl. Stree, In dubio pro reo, 1962, S. 92; Müller, Anordnung und Aussetzung freiheitsentziehender Maßregeln der Besserung und Sicherung, 1981, S. 132; Schöch in LK-StGB Vor § 61 Rn. 61–64; Geppert in LK-StGB § 69 Rn. 66; gegen die Anwendung des in dubio pro reo-Grundsatzes Streng Sanktionen Rn. 828). 4

b) Etwas anderes gilt dagegen für die sog. **Entlassungs- oder Aussetzungsprognosen,** bei denen es darauf ankommt, ob eine bereits festgestellte Gefährlichkeit weggefallen, entscheidend gemindert oder durch zureichende Maßnahmen ausgeglichen ist (→ § 67b Rn. 4; → § 67c Rn. 2–4; → § 67d Rn. 3, 4; → § 68e Rn. 2; → § 70a Rn. 2). Hier wirken Zweifel im Bereich des Prognoseurteils (→ Rn. 4) zu Ungunsten des Täters, weil der Grundsatz in dubio pro reo für das Prognoseurteil nicht gilt, Wortlaut und Zweck des Gesetzes aber ergeben, dass das Gericht die vorausgesetzte Entschärfung der Gefährlichkeit positiv bejahen muss (hM; OLG Köln NJW 1955, 682; Müller, Anordnung und Aussetzung freiheitsentziehender Maßregeln der Besserung und Sicherung, 1981, S. 135; Laubenthal FS Krause, 1990, 357 (371); Schöch in LK-StGB Vor § 61 Rn. 65–67; Rissing-van Saan/Peglau in LK-StGB § 67b Rn. 45, 46, § 67d Rn. 105; anders Nowakowski FS v. Weber, 2004, 117; Pollähne in NK-StGB Rn. 63; Sinn in SK-StGB Rn. 15; diff. Frisch ZStW 102 (1990), 707 (773); Streng in Dölling, Die Täter-Individualprognose, 1995, S. 97, 111). 5

5. Verjährung der Maßregeln §§ 78 I, 79 I, IV, V. 6

§ 62 Grundsatz der Verhältnismäßigkeit

Eine Maßregel der Besserung und Sicherung darf nicht angeordnet werden, wenn sie zur Bedeutung der vom Täter begangenen und zu erwartenden Taten sowie zu dem Grad der von ihm ausgehenden Gefahr außer Verhältnis steht.

1 **1.** Alle Maßregeln unterliegen schon verfassungsrechtlich dem **Übermaßverbot** (BVerfGE 16, 194 (202) = NJW 1963, 1597; BGHSt 20, 232 = NJW 1965, 1869). Die Vorschrift stellt nur dessen wichtigsten Anwendungsfall, den **Grundsatz der Verhältnismäßigkeit,** besonders heraus (BVerfGE 70, 297 = NJW 1986, 767; BVerfGE 109, 133 (159) = NJW 2004, 739; BVerfGE 109, 190 (240) = NJW 2004, 750; eing. Bae, Der Grundsatz der Verhältnismäßigkeit im Maßregelrecht des StGB, 1985; Dessecker, Gefährlichkeit und Verhältnismäßigkeit, 2004, S. 331 mit Bespr. Pollähne GA 2006, 191; krit. zum übergewichtigen Vordringen des Abwägungsprinzips Leisner NJW 1997, 636).

2 **2.** Zwischen dem mit der Maßregel verbundenen Eingriff in die Freiheit einerseits und der objektiven Bedeutung der begangenen und zu erwartenden Taten für die Allgemeinheit sowie dem Grad der vom Täter ausgehenden Gefahr andererseits darf **kein eindeutiges Missverhältnis** bestehen (BGH NJW 1970, 1242; NStZ-RR 1997, 2); das gilt entgegen dem Wortlaut nicht nur für die Anordnung einer Maßregel, sondern auch für alle nachfolgenden Entscheidungen (BVerfG NJW 1995, 3048 = NJW 1995, 3048; Schöch in LK-StGB Rn. 10), zB für die Aussetzung nach § 67d II (BVerfGE 70, 297 = NJW 1986, 767) und für den Widerruf der Aussetzung nach § 67g I. Möglich ist auch, dass eine Maßregel infolge überlanger Eingriffsdauer (einzubeziehen ist auch ein bereits im Ausland vorausgegangener Maßregelvollzug, OLG Frankfurt a. M. StV 2015, 499) unverhältnismäßig wird und daher trotz Vorliegens aller übrigen Voraussetzungen für erledigt zu erklären ist (→ § 67d Rn. 1). Die Abwägung erfordert eine Gesamtwürdigung der dem Eingriff gegenüberstehenden, meist nicht gleich gewichtigen Gesichtspunkte (Pollähne in NK-StGB Rn. 13–17). Der Schwerpunkt liegt bei den drohenden Taten und der aus ihnen erwachsenden Gefahr (BGHSt 24, 134 = NJW 1971, 1849; BGH NStZ-RR 1998, 205; Frisch LdRerg 8/950, S. 9); jedoch ist auch die den Anlass des Verfahrens bildende Tat nicht bedeutungslos (Koffka JR 1971, 424). Der Verhältnismäßigkeitsgrundsatz bildet nur eine äußerste Schranke; er verhindert deshalb uU die Anordnung einer Maßregel trotz Vorliegens aller anderen Voraussetzungen, lässt aber das **Prinzip des geringstmöglichen Eingriffs** unberührt, das bei einzelnen Maßregeln normiert ist und eine Beschränkung auf das zur Zweckerreichung Unerlässliche vorsieht (Schöch in LK-StGB Rn. 9). Zu § 69 → § 69 Rn. 9.

– Freiheitsentziehende Maßregeln –

Vorbemerkung

1 **1.** Im Rahmen der Reformgesetzgebung war geplant, das **System der freiheitsentziehenden Maßregeln** grdl. umzugestalten (→ § 61 Rn. 1, 2) und es stufenweise in Kraft zu setzen. Das 1. StrRG (→ Vor § 1 Rn. 4) hatte zunächst die Abschaffung des Arbeitshauses (§ 42d StGB aF) und die weitgehende Zurückdrängung

der Sicherungsverwahrung gebracht (§ 42e StGB aF). Das 2. StrRG (→ Vor § 1 Rn. 4) hat dann neben einer Vielzahl von Neuerungen in Einzelheiten und technischen Änderungen ein System des elastischen „Vikariierens" sowohl zwischen Straf- und Maßregelvollzug (§ 67) wie auch zwischen den verschiedenen Unterbringungsarten (§ 67a) eingeführt und die Möglichkeiten der bedingten Anordnung und Entlassung unter Übernahme der Aussetzung zur Bewährung auch in den Maßregelbereich erweitert (§§ 67b–67g). Das eigentliche Kernstück der Reform war die Unterbringung in einer sozialtherapeutischen Anstalt, die eine stationäre, sozialtherapeutische Behandlung kriminell besonders gefährdeter Tätergruppen ermöglichen (§ 65 aF) und – um für die erforderlichen Verwaltungsmaßnahmen Raum zu gewinnen – erst zu einem späteren, mehrfach aufgeschobenen Zeitpunkt in Kraft treten sollte.

2. Im Zusammenhang mit den vorbereitenden Arbeiten zur Einrichtung, na- 2
mentlich zur personellen und sachlichen Ausstattung, der für den Maßregelvollzug erforderlichen Anstalten und mit zahlreichen Modellversuchen zur Entwicklung der in diesen Anstalten anzuwendenden Behandlungsmethoden hat sich zunehmend (vgl. schon BT-Drs. 7/1261, 6; BT-Drs. 7/3998, 8; BT-Drs. 8/792, 5; BT-Drs. 8/1215, 1) die Auffassung durchgesetzt, dass die vorgesehene sog. **Maßregellösung** das Vollzugssystem überfordern würde (vgl. etwa Schwind NStZ 1981, 121; Kaiser/Dünkel/Ortmann ZRP 1982, 198; Frisch ZStW 102 (1990), 343 (382); aM Schöch ua ZRP 1982, 207). Namentlich die Bundesländer haben den aus § 65 aF folgenden weiten Zuständigkeitsbereich der sozialtherapeutischen Anstalten vollzugspolitisch nicht für realisierbar gehalten und deshalb einer bescheideneren Integration der Sozialtherapie in den Strafvollzug (sog. **Vollzugslösung**) den Vorzug gegeben (BT-Drs. 10/309, 8). Das **StVollzÄndG** (→ Vor § 1 Rn. 10) hat dieser Entwicklung durch Aufhebung des § 65 und durch Einbettung der sozialtherapeutischen Anstalten in den Strafvollzug (§§ 9, 123–126 StVollzG) Rechnung getragen. Damit ist die Problematik der sozialtherapeutischen Behandlung aus dem materiellen Strafrecht ausgeschieden und zu einem ausschließlichen Gegenstand des Strafvollzugsrechts geworden.

3. Eine weitere Umgestaltung der freiheitsentziehenden Maßregeln durch das 3
SexBG (→ Vor § 1 Rn. 13; krit. Rengier in JMBW, Der Schutz vor Sexualstraftaten, 2003, S. 9, 26) betrifft die Sicherungsverwahrung (§§ 66 III, 67d I) und die Entlassungsprognose bei allen freiheitsentziehenden Maßregeln (§ 67d II). Das Vorbehaltsverwahrungs-EinführungsG (→ Vor § 1 Rn. 14) hat die sog. **vorbehaltene** Sicherungsverwahrung (§ 66a) gebracht. Die sog. **nachträgliche Sicherungsverwahrung** der Länder-Unterbringungsgesetze ist vom BVerfG (BVerfGE 109, 190 = NJW 2004, 750) für mit der Verfassung unvereinbar erklärt worden; Gesetzentwürfe zu ihrer bundesrechtlichen Einführung mündeten in § 66b aF (krit. zu diesen Erweiterungen Kinzig, Die Legalbewährung gefährlicher Rückfalltäter, 2008, S. 310, 314; Heinz FS Strätz, 2009, 233 (243, 269)). Weitreichende Änderungen der §§ 64, 67ff. erfolgten durch das Gesetz zur Sicherung der Unterbringung in einem psychiatrischen Krankenhaus und in einer Entziehungsanstalt v. 16.7.2007 (→ Vor § 1 Rn. 16; vgl. Schöch FS Volk, 2009, 703). Eine Reform der §§ 63, 64, 67d hat auch das Gesetz zur Novellierung des Rechts zur Unterbringung in einem psychiatrischen Krankenhaus v. 8.7.2016 (→ Vor § 1 Rn. 18) gebracht, doch wird diese als unzureichend kritisiert (Pollähne KriPoZ 2016, 28; diff. Kaspar/Schmidt ZIS 2016, 756).

4 **4.** Nachdem der **EGMR** mit Urteil v. 17.12.2009 in der Rechtssache M/Deutschland (Az. 19359/04, auszugsweise abgedr. unter EGMR NJW 2010, 2495; hierzu Grabenwarter JZ 2010, 857; Jung GA 2010, 639; Kreuzer/Bartsch FS 2010, 124; Laue JR 2010, 198; Müller StV 2010, 207; Bachmann/Goeck NJ 2010, 457; krit. Freund GA 2010, 193; Grosse-Brömer/Klein ZRP 2010, 172; Hörnle FS Rissing-van Saan, 2011, 239; Renzikowski ZIS 2011, 531) die rückwirkende Aufhebung der Höchstfrist für die Sicherungsverwahrung wegen Verstoßes gegen Art. 5, 7 I MRK für konventionswidrig erklärt und in einem obiter dictum ausgeführt hatte, dass eine Unterbringung in Sicherungsverwahrung möglicherweise nach Art. 5 I 2e MRK gerechtfertigt sein könne (EGMR NJW 2010, 2495 Rn. 103), reformierte der Bundesgesetzgeber mit dem **SichVNOG** das Recht der Sicherungsverwahrung durch Konsolidierung der primären Sicherungsverwahrung unter Einengung des Anlasstatenkatalogs sowie durch einen Ausbau der vorbehaltenen und Beschränkung der nachträglichen Sicherungsverwahrung; zudem schuf der Gesetzgeber in demselben Gesetzespaket das **ThUG** (vgl. Gesetz zur Neuordnung des Rechts der Sicherungsverwahrung und zu begleitenden Regelungen v. 22.12.2010, BGBl. 2010 I 2300; s. dazu Kinzig NJW 2011, 177; Kinzig StraFo 2011, 429; Kreuzer StV 2011, 122 (127 ff.); zur Verfassungsmäßigkeit BVerfGE 134, 33 = NJW 2013, 3151 mAnm Zimmermann JZ 2013, 1108; Höffler StV 2014, 168; zum ThUG sa Nußstein NJW 2011, 1194; Nußstein StV 2011, 633; Mahler/Pfäfflin RuP 2012, 130; Anders JZ 2012, 498), mit dem eine neue Unterbringungsform für sog. „Parallelfälle" – also Fälle, in denen weiterhin als gefährlich eingestufte Sicherungsverwahrte infolge des EGMR-Urteils v. 17.12.2009 aus der Unterbringung entlassen wurden (vgl. BT-Drs. 17/3403, 19) – eingeführt wurde; als Reaktion auf die Rspr. des EGMR (vgl. BT-Drs. 17/3403, 53 ff.) soll die Unterbringung therapiegerichtet sein und eine aus einer „psychischen Störung" folgende Gefährlichkeit des Betroffenen voraussetzen (§§ 1 I, 2 I ThUG; krit. Kreuzer StV 2011, 122 (131 f.); Schöch GA 2012, 14 (23) „dem Verdacht einer listigen Umgehung des Rückwirkungsverbots ausgesetzt"; Anders JZ 2012, 498 „Gefahr einer psychopathologischen Entgrenzung des Strafrechts"). Mit Urteil v. 13.1.2011 in der Rechtssache Haidn/Deutschland (Az. 6584/04, auszugsweise abgedr. unter EGMR NJW 2011, 3423) erklärte der **EGMR** auch die nachträgliche Sicherungsverwahrung wegen Verstoßes gegen Art. 5 MRK für konventionswidrig und deutete erneut auf eine mögliche Vereinbarkeit mit der Konvention unter dem Gesichtspunkt von Art. 5 I 2e MRK hin (EGMR NJW 2011, 3423 Rn. 93). In späteren Entscheidungen bejahte der EGMR einen Verstoß gegen Art. 7 I MRK, soweit die nachträgliche Sicherungsverwahrung rückwirkend angeordnet werden konnte (EGMR 7.6.2012 – 65210/09 – G ./. Deutschland; EGMR 7.6.2012 – 61827/09 – K ./. Deutschland).

5 **5.** Ungeachtet der Reform des Sicherungsverwahrungsrechts durch das SichVNOG erklärte das **BVerfG** mit **Urteil v. 4.5.2011** sämtliche Vorschriften des StGB über die Unterbringung in der Sicherungsverwahrung für mit der Verfassung unvereinbar und gab dem Gesetzgeber in Bund und Ländern auf, ein dem verfassungsrechtlichen „Abstandsgebot" hinreichend Rechnung tragendes Grundkonzept der Sicherungsverwahrung zu erarbeiten und normativ festzulegen (BVerfGE 128, 326 = NJW 2011, 1931; s. hierzu Hörnle NStZ 2011, 450; Peglau NJW 2011, 1924; Merkel RuP 2011, 205; Kreuzer/Eisenberg StV 2011, 470; Streng JZ 2011, 827; Mosbacher HRRS 2011, 229; Dessecker ZIS 2011, 706; Schöch GA 2012, 14; Drenkhahn/Morgenstern ZStW 124 (2012), 132 (192 ff.); näher

zum Abstandsgebot Höffler/Kaspar ZStW 124 (2012), 87). Für die **Übergangszeit bis zum 31.5.2013** sollte die weitere Unterbringung in Sicherungsverwahrung in Fällen, in denen Vertrauensschutzgesichtspunkte berührt seien, vom Vorliegen einer „hochgradigen Gefahr schwerster Gewalt- und Sexualverbrechen" abhängen, die „aus konkreten Umständen in der Person oder dem Verhalten des Untergebrachten" ableitbar sei müsse (BVerfGE 128, 326 (399) = NJW 2011, 1931). Wegen Art. 5 I 2e MRK müsse beim Untergebrachten außerdem eine „psychische Störung" iSd ThUG vorliegen (BVerfGE 128, 326 (397, 406) = NJW 2011, 1931; krit. Hörnle NStZ 2011, 488 (491); Kreuzer StV 2011, 122 (131); Kinzig NJW 2011, 177 (181f.); Streng JZ 2011, 827 (832); Drenkhahn/Morgenstern ZStW 124 (2012), 132 (199f.); Höffler/Stadtland StV 2012, 239). Diese Übergangsregelungen finden Anwendung, wenn die Anlasstat vor dem 1.6.2013 begangen wurde (BGH NStZ 2014, 263 (264); NStZ 2015, 210 mAnm Becker). – Zur Umsetzung der im Urteil v. 4.5.2011 ausgeführten verfassungsrechtlichen Vorgaben an den Bundesgesetzgeber verabschiedete dieser das **SichVAbstUmsG** v. 5.12.2012 (BGBl. S. 2425; hierzu Renzikowski NJW 2013, 1638; Pollähne StV 2013, 249; Zimmermann HRRS 2013, 164; Peglau JR 2013, 249; Köhne KJ 2013, 336; Bartsch Forum Strafvollzug 2013, 208).

6. Inzwischen hat der Straßburger Gerichtshof präzisiert, unter welchen Voraussetzungen Sicherungsverwahrte in Altfällen über die frühere Höchstdauer hinaus untergebracht werden dürfen, und angedeutet, dass der Begriff „person of unsound mind" bzw. „aliené" in Art. 5 I 2e MRK wohl enger gefasst sei als der Begriff „psychische Störung" in § 1 I ThUG (hierzu näher Wolter in Scheffczyk/Wolter, Linien der Rechtsprechung des BVerfG, Bd. 4, 2017, S. 173, 182ff.). Für Art. 5 I 2e MRK muss die psychische Störung so schwer wiegen, dass sie der Behandlung in einem Krankenhaus, einer Klinik oder sonstigen geeigneten Einrichtungen bedarf und insofern eine Zwangsunterbringung rechtfertigt. Dementsprechend reicht etwa die von einem psychiatrischen Sachverständigen getroffene Feststellung, dass der Betroffene an sexuellem Sadismus leidet, der medizinischer Behandlung und Therapie bedarf (EGMR NJW 2017, 1007 Rn. 112ff., mAnm Köhne – Bergmann/Deutschland; zur Eignung von Einrichtungen für Sicherungsverwahrte als Ort für Unterbringungen nach Art. 5 I 2e MRK vgl. EGMR NJW 2017, 1007 Rn. 118ff.). Eine bloße dissoziale Persönlichkeitsstörung genügt nicht (aA BVerfGK 19, 62 (72f.) = StV 2012, 25), wohl aber eine dissoziale Persönlichkeitsstörung mit ausgeprägt psychopathischen Zügen (EGMR BeckRS 2016, 21224 Rn. 77f. – Petschulies/Deutschland). In solchen Fällen treten die reformunabhängig fortbestehenden punitiven Aspekte der Sicherungsverwahrung hinter die therapeutische Ausgestaltung der Maßregel zurück, weswegen der EGMR sie nicht länger als Strafe iSv Art. 7 I EMRK einstuft (EGMR NJW 2017, 1007 Rn. 149ff. mAnm Köhne – Bergmann/Deutschland). 6

7. Zum **Verfahren:** Die Überleitung des Strafverfahrens in ein Sicherungsverfahren nach §§ 413ff. StPO ist nach Zulassung der Anklageschrift und Eröffnung des Hauptverfahrens nicht möglich; vielmehr ist der Angeklagte im Fall der Schuldunfähigkeit freizusprechen und ggf. im Strafverfahren nach §§ 63, 64 unterzubringen (BGH NStZ-RR 2021, 221; NStZ-RR 2021, 347). 7

§ 63 Unterbringung in einem psychiatrischen Krankenhaus

[1]Hat jemand eine rechtswidrige Tat im Zustand der Schuldunfähigkeit (§ 20) oder der verminderten Schuldfähigkeit (§ 21) begangen, so ordnet das Gericht die Unterbringung in einem psychiatrischen Krankenhaus an, wenn die Gesamtwürdigung des Täters und seiner Tat ergibt, daß von ihm infolge seines Zustandes erhebliche rechtswidrige Taten, durch welche die Opfer seelisch oder körperlich erheblich geschädigt oder erheblich gefährdet werden oder schwerer wirtschaftlicher Schaden angerichtet wird, zu erwarten sind und er deshalb für die Allgemeinheit gefährlich ist. [2]Handelt es sich bei der begangenen rechtswidrigen Tat nicht um eine im Sinne von Satz 1 erhebliche Tat, so trifft das Gericht eine solche Anordnung nur, wenn besondere Umstände die Erwartung rechtfertigen, dass der Täter infolge seines Zustandes derartige erhebliche rechtswidrige Taten begehen wird.

Fassung: Gesetz zur Novellierung des Rechts zur Unterbringung in einem psychiatrischen Krankenhaus (→ Vor § 1 Rn. 18) mit Wirkung zum 1.8.2016.

1 **1.** Die Maßregel der **Unterbringung in einem psychiatrischen Krankenhaus** sollte sich nach der Konzeption des 2. StrRG (→ Vor § 63 Rn. 1) vom früheren Recht namentlich dadurch unterscheiden, dass sie die im psychiatrischen Sinne nicht behandlungs- oder pflegebedürftigen Täter insoweit aus dem Anwendungsbereich ausschied, als ihre Unterbringung in der sozialtherapeutischen Anstalt bessere Resozialisierungschancen bot (§§ 63 II, 65 III aF). In Folge der Aufhebung des § 65 durch das StVollzÄndG (→ Vor § 63 Rn. 2) ist diese Differenzierung gegenstandslos geworden. Deshalb hängt die Unterbringung in einem psychiatrischen Krankenhaus nur von ihren gesetzlichen Voraussetzungen, nicht von den Erfolgsaussichten der dort möglichen Behandlung und auch nicht von der Heil- oder Pflegebedürftigkeit des Täters ab (BGH NStZ 1990, 122; NStZ 1998, 35; NStZ 2002, 533; OLG Hamburg NJW 1995, 2424; krit. Last NJW 1969, 1558; sa Müller-Dietz NStZ 1983, 145 (147); Eickhoff NStZ 1987, 65; Leygraf, Psychisch kranke Straftäter, 1988; Konrad NStZ 1991, 315; Frisch LdRerg 8/1735, S. 8; krit. zur kriminalpolitischen Tendenz, die Unterbringung und die Entlassung an der fehlenden Therapiegeeignetheit zu messen, Eisenberg NStZ 2004, 240; zum Spannungsfeld von Sicherheitsauftrag und Freiheitsanspruch Kammeier ZStW 132 (2020), 133). Die Anordnungszahlen sind seit einigen Jahren deutlich angestiegen (näher Dessecker NKrimPol 2005, 23, der eine Überlassung des psychiatrischen Maßregelvollzugs konstatiert), was auf ein verstärktes Kontrolldenken und ein verschärftes Strafrecht zurückgeführt wird (Dölling FS Rollinski, 2002, 55 (62); Dessecker NKrimPol 2005, S. 26, punitive Grundstimmung). Zum 1.8.2016 (s. Fassungshinweis) hat der Gesetzgeber das Erfordernis einer zu erwartenden erheblichen rechtswidrigen Tat in **S. 1** dadurch vom Wortlaut her weiter **eingeschränkt,** dass durch diese die Opfer seelisch oder körperlich erheblich geschädigt oder erheblich gefährdet werden oder schwerer wirtschaftlicher Schaden angerichtet wird (letzteres orientiert sich an § 66 I Nr. 3 aF, sodass der Ausgangswert bei 5.000 EUR liegt, BGH NStZ-RR 2017, 201). Begrifflich wird dadurch die Schwelle für eine Anordnung tendenziell angehoben (BGH NStZ-RR 2017, 201). Der neue **Satz 2** stellt aber klar, dass diese Prognose wie bisher (→ Rn. 5) nicht voraussetzt, dass der Täter bereits eine solche Tat begangen hat. Als Anknüpfungstat kommt vielmehr weiterhin auch ein Bagatelldelikt in Betracht (zB BGH StV 2016, 732, § 241, wenn Bedro-

hung mit dem Tod geeignet ist, den Bedrohten nachhaltig und massiv in seinem Sicherheitsempfinden zu beeinträchtigen), doch ist in diesem Falle die Darlegungslast hinsichtlich einer Gefährlichkeitsprognose erhöht (BGH NStZ-RR 2017, 170; Kaspar/Schmidt ZIS 2016, 756 (757)). Auch wenn der Gesetzgeber als Ziel der Reform eine Fokussierung auf gravierende Fälle ausgegeben hat (BT-Drs. 18/7244, 1), beschränkt er sich doch in der Sache weitgehend auf eine Klarstellung (BT-Drs. 18/7244, 18) bzw. Konkretisierung (BGH StV 2017, 35; KG NStZ-RR 2017, 8), so dass auch die Rspr. zu § 63 aF grds. anwendbar bleibt. – Zur **Kriminologie** Pollähne in NK-StGB Rn. 4–46.

Eine **„nachträgliche" Unterbringung** in einem psychiatrischen Krankenhaus **1a** ist dem Gesetz fremd. Diese grundlegende gesetzgeberische Entscheidung darf nicht dadurch umgangen werden, dass gegen einen vormals in einem psychiatrischen Krankenhaus Untergebrachten, bei dem weiterhin derselbe überdauernde Zustand iSd § 63 vorliegt, nach Erledigung dieser Maßregel wegen Unverhältnismäßigkeit auf (nahezu) unveränderter tatsächlicher Grundlage nachträglich Sicherungsverwahrung angeordnet wird, um ihn wieder in den psychiatrischen Maßregelvollzug zu überweisen (BGH NStZ-RR 2019, 386),

2. Zu den **Voraussetzungen** (zur neueren Rspr. → § 61 Rn. 3 aE): 2

a) Begehung einer rechtswidrigen Tat (→ § 11 Rn. 18; → § 29 Rn. 1) setzt jedenfalls die Verwirklichung des äußeren Tatbestandes und die Rechtswidrigkeit (dazu BGH NStZ 1996, 433; NStZ-RR 2018, 368) voraus. Die Anforderungen an den inneren Tatbestand sind umstritten. Nach der Rspr. ist „natürlicher Vorsatz" erforderlich (BGHSt 3, 287 = NJW 1953, 111; → § 15 Rn. 31; Pollähne in NK-StGB Rn. 62); doch sollen Irrtümer, die allein auf dem die Schuldunfähigkeit ausschließenden Zustand beruhen, nicht zugunsten des Täters berücksichtigt werden dürfen (BGHSt 3, 287 = NJW 1953, 111; BGHSt 10, 355 = NJW 1957, 1484; BGH NStZ 2003, 11; NStZ 2003, 420 (421); sa BGHSt 18, 235 = NJW 1963, 667; zu Recht aM Kindhäuser/Hilgendorf in LPK-StGB Rn. 1; Streng Sanktionen Rn. 400; beim Fehlen tatbestandstypischer Absichten auch Frisch LdRerg 8/1735, S. 3). Nach allgemeinen Regeln entschuldigtes Handeln steht der Anordnung nicht zwingend entgegen, wenn der anomale Zustand zur Entschuldigung beigetragen hat, zB die Furcht iSd § 33 die Folge eines seelischen Zustandes iSd §§ 20, 21 ist (BGH NStZ 1991, 528; NStZ-RR 2004, 10) und deshalb eine Unterbringung angezeigt ist (Hirsch in LK-StGB, 11. Aufl. 1992, Vor § 32 Rn. 186; aM Schünemann/Cortes Rosa Coimbra-Symposium, 1995, 149 (180, 183, 191); Maurach/Zipf StrafR AT I § 32 Rn. 4; Roxin/Greco StrafR AT I § 19 Rn. 61), wohl aber Rücktritt vom Versuch nach § 24 (BGHSt 31, 132 = NJW 1983, 1385 mAnm Blau JR 1984, 27) und Nichtverfolgbarkeit der Tat wegen Fehlens des Strafantrags (BGHSt 31, 132 = NJW 1983, 1385). Deshalb und für die Gefahrprognose (→ Rn. 8) sind Angaben zur inneren Tatseit erforderlich (BGH NStZ-RR 2019, 374). – Zur rechtswidrigen Tat **beim Vollrausch** (§ 323a) – Sichberauschen oder Rauschtat – vgl. BGH NStZ 2004, 96 mAnm Neumann NStZ 2004, 198; dazu auch Fischer Rn. 23.

b) Schuldunfähigkeit (§ 20) oder verminderte Schuldfähigkeit (§ 21) des 3 Täters mussten nach der bisherigen Rspr. zurzeit der Tat (dh beim Delikt des Vollrauschs zurzeit des Sich-Versetzens in den Rausch, BGH NStZ 1996, 41; NStZ-RR 1997, 102; zum Verzicht auf dieses Erfordernis bei drohender Sicherungsverwahrung BGH NStZ 2004, 96 mzustAnm Neumann NStZ 2004, 198; → § 20 Rn. 16; → § 323a Rn. 2) vorliegen; demgegenüber stellt der 4. Strafsenat (nach einem Anfrageschluss v. 5.8.2003) jetzt auch auf die Rauschtat ab, so dass § 63 ausscheidet, wenn diese nicht im sicheren Bereich des § 21 begangen wurde (BGH NJW 2004, 960; beachte aber BGHSt 60, 52 = NJW 2014, 3737). Sie müssen überdies gewiss sein; die Feststellung nur der biologischen Zustände des § 20 (BGH StV 1983, 106; NStZ-RR 1999, 137; StV 2021, 234) und die bloße Möglichkeit einer erheblichen Verminderung von Einsichts- oder Steuerungsfähigkeit genügen nicht (BGHSt 14, 68 (71) = NJW 1960, 540; BGHSt 34, 22 (26) = NJW 1986, 2893; BGH NJW 1998, 3428; NStZ 1999, 611; NStZ 2002, 427 (428); NStZ-RR 2003, 168; NStZ-RR 2004, 70 (71); NStZ-RR 2017, 76; NStZ-RR 2017, 202 (203); StV 2016, 725 (726); NStZ-RR 2019, 78; NStZ-RR 2022, 7; krit. Geilen JuS 1972, 73 (75); Montenbruck, In dubio pro reo aus normtheoretischer, straf- und strafverfahrensrechtlicher Sicht, 1985, S. 132), denn gegenüber einem vollverantwortlichen Menschen ist die Anordnung unzulässig (Frisch LdRerg 8/1735, S. 5). Ist aber nur zweifelhaft, ob § 20 oder § 21 vorliegt, so schließt das die Unterbringung nicht aus (BGHSt 18, 167 = NJW 1963, 547). Grundsätzlich muss der die Schuldfähigkeit beeinträchtigende Mangel auf einem länger dauernden psychischen Defekt beruhen (BGHSt 42, 345 = NJW 1997, 1452 mit Bespr. Faller NJW 1997, 3073; Kröber NStZ 1998, 80; Dannhorn NStZ 1998, 81; BGH NStZ 2002, 142; NStZ 2006, 154; NStZ 2009, 86; NStZ-RR 2008, 140; NStZ-RR 2009, 45), der zwar nicht notwendig „krankhaft" (→ § 20 Rn. 3) sein, aber seinem Gewicht nach doch einer den Voraussetzungen der §§ 20, 21 genügenden krankhaften seelischen Störung entsprechen, dh in diesem untechnischen Sinne Krankheitswert haben muss (BGHSt 34, 22 (28) = NJW 1986, 2893; BGH NStZ 1998, 86; NStZ 2004, 197; NStZ-RR 2000, 298; aM Rosenau in Venzlaff/Foerster/Dreißig/Habermeyer, Psychiatrische Begutachtung, 7. Aufl. 2020, S. 114). Straffälligkeit unter Alkoholeinfluss, die nur auf Charaktermängel (expl. BGH NStZ-RR 1999, 265; krit. Müller-Dietz NStZ 1983, 145 (150)) oder auf psychopathische oder sonst in der Persönlichkeit wurzelnde Grundhaltungen ohne Krankheitswert iwS (BGH StV 1990, 260; NStZ-RR 1998, 271) zurückzuführen ist, scheidet daher aus (BGH NStZ 1986, 331; NStZ 1998, 406; NStZ-RR 2006, 38; Frisch LdRerg 8/1735, S. 4). Danach ist, wenn letztlich erst Alkoholgenuss die Schuldfähigkeit aufgehoben oder erheblich vermindert hat, die Unterbringung nach § 63 grds. nur zulässig, wenn der Täter an einer längerdauernden krankhaften Alkoholsucht leidet oder in krankhafter Weise alkoholüberempfindlich ist (stRspr; zusf. BGHSt 44, 369 = NJW 1999, 3422; BGH NStZ 2000, 469 und 470; StV 2001, 677; NStZ-RR 2018, 12). Die Sucht muss auf einem psychischen Krankheitszustand oder Defekt beruhen, der auf dieser Grundlage erwachsen ist (BGHSt 7, 35 = NJW 1954, 1454; BGH NStZ 1990, 538; sa BGH NStZ-RR 1997, 102) oder nur fortbesteht (BGHSt 44, 338 = NJW 1999, 1792). In Ausnahmefällen kann es auch genügen, wenn infolge einer psychischen Störung bereits geringer Alkoholgenuss oder andere alltägliche Ereignisse die akute Beeinträchtigung der Schuldfähigkeit auslösen können und ausgelöst haben (BGHSt 44, 369 = NJW 1999, 3422; BGH NStZ-RR 2000, 299; NStZ-RR 2005, 370; zusf. Rissing-van Saan in Schneider/Frister, Alkohol und Schuldfähigkeit, 2002, S. 103, 117). Dasselbe gilt auch für andere Süchte, etwa eine auf krankhafte körperliche Beschaffenheit zurückgehende Rauschmittelsucht (BGHSt 10, 353 = NJW 1957, 1410; BGH NStZ 2002, 197; Schäfer in Schäfer/Sander/van Gemmeren Strafzumessung Rn. 1010), Medikamentenabhängigkeit (BGH NStZ 1994, 30 mAnm Müller-Dietz NStZ 1994, 336) und Polytoxikomanie (BGH NStZ-RR 2004, 331) sowie bestimmte emotionale Persönlichkeitsstörungen (BGH NStZ-RR 2018, 10).

Auch Spielsucht, die sich bereits in schwersten Persönlichkeitsveränderungen manifestiert, soll genügen (BGHSt 58, 192 (197) = NJW 2013, 1462; hierzu Meyer ZRP 2013, 140). Dass der Täter in Fällen des § 21 zugleich nach § 3 I JGG schuldunfähig ist, steht der Unterbringung nicht entgegen (BGHSt 26, 67 = NJW 1975, 1469 mAnm Brunner JR 1976, 116; str.).

c) Die **ungünstige Prognose,** nach welcher der Täter **infolge seines Zustandes erhebliche rechtswidrige Taten erwarten lassen und deshalb für die Allgemeinheit gefährlich** sein muss (zur Gefährlichkeit bei den freiheitsentziehenden Maßregeln Dessecker, Gefährlichkeit und Verhältnismäßigkeit, 2004, S. 210), konkretisiert die materiellen Voraussetzungen näher. Bei der erforderlichen individuellen Gefahrprognose sind generell statistische Werte allenfalls am Rande von Bedeutung (BGH StV 2016, 720; NStZ-RR 2020, 379). 4

aa) Die Prognose erfordert die **Erwartung,** dh die Wahrscheinlichkeit höheren Grades (BGH NStZ-RR 2015, 481 mAnm Eisenberg JR 2015, 484; Leube JR 2016, 40; JR 2016, 306; JR 2017, 203; BGH StV 2016, 720 (725); NStZ-RR 2019, 41; NStZ-RR 2021, 371), also nicht unbedingt Sicherheit oder an Sicherheit grenzende Wahrscheinlichkeit (BGH bei Holtz MDR 1994, 433), aber auch nicht bloße Möglichkeit (BGH NStZ 1991, 384 mAnm Walter NStZ 1992, 100; BGH NStZ 1993, 78; NStZ 1999, 611; NStZ-RR 2009, 169; krit. dazu und stattdessen das Vorliegen einer bestimmten Persönlichkeitsstruktur verlangend Frisch LdRerg 8/1735, S. 5; → § 56 Rn. 14), dass der Täter erhebliche rechtswidrige Taten begehen wird (BGH NStZ 1986, 572; NStZ 1991, 528; StV 2005, 545), was voraussetzt, dass der Defektzustand (→ Rn. 3) von längerer Dauer ist (BGH NStZ-RR 2013, 141; StV 2020, 371; NStZ-RR 2022, 10). In seltenen Ausnahmefällen ist sie auch bei Ersttätern nicht ganz ausgeschlossen (BGH bei Pfister NStZ-RR 2000, 364). Nicht jeder Verstoß gegen eine Weisung nach § 145 a begründet die Annahme künftiger Gefährlichkeit (BGH NStZ-RR 2008, 277). **Erhebliche rechtswidrige Taten** sind nur solche, die – wie zB bloße Zechprellereien (BGH NStZ 1992, 178) – nicht lediglich lästig (BGH NJW 1967, 297; StraFo 2005, 385; NStZ-RR 2006, 339), sondern geeignet sind, den Rechtsfrieden empfindlich zu stören (BGH NStZ-RR 2013, 141 (142); NStZ-RR 2019, 173). Zur näheren Konkretisierung der Erheblichkeit der drohenden Taten muss entweder dem Opfer seelisch oder körperlich erheblicher Schaden oder ein schwerer wirtschaftlicher Schaden (BT-Drs. 18/7244, 21: mind. 5.000 EUR als „Richtschnur"; ebenso BGH NStZ-RR 2017, 201 (202); NStZ-RR 2018, 239) drohen (Kaspar/Schmidt ZIS 2016, 756 (757 f.)), so dass etwa Drogendelikte als solche ausscheiden (BGH StV 2015, 629); auch sind zu erwartende Straftaten mit einer Strafrahmenobergrenze von unter fünf Jahren Freiheitsstrafe nicht ohne weiteres erfasst (BGH NStZ-RR 2017, 139; NStZ-RR 2018, 304; NStZ-RR 2021, 10), ebensowenig geringfügige Körperverletzungen (BGH NStZ-RR 2018, 368; NStZ-RR 2021, 10), wohl aber Schläge ins Gesicht und der Einsatz von Pfefferspray (BGH NStZ-RR 2018, 305) und Todesdrohungen iSv § 241 (BGH StV 2019, 255). Daher kommt hier auch mittlere Kriminalität in Betracht, wenn ihre Gefährlichkeit den schweren Eingriff nach dem Verhältnismäßigkeitsgrundsatz zulässt (BGH NStZ-RR 2013, 303 (304 f.); StV 2019, 257; RuP 2020, 165; speziell zu exhibitionistischen Handlungen BGH NJW 1998, 3428, NStZ-RR 1999, 298; NStZ-RR 2006, 203: nicht im Bereich „mittlerer Kriminalität"; auch wenn sie zusätzlich § 176 IV Nr. 1 aF erfüllen, BGH NStZ-RR 2019, 140), in Frage (BGHSt 27, 246 = NJW 1977, 2127; BGH NJW 1989, 2959; wistra 1994, 95; NStZ-RR 2003, 11; 5

NJW 2016, 341; anders Volckart, Praxis der Kriminalprognose, 1997, S. 88, der darauf abstellt, ob ein geistig Gesunder wegen einer unter sonst gleichen Umständen begangenen Tat eine Freiheitsstrafe von mindestens zwei Jahren verwirkt hätte). Die Gefährlichkeit ist nicht allein nach den jeweils verwirkten Tatbeständen, sondern nach der konkreten Schwere der im Einzelfall zu erwartenden Taten zu beurteilen (BGH NStZ 1998, 617; NStZ 2008, 563), insbes. wenn der Tatbestand ein breites Spektrum unterschiedlich gewichtiger Tathandlungen erfasst (zB § 176, StV 2002, 477; OLG Braunschweig RuP 2014, 171). Daher ist in der Rspr. anerkannt, dass auch Verbrechen in besonders gelagerten Ausnahmefällen, etwa dann, wenn sie allgemein als harmlos wahrgenommen werden und nur zu geringfügigen Beeinträchtigungen geführt haben, die Gefährlichkeitsprognose nicht tragen (BGH NStZ 2009, 689; NStZ-RR 2018, 303). Kleinkriminalität scheidet ganz aus (BGH StV 1992, 571; KG JR 1992, 390; sa BGH NStZ-RR 2001, 328; StraFo 2009, 164), auch wenn sie gewerbsmäßig begangen wird (BGH JZ 1997, 686). Der in S. 1 geforderte schwere wirtschaftliche Schaden kann sich bei Serienstraftaten auch erst aus deren Gesamtheit ergeben (BGH NStZ-RR 2017, 171). Die Erheblichkeit drohender Taten kann sich aus der Anlasstat ergeben (BGH NStZ-RR 2005, 72). Sind die Anlasstaten nicht iSd S. 1 erheblich, bedarf die Gefährlichkeitsprognose besonders sorgfältiger Darlegung (zu § 63 aF BGH NStZ-RR 2011, 240 (241); NStZ-RR 2013, 141 (142 f.)); das ist durch **S. 2** klar gestellt worden (→ Rn. 1 aE; BGH NStZ 2018, 86 (87); NStZ-RR 2018, 368; StV 2021, 244). Krankheitsbedingte Taten, die während einer Unterbringung gegen das Pflegepersonal und uU gegen Mitpatienten begangen werden, können nicht ohne weiteres Anlass für die Anordnung nach § 63 sein, da sie auch auf der mit der Unterbringung verbundenen Belastungssituation beruhen können (BGH NStZ 1999, 611; NStZ 2002, 590 (591); StV 2005, 545; StV 2007, 411; StV 2016, 729; NStZ 2020, 278; NStZ-RR 2020, 140; zu Anlasstaten im Strafvollzug BGH NStZ-RR 2002, 331; StV 2019, 249). Die iÜ geringere Erheblichkeitsschwelle ergibt sich nicht lediglich aus dem Verhältnismäßigkeitsgrundsatz und dem Fehlen der in § 66 I Nr. 3 aF angeführten Beispielsfälle, sondern zugleich aus dem hier mitschwingenden Heilungs- und Pflegezweck, weil eine auch der Fürsorge und Hilfe dienende Maßregel rechtsstaatlich eher akzeptabel ist als eine bloße Verwahrung (BGH NJW 1976, 1949; krit. Müller-Dietz NStZ 1983, 145 (149); Schöch in LK-StGB Rn. 83). Mit Rücksicht auf den anomalen seelischen Zustand des Täters kann sich die Erheblichkeit gewisser Taten, zB objektiv schwerer Beleidigungen, auch anders darstellen als in Normalfällen.

6 bb) Die zu erwartenden Taten müssen im Verhältnis zu dem „Zustand" des Täters, dh zu der seelischen Störung oder Anomalie, welche die Schuldunfähigkeit oder verminderte Schuldfähigkeit begründet hat, als **Folgewirkung** erscheinen (BGH NStZ-RR 2003, 232; NStZ-RR 2015, 169; RuP 2016, 268); dabei sind die tatsächlichen Anknüpfungspunkte und die aus ihnen folgende Zuordnung der seelischen Beeinträchtigung zu einem der biologischen Merkmale des § 20 erkennbar zu machen (BGH NStZ 1999, 128). Eine bloße Gelegenheits- oder Konfliktstat reicht regelmäßig nicht aus (BGH NStZ 1985, 309); die begangene Tat darf ferner nicht auf (wirklichen oder irrig angenommenen; → Rn. 2) Umständen beruhen, die auch den geistig Gesunden zu einer solchen Tat motivieren können (BGH NStZ 1991, 528; NStZ-RR 2015, 275; NStZ-RR 2016, 76; OLG Oldenburg StraFo 2005, 80). Sie muss vielmehr für die Gefährlichkeit insofern symptomatisch sein, als sie Ausfluss – sei es auch nur im Sinne bloßer Mitursächlichkeit (BGHSt 27, 246 = NJW 1977, 2127 mAnm v. Hippel JR 1978, 387) – eines anomalen biologi-

schen Zustandes ist, der als solcher erhebliche Taten erwarten lässt (BGHSt 34, 22 (26) = NJW 1986, 2893; BGH NStZ 1991, 527 (528); NStZ-RR 2003, 168; NStZ-RR 2021, 208; Schöch in LK-StGB Rn. 122); allerdings muss sie nicht unbedingt selbst erheblich sein (BGHSt 24, 134 = NJW 1971, 1849; BGH NStZ 1986, 237) oder ihrer Art nach den zu erwartenden Taten entsprechen (BGH NJW 1998, 2986). Nicht verfahrensgegenständliche (acuh wegen Schulunfähigkeit eingestellte, vgl. BGH StV 2019, 252) Taten – erst recht lange zurückliegende (BGH NStZ-RR 2021, 72) – dürfen nur dann berücksichtigt werden, wenn sie aus Sicht des Gerichts feststehen (BGH NStZ-RR 2020, 207) und ihrerseits in einem Zusammenhang mit der Erkrankung des Täters stehen (BGH NStZ-RR 2020, 9; StV 2021, 226; StV 2021, 256; NStZ-RR 2021, 182; NStZ-RR 2021, 208). Ein zur Tatzeit noch nicht vorliegendes Krankheitsbild kann bei der Gefährlichkeitsprognose berücksichtigt werden, wenn es dieselbe Defektquelle hat wie die bei der Tatbegehung aufgetretene Persönlichkeitsstörung (BGH NJW 1998, 2986 (2987); NStZ-RR 2004, 331).

cc) Aus der Erwartung der rechtswidrigen Taten muss sich der **Schluss auf die Gefährlichkeit des Täters für die Allgemeinheit** ergeben. Er ist begründet, wenn die drohenden Taten den Rechtsfrieden voraussichtlich so empfindlich stören werden, dass sie für die Allgemeinheit nicht mehr hinnehmbar sind (ähnlich BGH NJW 1968, 1783; NStZ-RR 2001, 238; OLG Hamm MDR 1961, 1026; Koffka JR 1971, 424; zu den verschiedenen Prognoseverfahren Rosenau in Venzlaff/Foerster/Dreißig/Habermeyer, Psychiatrische Begutachtung, 7. Aufl. 2020, S. 116). Das kommt auch bei Gefährlichkeit nur für bestimmte Einzelne (oder für einen begrenzten Personenkreis) in Frage (BGHSt 26, 321 = NJW 1976, 1159; BGH NStZ 1995, 610 mAnm Laubenthal JR 1996, 291; BGH NStZ-RR 2017, 370; Pollähne in NK-StGB Rn. 70), bedarf dann aber ins Einzelne gehender Feststellungen (BGH NZV 1990, 77; NStZ-RR 2015, 306; NStZ-RR 2018, 139). Gefährdet der Täter nur sich selbst (BGH NStZ-RR 2019, 138: Brandstiftung in Suizid-Absicht; BGH NStZ-RR 2019, 373; Drogen-Anbau zum Eigenverbrauch) oder ist seine Beeinträchtigung leicht erkennbar (zB nicht ernst zu nehmende Beleidigungen), wird es häufig an der Gefährlichkeit für andere fehlen (Kinzig in Schönke/Schröder Rn. 19). In Ausnahmefällen kann auch eine erste Straftat die Gefährlichkeit hinreichend belegen (BGH NStZ-RR 2000, 299; NStZ-RR 2003, 232; Schöch in LK-StGB Rn. 123). 7

dd) Die Prognose erfordert eine **eingehende Gesamtwürdigung des Täters und der Tat** (BGHSt 27, 246 = NJW 1977, 2127; BGHSt 37, 373 = NJW 1992, 1570 mAnm Walter NStZ 1992, 100; StV 1993, 468; NStZ-RR 2021, 71; Pollähne in NK-StGB Rn. 81–104). Für die Beurteilung kommt es auf die **Zeit der Hauptverhandlung** (BGH NStZ-RR 2002, 271; NStZ-RR 2005, 370; NStZ-RR 2006, 136; NStZ-RR 2021, 278), nicht der Entlassung aus einer sich anschließenden Strafhaft an. Das gilt für alle Maßregeln (→ § 66 Rn. 16); namentlich die Frage, ob die Möglichkeit schonenderer Maßnahmen die Anordnung der Maßregeln ausschließt, ist ebenso wie bei der Sicherungsverwahrung zu beantworten (beachte Müller-Dietz NStZ 1983, 145 (149); Sinn in SK-StGB Rn. 16; Kinzig in Schönke/Schröder Rn. 19; str.). Maßnahmen, die in ihren Voraussetzungen zweifelhaft sind und über die von einem anderen Gericht zu entscheiden wäre, machen die Maßregel nicht entbehrlich (BGHSt 15, 279 = NJW 1961, 977). Auch die Verwahrung auf Grund landesrechtlicher Unterbringungsgesetze (BGHSt 24, 98 = NJW 1971, 1092; krit. Koffka JR 1971, 424 (426); Müller, Anordnung und Aussetzung freiheitsentziehender Maßregeln der Besserung und Sicherung, 1981, 8

S. 127; Schöch in LK-StGB Rn. 158–169; str.) oder auf Grund des Zivilrechts (BGH NStZ 1998, 405; StV 2016, 730 mAnm Pollähne) hindert die Anordnung idR nicht, es sei denn, dass dort die Gefährlichkeit durch außerstrafrechtliche Maßnahmen sicher ausgeschlossen ist (BGH NStZ-RR 1998, 359) oder dass der Verhältnismäßigkeitsgrundsatz entgegensteht (BGH NStZ 1998, 405). Möglichkeiten der Überwachung oder Behandlung auf freiwilliger Basis, zB Bestellung eines Vormunds oder Betreuers (beachte jedoch BGH NStZ-RR 2000, 138), Überwachung in der Familie (BGH NJW 1951, 724), freiwillige Heimunterbringung oder Unterbringung im betreuten Wohnen (BGH NStZ-RR 2019, 173), psychotherapeutische Behandlung (BGH NJW 1953, 913; OLG Stuttgart JZ 1951, 53) und freiwillige Kastration (BGH bei Dallinger MDR 1968, 200), aber auch die Entziehung der Fahrerlaubnis (LG Meiningen NZV 2007, 97) und medikatmentöse Behandlung außerhalb des Maßregelvollzugs (BGH NStZ-RR 2019, 244) schließen wegen der Ungewissheit ihrer Durchführung und des daher mit ihnen verbundenen Risikos meistens nicht schon die Voraussetzungen der Anordnung aus (Fischer Rn. 47), rechtfertigen uU aber die sofortige Aussetzung zur Bewährung nach § 67b I (→ § 67b Rn. 2–4; sa BGH NStZ 2009, 260); die Voraussetzungen für die Anordnung einer Unterbringung gelten auch dann uneingeschränkt, wenn deren Vollstreckung gem. § 67b zur Bewährung ausgesetzt wird (BGH StV 2021, 237). Hat der Täter trotz Defekts lange keine Straftat begangen, kann dies ein Indiz gegen die Wahrscheinlichkeit der Begehung künftiger gefährlicher Taten sein (BGH NZSt-RR 2009, 47; NStZ 2015, 387; NStZ-RR 2019, 243; NStZ-RR 2019, 307; StV 2019, 444; RuP 2020, 223; NStZ-RR 2020, 274; NStZ-RR 2020, 307; StV 2021, 244), weswegen die Urteilsgründe Angaben zu den Zeiträumen, in denen der Täter unauffällig geblieben ist, enthalten müssen (BGH NStZ-RR 2012, 337 (338)). Das gleiche gilt, wenn er während einer längeren einstweiligen Unterbringung in einem psychiatrischen Krankenhaus keinen Regelverstoß begangen hat, ohne dass er psychotherapeutisch behandelt worden ist (BGH NStZ-RR 2019, 375), und wenn er wegen der Tat bereits im Ausland in eine psychiatrische Klinik eingewiesen und als geheilt entlassen wurde (BGH NStZ-RR 2021, 292). Hat er die krankheitstypischen und krankheitsbedingten Anlasstaten im Rahmen einer aus anderen Gründen angeordneten Unterbringung begangen und waren die Taten nicht maßgeblich durch die Unterbringungssituation geprägt, ist dagegen kein Raum für die Annahme, solche Taten wögen generell weniger schwer oder seien weniger gefährlich (BGH NStZ 2020, 278), doch muss die Ausnahmesituation Berücksichtigung finden (BGH StV 2021, 246). An die Darlegungen und die vorzunehmende Abwägung bei der Gefährlichkeitsprognose sind umso höhere Anforderungen zu stellen, je mehr es sich bei dem zu beurteilenden Sachverhalt unter Berücksichtigung des Verhältnismäßigkeitsgrundsatzes (§ 62) um einen Grenzfall handelt (BGH NStZ 2014, 36; StV 2021, 239; NStZ-RR 2021, 303). – Aus dem Schweigen des Angeklagten dürfen keine negativen Schlüsse gezogen werden (BGH NStZ-RR 2017, 370).

9 ee) Zum Grundsatz **in dubio pro reo** bei Zweifeln über die Prognose → § 61 Rn. 4.

10 **d)** Zur **Verhältnismäßigkeit** des Eingriffs → § 62 Rn. 2 (krit. insoweit schon zu den Voraussetzungen des § 63 Schroth FS Hamm, 2008, 597). Eine Unterbringung ist angesichts der Zweispurigkeit des Sanktionensystem (→ § 61 Rn. 2) nicht bereits deshalb unverhältnismäßig, weil die Therapiedauer die ausgeurteilte Begleitstrafe voraussichtlich deutlich übersteigen wird (BGH NStZ-RR 2019, 307).

3. Die Anordnung ist bei Vorliegen ihrer Voraussetzungen **zwingend** (BGH NStZ 1990, 122; NStZ-RR 2005, 370), auch wenn die Maßregel schon in einem früheren Verfahren angeordnet ist (BGHSt 50, 199 (201) = BeckRS 2005, 10205, doch ist dem Verhältnismäßigkeitsgrundsatz besonders Rechnung zu tragen (BGH NStZ-RR 2017, 170). Allerdings erübrigt sich – in Anlehnung an § 72 (Kumulationsverbot, → § 72 Rn. 1) – eine erneute Anordnung, wenn dem Maßregelzweck durch die frühere Anordnung ausreichend Rechnung getragen wird (BGH NStZ-RR 2007, 8; StV 2015, 217); dies ist etwa dann der Fall, wenn diese weder erledigt noch unwiderruflich ist oder sonstige Umstände die Erfüllung ihres Zwecks in Frage stellen (BayObLG NStZ-RR 2004, 295); zur Anrechnung des zweiten Maßregelvollzugs auf die Strafe ist eine erneute Anordnung geboten (BGH StV 2016, 733). An ihrer Stelle darf nicht auf eine das Maß der Schuld übersteigende Freiheitsstrafe erkannt werden (BGHSt 20, 264 = NJW 1965, 2016). Die Möglichkeit, dass mildere Maßnahmen den Verzicht auf den Maßregelvollzug verantwortbar machen, ist für die Anordnung unerheblich (aM Frisch LdRerg 8/1735, S. 7); sie wird erst bei der Frage der sofortigen Aussetzung zur Bewährung (§ 67b) relevant (BGH NStZ-RR 2000, 300). Bei Schuldunfähigen wird die Maßregel im subjektiven Verfahren neben dem Freispruch oder im Sicherungsverfahren (§§ 413ff. StPO) selbständig angeordnet; bei vermindert Schuldfähigen tritt sie stets neben die Strafe (BGHSt 11, 319 = NJW 1958, 1050), außer wenn das Verbot der Schlechterstellung (BGHSt 11, 319 = NJW 1958, 1050) oder die nicht auszuschließende Möglichkeit der Schuldunfähigkeit entgegensteht (BGHSt 18, 167 = NJW 1963, 547) oder wenn wegen Verhandlungsunfähigkeit des Täters das Sicherungsverfahren durchgeführt wurde. Grundsätzlich sind im Rechtsmittelverfahren die Voraussetzungen der Maßregel auch dann zu prüfen, wenn der Erstrichter von einer Anordnung abgesehen und nur der Angeklagte ein Rechtsmittel eingelegt hat (§§ 331 II, 358 II 2 StPO, BGHSt 37, 5 = NJW 1990, 2143; BGH NStZ 1998, 191; NStZ 2002, 197). Dessen Rechtsmittel gegen das die Maßregel anordnende Urteil kann sich im Falle des § 20 nur gegen die Unterbringung richten (RGSt 69, 12), so dass an Stelle der Unterbringung gem. § 358 II 2 StPO ein Schuldspruch ergehen kann (BGH NStZ-RR 2015, 315; NStZ-RR 2017, 74); fehlt diese Anordnung, so ist das Rechtsmittel auf die Nichtanordnung der Maßregel beschränkbar (BGHSt 5, 267 = NJW 1954, 519; BGHSt 15, 285 = NJW 1961, 977; BGH NStZ 1995, 610). Im Falle des § 21 hängt die Beschränkbarkeit des Rechtsmittels auf die Anordnung oder Nichtanordnung der Maßregel davon ab, ob keine untrennbare Wechselwirkung zum Strafausspruch besteht (BGHSt 38, 362 = NJW 1993, 477; BGH NStZ 2016, 105; aM Schöch in LK-StGB Rn. 199). Wird die Maßregel aufgrund anfänglicher Fehldiagnose für erledigt erklärt, ist der bereits verbüßte Vollzug analog § 51 I 1 auf die Strafe anzurechnen (KG StrafFo 2015, 128; zu weiteren Folgen OLG Rostock NStZ-RR 2017, 95; OLG Dresden Rpfleger 2017, 584). Zu typischen Fehlern bei §§ 63, 64, die im Rechtsmittelverfahren häufig zur Aufhebung führen Miebach/Feilcke NStZ 2007, 570 (572). 11

4. Beachte ferner §§ 2 VI, 67–67e, 67g, 71, 72 StGB, §§ 80a, 81, 126a, 246a (dazu BVerfG NJW 1995, 3047; NStZ-RR 1997, 166), 265 II (BGH NStZ-RR 2002, 271; Schmitt in Meyer-Goßner/Schmitt StPO § 265 Rn. 20), 331 II, 358 II, 373 II StPO, § 7 JGG. Zum **Vollzug** §§ 136, 138 StVollzG; die danach geltenden landesrechtlichen Regelungen sind teils in selbständigen Maßregelvollzugsgesetzen und teils in den allgemeinen Unterbringungsgesetzen enthalten (eing. Kammeier, Kommentar zum Maßregelvollzugsrecht, 2. Aufl. 2002; Volckart/Grünebaum, 12

Maßregelvollzug, 7. Aufl. 2009; sa OLG Hamm JR 2000, 168 mAnm Laubenthal; allg. zur Praxis in den Anstalten Dessecker, Straftäter und Psychiatrie. Eine empirische Untersuchung zur Praxis der Maßregel nach § 63 StGB im Vergleich mit der Maßregel nach § 64 StGB und sanktionslosen Verfahren, KUP Bd. 21, 1997 mit Bespr. Rotthaus GA 1999, 247; Kammeier JR 1999, 262; und BewH 1997, 286 (297); zur Unterbringungsdauer und Rückfälligkeit Jokusch/Keller MschrKrim 2001, 453; Gretenkord, Empirisch fundierte Prognosestellung im Maßregelvollzug nach § 63 StGB: EFP-63, 2001; Seifert/Bolten/Möller-Mussavi MschrKrim 2003, 126; speziell zum Entwicklungsstand in den neuen Bundesländern Dahle/Egg MschrKrim 1996, 253. Zum Vorrang (→ § 72 Rn. 1) der Unterbringung iSd § 63 gegenüber der Sicherungsverwahrung, wenn psychische Störung und Hang auf der gleichen Ursache beruhen, vgl. BGH NStZ 2002, 533; NStZ-RR 2002, 230; sowie Schöch in LK-StGB Rn. 157. Zur Strafbarkeit des Therapeuten bei fehlgeschlagenen Lockerungen → § 120 Rn. 3, 7, 9; sa StA Paderborn NStZ 1999, 51 mAnm Pollähne.

§ 64 Unterbringung in einer Entziehungsanstalt

[1]Hat eine Person den Hang, alkoholische Getränke oder andere berauschende Mittel im Übermaß zu sich zu nehmen, und wird sie wegen einer rechtswidrigen Tat, die sie im Rausch begangen hat oder die auf ihren Hang zurückgeht, verurteilt oder nur deshalb nicht verurteilt, weil ihre Schuldunfähigkeit erwiesen oder nicht auszuschließen ist, so soll das Gericht die Unterbringung in einer Entziehungsanstalt anordnen, wenn die Gefahr besteht, dass sie infolge ihres Hanges erhebliche rechtswidrige Taten begehen wird. [2]Die Anordnung ergeht nur, wenn eine hinreichend konkrete Aussicht besteht, die Person durch die Behandlung in einer Entziehungsanstalt innerhalb der Frist nach § 67d Absatz 1 Satz 1 oder 3 zu heilen oder über eine erhebliche Zeit vor dem Rückfall in den Hang zu bewahren und von der Begehung erheblicher rechtswidriger Taten abzuhalten, die auf ihren Hang zurückgehen.

Fassung: Mit Gesetz v. 18.7.2016 (→ Vor § 1 Rn. 18) ist zum 1.8.2016 in S. 2 die Frist eingefügt worden.

1 **1.** Die **Unterbringung in einer Entziehungsanstalt** ist eine Maßregel, die zwar vorrangig der Sicherung der Allgemeinheit dient (BGH NStZ 2003, 86; NStZ-RR 1996, 257), bei der aber der Schwerpunkt ganz auf dem **Heilungszweck liegt** (BVerfGE 91, 1 = NJW 1995, 1077). Dem versucht S. 2 dadurch gerecht zu werden, dass er ihre Anordnung nur bei konkreter Erfolgsaussicht zulässt (→ Rn. 6). Der BGH fordert konkrete, dh aus dem Gesamtsachverhalt hervorgehende, für die Therapierbarkeit sprechende Anhaltspunkte, die gegen die dagegen sprechenden Umstände abgewogen werden müssen (BGH NStZ 1995, 229; sa BGHSt 41, 6 = NJW 1995, 2424; BGH NStZ-RR 1996, 56; NStZ-RR 2002, 7; NStZ 2009, 442; NStZ 2014, 453; NJW 2014, 1978); dabei hat vor allem die ausdrücklich erklärte Therapiebereitschaft besonderes Gewicht (BGH NStZ-RR 1997, 131; NStZ-RR 2003, 12; StraFo 2003, 100), während umgekehrt mangelndem Therapiewillen oft durch entsprechende Behandlung entgegengewirkt werden kann (vgl. § 137 StVollzG), so dass fehlende Behandlungsbereitschaft eine Unterbringung nicht per se hindert (vgl. BT-Drs. 16/1110, 13; BGH NStZ 2012, 689

(690); NStZ-RR 2012, 307; zur Einstellung des Patienten und ihrer Bedeutung für den Behandlungsverlauf Schalast, Therapiemotivation im Maßregelvollzug gem. § 64 StGB, 2000). Grundkenntnisse der deutschen Sprache genügen für eine Unterbringung, erst weitgehende Sprachunkundigkeit kann ihr entgegenwirken (BGH NStZ-RR 2013, 241 (242), beachte auch BGH StV 2014, 545). Zum 1.8.2016 ist in **S. 2** ein Verweis auf die Fristen des § 67d I 1, 3 eingefügt worden. Das soll eine flexible Handhabung im Einzelfall ermöglichen, weil gegen für die Allgemeinheit gefährliche Straftäter, gegen die zugleich eine Freiheitsstrafe verhängt wird, eine längere Unterbringung nach § 64 ermöglicht und somit ein Ausweichen auf die unbefristet zulässigen, aber eingriffsintensiveren Maßregeln nach §§ 63, 66 vermieden wird (BT-Drs. 18/7244, 13; BGH StraFo 2017, 245).

2. Zu den **Voraussetzungen** (zur Rspr. → § 61 Rn. 2 aE; vgl. Basdorf/Schneider/König FS Rissing-van Saan, 2011, 59; krit. zu ihrer oft unzureichenden Prüfung in der Praxis Konrad NStZ 1991, 315; Schalast, Therapiemotivation im Maßregelvollzug gem. § 64 StGB, 2000; Leygraf, Psychisch kranke Straftäter, 1988; aus forensisch-psychiatrischer Sicht Dannhorn NStZ 2012, 414): 2

a) Hang bedeutet hier eine eingewurzelte, auf Grund psychischer Disposition bestehende oder durch Übung erworbene intensive Neigung, immer wieder – sei es ständig oder nur nach zeitlich jeweils begrenzten Unterbrechungen (Quartalssäufer) – Alkohol oder andere berauschende Mittel (→ § 315c Rn. 5; zB Schnüffelstoffe, vgl. Frisch LdRerg 8/1730, S. 3) im Übermaß zu sich zu nehmen (BGH JZ 1971, 788; zu Methadon vgl. BGH NStZ 2004, 484 mit krit. Bespr. Dannhorn; BGH NStZ-RR 2018, 13; einschr. Pollähne in NK-StGB Rn. 64–71). Dabei muss der Grad einer **psychischen Abhängigkeit** erreicht sein (Alkohol- oder Rauschmittelsucht, BGH NStZ-RR 1997, 291); physische (körperliche) Abhängigkeit ist nicht erforderlich (BGH NStZ 1993, 339 mkritAnm Gebhardt StV 1994, 77; BGH NStZ 1998, 407; NStZ 2007, 697 (698)); die Einschränkung der sozialen und beruflichen Leistungsfähigkeit ist ein Indiz, muss aber nicht notwendig eingetreten sein (BGH NStZ-RR 2014, 271; NStZ-RR 2016, 242 (246)). Bei Spielsucht kommt eine Unterbringung in einer Entziehungsanstalt nicht in Betracht (BGHSt 49, 365 = NJW 2005, 230 mit Bespr. Bottke NStZ 2005, 327; Schöch JR 2005, 296; Schramm JZ 2005, 418; Detter NStZ 2006, 150; für Erfassung de lege ferenda Meyer ZRP 2013, 140 (142)); auch auf andere Formen nichtstoffgebundener Abhängigkeit ist § 64 nicht analog anwendbar (Schramm JZ 2005, 418). **Übermaß** setzt ein Überschreiten des gesundheitlich Verträglichen (Mösl NStZ 1981, 427) in dem Maße voraus, dass der Täter in einen Rausch gerät, seine Gesundheit schädigt oder seine Arbeits- und Leistungsfähigkeit herabsetzt (BGHSt 3, 339 = NJW 1953, 512; BGH NStZ 2007, 697 (698); Rosenau in Venzlaff/Foerster/Dreißig/Habermeyer, Psychiatrische Begutachtung, 7. Aufl. 2020, S. 120; beachte auch BGH NStZ-RR 2001, 12). Eine Tendenz zum Drogenmissbrauch ohne Depravation und erhebliche Persönlichkeitsstörung genügt jedoch nicht (BGH NStZ 2004, 494; NStZ 2005, 626, Heroin; beachte aber BGH NStZ-RR 2016, 113) ebensowenig gruppentypischer Substanzmissbrauch (BGH StV 2017, 286) oder gelegentlicher Alkoholkonsum in Verbindung mit Straffälligkeit im Rausch (BGH NStZ 2004, 384). Es kann aber ausreichen, wenn der Täter aufgrund seiner Abhängigkeit sozial gefährdet oder gefährlich ist (BGH NStZ-RR 2008, 8; NStZ-RR 2017, 370; StraFo 2017, 376; Schöch in LK-StGB Rn. 51), etwa aufgrund von Beschaffungskriminalität (BGH NStZ 2005, 210). Stellt das Gericht den Hang nicht positiv fest, sondern schließt es ihn (auf Grund des Zweifelsatzes) nur nicht aus, ist für eine Unterbringung kein Raum (BGH NStZ-RR 2003, 106; NStZ-RR 2006, 103; NStZ 2004, 111).

3 **b) Rechtswidrige Tat** → § 11 Rn. 18; → § 29 Rn. 1; auch §§ 315c, 316 können erheblich sein (OLG Hamm BA 1953, 482; BA 1954, 40; OLG Celle NStZ-RR 2015, 24); für suchtbedingte Irrtümer, Rücktritt vom Versuch und Nichtverfolgbarkeit der Tat gelten die Ausführungen unter → § 63 Rn. 2 sinngemäß. **Rausch** → § 323a Rn. 3; er setzt keine verminderte Schuldfähigkeit voraus (BGH NJW 1990, 3282). Abweichend vom weitergehenden Gesetzeswortlaut muss die Tat in beiden Alternativen des Abs. 1 **durch den Hang in dem Sinne verursacht sein,** dass die Tat in der Alkohol- oder Rauschmittelsucht ihre Wurzeln hat und damit für den Hang symptomatisch ist (BGH JR 1991, 161 mAnm Stree; BGH NStZ-RR 2006, 204; NStZ-RR 2014, 75; NStZ-RR 2016, 113 (169) NStZ-RR 2016, 246; NStZ-RR 2017, 336; StV 2021, 249). Der symptomatische Zusammenhang darf nicht zu eng verstanden werden (BGH NStZ-RR 2004, 78; NStZ-RR 2006, 104; NStZ-RR 2009, 48; NStZ-RR 2016, 173; sa BGH NStZ 2007, 326); bloße Mitursächlichkeit kann genügen (BGH NStZ 2000, 25; NStZ 2009, 48; NStZ-RR 2016, 173; zum Zusammenspiel mit dissozialer Persönlichkeitsstörung BGH NStZ 2002, 647, und schizoider Störung BGH NStZ-RR 2005, 304), ebenso bloß hangbedingt gesteigerte Qualität der Straftaten (BGH NStZ 2017, 277 mAnm Kett-Straub; zB Betrügereien, Diebstähle oder Urkundenfälschungen eines Süchtigen, um damit an Rauschmittel zu kommen (sog. Beschaffungskriminalität; dazu Täschner NJW 1984, 638 (639); beachte aber BGH NStZ 2004, 494), uU auch Verkehrsstraftaten (Bode BA 1976, 265)), doch muss der jeweilige symptomatische Zusammenhang als solcher sicher feststehen (BGH NStZ 2019, 308).

4 **c) Verurteilung** (auch zu lebenslanger Freiheitsstrafe BGHSt 37, 160 = NJW 1990, 3281 mAnm Schüler-Springorum StV 1991, 561; Kreicker NStZ 2010, 239) oder Unterbleiben der Verurteilung → § 69 Rn. 4 (krit. zum Fehlen einer zeitlichen Begrenzung der verwirkten Freiheitsstrafe Rebsam-Bender NStZ 1995, 158, die ein Höchstmaß von fünf Jahren vorschlägt).

5 **d)** Die für die **ungünstige Prognose** (vgl. BGH NJW 2015, 2898) vorausgesetzte **Gefahr** bedeutet hier die auf konkreten Tatsachen beruhende bestimmte Wahrscheinlichkeit, dass der Täter infolge seines Hanges (nicht lediglich auf Grund anderer Persönlichkeitsstörungen; dazu Platz StV 1996, 234) erhebliche rechtswidrige Taten (→ § 63 Rn. 5; → § 66 Rn. 14) begehen wird, die nicht notwendig mit der abgeurteilten Tat unmittelbar vergleichbar sein müssen (BGH bei Holtz MDR 1996, 879); einen Erfahrungssatz, dass bei psychisch Abhängigen grds. eine solche Gefahr besteht, gibt es nicht (BGH NStZ 1994, 280; StV 1996, 538 mAnm Weider). Im Hinblick auf den hier vorrangigen Heilungszweck und die zeitliche Begrenzung der Maßregel (§ 67d I) ist der Maßstab nicht ganz so streng wie bei der Unterbringung nach § 63 oder § 66 (hM; vgl. KG StV 1997, 315; Streng Sanktionen Rn. 409; krit. Schöch in LK-StGB Rn. 87–90; Frisch LdRerg 8/1730, S. 4); der Erwerb kleiner Rauschgiftmengen zum Eigenkonsum genügt jedoch nicht (BGH NStZ 1994, 280). Erforderlich ist, dass mit mit einer Wiederholung „zu rechnen" ist, dh diese konkret zu besorgen ist; bloße Wiederholungsmöglichkeit genügt nicht (BGH NStZ-RR 2019, 75). Auch die Wahrscheinlichkeit bloßer Selbstgefährdung scheidet aus (OLG Hamm NJW 1974, 614; Schmitt FS Bockelmann, 1979, 861 (863)). Für die Beurteilung kommt es auf die **Zeit der Hauptverhandlung,** nicht das

Ende des Vollzugs an (BGH NStZ-RR 1997, 97; NStZ-RR 2001, 295; NStZ-RR 2012, 203 (204)); die spätere Rückkehr des Täters zum alkoholkranken Ehepartner stünde der Anordnung somit nicht entgegen (vgl. BGH NStZ 2002, 647). Das gilt für alle Maßregeln (→ § 66 Rn. 15; beachte auch BayObLG JR 1995, 513 mAnm Müller-Dietz); namentlich die Frage, ob die Möglichkeit schonenderer Maßnahmen die Anordnung der Maßregel ausschließt, ist ebenso wie bei der Unterbringung nach § 66 zu beantworten. Im Allgemeinen wird die Verwahrung auf Grund landesrechtlicher Unterbringungsgesetze (näher Marschner/Volckart/Lesting, Freiheitsentziehung und Unterbringung, 5. Aufl. 2010, Kap. A Rn. 142–151, Kap. B Rn. 152–156), der Eintritt in einen Enthaltsamkeitsverein, eine therapeutische Behandlung außerhalb einer Anstalt oder freiwilliger Anstaltsaufenthalt (BGH bei Dallinger MDR 1957, 140) wegen des damit verbundenen Risikos die Maßregel nicht entbehrlich machen (s. aber OLG Bamberg NStZ-RR 2017, 171), uU aber die sofortige Aussetzung zur Bewährung rechtfertigen (→ § 67b Rn. 2–4). Die Unterbringung nach § 64 soll nach bisheriger Rspr. der Zurückstellung der Strafvollstreckung nach § 35 BtMG vorgehen (BGH StV 2008, 405; NStZ-RR 2012, 314; NStZ-RR 2016, 209), doch ist dies umstr (dagegen BGH StraFo 2016, 431; Basdorf/Schneider/König FS Rissing-van-Saan, 2011, 59 (61f.)). Zum Grundsatz **in dubio pro reo** bei Zweifeln über die Prognose → § 61 Rn. 4.

e) Verhältnismäßigkeit des Eingriffs → § 62 Rn. 2. **Erfolgsaussicht.** Die Unterbringung nach **Abs. 1 S. 2** ergeht nur, wenn die Therapie eine **hinreichend konkrete Aussicht** auf Erfolg hat. Als positive Voraussetzung für die Unterbringung wird eine Erfolgsaussicht, dh eine durch Tatsachen begründete Wahrscheinlichkeit eines Behandlungserfolgs, keine sichere Gewähr, verlangt (BT-Drs. 18/7244, 13; Kindhäuser/Hilgendorf in LPK-StGB Rn. 9; Schöch in LK-StGB Rn. 138). Eine Therapiebereitschaft (→ Rn. 1) wird nicht vorausgesetzt (BT-Drs. 18/7244, 13; BGH NStZ-RR 2018, 13; Schöch in LK-StGB Rn. 139; krit. Pollähne in NK-StGB Rn. 43). Die bloße Möglichkeit einer therapeutischen Veränderung reicht nicht (BGH NStZ-RR 2010, 141 (142)). An der erforderlichen Erfolgsaussicht fehlte es bisher auch dann, wenn die voraussichtlich notwendige Behandlungsdauer die Höchstfrist des § 67 I 1 überschreitet (BGH NJW 2012, 2292; NStZ-RR 2013, 7 (8)); deshalb verweist S. 2 nunmehr auch auf § 67d I 3, so dass im Einzelfall auch eine mehr als zwei Jahre dauernde Einweisung möglich ist (BGH NStZ-RR 2017, 39; NStZ-RR 2017, 310; StraFo 2017, 245; → Rn. 1). Eine hinreichend konkrete Erfolgsaussicht soll schon bei Grundkenntnissen der deutschen Sprache bestehen; erst weitgehende Sprachunkundigkeit kann einer Unterbringung entgegenstehen (BGH NStZ-RR 2013, 241 (242) mwN), wenn sie auch bei der Entziehungsanstalt zumutbarem Aufwand nicht überwunden werden kann (vgl. BT-Drs. 16/1537, 10; zur Pflicht des Staates, Vollzugsanstalten in der zur Wahrung der Grundrechte erforderlichen Weise auszustatten vgl. BVerfGE 40, 276 (284) = NJW 1976, 37; BVerfGE 45, 187 (240) = NJW 1977, 1525; BVerfGK 13, 163 (168ff.) = NStZ 2008, 521; BVerfGK 13, 487 (492f.) = BeckRS 2008, 35236 mwN). Nicht behebbare Unsicherheit über den Erfolg der Maßregel erlauben kumulativ auch eine gem. § 66 (BGH NStZ-RR 2018, 62). 6

3. Die Anordnung war früher bei Vorliegen ihrer Voraussetzungen zwingend (BGHSt 37, 5 = NJW 1990, 2143; BGH NStZ-RR 1996, 196), steht jetzt nach der Änderung durch das BetreuungsG **im gebunden Ermessen** des Gerichts (**„soll“;** BT-Drs. 16/1344, 12, BT-Drs. 16/5137, 10; krit. Fischer Rn. 23). Die Prüfungspflicht des Gerichts entfällt dadurch nicht (BGH NStZ-RR 2008, 73 7

(79); NStZ-RR 2009, 170 (171)); auch muss das Ermessen tatsächlich ausgeübt werden. Als auszuscheidender Ausnahmefall wird der sprachunkundige Ausländer diskutiert (BGH StV 2008, 138; NStZ 2009, 204 mablAnm Jung StV 2009, 586; BGH NStZ-RR 2009, 170 (171); diff. Schöch in LK-StGB Rn. 141, 142; → Rn. 6), doch gilt dies vor allem für einen ohnehin ausreisepflichtigen und hier nicht zu integrierenden Täter (BGH NStZ-RR 2017, 283). Gesichtspunkte, die ausschließlich die organisatorische Ausgestaltung und praktische Durchführung der Maßregel betreffen, stehen nicht entgegen, weil es grds. Aufgabe der für den Vollzug zuständigen Behörden ist, die erforderlichen Therapiemöglichkeiten zur Verfügung zu stellen (BGHSt 28, 327 = NJW 1979, 1941; BGHSt 36, 199 (201) = NJW 1989, 2337; BGH NStZ-RR 1997, 97; NStZ 2007, 326). Die Ausführungen unter → § 63 Rn. 11 zum Verbot der Schlechterstellung, zur selbständigen Anfechtbarkeit der Unterbringung und zur Beschränkung des Rechtsmittels gelten sinngemäß (beachte auch BGH NStZ 1992, 539; BayObLG JR 1996, 79 mAnm Loos; Tolksdorf FS Stree/Wessels, 1993, 753). Nach hM ist der Angeklagte nicht beschwert, wenn sich sein Rechtsmittelangriff gegen die Nichtanordnung der Maßregel richtet (BGHSt 28, 327 (330) = NJW 1979, 1941; BGH NStZ-RR 2014, 43; NStZ-RR 2016, 251; mit guten Gründen aM Fezer JZ 1996, 664; Kopp StV 1999, 121; zweifelnd BGH NStZ-RR 2000, 43; beachte auch BGH NStZ 2009, 261); er kann diese jedoch durch Rechtsmittelbeschränkung ausnehmen (BGHSt 38, 362 = NJW 1993, 477 mablAnm Hanack JR 1993, 430; Tolksdorf FS Stree/Wessels, 1993, 765; beachte aber BGH NStZ 2009, 441; zw.). Zur Beschwer bei vorzeitiger Beendigung der Maßregelvollstreckung (→ § 67d Rn. 8) OLG Celle StV 1997, 541; Kopp StV 1999, 121. Beim Zusammentreffen mit den Voraussetzungen einer anderen Unterbringung (§§ 63, 66) gilt § 72 (→ § 72 Rn. 1). Unterbringung ist im Zweifel vor Sicherungsverwahrung zu vollstrecken, weil die Entziehungskur günstigere Bedingungen für eine Resozialisierung in der Sicherungsverwahrung schafft (BGH StV 2016, 735).

8 **4.** Beachte ferner §§ 67–67h, 71, 72 StGB, §§ 80a, 126a, 246a (BGH wistra 1994, 112; zu Mängeln in der Begutachtungspraxis Schalast/Leygraf MschrKrim 1994, 1), 275a I, 296 I (BGHSt 28, 327 = NJW 1979, 1941), 331 II, 358 II, 373 II, 463 StPO, §§ 7, 93a JGG (LG Bonn NJW 1977, 345). Zum Vollzug §§ 137, 138 StVollzG (→ § 63 Rn. 12); der Vollzug in einer Entziehungsanstalt darf nicht wegen Platzmangels durch Vollzug in einem psychiatrischen Krankenhaus ersetzt werden, wenn dort keine Suchtbehandlung stattfindet (OLG Celle JR 1996, 81 mAnm Bringewat).

§ 65 (weggefallen)

§ 66 Unterbringung in der Sicherungsverwahrung

(1) [1]**Das Gericht ordnet neben der Strafe die Sicherungsverwahrung an, wenn**

1. jemand zu Freiheitsstrafe von mindestens zwei Jahren wegen einer vorsätzlichen Straftat verurteilt wird, die

a) sich gegen das Leben, die körperliche Unversehrtheit, die persönliche Freiheit oder die sexuelle Selbstbestimmung richtet,

b) unter den Ersten, Siebenten, Zwanzigsten oder Achtundzwanzigsten Abschnitt des Besonderen Teils oder unter das Völkerstrafgesetzbuch oder das Betäubungsmittelgesetz fällt und im Höchstmaß mit Freiheitsstrafe von mindestens zehn Jahren bedroht ist oder

c) den Tatbestand des § 145a erfüllt, soweit die Führungsaufsicht auf Grund einer Straftat der in den Buchstaben a oder b genannten Art eingetreten ist, oder den Tatbestand des § 323a, soweit die im Rausch begangene rechtswidrige Tat eine solche der in den Buchstaben a oder b genannten Art ist,

2. der Täter wegen Straftaten der in Nummer 1 genannten Art, die er vor der neuen Tat begangen hat, schon zweimal jeweils zu einer Freiheitsstrafe von mindestens einem Jahr verurteilt worden ist,

3. er wegen einer oder mehrerer dieser Taten vor der neuen Tat für die Zeit von mindestens zwei Jahren Freiheitsstrafe verbüßt oder sich im Vollzug einer freiheitsentziehenden Maßregel der Besserung und Sicherung befunden hat und

4. die Gesamtwürdigung des Täters und seiner Taten ergibt, dass er infolge eines Hanges zu erheblichen Straftaten, namentlich zu solchen, durch welche die Opfer seelisch oder körperlich schwer geschädigt werden, zum Zeitpunkt der Verurteilung für die Allgemeinheit gefährlich ist.

[2]Für die Einordnung als Straftat im Sinne von Satz 1 Nummer 1 Buchstabe b gilt § 12 Absatz 3 entsprechend, für die Beendigung der in Satz 1 Nummer 1 Buchstabe c genannten Führungsaufsicht § 68b Absatz 1 Satz 4.

(2) **Hat jemand drei Straftaten der in Absatz 1 Satz 1 Nummer 1 genannten Art begangen, durch die er jeweils Freiheitsstrafe von mindestens einem Jahr verwirkt hat, und wird er wegen einer oder mehrerer dieser Taten zu Freiheitsstrafe von mindestens drei Jahren verurteilt, so kann das Gericht unter der in Absatz 1 Satz 1 Nummer 4 bezeichneten Voraussetzung neben der Strafe die Sicherungsverwahrung auch ohne frühere Verurteilung oder Freiheitsentziehung (Absatz 1 Satz 1 Nummer 2 und 3) anordnen.**

(3) **[1]Wird jemand wegen eines die Voraussetzungen nach Absatz 1 Satz 1 Nummer 1 Buchstabe a oder b erfüllenden Verbrechens oder wegen einer Straftat nach § 89a Absatz 1 bis 3, § 89c Absatz 1 bis 3, § 129a Absatz 5 Satz 1 erste Alternative, auch in Verbindung mit § 129b Absatz 1, den §§ 174 bis 174c, 176a, 176b, 177 Absatz 2 Nummer 1, Absatz 3 und 6, §§ 180, 182, 224, 225 Abs. 1 oder 2 oder wegen einer vorsätzlichen Straftat nach § 323a, soweit die im Rausch begangene Tat eine der vorgenannten rechtswidrigen Taten ist, zu Freiheitsstrafe von mindestens zwei Jahren verurteilt, so kann das Gericht neben der Strafe die Sicherungsverwahrung anordnen, wenn der Täter wegen einer oder mehrerer solcher Straftaten, die er vor der neuen Tat begangen hat, schon einmal zu Freiheitsstrafe von mindestens drei Jahren verurteilt worden ist und die in Absatz 1 Satz 1 Nummer 3 und 4 genannten Voraussetzungen erfüllt sind. [2]Hat jemand zwei Straftaten der in Satz 1 bezeichneten Art begangen, durch die er jeweils Freiheitsstrafe von mindestens zwei Jahren verwirkt hat und wird er wegen einer oder mehrerer dieser Taten zu Freiheitsstrafe von mindestens drei Jahren verurteilt, so kann das Gericht unter den in Absatz 1 Satz 1**

Nummer 4 bezeichneten Voraussetzungen neben der Strafe die Sicherungsverwahrung auch ohne frühere Verurteilung oder Freiheitsentziehung (Absatz 1 Satz 1 Nummer 2 und 3) anordnen. [3]Die Absätze 1 und 2 bleiben unberührt.

(4) **[1]Im Sinne des Absatzes 1 Satz 1 Nummer 2 gilt eine Verurteilung zu Gesamtstrafe als eine einzige Verurteilung. [2]Ist Untersuchungshaft oder eine andere Freiheitsentziehung auf Freiheitsstrafe angerechnet, so gilt sie als verbüßte Strafe im Sinne des Absatzes 1 Satz 1 Nummer 3. [3]Eine frühere Tat bleibt außer Betracht, wenn zwischen ihr und der folgenden Tat mehr als fünf Jahre verstrichen sind; bei Straftaten gegen die sexuelle Selbstbestimmung beträgt die Frist fünfzehn Jahre. [4]In die Frist wird die Zeit nicht eingerechnet, in welcher der Täter auf behördliche Anordnung in einer Anstalt verwahrt worden ist. [5]Eine Tat, die außerhalb des räumlichen Geltungsbereichs dieses Gesetzes abgeurteilt worden ist, steht einer innerhalb dieses Bereichs abgeurteilten Tat gleich, wenn sie nach deutschem Strafrecht eine Straftat der in Absatz 1 Satz 1 Nummer 1, in den Fällen des Absatzes 3 der in Absatz 3 Satz 1 bezeichneten Art wäre.**

Fassung: Grundlegende Neufassung der Vorschrift durch das SichVNOG. Abs. 3 durch das 50. StÄG (→ Vor § 1 Rn. 18) technisch geändert (Lockerung der Maßregelvoraussetzungen bei Verbrechen und bestimmten Sexual- oder Gewaltdelikten) und durch das 53. StÄG (→ Vor § 1 Rn. 18) erweitert.

1 **1.** Die Maßregel der **Unterbringung in der Sicherungsverwahrung** dient vornehmlich der **Sicherung** der Allgemeinheit vor besonders gefährlichen Straftätern (BVerfGE 2, 118 (120) = NJW 1953, 577; BVerfGE 109, 133 (174) = NJW 2004, 739; BVerfGE 128, 326 (374) = NJW 2011, 1931) und soll Wirkungsdefizite der Strafe ausgleichen (Frisch LdRerg 8/1390, S. 1). Das BVerfG erachtete sie ursprünglich für mit dem Grundgesetz vereinbar unter der Bedingung, dass der Vollzug der Sicherungsverwahrung gegenüber dem der Strafhaft iRd den Vollzugsanstalten Zumutbaren privilegiert sein müsse (sog. „Abstandsgebot“, vgl. BVerfGE 109, 133 (166f.) = NJW 2004, 739) und grundrechtssichernde Verfahrensvorkehrungen getroffen würden (BVerfGE 109, 133 (162ff.) = NJW 2004, 739.). In seiner Grundsatzentscheidung v. 4.5.2011 (BVerfGE 128, 326 = NJW 2011, 1931; hierzu Bartsch FS 2011, 267; Böttcher FS 2011, 281; Radtke GA 2011, 636; Streng JZ 2011, 827; Peglau NJW 2011, 1924; Kinzig StraFo 2011, 429; Mosbacher HRRS 2011, 229; Kreuzer/Bartsch StV 2011, 472; Eisenberg StV 2011, 480; Hörnle NStZ 2011, 488; Schöch GA 2012, 14; Drenkhahn/Morgenstern ZStW 124 (2012), 132 (188)) betonte das BVerfG erneut die Bedeutung des Abstandsgebots für die Verfassungsmäßigkeit der Sicherungsverwahrung, erklärte diesmal allerdings sämtliche Vorschriften über die Sicherungsverwahrung für mit dem Grundgesestz unvereinbar und konkretisierte die aus dem Abstandsgebot abzuleitenden Anforderungen, die der Gesetzgeber, wenn er an der Sicherungsverwahrung festhalten wolle, beachten müsse. Zur Legitimation Streng StV 2013, 236; zur Kriminologie Drenkhahn/Morgenstern in MüKoStGB Rn. 10–15; Dessecker in NK-StGB Rn. 10–22; Eisenberg/Kölbel Kriminologie § 48 Rn. 62–57; empirische Befunde bei Kinzig, Die Legalbewährung gefährlicher Rückfalltäter, 2008, S. 105 mit Bespr. Laubenthal/Nestler GA 2010, 55; Habermeyer, Die Maßregel der Sicherungsverwahrung, 2008 mit Bespr. Lindemann GA 2010, 57. Rechtsvergleichende Hinweise bei Trips-Herbert, Der Schutz der Gesellschaft vor gefährlichen Straftätern, 2010; Sturm, Die

Sicherungsverwahrung in Deutschland und England, 2010; Koch in Koch, Wegsperren?, 2011, S. 493; Drenkhahn/Morgenstern ZStW 124 (2012), 132 (161); Drenkhahn/Morgenstern in MüKoStGB Rn. 28–32. Zur Entwicklungsgeschichte vgl. BVerfGE 128, 326 (335 ff.) = NJW 2011, 1931; Bartsch, Sicherungsverwahrung – Recht, Vollzug, aktuelle Probleme, 2010, S. 29; zum Umgang mit gefährlichen Straftätern vor 1933 s. Steinberg StV 2013, 227. Für vor dem 1.1.2011 begangene Taten gilt das Meistbegünstigungsprinzip (vgl. § 316 e EGStGB; insoweit wird auf → 27. Aufl. 2011 verwiesen). Zum Übergangsrecht, das bis zum 31.5.2013 galt, → Vor § 63 Rn. 5.

2. Gemäß § 316 e I 1 EGStGB gilt § 66 StGB nF für nach dem 1.1.2011 begangene Taten, für zuvor begangene Taten gilt vorbehaltlich des Günstigkeitsprinzips § 66 StGB aF (§ 316 e I 2, II). Es ist zwischen zwingend vorgeschriebener (Abs. 1) und in das Ermessen des Richters gestellter (Abs. 2 und 3) Anordnung der Unterbringung zu unterscheiden. In allen Fällen müssen unterschiedliche formelle (Abs. 1 S. 1 Nr. 1, 2, 3, Abs. 2, Abs. 3 S. 1, 2) und übereinstimmende materielle (Abs. 1 S. 1 Nr. 4) Voraussetzungen erfüllt sein. Wegen der dort vorgesehenen zwingenden Rechtsfolge geht Abs. 1 den Abs. 2 und 3 vor. Sind die Voraussetzungen von Abs. 1 nicht erfüllt, ist Abs. 2 zu prüfen. Da Abs. 3 die ersten beiden Absätze „unberührt" lässt (Abs. 3 S. 3), gehen diese vor. Falls keiner der Abs. 1 und 2 erfüllt ist, ist eine Anordnung nach Abs. 3 S. 1 zu prüfen. Nur wenn alle diese Möglichkeiten nicht greifen, steht der Weg zur Prüfung von Abs. 3 S. 2 offen. In der Anklage muss nicht der konkrete Anordnungstatbestand bezeichnet werden (BGH StraFo 2017, 418). 2

3. Zu den **formellen Voraussetzungen nach Abs. 1:** 3

a) Vorsätzliche Straftaten sind auch Versuch (§ 22), Teilnahme (§§ 26, 27), Versuch der Beteiligung (§ 30) und Verwirklichung einer Vorsatz-Fahrlässigkeits-Kombination (→ § 11 Rn. 23–25). § 66 I Nr. 1 StGB nF lässt – anders als § 66 StGB aF – nicht mehr jede Vorsatztat genügen; vielmehr hat er den Anwendungsbereich der primären Sicherungsverwahrung auf eine **abschließende Enumeration vorsätzlicher Straftaten** konzentriert (BT-Drs. 17/3403, 15). Die erste Fallgruppe (Nr. 1 a) erfasst Straftaten gegen höchstpersönliche Rechtsgüter, namentlich gegen das Leben, die körperliche Unversehrtheit, die persönliche Freiheit oder die sexuelle Selbstbestimmung. Die zweite Fallgruppe (Nr. 1 b) betrifft weitere besonders schwere Delikte nach den dort genannten Abschnitten des BT oder dem VStGB oder dem BtMG, wobei die Straftaten stets eine Mindeststrafrahmenobergrenze von zehn Jahren überschreiten müssen. Gemäß § 66 I 2 iVm § 12 III bleiben Schärfungen oder Milderungen, die nach dem AT oder für besonders schwere oder minder schwere Fälle vorgesehen sind, für die Einteilung außer Betracht. Die dritte Fallgruppe (Nr. 1 c) erfasst Verstöße gegen Weisungen während der Führungsaufsicht (§ 145 a), soweit Führungsaufsicht auf Grund einer Straftat der in Nr. 1 a oder Nr. 1 b genannten Art eingetreten ist, und Vollrausch (§ 323 a), soweit die Rauschtat eine solche der in Nr. 1 a oder Nr. 1 b genannten Art ist (zu Recht krit. Drenkhahn/Morgenstern in MüKoStGB Rn. 60; Dessecker in NK-StGB Rn. 42). Für die Beendigung der Führungsaufsicht gilt gem. § 66 I 2 aE die Vorschrift des § 68 b I 4 entsprechend.

b) Die Anlasstat, dh die der **Verurteilung** zugrundeliegende, die **Sicherungsverwahrung auslösende Tat,** muss zeitlich nicht nur nach den Vortaten iSd Abs. 1 S. 1 Nr. 1, sondern auch nach der Rechtskraft ihrer Aburteilung und nach Ablauf 4 des in Abs. 1 S. 1 Nr. 3 bezeichneten Verbüßungszeitraums begangen sein. Das ergibt sich zwar nicht vollständig aus dem Wortlaut der Nr. 1, 3, lässt sich aber aus einem Vergleich mit dem früheren § 48 I herleiten, wo das Wort „nachdem" klarstellte, dass im Zeitpunkt der den Rückfall auslösenden Tat die Vorverurteilungen bereits vorliegen, dh rechtskräftig sein mussten; Vortaten und Vorverurteilungen müssen in der Reihenfolge „Tat-Urteil-Tat-Urteil" erfolgen (BGH NStZ-RR 2009, 137; Detter NStZ 2009, 487 (494); Rissing-van Saan/Peglau in LK-StGB Rn. 49; Kinzig in Schönke/Schröder Rn. 17); überdies rechtfertigt der Gesetzeszweck die Einschränkung im Hinblick auf die unverzichtbare Warnfunktion der Vorverurteilungen und der Vorverbüßung (Fischer Rn. 27, 28; Rissing-van Saan/Peglau in LK-StGB Rn. 72; aM Streng Sanktionen Rn. 452; Frisch LdRerg 8/1390, S. 4; s. jedoch BGHSt 7, 178 = NJW 1955, 799). Außerdem musste die wegen der Anlasstat verwirkte, mindestens 2-jährige Freiheitsstrafe eine zeitige sein (BGHSt 34, 138 = NJW 1987, 1955); dass neben ihr als Einzelstrafe auch lebenslange Freiheitsstrafe verwirkt war, bildete jedoch keinen Hinderungsgrund (BGH NJW 1985, 2839 mAnm Müller-Dietz JR 1986, 340; Schüler-Springorum StV 1986, 478), mit der Folge, dass die Sicherungsverwahrung dann auch neben der lebenslangen Gesamtfreiheitsstrafe (→ § 54 Rn. 2) zu verhängen war (BGHSt 34, 138 = NJW 1987, 1955; BGH NStZ 2000, 417; NJW 2002, 3559; Maatz NStZ 1986, 476; dieser Rspr. zust. Peglau NJW 2000, 2980); dies ist durch die Streichung des Wortes „zeitiger" (vgl. den Fassungshinweis) gesetzlich klargestellt, weswegen die Anordnung von Sicherungsverwahrung neben lebenslanger Freiheitsstrafe rechtmäßig ist (BGHSt 59, 56 (61) = NJW 2013, 3735; BGH NJW 2017, 2423; BGHSt 62, 211 = NJW 2017, 3314 mkritAnm Kett-Straub JZ 2018, 101; zur Zulässigkeit des Vorbehalts der Sicherungsverwahrung bei Verhängung der lebenslangen Freiheitsstrafe → § 66a Rn. 4). Die hiergegen erhobenen Einwände stützen sich vor allem auf Verhältnismäßigkeitsgesichtspunkte, weil eine lebenslange Freiheitsstrafe bei fortbestehender Gefährlichkeit des Betroffenen theoretisch bis zu dessen Lebensende vollstreckt werden kann und die Anforderungen an eine Legalbewährungsprognose iRd § 57a sogar höher sind als bei der Sicherungsverwahrung (Kinzig NJW 2002, 3204 (3205); Kett-Straub GA 2011, 586 (600); Kreuzer StV 2011, 122 (123); Kemme HRRS 2014, 174 (176); Dessecker FS Ostendorf, 2015, 197). Rein symbolisch ist das Nebeneinander von lebenslanger Freiheitsstrafe und Sicherungsverwahrung indes nicht, weil die vom Tatgericht unterlassene Anordnung der Maßregel aufgrund des Verschlechterungsverbots (§ 358 II 1 StPO) nicht mehr nachholbar ist, wenn das lediglich zugunsten des Angeklagten eingelegte Rechtsmittel zum Wegfall der lebenslangen Freiheitsstrafe führt und nur noch auf zeitige Freiheitsstrafe erkannt wird. Auch in einem Wiederaufnahmeverfahren, das zugunsten des zu lebenslanger Freiheitsstrafe Verurteilten geführt wird und in dem an die Stelle der lebenslangen Freiheitsstrafe eine zeitige tritt, ließe sich wegen des Verschlechterungsverbots (§ 373 II 1 StPO) die Anordnung der Sicherungsverwahrung nicht mehr nachholen (BGHSt 59, 56 (65) = NJW 2013, 3735). Da die Verurteilung wegen einer einzigen auslösenden Tat vorausgesetzt wird (vgl. den abweichenden Wortlaut des Abs. 2 „wegen einer oder mehrerer dieser Taten"), muss mindestens **eine** wegen vorsätzlicher Tat verhängte Einzelstrafe die Zweijahresgrenze erreichen (BGH NJW 1972, 834 mit Bespr. Tröndle GA 1973, 289 (307); Classen GA 1991, 224).

5 **c) Zweimalige rechtskräftige Vorverurteilung** (Abs. 1 S. 1 Nr. 2; BGHR StGB § 66 Abs. 1 Vorverurteilungen 15 mwN; zur Warnfunktion der Rechtskraft

Rissing-van Saan/Peglau in LK-StGB Rn. 51; gegen das Rechtskrafterfordernis Denkhahn/Morgenstern in MüKoStGB Rn. 72f) zu Freiheitsstrafe (auch Jugendstrafe, BT-Drs. V/4094, 19) von jeweils mindestens einem Jahr. Schuldspruch und Strafausspruch der Vorverurteilungen sind für den neuen Richter bindend; dieser kann deshalb auch nicht nachprüfen, ob der frühere Richter ein Handlungsgeschehen auf der Grundlage der neuen Rspr. des BGH (→ Vor § 52 Rn. 13) zu Recht als Fortsetzungstat gewertet hat und ob er bei Behandlung der einbezogenen Teilakte als Einzeltaten zumindest eine Einzelstrafe von mindestens einem Jahr verhängt hätte (BGHSt 41, 97 = NJW 1995, 2798). Die Vorverurteilungen müssen Straftaten zum Gegenstand haben, die in Abs. 1 S. 1 bezeichnet sind (BGH NStZ 2011, 691 (692)).

aa) Verurteilung zu **Gesamtstrafe** gilt nur als **eine** Verurteilung (Abs. 4 S. 1). **5a**
Auch nachträgliche Gesamtstrafenbildung nach § 55 StGB oder § 460 StPO gehört hierher (hM; vgl. etwa BGH NStZ-RR 2004, 9 (10); Frisch LdRerg 8/1390, S. 3). Das ist zwar nicht widerspruchsfrei und kriminalpolitisch bisweilen unbefriedigend, angesichts des eindeutigen Gesetzeswortlauts aber hinzunehmen (nur zT berechtigt die Kritik von Nöldeke ZRP 1970, 33; Dreher NJW 1972, 1088; vgl. Ries und Dreher NJW 1972, 673; → § 55 Rn. 7–9a). Nur eine Verurteilung ist ferner anzunehmen, wenn hinsichtlich der Vorverurteilungen nachträgliche Gesamtstrafenbildung möglich war, aber versäumt worden ist (so zu § 48 StGB aF Holtz MDR 1979, 454; Gollmer NJW 1971, 1247; → § 55 Rn. 16) oder wenn in einem Urteil mehrere Einzelstrafen festgesetzt und nach den Regeln des § 55 (→ § 55 Rn. 6) – sofort oder nachträglich (BGHSt 30, 220 = NJW 1982, 114) – in verschiedene Gesamtstrafen einbezogen worden sind. Werden Einzelstrafen aus einem Urteil in eine neue, aber gesonderte nachträgliche Gesamtstrafe einbezogen, kann dieses Urteil als Vorverurteilung mit Warnfunktion gewertet werden (BGHSt 52, 225 = NJW 2008, 2661). In jeder Verurteilung zu einer Gesamtstrafe muss eine Einzelstrafe von **mindestens einem Jahr** wegen einer vorsätzlichen Tat enthalten sein (hM; BGHSt 34, 321 = NJW 1987, 2313 mwN; beachte auch LG Frankfurt a. M. NStZ 1995, 192); zu ausländischen Urteilen → Rn. 12.

bb) Eine **Einheitsjugendstrafe** (§§ 19, 31 JGG) soll nach hM einer Gesamtstrafe **6**
gleich stehen, wenn sie deren Voraussetzungen (§§ 53, 55) erfüllt (so zu § 48 StGB aF BayObLG MDR 1979, 600; sa Holtz MDR 1979, 986; Fischer Rn. 29 mwN; mit Blick auf die in BVerfGE 116, 69 (85f.) = NJW 2006, 2093 betonte Wesensverschiedenheit von Freiheits- und Jugendstrafe verdient die Einbeziehung der Jugendstrafe Kritik, sa Eisenberg/Schlüter NJW 2001, 190; Dessecker in NK-StGB Rn. 45; Drenkhahn/Morgenstern in MüKoStGB Rn. 67; Kinzig in Schönke/Schröder Rn. 19; Knauer ZStW 124 (2012), 204 (216ff., 222)). Außerdem muss jede Vorverurteilung zu einer solchen Strafe erkennen lassen, dass der Täter wenigstens bei einer der ihr zu Grunde liegenden vorsätzlichen Taten Jugendstrafe von mindestens einem Jahr verwirkt hatte (BGHSt 26, 152 (154f.) = NJW 1975, 1666; BGH NJW 1999, 3723; NStZ 2002, 29).

d) Verbüßung (Abs. 1 S. 1 Nr. 3) von Jugendstrafe (→ Rn. 6) oder auf Grund **7**
von Anrechnung (Abs. 4 S. 2) genügt. Dass die Verbüßung auf einer **Gesamtstrafe** oder einer Verurteilung wegen mehrerer tateinheitlich begangener Gesetzesverletzungen beruht, steht ihrer unverkürzten Berücksichtigung – mindestens idR – auch dann nicht entgegen, wenn nur ein Teil der Taten oder Gesetzesverletzungen die formellen Voraussetzungen des § 66 begründet (so zu § 48 StGB aF OLG Hamm MDR 1976, 157; aM OLG Oldenburg Nds. Rpfl. 1983, 253 und die hL, vgl. etwa Kinzig in Schönke/Schröder Rn. 22), zB beim Zusammentreffen mit Fahrlässig-

keitstaten oder auch mit nicht symptomatischen Vorsatztaten (→ Rn. 17); jedoch müssen bei Tatmehrheit die Einzelstrafen wegen der unter Abs. 1 S. 1 Nr. 1 fallenden Taten in ihrer Summe die Mindestverbüßungszeit erreichen (so zu § 48 StGB aF BayObLG JR 1984, 381 mAnm Hettinger).

8 **4.** Zu den **formellen Voraussetzungen nach Abs. 2:**

a) Von den **drei Anlasstaten** (→ Rn. 3, 4) muss mindestens eine zur Aburteilung stehen, während die übrigen schon abgeurteilt sein können (BGH NStZ-RR 2010, 142). Es reicht also, wenn eine oder zwei der übrigen Taten schon vorher rechtskräftig abgeurteilt wurden, sofern der Täter wenigstens eine der Symptomtaten als Erwachsener begangen hat (BGH NStZ 2015, 510 (511)). Nicht abgeurteilte und in dem Verfahren auch nicht zur Aburteilung stehende Taten scheiden jedoch aus (BGHSt 25, 44 = NJW 1973, 154). Ihre Reihenfolge ist gleichgültig, auch, ob sie zeitlich zusammen oder nacheinander begangen, ob sie einzeln oder mit einer Gesamtstrafe geahndet oder ob die Strafen schon vollstreckt worden sind (so schon zu § 20a II StGB aF BGHSt 3, 169 = NJW 1952, 1343). Einzelakte einer Handlungseinheit genügen nicht (BGHSt 1, 313 = NJW 1951, 893), wohl aber Einzelfälle gewerbsmäßiger Begehung (BGH NJW 1953, 955).

9 **b) Verwirkung** einer Freiheitsstrafe (bei Vorverurteilungen auch Jugendstrafe) von mindestens einem Jahr wegen jeder der drei Straftaten (beachte BGH NJW 1991, 1244); diese Strafen mussten schon bisher nicht sämtlich (→ Rn. 10) zeitige sein (BGH NJW 1985, 2839 mkritAnm Müller-Dietz JR 1986, 340; aM KG NStZ 1983, 77; zw.); das ist jetzt gesetzlich klargestellt (→ Rn. 10). Es kommt auf die Einzelstrafen (→ § 53 Rn. 3) an (Frisch LdRerg 8/1390, S. 7), die entweder in einer früheren Verurteilung bereits ausgesprochen oder in dem zur Aburteilung stehenden Fall auszusprechen sind (BGHSt 25, 44 = NJW 1973, 154; beachte auch BGH NJW 1999, 3723; StV 2000, 257; NStZ 2006, 156 (158); NStZ 2007, 212).

10 **c) Verurteilung** wegen einer oder mehrerer dieser Taten zu – so nach StGB aF – zeitiger (also nicht lebenslanger, BGHSt 33, 398 = NJW 1986, 1503 mAnm Müller-Dietz JR 1987, 28; BGHSt 34, 13 = NJW 1986, 1503) Freiheitsstrafe von mindestens drei Jahren; durch die Streichung des Wortes „zeitiger" (s. Fassungshinweis) kommt auch eine Verurteilung zu lebenslanger Freiheitsstrafe in Betracht. Diese zusätzliche Voraussetzung bewirkt, dass die die Sicherungsverwahrung auslösende Verurteilung schwerwiegend sein muss. Bei einer Gesamtstrafe entscheidet deren Höhe; sind in ihr jedoch Einzelstrafen enthalten, die nicht zu den formellen Voraussetzungen beitragen (zB Strafen wegen unvorsätzlicher Taten), so muss eine aus den übrigen Einzelstrafen gebildete fiktive Gesamtstrafe die Drei-Jahresgrenze erreichen (BGH NJW 1995, 3263; NJW 2004, 2394).

10a **5.** Zu den **formellen Voraussetzungen nach Abs. 3.** Die Vorschrift ist in den parlamentarischen Beratungen des SexBG (→ Vor § 1 Rn. 13) überwiegend auf scharfe Ablehnung gestoßen oder nur mit erheblichen Einschränkungen befürwortet worden (näher Kinzig, Weber, Weigend und Schöch in der öffentlichen Anhörung im BT-Rechtsausschuss (Prot. 13, Nr. 93); abl. auch Walther MschrKrim 1997, 199 (217); Boetticher MschrKrim 1998, 354 (364); zu Inhalt und Chancen therapeutischer Behandlung solcher Täter Kröber/Dahle, Sexualstraftaten und Gewaltdelinquenz, 1998).

10b **a)** Sie erweitert die Möglichkeiten der Unterbringung in der Sicherungsverwahrung bei Verbrechen, die die Voraussetzungen von Abs. 1 S. 1 Nr. 1a oder

Nr. 1b erfüllen, bei den genannten **Terror-, Sexual- und Gewaltvergehen** sowie bei vorsätzlichen Straftaten nach § 323a, soweit die Rauschtat eine der vorgenannten Straftaten ist. Diese Delikte sind ausnahmslos vorsätzliche Straftaten (→ Rn. 3).

b) S. 1 bestimmt abweichend von Abs. 1, dass schon **eine** Vorverurteilung zu Freiheitsstrafe von mindestens drei Jahren wegen einer oder mehrerer der genannten Straftaten genügt, lehnt sich iÜ aber eng an Abs. 1 an. Deshalb muss die dem Verfahren zugrundeliegende, die Sicherungsverwahrung auslösende Tat nach Eintritt der Rechtskraft der Vorverurteilung und nach Ablauf des in Abs. 1 S. 1 Nr. 2 bezeichneten Verbüßungszeitraums begangen sein (zur Begr. → Rn. 4). Auch sind Schuldspruch und Strafausspruch der Vorverurteilung für den Richter bindend (→ Rn. 5). **10c**

c) S. 2 bestimmt abweichend von Abs. 2, dass schon **zwei** der genannten Straftaten genügen, wenn der Täter durch sie jeweils Freiheitsstrafe von mindestens zwei Jahren verwirkt hat, lehnt sich iÜ aber eng an Abs. 2 an. Die Ausführungen unter → Rn. 8–10 gelten daher mit dieser Maßgabe sinngemäß. Dass danach diese Voraussetzung schon erfüllt ist, wenn jemand zwei Katalogtaten in unmittelbaren zeitlichen Zusammenhang (zB Vergewaltigung und anschließender Verdeckungsmord) tatmehrheitlich begangen hat, ist höchst problematisch (Hammerschlag/Schwarz NStZ 1998, 321 (322); Schöch NStZ 2000, 138; Streng Sanktionen Rn. 461). **10d**

d) Verurteilung zu einer **Gesamtstrafe** gilt auch in Fällen des Abs. 3 nur als **eine** Verurteilung. Das folgt zwar nicht unmittelbar aus dem Gesetzeswortlaut (Abs. 4 S. 1), ist aber mindestens auf Grund einer Analogie zu Gunsten des Täters anzunehmen; denn eine Abweichung von Abs. 1 ist sinnvoll nicht erklärbar und vom Gesetzgeber offenbar nicht erkannt, jedenfalls aber in den Gesetzesmaterialien nicht begründet worden (BT-Drs. 13/7163, 6, 7; BT-Drs. 13/9062, 9). Die Ausführungen unter → Rn. 5a gelten daher sinngemäß. Ist in einer Gesamtstrafe eine das jeweils maßgebende Mindestmaß erreichende Einzelstrafe enthalten, so genügt das für Abs. 3; enthält jedoch eine Gesamtstrafe mehrere allein nicht ausreichende Einzelstrafen wegen solcher Taten, so kommt es darauf an, ob eine aus ihnen gebildete oder fiktiv zu bestimmende Gesamtstrafe das Mindestmaß erreicht. Dies gilt jedenfalls dann, wenn der Gesamtstrafe ausschließlich Katalogtaten iSd Abs. 3 S. 1 zu Grunde liegen (BGHSt 48, 100 = NJW 2003, 981 mkritAnm Ullenbruch NStZ 2003, 256; Fischer Rn. 36); dagegen genügt es nicht, wenn in einer Gesamtfreiheitsstrafe von drei Jahren nur eine Katalogtat mit einer niedrigeren Einzelstrafe neben einer Reihe von Nichtkatalogtaten enthalten ist (BGH NStZ 2005, 88; sa BGH StV 2007, 574 mit krit. Bespr. Kinzig). Die Einheitsjugendstrafe unterfällt Abs. 3 nur dann, wenn erkennbar ist, dass wegen der Katalogtat eine Jugendstrafe von mindestens drei Jahren verhängt worden wäre, sofern sie als Einzeltat abgeurteilt worden wäre, oder wenn die Jugendstrafe nur Katalogtaten zum Gegenstand hat (BGH NStZ-RR 2020, 74 mwN). Im Übrigen gelten für die Einheitsjugendstrafe die Ausführungen unter → Rn. 6 sinngemäß. **10e**

6. a) Rückfallverjährung (Abs. 4 S. 3, 4) steht der Berücksichtigung bestimmter Vortaten bei Ermittlung der formellen Voraussetzungen nach Abs. 1 und 2 oder Abs. 3 entgegen. Maßgebend sind dabei die Zeiträume zwischen den zur Begründung der formellen Voraussetzungen herangezogenen Vortaten (uU auch zwischen mehreren in einer Vorverurteilung enthaltenen Taten), soweit für sie einschlägige Einzelstrafen verhängt worden sind (BGH NStZ 1987, 84). Die für Straftaten gegen die sexuelle Selbstbestimmung maßgebliche Rückfallverjährungsfrist von fünfzehn **11**

Jahren gilt nur für einander nachfolgende Sexualdelikte; folgt ein Delikt der allgemeinen Kriminalität einem Sexualdelikt nach, ist die Rückfallverjährungsfrist nach Abs. 4 S. 4 zu bemessen (BGH NStZ 2018, 707). Der neu entscheidende Richter ist nicht an Feststellungen rechtskräftiger Urteile zu früheren Tatgeschehen gebunden (BGHSt 43, 106 = NJW 1997, 2828; BGH NStZ 2008, 685). Weitere Schranken, die in Abs. 1–3 außerdem vorgesehen sind, bleiben unberührt. Zum Ausschluss von Zeiten **behördlicher Verwahrung** → § 44 Rn. 11 (BGH NStZ 2008, 91); auch offener Vollzug oder sonstige Vollzugslockerungen ändern nichts an der Verwahrung (BGH NStZ 2005, 265); als Zeit der Verwahrung iSd Abs. 4 S. 4 ist Verbüßung von U-Haft auch dann anzusehen, wenn das Verfahren, in dem sie angeordnet wurde, nicht zu einer Verurteilung geführt hat (BGHSt 49, 25 = NJW 2004, 1187 mit abl. Bespr. Pollähne StraFo 2004, 156; Böhm StV 2005, 131; nicht verwahrt sind aber unkontrolliert in Freiheit befindliche Personen während der Fluchtdauer (BGH NJW 2000, 2830 (2831); NStZ 2008, 91). Außer den verjährten Vortaten scheiden auch solche aus, deren Vermerk im **Bundeszentralregister** getilgt oder zu tilgen ist (§ 51 I BZRG).

12 **b)** Nach Abs. 4 S. 5 einbezogene Vorverurteilungen **außerhalb des räumlichen Geltungsbereichs** des Gesetzes (→ Vor § 3 Rn. 5) sind daraufhin zu prüfen, ob sie in einem rechtsstaatlichen Grundsätzen genügenden Verfahren zustande gekommen sind (Rissing-van Saan/Peglau in LK-StGB Rn. 56). Bei einem Urteil aus einem „Ausland", dessen Recht keine Gesamtstrafenbildung vorsieht, muss erkennbar sein, dass der Täter bei einer oder mehreren der abgeurteilten Taten eine Freiheitsstrafe von mindestens einem Jahr verwirkt hätte (BGH NJW 2008, 3008). Speziell zu Vorverurteilungen in der DDR → Rn. 23–25.

13 **7.** Zu den **materiellen Voraussetzungen:**

a) Der Täter muss **infolge eines Hanges zu erheblichen Straftaten für die Allgemeinheit gefährlich sein.**

aa) **Hang** ist eine eingewurzelte, auf Grund charakterlicher Veranlagung bestehende oder durch Übung erworbene intensive Neigung zu Rechtsbrüchen (Frisch LdRerg 8/1390, S. 5; Rissing-van Saan/Peglau in LK-StGB Rn. 114–142; krit. Mrozynski MschrKrim 1985, 1 (8); Schüler-Springorum MschrKrim 1989, 147; Rosenau in Venzlaff/Foerster/Dreßing/Habermeyer, Psychiatrische Begutachtung, 7. Aufl. 2021, S. 125), die den Täter immer wieder straffällig werden lässt, wenn sich die Gelegenheit dazu bietet (BGH NStZ 2000, 578; NStZ 2003, 201; Detter NStZ 2009, 74 (81); krit. zum Merkmal des Hanges, dem jede positive Begrenzungsfunktion fehle, ua Kinzig NStZ 1998, 14; Dessecker in NK-StGB Rn. 63–71; beachte auch Volckart, Praxis der Kriminalprognose, 1997, S. 95). Er kann auch darauf beruhen, dass der Täter aus Willensschwäche (BGHSt 24, 160 = NJW 1971, 1416; BGH NStZ 1999, 502; NStZ 2003, 310) oder auf Grund affektiver, innerer Spannungen (BGH NStZ 1992, 382) dem Anreiz zum Verbrechen nicht widerstehen kann und deshalb jeder neuen Versuchung erliegt (BGH NStZ-RR 2008, 337); daher sind auch sog. Gelegenheits- oder Augenblickstaten nur idR, aber nicht notwendig (BGH NStZ-RR 2006, 105), zur Anknüpfung ungeeignet (BGH NJW 1980, 1055 mit Bespr. Hanack JR 1980, 340; Frommel NJW 1981, 1083; BGH NStZ 1994, 280); nicht erfasst ist der kühl Vor- und Nachteile abwägende Vermögensstraftäter (BGH wistra 2003, 20 (22)). Verschuldet braucht der Hang nicht zu sein (BGH StraFo 2017, 246); Sicherungsverwahrung kommt daher auch für vermindert Schuldfähige in Betracht (Frisch LdRerg 8/1390, S. 5;

Finger, Vorbehaltene und nachträgliche Sicherungsverwahrung, 2008, S. 35; nach BGH NStZ 2003, 310 ist § 63 vorrangig). Meist wird sich der Hang auf Taten bestimmter Art beziehen (monotrope Kriminalität); er kann aber auch einer allgemein antisozialen Haltung entspringen und sich in ungleich gearteten und gegen verschiedene Rechtsgüter gerichteten Taten äußern (polytrope Kriminalität, BGHSt 16, 296 = NJW 1962, 114; BGH NStZ-RR 1998, 6; Frisch LdRerg 8/1390, S. 5; beachte aber zum eingeschränkten Indizwert BGH NStZ 2008, 453; NStZ-RR 2008, 107).

bb) Der Hang muss sich auf **erhebliche Straftaten** beziehen, dh solche, die nicht nur lästig, sondern schon nach ihrer objektiven Gefährlichkeit oder schädlichen Wirkung geeignet sind, den Rechtsfrieden empfindlich zu stören (BGH NJW 1980, 1055; JZ 1980, 532 mkritAnm Mayer; BGH NStZ 1988, 496; näher konkretisierend BGH NStZ 2000, 587; NStZ-RR 2003, 73). Für die Erheblichkeit stehen namentlich der Rang des jeweils betroffenen Rechtsgutes, der Umfang und die Gefährlichkeit seiner Verletzung sowie das äußere Erscheinungsbild der Taten im Vordergrund (BGHSt 24, 153 (160) = NJW 1971, 1322). Der Hang zu objektiv „kleineren" Delikten reicht nicht aus (Dallinger MDR 1970, 730). Die **Häufigkeit der drohenden Taten** kann das Erfordernis der Erheblichkeit jeder einzelnen Tat nur in relativ engen Grenzen kompensieren (Dallinger MDR 1970, 560; OLG Hamm MDR 1971, 155; OLG Köln MDR 1971, 154; weiter einschr. OLG Frankfurt a. M. NJW 1971, 903 (905); Weihrauch NJW 1970, 1897, die ausschließlich auf die Erheblichkeit der einzelnen Taten abstellen; ebenso Rosenau in Venzlaff/Foerster/Dreßing/Habermeyer, Psychiatrische Begutachtung, 7. Aufl. 2021, S. 126). Angesichts der im Kern unklaren Gesetzesfassung (dazu Tröndle GA 1973, 289 (308); Rissing-van Saan/Peglau in LK-StGB Rn. 143) dürfte es nach dem Schutzzweck der Vorschrift genügen, wenn bei einer Tathäufung die einheitliche Planung oder die Tendenz zur serienmäßigen Begehung den friedensstörenden Charakter jeder einzelnen Tat so erhöht, dass sie alle als erheblich empfunden werden; eine ausgeprägte Häufung von Bagatelldelikten genügt nicht (zu weit BGHSt 24, 153 (155) = NJW 1971, 1322; BGH JZ 1980, 532; Lang-Hinrichsen FS Maurach, 1972, 311 (314); Rissing-van Saan/Peglau in LK-StGB Rn. 165; beachte auch BGH NStZ 1992, 178; Streng Sanktionen Rn. 455;). Der mit dem SichVNOG erfolgte Ausschluss materieller Schäden bei der Beurteilung der Gefährlichkeit ist Ausprägung eines rechtspolitischen Richtungswechsels, dem die Erkenntnis zugrunde liegt, dass bei der Gefährlichkeitsprognose besondere Zurückhaltung am Platze ist. 14

Die in **Abs. 1 S. 1 Nr. 4** angeführten (nicht abschließenden, BGHSt 24, 153 (155) = NJW 1971, 1322; BGH NJW 2000, 3015) **Beispiele** der seelischen oder körperlichen schweren Schädigung sollen den hier anzuwendenden Wertmaßstab verdeutlichen (näher zu den Beispielen Weihrauch NJW 1970, 1897; Rissing-van Saan/Peglau in LK-StGB Rn. 166–200; Drenkhahn/Morgenstern in MüKoStGB Rn. 98–107; Böllinger/Dessecker in NK-StGB Rn. 72–80).

Vor allem aus diesen Beispielen und den formellen Voraussetzungen ergibt sich, dass aus dem Anwendungsbereich nicht lediglich Bagatelltaten ausscheiden, sondern weitergehend **alle Taten der unteren und mittleren Kriminalität,** die den Rechtsfrieden schwerwiegend zu stören nicht geeignet sind (BGHSt 24, 153 (160) = NJW 1971, 1322; BGH GA 1973, 343; StV 2005, 129). Bei Verbrechen (§ 12 I) wird die Erheblichkeit häufiger zu bejahen sein (BGH NJW 1976, 300; GA 1980, 422). Nach einer aus den formellen Voraussetzungen (Vorverurteilung von mindestens einem Jahr; Strafe für die auslösende Tat von zwei Jahren) abgeleiteten Schwellenwertstheorie, kommt Frisch LdRerg 8/1390, S. 5, zu einem Anwendungsbereich von nicht deutlich unter einem Jahr bis zu über zwei Jahren. Im Übrigen weist die „namentlich-Klausel" darauf hin, dass in Ausnahmefällen die Anordnung von Sicherungsverwahrung bei Vorliegen ihrer übrigen Voraussetzungen nicht ganz ausgeschlossen ist (BGH NStZ 2000, 587 mwN).

15 cc) Der Täter ist **für die Allgemeinheit gefährlich,** wenn eine bestimmte (BGH GA 1965, 28) Wahrscheinlichkeit dafür besteht, dass er durch die aus seinem Hang entspringenden Taten auch in Zukunft den Rechtsfrieden empfindlich stören wird (so schon BGHSt 1, 94 (100) = BeckRS 1951, 31399770; Finger, Vorbehaltene und nachträgliche Sicherungsverwahrung, 2008, S. 47; allg. zur Prognose → § 56 Rn. 8; krit. Frisch ZStW 102 (1990), 343 (370); die Prognose als taugliche Entscheidungsgrundlage gerade für hochgradiger Gefährlichkeit erachtet BVerfGE 109, 133 = NJW 2004, 739; ebenso Alex/Feltes/Kudlacek StV 2013, 259; Alex, Nachträgliche Sicherungsverwahrung – ein rechtsstaatliches und kriminalpolitisches Debakel, 2010, S. 60; krit. dazu Hörnle StV 2006, 383 (385)); das kommt auch bei einer nur allgemeinen und abstrakten Gefährlichkeit (BGH NJW 2000, 3015) oder bei einer Gefährlichkeit nur für bestimmte Einzelne oder für einen begrenzten Personenkreis, in dem der Täter sich bewegt (zB Familienangehörige), in Frage (BGH NStZ-RR 1998, 206; NStZ 2007, 464; NStZ 2008, 27; NStZ-RR 2010, 77). Für die Beurteilung kommt es auf die Verhältnisse zum Zeitpunkt der Verurteilung an, wie § 66 I Nr. 4 nunmehr klarstellt. Damit bleibt jedoch nur die ungewisse Entwicklung bis zum Zeitpunkt der Entlassung aus dem Strafvollzug außer Ansatz. Ist schon nach dem Ergebnis der Hauptverhandlung gewiss, dass die unter den bisherigen Lebensverhältnissen an sich gegebene Gefährlichkeit nach dem Strafvollzug nicht mehr bestehen wird (BGH NStZ 1993, 78; wistra 2002, 98; StV 2002, 479 (480)) oder dass sie durch weniger einschneidende und sicher ausführbare Maßnahmen behoben werden kann, so steht die Subsidiarität der Maßregeln, die Ausfluss des verfassungsrechtlich gewährleisteten Grundsatzes der Verhältnismäßigkeit ist, der Anordnung entgegen (Müller, Anordnung und Aussetzung freiheitsentziehender Maßregeln der Besserung und Sicherung, 1981, S. 103; Frisch LdRerg 8/950, S. 7; Schöch in LK-StGB Vor § 61 Rn. 74–76; Pollähne in NK-StGB § 61 Rn. 59; Fischer Rn. 66; aM BGH NJW 1978, 599; Horn in SK-StGB[8] Rn. 20; anders jetzt Sinn in SK-StGB Rn. 33). Das Gericht ist daher nicht davon entbunden zu prüfen, ob keine schonenderen Mittel zur Beseitigung der Gefährlichkeit, die unabhängig von dem anschließenden Strafvollzug sicheren Erfolg erwarten lassen, zur Verfügung stehen (aM BGH NJW 1978, 599). Jedoch machen die Möglichkeiten etwa der Führungsaufsicht (§ 68) oder polizeilicher Überwachung (BGH NJW 1951, 203; zur Verfassungsmäßigkeit der polizeilichen Überwachung s. BVerfG EuGRZ 2013, 73) die Maßregel idR nicht entbehrlich. Auch die Bereitschaft, sich entmannen zu lassen, steht der Anordnung nicht entgegen (BGHSt 1, 66 = NJW 1951, 321). Als schonendere Maßregel, die nach § 72 I die Sicherungsverwahrung uU entbehrlich machen kann, kommt aber die Unterbringung nach § 64 in Frage (vgl. jedoch BGH NJW 2000, 3015; Frisch LdRerg 8/950, S. 7). Dagegen ist die Unterbringung in einem psychiatrischen Krankenhaus mit Rücksicht auf ihre gleiche Eingriffsintensität nicht schon ihrer Art nach eine schonendere, sondern nur eine andere Maßregel (BGHSt 5, 312 = NJW 1954, 968; BGHSt 42, 306 = NJW 1997, 875; beachte jedoch BGH NStZ 2002, 533 (534); NJW 2004, 960, wo die Sicherungsverwahrung als „ultima ratio" angesehen wird, die erst bei Nichtanwendbarkeit von § 63 angeordnet werden dürfe; krit. Müller-Dietz NStZ 1983, 145 (151)); deshalb ist nach § 72 zu verfahren, wenn die Voraussetzungen beider Maßregeln erfüllt sind (BGH NJW 1991, 1244).

dd) Zum Grundsatz **in dubio pro reo** bei Zweifeln über die Prognose → § 61 Rn. 4. Will das Gericht in Abweichung von dem Gutachten eines Sachverständigen, der nach § 246a StPO hinzuzuziehen ist, einen Hang verneinen bzw. bejahen, so muss es sich damit auseinandersetzen, um deutlich werden zu lassen, dass es zu Recht eigene Sachkunde in Anspruch genommen hat (BGH NStZ-RR 2005, 39; NStZ-RR 2007, 10; NStZ 2005, 628; zur entsprechenden Problematik bei der Schuldfähigkeitsbegutachtung → § 20 Rn. 20). Vom zu vernehmenden Sachverständigen muss nicht stets ein schriftliches Gutachten verlangt werden (BGHSt 54, 177 = NJW 2010, 544 mAnm Peglau JR 2010, 304). 16

b) Die **Beurteilung der Prognose** erfordert eine eingehende, vom Revisionsgericht nur begrenzt nachprüfbare (BGH NJW 2000, 3015; StV 2002, 479 (480)) **Gesamtwürdigung** der Täterpersönlichkeit sowie der äußeren Umstände der Taten und der sie begleitenden Vorstellungen und Beweggründe (BGH NStZ 2001, 596; StV 2008, 301; StV 2009, 129; NStZ-RR 2009, 11; Frisch LdRerg 8/1390, S. 6). Sie muss zu dem Ergebnis führen, dass die Gesamtumstände für den gefährlichen Hang des Täters kennzeichnend und von der unter → Rn. 14 vorausgesetzten Erheblichkeit sind (BGHSt 24, 153 (156) = NJW 1971, 1322; BGH NJW 1999, 3723). Sie erstreckt sich vor allem auf die Symptomtaten (dh die abzuurteilenden und diejenigen früheren Taten, die mit ihnen zusammen die formellen Voraussetzungen der Sicherungsverwahrung bilden; vgl. etwa BGH NStZ-RR 2005, 11 (12); NStZ-RR 2009, 11; NStZ-RR 2010, 43; das können auch ausländische Vortaten aus EU-Mitgliedstaaten sein (BT-Drs. 16/13673, 8 „rahmenbeschlusskonforme Auslegung"). Diese sind ausdrücklich zu benennen und in ihrer Besonderheit zu begründen (BGH NStZ-RR 2001, 103). Erst dann folgt die Gesamtwürdigung der Persönlichkeit des Täters unter Einschluss seiner sonstigen kriminellen Vergangenheit. Auch die Einbeziehung rückfallverjährter Taten soll nach der Rspr. möglich sein (BGH NStZ 1983, 71; NStZ 1990, 334; NStZ 1999, 502; StV 2007, 633; NStZ-RR 2010, 172; zw.). Demgegenüber dürfen aus einer Tat, die Gegenstand einer nach § 51 BZRG getilgten Verurteilung ist, keine Schlüsse auf die Persönlichkeit der Täter gezogen werden (BGHSt 57, 300 = NJW 2012, 3591). Außergewöhnliche Konflikttaten genügen idR nicht (Holtz MDR 1979, 987). Bei verschiedenartigen Taten (BGHSt 3, 169 = NJW 1952, 1343; BGH StV 1996, 540; NStZ 2008, 453; NStZ-RR 2008, 107) und bei Tätern unter 25 Jahren (BGH NStZ 1989, 67) bedarf es sehr sorgfältiger Prüfung, weil die Gefährlichkeitsprognose hier besonders schwierig, aber nicht notwendig ausgeschlossen ist. Wegen der meist schmalen Tatsachengrundlage (nur ein Rückfall) gilt das vor allem in Fällen des Abs. 3 (BT-Drs. 13/9062, 9; BGH NJW 1999, 3723 (3725) mAnm Schön NStZ 2000, 138; sa BGHSt 30, 220 (222) = NJW 1982, 114; Frisch LdRerg 8/1390, S. 9, der aber ein „gewisses Bedürfnis" für die Vorschrift sieht, das er mit der Entscheidung JR 2000, 207 mAnm Schöch belegt). Die Gefährlichkeit ergibt sich regelmäßig aus dem festgestellten Hang; auf nur mit Zustimmung des „Hangtäters" gewonnene Gefährlichkeitserkenntnisse kann es wegen der Selbstbelastungsfreiheit nicht ankommen (BGHSt 50, 188 (196) = NJW 2005, 3155; BGH NStZ 2007, 464; NStZ 2009, 566; LG Hagen StraFo 2008, 157). Die Gefährlichkeitsprognose kann nicht allein auf standardisierte Prognoseinstrumente (BGH NStZ-RR 2009, 75; NStZ-RR 2010, 77; StV 2008, 301) oder rein statistische Grundlagen (BGH NStZ 2009, 323) gestützt werden. 17

Bei der Wahl der Gutachter sollte angesichts der mit der Sicherungsverwahrung verbundenen Eingriffsschwere und im Interesse der Minimierung des Risikos fehlerhafter Prognosen auf Fachpsychologen für Rechtspsychologie oder Fachärzte für Psychiatrie mit dem Zertifikat „Forensische Psychiatrie" zurückgegriffen werden, um eine qualitativ möglichst hochwertige Erkenntnisgrundlage zu erhalten (Listen mit besonders geeigneten Rechtspsychologen und forensischen Psychiatern sind abrufbar unter www.rechtspsychologie-bdp.de und www.dgps.de/fachgruppen/rechts/). Zur Qualitätssicherung von Prognosegutachten s. Alex/Feltes/Kudlacek StV 2013, 259. Zu den Mindestanforderungen für Prognosegutachten s. Boetticher/Kröber/Müller-Isberner/Müller-Metz/Wolf NStZ 2006, 537; aus neuerer Zeit s. Boetticher/Koller/Böhm/Brettel/Dölling/Höffler/Müller-Metz/Pfister/Schneider/Schöch/Wolf NStZ 2019, 553. Näher zu den in der Praxis verbreiteten Methoden der Prognosefindung bei der Sicherungsverwahrung Feltes StV 2000, 281; am Fallbeispiel Habermeyer/Hoff/Saß MschrKrim 2002, 20; zum Verhältnis Richter-Sachverständiger Müller-Metz StV 2003, 42; zum richtigen Umgang mit Prognoseinstrumenten durch psychiatrische und psychologische Sachverständige und Gerichte Boetticher/Dittmann/Nedopil/Wolf NStZ 2009, 478. **Zulässiges Verteidigungsverhalten** wie etwa das Leugnen oder Bagatellisieren der Tat darf – ebenso wie bei der Strafzumessung (→ § 46 Rn. 43) – grundsätzlich nicht zum Nachteil des Täters gewertet werden, also weder zur Begründung des Hanges noch als Anknüpfungspunkt für die Gefährlichkeit, weil andernfalls der Angeklagte in seiner Entscheidung, von welchen statthaften Verteidigungsmitteln er Gebrauch machen will, nicht mehr frei wäre; hang- oder gefährlichkeitsbegründend darf das Verteidigungsverhalten nur ausnahmsweise berücksichtigt werden, nämlich erst dann, wenn sich im Leugnen, Verharmlosen oder der Belastung des Opfers oder Dritter eine besonders verwerfliche Einstellung des Täters manifestiert, weil die falsche Belastung mit einer Verleumdung oder Herabwürdigung oder der Verdächtigung einer besonders verwerflichen Handlung einhergeht (BGH NStZ-RR 2020, 15 mwN). In Fällen einer vollzogenen Unterbringung in einem psychiatrischen Krankenhaus auf Grund eines ausländischen Straferkenntnisses sind **ausländische Vollzugszeiten** und die Gefährlichkeitsbeurteilung der Einrichtung nach der Entlassung des Betroffenen in die gerichtliche Gefährlichkeitsprognose einzustellen, und zwar insbesondere dann, wenn die Zeiten der Unterbringung die nach § 67a VI 2 maßgebliche Jahresgrenze faktisch insgesamt überschritten haben.

18 **c) Verhältnismäßigkeitsgrundsatz** → § 62 Rn. 2. Kann schon im Zeitpunkt der Aburteilung ausgeschlossen werden, dass der Verurteilte nach Verbüßung der Strafe noch eine Gefahr darstellt, so ist nach dem Prinzip der Verhältnismäßigkeit das Ermessen auf Nichtanordnung reduziert (BGHSt 50, 188 (198) = NJW 2005, 3155).

19 **8. a)** Die Anordnung ist bei Vorliegen ihrer Voraussetzungen nur im Falle des **Abs. 1 zwingend. Abs. 2** und auf Grund des SexBG (vgl. → Vor 1 Rn. 13) auch der neue **Abs. 3** stellen sie in das **pflichtgemäße Ermessen** des Gerichts (BGH NStZ 1988, 496; NJW 1991, 1244; Detter NStZ 2010, 135 (144); BGH NStZ-RR 2017, 307; → § 46 Rn. 50). Die Anwendung des Abs. 2 ist namentlich, aber nicht nur (BGH NStZ 1999, 614), gegenüber gefährlichen Serientätern angezeigt (Frisch LdRerg 8/1390, S. 7), die sich bisher der Verurteilung oder Verbüßung entziehen konnten (BGH NJW 1976, 300). Aufgrund des Ausnahmecharakters

des Abs. 2, der, anders als Abs. 1, eine frühere Verurteilung bzw. Haftverbüßung nicht voraussetzt, kann das Tatgericht von der Anordnung der Sicherungsverwahrung absehen, wenn konkrete Anhaltspunkte erwarten lassen, dass dem Täter aufgrund der Wirkungen eines langjährigen Strafvollzugs und diesen begleitender resozialisierender sowie therapeutischer Maßnahmen zum Strafende eine günstige Prognose gestellt werden kann (BGH NStZ 2015, 510 (511); NStZ-RR 2017, 310). Eine erstmalige, langjährige Strafverbüßung und die mit dem Fortschreiten des Lebensalters erfahrungsgemäß ausgelösten Verhaltensänderungen sind daher wichtige Kriterien, die innerhalb der Ermessensentscheidung gegen eine Anordnung zu Buche schlagen, wenn sie über bloße Hoffnungen hinausgehen (BGH NStZ 1984, 309; NStZ 2004, 438; NStZ 2005, 212; NStZ-RR 2010, 77; Detter NStZ 2010, 135 (144)). Im Hinblick auf den Verhältnismäßigkeitsgrundsatz ist in Fällen einer gleichzeitigen Verurteilung zu lebenslanger Freiheitsstrafe auch zu berücksichtigen, ob mit Blick auf die Freiheitsstrafe noch ein die Anordnung der Unterbringung in der Sicherungsverwahrung tragender Sicherungsbedarf besteht (BGH NStZ-RR 2021, 367 (268)). Im Falle des Abs. 3 können auch örtlich gegebene oder fehlende Möglichkeiten therapeutischer Maßnahmen im Maßregelvollzug berücksichtigt werden. Ferner können Bedenken im Hinblick auf die nach den Umständen besondere Schwere des Eingriffs für den Betroffenen oder seine Familie Gewicht erlangen (→ Rn. 17). Es darf aber nicht anstelle der Unterbringung auf eine das Maß der Schuld übersteigende Freiheitsstrafe erkannt werden. – Es ist ein sachlich-rechtlicher Fehler, wenn die Sicherungsverwahrung ohne (nachprüfbare) Begründung nicht angeordnet wird, obwohl sich das Vorliegen ihrer Voraussetzungen aufdrängt (BGH NJW 1999, 2606; Frisch LdRerg 8/1390, S. 9). Ferner muss die Entscheidung erkennen lassen, dass und aus welchen Gründen (BGH StV 1994, 479) das Gericht von seinem Ermessen Gebrauch gemacht hat (BGH NStZ 1996, 331; NStZ-RR 1996, 196; NStZ-RR 2004, 12). Ein Absehen von der Anordnung der Sicherungsverwahrung zugunsten der § 64-Unterbringung erfordert ein hohes Maß an prognostischer Sicherheit, dass allein diese ausreichend ist (BGH NStZ 2009, 442; StV 2009, 129; Detter NStZ 2010, 135 (144); BGH NStZ-RR 2018, 62). Der Anordnung steht nicht entgegen, dass die Maßregel **schon in einem früheren Verfahren** angeordnet worden ist, und zwar selbst dann nicht, wenn diese noch nicht vollzogen ist (BGH NJW 1995, 3263 mAnm Dölling StV 1996, 542).

b) Das **Rechtsmittel** ist auf die Maßregel **beschränkbar,** wenn zwischen ihr und der verhängten Strafe kein untrennbarer Zusammenhang besteht (BGHSt 7, 101 = NJW 1955, 640; BGH NStZ 1994, 280). Die Ersetzung einer Unterbringung nach § 63 durch die Sicherungsverwahrung verstößt jedenfalls dann gegen das Verbot der Schlechterstellung, wenn der Verurteilte sie nicht erstrebt (BGHSt 5, 312 = NJW 1954, 968; BGHSt 25, 38 = NJW 1973, 107 mAnm Maurach JR 1973, 162). 20

9. Beachte ferner §§ 67c–67e, 67g, 72 (dazu BGH StV 2007, 633; Detter NStZ 2010, 135 (144)), §§ 120 IV, 121 IV StGB, §§ 80a, 246a (dazu BGH StV 1994, 231; Beeck/Wuttke SchlHA 1971, 74), 463 III StPO. Zum Vollzug § 66c. Zur Vollzugsgesetzgebung Laubenthal FS Ostendorf, 2015, 553. 21

10. Übergangsregelungen zum SichVG und zum Anwendungsbereich des § 66 III idF des SexBG (→ Vor Rn. 1) in Art. 1a I, II EGStGB. Sie erhalten kein all- 22 gemeines, sondern nur ein jeweils begrenztes Rückwirkungsverbot, das den § 2 VI lediglich einschränkt und insoweit dem Vertrauensschutz dient (BT-Drs. 13/757, 6; BT-Drs. 13/9062, 12; sa BGH NJW 1999, 3723 (3724); NStZ-RR 1999, 294; NStZ 2005, 265). Zur Problematik der verbleibenden Rückwirkung → § 1 Rn. 8; → § 67d Rn. 10a.

23 **11.** Nach der Übergangsregelung zum SichVG (Art. 1a I EGStGB) kommen auch **Vorverurteilungen in der DDR** und dort begangene Vortaten (sog. Alttaten, → § 2 Rn. 11–26) als Anordnungsanlass in Frage.

24 **a) Vorverurteilungen,** die nicht in das Bundeszentralregister übernommen wurden, scheiden dabei nach Maßgabe der §§ 51–53 BZRG regelmäßig aus (§ 64a III BZRG). Soweit nach §§ 63, 64 StGB/DDR wegen mehrerer Straftaten nur einheitlich auf Freiheitsstrafe erkannt wurde, sind die von der Rspr. für die einheitliche Jugendstrafe (§ 31 JGG) entwickelten Grundsätze (→ Rn. 6) sinngemäß anwendbar (BT-Drs. 13/116, 5). **Vortaten** dürfen nur berücksichtigt werden, wenn ihre Strafbarkeit nicht nach Art. 315 I, IV EGStGB entfallen ist.

25 **b)** Im Rahmen der erforderlichen **Gesamtwürdigung** (→ Rn. 17) können Besonderheiten des DDR-Strafrechts zu Buche schlagen. Sind zB auf Grund von Vorschriften über Strafverschärfung bei Rückfalltaten nach §§ 44, 162 I Nr. 4, § 184 Nr. 2 StGB/DDR oder bei Straftaten gegen das sozialistische Eigentum (§§ 157–164 StGB/DDR aF) härtere Strafen verhängt worden, so ist „über die bloße Strafhöhe hinaus auch die Eigenart der damaligen Gesetzesgrundlage und ihre Handhabung zu berücksichtigen“ (BT-Drs. 13/116, 5).

26 **12.** Um eine wirkliche oder nur vermeintliche Lücke im Rechtsschutz vor gefährlichen Tätern zu schließen, hatte das Land Baden-Württemberg das verfassungsrechtlich problematische „Gesetz über die Unterbringung besonders rückfallgefährdeter Straftäter v. 14.3.01 (GBl S 188)“ erlassen (nähere Begr. Goll/Wulf ZRP 2001, 284; krit. Kinzig NJW 2001, 1455; Ullenbruch NStZ 2001, 292); dem sind die Länder Bayern und Sachsen-Anhalt (dann auch Thüringen und Niedersachsen) mit Regelungen in ihren Unterbringungsgesetzen gefolgt; diese Regelungen wurden vom BVerfGE 109, 133 = NJW 2004, 739; BVerfGE 109, 190 = NJW 2004, 750) mit Bespr. Sachs JuS 2004, 531; Waterkamp StV 2004, 267) wegen fehlender Länderkompetenz zur Regelung der Straftäterunterbringung mit Gesetzeskraft (BGBl. 2004 I 469) für mit dem Grundgesetz unvereinbar erklärt; eine Nichtigkeitsfeststellung, die zur Freilassung der einsitzenden Straftäter geführt hätte, erfolgte aber mehrheitlich nicht, so dass die verfassungswidrigen Regelungen bis zum 30.9.2004 fortgalten (krit. Kinzig NJW 2004, 911 (913); OLG Celle NJW 2004, 2105); der Bund machte von seiner ihm vom BVerfG zugewiesenen **Kompetenz** nach Art. 74 I Nr. 1 („Strafrecht“) Gebrauch und schuf § 66b.

§ 66a Vorbehalt der Unterbringung in der Sicherungsverwahrung

(1) **Das Gericht kann im Urteil die Anordnung der Sicherungsverwahrung vorbehalten, wenn**

1. **jemand wegen einer der in § 66 Absatz 3 Satz 1 genannten Straftaten verurteilt wird,**
2. **die übrigen Voraussetzungen des § 66 Absatz 3 erfüllt sind, soweit dieser nicht auf § 66 Absatz 1 Satz 1 Nummer 4 verweist, und**

3. nicht mit hinreichender Sicherheit feststellbar, aber wahrscheinlich ist, dass die Voraussetzungen des § 66 Absatz 1 Satz 1 Nummer 4 vorliegen.

(2) **Einen Vorbehalt im Sinne von Absatz 1 kann das Gericht auch aussprechen, wenn**

1. jemand zu einer Freiheitsstrafe von mindestens fünf Jahren wegen eines oder mehrerer Verbrechen gegen das Leben, die körperliche Unversehrtheit, die persönliche Freiheit, die sexuelle Selbstbestimmung, nach dem Achtundzwanzigsten Abschnitt oder nach den §§ 250, 251, auch in Verbindung mit § 252 oder § 255, verurteilt wird,

2. die Voraussetzungen des § 66 nicht erfüllt sind und

3. mit hinreichender Sicherheit feststellbar oder zumindest wahrscheinlich ist, dass die Voraussetzungen des § 66 Absatz 1 Satz 1 Nummer 4 vorliegen.

(3) [1]**Über die nach Absatz 1 oder 2 vorbehaltene Anordnung der Sicherungsverwahrung kann das Gericht im ersten Rechtszug nur bis zur vollständigen Vollstreckung der Freiheitsstrafe entscheiden; dies gilt auch, wenn die Vollstreckung des Strafrestes zur Bewährung ausgesetzt war und der Strafrest vollstreckt wird.** [2]**Das Gericht ordnet die Sicherungsverwahrung an, wenn die Gesamtwürdigung des Verurteilten, seiner Tat oder seiner Taten und ergänzend seiner Entwicklung bis zum Zeitpunkt der Entscheidung ergibt, dass von ihm erhebliche Straftaten zu erwarten sind, durch welche die Opfer seelisch oder körperlich schwer geschädigt werden.**

Fassung des Art. 1 Vorbehaltsverwahrungs-EinführungsG (→ Vor § 1 Rn. 14). Grundlegende Neufassung der Vorschrift durch das SichVNOG.

1. Nicht lange nach der umstrittenen Erweiterung der beiden Varianten des § 66 I und II um zwei weitere Varianten in § 66 III 1, 2 (→ § 66 Rn. 1 und 10a) kam die **vorbehaltene Sicherungsverwahrung** als fünfte Variante hinzu (Kinzig NJW 2004, 3204 (3205)). Sie ist zur Verbesserung des Schutzes der Allgemeinheit vor gefährlichen (Sexual-)Tätern bestimmt (BR-Drs. 14/9041, 1; Rissing-van Saan/Peglau in LK-StGB Rn. 2) und ergänzt nur die Regelung des § 66 III, erfasst damit aber alle Fälle einschlägiger schwerer Kriminalität (Peglau JR 2002, 449 (452)). Verglichen mit der nachträglichen Sicherungsverwahrung nach § 66b ist sie die verfassungsrechtlich unbedenklichere Regelung (Kühl in Hess Wandel der Rechtsordnung S. 141, 158). Zur Schaffung des „notwendigen Spielraums" bei der im Zuge der EGMR-Entscheidungen zur Sicherungsverwahrung notwendig gewordenen Beschränkung der nachträglichen Sicherungsverwahrung nach § 66b (vgl. BT-Drs. 17/3403, 14) wurde mit dem SichVNOG der Anwendungsbereich der vorbehaltenen Sicherungsverwahrung deutlich erweitert. Für vor dem 1.1.2011 begangene Taten gilt das Meistbegünstigungsprinzip (vgl. § 316e EGStGB; insoweit wird auf Lackner/Kühl, StGB, 27. Aufl. 2011 verwiesen). Zum Übergangsrecht, das bis zum 31.5.2013 galt, → Vor § 63 Rn. 5. 1

Die gegen § 66a erhobenen zahlreichen **verfassungs- und konventionsrechtlichen Bedenken** (vgl. Kinzig NJW 2004, 3204; Peglau JR 2002, 449; Rzepka RuP 2003, 191 (208); Merkel RuP 2011, 205 (211f.); zweifelnd Eschelbach NJW 2010, 2499 (2500); Pollähne KJ 2010, 255 (264f.); verfassungs- und konventionsrechtlich unbedenklich nach Finger, Vorbehaltene und nachträgliche Sicherungsverwahrung, 2008, S. 225) haben, was die Verfassungsmäßigkeit angeht, im Hinblick auf das Bild vom „Damoklesschwert" eine gewisse Berechtigung, sind aber nicht durchschlagend (die Frage der Verfassungs- und Konventionskonformität der vorbehaltenen Sicherungsverwahrung nach § 66a StGB aF bejahend BVerfGE 131, 268 = NJW 2012, 3357; krit. hinsichtlich der Konventionsmäßigkeit der Abkopplung der Unterbringungsanordnung vom Schuldspruch Kinzig NJW 2011, 177 (179); zur Problematik sa Morgenstern in MüKoStGB Rn. 31–43).

2 **2.** § 66a StGB nF umfasst zwei Fälle, deren formelle Voraussetzungen sich voneinander unterscheiden und in denen das Gericht sich im Rahmen pflichtgemäßer Ermessensausübung die Anordnung der Sicherungsverwahrung für eine spätere Entscheidung vorbehalten kann. Bei **Abs. 1** müssen zum Zeitpunkt der Verurteilung alle Voraussetzungen des § 66 III feststellbar sein mit Ausnahme der Voraussetzungen des § 66 I 1 Nr. 4. Mit **Abs. 2** ermöglicht der Gesetzgeber den Vorbehalt für Ersttäter, die zu einer Freiheitsstrafe von mindestens fünf Jahren wegen eines der in Abs. 2 Nr. 1 genannten Verbrechen verurteilt werden. In materieller Hinsicht erfordern beide Fälle eine hangbedingte Gefährlichkeit iSv § 66 I 1 Nr. 4, die im Fall von Abs. 1 nicht mit hinreichender Sicherheit feststellbar, aber wahrscheinlich ist, wohingegen Abs. 2 insoweit Feststellbarkeit mit hinreichender Sicherheit oder zumindest Wahrscheinlichkeit fordert (zur Gefahr missbräuchlicher Vorbehaltsentscheidungen Fischer Rn. 8b). Hat das Gericht zu einem späteren Zeitpunkt keine Zweifel mehr an Hang und Gefährlichkeit des Täters, muss es dessen Unterbringung in der Sicherungsverwahrung anordnen (Abs. 3 S. 2).

3 **a)** Ein Vorbehalt nach **Abs. 1** erfordert zunächst die **gleichzeitige Verurteilung** des Täters **wegen einer Katalogtat** nach § 66 III 1 (→ § 66 Rn. 10b), so dass die Entscheidung über den Vorbehalt eine tatrichterliche sein muss. Hierfür spricht die Verwendung des Präsens in Abs. 1 Nr. 1 (iE ebenso Morgenstern in MüKoStGB Rn. 56). Außerdem müssen die übrigen Voraussetzungen des § 66 III – mit Ausnahme der Voraussetzungen des dort in Bezug genommenen § 66 I 1 Nr. 4 – erfüllt sein. Primäre und vorbehaltene Sicherungsverwahrung stehen in einem „strikten Ausschließlichkeitsverhältnis" zueinander, weswegen das Gericht den Vorbehalt nach § 66a nicht prüfen darf, ohne die **vorrangige Prüfung einer primären Sicherungsverwahrung** nach § 66 vorgenommen zu haben (BT-Drs. 17/3403, 26 unter Hinweis auf BGHSt 50, 188 (193) = NJW 2005, 3155). Bei anderer Sichtweise ermächtigte § 66a in beträchtlichem Maße und ohne Not dazu, strafvollzugliche Unbotmäßigkeiten zu ahnden (Dessecker in NK-StGB Rn. 17). Die in Abs. 1 Nr. 3 geforderte Wahrscheinlichkeit, dass die Voraussetzungen des § 66 I 1 Nr. 4 vorliegen, liegt mit Blick auf das strikte Ausschließlichkeitsverhältnis zwischen § 66 und § 66a und aus der verfassungsrechtlich gebotenen Begrenzung des Anwendungsbereichs der vorbehaltenen Sicherungsverwahrung (vgl. BVerfGE 131, 268 (307) = NJW 2012, 3357 zu § 66a StGB aF) nur wenig unterhalb des für eine Anordnung nach § 66 Erforderlichen (Morgenstern in MüKoStGB Rn. 58–60; Dessecker in NK-StGB Rn. 18).

4 **b)** Hinsichtlich der formellen Voraussetzungen orientiert sich **Abs. 2** weitgehend an § 66b II aF, den der Gesetzgeber ersetzen wollte (BR-Drs. 17/3403, 26). Den in § 66b II StGB aF normierten Verbrechenskatalog erweiterte der Gesetzgeber allerdings um die Verbrechenstatbestände des 28. Abschnitts. Daneben genügt für eine Anordnung nach Abs. 2 eine Verurteilung zu einer Freiheitsstrafe von mindestens fünf Jahren wegen eines oder mehrerer Verbrechen. Auch bei gleichzeitiger Verhängung einer lebenslangen Freiheitsstrafe kann Sicherungsverwahrung

vorbehalten werden (BGHSt 63, 243 mit Bespr. Hinz JR 2019, 521; Kett-Straub NStZ 2019, 269; zum Nebeneinander von Sicherungsverwahrung und lebenslanger Freiheitsstrafe sa → § 66 Rn. 4). Da nach der Gesetzesbegründung auch eine sich aus Katalogtaten zusammensetzende Gesamtstrafe genügen soll (BT-Drs. 17/3403, 27; zu den rechtspolitischen Bedenken Kinzig StraFo 2011, 429 (432)), ist Abs. 2 nicht auf Ersttäter beschränkt. Mit der in Nr. 2 normierten Voraussetzung, dass die Voraussetzungen des § 66 nicht erfüllt sein dürfen, stellt der Gesetzgeber das „strikte Ausschließlichkeitsverhältnis" (3) für Abs. 2 klar. Somit ist mit Abs. 2 Nr. 2, da für die primäre Sicherungsverwahrung keine Ersttäterregelung besteht, sichergestellt, dass bei Ersttätern nur eine vorbehaltene Sicherungsverwahrung nach Abs. 2 in Frage kommt. In materieller Hinsicht muss das Vorliegen der Voraussetzungen des § 66 I 1 Nr. 4 „mit hinreichender Sicherheit feststellbar oder zumindest wahrscheinlich" sein. Auch hier muss die tatbestandliche Unschärfe aus den zu Abs. 1 genannten Gründen Anlass zu einem strengen Maßstab geben (3) und darf nicht zu vorschneller Bejahung der materiellen Voraussetzungen verleiten, zumal Abs. 2 Nr. 3 primär hinreichende Sicherheit verlangt; schlichte Mutmaßungen oder hypothetische Möglichkeiten genügen nicht (ebenso Fischer Rn. 8–8b; Morgenstern in MüKoStGB Rn. 81 f; Dessecker in NK-StGB Rn. 23).

c) Übereinstimmend mit der alten Fassung stellt Abs. 3 S. 2 StGB nF nicht auf den Hang des Täters (insoweit krit. Morgenstern in MüKoStGB Rn. 25; Streng Sanktionen Rn. 464), sondern ausschließlich darauf ab, dass eine Gesamtwürdigung des Täters, seiner Tat oder seiner Taten und seiner Entwicklung bis zur Anordnungsentscheidung die Begehung erheblicher, das Opfer seelisch oder körperlich schwer schädigender Straftaten erwarten lässt (BGHSt 65, 319). Der Gesetzgeber ging bei der Reform der Vorschrift davon aus, dass das Vollzugsverhalten des Betroffenen regelmäßig ungeeignet sei, seine Hangtätereigenschaft neu zu begründen, und ebensowenig die Annahme rechtfertigen könne, der Hang sei nun entfallen; sollten ausnahmsweise gegenteilige Erkenntnisse vorliegen, schlügen diese auf die **Gefährlichkeitsprognose** durch und seien insofern unabhängig vom Fehlen des Hangkriteriums berücksichtigungsfähig (BT-Drs. 17/3403, 31). Die Vorschrift setzt nicht für jede Anordnung voraus, dass die relevanten Umstände erst nach der Verurteilung eingetreten oder erkennbar geworden sind (BT-Drs. 17/3403, 31 unter Hinweis auf Rissing-van Saan/Peglau in LK-StGB Rn. 57 aE). Es ist vielmehr zu unterscheiden: Hat das Gericht die Gefährlichkeit bereits bei Ausspruch des Vorbehalts mit hinreichender Sicherheit festgestellt – dies ist nur bei Ersttätern möglich, da bei Mehrfachtätern die primäre Sicherungsverwahrung vorrangig wäre –, genügt für die Anordnung nach Abs. 3 S. 2, wenn die Gesamtwürdigung – unter Berücksichtigung der vollzuglichen Entwicklung des Betroffenen – die ursprüngliche Annahme nicht abschwächt. Erachtete das Tatgericht die Gefährlichkeit hingegen allein für wahrscheinlich, erfordert die Anordnung der Sicherungsverwahrung, dass das Gericht zu seiner Überzeugung die Gefährlichkeit aufgrund der erneuten Gesamtwürdigung – wiederum unter Einbeziehung der Vollzugsentwicklung – für hinreichend sicher erachtet. Erst in der zweiten Konstellation bedarf es also der Feststellung von Nova – bspw. der Feststellung aggressiver Handlungen, subkultureller Aktivitäten, Drohungen, gar Straftaten im Vollzug oder eines neuen Prognosegutachtens, das im Rahmen eines neuen Prognoseverfahrens die Gefährlichkeit des zu Beurteilenden abweichend vom früheren Prognosegutachten klar bejaht, obwohl sich die Anknüpfungstatsachen nicht geändert haben (BT-Drs. 17/3403, 31 f.). Den vom Gesetzgeber genannten Beispielen lässt sich entnehmen, 5 dass nicht jedes vollzugliche Fehlverhalten – insbes. nicht bloße „Aufsässigkeit" – berechtigten Anlass zur Anordnung der Sicherungsverwahrung nach Abs. 3 S. 2 geben kann (vgl. BGH StV 2006, 63 (64); NStZ 2007, 267; Fischer Rn. 14), zumal es eines Bezugs zu schwerwiegenden Delikten gegen Personen bedarf (Morgenstern in MüKoStGB Rn. 102f). Gleiches gilt für den Fall, dass der Betroffene während der Strafhaft – bei sonst zu beobachtender Unauffälligkeit – bis zuletzt seine Schuld leugnet (Fischer Rn. 13).

6 **3.** Abs. 3 regelt die **Anordnung** der Sicherungsverwahrung, über die nach § 275a I StPO das Gericht des ersten Rechtszugs entscheidet (Meyer-Goßner/Schmitt StPO § 275a Rn. 8), und zwar dieselbe Strafkammer (vgl. § 74f I GVG).

a) Damit das Gericht über die Ausübung des Vorbehalts auf möglichst breiter Grundlage entscheiden kann, wurde mit dem SichVNOG der ehemals auf sechs Monate begrenzte Zeitraum zwischen Anlassverurteilung und letzter Möglichkeit zur Anordnung der Sicherungsverwahrung dahin verlängert, dass die Anordnung erst nach vollständiger Vollstreckung der wegen der Anlasstat vollstreckten Freiheitsstrafe oder der rechtskräftigen Aussetzung der Vollstreckung des Strafrests zur Bewährung ausgeschlossen ist (vgl. BT-Drs. 17/3403, 29f.). Abs. 3 S. 1 wird in verfahrensrechtlicher Hinsicht durch § 275a StPO ergänzt. Nach § 275a V StPO soll das Gericht über die vorbehaltene Anordnung der Sicherungsverwahrung spätestens sechs Monate vor der vollständigen Vollstreckung der Freiheitsstrafe entscheiden. Gemäß § 275a VI 3 StPO kann das Gericht bis zur Rechtskraft des Urteils einen Unterbringungsbefehl erlassen, wenn die Anordnung nach § 66a III innerhalb der dort vorgesehenen Frist ergeht.

7 **b)** Die Anordnungsentscheidung nach Abs. 3 ergeht im **Verfahren** nach § 275a II–IV StPO durch Urteil, das mit der Revision angegriffen werden kann. Es ist entweder auf Anordnung der nachträglichen Sicherungsverwahrung oder auf Absehen von dieser Anordnung zu tenorieren. Hinsichtlich des nach § 275a IV 1 StPO obligatorischen (aM wohl Fischer Rn. 15) Sachverständigenbeweises zur nach § 66a III 2 erforderlichen Gefährlichkeitsprognose und deren Unwägbarkeiten → § 66 Rn. 17. § 275a IV 1 StPO schließt während des Strafvollzugs oder des Vollzugs der Unterbringung mit der Behandlung des Verurteilten Befasste als Sachverständige aus. Im Übrigen sollte auch eine zeugenschaftliche Anhörung von Psychotherapeuten, die den Gefangenen während seiner Haft therapiert haben, vermieden werden, weil gerade bei vielfach persönlichkeitsgestörten Gefangenen das Wissen um die eventuelle Relevanz von Kenntnissen des Therapeuten für die Entscheidung nach Abs. 3 regelmäßig zur Pseudo-Therapie führt (Dessecker in NK-StGB Rn. 34). Beachte in verfahrensrechtlicher Hinsicht § 462a II 3 StPO.

§ 66b Nachträgliche Anordnung der Unterbringung in der Sicherungsverwahrung

[1]Ist die Unterbringung in einem psychiatrischen Krankenhaus nach § 67d Abs. 6 für erledigt erklärt worden, weil der die Schuldfähigkeit ausschließende oder vermindernde Zustand, auf dem die Unterbringung beruhte, im Zeitpunkt der Erledigungsentscheidung nicht bestanden hat, so kann das Gericht die Unterbringung in der Sicherungsverwahrung nachträglich anordnen, wenn

1. die Unterbringung des Betroffenen nach § 63 wegen mehrerer der in § 66 Abs. 3 Satz 1 genannten Taten angeordnet wurde oder wenn der Betroffene wegen einer oder mehrerer solcher Taten, die er vor der zur Unterbringung nach § 63 führenden Tat begangen hat, schon einmal zu einer Freiheitsstrafe von mindestens drei Jahren verurteilt oder in einem psychiatrischen Krankenhaus untergebracht worden war und

2. die Gesamtwürdigung des Betroffenen, seiner Taten und ergänzend seiner Entwicklung bis zum Zeitpunkt der Entscheidung ergibt, dass er mit hoher Wahrscheinlichkeit erhebliche Straftaten begehen wird, durch welche die Opfer seelisch oder körperlich schwer geschädigt werden.

[2]Dies gilt auch, wenn im Anschluss an die Unterbringung nach § 63 noch eine daneben angeordnete Freiheitsstrafe ganz oder teilweise zu vollstrecken ist.

Fassung des Gesetzes zur Einführung der nachträglichen Sicherungsverwahrung (→ Vor § 1 Rn. 15). Abs. 1 S. 1 ergänzt und S. 2 angefügt durch das FührungsaufsichtG (→ Vor § 1 Rn. 16). Durch das SichVNOG wurden Abs. 1 und 2 gestrichen und Abs. 3 leicht geändert. **1**

1. Zweck der Vorschrift ist der **Schutz der Allgemeinheit** vor Straftätern, deren besondere Gefährlichkeit sich erst nach der Verurteilung ergibt (BT-Drs. 15/2887, 1 und BT-Drs. 15/3346, 10). Die Regelung ist veranlasst durch die Entscheidung des BVerfG, wonach es sich bei dieser Materie nicht um einen polizeilich-präventiven, sondern strafrechtlichen Regelungsbereich handelt und daher die entsprechende Gesetzgebungskompetenz nicht bei den Ländern, sondern beim Bund liegt (BVerfG 109, 190 = NJW 2004, 750 mit Bespr. Gärditz NVwZ 2004, 693; Kinzig NJW 2004, 911; Sachs JuS 2004, 531; Waterkamp StV 2004, 267; krit. Paeffgen FS Amelung, 2009, 81 (98); vgl. auch Art. 1a EGStGB (Anh. I), der die Möglichkeit vorsieht, die bisher nach verfassungswidrigem Landesrecht untergebrachten Täter nunmehr in nachträgliche Sicherungsverwahrung nach § 66b zu nehmen). Mit dieser (bundeseinheitlichen) Vorschrift trägt das System der Maßregeln und Besserung den Ausnahmefällen Rechnung, in denen die Unterbringung durch das erkennende Gericht nicht angeordnet (§ 66) und deren spätere Anordnung auch nicht vorbehalten wurde (§ 66a), aber nachträglich das praktische Bedürfnis entsteht, den hochgefährlichen Straftäter über das Ende der Strafhaft hinaus in Verwahrung zu nehmen. Trotz des „überragenden Gemeinwohlinteresses" am Schutz vor hochgefährlichen Tätern muss das „Freiheitsgrundrecht Betroffener" angemessen berücksichtigt werden (BT-Drs. 15/2287, 10 unter Übernahme der Begrifflichkeit des BVerfG); das versucht § 66b durch enge formelle und materielle sowie durch strenge verfahrensrechtliche Voraussetzungen zu erreichen. Der EGMR hatte eine Verletzung des Rückwirkungsverbots nach Art. 7 I MRK, aber auch des Rechts auf Freiheit nach Art. 5 I MRK angenommen (→ Vor § 63 Rn. 4). In Reaktion darauf strich der Gesetzgeber mit dem **SichVNOG** Abs. 1 und 2 ersatzlos und beschränkte die Vorschrift auf den – nunmehr leicht modifizierten – Abs. 3, den das BVerfG kurz zuvor für mit dem Grundgesetz vereinbar erachtet hatte (BVerfGK 16, 98 = NJW 2010, 1514). Mit zwei Entscheidungen aus dem Jahr 2011 erklärte das BVerfG § 66b für verfassungswidrig, da Abs. 1 und 2 auch auf Altfälle Anwendung fänden, in denen zur Tatzeit die Regelung des § 66b nicht bestanden habe und in denen insofern das Vertrauen des Betroffenen, nach Verbüßung der Freiheitsstrafe der Freiheit wieder teilhaftig zu werden, enttäuscht worden sei; zum anderen stützte sich das Gericht aber auch auf die mangelhafte Wahrung des die Sicherungsverwahrung beherrschenden „Abstandsgebots" (BVerfGE 128, 326 = NJW 2011, 1931; BVerfGE 129, 37 = NJW 2011, 2711). Einem Senatsbeschluss zufolge ist auch Abs. 3 StGB aF, soweit er „Altfälle" – also Fälle, in denen zum Zeitpunkt der Anlasstat § 66b noch nicht in Kraft war – betrifft, mit dem Grundgesetz unvereinbar, weil – entgegen der dem erwähnten Kammerbeschluss zugrundeliegenden Rechtsauffassung (vgl. BVerfGK 16, 98 (111) = NJW 2010, 1514) – in der Anordnung der nachträglichen Sicherungsverwahrung nach § 66b III nicht lediglich eine „Überweisung" von einer zeitlich unbegrenzten freiheitsentziehenden Maßnahme in eine andere liegt (BVerfG StV 2013, 626 (628)).

Mit dem Grundgesetz unvereinbar ist aber auch § 66b idF des SichVNOG. Zwar steht eine diese Frage verbindlich klärende Entscheidung des BVerfG noch aus. In einem obiter dictum äußerte sich das BVerfG jedoch dahin, dass Vertrauensschutzbelange auch in Neufällen einer Unterbringung in nachträglicher Sicherungsverwahrung entgegenstehen könnten, weil es bei Anordnungen nach § 66b an einem von Art. 5 I 2a MRK geforderten hinreichenden Kausalzusammenhang zwischen Verurteilung und Sanktion fehle und solche Anordnungen auch dann vorgesehen seien, wenn eine Anordnung primärer Sicherungsverwahrung nach § 66 nicht möglich wäre (BVerfG StV 2013, 626 (629)). Angesichts dieses deutlichen Warnsignals kann man über die Untätigkeit des Gesetzgebers nur den Kopf schütteln. Die einzig mögliche Lösung des Problems wäre eine Rechtfertigung über Art. 5 I 2e MRK. Freilich müsste das Gesetz hierzu die Anordnung der nachträglichen Sicherungsverwahrung vom Vorliegen einer psychischen Störung (zum Begriff → Vor § 63 Rn. 5) abhängig machen. Eine solche Störung dürfte zwar schon jetzt in zahlreichen Fällen des § 66b vorliegen, eine Anordnung der nachträglichen Sicherungsverwahrung kann hierauf aber nicht beruhen, weil die Störung keine gesetzlich geregelte Anordnungsvoraussetzung ist (→ Vor § 63 Rn. 5).

§ 66b ist (eher) **restriktiv** zu handhaben; die Anordnung nachträglicher Sicherungsverwahrung soll nach dem Willen des Gesetzgebers auf seltene Einzelfälle beschränkt sein (BT-Drs. 15/228, 10, 12; ebenso BGHSt 50, 121 (125) = NJW 2005, 2022; BGHSt 50, 275 (278) = NJW 2006, 384; sowie BGHSt 50, 373 (378) = NJW 2006, 1377; BGH NStZ-RR 2007, 301; StraFo 2008, 435), auch wenn sich dies im Gesetzeswortlaut nicht widerspiegelt (Rissing-van Saan FS Nehm, 2006, 191 (193)). § 66b soll §§ 66, 66a ergänzen; das aburteilende Gericht darf etwa auf die Prüfung der Möglichkeit einer primären (§ 66) oder vorbehaltenen (§ 66a) Sicherungsverwahrung nicht deshalb verzichten, weil später eine nachträgliche Sicherungsverwahrung angeordnet werden kann (BGHSt 50, 373 (379) = NJW 2006, 1377; Kreuzer ZIS 2006, 145 (149)). Zur Bedeutung des Verböserungsverbots für eine Anordnung nach § 66b im Rechtsmittelverfahren Peglau NJW 2004, 3599. Zusammenfassung der Rspr. bei Ullenbruch NJW 2006, 1377. Rechtsvergleichend mit Spanien Cerezo Mir FS Tiedemann, 2008, 405.

Zu der für „Altfälle" aus der Zeit vor 2011 weiterhin anwendbaren StGB aF (§ 316e EGStGB) wird auf → 28. Aufl. 2014 verwiesen.

2 **2.** Die Entscheidung über die Anordnung ist in einer **Hauptverhandlung** anhand der Gutachten von zwei Sachverständigen zu treffen (§ 275a StPO, §§ 74f, 120a GVG; zur Notwendigkeit einer Hauptverhandlung BGH NJW 2005, 3070; NStZ 2006, 179; Müller-Metz NJW 2003, 3173 (3174)); zu den Mindestanforderungen an den Antrag, insbes. zur Verpflichtung, den Antrag mit neuen Tatsachen zu begründen BGHSt 50, 284 (289) = NJW 2006, 531; BGH NJW 2006, 852; NJW 2006, 1442 (1443); zur Rücknahme BGH NJW 2006, 852 mAnm

Zschieschack/Rau JR 2006, 8); zum Verfahren nach § 275a StPO in der Rechtsanwendung zusf. Folkers NStZ 2006, 426; die Gutachter können aus unterschiedlichen Fachrichtungen kommen, etwa Psychiatrie oder Psychologie (BGHSt 50, 121 (129) = NJW 2005, 2022 mit Bespr. Kinzig JZ 2005, 1068, der aber zutr. auf die Gefahr der Einbeziehung forensisch nicht geschulter Sachverständiger hinweist; zur Auswahl der Gutachter → § 66 Rn. 17); der Gesetzgeber hat sich damit – wie schon bei § 66a (→ § 66a Rn. 3) – gegen das Strafvollstreckungsmodell entschieden (BT-Drs. 15/3346, 3). Für die nachträgliche Anordnung gelten, etwa hinsichtlich Dauer und Überprüfung, die **allgemeinen Vorschriften** der §§ 67–67g; insbes. ist eine Überweisung nach § 67a I möglich (BVerfG NJW 2004, 750 (759)). Die Sicherungsverwahrung kann auch für **Heranwachsende** nachträglich angeordnet werden (§ 106 JGG). In § 275a V StPO ist auch ein sog. **Unterbringungsbefehl** vorgesehen (vgl. etwa BGHSt 50, 284 (289) = NJW 2006, 531; BGH NJW 2006, 1442; OLG Celle NdsRPfl 2005, 286; zur Problematik der mehrfachen Verfahrenseinleitung Peglau JR 2006, 14); er soll die Entlassung potenziell hochgefährlicher Täter verhindern, für die eine rechtskräftige Entscheidung über die nachträgliche Sicherungsverwahrung noch nicht vorliegt (BT-Drs. 15/2887, 16; Braum ZRP 2004, 105).

3. In Bezug auf Abgeurteilte, deren Unterbringung in einem psychiatrischen Krankenhaus von der Strafvollstreckungskammer nach § 67d VI für erledigt erklärt wurde, weil der für die Unterbringung maßgebliche Zustand nicht oder nicht mehr besteht (→ § 67d Rn. 10b), ermöglicht der Gesetzgeber mit § 66b die nachträgliche Anordnung der Sicherungsverwahrung, wenn sie als hochgefährlich anzusehen sind (BGH NStZ 2009, 323). 3

a) Hierzu muss zunächst einer der in **Nr. 1** genannten **Anlassgründe** vorliegen. Der Betroffene muss entweder wegen mehrerer der in § 66 III 1 genannten Taten untergebracht gewesen sein, ohne dass parallel eine Freiheitsstrafe verhängt werden konnte, oder wegen einer oder mehrerer solcher Taten, die er vor der Anlasstat für seine Unterbringung nach § 63 StGB begangen hat, zu mindestens drei Jahren Freiheitsstrafe verurteilt (→ § 66 Rn. 10e) oder in einem psychiatrischen Krankenhaus untergebracht worden sein. Die Regelungen zur **Rückfallverjährung** in § 66 IV 3, 4 finden auch im Rahmen von § 66 Anwendung (BGH NStZ 2006, 277). Das Gesetz sieht außerdem für den Fall, dass (in der Reihenfolge des § 67 I) nach der Erledigung der Maßregel eine verhängte Freiheitsstrafe ganz oder teilweise zu vollstrecken ist, die Möglichkeit einer nachträglichen Anordnung der Unterbringung in der Sicherungsverwahrung vor (S. 2). Damit kann – iU zur vormaligen Rechtslage (BGHSt 52, 379 = NJW 2009, 1010 mit Bespr. Peglau NJW 2009, 957; Ullenbruch NStZ 2009, 143; Mansdörfer JZ 2009, 1021) – eine Person, deren Schuldunfähigkeit zur Tatzeit festgestellt wurde und die deshalb nach § 63 untergebracht wurde, anschließend in Sicherungsverwahrung untergebracht werden (krit. Streng Sanktionen Rn. 469; Drenkhahn in MüKoStGB Rn. 30). Praktische Relevanz erlangt die Vorschrift in Fällen, in denen die psychische Störung, auf der die Unterbringung nach § 63 beruhte, weggefallen, aber gleichwohl von einer qualifizierten Gefährlichkeit des Betroffenen auszugehen ist, sowie in Fällen der Fehleinweisung, dh in Fällen, in denen das Vorliegen einer psychischen Störung zum Zeitpunkt der Anordnung der Unterbringung nach § 63 irrtümlich angenommen wurde (BGH NStZ 2009, 323f.; Streng Sanktionen Rn. 468 mwN). Das nach § 275a StPO iVm §§ 74f, 120a GVG zuständige Gericht prüft eigenständig das

Vorliegen eines die Unterbringung nach § 66b ausschließenden Zustands iSv § 20 (Fischer Rn. 4).

4 **b)** Nach Nr. 2 bedarf es einer umfassenden Gesamtwürdigung des Betroffenen und seiner Taten.

aa) Die **Gesamtwürdigung** bedarf einer breiten Tatsachenbasis. In sie ist zunächst die Persönlichkeit des Täters einzustellen, dh biographische Entwicklung, Alter, Krankheiten, Arbeit, persönliche Bindungen, alternative Kontrollmöglichkeiten (vgl. BT-Drs. 15/2887, 13; Finger, Vorbehaltene und nachträgliche Sicherungsverwahrung, 2008, S. 67). Sodann sind seine Taten zu würdigen, auch Auslandstaten aus EU-Mitgliedstaaten (BT-Drs. 16/13673, 8 „rahmenbeschlusskonforme Auslegung"). Da außerdem die „Entwicklung (des Betroffenen) bis zum Zeitpunkt der Entscheidung" zu würdigen ist und § 66b S. 2 eine Anordnung der nachträglichen Sicherungsverwahrung auch dann zulässt, wenn im Anschluss an die für erledigt erklärte Unterbringung nach § 63 noch (Rest-)Freiheitsstrafe zur Vollstreckung ansteht, ist die **Entwicklung des Betroffenen während der Zeit im psychiatrischen Krankenhaus** ebenso relevant wie eine **Entwicklung im Strafvollzug oder in einer Entziehungsanstalt** (vgl. BT-Drs. 17/4303, 34 f.); der Zusammenhang mit der Gefährlichkeit muss dabei empirisch beweisbar sein, was bei vollzugstypischen Verhaltensweisen nicht ohne weiteres der Fall ist (BVerfGK 9, 108 = NJW 2006, 3483; BGH NStZ-RR 2008, 40). Therapieabbruch oder -verweigerung geben jedoch einen Grund für die Einleitung der Prüfung der Anordnungsvoraussetzungen (BGHSt 50, 121 (127) = NJW 2005, 2022 mzustAnm Ullenbruch NStZ 2005, 563; zum Therapieabbruch im Falle einer bereits in der Hauptverhandlung bekannten Abhängigkeit, ohne dass der Täter eine Therapiewilligkeit bekundet hat BGHSt 50, 284 (298) = NJW 2006, 531; BGH NStZ 2007, 328; zu den Grenzen s. BGH NJW 2008, 3010; OLG Jena StV 2006, 186 mablAnm Hörnle). Anlass zur Anordnung können auch der Wegfall der Therapiemotivation (BVerfGK 9, 108 (116) = NJW 2006, 3483 mwN; nicht jedoch dann, wenn die Gefährlichkeit ausschließlich auf einer bereits bei der Verurteilung bekannten unbewältigten Suchtproblematik beruht, BVerfGK 9, 108 (116) = NJW 2006, 3483 mkritAnm Rau/Zschieschack JR 2006, 479, die befürchten, dass damit die Vorschrift ins Leere läuft), eine veränderte Haltung des Täters zur Tat (BVerfGK 9, 108 (116) = NJW 2006, 3483) die Entdeckung einer das Aggressionsrisiko erhöhenden Hirnsubstanzverletzung (BGHSt 50, 275 (280) = NJW 2006, 384), Angriffe auf Vollzugsbedienstete (BGH NJW 2006, 1446 (1447)) oder Straftaten während des Vollzugs (BGHSt 50, 373 (383) = NJW 2006, 1377), Drohungen mit weiteren Straftaten nach der Entlassung (BGH NStZ-RR 2007, 370) oder auch im straflosen Vorbereitungsstadium steckengebliebene Taten (BGHSt 51, 185 (186) = NJW 2007, 1148) sein. Für im Vollzug aufgetretene psychische Erkrankungen gilt dies nur, wenn sie sich in einer für die Gefährlichkeitsprognose relevanten Weise ausgedrückt haben (BGHSt 51, 191 = NJW 2007, 1074). Zeitlich vor der Verurteilung liegende, jedoch erst später bekannt gewordene Umstände (zB frühere Straftaten) sind nur dann einzubeziehen, wenn sie für den ersten Tatrichter nicht erkennbar waren (BGHSt 50, 373 = NJW 2006, 1377). Die nachträgliche Anordnung soll auch dann möglich sein, wenn zuvor eine Anordnung abgelehnt wurde, und zwar sogar in den Fällen, in denen das Gericht die Anordnung einer ursprünglich vorbehaltenen Anordnung abgelehnt hat (BT-Drs. 12/2887, 12).

5 bb) Auf dieser Grundlage ist zu beurteilen, ob **mit hoher Wahrscheinlichkeit erhebliche Straftaten drohen,** durch die die Opfer seelisch oder körperlich

schwer geschädigt werden. Aus dem Wortlaut folgt, dass für die Prognoseentscheidung ein einfacher Wahrscheinlichkeitsgrad nicht genügt, sondern ein gesteigerter erforderlich ist (Finger, Vorbehaltene und nachträgliche Sicherungsverwahrung, 2008, S. 68; nicht streng genug nach Braum ZRP 2004, 105 (107)), der über die allgemeine Rückfallwahrscheinlichkeit hinausgeht (BVerfGK 9, 108 (114) = NJW 2006, 3483). Auf eine bestimmte statistische Wahrscheinlichkeit (etwa über 50%) kommt es nicht entscheidend an (BGHSt 50, 121 (131) = NJW 2005, 2022; aA Fischer Rn. 19); die Prognose muss vielmehr das Ergebnis einer wertenden Abwägung sein, die zu einer Entscheidung des Gerichts über die Gefährlichkeit des Täters führt (BVerfGE 109, 190 (242) = NJW 2004, 750). Es muss eine gegenwärtige Gefahr bestehen, dass der Täter erhebliche Straftaten begeht, durch die die Opfer **seelisch oder körperlich schwer geschädigt** (→ § 66 Rn. 14) werden (BVerfGE 109, 190 (242) = NJW 2004, 750).

c) Die vereinzelt geforderte Anwendung des **Hangkriteriums** des § 66 I Nr. 3 6
im Rahmen von § 66b (Sinn in SK-StGB Rn. 25) ist angesichts des eindeutigen Normwortlauts, der die Feststellung eines Hangs gerade nicht voraussetzt, wenn die in Nr. 2 vorausgesetzte Gefahr festgestellt ist, und mit Blick auf die insoweit bewusste Entscheidung des Gesetzgebers (BT-Drs. 15/2887, 10, 13f.), abzulehnen (BGH NStZ 2009, 323; zum Fehlen eines Hangkriteriums Rissing-van Saan/Peglau in LK-StGB Rn. 145ff.). Von Verfassungs wegen ist das Fehlen eines Hangkriteriums nicht zu beanstanden (BVerfGK 16, 98 (106f.) = NJW 2010, 1514); stattdessen wäre allerdings eine Aufnahme des Merkmals der „psychischen Störung" angezeigt, wenn der Gesetzgeber an der nachträglichen Sicherungsverwahrung festhält (→ Rn. 1).

4. Die nachträgliche Sicherungsverwahrung steht jeweils im **Ermessen** des Ge- 7
richts. Damit bleibt Raum für eine am Verhältnismäßigkeitsgrundsatz (§ 62) orientierte Einzelfallentscheidung (Finger, Vorbehaltene und nachträgliche Sicherungsverwahrung, 2008, S. 78). Auch verfassungsrechtlich kann der Einsatz milderer Mittel (Führungsaufsicht, Entlassungshilfe usw) unter dem Gesichtspunkt der Verhältnismäßigkeit bzw. des ultima-ratio-Gedankens geboten sein (BVerfGE 128, 326 (408) = NJW 2011, 1931; BVerfGE 129, 37 (46) = NJW 2011, 2711; BVerfGK 9, 108 (115) = NJW 2006, 3483). Das der Entscheidung zugrunde liegende Verfahren bestimmt sich nach § 275a StPO. Es sind zur Beurteilung der Gefährlichkeit des Betroffenen zwei Sachverständigengutachten einzuholen (§ 275a IV 2 StPO). Zur Verbreiterung der Entscheidungsgrundlagen kann es im Einzelfall angezeigt sein, Sachverständige unterschiedlicher Fachrichtungen mit der Begutachtung zu beauftragen (BGHSt 50, 121 (129f.) = NJW 2005, 2022). Die Anfertigung eines Gutachtens durch zwei Sachverständige genügt nicht, weil der hinter § 275a IV StPO stehende Gesetzeszweck der Verbreiterung der Entscheidungsgrundlage nur dann erreicht werden kann, wenn sich die Sachverständigen unabhängig voneinander mit dem Verurteilten befassen (OLG Hamm StV 2009, 40).

§ 66c Ausgestaltung der Unterbringung in der Sicherungsverwahrung und des vorhergehenden Strafvollzugs

(1) **Die Unterbringung in der Sicherungsverwahrung erfolgt in Einrichtungen, die**

1. dem Untergebrachten auf der Grundlage einer umfassenden Behandlungsuntersuchung und eines regelmäßig fortzuschreibenden Vollzugsplans eine Betreuung anbieten,

a) die individuell und intensiv sowie geeignet ist, seine Mitwirkungsbereitschaft zu wecken und zu fördern, insbesondere eine psychiatrische, psycho- oder sozialtherapeutische Behandlung, die auf den Untergebrachten zugeschnitten ist, soweit standardisierte Angebote nicht Erfolg versprechend sind, und

b) die zum Ziel hat, seine Gefährlichkeit für die Allgemeinheit so zu mindern, dass die Vollstreckung der Maßregel möglichst bald zur Bewährung ausgesetzt oder sie für erledigt erklärt werden kann,

2. eine Unterbringung gewährleisten,

a) die den Untergebrachten so wenig wie möglich belastet, den Erfordernissen der Betreuung im Sinne von Nummer 1 entspricht und, soweit Sicherheitsbelange nicht entgegenstehen, den allgemeinen Lebensverhältnissen angepasst ist, und

b) die vom Strafvollzug getrennt in besonderen Gebäuden oder Abteilungen erfolgt, sofern nicht die Behandlung im Sinne von Nummer 1 ausnahmsweise etwas anderes erfordert, und

3. zur Erreichung des in Nummer 1 Buchstabe b genannten Ziels

a) vollzugsöffnende Maßnahmen gewähren und Entlassungsvorbereitungen treffen, soweit nicht zwingende Gründe entgegenstehen, insbesondere konkrete Anhaltspunkte die Gefahr begründen, der Untergebrachte werde sich dem Vollzug der Sicherungsverwahrung entziehen oder die Maßnahmen zur Begehung erheblicher Straftaten missbrauchen, sowie

b) in enger Zusammenarbeit mit staatlichen oder freien Trägern eine nachsorgende Betreuung in Freiheit ermöglichen.

(2) **Hat das Gericht die Unterbringung in der Sicherungsverwahrung im Urteil (§ 66), nach Vorbehalt (§ 66a Absatz 3) oder nachträglich (§ 66b) angeordnet oder sich eine solche Anordnung im Urteil vorbehalten (§ 66a Absatz 1 und 2), ist dem Täter schon im Strafvollzug eine Betreuung im Sinne von Absatz 1 Nummer 1, insbesondere eine sozialtherapeutische Behandlung, anzubieten mit dem Ziel, die Vollstreckung der Unterbringung (§ 67c Absatz 1 Satz 1 Nummer 1) oder deren Anordnung (§ 66a Absatz 3) möglichst entbehrlich zu machen.**

1 **1.** Mit seinem Urteil v. 4.5.2011 erklärte das BVerfG sämtliche Vorschriften betr. die Anordnung und Fortdauer der Sicherungsverwahrung mangels Wahrung des Abstandsgebots für mit dem Grundgesetz unvereinbar (→ Vor § 63 Rn. 4). Das **Abstandsgebot** stellt allerdings im Wesentlichen Anforderungen an den Vollzug der Sicherungsverwahrung, der seit der im Jahr 2006 verabschiedeten Föderalismusreform I (BGBl. I 2034 (2098)); zur Zuständigkeitsabgrenzung bei der Straf- und Untersuchungshaftvollzugsgesetzgebung nach der Föderalismusreform Pohlreich in Brunhöber/Höffler/Kaspar/Reinbacher/Vormbaum, Strafrecht und Verfassung, 2013, S. 117) in die Legislativzuständigkeit der Länder fällt. Die Erklärung, warum bundesrechtliche Vorschriften über die Sicherungsverwahrung wegen Missständen verfassungswidrig sein sollen, deren legislative Behebung Ländersache ist, sah das BVerfG darin, dass der Bundesgesetzgeber den Einzelnen nicht „sehenden Auges" einer verfassungswidrigen, da das Abstandsgebot nicht wahrenden, Unterbringung unterwerfen dürfe, sondern, wenn er sich für ein zweispuriges Sanktionensystem und „den Einsatz einer so einschneidenden freiheitsentziehenden Maß-

nahme wie der Sicherungsverwahrung entscheide", „die **wesentlichen Linien des freiheitsorientierten und therapiegerichteten Gesamtkonzepts,** das der Sicherungsverwahrung von Verfassungs wegen zugrundezulegen" sei, „selbst regeln und sicherstellen (müsse), dass diese konzeptionelle Ausrichtung der Sicherungsverwahrung nicht durch landesrechtliche Regelungen unterlaufen werden" könne (BVerfGE 128, 325 (387); näher zur Gesetzgebungskompetenz Pohlreich in Brunhöber/Höffler/Kaspar/Reinbacher/Vormbaum, Strafrecht und Verfassung, 2013, S. 117, 136ff.; Schöch GA 2012, 14 (15f.); Zimmermann HRRS 2013, 164 (168); krit. Hörnle NStZ 2011, 488 (492f.); Zabel JR 2011, 467 (472); Kreuzer/Bartsch StV 2011, 472 (477); Drenkhahn/Morgenstern ZStW 124 (2012), 132 (193); sa Volkmann JZ 2011, 835 (840) „Die Übertragung des Strafvollzugs auf die Länder war seinerzeit ebenso umstritten wie unverständlich (...). Insofern korrigiert das Urteil gleichsam nur eine Fehlentwicklung."). Mit § 66c, der durch das SichVAbstUmsG eingefügt wurde, sollen die „wesentlichen Linien" im Sinne der Entscheidung des BVerfG bundesrechtlich geregelt werden. Der Gesetzgeber folgte dabei dem Hinweis des BVerfG, dass er sich bei der Regelung der Linien an § 2 ThUG orientieren könne (vgl. BVerfGE 128, 326 (388) = NJW 2011, 1931; BT-Drs. 17/9874, 14). Landesrechtliche Vollzugsvorschriften, die § 66c zuwiderlaufen, werden über Art. 31 GG verdrängt.

Abs. 1 der Vorschrift betrifft Mindestanforderungen für den Vollzug der Sicherungsverwahrung. **Abs. 2** regelt Minima für den der Unterbringung in der Sicherungsverwahrung vorangehenden Strafvollzug.

2. Mit § 66c I Nr. 1 bestimmt der Gesetzgeber, dass der Ort der Unterbringung von Sicherungsverwahrten dem im Abstandsgebot wurzelnden **Individualisierungs- und Intensivierungsgebot** (BVerfGE 128, 326 (379f.) = NJW 2011, 1931) sowie dem **Motivierungsgebot** (BVerfGE 128, 326 (380) = NJW 2011, 1931) genügen muss, indem von ihm für zentral erachtete, diese Gebote betreffende Gesichtspunkte hervorgehoben werden (BT-Drs. 17/9874, 14f.). Die auf der Grundlage einer umfassenden Behandlungsuntersuchung und eines regelmäßig fortzuschreibenden Vollzugsplans dem Untergebrachten anzubietende **Betreuung** definiert der Gesetzgeber nicht. Es fällt auf, dass der Gesetzgeber sich nicht für eine „Behandlung", wie sie der Strafvollzug in § 4 I StVollzG voraussetzt, entschieden hat. Da die Betreuung nach § 66c I Nr. 1 den in der entsprechenden Gesetzesbegründung genannten Geboten zu dienen bestimmt ist, wird man hierunter alle Maßnahmen zu verstehen haben, mit denen die Gefährlichkeit des Untergebrachten reduziert werden kann und die ihm eine realistische Perspektive auf Wiedererlangung der Freiheit eröffnen. Dies umfasst auch Maßnahmen, die die Gefährlichkeit nicht unmittelbar beseitigen, aber auf eine Beseitigung mittelbar hinarbeiten: Eine Pflicht des Untergebrachten, an der Behandlung mitzuwirken, beinhaltet der Begriff nicht, wohl aber eine Pflicht der Einrichtung, behandlungsunwillige Untergebrachte zu motivieren; auch solche motivierenden Maßnahmen unterfallen dem Betreuungsbegriff (vgl. Abs. 1 Nr. 1a). Soweit die am Unterbringungsort gem. Nr. 1b zu erfolgenden Betreuungsangebote die Gefährlichkeit des Untergebrachten mindern sollen, damit die weitere Vollstreckung der Maßregel baldmöglichst zur Bewährung ausgesetzt oder für erledigt erklärt werden kann, lässt dies die materiellen Voraussetzungen, unter denen eine solche Aussetzung nach § 67d II 1 oder Erledigung nach § 67d III 1 StGB in Betracht kommt, unberührt. Für eine Bewährungsaussetzung muss also weiterhin das konkret erforderliche Maß der Wahrscheinlichkeit einer Legalbewährung ua vom Gewicht des bei einem Rückfall bedrohten 2

Rechtsguts und der Bedrohungsintensität abhängen und muss in die Gesamtabwägung zudem die Unterbringungsdauer einbezogen werden (BT-Drs. 17/9874, 16; → § 67d Rn. 10 mwN). Zur vollstreckungsrechtlichen Konsequenz einer Nichtbeachtung von Nr. 1 → § 67d Rn. 3a.

3 **3.** Nr. 2 soll wesentliche Leitlinien für die Wahrung des **Trennungsgebots** (vgl. BVerfGE 128, 326 (380f.) = NJW 2011, 1931; vgl. zur Zielrichtung dieses Gebots, das durchaus Ausnahmen zugunsten von Sicherungsverwahrten zulässt, s. BVerfG NStZ-RR 2013, 26, nicht aber zugunsten von Strafgefangenen, die eine Verlegung in die Sicherungsverwahrung begehren, s. OLG Koblenz FS 2020, 81; zur Konventionsmäßigkeit der im Urteil v. 4.5.2011 erfolgten Ausführungen zum Ort der Unterbringung Sicherungsverwahrter s. EGMR 24.11.2011, O.H. ./. Deutschland, 4646/08, Rn. 89; NJW 2013, 1791 Rn. 82 – Kronfeldner/Deutschland; BeckRS 2012, 18258 Rn. 83, – B./Deutschland) regeln (näher hierzu BR-Drs. 17/9874, 16f.). Zu den Anforderungen an die Ausstattung von Unterbringungsräumen s. OLG Naumburg BeckRS 2012, 15513).

4 **4.** Nr. 3 soll wesentliche Leitlinien zur Umsetzung des **Minimierungsgebots** (vgl. BVerfGE 128, 326 (381f.) = NJW 2011, 1931) umsetzen (BT-Drs. 17/9874, 17). Das Tatbestandsmerkmal der „erheblichen Straftaten" in Nr. 3a meint solche iSv § 66 I 1 Nr. 4 (BT-Drs. 17/9874, 17; → § 66 Rn. 14). In der Vorschrift ist anstelle von „Vollzugslockerungen" (vgl. § 11 StVollzG) von „vollzugsöffnenden Maßnahmen" die Rede, um die Maßnahmen nicht auf die des § 11 iVm §§ 130, 134 StVollzG zu beschränken, sondern auch solche nach §§ 10 I, 13 iVm §§ 130, 134 StVollzG einzubeziehen (BT-Drs. 17/9834, 17); außerdem ist mit dem Nr. 3a zugrunde liegenden Regel-Ausnahme-Verhältnis klargestellt, dass der Vollzug der Sicherungsverwahrung grds. in geschlossenen Einrichtungen zu erfolgen hat (BT-Drs. 17/9874, 18). Nr. 3b ist nicht dahin zu verstehen, dass die Vollzugseinrichtung selbst Nachsorgeeinrichtungen vorhalten oder deren Bestand finanziell absichern muss. Dies obliegt den hierfür zuständigen Landesbehörden bzw. dem Landesgesetzgeber. Die Vorschrift fordert von der Vollzugseinrichtung allerdings eine enge Abstimmung mit den Nachsorgeeinrichtungen (BT-Drs. 17/9874, 18).

5 **5.** Abs. 2 stellt wesentliche Leitlinien zur Wahrung des **Ultima-Ratio-Prinzips** (vgl. BVerfGE 128, 326 (379) = NJW 2011, 1931) auf (BT-Drs. 17/9874, 18).

6 **6.** Für den Fall einer Missachtung der Vorgaben des § 66c beachte § 67c. In prozessualer Hinsicht s. § 463 VIII StPO.

§ 67 Reihenfolge der Vollstreckung

(1) **Wird die Unterbringung in einer Anstalt nach den §§ 63 und 64 neben einer Freiheitsstrafe angeordnet, so wird die Maßregel vor der Strafe vollzogen.**

(2) [1]**Das Gericht bestimmt jedoch, daß die Strafe oder ein Teil der Strafe vor der Maßregel zu vollziehen ist, wenn der Zweck der Maßregel dadurch leichter erreicht wird.** [2]**Bei Anordnung der Unterbringung in einer Entziehungsanstalt neben einer zeitigen Freiheitsstrafe von über drei Jahren soll das Gericht bestimmen, dass ein Teil der Strafe vor der Maßregel zu vollziehen ist.** [3]**Dieser Teil der Strafe ist so zu bemessen, dass nach seiner Vollziehung und einer anschließenden Unterbringung eine Entscheidung nach**

Absatz 5 Satz 1 möglich ist. [4]Das Gericht soll ferner bestimmen, dass die Strafe vor der Maßregel zu vollziehen ist, wenn die verurteilte Person vollziehbar zur Ausreise verpflichtet und zu erwarten ist, dass ihr Aufenthalt im räumlichen Geltungsbereich dieses Gesetzes während oder unmittelbar nach Verbüßung der Strafe beendet wird.

(3) **[1]Das Gericht kann eine Anordnung nach Absatz 2 Satz 1 oder Satz 2 nachträglich treffen, ändern oder aufheben, wenn Umstände in der Person des Verurteilten es angezeigt erscheinen lassen. [2]Eine Anordnung nach Absatz 2 Satz 4 kann das Gericht auch nachträglich treffen. [3]Hat es eine Anordnung nach Absatz 2 Satz 4 getroffen, so hebt es diese auf, wenn eine Beendigung des Aufenthalts der verurteilten Person im räumlichen Geltungsbereich dieses Gesetzes während oder unmittelbar nach Verbüßung der Strafe nicht mehr zu erwarten ist.**

(4) **Wird die Maßregel ganz oder zum Teil vor der Strafe vollzogen, so wird die Zeit des Vollzugs der Maßregel auf die Strafe angerechnet, bis zwei Drittel der Strafe erledigt sind.**

(5) **[1]Wird die Maßregel vor der Strafe oder vor einem Rest der Strafe vollzogen, so kann das Gericht die Vollstreckung des Strafrestes unter den Voraussetzungen des § 57 Abs. 1 Satz 1 Nr. 2 und 3 zur Bewährung aussetzen, wenn die Hälfte der Strafe erledigt ist. [2]Wird der Strafrest nicht ausgesetzt, so wird der Vollzug der Maßregel fortgesetzt; das Gericht kann jedoch den Vollzug der Strafe anordnen, wenn Umstände in der Person des Verurteilten es angezeigt erscheinen lassen.**

(6) **[1]Das Gericht bestimmt, dass eine Anrechnung nach Absatz 4 auch auf eine verfahrensfremde Strafe erfolgt, wenn deren Vollzug für die verurteilte Person eine unbillige Härte wäre. [2]Bei dieser Entscheidung sind insbesondere das Verhältnis der Dauer des bisherigen Freiheitsentzugs zur Dauer der verhängten Strafen, der erzielte Therapieerfolg und seine konkrete Gefährdung sowie das Verhalten der verurteilten Person im Vollstreckungsverfahren zu berücksichtigen. [3]Die Anrechnung ist in der Regel ausgeschlossen, wenn die der verfahrensfremden Strafe zugrunde liegende Tat nach der Anordnung der Maßregel begangen worden ist. [4]Absatz 5 Satz 2 gilt entsprechend.**

Fassung: Abs. 4 S. 2 StGB aF durch Entscheidung des BVerfG (BVerfGE 91, 1 = NJW 1995, 1077) für nichtig erklärt; das UnterbrG (→ Vor § 1 Rn. 16) hat in Abs. 2 die S. 2–4 eingefügt, in Abs. 3 die S. 2 und 3, Abs. 4 S. 2 StGB aF wurde gestrichen. Einfügung von Abs. 6 durch das UBNoG (→ Vor § 1 Rn. 18).

1. a) Die Vorschrift macht das Prinzip des sog. **Vikariierens,** dh des Vollzugs der Maßregel vor der Strafe, für die Maßregeln mit Heilungs- oder Besserungszweck (also nicht für die Sicherungsverwahrung; für eine dahingehende Lösung de lege ferenda Pollähne StV 2013, 248 (252)), zur Regel (eing. Elpel, Dogmatische und kriminologische Aspekte der Verbindung freiheitsentziehender Strafen und Maßregeln (§§ 63, 64 StGB) unter besonderer Berücksichtigung ihrer Vollstreckungsreihenfolge gem. § 67 StGB, 1996, S. 76). Erforderlich ist jedoch das **Nebeneinander** der Verurteilung zu Freiheitsstrafe und der Unterbringungsanordnung in einem Urteil (OLG Düsseldorf MDR 1991, 1193; aM Böhm NJW 1982, 135 (139)). Bei Vorliegen verschiedener Urteile sieht § 44b StVollstrO zwar eine 1 den Abs. 1–3 (nicht Abs. 4 und 5) entsprechende Regelung vor; jedoch ist hier nicht das Gericht, sondern die Vollstreckungsbehörde zuständig (OLG München NStZ 1988, 93; OLG Hamm NStZ 1999, 535). Die aus dieser unterschiedlichen Rechtslage erwachsenden Spannungen sind nicht befriedigend lösbar, Unbilligkeiten nur im Gnadenwege auszugleichen (Beispiele dazu bei Böhm NStZ 1996, 583).

2 **b)** Die Vollstreckungsbehörde ist an die gesetzliche Reihenfolge **gebunden,** wenn keine abweichende Anordnung nach Abs. 2, 3 ergeht (OLG Düsseldorf JMBl. NRW 1991, 59 (60); sa OLG Dresden NStZ 1993, 511). Zur Organisationshaft → Rn. 7.

3 **2. Abs. 2** (krit. zu seiner Unbestimmtheit Hanack JR 1975, 441) ist nur ausnahmsweise anwendbar (BGH StraFo 2006, 299; BayObLG NJW 1981, 1522). Jede freiheitsentziehende Maßregel **verfolgt,** mit unterschiedlicher Gewichtung, **den doppelten Zweck,** einerseits durch Behandlung den Verurteilten zur Vermeidung rechtswidriger Taten zu motivieren und andererseits durch isolierenden Freiheitsentzug die Allgemeinheit vor ihm zu sichern (BGHSt 33, 285 = NJW 1986, 141). Für die Maßregeln mit Heilungs- oder Besserungszweck enthält Abs. 1 die Grundentscheidung, dass – auch bei längeren Freiheitsstrafen (BGHSt 37, 160 (162) = NJW 1990, 3281) – möglichst umgehend mit der Behandlung des süchtigen oder kranken Rechtsbrechers im Maßregelvollzug begonnen werden soll, weil diese am ehesten einen dauerhaften Erfolg verspricht (stRspr; zuletzt BGH NStZ-RR 2001, 26). Möglichen, aber nur selten angezeigten Ausnahmen sollen die Abs. 2, 3 Rechnung tragen (krit. zur Unzulänglichkeit des Systems bei Unterbringungen nach § 64 Boetticher StV 1991, 75). Abs. 2 S. 2, 3 gilt nur für **zeitige** Freiheitsstrafen (Kreicker NStZ 2010, 239).

4 **a)** Abs. 2 schreibt vollständigen oder nur teilweisen Vorwegvollzug der Strafe vor, wenn dadurch der **Maßregelzweck leichter erreicht** wird (zusf. Maul/Lauven NStZ 1986, 397). Vorauszusetzen ist danach die begründete, dh nicht nur zweifelhafte (BGH NStZ 1993, 437), Prognose, dass eine Förderung des Maßregelzwecks durch den Vorwegvollzug eines Teils der Strafe oder, wenn das nicht ausreicht, der ganzen Strafe erwartet werden kann (BT-Drs. 10/2720, 13 und BT-Drs. 10/4391, 18; beachte schon BGHSt 33, 285 = NJW 1986, 141; BGH NJW 1986, 142, beide mAnm Wendisch NStZ 1986, 140). Andere Gründe rechtfertigen den Vorwegvollzug nicht (BGH NStZ 1986, 427; NStZ-RR 2001, 93; sa BGH wistra 1993, 263; NStZ 1998, 82; OLG Oldenburg StV 2001, 25). Vor allem kann er nicht allein mit der Absicht begründet werden, die Vollstreckung zum Zwecke freiwilliger Therapie nach § 35 BtMG zurückzustellen; denn so zu verfahren, ist unabhängig von der Reihenfolge der Vollstreckung möglich (BGH JR 1985, 119 mAnm Müller-Dietz; BGH NStZ 1985, 571; NStZ 1990, 102). Auch der Mangel an geeigneten Therapieplätzen (BGH NStZ 1981, 492 mkritAnm Scholz; BGH NStZ 1982, 132; LG Dortmund NStZ 1989, 340) oder Therapiemodellen (LG Hamburg MDR 1981, 778) genügt als solcher nicht (Elpel, Dogmatische und kriminologische Aspekte der Verbindung freiheitsentziehender Strafen und Maßregeln (§§ 63, 64 StGB) unter besonderer Berücksichtigung ihrer Vollstreckungsreihenfolge gem. § 67 StGB, 1996, S. 151; Frisch LdRerg 8/1730, S. 6; → Rn. 11).

5 **b)** Abs. 2 ist **namentlich anwendbar,** wenn vollständiger oder teilweiser (dazu BGH NStZ 1990, 357) Vorwegvollzug von Strafe als Vorstufe der Behandlung erforderlich ist, um den Zweck der Maßregel im Ganzen zu erreichen (BGHSt 33, 285 = NJW 1986, 141; BGH NStZ 1986, 524). Das kann ausnahmsweise zutreffen,

wenn sich andernfalls an die Unterbringung in einer Entziehungsanstalt (BGH NStZ 1990, 52; Müller-Dietz NJW 1980, 2789) oder bei Therapiechancen auch in einem psychiatrischen Krankenhaus (BGH NJW 1990, 1124 mkritAnm Funck NStZ 1990, 509; BGH NStZ 1999, 613) eine langdauernde Strafverbüßung anschließen müsste; hier kann ein – je nach Sachlage flexibel, aber bestimmt zu bemessender (BGH NStZ-RR 2000, 7) – Vorwegvollzug angezeigt sein (beachte BGH GA 1992, 178), um eine Gefährdung des Erfolges der Unterbringung durch den nachfolgenden Strafvollzug auszuschließen und die Ausgangsbedingungen der Therapie zu verbessern (BGH NJW 1986, 142 und 1988, 216; NStZ 2000, 529; krit. Schüler-Springorum StV 1986, 478 (479); Hanack JR 1988, 379; für die lebenslange Freiheitsstrafe anders auch BGHSt 37, 160 = NJW 1990, 3281 mAnm Schüler-Springorum StV 1991, 561). Das in den gesetzgeberischen Beratungen außerdem noch angeführte Beispiel, dass die psychische Verfassung des Täters uU die Erzeugung eines **„Leidensdrucks"** durch den Vorwegvollzug der Strafe nahelegen könne (BT-Drs. V/4095, 31), ist angesichts des unzureichenden Wissens über die motivierende Wirkung solchen Vollzugs problematisch (krit. Müller-Dietz NStZ 1983, 145 (150); Kaiser, Befinden sich die kriminalrechtlichen Maßregeln in der Krise?, 1990, S. 25; Elpel, Dogmatische und kriminologische Aspekte der Verbindung freiheitsentziehender Strafen und Maßregeln (§§ 63, 64 StGB) unter besonderer Berücksichtigung ihrer Vollstreckungsreihenfolge gem. § 67 StGB, 1996, S. 133; Pollähne in NK-StGB Rn. 41; abl. Schöch in LK-StGB Rn. 70–77). In der Praxis wird es inzwischen sehr zurückhaltend beurteilt (BGH NStZ 1985, 571), zT sogar ganz verworfen (BGH NStZ 1984, 428; Detter NStZ 1998, 505; sa BGH NStZ 1986, 427). Auch wenn die Praxis die Vorzüge eines mäßig bemessenen, nicht unmittelbar auf UHaft oder andere Freiheitsentziehung folgenden (BGH StV 1991, 64 (65)) Vorwegvollzugs in Einzelfällen hervorhebt, um Alkohol- und Drogenabhängige überhaupt erst zur Mitarbeit an den therapeutischen Bemühungen zu motivieren (BT-Drs. 10/4391, 18; BGH NJW 1988, 216 mablAnm Hanack JR 1988, 379), ist die mit dieser Fallgruppe verbundene Gefahr nicht von der Hand zu weisen, dass unter dem Vorwand der Spezialprävention gesellschaftliche Vergeltungsbedürfnisse gegenüber therapieunwilligen Tätern durchgesetzt werden (Streng StV 1987, 41). Diesem Gesichtspunkt sollte von daher erst nach gründlicher sachverständiger Beratung Gewicht beigemessen werden (Holtz MDR 1986, 442; BGH StraFo 2006, 299; Maul/Lauven NStZ 1986, 397).

Abs. 2 kommt schließlich **noch** in Fällen in Frage, in denen ein Verurteilter im psychiatrischen Sinne weder heil- noch pflegebedürftig ist (→ § 63 Rn. 1), aber intensiver sozialtherapeutischer Behandlung bedarf; hier kann der Vorwegvollzug deshalb angezeigt sein, weil die psychiatrischen Krankenhäuser überwiegend auf solche Behandlung nicht eingerichtet sind, der zuständigen Strafvollzugsanstalt aber überlegene therapeutische Möglichkeiten zur Verfügung stehen (BGHSt 33, 285 = NJW 1986, 141 mwN; sa Hanack JR 1975, 441; Müller-Dietz NStZ 1983, 145). Für ein Abweichen von dem Grundprinzip sofortigen Vollzugs der Maßregel müssen stets stichhaltige, auf den Einzelfall bezogene Gründe vorliegen, nach denen es angezeigt ist, zuerst die Strafe ganz oder teilweise zu vollziehen (BGH NStZ-RR 1998, 70; NStZ-RR 1998, 272; NStZ-RR 1998, 296; NStZ-RR 1999, 10 (11); NStZ-RR 2001, 26). Bei Bemessung der Dauer des Vorabvollzugs muss eine mögliche Überschreitung des Zwei-Drittel-Zeitpunkts während des sich anschließenden Maßregelvollzugs beachtet werden (BGH NStZ 1990, 357; NStZ 2007, 30).

Abs. 2 ist durch das UnterbrG (s. Fassungshinweis) um die S. 2–4 ergänzt worden (zur Neuregelung Schneider NStZ 2008, 68 (70); Spiess StV 2008, 160 (162)).

S. 2 und 3 regeln eine Ausnahme von der Vollstreckungsreihenfolge für Fälle der Unterbringung in einer Entziehungsanstalt, bei denen auch eine Freiheitsstrafe von über drei Jahren angeordnet wurde. In solchen Konstellationen **soll** das Gericht einen teilweisen Vorwegvollzug der Strafe bestimmen (S. 2; S. 3 regelt die Bemessung des Teils; dazu BGH StV 2007, 634; StV 2008, 638 mAnm Ahmed; BGH NStZ-RR 2008, 74; NStZ-RR 2008, 142; NStZ-RR 2008, 182; NJW 2008, 1173; Fischer Rn. 11, 11 a); zur Bestimmung ist das Gericht wegen der Soll-Vorschrift nicht gezwungen, Abweichungen sind aber besonders begründungsbedürftig (Schöch in LK-StGB Rn. 95). Ordnet das Gericht die Unterbringung nach § 64 neben einer zeitigen Freiheitsstrafe von über drei Jahren an, kann es bestimmen, dass ein Teil der Strafe vor der Maßregel zu vollziehen ist. Dieser Teil ist nach § 67 II 3 so zu bemessen, dass nach seiner Vollziehung und einer anschließenden Unterbringung eine Reststrafenaussetzung nach Erledigung der Hälfte der Strafe gem. § 67 V 1 möglich ist (BGH NStZ-RR 2012, 71; StraFo 2017, 426). Zugleich müssen die Urteilsausführungen erkennen lassen, von welcher Therapiedauer das Gericht ausgegangen ist (BGH StV 2021, 363). Eine weitere Ausnahme sieht **S. 4** vor für zur **Ausreise verpflichtete** Verurteilte; auch sie ist eine Soll-Vorschrift (OLG Celle NStZ-RR 2009, 63). Bei der Ermessensausübung ist darauf zu achten, ob der Zustand des Betroffenen seine therapeutische Betreuung in einer Entziehungsanstalt zur Abwehr von Gesundheitsgefahren notwendig macht (BT-Drs. 16/1110, 14; Schöch in LK-StGB Rn. 102).

6 **3. Abs. 3** lässt nach einer Anordnung gem. Abs. 2 S. 1 oder S. 2 den nachträglichen Wechsel der Vollzugsart zu. Er gestattet allerdings – auch in Fällen der Anordnung nur teilweisen Vorwegvollzugs (aM Maul/Lauven NStZ 1986, 397) – nicht die bloße Berichtigung einer Entscheidung, sondern nur deren Anpassung an Umstände in der Person des Verurteilten, die erst nachträglich ein- oder hervorgetreten sind (KG JR 1979, 77 mAnm Horn; OLG Düsseldorf MDR 1989, 1012). Damit ist es möglich, auf die Entwicklung im Vollzug stets flexibel zu reagieren. Auf der neuen Beurteilungsgrundlage ist jeweils zu entscheiden, ob die Voraussetzungen des Abs. 2 nunmehr erfüllt oder nicht mehr erfüllt sind und was sich daraus für die Reihenfolge der Vollstreckung ergibt. Das Fehlen von Therapieplätzen (OLG Hamburg MDR 1993, 1100) oder bloße Belegungsschwierigkeiten in den Vollzugsanstalten (OLG Hamm JMBl. NRW 1980, 226) sind kein zureichender Grund; auch eine fehlende erforderliche Therapiestrategie kann den Vorwegvollzug der Freiheitsstrafe nicht rechtfertigen, selbst wenn im Strafvollzug eine gewisse Besserung zu erwarten wäre (OLG Hamm NStZ-RR 2005, 251); eine Abschiebung schwieriger Verurteilter lediglich zur Entlastung der Vollzugsanstalt wäre missbräuchlich (BT-Drs. V/4095, 31; Schöch in LK-StGB Rn. 108). Ein – erneuter – Wechsel der Vollzugsart scheidet insbes. dann aus, wenn zuvor rechtskräftig nach § 67 d V entschieden wurde, dass die Maßregel nicht weiter zu vollziehen ist (OLG Frankfurt a. M. NStZ-RR 2003, 41). Eine Anordnung nach Abs. 2 S. 4 ist jetzt nach dem neu eingefügten (s. Fassungshinweis) **S. 2** auch nachträglich durch die Strafvollstreckungskammer (Schöch in LK-StGB Rn. 111) möglich; sie ist nach **S. 3** wieder aufzuheben, wenn die Aufenthaltsbeendigung nicht mehr während oder unmittelbar nach Strafverbüßung zu erwarten ist (Fischer Rn. 20; Schöch in LK-StGB Rn. 112).

7 **4. a) Abs. 4** hat auf Grund des 23. StÄG (→ Vor § 56 Rn. 1; sa Art. 316 I EGStGB) die **Anrechnung** eingeschränkt (zu den Gründen BT-Drs. 10/2720, 13). Eine vor der Strafe vollzogene Maßregel darf nur noch angerechnet werden,

bis zwei Drittel der Strafe erledigt sind (OLG Frankfurt a. M. NStZ-RR 2005, 252 mAnm Berg StV 2007, 434; OLG Hamm NStZ 2009, 39). Nach dem Gesetzeswortlaut verkürzt daher eine vor dem Maßregelvollzug erlittene U-Haft oder andere Freiheitsentziehung die Anrechnungsmöglichkeit; dieses offenbar gewollte Ergebnis (vgl. BT-Drs. 10/2720, 13) durch Anwendung des verfassungsrechtlichen Übermaßverbots zu überspielen (so OLG Düsseldorf StV 1996, 47 mablAnm Blechinger Rpfleger 1996, 301; OLG Düsseldorf NStZ-RR 2006, 251; sowie OLG Celle StV 1997, 477 für Fälle, in denen keine Anordnung nach Abs. 2 getroffen wurde), ist nicht hinreichend begründbar (BVerfG NStZ 1998, 77 mAnm Lemke; OLG Zweibrücken NStZ 1996, 357; OLG Düsseldorf NStZ-RR 1997, 25; OLG Hamm StV 1997, 481; OLG Stuttgart Justiz 2002, 63 (64); OLG Köln StraFo 2006, 120; OLG Thüringen StV 2007, 427); aus diesem Grunde lässt sich nur die Anrechenbarkeit sog. **Organisationshaft** legitimieren, die nach Rechtskraft der Verurteilung der Überbrückung bis zur Verfügbarkeit eines Therapieplatzes dient (so OLG Zweibrücken NStZ 1996, 357; OLG Celle StraFo 2009, 346; LG Freiburg NStZ 2000, 336; iErg auch BVerfG NStZ 1998, 77, nach dem die Vollstreckungsbehörde den Verurteilten so zu stellen hat, als sei seine Unterbringung rechtzeitig (dh sofort nach Rechtskraft des Urteils) vollzogen worden; zur Anrechnung Morgenstern StV 2007, 441; zur Dauer der Organisationshaft OLG Düsseldorf NStZ 2021, 442); anzurechnen ist auch der Verbleib im erledigten Maßregelvollzug bis zur Überstellung in den Strafvollzug, OLG Celle StraFo 2006, 211). Allerdings ist die Zulässigkeit solcher Haft zwar überwiegend anerkannt, hinsichtlich der bei der Entscheidung zu berücksichtigenden Gesichtspunkte und des für die Beschaffung des Therapieplatzes zur Verfügung stehenden Zeitraums aber umstritten (Bartmeier NStZ 2006, 544). Zumindest muss die Vollstreckungsbehörde nach Eintritt der Rechtskraft den gerichtlichen Rechtsfolgenausspruch unverzüglich umsetzen und die Überstellung des Verurteilten in eine geeignete Einrichtung veranlassen (zB durch ein rasches Aufnahmeersuchen gegenüber den zuständigen Stellen; vgl. BVerfG NJW 2006, 427 mit Bespr. Bartmeier NStZ 2006, 544; sa OLG Brandenburg NStZ 2000, 500 (504) mkritAnm Rautenberg; OLG Hamm StV 2004, 274; Paeffgen NStZ 2006, 136), weil sonst durch die Organisationshaft eine gesetzwidrige Umkehrung der Vollstreckungsreihenfolge (→ Rn. 1) eintritt (BVerfG NJW 2006, 429); allerdings muss nicht bereits im Zeitpunkt des Vollstreckungsbeginns ein Platz in einer Einrichtung bereitgehalten werden (BVerfG NJW 2006, 429).

Die Vorschrift bezieht sich nur auf die neben der Maßregel angeordnete – sei es auch zur Bewährung ausgesetzte (OLG Hamm MDR 1979, 157; aM Rissing-van Saan/Peglau in LK-StGB § 67 d Rn. 19; Sinn in SK-StGB Rn. 5) – Freiheitsstrafe (→ Rn. 1).

Nachdem das BVerfG einen Verstoß gegen das Freiheitsgrundrecht (Art. 2 II 2 **7a**
GG) darin erkannt hatte, dass Abs. 4 ausnahmslos ausschloss, die Zeit des Vollzugs einer freiheitsentziehenden Maßregel der Besserung und Sicherung **auf verfahrensfremde Freiheitsstrafen anzurechnen,** und entschieden hatte, dass bis zur gesetzlichen Neuregelung in Härtefällen die Zeit des Vollzugs einer freiheitsentziehenden Maßregel der Besserung und Sicherung auch auf verfahrensfremde Freiheitsstrafen angerechnet werden muss (BVerfGE 130, 372 = NJW 2012, 1784), regelt der Gesetzgeber nunmehr in Abs. 6 die Anrechnung einer vorab vollzogenen Maßregel auch auf eine verfahrensfremde Strafhaft, wenn deren Vollzug für den Verurteilten eine „unbillige Härte" wäre (Abs. 6 S. 1). Die für die Feststellung einer solchen Härte maßgeblichen Umstände sind in Abs. 6 S. 2 neutral und weit gefasst, um den Gerichten genügend Spielraum für die im jeweiligen Einzelfall notwendige

Gesamtabwägung zu geben (BT-Drs. 18/7244, 27). Nur gewichtige Gründe rechtfertigen es, einen im Maßregelvollzug erzielten Therapieerfolg durch anschließende Strafvollstreckung zu gefährden (BVerfGE 130, 372 (393) = NJW 2012, 1784). Anhand des Kriteriums der konkreten Gefährdung des Therapieerfolgs durch anschließende Vollstreckung der Freiheitsstrafe ist eine unbillige Härte zu verneinen, wenn ein Therapieerfolg ausgeblieben ist, weil die untergebrachte Person ohne achtbare Gründe die Mitwirkung an ihrer Behandlung verweigert hat (BT-Drs. 18/7244, 27; BVerfGE 130, 372 (394) = NJW 2012, 1784). Indem er die Anrechnungsentscheidung von einer Gesamtbetrachtung des Einzelfalls abhängig macht, hat der Gesetzgeber der früher vertretenen Auffassung, wonach ein Härtefall immer dann zu bejahen sein sollte, wenn die Dauer des bisherigen Freiheitsentzugs zwei Drittel aller verhängten Freiheitsstrafen erreicht (OLG Düsseldorf BeckRS 2014, 4186; OLG Nürnberg BeckRS 2012, 24771), eine Absage erteilt (BT-Drs. 18/7244, 28; Maier in MüKoStGB Rn. 122c). In Abs. 6 S. 3 ist ein Ausschlussgrund geregelt, bei dem eine Anrechnung in der Regel zu unterbleiben hat, weil sie nicht dem Zweck dient, dem Täter „Gutschriften“ für während des Vollzugs erst noch begangene Straftaten zu vermitteln (vgl. BVerfGE 130, 372 (394) = NJW 2012, 1784). Ausnahmsweise ist aber eine Anrechnung zB statthaft, wenn die neue Tat vor dem Maßregelvollzug begangen wurde und der Betroffene daher noch nicht behandelt und dem mit dem Vollzug verbundenen Freiheitsentzug ausgesetzt wird (BT-Drs. 18/7244, 29). Mit der in Abs. 6 S. 4 erfolgten Verweisung auf Abs. 5 S. 2 ist klargestellt, dass der Maßregelvollzug grds. fortzusetzen ist, falls trotz der Anrechnung eine Aussetzung der verfahrensfremden Reststrafe zur Bewährung mangels positiver Kriminalprognose unterbleibt.

7b Die Anrechnung wirkt innerhalb der Zwei-Drittel-Begrenzung nach dem eindeutigen Gesetzeswortlaut auch insoweit straferledigend, als der Vollzug einer Maßregel nach § 64 auf einer Verlängerung der Höchstfrist (§ 67d I 3) beruht hat (OLG Frankfurt a. M. NStZ 1993, 453; aM LG Paderborn NStZ 1990, 357; → § 67d Rn. 2). Auf Fälle, in denen eine Maßregel nach § 63 für erledigt erklärt wird, weil ein biologischer Defekt iSd § 21 nicht vorgelegen hat (→ § 67d Rn. 7), ist die Anrechnungsregel des Abs. 4 nicht unmittelbar anwendbar (OLG Frankfurt a. M. NStZ 1993, 252 mkritAnm Loos). Jedoch ist es verfassungsrechtlich geboten, ungerechtfertigten Maßregelvollzug voll anzurechnen (im Hinblick auf das Wiederaufnahmerecht diff. BVerfG NStZ 1995, 174); eine Verweisung auf das StrEG (so OLG Frankfurt a. M. NStZ 1993, 252) ist verfassungsrechtlich nicht vertretbar (OLG Dresden NStZ 1995, 520). Sind in dem Verfahren noch weitere Strafen zu vollstrecken, können sich vielfältige und uU nur schwer lösbare Schwierigkeiten ergeben (eing. dazu Wolf, Die Nichtbeachtung des Zwei-Drittel-Zeitpunktes in der Vollstreckung des strafgerichtlichen Freiheitsentzuges, 1988, S. 140).

8 **b)** Die Anrechnung tritt **kraft Gesetzes** ein, bedarf daher keiner Anordnung und ist von der Vollstreckungsbehörde bei der Strafzeitberechnung unmittelbar zu berücksichtigen.

9 **5. a) Abs. 5** erlaubt die Aussetzung des Strafrestes – über § 57 I hinaus – schon dann, wenn die Hälfte der Strafe erledigt ist (krit. Rolinski GS Kaufmann, 1993, 525), und ermöglicht damit eine bessere Anpassung an die spezialpräventiven Bedürfnisse des Einzelfalls.

10 **b)** Im Falle des **S. 2** ist die Fortsetzung des Vollzugs der Unterbringung – uU über die Höchstfrist (→ § 67d Rn. 1) hinaus (Schöch in LK-StGB Rn. 52; aM

Streng Sanktionen Rn. 440) – auch zulässig, wenn der Zweck der Maßregel erreicht ist (OLG Karlsruhe Justiz 2005, 285 (286); OLG Braunschweig RuP 2017, 248; anders bei Unverhältnismäßigkeit der Maßregel, OLG Celle Nds. Rpfl. 2017, 348). Eine Überweisung in den Strafvollzug ist idR angezeigt, wenn noch eine längere Freiheitsstrafe zu vollstrecken und keine Verbesserung des Behandlungserfolges zu erwarten ist (OLG Celle NStZ 1983, 384; KG NStZ 2001, 166).

6. a) Die Anordnung nach **Abs. 2** ergeht stets **im Urteil** (aM LG Dortmund NJW 1975, 2251). Ihre Begründung muss sich sowohl mit dem Ob als auch der Dauer des Vorwegvollzugs nachvollziehbar auseinandersetzen (BGH NStZ 1990, 357; NStZ 1991, 252; zur Anrechnung von U-Haft auf den Vorwegvollzug BGH NJW 1991, 2431; NStZ 2003, 257). Es ist unzulässig, die Entscheidung über einen nur teilweisen Vorwegvollzug (→ Rn. 4, 5) in der Weise der Strafvollstreckungskammer zu überlassen, dass im Hinblick auf Abs. 3 zunächst vollständiger Vorwegvollzug angeordnet wird (BGH StV 1991, 64; NStZ 1992, 205). Eine Beschränkung der Revision auf die Anordnung des Vorwegvollzugs ist grds. unzulässig (BVerfG NStZ 2008, 614). 11

b) Anordnungen nach **Abs. 3** werden **mit Rechtskraft der Unterbringungsanordnung** zulässig. Sie können zwar schon vor der Aufnahme des Verurteilten in eine Anstalt vom erkennenden Gericht getroffen werden, sollten zweckmäßig aber der Strafvollstreckungskammer überlassen bleiben (§ 463 I iVm § 462 a I, II StPO). 11a

7. Verfahren §§ 454, 463 V iVm § 462 StPO. Ist die Anordnung einer Maßregel nach §§ 63 oder 64 neben der Strafe unterblieben, so ist der Verurteilte nicht beschwert (BGHSt 28, 327 (330) = NJW 1979, 1941). 12

§ 67a Überweisung in den Vollzug einer anderen Maßregel

(1) **Ist die Unterbringung in einem psychiatrischen Krankenhaus oder einer Entziehungsanstalt angeordnet worden, so kann das Gericht die untergebrachte Person nachträglich in den Vollzug der anderen Maßregel überweisen, wenn ihre Resozialisierung dadurch besser gefördert werden kann.**

(2) [1]**Unter den Voraussetzungen des Absatzes 1 kann das Gericht nachträglich auch eine Person, gegen die Sicherungsverwahrung angeordnet worden ist, in den Vollzug einer der in Absatz 1 genannten Maßregeln überweisen.** [2]**Die Möglichkeit einer nachträglichen Überweisung besteht, wenn die Voraussetzungen des Absatzes 1 vorliegen und die Überweisung zur Durchführung einer Heilbehandlung oder Entziehungskur angezeigt ist, auch bei einer Person, die sich noch im Strafvollzug befindet und deren Unterbringung in der Sicherungsverwahrung angeordnet oder vorbehalten worden ist.**

(3) [1]**Das Gericht kann eine Entscheidung nach den Absätzen 1 und 2 ändern oder aufheben, wenn sich nachträglich ergibt, dass die Resozialisierung der untergebrachten Person dadurch besser gefördert werden kann.** [2]**Eine Entscheidung nach Absatz 2 kann das Gericht ferner aufheben, wenn sich nachträglich ergibt, dass mit dem Vollzug der in Absatz 1 genannten Maßregeln kein Erfolg erzielt werden kann.**

(4) [1]**Die Fristen für die Dauer der Unterbringung und die Überprüfung richten sich nach den Vorschriften, die für die im Urteil angeordnete Unterbringung gelten.** [2]**Im Falle des Absatzes 2 Satz 2 hat das Gericht bis zum Beginn der Vollstreckung der Unterbringung jeweils spätestens vor Ablauf eines Jahres zu prüfen, ob die Voraussetzungen für eine Entscheidung nach Absatz 3 Satz 2 vorliegen.**

Fassung des UnterbrG (→ Vor § 1 Rn. 16), das ua den Abs. 2 und 4 einen S. 2 angefügt hat. Neufassung von Abs. 2 S. 2 und Abs. 4 S. 2 durch das SichVAbstUmsG.

1 **1. a)** Die Vorschrift soll ermöglichen, den Verurteilten im **Maßregelvollzug** der für ihn am besten geeigneten Behandlungsart zuzuführen. Sie bietet weder für eine Überweisung in den Vollzug der Sicherungsverwahrung (BVerfG NJW 1995, 772) noch für eine Überweisung aus dem Straf- in den Maßregelvollzug (OLG Karlsruhe MDR 1991, 892; Justiz 1998, 532; v. Bubnoff JR 1976, 423) noch umgekehrt aus dem Maßregel- in den Strafvollzug eine Grundlage; leider gilt das auch für die Überweisung in eine sozialtherapeutische Anstalt iSd § 9 StVollzG (OLG Hamm NStZ 1987, 44; beachte jedoch Pollähne in NK-StGB Rn. 28, der ein „informelles" Zusammenwirken für geboten hält); eine sachverständige Stellungnahme ist einzuholen (OLG Frankfurt a. M. NStZ-RR 2007, 221). **Abs. 2 S. 1** ermöglicht eine nachträgliche Überweisung einer sicherungsverwahrten Person in die Unterbringung, nicht aber eine umgekehrte Überweisung (Fischer Rn. 4). Als Ausfluss des im Abstandsgebot verankerten Ultima-Ratio-Prinzips (BVerfGE 128, 326 (379) = NJW 2011, 1931) erlaubt S. 2 eine nachträgliche Überweisung aus dem Strafvollzug in ein psychiatrisches Krankenhaus oder in eine Entziehungsanstalt nunmehr auch bei Personen, deren Sicherungsverwahrung nur vorbehalten ist (BT-Drs. 17/9874, 19; dahingehende Reformforderung schon bei Baur/Kinzig StraFo 2010, 505 (508)). Hierzu müssen die Voraussetzungen von Abs. 1 vorliegen und die Überweisung angezeigt sein, dh bei dem Betroffenen muss eine entsprechende Disposition der Suchtmittelproblematik vorliegen (BT-Drs. 17/9874, 19). Einen Zustand nach §§ 20, 21 verlangt die Norm nicht mehr.

2 **b)** Nach der im Urteil angeordneten Maßregel richten sich nicht nur die in **Abs. 4** genannten Fristen (§§ 67d I, 67e), sondern auch die Voraussetzungen der Aussetzung zur Bewährung nach § 67d II (→ § 67d Rn. 3) und der Abbruch des Vollzugs einer Unterbringung in einer Entziehungsanstalt, weil keine hinreichend konkrete Aussicht auf einen Behandlungserfolg mehr besteht (→ § 67d Rn. 8). S. 2 enthält eine neue (s. Fassungshinweis) Regelung für Fälle des Abs. 2 (näher Fischer Rn. 9).

3 **2.** Die **Resozialisierung kann besser gefördert** werden, wenn die in dem anderen Vollzugsbereich konkret zur Verfügung stehenden Behandlungsmöglichkeiten voraussichtlich wirksamer dazu beitragen werden, weitere rechtswidrige Taten des Verurteilten zu verhüten (Kindhäuser in LPK-StGB Rn. 1; Pollähne in NK-StGB Rn. 11–18). Die Überweisung kommt namentlich in Frage, wenn ein nach §§ 63 oder 66 Untergebrachter vorrangig einer Entziehungskur bedarf, wenn sich ein Sicherungsverwahrter wegen konkreter psychischer Defekte für eine psychiatrische Behandlung eignet oder wenn die therapeutischen Möglichkeiten der Entziehungsanstalt im Einzelfall nicht ausreichen, um einen mit Alkohol- oder Rauschmittelsucht verbundenen komplexeren psychischen Krankheitszustand Erfolg versprechend zu behandeln. **Abs. 3** ermöglicht eine ständige Anpassung an die

Entwicklung des Verurteilten im Vollzug. Zur Verfolgung sachfremder Interessen (zB Abschiebung schwieriger Verurteilter) darf er nicht missbraucht werden.

3. Die nachträgliche Überweisung nach Abs. 1 und 2 wird **mit Rechtskraft der Unterbringungsanordnung** zulässig. Für die Zuständigkeit gelten die Ausführungen unter → § 67 Rn. 11a sinngemäß. – **Verfahren** – auch nach Abs. 3 – § 463 V iVm § 462 StPO. 4

§ 67b Aussetzung zugleich mit der Anordnung

(1) [1]**Ordnet das Gericht die Unterbringung in einem psychiatrischen Krankenhaus oder einer Entziehungsanstalt an, so setzt es zugleich deren Vollstreckung zur Bewährung aus, wenn besondere Umstände die Erwartung rechtfertigen, daß der Zweck der Maßregel auch dadurch erreicht werden kann.** [2]**Die Aussetzung unterbleibt, wenn der Täter noch Freiheitsstrafe zu verbüßen hat, die gleichzeitig mit der Maßregel verhängt und nicht zur Bewährung ausgesetzt wird.**

(2) **Mit der Aussetzung tritt Führungsaufsicht ein.**

1. Die Vorschrift, die nur für Maßregeln mit Heilungs- oder Besserungszweck gilt (also nicht für die Sicherungsverwahrung; umstr nach Finger, Vorbehaltene und nachträgliche Sicherungsverwahrung, 2008, S. 92), hat **Ausnahmecharakter** (Rissing-van Saan/Peglau in LK-StGB Rn. 28; aM Streng Sanktionen Rn. 416). Sie ist Ausfluss des Verhältnismäßigkeitsgrundsatzes (ähnlich Pollähne in NK-StGB Rn. 1 unter Betonung des Subsidiaritätsprinzips). 1

2. Zu den **Voraussetzungen:** 2

a) Die für die jeweilige Maßregel erforderliche **ungünstige Prognose** muss **voll erfüllt** sein, so dass namentlich auch die aus der Subsidiarität der Maßregeln folgenden Einschränkungen beachtet sein müssen (→ § 63 Rn. 8; → § 64 Rn. 5 iVm → § 66 Rn. 15). Nur die Möglichkeit der Aussetzung bleibt außer Ansatz.

b) aa) **Besondere Umstände** sind bestimmte, in der Person des Täters oder den äußeren Verhältnissen liegende Tatsachen (Kindhäuser in LPK-StGB Rn. 1), die den Fall von den durchschnittlichen, gewöhnlich vorkommenden Fällen gleicher Art unterscheiden und die Erfolgsaussichten der Aussetzung erhöhen (beachte Streng Sanktionen Rn. 416 „Anforderungen nicht zu hoch anzusetzen"). In Betracht kommen neben der Therapiebereitschaft auch das Greifen außerstrafrechtlicher Sicherungssysteme mit den Möglichkeiten der Betreuung nach dem BGB, der Unterbringung in einem betreuten Wohnen oder der Depotabgabe von Psychopharmaka. Im Rahmen der vom Gericht zu leistenden umfassenden Gesamtwürdigung ist insbesondere zu prüfen, ob die im Fall einer Aussetzung der Unterbringung zur Bewährung nach § 67b II kraft Gesetzes eintretende Führungsaufsicht und damit verbundene Überwachungsmöglichkeiten und die Aussicht eines im Fall eines Weisungsverstoßes drohenden Widerrufs der Vollstreckungsaussetzung nicht bereits eine hinreichende Gewähr dafür bieten, dass sich ein Betroffener der beabsichtigten, die Gefahr weiterer Taten ausschließenden Behandlung unterzieht (BGH NStZ-RR 2021, 245). Ferner kommen in Betracht die unter → § 63 Rn. 8; → § 64 Rn. 5 genannten Maßnahmen auf freiwilliger Basis (BGH StV 1997, 467), namentlich die Weisung, sich einer Heilbehandlung oder Entziehungskur zu unter- 3 ziehen (→ § 56c Rn. 8), dass der bisher haltlose Täter eine feste Arbeitsstelle gefunden hat oder dass er eine seine persönlichen Verhältnisse konsolidierende Ehe eingegangen ist (Begr. zu § 105 E 1962, S. 235); auch Betreuungsmaßnahmen kommen uU in Betracht (BGH StV 2001, 679; NStZ 2002, 367; StraFo 2017, 426).

4 bb) Die aus den besonderen Umständen herzuleitende und am **Zweck der Maßregel** (→ § 67 Rn. 3) zu orientierende **Erwartung** (→ § 56 Rn. 8) ist gerechtfertigt, wenn auf Grund der mit der Aussetzung verbundenen zusätzlichen Möglichkeiten der Motivierung des Täters (drohender Widerruf, Führungsaufsicht) oder sonst besonderer Umstände die für die jeweilige Maßregel vorauszusetzende (→ Rn. 2) ungünstige Prognose so weit gemildert werden kann, dass sich der Verzicht auf den Maßregelvollzug verantworten lässt (BGH StV 1988, 104; StV 1991, 514; NStZ 1988, 309; NStZ 2007, 465); auch hier gehen Zweifel des Gerichts zu Lasten des Täters (Rissing-van Saan/Peglau in LK-StGB Rn. 45; aM Sinn in SK-StGB Rn. 2). Im Verhältnis zu einer auf Landesrecht beruhenden Unterbringung trifft das nur zu, wenn diese im Einzelfall besser geeignet ist, den Täter zu heilen oder zu pflegen (BGHSt 34, 313 = NJW 1987, 2312; BGH NStZ 2007, 465). Zum **Grundsatz in dubio pro reo** bei Zweifeln über die Prognose → § 61 Rn. 5 (ergänzend Pollähne in NK-StGB Rn. 14).

5 **3.** Der **Ausschluss der Aussetzung** für den Fall des Abs. 1 S. 2, dass der Täter noch Freiheitsstrafe zu verbüßen hat (dazu BGH StV 1994, 260), ist eine Konsequenz der allgemeinen Regel, dass über die Aussetzung einer Unterbringung erst entschieden wird, wenn der Entlassung in die Freiheit keine rechtlichen Hindernisse mehr im Wege stehen (vgl. etwa §§ 67 V, 67c I, 67d II; → § 57 Rn. 21, 22). Grund für die Versagung der Aussetzung kann nicht die zur Anordnung führende Gefährlichkeit des Täters sein, weil dann kein Anwendungsbereich für § 67b bliebe (BGH NStZ-RR 2008, 276).

6 **4.** Die Aussetzung wird **im Urteil** angeordnet. – Die **Führungsaufsicht** (Abs. 2) beginnt erst mit Rechtskraft des Urteils (→ § 68c Rn. 3). Zu den im Rahmen der Führungsaufsicht erforderlichen weiteren Entscheidungen → § 68 Rn. 8. Die Zuständigkeit verbleibt beim erkennenden Gericht; sie geht auf die Strafvollstreckungskammer erst über, wenn der Verurteilte nach Widerruf der Straf- oder Maßregelaussetzung in eine Vollzugsanstalt aufgenommen wird (§ 462a I, II allein oder iVm § 463 I StPO; beachte auch § 462a IV StPO).

§ 67c Späterer Beginn der Unterbringung

(1) [1]**Wird eine Freiheitsstrafe vor einer wegen derselben Tat oder Taten angeordneten Unterbringung vollzogen und ergibt die vor dem Ende des Vollzugs der Strafe erforderliche Prüfung, dass**

1. **der Zweck der Maßregel die Unterbringung nicht mehr erfordert oder**
2. **die Unterbringung in der Sicherungsverwahrung unverhältnismäßig wäre, weil dem Täter bei einer Gesamtbetrachtung des Vollzugsverlaufs ausreichende Betreuung im Sinne des § 66c Absatz 2 in Verbindung mit § 66c Absatz 1 Nummer 1 nicht angeboten worden ist,**

setzt das Gericht die Vollstreckung der Unterbringung zur Bewährung aus; mit der Aussetzung tritt Führungsaufsicht ein. [2]**Der Prüfung nach Satz 1 Nummer 1 bedarf es nicht, wenn die Unterbringung in der Siche-**

rungsverwahrung im ersten Rechtszug weniger als ein Jahr vor dem Ende des Vollzugs der Strafe angeordnet worden ist.

(2) [1]**Hat der Vollzug der Unterbringung drei Jahre nach Rechtskraft ihrer Anordnung noch nicht begonnen und liegt ein Fall des Absatzes 1 oder des § 67b nicht vor, so darf die Unterbringung nur noch vollzogen werden, wenn das Gericht es anordnet.** [2]**In die Frist wird die Zeit nicht eingerechnet, in welcher der Täter auf behördliche Anordnung in einer Anstalt verwahrt worden ist.** [3]**Das Gericht ordnet den Vollzug an, wenn der Zweck der Maßregel die Unterbringung noch erfordert.** [4]**Ist der Zweck der Maßregel nicht erreicht, rechtfertigen aber besondere Umstände die Erwartung, daß er auch durch die Aussetzung erreicht werden kann, so setzt das Gericht die Vollstreckung der Unterbringung zur Bewährung aus; mit der Aussetzung tritt Führungsaufsicht ein.** [5]**Ist der Zweck der Maßregel erreicht, so erklärt das Gericht sie für erledigt.**

Fassung des SichVAbstUmsG, das Abs. 1 neu gefasst hat.

1. a) Abs. 1 ist eine Folgerung aus dem Umstand, dass es für die Prognose des künftigen Täterverhaltens auf den Zeitpunkt der Hauptverhandlung ankommt (→ § 63 Rn. 8; → § 64 Rn. 5; → § 66 Rn. 15). Er ist nur anwendbar, wenn die Unterbringung neben der Freiheitsstrafe, also nicht in anderer Sache, angeordnet ist (OLG Karlsruhe MDR 1975, 1040; KG JR 1984, 213; aM OLG Hamburg MDR 1975, 70; OLG Koblenz MDR 1983, 863); dass daneben auch Anschlussstrafen zu vollstrecken sind, bildet jedoch keinen Hinderungsgrund (KG NStZ 1990, 54 mwN; zw.). Die gebotene Prüfung kann sinnvoll erst stattfinden, wenn ihr Ergebnis durch den weiteren Strafvollzug nicht mehr in Frage gestellt werden kann. Im Allgemeinen ist das erst vor dem absehbaren Ende der Strafverbüßung zu bejahen (OLG Stuttgart NStZ 1988, 45; sa BVerfG NStZ-RR 2003, 169). Ist innerhalb dieser (relativ kurzen) Zeitspanne bereits eine ablehnende Entscheidung nach §§ 57 I, 67d II ergangen, so macht sie eine weitere Entscheidung nach § 67c I entbehrlich (OLG Frankfurt a. M. NStZ-RR 1999, 348 mwN; die weitergehende Ansicht des Gerichts, dies treffe auch nach Verstreichen eines längeren Zeitraums zu, wenn eine Veränderung der für die vorausgegangene ungünstige Prognose maßgebenden Umstände ausgeschlossen werden könne, ist problematisch). In Fällen, in denen eine Aussetzung des Strafrestes erwogen wird, bedarf die Frage des absehbaren Endes der Strafvollstreckung der Prüfung, sobald die Mindestverbüßungszeit (→ § 57 Rn. 2) abgelaufen ist oder bei Anschlussvollstreckungen nach § 54b III StPO über die Aussetzung der Reste aller Strafen entschieden werden kann (zu einer vergleichbaren Problematik KG NStZ 1990, 54). Allerdings muss die Prüfung so rechtzeitig eingeleitet werden, dass für die erforderlichen Entlassungsvorbereitungen (→ § 57 Rn. 36) hinreichend Zeit bleibt und dass auch eine etwaige Beschwerdeentscheidung vor Vollzugsende rechtskräftig werden kann (OLG Stuttgart NStZ 1988, 45). Ist in diesem Zeitpunkt ausnahmsweise noch nicht rechtskräftig entschieden, so ist der Vollzug der Unterbringung zulässig, wenn das Gericht mit der ihm obliegenden Prüfung begonnen hat und das Verfahren ohne vermeidbare Verzögerungen innerhalb angemessener Zeit zum Abschluss bringt (BVerfGE 42, 1 = NJW 1976, 1736; OLG Düsseldorf NJW 1993, 1087; KG StV 2008, 202; zw.). Zur möglichen Verletzung von Art. 2 II GG durch verzögerte Entscheidung über die fortbestehende Erforderlichkeit der Unterbringung und Prüfung ausschließlich auf Grundlage von §§ 67d, 67e BVerfG NStZ-RR 2005, 187. Solange die Prüfung 1 der Aussetzungsvoraussetzungen noch nicht angezeigt ist, hat der Verurteilte keinen Anspruch auf frühere Entscheidung (OLG Düsseldorf NJW 1974, 198 mAnm Maetzel NJW 1974, 614; LG Traunstein NStZ-RR 1996, 94; s. jedoch OLG Celle NJW 1972, 592; OLG Koblenz MDR 1975, 241 mAnm Sack).

2 **b)** Nach altem Recht hatte das Gericht aE des Vollzugs einer Freiheitsstrafe zu prüfen, ob eine gemeinsam mit der Freiheitsstrafe angeordnete freiheitsentziehende Maßregel noch vollzogen werden muss, und ggf. die Vollstreckung der Unterbringung zur Bewährung auszusetzen; mit der Aussetzungsentscheidung trat Führungsaufsicht ein (§ 67c I StGB aF). Wegen des in § 67 I, II niedergelegten Grundsatzes des Vorwegvollzugs der Maßregeln nach §§ 63, 64 betraf die alte Vorschrift vor allem die Sicherungsverwahrung nach § 66, da nach hM die Sicherungsverwahrung nach §§ 66a und 66b nicht „zugleich" mit der Freiheitsstrafe iSv § 67c I angeordnet wird (vgl. Kinzig in Schönke/Schröder Rn. 4f mwN). Mit Blick auf das Ultima-Ratio-Prinzip (vgl. BVerfGE 128, 326 (379) = NJW 2011, 1931) ist nach der Neufassung von **Abs. 1** unabhängig vom Zeitpunkt der Anordnung der Sicherungsverwahrung vor ihrem Vollzugsbeginn die **Erforderlichkeit der Unterbringung** im Anschluss an den Strafvollzug zu prüfen (BT-Drs. 17/9874, 19f.). Die gegenüber der früheren Fassung der Vorschrift erfolgte Umformulierung des Prüfungsgegenstands (statt „ob der Zweck der Maßregel die Unterbringung noch erfordert" nunmehr „dass der Zweck der Maßregel die Unterbringung nicht mehr erfordert") hat nach der Gesetzesbegründung allein redaktionelle Gründe und soll nicht zum Ausdruck bringen, dass die Aussetzung von nun an eine positive Legalprognose erfordert (BT-Drs. 17/9874, 20; zum Streitstand nach altem Recht s. Rissing-van Saan/Peglau in LK-StGB Rn. 45ff.). Um in Fällen, in denen die Sicherungsverwahrung erst kurz vor Ende des Strafvollzugs angeordnet und die Anordnung nicht durch ein langes Revisionsverfahren aufgeschoben wird, bedarf es keiner erneuten Gefährlichkeitsüberprüfung. Die zur Klarstellung dessen in Abs. 1 S. 2 vorgesehene Jahresfrist ist an § 67e II angelehnt und lässt die Möglichkeit einer erneuten Gefährlichkeitsprüfung in Fällen, in denen konkrete Anhaltspunkte für eine gefährlichkeitsrelevante Veränderung bestehen, unberührt (BT-Drs. 17/9874, 20).

3 **c)** Gem. Abs. 1 S. 1 Nr. 2 ist eine Bewährungsaussetzung auch dann möglich, wenn das Gericht die Unterbringung in der Sicherungsverwahrung für unverhältnismäßig erachtet, weil dem Untergebrachten **keine den Anforderungen von § 66c II iVm § 66c I Nr. 1 genügende Betreuung** (→ § 66c Rn. 2; krit. hinsichtlich der Rechtsfolge und der Beschränkung des Verweises auf § 66c I Nr. 1 Pollähne StV 2013, 249 (253); Peglau JR 2013, 249 (253f.)) angeboten wurde. Die Feststellung der Unverhältnismäßigkeit muss auf einer Gesamtbetrachtung des Vollzugsverlaufs beruhen, bei der das Gericht an rechtskräftige Entscheidungen der Strafvollstreckungskammer betr. die Übereinstimmung der vollzuglichen Betreuung mit den gesetzlichen Vorgaben gebunden ist; entscheidend ist, ob der Vollzug der Unterbringung in Anbetracht aller dem Untergebrachten unterbreiteten Betreuungsangebote unverhältnismäßig erscheint (BT-Drs. 17/9874, 20). Kleinere Defizite oder Verzögerungen bei der Betreuung des Untergebrachten genügen nicht. § 67c I 2 gilt insoweit nicht. In die Gesamtwürdigung, ob die Betreuungsangebote den sich aus § 66c II iVm I Nr. 1 ergebenden Anforderungen genügen, sind auch mit Bindungswirkung nach § 119a VII StVollzG durchgeführte strafvollzugsbegleitende gerichtliche Kontrollen einzustellen (BGH NStZ-RR 2020, 341 (342)). Nach Art. 316f III 1 EGStGB ist § 67c I 1 Nr. 2 in Fällen, in denen der Täter die letzte Anlasstat vor dem 1.6.2013 begangen hat, nur anzuwenden, wenn ihm

nach dem 31.5.2013 keine ausreichende Betreuung iSv § 66c I 1 Nr. 2 angeboten worden ist.

In beiden Fällen von Abs. 1 S. 1 tritt mit der Bewährungsaussetzung **Führungsaufsicht** ein (Abs. 1 S. 2 Hs. 2; zur Möglichkeit eines **Widerrufs** der Aussetzung s. § 67g I 1).

2. Abs. 2 ist nur anwendbar, solange die Vollstreckung noch nicht verjährt ist (§ 79). Zu S. 2 → § 44 Rn. 11. Im Sinne des S. 3 erfordert der Zweck der Maßregel (→ § 67 Rn. 3) die Unterbringung so lange, wie nicht nur die allgemeinen Voraussetzungen der Maßregel erfüllt sind, sondern auch die besonderen der Aussetzung zur Bewährung fehlen (aM Sinn in SK-StGB Rn. 13). Die analoge Anwendung des § 67c II 5 kommt in Betracht, wenn die Voraussetzungen einer Unterbringung nach § 63 von Anfang an nicht vorgelegen haben (zB Fehleinweisung) oder später (zB wegen Heilung) weggefallen sind (BVerfG NJW 1995, 2405; BGHSt 42, 306 (310) = NJW 1997, 875; OLG Frankfurt a. M. NStZ-RR 2002, 58; NStZ 2003, 222; OLG Düsseldorf StraFo 2004, 69; OLG Karlsruhe Justiz 2005, 285; aM Radtke ZStW 110 (1998), 297 (305); Bechtold, Die Erledigungserklärung im Maßregelvollzug des § 63, 2002, S. 49, 225, die bei Fehleinweisung ein Wiederaufnahmeverfahren, ansonsten de lege ferenda eine Widerrufsnorm verlangt). 4

3. Für **Zuständigkeit und Verfahren** gelten in den Fällen des Abs. 1 die §§ 463 III, 454, 462a StPO (zur Erforderlichkeit der Einholung eines Sachverständigengutachtens s. § 463 III 3 iVm § 454 II StPO; vgl. auch BVerfGE 109, 133 (162) = NJW 2004, 739; BVerfGE 128, 326 (382) = NJW 2011, 1931; zur notwendigen Verteidigung s. § 463 III 5 StPO), in den Fällen des Abs. 2 § 463 V iVm § 462 StPO (beachte auch § 462a IV StPO). Zu der nach Abs. 1 Hs. 2, Abs. 2 S. 4 eintretenden **Führungsaufsicht** → § 68 Rn. 9. 5

§ 67d Dauer der Unterbringung

(1) [1]**Die Unterbringung in einer Entziehungsanstalt darf zwei Jahre nicht übersteigen.** [2]**Die Frist läuft vom Beginn der Unterbringung an.** [3]**Wird vor einer Freiheitsstrafe eine daneben angeordnete freiheitsentziehende Maßregel vollzogen, so verlängert sich die Höchstfrist um die Dauer der Freiheitsstrafe, soweit die Zeit des Vollzugs der Maßregel auf die Strafe angerechnet wird.**

(2) [1]**Ist keine Höchstfrist vorgesehen oder ist die Frist noch nicht abgelaufen, so setzt das Gericht die weitere Vollstreckung der Unterbringung zur Bewährung aus, wenn zu erwarten ist, daß der Untergebrachte außerhalb des Maßregelvollzugs keine erheblichen rechtswidrigen Taten mehr begehen wird.** [2]**Gleiches gilt, wenn das Gericht nach Beginn der Vollstreckung der Unterbringung in der Sicherungsverwahrung feststellt, dass die weitere Vollstreckung unverhältnismäßig wäre, weil dem Untergebrachten nicht spätestens bis zum Ablauf einer vom Gericht bestimmten Frist von höchstens sechs Monaten ausreichende Betreuung im Sinne des § 66c Absatz 1 Nummer 1 angeboten worden ist; eine solche Frist hat das Gericht, wenn keine ausreichende Betreuung angeboten wird, unter Angabe der anzubietenden Maßnahmen bei der Prüfung der Aussetzung der Vollstreckung festzusetzen.** [3]**Mit der Aussetzung nach Satz 1 oder 2 tritt Führungsaufsicht ein.**

(3) [1]**Sind zehn Jahre der Unterbringung in der Sicherungsverwahrung vollzogen worden, so erklärt das Gericht die Maßregel für erledigt, wenn nicht die Gefahr besteht, daß der Untergebrachte erhebliche Straftaten begehen wird, durch welche die Opfer seelisch oder körperlich schwer geschädigt werden.** [2]**Mit der Entlassung aus dem Vollzug der Unterbringung tritt Führungsaufsicht ein.**

(4) [1]**Ist die Höchstfrist abgelaufen, so wird der Untergebrachte entlassen.** [2]**Die Maßregel ist damit erledigt.** [3]**Mit der Entlassung aus dem Vollzug der Unterbringung tritt Führungsaufsicht ein.**

(5) [1]**Das Gericht erklärt die Unterbringung in einer Entziehungsanstalt für erledigt, wenn die Voraussetzungen des § 64 Satz 2 nicht mehr vorliegen.** [2]**Mit der Entlassung aus dem Vollzug der Unterbringung tritt Führungsaufsicht ein.**

(6) [1]**Stellt das Gericht nach Beginn der Vollstreckung der Unterbringung in einem psychiatrischen Krankenhaus fest, dass die Voraussetzungen der Maßregel nicht mehr vorliegen oder die weitere Vollstreckung der Maßregel unverhältnismäßig wäre, so erklärt es sie für erledigt.** [2]**Dauert die Unterbringung sechs Jahre, ist ihre Fortdauer in der Regel nicht mehr verhältnismäßig, wenn nicht die Gefahr besteht, dass der Untergebrachte infolge seines Zustandes erhebliche rechtswidrige Taten begehen wird, durch welche die Opfer seelisch oder körperlich schwer geschädigt werden oder in die Gefahr einer schweren körperlichen oder seelischen Schädigung gebracht werden.** [3]**Sind zehn Jahre der Unterbringung vollzogen, gilt Absatz 3 Satz 1 entsprechend.** [4]**Mit der Entlassung aus dem Vollzug der Unterbringung tritt Führungsaufsicht ein.** [5]**Das Gericht ordnet den Nichteintritt der Führungsaufsicht an, wenn zu erwarten ist, dass der Betroffene auch ohne sie keine Straftaten mehr begehen wird.**

Fassung des UBNoG (→ Vor § 1 Rn. 18).

1 **1. a)** Die **Dauer** einer Unterbringung ist – abgesehen von den Fällen des Ablaufs der Höchstfrist – **unbestimmt** und regelmäßig vom Eintritt der Voraussetzungen abhängig, unter denen Aussetzung zur Bewährung anzuordnen ist (Abs. 2). Zu Ausnahmen → Rn. 7, 8–10; auch der Verhältnismäßigkeitsgrundsatz (→ § 62 Rn. 2) kann bisweilen dazu zwingen, eine Unterbringung trotz Vorliegens aller übrigen Voraussetzungen wegen überlanger Dauer für erledigt zu erklären (BVerfG NJW 1995, 3048; OLG Celle NStZ 1989, 491; OLG Karlsruhe NStZ 1999, 37; OLG Karlsruhe StraFo 2007, 434; KG StV 2007, 432; diff. Veh in MüKoStGB Rn. 31, 32).

2 **b)** Keine **Befristung** der Unterbringung im Urteil (BGHSt 30, 305 (307); OLG Düsseldorf NStZ-RR 1996, 293). Die Frist des Abs. 1 bezeichnet nur das Höchstmaß des auf Grund einer Anordnung nach § 64 I insgesamt zulässigen Freiheitsentzugs. Sie beginnt mit dem Tage der tatsächlichen Aufnahme in den Maßregelvollzug (OLG Karlsruhe NStZ 1992, 456 mwN). Ihrer Berechnung ist nur die Zeit der tatsächlichen Unterbringung zugrundezulegen (Veh in MüKoStGB Rn. 8); Zeiträume der Aussetzung zur Bewährung (§ 67g IV), des Vollstreckungsaufschubs (§ 463 IV iVm §§ 455–456 StPO) und der vorübergehenden Fortsetzung des UHaft-Vollzugs nach Rechtskraft, aber vor Beginn des Maßregelvollzugs (OLG Stuttgart NStZ 1985, 332 mAnm Jabel; im Hinblick auf BVerfG NStZ 1998, 77

zw.) bleiben daher außer Ansatz. Die Unterbringung darf jedoch zwei Jahre überschreiten, wenn nach § 72 III 2 die Unterbringung in einer Entziehungsanstalt und in einer psychiatrischen Klinik nebeneinander angeordnet wird (OLG Stuttgart NStZ-RR 2002, 94). Bei Vorwegvollzug einer freiheitsentziehenden Maßregel verlängert sich nach **Abs. 1 S. 3** die zweijährige **Höchstfrist** (Grundhöchstfrist) um die auf die Strafe anzurechnende Zeit.

2. a) Die **Aussetzung zur Bewährung nach Abs. 2** setzt eine **günstige Täterprognose** (aM Sinn in SK-StGB Rn. 18: neue negative Vollstreckungsprognose; zum Maßstab für Entscheidungen, die nach einem Beschluss gem. Abs. 3 ergehen → Rn. 7c) bzw. die Feststellung mangelhafter Betreuung iSv § 66c I Nr. 1 voraus. Die Täterprognose **(Abs. 2 S. 1)** bestimmt sich nach dem SexBG (→ Vor § 1 Rn. 13) nicht nach dem Maßstab des § 57 II Nr. 2, sondern erfordert übereinstimmend mit § 56 I die „Erwartung" des Bewährungserfolges. Diese erst gegen Ende der parlamentarischen Beratungen beschlossene Verschärfung gilt für alle freiheitsentziehenden Maßregeln, also auch für die Unterbringung in einem psychiatrischen Krankenhaus (§ 63). In diesem Bereich hat sich aber das frühere Recht bewährt und dazu beigetragen, dass im psychiatrischen Maßregelvollzug die sozialtherapeutische Betreuung der Untergebrachten signifikant verbessert werden konnte. Die hier unbegründete Verschärfung der Prognoseanforderungen könnte diese ermutigende Entwicklung gefährden (Nedopil MschrKrim 1998, 44; Müller-Isberner ua MschrKrim 1998, 47; Schöch NJW 1998, 1257 (1258); Schöch FS Kaiser, 1998, 1239; Streng ZStW 111 (1999), 827 (834); Rengier in JMBW, Der Schutz vor Sexualstraftaten, 2003, S. 9, 23; iErg dem Gesetz aber zust. Schall/Schreibauer NJW 1997, 2412 (2416); Schneider JZ 1998, 436 (440); ferner Rosenau StV 1999, 388 (395), der vorschlägt, durch restriktive Auslegung der neuen Formel an dem Maßstab des früheren Rechts festzuhalten; ebenso Pollähne in NK-StGB Rn. 15; sa Dölling FS Rolinski, 2002, 55 (58)). Der **Bewährungserfolg** kann hier auch wegen der Gefahr nur rechtswidriger Taten (→ § 11 Rn. 18) ausbleiben, weil die Gefährlichkeit Schuldunfähiger eingezogen werden muss. **Erwartung** setzt zwar keine sichere Gewähr für deliktfreies Verhalten voraus (Finger, Vorbehaltene und nachträgliche Sicherungsverwahrung, 2008, S. 93); ausreichend ist vielmehr eine durch Tatsachen begründete Wahrscheinlichkeit, die höher einzuschätzen ist als die Möglichkeit neuer rechtswidriger Taten (KG NStZ-RR 2002, 138; sa BT-Drs. 13/9062, 10; Streng Sanktionen Rn. 407). Dieser Maßstab ist aber strenger als der des früheren Rechts (→ § 57 Rn. 7–9). Er erhöht zur Stärkung des Sicherheitsinteresses der Allgemeinheit die Schwelle, von der ab Maßregelaussetzung zulässig wird (OLG Koblenz NJW 1999, 876; OLG Karlsruhe NStZ-RR 1999, 253; KG NStZ-RR 2002, 138; beachte dazu auch die Eilentscheidung BVerfG NStZ 1999, 156). Das trifft nicht schon zu, wenn das Risiko der Entlassung verantwortbar ist, sondern erst, wenn die Wahrscheinlichkeit künftig deliktsfreien Verhaltens überwiegt. Immerhin werden aber die – von § 56 I grundverschiedenen – **Bezugspunkte der Prognose** (dazu eing. Rissing-van Saan/Peglau in LK-StGB Rn. 97–102; krit. Baur MDR 1990, 473 (474); Laubenthal FS Krause, 1990, 357 (363); Frisch ZStW 102 (1990), 707 (766)) durch die Rechtsänderung nicht berührt. Deshalb bleibt es bei dem Erfordernis umfassender **Abwägung** aller für die Prognose maßgebenden Gesichtspunkte (→ § 57 Rn. 7–9), die aber erst bei einem gegenüber dem früheren Recht höheren Grad der Wahrscheinlichkeit des Bewährungserfolges bejaht werden darf. Insofern bezieht sich die Prognose auch nur auf solche Taten, die aus dem biologischen Defekt (§§ 63, 3

20, 21) oder dem jeweiligen Hang (§§ 64 I, 66 I Nr. 3) erwachsen. Bei längerdauernden Unterbringungen steigen die Anforderungen an eine gründliche Aufklärung der persönlichen Umstände (OLG Düsseldorf NStZ 1991, 104), an die gerichtliche Begründung der Fortdauerentscheidung und dementsprechend auch die Dichte verfassungsgerichtlicher Kontrolle (BVerfGE 70, 297 (314) = NJW 1986, 767; BVerfGE 109, 133 (169) = NJW 2004, 739). Namentlich wenn die Anlasstat (→ § 63 Rn. 2; → § 64 Rn. 3; → § 66 Rn. 4) ein sexuell motiviertes Delikt war (zB Vergewaltigung, Kindesmissbrauch), schlägt, wie sich aus dem Gesamtzusammenhang des SexBG ergibt, dieses Interesse wegen der Schwierigkeiten, bei Triebtätern eine zuverlässige Prognose zu stellen, nachhaltig zu Buche (abschwächend Expertenkommission Sexualstraftäter im Maßregelvollzug MschrKrim 1996, 147; krit. zur Gutachtenpraxis in diesem Bereich Nowara, Gefährlichkeitsprognosen bei psychisch kranken Straftätern, 1995; Nowara MschrKrim 1997, 116). Es wiegt umso schwerer, je größer das Gewicht des bei einem Rückfall bedrohten Rechtsguts ist und je gefährlicher die zu erwartenden rechtswidrigen Taten sind (diese Abstufung ist auch mit der Neufassung des Abs. 2 S. 1 vereinbar, BT-Drs. 13/9062, 10). Im Übrigen ist die Aussetzung nicht schon im Hinblick auf die Möglichkeit irgendwelcher künftiger Taten ausgeschlossen; es kommt, wie der Gesetzgeber nunmehr klargestellt hat, vielmehr auf Taten von solcher Erheblichkeit an, dass ihre Begehung die materiellen Voraussetzungen der Maßregel, also im Falle des psychiatrischen Krankenhauses die des § 63 (BVerfGE 70, 297 (313) = NJW 1986, 767), im Falle der Entziehungsanstalt die des § 64 I (OLG Düsseldorf MDR 1980, 779) und im Falle der Sicherungsverwahrung die des § 66 I Nr. 3 (→ § 66 Rn. 13–18), erfüllen würde (OLG Nürnberg NJW 1971, 1573).

3a Mit Blick auf das **Ultima-Ratio-Prinzip** (BVerfGE 128, 326 (379) = NJW 2011, 1931) hängt die weitere Vollstreckung der Unterbringung in der Sicherungsverwahrung nach der mit dem SichVAbstUmsG einhergegangenen Neufassung von Abs. 2 vom **Umfang des Betreuungsangebots** ab, genauer davon, ob im Vollzug alle Möglichkeiten ausgeschöpft wurden, um die Gefährlichkeit des Untergebrachten zu reduzieren und ihm dadurch eine realistische Entlassungsperspektive zu eröffnen. Insofern bestimmt Abs. 2 S. 2, dass die weitere Vollstreckung zur Bewährung auszusetzen ist, wenn das Gericht nach Beginn der Unterbringung feststellt, dass deren weitere Vollstreckung unverhältnismäßig wäre, weil dem Untergebrachten nicht spätestens bis zum Ablauf einer vom Gericht bestimmten Frist von höchstens sechs Monaten ausreichende Betreuung iSv § 66c I 1 Nr. 2 angeboten worden ist (krit. Bartsch, Forum Strafvollzug 2013, 202 (210)). Bedarf es einer solchen Fristsetzung, kann das Gericht die Aussetzung nicht sofort anordnen; nach Ablauf der höchstens sechsmonatigen Frist hat es allerdings gem. § 67e I von Amts wegen bzw. aufgrund eigener Fristvorgabe nach § 67e III 1 über eine etwaige Aussetzung zu entscheiden. Für die Fristbemessung kommt es darauf an, innerhalb welchen Zeitraums dem Untergebrachten ein erfolgversprechendes Betreuungsangebot unterbreitet werden kann und welche Gründe das vom Gericht festgestellte Betreuungsdefizit hat (zur gerichtlichen Pflicht, die Ursachen vollzuglicher Defizite zu erforschen, s. BVerfGK 13, 487 (492f.) = BeckRS 2008, 35236 mwN). Regelmäßig – insbes. bei fehlendem Verschulden der Vollzugsbehörde – soll nach dem Willen des Gesetzgebers eine Frist zwischen drei und sechs Monaten angemessen sein; beruht das Defizit auf einem bewussten Unterlassen, sollen ausnahmsweise auch deutlich kürzere Fristen zulässig sein (BT-Drs. 17/9874, 21). Dabei dürfte es vor dem Hintergrund des Ultima-Ratio-Prinzips keine Rolle spielen, ob das bewusste Unterlassen ein solches der Vollzugsbehörde oder der ihr übergeordneten Aufsichtsbehörde ist.

b) Danach ist die Aussetzung anzuordnen, wenn das Gericht davon überzeugt ist, dass von dem Verurteilten außerhalb des Maßregelvollzugs keine rechtswidrigen Taten mehr zu erwarten sind (→ Rn. 3). Das kann je nach den Umständen aus einer **erfolgreichen Therapie** bei psychischer Erkrankung, Alkohol- oder Drogenabhängigkeit (Veh in MüKoStGB Rn. 22) oder allgemein aus dem erfolgreichen Bestehen der vorgeschalteten Lockerungsmaßnahmen herzuleiten sein (näher diff. Frisch ZStW 102 (1990), 707 (771); zur Notwendigkeit von Vollzugslockerungen zur Vorbereitung der Aussetzung BVerfG NStZ 1998, 373; Rasch FS Venzlaff, 1986, 99; Stolpmann NStZ 1997, 316). Ausnahmsweise kann auch straffreies Verhalten nach einer Flucht aus der Anstalt genügen (OLG Hamm StV 1988, 115 mkritAnm Pollähne). In Einzelfällen nicht auszuschließen ist schließlich, dass die spezialpräventiven Möglichkeiten der Aussetzung (Drohung des Widerrufs, Führungsaufsicht) uU iVm anderen Maßnahmen auf freiwilliger Basis (→ § 63 Rn. 8; → § 67b Rn. 3) oder mit Kastration (OLG Frankfurt a. M. NJW 1967, 687), eine günstige Prognose begründen. Gute Führung und Fleiß in der Anstalt genügen allein in keinem Falle (OLG Köln NJW 1955, 682). 4

c) Eine **Einwilligung** des Verurteilten ist abweichend von § 57 nicht erforderlich (OLG Düsseldorf MDR 1985, 71; Kett-Straub FS Stöckel, 2010, 377 (379)). 5

d) Zum Grundsatz **in dubio pro reo** bei Zweifeln über die Prognose → § 61 Rn. 5. Zu der uU gebotenen **Koordinierung** mit der Aussetzung des Strafrestes zur Bewährung → § 57 Rn. 21, 22. 6

e) Stellt sich im Rahmen der Prüfung nach Abs. 2 bei einer **Unterbringung nach § 63** heraus, dass ein biologischer Defekt iSd §§ 20, 21 nicht vorgelegen hat, so muss die Maßregel – wegen Fehlens eines Zusammenhangs mit dem Maßregelzweck auch bei ungünstiger Prognose (BVerfG NJW 1995, 2405 mit krit. Bespr. Wolf NJW 1997, 779) – für erledigt erklärt werden; denn es hat von vornherein an ihrer Grundlage gefehlt (hM; vgl. etwa Veh in MüKoStGB Rn. 30; wohl auch, aber unklar OLG Dresden StraFo 2005, 432; anders Wolf NJW 1997, 779; Radtke ZStW 110 (1998), 297, die im Hinblick auf unlösbare Wertungswidersprüche nur eine Wiederaufnahme des Verfahrens für zulässig halten, aber die Schwierigkeit einräumen, in diesem Verfahren die wegfallende Maßregel durch die Bestrafung wegen der dann schuldhaft begangenen Tat zu ersetzen). Liegen die Voraussetzungen der Unterbringung nach § 63 nicht mehr vor, schreibt das Gesetz nunmehr ausdrücklich in **Abs. 6** die Erledigterklärung und eine nach Entlassung aus dem Vollzug obligatorische Führungsaufsicht vor (→ Rn. 10a–10d). Stellt sich bei einer Maßregel nach § 63 die Aussichtslosigkeit weiterer Anstaltsbehandlung heraus, bleibt der Verurteilte aber infolge seines Zustandes weiterhin gefährlich, so ist eine Erledigungserklärung nicht zu rechtfertigen, weil die Erfolgsaussichten nicht zu den Anordnungsvoraussetzungen der Maßregel gehören (Volckart/Grünebaum, Maßregelvollzug, 8. Aufl. 2015, S. 345; aM LG Göttingen NStZ 1990, 299; Kinzig in Schönke/Schröder Rn. 14; zw.). Zur Aussichtslosigkeit einer Maßregel nach § 64 → Rn. 8. 7

3. Auch die **erste Unterbringung in der Sicherungsverwahrung** ist nach dem SexBG (→ Vor § 1 Rn. 13) **unbefristet.** Dadurch werden die nach früherem Recht ausweglosen Fälle lösbar, in denen Trieb- oder Gewalttäter trotz hochgradig schlechter Prognose in die volle Freiheit entlassen werden mussten (BT-Drs. 13/9062, 10). Zur Rückwirkungsproblematik → § 66 Rn. 1. 7a

7b **a) Abs. 3** sieht zur Begrenzung dieser Rechtsänderung (BT-Drs. 13/9062, 10) vor, dass nach Ablauf von zehn Jahren Unterbringungsvollzug – unabhängig von den allgemeinen Prüfungsfristen (§ 67e) – eine **gesonderte Überprüfung** stattfinden muss (LG Marburg NStZ-RR 2009, 292).

aa) Im Regelfall ist die Maßregel nach Fristablauf **für erledigt zu erklären** und der Untergebrachte zu entlassen (**S. 1** Hs. 1). Nach **S. 2** tritt mit der Entlassung aus dem Vollzug Führungsaufsicht ein.

7c bb) Nur wenn die in **S. 1 beschriebene Gefahr besteht,** ist die weitere Vollstreckung anzuordnen. Dieser Maßstab gilt auch für nach Abs. 2 ergehende Entscheidungen, die der Beschlussfassung nach Abs. 3 nachfolgen (OLG Hamm NStZ-RR 2006, 27). – **Gefahr** → § 64 Rn. 5. Sie bezieht sich abweichend von § 64 I nur auf Taten von der in § 66 I Nr. 4 (→ § 66 Rn. 14) für die Anordnung der Sicherungsverwahrung notwendigen Erheblichkeit). Das Gesetz geht davon aus, dass sich nach Ablauf von zehn Jahren die Gefährlichkeit erledigt hat (vgl. Streng FS Lampe, 2003, 611 (633)), weshalb der Fortbestand der Maßregel nunmehr von einer positiven Gefahrenprognose abhängig gemacht wird (BVerfGE 109, 133 (160) = NJW 2004, 739; BVerfGE 128, 326 (382) = NJW 2011, 1931). Es müssen konkrete und gegenwärtige Anhaltspunkte dafür vorliegen, dass die Gefährlichkeit entgegen der gesetzlichen Vermutung fortbesteht; die bloße Fortschreibung bisheriger Gefährlichkeitshypothesen genügt nicht (BVerfGE 109, 133 (161) = NJW 2004, 739; BVerfGE 128, 326 (382) = NJW 2011, 1931; vgl. auch Kröber MschrKrim 2004, 261 (263)). Da die Verlängerung der Vollstreckung ausdrücklich als Ausnahme formuliert ist, muss das Gericht vom Bestehen der Gefahr überzeugt sein, so dass insoweit Zweifel zugunsten des Untergebrachten ausschlagen (Streng Sanktionen Rn. 426; Veh in MüKoStGB Rn. 37; Sinn in SK-StGB Rn. 32; iErg ebenso BT-Drs. 13/9062, 10; so auch BVerfGE 109, 133 (161) = NJW 2004, 739).

7d cc) Liegen die Ausnahmevoraussetzungen vor, so ist die Fortsetzungsanordnung **obligatorisch** (S. 1 iVm §§ 463 III, 454 I StPO). Bei der dazu erforderlichen **Gesamtwürdigung** (→ § 66 Rn. 17) ist auch zu beachten, dass von Verfassungs wegen mit steigender Verwahrungsdauer zunehmend strengere Anforderungen an die Anordnung und die ihr nachfolgenden weiteren Entscheidungen zu stellen sind (BVerfGE 109, 133 (162) = NJW 2004, 739; BVerfGE 128, 326 (382) = NJW 2011, 1931; OLG Karlsruhe NStZ-RR 2006, 93; BT-Drs. 13/9062, 10).

8–10 Der nichtige Abs. 5 StGB aF (BVerfGE 91, 1 = NJW 1995, 1077) wurde durch einen neuen **Abs. 5** ersetzt (s. Fassungshinweis). Liegen die Voraussetzungen des § 64 S. 2 (→ § 64 Rn. 6; konkrete Erfolgsaussicht; s. OLG Hamm NStZ 2009, 39 zur Therapieunwilligkeit) nicht mehr vor, so ist die Unterbringung nach **S. 1** für erledigt zu erklären. Obwohl die alte Einjahresfrist nicht mehr im Gesetz steht, wird eine gewisse Dauer der Unterbringung erforderlich sein (Schneider NStZ 2008, 68 (69); Kindhäuser in LPK-StGB Rn. 12; Kinzig in Schönke/Schröder Rn. 14). Nach **S. 2** tritt mit der Entlassung aus dem Vollzug Führungsaufsicht ein.

10a **4.** Mit **Abs. 6** wird die bisherige, nicht unumstrittene Rspr., wonach bei Wegfall der gesetzlichen Voraussetzungen des § 63 die Maßregel **für erledigt zu erklären** ist (→ § 67d Rn. 7; LG Landau NStZ-RR 2007, 354), in Gesetzesform gegossen (BT-Drs. 15/2887, 14). Ist die Maßregel zwar angeordnet, aber noch nicht mit ihrer Vollstreckung begonnen worden, kann sie nicht für erledigt erklärt werden (LG Marburg NStZ-RR 2007, 28).

10b **a)** Erfasst sind zunächst diejenigen Fälle, in denen die **Voraussetzungen** der Maßregel **nicht mehr gegeben** sind (Abs. 6 S. 1 Var. 1). Das ist zum einen der Fall, wenn eine erneute Begutachtung im Rahmen der §§ 67d II, 67e ergibt, dass der Untergebrachte nicht mehr an dem Zustand iSd §§ 20, 21 leidet, der zur Unterbringung Anlass gegeben hat (OLG Stuttgart Justiz 2007, 325). Zum anderen ist dies der Fall, wenn die Gefährlichkeit nachträglich entfallen ist. Allerdings sieht das Gesetz in § 67d II die Aussetzung der weiteren Vollstreckung der Maßregel zur Bewährung und den Eintritt der Führungsaufsicht vor, wenn sich (zB aufgrund von Therapieerfolgen) die Gefährlichkeit verringert hat. Daher soll nach dem Willen des Gesetzgebers Abs. 6 nur in den Fällen zur Anwendung gelangen, in denen jedes „Restrisiko" ausgeschlossen werden kann (BT-Drs. 15/2887, 15 mit dem Beispiel eines wegen Totschlags Verurteilten, der im Laufe der Unterbringung unheilbar körperbehindert wird).

b) Ferner kommt bei **Unverhältnismäßigkeit** der weiteren Vollstreckung der Maßregel eine Erledigterklärung in Betracht (Abs. 6 S. 1 Var. 2). Entscheidend ist hierbei das Verhältnis der Gefahr, die vom Täter ausgeht, zur Schwere des Eingriffs in seine Freiheitssphäre (BT-Drs. 15/2887, 15; vgl. auch OLG Hamburg NStZ-RR 2005, 40; OLG Karlsruhe NStZ-RR 2005, 338). Dem Umstand, dass dabei die Voraussetzungen für die Verhältnismäßigkeit des Freiheitsentzuges steigen, je länger die Unterbringung andauert (BVerfGE 70, 297 (311) = NJW 1986, 767), hat der Gesetzgeber mit Abs. 6 S. 2, 3 Rechnung getragen, indem die Anforderungen an Fortdauerentscheidungen nach sechs und zehn Jahren vollzogener Unterbringung im Verhältnis zu den für die ursprüngliche Anordnung maßgeblichen Anforderungen steigen (BT-Drs. 18/7244, 31). Erklärt das Gericht nach langandauerndem Vollzug der Unterbringung die Maßregel nach Abs. 6 S. 1 Var. 2 für erledigt, ist der Verhältnismäßigkeitsgrundsatz auch bei der Prüfung der Aussetzung der Vollstreckung des Restes der im gleichen Verfahren verhängten und durch Anrechnung noch nicht verbüßten Freiheitsstrafe im Rahmen der Berücksichtigung der individuellen Lebensumstände des Verurteilten (§§ 67 V 1, 57 I 2) zur Bewährung zu beachten (BVerfG NStZ-RR 2014, 121). **10c**

Nach der Regelvermutung in **Abs. 6 S. 2** ist die Fortdauer einer bereits sechsjährigen Unterbringung unverhältnismäßig. Die Regelvermutung ist nur widerlegt, wenn der Untergebrachte aufgrund konkreter Anhaltspunkte eine ungünstige Prognose hat. Die bloße nicht hinreichende Feststellbarkeit einer günstigen Prognose reicht nicht (OLG Rostock NStZ-RR 2017, 31). Die Gefahr eines rein wirtschaftlichen Schadens kann eine Fortdaueranordnung nicht mehr rechtfertigen (BT-Drs. 18/7244, 32). Etwas anderes soll für unersetzbare wirtschaftliche und kulturelle Schäden (zB Beschädigung von wertvollen Gemälden, die zu unwiederbringlichem Kulturgut gehören) gelten (BT-Drs. 18/7244, 35). Zudem müssen, wenn die Verletzung höchstpersönlicher Rechtsgüter im Raum steht, Straftaten zu besorgen sein, bei denen die Opfer seelisch oder körperlich schwer geschädigt werden oder in die Gefahr schwerer körperlicher oder seelischer Schäden gebracht werden. Bei der Beurteilung dieser Frage können im Wesentlichen die Kriterien herangezogen werden, die die Rspr. zu den materiellen Anforderungen der Anordnung der Sicherungsverwahrung nach § 66 I 1 Nr. 4 (→ § 66 Rn. 14) herausgebildet hat (BT-Drs. 18/7244, 33). Danach sind drohende Verbrechen regelmäßig erfasst und Straftaten der mittleren Kriminalität nur dann, wenn sie einen hohen Schweregrad aufweisen und den Rechtsfrieden empfindlich stören (BT-Drs. 18/7244, 33 mwN; BGHSt 24, 153 (158) = NJW 1971, 1322). Eine schwere seelische Störung durch drohende Straftaten wird häufig nicht nur bei schweren Gewaltdelikten gegeben sein, sondern auch bei Sexualdelikten und bei im Allgemeinen weniger erheblichen Straftaten, die eine bestimmte Gruppe von Menschen **10d** seelisch schwer schädigen, etwa nächtliche Einbrüche bei hochbetagten, in panische Angst geratenden Opfern (BT-Drs. 18/7244, 33; BGH NStZ-RR 2002, 38). Bei Straftaten gegen die sexuelle Selbstbestimmung (§§ 174ff.) wird eine schwere sexuelle Schädigung regelmäßig zu besorgen sein, weil es genügt, wenn die Schäden für die zu erwartenden Taten typisch sind, auch wenn ihr konkreter Eintritt nicht exakt feststellbar ist (BT-Drs. 18/7244, 34 mwN). Über das in § 66 I 1 Nr. 4 genannte Merkmal der schweren Schädigung hinausgehend erfasst Abs. 6 S. 2 auch Fälle drohender Taten, durch die die Opfer nur in die „Gefahr" einer schweren körperlichen oder seelischen Schädigung gebracht werden (BT-Drs. 18/7244, 34). Hierdurch werden auch die Fälle erfasst, in denen vom Untergebrachten Gefährdungsdelikte drohen, die zu schweren Verletzungen führen können, zB schwere Brandstiftungsdelikte nach den §§ 306a ff. (BT-Drs. 18/7244, 34). Hingegen können solche drohenden Delikte keine Fortdauer der Unterbringung über sechs Jahre hinaus rechtfertigen, die sich im Bereich der mittleren Kriminalität befinden, ohne zugleich – unter Berücksichtigung des Umstands, dass auch die Gefahr einer schweren Schädigung genügt – einen hohen Schweregrad aufzuweisen (BT-Drs. 18/7244, 34). Die Gefahr der künftigen Begehung einfacher Brandstiftungsdelikte genügt von daher regelmäßig ebenso wenig (OLG Rostock NStZ-RR 2017, 31) wie die Gefahr einfacher Körperverletzungsdelikte, die nicht aus der Masse der in der täglichen Strafverfolgungspraxis zu beurteilenden Fälle herausragen (BT-Drs. 18/7244, 34). Anders liegt der Fall, wenn Körperverletzungstaten drohen, bei denen das Opfer Knochenbrüche, Gehirnerschütterungen oder großflächige Schürfwunden erleidet oder gar längerer stationärer Krankenhausbehandlung bedarf. Erst recht ist ein schwerer körperlicher Schaden bei irreparablen Schäden zu bejahen, die den Betroffenen in seinen körperlichen Fähigkeiten beeinträchtigen (BT-Drs. 18/7244, 34f.). Wuchtige Faustschläge ins Gesicht oder kraftvolle Tritte oder Stöße gegen den Kopf oder wichtige Organe (Nieren, Milz) werden zumindest die Gefahr einer schweren Schädigung begründen (BT-Drs. 18/7244, 35).

10e Mit der Regelung in Abs. 6 S. 3 wird auf der zweiten Stufe der Maßstab des Rechts der Sicherungsverwahrung für die Zehnjahresprüfung nach § 67d III 1 übernommen (BT-Drs. 18/7244, 35). Anders als bei Abs. 6 S. 2 genügt hier die bloße Gefahr einer Gefahr nicht (BT-Drs. 18/7244, 36). Im Übrigen gilt auch hier das zu Abs. 6 S. 2 Ausgeführte. Insbesondere genügt auch für Abs. 6 S. 3 die bloße Verneinung einer günstigen Prognose nicht, vielmehr muss die ungünstige Prognose für die Fortdauer der Unterbringung feststehen (KG NStZ-RR 2017, 8 (10)).

10f **c)** Als obligatorische Folge der Entlassung aus dem Vollzug der Unterbringung tritt nach (neu gefasstem; s. Fassungshinweis) Abs. 6 S. 4 **Führungsaufsicht** ein; das soll nicht gelten, wenn die Anordnung auf einer Fehldiagnose beruhte (OLG Dresden StraFo 2008, 171; Kindhäuser in LPK-StGB Rn. 16). Allerdings kann das Gericht ausnahmsweise nach S. 5 den Nichteintritt der Führungsaufsicht anordnen, wenn inzwischen von der Ungefährlichkeit des Täters ausgegangen werden kann; Zweifel an dieser Ungefährlichkeit gehen zu Lasten des Betroffenen (Kinzig in Schönke/Schröder Rn. 26).

11 **5. a) Zuständig** für Entscheidungen nach Abs. 2, 3 ist die Strafvollstreckungskammer (§§ 463 III, 454, § 462a I StPO; → § 57 Rn. 27; OLG Frankfurt a. M. NStZ-RR 2010, 18 zur zwingend gebotenen Anhörung des Untergebrachten vor dem gesamten Spruchkörper). Im weiteren **Verfahren** nach der Fortsetzungsanordnung (Abs. 3) gilt § 68e mit der dort vorgesehenen Prüfungsfrist von jeweils einem

Jahr bzw. nach zehnjähriger Unterbringung neun Monate; allerdings dürfte die erste weitere Prüfung unmittelbar an die Sonderprüfung, dh nicht an die vorausgegangene allgemeine Prüfung nach § 68e II anzuknüpfen sein. Nach § 463 IV 1 StPO ist im Rahmen der Überprüfung der Unterbringung nach § 63 eine gutachterliche Stellungnahme der Maßregelvollzugseinrichtung einzuholen. Zur Erforderlichkeit eines externen Sachverständigengutachtens, das von der gutachterlichen Stellungnahme zu unterscheiden ist (Peglau NJW 2016, 2298 (2301)) und das von Ärzten oder Psychologen mit forensisch-psychiatrischer Expertise angefertigt sein muss (näher BT-Drs. 18/7244, 39), s. § 463 IV 2–8. Bei einer langjährigen Unterbringung in der Sicherungsverwahrung ist es durch das im Freiheitsgrundrecht (Art. 2 II 2 iVm Art. 104 I 1 GG) wurzelnden Gebot bestmöglicher Sachaufklärung regelmäßig, und zwar auch bei einer Begutachtung des eine Exploration ablehnenden Betroffenen allein nach Aktenlage, angezeigt, von Zeit zu Zeit einen externen Gutachter heranzuziehen, um der Gefahr repetitiver Routinebeurteilungen vorzubeugen und um mögliche Fehlerquellen auszuschließen; unter Umständen kann sogar eine Begutachtung durch eine Person, die mit dem Untergebrachten noch nicht befasst war, angezeigt sein (BVerfGE 109, 133 (164); BVerfGK 15, 187 (295 f.)). Dass der Sachverständige mehrere Gutachten in einer engen zeitlichen Abfolge erstattet hat, kann ein Indiz für die Gefahr einer repetitiven Routinebeurteilung sein. Verstärkt wird die Gefahr, wenn der Betroffene zu einer Exploration durch den Sachverständigen nicht bereit ist und das Gutachten daher nach Aktenlage erstellt werden muss. Dabei kommt auch einem ohne Exploration erstellten Gutachten allein auf der Grundlage der Akten, der Vorgutachten sowie der Unterbringungsunterlagen Bedeutung zu, da ein neuer Gutachter die Feststellungen und Stellungnahme der Unterbringungseinrichtung einer eigenständigen Bewertung zuführen wird, bei der sich seine gesteigerte Unvoreingenommenheit und kritische Distanz entfalten können (BVerfG NStZ-RR 2020, 387 (388 f) mwN). Die Einholung eines Sachverständigengutachtens ist ausnahmsweise nicht erforderlich, wenn das Gericht die Aussetzung nicht erwägt (§§ 463 III 3, 454 II StPO). Zu den inhaltlichen Anforderungen an das Sachverständigengutachten OLG Koblenz StV 2003, 686; OLG Karlsruhe NStZ-RR 2006, 90; → § 66 Rn. 17. Wenn der Verurteilte die Begutachtung verweigert, muss auf andere Erkenntnisquellen, etwa Vorgutachten, zurückgegriffen werden (OLG Karlsruhe NStZ-RR 2006, 90).

b) Zuständigkeit für Anordnungen nach **Abs. 5** → Rn. 11. **Verfahren** §§ 463 V iVm 462 StPO (beachte auch BGH NStZ-RR 1997, 240; OLG Celle StV 1997, 541). Beachte auch § 463 VIII StPO. 12

6. Zur **Führungsaufsicht,** die nach Abs. 2 S. 3, Abs. 3 S. 2 und Abs. 5 S. 2 eintritt, → § 68 Rn. 9. 13

§ 67e Überprüfung

(1) [1]**Das Gericht kann jederzeit prüfen, ob die weitere Vollstreckung der Unterbringung zur Bewährung auszusetzen oder für erledigt zu erklären ist.** [2]**Es muß dies vor Ablauf bestimmter Fristen prüfen.**

(2) **Die Fristen betragen bei der Unterbringung**
in einer Entziehungsanstalt sechs Monate,
in einem psychiatrischen Krankenhaus ein Jahr,

in der Sicherungsverwahrung ein Jahr, nach dem Vollzug von zehn Jahren der Unterbringung neun Monate.

(3) [1]**Das Gericht kann die Fristen kürzen.** [2]**Es kann im Rahmen der gesetzlichen Prüfungsfristen auch Fristen festsetzen, vor deren Ablauf ein Antrag auf Prüfung unzulässig ist.**

(4) [1]**Die Fristen laufen vom Beginn der Unterbringung an.** [2]**Lehnt das Gericht die Aussetzung oder Erledigungserklärung ab, so beginnen die Fristen mit der Entscheidung von neuem.**

Fassung des UnterbrG (→ Vor § 1 Rn. 16); Abs. 2 geändert durch das SichVAbstUmsG.

1 **1.** Die Voraussetzungen der Aussetzung zur Bewährung nach § 67d II und der Erledigungserklärung nach § 67d V (so zur Klarstellung; s. BT-Drs. 16/1110 und BT-Drs. 16/5137) können jederzeit **von Amts wegen** geprüft werden; hierbei ist als Vorfrage auch zu prüfen, ob die Unterbringung nicht aus anderen rechtlichen Gründen beendet werden muss (KG NStZ-RR 2002, 138). Vor dem Ende der Fristen, deren Ablauf durch fluchtbedingte Abwesenheit des Verurteilten gehemmt wird (OLG Karlsruhe MDR 1992, 690; Kinzig in Schönke/Schröder Rn. 5; aM Pollähne in NK-StGB Rn. 13), und bei Vorliegen eines Aussetzungsantrags, für den keine Frist nach Abs. 3 S. 2 läuft, sind Prüfung und förmliche Entscheidung obligatorisch; zur möglichen Verletzung von Art. 2 II 2 GG und Art. 104 I GG bei unbegründeter Versäumung der Frist s. BVerfG NJW 2012, 516. Unabhängig davon ist nach Maßgabe des Art. 5 IV MRK zu beachten, dass „innerhalb kurzer Frist" zu entscheiden ist (EGMR NJW 2000, 2727). Wird die Aussetzung abgelehnt, so beginnt die neue Frist mit dem Erlass, nicht der Rechtskraft der Entscheidung (OLG Hamm NJW 1971, 949; OLG Karlsruhe StraFo 2007, 125 = BeckRS 2006, 15281; Kinzig in Schönke/Schröder Rn. 7).

2 **2. Zuständig** ist die Strafvollstreckungskammer (§§ 463 III, 454, 462a I StPO; → § 57 Rn. 27; → § 67d Rn. 11), nicht das erkennende Gericht (BGH NStZ 2001, 222; OLG Karlsruhe MDR 1978, 158). **Verfahren** – auch für Entscheidungen nach Abs. 3 – § 463 III iVm § 454 StPO. Wiederholung von Anträgen, Antragsbefugnis, rechtliches Gehör und Wirksamwerden der Aussetzung bestimmen sich nach den unter → § 57 Rn. 29, 30, 34–39 dargelegten Regeln (speziell zu § 67e OLG Hamm MDR 1976, 159; OLG Koblenz MDR 1984, 163; BGH NJW 2002, 2963 (2965), Anhörung; zur Erforderlichkeit der Einholung eines Sachverständigengutachtens OLG Nürnberg NStZ-RR 2003, 283 und OLG Rostock NJW 2003, 1334). Seit dem 1.8.2016 ist nach § 463 IV StPO eine gutachterliche Stellungnahme der Maßregelvollzugseinrichtung einzuholen (dazu Geyer/Hausmann/Steinböck/Tilmann NStZ 2017, 185).

§ 67f Mehrfache Anordnung der Maßregel

Ordnet das Gericht die Unterbringung in einer Entziehungsanstalt an, so ist eine frühere Anordnung der Maßregel erledigt.

1 **1.** Die Vorschrift betrifft **nur** die Maßregel nach § 64 und ist mangels Regelungslücke zB auf § 63 nicht entsprechend anwendbar (OLG München BeckRS 2017, 107910).

2. Im Hinblick auf die Erledigung der vorausgegangenen Maßregel bestimmt sich die **Höchstfrist** der Unterbringung (§ 67d I) ausschließlich nach der **letzten Anordnung** (Sinn in SK-StGB Rn. 2). Befindet sich der Verurteilte bei deren Rechtskraft im Vollzug, so wird dieser ohne Unterbrechung auf der veränderten Grundlage fortgesetzt, so dass der Beginn der neuen Höchstfrist mit der Rechtskraft der letzten Anordnung zusammenfällt. War die frühere Unterbringung zur Bewährung ausgesetzt (§§ 67b, 67d II), so bedarf es keines Widerrufs, weil nur die neue Anordnung zu vollstrecken ist. 2

3. Die Grundsätze der **Gesamtstrafenbildung** gehen vor, so dass uU nach § 55 II lediglich die alte Anordnung aufrechtzuerhalten ist (BT-Drs. 5/4094, 22, 23), und zwar auch dann, wenn auf Grund einer hinzukommenden neuen Tat die Maßregel ebenfalls anzuordnen wäre (BGHSt 30, 305 = NJW 1982, 1005; → § 55 Rn. 17, 18). Die Neuanordnung ist ferner nicht zulässig, wenn die der Aburteilung zugrundeliegende Tat bereits in der früheren Anordnung hätte berücksichtigt werden können (BGH NStZ 1998, 79; Kinzig in Schönke/Schröder Rn. 3). 3

§ 67g Widerruf der Aussetzung

(1) [1]**Das Gericht widerruft die Aussetzung einer Unterbringung, wenn die verurteilte Person**
1. **während der Dauer der Führungsaufsicht eine rechtswidrige Tat begeht,**
2. **gegen Weisungen nach § 68b gröblich oder beharrlich verstößt oder**
3. **sich der Aufsicht und Leitung der Bewährungshelferin oder des Bewährungshelfers oder der Aufsichtsstelle beharrlich entzieht**

und sich daraus ergibt, dass der Zweck der Maßregel ihre Unterbringung erfordert. [2]**Satz 1 Nr. 1 gilt entsprechend, wenn der Widerrufsgrund zwischen der Entscheidung über die Aussetzung und dem Beginn der Führungsaufsicht (§ 68c Abs. 4) entstanden ist.**

(2) **Das Gericht widerruft die Aussetzung einer Unterbringung nach den §§ 63 und 64 auch dann, wenn sich während der Dauer der Führungsaufsicht ergibt, dass von der verurteilten Person infolge ihres Zustands rechtswidrige Taten zu erwarten sind und deshalb der Zweck der Maßregel ihre Unterbringung erfordert.**

(3) **Das Gericht widerruft die Aussetzung ferner, wenn Umstände, die ihm während der Dauer der Führungsaufsicht bekannt werden und zur Versagung der Aussetzung geführt hätten, zeigen, daß der Zweck der Maßregel die Unterbringung der verurteilten Person erfordert.**

(4) **Die Dauer der Unterbringung vor und nach dem Widerruf darf insgesamt die gesetzliche Höchstfrist der Maßregel nicht übersteigen.**

(5) **Widerruft das Gericht die Aussetzung der Unterbringung nicht, so ist die Maßregel mit dem Ende der Führungsaufsicht erledigt.**

(6) **Leistungen, die die verurteilte Person zur Erfüllung von Weisungen erbracht hat, werden nicht erstattet.**

Fassung des FührungsaufsichtG (→ Vor § 1 Rn. 16).

1. a) Der **Zweck der Maßregel** erfordert iSd Abs. 1–3 die Unterbringung, wenn deren materielle Voraussetzungen erfüllt (→ § 63 Rn. 4–10; → § 64 Rn. 1, 5, 1

6; → § 66 Rn. 13–18; sa KG StV 1997, 315) und die der Aussetzung zur Bewährung entfallen oder von vornherein zu Unrecht angenommen worden sind (OLG Karlsruhe Justiz 1982, 25). Bei Unterbringungen in einer Entziehungsanstalt ist das zu verneinen, wenn eine weitere Entziehungskur keine hinreichend konkrete Erfolgsaussicht bietet (OLG Hamm NStZ-RR 1996, 187; OLG Düsseldorf NStZ 1996, 408 mkritAnm Funck StV 1997, 317; → § 64 Rn. 1).

2 **b)** Die Beurteilung muss sich auf den jeweils verwirklichten, in Abs. 1–3 beschriebenen **Widerrufsgrund** iVm allen anderen in der Person, ihrem Zustand und den äußeren Verhältnissen liegenden Umständen stützen; rechtswidrige Taten oder Pflichtwidrigkeiten (Abs. 1) genügen allein nicht (OLG Karlsruhe MDR 1980, 71; KG StV 1997, 315). Der Anlass des Widerrufs muss aber nicht das für die Anordnung der Maßregel erforderliche Gewicht haben (OLG Bamberg NStZ-RR 2012, 183).

3 **c) Zweifel** über den Sachverhalt und über die Prognose wirken sich in derselben Weise wie bei Anordnung der Maßregel (→ § 61 Rn. 4) zu Gunsten des Verurteilten aus (Sinn in SK-StGB Rn. 4; str.); zur umstrittenen Anwendung auf Teilnehmer Dreher/Fad NZV 2004, 231.

4 **2. a)** Für die **einzelnen Widerrufsgründe nach Abs. 1** gelten die Ausführungen unter → § 56f Rn. 1–6 weitgehend sinngemäß. Der Verhältnismäßigkeitsgrundsatz kann jedoch auch bei Vorliegen aller übrigen Voraussetzungen den Widerruf ausschließen (KG StV 1991, 69; OLG Düsseldorf StV 1991, 70; → § 62 Rn. 2; krit. OLG Karlsruhe NStZ 1997, 151). **Abs. 1 S. 2** neu eingefügt (s. Fassungshinweis).

5 **b) Abs. 2, 3** sind subsidiär und nur anwendbar, wenn Abs. 1 ausscheidet (KG StV 1997, 315; Kinzig in Schönke/Schröder Rn. 8, 9; Pollähne in NK-StGB Rn. 23 und 26). **Zustand** (Abs. 2) ist die körperliche und seelische Verfassung des Verurteilten (seelische Störung, Alkohol- oder Rauschmittelsucht usw; dazu OLG Karlsruhe Justiz 1981, 238); eine Änderung der häuslichen Verhältnisse genügt allein nicht (BT-Drs. V/4095, 34). Erfasst werden namentlich Fälle, in denen sich das Krankheitsbild seelisch Gestörter nach der Aussetzung verschlechtert (BT-Drs. V/4095, 34).

6 **3.** Der Widerruf ist bei Vorliegen seiner Voraussetzungen **zwingend** (Pollähne in NK-StGB Rn. 27), auch wenn in einem neuen Verfahren eine Unterbringung gleicher Art angeordnet worden ist (OLG Hamm GA 1981, 174). Zu **Abs. 4** → § 67d Rn. 1, 2.

7 **4. Zuständigkeit** für Entscheidungen nach Abs. 1–3 und **Verfahren** § 463 I iVm §§ 462a I, II, 463 V iVm 462 StPO (beachte dazu OLG Frankfurt a. M. NStZ-RR 1996, 91).

8 **5.** Nach Aufhebung der Führungsaufsicht (§ 68e) oder nach Ablauf ihrer gesetzlichen oder vom Gericht bestimmten (§ 68c I 2) Höchstdauer ist der **Widerruf** nicht mehr möglich, weil in diesem Zeitpunkt die Führungsaufsicht spätestens beendigt und damit nach Abs. 5 die freiheitsentziehende Maßregel erledigt ist (OLG Koblenz MDR 1981, 336; OLG Düsseldorf NStZ 1986, 525; unrichtig OLG Frankfurt a. M. StV 1990, 34).

§ 67h Befristete Wiederinvollzugsetzung; Krisenintervention

(1) [1]**Während der Dauer der Führungsaufsicht kann das Gericht die ausgesetzte Unterbringung nach § 63 oder § 64 für eine Dauer von höchstens drei Monaten wieder in Vollzug setzen, wenn eine akute Verschlechterung des Zustands der aus der Unterbringung entlassenen Person oder ein Rückfall in ihr Suchtverhalten eingetreten ist und die Maßnahme erforderlich ist, um einen Widerruf nach § 67g zu vermeiden.** [2]**Unter den Voraussetzungen des Satzes 1 kann es die Maßnahme erneut anordnen oder ihre Dauer verlängern; die Dauer der Maßnahme darf insgesamt sechs Monate nicht überschreiten.** [3]**§ 67g Abs. 4 gilt entsprechend.**

(2) **Das Gericht hebt die Maßnahme vor Ablauf der nach Absatz 1 gesetzten Frist auf, wenn ihr Zweck erreicht ist.**

Fassung des FührungsaufsichtG (→ Vor § 1 Rn. 16).

1. Die Vorschrift ergänzt § 68g („Widerruf der Aussetzung"); sie ist als „befristete Wiederinvollzugsetzung" der Unterbringung nach den §§ 63, 64 das mildere Mittel und geht § 67g vor (Fischer Rn. 1, 5; Kindhäuser/Hilgendorf in LPK-StGB Rn. 1; Kinzig in Schönke/Schröder Rn. 1; aus der Rspr. OLG Jena NStZ-RR 2009, 222; OLG Stuttgart StV 2009, 451). Sie soll die bisherige Praxis der „Krisenintervention" durch Unterbringung nach § 453c I StPO ersetzen (BT-Drs. 16/1993, 16; Schneider NStZ 2007, 441 (442); zur stigmatisierenden Wirkung des Sicherungshaftbefehls Kinzig in Schönke/Schröder Rn. 3). Zur Anwendung der Vorschrift in der Praxis Lau/Peters R&P 2008, 75. Zur Kriminologie Pollähne in NK-StGB Rn. 4f. 1

2. Abs. 1 S. 1 verlangt eine **akute Verschlechterung** des **Zustands** des Entlassenen oder einen **Rückfall** in sein Suchtverhalten. Nicht jede Verschlechterung des Gesundheitszustands reicht, wohl aber eine bevorstehende, interventionsbedürftige „Dekompensation" (BT-Drs. 16/1993, 16 und 16/4740, 23; Jehle in Satzger/Schluckebier/Widmaier StGB Rn. 8; Kinzig in Schönke/Schröder Rn. 6; enger Pollähne in NK-StGB Rn. 15: muss eingetreten sein). **Akut** meint eine krisenhafte Zuspitzung (Kinzig in Schönke/Schröder Rn. 6; Pollähne in NK-StGB Rn. 14). 2

Nach dem letzten Halbsatz vor S. 1 muss der Eintritt einer der Widerrufsgründe des § 67g zu erwarten sein (Peglau NJW 2007, 1558 (1561)).

Auch wenn sich ein Widerrufsgrund schon „eingestellt" hat, ist § 67h anzuwenden, wenn die befristete Wiederinvollzugsetzung den Zweck des Vollzugs sicherstellt (Kindhäuser/Hilgendorf in LPK-StGB Rn. 2; Rissing-van Saan/Peglau in LK-StGB Rn. 15, Verhältnismäßigkeitsgrundsatz; sa OLG Stuttgart StV 2009, 541). Ein Vollzug der Unterbringung wird – trotz des Wörtchens „wieder" – nicht vorausgesetzt (LG Marburg NStZ-RR 2007, 356; OLG Jena NStZ-RR 2009, 222; OLG Stuttgart StV 2009, 541; Rissing-van Saan/Peglau in LK-StGB Rn. 7; Kinzig in Schönke/Schröder Rn. 3; anders LG Landau NStZ-RR 2008, 326; zweifelnd Fischer Rn. 5).

3. Die **Dauer** der Unterbringung ist nach **Abs. 1 S. 1** auf drei Monate begrenzt; sie kann aber nach **S. 2** erneut angeordnet oder verlängert werden (dazu OLG München StraFo 2014, 35), darf dann aber sechs Monate nicht überschreiten, doch bezieht sich diese Frist nur auf die einzelne Krisenintervention (OLG Frank- 3 furt a. M. NStZ-RR 2016, 358). **S. 3** verweist auf § 67g IV, der die gesetzliche Höchstfrist der Maßregel nach § 64, also § 67d I 1 und 3, für unübersteigbar erklärt. Ist eine zeitlich längere Behandlung voraussichtlich erforderlich, so ist die Aussetzung nach § 67g zu widerrufen (BT-Drs. 16/1993, 17; Rissing-van Saan/Peglau in LK-StGB Rn. 20). Bei Zweckerreichung (Pollähne in NK-StGB Rn. 32) vor Ablauf der nach Abs. 1 gesetzten Frist ist nach **Abs. 2** die Maßnahme zwingend aufzuheben (Kinzig in Schönke/Schröder Rn. 13).

4 **4.** Zum Verfahren § 463 VI iVm § 462 StPO (näher Kinzig in Schönke/Schröder, Rn. 15).

– Führungsaufsicht –

Vorbemerkung

1 **1.** Im Rahmen des Systems der Maßregeln bildet die **Führungsaufsicht** einen wichtigen, allerdings umstrittenen Beitrag des 2. StrRG (→ Vor § 1 Rn. 4) zur Reform. Sie soll die Polizeiaufsicht des früheren Rechts (§§ 38, 39 StGB aF) ersetzen, die sich wegen ihres reinen Sicherungscharakters als wenig erfolgreich erwiesen hatte (Popp Haffke-Symposium, 2009, 113, 122). In einem wechselvollen Gesetzgebungsverfahren; zur Entstehungsgeschichte Ostendorf in NK-StGB Rn. 3–8) ist für sie eine Konzeption entwickelt worden, die der Verwirklichung des Resozialisierungs- und des Sicherungszwecks gleich breiten Raum lässt (Kinzig in Schönke/Schröder § 68 Rn. 3) und daher eine Anpassung an die Bedürfnisse des Einzelfalls ermöglicht (zusf. zu ihrer Entwicklung und ihren Chancen Schneider in LK-StGB Rn. 16–27). Sie soll namentlich den Übergang kriminell besonders schwer Gefährdeter aus dem Vollzug in die Freiheit nicht nur im Interesse der Verurteilten durch soziale Hilfen erleichtern, sondern ihn zugleich auch zum Schutz der Allgemeinheit sichern (zur Problematik der Führungsaufsicht Frisch LdRerg 8/560, S. 1). Die Verbindung dieser komplexen und von vornherein nicht spannungsfreien Aufgaben in einer Maßregel hat zT harte Kritik erfahren (Zipf JuS 1974, 273 (276); Horn ZStW 89 (1977), 547 (554)). Indessen ist einzuräumen, dass die mit der Maßregel verfolgten Zwecke erstrebenswert sind. Namentlich für die Möglichkeit wirksamer Aufsicht und Hilfe zugunsten von Verurteilten, die mit schlechter Prognose aus dem Vollzug langfristiger Freiheitsstrafen entlassen werden (§ 68f), besteht ein dringendes kriminalpolitisches Bedürfnis (für einen Vorrang von Hilfe und Betreuung Ostendorf in NK-StGB Rn. 10). Ob die bis zu einem gewissen Grade antagonistischen Aufgaben der Resozialisierung und der Sicherung durch die Aufgabenverteilung zwischen Gericht, Aufsichtsstelle und Bewährungshelfer (§ 68a) und durch das ihnen zugleich aufgegebene Zusammenspiel (§ 68a II, III) erfolgreich wahrgenommen werden können, ist umstritten (bejahend Jescheck SchwZStr 1975, 1 (42); Kaiser, Befinden sich die kriminalrechtlichen Maßregeln in der Krise?, 1990, S. 44; krit. Ostendorf in NK-StGB Rn. 12–16). Durch Erfahrungen nicht belegt ist auch, ob die Pönalisierung der Weisungen (§§ 68b I, 145a) ein taugliches und zugleich rechtsstaatlich vertretbares Mittel zur Motivierung der hier in Frage kommenden Tätergruppen ist (bejahend Groth NJW 1979, 743; krit. Raabe, Die Führungsaufsicht im 2. StrRG, 1973, S. 95).

2 **2.** Die bisher **in der Praxis gesammelten Erfahrungen** sind widersprüchlich und lassen keine abschließende Beurteilung zu (vgl. etwa Schöch NStZ 1992, 364; Nißl NStZ 1995, 525; Frisch LdRerg 8/560, S. 2, 7; Neubacher BewH 2004, 73).

Jedenfalls reichen die zurzeit für den Vollzug der Maßregel verfügbaren personellen und sachlichen Mittel nur für bescheidene Aktivitäten aus, die sich weitgehend auf die kraft Gesetzes eintretende Führungsaufsicht (§ 68 II) konzentriert haben, während von der Möglichkeit, die Maßregel anzuordnen (§ 68 I) im Hinblick auf wachsende Bedenken gegen eine antizipierende negative Prognose kaum Gebrauch gemacht worden ist (Schöch NStZ 1992, 364 (370)).

3 **3.** Die durch das **SexBG** (→ Vor § 1 Rn. 13) eingeführten Änderungen des Rechtsinstituts sind nicht Bestandteil der geplanten allgemeinen Reform. Zur Stärkung des Sicherheitsinteresses der Allgemeinheit erweitern sie entsprechend dem begrenzten Gesetzeszweck nur den Anwendungsbereich der Maßregel bei Sexualdelikten nach §§ 174–180, 182 (§ 68f I 1) und ermöglichen es, bei gefährlichen Tätern, die entweder die erforderliche Einwilligung in eine Heilbehandlung verweigern oder einer wirksam erteilten entsprechenden Weisung nicht nachkommen, die Führungsaufsicht über das gesetzliche Höchstmaß fortdauern zu lassen (§§ 68c II, 68 IV).

4 **4.** Das Gesetz zur Reform der Führungsaufsicht (→ Vor § 1 Rn. 16) will eine „effizientere praktische Handhabung“ der Führungsaufsicht „ermöglichen“ (BT-Drs. 16/1993, 1; eine krit. Bilanz zieht Kett-Straub FS Streng, 2017, 309. Dafür werden zum einen die rechtlichen Regelungen vereinfacht und vereinheitlicht; zum anderen geht es um eine frühzeitige Erkennung kritischer Entwicklungen von Probanden und eine rechtzeitige Gegensteuerung (BT-Drs. 16/1993, 1). Zur Reform Peglau NJW 2007, 1562; Schneider NStZ 2007, 447; krit. Pollähne KritV 2007, 401; Fischer Vor § 68 Rn. 2; Schneider in LK-StGB Vor § 68 Rn. 27. Weiteren Reformbedarf meldet Popp Haffke-Symposium, 2009, 113 (125) an: Beschränkung auf einen „harten Kern“ schwieriger Fälle. Mit dem 53. StÄG (→ Vor § 1 Rn. 18) sind zur Stärkung des Maßregelrechts bei extremistischen Straftaten für solche die Voraussetzungen für Weisungen zur elektronischen Aufenthaltsüberwachung durch § 685 I 5 gesenkt worden (vlg BT-Drs. 18/11162, 11). – Mangels Aufzählung in § 304 IV S. 2 HS. 2 StPO ist gegen OLG-Entscheidungen zur Führungsaufsicht **keine Beschwerde** möglich (BGH NStZ-RR 2019, 353).

§ 68 Voraussetzungen der Führungsaufsicht

(1) **Hat jemand wegen einer Straftat, bei der das Gesetz Führungsaufsicht besonders vorsieht, zeitige Freiheitsstrafe von mindestens sechs Monaten verwirkt, so kann das Gericht neben der Strafe Führungsaufsicht anordnen, wenn die Gefahr besteht, daß er weitere Straftaten begehen wird.**

(2) **Die Vorschriften über die Führungsaufsicht kraft Gesetzes (§§ 67b, 67c, 67d Abs. 2 bis 6 und § 68f) bleiben unberührt.**

Fassung: Abs. 2 durch das SexBG (→ Vor § 1 Rn. 13) und durch das Gesetz zur Einführung der nachträglichen Sicherungsverwahrung (→ Vor § 1 Rn. 15) sowie das FührungsaufsichtG (→ Vor § 1 Rn. 16) technisch geändert.

1 **1.** Die **Führungsaufsicht** dient wie jede Maßregel der Verhütung künftiger Straftaten. Nach ihrer gesetzlichen Konzeption sucht sie das gleichrangig durch Hilfe für den Verurteilten und durch Sicherung der Allgemeinheit vor dem gefährlichen Täter zu erreichen (Frisch LdRerg 8/560, S. 1); im Einzelfall kann je nach den konkreten Bedürfnissen der eine oder der andere Gesichtspunkt mehr im Vor-

dergrund stehen (zur Kritik an diesem Kompromiss → Vor § 68 Rn. 1). In der Regel soll der Übergang kriminell schwer Gefährdeter aus dem Vollzug in die Freiheit erleichtert und zugleich im Allgemeininteresse der Rückfall verhindert werden. Zum praktischen Umfang Kinzig in Schönke/Schröder Rn. 1. Rechtstatsächliche Hinweise bei Kwaschnik, Die Führungsaufsicht im Wandel, 2008, S. 291 und Jehle in Satzger/Schluckebier/Widmaier StGB Vor § 68 Rn. 6, 7.

2 **2.** Zu den **Voraussetzungen:**

a) aa) **Besonders vorgesehen** ist die Führungsaufsicht für Straftaten verschiedenster Art (zB in §§ 245, 263 VI, 321) einschließlich Versuch (§ 22), Teilnahme (§§ 26, 27) und versuchter Beteiligung (§ 30).

3 bb) Für die **Mindesthöhe der verwirkten Freiheitsstrafe** kommt es bei Tatmehrheit auf die Einzelstrafen an (→ § 53 Rn. 6a; sa Frisch LdRerg 8/560, S. 4; Schneider in LK-StGB Rn. 6; Kinzig in Schönke/Schröder Rn. 5); bei Tateinheit ist die Maßregel zulässig, wenn nur eines der anwendbaren Gesetze – sei es auch das mildere – sie vorsieht (→ § 52 Rn. 9; aM Ostendorf in NK-StGB Rn. 5; Streng Sanktionen Rn. 388).

4 **b)** Für die materielle Voraussetzung der **ungünstigen Prognose** genügt die Gefahr (→ § 64 Rn. 5) der Begehung weiterer Straftaten (einschr. Ostendorf in NK-StGB Rn. 6: Straftat derselben Deliktsgruppe). Diese brauchen iSd § 66 I Nr. 3 (→ § 66 Rn. 14) nicht unbedingt „erheblich" zu sein (Kinzig in Schönke/Schröder Rn. 6); jedoch schließt der Verhältnismäßigkeitsgrundsatz (→ § 62 Rn. 2) die Einbeziehung drohender Bagatelltaten aus (weiter einschr. Frisch LdRerg 8/560, S. 4; Schneider in LK-StGB Rn. 10; Sinn in SK-StGB Rn. 8, die auf Taten „von einiger Erheblichkeit" abstellen). Maßgebend für die Beurteilung ist die Zeit der Hauptverhandlung (→ § 63 Rn. 8; → § 64 Rn. 5; → § 66 Rn. 15; → Rn. 7). Zum Grundsatz **in dubio pro reo** bei Zweifeln über die Prognose → § 61 Rn. 4.

5 **c)** Aus der Verknüpfung der formellen (→ Rn. 2, 3) und materiellen (→ Rn. 4) Voraussetzungen folgt, dass die Tat (oder die Mehrheit von Taten), an welche die Maßregel anknüpft, für die ungünstige Prognose **symptomatisch** sein muss (Sinn in SK-StGB Rn. 8); auch andere Umstände zur Stützung der Prognose heranzuziehen, wird dadurch nicht ausgeschlossen.

6 **d) Verhältnismäßigkeit** → § 62 Rn. 2.

7 **3.** Abs. 1 ist **Kann-Vorschrift.** Die Anordnung steht daher im **pflichtmäßigen Ermessen** (→ § 46 Rn. 50) des Gerichts. Für dessen Ausübung wird namentlich bedeutsam sein, ob mildere Maßnahmen zur Verfügung stehen (Schneider in LK-StGB Rn. 21) oder ob umgekehrt die Bereitstellung der Maßregel deshalb angezeigt erscheint, weil die Anfälligkeit des Täters voraussichtlich noch nach dem Strafvollzug fortbestehen wird (vgl. Frisch LdRerg 8/560, S. 5). Die Anordnung ist zu begründen (OLG Hamm NStZ-RR 2009, 260).

8 **4.** Anordnung der Führungsaufsicht im **Urteil.** Wenn das Gericht zugleich die Entscheidungen nach §§ 68a I, 68b, 68c I 2 trifft, ergehen sie nach § 268a II StPO durch Beschluss, der mit dem Urteil zu verkünden ist; dasselbe gilt für die kraft Gesetzes nach § 67b II eintretende Führungsaufsicht. Nach dem Zweck der Maßregel und wohl auch dem Wortlaut des § 68d ist es jedoch zulässig und meist auch angezeigt, dass sich das Gericht auf die Anordnung der Führungsaufsicht beschränkt und die weiteren Entscheidungen dem Vollstreckungsverfahren überlässt (OLG

Hamm NStZ 1982, 260; Schneider in LK-StGB Rn. 28; Kinzig in Schönke/Schröder Rn. 10; → § 68g Rn. 1, 2; str.).

5. Tritt die **Führungsaufsicht kraft Gesetzes** (Abs. 2) erst im Vollstreckungsverfahren ein (§§ 67c, 67d II, III, IV, V, 68f I), so gilt für die nach §§ 68a I, 68b, 68c I 2 zu treffenden weiteren Entscheidungen § 463 II iVm § 453 StPO; für sie ist idR die Strafvollstreckungskammer zuständig (§ 463 I, VI iVm § 462a I StPO). Sie werden zweckmäßig in den Fällen der §§ 67c, 67d II mit der Anordnung der Aussetzung zur Bewährung verbunden und in den Fällen der §§ 67d III, IV, V, 68f I vor Ende des Maßregelvollzugs (dazu OLG Düsseldorf NStZ 1996, 567; OLG Frankfurt a. M. NStZ-RR 1996, 380), jedenfalls aber noch rechtzeitig zur Vorbereitung der Entlassung getroffen (→ § 68f Rn. 5). **9**

6. Zum Ausschluss der Führungsaufsicht bei **DDR-Alttaten** → § 2 Rn. 11, 32. **10**

§ 68a Aufsichtsstelle, Bewährungshilfe, forensische Ambulanz

(1) **Die verurteilte Person untersteht einer Aufsichtsstelle; das Gericht bestellt ihr für die Dauer der Führungsaufsicht eine Bewährungshelferin oder einen Bewährungshelfer.**

(2) **Die Bewährungshelferin oder der Bewährungshelfer und die Aufsichtsstelle stehen im Einvernehmen miteinander der verurteilten Person helfend und betreuend zur Seite.**

(3) **Die Aufsichtsstelle überwacht im Einvernehmen mit dem Gericht und mit Unterstützung der Bewährungshelferin oder des Bewährungshelfers das Verhalten der verurteilten Person und die Erfüllung der Weisungen.**

(4) **Besteht zwischen der Aufsichtsstelle und der Bewährungshelferin oder dem Bewährungshelfer in Fragen, welche die Hilfe für die verurteilte Person und ihre Betreuung berühren, kein Einvernehmen, entscheidet das Gericht.**

(5) **Das Gericht kann der Aufsichtsstelle und der Bewährungshelferin oder dem Bewährungshelfer für ihre Tätigkeit Anweisungen erteilen.**

(6) **Vor Stellung eines Antrags nach § 145a Satz 2 hört die Aufsichtsstelle die Bewährungshelferin oder den Bewährungshelfer; Absatz 4 ist nicht anzuwenden.**

(7) **[1]Wird eine Weisung nach § 68b Abs. 2 Satz 2 und 3 erteilt, steht im Einvernehmen mit den in Absatz 2 Genannten auch die forensische Ambulanz der verurteilten Person helfend und betreuend zur Seite. [2]Im Übrigen gelten die Absätze 3 und 6, soweit sie die Stellung der Bewährungshelferin oder des Bewährungshelfers betreffen, auch für die forensische Ambulanz.**

(8) **[1]Die in Absatz 1 Genannten und die in § 203 Absatz 1 Nummer 1, 2 und 6 genannten Mitarbeiterinnen und Mitarbeiter der forensischen Ambulanz haben fremde Geheimnisse, die ihnen im Rahmen des durch § 203 geschützten Verhältnisses anvertraut oder sonst bekannt geworden sind, einander zu offenbaren, soweit dies notwendig ist, um der verurteilten Person zu helfen, nicht wieder straffällig zu werden. [2]Darüber hinaus haben die in § 203 Absatz 1 Nummer 1, 2 und 6 genannten Mitarbeiterinnen und Mit-**

arbeiter der forensischen Ambulanz solche Geheimnisse gegenüber der Aufsichtsstelle und dem Gericht zu offenbaren, soweit aus ihrer Sicht
1. dies notwendig ist, um zu überwachen, ob die verurteilte Person einer Vorstellungsweisung nach § 68b Abs. 1 Satz 1 Nr. 11 nachkommt oder im Rahmen einer Weisung nach § 68b Abs. 2 Satz 2 und 3 an einer Behandlung teilnimmt,
2. das Verhalten oder der Zustand der verurteilten Person Maßnahmen nach § 67g, § 67h oder § 68c Abs. 2 oder Abs. 3 erforderlich erscheinen lässt oder
3. dies zur Abwehr einer erheblichen gegenwärtigen Gefahr für das Leben, die körperliche Unversehrtheit, die persönliche Freiheit oder die sexuelle Selbstbestimmung Dritter erforderlich ist.

[3]In den Fällen der Sätze 1 und 2 Nr. 2 und 3 dürfen Tatsachen im Sinne von § 203 Abs. 1, die von Mitarbeiterinnen und Mitarbeitern der forensischen Ambulanz offenbart wurden, nur zu den dort genannten Zwecken verwendet werden.

Fassung des FührungsaufsichtG (→ Vor § 1 Rn. 16); redaktionelle Anpassungen in Abs. 8 durch das Gesetz v. 30.10.2017 (→ Vor § 1 Rn. 18).

1 **1. Aufsicht und Hilfe** sind die in einem Spannungsverhältnis stehenden Hauptaufgaben zur Erreichung des Maßregelzwecks (→ § 68 Rn. 1). Die Vorschrift überträgt beide ohne scharfe Trennung sowohl der Aufsichtsstelle wie auch dem (in jedem Falle zu bestellenden) Bewährungshelfer, versucht aber, durch Bildung unterschiedlicher Schwerpunkte die Überwachungstätigkeit enger der Aufsichtsstelle zuzuordnen und damit dem Bewährungshelfer mehr Bewegungsfreiheit für seine Resozialisierungsarbeit zu verschaffen (Prot. 7, Nr. 630; krit. zu dieser sog. Dualstruktur Schöch NStZ 1992, 364 (371); Ostendorf in NK-StGB Rn. 8–11). Als drittes Organ ist jetzt nach dem FührungsaufsichtG (s. Fassungshinweis) die forensische Ambulanz hinzugekommen; sie soll psychiatrische, sozial- oder psychotherapeutische Betreuung und Behandlung nach der Unterbringung oder im Strafvollzug gewährleisten (Kinzig in Schönke/Schröder Rn. 10a). Die Aufzählung ist abschließend, so dass die Staatsanwaltschaft nicht zu beteiligen ist (OLG Dresden Rpfleger 2016, 117).

2 **a)** Zur **Organisation der Aufsichtsstelle** im Geschäftsbereich der Landesjustizverwaltungen vgl. Art. 295 EGStGB; BT-Drs. 7/550, 456 und BT-Drs. 7/1261, 58.

3 **b)** Allgemein zur **haupt- und ehrenamtlichen Tätigkeit des Bewährungshelfers** → § 56d Rn. 5, 6. Dessen Bestellung zu Beginn der Führungsaufsicht (§ 68c III; → § 68c Rn. 1–3) ist obligatorisch (OLG Düsseldorf MDR 1985, 866).

3a **c)** Die Errichtung **forensischer Ambulanzen** ist Ländersache (Kinzig in Schönke/Schröder, Rn. 10a); zum Aufbau in Bayern Markwardt FS Stöckel, 2010, 431; krit. zur Errichtung solcher Ambulanzen Jehle in Satzger/Schluckebier/Widmaier StGB Rn. 7.

4 **2.** Die Aufgabe der **Hilfe und Betreuung** nehmen Aufsichtsstelle und Bewährungshelfer im Einvernehmen miteinander wahr (Abs. 2); in der Praxis sollte hier jedoch der Schwerpunkt beim Bewährungshelfer liegen (BT-Drs. V/4095, 31; Ostendorf in NK-StGB Rn. 13). Rechtlich sind beide gehindert, ohne oder gegen den Willen des anderen etwas zu unternehmen (BT-Drs. 7/1261, 8); es empfiehlt

sich, jeweils einen allgemeinen Rahmen für diesen Tätigkeitsbereich festzulegen, so dass die ausdrückliche Herstellung des Einvernehmens nur bei wichtigen Anlässen erforderlich wird.

3. a) Die **Überwachung** durch die Aufsichtsstelle erstreckt sich – abweichend von § 56d III – auf das Gesamtverhalten des Verurteilten, nicht nur auf die Erfüllung der Weisungen. 5

b) Wie das **Einvernehmen mit dem Gericht** herzustellen ist, etwa nur durch Setzung eines allgemeinen Rahmens für die Überwachungstätigkeit oder durch regelmäßige Einzelfallberichte, unterliegt der Bestimmung des Gerichts. Daran ist die Aufsichtsstelle gebunden (einschr. Mainz NStZ 1987, 541). Der **Bewährungshelfer** sollte zur Förderung seiner Hauptaufgabe von Mitwirkungspflichten im Überwachungsbereich möglichst entlastet werden. Abweichend von Abs. 4 stehen hier Meinungsverschiedenheiten der Ausführung von Überwachungsmaßnahmen durch die Aufsichtsstelle nicht entgegen (Schneider in LK-StGB Rn. 13). 6

4. Der Aufsichtsstelle fällt im Rahmen der Abs. 2, 3 vornehmlich die Aufgabe der **Koordinierung** zu (BT-Drs. V/4095, 35). Sie hat die Stellen zu beteiligen, die im Rahmen ihrer Zuständigkeit Hilfen gewähren können (zB Arbeitsämter, Jugendämter, Sozialämter, private Hilfsorganisationen); auch die Einschaltung der Polizei zur Wahrnehmung von Sicherungsaufgaben ist nicht ausgeschlossen. 7

5. Die **Anweisungsbefugnis** des Gerichts nach Abs. 5 ist auf die einzelnen Aufsichtsfälle beschränkt; mit ihr ist eine begrenzte Fachaufsicht verbunden, die der allgemeinen Dienstaufsicht vorgeht. – Eine bindende Anweisungsbefugnis der Aufsichtsstelle gegenüber dem Bewährungshelfer (Schneider in LK-StGB Rn. 13) besteht ebenso wenig wie eine Anweisungsbefugnis beider gegenüber dem Verurteilten; jedoch kann das Gericht die Beteiligten durch Anweisung nach Abs. 5 oder nachträgliche Entscheidung nach § 68d verpflichten (Ostendorf in NK-StGB Rn. 19). 8

6. Nach **Abs. 7** ist die **forensische Ambulanz** dem Bewährungshelfer weitgehend gleichgestellt. Nach **S. 1** hat sie helfend und betreuend mitzuwirken. Nach **S. 2** iVm Abs. 3 hat sie auch die Aufsichtsstelle zu unterstützen (Kinzig in Schönke/Schröder Rn. 10b), deren Weisungen ist sie bei ihrem therapeutischen Vorgehen jedoch nicht unterworfen (BT-Drs. 16/1993, 18). 8a

7. Abs. 8 ist vom BVerfG angemahnt und regelt die zum Schutz des allgemeinen Persönlichkeitsrechts erforderliche Offenbarungspflicht durch Gesetz (BT-Drs. 16/4740, 20; Kindhäuser/Hilgendorf in LPK-StGB Rn. 6). **S. 1** betrifft das „einander“ Offenbaren, **S. 2** bezieht sich speziell auf Pflichten der Ambulanz-Mitarbeiter gegenüber Gericht und Aufsichtsstelle (anders Kinzig in Schönke/Schröder Rn. 14, Offenbarungspflichten aus Gründen der Überwachung und Gefahrenabwehr). **S. 3** enthält eine Verwendungsbeschränkung; ein Verstoß dagegen kann zu einem Verwertungsverbot führen (Fischer Rn. 10). 8b

8. Für das **Verfahren** bei Entscheidungen nach Abs. 4, 5 gilt § 463 II iVm § 453 StPO. Zur Zuständigkeit und zum Verfahren für Entscheidungen nach Abs. 1 → § 68 Rn. 8, 9; → § 68d Rn. 2. Zum Auskunftsrecht der Aufsichtsstelle gegenüber anderen Behörden, zu ihren Ermittlungsbefugnissen und ihrer örtlichen Zuständigkeit § 463a StPO. 9

9. Zu **Abs. 6** → § 145a Rn. 6. 10

§ 68b Weisungen

(1) [1]Das Gericht kann die verurteilte Person für die Dauer der Führungsaufsicht oder für eine kürzere Zeit anweisen,

1. den Wohn- oder Aufenthaltsort oder einen bestimmten Bereich nicht ohne Erlaubnis der Aufsichtsstelle zu verlassen,
2. sich nicht an bestimmten Orten aufzuhalten, die ihr Gelegenheit oder Anreiz zu weiteren Straftaten bieten können,
3. zu der verletzten Person oder bestimmten Personen oder Personen einer bestimmten Gruppe, die ihr Gelegenheit oder Anreiz zu weiteren Straftaten bieten können, keinen Kontakt aufzunehmen, mit ihnen nicht zu verkehren, sie nicht zu beschäftigen, auszubilden oder zu beherbergen,
4. bestimmte Tätigkeiten nicht auszuüben, die sie nach den Umständen zu Straftaten missbrauchen kann,
5. bestimmte Gegenstände, die ihr Gelegenheit oder Anreiz zu weiteren Straftaten bieten können, nicht zu besitzen, bei sich zu führen oder verwahren zu lassen,
6. Kraftfahrzeuge oder bestimmte Arten von Kraftfahrzeugen oder von anderen Fahrzeugen nicht zu halten oder zu führen, die sie nach den Umständen zu Straftaten missbrauchen kann,
7. sich zu bestimmten Zeiten bei der Aufsichtsstelle, einer bestimmten Dienststelle oder der Bewährungshelferin oder dem Bewährungshelfer zu melden,
8. jeden Wechsel der Wohnung oder des Arbeitsplatzes unverzüglich der Aufsichtsstelle zu melden,
9. sich im Fall der Erwerbslosigkeit bei der zuständigen Agentur für Arbeit oder einer anderen zur Arbeitsvermittlung zugelassenen Stelle zu melden,
10. keine alkoholischen Getränke oder andere berauschende Mittel zu sich zu nehmen, wenn aufgrund bestimmter Tatsachen Gründe für die Annahme bestehen, dass der Konsum solcher Mittel zur Begehung weiterer Straftaten beitragen wird, und sich Alkohol- oder Suchtmittelkontrollen zu unterziehen, die nicht mit einem körperlichen Eingriff verbunden sind,
11. sich zu bestimmten Zeiten oder in bestimmten Abständen bei einer Ärztin oder einem Arzt, einer Psychotherapeutin oder einem Psychotherapeuten oder einer forensischen Ambulanz vorzustellen oder
12. die für eine elektronische Überwachung ihres Aufenthaltsortes erforderlichen technischen Mittel ständig in betriebsbereitem Zustand bei sich zu führen und deren Funktionsfähigkeit nicht zu beeinträchtigen.

[2]Das Gericht hat in seiner Weisung das verbotene oder verlangte Verhalten genau zu bestimmen. [3]Eine Weisung nach Satz 1 Nummer 12 ist, unbeschadet des Satzes 5, nur zulässig, wenn

1. die Führungsaufsicht auf Grund der vollständigen Vollstreckung einer Freiheitsstrafe oder Gesamtfreiheitsstrafe von mindestens drei Jahren oder auf Grund einer erledigten Maßregel eingetreten ist,
2. die Freiheitsstrafe oder Gesamtfreiheitsstrafe oder die Unterbringung wegen einer oder mehrerer Straftaten der in § 66 Absatz 3 Satz 1 genannten Art verhängt oder angeordnet wurde,

3. die Gefahr besteht, dass die verurteilte Person weitere Straftaten der in § 66 Absatz 3 Satz 1 genannten Art begehen wird, und
4. die Weisung erforderlich erscheint, um die verurteilte Person durch die Möglichkeit der Datenverwendung nach § 463a Absatz 4 Satz 2 der Strafprozessordnung, insbesondere durch die Überwachung der Erfüllung einer nach Satz 1 Nummer 1 oder 2 auferlegten Weisung, von der Begehung weiterer Straftaten der in § 66 Absatz 3 Satz 1 genannten Art abzuhalten.

[4]Die Voraussetzungen von Satz 3 Nummer 1 in Verbindung mit Nummer 2 liegen unabhängig davon vor, ob die dort genannte Führungsaufsicht nach § 68e Absatz 1 Satz 1 beendet ist. [5]Abweichend von Satz 3 Nummer 1 genügt eine Freiheits- oder Gesamtfreiheitsstrafe von zwei Jahren, wenn diese wegen einer oder mehrerer Straftaten verhängt worden ist, die unter den Ersten oder Siebenten Abschnitt des Besonderen Teils fallen; zu den in Satz 3 Nummer 2 bis 4 genannten Straftaten gehört auch eine Straftat nach § 129a Absatz 5 Satz 2, auch in Verbindung mit § 129b Absatz 1.

(2) **[1]Das Gericht kann der verurteilten Person für die Dauer der Führungsaufsicht oder für eine kürzere Zeit weitere Weisungen erteilen, insbesondere solche, die sich auf Ausbildung, Arbeit, Freizeit, die Ordnung der wirtschaftlichen Verhältnisse oder die Erfüllung von Unterhaltspflichten beziehen. [2]Das Gericht kann die verurteilte Person insbesondere anweisen, sich psychiatrisch, psycho- oder sozialtherapeutisch betreuen und behandeln zu lassen (Therapieweisung). [3]Die Betreuung und Behandlung kann durch eine forensische Ambulanz erfolgen. [4]§ 56c Abs. 3 gilt entsprechend, auch für die Weisung, sich Alkohol- oder Suchtmittelkontrollen zu unterziehen, die mit körperlichen Eingriffen verbunden sind.**

(3) **Bei den Weisungen dürfen an die Lebensführung der verurteilten Person keine unzumutbaren Anforderungen gestellt werden.**

(4) **Wenn mit Eintritt der Führungsaufsicht eine bereits bestehende Führungsaufsicht nach § 68e Abs. 1 Satz 1 Nr. 3 endet, muss das Gericht auch die Weisungen in seine Entscheidung einbeziehen, die im Rahmen der früheren Führungsaufsicht erteilt worden sind.**

(5) **Soweit die Betreuung der verurteilten Person in den Fällen des Absatzes 1 Nr. 11 oder ihre Behandlung in den Fällen des Absatzes 2 nicht durch eine forensische Ambulanz erfolgt, gilt § 68a Abs. 8 entsprechend.**

Fassung: Einfügung von S. 5 in Abs. 1 durch das 53. StÄG (→ Vor § 1 Rn. 18).

1 **1.** Die **Weisungen** stimmen nach Rechtsnatur, kriminalpolitischem Zweck und Begrenzung auf zumutbare Anforderungen (Abs. 3) mit denen bei Strafaussetzung zur Bewährung überein (→ § 56c Rn. 1–7); sie sind jedoch im Hinblick auf die mehrdimensionale Zielsetzung der Führungsaufsicht (→ Vor § 68 Rn. 1) auch allein zur Überwachung des Verurteilten zulässig (Mrozynski JR 1983, 397; sa OLG Stuttgart NStZ 1990, 279).

2 **2. Abs. 1** enthält einen erschöpfenden Katalog der strafbewehrten (§ 145a) Weisungen (dazu Schneider in LK-StGB Rn. 19–37). Deren im Verhältnis zu § 56c II differenziertere Beschreibung soll einerseits die Weisungen herausschälen, mit

denen die allgemeinen Bedingungen für Erfolg versprechende Aufsicht und Hilfe geschaffen werden können, und andererseits die Anknüpfung der Strafdrohung des § 145a rechtsstaatlich vertretbar machen. Die Gebote und Verbote müssen alle Merkmale einer der Nummern des Abs. 1 erfüllen und nach Zeit, Ort und Gegenstand so genau umschrieben sein, dass der Bestimmtheitsgrundsatz (→ § 145a Rn. 2) gewahrt ist (Abs. 1 S. 2; dazu Ostendorf in NK-StGB Rn. 5); dabei muss auch auf die Strafbewehrtheit eines Verstoßes hingewiesen sein (BGHSt 58, 136 = NJW 2013, 1894; BGH StraFo 2015, 471; StV 2020, 22; NStZ 2020, 480; NStZ 2021, 733; NStZ-RR 2021, 44; NStZ-RR 2021, 308; einschr. OLG Hamm NStZ-RR 2018, 360) **Nr. 1:** Die Weisung, nach Aussetzung der Unterbringung in einem psychiatrischen Krankenhaus (§ 67d II) weiter in dessen offener Station zu verbleiben, ist zwar nicht unzulässig (OLG Düsseldorf MDR 1990, 743), aber meist nicht angezeigt; zum Antrag auf gerichtliche Entscheidung bei Versagung der Erlaubnis für einen beantragten Aufenthaltswechsel OLG Düsseldorf StraFo 2004, 426. **Nr. 2:** Wohnort usw verlassen. **Nr. 3:** Kontaktaufnahme usw mit Personen usw, die Gelegenheit oder Anreiz zu weiteren Straftaten bieten; die „islamistische Szene" ist zu unbestimmt (OLG München StV 2020, 29). **Nr. 4:** Eine Weisung, die wie ein Berufsverbot nach § 70 wirkt, ist wegen der verschiedenartigen Zielsetzung der beiden Maßnahmen nur regelmäßig, aber nicht notwendig ausgeschlossen (OLG Hamburg StraFo 2008, 481; Kinzig in Schönke/Schröder Rn. 8; für uneingeschränkte Möglichkeit KG StV 2016, 667; aM OLG Dresden NStZ 2008, 572; OLG Hamm NStZ-RR 2010, 90; Schneider in LK-StGB Rn. 23–27; Ostendorf in NK-StGB Rn. 12); jedoch ist das aus Sicherungsgründen ausgesprochene Verbot, eine bestimmte berufliche Tätigkeit auszuüben, an die gleichen Voraussetzungen gebunden wie ein Berufsverbot (OLG Karlsruhe NStZ 1995, 291). **Nr. 5:** Besitzverbot für bestimmte kriminogene Gegenstände, **Nr. 6:** Auch eine Weisung, die dem Verurteilten die Teilnahme am Kraftverkehr untersagt, scheidet nicht notwendig aus (KG BA 1953, 54; OLG Frankfurt a. M. NStZ-RR 2011, 59; Kinzig in Schönke/Schröder Rn. 11; aM OLG Hamm StV 2016, 666; Schneider in LK-StGB Rn. 29; Groß/Ruderich in MüKoStGB Rn. 18); sie hat allerdings neben der (obligatorischen, → § 69 Rn. 10) Entziehung der Fahrerlaubnis idR keine sinnvolle Funktion. **Nr. 7:** Auch die Dienststelle des dem Verurteilten bestellten Bewährungshelfers kommt in Frage (OLG Stuttgart NStZ 1990, 279); es genügt ein Zeitraum, innerhalb dessen Bewährungshelfer einen Termin bestimmen kann (BGH NStZ-RR 2021, 307). **Nr. 8:** Es kann nur eine Meldepflicht gegenüber der Aufsichts-, nicht aber gegenüber anderen Dienststellen angeordnet werden (Schneider in LK-StGB Rn. 34). Nicht bereits nach Nr. 8, sondern nur nach Abs. 2 möglich ist die Weisung, sich um einen Arbeitsplatz zu bemühen oder diesen nicht ohne Erlaubnis zu wechseln (OLG Hamm JMBl. NRW 1982, 153; Fischer Rn. 11). Eine Präzisierung des Merkmals „unverzüglich" durch die Angabe einer Frist ist sinnvoll (Kinzig in Schönke/Schröder Rn. 13). **Nr. 9:** Der Verurteilte darf nur zur Meldung gegenüber der Agentur usw verpflichtet werden, nicht jedoch dazu, eine angebotene Arbeit anzunehmen (Ostendorf in NK-StGB Rn. 17). **Nr. 10:** Keine Zusichnahme von Alkohol usw (krit. Kinzig in Schönke/Schröder Rn. 14a), doch ist der Kreis von (Sucht-)Stoffen nicht auf nicht genannte (zB nicht ärztlich verordnete Medikamente) zu erstrecken (OLG Bremen StV 2020, 27). Zulässig ist die Abnahme einer Haarprobe zur Drogenkonsumkontrolle (OLG München BeckRS 2010, 17360; nicht aber gegenüber langjährig Suchtkranken, OLG Zweibrücken NStZ-RR 2018, 63). **Nr. 11:** sog. „Vorstellungsweisung" hinsichtlich Arzt usw (noch legitimer „Initialzwang" nach Kinzig in Schönke/Schröder Rn. 14b; Schneider in LK-StGB Rn. 37; Vorstellungszeiten müssen bestimmt sein, OLG Hamm NStZ-RR 2018, 360), wofür jeder Behandlungsbedarf im psychiatrischen, psycho- oder sozialtherapeutischen Bereich genügt, soweit dieser eine spezialpräventive Relevanz hat (KG StV 2021, 309). **Nr. 12:** Die Zulässigkeit der hier geregelten „elektronischen Fußfessel" hängt vom Vorliegen der formellen (Nr. 1 und 2) und materiellen (Nr. 3 und 4) Voraussetzungen in Abs. 1 S. 3 ab; die Regelung ist verfassungskonform (BVerfGE 156, 63 = NJW 2021, 3248 mAnm Schiemann NStZ 2021, 353 und Löffelmann GSZ 2021, 177), bleibt aber „unter Beobachtung" (Kinzig NStZ 2021, 467). Da nach Abs. 1 S. 4 unerheblich ist, ob die Führungsaufsicht nach § 68e I 1 beendet ist, kommt Nr. 12 insbes. zur Absicherung von Weisungen nach Nr. 1 und 2 bei hochgefährlichen Tätern in Betracht (Fischer Rn. 8; näher zum Prüfungsmaßstab OLG Saarbrücken BeckRS 2013, 17942); für bestimmte staatsgefährdende oder terroristische Taten sind in Abs. 1 S. 5 die Voraussetzungen gelockert.

3. Abs. 2 lässt alle weiteren – weder hier noch in § 56c (→ § 56c Rn. 6) erschöpfend aufgezählten – Gebote und Verbote zu, sofern sie nur die allgemeinen Voraussetzungen der Weisungen erfüllen (→ Rn. 1); der Hinweis auf Ausbildung, Arbeit usw ist nur beispielhaft. Diese Weisungen sind nicht strafbewehrt (Kinzig in Schönke/Schröder Rn. 17), doch muss als Ausfluss des Rechtsstaatsprinzips auch hier die Weisung hinreichend bestimmt sein (KG StV 2021, 310; dem genügt die Weisung, den Anweisungen des Bewährungshelfers zu folgen, nicht, OLG Hamm NStZ-RR 2018, 279); das gilt namentlich auch für die durch das SexBG (→ Vor § 1 Rn. 13) modifizierte Weisung, sich einer Heilbehandlung oder Entziehungskur zu unterziehen (→ § 68c Rn. 1a). Eine Therapieweisung ohne Einwilligung des Betroffenen ist nur sinnvoll, wenn er sich während der Therapie auf diese einlassen dürfte, was eingehender Begründung bedarf (OLG Frankfurt NStZ-RR 2020, 186). 3

4. Nach ihrem Wortlaut sind Abs. 1 und 2 **Kann-Vorschriften,** so dass an sich die Erteilung von Weisungen pflichtmäßigem Ermessen (→ § 46 Rn. 50) unterliegt (Groß/Ruderich in MüKoStGB Rn. 4). Jedoch dürfte hier § 56c I 1 entsprechend anwendbar sein, nach dem Weisungen obligatorisch sind, wenn der Verurteilte dieser Hilfe bedarf; hier das Gericht freier zu stellen als bei der Strafaussetzung, wäre widersprüchlich (Schneider in LK-StGB Rn. 6). Im Hinblick auf die sehr verschiedenen Tätergruppen ist eine differenzierende Handhabung besonders wichtig (Schneider in LK-StGB Rn. 5–7). Im Einzelfall kann es angezeigt sein, von vornherein (S. 1) oder nachträglich (§ 68d) einen Teil der Maßregelzeit weisungsfrei zu lassen. Jede Weisung bedarf einer auf den Einzelfall bezogenen Begründung, die es dem Beschwerdegericht ermöglicht, die Gesetzmäßigkeit der Weisung und die Ausübung und Einhaltung des Ermessens zu prüfen, wenn sich die Anordnung der Weisung nicht im Einzelfall aufdrängt (KG StV 2020. 23). – **Abs. 3:** unzumutbar ist die Weisung an einen alkoholkranken Menschen, keine alkoholischen Getränke zu sich zu nehmen (OLG Dresden NJW 2009, 3315; OLG Celle NStZ-RR 2010, 91; KG StV 2020, 378; StV 2020, 700; OLG Naumburg StraFo 2020, 79; OLG Koblenz StV 2020, 364; vgl, auch OLG Hamm NStZ-RR 2018, 280). 4

5. Zuständigkeit für die Anordnung von Weisungen und **Verfahren** → § 68 Rn. 8, 9; → § 68d Rn. 2. 5

§ 68c Dauer der Führungsaufsicht

(1) [1]Die Führungsaufsicht dauert mindestens zwei und höchstens fünf Jahre. [2]Das Gericht kann die Höchstdauer abkürzen.

(2) [1]Das Gericht kann eine die Höchstdauer nach Absatz 1 Satz 1 überschreitende unbefristete Führungsaufsicht anordnen, wenn die verurteilte Person

1. in eine Weisung nach § 56c Abs. 3 Nr. 1 nicht einwilligt oder
2. einer Weisung, sich einer Heilbehandlung oder einer Entziehungskur zu unterziehen, oder einer Therapieweisung nicht nachkommt

und eine Gefährdung der Allgemeinheit durch die Begehung weiterer erheblicher Straftaten zu befürchten ist. [2]Erklärt die verurteilte Person in den Fällen des Satzes 1 Nr. 1 nachträglich ihre Einwilligung, setzt das Gericht die weitere Dauer der Führungsaufsicht fest. [3]Im Übrigen gilt § 68e Abs. 3.

(3) [1]Das Gericht kann die Führungsaufsicht über die Höchstdauer nach Absatz 1 Satz 1 hinaus unbefristet verlängern, wenn

1. in Fällen der Aussetzung der Unterbringung in einem psychiatrischen Krankenhaus nach § 67d Abs. 2 aufgrund bestimmter Tatsachen Gründe für die Annahme bestehen, dass die verurteilte Person andernfalls alsbald in einen Zustand nach § 20 oder § 21 geraten wird, infolge dessen eine Gefährdung der Allgemeinheit durch die Begehung weiterer erheblicher rechtswidriger Taten zu befürchten ist, oder
2. sich aus dem Verstoß gegen Weisungen nach § 68b Absatz 1 oder 2 oder auf Grund anderer bestimmter Tatsachen konkrete Anhaltspunkte dafür ergeben, dass eine Gefährdung der Allgemeinheit durch die Begehung weiterer erheblicher Straftaten zu befürchten ist, und
   a) gegen die verurteilte Person wegen Straftaten der in § 181b genannten Art eine Freiheitsstrafe oder Gesamtfreiheitsstrafe von mehr als zwei Jahren verhängt oder die Unterbringung in einem psychiatrischen Krankenhaus oder in einer Entziehungsanstalt angeordnet wurde oder
   b) die Führungsaufsicht unter den Voraussetzungen des § 68b Absatz 1 Satz 3 Nummer 1 eingetreten ist und die Freiheitsstrafe oder Gesamtfreiheitsstrafe oder die Unterbringung wegen eines oder mehrerer Verbrechen gegen das Leben, die körperliche Unversehrtheit, die persönliche Freiheit oder nach den §§ 250, 251, auch in Verbindung mit § 252 oder § 255, verhängt oder angeordnet wurde.

[2]Für die Beendigung der Führungsaufsicht gilt § 68b Absatz 1 Satz 4 entsprechend.

(4) [1]In den Fällen des § 68 Abs. 1 beginnt die Führungsaufsicht mit der Rechtskraft ihrer Anordnung, in den Fällen des § 67b Abs. 2, des § 67c Absatz 1 Satz 1 und Abs. 2 Satz 4 und des § 67d Absatz 2 Satz 3 mit der Rechtskraft der Aussetzungsentscheidung oder zu einem gerichtlich angeordneten späteren Zeitpunkt. [2]In ihre Dauer wird die Zeit nicht eingerechnet, in welcher die verurteilte Person flüchtig ist, sich verborgen hält oder auf behördliche Anordnung in einer Anstalt verwahrt wird.

Fassung des FührungsaufsichtG (→ Vor § 1 Rn. 16). Mit dem SichVNOG wurde Abs. 3 Nr. 2 neu gefasst und Abs. 3 S. 2 eingefügt.

1. Die **Dauer der Führungsaufsicht** ist unbestimmt und vom Eintritt der Voraussetzungen abhängig, unter denen sie aufzuheben ist (§ 68e I). Die in **Abs. 1** bestimmte Mindest- und Höchstdauer bildet – vorbehaltlich der durch das SexBG eingeführten Ausnahme in Abs. 2 – nur eine absolute Schranke, die nicht unter- (zur Mindestdauer → § 68e Rn. 1; → § 68f Rn. 2, 5) oder überschritten werden darf (OLG Düsseldorf NStZ 1986, 525). Auch eine Abkürzung der Höchstdauer nach S. 2 verändert lediglich diese Schranke; sie schon im Urteil anzuordnen, ist wegen der Unübersehbarkeit der weiteren Entwicklung idR nur angezeigt, wenn die gesetzliche Höchstdauer unverhältnismäßig wäre (→ § 62 Rn. 2; Kinzig in Schönke/Schröder Rn. 1; krit. Groß/Ruderich in MüKoStGB Rn. 4; → § 68d Rn. 1; OLG Koblenz NStZ 2000, 92; Streng Sanktionen Rn. 395). 1

2. Abs. 2 verfolgt den Zweck, die Änderung des § 56c (→ § 56c Rn. 8–9) zu ergänzen und zugleich die Möglichkeit zu eröffnen, auf Verstöße gefährlicher Täter gegen Weisungen nach § 56c III Nr. 1 mit der Anordnung unbefristeter Führungsaufsicht zu reagieren. Dadurch wird zur Stärkung des Sicherheitsinteresses der Allgemeinheit die früher nicht zulässige Kontrolle (einschließlich Betreuung) des Verurteilten über den Ablauf der Höchstfrist hinaus (Abs. 1) erstreckt (BT-Drs. 13/9062, 10; zust. Schöch NJW 1998, 1257 (1260)). Zu den **Voraussetzungen** iE: 1a

a) Die hier erforderliche **ungünstige Prognose** setzt eine Gesamtwürdigung aller für sie relevanten Umstände voraus, aus denen sich die **konkrete Gefahr,** dh die bestimmte Wahrscheinlichkeit der Begehung weiterer erheblicher Straftaten ergibt; erheblich sind nur solche Taten, die nicht lediglich lästig, sondern geeignet sind, den Rechtsfrieden empfindlich zu stören (→ § 63 Rn. 5; → § 64 Rn. 5; → § 66 Rn. 14); dabei dürfte die Erheblichkeitsschwelle nicht ganz so hoch liegen wie bei den unbefristeten Unterbringungen nach §§ 63, 66. Zur Verhältnismäßigkeit § 62 (OLG Dresden NStZ-RR 2015, 42). 1b

b) Nr. 1: An der erforderlichen Einwilligung muss es im **Zeitpunkt** der Anordnung unbefristeter Führungsaufsicht fehlen. Einbezogen ist daher auch der Fall, dass der Verurteilte zwar nachträglich in eine Weisung eingewilligt (→ § 56c Rn. 9), die Einwilligung aber später widerrufen hat. 1c

c) Nr. 2: Erforderlich ist der **schuldhafte Verstoß** (Kinzig in Schönke/Schröder Rn. 3) gegen eine zulässige, dem Täter bekanntgemachte und nicht durch eine Gesamtstrafenentscheidung (§ 58) überholte Weisung nach § 56c III Nr. 1 (→ § 56f Rn. 6). 1d

d) Bei **nachträglicher Erklärung der Einwilligung** setzt das Gericht nach Abs. 2 S. 2 die weitere Dauer der Führungsaufsicht fest. Die Frist muss ebenso wie in § 68c I mindest zwei, darf aber maximal fünf Jahre betragen. Sie beginnt im Zeitpunkt der richterlichen Entscheidung. Unberührt bleibt jedoch eine uU nach § 68e III (→ § 68e Rn. 3) gebotene Prüfung, wenn seit Anordnung der unbefristeten Führungsaufsicht die Höchstfrist des § 68c I 1 verstrichen ist und nicht zuvor auf Antrag oder von Amts wegen die Aufhebung der Maßregel nach § 68e I geprüft worden ist. 1e

3. Abs. 3 regelt seit dem FührungsaufsichtG (s. Fassungshinweis) die **unbefristete Verlängerung** (auch nach Ablauf einer befristeten Führungsaufsicht, OLG Frankfurt a. M. StV 2016, 668). Voraussetzung ist eine ungünstige Prognose (→ Rn. 1b). **Nr. 1** ist für Fälle der notwendigen Überwachung der Einnahme von Medikamenten gedacht (BT-Drs. 16/1993, 21; Sinn in SK-StGB Rn. 8). **Nr. 2** soll 1f vor allem Sexualstraftäter mit hohem Rückfallrisiko treffen (vgl. BT-Drs. 17/3403, 39; Kindhäuser/Hilgendorf in LPK-StGB Rn. 5; krit. Kinzig in Schönke/Schröder Rn. 3d). Zum Begriff der „erheblichen Straftat" → § 63 Rn. 5. Das Maß der Gefahr muss dem in § 68 vorausgesetzten entsprechen (Fischer Rn. 13).

2 **4. a)** Die **nach § 68 I angeordnete Führungsaufsicht beginnt nach Abs. 4** mit der Rechtskraft des Urteils (Abs. 2 S. 1; ebenso Kinzig in Schönke/Schröder Rn. 4). Weil sie ihrem Wesen nach eine Aufsicht in der Freiheit bedeutet, wird sie ohne Einschränkungen nur ausgeführt, wenn und solange der Verurteilte sich nicht im Straf- oder Maßregelvollzug befindet (Schneider in LK-StGB Rn. 28); während des Vollzugs können Aufsichtsstelle und Bewährungshelfer (→ § 68a Rn. 2, 3) nur im Einvernehmen mit der Anstalt und auch nur zur Erfüllung spezifischer Bedürfnisse der Führungsaufsicht tätig werden (Schneider in LK-StGB Rn. 28; sa OLG Frankfurt a. M. NStZ-RR 1996, 380; LG Köln MDR 1986, 513 mAnm Mainz).

3 **b)** Die **kraft Gesetzes eintretende Führungsaufsicht** (§ 68 II) **beginnt,** wenn sie durch eine Entscheidung (§§ 67b II, 67c, 67d II, III) ausgelöst wird, ebenfalls mit deren Rechtskraft; das folgt aus dem Grundgedanken des Abs. 3 S. 1 (Schneider in LK-StGB Rn. 29). Knüpft die Führungsaufsicht an die Entlassung aus dem Vollzug an (§§ 67 V, 68f I), so entscheidet der Zeitpunkt der Entlassung aus dem Maßregelvollzug; dass anschließend noch Strafhaft zu verbüßen ist, steht dem nicht entgegen (OLG Düsseldorf MDR 1996, 954); für diesen Fall gelten die Ausführungen unter → Rn. 2 sinngemäß.

4 **c)** Im Sinne des **Abs. 4 S. 2** ist **flüchtig,** wer mit dem Willen, für Behörden unerreichbar zu sein (Kinzig in Schönke/Schröder Rn. 6), seine Wohnung verlassen hat, ohne eine neue zu beziehen oder wenigstens eine feste Anschrift zu haben, unter der ihn Post sicher erreicht. **Verborgen** hält sich, wer mit demselben Willen seinen Aufenthalt den Behörden vorenthält, namentlich unangemeldet oder unter falschem Namen lebt (Hilger in Löwe/Rosenberg StPO § 112 Rn. 30). Keine **behördliche Verwahrung** (→ § 44 Rn. 11) ist die privatrechtliche Unterbringung in einem psychiatrischen Krankenhaus durch den Vormund (LG Mönchengladbach NStZ 1992, 51; Ostendorf in NK-StGB Rn. 20; Kinzig in Schönke/Schröder Rn. 8; aM LG Hamburg NStZ 1987, 187).

5 **5. Zuständigkeit** für Anordnungen nach Abs. 1 S. 2, Abs. 2 und **Verfahren** → § 68 Rn. 8, 9; → § 68d Rn. 2 (beachte auch OLG Düsseldorf NStZ-RR 1997, 220).

§ 68d Nachträgliche Entscheidungen; Überprüfungsfrist

(1) **Das Gericht kann Entscheidungen nach § 68a Abs. 1 und 5, den §§ 68b und 68c Abs. 1 Satz 2 und Abs. 2 und 3 auch nachträglich treffen, ändern oder aufheben.**

(2) [1]**Bei einer Weisung gemäß § 68b Absatz 1 Satz 1 Nummer 12 prüft das Gericht spätestens vor Ablauf von zwei Jahren, ob sie aufzuheben ist.** [2]**§ 67e Absatz 3 und 4 gilt entsprechend.**

Fassung: Durch das SexBG (→ Vor § 1 Rn. 13) geändert (Einbeziehung des § 68c II); technische Änderung durch das FührungsaufsichtG (→ Vor § 1 Rn. 16). Abs. 2 eingefügt durch das SichVNOG.

1. Abs. 1: Die Voraussetzungen **nachträglicher Entscheidungen** müssen in dem Zeitpunkt erfüllt sein, in dem sie getroffen werden; das ist vor allem für die Anordnung unbefristeter Führungsaufsicht (→ § 68c Rn. 1a–1e) wichtig. Dass Auflagen oder Weisungen überhaupt erst nachträglich angeordnet werden, kommt namentlich in Frage, wenn sich das erkennende Gericht auf die Anordnung der Führungsaufsicht beschränkt hatte (→ § 68 Rn. 8). Änderungen und Aufhebungen setzen neue, bei der Anordnung noch nicht bestehende oder nicht bekannt gewesene Umstände voraus (Kinzig in Schönke/Schröder Rn. 4), hängen iÜ aber ausschließlich von den jeweiligen spezialpräventiven Bedürfnissen ab (→ § 56e Rn. 1, 2). 1

Zuständig ist meist die Strafvollstreckungskammer (§ 463 I, VI iVm § 462a I StPO). Für das **Verfahren** gilt § 463 II iVm § 453 StPO; nach Anordnung unbefristeter Führungsaufsicht bestimmt sich das weitere Verfahren nach § 68e IV. 2

2. Abs. 2 ordnet eine Höchstfrist für eine regelmäßige gerichtliche Überprüfung der „elektronischen Fußfessel" an. Die Pflicht, bei entsprechendem Antrag oder bei Vorliegen konkreter, auf Entbehrlichkeit der Weisung hindeutender Umstände, früher zu prüfen, bleibt unberührt (BT-Drs. 17/3403, 40). 3

§ 68e Beendigung oder Ruhen der Führungsaufsicht

(1) [1]**Soweit sie nicht unbefristet oder nach Aussetzung einer freiheitsentziehenden Maßregel (§ 67b Absatz 2, § 67c Absatz 1 Satz 1, Absatz 2 Satz 4, § 67d Absatz 2 Satz 3) eingetreten ist, endet die Führungsaufsicht**
1. **mit Beginn des Vollzugs einer freiheitsentziehenden Maßregel,**
2. **mit Beginn des Vollzugs einer Freiheitsstrafe, neben der eine freiheitsentziehende Maßregel angeordnet ist,**
3. **mit Eintritt einer neuen Führungsaufsicht.**

[2]**In den übrigen Fällen ruht die Führungsaufsicht während der Dauer des Vollzugs einer Freiheitsstrafe oder einer freiheitsentziehenden Maßregel.** [3]**Das Gericht ordnet das Entfallen einer nach Aussetzung einer freiheitsentziehenden Maßregel eingetretenen Führungsaufsicht an, wenn es ihrer nach Eintritt eines in Satz 1 Nummer 1 bis 3 genannten Umstandes nicht mehr bedarf.** [4]**Tritt eine neue Führungsaufsicht zu einer bestehenden unbefristeten oder nach Aussetzung einer freiheitsentziehenden Maßregel eingetretenen Führungsaufsicht hinzu, ordnet das Gericht das Entfallen der neuen Maßregel an, wenn es ihrer neben der bestehenden nicht bedarf.**

(2) [1]**Das Gericht hebt die Führungsaufsicht auf, wenn zu erwarten ist, dass die verurteilte Person auch ohne sie keine Straftaten mehr begehen wird.** [2]**Die Aufhebung ist frühestens nach Ablauf der gesetzlichen Mindestdauer zulässig.** [3]**Das Gericht kann Fristen von höchstens sechs Monaten festsetzen, vor deren Ablauf ein Antrag auf Aufhebung der Führungsaufsicht unzulässig ist.**

(3) [1]**Ist unbefristete Führungsaufsicht eingetreten, prüft das Gericht**
1. **in den Fällen des § 68c Abs. 2 Satz 1 spätestens mit Verstreichen der Höchstfrist nach § 68c Abs. 1 Satz 1,**
2. **in den Fällen des § 68c Abs. 3 vor Ablauf von zwei Jahren,**

ob eine Entscheidung nach Absatz 2 Satz 1 geboten ist. [2]Lehnt das Gericht eine Aufhebung der Führungsaufsicht ab, hat es vor Ablauf von zwei Jahren von neuem über eine Aufhebung der Führungsaufsicht zu entscheiden.

Fassung des FührungsaufsichtG (→ Vor § 1 Rn. 16).

1 **1. Abs. 1** regelt drei Fälle (Nr. 1–3) der **Beendigung** einer befristet verhängten Führungsaufsicht kraft Gesetzes und von einer Führungsaufsicht, die nach Aussetzung einer freiheitsentziehenden Maßregel eingetreten ist. **Nr. 1** mit Beginn einer freiheitsentziehenden Maßregel, **Nr. 2** mit dem Vollzug bestimmter Freiheitsstrafen, **Nr. 3** mit neuer Führungsaufsicht. **S. 2** regelt bei unbefristeter Führungsaufsicht deren **Ruhen,** solange der Vollzug von Strafe/Maßregel dauert; damit soll eine Doppelbetreuung vermieden werden (BT-Drs. 16/1993, 22; Schneider NStZ 2007, 441 (446); Kinzig in Schönke/Schröder Rn. 1; Sinn in SK-StGB Rn. 7). **S. 3** regelt die zwingende Anordnung des Entfallens einer Führungsaufsicht in Fällen der Aussetzung einer freiheitsentziehenden Maßregel, sobald einer der in Abs. 1 S. 1 Nr. 1–3 genannten Umstände vorliegt und das Entfallen der Führungsaufsicht von daher nicht mehr erforderlich erscheint (vgl. BT-Drs. 17/3403, 40). Eine neue Führungsaufsicht **entfällt** auf Anordnung des Gerichts, wenn es ihrer neben einer bestehenden Aufsicht nicht bedarf (**S. 4;** dazu Schneider in LK-StGB Rn. 6).

1a **2. a)** Die **Aufhebung der Führungsaufsicht** ist nur unter den Voraussetzungen des Abs. 2 (aM LG Bonn NStZ 1994, 358 mit abl. Bespr. Bringewat BewH 1994, 216; Koepsel NStZ 1994, 359) und nur innerhalb der durch Mindest- und Höchstdauer (→ § 68c Rn. 1) oder durch Abs. 3 gezogenen Schranken zulässig. Das gilt grds. – vorbehaltlich der Ausnahme nach § 68f II (→ § 68f Rn. 5) – auch dann, wenn die Führungsaufsicht kraft Gesetzes eingetreten ist (§ 68 II) oder wenn der Verurteilte aus langfristigem Strafvollzug vorzeitig entlassen worden ist (Maier NJW 1977, 371) sowie für die Entscheidung über die Fortdauer unbefristeter Führungsaufsicht (KG StV 2021, 309; OLG Celle StraFo 2019, 167). Der Versuch von Sinn (in SK-StGB § 68 Rn. 14), aus § 68f und dem Verhältnismäßigkeitsgrundsatz die Unanwendbarkeit der zeitlichen Beschränkung nach Abs. 2 S. 2 abzuleiten, findet im Gesetz keine Stütze (Kinzig in Schönke/Schröder Rn. 13). Diesem liegt vielmehr das allgemeine Prinzip zu Grunde, dass die Führungsaufsicht nicht vor Ablauf von zwei Jahren tatsächlicher Ausführung beendigt werden soll, weil vorher eine begründete Prognose idR nicht gestellt werden kann (krit. Ostendorf in NK-StGB Rn. 12). Eine Unterschreitung der zeitlichen Schranke kommt daher nur im Einzelfall in Frage, wenn andernfalls der Verhältnismäßigkeitsgrundsatz verletzt würde (diff. Schneider in LK-StGB Rn. 15–35).

2 **b)** Die Aufhebung setzt eine **günstige Prognose** voraus, die inhaltlich mit der Prognose bei Maßregelaussetzung zur Bewährung nach § 67d II (→ § 67d Rn. 3), also nicht mit der weniger strengen nach § 57 I Nr. 2 (KG JR 1988, 295), übereinstimmt, aber insofern andere Bezugspunkte hat, als es nicht um die Begründung einer Bewährungsaufsicht über den Verurteilten, sondern um seine endgültige Entlassung mit anschließender Führungsaufsicht geht (beachte dazu Frisch LdRerg 8/560, S. 7, Schneider in LK-StGB Rn. 10; Groß/Ruderich in MüKoStGB Rn. 7). Zum **Grundsatz in dubio pro reo** bei Zweifeln über die Prognose → § 61 Rn. 5.

3 **3. Zuständigkeit und Verfahren** § 463 III iVm § 454 I, III, IV StPO. Die Entscheidung ergeht auf Antrag oder von Amts wegen. Im Hinblick auf den zwingenden Charakter des Abs. 1 ist das Gericht bei Ablauf der Mindestdauer (§ 68c I) auch

ohne Antrag zur Prüfung der Voraussetzungen verpflichtet (weniger streng Groß/Ruderich in MüKoStGB Rn. 20); im weiteren Verlauf bleibt es dazu berechtigt, ist aber insoweit nicht an bestimmte Fristen gebunden. Nur bei unbefristeter Führungsaufsicht (→ § 68c Rn. 1a–1e) sind zur Wahrung des Verhältnismäßigkeitsgrundsatzes nach Ablauf der sonst maßgebenden Höchstfrist regelmäßige Prüfungen auch dann obligatorisch, wenn keine Anhaltspunkte für eine günstige Prognose erkennbar geworden sind (BT-Drs. 13/9062, 11). Im Übrigen gelten die Ausführungen unter → § 57 Rn. 29, 30, 37, 38 zur Antragsbefugnis, zur Frage, ob eine förmliche Entscheidung erforderlich ist, und zur Wiederholung von Anträgen sinngemäß.

4. Wird die Führungsaufsicht nicht aufgehoben, so **endet sie mit Ablauf ihrer** 4 **Höchstdauer,** es sei denn, dass sie aus einem anderen Grund (zB nach § 68g III) vorzeitig entfällt oder dass sie unbefristet ist (→ § 68c Rn. 1a); nach Beendigung sind Entscheidungen nach § 68d mit dem Ziel der Wiederherstellung der Führungsaufsicht nicht mehr möglich (OLG Düsseldorf MDR 1989, 88).

§ 68f Führungsaufsicht bei Nichtaussetzung des Strafrestes

(1) [1]**Ist eine Freiheitsstrafe oder Gesamtfreiheitsstrafe von mindestens zwei Jahren wegen vorsätzlicher Straftaten oder eine Freiheitsstrafe oder Gesamtfreiheitsstrafe von mindestens einem Jahr wegen Straftaten der in § 181b genannten Art vollständig vollstreckt worden, tritt mit der Entlassung der verurteilten Person aus dem Strafvollzug Führungsaufsicht ein.** [2]**Dies gilt nicht, wenn im Anschluss an die Strafverbüßung eine freiheitsentziehende Maßregel der Besserung und Sicherung vollzogen wird.**

(2) **Ist zu erwarten, dass die verurteilte Person auch ohne die Führungsaufsicht keine Straftaten mehr begehen wird, ordnet das Gericht an, dass die Maßregel entfällt.**

Fassung: Teilweise Neufassung von Abs. 1 S. 1 durch das FührungsaufsichtG (→ Vor § 1 Rn. 16).

1. a) Abs. 1 (zu seiner rechtspolitischen und rechtsstaatlichen Problematik 1 Frisch LdRerg 8/560, S. 2; Schneider in LK-StGB Rn. 4, 5; zu seiner Verfassungsmäßigkeit BVerfGE 55, 28 = NJW 1981, 165; KG NStZ 2006, 580). Für das **Mindestmaß** nach S. 1 ist die Höhe der **im Urteil verhängten Freiheitsstrafe** maßgebend, wobei auch eine Jugendstrafe möglich ist (OLG Bremen OLGSt StGB § 68f Nr 24). **Vollständige Vollstreckung** wird durch gnadenweisen Erlass einer auch noch so kurzen Reststrafe ausgeschlossen (KG JR 1979, 293, KG NStZ 2004, 228; BGH NStZ-RR 2007, 340; zw.), nicht dagegen durch vorzeitige Entlassung nach § 16 III StVollzG (OLG Düsseldorf MDR 1987, 603; KG NStZ 2004, 228; OLG Hamm NStZ-RR 2009, 357; aM OLG Celle StraFo 2008, 262; Schmitz StV 2007, 608) oder auf Grund einer Anrechnung nach § 43 IX StVollzG (KG NStZ 2004, 228). Keinen Hinderungsgrund bilden anfängliche Fehleinweisung bei folgender Vollstreckung der Begleitstrafe (OLG Karlsruhe StV 2020, 23), Anrechnung von Freiheitsentziehung (§§ 51, 67 IV 1) oder von anderen Einbußen (hM; krit. Schneider in LK-StGB Rn. 13–15), zB von Suchtbehandlung nach § 36 I BtMG (OLG München NStZ 1990, 454 mAnm Stree) oder von Leistungen nach § 56f III 2 (Stree NStZ 1990, 455), und zwar auch dann nicht, wenn sich die Strafe durch Anrechnung voll erledigt hat (Stree FS Baumann, 1992, 281 (291); Fischer Rn. 5; aM Schneider in LK-StGB Rn. 13; Ostendorf in NK-StGB Rn. 8; vgl. auch KG NStZ-RR 2005, 42; NStZ 2006, 580). Es genügt die Beendigung der Strafvollstreckung ieS; dieser liegt auch bei einer Zurückstellung der weiteren Vollstreckung nach § 35 I BtMG vor (KG NStZ 2006, 580). Dasselbe gilt für vorausgegangene Unterbrechungen der Vollstreckung oder andere zeitliche Zwischenräume (Stree FS Baumann, 1992, 281 (290)), zB bei vorausgegangenem Widerruf der Strafrestaussetzung (OLG Düsseldorf NStZ-RR 2002, 190; Fischer Rn. 6). **Vorsätzliche Straftat** → § 66 Rn. 3. Nach überwiegender, im Hinblick auf den Gesetzeszweck aber kaum überzeugender Rspr. musste nicht lediglich eine Gesamtstrafe, sondern mindestens eine Einzelstrafe wegen einer Vorsatztat das Mindestmaß erreichen (expl. OLG Hamm NStZ 1996, 407; KG NStZ-RR 1999, 138; OLG Bamberg NStZ-RR 2000, 81; OLG Frankfurt a. M. NStZ-RR 2007, 30); dies ist nach der Neufassung, die auf die „Gesamtfreiheitsstrafe" abstellt, überholt (Fischer Rn. 4; krit. zur Reform Schüddekopf StraFo 2008, 141). Bei einer Einheitsjugendstrafe (§ 31 JGG) kommt es darauf an, ob der Verurteilung mindestens eine Vorsatztat zugrundeliegt, für die eine das Mindestmaß erreichende Jugendstrafe verwirkt gewesen wäre (OLG Hamm NStZ-RR 1998, 61; → § 66 Rn. 6). Die durch das SexBG eingeführte **Herabsetzung des Mindestmaßes** bei Sexualdelikten iSd § 181b soll zur Wahrung des Sicherheitsinteresses der Allgemeinheit gewährleisten, dass nach der Entlassung auch bei mittelschweren triebhaft motivierten Sexualdelikten eine wirksame Betreuung und Aufsicht möglich bleibt (zust. Schöch NJW 1998, 1257 (1260)). Da es sich ausnahmslos um Vorsatzdelikte handelt, muss bei einer Gesamtstrafe mindestens eine Einzelstrafe wegen eines einschlägigen Sexualdelikts das Mindestmaß erreichen und bei einer Einheitsjugendstrafe die entsprechende Mindestjugendstrafe fiktiv verwirkt gewesen sein. **Beginn** der Führungsaufsicht → § 68c Rn. 3.

2 **b)** Wird nach Vollstreckung der Freiheitsstrafe eine **Anschlussstrafe** vollstreckt, so hindert das den Eintritt der Führungsaufsicht nicht (aM Groß/Ruderich in MüKoStGB Rn. 7; beachte aber → § 68c Rn. 2). Die nach Abs. 2 zu treffende Entscheidung ist daher zurückzustellen, bis die endgültige Entlassung in Freiheit ansteht (KG NStZ 2006, 581; Fischer Rn. 7); dies gilt aber nicht für den Fall, dass nach der Vollverbüßung eine Überführung in die U-Haft erfolgt (OLG Düsseldorf NStZ-RR 2002, 190 mAnm Dölling JR 2003, 170; KG NStZ 2006, 581).

3 **c)** Wird der Verurteilte **nach der Entlassung erneut** zu einer das Mindestmaß des S. 1 überschreitenden Freiheitsstrafe verurteilt, so bleibt die schwebende Führungsaufsicht unberührt (hM; vgl. LG Köln MDR 1986, 513 mAnm Mainz; anders LG Regensburg MDR 1983, 423); sie kann nur unter den dafür geltenden Voraussetzungen aufgehoben werden (Sinn in SK-StGB Rn. 6).

4 **d)** Es ist nicht ausgeschlossen, dass die Führungsaufsicht nach Abs. 1 S. 1 **mit einer bereits eingetretenen** (zB im Urteil angeordneten) **zusammentrifft.** In diesen Fällen schließt nicht die eine Führungsaufsicht die andere aus (abw. OLG Hamm MDR 1983, 953, das den § 68f insoweit für subsidiär hält, und Sinn in SK-StGB Rn. 9, der umgekehrt den Wegfall der angeordneten Führungsaufsicht annimmt); sie kann auch nicht mit Rücksicht auf das Bestehen der anderen aufgehoben werden (OLG Nürnberg NStZ 1990, 301; str.). Beide Führungsaufsichten werden vielmehr einheitlich nach der jeweils längeren Höchstdauer ausgeführt (einschr. LG Bonn MDR 1988, 880 mablAnm Mainz). Jedoch ist Abs. 2 (→ Rn. 5) im Falle einer zuvor angeordneten Führungsaufsicht nicht anwendbar, weil diese

nicht vor Ablauf der Mindestdauer aufgehoben werden darf (§ 68e I 2); in deren Bestand nebst ihren Rechtsfolgen einzugreifen, bietet der nur auf § 68f bezogene Abs. 2 keine Grundlage (OLG Düsseldorf NStZ 1995, 34; Fischer Rn. 9; aM AG Hamburg MDR 1989, 180; Schneider in LK-StGB Rn. 6, 7, die dem § 68f II Vorrang geben; zw.).

2. Abs. 2 entspricht in seinen Voraussetzungen dem § 68e I 1 (→ § 68e Rn. 1; beachte auch KG JR 1988, 295; NStZ 2006, 580). Zweifel über die Prognose, die strengere Voraussetzungen hat als die nach § 57 I (OLG Düsseldorf NStZ-RR 2000, 147; KG NStZ 2006, 580 (582)), gehen hier wie bei allen Entlassungsprognosen (→ § 61 Rn. 5) zu Lasten des Verurteilten (hM; vgl. KG JR 1993, 301; OLG Düsseldorf StV 1995, 539); das folgt aus dem doppelten Zweck der Führungsaufsicht, dem Verurteilten beim Übergang in die Freiheit zu helfen und die Allgemeinheit zu sichern (KG NStZ 2006, 580 (582)). Wegen der Unsicherheit von Entlassungsprognosen würde hier eine Ausscheidung des Zweifelsbereichs zweckwidrig sein (Kinzig in Schönke/Schröder Rn. 11; aM Stree FS Baumann, 1992, 293). Da es darum geht, den Eintritt einer im Einzelfall nicht erforderlichen Führungsaufsicht vor ihrem Beginn abzuwenden, sind die Voraussetzungen der Vorschrift rechtzeitig vor der Entlassung aus dem Strafvollzug, aber nicht unnötig früh, von Amts wegen zu prüfen (OLG Bremen MDR 1977, 722; Schneider in LK-StGB Rn. 22). Diese Prüfung erstreckt sich bei Sexualtätern iSd § 181b auch auf die Frage, ob die Vollverbüßung ihren Grund in einer schlechten Prognose oder nur in der Versagung der Einwilligung hat (BT-Drs. 13/9062, 11). Bei Vorliegen der Voraussetzungen ist die Anordnung kurz vor Entlassung in die Freiheit (nicht lediglich in einen Anschlussvollzug, OLG München NStZ-RR 1998, 125) zu treffen (OLG Schleswig SchlHA 1981, 161; OLG Hamm NStZ-RR 2001, 59; sa § 54a StVollstrO; dazu KG NStZ 2006, 580 (581)); es ist nicht zwingend (aM Lassen MDR 1991, 593), aber doch empfehlenswert (aM OLG Saarbrücken MDR 1983, 598), den Verurteilten auch im Falle der Ablehnung über das Ergebnis der Prüfung durch förmlichen Beschluss zu informieren. Ist die rechtzeitige Prüfung versäumt worden und waren die Voraussetzungen für den Wegfall der Maßregel schon im Entlassungszeitpunkt erfüllt, kann die Anordnung nachgeholt werden (OLG Koblenz NStZ 1984, 189; OLG Düsseldorf MDR 1986, 255; problematisch OLG München NStZ-RR 1998, 125) – Abs. 2 gilt nur für Fälle vollständig vollstreckter Strafe. Bei gerichtlich angeordneter und kraft Gesetzes eintretender Führungsaufsicht bestimmt sich deren Beendigung ausschließlich nach § 68e (LG Kiel SchlHA 1987, 187; sa OLG Düsseldorf NStZ 1996, 567; OLG Frankfurt a. M. NStZ-RR 1996, 380; aM LG Hamburg MDR 1980, 419); eine Anwendung des Abs. 2 würde hier zu einer Umgehung der gesetzlichen Mindestdauer (§ 68e I 2) führen (Schneider in LK-StGB Rn. 18). 5

3. a) Zuständigkeit für Entscheidungen nach Abs. 2 und **Verfahren** §§ 463 III iVm 454 I, III, IV (beachte dazu OLG Düsseldorf VRS 88, 369 und OLGSt Nr. 12 sowie KG NStZ 2006, 580 (581); → § 57 Rn. 34), 463 VI iVm 462a I StPO (dazu NStZ 2001, 165; OLG Stuttgart NStZ-RR 2003, 380), 462a I 2 und IV, 463 VII StPO (BGH NJW 2010, 951). Die Entscheidung ergeht auf Antrag oder von Amts wegen (OLG Bremen MDR 1977, 772; Kinzig in Schönke/Schröder Rn. 10); für die Antragsbefugnis, die Prüfung auch ohne Antrag und die Frage, ob eine förmliche Entscheidung erforderlich ist, gelten die Ausführungen unter → § 57 Rn. 29, 30 sinngemäß (OLG Saarbrücken MDR 1983, 598; LG Zweibrücken MDR 1991, 272; Kinzig in Schönke/Schröder Rn. 14); danach ist nicht in jedem Falle eine 6 förmliche Entscheidung erforderlich (aM OLG Koblenz NStZ 1984, 189; OLG Zweibrücken MDR 1992, 1166; zw.). Im Fall nachträglich angeordneter Sicherungsverwahrung nach § 66b besteht die Möglichkeit, dass die Strafvollstreckungskammer die im Rahmen der Führungsaufsicht zu treffenden Entscheidungen analog § 462a I 3 StPO auf das nach § 74f GVG zuständige Gericht des ersten Rechtszugs überträgt (BGHSt 50, 373 (385) = NJW 2006, 1377).

7 **b)** Zu den notwendigen weiteren Entscheidungen (§§ 68a I, 68b, 68c I 2) → § 68 Rn. 9.

8 **4.** Wird die Strafe aus einem gem. §§ 84f, 84g bzw. §§ 48ff. IRG für vollstreckbar erklärten ausländischen Urteil in Deutschland vollständig verbüßt, kann bei Vorliegen der Voraussetzungen nach § 68f Führungsaufsicht eintreten. Es soll dabei nicht darauf ankommen, ob diese Rechtsfolge auch bei Vollverbüßung im Ausland eingetreten wäre, da sich die Vollstreckung nach deutschem Recht richtet (OLG Celle StV 2020, 31 mkritAnm Bock, die mit Recht darauf abstellen will, ob diese Rechtsfolge auf im EU-Ausland eingetreten wäre). – Zum Ausschluss der Führungsaufsicht bei **DDR-Alttaten** → § 2 Rn. 11, 32.

§ 68g Führungsaufsicht und Aussetzung zur Bewährung

(1) [1]**Ist die Strafaussetzung oder Aussetzung des Strafrestes angeordnet oder das Berufsverbot zur Bewährung ausgesetzt und steht der Verurteilte wegen derselben oder einer anderen Tat zugleich unter Führungsaufsicht, so gelten für die Aufsicht und die Erteilung von Weisungen nur die §§ 68a und 68b.** [2]**Die Führungsaufsicht endet nicht vor Ablauf der Bewährungszeit.**

(2) [1]**Sind die Aussetzung zur Bewährung und die Führungsaufsicht auf Grund derselben Tat angeordnet, so kann das Gericht jedoch bestimmen, daß die Führungsaufsicht bis zum Ablauf der Bewährungszeit ruht.** [2]**Die Bewährungszeit wird dann in die Dauer der Führungsaufsicht nicht eingerechnet.**

(3) [1]**Wird nach Ablauf der Bewährungszeit die Strafe oder der Strafrest erlassen oder das Berufsverbot für erledigt erklärt, so endet damit auch eine wegen derselben Tat angeordnete Führungsaufsicht.** [2]**Dies gilt nicht, wenn die Führungsaufsicht unbefristet ist (§ 68c Abs. 2 Satz 1 oder Abs. 3).**

Fassung: Das FührungsaufsichtG (→ Vor § 1 Rn. 16) hat einen S. 2 an Abs. 3 angehängt.

1 **1.** Die Vorschrift gilt für **alle Fälle des gleichzeitigen Bestehens** einer Bewährungs- und einer Führungsaufsicht, gleichgültig, ob sie auf derselben Tat oder auch nur demselben Verfahren beruhen (eine Aufspaltung der Zuständigkeit vermeidet § 463 iVm § 462a IV StPO).

2 **2. Abs. 1** betrifft nur die Aufsicht (§ 68a) und die Erteilung von Weisungen (§ 68b); er ersetzt also nur die §§ 56c, 56d. Voraussetzungen der Aussetzung (§§ 57, 70), Dauer der Bewährungszeit (§ 56a), Zulässigkeit von Auflagen (§ 56b) und Voraussetzungen des Widerrufs (§§ 56f, 70b) bleiben unberührt (krit. Schneider in LK-StGB Rn. 14). Die Ablaufshemmung für die Führungsaufsicht nach S. 2 soll die Einheitlichkeit der Aufsicht während der ganzen Bewährungszeit sicherstellen; daher schließt sie auch die Verjährung nach § 79 IV (→ § 79 Rn. 4) vor Ablauf der

Bewährungszeit (Mainz NStZ 1989, 61; zw.) und die richterliche Abkürzung der Führungsaufsicht auf einen früheren Endtermin aus (unstr.), nicht aber die Aufhebung der Maßregel nach § 68e I (OLG Hamm NStZ 1984, 188; Kinzig in Schönke/Schröder Rn. 6).

3. Abs. 2: „Angeordnet" ist auch die kraft Gesetzes eingetretene Führungsauf- 3
sicht (Kinzig in Schönke/Schröder Rn. 10). Die Bestimmung des Ruhens unterliegt pflichtmäßigem Ermessen (→ § 46 Rn. 50). Sie suspendiert das spezifische Weisungssystem der Führungsaufsicht und macht die §§ 56c, 56d anwendbar. Nach § 68b erteilte Weisungen werden daher für die Dauer des Ruhens wirkungslos. Ein Verstoß gegen sie kann weder die Strafbarkeit nach § 145a noch den Widerruf einer zugrundeliegenden Maßregelaussetzung nach § 67g I Nr. 2 begründen (Kinzig in Schönke/Schröder Rn. 8); die Widerrufsalternative des § 67g I Nr. 1 bleibt dagegen unberührt (OLG Karlsruhe MDR 1989, 663). Die Bestimmung des Ruhens ist angezeigt, wenn der Verurteilte auch ohne die einschneidenden Möglichkeiten der Führungsaufsicht eine günstige Entwicklung erwarten lässt (Begr. zu § 98 E 1962, S. 225). Sie wird zweckmäßig zugleich mit der Aussetzung getroffen; jedoch ist in Analogie zu § 68d auch nachträgliche Anordnung zulässig (iE ebenso Ostendorf in NK-StGB Rn. 7, der aber eine gleichzeitige Anordnung favorisiert).

4. Abs. 3 gilt – ebenso wie Abs. 2 (→ Rn. 3) – auch für die kraft Gesetzes ein- 4
getretene Führungsaufsicht, weil es keinen Grund für eine unterschiedliche Behandlung gibt (OLG Oldenburg NStZ-RR 2009, 260 (261); Kinzig in Schönke/Schröder Rn. 15; Schneider in LK-StGB Rn. 19; aM OLG Hamm NStZ 1984, 188; OLG Saarbrücken BeckRS 2017, 125956). Darüber hinaus ist idR auch die wegen einer anderen Tat bestehende Führungsaufsicht aufzuheben; denn die erfolgreiche Bewährung in einer Sache begründet meist, jedoch nicht notwendig (Schneider in LK-StGB Rn. 29), allgemein eine günstige Prognose. Abs. 3 **S. 2** nimmt die unbefristete Führungsaufsicht von der Beendigung nach S. 1 aus (Fischer Rn. 9).

– Entziehung der Fahrerlaubnis –

§ 69 Entziehung der Fahrerlaubnis

(1) **[1]Wird jemand wegen einer rechtswidrigen Tat, die er bei oder im Zusammenhang mit dem Führen eines Kraftfahrzeuges oder unter Verletzung der Pflichten eines Kraftfahrzeugführers begangen hat, verurteilt oder nur deshalb nicht verurteilt, weil seine Schuldunfähigkeit erwiesen oder nicht auszuschließen ist, so entzieht ihm das Gericht die Fahrerlaubnis, wenn sich aus der Tat ergibt, daß er zum Führen von Kraftfahrzeugen ungeeignet ist. [2]Einer weiteren Prüfung nach § 62 bedarf es nicht.**

(2) **Ist die rechtswidrige Tat in den Fällen des Absatzes 1 ein Vergehen**

1. der Gefährdung des Straßenverkehrs (§ 315c),
1a. des verbotenen Kraftfahrzeugrennens (§ 315d),
2. der Trunkenheit im Verkehr (§ 316),
3. des unerlaubten Entfernens vom Unfallort (§ 142), obwohl der Täter weiß oder wissen kann, daß bei dem Unfall ein Mensch getötet oder nicht unerheblich verletzt worden oder an fremden Sachen bedeutender Schaden entstanden ist, oder

4. des Vollrausches (§ 323 a), der sich auf eine der Taten nach den Nummern 1 bis 3 bezieht,

so ist der Täter in der Regel als ungeeignet zum Führen von Kraftfahrzeugen anzusehen.

(3) [1]**Die Fahrerlaubnis erlischt mit der Rechtskraft des Urteils.** [2]**Ein von einer deutschen Behörde ausgestellter Führerschein wird im Urteil eingezogen.**

Fassung: Abs. 2 Nr. 1 a durch das 56. StÄG (→ Vor § 1 Rn. 18) ergänzt.

1 **1.** Die Entziehung ist **Maßregel,** nicht Nebenstrafe (BGHSt 7, 165 (168) = NJW 1955, 557; BGH NZV 2003, 46; NStZ-RR 2003, 69; anders Haffke FS Hamm, 2008, 137 (144)). Sie hat spezialpräventiven Charakter; ihre Anordnung aus Gründen der Schuld (BGH VRS 11, 425; NZV 2003, 46; Jescheck/Weigend StrafR S. 825) oder der Generalprävention (OLG Düsseldorf NZV 1993, 117) ist nicht vorgesehen. Nach der Häufigkeit ihrer Anordnung handelt es sich um die wichtigste präventive Sanktion (Schäfer in Schäfer/Sander/van Gemmeren Strafzumessung Rn. 289; Streng Sanktionen Rn. 348). Die Ausgestaltung der Entziehung als Maßregel und ihr problematisches Verhältnis zur Nebenstrafe des Fahrverbots (§ 44) hat vielfache Kritik erfahren und zu einer langdauernden, noch nicht abgeschlossenen kontroversen Diskussion und zu zahlreichen **Reformvorschlägen** geführt (vgl. etwa Albrecht/Hassemer/Voß, Rechtsgüterschutz durch Entkriminalisierung, 1992, S. 20; Weßlau StV 1999, 278 (285); zusf. Geppert in LK-StGB Rn. 11–14). Die Frage ist auch Bestandteil des Prüfungsauftrags, den das BMJ der Sachverständigenkommission zur Reform des strafrechtlichen Sanktionensystems erteilt hat (→ Vor § 38 Rn. 3); die Kommission lehnt die Abschaffung der Entziehung der Fahrerlaubnis, die sich als strafrechtliche Maßregel bewährt habe, im Hinblick auf eine Erweiterung des Anwendungsbereichs des Fahrverbots ab (Abschlussbericht vom März 2000, S. 37); dazu und für technisch-präventive Maßnahmen Lohkamp, Reformbedürftigkeit von Fahrverbot und Fahrerlaubnisentziehung, 2004. Zur **Rspr.** zu §§ 69, 69 a Himmelreich/Halm NStZ 2011, 440 (441); NStZ 2012, 486; NStZ 2013, 454 (455).

2 **2.** Zu den **Voraussetzungen** bei Inhabern einer deutschen Fahrerlaubnis (zu den übrigen Fällen § 69 b):

a) Die **rechtswidrige,** dh nicht notwendig schuldhafte, **Tat** (→ § 11 Rn. 18; → § 29 Rn. 1) darf noch nicht verjährt sein (§ 78 I).

3 **b)** Zum Begehen der Tat **bei oder im Zusammenhang mit dem Führen eines Kraftfahrzeuges oder unter Verletzung der Pflichten eines Kraftfahrzeugführers** → § 44 Rn. 3, 4 (für eine restriktivere Auslegung als bei § 44 Herzog/Böse in NK-StGB Rn. 9; speziell zum Zusammenhang bei Sexualdelikten Molketin NZV 1995, 383; zur umstrittenen Anwendung auf Teilnehmer BGH NStZ 2004, 617; Dreher/Fad NZV 2004, 231; zum Fahren ohne Fahrerlaubnis als „typische Verkehrsstraftat" BGH NStZ-RR 2007, 40; NStZ-RR 2007, 89; NStZ-RR 2019, 29; dazu auch Geppert in LK-StGB Rn. 31). Die im Zusammenhang mit dem Führen eines Kraftfahrzeugs verübte Tat muss nicht im öffentlichen Verkehrsraum erfolgt sein (BGH NStZ 2020, 214).

4 **c) Verurteilung** setzt voraus, dass der Täter wegen der rechtswidrigen Tat schuldig gesprochen wird, unabhängig davon, welche Rechtsfolgen an den

Schuldspruch geknüpft sind; Verurteilung daher auch, wenn von Strafe nach § 60 (→ § 60 Rn. 7; ebenso Böse in NK-StGB Rn. 7) oder § 320 II abgesehen, eine Maßnahme nach §§ 9–16 JGG angeordnet oder die Verhängung der Jugendstrafe nach § 27 JGG ausgesetzt wird (zur Verwarnung mit Strafvorbehalt beachte § 59 III; → § 59 Rn. 3). Dass Verurteilung infolge Amnestie unterbleibt (OLG Köln NJW 1954, 1456; aM Böse in NK-StGB Rn. 8) oder Strafaussetzung zur Bewährung angeordnet wird (BGHSt 15, 316 = NJW 1961, 683), hindert die Anordnung nicht; jedoch bedarf der Eignungsmangel im Falle der Aussetzung näherer Begründung (BGH VRS 29, 14; OLG Hamm VRS 32, 17). **Unterbleiben der Verurteilung** wegen erwiesener oder nicht auszuschließender **Schuldunfähigkeit** kommt auch im Sicherungsverfahren in Frage (BGHSt 13, 91 = NJW 1959, 1185).

d) Es muss sich aus der Tat (oder einer den Gegenstand des Verfahrens bildenden Mehrheit von Taten, BayObLG NJW 1966, 2369; GA 1967, 95) ergeben, dass der Täter **zum Führen von Kraftfahrzeugen ungeeignet** ist (BGH NStZ 2015, 579). Dass der Eignungsmangel nur aus Anlass der Tat (OLG Hamm VRS 48 (1975), 339) oder aus anderen Gründen (BGHSt 15, 393 = NJW 1961, 1269; OLG Frankfurt a. M. NStZ-RR 1996, 235) hervortritt, genügt nicht. 5

aa) Der **Eignungsmangel** kann auf körperlichen, geistigen oder charakterlichen Gründen beruhen (BGHSt 5, 179 = NJW 1954, 163; BGHSt 6, 183 = NJW 1954, 1167; Hentschel Trunkenheit Rn. 600–605a; speziell zu neurologischen und neuropsychologischen Erkrankungen bei der Eignung iSd § 2 IV StVG Geppert FS Gössel, 2002, 303). Der Feststellung einer besonderen Gefährlichkeit des Täters bedarf es darüber hinaus nicht (BGHSt 7, 165 = NJW 1955, 557; Kinzig in Schönke/Schröder Rn. 32, 33). Das folgt daraus, dass schon der Eignungsmangel immer auch die Prognose fortbestehender Ungeeignetheit und damit zugleich künftiger Gefährlichkeit des Täters für den Fall einschließt, dass er ein Fahrzeug führt (BGHSt 7, 172 = NJW 1955, 557). Dem steht die – etwa wegen schwerer Verletzungen – eingetretene Fahrunfähigkeit des Täters nicht entgegen (BGHSt 7, 174 = NJW 1955, 174; Geppert in LK-StGB Rn. 59; Kinzig in Schönke/Schröder Rn. 32); iÜ ist jedoch das Erfordernis künftiger Gefährlichkeit Gegenstand der Prüfung des Eignungsmangels, das je nach den Umständen besonderer Erörterung bedarf (vgl. etwa BGH StV 1995, 301). Die Beurteilung erfordert eine **Gesamtwürdigung** aller Umstände des Einzelfalls, namentlich der Tat selbst, aber auch der Persönlichkeit des Täters (körperlicher Zustand, Fahrfertigkeit, bisheriges Verkehrsverhalten usw), soweit sie sich in der Tat manifestiert hat (BGHSt 5, 168 = NJW 1954, 159; BGHSt 6, 183 (185) = NJW 1954, 1167; BGH NStZ-RR 2019, 209; sa BVerwGE 77, 40 = NJW 1987, 2246). Für die Berücksichtigung auch von Vorstrafen (dazu OLG Hamm BA 1953, 189) gilt ein beschränktes gesetzliches Verwertungsverbot (§ 52 II BZRG; → § 46 Rn. 37). Nachtatverhalten kann nur relevant werden, soweit es Rückschlüsse auf die der Tat zugrundeliegende Fehlhaltung zulässt; rechtmäßiges Verteidigungsverhalten im Prozess darf ebenso wie bei der Strafzumessung (→ § 46 Rn. 43) regelmäßig nicht zum Nachteil des Täters verwertet werden (BGH NStZ-RR 1997, 197; OLG Köln VRS 90 (1996), 123 (125)). Nach Teilen der früheren Rspr. konnte bei besonders schweren Taten (zB beim Betäubungsmittelhandel unter Benutzung von Kraftfahrzeugen, BGH NStZ 1992, 586; NStZ-RR 2000, 297) der Eignungsmangel auf der Grundlage der auch hier gebotenen Gesamtwürdigung (dazu BGH StV 1999, 18; NStZ 2000, 26) allein schon aus der Tat zu folgern sein (krit. Streng Sanktionen Rn. 355); ein funktiona- 6 ler Bezug zwischen Tat und fehlender Eignung, der sich aus der Begehung allgemeiner Straftaten unter Benutzung eines Kraftfahrzeugs ergeben könnte, sollte ausreichen (BGH JR 2004, 123 mit Bespr. Kühl). Der Große Senat in Strafsachen (BGHSt 50, 93 = NJW 2005, 1957) verlangt nun einen spezifischen Zusammenhang zwischen der Anlasstat und der Verkehrssicherheit; aus der Tat müssen sich danach konkrete Anhaltspunkte dafür ergeben, dass der Täter bereit ist, die Sicherheit des Straßenverkehrs seinen eigenen kriminellen Interessen unterzuordnen (so schon bisher der 3. und 4. Strafsenat BGH NJW 2004, 3497; JR 2004, 119 mit krit. Bespr. Kühl; zust. Herzog StV 2004, 151; Sowada NStZ 2004, 169). Nach Ansicht des Großen Senats folgt aus dem Verhältnis des § 69 zu den §§ 2 IV 1, 3 I 1 StVG iVm §§ 11 I 3, 46 I 2 FeV, dass die **Sicherheit** des **Straßenverkehrs** alleiniger Schutzzweck des § 69 sei (BGHSt 50, 93 (100) = NJW 2005, 1957); der Strafrichter nehme bei der Entziehung der Fahrerlaubnis sachlich die Ordnungsaufgabe der Fahrerlaubnisbehörde wahr, weshalb sich die Auslegung des Begriffs der Ungeeignetheit am Zweck des § 3 I StVG zu orientieren habe, der darin liegt, die Allgemeinheit vor Kraftfahrzeugführern zu schützen, die andere Verkehrsteilnehmer gefährden. Grundlage für die Beurteilung der Eignung bildet die Anlasstat. Bei sog. **Zusammenhangstaten,** dh Taten, die auch nicht im weiteren Sinn zu den Verkehrsstraftaten zählen, bedarf die Beeinträchtigung der Verkehrssicherheit deshalb besonderer Begründung unter Berücksichtigung der Umstände des Einzelfalls. Sofern sich daraus tragfähige Schlüsse auf eine mögliche Gefährdung ziehen lassen, können Umstände aus dem Vorleben des Täters oder der Tatvorbereitung einbezogen werden. Die fehlende Eignung kann danach zu bejahen sein, wenn sich der Täter bei einer früheren vergleichbaren Straftat, zB auf der Flucht, verkehrsgefährdend verhalten hat. Regelmäßig dürfte dies außerdem der Fall sein bei gewaltsamen Entführungen im Kraftfahrzeug oder bei Banküberfällen, bei denen aufgrund der Tatumstände von alsbaldiger Verfolgung und Flucht auszugehen war und der Täter mit einer verkehrsgefährdenden Verwendung des tatortnah abgestellten Fahrzeuges zumindest rechnen musste (BGHSt 50, 93 (103) = NJW 2005, 1957; BGH NStZ 2008, 279). Ob sich fehlende Fahreignung etwa aus dem Durchstechen von Autoreifen, so dass es zu unkontrollierten Ausbrüchen des Fahrzeugs während der späteren Fahrt und somit zu schwersten Unfällen kommen kann, ergibt, erscheint fraglich (bejahend OLG Karlsruhe NStZ-RR 2006, 57; abl. Hentschel NJW 2006, 477 (482): der Täter habe die Sicherheit des Straßenverkehrs nicht als Kraftfahrer beeinträchtigt). Ungeeignetheit ist aber insbes. **nicht** schon dann anzunehmen, wenn der Täter das Kraftfahrzeug dazu nutzt, das spätere Opfer einer Sexualstraftat an einen entlegenen Ort zu verbringen (BGH NZV 2005, 189). Trotz des damit im Vergleich zur bisherigen Lage eingeschränkten Anwendungsbereiches der Fahrerlaubnisentziehung wird seitens des Großen Senats gleichwohl eine konkrete Gefahr „verkehrsspezifischer“ Taten nicht gefordert und es bleibt abzuwarten, ob durch die neue Rspr. tatsächlich präzise Abgrenzungskriterien geliefert wurden (bejahend Kudlich JuS 2005, 757 (758); zweifelnd Duttge JZ 2006, 102, der aber den Großen Senat auch auf dem richtigen Weg sieht; die Auswirkungen auf verschiedene Deliktstypen untersuchen Pießkalla/Leitgeb NZV 2006, 185).

6a Der **Annahme eines Eignungsmangels** steht die Aussetzung der Strafe zur Bewährung nicht zwingend entgegen (BGH NJW 1961, 683; OLG Düsseldorf NJW 1997, 2765; Hentschel Trunkenheit Rn. 648). Die wirtschaftlichen und beruflichen Folgen sind als solche unerheblich (hM; anders Grohmann DAR 1978, 63), geben jedoch Anlass zu sorgfältiger Persönlichkeitswürdigung (zur abweichenden Rechtslage bei der Anordnung vorläufiger Maßnahmen BVerfG NJW 2001,

357). Im Ganzen unterliegt die Beurteilung **tatrichterlicher,** nur begrenzt nachprüfbarer (OLG Düsseldorf DAR 1982, 26) **Würdigung.**

bb) Die **Regelbeispiele des Abs. 2** dienen der Vereinheitlichung der Rspr. In ihrer Gesamtheit enthalten sie zwar keine Beweisregel (Krehl DAR 1986, 33; s. aber Schäfer in Schäfer/Sander/van Gemmeren Strafzumessung Rn. 293, gesetzliche Vermutung; ebenso Burmann in BHJJ StVO § 69 StGB Rn. 16), immerhin aber doch folgenden, aus der Erfahrung abgeleiteten (Bandemer NZV 1988, 172) Bewertungsmaßstab: Wenn ein nach seiner Persönlichkeit unauffälliger Kraftfahrer eine in Abs. 2 beschriebene Straftat begeht, die gegenüber der Masse der vorkommenden entsprechenden Taten keine wesentlichen Besonderheiten aufweist, so ergibt allein die Tat, dass er ungeeignet ist (OLG Düsseldorf VRS 70, 137; König in Hentschel/König/Dauer § 69 Rn. 16). Daher ist hier nur zu prüfen, ob und warum Besonderheiten des Falles einen so wesentlichen Unterschied vom Durchschnittsfall ausmachen, dass sie eine Ausnahme von der Regel rechtfertigen (BGH StV 1994, 314 (315); OLG Koblenz VRS 64, 125 (127); Streng Sanktionen Rn. 354). Solche Besonderheiten können nicht nur in den Tatumständen (OLG Stuttgart NJW 1987, 142; OLG Düsseldorf VRS 79, 103), sondern auch im Nachtatverhalten (BayObLG bei Bär DAR 1990, 364; LG Gera MDR 1997, 381), sonst in der Nachtatsituation (zB vorläufige Führerscheinmaßnahmen oder Nachschulung; → Rn. 8) und allgemein in der Person des **Täters** liegen; Fehlen von Vorstrafen und guter Eindruck in der Hauptverhandlung genügen allein nicht (OLG Stuttgart VRS 42 (1972), 357; KG VRS 60, 109), ebensowenig die Nutzung eines e-Scooters über eine kurze Strecke (BayOBLG NStZ 2020, 736; LG München I DAR 2020, 111; anders LG Halle BA 58, 293; AG Frankfurt NZV 2020, 598; AG Dortmund NZV 2020, 270; zw.), während langjährige unbeanstandete Fahrpraxis bei solchen Taten ausreichen kann, die keine weiteren Indizien für eine Schlechtprognose aufweisen (OLG Hamm DAR 2015, 399 mit Bespr. Staub/Kumm DAR 2015, 377; OLG Hamburg NZV 2019, 428; Zabel BA 1998, 241 (249); Schäfer in Schäfer/Sander/van Gemmeren Strafzumessung Rn. 293). Einer Gesamtwürdigung aller Umstände bedarf es grds. nicht (OLG Köln MDR 1966, 690; Schreiner DAR 1978, 271; einschr. OLG Koblenz VRS 55, 355 (357); Krehl DAR 1986, 33) es sei denn, dass das Gewicht der besonderen Umstände nur im Rahmen einer solchen Würdigung beurteilbar ist; stets muss aber erkennbar sein, dass die Möglichkeit der Ausnahme geprüft worden ist (BGH NStZ-RR 2018, 60; OLG Düsseldorf NZV 1988, 29), so dass das schlichte Nichtanordnen von Maßregeln gem. §§ 69, 69a bei Vorliegen eines Regelbeispiels einen Erörterungsmangel darstellt (BGH BA 58, 256). Für **Teilnehmer** greift die Regelwirkung nicht ein (BGH NJW 2021, 1767; Dreher/Fad NZV 2004, 231 (234); Zopfs NZV 2010, 179). Speziell bei Trunkenheitsdelikten ist die Fahrerlaubnisentziehung effektiver als das Fahrverbot nach § 44, das nur dann in Betracht kommt, wenn keine „verfestigten Fehlhaltungen“ vorliegen (Piesker NZV 2002, 297). Liegt kein Fall des Abs. 2 vor, so ist kein Gegenschluss begründet, sondern stets die unter → Rn. 6 beschriebene Gesamtwürdigung geboten (BGH NZV 2003, 46; NStZ-RR 2015, 123; OLG Düsseldorf NZV 1991, 237; OLG Koblenz BA 1954, 39). In Fällen der **Nr. 3** soll es nach der Rspr. genügen, dass der Täter die objektiven Umstände, die für die jeweilige schwere Folge konstituierend sind, kennt oder vorwerfbar nicht kennt (OLG Naumburg NZV 1996, 204 mit abl. Bespr. Himmelreich DAR 1997, 82). Danach braucht der Täter nicht für sich selbst nachvollziehen, dass die Verletzung als „nicht unerheblich“ oder der Schaden als „bedeutend“ zu bewerten ist; mit dem für die Parallelwertung in der Laiensphäre (→ § 15 Rn. 14) geltenden Grundsätzen ist das schwerlich vereinbar, 7 weil diese erfordern, dass der Täter den sozialen Sinngehalt des normativen Begriffs richtig begreift (zur vergleichbaren Problematik → § 224 Rn. 9). Der **bedeutende Schaden** (Nr. 3) ist ebenso wie der bedeutende Sachwert nach § 315 c I (→ § 315 c Rn. 24) wirtschaftlich, dh nach einem von der Geldwertentwicklung abhängigen Maßstab, zu bestimmen (OLG Düsseldorf NZV 1990, 197; OLG Köln DAR 1992, 152; LG Hamburg MDR 1993, 667; krit. Trück NZV 2013, 361). Dabei sind alle zur Naturalrestitution erforderlichen Aufwendungen, nicht nur die Reparaturkosten, als Berechnungsfaktoren einzubeziehen (OLG Naumburg NZV 1996, 204; LG Berlin NStZ-RR 2007, 281, Kosten eines Sachverständigengutachtens; aM Bär DAR 1991, 271; einschr. LG Hamburg NStZ 1995, 91 mablAnm Notthoff; einschr. Lenhart NJW 2004, 191). Auch ein Schaden an dem vom Täter geführten fremden Fahrzeug ist (abw. von § 315 c, → § 315 c Rn. 25) zu berücksichtigen (OLG Hamburg NStZ 1987, 228; beachte jedoch OLG Hamm NStZ 1990, 197). Nach neuerer Rspr. ist ein Sachschaden ab etwa 1.300 EUR bedeutend (OLG Dresden NJW 2005, 2633; OLG Jena NStZ-RR 2005, 183; OLG Hamm StRR 2015, Heft 03, 112; Hentschel NJW 2006, 477 (483); Himmelreich/Halm NStZ 2005, 319 (320); König in Hentschel/König/Dauer § 69 Rn. 17); angesichts der Geldwertentwicklung wurde dies zwischenzeitlich auf 1.500 EUR angehoben (LG Dresden DAR 2020, 344 und DAR 2019, 527; für 2.000 EUR LG Darmstadt VRR 2018, Nr 4, 2; für 2.500 EUR LG Nürnberg-Fürth NZV 2020, 55 und DAR 2020, 217; dagegen BayObLG DAR 2020, 268).

8 cc) Für die Beurteilung des Eignungsmangels kommt es auf den **Zeitpunkt der Hauptverhandlung** an (BGHSt 7, 165 = NJW 1955, 557; BGH NStZ-RR 2003, 74 (75), Zeitpunkt der Urteilsfindung bzw. des Urteils; Herzog/Böse in NK-StGB Rn. 19; Schäfer in Schäfer/Sander/van Gemmeren Strafzumessung Rn. 292, Zeitpunkt der gerichtlichen Entscheidung). Deshalb ist zu berücksichtigen, dass der Täter durch vorausgegangene vorläufige Entziehung der Fahrerlaubnis (§ 111 a StPO; zu deren Verfassungsmäßigkeit BVerfG DAR 1998, 466) oder Sicherstellung des Führerscheins (§ 94 III StPO) von der Verkehrsteilnahme ausgeschlossen war (Hentschel Trunkenheit Rn. 616, 631, 635; → § 69 a Rn. 5). Mit ihnen verbundene wirtschaftliche oder berufliche Folgen schlagen wegen ihrer psychischen Wirkung je nach den Umständen mittelbar zu Buch (OLG Zweibrücken StV 1989, 250; Geppert NJW 1971, 2154; Horn VersR 1974, 1141 (1144)). Die vorläufigen Maßnahmen, uU sogar bloß längerer Zeitablau und f (BGH StV 1992, 64; beachte auch OLG Düsseldorf NZV 1997, 92; Schulz NZV 1997, 62 mit Erwiderung Himmelreich DAR 1997, 305; zur Relevanz langer Verfahrensdauer Krumm NJW 2004, 1627 (1629)), können bis zur Entscheidung ein solches Gewicht erlangen, dass sie der Annahme des Eignungsmangels entgegenstehen (OLG Karlsruhe VRS 48, 185; Hentschel DAR 1988, 330 (333); krit. Geppert ZRP 1981, 85), und zwar möglicherweise schon zu einem Zeitpunkt, in dem das Mindestmaß der Sperre (§ 69 a I 1, III), noch nicht erreicht ist (BayObLG NJW 1971, 206; OLG Zweibrücken StV 1989, 250; Hentschel Trunkenheit Rn. 616). Nicht ausgeschlossen ist auch, dass sie in Fällen des Abs. 2 eine Ausnahme von der Regel begründen (OLG Saarbrücken NJW 1974, 1391 (1393); krit. Haubrich NJW 1989, 1197 (1201)). Diese Möglichkeit ist namentlich nach freiwillig übernommener und durchgeführter verkehrserzieherischer Behandlung, etwa in einem sog. Aufbauseminar für Kraftfahrer (dazu BT-Drs. 13/6914, 49; beachte OLG Karlsruhe BA 1953, 477, idR nur Anlass für weitere Sachaufklärung), zu prüfen (vgl. Bode NZV 2004, 7). Die Rspr. macht von ihr zwar zunehmend, aber nur uneinheitlich Gebrauch (die umfangreiche Rspr. zusf. Geppert in LK-StGB Rn. 99; Hentschel Trunkenheit

Rn. 636–643; Burmann in BHJJ StVO § 69 StGB Rn. 15). Die Möglichkeit präventiver Wirkung vorläufiger Maßnahmen ist namentlich im Berufungsverfahren zu beachten (OLG Düsseldorf NJW 1969, 439; Hentschel DAR 1988, 330 (333)), wo die Aufrechterhaltung des erstinstanzlichen Urteils trotz Fortbestehens einer solchen Maßnahme eine unbillige Verschlechterung bedeuten kann (Hentschel DAR 1988, 330; Janiszewski DAR 1989, 135), für die allerdings § 331 StPO keine Schranke bildet (hM; OLG Hamm JZ 1978, 656 mit abl. Bespr. Gollner JZ 1978, 637; JZ 1979, 177; OLG Frankfurt a. M. DAR 1992, 187; Geppert ZRP 1981, 85 (89); sa BVerfG bei Janiszewski NStZ 1990, 580 (581); → § 69 a Rn. 5).

e) Einer Prüfung der **Verhältnismäßigkeit** (§ 62) bedarf es nach Abs. 1 S. 2 nicht, weil das Übermaßverbot nicht verletzt sein kann, wenn ein Fahrzeugführer eindeutig ungeeignet ist (Kühl JR 2004, 125 (127); einschr. König in Hentschel/König/Dauer § 69 Rn. 22; krit. Haffke FS Hamm, 2008, 137; Fischer Rn. 50, der ua den Aspekt der wirtschaftlichen Existenz berücksichtigen will); das Verbot ist jedoch für die Ausgestaltung der Maßregel (Sperrfrist usw) relevant. 9

3. Bei Vorliegen der Voraussetzungen ist die Entziehung der – sei es auch erst nach der Tat erlangten (Janiszewski NStZ 1987, 546) – Fahrerlaubnis **zwingend** (BGHSt 5, 168 (176) = NJW 1954, 159; BGHSt 6, 183 (185) = NJW 1954, 1167). Sie entfällt auch dann nicht, wenn eine freiheitsentziehende Maßregel angeordnet wird (BGH VRS 30, 274). 10

4. a) Mit **Rechtskraft** erlischt die Fahrerlaubnis endgültig (beachte VGH München VRS 88, 269); ihre Entziehung für eine bestimmte Zeit ist daher nicht möglich (BGH bei Spiegel DAR 1976, 92). Besteht die Fahrerlaubnis zu diesem Zeitpunkt nicht (mehr), ist die Anordnung der Entziehung nicht unwirksam, geht aber ins Leere (BGH NStZ-RR 2020, 155). Auch eine teilweise Entziehung mit Beschränkung auf bestimmte Arten von Kraftfahrzeugen (BGH NStZ 1983, 168; NJW 1983, 1744) oder auf das Fahren unter bestimmten Bedingungen ist unzulässig (BGHSt 6, 183 = NJW 1954, 1167; OLG Hamm NJW 1971, 1193; beachte aber § 69 a II sowie § 69 a III dazu). 11

b) Die Entziehung ist **im Inland** wirksam. Daraus folgt, dass dem Täter verboten ist, für die Dauer der Sperre (§ 69 a I) im Inland Kraftfahrzeuge zu führen, wenn es dazu einer Fahrerlaubnis bedarf (→ § 69 a Rn. 1). 12

c) Die zugleich auszusprechende **Einziehung** des von einer deutschen Behörde erteilten Führerscheins ist eine unselbständige Vollzugsmaßnahme polizeilicher Art (→ § 69 a Rn. 10; zur Urteilsformel Schäfer in Schäfer/Sander/van Gemmeren Strafzumessung Rn. 836). 13

5. Über das Verhältnis zum **Fahrverbot** → § 44 Rn. 9. **Zuwiderhandlungen** § 21 StVG (Koch DAR 1971, 35). Zum Verhältnis zu § 3 StVG vgl. Koehl DAR 2013, 682. 14

6. Verfahren → § 69 a Rn. 9, 10. Zur Entziehung der von einer **DDR-Behörde** erteilten Fahrerlaubnis → § 69 a Rn. 12. 15

§ 69a Sperre für die Erteilung einer Fahrerlaubnis

(1) [1]**Entzieht das Gericht die Fahrerlaubnis, so bestimmt es zugleich, daß für die Dauer von sechs Monaten bis zu fünf Jahren keine neue Fahrerlaubnis erteilt werden darf (Sperre).** [2]**Die Sperre kann für immer angeordnet werden, wenn zu erwarten ist, daß die gesetzliche Höchstfrist zur Abwehr der von dem Täter drohenden Gefahr nicht ausreicht.** [3]**Hat der Täter keine Fahrerlaubnis, so wird nur die Sperre angeordnet.**

(2) **Das Gericht kann von der Sperre bestimmte Arten von Kraftfahrzeugen ausnehmen, wenn besondere Umstände die Annahme rechtfertigen, daß der Zweck der Maßregel dadurch nicht gefährdet wird.**

(3) **Das Mindestmaß der Sperre beträgt ein Jahr, wenn gegen den Täter in den letzten drei Jahren vor der Tat bereits einmal eine Sperre angeordnet worden ist.**

(4) [1]**War dem Täter die Fahrerlaubnis wegen der Tat vorläufig entzogen (§ 111a der Strafprozeßordnung), so verkürzt sich das Mindestmaß der Sperre um die Zeit, in der die vorläufige Entziehung wirksam war.** [2]**Es darf jedoch drei Monate nicht unterschreiten.**

(5) [1]**Die Sperre beginnt mit der Rechtskraft des Urteils.** [2]**In die Frist wird die Zeit einer wegen der Tat angeordneten vorläufigen Entziehung eingerechnet, soweit sie nach Verkündung des Urteils verstrichen ist, in dem die der Maßregel zugrunde liegenden tatsächlichen Feststellungen letztmals geprüft werden konnten.**

(6) **Im Sinne der Absätze 4 und 5 steht der vorläufigen Entziehung der Fahrerlaubnis die Verwahrung, Sicherstellung oder Beschlagnahme des Führerscheins (§ 94 der Strafprozeßordnung) gleich.**

(7) [1]**Ergibt sich Grund zu der Annahme, daß der Täter zum Führen von Kraftfahrzeugen nicht mehr ungeeignet ist, so kann das Gericht die Sperre vorzeitig aufheben.** [2]**Die Aufhebung ist frühestens zulässig, wenn die Sperre drei Monate, in den Fällen des Absatzes 3 ein Jahr gedauert hat; Absatz 5 Satz 2 und Absatz 6 gelten entsprechend.**

1 **1. a)** Die **Sperre** verbietet die Erteilung einer neuen Fahrerlaubnis. Sie wird grds. **neben** der Entziehung angeordnet (→ Rn. 9). Eine **isolierte Sperre** (Abs. 1 S. 3), die ebenso wie die Entziehung eine Maßregel iSd § 69 ist (OLG Zweibrücken MDR 1983, 1046), wird nur angeordnet, wenn der Täter keine von der Behörde eines Vertragsstaates des EWR (einschließlich der Bundesrepublik) und auch sonst keine für den innerdeutschen Kraftverkehr gültige ausländische Fahrerlaubnis hat (→ § 69b Rn. 1–1c). Eine solche fehlt ihm auch nach vorausgegangener rechtskräftiger Entziehung (BGH bei Spiegel DAR 1979, 185; aM OLG Bremen VRS 51 (1976), 278 mit abl. Bespr. Hentschel DAR 1977, 212), nicht jedoch nach nicht rechtskräftiger oder nur vorläufiger Entziehung.

2 **b)** Die Sperre ist innerhalb des gesetzlichen Rahmens nicht nach der Schuld oder nach generalpräventiven Gesichtspunkten (BGH NStZ-RR 2002, 232; NZV 2003, 46; OLG Düsseldorf NZV 1993, 117; OLG Hamm StV 1996, 420; Böse in NK-StGB Rn. 3), sondern allein nach dem Grad des aus der Tat abgeleiteten Eignungsmangels zu **bemessen,** für den allerdings die Größe des Unrechts und die Schwere der Schuld Indizien bilden (BGH NStZ 1991, 183; Geppert in LK-StGB

Rn. 16–28). Ihre Dauer hängt daher davon ab, bis zu welchem Zeitpunkt nicht erwartet werden kann, dass der Täter seine Eignung zum Führen von Kraftfahrzeugen wiedererlangt (ähnlich BGHSt 15, 393 (397) = NJW 1961, 1269; Geppert in LK-StGB Rn. 16; eing. Geppert, Die Bemessung der Sperrfrist bei der strafgerichtlichen Entziehung der Fahrerlaubnis, 1968; problematisch OLG Düsseldorf NStZ-RR 1996, 182); dafür können auch die wirtschaftlichen und beruflichen Folgen der Entziehung wegen der von ihnen ausgehenden psychischen Wirkungen mittelbar relevant sein (→ § 69 Rn. 8). Die Sperre ist durch Angabe der Dauer in Zeiteinheiten zu bestimmen (Martin DAR 1968, 125; BayObLG NJW 1966, 2371; OLG Saarbrücken NJW 1968, 458). Die **unbefristete Sperre** (Abs. 1 S. 2) setzt schwerste oder chronische Kriminalität, nicht notwendig Verkehrskriminalität (Hentschel Trunkenheit Rn. 715), voraus, bei der die Höchstfrist zur Gefahrenabwehr nicht ausreicht (BGHSt 15, 393 (398) = NJW 1961, 1269; BGH NStZ-RR 1997, 331; krit. Lisken DRiZ 1977, 173). Eine langfristige oder unbefristete Sperre ist eing. zu begründen (BGHSt 5, 168 (177) = NJW 1954, 159; OLG Köln VRS 61 (1981), 28 (30); OLG Hamm BA 56, 205). Zur **isolierten Sperrfrist** nach Abs. 1 S. 3 vgl. BGH NStZ 2020, 499; OLG Düsseldorf NZV 2006, 489.

2. Abs. 2 bezieht sich nur auf **bestimmte Arten von Kraftfahrzeugen,** lässt 3
also keine Auflockerung der Sperre unter anderen Bedingungen zu (→ § 44 Rn. 10), insbes. nicht eine Beschränkung auf konkrete Fahrzeuge und Tageszeiten (BayObLG NZV 2005, 592). Die Vorschrift hat Ausnahmecharakter (hM; vgl. Burmann in BHJJ StVO § 69a StGB Rn. 4–5a; Lehmann Jura 2004, 601 (603); krit. Stephan DAR 1989, 1). In der Regel, namentlich bei Trunkenheitsdelikten (zusf. Zabel/Seim BA 1993, 109), beruht der Eignungsmangel auf einem Charakterfehler, der beim Führen von Fahrzeugen jeder Art zutage treten kann. Die Ausnahme ist daher nur angezeigt, wenn bestimmte Tatsachen die (näher zu begründende, OLG Hamm VRS 62, 124) Annahme rechtfertigen, dass der Mangel sich in einzelnen Lebensbereichen, zB bei im Dienst zuverlässigen oder wirksam beaufsichtigten Berufsfahrern oder Treckerführern, nicht oder weniger auswirken wird (BayObLG JZ 1983, 33; OLG Celle DAR 1985, 90; LG Zweibrücken NZV 1996, 252; AG Lüdinghausen NStZ-RR 2003, 248; AG Frankfurt NStZ-RR 2007, 25; weiter ua AG Frankfurt DAR 1982, 306; sowie Zabel BA 1983, 477 (484), die auch wirtschaftliche Gründe einbeziehen; krit. dazu Hentschel NJW 1989, 1838 (1846)). Nach dem Sinn der Vorschrift ist der Täter in solchen Fällen generell ungeeignet (BayObLG NZV 1991, 397), allerdings mit dem Vorbehalt, dass der Verwaltungsbehörde die Prüfung überlassen bleibt, ob sie im Hinblick auf die mindere Gefährlichkeit der ausgenommenen Fahrzeugart die Annahme einer begrenzten Eignung für vertretbar hält (hM; anders Bode DAR 1989, 444). Statt der völligen Ausnahme bestimmter Fahrzeugarten kann auch eine kürzere Sperre für sie angeordnet werden (LG Verden VRS 48 (1975), 265; zw.).

3. Die Erhöhung des Mindestmaßes der Sperre nach **Abs. 3** gilt nicht bei vor- 4
ausgegangener Entziehung durch die Verwaltungsbehörde nach § 3 StVG (OLG Hamm VRS 53 (1977), 342). Nach seinem Schutzzweck gilt Abs. 3 ferner nicht, wenn Grundlage der vorausgegangenen oder der anstehenden Entziehung ein rein körperlicher oder geistiger, durch psychische Einwirkung nicht beeinflussbarer Mangel ist (hM; vgl. Geppert in LK-StGB Rn. 33).

4. Abs. 4 S. 1 (auch iVm Abs. 6) sieht keine Anrechnung im technischen Sinne 5
vor (BGH bei Martin DAR 1967, 96; OLG Köln NJW 1967, 361; Geppert ZRP

1981, 85 (87); Böse in NK-StGB Rn. 10). Die Herabsetzung des Mindestmaßes der Sperre (auch des Mindestmaßes nach Abs. 3, Hentschel Trunkenheit Rn. 694) soll dem Tatrichter (namentlich auch dem Berufungsrichter, Werner NJW 1974, 884) nur die uneingeschränkte Berücksichtigung des Umstandes ermöglichen, dass der Täter durch eine vorausgegangene vorläufige Maßnahme nach § 111 a StPO oder § 94 StPO von der Verkehrsteilnahme ausgeschlossen war (→ § 69 Rn. 8). Da es für den Eignungsmangel auf die Zeit der Entscheidung ankommt, kann der Zweck der Maßregel durch die vorläufige Maßnahme bereits teilweise erreicht und das gesetzliche Mindestmaß der Sperre daher unangemessen sein. Aus dieser Zwecksetzung folgt, dass bei Sicherstellung des Führerscheins als Beweismittel nach § 94 I, II StPO die Verkürzung des Mindestmaßes nicht auch die Zeit umfasst, in der dem Täter ein Ersatzführerschein erteilt war (→ § 51 Rn. 14). Ferner ist eine Einbeziehung auch der Zeit, in welcher der Täter lediglich ohne Fahrerlaubnis war, nicht möglich (BayObLG NZV 1991, 358; OLG Zweibrücken NZV 1997, 279 mablAnm Saal; Hentschel NJW 1979, 957 (966); Janiszewski NStZ 1987, 112; Molketin NZV 2001, 65; aM OLG Saarbrücken NJW 1974, 1391; Geppert NStZ 1984, 264; Geppert in LK-StGB Rn. 37; zw.); zu erwägen ist aber die Berücksichtigung der Sicherstellung eines ungültigen Führerscheins (AG Lüdinghausen NStZ-RR 2004, 342). Schließlich ist auch eine Unterschreitung der Dreimonatsgrenze nicht zulässig (OLG Zweibrücken MDR 1986, 1046; Hentschel DAR 1988, 330 (335)); insoweit hält das Gesetz eine noch kürzere Sperre mit der Feststellung des Eignungsmangels für unvereinbar (krit. Mollenkott NJW 1977, 425; ZRP 1980, 199).

6 **5.** Die Sperre beginnt mit Rechtskraft der Entziehung **(Abs. 5 S. 1),** nicht ab dem Tag der Hauptverhandlung (OLG Düsseldorf BA 1954, 124). Die Anordnung einer sog. Anschlusssperrfrist, die erst nach Ablauf einer in anderer Sache angeordneten Sperre beginnen soll, ist damit unvereinbar (hM; OLG Zweibrücken NJW 1983, 1007); vielmehr ist jede Sperrfrist, sofern kein Fall nachträglicher Gesamtstrafenbildung vorliegt (→ § 55 Rn. 17, 18), in ihrem Ablauf von anderen Sperrfristen unabhängig (zusf. Geppert MDR 1972, 280 (286)). Einzurechnen ist die nach dem letzten tatrichtlichen Urteil (OLG Koblenz VRS 53, 107; LG Aachen DAR 1968, 330) verstrichene Zeit einer vorläufigen Maßnahme (→ Rn. 5), nicht dagegen die Zeit, in welcher der Täter lediglich ohne Fahrerlaubnis war (OLG Düsseldorf DAR 1987, 28; Hentschel DAR 1988, 330; Böse in NK-StGB Rn. 8; aM LG Heilbronn NStZ 1984, 263; Geppert in LK-StGB Rn. 74; zw.; aus diesem Grunde problematisch auch LG Stuttgart NZV 2001, 180) und die Dauer einer isolierten Sperre (AG Idstein NStZ-RR 2005, 89; nach Hentschel NJW 2006, 477 (483), inzwischen wohl überwiegende Meinung). Die Sperre kann deshalb bei Erlöschen der Fahrerlaubnis mit Rechtskraft des Revisionsurteils oder infolge Zurücknahme eines Rechtsmittels bereits abgelaufen sein (BGH NZV 1998, 418; OLG Frankfurt a. M. NJW 1973, 1335). Kommt es im Revisionsverfahren zur Zurückverweisung und damit zu erneuter tatrichterlicher Prüfung, so ist nur Abs. 4 anwendbar (OLG Karlsruhe NJW 1975, 455). Abs. 5 gilt für den Strafbefehl entsprechend; maßgebend ist dabei die Zeit seines Erlasses, nicht der Zustellung (LG Freiburg NJW 1968, 1791; → § 55 Rn. 2; str.).

7 **6.** Die **vorzeitige Aufhebung der Sperre nach Abs. 7** (einschließlich der für immer angeordneten, OLG Düsseldorf DAR 1982, 338 mit krit. Bespr. Grohmann DAR 1983, 48; OLG Koblenz VRS 66 (1984) 445 (446)) wird erst zulässig, wenn das für den konkreten Fall geltende Mindestmaß – unter Berücksichtigung auch des Zeitraums nach Abs. 5 S. 2 (LG Berlin DAR 1965, 303; Seib DAR 1965, 209), nicht

dagegen der Dauer von vorläufigen Maßnahmen iSd Abs. 4 und 6 (OLG Koblenz BA 1986, 154) – abgelaufen ist; die Zulässigkeit vorzeitiger Antragstellung bleibt davon unberührt (LG Düsseldorf NJW 1966, 897; LG Köln VRS 56, 284; Hentschel NJW 2003, 716 (726)); der Antrag darf aber nicht so früh gestellt werden, dass das Gericht die Eignungsfrage für den erst in Monaten kommenden Ablauf der Frist noch gar nicht beurteilen kann (LG Ellwangen BA 2002, 223 mit zust. Bespr. Hentschel NJW 2003, 716). Auch nach Einlegung der Revision ist grds. der letzte Tatrichter zuständig (OLG Koblenz NZV 2008, 367). Die Anordnung setzt das Vorliegen **neuer Tatsachen** voraus (hM; vgl. etwa OLG Karlsruhe NJW 1960, 587; OLG Düsseldorf NZV 1991, 477; OLG Hamm NZV 2007, 250; Hentschel NJW 2006, 477 (483)), zu denen auch die Durchführung freiwillig übernommener verkehrserzieherischer Nachschulung (→ § 69 Rn. 8) gehört (OLG Hamburg VRS 60, 192; OLG Düsseldorf GA 1984, 232; LG Berlin BA 1954, 386; sehr eng LG Kassel DAR 1992, 32; LG Flensburg DAR 2005, 409; weitere Rechtsprechungsnachweise bei Hentschel NJW 2006, 477 (483)), uU auch die Teilnahme an einer Selbsthilfegruppe (KG NZV 2005, 162). Die Herabsetzung der für den Regelfall geltenden Mindestfrist auf drei Monate verfolgt den Zweck, bei Trunkenheitstätern einen Anreiz für die Teilnahme an einem Aufbauseminar für Kraftfahrer zu setzen (BT-Drs. 13/6914, 93; vgl. LG Hildesheim NStZ-RR 2003, 312; AG Hof NZV 2004, 101; Himmelreich DAR 2003, 110; Burmann in BHJJ StVO § 69a StGB Rn. 9a). **„Grund zu der Annahme"** bedeutet nicht Gewissheit; es genügt, wenn die Einbeziehung der neuen Tatsachen in die Gesamtwürdigung (→ § 69 Rn. 6; beachte auch OLG Koblenz BA 1986, 154) die Teilnahme des Verurteilten am Kraftverkehr verantwortbar erscheinen lässt (Hentschel Trunkenheit Rn. 792; ähnlich Bandemer NZV 1991, 300); längerer Zeitablauf (OLG München NJW 1981, 2424), Entlassung aus dem Strafvollzug (OLG Düsseldorf NZV 1990, 237) und Aussetzung des Strafrestes (OLG Koblenz VRS 66 (1984), 445 (446); → § 69 Rn. 4) bilden allein keinen zureichenden Grund (OLG Düsseldorf NZV 1991, 477). Die Aufhebung kann auf bestimmte Fahrzeugarten beschränkt (OLG Köln NJW 1960, 2255; Hentschel Trunkenheit Rn. 798; zw.), jedoch nicht schon vor Ablauf des Mindestmaßes in der Form einer Ausnahme nach Abs. 2 angeordnet werden (hM; vgl. AG Alsfeld DAR 1981, 27; Hentschel DAR 1975, 296). Im Übrigen hebt sie nur das Verbot zur Erteilung einer neuen Fahrerlaubnis auf; das endgültige Erlöschen der alten bleibt unberührt (zusf. Hentschel DAR 1979, 317; Seehon DAR 1979, 321).

7. Die Anordnung der Sperre (auch der isolierten) ist in gleicher Weise **obligatorisch** wie die Entziehung (→ § 69 Rn. 10); von ihr abzusehen ist das Gericht auch aus spezialpräventiven Gründen nicht befugt (hM; anders AG Berlin-Tiergarten DAR 1971, 21; einschr. auch Hentschel Trunkenheit Rn. 740). 8

8. Entziehung der Fahrerlaubnis, Sperre und Einziehung des Führerscheins werden durch **Urteil** (uU auch durch Strafbefehl, § 407 II Nr. 2 StPO) angeordnet; nachträgliche Anordnung ist unzulässig (BGHSt 5, 168 (178) = NJW 1954, 159). **Urteilsformel:** „Dem Angeklagten wird die Fahrerlaubnis entzogen. Sein Führerschein wird eingezogen. Eine neue Fahrerlaubnis darf ihm vor Ablauf von … nicht erteilt werden" (ähnlich BGHSt 6, 183 = NJW 1954, 1167; sa BGHSt 5, 168 (177) = NJW 1954, 159). Dass im Revisionsverfahren die vorläufige Entziehung (§ 111a StPO) nach Ablauf der im Urteil angeordneten Sperre stets aufzuheben ist, wird nach anfänglichen Zweifeln jetzt überwiegend verneint (OLG Koblenz MDR 1986, 871; OLG Frankfurt a. M. NStZ-RR 1998, 76; OLG Düsseldorf NZV 9

1999, 389; aM Janiszewski NStZ 1983, 108 (111); Hentschel NJW 2000, 696 (705); Geppert in LK-StGB § 69 Rn. 145; zw.), ist häufig aber zur Vermeidung unbilliger Schlechterstellung angezeigt (Janiszewski DAR 1989, 135). Werden bei einer nachträglichen Gesamtstrafenbildung nach § 55 II zwei Taten, die eine Sperre nach § 69a erfordern, einbezogen, ist eine einheitliche neue Sperre festzusetzen (BGH BA 1954, 124).

10 **9.** Zum **Verfahren** iÜ §§ 232 I 3, 233 I 3, 267 VI 2, 305 S. 2, 407 II Nr. 2, 463 V und 463b II StPO. Während der Zurückstellung der Strafvollstreckung nach § 35 BtMG ist die Strafvollstreckungskammer für die Entscheidung über den Antrag auf vorzeitige Aufhebung der Sperre zuständig (OLG Düsseldorf JR 2003, 83 mAnm Aulinger). Eine auf die Entziehung der Fahrerlaubnis beschränkte Anfechtung berührt den Schuldspruch idR nicht (beachte jedoch BayObLG JR 1978, 248 mAnm Zipf; OLG Düsseldorf BA 1986, 74); den Strafausspruch ergreift sie dagegen, wenn die Entziehung – was bei charakterbedingtem Eignungsmangel regelmäßig zutrifft (OLG Frankfurt a. M. NZV 1996, 414; str.) – ohne Eingehen auf die Strafzumessungstatsachen und -erwägungen nicht nachprüfbar ist (OLG Köln VRS 90 (1996), 123; OLG Stuttgart NZV 1997, 316); eine Beschränkung der Berufung durch die Staatsanwaltschaft auf die Nichtverhängung der Maßregel ist zulässig, wenn die die Entscheidung tragenden Feststellung nicht in Frage gestellt werden, sondern nur gerügt wird, sie trügen die Ablehnung der Fahrerlaubnisentziehung nicht (OLG Stuttgart NZV 1997, 316; OLG Frankfurt a. M. NZV 2002, 382; Hentschel NJW 2003, 716 (727)). Eine Anfechtung, die sich auf den Strafausspruch (BGHSt 10, 379 = NJW 1957, 1726; OLG Koblenz VRS 57 (1979), 107), auf die Strafaussetzung zur Bewährung (OLG Koblenz VRS 51 (1976), 24; OLG Hamburg MDR 1981, 339) oder auf die Sperre (Spiegel DAR 1980, 202; OLG Karlsruhe VRS 48, 425) beschränkt und die Entziehung ausspart, ist idR, aber nicht notwendig (aM OLG Düsseldorf VRS 66, 42; sa BayObLG NZV 1991, 397; str.), ausgeschlossen (eing. zur Rechtsmittelbeschränkung Geppert in LK-StGB § 69 Rn. 233–242). Sowohl die Entziehung als solche (beachte OLG Düsseldorf MDR 1979, 602; OLG Köln VRS 61 (1981), 28) wie auch die Sperre (OLG Koblenz VRS 60, 431) und deren Bemessung unterliegen dem **Verschlechterungsverbot** nach §§ 331 I, 358 II StPO (eing. dazu, aber mit problematisch Ergebnis Kretschmer, Das strafprozessuale Verbot der reformatio in peius und die Maßregeln der Besserung und Sicherung, 1999). Das Verbot schließt die Ersetzung der Maßregel durch eine angemessene Erhöhung der Geldstrafe (OLG Koblenz VRS 47, 416; jedoch → § 44 Rn. 12) und die Ersetzung der Entziehung (nicht dagegen der isolierten Sperre, OLG Frankfurt a. M. VRS 64, 12) durch ein Fahrverbot nicht aus (OLG Frankfurt a. M. NJW 1968, 1793; OLG Düsseldorf NZV 1991, 237); auch die Einziehung des Führerscheins (→ § 69 Rn. 13) kann im Rechtsmittelverfahren nachgeholt werden (BGHSt 5, 168 = NJW 1954, 159). Zu Art und Umfang der Bindung des Rechtsmittelrichters an das Verschlechterungsverbot → § 46 Rn. 44; sowie Hentschel NJW 2003, 716 (727). Zur selbständigen Anordnung im Sicherungsverfahren § 71. Zur Zuständigkeit für Entscheidungen nach Abs. 7 BGHSt 30, 386 = NJW 1982, 1005; OLG Düsseldorf VRS 64 (1981), 432. Das Verbot einer Verständigung über Maßregeln in § 257c II 3 StPO steht einer Verständigung über die Sperrfrist nicht entgegen (OLG Nürnberg StraFo 2016, 473).

11 **10.** Nach Ablauf oder vorzeitiger Aufhebung der Sperre (oder im Falle einer Beschränkung der Sperre nach Abs. 2) entscheidet über die Wiedererteilung der Fahrerlaubnis allein die **Verwaltungsbehörde** (BVerwGE 17, 347 = NJW 1964,

608; VGH Kassel NJW 1965, 125). Sie ist, anders als im Entziehungsverfahren (§ 3 III, IV StVG; dazu BVerwG NJW 1989, 116 mit Bespr. Hentschel NZV 1989, 100; BVerwG NJW 1989, 1622 mit Bespr. Himmelreich DAR 1989, 285; Himmelreich/Janker/Karbach Fahrverbot Rn. 280–282; zusf. Ponk BA 1994, 238), weder an das Strafurteil noch an die vorzeitige Aufhebung der Sperre nach Abs. 7 gebunden (str.; vgl. zB Czermak NJW 1963, 1225; Seiler DAR 1974, 260 (264); Streng Sanktionen Rn. 356; den Streitstand zusf. Geppert in LK-StGB § 69 Rn. 118, 119). Der Inhaber einer ausländischen EU-Fahrerlaubnis, gegen den nach deren Erteilung im Inland eine Sperrfrist nach § 69a I 3 verhängt wurde, darf erst dann wieder in Deutschland ein Fahrzeug führen, wenn ihm dieses Recht auf Antrag gem. § 28 V 1 FeV erteilte ist (KG NStZ-RR 2015, 260; OLG Celle BA 57, 183; BVerwGE 149, 74 = NJW 2014, 2214). Eingehend, namentlich auch zur rechtspolitischen Problematik der Regelung im ganzen, Schendel, Doppelkompetenz von Strafgericht und Verwaltungsbehörde zur Entziehung der Fahrerlaubnis, 1974, S. 51; Beine FS Lange, 1976, 839; Himmelreich/Janker/Karbach Fahrverbot Rn. 267–278; zu ihrer Verfassungsmäßigkeit BVerfGE 20, 365 = NJW 1967, 29 mAnm Rupp NJW 1968, 147.

11. Da die von einer **DDR-Behörde** erteilte Fahrerlaubnis auch nach Wirk- 12
samwerden des Beitritts fortgilt (Anl. I Kap. XI, Sachgebiet B, Abschn. III Nr. 2 EV), sind auf sie die §§ 69, 69a unmittelbar anzuwenden. Abweichend von der Rechtslage vor dem Beitritt (→ § 69b Rn. 5) ist auch der Führerschein nach § 69 III 2 einzuziehen (→ § 69b Rn. 5).

§ 69b Wirkung der Entziehung bei einer ausländischen Fahrerlaubnis

(1) [1]**Darf der Täter auf Grund einer im Ausland erteilten Fahrerlaubnis im Inland Kraftfahrzeuge führen, ohne daß ihm von einer deutschen Behörde eine Fahrerlaubnis erteilt worden ist, so hat die Entziehung der Fahrerlaubnis die Wirkung einer Aberkennung des Rechts, von der Fahrerlaubnis im Inland Gebrauch zu machen.** [2]**Mit der Rechtskraft der Entscheidung erlischt das Recht zum Führen von Kraftfahrzeugen im Inland.** [3]**Während der Sperre darf weder das Recht, von der ausländischen Fahrerlaubnis wieder Gebrauch zu machen, noch eine inländische Fahrerlaubnis erteilt werden.**

(2) [1]**Ist der ausländische Führerschein von einer Behörde eines Mitgliedstaates der Europäischen Union oder eines anderen Vertragsstaates des Abkommens über den Europäischen Wirtschaftsraum ausgestellt worden und hat der Inhaber seinen ordentlichen Wohnsitz im Inland, so wird der Führerschein im Urteil eingezogen und an die ausstellende Behörde zurückgesandt.** [2]**In anderen Fällen werden die Entziehung der Fahrerlaubnis und die Sperre in den ausländischen Führerscheinen vermerkt.**

Fassung: Das StVGÄndG (→ Vor § 1 Rn. 13) hat das deutsche Führerscheinrecht an die Zweite EG-Führerscheinrichtlinie (RL 91/439/EWG des Rates v. 29.7.1991 über den Führerschein) angepasst (zu den Verpflichtungen der Bundesrepublik zur Anerkennung ausländischer Fahrerlaubnisse beachte auch die Art. 41–43, 47, 48 des Übereinkommens über den Straßenverkehr v. 8.11.1968, BGBl. 1977 II 809 und BGBl. 1979 II 932; beachte aber auch EuGH NJW 2009, 207 mit Bespr. Dauer NZV 2009, 154; König DAR 2008, 640; Riedmeyer zfs 2009, 422; Scholz EuR 2009, 275). Das Gesetz hat zusammen mit den Änderungen im

StVG und in den zugehörigen Rechtsverordnungen die Vorschriften über die Anerkennung ausländischer Fahrerlaubnisse, die vor allem für Kraftfahrzeugführer aus einem EU-Mitgliedsstaat oder einem anderen Vertragsstaat aus einem EU-Mitgliedsstaat oder einem anderen Vertragsstaat des europäischen Wirtschaftsraums (beachte dazu das EWR-Abkommen v. 2. 5. 1992, BGBl. 1993 II 1267, 1294) relevant sind, grdl. umgestaltet. Aus den **Gesetzesmaterialien** vgl. ua den Regierungsentwurf (BT-Drs. 13/6914) sowie die Beschlussempfehlung und den Bericht des BT-Verkehrsausschusses (BT-Drs. 13/7888). **In-Kraft-Treten:** 1. 1. 1999. **Übersichtsbeiträge:** Jagow DAR 1998, 186; Gehrmann NJW 1998, 3534. Zum neuen Fahrerlaubnisrecht beachte auch Jagow DAR 1998, 453; Janker NZV 1999, 26; Gehrmann NJW 1999, 455; Gleß NZV 1999, 410.

1 **1.** Inhaber einer **im Ausland erteilten Fahrerlaubnis** ist jeder, dem eine zuständige ausländische Behörde die Erlaubnis zum Führen von Kraftfahrzeugen erteilt hat; auf seine Staatsangehörigkeit kommt es – ebenso wie beim ausländischen Kraftfahrzeugführer iSd § 4 IntVO aF (OLG Hamm VRS 42 (1972), 426; Bouska DAR 1996, 276; Geppert in LK-StGB Rn. 14) – nicht an (beachte BayObLG NStZ 2000, 380). Sein in Abs. 1 vorausgesetztes Recht, im Inland von seiner Fahrerlaubnis Gebrauch zu machen, beruht auf den §§ 2 XI, 6 I Buchst. f StVG, §§ 28–31 FeV und § 4 IntVO. Für Fahrerlaubnisse von Behörden der EU-Mitgliedsstaaten und anderer EWR-Vertragsstaaten einerseits und von Behörden anderer ausländischer Staaten andererseits gelten danach unterschiedliche Regeln (§ 4 IntVO).

1a **2. Abs. 1** regelt nur den Fall, dass der Täter auf Grund seiner ausländischen Fahrerlaubnis berechtigt ist, von dieser im innerdeutschen Kraftverkehr Gebrauch zu machen (so schon die im früheren Recht hM; vgl. Hentschel NJW 1975, 1350; zum geltenden Recht AG Eschweiler NZV 2002, 332 mablAnm Schneider; anders BGHSt 44, 194 = NJW 1999, 228 mAnm Hentschel NZV 1999, 134; LG Aachen NZV 2002, 332 mzustAnm Schneider); fehlt es an dieser Befugnis, so fehlt dem Täter zugleich die Fahrerlaubnis iSd § 21 StVG mit der Folge, dass nach § 69a I 3 zu verfahren ist. Ein Verstoß gegen die Verpflichtung, bei Verlegung des Wohnsitzes ins Inland den ausländischen Führerschein registrieren zu lassen (§ 2 XI StVG; § 29 I FeV), ist für die Fahrberechtigung unerheblich (sa EuGH DAR 1996, 193).

2 **3.** Die Entscheidung nach **Abs. 1 S. 1** erfordert den **Ausspruch der Entziehung der Fahrerlaubnis;** die Anordnung nur einer isolierten Sperre wäre fehlerhaft (Böse in NK-StGB Rn. 4), würde aber den Fahrerlaubnisinhaber nicht zur Teilnahme am innerdeutschen Kraftverkehr berechtigen (§ 4 III IntVO). Zur Abgrenzung des Abs. 1 iÜ von der isolierten Sperre Hentschel NJW 1975, 1350.

3 **4.** Dass die Maßregel bei Inhabern ausländischer Fahrerlaubnisse nur die Aberkennung des Rechts, von der Fahrerlaubnis im Inland Gebrauch zu machen, zur Folge hat, ergibt sich aus den Grenzen der Souveränität (Geppert in LK-StGB Rn. 21; → § 69 Rn. 12). Die Sperre und ihre Wirkung bleiben von Abs. 1 unberührt.

3a **5. a)** Ausländische Führerscheine, die von der Behörde eines EU-Mitgliedsstaates oder eines anderen EWR-Vertragsstaates ausgestellt sind, müssen **eingezogen und an die ausstellende Behörde zurückgesandt** werden (Abs. 2 S. 1). Das hängt mit dem durch ein umfassendes Informationssystem abgesicherten Prinzip zusammen, dass jedem Kraftfahrer mit Wohnsitz im EWR-Wirtschaftsraum nur eine im Gesamtbereich geltende Fahrerlaubnis erteilt werden darf. Es ist deshalb

Sache des ausstellenden Staates, ob ihm die Aberkennung der Fahrberechtigung in Deutschland Anlass zu Maßnahmen gegen den Täter gibt.

b) Der **Vermerk nach Abs. 2 S. 2** ist nicht im Urteil anzuordnen, weil er eine bloße Vollzugsmaßnahme ist (BayObLG NJW 1979, 1788; Herzog/Böse in NK-StGB Rn. 8). Ist seine Anbringung wegen der Beschaffenheit des Fahrausweises (zB Plastikkarte) nicht möglich und auch durch feste Verbindung eines gesondert gefertigten Vermerks mit dem Ausweis nicht herstellbar (§ 56 II 3 StVollstrO), so kann sie wegen Fehlens einer Rechtsgrundlage nicht durch Einziehung (oder Beschlagnahme) ersetzt werden (Sinn in SK-StGB Rn. 5; aM LG Ravensburg DAR 1991, 272 mit abl. Bespr. Meyer MDR 1992, 442; diff. Geppert in LK-StGB Rn. 28; sa Ludovisy DAR 1997, 80; zw.). 4

6. Für eine von **DDR-Behörden** vor Wirksamwerden des Beitritts erteilte und nach dem EV gültig gebliebene (beachte dazu VG Frankfurt a. M. DAR 1992, 157) Fahrerlaubnis gelten die §§ 69, 69a unmittelbar (→ § 69a Rn. 12; näher dazu Nettesheim DtZ 1991, 363). 5

– Berufsverbot –

§ 70 Anordnung des Berufsverbots

(1) **[1]Wird jemand wegen einer rechtswidrigen Tat, die er unter Mißbrauch seines Berufs oder Gewerbes oder unter grober Verletzung der mit ihnen verbundenen Pflichten begangen hat, verurteilt oder nur deshalb nicht verurteilt, weil seine Schuldunfähigkeit erwiesen oder nicht auszuschließen ist, so kann ihm das Gericht die Ausübung des Berufs, Berufszweiges, Gewerbes oder Gewerbezweiges für die Dauer von einem Jahr bis zu fünf Jahren verbieten, wenn die Gesamtwürdigung des Täters und der Tat die Gefahr erkennen läßt, daß er bei weiterer Ausübung des Berufs, Berufszweiges, Gewerbes oder Gewerbezweiges erhebliche rechtswidrige Taten der bezeichneten Art begehen wird. [2]Das Berufsverbot kann für immer angeordnet werden, wenn zu erwarten ist, daß die gesetzliche Höchstfrist zur Abwehr der von dem Täter drohenden Gefahr nicht ausreicht.**

(2) **[1]War dem Täter die Ausübung des Berufs, Berufszweiges, Gewerbes oder Gewerbezweiges vorläufig verboten (§ 132a der Strafprozeßordnung), so verkürzt sich das Mindestmaß der Verbotsfrist um die Zeit, in der das vorläufige Berufsverbot wirksam war. [2]Es darf jedoch drei Monate nicht unterschreiten.**

(3) **Solange das Verbot wirksam ist, darf der Täter den Beruf, den Berufszweig, das Gewerbe oder den Gewerbezweig auch nicht für einen anderen ausüben oder durch eine von seinen Weisungen abhängige Person für sich ausüben lassen.**

(4) **[1]Das Berufsverbot wird mit der Rechtskraft des Urteils wirksam. [2]In die Verbotsfrist wird die Zeit eines wegen der Tat angeordneten vorläufigen Berufsverbots eingerechnet, soweit sie nach Verkündung des Urteils verstrichen ist, in dem die der Maßregel zugrunde liegenden tatsächlichen Feststellungen letztmals geprüft werden konnten. [3]Die Zeit, in welcher der Täter auf behördliche Anordnung in einer Anstalt verwahrt worden ist, wird nicht eingerechnet.**

1 **1.** Als **Maßregel** hat das Berufsverbot Sicherungsfunktion; seine Anordnung aus Schuldgründen ist nicht zulässig (Frisch LdRerg 8/240, S. 2). Es kann daher auch eine verwirkte Strafe nicht ersetzen. Zum vorläufigen Berufsverbot nach § 132a StPO und zu „Berufsverboten“ außerhalb des Strafrechts vgl. Frisch LdRerg 8/240, S. 1f. Das Doppelbestrafungsverbot (Art. 103 III GG) steht der Verhängung eines strafrechtlichen Berufsverbot zB neben einer verbandsrechtlichen Dopingsperre nicht entgegen (Fahl SpuRt 2001, 183; aM Reinhart SpuRt 2001, 45; zum strafrechtlichen Berufsverbot gegen einen Doping-Arzt LG München II SpuRt 2021, 344).

2 **2.** Zu den **Voraussetzungen:**

a) Die **rechtswidrige,** dh nicht notwendig schuldhafte, **Tat** (→ § 11 Rn. 18; → § 29 Rn. 1) darf noch nicht verjährt sein (§ 78 I; Schäfer in Schäfer/Sander/van Gemmeren Strafzumessung Rn. 277).

3 **b) Missbrauch** ist die bewusste und planmäßige Ausnutzung der durch den Beruf usw gegebenen Möglichkeit zur Begehung von Straftaten (OLG Frankfurt a. M. NStZ-RR 2001, 16; NStZ-RR 2003, 113), sofern sie in einem inneren Zusammenhang mit der Berufs-(Gewerbe-)ausübung steht, deren Zwecken zuwiderläuft (BGH wistra 2003, 423; StraFo 2007, 426; StraFo 2017, 247) und die Unzuverlässigkeit des Täters gerade auf diesem Gebiet erkennbar macht (BGH NJW 1983, 2099; NStZ 1988, 176; NStZ-RR 2000, 75; Frisch LdRerg 8/240, S. 3). Die betrügerische Anmaßung eines bestimmten Berufs oder Gewerbes (zB als Rechtsanwalt) wird nicht erfasst (BGH NStZ 1998, 567). Die **Verletzung der Pflichten** muss Ausfluss dieser im Einzelfall ausgeübten Tätigkeit sein (BGHSt 22, 144 = NJW 1968, 1730), also nicht notwendig ein nur von Berufs- oder Erwerbstätigen begehbares Delikt (BGH NJW 1989, 3231 mAnm Geerds JR 1990, 296); bloß äußerer Zusammenhang genügt nicht (BGH wistra 2003, 423; StraFo 2017, 247; OLG Frankfurt a. M. NStZ 2003, 113). Auch die Pflicht, Arbeitnehmerbeiträge abzuführen, kommt als solche Berufspflicht in Frage (KG JR 1980, 247; LG München wistra 1987, 261; str.). Im Allgemeinen nicht ausreichend ist dagegen die Pflicht, Umsatz-, Einkommen- und Gewerbesteuer zu zahlen (KG JR 1980, 247), besondere Umstände können hier aber den vorausgesetzten Missbrauch begründen (Schmidt MDR 1992, 216; BGH NStZ 1995, 124).

4 **c) Verurteilung** und ihr Unterbleiben → § 69 Rn. 4.

5 **d)** Zur **ungünstigen Prognose:**

6 aa) **Gefahr** → § 64 Rn. 5. **Erhebliche rechtswidrige Taten** → § 66 Rn. 14; allerdings ist auch hier der Maßstab für die Erheblichkeit der Tat – ähnlich wie bei der Maßregel des § 63 (→ § 63 Rn. 5) – nicht ganz so streng wie bei der einschneidenderen Sicherungsverwahrung (ähnlich Schäfer in Schäfer/Sander/van Gemmeren Strafzumessung Rn. 281); er darf aber im Hinblick auf den schwerwiegenden Eingriff in die Berufsfreiheit (Art. 12 I GG) auch nicht zu niedrig angesetzt werden (Fischer Rn. 9). Die drohenden Taten müssen wiederum einen **Missbrauch des Berufs** usw (→ Rn. 3) erwarten lassen.

7 bb) Die Prognose erfordert eine **Gesamtwürdigung des Täters und der Tat** (BGH wistra 1982, 66 (67); 2007, 343; OLG Frankfurt a. M. NStZ-RR 2003, 133; Frisch LdRerg 8/240, S. 4; beachte auch BGH NStZ 1987, 406); dabei darf allerdings das Verteidigungsverhalten nicht einbezogen werden (BGH NStZ-RR 2019, 11). Bei erstmaliger Straffälligkeit ist zu prüfen, ob nicht schon die Verurtei-

lung zu Strafe den Täter von weiteren Taten abhalten wird (BGH wistra 2020, 149; OLG Frankfurt a. M. NStZ-RR 2003, 133). Das Verteidigungsverhalten darf dem bestreitenden Angeklagten auch hier nicht angelastet werden (BGH NStZ 2003, 543 (544)). Für die Beurteilung kommt es auf die Zeit der **Hauptverhandlung** an (BGH NJW 1975, 2249; Hanack in LK-StGB Rn. 45). Das bedeutet jedoch nur, dass die ungewisse Entwicklung bis zum Vollzugsende außer Ansatz bleibt, entbindet aber aus verfassungsrechtlichen Gründen (Hanack in LK-StGB Rn. 45, 46) nicht von der Prüfung, ob die an sich gegebene Gefährlichkeit bis zum Vollzugsende sicher überwunden sein wird (→ Rn. 13) oder ob sie durch schonendere außerstrafrechtliche Maßnahmen beseitigt werden kann (→ § 66 Rn. 15; hier ebenso Fischer Rn. 9; Kinzig in Schönke/Schröder Rn. 18 unter Hinweis auf das Fehlen der Möglichkeit sofortiger Aussetzung nach § 70a; aM Sinn in SK-StGB Rn. 11; zw.). Dazu genügt idR nicht, dass aus demselben Anlass ein gewerberechtliches Untersagungsverfahren möglich oder das Ruhen einer Approbation durch die Verwaltungsbehörde bereits angeordnet ist (BGH NJW 1975, 2249); auch die Möglichkeit eines ehrengerichtlichen Verfahrens (BGH bei Dallinger MDR 1952, 530), namentlich des Ausschlusses aus der Rechtsanwaltschaft (BGHSt 28, 84 (85) = MDR 1978, 945; Schmid ZRP 1975, 79), reicht häufig nicht aus (zusf. Hanack in LK-StGB Rn. 47, 48).

cc) Zum Grundsatz **in dubio pro reo** bei Zweifeln über die Prognose → § 61 8
Rn. 4.

e) Verhältnismäßigkeit → § 62 Rn. 2. 9

f) Zur umstrittenen Frage, ob und wie weit ein Berufsverbot gegen **Journalis-** 10
ten im Hinblick auf Art. 5 II, 18 GG verfassungsrechtlichen Schranken unterliegt, BVerfGE 10, 118 = NJW 1960, 29; BVerfGE 25, 88 = NJW 1969, 742; BGHSt 17, 38 = NJW 1962, 643 mit Bespr. Copic JZ 1963, 494; BGH NJW 1965, 1388; zusf. Hanack in LK-StGB Rn. 64–73; Pollähne in NK-StGB Rn. 8, 9 (beachte auch Art. 10 MRK; dazu Diehm, Die Menschenrechte der EMRK und ihr Einfluß auf das deutsche Strafgesetzbuch, 2006, S. 517, 523, 532).

3. Die **Verbotsfrist** ist innerhalb des gesetzlichen Rahmens ausschließlich nach 11
dem Gewicht der ungünstigen Prognose zu bemessen. Die Ausführungen unter → § 69a Rn. 2 über die Dauer der Sperre gelten sinngemäß. Das unbefristete Verbot (Abs. 1 S. 2) setzt schwerste oder chronische Berufskriminalität voraus (Sinn in SK-StGB Rn. 16); es bedarf mehr noch als das langfristige Verbot (BGH VRS 31, 188) eingehender Begründung.

4. Für **Abs. 2, 4** gelten die Ausführungen unter → § 69a Rn. 5, 6 sinngemäß; 12
jedoch bleibt im Falle des Abs. 4 die Zeit behördlicher Verwahrung (→ § 44 Rn. 11) abweichend von § 69a V außer Ansatz.

5. Das Berufsverbot wird nach **pflichtmäßigem Ermessen** (→ § 46 Rn. 50) 13
angeordnet, das streng an den Zweck der Maßregel gebunden ist (BGH NStZ 1981, 391; wistra 2007, 343). Ist die Überwindung der an sich gegebenen Gefährlichkeit bis zum Vollzugsende sicher absehbar (→ Rn. 7), so muss die Anordnung unterbleiben (Frisch LdRerg 8/240, S. 5; Hanack in LK-StGB Rn. 46, 47). Das Verbot muss auf diejenigen Berufe oder Gewerbe beschränkt werden, die der Täter missbraucht hat (BGH wistra 1986, 257; sa BGH bei Miebach NStZ 1996, 122). Daher ist es unzulässig, selbständige Gewerbetätigkeiten **jeder Art** zu verbieten (BGH bei Holtz MDR 1979, 455). Ist die Tat in einem bestimmten Berufs- oder

Gewerbezweig begangen, so wird das Verbot je nach dem Schutzbedürfnis auf den einzelnen Zweig beschränkt (BGH bei Dallinger MDR 1952, 530; GA 1960, 183; zur Beschränkung auf weibliche Personen BGH StV 2004, 653 mAnm Kugler; BGH NStZ-RR 2014, 177) oder auf den Beruf oder das Gewerbe im Ganzen erstreckt (BGH MDR 1958, 783). Neben dem Verlust der Amtsfähigkeit nach § 45 kommt ein Berufsverbot in Betracht, soweit die Gefahr des Missbrauchs einer vergleichbaren privaten Tätigkeit (als Lehrer oder Arzt) besteht (BGH NStZ 2002, 198). Die verbotene Tätigkeit ist – namentlich im Hinblick auf die Strafdrohung des § 145c (→ § 145c Rn. 1) – genau zu bezeichnen (§ 260 II StPO).

14 **6. Verfahren** §§ 132a, 260 II, 305 S. 2 StPO. Ein Rechtsmittel kann nur ausnahmsweise auf das Berufsverbot beschränkt werden, weil seine Voraussetzungen meist zugleich Strafzumessungsgrundlage sind (beachte jedoch OLG Hamm NJW 1957, 1737). Selbständige Anordnung im Sicherungsverfahren § 71.

15 **7.** Zur **Bindungswirkung des Strafurteils** im gewerberechtlichen Untersagungsverfahren § 35 III GewO; im ehrengerichtlichen Verfahren bei Rechtsanwälten § 118 II, III BRAO (BGH NJW 1975, 1712; sa BGH NJW 1991, 1069); im Verfahren des Approbationsentzugs bei Ärzten BVerwGE 15, 282 = NJW 1963, 875 (sa Hanack in LK-StGB Rn. 90–92 mwN; str.) und in Disziplinarverfahren gegen Beamte § 23 I BDG.

§ 70a Aussetzung des Berufsverbots

(1) **Ergibt sich nach Anordnung des Berufsverbots Grund zu der Annahme, daß die Gefahr, der Täter werde erhebliche rechtswidrige Taten der in § 70 Abs. 1 bezeichneten Art begehen, nicht mehr besteht, so kann das Gericht das Verbot zur Bewährung aussetzen.**

(2) [1]**Die Anordnung ist frühestens zulässig, wenn das Verbot ein Jahr gedauert hat.** [2]**In die Frist wird im Rahmen des § 70 Abs. 4 Satz 2 die Zeit eines vorläufigen Berufsverbots eingerechnet.** [3]**Die Zeit, in welcher der Täter auf behördliche Anordnung in einer Anstalt verwahrt worden ist, wird nicht eingerechnet.**

(3) [1]**Wird das Berufsverbot zur Bewährung ausgesetzt, so gelten die §§ 56a und 56c bis 56e entsprechend.** [2]**Die Bewährungszeit verlängert sich jedoch um die Zeit, in der eine Freiheitsstrafe oder eine freiheitsentziehende Maßregel vollzogen wird, die gegen den Verurteilten wegen der Tat verhängt oder angeordnet worden ist.**

1 **1.** Das Berufsverbot kann – abweichend von § 67b I – **nur nach seiner Anordnung** zur Bewährung ausgesetzt werden.

2 **2. Grund zu der Annahme** iSd Abs. 1 ergibt sich, wenn neue oder nachträglich bekannt gewordene Tatsachen, zB Nachholung einer beruflichen Ausbildung (Begr. zu § 106 E 1962, S. 237; Hanack in LK-StGB Rn. 5) oder positive Entwicklung im Strafvollzug, dafür sprechen, dass die ungünstige Prognose nach § 70 I (→ § 70 Rn. 5–9) nicht begründet war oder nicht mehr begründet ist (Sinn in SK-StGB Rn. 4). Bereits im Erkenntnisverfahren bekannte und berücksichtigte oder wegen der Beschränkung der Revision nicht berücksichtigte Tatsachen dürfen nicht neu bewertet werden (VerfGH Berlin NJW 2005, 3347).

3. Nach seinem Wortlaut ist Abs. 1 eine **Kann-Vorschrift,** so dass die Aussetzung nach pflichtmäßigem Ermessen (→ § 46 Rn. 50) angeordnet wird. Aus dem allgemeinen Prinzip, dass Maßregeln nur bis zur Zweckerreichung gerechtfertigt sind, folgt jedoch, dass die Aussetzung zwingend ist, wenn das Gericht vom Wegfall der ungünstigen Prognose (→ § 70 Rn. 5–9) überzeugt ist. 3

4. Zur **Fristberechnung** (Abs. 2) → § 70 Rn. 12. 4

5. Abs. 3 (weitere Anordnungen): Die Bewährungszeit beginnt mit Rechtskraft des die Aussetzung anordnenden Beschlusses (§ 56a), verlängert sich jedoch um die Zeit des Straf- und Maßregelvollzugs in derselben Sache. Auflagen (§ 56b) sind unzulässig. 5

6. Zuständigkeit für die Aussetzung und **Verfahren** § 463 I iVm § 462a I, II, § 463 V iVm § 462 StPO. 6

§ 70b Widerruf der Aussetzung und Erledigung des Berufsverbots

(1) **Das Gericht widerruft die Aussetzung eines Berufsverbots, wenn die verurteilte Person**

1. während der Bewährungszeit unter Mißbrauch ihres Berufs oder Gewerbes oder unter grober Verletzung der mit ihnen verbundenen Pflichten eine rechtswidrige Tat begeht,

2. gegen eine Weisung gröblich oder beharrlich verstößt oder

3. sich der Aufsicht und Leitung der Bewährungshelferin oder des Bewährungshelfers beharrlich entzieht

und sich daraus ergibt, daß der Zweck des Berufsverbots dessen weitere Anwendung erfordert.

(2) **Das Gericht widerruft die Aussetzung des Berufsverbots auch dann, wenn Umstände, die ihm während der Bewährungszeit bekannt werden und zur Versagung der Aussetzung geführt hätten, zeigen, daß der Zweck der Maßregel die weitere Anwendung des Berufsverbots erfordert.**

(3) **Die Zeit der Aussetzung des Berufsverbots wird in die Verbotsfrist nicht eingerechnet.**

(4) **Leistungen, die die verurteilte Person zur Erfüllung von Weisungen oder Zusagen erbracht hat, werden nicht erstattet.**

(5) **Nach Ablauf der Bewährungszeit erklärt das Gericht das Berufsverbot für erledigt.**

Fassung des FührungsaufsichtG (→ Vor § 1 Rn. 16).

1. Für die **Voraussetzungen des Widerrufs** (Abs. 1 und 2) gilt sinngemäß dasselbe wie für den Widerruf der Aussetzung einer Unterbringung nach § 67g I, III (→ § 67g Rn. 1–4); jedoch muss die Symptomtat nach Abs. 1 Nr. 1 die besonderen Voraussetzungen der für die Anordnung des Berufsverbots erforderlichen Tat erfüllen (→ § 70 Rn. 5–9). Obwohl eine dem § 56f II entsprechende Vorschrift fehlt, ist nicht unbedingt ausgeschlossen, den Widerruf durch nachträgliche, die Grenzen des § 70a III 1 iVm § 56a II 2 beachtende Verlängerung der Bewährungszeit zu vermeiden und es zunächst mit einer Intensivierung der Bewährungsmaßnahmen zu 1 versuchen (Hanack in LK-StGB Rn. 11, 12; Polllähne in NK-StGB Rn. 5; aM Sinn in SK-StGB Rn. 2).

2 **2. Abs. 5** scheint nach seinem Wortlaut mit Ablauf der Bewährungszeit nur noch die Erledigungserklärung zuzulassen und damit – abweichend von § 56g I (→ § 56g Rn. 1) – die Möglichkeit des Widerrufs auszuschließen. Seine Funktion (abschließende Entscheidung) zwingt jedoch dazu, ihn ebenso zu verstehen wie § 56g I und deshalb den Widerruf bei Nichtbewährung zuzulassen (ebenso Hanack in LK-StGB Rn. 21; Sinn in SK-StGB Rn. 9). **Zeitlich** ist danach der Widerruf möglich, sobald seine Voraussetzungen eintreten, jedoch nicht vor Rechtskraft der Aussetzung und nicht nach Erledigungserklärung; zur Notwendigkeit, nach Ablauf der Bewährungszeit zügig zu entscheiden, → § 56g Rn. 1.

3 **3. Zuständigkeit** für Entscheidungen nach Abs. 1, 2 und 5 und **Verfahren** § 463 I iVm § 462a I, II, § 463 V iVm § 462 StPO.

– Gemeinsame Vorschriften –

§ 71 Selbständige Anordnung

(1) **Die Unterbringung in einem psychiatrischen Krankenhaus oder in einer Entziehungsanstalt kann das Gericht auch selbständig anordnen, wenn das Strafverfahren wegen Schuldunfähigkeit oder Verhandlungsunfähigkeit des Täters undurchführbar ist.**

(2) **Dasselbe gilt für die Entziehung der Fahrerlaubnis und das Berufsverbot.**

1 **1.** Die **selbständige Anordnung** unter anderen als den in Abs. 1 angegebenen Voraussetzungen (zB Verjährung, Fehlen des Strafantrags, Amnestie) ist unzulässig (Hanack in LK-StGB Rn. 6–8; Pollähne in NK-StGB Rn. 7); gleichzustellen ist lediglich der Fall, dass die Schuldunfähigkeit nach § 20 (nicht nach § 3 JGG) nicht auszuschließen ist (hM; vgl. etwa Hanack in LK-StGB Rn. 10).

2 **2.** Die Anordnung ergeht im **Sicherungsverfahren** nach §§ 413–416 StPO.

§ 72 Verbindung von Maßregeln

(1) [1]**Sind die Voraussetzungen für mehrere Maßregeln erfüllt, ist aber der erstrebte Zweck durch einzelne von ihnen zu erreichen, so werden nur sie angeordnet.** [2]**Dabei ist unter mehreren geeigneten Maßregeln denen der Vorzug zu geben, die den Täter am wenigsten beschweren.**

(2) **Im übrigen werden die Maßregeln nebeneinander angeordnet, wenn das Gesetz nichts anderes bestimmt.**

(3) [1]**Werden mehrere freiheitsentziehende Maßregeln angeordnet, so bestimmt das Gericht die Reihenfolge der Vollstreckung.** [2]**Vor dem Ende des Vollzugs einer Maßregel ordnet das Gericht jeweils den Vollzug der nächsten an, wenn deren Zweck die Unterbringung noch erfordert.** [3]**§ 67c Abs. 2 Satz 4 und 5 ist anzuwenden.**

1 **1. Abs. 1:** Das Kumulationsverbot setzt stets die dreifache Prüfung voraus, ob die Voraussetzungen mehrerer Maßregeln erfüllt sind, welche von ihnen den er-

strebten Gesamtzweck zu erreichen geeignet sind und ggf. welche von den letzteren den Täter entweder schon nach ihrer Art oder nach den Umständen am wenigsten beschwert (BGH NStZ 1998, 35; NStZ 2002, 533; NStZ-RR 1999, 77; NStZ-RR 1999, 170; sa BGH NJW 1991, 1244; NStZ 1995, 284; zur wiederholten Anordnung der gleichen Maßregel BayObLG NStZ-RR 2004, 295; → § 64 Rn. 7; → § 66 Rn. 15; zum Zusammentreffen von §§ 64, 66 BGH NStZ-RR 2006, 104; NStZ-RR 2008, 336; NStZ-RR 2018, 62; NStZ-RR 2019, 245; StV 2008, 300; NStZ 2009, 87; NStZ 2009, 442; zu einzelnen Fallkonstellationen Hanack in LK-StGB Rn. 19–30). Der Zweck der Entziehung der Fahrerlaubnis kann durch eine freiheitsentziehende Maßregel nicht erreicht werden (→ § 69 Rn. 10).

2. Abs. 2 ist stets anzuwenden, wenn die Voraussetzungen des Abs. 1 fehlen (zu 2 einem instruktiven Grenzfall beachte BGH NJW 2000, 3015 mkritAnm Janssen StV 2000, 617; Neubacher NStZ 2001, 322). Unsicherheiten über den Erfolg der milderen Maßregel führen zur kumulativen Anordnung von Maßregeln (BGH NJW 2000, 3015 (3016); NStZ-RR 2008, 336; NStZ 2009, 87). Im Verhältnis zu den Maßregeln nach §§ 63, 64, 66 hat der Gesetzesvorbehalt keine Bedeutung.

3. Abs. 3: Die Reihenfolge der Vollstreckung (S. 1) ist im **Urteil** zu bestimmen 3 (BGH NStZ 1995, 284). Für die Anordnungen aE des Vollzugs (S. 2) ist die Strafvollstreckungskammer **zuständig** (§ 463 I iVm § 462a I StPO). Im Übrigen → § 67c Rn. 2, 3. **Verfahren** § 463 III iVm § 454 StPO. Für die Vollstreckung mehrerer freiheitsentziehender Maßregeln auf Grund **verschiedener Entscheidungen** gilt Abs. 3 nicht (beachte dazu § 54 II, III StVollstrO; OLG Hamm NStZ 1988, 430).

7. Titel. Einziehung

Vorbemerkung

1. Das auf dem 2. StrRG (→ Vor § 1 Rn. 4) beruhende Rechtsinstitut des **Ver-** 1 **falls** hatte sich **nicht bewährt.** Wegen seiner engen und überaus komplizierten Voraussetzungen hat es in der Praxis nur geringe Bedeutung erlangt. Unter dem Eindruck wachsender Bedrohung durch die **organisierte Kriminalität** (zum Begriff und Phänomen Kinzig, Die rechtliche Bewältigung von Erscheinungsformen organisierter Kriminalität, 2004, S. 50, 61; rechtsvergleichend mit Japan Nishihara FS Tiedemann, 2008, 1205) **und den Waffenhandel** haben am Anfang der 1990er Jahre nachhaltige Bemühungen eingesetzt, die auf eine wirksamere Abschöpfung der Gewinne aus Straftaten gerichtet waren. Sie haben sich nur schrittweise in Gesetzesänderungen niedergeschlagen. In einem ersten Schritt hat das **AWG/StGB ÄndG** (→ Vor § 1 Rn. 12) das zuvor für den Verfall maßgebende Nettoprinzip durch das Bruttoprinzip ersetzt und dadurch den Abzug der vom Täter für die Gewinnerzielung gemachten Aufwendungen ausgeschlossen (→ § 73 Rn. 4). Alsdann hat das **OrgKG** (→ Vor § 1 Rn. 12), das im materiellen Strafrecht schwerpunktmäßig die Verbesserung der Zugriffsmöglichkeiten auf Verbrechensgewinne angestrebt hat, als zusätzliche Maßnahme den **erweiterten Verfall** eingeführt, der bei bestimmten für organisierte Kriminalität milieutypischen Taten die Gewinnabschöpfung unter weniger strengen Voraussetzungen vorschreibt (§ 73d StGB aF), und zu demselben Zweck ergänzend in das Strafensystem als neue Strafart die **Vermögensstrafe** eingefügt (§ 43a), die aber – im Gegensatz zum erweiterten Verfall, der von BVerfGE 110, 1 = NJW 2004, 2073 bestätigt wurde – nach der Entscheidung des BVerfG v. 20.3.2002 (BVerfGE 105, 135 = NJW 2002, 1779) verfassungswidrig und nichtig ist. In den gesetzgeberischen Beratungen zum OrgKG, das auch andere für die Bekämpfung der organisierten Kriminalität wichtig erscheinende Vorschriften eingeführt oder umgestaltet hat (im materiellen Recht namentlich den aus internationalen Verpflichtungen erwachsenen Tatbestand der Geldwäsche, § 261), war das Programm zur Gewinnabschöpfung in seinem Grundanliegen überwiegend anerkannt, in der Einzelausgestaltung aber unter verfassungsrechtlichen und kriminalpolitischen Gesichtspunkten sehr umstritten (BT-Drs. 12/2720, 38; Prot. 13, Nr. 31 des BT-Rechtsausschusses, öffentliche Anhörung; zusf. Bericht in DRiZ 1992, 142). Weitere Vorschläge zur Intensivierung der Zugriffsmöglichkeiten, auch auf verdächtiges Vermögen, haben sich zunächst nicht durchsetzen können.

Zur außergerichtlichen Einziehung von Vermögenswerten im Strafverfahren Brauch NStZ 2013, 503.

2 **2.** Die **Gesetzgebung zur Gewinnabschöpfung** war damit lange **unvollendet** geblieben. Der erweiterte Verfall wurde dem früheren Recht unter Inkaufnahme von „Systembrüchen" nur aufgepfropft; gleichwohl sind Reformvorstöße weitgehend erfolglos geblieben, so dass – auch dem Gesetz zur Stärkung der Rückgewinnungshilfe und Vermögensabschöpfung (→ Vor § 1 Rn. 16) – weder eine effektive Abschöpfung aller bemakelten Gewinne erreicht noch eine uU existenzgefährdende Haftung gutgläubiger Dritter (s. § 73 III) ausgeschlossen werden konnte.

3 **3.** Mit dem Gesetz zur Reform der strafrechtlichen Vermögensabschöpfung v. 13.4.2017 (BGBl. I 872), in Kraft getreten am 1.7.2017, hat der Gesetzgeber 25 Jahre nach der letzten größeren Reform einen neuen Anlauf zur umfassenden Regelung der strafrechtlichen Gewinnabschöpfung unternommen; eine entsprechende Änderung erfolgte mit § 29a OWiG nF zeitgleich für die Einziehung im Bußgeldverfahren. Damit wurden zugleich die Vorgaben der RL 2014/42/EU v. 29.4.2014 umgesetzt (am 25.5.2022 hat die Kommission einen neuen Richtlinien-Vorschlag vorgelegt, der weitergehende Vorgaben enthält). Die Änderung der Titelüberschrift in nur noch **„Einziehung"** suggeriert freilich, dass insgesamt nur noch ein Abschöpfungsinstrument zum Einsatz kommen soll. Das ist nicht ganz richtig. Vielmehr ist neben der bisherigen **Einziehung von Tatwerkzeugen und Tatgegenständen (§ 74),** die inhaltlich weitgehend unverändert – wenngleich mit zahlreichen Änderungen an Wortlaut und Struktur der §§ 74ff. – beibehalten worden ist, die **Einziehung von Taterträgen in § 73** an die Stelle des früheren Verfalls getreten. Diese sprachliche Gleichsetzung aller Vermögensabschöpfungsinstrumente der §§ 73–76a soll die deutsche Rechtslage an die in englischsprachigen Rechtsakten übliche Titulierung aller Vermögensabschöpfungsmaßnahmen einheitlich als „confiscation" anpassen. Die EU-Vorgaben erfordern dies freilich nicht, denn es genügt, dass der Sache nach die in der Richtlinie vorgesehenen Abschöpfungsmaßnahmen ermöglicht werden, ohne dass es auf deren Bezeichnung ankäme. Die begriffliche Gleichsetzung des bisherigen Verfalls mit der bisherigen Einziehung führt dazu, dass die unverändert bestehenden unterschiedlichen Voraussetzungen beider Institute nicht mehr so deutlich hervortreten wie bisher (die Einziehung der Taterträge erfordert anders als die der Werkzeuge oder Produkte kein schuldhaftes Handeln); andererseits macht die Umbenennung des Verfalls in Einziehung (von Taterträgen) die erfolgte Neuregelung offenkundig,

was für den Rechtsanwender erleichtern könnte zu erkennen, dass es sich um eine auch durch EU-Recht vorgegebene Änderung des deutschen Strafrechts handelt, weshalb sich etwa die Frage einer unionsrechtskonformen Auslegung der §§ 73ff. ebenso stellen kann wie die einer diesbezüglichen Vorlage zur Vorabentscheidung an den EuGH aufgrund von Art. 267 AEUV.

Auch nach der Einführung des Rückgewinnungshilfeverfahrens galt vor allem der in § 73 I 2 aF angeordnete Vorrang der Opferansprüche gegenüber einer Verfallsanordnung als „Totengräber" der Gewinnabschöpfung. Die Berechnung der Verfallssumme war in der Rspr. der BGH-Senate über mehr als zehn Jahre umstritten. Schließlich galt in Mangelfällen, wenn die für verfallen erklärte Summe nicht zur Befriedigung aller Opfer ausreichte, das Prioritätsprinzip, so dass die zuerst titulierten Forderungen durchgesetzt werden konnten, während erst später aktiv gewordene Gläubiger leer ausgegangen sind (zum Reformbedarf Meyer ZStW 127 (2015), 241 (250)). Diesen drei Monita an der alten Rechtslage begegnet die Neuregelung der §§ 73ff. durch Streichung des Opfervorrangs, in § 73d nF eine ausdrücklich und in der Gesetzesbegründung anhand von Beispielen vorgeführte Berechnung des abzuschöpfenden Betrags sowie die Einführung eines Verteilungsverfahrens nach den Grundsätzen des Insolvenzverfahrens. Weil zugleich das Institut des erweiterten Verfalls nicht mehr nur – wie in § 73d aF – bei Verweis auf diese Norm, sondern generell zur Anwendung kommen soll (§ 73a nF), sind mit der Gesetzesreform zugleich alle Verweise auf § 73d aF in den Tatbeständen des StGB und des Nebenstrafrechts gestrichen worden. Der bis dahin in § 73a aF geregelte Verfall des Wertersatzes findet sich inhaltsgleich in § 73c; die in § 73c aF enthaltene Härtefallvorschrift ist ersatzlos gestrichen worden. In § 73b ist der bisher in § 73 III aF angeordnete und durch Fallgruppen seitens der Rspr. präzisierte Drittverfall durch den Gesetzgeber in Übernahme der Fallgruppen explizit geregelt worden. In § 76b ist eine Regelung der Verjährung erfolgt. Ein absolutes Novum im deutschen Strafrecht stellt schließlich die in § 76a IV neu eingefügte selbständige Einziehung auch ohne Verfolgbarkeit des Betroffenen dar (sog. „non conviction based confiscation"); das selbständige Verfahren richtet sich gegen die einzuziehende Sache („in rem"; dazu grds. Meyer ZStW 127 (2015), 241 (256) und zur Umsetzung in § 76a StV 2017, 343; Johann Möglichkeiten und Grenzen des neuen Vermögensabschöpfungsrechts, 2019). – Eigentlich sah die Richtlinie 2014/42/EU in ihrem 35. Erwägungsgrund vor, dass die Mitgliedstaaten bei der Umsetzung über die Möglichkeit einer sozialen Umnutzung der eingezogenen Güter (zB eines Hauses) nachdenken sollen; eine Umsetzungspflicht zur Einführung eines solchen „social re-use" war jedoch nicht vorgesehen, so dass der Gesetzgeber, der insoweit völlig untätig geblieben ist, mit der Neuregelung der §§ 73ff. nicht zwingend auch eine solche Regelung vorsehen musste. Gleichwohl wäre de lege ferenda darüber nachzudenken (dazu Stellungnahme Heger v. 22.11.2016, S, 6f.; Heger Betrifft Justiz 2022, 331). 4

Die Neuregelung der §§ 73ff. ist zum 1.7.2017 in Kraft getreten. Grundsätzlich ist nach § 2 V auch für die Einziehung das jeweils mildeste Gesetz anzuwenden. Das hätte angesichts der Uneinigkeit innerhalb des BGH in Bezug auf die Bemessung des Verfallsbetrags zur Folge haben können, dass nach der gesetzlichen Fixierung einer Berechnungsweise in § 73d je nach Zuständigkeit der einzelnen Strafsenate entweder das alte oder das neue Recht milder sein könnte. Deshalb und weil eine parallele Anwendung zweier Abschöpfungsregime in der Praxis zu großen Schwierigkeiten führen dürfte, hat der Gesetzgeber in **Art. 316h EGStGB** festgehalten: Wird über die Anordnung der Einziehung des Tatertrages oder des Wertes des Tatertrages wegen einer Tat, die vor dem 1.7.2017 begangen worden ist, nach diesem Zeitpunkt 5 entschieden, sind abweichend von § 2 V die §§ 73–73c, 75 I, III sowie die §§ 73d, 73e, 76, 76a, 76b, 78 I 2 in neuer Fassung anzuwenden, es sei denn bis zum 1.7.2017 ist bereits eine Entscheidung über die Anordnung des Verfalls oder des Verfalls von Wertersatz ergangen. Diese echte Rückwirkung ist mit der Verfassung vereinbar; da es sich bei der Einziehung nicht um eine Strafe handelt (für Strafähnlichkeit von § 76a IV aber Rönnau/Begemeier NStZ 2021, 705), gilt insoweit Art. 103 II GG nicht, und der aus dem Rechtsstaatsprinzip abzuleitende grundsätzliche Vertrauensschutz des Betroffenen ist durch überragende Gemeinwohlbelange gerechtfertigt, weil das mit Art 316h S. 1 EGStGB verfolgte legitime Ziel, auch für verjährte Taten vermögensordnend zugunsten des Geschädigten einer Straftat einzugreifen und dem Täter den Ertrag seiner Taten nicht dauerhaft zu belassen, überragend wichtig ist (BVerfGE 156, 354 = NJW 2021, 1222 mAnm Lenk; Asholt JZ 2021, 473; Reichling/Lange/Borgel NStZ 2021, 417; Bülte NZWiSt 2021, 203; Lindemann/Bauerkamp wistra 2021, 479; Bespr. Rübenstahl/Weißbeck ZWH 2021, 284; Schilling/Corsten/Hübner wistra 2021, 174; zu den wenigen betroffenen Übergangsfallgruppe Weinbrenner NStZ 2022, 65). Das Verbot der Verschlechterung (§§ 331 I, 358 II S 1, 373 II S. 1 StPO) schließt die erstmalige Anordnung der Einziehung nach den §§ 73ff nF auf lediglich für den Angeklagten eingelegte Rechtsmittel oder Wiederaufnahmeanträge aber auch dann aus, wenn eine selbständige Einziehung nach § 76a möglich wäre (BGHSt 64, 48 = NJW 2019, 1008 aAnm Gubitz und Wissmann NZWiSt 2019, 273 sowie Bespr. Wagner wistra 2020, 367; aM OLG Hamburg wistra 2018, 485). In Bezug auf die nicht erwähnten, aber ebenfalls geänderten Regelungen dieses Abschnitts (zB §§ 74–74f), gilt dagegen § 2 V, was angesichts der inhaltlichen Übereinstimmung von altem und neuem Recht hier nicht zu Problemen in der Praxis führen dürfte. – Zum 29.12.2020 hat der Gesetzgeber mit **Art. 316j EGStGB** eine weitere Rückwirkungsnorm geschaffen, die allerdings nur wenige, damals bereits laufende Strafprozesse betrifft; anders als nach Art. 316h EGStGB gilt danach in Bezug auf die steuerrechtliche Verjährung das neue Recht rückwirkend sogar, wenn zuvor auf der Basis des bis dahin geltenden Rechts bereits eine erstinstanzliche Einziehungsentscheidung getroffen worden ist, welche dann in der Revision mit einer neuen Begründung gestützt werden kann. Dabei handelt es sich erkennbar um ein Einzelfallgesetz, mit dem verhindert werden sollte, dass die in einem CumEx-Verfahren gegen eine Bank verhängte Dritteinziehung von Steuervorteilen wegen möglicher Verjährung in der Revision aufgehoben wird. Auch wenn man damit dem Ziel einer umfänglichen Vermögensabschöpfung Rechnung tragen mag, erscheint doch der Eingriff in ein Verfahren mit bereits rechtskraftfähiger, wenngleich noch nicht rechtskräftiger Entscheidung äußerst problematisch. Die Rspr. hat diese Hilfestellung des Gesetzgebers aber angenommen (BGH NJW 2022, 90 mkritAnm Heger NZWiSt 2021, 443; die von zwei Betroffenen eingelegte Verfassungsbeschwerde scheiterte bereits am Fehlen der Beschwerdebefugnis, vgl. BVerfG NStZ-RR 2022, 19).

6 Angesichts zunehmender transnationaler Kriminalität stellt sich die Frage, ob und wie **ausländische Abschöpfungsentscheidungen** bei der Anordnung einer Einziehung nach §§ 73ff. berücksichtigt werden können. Wäre bei einer Tatbegehung in mehreren Ländern (zB bei grenzüberschreitender Korruption) eine Einziehung der gesamten Taterlöse in jedem Land möglich, würde dadurch der Betroffenen doppelt bzw. mehrfach in Anspruch genommen, obwohl das Ziel der Vermögensabschöpfung ja darin liegt, das kriminell erlangte Vermögen (und nicht ein Mehrfaches davon) dem Tatbeteiligten oder Drittbegünstigten zu entziehen. Der Wegfall der Härteklausel des § 73c verhindert – außerhalb von Gutgläubigkeit des Dritt-

begünstigten (vgl. § 73e) – eine Berücksichtigung der durch im Ausland bereits erfolgten Abschöpfungsmaßnahmen eingetretenen Entreicherung. Und weil es sich bei der Einziehung der Taterträge nicht um eine Strafe handelt (→ § 73 Rn. 1), scheidet auch die Anwendung des Doppelbestrafungsverbots (Art. 103 II GG, Art. 54 SDÜ, Art. 50 GRC) aus. Nach dem Willen des Gesetzgebers soll in solchen Fällen eine (zusätzliche) Einziehungsanordnung ergehen und nur bei der Vollstreckung die vollstreckungsrechtliche Härteklausel des § 459g IV StPO Berücksichtigung finden (BT-Drs. 18/11640, 78). – Mit der Verordnung (EU) 2018/1805 über die gegenseitige Anerkennung von Sicherstellungs- und Einziehungsentscheidungen (ABl. 2018 L 303, 1) sind ab dem 19.12.2020 die Einziehungsentscheidungen anderer EU-Mitgliedstaaten in Strafverfahren in Deutschland anzuerkennen und demgemäß zu vollstrecken. – Zur Subsidiarität im Einziehungsrecht Rönnau/Begemeier ZStW 133 (2021), 287; zu Möglichkeiten der Vollstreckungshilfe bei der Einziehung vgl. Marstaller, Grenzüberschreitende Einziehung, 2022). – Zur formlosen Einziehung im Strafverfahren und den zivilrechtlichen Konsequenzen Korves ZStW 134 (2022), 483.

Zur Neufassung der §§ 73ff. Mansdörfer JM 2017, 122; Trüg NJW 2017, 1913; 7
Hüls ZWH 2017, 242; Gercke wistra 2017, 185; Greeve ZWH 2017, 343; Köhler NStZ 2017, 497; Köhler/Burkhard NStZ 2017, 665. Leitfäden für die Praxis: Peters/Bröckers Vermögensabschöpfung im Strafverfahren, 2019; Meißner/Schütrumpf Vermögensabschöpfung, 2. Aufl. 2022; Ullenboom Praxisleitfaden Vermögensabschöpfung, 2. Aufl. 2021. – Zur **Rspr.** zum materiellen Vermögensabschöpfungsrecht Bittmann NStZ 2020, 517 und 648; zum Verfahrensrecht Bittmann NStZ 2021, 149, 276 und 342. – Zur vorherigen Rechtslage ausf. Rönnau, Die Vermögensabschöpfung in der Praxis, 2. Aufl. 2015. Zu steuerrechtlichen Folgen der Neuregelung Maciejewski/Schumacher DStR 2016, 2553.

§ 73 Einziehung von Taterträgen bei Tätern und Teilnehmern

(1) **Hat der Täter oder Teilnehmer durch eine rechtswidrige Tat oder für sie etwas erlangt, so ordnet das Gericht dessen Einziehung an.**

(2) **Hat der Täter oder Teilnehmer Nutzungen aus dem Erlangten gezogen, so ordnet das Gericht auch deren Einziehung an.**

(3) **Das Gericht kann auch die Einziehung der Gegenstände anordnen, die der Täter oder Teilnehmer erworben hat**
1. **durch Veräußerung des Erlangten oder als Ersatz für dessen Zerstörung, Beschädigung oder Entziehung oder**
2. **auf Grund eines erlangten Rechts.**

Fassung des Vermögensabschöpfungsgesetz (→ Vor § 73 Rn. 3).

1. Wie zuvor der Verfall (BGHSt 31, 145 = NJW 1983, 636; BGH NJW 2002, 1
2257; NJW 2002, 3339) bezweckt die Einziehung der Taterträge die **Abschöpfung unrechtmäßig erlangten Vermögens.** Die Ersetzung des Wortes „Verfall" durch „Einziehung von Taterträgen" ist lediglich begrifflicher Art (BT-Drs. 18/9525, 60) und hat deshalb für sich keine inhaltlichen Auswirkungen gegenüber dem bisherigen Recht, so dass – soweit sich nicht aus den weiteren Regelungen Änderungen ergeben – die Rspr. zu § 73 StGB aF weiterhin verwendbar bleibt. Die Einziehung von Taterträgen ist deshalb nach dem klaren Willen des Gesetzgebers weiterhin (zu § 73 aF

BVerfGE 110, 1 = NJW 2004, 2073) keine Nebenstrafe, sondern eine quasi-konditionelle Maßnahme (→ § 11 Rn. 21) zur Verhinderung des Behaltenkönnens kriminell erlangter Vermögenswerte (vgl. BT-Drs. 18/9525, 45). Voraussetzung ist daher die Begehung nur einer rechtswidrigen, nicht notwendig schuldhaften Tat. Der Gesetzgeber knüpft damit bewusst an die bereits mit der Einführung des Bruttoprinzips 1992 erfolgten Ausweitung des Umfangs des Verfalls an, der auch hier (s. → 28. Aufl. 2014) dazu geführt hat, die gewollte Absage an den Strafcharakter krit. zu hinterfragen; da der Gesetzgeber jetzt im Einklang mit der bisherigen Rspr. und dem BVerfG (BVerfGE 110, 1 = NJW 2004, 2073) an dieser Absage festgehalten und zugleich durch Vorgaben bei der Berechnung des Einziehungsbetrags in § 73d nF eine durch den Zweck der Vermögensabschöpfung nicht zu rechtfertigende Überbelastung des Betroffenen auszuschließen versucht hat (und bei der Abzugsmöglichkeit auch dem Schuldgrundsatz Rechnung getragen hat; → § 73d Rn. 1), ist an den Einwänden gegen ein allein quasi-konditionelles Verständnis dieses Instituts nicht mehr festzuhalten. – Im Bereich des WiStG tritt an die Stelle des Verfalls die Abführung des Mehrerlöses (dort § 8 IV idF des Vermögensabschöpfungsgesetz). Systematisch enthält Abs. 1 weiterhin die obligatorische Anordnung der Einziehung von Taterträgen, wobei die in S. 2 aF enthaltene Ausnahme für Verletztenansprüche gestrichen worden ist. Abs. 2 und 3 übernehmen die bisher in Abs. 2 S. 1, 2 inhaltsgleich geregelten Einziehungsanordnungsmöglichkeiten für Nutzungen und Surrogate. Die Neufassung hat dazu geführt, dass bisher in § 73 aF geregelte Bereiche nunmehr in anderen Normen behandelt werden. So sind die in § 73 III aF geregelten Fälle des Drittverfalls jetzt in § 73b geregelt. Die in § 73 IV aF normierten Wirkungen des Verfalls von täterfremden Sachen finden sich inhaltlich in § 75 I wieder (BT-Drs. 18/9525, 61).

2 **2.** Zu **Voraussetzungen und Umfang** der Einziehung (Abs. 1 und 2):

a) Rechtswidrige Tat → § 11 Rn. 18; → § 29 Rn. 1 (zu Fahrlässigkeitstaten BGHSt 57, 79 (81) = NJW 2012, 1159); wie bisher nicht erforderlich ist daher ein Verschulden des Einziehungsbetroffenen (zu § 73 StGB aF BT-Drs. V/4095, 39; Schmidt in LK-StGB Rn. 15). Sie muss von der Anklage umfasst und vom Tatrichter festgestellt sein (BGHSt 28, 369 = NJW 1979, 1942); Einstellung gem. § 154 StPO genügt daher nicht (BGH NStZ-RR 2012, 81 (82)). Möglich ist aber eine selbständige Einziehung nach § 76a.

3 **b)** aa) **„Etwas"** ist jede **Erhöhung** des wirtschaftlichen Wertes eines Vermögens, die dem Täter oder Teilnehmer zugeflossen ist (Vermögenszuwachs); nicht notwendig ist das Vorliegen einer Sache oder eines Rechts, die Erhöhung kann zB auch in einer tatsächlichen, wirtschaftlich begünstigenden Besitzposition (problematisch BGHSt 36, 251 = NJW 1989, 3165 mablAnm Meyer JR 1990, 208, beide mwN) oder in Gebrauchsvorteilen, Kapitalnutzung (Prot. 5, Nr. 1001) und ersparten Aufwendungen (BGH wistra 2018, 471; wistra 2011, 394; AG Köln NStZ 1988, 274; Franzheim wistra 1986, 253 und wistra 1989, 87) bestehen. Alles, was iSd § 812 I BGB Gegenstand einer Bereicherung sein kann, kommt auch als Gegenstand der Einziehung in Frage (Brenner DRiZ 1977, 203 mwN). Erfasst wird aber nur der tatsächlich erlangte, nicht auch der lediglich erzielbare Vermögenszuwachs (BGH NStZ-RR 2001, 82). Ein wirtschaftlicher Vorteil liegt etwa bei der Hinterziehung von Tabaksteuer nur vor, soweit sich die im Wert der Tabakwaren verkörperte Steuerersparnis im Vermögen des Täters widerspiegelt (BGHSt 64, 146 = NJW 2019, 3012), so dass nach Sicherstellung der Waren eine Einziehung ausscheidet (BGH NStZ 2021, 300). Hat der Täter für einen Dritten gehandelt, ohne

selbst etwas erlangt zu haben, ist nur eine Einziehungsanordnung nach § 73b gegen den Dritten, nicht aber gegen den Täter möglich (LG Bonn StraFo 2001, 283).

bb) Die zur Erlangung des Vermögenszuwachses **gemachten Aufwendungen** 4 sind nach § 73d I 1 zwar **abziehbar,** doch gilt angesichts der umfassenden Ausnahme hierzu in § 73d I 2 im Grundsatz wie bisher das sog. **Bruttoprinzip** (→ § 73d Rn. 2). Die zum bisherigen Recht noch bestehenden Zweifel (→ 28. Aufl. 2014, Rn. 4–4c) sind durch die Klarstellungen in §§ 73ff. sowie die Gesetzesbegründung hierzu vollends ausgeräumt. Die in der Durchsetzung des Bruttoprinzips liegende Härte konnte bisher durch die Härtefallvorschrift des § 73c aF im Einzelfall abgefedert werden, doch ist diese gestrichen worden, weil mit der in § 73d vorgegebenen Berechnung des Erlangten erreicht wird, dass gutgläubig getätigte Aufwendungen abgezogen werden können, so dass nur der bösgläubige (Dritt-)Betroffene tatsächlich dem uneingeschränkten Bruttoprinzip unterliegt. Daneben ist für die zum bisherigen Recht gelegentlich erwogene, von der Rspr. aber nicht übernommene (BGHSt 47, 369 (376) = NJW 2002, 3339; BGH NStZ-RR 2005, 104; krit. Dannecker NStZ 2006, 683 (684)) Abhilfemöglichkeit über eine Strafmilderung weiterhin kein Raum.

c) Durch die Tat ist mit dem Vermögensabschöpfungsgesetz anstelle von „aus der 5 Tat" eingefügt worden und soll in Erweiterung zum bisherigen Recht klarstellen, dass die erforderliche Kausalbeziehung zwischen Tat und Erlangtem sich allein nach den Grundsätzen des Bereicherungsrechts richtet (BT-Drs. 18/9525, 61). Erfasst ist damit weiterhin alles, was nach bisherigem Recht aus der Tat (als Gewinn, aber auch als Kurier einem anderen zu überbringendes Geld, BGHSt 36, 251 (254) = NJW 1989, 3165; BGH NStZ 2004, 440; BGH NJW 2006, 2500) erlangt war, doch sind im Lichte von Art. 2 Nr. 1 und Art. 4 I der RL 2014/42/EU nicht nur direkt, sondern auch indirekt durch die Straftat erlangte Vorteile zu erfassen, ohne dass es auf die in der Rspr. gelegentlich geforderte Unmittelbarkeit (BGH NStZ 2011, 83) ankommen soll (BT-Drs. 18/9525, 54); das gilt etwa für Bargeldabhebungen, wenn zuvor die Girokarte durch Täuschung ergaunert worden ist (BGH NJW 2022, 1399). **Für die Tat** (als Entgelt, → § 11 Rn. 22; zu beiden Varianten des § 73 aF BGHSt 50, 299 (309) = NJW 2006, 925; BGH NStZ-RR 2003, 10; NStZ-RR 2011, 283; NStZ-RR 2012, 81). Das durch oder für die Tat Erlangte muss zumindest zeitweilig (vgl. BGH NStZ 2008, 565, die bei späterer Teilung dort erwogene Anwendung der Härteklausel des § 73c StGB aF ist mit deren ersatzloser Streichung allerdings hinfällig) in die faktische (Mit-)Verfügungsgewalt des Täters übergegangen sein (BGH NStZ-RR 1997, 262) Vermögenszuwachs (BT-Drs. V/4095, 39), sei es auch über eine Mittelsperson (BGH NStZ-RR 2006, 266; NStZ-RR 2012, 81 (82)); eine mittäterschaftliche Zurechnung fremder Verfügungsgewalt scheidet aus, solange der Tatbeteiligte nicht die tatsächliche (Mit-)Verfügungsgewalt hat (BGH NStZ 2008, 623; NStZ-RR 2009, 2879; StV 2020, 738; wistra 2021, 201; NStZ-RR 2022, 135), was auch für denjenigen gilt, der dem Täter bloß Geld wechselt, um dessen Geschäfte zu erleichtern (BGH NJW 2019, 2182). Weil es allein auf die Erlangung tatsächlicher Verfügungsgewalt ankommt, unterliegt der Geldbetrag, den ermittelnde Polizeibeamte dem Täter zur Bezahlung von Drogen und Waffen ausgehändigt haben, der Einziehung nach § 73, obwohl das Verfügungsgeschäft nach § 134 BGB nichtig ist (BGHSt 53, 179 = NJW 2009, 2073; anders noch BGH NStZ 2004, 554). Lässt sich ein Weiterverkauf zB von Drogen nicht sicher feststellen, scheiden in dubio pro reo §§ 73, 73c, 73d aus; möglich bleibt die Einziehung der Drogen oder deren Wert nach §§ 74 II, 74c I iVm § 33 S. 1 BtMG (BGH StV 2022, 31).

5a Mit der Aufnahme der Formulierung „durch die Tat“ anstelle des vorherigen „aus der Tat“ soll das bisher damit verbundende Erfordernis eines Unmittelbarkeitszusammenhangs bewusst aufgegeben werden, so dass der Umfang des Erlangten zunächst weit gezogen und erst über § 73d wieder eingeschränkt wird. Allerdings soll sich die nur noch erforderliche Kausalbeziehung zwischen der Tat und dem Erlangten nach den Grundsätzen des Bereicherungsrechts richten (BT-Drs. V/4095, 61), so dass allein die Äquivalenzkausalität nicht ausreicht, sondern die **Erlangung des Vermögenswertes im zivilrechtlichen Sinne adäquatkausal** sein muss. Das wird man hinsichtlich der Erträge bejahen können, wenn das aus einer Straftat unmittelbar Erlangte plangemäß gewinnbringend angelegt wird. Dagegen sind vorrangig dem Zufall geschuldete Gewinne etwa aus Glücksspiel nicht mehr adäquatkausal. Auch nicht durch Drogengeschäfte erlangt ist mithin der Gewinn aus mit Erlösen des Drogenhandels erworbenen Lotterielosen (OLG Köln NStZ-RR 2008, 107). Es genügt, wenn das Erlangte mehreren abgeurteilten Straftaten zugeordnet wird (zB Gesamterlös aus mehreren Straftaten nach dem BtMG); nicht erforderlich ist eine Zuordnung einzelner Einziehungspositionen zu einzelnen Straftaten (BGH NStZ 2004, 400). Dass von § 73 nunmehr alles auch bloß mittelbar Erlangte erfasst ist, führt dazu, dass die zu § 73 aF durch die Rspr. mangels Unmittelbarkeit ausgeschiedenen Fallgruppen regelmäßig zunächst als Teil des Erlangten erfasst werden, aber in einem zweiten Schritt über § 73d zu prüfen ist, ob sie tatsächlich von der Einziehungsanordnung erfasst sind. Das ist sowohl aus einer Bestechung als auch bei strafbarer unlauterer Werbung (hierfür schon nach § 73 aF BGHSt 52, 227 = GRUR 2008, 818) der vereinbarten Werklohn, nicht bloß ein idR nach § 73d II zu schätzender Gewinn (so zu § 73 aF BGHSt 50, 299 (310) = NJW 2006, 925); bei verbotenen Insidergeschäften sind nicht bloß die Sonderchancen auf Gewinne (so zum bisherigen Recht BGH NJW 2010, 882), sondern die daraufhin erworbenen Aktien erlangt, ebenso beim verbotenen Glücksspiel die Einsätze; bei der Umgehung eines Genehmigungsvorbehalts ist nunmehr generell der gesamte Erlös erlangt, so dass es auf die Differenzierung anhand der Genehmigungsfähigkeit (so noch BGHSt 57, 79 = NJW 2012, 1159) nicht mehr ankommen kann. Dagegen erscheint mit Blick auf den „Dirnenlohn“, der in Folge einer Straftat nach § 95 I AufenthaltsG erlangt ist, die erforderliche Adäquanzkausalität fraglich (OLG Frankfurt a. M. StraFo 2006, 383 verneinte die Unmittelbarkeit). Weil ein Steuerhehler gem § 374 AO zwar zB die unversteuerten Zigaretten erlangt hat, nicht aber auch Steuerschuldner hierfür geworden ist, sind die nicht bezahlten Steuern nicht als ersparte Aufwendungen aus oder für die Tat erlangt (BGHSt 64, 152 (161) = NJW 2020, 412; BGH wistra 2018, 471), sondern nur die Zigaretten bzw. der dafür erzielte Erlös (BGH NZWiSt 2021, 351 mAnm Gehm); der Steuerpflichtige hat dagegen die nicht bezahlten Steuern als ersparte Aufwendungen aus der Steuerhinterziehung gem. § 370 AO erlangt. Weder „durch“ noch „für“ die Tat erlangt ist etwas (zB Geld), das in Vorbereitung zur Durchführung einer Tat (zB BtM-Geschäfte) erlangt wird; als Tatmittel unterliegt es der Einziehung gem § 74 (BGH NJW 2019, 2182).

5b Im Allgemeinen ist der Vermögenszuwachs erlangt, sobald der Täter ihn ungehindert genießen kann (OLG Hamburg NJW 1971, 1199). Bei einem unerlaubten Glücksspiel sind jedoch nur die nicht wieder ausgeschütteten Einsätze vom Veranstalter erlangt; das Bruttoprinzip verbietet dann nur deren Saldierung mit den Aufwendungen für das Spiel (Odenthal NStZ 2006, 14). Dass der Vermögensvorteil zurzeit der Entscheidung im Vermögen noch vorhanden, der Täter also noch bereichert ist, ist keine Voraussetzung der Einziehung und kann nach Streichung von § 73c aF allenfalls durch die vollstreckungsrechtliche Härtefallklausel des § 459g IV StPO aufgefangen werden.

d) Ist dem **Verletzten** (dh dem, dessen Individualinteressen durch das vom Täter übertretene Strafgesetz geschützt werden sollen) aus der Tat ein **Anspruch erwachsen,** schließt dies nach Streichung von § 73 I 2 StGB aF im Unterschied zum bisherigen Recht eine Einziehung nach § 73 nicht aus. Der Verletzte kann sich wegen seiner Ansprüche gegen den Einziehungsbetroffenen dann an den Staat halten. Reicht die eingezogene Summe nicht zur Befriedigung aller Verletztenansprüche, ist in §§ 111b StPO ein Verteilungsverfahren in Anlehnung an das Insolvenzverfahren vorgesehen. 6

e) Abs. 2 und 3 erstrecken die Einziehung zwingend (Abs. 2) oder fakultativ (Abs. 3) auf bestimmten **mittelbar erlangten Vermögenszuwachs;** die Aufzählung ist erschöpfend (BGH NStZ 1996, 332). 7

aa) **Abs. 2: Nutzungen** § 100 BGB; sie müssen wirklich **gezogen,** nicht lediglich zu erwarten sein (BGH bei Holtz MDR 1981, 629).

bb) **Abs. 3:** Die Beschreibung der **Ersatzgegenstände** (Surrogate) in Nr. 1 Alt. 2 (nicht Alt. 1) und Nr. 2 stimmt inhaltlich mit § 818 I BGB überein, so dass für die Abgrenzung die im Bereicherungsrecht entwickelten Grundsätze anwendbar sind; nicht hierher gehören daher zB Lotteriegewinne und regelmäßig auch nicht Erträge aus der Investition des Erlangten in einem Wirtschaftsunternehmen (BGH NStZ 1996, 332; OLG Köln NStZ-RR 2008, 107). Ob und wieweit die Einziehung auf ein Surrogat erstreckt wird, bestimmt sich nach **pflichtmäßigem Ermessen** (→ § 46 Rn. 50), für dessen Ausübung neben dem Wert des Gegenstandes meist die mutmaßlichen Aussichten einer reibungslosen Vollstreckung und Verwertung ausschlaggebend sind (ebenso Kindhäuser/Hilgendorf in LPK-StGB Vor § 73 Rn. 5); das folgt daraus, dass anstelle oder neben der Einziehung des Surrogats stets auch die Einziehung des Wertersatzes (§ 73c) angeordnet werden muss, soweit sonst der Wert des ursprünglich Erlangten nicht erfasst würde.

3. Grundsätzlich richtet sich die Anordnung der Einziehung **nur gegen den Täter oder Teilnehmer.** Die Einziehung von Taterträgen bei Dritten (bislang § 73 III aF) ist nunmehr in § 73b geregelt. Die Streichung der Beschränkung einer Abschöpfungsmöglichkeit hinsichtlich täterfremder Gegenstände auf Fälle der Bösgläubigkeit des Eigentümers (§ 73 IV) soll nach dem Willen des Gesetzgebers ermöglichen, dass unabhängig von der Bösgläubigkeit des Dritten (der auch unbekannt sein kann, wie zB wenn sich beim Täter Diebesgut aus unbekannter Provenienz findet) gegenüber dem Täter oder dem Teilnehmer die Einziehung auch aller fremder Sachen angeordnet werden kann (BT-Drs. 18/9525, 61). Die dingliche Wirkung einer Einziehung von täterfremden Gegenständen ergibt sich dann aus § 75 I, so dass nach dessen Nr. 2 insoweit vergleichbar der bisherigen Rechtslage Eigentum an den eingezogenen Gegenständen nur bei Bösgläubigkeit des Eigentümers unmittelbar auf den Staat übergeht. – Gegenüber Tatbeteiligten kann sich die Anordnung nur gegen den richten, der den Vermögenswert erlangt, dh in seine Verfügungsgewalt gebracht hat (→ Rn. 5). Bei gemeinsamer (mittäterschaftlicher) Erlangung ist jedoch jeder Mittäter Gesamtschuldner (BGHSt 56, 39 (45f.) = NJW 2011, 624; BGH NStZ-RR 1997, 262; StraFo 2013, 299); das gleiche muss gelten, wenn ein Teilnehmer den Vermögenswert gemeinsam mit dem Täter erlangt. 8

4. a) Wie bisher der Verfall, ist die Einziehung von Taterträgen (anders als diejenige nach §§ 74ff.) bei Vorliegen ihrer Voraussetzungen **obligatorisch** (zur abweichenden Rechtslage im OWiG beachte BayObLG NStZ 2000, 537) und wird idR **im Urteil** neben der Strafe ausgesprochen (zu den Möglichkeiten selbständiger An- 9 ordnung → § 76a Rn. 5); ob dies – wie nach altem Recht – auch für das **Jugendstrafrecht** gilt (dafür 2. StS ZJJ 2020, 306 und 5. StS NStZ-RR 2020, 124) oder dem Jugendrichter ein Ermessen zukommen soll (so Anfragebeschluss des 1. StS NStZ 2019, 682) ist zwischenzeitlich vom GS im ersteren Sinne geklärt (BGHSt 65, 242 = NStZ 2021, 679 mkrit Anm Kölbel/Eisenberg/Sonnen; neutral Kudlich/Lang JR 2021, 593; Kulhanek JZ 2022, 49; krit. Bespr. Weiss GA 2022, 146). Neben der Anordnung einer (Wertersatz-)Einziehung nach § 73c kommt eine kumulative Geldstrafe (§ 41) regelmäßig nicht in Betracht (zu § 73 aF OLG Celle NStZ 2008, 711). Die Einziehungsentscheidung kann mit Berufung und Revison angefochten werden; obsiegt der Rechtsmittelführer (nur) in Bezug auf die Höhe des Einziehungsbetrags, muss dies bei der Kostenentscheidung gem § 473 IV StPO berücksichtigt werden (BGH NJW 2021, 1829 mit Praxiskommentar Habetha). – Umstr ist, ob sich die **Hinweispflicht** in § 265 II Nr. 1 StPO in Bezug auf erst in der Verhandlung auftretende Umstände, die eine obligatorische Einziehung der Taterträge begründen, nur um tätsächliche oder auch um rechtliche Umstände geht; zur entsprechenden Vorlage des 5. StS des BGH an den GrS Li StV 2021, 533.

10 **b)** Soweit der erlangte Vermögenszuwachs in bestimmten Gegenständen (Sachen oder Rechten), die als solche im Vermögen des Betroffenen noch vorhanden sind, konkretisiert ist, wird unmittelbar die Einziehung dieser Gegenstände angeordnet. Für deren genaue Bezeichnung im Urteilstenor gilt dasselbe wie bei der Einziehung nach § 74 (→ § 74 Rn. 10). Zur Beteiligung Dritter, die Rechte an den Gegenständen geltend machen, im Haupt- und Nachverfahren §§ 424–439 StPO; zum Verfahren iÜ §§ 111b–111q, 232 I, 233 I, 407 II Nr. 1, §§ 421–439, 444 StPO. Soweit der Vermögenszuwachs nicht in einem bestimmten Gegenstand konkretisiert ist, kommt Einziehung des Wertersatzes nach § 73c in Frage (→ § 73c Rn. 2). – Nicht erforderlich und rechtsfehlerhaft ist die Nennung der Geschädigten im Tenor (BGH NStZ-RR 2022, 102).

11 **5.** Zur erweiterten Einziehung von Taterträgen s. § 73a.

§ 73a Erweiterte Einziehung von Taterträgen bei Tätern und Teilnehmern

(1) **Ist eine rechtswidrige Tat begangen worden, so ordnet das Gericht die Einziehung von Gegenständen des Täters oder Teilnehmers auch dann an, wenn diese Gegenstände durch andere rechtswidrige Taten oder für sie erlangt worden sind.**

(2) **Hat sich der Täter oder Teilnehmer vor der Anordnung der Einziehung nach Absatz 1 an einer anderen rechtswidrigen Tat beteiligt und ist erneut über die Einziehung seiner Gegenstände zu entscheiden, berücksichtigt das Gericht hierbei die bereits ergangene Anordnung.**

Fassung des Vermögensabschöpfungsgesetz (→ Vor § 73 Rn. 3).

1 **1.** Diente der in § 73d aF geregelte erweiterte Verfall noch dem Zweck, die Bekämpfung der organisierten Kriminalität zu intensivieren, was in der Beschränkung auf bestimmte, typischerweise organisiert begangene Anknüpfungstaten Niederschlag gefunden hatte, hat sich dies mit der nunmehr in § 73a platzierten **erweiterten Einziehung von Taterträgen** geändert. Weil Art. 5 der RL 2014/42/EU dazu verpflichtet, eine Vielzahl von Tatbeständen auch ohne Bezüge zum organi-

sierten Verbrechen als Anknüpfungstaten auszuweisen, aber auch um die Abschöpfung aller aus irgendwelchen strafbaren Handlungen stammenden, beim Täter der Anknüpfungstat aufgefundenen Vorteile zu ermöglichen und damit die Gerechtigkeit und Unverbrüchlichkeit der Rechtsordnung zu demonstrieren, hat sich der Gesetzgeber zu einer systematischen Umorientierung entschlossen und die erweiterte Einziehung bei allen Straftaten vorgesehen (BT-Drs. 18/9525, 64). Konsequent sind alle Verweise auf dieses Institut in den einzelnen Tatbeständen gestrichen worden. Zugleich ist die bisher noch im Wortlaut von § 73d I aF enthaltenen Beweisregel ersatzlos gestrichen worden, so dass – wie von der Rspr. ohnehin seit jeher gefordert – der die erweiterte Einziehung anordnende Richter nunmehr auch angesichts des Wortlautes von Abs. 1 von der kriminellen Herkunft der einzuziehenden Gegenstände überzeugt sein muss (BT-Drs. 18/9525, 65). Abs. 2 übernimmt inhaltlich die Regelung des § 73d III.

2. Anders als der erweiterte Verfall beschränkt sich die erweiterte Einziehung nicht 2
mehr auf bestimmte Delikte, sondern erfasst alle Straftaten des Kern- und Nebenstrafrechts einschließlich Versuch, Teilnahme und versuchte Beteiligung nach § 30. Allerdings erfordert das Rückwirkungsverbot, dass bei bislang nicht als solchen ausgewiesenen Anknüpfungstaten sowohl diese als auch die Erwerbstat erst ab dem 1.7.2017 begangen worden sein muss (BT-Drs. 18/9525, 64; ebenso zum erweiterten Verfall BGHSt 41, 278 = NJW 1996, 136; BGH NJW 2001, 2339; wistra 2003, 228).

3. Die erweiterte Einziehung ist eine **besondere Form der Einziehung von** 3
Taterträgen gem. § 73, dh eine Maßnahme (§ 11 I Nr. 8), die mit ihr in Rechtsnatur und Funktion übereinstimmt (→ § 73 Rn. 1; ebenso Schmidt in LK-StGB Rn. 4), weshalb § 73d nicht auf Einziehungen gem. § 33 II BtMG anwendbar ist (BGH NStZ 2011, 100). Grundsätzlich gelten daher für sie alle Vorschriften, die allgemein die Einziehung von Taterträgen betreffen. Anders als beim erweiterten Verfall nach § 73d aF bewirkt die Platzierung in § 73a sowie der generelle Verweis auch auf diese Vorschrift in den §§ 73b–e, dass diese Regelungen uneingeschränkt auch auf die erweiterte Einziehung von Taterträgen zur Anwendung kommen. Wie in § 73 I ist auch hier der Vorrang von Verletztenansprüchen (§ 73d I 3 aF) gestrichen worden. Unverändert nicht unproblematisch ist, dass sich unter den von der Maßnahme betroffenen Gegenständen auch solche verbergen können, deren Einziehung wegen Verjährung nach § 78 I ausgeschlossen ist (vgl. BT-Drs. 11/6623, 6), doch sieht § 76b nunmehr sogar eine sehr lange Verjährung vor.

4. Zu den **Voraussetzungen:** 4

a) Rechtswidrige Tat → § 73 Rn. 2.

b) Einziehungsobjekte können – abweichend von § 73 I (→ § 73 Rn. 3) – grds. 5
nur **Gegenstände** sein, dh Sachen oder Rechte (§ 75 I); anders als für die Einziehung (→ § 73 Rn. 3) scheiden ersparte Aufwendungen hier aus (BGH wistra 2018, 471), ebenso Surrogate, für die aber eine erweiterte Einziehung des Wertes von Taterträgen in Betracht kommt (BGH NStZ 2020, 661; wistra 2022, 83). In Fällen, in denen die Voraussetzungen der Einziehung von Gegenständen zunächst erfüllt waren, die Ausführung der Maßnahme aber nach der Tat ganz oder teilweise unmöglich geworden ist, sieht § 73c die Einziehung des Wertersatzes vor.

c) Die Gegenstände müssen – in Übereinstimmung mit § 73 I (→ § 73 Rn. 5) – 6
durch oder für die Tat, dh anders als nach § 73d (dazu BGH NStZ-RR 2010, 255) **nicht mehr notwendig unmittelbar erlangt** worden sein.

7 **d)** Sie müssen ferner dem Täter oder Teilnehmer zurzeit der Entscheidung **gehören oder zustehen** (zu § 73d aF Schmidt in LK-StGB Rn. 32; beachte BGH NStZ 1995, 540; zur Einbeziehung nur von bestimmten, im Ausland gelegenen Grundstücken sa BGH NStZ 2000, 483). Ist seine Stellung als Berechtigter nicht nachweisbar, schließt der Grundsatz in dubio pro reo die Anordnung der Maßnahme aus (vgl. zu § 73d aF Saliger in NK-StGB Rn. 10; Schmidt in LK-StGB Rn. 49; weiter Wolters in SK-StGB Rn. 5, die faktische Verfügungsgewalt genügen lassen). Allerdings sieht § 73b nunmehr auch die erweiterte Einziehung von Taterträgen bei anderen vor.

8 **e)** Die Anordnung setzt voraus, dass der Richter nach der Beweisaufnahme von der deliktischen Herkunft der einzuziehenden Gegenstände überzeugt ist, doch dürfen daran keine überspannten Anforderungen gestellt werden (zu § 73d aF BGHSt 40, 371 = NJW 1995, 470; BGH NStZ-RR 2010, 385). Nicht erforderlich ist, dass die Erwerbstat iE festgestellt wird. Bei der Überzeugungsbildung soll vor allem den in § 437 StPO neu niedergelegten Umständen für die Annahme von § 76a IV auch für die Bejahung einer erweiterten Einziehung von Taterträgen besonderes Gewicht zukommen (BT-Drs. 18/9525, 65). Danach sprechen für eine erweiterte Einziehung insbes. ein grobes Missverhältnis zwischen dem Wert des Gegenstandes und den rechtmäßigen Einkünften des Betroffenen, das Ergebnis der Ermittlungen zu der Anknüpfungstat, die Umstände, unter denen der Gegenstand aufgefunden worden ist, sowie die persönlichen und wirtschaftlichen Verhältnisse des Betroffenen. Da solche Erwägungen auch bisher bei der Entscheidung über den erweiterten Verfall leitend waren (BGHSt 40, 371 = NJW 1995, 470; BGH NStZ 2000, 137; NStZ 2001, 531; StraFo 2004, 394; NStZ-RR 2009, 384), dürfte sich mit der Neuregelung nichts Wesentliches ändern.

9 **f)** Die in **Abs. 2** vorgesehene Einschränkung des Einziehungsumfangs ist ein notwendiges **Korrektiv,** um zu verhüten, dass **derselbe Gegenstand zu Lasten des Täters mehrmals erfasst** wird (vgl. BT-Drs. 11/6623, 9 zum inhaltsgleichen § 73d III aF). Daher bedarf der Prüfung, ob die konkret ermittelten Gegenstände bereits durch eine vorausgegangene Anordnung der Maßnahme umfasst gewesen sind (Eser/Schuster in Schönke/Schröder Rn. 13). Ist das nicht aufklärbar, so gelten sie nach dem Zweifelssatz als bereits abgeschöpft (BT-Drs. 11/6623, 9; Schmidt in LK-StGB Rn. 55).

10 **5.** Die erweiterte Einziehung von Taterträgen ist bei Vorliegen ihrer Voraussetzungen grds. **obligatorisch** (zu § 73d aF BGH NStZ-RR 1997, 302; → Rn. 11). Sie wird idR **im Urteil** neben der Strafe ausgesprochen (Schmidt in LK-StGB Rn. 59). Im Übrigen gelten die Ausführungen unter → § 73 Rn. 12 sinngemäß.

11 **6.** Das **Verhältnis** der erweiterten Einziehung zur **einfachen Einziehung von Taterträgen** (§ 73):

Da beide Formen der Einziehung von Taterträgen als zwingende Rechtsfolgen anzuordnen sind, die Einziehung nach § 73 aber die Maßnahme unter konkreteren Voraussetzungen vorschreibt, ist § 73a gegenüber § 73 subsidiär (BT-Drs. 18/9525, 65), so dass die Prüfung von § 73 Vorrang hat (zu § 73d aF BGH NStZ-RR 2012, 312; NStZ-RR 2013, 207). Es muss deshalb zunächst für die von der Anklage umfassten Taten nach den allgemeinen Prozessregeln versucht werden, den erforderlichen Zusammenhang mit den als Gewinn in Frage kommenden Gegenständen aufzuklären. Soweit das gelingt, bestimmt sich die Maßnahme nach § 73 (ggf. iVm § 73c); steht zwar die illegale Herkunft fest (BGH wistra 2022, 34), nicht aber diejenige aus der Tat, ist eine Einziehung gem § 73a vorzunehmen (BGH NStZ-RR 2021, 104; wistra 2022, 83). Ist die zugrundeliegende Tat verjährt (→ § 78 Rn. 3), so dürfen diese Gegenstände zwar nicht in die erweiterte Einziehung einbezogen werden, doch ist insoweit eine selbständige Einziehung nach § 76a II 1 möglich.

7. Zur **Verjährung** § 76b. 12

§ 73b Einziehung von Taterträgen bei anderen

(1) [1]**Die Anordnung der Einziehung nach den §§ 73 und 73a richtet sich gegen einen anderen, der nicht Täter oder Teilnehmer ist, wenn**
1. **er durch die Tat etwas erlangt hat und der Täter oder Teilnehmer für ihn gehandelt hat,**
2. **ihm das Erlangte**
   a) **unentgeltlich oder ohne rechtlichen Grund übertragen wurde oder**
   b) **übertragen wurde und er erkannt hat oder hätte erkennen müssen, dass das Erlangte aus einer rechtswidrigen Tat herrührt, oder**
3. **das Erlangte auf ihn**
   a) **als Erbe übergegangen ist oder**
   b) **als Pflichtteilsberechtigter oder Vermächtnisnehmer übertragen worden ist.**

[2]**Satz 1 Nummer 2 und 3 findet keine Anwendung, wenn das Erlangte zuvor einem Dritten, der nicht erkannt hat oder hätte erkennen müssen, dass das Erlangte aus einer rechtswidrigen Tat herrührt, entgeltlich und mit rechtlichem Grund übertragen wurde.**

(2) **Erlangt der andere unter den Voraussetzungen des Absatzes 1 Satz 1 Nummer 2 oder Nummer 3 einen Gegenstand, der dem Wert des Erlangten entspricht, oder gezogene Nutzungen, so ordnet das Gericht auch deren Einziehung an.**

(3) **Unter den Voraussetzungen des Absatzes 1 Satz 1 Nummer 2 oder Nummer 3 kann das Gericht auch die Einziehung dessen anordnen, was erworben wurde**
1. **durch Veräußerung des erlangten Gegenstandes oder als Ersatz für dessen Zerstörung, Beschädigung oder Entziehung oder**
2. **auf Grund eines erlangten Rechts.**

1. Die Vorschrift regelt die in § 73 III aF zwar zugelassene, aber erst durch die 1
Rspr. in seinen Voraussetzungen näher ausgestaltete sog. Dritteinziehung. Da der Gesetzgeber bewusst die in der Rspr. entwickelten Fallgruppen eines sog. Drittverfalls (grdl. BGHSt 45, 235 = NJW 2000, 297; ausf. Fleckenstein, Die strafrechtliche Abschöpfung von Taterträgen bei Drittbegünstigten, 2017, S. 119) gesetzlich geregelt hat, ist die Rspr. zum Drittverfall grds. weiter anwendbar, soweit sich nicht aus den Neuregelungen (zB zur Berechnung des Erlangten in §§ 73 I, 73d I) etwas anderes ergibt. Damit entzieht sie vor allem den praeter legem entwickelten sog. „Verschiebungsfall" der Kritik einer fehlenden ausdrücklichen Rechtsgrundlage. Darüber hinaus ist in Abs. 1 Nr. 3 nunmehr die Möglichkeit einer erbrechtlich begründeten Drittbegünstigung (sog. Erbfall), die in der Rspr. bislang überwiegend abgelehnt worden ist (OLG Frankfurt a. M. NStZ-RR 2006, 39; anders OLG Stuttgart NJW 2000, 2598), aufgenommen worden (BT-Drs. 18/9525, 65). Zur

Neuregelung Fleckenstein, Die strafrechtliche Abschöpfung von Taterträgen bei Drittbegünstigten, 2017, S. 198.

1a **2. Abs. 1** sieht die Anordnung einer (auch erweiterten) Einziehung von Taterträgen iSv §§ 73, 73a auch gegenüber **anderen** vor, die **nicht Täter oder Teilnehmer der Straftat** sind. In Betracht kommen neben tatunbeteiligten Menschen auch juristische Personen. Wie bisher gilt das Bruttoprinzip auch gegenüber dem Drittbetroffenen (BGH NStZ-RR 2004, 214).

2 **a) Nr. 1** regelt die **Vertretungsfälle** (Fleckenstein, Die strafrechtliche Abschöpfung von Taterträgen bei Drittbegünstigten, 2017, S. 206): **Handeln für einen anderen** liegt vor, wenn die rechtswidrige Tat objektiv bewirkt, dass der andere unmittelbar (OLG Köln NStZ-RR 2008, 107) bereichert wird, und wenn der Handelnde das im Interesse des Anderen will (BGH NJW 1991, 367 (371); NStZ-RR 2006, 266; Saliger in NK-StGB § 73 Rn. 34; zur Verfallsanordnung gegenüber einer jur. Person Korte FS Samson, 2010, 65); dass er darüber hinaus auch in dessen Einflussbereich steht, ist nicht erforderlich. Auf die Rechtsform der Beziehung zu dem anderen (zB Handeln als offener oder verdeckter Stellvertreter, als Organ einer Gesellschaft, als Bediensteter einer Behörde oder eines Unternehmens) kommt es nicht an (BT-Drs. V/4095, 40; Achenbach in Achenbach/Ransiek/Rönnau WirtschaftsStrafR-HdB Kap. I 2 Rn. 29). Zulässig ist auch eine Anordnung gegen den Rechtsnachfolger des Drittbegünstigten (BGHSt 47, 369 (377) = NJW 2002, 3339; abl. Hofmann wistra 2008, 401 (404)), wegen des Wortlauts von Abs. 3 aber nicht gegen die gutgläubigen Anteilseigner oder vertretungsberechtigten Organe einer (dritt)begünstigten Gesellschaft (LG Stuttgart StV 2003, 552). Unmittelbarkeit des erlangten Vorteils bedeutet nicht unmittelbar durch dieselbe Handlung; ausreichend, aber auch erforderlich ist ein Bereicherungszusammenhang zwischen der Tat und dem Eintritt des Vorteils beim Dritten (BT-Drs. 18/9525, 65; BGHSt 45, 235 (244) = NJW 2000, 297; BGH NStZ-RR 2007, 12; OLG Jena StV 2005, 90).

3 **b) Nr. 2** regelt **Verschiebungsfälle** (Fleckenstein, Die strafrechtliche Abschöpfung von Taterträgen bei Drittbegünstigten, 2017, S. 211) in Form einer unentgeltlichen (Buchst. a) oder rechtlich bemakelten (Buchst. b) Zuwendung der Tatvorteile durch den Täter an einen Dritten, um sie dem Gläubiger zu entziehen oder die Tat zu verschleiern (auch bei Vermischung mit legalen Vermögensbestandteilen des Dritten, OLG Hamburg NStZ 2005, 584). Ausreichend ist, wenn der Drittbegünstigte den Ertrag in einer ununterbrochenen Bereicherungskette vom Tatbeteiligten erlangt, auch wenn einzelne Zwischenglieder dieser Kette gutgläubig sind (BT-Drs. 18/9525, 65). Bei Buchst. b kann es zu einer Überschneidung mit § 73 kommen, wenn der Dritte durch sein Verhalten §§ 257, 259, 261 verwirklicht. Wegen uU unterschiedlicher Verjährungsfristen (zB bei einem schweren Raub als Ausgangstat) sind beide Normen nebeneinander anwendbar (BT-Drs. 18/9525, 66).

4 **c) Nr. 3** regelt die Einziehung bei sog. **Erbfällen** (Fleckenstein, Die strafrechtliche Abschöpfung von Taterträgen bei Drittbegünstigten, 2017, S. 233), bei denen eine Anwendung des Drittverfalls bislang sehr umstritten war (BT-Drs. 18/9525, 65). Erforderlich ist nunmehr, dass der Dritte etwas als **Erbe (Buchst. a)** oder **Pflichtteilsberechtigter bzw. Vermächtnisnehmer (Buchst. b)** erlangt hat.

d) S. 2 bestimmt für die Verschiebungs- und Erbfälle wie bisher für **Erfüllungsfälle,** bei denen der Tatbeteiligte einem Dritten Tatvorteile in Erfüllung einer nicht bemakelten Forderung zuwendet, deren Entstehung und Inhalt in keinem Zusammenhang mit der Tat stehen, dass wegen der Zäsurwirkung des von der Tat unabhängigen Geschäfts eine Einziehung gegenüber dem Dritten nicht angeordnet werden kann (zu §73 III aF BGHSt 45, 235 (247) = NJW 2000, 297). 5

3. Abs. 2 stellt klar, dass von den Verschiebungs- und Erbfällen auch der Wertersatz und die Nutzungen erfasst sind. Die gleiche Wirkung hat **Abs. 3** in Bezug auf Surrogate. Da bei den Vertretungsfällen der Dritte unmittelbar den Gegenstand erwirbt, kann es insoweit nicht um eine Weitergabe von Wertersatz usw gehen (BT-Drs. 18/9525, 66). 6

4. Bei zunächst rechtmäßiger Sicherstellung bei einem Dritten, die sich iErg aber als nicht gerechtfertigt darstellt, stellt sich weiterhin die Frage nach einer Staatshaftung (für analoge Anwendung des StrEG Rönnau/Begemeier JZ 2016, 441). 7

§73c Einziehung des Wertes von Taterträgen

[1]Ist die Einziehung eines Gegenstandes wegen der Beschaffenheit des Erlangten oder aus einem anderen Grund nicht möglich oder wird von der Einziehung eines Ersatzgegenstandes nach §73 Absatz 3 oder nach §73b Absatz 3 abgesehen, so ordnet das Gericht die Einziehung eines Geldbetrages an, der dem Wert des Erlangten entspricht. [2]Eine solche Anordnung trifft das Gericht auch neben der Einziehung eines Gegenstandes, soweit dessen Wert hinter dem Wert des zunächst Erlangten zurückbleibt.

1. Die mit dem Vermögensabschöpfungsgesetz in §73c platzierte **Einziehung des Wertes von Taterträgen** entspricht inhaltlich vollumfänglich dem bis dahin in §73a aF geregelten Verfall des Wertersatzes, so dass die dazu ergangene Rspr. weiterhin anwendbar bleibt (BT-Drs. 18/9525, 66). Die Einziehung des Wertes ist eine besondere Form der Einziehung von Taterträgen iSd §73, die einen staatlichen Zahlungsanspruch gegenüber dem Betroffenen begründet (zu §73a aF BayObLG NStZ-RR 1999, 269; Schmidt in LK-StGB Rn. 2). Sie ist eine Folgerung aus dem Prinzip, dass der Täter grds. den ganzen aus der Tat herrührenden unmittelbaren Vermögenszuwachs verlieren soll, gleichgültig, ob er in entziehbaren Sachen oder Rechten besteht und ob der Täter noch bereichert ist (→§73 Rn. 5). Da sich §73c anders als §73a aF systematisch auf alle zuvor angeordneten Einziehungsmöglichkeiten bezieht, ist die Vorschrift auch im Bereich der erweiterten Einziehung von Taterträgen (§73a) nicht bloß aufgrund einer Verweisung (so §73d II aF) sinngemäß, sondern unmittelbar anwendbar. 1

2. a) Im Sinne des S. 1 ist die Einziehung **eines Gegenstandes nicht möglich** (Zugriff auf bestimmte Gegenstände daher nur im Wege der Zwangsvollstreckung, OLG Hamm NStZ 2012, 272), wenn schon der erlangte Vermögenszuwachs weder eine Sache noch ein Recht war (→§73 Rn. 3) oder wenn der Gegenstand vor der Entscheidung verbraucht, verarbeitet, mit anderen ununterscheidbar vermischt, zerstört, veräußert, verschenkt (BGH NStZ-RR 1997, 270) oder sonst preisgegeben worden ist; das gilt auch, wenn Raubgut sichergestellt und bei der Gerichtskasse eingezahlt ist (BGH NStZ 2022, 405). Der Anspruch auf Wertersatz gem §73c wird insolvenzrechtlich nicht erst mit Rechtskraft der Anordnung des Straf- 2 gerichts, sondern bereits mit Erlangen des Gegenstands der späteren Wertersatzeinziehung durch den Schuldner begründet (BGH NJW 2021, 1469).

3 **b)** Zum **Absehen** von der Einziehung eines Ersatzgegenstandes → § 73 Rn. 7.

4 **c) Wert des Erlangten** ist dessen Verkehrswert. Angesichts des quasi-kondiktionellen Charakters (→ § 73 Rn. 1) soll es nach der Gesetzesbegründung für die Wertermittlung auf den Zeitpunkt der Entstehung des Wertersatzanspruchs ankommen, so dass bei ursprünglicher Unmöglichkeit der Einziehung des Gegenstandes der Wert zurzeit von dessen Erlangung, bei nachträglicher Verunmöglichung einer Einziehung desselben dagegen der Wert unmittelbar zuvor und nur beim Absehen von einer Surrogatseinziehung der zurzeit der Entscheidung maßgeblich sein soll (BT-Drs. 18/9525, 66; zu § 73d ebenso Joecks/Meißner in MüKoStGB Rn. 17; Wolters/Meißner in SK-StGB Rn. 3; anders noch BGH NStZ 2005, 454; Saliger in NK-StGB Rn. 6; → § 74c Rn. 4; → § 315c Rn. 24). Eine betragsmäßige Anrechnung von im Ausland eingezogenen Vermögenswerten auf den nach § 73a StGB aF angeordneten Wertersatzverfall sollte nicht stattfinden, so dass Berücksichtigung nur iRd § 73c aF möglich war (BGH NStZ 2005, 255). Letzteres ist nach Wegfall dieser Härtefallklausel (→ Vor § 73 Rn. 4) nicht mehr möglich, so dass vor allem bei transnationaler Kriminalität Wege gefunden werden müssen, wie Konfiskationsentscheidungen anderer Staaten in inländischen Strafverfahren berücksichtigt werden können (→ Vor § 73 Rn. 6).

5 **3.** Zu dem **zunächst Erlangten** iSd S. 2 können auch die Nutzungen nach § 73 II gehören, nicht aber die Ersatzgegenstände nach § 73 III. Haben diese einen höheren Wert als der ursprünglich erlangte Vermögenszuwachs, so ist zwar die Anordnung ihrer Einziehung zulässig; für eine Bemessung des Wertersatzes nach diesem höheren Wert ist das aber kein zureichender Grund.

6 **4.** Zur **Form der Entscheidung** → § 73 Rn. 11.

7 **5.** Ist eine Einziehung der Sache nach § 74, auch iVm § 33 II BtMG, wegen Verbrauchs oder Verkaufs der Sache und eine Einziehung des Wertersatzes nach § 74c I mangels vorherigen Eigentums des Täters an den Betäubungsmitteln nicht möglich, so war bislang ein Rückgriff auf einen Verfall des Wertes der Taterträge nach § 73a aF nicht zulässig (BGH NStZ 2004, 400); es erscheint fraglich, ob die Rspr. daran zu § 73c festhalten wird, denn der Wortlaut von S. 1 ermöglicht ohne Rücksicht auf §§ 74ff. bei Unmöglichkeit der Einziehung zB verbrauchter Betäubungsmittel eine Einziehung des Wertes.

§ 73d Bestimmung des Wertes des Erlangten; Schätzung

(1) [1]**Bei der Bestimmung des Wertes des Erlangten sind die Aufwendungen des Täters, Teilnehmers oder des anderen abzuziehen.** [2]**Außer Betracht bleibt jedoch das, was für die Begehung der Tat oder für ihre Vorbereitung aufgewendet oder eingesetzt worden ist, soweit es sich nicht um Leistungen zur Erfüllung einer Verbindlichkeit gegenüber dem Verletzten der Tat handelt.**

(2) **Umfang und Wert des Erlangten einschließlich der abzuziehenden Aufwendungen können geschätzt werden.**

1. Die Vorschrift vereint die neuen Berechnungsregeln für den abzuschöpfenden Tatertrag (→ § 73 Rn. 1) in Abs. 2 mit der bisher bereits in § 73b aF inhaltsgleich enthaltenen Schätzungsregelung in Abs. 2. 1

2. Abs. 1 präzisiert das für die Berechnung der einzuziehenden Taterträge weiterhin für grds. maßgebend erklärte Bruttoprinzip, indem Grenzen der Abschöpfung markiert werden. Daraus folgt nach dem Willen des Gesetzgebers ein von den Gerichten zu beachtendes zweistufiges Ermittlungsverfahren für den abzuschöpfenden Ertrag. In einem ersten Schritt soll im Rahmen von § 73 I festgestellt werden, welche Vermögenswerte einem Tatbeteiligten aus der Verwirklichung des Tatbestandes in irgendeiner Phase des Tatablaufs zugeflossen sind, während in einem zweiten Schritt anhand von Abs. 2 hiervon bestimmte, freilich ihrerseits wiederum begrenzte Abzüge vorgenommen werden sollen (BT-Drs. 18/9525, 66). Zunächst ist in S. 1 grds. der Abzug von Aufwendungen vorgesehen. In S. 2 Hs. 1 wird diese Abzugsmöglichkeit umfänglich eingeschränkt, bevor in Hs. 2 eine Gegenausnahme wiederum diese Einschränkung beschränkt und damit die Abzugsmöglichkeit auch bei einzelnen Aufwendungen für die Tat wiederherstellt. Mit den vorgesehenen Abzugsmöglichkeiten soll einerseits angesichts der langjährigen Differenz hierüber in der Rspr. der BGH-Senate seitens des Gesetzgebers Klarheit geschaffen und damit eine bundesweit einheitliche Abschöpfungspraxis etabliert werden, andererseits soll der Wegfall der Härteklausel des § 73c StGB aF kompensiert werden, indem bereits bei der Berechnung des konkreten Einziehungsbetrags alle gerechtfertigten Positionen des Betroffenen berücksichtigt werden. Dabei orientiert sich der Gesetzgeber angesichts des quasi-kondiktionellen Charakters (→ § 73 Rn. 1) überzeugend vor allem an den Wertungen des § 817 S. 2 BGB und der dazu ergangenen Rspr. (BT-Drs. 18/9525, 67). 2

a) S. 1 sieht vor, dass gegenüber allen Einziehungsbetroffenen – nicht nur, wie zunächst vorgeschlagen, den Tatbeteiligten, sondern auch den anderen iSd § 73b – zunächst alle Aufwendungen auch für die Tat abzuziehen sind. Diese Vorgabe entspricht zwar dem früheren Nettoprinzip, wird aber dadurch in Richtung eines moderaten Bruttoprinzips umgestaltet, dass S. 2 hiervon wichtige Ausnahmen statuiert. 3

b) aa) **S. 2 verbietet** im Regelfall **(Hs. 1)** den **Abzug aller Aufwendungen, die für die Tat oder ihre Vorbereitung eingesetzt** worden sind. Was der Täter bewusst in illegale Geschäfte investiert, soll nicht von den abzuschöpfenden Erträgen aus den Geschäften abgezogen werden können und ihm damit iErg doch verbleiben (BGHSt 52, 227 = BeckRS 2008, 11757). Daher können bei BtM-Geschäften weder die Kosten für den Drogenerwerb noch Fahrt- und Transportkosten vom Verkaufserlös abgezogen werden. Das gleiche gilt für Anschaffungs- und Herstellungskosten von Waren, die unter bewusster Umgehung außenwirtschaftsrechtlicher Bestimmungen verkauft werden (so schon zu § 73 aF BGHSt 47, 369 = NJW 2002, 3339) oder für den Kaufpreis von Aktien, die zweckgerichtet für ein verbotenes Insidergeschäft oder für vorsätzliche Marktmanipulationen (so auch BGHSt 59, 80 = NJW 2014, 1399) erworben worden sind (BT-Drs. 18/9525, 67); das gleiche gilt für den Erlös aus Aktienverkäufen bei einer handelsgestützten Marktmanipulation, während bei informations- und handlunsggestützten Marktmanipulationen die Wertsteigerung der gehaltenen Aktien maßgebend ist (BGH NJW 2021, 1253). Dagegen ist in Korruptionsfällen ein Abzug vorzunehmen; so ist zwar der aus einer Bestechung erlangte Werklohn iSd § 73 I erlangt, doch können hiervon nach Hs. 1 die im Zuge der Abwicklung des Werkvertrags getätigten Aufwendun- 4 gen (zB Personal- und Materialkosten) abgezogen werden, so dass iErg nur der Gewinn und mögliche mittelbare Vorteile (zu schätzen über Abs. 2) einzuziehen sind (BT-Drs. 18/9525, 67 ebenso zu § 73 aF BGHSt 50, 299 = NJW 2006, 925). Nicht zur Vorbereitung einer Bestechung vorgenommen ist auch der Kauf von Ackerland, selbst wenn dieses aufgrund der Bestechung zu Bauland umgewandelt und daher teurer verkauft werden kann, so dass auch hier der Preis für das Ackerland abzuziehen ist (BT-Drs. 18/9525, 68; ebenso zu § 73 aF BGHSt 47, 260 = NJW 2002, 2257). Eine Berücksichtigung steuerlicher Nachteile, die dem Betroffenen durch das Erlangte erwachsen sind (BGHSt 33, 37 = NJW 1985, 752; BGH NJW 1989, 2139), wenn das Steuerverfahren bestandskräftig abgeschlossen ist (so zu § 73c aF BGHSt 47, 260 (264) = NJW 2002, 2257; BGH NStZ-RR 2004, 214 (215)), soll dagegen nach dem Willen des Gesetzgebers nicht abzugsfähig sein, weil die Festsetzung der Steuerbelastung für die Taterträge deren Zufluss zeitlich nachfolgt und überdies Zahlungen auf eine (Wertersatz-)Einziehungsanordnung als Ausgaben von der Einkommenssteuer abgesetzt werden können, so dass eine Doppelbelastung des Betroffenen mittels einer „steuerrechtlichen Lösung" vermieden wird (BT-Drs. 18/11640, 78f.); letzteres überzeugt freilich dann nicht, wenn wegen der Bestandskraft der Steuerfestsetzung auch für abzuschöpfende Erträge ein Abzug bei der Steuerbelastung nicht mehr möglich ist.

5 Darüber hinaus sollen in Anlehnung an die aus § 817 S. 2 BGB abgeleitete restriktive Interpretation (→ Rn. 1) **alle Aufwendungen** abgezogen werden können, welche der Täter, Teilnehmer oder Dritte **nur fahrlässig für die Tatbegehung** getätigt hat (BT-Drs. 18/11640, 68; ebenso BGHSt 57, 87 = NJW 2012, 1159). Damit sind insbes. Fälle eines Tatbestandsirrtums erfasst, etwa wenn irrig Umstände angenommen werden, bei deren Vorliegen das Geschäft nicht verboten wäre (zB Irrtum über bestimmte Eigenschaften einer Waffe oder – anders als noch BGH ZWH 2015, 303 = BeckRS 2015, 13331 – bei der fahrlässig unerlaubten Erbringung von Zahlungsdiensten). Während in tatsächlicher Hinsicht nach der Gesetzesbegründung auch grobe Fahrlässigkeit einem Abzugsverbot entgegenstehen soll, kann in rechtlicher Hinsicht nicht einmal ein iSd § 17 S. 1 unvermeidbarer Verbotsirrtum genügen. Demgegenüber wird in Anlehnung an die Rspr. zu § 817 S. 2 BGB ein Abzugsverbot auch bei leichtfertiger Tatbegehung gefordert, während umgekehrt ein unvermeidbarer Verbotsirrtum dem entgegenstehen soll (Rönnau/Begemeier GA 2017, 1 (19)). Die vom Gesetzgeber selbst in Anspruch genommene Nähe zu § 817 S. 2 BGB mag dafür streiten. Andererseits führte die notwendige Abgrenzung zwischen einfacher und grober Fahrlässigkeit zu Schwierigkeiten, weil allein die Feststellung des Vorsatzes des Täters nicht ausreicht.

6 bb) **Hs. 2** nimmt darüber hinaus mittels einer Rückausnahme die vom Täter gegenüber dem Verletzten für bestimmte anfechtbare, aber bis zur Erklärung der Anfechtung wirksame Geschäfte erbrachte **Gegenleistung** aus. Der Gesetzgeber nennt als Beispiele den tatsächlichen Wert eines fälschlich als handgeknüpft verkauften Teppichs oder den tatsächlichen Wert eines Pkw bei dem der Täter den Kilometerstand manipuliert hat (BT-Drs. 18/9525, 67). Übertragen lässt sich dies auf Geschäfte, denen Taten nach §§ 253, 240, 241 zugrunde liegen (Rönnau/Begemeier GA 2017, 1, (18) Fn. 116). Ging es im Regierungsentwurf zunächst um eine angemessene Begrenzung der Abschöpfungsmöglichkeiten nach Wegfall einer Härteklausel vor allem in Betrugsfällen, so dass sich dieses Ergebnis auch ohne Hs. 2 durch ein Abstellen auf den Schutzzweck der Norm hätte erreichen lassen, der bei § 263 nur den täuschungsbedingten Vermögenszuwachs und nicht jeden im Zuge der Abwicklung des durch Täuschung bewirkten Geschäfts erlangten Vermögens-

betrag erfasst (so Rönnau/Begemeier GA 2017, 1 (18)), bewirkt die Begründung bei der Vorlage des endgültigen Gesetzesvorschlags, der freilich keine Änderung dieses Absatzes mehr gebracht hat, dass der Gesetzgeber diese Rückausnahme nur dann zur Anwendung kommen lassen wollte, wenn der Verletzte seine täuschungsbedingt abgegebene Willenserklärung letztlich bis zum Ende der mündlichen Verhandlung nicht angefochten hat (BT-Drs. 18/11640, 81). Als Ausdruck des gesetzgeberischen Willens, bei Betrugsfällen nicht doch in einigen Fällen zum Nettoprinzip zurückzukehren, mag dies zu akzeptieren sein, doch macht es das Schicksal einer Einziehungsanordnung von einer freiwilligen Entscheidung des Verletzten abhängig, der dabei taktisch überlegen kann, ob er lieber am Vertrag festhält und nur den Minderwert erstattet bekommt, so dass der Vertragsgegenstand nicht der Einziehung unterfällt, oder ob er durch seine Anfechtung dessen Einziehung veranlasst. Liegt etwa bei mehreren Betrügereien die Gefahr eines Mangelfalles und damit nach der Einziehung nur einer quotenmäßigen Befriedigung nach den Grundsätzen des Insolvenzrechts nahe, dürfte er im Regelfall von der Anfechtung absehen.

3. Abs. 2: Die zur Verfahrensbeschleunigung zugelassene **Schätzung** bezieht sich **nur auf die Höhe** (sa §§ 287, 813 ZPO) und ist auch bei Einziehung von Wertersatz möglich (BGH NStZ-RR 2001, 327; NStZ-RR 2009, 94). 7

4. Ihre **Zulässigkeitsvoraussetzungen** (dazu BGH NStZ 1989, 361) und die **Ermessensausübung** des Gerichts (→ § 46 Rn. 50) bestimmen sich im Wesentlichen nach den Regeln, die für die Schätzung bei der Tagessatzbemessung gelten (→ § 40 Rn. 17; einschr. Hellmann GA 1997, 503 (521); vgl. auch BGH NStZ 2005, 455; NStZ 2009, 94). 8

§ 73e Ausschluss der Einziehung des Tatertrages oder des Wertersatzes

(1) [1]**Die Einziehung nach den §§ 73 bis 73 c ist ausgeschlossen, soweit der Anspruch, der dem Verletzten aus der Tat auf Rückgewähr des Erlangten oder auf Ersatz des Wertes des Erlangten erwachsen ist, erloschen ist.** [2]**Dies gilt nicht für Ansprüche, die durch Verjährung erloschen sind.**

(2) **In den Fällen des § 73 b, auch in Verbindung mit § 73 c, ist die Einziehung darüber hinaus ausgeschlossen, soweit der Wert des Erlangten zur Zeit der Anordnung nicht mehr im Vermögen des Betroffenen vorhanden ist, es sei denn, dem Betroffenen waren die Umstände, welche die Anordnung der Einziehung gegen den Täter oder Teilnehmer ansonsten zugelassen hätten, zum Zeitpunkt des Wegfalls der Bereicherung bekannt oder infolge von Leichtfertigkeit unbekannt.**

1. Mit der Vorschrift sollen die Konsequenzen des Wegfalls des Verletzenvorrangs gegenüber einer Verfallsanordnung (§ 73 I 2 aF) sachgerecht begrenzt werden. Zwar steht die bloße Existenz eines Schadensersatzanspruchs des Verletzten der Anordnung der Einziehung der Taterträge nicht entgegen; ist dieser Anspruch – etwa durch Befriedigung des Verletzten – erloschen, besteht kein Grund für die Anordnung einer Einziehung. Anderenfalls würde der Tatbeteiligte oder Drittbegünstigte doppelt belastet, würde er doch neben dem für die Erfüllung des Anspruchs aufgewendeten Vermögen dasselbe noch einmal aufgrund der Einziehung verlieren (BT-Drs. 18/9525, 68). 1

2 **2. Abs. 1** betrifft alle **Einziehungen iSd §§ 73–73 c,** dh neben der Einziehung von Taterträgen bei Tatbeteiligten und Drittbegünstigten auch die Einziehung von Wertersatz, und stellt einen obligatorischen Ausschlussgrund für eine Einziehungsanordnung dar. Zu berücksichtigen sind die **Ansprüche des Verletzten aus der Tat** (→ § 73 Rn. 6) entweder auf **Rückgewähr** (zB einer gestohlenen Sache) oder auf **Schadensersatz.** Der Ausschluss der Einziehung von Taterträgen und Wertersatz reicht soweit, wie diese Ansprüche **erloschen sind,** so dass bei teilweisem Erlöschen der einzuziehende Betrag entsprechend gemindert ist. Der Anspruch ist erloschen, wenn er nicht mehr besteht, sei es aufgrund von Erfüllung durch den Betroffenen gem. § 362 I BGB (oder auch eine andere Person, die für ihn leistet) oder durch (Teil-)Erlass gem. § 397 I BGB durch den Verletzten; auf ein Mitwirken des Betroffenen kommt es daher nicht an (BT-Drs. 18/9525, 68). Möglich ist auch ein **Vergleich** zwischen dem Verletzten und dem Betroffenen. Soweit dieser reicht, ist eine Einziehung ausgeschlossen. Da damit auch nicht das Verteilungsverfahren nach den Grundsätzen des Insolvenzrechts startet, kann ein Verletzter sich durch einen Vergleich zügig einen Teil seines Anspruchs sichern. Für den Betroffenen ist dies ebenfalls vorteilhaft, weil er nur einen Teil des Anspruchs befriedigen muss, der Gesamtwert des Anspruchs aber nicht mehr zum einzuziehenden Vermögen zählt.

3 **3. Abs. 2** betrifft nur die Einziehung von Taterträgen oder Wertersatz gem. § 73b auch iVm § 73c beim gutgläubigen Drittbegünstigten. Die Vorschrift ist mit Blick auf die Berücksichtigung einer Entreicherung bei der Einziehungsanordnung im Erkenntnisverfahren abschließend. Für Tatbeteiligte oder bösgläubige Drittbegünstigte bleibt nur eine Berücksichtigung der Entreicherung im Vollstreckungsverfahren gem. § 459g V StPO (BT-Drs. 18/9525, 68). Die Vorschrift erinnert an §§ 818 III, 819 I BGB. Als Grundsatz ordnet Abs. 2 bei eingetretener Entreicherung beim Drittbegünstigten einen Ausschluss der Dritteinziehung an; als Ausnahme hiervon wird Bösgläubigkeit iSv Wissen um die Umstände der zugrunde liegenden Tat oder Leichtfertigkeit diesbzgl. normiert. Diese Systematik hat anders als im Zivilrecht allerdings keine Folgen, denn angesichts von § 261 StPO muss das Gericht, will es trotz festgestellter Entreicherung des Drittbegünstigten die Einziehung anordnen, von dessen Bösgläubigkeit überzeugt sein. Bei Zweifeln muss die Anordnung unterbleiben.

§ 74 Einziehung von Tatprodukten, Tatmitteln und Tatobjekten bei Tätern und Teilnehmern

(1) **Gegenstände, die durch eine vorsätzliche Tat hervorgebracht (Tatprodukte) oder zu ihrer Begehung oder Vorbereitung gebraucht worden oder bestimmt gewesen sind (Tatmittel), können eingezogen werden.**

(2) **Gegenstände, auf die sich eine Straftat bezieht (Tatobjekte), unterliegen der Einziehung nach der Maßgabe besonderer Vorschriften.**

(3) [1]**Die Einziehung ist nur zulässig, wenn die Gegenstände zur Zeit der Entscheidung dem Täter oder Teilnehmer gehören oder zustehen.** [2]**Das gilt auch für die Einziehung, die durch eine besondere Vorschrift über Absatz 1 hinaus vorgeschrieben oder zugelassen ist.**

Fassung des Vermögensabschöpfungsgesetz (→ Vor § 73 Rn. 3)

1. Die Einziehung von Tatprodukten, Tatmitteln und Tatobjekten ist auch nach den Änderungen des § 74 **kein einheitliches Rechtsinstitut** (zur Problematik iE Eser, Die strafrechtlichen Sanktionen gegen das Eigentum, 1969, S. 57). Ihre gesetzliche Ausgestaltung ist mit der Eigentumsgarantie des Art. 14 GG vereinbar (hM; für Abs. 2 Nr. 1 aF, heute Abs. 3 S. 1; aM Julius ZStW 109 (1997), 58 (77)). Mit dem Vermögensabschöpfungsgesetz ist die Vorschrift zwar sprachlich runderneuert worden, doch handelt es sich zumeist nur um eine Umsortierung der bisherigen Regelungen. Abs. 1 entspricht inhaltlich Abs. 1 aF. In Abs. 2 sind erstmals die bislang in §§ 74a Nr. 1, 74f II Nr. 1 aF als „Gegenstände der Tat" (auch sog. „Beziehungsgegenstände", vgl. Fischer Rn. 16) erfassten Tatobjekte definiert; iÜ verweist Abs. 2 nur auf hierfür geltende Sonderregelungen. Abs. 3 S. 1 übernimmt den Regelungsgehalt von Abs. 2 Nr. 1 aF, Abs. 3 S. 2 den von Abs. 4 aF (BT-Drs. 18/9525, 68 f.). 1

a) Die Einziehung von Tatprodukten, Tatmitteln und Tatobjekten hat im Unterschied zur Einziehung von Taterträgen (→ § 73 Rn. 1) weiterhin **strafähnlichen Charakter** mit betont general- und spezialpräventiver Zielsetzung, wenn sie gegenüber dem Täter oder Teilnehmer angeordnet (§ 74 III 1; Saliger in NK-StGB Vor § 73 Rn. 8; Eser/Schuster in Schönke/Schröder Vor § 73 Rn. 17) oder darauf gestützt wird, dass der Gegenstand in einer missbilligenswerten Beziehung zur Tat gestanden oder der Dritte ihn in verwerflicher Weise erworben hat (§ 74a). Ihre Anwendung ist daher weiterhin eine Frage der Strafzumessung (BGH NJW 1983, 2710; StV 1993, 359; OLG Nürnberg NJW 2006, 3448). Daraus folgt nicht nur, dass die Schwere des zu erhebenden Vorwurfs für den Umfang der Maßnahme begrenzend wirkt (§ 74b I; Eser, Die strafrechtlichen Sanktionen gegen das Eigentum, 1969, S. 352), sondern darüber hinaus auch, dass die kumulierte Übelszufügung durch die Hauptstrafe und die Einziehung schuldangemessen sein muss (BGH StV 1989, 529; StV 1995, 301; OLG Düsseldorf StV 2002, 261; OLG Saarbrücken NJW 1975, 65; OLG Nürnberg NJW 2006, 3448; Eser/Schuster in Schönke/Schröder Rn. 28); die Entscheidung muss erkennen lassen, dass dieser Zusammenhang beachtet wurde (BGH StV 1996, 206). Gleichwohl liegt der kriminalpolitische Schwerpunkt nicht auf dem Schuldausgleich. Es sind vielmehr Gesichtspunkte der Sicherung der Allgemeinheit, der Generalprävention, der Verwirkung des zur Tat missbrauchten Eigentums und auch der unmittelbar eindrücklichen Warnung des Täters, die dieses schillernde Rechtsinstitut tragen (BGH NJW 1983, 2710). Das Gericht wird je nach den Bedürfnissen des Einzelfalls das Hauptgewicht auf den einen oder anderen Gesichtspunkt legen, im Allgemeinen aber den Gedanken der Vorbeugung in den Vordergrund rücken (aM Schmidt in LK-StGB Rn. 4, 5). Insbesondere kann es die Einziehung vorwiegend deshalb anordnen, weil es den Gegenstand allgemein oder in der Hand des Täters für gefährlich hält. Legitimiert wird diese Form der Einziehung jedoch durch ihren strafähnlichen Charakter (BGH NJW 1983, 2710, Nebenstrafe; ebenso OLG Nürnberg NJW 2006, 3448). 1a

b) Sicherungsmaßnahme ist die Einziehung dagegen, wenn sie wegen der Gefährlichkeit des Gegenstandes auf § 74 III 2 iVm § 74b gestützt wird (so schon BGHSt 6, 62 = NJW 1954, 1088; BGHSt 19, 158 = NJW 1964, 308). Bei der Ausübung seines Ermessens (→ Rn. 9) kann das Gericht aber auch hier der missbilligenswerten Verwendung des Gegenstandes Gewicht beimessen (vgl. KG NStZ-RR 2010, 58). Wegen dieses uneinheitlichen Charakters auch der Sicherungseinziehung unterliegt das Rechtsinstitut im Ganzen dem Rückwirkungsverbot nach 2

§ 2 V (zur Verjährung → § 78 Rn. 3); Art. 316h EGStGB (→ Vor § 73 Rn. 5) gilt für die Einziehung von Tatprodukten, Tatmitteln und Tatobjekten nicht.

3 **2. Voraussetzungen der Einziehung nach Abs. 1–3:**

a) Die begangene Tat muss eine **vorsätzliche rechtswidrige Tat** (→ § 11 Rn. 18) sein; auch Versuch (RGSt 16, 268), Teilnahme und versuchte Beteiligung (§ 30, BGHSt 13, 311 = NJW 1960, 107) sind umfasst. In den Fällen des Abs. 3 S. 1 dürfen auch die Schuld und alle sonstigen Voraussetzungen der Strafbarkeit nicht fehlen (Straftat), so dass im Falle des § 323a die Rauschtat zur Anknüpfung nicht genügt (OLG Braunschweig NJW 1954, 1052; → Rn. 5). Ist der Gegenstand dagegen iSd Abs. 3 S. 2 iVm § 74b gefährlich, so bedarf es nach **§ 74b I Nr. 1** nur einer **rechtswidrigen,** dh nicht notwendig schuldhaft begangenen Tat, die auch eine Rauschtat iSd § 323a sein kann (BGHSt 31, 80 = NJW 1982, 2565 mAnm Hettinger JR 1983, 207).

4 **b)** Der Gegenstand kann **eine Sache oder ein Recht** sein (Schmidt in LK-StGB Rn. 13). Ist ein aus einer Straftat erlangter Gegenstand (zB Drogen als „Lohn" für Beteiligung an einer Straftat) zugleich Tatobjekt einer anderen Straftat (zB nach § 29 BtMG), kommt eine Einziehung nach § 74 neben einer Einziehung nach §§ 73, 73c in Betracht (BGH NStZ 2016, 618; NStZ-RR 2016, 41).

aa) Er muss bei einer Einziehung **nach Abs. 1** entweder als **Tatprodukt (productum sceleris)** durch die Tat hervorgebracht sein (Eser, Die strafrechtlichen Sanktionen gegen das Eigentum, 1969, S. 331), dh in seiner Entstehung unmittelbar aus der Tat hervorgehen; deshalb keine Einziehung der Beute (RGSt 72, 387), des Erlöses aus gehehlten Sachen (RGSt 54, 223) oder verbotenen Geschäften (Schmidt MDR 1989, 1039) oder des mit gefälschtem Geld oder beim verbotenen Glücksspiel Erworbenen.

5 bb) Oder er muss **Tatmittel (instrumentum sceleris)** sein, dh zur Begehung der den Gegenstand der Anklage bildenden (BGH NStZ-RR 1997, 318) Tat (uU auch nach Vollendung, aber vor Beendigung, BGH bei Dallinger MDR 1970, 559; zw.) oder zu deren Förderung (BayObLGSt 1976, 38) oder Vorbereitung als Mittel gebraucht worden oder bestimmt gewesen sein (BGH NStZ-RR 2002, 332); dass der Gegenstand als sog. Beziehungsgegenstand (→ Rn. 12) nur Objekt der Tat war (Eser, Die strafrechtlichen Sanktionen gegen das Eigentum, 1969, S. 318), doch verweist Abs. 2 für solche Tatobjekte nunmehr auf Sonderregelungen, oder dass er nur mittelbar der Begehung usw gedient hat (LG Bamberg StV 1984, 518; aM Freund NJW 1976, 2002; sa Gehre NJW 1977, 710) oder gelegentlich im Zusammenhang mit der Tat benutzt worden ist (BGH NStZ-RR 2002, 332; StV 2005, 210), genügt nicht. **Erfasst** werden daher: die zur Tötung benutzte Waffe; das zur Wegschaffung der Diebesbeute (BGH NJW 1952, 892; Saliger in NK-StGB Rn. 10), zum Transport unversteuerter Zigaretten (BGH NStZ 2016, 731; auch das den Transport sichernde Begleitfahrzeug) oder von Rauschgift (BGH wistra 2017, 100) oder zur Flucht (BayObLG NJW 1963, 600) bereitgestellte oder benutzte Fahrzeug; ebenso das Fahrzeug, das dazu verwendet wird, um das Opfer an den Ort der geplanten Gewalttat zu bringen (BGH NJW 1955, 1327), es darin zu vergewaltigen (LG Köln NStZ-RR 2012, 74) oder um sich damit unerlaubt vom Unfallort zu entfernen (BGHSt 10, 337 = NJW 1957, 1446); die zur Durchführung eines Drogentransports mitgeführten Reisespesen (BGH NStZ 1993, 340) oder eine für eine Marihuana-Plantage genutzte Immobilie (BGH NStZ 2017, 89; LG Kleve NStZ 2013, 167); Tiere, insbes. Kampfhunde als Nötigungswerkzeug

(OLG Karlsruhe NJW 2001, 2488); möglich ist auch die Einziehung eines für den Lade- und Speichervorgang verwendeten Computers nebst Zubehör (BGHSt 53, 69 = NJW 2009, 692; BGH NStZ 2012, 319), was ebenso gelten müsste, wenn ein Computer oder eine Schreibmaschine für beleidigende Schreiben genutzt worden ist (aM OLG Düsseldorf NJW 1992, 3050; NJW 1993, 1485); **nicht dagegen:** die gefälschte Urkunde (ebenso Herzog/Saliger in NK-StGB Rn. 13); das ohne Zulassung oder Fahrerlaubnis (BGHSt 10, 28 = NJW 1957, 351; OLG Frankfurt a. M. NJW 1954, 652) oder in fahruntüchtigem Zustand (OLG Hamm BA 1974, 282) benutzte Fahrzeug; die Waffe, die jemand ohne Waffenschein besitzt (OLG Hamm NJW 1954, 1169); das Amtsabzeichen, das jemand unbefugt trägt; im Falle des § 323a der Gegenstand, der zur Begehung der Rauschtat benutzt wird (BGH NJW 1979, 1370), es sei denn, dass die Voraussetzungen des Abs. 3 vorliegen (BGHSt 31, 80 = NJW 1982, 2565; BGH NStZ-RR 1996, 100). – Da iÜ die Tat stets **begangen** sein muss, genügt die Absicht, einen Gegenstand zu einer späteren Tat zu benutzen, nicht (BGH bei Dallinger MDR 1955, 395), auch dann nicht, wenn es zum straflosen Versuch gekommen ist (BGHSt 13, 311 = NJW 1960, 107); Gebrauch zur Vorbereitung reicht dagegen, wenn schon die Vorbereitung strafbar ist (vgl. § 30) oder mindestens ein strafbarer Versuch begangen wird (BGHSt 8, 205 = NJW 1956, 69; BGHSt 22, 108 (111) = NJW 1968, 901). Ob der zur Tat bestimmte Gegenstand später gebraucht wurde, ist unerheblich (Schmidt MDR 1981, 881 (883); beachte aber BayObLG NJW 1963, 600), wenn nur die Tat strafbar vorbereitet oder versucht (RGSt 44, 140) wurde.

cc) Nicht selbständig einziehbar sind **Rechte am Einziehungsgegenstand** 6
(zB Pfandrechte); denn nicht diese Rechte, sondern nur die Gegenstände selbst, die ihrerseits allerdings auch Rechte sein können, sind Einziehungsobjekte (→ Rn. 7). Das gilt auch für Speicherplatz auf fremden Datenservern und die dort gespeicherten Daten (LG Hamburg NJW 2013, 3458 mzustAnm Busch). Angesichts des Wegfalls von § 73 I 2 aF kann daraus auch für die Einziehung nach § 74 keine Begrenzung mehr abgeleitet werden; die anders lautende Rspr., wonach das Entfallen einer Verfallsentscheidung gem. § 73 I aF über das vom Haupttäter Erlangte wegen Vorrangs der Verletztenansprüche in Bezug auf den gleichen Gegenstand auch für eine Einziehungsentscheidung gegenüber dem Täter von § 261 gelten soll (BGH NStZ-RR 2011, 338), ist damit überholt.

c) Abs. 2 Nr. 1: Der Gegenstand muss dem Täter oder Teilnehmer **zurzeit der** 7, 8
Entscheidung gehören oder zustehen; dass er ihm im Zeitpunkt der Tat gehört oder zugestanden hat, begründet ihm gegenüber die Einziehung nicht; jedoch kommt Einziehung gegen den Erwerber nach § 74a Nr. 2 oder Einziehung des Wertersatzes nach § 74c (→ § 74c Rn. 1) in Frage. Grundsätzlich muss der Täter oder Teilnehmer Alleineigentümer oder -berechtigter sein (BGH NStZ 1997, 30; NStZ 1997, 204; OLG Celle NStZ-RR 2010, 279 (280); OLG Celle NStZ 2011, 282; LG Köln NStZ-RR 2012, 74; beachte jedoch → Rn. 9a; zu den Konsequenzen aus § 241a BGB vgl. Mitsch NStZ 2005, 534). Bei Miteigentum ist die Einziehung des Gegenstandes nur zulässig, wenn entweder alle Miteigentümer tatbeteiligt sind oder bei den tatunbeteiligten § 74a anwendbar ist (OLG Karlsruhe NJW 1974, 709). Eine Einziehung des Miteigentumsanteils anstelle des Gegenstandes ist im Gesetz nicht vorgesehen und auch aus dem Grundgedanken der Einziehungsregelung, tatverstrickte Gegenstände aus Gründen der Verwirkung oder Sicherung aus dem Verkehr zu ziehen, kaum abzuleiten (Gürtler in Göhler OWiG § 22 Rn. 11; aM NStZ 1991, 496; OLG Karlsruhe NJW 1974, 709; Schmidt in LK-StGB

Rn. 49; Saliger in NK-StGB Rn. 24). Die Rspr. stellt durchgängig auf die formale Rechtsposition, nicht auf die wirtschaftliche Vermögenszugehörigkeit ab (BGH NStZ 1997, 30 mAnm Achenbach JR 1997, 205), und zwar auch bei Vorbehalts- und Sicherungseigentum (BGHSt 24, 222 = NJW 1972, 64 mit Bespr. Eser JZ 1972, 146; Meyer JR 1972, 385; BGH NStZ-RR 1999, 11; Schmidt in LK-StGB Rn. 26–38; mit guten Gründen aM AG Bremen MDR 1980, 82; Eser, Die strafrechtlichen Sanktionen gegen das Eigentum, 1969, S. 309; Gürtler in Göhler OWiG § 22 Rn. 13; Wolters in SK-StGB Rn. 16); sie lässt in solchen Fällen die mit dem Gesetzeswortlaut kaum vereinbare Einziehung des Anwartschaftsrechts zu (BGHSt 25, 10 = NJW 1972, 2053; BGH NStZ-RR 2017, 84; Schäfer FS Dreher, 1977, 283 (300); krit. OLG Karlsruhe NJW 1974, 709; Saliger in NK-StGB Rn. 25), während die Gegenmeinung annimmt, dass dem formalen Eigentümer nach Rechtskraft der Einziehung ein pfandähnliches Recht an der Sache verbleibe (Eser/Schuster in Schönke/Schröder § 74e Rn. 22). Dass der Eigentümer den Gegenstand selbst zur Tat gebraucht hat (Eser/Schuster in Schönke/Schröder Rn. 21), ist nicht erforderlich, wohl aber, dass er den Gebrauch durch andere Beteiligte gebilligt hat. Auch braucht er nicht zugleich wegen der Tat verurteilt zu werden; die Einziehung kann uU auch im Verfahren gegen einen anderen Beteiligten, an dem er als Dritter zu beteiligen ist (§ 431 I StPO), oder im selbständigen Verfahren (§ 76a) angeordnet werden.

9 **3. a)** Abs. 1 ist eine **Kann-Vorschrift.** Die Einziehung unterliegt daher **pflichtmäßigem Ermessen** (→ § 46 Rn. 50), das durch § 74f eingeschränkt und außerdem durch den Zweck des Gesetzes gebunden ist (BGH bei Dallinger MDR 1970, 196; sa LG Erfurt NStZ 1996, 561). Aufgrund dieser Bindung ist die Einziehung nach Abs. 2 Nr. 2 zwingend, wenn sie zum Schutz der Allgemeinheit unerlässlich ist (Gürtler in Göhler OWiG Vor § 22 Rn. 18). Kann die Einziehung sowohl auf Abs. 2 Nr. 1 als auch auf Nr. 2 gestützt werden, so kann das Gericht sich mit der Feststellung einer der beiden Voraussetzungen begnügen, aber auch beide nebeneinander heranziehen; jedoch muss es angeben, auf welche Grundlage es sich stützt (OLG Saarbrücken NJW 1975, 65; sa BayObLG NJW 1994, 534), weil davon die Strafzumessung abhängt (OLG Köln StV 1995, 306; → Rn. 1, 2). Im Hinblick auf die §§ 74b I, 74e II 2, 3, 76a II dürfte sich idR die Kumulierung empfehlen.

9a **b)** Nach § 74 einziehbar sind nur Gegenstände, die im Zeitpunkt der Entscheidung **noch dieselben** sind, wie sie als Gegenstand der Tat Verwendung gefunden haben. Ob diese Identität besteht, entscheidet sich nach der Verkehrsauffassung (RGSt 65, 175 (177)); danach genügt es zB, wenn vertretbare Sachen, etwa Banknoten beim Wechseln, durch gleiche oder gleichwertige andere Sachen ersetzt werden (Schmidt in LK-StGB Rn. 21) oder wenn ein sichergestellter Betrag bei der Gerichtskasse eingezahlt wird (BGH NStZ 1993, 538). Kommt eine Einziehung nach § 74 neben einer nach §§ 73ff. in Betracht, sind bei der Ermessensentscheidung auch die Folgen dieser Regelungen einzubeziehen (vgl. BGH NStZ 2011, 338; NStZ 2016, 41, mit allerdings durch das Vermögensabschöpfungsgesetz überholten Ergebnissen).

10 **4.** Die Einziehung ist im **Urteilsspruch** unter Aufzählung und genauer Bezeichnung der Gegenstände(BGH NStZ 2016, 614 „sichergestelltes Rauschgift" ist zu unbestimmt) auszusprechen (BGH bei Detter NStZ 1998, 505; BGH NStZ-RR 2015, 16; sa BGHSt 9, 88 = NJW 1956, 799; BGH NJW 1994, 1421 (1423); Be-

zugnahme auf Anklageschrift oder Asservatenverzeichnis genügt nicht, BGH StraFo 2010, 424; StraFo 2015, 22, wohl aber Anlage zum Tenor, BGH NStZ 2017, 88); wird das Verfahren hinsichtlich einer unwesentlichen Nebenstraftat gem. § 154 II StPO eingestellt, kann auch in Bezug auf aus dieser stammende Beziehungsgegenstände keine Entscheidung gem. Abs. 1 getroffen werden (BGH StraFo 2013, 25 zu § 54 I Nr. 1 WaffG). In den Fällen des Abs. 2 Nr. 1 ist wegen des inneren Zusammenhangs mit der Hauptstrafe (→ Rn. 1) eine Beschränkung des Rechtsmittels sowohl auf die Einziehung (OLG Hamm NJW 1975, 67) wie auch auf die Hauptstrafe (OLG Düsseldorf VRS 51 (1976), 439) zwar nicht notwendig, aber doch häufig ausgeschlossen. Zur Beteiligung Dritter, die Rechte am Einziehungsgegenstand geltend machen, im Hauptverfahren §§ 431–438 StPO, im Nachverfahren §§ 439, 441 StPO. – Zum Verfahren iÜ §§ 111b–111l, 232 I, 233 I, 331, 358 II, 407 II, 459g I StPO.

5. Grundsatz der Verhältnismäßigkeit § 74f (dazu OLG Nürnberg NJW 2006, 3448). Wirkung der Einziehung § 75. Entschädigung § 74b II, III. Selbständige Anordnung § 76a. 11

6. Abs. 3 S. 2 unterwirft die im StGB und in den Nebengesetzen (zB § 375 II AO, BGH NStZ 2016, 731) verstreuten Sondervorschriften, die eine Einziehung über Abs. 1 hinaus vorschreiben oder zulassen, der Voraussetzung des Abs. 3 S. 1 (zu § 74 StGB aF vgl. BGH wistra 1995, 30). 12

a) Diese Vorschriften **bezwecken** meist, bei bestimmten Taten entweder die Einziehung über die producta und instrumenta sceleris hinaus auch auf solche Gegenstände zu erstrecken, auf die sich die Tat bezieht (sog. Beziehungsgegenstände), die in Abs. 2 als Tatobjekte bezeichnet werden, oder die Einziehung nicht lediglich fakultativ zuzulassen, sondern sie zwingend vorzuschreiben (zB in §§ 150 II, 152a V, 184b VI, 282 II, 286 II).

b) Vorbehaltlich der Ausnahme nach § 74a ist **jede dieser Vorschriften** durch die Voraussetzung des Abs. 3 S. 1 zu ergänzen (BayObLGSt 1973, 176; beachte auch BGH NStZ 1991, 496). Für die obligatorische Einziehung nach § 74d (→ § 74d Rn. 1) und nach §§ 101a S. 3, 109k S. 3 gilt Abs. 4 jedoch nicht. 13

c) In den Fällen des **Abs. 2 Nr. 2 Alt. 2** (→ Rn. 8) bedarf es bei Beziehungsgegenständen im Hinblick auf die nur „entsprechende" Anwendbarkeit des Abs. 2 nicht notwendig der Gefahr, dass sie der Begehung rechtswidriger Taten „dienen" werden; es genügt, wenn sie voraussichtlich notwendige Gegenstände der Tat sein werden (hM; vgl. KG VRS 57, 20; Schmidt in LK-StGB Rn. 55). 14

7. Bei einigen Gerichten und Staatsanwaltschaften scheint sich die Praxis etabliert zu haben, die Anwendung der Einziehungsvorschriften durch Vereinbarung mit dem Beschuldigten in der Weise abzuwenden, dass dieser als Gegenleistung für Vergünstigungen im Verfahren auf sein Eigentum verzichtet und es unwiderruflich auf den Staat überträgt (verfassungsrechtliche Bedenken gegen diese Form „außergerichtlicher Einziehungen" bei Thode NStZ 2000, 62). 15

§ 74a Einziehung von Tatprodukten, Tatmitteln und Tatobjekten bei anderen

Verweist ein Gesetz auf diese Vorschrift, können Gegenstände abweichend von § 74 Absatz 3 auch dann eingezogen werden, wenn derjenige, dem sie zur Zeit der Entscheidung gehören oder zustehen,
1. **mindestens leichtfertig dazu beigetragen hat, dass sie als Tatmittel verwendet worden oder Tatobjekt gewesen sind, oder**
2. **sie in Kenntnis der Umstände, welche die Einziehung zugelassen hätten, in verwerflicher Weise erworben hat.**

1 **1.** Die mit der Eigentumsgarantie des Art. 14 GG vereinbare Vorschrift (hM; anders Julius ZStW 109 (1997), 58 (85)), welche inhaltlich und strukturell vollumfänglich § 74a aF entspricht (BT-Drs. 18/9525, 69), erstreckt die Einziehung, die hier strafähnlichen Charakter hat (→ § 74 Rn. 1; Bedenken hinsichtlich der Vereinbarkeit mit dem Schuldprinzip bei Eser/Schuster in Schönke/Schröder Rn. 2), auf Personen, die zwar nicht Täter oder Teilnehmer, aber zurzeit der Entscheidung **Eigentümer oder Inhaber** des Gegenstandes sind und die im Zusammenhang mit der Tat vorwerfbar gehandelt haben. Sie ist eine Rahmenvorschrift und nur im Zusammenhang mit **besonderen Einziehungsvorschriften** anwendbar, die ausdrücklich auf sie verweisen (zB §§ 129b II, 201 V 2, § 201a IV 2, § 261 VII 2, § 264 VI 2, § 330c S. 2 sowie § 110 UrhG). Solche Verweisungen sind nur in solchen Fällen vorgesehen, in denen typischerweise die Mitwirkung oder Teilhabe sonst nicht erfassbarer Hintermänner in Frage kommt (BT-Drs. V/1319, 54).

2 **2. Nr. 1: Beitragen** ist auch durch Unterlassen (in Garantenstellung, → § 13 Rn. 6) möglich. **Leichtfertig** → § 15 Rn. 55.

3 **3. Nr. 2: Kenntnis** ist nicht nur positives Wissen, sondern auch das dem bedingten Vorsatz genügende Für-möglich-Halten (Schmidt in LK-StGB Rn. 16; aM Eser/Schuster in Schönke/Schröder Rn. 9). Die Kenntnis muss sich auf die Voraussetzungen der Einziehung, nicht auch darauf erstrecken, dass die Maßnahme als Rechtsfolge angedroht ist. **„In verwerflicher Weise"** erwirbt insbesesondere, wem es auf Vereitelung der Einziehung ankommt oder wer aus dem Erwerb einen erkennbar ungerechtfertigten Vorteil zieht (enger Eser/Schuster in Schönke/Schröder Rn. 10; weiter Schmidt in LK-StGB Rn. 17–19).

§ 74b Sicherungseinziehung

(1) **Gefährden Gegenstände nach ihrer Art und nach den Umständen die Allgemeinheit oder besteht die Gefahr, dass sie der Begehung rechtswidriger Taten dienen werden, können sie auch dann eingezogen werden, wenn**
1. **der Täter oder Teilnehmer ohne Schuld gehandelt hat oder**
2. **die Gegenstände einem anderen als dem Täter oder Teilnehmer gehören oder zustehen.**

(2) [1]**In den Fällen des Absatzes 1 Nummer 2 wird der andere aus der Staatskasse unter Berücksichtigung des Verkehrswertes des eingezogenen Gegenstandes angemessen in Geld entschädigt.** [2]**Das Gleiche gilt, wenn der eingezogene Gegenstand mit dem Recht eines anderen belastet ist, das durch die Entscheidung erloschen oder beeinträchtigt ist.**

(3) [1]**Eine Entschädigung wird nicht gewährt, wenn**
1. der nach Absatz 2 Entschädigungsberechtigte
a) mindestens leichtfertig dazu beigetragen hat, dass der Gegenstand als Tatmittel verwendet worden oder Tatobjekt gewesen ist, oder
b) den Gegenstand oder das Recht an dem Gegenstand in Kenntnis der Umstände, welche die Einziehung zulassen, in verwerflicher Weise erworben hat oder
2. es nach den Umständen, welche die Einziehung begründet haben, auf Grund von Rechtsvorschriften außerhalb des Strafrechts zulässig wäre, dem Entschädigungsberechtigten den Gegenstand oder das Recht an dem Gegenstand ohne Entschädigung dauerhaft zu entziehen.
[2]**Abweichend von Satz 1 kann eine Entschädigung jedoch gewährt werden, wenn es eine unbillige Härte wäre, sie zu versagen.**

1. Mit der durch das Vermögensabschöpfungsgesetz (→ Vor § 73 Rn. 3) neu gefassten Vorschrift ist aus systematischen Gründen eine eigenständige Regelung für den Sonderfall der **Sicherungseinziehung** geschaffen worden (BT-Drs. 18/9525, 69). Diese betrifft nur die in § 74 I, II genannten Gegenstände und statuiert für diese Ausnahmen bei der Schuld und Inhaberschaft des Täters (BGH NStZ-RR 2022, 12). Dabei ersetzt Abs. 1 ohne inhaltliche Änderung § 74 II Nr. 2, III aF, Abs. 2 und 3 übernehmen die Entschädigungsregelungen von § 74f aF. 1

2. Abs. 1 Alt. 1: Gefährdung der Allgemeinheit muss konkret (→ § 315c Rn. 22) sein (BGHSt 23, 64 = NJW 1969, 1970); der für die Allgemeinheit drohende Schaden kann jedes Interesse betreffen, auch das des Einzelnen, wenn nur die Belange der Allgemeinheit seine Wahrung erfordern (Eser, Die strafrechtlichen Sanktionen gegen das Eigentum, 1969, S. 255). Die Gefährdung muss sich aus der Art des Gegenstandes (zB seinen physikalischen oder chemischen Eigenschaften) und den Umständen (zB der Verwahrung, Behandlung oder Beaufsichtigung) ergeben (BT-Drs. V/1319, 53); das gilt zB für die Festplatte, auf der kinderpornographische Bilddateien gespeichert sind (BGH NStZ 2012, 319). **Abs. 1 Alt. 2:** Auch hier ist die konkrete (BGH JZ 1988, 936; BGH bei Holtz MDR 1991, 701; LG Bielefeld DAR 2013, 399) Gefahr erforderlich, dass der Gegenstand, auf dessen Beschaffenheit es nicht ankommt, in der Hand des Täters oder anderer Täter der Begehung rechtswidriger Taten dienen wird (zB bei strafloser Beihilfe im Vorbereitungsstadium, BGH NStZ 2010, 390; nach AG Düsseldorf StraFo 2009, 525 versteht sich eine solche Gefahr bei Kunstfälschung nicht von selbst); die bloß gedankliche Möglichkeit einer derartigen Verwendung genügt nicht (OLG Karlsruhe NJW 2001, 2488). – In beiden Alternativen sind die Eigentumsverhältnisse unerheblich (OLG Oldenburg VRS 90, 285). Erfasst sind jeweils **schuldlos handelnde Tatbeteiligte** (Nr. 1) ebenso wie **tatunbeteiligte Eigentümer** (Nr. 2). Nach § 74f I 2 ist der Verhältnismäßigkeitsgrundsatz zu beachten (so zu § 74e aF bereits KG NStZ 2010, 58 (59)). 1a

3. Die bislang in § 74f aF enthaltenen Entschädigungsregelungen in **Abs. 2 und 3** sind Ausfluss der **Eigentumsgarantie** des Art. 14 GG und gelten für das gesamte Einziehungsrecht. Sie regeln nur die Entschädigung **tatunbeteiligter Dritter** (Saliger in NK-StGB StGB aF § 74f Rn. 2); dem Täter oder Teilnehmer steht, auch wenn er nach §§ 74b I Nr. 1, 74d schuldlos gehandelt hat, nach der eindeutigen Regelung von Abs. 2 S. 1 ein Entschädigungsanspruch nicht zu (so zu § 86 StGB aF bereits BGHSt 15, 399 = NJW 1961, 1269). 1b

2 **4.** Mit dieser Einschränkung sind grds. **entschädigungsberechtigt:**

a) Der **Eigentümer oder Inhaber** (nach der Rspr. auch der Vorbehalts- und Sicherungseigentümer, → § 74 Rn. 7) des Gegenstandes der Einziehung, der Unbrauchbarmachung und, wie der Gesetzeszweck ergibt, auch einer wertmindernden Maßnahme nach § 74f I 2 (→ § 74f Rn. 3).

3 **b)** Der an einem solchen Gegenstand **beschränkt dinglich** (nicht nur obligatorisch, BayObLG VRS 46, 271 (275)) **Berechtigte,** soweit sein Recht durch die Entscheidung erloschen oder beeinträchtigt, dh – zB durch Unbrauchbarmachung – im Wert gemindert ist.

4 **5.** Für die Ermittlung des Entschädigungsberechtigten kommt es auf die Rechtslage in dem **Zeitpunkt** an, in dem die Entscheidung über die Einziehung, die Unbrauchbarmachung oder, bei Maßnahmen nach § 74f I 3, den Vorbehalt der Einziehung Rechtskraft erlangt hat.

5 **6. a)** Nach **Abs. 3 Nr. 1, 2** (→ § 74a Rn. 2, 3) kommt eine Entschädigung gegenüber dem Eigentümer idR nur in Frage: bei der Sicherungseinziehung nach § 74b I Nr. 2, III, § 74d; bei einer materiell fehlerhaften Einziehung nach § 74b I Nr. 1 gegenüber dem Täter oder Teilnehmer, obwohl der Gegenstand einem Dritten zustand; bei einem gutgläubigen Erwerb nach der Einziehungsentscheidung, aber vor Rechtskraft (§ 75 I). Sonst sind meist schon die Voraussetzungen der Einziehung nicht erfüllt oder (im Bereich des § 74a) Ausnahmen von der Entschädigungspflicht begründet. Auch eine Entschädigung des dinglich Berechtigten wird regelmäßig nur bei der Sicherungseinziehung oder bei der Anordnung von Maßnahmen nach § 74f I 2 praktisch; sonst bleiben die Rechte Dritter entweder unberührt (§ 75 II 1) oder sie erlöschen (§ 74e II 3).

6 **b)** Zu den Vorschriften nach **Abs. 3 S. 1 Nr. 2** gehören namentlich die **Polizeigesetze der Länder** und andere Rechtsvorschriften, die bei Überschreitung der sozialen Bindungen des Eigentums zur Gefahrenabwehr auch die endgültige und entschädigungslose Entziehung und Verwertung von Gegenständen zulassen (Gürtler in Göhler OWiG § 28 Rn. 16). Davon hängt es ab, ob der Entschädigungsanspruch zB bei Schriften mit strafbarem Inhalt (§ 74d) und bei Falschgeld (§ 150) entfällt.

7 **7.** Zum **Verkehrswert** → § 74c Rn. 4. Eine **Billigkeitsentschädigung nach Abs. 3 S. 2,** die auf einen Teil des Verkehrswertes beschränkt werden kann, ist namentlich angezeigt, wenn die Wirkung der Einziehung usw außer Verhältnis zu dem Vorwurf steht, der den Dritten wegen seines Verhaltens trifft.

8 **8.** Über die Entschädigungspflicht, die den Staat trifft, entscheiden grds. die **Zivilgerichte** (beachte jedoch § 436 III StPO; OLG Hamm NJW 1970, 1754).

§ 74c Einziehung des Wertes von Tatprodukten, Tatmitteln und Tatobjekten bei Tätern und Teilnehmern

(1) **Ist die Einziehung eines bestimmten Gegenstandes nicht möglich, weil der Täter oder Teilnehmer diesen veräußert, verbraucht oder die Einziehung auf andere Weise vereitelt hat, so kann das Gericht gegen ihn die Einziehung eines Geldbetrages anordnen, der dem Wert des Gegenstandes entspricht.**

(2) [1]**Eine solche Anordnung kann das Gericht auch neben oder statt der Einziehung eines Gegenstandes treffen, wenn ihn der Täter oder Teilnehmer vor der Entscheidung über die Einziehung mit dem Recht eines Dritten belastet hat, dessen Erlöschen nicht oder ohne Entschädigung nicht angeordnet werden kann (§ 74b Absatz 2 und 3 und § 75 Absatz 2).** [2]**Trifft das Gericht die Anordnung neben der Einziehung, bemisst sich die Höhe des Wertersatzes nach dem Wert der Belastung des Gegenstandes.**

(3) **Der Wert des Gegenstandes und der Belastung kann geschätzt werden.**

1. a) Die Vorschrift schließt eine **Lücke,** die bei der Einziehung nach § 74 III 1 dadurch entsteht, dass der Täter oder Teilnehmer zurzeit der Entscheidung Eigentümer oder Rechtsinhaber sein muss (→ § 74 Rn. 7). Sie soll verhindern, dass die Vereitelung einer zurzeit der Tat zulässigen Einziehung (Abs. 1) oder die Wertminderung eines Einziehungsgegenstandes durch Belastung (Abs. 2) die strafähnliche Wirkung des Eingriffs aufhebt. Sie ist auf alle strafrechtlichen Einziehungsfälle anwendbar (BGHSt 28, 369 = NJW 1979, 2054), allerdings immer nur gegenüber dem Täter oder Teilnehmer, nicht gegenüber dem Dritten nach § 74a. 1

b) Die Anordnung des Wertersatzes begründet nur einen **Zahlungsanspruch des Staates.** Sie bewirkt also nicht die „Einziehung" sichergestellten Geldes; auf solches Geld kann erst bei Vollstreckung des Zahlungsanspruchs zugegriffen werden (Schmidt MDR 1980, 969 (972)). 1a

2. Nach **Abs. 1** muss der Gegenstand im Tatzeitpunkt dem Täter oder Teilnehmer gehört oder zugestanden haben (BGHSt 33, 233 = NJW 1985, 2773 mAnm Eberbach NStZ 1985, 556; BGH wistra 2010, 302); daran fehlt es etwa, wenn das dingliche Erwerbsgeschäft nichtig ist, so dass der Betroffene – wie zB an Betäubungsmitteln – kein Eigentum erwerben konnte (BGH NStZ-RR 2009, 320; NStZ 2011, 100). Außerdem muss diesem gegenüber – was bei Vorliegen der Voraussetzungen der §§ 74 III, 74a nicht zutrifft – die Einziehung zulässig gewesen, aber **zurzeit der Entscheidung** deshalb ausgeschlossen sein, weil sie in einer bestimmten, dem Täter oder Teilnehmer **zurechenbaren Weise** unmöglich gemacht wurde; dazu genügt es nicht, dass die Tathandlung selbst die Möglichkeit der Einziehung des Tatmittels ausgeschlossen hat (BGH NStZ 1992, 81; NJW 2019, 2182). Abs. 1 unterscheidet zwischen dem nicht notwendig vorwerfbaren **Verwerten,** dh der Ausnutzung des wirtschaftlichen Wertes (LG Berlin wistra 2004, 154 (157); Verbrauch und Veräußerung sind nur Beispiele), und dem sonstigen **Vereiteln,** dh bewussten (LG Berlin wistra 2004, 154; Schmidt in LK-StGB Rn. 8; Bender NJW 1969, 1056; weiter EserSchuster in Schönke/Schröder Rn. 6) und vorwerfbaren (zu BT-Drs. V/2601, 15; Saliger in NK-StGB Rn. 7) Verhindern der Einziehung, etwa wenn der Täter den Gegenstand zerstört und mindestens damit gerechnet hat, dadurch die Einziehung auszuschließen. 2

3. Abs. 2 unterscheidet sich von Abs. 1 dadurch, dass die Einziehung nicht verhindert, sondern nur der Wert des Einziehungsgegenstandes durch Belastung vermindert worden ist. Da die Belastung wirtschaftliche Teilverwertung bedeutet, muss sie ebenso wie der Verwertungsakt nach Abs. 1 nach der Tat geschehen, braucht aber nicht notwendig (Schmidt in LK-StGB Rn. 19; aM Eser/Schuster in Schönke/Schröder Rn. 7) vorwerfbar sein. Außerdem ist Abs. 2 nur anwendbar, wenn nicht das entschädigungslose Erlöschen des belastenden Rechts nach §§ 74b 3

III, 75 II 2, 3 angeordnet werden kann; denn andernfalls ist der Täter idR Entschädigungsansprüchen des Dritten ausgesetzt, so dass die strafähnliche Wirkung des Eingriffs erhalten bleibt (Horn/Wolters in SK-StGB Rn. 9).

4 **4. Wert** des Gegenstandes (oder im Falle des Abs. 2 S. 2: der Belastung) ist der Verkehrswert zurzeit der Entscheidung (BGHSt 4, 13 (305) = NJW 1953, 633; BGHSt 28, 369 = NJW 1979, 2054; → § 315c Rn. 24); da es für eine Einziehung nach § 74c nicht auf den Erwerbszeitpunkt des einzuziehenden Gegenstandes ankommen kann, lassen sich die Erwägungen zu § 73c (→ § 73c Rn. 4) nicht übertragen. Er bildet nur die Obergrenze für den Rahmen, innerhalb dessen der Wertersatz zu bestimmen ist. Die Schätzung (Abs. 3; → § 40 Rn. 17) unterliegt den allgemeinen Ermessensschranken (weiter einschr. Hellmann GA 1997, 503 (519)).

5 **5.** Sowohl die Anordnung des Wertersatzes wie auch die Bestimmung seiner Höhe innerhalb des Wertrahmens (→ Rn. 4) unterliegen **pflichtmäßigem Ermessen** (StRR 2017, Heft 03, 18; → § 74 Rn. 9). Bei der Ermessensausübung ist wegen des strafähnlichen Charakters der Maßnahme das Schuldprinzip zu beachten; die Anordnung ist daher zweckwidrig, wenn der Täter ohne Schuld eine rechtswidrige Tat begangen hat und die zurzeit ihrer Begehung mögliche Einziehung nur auf § 74 II Nr. 2, III hätte gestützt werden können (→ § 74 Rn. 3, 8; ebenso Schmidt in LK-StGB Rn. 16).

§ 74d Einziehung von Inhalten und Unbrauchbarmachung

(1) [1]**Verkörperungen eines Inhalts (§ 11 Absatz 3), dessen vorsätzliche Verbreitung den Tatbestand eines Strafgesetzes verwirklichen würde, werden eingezogen, wenn der Inhalt durch eine rechtswidrige Tat verbreitet oder zur Verbreitung bestimmt worden ist.** [2]**Zugleich wird angeordnet, dass die zur Herstellung der Verkörperungen gebrauchten oder bestimmten Vorrichtungen, die Vorlage für die Vervielfältigung waren oder sein sollten, unbrauchbar gemacht werden.**

(2) **Die Einziehung erstreckt sich nur auf die Verkörperungen, die sich im Besitz der bei der Verbreitung oder deren Vorbereitung mitwirkenden Personen befinden oder öffentlich ausgelegt oder beim Verbreiten durch Versenden noch nicht dem Empfänger ausgehändigt worden sind.**

(3) [1]**Absatz 1 gilt entsprechend für Verkörperungen eines Inhalts (§ 11 Absatz 3), dessen vorsätzliche Verbreitung nur bei Hinzutreten weiterer Tatumstände den Tatbestand eines Strafgesetzes verwirklichen würde.** [2]**Die Einziehung und Unbrauchbarmachung werden jedoch nur angeordnet, soweit**

1. **die Verkörperungen und die in Absatz 1 Satz 2 bezeichneten Vorrichtungen sich im Besitz des Täters, des Teilnehmers oder eines anderen befinden, für den der Täter oder Teilnehmer gehandelt hat, oder von diesen Personen zur Verbreitung bestimmt sind und**
2. **die Maßnahmen erforderlich sind, um ein gesetzwidriges Verbreiten durch die in Nummer 1 bezeichneten Personen zu verhindern.**

(4) **Dem Verbreiten im Sinne der Absätze 1 bis 3 steht es gleich, wenn ein Inhalt (§ 11 Absatz 3) der Öffentlichkeit zugänglich gemacht wird.**

(5) [1]**Stand das Eigentum an der Sache zur Zeit der Rechtskraft der Entscheidung über die Einziehung oder Unbrauchbarmachung einem anderen als dem Täter oder Teilnehmer zu oder war der Gegenstand mit dem Recht eines Dritten belastet, das durch die Entscheidung erloschen oder beeinträchtigt ist, wird dieser aus der Staatskasse unter Berücksichtigung des Verkehrswertes angemessen in Geld entschädigt.** [2]**§ 74b Absatz 3 gilt entsprechend.**

Fassung: Durch das Vermögensabschöpfungsgesetz (→ Vor § 73 Rn. 3) ohne inhaltliche Änderung sprachlich leicht modifiziert.

1. Einziehung und Unbrauchbarmachung nach dieser Vorschrift sind **Sicherungsmaßnahmen;** die Ausführungen unter → § 74 Rn. 2 über die Rückwirkung gelten sinngemäß. Da die Abs. 1, 3 die Voraussetzungen der Einziehung erschöpfend beschreiben, ist § 74 II hier nicht anwendbar. Zur Verfassungsmäßigkeit des Abs. 1 BVerfG NJW 1982, 1512. 1

2. Den **Schriften** sind nach § 11 III (→ § 11 Rn. 26–28) **Ton- und Bildträger, Datenspeicher, Abbildungen und andere Darstellungen** gleichgestellt. Die Einbeziehung der Datenspeicher in § 11 III (→ § 11 Rn. 28) soll klarstellen, dass auch diese der Einziehung unterliegen (BT-Drs. 13/7385, 36). Nicht einziehungsfähig ist dagegen ein Datenserver als solcher (LG Hamburg NJW 2013, 3458). 2

3. Dass mindestens **eine** Schrift (→ Rn. 2) durch eine **rechtswidrige Tat verbreitet oder zur Verbreitung bestimmt** worden ist, setzen Abs. 1, 3 übereinstimmend voraus. 3

a) Die **rechtswidrige Tat** (→ § 11 Rn. 18) muss begangen sein. Sie ist regelmäßig, aber nicht notwendig (BayObLG MDR 1987, 870), eine Vorsatztat. Ein strafbarer Versuch kann genügen, wenn sich darin die Bestimmung zur Verbreitung manifestiert. 4

b) Verbreiten bedeutet (anders als in § 186, → § 186 Rn. 5; zur Verbreitung im Internet bei § 184, → § 184 Rn. 7) die Schrift (→ Rn. 2) einem größeren, nicht notwendig unbestimmten Personenkreis zugänglich machen (BGHSt 13, 257 = NJW 1959, 2125; BayObLG NStZ 2002, 259 mit Bespr. Beisel JR 2002, 348; Schroeder JZ 2002, 412), und zwar der Substanz nach (BGHSt 18, 63 = NJW 1963, 60; OLG Hamburg NStZ 1983, 127 mAnm Bottke JR 1983, 299; Franke NStZ 1984, 126; BayObLG NStZ 2002, 259). Dieses „Körperlichkeitskriterium" ist nach hM unverzichtbar. Die Schrift muss danach als körperlicher Gegenstand, der auch ein Datenspeicher sein kann (→ § 11 Rn. 28; Derksen NJW 1998, 1878 (1881)), dem größeren Personenkreis die Kenntnisnahme von ihrem Inhalt ermöglichen (näher BayObLG NJW 2000, 2911; beachte auch BGHSt 45, 235 = NJW 2000, 297); dass auch das Gesetz von dieser Auffassung ausgeht, folgt aus der durch das IuKDG (→ Vor § 1 Rn. 13) vorgenommenen Erweiterung des § 86 I, der jetzt neben dem Verbreiten auch das öffentliche Zugänglichmachen in Datenspeichern mit Strafe bedroht (BT-Drs. 13/7385, 36). 5

Die Aushändigung der Schrift an eine Person kann genügen, wenn ihr die Vorstellung zugrundeliegt, dass der Gegenstand weiteren Personen zugänglich gemacht wird (sog. Kettenverbreitung, BGHSt 19, 63 (71) = NJW 1963, 2132; BayObLG

NStZ 2002, 258 mit krit. Bespr. Beisel JR 2002, 348; Schroeder JZ 2002, 412; Schmidt in LK-StGB Rn. 8; einschr. Franke GA 1984, 452 (467)). Dasselbe gilt für die Übertragung von einem Datenspeicher auf einen anderen (expl. Derksen NJW 1998, 1878). Das maßgebende Kriterium liegt darin, dass es sich bei den Empfängern um einen für den Täter nicht kontrollierbaren Personenkreis handelt (BGHSt 13, 257 = NJW 1959, 2125; BayObLG NStZ 1996, 436; sa BGH NJW 2005, 689; krit. Stegbauer NJ 2005, 225; NStZ 2005, 677 (681); gegen OLG Jena NStZ 2004, 628; Saliger in NK-StGB Rn. 4; problematisch BayObLG NStZ 1983, 120 mablAnm Keltsch; speziell für das Versenden von SMS und E-Mails abl. Hörnle NStZ 2002, 113 (118)). Daher gehört auch die Überlassung an einen einzelnen Bezieher (zB im Versandhandel) hierher, wenn sie Teilstück einer Gesamtbetätigung im Hinblick auf einen solchen Personenkreis ist (sog. Mengenverbreitung, BGHSt 45, 41 = NJW 1999, 1979; BayObLGSt, Beisel JR 2002, 348, Schroeder JZ 2002, 412; einschr. Franke GA 1984, 452 (470); aM Paeffgen in NK-StGB § 86 Rn. 29). Ob die Empfänger von dem Inhalt der Schrift Kenntnis genommen oder dessen Sinn begriffen haben, ist für das Verbreiten unerheblich (sog. Entäußerungstheorie), und zwar auch bei Delikten, die Aufforderungs- oder Motivationscharakter haben (§§ 80a, 111, 140 Nr. 2) oder dem Ehren- oder Friedensschutz (§§ 90, 90a, 90b, 166, 186 Alt. 2, 187 Alt. 2, 188) dienen (hM; anders Franke GA 1984, 452 (465)). Wer Schriften zur Verbreitung entgegennimmt, kann sich schon dadurch an der Verbreitung beteiligen (BGHSt 8, 165 = NJW 1955, 1846).

6 **c)** Die nach **Abs. 4** dem Verbreiten gleichgestellten Handlungen des **Ausstellens, Anschlagens und Vorführens** sind lediglich Beispiele und daher nur verwirklicht, wenn der Gegenstand dadurch **öffentlich,** dh für einen nach Zahl und Individualität unbestimmten oder für einen nicht durch persönliche Beziehungen innerlich verbundenen größeren bestimmten Kreis von Personen, zugänglich gemacht wird (BT-Drs. VI/3521, 57; BT-Drs. 7/514, 3). Das Fordern einer Eintrittsgebühr oder eines „Clubbeitrags", der in Wahrheit nur das Entgelt für die Vorführung bildet, steht der Annahme öffentlichen Vorführens nicht entgegen (OLG Hamm NJW 1973, 817).

7 **4. a)** In den Fällen des **Abs. 1** kommt es ausschließlich auf den Inhalt der Schriften an, allerdings auch, soweit er erkennbar zwischen den Zeilen steht (BGHSt 7, 11 = NJW 1955, 110) oder sich erst aus anderen Schriften, auf die verwiesen wird, voll erschließt (Ruhrmann NJW 1957, 281 (284); beachte auch BGH NStZ 1982, 25). Aus ihm muss sich ergeben, dass jede vorsätzliche Verbreitung in Kenntnis der Bedeutung des Inhalts einen Straftatbestand verwirklichen würde; dass dieser den Begriff des Verbreitens als Merkmal enthält, ist dazu nicht erforderlich (BGHSt 36, 51 (58) = NJW 1989, 919; Schmidt in LK-StGB Rn. 6). In Frage kommen namentlich Schriften, deren Inhalt nach §§ 86, 90, 90a I, 90b rechtsstaatsgefährdend (zu § 88a StGB aF BGHSt 29, 107 = NJW 1980, 406), nach § 130 volksverhetzend, nach § 131 gewaltverherrlichend, nach §§ 184a, 184b qualifiziert pornographisch oder nach §§ 185–187, 189 beleidigend ist (ebenso Saliger in NK-StGB Rn. 7).

8 **b)** Die Einziehung nach Abs. 1 **erstreckt sich** grds. auf die Gesamtauflage (OLG Düsseldorf JMBl. NRW 1991, 263), ist aber auf die in **Abs. 2** bezeichneten Teile der Auflage beschränkt. Die durch die rechtswidrige Tat verbreiteten Stücke werden also nicht notwendig erfasst; die §§ 74, 74d können daher hinsichtlich verschiedener Stücke derselben Schrift nebeneinander anwendbar sein (RGSt 17, 311). **Besitz** umfasst auch den mittelbaren Besitz (BGHSt 19, 63 (77) = NJW

1963, 2034). **Mitwirkende Personen** sind idR Verfasser, Verleger, Herausgeber, Redakteure, Drucker und Händler; in deren „Privatbesitz" befindliche Einzelstücke werden jedoch nach dem Schutzzweck der Vorschrift nicht erfasst (Schmidt in LK-StGB Rn. 13; offen gelassen BGH bei Holtz MDR 1990, 103). Ob diese Personen ein Verschulden trifft und ob sie am Verfahren beteiligt sind, ist unerheblich; dasselbe gilt auch für die von der Anordnung nach Abs. 1 S. 2 (→ § 149 Rn. 2) betroffenen Personen.

5. a) Die Fälle des **Abs. 3** unterscheiden sich von denen des Abs. 1 dadurch, dass es nicht allein auf den Inhalt der Darstellung ankommt, die Strafbarkeit vielmehr – wie zB bei § 184 I (BGHSt 23, 40 = NJW 1969, 1818) – von weiteren Umständen abhängt (OLG Schleswig SchlHA 1973, 154). 9

b) Die in **Abs. 3 S. 2** vorgesehenen Einschränkungen hinsichtlich des betroffenen Personenkreises (Nr. 1) und der Erforderlichkeit (Nr. 2) müssen nebeneinander erfüllt sein. 10

6. Die Einziehung (und ggf. die Unbrauchbarmachung) ist **obligatorisch;** jedoch gilt auch hier der Grundsatz der Verhältnismäßigkeit, der im Einzelfall jeden Zugriff auf den Einziehungsgegenstand ausschließen kann (BGHSt 23, 267 = NJW 1970, 1693; → § 74b Rn. 1). Dem steht **Abs. 5** nicht entgegen, obwohl er nur auf § 74b II, III verweist; denn er kann das verfassungsrechtlich gewährleistete Übermaßverbot nicht einschränken (BGHSt 23, 267 = NJW 1970, 169). Sein Zweck erschöpft sich vielmehr darin, eine elastische Anpassung an die Erfordernisse des Verhältnismäßigkeitsgrundsatzes zu ermöglichen. Im Übrigen ist die Verweisung in Abs. 5 insofern unklar, als die Einziehung nach § 74d obligatorisch ist, § 74b III aber nur Fälle fakultativer Einziehung betrifft. Der Widerspruch ist dahin zu lösen, dass die Beschränkung der Maßnahme auf einen Teil der Gegenstände nur zulässig, zugleich aber auch geboten ist, wenn andernfalls das Übermaßverbot verletzt würde oder wenn nur ein ausscheidbarer Teil der Schrift die Maßnahme begründet. 11

7. Zur Frage, wieweit die **Meinungs-, Presse-, Informations- oder Kunstfreiheit** der Einziehung einer Schrift entgegenstehen kann, BVerfGE 27, 71 = NJW 1970, 235; BGHSt 19, 245 (256) = NJW 1964, 1144; BGHSt 20, 192 = NJW 1965, 983; BGHSt 23, 208 = NJW 1970, 437; OLG Hamburg NJW 1967, 582; Saliger in NK-StGB Rn. 16. 12

8. Ausspruch im **Urteilstenor.** Er ist auch neben Freispruch möglich (BGH bei Dallinger MDR 1953, 721) und hat die Beschränkungen oder milderen Maßnahmen nach Abs. 3 Nr. 1, Abs. 5 zu bezeichnen. Die Beschränkung nach Abs. 2 versteht sich zwar von selbst, wird zweckmäßig aber ebenfalls ausgesprochen (RGSt 17, 311). Vgl. → § 74 Rn. 10, 11; Nr. 253 RiStBV. 13

9. Zur Beschlagnahme von Schriften oder anderen Gegenständen iSd § 74d beachte §§ 111m, 111n StPO (dazu Groß NStZ 1999, 334). 14

§ 74e Sondervorschrift für Organe und Vertreter

[1]Hat jemand

1. **als vertretungsberechtigtes Organ einer juristischen Person oder als Mitglied eines solchen Organs,**
2. **als Vorstand eines nicht rechtsfähigen Vereins oder als Mitglied eines solchen Vorstandes,**
3. **als vertretungsberechtigter Gesellschafter einer rechtsfähigen Personengesellschaft,**
4. **als Generalbevollmächtigter oder in leitender Stellung als Prokurist oder Handlungsbevollmächtigter einer juristischen Person oder einer in Nummer 2 oder 3 genannten Personenvereinigung oder**
5. **als sonstige Person, die für die Leitung des Betriebs oder Unternehmens einer juristischen Person oder einer in Nummer 2 oder 3 genannten Personenvereinigung verantwortlich handelt, wozu auch die Überwachung der Geschäftsführung oder die sonstige Ausübung von Kontrollbefugnissen in leitender Stellung gehört,**

eine Handlung vorgenommen, die ihm gegenüber unter den übrigen Voraussetzungen der §§ 74 bis 74c die Einziehung eines Gegenstandes oder des Wertersatzes zulassen oder den Ausschluss der Entschädigung begründen würde, wird seine Handlung bei Anwendung dieser Vorschriften dem Vertretenen zugerechnet. [2]§ 14 Absatz 3 gilt entsprechend.

Fassung: Durch das Vermögensabschöpfungsgesetz inhaltlich unverändert umnummeriert.

1 **1.** Die Vorschrift, die vollumfänglich § 75 aF entspricht (BT-Drs. 18/9525, 69), bewirkt, dass **juristische Personen und andere wirtschaftlich selbständige Personenvereinigungen** im Einziehungsrecht den natürlichen Personen gleichstehen, wenn ihre Organe (Schmidt in LK-StGB § 75 (aF) Rn. 8, 9) oder andere Personen im Leitungsbereich (BT-Drs. 12/192, 12) für sie gehandelt haben.

2 **2.** Die von **S. 1** betroffenen Personenvereinigungen und Vertretungsberechtigten in Nr. 1, 3 stimmen mit den in § 14 II Nr. 1, 2 genannten überein (→ § 14 Rn. 2). **Nicht rechtsfähiger Verein** (Nr. 2) § 54 BGB. **Generalbevollmächtigter** ist, wer zur Vertretung bei allen Rechtsgeschäften ermächtigt ist, soweit nicht die Vertretung gesetzlich ausgeschlossen oder ein höchstpersönliches Handeln notwendig ist (eing. Geitzhaus GmbHR 1989, 229 (278)). **Prokurist** § 48 HGB; **Handlungsbevollmächtigter** § 54 HGB; beide müssen in leitender Stellung tätig sein, dh selbständig und verantwortlich an der Leitung teilnehmen (Saliger in NK-StGB § 75 (aF) Rn. 6). **Gesetzliche Vertreter** werden abweichend von § 14 I Nr. 3 nicht erfasst. **Leitungspersonen mit Kontrollbefugnissen,** die nicht auf einer Vertretungs- oder Geschäftsführungsbefugnis beruhen müssen (BT-Drs. 14/8998, 8); neben Mitgliedern des Aufsichtsrats auch Personen mit Überwachungs- und Kontrollbefugnissen in einzelnen Bereichen wie zB Ausschreibung, Finanzkontrolle oder Rechnungsprüfung (BT-Drs. 14/8998, 10; Saliger in NK-StGB § 75 (aF) Rn. 7).

3 **3.** Zum Handeln **„als"** Organ oder Vertreter → § 14 Rn. 8 (sa BGH NStZ 1997, 30 mAnm Achenbach JR 1997, 205).

4 **4.** Handlungen des Organs oder Vertreters, auf die es für die Einziehungsvoraussetzungen (§§ 74–74c) – der in § 75 I aF noch durch Verweis auf § 74f aF ausdrück-

lich einbezogene Ausschluss der Entschädigung ergibt sich heute bereits aus § 74b und ist damit durch den heutigen Verweis ebenfalls erfasst – ankommt, werden der Personenvereinigung **zugerechnet,** dh diese wird so behandelt, als hätte sie die Handlungen selbst vorgenommen. Es müssen danach in der Person des Organs alle Voraussetzungen erfüllt sein mit der einen Ausnahme, dass Eigentümer oder Inhaber des Gegenstandes die Personenvereinigung ist.

5. Zu **S. 2** → § 14 Rn. 6. 5

§ 74f Grundsatz der Verhältnismäßigkeit

(1) [1]**Ist die Einziehung nicht vorgeschrieben, so darf sie in den Fällen der §§ 74 und 74a nicht angeordnet werden, wenn sie zur begangenen Tat und zum Vorwurf, der den von der Einziehung Betroffenen trifft, außer Verhältnis stünde.** [2]**In den Fällen der §§ 74 bis 74b und 74d ordnet das Gericht an, dass die Einziehung vorbehalten bleibt, wenn ihr Zweck auch durch eine weniger einschneidende Maßnahme erreicht werden kann.** [3]**In Betracht kommt insbesondere die Anweisung,**
1. die Gegenstände unbrauchbar zu machen,
2. an den Gegenständen bestimmte Einrichtungen oder Kennzeichen zu beseitigen oder die Gegenstände sonst zu ändern oder
3. über die Gegenstände in bestimmter Weise zu verfügen.

[4]**Wird die Anweisung befolgt, wird der Vorbehalt der Einziehung aufgehoben; andernfalls ordnet das Gericht die Einziehung nachträglich an.** [5]**Ist die Einziehung nicht vorgeschrieben, kann sie auf einen Teil der Gegenstände beschränkt werden.**

(2) **In den Fällen der Unbrauchbarmachung nach § 74d Absatz 1 Satz 2 und Absatz 3 gilt Absatz 1 Satz 2 und 3 entsprechend.**

1. Die Vorschrift, die ihre heutige Form durch das Vermögensabschöpfungsgesetz erhalten hat, entspricht inhaltlich weitgehend § 74b StGB aF und konkretisiert den **Grundsatz der Verhältnismäßigkeit,** der den wichtigsten Anwendungsfall des Übermaßverbotes bildet (BT-Drs. 18/0525, 69; BVerfGE 16, 194 (202) = NJW 1963, 1597) und deshalb schon nach dem Grundgesetz für den Gesamtbereich der Einziehung (auch für die obligatorische, BGHSt 53, 69 = NJW 2009, 692; BGH NStZ 1981, 104) allgemein gilt (BGH NStZ 2016, 731; OLG Saarbrücken NJW 1975, 65; OLG Schleswig StV 1989, 156). 1

2. a) Abs. 1 S. 1 stellt den Verhältnismäßigkeitsgrundsatz für die fakultative Einziehung besonders heraus, wobei die bisherige Beschränkung auf Konstellationen mit strafähnlichem Charakter (§§ 74 II Nr. 1, 74a aF) entfallen ist. Zwischen der objektiven Bedeutung der begangenen Tat und dem Vorwurf, der sich im Falle des § 74a nach dem Grad der Leichtfertigkeit (Nr. 1) oder der Verwerflichkeit (Nr. 2) des Verhaltens des Dritten bestimmt, einerseits und der beeinträchtigenden Wirkung der Einziehung andererseits, die sich vor alllem aus dem Wert der Sache, den Umständen des Erwerbs und der Bedeutung der Sache für die Lebensgestaltung des Betroffenen ergibt (BGH NStZ 2016, 731 (733)), darf kein eindeutiges Missverhältnis bestehen. Bei dieser Gesamtabwägung (BayObLG NJW 1994, 534) fällt auch die neben die Einziehung tretende Strafe ins Gewicht (Wolters in SK-StGB Rn. 3). 2

3 **b)** aa) **Abs. 1 S. 2** ist zwingend (BGHSt 53, 69 (71) = NJW 2009, 692; BGH StraFo 2012, 509; NStZ-RR 2014, 274) und gilt für alle Formen strafrechtlicher Einziehung (OLG Braunschweig MDR 1974, 594; Saliger in NK-StGB § 74b (aF) Rn. 8), auch für die obligatorische (→ Rn. 1). Zweck der Einziehung ist hier der konkret mit der einzelnen Maßnahme verfolgte Zweck (→ § 74 Rn. 1, 2). Besteht er allein oder zT in der Sicherung der Allgemeinheit, so können uU weniger einschneidende Maßnahmen diesen Zweck erreichen; bei Verfolgung anderer Zwecke (Schuldausgleich, Generalprävention usw) ist Zweckerreichung durch solche Maßnahmen meist nicht möglich (Gürtler in Göhler OWiG § 24 Rn. 8). Die in S. 3 genannten Anweisungen sind nur Beispiele, andere Maßnahmen daher zulässig (zB Unbrauchbarmachung von Amts wegen; Anweisung zur Datenlöschung statt Einziehung des Computers, BGH StraFo 2012, 509; NStZ-RR 2014, 274; OLG Celle StraFo 2009, 16; weitere Beispiele bei Schmidt in LK-StGB § 74b (aF) Rn. 10); auch wenn diese kostenintensiv sind, ist die Entscheidung (nur) vorzubehalten (BGHSt 53, 69 (71) = NJW 2009, 692). Praktisch bedeutsam sind insbes. Anweisungen: nach **Nr. 1,** wenn bei verkehrsunfähigen Gegenständen der Materialwert erhalten werden soll; nach **Nr. 2,** wenn gegen Kennzeichnungsvorschriften verstoßen wurde; nach **Nr. 3,** wenn der in der Hand des Täters gefährliche Gegenstand (zB eine Waffe) an jemand veräußert werden kann, der solche Gegenstände befugt verwendet (BGH bei Detter NStZ 1994, 178), oder wenn schon bloße Veräußerung (zB eines Kraftfahrzeugs) die Gefährlichkeit beseitigen kann (OLG Schleswig StV 1989, 156), nicht aber verbunden mit der Anweisung, mit dem Erlös den Verletzten zu entschädigen, weil hierfür eine gesetzliche Grundlage fehlt (BGH StraFo 2015, 337).

4 bb) **Der Vorbehalt der Einziehung** wirkt als Veräußerungsverbot (§ 75). Er ist im Urteil stets neben der weniger einschneidenden Maßnahme auszusprechen und wieder aufzuheben, sobald die Maßnahme ausgeführt ist. Die nachträgliche Anordnung der Einziehung bei Nichtbefolgen einer Anweisung setzt kein Verschulden des Berechtigten voraus (hM; vgl. Schmidt in LK-StGB Rn. 11; Mitsch in KK-OWiG § 24 Rn. 27; anders für die strafähnliche Einziehung auch Wolters in SK-StGB § 74b (aF) Rn. 11; offen gelassen BVerfG NJW 1996, 246); haben jedoch die Strafverfolgungsbehörden den Eintritt der Bedingungen, unter denen der Berechtigte die Anweisung erst befolgen konnte, selbst erschwert oder vereitelt, so muss die Verhältnismäßigkeit erneut geprüft werden (BVerfG NJW 1996, 246). Zum Verfahren beachte § 462 I 2 StPO.

5 **c)** Nach **Abs. 1 S. 5** ist in Fällen fakultativer Einziehung die Beschränkung auf einen Teil der Gegenstände allgemein zugelassen, also auch bei der Sicherungseinziehung nach § 74b; hier ist sie jedoch nur begründet, wenn die Volleinziehung trotz der Gefährlichkeit der Gegenstände unverhältnismäßig wäre. Die Anordnung kann auf einzelne von mehreren Gegenständen und, Trennbarkeit vorausgesetzt, auf den Teil eines Gegenstandes beschränkt werden (Eser/Schuster in Schönke/Schröder Rn. 12).

6 **3. Abs. 2** ersetzt § 74d V aF und erklärt inhaltsgleich Abs. 1 S. 2, 3 für die Fälle der Unbrauchbarmachung nach § 74d I 2, III für entsprechend anwendbar.

§ 75 Wirkung der Einziehung

(1) [1]Wird die Einziehung eines Gegenstandes angeordnet, so geht das Eigentum an der Sache oder das Recht mit der Rechtskraft der Entscheidung auf den Staat über, wenn der Gegenstand
1. dem von der Anordnung Betroffenen zu dieser Zeit gehört oder zusteht oder
2. einem anderen gehört oder zusteht, der ihn für die Tat oder andere Zwecke in Kenntnis der Tatumstände gewährt hat.

[2]In anderen Fällen geht das Eigentum an der Sache oder das Recht mit Ablauf von sechs Monaten nach der Mitteilung der Rechtskraft der Einziehungsanordnung auf den Staat über, es sei denn, dass vorher derjenige, dem der Gegenstand gehört oder zusteht, sein Recht bei der Vollstreckungsbehörde anmeldet.

(2) [1]Im Übrigen bleiben Rechte Dritter an dem Gegenstand bestehen. [2]In den in § 74b bezeichneten Fällen ordnet das Gericht jedoch das Erlöschen dieser Rechte an. [3]In den Fällen der §§ 74 und 74a kann es das Erlöschen des Rechts eines Dritten anordnen, wenn der Dritte
1. wenigstens leichtfertig dazu beigetragen hat, dass der Gegenstand als Tatmittel verwendet worden oder Tatobjekt gewesen ist, oder
2. das Recht an dem Gegenstand in Kenntnis der Umstände, welche die Einziehung zulassen, in verwerflicher Weise erworben hat.

(3) Bis zum Übergang des Eigentums an der Sache oder des Rechts wirkt die Anordnung der Einziehung oder die Anordnung des Vorbehalts der Einziehung als Veräußerungsverbot im Sinne des § 136 des Bürgerlichen Gesetzbuchs.

(4) In den Fällen des § 111d Absatz 1 Satz 2 der Strafprozessordnung findet § 91 der Insolvenzordnung keine Anwendung.

1. Die mit dem Vermögensabschöpfungsgesetz (→ Vor § 73 Rn. 3) völlig neu gefasste Vorschrift (§ 75 aF findet sich inhaltlich in § 74e nF wieder) führt die Regelungen der §§ 73e, 74e aF zusammen und regelt die rechtlichen Wirkungen rechtskräftig angeordneter Einziehungen nach §§ 73, 73a, 74–74d (BT-Drs. 18/9525, 69). Abs. 4 ergänzt den ebenfalls neu gefassten § 111d I 2 StPO (BT-Drs. 18/11640, 81). **1**

2. a) Abs. 1 S. 1 übernimmt in **Nr. 1** inhaltlich die Regelungen der §§ 73a I 1, 74e I aF, in **Nr. 2** die des § 73 IV aF (BT-Drs. 18/9525, 69 f.). Der mit Rechtskraft der Entscheidung eintretende **Übergang des Eigentums oder des anderen Rechts** wirkt – wie beim Verfall nach § 73e I aF – nur, wenn das Recht dem **Betroffenen zusteht (Abs. 1 S. 1 Nr. 1)** oder dieser sein **Recht bösgläubig und in verwerflicher Weise erworben** hat **(Abs. 1 S. 1 Nr. 2).** Damit soll vermieden werden, dass bei einem nach §§ 134, 138 BGB nichtigen Drogengeschäft das vom Verkäufer für die Drogen erhaltene Geld zwar eingezogen wird, mangels Eigentumserwerbs durch den Täter aber nicht auf den Staat übergehen kann. Gleichgültig ist, ob die Entscheidung gegen den Berechtigten ergangen ist und ob er am Verfahren beteiligt worden ist. **1a**

b) Liegen die Voraussetzungen von Abs. 1 S. 1 nicht vor, geht das Eigentum nach **Abs. 1 S. 2** erst **sechs Monate nach Mitteilung der Rechtskraft** über, sofern **1b**

nicht bis dahin der Eigentümer oder Inhaber des Rechts sein Recht bei der Vollstreckungsbehörde angemeldet hat. Das betrifft vor allem Diebstahlsfälle, bei denen ein Eigentumsübergang auf den Einziehungsbetroffenen aufgrund von § 935 I BGB ausgeschlossen ist; für diese sieht S. 2 eine Einziehung mit aufschiebend bedingter Wirkung vor (sog. „kleiner" Auffangrechtserwerb). Versäumt der Geschädigte die Frist unverschuldet, ist Wiedereinsetzung §§ 44 ff. StPO analog möglich, sodass S. 2 insbes. eine rechtsbeständige Einziehung von nicht zuordenbarem Diebesgut ohne Rückgriff auf die zivilrechtlichen Fundvorschriften ermöglicht. Nimmt das Gericht irrig Eigentum des Täters an, wird zwar der wahre Eigentümer nicht informiert, doch geht dann trotz der Einziehung auch kein Eigentum auf den Staat über, sodass er keinen Rechtsverlust zu besorgen hat (BT-Drs. 18/9525, 70).

2 **3. Abs. 2** regelt die Folgen des staatlichen Eigentums- und Rechtserwerbes für sonstige dingliche Rechte Dritter an dem Gegenstand. **S. 1** regelt wie bisher § 74e II 1 StGB aF als Grundsatz, dass solche Rechte bestehen bleiben (BT-Drs. 18/9525, 70). Die Anordnung des Erlöschens von (beschränkt dinglichen) **Rechten Dritter,** dh jede Person, gegen die sich die Einziehungsanordnung nicht richtet (BT-Drs. 18/9525, 70); am Einziehungsgegenstand (zB Pfandrecht, Nießbrauch, nicht Eigentum, BayObLG VRS 46, 271) ist nach **S. 2,** der § 74e II 2 StGB aF entspricht, neben der Sicherungseinziehung (§ 74b I) obligatorisch. **S. 3** übernimmt inhaltlich die Regelung des § 74e II 3 StGB aF; zu den Voraussetzungen der Nr. 1 und 2 vgl. zu § 74b. Bei der fakultativen Anordnung wird der Richter die Ausübung seines Ermessens an § 74f III orientieren (→ § 74f Rn. 7).

3 **4. Abs. 3** entspricht §§ 73e II, 74e III StGB aF und regelt die Wirkung einer nicht rechtskräftigen Anordnung der Einziehung eines nicht beschlagnahmten Gegenstandes (BT-Drs. 18/9525, 70). Als **Veräußerungsverbot** wirken: die Anordnung der Einziehung vor Rechtskraft; die Anordnung des Vorbehalts der Einziehung (§ 74b II) vor und nach Rechtskraft; die Beschlagnahme eines der Einziehung unterliegenden Gegenstandes bis zur Rechtskraft der Einziehung (§ 111d I 1 StPO). Das Veräußerungsverbot ist iSd § 134 BGB absolut, wenn der Gegenstand zum Schutz der Allgemeinheit aus dem Verkehr gezogen werden soll (zB Falschgeld, pornographische Schriften), dagegen iSd § 135 BGB relativ, wenn nur der Eigentumsübergang auf den Fiskus gesichert werden soll (OLG Bremen NJW 1951, 675).

4 **5. Abs. 4** soll sicherstellen, dass in Bezug auf einen vor der Einziehungsentscheidung beschlagnahmten Gegenstand, bei dem die Wirkung der Beschlagnahme von der Eröffnung des Insolvenzverfahrens nicht berührt wurde, danach auch während eines Insolvenzverfahren ein Eigentumsübergang nach Abs. 1 erfolgt, ohne dass § 91 InsO dem entgegen steht (BT-Drs. 18/11640, 81 f.).

§ 76 Nachträgliche Anordnung der Einziehung des Wertersatzes

Ist die Anordnung der Einziehung eines Gegenstandes unzureichend oder nicht ausführbar, weil nach der Anordnung eine der in den §§ 73c oder 74c bezeichneten Voraussetzungen eingetreten oder bekanntgeworden ist, so kann das Gericht die Einziehung des Wertersatzes nachträglich anordnen.

1 **1.** Die durch das Vermögensabschöpfungsgesetz sprachlich geänderte Vorschrift entspricht inhaltlich dem bisherigen Recht (BT-Drs. 18/9525, 71). Für die **Zulässigkeit der nachträglichen Anordnung** ist unerheblich, ob die Voraussetzungen

der §§ 73c, 74c vor oder nach Anordnung der Einziehung eingetreten sind; vor der Tat können sie jedoch nicht verwirklicht worden sein (→ § 73a Rn. 5–7; → § 74c Rn. 2, 3).

2. Zur **Zuständigkeit und Verfahren** §§ 462a I, II, 462 I 2 StPO. 2

§ 76a Selbständige Einziehung

(1) [1]Kann wegen der Straftat keine bestimmte Person verfolgt oder verurteilt werden, so ordnet das Gericht die Einziehung oder die Unbrauchbarmachung selbständig an, wenn die Voraussetzungen, unter denen die Maßnahme vorgeschrieben ist, im Übrigen vorliegen. [2]Ist sie zugelassen, so kann das Gericht die Einziehung unter den Voraussetzungen des Satzes 1 selbständig anordnen. [3]Die Einziehung wird nicht angeordnet, wenn Antrag, Ermächtigung oder Strafverlangen fehlen oder bereits rechtskräftig über sie entschieden worden ist.

(2) [1]Unter den Voraussetzungen der §§ 73, 73b und 73c ist die selbständige Anordnung der Einziehung des Tatertrages und die selbständige Einziehung des Wertes des Tatertrages auch dann zulässig, wenn die Verfolgung der Straftat verjährt ist. [2]Unter den Voraussetzungen der §§ 74b und 74d gilt das Gleiche für die selbständige Anordnung der Sicherungseinziehung, der Einziehung von Verkörperungen eines Inhalts und der Unbrauchbarmachung.

(3) Absatz 1 ist auch anzuwenden, wenn das Gericht von Strafe absieht oder wenn das Verfahren nach einer Vorschrift eingestellt wird, die dies nach dem Ermessen der Staatsanwaltschaft oder des Gerichts oder im Einvernehmen beider zulässt.

(4) [1]Ein wegen des Verdachts einer in Satz 3 genannten Straftat sichergestellter Gegenstand sowie daraus gezogene Nutzungen sollen auch dann selbständig eingezogen werden, wenn der Gegenstand aus einer rechtswidrigen Tat herrührt und der von der Sicherstellung Betroffene nicht wegen der ihr zugrundeliegenden Straftat verfolgt oder verurteilt werden kann. [2]Wird die Einziehung eines Gegenstandes angeordnet, so geht das Eigentum an der Sache oder das Recht mit der Rechtskraft der Entscheidung auf den Staat über; § 75 Absatz 3 gilt entsprechend. [3]Straftaten im Sinne des Satzes 1 sind

1. aus diesem Gesetz:
   a) Vorbereitung einer schweren staatsgefährdenden Gewalttat nach § 89a und Terrorismusfinanzierung nach § 89c Absatz 1 bis 4,
   b) Bildung krimineller Vereinigungen nach § 129 Absatz 1 und Bildung terroristischer Vereinigungen nach § 129a Absatz 1, 2, 4, 5, jeweils auch in Verbindung mit § 129b Absatz 1,
   c) Zuhälterei nach § 181a Absatz 1, auch in Verbindung mit Absatz 3,
   d) Verbreitung, Erwerb und Besitz kinderpornografischer Inhalte in den Fällen des § 184b Absatz 2,
   e) gewerbs- und bandenmäßige Begehung des Menschenhandels, der Zwangsprostitution und der Zwangsarbeit nach den §§ 232 bis 232b sowie bandenmäßige Ausbeutung der Arbeitskraft und Ausbeutung unter Ausnutzung einer Freiheitsberaubung nach den §§ 233 und 233a,
   f) Geldwäsche nach § 261 Absatz 1 und 2,

2. **aus der Abgabenordnung:**
   a) **Steuerhinterziehung unter den in § 370 Absatz 3 Nummer 5 genannten Voraussetzungen,**
   b) **gewerbsmäßiger, gewaltsamer und bandenmäßiger Schmuggel nach § 373,**
   c) **Steuerhehlerei im Fall des § 374 Absatz 2,**
3. **aus dem Asylgesetz:**
   a) **Verleitung zur missbräuchlichen Asylantragstellung nach § 84 Absatz 3,**
   b) **gewerbs- und bandenmäßige Verleitung zur missbräuchlichen Asylantragstellung nach § 84 a,**
4. **aus dem Aufenthaltsgesetz:**
   a) **Einschleusen von Ausländern nach § 96 Absatz 2,**
   b) **Einschleusen mit Todesfolge sowie gewerbs- und bandenmäßiges Einschleusen nach § 97,**
5. **aus dem Außenwirtschaftsgesetz:**
   vorsätzliche Straftaten nach den §§ 17 und 18,
6. **aus dem Betäubungsmittelgesetz:**
   a) **Straftaten nach einer in § 29 Absatz 3 Satz 2 Nummer 1 in Bezug genommenen Vorschrift unter den dort genannten Voraussetzungen,**
   b) **Straftaten nach den §§ 29 a, 30 Absatz 1 Nummer 1, 2 und 4 sowie den §§ 30 a und 30 b,**
7. **aus dem Gesetz über die Kontrolle von Kriegswaffen:**
   a) **Straftaten nach § 19 Absatz 1 bis 3 und § 20 Absatz 1 und 2 sowie § 20 a Absatz 1 bis 3, jeweils auch in Verbindung mit § 21,**
   b) **Straftaten nach § 22 a Absatz 1 bis 3,**
8. **aus dem Waffengesetz:**
   a) **Straftaten nach § 51 Absatz 1 bis 3,**
   b) **Straftaten nach § 52 Absatz 1 Nummer 1 und 2 Buchstabe c und d sowie Absatz 5 und 6.**

Fassung: Abs. 4 S. 1 und S. 3 Buchst. f neu gefasst durch G zur Verbesserung der Bekämpfung der Geldwäsche v. 9.3.2021 (BGBl. I S. 327); in Kraft seit 18.3.2021. Die Änderung dient der begrifflichen Anpassung an § 261 nF ohne inhaltliche Änderung (BT-Drs. 19/24180, 27).

1 **1.** Die Vorschrift ermöglicht die selbständige Einziehung von Taterträgen, Wertersatz, Tatprodukten, Tatmitteln und Tatobjekten. Abs. 1–3 entsprechen grds. bisherigem Recht, doch ist in Abs. 1 die Beschränkung auf tatsächliche Gründe (Abs. 1 aF) entfallen. Die in Abs. 4 darüber hinaus ermöglichte Abschöpfung von Vermögen unklarer Herkunft ist im deutschen Recht neu und nicht durch EU-Regelungen vorgegeben, orientiert sich aber an im Ausland bewährten Instrumenten wie der „non-conviction-based confiscation" im anglo-amerikanischen Rechtskreis (BT-Drs. 18/9525, 71 f.). Aus verfassungsrechtlicher Sicht vgl. Heuer, Einziehung ohne Verurteilung?, Verfassungsrechtliche Grenzen bei der non-conviction-based confiscation, 2021.

1a **2.** Für eine **selbständige Anordnung nach Abs. 1–3** müssen **alle Voraussetzungen** einer Vorschrift, die Einziehung oder Unbrauchbarmachung vorschreibt oder zulässt, erfüllt sein mit Ausnahme der Verfolgbarkeit oder im Falle des Abs. 3 der Verfolgung einer bestimmten Person. Wie bisher erweitern die Abs. 1–3 also die sachlichen Voraussetzungen dieser Maßnahmen nicht. Daher muss namentlich feststehen, dass jemand in den Fällen der §§ 74 III 1, 74a eine Straftat und in den Fällen der §§ 73 I, 73a I, 74b I, 74d eine rechtswidrige Tat (→ § 73 Rn. 2; → § 73a Rn. 4; → § 74d Rn. 4) begangen hat.

3. Abs. 1: Die selbständige Anordnung ist nach **S. 1** uneingeschränkt zulässig, wenn nicht mehr nur – wie nach Abs. 1 StGB aF – **aus tatsächlichen, sondern auch aus rechtlichen Gründen** keine bestimmte Person verfolgt werden kann, etwa weil sie sich im Ausland aufhält und ihre Gestellung nicht ausführbar erscheint (LG Bayreuth NJW 1970, 574), sie verhandlungsunfähig (OLG Celle NStZ-RR 1996, 209), flüchtig oder unbekannt ist (Oppe MDR 1973, 183 (185)). Das gleiche gilt nunmehr aber auch, wenn die Person verstorben ist oder andere dauerhafte Prozesshindernisse wie Strafklageverbrauch oder dauernde Verhandlungsunfähigkeit aus Rechtsgründen einem Strafverfahren entgegenstehen (BT-Drs. 18/9525, 71). Nach dem Willen des Gestzgebers und im Umkehrschluss zur Sonderregelung des Abs. 2 soll ein Vorgehen nach S. 1 allerdings weiterhin ausscheiden, wenn die Anknüpfungstat verjährt ist, weil die auch für die selbständige Einziehung erforderliche Aufklärung der Straftat dem Sinn von § 78 (→ § 78 Rn. 1) widerstreiten würde (BT-Drs. 18/9525, 71), **S. 2** regelt die Einziehung von Surrogaten sowie von Tatmitteln, Tatprodukten und Tatobjekten, für die in den Grundtatbeständen (§§ 73 III, 73b III, 74–74c) eine Ermessensentscheidung vorgesehen ist (BT-Drs. 18/9525, 71). Nach **S. 3** wird die Einziehung nicht angeordnet, wenn bereits rechtskräftig über sie entschieden worden ist. Dies erfasst jedoch nicht den Fall eines rechtskräftigen Urteils, durch das eine anderweitig ausgeurteilte Freiheitsstrafe in eine Gesamtstrafe einbezogen wurde, die in dem weiteren Urteil angeordnete Maßnahme der Einziehung von Wertersatz aber entgegen § 55 II versehentlich nicht ausdrücklich aufrechterhalten wurde (AG Fürth StraFo 2020, 498). 2

4. Abs. 2: Die selbständige Anordnung ist auf die Einziehung des Tatertrages und des Wertersatzes (§§ 73, 73b, 73c) sowie die Sicherungseinziehung und die Unbrauchbarmachung (§§ 74b, 74d) beschränkt, wenn die Nichtverfolgbarkeit auf **Verjährung** (→ § 78 Rn. 3) beruht. Dadurch ist es einem Täter nicht möglich, durch die Behauptung der Verjährung der Tat eine selbständige Einziehung zu verhindern (BT-Drs. 18/11640, 82). Die in Abs. 2 StGB aF noch genannten sonstigen **rechtlichen Gründe** sind durch die Erweiterung von Abs. 1 obsolet geworden. Die Anordnung ist aber weiterhin ausgeschlossen, wenn das Gesetz es bestimmt (zB bei Exterritorialität nach §§ 18, 19 GVG). Steht ein rechtliches Hindernis nicht nur dem subjektiven Verfahren, sondern auch der Einziehung oder Unbrauchbarmachung selbst entgegen (zB wegen materieller Rechtskraft, RGSt 65, 175), so scheidet auch die selbständige Anordnung aus. 3

5. Abs. 3 gestattet, im Rahmen der allgemeinen Möglichkeiten von Strafe (zB nach §§ 113 IV, 129 VI, 157, 158 I, 174 IV, 182 IV, 314a II, 320 II, 330b) oder von Verfolgung (zB nach §§ 153–153e StPO) abzusehen und dadurch das Verfahren auf die Maßnahme zu beschränken. Dabei steht einer selbständigen Sicherungseinziehung (§ 74 III) die Unschuldsvermutung nicht entgegen (OLG Brandenburg NJW 1997, 451). 4

6. Die selbständige Anordnung kann im **subjektiven Verfahren** neben dem Freispruch, dem Absehen von Strafe oder der Einstellung nach § 260 III StPO getroffen werden (BGHSt 6, 62; einschr. BGHSt 37, 55 (68) = NJW 1990, 3026). Außerdem ist nach §§ 435, 436 StPO als selbständige Verfahrensart ein **objektives** 5

Verfahren vorgesehen, in dem die Nichtverfolgbarkeit einer bestimmten Person (BGHSt 21, 55 = NJW 1966, 1276) oder das Vorliegen der Voraussetzungen des Abs. 3 eine Prozessvoraussetzung bildet (BayObLG MDR 1987, 870). Soweit die Maßnahme zwingend vorgeschrieben ist, gilt das auch hier; nach § 435 I StPO besteht jedoch für die StA kein Verfolgungszwang. Eine Bindungswirkung der Verurteilung für das Dritteinziehungsverfahren ist zumindest dann zu verneinen, wenn der Einziehungsbeteiligte im vorausgegangenen Strafverfahren kein rechtliches Gehör hatte (OLG Celle ZWH 2022, 94 mzustAnm Hüls; Emmert (VStZ 2020, 587)).

6 **7. Abs. 4** erweitert für einen **Katalog von Anknüpfungstaten** (S. 3 Nr. 1–8) die Möglichkeit einer selbständigen Einziehung auch auf Vermögen unklarer Herkunft und ergänzt damit für schwere Straftaten aus dem Bereich von Terrorismus und organisierter Kriminalität das bestehende Abschöpfungsinstrumentarium. Deshalb geht die Einziehung nach §§ 73–73c wie auch die selbständige Einziehung nach Abs. 1–3 einer Anordnung nach Abs. 4 vor (BT-Drs. 18/9525, 72), weshalb letztere nur anwendbar ist, wenn der Betroffene nicht wegen der Anknüpfungstat verfolgt oder verurteilt werden kann (S. 1 aE). Da es sich um ein eigenständiges Abschöpfungsinstrument handelt, ist die **Rechtswirkung in S. 2** geregelt (ausf. Meyer StV 2017, 343 (344–354)). Das Rückwirkungsverbot verbietet eine Anwendung von Abs. 4, wenn die Erwerbstat vor dem 1.7.2017 begangen worden ist (BT-Drs. 18/9525, 73).

7 **a)** Voraussetzung ist, dass der einzuziehende **Gegenstand** aus (irgend-)einer **rechtswidrigen Tat herrührt,** was wie bei § 261 (→ § 261 Rn. 5) weit auszulegen sein soll. Es genügt, wenn bei wirtschaftlicher Betrachtungsweise zwischen dem Gegenstand und der rechtswidrigen Tat ein Kausalzusammenhang besteht. Rührt nur ein Teil des Gegenstandes aus der Tat, kann der Einziehungsgegenstand wie bei § 261 bei „Teilkontamination" ermittelt werden (BT-Drs. 18/9525, 72; Neuheuser in MüKoStGB § 261 Rn. 47). Für die richterliche Überzeugung iSd § 261 StPO, dass ein Gegenstand aus einer rechtswidrigen Tat herrührt, enthält § 437 StPO einige Anhaltspunkte, die zwar insbes. zu berücksichtigen sind, das Gericht aber nicht binden.

8 **b)** Liegen die Voraussetzungen vor, **soll** eine selbständige Einziehung erfolgen, dh im Regelfall ist diese anzuordnen, doch können im Einzelfall unverhältnismäßige Entscheidungen vermieden werden. Dabei soll im Einzelfall einerseits in Anlehnung an die Rspr. des EGMR (24.7.2012 – 55167/11 Rn. 44; EGMR 10.4.2012 – 20496/02 Rn. 62) das Verhalten des Betroffenen und das Ausmaß seiner Bösgläubigkeit erfasst und andererseits auf die Abgrenzung in der Rspr. zu § 73 III StGB aF (heute § 73b) zwischen Verschiebungs- und Erfüllungsfall (BGHSt 45, 235 = NJW 2000, 297) abgestellt werden (BT-Drs. 18/9525, 72f.; → § 73b Rn. 3, 5).

9 **c)** Zum **Verfahren §§ 435–437 StPO.** Es richtet sich nicht gegen eine Person, sondern gegen die Sache **(„ad rem")** und hat folglich keinen Strafcharakter. § 437 StPO enthält zwar einige Indizien für die Annahme der Voraussetzungen einer selbständigen Einziehung nach Abs. 4, doch handelt es sich damit nicht um Beweislastregeln iSd Zivilprozesses, so dass das Gericht auch bei Vorliegen der Indizien nicht allein deshalb die Anordnung nach Abs. 4 erlassen kann, sondern aufgrund der Umstände davon iSd § 261 StPO auch überzeugt sein muss, so dass im Einzelfall trotz Vorliegens der in § 437 StPO genannten Umstände eine Anordnung unterbleiben muss, wenn diese nicht richterlicher Überzeugung entspricht. Dass allerdings in der Praxis der Betroffene angesichts gegen seine Berechtigung streitender Indizien iSd § 437 StPO faktisch gehalten sein mag, Gegenbeweise zu erbringen, verstößt angesichts des fehlenden Strafcharakters nicht gegen die Unschuldsvermutung.

Steht umgekehrt die Unschuld des Betroffenen fest, ist eine selbständige Einziehung nach Abs. 4 ausgeschlossen, so dass eine solche idR nur anzuordnen sein soll, wenn die Beteiligung des Betroffenen an einer konkreten Straftat im Einzelfall nicht nachweisbar ist (BT-Drs. 18/9525, 94: zB wenn Vorsatz offenbleibt oder zwar eine Verstrickung in kriminelle Aktivitäten feststeht, aber keine konkrete Straftat belegt werden kann).

8. Zur **Verjährung** s. §76b. 10

§76b Verjährung der Einziehung von Taterträgen und des Wertes von Taterträgen

(1) [1]**Die erweiterte und die selbständige Einziehung des Tatertrages oder des Wertes des Tatertrages nach den §§73a und 76a verjähren in 30 Jahren.** [2]**Die Verjährung beginnt mit der Beendigung der rechtswidrigen Tat, durch oder für die der Täter oder Teilnehmer oder der andere im Sinne des §73b etwas erlangt hat.** [3]**Die §§78b und 78c gelten entsprechend.**

(2) **In den Fällen des §78 Absatz 2 und des §5 des Völkerstrafgesetzbuches verjähren die erweiterte und die selbständige Einziehung des Tatertrages oder des Wertes des Tatertrages nach den §§73a und 76a nicht.**

1. Die Vorschrift ist als Konsequenz aus der Entkopplung der Verjährung der Ein- 1
ziehung des Tatertrages und derjenigen der (Erwerbs-)Tat in §76a II 1 erst am Ende des Gesetzgebungsverfahrens neu aufgenommen worden. Sie soll durch eine klare Frist Rechtssicherheit schaffen, zugleich aber durch deren Länge die Vermögensabschöpfung weiter erleichtern, wobei der Gesetzgeber den Rahmen des verfassungsrechtlich Zulässigen bewusst voll ausschöpfen will (BT-Drs. 18/11640, 83).

2. Nach **Abs. 1 S. 1** beträgt die Verjährungsfrist idR (Ausnahme in Abs. 2) 2
30 Jahre und orientiert sich damit an den längsten Verjährungsfristen des Zivilrechts. Sie beginnt nach **S. 2** mit der Beendigung der (Erwerbs-)Tat. Nach **S. 3** gelten die Regelungen über Ruhen und Unterbrechung (§§78b, 78c) entsprechend.

3. Verjährt die (Erwerbs-)Tat überhaupt nicht, gilt dies nach **Abs. 2** auch für die 3
erweiterte oder selbständige Einziehung.

4. Abschnitt. Strafantrag, Ermächtigung, Strafverlangen

§77 Antragsberechtigte

(1) **Ist die Tat nur auf Antrag verfolgbar, so kann, soweit das Gesetz nichts anderes bestimmt, der Verletzte den Antrag stellen.**

(2) [1]**Stirbt der Verletzte, so geht sein Antragsrecht in den Fällen, die das Gesetz bestimmt, auf den Ehegatten, den Lebenspartner und die Kinder über.** [2]**Hat der Verletzte weder einen Ehegatten oder einen Lebenspartner noch Kinder hinterlassen oder sind sie vor Ablauf der Antragsfrist gestorben, so geht das Antragsrecht auf die Eltern und, wenn auch sie vor Ablauf der Antragsfrist gestorben sind, auf die Geschwister und die Enkel über.**

[3]Ist ein Angehöriger an der Tat beteiligt oder ist seine Verwandtschaft erloschen, so scheidet er bei dem Übergang des Antragsrechts aus. [4]Das Antragsrecht geht nicht über, wenn die Verfolgung dem erklärten Willen des Verletzten widerspricht.

(3) **Ist der Antragsberechtigte geschäftsunfähig oder beschränkt geschäftsfähig, so können der gesetzliche Vertreter in den persönlichen Angelegenheiten und derjenige, dem die Sorge für die Person des Antragsberechtigten zusteht, den Antrag stellen.**

(4) **Sind mehrere antragsberechtigt, so kann jeder den Antrag selbständig stellen.**

Fassung: Das LPartG (→ Vor § 1 Rn. 14) hat Abs. 2 S. 1, 2 durch Einbeziehung des Lebenspartners erweitert.

1 **1. a)** Grundsätzlich werden Straftaten unabhängig vom Willen des Verletzten **von Amts wegen** verfolgt (Offizialdelikte). Bei einzelnen Tatbeständen fordert das Gesetz jedoch einen **Antrag** (Antragsdelikte). Die Gründe dafür sind verschieden, und zwar entweder, weil eine Verfolgung wegen des geringen Allgemeininteresses (zB § 248b III) nur geboten erscheint, wenn der Verletzte die Verfolgung verlangt (Kargl in NK-StGB Vor §§ 77ff. Rn. 2), oder weil mögliche berechtigte Interessen des Verletzten, etwa die Wahrung der Intimsphäre (zB § 205 I) oder des Familienfriedens (zB § 247), der Verfolgung entgegenstehen (hM; vgl. Maiwald GA 1970, 33; Bosch Jura 2013, 368; Meyer, Zur Rechtsnatur und Funktion des Strafantrags, 1984). Von dem Antragserfordernis unabhängig ist die Frage, ob die Verfolgung von der StA durchgeführt wird oder dem Verletzten überlassen bleibt (Privatklagedelikte, §§ 374ff. StPO). Absolute Antragsdelikte setzen einen Antrag stets, relative setzen ihn nur bei bestimmter Beziehung zum Verletzten (zB § 247) voraus. Sonderfälle bilden die Vorschriften (zB §§ 182 III, 230 I), die eine Verfolgung von Amts wegen auch ohne Antrag bei besonderem öffentlichen Interesse zulassen (vgl. Bosch Jura 2013, 368 (370); näher Linke, Das besondere öffentliche Interesse an der Strafverfolgung bei relativen Antragsdelikten, 2021); ihr Ausnahmecharakter verbietet eine Ausdehnung auf andere Fälle (BGHSt 7, 256 = NJW 1955, 838; str.). Zur gesetzlichen Systematik und zu typischen Problemfeldern Böhme/Lohmann JuS 2016, 234.

2 **b)** Der Antrag ist **Prozessvoraussetzung,** die Tat deshalb auch ohne Antrag rechtswidrig und strafbar (hM; vgl. RGSt 75, 306 (311); Meyer, Zur Rechtsnatur und Funktion des Strafantrags, 1984, S. 42; Kargl in NK-StGB Vor §§ 77ff. Rn. 17–22; sa Eckstein FS Schroeder, 2006, 777 (780)). In Teilen des Schrifttums wird demgegenüber teils eine materielle (Ausschluss der Strafbarkeit, Maiwald GA 1970, 33 (38); Bloy, Die dogmatische Bedeutung der Strafausschließungs- und Strafaufhebungsgründe, 1976, S. 115) und teils eine gemischte Theorie (Doppelnatur des Strafantrags, Wolter in SK-StGB Vor § 77 Rn. 6–8) vertreten. Da jedoch überwiegend anerkannt ist, dass der Antrag mindestens auch prozessualer Natur ist, führt sein Fehlen nicht zum Freispruch, sondern mit Rücksicht auf den Vorrang der Prozessvoraussetzung zur Einstellung des Verfahrens (§§ 206a, 260 III StPO); anders wenn die Straflosigkeit im Zeitpunkt des Wegfalls des Antrags schon feststeht (Bosch Jura 2013, 371). Das Antragserfordernis ist in jeder Lage des Verfahrens **von Amts wegen** zu beachten (BGHSt 6, 155 = NJW 1954, 1413; BGHSt 22, 90 = NJW 1968, 1148; BGH NJW 1994, 1165), Antragstellung daher vor Frist-

ablauf auch noch in der Revisionsinstanz möglich (BGHSt 3, 73 = BeckRS 1952, 31192623). Vorschriften über den Antrag treten jeweils mit dem Gesetz, das sie einführt, in Kraft und wirken auch in anhängigen Verfahren (OLG Hamm NJW 1970, 578). Der Antrag ist nicht nur Voraussetzung für die Festsetzung von Strafen, sondern auch von Maßregeln (RGSt 71, 218); deshalb auch kein Sicherungsverfahren nach §§ 413ff. StPO, wenn das Antragserfordernis nicht erfüllt werden kann (BGHSt 31, 132 = NJW 1983, 1385 mAnm Blau JR 1984, 27; zw.). Der Lauf der Verjährung wird durch das Fehlen des Antrags nicht berührt (§ 78b I Nr. 2). Bei Zweifeln über das Vorliegen eines wirksamen Strafantrags ist der in-dubio-Grundsatz anzuwenden (BGHSt 22, 93 = NJW 1968, 1148; NJW 2009, 3380; Bosch Jura 2013, 371). Zur Frage der Rückwirkung, wenn durch Gesetz Antrags- in Offizialdelikte umgewandelt werden, → § 1 Rn. 4.

c) Zur **Form des Antrags** und zu den zur Entgegennahme **zuständigen Behörden** § 158 II StPO; ob auch ausländische Behörden in Frage kommen, ist umstritten (Schulz NJW 1977, 480). Die Schriftform ist gewahrt bei faksimilierter Unterschrift (RGSt 62, 53), bei Unterzeichnung eines polizeilichen Protokolls durch den Antragsberechtigten (BGH NJW 1951, 368), bei Vorlage einer beglaubigten Abschrift des Antrags (KG GA 1953, 123) und bei Übermittlung durch Fernkopie (Telefax; Schmid in LK-StGB Rn. 11), nicht dagegen bei mündlich erstatteter, in einem polizeilichen Aktenvermerk dokumentierter Anzeige (BayObLG NStZ 1994, 86; zur Abgrenzung Bosch Jura 2013, 369; beachte jedoch BGH NStZ 1995, 353; BayObLG JR 1997, 523 mablAnm Stree), bei fernmündlicher Antragstellung gegenüber der Polizei (BGH NJW 1971, 903) und bei Verwendung eines Firmenstempels ohne Unterschrift (OLG Celle GA 1971, 378; sa KG NStZ 1990, 144). Wahrung der Form durch Boten genügt nicht; dieser kann nur einen schriftlichen Antrag überbringen (Stree NJW 1956, 45). Wird der Antrag per E-Mail eingelegt, muss die Form des § 32a III StPO gewahrt sein, so dass eine einfache E-Mail nicht genügt (BGH NJW 2022, 2768; Jahn JuS 2021, 564 (565); Hauser JR 2022, 401; aM Fischer Rn. 23; Bosch in Schönke/Schröder Rn. 36; Dallmeyer in BeckOK StGB Rn. 7; Dietmeier in Matt/Renzikowski Rn. 21). 3

d) Inhaltlich muss der Antrag eindeutig den Willen des Berechtigten erkennbar machen, dass er eine bestimmte Tat strafrechtlich verfolgt wissen will (BGH NJW 1991, 367 (370); NJW 1992, 2167; NJW 2014, 2968; StraFo 2017, 338 = NStZ-RR 2017, 305). Fehlende oder falsche Bezeichnung des Antrags sowie unrichtige rechtliche Beurteilung der Tat sind unschädlich (BGH NJW 1951, 368). Erhebung der Privatklage oder Anschluss als Nebenkläger genügt (BGHSt 33, 114 = NJW 1985, 1175; sa OLG Düsseldorf VRS 92, 331), uU auch eine bloße Strafanzeige (Stree MDR 1956, 723). Umgekehrt kann das Verlangen einer rechtskundigen Behörde an die StA, einen Sachverhalt unter dem Gesichtspunkt eines bestimmten Offizialdelikts zu prüfen, nicht ohne weiteres als Strafantrag im Hinblick auf ein tateinheitlich begangenes Antragsdelikt gedeutet werden (OLG Stuttgart NStZ 1981, 184). Der Antrag ist **bedingungsfeindlich;** keine Wirksamkeit daher bei aufschiebender Bedingung (OLG Oldenburg MDR 1954, 55), deren Vorliegen durch Auslegung zu ermitteln ist (OLG Schleswig SchlHA 1975, 186; Bergmann MDR 1954, 660); eine auflösende Bedingung ist unbeachtlich (RGSt 14, 96). Der Antrag kann erst gestellt werden, wenn sich der Sachverhalt hinreichend beschreiben lässt (RGSt 38, 434). Deshalb ist Antragstellung vor Tatbegehung in aller Regel ausgeschlossen; Ausnahmen sind aber denkbar (BGHSt 13, 363 = NJW 1960, 442; BayObLG NJW 1966, 942; aM Ott StV 1982, 45; str.), namentlich wenn nach den 4

Informationen des Berechtigten die Begehung einer konkreten Tat unmittelbar droht (OLG Düsseldorf NJW 1987, 2526 mkritAnm Keller JR 1987, 521; einschr. Schroth NStZ 1982, 1; Schmid in LK-StGB Rn. 22). Bei **Zweifeln über die Tragweite eines Antrags** ergreift dieser die gesamte Tat iSd § 264 StPO (BGH VRS 34, 423; KG JR 1956, 351), also uU bei sukzessiver Mittäterschaft (→ § 25 Rn. 10, 12) auch Tatbeiträge (OLG Düsseldorf NJW 1982, 2680), die erst nach Antragstellung begangen oder erbracht wurden. Das Antragserfordernis erfasst auch Offizialdelikte, die in Tat- oder Gesetzeseinheit stehen, wenn der Schutz des Antragstellers diese Erweiterung erfordert; die in der Rspr. häufig für ausschlaggebend gehaltene Unterscheidung von Tat- und Gesetzeseinheit (zB BGHSt 39, 239 = NJW 1993, 2758) ist problematisch (Fahl GA 1996, 476). Der Antrag kann sachlich auf bestimmte Straftaten (OLG Frankfurt a. M. NJW 1952, 1388), auf idealkonkurrierende Gesetzesverletzungen und auf Einzelakte einer Fortsetzungstat (→ Vor § 52 Rn. 13) sowie auch persönlich auf bestimmte Beteiligte **beschränkt** werden. Der private Verletzte ist dabei nicht an den Gleichheitssatz gebunden (Stree DÖV 1958, 17).

5 **e)** Die **Verurteilung** darf sich nur auf solche real- oder idealkonkurrierenden Gesetzesverletzungen und Teilakte einer Fortsetzungstat (→ Vor § 52 Rn. 13) erstrecken, die keines Antrags bedürfen oder deretwegen der erforderliche Antrag gestellt ist (BGHSt 17, 157 = NJW 1962, 972). Namentlich bei Verletzung mehrerer Opfer durch dieselbe Handlung muss die Strafzumessung die Verletzung derjenigen unberücksichtigt lassen, die keinen Antrag gestellt haben (RGSt 72, 44; OLG Frankfurt a. M. JR 1991, 390 mAnm Hilger).

6 **2. a) Antragsberechtigt** ist, soweit das Gesetz (zB in §§ 194 III, 230 II, 355 III) nichts anderes bestimmt, **nur der Verletzte** als Träger des durch die Tat unmittelbar verletzten Rechtsguts, also der, in dessen Rechtskreis der Täter durch die verbotene Handlung eingegriffen hat (BGHSt 31, 207 = NJW 1983, 1919; KG NJW 2015, 3527; Eckstein FS Schroeder, 2006, 777 (779); Kargl in NK-StGB Rn. 3; eing. Schröter, Der Begriff des Verletzten im Strafantragsrecht (§ 77 Abs. 1 StGB), 1998; zur Übertragung auf einen Vertreter OLG Brandenburg NJW 2002, 693); er kann auch eine juristische Person (OLG Frankfurt a. M. NStZ-RR 2006, 342 (343); im Fall der Insolvenz eine natürliche Person, BGH NJW 2016, 1535 mit krit. Bespr. Brand) oder eine nichtrechtsfähige Personenvereinigung sein (OLG Düsseldorf NJW 1979, 2525), für die jeweils deren Organe oder sonst befugten Vertreter das Recht ausüben (OLG Celle NStZ 1981, 223). Hat ein Nichtberechtigter den Antrag gestellt, so kann der Berechtigte ihn innerhalb der Antragsfrist ohne Wahrung des Formerfordernisses (→ Rn. 3) durch ausdrückliche oder stillschweigende Erklärung billigen (BGH NJW 1953, 1479; BayObLGSt 1980, 64 (65) = NStZ 1981, 30; OLG Brandenburg NJW 2002, 693). Auch der (unwirksame; → Rn. 10) Antrag eines während der Frist volljährig Gewordenen kann auf diesem Wege wirksam werden (BGH NJW 1994, 1165); jedoch soll der bloße Eintritt der Volljährigkeit auch dann nicht genügen, wenn alles für ein Festhalten des Berechtigten an seinem zunächst unwirksamen Antrag spricht (BGH NJW 1953, 1479; zw.).

7 **b)** Das **Antragsrecht** ist höchstpersönlich (Kargl in NK-StGB Rn. 29) und idR (zu Ausnahmen → Rn. 8, 9) nicht „vererblich“ (RGSt 43, 335; Hartung NJW 1950, 670). Vertretung ist, unbeschadet der Sonderregelung in Abs. 3, nicht nur in der Erklärung (BGH NStZ 1982, 508), sondern bei Verletzung materieller Rechts-

güter auch im Willen möglich (BGH NStZ 1985, 407; sa BayObLG NJW 1995, 2862 (2864)). Bei immateriellen Gütern ist eine Bekundung des Verfolgungswillens durch den Verletzten selbst erforderlich; er kann aber die Entschließung, ob und wann der Antrag den Verfolgungsbehörden zu übermitteln ist, einem Vertreter im Willen überlassen (OLG Bremen NJW 1961, 1489; sa BGHSt 9, 149 = NJW 1956, 1162; Stree NJW 1956, 554).

3. Das Antragsrecht des Verletzten **erlischt grds. mit seinem Tode.** 8

a) Abs. 2 regelt eine **allgemeine Ausnahme** für den Fall, dass das Gesetz den Übergang des Antragsrechts auf die Angehörigen besonders bestimmt (zB in §§ 194 I 5, 205 II 1, 230 I 2). **Angehörige** im Sinne der Vorschrift sind auch der wiederverheiratete Ehegatte, der Lebenspartner (→ Vor § 1 Rn. 14), der nach Beendigung der alten eine neue Partnerschaft eingegangen ist, jedes Kind (auch das nichteheliche oder angenommene), die Adoptiveltern und die Halbgeschwister. Das Gesetz zählt in Abs. 2 nicht alle Angehörigen iSd § 11 I Nr. 1a auf, sondern beschränkt den Übergang des Strafantragsrechts auf einen kleinen Kreis von Angehörigen. Abweichend von § 11 I Nr. 1a scheiden jedoch der geschiedene Ehegatte (Bosch in Schönke/Schröder Rn. 12), der Lebenspartner, der die Aufhebung der Partnerschaft herbeigeführt hat, und solche Angehörige aus, deren Verwandtschaft nach §§ 1755, 1756, 1764 II BGB erloschen ist. Solange in einer **vorrangigen Gruppe** auch nur ein Berechtigter vorhanden ist, bleiben die nachfolgenden Gruppen ausgeschlossen. Innerhalb der berechtigten Gruppe kann jeder den Antrag selbständig stellen (Abs. 4). **An der Tat beteiligt** ist nur der Täter oder Teilnehmer, nicht der Begünstiger (Fischer Rn. 8; aM Bosch in Schönke/Schröder Rn. 12) oder Hehler (hM; aM Bosch Jura 2013, 372; Schmid in LK-StGB Rn. 48). Der **erklärte Wille** kann sich auch aus einer stillschweigenden Erklärung ergeben (Kargl in NK-StGB Rn. 50); diese ist unter denselben Voraussetzungen wie eine Einwilligung wirksam (→ § 228 Rn. 5–9).

b) Eine **besondere Ausnahme** (Übergang des Antragsrechts auf die Erben) 9
enthält § 205 II 2 (→ § 205 Rn. 4).

4. In den Fällen des **Abs. 3 S. 1** treten die genannten Vertreter **an die Stelle** des 10
Antragsberechtigten (BGH NJW 2014, 2969 (2970)), dh des geschäftsunfähigen oder beschränkt geschäftsfähigen Verletzten oder Angehörigen nach Abs. 2 (BGH NStZ 1981, 479); daraus folgt, dass dieser selbst keinen wirksamen Antrag stellen kann (BGH NJW 1994, 1165; zum einsichtsfähigen Minderjährigen vgl. jedoch Schwarz/Sengbusch NStZ 2006, 673) und dass mit seinem Tod die Befugnis, ihn zu vertreten, erlischt (BGH bei Holtz MDR 1994, 434).

a) Wer **gesetzlicher Vertreter und Personensorgeberechtigter** ist, be- 11
stimmt sich nach bürgerlichem Recht. Bei bestehender Ehe sind dies idR beide Eltern gemeinschaftlich (§§ 1626 I, 1629 I BGB). Grundsätzlich ist daher gemeinsame Antragstellung erforderlich (BGH FamRZ 1960, 197; BayObLG JR 1961, 72; krit. Kohlhaas JR 1972, 326); es genügt jedoch auch formlose Ermächtigung oder Zustimmung des anderen Elternteils (BGH JZ 1957, 67; BayObLG NJW 1956, 521). Ein Elternteil ist allein antragsberechtigt, wenn er die elterliche Sorge oder auch nur die Personensorge allein ausübt (zB nach §§ 1671, 1672, 1678, 1680 BGB) und daher nach § 1629 I 3 BGB auch allein vertretungsberechtigt ist, wenn ihm die Entscheidung im Einzelfall nach § 1628 I BGB übertragen worden ist oder

wenn der andere Elternteil wegen Beteiligung an der Tat rechtlich an der Antragstellung verhindert ist (BGHSt 6, 155 = NJW 1954, 1413). Gesetzliche Vertreter sind außer den Eltern namentlich der Vormund (§ 1793 BGB), der Betreuer (§§ 1896ff. BGB) und der Pfleger (§§ 1909ff. BGB), der für die Antragstellung besonders bestellt werden kann (RGSt 50, 156); auch die Vertreter kraft Amtes (Insolvenzverwalter, Zwangsverwalter, Nachlassverwalter, Testamentsvollstrecker) gehören hierher (Wolter in SK-StGB Rn. 4). Sind ausnahmsweise verschiedene Personen nebeneinander zur gesetzlichen Vertretung und zur Personensorge berufen, so kann jede den Antrag selbständig stellen (Abs. 4). Bei Betreuung einer vollgeschäftsfähigen Person kommt eine analoge Anwendung des § 77 III nur insoweit in Betracht, als die Stellung eines Strafantrags zum übertragenen Aufgabenkreis gehört (BGH NJW 2014, 2968; OLG Karlsruhe Justiz 2014, 229 (230); OLG Köln wistra 2005, 392; LG Hamburg NStZ 2002, 39).

12 **b)** Obwohl der gesetzliche Vertreter und der Sorgeberechtigte ein selbständiges Antragsrecht haben, üben sie doch nur das Recht des Vertretenen aus (**Vertretungstheorie** im Gegensatz zur Rechtstheorie; str.). Bei höchstpersönlichen Entscheidungen nach §§ 77 III, 247, ist der Betreuer nicht nur Willensbote, sondern trifft als Vertreter im Willen eine eigene Entscheidung für den Betreuten (BGH NJW 2014, 2968 (2970)). Deshalb erlischt ihr Recht mit dem Ende des Vertretungsverhältnisses, namentlich mit dem Eintritt der Volljährigkeit oder mit dem Tod des Vertretenen (RGSt 57, 240); ein Übergang des Antragsrechts (Abs. 2) bleibt unberührt.

13 **c)** Ist der gesetzliche Vertreter oder Sorgeberechtigte **selbst an der Tat beteiligt,** so ist er nicht antragsberechtigt (BGHSt 6, 155 = NJW 1954, 1413; Kargl in NK-StGB Rn. 41). Ein bloßer Interessengegensatz zum Vertretenen beeinträchtigt sein Recht dagegen nicht (BGHSt 6, 155 = NJW 1954, 1413).

14 **d)** Ob eine **Strafanzeige** des gesetzlichen Vertreters oder Sorgeberechtigten zugleich als Strafantrag im Namen des verletzten Kindes verstanden werden kann, ist Auslegungsfrage (OLG Hamm MDR 1967, 852).

15 **e)** Zum Lauf der Antragsfrist bei gemeinsamer Antragsberechtigung der Eltern und beim Wechsel des gesetzlichen Vertreters → § 77b Rn. 5–7.

16 **5.** Die **Antragsberechtigung mehrerer (Abs. 4)** kann sich daraus ergeben, dass mehrere verletzt sind oder dass mehreren – zB nach §§ 194 III, 230 II, 355 III – ein selbständiges (→ Rn. 11) Antragsrecht eingeräumt ist.

17 **6.** Die Ausübung des Antragsrechts steht im **freien Ermessen,** dh grds. im Belieben, des Antragsberechtigten; für die Annahme der Unwirksamkeit des Antrags, wenn der Berechtigte eine außerstrafrechtliche Wiedergutmachung (Versöhnung, Schmerzensgeld, Genugtuungsleistung) erlangt, die Begehung der Tat mitverschuldet oder den Antrag missbräuchlich gestellt hat (so Barnstorf NStZ 1985, 67), bietet das Gesetz keine Grundlage (hM; vgl. Kargl in NK-StGB Rn. 54, 55); jedoch wird in solchen Fällen regelmäßig das öffentliche Interesse zu verneinen sein, so dass nach § 153 StPO oder § 376 StPO verfahren werden kann. Eine antragsberechtigte öffentliche Stelle hat die allgemein für öffentlich-rechtliche Eingriffe geltenden Ermessensschranken zu beachten (hM; vgl. Ostendorf JuS 1981, 640 (642); Bosch Jura 2013, 375; anders Fischer § 77b Rn. 2; Schmid in LK-StGB Vor § 77 Rn. 8). Ein **Verzicht** auf den Antrag ist vor dessen Stellung gegenüber der mit der Sache befassten Behörde möglich (BGH NJW 1957, 1368; Bosch Jura 2013, 375 (376)).

Der Verzicht ist unwiderruflich (zu Einzelfragen LG Krefeld VRS 31, 436). Gegenüber dem Täter oder einem Dritten kann sich der Berechtigte wirksam zur Nichtausübung seines Antragsrechts verpflichten (BGH NJW 1974, 900 mkritAnm Meyer NJW 1974, 1325).

7. Verfahren §§ 127 III, 130, 206a, 260 III StPO, bei nicht widerlegter Unschuldsvermutung erfolgt aber Freispruch (Kühl, Unschuldsvermutung, Freispruch und Einstellung, 1983, S. 100; Kargl in NK-StGB Vor §§ 77 ff. Rn. 20). Abs. 2 gilt nach § 374 II StPO auch für die Privatklageberechtigung. Nach der Rspr. des BGH (BGH NStZ 1999, 312) soll das jedoch nicht für die Nebenklage gelten (mit guten Gründen anders OLG Nürnberg NJW 1999, 3647; OLG Frankfurt a. M. NStZ-RR 2000, 17; OLG Hamburg JR 2001, 213 mAnm Gössel). 18

§ 77a Antrag des Dienstvorgesetzten

(1) **Ist die Tat von einem Amtsträger, einem für den öffentlichen Dienst besonders Verpflichteten oder einem Soldaten der Bundeswehr oder gegen ihn begangen und auf Antrag des Dienstvorgesetzten verfolgbar, so ist derjenige Dienstvorgesetzte antragsberechtigt, dem der Betreffende zur Zeit der Tat unterstellt war.**

(2) [1]**Bei Berufsrichtern ist an Stelle des Dienstvorgesetzten antragsberechtigt, wer die Dienstaufsicht über den Richter führt.** [2]**Bei Soldaten ist Dienstvorgesetzter der Disziplinarvorgesetzte.**

(3) [1]**Bei einem Amtsträger oder einem für den öffentlichen Dienst besonders Verpflichteten, der keinen Dienstvorgesetzten hat oder gehabt hat, kann die Dienststelle, für die er tätig war, den Antrag stellen.** [2]**Leitet der Amtsträger oder der Verpflichtete selbst diese Dienststelle, so ist die staatliche Aufsichtsbehörde antragsberechtigt.**

(4) **Bei Mitgliedern der Bundesregierung ist die Bundesregierung, bei Mitgliedern einer Landesregierung die Landesregierung antragsberechtigt.**

1. Der **Antrag des Dienstvorgesetzten** ist im StGB vorgesehen in §§ 194 III, 230 II, 355 III. 1

2. Wer **Dienstvorgesetzter** ist, bestimmt sich nach den einschlägigen dienstrechtlichen Vorschriften und dem Behördenaufbau (für Bundesbeamte vgl. § 3 II BBG). Danach kommt es nicht auf die Person, sondern auf die amtliche Funktion an (BT-Drs. V/4095, 42), so dass Nachfolge im Amt keinen Wechsel des Dienstvorgesetzten bedeutet (→ § 77b Rn. 7). Erfasst wird außer dem unmittelbaren auch der höhere Vorgesetzte (Begr. zu § 122 E 1962, S. 254). Auch der allgemeine Stellvertreter des Vorgesetzten ist nach außen ohne Einschränkung antragsberechtigt (Schmid in LK-StGB Rn. 10). 2

3. Amtsträger, für den öffentlichen Dienst besonders Verpflichteter → § 11 Rn. 3–11; → § 11 Rn. 13–17. Berufsrichter §§ 1, 2 DRiG. Dienstaufsicht über den Richter § 26 DRiG. Disziplinarvorgesetzter § 1 IV SG iVm §§ 22, 27–31 WDO. 3

4. Amtsträger, die keinen Dienstvorgesetzten haben (Abs. 3), sind zB die ehrenamtlichen Richter (§§ 44–45a DRiG). 4

5 **5.** Die Regierung (Abs. 4) entscheidet in der Zusammensetzung, die das Kabinett zurzeit der Beschlussfassung hat.

§ 77b Antragsfrist

(1) [1]**Eine Tat, die nur auf Antrag verfolgbar ist, wird nicht verfolgt, wenn der Antragsberechtigte es unterläßt, den Antrag bis zum Ablauf einer Frist von drei Monaten zu stellen.** [2]**Fällt das Ende der Frist auf einen Sonntag, einen allgemeinen Feiertag oder einen Sonnabend, so endet die Frist mit Ablauf des nächsten Werktags.**

(2) [1]**Die Frist beginnt mit Ablauf des Tages, an dem der Berechtigte von der Tat und der Person des Täters Kenntnis erlangt.** [2]**Für den Antrag des gesetzlichen Vertreters und des Sorgeberechtigten kommt es auf dessen Kenntnis an.**

(3) **Sind mehrere antragsberechtigt oder mehrere an der Tat beteiligt, so läuft die Frist für und gegen jeden gesondert.**

(4) **Ist durch Tod des Verletzten das Antragsrecht auf Angehörige übergegangen, so endet die Frist frühestens drei Monate und spätestens sechs Monate nach dem Tod des Verletzten.**

(5) **Der Lauf der Frist ruht, wenn ein Antrag auf Durchführung eines Sühneversuchs gemäß § 380 der Strafprozeßordnung bei der Vergleichsbehörde eingeht, bis zur Ausstellung der Bescheinigung nach § 380 Abs. 1 Satz 3 der Strafprozeßordnung.**

Fassung: Das 1. JuMoG (→ Vor § 1 Rn. 15) hat in Abs. 5 den Verweis auf § 380 Abs. 1 S. 3 StPO (bisher S. 2) geändert. Durch das Gesetz v. 20.11.2015 (BGBl. I 2010) wurde S. 2 des Absatzes 2 aufgehoben.

1 **1.** Die **Antragsfrist** ist eine Ausschlussfrist, Wiedereinsetzung daher unzulässig (BGH NJW 1994, 1165; Kargl in NK-StGB Rn. 2). Jedoch ist die Nachholung des Antrags nach Fristablauf nicht schlechthin ausgeschlossen, da der Berechtigte die Antragstellung „unterlassen" haben muss. Damit kann die Fristversäumnis in Anlehnung an die frühere Praxis (zB BGHSt 2, 121 (124) = NJW 1952, 554) verneint werden, wenn der Berechtigte zur fristgemäßen Antragstellung außerstande war (OLG Schleswig MDR 1980, 247; Kargl in NK-StGB Rn. 15).

2 **2.** Die Antragsfrist knüpft idR an die **Erlangung der Kenntnis von der Tat** an. Dabei kommt es darauf an, wann der Berechtigte persönlich (RGSt 36, 413), bei juristischen Personen (→ § 77 Rn. 6) deren Organ (OLG Hamburg MDR 1980, 598), von der Tat und von der Person des Täters Kenntnis erlangt hat.

3 **a) Tat** bedeutet hier tatbestandsmäßige, rechtswidrige und schuldhafte Handlung, also auch Teilnahme, Versuch (LG Konstanz NJW 1984, 1767) und versuchte Beteiligung, soweit sie strafbar sind. Alle Strafbarkeitsvoraussetzungen müssen abgeschlossen vorliegen, so dass bei vollendeten Erfolgsdelikten die Frist erst beginnt, wenn der tatbestandsmäßige Erfolg vollständig eingetreten ist (OLG Karlsruhe wistra 1995, 154), bei Dauerdelikten mit Beseitigung des rechtswidrigen Zustands (Bosch in Schönke/Schröder Rn. 8).

b) Kenntnis ist nicht bloß Vermutung (RGSt 75, 298) oder Verdacht, sondern Wissen von Tatsachen, die auf die wesentlichen Tatumstände und den Täter, der zwar nicht dem Namen nach bekannt, aber individualisierbar sein muss (BayObLG NStZ 1994, 86; Ulsenheimer/Gaede ArztStrafR Rn. 589), in einer Weise schließen lassen, dass einem besonnenen Menschen die Antragstellung zugemutet werden kann (BGH NJW 1999, 508; NStZ-RR 2017, 305; Bosch in Schönke/Schröder Rn. 10). Auf die Kenntnis des Antragserfordernisses und zutreffende rechtliche Würdigung kommt es nicht an (Schmid in LK-StGB Rn. 7). Spätere Kenntnis von strafschärfenden Umständen einer konkreten Tat setzt keine neue Frist in Lauf (OLG Frankfurt a. M. NJW 1972, 65), es sei denn, die Tat erhält dadurch einen wesentlich anderen Charakter (Bosch Jura 2013, 368 (375); Wolter in SK-StGB Rn. 9). 4

3. a) Abs. 2 konkretisiert den **Fristbeginn.** – Bei Fortsetzungstaten (→ Vor § 52 Rn. 13) beginnt für jeden Teilakt eine selbständige Frist (OLG Düsseldorf MDR 1980, 952; aM Schmid in LK-StGB Rn. 6). Dasselbe gilt, wenn zunächst ein Eingehungsbetrug begangen wird, der später in einem den Eingehungsschaden vertiefenden Erfüllungsbetrug (→ § 263 Rn. 64) aufgeht (OLG Karlsruhe wistra 1995, 154). Bei Dauerdelikten beginnt die Frist nicht vor Kenntnis der Beseitigung des rechtswidrigen Zustands (Buettner ZRP 2008, 124 (126), der bei § 238 wegen der Deliktsnatur die Kenntnis vom Ende der sich länger erstreckenden Nachstellung verlangt). Nach Abs. 2 S. 2 kommt es für den Antrag des **gesetzlichen Vertreters** und des Sorgeberechtigten auf dessen Kenntnis an. 5

b) Die Feststellung der Tatzeit durch den Tatrichter **bindet** das Revisionsgericht grds. auch für den Antrag, es sei denn, dass der genaue Zeitpunkt für den Schuldspruch bedeutungslos war (BGHSt 22, 90 = NJW 1968, 1148 mAnm Kleinknecht JR 1968, 467; str.). Zweifel an der Rechtzeitigkeit sind zugunsten des Angeklagten zu lösen (OLG Koblenz VRS 63, 359 (362)). 6

4. Abs. 3 folgt aus der sachlichen und persönlichen Teilbarkeit des Antrags (→ § 77 Rn. 4). Stets kommt es auf die Kenntnis des jeweils Antragsberechtigten (auch des Angehörigen im Falle des § 77 II) im Hinblick auf den jeweils betroffenen Täter (Teilnehmer) an; Abs. 2 S. 3 enthält insoweit nur eine Klarstellung. Tritt jedoch an die Stelle eines Funktionsträgers, der als solcher antragsberechtigt ist (zB als gesetzlicher Vertreter oder Dienstvorgesetzter), nur ein Nachfolger in der Funktion, so begründet das kein neues Antragsrecht; der Nachfolger muss den vollständigen oder teilweisen Fristablauf gegen sich gelten lassen (BGH bei Herlan MDR 1954, 530). Entsprechendes gilt, wenn der allgemeine Stellvertreter eines Dienstvorgesetzten nach außen ohne Einschränkung zur Antragstellung befugt ist (→ § 78a Rn. 2), im Innenverhältnis aber nur eingeschränkt handeln darf; hier muss sich der Vorgesetzte die Kenntnis seines Vertreters, selbst wenn sie nicht in dienstlicher Eigenschaft erlangt wurde, zurechnen lassen (BGHSt 44, 209 = NJW 1999, 508 iErg mzustAnm Lampe JR 1999, 519; Schmid in LK-StGB § 77a Rn. 5). Wird der Verletzte erst nach der Tat antragsmündig, so beginnt für ihn, sofern der gesetzliche Vertreter die Frist noch nicht versäumt hat, mit diesem Zeitpunkt oder mit der späteren Kenntnis (→ Rn. 4) eine selbständige Frist (Bosch in Schönke/Schröder Rn. 17). 7

5. Auch im Falle des **Abs. 4** kommt es auf die Kenntnis des Angehörigen an (→ Rn. 7). Da dessen Antragsrecht jedoch erst mit dem Tod des Verletzten entsteht, wird ihm eine volle Frist eingeräumt, auch wenn er schon zuvor von Tat und Täter erfahren hatte; aus demselben Grunde ist auch dem Angehörigen, dem das Antragsrecht erst infolge Todes eines vorrangig Berechtigten zufällt, die volle, mit Entstehen 8 seines Antragsrechts beginnende Frist einzuräumen (zw.). Bei später erlangter Kenntnis bestimmt sich die Frist nach den allgemeinen Regeln. Jedoch bildet die Sechs-Monats-Grenze, die an den Tod des Verletzten anknüpft, eine absolute Schranke.

9 **6. Abs. 5** schiebt das Ende der Frist um die Zeit des Ruhens hinaus. Die Tage des Eingangs bei der Vergleichsbehörde und der Ausstellung der Bescheinigung werden mitgerechnet (zw.).

§ 77c Wechselseitig begangene Taten

[1]Hat bei wechselseitig begangenen Taten, die miteinander zusammenhängen und nur auf Antrag verfolgbar sind, ein Berechtigter die Strafverfolgung des anderen beantragt, so erlischt das Antragsrecht des anderen, wenn er es nicht bis zur Beendigung des letzten Wortes im ersten Rechtszug ausübt. [2]Er kann den Antrag auch dann noch stellen, wenn für ihn die Antragsfrist schon verstrichen ist.

1 **1.** Die Vorschrift gilt für **alle Antragsdelikte.**

2 **2. Wechselseitig** sind solche Taten, die „zwischen" Gegnern begangen werden, bei denen also jeder im Verhältnis zum anderen Täter und Verletzter ist. Die Wechselseitigkeit kann nicht dadurch hergestellt werden, dass sie behauptet wird (Schmid in LK-StGB Rn. 6; aM BayObLG NJW 1959, 304); jedoch kommt es nicht darauf an, ob der Vorgang, der den ersten Antrag ausgelöst hat, zur Bestrafung führt. Der **Zusammenhang** der Taten braucht kein rechtlicher und auch kein enger zeitlicher zu sein; ein tatsächlicher, aus dem sich die Möglichkeit der (Mit-)Motivierung der zweiten Tat durch die erste ergibt, dürfte genügen (zw.).

3 **3.** § 77c **verlängert oder verkürzt die Frist des § 77b** und lässt sie sogar von neuem beginnen, wenn sie zurzeit des letzten Wortes (§ 258 II StPO) im ersten Rechtszug bereits abgelaufen war (Meyer-Goßner Jura 1987, 663 (667)). Voraussetzung für die Fristverkürzung ist jedoch, dass der Antragsberechtigte zu diesem Zeitpunkt Kenntnis von der Tat des Gegners hatte. Ein Antragsrecht, das durch Zurücknahme oder Verzicht erloschen (Begr. zu § 124 E 1962, S. 255) oder für das die Frist schon bei Begehung der zweiten Tat abgelaufen war (RGSt 44, 161), lebt nicht wieder auf.

§ 77d Zurücknahme des Antrags

(1) **[1]Der Antrag kann zurückgenommen werden. [2]Die Zurücknahme kann bis zum rechtskräftigen Abschluß des Strafverfahrens erklärt werden. [3]Ein zurückgenommener Antrag kann nicht nochmals gestellt werden.**

(2) **[1]Stirbt der Verletzte oder der im Falle seines Todes Berechtigte, nachdem er den Antrag gestellt hat, so können der Ehegatte, der Lebenspartner, die Kinder, die Eltern, die Geschwister und die Enkel des Verletzten in der Rangfolge des § 77 Abs. 2 den Antrag zurücknehmen. [2]Mehrere Angehörige des gleichen Ranges können das Recht nur gemeinsam ausüben. [3]Wer an der Tat beteiligt ist, kann den Antrag nicht zurücknehmen.**

Fassung: Das LPartG (→ Vor § 1 Rn. 14) hat Abs. 2 S. 1 durch Einbeziehung des Lebenspartners erweitert.

1. Jeder Antrag kann bis zum rechtskräftigen Abschluss des Verfahrens, also auch noch nach Rechtskraft nur des Schuldspruchs (OLG Zweibrücken MDR 1991, 1078), **zurückgenommen** werden. Widerruf der Zurücknahme und erneute Antragstellung (Abs. 1 S. 3) sind nicht möglich. – Zur Zulässigkeit einer zivilrechtlichen Rücknahmeverpflichtung BGH NJW 1974, 900 mkritAnm Meyer NJW 1974, 1325. 1

2. a) Rücknahmeberechtigt ist grds. nur der Antragsteller (zu Ausnahmen → Rn. 3, 4). Rücknahme durch Boten oder durch Vertreter in der Erklärung oder im Willen ist möglich, letzteres selbst dann, wenn die Tat ein immaterielles Rechtsgut verletzt hat (BGHSt 9, 149 = NJW 1956, 1162). 2

b) Der **Übergang des Rücknahmerechts nach Abs. 2** tritt abweichend von § 77 II ausnahmslos ein. Die Gruppen der Angehörigen bestimmen sich nach der Person des Verletzten. Besteht die vorrangige Gruppe aus mehreren Personen, so ist nur gemeinsame Rücknahme möglich (S. 2). Im Übrigen → § 77 Rn. 8. 3

c) Hat der gesetzliche Vertreter oder der Sorgeberechtigte (→ § 77 Rn. 11) den Antrag gestellt und wird der Verletzte **volljährig,** so geht das Rücknahmerecht auf ihn über (RGSt 22, 256). 4

3. Die Zurücknahme ist **gegenüber der mit der Sache befassten Behörde** (RGSt 55, 23), dh nach Anklageerhebung gegenüber dem Gericht (BGHSt 16, 105 = NJW 1961, 1684; OLG Koblenz GA 1976, 282), zu erklären. Es genügt, wenn der Erklärungsinhalt zweifelsfrei ergibt, dass die Bestrafung nicht mehr gewollt ist (OLG Hamm JMBl. NRW 1955, 44). Die Zurücknahme ist nicht formbedürftig (missverständlich LG Kiel NJW 1964, 263) und grds. bedingungsfeindlich; die Bedingung, dass den Antragsteller keine Kosten treffen, ist jedoch zulässig (BGHSt 9, 149 = NJW 1956, 1162). 5

4. Nach der Zurücknahme wird das Verfahren **eingestellt** (§§ 206a, 260 III StPO). Kostenregelung nach § 470 StPO. 6

§ 77e Ermächtigung und Strafverlangen

Ist eine Tat nur mit Ermächtigung oder auf Strafverlangen verfolgbar, so gelten die §§ 77 und 77d entsprechend.

1. Ermächtigung (zB §§ 90 IV, 90b II, 97 III, 129b I 3, 194 IV; vgl. Schlichter GA 1966, 353) und **Strafverlangen** (zB § 104a) sind keine Anträge iSd § 77, wohl aber wie diese Prozessvoraussetzungen. 1

2. Infolge der Verweisung auf die §§ 77, 77d sind sie nicht nur sachlich und persönlich teilbar, sondern auch rücknehmbar, dagegen **nicht fristgebunden.** Die Zurücknahme der Ermächtigung durch einen Angehörigen nach § 77d II setzt voraus, dass die Befugnis zur Erteilung der Ermächtigung, wie zB bei Verunglimpfung des Bundespräsidenten (§ 90) oder des Mitglieds eines Verfassungsorgans (§ 90b), personengebunden war. 2

5. Abschnitt. Verjährung

1. Titel. Verfolgungsverjährung

§ 78 Verjährungsfrist

(1) [1]**Die Verjährung schließt die Ahndung der Tat und die Anordnung von Maßnahmen (§ 11 Abs. 1 Nr. 8) aus.** [2]**§ 76a Absatz 2 bleibt unberührt.**

(2) **Verbrechen nach § 211 (Mord) verjähren nicht.**

(3) **Soweit die Verfolgung verjährt, beträgt die Verjährungsfrist**
1. **dreißig Jahre bei Taten, die mit lebenslanger Freiheitsstrafe bedroht sind,**
2. **zwanzig Jahre bei Taten, die im Höchstmaß mit Freiheitsstrafen von mehr als zehn Jahren bedroht sind,**
3. **zehn Jahre bei Taten, die im Höchstmaß mit Freiheitsstrafen von mehr als fünf Jahren bis zu zehn Jahren bedroht sind,**
4. **fünf Jahre bei Taten, die im Höchstmaß mit Freiheitsstrafen von mehr als einem Jahr bis zu fünf Jahren bedroht sind,**
5. **drei Jahre bei den übrigen Taten.**

(4) **Die Frist richtet sich nach der Strafdrohung des Gesetzes, dessen Tatbestand die Tat verwirklicht, ohne Rücksicht auf Schärfungen oder Milderungen, die nach den Vorschriften des Allgemeinen Teils oder für besonders schwere oder minder schwere Fälle vorgesehen sind.**

1 **1. a)** Die Rspr. hat die **Verfolgungsverjährung** (§§ 78–78c) ursprünglich als materiellen Strafaufhebungsgrund (RGSt 12, 434) und später als „gemischt" materiell-rechtlich-prozessuales Rechtsinstitut (RGSt 66, 328) angesehen. Seit RGSt 76, 159 vertritt sie jedoch die Ansicht, dass es sich nur um ein Verfolgungshindernis handele (BVerfGE 1, 418 (423) = NJW 1953, 177; BVerfGE 25, 269 (287) = NJW 1969, 1059; BGHSt 2, 300; BGHSt 11, 394 = NJW 1958, 1307; offen gelassen BGHSt 21, 367 = NJW 1968, 900; BGHSt 40, 113 (118) = NJW 1994, 2240), ihr Fehlen also eine bloße **Prozessvoraussetzung** bilde (ebenso in der Wissenschaft Saliger in NK-StGB Vor § 78 Rn. 3–6; Bosch in Schönke/Schröder, Vor § 78 Rn. 3; sa Kaspar Präventivstrafrecht S. 738). Diese Unsicherheit beruht auf dem Streit um die dogmatische Rechtfertigung der Verjährung, die bei zunehmendem zeitlichen Abstand von der Tat teils aus dem Schwinden der materiellen Strafberechtigung (materielle Theorie), teils aus der Vergänglichkeit der Beweismittel (formelle Theorie) und teils aus beiden Gesichtspunkten (gemischte Theorie) abgeleitet wird (OLG Düsseldorf wistra 1992, 108; OLG Dresden StV 2014, 691 (693)). § 78 I, der nicht auf den Ausschluss der Strafverfolgung, sondern auf den der „Ahndung der Tat" und der „Anordnung von Maßnahmen" abstellt, spricht deutlich für die gemischte Theorie (so die Begr. Vor § 127 E 1962, S. 257; Jescheck/Weigend StrafR S. 912; Wolter in SK-StGB Vor § 78 Rn. 10; Kühl in Löffler LPG § 24 Rn. 36; Ricker/Weberling PresseR-HdB Kap. 17 Rn. 53) und begründet zugleich ihre Vorzugswürdigkeit. Demgegenüber hat der Sonderausschuss die Frage für offen gehalten (BT-Drs. V/4095, 43; zu den Verjährungstheorien näher Lorenz, Die Verjährung in der deutschen Strafgesetzgebung, 1955, S. 49; v. Stackelberg FS Bockel-

mann, 1979, 759). Zum Konzept des Erlöschens der „Unrechtsrelevanz" in der Zeit Asholt, Verjährung im Strafrecht, 2014 mit Bespr. Mitsch ZStW 131 (2019), 699; Reichling/Winsel JR 2014, 331. – **Rechtsvergleichend** mit anderen EU-Staaten Hochmayr/Gropp, Die Verjährung als Herausforderung für die grenzüberschreitende Zusammenarbeit in Strafsachen, 2021.

b) Da jedenfalls aber die Verjährung **mindestens auch prozessualer Natur** ist 2
(hM; anders Bloy, Die dogmatische Bedeutung der Strafausschließungs- und Strafaufhebungsgründe, 1976, S. 192), führt sie nicht zum Freispruch (aM v. Stackelberg FS Bockelmann, 1979, 765), sondern mit Rücksicht auf den Vorrang der Prozessvoraussetzungen zur Einstellung des Verfahrens (§§ 206a, 260 III StPO). Daraus folgt zugleich, dass Verjährung den Ausschluss jeglicher strafrechtlichen Reaktion bewirkt, auch wenn sie im strengen Sinne keine „Ahndung" bedeutet, wie etwa das Absehen von Strafe nach § 60. Ein „Straftatbestandsanwendungshindernis" nennen die Verjährung Reichling/Winsel JR 2014, 334. Ist allerdings ein verwirklichter Tatbestand (zB § 212) verjährt, während ein angeklagter unverjährter Ttabestand (zB § 211) nicht nachweisbar ist, hat ausnahmsweise ein Freispruch zu erfolgen (BGHSt 50, 16 = NJW 2005, 1287; BGH NStZ-RR 2021, 217).

c) Die Verjährung schließt auch die **Anordnung von Maßnahmen** (§ 11 I 3
Nr. 8) aus (Abs. 1; beachte jedoch § 76a II). Allerdings sind seit der Neuregelung der Vermögensabschöpfung für die §§ 73ff. eigene lange Verjährungsfristen geschaffen worden, welche gem. Art. 316h EGStGB auch eine vom BVerfG gebilligte lange Rückwirkung mit sich bringen (→ Vor § 73 Rn. 5). – Die Verjährung zivilrechtlicher Ansprüche aus Straftaten (Schadensersatz usw.) richtet sich nach der Verjährungsvorschriften der §§ 194ff. BGB und ist nicht selten deutlich länger als die Verfolgungsverjährung für die zugrundeliegende Straftat (zB 30 Jahre Anspruchsverjährung gem. § 197 I Nr. 1 BGB bei vorsätzlicher Körperverletzung gegenüber 5 Jahren für eine Verfolgung wegen § 223 gem. § 78 III Nr. 5).

2. a) Der **Ausschluss der Verfolgungsverjährung (Abs. 2)** wirkt für den 4
Mord nach Art. 2 des 16. StÄG (→ Vor § 1 Rn. 8) auf Taten zurück, die vor dessen In-Kraft-Treten noch nicht verjährt waren. Für den Mord ist sie erst nach einer langen und wechselvollen Entwicklung (→ Rn. 5) eingefügt und seither praktisch relevant geblieben. Mit Abs. 2 stellt der Gesetzgeber klar, dass das staatliche Interesse an der Strafverfolgung eines Mordes durch lange Verfahrenszeiten und verzögerliche Verfahrensbearbeitungen nicht beeinträchtigt wird (BVerfG NStZ 2006, 680 (682)). Unverjährbarkeit besteht nach § 5 VStGB auch für alle in diesem Gesetz enthaltenen Verbrechenstatbestände (Völkermord usw.). – Für **zivilrechtliche Ansprüche aus unverjährbaren Straftaten** ist durch Gesetz zur Herstellung materieller Gerechtigkeit vom 21.12.2021 (BGBl. I 5252) zum 30.12.2021 in § 194 II Nr. 1 BGB ebenfalls die Verjährung ausgeschlossen worden, so dass solche zeitlich unbegrenzt durchgesetzt werden können (dazu krit. Piekenbrock JZ 2022, 124, der überzeugend für eine Begrenzung auf ihre Geltendmachung in einem mit dem Mordprozess verbundenen Adhäsionsverfahren plädiert).

b) Die Frage, ob eine **rückwirkende Verschärfung von Verjährungsvorschriften** mit Art. 103 II GG vereinbar und rechtspolitisch wünschenswert sei, 5
war im Zusammenhang mit den Bestrebungen, die schwersten Gewaltverbrechen der NS-Zeit nicht der Verjährung anheim fallen zu lassen, anfangs sehr umstritten (vgl. die Nachw. in Lackner, StGB, 20. Aufl. 1993, Rn. 5). Das BVerfG (BVerfGE 25, 269 = NJW 1969, 1059) hat die verfassungsrechtliche Zulässigkeit schon früh-

zeitig bejaht und dadurch den Weg für das geltende Recht geöffnet. Inzwischen wird nur noch vereinzelt bestritten, dass die Verjährung selbst dann außerhalb des Schutzbereichs von Art. 103 II GG liegt, wenn sie nicht als bloßes Verfolgungshindernis, sondern als gemischt materiell-rechtlich-prozessuales Institut (→ Rn. 1) verstanden wird (hM; vgl. BVerfG NJW 1995, 1145; BGHSt 40, 113 (118) = NJW 1994, 2240; LG Augsburg wistra 2004, 75 (76); Kaspar Präventivstrafrecht S. 744; anders Otto Jura 1994, 611; Jakobs NStZ 1994, 332 (333); zusf. Bock JuS 2006, 12 (13)).

6 **c)** Abs. 2 gilt nicht nur für die vollendete täterschaftliche Begehung von Mord, sondern auch für **Versuch (§ 22), Teilnahme (§§ 26, 27) und versuchte Beteiligung (§ 30).** Namentlich die Mordbeihilfe wird – wie sich aus Abs. 4 (→ Rn. 9) und § 12 III (→ § 12 Rn. 4), aus dem Sinnzusammenhang des Gesetzes und aus dem eindeutigen Willen des historischen Gesetzgebers ergibt – als unselbständige Erscheinungsform des Mordverbrechens erfasst (hM; OLG Frankfurt a. M. NJW 1988, 2900).

7 **3.** Der **Lauf der Verfolgungsverjährung** ist auf das Erkenntnisverfahren beschränkt. Er endet daher mit Rechtskraft des freisprechenden und namentlich auch des verurteilenden Erkenntnisses (BGHSt 20, 198 (200) = NJW 1965, 1146), also nicht schon des Schuldspruchs, sondern erst des Strafausspruchs (OLG Bremen NJW 1956, 1248) einschließlich der Entscheidung über die Strafaussetzung (BGHSt 11, 393 = NJW 1958, 1307). Zugleich beginnt die Vollstreckungsverjährung, die sich uU auf Teile der Entscheidung beschränken kann, weil iÜ die Verfolgungsverjährung noch weiterläuft; zB wenn Schuld- und Strafausspruch rechtskräftig sind, aber noch über eine Maßregel (OLG Celle NJW 1965, 2413) oder über die Kosten (OLG Hamm NJW 1967, 1380) zu entscheiden ist. – Kommt es später – etwa durch Wiederaufnahme, Wiedereinsetzung oder Urteilsaufhebung im Verfassungsbeschwerdeverfahren – zur Fortsetzung des rechtskräftig abgeschlossenen Verfahrens, so wird der Lauf der Verfolgungsverjährung mit dem Zeitpunkt wieder eröffnet, in dem die Beseitigung der Rechtskraft wirksam wird. Es fehlt aber an einer Rechtsgrundlage für die Annahme, dass damit zugleich eine neue Frist eröffnet werde; denn der Fristbeginn ist in § 78a ohne die Möglichkeit eines Neubeginns abschließend geregelt (aM OLG Düsseldorf NJW 1988, 2251 mablAnm Lenzen JR 1988, 520; OLG Düsseldorf NStZ-RR 2001, 147; Gössel NStZ 1988, 537; Schmid in LK-StGB Rn. 11; zw.). Deshalb ist der Fristablauf nach den allgemeinen Regeln ausgehend von § 78a zu berechnen (Wolter in SK-StGB Vor § 78 Rn. 7), wobei sich die Zeit der Rechtskraft des Urteils ebenso auswirkt wie das Ruhen der Verjährung (§ 78b I); das folgt daraus, dass in dieser Zeit keine Strafverfolgung zulässig ist, sondern nur die Prüfung und Entscheidung der Frage, ob sie durch Wiederaufnahme von neuem zugelassen werden soll (Lenzen JR 1988, 520; für den Freispruch aM OLG Nürnberg NStZ 1988, 555).

8 **4. a)** Die **Länge der Fristen (Abs. 3)** ist von der Zeit der Tatbegehung unabhängig, es sei denn, dass früheres Recht kürzere Fristen vorsah (Art. 309 I, III EGStGB; → § 2 Rn. 6a). Jede Verkürzung einer Frist wirkt sich ferner auf den vor der Rechtsänderung liegenden Verfahrensabschnitt aus (BGHSt 21, 267 = NJW 1967, 1918; beachte jedoch § 78c V). Besondere Fristen kommen in Nebengesetzen vor; wichtig sind namentlich die kurzen Verjährungsfristen, die für die sog. Presseinhaltsdelikte in den Landespressegesetzen vorgesehen sind (dazu ua BGHSt

26, 40 = NJW 1975, 1039; BGHSt 33, 271 = NJW 1986, 331 mAnm Bottke JR 1987, 167; BGHSt 40, 385 = NJW 1995, 892; BGHSt 44, 209 (215) = NJW 1999, 508 krit., iErg mzustAnm Lampe JR 1999, 519; BGH NJW 1996, 2585; NJW 1999, 1979; OLG Koblenz NStZ 1991, 45; OLG Celle JR 1998, 79 mAnm Popp; LG Augsburg wistra 2004, 75; Franke GA 1982, 404; Wüstenberg aF P 2007, 423; Heinrich ZJS 2010, 17; Saliger in NK-StGB Rn. 18–28; Wolter in SK-StGB Rn. 8–12; Bosch in Schönke/Schröder, Rn. 9; Kühl in Löffler LPG § 24 Rn. 1–102). Zu den Verjährungsfristen im Steuerstrafrecht Ebner, Verfolgungsverjährung im Steuerstrafrecht, 2015, S. 128, 132; mit Recht krit. zur uferlosen Verlängerung für besonders schwere Fälle Staudinger wistra 2021, 307.

b) Die für die Frist **maßgebende Strafdrohung** wird nach der abstrakten Betrachtungsweise (→ § 12 Rn. 2; sa OLG Saarbrücken NStZ-RR 1997, 235) bestimmt (Abs. 4). Die obligatorischen Milderungen des AT (zB § 27 II 2) wirken nicht verkürzend. Daher darf bei der Beihilfe nicht an deren ermäßigten Strafrahmen angeknüpft werden (hM; anders Triffterer NJW 1980, 2049; → Rn. 6). **9**

c) Beginn der Frist § 78 a. **10**

d) Löst eine Straftat oder eine Ordnungswidrigkeit einer natürlichen Person die Haftung einer juristischen Person nach § 30 OWiG aus, so gelten im Verfahren gegen die juristische Person die für die Tat der natürlichen Person maßgeblichen Vorschriften über die Verjährung (BGH NJW 2001, 1436; str.). **10a**

5. Bei **Zusammentreffen mehrerer Gesetzesverletzungen,** namentlich auch bei Tateinheit (BGH StV 1989, 478; StV 1990, 404; NStZ 1990, 80, alle mwN), unterliegt jede ihrer eigenen Verjährung. **11**

6. Die Verfolgungsverjährung ist in **jeder Lage des Verfahrens** von Amts wegen zu beachten, und zwar auch dann noch, wenn über den Prozessgegenstand teilweise schon rechtskräftig entschieden ist (BGHSt 8, 269 = NJW 1956, 110; BGHSt 11, 393 = NJW 1958, 1307; BGHSt 13, 128 = NJW 1959, 1331; s. jedoch OLG Hamm NJW 1967, 1380) oder wenn die abschließende Klärung nur durch Einbeziehung nach § 154 a StPO ausgeschiedener Teile der Tat möglich ist (BGH NJW 1980, 2821). Das gilt auch in der Revisionsinstanz, wenn nicht schon die Einlegung des Rechtsmittels unzulässig war (BGHSt 16, 115 = NJW 1961, 1684; aM BGHSt 15, 203 = NJW 1961, 228). Die Sachentscheidung hat jedoch Vorrang vor der Verfahrenseinstellung, wenn ein Sachverhalt ohne weiteres die Freisprechung rechtfertigt (BGHSt 13, 75 (80) = NJW 1959, 1449; KG JR 1990, 124) oder wenn ein schwererer Vorwurf nicht erweisbar, die Verfolgung wegen des verbleibenden leichteren Vorwurfs aber durch Verjährung ausgeschlossen ist (BGHSt 36, 340 = NJW 1990, 2073; BGH StV 1992, 10; sa OLG Düsseldorf JR 1991, 250 mAnm Bottke). Wie beim Strafantrag (→ § 77 b Rn. 6) sind auch bei der Verjährung die tatrichterlichen Feststellungen über die Tatzeit für das Revisionsgericht bindend, es sei denn, dass der genaue Zeitpunkt für den Schuldspruch keine Bedeutung hatte. **12**

7. Bleibt aus tatsächlichen Gründen zweifelhaft, ob eine Tat verjährt ist, so gilt der **Grundsatz in dubio pro reo** (BGHSt 18, 274 = NJW 1963, 1209; BGHSt 43, 381 (394) = NJW 1998, 1568; BGH NJW 1995, 1297 mit abl. Bespr. Habel NJW 1995, 2830). **12a**

13 **8.** Zur (modifizierten) Geltung der Verjährungsvorschriften für Taten, die **vor Wirksamwerden des Beitritts** (Art. 1 I EV) **in der DDR begangen wurden** (sog. Alttaten) → § 2 Rn. 27–27b.

§ 78a Beginn

[1]Die Verjährung beginnt, sobald die Tat beendet ist. [2]Tritt ein zum Tatbestand gehörender Erfolg erst später ein, so beginnt die Verjährung mit diesem Zeitpunkt.

1 **1.** Die Vorschrift ist **technisch missglückt.** Nach § 78a idF des 2. StrRG (→ Vor § 1 Rn. 4) sollte die Verjährung mit der Beendigung des „strafbaren Verhaltens", aber nicht vor Eintritt des tatbestandsmäßigen Erfolges beginnen. Das EGStGB hat jedoch zur Anpassung an den „allgemeinen Sprachgebrauch" (BT-Drs. 7/550, 215) auf die Beendigung der „Tat" im Ganzen abgestellt und dabei übersehen, dass dieser technische Begriff schon nach § 11 I Nr. 5 Tatbestandsverwirklichung, also auch den Eintritt des tatbestandsmäßigen Erfolges, voraussetzt. Auf dieser Grundlage wäre S. 2 schlechthin unverständlich (Nazarin, Der Beginn der Strafverfolgungsverjährung, 2010). § 78a idF des 2. StrRG sollte aber nur die frühere Rspr. zu dem unklaren § 67 IV aF bestätigen (Begr. zu § 128 E 1962, S. 259), die stets auf das strafbare Verhalten, also das Handlungselement der Tat, abgestellt hatte (expl. BGHSt 16, 207 = NJW 1961, 2025; BGHSt 24, 218 = NJW 1972, 64). Deshalb ist anzunehmen, dass auch nach der Neufassung die Verjährung erst beginnt, wenn das strafbare Verhalten und der zum Tatbestand gehörende Erfolg abgeschlossen vorliegen (Kühl JZ 1978, 549 (551); Otto FS Lackner, 1987, 715; Schmitz, Unrecht und Zeit, 2001, S. 213, 247; Mitsch in MüKoStGB Rn. 5; Bosch in Schönke/Schröder, Rn. 1; Fischer Rn. 3; aM Schmid in LK-StGB Rn. 1, 2, der sich ausschließlich auf S. 1 stützt; anders auch Wolter in SK-StGB Rn. 4, die den S. 2 nur auf erfolgsqualifizierte Delikte beziehen; ebenso Saliger in NK-StGB Rn. 3; sa Wolters/Beckschäfer FS Herzberg, 2008, 141 (143); Herzberg FS Szwarc, 2009, 61 (66), die die Zurechnungslehre für die Erfolgsbestimmung auch hier fruchtbar machen wollen). Das deckt sich regelmäßig, aber nicht in allen Grenzfällen, mit dem Zeitpunkt, in dem die hM in anderen rechtlichen Zusammenhängen die Beendigung der Tat annimmt (→ Vor § 22 Rn. 2). Deshalb ist es unbedenklich, entbindet aber nicht von der Notwendigkeit speziell verjährungsorientierter Prüfung, wenn die neuere Rspr. auf Grund des Wortlauts von S. 1 ohne weitere Klarstellung auf die Tatbeendigung abstellt (so zB BGHSt 27, 342 = NJW 1978, 1013; BGHSt 28, 371 (379) = NJW 1980, 406; BGH NJW 1998, 2373; OLG München NStZ 2006, 630). De lege ferenda für ein Anknüpfen an die Vollendung Nazarin, Der Beginn der Strafverfolgungsverjährung, 2010, S. 139. Für eine Neuregelung des Verjährungsbeginns bei Straftaten mit sehr langer Differenz zwischen Handlung und Erfolg Gleß GA 2006, 689, mit Reformvorschlägen in Anlehnung an das österreichische und schweizerische Recht, S. 704.

2 **2.** Geht man von dieser Auslegung aus (→ Rn. 1), so **beginnt die Verjährung** mit dem einzurechnenden (OLG Karlsruhe VRS 57, 114; OLG Zweibrücken DAR 1981, 331; krit. Wickern NStZ 1994, 572 mit Hinweisen auf die uneinheitliche Rspr. des BGH) Tag, an dem das im Tatbestand vorausgesetzte Verhalten und

ein etwa zu ihm gehörender Erfolg abgeschlossen vorliegen und außerdem sämtliche Voraussetzungen der Strafbarkeit erfüllt sind (zur objektiven Strafbarkeitsbedingung Satzger JA 2006, 108 (112): Hemmung des Verjährungsbeginns bis zu deren Eintritt nach §78b I Nr. 2), so dass eine Strafverfolgung an sich möglich wäre (BGHSt 16, 207 = NJW 1961, 2025). Das fällt häufig, aber keineswegs immer mit der Vollendung zusammen (BGHSt 24, 218 = NJW 1972, 64). Ist eine den Tatbestand verwirklichende Tätigkeit auch nach Vollendung begrifflich möglich und setzt der Täter sie im Rahmen einer Handlungseinheit durch weitere, auf demselben Vorsatz beruhende Handlungen fort, so beginnt die Verjährung erst, wenn diese Tätigkeit abgeschlossen ist (BGHSt 24, 218 = NJW 1972, 64 mkritAnm Schröder JR 1972, 118; BGHSt 28, 169 = NJW 1979, 54; BayObLG NJW 1996, 669). In der Regel beginnt danach die Verjährung (zusf. Bock JuS 2006, 12 (14)).

a) Beim vollendeten **Tätigkeitsdelikt** mit vollständigem Abschluss der tatbestandsmäßigen Ausführungshandlung. Bei landesverräterischer oder geheimdienstlicher Agententätigkeit (§§ 98, 99) genügt dazu nach der Rspr. nicht schon die (uU nur vorübergehende) Einstellung der ausgeübten Tätigkeit, sondern erst der Abbruch (oder sonst das Ende) der zugrundeliegenden Beziehung zu der fremden Macht (Rissing-van Saan FSG BGH, 2000, 475 (485); →§ 98 Rn. 7). Die Maßgeblichkeit der Ausführungshandlung gilt auch für das abstrakte Gefährdungsdelikt (→Vor § 13 Rn. 32), soweit es als schlichtes Tätigkeitsdelikt ausgestaltet ist (BGHSt 36, 255 (257) = NJW 1990, 194; OLG Köln NJW 2000, 598 zu §264a; OLG München NStZ 2006, 630 zu §264; dazu auch BGH JZ 2015, 722 mAnm Hellmann; Hecker JuS 2015, 274 (275)); ein Hinausschieben des Verjährungsbeginns bis zum Eintritt der „endgültigen Rechtsgutsverletzung" ist entgegen einer verbreiteten Meinung (vgl. etwa Dannecker NStZ 1985, 49 (51)) mit der Anknüpfung an das Verhaltenselement der Tat (→Rn. 1), mit der neueren Rspr. zum Verjährungsbeginn beim konkreten Gefährdungsdelikt (→Rn. 5) und mit dem Bestimmtheitserfordernis des Art. 103 II GG schwerlich vereinbar. 3

b) Beim vollendeten **Erfolgsdelikt** mit der vollständigen (dazu BGH wistra 1989, 97) Verwirklichung des tatbestandsmäßigen Erfolges (speziell zu späten Erfolgen zB bei HIV-Infektion Wolters/Beckschäfer FS Herzberg, 2008, 141; zur HIV-Infektion auch BGH NStZ 2009, 34; Saliger in NK-StGB Rn. 11). Beim **Betrug** kommt es danach auf das Vorliegen des ganzen Vermögensschadens (→§263 Rn. 63), dagegen nicht – abweichend von der hM in anderen Fällen der Beendigung (→Vor §22 Rn. 2) – auf den Eintritt der (beabsichtigten) Bereicherung an (Otto FS Lackner, 1987, 715 (723); Mitsch in MüKoStGB Rn. 5; BGHSt 59, 205 (217) = NJW 2014, 2295 mit Bespr. Börner StV 2015, 343; Gaede NJW 2014, 2298; Wessing NZG 2014, 814; aM BGH wistra 2001, 339; wistra 2004, 228; sowie BGH wistra 2014, 350 (354); NStZ-RR 2016, 42; Schmid in LK-StGB Rn. 5; Hefendehl in MüKoStGB §263 Rn. 905; Bosch in Schönke/Schröder, Rn. 2; Fischer Rn. 8a). Da Eingehungs- und Erfüllungsbetrug eine einheitliche Tat bilden und die Schädigung in der Erfüllungsphase eine Vertiefung des Eingehungsschadens bewirkt (→§263 Rn. 64), ist der Zeitpunkt des (vollständigen) Erfüllungsschadens maßgebend (Otto FS Lackner, 1987, 715) das gilt unbestritten für den Rentenbetrug (BGHSt 27, 342 = NJW 1978, 1013 mit Bespr. Kühl JZ 1978, 549; ebenso OLG Koblenz MDR 1993, 70 für den Vermieterbetrug), muss aber auch für den Anstellungsbetrug angenommen werden (Schmid in LK-StGB Rn. 5; Wolter in SK-StGB Rn. 5; Bosch in Schönke/Schröder, Rn. 4; aM BGHSt 22, 38 = NJW 1968, 1196 mablAnm Schröder JR 1968, 346); speziell zum sog. Sicherungsbetrug 4 bei verjährter Vortat Sickor GA 2007, 590 (592). Bei § 264 I Nr. 1 tritt Beendigung nicht schon bei Einreichung des Subventionsantrags, sondern erst mit der Zahlung der Zahlung an den Begünstigten (BGH JZ 2015, 722 mAnm Hellmann). Vollzieht sich bei einer **Untreue** der Schadenseintritt in mehreren Schritten, so ist für die Beendigung der Zeitpunkt des letzten Ereignisses maßgeblich (BGH NStZ 2001, 650; NStZ 2003, 540; StraFo 2004, 359 = NStZ 2005, 160; sa OLG Frankfurt a. M. NJW 2004, 2028 (2031); LG Wiesbaden NJW 2002, 1510 (1512)). Für eine Differenzierung beider Tatbestandsalternativen des § 266 hinsichtlich des Verjährungsbeginns Cordes/Sartorius NJW 2013, 2635, nach denen dieser beim Missbrauchstatbestand schon mit Eintritt der schadensgleichen Vermögensgefährdung beginnen soll. Da auch bei der **Körperverletzung** der jeweils verursachte Körperschaden (unter Ausschluss sog. Spätschadens; ebenso Saliger in NK-StGB, Rn. 11) vollständig eingetreten sein muss, kommt in Frage, dass die Beendigung – zB bei Dauereinwirkung durch giftige Holzschutzmittel (sehr weit LG Frankfurt a. M. ZUR 1994, 33 (37) mit krit. Bespr. Schulz ZUR 1994, 26 (28)) – erst nach Eintritt mehrerer Körperschäden erreicht wird. Bei der Gesundheitsschädigung durch AIDS (→ § 223 Rn. 5, → § 224 Rn. 8) reicht bereits die Übertragung des HI-Virus aus (BGH NStZ 2009, 34). Bei **Bestechlichkeit und Bestechung** (§§ 332, 334) gehören zum Tatbestand nur die Unrechtsvereinbarung und ihre Erfüllung (ebenso für § 299 Tiedemann in LK-StGB § 299 Rn. 70). Erst nachfolgende Handlungen, zB die Auftragsvergabe auf Grund der vom Bestochenen gegebenen Informationen oder deren anderweitige Nutzung begründen keinen Erfolg iSd S. 2 und sind daher für die Beendigung unerheblich (BGH NJW 1998, 2373). Werden §§ 332, 334 so begangen, dass der Bestechende zunächst den Vorteil gewährt und der Amtsträger sodann die pflichtwidrige Diensthandlung vornimmt, soll es auf die Vornahme der Diensthandlung ankommen (BGHSt 52, 300 = NJW 2008, 3076 mit zT krit. Bespr. dazu BGH NJW 2008, 3078, Gleß/Geth StV 2009, 183; Kuhlen JR 2009, 53; Mitsch Jura 2009, 534; Reichling/Wingel JR 2014, 331 (334); Sowada in LK-StGB § 331 Rn. 131–333; dem BGH „im Grundsatz" folgend Saliger in NK-StGB Rn. 26; → § 331 Rn. 21). In Bestechungsfällen des § 299, in denen zwar ein Vorteil versprochen oder gefordert wird, es aber nicht zum Gewähren des Vorteils kommt, ist die Tat „beendet", wenn sich die Forderung oder das Versprechen endgültig als fehlgeschlagen erwiesen haben (BGH NJW 2003, 2996); krit. Helmrich wistra 2009, 10. Zur Beendigung bei der Hinterziehung der Tabaksteuer BGH wistra 2014, 486, wenn beim Bestimmungsort „zur Ruhe gekommen". Kritisch zur Verjährungs-Rechtsprechung in Wirtschaftsstrafsachen Gatzweiler FS Rieß, 2002, 677 (ua zu §§ 263, 264a, 266, 334). Beim **erfolgsqualifizierten Delikt** (zB § 226 I Nr. 3) beginnt die Verjährung erst mit dem Eintritt der besonderen Folge ein (BGH NStZ 2009, 34; Wagner ZStW 129 (2017), 474; Fischer Rn. 7a).

5 **c)** Beim **konkreten Gefährdungsdelikt** (→ Vor § 13 Rn. 32) mit Eintritt, nicht erst mit Beendigung des Gefahrzustandes (BGHSt 32, 293 = NJW 1984, 1764; OLG Düsseldorf NJW 1989, 537; Hecker JuS 2015, 274 (275); Bosch in Schönke/Schröder, Rn. 11).

6 **d)** Bei **mehrfacher Verwirklichung** desselben Tatbestandes in natürlicher oder tatbestandlicher Handlungseinheit mit Abschluss des letzten Einzelaktes (BGHSt 14, 258 = NJW 1960, 2349; BGHSt 43, 1 = NJW 1997, 1715 mit krit. Bespr. Rudolphi NStZ 1997, 489; Schlüchter/Duttge/Klumpe JZ 1997, 995). Das soll unterschiedslos auch für zeitlich gestreckte, in Einzelakten begehbare Hand-

lungseinheiten gelten, zB für Organisationsdelikte nach § 129 (BGHSt 29, 288 = NJW 1980, 2718) und für Agententätigkeit nach §§ 98, 99 (BGHSt 43, 321 (323) = NJW 1998, 1723; Lampe/Schneider GA 1999, 105 (114); Walter JA 2004, 133 (135); diff. Wolter in SK-StGB Rn. 8a und b; aM Rudolphi NStZ 1997, 489, der Vorschlag von Schlüchter/Duttge NStZ 1998, 618, in diesen Fällen eine Begrenzung mit Hilfe der absoluten Verjährungsfrist des § 78c III 2 (→ § 78c Rn. 1a) zu erreichen, ist mit dem Gesetz nicht vereinbar). Bei der fortgesetzten Tat – soweit noch möglich (→ Vor § 52 Rn. 13) – wird die entsprechende – verfassungsgerichtlich zwar gebilligte (BVerfG NJW 1992, 223) – Rspr. (expl. BGHSt 1, 84 = MDR 1951, 498; BGHSt 36, 105 (109) = NJW 1989, 1615 mAnm Schlüchter NStZ 1990, 180; BGH NJW 1985, 1719 mablAnm Puppe JR 1985, 245; BGH NJW 1991, 1316) schon seit langem mit beachtlichen Gründen angegriffen (so ua Rüping GA 1985, 437; Stree FS Krause, 1990, 393 (398); Foth in FS R Nirk, 1992, 293; Schumann StV 1992, 392; auch BGH wistra 1994, 57). Diese haben auch für die zeitlich gestreckte Handlungseinheit Gewicht (Rudolphi NStZ 1997, 489; aM Lampe/Schneider GA 1999, 105) und sollten deshalb zu einer grundsätzlichen Überprüfung führen. – Bei tateinheitlichem Zusammentreffen bestimmt sich die Verjährung für jede Gesetzesverletzung gesondert (BGH NStZ 2008, 146; NStZ-RR 2009, 43). – Zu Besonderheiten bei Presseinhaltsdelikten (→ § 78 Rn. 8) BGHSt 25, 347 = NJW 1974, 2140; BGHSt 27, 18 = NJW 1977, 305; BGHSt 33, 271 = NJW 1986, 331; Groß NJW 1978, 918 (920); Kühl in Löffler LPG § 24 Rn. 52–81.

e) Beim **Dauerdelikt** mit Beendigung (OLG Hamburg MDR 1970, 441; 7
BWME StrafR AT § 8 Rn. 57), beim Zustandsdelikt mit Eintritt des rechtswidrigen Zustandes (Bosch in Schönke/Schröder, Rn. 11). Zum Verjährungsbeginn nach § 370 AO (Ebner, Verfolgungsverjährung im Steuerstrafrecht, 2015, S. 188).

f) Beim echten **Unterlassungsdelikt** mit Wegfall der Handlungspflicht (BGH 8
wistra 1992, 23; § 266a mit dem Erlöschen der Beitragspflicht, OLG Jena NStZ-RR 2006, 170; Hüls/Reichling StraFo 2011, 305; beachte auch BGH NJW 1984, 2372; OLG Nürnberg wistra 2015, 157), also nicht notwendig schon mit Ablauf einer für das Handeln gesetzten Frist (BGHSt 28, 371 (380) = NJW 1980, 406; OLG Düsseldorf MDR 1985, 342). Zum unechten Unterlassungsdelikt Schmidt JR 1966, 127; zum unbewusst fahrlässigen Unterlassungsdelikt Tondorf FS Kohlmann, 2003, 71; zur Nichtabgabe von Steuererklärungen BGHSt 47, 138 (144) = NJW 2002, 762; BGH NJW 1991, 1315; OLG Hamm wistra 2001, 474; OLG München wistra 2002, 34; Schäfer FS Dünnebier, 1982, 541 (542); krit. Wulf wistra 2003, 89, der eine „Nachphase" zwischen Vollendung und Beendigung zu Recht ablehnt; noch weiter einschr. Schmitz FS Kohlmann, 2003, 517 (533); sa BGHSt 38, 165 (170) = NJW 1992, 1054; BGHSt 39, 233 (234) = NJW 1993, 2692; Riehl wistra 1996, 130; Müller wistra 2004, 11; diff. Reichling/Wingel JR 2014, 331 (339).

g) Beim **Versuch** mit dem tatsächlichen Ende der Tätigkeit, die der Vollendung 9
dienen soll, also nicht mit der Beendigung des Versuchs iSd § 24 (BGHSt 36, 105 (117) = NJW 1989, 1615; OLG München NStZ 2006, 630 (632) zum Betrugsversuch). Ob beim tauglichen Versuch eines Erfolgsdelikts Besonderes gilt, ist noch nicht abschließend geklärt (offen gelassen BGHSt 36, 105 (117) = NJW 1989, 1615; BGH wistra 1988, 185; nach Mitsch in MüKoStGB Rn. 7, erst wenn der vollendungsvereitelnde Umstand seine Wirkung entfaltet hat).

10 **h)** Bei **Beteiligung mehrerer** mit dem Zeitpunkt, in dem die Verjährung der gemeinschaftlichen Tat oder der Haupttat beginnt (RGSt 5, 282; Mitsch in MüKo-StGB Rn. 6; aM LG Bremen StV 2001, 113; sa BGH wistra 1984, 21; str.). Wurde jedoch der Tatbeitrag einzelner, etwa weil sich die Beteiligung nur auf den Teilakt einer Handlungseinheit bezog (BGHSt 20, 227 = NJW 1965, 1817; sa BGH wistra 2001, 422), schon vorher beendigt, wirkt sich das auch auf den Verjährungsbeginn aus (BGH StV 1990, 404); für den nach § 73 III Begünstigten läuft, weil er nicht Tatbeteiligter ist, keine selbständige Verjährungsfrist (BGH wistra 1991, 102).

§ 78b Ruhen

(1) **Die Verjährung ruht**
1. **bis zur Vollendung des 30. Lebensjahres des Opfers bei Straftaten nach den §§ 174 bis 174c, 176 bis 178, 182, 184b Absatz 1 Satz 1 Nummer 3, auch in Verbindung mit Absatz 2, §§ 225, 226a und 237,**
2. **solange nach dem Gesetz die Verfolgung nicht begonnen oder nicht fortgesetzt werden kann; dies gilt nicht, wenn die Tat nur deshalb nicht verfolgt werden kann, weil Antrag, Ermächtigung oder Strafverlangen fehlen.**

(2) **Steht der Verfolgung entgegen, daß der Täter Mitglied des Bundestages oder eines Gesetzgebungsorgans eines Landes ist, so beginnt die Verjährung erst mit Ablauf des Tages zu ruhen, an dem**
1. **die Staatsanwaltschaft oder eine Behörde oder ein Beamter des Polizeidienstes von der Tat und der Person des Täters Kenntnis erlangt oder**
2. **eine Strafanzeige oder ein Strafantrag gegen den Täter angebracht wird (§ 158 der Strafprozeßordnung).**

(3) **Ist vor Ablauf der Verjährungsfrist ein Urteil des ersten Rechtszuges ergangen, so läuft die Verjährungsfrist nicht vor dem Zeitpunkt ab, in dem das Verfahren rechtskräftig abgeschlossen ist.**

(4) **Droht das Gesetz strafschärfend für besonders schwere Fälle Freiheitsstrafe von mehr als fünf Jahren an und ist das Hauptverfahren vor dem Landgericht eröffnet worden, so ruht die Verjährung in den Fällen des § 78 Abs. 3 Nr. 4 ab Eröffnung des Hauptverfahrens, höchstens jedoch für einen Zeitraum von fünf Jahren; Absatz 3 bleibt unberührt.**

(5) [1]**Hält sich der Täter in einem ausländischen Staat auf und stellt die zuständige Behörde ein förmliches Auslieferungsersuchen an diesen Staat, ruht die Verjährung ab dem Zeitpunkt des Zugangs des Ersuchens beim ausländischen Staat**
1. **bis zur Übergabe des Täters an die deutschen Behörden,**
2. **bis der Täter das Hoheitsgebiet des ersuchten Staates auf andere Weise verlassen hat,**
3. **bis zum Eingang der Ablehnung dieses Ersuchens durch den ausländischen Staat bei den deutschen Behörden oder**
4. **bis zur Rücknahme dieses Ersuchens.**

[2]**Lässt sich das Datum des Zugangs des Ersuchens beim ausländischen Staat nicht ermitteln, gilt das Ersuchen nach Ablauf von einem Monat seit der Absendung oder Übergabe an den ausländischen Staat als zugegangen, sofern nicht die ersuchende Behörde Kenntnis davon erlangt, dass das Er-**

suchen dem ausländischen Staat tatsächlich nicht oder erst zu einem späteren Zeitpunkt zugegangen ist. [3]Satz 1 gilt nicht für ein Auslieferungsersuchen, für das im ersuchten Staat auf Grund des Rahmenbeschlusses des Rates vom 13. Juni 2002 über den Europäischen Haftbefehl und die Übergabeverfahren zwischen den Mitgliedstaaten (ABl. EG Nr. L 190 S. 1) oder auf Grund völkerrechtlicher Vereinbarung eine § 83c des Gesetzes über die internationale Rechtshilfe in Strafsachen vergleichbare Fristenregelung besteht.

(6) **In den Fällen des § 78 Absatz 3 Nummer 1 bis 3 ruht die Verjährung ab der Übergabe der Person an den Internationalen Strafgerichtshof oder den Vollstreckungsstaat bis zu ihrer Rückgabe an die deutschen Behörden oder bis zu ihrer Freilassung durch den Internationalen Strafgerichtshof oder den Vollstreckungsstaat.**

Fassung: Abs. 1 Nr. 1 durch das 33. StÄG (→ Vor § 174 Rn. 9) und das 6. StrRG (→ Vor § 1 Rn. 13) technisch geändert und durch das SexÄG (→ Vor § 1 Rn. 15) um §§ 174–174c ergänzt sowie durch das G zur Bekämpfung sexualisierter Gewalt gegen Kinder (→ Vor § 1 Rn. 19) zum 1.7.2021 geändert worden. Ein neuer Abs. 5 ist durch das 38. StÄG (→ Vor § 1 Rn. 15) angefügt worden. Erweiterung des Abs. 1 Nr. 1 durch das 2. OpferrechtsreformG (→ Vor § 1 Rn. 16). Abs. 6 wurde eingefügt durch das Gesetz v. 20. 11. 2015 (BGBl. I 2025). In Krafttreten: 26. 11. 2015. Abs. 1 Nr. 1 wurde geändert durch das StÄG 2016 – sexuelle Selbstbestimmung.

1. Das **Ruhen der Verfolgungsverjährung** hemmt den Beginn und den Weiterlauf aller für den Eintritt der Verjährung maßgebenden Fristen; es schiebt deshalb auch den Zeitpunkt hinaus, in dem nach § 78c III 2 die Verjährung spätestens eintritt, und zwar nicht nur in den Fällen des § 78b (§ 78c III 3), sondern auch sonst, wenn das Gesetz – zB in §§ 153a III, 154e III StPO und § 396 III AO – das Ruhen der Verjährung vorsieht (hM; vgl. BayObLG NStZ 1990, 280; OLG Karlsruhe wistra 1990, 205; anders Grezesch wistra 1990, 289; zw.). Nach Beendigung des Ruhens beginnt – anders als bei der Unterbrechung (§ 78c; Laue in Maurach/Gössel/Zipf StrafR AT II § 76 Rn. 34) – keine neue Frist; die vor dem Ruhen verstrichene Zeit wird daher mitgerechnet (zur Verfassungsmäßigkeit dieser Regelung BVerfG NStZ 2000, 251 mkritAnm Wollweber NStZ 2001, 81). Überblick bei Bock JuS 2006, 12 (14). 1

2. Abs. 1 Nr. 1 schiebt nur bei den genannten Delikten den Beginn der Verjährungsfrist bis zur Vollendung des 30. Lebensjahres (bisher 21. Lebensjahr) auf (BGH NStZ-RR 2016, 397: gesetzgeberische Wertung ist zu berücksichtigen); sie ist überzogen (Fischer Rn. 3d); ihn zum Nachteil des Täters auf weitere Taten zu erstrecken, ist nicht zulässig (BGH StV 1997, 187; Saliger in NK-StGB Rn. 7); doch ist der Gesetzgeber in diese Richtung tätig geworden, zuletzt mit der Einbeziehung der §§ 180 III, 182, 237. Das SexÄG hat die Vorschrift um § 174 (BT-Drs. 15/350, 13) sowie um §§ 174a, 174b, 174c (BT-Drs. 15/1311, 22) erweitert, weil diese Taten den §§ 176–179 insofern vergleichbar sind, als das Opfer auf Grund der Verbundenheit mit dem Täter gehindert sein kann, in der regelmäßigen Verjährungsfrist Anzeige zu erstatten (BT-Drs. 15/350, 13 zu § 174); da eine solche Verbundenheit bei § 182 nicht vorausgesetzt sei, wurde von dessen Aufnahme abgesehen (BT-Drs. 15/350, 13). Das 2. OpferrechtsreformG hat die Vorschrift auf Taten nach § 225 und mit Einschränkung auf Taten nach §§ 224, 226 erweitert. Bei vorherigem Tod des Opfers endet das Ruhen mit dem Todeszeitpunkt (Beck JuS 2006, 12 (14); Wolter in SK-StGB Rn. 4; aM Schmid in LK-StGB Rn. 1a; zw.). Die Vorschrift 1a gilt auch für bereits begangene Taten, es sei denn, dass deren Verfolgung schon bei ihrem In-Kraft-Treten verjährt war (Art. 2 des 30. StÄG; daran ändert sich trotz des Fehlens einer derartigen Regelung im Änderungsgesetz v. 27.12.2003 nichts; vgl. BGH NStZ 2005, 89). Ob aus verfassungsrechtlichen Gründen auch solche Taten auszuschließen sind, bei denen das Opfer das 18. Lebensjahr schon vor Inkrafttreten der Vorschrift vollendet hatte (so BGH NStZ-RR 1998, 237), ist ungeklärt (zur Möglichkeit einer Wahlfeststellung, wenn ungeklärt bleibt, ob die Tat nach § 174 – nicht auch die nach § 176 – vor oder nach dem 14. Geburtstag des Opfers begangen wurde, → § 1 Rn. 17). Idealkonkurrierende Taten (zB nach §§ 173, 174, 182, 223ff., 240) unterliegen mangels gesetzlicher Grundlage für ihre Einbeziehung (krit. Bosch in Schönke/Schröder Rn. 3) ihrer eigenen Verjährung (→ § 78 Rn. 11). Da für die Fristberechnung nicht die Stunde, sondern der Tag der Geburt maßgebend ist (§§ 186, 187 II 2 BGB), endet das Ruhen mit Ablauf des dem Geburtstag vorhergehenden Tages (Saliger in NK-StGB Rn. 8). Die Vorschrift ist auch auf Taten anzuwenden, die in der ehemaligen DDR begangen worden sind (BGHSt 47, 245 = NJW 2002, 1732; Saliger in NK-StGB Rn. 9).

2 **3.** Nach **Abs. 1 Nr. 2** ruht die Verjährung – vorbehaltlich der Ausnahmen im zweiten Halbsatz – **allgemein,** wenn ein inländisches (RGSt 40, 402) oder sonst für die deutsche Gerichtsbarkeit verbindliches **Gesetz** die Verfolgung der Tat, dh alle (nicht nur einzelne) Verfolgungshandlungen, entweder im Einzelfall oder allgemein ausschließt.

3 **a)** Hierher gehören namentlich die Vorschriften über die **Immunität** der BT-Abgeordneten (Art. 46 II GG, OLG Bremen NJW 1966, 743; sa Nr. 191, 192 RiStBV), der Landtagsabgeordneten (§ 152a StPO; Saliger in NK-StGB Rn. 17) und des Bundespräsidenten (Art. 60 IV GG). **Abs. 2** ist auf den Bundespräsidenten entsprechend anwendbar (zur Verfassungsmäßigkeit der Nr. 2 BVerfGE 50, 42 = BeckRS 1978, 00660).

4 **b)** Hierher gehören ferner die Vorschriften, nach denen Beginn oder Fortsetzung des Strafverfahrens von einer in einem anderen Verfahren zu entscheidenden **Vorfrage** abhängt. Bedeutsam ist die Hemmung der Verjährung unter diesem Gesichtspunkt namentlich für die Normenkontrollverfahren nach Art. 100, 126 GG (BVerfGE 7, 29 (36) = BVerfGE 7, 29; OLG Hamm GA 1969, 63; str.); hier hemmt erst die Vorlage an das BVerfG den Lauf der Verjährung, so dass es nicht genügt, wenn lediglich das Verfahren ausgesetzt und eine in anderer Sache anstehende verfassungsgerichtliche Entscheidung abgewartet wird (BGHSt 24, 6 = NJW 1971, 202; OLG Düsseldorf NJW 1968, 117).

5 **c) Nicht** hierher gehören Vorschriften, nach denen das Verfahren nach **richterlichem Ermessen** ausgesetzt werden kann (zB § 262 II StPO). Ferner steht die **Todeserklärung** der Verfolgung rechtlich nicht entgegen (Reissfelder NJW 1964, 1891). Auch bloß **tatsächliche Hinderungsgründe,** wie Geisteskrankheit oder Abwesenheit, genügen nicht (RGSt 52, 36).

6 **d)** Zum Ruhen der Verjährung bei konkurrierender Gerichtsbarkeit des Entsende- und des Aufnahmestaates nach dem **NATO-Truppenstatut** OLG Celle NJW 1965, 1673; Maier NJW 1974, 1935; Schwenk JZ 1976, 581). Für Taten, die während der **NS-Zeit** oder der **Besatzungszeit** nach dem 2. Weltkrieg begangen wurden, kommen noch weitere Gründe in Frage, die ein vorübergehendes Ruhen der Verjährung bewirkt haben, aber nur noch ganz ausnahmsweise für die Entschei-

dung relevant sind (zu einem Beispiel beachte BVerfGE 25, 269 = NJW 1969, 1059).

4. Abs. 3 hemmt den **Fristablauf nach dem Urteil im ersten Rechtszug** (sog. Ablaufhemmung, Bock JuS 2006, 12 (15); krit. dazu Kohlmann FS Pfeiffer, 1988, 203 (212)); auf den Inhalt des Urteils (zB Freisprechung oder Verfahrenseinstellung) und seine sachliche Richtigkeit kommt es nicht an (BGHSt 32, 209 = NJW 1984, 988; BGHSt 46, 159 = NJW 2001, 1146; beachte auch BGH StV 1997, 77). Die Hemmungswirkung, die gegenüber § 78c III 2 Vorrang hat, soll nach dem Gesetzeswortlaut bis zum Eintritt der Rechtskraft des das Verfahren abschließenden Urteils Bestand haben. Die Vorschrift ist verfassungsrechtlich so nicht haltbar. Im Falle einer rechtswidrigen Verfahrensverzögerung bleiben Art. 6 I, III MRK und das Rechtsstaatsprinzip verbindlich. Danach muss der dort vorgesehene Mindeststandard eines fairen Verfahrens gewährleistet bleiben. Durch Berücksichtigung allein bei der Strafzumessung (→ § 46 Rn. 30) kann das nicht in jedem Fall erreicht werden (so für „außergewöhnliche Einzelfälle" jetzt auch BGHSt 46, 159 = NJW 2001, 1146 mit zT krit. Bespr. Kempf StV 2001, 134). Bewirkt das Urteil keinen Strafklageverbrauch (zB bei Einstellung wegen örtlicher Unzuständigkeit), so wird der Lauf der Verfolgungsverjährung wieder eröffnet und die Frist so berechnet, als ob keine Hemmung nach Abs. 3 eingetreten wäre (OLG Düsseldorf JR 1993, 77 mAnm Ulsenheimer wistra 1992, 111; Stree JR 1993, 79; aM Schmid in LK-StGB Rn. 16). Kommt es später zu einer Wiederaufnahme, so bedarf die Frage der Verjährung unabhängig von Abs. 3 neuer Prüfung (→ § 78 Rn. 7). 7

5. Abs. 4 knüpft an mehrere in der Vergangenheit gescheiterte Gesetzgebungsvorhaben an (vgl. etwa BT-Drs. 10/272), in Großverfahren, die vor dem Landgericht eröffnet sind, die Verfahrenseinstellung wegen absoluter Verjährung während des Hauptverfahrens zu verhüten (zusf. Siegismund/Wickern wistra 1993, 136 (141)). Die Vorschrift mag namentlich in Wirtschaftsstrafsachen (Betrug, Subventionsbetrug, Untreue, Insolvenzdelikte usw) ein praktisches Bedürfnis befriedigen (dazu BT-Drs. 12/3832, 44). Sie ist zwar verfassungsmäßig (BVerfG NJW 1995, 1145; Laue in Maurach/Gössel/Zipf StrafR AT II § 76 Rn. 35), aber deshalb problematisch, weil sie der Tendenz zur Verlängerung von Strafverfahren Vorschub leistet (Saliger in NK-StGB Rn. 24) und weil auch die Anknüpfung an die Rechtsfigur der besonders schweren Fälle einige Delikte in den Anwendungsbereich einbezieht, bei denen kein Bedürfnis für eine Hemmung der Verjährung besteht (zB § 243) und in Grenzbereichen auch Ungereimtheiten entstehen können (zB Unanwendbarkeit bei Taten nach § 95 I, weil das Hauptverfahren nicht vor dem LG, sondern dem OLG stattfindet, Rieß AnwBl 1993, 51 (56)). Die Vorschrift betrifft unterschiedslos alle Taten, für die eine Freiheitsstrafe von **höchstens fünf Jahren** (§ 78 III Nr. 4), in besonders schweren Fällen aber eine höhere Freiheitsstrafe angedroht ist und der Täter wegen dieser verurteilt wird (BGHSt 56, 146 (148) = NJW 2011, 1157; Bosch in Schönke/Schröder, Rn. 14); nicht maßgeblich ist die rechtliche Bewertung der Tat in der Anklage oder im Eröffnungsbeschluss (anders noch OLG Koblenz NStZ-RR 1996, 229). Sie hemmt den Eintritt der absoluten Verjährung nach § 74c III (dort S. 2). Als Verfahrensvorschrift gilt sie auch für zurzeit ihres Inkrafttretens bereits eröffnete Verfahren (OLG Koblenz NStZ-RR 1996, 229 mwN). **Besonders schwere Fälle** → § 46 Rn. 7–21. **Eröffnung des Hauptverfahrens** § 203 StPO. Verfahren **vor dem Landgericht** §§ 74–74e GVG. Ergeht vor Ablauf der Verjährungshemmung nach Abs. 4 das **Urteil** (→ Rn. 7), so ist 7a diese spezielle Hemmung erledigt. Die weitere Verjährung bestimmt sich nach den Ausführungen unter → Rn. 7.

7b **6.** Mit **Abs. 5** soll dem Umstand Rechnung getragen werden, dass in Fällen **ausländischer Auslieferungsverfahren** mitunter langwierige Verzögerungen nicht im Verantwortungs- und Einflussbereich der deutschen Strafverfolgungsbehörden liegen (vgl. BT-Drs. 15/5653, 6 und BT-Drs. 15/5856, 1). Systematisch wäre die Schaffung eines Unterbrechungstatbestandes zwar vorzugswürdig gewesen (Mitsch NJW 2005, 3036 (3037); vgl. auch § 78c I 1 Nr. 12); damit hätte sich jedoch das Ziel, eine gem. § 78c III 1 drohende absolute Verjährung aufzuhalten, nicht erreichen lassen (BT-Drs. 15/5856). Umstritten im Gesetzgebungsverfahren war vor allem die Regelung des S. 3 (vgl. BT-Drs. 15/5653, 8f.). Die Ausnahme rechtfertigt sich dadurch, dass nach Auffassung des Gesetzgebers in den betroffenen Auslieferungsverfahren keine unüberschaubaren und ungewissen zeitlichen Verzögerungen zu erwarten sind, die ein Ruhen erfordern würden. Voraussetzung für den Beginn des Ruhens ist nach dem klaren Wortlaut, dass das – förmliche (zu den Voraussetzungen BT-Drs. 15/5856, 4) – Ersuchen dem ersuchten Staat zugeht und sich der Täter tatsächlich zu diesem Zeitpunkt dort aufhält (Bosch in Schönke/Schröder, Rn. 16); ggf. greift die Fiktion des S. 2 ein. Eine Beendigung des Ruhens nach S. 1 Nr. 2 kommt nur in Betracht, wenn der Täter den ersuchten Staat endgültig verlassen hat (BT-Drs. 15/5856, 5). Die Regelung gilt auch für Auslieferungsverfahren, die zurzeit des Inkrafttretens anhängig sind, weil das Rückwirkungsverbot nicht entgegensteht (Fischer Rn. 13; Kindhäuser/Hilgendorf in LPK-StGB Rn. 6 mit BVerfG NStZ 2000, 251).

8 **7.** Zum Ruhen der Verjährung von Taten, die in der **DDR** begangen worden sind, → § 2 Rn. 27a, 27c.

9 **8.** Abs. 6 ist durch das Gesetz zur Bekämpfung der Korruption v. 20.11.2015 (BGBl. I 2025) eingefügt worden (Fischer Rn. 17).

§ 78c Unterbrechung

(1) [1]**Die Verjährung wird unterbrochen durch**

1. **die erste Vernehmung des Beschuldigten, die Bekanntgabe, daß gegen ihn das Ermittlungsverfahren eingeleitet ist, oder die Anordnung dieser Vernehmung oder Bekanntgabe,**
2. **jede richterliche Vernehmung des Beschuldigten oder deren Anordnung,**
3. **jede Beauftragung eines Sachverständigen durch den Richter oder Staatsanwalt, wenn vorher der Beschuldigte vernommen oder ihm die Einleitung des Ermittlungsverfahrens bekanntgegeben worden ist,**
4. **jede richterliche Beschlagnahme- oder Durchsuchungsanordnung und richterliche Entscheidungen, welche diese aufrechterhalten,**
5. **den Haftbefehl, den Unterbringungsbefehl, den Vorführungsbefehl und richterliche Entscheidungen, welche diese aufrechterhalten,**
6. **die Erhebung der öffentlichen Klage,**
7. **die Eröffnung des Hauptverfahrens,**
8. **jede Anberaumung einer Hauptverhandlung,**
9. **den Strafbefehl oder eine andere dem Urteil entsprechende Entscheidung,**

10. die vorläufige gerichtliche Einstellung des Verfahrens wegen Abwesenheit des Angeschuldigten sowie jede Anordnung des Richters oder Staatsanwalts, die nach einer solchen Einstellung des Verfahrens oder im Verfahren gegen Abwesende zur Ermittlung des Aufenthalts des Angeschuldigten oder zur Sicherung von Beweisen ergeht,

11. die vorläufige gerichtliche Einstellung des Verfahrens wegen Verhandlungsunfähigkeit des Angeschuldigten sowie jede Anordnung des Richters oder Staatsanwalts, die nach einer solchen Einstellung des Verfahrens zur Überprüfung der Verhandlungsfähigkeit des Angeschuldigten ergeht, oder

12. jedes richterliche Ersuchen, eine Untersuchungshandlung im Ausland vorzunehmen.

[2]**Im Sicherungsverfahren und im selbständigen Verfahren wird die Verjährung durch die dem Satz 1 entsprechenden Handlungen zur Durchführung des Sicherungsverfahrens oder des selbständigen Verfahrens unterbrochen.**

(2) [1]**Die Verjährung ist bei einer schriftlichen Anordnung oder Entscheidung in dem Zeitpunkt unterbrochen, in dem die Anordnung oder Entscheidung abgefasst wird.** [2]**Ist das Dokument nicht alsbald nach der Abfassung in den Geschäftsgang gelangt, so ist der Zeitpunkt maßgebend, in dem es tatsächlich in den Geschäftsgang gegeben worden ist.**

(3) [1]**Nach jeder Unterbrechung beginnt die Verjährung von neuem.** [2]**Die Verfolgung ist jedoch spätestens verjährt, wenn seit dem in § 78a bezeichneten Zeitpunkt das Doppelte der gesetzlichen Verjährungsfrist und, wenn die Verjährungsfrist nach besonderen Gesetzen kürzer ist als drei Jahre, mindestens drei Jahre verstrichen sind.** [3]**§ 78b bleibt unberührt.**

(4) **Die Unterbrechung wirkt nur gegenüber demjenigen, auf den sich die Handlung bezieht.**

(5) **Wird ein Gesetz, das bei der Beendigung der Tat gilt, vor der Entscheidung geändert und verkürzt sich hierdurch die Frist der Verjährung, so bleiben Unterbrechungshandlungen, die vor dem Inkrafttreten des neuen Rechts vorgenommen worden sind, wirksam, auch wenn im Zeitpunkt der Unterbrechung die Verfolgung nach dem neuen Recht bereits verjährt gewesen wäre.**

Fassung: In Abs. 2 ist durch G zur Fortentwicklung der Strafprozessordnung und zur Änderung weiterer Vorschriften zum 1.7.2021 der Begriff „Unterzeichnung" durch „Abfassung" ersetzt worden.

1. a) Die **Unterbrechung der Verfolgungsverjährung** bewirkt, anders als 1
das Ruhen (§ 78b), dass mit dem einzurechnenden Tag des Unterbrechungsaktes (BayObLG MDR 1959, 325; OLG Karlsruhe Justiz 1973, 26) die Frist **von neuem** zu laufen beginnt (Abs. 3 S. 1). Unterbrechungshandlungen sind beliebig oft möglich, auch bei Antragsdelikten, wenn der Antrag noch nicht gestellt ist (BGH NJW 1957, 470; Saliger in NK-StGB Rn. 35). Durch eine nach § 2 III rückwirkende, mit Verkürzung der Verjährungsfrist verbundene Milderung des materiellen Rechts (→ § 78 Rn. 8) werden wirksam vorgenommene Unterbrechungshandlungen nicht berührt (beachte auch Art. 309 II, IV EGStGB; OLG München MDR 1979, 1045; BayObLG NJW 1999, 159; Brause NJW 1978, 2104). Zusammenfassend Bock

JuS 2006, 12 (15). Zur Verjährungsunterbrechung im OWiG bei Gutt/Krenberger DAR 2014, 187.

1a **b)** Der bei einer Unterbrechungshandlung **bereits abgelaufene Teil der Frist** bleibt insofern bedeutsam, als er zur Erreichung des Zeitpunktes beiträgt (Saliger in NK-StGB Rn. 3), mit dem nach **Abs. 3 S. 2** die Verfolgung spätestens verjährt **(absolute Verjährungsfrist).** Diese knüpft stets an die Beendigung der Tat an (→ § 78a Rn. 1, 6; Laue in Maurach/Gössel/Zipf StrafR AT II § 76 Rn. 33); die Einbeziehung von gestreckten Handlungseinheiten, die noch nicht beendigt sind, ist daher nicht zulässig (BGHSt 43, 321 (323) = NJW 1998, 1723; beachte → § 78a Rn. 6). Das Ruhen der Verjährung nach § 78b I wird nicht eingerechnet (Abs. 3 S. 3; BGH NStZ-RR 2008, 200). Da über komplexen Verfahren mit mittelschwerem Tatvorwürfen – wie im Loveparade-Prozess – bald nach Beginn des Hauptverfahrens das „Damoklesschwert" absoluter Verjährung hängt, hat eine Kommission in NRW vorgeschlagen, mit Eröffnung des Hauptverfahrens die absolute Verjährung auszusetzen.

2 **2.** Nur die in **Abs. 1** beschriebenen (richterlichen und nichtrichterlichen) Handlungen von inländischen (BGHSt 1, 325 = NJW 1952, 113) Verfolgungsorganen in inländischen Ermittlungs- und Strafverfahren (BayObLG NStZ 1993, 441) unterbrechen die Verjährung; eine entsprechende Anwendung auf andere Handlungen ist unzulässig (BGH wistra 2005, 27; LG Kaiserslautern NStZ 1981, 438 mAnm Lilie).

3 **a) Nr. 1:** Die **Unterbrechungsmöglichkeiten** der ersten Vernehmung, Bekanntgabe und Anordnung durch Polizei (OLG Karlsruhe NZV 1994, 291), StA oder Richter sind nur alternativ (BGH NStZ 2005, 33; NStZ 2009, 205; NStZ-RR 2014, 340, 34; sa OLG Hamm NJW 1970, 1934; OLG Frankfurt a. M. NStZ-RR 1998, 346; zusf. Schäfer FS Dünnebier, 1982, 541 (553)). Da sämtliche Maßnahmen iSd Nr. 1 eine Einheit bilden, kann nach Durchführung einer solchen die Verjährung nicht erneut durch eine weitere Maßnahme iSd Nr. 1 unterbrochen werden (BGH NStZ 2009, 205; Fischer Rn. 11). Unterbrechungswirkung hat meist schon die Anordnung; die Bekanntgabe unterbricht für sich allein nur, wenn eine Anordnung fehlt und wenn sie der ersten Vernehmung zeitlich vorausgeht (OLG Bremen NJW 1970, 720), andernfalls treffen Bekanntgabe und Vernehmung wegen §§ 136 I 1, 163a IV 1 StPO notwendig zusammen und unterbrechen gemeinsam (Fischer Rn. 11). **Vernehmung** ist förmliche Gelegenheit zur Äußerung des Beschuldigten gegenüber Polizei, StA oder Richter; bloß informatorische Befragung oder Vernehmung als Zeuge (BGH StV 2000, 473) genügen nicht (OLG Hamm VRS 41, 384; BayObLG VRS 44, 62), auch nicht die Anhörung lediglich des Verteidigers, selbst wenn dieser ausnahmsweise (zB nach §§ 234, 411 II StPO) Vertretungsbefugnis hat (Wolter in SK-StGB Rn. 14; aM BayObLG MDR 1983, 429 mit zust. Bespr. Göhler NStZ 1984, 63; zw.). Ob sich der Beschuldigte zur Sache geäußert hat, ist unerheblich (BT-Drs. 7/1261, 9). **Bekanntgabe** ist die nicht formgebundene (BGHSt 30, 215 (217) = NJW 1982, 291; sa OLG Celle NZV 1998, 423), die Verdachtsgrundlage mindestens zusf. bezeichnende (BayObLG wistra 1988, 81; problematisch LG Hildesheim StV 1993, 368) Mitteilung an den Beschuldigten über die Einleitung des Ermittlungsverfahrens, ohne Rücksicht auf ihren Zugang (BGHSt 25, 6 = NJW 1972, 2006; OLG Koblenz MDR 1976, 780). Die Übersendung eines Anhörungsbogens an den Beschuldigten (nicht lediglich an den Fahrzeughalter mit dem Ersuchen der Weiterleitung an den der Verfolgungsbehörde unbekannten Fahrer,

BGHSt 24, 321 = NJW 1972, 914 mablAnm Kleinknecht JZ 1972, 748; sa OLG Hamburg NStZ-RR 1999, 20 (21)) genügt dazu in jedem Falle (BGHSt 24, 321 = NJW 1972, 914; sa BGHSt 25, 6 (344) = NJW 1972, 2006); daher ist unerheblich, ob darin oder in der nachfolgenden schriftlichen Äußerung zugleich eine erste Vernehmung gesehen werden kann (vgl. ua BayObLG VRS 41, 213; OLG Saarbrücken VRS 42, 137; str.). Auch die Übersendung von Vernehmungsniederschriften an den bevollmächtigten Verteidiger kann ausreichen (BGH NStZ 2002, 429). Gleiches gilt für die Gewährung von Akteneinsicht (BGH NStZ 2008, 214; NStZ 2009, 205; Fischer Rn. 9a); erforderlich ist aber, dass die Akteneinsicht zur Information des Beschuldigten über Existenz, Inhalt und Umfang des Ermittlungsverfahrens dienen soll und tatsächlich auch gedient hat (BGH NStZ 2008, 214). **Anordnung** ist die nicht formgebundene Äußerung eines Ermittlungsorgans (Polizei, Staatsanwaltschaft, Richter), nach welcher der Beschuldigte vernommen oder ihm die Einleitung eines Ermittlungsverfahrens mitgeteilt werden soll (vgl. BGH NZV 2006, 484 zum insoweit wortgleichen § 33 I 1 Nr. 1 OWiG); dabei ist eine über den möglichen Wortsinn hinausgehende Auslegung zu Lasten des Beschuldigten nicht zulässig (aM OLG Karlsruhe Justiz 2003, 487; problematisch OLG Brandenburg NStZ-RR 1999, 279 zu § 33 I OWiG). Als Anordnung genügt auch der Auftrag an die Polizei zur Vernehmung des Beschuldigten (beachte dazu OLG Karlsruhe NZV 1994, 291); dass die Anordnung dem Beschuldigten nicht zugestellt werden kann, ist unerheblich (so zutr. zu § 33 OWiG OLG Frankfurt a. M. NJW 1998, 1328). Nicht genügen dagegen: ein bloßer Ermittlungsauftrag, in dessen Rahmen auch der Beschuldigte vernommen werden soll (BGH NStZ 1985, 545; sa BayObLG NStZ-RR 1996, 46; problematisch OLG Düsseldorf VRS 87, 142); ein Ermittlungsauftrag gegen „Unbekannt" (Saliger in NK-StGB Rn. 47) oder eine nur mündliche, nicht aktenkundig gemachte behördeninterne Weisung (BayObLG VRS 60, 126; Fischer Rn. 10).

b) Nr. 2: Jede **richterliche Vernehmung** (§ 136 StPO) des Beschuldigten 4
oder deren vorausgegangene Anordnung (OLG Karlsruhe StraFo 2015, 164 (165)). Die Vernehmung lediglich eines Mitbeschuldigten genügt für sich allein nicht (BayObLG VRS 57, 42); das gilt auch für die Aussage eines Beschuldigten, der von sich aus ein bis dahin unbekanntes, nicht zum Verfahrensgegenstand gehörendes Tatgeschehen schildert (BayObLG NStZ 2001, 320; Rudolphi/Wolter in SK-StGB Rn. 6). Vernehmung nur zur Person genügt (OLG Hamm MDR 1979, 781). Die Alternativität begründet auch hier (→ Rn. 3) den Vorrang der Anordnung (BGHSt 27, 110 = NJW 1977, 858), die jedoch nur der zugehörigen Vernehmung vorgeht, nicht auch der wiederholten Anordnung (OLG Hamburg MDR 1977, 603) oder der Ladungsverfügung des ersuchten Richters (BGHSt 27, 110 = NJW 1977, 858 str.). Die mit der Anberaumung einer Hauptverhandlung (→ Rn. 10) verbundene (unselbständige) Ladung des Angeklagten schließt die Unterbrechungswirkung einer Vernehmung in der Hauptverhandlung nicht aus (BGHSt 27, 144 = NJW 1977, 1405 mAnm Göhler JR 1978, 126; str.).

c) Nr. 3: Vgl. §§ 73 ff. StPO (zusf. Schäfer FS Dünnebier, 1982, 541 (556)). Be- 5
auftragung ist die zwar nicht formgebundene, aber für die anderen Verfahrensbeteiligten erkennbar gemachte Aufforderung an einen **Sachverständigen,** zu einem bestimmten Beweisthema ein Gutachten zu erstatten (BGH bei Holtz MDR 1978, 986). Dazu kann der behördeninterne Auftrag an einen als „Wirtschaftsreferent" eingesetzten Sachbearbeiter genügen (OLG Zweibrücken NJW 1979, 1995; beachte aber OLG Zweibrücken NStZ-RR 2004, 298); jedoch muss er die für die anderen Verfahrensbeteiligten nach Inhalt und Zeitpunkt erkennbare Anordnung

enthalten, dass der Beauftragte eigenverantwortlich und frei von Weisungen (BGH NStZ 1984, 215) ein Gutachten zu einem bestimmten Beweisthema erstatten soll (BGHSt 28, 381 = NJW 1979, 2414). Im gerichtlichen Verfahren kommt es auf den Beschluss über die Beauftragung, nicht auf dessen geschäftsmäßige Ausführung an (BGHSt 27, 76 = NJW 1977, 687; OLG Köln MDR 1981, 166; str.). Der Auftrag, ein erstattetes Gutachten iRd Auftrages nur zu ergänzen, hat keine (erneute) Unterbrechungswirkung (BayObLG MDR 1977, 252); sonst unterbricht jedoch nicht nur der erste, sondern jeder weitere Gutachtenauftrag (OLG Düsseldorf NZV 1994, 118). Für die **Bekanntgabe** genügt es, wenn sie den Beschuldigten formlos darüber „ins Bild setzt", dass und weshalb gegen ihn ermittelt wird (BGH NStZ 1990, 436; → Rn. 3).

6 **d) Nr. 4:** Vgl. §§ 98, 100, 105, 111a I, III, 111e, 290 I StPO; zB Durchsuchungsbeschlüsse beim Subventionsbetrug (BGH wistra 2014, 350 (354)). Erfasst werden auch richterliche Entscheidungen, die nichtrichterliche **Beschlagnahmen** (§ 98 II, III StPO) bestätigen (BGH StraFo 2006, 339; Fischer Rn. 14), nicht dagegen das bloße richterliche Erfordern (§ 95 I StPO), einen Gegenstand vorzulegen oder auszuliefern (LG Kaiserslautern NStZ 1981, 438 mAnm Lilie). Nicht unterbrechend wirken ferner Anordnungen, die keinerlei tatsächliche Anhaltspunkte über den Inhalt des Vorwurfs enthalten, obwohl das nach dem bisherigen Ermittlungsergebnis ohne weiteres möglich und für die Strafverfolgung nicht abträglich gewesen wäre (BGH StV 2000, 477; StV 2003, 556; NStZ-RR 2017, 82 (83)).

7 **e) Nr. 5:** Vgl. §§ 114, 126a, 134 StPO. Ein Beschluss nach § 116 StPO enthält nach der Rspr. auch ohne ausdrücklichen Ausspruch die Entscheidung, dass der Haftbefehl aufrechterhalten wird (BGHSt 39, 233 = NJW 1993, 2692; BGH StraFo 2009, 27; OLG Saarbrücken NJW 2009, 609; aM Bosch in Schönke/Schröder, Rn. 13); Gleiches gilt bei einem neuen, dem Ermittlungsstand angepassten Haftbefehl (BGH StraFo 2009, 27).

8 **f) Nr. 6:** Vgl. § 170 I StPO. Maßgebend ist der Eingang der **Anklageschrift** bei Gericht (BGH NStZ 2009, 205; OLG Karlsruhe VRS 57, 114; sa BGHSt 26, 384 = NJW 1976, 1755). Auch der Antrag auf Erlass eines Strafbefehls (§ 407 I StPO), der nur eine besondere Art der Klageerhebung ist, genügt (Bosch in Schönke/Schröder, Rn. 14; sa BayObLG MDR 1984, 427), jedoch nicht der Antrag auf Aburteilung im beschleunigten Verfahren, weil er nach § 418 III 2 StPO der Anklageerhebung vorausgeht (Göhler NStZ 1981, 55 (56)). Die Unterbrechungswirkung tritt nicht ein, wenn die Anklage nicht den Voraussetzungen des § 200 StPO entspricht (BGH NStZ 2009, 205). Die Privatklage ist keine öffentliche Klage. Daraus folgt nicht, dass die Mitteilung an den Beschuldigten, eine solche Klage sei vorschriftsmäßig erhoben (§ 382 StPO), keine Unterbrechung bewirkt (so aber BayObLGSt 1977, 125). Es kommt vielmehr darauf an, ob diese Mitteilung sämtliche Voraussetzungen für den Eintritt der Unterbrechung erfüllt (ohne zureichende Begr. anders BayObLGSt 1977, 125). Das ist hier der Fall: die richterliche Aufforderung an den Privatbeklagten zur Erklärung innerhalb einer bestimmten Frist ist eine Handlung des Richters (Abs. 1 Nr. 2). Sie ist eine förmliche Gelegenheit zur Äußerung des Beschuldigten und deshalb als „Anordnung" der Vernehmung zu bewerten (Abs. 1 Nr. 2 Alt. 2). Sie wird in der StPO gefordert und ist deshalb zur Förderung des Verfahrens notwendig, selbst wenn mit ihr der Zweck verbunden wird, die Unterbrechung herbeizuführen (→ Rn. 16).

g) Nr. 7: Vgl. § 203 StPO. Es kommt auf die Unterzeichnung des **Eröffnungsbeschlusses,** nicht dessen Zustellung an (Gürtler in Göhler OWiG § 33 Rn. 42; Saliger in NK-StGB Rn. 57). Auch wenn an dem Beschluss ein kraft Gesetzes ausgeschlossener Richter (§ 22 StPO) mitgewirkt hat, wird die Verjährung unterbrochen (BGHSt 29, 351 = NJW 1981, 133 mAnm Meyer-Goßner JR 1981, 379; str.). 9

h) Nr. 8: Erfasst werden ua auch: kurzfristige Anberaumung im beschleunigten Verfahren (§ 418 I StPO); Anberaumung nach ausgesetzter Hauptverhandlung oder nach vorläufiger Einstellung gem. § 154 II StPO (OLG Celle NStZ 1985, 218 mablAnm Schoreit; aM Beulke JR 1986, 50; zw.); Verlegung eines anberaumten Termins (OLG Köln VRS 69, 451; Saliger in NK-StGB Rn. 58; sa OLG Düsseldorf NJW 1999, 2055; BayObLG NStZ 2000, 40) und Anberaumung durch einen abgelehnten Richter (OLG Köln VRS 59, 428). Beachte OLG Hamm NJW 1977, 690; OLG Koblenz VRS 67, 52; → Rn. 4. 10

i) Nr. 9: Vgl. § 407 StPO. Das Urteil selbst scheidet aus, weil es nach § 78b III das Ruhen der Verjährung bewirkt; eine andere, **dem Urteil entsprechende Entscheidung** ist zB die Verurteilung zu Strafe nach § 59b I, der Einstellungsbeschluss wegen eines (vermeintlichen) Verfahrenshindernisses nach § 206a I StPO (BayObLG MDR 1977, 603; sa OLG Stuttgart NStZ 1981, 105) oder die selbständige Einziehung nach § 441 II StPO. 11

j) Nr. 10: Vgl. §§ 205, 285 ff. StPO. Die Vorschrift betrifft nur den „Angeschuldigten", setzt also voraus, dass öffentliche Klage erhoben ist (BGH NStZ-RR 1996, 163). Ist lediglich ein Mitangeklagter abwesend, so bewirkt dies für den Angeklagten nicht die Unterbrechung (BGH NStZ 2004, 148). Bloße „Vertagung des Verfahrens auf unbestimmte Zeit" genügt nicht (OLG Köln VRS 57, 432; Saliger in NK-StGB Rn. 61), wohl aber vorläufige Einstellung auf Grund irriger Annahme der Abwesenheit (OLG Köln VRS 51, 214; BayObLG VRS 58, 389). Bei Anordnungen zur Aufenthaltsermittlung oder zur Beweissicherung muss die vorausgegangene vorläufige Einstellung im Zeitpunkt der Anordnung noch andauern (BayObLG VRS 62, 288; beachte auch BGHSt 37, 145 = NJW 1991, 114 mAnm Temming NStZ 1990, 585). Die Gestellungsmaßregel der Vermögensbeschlagnahme nach § 290 StPO ist zwar Bestandteil eines Verfahrens, das im Ganzen der Beweissicherung dient (§ 285 I StPO), selbst aber nur eine Maßnahme zur Erzwingung der Gestellung; sie wird daher nur durch Nr. 4 erfasst (zw.). 12

k) Nr. 11: Vgl. § 205 StPO. 13

l) Nr. 12: Ausland → Vor § 3 Rn. 6. Die Streitfrage, ob auch Ersuchen um Übernahme der Verfolgung durch eine ausländische Stelle erfasst werden (dazu Fischer Rn. 22), stellt sich im Strafverfahren nicht, weil das Prozessrecht richterliche Übernahmeersuchen nicht vorsieht (Schmid in LK-StGB Rn. 36). 14

m) S. 2: Sicherungsverfahren §§ 413–416 StPO. Im selbständigen Verfahren (§§ 440–442 StPO) haben die dem S. 1 entsprechenden Handlungen Unterbrechungswirkung auch dann, wenn keine bestimmte Person verfolgt oder verurteilt werden kann (BT-Drs. 10/318, 42; → Rn. 11). Bei Vernehmungen nach S. 1 Nr. 1, 2 kommt es auf die Personen an, gegen die sich die Maßnahme richtet (BT-Drs. 10/318, 42). 15

16 **3.** Unterbrechungshandlungen (→ Rn. 2–15), die **ohne sachlichen Anlass nur zum Zweck der Unterbrechung** vorgenommen werden, genügen nicht. Diese im früheren Recht anerkannte (BGHSt 9, 198 (203) = NJW 1956, 1285; BGHSt 12, 335 = NJW 1959, 894) und rechtsstaatlich gebotene Beschränkung unter Hinweis auf die in Abs. 1 vorgenommene Formalisierung der Unterbrechungshandlungen aufzugeben, besteht kein hinreichender Grund (Wolter in SK-StGB Rn. 7; Saliger in NK-StGB Rn. 32; ebenso Bock JuS 2006, 12 (15); wohl auch BGHSt 25, 6 (8) = NJW 1972, 2006; für § 33 OWiG auch OLG Düsseldorf NJW 1999, 2055; aM BayObLG MDR 1980, 253; Gürtler in Göhler OWiG § 33 Rn. 3; diff. Beulke JR 1986, 50 (55); Schmid in LK-StGB Rn. 11). Zwar sind die meisten Unterbrechungshandlungen zur Umgehung der Verjährung ungeeignet; einzelne (zB die Beauftragung eines Sachverständigen) können jedoch nach wie vor zu diesem Zweck missbraucht werden. Deshalb bleibt der Grundsatz, dass wahllose Unterbrechungen dem Sinn der Verjährung widersprechen und dass Verjährungsvorschriften loyal zu handhaben sind (BGHSt 11, 335 = NJW 1958, 1004), unverändert wichtig (zust. Geilen FS Schreiber, 2005, 89 (99); Schmid in LK-StGB Rn. 2; sa Nr. 22 RiStBV). Dient eine Handlung konkret der Verfahrensförderung, so schadet es nicht, wenn mit ihr der Unterbrechungszweck verbunden wird (KG VRS 34, 198), es sei denn, dass sich ihre Vornahme ausschließlich als verfahrensverzögernder Umweg zur Umgehung der Verjährungsvorschriften darstellt (BGHSt 11, 335 = NJW 1958, 1004; BGHSt 15, 234 = NJW 1961, 326). Ob eine Handlung infolge nachträglich eingetretener oder bekannt gewordener Umstände zurückgenommen wird, ist unerheblich (OLG Stuttgart NJW 1968, 1340; OLG Bremen StV 1990, 25; Schmid in LK-StGB Rn. 10; sa BGH NStZ 1985, 545).

17 **4.** Soweit Unterbrechungshandlungen nur **schriftlich** vorgenommen werden können (zB Abs. 1 S. 1 Nr. 4–9), müssen sie von dem Verfolgungsorgan unterzeichnet sein (Laue in Maurach/Gössel/Zipf StrafR AT II § 76 Rn. 31; bei behördeninternen Anweisungen reicht Abzeichnung durch bloße Paraphe (OLG Koblenz JR 1981, 42 mAnm Göhler; OLG Hamburg MDR 1997, 377); bei elektronischer Datenverarbeitung, die einem bestimmten Fristenplan folgt, müssen Ausdrucke, die von vornherein einprogrammiert und uU mit fremder Hilfe hergestellt sind, nicht besonders unterzeichnet werden, weil sie durch die Unterzeichnung des anordnenden Verfolgungsorgans gedeckt sind (OLG Dresden NZV 1996, 210; sa OLG Hamburg MDR 1997, 377). Die Voraussetzungen anderer Unterbrechungshandlungen müssen sich aus dem aktenkundigen Inhalt (Aktennotiz genügt) der Verfolgungshandlung, allenfalls iVm dem übrigen Akteninhalt, zweifelsfrei ergeben (OLG Frankfurt a. M. VRS 59, 134). Bei der einschneidenden Bedeutung der Verjährungsvorschriften ist nicht nur behördeninternen (→ Rn. 3), sondern allen **mündlich** vorgenommenen Unterbrechungshandlungen (zB der Bekanntgabe nach Abs. 1 S. 1 Nr. 1) die Anerkennung zu versagen, wenn darüber keine Aktennotiz vorliegt und auch sonst keine konkreten Anhaltspunkte aus den Akten hervorgehen, so dass sich der Beweis ausschließlich auf persönliche Beweismittel, namentlich das Erinnerungsvermögen der Ermittlungsorgane, stützen müsste (BGHSt 30, 215 = NJW 1982, 291; sa OLG Brandenburg NStZ 1997, 139; Schäfer FS Dünnebier, 1982, 541 (550)). Schließlich ist erforderlich, dass die Handlung die Existenz eines Ermittlungs- oder Strafverfahrens **nach außen** zu erkennen gibt (OLG Celle Nds. Rpfl. 2001, 270; Saliger in NK-StGB Rn. 29).

18 **5.** Gänzlich **unwirksame,** also nicht lediglich rechtlich fehlerhafte, **Handlungen** entfalten keine Unterbrechungswirkung (BGHSt 29, 351 = NJW 1981, 133;

OLG Bremen StV 1990, 25). Nicht unbedingt erforderlich ist örtliche (OLG Hamburg VRS 58, 434), sachliche oder geschäftsplanmäßige Zuständigkeit des Verfolgungsorgans, wohl aber gesetzlich zugewiesene Verfolgungskompetenz, namentlich funktionelle Zuständigkeit (Saliger in NK-StGB Rn. 25; krit. und diff. Beulke JR 1986, 50 (52); sa OLG Hamm und OLG Düsseldorf NJW 1979, 884; OLG Frankfurt a. M. NStZ 1986, 561).

6. a) Die **Unterbrechungswirkung tritt ein,** sobald die Unterbrechungshandlung abgeschlossen vorliegt. Bei mündlichen Entscheidungen (§ 35 I StPO) kommt es auf die Verkündung an (ebenso Saliger in NK-StGB Rn. 33; Laue in Maurach/Gössel/Zipf StrafR AT II § 76 Rn. 32). Für schriftliche Anordnungen und Entscheidungen macht **Abs. 2** eine Ausnahme für den Fall, dass das abgefasste (die Ersetzung des vormaligen Begriffs der Unterzeichnung durch den der Abfassung dient der Anpassung an § 32b I 1 StPO zur Einführung der elektronischen Akte; vgl, BT-Drs. 19/27654, 129) Schriftstück nicht alsbald in den Geschäftsgang gelangt (dazu OLG Düsseldorf NZV 1993, 204; sa OLG Hamm MDR 1977, 515; Herzig DAR 1980, 362), lässt Zweifel aber zum Nachteil des Beschuldigten ausschlagen (OLG Köln VRS 55, 386; abl. Saliger in NK-StGB Rn. 34). 19

b) Die **Unterbrechungswirkung** (zusf. Schäfer FS Dünnebier, 1982, 541 (544)) **umfasst** 20

aa) die Tat (im prozessualen Sinne) in vollem Umfang (ebenso Saliger in NK-StGB, 3. Aufl. 2010, Rn. 21), auch wenn die Unterbrechungshandlung nur Teile der Tat, etwa den Einzelakt einer Handlungseinheit (str.), betrifft oder wenn die Verfolgung nach § 154a I, II StPO auf abtrennbare Teile oder auf einzelne Gesetzesverletzungen beschränkt worden ist (BGHSt 22, 105 = NJW 1968, 901; NJW 2000, 2829; OLG Celle VRS 34, 350);

bb) regelmäßig alle in einem Verfahren (nicht in einem anderen, BGH StV 1993, 71; sa StV 1997, 187) verfolgten Taten, sofern sie schon hinreichend konkretisiert sind (Holtz MDR 1981, 453; OLG Hamm NJW 1981, 2425) und der Verfolgungswille sich nicht ausnahmsweise – sei es auch nur auf Grund des Zweifelssatzes (BGH NStZ 1996, 274) – lediglich auf einzelne Taten erstreckt (BGH NStZ 1990, 436; wistra 1996, 260; NStZ 2007, 213; NStZ 2009, 205; sa BGH NStZ 2000, 85; NStZ 2001, 191 mkritAnm Bohnert). Zur Bestimmung des Umfangs des Verfolgungswillens kann neben dem Wortlaut der verjährungsunterbrechenden Verfügung auch auf den sonstigen Akteninhalt zurückgegriffen werden (BGH wistra 2002, 57). Der Verfolgungswille ist überhaupt das entscheidende Kriterium für die sachliche Reichweite der Unterbrechungswirkung (BGH NStZ 2009, 205; NJW 2015, 2901; expl. zu einem Fall der Umsatzsteuerhinterziehung BGH NStZ 2000, 427). 21

cc) nach **Abs. 4** ausschließlich die individuell bestimmte natürliche (nicht juristische, OLG Brandenburg NZV 1998, 424 mAnm Huppertz) Person, auf die sich die Handlung bezieht (BGHSt 24, 321 = NJW 1972, 914; sa OLG Frankfurt a. M. NStZ-RR 1998, 346; OLG Hamburg NStZ-RR 1999, 20 (21); OLG Hamm NZV 1999, 261). Sie muss nicht notwendig schon namentlich bekannt, aber eindeutig identifizierbar sein (BGH bei Holtz MDR 1991, 701; OLG Karlsruhe NStZ 1987, 331); Verfolgung gegen Unbekannt genügt nicht (BGHSt 2, 55 = BeckRS 1951, 31194170; BGHSt 58, 13 = NJW 2012, 3385 mit krit. Bespr. Kölbel NStZ 2014, 145); auch soll es nach einer – allerdings nur auf das insoweit übereinstimmende Bußgeldverfahren (§ 33 OWiG) bezogenen – Rspr. in keinem Falle genügen, dass von einer dem Namen nach noch unbekannten Person lediglich 22 ein Beweisfoto vorliegt (BGHSt 42, 283 = NJW 1997, 598 mablAnm Senge NStZ 1997, 348; OLG Hamburg MDR 1997, 377; OLG Hamm MDR 1997, 586; OLG Karlsruhe NStZ-RR 1999, 118; zw.); die Übertragung dieser Rspr. auf das Strafverfahren würde eine nicht hinreichend begründbare Abweichung von der bisherigen Praxis bedeuten (so überzeugend Senge NStZ 1997, 348). Die Handlung umfasst weitere Beteiligte nur, soweit diese erkennbar einbezogen sein sollen (BGH GA 1961, 239; OLG Karlsruhe NStZ-RR 1999, 118; OLG Hamburg wistra 1993, 272 mit krit. Bespr. Hees wistra 1994, 81; wenn etwa eine Ermittlungshandlung erkennbar auch die Tatbeiträge weiterer, dieser Tat Verdächtiger aufklären soll, BGH NStZ 2011, 711) und sie selbst die Voraussetzungen des Abs. 1 erfüllt (BayObLG VRS 57, 42; str.). Dabei muss sich die Handlung stets auf den beziehen, gegen den sich die Ermittlungen richten; dass von ihr auch Dritte unmittelbar betroffen werden (zB Bestätigung der zu Lasten eines Dritten angeordneten Beschlagnahme, BGH wistra 1995, 309), ist unerheblich.

2. Titel. Vollstreckungsverjährung

§ 79 Verjährungsfrist

(1) **Eine rechtskräftig verhängte Strafe oder Maßnahme (§ 11 Abs. 1 Nr. 8) darf nach Ablauf der Verjährungsfrist nicht mehr vollstreckt werden.**

(2) **Die Vollstreckung von lebenslangen Freiheitsstrafen verjährt nicht.**

(3) **Die Verjährungsfrist beträgt**

1. **fünfundzwanzig Jahre bei Freiheitsstrafe von mehr als zehn Jahren,**
2. **zwanzig Jahre bei Freiheitsstrafe von mehr als fünf Jahren bis zu zehn Jahren,**
3. **zehn Jahre bei Freiheitsstrafe von mehr als einem Jahr bis zu fünf Jahren,**
4. **fünf Jahre bei Freiheitsstrafe bis zu einem Jahr und bei Geldstrafe von mehr als dreißig Tagessätzen,**
5. **drei Jahre bei Geldstrafe bis zu dreißig Tagessätzen.**

(4) [1]**Die Vollstreckung der Sicherungsverwahrung und der unbefristeten Führungsaufsicht (§ 68c Abs. 2 Satz 1 oder Abs. 3) verjähren nicht.** [2]**Die Verjährungsfrist beträgt**

1. **fünf Jahre in den sonstigen Fällen der Führungsaufsicht sowie bei der ersten Unterbringung in einer Entziehungsanstalt,**
2. **zehn Jahre bei den übrigen Maßnahmen.**

(5) [1]**Ist auf Freiheitsstrafe und Geldstrafe zugleich oder ist neben einer Strafe auf eine freiheitsentziehende Maßregel, auf Einziehung oder Unbrauchbarmachung erkannt, so verjährt die Vollstreckung der einen Strafe oder Maßnahme nicht früher als die der anderen.** [2]**Jedoch hindert eine zugleich angeordnete Sicherungsverwahrung die Verjährung der Vollstreckung von Strafen oder anderen Maßnahmen nicht.**

(6) **Die Verjährung beginnt mit der Rechtskraft der Entscheidung.**

Fassung: In Abs. 2 ist „von Strafen wegen Völkermordes (§ 220a)" durch Art. 2 Nr. 4 des EinfG zum VStGB (→ Vor § 1 Rn. 14) gestrichen worden; Neufassung des Abs. 4 S. 2 durch das FührungsaufsichtG (→ Vor § 1 Rn. 16).

1. Die **Rechtsnatur der Vollstreckungsverjährung** ist aus denselben Gründen zweifelhaft wie die der Verfolgungsverjährung (→ § 78 Rn. 1); dass sie mindestens auch prozessualen Charakter hat, ist jedoch nahezu unbestritten (Schmid in LK-StGB Rn. 1). 1

2. Vollstreckungsverjährung **bewirkt,** dass jede hoheitliche Tätigkeit zur Vollziehung der verhängten Strafe oder Maßnahme unzulässig wird; jedoch kann die Vollziehung in Ausnahmefällen wegen Verletzung des Vertrauensgrundsatzes schon vor Ablauf der Verjährungsfrist rechtsstaatswidrig sein (OLG Karlsruhe NStZ-RR 1997, 253). Rechtsfolgen, die einer Vollziehung nicht bedürfen, wie zB Fahrverbot (§ 44; str.), Statusfolgen (§§ 45–45b) und Entziehung der Fahrerlaubnis (§§ 69–69b), sind von der Vorschrift nicht betroffen. 2

3. a) Die **Fristen der Abs. 3 und 4** knüpfen an die erkannte (nicht die angedrohte) Strafe oder Maßnahme ohne Rücksicht auf angerechnete Freiheitsentziehung (§ 51), auf bereits durchgeführte Teilvollstreckung und auf nachträgliche Milderungen im Gnadenwege an. Bei Tatmehrheit entscheidet die Gesamtstrafe (BGHSt 30, 232 = NJW 1982, 114; BGH NStZ 1987, 331), deren nachträgliche Bildung (§ 55 StGB; § 460 StPO) regelmäßig (dazu OLG Düsseldorf MDR 1993, 169) eine neue Frist in Lauf setzt (BGHSt 34, 304 = NJW 1988, 654; OLG Zweibrücken NStZ 1991, 454). 3

b) Auf eine **Führungsaufsicht,** die nach § 68f I kraft Gesetzes eintritt, ist Abs. 4 S. 2 Nr. 1 entsprechend anwendbar (Rudolphi/Wolter in SK-StGB Rn. 4; Bosch in Schönke/Schröder, Rn. 7; aM Fischer Rn. 5; Schmid in LK-StGB Rn. 5); für eine Fristverkürzung nur in Fällen „angeordneter" Führungsaufsicht gibt es keinen sinnvollen Grund (→ § 68g Rn. 3, 4). Auch sonst ist die Verjährung bei Führungsaufsicht umstritten und namentlich mit den Vorschriften über deren Dauer und Beendigung (§§ 68c III, 68g I) nicht abgestimmt (zusf. Mainz NStZ 1989, 61). Da der eindeutige, durch Analogie nicht erweiterungsfähige Gesetzeswortlaut (→ § 1 Rn. 5, 6) ein Ruhen der Verjährung (§ 78b) weder während der Vollstreckung der Führungsaufsicht (aM Mainz NStZ 1989, 61) noch während der Zeit vorsieht, in welcher der Täter flüchtig ist oder sich verborgen hält, sind unbefriedigende Ergebnisse nicht immer vermeidbar (beachte jedoch → § 68g Rn. 2). 4

4. Abs. 5 hemmt den Ablauf der jeweils kürzeren Frist. Danach entscheidet beim Zusammentreffen von Hauptstrafen mit Nebenstrafen, Einziehung oder Unbrauchbarmachung nicht notwendig die Hauptstrafe. Sind neben Sicherungsverwahrung Strafe oder andere Maßnahmen verhängt (S. 2), so unterliegen sie ihrer eigenen (idR nach § 79a Nr. 3 ruhenden) Verjährung. 5

5. Die Verjährung **beginnt (Abs. 6)** mit dem einzurechnenden Tag, an dem der Strafausspruch (nicht nur der Schuldspruch) oder der Ausspruch der Maßnahme rechtskräftig wird; bis dahin läuft die Verfolgungsverjährung (BGHSt 11, 393 = NJW 1958, 1307). Kommt es zur Wiederaufnahme, so wird mit Rechtskraft des Wiederaufnahmebeschlusses (§ 370 II StPO) der Lauf der Vollstreckungsverjährung beendigt (→ § 78 Rn. 7). 6

§ 79a Ruhen

Die Verjährung ruht,

1. solange nach dem Gesetz die Vollstreckung nicht begonnen oder nicht fortgesetzt werden kann,

2. solange dem Verurteilten
   a) Aufschub oder Unterbrechung der Vollstreckung,
   b) Aussetzung zur Bewährung durch richterliche Entscheidung oder im Gnadenweg oder
   c) Zahlungserleichterung bei Geldstrafe oder Einziehung
   bewilligt ist,

3. solange der Verurteilte im In- oder Ausland auf behördliche Anordnung in einer Anstalt verwahrt wird.

1 **1.** Das **Ruhen** entspricht dem bei der Verfolgungsverjährung (→ § 78b Rn. 1); es schiebt für seine Dauer den Fristablauf hinaus (Laue in Maurach/Gössel/Zipf StrafR AT II § 76 Rn. 41).

2 **2. Nr. 1** ist namentlich für Fälle der Immunität (→ § 78b Rn. 3) und der Haftunfähigkeit (§ 455 I, II StPO) bedeutsam. **Nr. 2** hemmt die Verjährung, solange eine nach Buchst. a–c gewährte Vergünstigung die Vollstreckung hindert. Sie betrifft nur Strafen und Maßnahmen, auf die sich die Vergünstigung bezieht (beachte jedoch OLG Zweibrücken MDR 1988, 1071). Bloße Vollzugslockerungen, welche die Strafzeitberechnung nicht verändern, sind weder Aufschub noch Unterbrechung der Vollstreckung (Schmid in LK-StGB Rn. 4; Wolter in SK-StGB Rn. 2). Bei Aussetzung zur Bewährung endet das Ruhen mit Rechtskraft des Widerrufsbeschlusses (OLG Hamm NStZ 1984, 237), spätestens aber mit Ablauf der Bewährungszeit (zw.). **Nr. 3** gilt für behördlich angeordnete Verwahrungen (→ § 44 Rn. 11) jeder Art (problematisch LG Ellwangen NStZ-RR 1998, 274, das auch die stationäre Drogentherapie nach §§ 35, 36 BtMG einbezieht; dagegen Wolter in SK-StGB Rn. 2), also auch für vorausgegangenen Teilvollzug in derselben Sache (KG JR 1987, 31; aM v. Laak StV 2005, 296; Schmid in LK-StGB Rn. 7; zw.).

§ 79b Verlängerung

Das Gericht kann die Verjährungsfrist vor ihrem Ablauf auf Antrag der Vollstreckungsbehörde einmal um die Hälfte der gesetzlichen Verjährungsfrist verlängern, wenn der Verurteilte sich in einem Gebiet aufhält, aus dem seine Auslieferung oder Überstellung nicht erreicht werden kann.

1 **1. Warum** die Auslieferung oder Überstellung nicht erreicht werden kann, sei es, weil überhaupt kein Rechtshilfeverkehr stattfindet oder weil die Voraussetzungen der Rechtshilfe nicht erfüllt sind, ist unerheblich (OLG Hamm NStZ 1991, 186). Auch während eines laufenden Auslieferungsverfahrens in einem ersuchten Vertragsstaat ist eine Verlängerung möglich (OLG Stuttgart Justiz 2002, 553).

2 **2.** Die Verlängerung der Verjährungsfrist, die sowohl die gesetzliche als auch durch Ruhen verlängerte Frist sein kann (Begr. zu § 133 E 1962, S. 261), steht im **pflichtmäßigen Ermessen** des Gerichts (OLG Bremen StraFo 2017, 36 (37);

OLG Karlsruhe StraFo 2017, 162; Laue in Maurach/Gössel/Zipf StrafR AT II § 76 Rn. 40 „fakultativ"; → § 46 Rn. 50); für dessen Ausübung ist maßgebend, ob ein noch fortdauerndes Bedürfnis nach Strafvollstreckung besteht (OLG Hamm NStZ 1991, 186).

3. Vollstreckungsbehörden sind namentlich die StA (einschließlich der Amtsanwälte) nach § 451 StPO und der Jugendrichter nach § 82 JGG. Zur Übertragung von Vollstreckungsaufgaben auf den Rechtspfleger § 31 RPflG. Zur Zuständigkeit des Gerichts § 462 I StPO. 3

Besonderer Teil

1. Abschnitt. Friedensverrat, Hochverrat und Gefährdung des demokratischen Rechtsstaates

1. Titel. Friedensverrat

§ 80 *(aufgehoben)*

§ 80a Aufstacheln zum Verbrechen der Aggression

Wer im räumlichen Geltungsbereich dieses Gesetzes öffentlich, in einer Versammlung oder durch Verbreiten eines Inhalts (§ 11 Absatz 3) zum Verbrechen der Aggression (§ 13 des Völkerstrafgesetzbuches) aufstachelt, wird mit Freiheitsstrafe von drei Monaten bis zu fünf Jahren bestraft.

Fassung: aufgrund des Gesetzes zur Änderung der VStGB (→ Vor § 1 Rn. 18); der Begriff „Schriften" ist ersetzt worden durch „Inhalt" durch das 60. StÄG (→ Vor § 1 Rn. 19) zum 1.1.2021.

1 **1.** Die Vorschrift **schützt den Frieden** der Bundesrepublik mit anderen Völkern und die äußere Sicherheit (Zöller in SK-StGB Rn. 1; krit. Hefendehl FS Schroeder, 2006, 456, Schutz anderer Staaten; anders Paeffgen in NK-StGB Vor §§ 80f. Rn. 14, der „zwischenstaatliche Frieden"; zum Frieden als überstaatlichem Rechtsgut Schroeder, Der Schutz von Staat und Verfassung im Strafrecht, 1970, S. 370, 388). Sie ist wie § 80 aF und nunmehr § 13 VStGB ein Ausführungsgesetz zu Art. 26 I GG (krit. Klug in Baumann, Misslingt die Strafrechtsreform?, 1969, S. 162). Kritisch zur Vorverlegung des Strafschutzes Paeffgen in NK-StGB Rn. 2 „Klima-Schutz-Norm".

2 **2.** Nachdem mit Art. 8 des IStGH-Statut das Verbrechen der Aggression völkerrechtlich definiert worden ist, hat der Gesetzgeber § 80 StGB aF, auf den sich § 80a bislang bezogen hat, zum 1.1.2017 durch § 13 VStGB ersetzt (dazu Werle/Jeßberger Völkerstrafrecht Rn. 1623–1628). **Aufstacheln** (→ § 130 Rn. 4).

3 **3. Öffentlich** ist die Tat, wenn sie für einen nach Zahl und Individualität unbestimmten Kreis oder für einen nicht durch persönl Beziehungen innerlich verbundenen größeren bestimmten Kreis von Personen unmittelbar wahrnehmbar ist (KG JR 1984, 249; BayObLG NStZ-RR 2003, 233; Stegbauer JR 2002, 182 (187)) oder zur unmittelbaren Wahrnehmung, wie zB im Bildschirmtext-Verfahren (Walther NStZ 1990, 523), im Internet (BGHSt 46, 212 = NJW 2001, 624 zu § 130; OLG Nürnberg CR 1998, 686 zu § 166) oder in einem nicht speziell gesicherten Mailbox-Bereich (OLG Frankfurt a. M. NStZ 1999, 356 mzustAnm Rückert zu § 86a), nicht per SMS (Hörnle NStZ 2002, 113 (117)), angeboten wird, und zwar unabhängig davon, ob der Tatort ein öffentlicher ist (OLG Hamm MDR 1980, 159; OLG Celle NStZ 1994, 440; Walter JuS 2006, 870 (873); Laufhütte/Kuschel in LK-StGB § 90 Rn. 8, 9). **Versammlung** ist das Beisammensein einer

größeren Zahl von Menschen (OLG Düsseldorf JR 1982, 299 mAnm Merten) zur Verfolgung eines bestimmten, irgendwie der Meinungsbildung dienenden Zwecks (BGH NJW 2005, 689 (691) zu § 130 III; aM Stegbauer JR 2002, 182). Der Versammlungsbegriff deckt sich hier nicht mit dem des VersG. Aus dem Vergleich mit den weiteren Tatmodalitäten (öffentlich, Verbreiten von Schriften) folgt vielmehr, dass kleine, mit einem Blick überschaubare Personenmehrheiten zur Bildung einer Versammlung nicht ausreichen (Laufhütte/Kuschel in LK-StGB § 90 Rn. 11; Paeffgen in NK-StGB Rn. 6; str.). Außerdem ist nach der Schutzrichtung des § 80a und der weiteren vergleichbaren Tatbestände dieses Abschnitts (§§ 86a I, 90 I, 90a I, 90b I) der nähere Inhalt des verfolgten Zwecks nicht gleichgültig (anders die hM; vgl. etwa Laufhütte/Kuschel in LK-StGB § 90 Rn. 10), erfordert aber keinen Bezug zu öffentlichen Angelegenheiten (hM; Stegbauer, Rechtsextremistische Propaganda im Lichte des Strafrechts, 2000, S. 111; anders OLG Koblenz MDR 1981, 600); es genügt, wenn die Veranstaltung irgendwie der Meinungsbildung dient (so Frowein NJW 1969, 1081), so dass rein persönliche Zusammenkünfte ausscheiden und Theater-, Musik- oder Filmvorführungen nur erfasst werden, wenn sie öffentlich sind (aM Paeffgen in NK-StGB § 90 Rn. 8). **Verbreiten von Inhalten** → § 11 Rn. 26–28; → § 74d Rn. 5.

4 **4. Aufstacheln** ist eine gesteigerte, auf die Gefühle anderer einwirkende Form propagandistischen Anreizens (LG Köln NStZ 1981, 261 mit krit. Bespr. Klug FS Jescheck, 1985, 583; Paeffgen in NK-StGB Rn. 5; → § 130 Rn. 4).

5 **5.** Räumlicher Geltungsbereich → Vor § 3 Rn. 5; → § 5 Rn. 3. Nebenfolgen, Einziehung §§ 92a, 92b. Zu Besonderheiten der **gerichtlichen Zuständigkeit** und des **Verfahrens** bei Straftaten im Sinne der esrten beiden Abschnitte des BT vgl. namentlich §§ 74a, 120, 142a GVG, §§ 100a II Nr. 1a, 153d, 153e StPO sowie Nr. 202–214 RiStBV.

2. Titel. Hochverrat

§ 81 Hochverrat gegen den Bund

(1) **Wer es unternimmt, mit Gewalt oder durch Drohung mit Gewalt**
1. **den Bestand der Bundesrepublik Deutschland zu beeinträchtigen oder**
2. **die auf dem Grundgesetz der Bundesrepublik Deutschland beruhende verfassungsmäßige Ordnung zu ändern,**

wird mit lebenslanger Freiheitsstrafe oder mit Freiheitsstrafe nicht unter zehn Jahren bestraft.

(2) **In minder schweren Fällen ist die Strafe Freiheitsstrafe von einem Jahr bis zu zehn Jahren.**

1 **1.** Die Vorschrift betrifft nur den Hochverrat gegen den **Bund** (zum Hochverrat gegen ein Land § 82). Sie unterscheidet nach dem angegriffenen Rechtsgut den **Bestandshochverrat** (Abs. 1 Nr. 1), der den Gebietshochverrat einschließt, und den **Verfassungshochverrat** (Abs. 1 Nr. 2). Zur Entstehungsgeschichte Paeffgen in NK-StGB Rn. 1–4. Rechtsprechungsanalyse bei Hefendehl FS Schroeder, 2006, 453 (463–471).

2. Angriffsgegenstand des **Bestandshochverrats** ist der Bestand der Bundesrepublik, **Tathandlung** das **Unternehmen** (→ § 11 Rn. 19) der Bestandsbeeinträchtigung (→ § 92 Rn. 2–4). 2

3. a) Angriffsgegenstand des **Verfassungshochverrats** ist die verfassungsmäßige Ordnung (zur Verfassung als Rechtsgut Schroeder, Der Schutz von Staat und Verfassung im Strafrecht, 1970, S. 417). Sie umfasst (anders als in Art. 2 I GG) die Grundlagen der konkreten Staatsordnung, dh diejenige tatsächliche Ausgestaltung, welche die Grundsätze einer freiheitlichen Demokratie auf dem Boden des GG gefunden haben (BGHSt 6, 336; BGHSt 7, 222; Deiters in Thiel, Wehrhafte Demokratie, 2003, S. 291, 295; Paeffgen in NK-StGB Rn. 16), unabhängig davon, ob sie in der Verfassungsurkunde ausdrücklich genannt sind (Hennke GA 1954, 140). Der Begriff ist umfassender als die Summe der Verfassungsgrundsätze nach § 92 II (Wagner GA 1960, 4, Nr. 1, 5). 3

b) Tathandlung ist das **Unternehmen** (→ § 11 Rn. 19; krit. zu dieser Vorverlagerung Hefendehl FS Schroeder, 2006, 453 (457)), die verfassungsmäßige Ordnung zu ändern (BGHSt 6, 336), zB die BReg zu stürzen, um das Organ selbst zu beseitigen oder umzugestalten (BGHSt 6, 352 = NJW 1954, 1816), nicht jedoch diese Ordnung nur zu stören, zB das Parlament nur in einer bestimmten Gesetzgebungsangelegenheit zu nötigen (Ruhrmann NJW 1957, 281). Versuch ist nicht möglich (hM; iErg auch Paeffgen in NK-StGB Rn. 26 mwN). 4

4. a) Der Begriff der **Gewalt** ist hier wegen der Stoßrichtung des Nötigungsmittels gegen überindividuelle staatliche Institutionen und zur Vermeidung unerwünschter Beschränkung des politischen Meinungskampfes **enger** als in § 240 (→ § 240 Rn. 5–11) auszulegen (ebenso Paeffgen in NK-StGB Rn. 18; für eine tatbestandsspezifische Auslegung Hefendehl FS Schroeder, 2006, 453 (473)). Zwar ist nach der älteren Rspr. auch hier die Aufwendung körperlicher Kraft nicht unbedingt erforderlich, so dass auch Fälle bloßer Herbeiführung unmittelbar oder auch nur mittelbar wirkenden unwiderstehlichen körperlichen Zwanges, zB General- oder Massenstreiks mit schweren Auswirkungen auf die lebensnotwendige Versorgung der Bevölkerung, in Frage kommen (BGHSt 6, 336 (340); BGHSt 8, 102 = NJW 1956, 231; offen gelassen in BGHSt 32, 165 (169) = NJW 1984, 931; dazu Hefendehl FS Schroeder, 2006, 453 (466); krit. zur Wirkungsintensität Deiters in Thiel, Wehrhafte Demokratie, 2003, S. 303). Darüber hinaus muss aber der ausgeübte Druck, der auf die Nötigungsadressaten auch mittelbar durch Gewalt gegen Dritte oder gegen Sachen (abl. Paeffgen in NK-StGB Rn. 23) wirken kann, so intensiv sein, dass er geeignet erscheint, eine verantwortungsbewusste Staatsführung zur Abwendung schwerer Schäden für das Gemeinwesen zum Zurückweichen zu zwingen (ähnlich BGHSt 32, 165 = NJW 1984, 931 mit Bespr. Willms JR 1984, 120; Arzt JZ 1984, 428; sa Wolter NStZ 1985, 193). Die eingesetzten Zwangsmittel müssen mithin tatsächlich geeignet sein, die Staatsgewalt dazu zu zwingen, auf die Forderung der Täter einzugehen (OLG Schleswig NJW 2019, 93), was idR nur bei massiver Gewaltandrohung der Fall sein dürfte. 5

b) Drohung → § 240 Rn. 12. Es genügt nur Drohung mit Gewalt (→ Rn. 5), nicht mit einem anderen empfindlichen Übel. 6

5. Das **Parteienprivileg** (Art. 21 II GG) hindert die Anwendung der Vorschrift nicht (BVerfGE 9, 162 = NJW 1959, 571). 7

6. Zu **Abs. 2** (minder schwere Fälle) → § 46 Rn. 7–10a. 8

9 **7. Tateinheit** ua möglich mit §§ 82, 105, 106. Über das Verhältnis zu § 83 → § 83 Rn. 7; zu § 89 → § 89 Rn. 7.

10 **8.** Räumlicher Geltungsbereich § 5 Nr. 1 (→ § 5 Rn. 3). Tätige Reue § 83a I, III. Nebenfolgen, Einziehung §§ 92a, 92b. Anzeigepflicht § 138 I Nr. 2. Zuständigkeit und Verfahren → § 80a Rn. 5.

§ 82 Hochverrat gegen ein Land

(1) **Wer es unternimmt, mit Gewalt oder durch Drohung mit Gewalt**

1. **das Gebiet eines Landes ganz oder zum Teil einem anderen Land der Bundesrepublik Deutschland einzuverleiben oder einen Teil eines Landes von diesem abzutrennen oder**
2. **die auf der Verfassung eines Landes beruhende verfassungsmäßige Ordnung zu ändern,**

wird mit Freiheitsstrafe von einem Jahr bis zu zehn Jahren bestraft.

(2) **In minder schweren Fällen ist die Strafe Freiheitsstrafe von sechs Monaten bis zu fünf Jahren.**

1 **1.** Der **Hochverrat gegen ein Land** ist dem § 81 nachgebildet, aber im Bereich des Bestandshochverrats auf den sog. **Gebietshochverrat** beschränkt (Abs. 1 Nr. 1). Die Streichung von § 82 wegen Überflüssigkeit neben § 81 wird gefordert (Hefendehl FS Schroeder, 2006, 453 (462)).

2 **2.** Im Übrigen → § 81 Rn. 1–10, zu Abs. 2 → § 12 Rn. 4.

§ 83 Vorbereitung eines hochverräterischen Unternehmens

(1) **Wer ein bestimmtes hochverräterisches Unternehmen gegen den Bund vorbereitet, wird mit Freiheitsstrafe von einem Jahr bis zu zehn Jahren, in minder schweren Fällen mit Freiheitsstrafe von einem Jahr bis zu fünf Jahren bestraft.**

(2) **Wer ein bestimmtes hochverräterisches Unternehmen gegen ein Land vorbereitet, wird mit Freiheitsstrafe von drei Monaten bis zu fünf Jahren bestraft.**

1 **1.** Die Vorschrift erhebt die **Vorbereitung** eines hochverräterischen Unternehmens (§§ 81, 82) zum selbständigen Tatbestand. Rechtspolitische Einschätzung bei Deiters in Thiel, Wehrhafte Demokratie, 2003, S. 305, der vom Gesetzgeber einen Katalog von Verhaltensweisen verlangt, die die Gefahr des Gewalteinsatzes tatsächlich erhöhen (Deiters in Thiel, Wehrhafte Demokratie, 2003, S. 308).

2 **2.** Ein **bestimmtes hochverräterisches Unternehmen** ist eine geplante Tat nach §§ 81, 82, die nach Angriffsgegenstand und -ziel feststeht und nach Zeit (Zöller in SK-StGB Rn. 5), Ort und Art der Durchführung in ihren Grundzügen umrissen ist (BGHSt 6, 336). Der Umsturzplan braucht nicht schon in seinen Einzelheiten erkennbar zu sein. Jedoch dürfen namentlich an die zeitliche Bestimmtheit keine zu geringen Anforderungen gestellt werden; die Verwirklichung des Umsturzplans, der unmittelbar an die obwaltenden politischen Verhältnisse anknüpft, muss den Tätern als nahe bevorstehend erscheinen oder alsbald von ihnen

geschaffen werden sollen (BGHSt 7, 11 = NJW 1955, 110; Laufhütte/Kuschel in LK-StGB Rn. 2–7; krit. Wagner NJW 1980, 913; Schroeder NJW 1980, 920; Paeffgen in NK-StGB Rn. 8, 9).

3. Vorbereitung ist jede ihrer Art nach gefährliche Handlung (auch als solche 3
nicht strafbare politische Propaganda), die das geplante Unternehmen, gleichgültig ob unmittelbar oder mittelbar (Wagner GA 1960, 10, Nr. 7) oder nur zur Vorbereitung einer weiteren Vorbereitungshandlung (RGSt 5, 60 (68)) fördern soll. Eine konkrete Gefährdung ist nicht erforderlich (Ruhrmann NJW 1957, 281 (284)), wohl aber objektive Gefährlichkeit (ähnlich Paeffgen in NK-StGB Rn. 13; aM Sternberg-Lieben in Schönke/Schröder, Rn. 8). Versuchte Vorbereitung ist dogmatisch nur als untaugliche Vorbereitung denkbar; sie zu erfassen, wäre rechtsstaatswidrig (ebenso Deiters in Thiel, Wehrhafte Demokratie, 2003, S. 301; Zöller in SK-StGB Rn. 1; iErg auch Paeffgen in NK-StGB Rn. 19–22). Teilnahme ist möglich, wenn ein anderer über die Vorbereitung Tatherrschaft hat (Laufhütte/Kuschel in LK-StGB Rn. 14; krit. Paeffgen in NK-StGB Rn. 18).

4. Der **Vorsatz** (bedingter genügt) muss auch die Bestimmtheit des hochver- 4
räterischen Unternehmens umfassen (Wagner, Hochverrat und Staatsgefährdung, Urteile des BGH, 1957, S. 285, 368).

5. Zu den **minder schweren Fällen** (Abs. 1) → § 46 Rn. 7–10a. 5

6. Zum **Parteienprivileg** → § 81 Rn. 7; BGHSt 6, 336. **Tätige Reue** § 83a II, 6
III.

7. Die Vorschrift **tritt** hinter §§ 81, 82 (→ Vor § 52 Rn. 33) **zurück** (Rissing- 7
van Saan in LK-StGB Vor § 52 Rn. 132), § 30 iVm § 81 geht sie vor (OLG Köln NJW 1954, 1259; Laufhütte/Kuschel in LK-StGB Rn. 15; Paeffgen in NK-StGB Rn. 25; aM Sternberg-Lieben in Schönke/Schröder, Rn. 13; → § 30 Rn. 10).

8. Räumlicher Geltungsbereich § 5 Nr. 2 (→ § 5 Rn. 3). Nebenfolgen, Einzie- 8
hung §§ 92a, 92b. Für Abs. 1 Anzeigepflicht nach § 138 I Nr. 2. Zuständigkeit und Verfahren → § 80a Rn. 5.

§ 83a Tätige Reue

(1) **In den Fällen der §§ 81 und 82 kann das Gericht die Strafe nach seinem Ermessen mildern (§ 49 Abs. 2) oder von einer Bestrafung nach diesen Vorschriften absehen, wenn der Täter freiwillig die weitere Ausführung der Tat aufgibt und eine von ihm erkannte Gefahr, daß andere das Unternehmen weiter ausführen, abwendet oder wesentlich mindert oder wenn er freiwillig die Vollendung der Tat verhindert.**

(2) **In den Fällen des § 83 kann das Gericht nach Absatz 1 verfahren, wenn der Täter freiwillig sein Vorhaben aufgibt und eine von ihm verursachte und erkannte Gefahr, daß andere das Unternehmen weiter vorbereiten oder es ausführen, abwendet oder wesentlich mindert oder wenn er freiwillig die Vollendung der Tat verhindert.**

(3) **Wird ohne Zutun des Täters die bezeichnete Gefahr abgewendet oder wesentlich gemindert oder die Vollendung der Tat verhindert, so genügt sein freiwilliges und ernsthaftes Bemühen, dieses Ziel zu erreichen.**

1 **1.** Allgemein zur **tätigen Reue** → § 24 Rn. 29; speziell zur Legitimation von § 83a Deiters in Thiel, Wehrhafte Demokratie, 2003, S. 291, 297. Kritisch zum unbestimmten (Art. 103 II GG) Strafrahmen von Straffreiheit bis lebenslanger Freiheitsstrafe Paeffgen in NK-StGB Rn. 3.

2 **2. Abs. 1** (tätige Reue beim **hochverräterischen Unternehmen**) erfordert namentlich, dass der Täter die weitere Tatausführung unter **endgültigem Verzicht** auf die Tat aufgibt, dh das Unternehmen (→ § 11 Rn. 19) im Stadium des Versuchs abbricht. Im Übrigen muss dem Täter, wenn nicht die Voraussetzungen des Abs. 3 vorliegen, die Abwendung oder wesentliche Minderung der Gefahr (insoweit strenger als beim Rücktritt vom unbeendeten Versuch nach § 24, Deiters in Thiel, Wehrhafte Demokratie, 2003, S. 300) oder die Verhinderung der Vollendung gelingen. Ob die Gefahr vom Täter oder von anderen verursacht wurde, ist unerheblich; eine unerkannte Gefahr schließt die Vergünstigung nicht aus (BT-Drs. V/2860, 4).

3 **3.** Im Rahmen des **Abs. 2** braucht der Täter nicht jede erkannte Gefahr, dass andere das Unternehmen weiter vorbereiten oder ausführen, zu entschärfen; es kommt nur auf die durch seinen eigenen Tatbeitrag verursachte Gefahr an; zur Berechtigung dieser großzügigen Regelung für Vorbereitungstäter Deiters in Thiel, Wehrhafte Demokratie, 2003, S. 302.

3. Titel. Gefährdung des demokratischen Rechtsstaates

§ 84 Fortführung einer für verfassungswidrig erklärten Partei

(1) [1]**Wer als Rädelsführer oder Hintermann im räumlichen Geltungsbereich dieses Gesetzes den organisatorischen Zusammenhalt**
1. **einer vom Bundesverfassungsgericht für verfassungswidrig erklärten Partei oder**
2. **einer Partei, von der das Bundesverfassungsgericht festgestellt hat, daß sie Ersatzorganisation einer verbotenen Partei ist,**

aufrechterhält, wird mit Freiheitsstrafe von drei Monaten bis zu fünf Jahren bestraft. [2]**Der Versuch ist strafbar.**

(2) **Wer sich in einer Partei der in Absatz 1 bezeichneten Art als Mitglied betätigt oder wer ihren organisatorischen Zusammenhalt oder ihre weitere Betätigung unterstützt, wird mit Freiheitsstrafe bis zu fünf Jahren oder mit Geldstrafe bestraft.**

(3) [1]**Wer einer anderen Sachentscheidung des Bundesverfassungsgerichts, die im Verfahren nach Artikel 21 Abs. 2 des Grundgesetzes oder im Verfahren nach § 33 Abs. 2 des Parteiengesetzes erlassen ist, oder einer vollziehbaren Maßnahme zuwiderhandelt, die im Vollzug einer in einem solchen Verfahren ergangenen Sachentscheidung getroffen ist, wird mit Freiheitsstrafe bis zu fünf Jahren oder mit Geldstrafe bestraft.** [2]**Den in Satz 1 bezeichneten Verfahren steht ein Verfahren nach Artikel 18 des Grundgesetzes gleich.**

(4) **In den Fällen des Absatzes 1 Satz 2 und der Absätze 2 und 3 Satz 1 kann das Gericht bei Beteiligten, deren Schuld gering und deren Mitwirkung von untergeordneter Bedeutung ist, die Strafe nach seinem Ermes-**

sen mildern (§ 49 Abs. 2) oder von einer Bestrafung nach diesen Vorschriften absehen.

(5) **In den Fällen der Absätze 1 bis 3 Satz 1 kann das Gericht die Strafe nach seinem Ermessen mildern (§ 49 Abs. 2) oder von einer Bestrafung nach diesen Vorschriften absehen, wenn der Täter sich freiwillig und ernsthaft bemüht, das Fortbestehen der Partei zu verhindern; erreicht er dieses Ziel oder wird es ohne sein Bemühen erreicht, so wird der Täter nicht bestraft.**

Fassung: Abs. 2 erweitert durch das Gesetz zum besseren Informationsaustausch bei der Bekämpfung des internationalen Terrorismus (→ Vor § 1 Rn. 18) mit Wirkung zum 30.7.2016.

1. Die nach **Abs. 1 und 2** erforderlichen Feststellungen werden im Verfahren nach Art. 21 II GG iVm § 46 BVerfGG oder nach § 33 II ParteienG getroffen (**Verbotsprinzip, Feststellungsprinzip;** krit. Willms JZ 1973, 455; Willms FS Lackner, 1987, 471). **Partei** § 2 ParteienG (sa BVerfGE 47, 198 (222) = NJW 1978, 1043; BVerwGE 8, 327 = BeckRS 1959, 103410; BVerwGE NJW 1993, 3213; BGHSt 19, 51 = NJW 1963, 2132). Eine Partei ist **Ersatzorganisation** einer verbotenen Partei, wenn sie die verfassungswidrigen Bestrebungen an deren Stelle weiterverfolgt, ohne Rücksicht darauf, ob sie zuvor schon bestanden hat oder erst zu diesem Zweck geschaffen worden ist (§ 33 I ParteienG; vgl. auch § 8 I VereinsG; BGHSt 16, 264 = NJW 1961, 2217; BGHSt 19, 51 (60) = NJW 1963, 2132). **Räumlicher Geltungsbereich** → Vor § 3 Rn. 5 (beachte auch § 91). Bei grenzüberschreitenden Parteien ist nur der in diesem Bereich bestehende Organisationsteil bedeutsam (BT-Drs. V/2860, 6; sa BGHSt 20, 45 = NJW 1965, 53). Für ersatzlose Streichung der §§ 84, 85 Deiters in Thiel, Wehrhafte Demokratie, 2003, S. 291, 320. §§ 84–91 a im Lichte des Medienstrafrechts (Heinrich ZJS 2017, 301 (316)). 1

2. a) Abs. 1: Aufrechterhalten des organisatorischen Zusammenhalts setzt eine aktive Tätigkeit voraus, die darauf gerichtet ist und bewirkt, dass die organisatorische Verbundenheit im Parteiapparat, sei es auch nur auf einer unteren Ebene oder im Untergrund, ganz oder teilweise fortbesteht (BGHSt 7, 104 = NJW 1955, 428; BGHSt 20, 74 = NJW 1965, 160, BGHSt 20, 287 = NJW 1966, 61; beachte auch BGH NJW 1998, 1653; NStZ-RR 1998, 217 jeweils zu § 20 I Nr. 3 VereinsG). **Rädelsführer** ist, wer in der Organisation eine führende Rolle spielt, sei es, dass er zu den Führungskräften gehört oder dass er wenigstens durch seinen Einfluss gleichsam an der Führung teilnimmt (BGHSt 19, 109 = NJW 1964, 210; BGHSt 20, 121 = NJW 1965, 451); **Hintermann,** wer als Außenstehender geistig oder wirtschaftlich maßgeblichen Einfluss auf die Führung hat (BGHSt 7, 279; 20, 121 = NJW 1965, 451). 2

b) Abs. 2: Betätigen als Mitglied setzt aktive Förderungshandlungen voraus (ungenügend daher bloße Zahlung des Mitgliedsbeitrags, BT-Drs. V/2860, 6; Rudolphi in SK-StGB Rn. 12); Meinungsäußerungen im Rahmen solcher Betätigung genießen keinen Grundrechtsschutz (BVerfGE 25, 69 = NJW 1969, 735). **Mitglied** ist nicht nur, wer die förmliche Mitgliedschaft besitzt; es genügt, dass der Täter seinen Willen dem der Organisation mit deren Einverständnis unterordnet und auf Dauer für sie tätig wird (BGHSt 18, 296 (300) = NJW 1963, 1315; einschr. Paeffgen in NK-StGB Rn. 14). **Unterstützen** des organisatorischen Zusammenhalts ist das irgendwie vorteilhafte, einen organisatorischen Effekt erzielende Tun eines Nichtmitglieds (BGHSt 18, 296 (299) = NJW 1963, 1315; BGHSt 26, 258 3

(260) = NJW 1976, 575). Daher genügt die Propagierung der verfassungsfeindlichen Ideen der Partei allein nicht (ebenso Zöller in SK-StGB Rn. 13; krit. Paeffgen in NK-StGB Rn. 17), auch nicht der Abonnementsbezug ihrer Zeitschrift (BGH NJW 2006, 709); erforderlich ist vielmehr ein den organisatorischen Zusammenhalt stärkendes und auf ihn bezogenes Verhalten (BVerfGE 25, 44 (79) = NJW 1969, 738; Schmitt Glaeser JZ 1970, 59; Weisert, Der Hilfeleistungsbegriff bei der Begünstigung, 1999, S. 181); umgekehrt schränkt aber § 86 die Reichweite dieses Merkmals nicht etwa als Spezialvorschrift ein (BGHSt 26, 258 = NJW 1976, 575; str.). Seit 30.7.2016 genügt auch das Unterstützen bei der weiteren Betätigung der Partei. Materiell ist das Unterstützen Beihilfe, aber durch den Tatbestand zur Täterschaft verselbständigt (BGHSt 20, 89 = NJW 1965, 260; → § 27 Rn. 12); da nach dem erkennbaren Gesetzeszweck nur das Unterstützen des organisatorischen Zusammenhalts mit Strafe bedroht sein soll, werden andere Beihilfehandlungen nicht von § 27 erfasst (BGHSt 26, 258 (260) = NJW 1976, 575; Sommer JR 1981, 490; aM Sternberg-Lieben in Schönke/Schröder Rn. 17; offen gelassen BGHSt 43, 41 (51) = NJW 1997, 2248).

4 **3. Abs. 3** bezieht sich nur auf **Sachentscheidungen** (nicht auf prozessleitende Anordnungen) des BVerfG in den genannten Verfahren und auf (auch nur vorläufig) vollziehbare Maßnahmen im Vollzug solcher Sachentscheidungen (§ 32 ParteienG); zur rechtspolitischen Erforderlichkeit von Abs. 3 S. 2 Deiters in Thiel, Wehrhafte Demokratie, 2003, S. 320.

5 **4.** Der **Vorsatz** (bedingter genügt) muss sich namentlich auf die Entscheidung des BVerfG und ihren wesentlichen Inhalt, nicht notwendig auch auf die Verfassungswidrigkeit, wohl aber zumindest in laienhafter Parallelwertungauf die Existenz des gegen die Partei verfügten Verbots erstrecken (so zu § 20 I Nr. 4 VereinsG BGH NJW 2020, 2652 mzustAnm Hinderer NStZ 2020, 683 und Lenk NStZ-RR 2021, 29). Ferner ist sog. **Organisationsbewusstsein,** dh das Wissen des Täters, erforderlich, dass mit oder neben ihm noch andere im gleichen Sinne organisatorisch tätig sind (BGHSt 20, 45 = NJW 1965, 53; Paeffgen in NK-StGB Rn. 21 „Organisationsbezugs-Bewußtsein").

6 **5.** Zur **tätigen Reue** (Abs. 5) sowie zur **Strafmilderung und zum Absehen von Strafe** (Abs. 4, 5) → § 24 Rn. 29; → § 49 Rn. 7. Zu den **Konkurrenzen** → § 86 Rn. 9. Ebenso wie bei § 129 (→ § 129 Rn. 13) kommt häufig in Frage, dass mehrere Tathandlungen nach Abs. 1 und 2 eine Bewertungseinheit bilden (→ Vor § 52 Rn. 10; sa OLG Düsseldorf MDR 1997, 90 sowie BGHSt 43, 312 = NJW 1998, 1652 und BGH NJW 2020, 2652 zu § 20 I Nr. 4 VereinsG).

7 **6.** Nebenfolgen, Einziehung §§ 92a, 92b. Zuständigkeit und Verfahren → § 80a Rn. 5.

§ 85 Verstoß gegen ein Vereinigungsverbot

(1) [1]**Wer als Rädelsführer oder Hintermann im räumlichen Geltungsbereich dieses Gesetzes den organisatorischen Zusammenhalt**
1. **einer Partei oder Vereinigung, von der im Verfahren nach § 33 Abs. 3 des Parteiengesetzes unanfechtbar festgestellt ist, daß sie Ersatzorganisation einer verbotenen Partei ist, oder**
2. **einer Vereinigung, die unanfechtbar verboten ist, weil sie sich gegen die verfassungsmäßige Ordnung oder gegen den Gedanken der Völkerver-**

ständigung richtet, oder von der unanfechtbar festgestellt ist, daß sie Ersatzorganisation einer solchen verbotenen Vereinigung ist,

aufrechterhält, wird mit Freiheitsstrafe bis zu fünf Jahren oder mit Geldstrafe bestraft. [2]Der Versuch ist strafbar.

(2) **Wer sich in einer Partei oder Vereinigung der in Absatz 1 bezeichneten Art als Mitglied betätigt oder wer ihren organisatorischen Zusammenhalt oder ihre weitere Betätigung unterstützt, wird mit Freiheitsstrafe bis zu drei Jahren oder mit Geldstrafe bestraft.**

(3) **§ 84 Abs. 4 und 5 gilt entsprechend.**

Fassung: Abs. 2 erweitert wie in § 84 (s. Fassungshinweis dort).

1. Die Vorschrift betrifft nur Vereinigungen, die sich gegen die **verfassungsmäßige Ordnung oder den Gedanken der Völkerverständigung** richten (Art. 9 II GG, § 3 I VereinsG, § 33 III ParteienG). 1

2. Partei, Ersatzorganisation → § 84 Rn. 1. **Vereinigung** → § 129 Rn. 2 (sa § 2 I VereinsG, BGHSt 16, 298 = MDR 1962, 146; BGHSt 20, 60 = NJW 1965, 53). Es gilt ebenso wie in § 84 I, II (→ § 84 Rn. 1) im Falle des Abs. 1 Nr. 1 das **Feststellungsprinzip** (verfassungsrechtliche Einwendungen gegen die Einbeziehung der Parteien bei Laufhütte in LK-StGB, 11. Aufl. 1992, Rn. 2 (aufgegeben von Laufhütte/Kuschel in LK-StGB Rn. 5) mit Erwiderung Willms JZ 1993, 830; nach Paeffgen in NK-StGB Rn. 8, wegen Verstoßes gegen das Parteienprivileg verfassungswidrig; ebenso Deiters in Thiel, Wehrhafte Demokratie, 2003, S. 291, 312) und im Falle des Abs. 1 Nr. 2 das **Verbotsprinzip** (Zusammenstellung der unanfechtbar verbotenen Vereinigungen bei Bonefeld DRiZ 1993, 430). Soweit eine Feststellung oder ein Verbot nicht unanfechtbar, aber vollziehbar ist, bestimmt sich der Strafschutz nach § 20 VereinsG (zu dessen Verfassungsmäßigkeit BVerfGE 80, 244 = NJW 1990, 37; sa BGH NStZ 1996, 340 mAnm Scholz NStZ 1996, 602; BGH NStZ-RR 1996, 218 (219)). 2

3. Im Übrigen entspricht die Vorschrift weitgehend dem § 84. 3

§ 86 Verbreiten von Propagandamitteln verfassungswidriger und terroristischer Organisationen

(1) **Wer Propagandamittel**

1. **einer vom Bundesverfassungsgericht für verfassungswidrig erklärten Partei oder einer Partei oder Vereinigung, von der unanfechtbar festgestellt ist, daß sie Ersatzorganisation einer solchen Partei ist,**
2. **einer Vereinigung, die unanfechtbar verboten ist, weil sie sich gegen die verfassungsmäßige Ordnung oder gegen den Gedanken der Völkerverständigung richtet, oder von der unanfechtbar festgestellt ist, daß sie Ersatzorganisation einer solchen verbotenen Vereinigung ist,**
3. **einer Regierung, Vereinigung oder Einrichtung außerhalb des räumlichen Geltungsbereichs dieses Gesetzes, die für die Zwecke einer der in den Nummern 1 und 2 bezeichneten Parteien oder Vereinigungen tätig ist, oder**
4. **die nach ihrem Inhalt dazu bestimmt sind, Bestrebungen einer ehemaligen nationalsozialistischen Organisation fortzusetzen,**

im Inland verbreitet oder der Öffentlichkeit zugänglich macht oder zur Verbreitung im Inland oder Ausland herstellt, vorrätig hält, einführt oder ausführt, wird mit Freiheitsstrafe bis zu drei Jahren oder mit Geldstrafe bestraft.

(2) **Ebenso wird bestraft, wer Propagandamittel einer Organisation, die im Anhang der Durchführungsverordnung (EU) 2021/138 des Rates vom 5. Februar 2021 zur Durchführung des Artikels 2 Absatz 3 der Verordnung (EG) Nr. 2580/2001 über spezifische, gegen bestimmte Personen und Organisationen gerichtete restriktive Maßnahmen zur Bekämpfung des Terrorismus und zur Aufhebung der Durchführungsverordnung (EU) 2020/1128 (ABl. L 43 vom 8.2.2021, S. 1) als juristische Person, Vereinigung oder Körperschaft aufgeführt ist, im Inland verbreitet oder der Öffentlichkeit zugänglich macht oder zur Verbreitung im Inland oder Ausland herstellt, vorrätig hält, einführt oder ausführt.**

(3) [1]**Propagandamittel im Sinne des Absatzes 1 ist nur ein solcher Inhalt (§ 11 Absatz 3), der gegen die freiheitliche demokratische Grundordnung oder den Gedanken der Völkerverständigung gerichtet ist.** [2]**Propagandamittel im Sinne des Absatzes 2 ist nur ein solcher Inhalt (§ 11 Absatz 3), der gegen den Bestand oder die Sicherheit eines Staates oder einer internationalen Organisation oder gegen die Verfassungsgrundsätze der Bundesrepublik Deutschland gerichtet ist.**

(4) **Die Absätze 1 und 2 gelten nicht, wenn die Handlung der staatsbürgerlichen Aufklärung, der Abwehr verfassungswidriger Bestrebungen, der Kunst oder der Wissenschaft, der Forschung oder der Lehre, der Berichterstattung über Vorgänge des Zeitgeschehens oder der Geschichte oder ähnlichen Zwecken dient.**

(5) **Ist die Schuld gering, so kann das Gericht von einer Bestrafung nach dieser Vorschrift absehen.**

Fassung: aufgrund des 60. StÄG (→ Vor § 1 Rn. 19) mit Wirkung zum 1.1.2021; Abs. 2 nF und Abs. 3 S. 2 nF neu eingefügt durch G zur Verbesserung des strafrechtlichen Schutzes gegen sogenannte Feindeslisten usw. (→ Vor § 1 Rn. 19) zum 22.9.2021.

1 **1.** Die Vorschrift bezieht sich nur auf **rechtsstaatsgefährdende und terroristische Propaganda** von bestimmten Organisationen und auf Bestrebungen ehemaliger nationalsozialistischer Organisationen (zu ihrer Verfassungsmäßigkeit BGHSt 23, 64 = NJW 1969, 1970; Stegbauer, Rechtsextremistische Propaganda im Lichte des Strafrechts, 2000, S. 42, 240; diff. rechtspolitische Einschätzung der §§ 86, 86a bei Deiters in Thiel, Wehrhafte Demokratie, 2003, S. 291, 323). Rechtsgut ist die verfassungsmäßige Ordnung (Schroeder JA 2010, 1 (3); Eisele Computer-StrafR § 28 Rn. 98). – Zur **Entstehungsgeschichte** der NS-Propagandaverbote v. Dewitz, NS-Gedankengut und Strafrecht, 2006, S. 9, die diese Verbote als symbolisches Strafrecht diskutiert, S. 267; zur Entstehungsgeschichte von Strafvorschriften der BRD gegen den Nationalsozialismus wie §§ 86 I 4, 86a Schroeder JA 2010, 1. Neuere Rspr. Stegbauer NStZ 2017, 266.

2 **2. a) Propagandamittel** (Abs. 3) sind Inhalte (→ § 11 Rn. 26–28) gerichtet

aa) für **Tathandlungen gem. Abs. 1** gegen die **freiheitliche demokratische Grundordnung,** dh die im GG verankerten Grundwerte des freiheitlichen demokratischen Verfassungsstaates. Der Begriff stimmt mit dem des GG (zB Art. 18) überein (BVerfGE 2, 1 (12) = NJW 1952, 1407; BGHSt 7, 222 (227)) und umfasst namentlich die Verfassungsgrundsätze des § 92 II (→ § 92 Rn. 5–7; Deiters in Thiel, Wehrhafte Demokratie, 2003, S. 325) oder gegen den **Gedanken der Völkerverständigung.** Hierher gehören namentlich Propagandamittel mit völkerrechtswidrigem oder den Krieg verherrlichendem Inhalt (Krauth/Kurfess/Wulf JZ 1968, 577 (581); Stegbauer, Rechtsextremistische Propaganda im Lichte des Strafrechts, 2000, S. 61), sowie

bb) für **Tathandlungen gem. Abs. 2** gegen den **Bestand** oder die **Sicherheit** 3
eines Staates oder **einer internationalen Organisation** oder gegen die **Verfassungsgrundsätze der Bundesrepublik Deutschland.**

b) Diese Zwecke müssen mit einer **aktiv kämpferischen, aggressiven Ten-** 4
denz („Propaganda") verfolgt werden (BGHSt 23, 64 = NJW 1969, 1970; Träger/Mayer/Krauth FS BGH, 1975, 227 (239)); außerdem muss sich die Schrift nach dem Schutzzweck der Tatbestände dieses Titels gegen die Verwirklichung der angegriffenen Grundwerte gerade in der Bundesrepublik einsetzen, so dass vorkonstitutionelle Schriften (auch unveränderte Nachdrucke) als solche ausscheiden (BGHSt 29, 73 = NJW 1979, 2216 mit krit. Bespr. Bottke JA 1980, 125; Paeffgen in NK-StGB Rn. 16). Es kommt ausschließlich auf den Inhalt an, allerdings auch, soweit er erkennbar zwischen den Zeilen steht (BGHSt 7, 11 = NJW 1955, 110; BGHSt 23, 64 = NJW 1969, 1970; krit. Paeffgen in NK-StGB Rn. 13), namentlich durch allgemeinkundige Tatsachen konkretisierbar ist (Stegbauer, Rechtsextremistische Propaganda im Lichte des Strafrechts, 2000, S. 62), oder sich erst aus anderen Schriften, auf die verwiesen wird, voll erschließt (Ruhrmann NJW 1957, 281 (284)). Die Zielsetzung muss daher aus dem Inhalt wenigstens in deutlichen Ansätzen, dh nicht erst aus den anderen Schriften, erkennbar sein (BGH NStZ 1982, 25).

3. a) Abs. 1 Nr. 1, 2: Zu den genannten **Organisationen** → § 84 Rn. 1; 5
→ § 85 Rn. 2. Nr. 2 erfasst nicht Vereinigungen, gegen die ein bloßes Betätigungsverbot nach § 18 S. 2 VereinsG besteht (BGH NJW 1997, 2251). **Nr. 3:** Die Vereinigung (→ § 129 Rn. 2) oder Einrichtung braucht nur allgemein für Zwecke einer Organisation nach den Nr. 1 und 2 tätig zu sein; ob die konkrete Schrift deren Unterstützung dient, ist unerheblich. Ein Propagandamittel ist dann ein solches der Organisation oder Einrichtung, wenn es von dieser hergestellt oder inhaltlich bestimmt worden ist, um dem Zweck ihrer Propaganda zu dienen (Rudolphi in SK-StGB Rn. 6; weiter Sternberg-Lieben in Schönke/Schröder, Rn. 12). **Nr. 4:** Hinter der Propaganda braucht keine Organisation zu stehen (Stegbauer, Rechtsextremistische Propaganda im Lichte des Strafrechts, 2000, S. 53; krit. Lüttger JR 1969, 121 (129); v. Dewitz, NS-Gedankengut und Strafrecht, 2006, S. 228, 245). Jedoch genügt auch hier die bloße Verherrlichung des NS-Regimes und seiner Ideologie nicht; denn die Fortsetzung von Bestrebungen einer Organisation ist ohne Tendenz zur Organisierung nicht denkbar (BGHSt 23, 64 (76) = NJW 1969, 1970; Stegbauer, Rechtsextremistische Propaganda im Lichte des Strafrechts, 2000, S. 55; Paeffgen in NK-StGB Rn. 22).

b) Abs. 2 nF erfasst seit dem 22.9.2021 auch bestimmte **internationale Ter-** 5a
rororganisationen, die als solche von der EU auf dem in der Vorschrift explizierten Rechtsakt aufgezählt sind (zB Hamas); anders als für ein Vereinsvernot nach deutschem Recht kommt es nicht darauf an, ob die gelistete Organisation auch im Inland tätig ist (BT-Drs. 19/31115, 9). Dabei handelt es sich um eine statische Verweisung (so wohl BT-Drs. 19/31115, 10: „konkret bezeichneter Rechtsakt"), so

dass Änderungen einschließlich ihrer amtlichen Fundstelle durch den Gesetzgeber ausdrücklich nachvollzogen werden müssen. Wirkung hat dies allerdings nur, wenn eine Organisation neu gelistet wird oder der derzeit genannte Rechtsakt gänzlich aufgehoben wird; wird dieser dagegen nur durch Streichung einer der bislang gelisteten Organisationen geändert, entfällt auch ohne gesetzlichen Nachvollzug die Strafbarkeit von Tathandlungen in Bezug auf dieselbe (so dass für laufende Verfahren § 2 III gilt), während sie für die unverändert gelistet bleibenden Organisationen fortbesteht.

6 **4. Verbreiten** → § 74d Rn. 5; nach dem Gesetzeszweck sind die in § 74d IV dem Verbreiten gleichgestellten Handlungen hier einbezogen (Laufhütte/Kuschel in LK-StGB Rn. 19), denn sie fallen bei teleologischer Auslegung noch unter den Begriff des Verbreitens (aM Paeffgen in NK-StGB Rn. 25; zum Plakatanschlag BGHSt 19, 308 = NJW 1964, 1484; BGH NStZ 2015, 512; Rspr. bei Stegbauer NStZ 2015, 201, für eine Beschränkung auf die körperliche Weitergabe Eisele ComputerStrafR § 28 Rn. 101). **Öffentlich** (→ § 74d Rn. 6) **Zugänglichmachen** (→ § 184 Rn. 5) **in Datenspeichern** liegt vor, wenn Dritten der gedankliche oder bildliche Inhalt von Propagandamitteln dadurch zur Kenntnis gebracht wird, dass dieser ohne körperliche Übertragung des Trägermediums in elektronischer Form zum Abruf bereitgehalten oder übermittelt wird (zB über Computernetze; vgl. BT-Drs. 13/7385, 36; Eisele ComputerStrafR § 28 Rn. 101. **Herstellen, Vorrätighalten, Einführen und Ausführen** (→ § 184 Rn. 5) sind Vorbereitungshandlungen zum Verbreiten; nach dem Schutzzweck der Vorschrift müssen sie – ungeachtet des nicht ganz eindeutigen Gesetzeswortlauts – sämtlich im Inland (beachte § 9), sei es auch mit der Absicht der Verbreitung im Ausland, begangen werden (iErg ebenso Stegbauer, Rechtsextremistische Propaganda im Lichte des Strafrechts, 2000,. 48). **„Zur" Verbreitung** erfordert Absicht im Sinne zielgerichteten Wollens (→ § 15 Rn. 20; Eisele ComputerStrafR § 28 Rn. 103; weiter Paeffgen in NK-StGB Rn. 37, sicheres Wissen); die hier durch das VerbrBG vorgenommene Erstreckung auf das Ausland (→ Vor 1 Rn. 12) dient der besseren Anpassung an die internationale Zusammenarbeit extremistischer Gruppen (BT-Drs. 12/8588, 7). Die Verbreitungsabsicht muss sich – wie ein Vergleich mit den anderslautenden §§ 130 II Nr. 1 d, 131 I Nr. 4, 184 I Nr. 8, 184a Nr. 3, 184b I Nr. 3 ergibt – unmittelbar auf die Tatobjekte, also nicht lediglich auf erst noch herzustellende „aus ihnen gewonnene Stücke" beziehen (Laufhütte/Kuschel in LK-StGB Rn. 30; offen gelassen BGHSt 32, 1 = NJW 1983, 2270); das bewirkt eine Einschränkung des Schutzbereichs auf die jeweiligen Endprodukte des Herstellungsprozesses, die aber eindeutig aus dem Wortlaut hervorgeht (str.). Wer verbreiten soll, ist gleichgültig (Wagner GA 1960, 15, Nr. 3); soweit der Täter seinem Plan entsprechend selbst verbreitet, gehen die vorausgegangenen Vorbereitungshandlungen darin auf (→ Vor § 52 Rn. 33; → § 184 Rn. 11). Der Hersteller ist allein wegen Aufbewahrung des Propagandamittels bis zur Veröffentlichung nicht auch wegen Vorrätighaltens besonders strafbar (BGH MDR 1966, 687).

7 **5.** Der **Vorsatz** (bedingter genügt) muss auch die in dem Propagandamittel verkörperte Zielsetzung und deren gerade gegen die Bundesrepublik gerichtete Tendenz bzw. bei Abs. 2 auch Bestand oder Sicherheit anderer Staaten oder einer internationalen Organisation umfassen (BGHSt 29, 73 = NJW 1979, 2216); jedoch braucht der Täter nicht selbst dieses Ziel zu verfolgen oder den Inhalt auch nur zu billigen (BGHSt 19, 221 = NJW 1964, 673).

6. Abs. 4 (= Abs. 3 aF), der schon nach dem Gesetz als Tatbestandsausschluss gestaltet ist (hM; vgl. etwa Eisele ComputerStrafR § 28 Rn. 102; Zöller in SK-StGB Rn. 16; diff. Paeffgen in NK-StGB Rn. 38), beruht auf dem Gedanken der Sozialadäquanz (→ Vor § 32 Rn. 29; → § 86a Rn. 7; → § 131 Rn. 11); er will zugleich auch das Recht der freien Meinungsäußerung schützen (Art. 5 GG; eing. Rahe, Die Sozialadäquanzklausel des § 86 Abs. 3 StGB und ihre Bedeutung für das politische Kommunikationsstrafrecht, 2002, der auf das Kriterium der erkennbaren Distanz zu den Inhalten abstellt, S. 329). Da das Merkmal „dienen" die objektive, aus dem Inhalt zu ermittelnde Zwecksetzung beschreibt (hM), ist Abs. 3 insofern unklar, als er auch die Propagandamittel als solche in der Ausnahmeklausel aufführt; denn es ist nicht denkbar, dass eine Schrift nach ihrem Inhalt Propagandamittel iSd Abs. 2 ist und zugleich der staatsbürgerlichen Aufklärung oder der Abwehr verfassungsfeindlicher Bestrebungen dient (krit. auch Müller-Dietz FS Würtenberger, 2013, 167 (180); aM Rautenberg GA 2003, 623 (628)). Erfasst werden vornehmlich solche Handlungen, die sich zeitkritisch oder sonst aufklärend für das Interesse der Verfassung einsetzen oder eine Förderung von Kunst, Wissenschaft, Forschung oder Lehre bezwecken (OLG München NStZ-RR 2005, 371 mit zust. Bespr. Stegbauer NStZ 2005, 677 (679); OLG Stuttgart MMR 2006, 387; Beispiel bei Eisele ComputerStrafR § 28 Rn. 102); werden sie nur als Vorwand zur Verfolgung verfassungsfeindlicher Ziele benutzt, so ist Abs. 4 nicht anwendbar (zum Vorwand staatspolitischer Aufklärung BGHSt 23, 226 = NJW 1970, 818 mit krit. Bespr. Kohlmann JZ 1971, 681); das gilt auch für rechtsextremistische Propagandamittel von V-Leuten (Kubiciel NStZ 2003, 57; Rautenberg GA 2003, 623 (630)). Die Strafverteidigung ist den in Abs. 4 genannten Zwecken gleichzusetzen, es sei denn, der Täter bedient sich nur dem äußeren Anschein nach der Strafverteidigung (BGHSt 46, 36 (43) = NJW 2000, 2217 mit zust. Bespr. Stegbauer JR 2001, 38, abl. aber Streng JZ 2001, 208; krit. wegen der damit verbundenen Fremdkontrolle der Verteidigung Lüderssen/Jahn in Löwe/Rosenberg StPO Vor § 137 Rn. 115a). 8

7. Mit § 83 (BGH LM Nr. 1 zu § 81 aF) und § 185 (Wagner GA 1963, 359, Nr. 5), eingeschränkt auch mit §§ 84, 85 (zusf. Krauth/Kurfess/Wulf JZ 1968, 577 (581); sa BGHSt 26, 258 = NJW 1976, 575; str.) ist **Tateinheit** möglich (aM Paeffgen in NK-StGB Rn. 50). 9

8. Inland, Ausland → Vor § 3 Rn. 4, 6; § 5 Nr. 3 Buchstabe a. Auf bestimmte Zeitungen und Zeitschriften, die im Ausland erscheinen, ist Abs. 1 nicht anwendbar (Art. 296 EGStGB; sa BGHSt 28, 296 = NJW 1979, 1511). Nebenfolgen, Einziehung §§ 92a, 92b. Zuständigkeit und Verfahren → § 80a Rn. 5; zu Abs. 5 sa § 153b StPO. Gem. § 100a II Nr. 1 Buchst. a StPO ist trotz der nicht allzu hohen Strafrahmenobergrenze eine TKÜ zulässig; bloße Sympathiebekundungen für eine verbotene Organisation begründen idR noch keinen Verdacht, so dass Anhaltspunkte für den Einsatz von Propagandamitteln (→ Rn. 4 und 7) vorliegen müssen (sonst bleibt nur § 86a, der aber keine TKÜ rechtfertigt). 10

§ 86a Verwenden von Kennzeichen verfassungswidriger und terroristischer Organisationen

(1) **Mit Freiheitsstrafe bis zu drei Jahren oder mit Geldstrafe wird bestraft, wer**

1. **im Inland Kennzeichen einer der in § 86 Abs. 1 Nr. 1, 2 und 4 oder Absatz 2 bezeichneten Parteien oder Vereinigungen verbreitet oder öffentlich, in einer Versammlung oder in einem von ihm verbreiteten Inhalt (§ 11 Absatz 3) verwendet oder**
2. **einen Inhalt (§ 11 Absatz 3), der ein derartiges Kennzeichen darstellt oder enthält, zur Verbreitung oder Verwendung im Inland oder Ausland in der in Nummer 1 bezeichneten Art und Weise herstellt, vorrätig hält, einführt oder ausführt.**

(2) [1]**Kennzeichen im Sinne des Absatzes 1 sind namentlich Fahnen, Abzeichen, Uniformstücke, Parolen und Grußformen.** [2]**Den in Satz 1 genannten Kennzeichen stehen solche gleich, die ihnen zum Verwechseln ähnlich sind.**

(3) **§ 86 Abs. 4 und 5 gilt entsprechend.**

Fassung: aufgrund des 60. StÄG (→ Vor § 1 Rn. 19) mit Wirkung zum 1.1.2021. Anpassung an § 86 II nF durch G zur Verbesserung des strafrechtlichen Schutzes gegen sogenannte Feindeslisten usw. (→ Vor § 1 Rn. 19) zum 22.9.2021.

1 **1.** Die Vorschrift **schützt** durch **abstrakte Gefährdungstatbestände** (BGHSt 47, 354 = NJW 2002, 3186; BGH NStZ 2015, 81 mit Praxiskommentar Becker und Bespr. Hecker JuS 2015, 274; Satzger Jura 2015, 1011; BayObLG NJW 1962, 1878; KG NJW 1999, 3500 (3502); BVerfG NJW 2006, 3050 (3051), wo auch von einem kommunikativen Tabu gesprochen wird; nach BGH NJW 2010, 163 (164), dient die Vorschrift der Abwehr der „symbolhaft" durch die Verwendung eines Kennzeichens ausgedrückten Wiederbelebung bestimmter verfassungsfeindlicher Organisationen; ähnlich OLG München NStZ 2007, 97: Verhinderung der Einbürgerung solcher Kennzeichen, um der Gefahr ihres gefahrlosen Gebrauchs vorzubeugen; ähnlich auch BVerfG NJW 2009, 2805: Vermeidung der Wiederbelebung nationalsozialistischer Tendenzen durch den Gebrauch geeigneter Symbole; Gesinnungsstrafrecht sieht Kurth StraFo 2006, 483; zwischen Nr. 1 und 2 diff. Reuter, Verbotene Symbole, 2005, S. 90, 230) den **demokratischen Rechtsstaat** und den **öffentlichen Frieden** (OLG Frankfurt a. M. NStZ 1999, 356; Zöller in SK-StGB Rn. 1; krit. und für ein Rechtsgut der öffentlichen Scham über den Nationalsozialismus Schroeder JA 2010, 1 (3); krit. auch Hörnle NStZ 2002, 113 (114): heterogenes Doppel-Rechtsgut, ebenso Hörnle, Grob anstößiges Verhalten, 2005, S. 254, 279, 482, die für Abschaffung der tabu-schützenden Vorschrift plädiert; krit. auch Kett-Straub NStZ 2011, 601, die als Rechtsgut den Gründungsmythos der Bundesrepublik und damit das identitätsstiftende, kollektive Selbstverständnis des Staates als Gegenentwurf zum Nationalssozialismus angibt; weiter v. Dewitz, NS-Gedankengut und Strafrecht, 2006, S. 246, öffentlicher Friede und Völkerverständigung jeweils begrenzt durch die freiheitlich demokratische Grundordnung; enger Beisel, Die Kunstfreiheitsgarantie des Grundgesetzes und ihre strafrechtlichen Grenzen, 1997, S. 371: freiheitlich demokratische Grundordnung; ähnlich Stegbauer, Rechtsextremistische Propaganda im Lichte des Strafrechts, 2000, S. 86, 242), nicht den einzelnen Bürger (OLG Düsseldorf NJW 1988, 2906; Steg-

bauer JR 2002, 182 (183)), sowie durch Aufnahme von Kennzeichen der in § 86 II nF erfassten Organisationen auch **andere Staaten und internationale Organisationen** – Neuere Rspr. Stegbauer NStZ 2017, 266 (268).

2. a) Ein **Kennzeichen** wird durch seinen Symbolgehalt charakterisiert; es muss aber keinen gewissen Bekanntheitsgrad als Symbol einer verfassungswidrigen Organisation haben (BGHSt 47, 354 = NJW 2002, 3186), wenn es nur einem unbefangenen Dritten den Eindruck eines Kennzeichens einer solchen Organisation macht (BGH NStZ-RR 2004, 12; anders jetzt BGHSt 52, 364 = NJW 2009, 928, wonach es eines zusätzlichen Hinweises auf die Organisation nicht bedarf; sa BGH NStZ 2016, 86; StV 2016, 106). Maßgeblich ist allein, dass sich die Organisation ein bestimmtes Kennzeichen durch Übung oder formalen Autorisierungsakt als Symbol zu Eigen gemacht hat (BGHSt 54, 61 (67) = NJW 2010, 163, wonach der Name einer Vereinigung als solcher kein Kennzeichen ist; krit. Stegbauer NStZ 2012, 79), selbst wenn dieser auch in unverfänglichen Zusammenhängen Verwendung findet (Stegbauer NStZ 2019, 72 (73)). Neben den in Abs. 2 genannten Gegenständen und Symbolen (zum „Deutschen Gruß" BGHSt 27, 1 = NJW 1976, 2271; OLG Celle NJW 1970, 2257; Stegbauer, Rechtsextremistische Propaganda im Lichte des Strafrechts, 2000, S. 100; zum „Hitlergruß" BGHSt 25, 30; KG NJW 1999, 3500 mzustAnm Heinrich NStZ 2000, 533; BVerfG NJW 2006, 3052; s. jedoch BayObLG NStZ-RR 2003, 233 „angewinkelter" Arm; zum „Kühnen-Gruß" Stegbauer JR 2002, 182 (185); zur „Sigrune" des Jungvolks Schmidt MDR 1986, 177; zur „Odalrune" Stegbauer NStZ 2012, 79; NStZ 2015, 201 mit BGH NStZ 2009, 88; NStZ 2016, 86 (90) mit Praxiskommentar Becker: „Rockerkutten"; zur Parole „Sieg und Heil für Deutschland" OLG Düsseldorf MDR 1991, 174; zur Parole „Deutschland erwache" OLG Jena StV 2020, 176) kommen ua auch in Frage: optische und akustische Erkennungszeichen sowie Märsche, Lieder und deren Melodien, zB das Horst-Wessel-Lied (BGH MDR 1965, 923) oder das Lied „Es zittern die morschen Knochen" (OLG Celle NJW 1991, 1497), uU auch wenn sie mit einem verfremdeten Text (OLG Oldenburg NJW 1988, 351) oder nur in markanten Teilen (BayObLG NJW 1990, 2006) gesungen oder gespielt werden; die Rspr. bezieht auch Führerbilder ein (BGHSt 25, 128 = NJW 1973, 768; BGHSt 29, 73 (82) = NJW 1979, 2216; OLG Frankfurt a. M. NStZ 1999, 356; OLG München NStZ 2007, 97; zw.), nicht jedoch das von Rudolph Heß (OLG Rostock NStZ 2002, 320 mit Bespr. Bartels/Kollorz NStZ 2002, 297). Das Hakenkreuz ist schon als solches ein Kennzeichen der früheren NSDAP (BGHSt 29, 73 (83) = NJW 1979, 2216; OLG Hamm NJW 1982, 1656 Stegbauer NStZ 2012, 101. Rein staatliche Kennzeichen gehören nicht hierher (Lüttger GA 1960, 129 (132)); jedoch werden Symbole nationalsozialistischer Organisationen erfasst, wenn sie – wie etwa das Hakenkreuz in einem Kriegsorden (BGHSt 23, 64 (77) = NJW 1969, 1970), im Reichsadler (AG Weinheim NJW 1994, 1543 (1545) mit abl. Bespr. Wilhelm DRiZ 1994, 339) oder an Flugzeugen der Luftwaffe als Hoheitszeichen (BGHSt 28, 394 = NJW 1979, 1555) – auch im staatlichen Bereich verwendet worden sind. Zusammenfassend Kurth StraFo 2006, 483 (484); Stegbauer NStZ 2010, 129. 2

b) Zum Verwechseln ähnlich → § 132a Rn. 9 (Kein Verstoß gegen Art. 103 II GG, Jahn, Strafrechtliche Mittel gegen den Rechtsextremismus, 1998, S. 219, 233; Paeffgen in NK-StGB Rn. 9; als bloße „Interpretationshilfe" wird Abs. 2 S. 2 verstanden Stegbauer, Rechtsextremistische Propaganda im Lichte des Strafrechts, 2000, S. 109; OLG Hamburg NStZ 2014, 656 (659)). Dies verlangt einen gesteigerten Grad 2a sinnlich wahrnehmbarer Ähnlichkeit, eine objektiv vorhandene Übereinstimmung in wesentlichen Vergleichspunkten (BVerfG NJW 2009, 2805; OLG Hamburg NStZ 2014, 653 (659); Eisele ComputerStrafR § 29 Rn. 107). Bei den Kennzeichen kommt es nicht so sehr auf die figürliche oder sprachliche Ähnlichkeit (so aber Kurth StraFo 2006, 483 (484)) als vielmehr darauf an, ob der Anschein eines Kennzeichens der jeweiligen Organisation erweckt und dessen Symbolgehalt vermittelt wird (BGH NStZ 1996, 81; OLG Hamburg NStZ 2014, 656; Stegbauer JR 2002, 182 (186); zum Hemdaufdruck „die Fahnen hoch" BVerfG NJW 2009, 2805; für nachgemachte Gaudreiecke abl. BayObLG NStZ 1999, 190 mit krit. Bespr. Bartel/Kollorz NStZ 2000, 648; krit. auch Stegbauer, Rechtsextremistische Propaganda im Lichte des Strafrechts, 2000, S. 104; zust. aber Hörnle NStZ 2002, 113; für die Parole „Ruhm und Ehre der Waffen-SS" abl. BGH NJW 2005, 3223 mAnm Steinmetz NStZ 2006, 337; zust. Kurth StraFo 2006, 483 (485); bestätigt von BVerfG NJW 2006, 3050 (3051) mkritAnm Horsch JR 2008, 99, das ein tatsächlich existentes Vorbild verlangt; bejahend OLG Karlsruhe NJW 2003, 1200; Steinmetz NStZ 2002, 118; sowie Stegbauer NStZ 2005, 677 (679), der allerdings den Namen der Waffen-SS im Rahmen einer Parole als Kennzeichen versteht; für den Schriftzug „CONSDAPLE" abl. OLG Hamm NStZ-RR 2004, 12 mkritAnm Steinmetz NStZ 2004, 444; zust. aber Stegbauer NStZ 2005, 677 (679); abl. für eine in eine Fremdsprache übersetzte Parole – „Blood & Honour" – BGHSt 54, 61 = NJW 2010, 163 mAnm Stegbauer NStZ 2010, 444; für ein Symbol, das mit dem oberen Drittel der Hakenkreuzfahne übereinstimmt, bejahend OLG Dresden NStZ-RR 2011, 310 mzustAnm Stegbauer NStZ 2012, 80). Bei der Vielfalt der Kennzeichen, die namentlich von den rechtsextremistischen Gruppen verwendet werden, ist zweifelhaft, ob der mit der Vorschrift erstrebte Zweck erreichbar ist (Bonefeld DRiZ 1993, 430); denn wenn es auch bei extensiver Auslegung an der Verwechslungsfähigkeit fehlt, steht die Wortlautschranke (→ § 1 Rn. 6) der Einbeziehung entgegen; das gilt für Fälle der Angleichung an offiziell verwendete Kennzeichen, zB des Abzeichens mit der sog. „Odalrune" an das Dienstrangabzeichen des Hauptfeldwebels der Bundeswehr (offen gelassen BGH NJW 1999, 435; Fischer Rn. 8, nach dem uU § 132a I Nr. 4 eingreift; zur „Odalrune" vgl. auch Stegbauer, Rechtsextremistische Propaganda im Lichte des Strafrechts, 2000, S. 97). Ebensowenig wie bei Abs. 1 (→ Rn. 2) ist hier vorausgesetzt, dass das Original einen gewissen Bekanntheitsgrad als Symbol einer verfassungswidrigen Organisation hat (BGHSt 47, 354 = NJW 2002, 3186 mit Bespr. Beckemper JA 2003, 284; Stegbauer JZ 2002, 1180; OLG Karlsruhe NJW 2003, 1200; anders noch OLG Jena NJW 2002, 310; vgl. auch den Vorlagebeschluss KG NStZ 2002, 148); es reicht, dass für einen durchschnittlichen Beobachter eine Verwechslung mit dem Original möglich ist, ohne dass ein spezifisches (politisches, historisches) Einordnungsvermögen vorausgesetzt wird (BGHSt 47, 354 = NJW 2002, 3186; BVerfG NJW 2009, 2805).

3 **3.** Für die betroffenen Organisationen (mit Ausnahme der nationalsozialistischen) gilt wie in §§ 84–86 das **Verbots- und das Feststellungsprinzip** (→ § 84 Rn. 1; → § 85 Rn. 2) bzw. für § 86 II nF das der Listung in einem EU-Rechtsakt.

4 **4. Abs. 1 Nr. 1: Verbreiten** von Kennzeichen folgt denselben Regeln wie das Verbreiten von Inhalten (→ § 74d Rn. 5; vgl. BGHSt 13, 257 = NJW 1959, 2125; BGH NStZ 2012, 564; Stegbauer NStZ 2015, 201). **Verwenden** ist jeder Gebrauch, der das Kennzeichen optisch oder akustisch wahrnehmbar macht (BGHSt 23, 267 = NJW 1970, 1693; OLG Frankfurt a. M. NStZ 1999, 356; KG NJW 1999, 3500; BayObLG NStZ-RR 2003, 233; Stegbauer JR 2002, 182 (187); Walter JuS 2006, 870 (872); einschr. Paeffgen in NK-StGB Rn. 14; Sternberg-Lieben

in Schönke/Schröder, Rn. 6); auch die bloße Verwendung von markanten Textteilen kann reichen (BVerfG NJW 2009, 2805 (2806)); die Rspr. nimmt jedoch mit Recht solche Fälle aus, in denen der Schutzzweck des Tatbestandes ersichtlich nicht verletzt wird (BGHSt 25, 30 = NJW 1973, 106; BGHSt 51, 244 = NJW 2007, 1602; OLG Frankfurt a. M. NStZ 1999, 356; Laufhütte/Kuschel in LK-StGB Rn. 14–17; beachte aber BayObLG NStZ 2003, 89 mit krit. Bespr. Stegbauer NStZ 2005, 677), namentlich eine Wirkung auf Dritte in einer dem Symbolgehalt des Kennzeichens entsprechenden Richtung nicht eintreten kann (BGHSt 25, 128 (133) = NJW 1973, 768; BGHSt 28, 394 = NJW 1979, 1555; BGH NJW 2009, 928; OLG Köln NStZ 1984, 508; BayObLG NJW 1988, 2901; OLG Karlsruhe NStZ-RR 1998, 10; KG BeckRS 2010, 29767; ebenso Reuter, Verbotene Symbole, 2005, S. 90; problematisch OLG Stuttgart MDR 1982, 246; OLG Frankfurt a. M. NStZ 1982, 333), etwa wenn der Inhalt die Gegnerschaft zur Organisation eindeutig zum Ausdruck bringt (BGH NJW 2007, 1602); außerdem muss die Verwendung (zB von Reichsmarkmünzen) als Bekenntnis zu den inhaltlichen Zielen der Organisation aufgefasst werden können (LG Koblenz NStZ-RR 2009, 105). Eine Verletzung des Schutzzwecks soll aber nicht schon deshalb ausgeschlossen sein, weil das Zeichen von Gegnern der verfassungsfeindlichen Ideologie verwendet wird (BGHSt 25, 30 (32) = NJW 1973, 106; für eine verfassungsrechtliche Korrektur in Anlehnung an Art. 20 IV GG Molsberger/Wax JZ 2006, 141). Eine **Distanzierung,** zB durch Durchstreichen des Hakenkreuzes, reicht nach neuerer Rspr. aus (BGHSt 51, 244 = NJW 2007, 1602 mAnm Hörnle NStZ 2007, 698; Kaspar JR 2008, 70; Schroeder JZ 2007, 851; Vormbaum JR 2007, 524; OLG Jena StV 2020, 176; dazu auch Eisele ComputerStrafR § 29 Rn. 110; BGHSt 52, 364 (375) = NJW 2009, 928; Fischer Rn. 18), denn dann ist der Schutzzweck der Vorschrift – Unterbindung des Verbreitens von Kennzeichen mit nationalsozialistischem Symbolgehalt – nicht betroffen (BGHSt 52, 364 (375) = NJW 2009, 928, krit. Duttge FS Krey, 2010, 39 (58); und Otto FS Amelung, 2009, 225 (244)). Das Verwenden muss keinen werbenden Charakter haben, es reicht vielmehr ein Verwenden nur zur Provokation und ohne politische Zielsetzung (OLG Oldenburg NStZ-RR 2010, 368). **Öffentlich, in einer Versammlung** → § 80a Rn. 2 (sa BGHSt 29, 73 (83) = NJW 1979, 2216; BGH NStZ 2011, 576 verneint ein öffentliches Verwenden bei einem im Treppenhaus eines Wohnhauses gezeichneten Hakenkreuz; zur Aufnahme von Computerspielen in eine ungesicherte Mail-Box OLG Frankfurt a. M. NStZ 1999, 356 mit zust. Bespr. Rückert; zum Entdecken des Anbringens eines Symbols auf einem Verkehrszeichen durch Polizeibeamte vor Kenntnisnahmemöglichkeit seitens einer nicht überschaubaren Anzahl von Personen abl. AG Rudolstadt NStZ-RR 2013, 143; krit. Stegbauer NStZ 2015, 201 (202)). Die **verbreiteten Inhalte** (→ § 11 Rn. 26–28; → § 74d Rn. 5) muss der Täter selbst verbreitet haben.

5. Abs. 1 Nr. 2: Herstellen, Vorrätighalten, Einführen und Ausführen 5
(→ § 184 Rn. 5) sind Vorbereitungshandlungen zu Taten nach Nr. 1. Für die danach erforderliche Absicht des Verbreitens oder Verwendens und für das Zusammentreffen mehrerer Tathandlungen gelten die Ausführungen unter → § 86 Rn. 6 sinngemäß.

6. Aus der Beschränkung des Abs. 1 Nr. 1 auf Taten im **Inland** (→ Vor § 3 6
Rn. 4) folgt für die Vorbereitungshandlungen nach Abs. 1 Nr. 2 – ungeachtet des insoweit nicht ganz eindeutigen Gesetzeswortlauts – dieselbe räumliche Beschränkung (so schon BT-Drs. 10/1286, 7; aM Fischer Rn. 17). Im Ausland begangene

(Verwendens-)Handlungen sind jedoch unter Heranziehung von § 9 strafbar, so etwa wenn in Polen der „Hitlergruß" bei einem nach Deutschland direkt übertragenen Fußballspiel gezeigt wird (KG NJW 1999, 3500, das § 9 I Alt. 1 heranzieht; dazu krit. Eisele ComputerStrafR § 29 Rn. 109; Heinrich NStZ 2000, 533, der § 9 I Alt. 3 für einschlägig hält; BGH NStZ 2015, 81 mit krit. Bespr. Hecker JuS 2015, 274 (275); dagegen Stegbauer JR 2002, 182 (188)).

7 **7.** Zur Verweisung in **Abs. 3** auf § 86 III → § 86 Rn. 8. Im Ergebnis greift die Ausnahmeklausel nur ein, wenn die Tathandlung den Schutzzweck des § 86a nicht verletzt (BGHSt 31, 383 = NJW 1983, 2268; Kubiciel NStZ 2003, 57 (58); Rautenberg GA 2003, 623 (627); sa OLG Hamm NJW 1985, 2146). Die Verwendung der Kennzeichen zur reißerischen Käuferwerbung (BGHSt 23, 64 (78) = NJW 1969, 1970; sa LG München NStZ 1985, 311 mAnm Keltsch), zB kommerzielles Feilbieten als Andenken (OLG München NStZ 2007, 97; Lüttger GA 1960, 129 (144)), wird daher nicht gedeckt. Auch der Zweck möglichst originalgetreuer Nachbildung historischer Gegenstände, etwa bei Kinderspielzeug (BGHSt 28, 394 = NJW 1979, 1555), oder die scherzhafte Verwendung (BayObLG NJW 1962, 1878), etwa bei einem Faschingszug (AG Münsingen MDR 1978, 72), begründen als solche die Ausnahme nicht (ebenso Rudolphi in SK-StGB Rn. 10). Ob antiquarischer Handel mit einzelnen Gegenständen, die aus der NS-Zeit stammen und solche Kennzeichen aufweisen, **sozialadäquat** ist, hängt von den Umständen ab (zu Hitlers „Mein Kampf" und zu Orden aus der Kriegszeit BGHSt 29, 73 (82) = NJW 1979, 2216 mit Bespr. Bottke BuB 1980, 254 (258); zu Reichsmarkmünzen LG Koblenz NStZ-RR 2009, 105; beachte auch OLG Celle JR 1981, 381 mAnm Foth; zu dem auf NS-Ideologie ausgerichteten Internethandel LG Berlin BeckRS 2009, 29520), wird allerdings bei einem auf historisch-wissenschaftlicher Grundlage betriebenen Fachhandel idR zutreffen (BGHSt 31, 383 = NJW 1983, 2268). Rechtsextremistische Musik von V-Leuten ist allenfalls über § 34 gerechtfertigt (Kubiciel NStZ 2003, 59). Auch wenn Abs. 3 nicht anwendbar ist, kommt bei **Kunstwerken** Rechtfertigung aus dem Grundrecht der Kunstfreiheit in Frage (BVerfGE 77, 240 = NJW 1988, 325 mAnm Würkner NJW 1988, 327; BVerfG NJW 1990, 2541; Beisel, Die Kunstfreiheitsgarantie des Grundgesetzes und ihre strafrechtlichen Grenzen, 1997, S. 372; Enders, Die Menschenwürde in der Verfassungsordnung, 1997, S. 484; Paeffgen in NK-StGB Rn. 19, 20; diff. zwischen Werkbereich und Wirkbereich Laufhütte/Kuschel in LK-StGB Rn. 32; speziell zu rechtsradikaler Musik abl. Kubiciel NStZ 2003, 58; → § 193 Rn. 14). Fehlende Reue wegen der Annahme einer Rechtfertigung durch Art. 4 I GG darf nicht strafschärfend berücksichtigt werden (OLG Brandenburg BeckRS 2009, 13549). Zur (Un-)Vereinbarkeit mit Art. 5 I 1 GG Hörnle, Grob anstößiges Verhalten, 2005, S. 279; die Vorschrift, insbes. Abs. 2 S. 2, wird auch vom BVerfG an Art. 5 I 1 GG gemessen (BVerfG NJW 2006, 3050 (3051); NJW 2006, 3052 (3053); vgl. auch BGHSt 51, 244 (249) = NJW 2007, 1602). Zusammenfassend Hamdan Jura 2008, 169.

8 **8.** Der **Vorsatz** (bedingter genügt; OLG Frankfurt a. M. NStZ 1999, 356; KG NJW 1999, 3500) muss – soweit der objektive Tatbestand das voraussetzt (→ Rn. 3) – auch das Verbot der Organisation (auch aufgrund einer Listung durch EU-Rechtsakt) oder die Feststellung ihrer Eigenschaft als Ersatzorganisation umfassen (Stegbauer, Rechtsextremistische Propaganda im Lichte des Strafrechts, 2000, S. 115).

9. Ausland, § 5 Nr. 3 Buchstabe a. Nebenfolgen, Einziehung §§ 92a, 92b. Absehen von Strafe (Abs. 3) § 153b StPO. 9

§ 87 Agententätigkeit zu Sabotagezwecken

(1) **Mit Freiheitsstrafe bis zu fünf Jahren oder mit Geldstrafe wird bestraft, wer einen Auftrag einer Regierung, Vereinigung oder Einrichtung außerhalb des räumlichen Geltungsbereichs dieses Gesetzes zur Vorbereitung von Sabotagehandlungen, die in diesem Geltungsbereich begangen werden sollen, dadurch befolgt, daß er**

1. **sich bereit hält, auf Weisung einer der bezeichneten Stellen solche Handlungen zu begehen,**
2. **Sabotageobjekte auskundschaftet,**
3. **Sabotagemittel herstellt, sich oder einem anderen verschafft, verwahrt, einem anderen überläßt oder in diesen Bereich einführt,**
4. **Lager zur Aufnahme von Sabotagemitteln oder Stützpunkte für die Sabotagetätigkeit einrichtet, unterhält oder überprüft,**
5. **sich zur Begehung von Sabotagehandlungen schulen läßt oder andere dazu schult oder**
6. **die Verbindung zwischen einem Sabotageagenten (Nummern 1 bis 5) und einer der bezeichneten Stellen herstellt oder aufrechterhält,**

und sich dadurch absichtlich oder wissentlich für Bestrebungen gegen den Bestand oder die Sicherheit der Bundesrepublik Deutschland oder gegen Verfassungsgrundsätze einsetzt.

(2) **Sabotagehandlungen im Sinne des Absatzes 1 sind**

1. **Handlungen, die den Tatbestand der §§ 109e, 305, 306 bis 306c, 307 bis 309, 313, 315, 315b, 316b, 316c Abs. 1 Nr. 2, der §§ 317 oder 318 verwirklichen, und**
2. **andere Handlungen, durch die der Betrieb eines für die Landesverteidigung, den Schutz der Zivilbevölkerung gegen Kriegsgefahren oder für die Gesamtwirtschaft wichtigen Unternehmens dadurch verhindert oder gestört wird, daß eine dem Betrieb dienende Sache zerstört, beschädigt, beseitigt, verändert oder unbrauchbar gemacht oder daß die für den Betrieb bestimmte Energie entzogen wird.**

(3) **Das Gericht kann von einer Bestrafung nach diesen Vorschriften absehen, wenn der Täter freiwillig sein Verhalten aufgibt und sein Wissen so rechtzeitig einer Dienststelle offenbart, daß Sabotagehandlungen, deren Planung er kennt, noch verhindert werden können.**

1. Die Vorschrift **schützt** gegen die **Vorbereitung** rechtsstaatsgefährdender Sabotagehandlungen; nach Deiters in Thiel, Wehrhafte Demokratie, 2003, S. 291, 303, eine im Hinblick auf § 99 „überflüssige Strafnorm". Der Begriff der **Sabotagehandlung** ist in Abs. 2 abschließend umschrieben. Er umfasst 1

a) vornehmlich diejenigen Handlungen, die im Sinne der in **Abs. 2 Nr. 1** aufgeführten Vorschriften tatbestandsmäßig sind;

b) darüber hinaus auch andere Handlungen, die **Abs. 2 Nr. 2** beschreibt. **Zerstören,** Beschädigen → § 303 Rn. 3–7; **Beseitigen** bedeutet der Verfügung entziehen, **Verändern** einen vom bisherigen abweichenden Zustand herbeiführen 2 und **Unbrauchbarmachen** Ausschalten der Wirkungsweise, uU auch ohne Substanzverletzung. Jede solche Handlung muss den Betrieb des Unternehmens (→ § 11 Rn. 15) im Ganzen verhindern oder stören.

3 **2.** Erforderlich ist die **Steuerung des Sabotageagenten von außen,** dh das Vorliegen eines dem Täter unmittelbar oder durch einen Mittelsmann (BT-Drs. V/2860, 10) erteilten Auftrags einer in Abs. 1 genannten, außerhalb des räumlichen Geltungsbereichs des Gesetzes (→ Vor § 3 Rn. 5) befindlichen Stelle (zur Vereinigung → § 129 Rn. 2). Dieser Auftrag muss der **Vorbereitung** von Sabotagehandlungen, die im Geltungsbereich des Gesetzes begangen werden sollen, dienen und vom Täter durch Vornahme einer Tathandlung nach Abs. 1 Nr. 1–6 befolgt werden.

4 **3. a)** Die **Vorbereitungshandlungen** sind in Abs. 1 Nr. 1–6 **abschließend** umschrieben. Sie sind, da sie neben der Schaffung meist auch die Aufrechterhaltung eines rechtswidrigen Zustandes voraussetzen, überwiegend Dauerdelikte (→ Vor § 52 Rn. 11) oder wenigstens Delikte mit iterativer Struktur, bei denen mehrere Einzelakte idR eine Bewertungseinheit bilden (→ Vor § 52 Rn. 10). **Nr. 1** betrifft den Stillhalteagenten (krit. wegen der Unbestimmtheit Paeffgen in NK-StGB Rn. 12). **Nr. 2:** Sabotageobjekt ist nicht nur die Gesamtheit eines Betriebes oder einer anderen wirtschaftlichen Einheit, sondern uU auch die technisch empfindliche Einzelheit (BT-Drs. V/2860, 10). **Nr. 3:** Sabotagemittel sind Gegenstände, die zur Ausführung von Sabotagehandlungen bestimmt und ihrer Art nach dazu geeignet sind.

5 **b)** Zur Beschränkung des **räumlichen Geltungsbereichs** beachte § 91.

6 **4.** Absichtliches oder wissentliches Sich-Einsetzen für **rechtsstaats- oder sicherheitsgefährdende Bestrebungen** → § 92 Rn. 1–10.

7 **5.** Zur **tätigen Reue** (Abs. 3) → § 24 Rn. 29. Auch die Offenbarung muss freiwillig sein (BGHSt 27, 120 = NJW 1977, 769 mwN; str.), außerdem das gesamte Wissen über geplante Sabotagehandlungen umfassen und so rechtzeitig erfolgen, dass deren Verhinderung noch möglich ist (Sternberg-Lieben in Schönke/Schröder, Rn. 20); ob tatsächlich verhindert wird, ist unerheblich (BT-Drs. V/2860, 11).

8 **6.** Nebenfolgen, Einziehung §§ 92a, 92b. Zuständigkeit und Verfahren → § 80a Rn. 5.

§ 88 Verfassungsfeindliche Sabotage

(1) **Wer als Rädelsführer oder Hintermann einer Gruppe oder, ohne mit einer Gruppe oder für eine solche zu handeln, als einzelner absichtlich bewirkt, daß im räumlichen Geltungsbereich dieses Gesetzes durch Störhandlungen**

1. Unternehmen oder Anlagen, die der öffentlichen Versorgung mit Postdienstleistungen oder dem öffentlichen Verkehr dienen,

2. Telekommunikationsanlagen, die öffentlichen Zwecken dienen,

3. Unternehmen oder Anlagen, die der öffentlichen Versorgung mit Wasser, Licht, Wärme oder Kraft dienen oder sonst für die Versorgung der Bevölkerung lebenswichtig sind, oder

4. Dienststellen, Anlagen, Einrichtungen oder Gegenstände, die ganz oder überwiegend der öffentlichen Sicherheit oder Ordnung dienen,

ganz oder zum Teil außer Tätigkeit gesetzt oder den bestimmungsmäßigen Zwecken entzogen werden, und sich dadurch absichtlich für Bestrebungen gegen den Bestand oder die Sicherheit der Bundesrepublik Deutschland oder gegen Verfassungsgrundsätze einsetzt, wird mit Freiheitsstrafe bis zu fünf Jahren oder mit Geldstrafe bestraft.

(2) **Der Versuch ist strafbar.**

1. Die Vorschrift schützt durch abstrakte Gefährdungstatbestände (Zöller in SK-StGB Rn. 1) Bestand, Sicherheit und Verfassungsgrundsätze der Bundesrepublik. Nach Deiters in Thiel, Wehrhafte Demokratie, 2003, S. 291, 308, ein im Hinblick auf §§ 316b, 317 überflüssiger Tatbestand. 1

2. **Rädelsführer, Hintermann** (→ § 84 Rn. 2). Die **Gruppe** setzt anders als die Vereinigung (→ § 129 Rn. 2) keine organisierte Willensbildung voraus, sondern nur eine nicht ganz kleine, durch ein gemeinsames Merkmal (idR einen gemeinsam verfolgten Zweck) verbundene Personenmehrheit. 1a

3. Die **Angriffsgegenstände,** die sich im **räumlichen Geltungsbereich** des Gesetzes (→ Vor § 3 Rn. 5) befinden müssen, decken sich weitgehend mit denen des § 316b (→ § 316b Rn. 2–4) und des § 317 (→ § 317 Rn. 2). Die Ersetzung des Begriffes Post durch Postdienstleistungen in Abs. 1 Nr. 1 trägt der Entwicklung von einer einheitlichen Postverwaltung zu zahlreichen privaten Anbietern Rechnung (BT-Drs. 13/8016, 27); die Ersetzung des Begriffes Fernmeldeanlagen durch Telekommunikationsanlagen in Abs. 1 Nr. 2 bringt die technische Vielfalt an Übermittlungsmöglichkeiten treffender zum Ausdruck (BT-Drs. 13/8016, 27). Abs. 1 Nr. 2 verlangt trotz der Privatisierung der Post weiterhin, dass der Betrieb der Anlage im öffentlichen Interesse liegt. Telekommunikationsnetze sind Anlagen iSd Abs. 1 Nr. 2; sie dienen öffentlichen Zwecken auch dann, wenn sie geschlossenen Benutzergruppen in Behörden zur Verfügung stehen oder von Privatbetrieben genutzt werden, deren Tätigkeit im allgemeinen Interesse liegt (BT-Drs. 13/8016, 27). 2

4. Bei den **Tathandlungen** bedeutet Bewirken (Mit-)Verursachen der vorübergehenden (Zöller in SK-StGB Rn. 9) Stilllegung oder Zweckentfremdung; bloße Ausforschung von Erkenntnissen einer Dienststelle und deren Verwertung in der Öffentlichkeit reicht dazu idR nicht aus (BGHSt 27, 307 = NJW 1978, 431). **Störhandlung** ist ein regelwidriger (auch durch Unterlassen in Garantenstellung begehbarer, → § 13 Rn. 6) Eingriff in die Funktion der Einrichtung; arbeitsrechtlich zulässige oder als politisches Kampfmittel sozialadäquate Streiks bilden einen Rechtfertigungsgrund (BT-Drs. V/2860, 11; aM Laufhütte/Kuschel in LK-StGB Rn. 10, die schon die Tatbestandsmäßigkeit verneinen; einschr. Paeffgen in NK-StGB Rn. 8). 3

5. Bedingter **Vorsatz** genügt. **Absichtlich** erfordert zielgerichtetes Wollen (→ § 15 Rn. 20). Absichtliches Sich-Einsetzen für **rechtsstaats- oder sicherheitsgefährdende Bestrebungen** → § 92 Rn. 1–10. 4

6. Mit §§ 316b, 317 ist **Tateinheit** möglich. 5

7. Nebenfolgen, Einziehung §§ 92a, 92b. Zuständigkeit und Verfahren → § 80a Rn. 5. 6

§ 89 Verfassungsfeindliche Einwirkung auf Bundeswehr und öffentliche Sicherheitsorgane

(1) **Wer auf Angehörige der Bundeswehr oder eines öffentlichen Sicherheitsorgans planmäßig einwirkt, um deren pflichtmäßige Bereitschaft zum Schutz der Sicherheit der Bundesrepublik Deutschland oder der verfassungsmäßigen Ordnung zu untergraben, und sich dadurch absichtlich für Bestrebungen gegen den Bestand oder die Sicherheit der Bundesrepublik Deutschland oder gegen Verfassungsgrundsätze einsetzt, wird mit Freiheitsstrafe bis zu fünf Jahren oder mit Geldstrafe bestraft.**

(2) **Der Versuch ist strafbar.**

(3) **§ 86 Absatz 5 gilt entsprechend.**

Fassung: In Abs. 3 redaktionelle Anpassung an § 86 V nF durch G zur Verbesserung des strafrechtlichen Schutzes gegen sog. Feindeslisten usw. (→ Vor § 1 Rn. 19) zum 22. 9. 2021.

1 **1. Gegenstand des Angriffs** sind nur Angehörige der Bundeswehr oder eines öffentlichen Sicherheitsorgans (zB der der Polizei, der Verfassungsschutzämter und der Nachrichtendienste, BT-Drs. V/2860, 11; Fischer Rn. 3). Für verfassungswidrig wegen Verstoßes gegen die Meinungsäußerungsfreiheit des Art. 5 II GG hält die Vorschrift Deiters in Thiel, Wehrhafte Demokratie, 2003, S. 291, 313.

2 **2. Einwirken** ist jede Tätigkeit zur Beeinflussung (BGHSt 4, 291 = NJW 1953, 1358) auch nur eines Angehörigen des betroffenen Personenkreises; trifft es diesen schon vor seiner Zugehörigkeit zu dem Sicherheitsorgan (zB als einrückenden Rekruten vor Beginn des Wehrdienstverhältnisses), so genügt das nicht (BGHSt 36, 68 = NJW 1989, 1363). Dass ausdrücklich zu Ungehorsam, Sabotage oder anderen rechtswidrigen Akten aufgerufen wird, ist nicht unbedingt erforderlich (BGH bei Holtz MDR 1977, 281). Auch ob die Tathandlung Erfolg hat (BGHSt 4, 291 = NJW 1953, 1358), eine konkrete Gefahr verursacht (BGHSt 19, 344 = NJW 1964, 1680) oder sich zur Erschütterung des Pflichtbewusstseins eignet (BGH MDR 1954, 628), ist unerheblich (einschr. Paeffgen in NK-StGB Rn. 5; Rudolphi in SK-StGB Rn. 4). **Planmäßig** wirkt ein, wer methodisch und vorausberechnet handelt.

3 **3.** Es muss dem Täter – sei es auch neben anderen Beweggründen (BGHSt 18, 151 = NJW 1963, 914) – darauf ankommen („um zu“), die **pflichtmäßige Bereitschaft** gerade zum Schutz der Sicherheit der Bundesrepublik (→ § 92 Rn. 8, 9) oder der verfassungsmäßigen Ordnung (→ § 81 Rn. 3), also nicht nur zur Erfüllung anderer Dienstpflichten, zu untergraben (BGH NStZ 1988, 215). Das Hinwirken auf eine einzelne Pflichtwidrigkeit genügt daher nur, wenn zugleich das Pflichtbewusstsein schlechthin untergraben werden soll (BGHSt 6, 64 = NJW 1954, 1254; einschr. Paeffgen in NK-StGB Rn. 14).

4 **4.** Absichtliches Sich-Einsetzen für **rechtsstaats- oder sicherheitsgefährdende Bestrebungen** → § 92 Rn. 1–10.

5 **5.** Das **Parteienprivileg** (Art. 21 II GG) steht der Bestrafung nicht entgegen (BVerfGE 47, 130 = NJW 1978, 1047; sa BGHSt 27, 59 = NJW 1977, 396; krit. Deiters in Thiel, Wehrhafte Demokratie, 2003, S. 316).

6. Wird die Tat mittels **Druckschrift** begangen, so ist strafrechtlich verantwortlich, wer an deren Verbreitung, sei es auch nur als der im Impressum bezeichnete presserechtlich Verantwortliche, vorsätzlich mitgewirkt hat (BGH NStZ 1981, 300). Die Tat ist **kein Presseinhaltsdelikt** und unterliegt daher nicht der kurzen Verjährung (BGHSt 27, 353 = NJW 1978, 1171; → § 78 Rn. 8). 6

7. Gegenüber §§ 81–83 ist die Vorschrift **subsidiär.** 7

8. Räumlicher Geltungsbereich § 5 Nr. 3 Buchstabe c (→ § 5 Rn. 3). Nebenfolgen, Einziehung §§ 92a, 92b. Zuständigkeit und Verfahren → § 80a Rn. 5; zu Abs. 3 sa § 153b StPO. 8

§ 89a Vorbereitung einer schweren staatsgefährdenden Gewalttat

(1) [1]**Wer eine schwere staatsgefährdende Gewalttat vorbereitet, wird mit Freiheitsstrafe von sechs Monaten bis zu zehn Jahren bestraft.** [2]**Eine schwere staatsgefährdende Gewalttat ist eine Straftat gegen das Leben in den Fällen des § 211 oder des § 212 oder gegen die persönliche Freiheit in den Fällen des § 239a oder des § 239b, die nach den Umständen bestimmt und geeignet ist, den Bestand oder die Sicherheit eines Staates oder einer internationalen Organisation zu beeinträchtigen oder Verfassungsgrundsätze der Bundesrepublik Deutschland zu beseitigen, außer Geltung zu setzen oder zu untergraben.**

(2) **Absatz 1 ist nur anzuwenden, wenn der Täter eine schwere staatsgefährdende Gewalttat vorbereitet, indem er**
1. **eine andere Person unterweist oder sich unterweisen lässt in der Herstellung von oder im Umgang mit Schusswaffen, Sprengstoffen, Spreng- oder Brandvorrichtungen, Kernbrenn- oder sonstigen radioaktiven Stoffen, Stoffen, die Gift enthalten oder hervorbringen können, anderen gesundheitsschädlichen Stoffen, zur Ausführung der Tat erforderlichen besonderen Vorrichtungen oder in sonstigen Fertigkeiten, die der Begehung einer der in Absatz 1 genannten Straftaten dienen,**
2. **Waffen, Stoffe oder Vorrichtungen der in Nummer 1 bezeichneten Art herstellt, sich oder einem anderen verschafft, verwahrt oder einem anderen überlässt oder**
3. **Gegenstände oder Stoffe sich verschafft oder verwahrt, die für die Herstellung von Waffen, Stoffen oder Vorrichtungen der in Nummer 1 bezeichneten Art wesentlich sind.**

(2a) **Absatz 1 ist auch anzuwenden, wenn der Täter eine schwere staatsgefährdende Gewalttat vorbereitet, indem er es unternimmt, zum Zweck der Begehung einer schweren staatsgefährdenden Gewalttat oder der in Absatz 2 Nummer 1 genannten Handlungen aus der Bundesrepublik Deutschland auszureisen, um sich in einen Staat zu begeben, in dem Unterweisungen von Personen im Sinne des Absatzes 2 Nummer 1 erfolgen.**

(3) [1]**Absatz 1 gilt auch, wenn die Vorbereitung im Ausland begangen wird.** [2]**Wird die Vorbereitung außerhalb der Mitgliedstaaten der Europäischen Union begangen, gilt dies nur, wenn sie durch einen Deutschen oder einen Ausländer mit Lebensgrundlage im Inland begangen wird oder die vorbereitete schwere staatsgefährdende Gewalttat im Inland oder durch oder gegen einen Deutschen begangen werden soll.**

(4) [1]**In den Fällen des Absatzes 3 Satz 2 bedarf die Verfolgung der Ermächtigung durch das Bundesministerium der Justiz und für Verbraucherschutz. [2]Wird die Vorbereitung in einem anderen Mitgliedstaat der Europäischen Union begangen, bedarf die Verfolgung der Ermächtigung durch das Bundesministerium der Justiz und für Verbraucherschutz, wenn die Vorbereitung weder durch einen Deutschen erfolgt noch die vorbereitete schwere staatsgefährdende Gewalttat im Inland noch durch oder gegen einen Deutschen begangen werden soll.**

(5) **In minder schweren Fällen ist die Strafe Freiheitsstrafe von drei Monaten bis zu fünf Jahren.**

(6) **Das Gericht kann Führungsaufsicht anordnen (§ 68 Abs. 1).**

(7) [1]**Das Gericht kann die Strafe nach seinem Ermessen mildern (§ 49 Abs. 2) oder von einer Bestrafung nach dieser Vorschrift absehen, wenn der Täter freiwillig die weitere Vorbereitung der schweren staatsgefährdenden Gewalttat aufgibt und eine von ihm verursachte und erkannte Gefahr, dass andere diese Tat weiter vorbereiten oder sie ausführen, abwendet oder wesentlich mindert oder wenn er freiwillig die Vollendung dieser Tat verhindert. [2]Wird ohne Zutun des Täters die bezeichnete Gefahr abgewendet oder wesentlich gemindert oder die Vollendung der schweren staatsgefährdenden Gewalttat verhindert, genügt sein freiwilliges und ernsthaftes Bemühen, dieses Ziel zu erreichen.**

Fassung des GVVG v. 30.7.2009, BGBl. I 2437 (→ Vor § 1 Rn. 16). Das GVVG-ÄndG v. 12.6.2015 hat Abs. Nr. 4a gestrichen (jetzt § 89c) und Abs. IIa eingefügt. Abs. IV wurde durch die Verordnung v. 31.8.2015 (BGBl. I 1474) redaktionell geändert. Abs. VI, 2. HS wurde zum 1.7.2017 gestrichen durch das Vermögensabschöpfungsgsesetz (→ Vor § 1 Rn. 18).

1 **1.** Das sog. „Terrorcamp-Gesetz" (vgl. BT-Drs. 16/12428, 1), das nach der offiziellen Überschrift die Vorbereitung schwerer staatsgefährdender Straftaten erfassen will (zur Neuregelung Bader NJW 2009, 2853; Gazeas/Grosse-Wilde/Kießling NStZ 2009, 593; Radtke/Steinsiek JR 2010, 107), war schon seit Beginn des Gesetzgebungsverfahrens heftiger Kritik ausgesetzt (zur Kritik insbes. des Referentenentwurfs v. 21.4.2008 vgl. Backes StV 2008, 654; Beck FG Paulus, 2009, 15; Deckers/Heusel ZRP 2008, 169; Gierhake ZIS 2008, 397; Heinrich ZStW 121 (2009), 94 (120); Radtke/Steinsiek ZIS 2008, 383; Sieber NStZ 2009, 353; Weißer JZ 2008, 388 (393) und ZStW 121 (2009), 131 (146); Zöller StV 2012, 364 (370); Kertai, Sicherheit, Risiko und Opferschutz, 2014). Anlass für die erneute Vorverlegung der Strafbarkeit war die Erkenntnis, dass die – ebenfalls wegen der durch sie bewirkten Vorverlagerung heftig kritisierten – Organisationsdelikte der §§ 129a, 129b (→ § 129 Rn. 1, → § 129a Rn. 1) bei Tätern, die sich allein auf Straftaten vorbereiten, nicht greifen (BT-Drs. 16/12428, 2; Normvergleich bei Radtke/Steinsiek ZIS 2008, 383 (385)). Das aber widerspricht der bisher geltenden Vorbereitungsstrafbarkeit insofern, als in § 30 nur Vorbereitungshandlungen erfasst sind, an denen mehrere beteiligt sind (Kindhäuser/Hilgendorf in LPK-StGB Rn. 1), weil nur dann von einer gesteigerten Gefahr der Begehung der vorbereiteten Tat ausgegangen werden kann (Kühl StrafR AT § 20 Rn. 245; zum „Prinzip" der Straflosigkeit von Vorbereitungshandlungen von Einzeltätern Gierhake, Der Zusammenhang von Freiheit, Sicherheit und Strafe im Recht, 2013 mit Bespr. Weißer JZ 2016, 790; Deckers/Heusel ZRP 2008, 169 (170); Radtke/Steinsiek JR 2010, 107 (108); Rackow FS Maiwald, 2010, 615; Petzsche, Strafrecht und Terrorismusbekämpfung,

2013, S. 100). Eingehend und differenziert zur Legitimation Kubiciel, Die Wissenschaft des besonderen Teils des Strafrechts, 2013, S. 235–250, Hügel, Strafbarkeit der Anschlagsvorbereitung durch terroristische Einzeltäter und deren Unterstützer, 2014, Rautenberg Rechtsstaatswidriges Feindstrafrecht oder notwendige Maßnahme zur Terrorismusbekämpfung, 2014. – §§ 89a, III Nr. 2 verstößt nicht gegen das Bestimmtheitsgebot (BGHSt 59, 218 (225) = NJW 2014, 3459 mit Bespr. Zöller NStZ 2015, 373; Mitsch NJW 2015, 209; Sinn/Moeller ZJS 2015, 232). Hungerhoff, Vorfeldstrafbarkeit und Verfassung, 2013, S. 37. – **Rechtsvergleichend:** Petzsche, Strafrecht und Terrorismusbekämpfung, 2013.

Geschützt sind – zumindest auch – die Rechtsgüter, die bei Opfern von (vorbereiteten) Gewalttaten verletzt werden (Bader NJW 2009, 2855; Rackow FS Maiwald, 2010, 621; Petzsche, Strafrecht und Terrorismusbekämpfung, 2013, S. 145; nach Fischer Rn. 5 nur „mittelbar“). Diese hohen Individualrechtsgüter tragen schon die Tendenz in sich, möglichst früh und schon vor Gefährdung (vom Strafrecht) geschützt zu werden. Dem kommt § 89a als **abstraktes Gefährdungsdelikt** (Gazeas/Grosse-Wilde/Kießling NStZ 2009, 593 (594); Kindhäuser/Hilgendorf in LPK-StGB Rn. 2; Zöller in SK-StGB Rn. 8; nach Fischer Rn. 23 ergibt sich das aus der geforderten „Eignung“; → Rn. 2) nach. Ob dabei der Schutz durch Strafrecht zu weit ins Vorfeld dieser Rechtsgüter verlagert wird, bleibt zu fragen (krit. wegen der zeitlichen Diskrepanz zur späteren Tat Kindhäuser/Hilgendorf in LPK-StGB Rn. 2). Die Legitimation der Vorschrift (Rackow FS Maiwald, 2010, 640, stützt sie auf den Umgang mit Sachen, die eine Schadensneigung aufweisen) wird allerdings dann erhöht, wenn als Rechtsgut – auch oder in erster Linie, was ihre Stellung im 1. BT-Abschnitt nahelegt (krit. zu dieser Platzierung Backes StV 2008, 654, der Bestand und die Sicherheit des Staates hinzutritt (Fischer Rn. 5; Gazeas in Leipold/Tsambikakis/Zöller Rn. 3; krit. Rackow FS Maiwald, 2010, 619; Zöller, Terrorismusstrafrecht, 2009, S. 564); auch dann bleibt zu fragen, ob der Staat durch die von § 89a erfassten Vorbereitungshandlungen wirklich schon (zumindest abstrakt) gefährdet ist, was aber der Einschätzungsprärogative des Gesetzgebers unterliegt. Kritik hat jedenfalls auch hervorgerufen, dass dem Gesetzgeber die durch den Tatbestand zu leistende Unrechtstypisierung nicht gelungen sei, weil auch rechtsgutsneutrale sozialadäquate Handlungen erfasst würden (Sieber NStZ 2009, 353; Radtke/Steinsiek JR 2010, 107 (108); Fischer Rn. 8; Gazeas in Leipold/Tsambikakis/Zöller Rn. 9; Kindhäuser/Hilgendorf in LPK-StGB Rn. 2), auch dass sich das Unrecht nur aus Vorstellungen und Absichten erschließen lasse (Radtke/Steinsiek ZIS 2008, 383 (392); Sieber NStZ 2009, 353; Weißer ZStW 121 (2009), 131; Fischer Rn. 39; sa Heinrich ZStW 121 (2009), 94 (123): Täterstrafrecht); dem kann man entgegenhalten, dass sich der auf spätere Taten gerichtete Zweck schon objektiv aus der gar nicht anders zu verstehenden Vorbereitung in einem „Terrorcamp“ ergibt. Wie etwa bei § 129a (→ § 129a Rn. 1) hat § 89a auch Bedeutung als Anknüpfungspunkt für die Strafverfolgung (Backes StV 2008, 654660; Beck FG Paulus, 2009, 31; Gazeas/Grosse-Wilde/Kießling NStZ 2009, 593 „Türöffner“; Radtke/Steinsiek JR 2010, 107); das bestätigt der Name des Gesetzes: „Gesetz zur Verfolgung …“; die strafprozessualen Auswirkungen werden unter dem Gesichtspunkt eines fairen Verfahrens kritisiert (Radtke/Steinsiek JR 2010, 107 (109)). 2

2. Abs. 1 enthält in S. 1 als selbständigen Grundtatbestand ein unechtes Unternehmensdelikt (Fischer Rn. 10, 41; → § 11 Rn. 19). Die darin als Gegenstand der **Vorbereitung** (→ § 22 Rn. 3; → § 80 Rn. 2; → § 83 Rn. 1, 3; → § 310 Rn. 1, 2) enthaltene Gewalttat wird in S. 2 legal definiert (BGHSt 61, 36 = NJW 2016, 260 3 mAnm Zöller StV 2016, 493). Danach handelt es sich um eine schwere staatsgefährdende Gewalttat – ähnlich wie § 129a I Nr. 1, 2 – bei Straftaten gegen das Leben (§§ 211, 212) oder gegen die persönliche Freiheit (§§ 239a, 239b), wenn sie bestimmt und geeignet sind, Bestand oder Sicherheit des Staates (→ Rn. 1 zum Rechtsgut) usw zu beseitigen, außer Geltung zu setzen oder zu untergraben. An dieser Definition stört schon der Umstand, dass §§ 239a, 239b keine Gewalttaten sind (Zöller in SK-StGB Rn. 11), hier aber zu solchen erhoben werden. Der Täter muss mit dem Täter der Gewalttat nicht identisch sein, auch ein zeitlicher/örtlicher Zusammenhang der Vorbereitungshandlung mit der vorbereiteten Tat ist nicht erforderlich (Schäfer/Anstötz in MüKoStGB Rn. 33, 34). Das Adjektiv ‚schwere' ergibt sich schon aus den in Bezug genommenen Straftaten. Die Gewalttaten müssen einen **Staatsschutz**bezug aufweisen (Kindhäuser/Hilgendorf in LPK-StGB Rn. 4; krit. zur Weite Paeffgen in NK-StGB Rn. 13, 14). **Verfassungsgrundsätze** (→ § 92 Rn. 5); **Bestand und Sicherheit des Staates** ist § 120 I 2 Nr. 3a GVG nachgebildet (näher Fischer Rn. 17, 18; Hartmann in HK-StrafR §§ 84, 92b Rn. 15; krit. Gazeas in Leipold/Tsambikakis/Zöller Rn. 14); **internationale Organisation:** § 129a II (→ § 129a Rn. 2), § 129b I (→ § 129b Rn. 2). Die geforderte Eignung zur Beeinträchtigung des Staates usw ist von geringerer Intensität als in § 129a II (dort wird eine Eignung zur erheblichen Schädigung verlangt, → § 129a Rn. 2); deshalb reicht schon partielle Erschwerung der Erfüllung von Staatsaufgaben (Kindhäuser/Hilgendorf in LPK-StGB Rn. 4), etwa bei Erschütterung des Vertrauens der Bevölkerung, vor Gewalttaten sicher zu sein (BT-Drs. 16/12428, 14; BGHSt 59, 21 = NJW 2014, 872; OLG München StV 2016, 505, ausländischer Staat muß kein Unrechtsregime sein, mablAnm Grosse-Wilde: proteologische Reduktion); **Bestimmt** meint Wissentlichkeit (→ § 129a Rn. 2; Petzsche, Strafrecht und Terrorismusbekämpfung, 2013, S. 129; wohl auch Gazeas/Grosse-Wilde/Kießling NStZ 2009, 593 (596); anders BT-Drs. 16/12428, 14; Radtke/Steinsiek JR 2010, 107 (108) sprechen von „Anschlagsabsicht"; dagegen Zöller in SK-StGB Rn. 13). **Beseitigen, Außer-Geltung-Setzen, Untergraben** → § 92 Rn. 9. Anders als bei § 30 (→ § 30 Rn. 3) muss die vorbereitete Tat nicht näher konkretisiert sein (krit. Fischer Rn. 20; Kindhäuser/Hilgendorf in LPK-StGB Rn. 1); es soll reichen, dass der „Deliktstyp" bestimmt ist (BT-Drs. 16/12428, 12; dazu Wasser/Piarzek DRiZ 2008, 315 (316)); die Rspr. fordert inzwischen eine zumindest grob umreißende Vorstellung von der geplanten Tat (OLG Karlsruhe StV 2012, 348 (350); KG StV 2012, 345; Petzsche, Strafrecht und Terrorismusbekämpfung, 2013, S. 162).

4 **3. Abs. 2** zählt enumerativ und Abs. 1 einschränkend die **Vorbereitungshandlungen** auf (BT-Drs. 16/12428, 13). **Nr. 1** ist auf die Ausbildung/das Sich Ausbilden lassen in „Terrorcamps" ausgerichtet (zu „Ausbildung" → § 174 Rn. 7); sie setzt ein kollusives Zusammenwirken in Richtung Gewalttaten zwischen Unterweisenden und Unterwiesenen voraus (BGHSt 61; 36 = NJW 2016, 260; Gazeas/Grosse-Wilde/Kießling NStZ 2009, 593 (597); Paeffgen in NK-StGB Rn. 36; aM für das Unterweisenlassen Fischer Rn. 30; ein Absichtserfordernis will herauslesen Paeffgen in NK-StGB Rn. 19). Der Täter muss ein erworbenes Wissen und die entsprechenden Fähigkeiten bei später (nicht sogleich nach ihrem Erwerb, BT-Drs. 16/12428, 15) zu begehenden Gewalttaten einsetzen wollen, zB bei Selbstmordattentaten (BT-Drs. 16/12428, 1). Sonstige **Fertigkeiten** sind etwa das Auskundschaften eines Tatorts oder die Beschaffung falscher Dokumente oder eines Fluchtfahrzeugs (BT-Drs. 16/12428, 15; für eine einschränkende verfassungskonforme Auslegung Zöller, Terrorismusstrafrecht, 2009, S. 568; aM Schäfer/Anstötz in MüKoStGB

Rn. 42); **Schusswaffen** sind nach dem WaffG, **Sprengstoffe** nach dem SprengG zu bestimmen; **gesundheitsschädliche Stoffe** → § 224 Rn. 1a; Stoffe, die Gift (Satzger Jura 2015, 580 (590)) enthalten oder hervorbringen können, → § 330a Rn. 2; **Vorrichtungen** sind etwa technische Apparaturen oder Zünder (BT-Drs. 16/12428, 15; → § 310 Rn. 2; zu deren Besonderheit Gazeas/Grosse-Wilde/Kießling NStZ 2009, 593 (597), essentielles Zubehör mit Deliktsbezug; „Bestimmtheitsbedenken" bei Rackow FS Maiwald, 2010, 615 (635)). **Nr. 2: Herstellen,** Verschaffen, Verwahren, Überlassen → § 86 Rn. 6; → § 259 Rn. 10; → § 261 Rn. 8; → § 184 Rn. 5; krit. Rackow FS Maiwald, 2010, 636. **Nr. 3:** Verschaffen, Verwahren s. bei Nr. 2 (krit. Gazeas in Leipold/Tsambikakis/Zöller Rn. 44 „Vorbereitung der Vorbereitung"); die Gegenstände und Stoffe müssen **wesentlich** für die Waffenherstellung usw sein, was in einer einzelfallbezogenen Gesamtschau ermittelt werden soll (BT-Drs. 16/12428, 15; krit. Paeffgen in NK-StGB Rn. 43); einen Verstoß gegen den Bestimmtheitsgrundsatz rügt Zöller in SK-StGB Rn. 26.

Abs. 2a: (näher Kindhäuser/Hilgendorf in LPK-StGB Rn. 9; abl. aus verfassungsrechtlichen Gründen Puschke StV 2015, 457; Zöller GA 2016, 9). Verboten ist danach das Verlassen, um sich an Gewalttaten im **Ausland** zu beteiligten oder ausbilden zu lassen oder auszubilden (BT-Drs. 18/4279, 8). Als Unternehmensdelikt wird die Tat schon im Versuchsstadium erfaßt (Biel JR 2015, 561 (568)); mit dem Verlassen des Bundesgebiets ist die Tat vollendet, so dass danach sukzessive Beihlfe durch Unterstützung des Ausgeresiten nicht mehr möglich ist (BGH NStZ-RR 2021, 374). Zur Beihilfestrafbarkeit sa BVerfG NJW 2017, 2 (93). **4a**

Bedingter **Vorsatz** reicht (Fischer Rn. 40a; Kindhäuser/Hilgendorf in LPK-StGB Rn. 10; Zöller in SK-StGB Rn. 30; diff. Gazeas in Leipold/Tsambikakis/Zöller Rn. 61 „Trippel-Vorsatz"; aM für die Staatsgefährlichkeit der Tat Paeffgen in NK-StGB Rn. 25). **4b**

4. Abs. 3 ist für **Auslandstaten** angelehnt an § 129b I (→ § 129b Rn. 3; Gazeas/Grosse-Wilde/Kießling NStZ 2009, 593 (599); krit. Zöller, Terrorismusstrafrecht, 2009, S. 576); nach S. 1 gilt der Weltrechtsgrundsatz (Fischer Rn. 43; → Vor §§ 3–7 Rn. 2); die Tatortstrafbarkeit iSd § 7 ist nicht gefordert (BT-Drs. 16/12824, 16; BGHSt 54, 264 = NJW 2010, 2448, dazu Valerius GA 2011, 696; zum umstrittenen Verhältnis von Abs. 3 und den §§ 3ff. Schäfer/Anstötz in MüKoStGB Rn. 68, 69); näher zu den fünf Varianten Gazeas/Grosse-Wilde/Kießling NStZ 2009, 593 (600); Fischer Rn. 43; für (teilweise) Völkerrechtswidrigkeit Zöller StV 2012, 364 (370). **5**

5. Abs. 4 enthält einen **Ermächtigungsvorbehalt** (→ § 129b Rn. 4; krit. Zöller StV 2012, 364, 580). **6**

6. Abs. 5: minder schwere Fälle → § 46 Rn. 7; Absehen von Strafe § 60. **Abs. 6 Führungsaufsicht** nach § 68. **Abs. 7: tätige Reue** (→ § 89a Rn. 1, 2); § 46b gilt daneben (Fischer Rn. 47). **7**

7. § 89a **verdrängt** § 89b und § 91 (Kindhäuser/Hilgendorf in LPK-StGB Rn. 7; Zöller in SK-StGB Rn. 45); umgekehrt verdrängt die Beteiligung an der vorbereiteten, später ausgeführten Tat den § 89a (Fischer Rn. 48), während mit § 89c II (arg. § 89c I Nr. 8) und §§ 129, 129a **Tateinheit** besteht (BGH StV 2018, 89). **8**

§ 89b Aufnahme von Beziehungen zur Begehung einer schweren staatsgefährdenden Gewalttat

(1) **Wer in der Absicht, sich in der Begehung einer schweren staatsgefährdenden Gewalttat gemäß § 89a Abs. 2 Nr. 1 unterweisen zu lassen, zu einer Vereinigung im Sinne des § 129a, auch in Verbindung mit § 129b, Beziehungen aufnimmt oder unterhält, wird mit Freiheitsstrafe bis zu drei Jahren oder mit Geldstrafe bestraft.**

(2) **Absatz 1 gilt nicht, wenn die Handlung ausschließlich der Erfüllung rechtmäßiger beruflicher oder dienstlicher Pflichten dient.**

(3) [1]**Absatz 1 gilt auch, wenn das Aufnehmen oder Unterhalten von Beziehungen im Ausland erfolgt.** [2]**Außerhalb der Mitgliedstaaten der Europäischen Union gilt dies nur, wenn das Aufnehmen oder Unterhalten von Beziehungen durch einen Deutschen oder einen Ausländer mit Lebensgrundlage im Inland begangen wird.**

(4) **Die Verfolgung bedarf der Ermächtigung durch das Bundesministerium der Justiz und für Verbraucherschutz**
1. **in den Fällen des Absatzes 3 Satz 2 oder**
2. **wenn das Aufnehmen oder Unterhalten von Beziehungen in einem anderen Mitgliedstaat der Europäischen Union nicht durch einen Deutschen begangen wird.**

(5) **Ist die Schuld gering, so kann das Gericht von einer Bestrafung nach dieser Vorschrift absehen.**

1 **1. Abs. 1** erfasst bereits die Kontaktaufnahme zu terroristischen Vereinigungen (zu deren Repräsentanten Schäfer/Anstötz in MüKoStGB Rn. 14) mit dem Ziel, sich – etwa in einem „Terrorcamp" – ausbilden zu lassen; auch darin soll – wie bei § 89a – eine abstrakte Gefahr für die Rechtsgüter der späteren Opfer liegen (BT-Drs. 16/12428, 18). Diese weitere Vorverlagerung der Strafbarkeitsgrenze erweckt – noch mehr als bei § 89a – verfassungsrechtliche Bedenken (Sieber NStZ 2009, 353 (362); Petzsche, Strafrecht und Terrorismusbekämpfung, 2013, S. 195; Gazeas/Grosse-Wilde/Kießling NStZ 2009, 593 (601) „Vorbereitung der Vorbereitung der Vorbereitung"; ebenso Paeffgen in NK-StGB Rn. 2; Zöller in SK-StGB Rn. 2). Der (behaupteten) abstrakten Gefahr begegnet die Vorschrift mit einem **abstrakten Gefährdungsdelikt** (BT-Drs. 16/12428, 17; Fischer Rn. 3; Zöller in SK-StGB Rn. 3). Verlangt wird das Aufnehmen oder Unterhalten von **Beziehungen;** diese erfassen jede Art von Kontakt (Fischer Rn. 3) und müssen auf Dauer angelegt sein (Gazeas/Grosse-Wilde/Kießling NStZ 2009, 593 (601); Fischer Rn. 5; Schäfer/Anstötz in MüKoStGB Rn. 11). Aufnehmen und Unterhalten → § 100 Rn. 3. Subjektiv wird Absicht, sich unterweisen zu lassen, verlangt (Schäfer/Anstötz in MüKoStGB Rn. 16); Vorsatz hinsichtlich der späteren Tat ist nicht vorausgesetzt (Fischer Rn. 9; Kindhäuser/Hilgendorf in LPK-StGB Rn. 3; aM Paeffgen in NK-StGB Rn. 11).

2 **2. Abs. 2** enthält eine Sozialadäquanzklausel (Paeffgen in NK-StGB Rn. 16), die den Tatbestand von nicht-strafwürdigen Kontaktaufnahmen freihalten soll (BT-Drs. 16/12428, 17; Zöller in SK-StGB Rn. 7); ausgenommen sind Handlungen mit dem Zweck, rechtmäßige berufliche/dienstliche Pflichten zu erfüllen (→ § 184b Rn. 9; krit. zur Zirkelschlüssigkeit der Klausel Fischer Rn. 10); erfasst sind etwa Verdeckte Ermittler (Schäfer/Anstötz in MüKoStGB Rn. 19).

3. Abs. 3 regelt die Anwendung auf Auslandstaten; wie bei § 89a (→ § 89a Rn. 5) gilt das Weltrechtsprinzip; bei Taten außerhalb des EU-Gebiets muss aber der Täter Deutscher sein oder seine Lebensgrundlage in Deutschland haben. **Abs. 4** Verfolgungsermächtigung → § 89a Rn. 5. **Abs. 5** Absehen von Strafe (§ 60) bei geringer Schuld; minder schwere Fälle sind nicht vorgesehen. 3

4. § 89b wird von § 89a **verdrängt** (BT-Drs. 16/12428, 17; Zöller in SK-StGB Rn. 13); dies gilt auch für Taten nach § 129a (Fischer Rn. 14; Schäfer/Anstötz in MüKoStGB Rn. 26). 4

§ 89c Terrorismusfinanzierung

(1) [1]**Wer Vermögenswerte sammelt, entgegennimmt oder zur Verfügung stellt mit dem Wissen oder in der Absicht, dass diese von einer anderen Person zur Begehung**
1. **eines Mordes (§ 211), eines Totschlags (§ 212), eines Völkermordes (§ 6 des Völkerstrafgesetzbuches), eines Verbrechens gegen die Menschlichkeit (§ 7 des Völkerstrafgesetzbuches), eines Kriegsverbrechens (§§ 8, 9, 10, 11 oder 12 des Völkerstrafgesetzbuches), einer Körperverletzung nach § 224 oder einer Körperverletzung, die einem anderen Menschen schwere körperliche oder seelische Schäden, insbesondere der in § 226 bezeichneten Art, zufügt,**
2. **eines erpresserischen Menschenraubes (§ 239a) oder einer Geiselnahme (§ 239b),**
3. **von Straftaten nach den §§ 303b, 305, 305a oder gemeingefährlicher Straftaten in den Fällen der §§ 306 bis 306c oder 307 Absatz 1 bis 3, des § 308 Absatz 1 bis 4, des § 309 Absatz 1 bis 5, der §§ 313, 314 oder 315 Absatz 1, 3 oder 4, des § 316b Absatz 1 oder 3 oder des § 316c Absatz 1 bis 3 oder des § 317 Absatz 1,**
4. **von Straftaten gegen die Umwelt in den Fällen des § 330a Absatz 1 bis 3,**
5. **von Straftaten nach § 19 Absatz 1 bis 3, § 20 Absatz 1 oder 2, § 20a Absatz 1 bis 3, § 19 Absatz 2 Nummer 2 oder Absatz 3 Nummer 2, § 20 Absatz 1 oder 2 oder § 20a Absatz 1 bis 3, jeweils auch in Verbindung mit § 21, oder nach § 22a Absatz 1 bis 3 des Gesetzes über die Kontrolle von Kriegswaffen,**
6. **von Straftaten nach § 51 Absatz 1 bis 3 des Waffengesetzes,**
7. **einer Straftat nach § 328 Absatz 1 oder 2 oder § 310 Absatz 1 oder 2,**
8. **einer Straftat nach § 89a Absatz 2a**

verwendet werden sollen, wird mit Freiheitsstrafe von sechs Monaten bis zu zehn Jahren bestraft. [2]**Satz 1 ist in den Fällen der Nummern 1 bis 7 nur anzuwenden, wenn die dort bezeichnete Tat dazu bestimmt ist, die Bevölkerung auf erhebliche Weise einzuschüchtern, eine Behörde oder eine internationale Organisation rechtswidrig mit Gewalt oder durch Drohung mit Gewalt zu nötigen oder die politischen, verfassungsrechtlichen, wirtschaftlichen oder sozialen Grundstrukturen eines Staates oder einer internationalen Organisation zu beseitigen oder erheblich zu beeinträchtigen, und durch die Art ihrer Begehung oder ihre Auswirkungen einen Staat oder eine internationale Organisation erheblich schädigen kann.**

(2) **Ebenso wird bestraft, wer unter der Voraussetzung des Absatzes 1 Satz 2 Vermögenswerte sammelt, entgegennimmt oder zur Verfügung**

stellt, um selbst eine der in Absatz 1 Satz 1 genannten Straftaten zu begehen.

(3) [1]**Die Absätze 1 und 2 gelten auch, wenn die Tat im Ausland begangen wird.** [2]**Wird sie außerhalb der Mitgliedstaaten der Europäischen Union begangen, gilt dies nur, wenn sie durch einen Deutschen oder einen Ausländer mit Lebensgrundlage im Inland begangen wird oder die finanzierte Straftat im Inland oder durch oder gegen einen Deutschen begangen werden soll.**

(4) [1]**In den Fällen des Absatzes 3 Satz 2 bedarf die Verfolgung der Ermächtigung durch das Bundesministerium der Justiz und für Verbraucherschutz.** [2]**Wird die Tat in einem anderen Mitgliedstaat der Europäischen Union begangen, bedarf die Verfolgung der Ermächtigung durch das Bundesministerium der Justiz und für Verbraucherschutz, wenn die Tat weder durch einen Deutschen begangen wird noch die finanzierte Straftat im Inland noch durch oder gegen einen Deutschen begangen werden soll.**

(5) **Sind die Vermögenswerte bei einer Tat nach Absatz 1 oder 2 geringwertig, so ist auf Freiheitsstrafe von drei Monaten bis zu fünf Jahren zu erkennen.**

(6) **Das Gericht mildert die Strafe (§ 49 Absatz 1) oder kann von Strafe absehen, wenn die Schuld des Täters gering ist.**

(7) [1]**Das Gericht kann die Strafe nach seinem Ermessen mildern (§ 49 Absatz 2) oder von einer Bestrafung nach dieser Vorschrift absehen, wenn der Täter freiwillig die weitere Vorbereitung der Tat aufgibt und eine von ihm verursachte und erkannte Gefahr, dass andere diese Tat weiter vorbereiten oder sie ausführen, abwendet oder wesentlich mindert oder wenn er freiwillig die Vollendung dieser Tat verhindert.** [2]**Wird ohne Zutun des Täters die bezeichnete Gefahr abgewendet oder wesentlich gemindert oder die Vollendung der Tat verhindert, genügt sein freiwilliges und ernsthaftes Bemühen, dieses Ziel zu erreichen.**

Fassung: Das Gesetz v. 12.6.2015 ersetzt die bisherige Nr. 4 in § 89a II (BT-Drs. 18, 4279; zu Recht abl. Zöller GA 2016, 90 (106)). Die bereits in § 129a II verwendete Definition wird aufgegriffen, um eine Ausuferung der Strafbarkeit zu verhindern (Kindhäuser/Hilgendorf in LPK-StGB Rn. 1). Kritisch Weigend StV 2016 Editorial Heft 10 „wahrer Inkriminierungsrausch" mit nachlässig formulierten, nicht anwendbaren Vorschriften, GesE BT-Drs. 18/4087, Inkrafttreten: 20.6.2015

1 **1.** Die Norm dient wie §§ 89a, 89b der Bekämpfung des Vor- und Umfeldes terroristischer Gewaltakte und damit letztlich dem Schutz der durch diese gefährdeten Rechtsgüter (→ § 89a Rn. 1), indem – in Übernahme von § 89a II Nr. 4 – ein einheitlicher Tatbestand gegen die Finanzierung von Terrorismus geschaffen wird.

2 **2. Tathandlungen** sind das **Sammeln, Entgegennehmen** oder **Zurverfügungstellen** von **Vermögenswerten,** dh von Geld oder anderen geldwerte Gegenständen einschließlich der für den Terroranschlag zu nutzenden Mittel (Fischer Rn. 3; zB Waffen, Sprengstoff), die in § 89a II Nr. 4 aF enthaltene Beschränkung auf erhebliche Vermögenswerte ist entfallen, so dass es auch geringwertige Gegenstände in Betracht kommen (dann handelt es ich um einen minder schweren Fall iSv Abs. 5), doch liegt bei vollkommener Wertlosigkeit begrifflich kein Vermögens-

wert vor. **Sammeln** meint alle Tätigkeiten, die auf ein planmäßiges Entgegennehmen oder Einfordern von Vermögenswerten gerichtet ist; angesichts von Abs. 2 spricht viel dafür, auch das An-Sammeln (vgl. Sieber NStZ 2009, 353 (360)) durch den Täter selbst zu erfassen (Fischer Rn. 4). **Zurverfügungstellen** meint das auch mittelbare Überlassen an einen Dritten zB durch Überweisung, Aushändigung oder sonstige Möglichkeit der Gewahrsamserlangung (Fischer Rn. 4). Abs. 1 erfasst Tathandlungen in Vorbereitung der Straftat einer anderen Person, Abs. 2 des Täters selbst.

3. Die Tathandlung muss auf die Begehung einer der **in Abs. 1 Nr. 1–8 genannten Straftaten** durch einen Dritten oder bei Abs. 2 den Täter selbst gerichtet sein. Der Straftatenkatalog ist denkbar weit, doch muss mit Ausnahme von Nr. 8 die Katalogtat nach Abs. 1 S. 2 einen der dort genannten **Erfolge der Staatsgefährdung** wie zB die Bestimmung zur Einschüchterung der Bevölkerung aufweisen (Fischer Rn. 5, 6). 3

4. In subjektiver Hinsicht genügt für die Tathandlung sowie die dadurch angestrebte Einschüchterung der Bevölkerung iSv Abs. 1 S. 2 bedingter Vorsatz (Paeffgen in NK-StGB Rn. 11). Daneben ist für Abs. 2 die **Absicht** der Begehung einer Katalogtat erforderlich; für Abs. 1 genügt auch **sicheres Wissen** der Begehung durch den Dritten (für Beschränkung auf Absicht auch hier Paeffgen in NK-StGB Rn. 11). 4

5. Abs. 3 regelt die Anwendbarkeit auf Auslandstaten, **Abs. 4** das Ermächtigungserfordernis in Fällen von Abs. 3 S. 2; beides entspricht in der Sache § 89a III, IV (→ § 89a Rn. 5, 6). 5

6. Abs. 5 enthält eine tatbestandliche Privilegierung für bloß geringwertige Vermögenswerte; die Wertgrenze dürfte bei 50 EUR liegen (Fischer Rn. 9). 6

7. Abs. 6 enthält einen obligatorischen Strafmilderungsgrund für Fälle geringer Schuld, **Abs. 7** einen fakultativen Strafmilderungs- oder -absehensgrund für Tätige Reue. 7

8. Konkurrenzen: Die Taten nach § 89c sind mitbestrafte Vortat zu den durchgeführten Taten (Kindhäuser/Hilgendorf in LPK-StGB Rn. 7). 8

§ 90 Verunglimpfung des Bundespräsidenten

(1) **Wer öffentlich, in einer Versammlung oder durch Verbreiten eines Inhalts (§ 11 Absatz 3) den Bundespräsidenten verunglimpft, wird mit Freiheitsstrafe von drei Monaten bis zu fünf Jahren bestraft.**

(2) **In minder schweren Fällen kann das Gericht die Strafe nach seinem Ermessen mildern (§ 49 Abs. 2), wenn nicht die Voraussetzungen des § 188 erfüllt sind.**

(3) **Die Strafe ist Freiheitsstrafe von sechs Monaten bis zu fünf Jahren, wenn die Tat eine Verleumdung (§ 187) ist oder wenn der Täter sich durch die Tat absichtlich für Bestrebungen gegen den Bestand der Bundesrepublik Deutschland oder gegen Verfassungsgrundsätze einsetzt.**

(4) **Die Tat wird nur mit Ermächtigung des Bundespräsidenten verfolgt.**

Fassung: Abs. 1 durch das 60. StÄG (→ Vor § 1 Rn. 19) an § 11 III nF angepasst.

1 **1.** Die Vorschrift **schützt das Amt und die Person** des Bundespräsidenten (BGHSt 11, 11 = NJW 1957, 1727; BGHSt 16, 338 = NJW 1962, 402; krit. Liourdi, Herkunft und Zweck der Strafbestimmungen zum Ehrenschutz des Staatsoberhauptes, 1990, § 269; krit. wegen der Unbestimmtheit Paeffgen in NK-StGB Rn. 2; für verfassungswidrig im Hinblick auf Art. 5 II GG hält sie Deiters in Thiel, Wehrhafte Demokratie, 2003, S. 291, 317).

2 **2. Öffentlich,** in einer Versammlung → § 80a Rn. 3; **Verbreiten eines Inhalts** → § 11 Rn. 26–28; → § 74d Rn. 5.

3 **3. Verunglimpfen** ist eine Ehrenkränkung iSd §§ 185–187, die nach Inhalt, Form, Begleitumständen oder Beweggründen schwer ist (BGHSt 12, 364 = NJW 1959, 635; OLG Frankfurt a. M. NJW 1984, 1128).

4 **4.** Zu **Abs. 2** (minder schwere Fälle) → § 46 Rn. 7–10a; → § 49 Rn. 5, 6. Im Falle des § 188 ist der Ausschluss zwingend.

5 **5.** Zur **Strafschärfung nach Abs. 3** § 187 und → § 92 Rn. 1–10.

6 **6.** Gegenüber §§ 185–188 geht die Vorschrift als die **speziellere** vor (Last, Die Staatsverunglimpfungsdelikte: §§ 90–90b StGB, 2000, S. 109, 227; → Vor § 52 Rn. 25); die §§ 190, 192, 193, 200 bleiben jedoch anwendbar.

7 **7.** Räumlicher Geltungsbereich § 5 Nr. 3 Buchstabe d (→ § 5 Rn. 3). Ermächtigung → § 77e Rn. 1, 2. Zuständigkeit und Verfahren → § 80a Rn. 5.

§ 90a Verunglimpfung des Staates und seiner Symbole

(1) **Wer öffentlich, in einer Versammlung oder durch Verbreiten eines Inhalts (§ 11 Absatz 3)**

1. **die Bundesrepublik Deutschland oder eines ihrer Länder oder ihre verfassungsmäßige Ordnung beschimpft oder böswillig verächtlich macht oder**
2. **die Farben, die Flagge, das Wappen oder die Hymne der Bundesrepublik Deutschland oder eines ihrer Länder verunglimpft,**

wird mit Freiheitsstrafe bis zu drei Jahren oder mit Geldstrafe bestraft.

(2) [1]**Ebenso wird bestraft, wer eine öffentlich gezeigte Flagge der Bundesrepublik Deutschland oder eines ihrer Länder oder ein von einer Behörde öffentlich angebrachtes Hoheitszeichen der Bundesrepublik Deutschland oder eines ihrer Länder entfernt, zerstört, beschädigt, unbrauchbar oder unkenntlich macht oder beschimpfenden Unfug daran verübt.** [2]**Der Versuch ist strafbar.**

(3) **Die Strafe ist Freiheitsstrafe bis zu fünf Jahren oder Geldstrafe, wenn der Täter sich durch die Tat absichtlich für Bestrebungen gegen den Bestand der Bundesrepublik Deutschland oder gegen Verfassungsgrundsätze einsetzt.**

Fassung: Durch das 60. StÄG wurde mit Wirkung zum 1.1.2021 der Begriff „Schriften“ in Abs. 1 durch „Inhalt“ ersetzt.

1 **1.** Die Vorschrift **schützt** den Bestand (BVerfG NJW 2012, 1273 mit zust. Bespr. Hufen JuS 2012, 1145; Vormbaum GA 2016, 609) der Bundesrepublik, ihrer

Länder und ihrer Symbole gegen **öffentliche Herabsetzung** (vgl. BGH NStZ 2000, 643; krit. zur Einbeziehung des Symbols in das Rechtsgut Hefendehl Kollektive Rechtsgüter S. 181; näher zu den geschützten Rechtsgütern Schroeder JR 1979, 89; Würtenberger JR 1979, 309 (310); Roggemann JZ 1992, 934; Sternberg-Lieben, Die objektiven Schranken der Einwilligung im Strafrecht, 1997, S. 387; Burkiczak JR 2005, 50; Last, Die Staatsverunglimpfungsdelikte: §§ 90–90b StGB, 2000, S. 43, 227, 237, der jedoch für eine ersatzlose Streichung von Abs. 1 Nr. 2 plädiert; krit. Bemmann, Meinungsfreiheit und Strafrecht, 1981, S. 18; Beck, Unrechtsbegründung und Vorfeldkriminalisierung, 1992, S. 142; Beisel, Die Kunstfreiheitsgarantie des Grundgesetzes und ihre strafrechtlichen Grenzen, 1997, S. 367; Hörnle, Grob anstößiges Verhalten, 2005, S. 254; Paeffgen in NK-StGB Rn. 2). **Angriffsgegenstände** sind:

a) Die **Bundesrepublik und ihre Länder** nicht als Staaten schlechthin, sondern in ihrer konkreten Gestalt als freiheitliche repräsentative Demokratien (BGHSt 6, 324 = NJW 1954, 1818; BGHSt 7, 110 = MDR 1955, 243; OLG Hamm NJW 1977, 1932; OLG Celle StV 1983, 284; krit. Rudolphi in SK-StGB Rn. 3; Paeffgen in NK-StGB Rn. 17, der den „rechtlich verfassten Sozialverband" als Schutzgegenstand betrachtet); sie können auch mittelbar in ihren Organen angegriffen werden (BGHSt 11, 11 = NJW 1957, 1727; BGH NJW 1961, 1932; NStZ 2000, 643; BayObLG GA 1972, 214). 2

b) Ihre **verfassungsmäßige Ordnung** (→ § 81 Rn. 3); sie bedeutet hier dasselbe wie in § 81 I Nr. 2 (BT-Drs. V/2860, 12; aM Hennke GA 1954, 140). Gefährdung dieser Ordnung ist nicht erforderlich (BGHSt 3, 346 = NJW 1953, 271). 3

c) Ihre **Symbole,** soweit sie in Abs. 1 Nr. 2, Abs. 2 genannt sind. Zu Farben und Flagge Art. 22 GG (sa § 124 OWiG). Zur Bezeichnung der Bundesflagge als „Schwarz-Rot-Senf" BVerfG NJW 2009, 908. Zum Wappen OLG Frankfurt a. M. NJW 1991, 117; Burkiczak JR 2005, 50 (52) (zw.). Hymne der Bundesrepublik ist das Deutschlandlied (hM; vgl. etwa Hellenthal NJW 1988, 1294; Spendel JZ 1988, 744; Allgaier MDR 1988, 1022; anders Hümmerich/Beucher NJW 1987, 3227), dessen Schutz allerdings auf seine 3. Strophe beschränkt ist (BVerfGE 81, 298 = NJW 1990, 1985 mablAnm Gusy JZ 1990, 640; krit. zum Verfassungsrang der Hymne Buscher NVwZ 1997, 1057 (1064)). Hoheitszeichen ist jedes Zeichen, das die staatliche Hoheitsgewalt zum Ausdruck bringen soll (zB Staatswappen an Amtsgebäuden und Grenzpfählen). 4

2. Öffentlich, in einer Versammlung → § 80a Rn. 2. Bei Abs. 2 genügt es, wenn die Flagge oder das Zeichen für einen größeren, durch persönliche Beziehungen nicht verbundenen Personenkreis angebracht ist (OLG Braunschweig NJW 1953, 875). **Verbreiten eines Inhalts** → § 11 Rn. 26–28; → § 74d Rn. 5. 5

3. Zu den **Tathandlungen:** 6

a) Abs. 1 Nr. 1: Beschimpfen ist eine nach Form oder Inhalt besonders verletzende Missachtenskundgebung, wobei das besonders Verletzende entweder äußerlich in der Rohheit des Ausdrucks oder inhaltlich im Vorwurf eines schimpflichen Verhaltens liegen kann (BGHSt 7, 110 = MDR 1955, 243; BGH NStZ 2000, 643; NStZ 2003, 145; BayObLG NJW 1998, 2542 (2544)). **Verächtlichmachen** bedeutet, den Angriffsgegenstand als der Achtung der Bürger unwert und unwürdig hinstellen (BGHSt 3, 346 = NJW 1953, 271; BayObLG NStZ-RR 1996, 135; BGH NStZ-RR 2006, 305, zu § 130 I Nr. 2); es kommt darauf an, wie ein Unbefangener die Äußerung versteht (BGH NJW 1961, 1932). **Böswillig** ist Handeln aus bewusst feindlicher Gesinnung (BGH NStZ 2003, 145; NStZ-RR 2006, 305 (306) zu § 130 I Nr. 2; OLG Hamburg NJW 1975, 1088; LG Göttingen NJW 1979, 173; Paeffgen in NK-StGB Rn. 14; Rudolphi in SK-StGB Rn. 6; krit. Schroeder JR 1979, 89 (92); Kelker, Zur Legitimität von Gesinnungsmerkmalen im Strafrecht, 2007, S. 544). **Abs. 1 Nr. 2: Verunglimpfen** → § 90 Rn. 3 (sa BGH NStZ 2002, 592; LG Frankfurt a. M. NJW 1989, 598; Vormbaum GA 2016, 609). Werden **fremde Äußerungen** verbreitet, muss sich der Täter ihren Inhalt zu Eigen machen (OLG Bremen JR 1979, 118; LG Berlin JR 1979, 120 mit krit. Bespr. Schroeder JR 1979, 89; OLG Köln NJW 1979, 1562; OLG Düsseldorf NJW 1980, 71); das erfordert keine Erklärung, ergibt sich vielmehr meist aus den Gesamtumständen (OLG Köln NJW 1979, 1562; Schroeder JR 1979, 93; krit. Giehring StV 1985, 30 (34)).

7 **b) Abs. 2: Zerstören, Beschädigen und Unbrauchbarmachen** → § 87 Rn. 2. **Beschimpfender Unfug** wird durch grob ungehörige, rohe Missachtenskundgebung verübt (RGSt 43, 201).

8 **4. Abs. 3:** Absichtliches Sich-Einsetzen für **rechtsstaatsgefährdende Bestrebungen** → § 92 Rn. 1–10 (beachte auch BGHSt 32, 332 = NJW 1984, 2956); die Absicht muss zwar der Tathandlung zugrunde liegen (OLG Düsseldorf NJW 1980, 603), braucht aber nicht schon aus ihr selbst (etwa dem Inhalt einer Schrift) hervorzugehen (BGHSt 29, 159 = NJW 1980, 602).

9 **5. a)** Die Wechselwirkung zwischen dem **Grundrecht der Meinungsfreiheit** (Art. 5 I GG) und den allgemeinen Gesetzen (BVerfGE 43, 130 = NJW 1977, 799 mwN) kann bei Äußerungen im politischen Meinungskampf eine einschränkende Auslegung der Handlungsmerkmale erfordern (BGH NStZ 2000, 643; OLG Celle StV 1983, 284; sa OLG Bremen JR 1979, 118; LG Berlin JR 1979, 120; OLG Frankfurt a. M. NJW 1984, 1128; BayObLG NStZ-RR 1996, 135; Last, Die Staatsverunglimpfungsdelikte: §§ 90–90b StGB, 2000, S. 121, 229; Schroeder NStZ 1985, 451; Paeffgen in NK-StGB Rn. 24). Wie bei den Beleidigungsdelikten (→ § 193 Rn. 12) verlangt das BVerfG auch hier, Deutungsalternativen der Äußerung zB in einem Flugblatt zu beachten; bei Mehrdeutigkeit darf erst von der zur Strafbarkeit führenden Deutung ausgegangen werden, wenn andere Deutungsmöglichkeiten ausgeschlossen werden können; in jedem Fall ist eine Abwägung zwischen der Schwere der Beeinträchtigung der Meinungsfreiheit durch die Verurteilung und dem Grad der Beeinträchtigung des von § 90a geschützten Rechtsguts durch die Äußerung erforderlich (BVerfG NJW 1999, 204; dem folgend BGH NStZ 2002, 592; NStZ 2003, 145; beachte auch Schreiber/Frenzel Jura 2002, 848 (851)); dabei geht der verfassungsrechtliche Schutz der staatlichen Symbole nur so weit, wie sie im jeweiligen Kontext versinnbildlichen, was die Bundesrepublik grdl. prägt (BVerfG NJW 2009, 908 mit krit. Bespr. Preisner NJW 2009, 897; Vormbaum JR 2009, 125; zust. aber Muckel JA 2009, 312; Fischer Rn. 6).

10 **b)** Für **Kunstwerke** (Art. 5 III GG) ist ein Konflikt mit § 90a nicht ausgeschlossen (OLG Köln MDR 1978, 1044); in diesem Fall gelten die Ausführungen unter → § 193 Rn. 14 sinngemäß mit der Maßgabe, dass bei der Abwägung der kollidierenden Verfassungswerte die in § 90a geschützten Rechtsgüter (→ Rn. 1) wegen ihres hohen Ranges nicht schon grds. hinter der Kunstfreiheit zurücktreten müssen, sondern je nach Art und Intensität des Angriffs das Übergewicht gewinnen können (BVerfGE 81, 278 = NJW 1990, 1982; BVerfGE 81, 298 = NJW 1990, 1985, beide

mAnm Gusy JZ 1990, 640; Hufen JuS 1991, 687; BVerfG NJW 2001, 596; sa BGH NJW 1986, 1271; NStZ 1998, 408; OLG Frankfurt a. M. NJW 1986, 1272; LG Aachen NJW 1995, 894; Würtenberger NJW 1983, 1144 (1147); Volk JR 1984, 441; Roggemann JZ 1992, 934 (941); Buscher NVwZ 1997, 1057; Beisel, Die Kunstfreiheitsgarantie des Grundgesetzes und ihre strafrechtlichen Grenzen, 1997, Dierksmeier JZ 2000, 883 (886); Last, Die Staatsverunglimpfungsdelikte: §§ 90–90b StGB, 2000, S. 132; diff. zwischen Wirkbereich und Werkbereich Laufhütte/Kuschel in LK-StGB Rn. 31; einschr. Paeffgen in NK-StGB Rn. 26–28).

6. Das **Parteienprivileg** (Art. 21 II GG) steht einer Bestrafung nicht entgegen 11
(BVerfGE 47, 198 (231) = NJW 1978, 1043; BVerfGE 69, 257 = NJW 1985, 2521 mAnm Schroeder NStZ 1985, 451), auch nicht der Strafschärfung nach Abs. 3 (BGHSt 29, 159 = NJW 1980, 602; Volk JR 1980, 291 (294)).

7. Räumlicher Geltungsbereich: des Abs. 1 (allein oder iVm Abs. 3) § 5 Nr. 3 12
Buchstabe c; des Abs. 2 § 5 Nr. 3 Buchstabe d. Nebenfolgen, Einziehung §§ 92a, 92b. Zuständigkeit für Taten nach Abs. 3 einschließlich Verfahren → § 80a Rn. 5.

§ 90b Verfassungsfeindliche Verunglimpfung von Verfassungsorganen

(1) **Wer öffentlich, in einer Versammlung oder durch Verbreiten eines Inhalts (§ 11 Absatz 3) ein Gesetzgebungsorgan, die Regierung oder das Verfassungsgericht des Bundes oder eines Landes oder eines ihrer Mitglieder in dieser Eigenschaft in einer das Ansehen des Staates gefährdenden Weise verunglimpft und sich dadurch absichtlich für Bestrebungen gegen den Bestand der Bundesrepublik Deutschland oder gegen Verfassungsgrundsätze einsetzt, wird mit Freiheitsstrafe von drei Monaten bis zu fünf Jahren bestraft.**

(2) **Die Tat wird nur mit Ermächtigung des betroffenen Verfassungsorgans oder Mitglieds verfolgt.**

Fassung: Durch das 60. StÄG wurde mit Wirkung zum 1.1.2021 der Begriff „Schriften" in Abs. 1 durch „Inhalt" ersetzt.

1. Die Vorschrift **schützt** die **Verfassungsorgane als solche** (BGHSt 8, 191 1
(193) = NJW 1956, 32; nach Paeffgen in NK-StGB Rn. 2 auch den Bestand der Bundesrepublik in ihrer verfassungsmäßigen Ordnung); sie gilt daher nicht, wenn ein Mitglied nicht in dieser Eigenschaft, sondern allgemein als Politiker oder Privatmann angegriffen wird (ebenso Zöller in SK-StGB Rn. 1).

2. Gesetzgebungsorgane des Bundes sind der BT (Art. 38ff. GG) und der BR 2
(Art. 50ff. GG); Gesetzgebungsorgane der Länder → § 36 Rn. 2. **BReg** Art. 62ff. GG; **BVerfG** Art. 93 GG.

3. Zur **Tathandlung** und ihren besonderen Begehungsformen → § 90 Rn. 2, 3
3. Über § 90 hinaus bedarf es hier einer konkreten Gefahr (→ § 315c Rn. 21, 22) für das Ansehen des Staates (Paeffgen in NK-StGB Rn. 6; vgl. Last, Die Staatsverunglimpfungsdelikte: §§ 90–90b StGB, 2000, S. 227: Mischdelikt).

4. Dass der Täter sich absichtlich für **rechtsstaatsgefährdende Bestrebungen** 4
einsetzt (→ § 92 Rn. 1–10), wirkt hier anders als in den §§ 90, 90a strafbegründend (→ § 90a Rn. 8).

5 **5.** Das **Parteienprivileg** (Art. 21 II GG) steht einer Bestrafung nicht entgegen (BGHSt 29, 50 = NJW 1979, 2572; aM Paeffgen in NK-StGB Rn. 8; zw.).

6 **6.** Gegenüber §§ 185–187 ist nicht Tateinheit (so aber BGHSt 6, 159 = NJW 1954, 1252; Last, Die Staatsverunglimpfungsdelikte: §§ 90–90b StGB, 2000, S. 111, 227; Rudolphi in SK-StGB Rn. 8; Sternberg-Lieben in Schönke/Schröder, Rn. 10), sondern **Spezialität** anzunehmen (BGH NJW 1953, 1722; Schmidt MDR 1981, 89 (90); Laufhütte/Kuschel in LK-StGB Rn. 14); denn jede Tat nach § 90b ist zugleich eine Beleidigung (aM Paeffgen in NK-StGB Rn. 13). Mit § 188 ist Tateinheit möglich (aM Laufhütte/Kuschel in LK-StGB Rn. 14, zw.).

7 **7. Ermächtigung** → § 77e Rn. 1, 2; bei Verunglimpfung des Mitglieds eines Verfassungsorgans ist sie personengebunden und kann daher nicht von einem Amtsnachfolger erteilt werden (BGHSt 29, 282 = NJW 1980, 2264 mwN; str.). Ob in einem uneingeschränkten Strafantrag zugleich die Ermächtigung liegt, ist Tatfrage (BGH NJW 1954, 1655; sa OLG Hamm GA 1953, 28).

8 **8.** Räumlicher Geltungsbereich § 5 Nr. 3 Buchtsabe c (→ § 5 Rn. 3). Nebenfolgen, Einziehung §§ 92a, 92b. Zuständigkeit und Verfahren → § 80a Rn. 5.

§ 90c Verunglimpfung von Symbolen der Europäischen Union

(1) **Wer öffentlich, in einer Versammlung oder durch Verbreiten eines Inhalts (§ 11 Absatz 3) die Flagge oder die Hymne der Europäischen Union verunglimpft, wird mit Freiheitsstrafe bis zu drei Jahren oder mit Geldstrafe bestraft.**

(2) [1]**Ebenso wird bestraft, wer eine öffentlich gezeigte Flagge der Europäischen Union entfernt, zerstört, beschädigt, unbrauchbar oder unkenntlich macht oder beschimpfenden Unfug daran verübt.** [2]**Der Versuch ist strafbar.**

1 **1.** Die Norm ist durch das 58. StÄG (→ Vor § 1 Rn. 19) mit Wirkung zum 24.6.2020 neben § 104 I S. 2 und 3 (→ § 104 Rn. 1) neu geschaffen worden und dient in Anlehnung an § 90a (→ § 90a Rn. 1) dem Schutz der Symbole der Europäischen Union gegen **öffentliche Herabsetzung.** Da Deutschland als Mitglied der EU Teil dieser suprantionalen Rechtsgemeinschaft ist, wirken Angriffe auf die EU aus deutscher Sicht in ähnlicher Weise rechtsstaatsgefährdend wie solche auf die Bundesrepublik; deshalb sollen die Werte der EU auch durch das deutsche Strafrecht geschützt werden (BT-Drs. 19/14378, S. 6). Im Unterschied zu § 90a beschränkt sich der Schutz jedoch auf EU-Flagge und -Hymne, so dass die Europäische Union als suprantaionaler Staatenverbund, ihre rechtliche Ordnung und andere Symbole (wie Farben und Wappen) als solche nicht geschützt sind. Mit dem 60. StÄG (→ Vor § 1 Rn. 19) ist wie in § 90a I zum 1.1.2021 der Begriff „Schriften" durch „Inhalt" ersetzt worden. Die Tatbestandsmerkmale sind daher iS derjenigen in § 90a auszulegen.

2 **2. Tatobjekte** sind die – in Abs 2 öffentlich gezeigte (→ § 90a Rn. 5) – **Flagge** (Kreis aus zwölf goldenen Sternen auf blauem Grund) und **Hymne** (Beethovens „Ode an die Freude") der EU.

3 **3. Tathandlung** des Abs 1 ist das **Verunglimpfen** (→ § 90 Rn. 3, § 90a Rn. 6), des Abs. 2 das **Entfernen, Zerstören, Beschädigen, Unbrauchbarmachen**

und **Unkenntlichmachen** sowie das **Verüben von beschimpfendem Unfug** (→ § 90a Rn. 7), zB Bespucken oder Betreten der Flagge, um die EU und deren Werte Freiheit, Frieden und Solidarität verächtlich zu machen (BT-Drs. 19/14378, S. 8).

4 **4.** In in subjektiver Hinsicht genügt **bedingter Vorsatz,** doch muss sich der Täter der Bedeutung seiner Handlung für den unbefangenen Beobachter bewusst sein (BT-Drs. 19/14378, 8).

5 **5.** Entsprechend § 90a II S. 1 ist für den **Einwirkungstatbestand** des Abs. 2 gem. S. 2 bereits der **Versuch** strafbar.

6 **6.** Zur Auswirkung der **Meinungsfreiheit** → § 90a Rn. 9, der **Kunstfreiheit** → § 90a Rn. 10 und zum **Parteienprivileg** → § 90a Rn. 11. – Soweit die **EU-Grundrechte** aus Art. 6 EUV anwendbar sind, sind diese bei der Abwägung kollidierender Verfassunsgwerte einzubeziehen.

7 **7.** Im Unterschied zu § 90a erfasst § 5 nicht auch § 90c. Nebenfolgen: §§ 92a, 92b. – Richtet sich eine Tat sowohl gegen die Symbole der Bundesrepublik als auch gegen die der EU (zB gemeinsames Verbrennen beider Flaggen) ist zur Klarstellung mit § 90a **Tateinheit** anzunehmen, ebenso mit § 104.

§ 91 Anleitung zur Begehung einer schweren staatsgefährdenden Gewalttat

(1) **Mit Freiheitsstrafe bis zu drei Jahren oder mit Geldstrafe wird bestraft, wer**

1. **einen Inhalt (§ 11 Absatz 3), der geeignet ist, als Anleitung zu einer schweren staatsgefährdenden Gewalttat (§ 89a Abs. 1) zu dienen, anpreist oder einer anderen Person zugänglich macht, wenn die Umstände seiner Verbreitung geeignet sind, die Bereitschaft anderer zu fördern oder zu wecken, eine schwere staatsgefährdende Gewalttat zu begehen,**
2. **sich einen Inhalt der in Nummer 1 bezeichneten Art verschafft, um eine schwere staatsgefährdende Gewalttat zu begehen.**

(2) **Absatz 1 Nr. 1 ist nicht anzuwenden, wenn**

1. **die Handlung der staatsbürgerlichen Aufklärung, der Abwehr verfassungswidriger Bestrebungen, der Kunst und Wissenschaft, der Forschung oder der Lehre, der Berichterstattung über Vorgänge des Zeitgeschehens oder der Geschichte oder ähnlichen Zwecken dient oder**
2. **die Handlung ausschließlich der Erfüllung rechtmäßiger beruflicher oder dienstlicher Pflichten dient.**

(3) **Ist die Schuld gering, so kann das Gericht von einer Bestrafung nach dieser Vorschrift absehen.**

Fassung des GVVG (→ Vor § 1 Rn. 16). Anpassung an den neuen Inhalts-Begriff durch das 60. StÄG (→ Vor § 1 Rn. 19) zum 1.1.2021

1 **1. Abs. 1** ergänzt § 89a und ist wie diese Vorschrift ein **abstraktes Gefährdungsdelikt** (Kindhäuser/Hilgendorf in LPK-StGB Rn. 1). **Rechtsgut** ist die staatliche Ordnung der Bundesrepublik (Fischer Rn. 2, § 89a Rn. 5; abl. Zöller in SK-StGB Rn. 4), geschützt sind aber auch die von den später begangenen Gewalt-

taten angegriffenen Rechtsgüter (Gazeas/Grosse-Wilde/Kießling NStZ 2009, 593 (601)). Wie § 89a werden auch gegen § 91 verfassungsrechtliche Bedenken erhoben (Sieber NStZ 2009, 353 (363); Petzsche, Strafrecht und Terrorismusbekämpfung, 2013, S. 214; Paeffgen in NK-StGB Rn. 5; Schäfer/Anstötz in MüKoStGB Rn. 20; Zöller in SK-StGB Rn. 3; diff. zwischen Nr. 1 und gegen Art. 103 II GG verstoßender Nr. 2 Fischer Rn. 19, 20). Der **Inhalt** (→ § 11 Rn. 27) muss **geeignet** sein, als **Anleitung zu dienen** (→ § 130a Rn. 2, 4) für Gewalttaten iSd § 89a I (Schäfer/Anstötz in MüKoStGB Rn. 11). **Nr. 1** Anpreisen und Zugänglichmachen → § 184 Rn. 5 (näher Gazeas/Grosse-Wilde/Kießling NStZ 2009, 593 (602); Zöller, Terrorismusstrafrecht, 2009, S. 396); diese Tathandlungen sind nur dann tatbestandsmäßig, wenn die **Umstände der Verbreitung** geeignet sind, die Bereitschaft anderer, eine Gewalttat iSd § 89a zu begehen, zu fördern oder zu wecken (zweite Eignungsklausel nach Gazeas/Grosse-Wilde/Kießling NStZ 2009, 593 (603) „Kontext-Eignungsklausel"; dazu auch Zöller, Terrorismusstrafrecht, 2009, S. 395; Schäfer/Anstötz in MüKoStGB Rn. 17; zur Entstehungsgeschichte Fischer Rn. 12); Bereitschaft fördern oder wecken → § 130a Rn. 5; Eignung verlangt nicht, dass die Bereitschaft tatsächlich geweckt wird, bloße Absicht wie bei § 130a II (→ § 130a Rn. 10) reicht andererseits auch nicht, auch die Intensität der Aufforderung iSd § 111 wird nicht verlangt (BT-Drs. 16/12428, 18). **Nr. 2** Sich Verschaffen → § 202a Rn. 5 (näher Zöller in SK-StGB Rn. 13); es soll aber keine physische Herrschaft erforderlich sein, so dass der Zugriff über gemietete oder sonst externe Speicherplätze reicht (BT-Drs. 16/12428, 18; Kindhäuser/Hilgendorf in LPK-StGB Rn. 4), das bloße Betrachten einer Datei im Internet reicht nicht (Fischer Rn. 17). Als häufigster Anwendungsfall wird das Zurverfügungstellen oder Herunterladen von zB Bombenanleitungen im oder aus dem Internet prognostiziert (Gazeas/Grosse-Wilde/Kießling NStZ 2009, 593 (604); zu dabei auftauchendem Strafanwendungsproblem → § 9 Rn. 5).

2 **2.** Bedingter **Vorsatz** genügt (Zöller in SK-StGB Rn. 14; anders hinsichtlich des auf die Staatsgefährdung bezogenen Vorsatzes Paeffgen in NK-StGB Rn. 19, 21). Abs. 1 Nr. 2 verlangt zudem Absicht, eine Gewalttat zu begehen (Schäfer/Anstötz in MüKoStGB Rn. 24; verfassungsrechtliche Bedenken bei Zöller, Terrorismusstrafrecht, 2009, S. 397).

3 **3. Abs. 3** enthält eine **tatbestandseinschränkende** Berufs- und Sozialadäquanzklausel (Fischer Rn. 16; Zöller, Terrorismusstrafrecht, 2009, S. 397; diff. Paeffgen in NK-StGB Rn. 26); **Nr. 1** → § 86 Rn. 8; **Nr. 2** → § 89b Rn. 2; → § 184b Rn. 9.

4 **4.** § 91 wird von § 89a **verdrängt** (BT-Drs. 16/12428, 18; Zöller in SK-StGB Rn. 18); Abs. 1 Nr. 1 ist spezieller als § 130a I (Fischer Rn. 22; Paeffgen in NK-StGB Rn. 25).

§ 91a Anwendungsbereich

Die §§ 84, 85 und 87 gelten nur für Taten, die durch eine im räumlichen Geltungsbereich dieses Gesetzes ausgeübte Tätigkeit begangen werden.

1 **1.** Die Vorschrift, die mit dem GVVG (→ Vor § 1 Rn. 16) von § 91 aF unverändert in § 91a umnummeriert worden ist, schränkt den **Gebietsgrundsatz** (§ 3) ein (krit. Lüttger JR 1969, 121 (129)). Abweichend von § 9 (→ § 9 Rn. 1, 2) begründet der im räumlichen Geltungsbereich des Gesetzes (→ Vor § 3 Rn. 5) lie-

gende Erfolgsort bei Distanzdelikten oder der Ort der Haupttat bei Teilnahmehandlungen keine Anknüpfung. Nach dem Zweck des Gesetzes ist auch die Aufforderung zu den genannten Straftaten (§ 111) in die Beschränkung einbezogen (Krauth/Kurfess/Wulf JZ 1968, 577 (582); Paeffgen in NK-StGB Rn. 8). Nicht strafbar ist ferner, wer innerhalb des Bereichs an einer außerhalb begangenen Haupttat als Anstifter oder Gehilfe teilnimmt (Rudolphi in SK-StGB Rn. 4; Laufhütte/Kuschel in LK-StGB Rn. 6; aM Sternberg-Lieben in Schönke/Schröder, Rn. 6); das folgt, weil § 91 a eine materiell-rechtliche Norm ist, aus den Grundsätzen der limitierten Akzessorietät. Bei rechtlichen Handlungseinheiten (→ Vor § 52 Rn. 9–19) bleiben außerhalb des Bereichs vorgenommene Einzelakte unberücksichtigt (ebenso Paeffgen in NK-StGB Rn. 7; aM Fischer Rn. 3).

2. Da nur eine Regelung des Geltungsbereichs bezweckt ist, wird durch den 2
Begriff „Tätigkeit" ein Handeln durch **Unterlassen** in Garantenstellung (→ § 13 Rn. 6) nicht ausgeschlossen (Paeffgen in NK-StGB Rn. 6; Rudolphi in SK-StGB Rn. 3); gemeint ist aber nur der eigene Tätigkeitsakt des Täters (BGHSt 54, 264 (267) = NJW 2010, 2448; Fischer Rn. 3).

4. Titel. Gemeinsame Vorschriften

§ 92 Begriffsbestimmungen

(1) **Im Sinne dieses Gesetzes beeinträchtigt den Bestand der Bundesrepublik Deutschland, wer ihre Freiheit von fremder Botmäßigkeit aufhebt, ihre staatliche Einheit beseitigt oder ein zu ihr gehörendes Gebiet abtrennt.**

(2) **Im Sinne dieses Gesetzes sind Verfassungsgrundsätze**

1. **das Recht des Volkes, die Staatsgewalt in Wahlen und Abstimmungen und durch besondere Organe der Gesetzgebung, der vollziehenden Gewalt und der Rechtsprechung auszuüben und die Volksvertretung in allgemeiner, unmittelbarer, freier, gleicher und geheimer Wahl zu wählen,**
2. **die Bindung der Gesetzgebung an die verfassungsmäßige Ordnung und die Bindung der vollziehenden Gewalt und der Rechtsprechung an Gesetz und Recht,**
3. **das Recht auf die Bildung und Ausübung einer parlamentarischen Opposition,**
4. **die Ablösbarkeit der Regierung und ihre Verantwortlichkeit gegenüber der Volksvertretung,**
5. **die Unabhängigkeit der Gerichte und**
6. **der Ausschluß jeder Gewalt- und Willkürherrschaft.**

(3) **Im Sinne dieses Gesetzes sind**

1. **Bestrebungen gegen den Bestand der Bundesrepublik Deutschland solche Bestrebungen, deren Träger darauf hinarbeiten, den Bestand der Bundesrepublik Deutschland zu beeinträchtigen (Absatz 1),**
2. **Bestrebungen gegen die Sicherheit der Bundesrepublik Deutschland solche Bestrebungen, deren Träger darauf hinarbeiten, die äußere oder innere Sicherheit der Bundesrepublik Deutschland zu beeinträchtigen,**
3. **Bestrebungen gegen Verfassungsgrundsätze solche Bestrebungen, deren Träger darauf hinarbeiten, einen Verfassungsgrundsatz (Absatz 2) zu beseitigen, außer Geltung zu setzen oder zu untergraben.**

1 **1. Abs. 1 und 2 definieren** einige (nicht in allen Tatbeständen des Abschnitts vorkommende) **Angriffsgegenstände** des Hochverrats und der Gefährdung des demokratischen Rechtsstaates sowie die Möglichkeiten ihrer Beeinträchtigung.

2 **a) Bestand der Bundesrepublik** (**Abs. 1;** vgl. auch Art. 21 II, 91 I GG). Er kann dadurch beeinträchtigt werden, dass

aa) ihre **Freiheit von fremder Botmäßigkeit** aufgehoben wird, dh von einer Abhängigkeit, in der die Verfassungsorgane ganz oder teilweise der tatsächlichen Herrschaft fremder Mächte unterworfen sind (zB durch Umwandlung in einen Satellitenstaat; nicht aber dadurch, dass nach Art. 24 GG Hoheitsrechte auf Staatengemeinschaften oder zwischenstaatliche Einrichtungen übertragen oder zu deren Gunsten beschränkt werden);

3 bb) ihre **staatliche Einheit** beseitigt wird (zB durch Umgestaltung des Bundesstaates in einen Staatenbund);

4 cc) zu ihr gehörendes **Gebiet** abgetrennt wird.

5 **b) Verfassungsgrundsätze (Abs. 2).** Sie beschreiben den Wesenskern der freiheitlichen demokratischen Grundordnung (→ § 86 Rn. 2), stellen sie aber nicht erschöpfend dar (Wagner GA 1961, 1, Nr. 2). Der Begriff der verfassungsmäßigen Ordnung nach § 81 I Nr. 2 (→ § 81 Rn. 3) ist deshalb weiter (Schafheutle JZ 1951, 609 (612); anders wohl Paeffgen in NK-StGB Rn. 3 im Hinblick auf § 91 II Nr. 1); umgekehrt sind aber dessen Grenzen durch restriktive Auslegung des Abs. 2 zu wahren (Laufhütte/Kuschel in LK-StGB Rn. 4; Paeffgen in NK-StGB Rn. 4).

6 aa) **Nr. 1** schützt die Volkssouveränität und Gewaltenteilung (Art. 20 II, 79 III GG) sowie das demokratische Wahlrecht (Art. 28 I 2, 38 I 1 GG); **Nr. 2** die rechtsstaatliche Bindung der Gewalten (Art. 20 III, 79 III GG); **Nr. 3** das Recht auf parlamentarische Opposition (Art. 21 I 1 GG), das durch Bildung einer Einheitspartei verletzt wird (Wagner GA 1961, 2, Nr. 5); **Nr. 4** die Ablösbarkeit der Regierung und ihre Verantwortlichkeit gegenüber der Volksvertretung, was nicht notwendig die Ausschließlichkeit des sog. parlamentarischen Regierungssystems bedeutet (Art. 67 GG; beachte BGH JR 1977, 28 mAnm Schroeder); **Nr. 5** die Unabhängigkeit der Gerichte (Art. 97 I GG); **Nr. 6** den Ausschluss jeder Gewalt- und Willkürherrschaft (BGHSt 13, 32 (375) = NJW 1959, 1593; sa §§ 234a, 241a).

7 bb) **Nicht aufgenommen** sind das föderalistische Prinzip (Art. 79 III GG) und die Grundrechte, soweit nicht Abs. 2 Nr. 6 eingreift.

8 **2. a) Abs. 3 definiert,** unter welchen Voraussetzungen Bestrebungen, dh organisierte Aktivitäten, gegen ein in Abs. 1 und 2 beschriebenes Angriffsobjekt gerichtet sind. Die Träger der Bestrebungen müssen auf die Beeinträchtigung des Angriffsobjekts hinarbeiten, dh Angriffshandlungen vornehmen oder vorbereiten, die auf Beeinträchtigung des Angriffsobjekts abzielen. **Einsetzen** bedeutet, dass es dem Täter auf die Förderung solcher Bestrebungen ankommt; ob er sie selbst verfolgt, ist unerheblich. Die §§ 88 I, 89 I, 90 III, 90a III, 90b I setzen übereinstimmend nur „absichtliches", § 87 I daneben auch „wissentliches" Sich-Einsetzen voraus. Die Unterscheidung ist unklar: Sich-Einsetzen ist zweckhaftes Verhalten, dem das Absichtsmoment im Sinne zielgerichteten Wollens (→ § 15 Rn. 20) bereits immanent ist. Dass es dem Täter auf die Förderung konkreter Bestrebungen ankommen muss, ergibt sich daher von selbst. Einen selbständigen Sinn gewinnt das Absichtsmerkmal erst, wenn es dem Täter zugleich auch auf die Richtung der Bestrebungen gerade gegen das Angriffsobjekt ankommen muss (so Krauth/Kurfess/Wulf JZ 1968, 577 (582); krit. Paeffgen in NK-StGB Rn. 14; anders Zöller in SK-StGB Rn. 11).

Allerdings zwingt das zu dem kriminalpolitisch problematischen Ergebnis, dass nur zum Gelderwerb begangene Taten (etwa die gegen Entgelt begangene Sabotagehandlung nach § 88 I) idR nicht erfasst werden. Das entspricht aber dem gesetzgeberischen Willen, weil sonst das in § 87 I zusätzlich eingefügte Merkmal der Wissentlichkeit (→ § 15 Rn. 21) keine sinnvolle Funktion erfüllen könnte (Gehrig, Der Absichtsbegriff in den Straftatbeständen des Besonderen Teils des StGB, 1986, S. 156 mwN).

b) Nr. 1: Vgl. →Rn. 2–4. **Nr. 2:** Der Hinweis auf die äußere und innere Sicherheit gilt nicht nur für die Tatbestände des Abschnitts, sondern ist auch für die §§ 109e, 109f, 109g bedeutsam (dazu Fahrner ZStW 132 (2020), 84). **Nr. 3: Beseitigen** bedeutet Vernichten der rechtlichen Existenz, **Außer-Geltung-Setzen** Herbeiführen der vollständigen, teilweisen oder vorübergehenden faktischen Nichtanwendung, jedoch nicht die bloße Verletzung im Einzelfall. **Untergraben** ist das Beeinträchtigen der Wirksamkeit der formal fortbestehenden Verfassungsgrundsätze, das idR durch langsames Unglaubwürdigmachen geschieht (OLG Düsseldorf NJW 1980, 603 mwN); nach der Rspr. soll zum Untergraben auch die nur auf Erschütterung eines Zustandes gerichtete Tätigkeit genügen (BGHSt 4, 291 = NJW 1953, 1358; zw.). 9

c) Richtet sich die Tat sowohl gegen den Bestand oder die Sicherheit der Bundesrepublik als auch gegen Verfassungsgrundsätze, so ist bei der **Strafzumessung** zu berücksichtigen, dass ein doppelter, gegen artverschiedene Rechtsgüter gerichteter Angriff vorliegt (BGH JR 1977, 28 mAnm Schroeder). 10

§ 92a Nebenfolgen

Neben einer Freiheitsstrafe von mindestens sechs Monaten wegen einer Straftat nach diesem Abschnitt kann das Gericht die Fähigkeit, öffentliche Ämter zu bekleiden, die Fähigkeit, Rechte aus öffentlichen Wahlen zu erlangen, und das Recht, in öffentlichen Angelegenheiten zu wählen oder zu stimmen, aberkennen (§ 45 Abs. 2 und 5).

Vgl. → § 45 Rn. 4. Amtsfähigkeit, Wählbarkeit und Stimmrecht können auch einzeln aberkannt werden. 1

§ 92b Einziehung

[1]Ist eine Straftat nach diesem Abschnitt begangen worden, so können
1. **Gegenstände, die durch die Tat hervorgebracht oder zu ihrer Begehung oder Vorbereitung gebraucht worden oder bestimmt gewesen sind, und**
2. **Gegenstände, auf die sich eine Straftat nach den §§ 80a, 86, 86a, 89a bis 91 bezieht,**

eingezogen werden. [2]§ 74a ist anzuwenden.

Fassung: Das GVVG (→ Vor § 1 Rn. 16) hat Nr. 2 auf §§ 89a–91 erweitert.

1. § 92b ist eine besondere Vorschrift über die **Einziehung** iSd § 74 IV (→ § 74 Rn. 12–14). Die näheren Einziehungsvoraussetzungen sind in den §§ 74 II, III, 74a geregelt (BGHSt 23, 64 = NJW 1969, 1970). Die Einziehung ist nur fakultativ (zur 1

Ermessensausübung → § 74 Rn. 9); jedoch bleibt § 74d unberührt, so dass bei Vorliegen seiner Voraussetzungen die Einziehung obligatorisch ist (BGHSt 23, 208 (267) = NJW 1970, 437; beachte aber → § 74d Rn. 11). Im Übrigen vgl. die Anm. zu §§ 74–76a.

2 **2.** Soweit eine Einziehung in das nach Art. 5 I 1 GG gewährleistete Recht des Bürgers eingreifen würde, sich aus allgemein zugänglichen Quellen ungehindert zu unterrichten (Informationsfreiheit), bedarf es einer Güter- und Interessenabwägung zwischen der Informationsfreiheit einerseits und den eine Verfassungsgefährdung abwehrenden allgemeinen Strafgesetzen andererseits (BVerfGE 27, 71 = NJW 1970, 235; BGHSt 23, 208 = NJW 1970, 437 mkritAnm Willms JZ 1970, 514; Faller MDR 1971, 1; Träger/Mayer/Krauth FS BGH, 1975, 227 (242)).

2. Abschnitt. Landesverrat und Gefährdung der äußeren Sicherheit

§ 93 Begriff des Staatsgeheimnisses

(1) **Staatsgeheimnisse sind Tatsachen, Gegenstände oder Erkenntnisse, die nur einem begrenzten Personenkreis zugänglich sind und vor einer fremden Macht geheimgehalten werden müssen, um die Gefahr eines schweren Nachteils für die äußere Sicherheit der Bundesrepublik Deutschland abzuwenden.**

(2) **Tatsachen, die gegen die freiheitliche demokratische Grundordnung oder unter Geheimhaltung gegenüber den Vertragspartnern der Bundesrepublik Deutschland gegen zwischenstaatlich vereinbarte Rüstungsbeschränkungen verstoßen, sind keine Staatsgeheimnisse.**

1 **1. Staatsgeheimnisse** sind Tatsachen, Gegenstände oder Erkenntnisse (dh alle tatsächlichen Vorgänge oder Zustände, alle körperlichen Gegenstände und alle gedanklichen Sachverhalte sowie Nachrichten darüber; näher Paeffgen in NK-StGB Rn. 8–11) unter folgenden Voraussetzungen:

a) Sie müssen als **Angelegenheit der Bundesrepublik Deutschland** anzusehen, dh ihrem Schutzbereich zuzurechnen sein (Laufhütte GA 1974, 52 (53)). Nicht gedeckt sind daher Geheimnisse befreundeter Staaten (beachte jedoch Art. 7 I des 4. StÄG) oder zwischenstaatlicher Einrichtungen, es sei denn, dass sie als „gemeinsame Geheimnisse" (zB NATO-Geheimnisse) zugleich Angelegenheit der Bundesrepublik sind (BGH bei Holtz MDR 1980, 105) oder dass sie einem Bundesorgan anvertraut sind (BGHSt 6, 333 = NJW 1954, 1896).

2 **b)** Sie dürfen **nur einem begrenzten Personenkreis zugänglich** sein. Damit scheiden offenkundige (RGSt 25, 45 (48)) sowie allgemein oder einem nicht mehr individualisierbaren Personenkreis (Laufhütte GA 1974, 52 (54); enger Paeffgen in NK-StGB Rn. 13) zugängliche Tatsachen aus. Aus einer Vielzahl zugänglicher Tatsachen erarbeitete Erkenntnisse (sog. Mosaiktheorie) werden daher, soweit sie in Folge der Zugänglichkeit der Tatsachen selbst zugänglich sind, nicht erfasst; Erkenntnisse, die durch geistige Neuschöpfung (Laufhütte GA 1974, 52 (55)) oder unter Verwertung von Geheimnissen niederer Ebene gewonnen sind, können jedoch Staatsgeheimnisse sein (BGHSt 24, 72 (76) = NJW 1971, 715; krit. Lüttger

JR 1969, 121 (126); Paeffgen in NK-StGB Rn. 16; einschr. Wolter in SK-StGB Rn. 17).

c) Sie müssen nach Maßgabe des Abs. 1 zurzeit der Tat – sei es auch nur gegenüber einer einzelnen fremden Macht – **geheimhaltungsbedürftig** sein (BGHSt 63, 288 = NJW 2019, 2108 mAnm Ellbogen NStZ 2019, 404; enger Paeffgen in NK-StGB Rn. 12: Geheim-Sein). Nachträglicher Wegfall des Geheimhaltungsbedürfnisses ist unerheblich (BayObLG MDR 1994, 821). 3

aa) **Fremde Macht** ist eine außerhalb der Bundesrepublik bestehende, mit öffentlicher Gewalt ausgestattete Einrichtung auf höchster Ebene, namentlich jede ausländische Regierung, auch wenn sie völkerrechtlich nicht anerkannt ist, uU auch die zwischen- oder überstaatliche Einrichtung (BT-Drs. V/898, 38; BayObLG MDR 1994, 821; Paeffgen in NK-StGB Rn. 22).

bb) **Gefahr** → § 315c Rn. 21, 22. Da es hier nur um die Frage der Geheimhaltungsbedürftigkeit geht, genügt **abstrakte Gefährlichkeit,** während in den einzelnen Tatbeständen (§§ 94ff.) konkrete Gefährdung (→ § 94 Rn. 4) vorausgesetzt wird (ebenso Paeffgen in NK-StGB Rn. 25). 4

cc) Gefahr eines **schweren Nachteils für die äußere Sicherheit** ist die einer bedeutenden **Erhöhung der Anfälligkeit** gegenüber einem Angriff oder einer störenden Einflussnahme vergleichbarer Schwere (zB Erpressung) **von außen,** die sowohl in der Vermehrung der fremden wie auch der Minderung der eigenen äußeren Machtstellung bestehen kann und uU bei gleichzeitig schädlicher wie nützlicher Wirkung für die äußere Sicherheit durch Saldierung der Nach- und Vorteile zu bestimmen ist (BT-Drs. V/2860, 18; Paeffgen in NK-StGB Rn. 27; zweifelnd Schmidt in LK-StGB Rn. 17; zusf. Schroeder, Der Schutz von Staat und Verfassung im Strafrecht, 1970, S. 398). Dieses Merkmal setzt die Bedeutungsschwelle, von der an eine Angelegenheit den Rang eines Staatsgeheimnisses erlangt, hoch an (BGHSt 24, 72 (75) = NJW 1971, 715; BayObLG MDR 1994, 821; Schmidt in LK-StGB Rn. 14) und erfasst im Wesentlichen nur Nachteile im Bereich der Landesverteidigung, ausnahmsweise auch der nachrichtendienstlichen Abwehr (BT-Drs. V/2860, 16). Diplomatische, wissenschaftliche und wirtschaftliche Geheimnisse, die aus **anderen als Sicherheitsgründen** für die äußere Machtstellung der Bundesrepublik bedeutsam sind, fallen nicht unter die §§ 94–98 (BGHSt 24, 72 (75) = NJW 1971, 715) werden zT aber durch die §§ 99, 353b geschützt (krit. Lüttger JR 1969, 121 (126); Träger/Mayer/Krauth FS BGH, 1975, 227 (232, 245)). 5

dd) Die Geheimhaltung ist **nur dann erforderlich,** wenn anders die Gefahr nicht abgewendet werden kann. Das trifft jedenfalls dann nicht zu, wenn die fremden Mächte zweifelsfreie und zuverlässige, nicht jedoch nur mögliche, unbestimmte oder noch der Bestätigung bedürftige Kenntnis haben (BGH NJW 1965, 1190). 6

2. Der Geheimnisbegriff ist ein **materieller,** der unmittelbar an den Sachverhalt anknüpft (krit. Kohlmann, Der Begriff des Staatsgeheimnisses und das verfassungsrechtliche Gebot der Bestimmtheit von Strafvorschriften, 1969). Ob tatsächliche Schutzmaßnahmen getroffen sind (faktische Geheimhaltung) oder ob eine ausdrückliche Geheimanordnung besteht (formelle Geheimhaltung bzw. Sekretur), ist unerheblich (Lüttger GA 1970, 129 (153); aM Klug FS Engisch, 1969, 570). Jedoch ist die faktische Geheimhaltung in den §§ 95, 96 II, 97 besonderes Tatbestandsmerkmal (→ § 95 Rn. 2). 7

8 **3. a)** Nach **Abs. 2** ist **kein Staatsgeheimnis (sog. „illegales" Staatsgeheimnis),**

aa) was gegen die **freiheitliche demokratische Grundordnung** (→ § 86 Rn. 2) verstößt. Der Verstoß gegen einfache Gesetze genügt nur, wenn sie Grundwerte der Verfassung konkretisieren (ähnlich Schmidt in LK-StGB Rn. 20);

9 bb) was unter **Geheimhaltung gegenüber den** – oder auch nur einzelnen (Wolter in SK-StGB Rn. 36; zw.) – **Vertragspartnern der Bundesrepublik gegen zwischenstaatlich vereinbarte Rüstungsbeschränkungen verstößt.** Solche Beschränkungen ergeben sich zB für ABC-Waffen und schwere Raketen aus dem WEU-Vertrag und aus NATO-Vereinbarungen (Zusammenstellung bei Schmidt in LK-StGB Rn. 23; Paeffgen in NK-StGB Rn. 38). Die Voraussetzung der **Geheimhaltung** ist nur als politisch motivierte Einschränkung verständlich; denn der Verstoß gegen eine Rüstungsbeschränkung ist rechtswidrig auch, wenn er von den Vertragspartnern unter politischem Druck geduldet wird.

10 **b)** Die **Rechtsnatur** des Abs. 2 ist zweifelhaft. Der BT hat ihn als Tatbestandseinschränkung verstanden (BT-Drs. V/2860, 16). Dem ist die Wissenschaft überwiegend gefolgt (Schmidt in LK-StGB Rn. 20; eing. Wiedmann, Inwieweit widerspricht § 97b StGB allgemeinen strafrechtlichen Grundsätzen? 1971, S. 86; krit. Stree in Baumann, Mißlingt die Strafrechtsreform, 1969, S. 171, 178); jedoch dürfte die Erklärung der Vorschrift als Rechtfertigungsgrund (so Jescheck FS Engisch, 1969, 584; Paeffgen, Der Verrat in irriger Annahme eines illegalen Geheimnisses (§ 97b StGB) und die allgemeine Irrtumslehre, 1979, S. 190; Paeffgen in NK-StGB Rn. 34) zu dogmatisch befriedigenderen Ergebnissen führen (krit. Jakobs ZStW 93 (1981), 901).

11 **c)** Nach seiner **sachlichen Bedeutung** gibt Abs. 2 dem Interesse an der Aufdeckung und Beseitigung einer im Sinne der Vorschrift rechtswidrigen Tatsache absoluten Vorrang vor dem Sicherheitsinteresse ohne Rücksicht auf das Ergebnis einer konkreten Güter- und Interessenabwägung; denn Abs. 2 geht iVm § 97a davon aus, dass die Offenbarung solcher Tatsachen die Gefahr eines schweren Sicherheitsnachteils verursachen kann, lässt aber gleichwohl zu, dass zur Wahrnehmung der Chance der Beseitigung dieser Tatsachen uneingeschränkt darüber diskutiert wird (Hirsch NJW 1968, 2330; krit. Breithaupt NJW 1968, 1712; NJW 1969, 266; Deiters in Thiel, Wehrhafte Demokratie, 2003, S. 291, 293, sieht darin eine „politisch gewollte Einschränkung des staatlichen Bestandsschutzes"). Aus dieser Konzeption erklären sich die Besonderheiten, die in §§ 97a, 97b vorgesehen sind (krit. Klug FS Baumgärtel, 1990, 249).

12 **d)** Abs. 2 enthält **keine erschöpfende Regelung.** Soweit eine nach Abs. 1 geheimhaltungsbedürftige, zugleich aber rechtswidrige Tatsache nicht unter Abs. 2 fällt, kann ihre Offenbarung in Ausnahmefällen gerechtfertigt sein (→ § 95 Rn. 4; Schmidt in LK-StGB Rn. 33; Paeffgen in NK-StGB Rn. 41). Zur Bedeutung der Pressefreiheit nach Art. 5 I GG für Abs. 1 und 2 Schmidt in LK-StGB Rn. 33, 20.

§ 94 Landesverrat

(1) **Wer ein Staatsgeheimnis**
1. einer fremden Macht oder einem ihrer Mittelsmänner mitteilt oder
2. sonst an einen Unbefugten gelangen läßt oder öffentlich bekanntmacht,
um die Bundesrepublik Deutschland zu benachteiligen oder eine fremde Macht zu begünstigen,

und dadurch die Gefahr eines schweren Nachteils für die äußere Sicherheit der Bundesrepublik Deutschland herbeiführt, wird mit Freiheitsstrafe nicht unter einem Jahr bestraft.

(2) [1]**In besonders schweren Fällen ist die Strafe lebenslange Freiheitsstrafe oder Freiheitsstrafe nicht unter fünf Jahren.** [2]**Ein besonders schwerer Fall liegt in der Regel vor, wenn der Täter**
1. eine verantwortliche Stellung mißbraucht, die ihn zur Wahrung von Staatsgeheimnissen besonders verpflichtet, oder
2. durch die Tat die Gefahr eines besonders schweren Nachteils für die äußere Sicherheit der Bundesrepublik Deutschland herbeiführt.

1. Die Vorschrift **schützt** die **äußere Sicherheit** der Bundesrepublik gegen unmittelbaren oder aus verwerflichen Motiven begangenen Verrat von Staatsgeheimnissen (ebenso Paeffgen in NK-StGB Rn. 2). 1

2. Abs. 1 Nr. 1 setzt Mitteilung eines zurzeit der Tat bestehenden (Wagner GA 1963, 289, Nr. 15) Staatsgeheimnisses (§ 93) an eine fremde Macht (→ § 93 Rn. 3) oder einen ihrer Mittelsmänner voraus. Besteht das Staatsgeheimnis in einer Erkenntnis (→ § 93 Rn. 1), so kann diese auch durch eine Mehrzahl von Mitteilungen, die jede für sich den Tatbestand nicht erfüllen würden, vermittelt werden (BGHSt 24, 72 (76) = NJW 1971, 715; BGH NStZ 1996, 492; → § 93 Rn. 2). **Mitteilen** bedeutet hier unmittelbar oder durch Boten bzw. bösgläubige Mittelsmänner (BT-Drs. V/2860, 17) an einen Repräsentanten oder einen Mittelsmann der fremden Macht gelangen lassen; dabei sind Repräsentanten nur solche Funktionsträger, die der Leitung der Exekutive auf höchster Ebene angehören (BGHSt 39, 260 (273) = NJW 1993, 3147; weiter BayObLG NStZ 1992, 281; NStZ 1992, 543; Loos/Radtke StV 1994, 565), Mittelsmänner alle übrigen Personen, die in einem rechtlich oder faktisch begründeten Dienst- oder Auftragsverhältnis für die fremde Macht tätig sind und auf dieser Grundlage die Weitergabe der Staatsgeheimnisse (ggf. über weitere Mittelsmänner) an die Repräsentanten erwarten lassen (BGHSt 39, 260 (273) = NJW 1993, 3147). Für das Mitteilen entscheidend ist die unmittelbare Einführung des Geheimnisses in den fremden Machtbereich, weil dadurch idR das Mitwissen der betroffenen Macht um die Entschleierung des Geheimnisses ausgeschlossen wird. Die bloße Entgegennahme des Staatsgeheimnisses durch einen Repräsentanten wird nicht erfasst. Sie ist als notwendige Teilnahme straflos (→ Vor § 25 Rn. 12); bei Überschreiten der unerlässlichen Mitwirkung liegt jedoch strafbare Teilnahme (Anstiftung oder Beihilfe) vor (BGHSt 39, 260 (273) = NJW 1993, 3147; BayObLG NStZ 1992, 281; Loos/Radtke StV 1994, 565; Paeffgen in NK-StGB Rn. 8; aM Ignor/Müller StV 1991, 573 (575)). 2

3. Abs. 1 Nr. 2: Unbefugter ist jeder, der nicht kraft Gesetzes oder Auftrags einer zuständigen amtlichen Stelle zur Kenntnisnahme berechtigt ist, auch der Bote des Verräters (BayObLG GA 1955, 213) oder des Empfängers; daher sind der 3

BT-Abgeordnete und der Vorgesetzte nicht unbefugt, wenn sie nach §§ 97b I 2, II um Abhilfe angerufen werden. **Gelangen lassen** bedeutet bei körperlichen Gegenständen Überführung in den Gewahrsam des Empfängers ohne Rücksicht auf Kenntnisnahme (BGH LM Nr. 3 zu § 100 aF; Lange JZ 1965, 297), sonst Kenntnisnahme durch den Empfänger.

4 **4. Gefahr eines schweren Nachteils** usw → § 93 Rn. 4, 5. Die Gefahr muss konkret sein (BGHSt 63, 288 = NJW 2019, 2108 mAnm Ellbogen NStZ 2019, 404; BayObLG NJW 1957, 1327). Daran kann es fehlen, wenn die (verbündete oder neutrale) Macht die erlangte Kenntnis mutmaßlich nicht zum Nachteil der Bundesrepublik verwerten wird oder wenn keine bestimmte Wahrscheinlichkeit besteht, dass der Unbefugte (Abs. 1 Nr. 2) das Geheimnis an die fremde Macht weiterleitet (BGH MDR 1963, 426).

5 **5. a)** Der **Vorsatz** muss sich sowohl auf die Tathandlung wie auf die Gefahr erstrecken (zum Gefährdungsvorsatz → § 15 Rn. 28). Bedingter Vorsatz genügt (BGHSt 20, 100 = NJW 1965, 407).

6 **b)** In **Abs. 1 Nr. 2** bedeutet „um zu" **Absicht** im Sinne zielgerichteten Wollens (→ § 15 Rn. 20; Schmidt in LK-StGB Rn. 7). **Benachteiligen** ist Herbeiführung eines konkreten Schadens, nicht notwendig für die äußere Sicherheit (Fischer Rn. 7; aM Paeffgen in NK-StGB Rn. 19; Wolter in SK-StGB Rn. 14; zw.); **Begünstigen** Verschaffung eines Vorteils.

6a **6.** Die Tat ist weder echtes Sonderdelikt noch eigenhändiges Delikt. Für die Erfassung von Mittelsmännern ist daher namentlich bedeutsam, dass die **allgemeinen Regeln mittäterschaftlicher Zurechnung** des Verhaltens Dritter (→ § 25 Rn. 9–11) ohne Einschränkung anwendbar sind (BGHSt 39, 260 (274) = NJW 1993, 3147 mwN; einschr. Loos/Radtke StV 1994, 565, die für ausländische, dem ausgespähten Staat nicht treupflichtige Agenten eine Strafmilderung nach dem Rechtsgedanken des § 28 für erforderlich halten).

7 **7.** Zu etwa möglichen **Rechtfertigungsgründen** → § 95 Rn. 4.

8 **8.** Zu **Abs. 2** (besonders schwere Fälle) → § 46 Rn. 11–21; zu seiner Verfassungsmäßigkeit BVerfGE 45, 363 = NJW 1977, 1815. **Nr. 1** setzt nicht notwendig eine ausdrückliche Verpflichtung voraus (Schmidt MDR 1994, 238). **Nr. 2** erfordert eine ganz außergewöhnliche Steigerung der Gefahrdimension (BGH NStZ 1984, 165 mwN).

9 **9.** Die Vorschrift geht, auch wenn die Tat als Versuch oder versuchte Beteiligung nach § 30 begangen wird, dem § 96 I als einer Vorbereitungshandlung vor (BGHSt 6, 385 = BeckRS 1954, 30373323; aM Paeffgen in NK-StGB Rn. 31; Fischer § 96 Rn. 5). Sie verdrängt die subsidiären §§ 98, 99 (→ § 98 Rn. 7; → § 99 Rn. 8). Mit § 353b I ist Tateinheit möglich; § 353b II wird verdrängt.

10 **10.** Räumlicher Geltungsbereich § 5 Nr. 4 (→ § 5 Rn. 3). DDR-Alttaten → § 2 Rn. 23. Nebenfolgen, Einziehung §§ 101, 101a. Anzeigepflicht § 138 I Nr. 3. Vermögensbeschlagnahme § 443 StPO. Zuständigkeit und Verfahren → § 80 Rn. 6; speziell zur Verfolgung von Straftaten gegen die äußere Sicherheit Müller/Wache FS Rebmann, 1989, 321.

§ 95 Offenbaren von Staatsgeheimnissen

(1) **Wer ein Staatsgeheimnis, das von einer amtlichen Stelle oder auf deren Veranlassung geheimgehalten wird, an einen Unbefugten gelangen läßt oder öffentlich bekanntmacht und dadurch die Gefahr eines schweren Nachteils für die äußere Sicherheit der Bundesrepublik Deutschland herbeiführt, wird mit Freiheitsstrafe von sechs Monaten bis zu fünf Jahren bestraft, wenn die Tat nicht in § 94 mit Strafe bedroht ist.**

(2) **Der Versuch ist strafbar.**

(3) [1]**In besonders schweren Fällen ist die Strafe Freiheitsstrafe von einem Jahr bis zu zehn Jahren.** [2]**§ 94 Abs. 2 Satz 2 ist anzuwenden.**

1. Die Vorschrift gliedert aus dem Landesverratstatbestand solches **Offenbaren** 1
von Staatsgeheimnissen aus, das nicht besonders gefährlich oder verwerflich ist und daher die Brandmarkung als Landesverrat nicht verdient. Dadurch wird der früher unbefriedigend geregelte **publizistische Landesverrat** (dazu ua Stratenwerth, Publizistischer Landesverrat, 1965) angemessen berücksichtigt.

2. Abs. 1 unterscheidet sich von § 94 I Nr. 2 allein dadurch, dass 2

a) das Staatsgeheimnis zurzeit der Tat **von einer amtlichen Stelle oder auf deren Veranlassung geheimgehalten** wird. Dieses zusätzliche Merkmal erhöht das allgemeine Sicherheitsrisiko, soll aber dem Täter (namentlich Journalisten) durch seine Warnfunktion hilfreich sein (krit. Lüttger JR 1969, 121 (125)). **Amtliche Stelle** ist die zur Erfüllung eines bestimmt umrissenen Kreises staatlicher Aufgaben berufene Stelle, ohne Rücksicht auf ihre Behördeneigenschaft, so dass auch Parlamentsausschüsse, militärische Dienststellen usw einbezogen sind. Erforderlich ist **faktische Geheimhaltung;** es müssen tatsächliche Vorkehrungen (zB formelle Sekretur (→ § 93 Rn. 7) oder Verpflichtung der Eingeweihten zur Verschwiegenheit) getroffen sein, die auf die Erhaltung der Zugänglichkeit nur für einen begrenzten Personenkreis abzielen (→ § 93 Rn. 2; Lüttger GA 1970, 129 (149)); sie sind schon vor Entstehung des Staatsgeheimnisses möglich (zB Entwicklungsauftrag mit Geheimhaltungsauflage, Krauth/Kurfess/Wulf JZ 1968, 609 (611) zur Vergabe von Aufträgen an private Rüstungsunternehmen Schmidt in LK-StGB Rn. 4); **Gelangenlassen** des Staatsgeheimnisses **an einen Unbefugten** oder **öffentliches Bekanntmachen** muss muss **konkrete Gefahr** eines schweren Nachteils für die äußere Sicherheit der Bundesrepublik (→ § 94 Rn. 4) zur Folge haben, was selbständig festgestellt werden muss (BGHSt 63, 288 = NJW 2019, 2108);

b) die Offenbarung nicht in **Schädigungs- oder Begünstigungsabsicht** be- 3
gangen wird (→ § 94 Rn. 6).

3. Die Handlung nach Abs. 1 bildet den **vollen Unrechtstatbestand.** Da auch 4
außerhalb des in § 93 II geregelten Sonderbereichs Fälle denkbar sind, in denen das Interesse an öffentlicher Auseinandersetzung um die sachrichtige Gestaltung mit dem Interesse an der äußeren Sicherheit kollidiert, ist **Rechtfertigung** auf Grund einer Güter- und Interessenabwägung nicht notwendig ausgeschlossen (ebenso Paeffgen in NK-StGB Rn. 8, der aber auf § 34 abstellt). Maßstab sind die Grundsätze, die das BVerfG für das Verhältnis der Grundrechte zu den sie einschränkenden allgemeinen Gesetzen entwickelt hat (→ Vor § 32 Rn. 28; sa BVerfGE 20, 162 = NJW 1966, 1603; BGHSt 20, 342 = NJW 1966, 1227).

5 **4.** Die Vorschrift ist gegenüber § 94 **subsidiär** und geht, auch als Versuch (Schmidt in LK-StGB Rn. 10; aM Paeffgen in NK-StGB Rn. 11), dem § 96 II als einer Vorbereitungshandlung vor (BGHSt 6, 385 = BeckRS 1954, 30373323). Im Übrigen → § 94 Rn. 3–5, 8–10.

§ 96 Landesverräterische Ausspähung; Auskundschaften von Staatsgeheimnissen

(1) **Wer sich ein Staatsgeheimnis verschafft, um es zu verraten (§ 94), wird mit Freiheitsstrafe von einem Jahr bis zu zehn Jahren bestraft.**

(2) [1]**Wer sich ein Staatsgeheimnis, das von einer amtlichen Stelle oder auf deren Veranlassung geheimgehalten wird, verschafft, um es zu offenbaren (§ 95), wird mit Freiheitsstrafe von sechs Monaten bis zu fünf Jahren bestraft.** [2]**Der Versuch ist strafbar.**

1 **1. a) Landesverräterische Ausspähung** nach Abs. 1 ist eine zum Tatbestand verselbständigte **Vorbereitungshandlung** zum Landesverrat (§ 94), bei der auch strafbarer Versuch (BGHSt 6, 385 = BeckRS 1954, 30373323) und versuchte Beteiligung nach § 30 (BGHSt 6, 346) möglich sind (str.).

2 **b) Auskundschaften von Staatsgeheimnissen** nach Abs. 2 ist verselbständigte **Vorbereitungshandlung** zu § 95, bei der versuchte Beteiligung (§ 30) nicht mit Strafe bedroht ist.

3 **2. Verschaffen** ist jede Handlung, durch die der Täter bei körperlichen Gegenständen Gewahrsam (ohne Rücksicht auf Kenntnis), in den übrigen Fällen Kenntnis erlangt. Wer ohne sein Zutun ein Staatsgeheimnis erfährt, verschafft es sich nicht.

4 **3.** Der **Vorsatz** (bedingter genügt) muss mit Verrats- oder Offenbarungs**absicht** (Zielvorstellung, → § 15 Rn. 20) verbunden sein; dass sie erst nach der Tathandlung gefasst wird, genügt nicht (ebenso Paeffgen in NK-StGB Rn. 7). Für Abs. 2 ist darüber hinaus hinsichtlich der konkreten Gefahr für die äußere Sicherheit der Bundesrepublik bedingter Vorsatz erforderlich (OLG Düsseldorf Beschl. v. 2.7.2018 – III-6 StS 3/18; Fischer Rn. 3).

5 **4. Rücktritt** vom Versuch des Landesverrats oder der Offenbarung von Staatsgeheimnissen (§§ 94, 95) macht die vollendete Tat nach § 96 trotz ihres bloßen Vorbereitungscharakters (→ Rn. 1) nicht straffrei; auch § 98 II ist auf diese Tat nicht entsprechend anwendbar (hM; anders Sternberg-Lieben in Schönke/Schröder Rn. 16).

6 **5.** Über das **Verhältnis zu §§ 94, 95, 98, 99** → § 94 Rn. 9; → § 95 Rn. 5; → § 98 Rn. 7; → § 99 Rn. 8.

7 **6.** Räumlicher Geltungsbereich § 5 Nr. 4 (→ § 5 Rn. 3). Nebenfolgen, Einziehung §§ 101, 101 a. Anzeigepflicht § 138 I Nr. 3. Vermögensbeschlagnahme § 443 StPO. Zuständigkeit und Verfahren → § 80 a Rn. 5; → § 94 Rn. 10.

§ 97 Preisgabe von Staatsgeheimnissen

(1) **Wer ein Staatsgeheimnis, das von einer amtlichen Stelle oder auf deren Veranlassung geheimgehalten wird, an einen Unbefugten gelangen läßt oder öffentlich bekanntmacht und dadurch fahrlässig die Gefahr eines schweren Nachteils für die äußere Sicherheit der Bundesrepublik Deutschland verursacht, wird mit Freiheitsstrafe bis zu fünf Jahren oder mit Geldstrafe bestraft.**

(2) **Wer ein Staatsgeheimnis, das von einer amtlichen Stelle oder auf deren Veranlassung geheimgehalten wird und das ihm kraft seines Amtes, seiner Dienststellung oder eines von einer amtlichen Stelle erteilten Auftrags zugänglich war, leichtfertig an einen Unbefugten gelangen läßt und dadurch fahrlässig die Gefahr eines schweren Nachteils für die äußere Sicherheit der Bundesrepublik Deutschland verursacht, wird mit Freiheitsstrafe bis zu drei Jahren oder mit Geldstrafe bestraft.**

(3) **Die Tat wird nur mit Ermächtigung der Bundesregierung verfolgt.**

1. Die Vorschrift betrifft die **fahrlässige** Gefährdung der äußeren Sicherheit durch **Preisgabe von Staatsgeheimnissen.** 1

2. Abs. 1 unterscheidet sich von § 95 allein dadurch, dass dem Täter im Hinblick auf die Gefährdung der äußeren Sicherheit nur **Fahrlässigkeit** (→ § 15 Rn. 35) zur Last fällt (BGH MDR 1963, 426); die Tathandlung muss jedoch **vorsätzlich** begangen sein. Zur Behandlung dieser Vorsatz-Fahrlässigkeits-Kombination als Vorsatztat im Hinblick auf Teilnahme usw → § 11 Rn. 23–25. 2

3. Auch **Abs. 2,** der nur für Täter gilt, denen das Staatsgeheimnis dienstlich oder kraft Auftrages zugänglich ist, lässt für die Gefährdung Fahrlässigkeit genügen (→ Rn. 2). Für das Staatsgeheimnis selbst und seine Zugänglichkeit wird dagegen **Vorsatz** (bedingter genügt; Fischer Rn. 4; aM Sternberg-Lieben in Schönke/Schröder, Rn. 14, Leichtfertigkeit) und für die Tathandlung **Leichtfertigkeit** (→ § 15 Rn. 55) vorausgesetzt (ebenso Paeffgen in NK-StGB Rn. 16, 17). Hauptanwendungsfall ist das Liegenlassen oder Verlieren von geheimen Akten. 3

4. Zwischen Abs. 1 und §§ 98, 99 ist **Tateinheit** möglich. 4

5. Räumlicher Geltungsbereich § 5 Nr. 4 (→ § 5 Rn. 3). Ermächtigung → § 77 e Rn. 1, 2. Nebenfolgen, Einziehung §§ 101, 101 a. Zuständigkeit und Verfahren → § 80 Rn. 6; → § 94 Rn. 10. 5

§ 97a Verrat illegaler Geheimnisse

[1]Wer ein Geheimnis, das wegen eines der in § 93 Abs. 2 bezeichneten Verstöße kein Staatsgeheimnis ist, einer fremden Macht oder einem ihrer Mittelsmänner mitteilt und dadurch die Gefahr eines schweren Nachteils für die äußere Sicherheit der Bundesrepublik Deutschland herbeiführt, wird wie ein Landesverräter (§ 94) bestraft. [2]§ 96 Abs. 1 in Verbindung mit § 94 Abs. 1 Nr. 1 ist auf Geheimnisse der in Satz 1 bezeichneten Art entsprechend anzuwenden.

1 **1.** Die Vorschrift ist eine **Folgerung aus § 93 II** (→ § 93 Rn. 8–12). Da nach dem Gesetz im Kollisionsfalle das Allgemeininteresse an der Wahrung der äußeren Sicherheit hinter dem an der Aufdeckung und Beseitigung einer iSd § 93 II rechtswidrigen Tatsache zurückzutreten hat (→ § 93 Rn. 11), ist deren Mitteilung oder öffentliche Bekanntmachung grds. nicht (nach § 94 I Nr. 2, §§ 95, 96 I oder § 96 II) mit Strafe bedroht und deshalb nicht tatbestandsmäßig (krit. Breithaupt NJW 1968, 1712). Ausgenommen ist nur, wer die Tatsache unmittelbar der fremden Macht oder einem ihrer Mittelsmänner mitteilt (→ § 94 Rn. 2) oder im Falle der Ausspähung (§ 96 I) mitzuteilen beabsichtigt; denn er entzieht die Tatsache zugleich der öffentlichen Erörterung und schließt damit schon die Möglichkeit der beschriebenen Interessenkollision aus.

2 **2.** Die Anwendung des § 97a besteht darin, dass in § 94 I Nr. 1, II und in § 96 I iVm § 94 I Nr. 1 an die Stelle des Staatsgeheimnisses das Geheimnis iSd § 93 II tritt. Die Ausführungen unter → § 94 Rn. 2, 4, 5, 8–10; → § 96 Rn. 1, 4–6 gelten daher sinngemäß. Ob der Täter das Geheimnis für ein Staatsgeheimnis oder ein solches nach § 93 II hält, ist unerheblich; denn zwischen §§ 94 I Nr. 1, 96 I einerseits und § 97a andererseits ist Wahlfeststellung zulässig (ebenso Sternberg-Lieben in Schönke/Schröder, Rn. 2).

§ 97b Verrat in irriger Annahme eines illegalen Geheimnisses

(1) [1]**Handelt der Täter in den Fällen der §§ 94 bis 97 in der irrigen Annahme, das Staatsgeheimnis sei ein Geheimnis der in § 97a bezeichneten Art, so wird er, wenn**

1. **dieser Irrtum ihm vorzuwerfen ist,**
2. **er nicht in der Absicht handelt, dem vermeintlichen Verstoß entgegenzuwirken, oder**
3. **die Tat nach den Umständen kein angemessenes Mittel zu diesem Zweck ist,**

nach den bezeichneten Vorschriften bestraft. [2]**Die Tat ist in der Regel kein angemessenes Mittel, wenn der Täter nicht zuvor ein Mitglied des Bundestages um Abhilfe angerufen hat.**

(2) [1]**War dem Täter als Amtsträger oder als Soldat der Bundeswehr das Staatsgeheimnis dienstlich anvertraut oder zugänglich, so wird er auch dann bestraft, wenn nicht zuvor der Amtsträger einen Dienstvorgesetzten, der Soldat einen Disziplinarvorgesetzten um Abhilfe angerufen hat.** [2]**Dies gilt für die für den öffentlichen Dienst besonders Verpflichteten und für Personen, die im Sinne des § 353b Abs. 2 verpflichtet worden sind, sinngemäß.**

1 **1.** Die **besondere Irrtumsvorschrift** des § 97b, für die es kein Vorbild gibt, ist ebenso wie § 97a eine Folgerung aus § 93 II. Sie gilt nur, wenn der Tathandlung **objektiv** ein **wirkliches Staatsgeheimnis** zugrundeliegt, der Täter **subjektiv** – in Folge Tatbestands- oder Subsumtionsirrtums (Hirsch NJW 1968, 2330) – aber ein Geheimnis nach § 93 II annimmt (Walter Kern des Strafrechts S. 437).

2 **2.** Der Täter ist **ungeachtet seines Irrtums** (→ Rn. 1) nach den §§ 94–97 strafbar, wenn **eine** der Voraussetzungen des **Abs. 1 S. 1 Nr. 1–3** erfüllt ist.

a) Nr. 1: Der Irrtum ist dem Täter vorzuwerfen, wenn dieser den Sorgfaltsmaßstab, der für die Fahrlässigkeit gilt (→ § 15 Rn. 37, 39, 40), verletzt hat. Maßgebend ist danach, ob er bei Anwendung der Sorgfalt, die in seiner Lage objektiv geboten und zu welcher er subjektiv auch fähig war, erkennen bzw. durch Nachforschung klären konnte, dass er es mit einem Staatsgeheimnis zu tun hatte (Bedenken bei Paeffgen in NK-StGB Rn. 8). Auf eine besondere Gewissensanspannung (→ § 17 Rn. 7) kommt es nicht an (BT-Drs. V/2860, 20).

b) Nr. 2: Die **Absicht,** deren Fehlen erwiesen sein muss (sonst in dubio pro reo), bedeutet hier zielgerichtetes Wollen (hM; → § 15 Rn. 20; anders Paeffgen, Der Verrat in irriger Annahme eines illegalen Geheimnisses (§ 97b StGB) und die allgemeine Irrtumslehre, 1979, S. 196; Paeffgen in NK-StGB Rn. 10). Dass der Täter neben dieser Absicht noch andere Zwecke verfolgt, schadet ihm nicht. Da **in Fällen des § 97 II** (leichtfertige Preisgabe von Staatsgeheimnissen) die erforderliche Absicht notwendig fehlt, ist Nr. 2 (und daraus folgend auch Nr. 3) insoweit nicht anwendbar (hM; vgl. Schmidt in LK-StGB Rn. 3). 3

c) Nr. 3: Die hier in Anlehnung an § 34 S. 2 (→ § 34 Rn. 6) formulierte **Mittel-Zweck-Relation** erfordert eine Güter- und Interessenabwägung, für die namentlich bedeutsam sind: die Schwere der vermeintlich dem Geheimnis zu Grunde liegenden Rechtsverletzung, die Eignung des Täterverhaltens zu deren Aufdeckung und Beseitigung, das Maß und die Nähe der Gefahr für die äußere Sicherheit und etwa bestehende Möglichkeiten, den Zweck mit schonenderen Mitteln zu erreichen. S. 2 weist auf ein idR schonenderes Mittel hin und begründet zugleich die Befugnis des Abgeordneten, in solchen Fällen von einem Staatsgeheimnis Kenntnis zu nehmen (→ § 94 Rn. 3). 4

3. Abs. 2 liegt die generelle Wertentscheidung zugrunde, dass eine unter seinen Voraussetzungen begangene Tat niemals ein angemessenes Mittel ist, um dem vermeintlichen Verstoß entgegenzuwirken; die Notwendigkeit der Anrufung des Vorgesetzten kann daher nicht wegen Aussichtslosigkeit verneint werden. 5

4. Der **dogmatische Gehalt** des § 97b ist zweifelhaft. Der BT hält ihn für einen selbständigen Tatbestand (BT-Drs. V/2860, 20). Dem ist die Wissenschaft überwiegend gefolgt (Sternberg-Lieben in Schönke/Schröder, Rn. 1). Demgegenüber versteht Paeffgen, Der Verrat in irriger Annahme eines illegalen Geheimnisses (§ 97b StGB) und die allgemeine Irrtumslehre, 1979, S. 229 ihn als Sonderregelung des Erlaubnistatbestands- und des Erlaubnisirrtums (→ § 17 Rn. 9–19) in Bezug auf den Rechtfertigungsgrund des § 93 II (→ § 93 Rn. 10), während Jescheck (FS Engisch, 1969, 584) ihn als negativ formulierten Rechtfertigungsgrund einordnet. Nach allen Lösungsansätzen ist die Vorschrift mit dem Schuldprinzip nicht voll vereinbar (hM; anders Schmidt in LK-StGB Rn. 13–18). Verfassungskonforme Auslegung erfordert mindestens eine Milderung des Strafrahmens (Paeffgen, Der Verrat in irriger Annahme eines illegalen Geheimnisses (§ 97b StGB) und die allgemeine Irrtumslehre, 1979, S. 170; Paeffgen in NK-StGB Rn. 23); darüber hinaus werden jedoch auch – allerdings in verschiedenem Umfang – Teile der Vorschrift für verfassungswidrig gehalten oder weiterreichende Einschränkungen durch verfassungskonforme Auslegung gefordert (zB Lüttger JR 1969, 121 (130); Klug FS Baumgärtel, 1990, 249 (252); Fischer Rn. 2, 8). 6

§ 98 Landesverräterische Agententätigkeit

(1) [1]**Wer**

1. **für eine fremde Macht eine Tätigkeit ausübt, die auf die Erlangung oder Mitteilung von Staatsgeheimnissen gerichtet ist, oder**
2. **gegenüber einer fremden Macht oder einem ihrer Mittelsmänner sich zu einer solchen Tätigkeit bereit erklärt,**

wird mit Freiheitsstrafe bis zu fünf Jahren oder mit Geldstrafe bestraft, wenn die Tat nicht in § 94 oder § 96 Abs. 1 mit Strafe bedroht ist. [2]In besonders schweren Fällen ist die Strafe Freiheitsstrafe von einem Jahr bis zu zehn Jahren; § 94 Abs. 2 Satz 2 Nr. 1 gilt entsprechend.

(2) [1]**Das Gericht kann die Strafe nach seinem Ermessen mildern (§ 49 Abs. 2) oder von einer Bestrafung nach diesen Vorschriften absehen, wenn der Täter freiwillig sein Verhalten aufgibt und sein Wissen einer Dienststelle offenbart. [2]Ist der Täter in den Fällen des Absatzes 1 Satz 1 von der fremden Macht oder einem ihrer Mittelsmänner zu seinem Verhalten gedrängt worden, so wird er nach dieser Vorschrift nicht bestraft, wenn er freiwillig sein Verhalten aufgibt und sein Wissen unverzüglich einer Dienststelle offenbart.**

1 **1.** Die Vorschrift ist ein **abstrakter Gefährdungstatbestand.** Sie erfasst nicht nur Vorbereitungshandlungen zum Landesverrat (§ 94) oder zur Ausspähung (§ 96 I), sondern deckt deren Vorfeld ohne Rücksicht darauf ab, ob schon ein bestimmter Tatplan besteht. Mit § 99 überschneidet sie sich weit. Der Unterschied zwischen beiden Vorschriften besteht darin, dass § 98 nur die letztlich auf Landesverrat abzielende Ausforschung im Auge hat, dafür aber die Art der Tätigkeit nicht kennzeichnet, während § 99 nur geheimdienstliche Tätigkeit betrifft, dafür aber jede Ausforschung genügen lässt. Zur Entstehungsgeschichte Paeffgen in NK-StGB Rn. 1, 2.

2 **2. a) Abs. 1 Nr. 1:** Eine **Tätigkeit,** dh positives Tun (BT-Drs. V/2860, 21; Paeffgen in NK-StGB Rn. 6), ist **auf die Erlangung oder Mitteilung von Staatsgeheimnissen gerichtet,** wenn sie den Zweck verfolgt, entweder zu erreichen oder dem Ziel näherzukommen (BGHSt 25, 145 = NJW 1973, 1288), dass Staatsgeheimnisse (→ § 93 Rn. 1–7) – sei es unmittelbar oder mittelbar durch weitere Handlungen oder mit Hilfe anderer – erlangt oder mitgeteilt werden; dass sich der Täter zuvor dem Beziehungspartner gegenüber zu solcher Tätigkeit bereit erklärt hat, ist nicht erforderlich (BGHSt 25, 145 = NJW 1973, 1288). Die Erlangung oder Mitteilung braucht – ohne Konkretisierung auf bestimmte Geheimnisse – nur Endzweck der Tätigkeit zu sein. Auf ihn muss es dem Täter ankommen; dass lediglich der Beziehungspartner diesen Zweck verfolgt, genügt nicht (BGHSt 18, 336 = NJW 1963, 2283 ist überholt). Auch die sog. Scheintätigkeit, die zwar äußerlich betrachtet auf die Erlangung von Staatsgeheimnissen gerichtet ist, aber unter dem geheimen Vorbehalt steht, den Endzweck in Wahrheit nicht zu wollen, erfüllt den Tatbestand nicht (hM; vgl. Paeffgen in NK-StGB Rn. 10; Rudolphi in SK-StGB Rn. 8, 10; krit. Lackner ZStW 78 (1966), 695 (702)). **Fremde Macht** → § 93 Rn. 3; Handeln **„für"** die Macht setzt nicht unbedingt einen Auftrag oder eine schon bestehende Beziehung voraus (BGHSt 25, 145 = NJW 1973, 1288).

3 **b) Abs. 1 Nr. 2: Sich-bereit-erklären** erfordert wie § 30 II (→ § 30 Rn. 6) die ernst gemeinte, dem Empfänger zugegangene (hM; OLG Celle NJW 1991, 579;

Paeffgen in NK-StGB Rn. 12; anders Sternberg-Lieben in Schönke/Schröder, Rn. 13) Kundgabe der Bereitwilligkeit zur Tätigkeit nach Nr. 1 (BT-Drs. V/2860, 21).

3. Rechtfertigung namentlich möglich durch amtlichen Auftrag (Schmidt in LK-StGB § 99 Rn. 15). 4

4. Zu **Abs. 1 S. 2** (besonders schwere Fälle) → § 46 Rn. 11–21; → § 94 Rn. 8. 5

5. Zur **tätigen Reue** (Abs. 2) → § 24 Rn. 29. Abweichend von § 87 III (→ § 87 Rn. 7) kommt es bei S. 1 auf Rechtzeitigkeit der Offenbarung nicht an; zum umstrittenen Umfang der Offenbarungspflicht Jeßberger, Kooperation und Strafzumessung, 1999, S. 562. „Gedrängt worden" (S. 2) erfordert als Erfolg eine psychische Drucksituation des Täters (BT-Drs. V/2860, 22; Paeffgen in NK-StGB Rn. 25; hier ist unverzügliches Offenbaren nach Beendigung der Zwangssituation verlangt, Sternberg-Lieben in Schönke/Schröder, Rn. 31). 6

6. Agententätigkeit (iSd §§ 98, 99) ist kein Dauerdelikt (so zu § 99 BGHSt 42, 215 = NJW 1996, 3424; BGHSt 43, 1 (3) = NJW 1997, 1715 mit Bespr. Rudolphi NStZ 1997, 487; Schlüchter/Duttge/Klumpe JZ 1997, 995; Paeffgen JR 1999, 89, Lampe/Schneider GA 1999, 105; Rissing-van Saan FS BGH, 2000, 475 (483); → Vor § 52 Rn. 11; krit. Lampe in Geisler, Zur Rechtswirklichkeit nach Wegfall der „fortgesetzten Tat", 1998, S. 95, 101; str.). Mehrere Tätigkeitsakte, die der Täter im Rahmen derselben Beziehung und deren normalem Ablauf entsprechend vornimmt, werden durch den Tatbestand zu einer Bewertungseinheit verbunden (BGHSt 43, 1 (3) = NJW 1997, 1715; Rissing-van Saan FS BGH, 2000, 475 (485); Brähler, Die rechtliche Behandlung von Serienstraftaten und -ordnungswidrigkeiten, 2000, S. 358; krit. Rudolphi NStZ 1997, 487; Paeffgen JR 1999, 89. Beendigt (iSd § 78a) werden soll die Tat nach der Rspr. erst durch den endgültigen Abbruch der Beziehung (BGHSt 43, 1 (7) = NJW 1997, 1715; BGHSt 43, 125 (127) = NJW 1997, 2609; sowie BGHSt 43, 321 (323) = NJW 1998, 1723; Fischer § 99 Rn. 10; diff. zwischen § 98 und § 99 Schmidt in LK-StGB Rn. 6a; aM Paeffgen in NK-StGB Rn. 11; beachte die Kritik in → § 78a Rn. 6). Wenn die strafbare Tätigkeit jedoch schon vorher nicht nur ganz vorübergehend aus Gründen unterbrochen wird, die nicht durch den Inhalt der Beziehung vorgegeben sind, kann das zeitliche Intervall der Annahme einer durchgehenden Handlungseinheit entgegenstehen (BGHSt 42, 215 = NJW 1996, 3424; Brähler, Die rechtliche Behandlung von Serienstraftaten und -ordnungswidrigkeiten, 2000, 359; Rissing-van Saan FS BGH, 2000, 475; krit. dazu Lampe in Geisler, Zur Rechtswirklichkeit nach Wegfall der „fortgesetzten Tat", 1998, S. 103; weiter noch BGHSt 28, 169 = NJW 1979, 54; str.). Treffen mit den Tätigkeitsakten der Bewertungseinheit schwerer wiegende Taten zusammen, so kommt Entklammerung in Frage (→ § 52 Rn. 5). Gegenüber §§ 94, 96 I (einschließlich § 30) besteht **formelle Subsidiarität,** die auch dann gilt, wenn sich die vorausgegangene Tätigkeit nicht nur auf das durch den Landesverrat oder die Ausspähung erfasste bestimmte Staatsgeheimnis bezogen hat (BGHSt 24, 72 (79) = NJW 1971, 715; Schmidt in LK-StGB § 99 Rn. 24; aM Sternberg-Lieben in Schönke/Schröder, § 98 Rn. 35, 36, § 99 Rn. 36; zw.); jedoch ist uU die Sperrwirkung des verdrängten Gesetzes zu beachten, wenn die Tätigkeit als besonders schwerer Fall nach Abs. 1 S. 2 zu beurteilen wäre (→ Vor § 52 Rn. 29; ebenso Paeffgen in NK-StGB Rn. 18). Dem § 109f geht § 98 vor (BayObLG MDR 1959, 1029). Mit §§ 99, 109g (→ § 99 Rn. 5), § 353b ist **Tateinheit** möglich. 7

8 **7.** Räumlicher Geltungsbereich § 5 Nr. 4 (→ § 5 Rn. 3). Nebenfolgen, Einziehung §§ 101, 101 a. Zuständigkeit und Verfahren → § 80 a Rn. 5; → § 94 Rn. 10.

§ 99 Geheimdienstliche Agententätigkeit

(1) **Wer**

1. **für den Geheimdienst einer fremden Macht eine geheimdienstliche Tätigkeit gegen die Bundesrepublik Deutschland ausübt, die auf die Mitteilung oder Lieferung von Tatsachen, Gegenständen oder Erkenntnissen gerichtet ist, oder**
2. **gegenüber dem Geheimdienst einer fremden Macht oder einem seiner Mittelsmänner sich zu einer solchen Tätigkeit bereit erklärt,**

wird mit Freiheitsstrafe bis zu fünf Jahren oder mit Geldstrafe bestraft, wenn die Tat nicht in § 94 oder § 96 Abs. 1, in § 97 a oder in § 97 b in Verbindung mit § 94 oder § 96 Abs. 1 mit Strafe bedroht ist.

(2) [1]**In besonders schweren Fällen ist die Strafe Freiheitsstrafe von einem Jahr bis zu zehn Jahren.** [2]**Ein besonders schwerer Fall liegt in der Regel vor, wenn der Täter Tatsachen, Gegenstände oder Erkenntnisse, die von einer amtlichen Stelle oder auf deren Veranlassung geheimgehalten werden, mitteilt oder liefert und wenn er**

1. **eine verantwortliche Stellung mißbraucht, die ihn zur Wahrung solcher Geheimnisse besonders verpflichtet, oder**
2. **durch die Tat die Gefahr eines schweren Nachteils für die Bundesrepublik Deutschland herbeiführt.**

(3) **§ 98 Abs. 2 gilt entsprechend.**

1 **1.** Die Vorschrift schützt als umfassender **Spionagetatbestand** gegen spezifisch **geheimdienstliche Tätigkeit** (zusf. und zT krit. Schroeder NJW 1981, 2278; sa Lackner ZStW 78 (1966), 695; → § 98 Rn. 1). Zentrale Staatsschutzvorschrift im Zusammenhang mit Spionagetätigkeit (v. Morr/Hacke Jura 2015, 795 (796); sa schon Zabek NStZ 1993, 668 (671)). Zu ihrer Verfassungsmäßigkeit BVerfGE 57, 250 = NJW 1981, 1719 (krit. Paeffgen in NK-StGB Rn. 4).

2 **2. a) Abs. 1 Nr. 1: Geheimdienst** erfordert eine idR im staatlichen Bereich (BT-Drs. V/2860, 22) organisierte Einrichtung (einschließlich Tarneinrichtungen), die ganz oder zT der Beschaffung und Auswertung von Nachrichten aus fremden Machtbereichen dient, ihre Tätigkeit in diesen Bereichen vor den fremden Behörden geheimhält und daher konspirative Methoden anwendet (Hegmann/Stuppi in MüKoStGB Rn. 6; Schmidt in LK-StGB Rn. 5; krit. zu dieser Definition Anders FS Kühne, 2013, 61 (72)).

3 aa) **Ausüben geheimdienstlicher Tätigkeit** erfordert positives Tun (→ § 98 Rn. 2), das nicht notwendig auf gewisse Dauer angelegt sein muss, sondern auch in einem einmaligen Verhalten bestehen kann (BGHSt 31, 317 = NJW 1984, 184 mAnm Schroeder JZ 1983, 671; Stree NStZ 1983, 551; BGH NJW 2015, 2053; Schmidt in LK-StGB Rn. 3; zurückhaltender BGH NStZ-RR 2005, 305 mAnm Schmidt/Wolff NStZ 2006, 161). Es muss aber nach seinem äußeren Erscheinungsbild Umstände enthalten, die für Agenten und Hilfspersonen solcher Dienste kennzeichnend sind und deutlich machen, dass unmittelbar oder mittelbar (BGH NStZ

1986, 165) Nachrichten oder Gegenstände zugespielt werden sollen. Regelmäßig, aber nicht notwendig, geht das mit Heimlichkeit und konspirativer Zusammenarbeit einher (BT-Drs. V/2860, 22; einschr. Paeffgen in NK-StGB Rn. 10; krit. Stree NStZ 1983, 551 vgl. auch Anders FS Kühne, 2013, 61 (73)); eine Eingliederung in die Organisation des Geheimdienstes ist nicht unbedingt erforderlich (BGHSt 24, 369 = NJW 1972, 1957; BGH NJW 1977, 1300; sa BGHSt 25, 145 = NJW 1973, 1288), wohl aber in dessen Ausforschungsbemühungen (BGH NStZ 2007, 93 (94); sa Schäfer/Feilcke NStZ-RR 2008, 297). Wer lediglich in einer nicht von ihm selbst herbeigeführten Vernehmung – sei es auch freiwillig – Angaben macht und sich dabei nicht durch aktive Mitarbeit funktionell in den fremden Dienst einordnet, übt keine solche Tätigkeit aus (BVerfGE 57, 250 (265) = NJW 1981, 1719; BGHSt 24, 369 = NJW 1972, 1957; BGHSt 30, 294 = NJW 1982, 837; Paeffgen in NK-StGB Rn. 8, 15; sa BGHSt 43, 125 (127) = NJW 1997, 2609; Träger/Mayer/Krauth FS BGH, 1975, 227 (246); weiter BayObLG NJW 1971, 1417; Sternberg-Lieben in Schönke/Schröder, Rn. 8, 10; zu eng Pabst JZ 1977, 427). Die Tarnung der Lieferung von Gegenständen genügt nicht, wenn sie nicht auf das Ausforschen und die Gewinnung von Informationen gerichtet ist (BGH NStZ-RR 2006, 303; StV 2006, 466; NStZ 2007, 93 zur Lieferung von Rüstungsgütern in den Iran; Müller-Jacobsen FS Widmaier, 2008, 693; krit. Schmidt in LK-StGB Rn. 6, 7; für die Erfassung sog. Proliferation Zabeck NStZ 2008, 668). Ob es neben den vom Tatbestand erfassten Tätigkeiten noch Raum für Beihilfehandlungen gibt, ist umstritten (dagegen BGHSt 24, 369 (377) = NJW 1972, 1957; Wolter in SK-StGB Rn. 16; dafür Fischer Rn. 14). Jedenfalls scheidet nach dem Zweck der Vorschrift **Beihilfe** aus, wenn jemand als Objekt der Ausforschungstätigkeit eines fremden Geheimdienstes (zB beim Verhör) Auskünfte erteilt, ohne selbst geheimdienstlich tätig zu sein (BGHSt 24, 369 (377) = NJW 1972, 1957; Sternberg-Lieben in Schönke/Schröder, Rn. 22). – **Handeln für** den Geheimdienst einer fremden Macht → § 93 Rn. 3; → § 98 Rn. 2. Die Tätigkeit ist auch dann auf die **Mitteilung oder Lieferung von Tatsachen, Gegenständen oder Erkenntnissen** (→ § 93 Rn. 1) gerichtet, wenn der Täter nur mittelbar (etwa als Inspekteur, Kurier, Probeagent usw) diesem Zweck dient (BGHSt 31, 317 = NJW 1984, 184 mAnm Schroeder JZ 1983, 671). Von Abs. 1 nicht erfasst werden dagegen die Repräsentanten des fremden Geheimdienstes (→ § 94 Rn. 2).

bb) Tätigkeit **„gegen die Bundesrepublik Deutschland"** setzt voraus, dass **4** sie in deren Gebiet belegene Angelegenheiten betrifft (BGHSt 32, 104 (107) = NJW 1984, 2769; OLG Stuttgart Justiz 2014, 56) und deren Interessen, also nicht lediglich Interessen einzelner Personen oder Gruppen, verletzt, so dass sie inhaltlich einen Antagonismus zu den bundesdeutschen Interessen aufweist (BGH NStZ 2018, 590); danach werden nicht nur staatliche Angelegenheiten im strengen Sinne und „gemeinschaftliche" Angelegenheiten der NATO (BGH bei Holtz MDR 1980, 105) erfasst, sondern uU auch Angelegenheiten der Parteipolitik, Wirtschaft, Wissenschaft usw, aber auch die legale Ausübung wesentlicher Grundrechte wie Art. 5 GG (BGH NStZ-RR 2017, 275), sofern sie zugleich eigene Interessen der Bundesrepublik sind (BT-Drs. V/2860, 23; einschr. Sternberg-Lieben in Schönke/Schröder Rn. 19–21; sa Schroeder NJW 1981, 2278 (2282); Jerouschek/Kölbel NJW 2001, 1601); selbst Angelegenheiten von Ausländerorganisationen sind nicht notwendig ausgeschlossen (sehr weit BGHSt 29, 325 = NJW 1980, 2653; BGHSt 60, 158 = NJW 2015, 2053; BGH NStZ 2017, 153 und NStZ-RR 2019, 177; Hegmann/Stuppi in MüKoStGB Rn. 15); dafür kommt es nicht darauf an, ob das ausländische Zielobjekt „im Lager" der Bundesrepublik steht (so noch KG NStZ

2004, 209 und → 29. Aufl. 2018; krit. dazu Lampe NStZ 2004, 210 (212), der drei Fallgruppen geheimdienstlicher Tätigkeit gegenüber Ausländern bildet; krit. jetzt auch KG NStZ 2008, 573), so dass das Ausspionieren eines hier lebenden Dissidenten durch den Geheimdienst aus der früheren Heimat ausreichen kann (BGH NStZ-RR 2019, 177; Safferling/Rückert ZStW 132 (2020), 367). Nicht gegen die Bundesrepublik richten sich aber Ausforschungsbemühungen gegen eine von der EU gelistete terroristische Vereinigung oder deren Mitglieder oder Unterstützer, sofern diese nicht deutsche Staatsangehörige sind (BGHSt 60, 158 = NJW 2015, 2053; BGH NStZ 2017, 153 und NStZ-RR 2019, 177). Gegen Drittländer zielende Tätigkeiten, bei denen ein Bezug zur Bundesrepublik nur über Staatsangehörigkeit und Wohnsitz eines möglichen Täters besteht, werden nicht erfasst (BGH NStZ 2006, 160 mAnm Schmidt/Wolff; aM KG NStZ 2008, 573 unter Verzicht auf die Lagerzugehörigkeit). Ausforschungsbemühungen, die auf die internen Verhältnisse der ehemaligen DDR gerichtet waren, erfüllen den Tatbestand nicht (BGHSt 43, 125 = NJW 1997, 2609). – Zur **Cyberspionage** de lege ferenda Safferling/Rückert ZStW 132 (2020), 367 (375).

5 b) **Abs. 1 Nr. 2: Sich bereit erklären** → § 98 Rn. 3.

6 **3.** Der **Vorsatz** muss namentlich das Ausüben geheimdienstlicher Tätigkeit umfassen. Hinsichtlich der Merkmale „Geheimdienst einer fremden Macht“ und „gegen die Bundesrepublik Deutschland“ genügt bedingter Vorsatz (BGHSt 31, 317 = NJW 1984, 184 mkritAnm Stree NStZ 1983, 551), allerdings mit der Einschränkung, dass der Täter sich jedenfalls zielgerichtet für einen (ihm möglicherweise nicht näher bekannten) „anderen“ einsetzt (so überzeugend Stree NStZ 1983, 551).

7 **4.** Zu **Abs. 2** (besonders schwere Fälle) BGHSt 28, 318 = NJW 1979, 1666 mit Bespr. Bruns JR 1979, 353; → § 46 Rn. 11–21.

8 **5.** Im Übrigen gelten die Ausführungen unter → § 98 Rn. 4, 6–8 mit den aus dem Sachzusammenhang ersichtlichen Abweichungen auch für § 99 (zu einem Grenzfall im Verhältnis zu § 94 beachte BGH NStZ 1996, 492).

§ 100 Friedensgefährdende Beziehungen

(1) **Wer als Deutscher, der seine Lebensgrundlage im räumlichen Geltungsbereich dieses Gesetzes hat, in der Absicht, einen Krieg oder ein bewaffnetes Unternehmen gegen die Bundesrepublik Deutschland herbeizuführen, zu einer Regierung, Vereinigung oder Einrichtung außerhalb des räumlichen Geltungsbereichs dieses Gesetzes oder zu einem ihrer Mittelsmänner Beziehungen aufnimmt oder unterhält, wird mit Freiheitsstrafe nicht unter einem Jahr bestraft.**

(2) [1]**In besonders schweren Fällen ist die Strafe lebenslange Freiheitsstrafe oder Freiheitsstrafe nicht unter fünf Jahren.** [2]**Ein besonders schwerer Fall liegt in der Regel vor, wenn der Täter durch die Tat eine schwere Gefahr für den Bestand der Bundesrepublik Deutschland herbeiführt.**

(3) **In minder schweren Fällen ist die Strafe Freiheitsstrafe von einem Jahr bis zu fünf Jahren.**

1 **1.** Die Vorschrift schützt den **Bestand der Bundesrepublik** (→ § 92 Rn. 2–4) **gegen friedensgefährdende Agententätigkeit.** Für illegitim hält sie wegen Feh-

lens eines objektiv erkennbaren Bezugs der tatbestandsmäßigen Handlung zum Rechtsgut Hefendehl FS Schroeder, 2006, 453 (474): die Verbindung über die Absicht (→ Rn. 4) reiche nicht.

2. **Täter** kann nur ein Deutscher (Art. 116 GG) mit Lebensgrundlage im räumlichen Geltungsbereich des Gesetzes sein (→ Vor § 3 Rn. 5; → § 5 Rn. 2). Die Tat ist echtes Sonderdelikt (→ Vor § 13 Rn. 33; Paeffgen in NK-StGB Rn. 2), die Täterqualität strafbegründendes besonderes persönliches Merkmal nach § 28 I (→ § 28 Rn. 2–7; Schmidt in LK-StGB Rn. 2). 2

3. **Aufnehmen** von Beziehungen setzt Übereinstimmung der Partner über den Beginn einer auf gewisse Dauer berechneten geistigen Verbindung voraus (so zu § 100e StGB aF BGH JZ 1961, 505; zu weit BayObLG GA 1963, 52; OLG Celle NJW 1965, 457, die schon das Angebot an die fremde Stelle genügen lassen ebenso Schmidt in LK-StGB Rn. 4; wie hier Fischer Rn. 3; Rudolphi in SK-StGB Rn. 5; Paeffgen in NK-StGB Rn. 6, klarer Verstoß gegen die Wortlautgrenze). Das **Unterhalten** von Beziehungen ist nach bisheriger Rspr. Dauerdelikt (BGHSt 15, 230; BGHSt 16, 252 = NJW 1962, 58; im Hinblick auf BGH NJW 1996, 3424 (→ § 98 Rn. 7) problematisch abl. Paeffgen in NK-StGB Rn. 7); zum Begriff des Unterhaltens OLG Celle NJW 1966, 1133. **Vereinigung** → § 129 Rn. 2. 3

4. Die **Absicht** (im Sinne zielgerichteten Wollens, → § 15 Rn. 20) nach Abs. 1 muss der Täter haben; dass der Beziehungspartner sie hat, genügt nicht. **Krieg und bewaffnetes Unternehmen** sind in der Vorstellung des Täters konkretisierte, dh nach Angriffsgegenstand, Ziel, Zeit, Ort und Art der Durchführung in den Grundzügen umrissene (Prot. 5, Nr. 1323; Schmidt in LK-StGB Rn. 5) Aktionen mit Waffengewalt gegen die Bundesrepublik von außen, nicht die Herbeiführung von inneren Unruhen oder Bürgerkrieg (ebenso Paeffgen in NK-StGB Rn. 10). 4

5. Zu **Abs. 2 und 3** (besonders schwere, minder schwere Fälle) → § 46 Rn. 7–21. **Schwer** ist eine Gefahr iSv Abs. 2 S. 2, wenn der drohende Nachteil den Bestand der Bundesrepublik (→ § 92 Rn. 2–4) ernstlich in Frage stellt (nach Schmidt in LK-StGB Rn. 10, akut bedroht). 5

6. Räumlicher Geltungsbereich § 5 Nr. 4 (→ § 5 Rn. 3). Nebenfolgen, Einziehung §§ 101, 101a. Anzeigepflicht § 138 I Nr. 3. Vermögensbeschlagnahme § 443 StPO. Zuständigkeit und Verfahren → § 80 Rn. 6; → § 94 Rn. 10. 6

§ 100a Landesverräterische Fälschung

(1) **Wer wider besseres Wissen gefälschte oder verfälschte Gegenstände, Nachrichten darüber oder unwahre Behauptungen tatsächlicher Art, die im Falle ihrer Echtheit oder Wahrheit für die äußere Sicherheit oder die Beziehungen der Bundesrepublik Deutschland zu einer fremden Macht von Bedeutung wären, an einen anderen gelangen läßt oder öffentlich bekanntmacht, um einer fremden Macht vorzutäuschen, daß es sich um echte Gegenstände oder um Tatsachen handele, und dadurch die Gefahr eines schweren Nachteils für die äußere Sicherheit oder die Beziehungen der Bundesrepublik Deutschland zu einer fremden Macht herbeiführt, wird mit Freiheitsstrafe von sechs Monaten bis zu fünf Jahren bestraft.**

(2) **Ebenso wird bestraft, wer solche Gegenstände durch Fälschung oder Verfälschung herstellt oder sie sich verschafft, um sie in der in Absatz 1 be-**

zeichneten Weise zur Täuschung einer fremden Macht an einen anderen gelangen zu lassen oder öffentlich bekanntzumachen und dadurch die Gefahr eines schweren Nachteils für die äußere Sicherheit oder die Beziehungen der Bundesrepublik Deutschland zu einer fremden Macht herbeizuführen.

(3) **Der Versuch ist strafbar.**

(4) [1]**In besonders schweren Fällen ist die Strafe Freiheitsstrafe nicht unter einem Jahr.** [2]**Ein besonders schwerer Fall liegt in der Regel vor, wenn der Täter durch die Tat einen besonders schweren Nachteil für die äußere Sicherheit oder die Beziehungen der Bundesrepublik Deutschland zu einer fremden Macht herbeiführt.**

1 **1. § 100a schützt** abweichend von den Vorschriften über den Schutz von Staatsgeheimnissen (§§ 93–98) nicht nur die äußere Sicherheit, sondern **die äußere Machtstellung der Bundesrepublik im Ganzen gegen landesverräterische Fälschung** (ähnlich Paeffgen in NK-StGB Rn. 2).

2 **2. Abs. 1:** Gegenstände sind **gefälscht oder verfälscht,** wenn sie zum Zwecke der Täuschung in einer Weise angefertigt oder verändert worden sind, dass sie den Anschein einer nach Abs. 1 bedeutsamen Tatsache erwecken (der Fälschungsbegriff des § 267 ist enger, → § 267 Rn. 17–22; ebenso Paeffgen in NK-StGB Rn. 4). **Behauptung tatsächlicher Art.** → § 186 Rn. 3, 5. **Äußere Sicherheit** → § 93 Rn. 5; **Beziehungen** zu einer fremden Macht sind alle tatsächlichen und rechtlichen Verhältnisse, die für die äußere Stellung der beiden Mächte zueinander erheblich sind. **Wider besseres Wissen** → § 187 Rn. 1. **„Um zu"** bedeutet Absicht im Sinne zielgerichteten Wollens (→ § 15 Rn. 20). Im Übrigen vgl. zu den **Tathandlungen,** zur **Gefährdung** und zum **Vorsatz** → § 94 Rn. 3–5.

3 **3. Abs. 2** ist zum Tatbestand verselbständigte **Vorbereitungshandlung** zu Abs. 1, bei der auch der Versuch strafbar ist (Abs. 3). **Verschaffen** → § 96 Rn. 3.

4 **4.** Zu **Abs. 4** (besonders schwere Fälle) → § 46 Rn. 11–21; → § 12 Rn. 4; → § 94 Rn. 8.

5 **5. Tateinheit** mit § 267 möglich. Keine **Wahlfeststellung** zwischen Landesverrat und landesverräterischer Fälschung (BGHSt 20, 100 = NJW 1965, 407; Paeffgen in NK-StGB Rn. 18; krit. Wolter in SK-StGB Rn. 17).

6 **6.** Räumlicher Geltungsbereich § 5 Nr. 4 (→ § 5 Rn. 3). Nebenfolgen, Einziehung §§ 101, 101a. Zuständigkeit und Verfahren → § 80a Rn. 5; → § 94 Rn. 10.

§ 101 Nebenfolgen

Neben einer Freiheitsstrafe von mindestens sechs Monaten wegen einer vorsätzlichen Straftat nach diesem Abschnitt kann das Gericht die Fähigkeit, öffentliche Ämter zu bekleiden, die Fähigkeit, Rechte aus öffentlichen Wahlen zu erlangen, und das Recht, in öffentlichen Angelegenheiten zu wählen oder zu stimmen, aberkennen (§ 45 Abs. 2 und 5).

1 Vgl. → § 45 Rn. 4. Amtsfähigkeit, Wählbarkeit und Stimmrecht können auch einzeln aberkannt werden.

§ 101a Einziehung

[1]Ist eine Straftat nach diesem Abschnitt begangen worden, so können
1. **Gegenstände, die durch die Tat hervorgebracht oder zu ihrer Begehung oder Vorbereitung gebraucht worden oder bestimmt gewesen sind, und**
2. **Gegenstände, die Staatsgeheimnisse sind, und Gegenstände der in § 100a bezeichneten Art, auf die sich die Tat bezieht,**

eingezogen werden. [2]§ 74a ist anzuwenden. [3]Gegenstände der in Satz 1 Nr. 2 bezeichneten Art werden auch ohne die Voraussetzungen des § 74 Absatz 3 Satz 1 und des § 74b eingezogen, wenn dies erforderlich ist, um die Gefahr eines schweren Nachteils für die äußere Sicherheit der Bundesrepublik Deutschland abzuwenden; dies gilt auch dann, wenn der Täter ohne Schuld gehandelt hat.

1. Zu **S. 1, 2** vgl. die Anm. zu § 92b. 1

2. Für die besondere Einziehungsvorschrift des **S. 3** gelten die Einschränkungen 2
nach §§ 74 II, 74a nicht. Die begangene Tat muss eine rechtswidrige (→ § 74 Rn. 3) sein. Gefahr eines schweren Nachteils für die äußere Sicherheit → § 93 Rn. 4, 5.

3. Abschnitt. Straftaten gegen ausländische Staaten

Vorbemerkung

In den Tatbeständen des Abschnitts werden auf Grund der neueren völkerrecht- 1
lichen Entwicklung nicht nur die guten Beziehungen zu den ausländischen Staaten, sondern auch **diese selbst, ihre Organe und Organträger geschützt** (Lüttger FS Jescheck, 1985, 121 (130); Deiters in Thiel, Wehrhafte Demokratie, 2003, S. 291, 293; Wolter in SK-StGB Rn. 2; aM Kargl in NK-StGB Rn. 2; eing. Kreß in MüKoStGB Rn. 5–15, der sich für den „Auslandsschutz" ausspricht). Mit der Streichung von § 103 aF zum 1.1.2018 ist die dort geregelte Beleidigung von Organen und Vertretern ausländischer Staaten „nur" noch nach § 185 strafbar. Umgekehrt ist zum 24.6.2020 der Schutz ausländischer Flaggen in Anlehnung an denjenigen der Bundesflagge in § 90a ausgeweitet worden. Beachte auch Nr. 210 RiStBV. Zur Kriminologie Laubenthal MschrKrim 1989, 326.

§ 102 Angriff gegen Organe und Vertreter ausländischer Staaten

(1) **Wer einen Angriff auf Leib oder Leben eines ausländischen Staatsoberhaupts, eines Mitglieds einer ausländischen Regierung oder eines im Bundesgebiet beglaubigten Leiters einer ausländischen diplomatischen Vertretung begeht, während sich der Angegriffene in amtlicher Eigenschaft im Inland aufhält, wird mit Freiheitsstrafe bis zu fünf Jahren oder mit Geldstrafe, in besonders schweren Fällen mit Freiheitsstrafe nicht unter einem Jahr bestraft.**

(2) **Neben einer Freiheitsstrafe von mindestens sechs Monaten kann das Gericht die Fähigkeit, öffentliche Ämter zu bekleiden, die Fähigkeit, Rechte aus öffentlichen Wahlen zu erlangen, und das Recht, in öffent-**

lichen Angelegenheiten zu wählen oder zu stimmen, aberkennen (§ 45 Abs. 2 und 5).

1 **1.** Der Geschützte muss **zurzeit der Tat** eine der genannten Stellungen bekleiden und sich in amtlicher Eigenschaft im Inland aufhalten. Ob er gerade amtlich tätig ist oder ob sich die Tat gegen sein Amt richtet, ist unerheblich.

2 **2. Angriff auf Leib oder Leben** ist eine feindselige, unmittelbar auf den Körper zielende Einwirkung (RGSt 59, 264), bei der die Gefahr einer nicht ganz unerheblichen Verletzung besteht (ebenso Wohlers/Gaede in NK-StGB Rn. 3; ähnlich Kreß in MüKoStGB Rn. 16); auf den Eintritt des Verletzungserfolges kommt es nicht an.

3 **3. Abs. 2:** Vgl. → § 45 Rn. 4. Amtsfähigkeit, Wählbarkeit und Stimmrecht können auch einzeln aberkannt werden (ebenso Rudolphi/Wolter in SK-StGB Rn. 9).

4 **4. Tateinheit** ist mit den meisten Tatbeständen zum Schutz des Lebens und der körperlichen Unversehrtheit möglich.

5 **5.** Verfolgungsvoraussetzungen § 104 a. Zuständigkeit §§ 120 I, 142 a GVG.

§ 103 *(aufgehoben)*

§ 104 Verletzung von Flaggen und Hoheitszeichen ausländischer Staaten

(1) [1]**Wer eine auf Grund von Rechtsvorschriften oder nach anerkanntem Brauch öffentlich gezeigte Flagge eines ausländischen Staates oder wer ein Hoheitszeichen eines solchen Staates, das von einer anerkannten Vertretung dieses Staates öffentlich angebracht worden ist, entfernt, zerstört, beschädigt oder unkenntlich macht oder wer beschimpfenden Unfug daran verübt, wird mit Freiheitsstrafe bis zu zwei Jahren oder mit Geldstrafe bestraft.** [2]**Ebenso wird bestraft, wer öffentlich die Flagge eines ausländischen Staates zerstört oder beschädigt und dadurch verunglimpft.** [3]**Den in Satz 2 genannten Flaggen stehen solche gleich, die ihnen zum Verwechseln ähnlich sind.**

(2) **Der Versuch ist strafbar.**

Fassung: Abs. 1 S. 2 und 3 eingefügt durch das 58. StÄG (→ Vor § 1 Rn. 19) mit Wirkung zum 24.6.2020.

1 **1.** Die Norm ist durch die Einfügung von S. 2 und 3 in Abs. 1 grundlegend verändert worden. **Geschützt** ist aber weiterhin zum einen das Ansehen ausländischer Staaten, zum anderen das Interesse der Bundesrepublik an guten und ungestörten Beziehungen zu anderen Staaten (BT-Drs. 19/19201, S. 14; für „Gefühlsschutz" dagegen Hoven JZ 2020, 835 (839 f.)). Für ausländische Flaggen usw gibt sie einen gegenüber §§ 90 a, 90 c abgestuften Schutz. Strukturell handelt es sich innerhalb von Abs. 1 um zwei Tatbestandsalternativen, die sich hinsichtlich der Tatobjekte unterscheiden. Während S. 1 wie bisher öffentlich angebrachte Flaggen und Hoheitszeichen schützt (ob die Flagge von einer ausländischen Vertretung oder privat gezeigt wird, macht keinen Unterschied), erfasst S. 2 diese wie auch andere ausländische

Flaggen; S. 3 erstreckt dies auf diesen zum Verwechseln ähnliche Flaggen. Im Mittelpunkt der Debatte um die Erweiterung von Abs. 1 um S. 2 und 3 stand mit guten Gründen der Schutz der Flagge Israels (zur Legitimierbarkeit des strafrechtlichen Schutzes dieser Flagge in Deutschland Heger in Goodman-Thau/Kohler, Nationalismus und Religion, 2019, 31 (35 f.)) die zB bei Demonstrationen immer wieder öffentlich verbrannt worden ist; geschützt sind aber von allen Tatbestandsvarianten nunmehr die Flaggen usw. aller ausländischen Staaten, doch besteht Verfolgbarkeit nur bei diplomatischen Beziehungen (§ 104 a), so dass etwa Tathandlungen in Bezug auf die Flagge Taiwans zwar strafbar, aber nicht verfolgbar sind.

2. Zur Öffentlichkeit und zu den Tathandlungen → § 90 a Rn. 5, 7. Verfolgungsvoraussetzungen § 104 a. Bei der Strafzumessung wegen Verbrennung usw. der israelischen Fahne ist gem. § 46 II idR zu prüfen, ob dahinter Antisemitismus steckt. 2

§ 104a Voraussetzungen der Strafverfolgung

Straftaten nach diesem Abschnitt werden nur verfolgt, wenn die Bundesrepublik Deutschland zu dem anderen Staat diplomatische Beziehungen unterhält und ein Strafverlangen der ausländischen Regierung vorliegt.

Fassung: Neu gefasst durch das 58. StÄG (→ Vor § 1 Rn. 19) zum 24. 6. 2020; entfallen sind die Erfordernisse der verbürgten Gegenseitigkeit und das Vorliegen einer Ermächtigung auch der Bundesregierung.

1. Nach ihrem Wortlaut sieht die Vorschrift noch zwei **Prozessvoraussetzungen** (Voraussetzungen der Strafverfolgung) vor. Da jedoch die Unterhaltung diplomatischer Beziehungen vornehmlich für die sachliche Charakterisierung der Tat wesentlich ist, wird sie in der Lit. mit Recht überwiegend als **objektive Bedingung der Strafbarkeit** (→ Vor § 13 Rn. 30) aufgefasst (Bauer/Gmel in LK-StGB Rn. 1; Wolter in SK-StGB Rn. 2; aM Kreß in MüKoStGB Rn. 6; Kargl in NK-StGB Rn. 4, 5; anders Geisler, Zur Vereinbarkeit objektiver Bedingungen der Strafbarkeit mit dem Schuldprinzip, 1998, S. 537, 551: Tatbestandsmerkmal); dem hat sich der Gesetzgeber nunmehr angeschlossen (BT-Drs. 19/19201, 11), zugleich jedoch an der insoweit unklaren Legalüberschrift festgehalten. 1

2. Strafverlangen → § 77 e Rn. 1, 2. 2

4. Abschnitt. Straftaten gegen Verfassungsorgane sowie bei Wahlen und Abstimmungen

§ 105 Nötigung von Verfassungsorganen

(1) **Wer**

1. **ein Gesetzgebungsorgan des Bundes oder eines Landes oder einen seiner Ausschüsse,**
2. **die Bundesversammlung oder einen ihrer Ausschüsse oder**
3. **die Regierung oder das Verfassungsgericht des Bundes oder eines Landes**

rechtswidrig mit Gewalt oder durch Drohung mit Gewalt nötigt, ihre Befugnisse nicht oder in einem bestimmten Sinne auszuüben, wird mit Freiheitsstrafe von einem Jahr bis zu zehn Jahren bestraft.

(2) **In minder schweren Fällen ist die Strafe Freiheitsstrafe von sechs Monaten bis zu fünf Jahren.**

1 **1.** Die Vorschrift **schützt** bestimmte **Verfassungsorgane** und deren Untergliederungen (Ausschüsse) als ganze gegen Nötigung, während § 106 die einzelnen Mitglieder betrifft (ebenso Wohlers/Gaede in NK-StGB Rn. 1).

2 **2. a) Gesetzgebungsorgan, Regierung, Verfassungsgericht** → § 90b Rn. 2; **Bundesversammlung** Art. 54 GG.

3 **b) Gewalt** und **Drohung** sind ebenso wie in § 81 (→ § 81 Rn. 5, 6) auszulegen (BGHSt 32, 165 = NJW 1984, 931 mit Bespr. Willms JR 1984, 120; Arzt JZ 1984, 428; OLG Schleswig NJW 2019, 93).

4 **c)** Das **abgenötigte Verhalten** (Tun oder Unterlassen) ist schon dann als Ausübung oder Nichtausübung von Befugnissen zu werten, wenn es in den Aufgabenbereich des Verfassungsorgans fällt (BGHSt 32, 165 (177) = NJW 1984, 931); dass es als solches rechtlich erlaubt oder sogar geboten ist, stellt die Tatbestandsmäßigkeit nicht in Frage. Zur Vollendung der Tat → § 240 Rn. 26.

5 **3.** Die **Rechtswidrigkeit** bestimmt sich nach den zu § 240 II entwickelten Regeln (hM; vgl. etwa BT-Drs. V/2860, 25; anders Bauer/Gmel in LK-StGB Rn. 16, 17; zw.). Als Rechtfertigungsgründe kommen Art. 37 GG (Bundeszwang) und Art. 20 IV GG (Widerstandsrecht) theoretisch, aber wohl kaum praktisch in Frage. Auch das Streik- und das Demonstrationsrecht bieten keine zureichende Rechtfertigungsgrundlage (Bauer/Gmel in LK-StGB Rn. 19, 20). Da überdies die (hier sehr eng umschriebene) Gewalt regelmäßig für die Rechtswidrigkeit indiziell sein dürfte (→ § 240 Rn. 19; ebenso Kargl in NK-StGB Rn. 8), kommt rechtmäßiges Handeln nur gegenüber schweren, die Verfassungsgrundlagen oder existentielle Lebensbedürfnisse der Bevölkerung gefährdenden Pflichtverletzungen von Verfassungsorganen in Frage; der Zweck, ein verfassungswidriges Gesetz zu verhindern, reicht allein nicht aus (Sinn in SK-StGB Rn. 16; aM Eser in Schönke/Schröder, Rn. 10).

6 **4.** Zu **Abs. 2** (minder schwere Fälle) → § 46 Rn. 7–10a; → § 12 Rn. 4.

5. Mit §§ 81, 106 ist **Tateinheit** möglich. Dem § 240 geht die Vorschrift als die speziellere vor und verdrängt ihn als abschließende Sonderregelung auch für den Fall, dass die eingesetzten Nötigungsmittel hinter den Anforderungen des Abs. 1 zurückbleiben (BGHSt 32, 165 (176) = NJW 1984, 931; Arzt JZ 1984, 428 (429); aM Wallau JR 2000, 312 (316)). 7

6. Zuständigkeit und Verfahren §§ 120 I, 142a GVG, §§ 153d, 153e StPO. 8

§ 106 Nötigung des Bundespräsidenten und von Mitgliedern eines Verfassungsorgans

(1) **Wer**
1. den Bundespräsidenten oder
2. ein Mitglied
a) eines Gesetzgebungsorgans des Bundes oder eines Landes,
b) der Bundesversammlung oder
c) der Regierung oder des Verfassungsgerichts des Bundes oder eines Landes

rechtswidrig mit Gewalt oder durch Drohung mit einem empfindlichen Übel nötigt, seine Befugnisse nicht oder in einem bestimmten Sinne auszuüben, wird mit Freiheitsstrafe von drei Monaten bis zu fünf Jahren bestraft.

(2) **Der Versuch ist strafbar.**

(3) **In besonders schweren Fällen ist die Strafe Freiheitsstrafe von einem Jahr bis zu zehn Jahren.**

1. Die Vorschrift **schützt** den **Bundespräsidenten und die Mitglieder** der genannten **Verfassungsorgane** (→ § 90b Rn. 2; → § 105 Rn. 5) gegen Nötigung in dem Aufgabenbereich, der sich aus ihrer Organstellung ergibt (→ § 105 Rn. 1). Soweit aus dieser auch Befugnisse zu bloßem Verwaltungshandeln folgen, etwa beim Minister als Leiter oberster Bundes- oder Landesbehörden, gehören sie zum Aufgabenbereich des Organs und werden daher erfasst (aM OLG Düsseldorf NJW 1978, 2562 mit abl. Bespr. Schoreit MDR 1979, 633). Die Nötigung anderer Amtsträger genügt dagegen nicht, auch wenn sie bei Wahrnehmung der Aufgaben des Verfassungsorgans unmittelbar mitwirken (OLG Düsseldorf NJW 1978, 2562). 1

2. Nötigen, Gewalt, Drohung mit einem empfindlichen Übel → § 240 Rn. 4–15. **Abs. 3** (besonders schwere Fälle) → § 46 Rn. 11–21. Im Übrigen gelten die Ausführungen unter → § 105 Rn. 2, 4, 5, 7, 8 sinngemäß. 2

§ 106a *(aufgehoben)*

§ 106b Störung der Tätigkeit eines Gesetzgebungsorgans

(1) **Wer gegen Anordnungen verstößt, die ein Gesetzgebungsorgan des Bundes oder eines Landes oder sein Präsident über die Sicherheit und Ordnung im Gebäude des Gesetzgebungsorgans oder auf dem dazugehörenden Grundstück allgemein oder im Einzelfall erläßt, und dadurch die Tätigkeit des Gesetzgebungsorgans hindert oder stört, wird mit Freiheitsstrafe bis zu einem Jahr oder mit Geldstrafe bestraft.**

(2) **Die Strafvorschrift des Absatzes 1 gilt bei Anordnungen eines Gesetzgebungsorgans des Bundes oder seines Präsidenten weder für die Mitglieder des Bundestages noch für die Mitglieder des Bundesrates und der Bundesregierung sowie ihre Beauftragten, bei Anordnungen eines Gesetzgebungsorgans eines Landes oder seines Präsidenten weder für die Mitglieder der Gesetzgebungsorgane dieses Landes noch für die Mitglieder der Landesregierung und ihre Beauftragten.**

1 **1.** Die Vorschrift schützt die **Polizeigewalt** in Gebäuden der Gesetzgebungsorgane des Bundes und der Länder (→ § 90b Rn. 2; weiter Bauer/Gmel in LK-StGB Rn. 1; Wohlers/Gaede in NK-StGB Rn. 1). Sie bildet einen **Mischtatbestand** mit § 112 OWiG (→ § 28 Rn. 12), dessen Verwirklichung sie bei Hinzutreten schädlicher Wirkungen zur Straftat qualifiziert.

2 **2.** Einschlägige **Anordnungen** kann namentlich auch die GO des Gesetzgebungsorgans enthalten (OLG Celle NStZ 1986, 410; OLG Hamburg NStZ-RR 2007, 233). Die den Blanketttatbestand ausfüllende Anordnung bedarf keiner besonderen Form (OLG Hamburg NStZ-RR 2007, 233).

3 **3.** Der Begriff **Gebäude** ist funktionsbezogen; gemeint ist das jeweilige Gebäude, in dem das Gesetzgebungsorgan (uU in einer auswärtigen Sitzung) gerade tagt und für das die Anordnung erlassen ist (BT-Drs. 7/1261, 11). **Hindern** heißt, die Tätigkeit des Gesetzgebungsorgans, sei es auch nur für kurze Dauer, unmöglich machen, **stören** heißt sie unmittelbar erschweren (vgl. Kargl in NK-StGB Rn. 3, mehr als nur unerheblich erschweren). Die angewendeten Mittel sind gleichgültig; das Verhalten muss nur gegen die Anordnung verstoßen.

4 **4. Tateinheit** ua möglich mit §§ 123, 240.

§ 107 Wahlbehinderung

(1) **Wer mit Gewalt oder durch Drohung mit Gewalt eine Wahl oder die Feststellung ihres Ergebnisses verhindert oder stört, wird mit Freiheitsstrafe bis zu fünf Jahren oder mit Geldstrafe, in besonders schweren Fällen mit Freiheitsstrafe nicht unter einem Jahr bestraft.**

(2) **Der Versuch ist strafbar.**

1 **1.** Die Vorschriften über **Wahlen und Abstimmungen** schützen, wenn nicht das persönliche Wahlrecht einer Einzelperson beeinträchtigt wird (zB §§ 107c I, 108, 108a), nur das Allgemeininteresse an der Freiheit der demokratischen Willensbildung (hM; BGHSt 39, 54 (60) = NJW 1993, 1019; Härtl, Wahlstraftaten, 2006, S. 29; anders BezG Dresden NStZ 1992, 438; Lorenz NStZ 1992, 422 (427), die das

Individualinteresse des Bürgers an wahrheitsgemäßer Auswertung seiner Stimme als selbständig mitgeschütztes Rechtsgut ansehen). Außerdem schützen sie nur **inländische Belange,** dh nur Wahlen in der Bundesrepublik (BGHSt 39, 54 (60) = NJW 1993, 1019). In diesem Rahmen dient § 107 dem Schutz des **Wahlvorgangs in seinem Gesamtablauf** (RGSt 63, 382 (387)).

2. Gewalt und **Drohung** sind ebenso wie in § 81 (→ § 81 Rn. 5, 6) und § 105 (→ § 105 Rn. 3) auszulegen (Kargl in NK-StGB Rn. 2); es genügt nur Drohung mit Gewalt, nicht mit einem anderen Übel. **Verhindern** (ganz und teilweise unmöglich machen) oder **stören** (erschweren, verzögern) müssen dazu führen, dass eine größere Personenmenge betroffen ist (Härtl, Wahlstraftaten, 2006, S. 32). 2

3. Besonders schwere Fälle → § 46 Rn. 7–10a. 3

4. Spezialität gegenüber § 240 (→ Vor § 52 Rn. 25). 4

5. Nebenfolgen § 108c. Geltungsbereich 108d. 5

§ 107a Wahlfälschung

(1) [1]**Wer unbefugt wählt oder sonst ein unrichtiges Ergebnis einer Wahl herbeiführt oder das Ergebnis verfälscht, wird mit Freiheitsstrafe bis zu fünf Jahren oder mit Geldstrafe bestraft.** [2]**Unbefugt wählt auch, wer im Rahmen zulässiger Assistenz entgegen der Wahlentscheidung des Wahlberechtigten oder ohne eine geäußerte Wahlentscheidung des Wahlberechtigten eine Stimme abgibt.**

(2) **Ebenso wird bestraft, wer das Ergebnis einer Wahl unrichtig verkündet oder verkünden läßt.**

(3) **Der Versuch ist strafbar.**

Fassung aufgrund G zur Änderung des Bundeswahlgesetzes und anderer Gesetze v. 18.6.2019 (BGBl. I 834), in Kraft getreten am 1.7.2019

1. Abs. 1 (zu seiner Verfassungsmäßigkeit BVerfG NVwZ 1993, 55) stellt die **Herbeiführung eines falschen Ergebnisses vor Beendigung der Wahlhandlung** und **die Verfälschung des Ergebnisses nach diesem Zeitpunkt** unter Strafe (OLG Koblenz NStZ 1992, 134; Härtl, Wahlstraftaten, 2006, S. 51; → § 107 Rn. 1). – Es genügt die Verursachung jedes Ergebnisses, das unrichtig, dh nicht der unverfälschte Ausdruck des gesetzmäßig erklärten Willens des Wählers ist (OLG Zweibrücken NStZ 1986, 554), wie zB die Vornahme von Handlungen nach § 107b Nr. 2–4, die zum Erfolg führen, die Veränderung des Inhalts der Wahlurnen und das Wählen unter Missbrauch des Namens eines Wahlberechtigten; im letzten Falle ist unerheblich, wie der wirklich Berechtigte gewählt hätte (BGHSt 29, 380 = NJW 1981, 588 mAnm Oehler JR 1981, 519). Unbefugtes Wählen (dh insbes. Wählen ohne Wahlrecht und mehrmaliges Wählen) ist nur ein Beispiel. **Verfälschen** geschieht zB durch falsches Auszählen oder durch Verwertung ungültiger Stimmen als gültig (sa RGSt 62, 6). – **Abs. 1 S. 2** ist eine Konkretisierung des allg. Verbots der Herbeiführung falscher Wahlergebnisse für Fälle des Einsatzes einer Assistenz gem. § 14 IV, V BWG und § 6 IV, IVa EuropawahlG, die sich nicht an die Wahlentscheidung des Wahlberecht (BT-Drs. 19/9228, 22); insoweit ist S. 2 für die 1 darin genannten Fälle spezieller, doch ist angesichts der bereits durch S. 1 erfolgten Strafbewehrung der Herbeiführung eines falschen Wahlergebnisses das nunmehr expolizierte Verhalten bereits vor Inkrafttreten der Einfügung von S. 2 strafbar gewesen.

2 **2. Abs. 2** betrifft die **falsche Verkündung** eines Wahlergebnisses. Täter kann hier nur sein, wer die amtliche Aufgabe hat, das Ergebnis öffentlich bekannt zu machen oder bekannt machen zu lassen, oder wer sich die Befugnis zur Wahrnehmung dieser amtlichen Aufgabe anmaßt (BT-Drs. I/1307, 41; einschr. Härtl, Wahlstraftaten, 2006, S. 70; aM Kargl in NK-StGB Rn. 1).

3 **3.** Der **Vorsatz** (bedingter genügt) muss in den Fällen des Abs. 1 auch den Mangel der Befugnis umfassen, weil das Wählen für sich betrachtet keinen Unrechtstypus bildet und außerdem die Unrichtigkeit des Ergebnisses Tatumstand ist (Schröder JZ 1957, 584; Warda Jura 1979, 286 (295); aM OLG Hamm NJW 1957, 638; → § 15 Rn. 6).

4 **4.** Mit § 108 (RGSt 63, 382; Härtl, Wahlstraftaten, 2006, S. 61; str.), § 267 (OLG Köln NJW 1956, 1609), § 274 I Nr. 1 (RGSt 22, 182) und § 348 (RGSt 56, 387) ist **Tateinheit** möglich. Über das Verhältnis zu § 107b → § 107b Rn. 2; zu § 108a → § 108a Rn. 2.

5 **5.** Nebenfolgen § 108c. Geltungsbereich § 108d.

§ 107b Fälschung von Wahlunterlagen

(1) **Wer**

1. **seine Eintragung in die Wählerliste (Wahlkartei) durch falsche Angaben erwirkt,**
2. **einen anderen als Wähler einträgt, von dem er weiß, daß er keinen Anspruch auf Eintragung hat,**
3. **die Eintragung eines Wahlberechtigten als Wähler verhindert, obwohl er dessen Wahlberechtigung kennt,**
4. **sich als Bewerber für eine Wahl aufstellen läßt, obwohl er nicht wählbar ist,**

wird mit Freiheitsstrafe bis zu sechs Monaten oder mit Geldstrafe bis zu einhundertachtzig Tagessätzen bestraft, wenn die Tat nicht in anderen Vorschriften mit schwererer Strafe bedroht ist.

(2) **Der Eintragung in die Wählerliste als Wähler entspricht die Ausstellung der Wahlunterlagen für die Urwahlen in der Sozialversicherung.**

1 **1.** Die Vorschrift stellt einige gefährliche **Vorbereitungshandlungen zur Wahlfälschung** selbständig unter Strafe; zu den einzelnen Varianten Härtl, Wahlstraftaten, 2006, S. 82–86.

2 **2. Subsidiarität** gegenüber § 107a (→ § 107a Rn. 1).

§ 107c Verletzung des Wahlgeheimnisses

Wer einer dem Schutz des Wahlgeheimnisses dienenden Vorschrift in der Absicht zuwiderhandelt, sich oder einem anderen Kenntnis davon zu verschaffen, wie jemand gewählt hat, wird mit Freiheitsstrafe bis zu zwei Jahren oder mit Geldstrafe bestraft.

1. Die Vorschrift ist ein dem Schutz des Wahlgeheimnisses (Härtl, Wahlstraftaten, 2006, S. 88) dienender **Blankettatbestand,** der die Verletzung einer das Blankett ausfüllenden Norm (zB § 34 BWG, §§ 50, 51 BWO) voraussetzt (OLG Karlsruhe GA 1977, 312). Zur „Wahlhilfe" bei Briefwahl OLG Celle Nds. Rpfl. 1961, 134; Greiser NJW 1978, 927. 1

2. Absicht bedeutet hier zielgerichtetes Wollen (→ § 15 Rn. 20); es muss dem Täter – sei es auch nur neben anderen Zwecken – auf die Kenntnisverschaffung ankommen. Die Absicht zu erfahren, ob jemand gewählt hat, genügt nicht. 2

§ 108 Wählernötigung

(1) **Wer rechtswidrig mit Gewalt, durch Drohung mit einem empfindlichen Übel, durch Mißbrauch eines beruflichen oder wirtschaftlichen Abhängigkeitsverhältnisses oder durch sonstigen wirtschaftlichen Druck einen anderen nötigt oder hindert, zu wählen oder sein Wahlrecht in einem bestimmten Sinne auszuüben, wird mit Freiheitsstrafe bis zu fünf Jahren oder mit Geldstrafe, in besonders schweren Fällen mit Freiheitsstrafe von einem Jahr bis zu zehn Jahren bestraft.**

(2) **Der Versuch ist strafbar.**

1. Die Vorschrift **schützt** den einzelnen Bürger gegen **Nötigung bei der Ausübung des Wahlrechts,** nicht den Wahlvorgang im ganzen (→ § 107 Rn. 1; aM Härtl, Wahlstraftaten, 2006, S. 95). 1

2. Die **Nötigungshandlung** kann darauf gerichtet sein, jemanden vom Wählen abzuhalten, ihn zum Wählen zu veranlassen oder ihn zu einer von seinem Willen abweichenden Stimmabgabe zu bringen. **Gewalt und Drohung** mit einem empfindlichen Übel → § 240 Rn. 5–15; das durch Beispiele erläuterte Merkmal wirtschaftlichen Drucks (BVerfGE 66, 369 (380) = NJW 1984, 2201; Härtl, Wahlstraftaten, 2006, S. 103, 111) erweitert den Anwendungsbereich (aM Kargl in NK-StGB Rn. 2, Spezialfall der Drohung; str.). 2

3. Die **Rechtswidrigkeit** bestimmt sich nach § 240 II (hM; vgl. etwa Fischer Rn. 5; anders Härtl, Wahlstraftaten, 2006, S. 120; Bauer/Gmel in LK-StGB Rn. 5). 3

4. Besonders schwere Fälle → § 46 Rn. 7–10 a. 4

5. Dem § 240 geht die Vorschrift als die speziellere vor. Mit § 107 a ist **Tateinheit** möglich (→ § 107 a Rn. 3; aM Fischer Rn. 8, § 108 als lex specialis). 5

6. Nebenfolgen § 108 c. Geltungsbereich § 108 d. 6

§ 108a Wählertäuschung

(1) **Wer durch Täuschung bewirkt, daß jemand bei der Stimmabgabe über den Inhalt seiner Erklärung irrt oder gegen seinen Willen nicht oder ungültig wählt, wird mit Freiheitsstrafe bis zu zwei Jahren oder mit Geldstrafe bestraft.**

(2) **Der Versuch ist strafbar.**

1 **1.** Die Vorschrift schützt den Wähler (→ § 107 Rn. 1; anders Härtl, Wahlstraftaten, 2006, S. 123 „Freiheit der Wahl als Institution") gegen **Täuschung beim Wahlakt,** nicht gegen Täuschung bei der Willensbildung (Motivirrtum), also zB nicht gegen lügnerische Wahlpropaganda (ebenso Kargl in NK-StGB Rn. 2). Sie erfasst namentlich Fälle, in denen der Wähler dazu gebracht wird, ein seinem Willen nicht entsprechendes Feld im Wahlzettel anzukreuzen, durch Anbringen mehrerer Kreuze ungültig zu wählen oder eine Handlung vorzunehmen, von der er nicht erkennt, dass sie eine Wahl bedeutet (BGHSt 9, 338 = NJW 1956, 1485; Härtl, Wahlstraftaten, 2006, S. 128).

2 **2.** Dem § 107a geht die Vorschrift als die speziellere vor (aM Wohlers in NK-StGB Rn. 3; str.). Mit § 267 ist **Tateinheit** möglich. Geltungsbereich § 108d.

§ 108b Wählerbestechung

(1) **Wer einem anderen dafür, daß er nicht oder in einem bestimmten Sinne wähle, Geschenke oder andere Vorteile anbietet, verspricht oder gewährt, wird mit Freiheitsstrafe bis zu fünf Jahren oder mit Geldstrafe bestraft.**

(2) **Ebenso wird bestraft, wer dafür, daß er nicht oder in einem bestimmten Sinne wähle, Geschenke oder andere Vorteile fordert, sich versprechen läßt oder annimmt.**

1 **1.** Die Vorschrift **schützt** die Sachlichkeit der Stimmabgabe des wahlberechtigten Bürgers (BGHSt 33, 336 = NJW 1986, 859; weiter Härtl, Wahlstraftaten, 2006, S. 134: auch Möglichkeit der Wahl des Einzelnen). Sie betrifft nicht die sog. Abgeordnetenbestechung (§ 108e).

2 **2. Geschenke, Vorteile** und **Tathandlungen** → § 331 Rn. 3–7; → § 333 Rn. 3. Wie allgemein bei Bestechung und Bestechlichkeit muss der (uU auch nur mittelbare, BGHSt 33, 336 = NJW 1986, 859) Vorteil „Gegenleistung" für das Wahlverhalten sein (→ § 331 Rn. 10), namentlich also auch das für die jeweils getroffene oder angestrebte Unrechtsvereinbarung erforderliche Beziehungsverhältnis aufweisen (BGHSt 33, 336 = NJW 1986, 859 mit Bespr. Geerds JR 1986, 253; Dölling NStZ 1987, 69; Wagner JZ 1987, 594 (604); näher Härtl, Wahlstraftaten, 2006, S. 136–152; Kuhlen FS Schünemann, 2014, 601 (623)). Ob und wie der Wähler tatsächlich wählt, ist unerheblich. Sozialadäquate Vorteile, zB die üblichen Wahlversprechen der Parteien, werden nicht erfasst (hM; weiter einschr. Bauer/Gmel in LK-StGB Rn. 4).

3. a) Abs. 1: Es genügt, dass der Wähler nicht in einem bestimmten Sinne wählen, aber sonst Freiheit haben soll (Kargl in NK-StGB Rn. 1). Zum „Cardsharing" Esser/Rehaag wistra 2017, 185, Anm zu OLG Celle wistra 2017, 116. 3

b) Abs. 2: Der geheime Vorbehalt des Stimmverkäufers, sich nicht an die Unrechtsvereinbarung zu halten, ist wie bei der Bestechlichkeit bedeutungslos (→ § 332 Rn. 5). 4

4. Nebenfolgen § 108c. Geltungsbereich § 108d. 5

§ 108c Nebenfolgen

Neben einer Freiheitsstrafe von mindestens sechs Monaten wegen einer Straftat nach den §§ 107, 107a, 108 und 108b kann das Gericht die Fähigkeit, Rechte aus öffentlichen Wahlen zu erlangen, und das Recht, in öffentlichen Angelegenheiten zu wählen oder zu stimmen, aberkennen (§ 45 Abs. 2 und 5).

Vgl. → § 45 Rn. 4. Die Vorschrift betrifft nur die Wählbarkeit und das Stimmrecht, die auch einzeln aberkannt werden können. 1

§ 108d Geltungsbereich

[1]Die §§ 107 bis 108c gelten für Wahlen zu den Volksvertretungen, für die Wahl der Abgeordneten des Europäischen Parlaments, für sonstige Wahlen und Abstimmungen des Volkes im Bund, in den Ländern, in kommunalen Gebietskörperschaften, für Wahlen und Abstimmungen in Teilgebieten eines Landes oder einer kommunalen Gebietskörperschaft sowie für Urwahlen in der Sozialversicherung. [2]Einer Wahl oder Abstimmung steht das Unterschreiben eines Wahlvorschlags oder das Unterschreiben für ein Volksbegehren gleich.

1. Der **Geltungsbereich** der Wahldelikte ist eingeschränkt. Einerseits sind der Wahl in einer wenig geglückten Fassung die Abstimmung (zB Art. 118 GG), das Unterschreiben eines Wahlvorschlags (§ 21 II BWG) und das Unterschreiben für ein Volksbegehren (zB Art. 29 II GG) gleichgestellt. Andererseits werden aber nur allgemeine Wahlen und Abstimmungen des Volkes, auch wenn sie landesgesetzlich (zB Landtags- und Kommunalwahlen) geregelt sind (BVerfG NVwZ 1993, 55), und Urwahlen in der Sozialversicherung (§§ 45 ff. SGB IV) erfasst, also nicht andere Wahlen in öffentlichen Angelegenheiten, zB in den Richterwahlausschüssen, den Gerichten und den Berufsorganisationen (zur Abgeordnetenbestechung beachte jedoch § 108e). Für eine Erweiterung der enumerativen Aufzählung mit Gesetzesvorschlag Härtl, Wahlstraftaten, 2006, S. 171, 200. 1

2. Landesgesetzliche Erstreckung des Geltungsbereichs auf andere landesrechtlich geregelte Wahlen ist mit Art. 3 I, 4 II EGStGB unvereinbar (Lenzen JR 1980, 133). 2

§ 108e Bestechlichkeit und Bestechung von Mandatsträgern

(1) **Wer als Mitglied einer Volksvertretung des Bundes oder der Länder einen ungerechtfertigten Vorteil für sich oder einen Dritten als Gegenleistung dafür fordert, sich versprechen lässt oder annimmt, dass er bei der Wahrnehmung seines Mandates eine Handlung im Auftrag oder auf Weisung vornehme oder unterlasse, wird mit Freiheitsstrafe von einem Jahr bis zu zehn Jahren, in minder schweren Fällen mit Freiheitsstrafe von sechs Monaten bis zu fünf Jahren bestraft.**

(2) **Ebenso wird bestraft, wer einem Mitglied einer Volksvertretung des Bundes oder der Länder einen ungerechtfertigten Vorteil für dieses Mitglied oder einen Dritten als Gegenleistung dafür anbietet, verspricht oder gewährt, dass es bei der Wahrnehmung seines Mandates eine Handlung im Auftrag oder auf Weisung vornehme oder unterlasse.**

(3) **Den in den Absätzen 1 und 2 genannten Mitgliedern gleich stehen Mitglieder**
1. **einer Volksvertretung einer kommunalen Gebietskörperschaft,**
2. **eines in unmittelbarer und allgemeiner Wahl gewählten Gremiums einer für ein Teilgebiet eines Landes oder einer kommunalen Gebietskörperschaft gebildeten Verwaltungseinheit,**
3. **der Bundesversammlung,**
4. **des Europäischen Parlaments,**
5. **einer parlamentarischen Versammlung einer internationalen Organisation und**
6. **eines Gesetzgebungsorgans eines ausländischen Staates.**

(4) [1]**Ein ungerechtfertigter Vorteil liegt insbesondere nicht vor, wenn die Annahme des Vorteils im Einklang mit den für die Rechtsstellung des Mitglieds maßgeblichen Vorschriften steht.** [2]**Keinen ungerechtfertigten Vorteil stellen dar**
1. **ein politisches Mandat oder eine politische Funktion sowie**
2. **eine nach dem Parteiengesetz oder entsprechenden Gesetzen zulässige Spende.**

(5) **Neben einer Freiheitsstrafe von mindestens sechs Monaten kann das Gericht die Fähigkeit, Rechte aus öffentlichen Wahlen zu erlangen, und das Recht, in öffentlichen Angelegenheiten zu wählen oder zu stimmen, aberkennen.**

Fassung des 48. StÄG v. 23.4.2014 (BGBl. I 410) zum 1.9.2014; in Abs. 1 wurde aifgrund des G zur Verbesserung der Transparenzregeln für die Mitglieder des Deutschen Bundestages vom 8.10.2021 (BGBl. I 4650) zum 19.10.2021 die Strafrahmenunter- und -obergrenzen angehoben.

1 **1.** Die Erweiterung der Vorschrift auf die Bestechlichkeit von Abgeordneten war nicht nur „legitim", sondern zur Herstellung von Gleichheit mit Amtsträgern sogar „geboten". andlungsbedarf löste die Entscheidung des BGHSt 51, 45 (49) = NJW 2006, 2050 aus, wonach kommunale Amtsträger keine Amtsträger iSd § 11 I 2 sind (sa BGH NStZ 2015, 451 mit Praxiskommentar Becker; Kindhäuser/Hilgendorf in LPK-StGB Rn. 1; sa Fischer Rn. 6). Zur erheblichen Umgestaltung der Vorschrift Hartmann in HK-StrafR §§ 105–108e Rn. 9; Kempf FS W Schiller, 2014, 359.

Die Vorschrift schützt ebenso wie die §§ 331–334 (→ § 331 Rn. 1) ein **komplexes Rechtsgut.** Der Schwerpunkt liegt auf der Sachlichkeit des Mandatswahrnehmung (vgl. zu § 108e aF Epp, Die Abgeordnetenbestechung, 1997, S. 163; Maurach/Schroeder/Maiwald StrafR BT II § 86 Rn. 31) sowie dem öffentlichen Vertrauen in die Unkäuflichkeit der Mandatsausübung und die Funktionsfähigkeit des repräsentativen Systems (BT-Drs. 12/5927, 4; insoweit aM Maurach/Schroeder/Maiwald StrafR BT II § 86 Rn. 31; ähnlich Kargl in NK-StGB Rn. 1; weiter diff. Eser in Schönke/Schröder, Rn. 2). Zur **Entstehungsgeschichte** vgl. Hartmann, Reformmodelle zur Abgeordnetenbestechung, 2013; eine Analyse der Reform von 2014 bietet Peters, Korruption in Volksvertretungen, 2017. – Die unverändert geringe praktische Relevanz zeigte sich bei der sog. „Maskenaffäre" von Bundestags- und Landtagsabgeordneten (2020/21), die auch durch § 108e nF strafrechtlich nicht erfasst wird (vgl. OLG München NStZ-RR 2022, 110; bestätigt vom BGH 5.7.2022 – StB 7–9/22). Ob die jüngst erfolgte Strafrahmenerhöhung, die § 108e zum Verbrechen macht, mehr als nur eine symbolische Wirkung hat, bleibt abzuwarten. 1a

2. Das **Rechtsgut** ist bei der neu gestalteten Vorschrift das öffentliche Interesse an der Integrität parlamentarischer Prozesse und der Unabhängigkeit der Mandatsausübung sowie der Sachbezogenheit parlamentarischer Entscheidungen (BT-Drs. 18/476; → Rn. 6; Kindhäuser in LPK-StGB Rn. 1). Dahinter steht die Legitimität politischer Entscheidungsprozeße (Fischer Rn. 2 mit BT-Drs. 18/476, 8); es geht um die Sachgerechtigkeit parlamentarischer Entscheidung (Fischer Rn. 3; zum Rechtsgut sa Hartmann in HK-StrafR §§ 105–108 Rn. 9; Kubiciel/Hoven NKPol 2014, 339 (343); NJW aktuell 3/2015, 14. 2

3. Bis 2014 wurde als Tathandlung – nicht verständlich – nur der Stimmenkauf und -verkauf bei Wahlen und Abstimmungen innerhalb der in der Norm genannten Gremien unter Strafe gestellt (Frankuski HRRS 2014, 220 (223)). Immaterielle Vorteile wurden nicht erfasst. 3

a) Täter des **Abs. 1** können Mitglieder (Abgeordnete) einer Volksvertretung des Bundes oder eines Landes sein. Täter des **Abs. 2** kann jede natürliche Person sein, die auch im Auftrag einer juristischen Person handeln kann (Fischer Rn. 16). Täter nach **Abs. 3** sind in Nr. 1–6 aufgezählt (erläutert von Fischer Rn. 9–15). Näher zum Fehlen eines ungerechtfertigten Vorteils **Abs. 4** (Fischer Rn. 38–48; Hartmann in HK-StrafR §§ 105–108e Rn. 9; Hoven NStZ 2015, 553). **Abs. 5** ist schon aus der früheren Vorschrift bekannt (näher Fischer Rn. 55). Es geht um die Aberkennung von bestimmten Fähigkeiten und Rechten.

b) Die **Unrechtsvereinbarung** des § 108e entspricht der des § 332. Leistung und Gegenleistung müssen konkret aufeinander bezogen sein (Fischer Rn. 34; Hartmann in HK-StrafR §§ 105–108 Rn. 9: qualifizierte Unrechtsvereinbarung). Eine Handlung oder Unterlassung „bei der Wahrnehmung des Mandats" liegt ausschließlich bei parlamentarischen Verhandlungsgegenständen vor. Nicht erfasst sind damit Tätigkeiten außerhalb der durch das Mandat begründeten Zuständigkeiten, etwa wenn lediglich die Autorität des Mandats oder die Kontakte des Mandatsträgers genutzt werden, um einen in der Zuständigkeit einer anderen Stelle liegenden Vorgang zu beeinflussen (OLG München NStZ-RR 2022, 110, dazu und im Vergleich zu England Petzsche DGStZ 2022, 63). Eine allgemeine „Stimmenpflege" ist ebenfalls nicht erfaßt, ebensowenig Belohnungen. Zur Unrechtvereinbarung nach 4

§ 108e aF BGHSt 51, 44 (59) = NJW 2006, 2050, nach § 108e nF BGH wistra 2015, 35).

5 **c)** Mit der Aufgabe des Charakters als echtes Unternehmensdelikt (→ § 11 Rn. 19) im Zuge der Reform 2014 ist die Tat nicht mehr mit dem – sei es auch untauglichen – Versuch, sondern erst mit dem Abschluss der jeweiligen Tathandlung vollendet. Beendet ist sie mit Gewährung des letzten auf der Unrechtsvereinbarung beruhenden Vorteils, bei späterer Vornahme der versprochenen Handlung mit dieser (BGH NStZ-RR 2009, 12 (13); Fischer Rn. 52). Bis 2021 war der **Versuch** mangels Strafbewehrung straflos; die Anhebung des Mindetstrafrahmens in **Abs. 1** für Abgeordnete als Täter auf ein Jahr Freiheitsstrafe führt für diesen Täterkreis (nicht für Täter gem. Abs. 2) wieder zur Versuchsstrafbarkeit (mit der Rücktrittsmöglichkeit des § 24) sowie erstmals – sollten sich Abgeordnete zur Bestechlichkeit verabreden o. ä. – zur Anwendbarkeit von § 30.

6 **4.** Der **Vorsatz** (bedingter genügt) erfordert Bedeutungskenntnis (→ § 15 Rn. 14) namentlich im Hinblick auf das Beziehungsverhältnis zwischen der Handlung und dem Vorteil. Das Gegenseitigkeitsverhältnis zwischen Vorteil und Handlung muß vom Vorsatz umfaßt sein (Wohlers/Gaede in NK-StGB Rn. 7).

7 **5.** Für die **Teilnahme** gelten die Ausführungen unter → § 331 Rn. 19 sinngemäß. Die Eigenschaft als Mandatsträger ist kein besonderes Merkmal iSd § 28 (Fischer Rn. 54).

8 **6. Tateinheit** ua möglich mit § 263 (Eser in Schönke/Schröder Rn. 28). Ein Zusammentreffen mit den §§ 331–334 scheidet idR aus, weil der Abgeordnete im Parlament kein Amtsträger (→ § 11 Rn. 11; ebenso Deiters NStZ 2003, 453 (458)) und seine Stimmabgabe keine Diensthandlung (→ § 331 Rn. 8) ist. Ausnahmen kommen bei Vertretungen von Gemeinden und Gemeindeverbänden in Frage, soweit diese iSd § 11 I Nr. 2c Aufgaben der öffentlichen Verwaltung wahrnehmen (→ § 11 Rn. 11).

5. Abschnitt. Straftaten gegen die Landesverteidigung

Vorbemerkung

1 **1.** Der auf dem 4. StÄG beruhende Abschnitt (zusf. Lackner JZ 1957, 401; Kohlhaas NJW 1957, 929) dient dem Schutz der **Landesverteidigung** (zu ihr als Rechtsgut Schroeder, Der Schutz von Staat und Verfassung im Strafrecht, 1970, S. 392; sie ist jegliche vorbereitende oder akute militärische Tätigkeit zur Abwehr eines Angriffs auf die Bundesrepublik Deutschland (Müller NStZ 2002, 633 (635)). Neben dem WStG, dessen Vorschriften vorwiegend für Soldaten gelten, soll er Angriffen entgegenwirken, die von jedermann ausgehen können. Zur Reformbedürftigkeit dieser Straftaten Müller NStZ 2002, 633 (636). Vgl. auch Hertel, Die Zukunft des Wehrstrafrechts – Bestandsaufnahme, Rechtsvergleich und Ausblick für die Straftaten gegen die Landesverteidigung und §§ 17, 18 WStG, 2013.

2 **2.** Zu Besonderheiten der **Zuständigkeit** und des **Verfahrens** vgl. namentlich §§ 74a I, II, 120 II, 142a GVG, §§ 100a Nr. 2b, 153c–153e StPO.

§ 109 Wehrpflichtentziehung durch Verstümmelung

(1) **Wer sich oder einen anderen mit dessen Einwilligung durch Verstümmelung oder auf andere Weise zur Erfüllung der Wehrpflicht untauglich macht oder machen läßt, wird mit Freiheitsstrafe von drei Monaten bis zu fünf Jahren bestraft.**

(2) **Führt der Täter die Untauglichkeit nur für eine gewisse Zeit oder für eine einzelne Art der Verwendung herbei, so ist die Strafe Freiheitsstrafe bis zu fünf Jahren oder Geldstrafe.**

(3) **Der Versuch ist strafbar.**

1. Die den § 17 WStG ergänzende Vorschrift schützt das **personelle Potential** 1
der Landesverteidigung (Schroeder in LK-StGB Rn. 1; Wohlers/Kargl in NK-StGB Rn. 2; ähnlich Bauer, Die Straftatbestände der Selbstverstümmelung und der Dienstentziehung durch Täuschung im deutschen Recht, 1996, S. 34).

2. Wehrpflicht §§ 1, 3 WehrpflG. Sie umfasst jede Dienstpflicht des Bürgers 2
nach dem WehrpflG, also auch den Zivildienst (§ 3 I WehrpflG). Die Tat kann nur an einem gegenwärtig oder künftig Wehrpflichtigen begangen werden. Mit § 2 WehrpflG ist die Wehrpflicht seit dem 1.7.2011 auf den Verteidigungs- oder Spannungsfall beschränkt, so dass sie außerhalb derselben derzeit nicht gilt. Der für Friedenszeiten anstelle der Wehrpflicht getretene freiwillige Wehrdienst nach § 58b SG stellt keine Wehrpflicht iSv Abs. 1 dar. Weil allerdings die Wehrpflicht als solche nur ausgesetzt und nicht aufgehoben worden ist, geltend die Verbote für diejenigen fort, die im Verteidigungs- oder Spannungsfall wehrpflichtig werden (Müller in Hilgendorf/Kudlich/Valerius, StrafR-Hdb IV § 18 Rn. 14; Ladiges NZWehrR 2013, 203 (207); aM Dau NZWehrR 2013, 252 (255): dies sei verfassungswidrig).

3. Tathandlung ist das Herbeiführen der Wehrdienstunfähigkeit oder einer Be- 3
einträchtigung der Wehrdienstfähigkeit (§§ 8a, 9 WehrpflG), dh eines Zustandes, in dem der Wehrpflichtige wegen körperlicher oder geistiger Mängel (nicht aus rechtlichen Gründen, zB nach § 10 WehrpflG) nicht mehr in der Art oder dem Umfang wehrtauglich ist wie vorher (RGSt 44, 264). Nach Abs. 1 und 2 ist zwischen **absoluter** (vollständiger und dauernder) und **relativer** (auf eine gewisse Zeit oder einzelne Arten der Verwendung beschränkte) Untauglichkeit zu unterscheiden. Bei **zeitlicher** Beeinträchtigung genügen kurze Zeiträume, wenn während ihrer Dauer Erfüllung der Wehrpflicht ansteht. Angesichts der derzeitigen Aussetzung der Wehrpflicht dürften Fälle relativer Untauglichkeit aktuell ausscheiden. **Art der Verwendung** bezeichnet die allgemeinen Einsatzmöglichkeiten in den einzelnen Dienstbereichen, uU auch nur in der Ausbildung, als Schreiber oder als Sanitäter (BayObLG NJW 1973, 2257); Untauglichkeit zu einer einzelnen Dienstverrichtung genügt nicht.

4. Verstümmelung ist unmittelbare mechanische Einwirkung (weiter Woh- 4
lers/Kargl in NK-StGB Rn. 7; str.) auf den Körper (zB Entfernen oder Zerstören eines Körpergliedes oder Organs); **Untauglichmachen auf andere Weise** bezeichnet alle übrigen Möglichkeiten der Einwirkung, die nur idR (zB Einnehmen von gesundheitsschädlichen Mitteln), aber nicht notwendig (zB medizinische Behandlungen) in einer Körperverletzung besteht (BayObLG NJW 1973, 2257 mAnm Schroeder NZWehrr 1974, 33; str.). Auch Unterlassen in Garantenstellung (→ § 13 Rn. 11) kommt in Frage (einschr. Schroeder in LK-StGB Rn. 18; Kargl in

NK-StGB Rn. 8; sa Bauer, Die Straftatbestände der Selbstverstümmelung und der Dienstentziehung durch Täuschung im deutschen Recht, 1996, S. 39, 45); die Verweigerung einer zur Abwendung der Untauglichkeit dienenden Operation genügt jedoch nicht (§ 17 IV 3 SG).

5 **5.** Der Täter kann die Tathandlung **selbst** vornehmen oder durch einen anderen vornehmen lassen. Bei der Fremdverstümmelung gehört die **Einwilligung** des Betroffenen zum Tatbestand; fehlt sie, so sind nur die §§ 223ff. ohne eine aus § 109 herzuleitende Sperrwirkung anwendbar (Maurach/Schroeder/Maiwald StrafR BT II § 87 Rn. 8; Kargl in NK-StGB Rn. 4; aM Kohlhaas NJW 1958, 135).

5a **6.** Neben dem **Vorsatz** (bedingter genügt) fordert das Gesetz keine zusätzliche Täuschungsabsicht (Schroeder in LK-StGB Rn. 19). Angesichts der Aussetzung der Wehrpflicht ist genau zu prüfen, ob der Täter bei seinem Tun tatsächlich billigend in Kauf genommen hat, dass er selbst oder der beroffene Dritte der nur im Verteidigungs- oder Spannungsfall aktualisierten Wehrpflicht unterliegen (Petzsche in Leipold/Tsambikakis/Zöller Rn. 8; Ladiges NZWehrR 2013, 203 (208)).

6 **7.** Führt ein **Soldat** Dienstuntauglichkeit an sich oder einem anderen Soldaten herbei, so geht § 17 WStG als Spezialvorschrift vor. Soweit dieser jedoch nicht verwirklicht wird (der Verstümmelte ist zB nicht Soldat), ist § 109 auch auf Soldaten anwendbar. Beteiligung eines Nichtsoldaten an einer Haupttat nach § 17 WStG ist nur dann als Teilnahme nach § 17 WStG, §§ 26, 27 StGB zu behandeln, wenn nicht zugleich die Voraussetzungen des § 109 erfüllt sind; andernfalls folgt aus § 28 II, dass der Nichtsoldat Täter oder Teilnehmer des Vergehens nach § 109 ist (Lingens/Korte WStG § 17 Rn. 21ff.; Schroeder in LK-StGB Rn. 24; aM Eser in Schönke/Schröder, Rn. 17).

7 **8.** Zwischen Versuch nach Abs. 1 und Vollendung nach Abs. 2 ist **Tateinheit** möglich (Schroeder in LK-StGB Rn. 23; str.). Körperverletzung nach §§ 223–227 wird nicht durch Einwilligung gerechtfertigt (§ 228) und kann nach Verschärfung der Strafdrohungen in §§ 223, 224 durch das VerbrBG (→ Vor § 38 Rn. 4) nunmehr unterschiedslos mit § 109 tateinheitlich zusammentreffen (Kargl in NK-StGB Rn. 12; aM Lilie in LK-StGB § 223 Rn. 26).

8 **9.** Räumlicher Geltungsbereich § 5 Nr. 5a.

§ 109a Wehrpflichtentziehung durch Täuschung

(1) **Wer sich oder einen anderen durch arglistige, auf Täuschung berechnete Machenschaften der Erfüllung der Wehrpflicht dauernd oder für eine gewisse Zeit, ganz oder für eine einzelne Art der Verwendung entzieht, wird mit Freiheitsstrafe bis zu fünf Jahren oder mit Geldstrafe bestraft.**

(2) **Der Versuch ist strafbar.**

1 **1.** Die den § 18 WStG ergänzende Vorschrift schützt den **Personalbestand der Bundeswehr** (Schroeder in LK-StGB Rn. 1; aM Wohlers/Kargl in NK-StGB Rn. 1).

2. Wehrpflicht → § 109 Rn. 2. Der Täter **entzieht** sich oder einen anderen der Erfüllung der Wehrpflicht, wenn er bewirkt, dass er oder der andere in Folge ausdrücklicher oder stillschweigender Freistellung durch die zuständige Behörde nicht mehr in der Art und dem Umfang für die Erfüllung der Wehrpflicht zur Verfügung steht wie zuvor (OLG Hamm NJW 1974, 568). Die Ursächlichkeit der Tathandlung (→ Rn. 3) für die Entziehung kann nur psychisch, idR durch einen Irrtum der Behörde, vermittelt werden; jedoch genügt es, wenn die Behörde den Täter nur freistellt, weil sie seine Angaben nicht für widerlegbar hält (OLG Celle NStZ 1986, 168; Wohlers/Kargl in NK-StGB Rn. 2). Wie in § 109 (→ § 109 Rn. 3) wird absolute und relative Entziehung unterschieden. 2

3. Machenschaften bezeichnen ein methodisches, berechnetes (Fischer Rn. 3; aM Schroeder in LK-StGB Rn. 5; sa Bauer, Die Straftatbestände der Selbstverstümmelung und der Dienstentziehung durch Täuschung im deutschen Recht, 1996, S. 98) und außerdem auch besonders verwerfliches Gesamtverhalten (OLG Celle NStZ 1986, 168; insoweit krit. Kelker, Zur Legitimität von Gesinnungsmerkmalen im Strafrecht, 2007, S. 531; aM OLG Hamm NJW 1974, 568; sa BayObLGSt 1961, 222; OLG Celle NZWehrr 1962, 75). Sie sind **auf Täuschung berechnet,** wenn sie einen Irrtum der zuständigen Behörde verursachen sollen. Das erfordert nicht notwendig ein Handeln gegenüber der Behörde (OLG Hamburg NJW 1965, 1674) und auch nicht den Einsatz gegenständlicher Mittel, wie gefälschter oder unwahrer Schriftstücke; es genügt auch ein System wohlüberlegter Lügen, jedoch nicht die einfache Lüge (Kohlhaas NJW 1957, 929 (930); aM hinsichtlich des „Lügengebäudes" Wohlers/Kargl in NK-StGB Rn. 3). Die weitere Kennzeichnung des Verhaltens als **arglistig** ist tautologisch (Dreher JZ 1957, 397; Bohnert GA 1978, 353 (363); Lingens/Korte WStG § 18 Rn. 9; aM Schroeder in LK-StGB Rn. 6). Hauptanwendungsfälle sind das systematische Vortäuschen von körperlichen Mängeln (RGSt 29, 218) und die Scheinverlegung des Wohnsitzes (OLG Hamburg NJW 1965, 1674; OLG Celle NJW 1965, 1675). 3

4. Für das Verhältnis zu **§ 18 WStG** gelten die Ausführungen in → § 109 Rn. 6 sinngemäß. 4

5. Räumlicher Geltungsbereich § 5 Nr. 5b. 5

§§ 109b, 109c (weggefallen)

§ 109d Störpropaganda gegen die Bundeswehr

(1) **Wer unwahre oder gröblich entstellte Behauptungen tatsächlicher Art, deren Verbreitung geeignet ist, die Tätigkeit der Bundeswehr zu stören, wider besseres Wissen zum Zwecke der Verbreitung aufstellt oder solche Behauptungen in Kenntnis ihrer Unwahrheit verbreitet, um die Bundeswehr in der Erfüllung ihrer Aufgabe der Landesverteidigung zu behindern, wird mit Freiheitsstrafe bis zu fünf Jahren oder mit Geldstrafe bestraft.**

(2) **Der Versuch ist strafbar.**

1 **1.** Die Vorschrift schützt die **Funktionsfähigkeit der Bundeswehr** gegen **geistige Sabotage** (Eser in Schönke/Schröder, Rn. 1–3). Wegen ihrer strengen, meist nicht beweisbaren Voraussetzungen (Jescheck NZWehrr 1969, 121 (128); Schwenck NZWehrr 1969, 134 (136); Greiser NJW 1973, 231) ist sie bisher kaum praktisch geworden (vgl. jedoch Kreutz NZWehrr 2000, 230, der eine vermehrte Anwendung wegen des Einsatzes der Bundeswehr bei multi- und internationalen Militäraktionen erwartet). Angesichts aktueller „Fake News" ist ein Bedeutungszuwachs denkbar (BT-Drs. 18/12727, 19; Petzsche in Leipold/Tsambikakis/Zöller Rn. 1) Die Tat ist potenzielles Gefährdungsdelikt (→ Vor § 13 Rn. 32; aM Zieschang Gefährdungsdelikte S. 307 Fn. 422: Konkretes Gefährlichkeitsdelikt; ebenso Kargl in NK-StGB Rn. 3; diff. Kreutz NZWehrr 2000, 230 (233)).

2 **2. Behauptungen tatsächlicher Art.** → § 186 Rn. 3, 5 (beachte auch BGH JR 1977, 28 mAnm Schroeder). Eine Behauptung ist entstellt, wenn ein Teil von ihr nicht unerheblich von der Wahrheit abweicht; die Entstellung ist gröblich, wenn der wahre Teil hinter dem unwahren so zurücktritt, dass ein im Wesentlichen unrichtiges Gesamtbild entsteht (Eser in Schönke/Schröder, Rn. 4, 5).

3 **3. Verbreiten** ist hier wie in § 74d (aber abweichend von § 186; → § 186 Rn. 5) Weitergabe mit der Tendenz des Zugänglichmachens für einen größeren Personenkreis (→ § 74d Rn. 5). Es ist **geeignet,** die Tätigkeit der Bundeswehr zu stören, wenn die behauptete Tatsache, abstrakt betrachtet, so beschaffen ist, dass sie im Falle der Verbreitung die Tätigkeit der Bundeswehr konkret gefährden würde (Hoyer, Die Eignungsdelikte, 1987, S. 153); dabei ist nach dem Schutzzweck der Vorschrift (→ Rn. 1) nur auf die Tätigkeit der Bundeswehr bei Erfüllung ihrer Verteidigungsaufgabe, nicht auch auf andere Aufgabenbereiche wie out-of-area Einsatz zB im Kosovo oder in Afghanistan abzustellen (Eser in Schönke/Schröder, Rn. 7; aM Schroeder in LK-StGB Rn. 8; de lege ferenda auch Kreutz NZWehrr 2000, 230 (243); Müller NStZ 2002, 633 (636)); schon nach geltendem Recht sind auf deutschem Boden stationierte mitgeschützt (Müller NStZ 2002, 633 (635) mwN zur Gesetzeslage).

4 **4. a)** Für den Gesamtbereich des **inneren Tatbestandes** ist Vorsatz (bedingter genügt) erforderlich. Darüber hinaus müssen in Teilbereichen die unter → Rn. 5, 6 bezeichneten Voraussetzungen erfüllt sein.

5 **b) Wider besseres Wissen** → § 187 Rn. 1.

6 **c) „Zum Zwecke"** erfordert, dass es dem Täter auf die Verbreitung, die nicht Motiv sein muss, ankommt (Schroeder in LK-StGB Rn. 12; aM Eser in Schönke/Schröder, Rn. 9, direkter Vorsatz genügt). Dasselbe gilt für die **Absicht** der Behinderung (hM; anders OLG Celle NJW 1962, 1581).

7 **5. Tateinheit** ua möglich mit §§ 89, 164 sowie mit §§ 186, 187 (hM; anders Fischer JZ 1990, 68 (74)).

8 **6.** Räumlicher Geltungsbereich § 5 Nr. 5b (→ § 5 Rn. 3). Einziehung § 109k. Zuständigkeit und Verfahren → Vor § 109 Rn. 2.

§ 109e Sabotagehandlungen an Verteidigungsmitteln

(1) **Wer ein Wehrmittel oder eine Einrichtung oder Anlage, die ganz oder vorwiegend der Landesverteidigung oder dem Schutz der Zivilbevölkerung gegen Kriegsgefahren dient, unbefugt zerstört, beschädigt, verändert, unbrauchbar macht oder beseitigt und dadurch die Sicherheit der Bundesrepublik Deutschland, die Schlagkraft der Truppe oder Menschenleben gefährdet, wird mit Freiheitsstrafe von drei Monaten bis zu fünf Jahren bestraft.**

(2) **Ebenso wird bestraft, wer wissentlich einen solchen Gegenstand oder den dafür bestimmten Werkstoff fehlerhaft herstellt oder liefert und dadurch wissentlich die in Absatz 1 bezeichnete Gefahr herbeiführt.**

(3) **Der Versuch ist strafbar.**

(4) **In besonders schweren Fällen ist die Strafe Freiheitsstrafe von einem Jahr bis zu zehn Jahren.**

(5) **Wer die Gefahr in den Fällen des Absatzes 1 fahrlässig, in den Fällen des Absatzes 2 nicht wissentlich, aber vorsätzlich oder fahrlässig herbeiführt, wird mit Freiheitsstrafe bis zu fünf Jahren oder mit Geldstrafe bestraft, wenn die Tat nicht in anderen Vorschriften mit schwererer Strafe bedroht ist.**

1. Die Vorschrift schützt die **Funktionsfähigkeit** von Verteidigungsmitteln iwS (krit. Kargl in NK-StGB Rn. 1). 1

2. a) Wehrmittel sind Gegenstände, die ihrer Natur nach oder auf Grund besonderer Zweckbestimmung für den bewaffneten Einsatz der Truppe geeignet und bestimmt sind (uU auch Ausrüstungsgegenstände, technische Geräte, Nachrichtenmittel, Meldehunde usw). 2

b) Einrichtungen und Anlagen (dh feste und auf Dauer angelegte Einrichtungen) dienen der Landesverteidigung nicht nur, wenn sie unmittelbar von der Truppe benutzt werden. Auch Munitionsanstalten, militärische Versuchsanstalten, Befestigungswerke, Rüstungsbetriebe usw gehören hierher. Dem Schutz der Zivilbevölkerung dienen namentlich Einrichtungen und Anlagen des zivilen Luftschutzes. 3

3. Zerstören, Beschädigen → § 303 Rn. 3–7. **Beseitigen,** Unbrauchbarmachen → § 87 Rn. 2. **Herstellen** oder **Liefern** ist fehlerhaft, wenn es Vorschriften oder technischen Erfahrungen widerspricht und die Tauglichkeit des Gegenstandes zum bestimmungsgemäßen Gebrauch aufgehoben oder gemindert ist. 4

4. Unbefugt ist die Tathandlung, wenn sie der außerstrafrechtlichen Rechtsordnung widerspricht. Deshalb wird zB der nach bürgerlichem oder öffentlichem Recht befugte Unternehmer auch dann nicht erfasst, wenn er durch Aufgabe seines Betriebes die in Abs. 1 bezeichnete Gefahr herbeiführt. 5

5. Die Tathandlung muss eine **konkrete Gefahr** (→ § 315c Rn. 21, 22) für eines der folgenden Rechtsgüter herbeiführen (sa § 2 Nr. 3 WStG; Lingens/Korte WStG § 2 Rn. 48 ff., 53): 6

a) Die (äußere oder innere) **Sicherheit** der Bundesrepublik (→ § 92 Rn. 9; → § 93 Rn. 5).

7 **b)** Die **Schlagkraft der Truppe,** dh deren volle Einsatzbereitschaft und -fähigkeit (BGH NJW 1971, 441); uU genügt schon der Ausfall einer wichtigen Waffe (OLG Celle NZWehrr 1962, 74), nicht aber eines ohne größere Schwierigkeit ersetzbaren Kraftfahrzeugs (LG Flensburg NZWehrr 1984, 80).

8 **c)** Das **Leben** eines beliebigen Menschen oder einer Mehrzahl von ihnen (→ § 315c Rn. 23); bloße Leibesgefahr und Gefahr für Sachwerte genügen nicht (hM; vgl. Wohlers/Kargl in NK-StGB Rn. 5).

9 **6.** Im Falle des **Abs. 1** muss sich der **Vorsatz** (bedingter genügt) auch auf die Gefährdung beziehen (zum Gefährdungsvorsatz → § 15 Rn. 28). **Abs. 2** setzt für Tathandlung und Gefährdung **Wissentlichkeit** (→ § 15 Rn. 21) voraus, so dass bedingter Vorsatz ausscheidet. Im Falle des **Abs. 5** reichen Fahrlässigkeit und bei Verstößen gegen Abs. 2 auch bedingter Vorsatz für die Gefährdung aus; an dem Erfordernis des Vorsatzes (in Abs. 2 des direkten Vorsatzes) für die Tathandlung wird dadurch nichts geändert. Zur Behandlung der Vorsatz-Fahrlässigkeits-Kombination als Vorsatztat im Hinblick auf Teilnahme usw → § 11 Rn. 23–25. Ein Irrtum über die Befugnis zum Handeln ist idR, aber nicht notwendig Verbotsirrtum (→ § 15 Rn. 6; → § 17 Rn. 6).

10 **7.** Gegenüber der Sachbeschädigung (§§ 303–305) **Spezialität** (→ Vor § 52 Rn. 25; für Tateinheit Petzsche in Leipold/Tsambikakis/Zöller Rn. 13; str.). Das Verhältnis zu anderen Sabotagedelikten (zB §§ 88, 316b) hängt von den einzelnen Begehungsformen und den jeweils betroffenen Rechtsgütern ab; meist wird wegen Verschiedenartigkeit der Rechtsgüter Tateinheit vorliegen (Kargl in NK-StGB Rn. 8; Zieschang in NK-StGB § 316b Rn. 27; aM Kohlhaas NJW 1957, 929 (931)).

11 **8.** Räumlicher Geltungsbereich § 5 Nr. 5a (→ § 5 Rn. 3). Nebenfolgen, Einziehung §§ 109i, 109k. Zuständigkeit und Verfahren → Vor § 109 Rn. 2.

§ 109f Sicherheitsgefährdender Nachrichtendienst

(1) [1]**Wer für eine Dienststelle, eine Partei oder eine andere Vereinigung außerhalb des räumlichen Geltungsbereichs dieses Gesetzes, für eine verbotene Vereinigung oder für einen ihrer Mittelsmänner**
1. Nachrichten über Angelegenheiten der Landesverteidigung sammelt,
2. einen Nachrichtendienst betreibt, der Angelegenheiten der Landesverteidigung zum Gegenstand hat, oder
3. für eine dieser Tätigkeiten anwirbt oder sie unterstützt

und dadurch Bestrebungen dient, die gegen die Sicherheit der Bundesrepublik Deutschland oder die Schlagkraft der Truppe gerichtet sind, wird mit Freiheitsstrafe bis zu fünf Jahren oder mit Geldstrafe bestraft, wenn die Tat nicht in anderen Vorschriften mit schwererer Strafe bedroht ist. [2]**Ausgenommen ist eine zur Unterrichtung der Öffentlichkeit im Rahmen der üblichen Presse- oder Funkberichterstattung ausgeübte Tätigkeit.**

(2) **Der Versuch ist strafbar.**

1. Die Vorschrift über **militärischen Nachrichtendienst** liegt im **Vorfeld** des Landesverrats und der Gefährdung der äußeren Sicherheit (§§ 93ff.; Lüttger MDR 1966, 629 (713)). 1

2. Geschützt sind nur **Angelegenheiten der Landesverteidigung,** dh alles, was Aufgaben und Interessen der Landesverteidigung, nicht lediglich des Schutzes der Zivilbevölkerung (gegen deren Schutz Schroeder in LK-StGB Rn. 2), betrifft. Ob es geheim gehalten wird und ob die Kenntnis der fremden Einrichtung nützt, ist unerheblich (BGHSt 15, 161 = NJW 1960, 2349). 2

3. Die **Tathandlungen** setzen ein auf gewisse Dauer und Systematik angelegtes Tun voraus (Lüttger MDR 1966, 629 (630); aM Wohlers/Kargl in NK-StGB Rn. 4). Sie sind jedoch nicht auf typisch nachrichtendienstliche Tätigkeit beschränkt (BGHSt 15, 167) und brauchen auch nicht in konspirativen Formen, namentlich nicht geheim, begangen zu werden (Fischer Rn. 2; aM Willms JZ 1958, 601 zu § 92 aF). Ihr Gegenstand können daher auch offene Nachrichten (unstr.), nicht aber der Desinformation dienende Falschnachrichten sein (Schroeder in LK-StGB Rn. 3; aM Lüttger MDR 1966, 629 (634); zw.). **Sammeln** liegt schon vor, wenn mit dem Beschaffen nur einer Nachricht begonnen wurde (BGHSt 16, 15 = BeckRS 1961, 30388336; aM Ostendorf in AK-StGB Rn. 9). Mehrere Einzelakte des Sammelns bilden idR eine Bewertungseinheit (BGHSt 16, 26 (32) = NJW 1961, 1074; → Vor § 52 Rn. 10). **Unterstützen** ist zur Täterschaft verselbständigte Beihilfe (BGHSt 23, 308 = NJW 1970, 1887; → § 27 Rn. 12). 3

4. Zu **Bestrebungen gegen die Sicherheit der Bundesrepublik** Holtz MDR 1980, 454; → § 92 Rn. 9; zur Schlagkraft der Truppe → § 109e Rn. 7. Der Täter dient den genannten Bestrebungen, wenn er sich ihnen dienstbar, dh zu ihrem Werkzeug macht (weiter Kargl in NK-StGB Rn. 6); dass die Handlung solchen Bestrebungen nur nützt, reicht nicht (zu weit BGHSt 19, 344). 4

5. Das problematische **Presseprivileg** in Abs. 1 S. 2 (Lüttger MDR 1966, 713) schließt schon den Tatbestand aus (hM; vgl. etwa Schroeder in LK-StGB Rn. 18). 5

6. Gegenüber §§ 93ff., namentlich § 99, **Subsidiarität** (→ Vor § 52 Rn. 26). 6

7. Räumlicher Geltungsbereich § 5 Nr. 5a (→ § 5 Rn. 3); erfasst werden danach auch deutsche, im Ausland belegene militärische Angelegenheiten. Nebenfolgen, Einziehung §§ 109i, 109k. Zuständigkeit und Verfahren → Vor § 109 Rn. 2. 7

§ 109g Sicherheitsgefährdendes Abbilden

(1) **Wer von einem Wehrmittel, einer militärischen Einrichtung oder Anlage oder einem militärischen Vorgang eine Abbildung oder Beschreibung anfertigt oder eine solche Abbildung oder Beschreibung an einen anderen gelangen läßt und dadurch wissentlich die Sicherheit der Bundesrepublik Deutschland oder die Schlagkraft der Truppe gefährdet, wird mit Freiheitsstrafe bis zu fünf Jahren oder mit Geldstrafe bestraft.**

(2) **Wer von einem Luftfahrzeug aus eine Lichtbildaufnahme von einem Gebiet oder Gegenstand im räumlichen Geltungsbereich dieses Gesetzes anfertigt oder eine solche Aufnahme oder eine danach hergestellte Abbildung an einen anderen gelangen läßt und dadurch wissentlich die Sicher-**

heit der Bundesrepublik Deutschland oder die Schlagkraft der Truppe gefährdet, wird mit Freiheitsstrafe bis zu zwei Jahren oder mit Geldstrafe bestraft, wenn die Tat nicht in Absatz 1 mit Strafe bedroht ist.

(3) **Der Versuch ist strafbar.**

(4) [1]**Wer in den Fällen des Absatzes 1 die Abbildung oder Beschreibung an einen anderen gelangen läßt und dadurch die Gefahr nicht wissentlich, aber vorsätzlich oder leichtfertig herbeiführt, wird mit Freiheitsstrafe bis zu zwei Jahren oder mit Geldstrafe bestraft.** [2]**Die Tat ist jedoch nicht strafbar, wenn der Täter mit Erlaubnis der zuständigen Dienststelle gehandelt hat.**

1 **1.** Die im **Vorfeld des Landesverrats** liegende Vorschrift **schützt die äußere Sicherheit der Bundesrepublik.**

2 **2. Abs. 1: Wehrmittel,** militärische Einrichtungen und Anlagen → § 109e Rn. 2, 3. **Abs. 2:** Geschützt sind **Objekte jeder Art** im Geltungsbereich des Gesetzes (→ Vor § 3 Rn. 5) gegen Luftaufnahmen (auch aus dem Luftraum außerhalb des Geltungsbereichs).

3 **3.** Zur **Gefährdung** → § 109e Rn. 6, 7.

4 **4. Abs. 1 und 2** erfordern für die Tathandlung **Vorsatz** (bedingter genügt), für die Gefährdung jedoch Wissentlichkeit (→ § 15 Rn. 20); fehlt sie, so kommt **Abs. 4** in Frage (→ § 109e Rn. 9). Die von der zuständigen Dienststelle befugt erteilte Erlaubnis (Abs. 4 S. 2) wirkt rechtfertigend (beachte dazu Schmidt in LK-StGB § 99 Rn. 15). Die unbefugt erteilte Erlaubnis bildet weder einen Rechtfertigungsgrund noch einen Schuldausschließungsgrund (so aber wohl Eser in Schönke/Schröder Rn. 13; nach Schroeder in LK-StGB Rn. 13: unvermeidbarer Verbotsirrtum), sondern einen sachlich wirkenden **Strafausschließungsgrund** bzw. eine negative Bedingung der Strafbarkeit (so BT-Drs. II/3039, 16; zw.).

5 **5.** Gegenüber §§ 94–96 **Subsidiarität** (→ Vor § 52 Rn. 26). Mit §§ 98, 99 (BGHSt 27, 133 = NJW 1977, 1300; Schmidt in LK-StGB § 99 Rn. 25), § 109f ist Tateinheit möglich.

6 **6.** Räumlicher Geltungsbereich § 5 Nr. 5a (→ § 5 Rn. 3). Einziehung § 109k. Zuständigkeit und Verfahren → Vor § 109 Rn. 2.

§ 109h Anwerben für fremden Wehrdienst

(1) **Wer zugunsten einer ausländischen Macht einen Deutschen zum Wehrdienst in einer militärischen oder militärähnlichen Einrichtung anwirbt oder ihren Werbern oder dem Wehrdienst einer solchen Einrichtung zuführt, wird mit Freiheitsstrafe von drei Monaten bis zu fünf Jahren bestraft.**

(2) **Der Versuch ist strafbar.**

1 **1.** Mit dem Verbot der **Werbung für fremden Wehrdienst** soll nicht nur das einzelne Opfer (krit. Schroeder in LK-StGB Rn. 1), sondern auch das Allgemeininteresse an der Erhaltung der Wehrkraft geschützt werden.

2. Objekt der Tat kann nur ein Deutscher (→ Vor § 3 Rn. 7) sein. **Ausländische Macht** ist ein Staat oder ein zwischen- oder überstaatliches Machtgebilde außerhalb des Inlandes (→ Vor § 3 Rn. 4). **Wehrdienst** ist Dienst in einer militärischen (zB französische Fremdenlegion, BT-Drs. 17/13666, 4) oder militärähnlichen (etwa als Polizei- oder Wehrsportorganisation getarnten) Einrichtung als Soldat oder in einer anderen Funktion (hM; vgl. etwa Schroeder in LK-StGB Rn. 3), jedoch nicht der Dienst in Rüstungsbetrieben. 2

3. Anwerben setzt Übereinkommen zwischen dem zum Abschluss befugten Täter und dem Angeworbenen voraus. Die dem Übereinkommen vorausgehende Einwirkung kann Versuch sein (Abs. 2). **Zuführen** bedeutet, den Deutschen so in den Einflussbereich des Werbers, dh eines geschäftsmäßig tätigen Vermittlers, oder der ausländischen Wehrdienststelle bringen, dass diese zur Anwerbung (vgl. LG Hamburg NJW 1958, 1053; str.) unmittelbar auf ihn einwirken können; ob die Anwerbung scheitert, ist unerheblich. 3

4. Die Tat ist **nicht rechtswidrig,** wenn sie von der zuständigen Behörde genehmigt oder zugunsten einer Einrichtung begangen ist, auf die der Bund Hoheitsrechte übertragen hat (Art. 24 GG; aM Kargl in NK-StGB Rn. 2, Tatbestandsausschluss). 4

5. Räumlicher Geltungsbereich § 5 Nr. 5b. 5

§ 109i Nebenfolgen

Neben einer Freiheitsstrafe von mindestens einem Jahr wegen einer Straftat nach den §§ 109e und 109f kann das Gericht die Fähigkeit, öffentliche Ämter zu bekleiden, die Fähigkeit, Rechte aus öffentlichen Wahlen zu erlangen, und das Recht, in öffentlichen Angelegenheiten zu wählen oder zu stimmen, aberkennen (§ 45 Abs. 2 und 5).

Vgl. → § 45 Rn. 4. Amtsfähigkeit, Wählbarkeit und Stimmrecht können auch einzeln aberkannt werden. 1

§ 109k Einziehung

[1]Ist eine Straftat nach den §§ 109d bis 109g begangen worden, so können

1. **Gegenstände, die durch die Tat hervorgebracht oder zu ihrer Begehung oder Vorbereitung gebraucht worden oder bestimmt gewesen sind, und**
2. **Abbildungen, Beschreibungen und Aufnahmen, auf die sich eine Straftat nach § 109g bezieht,**

eingezogen werden. [2]§ 74a ist anzuwenden. [3]Gegenstände der in Satz 1 Nr. 2 bezeichneten Art werden auch ohne die Voraussetzungen des § 74 Absatz 3 Satz 1 und des § 74b eingezogen, wenn das Interesse der Landesverteidigung es erfordert; dies gilt auch dann, wenn der Täter ohne Schuld gehandelt hat.

Vgl. die Anm. zu §§ 92b, 101a. 1

6. Abschnitt. Widerstand gegen die Staatsgewalt

§ 110 (weggefallen)

§ 111 Öffentliche Aufforderung zu Straftaten

(1) **Wer öffentlich, in einer Versammlung oder durch Verbreiten eines Inhalts (§ 11 Absatz 3) zu einer rechtswidrigen Tat auffordert, wird wie ein Anstifter (§ 26) bestraft.**

(2) [1]**Bleibt die Aufforderung ohne Erfolg, so ist die Strafe Freiheitsstrafe bis zu fünf Jahren oder Geldstrafe.** [2]**Die Strafe darf nicht schwerer sein als die, die für den Fall angedroht ist, daß die Aufforderung Erfolg hat (Absatz 1); § 49 Abs. 1 Nr. 2 ist anzuwenden.**

Fassung: Abs. 1 durch das 60. StÄG (→ Vor § 1 Rn. 19) zum 1.1.2021 an § 11 III nF angepasst.

1 **1.** Die Vorschrift sieht **ergänzende Auffangtatbestände** für die Anstiftung nach § 26 und die versuchte Anstiftung nach § 30 I vor (hM; vgl. etwa Paeffgen in NK-StGB Rn. 3; Piazena, Das Verabreden, Auffordern und Anleiten zur Begehung von Straftaten unter Nutzung der Kommunikationsmöglichkeiten des Internets, 2014, S. 193; krit. Rogall GA 1979, 11 (18); anders Dreher FS Gallas, 1973, 307); wegen dieser Nähe zu AT-Regeln gilt § 111 auch als „janusköpfiger Tatbestand" (Rosenau in LK-StGB Rn. 2). Sie unterscheidet sich von der Anstiftung vor allem dadurch, dass sie die individuelle Einwirkung auf bestimmte Einzelpersonen nicht erfasst und an die Konkretisierung der Haupttat geringere Anforderungen stellt (→ Rn. 4, 5). Der Strafgrund liegt in der **besonderen Gefährlichkeit der Begehensweise,** durch die entweder eine unbestimmte oder jedenfalls eine größere Zahl von Menschen zu Straftaten bestimmt werden kann (zust. Hörnle, Grob anstößiges Verhalten, 2005, S. 211; ähnlich Fischer Rn. 1); die Tat ist daher ein abstraktes Gefährdungsdelikt (BayObLG NJW 1994, 396; Zieschang Gefährdungsdelikte S. 338 Fn. 554; Kindhäuser/Hilgendorf in LPK-StGB Rn. 1; krit. Paeffgen FS Hanack, 1999, 591 (597); Paeffgen in NK-StGB Rn. 7). Weitergehender Erklärung der Vorschrift, etwa durch Annahme eines selbständigen Rechtsgutes des „inneren Gemeinschaftsfriedens" (so die hM; vgl. BGHSt 29, 267; OLG Karlsruhe NStZ 1993, 389; BayObLG NJW 1994, 396; Bosch in MüKoStGB Rn. 1; Joecks/Jäger StGB Rn. 1, öffentlicher Frieden; zu Recht krit. Hörnle, Grob anstößiges Verhalten, 2005, S. 209) oder der „empirischen Geltung der Rechtsordnung" (so Plate ZStW 84 (1972), 294 (303)) oder durch Deutung der Vorschrift als Partialunrecht (so Jakobs ZStW 97 (1985), 751 (777)), bedarf es nicht (Schroeder, Die Straftaten gegen das Strafrecht, 1985, S. 13; Kissel, Aufrufe zum Ungehorsam und § 111 StGB, 1996, der für eine Abschaffung der Vorschrift plädiert; krit. dazu Schroeder JZ 1998, 1006). Zur **Entstehungsgeschichte** Paeffgen FS Hanack, 1999, 591; Kolbe, Strafbarkeit im Vorfeld und im Umfeld der Teilnahme (§§ 88a, 110, 111, 130a, 140 StGB), 2011. Zur geringen praktischen Bedeutung Rosenau in LK-StGB Rn. 15.

2 **2. Öffentlich, in einer Versammlung** → § 80a Rn. 2; aus einer „Vielzahl" von Menschen braucht die (uU geschlossene) Versammlung nicht zu bestehen (Fischer Rn. 5; aM Paeffgen in NK-StGB Rn. 24; Rosenau in LK-StGB Rn. 40; Eser

in Schönke/Schröder Rn. 7–10). **Verbreiten eines Inhalts** → § 11 Rn. 26–28; → § 74d Rn. 5; speziell zum Internetforum OLG Oldenburg NJW 2006, 3735; Piazena, Das Verabreden, Auffordern und Anleiten zur Begehung von Straftaten unter Nutzung der Kommunikationsmöglichkeiten des Internets, 2014, S. 209; bloßes Auslegen zum Verkauf ist als solches noch kein Verbreiten und wird deshalb nur erfasst, wenn es öffentlich geschieht (KG JR 1984, 249).

3. a) Auffordern ist – enger als Bestimmen iSd § 26 (Rogall GA 1979, 11 (16)) – eine über bloßes Befürworten hinausgehende Äußerung (uU auch durch schlüssiges Verhalten, RGSt 47, 411), die erkennbar von einem anderen, von einer unbestimmten Personenmehrheit oder von irgendeinem aus einer solchen Mehrheit ein bestimmtes Tun oder Unterlassen verlangt (OLG Köln NJW 1988, 1102; KG NJW 2001, 2896; NStZ-RR 2002, 10; OLG Oldenburg NJW 2006, 3735; Kindhäuser/Hilgendorf in LPK-StGB Rn. 3, 4; Paeffgen in NK-StGB Rn. 12 „Appellcharakter"; problematisch LG Bremen StV 1986, 439; zust. aber Paeffgen FS Hanack, 1999, 591 (604)). Das erfordert eine – nicht notwendig ernst gemeinte – „Erklärung an die Motivation anderer", die mindestens den Eindruck der Ernstlichkeit macht und auch machen soll (BGHSt 32, 310 = NJW 1984, 1631 mAnm Bloy JR 1985, 206; KG NJW 2001, 2896 mkritAnm Schroeder JR 2001, 474; KG NStZ-RR 2002, 10; OLG Frankfurt a. M. NStZ-RR 2003, 327; sa OLG Celle NJW 1988, 1101 mAnm Geerds JR 1988, 435; OLG Karlsruhe NStZ 1993, 389; OLG Jena NStZ 1995, 445); ausreichend ist die Eintragung auf einer Unterstützerliste für einen Aufruf im Internet (OLG Celle NStZ 2013, 720 mit zust. Bespr. Jahn JuS 2014, 463). Dass die Aufforderung (irgend-)einen Adressaten, der ihr entsprechen könnte, erreicht und von ihm verstanden wird, ist nicht erforderlich (BayObLG NJW 1994, 396; aM Paeffgen FS Hanack, 1999, 591 (616)). Wird eine fremde Aufforderung lediglich mitgeteilt, so genügt das nur, wenn der Mitteilende sie unmissverständlich zu seiner eigenen macht (BGHSt 36, 364 (368) = NJW 1990, 2828; OLG Frankfurt a. M. NJW 1983, 1207; BayObLG NJW 1998, 1087; OLG Frankfurt a. M. NStZ-RR 2003, 327; OLG Celle Nds. Rpfl. 2014, 280 (282); nicht ausreichen hierfür ist das unkommentierte Abspielen eines inkriminierten Liedes im Internetradio (BGH NStZ 2015, 512). Bloßes Ansetzen zur Aufforderung (§ 22) wird nicht erfasst (Paeffgen in NK-StGB Rn. 28; Rosenau in LK-StGB Rn. 18). 3

b) Die Aufforderung muss sich im Rahmen der besonderen Begehensweise (LG Berlin StV 1982, 203) **allgemein** an den angesprochenen Personenkreis richten; richtet sie sich nur an bestimmte Einzelpersonen (BGH NStZ 1998, 403 (404) mit Bespr. Bär MMR 1999, 30; Geerds JR 1999, 426; BayObLG NJW 1998, 2542 (2544); mit Blick auf das Internet vgl. Piazena, Das Verabreden, Auffordern und Anleiten zur Begehung von Straftaten unter Nutzung der Kommunikationsmöglichkeiten des Internets, 2014, S. 303), so fehlt es an der typischen, den Strafgrund bildenden Gefährlichkeit; weiterreichende Restriktionen, etwa durch das Erfordernis einer Aufforderung an „unbestimmt viele Menschen" (so Dreher NJW 1970, 1153 (1156); Dreher FS Gallas, 1973, 307 (311)) oder durch einschränkende Auslegung des Begriffs der Versammlung (→ Rn. 2), führen zu Rechtsunsicherheit. 4

c) Rechtswidrige Tat → § 11 Rn. 18; erfasst wird auch die Teilnahme, aber nicht die Ordnungswidrigkeit. Die rechtswidrige Tat muss nur ihrer Art und ihrem rechtlichen Wesen nach konkretisiert sein (BGH NStZ 1998, 403 (404) mit Bespr. Bär MMR 1999, 30; Geerds JR 1999, 426; OLG Oldenburg NJW 2006, 3735 5

(3736); LG Berlin StV 1982, 203; LG Lübeck StV 1984, 207; Paeffgen FS Hanack, 1999, 591 (610); Piazena, Das Verabreden, Auffordern und Anleiten zur Begehung von Straftaten unter Nutzung der Kommunikationsmöglichkeiten des Internets, 2014, S. 281). Zeit, Ort, Tatobjekt usw brauchen dagegen – zT abweichend von § 26 (hM; anders Rogall GA 1979, 11 (17)) – auch in den Umrissen noch nicht feststehen (RGSt 65, 200; Dreher FS Gallas, 1973, 307 (315); Wolters in SK-StGB Rn. 14b; beachte jedoch BGHSt 31, 16 (22) = NJW 1982, 2508; BGHSt 32, 310 (312) = NJW 1984, 1631; OLG Stuttgart NStZ 2008, 36 (37) mAnm Vassilaki MMR 2007, 436; dazu auch Heinrich FS Heinz, 2012, 728 (730f.); Piazena, Das Verabreden, Auffordern und Anleiten zur Begehung von Straftaten unter Nutzung der Kommunikationsmöglichkeiten des Internets, 2014, S. 291). Es genügt jedoch nicht, wenn bei der Ankündigung einer Meinungskundgebung mit Demonstrationscharakter zur Begehung von Straftaten zwar aufgerufen wird, aber Zeit und Ort erst nach Erreichen einer Mindestzahl an teilnahmebereiten Personen bekannt gegeben werden sollen (OLG Stuttgart NStZ 2008, 36). Zur (inzwischen weitgehend überholten; vgl. jedoch Paeffgen in NK-StGB Rn. 36) Problematik der Aufforderung zur Teilnahme an Sitzblockaden BVerfG NStZ 1991, 279; NJW 1992, 2688; BayObLG JR 1993, 117 mAnm Nehm; OLG Koblenz NJW 1996, 3351; Schmitt Glaeser JR 1991, 16; Otto JR 1993, 258 (259); Graul JR 1994, 51 (55); zur aktuellen Problematik der Aufforderung zur Schienendemontage bei Castor-Transporten LG Dortmund NStZ-RR 1998, 139; OLG Celle NStZ 2013, 720, sowie zur Gehorsamsverweigerung und Fahnenflucht beim Kosovoeinsatz der Bundeswehr AG Tiergarten NStZ 2000, 144 mablAnm Hussels NStZ 2000, 650 (651)); KG NJW 2001, 2896 mkritAnm Schroeder JR 2001, 474; KG NStZ-RR 2002, 10, wo eine nicht hinreichend konkretisierte Aufforderung für die Parole „Kriegsdienste verweigern! Desertiert aus allen kriegführenden Armeen“ angenommen wurde (zust. Fischer Rn. 9, der aber zu Recht die von KG NJW 2001, 2896 zu beurteilende, an „alle Soldaten der Bundeswehr, die am Jugoslawienkrieg beteiligt sind“ gerichtete Äußerung: „Verweigern Sie ihre Einsatzbefehle! Entfernen Sie sich von der Truppe“ als hinreichend konkretisierte Tat einordnet; vgl. auch Busse NStZ 2000, 631; Jahn KJ 2000, 489 (498); Geppert GS Meurer, 2002, 315, der die Verfassungsmäßigkeit der militärischen Auseinandersetzung zur objektiven Bedingung der Strafbarkeit erheben will). Erfasst ist auch ein Aufruf zur Lynchjustiz über ein soziales Netzwerk (dazu Ostendorf/Frahm/Doege NStZ 2012, 529). Ein Aufruf, die Homepage eines Unternehmens zu blockieren, um politische Ziele durchzusetzen, soll eine tatbestandsmäßige Aufforderung zur Nötigung sein, da der Internetnutzer und das Unternehmen einer Zwangswirkung ausgesetzt seien (AG Frankfurt a. M. NStZ 2006, 399; anders zu Recht OLG Frankfurt a. M. StV 2007, 244 mit Bespr. Kelker GA 2009, 86; → § 240 Rn. 8). Nicht ausreichend ist eine Verwünschungsformel, in der die Bestrafung eines Islamkritikers vom „allmächtigen Schöpfer“ erfleht wird (OLG Oldenburg NJW 2006, 3735; Fischer Rn. 8; Rosenau in LK-StGB Rn. 57).

6 **4.** Der **Vorsatz** (bedingter genügt; OLG Frankfurt a. M. NStZ-RR 2003, 327; aM Paeffgen FS Hanack, 1999, 591 (620)) unterscheidet sich vom Anstiftervorsatz (→ § 26 Rn. 4–6) idR dadurch, dass keine bestimmte Person (oder Personenmehrheit) zur Tat veranlasst, sondern nur ein unbestimmter Personenkreis angesprochen werden soll. Außerdem braucht er sich nicht darauf zu erstrecken, dass die Aufgeforderten die Tat vollenden; abweichend von § 26 (→ § 26 Rn. 4) ist also der agent provocateur einbezogen (hM; vgl. etwa Fischer Rn. 15; anders Paeffgen in

NK-StGB Rn. 32; Eser in Schönke/Schröder Rn. 17). Der Täter muss zumindest billigend in Kauf nehmen, dass seine Aufforderung von anderen Personen ernst genommen wird (BGH NStZ-RR, 2018, 308). Ob er das Unrecht der Tat erkennt, zu der er auffordert, ist für den Vorsatz ebenso wie bei der Anstiftung unerheblich; die enge Anlehnung an § 26 gebietet eine Gleichbehandlung dieses Irrtums (Dreher FS Gallas, 1973, 307 (327); Rosenau in LK-StGB Rn. 66; Paeffgen in NK-StGB Rn. 33; aM Eser in Schönke/Schröder Rn. 16). Dasselbe gilt für die irrige Annahme, die Tat sei nur eine Ordnungswidrigkeit; in diesem Falle scheidet idR auch ein Verbotsirrtum aus (OLG Düsseldorf MDR 1989, 89; → § 17 Rn. 2).

5. a) Abs. 1 setzt für die Bestrafung „wie ein Anstifter" (§ 26) voraus, dass die Aufforderung Erfolg hat, dh die Begehung der rechtswidrigen Tat oder deren mit Strafe bedrohten Versuch verursacht. Dazu ist erforderlich, dass die Aufforderung die Tat unmittelbar (mit-)motiviert hat (Paeffgen FS Hanack, 1999, 591 (619); Paeffgen in NK-StGB Rn. 29 „motivationaler Beitrag"); daher genügt es nicht, wenn die Tat nur Folge der durch die Aufforderung hervorgerufenen allgemeinen Aufregung war (Dreher FS Gallas, 1973, 307 (327); Rosenau in LK-StGB Rn. 60) oder wenn die Aufgeforderten zur Tat bereits entschlossen waren (RGSt 65, 200 (202); Wolters in SK-StGB Rn. 4). 7

b) Abs. 2 sieht bei erfolgloser Aufforderung – abweichend von § 30 I – nicht lediglich eine Strafmilderung vor, sondern einen selbständigen Strafrahmen, der nach oben durch die gem. § 49 I Nr. 2 gemilderte Strafdrohung für die rechtswidrige Tat begrenzt ist. Die daraus folgende unterschiedliche Unrechtsbewertung in Abs. 1 und 2 ist schwer verständlich; die dazu im Gesetzgebungsverfahren angestellten Erwägungen (BT-Drs. 7/3030, 7 und BT-Drs. 7/4549, 7; Prot. 7, Nr. 2237) tragen diese Differenzierung nicht (krit. der BR, BT-Drs. 7/3030, 10; zust. jedoch Stree NJW 1976, 1177 (1179); Rosenau in LK-StGB Rn. 8). Ein Rücktritt analog § 31 scheidet aus (Kindhäuser/Hilgendorf in LPK-StGB Rn. 19; aM Paeffgen in NK-StGB Rn. 41). 8

6. Zur uU möglichen Rechtfertigung durch die Meinungsfreiheit nach Art. 5 I GG s. AG Tiergarten NStZ 2000, 144 mkritAnm Hussels NStZ 2000, 650; AG Frankfurt a. M. NStZ 2006, 399 (400); Busse NStZ 2000, 631 (634), oder durch die Kunstfreiheit nach Art. 5 III 1 GG s. LG Mainz NJW 2000, 2220; Kissel, Aufrufe zum Ungehorsam und § 111 StGB, 1996, S. 179; Fischer Rn. 14. Die Rspr. verneint zT schon das „Auffordern" (→ Rn. 3) im Hinblick auf die Meinungsäußerungsfreiheit (KG NJW 2001, 2896; NStZ-RR 2002, 10; krit. Schroeder JR 2001, 474). Zur Indemnität (Art. 31 GG; § 36 LandesR) als persönlicher Strafausschließungsgrund OLG Celle Nds. Rpfl. 2014, 280. 8a

7. Teilnahme an Taten nach § 111 ist wegen dessen formeller Selbständigkeit nach den allgemeinen Regeln (§§ 26, 27) möglich (so zur Beihilfe BGHSt 29, 258 (266) = NJW 1981, 61; Wolters in SK-StGB Rn. 9a; beachte auch BGHSt 36, 364 = NJW 1990, 2828). Das Haftungsprivileg des § 10 S. 1 Nr. 1 TMG steht einer Strafbarkeit des Diensteanbieters (Host-Provider) wegen Täterschaft oder Beihilfe entgegen, solange dieser nicht positive Kenntnis von den konkreten strafrechtlich relevanten Inhalten hat (KG NJW 2014, 3798 mAnm Hassemer; LG Berlin StV 2015, 222). 9

8. Wegen seines Auffangcharakters **tritt § 111 zurück,** wenn der Auffordernde wegen der Tat, auf welche sich die Aufforderung bezieht, schon als Täter nach § 25 10

oder als (uU erfolgloser) Anstifter nach §§ 26, 30 (hM; vgl. etwa Paeffgen FS Hanack, 1999, 591 (609); anders Dreher FS Gallas, 1973, 307 (324); Rosenau in LK-StGB Rn. 75) strafbar ist. **Tateinheit** ua möglich mit §§ 125, 130a (dazu Rogall GA 1979, 11 (21)); § 111 geht § 126a vor.

11 **9.** Ein **Strafantrag** oder die Bejahung des besonderen öffentlichen Interesses (zB im Falle des § 230 I) ist wegen der Unbestimmtheit des geschützten Personenkreises nicht erforderlich, wenn zu Straftaten aufgefordert wurde, die nur unter dieser Voraussetzung verfolgbar sind (OLG Stuttgart NJW 1989, 1939; aM Wolters in SK-StGB Rn. 9b). Die Tat ist als Presseinhaltsdelikt mit kürzerer Verjährung begehbar (Kühl in Löffler LPG § 20 Rn. 54; Rosenau in LK-StGB Rn. 27, 79).

§ 112 (weggefallen)

§ 113 Widerstand gegen Vollstreckungsbeamte

(1) **Wer einem Amtsträger oder Soldaten der Bundeswehr, der zur Vollstreckung von Gesetzen, Rechtsverordnungen, Urteilen, Gerichtsbeschlüssen oder Verfügungen berufen ist, bei der Vornahme einer solchen Diensthandlung mit Gewalt oder durch Drohung mit Gewalt Widerstand leistet, wird mit Freiheitsstrafe bis zu drei Jahren oder mit Geldstrafe bestraft.**

(2) **[1]In besonders schweren Fällen ist die Strafe Freiheitsstrafe von sechs Monaten bis zu fünf Jahren. [2]Ein besonders schwerer Fall liegt in der Regel vor, wenn**

1. **der Täter oder ein anderer Beteiligter eine Waffe oder ein anderes gefährliches Werkzeug bei sich führt,**
2. **der Täter durch eine Gewalttätigkeit den Angegriffenen in die Gefahr des Todes oder einer schweren Gesundheitsschädigung bringt oder**
3. **die Tat mit einem anderen Beteiligten gemeinschaftlich begangen wird.**

(3) **[1]Die Tat ist nicht nach dieser Vorschrift strafbar, wenn die Diensthandlung nicht rechtmäßig ist. [2]Dies gilt auch dann, wenn der Täter irrig annimmt, die Diensthandlung sei rechtmäßig.**

(4) **[1]Nimmt der Täter bei Begehung der Tat irrig an, die Diensthandlung sei nicht rechtmäßig, und konnte er den Irrtum vermeiden, so kann das Gericht die Strafe nach seinem Ermessen mildern (§ 49 Abs. 2) oder bei geringer Schuld von einer Bestrafung nach dieser Vorschrift absehen. [2]Konnte der Täter den Irrtum nicht vermeiden und war ihm nach den ihm bekannten Umständen auch nicht zuzumuten, sich mit Rechtsbehelfen gegen die vermeintlich rechtswidrige Diensthandlung zu wehren, so ist die Tat nicht nach dieser Vorschrift strafbar; war ihm dies zuzumuten, so kann das Gericht die Strafe nach seinem Ermessen mildern (§ 49 Abs. 2) oder von einer Bestrafung nach dieser Vorschrift absehen.**

Fassung des 52. StÄG (→ Vor § 1 Rn. 18).

1 **1.** Die Vorschrift **schützt die rechtmäßige Betätigung des Staatswillens** als solche und auch in den zu seiner Vollstreckung berufenen Organen (hM; vgl. etwa Singelnstein/Puschke NJW 2011, 3473 (3474f.); Zöller/Steffens JA 2010, 161; anders Schmid JZ 1980, 56; Deiters GA 2002, 259; Wolters in SK-StGB Rn. 5; krit.

Schulz in Bemmann/Manoledakis, Der strafrechtliche Schutz des Staates, 1987, S. 71; Paeffgen in NK-StGB Rn. 3–7). Sie bzw. die erste Alternative von § 113 I aF ist als ein privilegierter Spezialfall der Nötigung konzipiert gewesen (BT-Drs. VI/502, 3), doch ist dies mit der Erhöhung des Strafrahmens zweifelhaft geworden, weshalb nur noch von einer Spezialregelung gesprochen werden kann (Singelnstein/Puschke NJW 2011, 3473 (3475); Fahl ZStW 124 (2012), 311 (322); für Exklusivität von § 113 Zopfs GA 2012, 259 (271f.)). Das 52. StÄG (dazu Fahl ZStW 130 (2018), 745) hat mit Wirkung zum 30.5.2017 einerseits zu einer Überführung der bisherigen zweiten Alternative, des tätlichen Angriffs auf den Vollstreckungsbeamten, in § 114 nF geführt, andererseits zu einer erneuten Ausweitung der Regelbeispiele durch Streichung der Verwendungsabsicht aus Nr. 1 und durch Einfügung von Nr. 3. An der doppelten Schutzrichtung von § 113 hat dies nichts geändert (Barton in Hilgendorf/Kudlich/Valerius StrafR-HdB IV § 20 Rn. 26; anders Bolender, Das neue Widerstandsrecht, 2021, S. 95: nur noch die staatliche Vollstreckungstätigkeit). Diese Neuregelung zeigt auch, dass der Gesetzgeber Forderungen nach Streichung der §§ 113f. (so Hoffmann-Holland/Koranyi ZStW 127 (2015), 913) nicht folgen wollte.

2. Zur Vollstreckung iSd Abs. 1 **berufen (Vollstreckungsbeamter iwS)** ist jeder inländische (OLG Hamm NJW 1960, 1536; → Vor § 3 Rn. 4, 9) Amtsträger (→ § 11 Rn. 3–11) oder Soldat der Bundeswehr (Heinen NZWehrr 1994, 89), auch Feldjäger (KG NStZ 2004, 45 (46)), dem die Verwirklichung des auf den Einzelfall konkretisierten Staatswillens übertragen ist (OLG Schleswig bei Ernesti/Lorenzen SchlHA 1983, 83). Es kommen nicht nur Polizeibeamte (BayObLG JR 1989, 24; s. jedoch BayObLG NJW 1962, 2072), Zollbeamte (BayObLGSt 1951, 374 (377)); Gerichtsvollzieher (RGSt 41, 85) in Frage, sondern uU auch Vollstreckungsbeamte der Finanzämter und gesetzlichen Versicherungsanstalten (OLG Frankfurt a. M. NJW 1972, 268), Strafvollzugsbeamte (Radtke/Britz ZfStrVO 2001, 134), Richter in Ausübung der Sitzungspolizei (RGSt 15, 227), Volksschullehrer (RGSt 35, 182) usw (beachte auch § 115). 2

3. a) Der Vollstreckungsbeamte wird nach § 113 nur geschützt, wenn und solange er eine **Diensthandlung** vornimmt, die der Vollstreckung eines materiellen Gesetzes (also auch einer Rechtsverordnung) oder des Staatsaktes eines Gerichts oder einer Verwaltungsbehörde dient (Vollstreckungshandlung). Sie muss stets auf die Verwirklichung des konkretisierten, dh auf einen bestimmten Fall anzuwendenden, notfalls durch Zwang durchzusetzenden Staatswillens gerichtet sein (BGHSt 25, 313 = NJW 1974, 1254; OLG Frankfurt a. M. NJW 1974, 572; OLG Hamm NJW 1974, 183). Die Durchführung allgemeiner Verkehrskontrollen (BGHSt 25, 313 = NJW 1974, 1254 mAnm Ehlen/Meurer NJW 1974, 1776; Krause JR 1975, 118) oder das Suchen nach dem Täter einer rechtswidrigen Tat (BGH NJW 1982, 2081) soll dazu ausreichen (Rengier StrafR BT II § 53 Rn. 6; zw.). Schlichte Überwachungs- oder Ermittlungstätigkeit genügt dagegen nicht (BGH NJW 1982, 2081), zB die Streifenfahrt von Polizeibeamten (Fischer Rn. 8), der Streifengang im Kasernengelände (BGH GA 1983, 411), die Begleitung eines Demonstrationszuges (KG JR 1988, 522), die Beobachtung von Personengruppen, von denen möglicherweise Straftaten ausgehen (KG NStZ 1989, 121), die nur der Information dienende Befragung von Verkehrsteilnehmern (OLG Frankfurt a. M. NJW 1973, 1806; OLG Celle NJW 1973, 2215) oder von anderen Beteiligten an polizeirechtlich erheblichen Vorgängen (OLG Schleswig bei Ernesti/Lorenzen SchlHA 1983, 84) und die nicht durchsetzbare Vernehmung des Beschuldigten sowie den Weg zu 3 dem Einsatzort, an dem die Vollstreckungshandlung erfolgen soll (LG Bielefeld StraFo 2016, 512 = BeckRS 2016, 114637).

4 **b)** Die Vollstreckungshandlung muss **unmittelbar bevorstehen** (RGSt 41, 181 (183)) oder schon **begonnen** haben und darf **noch nicht beendigt** sein (AG Tiergarten NJW 1988, 3218; Fischer Rn. 7a). Dabei sind solche Verhaltensakte einzubeziehen, die in so engem Zusammenhang mit der jeweils ergriffenen Maßnahme stehen, dass sie nach natürlicher Auffassung als deren Bestandteil erscheinen (BGH NJW 1982, 2081; BayObLG MDR 1988, 517); ferner kann eine in dem maßgebenden Zeitraum noch fortwirkende Tathandlung uU schon früher, jedoch nur in engem zeitlich-räumlichen Zusammenhang mit der drohenden Vollstreckungshandlung, vorgenommen sein (BGHSt 18, 133 = NJW 1963, 769; Kindhäuser/Schramm StrafR BT I § 36 Rn. 15; Rosenau in LK-StGB Rn. 20; str.). Für Angriffe vorher und nachher kommt § 240 in Frage (→ Rn. 26). Auch Drohungen zur Verhinderung künftiger Vollstreckungshandlungen gehören nicht hierher, selbst wenn sie während einer anderen Vollstreckungshandlung ausgesprochen werden (OLG Köln NJW 1965, 1192).

5 **4. Widerstand** gegen die Vornahme der Vollstreckungshandlung ist nicht lediglich passiver (zB durch Sitzstreik begangener) Ungehorsam (hM; offen gelassen BGHSt 23, 46 (51) = NJW 1969, 1770), sondern zielgerichtetes aktives Tun, das allerdings nicht erfolgreich oder auch nur tauglich sein muss (OLG Koblenz NStE Nr. 2; Rosenau in LK-StGB Rn. 22). Täter kann jedermann sein, nicht nur der von der Diensthandlung Betroffene (hM; so Küper/Zopfs StrafR BT Rn. 799; vgl. etwa Fischer Rn. 22; zweifelnd Joecks/Jäger StGB Rn. 36; anders Sander JR 1995, 491; Wolters in SK-StGB Rn. 16); das folgt aus dem Gesetzeswortlaut und wird durch die Erwägung gestützt, dass der Dritte typischerweise das Interesse des Betroffenen wahrnimmt und deshalb im Verhältnis zu ihm strafrechtlich nicht schlechter gestellt werden sollte.

6 **Gewalt** → § 240 Rn. 5–11 (speziell zu § 113 BGHSt 14, 395 (398) = NJW 1960, 1822; OLG Düsseldorf NJW 1982, 1111; BayObLG JR 1989, 24; BVerfG NJW 2006, 136; Paeffgen in NK-StGB Rn. 21–30). Nach dem Schutzzweck der Vorschrift muss die Gewalt gegen die Person des Amtsträgers gerichtet und für ihn – unmittelbar oder mittelbar über Sachen – körperlich spürbar sein (BGHSt 18, 133 = NJW 1963, 769; OLG Hamm NStZ 1995, 547 mit zust. Bespr. Ostendorf JZ 1997, 1104; Rosenau in LK-StGB Rn. 23; weiter einschr. Backes/Ransiek JuS 1989, 624 (625); str.), so dass Gewalt gegen Sachen, die den Amtsträger psychisch beeinflussen soll, ausscheidet (ebenso Wolters in SK-StGB Rn. 13), während ein kraftvolles Entwinden aus dem Festhaltegriff ausreichen soll (OLG Dresden NStZ 2015, 10 mit Bespr. Hecker JuS 2015, 562); auch kann es genügen, wenn die Vollstreckungshandlung durch Schaffung eines körperlich wirkenden Hindernisses (zB Verriegeln von Türen, OLG Düsseldorf NZV 1996, 458 mit krit. Bespr. Seier/Rohlfs; Ostendorf JZ 1997, 1104; Geppert JK StGB § 113 Rn. 4; Rengier StrafR BT II § 53 Rn. 12, 13; Paeffgen in NK-StGB Rn. 26; aM Zöller/Steffens JA 2010, 161 (163); Fischer Rn. 25; zw.) vereitelt oder erschwert wird; ebenso wenn ein Polizeifahrzeug am Überholen gehindert und zu „starkem Abbremsen“ gezwungen wird (BGHSt 48, 233 (238) = NJW 2003, 1613), nicht hingegen bei bloßer Flucht vor der Polizei, selbst wenn dabei andere Verkehrsteilnehmer gefährdet werden (BGH NStZ 2013, 336 (337); NStZ 2015, 388). Andererseits soll es nach der Rspr. ausreichen, wenn die physische Kraft schon vor Beginn der Diensthandlung zur Vorbereitung des Widerstandes entfaltet wird (BGHSt 18, 133 = NJW 1963, 769;

OLG Stuttgart NStZ 2016, 353). **Drohung** → § 240 Rn. 12, 15; es genügt nur Drohung mit Gewalt gegen den Amtsträger; daran fehlt es bei der Drohung des Täters, sich zu töten (OLG Hamm NStZ 1995, 547 (548) mit zust. Bespr. Geppert JK StGB § 113 Rn. 2). Zu den Tatbestandsgrenzen von Abs. 1 allg. Küper FS Frisch, 2013, 985; eine **teleologische Reduktion** bei nicht-kommunikativem Verhalten des Vollstreckungsbeamten (so Backes/Ransiek JuS 1989, 624 (626)) ist aus dem Schutzzweck des Tatbestandes nicht hinreichend begründbar (Rosenau in LK-StGB Rn. 21).

5. Abs. 3 S. 1 schließt die Strafbarkeit der Tat nach § 113 für den Fall aus, dass die Diensthandlung **nicht rechtmäßig** ist. Die auf das 3. StrRG (→ Vor § 1 Rn. 6) zurückgehende Neufassung des § 113 beruht auf der ausdrücklich erklärten Vorstellung der Gesetzgebungsorgane, dass die Beurteilung der Rechtmäßigkeit dem sog. **strafrechtlichen Rechtmäßigkeitsbegriff** (→ Rn. 10–14; Heinrich, Der Amtsträgerbegriff im Strafrecht, 2001, S. 202) zu folgen, dh die dazu im früheren Recht von Rspr. und Lehre entwickelten besonderen Grundsätze zu beachten habe (BT-Drs. VI/502, 4). Mit dieser verfassungsrechtlich grds. nicht zu beanstandenden (BVerfG NVwZ 2007, 1180 mkritAnm Niehaus/Achenpöhler StV 2008, 71) Konzeption sollte der für den Tatbestand typische Widerstreit zwischen den Interessen des Bürgers und des Vollstreckungsbeamten auf mittlerer Linie ausgeglichen werden. Sie ist mit dem Gesetzeswortlaut vereinbar, weil sie in Anknüpfung an die historische Entwicklung zwischen den extremen Deutungsmöglichkeiten – Rechtmäßigkeit einerseits erst bei voller Übereinstimmung mit dem materiellen Verwaltungsrecht und andererseits schon bei verbindlicher verwaltungsrechtlicher Wirkung – einen vermittelnden Standpunkt einnimmt (näher Vitt ZStW 106 (1994), 581; beachte auch Rühl JuS 1999, 521 (528); krit. zu ihrer Kompliziertheit Bergmann, Die Milderung der Strafe nach § 49 Abs. 2 StGB, 1988, S. 112). Auch nur auf dieser Grundlage ist die für den Irrtum geltende Sonderregelung (Abs. 4) sinnvoll anwendbar (→ Rn. 16–22). Die im Schrifttum unternommenen Versuche, grds. anders abzugrenzen, laufen daher auf eine Korrektur der gesetzgeberischen Entscheidung hinaus (zu solchen Modellen vgl. etwa Meyer NJW 1972, 1845 und NJW 1973, 1074; sowie Wagner, Amtsverbrechen, 1975, S. 324, die auf die verwaltungsrechtliche Wirksamkeit abstellen; ebenso für die Zwangsvollstreckung nach der ZPO Lüke FS Kaufmann, 1993, 565 (567), nach dem es auf die prozessuale Wirksamkeit ankommt; ferner Schünemann GA 1985, 341 (366); Schünemann Coimbra-Symposium, 1995, 149, 169; Thiele JR 1975, 353; JR 1979, 397; Ostendorf JZ 1981, 165; Amelung JuS 1986, 329 (334), Roxin FS Pfeiffer, 1988, 45, Bottke JR 1989, 25; Backes/Ransiek JuS 1989, 624 (626); Wolters in SK-StGB Rn. 10; Paeffgen in NK-StGB Rn. 41; Rönnau in LK-StGB § 32 Rn. 117–128, die mit gewissen Unterschieden die materiellen öffentlich-rechtlichen Vollstreckungsvoraussetzungen und die bei sog. Anscheinsgefahr bestehenden verwaltungsprozessualen Möglichkeiten zugrundelegen; schließlich auch Reinhart StV 1995, 101; NJW 1997, 911, der die Strafbarkeit von der (uU nachträglichen) Feststellung der materiellen und formellen Eingriffsvoraussetzungen abhängig macht); das BVerfG (BVerfGE 87, 399 (408) = NJW 1993, 581; BVerfGE 92, 191 (199) = NJW 1995, 3110) hat die materielle Rechtmäßigkeit bisher nur bei der Sanktionierung von Ordnungswidrigkeiten verlangt (Küper/Zopfs StrafR BT Rn. 717), doch bedeutet dies keinen „Abschied vom strafrechtlichen Rechtmäßigkeitsbegriff" (so Reinhart StV 1995, 101; NJW 1997, 911), da es bei § 113 nicht um den Schutz der materiellen Rechtsgüter wie bei belastenden Verwaltungsakten zB 7 im Umweltstrafrecht (→ § 325 Rn. 9) geht, sondern um die flankierende Absicherung von Vollstreckungshandlungen in „brenzliger“ Situation (vgl. Rühl JuS 1999, 521 (529)). **Im Einzelnen** setzt die Rechtmäßigkeit der Diensthandlung voraus:

8 **a) Sachliche** (OLG Schleswig MDR 1983, 249; OLG Düsseldorf NJW 1991, 580) **und örtliche Zuständigkeit** (BGHSt 4, 110 = NJW 1953, 1031; BGHSt 4, 161 (164) = NJW 1953, 1032; OLG Hamm NJW 1973, 2117; KG NStZ 2006, 414); allerdings kann ein Polizeibeamter auch außerhalb seines Bezirks zur Verhinderung von Straftaten zuständig sein (BGHSt 4, 110 = NJW 1953, 1031; sa OLG Koblenz MDR 1987, 957).

9 **b)** Die Einhaltung **wesentlicher Förmlichkeiten** (AG Schwandorf NStZ 1987, 280; KG NStZ 2006, 414; krit. zur Uneinheitlichkeit der Rspr. Reinhart StV 1995, 101), zB die Beachtung von § 759 (BGHSt 5, 93 = NJW 1954, 200; OLG Hamm NStZ 1996, 281) und § 758a IV ZPO (KG GA 1975, 213 zu § 761 I ZPO aF), von § 105 II (BayObLG JZ 1980, 109; OLG Zweibrücken NStZ 2002, 256; Meyer-Goßner/Schmitt StPO § 105 Rn. 11; aM OLG Stuttgart NJW 1971, 629 mit krit. Bespr. Küper NJW 1971, 1681), von § 81a (OLG Dresden NJW 2001, 3643) und § 163b I iVm § 163a IV 1 StPO (OLG Köln StV 1982, 359; OLG Düsseldorf NJW 1991, 580; KG NJW 2002, 3789; OLG Celle StV 2011, 363; StV 2013, 25; OLG Hamm NStZ 2013, 62; sa KG StV 2001, 260) sowie von § 56 II OWiG (OLG Düsseldorf NJW 1984, 1571) und Versammlungsauflösung nach § 15 III VersG (BVerfG NVwZ 2007, 1180 mkritAnm Niehaus/Achenpöhler StV 2008, 71 (72)). Soweit zur Zeit des Widerstandes die wesentlichen Förmlichkeiten einer Diensthandlung nicht vollumfänglich vorgenommen werden konnten, ist deren Feheln unschädlich (KG StraFo 2019, 460).

10 **c)** Ein iSd **strafrechtlichen Rechtmäßigkeitsbegriffs** von Inhalt und Rechtsgrundlage der Diensthandlung abhängiges Mindestmaß an sachlicher Richtigkeit (→ Rn. 7; abl. Bosch in MüKoStGB Rn. 38). Erforderlich sind daher Feststellungen zu den Hintergründen, die eine Prüfung ermöglichen, ob die Voraussetzungen zB einer Ingewahrsamnahme nach Polizeirecht vorgelegen haben (BGH NStZ-RR 2020, 367). Danach gilt Folgendes:

aa) Vollzieht der Vollstreckungsbeamte unmittelbar ein **materielles Gesetz** (auch eine Rechtsverordnung), so hängt die Rechtmäßigkeit davon ab, ob das Gesetz die konkrete Diensthandlung zulässt (BayObLG NJW 1989, 1815 mAnm Bottke JR 1989, 475; OLG Karlsruhe NStZ-RR 1997, 37; AG Bremen StV 2020, 198; nur iErg problematisch AG Tiergarten StV 1988, 438 mit abl. Bespr. Geppert Jura 1989, 274). Für Maßnahmen der Strafverfolgung kommt als solches Gesetz nur die StPO in Frage (BGH NJW 1962, 1020; sa OLG Köln NJW 1982, 296); so ist zB zur Durchsetzung der Blutentnahme zwecks Feststellung des Alkoholgehalts uU zwangsweises Verbringen zum Arzt zulässig (BayObLG NJW 1964, 459; OLG Köln VRS 71, 183; aM Naucke SchlHA 1963, 183; Geerds GA 1965, 321 (331)); dagegen ist nicht erzwingbar, dass jemand zur Prüfung der Atemluft in ein Teströhrchen bläst (BGH VRS 39, 184; BayObLG NJW 1963, 772); ohne Hinzuziehung eines Arztes erzwingbar ist das Verhindern des Verschluckens von im Mund befindlichen Betäubungsmitteln (OLG Celle NJW 1997, 2463); zur zwangsweisen Entnahme einer Speichelprobe nach § 81g StPO durch (möglicherweise nicht zuständige) Vollzugsbedienstete s. OLG Köln StraFo 2001, 104. Soweit bei der Vollziehung von Gesetzen ein unbestimmter Rechtsbegriff zu beurteilen oder dem Amtsträger ein Ermessen eingeräumt ist, genügt das verantwortungsbewusste Bemühen um Wahrung des Beurteilungs- oder Ermessensspielraums. In solchen Fällen sind fehlerhafte, dh verwaltungsrechtlich nicht gedeckte, Diensthandlungen nur dann iSd § 113 rechtswidrig, wenn sie auf Sorgfaltsmängel bei der Abwägung, auf Willkür oder auf Amtsmissbrauch zurückzuführen sind (BGHSt 4, 161 (164) = NJW 1953, 1032; 21, 334 (363); OLG Bremen NJW 1977, 158 mkritAnm Thomas NJW 1977, 1072; KG StV 2005, 669; NStZ 2006, 414 zu § 88 StVollzG; Hirsch ZStW 82 (1970), 411 (417); Paeffgen JZ 1979, 516 (520); krit. Rehbinder GA 1963, 33 (39); Ostendorf JZ 1981, 165 (168); str.). Das gilt zB bei Beurteilung des Fluchtverdachts nach § 127 II StPO (VRS 38, 115) oder der Voraussetzungen polizeilichen Einschreitens zur Gefahrenabwehr (OLG Celle NJW 1979, 57; OLG Köln StV 1982, 359; BayObLG JR 1989, 24 mAnm Bottke; einschr. Triffterer FS Mallmann, 1978, 373; str.). Entspricht umgekehrt eine Diensthandlung inhaltlich den Bedingungen ihrer Zulässigkeit, so kann das Fehlen einer sorgfältigen Abwägung allein ihre Rechtswidrigkeit nicht begründen (Küper JZ 1980, 633 (636); Bosch in MüKoStGB Rn. 50).

bb) Vollzieht der Vollstreckungsbeamte den **Staatsakt** (Urteil, Beschluss oder 11
Verfügung) eines Gerichts oder den Verwaltungsakt (Verfügung) einer Verwaltungsbehörde, so ist nur dessen rechtliche Wirksamkeit, nicht zugleich dessen materielle Richtigkeit zu fordern (BGH MDR 1964, 71 = NJW 1963, 2238; Günther NJW 1973, 309; Ostendorf JZ 1981, 165 (172)). Die Diensthandlung ist daher idR nur dann rechtswidrig, wenn sie selbst (unabhängig von dem Staatsakt) dem Gesetz widerspricht (OLG Hamburg NJW 1984, 2898) oder wenn der Staatsakt nichtig (also nicht nur vernichtbar) oder nicht (auch noch nicht) vollstreckbar ist (BGH NStZ 1981, 22; Rehbinder GA 1963, 33 (37); Rosenau in LK-StGB Rn. 48). Hinsichtlich der Vollstreckung nicht rechtsförmlicher Verwaltungsakte ist allerdings noch manches umstritten (vgl. Ostendorf JZ 1981, 165 (171); eing. Thiele JR 1975, 353).

cc) Ein **Irrtum des Vollstreckungsbeamten über tatsächliche Voraussetzungen** der Diensthandlung, der trotz pflichtmäßiger Prüfung der Sachlage entsteht (zB wenn der Gerichtsvollzieher in die falsche Wohnung gerät, RGSt 61, 297), schließt die Rechtmäßigkeit nicht aus, sondern begründet nur die verwaltungsrechtliche Anfechtbarkeit (BayObLGSt 1954, 59 = NJW 1954, 1377; BayObLG NJW 1965, 1088; aM Ostendorf JZ 1981, 165 (173); Paeffgen in NK-StGB Rn. 59–62); das gilt aber nicht, wenn dem Beamten Fahrlässigkeit (BGHSt 21, 334 (363) = NJW 1968, 710; BGHSt 24, 125 (130) = NJW 1971, 1097; Herzberg FS Stree/Wessels, 1993, 203 (206); Vitt ZStW 106 (1994), 581 (591); Wessels/Hettinger/Engländer StrafR BT I Rn. 639; sa Triffterer FS Mallmann, 1978, 373), nicht erst wenn ihm grobe Fahrlässigkeit zur Last fällt (so aber OLG Celle NJW 1971, 154; BayObLG JR 1989, 24; Neuheuser, Die Duldungspflicht gegenüber rechtswidrigem hoheitlichen Handeln im Strafrecht, 1996, S. 196; Rosenau in LK-StGB Rn. 51). 12

dd) Ein **Irrtum über die Grenzen der Amtsbefugnis,** der nicht lediglich 13
den unter → Rn. 10 behandelten Beurteilungs- oder Ermessensspielraum, sondern Existenz oder Reichweite eines Erlaubnissatzes betrifft, kann dagegen die Rechtmäßigkeit der Diensthandlung nicht begründen (hM; expl. BGHSt 24, 125 (127) = NJW 1971, 1097; OLG Koblenz MDR 1987, 957; OLG Zweibrücken NStZ 2002, 256 (258); Paeffgen JZ 1979, 516 (520); Triffterer FS Mallmann, 1978, 373 (398); Wolters in SK-StGB Rn. 11 a; Rosenau in LK-StGB Rn. 52; anders Stratenwerth, Verantwortung und Gehorsam, 1958, S. 190).

ee) Handelt der Vollstreckungsbeamte auf **Anordnung (auch auf Befehl)** 14
eines Vorgesetzten, so ist die Diensthandlung rechtmäßig, wenn die Anordnung

entweder ein nach außen wirksam gewordener Staatsakt (Urteil, Beschluss oder Verfügung) ist (→ Rn. 11) oder wenn sie im Sinne der Ausführungen unter → Rn. 10, 12 rechtmäßig ist; im letzten Falle gilt das jedoch nicht, wenn der Vollstreckungsbeamte erkennt, dass die Anordnung auf einem Irrtum über tatsächliche Voraussetzungen der Diensthandlung (→ Rn. 12) beruht (BayObLG DAR 1965, 275; Eser in Schönke/Schröder Rn. 31). Die Rspr. nimmt darüber hinaus an, dass auch die Ausführung einer rechtswidrigen Anordnung rechtmäßig sein kann, wenn der Untergebene zur Prüfung der Rechtmäßigkeit weder berechtigt noch verpflichtet war (BGHSt 4, 161 = NJW 1953, 1032; OLG Karlsruhe NJW 1974, 2142; KG NJW 1975, 887; OLG Köln MDR 1976, 67; krit. Wagner JuS 1975, 224; Rostek NJW 1975, 862; Thiele JR 1975, 353 (357); Ostendorf JZ 1981, 165 (173); Eser in Schönke/Schröder Rn. 31; Gegenbeispiel bei KG StV 2005, 669 (670)). Im Einzelnen ist die Rechtslage – namentlich im Hinblick auf Anordnungen und Befehle, die nach Beamtenrecht (§ 63 II BBG) oder Wehrrecht (§ 11 SG; § 5 I WStG) verbindlich sind – umstritten (vgl. etwa Stratenwerth, Verantwortung und Gehorsam, 1958, S. 165; Schwenck FS Dreher, 1977, 495; Amelung JuS 1986, 329 (337); Schumann, Strafrechtliches Handlungsunrecht und das Prinzip der Selbstverantwortung der Anderen, 1986, S. 36; Schölz/Lingens WStG § 2 Rn. 28–32; Rönnau in LK-StGB § 32 Rn. 129–135).

15 **6. Abs. 3 S. 2** bestätigt den anerkannten Grundsatz, dass die irrige Annahme des Täters, die Diensthandlung sei rechtmäßig, keine Strafbarkeit begründet. Aus dieser gesetzgeberischen Ausgangslage folgt, dass **Notwehr** gegen Diensthandlungen nicht ausgeschlossen (BGHSt 4, 161 (164) = NJW 1953, 1032; BVerfG NVwZ 2007, 1180 (1183); OLG Hamm NStZ-RR 2009, 271; OLG Zweibrücken NStZ 2002, 256 (258); OLG Celle StV 2013, 25; Stöckel JR 1967, 281; Kühl StrafR AT § 7 Rn. 70–73; → § 32 Rn. 17; krit. Schulz in Bemmann/Manoledakis, Der strafrechtliche Schutz des Staates, 1987, S. 77), wohl aber auf rechtswidrige Handlungen iSd § 113 beschränkt ist (LG Bonn NStZ 1984, 169); denn die Bewertung einer rechtmäßigen Diensthandlung als „rechtswidriger" Angriff nach § 32 wäre widersprüchlich. Notwehr darf auch gegen widerrechtliche Begleithandlungen einer sonst rechtmäßigen Diensthandlung (der Täter wird zB bei der Festnahme grundlos geschlagen) geübt werden (OLG Oldenburg NJW 1952, 1189; Stöckel JR 1967, 281 (284)). Die Verteidigungshandlung unterliegt der Gebotenheitseinschränkung (OLG Hamm NStZ-RR 2009, 271; Rosenau in LK-StGB Rn. 63). Auch der Amtsträger kann sich auf Notwehr berufen (Rosenau in LK-StGB Rn. 61).

16 **7. Abs. 4** enthält eine komplexe Sonderregelung, die vornehmlich den **Irrtum über die Rechtmäßigkeit** der Diensthandlung betrifft, darüber hinaus aber auch die Voraussetzungen angibt, unter denen es zumutbar ist, vermeintlich widerrechtliche Handlungen von Staatsorganen hinzunehmen.

17 **a)** Die Vorschrift verfolgt den **pragmatischen Zweck,** den Interessenkonflikt auszugleichen, der bei rechtmäßigen Vollstreckungshandlungen zwischen dem Schutzbedürfnis des Vollstreckungsbeamten und dem vermeintlichen Verteidigungsinteresse des irrenden Bürgers besteht.

aa) Ihre **dogmatische Einordnung** in den Verbrechensaufbau ist umstritten (Schünemann Coimbra-Symposium, 1995, 149, 170 hält sie unter keinem rechtlichen Gesichtspunkt für möglich, Abs. 4 daher für verfassungswidrig): In einem Teil der Lehre wird die Rechtmäßigkeit der Diensthandlung als Tatbestandselement verstanden (sog. Tatbestandslösung) und die Irrtumsregelung alsdann in unterschiedlicher Weise als problematisch behandelt (vgl. etwa Naucke FS Dreher, 1977, 459 (471); Walter Kern des Strafrechts S. 434; Eser in Schönke/Schröder Rn. 19, 20). Andere ordnen die Frage der Rechtswidrigkeitsstufe zu (sog. Rechtfertigungslösung) und charakterisieren die Irrtumsregelung als Sonderform des Erlaubnistatbestands- und des Erlaubnisirrtums (Dreher GS Schröder, 1978, 359; Dreher JR 1984, 401; Krümpelmann ZStW-Beiheft 1978, 6 (54); Paeffgen JZ 1979, 516 (521); sa Niemeyer JZ 1976, 314 (315); Rosenau in LK-StGB Rn. 32; Bosch in MüKoStGB Rn. 30; für den vergleichbaren § 22 III WStG ferner Schölz FS Dreher, 1977, 479 (481)). Teilweise wird im Sinne einer modifizierten Rechtfertigungslösung der Widerstand gegen jegliche Diensthandlung für rechtswidrig gehalten, sofern er die Voraussetzungen des § 32 nicht erfüllt (so Hirsch FS Klug, 1983, 235 (243)) oder statt der zumutbaren Wahrnehmung eines Rechtsbehelfs begangen wird (so Thiele JR 1979, 397; Bergmann, Die Milderung der Strafe nach § 49 Abs. 2 StGB, 1988, S. 118; Wolters in SK-StGB Rn. 21, 22); den überschießenden Inhalt des Abs. 3 deuten dann Hirsch als einen der Notwehrüberschreitung (§ 33) entsprechenden Entschuldigungsgrund, Thiele, Bergmann und Wolters dagegen als objektiven Strafausschließungsgrund. Daneben wird schließlich auch an der traditionellen Einordnung der Rechtmäßigkeit als einer – allerdings „modifizierten" – objektiven Bedingung der Strafbarkeit festgehalten (KG NJW 1972, 781; Hohmann/Sander StrafR BT II § 26 Rn. 21; Wessels/Hettinger/Engländer StrafR BT I Rn. 633).

bb) Von den verschiedenen systematischen Erklärungen ist **keine ohne innere Spannung** mit den allgemeinen Regeln vereinbar. Am ehesten trifft das noch für die inhaltlich nicht ganz übereinstimmenden Rechtfertigungslösungen zu. Vor allem die Konzeptionen, die in den Unrechtstatbestand auch den Widerstand gegen rechtswidrige Diensthandlungen einbeziehen, wenn er ungeachtet zumutbarer Wahrnehmung eines Rechtsbehelfs begangen wird, sind mit dem Schuldprinzip vereinbar (Bergmann, Die Milderung der Strafe nach § 49 Abs. 2 StGB, 1988, S. 118), bieten aber noch keine überzeugende Abgrenzung zu § 32 an. Der Kern der Schwierigkeiten liegt in der singulären, kriminalpolitisch aber berechtigten Intention des Gesetzgebers, das Opferinteresse kompromißhaft in die Bewertung einzubeziehen und dem Täter gewisse Risiken aufzubürden, von denen er sonst freigestellt ist. Erkennt man – was bei der für § 113 typischen Interessenspannung bejaht werden muss (hM; anders Schünemann JA 1972, 703 (707)) – die Befugnis des Gesetzgebers zu einer dieser Lage angepassten Ausnahmeregelung an, so wird damit zugleich deren mindestens partielle Unvereinbarkeit mit den allgemeinen Prinzipien vorausgesetzt. Da die Rechtfertigungslösungen die Friktion auf den kleinsten Nenner bringen und überdies den Vorstellungen des historischen Gesetzgebers am nächsten kommen, verdienen sie den Vorzug (aM Zöller/Steffens JA 2010, 161 (164): objektive Strafbarkeitsbedingung). 18

b) Abs. 4 **geht** den allgemeinen für den Tatbestands- und den Verbotsirrtum geltenden Regeln **vor** (→ Rn. 26). 19

aa) **Irrige Annahme,** die Diensthandlung sei nicht rechtmäßig, ist positiv falsche Vorstellung, nicht bloßes Fehlen einer Vorstellung (OLG Köln VRS 71, 183; Dreher NJW 1970, 1153 (1158); Paeffgen in NK-StGB Rn. 79). Ob sie auf der Unkenntnis tatsächlicher Umstände oder auf falscher rechtlicher Wertung beruht, ist hier – anders als beim Irrtum über einen Rechtfertigungsgrund (Horstkotte Prot. 6, Nr. 310; Schölz FS Dreher, 1977, 479 (488); → § 17 Rn. 9, 10) – unerheblich (Walter Kern des Strafrechts S. 266; Bosch in MüKoStGB Rn. 57). 20

21 bb) Konnte der Täter **den Irrtum vermeiden,** so werden weder seine Schuld noch seine Strafbarkeit nach Abs. 1 und 2 ausgeschlossen. Die Vermeidbarkeit des Irrtums bestimmt sich nach denselben Maßstäben wie die des Verbotsirrtums (→ § 17 Rn. 7; Zöller/Steffens JA 2010, 161 (166); Bosch in MüKoStGB Rn. 59; diff. Bergmann, Die Milderung der Strafe nach § 49 Abs. 2 StGB, 1988, S. 130). Zur Strafmilderung und zum Absehen von Strafe → § 49 Rn. 5–7 (zur Ausübung des Ermessens Bergmann, Die Milderung der Strafe nach § 49 Abs. 2 StGB, 1988, S. 133).

22 cc) Konnte der Täter **den Irrtum nicht vermeiden,** so werden seine Schuld und die Strafbarkeit nach Abs. 1 und 2 nur unter den Voraussetzungen der sog. **Rechtsbehelfsklausel** ausgeschlossen. Die Vorwerfbarkeit folgt hier aus der gewaltsamen Gegenwehr trotz ausreichender Möglichkeiten zur Wahrung des Rechts durch Beschreiten des Rechtsweges. – Eine Vollstreckungshandlung zunächst widerstandslos hinzunehmen und sich mit Rechtsbehelfen gegen sie zu wehren, ist dem Täter dann nicht zuzumuten, wenn eine konkrete Interessenabwägung ergibt, dass nicht nur der Irrtum unvermeidbar, sondern auch das Wagnis des Widerstandes nicht vorwerfbar war. Das kann etwa zutreffen, wenn bei Verzicht auf Widerstand ein nicht wiedergutzumachender Schaden oder ein Zuspätkommen rechtlicher Hilfe zu befürchten wäre (BGHSt 21, 334 (366) = NJW 1968, 710). Der Beurteilung der Zumutbarkeit sind nur die dem Täter bekannten (einschließlich der für möglich gehaltenen; zw.) Umstände zu Grunde zu legen; ein Bewertungsirrtum über die Zumutbarkeit (der Täter hält trotz Kenntnis der Sachlage die Beschränkung auf den Rechtsweg irrig für unzumutbar) ist unerheblich (Rosenau in LK-StGB Rn. 70; Fischer Rn. 31; iE auch Bosch in MüKoStGB Rn. 61; aM Hirsch FS Klug, 1983, 235 (252); Paeffgen in NK-StGB Rn. 80). Sind diese Voraussetzungen nicht erfüllt, so bleibt die Strafbarkeit nach Abs. 1 und 2 unberührt. Zur Strafmilderung und zum Absehen von Strafe in diesen Fällen → Rn. 21.

23 **8.** Der **Vorsatz** (bedingter genügt) braucht mit Rücksicht auf die spezielle Irrtumsregelung des Abs. 4 nur die Tatumstände des Abs. 1 zu umfassen.

24 **9.** Zu **Abs. 2** (besonders schwere Fälle) → § 46 Rn. 7–21.

a) Nr. 1: Waffe (Alt. 1) sollte nach der ursprünglichen Intention des Gesetzgebers (BT-Drs. VI/502, 5) nicht im technischen Sinne zu verstehen sein, doch verstößt diese weite Auslegung des Waffenbegriffs gegen Art. 103 II GG (zu „Pkw als Waffe" BVerfG NJW 2008, 3627 mit Bespr. Foth NStZ-RR 2009, 138; Kudlich JR 2009, 210; Simon NStZ 2009, 85), so dass nur Gegenstände erfasst sind, deren bestimmungsgemäßer Gebrauch in der Zufügung von Verletzungen liegt (BVerfG NJW 2008, 3627 (3628 f.); Fischer Rn. 38 a). Für gefährliche Werkzeuge wie zB einen Pkw war danach nur die Annahme eines unbenannten besonders schweren Falles möglich (Zöller/Steffens JA 2010, 161 (167)). Daher hat der Gesetzgeber mit dem 44. StÄG wie zB in §§ 224 I Nr. 2, 244 I Nr. 1 a auch in § 113 Nr. 1 ein **anderes gefährliches Werkzeug** (→ § 224 Rn. 2–5; → § 244 Rn. 3) als zweite Alternative aufgenommen. Da die bislang geforderte Verwendungsabsicht mit dem 52. StÄG gestrichen worden ist, genügt ein Mitführen von Waffe oder Werkzeug, so dass sich die von §§ 244 I Nr. 1 a, 250 I Nr. 1 a bekannten (Abgrenzungs-)Probleme nunmehr auch hier stellen; wie dort (→ § 244 Rn. 3) wird es auf einen inneren Verwendungsvorbehalt ankommen. Die Waffe oder das gefährliche Werkzeug muss von einem **am Tatort anwesenden Beteiligten** (uU auch Gehilfen) zu irgendeinem Zeitpunkt vom Beginn des Versuchs bis zur Vollendung (ebenso Wessels/Hettinger StrafR BT I Rn. 645; nach der Rspr. bis zur Beendigung, → § 244 Rn. 2) mitgeführt werden. Auch wenn er sich erst im Augenblick der Widerstandsleistung dazu entschließt, einen geeigneten – uU erst jetzt vorgefundenen und ergriffenen (Dölling JR 1987, 467) – Gegenstand als Waffe oder gefährliches Werkzeug einzusetzen bzw. mit sich zu führen, genügt das (BGHSt 26, 176 (179) = NJW 1975, 1934; OLG Düsseldorf NJW 1982, 1111 jeweils zu § 113 II Nr. 1 StGB aF).

b) Nr. 2: Gewalttätigkeit → § 125 Rn. 4. Durch sie muss der Täter vorsätzlich (BGHSt 26, 176 (244) = NJW 1975, 1934; Küper NJW 1976, 543; Backmann MDR 1976, 969) eine konkrete Gefahr (→ § 315 c Rn. 21, 22) des Todes oder einer schweren Gesundheitsschädigung (→ § 250 Rn. 3) verursacht haben (BGH StV 2016, 286, zum schnellen Zufahren auf Polizisten; allg. zum Gefährdungsvorsatz → § 15 Rn. 28); die schwere Gesundheitsschädigung muss nicht in einer schweren Folge iSd § 226 bestehen; es reicht zB aus, wenn das Opfer in eine ernste langwierige Krankheit verfällt oder seine Arbeitskraft erheblich beeinträchtigt wird (BT-Drs. 13/8587, 28; → § 218 Rn. 20; → § 330 Rn. 2). **25**

c) Nr. 3: Mit einem anderen Beteiligten gemeinschaftlich setzt wie für § 224 I Nr. 4 (→ § 224 Rn. 9) voraus, dass mindestens zwei Personen bei dem Angriff zusammenwirken und dem Amtsträger gegenüberstehen; Mittäterschaft ist nicht erforderlich.

10. Tateinheit ua möglich mit § 123 (BayObLG JR 1957, 148), § 142 (BGH VRS 13, 135), §§ 211 ff., 223 (BGHSt 65, 36 = NJW 2020, 2347; auch beim § 223 –Versuch, anders Voraufl.), §§ 239, 303. Gegenüber § 240 besteht auch nach den Verschärfungen durch das 44. und 52. StÄG Spezialität (BGHSt 48, 233 (238) = NJW 2003, 1613; BGH StraFo 2017, 247; Barton in Hilgendorf/Kudlich/Valerius StrafR-HdB IV § 20 Rn. 31 f.; iE auch Bosch in MüKoStGB Rn. 64; anders Bolender, Das neue Widerstandsrecht, 2021, S. 153: Tateinheit), was beim Versuch Straflosigkeit zur Folge hat (Herzberg JuS 1973, 234 (238); Zopfs GA 2000, 527 (539); Paeffgen in NK-StGB Rn. 91); jedoch ist auch Tateinheit möglich, wenn das Verhalten des Täters über § 113 hinausgreift, zB wenn die Anwendung des Nötigungsmittels sowohl dem Widerstand gegen eine gegenwärtige als auch der Verhinderung oder Erzwingung einer künftigen Diensthandlung dient (BayObLG JR 1957, 148) oder wenn der Täter nicht nur mit Gewalt, sondern auch mit einem anderen Übel droht; insoweit sind die für das Verhältnis zu § 114 StGB aF entwickelten Grundsätze weiter anwendbar (zB OLG Celle NJW 1957, 1847; OLG Köln NJW 1965, 1192). Wenn schließlich beim Widerstand das eingesetzte Nötigungsmittel nicht das für § 113, wohl aber das für eine Nötigung erforderliche Maß erreicht (keine Drohung mit Gewalt, sondern nur mit einem empfindlichen Übel), ist § 240 anwendbar; jedoch ist zur Vermeidung ungerechtfertigter Schlechterstellung § 113 III, IV zu Gunsten des Täters entsprechend anzuwenden (Hirsch FS Klug, 1983, 235 (242); Rengier StrafR BT II § 53 Rn. 40; sa OLG Hamm NStZ 1995, 547 (548); anders Backes/Ransiek JuS 1989, 624 (629); Deiters GA 2002, 259 (261); Zöller/Steffens JA 2010, 161 (167); Küper/Zopfs StrafR BT Rn. 797; Küpper GS Meurer, 2002, 123 (125); Wessels/Hettinger/Engländer StrafR BT I Rn. 629; Wolters in SK-StGB Rn. 23; Joecks/Jäger StGB Rn. 40; Paeffgen in NK-StGB Rn. 90; Rosenau in LK-StGB Rn. 95; Eser in Schönke/Schröder Rn. 43, 68, die Straflosigkeit annehmen; sa BGHSt 30, 235 (236) = NJW **26**

1982, 190). Über das Verhältnis zu § 114 StGB nF → § 114 Rn. 6; zu § 241 → § 241 Rn. 4. Zur **Strafzumessung** beachte BGH NStZ-RR 2014, 15.

§ 114 Tätlicher Angriff auf Vollstreckungsbeamte

(1) **Wer einen Amtsträger oder Soldaten der Bundeswehr, der zur Vollstreckung von Gesetzen, Rechtsverordnungen, Urteilen, Gerichtsbeschlüssen oder Verfügungen berufen ist, bei einer Diensthandlung tätlich angreift, wird mit Freiheitsstrafe von drei Monaten bis zu fünf Jahren bestraft.**

(2) **§ 113 Absatz 2 gilt entsprechend.**

(3) **§ 113 Absatz 3 und 4 gilt entsprechend, wenn die Diensthandlung eine Vollstreckungshandlung im Sinne des § 113 Absatz 1 ist.**

1 **1.** Mit dem 52. StÄG (→ Vor § 1 Rn. 18) ist der tätliche Angriff auf Vollstreckungsbeamte aus § 113 aF in den neuen § 114 überführt worden. Verbunden ist dies mit einer Ausweitung des Anwendungsbereichs auch auf Angriffe außerhalb einer Vollstreckungshandlung (→ § 113 Rn. 3) sowie einer Anhebung des Strafrahmens. Trotz der Trennung beider Tatbestände und der partiellen Loslösung von § 114 von der Vollstreckungssituation dürfte doch auch für § 114 weiterhin die für § 113 Alt. 2 aF von der hM favorisierte **doppelte Schutzrichtung** (→ § 113 Rn. 1) zugrunde zu legen sein ((Barton in Hilgendorf/Kudlich/Valerius StrafR-HdB IV § 20 Rn. 27; anders Bolender, Das neue Widerstandsrecht, 2021, S. 172: nur körperliche Unversehrtheit von Vollstreckungsbeamten). – Die ausgeweitete (→ § 113 Rn. 1) Strafschärfungsregelung ist durch Verweisung in Abs. 2 ebenso übernommen worden wie bei tätlichen Angriffen gegen Vollstreckungshandlungen in Abs. 3 die Regelungen in § 113 III, IV zur Rechtmäßigkeit der Vollstreckungshandlung und zu diesbezüglichen Irrtümern. Nach der Gesetzesbegründung soll dadurch dem Gefahrenpotenzial für das Opfer verstärkt Rechnung getragen werden (BT-Drs. 18/11161, 8). Die dadurch bewirkte Strafschärfung von tätlichen Angriffen auf Vollstreckungsbeamte (dazu Satzger FS Neumann, 2017, 1161) ist bereits im Gesetzgebungsverfahren und auch nach Verabschiedung der Neuregelung scharfen Angriffen ausgesetzt, die bis hin zum Vorwurf der Verfassungswidrigkeit reichen (vgl. nur Zöller KriPoZ 2017, 143 mwN). Kritisiert wird etwa, dass mit § 114 nF der Sache nach eine spezielle Regelung für (versuchte) Körperverletzungen gegen eine bestimmte Gruppe von Amtsträgern ohne wirklichen Grund einer weiteren Strafdrohung ausgesetzt sei, während andererseits andere Staatsbedienstete (zB Lehrer) solchen Sonderschutz nicht genießen (Zöller KriPoZ 2017, 143 (147); Magnus GA 2017, 530 (543); Prittwitz KriPoZ 2018, 44 (46); Eisenberg ZJJ 2018 33 (34); König/Müller ZIS 2018, 96 (101); Roggan KriPoZ 2020, 144 (147); Busch/Singelnstein NStZ 2018, 510 (511)). Bei näherem Hinsehen sieht man freilich, dass gegenüber dem § 223 eine tateinheitliche Verwirklichung von § 114 I nur zu einer Anhebung der Mindest-, nicht auch der Höchststrafe führt (selbst bei einer versuchten Körperverletzung bleibt diese möglich). Der wesentliche Unterschied dürfte daher darin liegen, dass bei einer nur versuchten (ggf. gefährlichen) Körperverletzung (zB durch Steinewerfen auf Polizisten) bis zum Eintritt einer Verletzung nach der herrschenden Gesamtbetrachtungslehre ein strafbefreiender Rücktritt auch dann noch möglich ist, wenn zwar die Polizisten bereits massiv gefährdet sind, der Täter aber vor dem Wurf des letzten Steins sich zum Aufhören entschließt. Au-

ßerdem ist zu bedenken, dass der tätliche Angriff auf Vollstreckungsbeamte während der Vornahme von Vollstreckungshandlungen stets strafbar war (wenngleich mit etwas niedrigerer Strafe); hat der Täter einen Stein geworfen oÄ, galt schon bisher mit § 113 II Nr. 1 aF ein erhöhter Strafrahmen, der mittels Abs. 2 unverändert übernommen wird. Schließlich erscheint ein Sonderschutz für Polizisten und andere Vollstreckungsbeamte (sowie den in § 115 genannten Personengruppen) auch deshalb gerechtfertigt, weil diese gerade angesichts von Gefahren für Leib und Leben nicht – wie jeder Normalbürger – den Rückzug antreten dürfen, sondern aufgrund entsprechender staatlicher Anweisung auch angesichts erhöhter Risiken auf Posten verharren müssen, ohne ihrerseits bei vorschneller Gegenwehr gegenüber solchen Gefahren mit Milde rechnen zu können; nicht umsonst versagt § 35 I 2 (→ § 35 Rn. 9) eine Entschuldigung, wenn zur Gefahrtragung verpflichtete Personen innerhalb des für sie bestehenden Risikos überreagieren und schärfer als notwendig gegen Angreifer vorgehen. Vor diesem Hintergrund erscheint eine moderate Anhebung der Mindeststrafe zum Schutz von typischerweise gefahrtragungspflichtigen Personen nicht unangemessen (wie hier Dallmeyer in BeckOK StGB Rn. 2; ausf. Bolender, Das neue Widerstandsrecht, 2021, S. 173–184 mwN, der iE ebenfalls eine ungerechtfertigte Ungleichbehandlung der Vollstreckungsbeamten entgegen Art. 3 I GG verneint).

2. Tätlicher Angriff ist die in feindseliger Willensrichtung unmittelbar auf den Körper eines anderen zielende Einwirkung ohne Rücksicht auf ihren Erfolg (RGSt 59, 264; sa BSG NJW 2003, 164). Trotz der mit der Verschiebung in § 114 nF verbundenen Strafschärfung ist eine restriktive Interpretation gegenüber dem früheren Recht (dafür Busch/Singelnstein NStZ 2018, 510 (512f.); Puschke/Rienhoff JZ 2017, 924 (930); Schermaul JuS 2019, 663 (665); Bolender, Das neue Widerstandsrecht, 2021, S. 218) wegen der gesetzgeberischen Intention, Angriffe zB auf Polizisten schärfer als zuvor zu ahnden, nicht angezeigt (BGHSt 65, 36 = NJW 2020, 2347 mkritAnm Singelnstein und zustAnm Kulhanek JR 2020, 621; Fahl ZStW 130 (2018), 745 (752f.); König/Müller ZIS 2018, 96 (99f.); Kulhanek JR 2018, 551 (554f.)), so dass etwa ein kräftiger Stoß von hinten (LG Nürnberg-Führt NStZ-RR 2020, 39) oder das anlasslose Abbremsen und Auffahrenlassen eines Polizei-Pkw (BGH NStZ-RR 2020, 288) sowie das Erschrecken durch Schreckschüsse ausreichen kann (LG Köln StV 2020, 191: Kein Erschrecken bei offenem Abbrennen von Pyrotechnik). Der Angriff muss während der Diensthandlung begangen werden, braucht sich aber nicht gegen diese zu richten (hM; vgl. etwa Zopfs GA 2000, 527 (541); Küper/Zopfs StrafR BT Rn. 41, anders Paeffgen in NK-StGB § 113 aF Rn. 31). 2

3. Aufgrund der Verweisung in **Abs. 2** gelten die **Regelbeispiele** des § 113 II Nr. 1–3 auch hier. Angesichts des gegenüber § 113 I erhöhten Strafrahmens von Abs. 1 bewirkt die Bejahung eines besonders schweren Falles hier nur eine Anhebung der Strafrahmenuntergrenze auf sechs Monate Freiheitsstrafe. Dadurch wird der Einwand relativiert, dass insbes. § 113 II Nr. 3 bei tätlichen Angriffe typischerweise verwirklicht sei (vgl. Zöller KriPoZ 2017, 143 (149)); abgesehen davon, dass es vor allem gegenüber einzeln Streife laufenden Polizisten durchaus auch von nur einem Täter ausgeführte Angriffe geben dürfte (die dann kein Regelbeispiel erfüllen), ist ausgeschlossen, dass allein das gemeinsame Vorgehen mehrerer gegenüber einem Amtsträger zu einer höheren Strafe als nach Abs. 1 möglich führen könnte. 3

4 **4.** Die **Verweisung auf die Regelungen in § 113 III, IV** in **Abs. 3** gilt nur, soweit der angegriffene Amtsträger eine Vollstreckungshandlung vornimmt (zB Ingewahrsamnahme, BGH NStZ-RR 2020, 367); sie entspricht also der bisherigen Rechtslage unter Geltung von § 113 StGB aF. Bei Angriffen während sonstiger Diensthandlungen kann es daher nicht darauf ankommen, ob der Angegriffene iSd strafrechtlichen Rechtmäßigkeitsbegriffs rechtmäßig gehandelt hat (→ § 113 Rn. 10–12), so dass etwa auch ein außerhalb seines örtlichen Zuständigkeitsbereichs Diensthandlungen vornehmender Polizist gegen tätliche Angriffe geschützt ist.

5 **5.** Leistet der Täter mittels eines tätlichen Angriffs zugleich Widerstand gegen eine Vollstreckungshandlung, dürfte zwischen §§ 113, 114 nF aus Klarstellungsgründen **Tateinheit** anzunehmen sein, denn anders als bisher bringt eine Verurteilung „nur" wegen Widerstandleistens nicht zum Ausdruck, dass ein tätlicher Angriff vorliegt, während ein Schuldspruch allein wegen des mit schwererer Strafe bedrohten § 114 nicht erkennen ließe, dass der Täter sich auch der Durchsetzung des Staatswillens mit Gewalt widersetzt hat (LG Nürnberg-Führt NStZ-RR 2020, 39 mzustAnm Kulhanek; Busch/Singelnstein NStZ 2018, 510 (512 f.); aM König/Müller ZIS 2018, 96 (99); Schermaul JuS 2019, 663 (664)); das gilt erst recht, wenn der Täter ein Regelbeispiel beider Tatbestände erfüllt, denn dann besteht eine identische Strafdrohung. Tateinheit ist aus Klarstellungsgründen weiterhin möglich mit §§ 211 ff., 223 (BGHSt 65, 36 (42) = NJW 2020, 2347 (2349)), und zwar auch beim Versuch des § 223 (Horn/Wolters in SK-StGB § 223 Rn. 28b, Tateinheit aus Klarstellungsgründen; anders Voraufl.).

§ 115 Widerstand gegen oder tätlicher Angriff auf Personen, die Vollstreckungsbeamten gleichstehen

(1) **Zum Schutz von Personen, die die Rechte und Pflichten eines Polizeibeamten haben oder Ermittlungspersonen der Staatsanwaltschaft sind, ohne Amtsträger zu sein, gelten die §§ 113 und 114 entsprechend.**

(2) **Zum Schutz von Personen, die zur Unterstützung bei der Diensthandlung hinzugezogen sind, gelten die §§ 113 und 114 entsprechend.**

(3) [1]**Nach § 113 wird auch bestraft, wer bei Unglücksfällen, gemeiner Gefahr oder Not Hilfeleistende der Feuerwehr, des Katastrophenschutzes, eines Rettungsdienstes, eines ärztlichen Notdienstes oder einer Notaufnahme durch Gewalt oder durch Drohung mit Gewalt behindert.** [2]**Nach § 114 wird bestraft, wer die Hilfeleistenden in diesen Situationen tätlich angreift.**

Fassung: Durch Art. 1 des ReHaKrBG (→ Vor 1 Rn. 19) ist der Kreis möglicher Hilfeleistender in Abs. 3 mit Wirkung zum 3.4.2021 ausgeweitet worden.

1 **1.** Die mit dem 52. StÄG (→ Vor § 1 Rn. 18) zum 30.5.2017 umnummerierte und inhaltlich an die neu gefassten §§ 113, 114 angepasste Vorschrift **erstreckt in Abs. 1 und 2 den Schutzbereich der §§ 113, 114** auf weitere, den Vollstreckungsbeamten gleichgestellte Personengruppen. Der zum 5.11.2011 in Kraft getretene und zum 3.4.2021 ausgeweitete Abs. 3 bildet strukturell einen eigenen Tatbestand, der nur hinsichtlich der Rechtsfolgen auf §§ 113, 114 verweist. Weil Abs. 3 inhaltlich mit § 323c I verwandt ist, wird der Standort in § 115 kritisiert (Singeln-

stein/Puschke NJW 2011, 3473 (3474); Wolters in SK-StGB StGB aF § 114 Rn. 9; Heger/Jahn JR 2015, 507 (515)); das gilt umso mehr, als das von §§ 113, 115 I, II **geschützte Rechtsgut** (→ § 113 Rn. 1) für Abs. 3 nicht passt (Singelnstein/Puschke NJW 2011, 3473 (3474); Bosch Jura 2011, 268; Steinberg/Zetzmann/Dust JR 2013, 7 (8); Heger/Jahn JR 2015, 507 (511)), weil neben den Berufshelfern mittelbar auch die durch den Unglücksfall Betroffenen geschützt werden. Rechtsgüter des Abs. 3 sind daher die öffentliche Sicherheit und die Individualrechtsgüter der Hilfeleistenden ((Barton in Hilgendorf/Kudlich/Valerius StrafR-HdB IV § 20 Rn. 28; anders Bolender, Das neue Widerstandsrecht, 2021, S. 281: nur noch Individualrechtsgüter). Da das 52. StÄG zugleich die Einfügung von § 323c II (dazu krit. Heger/Jahn KriPoZ 2017, 113) gebracht hat, hätte eine Neupositionierung des Abs. 3 hinter § 323c (so Heger/Jahn JR 2015, 507 (516f.)) systematisch besser gepasst.

2. Abs. 1: Für die Amtsträgereigenschaft der hier genannten Personen fehlt es nur an dem öffentlich-rechtlichen Bestellungsakt (→ § 11 Rn. 6). In Frage kommen vor allem die bestätigten Jagdaufseher, die Berufsjäger oder forstlich ausgebildet sind (§ 25 II 1 BJagdG), nicht Jagdausübungsberechtigte (hM; vgl. etwa Fischer Rn. 2, 3; anders Paeffgen in NK-StGB Rn. 5; Rosenau in LK-StGB Rn. 3, 4, jeweils zu § 114 aF). 2

3. Abs. 2: Die Hilfspersonen, die nicht selbst Amtsträger zu sein brauchen (RGSt 25, 253), müssen von einem Vollstreckungsbeamten iwS (→ § 113 Rn. 2) oder einem Nichtamtsträger mit Hoheitsbefugnissen (Abs. 1) bei einer Diensthandlung zugezogen, also nicht nur freiwillig eingesprungen sein. 3

4. Abs. 3 erfasst als Tatopfer andere professionell **Hilfeleistende der Feuerwehr** (Berufs-, Pflicht-, Werks- oder freiwillige Feuerwehr (nach AG Wolfenbüttel 25.7.2019 – 501 Ds 208 Js 8842/19, soll Angriff auf ehrenamtlich Tätige strafschärfend wirken); Wolters in SK-StGB Rn. 10), des **Katastrophenschutzes** (zB THW, aber auch kommunale oder private Zivilschutzeinrichtungen; Dietmeier in Matt/Renzikowski Rn. 5),eines **Rettungsdienstes** (zB DRK, Johanniter-Unfall-Hilfe, Malteser Hilfsdienst), eines **ärztlichen Notdienstes** oder einer **Notaufnahme** in einem Krankenhaus (BT-Drs. 19/17741, 33: das medizinische Personal zB einer Notfallpraxis); weil nur die in der Not Hilfeleistenden tatebstandlich erfasst sind, gilt dies nicht für die Bedrohung von nichtmedizinischem Hilfspersonal, das zB die Notaufnahme organisatorsich abwickelt. Ob die jeweils dazu gehörigen Institutionen aus einer gesetzlichen Anordnung ablesbar sein müssen (so Wolters in SK-StGB Rn. 10), erscheint fraglich; entscheidend ist vielmehr, ob das Tatopfer tatsächlich zur Feuerwehr usw gehört und der Täter ihn auch als Angehörigen der Feuerwehr usw erkannt hat. Der Täter muss den Hilfeleistenden **bei Unglücksfällen** (→ § 323c Rn. 2) **oder gemeiner Gefahr oder Not** (→ § 323c Rn. 3) **durch Gewalt** (→ § 240 Rn. 5–11) **oder durch Drohung mit Gewalt** (→ § 113 Rn. 5) **behindert (S. 1)** oder **tätlich angegriffen** (**S. 2;** → § 114 Rn. 6) haben. Täter kann auch der Hilfsbedürftige selbst sein, wenn er sich gegen Rettungsbemühungen tätlich wehrt (Heger/Jahn JR 2015, 507 (511)). Behindern meint ähnlich wie Erschweren in § 306b II Nr. 3 (→ § 306b Rn. 5), dass durch ein Verhalten des Täters eine in Gang gesetzte Hilfeleistung abgebrochen oder in ihrer Wirkung abgeschwächt wird (Singelnstein/Puschke NJW 2011, 3473; Wolters in SK-StGB Rn. 11). Nicht erforderlich ist eine Anwesenheit von Täter oder Opfer am Tatort, so dass auch Einwirkungen auf eine Rettungsleitstelle erfasst sind (Fischer Rn. 8). 4

Weil es sich bei Abs. 3 um ein Erfolgsdelikt handelt, scheiden nur versuchte, dh für die Hilfeleistenden ohne Auswirkung gebliebene Behinderungen aus (Singelnstein/Puschke NJW 2011, 3473), ebenso bloße Bagatellen etwa in Form des Bereitens verwaltungstechnischer Schwierigkeiten (Bosch in MüKoStGB Rn. 12; Fischer Rn. 10). Die geleistete Hilfe muss nach dem Wortlaut von Abs. 3 im Unterschied zu § 323c I (→ § 323c Rn. 5) nicht erforderlich sein; das könnte dafür sprechen, dass die durch den Täter behinderte Hilfeleistung der Feuerwehr usw im Rahmen von Abs. 3 nicht objektiv zur Abwendung der Gefahr geeignet sein muss, doch ginge damit der Charakter von Abs. 3 als Erfolgsdelikt zumindest partiell verloren, weil allein die Behinderung der Feuerwehr usw ohne Rücksicht auf die durch die Feuerwehr usw bewirkte Rettung von Personen oder Sachwerten strafbewehrt wäre (iE auch Wolters in SK-StGB Rn. 11); weil aber nur eine Behinderung des Hilfeleistenden und nicht der Hilfeleistung gefordert ist, muss es genügen, wenn der Täter eine **Rettungshandlung behindert** (Fischer Rn. 8; Heger/Jahn JR 2015, 507 (512)). Abs. 3 S. 1 könnte § 240 entweder aufgrund von Spezialität oder Konsumtion verdrängen (so Fahl ZStW 124 (2012), 311 (321)), doch spricht die dadurch bewirkte Schlechterstellung ziviler Helfer gegenüber einer § 240-Strafbarkeit für Tateinheit (Bosch in MüKoStGB Rn. 12; Zopfs GA 2012, 259; Heger/Jahn JR 2015, 507 (514)); in Ermangelung einer Versuchsstrafbarkeit von Abs. 3 bleibt allerdings eine Strafbarkeit wegen § 240 III möglich, wenn der Täter mit seinem Ansetzen zu einer Tathandlung von Abs. 3 zugleich anstrebt, dass der Einsatz nicht durchgeführt werden kann. Scheidet tatbestandlich Abs. 3 mangels geeigneter Hilfeleistung aus, bleibt ebenfalls Raum für § 240, wenn der Täter die Feuerwehr usw durch sein Verhalten zum Abbruch oder zur Einschränkung ihres Einsatzes nötigen will. Zu §§ 223ff. ist Tateinheit anzunehmen.

§§ 116–119 (weggefallen)

§ 120 Gefangenenbefreiung

(1) **Wer einen Gefangenen befreit, ihn zum Entweichen verleitet oder dabei fördert, wird mit Freiheitsstrafe bis zu drei Jahren oder mit Geldstrafe bestraft.**

(2) **Ist der Täter als Amtsträger oder als für den öffentlichen Dienst besonders Verpflichteter gehalten, das Entweichen des Gefangenen zu verhindern, so ist die Strafe Freiheitsstrafe bis zu fünf Jahren oder Geldstrafe.**

(3) **Der Versuch ist strafbar.**

(4) **Einem Gefangenen im Sinne der Absätze 1 und 2 steht gleich, wer sonst auf behördliche Anordnung in einer Anstalt verwahrt wird.**

1 **1.** Die Vorschrift schützt die (inländische, → Vor § 3 Rn. 9) **amtliche Gewalt,** die in der Gefangenhaltung einer Person sichtbar wird (BGHSt 9, 62 (64) = NJW 1956, 69; KG JR 1980, 513; Heinrich, Der Amtsträgerbegriff im Strafrecht, 2001, S. 274; nach Helm, Das Delikt der Gefangenenbefreiung, 2010, S. 41, 52 das „staatliche System der Ingewahrsamnahme“; einschr. Ostendorf NStZ 2007, 313; Ostendorf in NK-StGB Rn. 3, der formell-gesetzlich legitimierte Gewahrsam), nicht die Rechtspflege als solche (Rosenau in LK-StGB Rn. 8).

2. Täter kann jeder sein, mit Ausnahme des Gefangenen selbst, für den es – vom Fall der Gefangenenmeuterei (§ 121) abgesehen – aus kriminalpolitischen Gründen an einer Strafdrohung gegen Selbstbefreiung fehlt (BGHSt 4, 396 (400) = BeckRS 1952, 30392301; krit. Ostendorf in NK-StGB Rn. 1, der die Straffreiheit grundrechtlich begründet). 2

3. a) Gefangener ist, wem in Ausübung von Polizei- oder Strafgewalt auf Grund des Haftrechts des Staates (BayObLG MDR 1984, 511) die Freiheit in gesetzlich zulässiger Form, dh formal ordnungsmäßig, nicht unbedingt materiell zu Recht (hM; vgl. KG JR 1980, 513; Küper/Zopfs StrafR BT Rn. 252), und im öffentlichen Interesse entzogen ist, so dass er sich in der Gewalt einer zuständigen Behörde befindet (RGSt 73, 347; Laubenthal FS Otto, 2007, 659 (661); krit. Rosenau in LK-StGB Rn. 11; eing. zu den einzelnen Gewahrsamsverhältnissen Helm, Das Delikt der Gefangenenbefreiung, 2010, S. 87–177); zB wer sich in Straf- oder Untersuchungshaft, in Auslieferungshaft (Rosenau in LK-StGB Rn. 16; aM Vogler FS Jescheck, 1985, 1379 (1397)), in Zwangs- oder Ordnungshaft (etwa nach §§ 380, 390, 888, 890 ZPO, §§ 51, 70 StPO, §§ 177, 178 GVG) oder im Jugendarrest (§§ 16, 16a, 90 JGG) befindet, wer von einem Strafverfolgungsorgan nach § 127 StPO vorläufig festgenommen ist (BayObLG bei Rüth DAR 1982, 248; diff. nach Abs. 1 und 2 Helm, Das Delikt der Gefangenenbefreiung, 2010, S. 112) oder wer dem Gericht vorzuführen ist (RGSt 12, 163). Im **Strafvollzug,** der durch ein Behandlungssystem mit schrittweiser Annäherung an die Verhältnisse in der Freiheit gekennzeichnet ist (vgl. etwa §§ 3, 7, 15 StVollzG sowie die entsprechenden Landesgesetze), besteht die – allerdings zunehmend gelockerte – amtliche Gewalt grds. bis zur Entlassung fort, erfasst also auch die durch Lockerungsmaßnahmen (§§ 10 I, 11, 13 StVollzG) herbeigeführten freien Vollzugsformen, namentlich den offenen Vollzug, den Ausgang, den Freigang und den Urlaub (Rössner JZ 1984, 1065; Grünebaum, Zur Strafbarkeit des Therapeuten im Maßregelvollzug bei fehlgeschlagenen Lockerungen, 1996, S. 137, auch für Lockerungen im Maßregelvollzug (→ Rn. 4); Helm, Das Delikt der Gefangenenbefreiung, 2010, S. 182; Otto StrafR BT § 92 Rn. 3; Wessels/Hettinger/Engländer StrafR BT I Rn. 659; Fischer Rn. 4). Diese Auslegung verdient den Vorzug, weil sie einerseits einen Wertungsunterschied zum Strafvollzugsrecht vermeidet, andererseits aber die gebotene Begrenzung des Tatbestandes aus dem Merkmal des Befreiens ableiten kann (→ Rn. 7; ebenso Ostendorf in NK-StGB Rn. 6). Demgegenüber hat die (nicht ganz einheitliche) hM schon den Gefangenenbegriff auf solche Vollzugsformen eingeschränkt, die mit Einschließung (geschlossener Vollzug) oder ständiger unmittelbarer Beaufsichtigung (zB Außenbeschäftigung, Ausführung) verbunden sind (Rosenau in LK-StGB Rn. 27; Wolters in SK-StGB Rn. 5; Joecks/Jäger StGB Rn. 8; einschr. Kusch NStZ 1985, 385 (387)) und für Untersuchungsgefangene auch die Krankenhausunterbringung (RGSt 19, 330) und die Beobachtung im psychiatrischen Krankenhaus nach § 81 StPO einbezogen (BGH GA 1965, 205 = BeckRS 1964, 00108; aM Fischer Rn. 3: Abs. 4). Die Rspr. stimmt dem zu, nimmt aber an, dass die Gefangeneneigenschaft nicht schon deshalb entfällt, weil iRd Vollzugs Möglichkeiten des Verlassens der Anstalt (Ausgang, täglicher Freigang) eingeräumt sind (BGHSt 37, 388 = NJW 1991, 2977 mablAnm Zielinski StV 1992, 227; sa Ostendorf NStZ 2007, 313). 3

b) Kein Gefangener iSd Abs. 1 und 2 ist der in einem psychiatrischen Krankenhaus oder einer Entziehungsanstalt nach §§ 63, 64, dem ThUG oder nach Landesrecht Untergebrachte und der Sicherungsverwahrte nach § 66 (beachte 4

§ 121 IV). Sie sind jedoch nach **Abs. 4** als sonst auf behördliche Anordnung in einer Anstalt **Verwahrte** (→ § 44 Rn. 11) für den Anwendungsbereich des § 120 den Gefangenen gleichgestellt (Laubenthal FS Otto, 2007, 159 (161); beachte aber → § 121 Rn. 2).

5 c) **Weder Gefangene noch Verwahrte** sind der nur zwangsweise nach § 81a StPO zur Entnahme einer Blutprobe Verbrachte (BayObLG MDR 1984, 511), der von einer Privatperson nach § 127 I StPO vorläufig Festgenommene (RGSt 67, 293), der Schularrestant (RGSt 39, 7) und der von einem Vormund oder Betreuer Untergebrachte (BGHSt 9, 262 = NJW 1956, 1365; Rosenau in LK-StGB Rn. 20, 21).

6 **4. a) Befreien** bedeutet, die amtliche Gewalt über den Gefangenen trotz bestehenden, mindestens formal wirksamen Haftrechts aufheben (eing. Helm, Das Delikt der Gefangenenbefreiung, 2010, S. 259). Für eine Einschränkung des Begriffs auf den Haftbruch gegen oder ohne Willen des Gewahrsamshalters (so die hM zum früheren Recht) ist nach Wegfall der §§ 121, 347 StGB aF kein Raum mehr (Siegert JZ 1973, 308; Rössner JZ 1984, 1065 (1069); Rosenau in LK-StGB Rn. 34); Maßnahmen der Vollzugsbehörde sind daher nicht schon aus diesem Grunde kein Befreien (aM Zielinski StV 1992, 227). Erst wenn das Haftrecht selbst, etwa durch rechtswidrige Aufhebung des Haftbefehls, in Wegfall gebracht wird, ist der Schutzbereich überschritten (Krey Jura 1979, 316 (322); Kusch NStZ 1985, 385 (387)). Die Tat ist erst vollendet, wenn der Gefangene die Freiheit wiedererlangt (BGH NStZ-RR 2000, 139).

6a **b)** Nach dem **Schutzzweck der Vorschrift** genügt nicht lediglich die Aufhebung der amtlichen Gewalt als solcher; hinzukommen muss die Überwindung von Sicherungsmaßnahmen, die in Einschließung oder in Vorkehrungen zu ständiger unmittelbarer Beaufsichtigung bestehen können (anders die hM; → Rn. 3; wie hier Ostendorf in NK-StGB Rn. 11); unter diesem Gesichtspunkt bildet der in BGHSt 37, 388 = NJW 1991, 2977 entschiedene Sachverhalt einen Grenzfall, weil der Gefangene Freigänger war und jedenfalls am Tage keinen Aufsichtsmaßnahmen unterlag.

7 **c)** Für den **Straf- und Maßregelvollzug** folgt daraus, dass Lockerungsmaßnahmen der Vollzugsbehörde schon deshalb kein Befreien bedeuten, weil sie die amtliche Gewalt nicht aufheben (Rössner JZ 1984, 1065; Grünebaum, Zur Strafbarkeit des Therapeuten im Maßregelvollzug bei fehlgeschlagenen Lockerungen, 1996, S. 135; Kaiser/Schöch StVollz § 7 Rn. 61; str.). Zur Befreiung kann es hier erst kommen, wenn der Gefangene die gewährte Lockerung missbraucht und sich der amtlichen Gewalt entzieht (→ Rn. 9). Andererseits ist der Gefangene, der – etwa im offenen Vollzug, beim Freigang oder im Urlaub – keinen Sicherungs- oder Aufsichtsmaßnahmen, sondern nur der Rückkehrpflicht oder Weisungen nach § 14 StVollzG unterliegt, kein taugliches Objekt der Befreiung (nur iErg ebenso die hM); seine Einbeziehung wäre weder historisch noch sachlich zu rechtfertigen (aM Rössner JZ 1984, 1065; dagegen Rosenau in LK-StGB Rn. 29, Verstoß gegen Art. 103 II GG; offen gelassen BGHSt 37, 388 = NJW 1991, 2977).

8 **5. a)** Die **beiden anderen Begehungsformen** umschreiben die zu selbständigen Tatbeständen erhobene **Teilnahme** (Anstiftung und Beihilfe) an der als solcher nicht mit Strafe bedrohten Selbstbefreiung (Siegert JZ 1973, 308 (309); für den Verteidiger Lüderssen/Jahn in Löwe/Rosenberg StPO Vor § 137 Rn. 138). Das Gesetz

stellt sie, nicht zuletzt wegen der fließenden Übergänge zwischen den verschiedenen Beteiligungsformen, in der Unrechtsbewertung dem Befreien gleich; das mag für die Strafbarkeit der erfolglosen Anstiftung, für den Ausschluss der Strafmilderung bei der Beihilfe und für den Beginn des Versuchsstadiums zu gewissen Spannungen führen (Siegert JZ 1973, 308 (309)), ist aber als gesetzgeberische Entscheidung hinzunehmen (aM Tenckhoff/Arloth JuS 1985, 129 (134); zw.).

b) Die Anordnung von **Vollzugslockerungen** (→ Rn. 7) kann objektiv eine Förderung der Selbstbefreiung bedeuten, weil die Ausführung der Maßnahme uU das Entweichen erleichtert; sie ist aber nur tatbestandsmäßig, wenn der mindestens bedingte Vorsatz auch das Entweichen umfasst (Grünebaum, Zur Strafbarkeit des Therapeuten im Maßregelvollzug bei fehlgeschlagenen Lockerungen, 1996, S. 140; einschr. Rössner JZ 1984, 1065 (1070)). Rechtmäßig ist sie nicht schon deshalb, weil sie als Verwaltungsakt nach außen wirksam ist (so aber Wolters in SK-StGB Rn. 8); sie ist jedoch gerechtfertigt, wenn sie sich im Rahmen der für sie geltenden vollzugsrechtlichen Vorschriften (§§ 11, 13 StVollzG) hält, namentlich den verwaltungsrechtlich anerkannten Beurteilungs- und Ermessensspielraum nicht überschreitet (Rössner JZ 1984, 1065 (1068); Laubenthal FS Otto, 2007, 659 (666); Kaiser/Schöch StVollz § 7 Rn. 61; beachte auch Schaffstein FS Lackner, 1987, 795; grds. abw. Kusch NStZ 1985, 385 (387); str.); eine Inhaltskontrolle der Lockerungsmaßnahmen steht dem Strafrichter nicht zu (Rössner JZ 1984, 1065 (1068)). 9

6. Befreien und Fördern des Entweichens können auch durch **unechtes Unterlassen in Garantenstellung** (→ § 13 Rn. 6) begangen werden (Sturm JZ 1975, 6 (8)), zB dadurch, dass ein Beamter oder sonst mit der Beaufsichtigung Beauftragter einen Gefangenen entweichen lässt (LG Aachen 9.2.2011 – 68 KLs 601 Js 1567/09, BeckRS 2012, 10287). 10

7. Nach unzutreffender Ansicht der Rspr. zum früheren Recht soll strafbare **Teilnahme** auch des Gefangenen selbst an seiner eigenen Befreiung (Abs. 1) möglich sein (BGHSt 4, 396 (400) = BeckRS 1952, 30392301). Damit wird der mit der Straflosigkeit der Selbstbefreiung verfolgte Zweck weitgehend vereitelt (hM; vgl. Rosenau in LK-StGB Rn. 58; sa Schmidhäuser, Form und Gehalt der Strafgesetze, 1988, S. 18; Schneider, Grund und Grenzen des strafrechtlichen Selbstbegünstigungsprinzips auf der Basis eines generalpräventivfunktionalen Schuldmodells, 1991, S. 187; auch gegen disziplinarrechtliche Ahndung Ostendorf NStZ 2007, 313); deshalb erkannte auch die Rspr. zu § 120 StGB aF an, dass die Vorschrift in allen Beteiligungsformen unanwendbar war, wenn gemeinschaftlich fliehende Gefangene sich gegenseitig nur die für die eigene Selbstbefreiung für erforderlich gehaltene Hilfe leisteten (BGHSt 17, 369 = NJW 1962, 2260; Laubenthal FS Otto, 2007, 659 (662); Joecks/Jäger StGB Rn. 22; ohne diese Einschränkung Hilgendorf in Arzt/Weber/Heinrich/Hilgendorf StrafR BT § 45 Rn. 65; → § 258 Rn. 16). Zur Teilnahme von Garanten durch Unterlassen Rosenau in LK-StGB Rn. 62. 11

8. Abs. 2 sieht eine **Strafschärfung** für Amtsträger und für den öffentlichen Dienst besonders Verpflichtete (→ § 11 Rn. 3–11; → § 11 Rn. 13–17) vor (beachte auch § 48 I, II WStG). Begeht der Täter ungeachtet seiner Pflichtenstellung die Tat durch positives Tun, so ist bei der Strafzumessung vom Rahmen des Abs. 2 auszugehen (LG Aachen BeckRS 2012, 10287). Begeht er die Tat durch Unterlassen (Laubenthal FS Otto, 2007, 659 (663)), so ist ebenfalls nicht auf Abs. 1 zurückzugreifen, sondern nur § 13 II (fakultative Milderung nach Abs. 2 iVm § 49 I) anwendbar (hM; anders Siegert JZ 1973, 308 (310); Laubenthal FS Otto, 2007, 659 (668)). 12

13 **9. Tateinheit** ua möglich mit §§ 212, 223, 303, aber auch mit §§ 113, 114, 258, 258a. § 258 VI gilt für Gefangenenbefreiung nicht (RGSt 57, 301; Laubenthal FS Otto, 2007, 659 (668)).

§ 121 Gefangenenmeuterei

(1) **Gefangene, die sich zusammenrotten und mit vereinten Kräften**

1. **einen Anstaltsbeamten, einen anderen Amtsträger oder einen mit ihrer Beaufsichtigung, Betreuung oder Untersuchung Beauftragten nötigen (§ 240) oder tätlich angreifen,**
2. **gewaltsam ausbrechen oder**
3. **gewaltsam einem von ihnen oder einem anderen Gefangenen zum Ausbruch verhelfen,**

werden mit Freiheitsstrafe von drei Monaten bis zu fünf Jahren bestraft.

(2) **Der Versuch ist strafbar.**

(3) [1]**In besonders schweren Fällen wird die Meuterei mit Freiheitsstrafe von sechs Monaten bis zu zehn Jahren bestraft.** [2]**Ein besonders schwerer Fall liegt in der Regel vor, wenn der Täter oder ein anderer Beteiligter**

1. **eine Schußwaffe bei sich führt,**
2. **eine andere Waffe oder ein anderes gefährliches Werkzeug bei sich führt, um diese oder dieses bei der Tat zu verwenden, oder**
3. **durch eine Gewalttätigkeit einen anderen in die Gefahr des Todes oder einer schweren Gesundheitsschädigung bringt.**

(4) **Gefangener im Sinne der Absätze 1 bis 3 ist auch, wer in der Sicherungsverwahrung untergebracht ist.**

1 **1.** Dem Tatbestand der **Gefangenenmeuterei** liegen die **Schutzgüter** der § 120 (→ § 120 Rn. 1) und § 113 (→ § 113 Rn. 1) zugrunde.

2 **2. Täter** können nur Gefangene sein, zu denen nach Abs. 4 auch Sicherungsverwahrte (§ 66), aber nicht die nach §§ 63, 64 Untergebrachten gehören (→ § 120 Rn. 4). Außenstehende kommen nur als Teilnehmer in Frage; da jedoch die Eigenschaft als Gefangener nur die Positionsnähe zum Rechtsgut charakterisiert, ist § 28 I (→ § 28 Rn. 6) nicht anwendbar (Blauth, Handeln für einen anderen nach geltendem und kommendem Strafrecht, 1968, S. 77, 107; Wolters in SK-StGB Rn. 13; Fischer Rn. 9; aM Ostendorf in NK-StGB Rn. 6; Schünemann in LK-StGB § 28 Rn. 59).

3 **3. Zusammenrotten** ist das räumliche Zusammentreten oder Zusammenhalten von mindestens zwei Gefangenen (BGHSt 20, 305 = NJW 1966, 555; Rosenau in LK-StGB Rn. 17; aM Ostendorf in NK-StGB Rn. 8) zu einem gemeinschaftlichen (nicht notwendig mittäterschaftlichem, Laubenthal FS Otto, 2007, 659 (663)), iSd Abs. 1 gewaltsamen oder bedrohlichen Zweck, wobei der die Rotte beherrschende friedensstörende Wille im Sinne einer rechtswidrigen Absicht (OLG Naumburg StV 2013, 573) äußerlich erkennbar in Erscheinung treten muss (BGH NJW 1954, 1694; Küper/Zopfs StrafR BT Rn. 853); beim Zusammenrotten von nur zwei Gefangenen genügt allerdings nicht, wenn einer lediglich zum Schein mitmacht (OLG Hamm JZ 1953, 342); dagegen ist ein Zusammenrotten auch dann gegeben, wenn der andere Gefangene wegen alkoholbedingter Schuld-

unfähigkeit nur nach § 323a bestraft werden kann (OLG Karlsruhe NJW 1999, 804).

4. **Mit vereinten Kräften** erfordert keine Mittäterschaft und daher auch kein gemeinschaftliches Handeln der Rotte im Ganzen. Es genügt, wenn die Tathandlung der psychischen Grundhaltung der Rotte oder einer Gruppe in der Rotte entspricht und nur von einzelnen, die vom Gemeinschaftswillen getragen sind, verübt wird (RGSt 30, 391; krit. Ott NJW 1969, 454 (457)), nicht jedoch, wenn nur einer handelt, während die nicht anwesenden anderen den Plan nur gebilligt haben (RGSt 54, 313). 4

5. a) In **Abs. 1 Nr. 1** kommen neben den Anstaltsbeamten als **andere Amtsträger** (→ § 11 Rn. 3–11) namentlich der Haftrichter und der StA und als **mit der Beaufsichtigung, Betreuung oder Untersuchung Beauftragte** (soweit sie nicht schon Amtsträger sind), Unternehmer, die Gefangene beschäftigen, Ärzte, Krankenwärter usw in Frage. **Nötigen** (→ § 240 Rn. 4), das den Fall des Widerstandleistens iSv § 113 I einschließt (BT-Drs. 7/550, 220), setzt die Anwendung der in § 240 vorausgesetzten Mittel der Gewalt oder Drohung mit einem empfindlichen Übel voraus (→ § 240 Rn. 5–15). **Tätlich angreifen** → § 113 Rn. 6. 5

b) **Abs. 1 Nr. 2, 3** ist für den **Ausbruch** und das Verhelfen dazu praktisch bedeutsam nur, wenn die Tat nicht durch Nötigung iSd Nr. 1 begangen wird (hM; vgl. etwa Rosenau in LK-StGB Rn. 41). Zu denken ist daher vornehmlich an Gewalt gegen sachliche Verwahrungseinrichtungen, zB Durchschneiden von Drähten oder Erbrechen einer Kammer zum Beschaffen von Zivilkleidern (BayObLG GA 1966, 280; Küper/Zopfs StrafR BT Rn. 53; str.); ob auch Gewalt gegen (nicht von Nr. 1 geschützte) Personen erfasst ist, ist umstr (dafür Laubenthal FS Otto, 2007, 659 (664); dagegen Eser in Schönke/Schröder Rn. 11). Die Benutzung falscher Schlüssel genügt allein nicht (BGHSt 16, 34 = NJW 1961, 1366). Die Gefangenen müssen bei Ausführung des Ausbruchs (nicht lediglich vorher) zusammengerottet sein. 6

6. Die Tat ist erst **vollendet,** wenn der Nötigungserfolg (→ § 240 Rn. 26) eingetreten (Rosenau in LK-StGB Rn. 36; aM Wolters in SK-StGB Rn. 8; Joecks/Jäger StGB Rn. 9; Eser in Schönke/Schröder Rn. 8) oder der Ausbruch gelungen ist (BGH bei Dallinger MDR 1975, 542). Der Versuch ist strafbar (Abs. 2; dazu KG NStZ 2009, 698). 7

7. Zu **Abs. 3** (besonders schwere Fälle) → § 46 Rn. 7–21 (beachte auch BGH NStZ 1995, 339 mAnm Wolters). **Nr. 1:** → § 244 Rn. 3. **Nr. 2:** → § 113 Rn. 24. **Nr. 3:** → § 113 Rn. 25. 8

8. Die Nr. 1–3 des Abs. 1, deren Anwendungsbereich sich weit überschneidet, von denen aber keine gegenüber der anderen die speziellere ist (→ Vor § 52 Rn. 25) sind nur **verschiedene Begehungsformen** desselben Delikts (→ § 52 Rn. 3), deren Zusammentreffen keine Konkurrenz begründet (BGHR StGB § 121 Konkurrenzen 1; Eser in Schönke/Schröder Rn. 23; aM Fischer Rn. 13; Rosenau in LK-StGB Rn. 67). Abs. 1 Nr. 3 ist ein qualifizierter Fall des § 120 I, so dass dieser zurücktritt (Rosenau in LK-StGB Rn. 68). Gegenüber den §§ 113, 240 geht Abs. 1 als der speziellere Tatbestand vor (hM). Mit §§ 211 ff., 223 ff. ist Tateinheit möglich (Fischer Rn. 13); ebenso mit § 303. 9

§ 122 (weggefallen)

7. Abschnitt. Straftaten gegen die öffentliche Ordnung

§ 123 Hausfriedensbruch

(1) **Wer in die Wohnung, in die Geschäftsräume oder in das befriedete Besitztum eines anderen oder in abgeschlossene Räume, welche zum öffentlichen Dienst oder Verkehr bestimmt sind, widerrechtlich eindringt, oder wer, wenn er ohne Befugnis darin verweilt, auf die Aufforderung des Berechtigten sich nicht entfernt, wird mit Freiheitsstrafe bis zu einem Jahr oder mit Geldstrafe bestraft.**

(2) **Die Tat wird nur auf Antrag verfolgt.**

1 **1. a)** Die Vorschrift **schützt das Hausrecht,** nicht die öffentliche Ordnung oder den öffentlichen Frieden (→ § 126 Rn. 1). **Hausrecht** ist das Interesse an ungestörter Betätigung des eigenen Willens in der Wohnung oder den übrigen Schutzbereichen unter dem Aspekt, nicht durch die Anwesenheit Unbefugter gestört zu werden (hM; OLG Frankfurt a. M. NJW 2006, 1746 (1749); Heinrich JR 1997, 89; Maurach/Schroeder/Maiwald/Hoyer/Momsen StrafR BT § 30 Rn. 2; Sternberg-Lieben/Schittenhelm in Schönke/Schröder Rn. 1; Ramm DVBl 2011, 1506; iE auch Kargl JZ 1999, 930 (933); krit. Amelung ZStW 98 (1986), 355, der „physisch gesicherte Territorialität" als geschütztes Rechtsgut ansieht; ebenso Lilie in LK-StGB Rn. 1; ähnlich Engeln, Das Hausrecht und die Berechtigung zu seiner Ausübung, 1989, S. 26; aM Artkämper, Hausbesetzer – Hausbesitzer – Hausfriedensbruch, 1995, S. 90, Freiheit des Besitzes; für Klesczewski StrafR BT § 8 Rn. 268 ist Hausrecht ein spezialisierter Vermögenswert); demgegenüber nimmt eine Mindermeinung (differenzierende Betrachtungsweise) auf Grund soziologischer Analyse je nach der Art der Schutzräume eine Mehrheit von Rechtsgütern an (Schall, Die Schutzfunktionen der Strafbestimmung gegen den Hausfriedensbruch, 1974; sa Schall NStZ 1983, 241; Kargl JZ 1999, 930 (936); Olizeg, Hausrecht und Hausfriedensbruch (§ 123 StGB) in Gerichtsgebäuden, 2001, S. 151; Ostendorf in NK-StGB Rn. 4–11; Stein in SK-StGB Rn. 1–7).

2 **b)** Der **Inhaber des Hausrechts** braucht nicht Eigentümer oder unmittelbarer Besitzer (zum zivilrechtlichen Besitzschutz als Grundlage des Hausrechts Weber FS Geppert, 2011, 749) des Raumes zu sein (RGSt 57, 139; auch nicht eine natürliche Person; KG NJW 2000, 2210); dies ist bei einer Tankstelle der Eigentümer oder Pächter (OLG Brandenburg NJW 2002, 632); es genügt, wenn ihm die Befugnis zusteht, über Zugang und Aufenthalt in dem Raum zu bestimmen, und wenn er insoweit ein stärkeres Recht als der Störer hat. Deshalb kann zB auch der Vermieter die Tat gegenüber dem Mieter begehen (RGSt 15, 391). Bei vermieteten Wohnräumen steht das Hausrecht idR dem Mieter zu (KG NJW 2015, 3527; zu Ausnahmen, bei denen die Rspr. zT sehr weit geht, OLG Hamm GA 1961, 181; OLG Braunschweig NJW 1966, 263; → Rn. 10), bei weitervermieteten Räumen dem Untermieter (KG NStZ 2010, 34 (35)). Dem Strafgefangenen steht das Hausrecht am Haftraum gegenüber anderen Strafgefangenen zu, nicht aber gegenüber dem Anstaltspersonal (Kretschmer ZfStrVO 2003, 212). Bei gemeinschaftlichem Hausrecht mehrerer, zB von Ehegatten in der ehelichen Wohnung, muss die von einem Mitberechtigten gestattete Anwesenheit Dritter von dem anderen nur iRd Zumutbaren geduldet werden (OLG Hamm NJW 1955, 761; NJW 1965, 2067;

Heinrich JR 1997, 89; krit. Bernsmann, „Entschuldigung" durch Notstand, 1989, S. 344; Amelung, Die Einwilligung in die Beeinträchtigung eines Grundrechtsgutes, 1981, S. 59; Sternberg-Lieben, Die objektiven Schranken der Einwilligung im Strafrecht, 1997, S. 87; aM Hilgendorf in Arzt/Weber/Heinrich/Hilgendorf StrafR BT § 8 Rn. 11, Einverständnis aller präsenten Hausrechtsinhaber). Mehrere Hausrechtsinhaber können einander das Betreten der Räumlichkeiten nicht verwehren (Heinrich JR 1997, 89 (90); Sternberg-Lieben, Die objektiven Schranken der Einwilligung im Strafrecht, 1997, S. 88, Bestimmungsrecht nur gegenüber „Außenstehenden"). Ausdrückliche oder stillschweigende Delegierung des Hausrechts ist möglich (Lilie in LK-StGB Rn. 37). Im Ganzen hängt es von den Umständen ab, wer im Einzelfall zur Ausübung des Hausrechts befugt ist (eing. dazu Engeln, Das Hausrecht und die Berechtigung zu seiner Ausübung, 1989, S. 102). Zum zivilrechtlichen Besitzschutz als Grundlage des Hausrechts Weber FS Geppert, 2011, 749.

2. a) Wohnung ist der Inbegriff der Räume, die einer oder mehreren Personen, 3
namentlich einer Familie, zur Unterkunft dienen oder zur Benutzung freistehen (RGSt 12, 132; Küper/Zopfs StrafR BT Rn. 802; zum personalen Schutzinteresse Kargl JZ 1999, 930 (934)); je nach den Umständen kommen auch Einzelräume (hM), Obdachlosenunterkünfte (OLG Köln NJW 1966, 265; OLG Bremen NJW 1966, 1766), Hafträume von Strafgefangenen (Kretschmer ZfStrVO 2003, 212), Hotelzimmer (KG NStZ 2016, 485) und Campingzelte in Frage (Wessels/Hettinger/Engländer StrafR BT I Rn. 579). Der **Geschäftsraum** muss dazu bestimmt sein, für eine gewisse Dauer zum Betrieb von Geschäften irgendwelcher, also nicht notwendig erwerbswirtschaftlicher (OLG Köln NJW 1982, 2740 mablAnm Bernsmann StV 1982, 578), Art zu dienen (RGSt 32, 371; Küper/Zopfs StrafR BT Rn. 267; zum geschäftlichen Schutzinteresse an reibungsloser Arbeitsorganisation Kargl JZ 1999, 930 (935)). **Beide** können sich in einem Schiff (RGSt 13, 312) oder Wohnwagen befinden. Sie schließen auch außerhalb des Wohn- oder Geschäftsbereichs liegende, ihnen aber für jedermann erkennbar räumlich-funktional zugeordnete **Nebenräume** ein (Wessels/Hettinger/Engländer StrafR BT I Rn. 581; Lilie in LK-StGB Rn. 11, 15; enger Behm GA 2002, 153 (163), der auf die „Wohnungstür" als Grenze abstellt). **Befriedetes Besitztum** ist ein in äußerlich erkennbarer Weise gegen Betreten durch zusammenhängende, nicht notwendig ganz lückenlose, Schutzwehren gesichertes (OLG Köln NJW 1982, 2674; OLG Frankfurt a. M. NJW 2006, 1746 (1747) mit zust. Bespr. Jahn JuS 2007, 191) bebautes oder unbebautes Grundstück (Küper/Zopfs StrafR BT Rn. 145), nicht lediglich ein beweglicher Gegenstand (RGSt 32, 371; aM Schweizer GA 1968, 81); dass das Besitztum unter Straßenniveau liegt (zB unterirdische Einkaufspassage) macht dieses noch nicht zu einem befriedeten (OLG Frankfurt a. M. NJW 2006, 1746 (1747); zust. Wessels/Hettinger/Engländer StrafR BT I Rn. 582). Funktion und Zweckbestimmung des Besitztums sind nach hM, die sich auf historische Auslegung und auf eine teleologisch gebotene Formalisierung des geschützten Rechtsgutes stützt, unerheblich (OLG Hamm NJW 1982, 1824; Amelung NJW 1986, 2075 (2079)). Danach kommen als Schutzobjekte ua auch in Frage: Auf Dauer leer stehende Gebäude bei **Hausbesetzungen** (OLG Hamm NJW 1982, 2676; OLG Köln NJW 1982, 2674 mAnm Degenhart JR 1984, 30; OLG Stuttgart NStZ 1983, 123; AG Wiesbaden NJW 1991, 188; Schall NStZ 1983, 241; Lilie in LK-StGB Rn. 19; Ostendorf in NK-StGB Rn. 23; eing. Artkämper, Hausbesetzer – Hausbesitzer – Hausfriedensbruch, 1995, S. 99), ferner Lagerplätze, Friedhöfe (RGSt 36, 395) und Geländeab-

schnitte, die für eine Veranstaltung abgesperrt sind (OLG Celle Nds. Rpfl. 1976, 40; beachte jedoch LG Lübeck StV 1989, 157). Landesrechtliche Ersatzvorschriften für den weggefallenen § 368 Nr. 9 (unbefugtes Betreten von Äckern, Wiesen und Weiden) gehen dem § 123 vor (Art. 4 V EGStGB). Wird ein privates Besitztum dem öffentlichen Verkehr gewidmet, so tritt mit den Rechten aus dem Eigentum auch das Hausrecht insoweit zurück, als es mit der öffentlichen Zweckbindung unvereinbar ist (OLG Karlsruhe MDR 1979, 73). – Sog. **Zubehörflächen,** dh selbst nicht abgeschlossene, aber für jedermann erkennbar mit geschützten Räumen örtlich und funktional eng verbundene Grundstücksflächen (Höfe, Vorgärten, Kaufhauspassagen, Baugerüste (OLG Hamburg v. 3.6.2020 – 2 Rev 13/20) usw), sind auch bei Fehlen besonderer Schutzwehren „befriedet" und daher in den Schutzbereich einbezogen (BayObLG MDR 1969, 778; OLG Oldenburg NJW 1985, 1352; krit. Volk JR 1981, 167; Amelung NJW 1986, 2075 (2079); abl. Behm GA 2002, 153; Krumme, Die Wohnung im Recht, 2004, S. 216); die werkseigene Zufahrtsstraße zum Haupttor eines Kernkraftwerks ist keine Zubehörfläche (BayObLG NJW 1995, 269). – Für **Betriebsbesetzungen** im Rahmen von Streikmaßnahmen gelten keine Besonderheiten; sie werden erfasst, soweit die Betriebsräume und -grundstücke in den Schutzbereich des Abs. 1 fallen (→ Rn. 6).

4 **b) Abgeschlossene,** dh baulich abgegrenzte, Räume sind **zum öffentlichen Dienst bestimmt,** wenn in ihnen Tätigkeiten auf Grund öffentlichrechtlicher Vorschriften ausgeübt werden, zB Behördenräume, aber auch Kirchen (OLG Jena NJW 2006, 1892 „Erfurter Dom", soweit nicht Teile wie der Altarraum durch Kordeln usw abgesperrt sind, OLG Saarbrücken NJW 2018, 3797), Schulen, Universitäten und Wahllokale, während dies für bloß in öffentlichrechtlicher Form betriebene kommunale Tiefgaragen (so BayObLG NJW 1986, 2065 mit abl. Bespr. Allgaier MDR 1987, 723) nicht gilt; auch hier sind Zubehörflächen (→ Rn. 3) einbezogen (aM OLG Oldenburg JR 1981, 166 mablAnm Volk). **Zum öffentlichen Verkehr bestimmt** sind Räume, die dem Personen- oder Gütertransportverkehr dienen und allgemein zugänglich sind, zB Bahnabteile, Straßenbahnwagen, Flugzeuge, Wartesäle und Bahnhofshallen (OLG Bremen NJW 1962, 1453; OLG Celle MDR 1966, 944; BayObLG NJW 1986, 2065; OLG Köln NStE Nr. 6; KG NJW 2000, 2210; sa OLG Frankfurt a. M. NJW 2006, 1746 (1749)).

5 **3. a) Eindringen** setzt voraus, dass der Körper des Täters mindestens zT (zB Stellen des Fußes in die Wohnungstür, Dallinger MDR 1955, 144; Fischer Rn. 15) in den Raum gebracht wird, und zwar gegen den erkennbaren oder zu vermutenden Willen (nach aM auch: ohne den Willen) des Hausrechtsinhabers (Dallinger MDR 1968, 551; BayObLG JR 1969, 466; OLG Jena NJW 2006, 1892; ebenso zu § 1 II 1 Nr. 2a GewSchG OLG Braunschweig FamRZ 2015, 264); daran fehlt es zB beim unbefugten Parken auf einem Behindertenparkplatz (Mitsch NZV 2012, 153 (155)) und beim bloßen Hineinlehnen in den Luftraum über dem Besitztum, solange dieses nicht auf ein Betreten ausgerichtet ist (OLG Frankfurt a. M. MDR 2016, 1136), und erst recht beim Überfliegen mit Drohnen (Werner JuS 2013, 1074), nicht hingegen beim sog. „Containern", der Entwendung von Lebensmitteln aus Abfallbehältern auf dem Gelände eines Supermarktes (Vergho StraFo 2013, 15 (17); Schiemann KriPoZ 2019, 231 (234 f.); BVerfG NJW 2020, 2953 betrifft zwar nur § 242, erteilt aber implizit auch einer Straflosigkeit nach § 123 eine Absage). Wer das Einverständnis des Berechtigten ohne nötigende Einwirkung erschleicht, dringt nicht ein (Ostendorf JuS 1980, 664; Amelung, Die Einwilligung in die Beeinträchtigung eines Grundrechtsgutes, 1981, S. 59; Witte JR

2013, 97 (101); Wessels/Hettinger/Engländer StrafR BT I Rn. 587, 588; Joecks/Jäger StGB Rn. 28; aM OLG München NJW 1972, 2275; Gössel/Dölling StrafR BT I § 38 Rn. 45; Stein in SK-StGB Rn. 13); dies gilt auch für Verdeckte Ermittler (§ 110a StPO), selbst wenn sie prozessordnungswidrig (§ 110c S. 2 StPO) ein Zutrittsrecht vortäuschen (Nitz JR 1998, 211 (212); Sternberg-Lieben/Schittenhelm in Schönke/Schröder Rn. 22; Ostendorf in NK-StGB Rn. 32); anders jedoch, wenn der Täter ein ihm gegenüber bestehendes Hausverbot durch Täuschung vereitelt (Sternberg-Lieben/Schittenhelm in Schönke/Schröder Rn. 22, 24, 25; aM Schild NStZ 1986, 346). Begehung der Tat durch unechtes Unterlassen ist trotz der zweite Alternative des Abs. 1 nach den allgemeinen Regeln möglich (BGHSt 21, 224 = NJW 1967, 941; 570; Heinrich JR 1997, 89 (94); Kareklas FS Lenckner, 1998, 459; Kindhäuser/Hilgendorf in LPK-StGB Rn. 25; Kindhäuser/Schramm StrafR BT I § 33 Rn. 32; einschr. Bernsmann, „Entschuldigung" durch Notstand, 1989, S. 404; Joecks/Jäger StGB Rn. 29; Fischer Rn. 25; aM Herzberg/Hardtung JuS 1994, 492 (493); Rengier StrafR BT II § 30 Rn. 16, 17; Lilie in LK-StGB Rn. 58; Ostendorf in NK-StGB Rn. 27).

b) Die **Widerrechtlichkeit** des Eindringens fehlt bei Vorliegen eines Rechtfer- 6
tigungsgrundes, uU auch des rechtfertigenden Notstandes (zugunsten des Tierschutzes (dagegen generell wegen Vorrangs stattlichen Einschreitens mit guten Gründen Bock ZStW 131 (2019), 555): OLG Naumburg NJW 2018, 2064 mit Anm Hotz, zust Bespr Dehne-Niemann/Greisner GA 2019, 205, Vierhaus/Arnold NuR 2019, 73 und Felde ZJS 2018, 468 sowie ablBespr Scheuerl/Glock NStZ 2018, 481; allg. zu investigativer Recherche Hegemann AfP 2019, 12; problematisch OLG München NJW 1972, 2275 mit krit. Bespr. Otto NJW 1973, 667; Amelung/Schall JuS 1975, 565; Grebing GA 1979, 81 (99); für Nothilfe LG Magdeburg StV 2018, 335 (mit allerdings problematischem Ergebnis), Greco JZ 2019, 390; Reinbacher ZIS 2019, 509; abl Hecker JuS 2018, 83) und überhaupt bei öffentlich- oder privatrechtlichen Berechtigungen, die dem Hausrecht vorgehen (zB Verhaftung, Durchsuchung usw; auch das Betreten einer Wohnung durch Verdeckte Ermittler nach § 110c StPO, Meyer-Goßner/Schmitt StPO § 110c Rn. 1, den Schneider NStZ 2004, 359 (365) für verfassungswidrig hält). Betriebsbesetzungen (→ Rn. 3) sind danach – mindestens idR – widerrechtlich, weil der Arbeitsvertrag meist keine Berechtigung zum Betreten der Arbeitsstätte zu anderen Zwecken als zur Arbeit einräumt und auch das Streikrecht keine entsprechende Befugnis begründet (Rudolphi RdA 1987, 160; aM Ostendorf, Kriminalisierung des Streikrechts, 1987, S. 43). Auch Hausbesetzungen sind grds. weder verfassungsrechtlich noch einfachgesetzlich gerechtfertigt (Wessels/Hettinger/Engländer StrafR BT I Rn. 601; Artkämper, Hausbesetzer – Hausbesitzer – Hausfriedensbruch, 1995, S. 212, der jedoch eine Entschuldigung symbolischer Regelverletzungen befürwortet, S. 248). Das Eindringen in ein Kirchengebäude (→ Rn. 4, 5) ist nicht durch Art. 4 GG gerechtfertigt (OLG Jena NJW 2006, 1892). Auf die Berechtigung des mit dem Eindringen verfolgten Zwecks kommt es unmittelbar nicht an; jedoch ist der rechtswidrige Zweck regelmäßig ein Indiz für den entgegenstehenden Willen (Dallinger MDR 1968, 551).

c) Für die Annahme widerrechtlichen Eindringens gelten folgende **Einschrän- 7
kungen:**

aa) Bei Räumen, die dem **allgemeinen Publikumsverkehr offen stehen** (zB Warenhäuser, Banken, Gaststätten, Sportstadien, speziell zum Eindringen durch sog. „Flitzer" Kett-Straub JR 2006, 188 (189)), bildet die Verfolgung eines rechtswidrigen Zwecks – zB beim Betreten eines Raumes zur Begehung von Raub oder Diebstahl – jedenfalls dann kein Indiz für den entgegenstehenden Willen des Hausrechtsinhabers, wenn das äußere Verhalten des Eintretenden den Rahmen der Zutrittserlaubnis nicht überschreitet (OLG Düsseldorf NJW 1982, 2678; Geppert Jura 1989, 378 (381); Lagodny Jura 1992, 659 (660); Lilie in LK-StGB Rn. 52; zT abw. ua Bohnert GA 1983, 1 (16); zusf. Küper/Zopfs StrafR BT Rn. 190). Eine **generell** erteilte Eintrittserlaubnis kann zB bestimmte Personengruppen ausschließen, doch muss der Ausschlusswille deutlich zum Ausdruck gebracht werden (Sternberg-Lieben/Schittenhelm in Schönke/Schröder Rn. 23; krit. Kargl JZ 1999, 930 (938)); daran fehlt es bei der „höflichen Bitte" an Kunden zur Abgabe mitgeführter Taschen (BGHZ 124, 39 = NJW 1994, 188; Ostendorf in NK-StGB Rn. 30). Wird gegen einen Fußballfan wegen Ausschreitungen ein örtliches oder bundesweites **Stadionverbot** verhängt (zulässig nach BVerfGE 148, 267 = NJW 2018, 1667), liegt ein Eindringen nur vor, wenn diese Verhängung formell wirksam ist (dazu OLG Franfurt NJW 2006, 1746 (1749), so dass es auf das Vorliegen der materiellen Voraussetzungen nicht ankommt (OLG Hamm SpuRt 2020, 305). Zum Fall der vorübergehenden Öffnung geschützter Räume für den allgemeinen Publikumsverkehr (zB Tag der „Offenen Tür") OLG Zweibrücken NStZ 1985, 456 mkritAnm Amelung.

8 bb) In **öffentlichen Dienst- und Verkehrsräumen** kann es schon am Eindringen fehlen, wenn die Räume einer Mehrzahl von Personen, darunter auch dem Eintretenden, dienen und dieser als Interner nur innerdienstliches Ordnungsrecht verletzt (LG Lüneburg NJW 1977, 1882; Sternberg-Lieben/Schittenhelm in Schönke/Schröder Rn. 14, 15). Außerdem unterliegt die Befugnis des Hausrechtsinhabers, einzelnen Personen den Zutritt zu verbieten (zB durch Haus- oder Bahnhofsverbot), auf Grund der öffentlichrechtlichen Zweckbestimmung der Räume Einschränkungen (zB beim Bahnhofsverbot durch die Beförderungspflicht nach § 10 Allgemeines Eisenbahngesetz, OLG Köln NStE Nr. 6; zB § 22 PersBefG, OLG Frankfurt a. M. NJW 2006, 1746 (1749)). Ob solche Verbote privatrechtlichen, öffentlichrechtlichen oder je nach dem Verbotsanlass unterschiedlichen Charakter haben (vgl. etwa BGH NJW 1967, 1911; BVerwGE 35, 103; BayObLG NJW 1977, 261 mAnm Stürner JZ 1977, 312; zusf. Lilie in LK-StGB Rn. 39–44) und wie die Zulässigkeitsgrenzen iE zu ziehen sind, ist umstritten; die Beurteilung hängt auch von den jeweils betroffenen Dienstbereichen (zB Schulen, Bahnhöfe, Kasernen, Gerichtssäle), von etwaigen, den Zutritt regelnden Vorschriften (zB Öffentlichkeit von Verhandlungen, Sitzungspolizei, BGHSt 30, 350 = NJW 1982, 947), von der Zugehörigkeit des Täters zu den geschützten Bereichen (zB Störungen durch Studenten in Universitätsräumen) und von zahlreichen weiteren Umständen ab (vgl. zB BGH NJW 1982, 189; OLG Hamburg NJW 1978, 2520; OLG Karlsruhe JR 1980, 342 mAnm Schwabe; BayObLG NVwZ 1990, 899; OVG Münster NJW 1998, 1425; KG NJW 2000, 2210; OLG Frankfurt a. M. NJW 2006, 1746 (1749)). Ist ein Zutrittsverbot (zB Haus- oder Bahnhofsverbot) durch **Verwaltungsakt** erlassen, kommt es nach hM auf dessen Vollziehbarkeit, für die eine Möglichkeit hemmender Rechtsbehelfe nicht mehr besteht (BGHSt 23, 86 (91) = NJW 1969, 2023; OLG Hamm MDR 1979, 516; zu Recht abl. Rengier StrafR BT II § 30 Rn. 24), nicht auf seine Bestandskraft an (BGH NJW 1982, 189 mAnm Dingeldey NStZ 1982, 160; Oehler JR 1981, 33; Lilie in LK-StGB Rn. 56, 57); zu fordern ist aber die materielle Rechtmäßigkeit des Verwaltungsaktes, da nur dann das Rechtsgut wirklich betroffen ist (vgl. Arnhold JZ 1977, 789; Ostendorf JZ 1981, 165 (170, 173); Olizeg, Hausrecht und Hausfriedensbruch

(§ 123 StGB) in Gerichtsgebäuden, 2001, S. 237; Gössel/Dölling StrafR BT I § 38 Rn. 49; Sternberg-Lieben/Schittenhelm in Schönke/Schröder Rn. 20; dagegen Stein in SK-StGB Rn. 35; → § 325 Rn. 8, 9).

4. a) Verweilen ist Fortsetzung des Aufenthalts in dem geschützten Raum nach Aufforderung zum Verlassen. Einmalige (auch schlüssig zum Ausdruck gebrachte) **Aufforderung** genügt (RGSt 5, 109). Zu ihr berechtigt sind der Inhaber des Hausrechts (→ Rn. 2) sowie seine rechtlichen oder tatsächlichen Vertreter, zB Angehörige (uU auch minderjährige, BGHSt 21, 224 = NJW 1967, 941; str.), Hausangestellte (RGSt 12, 132) und Polizeibeamte (OLG Schleswig SchlHA 1973, 183). Das **Sich-nicht-Entfernen** ist echtes Unterlassen (Sternberg-Lieben/Schittenhelm in Schönke/Schröder Rn. 27); objektive oder subjektive Unmöglichkeit des Weggehens schließt daher den Tatbestand aus (RGSt 75, 355 (358); → § 13 Rn. 5). 9

b) Ohne Befugnis entspricht der Widerrechtlichkeit beim Eindringen (→ Rn. 6). Die Grundrechte der Art. 5, 8 GG gewähren auch an allgemein zugänglichen Orten (zB Universitäten, Bibliotheken, Bahnhofshallen, Wartesälen) keine Befugnis zum Verweilen; diese kann vor allem nicht auf die Rspr. über die Wechselwirkung zwischen den Grundrechten des Art. 5 GG und den diese beschränkenden allgemeinen Gesetzen (BVerfGE 7, 198 = NJW 2018, 686) gestützt werden (Tiedemann JZ 1969, 717 (725); aM Maul JR 1970, 81 (85)). Das Erlöschen vertraglicher Berechtigung macht das Verweilen regelmäßig, aber nicht notwendig unbefugt; so nicht beim Mieter, der im Allgemeinen (beachte jedoch OLG Düsseldorf NJW 1991, 186 mAnm Dölling JR 1992, 167) das Hausrecht nicht schon mit dem Ende des Mietverhältnisses verliert (hM; vgl. RGSt 36, 322); auch nicht beim Nutzer, der nach Ablauf des Nutzungsvertrags weiterhin den unmittelbaren Besitz am Grundstück ausübt (OLG Hamburg NJW 2006, 2131). 10

5. Der **Vorsatz** (bedingter genügt) erfordert namentlich das Bewusstsein, gegen den Willen des Berechtigten zu handeln, nicht aber die Absicht, den Hausfrieden zu brechen (RGSt 13, 312). Da die **Widerrechtlichkeit** des Eindringens und das Fehlen der Befugnis zum Verweilen allgemeine Verbrechensmerkmale sind (str.), ist die irrige Annahme einer nicht aus dem Willen des Hausrechtsinhabers abgeleiteten Berechtigung je nach den Umständen als Verbotsirrtum (→ § 17 Rn. 2–8) oder als Erlaubnistatbestandsirrtum (→ § 17 Rn. 9–16) zu behandeln (OLG Hamburg NJW 1977, 1831 mkritAnm Gössel JR 1978, 292; OLG Hamburg NJW 1980, 1007; str.). 11

6. Der Hausfriedensbruch ist **kein eigenhändiges Delikt** (→ § 25 Rn. 3), so dass die allgemeinen Regeln über Mittäterschaft und mittelbare Täterschaft anwendbar sind (hM; vgl. etwa Lilie in LK-StGB Rn. 76; anders Herzberg ZStW 82 (1970), 896 (927); Klesczewski StrafR BT § 8 Rn. 283). 12

7. Das Verweilen ohne Befugnis ist gegenüber dem widerrechtlichen Eindringen **subsidiär** (BGHSt 21, 224 (225) = NJW 1967, 941; OLG Jena NJW 2006, 1892 (1893); str.). Zu Taten, die notwendig oder idR durch Hausfriedensbruch begangen werden (zB § 243 I 2 Nr. 1 oder § 244 I Nr. 3; → § 243 Rn. 24), steht § 123 in **Gesetzeseinheit** (Spezialität, Konsumtion, → Vor § 52 Rn. 25, 27). Da der Hausfriedensbruch **Dauerstraftat** ist, können die während des rechtswidrigen Zustandes begangenen Taten in Tateinheit stehen, meist wird jedoch Tatmehrheit vor- 13 liegen (→ § 52 Rn. 7; BayObLG JR 1957, 148; zusf. Rengier StrafR BT II § 30 Rn. 27–31).

14 **8.** Strafantrag §§ 77–77 d; Verletzter ist der Inhaber des Hausrechts (OLG Düsseldorf StV 1982, 228; OLG Brandenburg NJW 2002, 693; KG NStZ 2010, 34 (35) und NJW 2015, 3527, bei juristischen Personen deren Vertreter); auch ein wegen Diebstahls gestellter Strafantrag genügt, weil damit die Tat iSd § 264 I StPO erfasst ist (OLG Hamm NStZ-RR 2012, 308). Privatklage, Sühneversuch §§ 374 I Nr. 1, 380 StPO.

§ 124 Schwerer Hausfriedensbruch

Wenn sich eine Menschenmenge öffentlich zusammenrottet und in der Absicht, Gewalttätigkeiten gegen Personen oder Sachen mit vereinten Kräften zu begehen, in die Wohnung, in die Geschäftsräume oder in das befriedete Besitztum eines anderen oder in abgeschlossene Räume, welche zum öffentlichen Dienst bestimmt sind, widerrechtlich eindringt, so wird jeder, welcher an diesen Handlungen teilnimmt, mit Freiheitsstrafe bis zu zwei Jahren oder mit Geldstrafe bestraft.

1 **1.** Die Vorschrift **schützt das Hausrecht,** daneben auch den öffentlichen Frieden (→ § 126 Rn. 1; krit. Ostendorf in NK-StGB Rn. 3).

2 **2. Menschenmenge** → § 125 Rn. 3. **Zusammenrotten** → § 121 Rn. 3; die Zusammenrottung der Menschenmenge ist **öffentlich,** wenn die (konkrete, Tiedemann JZ 1968, 761 (767)) Möglichkeit der Beteiligung für eine unbestimmte Zahl von Personen besteht (BGH NJW 1953, 1031). **Wohnung,** Geschäftsraum usw → § 123 Rn. 3, 4; die Angegriffenen brauchen sich nicht in den geschützten Räumen aufzuhalten (RGSt 53, 64; Lilie in LK-StGB Rn. 14; aM Ostendorf in NK-StGB Rn. 8; Sternberg-Lieben/Schittenhelm in Schönke/Schröder Rn. 13). **Widerrechtliches Eindringen** → § 123 Rn. 5–8; es genügt, wenn einzelne Beteiligte, getragen vom Willen der Zusammenrottung, in einer Zahl eindringen, dass sich unter ihnen massenpsychologische Phänomene unkontrollierter Reaktionen entwickeln können (Lilie in LK-StGB Rn. 7; str.).

3 **3. Teilnehmen** muss der Täter sowohl an der Zusammenrottung wie an dem widerrechtlichen Eindringen. Das setzt voraus, dass er

a) sich der Rotte in Kenntnis ihres gewalttätigen oder bedrohlichen Zwecks (von vornherein oder erst später, Dallinger MDR 1968, 895) selbst anschließt oder in ihr verbleibt und durch sein körperliches Dabeisein die von der Zusammenrottung ausgehende Gefahr steigert (BGH NJW 1954, 1694) und

4 **b)** sich auch dem Eindringen der Menge räumlich anschließt (RGSt 51, 422); dabei genügt es, wenn ihm das Eindringen anderer nach den für die Mittäterschaft geltenden Grundsätzen (→ § 25 Rn. 9–18), nicht jedoch als bloße Teilnahme zugerechnet werden kann (RGSt 55, 35; Sternberg-Lieben/Schittenhelm in Schönke/Schröder Rn. 19; aM Kindhäuser/Schramm StrafR BT I § 34 Rn. 11).

5 **4.** Bedingter **Vorsatz** genügt. Die **Absicht** zur Begehung von Gewalttätigkeiten (→ § 125 Rn. 4) braucht nicht der Täter selbst zu haben; es genügt, wenn diese Absicht anderer Teilnehmer von seinem Vorsatz umfasst wird (Joecks/Jäger StGB

Rn. 5; Lilie in LK-StGB Rn. 10; einschr. Kindhäuser/Hilgendorf in LPK-StGB Rn. 9; Sternberg-Lieben/Schittenhelm in Schönke/Schröder Rn. 20; Fischer Rn. 13; aM Ostendorf in NK-StGB Rn. 17). Abweichend von § 125 (→ § 125 Rn. 2) ist auch unerheblich, ob die Gewalttätigkeiten wirklich verübt werden. **Mit vereinten Kräften** → § 121 Rn. 4.

5. Tateinheit möglich namentlich mit § 125. 6

§ 125 Landfriedensbruch

(1) **Wer sich an**

1. Gewalttätigkeiten gegen Menschen oder Sachen oder

2. Bedrohungen von Menschen mit einer Gewalttätigkeit,

die aus einer Menschenmenge in einer die öffentliche Sicherheit gefährdenden Weise mit vereinten Kräften begangen werden, als Täter oder Teilnehmer beteiligt oder wer auf die Menschenmenge einwirkt, um ihre Bereitschaft zu solchen Handlungen zu fördern, wird mit Freiheitsstrafe bis zu drei Jahren oder mit Geldstrafe bestraft.

(2) [1]**Soweit die in Absatz 1 Nr. 1, 2 bezeichneten Handlungen in § 113 mit Strafe bedroht sind, gilt § 113 Abs. 3, 4 sinngemäß.** [2]**Dies gilt auch in Fällen des § 114, wenn die Diensthandlung eine Vollstreckungshandlung im Sinne des § 113 Absatz 1 ist.**

Fassung des 52. StÄG (→ Vor § 1 Rn. 18)

1. Die Vorschrift schützt nebeneinander die **öffentliche Sicherheit,** die einen Teilaspekt des öffentlichen Friedens (→ § 126 Rn. 1) bildet (krit. Hefendehl Kollektive Rechtsgüter S. 288), ferner durch Vorverlegung des Strafschutzes zugleich auch die jeweils bedrohten **Individualrechtsgüter** (OLG Celle NJW 2001, 2734 mit zust. Bespr. Hoyer JR 2002, 34; Krauß in LK-StGB Rn. 1; Ostendorf in NK-StGB Rn. 5, 6; für vorrangigen Schutz der öffentlichen Sicherheit Maurach/Schroeder/Maiwald StrafR BT II § 60 Rn. 6; im Ansatz abw. Meiski, Der strafrechtliche Versammlungsschutz, 1995, S. 133, 158: Schutz der Versammlungsfreiheit durch Pönalisierung der Umfunktionierung einer friedlichen Versammlung in eine unfriedliche). Sie ist nicht nur für Ausschreitungen bei Demonstrationen, sondern zB auch bei Sportveranstaltungen (Foth in Schriftenreihe des Württ. Fußballverbandes Nr. 31, 1993, S. 43) und handfesten Dorfstreitigkeiten von Bedeutung (Krauß in LK-StGB Rn. 20–25 mit Hinweisen zu weiteren Fallgestaltungen). Zur **Reform:** Am dringlichsten erscheint die Erfassung von Demonstrationsteilnehmern, die sich trotz rechtmäßiger Auflösungsverfügung nicht aus der unfriedlichen Menschenmenge entfernen (Sternberg-Lieben/Schittenhelm in Schönke/Schröder Rn. 1; krit. Ostendorf in NK-StGB Rn. 11; zum Rechtmäßigkeitserfordernis bei der Auflösungsverfügung nach § 29 I Nr. 2 VersG BVerfG NJW 1993, 581). 1

2. Jeder Landfriedensbruch setzt als **allgemeine Ausgangslage** voraus, dass aus einer Menschenmenge (dh von Angehörigen der Menge gegen Menschen oder Sachen außerhalb der Menge, BGHSt 33, 306 = NJW 1986, 1116 mAnm Otto NStZ 1986, 70; OLG Hamm NStZ 1995, 547) die in Abs. 1 beschriebenen Gewalttätigkeiten oder Bedrohungen in einer die öffentliche Sicherheit gefährdenden Weise mit vereinten Kräften begangen werden. 2

3 **a) Menschenmenge** ist eine räumlich vereinigte (BGH NStZ 1993, 538), zwar nicht notwendig ungezählte, aber doch so große Personenmehrheit, dass die Zahl nicht sofort überschaubar und deshalb das Hinzukommen oder Weggehen Einzelner für den äußeren Eindruck unwesentlich ist (BGHSt 33, 306 = NJW 1986, 1116; BGH NStZ 1993, 538; NStZ 1994, 483; OLG Köln NStZ-RR 1997, 234); dafür ist zwar nicht unbedingt erforderlich (so aber LG Berlin StV 1983, 464; Fischer § 124 Rn. 5), aber doch in hohem Maße indiziell (LG Frankfurt a. M. StV 1983, 463), dass nicht mehr jeder Einzelne in der Menge imstande ist, mit jedem anderen in unmittelbare Kommunikation zu treten (dazu OLG Düsseldorf NJW 1990, 2699). Die Menge braucht nicht im Ganzen unfriedlich zu sein (Dreher NJW 1970, 1153 (1160); Krauß in LK-StGB Rn. 51; aM Stein in SK-StGB Rn. 10, zumindest eines wesentlichen Teils; diff. Strohmaier, Die Reform des Demonstrationsstrafrechts, 1985, S. 85); es genügt aber nicht, wenn sie nur die Kulisse für Gewalttaten Einzelner abgibt (OLG Düsseldorf NStZ-RR 2012, 273; OLG Hamm NStZ 2013, 347).

4 **b) Gewalttätigkeit** ist Einsatz physischer (nicht psychischer, BGHSt 12, 129 = NJW 1959, 156) Kraft durch aggressives positives Tun von einiger Erheblichkeit, mit dem unmittelbar auf Menschen oder Sachen in ihrer körperlichen Substanz (OLG Hamburg NJW 1983, 2273), uU auch mittelbar auf Menschen (Dallinger MDR 1968, 895), eingewirkt wird (BGHSt 23, 46 = NJW 1969, 1770; BGH NJW 1995, 2643; krit. Martin FS BGH, 1975, 211 (221); enger LG Köln JZ 1969, 80;); auch Einwirkung auf einen einzigen Menschen oder auf eine Sache kommt in Frage (hM; anders Brause NJW 1983, 1640; Ostendorf in NK-StGB Rn. 25). Der Eintritt einer Verletzung ist nicht erforderlich; fehlgegangene Steinwürfe (RGSt 47, 1178) oder durch Schutzschilde abgewehrte Würfe mit Lehmklumpen (BayObLG NStZ 1990, 37 mAnm Geerds JR 1990, 384; zw.), Eiern, Tomaten und Farbbeuteln (OLG Köln NStZ-RR 1997, 234; zw.) können daher genügen (vgl. Kindhäuser/Hilgendorf in LPK-StGB Rn. 5: unechtes Unternehmensdelikt). Die Einwirkung muss aber geeignet sein, Menschen körperlich zu verletzen oder Sachen iSd § 303 zu beschädigen (OLG Düsseldorf NJW 1993, 869; OLG Köln NStZ-RR 1997, 234). Daher reicht die Herbeiführung bloß passiver Zwangswirkung (zB durch einen Sitzstreik zum Versperren von Zu- oder Durchgängen) nicht aus (BGHSt 23, 46 (51) = NJW 1969, 1770; aM BayObLG NJW 1969, 63; NJW 1969, 1127); ebenso wenig die unbehinderte Errichtung von Barrikaden, selbst wenn die Menge sie verteidigen will (Kreuzer NJW 1970, 670; aM OLG Celle NJW 1970, 206; OLG Köln NJW 1970, 260; Fischer § 124 Rn. 8). Dagegen kann das Vorrücken der Menge gegen die Polizei (RGSt 54, 88 (90); aM Ostendorf in NK-StGB Rn. 18) sowie uU auch das Abdrängen von Polizeibeamten und das Umwerfen von Gegenständen (BGHSt 23, 46 (53) = NJW 1969, 1770; aM Stein in SK-StGB Rn. 5) genügen (einschr. Wolter NStZ 1985, 245 (251)), ebenso Gewalttätigkeiten oder Bedrohungen aus einem Lynchmob (Ostendorf/Frahm/Daege NStZ 2012, 529 (535 f.)).

5 **c) Bedrohung** entspricht der Drohung iSd § 240 (→ § 240 Rn. 12–15). Das angedrohte Übel muss eine – sei es auch nur gegen Sachen gerichtete (Kraus in LK-StGB Rn. 82; krit. Fischer Rn. 6) – Gewalttätigkeit sein (→ Rn. 4). Die Drohung, sich selbst zu verbrennen, wird nicht erfasst, da damit kein aggressives Verhalten gegen eine andere Person angekündigt wird (OLG Hamm NStZ 1995, 547).

6 **d)** Die **öffentliche Sicherheit** ist gefährdet, wenn die Gewalttätigkeiten oder Bedrohungen für unbestimmte Personen – uU auch für bestimmte, nicht als Indivi-

duen betroffene Einzelne (BGH NStZ 1993, 538; NStZ 2004, 618; BayObLG NStZ-RR 1999, 269; problematisch OLG Hamburg NJW 1983, 2273 mablAnm Rudolphi JR 1983, 252) – die Gefahr von Schäden solchen Ausmaßes begründen, dass dadurch in der Allgemeinheit das Gefühl ausreichender Sicherheit gegen die Verletzung von Rechtsgütern durch weitere entsprechende Ausschreitungen beeinträchtigt wird (BGH NStZ 2004, 618; OLG Köln NStZ-RR 1997, 234; Meyer GA 2000, 459 (470); zusf. Krauß in LK-StGB Rn. 54–62; zum sog. „Mannschafts-kickboxen" Spoenle NStZ 2011, 552 (553)).

e) **Mit vereinten Kräften** →§121 Rn.4. Die Tathandlungen (→Rn. 4, 5) 7
müssen in restriktiver Auslegung (OLG Hamm NStZ 2013, 347) von einer in der Menschenmenge (→Rn. 3) vorhandenen feindseligen Grundstimmung getragen sein (OLG Köln NStZ-RR 1997, 234; AG Tiergarten NJW 1988, 3218; Meyer GA 2000, 459 (468); Ostendorf in NK-StGB Rn. 14; Sternberg-Lieben/Schittenhelm in Schönke/Schröder Rn. 10).

3. a) **Täter** des Landfriedensbruchs ist, wer sich an Handlungen, die Voraussetzung jedes Landfriedensbruchs sind (→Rn. 2–7), als **Täter oder Teilnehmer beteiligt,** dh die Gewalttätigkeiten oder Bedrohungen entweder als Täter (auch Mittäter oder mittelbarer Täter) selbst begeht oder zu ihnen anstiftet oder bei ihnen Hilfe leistet **(gewalttätiger oder bedrohlicher Landfriedensbruch).** Die Abgrenzung des Täterkreises bestimmt sich nach den für Täterschaft und Teilnahme geltenden Regeln (§§25–27), die hier nicht auf den Tatbestand des Landfriedensbruchs, sondern auf die Begehung der Gewalttätigkeiten usw zu beziehen sind (hM; vgl. etwa BGHSt 32, 165 = NJW 1984, 931 mAnm Willms JR 1984, 120; Arzt JZ 1984, 430; BGH NStZ 2009, 28; anders Kostaras, Zur strafrechtlichen Problematik der Demonstrationsdelikte, 1982, S. 141, der den Landfriedensbruch für ein nur von Angehörigen der Menschenmenge begehbares Sonderdelikt hält; ähnlich auch Strohmaier, Die Reform des Demonstrationsstrafrechts, 1985, S. 87),. 8

aa) Von diesen Regeln hängt ua ab, ob sich der **Mittäter** der Gewalttätigkeiten 9
usw der Menschenmenge angeschlossen haben muss. Für die subjektive Teilnahmelehre (→Vor §25 Rn. 4; →§25 Rn. 11) kommt es auf diesen Anschluss häufig nicht an (BGHSt 32, 165 = NJW 1984, 931; zu Recht krit. Sternberg-Lieben/Schittenhelm in Schönke/Schröder Rn. 14; sa BVerfGE 82, 236 (269) = NJW 1991, 91 mit krit. Bespr. Rinken StV 1994, 95); nach der Tatherrschaftslehre, die eine Mitwirkung des Mittäters in der Ausführungsphase oder mindestens einen gegenseitige Abhängigkeit begründenden wesentlichen Tatbeitrag in der Vorbereitungsphase fordert (→§25 Rn. 11), kommt Mittäterschaft von nicht anwesenden Beteiligten nur ganz ausnahmsweise in Frage. In jedem Fall müsste wer nicht vor Ort ist, als Planer oder Organisator maßgeblichen Einfluss auf das Geschehen genommen haben (OLG Schleswig NJW 2019, 93).

bb) Bei **bloßer Teilnahme** (Anstiftung oder Beihilfe) an den Gewalttätigkeiten 10
usw ist eine teleologische Reduktion insofern geboten, als die Teilnahmehandlung in unmittelbarem räumlichen Zusammenhang mit der Menschenmenge begangen sein muss (Maurach/Schroeder/Maiwald StrafR BT II §60 Rn. 29; krit. Meyer GA 2000, 459 (464); aM Dreher NJW 1970, 1153 (1160); Krauß in LK-StGB Rn. 67; Stein in SK-StGB Rn. 13); denn die Aufwertung bloßer Teilnahme zur Täterschaft lässt sich nur damit rechtfertigen, dass der Teilnehmer in der Menge mitagiert und dadurch deren Gefährlichkeit erhöht (Kindhäuser/Hilgendorf in LPK-StGB Rn. 12; Sternberg-Lieben/Schittenhelm in Schönke/Schröder Rn. 13; krit. Meyer GA 2000, 459 (467)). Als Teilnehmer an den Gewalttätigkeiten usw wird daher idR

erfasst, wer aus der Menge heraus durch anfeuernde Rufe oder in ähnlicher Weise die gewalttätige Gruppe zu ihren Aktionen auffordert oder sie darin bestärkt (OLG Köln NStZ-RR 1997, 234; OLG Düsseldorf NStZ-RR 2012, 273), bei der Abschirmung dieser Gruppe gegen das Vorgehen der Polizei mitwirkt oder deren Einsatz durch Ablenkungsmanöver auf andere Vorgänge ableitet oder nach erbrachter Beihilfehandlung sich erst unmittelbar vor Beginn der Gewalttätigkeiten entfernt (BGHSt 62, 178 = NJW 2017, 3456 mAnm Fickenscher, zust. Rotsch StV 2018, 92, Fahl JR 2018, 107 und Heinze NStZ 2017, 697). Wer sich dagegen nur in der Menge befindet, etwa von Berufs wegen (zB als Arzt, Rot-Kreuz-Helfer oder Reporter), als Neugieriger oder als sog. Weitermacher, der nur das Anliegen einer zuvor friedlichen Demonstration weiter verfolgen will, begeht noch keine psychische Beihilfe, die hier im Hinblick auf den Zweckzusammenhang des Tatbestandes (Ausscheidung der Mitläufer) eng zu verstehen ist (BGH NStZ 1984, 549; NStZ 2009, 28; Werle FS Lackner, 1987, 481 (495); Spaniol in Ulsamer StrafR/StrafVerfR S. 240; aM Arzt JA 1982, 269 (271); krit. zum Tatbestand Otto StrafR BT § 63 Rn. 12). Das gilt auch noch für den Fall, dass sich jemand nach Ausbruch von Gewalttätigkeiten aus einer besonders gewalttätigen Teilgruppe nicht entfernt (AG Ebersberg StraFo 2017, 163; Werle FS Lackner, 1987, 481 (495)). Die Grenze dürfte aber überschreiten, wer seine Solidarität mit den Gewalttätern dadurch erkennbar macht, dass er sich einer solchen Teilgruppe erst nach Beginn der gewalttätigen Auseinandersetzungen anschließt und dort ohne äußeren Zwang verbleibt (BGH NJW 1984, 1226 (1232); NStZ 1984, 549; BayObLG NStZ-RR 1996, 101; OLG Naumburg NJW 2001, 2034; Werle FS Lackner, 1987, 481 (497)). In diesem Falle erscheint er auch für die Gewalttäter selbst als Förderer der friedensstörenden Aktion und leistet ihnen deshalb, wenn nicht besondere Umstände entgegenstehen, über die bloße Anwesenheit hinaus psychischen Beistand (str.). Namentlich wenn sich passiv Bewaffnete oder Vermummte (vgl. § 17a VersG) unter solchen Umständen anschließen, ist das ein wichtiges Indiz für die Annahme der erforderlichen Solidarisierung (Werle FS Lackner, 1987, 481 (497); aM Ostendorf in NK-StGB Rn. 22). Dagegen genügt die Vermummung von bereits anwesenden Demonstranten für sich jedenfalls dann nicht, wenn diese zB von Gegendemonstranten nicht erkannt werden wollen (OLG Hamm NStZ 2013, 347 (349)).

11 cc) **Anstiftung oder Beihilfe** zur erste Alternative des Abs. 1 kann nur begehen, wer sich der Menge nicht selbst angeschlossen hat (vgl. Meyer GA 2000, 459 (471), nach der alle Außenstehenden in Anwendung von § 28 I lediglich als Teilnehmer in Betracht kommen); andernfalls ist er Täter (→ Rn. 8, 10).

12 **b) Täter** eines Landfriedensbruchs ist ferner, wer in einer Lage, in der Gewalttätigkeiten oder Bedrohungen begangen werden, die Voraussetzung jedes Landfriedensbruchs sind (→ Rn. 2–7), **auf die Menschenmenge** (dh nicht nur auf einzelne bestimmte Personen) **einwirkt, um ihre Bereitschaft zu solchen Handlungen zu fördern (aufwieglerischer Landfriedensbruch). Einwirken** ist psychische, nicht notwendig verbale, Beeinflussung (BT-Drs. VI/502, 9; einschr. Beck, Unrechtsbegründung und Vorfeldkriminalisierung, 1992, S. 199, der eine aktuelle Enthemmung des Adressaten der Einwirkung verlangt). **„Um zu"** bedeutet Absicht im Sinne zielgerichteten Wollens (→ § 15 Rn. 20). **Fördern** ist nicht nur Verstärken einer bereits vorhandenen Bereitschaft zu solchen Handlungen, sondern auch das Wecken solcher Bereitschaft (OLG Braunschweig NStZ 1991, 492; Krauß in LK-StGB Rn. 89; Stein in SK-StGB Rn. 18; aM Dreher NJW 1970, 1153 (1160)). In der Regel wird die Einwirkung zugleich Beteiligung an den Ge-

walttätigkeiten usw sein. Selbständige Bedeutung hat die Alternative wohl nur, wenn die konkrete Einwirkung entweder von einer außerhalb der Menge stehenden Person ausgeht (→ Rn. 8) oder wenn ihre Mitursächlichkeit für die tatsächlich begangenen Gewalttätigkeiten usw fehlt oder nicht beweisbar ist (vgl. Meyer GA 2000, 459). Ob der Täter vor oder nach Begehung der Gewalttätigkeiten usw gehandelt hat, ist nicht entscheidend (Krauß in LK-StGB Rn. 86; im Ansatz, nicht notwendig iErg, unrichtig LG München StV 1982, 119; str.); es kommt nur darauf an, ob sein Verhalten und die aus der Menge begangenen Handlungen nach natürlicher Betrachtung ein einheitliches Geschehen bilden. Gibt der Täter die Einwirkung auf, bevor aus der Menge zur Aktion geschritten wird, so erscheint die analoge Anwendung von § 31 diskutabel (Berz FS Stree/Wessels, 1993, 331 (341)), doch spricht gegen die Annahme einer planwidrigen Lücke, dass der Gesetzgeber auch bei den jüngeren Änderungen der §§ 125f. keine Anstalten für eine Regelung unternommen hat.

4. Der **Vorsatz** (bedingter genügt) muss in beiden Alternativen des Tatbestan- **13**
des sämtliche Umstände umfassen, die Voraussetzung jedes Landfriedensbruchs sind (→ Rn. 2–7). Außerdem muss der Täter in den Fällen der **erste Alternative des Abs. 1** in Bezug auf diese Handlungen Täter-, Anstifter- (→ § 26 Rn. 4, 5) oder Gehilfenvorsatz (→ § 27 Rn. 7) haben; die bloßen Mitläufer werden idR nicht erfasst, weil entweder ihr Verhalten schon objektiv keine psychische Beihilfe ist (→ Rn. 10) oder weil sie sich jedenfalls einer konkreten Förderung der Gewalttätigkeiten usw häufig nicht aktuell bewusst sind (zu weit Arzt JA 1982, 269 (271)). In Fällen der **zweite Alternative des Abs. 1** bedarf es nicht der Vorstellung, dass die Einwirkung gerade zu den tatsächlich begangenen Gewalttätigkeiten usw beiträgt. Nicht ausreichend ist, dass der Initiator einer erlaubten Veranstaltung mit dem Auftreten von gewaltsamen Ausschreitungen lediglich gerechnet hat (OLG Schleswig NJW 2019, 93).

5. Eine **Rechtfertigung** der Tat auf Grund Gewährleistung der Meinungs- **14**
oder Versammlungsfreiheit ist ausgeschlossen, weil die Tathandlungen schon nach ihrem Inhalt die Grundrechtsschranken stets überschreiten (hM; anders Arzt JA 1982, 269 (271)). Verfassungswidrige Ergebnisse sind allerdings denkbar, wenn die Tatbestandsmäßigkeit verbaler Äußerungen (zB Aufruf zu Großdemonstration) der am Geschehen Beteiligten auf Grund einer Auslegung bejaht wird, die im Lichte der Art. 5, 8 GG fehlsam ist (BVerfGE 82, 236 = NJW 1991, 91 mit krit. Bespr. Rinken StV 1994, 95 (101)).

6. Zu **Abs. 2** (Rechtmäßigkeit der Vollstreckungshandlung und Irrtum dar- **15**
über) → § 113 Rn. 7–22.

Da mit dem 52. StÄG die zuvor in Abs. 1 S. 2 aF enthaltene Subsidiaritätsanord- **16**
nung gestrichen wurde, ist etwa mit §§ 211, 212, 223–227 nunmehr Tateinheit möglich, ebenso weiterhin mit §§ 111, 113 (str.), 124, 241 (BayObLG NStZ-RR 1999, 269) StGB, §§ 21 (OLG Köln NStZ-RR 1997, 234), 22, 27 I VersG, § 27 II VersG wird dagegen von § 125 I verdrängt (Stein in SK-StGB Rn. 26; diff. Fischer Rn. 22). Für das Zusammentreffen mit § 29 VersG und § 113 OWiG gilt § 21 OWiG.

§ 125a Besonders schwerer Fall des Landfriedensbruchs

[1]In besonders schweren Fällen des § 125 Abs. 1 ist die Strafe Freiheitsstrafe von sechs Monaten bis zu zehn Jahren. [2]Ein besonders schwerer Fall liegt in der Regel vor, wenn der Täter
1. eine Schußwaffe bei sich führt,
2. eine andere Waffe oder ein anderes gefährliches Werkzeug bei sich führt,
3. durch eine Gewalttätigkeit einen anderen in die Gefahr des Todes oder einer schweren Gesundheitsschädigung bringt oder
4. plündert oder bedeutenden Schaden an fremden Sachen anrichtet.

Fassung: Nr. 2 erweitert durch das 52. StÄG (→ Vor § 1 Rn. 18).

1 **1.** Zu den **besonders schweren Fällen** → § 46 Rn. 7–21.

2 **2. Nr. 1:** → § 244 Rn. 3. – **Nr. 2, 3:** → § 113 Rn. 24, 25; wie in § 113 II Nr. 1 ist in Nr. 2 nunmehr auch alternativ ein anderes gefährliches Werkzeug genannt worden, so dass insoweit nicht mehr die Annahme eines unbenannten schweren Falles in Betracht kommt (so KG NStZ-RR 2011, 107 mAnm Kuhli HRRS 2011, 345, ergänzend zu Nr. 3 Krauß in LK-StGB Rn. 19, 20); mit dem 52. StÄG wurde die zuvor erforderliche Verwendungsabsicht gestrichen. Weil die Regelbeispiele des § 125a eigenhändlich verwirklicht werden müssen (BGH NStZ 2016, 403; BGH NStZ-RR 2019, 203), genügt es nicht, wenn nur ein anderer Beteiligter (Täter oder Teilnehmer) eine Waffe bei sich führt oder durch eine Gewalttätigkeit andere gefährdet (BGHSt 27, 56 = NJW 1977, 304; BayObLG NStZ-RR 1996, 101; vgl. auch BGHSt 42, 368 = NStZ 1997, 244; BGHSt 48, 189 (194) = NStZ 2003, 435 mit Bespr. Altenhain NStZ 2003, 437; Ostendorf in NK-StGB Rn. 8; aM Eisele, Die Regelbeispielsmethode im Strafrecht, 2004, S. 351; Sternberg-Lieben/Schittenhelm in Schönke/Schröder Rn. 6, 10); es kommt aber ein unbenannter schwerer Fall in Betracht (BGHSt 43, 237 (240) = NJW 1998, 465, für Mittäter; vgl. auch BGH NStZ 2000, 194). **Nr. 4: Plündern** ist die eigenhändige (OLG Schleswig SchlHA 1993, 222; aM Sternberg-Lieben/Schittenhelm in Schönke/Schröder Rn. 13; str.) Wegnahme oder das Abnötigen von Sachen in der Absicht rechtswidriger Zueignung (str.) unter Ausnutzung der Ordnungsstörung (RGSt 52, 34). Ob ein Schaden **bedeutend** ist, hängt vom Verkehrswert ab (→ § 315c Rn. 24); dieser muss durch den Täter selbst verursacht worden sein (BGH NStZ-RR 2019, 203). Das Bemühen um Schadenswiedergutmachung ist zugunsten des Täters zu bewerten (BGH NStZ 2000, 194). Ein **unbenannter schwerer Fall** kommt namentlich in Betracht, wenn der Täter Rädelsführer (→ § 84 Rn. 2) der Menschenmenge ist (BGH NStZ-RR 1999, 45; NStZ 2011, 576) oder mit anderen zusammenwirkt, welche ein Regelbeispiel verwirklicht und durch besonders massive und brutale Vorgehensweise einen hohen Gesamtschaden angerichtet haben (OLG Dresden 21.4.2020 – 2 OLG 25 Ss 174/20)

3 **3.** Nr. 2 geht dem § 27 I VersG vor (**Konsumtion,** BGH NJW 1985, 501 zu § 27 VersG aF; dagegen wegen der zwischenzeitlichen Aufnahme des Vermummungsverbots OLG Rostock 29.3.2016 – 1 Ss 19/16; zw.).

§ 126 Störung des öffentlichen Friedens durch Androhung von Straftaten

(1) **Wer in einer Weise, die geeignet ist, den öffentlichen Frieden zu stören,**

1. **einen der in § 125a Satz 2 Nr. 1 bis 4 bezeichneten Fälle des Landfriedensbruchs,**
2. **eine Straftat gegen die sexuelle Selbstbestimmung in den Fällen des § 177 Absatz 4 bis 8 oder des § 178,**
3. **einen Mord (§ 211), Totschlag (§ 212) oder Völkermord (§ 6 des Völkerstrafgesetzbuches) oder ein Verbrechen gegen die Menschlichkeit (§ 7 des Völkerstrafgesetzbuches) oder ein Kriegsverbrechen (§§ 8, 9, 10, 11 oder 12 des Völkerstrafgesetzbuches),**
4. **eine gefährliche Körperverletzung (§ 224) oder eine schwere Körperverletzung (§ 226),**
5. **eine Straftat gegen die persönliche Freiheit in den Fällen des § 232 Absatz 3 Satz 2, des § 232a Absatz 3, 4 oder 5, des § 232b Absatz 3 oder 4, des § 233a, Absatz 3 oder 4 jeweils soweit es sich um Verbrechen handelt, der §§ 234, 234a, 239a oder 239b,**
6. **einen Raub oder eine räuberische Erpressung (§§ 249 bis 251 oder 255),**
7. **ein gemeingefährliches Verbrechen in den Fällen der §§ 306 bis 306c oder 307 Abs. 1 bis 3, des § 308 Abs. 1 bis 3, des § 309 Abs. 1 bis 4, der §§ 313, 314 oder 315 Abs. 3, des § 315b Abs. 3, des § 316a Abs. 1 oder 3, des § 316c Abs. 1 oder 3 oder des § 318 Abs. 3 oder 4 oder**
8. **ein gemeingefährliches Vergehen in den Fällen des § 309 Abs. 6, des § 311 Abs. 1, des § 316b Abs. 1, des § 317 Abs. 1 oder des § 318 Abs. 1**

androht, wird mit Freiheitsstrafe bis zu drei Jahren oder mit Geldstrafe bestraft.

(2) **Ebenso wird bestraft, wer in einer Weise, die geeignet ist, den öffentlichen Frieden zu stören, wider besseres Wissen vortäuscht, die Verwirklichung einer der in Absatz 1 genannten rechtswidrigen Taten stehe bevor.**

Fassung aufgrund G zur Bekämpfung des Rechtsextremismus und der Hasskriminalität vom 30.3.2021 (→ Vor § 1 Rn. 19) zum 3.4.2021.

1. Die Vorschrift schützt den **öffentlichen Frieden** (Schmidt MDR 1981, 92), 1
dh den Zustand eines von der Rechtsordnung gewährleisteten, frei von Furcht voreinander verlaufenden Zusammenlebens der Bürger und das Vertrauen in der Bevölkerung, mindestens einer nicht unbeträchtlichen Personenzahl, in die Fortdauer dieses Zustandes (hM; vgl. Wehinger, Kollektivbeleidigung – Volksverhetzung, 1994, S. 74; Sternberg-Lieben, Die objektiven Schranken der Einwilligung im Strafrecht, 1997, S. 389; Krauß in LK-StGB Rn. 1; ähnlich Ostendorf in NK-StGB Rn. 6; anders Schroeder, Die Straftaten gegen das Strafrecht, 1985; Jakobs ZStW 97 (1985), 751 (775); Hefendehl Kollektive Rechtsgüter S. 284, 295: Schutz der Individualrechtsgüter der Betroffenen; ebenso Hörnle, Grob anstößiges Verhalten, 2005, S. 225; wieder anders Fischer GA 1989, 445 (450); Fischer Rn. 3, Schutz der Rechtsordnung als Ganzer und ihrer Legitimität; sa Kargl Jura 2001, 176 (180), der die Ordnungsfunktion iSv Rechtsbewährung im Wege der Strafverfolgung und der Sanktionierung von Straftätern betont).

2 2. Zu den **Tathandlungen:**

a) **Androhen nach Abs. 1** entspricht der Drohung iSd § 240 (→ § 240 Rn. 12); Gegenstand der Drohung kann nur ein zukünftiges Ereignis sein (OLG Frankfurt a. M. NStZ-RR 2002, 209; Hoffmann GA 2002, 385 (387); vgl. auch Janiszewski NStZ 1984, 544 (545)). Es muss eine sog. Katalogtat, dh eine bestimmte Tat (des Täters oder eines Dritten) in Aussicht gestellt werden, die die Merkmale einer der in Abs. 1 genannten rechtswidrigen Taten (→ § 11 Rn. 18) aufweist, selbst wenn sie nicht schuldhaft begangen werden soll oder nach Zeit, Ort und Opfer noch nicht näher konkretisiert ist (zeitlich einschr. Ostendorf in NK-StGB Rn. 13). Ausreichend ist auch eine nicht dem Anwendbereich deutschen Strafrechts unterfallende Auslandskatalogtat, soweit sie zur Störung des inländischen öffentlichen Friedens (→ Rn. 4) geeignet ist (BGH NStZ-RR 2017, 109 zu § 140 Nr. 2); dagegen genügt es nicht, wenn bloß die nach § 30 strafbare Vorbereitung einer Katalogtat angedroht wird (Schnarr NStZ 1990, 257 (258)). Auch soweit in Nr. 1 auf die Regelbeispiele des § 125a verwiesen wird, sind diese hier Tatbestandsmerkmale, so dass es nicht darauf ankommt, ob der angedrohte Landfriedensbruch als besonders schwerer Fall zu beurteilen wäre (zu den geänderten Nr. 3, 6 und 7 vgl. Krauß in LK-StGB Rn. 21; zur Erweiterung der Nr. 3 auf Verbrechen gegen die Menschlichkeit und Kriegsverbrechen nach dem VStGB vgl. BT-Drs. 14/8892, 4; Nr. 5 ist um Verbrechen in den Menschenhandelsvorschriften der §§ 232ff. erweitert worden, vgl. BT-Drs. 15/3045, 7). Zum 3.4.2021 sind noch in Nr. 2 nF §§ 177 IV – VIII, 178 und in Nr. 4 nF § 224 ergänzt worden.

3 b) **Vortäuschen nach Abs. 2** ist zur Irreführung bestimmtes Gesamtverhalten, das auf Erregung oder Unterhaltung des Irrtums gerichtet ist, die Begehung einer Katalogstat stehe bevor; im Hinblick auf die Eignung zur Friedensstörung muss diese Tat als unmittelbar oder doch so nahe bevorstehend hingestellt werden, dass sie schon in der Gegenwart als bedrohlich erscheint (ähnlich Stree NJW 1976, 1177 (1180)). Die Variante des Vortäuschens ist zu bejahen, wenn der Täter auf die bevorstehende Verwirklichung von Katalogtaten hinweist, die andere Personen (etwa Terroristen) begehen werden (falsche Warnung; Sternberg-Lieben/Schittenhelm in Schönke/Schröder Rn. 6; Hilgendorf in Arzt/Weber/Heinrich/Hilgendorf StrafR BT § 9 Rn. 99); das gilt auch, wenn ein angeblich bereits begonnener Angriff usw. als noch andauernd beschrieben wird (AG Mannheim MMR 2019, 341). Das Merkmal erstreckt sich aber auch auf Fälle, in denen der Täter die Verwirklichung eines gerade von ihm selbst eingeleiteten Verbrechens als bevorstehend und nicht mehr beeinflussbar vorspiegelt (Schramm NJW 2002, 319 (320); Krauß in LK-StGB Rn. 16). Insbesondere kann der Täter etwa die bevorstehende Verwirklichung des § 212 durch dessen scheinbaren Versuch vortäuschen, zB durch eine von ihm angeblich gelegte tickende Zeitbombe oder von ihm versandte vorgebliche Milzbranderreger (OLG Frankfurt a. M. NStZ-RR 2002, 209 mit Bespr. Schramm NJW 2002, 319 (320); krit. zur Täuschung beim bereits vorgenommenen Scheinanschlag Hoffmann GA 2002, 385 (387), und bei beendeten Versuchshandlungen Fischer Rn. 8).

4 c) **Die Tathandlungen** brauchen nur **nach der „Weise" ihrer Begehung geeignet zu sein,** den öffentlichen Frieden zu stören. Danach ist die Tat ein sog. potenzielles, kein konkretes Gefährdungsdelikt (→ Vor § 13 Rn. 32; aM Hirsch FS Kaufmann, 1993, 545 (562), konkretes Gefährlichkeitsdelikt; ebenso Zieschang Gefährdungsdelikte S. 275). Dass der öffentliche Frieden konkret gefährdet wurde,

ist nicht unbedingt notwendig (BGHSt 16, 49 (56) = NJW 1961, 1364; OLG Köln NJW 1982, 657; OLG Düsseldorf NJW 1986, 2518; Hoyer, Die Eignungsdelikte, 1987, S. 134; Fischer GA 1989, 445 (453); Fischer Rn. 9; Wehinger, Kollektivbeleidigung – Volksverhetzung, 1994, S. 100, 112; Sternberg-Lieben/Schittenhelm in Schönke/Schröder Rn. 9; Stein/Rudolphi in SK-StGB Rn. 46; einschr. Beck, Unrechtsbegründung und Vorfeldkriminalisierung, 1992, S. 190); es genügt vielmehr, dass Art und Inhalt der Handlung unter den Umständen ihrer Vornahme die konkrete (BGHSt 34, 329 = NJW 1987, 1898; BGH NStZ 2010, 570; NStZ-RR 2011, 78) Besorgnis rechtfertigen, der Angriff werde den Friedenszustand oder das Vertrauen in seine Fortdauer erschüttern (BGHSt 46, 36 = NJW 2000, 2217; BGHSt 46, 212 = NJW 2001, 624, jeweils zu § 130; OLG Frankfurt a. M. NStZ-RR 2002, 209 (210)), sei es auch nur in den Teilen der Bevölkerung (BGH NStZ-RR 2011, 109), die durch den Angriff bedroht erscheinen (zu Androhung gegenüber Flüchtlingen Schramm/Glatz in Haedrich, Flucht, Asyl und Integration aus rechtlicher Perspektive, 2017, S. 103, 120f.) oder deren Neigung zu Rechtsbrüchen angereizt werden kann (BGHSt 29, 26 = NJW 1979, 1992; OLG Hamburg MDR 1981, 71; OLG Koblenz GA 1984, 575 mit abl. Bespr. Giehring StV 1985, 30 (35); OLG Nürnberg CR 1998, 686; Frommel KJ 1994, 323 (337); aM Fischer NStZ 1988, 159); ausreichen soll sogar die Besorgnis, dass ein nicht ein zahlenmäßig nicht überschaubarer, selbst nicht durch die angekündigte Tat unmittelbar bedrohter Personenkreis, in seinem Sicherheitsgefühl beeinträchtigt wird (OLG Frankfurt StV 2020, 178 mkritAnm Nagler; zw). Androhung oder Täuschung brauchen daher **nicht öffentlich** zu geschehen. Vielmehr kann Handeln gegenüber einem Einzelnen genügen, wenn nach den Umständen mit dem Bekanntwerden in der Bevölkerung zu rechnen ist (BGHSt 29, 26 = NJW 1979, 1992; BGH NStZ-RR 2011, 78; einschr. Fischer Rn. 10); das soll bei sog. Leserbriefen an Zeitungsredaktionen selbst dann in Frage kommen, wenn nicht der kommentarlose Abdruck, immerhin aber ein Publizität erzeugender Bericht über den Vorgang zu erwarten ist (BGHSt 29, 26 = NJW 1979, 1992 mkritAnm Wagner JR 1980, 120; aM Ostendorf in NK-StGB Rn. 17; zw.); gegenüber einer einzelnen Person reicht aus, dass nach den konkreten Fallumständen damit zu rechnen ist, dass der angekündigte Angriff einer breiten Öffentlichkeit bekannt wird (OLG Frankfurt StV 2020, 178). Die Androhung von Straftaten gegenüber staatlichen Organen (zB Polizisten, BGH NStZ-RR 2018, 10, Sozialamtsmitarbeitern, BGH NStZ-RR 2011, 109, oder Rechtspflegern, BGH NStZ 2010, 570), aber auch dem Betreuer einer Wohngruppe des Täters (OLG Karlsruhe NStZ-RR 2017, 108) oder im engeren Kollegen-Kreis (AG München StV 2018, 103) sowie das Versenden von SMS oder E-Mails an eine handvoll Personen reicht hingegen nicht (Hörnle NStZ 2002, 113 (117)), wohl aber die Ankündigung eines Amoklaufs in „Facebook“, wenn der Täter Vorsatz bzgl. zahlreicher Leser hat (LG Aachen MMR 2013, 269).

3. Der **Vorsatz** (bedingter genügt) muss namentlich auch die Eignung zur Frie- 5
densstörung umfassen; das schließt notwendig die Vorstellung und Billigung ein, dass die Androhung oder Täuschung (möglicherweise) in die Öffentlichkeit dringt (Geilen NJW 1976, 279). Dagegen gehört nicht zum Vorsatz, dass der Täter sein Verhalten unter die Katalogstatbestände subsumiert; insoweit genügt Bedeutungskenntnis im Hinblick auf alle Tatumstände des angedrohten oder vorgetäuschten Verhaltens (BGHSt 17, 307 = NJW 1962, 1830; aM Stein/Rudolphi in SK-StGB Rn. 8; sa Laufhütte MDR 1976, 441 (442)). Zum Vorsatz des Androhens (Abs. 1) → § 240 Rn. 12, 16. **Wider besseres Wissen** (Abs. 2) → § 187 Rn. 1. Bei Taten

mittels des Internet kommt angesichts der Privilegierung durch § 10 S. 1 Nr. 1 TMG eine Beihilfe durch den Host-Provider nur bei positiver Kenntnis der konkreten strafrechtlichen Inhalte in Betracht (KG NJW 2014, 3798 mAnm Hassemer; LG Berlin StV 2015, 222).

6 **4. Tateinheit** ua möglich zwischen Abs. 1 und §§ 125, 240, 241 sowie zwischen Abs. 2 und § 145d I Nr. 2.

§ 126a Gefährdendes Verbreiten personenbezogener Daten

(1) **Wer öffentlich, in einer Versammlung oder durch Verbreiten eines Inhalts (§ 11 Absatz 3) personenbezogene Daten einer anderen Person in einer Art und Weise verbreitet, die geeignet und nach den Umständen bestimmt ist, diese Person oder eine ihr nahestehende Person der Gefahr**

1. **eines gegen sie gerichteten Verbrechens oder**
2. **einer gegen sie gerichteten sonstigen rechtswidrigen Tat gegen die sexuelle Selbstbestimmung, die körperliche Unversehrtheit, die persönliche Freiheit oder gegen eine Sache von bedeutendem Wert**

auszusetzen, wird mit Freiheitsstrafe bis zu zwei Jahren oder mit Geldstrafe bestraft.

(2) **Handelt es sich um nicht allgemein zugängliche Daten, so ist die Strafe Freiheitsstrafe bis zu drei Jahren oder Geldstrafe.**

(3) **§ 86 Absatz 4 gilt entsprechend.**

1 **1.** Die Vorschrift ist neu eingefügt worden durch das Gesetz zur Verbesserung des strafrechtlichen Schutzes gegen sog. Feindeslisten u. a. (→ Vor § 1 Rn. 1) zum 22.9.2021. Die Norm zielt auf die Strafbewehrung der Verbreitung sog Feindeslisten, in denen persönliche Daten bestimmter Personen in einer Weise öffentlich gemacht werden, dass dies danach zum Opfer schwerer Straftaten werden, und schützt damit wie §§ 111, 126 primär **den öffentlichen Frieden** (→ § 126 Rn. 1). Der Schutz der gelisteten Personen davor, Opfer einer der Straftaten zu werden, ist nur Reflex. Sie dient v. a. der Schließung von Strafbarkeitslücken, wenn das öffentliche Auffordern zu Straftaten (§ 111) mangels einer an Dritte gerichteten Erklärung, die erkennbar ein bestimmtes Tun verlangt, und ein Androhen von Straftaten (§ 126) mangels Inaussichtstellens einer konkreten Straftat nicht gegeben sind (BT-Drs. 19/28678, 8). Da die Verbreitung von Feindeslisten nur strafbar ist, wenn diese zur Gefährdung der darin genannten Personen geeignet und bestimmt ist, handelt es sich um ein potenzielles Gefährdungsdelikt

2 **2. Tatbestand. a) Tatobjekt** sind auch allgemein zugängliche (arg. e Abs. 2) **personenbezogene Daten** mindestens **einer anderen Person,** die im Gesetzestitel plakativ sog. Feindeslisten. Personenbezogene Daten sind alle Informationen, die sich auf eine identifizierte oder identifizierbare natürliche Person beziehen (vgl. Art. 4 Nr. 1 DSGVO).

3 **b) Tathandlung** ist das **Verbreiten** (→ § 74d Rn. 5) solcher Daten, dh jedes Mitteilen einer Tatsache auch nur gegenüber einer einzigen Person (BT-Drs. 19/28678, 10). Strafbar ist diese Handlung aber nur, wenn sie öffentlich, in einer Versammlung oder durch Verbreiten eines Inhalts iSv § 11 III (→ § 11 Rn. 26–29) erfolgt (vgl. §§ 80a, 111: „Verbreitungstrias“). Ein „öffentliches“ Verbreiten der Daten erfasst jede

Form der öffentlichen Mitteilung in der analogen oder digitalen Welt, in der analogen Welt betrifft dies etwa die Bekanntgabe personenbezogener Daten auf öffentlichen Veranstaltungen. Mit „Versammlung" wird auch das Verbreiten innerhalb eines geschlossenen Kreises von Personen erfasst, die sich zu einem bestimmten Zweck treffen (zB Vereinsmitglieder); Äußerungen im Zweipersonenverhältnis oder im kleinen, insbes. privaten Kreis werden dagegen nicht erfasst (→ § 80a Rn. 3). Das Verbreiten eines Inhalts (§ 11 III) setzt voraus, dass der Inhalt einem größeren Personenkreis zugänglich gemacht wird, der, sei er auch individuell bestimmbar und in sich abgeschlossen, so groß sein muss, dass er für den Täter nicht mehr kontrollierbar ist. In der analogen Welt kann dies etwa durch das Verteilen von Flugblättern geschehen; im Internet genügt, wenn die fragliche Datei auf dem Rechner eines Internetnutzers angekommen ist. Erfasst werden auch Versendungen an einen größeren Teilnehmerkreis per E-Mail oder Messengerdiensten (wie WhatsApp oder Telegram), gleich, ob die Versendung gleichzeitig oder nacheinander erfolgt (vgl. BT-Drs. 19/19859, 58), aber auch das Versenden von Daten in geschlossenen Chatgruppen kann darunterfallen. Ein „öffentliches" Verbreiten (auch in einer vermeintlich geschlossenen Benutzergruppe) liegt jedenfalls vor, wenn die Daten über das Internet „ins Netz gestellt" und für einen anonymen, nicht überschaubaren Benutzerkreis ohne substantielle Zugangshindernisse abrufbar sind (BT-Drs. 19/28678, 10f.).

aa) Das Verbreiten muss **geeignet und nach den Umständen bestimmt sein,** 4
die in den Daten genannte Person(en) oder eine ihnen nahestehende Person (→ § 35 Rn. 4) der möglichen Gefahr eines Verbrechens (Abs. 1 Nr. 1) oder einer der in Abs. 1 Nr. 2 aufgezählten (auch) Vergehen auszusetzen. Auch die Bestimmung ist angesichts des Bezugs auf die Umstände objektiv zu verstehen (ähnlich wie in § 184l; → § 184l Rn. 2). Die **Eignung zur Gefährdung betroffener Personen** liegt vor, wenn nach Art und Weise des Verbreitens sowie den sonstigen relevanten konkreten Umständen des Falles bei einer Gesamtwürdigung die Besorgnis gerechtfertigt ist, es könne zu einer rechtswidrigen Tat kommen, etwa wenn auf Demonstrationen Namen und Anschriften politischer Gegner bekanntgegeben werden, wodurch eine aufgeheizte Stimmung in die Begehung von Straftaten umschlagen kann. Als Umstände, die eine Gefährdungseignung bei dem Verbreiten im Internet nahelegen, kommen insebes. die extremistische Ausrichtung der Internetseite, auf der die Daten verbreitet werden (in Abgrenzung zu sachlich-informativer Berichterstattung), die Zuordnung zu einer Gruppierung aus dem extremistischen Spektrum oder zu verfassungswidrigen Organisationen (§ 86 I), das Vorliegen militanter Bezüge oder der Bezug zu Straftaten (wie Bedrohungen usw.) im Kontext des Verbreitens, insbesondere in Kombination mit der Anonymität desVerfassers, sowie subtile Andeutungen, die zu einem Einwirken auf die betroffene Person motivieren könnten („Man könnte ihm mal einen Besuch abstatten") in Betracht. Bei der Betrachtung ist insbes. der Verbreitungskontext zu berücksichtigen, etwa wenn einem eigentlich harmlosen Satz ein Emoticon („Zwinkersmiley") beigefügt und dadurch der Aussagegehalt relativiert oder umgekehrt wird (BT-Drs. 19/28678, 11). Die darüber hinaus geforderte *Gefährdungsbestimmung* bedeutet, dass die offenbarten Daten gerade in Richtung auf die darin genannten Personen weisen und damit diese (und ihnen nahestehende Personen) als Ziel der Katalogtaten markieren.

bb) Die **Beschränkung** des Eignungs- und Bestimmungserfordernisses auf die 5
Katalogtaten in Abs. 1 Nr. 1 und 2 soll § 126a auf vergleichsweise schwerwiegende Gefährdungen beschränken, was dem ultima-ratio-Grundsatz entspricht. Für **Nr. 1** (Verbrechen) versteht sich dies von selbst; für **Nr. 2** ist es weniger deutlich, denn einerseits können hier auch Taten minderer Schwere (zB § 229) erfasst

sein und andererseits ist die Abgrenzung des Kreises der erfassten Vergehen von der nicht immer zweifelsfreien Rechtsgutsbestimmung abhängig.

6 **3. Abs. 2** enthält eine **Qualifikation** für nicht allgemein zugängliche Daten (zB geschützte Adressdaten).

7 **4.** In subjektiver Seite genügt **bedingter Vorsatz;** dieser muss auch die Eignung und Bestimmung zur Gefahrdung umfassen. Ein direkter Bestimmungsvorsatz ist nicht erforderlich. Hinsichtlich der Katalogtaten genügt, dass der Täter für möglich hält, dass es aufgrund seines Handelns zu einer solchen Tat gegen die genannte oder ein ihr nahestehende Person kommen kann. Dass er eigentlich eine mildere Tat anstrebt, steht dem nicht entgegen. Möchte daher ein Täter am Ende des initiierten „Spaziergangs" nur einen Hausfriedensbruch beim Opfer, nimmt aber zugleich billigend in Kauf, dass es dabei auch zu Körperverletzungen kommt, ist dies für § 126a ausreichend. Für Abs. 1 Nr. 1 muss der Täter nicht wissen, ob es sich bei der von ihm für möglich gehaltenen Straftat um ein Verbrechen iSv § 12 I handelt. Hält er Taten irrig für bloße Vergehen oder ist ihm die Unterscheidung zwischen beiden Kategorien des § 12 nicht bekannt steht dies der Bejahung von Vorsatz nicht entgegen.

8 **5.** Der Verweis auf § 86 III in **Abs. 3** stellt sicher, dass sozialadäquates Verhalten nicht erfasst wird (→ § 86 Rn. 8). Hierzu sollen insbes.die Berichterstattung über Vorgänge des Zeitgeschehens und die Veröffentlichung der Recherchearbeit von Vereinen zur Aufdeckung extremistischer Bestrebungen zählen sind (BT-Drs. 19/28678, 12).

9 **6.** Obwohl die Norm strukturell der Anstiftung oder Beihilfe zu den Katalogtaten nahe kommt, ist wie bei § 111 auch zu § 126a eine Beteiligung nach allg. Regeln möglich (→ § 111 Rn. 9). – Dient das Verbreiten der persönlichen Daten zugleich der Aufforderung zu einer konkreten (Katalog-)Straftat gegen eine genannte Person, geht angesichts der mit § 126a beabsichtigen bloßen Lückenschließung (→ Rn. 1) § 111 vor; das gleiche gilt, wenn die Verbreitung der Daten zugleich (versuchte) Beteiligung iSv §§ 25–27, 30 an der angedachten Straftat ist.

§ 127 Betreiben krimineller Handelsplattformen im Internet

(1) [1]**Wer eine Handelsplattform im Internet betreibt, deren Zweck darauf ausgerichtet ist, die Begehung von rechtswidrigen Taten zu ermöglichen oder zu fördern, wird mit Freiheitsstrafe bis zu fünf Jahren oder mit Geldstrafe bestraft, wenn die Tat nicht in anderen Vorschriften mit schwererer Strafe bedroht ist.** [2]**Rechtswidrige Taten im Sinne des Satzes 1 sind**

1. Verbrechen,

2. Vergehen nach

a) den §§ 86, 86a, 91, 130, 147 und 148 Absatz 1 Nummer 3, den §§ 149, 152a und 176a Absatz 2, § 176b Absatz 2, § 180 Absatz 2, § 184b Absatz 1 Satz 2, § 184c Absatz 1, § 184l Absatz 1 und 3, den §§ 202a, 202b, 202c, 202d, 232 und 232a Absatz 1, 2, 5 und 6, nach § 232b Absatz 1, 2 und 4 in Verbindung mit § 232a Absatz 5, nach den §§ 233, 233a, 236, 259 und 260, nach § 261 Absatz 1 und 2 unter den

in § 261 Absatz 5 Satz 2 genannten Voraussetzungen sowie nach den §§ 263, 263 a, 267, 269, 275, 276, 303 a und 303 b,

b) § 4 Absatz 1 bis 3 des Anti-Doping-Gesetzes,

c) § 29 Absatz 1 Satz 1 Nummer 1, auch in Verbindung mit Absatz 6, sowie Absatz 2 und 3 des Betäubungsmittelgesetzes,

d) § 19 Absatz 1 bis 3 des Grundstoffüberwachungsgesetzes,

e) § 4 Absatz 1 und 2 des Neue-psychoaktive-Stoffe-Gesetzes,

f) § 95 Absatz 1 bis 3 des Arzneimittelgesetzes,

g) § 52 Absatz 1 Nummer 1 und 2 Buchstabe b und c, Absatz 2 und 3 Nummer 1 und 7 sowie Absatz 5 und 6 des Waffengesetzes,

h) § 40 Absatz 1 bis 3 des Sprengstoffgesetzes,

i) § 13 des Ausgangsstoffgesetzes,

j) § 83 Absatz 1 Nummer 4 und 5 sowie Absatz 4 des Kulturgutschutzgesetzes,

k) den §§ 143, 143 a und 144 des Markengesetzes sowie

l) den §§ 51 und 65 des Designgesetzes.

(2) **Handelsplattform im Internet im Sinne dieser Vorschrift ist jede virtuelle Infrastruktur im frei zugänglichen wie im durch technische Vorkehrungen zugangsbeschränkten Bereich des Internets, die Gelegenheit bietet, Menschen, Waren, Dienstleistungen oder Inhalte (§ 11 Absatz 3) anzubieten oder auszutauschen.**

(3) **Mit Freiheitsstrafe von sechs Monaten bis zu zehn Jahren wird bestraft, wer im Fall des Absatzes 1 gewerbsmäßig oder als Mitglied einer Bande handelt, die sich zur fortgesetzten Begehung solcher Taten verbunden hat.**

(4) **Mit Freiheitsstrafe von einem Jahr bis zu zehn Jahren wird bestraft, wer bei der Begehung einer Tat nach Absatz 1 beabsichtigt oder weiß, dass die Handelsplattform im Internet den Zweck hat, Verbrechen zu ermöglichen oder zu fördern.**

1. Die Vorschrift ist durch Art. 1 Nr. 3 des Gesetzes zur Strafbarkeit des Betreibens krimineller Handelsplattformen im Internet (→ Vor § 1 Rn. 19) eingefügt worden, wodruch der bisherige § 127 aF zu § 128 umnummeriert worden ist. Dass das Tatobjekt in bewusster Anlehnung an kriminelle Vereinigungen (BT-Drs. 19/28175, 14) als „kriminelle Handelsplattform“ tituliert wird, legt nahe, dass das Rechtsgut ebenfalls in Anlehung an dasjenige des § 129 zubestimmen ist (→ § 129 Rn. 1). Auch § 127 schützt damit die **öffentliche Sicherheit und Ordnung** gegenüber über durch Handelsblattformen im Internet vermittelte Produkte aus Straftaten. Da für den Betrieb der Plattform (noch) nicht deren Nutzung für Katalogstraftaten erfolgt sein muss, handelt es sich um (konkretes) Gefährdungsdelikt. – Die Regelung ist **unionsrechtskonform;** sie verstößt nicht gegen die *E-Commerce-Richtlinie* 2000/31/EG (vgl. BT-Drs. 19/28175, 12f.) und ist notifiziert nach der Richtlinie (EU) 2015/1535 über Informationsverfahren auf dem Gebiet der technischen Vorshcriften für die Dienste der Informationsgesellschaft (ABl. L 241 v. 17.9.2015, 1). 1

2. Tatbestand. a) Tatobjekt ist eine **Handelsplattform im Internet** iSd Legaldefinition des **Abs. 2;** dabei handelt es sich um eine **kriminelle Handelsplattform,** wenn ihr **Zweck** objektiv gem. Abs. 1 S. 1 **darauf ausgerichtet** ist, die **Be-** 2

gehung von in Abs. 1 S. 2 enumerativ aufgezählten **rechtswidrigen (Katalog-) Taten zu ermöglichen oder zu fördern.** Diese Zweckerfodernis ist wie bei § 129 I objektiv zu verstehen, so dass es allein darauf ankommt, ob die Plattform objektiv betrachtet auf die Vermittlung auch krimnieller Angbeote gerichtet ist (BT-Drs. 19/28175, 16; eine dahingeghende Absicht des Täters ist weder erforderlich, noch hinreichend). Dadurch sollen Plattformen mit einem rechtmäßigen Geschäftsmodell schon tatsbestandlich ausgenommen werden. Solche sind daher auch dann nicht als kriminelle Handeltsplattformen anzusehen, wenn dort gelegentlich auch kriminelle Geschäfte vermittelt werden. Umgekehrt ändert es an der Charakterisierung als kriminelle Handelsplattform nichts, wenn diese gelegentlich auch nichtkriminelle Geschäfte vermittelt. Ein wesentliches Indiz ist, ob das Angebot auf einer Plattform als stark überwiegend strafrechtlich relevant eingestuft werden kann (BT-Drs. 19/28175, 15), wobei nicht nur Angebote für Katalogtaten iSv Abs. 1 S. 2, sondern auch dort nicht aufgezählte Straftaten einbezogen werden können. Ebenso sprucht für den zumindst (auch) kriminellen Charakter einer Palltfom, wenn diese neben legalen Angebotskategorien auch ausdrücklich kriminalisierte (zB Kriegswaffen) vorsieht, selbst wenn die Zahl der legalen Angbotskategorien größer als die der illegalen ist (BT-Drs. 19/31108, 4). Erforderlich ist allerdings, dass wenigstens einzelne der aufgezählten Straftaten gefördert werden sollen, so dass eine Plattform, deren Zweck allein die Förderung minder schwerer Straftaten ist, zwar ebenfalls als kriminelle Handlesplattform angesprochen werden kann, deren Betrieb aber tatbestandlich nicht § 127 unterfällt. Durch die Veränderung des Schwerpunktes der geförderten Geschäfte kann mithin aus einer zunächst rechtmäißgen eine kriminelle Handelsplattform werden und umgekehrt. Maßgeblich ist der Charakter einer Plattform zzt. der Tathandlung (→ Rn. 3). Eine Einschränkung möglicher Tatobjekte auch Plattformen, dern Zugang durch besondere technische Vorkehrungen beschränkt ist (zB Betrieb im Darknet pder Deep Web), ist nicht erforderlich (BT-Drs. 19/28175, 15 f.), weil es auch im frei zugänglichen Teil des Internet digitale Marktplätze gibt, auf denen illegale Angebote gehandelt werden.

3 **b) Tathandlung** ist das **Betreiben** der Plattform (Abs. 1 S. 1), das wie in §§ 325 II, 327 weit zu verstehen ist und alle Handlungen umfasst, die zum tatsächlichen In-Funktion-Setzen oder -Halten beitragen (→ § 325 Rn. 2). Das im Gesetzgebungsverfahren als weitere Tatbestandsvariante vorgeschlagene Bereitstellen einer Server-Infrastruktur für den Betrieb einer solchen Plattform ist nicht Gesetz geworden (vgl. 19/30491, 4); solches Verhalten soll nunmehr als **Beihilfe** zu Abs. 1 strafbar sein (BT-Drs. 19/31108, 4). Vollendet ist der Tatbestand mit dem ersten Funktionsstart, aber auch – für einen später eintretenden Täter – mit dessen erstem Beitrag zur Fortsetzung des Betriebs der Plattform. Tatbestandlich beendet ist die Tat dagegen erst mit dem Ausstieg des Täters als Betreiber, so dass mehrere Einzelakte, mit denen der Täter eine Plattform weiter betreibt, letztlich eine Tathandlung darstellen. Strukturell handelt es sich um ein **Dauerdelikt,** so dass Beihilfe hierzu bis zum Ende des Betriebs der Plattform durch den Täter möglich ist.

4 **3. Abs. 3** enthält eine (Vergehens-)**Qualifikation** für gewerbs- oder bandenmäßiges Handeln, **Abs. 4** daneben eine (Verbrechens-)**Qualifikation** für Handlungen, die darauf gerichtet sind, dass die auf der Plattform vermittelten kriminellen Angebote auf die Vornahme eines Verbrechens iSv § 12 I zielen. Dadurch sollen Wertungswidersprüche vermieden werden zwischen der durch den Betrieb einer Plattform mit Verbrechensangeboten folgenden Strafe allein aus Abs. 1 und einer

zT höheren Beihilfe-Strafbarkeit zu der folgenden Vornahme des Verbrechens (das in BT-Drs. 19/28175, 17 gewählte Beispiel einer Mord-Beilhilfe ist allerdings (angesichts des dafür erheblich höheren Strafrahmens „schief").

4a **4.** Für Taten nach Abs. 1 genügt **bedingter Vorsatz,** dh in Bezug auf das Zweckerfordernis in Abs. 1 S. 1 (→ Rn. 2), dass der Täter zumindest billigend in Kauf nehmen muss, dass die von ihm betriebene Palttform objektiv auch zur Vornahme krimineller Geschäfte vorgesehen ist. Für die Qualifikation in Abs. 4 ist darüber hinaus Absicht oder sicheres Wissen für die Ermöglichung auch von Verbrechen erforderlich.

5 **5. Abs. 1 auch iVm Abs. 3** sind Vergehen, so dass der **Versuch nicht strafbar** ist; allerdings können bestimmte Vorbereitungshandlungen (zB das Bereitstellen der Server-Infrastruktur für den folgenden Plattformbetrieb) als Beihilfe zu diesem strafbewehrt sein (→ Rn. 3). **Abs. 4** ist Verbrechen, so dass dessen **Versuch wie auch eine Verabredung** hierzu gem. § 30 nach allgemeinen Regeln strafbar sind.

6 **6.** Für Taten gem. Abs. 1 besteht in dessen Satz 1 aE eine **ausdrückliche Subsidiaritätsregelung** gegenüber allen mit schwerer Strafe bedrohten Straftatbeständen, wofür entwder eine höhere Strafrahmenober- oder (wie bei § 339) eine höhere Strafrahmenuntergrenze ausreichend ist. Während nach dem Wortlaut von Abs. 3 durch den expliziten Gesamtverweis auf Abs. 1 eine Übertragung auch der Subsidiartätsklausel anzunehmen sein dürfte, spricht in Abs. 4 der explizite Verweis nur auf eine „Tat nach Abs. 1" dagegen. In jedem Fall käme es für die gesetzliche Subsidiarität auch der Qualifikationstatbestände darauf an, dass deren höhere Strafrahmenunter- und -obergrenzen durch den zugleich verwirklichten Tatbestand übertroffen werden. Da der Betrieb der Plattform zugleich – bei entsprechend konkretisiertem Doppelvorsatz – auch als Beihilfe zu einem über die Plattform vermittelten Delikt angesehen werden kann und nach dem Willen des Gesetzgebers auch soll (→ Rn. 2), kann die mit schwerer Strafe iSv. Abs. 1 S. 1 aE bedrohte Tat auch eine solche Beihilfe sein.

7 **7.** Wird der Betrieb einer Plattform durch einen Täter zwischenzetilich – etwa durch Inhaftierung – unterbrochen, liegt eine Zäsur vor, so dass eine spätere Wiederauf- oder -übernahme des Betriebs eine zweite Tat gem. § 127 darstellt, es sei denn, ein Mittäter oder Gehilfe hält für den Zwischenzeitraum auch für den Täter dessen Betrieb mit aufrecht. **Tateinheit** ist – außerhalb der Subsidiaritätsklausel (→ Rn. 6) – möglich mit der Selbstvornahme von durch die Angebote verwirklichten Tatbeständen (zB Täter verkauft über seine Plattform illegale Güter) oder mit einer Beteiligung an fremden Taten, die über die Plattform abgewickelt werden. Angesichts der Subsidiartätsklausel kann Abs. 1 trotz des Dauerdeliktscharakters idR nicht verschiedene über eine Plattform angebotene Straftaten zur rechtlichen Handlungseinheit verbinden; besteht dagegen die Beihilfe zu verschidenen über die Plattform vermittelten kriminellen Angeboten allein in der Inbetriebnahme der Plattform, liegt für den Täter nur eine Beihilfe zu allen darüber abgewickelten Straftaten vor (den erforderlichen auf jede der Straftaten konkretisierten Doppelvorsatz vorausgesetzt).

8 **8.** Zum Anwendbarkeit aus Auslandstaten → **§ 5 Nr. 5a Buchst. b** (vgl. BT-Drs. 19/28175, 14f.).

§ 128 Bildung bewaffneter Gruppen

Wer unbefugt eine Gruppe, die über Waffen oder andere gefährliche Werkzeuge verfügt, bildet oder befehligt oder wer sich einer solchen Gruppe anschließt, sie mit Waffen oder Geld versorgt oder sonst unterstützt, wird mit Freiheitsstrafe bis zu zwei Jahren oder mit Geldstrafe bestraft.

Fassung: Ohne inhaltliche Änderung von § 127 aF zum 1.10.2021 umnummeriert durch Art. 1 Nr. 4 des G zur Strafbarkeit des Betreibens krimineller Handelsplattformen im Internet (→ Vor § 1 Rn. 19)..

1 **1.** Die Vorschrift schützt den **inneren Rechtsfrieden** (Krauß in LK-StGB § 127 (aF) Rn. 1; BT-Drs. 13/8587, 28; ähnlich Lenckner FS Keller, 1989, 151 (154) „der innere (öffentliche) Frieden"), daneben auch die Wehrhoheit des Bundes und dessen Interesse an der Wahrung seiner Neutralität in Kriegen zwischen anderen Staaten (hM; anders Ostendorf RuP 1982, 139, der das Gewaltmonopol des Staates als geschützt ansieht). Die Tat ist abstraktes Gefährdungsdelikt (→ Vor § 13 Rn. 32; Lenckner GS Keller, 2003, 151 (153); krit. wegen der Vorverlagerung der Strafbarkeit Volkersen, Irrwege der Strafgesetzgebung, 1999, S. 285, 295); die im Regierungsentwurf (BT-Drs. 13/8587, 28) vorgesehene Eignungsklausel wurde nicht in die Neufassung aufgenommen (BT-Drs. 13/9064, 9). Zur Entstehungsgeschichte Lenckner GS Keller, 2003, 151 (152), der die unbestimmte Vorschrift für verzichtbar hält (Lenckner GS Keller, 2003, 151 (164)); zu möglichen Perspektiven Geilen FS Rissing-van Saan, 2011, 181.

2 **2. Gruppe** ist wie in § 88 die (nicht notwendig räumliche, BT-Drs. 13/8587, 28) Vereinigung einer größeren Zahl von Menschen (RGSt 56, 281); die notwendige Mindestzahl hängt von den Umständen des Einzelfalls ab (näher Krauß in LK-StGB § 127 (aF) Rn. 10), eine Zahl von drei Personen soll bereits ausreichen (BGHSt 63, 138 = NJW 2018, 2970 mAnm Schiemann und Kulhanek NStZ 2018, 597 sowie zust Bespr Kuhli HRRS 2019, 58; BT-Drs. 13/9046, 9; unter gewissen Voraussetzungen auch nach Stein in SK-StGB § 127 (aF) Rn. 4; anders noch BT-Drs. 13/8587, 28; krit. Volkersen, Irrwege der Strafgesetzgebung, 1999, S. 286; Lenckner GS Keller, 2003, 151 (156); Ostendorf in NK-StGB § 127 (aF) Rn. 9, mindestens zehn Personen; zw.); anders als die Vereinigung (→ § 129 Rn. 2) setzt die Gruppe keine organisierte Willensbildung voraus (BGHSt 63, 138 = NJW 2018, 2970; Krauß in LK-StGB § 127 (aF) Rn. 7; BT-Drs. 13/8587, 28; → § 88 Rn. 1; aM Ostendorf in NK-StGB § 127 (aF) Rn. 8), auch keine militärähnliche Organisation (so aber Fischer Rn. 3; zu einem aufgrund eines „Facebook"-Aufrufs gebildeten Lynchmob Ostendorf/Frahm/Daege NStZ 2012, 529 (535)), doch wird man einen gemeinsamen Zweck verlangen müssen (Lenckner GS Keller, 2003, 151 (156)). Erfasst sind daher auch spontan gebildete Gruppierungen, sofern sie zu koordiniertem Handeln fähig sind (BGHSt 63, 138 = NJW 2018, 2970; OLG Stuttgart NStZ 2015, 398) sowie private Militärunternehmen; unbewaffnete militärische Beratungsunternehmen können wegen Unterstützung strafbar sein (Schäfer, Die rechtliche Regulierung privater Militärunternehmen, 2011, S. 207 f.). Die Gruppe, nicht jedes Gruppenmitglied, muss über Waffen oder andere gefährliche Werkzeuge (krit. zu dieser Erweiterung Volkersen, Irrwege der Strafgesetzgebung, 1999, S. 287; Lenckner GS Keller, 2003, 151 (160)) verfügen (enger Fischer Rn. 4); im Gegensatz zum bisherigen Recht sind damit nicht nur Waffen im technischen

Sinne erfasst, es reichen auch Gegenstände aus, die wie zB Baseballschläger zur Herbeiführung erheblicher Körperverletzungen geeignet sind (Lenckner GS Keller, 2003, 151 (158); Krauß in LK-StGB § 127 (aF) Rn. 16; zur vergleichbaren Problematik bei § 244 I Nr. 1a → § 244 Rn. 3). – **Bilden** bedeutet bewaffnete Personen zusammenbringen oder zusammengebrachte bewaffnen (Krauß in LK-StGB § 127 (aF) Rn. 20). – **Befehligen** ist Ausübung tatsächlicher Kommandogewalt, die Unterführer nur innehaben, wenn die ihnen unterstellten Personen eine selbständige Gruppe bilden (näher zu dieser sprachlich missglückten Variante Lenckner GS Keller, 2003, 151 (157, 161)).

3. Anschließen an eine Gruppe; der Täter braucht nicht selbst bewaffnet zu sein (RGSt 30, 391), muss sich aber eingliedern (RGSt 56, 281). **Unterstützen** ist der Oberbegriff, Versorgen nur ein Beispiel; erfasst ist zB das Anwerben oder Zuführen neuer Mitglieder (BT-Drs. 13/8587, 28; aM Ostendorf in NK-StGB Rn. 15); es handelt sich wie bei §§ 129, 129a um eine zur Täterschaft verselbständigte Teilnahme eines Nichtmitglieds (→ § 129 Rn. 6). **Versorgen** ist das Verschaffen der (technischen) Waffen oder des Geldes, das die Gruppe für die Erfüllung ihrer Zwecke benötigt (näher Krauß in LK-StGB § 127 (aF) Rn. 23–27); trotz des unvollständigen Wortlauts sind auch hier gefährliche Werkzeuge einzubeziehen (Lenckner GS Keller, 2003, 151 (162)), wenn ihnen nach dem – identitätsstiftenden – Gruppenzweck im Fall der Verwendung eine waffengleiche Funktion zukommen soll (BGHSt 63, 138 = NJW 2018, 2970). 3

4. Bedingter **Vorsatz** genügt für alle Alternativen (hM). 4

5. „Unbefugt" ist allgemeines Verbrechensmerkmal (Krauß in LK-StGB § 127 (aF) Rn. 31; aM mit beachtlichen Gründen Lenckner FS Keller, 1989, 151 (162); Sternberg-Lieben/Schittenhelm in Schönke/Schröder § 127 (aF) Rn. 3, Tatbestandsbegrenzungsmerkmal). Das Merkmal soll das Kriterium zur Ausscheidung unbedenklicher Personenmehrheiten wie zB Schützengesellschaften bilden (BT-Drs. 13/9064, 9; krit. hinsichtlich der Eignung dieses Merkmals zur Tatbestandbegrenzung Volkersen, Irrwege der Strafgesetzgebung, 1999, S. 290). Einigkeit besteht jedenfalls nach wie vor darüber, dass nach dem Schutzzweck der Vorschrift Jagd- und Schützengesellschaften und deren Veranstaltungen nicht hierher gehören, weil ihre Waffen nicht dem **Einsatz gegen Menschen** dienen (Krauß in LK-StGB Rn. 29; Fahl in Satzger/Schluckebier/Widmaier StGB § 127 (aF) Rn. 12; iE auch Stein in SK-StGB § 127 (aF) Rn. 3, schon keine Gruppe; krit. Ostendorf in NK-StGB § 127 (aF) Rn. 11). Irrtümer über die Befugnis sind nach den für den Erlaubnistatbestands- und den Verbotsirrtum geltenden Regeln zu behandeln (→ § 17 Rn. 2–20). 5

6. Tateinheit ua möglich mit § 129, ferner mit § 52 WaffG und § 22a KWKG. 6

7. § 129 VI, VII sind analog anzuwenden (Lenckner GS Keller, 2003, 151 (164)). 7

§ 129 Bildung krimineller Vereinigungen

(1) [1]Mit Freiheitsstrafe bis zu fünf Jahren oder mit Geldstrafe wird bestraft, wer eine Vereinigung gründet oder sich an einer Vereinigung als Mitglied beteiligt, deren Zweck oder Tätigkeit auf die Begehung von Straftaten gerichtet ist, die im Höchstmaß mit Freiheitsstrafe von mindestens zwei Jahren bedroht sind. [2]Mit Freiheitsstrafe bis zu drei Jahren oder mit Geldstrafe wird bestraft, wer eine solche Vereinigung unterstützt oder für sie um Mitglieder oder Unterstützer wirbt.

(2) Eine Vereinigung ist ein auf längere Dauer angelegter, von einer Festlegung von Rollen der Mitglieder, der Kontinuität der Mitgliedschaft und der Ausprägung der Struktur unabhängiger organisierter Zusammenschluss von mehr als zwei Personen zur Verfolgung eines übergeordneten gemeinsamen Interesses.

(3) Absatz 1 ist nicht anzuwenden,
1. wenn die Vereinigung eine politische Partei ist, die das Bundesverfassungsgericht nicht für verfassungswidrig erklärt hat,
2. wenn die Begehung von Straftaten nur ein Zweck oder eine Tätigkeit von untergeordneter Bedeutung ist oder
3. soweit die Zwecke oder die Tätigkeit der Vereinigung Straftaten nach den §§ 84 bis 87 betreffen.

(4) Der Versuch, eine in Absatz 1 Satz 1 und Absatz 2 bezeichnete Vereinigung zu gründen, ist strafbar.

(5) [1]In besonders schweren Fällen des Absatzes 1 Satz 1 ist auf Freiheitsstrafe von sechs Monaten bis zu fünf Jahren zu erkennen. [2]Ein besonders schwerer Fall liegt in der Regel vor, wenn der Täter zu den Rädelsführern oder Hintermännern der Vereinigung gehört. [3]In den Fällen des Absatzes 1 Satz 1 ist auf Freiheitsstrafe von sechs Monaten bis zu zehn Jahren zu erkennen, wenn der Zweck oder die Tätigkeit der Vereinigung darauf gerichtet ist, in § 100b Absatz 2 Nummer 1 Buchstabe a, c, d, e und g bis n, Nummer 2 bis 8 und 10 der Strafprozessordnung genannte Straftaten mit Ausnahme der in § 100b Absatz 2 Nummer 1 Buchstabe h der Strafprozessordnung genannten Straftaten nach den §§ 239a und 239b des Strafgesetzbuches zu begehen.

(6) Das Gericht kann bei Beteiligten, deren Schuld gering und deren Mitwirkung von untergeordneter Bedeutung ist, von einer Bestrafung nach den Absätzen 1 und 4 absehen.

(7) Das Gericht kann die Strafe nach seinem Ermessen mildern (§ 49 Abs. 2) oder von einer Bestrafung nach diesen Vorschriften absehen, wenn der Täter
1. sich freiwillig und ernsthaft bemüht, das Fortbestehen der Vereinigung oder die Begehung einer ihren Zielen entsprechenden Straftat zu verhindern, oder
2. freiwillig sein Wissen so rechtzeitig einer Dienststelle offenbart, daß Straftaten, deren Planung er kennt, noch verhindert werden können;

erreicht der Täter sein Ziel, das Fortbestehen der Vereinigung zu verhindern, oder wird es ohne sein Bemühen erreicht, so wird er nicht bestraft.

Fassung des 54. StÄG (→ Vor § 1 Rn. 18; zum Entwurf Zöller KriPoZ 2017, 26); redaktionelle Anpassung an die StPO-Reform in Abs. 5 durch das AusgStrafverfG (→ Vor § 1 Rn. 18) zum 24.8.2017, das G zur Fortentwicklung der StPO v. 25.6.2021 (BGBl. I 2099) zum 1.7.2021 und G zur Strafbarkeit des Betreibens krimineller Handelsplattformen im Internet (BGBl. I 3544) zum 1.10.2021.

1. Die Vorschrift **schützt die öffentliche Sicherheit und Ordnung** (hM; BGHSt 41, 47 (51) = NJW 1995, 2117; OLG Düsseldorf NStZ 1998, 249 mAnm Hofmann; Gössel/Dölling StrafR BT I § 48 Rn. 11), und zwar speziell auch unter dem Aspekt des öffentlichen Friedens (OLG Düsseldorf NJW 1994, 398 (399); BayObLG StV 1998, 265; Lampe ZStW 106 (1994), 683 (706); Sternberg-Lieben/Schittenhelm in Schönke/Schröder Rn. 1; krit. Cancio Melia FS Jakobs, 2007, 27 (43) „leere Hülse"; aM Otto StrafR BT § 90 Rn. 4, staatliche Zwangsgewalt). Ihr Schutzzweck beschränkt sich im Hinblick auf die von kriminellen Vereinigungen ausgehende Bedrohung der Allgemeinheit nicht auf eine bloße Vorverlegung des Strafschutzes in das Vorbereitungsstadium (so aber Rudolphi FS Bruns, 1978, 315 (317); Rudolphi ZRP 1979, 214; Giehring StV 1983, 296 (302); Schroeder, Die Straftaten gegen das Strafrecht, 1985, S. 9, 28; Langer-Stein, Legitimation und Interpretation der strafrechtlichen Verbote krimineller und terroristischer Vereinigungen, 1987, S. 88, 187; Fürst, Grundlagen und Grenzen der §§ 129, 129a StGB, 1989, S. 55; Hohmann wistra 1992, 85; Scheiff, Wann beginnt der Strafrechtsschutz gegen kriminelle Vereinigungen?, 1997, S. 15; Hefendehl Kollektive Rechtsgüter S. 287; Hefendehl StV 2005, 156 (160); Ostendorf in NK-StGB Rn. 5; krit. Cancio Melia FS Jakobs, 2007, 27 (41); dagegen Krauß in LK-StGB Rn. 2; krit. zur Rechtsgutsdiskussion Meindl, Die Selbstverpflichtung im Strafrecht, 1993, S. 67, der den Unrechtsgehalt in einer Selbstverpflichtung des Täters sehen will; Müssig, Schutz abstrakter Rechtsgüter und abstrakter Rechtsgüterschutz, 1994, S. 13, 210, der die polizeilich-präventive Aushöhlung der Subjektstellung als entscheidende Problematik thematisiert; Krüger, Die Entmaterialisierungstendenz beim Rechtsgutsbegriff, 2000, S. 167; sowie Klesczewski HRRS-FG Fezer, 2008, 109 zur „Feinderklärung" durch § 129; auf „kollektive Organisationsanmaßung" stellt Cancio Melia FS Jakobs, 2007, 27 (44, 51) ab; Montenegro GA 2019, 489 (494) sieht Unrecht in der Biludng eines von den Mitgliedern losgelösten kollektiven Akteurs). An dieser Zielrichtung hat die Umgestaltung von § 129 durch das 54. StÄG (→ Vor § 1 Rn. 18), nichts Grundsätzliches geändert, doch ist durch die Einfügung einer Definition des Vereinigungsbegriffs in Abs. 2 nF der Anwendungsbereich ausgeweitet worden; die als Ausgleich vorgenommene Benennung einer Mindesthöchststrafe von zwei Jahren in Abs. 1 nF ist dagegen bloße Kosmetik, denn damit scheiden nur leichte Straftaten aus, die bislang (→ Rn. 3) auch nicht erfasst worden sind (BT-Drs. 18/11275, 10); das gilt umso mehr, als der damit umgesetzte EU-Rahmenbeschluss 2008/841/JI eine Mindesthöchststrafe von vier Jahren vorsieht, so dass mit Blick auf die üblichen Strafrahmen in Abs. 1 auch eine Mindesthöchststrafe von drei Jahren europarechtskonform gewesen wäre (vgl. BT-Drs. 18/11275, 10); angesichts von Strafbarkeitslücken eine Ausdehnung der Versuchsstrafbarkeit auch auf die bloße Unterstützung fordert Biehl JR 2018, 317 (322), was angesichts der bereits erreichten Vorverlagerung aber zu weit geht. – **Rechtsvergleichend** Wickenhäuser, Straftatbestände zur Bekämpfung krimineller Vereinigungen in Deutschland und Spanien sowie Maßnahmen auf EU-Ebene, 2013; Federle ZStW 110 (1998), 767 (793); speziell mit Japan Asada FS Tiedemann, 2008, 313. – **Rechtsprechungsübersicht** Schäfer/ 1

Feilcke NStZ-RR 2008, 297; Grube NStZ-RR 2013, 233 (234); Fahrner GSZ 2019, 29.

2 **2. a) Vereinigung** ist nach der Einfügung einer **Legaldefinition** in **Abs. 2 nF** durch das 54. StÄG ein auf gewisse Dauer berechneter von einer Festlegung der Rollen der Mitglieder sowie des Fortbestands ihrer Mitgliedschaft losgelöster organisatorischer Zusammenschluss von mindestens drei Personen zur Verfolgung eines übergeordneten gemeinsamen Interesses. Die zu § 129 StGB aF in der Rspr. darüber hinaus geforderte Unterordnung des Willens des Einzelnen unter den Willen der Gesamtheit (BGHSt 31, 239 = NJW 1983, 1686 mAnm Rudolphi JR 1984, 32; BGH NStZ-RR 2002, 300; NStZ 2007, 31; OLG Düsseldorf NJW 1994, 398; BayObLG StV 1998, 265; für eine regelmäßige Annahme eines übergeordneten Gemeinschaftswillens schon beim Vorliegen der objektiven Voraussetzungen (BGHSt 54, 216 = NJW 2010, 1979 (1986) mAnm Bader; Archangelskij NJ 2010, 172; Zöller JZ 2010, 908; vgl. auch Eidam StV 2012, 373; Hoffmann-Holland FS Geppert, 2011, 245 (246)) sowie, dass die Mitglieder unter sich derart in Beziehung stehen, dass sie sich als einheitlicher Verband fühlen (BGHSt 31, 202 = NJW 1983, 1334; BGHSt 45, 26 (35) = NJW 1999, 1876; BGH wistra 1999, 300 (301); NStZ 1999, 503; NStZ-RR 2002, 300; NJW 2006, 1603; NJW 2008, 86; NStZ 2008, 575; zu eng nach Lampe ZStW 106 (1994), 683 (696)), ist damit obsolet (aM Montenegro GA 2019, 489 (501 f.)), so dass nunmehr § 129 die Anforderungen des Rahmenbeschlusses des Rates der EU zur Terrorismusbekämpfung v. 13.6.2002 (ABl. 2002 L 164, S. 4) erfüllt, welche der Gesetzgeber zuvor nicht aufgegriffen hatte (BGHSt 54, 216 = NJW 2010, 1979, Abgrenzung zur Bande nicht mehr möglich; dafür aber Altvater NStZ 2003, 179 (184), der eine „europafreundliche" Auslegung des Vereinigungsbegriffs erwägt; ähnlich Kress JA 2005, 220 (223); Altenhain ZStW 113 (2001), 112; für eine gemeinschaftsrechtskonforme Auslegung des Vereinigungsbegriffs v. Heintschel-Heinegg FS Schroeder, 2006, 799; vgl. auch Heger in Böse, Enzyklopädie des Europarechts Bd. XI, 2. Aufl. 2020, § 5 Rn. 118). Erforderlich sind daher – im Unterschied zur Bande (§ 244 I Nr. 2) – ein Mindestmaß an fester Organisation (BGHSt 31, 202 = NJW 1983, 1334; BGH NStZ 1982, 68; BeckRS 2019, 19904), wofür aber nunmehr bloß **rudimentäre Organisationsstrukturen** genügen sollen (BT-Drs. 18/11275, 11), sowie die **Verfolgung eines übergeordneten gemeinsamen Interesses** (BT-Drs18/11275, 11). Gefordert wurde früher außerdem auch mindestens eine Teilorganisation im Bundesgebiet (BGHSt 30, 328 = NJW 1982, 530; BGHSt 45, 26 (35) = NJW 1999, 1876; BayObLG NStZ-RR 1997, 251; dies ist durch § 129b geändert worden, der „Vereinigungen im Ausland" in die §§ 129, 129a einbezieht, auch wenn sie keine „räumlich-organisatorische Inlandverankerung" haben (v. Bubnoff NJW 2002, 2672 (2675)). Weil aber eine Strafverfolgung gem. § 129b I 2 von der Ermächtigung des BMJ abhängt, ist weiterhin die Einordnung als in- oder ausländische Vereinigung für die Anwendung der §§ 129, 129a relevant; bei einer inländischen Teilgruppierung ist erforderlich, dass sie einen von der ausländischen (Haupt-)Organisation unabhängigen Willensbildungsprozess vollzieht (BGHSt 56, 28 = NJW 2010, 542 unter Aufgabe von BGHSt 49, 268 = NJW 2005, 80; BGHSt 57, 14 = NJW 2012, 325; BGH NStZ-RR 2010, 370; NStZ-RR 2012, 111, wesentlich auch Schwerpunkt der Organisationsstruktur). § 30b BtMG, der für den unbefugten Vertrieb von Betäubungsmitteln (§ 6 Nr. 5) auch ausländische Organisationen einbezieht (diese Beschränkung ist vom Wortlaut nicht gefordert und zumindest für den Bereich der EU äußerst fragwürdig; Dannecker FG BGH, 2000,

5 **b)** Für die **Beteiligung als Mitglied** ist förmliche Mitgliedschaft weder erforderlich noch ausreichend (BGHSt 29, 114 = NJW 1980, 462; → § 84 Rn. 3). Vorauszusetzen ist vielmehr eine einvernehmliche (BGH NStZ 1993, 37; NStZ-RR 2018, 206 (207)), auf Dauer gerichtete (OLG Düsseldorf BeckRS 2019, 25166), sei es auch zunächst nur erstmalige Teilnahme am Verbandsleben (BGHSt 29, 114 = NJW 1980, 462), die sich in aktiven, dem Organisationswillen untergeordneten Handlungen zur Förderung von Aufbau, Zusammenhalt oder Tätigkeit der Vereinigung äußern muss (OLG Karlsruhe NJW 1977, 2222; Gössel/Dölling StrafR BT I § 48 Rn. 13; weitergehend Meindl, Die Selbstverpflichtung im Strafrecht, 1993, S. 189, der schon den verpflichtenden Zusammenschluss genügen lässt); nach der Rspr. soll uU auch der einvernehmliche Eintritt in die Vereinigung genügen, wenn er sich als gewichtige Unterstützungshandlung darstellt (BGHSt 29, 114 = NJW 1980, 462; aM Ostendorf JA 1980, 499 (501)); selbst die Beteiligung durch legale Aktivitäten reicht aus (zu § 129a BGHR StGB § 129a Abs. 1 Beteiligung als Mitglied 1, Gründen; BGH BeckRS 2019, 18948). Ob die Beteiligung von RAF-Häftlingen an Hungerstreiks erfasst wird, hängt von den Umständen ab (BGH NJW 1989, 2827 (2828)). Nicht ausreichend ist, wenn sich die Handlung auf die Teilnahme am Alltagsleben im Herrschaftsgebiet einer terroristischen Vereinigung (hier: IS) beschränkt (BGH NStZ-RR 2018, 206 (207), doch können auch überwiegend legale Tätigkeiten aufgrund ihrer Intensität für eine Eingleiderung in die Vereinigung sprechen (BGH NStZ-RR 2018, 369 (371); NJW 2019, 2552 (2554) mzustAnm Fahl NStZ 2020, 28; allg. für Strafbarkeit von „IS-Frauen" Fahl JR 2018, 276; dazu krit. Gundelach HRRS 2019, 399 (404)) Die Tathandlungen sind nicht notwendig Beteiligung (Täterschaft oder Teilnahme) an den der Tätigkeit oder den Zwecken der Vereinigung entsprechenden Straftaten (BGHSt 28, 110 = NJW 1978, 2458; BGH StV 2008, 575; StV 2013, 214; NStZ 2011, 577); auch ist nicht erforderlich, dass das Mitglied bei diesen Straftaten mitwirkt oder mitwirken soll (OLG Karlsruhe NJW 1977, 2222; jetzt auch Stein/Greco in SK-StGB Rn. 16b; diff. Meindl, Die Selbstverpflichtung im Strafrecht, 1993, S. 194; str.); jedoch ist solche Mitwirkung im Rahmen der auf Dauer gerichteten Teilnahme am Verbandsleben fast immer tatbestandsmäßig, weil für sie die Förderung der Organisationszwecke oder -tätigkeiten typisch ist (BGHSt 29, 288 = NJW 1980, 2718; sa Gössel JR 1982, 111; str.). Die mitgliedschaftliche Beteiligung kann sich auf Jahre erstrecken und wird durch Pausen zwischen den einzelnen Betätigungsakten nicht berührt; dagegen kann ein längeres Abtauchen zur Beendigung der Beteiligung führen, auch wenn sie danach an anderer Stelle und für eine andere Organisation neu aufgenommen wird (BGHSt 46, 249 = NJW 2001, 1359 mit Bespr. Paeffgen NStZ 2002, 281; Verrel JR 2002, 212). Besonderer Prüfung bedarf die Beteiligung an ausländischen Vereinigungen, wenn der Täter im Inland lebt (zu §§ 129a, 129b BGHSt 54, 69 (112f.) = NJW 2009, 3448).

6 **c) Unterstützen** ist zur Täterschaft verselbständigte Beihilfe eines Nichtmitglieds (hM; krit. Sommer JR 1981, 490; Sternberg-Lieben/Schittenhelm in Schönke/Schröder Rn. 15). Eine Vereinigung unterstützt, wer durch organisationsbezogene Betätigung ihren Fortbestand oder die Verwirklichung ihrer Ziele fördert, wenn sein Tun ihren Bestrebungen oder ihrer Tätigkeit irgendwie vorteilhaft ist oder ihre Mitglieder in dem Entschluss bestärkt, die geplanten Taten zu begehen (BGHSt 32, 243 = NStZ 1984, 261; BGHSt 33, 16 = NJW 1984, 2956; BGH NJW 1988, 1677; StV 2020, 174; einschr. Rudolphi FS Bruns, 1978, 315 (327); Rudolphi ZRP 1979, 214 (217); Ostendorf JA 1980, 499 (502); Bottke JR 1985,

122 (123); Fürst, Grundlagen und Grenzen der §§ 129, 129a StGB, 1989, S. 110; sa Kuckuk NJW 1980, 298; Müller-Dietz JR 1981, 76; Weisert, Der Hilfeleistungsbegriff bei der Begünstigung, 1999, S. 182; zw.). Dafür genügt schon die Einrichtung eines **Facebook-Accounts,** über den Propgaganda und offiziellen Verlautbarungen der Verinigung durch ein Mitglied verbreitet werden (BGH BeckRS 2020, 468), sowie die Zusage eines Außenstehenden gegenüber einem Mitglied, eien Katalogtat zu begehen, wenn diese Zusicherung einen objektiven Nutzen entfaltet (BGHSt 63, 127 (132) = NJW 2018, 2425 (2426) mkritAnm Eidam; zust. Fahl JR 2018, 648; Kuhli JZ 2019, 158); auch in der folgenden Durchführung liegt eine Unterstützung durch Förderung der Vereinigung, nicht aber eine Unterstützung der mitgliedschaftlichen Beteiligungshandlung des Mitglieds selbst (BGHSt 63, 127 (134) = NJW 2018, 2425 (2426)). Ein Außenstehender unterstützt eine Vereinigung auch mit Tätigkeiten, die sich der Sache nach als Förderung des Werbens durch ein Organisationsmitglied (→ Rn. 7) darstellen (BGH NJW 2013, 3257). Beim Verbreiten von Schriften muss darüber hinaus der Text – mit denselben Maßgaben wie beim Werben (→ Rn. 7) – in seiner Zielrichtung eindeutig erkennbar und objektiv geeignet sein, von dem angesprochenen Adressatenkreis als Unterstützung der Vereinigung aufgefasst zu werden (BGHSt 33, 16 (18) = NJW 1984, 2956; BGHSt 43, 41 (44) = NJW 1997, 2248; BGH NJW 1989, 2002; OLG Düsseldorf NStZ 1990, 145). Bloßes Vorrätighalten von Werbematerial genügt nicht (BayObLG StV 1984, 77). Dasselbe gilt idR auch für die Verbreitung fremder Äußerungen, die sich der Täter nicht zu Eigen macht (OLG Hamburg StV 1986, 253; → § 90a Rn. 6).

7 **d)** aa) **Werben,** das nicht zugleich Unterstützen sein kann (BGHSt 51, 345 (349) = NJW 2007, 2782 mAnm Bader NStZ 2007, 618 (622); Mansdörfer HRRS 2007, 366); ist eine mit Mitteln der Propaganda betriebene Tätigkeit, die nicht schon als mitgliedschaftliche Beteiligung (→ Rn. 5) erfasst wird (BGHSt 31, 16 (17) = NJW 1982, 2508) und auf Weckung oder Stärkung der Bereitschaft Dritter zur Förderung einer bestimmten existenten (KG StV 1981, 525; OLG Koblenz StV 1989, 205; BayObLG NJW 1998, 2542 mAnm Radtke JR 1999, 84; Sternberg-Lieben/Schittenhelm in Schönke/Schröder Rn. 14; Krauß in LK-StGB Rn. 119) Vereinigung gerichtet ist (BGHSt 51, 345 (354) = NJW 2007, 2782; BayObLG NStZ-RR 1996, 7; zusf. Rebmann NStZ 1981, 457); ausreichend ist die Benennung mehrerer solcher Vereinigungen, unter denen der Adressat wählen soll (BGH NStZ-RR 2005, 73); dabei ist unerheblich, ob ein Werbeerfolg eintritt (BGHSt 51, 345 (353) = NJW 2007, 2782; Altvater NStZ 2003, 179; Ostendorf in NK-StGB Rn. 19, die auf die Neufassung – werben „um" – abstellen) oder ob das Handeln auch nur zu dessen Herbeiführung geeignet ist (BGHSt 20, 87 (89) = NJW 1965, 162; einschr. Fischer Rn. 43 ff.). Erfasst wurde früher auch die sog. Sympathiewerbung, die nicht unmittelbar die Gewinnung von Anhängern oder die Herbeiführung bestimmter Unterstützungshandlungen bezweckt (BGHSt 28, 26 = NJW 1978, 1536 mablAnm Rudolphi JR 1979, 33; Gössel JR 1983, 118; aM Ostendorf in NK-StGB Rn. 19); einschränkend wurde jedoch gefordert, dass sie die Zielrichtung auf Förderung der Vereinigung als solcher (nicht nur einzelner Mitglieder), ihrer Bestrebungen oder ihrer Tätigkeit eindeutig erkennbar macht und deshalb geeignet ist, von den angesprochenen Adressaten als Werbung gerade für die Vereinigung verstanden zu werden (BGHSt 33, 16 = NJW 1984, 2956 mAnm Bruns NStZ 1985, 22; BGHSt 43, 41 (43) = NJW 1997, 2248; BGHSt 51, 345 (354) = NJW 2007, 2782; BGH NJW 1988, 1679; NJW 1995, 3395; Schmidt

MDR 1993, 504; OLG Schleswig NJW 1988, 352; KG StV 1990, 210; BayObLG NStZ-RR 1996, 7; NStZ-RR 1996, 135; sowie BayObLG NJW 1998, 2542 (2543)). Durch das 34. StÄG (→ Vor § 1 Rn. 14) wurde diese sog. Sympathiewerbung aus der Strafbarkeit herausgenommen (Altvater NStZ 2003, 179; v. Bubnoff NJW 2002, 2672 (2676); Krauß in LK-StGB Rn. 48; Ostendorf in NK-StGB Rn. 19; Fischer Rn. 44); strafbar ist danach nur noch das **Werben um Mitglieder oder Unterstützer.** Diese Einschränkung ist trotz ihrer Umstrittenheit im Gesetzgebungsverfahren (vgl. BT-Drs. 14/9336, 1) begrüßt worden (Altvater NStZ 2003, 179; v. Plottnitz ZRP 2002, 351 (353); Ostendorf in NK-StGB §§ 129a, 129b Rn. 5); ob die vom Gesetzgeber angestrebte klare Umgrenzung der Tathandlung (BT-Drs. 14/8893, 8) gelungen ist, wird jedoch bezweifelt (Fischer Rn. 47). Gemeint ist die unmittelbare Gewinnung von tätiger Anhängerschaft (v. Bubnoff NJW 2002, 2672 (2676)). Die Mitglieder-Werbung muss auf die Gewinnung von Personen gerichtet sein, die sich mitgliedschaftlich in die Organisation einfügen (BT-Drs. 14/8893, 8; Altvater NStZ 2003, 179). Unterstützer-Werbung muss auf die Gewinnung von Gehilfen ausgerichtet sein, mit denen nicht notwendig eine länger dauernde Zusammenarbeit geplant sein muss (BT-Drs. 14/8893, 8). Neben öffentlichen Aufrufen kommen auch Werbemaßnahmen in Betracht, die an einen Einzelnen gerichtet sind (BT-Drs. 14/8893, 8; BGHSt 51, 345 (353) = NJW 2007, 2782). Ob ein Werben vorliegt, bestimmt sich nach dem durch Auslegung zu ermittelnden Sinngehalt der Äußerung, wie er sich unter den konkreten Umständen für den Verständnishorizont eines unbefangenen Durchschnittsadressaten darstellt (BGHSt 51, 345 (353) = NJW 2007, 2782; BGH NJW 1988, 1679; NJW 1995, 3395; sa OLG Frankfurt a. M. StV 1983, 285; OLG Stuttgart StV 1984, 76; OLG Koblenz StV 1989, 205). Nicht erfasst sind grds. Verbreitung und Widergabe fremder Meinungsäußerungen (BGHSt 36, 363 (367) = NJW 1990, 2828; BGHSt 43, 41 (44) = NJW 1997, 2248; BGHSt 51, 345 (354) = NJW 2007, 2782).

bb) **Beihilfe zum Werben** bestimmt sich nach den allgemeinen Regeln (zur Abgrenzung von der Mittäterschaft beachte BGHSt 36, 363 = NJW 1990, 2828), ist also von der Strafbarkeit nicht ausgenommen (BGHSt 29, 258 (263) = NJW 1981, 61; aM Schlothauer/Tscherch StV 1981, 22; Sommer JR 1981, 490 (494); Fürst, Grundlagen und Grenzen der §§ 129, 129a StGB, 1989, S. 242; Ostendorf in NK-StGB Rn. 28). 8

4. Am **Vorsatz** fehlt es, wenn der Täter infolge eines Verbotsirrtums die Strafbarkeit der Zwecke oder der Tätigkeit der Vereinigung nicht erkennt (BGH LM Nr. 6 zu § 129 StGB). **Bedingter** Vorsatz genügt (BGHSt 29, 99 (101) = NJW 1980, 64; BayObLG NStZ 1983, 123); er muss beim Unterstützen die fördernde Wirkung gerade für die Vereinigung umfassen (Schmidt MDR 1991, 186) und beim Werben mit der propagandistischen Förderungstendenz (→ Rn. 7) verbunden sein (BGH NStZ 1987, 552; NJW 1990, 2828 (2830); Schmidt MDR 1993, 505; BayObLG NStZ-RR 1996, 7). 9

5. Handlungen von Beschuldigten und **Verteidigern** (§§ 137 ff. StPO), die der materiellen oder formellen Verteidigung dienen, sind meistens schon nicht tatbestandsmäßig. Andernfalls sind sie gerechtfertigt, wenn sie sich in den – allerdings umstrittenen und zT noch ungeklärten (vgl. etwa Ostendorf JZ 1979, 252) – Grenzen prozessual zulässiger Verteidigung halten (BGHSt 29, 99 = NJW 1980, 64; BGHSt 31, 16 = NJW 1982, 2508 mablAnm Gössel JR 1983, 118; BGH NJW 2006, 2421 mAnm Jahn JZ 2006, 1134; krit. Lüderssen/Jahn in Löwe/Rosenberg StPO Vor § 137 Rn. 115; zust. Widmaier FG BGH, 2000, 1043 (1046); weiter 10

Rudolphi FS Bruns, 1978, 315 (336); → § 258 Rn. 8–10); die Annahme, dass bei rechtmäßigem Verteidigerhandeln schon der Tatbestand entfalle (so ua Müller-Dietz JR 1981, 76; Müller StV 1981, 90 (97); Bottke JR 1985, 122 (124)), ist angesichts der offensichtlichen Erfüllung der Tatbestandselemente problematisch, aber für das Ergebnis bedeutungslos (BGHSt 32, 243 (248) = NStZ 1984, 261).

11 **6.** Die in **Abs. 5 S. 2** genannten Erschwerungsgründe (Rädelsführer, Hintermann, → § 84 Rn. 2) sind Regelbeispiele für besonders schwere Fälle (→ § 46 Rn. 11; beachte auch BGH NJW 1978, 174). S. 3 ist zur Umsetzung des Urteils des BVerfG zur akustischen Wohnraumüberwachung (BVerfGE 109, 279 = NStZ 2004, 270) aufgenommen und enthält einen Erschwerungsgrund für den Fall, dass der Zweck oder die Tätigkeit der kriminellen (nicht nur der terroristischen) Vereinigung auf bestimmte Straftaten gerichtet ist; diese Strafschärfung soll der besseren Bekämpfung der organisierten Kriminalität, insbes. bei Ermittlungen gegen Hauptverantwortliche, Organisatoren, Finanziers und Drahtzieher, auch durch akustische Wohraumüberwachung, dienen (vgl. den Vorschlag des Bundesrates BT-Drs. 15/5621, 2). Die Strafrahmenerweiterung eröffnet die Aufnahme in den Deliktskatalog des § 100b II StPO. Erfasst sind angesichts des Verweises auf Abs. 1 S. 1 neben Rädelsführern und Hintermännern auch Gründer und Mitglieder der Vereinigung, nicht Unterstützer oder Werber (BT-Drs. 18/11275, 12).

12 **7.** Zur **tätigen Reue** (Abs. 7 Nr. 1) → § 24 Rn. 29; → § 87 Rn. 7; Meindl, Die Selbstverpflichtung im Strafrecht, 1993, S. 228, 234; krit. Jung ZRP 1986, 38. Sie setzt voraus, dass die Vereinigung bei Beginn der Bemühungen noch besteht (BGH NStZ 2006, 652 (653)). Das Auflösen der Vereinigung im Einvernehmen mit den restlichen Mitgliedern aufgrund der Überzeugung, dass sich die Ziele nicht erreichen lassen, genügt nicht (BGH NStZ 2006, 652 (653)). Abs. 7 Nr. 2 enthält eine sog. „kleine" Kronzeugenregelung (Peglau ZRP 2001, 103; eine allgemeine Regelung enthält § 46b, → § 46b Rn. 1; zur Konkurrenz → § 46b Rn. 7, Spezialität des § 129 VII Nr. 2); zum Offenbaren → § 87 Rn. 7.

13 **8. Tateinheit** ua möglich mit §§ 84, 85 (aM Ostendorf in NK-StGB Rn. 31), §§ 126, 140, auch mit § 263 (BGHSt 54, 69 (131) = NJW 2009, 3448) und § 22 I Nr. 6 KrWaffKG (BGH NStZ-RR 2020, 245 (246)); § 129a geht vor. Lässt sich die geographische Einordnung der Vereinigung nicht aufklären, ist zwischen §§ 129, 129a, § 129b Wahlfeststellung (→ § 1 Rn. 9) möglich (BGH StV 2012, 339). Mehrere auf demselben Vorsatz beruhende Handlungen der Beteiligung als Mitglied bildeten nach der bisherigen Rspr. eine tatbestandliche Handlungseinheit (→ Vor § 52 Rn. 10; BGHSt 29, 288 (290) = NJW 1980, 2718; BGHSt 46, 349 (355) = NJW 2001, 1734; BGH NStZ 2007, 401; mehrere Unterstützungen nur, wenn es um ein und denselben Unterstützungserfolg geht, BGHSt 54, 69 (131) = NJW 2009, 3448; Rissing-van Saan FG BGH, 2000, 475 (482); zur „Zäsur" der Beteiligung → Rn. 5). Es stehen hier zeitlich gestreckte Gesetzesverletzungen ganz im Vordergrund, so dass die Frage der Verklammerung mit anderen selbständigen Taten (→ § 52 Rn. 5) häufig zu beantworten ist (vgl. etwa BGHSt 29, 288 = NJW 1980, 2718; BGHSt 54, 69 (131) = NJW 2009, 3448; Rissing-van Saan FG BGH, 2000, 475 (482)); so kann die Mitgliedschaft in einer kriminellen Vereinigung mehrere dieser begangenen Straftaten zu Tateinheit verklammern (BGH NStZ 2011, 577; BeckRS 2018, 3964 (zu § 129a)). Gerade im Bereich des § 129 sind die Ergebnisse der Rspr. oft unbefriedigend (krit. Werle NJW 1980, 2671 (2674); Werle, Die Konkurrenz bei Dauerdelikt, Fortsetzungstat und zeitlich gestreckter Gesetzesver-

letzung, 1981, S. 161; Paeffgen NStZ 2002, 281 (286); s. jedoch Lampe ZStW 106 (1994), 683 (727); Beulke FG BGH, 2000, 781 (798)). Daher hat der 3. Strafsenat seine Rspr. aufgegeben und nimmt zwischen Einzeltat und § 129 Tateinheit, zwischen mehreren Einzeltaten trotz der Verbindung zu einer Organisationstat aber Tatmehrheit an (BGHSt 60, 308 = NJW 2016, 657 mzustAnm Puppe JZ 2016, 478; BGH BeckRS 2018, 20470). – Werden Taten aus einer Vereinigung heraus begangen, können sie dem einzelnen Mitglied nicht allein aufgrund der Zugehörigkeit zu der Organisation als eigene zugerechnet werden; vielmehr ist für jede Tat nach den allgemeinen Kriterien zu prüfen, inwieweit sich das Mitglied daran als Mittäter, Anstifter oder Gehilfe beteiligt oder ob es insoweit keinen strafbaren Tatbeitrag geleistet hat (BGH NJW 2021, 2896 „NSU"; → § 25 Rn. 11).

9. Zuständigkeit und Verfahren § 74a I (BGHSt 57, 3 = NJW 2012, 468 mAnm Schroeder JR 2012, 266), §§ 74a II, 120 II, 142a GVG, § 98a I Nr. 2, § 100a II Nr. 1d (BGHSt 28, 122 = NJW 1979, 990 mAnm Rieß JR 1979, 167; Vogel NJW 1979, 2524; BGH NStZ-RR 2016, 346), § 100b II Nr. 1b (nur iVm Abs. 5 S. 3), § 100c I Nr. 1, § 110a I Nr. 2, §§ 153c–153e, 443 I Nr. 1 StPO, Art. 2 II RbEuHb (OLG Karlsruhe BeckRS 2018, 15344). Zum Umfang des Strafklageverbrauchs bei §§ 129–129b s. BGH NStZ 2013, 241; krit. zu den Folgen von BGHSt 60, 308 = NJW 2016, 657; van Lessen NStZ 2016, 446 sowie nunmehr BGHSt 64, 1 (7f.) = NJW 2019, 1470. **14**

§ 129a Bildung terroristischer Vereinigungen

(1) **Wer eine Vereinigung (§ 129 Absatz 2) gründet, deren Zwecke oder deren Tätigkeit darauf gerichtet sind,**

1. Mord (§ 211) oder Totschlag (§ 212) oder Völkermord (§ 6 des Völkerstrafgesetzbuches) oder Verbrechen gegen die Menschlichkeit (§ 7 des Völkerstrafgesetzbuches) oder Kriegsverbrechen (§§ 8, 9, 10, 11 oder § 12 des Völkerstrafgesetzbuches) oder
2. Straftaten gegen die persönliche Freiheit in den Fällen des § 239a oder des § 239b

zu begehen, oder wer sich an einer solchen Vereinigung als Mitglied beteiligt, wird mit Freiheitsstrafe von einem Jahr bis zu zehn Jahren bestraft.

(2) **Ebenso wird bestraft, wer eine Vereinigung gründet, deren Zwecke oder deren Tätigkeit darauf gerichtet sind,**

1. einem anderen Menschen schwere körperliche oder seelische Schäden, insbesondere der in § 226 bezeichneten Art, zuzufügen,
2. Straftaten nach den §§ 303b, 305, 305a oder gemeingefährliche Straftaten in den Fällen der §§ 306 bis 306c oder 307 Abs. 1 bis 3, des § 308 Abs. 1 bis 4, des § 309 Abs. 1 bis 5, der §§ 313, 314 oder 315 Abs. 1, 3 oder 4, des § 316b Abs. 1 oder 3 oder des § 316c Abs. 1 bis 3 oder des § 317 Abs. 1,
3. Straftaten gegen die Umwelt in den Fällen des § 330a Abs. 1 bis 3,
4. Straftaten nach § 19 Abs. 1 bis 3, § 20 Abs. 1 oder 2, § 20a Abs. 1 bis 3, § 19 Abs. 2 Nr. 2 oder Abs. 3 Nr. 2, § 20 Abs. 1 oder 2 oder § 20a Abs. 1 bis 3, jeweils auch in Verbindung mit § 21, oder nach § 22a Abs. 1 bis 3 des Gesetzes über die Kontrolle von Kriegswaffen oder
5. Straftaten nach § 51 Abs. 1 bis 3 des Waffengesetzes

zu begehen, oder wer sich an einer solchen Vereinigung als Mitglied beteiligt, wenn eine der in den Nummern 1 bis 5 bezeichneten Taten bestimmt ist, die Bevölkerung auf erhebliche Weise einzuschüchtern, eine Behörde oder eine internationale Organisation rechtswidrig mit Gewalt oder durch Drohung mit Gewalt zu nötigen oder die politischen, verfassungsrechtlichen, wirtschaftlichen oder sozialen Grundstrukturen eines Staates oder einer internationalen Organisation zu beseitigen oder erheblich zu beeinträchtigen, und durch die Art ihrer Begehung oder ihre Auswirkungen einen Staat oder eine internationale Organisation erheblich schädigen kann.

(3) **Sind die Zwecke oder die Tätigkeit der Vereinigung darauf gerichtet, eine der in Absatz 1 und 2 bezeichneten Straftaten anzudrohen, ist auf Freiheitsstrafe von sechs Monaten bis zu fünf Jahren zu erkennen.**

(4) **Gehört der Täter zu den Rädelsführern oder Hintermännern, so ist in den Fällen der Absätze 1 und 2 auf Freiheitsstrafe nicht unter drei Jahren, in den Fällen des Absatzes 3 auf Freiheitsstrafe von einem Jahr bis zu zehn Jahren zu erkennen.**

(5) [1]**Wer eine in Absatz 1, 2 oder Absatz 3 bezeichnete Vereinigung unterstützt, wird in den Fällen der Absätze 1 und 2 mit Freiheitsstrafe von sechs Monaten bis zu zehn Jahren, in den Fällen des Absatzes 3 mit Freiheitsstrafe bis zu fünf Jahren oder mit Geldstrafe bestraft.** [2]**Wer für eine in Absatz 1 oder Absatz 2 bezeichnete Vereinigung um Mitglieder oder Unterstützer wirbt, wird mit Freiheitsstrafe von sechs Monaten bis zu fünf Jahren bestraft.**

(6) **Das Gericht kann bei Beteiligten, deren Schuld gering und deren Mitwirkung von untergeordneter Bedeutung ist, in den Fällen der Absätze 1, 2, 3 und 5 die Strafe nach seinem Ermessen (§ 49 Abs. 2) mildern.**

(7) **§ 129 Absatz 7 gilt entsprechend.**

(8) **Neben einer Freiheitsstrafe von mindestens sechs Monaten kann das Gericht die Fähigkeit, öffentliche Ämter zu bekleiden, und die Fähigkeit, Rechte aus öffentlichen Wahlen zu erlangen, aberkennen (§ 45 Abs. 2).**

(9) **In den Fällen der Absätze 1, 2, 4 und 5 kann das Gericht Führungsaufsicht anordnen (§ 68 Abs. 1).**

Fassung: Anpassung an die Neufassung von § 129 durch das 54. StÄG (→ Vor § 1 Rn. 18).

1 **1.** Die durch das StGB/StPOÄndG (→ Vor § 1 Rn. 7) eingeführte und seitdem mehrmals, namentlich durch das TerrBekG (→ Vor § 1 Rn. 10; krit. dazu Fürst, Grundlagen und Grenzen der §§ 129, 129a StGB, 1989, S. 143; Kühl NJW 1987, 737; v. Plottnitz ZRP 2002, 351; Sternberg-Lieben/Schittenhelm in Schönke/Schröder Rn. 1a; sa Heinrich ZStW 121 (2009), 94 (116, 117), Tendenz zu Täterstrafrecht und Annäherung an Gesinnungsstrafrecht), verschärfte Vorschrift gehört in den Bereich der Sicherheitsgesetze, die seit den Auseinandersetzungen um das 3. StrRG (→ Vor § 1 Rn. 6) durch eine ständig schwankende Haltung des Gesetzgebers in der Beurteilung der Sicherheitslage gekennzeichnet sind. Die rechtsstaatlich nicht unbedenkliche Vorschrift (einen Verstoß gegen Art. 2, 9, 103 II GG sieht Hawickhorst, § 129a StGB – Ein feindstrafrechtlicher Irrweg zur Terrorismusbekämpfung, 2011, S. 282) ist seit 2002 mehrfach geändert worden; eine Bilanz

der Gesetzgebung seit den Anschlägen v. 11.9.2001 zieht Zöller StV 2012, 364; GA 2016, 90. Die zwischenzeitlich erwogene Erweiterung auf sog. „Terrorcamp"-Aufenthalte (BR-Drs. 827/07) ist schließlich in § 89a geregelt worden (Krauß in LK-StGB „Entstehungsgeschichte" Vor Rn. 1; Petzsche, Strafrecht und Terrorismusbekämpfung, 2013, S. 97f.). Jüngst sind vermehrt rechtsextremistsiche Gruppen wie die „Oldschool Society" in den Fokus geraten (vgl. BGH 27.10.2020 – 3 StR 260/20; zum Verfahren BGH NJW 2017, 341). Zu den Schwierigkeiten einer Definition des Terrorismus v. Bubnoff NJW 2002, 2672; Weigend FS Nehm, 2006, 151; Cancio Melia GA 2012, 1. Bedeutung erlangt die Vorschrift als Anknüpfungspunkt für das Strafprozessrecht (Helm StV 2006, 719; Fischer Rn. 3). Zum sog. Cyberterrorismus Gercke CR 2007, 62. Zur **hist. Entwicklung** des Anti-Terror-Strafrechts in vergleichender Perspektive Petzsche/Heger/Metzler, Terrorismusbekämpfung in Europa im Spannungsfeld zwischen Freiheit und Sicherheit, 2019. – **Rechtsprechungsübersicht** bei Schäfer/Feileke NStZ-RR 2008, 297; Grube NStZ-RR 2013, 233 (235); Fahrner GSZ 2018, 231 (234).

2. Die **Abs. 1 und 2** sind **Qualifikationstatbestände** zu § 129 I; sie sind Verbrechen, § 30 ist deshalb anwendbar (BGH NJW 2015, 1032 mAnm Schiemann NJW 2015, 1034; BayObLG NJW 1998, 2542 (2543), auch bei erfolgloser Aufforderung zur Gründung; zust. Radtke JR 1999, 84; ebenso Fischer Rn. 23; einschr. Ostendorf in NK-StGB Rn. 7; Krauß in LK-StGB Rn. 87). Die Voraussetzungen von § 129 II (→ § 129 Rn. 2–10) müssen daher – bezogen auf die in den Nr. 1 und 2 genannten Straftaten (Katalogtaten; deren Erweiterung, vor allem durch Abs. 2, ist eine Umsetzung des Rahmenbeschlusses des Rates der EG v. 13.6.2002 zur Terrorismusbekämpfung (ABl. 2002 L 164, S. 3) durch das TerrBekG 03 (BT-Drs. 15/813, 5); dazu Helm StV 2006, 719; krit. zum dort verwendeten Begriff der Vereinigung BGHSt 52, 98 = NJW 2008, 86) – sämtlich erfüllt sein (BGHSt 30, 328 = NJW 1982, 530; eine weitere teleologisch begründete Einschränkung auf solche Vereinigungen, die für besonders gefährliche terroristische Akte Hilfsdienste leisten, fordert Dencker StV 1987, 117 (121); für eine restriktive Auslegung von Abs. 3 Junker, Analyse und Kritik der strafverfahrensrechtlichen Terrorismusgesetzgebung, 1996, S. 72). Zur Abgrenzung einer kriminellen von einer terroristischen Vereinigung BGHSt 52, 98 = NJW 2008, 86; zum Begriff der terroristischen Vereinigung BGH NJW 2008, 1012; NStZ-RR 2012, 10. Für **Abs. 2** (einzuschüchtern „bestimmt ist") ist direkter Vorsatz in Form der Wissentlichkeit (→ § 15 Rn. 21) erforderlich (BT-Drs. 15/1730, 7 mit Bezug auf BGHSt 46, 238 (252) = NJW 2001, 1359; Krauß in LK-StGB Rn. 82; ähnlich Fischer Rn. 22; aM Helm StV 2006, 719 (722); Stein/Greco in SK-StGB Rn. 15). Die erforderliche Eignung und Bestimmung einer Tat nach Nr. 1–5 kann sich auch aus dem Zusammenhang mit weiteren geplanten Taten ergeben (BGH NJW 2006, 1603; Helm StV 2006, 719 (721); krit. zur Breite der Katalogtaten und den sonstigen Merkmalen des Abs. 2 Weigend FS Nehm, 2006, 151 (165)). Die Taten müssen für den Staat objektiv gefährlich sein und nach der Art ihrer Ausführung und ihren Auswirkungen gerade solche Nachteile herbeiführen können, wie sie subjektiv anzustreben sind (BGHSt 52, 98 = NJW 2008, 86). Eine Eignung zur Einschüchterung eines nennenswerten Teils der Bevölkerung reicht aus (BGH NJW 2006, 1603; einschr. BGH NJW 2008, 86 (88); Helm StV 2006, 719 (721); Stein/Greco in SK-StGB Rn. 10; aM Weigend FS Nehm, 2006, 151 (165)); rein wertmäßig erhebliche Vermögensvorteile reichen nicht, auch nicht mittelbare Folgen, die sich erst durch eigenständiges Handeln Dritter ergeben (BGHSt 52, 98 = NJW 2008, 86). § 129 III ist nicht anwendbar. Allerdings ist der Ausschluss 2 auch des Parteienprivilegs (§ 129 III Nr. 1) verfassungsrechtlich unzulässig (BVerfGE 17, 155 = NJW 1964, 539; Ostendorf in NK-StGB Rn. 8; Redmann, Möglichkeiten und Grenzen der Beschränkung der Parteifreiheit und -gleichheit diesseits eines verfassungsgerichtlichen Verbotsverfahrens, 2012, S. 111; zweifelnd Fischer Rn. 19); jedoch dürften terroristische Vereinigungen als Parteien kaum in Frage kommen (Laufhütte Prot. 7, Nr. 2444; Dahs NJW 1976, 2145 (2147); Sternberg-Lieben/Schittenhelm in Schönke/Schröder Rn. 3 schließen eine Kollision mit der Freiheit politischer Parteien aus). **Abs. 3** nimmt die **Androhung** (→ § 126 Rn. 2; Stein in SK-StGB Rn. 14) terroristischer Straftaten in die Katalogtaten auf, wegen des geringen Unrechtsgehalts als Vergehen (BT-Drs. 15/813, 7). Es ist auf die angedrohte Handlung, nicht auf die in der Vereinigungsabrede in Aussicht genommene Drohungshandlung selbst abzustellen (Helm StV 2006, 719 (722)).

3 **3. Abs. 4** enthält – anders als § 129 V (→ § 129 Rn. 11) – eine benannte Strafschärfung (→ § 12 Rn. 4), die eine Einbeziehung auch anderer vergleichbar schwerer Fälle ausschließt (Helm StV 2006, 719 (723), echter Qualifikationstatbestand); sie gilt jetzt nicht mehr nur für Abs. 1, sondern auch für die Abs. 2 und 3. Rädelsführer (BGHSt 57, 160 = NJW 2012, 1973; BGH NStZ-RR 2016, 170), Hintermann → § 84 Rn. 2 (BT-Drs. 15/813, 8; Helm StV 2006, 719 (723)).

4 **4. Abs. 5** erfasst in S. 1 die Unterstützung (etwa durch das Verschaffen militärischer Ausrüstungsgegenstände BGH NStZ-RR 2015, 242; oder durch Geldleistungen BGH NStZ 2016, 528). Nicht ausreichend ist allein die Anwesneheit im Herrschaftsgebiet der Vereinigung (zB: IS) und das Zusammenleben mit einem Mitglied (BGH NStZ-RR 2018, 206 (208); → § 129 Rn. 5). Praktische Bedeutung ist namentlich bei terroristischen Publikationen, auch Werbebroschüren (BGH NJW 1995, 3395), und bei „Werbung am Mann" (BayObLG NStZ-RR 1996, 7) gegeben. Nach BGHSt 58, 318 = NJW 2013, 3257 soll es sogar für ein Unterstützen nach S. 1 ausreichen, wenn der Täter das Werben eines Organisationsmitglieds fördert. Um Mitglieder für eine der in Abs. 1 oder Abs. 2 bezeichneten terroristischen Vereinigung wirbt, wer sich um die Gewinnung von Personen bemüht, die sich mitgliedschaftlich in die Organisation einer derart bestimmten Vereinigung einfügen; um Unterstützer wirbt, wer bei anderen die Bereitschaft wecken will, die Tätigkeit oder die Bestrebungen einer solchen Vereinigung direkt oder über eines ihrer Mitglieder zu fördern, ohne sich selbst als Mitglied in die Organisation einzugliedern (BGHSt 51, 345 = NJW 2007, 2782). Das Werben setzt hier nicht nur die objektive Existenz (→ § 129 Rn. 7) irgendeiner, sondern gerade einer den Anforderungen des Abs. 1 genügenden Vereinigung voraus (BGHSt 51, 345 = NJW 2007, 2782; BayObLG NJW 1998, 2542 mAnm Radtke JR 1999, 84). Die Werbung kann sich an eine konkrete Person oder an eine unbestimmte Vielzahl richten, ein Erfolg wird nicht vorausgesetzt (BGHSt 51, 345 = NJW 2007, 2782; Weißer ZStW 121 (2009), 131 (139)). Veröffentlicht oder verbreitet ein Dritter eine um Mitglieder oder Unterstützer werbende Äußerung, so muss er sie sich kennbar zu Eigen machen (BGHSt 51, 345 = NJW 2007, 2782); das Werben um Mitglieder oder Unterstützer ist keine Unterstützung der Vereinigung (BGHSt 51, 345 = NJW 2007, 2782; zust. Mansdörfer HRRS 2007, 366; abl. Bader NStZ 2007, 618). Da er nur einen Vergehenstatbestand beschreibt, ist der Versuch – abweichend von den Abs. 1 und 2 – nicht strafbar (§ 23 I). S. 2 verlangt Werbung um Mitglieder oder Unterstützer (BT-Drs. 15/813, 8; → § 129 Rn. 7), beschränkt auf Vereinigungen nach Abs. 1 und 2, so dass bloße Sympathiewerbung (BGH NStZ-RR 2013, 171) wie auch das Werben für „Androhungs"-Vereinigungen iSd Abs. 3 straflos ist

(Helm StV 2006, 719 (722)). Trotz des (unklaren) Wortlauts unterfallen Unterstützungs- und Werbungshandlungen eines Hintermannes auch Abs. 5 (Helm StV 2006, 719 (723)).

5 **5. Abs. 6** (Milderung nach Ermessen) § 49 II (→ § 49 Rn. 5–7, 10, 11). **Abs. 7** (tätige Reue) → § 24 Rn. 29; → § 129 Rn. 12; auch hier bestand nach Auslaufen der sog. „großen" Kronzeugenregelung mit Ablauf des 31. 12. 1999 nur noch die sog. „kleine" Kronzeugenregelung des § 129 VII Nr. 2 (Peglau ZRP 2001, 103; Sternberg-Lieben/Schittenhelm in Schönke/Schröder Rn. 8, 18a, 28); eine neue allgemeine Regelung enthält § 46b. **Abs. 8** bezieht sich nur auf Amtsfähigkeit und Wählbarkeit (iÜ → § 45 Rn. 4). **Abs. 9** (Führungsaufsicht) → Vor § 68 Rn. 1, 2; → § 68 Rn. 1–8.

6 **6. Konkurrenzen** → § 129 Rn. 13. Abs. 1 iVm § 30 I geht Abs. 3 vor (BayObLG NJW 1998, 2542 mAnm Radtke JR 1999, 84; zur Anwendbarkeit von § 30 II Alt. 1 auf Abs. 1 vgl. Gundelach StV 2018, 110); Abs. 1 iVm § 129b verdrängt § 89a (Gesetzeskonkurrenz OLG München StV 2016, 505). **Anzeigepflicht** § 138 II Nr. 2 (krit. Helm StV 2006, 719 (720)). **Zuständigkeit** und Verfahren § 120 I Nr. 6, II 1 Nr. 2, 3 und § 142a GVG (BGHSt 29, 341 = NJW 1981, 180; BGH NJW 1977, 157; Rebmann NStZ 1986, 289; Schnarr MDR 1988, 89; Helm StV 2006, 719 (720); zur Inbezugnahme von § 129a I Nr. 2, II durch das TerrBekG 03, s. BT-Drs. 15/813, 8), § 100a II Nr. 1d, § 100b II Nr. 1b, § 100c I Nr. 1, § 103 I 2, § 110a I Nr. 2, §§ 111, 112 III (jetzt auch bzgl. § 129a II, BT-Drs. 15/813, 8), §§ 138a II, V, 148 II (BGHSt 30, 38 = NJW 1981, 1222; OLG Hamburg JZ 1977, 142), §§ 153c–153e, 443 I Nr. 1 StPO (krit. zur Anknüpfung gravierender prozessualer Folgen an § 129a Rudolphi JA 1979, 1 (3); Bemmann ua, Die Verteidigung, 1979, S. 26; ebenso für § 129 Walischewski StV 2000, 583 „Wunderwaffe im Ermittlungsverfahren"; beachte jedoch Krauß in LK-StGB Rn. 15; Griesbaum/Wallenta NStZ 2013, 369); zur Behandlung der Merkmale einer terroristischen Vereinigung als allgemein- und gerichtskundig BGH JR 2018, 579. **Kontaktsperre** §§ 31–38 EGGVG (sa BVerfGE 49, 24 = NJW 1978, 2235; BGHSt 27, 276 = NJW 1977, 2173). Zur Möglichkeit einer Ausweisung gem. § 54 Nr. 5 AufenthG vgl. Kirsch NVwZ 2012, 677.

§ 129b Kriminelle und terroristische Vereinigungen im Ausland; Einziehung

(1) [1]**Die §§ 129 und 129a gelten auch für Vereinigungen im Ausland.** [2]**Bezieht sich die Tat auf eine Vereinigung außerhalb der Mitgliedstaaten der Europäischen Union, so gilt dies nur, wenn sie durch eine im räumlichen Geltungsbereich dieses Gesetzes ausgeübte Tätigkeit begangen wird oder wenn der Täter oder das Opfer Deutscher ist oder sich im Inland befindet.** [3]**In den Fällen des Satzes 2 wird die Tat nur mit Ermächtigung des Bundesministeriums der Justiz und für Verbraucherschutz verfolgt.** [4]**Die Ermächtigung kann für den Einzelfall oder allgemein auch für die Verfolgung künftiger Taten erteilt werden, die sich auf eine bestimmte Vereinigung beziehen.** [5]**Bei der Entscheidung über die Ermächtigung zieht das Ministerium in Betracht, ob die Bestrebungen der Vereinigung gegen die Grundwerte einer die Würde des Menschen achtenden staat-**

lichen Ordnung oder gegen das friedliche Zusammenleben der Völker gerichtet sind und bei Abwägung aller Umstände als verwerflich erscheinen.

(2) **In den Fällen der §§ 129 und 129a, jeweils auch in Verbindung mit Absatz 1, ist § 74a anzuwenden.**

Fassung des 34. StÄG (→ Vor § 1 Rn. 14), geändert durch das Vermögensabschöpfungsgesetz (→ Vor § 1 Rn. 18).

1 **1.** Die Erstreckung der §§ 129, 129a auf im Ausland tätige Vereinigungen ist eine Umsetzung der Gemeinsamen Maßnahme der EU v. 21.12.1998 (ABl. 1998 L 351, S. 1; BT-Drs. 14/8893, 1; Krauß in LK-StGB „Entstehungsgeschichte" Vor Rn. 1). Nach bisherigem Recht waren nur solche Vereinigungen erfasst, die mindestens eine Teilorganisation im Bundesgebiet aufwiesen (→ § 129 Rn. 2; Schäfer in MüKoStGB Rn. 1). Zur Zäsurwirkung der Vorschrift im Hinblick auf § 20 I VereinsG s. BGH NStZ 2007, 401. Die ins Stocken gekommene Erstreckung erhielt die entscheidende Stimulanz durch terroristische Anschläge in den USA (BT-Drs. 14/7025, 1; Sternberg-Lieben/Schittenhelm in Schönke/Schröder Rn. 1). Die effektive Bekämpfung des **Internationalen Terrorismus** ist der sachliche Grund für die neue Vorschrift (BT-Drs. 14/8893, 1; zust. Brähler in Thiel, Wehrhafte Demokratie, 2003, S. 250, 268; eing. Nehring, Kriminelle und terroristische Vereinigungen im Ausland, 2007; Netz, Die Strafbarkeit ausländischer terroristischer Vereinigungen, 2008). Skeptisch hinsichtlich der Effektivität v. Plottnitz ZRP 2002, 351 (353); Krauß in LK-StGB Rn. 7; Schäfer in MüKoStGB Rn. 4, der aufgrund der politischen Situation im Nahen Osten in Zukunft von einer Bedeutungszunahme ausgeht; Fischer Rn. 2–4, der noch den Rechtsgutsbezug problematisiert. Wie bei § 129 (→ § 129 Rn. 1) ist als Rechtsgut die öffentliche Sicherheit und Ordnung unter dem Aspekt des öffentlichen Friedens geschützt (ähnlich Schäfer in MüKoStGB Rn. 2, innere öffentliche Sicherheit); daneben sind auch die Rechtsgüter geschützt, gegen die sich die vom Vereinigungszweck umfassten Straftaten richten (BGH StV 2013, 304; OLG München NJW 2007, 2786 (2787); zust. Lohse in Satzger/Schluckebier/Widmaier StGB Rn. 2; ähnlich Fischer Rn. 3; zusf. Krauß in LK-StGB Rn. 2). Die §§ 3ff. bleiben sowohl für Abs. 1 S. 1 als auch S. 2 grds. unberührt (OLG München NJW 2007, 2786 (2787); Stein GA 2005, 433 (453); Valerius GA 2011, 696 (705); Krauß in LK-StGB Rn. 13; Sternberg-Lieben/Schittenhelm in Schönke/Schröder Rn. 3; aM Betmann Kriminalistik 2006, 186 (187)), obwohl die Systematik der Vorschrift dies nicht nahelegt (Kreß JA 2005, 220 (226)). Die ansonsten eintretende weltweite Reichweite des deutschen Strafrechts kann vom Gesetzgeber nicht gewollt sein (Kreß JA 2005, 220 (226); Stein GA 2005, 433 (453)). Zur ausgeweiteten „Ermittlungsfähigkeit" auf europäischer Ebene Kindhäuser/Hilgendorf in LPK-StGB Rn. 3.

2 **2.** Vereinigung **im Ausland (Abs. 1 S. 1),** dh Vereinigungen auch außerhalb der Mitgliedstaaten der EU, zB Al Qaida (BGHSt 54, 69 (109) = NJW 2009, 3448; BGH NStZ-RR 2011, 176), die türkische DHKP-C (BGH NStZ 2011, 153; BGHR StGB § 129b Vereinigung 1), die „Islamische Bewegung Usbekistan" (BGH NStZ-RR 2012, 10), die PKK und ihre Unterorganisationen (BGHR StGB § 129b Vereinigung 2), die „Liwa Al-Izza Lil-lak" (BGH NStZ-RR 2020, 245), die „Liberation Tigers of Tamil Eelam" (BGH BeckRS 2019, 18948) sowie der „Islamische Staat" (BGH BeckRS 2016, 4192) und die „Islamische Bewegung der Freien Großsyriens" („Ahrar al-Sham", BGH NStZ-RR 2015, 242). Dabei können „Spannungen" bei

der Bewertung von sog. Befreiungsbewegungen auftreten (BT-Drs. 14/8893, 8). „Bedenken" können sich einstellen, wenn ein Verständigungsprozess zwischen den Beteiligten an einem bewaffneten Konflikt begonnen hat (BT-Drs. 14/8893, 8).

3. Einschränkungen bei **Vereinigungen, die außerhalb der Mitgliedsstaaten der EU** bestehen. 3

a) Abs. 1 S. 2 verlangt hinsichtlich dieser Vereinigungen einen spezifischen **Inlandsbezug** (Sternberg-Lieben/Schittenhelm in Schönke/Schröder Rn. 3, 7; näher zu den fünf Fallgruppen Altvater NStZ 2003, 179 (181); krit. Stein GA 2005, 433 (451)). Damit werden einer uferlosen Ausdehnung des deutschen Strafrechts Grenzen gesetzt (BT-Drs. 14/8893, 8; diese einschränkende Funktion bezweifelnd Kreß JA 2005, 220 (227)). Ein solcher Inlandsbezug liegt bei Tatbegehung im Inland vor (vgl. § 3), aber auch beim Bereisen Deutschlands durch ein Mitglied einer Nicht-EU-Vereinigung ohne Entfaltung einer vereinsbezogenen Tätigkeit (BT-Drs. 14/8893, 8; Schäfer in MüKoStGB Rn. 12; krit. Fischer Rn. 10; erfasst werden sollen auch die sog. Schläfer, Kindhäuser/Hilgendorf in LPK-StGB Rn. 9); problematisch ist allerdings das Verhältnis zu §§ 3, 9, da bei §§ 129, 129a für das „sich beteiligen" die bloße Mitgliedschaft nicht ausreicht (→ § 129 Rn. 5). Inlandsbezug liegt auch vor, wenn das Opfer Deutscher ist (vgl. § 7 I; BGH StV 2013, 304; krit. Ambos IntStrafR § 3 Rn. 71) oder in Deutschland verletzt wurde (vgl. § 9 I; BT-Drs. 14/8893, 8).

b) Abs. 1 S. 3–5 stellt ein **Ermächtigungserfordernis** auf (zu deren Verfassungsmäßigkeit OLG München NJW 2007, 2786 (2787)). Ermächtigungserfordernisse kennt das deutsche Strafrecht auch bei anderen Vorschriften (→ § 77e Rn. 1). Zuständig **(S. 3)** ist wegen der Eilbedürftigkeit zB in Haftsachen nicht die Bundesregierung, sondern das BMJ (BT-Drs. 14/8893, 9); grundsätzliche Bedenken der Politisierung der Justiz (v. Plottnitz ZRP 2002, 351 (353); Gössner NKrimPol 2002, 82; krit. auch Stein GA 2005, 433 (457); Stein in SK-StGB Rn. 1), werden dadurch nicht ausgeräumt (für „rechtsstaatlich unbedenklich" hält die Regelung Altvater NStZ 2003, 179 (181); eine „systemfremde Verfolgungshürde" sieht v. Bubnoff NJW 2002, 2672 (2675)). Bedenklich erscheint auch die Regelung des **S. 4,** nach der die Ermächtigung hinsichtlich einer bestimmten Vereinigung auch für zukünftige Taten erteilt werden kann. Diese Abweichung vom bisherigen Recht kann mit der Geringhaltung bürokratischen Aufwands und der Notwendigkeit der internationalen Koordination des Kampfes gegen den Terrorismus (BT-Drs. 14/8893, 9) nur notdürftig legitimiert werden. Immerhin gibt **S. 5** Hinweise für die **Ausübung des Ermessens.** Dass dabei nicht die deutsche verfassungsrechtliche Ordnung zum Maßstab erhoben wurde, ist positiv zu bewerten; der vorgegebene „internationale" Maßstab ist aber konkretisierungsbedürftig (zu der Bedeutung des humanitären Völkerrechts in diesem Kontext Ambos ZIS 2016, 505). Die Probleme hinsichtlich der Bestimmung der Verwerflichkeit sind von § 240 her bekannt. Immerhin ermöglicht dieses Kriterium Handlungen der oben (→ Rn. 2) genannten sog. Freiheitsbewegungen von der Strafbarkeit auszunehmen, wenn sie als verstehbare Reaktion auf staatliche Willkür erscheinen (BT-Drs. 14/8893, 9). Die Ermessensentscheidung ist inhaltlich nicht durch Gerichte überprüfbar (BT-Drs. 14/8893, 9; Altvater NStZ 2003, 179 (181); Stein GA 2005, 433 (458); Stein/Greco in SK-StGB Rn. 6; Sternberg-Lieben/Schittenhelm in Schönke/Schröder Rn. 8; aA und eine beschränkte Willkürüberprüfung für möglich haltend OLG München BeckRS 2016, 16828). Fehlt eine Ermächtigung, bleibt uU eine Strafbarkeit gem. § 20 I VereinsG (Klemm NStZ 2012, 128). 4

4. Für die begangenen Straftaten scheidet idR eine **völkerrechtliche Rechtfertigung** (zB aus Kombattantenprivileg oder Völkergewohnheitsrecht) aus (so für die von der PKK und ihren Unterorganisationen begangenen Taten gem. §§ 211f. BGH NStZ-RR 2014, 274 (275); NStZ-RR 2018, 106).

5 **5. Abs. 2:** sog. Dritteinziehung ist auch unter den erweiterten Voraussetzungen des § 74a möglich (→ § 74a Rn. 1–3). Mit diesem eigentlich für die Organisierte Kriminalität geschaffenen Instrumentarium soll den kriminellen und terroristischen Vereinigungen der finanzielle Nährboden entzogen werden (BT-Drs. 14/8893, 7; Sternberg-Lieben/Schittenhelm in Schönke/Schröder Rn. 9). Ergänzt werden diese Regelungen durch § 443 StPO, der die Beschlagnahme des Vermögens des Beschuldigten zur Sicherung des Verfahrens vorsieht.

6 **6.** Tateinheit u. a. möglich mit § 8 I Nr. VStGB (BGH BeckRS 2018, 3964) und § 22a INr. 6 KrWaffKG (BGH NStZ-RR 2020, 245 (246)). Die Sonderregelung des § 30b BtMG geht vor (BT-Drs. 14/8893, 9); ist die Vereinigung auf den unbefugten Vertrieb von Betäubungsmittel gerichtet, bedarf es deshalb keiner Ermächtigung des BMJ (Sternberg-Lieben/Schittenhelm in Schönke/Schröder Rn. 8).

7 **7. Zuständigkeit** § 74a I Nr. 4, § 120 I Nr. 6 GVG; **Verfahren** § 100a II Nr. 1d, § 100b II Nr. 1b, § 100c I Nr. 1, §§ 103 I 2, 111 I 1, 138a II 1, V 1, 148 II 1, 112 III 1, 153c I Nr. 3 StPO; zu § 443 StPO → Rn. 5.

§ 130 Volksverhetzung

(1) **Wer in einer Weise, die geeignet ist, den öffentlichen Frieden zu stören,**

1. **gegen eine nationale, rassische, religiöse oder durch ihre ethnische Herkunft bestimmte Gruppe, gegen Teile der Bevölkerung oder gegen einen Einzelnen wegen seiner Zugehörigkeit zu einer vorbezeichneten Gruppe oder zu einem Teil der Bevölkerung zum Hass aufstachelt, zu Gewalt- oder Willkürmaßnahmen auffordert oder**
2. **die Menschenwürde anderer dadurch angreift, dass er eine vorbezeichnete Gruppe, Teile der Bevölkerung oder einen Einzelnen wegen seiner Zugehörigkeit zu einer vorbezeichneten Gruppe oder zu einem Teil der Bevölkerung beschimpft, böswillig verächtlich macht oder verleumdet,**

wird mit Freiheitsstrafe von drei Monaten bis zu fünf Jahren bestraft.

(2) **Mit Freiheitsstrafe bis zu drei Jahren oder mit Geldstrafe wird bestraft, wer**

1. **einen Inhalt (§ 11 Absatz 3) verbreitet oder der Öffentlichkeit zugänglich macht oder einer Person unter achtzehn Jahren einen Inhalt (§ 11 Absatz 3) anbietet, überlässt oder zugänglich macht, der**
   a) **zum Hass gegen eine in Absatz 1 Nummer 1 bezeichnete Gruppe, gegen Teile der Bevölkerung oder gegen einen Einzelnen wegen seiner Zugehörigkeit zu einer in Absatz 1 Nummer 1 bezeichneten Gruppe oder zu einem Teil der Bevölkerung aufstachelt,**
   b) **zu Gewalt- oder Willkürmaßnahmen gegen in Buchstabe a genannte Personen oder Personenmehrheiten auffordert oder**

c) die Menschenwürde von in Buchstabe a genannten Personen oder Personenmehrheiten dadurch angreift, dass diese beschimpft, böswillig verächtlich gemacht oder verleumdet werden oder

2. einen in Nummer 1 Buchstabe a bis c bezeichneten Inhalt (§ 11 Absatz 3) herstellt, bezieht, liefert, vorrätig hält, anbietet, bewirbt oder es unternimmt, diesen ein- oder auszuführen, um ihn im Sinne der Nummer 1 zu verwenden oder einer anderen Person eine solche Verwendung zu ermöglichen.

(3) **Mit Freiheitsstrafe bis zu fünf Jahren oder mit Geldstrafe wird bestraft, wer eine unter der Herrschaft des Nationalsozialismus begangene Handlung der in § 6 Abs. 1 des Völkerstrafgesetzbuches bezeichneten Art in einer Weise, die geeignet ist, den öffentlichen Frieden zu stören, öffentlich oder in einer Versammlung billigt, leugnet oder verharmlost.**

(4) **Mit Freiheitsstrafe bis zu drei Jahren oder mit Geldstrafe wird bestraft, wer öffentlich oder in einer Versammlung den öffentlichen Frieden in einer die Würde der Opfer verletzenden Weise dadurch stört, dass er die nationalsozialistische Gewalt- und Willkürherrschaft billigt, verherrlicht oder rechtfertigt.**

(5) **Absatz 2 gilt auch für einen in den Absätzen 3 oder 4 bezeichneten Inhalt (§ 11 Absatz 3).**

(6) **In den Fällen des Absatzes 2 Nummer 1, auch in Verbindung mit Absatz 5, ist der Versuch strafbar.**

(7) **In den Fällen des Absatzes 2, auch in Verbindung mit den Absätzen 5 und 6, sowie in den Fällen der Absätze 3 und 4 gilt § 86 Absatz 4 entsprechend.**

Fassung: In Abs. 3 wurde durch Art. 2 Nr. 7 EG VStGB (→ Vor § 1 Rn. 14) § 220a I durch § 6 I VStGB ersetzt; Abs. 2 Nr. 2 durch SexÄG (→ Vor § 1 Rn. 15) erweitert; das Gesetz zur Änderung des VersG und des StGB hat einen neuen Abs. 4 geschaffen und die bisherigen Abs. 4 und 5 mit technischen Änderungen zu Abs. 5 und 6 gemacht (→ Vor § 1 Rn. 15). Änderung von Abs. 1 und Abs. 2 Nr. 1 durch das Gesetz v. 16.3.2011 zur Umsetzung des Rahmenbeschlusses 2008/913/JI des Rates v. 28.11.2008 (→ Vor § 1 Rn. 17; sa Eisele ComputerStrafR § 30 Rn. 113; Hellmann/Gärtner NJW 2011, 961); Inkrafttreten 22.3.2011. Durch das 49. StÄG v. 21.1.2015 (BGBl. I 10) – wurde Abs. 2 neu gefaßt und Abs. 5 aF durch Abs. 5 und 6 ersetzt, der alte Abs. 6 wurde zu Abs. 7 umnummeriert (dazu BT-Drs. 18/2601; BT-Drs. 18/3203). Anpassung an den neuen Inhalts-Begriff (§ 11 III) und Erweiterung von Abs. 5 durch das 60. StÄG (→ Vor § 1 Rn. 19) zum 1.1.2021 und in Abs. 7 an § 86 nF durch G zur Verbesserung des Schutzes gegen sog. Feindeslisten zum 22.9.2021 (→ Vor § 1 Rn. 19). Am 20.10.2022 hat der Bundestag folgenden neuen Abs. 5 beschlossen, der zugleich neben kleineren redaktionellen Änderungen eine Umnummerierung der bisherigen Abs. 5–7 zu Abs. 6–8 zur Folge haben soll (vgl. BT-Drs. 20/4085).

(5) ***Mit Freiheitsstrafe bis zu drei Jahren oder mit Geldstrafe wird bestraft, wer eine Handlung der in den §§ 6 bis 12 des Völkerstrafgesetzbuches bezeichneten Art gegen eine der in Absatz 1 Nummer 1 bezeichneten Personenmehrheiten oder gegen einen Einzelnen wegen dessen Zugehörigkeit zu einer dieser Personenmehrheiten öffentlich oder in einer Versammlung in einer Weise billigt, leugnet oder gröblich verharmlost, die geeignet ist, zu Hass oder Gewalt gegen eine solche Person oder Personenmehrheit aufzustacheln und den öffentlichen Frieden zu stören.***

Die Zustimmung des Bundesrates steht noch aus.

1 **1.** Die Vorschrift **schützt** in erster Linie den **öffentlichen Frieden** (→ § 126 Rn. 1; Krauß in LK-StGB Rn. 2; für Abs. 4 auch BVerfG NJW 2010, 47 (52); aM für Abs. 2 Maurach/Schroeder/Maiwald StrafR BT II § 89 Rn. 10; krit. Kargl Jura 2001, 176 (181); Mitsch in Klein, Rassische Diskriminierung, 2002, S. 147, 166; krit. Altenhain in Matt/Renzikowski Rn. 3, Schutz von Leib, Leben und Freiheit potentieller Diskriminierungsopfer; krit. für Abs. 3 Stratenwerth FS Lenckner, 1998, 377 (388); Junge, Das Schutzgut des § 130 StGB, 2000, S. 26, die auf die Individualrechtsgüter von Mitgliedern der betroffenen Bevölkerungsteile abstellt; für die kollektive Erinnerung an den Holocaust als Rechtsgut von Abs. 3 Matuschek, Erinnerungsstrafrecht, 2011, S. 146; ähnlich, aber weiter diff. Zabel ZStW 112 (2000), 834 (849); für Abs. 3 und 4 stellt Schroeder JA 2010, 1 (5), auf öffentliche Scham und Empörung ab), da mit Ausnahme von Abs. 2 (für dessen Verfassungswidrigkeit als abstraktes Gefährdungsdelikt Popp JR 1998, 80 (82)) eine Eignung zu dessen Störung vorausgesetzt wird. Darüber hinaus ist auch die **Würde des Einzelmenschen** geschützt (Stegbauer, Rechtsextremistische Propaganda im Lichte des Strafrechts, 2000, S. 163, 246; weiter Stein in SK-StGB Rn. 1 b, 1 c, Persönlichkeitsrechte; Knauer ZStW 126 (2014), 307 (321, 330); krit. Kelker FS Puppe, 2011, 1673, zu unbestimmt; aM Beisel, Die Kunstfreiheitsgarantie des Grundgesetzes und ihre strafrechtlichen Grenzen, 1997, S. 341; Mitsch in Klein, Rassische Diskriminierung, 2002, S. 167; Sternberg-Lieben/Schittenhelm in Schönke/Schröder, Rn. 1 a), ausdrücklich freilich nur noch von Abs. 1 Nr. 2, Abs. 2 Nr. 1 und Abs. 4 (Niggli SchZStr 1999, 84 (91); mit der Verletzung der Würde Anderer legitimiert Hörnle, Grob anstößiges Verhalten, 2005, S. 285, Abs. 1 und 2; in Abs. 3 sieht die Verletzung eines „Sprechtabus", Hörnle, Grob anstößiges Verhalten, 2005, S. 333; das nicht legitimierbar sei, Hörnle, Grob anstößiges Verhalten, 2005, S. 475, 482; ebenso für den neuen Abs. 4 Hörnle GA 2006, 80 (84)). § 130 IV soll auch als „nicht allgemeines Gesetz" mit Art. 5 I, II GG vereinbar sein (BVerfG NJW 2010, 47 mit Bespr. Degenhart JZ 2010, 306; Hörnle JZ 2010, 310; Muckel JA 2010, 236; Volkmann NJW 2010, 417; krit. Weiler, Der Tatbestand der „Volksverhetzung" im europäischen Vergleich, 2012, S. 85, 116, der Abs. 3 und 4 für verfassungswidrig hält); das Bundesverwaltungsgericht war noch von einem „allgemeinen Gesetz" ausgegangen (BVerwG NJW 2009, 98). Das für Abs. 3 angeführte Allgemeininteresse daran, dass das politische **Klima** nicht vergiftet wird (BT-Drs. 12/8588, 8; BGHSt 46, 36 (40) = NJW 2000, 2217; BGHSt 47, 278 = NJW 2002, 2115; v. Dewitz, NS-Gedankengut und Strafrecht, 2006, S. 208, 219; Geilen in Ulsamer StrafR/StrafVerfR S. 1168, Klimadelikt; Renzikowski NJW 2014, 2539 (2540)), verschafft der Vorschrift keine zusätzliche Legitimation (Kühl Geilen-Symposium, 2003, 103 (111); Brugger AöR 2003, 372 (391); Hefendehl Kollektive Rechtsgüter S. 299; Fischer Rn. 24, der – unter Missverstehen von Kühl (Geilen-Symposium, 2003, 103 (111)) – auf die Beziehung solcher Äußerungen zur Anwendung physischer Gewalt abstellen; Fischer Rn. 24 a unter Berufung auf Kübler AöR 2000, 109 (126)); für Abs. 4 so jetzt auch BVerfG NJW 2010, 47 (53) mzustAnm Hörnle JZ 2010, 310 (312); für Abs. 3 wird als Rechtsgut auch der postmortale Anspruch der Opfer angeführt (Stegbauer NStZ 2000, 281 (282); Streng JZ 2001, 205, der auch noch die Verteidigung einer der zentralen moralischen Grundlagen der staatlichen Gemeinschaft einbezieht; ähnlich Ostendorf in NK-StGB Rn. 4, Delikt gegen die Menschlichkeit). Es handelt sich in Abs. 1 und 3 um ein **potenzielles Gefährdungsdelikt** (→ Vor § 13 Rn. 32; BGHSt 46, 212 = NJW 2001, 624 mit Bespr. Hörnle NStZ 2001, 309; BGH NStZ 2017, 146 mit Bespr. Satzger Jura 2017, 361 zu § 130 Abs. 3; Wandres, Die Strafbarkeit des Au-

schwitzleugnens, 2000, S. 225; Krauß in LK-StGB Rn. 15; krit. Mitsch in Klein, Rassische Diskriminierung, 2002, S. 172; aM Zieschang Gefährdungsdelikte S. 275; Zieschang FS Wolter, 2013, 557 (570), konkretes Gefährlichkeitsdelikt; bei Abs. 4 um ein Verletzungsdelikt), für Abs. 2 wird ein abstraktes Gefährdungsdelikt angenommen (Fischer Rn. 2a, auch für Abs. 1 und 3); zu den Auswirkungen bei § 9 BGHSt 46, 212 = NJW 2001, 624; eing. Morozinis GA 2011, 475 (476). **Rechtsprechungsübersicht** bei Stegbauer NStZ 2005, 677; NStZ 2010, 132; NStZ 2015, 201 (203); NStZ 2017, 268 (271). Zur **Entwicklungsgeschichte** Frommel KJ 1995, 402; Geilen in Ulsamer StrafR/StrafVerfR S. 1168; Junge, Das Schutzgut des § 130 StGB, 2000, S. 7; v. Dewitz, NS-Gedankengut und Strafrecht, 2006, S. 9, 62, 99; Kübler, Äußerungsfreiheit und rassistische Propaganda, 2000, S. 11; Weiler, Der Tatbestand der „Volksverhetzung" im europäischen Vergleich, 2012, S. 5; Rohrsen, Von der „Anreizung zum Klassenkampf" zur „Volksverhetzung", 2009; zu Abs. 3 → Rn. 8a. **Rechtsvergleichend** Laitenberger, Die Strafbarkeit der Verbreitung rassistischer, rechtsextremistischer und neonazistischer Inhalte, 2003, S. 301, 333 speziell zu Leugnungstatbeständen; Matuschek, Erinnerungsstrafrecht, 2011, S. 146; zur Strafbarkeit der Holocaust-Leugnung in der EU Weber ZRP 2008, 21; Weiler, Der Tatbestand der „Volksverhetzung" im europäischen Vergleich, 2012, S. 157, 201; speziell mit dem US-Verfassungsrecht Brugger JA 2006, 687). Zur **kriminalpolitischen** Bedeutung der Vorschrift, deren Abs. 1 am häufigsten zu Verurteilungen führt, Krauß in LK-StGB Rn. 17. Zur Entstehung der Strafvorschriften der BRD gegen den Nationalsozialismus Schroeder JA 2010, 1. Zur Frage der Strafbedürftigkeit von Hassreden Weiler, Der Tatbestand der „Volksverhetzung" im europäischen Vergleich, 2012, S. 205.

2. a) In **Abs. 1** (Abs. 2 neu gefaßt; s. aber Fassung) sind unmittelbarer **Angriffsgegenstand Teile der Bevölkerung,** dh im Inland lebende (KG bei Stegbauer NStZ 2005, 677 (680); Geilen in Ulsamer StrafR/StrafVerfR S. 1169; Sternberg-Lieben/Schittenhelm in Schönke/Schröder, Rn. 3) Personenmehrheiten nicht ganz geringfügiger Größe und Bedeutung, die von der Gesamtheit der Bevölkerung auf Grund äußerer oder innerer (aM KG JR 1998, 213) Merkmale als unterscheidbare Teile abgegrenzt werden können (BGHR Nr. 1; OLG Stuttgart NJW 2002, 2893; NStZ 2010, 453; Eisele ComputerStrafR § 30 Rn. 115), zB politische, wirtschaftliche, berufliche (beachte jedoch BGH GA 1979, 391; OLG Hamm NJW 1981, 591; LG Bremen StV 1997, 358) oder soziale Gruppierungen. Darüber hinaus erfasst der 2011 geänderte Abs. 1 jetzt **nationale, rassische, religiöse oder durch ihre** ethnische Herkunft und den Einzelnen einer solchen Gruppe oder Bevölkerungsteils **bestimmte Gruppen** (anknüpfend an den Völkermord gem. § 220a StGB aF, jetzt § 6 VStGB, der sprachlich modernisiert die Volkstumsgruppe durch die „ethnische Gruppe" ersetzt; vgl. Werle/Jeßberger JZ 2002, 725 (727); Zimmermann NJW 2002, 3069). Er normiert damit einen allgemeinen Volksverhetzungstatbestand, der sich nicht mehr auf inländische Gruppierungen beschränkt und daher auch bei terroristischen Publikationen, insbes. rechtsextremen oder islamistischen Internetseiten (zB „alle Schwarzen", „die Amerikaner", „die Kreuzfahrer") anwendbar ist (Zöller, Terrorismusstrafrecht, 2009, S. 405). Zu den demnach geschützten Gruppen gehören namentlich die Juden (BGHSt 21, 371 = NJW 1968, 309; BGHSt 31, 226 (231) = NJW 1983, 1205; BGH NStZ-RR 2006, 305 (306); OLG Köln NJW 1981, 1280; OLG Celle NStZ 1997, 495; Wehinger, Kollektivbeleidigung – Volksverhetzung, 1994, S. 124, 130), aber zB auch die „Zigeuner" (OLG Karlsruhe NJW 1986, 1276), die dunkelhäutigen Menschen 2

(OLG Hamburg NJW 1975, 1088; OLG Zweibrücken NStZ 1994, 490; OLG Stuttgart NStZ 2010, 453 (454)), die Ausländer (BGH NStZ-RR 2012, 277; OLG Hamm NStZ 1995, 136; OLG Frankfurt a. M. NStZ-RR 2000, 368 mit zust. Bespr. Kargl Jura 2001, 176, soweit sie ihren Lebensunterhalt nicht aus eigenen Mitteln bestreiten und Sozialhilfe beanspruchen), die ausländischen Gastarbeiter (OLG Celle NJW 1970, 2257; Lohse NJW 1971, 1245; v. d. Horst ZUM 1993, 508 (511)), speziell die Türken unter ihnen (Lohse NJW 1985, 1677), die „Asylbetrüger" (BayObLG NJW 1994, 952 mAnm Otto JR 1994, 473; BayObLG NJW 1995, 145; OLG Karlsruhe MDR 1995, 735; OLG Frankfurt a. M. NJW 1995, 143; KG JR 1998, 213, soweit alle Asylbewerber oder solche ohne Anerkennungsanspruch gemeint sind; anders für die „Asylbetrüger", die sich in Bereicherungsabsicht Vorteile erschleichen wollen) bzw. die Asylbewerber (OLG Düsseldorf MDR 1995, 948, soweit ohne Anerkennungsanspruch), die Behinderten (Schramm FS Lenckner, 1998, 539 (558)) und die Soldaten der Bundeswehr (OLG Düsseldorf NJW 1986, 2518; OLG Frankfurt a. M. NJW 1989, 1367; KG NJW 2003, 685; aM Streng FS Lackner, 1987, 501 (522)). Aus dem Wortlaut ergibt sich keine Beschränkung auf Minderheiten; demgemäß soll auch die Gruppe der Frauen (und der Männer) ausreichen können (OLG Köln Streit 2020, 172); selbst die in Deutschland lebenden deutschen Staatsangehörigen könnten danach Opfer von Volksverhetzung sein (Mitsch JR 2011, 380 (382)); nicht allerdings Religionsgesellschaften in der Rechtsform der juristischen Person (OLG Stuttgart NJW 2002, 2893). Dies mag mit dem Verständnis von § 130 als einem umfassenden Anti-Diskriminierungstatbestand einhergehen, doch würde der Wortlaut von § 130 natürlich einer restriktiveren Lesart in Richtung auf einen Minderheitenschutz (vgl. Ostendorf in NK-StGB Rn. 1, 19) nicht entgegenstehen; für eine solche Restriktion würden der ultima ratio-Grundsatz wie auch die Meinungsfreiheit streiten, denn besonders schutzbedürftig sind angesichts der in einer Demokratie maßgeblichen Mehrheitsentscheidungen eben Minderheiten. Möglich ist, dass die diffamierte Person auch als Repräsentant einer Personengruppe angegriffen wird (OLG Stuttgart NStZ 2010, 453 (454)).

3 **b)** In **Abs. 1 (zu dessen Neufassung → Rn. 2 und Fassung) Nr. 2** müssen die **Tathandlungen** unmittelbar **gegen Teile der Bevölkerung** (bei antisemitischen Angriffen also nicht lediglich gegen den Staat Israel, OLG Hamburg NJW 1970, 1649; doch spricht etwa die Parole „Zionismus stoppen! Israel ist unser Unglück – Schluss damit!" nahe liegend für einen Angriff auf hierzulande lebende Juden, OLG Karlsruhe NStZ-RR 2020, 310) gerichtet sein; Teil der Bevölkerung ist eine von der übrigen Bevölkerung auf Grund gemeinsamer äußerer oder innerer Merkmale politischer, nationaler, ethnischer, rassischer, religiöser, weltanschaulicher, sozialer, wirtschaftlicher, beruflicher oder sonstiger Art unterscheidbare Gruppe von Personen zu verstehen, die zahlenmäßig von einiger Erheblichkeit und somit individuell nicht mehr abgrenzbar sind, so dass diese als „umrandetes Feindbild" identifizierbar ist und Dritte erkennen können, wer dem Personenkreis angehört (OLG Düsseldorf NStZ 2019, 347 mAnm Fischer; BGH NStZ 2015, 512, Begriff „Ausländerhuren" zu vage); „Fußballfans" sind wegen der wechselnden Personen kein Teil der Bevölkerung (OLG Braunschweig StraFo 2007, 212), auch nicht die „Linke und Antifa-Brut" (BGH NStZ-RR 2009, 13); wohl aber die im Inland lebenden Muslime, welche die Pflicht zum Fasten nicht befolgen (OLG Stuttgart Justiz 2011, 338). Die Teile der Bevölkerung werden (→ Rn. 2) durch Gruppen und Einzelne dieser Gruppen in Abs. 1 Nr. 1, 2, Abs. 2 Nr. 1 er-

gänzt (zur Begr. s. BT-Drs. 17/3123; zur Neuregelung, die einen EU-Rahmenbeschluss umsetzt, näher Hellmann/Gärtner NJW 2011, 961; zur vorgesehenen Umsetzung Bock ZRP 2011, 46). Die Tathandlung des Abs. 1 Nr. 2 und die des Abs. 2 Nr. 1 müssen zudem einen Angriff auf die **Menschenwürde** anderer enthalten, in Abs. 4 auf die Würde der Opfer. Das setzt voraus, dass diese im Kern ihrer Persönlichkeit getroffen, dh dass ihnen das Lebensrecht in der Gemeinschaft bestritten oder sie als unterwertig behandelt werden sollen (BGHSt 21, 371 = NJW 1968, 309; BGHSt 31, 226 (231) = NJW 1983, 1205; BGHSt 36, 83 (90) = NJW 1989, 1365; BGHSt 40, 97 (100) = NJW 1994, 1421; BGHSt 46, 212 = NJW 2001, 624; BGH NStZ-RR 2006, 305 (306); OLG Düsseldorf MDR 1995, 948; OLG Frankfurt a. M. NJW 1989, 1367; NJW 1995, 143; NStZ-RR 2000, 368 mit krit. Bespr. Kargl Jura 2001, 176 (178); BayObLG NJW 1991, 1493, NJW 1994, 952 mit Bespr. Hufen JuS 1994, 977; Otto JR 1994, 473; BayObLG NJW 1995, 145, Bestreiten des „sozialen Lebensrechts“ soll genügen; OLG Stuttgart NStZ 2010, 453 (454), Vergleich von Farbigen mit Affen; OLG Hamm NStE Nr. 7 und problematisch OLG Hamm NStZ 1995, 136 „Ausländer raus“; dazu auch OLG Brandenburg NJW 2002, 1440; KG JR 1998, 213 (215); NJW 2003, 685; beachte auch BVerfG NJW 2001, 61 zu § 130 StGB aF; BVerfG NJW 2010, 2193 (2195); NJW 2015, 2100, wer die Achtung des Wertes vermissen läßt, der jedem Menschen allein aufgrund seines Personseins zufließt; Streng FS Lackner, 1987, 501 (511); Maiwald JR 1989, 485 (488); Wehinger, Kollektivbeleidigung – Volksverhetzung, 1994, S. 124; Otto Jura 1995, 277; Stegbauer, Rechtsextremistische Propaganda im Lichte des Strafrechts, 2000, S. 193; Geilen in Ulsamer StrafR/StrafVerfR S. 1172; einschr. Giehring StV 1985, 30 (34); iErg problematisch OLG Frankfurt a. M. NJW 1985, 1720 mit krit. Bespr. Blau JR 1986, 82; Wolfrum FS Schneider, 1990, 515 (521); zT abw. Beisel, Die Kunstfreiheitsgarantie des Grundgesetzes und ihre strafrechtlichen Grenzen, 1997, S. 338). Als nicht sehr weittragende, aber bisweilen doch in Frage kommende Auslegungshilfe kann die Rspr. zur „entwürdigenden Behandlung“ nach § 31 WStG (Lingens/Korte WStG § 31 Rn. 3–9) dienen (hM; vgl. etwa Kargl Jura 2001, 176 (179); krit. Streng FS Lackner, 1987, 501 (513)). Ein Angriff auf einzelne Persönlichkeitsrechte wie die Ehre zB durch die Bezeichnung eines anderen als Jude (BVerfG NJW 2001, 61; NJW 2008, 2907 (2909); NJW 2010, 2193 (2195)) oder zB durch die beleidigende Einstufung von Soldaten als „Mörder“ (→ § 185 Rn. 5) reicht nicht (Lorenz NJ 1994, 561 (563); Junge, Das Schutzgut des § 130 StGB, 2000, S. 179; nach Herdegen NJW 1994, 2933 (2934) fehlt dieser Beleidigung die erforderliche Eignung zur Störung des öffentlichen Friedens (→ Rn. 10); BVerfG NJW 1994, 2943 (2944) versteht entsprechende Aufkleber schon nicht als Beschuldigung von Bundeswehrsoldaten mit der Begehung von Mordtaten; vgl. auch LG Bremen StV 1997, 358), erst recht nicht der Vorwurf an Soldaten: „Ja Morden“ (KG NJW 2003, 685); allg. krit. zum Unterschied zwischen Angriffen auf die Menschenwürde und Ehrverletzungen Rühl, Tatsachen – Interpretationen – Wertungen, 1998, S. 340. Selbst plakative und heftige Beleidigungen von Teilen der Bevölkerung reichen für einen menschenwürde-verletzenden Angriff auf die Persönlichkeit iSd § 130 I Nr. 2 nicht „ohne weiteres“ (BVerfG NJW 2008, 2907 mit Bespr. Hufen JuS 2009, 458; zust. Stegbauer NStZ 2010, 133 „Heimatvertriebenen-Lied“), so etwa der Wunsch „Guten Heimflug“ für ausländische Mitbürger auf einem „fliegenden Teppich“ (OLG München NJW 2010, 2150; Altenhain in Matt/Renzikowski Rn. 7) oder die der Überschrift „Ausländer-Rückführung“ und der Slogan „Für ein lebenswertes deutsches Augsburg“ (BVerfG NJW 2010, 2193 (2195) mAnm Muckel JA 2010, 913). Liegen die tatbestandlichen

Voraussetzungen des § 130 I Nr. 2 vor, können Belange der Meinungsfreiheit nicht mehr berücksichtigt werden, weil die Menschenwürde im Verhältnis zur Meinungsfreiheit nicht abwägungsfähig ist (BVerfG NJW 2009, 3503 mit Bespr. Muckel JA 2010, 234 „Polen-Invasion stoppen!"). Auf dieses einschränkende Merkmal wird in Abs. 1 Nr. 1 und Abs. 2 Nr. 1 mit der Begründung verzichtet, dass solche Äußerungen bzw. Inhalte idR einen Angriff auf die Würde der betroffenen Menschen darstellten (so BT-Drs. 12/6853, 24; krit. Neumann StV 1994, 273 (274)); da dies aber nicht notwendig so ist (aM wohl Stegbauer NStZ 2005, 677 (680)), muss bei Abs. 1 Nr. 1 trotz Vorliegens der tatbestandlichen Voraussetzungen die Meinungsfreiheit des Art. 5 I GG berücksichtigt werden, insbes. bei Werturteilen wie zB rhetorischen Fragen (BVerfG NJW 2003, 660; krit. Stegbauer NStZ 2005, 677 (680)); bei fundamentalistischen oder extremistischen Bekenntnisschriften Art. 4 I GG (OLG Stuttgart Justiz 2011, 338 (339)). Im Einzelnen:

3a **3. Abs. 2 Nr. 1:** Wer einen Inhalt verbreitet oder der Öffentlichkeit zugänglich macht (zB durch Teilen von Videos in der öffentlich einsehbaren Chronik eines Facebook-Accounts, BayObLG 2020, 446). Als Alternative nennt die Vorschrift, einer Person unter 18 Jahren einen Inhalt (→ Rn. 7) anbieten, überlassen oder zugänglich machen.

4 **a) Abs. 2 Nr. 1a: Zum Hass aufstacheln** bedeutet nachhaltig auf Sinne und Gefühle anderer mit dem Ziel einwirken, Hass im Sinne von Feindschaft, nicht bloßer Ablehnung oder Verachtung, zu erzeugen oder zu steigern (BGHSt 40, 97 (102) = NJW 1994, 1421; BGH NStZ 1994, 140; OLG Köln NJW 1981, 1280; BayObLG NJW 1990, 2479 mAnm Horn JR 1991, 83; OLG Brandenburg NJW 2002, 1440; KG JR 1998, 213 (215); LG Mannheim NJW 1994, 2494 (2497) mit Bespr. Bertram NJW 1994, 2397; Sendler ZRP 1994, 377; AG Linz NStZ-RR 1996, 358; Geilen in Ulsamer StrafR/StrafVerfR S. 1171; vgl. auch BVerfGE 90, 241 = NJW 1994, 1779; BVerfG NJW 2003, 660 (662); die Leugnung des Holocaust genügt nicht (BGH NStZ 2012, 564), fällt aber unter Abs. 3; zum sog. „Auschwitz-Mythos" AG Hamburg NJW 1995, 1039 mit krit. Bespr. Hufen JuS 1995, 638 (639); LG Hamburg NStZ-RR 1996, 262; zu weit Lohse NJW 1971, 1245; NJW 1985, 1677 (1679); sowie Kargl Jura 2001, 176 (177)); bei antisemitischer Agitation (zB bei der sog. „qualifizierten Auschwitzlüge" BGHSt 46, 212 = NJW 2001, 624; BGH NStZ 1994, 140; Stein in SK-StGB Rn. 4b; krit. zu deren Abhebung von der sog. „einfachen Auschwitzlüge" Frommel KJ 1994, 323 (334) mit Erwiderung Wallrabenstein KJ 1995, 223; und Duplik Frommel KJ 1995, 402), die sich bewusst an das nationalsozialistische Vorbild hält, wird das idR zutreffen (BGH 11.11.1976 – 2 StR 508/76; Krauß in LK-StGB Rn. 39). Zu ausländerfeindlichen Wahlspots im Fernsehen v. d. Horst ZUM 1993, 508 (511); zu islamistischen Internetseiten, auf denen etwa „den Juden" oder „den Christen" wegen „ihrer sittlichen und moralischen Minderwertigkeit" die Existenzberechtigung abgesprochen wird, Zöller, Terrorismusstrafrecht, 2009, S. 408.

5 **b) Abs. 2 Nr. 1b: Auffordern** ist ebenso wie in § 111 I (→ § 111 Rn. 3) auszulegen (BGHSt 32, 310 = NJW 1984, 1631; OLG Brandenburg NJW 2002, 1440; krit. v. d. Horst ZUM 1993, 508 (511); Geilen in Ulsamer StrafR/StrafVerfR S. 1171; zu § 130 I 1 BGH NStZ-RR 2016, 369; objektiver Sinngehalt der Erklärung). **Gewalt- oder Willkürmaßnahmen** sind anders als in §§ 234a, 241a nicht nur staatliche Verfolgungsmaßnahmen, sondern auch Privataktionen (Geilen in Ulsamer StrafR/StrafVerfR S. 1171; Stein in SK-StGB Rn. 5; Sternberg-Lieben/

Schittenhelm in Schönke/Schröder, Rn. 5b). Parolen wie „Juden raus" oder „Ausländer raus" genügen dem nicht ohne weiteres (BGHSt 32, 310 (313) = NJW 1984, 1631; BGH NStZ-RR 2016, 369 (370); Bloy JR 1985, 266; Stein in SK-StGB Rn. 5a; vgl. aber OLG Hamm NStZ 1995, 136; Rühl NJW 1995, 561 (564); Krauß in LK-StGB Rn. 45); auch nicht die Negierung des Existenzrechts der Juden durch Islamisten (Zöller, Terrorismusstrafrecht, 2009, S. 409); wohl aber der Aufruf, sich am gewaltsamen Dschihad zu beteiligten (Zöller, Terrorismusstrafrecht, 2009, S. 408); beim Zusammenspiel von offenen Aussagen und verdeckt darin enthaltenen zusätzlichen Aussagen muss sich die verdeckte Aussage dem angesprochenen Publikum als unabweisbare Schlussfolgerung aufdrängen (BVerfG NJW 2008, 2907).

c) Abs. 2 Nr. 1c: Beschimpfen, böswillig verächtlich machen → § 90a 6
Rn. 6 (problematisch OLG Koblenz GA 1984, 575 mit abl. Bespr. Giehring StV 1985, 30; LG Frankfurt a. M. NJW 1988, 2683 mit abl. Bespr. Dau NJW 1988, 2650); zu § 130 BGHSt 46, 212 = NJW 2001, 624; BGH NStZ-RR 2006, 305, Juden billigten sexuellen Missbrauch von Kindern; BayObLG NJW 1995, 145; OLG Frankfurt a. M. NJW 1995, 143; KG JR 1998, 213 (215), jeweils zu Asylbewerber als „Schmarotzer"; sowie OLG Frankfurt a. M. NStZ-RR 2000, 368 mit krit. Bespr. Kargl Jura 2001, 176 (177), eingereiste Ausländer, die Sozialhilfe beanspruchen, als „Sozialparasiten". **Verleumden** → § 187 Rn. 1; der Angriff bezieht sich hier anders als in § 187 nicht auf bestimmte Einzelpersonen, was jedoch im Hinblick auf den Inhalt des Verleumdungsbegriffs keinen Unterschied begründet.

4. Abs. 2 Nr. 1: einen Inhalt (Nr. 2) → § 11 Rn. 27; erfaßt Vorbereitungs- 7
handlungen; ob der objektive Tatbestand durch eine Schrift erfüllt ist, muss sich aus dieser selbst ergeben; das gilt auch für subjektive Zielsetzung (zB Aufstacheln zum Hass), die mindestens „zwischen den Zeilen" erkennbar sein muss (Tepperwien NStZ 2009, 1; vollständig in Tepperwien HRRS 2008 Nr. 458; Krauß in LK-StGB Rn. 83); verbreitet oder Öffentlichkeit zugänglich macht oder einer Person unter 18 Jahren die Schrift anbietet, überläßt oder zugänglich macht; **Verbreiten** usw (Nr. 1a–d) s. § 74d (→ § 74d Rn. 5) und §§ 184 I Nr. 1, 184a Nr. 1, 184b I Nr. 1 (speziell bei § 130 BGH NStZ 2012, 564; und schon BGH NJW 2005, 689; krit. Stegbauer NJ 2005, 225; NStZ 2005, 677 (681); gegen OLG Jena NStZ 2004, 628; OLG Celle NStZ 1997, 496 mAnm Popp JR 1998, 80; KG JR 1998, 213 (215); BayObLG NStZ 2002, 258 mit Bespr. Beisel JR 2002, 348; Schroeder JZ 2002, 405; sa BVerfG NJW 2012, 1498 (1500), bloße Weitergabe kein Verbreiten; zum Verbreitungserfolg BGH StraFo 2017, 201) auch im Internet (BGH NStZ 2007, 216, für den eingestellten Aufruf, alle Ausländer von einer Beschäftigung in Deutschland auszuschließen und sie auszuweisen; gegen einen „spezifischen Verbreitungsbegriff" Eisele ComputerStrafR § 30 Rn. 126, der aber beim Zugänglichmachen nach Nr. 1b eine Bereitstellung von Dateien im Internet genügen lässt, weil hierfür bereits die bloße Zugriffsmöglichkeit des Nutzers genüge; vgl. aber Morozinis GA 2011, 475 (483)) von einem Ausländer auf einen ausländischen Server (BGHSt 46, 212 = NJW 2001, 624 mit krit. Bespr. Heghmanns JA 2001, 276; Jeßberger JR 2001, 432; Kudlich StV 2001, 397; Sieber ZRP 2001, 97; zust. aber Hörnle NStZ 2001, 309; Stegbauer NStZ 2005, 677 (680); Geppert JK StGB § 9 Rn. 1; eing. Körber, Rechtsradikale Propaganda im Internet – der Fall Többen, 2003, S. 113; sa Malek, Strafsachen im Internet, 2005, Rn. 352; Marberth/Kubicki, Computer- und Internetstrafrecht, 2005, Rn. 113; Hilgendorf/Frank/Valerius, Computer- und Internetstrafrecht, 2005, Rn. 489), nicht jedoch durch Versenden

von SMS (Hörnle NStZ 2002, 113 (118)). Zu b) Wahlplakate (OLG München NJW 2010, 2150; BVerfG NJW 2010, 2193). Verfassungsrechtliche Bedenken bei Junge, Das Schutzgut des § 130 StGB, 2000, S. 154, die die Aufnahme des Eignungsmerkmals ohnehin auch in Abs. 2 fordert.

8 **5. Abs. 3: Öffentlich oder in einer Versammlung** → § 80a Rn. 2 (krit. zu dieser Einschränkung Partsch EuGRZ 1994, 429 (434)). **Billigen** heißt, eine konkrete Tat (BGH NJW 1990, 2828; Sternberg-Lieben/Schittenhelm in Schönke/Schröder Rn. 17) – auch die eigene (BGH NJW 1978, 58; Krupna in HK-StrafR Rn. 9) – nach ihrer Begehung gutheißen (BGHSt 22, 282 = NJW 1969, 517; OLG Karlsruhe NJW 2003, 1200 zu § 140; OLG Rostock StraFo 2007, 426 „U-Bahn-Lied"; mit krit. Bespr. Rackow ZIS 2010, 366 (374); Geilen in Ulsamer StrafR/StrafVerfR S. 1177, positive Parteinahme). Erforderlich ist danach die eindeutige, aus sich heraus verständliche Kundgabe eigener Zustimmung (OLG Rostock StraFo 2007, 426), die nach dem Sinn der (uU nur schlüssigen) Erklärung (BGH NJW 1995, 3395 (3396)), nicht nach der Verwendung bestimmter Worte zu beurteilen ist und sich auch schon aus der Form der Darstellung ergeben kann (BGH NJW 1978, 58; zB Zeigen eines Tattoos mit „Jedem das seine", OLG Brandenburg NStZ-RR 2017, 206); das Setzen eines Hyperlinks genügt nicht (Zöller, Terrorismusstrafrecht, 2009, S. 399); bloßes Verbreiten fremder Erklärungen allein auch nicht (BGHSt 36, 363 = NJW 1990, 2828; problematisch OLG Braunschweig NJW 1978, 2044). Außerdem muss die Beziehung auf die konkrete Tat für den Durchschnittsadressaten so eindeutig und unmittelbar aus der Kundgebung selbst hervorgehen, dass er sie als Zustimmung zu einer konkreten, objektiv und subjektiv verwirklichten Katalogstat verstehen kann (BGH NJW 1990, 2828; NJW 1998, 1087 (1088); krit. zur früher uneinheitlichen Rspr. Rudolphi ZRP 1979, 214 (219); Hanack in LK-StGB § 140 Rn. 14–26). – **Verharmlosen** ist das der wirklichen Bedeutung widersprechende Bagatellisieren der Wertwidrigkeit, der Gefährlichkeit und der Folgen von Gewalttätigkeiten (hM; OLG Koblenz NJW 1986, 1700; NStZ 1998, 40 zu § 131; OLG Rostock StraFo 2007, 426, herunterspielen; Fischer Rn. 31; anders BT-Drs. 10/2546, 22; Greger NStZ 1986, 8 (10), die auch „beiläufige" und „emotionsneutrale" Schilderungen ohne ein „Herunterspielen" genügen lassen, auch in der „verbrämten" Form eines polemischen Wortspiels; ähnlich weit BGHSt 46, 36 (42) = NJW 2000, 2217 mzustAnm Streng JZ 2001, 205). Es wird idR darin bestehen, dass die Gewalt in dem konkreten Zusammenhang zu Unrecht als akzeptable oder wenigstens nicht verwerfliche Möglichkeit der Konfliktslösung hingestellt wird (BT-Drs. VI/3521, 7). Die Verharmlosung kann in einem quantitativen „Herunterspielen" (BGHSt 46, 36 (42) = NJW 2000, 2217; BGH NJW 2005, 689 (691) mzustAnm Stegbauer NJ 2005, 225, Herunterrechnen der Opferzahlen; OLG Celle NdsRpfl 2020, 67; Krupna in HK-StrafR Rn. 9), aber auch in einem qualitativen „Bagatellisieren" bestehen (Rackow ZIS 2010, 366 (369); Geilen in Ulsamer StrafR/StrafVerfR S. 1177; Sternberg-Lieben/Schittenhelm in Schönke/Schröder Rn. 21; für qualitative Verharmlosung als Unterform des Billigens dagegen Wandres, Die Strafbarkeit des Auschwitzleugnens, 2000, S. 245; für eine restriktive Auslegung im Hinblick auf Art. 5 I GG Stegbauer NStZ 2000, 281 (285)); die öffentliche Verwendung eines „Judensterns" unter Ersetzung des Worts „Jude" durch die Wörter „nicht geimpft", „AfD Wähler", „SUV Fahrer" und „Islamophob" reicht idR aus, weil die vom Verwender jeweils postulierte Vergleichbarkeit seines offensichtlich banalen Schicksals mit dem der zur Vernichtung bestimmten europäischen Juden in der NS-Zeit deren Schicksal bagatellisiert

(BayObLG Urt. v. 25.6.2020 – 205 StRR 240/20; bestätigt durch BVerG Kammerbeschl. v. 21.9.2021 – 1 BvR 1787/20; anders mangels mangels Friedensstörungseignung OLG Saarbrücken NStZ-RR 2021, 209); dazu gehört auch die Parallelisierung mit angeblich „50 Holocausten“ durch Israel. – **Leugnen** ist das bloße Bestreiten (Wandres, Die Strafbarkeit des Auschwitzleugnens, 2000, S. 231; krit. zur Weite des Merkmals König/Seitz NStZ 1995, 1 (3); Geilen in Ulsamer StrafR/StrafVerfR S. 1176), das mehr als ein Infragestellen ist (vgl. Beisel NJW 1995, 997 (1000); Altenhain in Matt/Renzikowski Rn. 21; Krauß in LK-StGB Rn. 106; aM Stegbauer NStZ 2000, 281 (284)). Wer bloß fremde Äußerungen wiedergibt, muss sich diese ausdrücklich oder konkludent derart zu eigen macht, dass er selbst leugnet (BGH NStZ-RR 2019, 108). Wer von der Nichtexistenz der geleugneten Handlung ausgeht, leugnet sie nicht im Sinne eines bewusst wahrheitswidrigen Bestreitens; zumindest ist der „Leugnungs“-Vorsatz zu verneinen (Geilen in Ulsamer StrafR/StrafVerfR S. 1178; Kindhäuser/Hilgendorf in LPK-StGB Rn. 29; Schäfer/Anstötz in MüKoStGB Rn. 103; Stein in SK-StGB Rn. 27; Sternberg-Lieben/Schittenhelm in Schönke/Schröder Rn. 19, 20; Fischer Rn. 43–45). Die Annahme von bedingtem Leugnungsvorsatz kommt aber bei Tätern in Betracht, die die Realität bewusst ignorieren und nicht wahrhaben wollen, dass es sich bei dem Holocaust um eine historische Tatsache handelt (BGHSt 47, 278 = NJW 2002, 2115 mzustAnm Stegbauer JR 2003, 74; BGH NStZ-RR 2019, 375 Geilen FS Herzberg, 2008, 593 (599); Maurach/Schroeder/Maiwald StrafR BT II § 60 Rn. 68; Hilgendorf/Frank/Valerius, Computer- und Internetstrafrecht, 2005, Rn. 504; Krauß in LK-StGB Rn. 130; Altenhain in Matt/Renzikowski Rn. 34; Ostendorf in NK-StGB Rn. 37 und beim Verharmlosen auch BGHSt 46, 36 = NJW 2000, 2217 mablAnm Streng JZ 2001, 205 (206); anders → 29. Aufl. 2018). – Alle drei Tathandlungen müssen sich auf **eine unter der Herrschaft des Nationalsozialismus** begangene Katalogtat des § 6 I VStGB beziehen (krit. zu dieser Beschränkung Beisel NJW 1995, 997 (1000)). An die Stelle des § 220a StGB aF ist in Abs. 3 § 6 I VStGB getreten, der weitgehend mit § 220a StGB aF übereinstimmt (→ Rn. 2; sowie BT-Drs. 14/8524, 14; Werle/Jeßberger JZ 2002, 725 (727); Zimmermann NJW 2002, 3068). Durch die Formulierung „Handlung der in § 6 Abs 1 VStGB bezeichneten Art“ werden auch vor dem In-Kraft-Treten des § 6 VStGB am 30.6.2002 und des § 220a am 22.5.1955 (BGBl. II 210) begangene Taten erfasst (BT-Drs. 12/8588, 8). – Zur **Anwendbarkeit deutschen Strafrechts** vgl. EGMR EuGRZ 2019, 572 und → § 9 Rn. 5.

Abs. 3 erfasst damit insbes. das bloße **Bestreiten der Gaskammermorde** zB in Auschwitz (sog. „Auschwitzlüge“; sa BGH NJW 2005, 689 (691); als besondere Erscheinungsform des Leugnens eingeordnet bei Wandres, Die Strafbarkeit des Auschwitzleugnens, 2000, S. 93, der auch eine neue Terminologie vorschlägt, S. 97, sa S. 253), das von § 130 aF wegen des dort geforderten Angriffs auf die Menschenwürde nicht ohne weiteres erfasst wurde (BGHSt 40, 97 = NJW 1994, 1421 mit Bespr. Baumann NStZ 1994, 392; Bertram NJW 1994, 2002; Jakobs StV 1994, 540; vgl. jedoch BVerfGE 90, 241 = NJW 1994, 1779 mit zust. Bespr. Berkemann JR 1994, 451; krit. Brugger AöR 2003, 372 (402)), und dessen beleidigungsrechtliche Erfassung problematisch ist (→ Vor § 185 Rn. 3; → § 185 Rn. 5; → § 189 Rn. 2; → § 194 Rn. 3; Wandres, Die Strafbarkeit des Auschwitzleugnens, 2000, S. 177). Auf die Rspr. des BGH zu § 130 aF reagiert der Gesetzentwurf des Bundesrates ausdrücklich (BR-Drs. 534/94, 10; zur Genese des Abs. 3 Stegbauer NStZ 2000, 281; Wandres, Die Strafbarkeit des Auschwitzleugnens, 2000, S. 123; Leukert, Die strafrechtliche Erfassung des Auschwitzleugnens, 2005, S. 8, 25). Auch wenn diese Reak- 8a tion der öffentlichen Meinung (vgl. nur die Presseerklärung des Deutschen Richterbundes DRiZ 1994, 229) und einem internationalen Trend (vgl. Müller ZBJV 1994, 241 (255); nach Partsch EuGRZ 1994, 429 (434) stellt die Vorschrift auch die Erfüllung einer völkerrechtlichen Verpflichtung dar; zur „Rassenhetze" im Völkerrecht Kübler, Äußerungsfreiheit und rassistische Propaganda, 2000, S. 23, nach US-amerikanischem Recht Brugger AöR 2003, 372 (396)) zur strafrechtlichen Erfassung der „Auschwitzlüge" (dafür Werle/Wandres, Auschwitz vor Gericht, 1995, S. 214; trotz Bedenken auch Streng JZ 2001, 205) entspricht, so ist doch die Legitimität der Vorschrift umstritten (vgl. Beisel, Die Kunstfreiheitsgarantie des Grundgesetzes und ihre strafrechtlichen Grenzen, 1997, S. 1000, Verstoß gegen die Freiheit der Meinungsäußerung nach Art. 5 I GG; ähnlich, aber vorsichtiger Dietz KJ 1995, 210 (220); Huster NJW 1996, 487; Schößler, Anerkennung und Beleidigung, 1997, S. 152; Leukert, Die strafrechtliche Erfassung des Auschwitzleugnens, 2005, S. 211; Hilgendorf/Frank/Valerius, Computer- und Internetstrafrecht, 2005, Rn. 467, 471; Malek, Strafsachen im Internet, 2005, Rn. 351; aM Stegbauer NStZ 2000, 281 (283); diff. Kübler, Äußerungsfreiheit und rassistische Propaganda, 2000, S. 30; sa Jahn, Strafrechtliche Mittel gegen Rechtsextremismus, 1998, S. 163, 232, Verstoß gegen Art. 2 I GG; diff. nach Erscheinungsformen Wandres, Die Strafbarkeit des Auschwitzleugnens, 2000, S. 275; diff. nach zu Grunde gelegtem Rechtsgut Junge, Das Schutzgut des § 130 StGB, 2000, S. 128; Hörnle in Hefendehl/v. Hirsch/Wohlers, Die Rechtsgutstheorie, 2003, S. 268, 278 „Tabubruch"); bezweifeln kann man, ob eine Lüge überhaupt strafwürdiges Unrecht ist (vgl. Köhler NJW 1985, 2390) oder ob das bloße Leugnen einer historischen Tatsache ohne Agitationscharakter gerade als Volksverhetzung erfasst werden sollte (näher Kühl Geilen-Symposium, 2003, 103; Zweifel hinsichtlich der Vereinbarkeit mit dem Tatstrafrecht hegt Hirsch FS Lüderssen, 2002, 253 (261); krit. Roxin FS Marinucci, 2006, 715 (728, 731) „symbolisches Gesetz"). Der Gesetzgeber wollte – auch vor dem historischen Hintergrund sehr gut verständlich – primär ein politisches Signal gegen rechtsextremistische und neonazistische Entwicklungen setzen (v. Bubnoff in LK-StGB Rn. 42). Das ändert aber nichts daran, dass die strafbewehrte Leugnung des Holocausts als solche idR nicht durch Art. 5 GG geschützt ist und zugleich das Potenzial zur Störung des Friedens aufweisen muss (so dass bloße unwahre Behauptungen als solche straflos sind), was sich allerdings bereits aus den Umständen der Leugnung ergeben kann (BVerfG NJW 2018, 2858 mit zust. Bespr. Muckel JA 2018, 877; BVerfG NJW 2018, 2861 mit Bespr. Hufen JuS 2019, 276; Labus ZJS 2019, 59; Ladeur K&R 2018, 623). – Zur Einordnung als Dienstvergehen nach SoldatenG bzw. WDO BVerwG NJW 1997, 2338; NJW 2000, 1433. Rechtsvergleichend Wandres, Die Strafbarkeit des Auschwitzleugnens, 2000, S. 142; Brugger AöR 2003, 372 (396).

8b **6. Abs. 4: Öffentlich oder in einer Versammlung** → § 80a Rn. 2. **Billigen** → Rn. 8; es reicht, wenn durch eine positive Hervorhebung eines Verantwortungsträgers des NS-Regimes für ein unvoreingenommenes, verständiges Publikum klar erkennbar die NS-Herrschaft als solche gutgeheißen wird (BVerwG NJW 2009, 98). **Verherrlichen** → § 131 Rn. 6. **Rechtfertigen** meint das Verteidigen der NS-Herrschaft als notwendig; dies soll auch dadurch geschehen können, dass einzelne **Gewalt-** oder Willkürmaßnahmen – „Menschenrechtsverletzungen" – als richtig dargestellt werden (BT-Drs. 15/5051, 5; Kindhäuser/Hilgendorf in LPK-StGB Rn. 26; Sternberg-Lieben/Schittenhelm in Schönke/Schröder, Rn. 22b; Fischer Rn. 34; zu Recht einschr. Stein in SK-StGB Rn. 30; zw.). Das „Verharmlosen" fehlt, obwohl es die gefährlichste, weil subversive Handlungsweise ist (vgl.

Kühl Prot. 15/56 des BT-Innenausschusses, S. 15; Scheidler BayVBl. 2005, 453 (456); anders Stein in SK-StGB Rn. 30). **In einer die Würde der Opfer verletzenden Weise** → § 131 Rn. 7 mit Hinweis auf die Notwendigkeit einer verfassungskonformen Auslegung dieses in hohem Maße unbestimmten Merkmals (so auch OLG Rostock StraFo 2007, 515 (516) = BeckRS 2007, 16672, das dann aber bei Tathandlungen des Abs. 4 in der Regel von einer Menschenwürdeverletzung ausgeht; deutlich wird immerhin, dass der Achtungsanspruch der **Opfer** der NS-Herrschaft angegriffen sein muss (BT-Drs. 15/5051, 5; Krauß in LK-StGB Rn. 119; krit. aber Sternberg-Lieben/Schittenhelm in Schönke/Schröder, Rn. 22d; Fischer Rn. 37–39); aus der Rspr. einschr. AG Rathenow NStZ-RR 2007, 341 zur Textzeile „Deutschland den Deutschen – Ausländer raus"; weitere unveröffentlichte Rspr. bei Stegbauer NStZ 2010, 132 (133)). Alle drei Tathandlungen müssen sich auf die **nationalsozialistische Gewalt- und Willkürherrschaft,** nicht auf einzelne Gewalt- und Willkürmaßnahmen (so in Abs. 1 Nr. 1 Alt. 2, → Rn. 5) oder auf eine Katalogtat des § 6 I VStGB (so in Abs. 3, → Rn. 8), beziehen; diese pauschale Inbezugnahme der NS-Herrschaft wirft Bestimmtheitsprobleme auf (Fischer Rn. 34); keine sichere Eingrenzung bringt das (nicht Gesetz gewordene) Abstellen auf „Menschenrechtsverletzungen" (BT-Drs. 15/5051, 5; krit. schon Kühl Prot. 15/56 des BT-Innenausschusses, S. 15). Im Gegensatz zu Abs. 1 und 3 ist Abs. 4 kein potenzielles Gefährdungsdelikt mit Eignungsklausel, sondern ein **Verletzungsdelikt** bzw. Erfolgsdelikt (BT-Drs. 15/5051, 5; Kindhäuser/Hilgendorf in LPK-StGB Rn. 26; Fischer Rn. 33). Verletzungsobjekt ist der sonst nur als Rechtsgut fungierende **öffentliche Friede.** Als Verletzungsobjekt ist der öffentliche Friede ein Tatbestandsmerkmal, das – anders als ein hinter der Vorschrift stehendes Rechtsgut – dem Bestimmtheitsgrundsatz (→ § 1 Rn. 2) unterfällt (anders BVerfGE 124, 300 = NJW 2010, 47; krit. Altenhain in Matt/Renzikowski Rn. 31); ob die bisherigen Definitionen des Rechtsguts „öffentlicher Friede" (→ § 126 Rn. 1) diesem verfassungsrechtlichen Erfordernis genügen, muss sich noch erweisen. Es könnten Konkretisierungen erforderlich werden, die das Tatobjekt „handfest" machen; das bisherige Kriterium des frei von Furcht voreinander verlaufenden Zusammenlebens der Bürger und deren Vertrauen darauf sollte dahingehend konkretisiert werden, dass ein Umschlag in Gewalthandlungen unmittelbar droht. Ob sich das allerdings im Einzelfall (auf dessen „Umstände" verweist BT-Drs. 15/5051, 5) feststellen lässt, erscheint eher fraglich, aber das ist der Preis, den man für ein Verletzungsdelikt zahlen muss; die Vorschrift könnte „unanwendbar" werden (vgl. Enders/Lange JZ 2006, 105 (108); Hörnle GA 2006, 80 (94); Enders JZ 2009, 1092 (1097); Fischer Rn. 40). Das BVerfG verlangt jedenfalls, dass es hinreichend wahrscheinlich sein muss, dass der öffentliche Friede „tatsächlich gestört" werden wird (BGH NJW 2005, 3202 (3204)); OLG Rostock StraFo 2007, 515 = BeckRS 2007, 16672; aM BVerwG NJW 2009, 98 mkritAnm Enders JZ 2009, 1092 (1098) „Schädlichkeitsvermutung"). Inzwischen hat es den als Rechtsgut legitimen öffentlichen Frieden (→ Rn. 1) als Tatbestandsmerkmal hinsichtlich seiner Bestimmtheit in Zweifel gezogen, diese aber deshalb für überwindbar erachtet, weil Abs. 4 durch die sonstigen Tatbestandsmerkmale hinreichend bestimmt sei, dem öffentlichen Frieden somit nur die Funktion eines Korrektivs zur Ausscheidung nicht strafwürdiger Fälle zukomme (BVerfGE 124, 300 = NJW 2010, 47; dazu Degenhart JZ 2010, 306; Michael ZJS 2010, 155; Volkmann NJW 2010, 417; Wüstenberg HRRS 2010, 471; Massing JZ 2012, 585 (588); krit. Fischer Rn. 40a); abgesehen von der problematischen Verlagerung von Aufgaben des Gesetzgebers auf die Strafgerichte muss man nach der bisherigen Rspr. zum öffentlichen Frieden (→ Rn. 10) bezweifeln, ob dieses Korrektiv in nennenswertem Umfang greift; das BVerfG gibt nur eine allgemeine Linie vor, nach der es nicht um das pauschale Verbot missliebiger Meinungsäußerungen gehen dürfe, sondern um Äußerungen, die „nach ihrem Inhalt erkennbar auf rechtsgutgefährdende Handlungen angelegt sind" (BVerfGE 124, 300 = NJW 2010, 47 (53) mzustAnm Hörnle JZ 2010, 310 (312)); wie nun aber, wenn dieses Rechtsgut – der öffentliche Friede – unbestimmt ist? Man verlangt dann wohl eine Quadratur des Kreises; die vom Gericht genannte Einschüchterung und Enthemmung geht von Handlungen nach Abs. 4 eher nicht aus (Hörnle JZ 2010, 310 (313)). Ob Indizien wie empörte Proteste oder Gegendemonstrationen ausreichen, ist zweifelhaft (OLG Rostock StraFo 2007, 515 (517) = BeckRS 2007, 16672; Stein in SK-StGB Rn. 32).

8c Die Vorschrift soll dazu beitragen, der kontinuierlichen Zunahme rechtsextremistischer Versammlungen im Gepräge historischer Aufmärsche des NS-Regimes entgegenzuwirken (BT-Drs. 15/4832, 1; BT-Drs. 15/5051, 1; krit. Fischer Rn. 3, bedenkliches Beispiel einer anlassbezogenen, auf polizeiliche Zwecke ausgerichteten Kriminalpolitik). Dazu wurde das Verbot von friedensgefährdenden Versammlungen durch den neuen Abs. 2 des § 15 VersG erleichtert (Zweifel an der Erreichung des Ziels bei Leist NVwZ 2005, 500; zu den verfassungsrechtlichen Grenzen Poscher NJW 2005, 1316). Ob darüber hinaus der Einsatz des Strafrechts geboten war, erscheint unter dem Gesichtspunkt der Subsidiarität des Strafrechts (→ Vor § 13 Rn. 3) zweifelhaft (von symbolischer Gesetzgebung sprechen Enders/Lange JZ 2006, 105; von „irregulärem Ausnahmerecht" spricht Bertram NJW 2005, 1476); dieser Gesichtspunkt könnte auch dafür sprechen, der Aufklärung und Diskussion Vorrang vor dem Strafrecht einzuräumen (Kühl Prot. 15/56 des BT-Innenausschusses, S. 14; vgl. Denkowski Kriminalistik 2005, 208). Für die Vereinbarkeit mit Art. 5 I, II, Art. 103 II GG BVerfGE 124, 300 (321) = NJW 2010, 47 mit Bespr. Hörnle JZ 2010, 310; Hufen JuS 2010, 558; Muckel JA 2010, 236; zust. Eisele ComputerStrafR § 30 Rn. 132; Beyerbach JA 2015, 881. Rechtsvergleichend mit den USA Fohrbeck, Wunsiedel: „Billigung, Verherrlichung, Rechtfertigung", 2015.

8d **6a.** Der vorgesehene Abs. 5 nF (s. Fassungshinweis) soll Tathandlungen des Abs. 3 außerhalb des Bezugs zum Holocaust erfassen. Damit soll der EU-Rahmenbeschluss 2008/913/JI vollends umgesetzt werden, doch wäre die Norm etwa auch auf den Ukraine-Krieg anwendbar. Angesichts der weitgehenden Eingriffe in die Meinungsfreiheit sollten die Tatbestandsmerkmale einer solchen Bestimmung eng ausgelegt werden.

9 **7. Abs. 5:** Verbreiten von Inhalten usw (→ Rn. 7) mit dem in Abs. 3 oder auch (seit dem 1.1.2021) 4 beschriebenen Inhalt (→ Rn. 8).

10 **8.** Zu der nur von Abs. 1, 3 und 5 geforderten **Eignung** der Tathandlung, den **öffentlichen Frieden** zu stören, → § 126 Rn. 4, 5 (Massing JZ 2012, 585 (588); krit. Fischer GA 1989, 445 (463); Fischer Rn. 13–14a; sowie Stegbauer NStZ 2000, 281 (285); zu § 130 I, III BGHSt 46, 212 = NJW 2001, 624; BGHSt 47, 278 = NJW 2002, 2115; zu Abs. 1 Nr. 2 BGH NStZ-RR 2006, 305 (306); zu Abs. 3 BGH NJW 2005, 689 (691); krit. Kühl Geilen-Symposium, 2003, 103 (114)); diese Eignung kann je nach der betroffenen Gruppe, namentlich ihrer Größe, ihrer Homogenität und dem Ausmaß ihrer faktischen Ausgrenzung aus der Gesamtbevölkerung (zB rassische und ethnische Gruppen, Randgruppen) unterschiedlich zu beurteilen sein (Streng FS Lackner, 1987, 501 (515); Altenhain in Matt/Renzikowski Rn. 13), aber nicht auf die bloße „Öffentlichkeitsfähigkeit" der Äußerung (→ § 126 Rn. 4) reduziert werden (Krauß in LK-StGB Rn. 72; aM Streng FS Lackner, 1987,

501 (515); speziell zu Abs. 3b auch BGHSt 46, 36 (42) = NJW 2000, 2217 mAnm Stegbauer JR 2001, 37; Streng JZ 2001, 205, der eine „Mindestintensität" der Tathandlung im Hinblick auf die geschützten Rechtsgüter verlangt, wo auf die „unruhestiftende öffentliche Wirkung" abgestellt wird; sowie BGHSt 47, 278 = NJW 2002, 2115 mkritAnm Stegbauer JR 2003, 74, wo die Öffentlichkeit der Hauptverhandlung und die Beobachtung durch Öffentlichkeit und Presse für ausreichend erachtet wird; krit. zu beiden Begründungen Kühl Geilen-Symposium, 2003, 103 (114)); Verbreitung im Internet kann für die Eignung sprechen; nicht aber bei geschlossenen Foren (Eisele ComputerStrafR § 30 Rn. 122). An der Eignung mag es bei der Soldaten-Mörder-Parole fehlen (Herdegen NJW 1994, 2933 (2934); Sternberg-Lieben/Schittenhelm in Schönke/Schröder, Rn. 11), nicht jedoch bei Asylbetrüger-Pamphleten (BayObLG NJW 1995, 145; OLG Frankfurt a. M. NJW 1995, 143; KG JR 1998, 213 (216); ebenso für „Sozialparasiten" OLG Frankfurt a. M. NStZ-RR 2000, 368 mit krit. Bespr. Kargl Jura 2001, 176 (181); der Rspr. zust. Junge, Das Schutzgut des § 130 StGB, 2000, S. 173); auch nicht bei der Parole: „Ausländer raus" (OLG Brandenburg NJW 2002, 1440) oder bei Wahlplakaten „Polen-Invasion stoppen!" (BVerfG NJW 2009, 3503 (3504), Beispiel bei Eisele ComputerStrafR § 30 Rn. 121); bei der sog. „Auschwitzlüge" wird man trotz ihrer evidenten Haltlosigkeit die Tauglichkeit als friedensstörende Aussage noch annehmen müssen (Geilen in Ulsamer StrafR/StrafVerfR S. 1178; Werle/Wandres, Auschwitz vor Gericht, 1995, S. 214; ebenso für die „qualifizierte Auschwitzlüge" BGHSt 46, 212 = NJW 2001, 624 mAnm Jeßberger JR 2001, 432; aM Morozinis GA 2011, 475 (483)). Da Abs. 2 keine Eignung zur Störung des inländischen Rechtsguts öffentlicher Frieden voraussetzt, ist auch das Verbreiten von Inhalten erfasst, die sich auf im Ausland lebende Gruppen beziehen (BT-Drs. 12/6853, 24; Hörnle NStZ 2002, 113 (116); Hilgendorf/Frank/Valerius, Computer- und Internetstrafrecht, 2005, Rn. 488; krit. zu dieser „Globalisierung" Geilen in Ulsamer StrafR/StrafVerfR S. 1174).

8a. Bisher enthielt § 130 keine Versuchsstrafbarkeit; das ist seit 2015 geändert, **10a**
ua wegen des Wertungswiderspruchs zu strafbaren Vorbereitungshandlungen (BT-Drs. 18/2601, 25; Kindhäuser/Hilgendorf in LPK-StGB Rn. 31).

9. Zu der nach **Abs. 7** für Abs. 2–6 analog anwendbaren Sozialadäquanzklausel **11**
des § 86 IV (= § 86 III aF) → § 86 Rn. 8; krit. zu dieser Klausel, vor allem im Hinblick auf Abs. 3 (Geilen in Ulsamer StrafR/StrafVerfR S. 1179; Zöller, Terrorismusstrafrecht, 2009, S. 410; zum „Redaktionsversehen" Fischer Rn. 52). Ein „ähnlicher Zweck" iSd § 86 IV ist die Strafverteidigung, doch greift der Tatbestandsausschluss (BGHSt 46, 36 = NJW 2000, 2217; BGHSt 47, 278 = NJW 2002, 2115) nicht ein, wenn die Erklärung des Verteidigers ohne Bezug zur Verteidigung oder „verteidigungsfremd" ist (BGHSt 46, 36 = NJW 2000, 2217 mzustAnm Stegbauer JR 2001, 37; Streng JZ 2001, 205 (208), der aber Rechtfertigung wegen Wahrnehmung berechtigter Interessen annimmt; zust. auch Wohlers StV 2001, 420 (428); Widmaier FG BGH, 2000, 1043 (1046); BGHSt 47, 278 mit Bespr. Stegbauer JR 2003, 74, der § 193 analog heranziehen will). Zur (wohl kaum) möglichen Rechtfertigung durch die Meinungsäußerungsfreiheit (Art. 5 I GG) s. AG Linz NStZ-RR 1996, 358 (359); OLG Frankfurt a. M. NStZ-RR 2000, 368 (369); wie bei §§ 185ff. (→ § 193 Rn. 12) darf bei mehrdeutigen Äußerungen nur dann die zur Bejahung von § 130 führende Deutungsalternative zugrundegelegt werden, wenn die anderen möglichen Deutungen mit nachvollziehbaren Gründen ausgeschlossen werden können (BVerfG NJW 2001, 61; NJW 2001, 2072); zu möglichen Konflik-

ten mit der Kunstfreiheit (Art. 5 III GG) s. Beisel, Die Kunstfreiheitsgarantie des Grundgesetzes und ihre strafrechtlichen Grenzen, 1997, S. 336; Beisel JR 2002, 348 (349). Volksverhetzende Äußerungen von V-Leuten sind allenfalls nach § 34 gerechtfertigt (Kubiciel NStZ 2003, 57; Krupna in HK-StrafR Rn. 14).

12 **10.** Eine Mehrheit von Einzelbetätigungen aller Varianten der Abs. 1, 3 und 4 können zu einer tatbestandlichen Handlungs- bzw. Bewertungseinheit zusammengefasst werden (näher zu den Kriterien Warda Geilen-Symposium, 2003, 199). Der **Vorsatz** (bedingter genügt) muss bei Abs. 1, 3 und 5 namentlich auch die Eignung zur Friedensstörung umfassen (→ § 126 Rn. 5). Hinsichtlich des Aufstachelns (→ Rn. 4) ist zielgerichteter Wille erforderlich (Sternberg-Lieben/Schittenhelm in Schönke/Schröder Rn. 5a, 24; Krauß in LK-StGB Rn. 128). Zum Vorsatz hinsichtlich des Leugnens → Rn. 8; der Vorsatz hinsichtlich des Verharmlosens muss sich auf die Unwahrheit der mit der Verharmlosung verbundenen Tatsachenbehauptungen und auf die grundsätzliche Unangemessenheit der geäußerten Wertungen erstrecken (BGH NJW 2005, 689 (691)).

13 **11. Tateinheit** besteht zwischen Abs. 1 und 3 (BGHSt 46, 212 = NJW 2001, 624; BGH NStZ-RR 2019, 375; Warda Geilen-Symposium, 2003, 199 (217)), auch mit Abs. 4 (Stein in SK-StGB Rn. 37), und ist sonst ua möglich mit §§ 111, 140, 185–187a. Abs. 3 Alt. 1 geht § 140 Nr. 2 aus Gründen der Spezialität vor (BGH NJW 1999, 1561; → Vor § 52 Rn. 25). Abs. 1 soll bei Äußerungen in Inhalten dem Abs. 2 vorgehen, wenn der Äußernde der geistige Urheber des Textes ist (Hörnle NStZ 2002, 113 (116)). Bei Abs. 2 liegt Tateinheit beim Verbreiten mehrerer Exemplare einer Schrift vor (BGH NStZ 2012, 564), was nunmehr für mehrere Darstellungsformen eines Inhalts zutreffen dürfte; vom Verbreiten werden andere Vorbereitungshandlungen verdrängt (BGH NStZ 2012, 564).

§ 130a Anleitung zu Straftaten

(1) **Wer einen Inhalt (§ 11 Absatz 3), der geeignet ist, als Anleitung zu einer in § 126 Abs. 1 genannten rechtswidrigen Tat zu dienen, und dazu bestimmt ist, die Bereitschaft anderer zu fördern oder zu wecken, eine solche Tat zu begehen, verbreitet oder der Öffentlichkeit zugänglich macht, wird mit Freiheitsstrafe bis zu drei Jahren oder mit Geldstrafe bestraft.**

(2) **Ebenso wird bestraft, wer**

1. **einen Inhalt (§ 11 Absatz 3), der geeignet ist, als Anleitung zu einer in § 126 Abs. 1 genannten rechtswidrigen Tat zu dienen, verbreitet oder der Öffentlichkeit zugänglich macht oder**
2. **öffentlich oder in einer Versammlung zu einer in § 126 Abs. 1 genannten rechtswidrigen Tat eine Anleitung gibt,**

um die Bereitschaft anderer zu fördern oder zu wecken, eine solche Tat zu begehen.

(3) **§ 86 Absatz 4 gilt entsprechend.**

Fassung durch das 49. StÄG (→ Vor § 1 Rn. 18) wurde Abs. 2 eingefügt; Inkrafttreten: 27.1.2015; Anpassung an den neuen Inhalts-Begriff (§ 11 III) durch das 60. StÄG (→ Vor § 1 Rn. 19) zum 1.1.2021 mit der Folge der Streichung von Abs. 3 aF und Umnummerierung von Abs. 4 aF zu Abs. 3; in diesem an § 86 nF durch G zur Verbesserung des Schutzes gegen sog. Feindeslisten zum 22.9.2021 (→ Vor § 1 Rn. 19).

1 **1.** Die Vorschrift schützt den **öffentlichen Frieden** (→ § 126 Rn. 1; Ostendorf in NK-StGB Rn. 4; krit. Hörnle, Grob anstößiges Verhalten, 2005, S. 217). Ebenso wie § 140 (→ § 140 Rn. 1) soll sie dem Entstehen eines „psychischen Klimas" entgegenwirken, in dem schwere, sozialschädliche Gewalttaten gedeihen können (BT-Drs. 10/6286, 8; Kindhäuser/Hilgendorf in LPK-StGB Rn. 1; krit. Dencker StV 1987, 117 (121); Demski/Ostendorf StV 1989, 30; Altenhain in Matt/Renzikowski Rn. 1). Sie hat die Anleitung zur Begehung bestimmter Gewalttaten zum Gegenstand (→ Rn. 2) und differenziert nach den Begehungsformen des Verbreitens oder Zugänglich machens von Inhalten (→ Rn. 6, 7) und der Äußerung in der Öffentlichkeit oder in Versammlungen (→ Rn. 8). Als abstraktes Gefährdungsdelikt versteht die Vorschrift Fischer Rn. 2.

2 **2.** Grundlage **aller Tatbestandsalternativen** ist die Anleitung zu einer in § 126 I genannten rechtswidrigen Tat (Katalogstat). **Anleiten** zu einer Tat erfordert, dass über die Möglichkeiten der Tatausführung einschließlich ihrer Vorbereitung, namentlich durch Hinweise technischer Art, Informationen mit der Tendenz zur Förderung der Tatbegehung gegeben werden (Sturm JZ 1976, 347 (349); Laufhütte MDR 1976, 441 (445); vgl. auch BayObLG NJW 1998, 1087); ein Auffordern (→ § 111 Rn. 3) setzt es nicht voraus (Rogall GA 1979, 11 (19); Krauß in LK-StGB Rn. 11). **Bezugsgegenstand** des Anleitens ist ein bestimmtes – sei es auch nur allgemein beschriebenes – tatsächliches Verhalten, das die Merkmale einer, nicht notwendig schuldhaften, Katalogstat aufweist (→ § 126 Rn. 2; → § 11 Rn. 18).

3 **3.** Zu den Begehungsformen des **Abs. 1:**

a) Schrift (und andere Darstellungen) → § 11 Rn. 27, Von den Darbietungen im Rundfunk (Bild- und Hörfunk) gehören nur Ausstrahlungen von Bild- oder Tonaufzeichnungen hierher (→ § 184c Rn. 3, 5); Äußerungen in Live-Sendungen können unter Abs. 2 Nr. 2 fallen (ebenso Fischer Rn. 5).

4 **b)** Das Merkmal **geeignet, als Anleitung** (iSd Ausführungen unter → Rn. 2) **zu dienen,** bedarf zur Wahrung der Meinungsfreiheit (Art. 5 GG) einschränkender Auslegung (aM Zieschang Gefährdungsdelikte S. 310, der auf Abs. 3 verweist). Es ist nicht schon dann erfüllt, wenn die Schrift als Informationsquelle für die Planung einer Katalogtat benutzt werden kann (anders Altenhain in Matt/Renzikowski Rn. 2). Erforderlich und zugleich ausreichend ist vielmehr, dass sie spezielle unterweisende Ausführungen enthält, die gerade für die Vorbereitung oder Ausführung von Gewalt- oder Zerstörungsakten der in den Katalogtatbeständen beschriebenen Art hilfreich sein sollen (aM Fischer Rn. 9). Erfasst werden danach nicht nur Inhalte, die unmittelbar zu Katalogstaten anleiten (→ Rn. 2), sondern auch solche, die sich erkennbar auf äußerlich entsprechende, aber nicht rechtswidrige Handlungen (etwa Brückensprengungen im Verteidigungsfall) beziehen (BT-Drs. 10/6286, 8). Auszuscheiden sind vor allem wissenschaftliche Untersuchungen, Patentschriften und alle anderen Schriften technischen Inhalts, wenn ihnen der besondere Bezug zur Förderung gerade von Handlungsakten im Sinne der Katalogstatbestände fehlt. Das trifft ua für Schriften zu, denen es darauf ankommt, mögliche Ansatzpunkte für die Abwehr von Katalogtaten aufzuzeigen (Sturm JZ 1976, 347 (349)), und für Darstellungen von Gewalttaten in Kriminalfilmen und -romanen, es sei denn, dass diese Darstellungsformen zur Tarnung der Anleitungstendenz gewählt werden.

5 **c)** Die **Bereitschaft anderer,** eine Katalogstat zu begehen, wird **gefördert oder geweckt,** wenn bei anderen der Wille zur Tatbegehung verursacht oder be-

stärkt wird (zum früheren Recht Rogall GA 1979, 11 (19)). Ob ein **Inhalt** zu diesem Zweck **bestimmt** ist, hängt ausschließlich von dem darin objektivierten Inhalt ab (BGHSt 28, 312 = NJW 1979, 1556; Zieschang Gefährdungsdelikte S. 308; Kindhäuser/Hilgendorf in LPK-StGB Rn. 6), allerdings auch, soweit er erkennbar zwischen den Zeilen steht oder sich erst aus anderen Quellen, auf die verwiesen wird, voll erschließt (→ § 86 Rn. 4). Erforderlich ist danach mindestens eine auf Förderung der Bereitschaft gerichtete Tendenz (Sternberg-Lieben/Schittenhelm in Schönke/Schröder Rn. 5; Stein in SK-StGB Rn. 8, 8a), die im Inhalt wenigstens ansatzweise zum Ausdruck kommt (krit. Ostendorf in NK-StGB Rn. 9). Hinzukommen muss nach dem Schutzzweck der Vorschrift die aus den Umständen herzuleitende objektive Eignung des Inhalts, dieses Ziel zu erreichen (iErg ebenso BT-Drs. 10/6286, 8); daran wird es bei älteren, nur für eine bestimmte Zeit verfassten Inhalten regelmäßig fehlen (Sturm JZ 1976, 347 (348); Sternberg-Lieben/Schittenhelm in Schönke/Schröder Rn. 5).

6 **d)** Die **Tathandlungen** (Verbreiten usw) decken sich mit den wichtigsten Tathandlungen des § 184 I (→ § 184 Rn. 5).

7 **4.** Zu den Begehungsformen des **Abs. 2:**

a) Nr. 1: Sie weicht von Abs. 1 nur insofern ab, als an die Stelle des im Inhalt verkörperten Zwecks, die Bereitschaft anderer zur Begehung von Katalogstaten zu fördern oder zu wecken (→ Rn. 5), die entsprechende Absicht des Täters tritt (→ Rn. 10; einschr. Dencker StV 1987, 117 (121), Kühl NJW 1987, 737 (739), Beck, Unrechtsbegründung und Vorfeldkriminalisierung, 1992, S. 192; Kindhäuser/Hilgendorf in LPK-StGB Rn. 8, Gefahr unzulässigen Gesinnungsstrafrechts; krit. Fischer Rn. 17).

8 **b) Nr. 2: Öffentlich, in einer Versammlung** → § 80a Rn. 2. **Tathandlung** ist das Anleiten (→ Rn. 2).

9 **5. a)** Der **Vorsatz** (bedingter genügt) erfordert hinreichend konkretisierte Vorstellungen von den Tatumständen der Katalogtatbestände (→ § 126 Rn. 5). Außerdem bedarf es in den Fällen des **Abs. 1** namentlich der Bedeutungskenntnis (→ § 15 Rn. 14) im Hinblick auf die vorausgesetzte Eignung der Schrift und ihre Bestimmung. Ob die Förderung oder Weckung der Bereitschaft anderer erreicht wurde (Sturm JZ 1976, 347 (349)) oder ob der Täter das Förderungsziel selbst verfolgt oder den Inhalt der Schrift als solchen auch nur gebilligt hat (Stree NJW 1976, 1177 (1179)), ist unerheblich (Fischer Rn. 18; aM Ostendorf in NK-StGB Rn. 12).

10 **b) Abs. 2** erfordert die **Absicht** (kein besonderes persönliches Merkmal nach § 28 I, → § 28 Rn. 3–5; ebenso Fischer Rn. 21) der Förderung oder Weckung fremder Bereitschaft (→ Rn. 5) im Sinne zielgerichteten Wollens (Stree NJW 1976, 1177 (1179); → § 15 Rn. 20); ob das Ziel erreicht wurde, ist auch hier unerheblich.

11 **6.** Zu **Abs. 3 nF** → § 86 Rn. 8. Für Abs. 2 ist die Adäquanzklausel praktisch bedeutungslos (aM Ostendorf in NK-StGB Rn. 11), weil die privilegierten Zwecke – mindestens idR – nicht mit der Absicht, fremde Tatbereitschaft zu fördern (→ Rn. 10), zusammentreffen können (vgl. Fischer Rn. 22).

12 **7.** Für die **Einziehung** von Verkörperungen eines Inhalts gilt in Fällen des Abs. 1 § 74d I, II und in Fällen des Abs. 2 § 74d III. Selbständige Einziehung § 76a (Kindhäuser/Hilgendorf in LPK-StGB Rn. 16).

8. Tateinheit ua möglich mit § 111 (→ § 111 Rn. 10; anders Krauß in LK-StGB Rn. 41, Subsidiarität von § 130a), §§ 125, 129. 13

§ 131 Gewaltdarstellung

(1) [1]**Mit Freiheitsstrafe bis zu einem Jahr oder mit Geldstrafe wird bestraft, wer**

1. einen Inhalt (§ 11 Absatz 3), der grausame oder sonst unmenschliche Gewalttätigkeiten gegen Menschen oder menschenähnliche Wesen in einer Art schildert, die eine Verherrlichung oder Verharmlosung solcher Gewalttätigkeiten ausdrückt oder die das Grausame oder Unmenschliche des Vorgangs in einer die Menschenwürde verletzenden Weise darstellt,
   a) verbreitet oder der Öffentlichkeit zugänglich macht,
   b) einer Person unter achtzehn Jahren anbietet, überlässt oder zugänglich macht oder

2. einen in Nummer 1 bezeichneten Inhalt (§ 11 Absatz 3) herstellt, bezieht, liefert, vorrätig hält, anbietet, bewirbt oder es unternimmt, diesen ein- oder auszuführen, um ihn im Sinne der Nummer 1 zu verwenden oder einer anderen Person eine solche Verwendung zu ermöglichen.

[2]**In den Fällen des Satzes 1 Nummer 1 ist der Versuch strafbar.**

(2) **Absatz 1 gilt nicht, wenn die Handlung der Berichterstattung über Vorgänge des Zeitgeschehens oder der Geschichte dient.**

(3) **Absatz 1 Satz 1 Nummer 1 Buchstabe b ist nicht anzuwenden, wenn der zur Sorge für die Person Berechtigte handelt; dies gilt nicht, wenn der Sorgeberechtigte durch das Anbieten, Überlassen oder Zugänglichmachen seine Erziehungspflicht gröblich verletzt.**

Fassung: Das SexÄG (→ Vor § 1 Rn. 15) hat Abs. 1 und 2 erweitert, Abs. 4 neu gefasst und eingeschränkt. Durch das 49. StÄG v. 21.1.2015 (BGBl. I 10) ist Abs. 1 neu gefaßt, Abs. 2 gestrichen und Abs. 3 geändert worden. Inkrafttreten 27.1.2015; Anpassung an den neuen Inhalts-Begriff (§ 11 III) durch das 60. StÄG (→ Vor § 1 Rn. 19) zum 1.1.2021.

1. Die Vorschrift **schützt den öffentlichen Frieden** (→ § 126 Rn. 1; hM; aM Ostendorf in NK-StGB Rn. 3, Individualschutz; ähnlich Fischer Rn. 3, Schutz des Einzelnen vor Gewalttaten; Altenhain in Matt/Renzikowski Rn. 2, Schutz des Lebens und der körperlichen Unversehrtheit; krit. Weigend FS Herrmann, 2002, 35 (40), nach dem es um „Empfindungsschutz" geht; krit. auch Hefendehl Kollektive Rechtsgüter S. 305; Hörnle, Grob anstößiges Verhalten, 2005, S. 386; Hörnle FS Schwind, 2006, 337; nach Fischer Rn. 3, recht vage; zust. Knauer ZStW 126 (2014), 331). Sie soll die Darstellung von Aggressionen, die möglicherweise für **Gewalttätigkeiten** stimulierend wirken, in der Allgemeinheit hintanhalten und zugleich den einzelnen vor der Fehlentwicklung zu einer aggressiven Haltung bewahren (BGH NStZ 2000, 307; BT-Drs. VI/3521, 6; 10/2546, 21; Maurach/Schroeder/Maiwald StrafR BT II § 94 Rn. 2; krit. Fischer Rn. 2). Es handelt sich um ein **abstraktes Gefährdungsdelikt** (hM; Fischer Rn. 2; Kindhäuser/Hilgendorf in LPK-StGB Rn. 2, anders Weigend FS Herrmann, 2002, 35 (42) „Risikodelikt"; ebenso Rackow in Momsen/Bloy/Rackow, Fragmentarisches Strafrecht, 1

2003, S. 195, 201). Sie war von Anbeginn heftig umstritten (vgl. etwa Lange FS Heinitz, 1972, 593; Gehrhardt NJW 1975, 375; Rudolphi JA 1979, 1 (2); aber auch Geilen in Ulsamer StrafR/StrafVerfR S. 413: hinlänglich legitim; zur Verfassungsgemäßheit der Vorschrift Meirowitz, Gewaltdarstellungen auf Videokassetten, 1993, S. 345; einen Verstoß gegen das Bestimmtheitsgebot des Art. 103 II GG nimmt hinsichtlich der „Gewaltverharmlosungs"- und der „Menschenwürde"-Alternative Erdemir, Filmzensur und Filmverbot, 2000, S. 110, 113, 122, an, der eine Verletzung der Filmfreiheit des Art. 5 I GG und der Kunstfreiheit des Art. 5 III GG verneint; Erdemir FS Frotscher, 2007, 319 (324), fehlende Menschenwürdeverletzung bei fiktionalen Darstellungen und Privatautonomie erwachsener Rezipienten). Obwohl kein Zweifel besteht, dass Gewaltdarstellungen der im Tatbestand beschriebenen Art (namentlich per Video) massenhaft vertrieben werden (Zöller, Terrorismusstrafrecht, 2009, S. 401 mwN), hat die Vorschrift auch nach ihrer Erweiterung – offenbar wegen der Häufung schwer fassbarer normativer Merkmale – nur selten zu Verurteilungen geführt (vgl. Joerden ZRP 1995, 325, der deshalb eine „Gewaltdarstellungssteuer" vorschlägt; krit. Bartsch ZRP 1996, 370; Rössel ZRP 1997, 79 mit Erwiderung Joerden ZRP 1997, 463; krit. dazu Naujocks ZRP 1999, 74; zur geringen praktischen Bedeutung sa Rackow in Momsen/Bloy/Rackow, Fragmentarisches Strafrecht, 2003, S. 196; Weigend FS Herrmann, 2002, 35 (46)). Das VerbrBG hat immerhin das Merkmal der Aufstachelung zum Rassenhass gestrichen und es wegen Auslegungsproblemen auch im neuen allgemeinen Diskriminierungstatbestand des § 130 II nicht weiterverwendet (BT-Drs. 12/6853, 24). Die Hauptbedeutung der Vorschrift dürfte nach wie vor in der plakativen Missbilligung der in der Gesellschaft sichtbar gewordenen Brutalisierungstendenzen liegen (BT-Drs. 7/514, 4; ähnlich Kaiser in KSK Kriminologie § 3 Rn. 45, Rackow in Momsen/Bloy/Rackow, Fragmentarisches Strafrecht, 2003, S. 213; Weigend FS Herrmann, 2002, 35 (46); krit. Hörnle, Grob anstößiges Verhalten, 2005, S. 406, bloße Moralwidrigkeit). Zur Einschätzung der präventiven Funktion der Vorschrift Kaiser in KSK Kriminologie § 3 Rn. 40–44. Befunde der Medienwirkungsforschung bei Hörnle, Grob anstößiges Verhalten, 2005, S. 389. Der Gesetzgeber hat die Vorschrift durch das SexÄG novelliert (→ Rn. 3, 4, 13), um die Bekämpfung von Gewaltdarstellungen zu verbessern (BT-Drs. 15/1311, 22; zweifelnd Köhne GA 2004, 180 (187)); Anlass war die Tötung mehrerer Lehrer und Schüler in Erfurt (BT-Drs. 15/1311, 22). Kritisch zum gesetzlichen Verbot von sog. Killerspielen Erdemir K&R 2008, 223; Höynck ZIS 2008, 206, die § 131 bei entsprechender Anwendung für ausreichend erachten. Eingehend zu §§ 131, 140 Heinrich ZJS 2018, 9.

2 **2. Inhalt (Abs. 1)** → § 11 Rn. 27,

3 **3. Abs. 1 Nr. 2** entspricht § 130 II Nr. 2 (→ § 130 Rn. 7).

4 **4. Abs. 1 Nr. 1 a) Gewalttätigkeiten gegen Menschen** setzen den Einsatz physischer (nicht lediglich psychischer) Kraft durch aggressives positives Tun (nicht bloßes Unterlassen) voraus, mit dem unmittelbar auf den Körper eines anderen (nicht auf Tiere oder Sachen; ebenso Erdemir JMS-Report 2011, 2) in einer die körperliche Unversehrtheit konkret gefährdenden Weise eingewirkt wird (ähnlich BGH NJW 1980, 65 (66) zu § 184 III StGB aF, jetzt § 184 a; Kraus in LK-StGB Rn. 15; Altenhain in Matt/Renzikowski Rn. 5; weiter Geilen in Ulsamer StrafR/StrafVerfR S. 414, auch mittelbare Einwirkungen). Nach dem Schutzzweck des Tatbestandes ist der Begriff hier enger auszulegen als in § 125 (→ § 125 Rn. 4); je-

doch werden nicht nur Formen der Nötigung erfasst, sondern uU auch einverständliche sadomasochistische Exzesse (OLG Karlsruhe MDR 1977, 864 mwN) und Anwendung rechtmäßiger Gewalt (Kraus in LK-StGB Rn. 17). Durch das SexÄG (→ Vor § 1 Rn. 15) sind jetzt auch Gewalttätigkeiten gegen **menschenähnliche Wesen** erfasst (Fischer Rn. 6; Kindhäuser/Hilgendorf in LPK-StGB Rn. 7). Damit wurde die Lücke geschlossen, die die Rspr. wegen des vom BVerfG (BVerfGE 87, 209 = NJW 1993, 1457) hochgehaltenen Analogieverbots nicht schließen durfte (ebenso Geilen in Ulsamer StrafR/StrafVerfR S. 413; Sternberg-Lieben/Schittenhelm in Schönke/Schröder Rn. 6; krit. Erdemir FS Frotscher, 2007, 319). Diese Wesen müssen bei objektiver Betrachtung ihrer äußeren Gestalt nach Ähnlichkeit mit dem Menschen aufweisen (BT-Drs. 15/1311, 2; für eine verfassungskonforme restriktive Beschränkung auf Fälle einer evidenten Menschenähnlichkeit Erdemir JMS-Report 2011, 2 (3)). Dies ist im Hinblick auf den den Schutzzweck (→ Rn. 1) sinnvoll, wirft aber im Hinblick auf den Bestimmtheitsgrundsatz (→ § 1 Rn. 2) Probleme auf (Köhne GA 2004, 180 (183); Erdemir JMS-Report 2011, 2 (3); sa BT-Drs. 15/1642, 1), zB bei denkenden, sprechenden Tierfiguren und Außerirdischen (für Einbeziehung Letzterer BT-Drs. 15/1642, 1; Fischer Rn. 6; dagegen Duttge/Hörnle/Renzikowski NJW 2004, 1065 (1070); Köhne GA 2004, 180 (183); Altenhain in Matt/Renzikowski Rn. 11). Als Gewaltausübende kamen schon bisher menschenähnliche Wesen in Betracht (BGH NStZ 2000, 307; krit. Köhne GA 2004, 180 (187)), nicht dagegen reine Fantasiewesen ohne Menschengestalt, die für den Zuschauer kein hinreichendes Identifikationspotential bereithalten (Erdemir JMS-Report 2011, 2 (3)). **Grausam** ist ebenso wie in § 211 I (→ § 211 Rn. 10) auszulegen (hM; vgl. BT-Drs. 10/2546, 22; anders und krit. Kelker, Zur Legitimität von Gesinnungsmerkmalen im Strafrecht, 2007, S. 639). **Unmenschlich** ist eine Gewalttätigkeit, wenn sie eine menschenverachtende Tendenz des Gewalttäters zum Ausdruck bringt (Fischer Rn. 7; zB wenn jemand aus roher und unbarmherziger Gesinnung (OLG Koblenz NStZ 1998, 40; krit. Kelker, Zur Legitimität von Gesinnungsmerkmalen im Strafrecht, 2007, S. 644) oder einfach deshalb, weil es ihm Spass macht, völlig bedenkenlos Menschen erschießt (BT-Drs. VI/3521, 7); ebenso das Verwenden von Sprengsätzen bei terroristischen Anschlägen auf Menschenleben (Zöller, Terrorismusstrafrecht, 2009, S. 403).

b) Schildern heißt, mit Hilfe des verwendeten Mediums die Vorstellung von einem unter → Rn. 4 beschriebenen Vorgang vermitteln; eine Darstellung, die lediglich die Folgen der Gewalttätigkeit zur Schau stellt, ist daher nicht erfasst (Erdemir JMS-Report 2011, 2 (3)). Auf die Eignung der Schilderung, verrohend zu wirken oder allgemein andere zu aggressivem Verhalten anzureizen, kommt es mangels wissenschaftlicher Beweisbarkeit im Einzelfall nicht an (BT-Drs. VI/3521, 7). Speziell zu Computerspielen wie etwa Ego-Shootern diff. Erdemir JMS-Report 2011, 2 (3). 5

c) Verherrlichen bedeutet, die unter → Rn. 4 beschriebenen Gewalttätigkeiten mit einem positiven Wertakzent versehen, dh sie als Ausfluss einer anerkennenswerten Grundhaltung erscheinen lassen; zB dadurch, dass sie als verdienstvoll, als erstrebenswertes Abenteuer, als Bewährungsprobe für männliche Tugenden oder Fähigkeiten oder als billigenswerte Möglichkeit zur Erlangung von Ruhm, Anerkennung oder Auszeichnung dargestellt werden (BT-Drs. VI/3521, 7; Köhne GA 2004, 180 (184); enger Erdemir ZUM 2000, 699 (702); JMS-Report 2011, 2 (3)). **Verharmlosen** → § 130 Rn. 8; ausf. Fischer Rn. 10, 11 mit BT-Drs. 10/2546, 22, 6 selbstzweckhaft). Die **Art der Schilderung** muss Verherrlichung oder Verharmlosung **ausdrücken** (weiter Sternberg-Lieben/Schittenhelm in Schönke/Schröder Rn. 10). Entgegen diesem vom früheren Recht abweichenden (→ Rn. 1), nur als klarstellende Vereinfachung gedachten (BT-Drs. 10/2546, 22) Wortlaut genügt es nicht, wenn aus einer wie immer gearteten Darstellungsweise lediglich eine im vorstehenden Sinne positive oder bagatellisierende Bewertung hervorgeht (Greger NStZ 1986, 8). Damit ginge ein wesentliches, früher unbestrittenes Element der Einschränkung verloren, wonach gerade das Grausame oder Unmenschliche des Vorgangs – etwa die Art und das Ausmaß der Verletzungen, die Qualen des Opfers und die menschenverachtende Gesinnung des Gewalttäters – den wesentlichen Inhalt und zugleich Sinn der Schilderung ausmachen muss (BGH NJW 1978, 58; zum geltenden Recht BGH NJW 2000, 307). Die „distanzierte oder verfremdete" Beschreibung eines an sich grausamen oder unmenschlichen Vorgangs reicht daher selbst dann nicht aus, wenn sie mit einer verharmlosenden Tendenz einhergeht (ebenso Fischer Rn. 11; sa Rackow in Momsen/Bloy/Rackow, Fragmentarisches Strafrecht, 2003, S. 208); andernfalls würden in schwer abschätzbarem Umfang auch Kriminal- und Wildwestfilme sowie Comic Strips erfasst, die bisher weitgehend ausgeschieden waren (Erdemir ZUM 2000, 699 (702); JMS-Report 2011, 4; Kraus in LK-StGB Rn. 29). Erfasst werden sollten hingegen die zunehmenden (Internet-)Publikationen terroristisch beeinflussten Filmmaterials von Anschlägen auf Angehörige des ideologischen Gegners, unterlegt mit Text-, Kommentar- und Musikelementen, sowie Vorführungen der blutigen Enthauptung von Geiseln durch Terroristen (Zöller, Terrorismusstrafrecht, 2009, S. 401).

7 **d)** Das Merkmal einer die **Menschenwürde verletzenden Darstellungsart** (Abs. 1 Nr. 1 Alt. 2) ist in hohem Maße unbestimmt und deshalb im Hinblick auf Art. 103 II GG problematisch (BVerfGE 87, 209 = NJW 1993, 1457 akzeptiert es nur mit dem Vorbehalt verfassungskonformer Auslegung; zust. Beisel/Heinrich NJW 1996, 491 (496); krit. Weigend FS Herrmann, 2002, 35 (43); Fischer Rn. 12; abl. Erdemir ZUM 2000, 699; vgl. auch Geilen in Ulsamer StrafR/StrafVerfR S. 415, bedenklicher Grenzfall). Da es nach dem Sachzusammenhang nur als objektiver, von bestimmten Individuen abstrahierter Maßstab verstehbar ist (BT-Drs. 10/2546, 23; dagegen Köhne GA 2004, 180 (185)), kommt es darauf an, ob die Art und Weise der Darstellung unabhängig von der Grausamkeit oder Unmenschlichkeit der ihr zu Grunde liegenden Vorgänge darauf angelegt ist, beim Betrachter eine Einstellung zu fördern, die den „fundamentalen Wert- und Achtungsanspruch leugnet, der jedem Menschen zukommt" (BVerfG NJW 2015, 2000 (2001); OLG Koblenz NStZ 1998, 40; Stein in SK-StGB Rn. 12a); so etwa, wenn solche Vorgänge dargestellt werden, um ein sadistisches Vergnügen an dem Geschehen zu vermitteln oder um Personen oder Gruppen als menschenunwert erscheinen zu lassen (BVerfG NJW 2015, 2000 (2001); ähnlich v. Hartlieb NJW 1985, 830 (834); jetzt auch VG Köln JMS-Report 2011, 63), etwa in dem Fall, dass der Gesamteindruck der Darstellung eine Identifikation mit dem Täter und nicht mit den Opfern nahelegt (VG Köln JMS-Report 2011, 63 (65) mzustAnm Erdemir), wohl auch das die Würde des Menschen missachtende Schlachten eines getöteten Menschen, um das aufgenommene Geschehen im Internet zu verbreiten (naheliegend nach BGHSt 50, 80 (91) = NJW 2005, 1876); nicht aber schon die gehäufte und detaillierte Schilderung anreißerischer Gewaltszenen um ihrer selbst willen in einem Horrorfilm (VG Köln JMS-Report 2011, 63 (65) mzustAnm Erdemir). Es ist Aufgabe der Rspr., mit Hilfe der gebotenen verfassungskonformen Auslegung die hier besonders breite Grauzone

zweifelhafter Fälle soweit wie möglich aus dem Anwendungsbereich auszuscheiden (Sternberg-Lieben/Schittenhelm in Schönke/Schröder Rn. 2, 11). Sicher erfasst werden jedenfalls zahlreiche Auswüchse auf dem Videomarkt, in dessen Erzeugnissen häufig widerwärtige Gewalttätigkeiten und die aus ihnen erwachsenden Folgen zur Stimulierung sadistischer Emotionen abgebildet und beschrieben werden (ebenso Ostendorf in NK-StGB Rn. 11; anders Erdemir FS Frotscher, 2007, 319 (328), fiktionale Gewaltdarstellungen nicht erfasst; krit. zum Kriterium der Selbstzweckhaftigkeit Erdemir JMS-Report 2011, 2 (4)).

e) Ob die Art der Schilderung ein Verherrlichen oder Verharmlosen ausdrückt **8**
oder die Menschenwürde verletzt, entscheidet allein ihr **objektiver Sinngehalt,** wie ihn ein unbefangener Betrachter (Empfänger) versteht (BayObLG NJW 1990, 2479), also auch, soweit er erkennbar zwischen den Zeilen steht (ebenso Fischer Rn. 11; zur ähnlichen Rechtslage bei verfassungsfeindlicher Propaganda → § 86 Rn. 4); selbst eine in der Schrift enthaltene ausdrückliche Stellungnahme gegen Gewalt schließt das nicht notwendig aus (BT-Drs. VI/3521, 7). Ob es dem Verfasser auf Verherrlichung oder Verharmlosung ankommt, ist materiell-rechtlich unerheblich, aber als Beweisanzeichen bedeutsam.

5. Die **Tathandlungen** (Abs. 1 S. 1). Sie sind allgemeinen Inhaltsverbreitungs- **9**
tatbeständen (Fischer Rn. 14) entnommen, vor allen § 130 II **Nr. 1 Buchst. a** ua das Zugänglichmachen für die Öffentlichkeit; Buchst. b das Anbieten, Überlassen oder Zugänglichmachen, für eine Person unter 18 Jahren – **Nr. 2** entspricht § 130 II Nr. 2. **Versuchsstrafbarkeit** ist am Ende von Abs. 1 vor Abs. 2 für S. 1 Nr. 1 angeordnet.

6. Bedingter **Vorsatz** genügt. Danach braucht der Täter nicht selbst die in der **10**
Schrift (→ Rn. 2) ausgedrückte Tendenz zu verfolgen oder ihren Inhalt als solchen auch nur zu billigen (ebenso Fischer Rn. 18).

7. a) Das sog. **Berichterstatterprivileg des Abs. 2,** das schon den Tatbestand **11**
ausschließt (BT-Drs. VI/3521, 8; Fischer Rn. 15), erfasst jede Form der Nachrichtenübermittlung oder Dokumentation, die – sei es auch in gestellten Szenen oder in fiktiver Nachgestaltung (Prot. 6, Nr. 1899) – auf die Reproduktion wirklicher Vorgänge des Zeitgeschehens oder der Geschichte gerichtet ist. Das ist auch in Theaterstücken und Spielfilmen nicht unbedingt ausgeschlossen (Prot. 6, Nr. 1797; Altenhain in Matt/Renzikowski Rn. 27); jedoch scheiden solche Inhalte aus, die nur an Vorgänge des Zeitgeschehens oder der Geschichte anknüpfen, ohne Berichterstattung zu bezwecken (krit. Sternberg-Lieben/Schittenhelm in Schönke/Schröder Rn. 15, 16). Auf den Wahrheitsgehalt des Berichts iE kommt es nur insoweit an, als die Berichtsform nicht zum Vorwand für erdichtete Schilderungen werden darf (Stein in SK-StGB Rn. 16 stellt darauf ab, ob die Darstellung im Hinblick auf ihren Wahrheitsgehalt noch den Anforderungen des Art. 5 GG entspricht); Übertreibungen und Verfälschungen, die schon im Kern die Übereinstimmung der wirklichen mit den berichteten Vorgängen aufheben, werden daher nicht gedeckt.

b) Für **Kunstwerke** ist die Möglichkeit eines Konflikts mit § 131 nicht grds. **12**
auszuschließen (BayObLG NJW 1990, 2479). Für diesen Fall gelten die Ausführungen unter → § 193 Rn. 14 sinngemäß (eing. Meirowitz, Gewaltdarstellungen auf Videokassetten, 1993, S. 372; Fischer, Die strafrechtliche Beurteilung von Werken der Kunst, 1995, S. 150; vgl. außerdem Fischer Rn. 20–23); jedoch wird die erforderliche verfassungsrechtliche Wertung häufiger zum Vorrang der Kunstfrei-

heit führen (vgl. Hörnle, Grob anstößiges Verhalten, 2005, S. 408; aM Geilen in Ulsamer StrafR/StrafVerfR S. 416, Priorität des Strafschutzes). Bei der Beurteilung, ob ein Horrorfilm eine strafrechtlich relevante Gewaltdarstellung ist, kommt es nicht auf eine lang zurückliegende Bewertung des Filmes, sondern auf heutige Maßstäbe an, so dass wenig naturalistische Bilder heute eher parodistsich wirken können und deshalb § 131 nicht mehr unterfallen (LG Berlin ZUM-RD 2017, 274).

13 **c)** Zum sog. **Erzieherprivileg des Abs. 3** (→ § 180 Rn. 9–13; → § 184 Rn. 9); für dessen Abschaffung Schramm, Ehe und Familie im Strafrecht, 2011, S. 290 mit krit. Bespr. Hörnle JZ 2013, 1095. Durch das SexÄG ist – wie schon bei § 180 I 2 – dieses Privileg für den Fall ausgeschlossen, dass der Sorgeberechtigte seine Erziehungspflicht gröblich verletzt (zu dieser unbestimmten Einschränkung → § 180 Rn. 9), hier durch die Tathandlungen des Anbietens, Überlassens und Zugänglichmachens (BT-Drs. 15/1311, 22).

14 **8.** Für die **Einziehung** gilt § 74d I, II. Im Übrigen → § 184 Rn. 10. Als milderes Mittel kommt bei Filmen das „Schneiden" in Betracht (Kindhäuser/Hilgendorf in LPK-StGB Rn. 22).

15 **9. Tateinheit** ua möglich mit §§ 130, 184a, 185. Dasselbe gilt für das Zusammentreffen von Abs. 1 Nr. 1, 2, 4 mit § 21 GjSM aF (vgl. jetzt § 27 JuSchG und § 23 JMStV (→ § 184 Rn. 13), weil in diesen Fällen die besondere Verletzung von Interessen des Jugendschutzes in einer Verurteilung nach § 131 nicht zum Ausdruck kommt (Altenhain in Löffler JSchutzG § 27 Rn. 33; zw.).

§ 132 Amtsanmaßung

Wer unbefugt sich mit der Ausübung eines öffentlichen Amtes befaßt oder eine Handlung vornimmt, welche nur kraft eines öffentlichen Amtes vorgenommen werden darf, wird mit Freiheitsstrafe bis zu zwei Jahren oder mit Geldstrafe bestraft.

1 **1.** Die Vorschrift dient dem **Schutz der Autorität des Staates und seiner Behörden,** nicht auch dem von Privatpersonen vor Übergriffen (BGHSt 3, 241 = NJW 1953, 73; BGHSt 12, 30 = NJW 1958, 1692; BGHSt 40, 8 (12) = NJW 1994, 1228; BayObLG NJW 2003, 1616 mit zust. Bespr. Sternberg-Lieben JR 2004, 74; Otto JK StGB § 132 Rn. 3; OLG Stuttgart StraFo 2006, 255; krit. Düring, Amtsanmaßung und Missbrauch von Titeln, 1990, S. 246; aM Ostendorf in NK-StGB Rn. 4; Vormbaum ZJS 2017, 433). Die Tat ist abstraktes Gefährdungsdelikt in Form eines schlichten Tätigkeitsdelikts, so dass ein tatbestandlicher Erfolg nicht erforderlich ist (BGHSt 64, 314 = NJW 2020, 2201; dazu krit. Bock ZIS 2021, 193).

2 **2. Zwei Tatbestände** sind zu unterscheiden (zusf. Geppert Jura 1986, 590):

a) Der Täter befasst sich mit der Ausübung eines öffentlichen Amtes, dh er gebärdet sich (ausdrücklich oder stillschweigend) als Inhaber eines solchen (nicht notwendig wirklich existierenden, Oetker NJW 1984, 1602; die allgemeine Kennzeichnung als Funktionsträger mit Polizeigewalt reicht (BGH NJW 2016, 3111). Es muss sich aber um inländische Dienststellen handeln, die auf einem bestimmten Amts-, Dienst- oder Auftragsverhältnis zu einer öffentlichen Stelle beruhen und deren Träger nach deutschem Bundes-, Landes- oder Kommunalrecht zu ihren Aufgaben bestellt sind, wie etwa die die Verkehrsüberwachung, wenn diese private Dienstleister im Gewand einer Polizeiuniform durchführen (OLG Frankfurt NJW 2020, 696 mzustAnm Brenner); dazu gehören „Ämter" eines „Reichspräsidenten" uä nicht (OLG Stuttgart StraFo 2006, 254); auch Soldaten sind keine Amtsträger im strafrechtlichen Sinn (BGHSt 56, 196 (200) = NJW 2011, 1979). Der Täter muss eine Handlung vornehmen, die sich als Ausübung des angemaßten oder eines anderen Amtes darstellt (BGHSt 40, 8 (11) = NJW 1994, 1228; OLG Karlsruhe NStZ-RR 2002, 302; Rengier StrafR BT II § 55 Rn. 2). Bloßes Auftreten als Amtsinhaber genügt daher nicht (BGH GA 1967, 114; KG NJW 2007, 1989; Joecks/Jäger StGB Rn. 4), erst recht nicht (nicht einmal Beihilfe), wenn sich jemand lediglich als Abholer von Vermögensgegenständen zur Verfügung stellt, die ein weiterer Täter dadurch erwirkt hat, dass er ältere Personen unter der wahrheitswidrigen Behauptung, er sei Polizeibeamter, veranlasste, die Gegenstände „zu sichern" (BGH NStZ-RR 2019, 240). Dass die Handlung nur einem Amtsträger zusteht, ist dagegen nicht unbedingt erforderlich; sie darf jedoch nicht rein privater (zu eng OLG Koblenz NStZ 1989, 268 mit abl. Bespr. Krüger NStZ 1989, 477; Geppert JK StGB § 132 Rn. 1) oder fiskalischer Natur sein (BGHSt 12, 30 = NJW 1958, 1692; OLG Oldenburg MDR 1987, 604).

b) Der Täter nimmt eine Handlung vor, die **nur kraft öffentlichen Amtes vorgenommen werden darf,** zB eine Durchsuchung (RGSt 59, 291). Praktische Bedeutung hat diese Alternative nur, wenn der Täter den Eindruck hoheitlichen Handelns hervorruft, ohne Amtseigenschaft vorzuspiegeln; so etwa wenn ein als Feldjäger verkleideter Täter eine Sache beschlagnahmt (BGHSt 56, 196 (201) = NJW 2011, 1979; KG NStZ-RR 2013, 172). Erforderlich und zugleich ausreichend ist, dass sich das Verhalten nach den äußeren Umständen als Amtshandlung darstellt (BGHSt 40, 8 = NJW 1994, 1228; BGHSt 56, 196 (201) = NJW 2011, 1979), bei der die wesentlichen Erfordernisse erfüllt erscheinen (OLG Frankfurt a. M. NJW 1964, 61); dabei braucht der Täter nicht unbedingt als Urheber der Handlung (zB dem heimlichen Aufstellen oder Verändern von Verkehrsschildern, OLG Köln NJW 1999, 1042 (1044) mit Bespr. Jahn JA 1999, 98 (101); abl. Wrage NStZ 2000, 32) in Erscheinung zu treten (hM; vgl. Oetker NJW 1984, 1602). Obwohl der Einsatz von Blaulicht nicht Hoheitsträgern vorbehalten ist (§ 52 III StVO), erfüllt er Var. 2, wenn die Umstände der Tat bei einem objektiven Betrachter den Anschein hoheitlichen Handelns hervorrufen (KG NStZ-RR 2013, 172 mit Bespr. Jahn JuS 2013, 853). Das Abhören von Telefongesprächen durch dazu nicht ermächtigte Dienststellen des MfS erfüllt zwar dem Wortlaut nach den zweiten Tatbestand, doch wird diese Handlung nach Sinn und Zweck der Vorschrift deshalb nicht erfasst, weil die Autorität des Staates und seiner Behörden nur durch Handlungen beeinträchtigt wird, die nach den sie begleitenden Umständen bei einem objektiven Beobachter den Anschein einer Amtshandlung hervorrufen (BGHSt 40, 8 = NJW 1994, 1228; Krauß in LK-StGB Rn. 24; aM OLG Dresden DtZ 1993, 287; KG JR 1993, 388; zw.); aus demselben Grund scheidet eine Strafbarkeit dann aus, wenn sich das Verhalten des Täters so weit von den rechtlichen Vorgaben für eine Amtshandlung entfernt, dass eine Verwechslung ausgeschlossen ist (BGHSt 56, 196 (202) = NJW 2011, 1979; OLG Stuttgart NStZ 2007, 527). Auch die irreführende Anbringung eines einem anderen geltenden Verwarnungszettels am eigenen Fahrzeug wird nicht erfasst (Schünemann JA 1974, 105 (107); auch nicht in der Ausstellung von Führerscheinen und Personalausweisen, bei denen keine Ver- 3 wechslungsgefahr mit echten Dokumenten besteht (OLG Stuttgart StraFo 2006, 254 (256)). In der bloßen Verfälschung einer amtlichen Schrift liegt idR keine Amtsanmaßung, auch wenn mit ihr zB die Freigabe eines eingezogenen Motorrads erreicht wird (Holtz MDR 1993, 719).

4 **3.** Für beide Tatbestände gilt:

a) Öffentlich ist ein Amt, dessen Träger Organ der Staatsgewalt ist (RGSt 10, 199), zB auch das Organ einer Kommunalverwaltung (AG Göttingen NJW 1983, 1209); der Notar (BGH NJW 1998, 3791); der ehrenamtliche Richter; nicht der Rechtsanwalt (aM OLG Celle Nds. Rpfl. 1948, 249); nicht erkennbar und unverwechselbar früheren Zeiten zuzuordnende Amtsbezeichnungen (OLG Stuttgart NStZ 2007, 527 (528)). Erfasst sind auch öffentliche Ämter der EG (Satzger Europäisierung des StrafR S. 572; Stein in SK-StGB Rn. 5; aM OLG Stuttgart NStZ 2007, 527 (528); Krauß in LK-StGB Rn. 13, Verstoß gegen das Analogieverbot; Fischer Rn. 4).

5 **b) Unbefugt** handelt, wer nicht durch seine Amtsstellung oder aus anderem Grunde zur Vornahme der Handlung berechtigt ist; nicht jedoch, wer die Amtsstellung erschlichen hat (OLG Braunschweig Nds. Rpfl. 1950, 127; aM OLG Freiburg DRZ 1948, 66).

6 **c)** Beide Tatbestände können auch von **Amtsträgern** (→ § 11 Rn. 3–11) verwirklicht werden, der Erste durch Anmaßung eines anderen Amtes, der zweite durch eine Amtshandlung, welche die sachliche (BGHSt 3, 241 = NJW 1953, 73; BayObLG NJW 2003, 1616 mit zust. Bespr. Sternberg-Lieben JR 2004, 74; Otto JK StGB § 132 Rn. 3) oder die nicht nur innerdienstlich geregelte örtliche Zuständigkeit (BGHSt 12, 85 = NJW 1958, 2025; BGHSt 37, 207 (211) = NJW 1991, 576; BGH NJW 1998, 3791; OLG Hamm NJW 1951, 245) überschreitet.

7 **d)** Die Vornahme einer angeblichen, aber schlechthin unzulässigen Amtshandlung erfüllt den Tatbestand nicht (Ostendorf in NK-StGB Rn. 7; str.).

8 **4.** Zum **Vorsatz** (bedingter genügt) gehört auch das Bewusstsein, dass die zur Vornahme der Tathandlung erforderliche öffentliche Amtsstellung fehlt (BGHSt 40, 8 (15) = NJW 1994, 1228); insoweit enthält das Merkmal „unbefugt" einen Tatumstand, der die Handlung erst zum Unrechtstypus macht (Warda Jura 1979, 286 (295); str.). Die irrige Annahme, die nach ihrem sachlichen Gehalt richtig begriffene Tathandlung sei keine Straftat, sondern nur eine Ordnungswidrigkeit, begründet keinen **Verbotsirrtum** (Oetker NJW 1984, 1602; aM AG Göttingen NJW 1983, 1209; → § 17 Rn. 2).

9 **5.** Die Tat ist **kein eigenhändiges Delikt** (→ § 25 Rn. 3), und zwar auch nicht in ihrer erste Alternative (BGHSt 64, 314 = NJW 2020, 2201 mkritAnm Mitsch NStZ 2021, 39; BGH NStZ-RR 2021, 10; aM RGSt 59, 79 (81); OGHSt 1, 303 (304), weil der Schwerpunkt beider Tatbestände nicht in einem spezifischen Handlungsunwert, sondern in der Rechtsgutsgefährdung liegt (Kraus in LK-StGB Rn. 42). Bloße Kenntnis von der Tat und deren Billigung ohne die Tatbestandsverwirklichung objektiv fördernden Tatbeitrag genügt für § 25 II jedoch nicht; sie begründet auch noch keine Beihilfe (BGH NStZ-RR 2021, 10; NStZ-RR 2019, 240).

10 **6.** Die zweite Alternative des § 132 wird durch die Erste konsumiert (**Gesetzeskonkurrenz;** vgl. Herzberg JuS 1973, 234; aM Spezialität: OLG Stuttgart NStZ

2007, 527, Wessels/Hettinger/Engländer StrafR BT I Rn. 608, Sternberg-Lieben in Schönke/Schröder, Rn. 16; Idealkonkurrenz: RGSt 59, 291 (295); Heterogenität auf Grund einschränkender Auslegung der zweiten Alternative Küper JR 1967, 451; Stein in SK-StGB Rn. 3, 13 „einheitliche (einmalige) Tatbestandsverwirklichung"). **Tateinheit** ua möglich mit § 263 (BGH GA 1964, 151), § 242 (RGSt 54, 255), § 253, § 267 (LG Paderborn NJW 1989, 178) und §§ 331, 332 (RGSt 76, 62).

§ 132a Mißbrauch von Titeln, Berufsbezeichnungen und Abzeichen

(1) **Wer unbefugt**

1. **inländische oder ausländische Amts- oder Dienstbezeichnungen, akademische Grade, Titel oder öffentliche Würden führt,**
2. **die Berufsbezeichnung Arzt, Zahnarzt, Psychologischer Psychotherapeut, Kinder- und Jugendlichenpsychotherapeut, Psychotherapeut, Tierarzt, Apotheker, Rechtsanwalt, Patentanwalt, Wirtschaftsprüfer, vereidigter Buchprüfer, Steuerberater oder Steuerbevollmächtigter führt,**
3. **die Bezeichnung öffentlich bestellter Sachverständiger führt oder**
4. **inländische oder ausländische Uniformen, Amtskleidungen oder Amtsabzeichen trägt,**

wird mit Freiheitsstrafe bis zu einem Jahr oder mit Geldstrafe bestraft.

(2) **Den in Absatz 1 genannten Bezeichnungen, akademischen Graden, Titeln, Würden, Uniformen, Amtskleidungen oder Amtsabzeichen stehen solche gleich, die ihnen zum Verwechseln ähnlich sind.**

(3) **Die Absätze 1 und 2 gelten auch für Amtsbezeichnungen, Titel, Würden, Amtskleidungen und Amtsabzeichen der Kirchen und anderen Religionsgesellschaften des öffentlichen Rechts.**

(4) **Gegenstände, auf die sich eine Straftat nach Absatz 1 Nr. 4, allein oder in Verbindung mit Absatz 2 oder 3, bezieht, können eingezogen werden.**

1. Die Vorschrift dient vornehmlich dem **Schutz der Allgemeinheit,** die ge- 1
genüber Inhabern von bestimmten, die Person qualifizierenden Bezeichnungen und gegenüber Trägern von Uniformen, Amtskleidungen oder Amtsabzeichen uU anders reagiert und dadurch Hochstaplern leichter zum Opfer fällt (BGHSt 36, 277 = NJW 1990, 918; BGH NJW 1994, 808; BayObLGSt 1993, 97 = NVwZ-RR 1994, 27; BayObLG NStZ-RR 1997, 135; LG Düsseldorf NJW 2000, 1052; OLG Dresden NJW 2000, 2519; OLG Köln NJW 2000, 1053 (1054); LG Saarbrücken NJW 1996, 2665; Kraus in LK-StGB Rn. 1; weiter diff. Düring, Amtsanmaßung und Missbrauch von Titeln, 1990, S. 251; Stein in SK-StGB Rn. 2; anders Ostendorf in NK-StGB Rn. 4, Vertrauen in die Honorigkeit vom Staat ausgezeichneter Personen; wieder anders Kahle, Der Missbrauch von Titeln, Berufsbezeichnungen und Abzeichen, 1995, S. 65, der das Monopol zur Verleihung und Verwendung bestimmter Zeichenfolgen und Kennzeichen als Rechtsgut betrachtet). Das begründet einerseits die Einbeziehung auch ausländischer Bezeichnungen usw (Abs. 1 Nr. 1, 4) in den Strafschutz (BGH GA 1966, 279; NJW 1994, 808; weiter Lüttger FS Jescheck, 1985, 121 (171) mwN); andererseits erfordert die-

ser Schutzzweck aber einschränkende Auslegung (BGHSt 31, 61 = NJW 1982, 2009 mwN). Zur Reform Kahle, Der Missbrauch von Titeln, Berufsbezeichnungen und Abzeichen, 1995, S. 353, der für eine Ordnungswidrigkeitenlösung plädiert; ebenso Müller in Jung, Das Recht und die schönen Künste, 1998, S. 45, 50.

2 **2. a) Amts- und Dienstbezeichnungen** umfassen nur die förmlichen (BGHSt 26, 267 = NJW 1976, 760; Kahle, Der Missbrauch von Titeln, Berufsbezeichnungen und Abzeichen, 1995, S. 165; str.) Kennzeichnungen von Ämtern und Dienststellungen im Staat, in den Gemeinden oder in öffentlich-rechtlichen Körperschaften, wie zB Richter, Regierungsrat, Inspektor, Bürgermeister usw, ferner iVm Abs. 3 Erzbischof (OLG Köln NJW 2000, 1053), Kirchenrat, Pfarrer, Dekan (LG Mainz MDR 1984, 511), uU auch Pastor (OLG Düsseldorf NJW 1984, 2959), nicht jedoch „Pater" (LG Offenburg NJW 2004, 1609); die Berufe ohne öffentliches Amt, aber mit öffentlich-rechtlichen Befugnissen (zB Rechtsanwalt) sind dagegen den Berufsbezeichnungen des Abs. 1 Nr. 2 zugeordnet (BT-Drs. 7/550, 222). Ausländische Amts- und Dienstbezeichnungen dürfen im Allgemeinen nur in der durch Verleihungsakt zuerkannten ausländischen Originalfassung verwendet werden (BayObLG NJW 1978, 2348); die entsprechende deutschsprachige Form (zB Professor; näher Krause, Führung von ausländischen Professorenbezeichnungen in der Bundesrepublik Deutschland, 1996) ist allenfalls zulässig, wenn die Voraussetzungen für die ausländische Verleihung denen für die inländische mindestens annähernd gleichwertig sind (BVerwG NVwZ 1988, 366; BayObLGSt 1993, 97 = NVwZ-RR 1994, 27; näher Kahle, Der Missbrauch von Titeln, Berufsbezeichnungen und Abzeichen, 1995, S. 171, 186); sie dürfen auch nur in der genehmigten Form geführt werden (OLG Düsseldorf NJW 2000, 1052; → Rn. 8 a). **Akademische Grade.** Das Gesetz über die Führung akademischer Grade ist als Bundesgesetz aufgehoben worden (Gesetz v. 23.11.2007, BGBl. I 2614); es gelten die Regelungen der Landeshochschulgesetze (Buddendiek/Rutkowski NebenStrafR-Lex Rn. 401). Hierher zählen vor allem Titel, die von staatlichen Hochschulen verliehen sind, so etwa Doktor oder Professor (näher Fischer Rn. 8; zum Dr. des. vgl. Bierschenk ZstW 134 (2022), 335). **Titel** sind zur Ehrung verliehene persönliche Bezeichnungen, zB Justizrat, Sanitätsrat, Titularprofessor (LG Saarbrücken NJW 1976, 1160; näher Kahle, Der Missbrauch von Titeln, Berufsbezeichnungen und Abzeichen, 1995, S. 247). **Öffentliche Würden** sind auf öffentlichem Recht beruhende Ehrungen, zB Ehrenbürger, Ehrensenator (einschr. Kahle, Der Missbrauch von Titeln, Berufsbezeichnungen und Abzeichen, 1995, S. 263). Zur umstrittenen Einordnung der Bezeichnung „Professor" Kahle, Der Missbrauch von Titeln, Berufsbezeichnungen und Abzeichen, 1995, S. 270.

3 **b)** Zu den **Berufsbezeichnungen** (Abs. 1 Nr. 2), die abschließend geregelt sind und sämtlich verantwortliche, Abhängigkeit des Klienten begründende Funktionen in der Gesellschaft beschreiben (ebenso Kraus in LK-StGB Rn. 34), beachte: **Arzt** § 2a BÄO; **Zahnarzt** §§ 1 I, 20 ZahnHKG; **Psychologischer Psychotherapeut** usw §§ 1, 2 PsychThG (vgl. BT-Drs. 13/8035, 23 und BT-Drs. 9212, 42; Schlund NJW 1998, 2722; Haage MedR 1998, 291; Schirmer MedR 1998, 435; Jerouschek/Eichelberger MedR 2004, 600); **Tierarzt** § 3 BTÄO; **Apotheker** § 3 BApothO; **Rechtsanwalt** § 12 III BRAO (nach § 42 I 2 EuRAG ist die Vorschrift auf die in Anlage 1 genannten Berufsbezeichnungen, zB Avvocato, entsprechend anzuwenden); **Patentanwalt** § 19 III PatAnwO; **Wirtschaftsprüfer, vereidigter Buchprüfer** §§ 1 I, 128 I WPO; **Steuerberater, Steuerbevollmächtigter** §§ 35,

§ 133 Verwahrungsbruch

(1) **Wer Schriftstücke oder andere bewegliche Sachen, die sich in dienstlicher Verwahrung befinden oder ihm oder einem anderen dienstlich in Verwahrung gegeben worden sind, zerstört, beschädigt, unbrauchbar macht oder der dienstlichen Verfügung entzieht, wird mit Freiheitsstrafe bis zu zwei Jahren oder mit Geldstrafe bestraft.**

(2) **Dasselbe gilt für Schriftstücke oder andere bewegliche Sachen, die sich in amtlicher Verwahrung einer Kirche oder anderen Religionsgesellschaft des öffentlichen Rechts befinden oder von dieser dem Täter oder einem anderen amtlich in Verwahrung gegeben worden sind.**

(3) **Wer die Tat an einer Sache begeht, die ihm als Amtsträger oder für den öffentlichen Dienst besonders Verpflichteten anvertraut worden oder zugänglich geworden ist, wird mit Freiheitsstrafe bis zu fünf Jahren oder mit Geldstrafe bestraft.**

1. Die Vorschrift (zusf. Geppert Jura 1986, 590 (595)) **schützt** die **staatliche Gewalt** über Sachen in dienstlichem Verwahrungsbesitz und das Vertrauen in deren sichere Aufbewahrung (BGHSt 5, 155 (159) = BeckRS 1953, 31195778; BGHSt 38, 381 (385) = NJW 1993, 605; Heinrich, Der Amtsträgerbegriff im Strafrecht, 2001, S. 274; diff. Ostendorf in NK-StGB Rn. 4). 1

2. Angriffsobjekt kann jede bewegliche Sache sein, die sich in dienstlicher Verwahrung befindet (→ Rn. 3) oder dienstlich in Verwahrung gegeben worden ist (→ Rn. 4); Schriftstücke (uU auch nur für den inneren Dienst bestimmte, RGSt 67, 226; zw.) sind nur beispielhaft erwähnt. Erfasst ist Zahngold Verstorbener, auch wenn es herrenlos ist (OLG Nürnberg NJW 2010, 2071; OLG Hamburg NJW 2012, 1601). 2

a) Dienstliche Verwahrung (Abs. 1 Alt. 1) setzt voraus, dass fürsorgliche Hoheitsgewalt (idR eine Behörde, aber zB auch eine militärische Dienststelle, BT-Drs. 7/550, 224; auch Behörden der EU, Satzger Europäisierung des StrafR S. 573) den Gegenstand in Gewahrsam genommen hat, um ihn für bestimmte, über das bloße Funktionsinteresse der Behörde hinausgehende Zwecke zu erhalten und vor unbefugtem Zugriff zu bewahren (BGHSt 18, 312 = NJW 1963, 1259; AG Koblenz wistra 1999, 397; Brammsen Jura 1989, 81 (83)); das gilt auch für den Ausdruck einer bis dahin elektronisch geführten Verfahrensakte, vorgeblich zur Ermöglichung der gesetzmäßigen Fortführung des Verfahrens durch Weiterleitung der ausgedruckten Akte (BGH NStZ 2016, 351). Das kann zB auch für Gegenstände zutreffen, die in zugänglichen Räumen oder offenen Behältnissen (BayObLG JZ 1988, 726 = NStZ 1988, 365) aufbewahrt werden; so etwa die Asche eingeäscherter Leichen bei der städtischen Friedhofsverwaltung als Behörde iSd § 11 I Nr. 7 OLG Nürnberg NJW 2010, 2071); **nicht dagegen** Gegenstände des schlichten Amtsbesitzes, bei denen der besondere Zweck der Bestandserhaltung fehlt, wie etwa Sachen, die zum Gebrauch (RGSt 62, 240), zum Verbrauch (BGHSt 4, 236 (241) = NJW 1953, 1151), zum Verkauf (BGHSt 9, 64 = NJW 1956, 836), zur Ausbildung (OLG Köln NJW 1980, 898 mit Bespr. Otto JuS 1980, 490; Rudolphi JR 1980, 383), zur Auszahlung (BGHSt 18, 312 = NJW 1963, 1259) oder (zB in Museen) zur Besichtigung (Waider GA 1961, 366; diff. Brüggemann, Entwicklung und Wandel des Sexualstrafrechts in der Geschichte unseres StGB, 2013, S. 123) bereitgehalten werden; außerdem wohl auch solche Gegenstände, die aus dem Verwahrungsbesitz durch Ver- 3 fügung des dienstlich Berechtigten der – sei es auch gesetzwidrigen – dienstlichen Verwendung zugeführt werden (BGHSt 33, 190 = NJW 1985, 2654 mit Bespr. Marcelli NStZ 1985, 500; Wagner JZ 1987, 705 (706); zw.). Keinen von § 133 geschützten dienstlichen Gewahrsam haben Angehörige des MfS an Briefen, die ihnen von der Deutschen Post zum Zwecke der Bespitzelung der Bevölkerung zur Verfügung gestellt wurden (BGHSt 40, 8 (24) = NJW 1994, 1228 mit Bespr. Weiß JR 1995, 29 (32)); die Briefe können jedoch der dienstlichen Verfügung der Deutschen Post durch weisungsgemäße, willentliche Übertragung des Gewahrsams auf das MfS entzogen worden sein (BGH JR 1995, 120 = NStZ 1995, 131, Vorlagebeschluss; mit zust. Bespr. Schroeder JR 1995, 95 (97); zw.). Nach der Privatisierung von Bahn und Post befinden sich die der Bahn oder Post zur Beförderung übergebenen Sachen nicht mehr in dienstlicher Verwahrung (Kraus in LK-StGB Rn. 9; Stein in SK-StGB Rn. 7 a); anders nur beim Handeln als beliehener Unternehmer mit Hoheitsbefugnissen gem. § 33 I 2 PostG (Fischer Rn. 4). Der **Verwahrungsort** ist nicht ausschlaggebend. Er kann auch für den Einzelfall und vorübergehend bestimmt werden (BayObLG GA 1959, 350) und ein nichtdienstlicher Ort (zB die Privatwohnung eines Amtsträgers) sein (RGSt 28, 107).

4 **b) Dienstlich,** dh auf Grund dienstlicher Anordnung und zu dienstlichen Zwecken (RGSt 51, 226), **in Verwahrung gegeben** (Abs. 1 Alt. 2) ist ein Gegenstand nur dann, wenn dem Empfänger dienstliche Herrschaftsgewalt übertragen wurde; daran fehlt es beim Schuldner oder Gläubiger, dem der Gerichtsvollzieher eine nach §§ 808 II, 809 ZPO gepfändete Sache im Besitz belässt (Meyer JuS 1971, 643 (645)). Praktisch bedeutsam ist diese Alternative nur, wenn der Empfänger den Gewahrsam als Privater (zB als Abschleppunternehmer im Auftrag der Polizei, BayObLG NJW 1992, 1399) übernimmt, weil andernfalls schon die erste Alternative anwendbar ist (Krauß in LK-StGB Rn. 19). Deshalb muss hier erkennbar sein, dass dienstlich verwahrt werden soll (OLG Hamburg NJW 1964, 737).

5 **3. Täter** kann jedermann sein, auch der Eigentümer der verwahrten Sache, uU sogar der Inhaber des dienstlichen Gewahrsams, zB der StA, der einen ihm zu den Ermittlungsakten gegebenen, dienstlich zu verwendenden Scheck sachfremd verwertet (BGHSt 38, 381 (385) = NJW 1993, 605 mzustAnm Brammsen NStZ 1993, 543). Bei **rechtlich fehlerhaften dienstlichen Verwahrungen** kommt es nur auf die Bestandskraft der zugrunde liegenden Anordnung, nicht auf deren Rechtmäßigkeit an (Brüggemann, Entwicklung und Wandel des Sexualstrafrechts in der Geschichte unseres StGB, 2013, S. 94); ob der Inhaber des Gewahrsams für die Verwahrung zuständig ist und ob die vorgeschriebenen Förmlichkeiten gewahrt sind, ist daher unerheblich (BGHSt 5, 155 (160) = BeckRS 1953, 31195778; Lüke FS Kaufmann, 1993, 565 (573)).

6 **4. Zerstören, Beschädigen** → § 303 Rn. 3–7. **Unbrauchbarmachen** → § 87 Rn. 2. Der **dienstlichen Verfügung entziehen** bedeutet, dem dienstlich Berechtigten die Möglichkeit jederzeitiger Verfügung über die Sache im Sinne ihrer bestimmungsmäßigen Verwendung – sei es auch nur vorübergehend oder ohne Ortsveränderung – zu nehmen oder erheblich zu erschweren (OLG Düsseldorf NStZ 1981, 25; BayObLG JZ 1988, 726 = NStZ 1988, 365). Dass der Berechtigte die Sache zunächst nur suchen muss, aber leicht und ohne Hindernisse auffinden kann, genügt nicht (BGHSt 35, 340 = NJW 1989, 535); wohl aber, wenn ihm durch konkludentes Verheimlichen der Sache zugleich jeder Anlass zum Suchen genommen wird (Brammsen Jura 1989, 81; aM BGHSt 35, 340 = NJW 1989, 535; zw.). Ent-

ziehen setzt eine Entfernung des amtlich verwahrten Objekts gegen den Willen des Verwahrers voraus; eine durch Täuschung veranlasste, einverständliche Herausgabe reicht nicht (BGH bei Holtz MDR 1993, 719). Auch Unterlassen in Garantenstellung (→ § 13 Rn. 6) kommt in Frage, etwa wenn ein Amtsträger eine Urkunde, die er ordnungswidrig besitzt, nach Aufforderung nicht herausgibt (zum früheren Recht BGHSt 3, 82 = NJW 1952, 1104; Klein NJW 1953, 636).

5. Bedingter **Vorsatz** genügt (BGHSt 35, 340 = NJW 1989, 535). 7

6. Abs. 2 stellt nur klar, dass auch die kirchenamtliche Verwahrung erfasst wird 8
(BT-Drs. 7/550, 224).

7. a) Täter des qualifizierten Tatbestandes nach **Abs. 3** kann nur ein **Amtsträ-** 9
ger (auch Kirchenamtsträger) oder ein **für den öffentlichen Dienst besonders Verpflichteter** (→ § 11 Rn. 3–11, 13–17) sein. Der Teilnehmer (Anstifter oder Gehilfe), dem diese Eigenschaft fehlt, fällt unter Abs. 1 und 2 (→ § 28 Rn. 8, 9).

b) Eine Sache ist dem Täter **„als"** Amtsträger usw **anvertraut,** wenn er auf 10
Grund dienstlicher (allg. oder für den Einzelfall gegebener) Anordnung Verfügungsmacht über sie hat und kraft seines Amtsverhältnisses verpflichtet ist, für ihre Erhaltung und Gebrauchsfähigkeit zu sorgen (BGHSt 3, 304 (306) = NJW 1953, 191; BGH GA 1978, 206; AG Koblenz wistra 1999, 397; beachte jedoch BGHSt 33, 190 = NJW 1985, 2654); auch ein amtliches Schriftstück, das der Täter in amtlicher Eigenschaft zum Missbrauch für private Zwecke hergestellt hat, kann anvertraut sein (BGH NJW 1975, 2212 mit zust. Bespr. Wagner JZ 1987, 705; krit. Brüggemann, Entwicklung und Wandel des Sexualstrafrechts in der Geschichte unseres StGB, 2013, S. 208). Die in der Privatwohnung angenommene Sache ist meist erst anvertraut, wenn der Amtsträger usw sie in die Dienststelle bringt (BGHSt 4, 54 = NJW 1953, 711). **Zugänglich** sind Sachen im Dienstraum des Amtsträgers usw auch außerhalb der Dienststunden (OGHSt 1, 253); nicht aber solche Gegenstände, die sich dort in einem verschlossenen Behältnis befinden, das der Amtsträger mit einem Nachschlüssel öffnet (RGSt 61, 334).

8. Zwischen den Tathandlungen des Abs. 1 (→ Rn. 6), die sich weit überschnei- 11
den, ist **Wahlfeststellung** zulässig (Dallinger MDR 1955, 270; Stein in SK-StGB Rn. 19, unechte Wahlfeststellung; → § 1 Rn. 14). **Tateinheit** ua möglich mit § 136 (BGHSt 5, 155 (160) = BeckRS 1953, 31195778), § 242 (Joecks/Jäger StGB Rn. 5), § 246 (BGHSt 5, 295 = NJW 1954, 650; gegenüber Abs. 3 ist § 246 aber subsidiär, Wagner FS Grünwald, 1999, 797 (806)) und § 274 I Nr. 1 (AG Koblenz wistra 1999, 397). Im Verhältnis zu § 148 II kommt Tatmehrheit in Frage (BGHSt 3, 289 = NJW 1953, 111). Zu § 206 → § 206 Rn. 16.

§ 134 Verletzung amtlicher Bekanntmachungen

Wer wissentlich ein dienstliches Schriftstück, das zur Bekanntmachung öffentlich angeschlagen oder ausgelegt ist, zerstört, beseitigt, verunstaltet, unkenntlich macht oder in seinem Sinn entstellt, wird mit Freiheitsstrafe bis zu einem Jahr oder mit Geldstrafe bestraft.

1. Die Vorschrift **schützt** gegen die **Beeinträchtigung der öffentlichen** 1
Wirksamkeit amtlicher Kundmachungen (Krauß in LK-StGB Rn. 1; ähnlich Ostendorf in NK-StGB Rn. 3; Stein in SK-StGB Rn. 2).

2 **2. a) Dienstlich** ist jedes im Rahmen von Behörden (→ § 11 Rn. 20) oder anderen Dienststellen öffentlich-rechtlicher Körperschaften gefertigte **Schriftstück,** das dienstlichen Inhalt hat, aber nicht notwendig hoheitliche Anordnungen enthält, und Mitteilungszwecken dient. **Zur Bekanntmachung öffentlich angeschlagen oder ausgelegt** ist es, wenn es durch Aushängen, Anheften oder in anderer Weise in eine Lage gebracht ist, die der Allgemeinheit die Möglichkeit gibt und geben soll, von seinem Inhalt Kenntnis zu nehmen. Dass es sich letztlich nur an einen einzelnen richtet (zB öffentliche Zustellung), ist unerheblich; jedoch reicht eine nicht zur Kenntnis der Allgemeinheit bestimmte Mitteilung, etwa der polizeiliche Verwarnungszettel an einem Kfz, nicht aus (Baumann NJW 1964, 708).

3 **b) Nicht geschützt** sind Schriftstücke offensichtlich verfassungs- oder gesetzwidrigen Inhalts (OLG Hamburg MDR 1953, 247; Sternberg-Lieben in Schönke/Schröder, Rn. 1; einschr. Maurach/Schroeder/Maiwald StrafR BT II § 73 Rn. 23; Stein in SK-StGB Rn. 8; diff. Ostendorf in NK-StGB Rn. 7).

4 **3. Zerstören** → § 303 Rn. 7. **Beseitigen** bedeutet, dem Berechtigten ohne dessen Willen durch Ortsveränderung entziehen. **Verunstalten** ist zB durch karikierende Veränderungen an ausgehängten Fotos in Suchmeldungen, **Unkenntlichmachen** durch Überkleben möglich.

5 **4.** Als **Vorsatz** ist Wissentlichkeit (→ § 15 Rn. 21) erforderlich. Der Täter muss sicher wissen oder davon überzeugt sein, dass es sich um ein Schriftstück der bezeichneten Art handelt.

6 **5.** Zwischen den Tathandlungen, die sich überschneiden, ist **Wahlfeststellung** möglich (→ § 1 Rn. 14). Gegenüber § 303 **geht** die Vorschrift **vor.**

§ 135 (weggefallen)

§ 136 Verstrickungsbruch; Siegelbruch

(1) **Wer eine Sache, die gepfändet oder sonst dienstlich in Beschlag genommen ist, zerstört, beschädigt, unbrauchbar macht oder in anderer Weise ganz oder zum Teil der Verstrickung entzieht, wird mit Freiheitsstrafe bis zu einem Jahr oder mit Geldstrafe bestraft.**

(2) **Ebenso wird bestraft, wer ein dienstliches Siegel beschädigt, ablöst oder unkenntlich macht, das angelegt ist, um Sachen in Beschlag zu nehmen, dienstlich zu verschließen oder zu bezeichnen, oder wer den durch ein solches Siegel bewirkten Verschluß ganz oder zum Teil unwirksam macht.**

(3) [1]**Die Tat ist nicht nach den Absätzen 1 und 2 strafbar, wenn die Pfändung, die Beschlagnahme oder die Anlegung des Siegels nicht durch eine rechtmäßige Diensthandlung vorgenommen ist.** [2]**Dies gilt auch dann, wenn der Täter irrig annimmt, die Diensthandlung sei rechtmäßig.**

(4) **§ 113 Abs. 4 gilt sinngemäß.**

1 **1.** Die Vorschrift (zusf. Geppert Jura 1987, 35) **schützt** die durch Beschlagnahme oder Siegelung begründete, grds. nur **innerstaatliche** (Cornils, Die Fremdenrechtsanwendung im Strafrecht, 1978, S. 96; beachte jedoch → Rn. 5) **Herr-**

schaftsgewalt über Sachen (auch unbewegliche) gegen unbefugte Eingriffe (BGHSt 5, 155 = BeckRS 1953, 31195778; Geppert/Weaver Jura 2000, 46; krit. Kienapfel, Urkunden und andere Gewährschaftsträger, 1979, S. 142).

2. Täter kann jeder sein, nicht nur der von der Beschlagnahme oder Siegelung Betroffene, uU sogar der Amtsträger (→ § 11 Rn. 3–11), der die staatliche Herrschaft begründet hat, wenn er nicht selbst zur Freigabe befugt ist (BGHSt 3, 306 = NJW 1953, 150; BGHSt 5, 155 = BeckRS 1953, 31195778). 2

3. Zum **Tatbestand des Verstrickungsbruchs (Abs. 1):** 3

a) Dienstliche (→ § 133 Rn. 3, 4) **Beschlagnahme** ist zwangsweise Sicherstellung einer Sache zur behördlichen Verfügung (RGSt 65, 248), die Pfändung ein Spezialfall der Beschlagnahme zur Sicherung oder Verwirklichung eines vermögensrechtlichen Anspruchs. Welcher Einzelmaßnahmen es zur Pfändung oder Beschlagnahme bedarf, bestimmt sich nach den Vorschriften, die zu diesen Verstrickungsakten ermächtigen, zB nach §§ 808 ff. ZPO (Lüke FS Kaufmann, 1993, 565 (573); Geppert/Weaver Jura 2000, 46), nach §§ 94 ff., 111 b ff. StPO (BGHSt 15, 149 = NJW 1960, 2300) oder nach Polizeirecht (OLG Zweibrücken NStZ 1989, 268). Die Pfändung setzt idR tatsächliche oder symbolische Besitzergreifung durch das Staatsorgan voraus (RGSt 36, 135; Ostendorf in NK-StGB Rn. 8); Ausnahmen gelten zB für § 80 I InsO und § 20 ZVG (hM; vgl. etwa RGSt 41, 256; RGSt 65, 248; aM Geppert Jura 1987, 35 (36); zw.). Ein Verzicht des Gläubigers auf die Rechte aus einer Pfändung hebt die Verstrickung noch nicht auf (OLG Oldenburg JR 1954, 33; str.), wohl aber die Freigabe der gepfändeten Sache durch den Gerichtsvollzieher, der sich durch diese in seiner Kompetenz stehende Entscheidung (§§ 775, 776 ZPO) auch dann nicht nach Abs. 1 strafbar macht, wenn er hierbei eigenmächtig handelt (Lüke FS Kaufmann, 1993, 565 (574); Sternberg-Lieben in Schönke/Schröder, Rn. 17; str. und zw.).

b) Zerstören, Beschädigen → § 303 Rn. 3–7. **Unbrauchbarmachen** → § 87 Rn. 2. Der **Verstrickung entziehen** bedeutet, die Verfügungsgewalt der Behörde (→ § 11 Rn. 20) vollständig oder teilweise, dauernd oder vorübergehend ausschalten (OLG Hamm NJW 1956, 1889; Lüke FS Kaufmann, 1993, 565 (574); Küper StrafR BT S. 414), jedoch nicht lediglich in ganz unerheblichem Maße (OLG Hamm NJW 1980, 2537); vorübergehende Benutzung des gepfändeten Kraftfahrzeugs kann genügen (OLG Hamm VRS 13, 34). Entziehen ist auch durch Täuschung möglich (RGSt 58, 353), nicht aber durch bloß verpflichtenden Vertrag, der den Zugriff der Behörde nicht beeinträchtigt (OLG Hamm NJW 1956, 1889). 4

4. Abs. 2: Tatbestand des Siegelbruchs (Kuhr, Siegelbruch, 2005): 5

a) aa) **Dienstliches** (→ § 133 Rn. 3, 4) **Siegel** ist eine von einer Behörde oder einem Amtsträger (→ § 11 Rn. 3–11) herrührende Kennzeichnung mit Beglaubigungscharakter (Maurach/Schroeder/Maiwald StrafR BT II § 73 Rn. 20). Danach scheiden Siegel ausländischer Stellen grds. aus (→ Rn. 1; aM Satzger Europäisierung des StrafR S. 573), es sei denn, dass der ausländischen Siegelung auf Grund völkerrechtlicher Vereinbarung innerstaatliche Wirkung beigelegt ist (Krehl NJW 1992, 604), wie zB Verplombungen, die von der Zollverwaltung eines anderen Mitgliedsstaates der EU im Rahmen gemeinschaftlicher Versandverfahren zum Zwecke der zollamtlichen Überwachung von Waren im gesamten Zollgebiet der Gemeinschaft angelegt werden (BGH NStZ 1996, 229; zust. Dannecker FG BGH, 2000, 339

(355); Stein in SK-StGB Rn. 19). Erfasst werden namentlich auch die Siegelmarke (RGSt 3, 286), die Plombe am Feuermelder (RGSt 65, 133) oder Breitbandkabelnetz (Krause/Wuermeling NStZ 1990, 526), der Stempel des Fleischbeschauers (RGSt 39, 367) und die mit dem Siegel des Gerichtsvollziehers versehene Pfandanzeige (BGH 9.10.1952 – 5 StR 433/52); abgekürzte Angabe der Herkunftsbehörde genügt (OLG Frankfurt a. M. GA 1974, 83).

5a bb) Das Siegel ist **angelegt,** wenn es mit einer Sache verbunden (RGSt 61, 101), sei es auch nur mit einer Stecknadel befestigt (BGH bei Dallinger MDR 1952, 658), nicht aber, wenn es nur hingelegt ist (RG DR 1941, 847).

6 **b) Beschädigen** → § 303 Rn. 3–6 (sa OLG Köln MDR 1969, 69). **Ablösen** ist die Beseitigung des Siegels im Ganzen. **Unwirksammachen des Verschlusses** ist Missachtung der dienstlichen Sperre, die durch das (zurzeit der Tathandlung noch angebrachte, OLG Köln NStZ 1987, 330) Siegel gebildet wird (BayObLGSt 41, 299; OLG Frankfurt a. M. NJW 1959, 1288), zB wenn der Täter durch das Fenster in einen Raum einsteigt, dessen Tür versiegelt ist; zur Schließung einer Baustelle soll sogar das bloße Anheften der Versiegelungsverfügung an der Baubude genügen (OLG Köln MDR 1971, 67; Krauß in LK-StGB Rn. 41; aM Geppert Jura 1987, 35 (43); vgl. auch Fischer Rn. 11; zw.).

7 **5.** Die Regelung der **Absätze 3, 4** deckt sich mit § 113 III, IV. Danach kommt es bei Vorliegen der schon für den Tatbestand notwendigen, dh rechtlich nicht völlig wirkungslosen (hM; vgl. Geppert/Weaver Jura 2000, 46 (48)), Verstrickung oder Siegelung auf deren materielle Berechtigung nur nach Maßgabe des strafrechtlichen Rechtmäßigkeitsbegriffs an (→ § 113 Rn. 7–22; Heinrich in Krey/Hellmann/Heinrich StrafR BT Rn. 733; krit. Ostendorf in NK-StGB Rn. 18; aM Rengier StrafR BT II § 58 Rn. 9, sog. „materieller“ Rechtmäßigkeitsbegriff; „missverständlich“ nach Stein in SK-StGB Rn. 30; enger Lüke FS Kaufmann, 1993, 565 (573), nach dem es auch hier auf die prozessuale Wirksamkeit ankommt); ob eine Pfändung ein Pfandrecht begründet hat, ist daher idR unerheblich.

8 **6.** Der **Vorsatz** (bedingter genügt) muss mit Rücksicht auf die spezielle Irrtumsregelung des Abs. 4 nur die Tatumstände der Abs. 1 und 2 umfassen. Der auf falscher rechtlicher Wertung beruhende Irrtum, die Verstrickung oder Siegelung sei nicht entstanden oder – etwa infolge Verzichts des Gläubigers auf die Rechte aus einer Pfändung (→ Rn. 3) – erloschen, ist kein Irrtum über die Rechtmäßigkeit, sondern über das Bestehen der staatlichen Herrschaft und daher Tatbestandsirrtum (ebenso jetzt Stein in SK-StGB Rn. 26; zusf. zu den Irrtumsfragen Niemeyer JZ 1976, 314; Geppert Jura 1987, 35 (41); str.).

9 **7.** Zwischen Abs. 1 und 2 ist **Tateinheit** möglich (hM; vgl. etwa Geppert/Weaver Jura 2000, 46 (49); anders Stein in SK-StGB Rn. 31, Subsidiarität von Abs. 2); dient jedoch der Siegelbruch an einer nach §§ 808 II, 809 ZPO gepfändeten Sache nur der Verdeckung eines Verstrickungsbruchs, so wird er von Abs. 1 konsumiert (Meyer JuS 1971, 643 (646); str.). Tateinheit ist ferner möglich ua zwischen Abs. 1 (RGSt 54, 244; str.), Abs. 2 und § 133, zwischen Abs. 1 und § 288 (RGSt 17, 42) sowie zwischen Abs. 2 und § 274 I Nr. 1 (BGH NStZ 1996, 229; aM Kienapfel, Urkunden und andere Gewährschaftsträger, 1979, S. 140; Hoyer in SK-StGB § 274 Rn. 28).

§ 137 (weggefallen)

§ 138 Nichtanzeige geplanter Straftaten

(1) **Wer von dem Vorhaben oder der Ausführung**

1. **(aufgehoben)**
2. **eines Hochverrats in den Fällen der §§ 81 bis 83 Abs. 1,**
3. **eines Landesverrats oder einer Gefährdung der äußeren Sicherheit in den Fällen der §§ 94 bis 96, 97a oder 100,**
4. **einer Geld- oder Wertpapierfälschung in den Fällen der §§ 146, 151, 152 oder einer Fälschung von Zahlungskarten mit Garantiefunktion in den Fällen des § 152b Abs. 1 bis 3,**
5. **eines Mordes (§ 211) oder Totschlags (§ 212) oder eines Völkermordes (§ 6 des Völkerstrafgesetzbuches) oder eines Verbrechens gegen die Menschlichkeit (§ 7 des Völkerstrafgesetzbuches) oder eines Kriegsverbrechens (§§ 8, 9, 10, 11 oder 12 des Völkerstrafgesetzbuches) oder eines Verbrechens der Aggression (§ 13 des Völkerstrafgesetzbuches),**
6. **einer Straftat gegen die persönliche Freiheit in den Fällen des § 232 Absatz 3 Satz 2, des § 232a Absatz 3, 4 oder 5, des § 232b Absatz 3 oder 4, des § 233a Absatz 3 oder 4, jeweils soweit es sich um Verbrechen handelt, der §§ 234, 234a, 239a oder 239b,**
7. **eines Raubes oder einer räuberischen Erpressung (§§ 249 bis 251 oder 255) oder**
8. **einer gemeingefährlichen Straftat in den Fällen der §§ 306 bis 306c oder 307 Abs. 1 bis 3, des § 308 Abs. 1 bis 4, des § 309 Abs. 1 bis 5, der §§ 310, 313, 314 oder 315 Abs. 3, des § 315b Abs. 3 oder der §§ 316a oder 316c**

zu einer Zeit, zu der die Ausführung oder der Erfolg noch abgewendet werden kann, glaubhaft erfährt und es unterläßt, der Behörde oder dem Bedrohten rechtzeitig Anzeige zu machen, wird mit Freiheitsstrafe bis zu fünf Jahren oder mit Geldstrafe bestraft.

(2) [1]**Ebenso wird bestraft, wer**

1. **von der Ausführung einer Straftat nach § 89a oder**
2. **von dem Vorhaben oder der Ausführung einer Straftat nach § 129a, auch in Verbindung mit § 129b Abs. 1 Satz 1 und 2,**

zu einer Zeit, zu der die Ausführung noch abgewendet werden kann, glaubhaft erfährt und es unterlässt, der Behörde unverzüglich Anzeige zu erstatten. [2]**§ 129b Abs. 1 Satz 3 bis 5 gilt im Fall der Nummer 2 entsprechend.**

(3) **Wer die Anzeige leichtfertig unterläßt, obwohl er von dem Vorhaben oder der Ausführung der rechtswidrigen Tat glaubhaft erfahren hat, wird mit Freiheitsstrafe bis zu einem Jahr oder mit Geldstrafe bestraft.**

Fassung: Streichung von Nr. 1 und Erweiterung von Nr. 3 durch das Gesetz zur Änderung der VStGB (→ Vor § 1 Rn. 18); redaktionelle Anpassung von Abs. 1 Nr. 4 an § 152b nF durch das 61. StÄG (→ Vor § 1 Rn. 19) zum 18.3.2021.

1. Die Vorschrift dient dem **Schutz** derjenigen Rechtsgüter, die durch die anzeigepflichtigen Straftaten verletzt werden (Schmidhäuser FS Bockelmann, 1979, 683 (690); Schroeder, Die Straftaten gegen das Strafrecht, 1985, S. 11; Westendorf, Die Pflicht zur Verhinderung geplanter Straftaten durch Anzeige, 1999, S. 39, 61; Freund/Rostalski StrafR AT § 6 Rn. 31; Hanack in LK-StGB Rn. 1, 2; Heinrich in Krey/Hellmann/Heinrich StrafR BT I Rn. 866; Stein in SK-StGB Rn. 2; Fischer Rn. 3; so auch BGHSt 42, 86 = NJW 1996, 2239; BGH NStZ 2010, 449; für die 1

Rechtspflege als zusätzliches Rechtsgut Tag JR 1995, 133 (134); Rengier StrafR BT II § 52 Rn. 1). Die Tat ist echtes **Unterlassungsdelikt** (→ § 13 Rn. 4; Loos/Westendorf Jura 1998, 403 (406); Westendorf, Die Pflicht zur Verhinderung geplanter Straftaten durch Anzeige, 1999, S. 127, begreifen § 138 I zugleich als konkretes Gefährdungsdelikt; ähnlich Maurach/Schroeder/Maiwald StrafR BT II § 98 Rn. 7 „In-Gefahr-Lassungsdelikt"). Zur Reform Westendorf, Die Pflicht zur Verhinderung geplanter Straftaten durch Anzeige, 1999, S. 302; Kisker, Die Nichtanzeige geplanter Straftaten – §§ 138, 139 StGB: Reformdiskussion und Gesetzgebung seit 1870, 2002. Von einer Erweiterung der Anzeigepflicht für den sexuellen Missbrauch von Kindern (so noch BT-Drs. 15/350, 14) wurde im Verlauf des Gesetzgebungsverfahrens zu Recht abgesehen (BT-Drs. 15/1311, 23; Frommel NKrimPol 2004, 6); aus empirischer Sicht krit. zum Straftatenkatalog Marquard/v. Danwitz FS Rudolphi, 2004, 497. Kritisch zur vorschnellen Anwendung tradierter Kategorien des AT auf die unterlassene Verbrechensanzeige Rojas GA 2017, 147 (161).

2 **2.** Nur die genannten **Straftaten** (auch Teilnahme, Schwarz, Die unterlassene Verbrechensanzeige, 1968, S. 44; Stein Rn. 4c; aM Westendorf, Die Pflicht zur Verhinderung geplanter Straftaten durch Anzeige, 1999, S. 75), mit Ausnahme der §§ 129a V, 310 I Nr. 2 sämtlich Verbrechen, sind anzeigepflichtig; dass es sich um Verbrechen handeln muss, ist hinsichtlich der Menschenhandelsvorschriften der §§ 232, 233ff. in Nr. 6 ausdrücklich klargestellt (näher dazu BT-Drs. 15/3045, 7); durch die Einbeziehung des § 129b in Abs. 2 müssen auch Beteiligungshandlungen an ausländischen Vereinigungen angezeigt werden (Altvater NStZ 2003, 179 (183)), wegen der Verweisung auf § 129b I 3–5 ist bei Vereinigungen außerhalb der EU eine Ermächtigung des Bundesministeriums der Justiz erforderlich (Altvater NStZ 2003, 179 (183); Fischer Rn. 10a). Seit dem 4.8.2009 ist auch eine Tat nach § 89a – also eine Vorbereitungstat – anzeigepflichtig (krit. Fischer Rn. 4a, geht „außerordentlich weit"). Taten, die nur untauglicher Versuch wären, scheiden aus (Schwarz, Die unterlassene Verbrechensanzeige, 1968, S. 45; Lagodny JZ 1997, 48; Westendorf, Die Pflicht zur Verhinderung geplanter Straftaten durch Anzeige, 1999, S. 73), bei irriger Annahme der Tauglichkeit liegt strafloser (untauglicher) Versuch des § 138 vor (Maurach/Schroeder/Maiwald StrafR BT II § 98 Rn. 12). Obwohl in der Überschrift und in Abs. 1 Nr. 7, 9 abweichend vom früheren Recht und im Gegensatz zu § 140 von Straftaten gesprochen wird, kann die anzeigepflichtige Tat auch die eines Schuldunfähigen sein (Westendorf, Die Pflicht zur Verhinderung geplanter Straftaten durch Anzeige, 1999, S. 72; Sternberg-Lieben in Schönke/Schröder, Rn. 4); dies wird auch durch den Wortlaut des Abs. 3 bestätigt (Schroeder, Die Straftaten gegen das Strafrecht, 1985, S. 16). **Vorhaben** setzt die ernsthafte Planung der Begehung einer Katalogtat voraus (hM); daran fehlt es nicht schon deshalb, weil der Täter noch nicht feststeht (RGSt 60, 254); eine versuchte Beteiligung iSd § 30, deren Erfolg ungewiss ist, reicht jedoch nicht (BGHSt 42, 86 (89) = NJW 1996, 2239 mit Bespr. Loos/Westendorf Jura 1998, 403 (404); Jäger ExRep StrafR AT Rn. 373c). **Ausführung** ist die Versuchsphase bis zur Vollendung; nach hM soll auch die Beendigungsphase (→ Vor § 22 Rn. 2) einbezogen sein (Joecks/Jäger StGB Rn. 8; einschr. Maurach/Schroeder/Maiwald StrafR BT II § 98 Rn. 11); dies ist nur bei noch ausstehenden und deshalb zu verhindernden Schäden überzeugend (Westendorf, Die Pflicht zur Verhinderung geplanter Straftaten durch Anzeige, 1999, S. 67).

3 **3. a) Glaubhaft erfahren** hat der Täter, wenn objektiv die Tat – sei es auch nur bedingt (RGSt 60, 254) – ernstlich geplant oder wenn sie ausgeführt wird (RGSt

71, 385; Stein in SK-StGB Rn. 9) und wenn subjektiv der Täter mindestens mit der Möglichkeit ihrer Verübung (uU auch nur weiteren Ausführung) rechnet (Jäger ExRep StrafR AT Rn. 373c; ähnlich Westendorf, Die Pflicht zur Verhinderung geplanter Straftaten durch Anzeige, 1999, S. 78, 84), also nicht schon dann, wenn er nur damit rechnen muss (Holtz MDR 1976, 987). Die Kenntnis braucht sich nur auf die Tat, nicht auf die Person des Täters zu beziehen (RGSt 60, 254).

b) Die Anzeigepflicht kann danach frühestens mit der Existenz eines ernstlichen 4
Tatplans **beginnen.** Sie dauert fort bis zur Beendigung der Tat, solange noch der Erfolg (im weitesten Sinne) oder Teile von ihm abwendbar sind (BGH NJW 1990, 722). Jedoch gehört die Begehung der geplanten Tat als solche nicht zum Tatbestand (→ § 139 Rn. 1).

4. Anzeigen muss der Täter lediglich die Tat, den Täter nur, wenn Verhütung 5
sonst nicht möglich wäre (RGSt 60, 254). Anonyme Anzeige genügt, es sei denn, dass die Gefahr besteht, sie werde nicht ernst genommen (hM; vgl. Westendorf, Die Pflicht zur Verhinderung geplanter Straftaten durch Anzeige, 1999, S. 114; Hanack in LK-StGB Rn. 37; krit. Schomberg/Korte ZRP 1990, 417; zw.). Die Anzeige ist **rechtzeitig,** wenn die Ausführung oder (bei Kenntniserlangung erst nach Tatbeginn) der Erfolg noch abgewendet werden kann (BGHSt 42, 86 = NJW 1996, 2239 mit Bespr. Puppe NStZ 1996, 597; Lagodny JZ 1997, 48, Loos/Westendorf Jura 1998, 403; enger Ostendorf in NK-StGB §§ 138, 139 Rn. 14; Rudolphi FS Roxin, 2001, 827; Stein in SK-StGB Rn. 16); die Verwirklichung einer nach § 30 selbständig strafbaren Vorstufe der geplanten Katalogtat (zB eines Mordes) steht dem nicht entgegen (BGHSt 42, 86 = NJW 1996, 2239). Ausführung ist im Falle des § 310 die Ausführung der Vorbereitungshandlung, im Falle des § 129a die Ausführung der Organisationshandlung des Gründens, Beteiligens, Werbens oder Unterstützens (krit. dazu Rudolphi JA 1979, 1 (3); Schroeder, Die Straftaten gegen das Strafrecht, 1985, S. 33) und im Fall des § 89a etwa das „Sich-Unterweisenlassen" in „Fertigkeiten" (Fischer Rn. 4a). Zeigt der Anzeigepflichtige zwar nicht rechtzeitig, aber doch so an, dass dadurch die Abwendung des Erfolgs der Katalogtat erreicht wird, so ist Strafbefreiung wegen tätiger Reue analog § 24 möglich (Loos/Westendorf Jura 1998, 403 (407); für eine analoge Anwendung von § 139 IV Puppe NStZ 1996, 597). Der Pflichtige kann die Anzeige idR nach seiner Wahl (beachte aber Abs. 2 und RGSt 43, 342 (344)) an eine Behörde (→ § 11 Rn. 20), die einschreiten kann, oder an den Bedrohten erstatten (Westendorf, Die Pflicht zur Verhinderung geplanter Straftaten durch Anzeige, 1999, S. 103); wäre aber Anzeige an die Behörde verspätet, so muss er sich an den Bedrohten wenden.

5. Nicht anzeigepflichtig ist der Bedrohte selbst (hM; vgl. etwa Fischer 6
Rn. 17; str.), es sei denn, dass sich die Tat auch gegen andere (oder die Allgemeinheit) richtet (RG JW 1932, 57; weiter einschr. für Abs. 1 Nr. 6 Westendorf, Die Pflicht zur Verhinderung geplanter Straftaten durch Anzeige, 1999, S. 129). Das gilt ferner für die am Tatplan Beteiligten, auch wenn sie nur straflos an der Vorbereitung teilgenommen haben (hM; vgl. etwa BGH NStZ 1982, 244; Piatkowski/Saal JuS 2005, 979 (984); mit beachtlichen Gründen anders Schmidhäuser FS Bockelmann, 1979, 683; Schmidhäuser, Form und Gehalt der Strafgesetze, 1988, S. 29; krit. dazu Westendorf, Die Pflicht zur Verhinderung geplanter Straftaten durch Anzeige, 1999, S. 133, 141, die zwischen Alleintäter und mehreren Beteiligten differenziert); die Anzeigepflicht soll dagegen nach der früheren Rspr. nicht entfallen, wenn sich ein am Tatplan Unbeteiligter durch die Anzeige lediglich in den Verdacht

der Beteiligung bringen würde (BGHSt 36, 167 = NJW 1989, 2760 mit krit. Bespr. Joerden Jura 1990, 633; krit. auch Westendorf, Die Pflicht zur Verhinderung geplanter Straftaten durch Anzeige, 1999, S. 153). Kann nicht geklärt werden, ob der Nichtanzeigende auch an der Vortat beteiligt war, hat jedenfalls eine Bestrafung aus § 138 zu erfolgen (BGH NStZ 2004, 499 mit zust. Bespr. Otto JK StGB § 138 Rn. 3; als milderes Gesetz BGH NJW 2010, 2291 mablAnm Schiemann, dazu der Praxishinweis in NJW-Spezial 2010, 408). Die Aufgabe der bisherigen Rspr., wonach wegen Unzulässigkeit einer Wahlfeststellung (→ § 1 Rn. 13) Freispruch geboten war (BGHSt 36, 167 = NJW 1989, 2760), ist zu begrüßen, da im Hinblick auf das geschützte Rechtsgut (→ Rn. 1) zwischen der Verletzung der Anzeigepflicht und der Teilnahme ein „normativ-ethisches Stufenverhältnis" anzunehmen ist (BGHSt 55, 148 = NStZ 2010, 449 mAnm Schiemann NJW 2010, 2293; Hanack in LK-StGB Rn. 75; Kindhäuser/Hilgendorf in LPK-StGB Rn. 7; Rengier StrafR BT II § 52 Rn. 10; Stein in SK-StGB Rn. 35; Fischer Rn. 20a; sa Joerden JZ 1988, 847 (853); Westendorf, Die Pflicht zur Verhinderung geplanter Straftaten durch Anzeige, 1999, S. 162, 168), das die Anwendung des Zweifelssatzes ermöglicht (→ § 1 Rn. 11; iE auch Joerden Jura 1990, 633 (640), der sich jedoch auf konkurrenzrelevante Postpendenz stützt).

7 **6.** Abs. 1 und 2 setzen für das Unterlassen der Anzeige **Vorsatz,** Abs. 3 Leichtfertigkeit (→ § 15 Rn. 55; Stein in SK-StGB Rn. 31; näher und krit. Westendorf, Die Pflicht zur Verhinderung geplanter Straftaten durch Anzeige, 1999, S. 173; Kisker, Die Nichtanzeige geplanter Straftaten – §§ 138, 139 StGB: Reformdiskussion und Gesetzgebung seit 1870, 2002, S. 185) voraus; das Erfordernis glaubhafter Kenntnis bleibt davon unberührt. Ein Irrtum über das Bestehen der Anzeigepflicht ist Gebotsirrtum (BGHSt 19, 295 = NJW 1964, 1332; Dallinger MDR 1970, 897; Westendorf, Die Pflicht zur Verhinderung geplanter Straftaten durch Anzeige, 1999, S. 171; → § 15 Rn. 7; → § 17 Rn. 6); irrt sich der Täter hingegen über die optimale Rettungseignung oder den Zeitpunkt der rechtzeitigen Anzeigeerstattung, so liegt ein vorsatzausschließender Tatbestandsirrtum vor (Stein in SK-StGB Rn. 30a; → § 16 Rn. 3).

8 **7.** Bei Vorliegen der hier streng zu beurteilenden (RGSt 66, 222 (227)) Voraussetzungen des entschuldigenden Notstandes (§ 35) entfällt wegen Unzumutbarkeit nicht schon der (Unterlassungs-)Tatbestand (→ § 13 Rn. 5; RGSt 43, 342; Hanack in LK-StGB Rn. 66). Im Übrigen begründet die Anzeigepflicht **keine Garantenstellung** (→ § 13 Rn. 7); eine Garantenpflicht geht uU weiter als die Anzeigepflicht (BGH NJW 1964, 731; vgl. auch Geilen JuS 1965, 426).

9 **8. Zuständigkeit** und Verfahren §§ 120 I Nr. 7, 142a GVG, §§ 153d, 153e StPO (beachte auch BGH NStZ 1993, 50).

§ 139 Straflosigkeit der Nichtanzeige geplanter Straftaten

(1) **Ist in den Fällen des § 138 die Tat nicht versucht worden, so kann von Strafe abgesehen werden.**

(2) **Ein Geistlicher ist nicht verpflichtet anzuzeigen, was ihm in seiner Eigenschaft als Seelsorger anvertraut worden ist.**

(3) [1]**Wer eine Anzeige unterläßt, die er gegen einen Angehörigen erstatten müßte, ist straffrei, wenn er sich ernsthaft bemüht hat, ihn von der Tat abzuhalten oder den Erfolg abzuwenden, es sei denn, daß es sich um**

1. einen Mord oder Totschlag (§§ 211 oder 212),
2. einen Völkermord in den Fällen des § 6 Abs. 1 Nr. 1 des Völkerstrafgesetzbuches oder ein Verbrechen gegen die Menschlichkeit in den Fällen des § 7 Abs. 1 Nr. 1 des Völkerstrafgesetzbuches oder ein Kriegsverbrechen in den Fällen des § 8 Abs. 1 Nr. 1 des Völkerstrafgesetzbuches oder
3. einen erpresserischen Menschenraub (§ 239a Abs. 1), eine Geiselnahme (§ 239b Abs. 1) oder einen Angriff auf den Luft- und Seeverkehr (§ 316c Abs. 1) durch eine terroristische Vereinigung (§ 129a, auch in Verbindung mit § 129b Abs. 1)

handelt. [2]Unter denselben Voraussetzungen ist ein Rechtsanwalt, Verteidiger, Arzt, Psychotherapeut, Psychologischer Psychotherapeut oder Kinder- und Jugendlichenpsychotherapeut nicht verpflichtet anzuzeigen, was ihm in dieser Eigenschaft anvertraut worden ist. [3]Die berufsmäßigen Gehilfen der in Satz 2 genannten Personen und die Personen, die bei diesen zur Vorbereitung auf den Beruf tätig sind, sind nicht verpflichtet mitzuteilen, was ihnen in ihrer beruflichen Eigenschaft bekannt geworden ist.

(4) **[1]Straffrei ist, wer die Ausführung oder den Erfolg der Tat anders als durch Anzeige abwendet. [2]Unterbleibt die Ausführung oder der Erfolg der Tat ohne Zutun des zur Anzeige Verpflichteten, so genügt zu seiner Straflosigkeit sein ernsthaftes Bemühen, den Erfolg abzuwenden.**

Fassung: Ergänzung von Abs. 3 S. 2 durch G zur Reform der Psychotherapeutenausbildung v. 15.11.2019 (BGBl. I 1604), in Kraft getreten am 1.9.2020.

1 **1.** Aus **Abs. 1** folgt, dass der Anzeigepflichtige bei Unterbleiben der Anzeige (BGHSt 42, 86 = NJW 1996, 2239) strafbar bleibt, wenn die geplante Tat weder begangen noch versucht worden ist. Die verbleibende Möglichkeit des **Absehens von Strafe** (§ 153b StPO) besteht aber nur, solange die geplante Tat nicht in das Versuchsstadium gelangt ist; dafür ist es unbeachtlich, ob der Haupttäter aus irgendwelchen Gründen, etwa durch Rücktritt, Straffreiheit erlangt (hM).

2 **2.** Die **Freistellung von der Anzeigepflicht** nach **Abs. 2** und **Abs. 3 S. 2, 3** bildet einen Rechtfertigungsgrund (hM; vgl. Hanack in LK-StGB Rn. 13, 31; Stein in SK-StGB Rn. 3; anders Kielwein GA 1955, 225 (230), Tatbestandsausschluss; Westendorf, Die Pflicht zur Verhinderung geplanter Straftaten durch Anzeige, 1999, S. 241, 247, Schuldausschluss wegen Unzumutbarkeit; für Abs. 3 S. 2 auch Maurach/Schroeder/Maiwald StrafR BT II § 98 Rn. 26, Strafaufhebungsgrund; zum Grund der Privilegierung s. Wolff-Reske, Berufsbedingtes Verhalten als Problem mittelbarer Erfolgsverursachung, 1995, S. 178: rollenwahrende Ausübung des Berufs; Langer, Die Sonderstraftat, 2007, S. 447, 448 spricht von einem Sonderrechtsdelikt). Sie gilt nur für Geistliche (näher Westendorf, Die Pflicht zur Verhinderung geplanter Straftaten durch Anzeige, 1999, S. 218) und mit den Einschränkungen in Abs. 3 S. 1 (krit. Dahs NJW 1976, 2145 (2148)) für die genannten Berufsträger (europäische Rechtsanwälte stehen den Rechtsanwälten und Anwälten gleich, § 42 I EuRAG) und deren Gehilfen (Abs. 3 S. 3), nicht aber für Notare, Rechtsberater und (die hier – anders als etwa in § 203 I Nr. 1 – nicht genannten) Zahnärzte. Neben Ärzten sind im Hinblick auf das PsychThG auch Psychotherapeuten einbezogen (BT-Drs. 15/305, 14; BT-Drs. 15/1311, 23). Abs. 3 S. 3 bezieht sinnvollerweise auch die Berufshelfer ein (BT-Drs. 15/305, 14; Duttge/Hörnle/

Renzikowski NJW 2004, 1065 (1068); zum Personenkreis der Gehilfen → § 203 Rn. 11b). Was dem Geistlichen (Abs. 2) nicht als Seelsorger und den Berufsträgern in ihrer Berufseigenschaft, sondern in anderem Zusammenhang (zB bei karitativer Tätigkeit; krit. Hanack in LK-StGB Rn. 11) anvertraut worden oder was ihnen auf andere Weise bekannt geworden ist, entbindet nicht von der Anzeigepflicht.

3 **3. Abs. 3 S. 1** beschreibt einen **persönlichen Strafaufhebungsgrund** (→ Vor § 13 Rn. 29; Fischer Rn. 5; aM Westendorf, Die Pflicht zur Verhinderung geplanter Straftaten durch Anzeige, 1999, S. 237, 241; Hanack in LK-StGB Rn. 23, der einen Entschuldigungsgrund annimmt; nach Stein in SK-StGB Rn. 10, Entschuldigungsgrund). Die Vorschrift privilegiert auch den **Angehörigen** (→ § 11 Rn. 2; BGH NStZ-RR 1998, 204; NJW 2008, 240) eines von mehreren Tätern (Geilen JuS 1965, 426 (430)).

4 **4. Abs. 4** gilt für jedermann; auch er bedeutet einen **persönlichen Strafaufhebungsgrund** (Hanack in LK-StGB Rn. 37; Stein in SK-StGB Rn. 13; aM Westendorf, Die Pflicht zur Verhinderung geplanter Straftaten durch Anzeige, 1999, S. 263: Tatbestandsausschluss; dagegen Stein in SK-StGB Rn. 12). Die Vergünstigung ist ausgeschlossen, wenn die geplante Tat mit Erfolg ausgeführt wird (→ § 24 Rn. 29).

§ 140 Belohnung und Billigung von Straftaten

Wer eine der in § 138 Absatz 1 Nummer 2 bis 4 und 5 letzte Alternative oder in § 126 Absatz 1 genannten rechtswidrigen Taten oder eine rechtswidrige Tat nach § 176 Absatz 1 oder nach den §§ 176c und 176d

1. **belohnt, nachdem sie begangen oder in strafbarer Weise versucht worden ist, oder**
2. **in einer Weise, die geeignet ist, den öffentlichen Frieden zu stören, öffentlich, in einer Versammlung oder durch Verbreiten eines Inhalts (§ 11 Absatz 3) billigt,**

wird mit Freiheitsstrafe bis zu drei Jahren oder mit Geldstrafe bestraft.

Fassung: Anpassung an den neuen Inhalts-Begriff (§ 11 III) durch das 60. StÄG (→ Vor § 1 Rn. 19) zum 1.1.2021; aufgrund G zur Bekämpfung des Rechtsextremismus und der Hasskriminalität vom 30.3.2021 (→ Vor § 1 Rn. 19) zum 3.4.2021 und Anpassung an G zur Bekämpfung sexualisierter Gewalt gegen Kinder vom 16.6.2021 (→ Vor § 1 Rn. 19) zum 1.7.2021.

1 **1.** Die Vorschrift schützt den **öffentlichen Frieden** (OLG Karlsruhe NStZ-RR 1996, 58; Stein in SK-StGB Rn. 2a; → § 126 Rn. 1; Schumann FS Seebode, 2008, 179, aM Maurach/Schroeder/Maiwald StrafR BT II § 102 Rn. 2: Schutz der grundlegenden Wertauffassungen der Gemeinschaft; ähnlich Ostendorf in NK-StGB Rn. 3); sie soll namentlich der Entstehung eines „psychischen Klimas" um sich greifender Verbrechensbereitschaft entgegenwirken (OLG Hamm MDR 1980, 159; krit. Bemmann, Meinungsfreiheit und Strafrecht, 1981, S. 16; Schroeder, Die Straftaten gegen das Strafrecht, 1985, S. 12; Jakobs ZStW 97 (1985), 751 (779); Kühl NJW 1987, 737 (745); Dencker StV 1987, 117 (121); Beck, Unrechtsbegründung und Vorfeldkriminalisierung, 1992, S. 195; Hefendehl Kollektive Rechtsgüter S. 305; Hörnle in Hefendehl/v. Hirsch/Wohlers, Die Rechtsgutstheorie, 2003, S. 268, 277 „einfacher Gefühlsschutztatbestand"; Schumann FS Seebode, 2008, 180, psychisches Klima; Fischer Rn. 2); auch die Einbeziehung bestimmter Sexualstraftaten durch das SexÄG (→ Vor § 1 Rn. 15) wurde mit der Verhinderung

eines „psychischen Klimas", das Sexualstraftaten begünstige, begründet (BT-Drs. 15/29, 10; BT-Drs. 15/350, 15; zu Recht krit. Duttge/Hörnle/Renzikowski NJW 2004, 1065 (1068)). – Zur **historischen Entwicklung** Ebert FS Spendel, 1992, 115; Schumann FS Seebode, 2008, 180. – **Rechtsprechungsübersicht** bei Stegbauer NStZ 2005, 677 (683); NStZ 2008, 73.

2. Die **Katalogtat** muss als rechtswidrige Tat (→ § 11 Rn. 18), sei es auch nur von einem Schuldunfähigen, seit dem 4.3.2021 nur noch für Nr. 1 wirklich begangen worden sein (BGH BeckRS 1978, 00131) und zwar mindestens als ein mit Strafe bedrohter Versuch, also nicht lediglich als eine nach § 30 strafbare Vorbereitung (Schnarr NStZ 1990, 257 (259)). Der Gesetzeswortlaut „in strafbarer Weise" ist insofern unexakt, als nach dem Sinnzusammenhang auch der von einem Schuldunfähigen begangene Versuch erfasst wird (Stree NJW 1976, 1177 (1181)). Rücktritt von diesem Versuch berührt die Strafbarkeit nach § 140 nicht. Zur Frage, ob eine Auslandstat genügt, BGHSt 22, 282 = NJW 1969, 517; Hanack in LK-StGB Rn. 10; einschr. Stein in SK-StGB Rn. 5 (str.); für die Anschläge auf das World Trade Center bejahend OLG Karlsruhe NJW 2003, 1200; Beschränkung auf Straftaten nach deutschem Strafrecht verlangt Schumann FS Seebode, 2008, 182; Fischer Rn. 4. Die gebilligte Tat muss entweder in der Äußerung selbst so konkret beschrieben werden, dass sie ohne zusätzliches Wissen als Katalogtat subsumiert werden kann oder durch ihre herausragende Prominenz und andauernde Bedeutung für den aktuellen politischen Diskurs jedem durchschnittlich informierten Adressaten sofort vor Augen steht (KG OLGSt StGB § 140 Nr 1); letzteres dürfte idR für die öffentliche Verwendung eines großen „Z" als Zeichen für den russischen Angriffskrieg in der Ukraine gelten (Stein lto v. 16.3.2022, www.lto.de/recht/hintergründe/h/ukraine-billigung-straftaten-angriffskrieg-14 artgbz-zeichen; ebenso OVG Magdeburg, NVwZ RR 2022, 715; vgl. auch BT-Drs. 20, 2181, 4. Abl. für das „Z" auf einer Jacke, AG Bautzen StV 2022, 645). 2

3. a) Belohnen ist das nachträgliche Zuwenden eines Vorteils jeder, auch nicht materieller, Art (Sturm JZ 1976, 347 (350)); der Vorteil muss gerade für die begangene rechtswidrige Tat gewährt werden (Stein in SK-StGB Rn. 6). Nicht erforderlich ist, dass der Vorteil einem Beteiligten der Vortat zugute kommt (so aber Fischer Rn. 6); es reicht die Vorteilsgewährung an Dritte, wenn diese zu einem an der Katalogtat Beteiligten ein Näheverhaltnis aufweisen (Zöller, Terrorismusstrafrecht, 2009, S. 398, zB Hinterbliebener eines Selbstmordattentäters). 3

b) Billigen → § 130 Rn. 8; speziell für § 140 OLG Karlsruhe NJW 2003, 1200, wo dies wegen einer ansatzweise inhaltlichen Auseinandersetzung mit den Ursachen der Bezugstat verneint wird (krit. Zöller, Terrorismusstrafrecht, 2009, S. 399); Schumann GS Seebode, 1973, 184; sa Stegbauer NStZ 2017, 271; anzunehmen etwa, wenn nach Brandanschlag auf das Veranstaltungsgelände des OSZE-Ministerratstreffens in Zeitungsinterview Verständnis für die Täter geäußert und die Teilnehmer an den OSZE- und G20-Treffen als „die wahren Verbrecher" benannt werden (LG Hamburg NStZ 2020, 737). – Im Unterschied zu Nr. 1 genügt seit dem 3.4.2021 **auch eine zukünftige Tat,** wobei dem Täter nicht alle konkreten Umstände der gebilligten Katalogtat bekannt sein müssen, wenn er diese in ihren wesentlichen Merkmalen umreißt, ohne die Einzelheiten der Katalogtat zu kennen, und in dem Bewusstsein handelt, durch sein Verhalten eine Katalogtat eines ihm nicht notwendigerweise bekannten Haupttäters zu billigen. Dafür genügt das Gutheißen einer solchen Tat, insbes. durch Kundgabe der Zustimmung des Äußernden (BT-Drs. 19/17741, 34). **Öffentlich,** in einer Versammlung → § 80a 4

Rn. 2; Verbreiten von Inhalten → § 11 Rn. 27; → § 74d Rn. 5. Speziell zur Frage, ob auch das Billigen (zB eines Terroranschlags) über das Medium Internet erfasst wird, Zöller, Terrorismusstrafrecht, 2009, S. 400. Zur **Eignung, den öffentlichen Frieden zu stören,** → § 126 Rn. 4, 5; die Billigung einer weit zurückliegenden, nur noch historisch bedeutsamen Tat genügt idR nicht (Stree NJW 1976, 1177 (1181)).

5 **4.** Die Vorschrift **tritt zurück,** wenn die Belohnung oder Billigung deshalb Teilnahme an der Tat ist, weil sie zuvor zugesagt wurde (Laufhütte MDR 1976, 441 (444)). Nr. 2 tritt hinter § 130 III Alt. 1 (→ § 130 Rn. 13) zurück, angesichts gleicher Strafdrohung und denm Erfordernis einer Störung des öffentlichen Friedens als Taterfolg (→ § 130 Rn. 8b) nicht jedoch auch hinter § 130 IV.

§ 141 (weggefallen)

§ 142 Unerlaubtes Entfernen vom Unfallort

(1) **Ein Unfallbeteiligter, der sich nach einem Unfall im Straßenverkehr vom Unfallort entfernt, bevor er**

1. **zugunsten der anderen Unfallbeteiligten und der Geschädigten die Feststellung seiner Person, seines Fahrzeugs und der Art seiner Beteiligung durch seine Anwesenheit und durch die Angabe, daß er an dem Unfall beteiligt ist, ermöglicht hat oder**
2. **eine nach den Umständen angemessene Zeit gewartet hat, ohne daß jemand bereit war, die Feststellungen zu treffen,**

wird mit Freiheitsstrafe bis zu drei Jahren oder mit Geldstrafe bestraft.

(2) **Nach Absatz 1 wird auch ein Unfallbeteiligter bestraft, der sich**

1. **nach Ablauf der Wartefrist (Absatz 1 Nr. 2) oder**
2. **berechtigt oder entschuldigt**

vom Unfallort entfernt hat und die Feststellungen nicht unverzüglich nachträglich ermöglicht.

(3) [1]**Der Verpflichtung, die Feststellungen nachträglich zu ermöglichen, genügt der Unfallbeteiligte, wenn er den Berechtigten (Absatz 1 Nr. 1) oder einer nahe gelegenen Polizeidienststelle mitteilt, daß er an dem Unfall beteiligt gewesen ist, und wenn er seine Anschrift, seinen Aufenthalt sowie das Kennzeichen und den Standort seines Fahrzeugs angibt und dieses zu unverzüglichen Feststellungen für eine ihm zumutbare Zeit zur Verfügung hält.** [2]**Dies gilt nicht, wenn er durch sein Verhalten die Feststellungen absichtlich vereitelt.**

(4) **Das Gericht mildert in den Fällen der Absätze 1 und 2 die Strafe (§ 49 Abs. 1) oder kann von Strafe nach diesen Vorschriften absehen, wenn der Unfallbeteiligte innerhalb von vierundzwanzig Stunden nach einem Unfall außerhalb des fließenden Verkehrs, der ausschließlich nicht bedeutenden Sachschaden zur Folge hat, freiwillig die Feststellungen nachträglich ermöglicht (Absatz 3).**

(5) **Unfallbeteiligter ist jeder, dessen Verhalten nach den Umständen zur Verursachung des Unfalls beigetragen haben kann.**

1. a) Die Vorschrift **schützt das private Interesse der Unfallbeteiligten und Geschädigten,** das an möglichst umfassender Aufklärung des Unfallhergangs zu dem Zweck besteht, Schadensersatzansprüche zu sichern oder abzuwehren (BT-Drs. 7/3503, 3; ebenso schon BVerfGE 16, 191 = NJW 1963, 1195; BGHSt 8, 263 = NJW 1955, 1078; BGHSt 24, 382 = NJW 1972, 1960; OLG Hamm NZV 2011, 356; Dünnebier GA 1957, 33; eing. Vierhaus, Tatsächliche Unfallverursachung und die „Verursachung nach den Umständen" im Tatbestand des § 142 StGB, 2009, S. 31; krit. Steenbock, Über die Unfallflucht als Straftat, 2004, S. 31; einschr. Kretschmer in NK-StGB Rn. 7–12); dass daneben auch das private Interesse, unbegründeten staatlichen Verfolgungsmaßnahmen zu entgehen, mitgeschützt sei, wird nach anfänglichen Zweifeln heute nahezu einhellig verneint (hM; vgl. Magdowski, Die Verkehrsunfallflucht in der Strafrechtsreform, 1980, S. 38; Geppert Jura 1990, 78). Zweifelsfrei nicht mehr bezweckt ist der Schutz der Rechtspflege sowie des öffentlichen Interesses an der Strafverfolgung und der Ausschaltung ungeeigneter Verkehrsteilnehmer (Momsen, Die Zumutbarkeit als Begrenzung strafrechtlicher Pflichten, 2006, S. 439; Geppert FS Eisenberg, 2009, 287 (289); Fischer Rn. 2; Rengier StrafR BT II § 46 Rn. 1). Zur Legitimation der Vorschrift lässt sich auch auf die besonderen Gefahren des Massenverkehrs für Rechtsgüter der Verkehrsteilnehmer und auf die Anonymität der Tatsituation hinweisen (LG Düsseldorf NStZ-RR 2011, 355; Bosch Jura 2011, 593 (594)). Zu Struktur und Argumentation in der Übungsfall-Lösung Waszczynski JA 2015, 507. 1

b) Die Vorschrift beschreibt daher ein **abstraktes Vermögensgefährdungsdelikt** zum Schutz des Individuums (Geppert FS Eisenberg, 2009, 287 (290); Sternberg-Lieben in Schönke/Schröder Rn. 1a). Sie ist mit dem Grundgesetz vereinbar (hM; vgl. etwa Jagusch NJW 1975, 1631; Arloth GA 1985, 492 (494); Schneider, Grund und Grenzen des strafrechtlichen Selbstbegünstigungsprinzips, 1991, S. 137 mit krit. Bespr. Rogall StV 1996, 63 (65); Verrel, Die Selbstbelastungsfreiheit im Strafverfahren, 2001, S. 93; eing. Zopfs, Unfallflucht bei eindeutiger Haftungslage?, 1993, S. 136; Zopfs VersR 1994, 266 (268); für eine verfassungskonforme Auslegung der „Aktivpflichten" Geppert in LK-StGB Rn. 64; eine Senkung der Intensität des nemo-tenetur-Eingriffs durch Beschränkung auf Pflichten gegenüber dem privaten Unfallgegner fordert Kölbel, Selbstbelastungsfreiheiten, 2006, S. 86, 325, 330, 479; krit. Hahn NJW 1976, 509; Rogall, Der Beschuldigte als Beweismittel gegen sich selbst, 1977, S. 163; Reiss NJW 1980, 1806; Ruck, § 142 StGB als Vermögensdelikt, 1985, S. 62; Dietrich, § 142 StGB und das Verbot zwangsweiser Selbstbelastung, 1998, S. 103, 135; Schünemann DAR 1998, 424 (427); 2003, 207 (212); Ransiek/Winsel GA 2015, 620 (629); Kretschmer in NK-StGB Rn. 18–23; sa BVerfGE 16, 191 = NJW 1963, 1195). – Zu ihrer **Reformbedürftigkeit** ua Steenbock, Über die Unfallflucht als Straftat, 2004, S. 175; für eine Neufassung des Abs. 4 mit zeitlicher Ausdehnung der Unfallmeldung Schulz ZRP 2006, 149; zur Historie der missglückten Reformversuche Schünemann DAR 2003, 207; Thirolf, Kollision von Täterinteressen und Opferschutz bei § 142 StGB, 1992, S. 103; insbes. zur Reformbedürftigkeit des Abs. 4 StGB (aF, jetzt Abs. 5), Engelstädter, Der Begriff des Unfallbeteiligten in § 142 Abs. 4 StGB, 1998, mit Gesetzesvorschlag S. 291; Dutz, Der Unfallbeteiligte gem. § 142 Abs. 5 StGB, 2001, S. 143. Rechtsvergleichend Duttge SchwZStr 2001, 147. Rechtsgeschichtlich Dutz, Der Unfallbeteiligte gem. § 142 Abs. 5 StGB, 2001, S. 13; Steenbock, Über die Unfallflucht als Straftat, 2004, S. 13; Meurer, Unerlaubtes Entfernen vom Unfallort – § 142 StGB, 2014 mit Bespr. Zopfs GA 2016, 153, Reformdiskussion 2 und Gesetzgebung seit dem Ausgang des 19. Jahrhunderts. – Zur **Kriminologie** der Verkehrsunfallflucht vgl. ua Eisenberg in Eser, Strafrechtsreform in Polen und Deutschland, 1991, S. 389; Barbey BA 1992, 252; Laumann, Kriminologie der Unfallflucht, 1998; Eisenberg/Kölbel Kriminologie, 7. Aufl. 2017, § 46 Rn. 42–45; speziell aus Sicht der Polizei Karl NZV 2003, 457, aus der Sicht des technischen Sachverständigen Schmedding NZV 2003, 24.

3 **2. Täter** kann nur ein **Unfallbeteiligter** (Abs. 5) sein (zur Beteiligung mehrerer → Rn. 39, 40).

a) Es genügt die nicht ganz unbegründete, aus dem äußeren Anschein der Unfallsituation zu folgernde Möglichkeit der **(Mit-)Verursachung** (BGHSt 15, 1 = NJW 1960, 2060; OLG Frankfurt a. M. NJW 1983, 2038; OLG Köln NZV 1992, 80; NStZ-RR 1999, 251; OLG Düsseldorf NZV 1993, 157; BayObLG NStZ-RR 2000, 140; Dutz, Der Unfallbeteiligte gem. § 142 Abs. 5 StGB, 2001, S. 88; Vierhaus, Tatsächliche Unfallverursachung und die „Verursachung nach den Umständen" im Tatbestand des § 142 StGB, 2009, S. 71; krit. Engelstädter, Der Begriff des Unfallbeteiligten in § 142 Abs. 4 StGB, 1998, S. 195; Kretschmer in NK-StGB Rn. 53). Auf wirkliche Unfallbeteiligung (BGHSt 8, 263 = NJW 1955, 1078; BGH VRS 24, 118; OLG Hamburg StraFo 2017, 33) oder deren spätere Feststellung (OLG Hamm VRS 15, 264) kommt es ebenso wenig an wie auf die Möglichkeit oder Gewissheit schuldhafter (BGHSt 12, 253 = NJW 1959, 394; BayObLGSt 1954, 48) oder auch nur verkehrswidriger (hM; anders Arloth GA 1985, 492 (501)) Verursachung. Nicht ausreichend ist jedoch, dass jemand als Verursacher eines Schadens erscheint, der möglicherweise überhaupt nicht auf einem Geschehen am (vermeintlichen) Unfallort beruht, sondern schon vorher bestanden hat (weiter einschr. BayObLG NJW 1990, 335 mit abl. Bespr. Kreissl NJW 1990, 3134; aM Maurach/Schroeder/Maiwald/Hoyer/Momsen StrafR BT § 49 Rn. 22). Auch eine nur inadäquate oder mittelbare Kausalität (eing. Dutz, Der Unfallbeteiligte gem. § 142 Abs. 5 StGB, 2001, S. 47), die für eine Haftung keinen konkreten Anhaltspunkt bietet (BayObLGSt 1971, 180; OLG Karlsruhe NStZ 1988, 409; OLG Koblenz NZV 1989, 200 mit krit. Bespr. Geppert JK StGB § 142 Rn. 13), genügt nicht; bei solch entfernterer Ursächlichkeit ist nur regelwidriges Verhalten für die Annahme der Unfallbeteiligung tragfähig (OLG Stuttgart NStZ-RR 2003, 278 mit krit. Bespr. Geppert JK StGB § 142 Rn. 22; Sternberg-Lieben in Schönke/Schröder Rn. 21a).

4 **b)** Als Unfallbeteiligter kommt danach auch in Frage, wer **nicht Verkehrsteilnehmer,** aber beim aktuellen Unfallgeschehen mit der Möglichkeit unmittelbaren Eingreifens anwesend war, namentlich auch der Mitfahrer (krit. Rechtsprechungsanalyse Engelstädter, Der Begriff des Unfallbeteiligten in § 142 Abs. 4 StGB, 1998, S. 54); zB wenn der nicht ganz unbegründete Verdacht besteht, dass er das Fahrzeug selbst gesteuert (OLG Köln NZV 1989, 78 mkritAnm Schild; OLG Köln VRS 86, 279 (281); BayObLG NJW 1993, 410; BGH NStZ-RR 2000, 140 mit Bespr. Hentschel NJW 2001, 711 (719); OLG Frankfurt a. M. NStZ-RR 1996, 86; NZV 1997, 125), den Fahrer abgelenkt oder behindert (BayObLG bei Rüth DAR 1977, 203; zu weit BGHSt 15, 1 = NJW 1960, 2060), ihn in seinem verkehrswidrigen Verhalten bestärkt (BGH bei Spiegel DAR 1981, 189) oder Pflichten verletzt hat, die ihn als Beifahrer treffen (OLG Karlsruhe VRS 53, 426); ferner wenn er als Fahrzeughalter die Führung des Fahrzeugs einem ungeeigneten oder fahruntüchtigen Fahrer überlassen (OLG Köln VRS 86, 279; OLG Frankfurt a. M. NStZ-RR

1996, 86) oder einer Garantenpflicht zuwider einen solchen Fahrer nicht an der Fahrt gehindert hat (BGH VRS 24, 34; BayObLG VRS 57, 27 (31); Hilgendorf in Arzt/Weber/Heinrich/Hilgendorf StrafR BT § 38 Rn. 59; einschr. OLG Stuttgart VRS 72, 186; Magdowski, Die Verkehrsunfallflucht in der Strafrechtsreform, 1980, S. 99; Arloth GA 1985, 492 (500); zw.). Erforderlich ist aber stets, dass er beim aktuellen Unfallgeschehen anwesend war (OLG Frankfurt a. M. NZV 1997, 125; Bosch Jura 2011, 593 (596)). Späteres Hinzukommen genügt nicht (OLG Köln NJW 1989, 1683; OLG Stuttgart NStZ 1992, 384 mablAnm Berz NStZ 1992, 591; OLG Jena VRS 107, 176; Rengier StrafR BT II § 46 Rn. 10; Fischer Rn. 16; aM Vierhaus, Tatsächliche Unfallverursachung und die „Verursachung nach den Umständen" im Tatbestand des § 142 StGB, 2009, S. 96, 129; Geppert in LK-StGB Rn. 38; zw.); der selbst nicht mitfahrende (BGHSt 15, 1 (3) = NJW 1960, 2060; OLG Stuttgart NJW 1981, 2369; OLG Frankfurt a. M. NJW 1983, 2038), namentlich der erst nachträglich am Unfallort eintreffende (KG VRS 46, 434), Fahrzeughalter scheidet daher aus.

3. Unfall im Straßenverkehr ist ein plötzliches Ereignis im öffentlichen Verkehr auf Wegen oder Plätzen, das mit dessen Gefahren in ursächlichem Zusammenhang steht (BayObLG NJW 1980, 299 und JR 1993, 114 mkritAnm Weigend) und zu einem nicht völlig belanglosen Personen- oder Sachschaden führt (BGHSt 8, 263 = NJW 1955, 1078; BGHSt 12, 253 = NJW 1959, 394; BGHSt 24, 382 = NJW 1972, 1960; BayObLG NZV 1992, 326; Küper/Zopfs StrafR BT Rn. 502, 504). 5

a) Straßenverkehr → § 315c Rn. 2; speziell zu § 142 Bosch Jura 2011, 593 (595). Nicht erfasst werden alle anderen (öffentlichen und privaten) Verkehrsarten (zu Sondervorschriften für den Seeverkehr Schünemann ZfB 1979, 91). Es genügen Vorkommnisse im ruhenden Verkehr (OLG Stuttgart NJW 1969, 1726; OLG Köln VRS 65, 431; aM Kretschmer in NK-StGB Rn. 39), ausschließlich unter Fußgängern (hM; OLG Stuttgart VRS 18, 117; Eichberger JuS 1996, 1078 (1080); anders Geppert in LK-StGB Rn. 25; Sternberg-Lieben in Schönke/Schröder Rn. 17; zw.) oder mit nicht allgemein für den Verkehr bestimmten Fahrzeugen (zB Einkaufswagen auf Supermärkten, OLG Koblenz MDR 1993, 366; OLG Düsseldorf NStZ 2012, 326; aM OLG Köln VRS 86, 279 zB Mülltonnen auf Rollen LG Berlin NJW 2007, 1374), nicht aber beim Be- und Entladen eines Fahrzeugs im stehenden Verkehr (OLG Düsseldorf NStZ 2012, 326: erhöhte Gefahr für parkende Fahrzeuge durch wegrollende Einkaufswagen; AG Tiergarten NJW 2008, 3728; aM OLG Köln NStZ-RR 2011, 354 mit abl. Bespr. Hecker JuS 2011, 1038; krit. auch Bosch Jura 2011, 593 (595)). Auch Vorgänge auf nichtöffentlichem Grund, die mit dem Straßenverkehr unmittelbar zusammenhängen, reichen aus (BGH VRS 59, 185; OLG Düsseldorf NJW 1982, 2391; OLG Oldenburg NZV 2018, 532; sa OLG Karlsruhe NZV 1993, 77; einschr. Wieland FS Schlüchter, 1998, 111), sofern die Verkehrsfläche nicht nur durch den Defekt einer Schranke oä faktisch offengehalten, tatsächlich aber vermietet ist (OLG Zweibrücken DAR 2020, 153). 6

b) Der **Personenschaden** muss im Tod oder einer nicht ganz unerheblichen Körperverletzung bestehen (BayObLG VRS 15, 42; OLG Hamm DAR 1958, 308). Ein **Sachschaden** liegt auch bei der Beschädigung einer Leiche durch Überfahren vor (AG Rosenheim NStZ 2003, 318 mAnm Kretschmer NZV 2004, 496; krit. Geppert in LK-StGB Rn. 27); er ist völlig belanglos, wenn seinetwegen 7 üblicherweise (dh unabhängig von den Verhältnissen des Geschädigten, OLG Karlsruhe VRS 18, 47) keine Schadensersatzansprüche geltend gemacht werden (BayObLG NJW 1960, 832; OLG Nürnberg NStZ-RR 2008, 56; Bosch Jura 2011, 593 (595), teleologische Reduktion; krit. Loos DAR 1983, 209 (210)) und wenn außerdem die Wiederherstellung aus Sicherheitsgründen nicht unbedingt erforderlich ist (OLG Köln VRS 22, 275; KG VRS 61, 206). Das ist nach objektiven Maßstäben und nach dem Eindruck zu beurteilen, der zur Tatzeit im Hinblick auf den unter gewöhnlichen Umständen zu erwartenden Wiederherstellungsaufwand zu gewinnen ist (OLG Hamm VRS 61, 430; Geppert in LK-StGB Rn. 31; aM Magdowski, Die Verkehrsunfallflucht in der Strafrechtsreform, 1980, S. 73, die auf eine ex-post-Betrachtung abstellt); dabei kann sich die Belanglosigkeit nach dem Schutzzweck des Abs. 1 uU auch daraus ergeben, dass der Täter vor der Tathandlung (dem Sich-Entfernen) schadensmindernde Maßnahmen getroffen hat (aM OLG Düsseldorf NJW 1986, 2001 mit krit. Bespr. Hentschel NJW 1987, 999; Horn/Hoyer JZ 1987, 973; Kuhlen StV 1987, 437; Freund GA 1987, 536). Die Rspr. hat früher Belanglosigkeit schon bei Schäden von 10 DM aufwärts verneint (zB OLG Hamm NJW 1971, 1469). Die Grenze ist heute nach dem Maßstab der fortschreitenden Geldwertminderung – jedoch nicht darüberhinaus (Grohmann DAR 1978, 176; aM AG Nürnberg MDR 1977, 66) – höher anzusetzen; sie liegt zurzeit bei etwa 50 EUR (OLG Nürnberg NStZ-RR 2008, 56; König in Hentschel/König/Dauer § 142 Rn. 28).

8 **c)** Ob alle Beteiligten den Unfall **ungewollt** verursacht haben, ist nach der Rspr. unerheblich. Sie lässt es vielmehr genügen, wenn die Unfallfolgen ganz oder teilweise mindestens von einem Unfallbeteiligten unvorsätzlich (mit-)verursacht worden sind (BGHSt 12, 253 = NJW 1959, 394; BGH VRS 36 (1969) 22 (23)); dass (auch) das Opfer, zB der den Täter verfolgende Polizeibeamte, selbst Unfälle während der Verfolgung vorsätzlich herbeigeführt hat, steht der Annahme eines Unfalls nicht entgegen (BGHSt 48, 233 (239) = NJW 2003, 1613 mit krit. Bespr. Seier/Hillebrand NZV 2003, 490, Müller/Kraus NZV 2003, 559; Hentschel NJW 2004, 651 (657); Geppert in LK-StGB Rn. 26 a; zw.). Zu weitgehend hat sie das allgemein auch bei vorsätzlicher Schadensverursachung durch den Täter angenommen, wenn nur einem anderen ein von diesem ungewollter Schaden entstanden ist (BGHSt 24, 382 = NJW 1972, 1960 mAnm Forster NJW 1972, 2319; BayObLG JZ 1985, 855; beachte ferner Ulsenheimer GA 1972, 1 (13, 22); Berz JuS 1973, 558; Jäger, Der objektive Tatbestand der Verkehrsunfallflucht, 1973, S. 78; Bringewat JA 1977, 231 (232); Kopp JA 1999, 943 (948)); hier kommt es für die Abgrenzung darauf an, ob sich in dem Schadensereignis ein verkehrstypisches Unfallrisiko realisiert hat (sog. straßenverkehrsspezifischer Gefahrenzusammenhang; OLG Hamm NJW 1982, 2456; OLG Jena NStZ-RR 2008, 74; LG Frankfurt a. M. VRS 61, 349; Magdowski, Die Verkehrsunfallflucht in der Strafrechtsreform, 1980, S. 89; Joecks/Jäger StGB Rn. 17; zu weit BayObLG MDR 1986, 1046 mit krit. Bespr. Janiszewski NStZ 1986, 540; Hentschel JR 1987, 247; krit. zu dieser Einschränkung Hartmann-Hilter NZV 1995, 340; Schnabl NZV 2005, 281; sa Geppert FS Eisenberg, 2009, 293; Wessels/Hettinger/Engländer StrafR BT I Rn. 1005); daran fehlt es, wenn das Schadensereignis schon nach seinem äußeren Erscheinungsbild die Folge einer deliktischen Planung ist (BGHSt 47, 158 = NJW 2002, 626 mit zust. Bespr. Baier JA 2002, 631; Sternberg-Lieben JR 2002, 385; Geppert JK StGB § 142 Rn. 20; OLG Jena NStZ-RR 2008, 74 (75), zust. Geppert in LK-StGB Rn. 26 a; krit. Bosch Jura 2011, 593 (594)). Ist diese einschränkende Voraussetzung gegeben,

so entfällt die Strafbarkeit weder wegen Unzumutbarkeit noch aus Konkurrenzgründen (Maurach/Schroeder/Maiwald/Hoyer/Momsen StrafR BT §49 Rn. 19; Geppert in LK-StGB Rn. 23; aM Hartmann-Hilter NZV 1995, 340 (341, 342)).

4. Tathandlung nach Abs. 1 ist das Sich-Entfernen vom Unfallort vor Erfüllung der Voraussetzungen der Nr. 1 oder Nr. 2; da deren Nichterfüllung den Kern des Unrechts bildet (diff. Küper GA 1994, 49 (66), der die relative Eigenständigkeit der Tathandlung bei der Verletzung der Vorstellungspflicht hervorhebt), ist die Tat ein „verkapptes" Unterlassungsdelikt (Schaffstein FS Dreher, 1977, 147 (151); Volk DAR 1982, 81 (83); Waszczynski JA 2015, 507 (510); Sternberg-Lieben in Schönke/Schröder Rn. 2; aM Küper GA 1994, 49 (71); Hartmann-Hilter, Warten am Unfallort – eine unabwendbare Pflicht?, 1996, S. 13, 33; Jescheck/Weigend StrafR S. 602; Maurach/Schroeder/Maiwald/Hoyer/Momsen StrafR BT §49 Rn. 5; zw.). 9

a) Sich-Entfernen erfordert eine Ortsveränderung, die eine für die Durchführung sofortiger Feststellungen beeinträchtigende räumliche Trennung des Unfallbeteiligten vom Unfallort bewirkt. 10

aa) Nach dem Schutzzweck der Vorschrift und den tatsächlichen Gegebenheiten bei Verkehrsunfällen muss das Merkmal **erfolgsbezogen** und nicht lediglich als Tätigkeit verstanden werden (Sturm JZ 1975, 406 (407); Küper JZ 1981, 209 (213); aM Gössel StrafR BT II §29 Rn. 28). Auch das mindestens vorauszusetzende Überschreiten der Stelle des schädigenden Ereignisses einschließlich des unmittelbaren Umkreises, innerhalb dessen die beteiligten Fahrzeuge zum Stillstand gekommen sind oder hätten angehalten werden können, genügt nicht in jedem Falle (aM Sternberg-Lieben in Schönke/Schröder, Rn. 43; sa OLG Köln NStZ-RR 2008, 213). Es muss vielmehr hinzukommen, dass der Unfallbeteiligte deshalb nicht mehr uneingeschränkt zu Feststellungen an Ort und Stelle zur Verfügung steht, weil er den Bereich verlassen hat, in dem der Zusammenhang mit dem Unfall noch ohne weiteres erkennbar ist (OLG Stuttgart NJW 1981, 878 mAnm Hentschel JR 1981, 211), dh in dem feststellungsbereite Personen ihn vermuten und ggf. durch Befragen ermitteln würden (BayObLG NJW 1979, 436; OLG Karlsruhe NStZ 1988, 409 mAnm Janiszewski; OLG Köln NJW 1989, 1683; OLG Stuttgart NStZ 1992, 384 mAnm Berz NStZ 1992, 591; OLG Jena VRS 107, 176; König in Hentschel/König/Dauer §142 Rn. 55; Küper JZ 1981, 209 (214); str.). Deshalb entfernt sich nicht, wer mit Wissen der anderen Unfallbeteiligten in unmittelbarer Nähe des Unfallorts einen vom Verkehr ungefährdeten Platz (OLG Bremen VRS 52, 423; BayObLG bei Rüth DAR 1979, 237), eine Gaststätte (BayObLG JR 1969, 429) oder seine Wohnung (OLG Karlsruhe GA 1970, 311; aM Stein in SK-StGB Rn. 35) aufsucht oder wer – bei Anwesenheit von Unfallbeteiligten mit deren Wissen – nur zu einem nahe gelegenen Streckentelefon oder Haus geht, um die Polizei oder den Geschädigten zu benachrichtigen (aM Küper JZ 1981, 209; Geppert in LK-StGB Rn. 55; zw.); erst wenn er sich von dort entfernt oder sich entschließt, nicht mehr zurückzukehren, tritt die Beeinträchtigung des Feststellungsinteresses ein. Auf der anderen Seite ist – abweichend vom früheren Recht (zB BGHSt 14, 89 = NJW 1960, 1019) – nicht zu fordern, dass der Täter nicht mehr ohne weiteres erreichbar und als Unfallbeteiligter feststellbar ist (BayObLG MDR 1976, 330; aM Stein in SK-StGB Rn. 35). Damit ist eine nicht sehr weittragende Vorverlegung der Vollendung verbunden (OLG Celle Nds. Rpfl. 1977, 169); dass sie beabsichtigt war, ergibt sich aus den Entwurfsberatungen (BT-Drs. 7 2434, 7). 11

12 bb) Im Bereich des Abs. 1 kommt nur **willentliches Verlassen** des Unfallorts in Frage (OLG Hamm NJW 1979, 438; NJW 1985, 445; BayObLG NJW 1993, 410; Küper GA 1994, 49 (63); Wessels/Hettinger/Engländer StrafR BT I Rn. 1008; krit. Volk DAR 1982, 81 (83); → Rn. 31); dabei ist nach den für unechtes Unterlassen geltenden Regeln (→ § 13 Rn. 6, 11) auch der Fall einzubeziehen, dass der Unfallbeteiligte als Mitfahrer zwar ohne seinen Willen vom Unfallort entfernt wird, es aber versäumt, das ihm Mögliche und Zumutbare zu tun, um den Fahrer zum Anhalten zu bringen (OLG Düsseldorf VRS 65, 364; Volk DAR 1982, 81; Joerden JR 1984, 51). Dagegen ist eine bei Bewußtlosigkeit von einem anderen veranlasste oder eine durch Gewalt oder Festnahme erzwungene Ortsveränderung idR schon keine Handlung iSd Strafrechts (Bär JR 1982, 379; → Vor § 13 Rn. 7) oder kein vorsätzliches Tun (BayObLG VRS 59, 27; Klinkenberg ua NJW 1982, 2359; weiter Bär JR 1982, 379; Geppert Jura 1990, 78 (83)); soweit in solchen Fällen vorsätzliches Sich-Entfernen ausnahmsweise zu bejahen ist, kann es berechtigt oder entschuldigt sein (→ Rn. 23, 24); zur Anwendbarkeit des Abs. 2 in solchen Fällen → Rn. 25. Ein Sich-Entfernen soll auch dann fehlen, wenn der Fahrer zunächst, ohne den Unfall bemerkt zu haben, den Unfallort verlässt, erst 3 km weiter vom Unfallopfer auf den Unfall aufmerksam gemacht wird und daraufhin die Feststellungen nicht ermöglicht, also zwischen Unfall und Kenntniserlangung kein räumlich-zeitlicher Zusammenhang besteht (OLG Düsseldorf NZV 2008, 107 mit Bespr. Küper NStZ 2008, 597 (601); Geppert JK StGB § 142 Rn. 24; krit. aber OLG Hamburg NJW 2009, 2074 mAnm Brüning ZJS 2009, 442; und Bespr. Mitsch NZV 2010, 225, wonach auch bei Vorliegen eines räumlich-zeitlichen Zusammenhangs die nachträgliche Kenntniserlangung vom Unfall die Strafbarkeit ausschließt; krit. zum Kriterium des „räumlich zeitlichen Zusammenhangs" auch Fischer Rn. 20 zur Beurteilung des „Unfallorts"); jetzt auch BGH NStZ 2011, 209 (210), es bestehe keine Veranlassung, denjenigen strafrechtlich zu erfassen, der erst nachträglich von dem Unfall Kenntnis erlangt; abl. auch Kraatz NZV 2011, 321 (324)).

cc) Die Möglichkeit des Sich-Entfernens auch von einem anderen als dem Unfallort (zB BGHSt 5, 124 (128) = NJW 1954, 400) sieht das Gesetz nicht mehr vor (OLG Karlsruhe NJW 1981, 881; OLG Köln NJW 1981, 2367; → Rn. 26).

13 **b)** Feststellungen **zugunsten der anderen Unfallbeteiligten und der Geschädigten** (der Berechtigten; vgl. Abs. 3) sind nur solche, die nach den Umständen im Interesse aller oder einzelner in dieser Eigenschaft Beteiligter zur Sicherung oder Abwehr zivilrechtlicher Ersatzansprüche (→ Rn. 1) angezeigt, dh objektiv hilfreich, also nicht lediglich subjektiv wünschbar erscheinen (zusf. Sternberg-Lieben in Schönke/Schröder, Rn. 23; diff. zwischen Erforderlichkeit und Legitimität der Feststellungsmaßnahmen Küper GA 1994, 49 (58)). Danach entfällt, weil solche Feststellungen nicht oder nicht mehr im Spiele sind, schon der Tatbestand (zur Rechtfertigung bei Verzicht auf Feststellungen → Rn. 33), wenn

14 aa) der Täter allein unfallbeteiligt und geschädigt ist und dabei Ersatzansprüche Dritter (mit Ausnahme des Versicherers, nicht jedoch des Eigentümers des Unfallwagens, BGHSt 9, 267 = NJW 1956, 1325; OLG Celle JR 1979, 79; OLG Hamm NJW 1990, 1925; str.) ausscheiden (BGHSt 8, 263 = NJW 1955, 1078; BGH VRS 24, 118; Bosch Jura 2011, 593 (594)) oder

15 bb) die im Interesse der Berechtigten angezeigten (→ Rn. 13) Feststellungen vollständig getroffen sind (OLG Hamburg NJW 1979, 439; OLG Hamm NJW 1985, 445; OLG Zweibrücken NZV 1992, 371), auch wenn noch Feststellungen zur Strafverfolgung oder zur Entziehung der Fahrerlaubnis in Frage kommen

(OLG Oldenburg NJW 1968, 2019 mit abl. Bespr. Ulsenheimer JuS 1972, 24; KG VRS 67, 258 (264); OLG Zweibrücken DAR 1991, 431) oder wenn ein Beteiligter (nicht angezeigte) weitere Feststellungen verlangt (OLG Zweibrücken NJW 1989, 2765 mAnm Herzog OLGSt Nr. 9).

c) **Abs. 1 Nr. 1** betrifft den Fall, dass **feststellungsbereite Personen** entweder von vornherein **am Unfallort anwesend** sind oder jedenfalls eintreffen, solange sich der Unfallbeteiligte – selbst wenn seine Wartezeit (→ Rn. 17) schon abgelaufen ist (OLG Stuttgart NJW 1982, 1769; Wessels/Hettinger/Engländer StrafR BT I Rn. 1011; aM Küper NJW 1981, 853 (854); Maurach/Schroeder/Maiwald/Hoyer/Momsen StrafR BT § 49 Rn. 34) – dort noch aufhält; feststellungsbereit können nicht nur Unfallbeteiligte oder die Polizei, sondern auch beliebige Dritte sein (OLG Koblenz NZV 1996, 324), wenn sie erkennbar den Willen haben, ihr Wissen zur Kenntnis der Berechtigten zu bringen (KG VRS 67, 258 (262); OLG Zweibrücken DAR 1991, 431; OLG Köln NJW 2002, 1359; einschr. Bär DAR 1983, 215). In solchen Fällen hat der Unfallbeteiligte eine **Warte- und eine Vorstellungspflicht** (Waszczynski JA 2015, 507; krit. zur unklaren Rechtslage Zopfs FS Küper, 2007, 747). 16

aa) Die **Wartepflicht** (Feststellungsduldungspflicht) dauert so lange, wie Feststellungen über die Person, das Fahrzeug und die Art der Beteiligung angezeigt (→ Rn. 13) und nach dem Willen feststellungsbereiter Personen noch zu treffen sind (OLG Bremen NJW 1955, 113; Küper JZ 1988, 473); sie wird allerdings, wie bei allen Unterlassungsdelikten (beachte → Rn. 9; → § 13 Rn. 5), durch das Regulativ der Zumutbarkeit begrenzt (zusf. Magdowski, Die Verkehrsunfallflucht in der Strafrechtsreform, 1980, S. 139; str.). Solche Feststellungen können sich auf den gesamten tatsächlichen Unfallablauf erstrecken, jedoch nicht lediglich auf die Klärung rechtlicher Folgerungen aus dem Sachverhalt (OLG Frankfurt a. M. NJW 1983, 293). Erforderlich ist stets, dass das unter → Rn. 13 beschriebene Aufklärungsinteresse besteht. Unter dieser Voraussetzung genügen das Zurücklassen einer Visitenkarte (OLG Hamm NJW 1971, 1469; OLG Köln VRS 64, 115; Bosch Jura 2011, 593 (597); König in Hentschel/König/Dauer § 142 Rn. 44), der Hinweis auf das polizeiliche Kennzeichen (BGHSt 16, 139 = NJW 1961, 1933; OLG Stuttgart NJW 1981, 878), die bloße Namensangabe ohne Beleg durch Ausweispapiere (OLG Frankfurt a. M. NJW 1960, 2066; OLG Köln DAR 1989, 151), die Angabe der Taxinummer (OLG Nürnberg NStZ-RR 2008, 56) und auch ein pauschales Schuldanerkenntnis (OLG Stuttgart NJW 1978, 900; BayObLG VRS 60, 111; Schwab MDR 1984, 538) für sich allein nicht, wohl aber die Übergabe eines detaillierten Merkblatts durch den Fahrer eines Straßenbahnzuges (LG Leipzig NZV 1994, 373). Feststellungen über den **Trunkenheitsgrad** betreffen die Art der Beteiligung und sind daher nicht von vornherein bedeutungslos (hM; vgl. etwa OLG Köln NJW 1981, 2367; NStZ-RR 1999, 251; KG VRS 67, 258 (262); Hauser BA 1989, 237; s. jedoch OLG Saarbrücken zfs 2001, 518; anders Schild/Kretschmer in NK-StGB Rn. 68; sa Dvorak MDR 1982, 804; Schwab MDR 1984, 540; Weigend NZV 1990, 79; Herzog OLGSt Nr. 9 S. 8; Hartmann-Hilter, Warten am Unfallort – eine unabwendbare Pflicht?, 1996, S. 71, 91; Kölbel, Selbstbelastungsfreiheiten, 2006, S. 480; Bosch Jura 2011, 593 (597)); sie sind aber regelmäßig nur angezeigt (→ Rn. 13), wenn ein Mitverschulden des Geschädigten oder dessen Haftung aus Betriebsgefahr in Frage kommt, was bei Unfällen mit Sachschaden im ruhenden Verkehr (Zopfs VersR 1994, 266 (271)) wie zB beim Auffahren auf ein ordnungsmäßig geparktes Fahrzeug nicht zutrifft (OLG Zweibrücken NJW 1989, 2765 mit 17 krit. Bespr. Geppert JK StGB § 142 Rn. 14). – Solange die einschlägigen Feststellungen noch nicht vollständig getroffen sind, besteht die Wartepflicht fort (OLG Koblenz VRS 71, 187; vgl. auch BGHSt 48, 233 (239) = NJW 2003, 1613). Daher darf der Unfallbeteiligte den Unfallort nicht vorher ohne Einverständnis mit den feststellungsbereiten Personen verlassen; das gilt auch, wenn der Täter den Unfallort erst nach der letzten feststellungsberechtigten Person verlässt, sofern er zuvor seine Vorstellungspflicht verletzt hat (BGHSt 63, 121 = NJW 2018, 2341 mAnm Krumm; Berghäuser NStZ 2018, 602; Bespr. Eisele JuS 2018, 1011; Schefer/Kemper HRRS 2019, 27; Balke/Frese/Koehl NJ 2019, 225). Vor allem hat er auf ausdrückliches oder schlüssiges (BayObLG NZV 1992, 245) Verlangen die polizeiliche Unfallaufnahme abzuwarten (BayObLG NJW 1966, 558 mablAnm Rupp JuS 1967, 163; KG VRS 63, 46; OLG Köln DAR 1989, 151; Küper NJW 1981, 853 (854); einschr. Schneider, Grund und Grenzen des strafrechtlichen Selbstbegünstigungsprinzips, 1991, S. 144; Hartmann-Hilter, Warten am Unfallort – eine unabwendbare Pflicht?, 1996, S. 102, 118; Maurach/Schroeder/Maiwald/Hoyer/Momsen StrafR BT § 49 Rn. 38; Kretschmer in NK-StGB Rn. 71; str.); auch bei dieser darf er sich nicht entfernen, bevor die Beamten ihm dies gestatten (BGH VRS 16, 267). Umstritten und noch nicht abschließend geklärt ist die Rechtslage, wenn der Unfallbeteiligte das **Einverständnis** zum Verlassen des Unfallorts durch falsche Angaben **erschlichen** hat. Hier ist die Auffassung vorzugswürdig, dass bei einem rechtsgutsbezogenen Irrtum des Feststellungsinteressenten (dazu Bernsmann NZV 1989, 49 (53); → § 228 Rn. 8) das Entfernen des Täters vom Unfallort tatbestandsmäßig (beachte → Rn. 33) und wegen Unwirksamkeit des Verzichts auf Anwesenheit auch nicht durch Einwilligung gerechtfertigt ist (OLG Stuttgart NJW 1982, 2266; BayObLG NJW 1984, 1365; Sternberg-Lieben in Schönke/Schröder Rn. 30c; Bosch Jura 2011, 593 (597); aM OLG Frankfurt a. M. NJW 1990, 1189; Schild/Kretschmer in NK-StGB Rn. 96; krit. auch Loos JR 1985, 165; Küper JZ 1988, 473; zw.); das gilt unabhängig davon, ob der Unfallort vor oder nach dem faktischen Abschluss der Feststellungen verlassen wurde (hM; anders BayObLG NJW 1984, 1365; OLG Frankfurt a. M. NJW 1990, 1198 mit Bespr. Küper JZ 1990, 510; zw.). Die Wartepflicht begründet nur eine **passive Feststellungsduldungspflicht** („durch seine Anwesenheit“). Wer bloß seine Mitwirkung durch positives Tun versagt (OLG Zweibrücken NJW 1989, 2765) oder wer durch Verdunklungsmaßnahmen, namentlich Spurenbeseitigung (BGHSt 5, 124 (130) = NJW 1954, 400; beachte aber § 34 III StVO) oder Nachtrunk zur Verschleierung der Alkoholkonzentration (OLG Oldenburg NJW 1955, 192; OLG Hamm VRS 18, 198), die Feststellungen beeinträchtigt, wird nicht erfasst (hM; krit. Volk DAR 1982, 81 (82)); jedoch kann solches Verhalten als Strafschärfungsgrund beachtlich sein (BGHSt 17, 143 = NJW 1962, 1829; → § 46 Rn. 40; zw.).

18 bb) Die **Vorstellungspflicht,** die verfassungsrechtlich unbedenklich ist (hM; vgl. etwa Verrel, Die Selbstbelastungsfreiheit im Strafverfahren, 2001, S. 95; anders Rogall, Der Beschuldigte als Beweismittel gegen sich selbst, 1977, S. 163; Seebode JA 1980, 493 (497); Schünemann DAR 1998, 424 (429); Hilgendorf in Arzt/Weber/Heinrich/Hilgendorf StrafR BT § 38 Rn. 49, 52, 53), fordert nur die Angabe, dass sich ein – sei es auch vom Geschädigten noch nicht entdeckter – Unfall ereignet hat (Berz DAR 1975, 309 (311)) und dass eigene (Mit-)Verursachung in Frage kommt (Küper JuS 1988, 212; JuS 1988, 286); Hartmann-Hilter, Warten am Unfallort – eine unabwendbare Pflicht?, 1996, S. 57, 67; Sternberg-Lieben in Schönke/Schröder, Rn. 30). Soweit das den anderen Beteiligten bereits bekannt ist, bedarf es der Angabe nicht (OLG Celle Nds. Rpfl. 1978, 286); auch schlüssiges Verhalten

kann genügen. Die Vorstellungspflicht kann entfallen, wenn sich der Feststellungsberechtigte entfernt (OLG Oldenburg NZV 1995, 159). Eine über die bloße Angabe hinausgehende Mitwirkungspflicht – sei es auch nur zur Angabe des Namens und der Anschrift (BayObLG NJW 1984, 1365; LG Baden-Baden DAR 1996, 246; Küper JZ 1988, 473), zur Vorweisung des Führerscheins und der Fahrzeugpapiere oder zu Auskünften über die jeweilige Rolle als Fahrer, Mitfahrer oder Fußgänger – lässt sich, soweit sie überhaupt besteht, nur auf andere Vorschriften stützen, namentlich auf § 34 StVO und § 111 OWiG (OLG Dresden StraFo 2008, 218; Berz DAR 1975, 309 (311); Maier NJW 1976, 1190; Bringewat JA 1977, 231; Kindhäuser/Schramm StrafR BT I § 70 Rn. 19; aM Jagusch NJW 1975, 1631; NJW 1976, 504; Maurach/Schroeder/Maiwald/Hoyer/Momsen StrafR BT § 49 Rn. 36). Der Sinn der Feststellungsduldungs- und Vorstellungspflicht erschöpft sich darin, die Unfallbeteiligten als solche erkennbar zu machen und sie an den Unfallort zu binden. Damit ist der Schutzzweck hinreichend gewährleistet; denn wenn ein erkannter Unfallbeteiligter seine Mithilfe bei den Feststellungen versagt, muss er länger warten und uU die Hinzuziehung der Polizei dulden (BayObLG NJW 1984, 66). Ein weiterreichender Sinn der Vorstellungspflicht ergibt sich auch nicht aus Abs. 3: dass den Täter dort gewisse Mitwirkungs- und Beweissicherungspflichten treffen, ist nur ein Ausgleich dafür, dass bei nachträglichen Feststellungen die Bindung an den Unfallort nicht mehr besteht (Geppert Jura 1990, 78 (84) mwN). Deshalb sind auch unwahre oder unvollständige Angaben am Unfallort über die Rolle als Unfallbeteiligter unschädlich; so etwa die Einlassung, nicht Fahrer, sondern nur Beifahrer gewesen zu sein, oder die verschleiernde Auskunft des Fahrzeugführers, sich „im Fahrzeug" befunden zu haben (zu den Beispielen Müller-Emmert/Maier DRiZ 1975, 176; Maier JZ 1975, 721; aM Jagusch NJW 1975, 1631) jedoch darf durch solche Angaben nicht die Unfallbeteiligung als solche geleugnet werden (OLG Frankfurt a. M. NJW 1977, 1833; OLG Karlsruhe MDR 1980, 160; Küper JuS 1988, 286 (287)). Die Vorstellungspflicht besteht gegenüber den Berechtigten und solchen Personen, die sich als feststellungsbereit zu erkennen gegeben haben, also auch gegenüber den Polizeibeamten bei der Unfallaufnahme (aM Magdowski, Die Verkehrsunfallflucht in der Strafrechtsreform, 1980, S. 110, 121; zw.). Sie beginnt sofort nach dem Unfall (Berz DAR 1975, 309 (311)) und besteht so lange, wie die Feststellungen noch nicht vollständig getroffen (OLG Hamm NJW 1985, 445; Maier JZ 1975, 724), namentlich also noch Feststellungen über die Beteiligung des Vorstellungspflichtigen angezeigt sind. Deshalb handelt tatbestandsmäßig auch, wer sich erst nach Abschluss der Unfallaufnahme ohne die vorgeschriebene Vorstellung entfernt. Das gilt jedenfalls, wenn noch feststellungsbereite Personen anwesend sind (BayObLG NJW 1981, 834), aber auch, wenn der Täter als letzter den Unfallort verlässt. In diesem Falle erfüllt er alle Voraussetzungen des Abs. 1 Nr. 1; sein „Sich-Entfernen" deshalb als „berechtigt" anzusehen, weil nach den Umständen weiteres Warten keine sinnvolle Funktion mehr erfülle (so BayObLG NJW 1984, 1365 mAnm Loos JR 1985, 164; OLG Frankfurt a. M. NJW 1990, 1189), widerspricht dem Schutzzweck der Vorschrift, deren Unrechtskern (→ Rn. 9) in der Nichterfüllung der Warte- und Vorstellungspflicht liegt (so iErg die hM; vgl. etwa OLG Hamm NJW 1979, 438; Horn/Hoyer JZ 1987, 965 (973); Bernsmann NZV 1989, 49 (53); Küper GA 1994, 49 (68); Rengier StrafR BT II § 46 Rn. 20; Wessels/Hettinger/Engländer StrafR BT I Rn. 1007).

d) Abs. 1 Nr. 2 betrifft den Fall, dass **keine feststellungsbereiten Personen** 19
am Unfallort erschienen sind (→ Rn. 16; Waszczynski JA 2015, 507, Fall des „ein-

samen Unfalls“). Er soll die Rechtsprechungsergebnisse zur Wartezeit nach § 142 aF (vgl. etwa BGHSt 4, 144 = NJW 1953, 1190; BGHSt 5, 124 (127) = NJW 1954, 400; BGHSt 7, 112 (116) = NJW 1955, 472; BGHSt 20, 258 (260) = NJW 1965, 2065) gesetzlich bestätigen (BT-Drs. 7/2423, 7). Jedoch ergibt sich aus dem Verhältnis zwischen Abs. 1 und 2, dass die **Wartepflicht** auch dann besteht, wenn nach den Umständen mit dem alsbaldigen Eintreffen feststellungsbereiter Personen nicht zu rechnen ist (OLG Koblenz NZV 1996, 324; Küper NJW 1981, 853; Dietrich, § 142 StGB und das Verbot zwangsweiser Selbstbelastung, 1998, S. 91; Zopfs VersR 1994, 266 (273); Maurach/Schroeder/Maiwald/Hoyer/Momsen StrafR BT § 49 Rn. 34, 50; aM Dornseifer JZ 1980, 299; Loos DAR 1983, 209 (212); zw.). Die **Länge der Wartefrist** bestimmt sich nach dem Grad des Feststellungsbedürfnisses und der Zumutbarkeit. Dafür sind namentlich Art und Schwere des Unfalls, die Verkehrsdichte, die Tageszeit, die Witterung und alle sonstigen Chancen wirksamer Aufklärung am Unfallort und die entgegenstehenden Interessen des Täters bedeutsam (BGHSt 4, 144 = NJW 1953, 1190; OLG Stuttgart NJW 1981, 1107; VRS 73, 191; OLG Düsseldorf VRS 87, 290; OLG Köln NJW 2002, 1359; zur Wartezeitbestimmung mittels Computer Philipps FS Kaufmann, 1993, 265). Auch positive Maßnahmen zur Förderung oder Sicherung der Feststellungen, etwa durch Zurücklassen der Personalien (KG JR 1967, 469; OLG Hamm NJW 1971, 1469; OLG Zweibrücken NZV 1991, 479; OLG Koblenz NZV 1996, 324) oder durch Benachrichtigung des Geschädigten (OLG Hamm VRS 41, 155; sa BayObLG GA 1986, 453), wirken sich auf die Länge der Wartefrist aus (König in Hentschel/König/Dauer § 142 Rn. 40). Bei unbedeutenden Unfallfolgen mit einfacher Sach- und Rechtslage kann das Hinterlassen von Namen und Anschrift am Unfallort uU genügen, um die Wartefrist auf die für die Ausführung dieser Maßnahme erforderliche Zeit abzukürzen (so zum früheren Recht BayObLG NJW 1970, 717; sa BayObLG bei Bär DAR 1991, 366; aM Küper JZ 1981, 209 (211); Hellmann in Krey/Hellmann/Heinrich StrafR BT II Rn. 966; zusf. zu Bagatellunfällen dieser Art Hartman-Hilter NZV 1992, 429; zw.); bei Verwendung einer aufklebbaren Schadensmeldung nach Unfällen mit Sachschaden reichen zehn Minuten (Zopfs VersR 1994, 266 (273)); jedoch ist der Unfallbeteiligte vor Ablauf der Frist zu solcher Förderung nicht nach § 142, sondern nur iRd § 34 StVO verpflichtet. Umgekehrt bewirken auf Verhinderung oder Erschwerung von Feststellungen gerichtete Täuschungshandlungen des Täters, dass ihm die bis dahin verstrichene Wartezeit nicht zugute kommt (hM; vgl. etwa OLG Köln NJW 2002, 1359; problematisch BayObLG NJW 1987, 1712 mablAnm Hentschel JR 1988, 297). Ob der Täter durch sein Warten dem Feststellungszweck dienen will, ist unerheblich (OLG Hamm VRS 32, 204; OLG Köln NJW 2002, 1359). Speziell zur Länge der Wartefrist in konkreten Fällen OLG Saarbrücken MDR 1974, 770; OLG Stuttgart NJW 1981, 1107 und VRS 73, 191; BayObLG bei Rüth DAR 1985, 241; die zusätzliche Sicherung der Feststellungsinteressen, die Abs. 2 über das frühere Recht hinaus gewährt (→ Rn. 21–30), dürfte eine allgemeine Abkürzung der Wartefrist rechtfertigen (OLG Hamm VRS 59, 258; OLG Köln NJW 2002, 1359 mit zust. Bespr. Geppert JK StGB § 142 Rn. 21; Berz DAR 1975, 309 (312); Zopfs VersR 1994, 266 (267) Fn. 19).

20 **e)** Wer nach dem Unfall zunächst, sei es auch nur eine kurze Strecke, davonfährt und dann **zurückkehrt,** hat die Tat idR schon vollendet, es sei denn, dass noch kein Sich-Entfernen vorgelegen (→ Rn. 10) oder dass es am Vorsatz (→ Rn. 31) gefehlt hat (aM König in Hentschel/König/Dauer § 142 Rn. 42). Hier wird sich häufig Einstellung nach §§ 153, 153a StPO empfehlen.

5. Abs. 2 begründet eine Pflicht zur **unverzüglichen nachträglichen Ermöglichung der Feststellungen** iSd Abs. 1 (zusf. Hauser BA 1989, 237; Waszczynski JA 2015, 507 (508)), sobald die Gründe für ein berechtigtes/entschuldigtes Entfernen entfallen sind (Zopfs in MüKoStGB Rn. 120); anders als bei Abs. 1 gibt es neben dieser Pflichtverletzung keine besondere, davon abtrennbare Tathandlung (Küper GA 1994, 49 (53)). Sie trifft nur den Unfallbeteiligten, der die Feststellungen nicht ermöglicht, sich aber ohne zurechenbaren Verstoß gegen Abs. 1 vom Unfallort entfernt hat (beachte OLG Karlsruhe NStZ 1988, 409 mAnm Janiszewski). Bei Strafbarkeit nach Abs. 1 hilft also nachträgliche Ermöglichung der Feststellungen nicht mehr (OLG Hamburg MDR 1978, 859), wie sich überhaupt die beiden Absätze ausschließen (BayObLG VRS 59, 340; OLG Köln VRS 63, 352). Möglich bleibt bei reiner Wortauslegung allerdings, dass zunächst Abs. 1 als Rauschtat iRd § 323a I und später auch unmittelbar Abs. 2 verwirklicht wird (→ Rn. 24). Abs. 2 ersetzt weitgehend die früher von der Rspr. angenommene Rückkehrpflicht (BGHSt 18, 114 (119) = NJW 1963, 307), greift darüber aber weit hinaus (BayObLG VRS 67, 211). Die Tat ist **echtes Unterlassungsdelikt** (BayObLG NJW 1990, 1861 mit krit. Bespr. Seelmann JuS 1991, 290; Kindhäuser/Hilgendorf in LPK-StGB Rn. 21; diff. Küper JZ 1981, 209 (210); → § 13 Rn. 4). 21

a) Nr. 1: Zum Ablauf der Wartefrist → Rn. 19. Dass die Frist wegen der Einfachheit der Sach- und Rechtslage praktisch auf ein Minimum reduziert war, hindert die Anwendung nicht (Hartman-Hilter NZV 1992, 429). 22

b) Nr. 2: Sich-Entfernen → Rn. 10. 23

aa) **Berechtigtes** Sich-Entfernen kann namentlich auf der Hilfspflicht nach § 323c, auf rechtfertigender Notlage nach §§ 32, 34 (BayObLG VRS 60, 112; OLG Düsseldorf NJW 1989, 2763 mkritAnm Werny NZV 1989, 440; sa BGH NStZ 2015, 265 mit Bespr. Satzger Jura 1015, 542 zu § 142, um blutende Wunde versorgen zu lassen; Fischer Rn. 45) oder auf mutmaßlicher Einwilligung (→ Rn. 33, 34) beruhen; jedoch befreien dringende geschäftliche Angelegenheiten (KG VRS 40, 109; OLG Koblenz VRS 45, 33) oder die Befürchtung, wegen einer anderen Straftat verfolgt oder festgenommen zu werden (BGHSt 9, 267 = NJW 1956, 1325; zusf. Ulsenheimer GA 1972, 1 (13)), idR nicht von der Wartepflicht. Berechtigt ist das Sich-Entfernen ua auch, wenn die Beteiligten sich darauf geeinigt hatten, zu (weiteren) Feststellungen, also nicht lediglich zu Verhandlungen über die Schadensregulierung auf bereits feststehender Tatsachengrundlage (OLG Hamburg NJW 1979, 439), an einem anderen Ort zusammenzukommen (OLG Köln NJW 1981, 2367 mit abl. Bespr. Beulke JuS 1982, 815; OLG Düsseldorf NJW 1985, 2725; Berz DAR 1975, 309 (313); aM Bernsmann NZV 1989, 49 (56); krit. Zopfs in MüKoStGB Rn. 119; zw.).

bb) **Entschuldigt** iSd Nr. 2 ist das vorsätzliche Sich-Entfernen nicht nur bei Vorliegen von Entschuldigungsgründen ieS (so aber Paeffgen NStZ 1990, 365), etwa bei Notstand angesichts der drohenden Haltung der Umstehenden (BGH VRS 36 (1969) 22 (23); BayObLG DAR 1956, 15; Stein in SK-StGB Rn. 39), sondern auch bei anderen Schuldausschließungsgründen, etwa bei vorübergehender Schuldunfähigkeit (hM; vgl. ua OLG Koblenz VRS 53, 339; Berz Jura 1979, 125 (127); Küper NJW 1990, 209 (210); Waszczynski JA 2015, 507 (511); aM Beulke NJW 1979, 400 (404); Werner NZV 1988, 88) oder bei dem unvermeidbaren Verbotsirrtum, die Wartefrist (→ Rn. 36) sei bereits abgelaufen (OLG Stuttgart VRS 51, 431; aM Beulke NJW 1979, 400). Erfasst wird ferner – sei es wegen Schuldausschlusses oder mindestens aus einem argumentum a maiore ad minus 24 (dazu Berz Jura 1979, 125; krit. Dornseifer JZ 1980, 302) – der Fall, dass der Unfallbeteiligte irrig Umstände angenommen hat, die ihn zum Verlassen des Unfallorts berechtigt oder ihn entschuldigt hätten (unstr.; BT-Drs. 7/2434, 8). Auf dieser Grundlage macht der Fall Schwierigkeiten, dass der Täter zunächst iRd § 323a I den Abs. 1 als Rauschtat verwirklicht und dann später nach „entschuldigtem" Entfernen vom Unfallort auch die Pflichten aus Abs. 2 nicht erfüllt. Rspr. und Schrifttum verneinen mit verschiedenartigen Lösungsansätzen die offensichtlich zweckwidrige selbständige Strafbarkeit aus jedem der beiden Tatbestände, indem sie schon tatbestandlich oder auf der Konkurrenzebene entweder den § 323a I (so Keller JR 1989, 343; Miseré Jura 1991, 298, beide mwN) oder umgekehrt den Abs. 2 (so BayObLG NJW 1989, 1685; Paeffgen NStZ 1990, 365) für unanwendbar halten. Die hier unvermeidbaren Friktionen dürften am erträglichsten sein, wenn man die Strafbarkeit wegen Vollrauschs unberührt lässt, den Anwendungsbereich des Abs. 2 aber durch teleologische Reduktion auf Fälle beschränkt, in denen sich der Täter straflos vom Unfallort entfernen konnte (so überzeugend Küper NJW 1990, 209; ebenso Bosch Jura 2011, 593 (600); Waszczynski JA 2015, 507 (511); Rengier StrafR BT II § 46 Rn. 32; Fischer Rn. 48; Geppert in LK-StGB Rn. 132b; anders Kindhäuser/Schramm StrafR BT I § 70 Rn. 40).

25 cc) Nach der Rspr. sollte auch das **unvorsätzliche** Sich-Entfernen (→ Rn. 31) hierher gehören, sofern der Täter noch innerhalb eines zeitlichen und räumlichen Zusammenhangs von dem Unfall Kenntnis erlangt hat (BGHSt 28, 129 = NJW 1979, 434). Sie knüpft damit an die Rspr. zum früheren Recht an, die diesen Fall einer Rückkehrpflicht unterworfen hatte (BGHSt 14, 89 = NJW 1960, 1019; BGHSt 18, 114 = NJW 1963, 307), gerät aber in den äußersten Grenzbereich zwischen Auslegung und verbotener Analogie (→ § 1 Rn. 6). Das BVerfG hat jetzt eine Überschreitung der Wortlautschranke bejaht, so dass die bisherige Rspr. verfassungswidrig ist, wenn ihr nicht eine verfassungskonforme Auslegung, zB durch weite Auslegung des Unfallorts (→ Rn. 12), gelingt (BVerfG NJW 2007, 1666 mAnm Simon und Bespr. Brüning ZIS 2007, 317; Jahn JuS 2007, 691; Kudlich JA 2007, 549; Laschewski NZV 2007, 444; Dehne-Niemann Jura 2008, 135; Mitsch NZV 2008, 217 (218); NZV 2009, 105; NZV 2010, 225; JuS 2010, 303 (306); sowie Geppert JK StGB § 142 Rn. 23; sa Küper NStZ 2008, 602; Kudlich FS Stöckel, 2010, 93 (96); Beulke FS Maiwald, 2010, 21; Kraatz NZV 2011, 321 (322); Bosch Jura 2011, 593 (599); Rengier StrafR BT II § 46 Rn. 27a–28; Bock StrafR BT-Nichtvermögensdelikte Fall 7, S. 270; Geppert in LK-StGB Rn. 135a, 135b). Die Entscheidung des BGH war auch deshalb problematisch, weil sie die psychologischen Unterschiede zwischen bewusstem und unbewusstem Sich-Entfernen vom Unfallort nicht würdigt (diff. Volk DAR 1982, 81 (85)) und mit dem zeitlichen und räumlichen Zusammenhang eine im Gesetz nicht vorgesehene Begrenzung postulierte, die als solche jedenfalls nicht aus dem allgemeinen Erfordernis der Zumutbarkeit abgeleitet werden kann (Römer MDR 1980, 89; relativierend daher auch BayObLG NJW 1981, 879). Die im Schrifttum überwiegend ablehnende Haltung war und ist daher vorzugswürdig (Beulke NJW 1979, 400; Rudolphi JR 1979, 210; Magdowski, Die Verkehrsunfallflucht in der Strafrechtsreform, 1980, S. 160; Bottke JA 1980, 510 (516); Eisenberg Jura 1983, 267; Loos DAR 1983, 209 (212); Kindhäuser/Schramm StrafR BT I § 70 Rn. 42; Wessels/Hettinger/Engländer StrafR BT I Rn. 1014; Kretschmer in NK-StGB Rn. 129; Sternberg-Lieben in Schönke/Schröder Rn. 55; Fischer Rn. 52; aM Volk DAR 1982, 81 (85); Küper FS Heidelberg, 1986, 451; Geppert in LK-StGB Rn. 136; Joerden in Choluj/Joerden, Von der wissenschaftlichen Tatsache zur Wissensproduktion, 2007, S. 325,

336, ordnet diese Auffassung dem „liberalistischen" Denkstil zu, die Gegenauffassung von BGHSt 28, 129 = NJW 1979, 434 dagegen dem „paternalistischen" Denkstil). Nicht annehmbar ist dann auch die aus alten BGH-Rechtsprechung abgeleitete weitere Folgerung, nach der eine unvorsätzliche, von Dritten veranlasste oder erzwungene Entfernung des Täters vom Unfallort (→Rn. 12) das Merkmal berechtigten oder entschuldigten Sich-Entfernens verwirklichen soll (so noch BayObLG NJW 1982, 1059; wie hier Kindhäuser/Schramm StrafR BT I §70 Rn. 44; Rengier StrafR BT II §46 Rn. 52f.). Zur Behandlung des unvorsätzlichen Sich-Entfernens wegen Irrtums über die faktische Wartezeit oder eine Rechtfertigungslage als entschuldigt Mitsch NZV 2005, 347; JuS 2010, 303 (306). § 142 I soll aber in Betracht kommen, wenn der Täter einen Vorsatz zum Entfernen fasst, bevor die Tat beendigt ist (abl. OLG Hamburg NJW 2009, 2074; Brüning ZIS 2007, 317 (320); ZJS 2009, 442; Kraatz NZV 2011, 321 (322); krit. Mitsch NZV 2010, 225; JuS 2010, 303 (306); Beulke FS Maiwald, 2010, 21 (34)) oder er sich noch im räumlich-zeitlichen Nahbereich des Unfallorts befindet (BVerfG NJW 2007, 1666 mit Bespr. Blum NZV 2008, 495; Laschewski NZV 2007, 444; krit. Bosch Jura 2011, 593 (599); →Rn. 12).

c) Unverzüglich erfordert Handeln ohne vorwerfbares Zögern (OLG Koblenz VRS 61, 432); welche Anforderungen im Einzelfall zu stellen sind, ist unter Berücksichtigung von Sinn und Zweck des § 142 nach den Umständen zu beurteilen (hM; vgl. etwa BGHSt 29, 138 = NJW 1980, 896 mkritAnm Beulke JR 1980, 523; OLG Köln VRS 60, 434; OLG Hamm VRS 64, 16; für ein funktionales Verständnis Zopfs, Unfallflucht bei eindeutiger Haftungslage?, 1993, S. 71) und unterliegt daher tatrichterlicher, nur auf Rechtsfehler nachprüfbarer Würdigung (BGH VRS 55, 420 = BeckRS 1978, 30374604). Danach muss der Unfallbeteiligte zwar nicht notwendig (vgl. zB BayObLG VRS 58, 406 (408, 410)), aber idR doch bald nach Wegfall der Gründe, die ihm ein strafloses Verlassen des Unfallorts gestattet haben, das zur nachträglichen Ermöglichung der Feststellungen Erforderliche veranlassen (→Rn. 27–30). Der maßgebende Zeitpunkt ist jeweils dann überschritten, wenn der Unfallbeteiligte gegenüber der konkreten Gefahr erheblichen Beweisverlustes, deren Gewicht ua auch von den zivilrechtlichen Anspruchsgrundlagen abhängt (BayObLG JZ 1980, 579; OLG Stuttgart VRS 60, 196; VRS 60, 300 (303)), vorwerfbar passiv geblieben ist (str.; vgl. Hentschel NJW 1982, 1073 (1079); Beulke JR 1980, 523; Loos DAR 1983, 209 (212); Wessels/Hettinger/Engländer StrafR BT I Rn. 1017; Schild/Kretschmer in NK-StGB Rn. 146); ob iErg die Feststellungen erschwert oder vereitelt worden sind, ist dann nicht mehr erheblich (Küper GA 1994, 49 (53) Fn. 13; aM OLG Hamm NJW 1977, 207; VRS 61, 263; OLG Köln VRS 54, 350; Bringewat JA 1977, 231 (236)). Im Allgemeinen darf der Unfallbeteiligte zunächst versuchen, mit den Berechtigten (uU noch am Unfallort) Kontakt zu bekommen. Sind diese jedoch ohne Verletzung des Unverzüglichkeitsgebots nicht zu ermitteln oder zu erreichen, muss er sich an die Polizei wenden (BGHSt 29, 138 = NJW 1980, 896 mablAnm Reiß NJW 1980, 1806; BayObLG JR 1977, 427 mablAnm Rudolphi; OLG Stuttgart NJW 1978, 1445; krit. Bosch Jura 2011, 593 (600); Joecks/Jäger StGB Rn. 89; aM Berz DAR 1975, 309 (314); Kölbel, Selbstbelastungsfreiheiten, 2006, S. 481; Geppert Jura 1990, 78 (86); BA 1991, 31 (41); Geppert in LK-StGB Rn. 156; Zopfs in MüKoStGB Rn. 113; zw.); bei nächtlichen Unfällen mit einfacher Sach- und Rechtslage (zB Beschädigung von Verkehrszeichen, Leitplanken, Zäunen usw) ist die Unterrichtung der Berechtigten bis etwa 9 Uhr oder 10 Uhr des folgenden Morgens idR noch unverzüglich 26 (vgl. etwa OLG Köln NZV 1989, 357; OLG Stuttgart VRS 73, 191; Haubrich DAR 1981, 211; Zopfs VersR 1994, 266 (272); sa OLG Zweibrücken DAR 1991, 33 mit abl. Bespr. Hentschel NJW 1991, 1267 (1273); OLG Köln DAR 1992, 152). Umgekehrt kann der Weg zur Polizei ein verzögerlicher Umweg sein, so dass der Unfallbeteiligte uU an den in der Nähe liegenden Unfallort zurückkehren oder das ihm angekündigte alsbaldige Eintreffen des Berechtigten abwarten muss, wenn nur so die nach Abs. 3 gebotene unverzügliche Unterrichtung ausführbar ist (BayObLG NJW 1979, 436 mAnm Janiszewski JR 1979, 341; BayObLG VRS 67, 221; sa OLG Karlsruhe NJW 1981, 881; OLG Köln NJW 1981, 2367 mit abl. Bespr. Beulke JuS 1982, 815; abl. auch Maurach/Schroeder/Maiwald/Hoyer/Momsen StrafR BT § 49 Rn. 34; str.).

27 d) **Abs. 3** definiert den **Begriff der nachträglichen Ermöglichung der Feststellungen** nicht, bildet auch nicht nur einen Beispielsfall (so aber Böse StV 1998, 509 (512); Sternberg-Lieben in Schönke/Schröder Rn. 56), sondern umschreibt die Mindestvoraussetzungen, deren Erfüllung **in jedem Falle** tatbestandsmäßiger, aber nicht zurechenbarer Entfernung vom Unfallort ausreicht (hM; vgl. etwa BGHSt 29, 138 = NJW 1980, 896; OLG Karlsruhe NJW 1981, 881; anders Maurach/Schroeder/Maiwald/Hoyer/Momsen StrafR BT § 49 Rn. 58, 59 „Maximalvoraussetzungen"); die Ansicht von Sternberg-Lieben in Schönke/Schröder, Rn. 56 (zust. Loos DAR 1983, 209 (214); Hartman-Hilter NZV 1992, 429 (431)), diese vom Gesetzgeber gewollte Auslegung finde im Wortlaut keine genügende Stütze, beruht auf einem zu engen Verständnis der Auslegungsgrenzen. Danach kann der Täter seiner nachträglichen Feststellungspflicht sowohl nach den Regeln des Abs. 3 als auch in anderer Weise, etwa durch Rückkehr an den Unfallort, nachkommen. Da aber Abs. 3 – insoweit über Abs. 1 hinausgehend (BT-Drs. 7/2434, 8) – als Ausgleich für den Wegfall der Bindung an den Unfallort gewisse Mitwirkungspflichten und das Verbot des absichtlichen Vereitelns der Feststellungen vorsieht, müssen auch die in Frage kommenden anderen Formen nachträglichen Ermöglichens gleichwertig sein. Daher kann im Einzelfall einerseits eine Rückkehrpflicht dadurch begründet werden, dass keine andere Alternative unverzüglicher Vornahme der nach Abs. 3 geforderten Handlungen zur Verfügung steht (→ Rn. 26); andererseits werden mit Rückkehr des Täters die über Abs. 1 hinausgehenden Pflichten, namentlich das Verbot absichtlicher Vereitelung der Feststellungen, nicht hinfällig (hM; vgl. Fischer Rn. 56; Geppert in LK-StGB Rn. 151; anders Joecks/Jäger StGB Rn. 85; Sternberg-Lieben in Schönke/Schröder Rn. 68, 69; zw.); das ergibt sich daraus, dass durch die Abwesenheit Feststellungschancen beeinträchtigt worden sein können. Im Einzelnen:

28 aa) Die Verpflichtung **zur Mitteilung der Unfallbeteiligung,** die uU auch durch Beauftragung eines Dritten erfüllt werden kann (OLG Stuttgart VRS 51, 431; BayObLG bei Rüth DAR 1979, 238; Zopfs VersR 1994, 266 (268)), schließt auch hier keine Angaben über die Art der Beteiligung ein (hM; anders Jagusch NJW 1975, 1631 (1633); → Rn. 17, 19). **„Sein Fahrzeug"** ist das am Unfall beteiligte ohne Rücksicht auf den Eigentümer (Müller-Emmert/Maier DRiZ 1975, 176). Die **Dauer** der Bereitstellungspflicht wird begrenzt durch ihre Beschränkung auf „unverzügliche" Feststellungen einerseits und auf eine „zumutbare" Zeit andererseits (krit. zum Kriterium der „Zumutbarkeit" Momsen, Die Zumutbarkeit als Begrenzung strafrechtlicher Pflichten, 2006, S. 441, der sie als „unspezifisches Proportionalitätskriterium" versteht). Sie endet also, entweder wenn die Berechtigten nicht unverzüglich Feststellungen getroffen haben oder wenn dem Täter nach den

Umständen weitere Bereitstellung nicht mehr zumutbar ist (Berz DAR 1975, 309 (315)). Die Einhaltung von Absprachen mit den Berechtigten oder der Polizei ist idR zumutbar (krit. Bernsmann NZV 1989, 49 (57)); diese können auch auf Bereitstellung verzichten. Der nicht unfallbeteiligte Fahrzeughalter (zB Arbeitgeber, Vermieter) hat als solcher keine Bereitstellungspflicht (BayObLG DAR 1990, 230; Müller-Emmert/Maier DRiZ 1975, 176; aM Jagusch NJW 1975, 1631 (1633)); jedoch hat der Unfallbeteiligte das ihm Mögliche und Zumutbare zur Bewirkung der Bereitstellung zu tun, da er andernfalls seine eigene Bereitstellungspflicht verletzt.

bb) Ob der Unfallbeteiligte seine Mitteilung an die **Berechtigten oder an** 29
eine nahe Polizeidienststelle (dazu Berz DAR 1975, 309 (314)) macht, steht in seiner Wahl, die jedoch durch das allgemeine Erfordernis unverzüglichen Handelns eingeschränkt ist (→ Rn. 26; krit. Schneider, Grund und Grenzen des strafrechtlichen Selbstbegünstigungsprinzips, 1991, S. 149). Er ist grds. allen Berechtigten (→ Rn. 13) zur Mitteilung verpflichtet (einschr. Stein in SK-StGB Rn. 43), darf sich aber auf den nächst Erreichbaren beschränken, wenn eine ex-ante-Beurteilung ergibt, dass dieser die übrigen Berechtigten informieren wird (Magdowski, Die Verkehrsunfallflucht in der Strafrechtsreform, 1980, S. 189; Geppert in LK-StGB Rn. 141; enger Schild/Kretschmer in NK-StGB Rn. 138; str.).

cc) **Absichtliches Vereiteln** der Feststellungen setzt zielgerichtetes Wollen 30
voraus (Berz DAR 1975, 309 (316)). Es liegt namentlich vor, wenn der Unfallbeteiligte vor oder in engem zeitlichen Zusammenhang nach der vorgeschriebenen Mitteilung Unfallspuren am Fahrzeug beseitigt, Zeugen zu falschen Aussagen verleitet, etwa seine nüchterne Ehefrau als angebliche Fahrzeugführerin vorschiebt (Janiszewski DAR 1975, 169 (175)), oder durch irreführende Angaben die Ermittlungen so in eine falsche Richtung lenkt, dass Anhaltspunkte für den wirklichen Unfallhergang nicht mehr weiterverfolgt werden (Stein in SK-StGB Rn. 45; zT abw. Jagusch NJW 1975, 1631 (1633); Maier JZ 1975, 721 (725); Joecks/Jäger StGB Rn. 90, 91). Bloßes Leugnen oder Schweigen genügt nicht (Beulke JuS 1982, 815 (818); aM KG VRS 67, 258 (263)).

6. a) Der **Vorsatz nach Abs. 1** (bedingter genügt, BGH VRS 5, 41) setzt 31
namentlich das Bewusstsein voraus, (möglicherweise) einen Unfall verursacht (BayObLG NStZ-RR 2000, 140 (141); OLG Jena StV 2006, 529; problematisch LG Aachen NZV 2013, 305 mit zu Recht abl. Bespr. Hecker JuS 2013, 851) und nach den Umständen angezeigte Feststellungen iSd Abs. 1 nicht ermöglicht zu haben (OLG Koblenz NZV 1996, 324; Achenbach JuS 1976, 592 (594)); das nachlässige Nichterkennen eines Fremdschadens schließt den Eventualvorsatz nicht aus, wenn dieser nach den Umständen (zB heftiger Anprall, Schaden am eigenen Fahrzeug) anzunehmen ist (OLG Köln NStZ-RR 2011, 285; vgl. auch Heß/Burmann NJW 2012, 1047, zu Unfällen mit kleineren Schäden, die oft übersehen oder als ganz unerheblich bewertet werden); auf Vereitelungsabsicht kommt es nicht an. Im Falle des Abs. 1 Nr. 2 muss der Täter außerdem die Umstände kennen, aus denen sich die Unangemessenheit der bisher verstrichenen Wartezeit ergibt; ob er sie auch als unangemessen bewertet, ist für den Vorsatz unerheblich (→ § 15 Rn. 16; anders Maurach/Schroeder/Maiwald/Hoyer/Momsen StrafR BT § 49 Rn. 51, Verstehen des Sinngehalts). Sind die äußeren, dem Täter bekannten Umstände so beschaffen, dass sich einem verantwortungsbewussten Fahrer nach allgemeiner Lebenserfahrung die Annahme aufdrängt, dass sich ein Unfall mit nicht ganz belangloser Schadensfolge ereignet hat, zB bei heftigem Aufprall auf einen Gegenstand (BGH NJW 1954, 728; VRS 37, 263; OLG Hamm NStZ-RR 1997, 90), so liegt

regelmäßig, aber nicht notwendig Vorsatz vor (OLG Frankfurt a. M. VRS 64, 265; OLG Jena StV 2006, 529; s. jedoch OLG Schleswig VRS 59, 112; OLG Hamm NJW 2003, 3286 (3287)); einen Erfahrungssatz, dass die Berührung zweier Fahrzeuge immer von den Insassen „gefühlt" werde, gibt es nicht (OLG Köln NZV 1992, 37). Durch Unfallschock oder posttraumatische Dämmerzustände verursachte, schon den Vorsatz ausschließende Kopflosigkeit kommt tatsächlich nur selten vor (BGH VRS 20, 47; OLG Köln NJW 1967, 1521; Laubichler BA 1977, 247), bildet aber eine häufige Schutzbehauptung (Zabel BA 1983, 328).

31a Sofern der Täter nicht zugleich mit der Möglichkeit einer dem Tatbestand entsprechenden Sachlage rechnet, schließen folgende **irrigen Annahmen** seinen Vorsatz aus: Es fehle schon an der Möglichkeit seiner Unfallbeteiligung (BGHSt 15, 1 = NJW 1960, 2060; OLG Zweibrücken VRS 75, 292; OLG Frankfurt a. M. NStZ-RR 1996, 86; problematisch OLG Stuttgart NStZ-RR 2003, 278 (279) mit krit. Bespr. Geppert JK StGB § 142 Rn. 22); er sei nur selbst beteiligt und geschädigt (OLG Celle NJW 1956, 1330); der andere habe den Unfall nur vorgetäuscht (BayObLG bei Rüth DAR 1979, 237); es sei kein (OLG Düsseldorf VRS 20, 118; Bär DAR 1991, 271) oder nur ganz belangloser Schaden entstanden (OLG Koblenz VRS 48, 337; OLG Karlsruhe VRS 62, 186; OLG Hamm NStZ-RR 1997, 90; OLG Düsseldorf StV 1998, 489; Himmelreich DAR 1997, 82; s. aber OLG Köln NZV 2001, 526; → Rn. 7); es sei keine feststellungsbereite Person anwesend (Mitsch GS Keller, 2003, 165 (169) Geppert in LK-StGB Rn. 174 a); die angezeigten (→ Rn. 13) Feststellungen seien vollständig getroffen (OLG Stuttgart NJW 1978, 900; Schroth, Vorsatz und Irrtum, 1998, S. 54) oder es kämen nur noch Feststellungen zur Strafverfolgung in Frage (OLG Oldenburg NJW 1968, 2019; OLG Hamm VRS 40, 19; sa OLG Koblenz VRS 48, 112; Hartmann-Hilter, Warten am Unfallort – eine unabwendbare Pflicht?, 1996, S. 141). Zu Irrtümern über die Rechtswidrigkeit → Rn. 36.

32 **b)** Der **Vorsatz nach Abs. 2** muss neben dem Verkehrsunfall namentlich auch den Umstand umfassen, dass nachträgliche Feststellungen erschwert oder vereitelt werden. Er ist entweder gegeben, wenn sich der Täter der Unterlassung der nach Abs. 3 gebotenen Handlungen bewusst ist, obwohl er ein Feststellungsinteresse der Berechtigten mindestens für möglich hält, oder wenn er die Feststellungen absichtlich vereitelt.

33 **7. a)** Die **Rechtswidrigkeit** kann namentlich durch Einwilligung (→ Vor § 32 Rn. 10–18; Stein in SK-StGB Rn. 51 a), mutmaßliche Einwilligung (→ Vor § 32 Rn. 19–21; Mitsch NZV 2009, 105 (107); Stein in SK-StGB Rn. 51 a) oder rechtfertigenden Notstand (§ 34), auch durch rechtfertigende Pflichtenkollision (Zopfs in MüKoStGB Rn. 98), ausgeschlossen sein. Nach den allgemeinen, allerdings umstrittenen Regeln wirkt die Einwilligung hier nicht schon tatbestandsausschließend (so aber Bernsmann NZV 1989, 49 (51); Geppert in LK-StGB Rn. 76; Kretschmer in NK-StGB Rn. 92; Sternberg-Lieben in Schönke/Schröder, Rn. 30 a; Zopfs in MüKoStGB Rn. 119), sondern erst rechtfertigend (OLG Stuttgart NJW 1982, 2266; BayObLG JZ 1983, 268; Berz DAR 1975, 313; Horn/Hoyer JZ 1987, 972; zw.); iÜ gelten für sie keine Besonderheiten, so dass die Ergebnisse weitgehend von dem Meinungsstreit um die Voraussetzungen wirksamer Einwilligung (→ § 228 Rn. 3–9) abhängen (zusf. Bernsmann NZV 1989, 49 (51)). Einwilligung oder mutmaßliche Einwilligung (dazu Küper JZ 1981, 209 (212); Bernsmann NZV 1989, 49 (55)) kommen in Frage:

aa) wenn die Berechtigten ausdrücklich oder stillschweigend (BayObLG NZV 1992, 246; OLG Oldenburg NZV 1995, 195) auf Feststellungen am Unfallort wirksam (dazu OLG Düsseldorf NZV 1991, 77) **verzichtet** haben (BayObLG NJW 1958, 269; NJW 1958, 511; OLG Stuttgart MDR 1982, 952; OLG Düsseldorf NZV 1992, 246; nach einem solchen Verzicht lebt die Pflicht zur Ermöglichung solcher Feststellungen auch bei Rückkehr an die Unfallstelle nicht wieder auf, BayObLG bei Bär DAR 1993, 372), 34

bb) nach den Umständen – zB bei Bestehen verwandtschaftlicher oder freundschaftlicher Beziehungen (OLG Zweibrücken DAR 1982, 332; BayObLG JZ 1983, 268; Janiszewski NStZ 1987, 113), bei Schädigung nur des Eigentümers des vom Täter geführten Fahrzeugs (BayObLG NZV 1992, 413; OLG Köln NJW 2002, 2334 mit zust. Bespr. Geppert JK StGB § 142 Rn. 21) oder bei eindeutigen Bagatellschäden (OLG Köln VRS 64, 115) – mutmaßlich an solchen Feststellungen uninteressiert sind (OLG Hamburg NJW 1960, 1482; OLG Köln DAR 1989, 151; OLG Düsseldorf NZV 1992, 246) oder 34a

cc) wenn der neben dem Täter allein geschädigte Unfallbeteiligte sich selbst in Kenntnis des Unfallgeschehens vom Unfallort entfernt hat, weil darin häufig ein stillschweigender Verzicht auf sofortige Feststellungen liegt (BayObLG NJW 1958, 511; DAR 1990, 471 mwN; einschr. Bernsmann NZV 1989, 49 (51)). 35

b) Die **irrigen Annahmen,** alle Berechtigten hätten auf Feststellungen verzichtet (BayObLG NZV 1992, 245; OLG Düsseldorf NZV 1992, 246; aM OLG Stuttgart MDR 1959, 508), es liege eine unter → Rn. 34 beschriebene Nähebeziehung oder Bagatellschädigung vor (OLG Schleswig SchlHA 1969, 148; Rüth JR 1979, 80 mwN) oder der andere Unfallbeteiligte habe sich in Kenntnis des Unfallgeschehens vom Unfallort entfernt (BayObLG DAR 1990, 471), sind danach regelmäßig Erlaubnistatbestandsirrtümer (→ § 17 Rn. 9–18). Die nach der jeweiligen Sachlage irrigen Annahmen dagegen, das Zurücklassen einer Visitenkarte (OLG Celle NJW 1956, 560), die bloße Angabe von Namen und Anschrift (OLG Schleswig SchlHA 1969, 149) oder ein pauschales Schuldanerkenntnis (OLG Stuttgart NJW 1978, 900) reiche zur Erfüllung der Feststellungspflicht aus, die abgelaufene Wartezeit sei angemessen (OLG Oldenburg NJW 1968, 2019; Bosch Jura 2011, 593 (596); aM Hartman-Hilter NZV 1992, 429 (430); zum Irrtum über die tatsächlich verstrichene Wartezeit Mitsch NZV 2005, 347) oder die Wartepflicht treffe nur Fahrer unfallbeteiligter Fahrzeuge (BayObLGSt 1956, 241) oder setze schuldhafte Beteiligung voraus (BGH VRS 24, 34; OLG Düsseldorf NZV 1993, 157), sind Verbotsirrtümer (→ § 17 Rn. 6). 36

c) Für die **Schuldfähigkeit** sind Unfallschocks und posttraumatische Dämmerzustände – ebenso wie für den Vorsatz (→ Rn. 31) – nur in Ausnahmefällen bedeutsam (KG VRS 67, 258; Barbey BA 1992, 252; Zopfs in MüKoStGB Rn. 121). Zur Bedeutung des Alkohols für die Begehung der Tat Hauser BA 1982, 193. 37

8. Der **Versuch,** namentlich auch der untaugliche (BayObLG VRS 71, 189), ist nicht mit Strafe bedroht. **Tätige Reue** (Abs. 4; allg. → § 24 Rn. 29) durch freiwilliges (→ § 24 Rn. 21) Ermöglichen nachträglicher Feststellungen iSd Abs. 3 (näher zu Zweifelsfällen Schulz NJW 1998, 1440) führt unter bestimmten Voraussetzungen (zwingend) zu Strafmilderung nach § 49 I oder (fakultativ) Absehen von Strafe. Der Gesetzgeber ist erst während des Gesetzgebungsverfahrens der seit längerem erhobenen Forderung (vgl. Park DAR 1993, 247; Loos ZRP 1993, 310; krit. Zopfs DRiZ 1994, 87 (91)) nachgekommen, dem unfallflüchtigen Verkehrsteilnehmer 38 eine „goldene Brücke" zu bauen (BT-Drs. 13/8587, 57; krit. Schulz NJW 1998, 1440 (1443) „juristische Fehlkonstruktion"; Schünemann DAR 1998, 424 (429); Mitsch ZStW 111 (1999), 65 (122); grds. zust. aber Böse StV 1998, 509; Bönke NZV 1998, 129). Einschränkend wird verlangt, dass die Ermöglichung der Feststellungen innerhalb von 24 Stunden „nach dem Unfall", dh nicht erst nach der Vollendung der Tat iSd Abs. 1 und 2 (→ Rn. 10, 26), erfolgt (Stein in SK-StGB Rn. 55); das Risiko, davor entdeckt zu werden, trägt der flüchtende Unfallbeteiligte (BT-Drs. 13/8587, 57; Böse StV 1998, 509 (512), nicht freiwillig; Fischer Rn. 65). Erfasst werden nur Unfälle im ruhenden Verkehr (→ Rn. 6; OLG Köln VRS 98, 122 mit zust. Bespr. Himmelreich/Lessing NStZ 2000, 299; weiter Stein in SK-StGB Rn. 56), dh vor allem die häufigen Parkunfälle (BT-Drs. 13/9064, 10; König in Hentschel/König/Dauer § 142 Rn. 69) mit nicht bedeutenden Sachschäden (Böse StV 1998, 509 (510); → § 69 Rn. 7; nach König in Hentschel/König/Dauer § 142 Rn. 69, 1.300 EUR; ebenso Stein in SK-StGB Rn. 57; auch OLG Dresden NJW 2005, 2633; nach Joecks/Jäger StGB Rn. 99, unter 750 EUR bis 1.000 EUR). Ein Irrtum über die objektiven Voraussetzungen (zB die irrige Annahme eines unbedeutenden Sachschadens) führt nicht zur Anwendung von Abs. 4 (Böse StV 1998, 509 (512); Bönke NZV 1998, 129 (130)). Fehlt es an einer der gesetzlichen Voraussetzungen, so kann sich eine nachträgliche Meldung bei der Strafzumessung und der Entscheidung nach §§ 69, 69a zugunsten des Täters auswirken (LG Gera StraFo 2000, 356 = StV 2001, 357; Schulz NJW 1998, 1440 (1442); Schäfer NZV 1999, 190). Eine analoge Anwendung von § 306e kommt wegen der abschließenden Regelung des Abs. 4 nicht in Betracht (ebenso Geppert in LK-StGB Rn. 181, 203; aM Otto StrafR BT § 80 Rn. 70).

39 **9. a)** Weil die Tat echtes Sonderdelikt ist (→ Vor § 13 Rn. 33; aM Deichmann, Grenzfälle der Sonderstraftat, 1994, S. 170), kann nur der Unfallbeteiligte **Täter,** und zwar auch Mittäter (OLG Köln NZV 1992, 80) oder mittelbarer Täter, sein (→ § 25 Rn. 3, 9). Für **Tatbeiträge anderer** kommt nur **Teilnahme** in Frage (OLG Hamm BA 1974, 279); da die Unfallbeteiligung nur die Positionsnähe zum Rechtsgut charakterisiert, ist § 28 I nicht anwendbar (Herzberg GA 1991, 145 (170); Deichmann, Grenzfälle der Sonderstraftat, 1994, S. 172; Geppert in LK-StGB Rn. 182; Stein in SK-StGB Rn. 53a; aM Schünemann in LK-StGB § 28 Rn. 59; Hoyer in SK-StGB § 28 Rn. 34).

40 **b) Beihilfe,** deren Struktur bei § 142 schwer durchschaubar ist (Küper JZ 1981, 251 (255); Seelmann JuS 1991, 290), kann auch durch Unterlassen (in Garantenstellung, → § 13 Rn. 6) begangen werden (OLG Stuttgart NJW 1981, 2369; OLG Zweibrücken VRS 75, 292; OLG Köln NZV 1992, 80 mit krit. Bespr. Geppert JK StGB § 142 Rn. 18; sa BayObLG NJW 1990, 1861 mAnm Herzberg NZV 1990, 375; Arloth GA 1985, 492 (504); Küpper/Börner StrafR BT I Kap. II § 5 Rn. 59; Wessels/Hettinger/Engländer StrafR BT I Rn. 1023; → § 27 Rn. 5; einschr. Zopfs in MüKoStGB Rn. 127, 128). Nach der Rspr. soll sie auch nach Vollendung, aber vor Beendigung (→ Vor § 22 Rn. 2) möglich sein (BayObLG NJW 1980, 412 mit krit. Bespr. Bottke JA 1980, 379; Küper JZ 1981, 209; JZ 1981, 251; König in Hentschel/König/Dauer § 142 Rn. 54; einschr. Fischer Rn. 66; Zopfs in MüKoStGB Rn. 51). Die Tathandlung des Sich-Entfernens ist vollendet, wenn der Täter den zum Unfallort gehörenden Bereich überschritten hat (→ Rn. 10, 11); sie soll nach der Rspr. beendigt sein, wenn er sich so weit entfernt hat, dass keine Chance mehr besteht, ihn unmittelbar zu verfolgen und als Unfallbeteiligten festzustellen (noch weiter BayObLG NJW 1980, 412); ein solcher Beendigungszeitpunkt ist

aber dem Gesetz nicht zu entnehmen (Mitsch NZV 2009, 105), so dass die Phase nach der Vollendung eine tatbestandlose Phase ist, in der keine strafbare Beihilfe geleistet werden kann (näher Kühl JuS 1982, 189 (191); JuS 2002, 730 (731); ebenso Mitsch NZV 2009, 105 (110); Schild in NK-StGB, 3. Aufl. 2010, Rn. 88, 118; Sternberg-Lieben in Schönke/Schröder Rn. 82).

10. Das als Tatmittel verwendete Fahrzeug kann unter den Voraussetzungen des § 74 **eingezogen** werden (BGHSt 10, 337 = NJW 1957, 1446; einschr. Geppert in LK-StGB Rn. 241; aM Schild/Kretschmer in NK-StGB Rn. 165). 41

11. Tateinheit ua möglich mit § 113 (BGH VRS 13, 136), § 114 (OLG Stuttgart NJW 2021, 2596), § 145 d II Nr. 1 (BayObLG NJW 1981, 834 mAnm Stein JR 1981, 437; BayObLG VRS 60, 112), § 263 (→ § 263 Rn. 67), §§ 315 c, 316 (BayObLG MDR 1981, 1035) und § 323 c (BGH VRS 14 (1958), 194; VRS 32, 437; Geppert in LK-StGB Rn. 219 a; Sternberg-Lieben/Bosch in Schönke/Schröder, Rn. 90; § 52 Rn. 19; aM Jescheck/Weigend StrafR S. 723; Roxin StrafR AT II § 33 Rn. 88; str.). Im Verhältnis zu der **für den Unfall ursächlichen Tat** (zB fahrlässige Tötung oder Körperverletzung, Straßenverkehrsgefährdung) besteht idR Tatmehrheit (hM; BGHSt 24, 185 = NJW 1971, 1948; LG Gera StV 2001, 357; anders Werner DAR 1990, 11). Das gilt auch, wenn der Täter vor und nach dem Unfall Dauerstraftaten begangen hat (zB Trunkenheit im Verkehr nach § 316, Fahren ohne Fahrerlaubnis nach § 21 StVG, OLG Düsseldorf VRS 87, 290), die mit den anderen Taten jeweils in Tateinheit zusammentreffen; denn meistens, aber nicht notwendig, wird hier zum Weiterfahren ein neuer Entschluss gefasst, so dass nach dem Unfall eine neue (zweite) Dauerstraftat beginnt (→ Vor § 52 Rn. 11; OLG Düsseldorf VRS 97, 111 (113); Brückner NZV 1996, 266). Selbst wenn aber das strafbare Fahren ausnahmsweise nur eine Tat (zB natürliche Handlungseinheit) bilden sollte, kommt in Frage, dass das für den Unfall ursächliche Delikt und das Vergehen nach § 142 zu entklammern sind (→ § 52 Rn. 5); das gilt auch, wenn wegen wertmindernder Vorschäden am Kfz des Unfallgegners nicht die für einen Unfall (→ Rn. 7) erforderliche Schadenshöhe erreicht wird (KG BA 58 (2021), 162). Zur Zusammenfassung der während einer Flucht vom Unfallort (sog. Polizeiflucht) begangenen Taten zu Tateinheit → § 52 Rn. 3; zum Verhältnis zu § 34 StVO (Pflichten nach einem Verkehrsunfall) LG Flensburg DAR 1978, 279; Bürgel MDR 1976, 353; Heß in BHJJ StVO § 34 Rn. 5; Fischer Rn. 69. Tateinheit ist auch zwischen mehreren Taten nach § 142 möglich, wenn sich der Täter durch seine Weiterfahrt der Feststellung mehrerer von ihm verursachter Unfälle entzieht (NStE Nr. 25; beachte auch BGH NZV 2001, 265 Tateinheit des unerlaubten Sichentfernens in zwei Fällen mit Straßenverkehrsgefährdung in drei Fällen; BGHSt 48, 233 (238) = NJW 2003, 1613). Zwischen Abs. 1 und 2 ist **Wahlfeststellung** (→ § 1 Rn. 14) zulässig (OLG Köln VRS 64, 115 (119); Stein in SK-StGB Rn. 62). 42

§ 143 *(aufgehoben)*

§ 144 (weggefallen)

§ 145 Mißbrauch von Notrufen und Beeinträchtigung von Unfallverhütungs- und Nothilfemitteln

(1) Wer absichtlich oder wissentlich
1. Notrufe oder Notzeichen mißbraucht oder
2. vortäuscht, daß wegen eines Unglücksfalles oder wegen gemeiner Gefahr oder Not die Hilfe anderer erforderlich sei,

wird mit Freiheitsstrafe bis zu einem Jahr oder mit Geldstrafe bestraft.

(2) Wer absichtlich oder wissentlich
1. die zur Verhütung von Unglücksfällen oder gemeiner Gefahr dienenden Warn- oder Verbotszeichen beseitigt, unkenntlich macht oder in ihrem Sinn entstellt oder
2. die zur Verhütung von Unglücksfällen oder gemeiner Gefahr dienenden Schutzvorrichtungen oder die zur Hilfeleistung bei Unglücksfällen oder gemeiner Gefahr bestimmten Rettungsgeräte oder anderen Sachen beseitigt, verändert oder unbrauchbar macht,

wird mit Freiheitsstrafe bis zu zwei Jahren oder mit Geldstrafe bestraft, wenn die Tat nicht in § 303 oder § 304 mit Strafe bedroht ist.

1 **1. Abs. 1,** ein Gegenstück zu § 323c, soll die **Allgemeinheit** namentlich davor schützen, dass nicht erforderliche fremde Hilfe zur Gefahrenabwehr angefordert wird (Begr. zu § 300 E 1962, S. 471; Sternberg-Lieben in Schönke/Schröder, Rn. 1). **Abs. 2** richtet sich gegen die Beeinträchtigung von Präventivmaßnahmen, die zur Verhütung oder Bewältigung von Unglücksfällen oder gemeiner Gefahr getroffen werden. Die Tat ist in allen Begehungsformen abstraktes Gefährdungsdelikt (Krehl in LK-StGB Rn. 1; Kretschmer in NK-StGB Rn. 4; → Vor § 13 Rn. 32).

2 **2. Unglücksfall, gemeine Gefahr oder Not** → § 323c Rn. 2, 3.

3 **3. a) Abs. 1 Nr. 1: Notrufe und Notzeichen** sind in ihren Voraussetzungen und der Art ihrer Ausführung durch Gesetz, behördliche Anordnung, Vereinbarung oder Übung im Wesentlichen festgelegte Rufe oder Zeichen (Begr. zu § 300 E 1962, S. 471), die auf das Bestehen einer Not- oder schweren Gefahrenlage und meist auch auf das Bedürfnis nach fremder Hilfe aufmerksam machen, zB der Hilferuf, das SOS-Morsezeichen, die Alarmsirene, die Feuerglocke usw. Auch der bloße Anruf bei dem Fernsprechnotanschluss („Notruf") einer Polizeidienststelle gehört hierher, weil er wegen der technischen Besonderheiten des Notrufsystems die Einleitung von Hilfsmaßnahmen auch ohne weitere Erklärungen des Anrufers ermöglicht (BGHSt 34, 4 = NJW 1986, 1698; Fischer Rn. 4; einschr. Krehl in LK-StGB Rn. 6–9; Kretschmer in NK-StGB Rn. 9; abl. Sieme NStZ 2007, 671). **Missbrauch** ist Anwendung des Notrufs oder des Zeichens trotz Fehlens der Voraussetzungen; Aufnahme durch einen Empfänger ist nicht erforderlich.

4 **b) Abs. 1 Nr. 2** betrifft Hilfsanforderungen, die keine Notrufe oder Notzeichen (Nr. 1) sind (Begr. zum E 1962, S. 471). Hier muss stets (nicht oder nicht mehr bestehende) Erforderlichkeit fremder Hilfe (→ § 323c Rn. 5) vorgetäuscht werden; konkludentes Verhalten (OLG Frankfurt a. M. NStZ-RR 2002, 209; Weidemann JA 2002, 42 (47)) genügt ebenso wie ein Vortäuschen in verkehrserzieherischer Absicht (OLG Köln NJW 1999, 1042 (1043) mAnm Dedy NZV 1999, 136,

Jahn JA 1999, 98; Wrage NStZ 1932; Scheffler NZV 1994, 261; Stein in SK-StGB Rn. 12).

4. a) Ob ein Gegenstand **Schutzobjekt** des **Abs. 2** ist, hängt von seiner konkreten Zweckbestimmung ab. Verkehrszeichen werden idR, aber nicht ausnahmslos erfasst (OLG Köln NJW 1999, 1042 (1043) mAnm Dedy NZV 1999, 136, Jahn JA 1999, 98; Wrage NStZ 2000, 32; Händel DAR 1975, 57 (59)). 5

b) Alle **Tathandlungen** setzen nach dem Schutzzweck des Abs. 2 voraus, dass die Funktion des Zeichens oder die Möglichkeit der bestimmungsmäßigen Verwendung des Gegenstandes vereitelt oder erschwert wird. **Beseitigen** erfordert räumliche Entfernung (weiter Stein in SK-StGB Rn. 18; Sternberg-Lieben in Schönke/Schröder, Rn. 19). **In seinem Sinn entstellt** ist ein Richtungsweiser schon dann, wenn er in die falsche Richtung gedreht wird (Krehl in LK-StGB Rn. 18). **Unbrauchbarmachen** → § 87 Rn. 2. **Beeinträchtigen** der Funktion liegt beim Verstecken des Zündschlüssels eines Rettungswagens im Einsatz vor (AG Emmendingen NJW 2008, 3511). 6

5. Absichtlich oder wissentlich → § 15 Rn. 20–22; bedingter Vorsatz genügt nicht (BayObLG VRS 73, 45; LG Köln MDR 1978, 860). 7

6. a) In **Abs. 1** bilden die Nr. 1 und 2 nur verschiedene Begehungsformen desselben Delikts, so dass beim Zusammentreffen **Tateinheit** ausscheidet (Krehl in LK-StGB Rn. 28; → § 52 Rn. 3). 8

b) Abs. 2 tritt gegenüber §§ 303, 304 zurück (spezielle **Subsidiarität,** → Vor § 52 Rn. 26), zB beim Überkleben eines Verkehrsschildes (→ § 303 Rn. 4; → § 304 Rn. 3; krit. Wrage NStZ 2000, 32). Das gilt nach dem eindeutigen Gesetzeswortlaut auch, wenn der nach § 303 c erforderliche Strafantrag fehlt (Kretschmer in NK-StGB Rn. 26; aM Stree JR 1979, 253; Krehl in LK-StGB Rn. 30; Stein in SK-StGB Rn. 25); kriminalpolitisch ist das verfehlt, weil § 145 ein Allgemeininteresse schützt (→ Rn. 1). Im Übrigen ist **Tateinheit** ua möglich mit §§ 222, 230, 242, 315, 315 b (Händel DAR 1975, 57 (60)). 9

§ 145a Verstoß gegen Weisungen während der Führungsaufsicht

[1]Wer während der Führungsaufsicht gegen eine bestimmte Weisung der in § 68 b Abs. 1 bezeichneten Art verstößt und dadurch den Zweck der Maßregel gefährdet, wird mit Freiheitsstrafe bis zu drei Jahren oder mit Geldstrafe bestraft. [2]Die Tat wird nur auf Antrag der Aufsichtsstelle (§ 68 a) verfolgt.

Fassung: Das FührungsaufsichtG (→ Vor § 1 Rn. 16) hat den Strafrahmen der Freiheitsstrafe von einem auf drei Jahre erhöht.

1. Die verfassungsrechtlich wohl noch akzeptable (Groth NJW 1979, 743; Roggenbuck in LK-StGB Rn. 6), kriminalpolitisch aber problematische (Kretschmer in NK-StGB Rn. 6–9; Sternberg-Lieben in Schönke/Schröder Rn. 2; → Vor § 68 Rn. 1; eine Streichung der Vorschrift hält für erwägenswert Neubacher ZStW 118 (2006), 855 (874)) Blankettvorschrift (BGH StraFo 2015, 471 = StV 2017, 36) pönalisiert den **Verstoß gegen Weisungen** iSd § 68 b I (→ § 68 b Rn. 2), nicht des § 68 b II, um die Wirksamkeit der Führungsaufsicht auch in Fällen sicher zu stellen, 1 in denen der Widerruf einer Straf- oder Maßregelaussetzung nicht mehr in Frage kommt. Die Tat ist echtes Sonderdelikt (→ Vor § 13 Rn. 33), die Tätereigenschaft jedoch wegen ihrer Rechtsgutsbezogenheit kein besonderes persönliches Merkmal nach § 28 I (Roggenbuck in LK-StGB Rn. 28; Kretschmer in NK-StGB Rn. 21; aM Fischer Rn. 4; Wolters in SK-StGB Rn. 4). – Nachdem 2007 die Strafrahmenobergrenze von einem auf drei Jahre erhöht worden ist (s. Fassungshinweis), hat der BRat inzwischen eine weitere Erhöhung auf fünf Jahre vorgeschlagen (BT-Drs. 19/23570).

2 **2.** Als Grundlage kommt nur eine **rechtlich zulässige,** dh auch zumutbare, und im Zeitpunkt des Verstoßes **wirksame Weisung** in Frage (BGH NStZ 2014, 651 (654); OLG Dresden StV 2015, 699). Sie muss **bestimmt** sein, dh den Anforderungen entsprechen, die nach Art. 103 II GG an die Tatbestandsbeschreibung einer Deliktsnorm zu stellen sind (BGHSt 58, 72 (74) = NJW 2013, 710; BGHSt 58, 136 = NJW 2013, 1894; BGH JZ 2014, 630 (632) mAnm Heghmanns; Pollähne StV 2014, 161; BGH StV 2017, 36; StV 2020, 22; NStZ 2020, 480; NStZ-RR 2016, 200; 2021, 44; KG JR 1987, 124 mkritAnm Groth JR 1988, 258; OLG Dresden NStZ-RR 2008, 27; NStZ 2008, 572; OLG Frankfurt a. M. NStZ-RR 2009, 27; Roggenbuck in LK-StGB Rn. 7–12; enger Kretschmer in NK-StGB Rn. 12; zu Weisungen nach § 56c BVerfG StV 2012, 481); daran fehlt es, wenn der Verurteilte erst dem Weisungszweck entnehmen kann, was das Gericht von ihm verlangen will (OLG München NStZ 2010, 218; sa BGH NStZ-RR 2014, 78, Kontaktverbot nach § 68b I 1 Nr. 3). Gegen sie wird **verstoßen,** wenn der Täter das ihm abverlangte Verhalten nicht oder nicht vollständig erfüllt; eine Mehrheit von Zuwiderhandlungen kann nur nach den allgemeinen Regeln zur natürlichen oder rechtlichen Handlungseinheit zusammengefasst werden (BGH StraFo 2015, 257 = NStZ 2015, 338, mehrere Verstoße gegen dieselbe Weisung; → Vor § 52 Rn. 4, 9); wird gegen mehrere verschiedene Weisungen verstoßen, so ist Tateinheit oder Tatmehrheit möglich (Wolters/Horn in SK-StGB Rn. 20 mit Beispielen).

3 **3.** Die **Gefährdung des Maßregelzwecks** (→ § 68 Rn. 1) ist Tatbestandsmerkmal (hM; vgl. Groth NJW 1979, 743 (746)), nicht lediglich objektive Bedingung der Strafbarkeit (so aber Wolters/Horn in SK-StGB Rn. 2, 3). Sie setzt voraus, dass der Weisungsverstoß – sei es auch nur iVm dem Gesamtverhalten des Verurteilten, uU auch vorausgegangenen Zuwiderhandlungen (krit. Roggenbuck in LK-StGB Rn. 22; abl. Fischer Rn. 9) – die bestimmte Wahrscheinlichkeit künftiger Straftaten begründet oder vergrößert hat (hM; BGHSt 58, 72 (76) = NJW 2013, 710; BGH NStZ 2014, 203 mit Praxiskommentar Piel: Zerstören elektronischer Fußfessel; OLG Stuttgart Justiz 2014, 198; vgl. Groth NJW 1979, 743 (746); ähnlich Sternberg-Lieben in Schönke/Schröder Rn. 7). Die Voraussetzung bedarf allerdings zur Verhütung unangemessener Ausdehnung der Strafbarkeit zurückhaltender Auslegung (Roggenbuck in LK-StGB Rn. 23); sie wird meist nur bei groben oder beharrlichen Verstößen, selten bei bloßen Nachlässigkeiten und kaum jemals bei Zuwiderhandlungen gegen eine Weisung nach § 68b I Nr. 9 erfüllt sein; zum Verstoß gegen § 68b I 1 Nr. 3 BGH StV 2017, 45. Ob die Gefährdung zurzeit der Aburteilung noch fortbesteht, ist für die Strafbarkeit unerheblich (hM; anders Wolters in SK-StGB Rn. 14).

4. Der **Vorsatz** (bedingter genügt) muss auch das Gefährdungselement (→ Rn. 3) umfassen (OLG Hamburg NJW 1985, 1232; zum Gefährdungsvorsatz → § 15 Rn. 28). 4

5. Die **Strafzumessung** begegnet typischen Schwierigkeiten: Geldstrafe wird meist zur Einwirkung auf den Täter nicht ausreichen (§ 47; ebenso Roggenbuck in LK-StGB Rn. 35), Strafaussetzung zur Bewährung wegen Fehlens einer günstigen Prognose (→ § 56 Rn. 8–14; ebenso Roggenbuck in LK-StGB Rn. 36) unbegründet sein und die danach allein übrigbleibende kurzfristige Freiheitsstrafe bei der besonderen Eigenart dieser Tätergruppe keinen Erfolg versprechen (ebenso Roggenbuck in LK-StGB Rn. 37). Die kriminalpolitische Wirksamkeit der Vorschrift ist deshalb höchst unwahrscheinlich (krit. auch Schöch NStZ 1992, 364 (370); Neubacher ZStW 118 (2006), 855 (874); Roggenbuck in LK-StGB Rn. 34). 5

6. Strafantrag §§ 77, 77b, 77d. Antragsberechtigt ist nur die Aufsichtsstelle (§ 68a). Sie sollte von ihrem Antragsrecht nur sparsam Gebrauch machen. Wenn die Gefährdung des Maßregelzwecks nachträglich entfallen ist (→ Rn. 3) oder wenn wirksamere Möglichkeiten – etwa der Widerruf einer Aussetzung – zur Verfügung stehen, ist der Antrag meist unangebracht (weiter einschr. Mrozynski JZ 1978, 255 (259); Antons BewH 1992, 282 (285)). Zur Wirksamkeit des Strafantrags BGH NStZ 2015, 335 mkritAnm Dehne-Niemann NStZ 2015, 389; Pollähne StV 2015, 689. Zur Anhörung des Bewährungshelfers vor Antragstellung § 68a VI; KG StV 2014, 144 mit Bespr. Pollähne StV 2014, 161. 6

§ 145b (weggefallen)

§ 145c Verstoß gegen das Berufsverbot

Wer einen Beruf, einen Berufszweig, ein Gewerbe oder einen Gewerbezweig für sich oder einen anderen ausübt oder durch einen anderen für sich ausüben läßt, obwohl dies ihm oder dem anderen strafgerichtlich untersagt ist, wird mit Freiheitsstrafe bis zu einem Jahr oder mit Geldstrafe bestraft.

1. Erfasst wird jede Handlung (Handlungseinheit), die sich als die **untersagte Berufs- oder Gewerbeausübung** darstellt. Die Untersagung muss **bestimmt** sein, dh den Anforderungen des Art. 103 II GG an die Tatbestandsbeschreibung entsprechen (Lehmann, Der Verstoß gegen das Berufsverbot, 2007, S. 192); dies ist bei der Untersagung, ein selbständiges Gewerbe auszuüben, nicht der Fall (OLG Karlsruhe NStZ 1995, 446 mit iErg mzustAnm Stree; Cramer NStZ 1996, 136, der jedoch die gesetzliche Bestimmtheit der Strafbarkeit verneint und die Vorschrift für verfassungswidrig hält; aM Lehmann, Der Verstoß gegen das Berufsverbot, 2007, S. 191). Wiederholungsabsicht ist nicht erforderlich (OLG Düsseldorf NJW 1966, 410; einschr. Kretschmer in NK-StGB Rn. 9; aM Krehl in LK-StGB Rn. 15). Aufhebung des Berufsverbots im Wiederaufnahmeverfahren berührt die Strafbarkeit zuvor begangener Verstöße nicht (BGH 20.2.1979 – 1 StR 690/78; Fischer Rn. 4; krit. Sternberg-Lieben in Schönke/Schröder, Rn. 3, Pönalisierung von Ungehorsam; aM Krehl in LK-StGB Rn. 7, widerspricht dem verfassungsrechtlichen Prinzip verhältnismäßigen Strafens; abl. auch Lehmann, Der Verstoß gegen das Berufsverbot, 2007, S. 85). Die Strafdrohung gilt nicht nur dem der Maßregel 1

Unterworfenen; Täter ist vielmehr auch, wer für den Verurteilten Tätigkeiten ausübt, die unter das Verbot fallen, oder wer durch einen Verurteilten solche Tätigkeiten für sich ausüben lässt (§ 70 III).

2 **2.** Geschäftspartner des Täters, die sich lediglich als solche betätigen, sind als **notwendige Teilnehmer** nicht wegen Beihilfe strafbar (→ Vor § 25 Rn. 12; Fischer Rn. 11; einschr. Lehmann, Der Verstoß gegen das Berufsverbot, 2007, S. 194); sonst ist Teilnahme möglich.

3 **3.** Der **Vorsatz** (bedingter genügt) wird durch die irrige Annahme materieller Unrichtigkeit der bestandskräftigen Untersagung nicht ausgeschlossen, wohl aber durch die Annahme ihrer formellen Unwirksamkeit (zB die Annahme, die gegen ein vorläufiges Berufsverbot eingelegte Beschwerde habe aufschiebende Wirkung, BGH NJW 1989, 1939 mablAnm Dölp NStZ 1989, 475; Walter Kern des Strafrechts S. 274; Kretschmer in NK-StGB Rn. 12).

4 **4.** § 145c betrifft nur die Berufsverbote nach § 70 und § 132a StPO, nicht gewerberechtliche Verbote der Verwaltungsbehörden (Otto StrafR BT § 96 Rn. 25; Kindhäuser/Hilgendorf in LPK-StGB Rn. 2).

5 **5. Tateinheit** ua möglich mit § 263 (BGH NStZ 1991, 549 mwN; zu den Anforderungen an einen Vermögensschaden BGH wistra 2020, 66).

§ 145d Vortäuschen einer Straftat

(1) **Wer wider besseres Wissen einer Behörde oder einer zur Entgegennahme von Anzeigen zuständigen Stelle vortäuscht,**
1. **daß eine rechtswidrige Tat begangen worden sei oder**
2. **daß die Verwirklichung einer der in § 126 Abs. 1 genannten rechtswidrigen Taten bevorstehe,**

wird mit Freiheitsstrafe bis zu drei Jahren oder mit Geldstrafe bestraft, wenn die Tat nicht in § 164, § 258 oder § 258a mit Strafe bedroht ist.

(2) **Ebenso wird bestraft, wer wider besseres Wissen eine der in Absatz 1 bezeichneten Stellen über den Beteiligten**
1. **an einer rechtswidrigen Tat oder**
2. **an einer bevorstehenden, in § 126 Abs. 1 genannten rechtswidrigen Tat**

zu täuschen sucht.

(3) **Mit Freiheitsstrafe von drei Monaten bis zu fünf Jahren wird bestraft, wer**
1. **eine Tat nach Absatz 1 Nr. 1 oder Absatz 2 Nr. 1 begeht oder**
2. **wider besseres Wissen einer der in Absatz 1 bezeichneten Stellen vortäuscht, dass die Verwirklichung einer der in § 46b Abs. 1 Satz 1 Nr. 2 dieses Gesetzes, in § 31 Satz 1 Nr. 2 des Betäubungsmittelgesetzes oder in § 4a Satz 1 Nummer 2 des Anti-Doping-Gesetzes genannten rechtswidrigen Taten bevorstehe, oder**
3. **wider besseres Wissen eine dieser Stellen über den Beteiligten an einer bevorstehenden Tat nach Nummer 2 zu täuschen sucht,**

um eine Strafmilderung oder ein Absehen von Strafe nach § 46b dieses Gesetzes, § 31 des Betäubungsmittelgesetzes oder § 4a des Anti-Doping-Gesetzes zu erlangen.

(4) **In minder schweren Fällen des Absatzes 3 ist die Strafe Freiheitsstrafe bis zu drei Jahren oder Geldstrafe.**

Fassung: Abs. 3 und 4 durch das 43. StÄG (→ Vor § 1 Rn. 16) angefügt; Abs. 3 Nr. 2 wurde mit Art. 2 Nr. 1 des AntiDopÄndG (BGBl. I 3542) zum 1.10.2021 durch den Hinweis auf § 4a AntiDopG erweitert.

1. Die Vorschrift **schützt** durch die Nr. 1 der Abs. 1 und 2 die **Rechtspflege** gegen ungerechtfertigte Inanspruchnahme des inländischen (BGH NStZ 1984, 360; OLG Düsseldorf NJW 1982, 1242 mAnm Bottke JR 1983, 76) staatlichen Verfolgungsapparates (BGHSt 6, 251 (255) = NJW 1954, 1495; BGHSt 19, 305 = NJW 1964, 1425; BGH NStZ 2015, 514 mit Bespr. Krell/Eibach StV 2016, 159; Eisele StrafR BT I Rn. 1478; knapp Fezer FS Stree/Wessels, 1993, 663 (673); Geppert Jura 2000, 383; eing. Krümpelmann ZStW 96 (1984), 999 (1009); Hefendehl Kollektive Rechtsgüter S. 327; krit. Stübinger GA 2004, 338). In diesem Bereich schließt sie Lücken des § 164 (RGSt 71, 306). Durch die Nr. 2 der beiden Absätze schützt sie weitergehend auch die **Präventivorgane** des Staates gegen Inanspruchnahme zur Abwehr nur vorgetäuschter Gefahren (Sturm JZ 1976, 347 (351); Laufhütte MDR 1976, 441 (444); Stree NJW 1976, 1177 (1181); Geppert Jura 2000, 383). Beiden „Endrechtsgütern" wird im Schrifttum das behördliche Arbeitspotential als „Zwischenrechtsgut" vorangestellt (so Saal, Das Vortäuschen einer Straftat (§ 145d StGB) als abstraktes Gefährdungsdelikt, 1997, S. 103; krit. dazu Paul GA 1999, 304). Nach der Rspr. ist die Vorschrift ein abstraktes Gefährdungsdelikt (BGH NStZ 2015, 541 mit Bespr. Bosch Jura 2015, 1136, § 145d). Zur **Kriminologie** der verschiedenen Begehungsformen und zur Reform der Vorschrift Geerds Jura 1985, 617 (621); Kretschmer in NK-StGB Rn. 3. Zur Entstehungsgeschichte Krümpelmann ZStW 96 (1984), 999 (1004). 1

2. Behörde → § 11 Rn. 20. **Zur Entgegennahme von Anzeigen zuständige Stellen** ohne Behördencharakter sind ua bestimmte militärische Dienststellen und die Untersuchungsausschüsse der Parlamente (Ruß in LK-StGB Rn. 5). Regelmäßig genügt es, wenn die Tathandlung gegenüber einem in dienstlicher Eigenschaft tätigen Angehörigen der Behörde oder Stelle (zB einem Polizeibeamten, StA oder Disziplinarvorgesetzten) vorgenommen wird (KG JR 1989, 26; beachte jedoch Kühne JuS 1987, 188 (190); Velten StV 1987, 544 (550)). 2

3. Zu den **Tathandlungen:** 3

a) Abs. 1 Nr. 1 betrifft nur **angeblich bereits geschehene rechtswidrige Taten jeder Art** (→ § 11 Rn. 18), auch Versuch und Teilnahme.

aa) Die Vortäuschung muss **geeignet** sein (vgl. Hirsch FS Kaufmann, 1993, 545 (562); Zieschang Gefährdungsdelikte S. 330, konkretes Gefährlichkeitsdelikt; aM Saal, Das Vortäuschen einer Straftat (§ 145d StGB) als abstraktes Gefährdungsdelikt, 1997, S. 64, 97; Sternberg-Lieben in Schönke/Schröder, Rn. 1, abstraktes Gefährdungsdelikt), ein ungerechtfertigtes („sinnloses") Einschreiten auszulösen (Geppert Jura 2000, 383 (384); Wessels/Hettinger/Engländer StrafR BT I Rn. 706); ob sie diesen Erfolg hat oder auch nur zu einem Irrtum der Behörde führt (Laufhütte MDR 1976, 441 (444); Metz NStZ 2012, 582 (583); gegen OLG Oldenburg NStZ 2011, 95; Eisele StrafR BT I Rn. 1485, kein Erfolgsdelikt), ist ebenso unerheblich wie das Motiv des Täters (OLG Köln VRS 54, 196); geeignet sind auch verfahrensfehlerhaft zustandegekommene Äußerungen (Geppert JK StGB § 145d Rn. 7 gegen OLG Hamburg StV 1995, 588; Otto StrafR BT § 95 Rn. 14; aM Ro- 4 gall in SK-StGB Rn. 4; Kretschmer in NK-StGB Rn. 5); die Eignung fehlt, wenn schon nach der Schilderung des Täters ein Verfahrenshindernis vorliegt (Metz NStZ 2012, 582 (582)). Das Vortäuschen eines strafrechtlich unerheblichen Verhaltens, das der Täter irrig für eine rechtswidrige Tat hält, reicht mangels Strafbarkeit des Versuchs nicht aus, auch nicht die unwahre Behauptung, in Notwehr getötet zu haben (hM; vgl. etwa Rengier StrafR BT II § 51 Rn. 3; anders OLG Oldenburg NJW 1952, 1225; Saal, Das Vortäuschen einer Straftat (§ 145d StGB) als abstraktes Gefährdungsdelikt, 1997, S. 144; Sternberg-Lieben in Schönke/Schröder, Rn. 7); Letztere kann aber als Fingieren einer Straftat des Angreifers bedeutsam sein. Noch nicht abschließend geklärt ist die Frage, wie Täuschungen zu behandeln sind, in denen erkennbar ein Wahrheitskern insofern steckt, als der ihnen zugrundeliegende wirkliche Sachverhalt eine rechtswidrige und verfolgungsbedürftige Tat bildet. Hier hat sich die Auslegung am Schutzzweck zu orientieren, dh an der ex-ante zu beurteilenden Eignung des Täterverhaltens zur Auslösung erheblicher ungerechtfertigter Verfolgungsarbeit (hM; vgl. BayObLG NJW 1988, 883; Metz NStZ 2012, 582 (582); diff. Krümpelmann ZStW 96 (1984), 999; einschr. Geppert Jura 2000, 383 (385); Joecks/Jäger StGB Rn. 11–13; Rogall in SK-StGB Rn. 18–20; weiter Saal, Das Vortäuschen einer Straftat (§ 145d StGB) als abstraktes Gefährdungsdelikt, 1997, S. 148; krit. Wessels/Hettinger/Engländer StrafR BT I Rn. 710; zusf. Piatkowski/Saal JuS 2005, 979 (980)). Daran fehlt es regelmäßig bei bloßen Übertreibungen, uU auch bei der Umfälschung einer wirklich begangenen Tat in eine qualifizierte Begehungsform, eines Versuchs in eine vollendete Tat (OLG Hamm NStZ 1987, 558 mAnm Stree) oder eines Verbrechens in eine mit anderen minder schweren Gesetzesverletzungen konkurrierende Tat (OLG Karlsruhe MDR 1992, 1166). Ausreichend ist dagegen jedenfalls die Vortäuschung einer Tat, die mit dem wirklichen Geschehen weder ganz noch teilweise identisch ist (Rogall in SK-StGB Rn. 19). Darüber hinaus reicht es häufig aber auch aus, wenn die vorgetäuschte Tat einen anderen Ermittlungsgegenstand hat als die wirklich begangene (Krümpelmann ZStW 96 (1984), 999 (1032, 1038); JuS 1985, 763) oder wenn ein Vergehen in ein Verbrechen umgefälscht wird (Krümpelmann JuS 1985, 763; aM BGH 30.8.1973 – 4 StR 406/73; Rogall in SK-StGB Rn. 20; zw.).

5 bb) Das Vortäuschen kann durch **unrichtige Anzeige,** auch durch Selbstanzeige, geschehen (OLG Düsseldorf JMBl. NRW 1951, 132), deren schriftliche Fixierung nicht erforderlich ist (OLG Hamburg StV 1995, 588). Es genügt aber auch die Inszenierung einer Scheintat, die der Behörde zur Kenntnis kommt (OLG Braunschweig NJW 1955, 1935; OLG Frankfurt a. M. NStZ-RR 2002, 209; OLG Köln VRS 54, 196; Schramm NJW 2002, 419 (421); enger Hoffmann GA 2002, 385 (394)).

6 **b) Abs. 1 Nr. 2** betrifft nur solche **angeblich bevorstehenden rechtswidrigen Taten,** die in § 126 I aufgeführt sind (→ § 126 Rn. 2). Zum Vortäuschen des Bevorstehens → § 126 Rn. 3. Auch hier kommt in Frage, dass die Behörde durch Zuspielen irreführenden Materials zu dem Schluss veranlasst wird, eine der genannten Taten stehe bevor. Wird zugleich vorgetäuscht, dass bereits eine strafbare Vorbereitungs- oder Versuchshandlung begangen sei, so überschneiden sich die Nr. 1 und 2 (Laufhütte MDR 1976, 441 (444); Stree NJW 1976, 1177 (1182)).

7 **c) Abs. 2 Nr. 1** setzt voraus, dass der Täter über den **Beteiligten** (Täter oder Teilnehmer) an einer **bereits geschehenen rechtswidrigen Tat** zu täuschen sucht (zusf. Geppert Jura 2000, 383 (385); Stree FS Lackner, 1987, 527; Saal, Das Vortäuschen einer Straftat (§ 145d StGB) als abstraktes Gefährdungsdelikt, 1997, S. 180;

zur „rechtswidrigen" Tat LG Heilbronn StraFo 2017, 118). Nach dem Schutzzweck der Vorschrift (→ Rn. 1) ist dazu stets erforderlich, dass das Strafverfolgungsorgan auf eine konkrete falsche Spur gelenkt werden soll (BayObLG NJW 1984, 2303 mkritAnm Kühl JR 1985, 296; Wessels/Hettinger/Engländer StrafR BT I Rn. 713; auch bei Veranlassung eines gutgläubigen Dritten zur Täuschung, Brand NStZ 2013, 7 (12)). Auch ein Hinweis, der dem Verdächtigen lediglich ein falsches Alibi verschaffen soll, reicht dazu aus (aM BayObLG NJW 1984, 2303; Zopfs in MüKoStGB Rn. 35; Rogall in SK-StGB Rn. 26; krit. Schneider, Grund und Grenzen des strafrechtlichen Selbstbegünstigungsprinzips, 1990, S. 253, 260; wie hier Otto StrafR BT § 95 Rn. 19; Saal, Das Vortäuschen einer Straftat (§ 145 d StGB) als abstraktes Gefährdungsdelikt, 1997, S. 189; sa Geppert Jura 2000, 383 (386)). Ebenso kann eine Anzeige gegen Unbekannt, die den Verdacht der Beteiligung von sich selbst oder von einem bekannten anderen ablenken soll, in Ausnahmefällen genügen (sehr weit BGHSt 6, 251 = NJW 1954, 1495; Otto StrafR BT § 95 Rn. 18; sowie Saal, Das Vortäuschen einer Straftat (§ 145 d StGB) als abstraktes Gefährdungsdelikt, 1997, S. 202; krit. Stree FS Lackner, 1987, 527 (534); Fezer FS Stree/Wessels, 1993, 663 (674)). Die Vorschrift gilt also grds. auch, wenn der Täter seine eigene Bestrafung vereiteln will (BayObLG NJW 1978, 2563 mit Bespr. Stree JR 1979, 253; Rudolphi JuS 1979, 859; für die Schuldlosigkeit selbstbegünstigender Beteiligtentäuschungen Schneider, Grund und Grenzen des strafrechtlichen Selbstbegünstigungsprinzips, 1990, S. 298 mit krit. Bespr. Rogall StV 1996, 63 (67), der eine Restriktion des Unrechtstatbestandes annimmt; ebenso Sternberg-Lieben in Schönke/Schröder, Rn. 15; beachte auch Torka, Nachtatverhalten und nemo tenetur, 2000, S. 160; Verrel, Die Selbstbelastungsfreiheit im Strafverfahren, 2001, S. 88; Kölbel, Selbstbelastungsfreiheiten, 2006, S. 413; für eine Berücksichtigung de lege ferenda Saal, Das Vortäuschen einer Straftat (§ 145 d StGB) als abstraktes Gefährdungsdelikt, 1997, S. 237; zusf. Geppert Jura 2000, 383 (387)), aber umgekehrt auch, wenn ein Haupttäter die Tat allein begangen hat, sodann indes bewusst wahrheitswidrig vortäuscht, dass er noch weitere Mittäter oder Gehilfen der Tat gehabt hat (OLG Hamm NJW-Spezial 2019, 505). Jedoch muss der Täuschende die Verfolgung durch konkrete Angaben in bestimmter Richtung irreleiten (OLG Celle NJW 1964, 733; OLG Zweibrücken NStE Nr. 1; Fahrenhorst JuS 1987, 707 (709); Ruß in LK-StGB Rn. 16–18). Dazu genügt es nicht, dass er bei Einräumen der von ihm begangenen Tat lediglich falsche Personalien angibt (KG JR 1989, 26; LG Dresden NZV 1998, 217 mablAnm Saal; Rengier StrafR BT II § 51 Rn. 14; aM Saal, Das Vortäuschen einer Straftat (§ 145 d StGB) als abstraktes Gefährdungsdelikt, 1997, S. 215; Sternberg-Lieben in Schönke/Schröder, Rn. 14) oder dass er den Verdacht auf einen Dritten lenkt, für den (zB weil er Inhaber einer Fahrerlaubnis ist) die Handlung keine rechtswidrige Tat wäre (BGHSt 19, 305 = NJW 1964, 1425; OLG Frankfurt a. M. NJW 1975, 1895; Geppert Jura 2000, 383 (384); sa OLG Zweibrücken NStZ 1991, 530; aM Saal, Das Vortäuschen einer Straftat (§ 145 d StGB) als abstraktes Gefährdungsdelikt, 1997, S. 205). – Ob die rechtswidrige Tat wirklich begangen sein muss (so zB BayObLG NStZ 2004, 97; Otto StrafR BT § 95 Rn. 20; Rengier StrafR BT II § 51 Rn. 8, 9; Fischer Rn. 7), ist umstritten. Nach dem Schutzzweck der Vorschrift dürfte auch die irrige Annahme der für eine rechtswidrige Tat notwendigen Umstände (OLG Hamm NJW 1963, 2138), nicht dagegen die bloß rechtliche Fehlbeurteilung eines strafrechtlich irrelevanten Sachverhalts (Morner NJW 1964, 310; aM Stree FS Lackner, 1987, 539; Saal, Das Vortäuschen einer Straftat (§ 145 d StGB) als abstraktes Gefährdungsdelikt, 1997, S. 170; Sternberg-Lieben in Schönke/Schröder, Rn. 13) ausreichen; dabei ist allerdings stets erforderlich, dass die Tathandlung überhaupt geeignet ist, ein ungerechtfertigtes behördliches Einschreiten auszulösen (ähnlich Stree FS Lackner, 1987, 539; Geppert Jura 2000, 383 (386); strenger Joecks/Jäger StGB Rn. 16; Kindhäuser/Hilgendorf in LPK-StGB Rn. 17; Ruß in LK-StGB Rn. 14; Rogall in SK-StGB Rn. 24, die auf einen objektiv begründeten Verdacht abstellen; zusf. Piatkowski/Saal JuS 2005, 979 (980)).

8 **d) Abs. 2 Nr. 2** setzt eine in § 126 I aufgeführte (→ § 126 Rn. 2), wirklich **bevorstehende Tat** voraus; es genügt jedoch auch, wenn der Täter das auf Grund falscher Einschätzung der Sachlage nur irrig annimmt (zw.).

9 **4.** Der **Vorsatz** muss in den Fällen der Nr. 1 der Abs. 1 und 2 die strafrechtliche Relevanz des Vorgangs mindestens insoweit umfassen, als die Eignung der Täuschung zur Auslösung eines ungerechtfertigten Einschreitens der Strafverfolgungsbehörde billigend in Kauf genommen wird (Krümpelmann ZStW 96 (1984), 999 (1011); Geppert Jura 2000, 383 (388); aM Sternberg-Lieben in Schönke/Schröder, Rn. 21). In den Fällen der Nummern 2 der beiden Absätze braucht der Täter die bevorstehende Tat nicht unter § 126 I zu subsumieren; Bedeutungskenntnis in Bezug auf die Tatumstände genügt (→ § 126 Rn. 5). **„Wider besseres Wissen“** (→ § 187 Rn. 1) schließt bedingten Vorsatz nur insoweit aus, als der Täter mindestens davon überzeugt sein muss (OLG Frankfurt a. M. NJW 1975, 1895), dass eine rechtswidrige Tat nicht vorliegt (bei Abs. 2: vorliegt, OLG Karlsruhe NStZ-RR 2003, 234) oder bevorsteht oder dass die Angaben über den Beteiligten unwahr sind (Saal, Das Vortäuschen einer Straftat (§ 145 d StGB) als abstraktes Gefährdungsdelikt, 1997, S. 240). Die Motive des Täters sind unerheblich (OLG Celle NJW 1964, 2213).

10 **5. Vollendet** ist die Tat, wenn die Behörde von der Täuschung Kenntnis erlangt hat, es sei denn, dass ihr vorher oder zugleich eine Berichtigung zugegangen ist (Ruß in LK-StGB Rn. 22); ob sie irrt oder tätig wird, ist unerheblich (OLG Hamburg StV 1995, 588). Für die Berichtigung nach Vollendung gelten die Ausführungen unter → § 164 Rn. 10 sinngemäß; für eine Vorschrift über tätige Reue, die sich an § 24 orientieren sollte, Saal, Das Vortäuschen einer Straftat (§ 145 d StGB) als abstraktes Gefährdungsdelikt, 1997, S. 260.

10a **6. Abs. 3 und 4** ergänzen die „Kronzeugen“-Regelungen des § 46b StGB, des § 31 BtMG und des § 4a AntiDopG (dazu näher Heger in Tsambikakis/Rostalski, Medizinstrafrecht, 2022, § 4a AntiDopG); sie wollen den dort gegebenen Missbrauchsgefahren entgegenwirken (Kindhäuser/Hilgendorf in LPK-StGB Rn. 20). Abs. 3 Nr. 1 enthält eine Qualifikation von Abs. 1 und 2 (Fischer Rn. 14). Dafür bedarf es einer auf eine Strafrahmenverschiebung nach §§ 46b StGB bzw. § 31 BtMG gerichteten Absicht (OLG Hamm NJW-Spezial 2019, 505); dies gilt auch für die erst 2021 geschaffene spezielle Kronzeugenregelung des § 4a AntiDopG. Nr. 2 und 3 sind an Abs. 1 Nr. 2 und Abs. 2 angelehnt, wobei Nr. 3 ein gegenüber Abs. 1 und 2 eigenständiger Tatbestand ist (Fischer Rn. 14). Die schwer nachzuweisende Absicht muss auf Strafmilderung ausgerichtet sein (BT-Drs. 16/6268, 15); sa § 164 III (→ § 164 Rn. 11a). Abs. 4: minder schwere Fälle (→ § 46 Rn. 7; näher zu solchen Fällen Fischer Rn. 15).

11 **7.** Es liegt **keine neue Tat** vor, wenn der Täter in einem wegen § 145d eingeleiteten Verfahren bei seiner Darstellung bleibt (OLG Hamm NJW 1957, 152). Wer einen Kfz-Diebstahl vortäuscht (Abs. 1 Nr. 1), macht sich durch Ablenken des

Verdachts, am Unfallgeschehen mit diesem Kfz beteiligt gewesen zu sein, nicht nochmals nach § 145 d (jetzt: Abs. 2 Nr. 1) strafbar (BGHR Abs. 2 Nr. 1 Täuschen 1). Im Übrigen tritt Abs. 1 nur gegenüber den §§ 164, 258, 258 a zurück (spezielle **Subsidiarität,** → Vor § 52 Rn. 26); er bleibt anwendbar, wenn eine Bestrafung wegen Strafvereitelung nach § 258 V (BayObLG NJW 1978, 2563; Geppert Jura 2000, 383 (388)) oder § 258 VI (OLG Celle NJW 1980, 2205 mAnm Geerds JR 1981, 35; BayObLG NJW 1984, 2302 mAnm Kühl; Kuhlen JuS 1990, 396 (397)) ausgeschlossen ist. Aus dem Subsidiaritätsverhältnis zur falschen Verdächtigung folgt, dass § 145 d I Nr. 1, II Nr. 1 idR, aber nicht immer (OLG Hamm NJW 1956, 1530; OLG Celle NJW 1961, 1416), unanwendbar ist, wenn eine bestimmte lebende Person verdächtigt wird. Mit anderen Tatbeständen, namentlich auch mit § 257, ist **Tateinheit** möglich; nach der Rspr. auch mit § 242, wenn das Vortäuschen eines Überfalls dessen Verdeckung dienen soll (BGH bei Holtz MDR 1994, 129, natürliche Handlungseinheit; → Vor § 52 Rn. 4–8; → § 52 Rn. 3), und bei Handlungsidentität auch mit § 263 (BGH StraFo 2018, 485). Tateinheit zwischen Abs. 1 Nr. 2 und Abs. 2 Nr. 1 ist wegen deren unterschiedlicher Anforderungen an das Vorliegen einer Tat ausgeschlossen (BayObLG NStZ 2004, 97).

8. Abschnitt. Geld- und Wertzeichenfälschung

§ 146 Geldfälschung

(1) **Mit Freiheitsstrafe nicht unter einem Jahr wird bestraft, wer**

1. **Geld in der Absicht nachmacht, daß es als echt in Verkehr gebracht oder daß ein solches Inverkehrbringen ermöglicht werde, oder Geld in dieser Absicht so verfälscht, daß der Anschein eines höheren Wertes hervorgerufen wird,**
2. **falsches Geld in dieser Absicht sich verschafft oder feilhält oder**
3. **falsches Geld, das er unter den Voraussetzungen der Nummern 1 oder 2 nachgemacht, verfälscht oder sich verschafft hat, als echt in Verkehr bringt.**

(2) **Handelt der Täter gewerbsmäßig oder als Mitglied einer Bande, die sich zur fortgesetzten Begehung einer Geldfälschung verbunden hat, so ist die Strafe Freiheitsstrafe nicht unter zwei Jahren.**

(3) **In minder schweren Fällen des Absatzes 1 ist auf Freiheitsstrafe von drei Monaten bis zu fünf Jahren, in minder schweren Fällen des Absatzes 2 auf Freiheitsstrafe von einem Jahr bis zu zehn Jahren zu erkennen.**

1. Geschütztes Rechtsgut der §§ 146, 147 ist das **Allgemeininteresse an der Sicherheit und Zuverlässigkeit des Geldverkehrs** (BGH NJW 1996, 2802; Fischer Vor § 146 Rn. 2; Hefendehl, Kollektive Rechtsgüter im Strafrecht, 2002, S. 113, 194, Vertrauensrechtsgüter; Stein in SK-StGB Vor § 146 Rn. 2, Kumulationsdelikt). 1

2. a) Geld (Papier- und Metallgeld) ist jedes vom Staat (auch einem ausländischen, § 152) oder von einer durch ihn ermächtigten Stelle als Wertträger beglaubigte, zum Umlauf im öffentlichen Verkehr bestimmte Zahlungsmittel, ohne Rücksicht auf einen allgemeinen Annahmezwang (BGHSt 27, 255 (258) = NJW 1977, 2364; BGHSt 32, 198 = NJW 1984, 1311; Küper/Zopfs StrafR BT Rn. 257; 2

zusf. Prost FS Lange, 1976, 419; einschr. Geisler GA 1981, 497). Als tatsächlich emittiertes Zahlungsmittel fällt der Euro seit dem 1.1.2002 unter den Begriff Geld (Vogel ZRP 2002, 7 (9); beachte auch Satzger Europäisierung des StrafR S. 584). In den Schutzbereich fallen auch noch nicht in Umlauf gegebene Zahlungsmittel (Sternberg-Lieben in Schönke/Schröder Rn. 2; im Hinblick auf vor dem 1.1.2002 gefälschte Euro ebenso Vogel ZRP 2002, 7 (9), rahmenbeschlusskonforme Auslegung; aM Geisler NJW 1978, 708; zw.), nicht dagegen außer Kurs gesetzte Geldscheine und Münzen, es sei denn, dass für die Banken noch eine Einlösungspflicht besteht (BGHSt 12, 344 (345); Ruß in LK-StGB Rn. 5; aM Geisler GA 1981, 497 (515); Puppe/Schumann in NK-StGB Vor § 146 Rn. 8; Stein in SK-StGB Rn. 4a). Als Geld ausgegebene und nicht außer Kurs gesetzte Gold- und Silbermünzen verlieren ihre Geldeigenschaft nicht durch Gewohnheitsrecht, selbst wenn sie nur noch als Sammelobjekte oder als Wertgegenstände zur Vermögensanlage gehandelt werden (hM; einschr. Geisler GA 1981, 497 (506); → § 152 Rn. 2; zw.). Digitale Währungen wie Bitcoins sind kein Geld (Petzsche in Leipold/Tsambikakis/Zöller Rn. 3).

3 **b)** Geld ist **falsch,** wenn es nicht oder nicht in der vorliegenden Form von demjenigen stammt, der aus ihm als Aussteller hervorgeht; die in echtem Geld verkörperten Gedankenerklärungen, dass und in welcher Höhe es jeweils gesetzliches Zahlungsmittel ist, müssen daher vom Staat, dem Träger des Geldmonopols, „geistig herrühren", die Scheine und Münzen also in seinem Auftrag hergestellt sein (BGHSt 27, 255 = NJW 1977, 2364; Wessels FS Bockelmann, 1979, 669 (672); Zielinski CR 1995, 286 (290)).

4 **3.** Zu den **Tathandlungen nach Abs. 1:**

a) Nr. 1 Alt. 1: Nachmachen ist Herstellen falschen Geldes (→ Rn. 3), das geeignet ist, im gewöhnlichen Verkehr den Arglosen zu täuschen, ohne dass insoweit allzu hohe Anforderungen zu stellen sind (BGH NJW 1995, 1844; NStZ 2020, 155; Küper/Zopfs StrafR BT Rn. 258; Puppe/Schumann in NK-StGB Rn. 4); unaufgeschnittene Druckbogen reichen nicht (BGH NStZ 1994, 124 mit zust. Bespr. Bartholme JA 1994, 97; Hefendehl JR 1996, 353 (356); Puppe/Schumann in NK-StGB Vor § 146 Rn. 7); ebenso wenig Banknoten mit ins Auge springenden Werbeaufdrucken (BGH NJW 1995, 1844; StV 2003, 330; Hefendehl JR 1996, 353 (357); Puppe/Schumann in NK-StGB Vor § 146 Rn. 5; aM OLG Düsseldorf NJW 1995, 1846). Auch in einer staatlichen Münzanstalt von deren Angehörigen auftragswidrig hergestellte Münzen gehören hierher (BGHSt 27, 255 = NJW 1977, 2364 mit Bespr. Dreher JR 1978, 45), ferner bei Eignung zur Täuschung auch sog. Systemnoten (zusammengeklebte Teile verschiedener echter Geldscheine, BGHSt 23, 229 = NJW 1970, 1331) und Papiergeldnachahmungen mit gleicher Vorder- und Rückseite (BGH NJW 1954, 564). Kein nachgemachtes Geld sind dagegen idR die sog. Systemmünzen (hinsichtlich der Jahreszahl, Serie oder ähnlicher Merkmale veränderte echte Münzen), weil bei ihnen die Manipulation die Echtheit meist nicht berührt, sondern nur der Täuschung von Sammlern dient (LG Karlsruhe NJW 1977, 1301; aM Hafke MDR 1976, 278). Dass die Fälschung ein (echtes) Vorbild hat, ist nicht unbedingt erforderlich (hM; BGHSt 30, 71 = NJW 1981, 1567 mAnm Stree JR 1981, 427).

5 **b) Nr. 1 Alt. 2: Verfälschen** ist Verändern echten Geldes in der Weise, dass für den Arglosen der Anschein eines höheren Wertes hervorgerufen wird; das Breit-

klopfen einer Münze, um sie für einen Automaten passend zu machen, gehört nicht hierher (RGSt 68, 65 (69)).

c) Nr. 2 Alt. 1: Sichverschaffen setzt voraus, dass der Täter falsches Geld (→ Rn. 3) irgendwie (auch durch Rücknahme des selbst in Verkehr gebrachten Falschgeldes; BGHSt 42, 162 = NJW 1996, 2802 mit Bespr. Puppe JZ 1997, 490 (499); BGH NJW 1995, 1845 mkritAnm Wohlers StV 1996, 28) in seine eigene (Mit-)Verfügungsgewalt übernimmt (BGH GA 1984, 427; NStZ-RR 1997, 198; Küper/Zopfs StrafR BT Rn. 225; Wessels/Hettinger StrafR BT I Rn. 928; krit. Frister GA 1994, 553 (559), der einen „quasi-rechtsgeschäftlichen", entgeltlichen Erwerb des Falschgeldes als unecht verlangt; einschr. auch Puppe/Schumann in NK-StGB Rn. 25, 28); er muss also selbst verfügen, nicht etwa nur den Gewahrsam für einen Dritten (zB als Verteilungs- oder Verwahrungsgehilfe) ausüben wollen (BGHSt 3, 154 = NJW 1952, 1265; BGHSt 44, 62 = NJW 1998, 2064 mit Bespr. Puppe NStZ 1998, 460; BGH NStZ 2000, 530; StV 2003, 331; NStZ 2005, 686; LG Gera NStZ-RR 1996, 73 mkritAnm Cramer NStZ 1997, 84; sehr weit BGHSt 35, 21 = NJW 1988, 79; aufgegeben von BGHSt 44, 62 (65) = NJW 1998, 2064; mit krit. Bespr. Schroeder JZ 1987, 1133; Jakobs JR 1988, 121; Hauser NStZ 1988, 453; Prittwitz NStZ 1989, 8; abl. zum Verteilungsgehilfen Puppe/Schumann in NK-StGB Rn. 21; dieser weiten Auslegung zust. Otto StrafR BT § 75 Rn. 9; europarechtlich ist Täterschaft gefordert, Vogel ZRP 2002, 7 (9)). Aktive Tätigkeit ist nicht erforderlich, bloße Annahme genügt (BGHSt 3, 154 = NJW 1952, 1265). Mittäter kann nur sein, wer das Falschgeld in eigenem (Mit-)Gewahrsam oder auf andere Weise mit dem Willen zu eigenständiger Verfügung in seine (Mit-)Verfügungsgewalt bringt (BGH NStZ 2005, 686; NStZ 2008, 149; NStZ-RR 2008, 41; NStZ-RR 2016, 276). Der Beschaffungsgehilfe ist Gehilfe der Geldfälschung und nicht nur zu § 147, da das Sichverschaffen kein besonderes persönliches Merkmal iSd § 28 II ist (BGHSt 44, 62 (66) = NJW 1998, 2064; Puppe/Schumann in NK-StGB Rn. 33; aM Stein/Onusseit JuS 1980, 104 (107)). Gehilfe ist aber nur, wessen Tatbeitrag nicht nur das Inverkehrbringen des Falschgelds, sondern auch dessen Beschaffung fördert (BGH NStZ 2008, 149). 6

d) Nr. 2 Alt. 2: Feilhalten ist das äußerlich als solches erkennbare Bereitstellen zum Zwecke des Verkaufs (BGHR Nr. 1 zu § 152a I aF), vor allem an Böswillige (Fischer Rn. 14) zB im Darknet (Petzsche in Leipold/Tsambikakis/Zöller. 9); durch die Einfügung dieser Tathandlung soll der Schutzbereich von § 146 (auch iVm § 151 Nr. 2) an denjenigen der §§ 152a, 152b angeglichen werden (BR-Drs. 564/03, 10). 6a

e) Nr. 3: aa) **Inverkehrbringen** heißt, das Falschgeld derart aus dem Gewahrsam (oder sonstiger eigener Verfügungsgewalt, Wessels FS Bockelmann, 1979, 669 (674)) entlassen, dass ein anderer (nicht lediglich ein Mittäter, Dallinger MDR 1971, 16) tatsächlich in die Lage versetzt wird, sich seiner zu bemächtigen und nach Belieben damit umzugehen (BGH NJW 1996, 2802; StV 2003, 331; Küper/Zopfs StrafR BT Rn. 220; Joecks/Jäger StGB Rn. 11; Puppe/Schumann in NK-StGB Rn. 17), auch durch Einwurf in einen Automaten oder Opferstock (BGHSt 35, 21 = NJW 1988, 79), oder durch Übergabe an eine Bank zum Umtausch nach Außer-Kurs-Setzung (→ Rn. 2; str.). Sogar bloßes Wegwerfen soll genügen, wenn dadurch die nahe liegende Gefahr begründet wird, dass Dritte es auffinden und als echt weitergeben (BGHSt 35, 21 = NJW 1988, 79 mit der unter → Rn. 6 nachgewiesenen Kritik; zw.), ferner auch Weggabe an einen Sammler (BGHSt 27, 255 7

(259) = NJW 1977, 2364; Stree JuS 1978, 236; aM Dreher JR 1978, 45 (46); zw.). Abgabe als Schmuck reicht dagegen nicht (BGH GA 1967, 215). Täter nach Nr. 3 ist auch, wer den ersten Teilakt selbst verwirklicht hat und zum Inverkehrbringen einen Absatzgehilfen ohne Verfügungsgewalt einschaltet (Woelk, Täterschaft bei zweiaktigen Delikten, 1994, S. 123, 141, 167 mwN). Mangels Einleitung in den allgemeinen Zahlungsverkehr scheidet ein Inverkehrbringen auch aus, wenn die Münzen oder Geldscheine der Bundesbank mit dem Ersuchen um Einziehung und Ersatz übergeben werden (BGH NStZ 2013, 465; NStZ-RR 2013, 74).

8 bb) Inverkehrbringen **als echt** ist nicht nur Weitergabe an einen Gutgläubigen, sondern auch an einen Eingeweihten (BGHSt 42, 162 = NJW 1996, 2802; BGH NStZ 2002, 593; aM Joecks/Jäger StGB Rn. 12), sofern sie den ersten Schritt des Inverkehrbringens als Zahlungsmittel bedeutet (→ § 147 Rn. 2; str.); dies gilt nicht, wenn es sich bei der Überlassung von Falschgeld um einen internen Vorgang zwischen Mittätern oder die Übergabe an einen Boten handelt (BGH NStZ-RR 2003, 302 mit krit. Bespr. Baier JA 2003, 189; Geppert JK StGB § 146 Rn. 3).

9 cc) Als tatbezogene Voraussetzung, also nicht als besonderes persönliches Merkmal nach § 28 II (hM; anders Stein/Onusseit JuS 1980, 104 (106); Stein in SK-StGB Rn. 14), erfordert Abs. 1 Nr. 3 ferner, dass der Täter das Falschgeld **durch eine Tat nach Nr. 1 und 2** erlangt hat (krit. Zielinski JZ 1973, 193 (194)); Mittäter von Abs. 1 Nr. 3 kann daher nur sein, wer bereits Mittäter von Abs. 1 Nr. 1 oder Abs. 1 Nr. 2 war (BGH NJW 2011, 792; Ruß in LK-StGB Rn. 29). In der Regel läuft die Vorschrift für die Begründung der Strafbarkeit leer, weil bei einheitlichem Tatplan das Inverkehrbringen als Schlussakt der Geldfälschung mit den vorausgegangenen, nur formell selbständigen Vorbereitungshandlungen des Nachmachens, Verfälschens oder Verschaffens eine einheitliche Tat bildet (→ Rn. 14). Sie ist jedoch relevant, wenn der Täter nach rechtskräftiger Verurteilung wegen einer Tat nach Nr. 1 oder Nr. 2 weiteres Falschgeld aus der alten Quelle in Umlauf setzt (BT-Drs. 7/1261, 13; BGH NJW 2011, 792; aM Kindhäuser/Schramm StrafR BT I § 61 Rn. 22) oder wenn er die Absicht des Inverkehrbringens zunächst endgültig aufgibt, später aber auf Grund neuen Entschlusses dennoch verwirklicht (hM; vgl. etwa Fischer Rn. 23; anders Zielinski JZ 1973, 193 (194); Kienapfel JR 1987, 424; Puppe/Schumann in NK-StGB Rn. 32, die nur den § 147 für anwendbar halten).

10 **4. a)** Der **Vorsatz** muss sich auch auf die Eignung des Falschgeldes erstrecken, einen Arglosen zu täuschen (BGH bei Dallinger MDR 1953, 596). Bedingter Vorsatz genügt (BGHSt 35, 21 (25) = NJW 1988, 79), und zwar in den Fällen des Abs. 1 Nr. 2, 3 auch hinsichtlich der Unechtheit (BGH NStZ-RR 2010, 370 zu § 147; Stree JuS 1978, 236 (238)). Wer sich am Verkehr mit Falschgeld beteiligt, ist hinsichtlich Anzahl und Nennwert der Scheine sowie deren Fälschungsqualität regelmäßig mit jeder Möglichkeit einverstanden (BGH NStZ 2004, 494).

11 **b)** Die in Abs. 1 Nr. 1, 2 vorausgesetzte **Absicht** ist zielgerichtetes Wollen (BGHSt 35, 21 (22) = NJW 1988, 79; Gehrig, Der Absichtsbegriff in den Straftatbeständen des Besonderen Teils des StGB, 1986, S. 92; ähnlich Neuhaus GA 1994, 224 (230); aM Puppe/Schumann in NK-StGB Rn. 13, einfacher Vorsatz; nach Vogel ZRP 2002, 7 (9), ist die Streichung der Absicht in Abs. 1 Nr. 1 europarechtlich geboten). In Folge ihrer Erstreckung auf das Ermöglichen des Inverkehrbringens (→ § 147 Rn. 2) genügt zweifelsfrei die Absicht, dass das Geld überhaupt – sei es auch durch andere – als echt in Verkehr gebracht oder dass solches Inverkehrbringen auch nur gefördert oder sonst ermöglicht werde (BT-Drs. 7/550, 226). Abs. 1 Nr. 3 erfordert, dass bereits im Zeitpunkt der Inbesitznahme des Falschgeldes die in Nr. 1

und 2 genannte Absicht besteht (OLG Hamm BeckRS 2017, 107224, sonst nur § 147).

5. Die Tat nach Abs. 1 Nr. 1, 2 ist mit dem Nachmachen, Verfälschen oder Verschaffen **vollendet,** beim Verschaffen mit der Erlangung tatsächlicher Sachherrschaft, auch zu Prüfungszwecken (BGHSt 44, 62 (63) = NJW 1998, 2064). Daher ist unerheblich, ob das Falschgeld tatsächlich in Verkehr gebracht wird oder ob der Täter die Absicht des Inverkehrbringens später aufgibt; die §§ 24, 149 II sind nicht anwendbar (krit. Zielinski JZ 1973, 193 (197)). Erreicht das Nachmachen oder Verfälschen die Verwechslungsfähigkeit mit echtem Geld nicht (→ Rn. 4), so kommt Versuch in Frage (BGH bei Dallinger MDR 1953, 596; übersehen von BGH NStZ 1994, 124, krit. deshalb Bartholme JA 1994, 97 (99); aM Hefendehl JR 1996, 353 (356)). Das Inverkehrbringen nach Abs. 1 Nr. 3 ist nicht vollendet, wenn die Übergabe des Falschgelds irrtümlich an einen Polizeibeamten erfolgt (BGH NStZ 2000, 530; NStZ 2005, 686; NStZ-RR 2000, 105; NStZ-RR 2002, 302; sa BGH NStZ-RR 2011, 5; krit. Puppe/Schumann in NK-StGB Rn. 39). Der Versuch beginnt erst mit Handlungen, die in die Gewahrsamsaufgabe (→ Rn. 7) einmünden sollen; das setzt voraus, dass der Täter das Geld in eigener Verfügungsgewalt hat und es sich nicht erst von einem Dritten beschaffen muss (BGH NStZ 2003, 423). 12

6. Zu **Abs. 2: Gewerbsmäßig** → Vor § 52 Rn. 20 (speziell zu § 146 II BGH NJW 2009, 3798; NJW 2011, 1686; BGHR StGB § 146 Abs 2 Gewerbsmäßig 3); **Mitglied einer Bande** → § 244 Rn. 6, 7; → § 260 Rn. 2–5. Zu **Abs. 3** (minder schwere Fälle) → § 46 Rn. 7–10; → § 12 Rn. 4. 13

7. a) Zwischen den Begehungsformen des Abs. 1 Nr. 1, 2 einerseits und Nr. 3 andererseits besteht grds. **dasselbe Verhältnis** wie zwischen dem Fälschen und dem Gebrauchmachen bei der Urkundenfälschung (→ § 267 Rn. 27). Verwirklicht daher der Täter auf Grund eines einheitlichen Vorsatzes zunächst die Nr. 1 oder Nr. 2 und bringt er dann das Falschgeld als echt in Verkehr, so bedeutet die letzte Tathandlung nur den Vollzug der vorausgegangenen Vorbereitungshandlung, die zwar als solche formell tatbestandsmäßig ist, materiell aber in der anschließenden Rechtsgutsverletzung aufgeht (Zielinski JZ 1973, 193 (195); Stree JuS 1978, 236 (239); str.). Daraus folgt, dass ferner nur eine Tat vorliegt, wenn sich nach einer einheitlichen Vorbereitungshandlung (Nr. 1 und 2) die Verletzungshandlung (Nr. 3) in mehreren Einzelakten vollzieht (BGH NStZ-RR 2000, 105; NStZ-RR 2016, 276; NStZ 2011, 516; NJW 2011, 1686) oder wenn umgekehrt mehrere solcher Vorbereitungshandlungen in derselben Verletzungshandlung aufgehen (BGH NStZ 1982, 25; aM Puppe/Schumann in NK-StGB Rn. 46, Idealkonkurrenz), nicht aber wenn in einem solchen Fall durch mehrere Handlungen Teilmengen an einen Abnehmer geliefert werden (BGH NStZ-RR 2016, 276; NStZ-RR 2019, 275). Bleibt die Verletzungshandlung im Versuch stecken, so hat die einheitliche Tat im Hinblick auf die Nr. 1 oder Nr. 2 das Vollendungsstadium bereits erreicht und ist daher als vollendete Tat nach Abs. 1 zu behandeln (BGHSt 34, 108 = NJW 1986, 2960 mAnm Kienapfel JR 1987, 424; BGH NStZ 1997, 80; NStZ-RR 2000, 105). Auch der Rücktritt vom Versuch der Verletzungshandlung schlägt nicht auf die vollendete Vorbereitungshandlung durch (hM; vgl. Ruß in LK-StGB Rn. 30). Hat der Täter nach Begehung einer Tat nach Nr. 1 oder Nr. 2 die Absicht des Inverkehrbringens endgültig aufgegeben, später aber auf Grund neuen Entschlusses dann doch verwirklicht (→ Rn. 9), so liegt Tatmehrheit vor (Sternberg-Lieben in Schönke/Schröder Rn. 26; beachte jedoch BGHSt 35, 21 (27) = NJW 1988, 79). 14

Keine „deliktische Einheit“ liegt vor, wenn derselbe Täter dasselbe Falschgeld sich mehrfach verschafft und mehrfach erneut in Verkehr bringt (BGHSt 42, 162 = NJW 1996, 2802 mit Bespr. Puppe JZ 1997, 490 (499); s. auch BGHSt 43, 252 (260) = NJW 1998, 168 zu § 29 BtMG).

15 **b)** Die Geldfälschungstatbestände gehen gegenüber §§ 267 ff. vor **(Spezialität).** Zwischen Abs. 1 Nr. 3 und Betrug besteht idR Tateinheit (hM; BGHSt 31, 380 = NJW 1983, 2152 mzustAnm Kienapfel JR 1984, 161; anders Stein in SK-StGB Rn. 19).

16 **8.** Räumlicher Geltungsbereich § 6 Nr. 7 (Weltrechtsgrundsatz); dessen Grundlage ist das Internationale Abkommen zur Bekämpfung der Falschmünzerei v. 20.4.1929 (RGBl. 1933 II 914). Vorbereitung der Geldfälschung § 149. Einziehung § 150. Geld fremder Währungsgebiete § 152. Fälschung von Zahlungskarten, Schecks und Wechseln sowie Zahlungskarten mit Garantiefunktion und Vordrucken für Euroschecks §§ 152a, 152b. Anzeigepflicht § 138 I Nr. 4. Beachte auch Nr. 215–219 RiStBV.

§ 147 Inverkehrbringen von Falschgeld

(1) **Wer, abgesehen von den Fällen des § 146, falsches Geld als echt in Verkehr bringt, wird mit Freiheitsstrafe bis zu fünf Jahren oder mit Geldstrafe bestraft.**

(2) **Der Versuch ist strafbar.**

1 **1.** Die Vorschrift erfasst alle Fälle des **Inverkehrbringens von Falschgeld als echt,** die nicht unter § 146 I Nr. 3 fallen (Puppe/Schumann in NK-StGB Rn. 20, Subsidiaritätsklausel). Ist nicht erweislich, ob dessen Voraussetzungen erfüllt sind, so bleibt § 147 anwendbar (Sternberg-Lieben in Schönke/Schröder Rn. 6).

2 **2.** Was Inverkehrbringen (→ § 146 Rn. 7) **als echt** bedeutet, ist zweifelhaft. Im früheren Recht war umstritten, ob damit nur die Weitergabe an einen Gutgläubigen erfasst wurde (so BGHSt 1, 143 = NJW 1951, 529) oder auch die an einen Eingeweihten, sofern sie den ersten Schritt des Inverkehrbringens als Zahlungsmittel bedeutete. Um die Streitfrage zu klären, hat das EGStGB in § 146 I Nr. 1 (Alt. 2) neben der Absicht des Inverkehrbringens als echt ausdrücklich auch die des Ermöglichens solchen Inverkehrbringens vorausgesetzt und damit sichergestellt, dass auch das beabsichtigte Einschleusen von Falschgeld durch Vermittlung anderer genügt (BT-Drs. 7/550, 226). Eine entsprechende Erweiterung bei den Tathandlungen des § 146 I Nr. 3 und des § 147 I fehlt, so dass der Gegenschluss die frühere Rspr. des BGH zu bestätigen scheint. Danach würde aber keine Tat nach Abs. 1 begehen, wer nicht unter den Voraussetzungen des § 146 erlangtes Falschgeld an einen Eingeweihten weitergibt; er wäre vielmehr, je nachdem, ob sich der Eingeweihte das Geld zu eigener Verfügung verschafft oder nur als Verteilungsgehilfe fungiert (→ § 146 Rn. 6), entweder Teilnehmer an dessen Verbrechen nach § 146 I Nr. 2 oder Teilnehmer an dessen nachfolgendem Vergehen nach § 147. Ein solches Ergebnis widerspricht aber dem im schriftlichen Bericht des Sonderausschusses ausgedrückten Standpunkt, dass unter Abs. 1 falle, wer gutgläubig erlangtes Geld an einen Eingeweihten abschiebe (BT-Drs. 7/1261, 13). Diese kriminalpolitisch vorzugswürdige Ansicht ist dogmatisch nur vertretbar, wenn Inverkehrbringen als echt auch die Weitergabe an einen Eingeweihten bedeutet, sofern sie nur der erste

Schritt der Einschleusung als echtes Zahlungsmittel ist (BGHSt 29, 311 = NJW 1980, 2535 mAnm Otto JR 1981, 78; BGHSt 42, 162 = NJW 1996, 2802; OLG Düsseldorf JR 1986, 512 mAnm Keller; OLG Düsseldorf NJW 1998, 2067; Schroth, Theorie und Praxis subjektiver Auslegung im Strafrecht, 1983, S. 90; Hefendehl Jura 1992, 374 (378); Rengier StrafR BT II § 39 Rn. 11; aM OLG Stuttgart NJW 1980, 2089; Puppe JZ 1986, 992 (994); Puppe/Schumann in NK-StGB Rn. 12; sowie → § 146 Rn. 34–37; Jakobs JR 1988, 121; Prittwitz NStZ 1989, 8; Kröner, Der Schutz des Euro durch die Geldfälschungstatbestände unter der besonderen Berücksichtigung des Tatbestandsmerkmals Inverkehrbringen als echt, 2008, S. 240; Otto StrafR BT § 75 Rn. 11; Wessels/Hettinger/Engländer StrafR BT I Rn. 933a; Stein in SK-StGB § 146 Rn. 12; zusf. Simon, Gesetzesauslegung im Strafrecht, 2005, S. 71, 135, 363, 400).

3. Danach (→ Rn. 2) ist § 147 **namentlich anwendbar** auf das Inverkehrbringen von zunächst ohne Verbreitungsabsicht – etwa zu Lehrzwecken – nachgemachtem Geld und auf das Abschieben von als echt empfangenem Falschgeld an Gutgläubige oder Eingeweihte (BGHSt 44, 62 = NJW 1998, 2064; OLG Hamm BeckRS 2017, 107224; BT-Drs. 7/1261, 13); im letzteren Falle tritt – zur Vermeidung eines Wertungswiderspruchs – die Teilnahme an der Tat des Empfängers zurück (BGHSt 29, 311 = NJW 1980, 2535; BGH bei Holtz MDR 1982, 102; Wessels FS Bockelmann, 1979, 669 (679); Rengier StrafR BT II § 39 Rn. 17; aM Stein in SK-StGB Rn. 5). 3

4. Im Übrigen → § 146 Rn. 1–10, 15, 16. Der Weltrechtsgrundsatz gilt jedoch nicht (§ 6 Nr. 7). Einziehung § 150 II. 4

§ 148 Wertzeichenfälschung

(1) **Mit Freiheitsstrafe bis zu fünf Jahren oder mit Geldstrafe wird bestraft, wer**

1. **amtliche Wertzeichen in der Absicht nachmacht, daß sie als echt verwendet oder in Verkehr gebracht werden oder daß ein solches Verwenden oder Inverkehrbringen ermöglicht werde, oder amtliche Wertzeichen in dieser Absicht so verfälscht, daß der Anschein eines höheren Wertes hervorgerufen wird,**
2. **falsche amtliche Wertzeichen in dieser Absicht sich verschafft oder**
3. **falsche amtliche Wertzeichen als echt verwendet, feilhält oder in Verkehr bringt.**

(2) **Wer bereits verwendete amtliche Wertzeichen, an denen das Entwertungszeichen beseitigt worden ist, als gültig verwendet oder in Verkehr bringt, wird mit Freiheitsstrafe bis zu einem Jahr oder mit Geldstrafe bestraft.**

(3) **Der Versuch ist strafbar.**

1. Die Vorschrift schützt das **Allgemeininteresse an der Sicherheit und Zuverlässigkeit des Rechtsverkehrs** mit Wertzeichen (Schmidt ZStW 111 (1999), 388; Stein in SK-StGB Vor § 146 Rn. 5; krit. Puppe/Schumann in NK-StGB Rn. 4, 5). 1

2 **2. a) Amtliche Wertzeichen** sind vom Staat, einer Gebietskörperschaft oder sonst einer Körperschaft oder Anstalt des öffentlichen Rechts ausgegebene Marken oder ähnliche Zeichen, die Zahlungen gleicher Art (zB von Gebühren, Steuern, Abgaben oder Beiträgen) vereinfachen oder sicherstellen und nachweisen sollen (BGHSt 32, 68 (75) = NJW 1984, 2772; Puppe/Schumann in NK-StGB Rn. 7). Sie müssen einen bestimmten Geldwert verkörpern und in dem Sinne öffentlichen Glauben genießen, dass sie im Rahmen ihrer bestimmungsmäßigen Verwendung Beweis für und gegen jedermann erbringen (BGHSt 32, 68 (75) = NJW 1984, 2772; Schmidt ZStW 111 (1999), 388). § 148 fasst damit die Wertzeichen unter einem einheitlichen Gesichtspunkt zusammen und erstreckt den Strafschutz auf alle amtlichen Wertzeichen, auch soweit sie im früheren Recht nicht geschützt waren (BT-Drs. V/770, 27; krit. Zielinski JZ 1973, 193). Briefmarken sind seit der Privatisierung der Post keine amtlichen Wertzeichen mehr (BGH BeckRS 2019, 4014; Schmidt ZStW 111 (1999), 388 (403, 414); Sternberg-Lieben in Schönke/Schröder Rn. 2; Fischer Rn. 2). Außer Kurs gesetzte, ungültige und entwertete Zeichen werden nicht erfasst.

3 **b) Falsch** → § 146 Rn. 3.

4 **3. a)** Zu den **Tathandlungen des Abs. 1 Nr. 1–3** → § 146 Rn. 4–9. **Verwenden** bedeutet bestimmungsmäßiges Gebrauchen; dieses zusätzliche Merkmal berücksichtigt, dass nicht alle Wertzeichen zur Erfüllung ihrer Aufgabe in den Verkehr gebracht werden müssen (BT-Drs. 7/550, 227). Die Einbeziehung auch des **Feilhaltens** soll sicherstellen, dass es nicht als bloße Vorbereitungshandlung straflos bleibt (BT-Drs. 7/550, 227). Für die Wertzeichenfälschung erfasst Nr. 3 auch die Fälle des § 147, so dass es für das Inverkehrbringen auf die Unterscheidung von doloser und nichtdoloser Erlangung der falschen Wertzeichen (→ § 146 Rn. 9) nicht ankommt. – Dass ein falsches Wertzeichen nicht zu seinem bestimmungsmäßigen Zweck, sondern als Sammelobjekt in Verkehr gebracht wird, ist für den Tatbestand unerheblich (BT-Drs. 7/550, 227; aM Erb in MüKoStGB Rn. 10).

5 **b)** Für den **inneren Tatbestand** des Abs. 1 gelten die Ausführungen unter → § 146 Rn. 10, 11 sinngemäß.

6 **4. Abs. 2:** Erforderlich ist die vorausgegangene **Beseitigung des Entwertungszeichens,** gleichgültig ob sie rechtswidrig oder mit der Absicht der Wiederverwendung vorgenommen wurde und ob sie auf den Täter oder einen anderen zurückgeht. Es genügt, dass der Täter die Beseitigung im Rahmen **bedingten Vorsatzes** für möglich hält. Der **Versuch** des Verwendens (→ Rn. 4) beginnt erst, wenn der Täter unmittelbar zum bestimmungsmäßigen Gebrauch des manipulierten Wertzeichens ansetzt (§ 22); zu Postsendungen → 29. Aufl. 2018.

7 **5.** Zum **Verhältnis der Tathandlungen** nach Abs. 1 Nr. 1–3 untereinander → § 146 Rn. 14. **Abs. 1** und § 267 schließen sich idR aus; soweit das nicht zutrifft, geht Abs. 1 vor **(Spezialität).** Mit § 263 kann Abs. 1 Nr. 3 in Tateinheit stehen (hM; BGHSt 31, 380 = NJW 1983, 2152 mAnm Kienapfel JR 1984, 162; aM Stein in SK-StGB Rn. 12). **Abs. 2** verdrängt dagegen den § 263 (OLG Koblenz NJW 1983, 1625; Kienapfel JR 1984, 162). Zwischen ihm und dem Delikt zur Beschaffung verwendeter Wertzeichen (zB §§ 133, 242, 246) besteht Tatmehrheit (BGHSt 3, 289 = NJW 1953, 111).

8 **6.** Der Weltrechtsgrundsatz gilt nicht (§ 6 Nr. 7). Vorbereitungshandlungen § 149. Einziehung § 150. Wertzeichen fremder Währungsgebiete § 152.

§ 149 Vorbereitung der Fälschung von Geld und Wertzeichen

(1) **Wer eine Fälschung von Geld oder Wertzeichen vorbereitet, indem er**

1. **Platten, Formen, Drucksätze, Druckstöcke, Negative, Matrizen, Computerprogramme oder ähnliche Vorrichtungen, die ihrer Art nach zur Begehung der Tat geeignet sind,**
2. **Papier, das einer solchen Papierart gleicht oder zum Verwechseln ähnlich ist, die zur Herstellung von Geld oder amtlichen Wertzeichen bestimmt und gegen Nachahmung besonders gesichert ist, oder**
3. **Hologramme oder andere Bestandteile, die der Sicherung gegen Fälschung dienen,**

herstellt, sich oder einem anderen verschafft, feilhält, verwahrt oder einem anderen überläßt, wird, wenn er eine Geldfälschung vorbereitet, mit Freiheitsstrafe bis zu fünf Jahren oder mit Geldstrafe, sonst mit Freiheitsstrafe bis zu zwei Jahren oder mit Geldstrafe bestraft.

(2) **Nach Absatz 1 wird nicht bestraft, wer freiwillig**

1. **die Ausführung der vorbereiteten Tat aufgibt und eine von ihm verursachte Gefahr, daß andere die Tat weiter vorbereiten oder sie ausführen, abwendet oder die Vollendung der Tat verhindert und**
2. **die Fälschungsmittel, soweit sie noch vorhanden und zur Fälschung brauchbar sind, vernichtet, unbrauchbar macht, ihr Vorhandensein einer Behörde anzeigt oder sie dort abliefert.**

(3) **Wird ohne Zutun des Täters die Gefahr, daß andere die Tat weiter vorbereiten oder sie ausführen, abgewendet oder die Vollendung der Tat verhindert, so genügt an Stelle der Voraussetzungen des Absatzes 2 Nr. 1 das freiwillige und ernsthafte Bemühen des Täters, dieses Ziel zu erreichen.**

1. Die Vorschrift bedroht bestimmte **Vorbereitungshandlungen** zur Geld- oder Wertzeichenfälschung selbständig mit Strafe (→ Vor § 22 Rn. 3; zur Legitimität der Vorschrift unter dem Gesichtspunkt des vorgelagerten Rechtsgüterschutzes Hefendehl Kollektive Rechtsgüter S. 241). Sie gilt auch für geldähnliche Wertpapiere (§ 151) und für fremde Währungen (§ 152). Beachte ferner § 152a I Nr. 2, III, IV StGB sowie §§ 127, 128 OWiG. 1

2. a) Abs. 1 Nr. 1 beschreibt die zur unmittelbaren Hervorbringung von Falsifikaten erforderlichen Vorrichtungen ebenso wie § 74d I 2. **Formen** sind Gegenstände, die ein Bild dessen enthalten, was durch Guss oder Druck als Zeichen oder Figur im Papier oder Metall hervorgebracht werden soll (RGSt 55, 46). **Ähnliche Vorrichtungen** – ergänzt durch die davon nicht erfassten „Computerprogramme" (BT-Drs. 14/8998, 9; Vogel ZRP 2002, 7 (9); Fischer Rn. 3) – sind nur solche, die *nach ihrem Erscheinungsbild* und ihrer Eigenschaft als Fälschungsmittel den ausdrücklich aufgeführten vergleichbar sind (BT-Drs. 7/550, 229). Das Merkmal **„ihrer Art nach zur Begehung der Tat geeignet"** bezieht sich auf alle genannten Vorrichtungen und setzt eine spezifische Verwendbarkeit gerade zur Ausführung von Geld- oder Wertzeichenfälschungen voraus (einschr. Hoyer, Die Eignungsdelikte, 1987, S. 193); ein einfacher Hammer oder Meißel scheidet daher aus (BT-Drs. 7/550, 229), ebenso leistungsfähige Farbkopierer (Puppe/Schumann in NK-StGB Rn. 4) oder Kreditkartenlesegeräte (BGH wistra 2004, 265 (266)). 2

3 b) **Abs. 1 Nr. 2: Gegen Nachahmung besonders gesichert** ist eine Papierart, wenn – etwa durch Wasserzeichen oder Einstreuung unsichtbarer Fasern – gezielte Vorkehrungen getroffen sind, die ein Nachahmen wirksam erschweren sollen (BT-Drs. 7/550, 229). **Zum Verwechseln ähnlich** ist das Papier, wenn es nach seinem Gesamteindruck geeignet ist, bei einem durchschnittlichen, über besondere Sachkunde nicht verfügenden und auch nicht genau prüfenden Beurteiler die irrige Vorstellung von einer besonders gesicherten Papierart zu erwecken (BT-Drs. 7/550, 229; BGH NStZ 1994, 124 mit zust. Bespr. Bartholme JA 1994, 97; Joecks/Jäger StGB Rn. 5; → § 132a Rn. 9).

3a c) **Abs. 1 Nr. 3** ist eine Umsetzung des Rahmenbeschlusses des Rates der EU v. 29.5.2000 (ABl. 2000 L 140, S. 1). **Hologramme** sind idR mit Metall beschichtete Kunststofffolien (BT-Drs. 14/8998, 9). **Andere Bestandteile** zur Sicherung gegen Fälschung sollen zukünftige Entwicklungen in der Sicherheitstechnik erfassen, zB Kinegramme (BT-Drs. 7/550, 229; Fischer Rn. 4a).

4 3. **Herstellen** bedeutet Fertigstellen einer Sache so weit, dass sie, von unbedeutenden Korrekturen abgesehen, gebrauchsfertig ist (Ruß in LK-StGB Rn. 5). **Verschaffen** → § 146 Rn. 6. **Feilhalten** → § 146 Rn. 6a. **Verwahren** bedeutet in Gewahrsam haben. **Überlassen** ist Verschaffen (auch unentgeltliches) des Gewahrsams.

5 4. Die Vorbereitungshandlung erfordert **Vorsatz** (bedingter genügt). Außerdem muss der Täter oder ein anderer, wie sich aus dem Merkmal des **Vorbereitens** ergibt, eine Geld- oder Wertzeichenfälschung in Aussicht genommen haben, die ihrer Art und ihrem rechtlichen Wesen nach konkretisiert ist und für die durch die Tathandlung günstigere Vorbedingungen geschaffen werden sollen; die Herstellung einer Form für einen bloßen Probedruck genügt, wenn die Fälschung später nachfolgen soll (RGSt 69, 305). Gegenstand, Zeit, Ort und Begehungsweise der späteren Tat brauchen auch in ihren Grundzügen noch nicht festzustehen (Erb in MüKoStGB Rn. 11; iErg ebenso Puppe/Schumann in NK-StGB Rn. 3; aM Sternberg-Lieben in Schönke/Schröder Rn. 7; Fischer Rn. 5; zw.); im Hinblick auf den Schutzzweck der Vorschrift und ihren abweichenden Wortlaut dürften die Anforderungen an die Konkretisierung weniger streng sein als bei der Vorbereitung eines Explosionsverbrechens (→ § 310 Rn. 3; sa BGH NJW 1977, 540).

6 5. Allgemein zur **tätigen Reue nach Abs. 2, 3** → § 24 Rn. 29. In Abs. 2 Nr. 1 bedeutet Aufgeben der Tatausführung das endgültige Abstandnehmen von der geplanten Geld- oder Wertzeichenfälschung. Abweichend von § 83a II schließt auch das Nichtabwenden einer unerkannten Gefahr, dass andere die Tat weiter vorbereiten oder sie ausführen, und die bloße Minderung einer solchen, sei es auch erkannten, Gefahr die Vergünstigung aus. Im Übrigen gelten für Nr. 1 die Ausführungen unter → § 83a Rn. 2, 3 sinngemäß. Abs. 2 Nr. 2 muss kumulativ erfüllt sein; diese zusätzliche Voraussetzung soll sicherstellen, dass die Fälschungswerkzeuge unschädlich gemacht werden (BT-Drs. 7/550, 229; krit. Zielinski JZ 1973, 193 (197)).

7 6. Abs. 1 ist gegenüber §§ 146, 148 **subsidiär** (BGH NStZ-RR 2019, 275; Sternberg-Lieben in Schönke/Schröder Rn. 12; aM Puppe/Schumann in NK-StGB Rn. 20, Idealkonkurrenz kraft Erfolgseinheit). Er tritt zurück, sobald der Versuch der Fälschungstat begonnen hat (RG JW 1934, 2850; Erb in MüKoStGB Rn. 15). Bei Rücktritt des Täters von diesem Versuch nach § 24 lebt er nur wieder auf, wenn nicht zugleich die Voraussetzungen der Abs. 2 und 3 erfüllt sind (Fischer

Rn. 12); trifft dies jedoch zu, so wird auch der (nach § 21 OWiG zurücktretende) § 127 OWiG nicht wieder anwendbar (Ruß in LK-StGB Rn. 8; zw.). Umstritten ist, ob § 149 hinter §§ 30 II, 152b zurücktritt (BGH NJW 2010, 623 (624)) oder Tateinheit anzunehmen ist (Fischer Rn. 12).

7. Räumlicher Geltungsbereich § 6 Nr. 7; der Weltrechtsgrundsatz gilt nur für die Vorbereitung der Geld- oder Wertpapierfälschung (§§ 146, 151). 8

§ 150 Einziehung

Ist eine Straftat nach diesem Abschnitt begangen worden, so werden das falsche Geld, die falschen oder entwerteten Wertzeichen und die in § 149 bezeichneten Fälschungsmittel eingezogen.

Fassung: Abs. 1 gestrichen durch das Vermögensabschöpfungsgesetz (→ Vor § 1 Rn. 18).

Einziehung: § 150 ist eine besondere Vorschrift iSd § 74 III 2, welche die Einziehung über § 74 I hinaus vorschreibt. Die Voraussetzungen des § 74 II, III müssen daher erfüllt sein. § 74a ist nicht anwendbar. Zur Geltung des Verhältnismäßigkeitsgrundsatzes (dagegen Sternberg-Lieben in Schönke/Schröder Rn. 2) auch bei obligatorischer Einziehung → § 74b Rn. 1, 3, 5. Im Übrigen vgl. §§ 74–74c, 74e–76a. 1

§ 151 Wertpapiere

Dem Geld im Sinne der §§ 146, 147, 149 und 150 stehen folgende Wertpapiere gleich, wenn sie durch Druck und Papierart gegen Nachahmung besonders gesichert sind:

1. **Inhaber- sowie solche Orderschuldverschreibungen, die Teile einer Gesamtemission sind, wenn in den Schuldverschreibungen die Zahlung einer bestimmten Geldsumme versprochen wird;**
2. **Aktien;**
3. **von Kapitalverwaltungsgesellschaften ausgegebene Anteilscheine;**
4. **Zins-, Gewinnanteil- und Erneuerungsscheine zu Wertpapieren der in den Nummern 1 bis 3 bezeichneten Art sowie Zertifikate über Lieferung solcher Wertpapiere;**
5. **Reiseschecks.**

Fassung: Streichung der Einschränkung in Nr. 5 durch das 35. StÄG (→ Vor § 1 Rn. 15); Änderung von Nr. 3 durch das AIFM-UmsetzungsG (→ Vor § 1 Rn. 17).

1. Dem Geld (→ § 146 Rn. 2) sind **nicht nur Inhaberpapiere, sondern auch bestimmte Wertpapiere anderer Art** gleichgestellt. Maßgebendes Kriterium für die Auswahl ist ihr massenhaftes Vorkommen im Wirtschaftsverkehr und ihre dem Papiergeld ähnliche tatsächliche Ausstattung (BT-Drs. 7/550, 229). Der Katalog ist nicht durch analoge Anwendung auf andere Wertpapiere erweiterungsfähig; sonstige Schecks und Wechsel fallen unter § 152a, andere Wertpapiere idR unter die §§ 267ff. 1

2. a) Gegen Nachahmung besonders gesichert → § 149 Rn. 3. Die Sicherung muss sich sowohl auf die Gestaltung des Drucks wie auch die Ausstattung der 2

Papierart erstrecken; Vorkehrungen nur nach der einen oder der anderen Richtung genügen nicht (BT-Drs. 7/550, 231). Bei den im Börsenverkehr der Bundesrepublik gehandelten Wertpapieren ist die Voraussetzung allgemein erfüllt (BT-Drs. 7/550, 231; Puppe/Schumann in NK-StGB Rn. 5).

3 **b)** Die Fälschung braucht – ebenso wie beim Geld (→ § 146 Rn. 4) – kein (echtes) **Vorbild** zu haben (so zum Reisescheck BGHSt 30, 71 = NJW 1981, 1567 mit Bespr. Stree JR 1981, 427; Puppe JZ 1986, 993) und als Aussteller auch keine wirklich existierende Person anzugeben (hM; anders Otto NStZ 1981, 478). Jedoch muss sie nach der Art ihrer Ausführung gerade diejenigen Eigenschaften von Druck und Papier aufweisen, die bei echten Wertpapieren die besondere Sicherung gegen Nachahmung ausmachen (BGH NJW 1981, 1965 mAnm Kienapfel JR 1981, 473; Stein in SK-StGB Rn. 5).

4 **3. Nr. 1:** Zu Inhaberschuldverschreibungen vgl. § 793 BGB; Orderpapiere haben kaum noch praktische Bedeutung (näher Puppe/Schumann in NK-StGB Rn. 10 mwN). **Nr. 2** gilt für Inhaber- und Namensaktien; vor der Ausgabe von Aktienurkunden erteilte Interimsscheine und Quittungen werden nicht erfasst. **Nr. 3** betrifft die sog. Investmentzertifikate nach dem KAGB. **Nr. 4:** Zertifikate sind Schuldverschreibungen, die häufig anstelle der ihnen zugrundeliegenden, in Verwahrung befindlichen Wertpapiere gehandelt werden (BT-Drs. 7/550, 230). **Nr. 5:** Reiseschecks sind nach Inhalt und rechtlicher Gestaltung gesetzlich nicht geregelt, beruhen vielmehr nur auf Vereinbarungen der beteiligten in- und ausländischen Kreditinstitute; in Umsetzung der EU-Vorgabe (→ § 152a Rn. 1) wurde die bisherige Beschränkung auf Reiseschecks, die schon im Wertpapiervordruck auf eine bestimmte Geldsumme lauten, gestrichen, so dass jetzt auch die individuelle Eintragung einer Geldsumme hierunter fällt (BT-Drs. 564/03, 11). Abweichend vom früheren Recht sind **Banknoten** nicht mehr erwähnt. Deutsche Banknoten sind zweifelsfrei Geld; ob das auch für Banknoten fremder Währungsgebiete zutrifft, bestimmt sich nach den unter → § 146 Rn. 2 beschriebenen Voraussetzungen.

5 **4.** Räumlicher Geltungsbereich § 6 Nr. 7 (Weltrechtsgrundsatz).

§ 152 Geld, Wertzeichen und Wertpapiere eines fremden Währungsgebiets

Die §§ 146 bis 151 sind auch auf Geld, Wertzeichen und Wertpapiere eines fremden Währungsgebiets anzuwenden.

1 **1.** Für **Geld** (→ § 146 Rn. 2) folgt die Verpflichtung der Bundesrepublik zum Strafschutz auch fremder Währungen aus Art. 5 des internationalen Abkommens zur Bekämpfung der Falschmünzerei v. 20.4.1929 (RGBl. 1933 II 913), für **Postwertzeichen** aus Art. 14 des Weltpostvertrages v. 10.7.1964 (BGBl. 1965 II 1609). Insoweit ist die Erstreckung des Strafschutzes auf ausländische Rechtsgüter (dazu Lüttger FS Jescheck, 1985, 121 (173)) völkerrechtlich verbindlich. Dass darüber hinaus auch **Wertpapiere** fremder Währungsgebiete Schutz genießen, ergibt sich aus ihrem massenhaften Umlauf auch im eigenen Währungsgebiet und der damit verbundenen, der Geldfälschung vergleichbaren Gefährlichkeit von Fälschungshandlungen. Die Einbeziehung der Wertzeichenfälschung im Ganzen wird auf die nahe Verwandtschaft mit der Geldfälschung gestützt (BT-Drs. 7/550, 231); für ge-

wisse Gruppen nicht umlauffähiger Wertzeichen ist sie jedoch nicht gerechtfertigt (krit. Schlüchter JR 1984, 517 (522); sa Puppe/Schumann in NK-StGB Rn. 5).

2. Ausländische Zeichen oder Urkunden sind Geld, Wertzeichen oder Wertpapiere, wenn sie nach ihrer Ausgestaltung im ausländischen Recht (so für Wertzeichen BGHSt 32, 68 (76) = NJW 1984, 2772 mit krit. Bespr. Schlüchter FS Oehler, 1985, 307; Puppe JZ 1986, 993; allg. BGH NStZ 2020, 155 (157)), die im deutschen Strafrecht vorgesehenen Voraussetzungen (→ § 146 Rn. 2; → § 148 Rn. 2; → § 151 Rn. 1–4) erfüllen (BGHSt 32, 198 = NJW 1984, 1311; BGH NStZ 1987, 504). Danach ist die von der Republik Südafrika ausgegebene Krügerrand-Goldmünze, der die Bestimmung zum Umlauf im öffentlichen Verkehr fehlt, kein Geld (BGHSt 32, 198 = NJW 1984, 1311). Der englische Goldsovereign hatte zur Tatzeit dagegen seine Geldeigenschaft (→ § 146 Rn. 2) noch nicht verloren (BGHSt 19, 357 = NJW 1964, 1629; aM OLG Oldenburg Nds. Rpfl. 1964, 19; Stein in SK-StGB § 146 Rn. 2, doch kann sich das zwischenzeitlich geändert haben). Postwertzeichen aus EU-Staaten sind nach der Binnenmarktregelung inländische Wertzeichen (Schmidt ZStW 111 (1999), 388 (416)). 2

§ 152a Fälschung von Zahlungskarten, Schecks, Wechseln und anderen körperlichen unbaren Zahlungsinstrumenten

(1) **Wer zur Täuschung im Rechtsverkehr oder, um eine solche Täuschung zu ermöglichen,**

1. **inländische oder ausländische Zahlungskarten, Schecks, Wechsel oder andere körperliche unbare Zahlungsinstrumente nachmacht oder verfälscht oder**
2. **solche falschen Karten, Schecks, Wechsel oder anderen körperlichen unbaren Zahlungsinstrumente sich oder einem anderen verschafft, feilhält, einem anderen überlässt oder gebraucht,**

wird mit Freiheitsstrafe bis zu fünf Jahren oder mit Geldstrafe bestraft.

(2) **Der Versuch ist strafbar.**

(3) **Handelt der Täter gewerbsmäßig oder als Mitglied einer Bande, die sich zur fortgesetzten Begehung von Straftaten nach Absatz 1 verbunden hat, so ist die Strafe Freiheitsstrafe von sechs Monaten bis zu zehn Jahren.**

(4) **Zahlungskarten** und andere körperliche unbare Zahlungsinstrumente **im Sinne des Absatzes 1 sind nur solche, die durch Ausgestaltung oder Codierung besonders gegen Nachahmung gesichert sind.**

(5) **§ 149, soweit er sich auf die Fälschung von Wertzeichen bezieht, und § 150 gelten entsprechend.**

Fassung: Anpassung an § 150 nF durch das VermögensabschöpfungsG (→ Vor § 1 Rn. 18) sowie Einbeziehung anderer körperlicher unbarer Zahlungsinstrumente aufgrund von Vorgaben der Richtlinie (EU) 2019/713 durch das 61. StÄG (→ Vor § 1 Rn. 19) zum 18.3.2021.

1. Die Vorschriften der §§ 152a, 152b, die zum 18.3.2021 durch die Erfassung auch anderer als der zuvor genannten körperlichen unbaren Zahlungsinstrumente in Umsetzung der Richtlinie (EU) 2019/713, aber auch durch die Streichung der Beschränkung für Zahlungskarten in Abs. 4 Nr. 1 aF inhaltlich ausgeweitet worden 1 ist, **schützen** nachwievor **die Sicherheit und Funktionsfähigkeit des bargeldlosen Zahlungsverkehrs** (BT-Drs. 10/5058, 26; BT-Drs. 13/8587, 29; BGHSt 46, 48 = NJW 2000, 2597; BGHSt 46, 146 = NJW 2001, 163); Otto StrafR BT § 75 Rn. 25; Weber LdRerg 8/495, S. 2; Fischer Rn. 2; krit. Hellmann in Achenbach/Ransiek/Rönnau WirtschaftsStrafR-HdB Kap. IX 2 Rn. 5, abstraktes Vermögensgefährdungsdelikt; Puppe/Schumann in NK-StGB Rn. 3–5; eing. Chiampi, Totalfälschung von Kreditkarten, 1999, S. 133–184) und dienen der Umsetzung von Art. 2c des EU-Rahmenbeschlusses 2001/413/JI v. 28.5.2001 zur Bekämpfung von Betrug und Fälschung im Zusammenhang mit unbaren Zahlungsmitteln (ABl. 2001 L 149, S. 1; vgl. BR-Drs. 564/03, 11; Husemann NJW 2004, 104 (105); zur Rechtslage bis zum 17.3.2021 Lackner/Kühl 29. Aufl.). Der Vermögensschutz hat für §§ 152a, 152b keine selbständige Bedeutung (Sternberg-Lieben in Schönke/Schröder Rn. 1). Vor allem das Fälschen von Schecks und Wechseln, aber auch das von nicht garantierten Zahlungskarten weist eine besondere Nähe zu § 267 auf, an dessen Strafrahmen sich daher § 152a StGB nF orientiert (BR-Drs. 564/03, 13). Während § 152b ein Verbrechen gem. § 12 I darstellt, ist § 152a nF angesichts der weniger intensiven Gefährdung des Zahlungsverkehrs durch den Einsatz von Zahlungskarten ohne Garantiefunktion als Vergehen ausgestaltet (BR-Drs. 564/03, 13); daran hat sich durch die Einbeziehung anderer körperlicher unbarer Zahlungsinstrumente nichts geändert.

2 **2. Tatobjekt** von § 152a sind **Zahlungskarten, Schecks und Wechsel** sowie seit 2021 auch **andere körperliche unbare Zahlungsinstrumente,** die keine Kartenform haben; rein digitale Anwendungen sind nicht erfasst (BT-Drs. 19/25631, 21). Anders als in § 152a IV aF werden in- oder ausländische Zahlungskarten von § 152a IV unabhängig davon erfasst, ob ihnen im Zahlungsverkehr eine Garantiefunktion (dann ist § 152b lex spezialis) zukommt oder nicht, mithin Karten im Zwei- und im Drei-Partner-System. Die **Zahlungskarte** musste allerdings bis zum 17.3.2021 gem. § 152a IV Nr. 1 aF von einem Kredit- oder Finanzdienstleistungsinstitut iSd § 1 KWG herausgegeben worden sein (anders § 152b IV Nr. 1) wie zB die zur Abhebung an Automaten der ausstellenden Bank berechtigende Bankkarte (ebenso Joecks/Jäger StGB Rn. 2; Puppe/Schumann in NK-StGB Rn. 6, sog. „Junior-Bankkarte"), so dass weder Telefonkarten (Hellmann in Achenbach/Ransiek/Rönnau WirtschaftsStrafR-HdB Kap. IX 2 Rn. 7) noch andere Leistungskarten (zB Kantinenkarten) erfasst gewesen sind (Husemann NJW 2004, 104 (106); Puppe/Schumann in NK-StGB Rn. 6); sie muss weiterhin – wie jetzt auch die anderen körperlichen unbaren Zahlungsinstrumente – **durch Ausgestaltung oder Codierung besonders gegen Nachahmung gesichert** sein **(Abs. 4)** und den Inhaber oder Benutzer in die Lage versetzen können, Geld oder einen monetären Wert zu übertragen, so dass eine Karte, die zB nur zum Ausdrucken von Kontoauszügen eingesetzt werden kann, nicht erfasst ist (BR-Drs. 564/03, 12). Unabhängig von der Einschränkung des Abs. 4 stets erfasst sind **Schecks und Wechsel,** nicht auch deren bloße Vordrucke. Anders als für Reiseschecks gem. § 151 Nr. 5 ist für Schecks und Wechsel ein drucktechnischer Nachahmungsschutz nicht erforderlich. Für Schecks und Wechsel gilt mangels Garantiefunktion § 152b nicht (Husemann NJW 2004, 104 (106)); zwar entfaltet bei einem Wechsel das Indossament eine bestimmte Garantiewirkung (Art. 15 I WechselG), doch macht dieses aus einem Wechsel noch kein nahezu geldgleiches Zahlungsmittel wie zB eine Zahlungskarte mit Garantiefunktion (BR-Drs. 564/03, 13). Da mit dem Wegfall der Garantiefunktion vormalige Euroschecks wie „normale" Schecks behandelt

werden, ist zwar das Fälschen eines Euroscheck-Vordrucks von § 152b erfasst, nicht aber die Vornahme einer Tathandlung auf einem ordnungsgemäß hergestellten Euroscheck-Vordruck, für die nur § 152a gilt. Wie für § 152a StGB aF (BGHSt 46, 146 = NJW 2001, 163 mit zust. Bespr. Otto JK StGB § 152a Rn. 2; Eisele JA 2001, 747, abl. Puppe JZ 2001, 471; BGH NJW 2000, 3580; Eisele/Fad Jura 2002, 305 (310); Hellmann in Achenbach/Ransiek/Rönnau WirtschaftsStrafR-HdB Kap. IX 2 Rn. 10) genügt es im Hinblick auf den Schutzzweck (→ Rn. 1) trotz des im Tatbestand verwendeten Plurals, dass sich die Tathandlung auf **eine** Zahlungskarte, einen Scheck oder einen Wechsel bezieht, zumal § 152a StGB nF eine gegenüber § 152a StGB aF niedrigere Strafdrohung enthält (→ § 152b Rn. 2).

3. Wie nach einer Urkundenfälschung muss als Folge oder Grundlage einer der Tathandlungen des Abs. 1 das jeweilige **Tatobjekt falsch** sein. **Zahlungskarten** sind falsch, wenn ihr Inhalt nicht vom berechtigten, aus der Karte ersichtlichen Aussteller herrührt (BGHSt 46, 146 (152) = NJW 2001, 163; BGHSt 46, 48 = NJW 2000, 2597 zu § 152a aF in Bezug auf Euroscheck-Vordrucke). Sie müssen den falschen Anschein erwecken, sie seien von demjenigen ausgegeben worden, auf den die lesbaren Angaben auf der Karte oder die auf ihr unsichtbar gespeicherten Informationen als Aussteller hinweisen (BGH NStZ 2010, 209); es reicht aus, das ein Magnetstreifen/Microchip zwecks ausschließlicher Verwendung an Automaten gefälscht und auf ein unbedrucktes Stück Plastik oder Pappe geklebt wird (BGH NStZ 2010, 209). Nicht ausreichend ist dagegen, wenn der Täter sie mit dem Namen des berechtigten Inhabers unterschreibt (OLG Koblenz StRR 2014, 445). **Schecks und Wechsel** sind **falsch,** wenn sie von vornherein fälschlich hergestellt (→ § 267 Rn. 17) oder durch Verfälschung echter Schecks und Wechsel gewonnen worden sind (→ § 267 Rn. 20); Schecks und Wechsel – anders als die Euroschecks – erfordern keine Vordrucke, so dass sich der Aussteller nicht bereits aus dem Vordruck ergeben muss. Soweit Schecks und Wechsel, wie idR, einheitlich ausgestaltet sind, ist gem. Abs. 5 auch § 149 anwendbar (BR-Drs. 564/03, 14). 3

4. Die **Tathandlungen** sind denen des § 152a StGB aF nachgebildet (vgl. BR-Drs. 564/03, 13) und damit wie auch die jeweils erforderliche **Absicht** des Täters (nach aM Puppe/Schumann in NK-StGB Rn. 21, genügt einfacher Vorsatz) eng an die §§ 146, 148, 149 angelehnt. Sie erfassen für das Rechtsgut gefährliche Fälschungshandlungen, die allerdings auf Grund der fehlenden Garantiefunktion der Tatobjekte nicht so schwer wiegen wie die aus § 152a StGB aF übernommenen Vorbereitungs- und Fälschungshandlungen des § 152b. Zur Abgrenzung von Täterschaft und Teilnahme s. BGH ZWH 2012, 360 = BeckRS 2012, 14663; ZWH 2013, 151 = BeckRS 2013, 2721; sowie BGH NStZ 2012, 626. Unter Berücksichtigung der bei Schaffung von § 152a StGB aF vom Gesetzgeber gegenüber §§ 146, 148, 149 vorgenommenen Vereinfachung und der Anpassung an das jeweilige Schutzobjekt (BT-Drs. 10/5058, 27), woran mit Einfügung des § 152a StGB nF im Zuge des 35. StÄG nichts geändert werden sollte (BR-Drs. 564/03, 13), kann **verwiesen** werden: 4

a) Für **Abs. 1 Nr. 1** auf → § 146 Rn. 4, 5. Nachmachen ist das Herstellen einer falschen Zahlungskarte; erfasst ist auch die Manipulation an einem Falsifikat (BGHSt 46, 146 = NJW 2001, 163 mit Bespr. Puppe JZ 2001, 471). Das Verfälschen einer Zahlungskarte setzt eine Veränderung an einer echten Karte voraus (BGHSt 46, 146 = NJW 2001, 163); erfasst sind zB Manipulationen am Gültigkeitsdatum, Veränderungen des Lichtbildes oder Namens des Inhabers (BT-Drs. 5

13/8587, 30; Hellmann in Achenbach/Ransiek/Rönnau WirtschaftsStrafR-HdB Kap. IX 2 Rn. 15; vgl. BGHSt 46, 48 = NJW 2000, 2597 zum Herstellen nach § 152a aF). Bei Geldkarten reicht die Erhöhung der elektronischen Werteinheiten aus, ohne dass der Anschein eines höheren Wertes erweckt werden muss (BT-Drs. 13/8587, 30).

6 **b)** Für **Abs. 1 Nr. 2** auf → § 146 Rn. 6, 6a, 10, 11; → § 148 Rn. 4; → § 149 Rn. 4; → § 267 Rn. 23. Die Bezugnahme auf Abs. 1 Nr. 1 („solche") betrifft nur die Tatobjekte, da sonst ein Sichverschaffen ausgeschlossen wäre (Fischer Rn. 13); dass der Täter die falschen Karten usw selbst nachgemacht oder verfälscht hat, ist also nicht erforderlich. Ein Gebrauchen der Karte liegt auch bei kollusivem Zusammenwirken von Täter und Kartenakzeptant vor (KG NStZ-RR 2013, 244). Auf die Einbeziehung der Tathandlungen des Verwahrens und des Transports (vgl. Art. 2c des EU-Rahmenbeschlusses 2001/413/JI; → Rn. 1) wurde verzichtet, weil angesichts der Einschränkungen der EU-Vorgabe die praktisch denkbaren Begehungsweisen insoweit bereits durch andere Straftatbestände erfasst sind (Husemann NJW 2004, 104 (106)).

7 **c) Zur Täuschung im Rechtsverkehr** → § 267 Rn. 25. Ob für § 152a StGB nF – wie zu § 152a aF (→ § 152b Rn. 5) – die falsche Codierung des Magnetstreifens eines unbedruckten Kartenblanketts ausreichen kann, ist zweifelhaft, weil zwar auch hier Abs. 4 Nr. 2 auf die Codierung abstellt, es sich aber gem. Abs. 4 Nr. 1 um eine von einem Kreditinstitut usw herausgegebene Karte handeln muss, woran es bei einem neutralen Blankett idR fehlen dürfte. **Um eine solche Täuschung zu ermöglichen** → § 146 Rn. 11; erfasst ist insbes. die Ermöglichung der Täuschung durch andere.

8 **5. Abs. 2 bestimmt die Versuchsstrafbarkeit von Abs. 1** (→ § 152b Rn. 6); für die Vergehensqualifikation des **Abs. 3** (→ § 146 Rn. 13) fehlt es daher an einer Versuchsstrafbarkeit, so dass bei im Versuchsstadium stecken gebliebenen Tathandlungen iSv Abs. 3 nur eine Versuchsstrafbarkeit des Grundtatbestandes in Betracht kommt. Dieser Wertungswiderspruch dürfte daher rühren, dass der Gesetzgeber sich bei der Reform von 2003 (!) bei Strafrahmen und Anordnung der Absätze von § 152a nF an § 267 orientiert hat (vgl. BR-Drs. 564/03, 13), dabei aber § 152a III – wie zuvor die Verbrechensqualifikation des § 152a II aF – als Qualifikation ausgestaltet hat, während § 267 III als Strafzumessungsregel (→ § 46 Rn. 11) von einer Versuchsstrafbarkeit nicht erfasst werden kann (Heger ZIS 2008, 496; Fischer Rn. 16c). Warum der Gesetzgeber trotz der schwer nachvollziehbaren Konsequenzen an dieser Struktur auch mit dem 61. StÄG festgehalten hat, bleibt unklar. Zum Versuchsbeginn → § 152b Rn. 6.

9 **6. Abs. 5** ist gegenüber Abs. 1 Nr. 1 **subsidiär** (aM Puppe/Schumann in NK-StGB Rn. 38); die Ausführungen unter → § 149 Rn. 7 gelten sinngemäß; bei einem mit Speicherelementen versehenen Kreditkartenlesegerät handelt es sich nicht um eine ähnliche Vorrichtung iSd § 149 I Nr. 1, weil es nicht unmittelbar zur Fälschung von Zahlungskarten dient (BGH wistra 2004, 265). Mehrere Ausführungshandlungen stehen mangels Teilidentität in Tatmehrheit (BGHSt 46, 146 = NJW 2001, 163); bei engem räumlichen und zeitlichen Zusammenhang kommt natürliche Handlungseinheit in Betracht (BGHSt 46, 146 = NJW 2001, 163), ebenso wenn die Fälschungen durch Codierung von mehreren Kartenrohlingen in einem Arbeitsgang in engem zeitlichen und räumlichem Zusammenhang erfolgt (BGH wistra 2010, 406; wistra 2013, 310). Zwischen den Begehungsformen des Verschaf-

fens und Gebrauchens besteht dasselbe Verhältnis wie zwischen Sichverschaffen und Inverkehrbringen von Falschgeld bei § 146 (→ § 146 Rn. 14; BGH NStZ-RR 2001, 240; wistra 2010, 406; wistra 2010, 482; wistra 2013, 310; zu § 152b vgl. BGH NStZ 2005, 329 mit zust. Bespr. Otto JK StGB § 152a Rn. 3; BGH StV 2014, 543). Gegenüber § 267 I ist § 152a spezieller (BR-Drs. 564/03, 13, 15; zur abweichenden Rspr. zu § 152 aF → § 152b Rn. 7); zu § 263 bleibt Tateinheit möglich (Hellmann in Achenbach/Ransiek/Rönnau WirtschaftsStrafR-HdB Kap. IX 2 Rn. 29). Für nur versuchte gewerbs- oder bandenmäßige Tathandlungen hätte dies die vom Gesetzgeber wohl nicht bedachte problematische Konsequenz, dass nur der Strafrahmen von § 152a I, nicht der von § 267 III zur Anwendung kommen kann (→ Rn. 8). Es ist daher zu erwägen, ob die Spezialität nur das Verhältnis von § 152a I und § 267 I, nicht aber das zwischen § 152a III und § 267 I iVm III erfassen soll. Da der Gesetzgeber Spezialität von § 152a nur gegenüber § 267 I erwähnt und bewusst auf die Schaffung eines weiteren Qualifikationstatbestandes zu § 152a III für gewerbs- und bandenmäßige Tatbegehung verzichtet hat (BR-Drs. 564/03, 13), ist jedenfalls mit § 267 IV Tateinheit möglich. Dagegen tritt § 152a für Tathandlungen an Zahlungskarten mit Garantiefunktion hinter § 152b und für Reiseschecks hinter § 151 Nr. 5 iVm § 146 zurück.

7. Anders als für § 152a aF und § 152b gilt für § 152a nF weder das Weltrechtsprinzip (§ 6 Nr. 7 nF) noch die Anzeigepflicht des § 138 I Nr. 4. Einziehung Abs. 5 iVm § 150. 10

§ 152b Fälschung von Zahlungskarten mit Garantiefunktion und Vordrucken für Euroschecks

(1) **Wer eine der in § 152a Abs. 1 bezeichneten Handlungen in Bezug auf Zahlungskarten mit Garantiefunktion begeht, wird mit Freiheitsstrafe von einem Jahr bis zu zehn Jahren bestraft.**

(2) **Handelt der Täter gewerbsmäßig oder als Mitglied einer Bande, die sich zur fortgesetzten Begehung von Straftaten nach Absatz 1 verbunden hat, so ist die Strafe Freiheitsstrafe nicht unter zwei Jahren.**

(3) **In minder schweren Fällen des Absatzes 1 ist auf Freiheitsstrafe von drei Monaten bis zu fünf Jahren, in minder schweren Fällen des Absatzes 2 auf Freiheitsstrafe von einem Jahr bis zu zehn Jahren zu erkennen.**

(4) **Zahlungskarten mit Garantiefunktion im Sinne des Absatzes 1 sind Kreditkarten und sonstige Karten,**
1. die es ermöglichen, den Aussteller im Zahlungsverkehr zu einer garantierten Zahlung zu veranlassen, und
2. durch Ausgestaltung oder Codierung besonders gegen Nachahmung gesichert sind.

(5) **§ 149, soweit er sich auf die Fälschung von Geld bezieht, und § 150 gelten entsprechend.**

Fassung: Anpassung an § 150 nF durch das Vermögensabschöpfungsgesetz (→ Vor § 1 Rn. 18); Streichung der Euroscheckvordrucke und -karten durch das 61. StÄG (→ Vor § 1 Rn. 19) zum 18.3.2021.

1 **1.** Die Vorschrift ist zT **Verbrechensqualifikation zu § 152a;** in Bezug auf Vordrucke für Euroschecks und Zahlungskarten mit Garantiefunktion, die nicht von einem Kredit- oder Finanzdienstleistungsinstitut herrühren, ist sie **Grundtatbestand** (BR-Drs. 564/03, 14; Husemann NJW 2004, 104 (106)). Im Übrigen entspricht § 152b inhaltlich § 152a aF; die sprachlichen Änderungen in Abs. 1 sind nur redaktioneller Natur (BR-Drs. 564/03, 14).

2 **2. Tatobjekt** sind **Zahlungskarten** (→ § 152a Rn. 2); die bis zum 61. StÄG noch erfassten Vordrucke für Euroschecks sind gestrichen worden, ebenso in Abs. 4 die Euroscheckkarten, die es in dieser Funktion allerdings schon seit langem nicht mehr gegebenhat (nach Abschaffung des Euroschecksystems mit Garantiefunktion zum 1.1.2002 sind die dafür geschaffenen EC-Karten längst zu reinen Zahlungskarten geworden). Anders als § 152a erfasst § 152b aber nur **in- und ausländische Zahlungskarten mit Garantiefunktion im Drei-Partner-System** (BT-Drs. 564/03, 12, nicht erfasst ist die Bankkarte, die nur Abhebungen bei der ausstellenden Bank gestattet) wie zB (Prepaid-)Kreditkarten (BGH NStZ-RR 2019, 11 (12)) oder als sonstige Karten iSd Abs. 4 EC- bzw. Maestro-Karten (BGH NStZ 2012, 318; Rengier StrafR BT II § 39 Rn. 28; aM Heger wistra 2010, 281, nach dem Maestro-Karten nur unter § 152a fallen; s. unten), Geldkarten (BT-Drs. 13/8587, 29 zu § 152a StGB aF) und auch umprogrammierte Bankkarten (BGH NJW 2000, 3580), selbst wenn diese nicht von einem Kredit- oder Finanzdienstleistungsinstitut iSd § 1 KWG herausgegeben worden sind, sowie sogar Kundenkarten, auf deren Magnetstreifen die Datensätze einer Kreditkarte kopiert sind (KG NStZ-RR 2013, 244), und von den Mitgliedern eines Tankstellenverbundes herausgegebene Tankkarten (BGH NStZ 2017, 55). Das gilt auch für Totalfälschungen von Kreditkarten, bei denen lediglich der Anschein einer Garantiefunktion erweckt und das Fehlen einer Überprüfbarkeit im Offline-Lastschriftverfahren (POZ) ausgenutzt wird (BGH NStZ 2014, 265 mAnm Trüg; Kudlich ZWH 2014, 268; BGH NStZ-RR 2019, 11 (13)). Die Zahlungskarten mit Garantiefunktion muss der Täter allerdings nicht iRd Garantieversprechens einsetzen, so dass wie schon von § 152a aF auch der Einsatz einer EC-Karte iRd elektronischen Lastschriftverfahrens erfasst ist (Husemann NJW 2004, 104 (105); zu § 152a aF BGHSt 46, 146 = NJW 2001, 163; aM Stein in SK-StGB Rn. 4). Ausreichend ist, wenn sich die Tathandlung auf eine Zahlungskarte mit Garantiefunktion bezieht (→ § 152a Rn. 2; krit. Puppe/Schumann in NK-StGB Rn. 5).

3 **3.** Die **Tathandlungen** entsprechen denjenigen in § 152a (→ § 152a Rn. 4–7). Bei Totalfälschung einer Kreditkarte muss diese weder im Rahmen der Garantie benutzt noch dies vom Täter beabsichtigt sein (BGH NStZ-RR 2008, 280).

4 **4. Zur Täuschung im Rechtsverkehr** und **um eine solche Täuschung zu ermöglichen** → § 152a Rn. 7. Da die Beschränkung des § 152a IV Nr. 1 auf von Kreditinstituten usw herausgegebene Karten in § 152b nicht übernommen ist (→ Rn. 2), ist hier auf Grund § 270 auch das Herstellen gefälschter Zahlungskarten erfasst, die an Geldautomaten eingesetzt werden können, selbst wenn die Fälschung von vornherein nur diesem Zweck dienen sollte und es sich dabei um ein unbedrucktes Kartenblankett mit lediglich falsch codiertem Magnetstreifen handelt (Puppe/Schumann in NK-StGB Rn. 9, 16 zu § 152a).

5 **5.** Im Übrigen vgl. zu **Abs. 2** (Qualifikationstatbestand) → § 146 Rn. 13; zu **Abs. 3** (minder schwere Fälle) → § 46 Rn. 7–10a; → § 12 Rn. 4; speziell zu § 152a

aF BGH NJW 2000, 3580. **Abs. 5** erfasst Vorbereitungshandlungen zur Fälschung durch Verweis auf § 149 (→ § 149 Rn. 2–5) wie zB das Anbringen von Apparaturen zum Ausspähen der Kartendaten (BGH NStZ 2014, 81); er übernimmt die Regelung über tätige Reue in § 149 II, III (→ § 149 Rn. 6); zur Einziehung → § 150 Rn. 3. Der **Versuch** ist wegen des Verbrechenscharakters der Vorschrift stets strafbar. Er beginnt erst mit der Fälschungshandlung selbst – dem Herstellen der falschen Karte –, nicht schon, wenn der „Täter" sich darum bemüht, Kartenrohlinge zu bekommen (BGH NJW 2010, 623; OLG Jena NStZ-RR 2009, 236), oder an einem Geldautomaten eine Skimming-Apparatur oder sonstige Hilfsmittel zum Ausspähen der Kartendaten anbringt (BGH NStZ 2011, 89; 2011, 517 mAnm Saliger StV 2012, 528; Kudlich ZWH 2011, 32; BGH StraFo 2011, 323; NStZ-RR 2011, 367 mAnm Hüttenrauch NJ 2012, 171; BGH NStZ 2014, 81) und auch nicht durch das Auslesen ausgespähter Daten (BGH NJW 2014, 1463); bei mehreren Tätern bleibt § 30 (BGHSt 56, 170 (172) mAnm Duttge NStZ 2012, 438; Bachmann/Goeck JR 2011, 425; BGH NStZ 2012, 626; zur Strafbarkeit von Skimming vgl. Seidl/Fuchs HRRS 2011, 265; Seidl ZIS 2012, 415; Feldmann wistra 2015, 41). Zur Beihilfe durch Anbringen von Apparaturen zum Ausspähen s. BGH NStZ 2014, 81; durch Auslesen ausgespähter Daten s. BGH NStZ 2016, 338.

6. Zu den **Konkurrenzen** → § 152a Rn. 9. Da der Gesetzgeber (anders als für § 152a) für § 152b nicht ausdrücklich von dessen Spezialität gegenüber § 267 ausgegangen ist, kann – entgegen BGH NStZ 2005, 329 mit zust. Bespr. Otto JK StGB § 152a Rn. 3 – weiterhin zwischen § 152b und §§ 263, 267 Tateinheit angenommen werden (so zu § 152a aF BGHSt 46, 48 = NJW 2000, 2597 mzustAnm Krack NStZ 2001, 138 (139); BGHSt 46, 146 = NJW 2001, 163; Weber JZ 1987, 215 (218)). Das Herstellen zahlreicher EC-Doubletten stellt nur eine Tat dar, wenn es in einem durchgehenden Arbeitsgang in engem räumlichen und zeitlichen Zusammenhang erfolgt (BGH NStZ 2005, 566 zu § 152a aF; BGH StraFo 2010, 391 = BeckRS 2010, 16872; NStZ-RR 2013, 109). Mit § 263a ist Tateinheit möglich (BGH NStZ-RR 2013, 109). 6

7. Für den räumlichen Geltungsbereich gilt nach § 6 Nr. 7 der Weltrechtsgrundsatz (zur Begr. BT-Drs. 10/5058, 25); er umfasst auch die Vorbereitungshandlungen nach Abs. 5. Dagegen ist die Anzeigepflicht nach § 138 I Nr. 4 auf Fälle der Abs. 1–3 beschränkt. 7

§ 152c Vorbereitung des Diebstahls und der Unterschlagung von Zahlungskarten, Schecks, Wechseln und anderen körperlichen unbaren Zahlungsinstrumenten

(1) **Wer eine Straftat nach § 242 oder § 246, die auf die Erlangung inländischer oder ausländischer Zahlungskarten, Schecks, Wechsel oder anderer körperlicher unbarer Zahlungsinstrumente gerichtet ist, vorbereitet, indem er**

1. **Computerprogramme oder Vorrichtungen, deren Zweck die Begehung einer solchen Tat ist, herstellt, sich oder einem anderen verschafft oder einem anderen überlässt oder**

2. Passwörter oder sonstige Sicherungscodes, die zur Begehung einer solchen Tat geeignet sind, herstellt, sich oder einem anderen verschafft oder einem anderen überlässt,

wird mit Freiheitsstrafe bis zu zwei Jahren oder mit Geldstrafe bestraft.

(2) [1]**§ 149 Absatz 2 und 3 gilt entsprechend.** [2]**§ 152a Absatz 4 ist anwendbar.**

1 **1.** Die Vorschrift ist mit dem 61. StÄG (→ Vor § 1 Rn. 19) zum 18.3.2021 eingefügt worden und schützt als **Vorfeldtatbestand** zu §§ 242, 246 **Eigentum und Gewahrsam** (→ § 242 Rn. 1) an den Zahlungskarten, Schecks, Wechseln und anderen unbaren körperlichen Zahlungsinstrumenten. Eng angelehnt an Art. 7 iVm 4 Buchst. a der zugrunde liegenden Richtlinie (EU) 2019/713 soll damit eine Strafnorm gegen die Herstellung usw. von Tatwerkzeugen u. a. zur Begehung eines Dienstahls oder einer Aneignung der genannten Zahlungsinstrumente geschaffen werden (BT-Drs. 19/25631, 16), wie sie nach altem Recht nur für § 263a in dessen Abs. 3 und 4 vorgesehen war.

2 **2. Abs. 1 Nr. 1: Compterprogramme** (→ § 202c Rn. 3), **Vorrichtungen** wie sie zB die an Geldautomaten angebracht werden, um auf diese Weise die vom Kunden eingeführte Karte zu stehlen, nicht hingegen allgeines Diebes- oder Einbruchswerkzeug (BT-Drs. 19/25631, 23); deren **Zweck** muss die Begehung einer Tat iSv §§ 242, 246 sein. – **Nr. 2: Passwörter, sonstige Sicherungscodes** (→ § 202c Rn. 3); diese müssen für die Begehung einer solchen Tat **geeignet** sein.

3 **3. Tathandlungen** sind das **Herstellen** (→ § 149 Rn. 4), **sich oder einem anderen Verschaffen** (→ § 146 Rn. 6) oder einem **anderen Überlassen** (→ § 184 Rn. 5).

4 **4. Bedingter Vorsatz** genügt, doch muss dieser bei Abs. 1 Nr. 1 die objektive Zweckbestimmung und bei Nr. 2 die Eignung umfassen.

5 **5.** Der Verweis in **Abs. 2 S. 1** auf § 149 II, III führt zur Anwendung dieser **Tätige-Reue**-Vorschriften, derjenige in **S. 2** auf § 152a IV stellt die einheitliche Verwendung des Begriffs der unbaren körperlichen Zahlungsinstrumente sicher. Zu den davon erfassten Zahlungskarten gehören auch Zahlungskarten, die mit einer Garantiefunktion ausgestattet sind und damit von § 152b erfasst werden (BT-Drs. 19/25631, 23).

6 **6.** Ist das hergestellte usw. Tatwerkzeug vom Täter zu einer vollendeten oder versuchten Tat gem. §§ 242, 246 eingesetzt worden, tritt § 152c als Vorbereitungstatbestand zurück. Ist das Computerprogramm usw. einem anderen für dessen Taten überlassen worden, besteht zwischen § 152c und Beihilfe zu §§ 242, 246 wegen Handlungsidentität Tateinheit.

9. Abschnitt. Falsche uneidliche Aussage und Meineid

Vorbemerkung

1. a) Geschütztes Rechtsgut der Aussagedelikte ist idR die staatliche Rechtspflege (BGHSt 8, 301 (309) = NJW 1956, 191; BGHSt 45, 16 (25) = NJW 1999, 2378; krit. Maurach/Schroeder/Maiwald StrafR BT II § 75 Rn. 11; nach Vormbaum in NK-StGB Rn. 2, die Erreichung des jeweiligen Verfahrenziels im Bereich der Rechtspflege; nach Kargl GA 2003, 791 (806), die wahrheitsgemäße Tatsachenfeststellung bei Gerichten und Behörden; ebenso Müller in MüKoStGB Rn. 7; zu einem Recht auf Wahrheit Puppe ZStW 130 (2018), 649), in Ausnahmefällen auch die Wahrheitsfindung in anderen staatlichen Verfahren, die der Feststellung tatsächlicher Verhältnisse dienen (Wagner GA 1976, 257). Das gilt auch für den Meineid, dem kein sakrales Schutzgut zugrundeliegt (BVerfGE 33, 23 = NJW 1972, 1183). Eingehend zur Problematik des Rechtsguts bei den Aussagedelikten und zu ihrer Reform Schulz, Probleme der Strafbarkeit des Meineids nach geltendem und künftigem Recht, 1970; Zipf FS Maurach, 1972, 415; Herrmann, Die Reform der Aussagetatbestände, 1973; Vormbaum, Der strafrechtliche Schutz des Strafurteils, 1987, S. 143; Vormbaum, Eid, Meineid und Falschaussage, 1990; Vormbaum, Reform der Aussagetatbestände (§§ 153–162 StGB), 2. Aufl. 2012; sowie Vormbaum in NK-StGB Rn. 1–29; Deichmann, Grenzfälle der Sonderstraftat, 1994, S. 52; Müller, Falsche Zeugenaussage und Beteiligungslehre, 2000, S. 69; Hefendehl Kollektive Rechtsgüter S. 323; sa Dahs FS Rebmann, 1989, 161; Wolf JuS 1991, 177 (182); Grünwald FS Schmitt, 1992, 311; Fezer FS Stree/Wessels, 1993, 663 (672); Kargl GA 2003, 791 (803). Die Aussagedelikte sind **abstrakte Gefährdungsdelikte,** so dass es nicht auf eine tatsächliche Gefährdung der Rechtspflege ankommt (hM; vgl. etwa Bosch/Schittenhelm in Schönke/Schröder Rn. 2a; aM Kölbel, Selbstbelastungsfreiheiten, 2006, S. 375, 482, zum Schutz der Selbstbelastungsfreiheit des verdächtigen Zeugen für ein konkretes Gefährdungsdelikt). Die durch die falsche Aussage betroffene Prozesspartei ist Verletzter iSd §§ 171 f. StPO (OLG Brandenburg StRR 2010, 42). 1

b) Die Aussagetatbestände schützen grds. (Ausnahme: § 162 I) nur die **innerstaatliche Rechtspflege** (Vormbaum in NK-StGB Rn. 31–41; eing. Lüttger FS Jescheck, 1985, 121 (159)). Sie sind daher auf Falschaussagen vor ausländischen oder internationalen Institutionen nur zu erstrecken, wenn ein Gesetz – meist ein ratifizierter völkerrechtlicher Vertrag – dies ausdrücklich vorsieht (zB § 5 Nr. 10). Auch für supranationale Institutionen, an denen die Bundesrepublik beteiligt ist, namentlich für Gerichte der NATO (Obermüller, Der Schutz ausländischer Rechtsgüter im deutschen Strafrecht im Rahemn des Territorialitätsprinzips, 1999, S. 205; aM AG Tauberbischofsheim NStZ 1981, 221; Maurach/Schroeder/Maiwald StrafR BT II § 69 Rn. 9, § 75 Rn. 44; Rudolphi in SK-StGB Rn. 4; zw.), der EU und EURATOM, gilt nichts anderes (Lüttger FS Jescheck, 1985, 121 (160); Obermüller, Der Schutz ausländischer Rechtsgüter im deutschen Strafrecht im Rahmen des Territorialitätsprinzips, 1999, S. 206); soweit sich nicht aus EU-Recht (Art. 30 EuGH-Satzung) oder einer europarechtlich fundierten Pflicht zur unionsrechtskonformen Auslegung (Heger in Böse, Enzyklopädie Europarecht, EnzEuR, Europäisches Strafrecht, Bd. XI, 2. Aufl. 2020, § 5 Rn. 101) etwas anderes ergibt. Seit 2008 dient § 162 I insoweit zur Klarstellung. 2

3 **2. a)** Eine Aussage ist **falsch,** wenn sie mit ihrem Gegenstand inhaltlich nicht übereinstimmt. Nach der **objektiven Theorie** kommt es auf den Widerspruch zur Wirklichkeit an, ohne Rücksicht darauf, welche Vorstellungen der Aussagende von dem Sachverhalt hat. Die Rspr. folgt, wenngleich mit einigen Schwankungen (zB BGH LM Nr. 2 zu § 153 StGB aF; OLG Bremen NJW 1960, 1827), dieser Theorie (BGHSt 7, 147 = NJW 1955, 430; BGH LM Nr. 6 zu § 153 StGB; OLG Koblenz NStZ 1984, 552 mit Bespr. Kargl GA 2003, 791 (803)), die auch im Schrifttum überwiegt (Kaufmann FS Baumann, 1992, 119; Hilgendorf GA 1993, 547 (554); Rengier StrafR BT II § 49 Rn. 7; Bosch/Schittenhelm in Schönke/Schröder Rn. 6; im Ausgangspunkt auch Kargl GA 2003, 791, der aber de lege ferenda auf die subjektive Unwahrhaftigkeit abstellen will; abl. Müller in MüKo-StGB Rn. 42–46, 50, der selbst in seiner „Wahrnehmungstheorie" Erkenntnisse der Pflichttheorie mit einem „realen Falschheitsmaßstab" verknüpft, dazu am Ende dieser Randnummer). Den Gegensatz bildet die **subjektive Theorie,** die auf das Vorstellungsbild des Täters, auf die Diskrepanz zwischen seinem Wissen und dem Aussageinhalt, abstellt (Gallas GA 1957, 315; Ruß in LK-StGB Rn. 8–14). Obwohl sie gewichtige Argumente für sich hat, liegt sie dem Gesetz nicht zugrunde, denn sie kann den § 160 nicht erklären und muss dem § 163 einen offensichtlich nicht gewollten eingeschränkten Anwendungsbereich zuweisen (Heinrich in HK-StrafR § 153 Rn. 15). Der Vorschlag von Gallas (GA 1957, 315), den Begriff „falsch" grds. subjektiv, in den §§ 160, 163 aber objektiv auszulegen, widerspricht dem Sinnzusammenhang des Gesetzes; auch der Versuch von Willms (in LK-StGB, 10. Aufl. 1978, Vor § 153 Rn. 10), in dem „erreichbaren" Wissen das gemeinsame Element aller Aussagetatbestände zu finden, befriedigt nicht, weil dieser Maßstab nur mittels objektiver Kriterien bestimmt werden kann. Wegen nicht vollständig aufhebbarer innerer Widersprüche hat sich neben differenzierenden Zwischenlösungen (vgl. etwa Dedes JR 1977, 441; Bohnert JR 1984, 425; Vormbaum, Der strafrechtliche Schutz des Strafurteils, 1987, S. 253; Vormbaum in NK-StGB § 153 Rn. 56–95; Müller, Falsche Zeugenaussage und Beteiligungslehre, 2000, S. 85 „Wahrnehmungstheorie") die sog. **Pflichttheorie** entwickelt, die auf den jeweiligen Inhalt der Aussagepflicht abstellt (Schmidhäuser FS Celle, 1961, 207; Otto JR 1982, 296; Klesczewski StrafR BT S. 892; krit. Hilgendorf GA 1993, 547 (548, 558)). Sie hat sich gegenüber der hM bisher nicht durchsetzen können (krit. zum Theorienstreit im ganzen Paulus GS Küchenhoff, 1987, 435, der eine andersartig differenzierende Lösung anbietet). Zusammenfassend zur Falschheit der Aussage Stein FS Rudolphi, 2004, 553 (554); Küper/Zopfs StrafR BT Rn. 57–62.

4 **b) Gegenstand der Aussage** können äußere oder innere Tatsachen, bei Sachverständigenaussagen auch Werturteile sein. Danach ist eine Aussage falsch, wenn die Aussageperson eine äußere Tatsache behauptet und diese nicht der Wirklichkeit entspricht (→ Rn. 3), zB „A hat den B geschlagen"; wenn sie eine innere Tatsache (zB Wahrnehmung, Überzeugung, Erinnerung, Wissen) behauptet und der behauptete psychische Vorgang oder Zustand sich nicht oder anders zugetragen oder bestanden hat (BGH bei Holtz MDR 1990, 254), zB „ich habe gesehen, dass A den B geschlagen hat" oder „ich erinnere mich, dass A den B geschlagen hat"; oder wenn ein Sachverständiger ein Werturteil abgibt und dieses nicht seiner Überzeugung entspricht (krit. zur Beurteilung von Sachverständigengutachten Steinke MDR 1984, 272). Dramatisiert-ausgeschmückte Sachverhaltsdarstellungen können reichen (OLG München NJW 2009, 3043). – Einfache oder allgemein bekannte **Rechtsbegriffe,** die typische Lebenssachverhalte bezeichnen (zB Eigentum, Kauf,

Miete), und einfache Bewertungen können uU wie Tatsachen behandelt werden (BGH NJW 2002, 2724 (2727); OLG Oldenburg Nds. Rpfl. 1950, 163). Ob eine äußere oder innere Tatsache bekundet oder ein Werturteil abgegeben wurde, entscheidet nicht der Wortlaut der Aussage, sondern ihr durch Auslegung zu ermittelnder Sinn (OLG Koblenz StV 1988, 531; sa BGHSt 7, 147 = NJW 1955, 430). Für die Ermittlung des tatsächlichen Gehalts einer Behauptung ist auf den Kontext der Aussage abzustellen (BGH wistra 1999, 222).

c) Eine Aussage kann auch falsch sein, wenn sie **unvollständig** ist (BGHSt 3, 5
221 (223) = NJW 1953, 36; BGHSt 7, 127 (128) = NJW 1955, 230; BGH StV 2016, 575 (576); einschr. OLG Zweibrücken wistra 1993, 231, nur wenn die Unvollständigkeit nicht offenbart, sondern die Aussage als vollständige ausgegeben wird). Wieweit die Aussagepflicht unter diesem Gesichtspunkt reicht, hängt von den Umständen, namentlich von der Prozessrolle der Beweisperson, ab (→ § 154 Rn. 6).

3. Die **Verletzung strafprozessualer Vorschriften** bei der Herbeiführung 6
von Aussagen, Eiden oder eidesstattlichen Versicherungen berührt die Tatbestandsmäßigkeit grds. nicht (hM; vgl. etwa OLG Köln NJW 1988, 2485; aM Rudolphi in SK-StGB Rn. 34; diff. nach dem Schutzzweck der verletzten Norm Müller, Falsche Zeugenaussage und Beteiligungslehre, 2000, S. 108; Müller NStZ 2002, 356; zusf. und krit. Geppert Jura 2002, 173 (175); sowie Vormbaum in NK-StGB § 153 Rn. 26–34). Nur wenn sie bewirkt, dass einzelne Tatbestandsmerkmale nicht erfüllt werden, entfällt der Tatbestand; das trifft namentlich zu, wenn keine Aussage iSd § 153 vorliegt (zusf. Bosch/Schittenhelm in Schönke/Schröder Rn. 22), etwa weil es infolge eines groben Verfahrensverstoßes an der freien Mitteilung eigenen Wissens fehlt (OLG Köln NJW 1988, 2485; Rengier StrafR BT II § 49 Rn. 39; Ruß in LK-StGB Rn. 30), wenn die vorgeschriebenen Beteuerungsformen nicht gewahrt sind (→ § 154 Rn. 4; → § 155 Rn. 2; → § 156 Rn. 5) oder wenn die abnehmende Behörde unzuständig ist (→ § 153 Rn. 3; → § 154 Rn. 3; → § 156 Rn. 2, 2a); nicht bei Unterbleiben der von § 55 StPO geforderten Belehrung (OLG Karlsruhe StV 2003, 505 mkritAnm Müller). Die bloße Unverwertbarkeit einer Aussage entbindet dagegen nicht von der Wahrheitspflicht (iE → § 153 Rn. 2; → § 154 Rn. 2, 6), wirkt jedoch strafmildernd (→ § 154 Rn. 16).

4. Die Aussagedelikte sind **eigenhändige** Delikte (hM; anders Puppe ZStW 7
120 (2008), 504 (514, 525), es gibt keine eigenhändigen Delikte; zur Erklärung der Eigenhändigkeit mit der Personengebundenheit der Aussage Müller, Falsche Zeugenaussage und Beteiligungslehre, 2000, S. 144; zur umstrittenen Sonderdeliktsnatur (→ Vor § 13 Rn. 33) der §§ 153, 154, 156 eing. Deichmann, Grenzfälle der Sonderstraftat, 1994, S. 42, 57, 95, 124). Sie können weder in Mittäterschaft noch, wie sich aus § 160 ergibt, in mittelbarer Täterschaft begangen werden (RGSt 61, 201; → § 25 Rn. 3, 9). Dagegen ist Teilnahme (Anstiftung und Beihilfe) nach den allgemeinen Regeln möglich Bosch/Schittenhelm in Schönke/Schröder Rn. 34. **Beihilfe durch Unterlassen** kann nach der Rspr. auch eine Prozesspartei leisten, die vorsätzlich die falsche Aussage eines Zeugen (oder die Leistung eines Meineides) geschehen lässt, obwohl sie verpflichtet und imstande ist, das Aussagedelikt dadurch zu verhindern, dass sie die Wahrheit bekennt (BGHSt 1, 22 (27); BGHSt 2, 129 = NJW 1952, 512; anders LG Münster StV 1994, 134 mablAnm Brammsen) oder wenigstens auf den Zeugen einwirkt, die Aussage zu verweigern (BGH NJW 1953, 1399). Zur Begründung der Garantenstellung (→ § 13 Rn. 6) lässt sie es – nach frü-

her noch weiterreichender Ausdehnung der Strafbarkeit (zB BGHSt 3, 18 = NJW 1952, 229) – genügen, dass die Partei den Zeugen durch ihr vorausgegangenes Verhalten in eine besondere, dem Prozess nicht mehr eigentümliche (inadäquate) Gefahr der Falschaussage gebracht hat (BGHSt 2, 129 = NJW 1952, 512; BGHSt 14, 229 = NJW 1960, 1356; BGHSt 17, 321 = NJW 1962, 1306; BGH NStZ 1993, 489 mit krit. Bespr. Geppert JK StGB § 154 Rn. 2; OLG Köln NStZ 1990, 594; OLG Hamm NJW 1992, 1977 mit abl. Bespr. Seebode NStZ 1993, 83; Bartholme JA 1993, 221; Tenter wistra 1994, 247; Brammsen StV 1994, 135; OLG Düsseldorf NJW 1994, 272 mit krit. Bespr. Geppert JK StGB § 154 Rn. 3). Im Strafprozess ist eine Garantenstellung des Angeklagten im Hinblick auf seine besondere Rechtsstellung nur ausnahmsweise anzunehmen (Müller, Falsche Zeugenaussage und Beteiligungslehre, 2000, S. 292; Heinrich in Krey/Hellmann/Heinrich StrafR BT I Rn. 774; Bosch/Schittenhelm in Schönke/Schröder Rn. 39, 40, auch zu den im Zivilprozess in Frage kommenden Konstellationen; ganz abl. Kölbel, Selbstbelastungsfreiheiten, 2006, S. 413). Dieser Rspr. steht das Schrifttum mit Recht überwiegend krit. gegenüber (Hillenkamp FS Wassermann, 1985, 861 (865); Scheffler GA 1993, 341; Heinrich in Krey/Hellmann/Heinrich StrafR BT I Rn. 774; Prittwitz StV 1995, 270; Sering, Beihilfe durch Unterlassen, 2000, S. 137, 151; Joecks/Jäger StGB Rn. 9–14; Müller in MüKoStGB Rn. 105–109; Vormbaum in NK-StGB § 153 Rn. 114–120; → § 13 Rn. 12–15) und betont zu Recht die Eigenverantwortlichkeit des Aussagenden (Geppert Jura 2002, 173 (179)). Keine Garantenstellung begründen jedenfalls die Wahrheitspflicht nach § 138 ZPO (BGHSt 4, 327 = NJW 1953, 1720), das eheliche Verhältnis, wenn die Eheleute getrennt und in Scheidung leben (BGHSt 6, 322), bloße Verwandtschaft (zu weit KG JR 1969, 27 mablAnm Lackner) und das Bestehen einer Liebesbeziehung (OLG Düsseldorf NJW 1994, 272). Es kommt auch eine (die Beihilfe durch Unterlassen verdrängende) **Teilnahme** (Anstiftung und Beihilfe) durch **aktives Tun** in Betracht, doch sind deren Grenzen ebenfalls noch nicht befriedigend geklärt (Brammsen StV 1994, 135; Prittwitz StV 1995, 270; Sering, Beihilfe durch Unterlassen, 2000, S. 143; Müller, Falsche Zeugenaussage und Beteiligungslehre, 2000, S. 205; Maurach/Schroeder/Maiwald StrafR BT II § 75 Rn. 84; stark einschränkend wegen der Eigenverantwortlichkeit des Zeugen Krischer, Die innerprozessuale Teilnahme an der uneidlichen Falschaussage und am Meineid, 2000, S. 30, 261, 279; Vormbaum in NK-StGB § 153 Rn. 112, 113; zur Abgrenzung von Tun und Unterlassen bei der Beihilfe Ebert JuS 1970, 400 (403)). Speziell zur Beteiligung des Strafverteidigers an Aussagedelikten, zB durch Benennung von Zeugen und Nichteinschreiten gegen falsche Zeugenaussagen, Beulke/Ruhmannseder, Die Strafbarkeit des Strafverteidigers, 2. Aufl. 2010, Rn. 92, 93; Kudlich/Henn JA 2008, 510 (511); aus der Rspr. BGHSt 4, 327 = NJW 1953, 1720; BGHSt 29, 99 (107) = NJW 1980, 64; BGHSt 31, 10 = NJW 1982, 1600 mAnm Beulke NStZ 1982, 329; BGHSt 46, 53 (59) = NJW 2000, 2433; zur versuchten Anstiftung BGH NStZ 2001, 145 mit Bespr. Müller NStZ 2002, 356 (358); positive Bilanz der Rspr. bei Widmaier FG BGH, 2000, 1043 (1059).

8 **5.** Das Merkmal der **Zuständigkeit** der Stelle oder Behörde in §§ 153, 154, 156 ist keine Eigenschaft bestimmter Stellen oder Behörden und somit keine institutionelle Tatsache, sondern ein Blankettmerkmal, das durch die in Bezug genommenen tatsächlichen und rechtlichen Zuständigkeitsvoraussetzungen ausgefüllt wird (Puppe GA 1990, 145 (163); Dannecker, Das intertemporale Strafrecht, 1993, S. 493; zw.).

§ 153 Falsche uneidliche Aussage

Wer vor Gericht oder vor einer anderen zur eidlichen Vernehmung von Zeugen oder Sachverständigen zuständigen Stelle als Zeuge oder Sachverständiger uneidlich falsch aussagt, wird mit Freiheitsstrafe von drei Monaten bis zu fünf Jahren bestraft.

1 **1.** Allgemein zu den Aussagedelikten, namentlich zum geschützten Rechtsgut, zu dessen Beschränkung auf die inländische Rechtspflege, zu den Voraussetzungen, unter denen eine Aussage falsch ist, und zur grundsätzlichen Bedeutung von Verfahrensmängeln → Vor § 153 Rn. 1–7.

2 **2.** Zum **äußeren Tatbestand:**

a) Der Täter muss im Rahmen einer Vernehmung (nicht einer bloßen Information) als Zeuge oder Sachverständiger, also nicht als Angeklagter, der mit seiner Einlassung strukturell nicht als Mittel der Wahrheitserforschung vorgesehen ist (Fezer FS Stree/Wessels, 1993, 663 (672)), als „Aufklärungsgehilfe" im Verfahren vor dem BVerfG (OLG Karlsruhe NStZ 1996, 282 mkritAnm Kunert; Kindhäuser JR 1997, 301 (304); zw.) oder als Partei im Zivilprozess (Geppert Jura 2002, 173 (176)) **falsch aussagen,** unabhängig davon, ob er nach § 57 StPO belehrt worden ist, zu den Personen gehört, die nach § 60 StPO nicht zu vereidigen sind (hM; anders Rudolphi GA 1969, 129; Otto JuS 1984, 161 (165); Meinecke, Die Auswirkungen von Verfahrensfehlern auf die Strafbarkeit nach den Aussagedelikten, 1996, S. 171), oder die Unwahrheit sagt, um die Gefahr gerichtlicher Bestrafung abzuwenden (zur Einbeziehung des „tatverdächtigen" Zeugen beachte BGH NJW 1985, 76 mit krit. Bespr. Montenbruck JZ 1985, 976; dagegen Kölbel, Selbstbelastungsfreiheiten, 2006, S. 375, 482).

3 **b) Gericht** bedeutet hier die inländische Behörde (→ § 11 Rn. 20), die unter staatlicher Autorität Aufgaben der Rspr. wahrnimmt; daher genügt die Aussage vor dem Rechtspfleger, soweit dieser nach §§ 3, 4 RPflG richterliche Aufgaben wahrnimmt und insoweit das Gericht repräsentiert (OLG Hamburg NJW 1984, 935 mit krit. Bespr. Geilen JK StGB § 153 Rn. 1; krit. auch Zöller in SK-StGB Rn. 4; zust. aber Müller in MüKoStGB Rn. 63; aM Geppert Jura 2002, 173 (176)). Private Schiedsgerichte werden nicht erfasst; ausländische Gerichte sind nur in den Grenzen von Sonderregelungen (namentlich des § 5 Nr. 10) einbezogen (→ Vor § 153 Rn. 2); nicht erfasst sind Aussagen vor der Polizei und Staatsanwaltschaft (Geppert Jura 2002, 173 (176)). Auf die Verfahrensart kommt es nicht an, so dass zB auch das Verfahren über Prozesskostenhilfe ausreicht (OLG Frankfurt a. M. NJW 1952, 902). Die **andere Stelle** iSv Abs. 1 muss zur **eidlichen** Vernehmung von Zeugen oder Sachverständigen **zuständig** sein, zB das Patentamt nach § 46 I PatG, nicht dagegen der Untersuchungsführer nach dem BDisziplinarG (OLG Karlsruhe NStZ-RR 2012, 11). Zuständigkeit nach § 156 genügt nicht.

4 **3.** Für die Frage, wieweit die Aussage der **Wahrheitspflicht** unterliegt und die Tat auch durch **Verschweigen** begangen werden kann, gelten die Ausführungen zum Zeugen- und Sachverständigeneid (→ § 154 Rn. 6, 7) sinngemäß (einschr. Vormbaum in NK-StGB Rn. 98). Während letzterer allerdings die Angaben zur

Person des Sachverständigen nicht umfasst, sind diesbezügliche Falschangaben etwa zur Berufsbezeichnung von § 153 erfasst (BGH NStZ 2019, 462).

5 **4.** Der **Vorsatz** (bedingter genügt; krit. Arzt FS Jescheck, 1985, 391) muss sich darauf erstrecken, dass die Aussage falsch ist, dass sie unter die Wahrheitspflicht fällt und dass die vernehmende Stelle zuständig ist (→ § 154 Rn. 9).

6 **5. Vollendet** ist die Tat, wenn die Aussage abgeschlossen ist, dh wenn der Aussagende nichts mehr bekunden und kein Verfahrensbeteiligter mehr Fragen an ihn stellen will (beachte dazu BayObLG StV 1989, 251 mAnm Wächtler; Geppert Jura 2002, 173 (176)), spätestens mit dem Schluss der Verhandlung im jeweiligen Rechtszug (BGHSt 8, 301 = NJW 1956, 191; Vormbaum in NK-StGB Rn. 17). Es kann also jemand in einer Verhandlung mehrere Aussagen machen; umgekehrt kann sich auch eine Aussage über mehrere Verhandlungen erstrecken. Deshalb können bei falscher Aussage in mehreren Terminen je nach den Umständen mehrere Taten oder eine einzige Tat vorliegen (BGHSt 8, 301 = NJW 1956, 191; str.). Danach bestimmt sich auch, ob strafloser Versuch oder nur Berichtigung (§ 158) vorliegt, wenn der Aussagende zum Schluss richtigstellt (BGH NStZ 1982, 431).

7 **6.** Zu **Mittäterschaft,** mittelbarer Täterschaft und Teilnahme, namentlich auch zur Beihilfe durch Unterlassen, → Vor § 153 Rn. 7. Da die Zeugen- oder Sachverständigeneigenschaft nur die Positionsnähe zum Rechtsgut charakterisiert, ist § 28 I nicht anwendbar (Müller NStZ 2002, 356; Bosch/Schittenhelm in Schönke/Schröder Vor § 153 Rn. 42; Fischer Vor § 153 Rn. 2; aM Langer FS Wolf, 1985, 335 (345); Herzberg GA 1991, 145 (182); Deichmann, Grenzfälle der Sonderstraftat, 1994, S. 57; Hoyer in SK-StGB § 28 Rn. 37; Vormbaum in NK-StGB Rn. 111).

8 **7.** Mehrere falsche Angaben in einer Aussage bilden eine (natürliche oder tatbestandliche) **Handlungseinheit** (OLG Köln StV 1983, 507; → Vor § 52 Rn. 4–10); bei Falschaussagen in mehreren in sich abgeschlossenen Vernehmungen nimmt die Rspr. Tatmehrheit an (BGH NJW 1999, 2378 (2380); aM Bosch/Schittenhelm in Schönke/Schröder Rn. 14). Über das Verhältnis zu § 154 → § 154 Rn. 12–14. Beihilfe zu § 153 geht in Anstiftung zu § 154 auf (BGHSt 4, 244 = NJW 1953, 1193); dagegen steht Anstiftung zu § 153 mit Beihilfe zu § 154 in **Tateinheit** (BGH NStZ 1993, 489). Mit § 163 ist Tateinheit möglich (BGHSt 4, 214 = NJW 1953, 1113), ebenso zB mit §§ 164, 187, 258, 263 (zu weit aber BGHSt 43, 317 = NJW 1998, 1001 mit abl. Bespr. Momsen NStZ 1999, 306; Geppert JK StGB § 52 Rn. 10, Prozessbetrug mit Anstiftung zu § 153). Begeht ein Rechtsanwalt die Tat zugunsten eines Mandanten, sind bei der Strafzumessung die anwaltsrechtlichen Sanktionen nach § 114 BRAO in Betracht zu ziehen (BGH wistra 2016, 190 = BeckRS 2016, 3128).

§ 154 Meineid

(1) **Wer vor Gericht oder vor einer anderen zur Abnahme von Eiden zuständigen Stelle falsch schwört, wird mit Freiheitsstrafe nicht unter einem Jahr bestraft.**

(2) **In minder schweren Fällen ist die Strafe Freiheitsstrafe von sechs Monaten bis zu fünf Jahren.**

1. a) Allgemein zu den Aussagedelikten, namentlich zum geschützten Rechtsgut, zu dessen Beschränkung auf die innerstaatliche Rechtspflege, zu den Voraussetzungen, unter denen eine Aussage falsch ist, und zur grundsätzlichen Bedeutung von Verfahrensmängeln → Vor § 153 Rn. 1–7; zur eidesgleichen Bekräftigung § 155. 1

b) Täter kann jeder sein, der das Wesen einer Aussage und des Eides versteht, auch der nach § 60 StPO, § 393 ZPO Eidesunmündige oder -unfähige, wenn er versehentlich vereidigt wird (BGHSt 10, 142 (144) = NJW 1957, 756; aM Rudolphi GA 1969, 129; Otto JuS 1984, 161 (165); Hohmann/Sander StrafR BT II § 22 Rn. 4; Rengier StrafR BT II § 49 Rn. 20; Wessels/Hettinger StrafR BT I Rn. 754; zum Eidesunmündigen auch Hruschka/Kässer JuS 1972, 709 (711); Deichmann, Grenzfälle der Sonderstraftat, 1994, S. 109; Meinecke, Die Gesetzgebungssystematik der Versuchsstrafbarkeit von Verbrechen und Vergehen im StGB, 2001, S. 200). 2

2. Gericht → § 153 Rn. 3; zur Ausscheidung des Rechtspflegers beachte § 4 II Nr. 1 RPflG. Das Gericht (oder die sonst abnehmende Stelle) ist nur **zuständig,** wenn der Eid in einem Verfahren geschworen wird, in dem das Gesetz einen Eid dieser Art überhaupt zulässt (BGHSt 3, 248 (309) = NJW 1953, 113; BGHSt 64, 307 = NJW 2020, 1982), gleichgültig aber, ob der abnehmende Richter nach seinem Geschäftsbereich zur Abnahme eines derartigen Eides allgemein zuständig ist (BGHSt 3, 235 = NJW 1952, 1423), ob er im konkreten Fall, zB nach §§ 22ff. StPO, von der Ausübung des Richteramtes ausgeschlossen ist (BGHSt 10, 142 = NJW 1957, 756), ob der Vereidigung sonst Verfahrensvorschriften entgegenstehen (BGHSt 16, 232 = NJW 1961, 2168; aM Rudolphi GA 1969, 129; Joecks/Jäger StGB Rn. 6) oder ob bei der Vernehmung gegen die §§ 69, 241 II StPO verstoßen worden ist (KG JR 1978, 77 mAnm Willms). Nach der Rspr. soll im Verfahren der freiwilligen Gerichtsbarkeit die Vereidigung der Beteiligten ausgeschlossen sein (BGHSt 10, 272 = NJW 1957, 1116; BGHSt 12, 56 = NJW 1958, 1881; OLG Hamm NStZ 1984, 551), ebenso im Wahlprüfungsverfahren nach sächsichem Recht (BGHSt 64, 307 = NJW 2020, 1982 mkritAnm Mitsch).. Der Amtsträger, der die zuständige Stelle verkörpert, muss nach den allgemeinen Grundsätzen des Staats- und Gerichtsverfassungsrechts berufen sein; deshalb keine Zuständigkeit des Referendars (RGSt 65, 206) oder des unzulässigerweise mit richterlichen Geschäften beauftragten StA (RGSt 60, 25). Vor **Untersuchungsausschüssen** des Bundestags und der Landtage ist in § 24 PUAG eine Vereidigung nicht vorgesehen (→ § 162 Rn. 3), doch entfaltet dies keine Sperrwirkung für anderer parlamentarische Ausschüsse (BGHSt 64, 307 = NJW 2020, 1982). 3

3. Die wesentlichen **Förmlichkeiten** der Eidesabnahme müssen gewahrt sein; namentlich die Worte „ich schwöre" dürfen nicht fehlen (RGSt 62, 147 (149); RGSt 67, 331). Beachte aber § 155. 4

4. § 154 betrifft Eide aller Art, die zur Bekräftigung von Aussagen geleistet werden, gleichgültig, ob **Nacheid** (assertorischer) oder **Voreid** (promissorischer Eid); jedoch sind die Grenzen der eidlichen Wahrheitspflicht je nach Verfahren und Prozessrolle der Aussageperson verschieden (Bruns GA 1960, 161; Otto JuS 1984, 161 (163)). In Frage kommen vor allem: 5

a) Der **Zeugeneid** (zB §§ 59ff. StPO, §§ 391ff. ZPO). Hier erstreckt sich die Wahrheitspflicht jedenfalls auf alle tatsächlichen Angaben, die nach den für die je- 6 weilige Prozessart geltenden Regeln den Gegenstand der Vernehmung bilden (BGHSt 25, 244 = NJW 1974, 154 mAnm Demuth NJW 1974, 757; Rudolphi JR 1974, 293; OLG Hamburg NJW 1981, 237; krit. Bruns GA 1960, 161 (164)), einschließlich der Personalien (RGSt 60, 407). Im Zivilprozess wird der Gegenstand der Vernehmung durch den Beweisbeschluss begrenzt (BGHSt 1, 22); jedoch sind Antworten auf Fragen des Richters oder auf andere vom Richter zugelassene Fragen der Prozessbeteiligten stets Vernehmungsgegenstand (BGHSt 2, 90 = NJW 1952, 353; KG JR 1978, 77 mAnm Willms; beachte jedoch BGH bei Holtz MDR 1991, 1021). Im Strafprozess ist Gegenstand der Zeugenvernehmung die Tat iSd § 264 I StPO, doch kann der Richter diesen Gegenstand begrenzen; durch unzulässige (zB bloßstellende iSd § 68a StPO) Fragen von Verfahrensbeteiligten (zB des Verteidigers) kann das Beweisthema und damit die Wahrheitspflicht des Zeugen nicht erweitert werden (Zöller in SK-StGB Vor § 153 Rn. 23; anders BGH NStE Nr. 3 zu § 153, wo nur die Verpflichtung abgelehnt wird, über den genauen Inhalt solcher Fragen hinausgehende ergänzende und vervollständigende Angaben zu machen). Darüber hinaus unterliegen auch spontane Äußerungen der Wahrheitspflicht, wenn sie entscheidungserheblich und nach den jeweiligen Verfahrensregeln bei der Beweiswürdigung verwertbar sind (Rudolphi JR 1974, 293; Müller, Falsche Zeugenaussage und Beteiligungslehre, 2000, S. 102; aM BGHSt 25, 244 = NJW 1974, 154; BGH NStZ 1982, 464, die eine Wahrheitspflicht erst für die Bestätigung der spontanen Äußerung nach Erweiterung des Beweisthemas durch den vernehmenden Richter annehmen; ebenso Bosch/Schittenhelm in Schönke/Schröder Vor § 153 Rn. 15; zw.). Ungefragt hat der Zeuge auch solche Tatsachen (nicht auch bloße Vermutungen, StV 1990, 110) anzugeben, die erkennbar mit der Beweisfrage in untrennbarem Zusammenhang stehen und entscheidungserheblich sind (BGHSt 3, 221 = NJW 1953, 36), auch wenn er die Aussage verweigern könnte; das muss er ausdrücklich sagen (BGHSt 7, 127 = NJW 1955, 230). Insoweit kommt Meineid durch Verschweigen in Frage (BGHSt 1, 22 (148); BGHSt 3, 235 = NJW 1952, 1423), der ein normales Begehungs-, kein unechtes Unterlassungsdelikt ist (Schmidhäuser FS Celle, 1961, 207 (211)). Wird allerdings eine Zeugin nur nach Mehrverkehr mit bestimmten Männern gefragt, besteht keine Offenbarungspflicht über den Verkehr mit anderen Männern (BGHSt 3, 221 = NJW 1953, 36). Auch braucht der Zeuge seine Personalien und Umstände, die seine Glaubwürdigkeit betreffen, nicht ungefragt zu offenbaren (BGHSt 5, 25 = NJW 1953, 1922).

7 **b)** Der **Sachverständigeneid** (§ 79 StPO, § 410 ZPO). Er umfasst nicht die Personalien (RGSt 20, 235). Inhalt eines Sachverständigengutachtens können Mitteilungen über sog. Befundtatsachen (RGSt 69, 97) und Werturteile sein. Im letzteren Falle ist der Eid falsch, wenn das Urteil nicht der Überzeugung des Sachverständigen entspricht (→ Vor § 153 Rn. 4). Der vereidigte Dolmetscher begeht Meineid, wenn er bewusst unrichtig übersetzt (BGHSt 4, 154 = NJW 1953, 1033; Müller in MüKoStGB Rn. 18; OLG Koblenz BeckRS 2017, 107877; aM Vormbaum in NK-StGB Rn. 28; Fischer Rn. 9).

8 **c)** Der **Parteieid** (§ 452 ZPO). Die Ausführungen unter → Rn. 6 gelten sinngemäß (BGH MDR 1968, 597).

9 **5.** Der **Vorsatz** (bedingter genügt) muss sich darauf erstrecken, dass die Aussage falsch ist, dass sie unter den Eid fällt und dass die abnehmende Stelle zuständig ist (BGHSt 1, 148 = NJW 1951, 571; Herzberg JuS 1999, 1073 (1075)). Hat der Täter

Zweifel an der Wahrheit (dh an der Richtigkeit oder Vollständigkeit seines Erinnerungsbildes), ohne sie zu offenbaren, so liegt idR bedingter Vorsatz vor (BGH GA 1973, 376; krit. Arzt FS Jescheck, 1985, 391; Klesczewski StrafR BT S. 900; aM Heinrich in Krey/Hellmann/Heinrich StrafR BT I Rn. 754, der auf dem Boden der objektiven Theorie zu Unrecht direkten Vorsatz annimmt). Die irrige Annahme, der Eid beziehe sich nicht auf bestimmte Teile der Aussage, schließt den Vorsatz aus (BGHSt 2, 74 (76) = BeckRS 1952, 31195875; BGHSt 4, 214 = NJW 1953, 1113). Umfasst der Vorsatz nicht alle vorstehenden Merkmale (Tatbestandsirrtum), kommt § 163, ggf. in Tateinheit mit § 153 (BGHSt 4, 214 = NJW 1953, 1113; Geppert Jura 2002, 173 (177); str.), in Frage. Hält der Täter seine wahre Aussage irrig für falsch, so liegt untauglicher Versuch vor (→ § 22 Rn. 12). Zu den irrigen Annahmen, die falsche Aussage falle unter den Eid oder die abnehmende Stelle sei zuständig, → § 22 Rn. 15; sowie Deichmann, Grenzfälle der Sonderstraftat, 1994, S. 118, Walter Kern des Strafrechts S. 262; Rengier StrafR BT II § 49 Rn. 25; zu Grenzfällen BGHSt 5, 111 = NJW 1954, 1127; BGHSt 10, 8 = NJW 1957, 230.

6. Der **Versuch** beginnt beim Nacheid erst mit dem Anfang der Eidesleistung 10
(BGHSt 1, 241 = NJW 1951, 725; BGHSt 4, 172 = NJW 1953, 1191; zu Versuch und Vollendung bei der eidesgleichen Bekräftigung gem. § 155s Vormbaum JZ 2012, 195), beim Voreid mit dem Anfang der Aussage (RGSt 54, 117 (121); Geppert Jura 2002, 173 (177)); vollendet ist der Meineid in diesem Fall mit dem Abschluss der Aussage (RGSt 14, 19), beim Nacheid mit der Beendigung des Schwurs (ebenso Hillenkamp in LK-StGB § 22 Rn. 12).

7. Zu **Mittäterschaft,** mittelbarer Täterschaft und Teilnahme → Vor § 153 11
Rn. 7; → § 153 Rn. 7.

8. Zum **Verhältnis der §§ 153, 154** hat die Rspr. folgende Grundsätze ent- 12
wickelt (BGHSt 8, 301 = NJW 1956, 191):

a) Die uneidliche Aussage (§ 153) ist das Grunddelikt, der Meineid eine qualifizierte Form der Falschaussage (zum Grund der Qualifizierung Vormbaum FS Beulke, 2015, 581).

b) § 153 ist grds. (zu einer Ausnahme BGHSt 4, 214 = NJW 1953, 1113) nur 13
auf Aussagen anwendbar, die nicht beschworen werden. Er tritt gegenüber § 154 auch dann zurück (Subsidiarität), wenn der Täter im selben Rechtszug mehrmals, sei es auch mit wechselnden Angaben vernommen worden ist. Wird eine Falschaussage jedoch erst nach einem Eid oder in einem neuen Rechtszug wiederholt, so liegt in Fällen, in denen die mehreren Aussagen Grundlage derselben Entscheidung werden, eine tatbestandliche Handlungseinheit (→ Vor § 52 Rn. 10) vor.

c) Die Beeidigung ist nicht Teil der Aussage. Diese ist beim Nacheid schon vor- 14
her abgeschlossen und bleibt deshalb als uneidliche Falschaussage übrig, wenn der Täter durch nachträgliche Berichtigung (beachte § 158) ein Eidesdelikt ganz vermeidet (hM; anders Vormbaum JR 1989, 133 mwN; zw.) oder vom Versuch des Meineids wirksam zurücktritt (→ § 24 Rn. 23).

9. Wahlfeststellung (→ § 1 Rn. 9–20) ist möglich, wenn nicht festgestellt wer- 15
den kann, welche von zwei sich widersprechenden eidlichen Aussagen (BGHSt 2, 351 = NJW 1952, 755) oder welche von zwei Bekundungen, die durch eidliche oder uneidliche Aussage und durch eidesstattliche Versicherung gemacht worden

sind (OLG Hamm GA 1974, 84), falsch ist. Bleibt ungeklärt, ob eine eidliche oder uneidliche Aussage, die einander widersprechen, falsch ist, so ist nach dem Grundsatz in dubio pro reo aus § 153 zu verurteilen (BGHSt 2, 351 = NJW 1952, 755; BGHSt 13, 70 = NJW 1959, 1139; BayObLG NJW 1965, 2211 mablAnm Koffka JR 1965, 430; Sax JZ 1965, 745; Ruß in LK-StGB § 153 Rn. 14).

16 **10.** Zu **Abs. 2** (minder schwere Fälle) → § 46 Rn. 7–10a (sa BayObLG NJW 1986, 202 mAnm Krümpelmann/Heusel JR 1987, 39; sowie BayObLG NStZ-RR 1999, 174). Seit der Abschaffung der Regelvereidigung im Strafprozess mit § 59 I 1 StPO ist Abs. 2 zu prüfen, wenn die Voraussetzungen einer Vereidigung im konkreten Fall nicht vorlagen (BGH NStZ 2012, 567; AG Rudolstadt StV 2016, 575).

a) Strafmildernd wirkt, wenn der Täter auf ein ihm zustehendes **Zeugnis- oder Auskunftsverweigerungsrecht** nicht hingewiesen worden ist (BGH NStZ 1984, 134; NStZ 2005, 33; StV 1988, 427), es sei denn, dass er selbst bei Belehrung falsch ausgesagt hätte (BGH JR 1981, 248 mAnm Bruns; Detter NStZ 1991, 478). Mildernd wirkt ferner, wenn er **vereidigt** worden ist, obwohl er hätte unvereidigt bleiben müssen oder können (BGHSt 23, 30 = NJW 1969, 2154; BGH StV 1982, 521; OLG Stuttgart NJW 1978, 711; BayObLG JZ 1991, 315; OLG Düsseldorf NStZ-RR 1996, 137; OLG Frankfurt a. M. NStZ-RR 2001, 299); ob bei der Eidesabnahme die Voraussetzungen für das Unterbleiben der Vereidigung erkennbar waren, ist unerheblich (BGH StV 1988, 427; OLG Hamburg JR 1981, 158). Nach der Rspr. soll dieser Milderungsgrund wegen der typischen Zwangslage nur der Aussageperson, nicht auch dem Anstifter zugute kommen (BGHSt 27, 74 = NJW 1976, 1461 mablAnm Lenckner JR 1977, 74; krit. Krümpelmann/Heusel JR 1987, 39; zw.). Von § 157 ist er unabhängig und daher neben diesem zu berücksichtigen (BGH NStZ 1991, 280; NStZ 2003, 33).

17 **b)** Liegt einer dieser Verfahrensmängel vor (→ Rn. 16), so ist die Annahme eines minder schweren Falles im Hinblick auf das Erfordernis einer Gesamtwürdigung von Tat und Täter (→ § 46 Rn. 9) zwar **nicht zwingend** (aM für § 60 Nr. 2 StPO BGH JR 1981, 248), wohl aber so nahe liegend, dass ein Übergehen des Abs. 2 einen sachlich-rechtlichen Fehler bedeutet (OLG Stuttgart NJW 1978, 711 (712)).

§ 155 Eidesgleiche Bekräftigungen

Dem Eid stehen gleich
1. die den Eid ersetzende Bekräftigung,
2. die Berufung auf einen früheren Eid oder auf eine frühere Bekräftigung.

1 **1. Bekräftigung** (Nr. 1) und **Berufung** (Nr. 2) stehen für die Anwendung des § 154 (Meineid), des § 160 (Verleitung zum Falscheid) und des § 163 (fahrlässiger Falscheid) dem Eide gleich (beachte dazu BVerfGE 33, 23 = NJW 1972, 1183).

2 **2. Nr. 1:** Vgl. namentlich § 66d StPO, § 484 ZPO. Beteuerungsformeln von Religionsgesellschaften können nicht anstelle des Eides abgegeben, sondern nur dem Eid angefügt werden.

3 **3. Nr. 2:** Vgl. namentlich §§ 67, 72, 79 III StPO, §§ 398 III, 402, 410 II, 451 ZPO. Berufung auf einen früheren Eid oder eine frühere Bekräftigung ist nicht nur die Berufung auf einen in derselben Sache früher geleisteten Partei-, Zeugen-

oder Sachverständigeneid oder eine entsprechende frühere Bekräftigung, sondern auch die Berufung eines allgemein vereidigten Sachverständigen auf den von ihm geleisteten Eid und die Berufung eines Beamten auf seinen Diensteid (BT-Drs. 7/2526, 26); ist in dem jeweiligen Verfahren die Berufung auf den früheren Eid überhaupt vorgesehen, so kommt es auf die prozessuale Zulässigkeit der Berufung im konkreten Fall nicht an (Bosch/Schittenhelm in Schönke/Schröder Rn. 5; aM Müller in MüKoStGB Rn. 9; Ruß in LK-StGB Rn. 2, 3; zw.).

§ 156 Falsche Versicherung an Eides Statt

Wer vor einer zur Abnahme einer Versicherung an Eides Statt zuständigen Behörde eine solche Versicherung falsch abgibt oder unter Berufung auf eine solche Versicherung falsch aussagt, wird mit Freiheitsstrafe bis zu drei Jahren oder mit Geldstrafe bestraft.

1. Allgemein zu den Aussagedelikten, namentlich zum geschützten Rechtsgut 1
(speziell zu § 156 BGHSt 45, 16 (24) = NJW 1999, 2378; sa BAG NJW 2006, 252 (254)), zu dessen Beschränkung auf die innerstaatliche Rechtspflege, zu den Voraussetzungen, unter denen eine Aussage falsch ist, und zur grundsätzlichen Bedeutung von Verfahrensmängeln → Vor § 153 Rn. 1–7.

2. a) Behörde → § 11 Rn. 20. **Zuständigkeit** der Behörde setzt nicht nur all- 2
gemeine Zuständigkeit zur Abnahme eidesstattlicher Versicherungen voraus (BGH StV 1985, 55), sondern darüber hinaus, dass die konkrete Versicherung über den Gegenstand, auf den sie sich bezieht, und in dem Verfahren, zu dem sie eingereicht wird, abgenommen werden darf und dass sie nicht rechtlich völlig wirkungslos ist (BGHSt 5, 69 = NJW 1954, 200; BayObLG NJW 1998, 1577; OLG Frankfurt a. M. NStZ-RR 1996, 294; OLG Stuttgart NStZ-RR 1996, 265; krit. zu der im Kern unrichtigen Formel Schubath MDR 1972, 744; Leibinger FS Rebmann, 1989, 259 (266)). Ob ihre Entgegennahme dagegen im Einzelfall geboten, angemessen oder auch nur sinnvoll war, ist unerheblich (RGSt 47, 37; Vormbaum in NK-StGB Rn. 30). Während die Zuständigkeit früher nur vereinzelt ausdrücklich, zB in §§ 294, 807 ZPO und § 15 II FGG, geregelt war, dürfen heute Behörden nach § 27 VwVfG und den VwVfG der Länder im Verwaltungsverfahren eidesstattliche Versicherungen nur verlangen und abnehmen, wenn deren Abnahme über den jeweiligen Gegenstand und in dem jeweiligen Verfahren durch Gesetz oder Rechtsverordnung vorgesehen und die Behörde durch Rechtsvorschrift für zuständig erklärt worden ist (OLG Düsseldorf NStZ 1991, 38; OLG Frankfurt a. M. NStZ-RR 1996, 294). Im Steuerverfahren sind die Finanzbehörden nur in den Grenzen des § 95 AO zuständig. Damit sind alle eidesstattlichen Versicherungen, die Behörden in Verwaltungs- und Steuerverfahren unter Überschreitung ihrer Zuständigkeit abnehmen, strafrechtlich (auch als Versuch) unerheblich (→ Rn. 6). Die früher oft schwer zu beantwortende Frage, ob einer Behörde die Durchführung förmlicher Beweisverfahren übertragen worden ist (BGHSt 2, 218 = NJW 1952, 630; BGH NJW 1966, 1037), kann deshalb nur noch außerhalb dieses Regelungsbereichs Bedeutung gewinnen.

b) Nach wie vor steht **in der Praxis** die Zuständigkeit der Gerichte in Verfah- 2a
ren nach der ZPO, der StPO, dem FamFG, der InsO usw im Vordergrund, und zwar meist zur Glaubhaftmachung von Tatsachen als Grundlage für Verfahrensent-

scheidungen oder vorläufige Regelungen. Dagegen darf eine eidesstattliche Versicherung des Beschuldigten niemals (BGHSt 25, 89 (92) = NJW 1973, 521; BayObLG NStZ 1990, 340) und die von anderen Personen regelmäßig dann nicht abgenommen werden, wenn sie nur die vorgeschriebene und mögliche (eidliche oder uneidliche) Vernehmung der Beweisperson für die endgültige Sachentscheidung (BGH GA 1973, 109) vorwegnehmen oder ersetzen soll (krit. zur Unklarheit dieser Abgrenzung Leibinger FS Rebmann, 1989, 259 (268)); zB Versicherung des Zeugen im Strafverfahren (BGHSt 5, 69 = NJW 1954, 200; einschr. BayObLG NJW 1998, 1577), auch im Wiederaufnahmeverfahren (BGHSt 17, 303 = NJW 1962, 1520; aM OLG Hamm NJW 1954, 363), des Zeugen im ordentlichen Zivilprozess (Ruß in LK-StGB Rn. 12; aM BGHSt 7, 1 = NJW 1955, 30; beachte jedoch die abweichenden Grundsätze in BGHSt 5, 69 = NJW 1954, 200) oder des Vollstreckungsschuldners im Verfahren auf Gewährung von Vollstreckungsschutz (BayObLG wistra 1990, 70). Eine Zuständigkeit der StA und der Polizei im Ermittlungsverfahren wird, weil sie kein förmliches Beweisverfahren durchführen, ganz verneint (hM; vgl. BayObLG NJW 1998, 1577; Herrmann, Die Reform der Aussagetatbestände, 1973, S. 200; zweifelnd im Hinblick auf § 161a StPO Bosch/Schittenhelm in Schönke/Schröder Rn. 12), während die Verwaltungsbehörde im Bußgeldverfahren in bestimmten Fällen der Glaubhaftmachung (zB eines Zeugnisverweigerungsrechts nach § 56 StPO iVm § 46 I OWiG) zuständig sein soll (hM; vgl. Seitz in Göhler OWiG § 59 Rn. 62; krit. Leibinger FS Rebmann, 1989, 259 (260), der eine zureichende Begr. für die Unterscheidung gegenüber der StA vermisst); die Straßenverkehrsbehörde ist zuständig zur Entgegennahme einer eidesstattlichen Versicherung gem. § 5 StVG (BGHR StGB § 156 Versicherung 3). Eine Begrenzung der Zuständigkeit auch insoweit, als spontan abgegebene Erklärungen nur erfasst werden, wenn eidesstattliche Versicherungen in dem jeweiligen Verfahren (zB beim Arrest und der einstweiligen Verfügung) institutionell zur Glaubhaftmachung vorgesehen sind (so Ruß in LK-StGB Rn. 7–8), ist dem Gesetz nicht zu entnehmen (BGH GA 1973, 109; Leibinger FS Rebmann, 1989, 259 (269); beachte jedoch auch BayObLG NJW 1998, 1577).

3 **3. a) Umfang und Grenzen der Wahrheitspflicht** bestimmen sich nach dem Verfahrensgegenstand und den Regeln des Verfahrens in dem die eidesstattliche Versicherung abgegeben wird (BGH NJW 1990, 918 (920) mAnm Keller JR 1990, 480; OLG Düsseldorf NJW 1985, 1848; OLG Karlsruhe NStZ 1985, 412; OLG Frankfurt a. M. NStZ-RR 1998, 72; OLG Zweibrücken NStZ-RR 2008, 173; OLG Bamberg NJW 2009, 385; zur Versicherung an Eides Statt gem. § 31 I FamFG in Gewaltschutzverfahren OLG Stuttgart NStZ-RR 2012, 368). Davon hängt es auch ab, ob eine Versicherung wegen Verschweigens wesentlicher Umstände (→ Vor § 153 Rn. 5; → § 154 Rn. 6) falsch ist (BGH NJW 1959, 1235; Cramer Jura 1998, 337). Bei unverlangt abgegebenen Versicherungen bedarf es einer thematischen Eingrenzung; nicht erfasst werden hier solche Angaben, die nach einer auf den Zeitpunkt der Vorlage der Versicherung bezogenen Beurteilung für den Ausgang des Verfahrens ohne jede mögliche Bedeutung sind (BGH NJW 1959, 1235; OLG Düsseldorf NJW 1985, 1848; OLG Karlsruhe NStZ 1985, 412; sa Leibinger FS Rebmann, 1989, 259 (271); Wessels/Hettinger/Engländer StrafR BT I Rn. 776).

4 **b)** Bei der den Offenbarungseid ersetzenden **eidesstattlichen Versicherung** (vgl. namentlich §§ 807, 883 II ZPO, § 153 II InsO) hat sich der Umfang der Wahrheitspflicht gegenüber dem früheren, zum Offenbarungseid geltenden Recht nicht geändert. Bei der Versicherung nach fruchtloser Pfändung fallen unter die Wahr-

heitspflicht nur die Angaben, die der Schuldner nach § 807 I ZPO zu machen verpflichtet ist (BGHSt 19, 126 = NJW 1964, 60; BGH NJW 1968, 1388). Sie sollen dem Gläubiger eine Übersicht der Vermögensstücke verschaffen, die möglicherweise seinem Zugriff durch Zwangsvollstreckung unterliegen (BGHSt 8, 399 = NJW 1956, 599). Deshalb hat der Schuldner sein gesamtes Ist-Vermögen anzugeben (RGSt 71, 360; BayObLG NStZ 2003, 665), und zwar auch unpfändbare Sachen (BGH NJW 1956, 756), Forderungen, die rechtlich oder tatsächlich zweifelhaft sind (BGH NJW 1953, 390), Anwartschaftsrechte (BGHSt 13, 345 = NJW 1960, 205; BGHSt 15, 128 = NJW 1960, 2200), noch nicht zu Ende geführte Mandate des Rechtsanwalts, Steuerberaters oder Arztes (BGHSt 37, 340 = NJW 1991, 2844), fortlaufende, in Abwicklung begriffene Maklergeschäfte (BGHSt 37, 340 = NJW 1991, 2844), dem Schuldner fiduziarisch übertragene Rechte (KG JR 1985, 161), der Aufrechnung unterliegende Forderungen (Herlan GA 1958, 51) und anfechtbare Rechte (RGSt 60, 69). Nach objektivem Maßstab offensichtlich unpfändbare (BayObLG MDR 1991, 1079; sa BayObLG StV 1992, 324) und völlig wertlose Gegenstände brauchen (auch in den vorstehenden Fällen) nicht angegeben zu werden (BGHSt 13, 345 (348) = NJW 1960, 205; BayObLG wistra 1993, 73; wistra 1999, 398). Umgekehrt verletzt die Angabe fingierter Vermögensstücke die Wahrheitspflicht (BGHSt 7, 375 = NJW 1955, 1236; OLG Stuttgart NJW 1961, 2319; str.). Zu der Aufstellung des Ist-Vermögens kommen noch die Angaben über gewisse rechtsgeschäftliche Verfügungen nach § 807 I Nr. 1–3 ZPO hinzu und solche weiteren Angaben, auf die der Gläubiger zur Klärung der Vollstreckungsmöglichkeiten angewiesen ist, zB Angaben über persönliche Verhältnisse des Schuldners, soweit sie für die Vollstreckung wichtig sind (BGHSt 11, 223; OLG Hamm GA 1975, 180), über die Verwendung des dem Schuldner gezahlten Arbeitsentgelts (BGHSt 10, 149) oder über den Stand einer Erbauseinandersetzung (BGH NJW 1957, 1200). Weitergehende Angaben (auch auf Fragen des Richters), zB über tatsächliches Ausüben von Geschäftstätigkeit (BGH bei Holtz MDR 1980, 813; beachte jedoch BGHSt 37, 340 = NJW 1991, 2844), über bloße Erwerbsmöglichkeiten oder über bevorstehende Zuwendungen von rechtlich nicht verpflichteten Dritten, fallen nicht unter die Wahrheitspflicht (BGHSt 8, 399 = NJW 1956, 599; BGH NJW 1968, 2251; StV 1990, 111; OLG Frankfurt a. M. GA 1973, 154; speziell zum Arbeitseinkommen nach § 850 II ZPO BayObLG NStZ 2003, 665 mzustAnm Vormbaum JR 2004, 168). Diese wird aber idR nicht dadurch eingeschränkt, dass der Schuldner sich durch die Offenbarung einer Straftat bezichtigen müsste (BGHZ 41, 318 (326) = NJW 1964, 1469; BGHSt 37, 340 = NJW 1991, 2844; str.).

4. Die eidesstattliche Versicherung ersetzt nicht wie die Bekräftigung nach § 155 5
den Eid; sie ist eine **selbständige Beteuerungsform.** Die Formel „an Eides Statt“ ist nicht zwingend (RGSt 70, 266); gleichbedeutende Ausdrücke reichen aus. Die Versicherung kann – soweit das Gesetz nichts anderes bestimmt (zB in §§ 802c III 2, 807 II 2 ZPO, § 95 II AO) – mündlich oder schriftlich (einschr. für „spontane“ Versicherungen Vormbaum in NK-StGB Rn. 19; dagegen Bosch/Schittenhelm in Schönke/Schröder Rn. 4), auch durch Vermittlung eines Dritten (RGSt 67, 408) abgegeben werden. Bei schriftlichen Versicherungen genügt, dass sie bei der Behörde in Urschrift (RGSt 70, 130), uU auch in notariell beglaubigter Abschrift (BGH GA 1971, 180) oder durch ein Telefax (BayObLG NJW 1996, 406 iErg mzustAnm Vormbaum/Zwiehoff JR 1996, 295), eingehen; einer inhaltlichen Kenntnisnahme bedarf es nicht (BGHSt 45, 16 (24) = NJW 1999, 2378). Deshalb

noch keine Abgabe, wenn ein Notar die beurkundete Erklärung nicht weiterleitet oder ein Anwalt nur eine beglaubigte Abschrift der vor ihm abgegebenen Versicherung einreicht (RGSt 70, 130). Bei mündlichen Versicherungen muss die Erklärung abgeschlossen sein (OLG Stuttgart NJW 1961, 2319).

6 **5.** Der **Vorsatz** (bedingter genügt, RGSt 70, 266) muss sich darauf erstrecken, dass die Versicherung falsch ist, dass sie unter die Wahrheitspflicht fällt (KG JR 1985, 161; BayObLG wistra 1993, 73) und dass die Behörde zuständig ist (BGHSt 1, 13 = NJW 1951, 160; BHGSt 24, 38; → § 154 Rn. 9). Mangels Strafbarkeit des Versuchs ist die irrige Annahme dieser Voraussetzungen unschädlich (für strafloses Wahndelikt Geppert Jura 2002, 173 (178)).

7 **6.** Zu **Mittäterschaft,** mittelbarer Täterschaft und Teilnahme → Vor § 153 Rn. 7; → § 153 Rn. 7.

8 **7.** Mehrere Versicherungen in demselben Rechtszug bilden eine (natürliche oder tatbestandliche) Handlungseinheit (aM BGHSt 45, 16 (24) = NJW 1999, 2378). **Tateinheit** ua möglich mit §§ 263, 267 (RGSt 69, 117), § 283 I Nr. 1 (BGH wistra 2017, 355), wohl auch mit §§ 153, 154 (Deichmann, Grenzfälle der Sonderstraftat, 1994, S. 124; zw.).

§ 157 Aussagenotstand

(1) **Hat ein Zeuge oder Sachverständiger sich eines Meineids oder einer falschen uneidlichen Aussage schuldig gemacht, so kann das Gericht die Strafe nach seinem Ermessen mildern (§ 49 Abs. 2) und im Falle uneidlicher Aussage auch ganz von Strafe absehen, wenn der Täter die Unwahrheit gesagt hat, um von einem Angehörigen oder von sich selbst die Gefahr abzuwenden, bestraft oder einer freiheitsentziehenden Maßregel der Besserung und Sicherung unterworfen zu werden.**

(2) **Das Gericht kann auch dann die Strafe nach seinem Ermessen mildern (§ 49 Abs. 2) oder ganz von Strafe absehen, wenn ein noch nicht Eidesmündiger uneidlich falsch ausgesagt hat.**

1 **1. Abs. 1** ist anwendbar auf Taten nach §§ 153, 154 (nicht nach §§ 156, 163), auch soweit sie als strafbarer Versuch begangen werden (BGHSt 4, 172 = NJW 1953, 1191). Mit Rücksicht auf seinen Zweck, die Härte des Aussagezwanges abzumildern, den das Prozessrecht in gewissen Fällen vorsieht (BGHSt 7, 2 = NJW 1955, 111; weiter Heusel JR 1991, 521), gilt er grds. nur für Zeugen und Sachverständige, weil diese als Beweispersonen solchem Zwange unterliegen (Schneider, Grund und Grenzen des strafrechtlichen Selbstbegünstigungsprinzips, 1991, S. 226); deshalb zB nicht für die Partei im Zivilprozess (BGH NJW 1951, 809; für Ausnahmefälle aM Bemmann FS Mayer, 1966, 485 (491); krit. Ruß in LK-StGB Rn. 2) und für den Teilnehmer (BGHSt 1, 22; Geppert Jura 2002, 173 (181)), namentlich den Anstifter, und zwar auch dann nicht, wenn dieser bei wahrheitsgemäßer Aussage seine eigene Strafverfolgung zu befürchten hätte (BGHSt 3, 320 = NJW 1953, 152; Müller NStZ 2002, 356 (363); aM Bemmann FS Mayer, 1966, 485 (491); Heusel JR 1989, 428; sa Lürken NJW 1956, 721; zw.). Dass der Täter die Aussage verweigern konnte (BGHSt 1, 22 (28); BGH StV 1995, 250; NStZ 2005, 33 (34); NStZ-RR 2008, 9 mit zust. Bespr. Kudlich JA 2008, 233; OLG Düsseldorf StV 1993, 423; BayObLG NStZ-RR 1999, 174), dass er sich freiwillig als Beweis-

person gestellt hat (OLG Stuttgart NJW 1978, 711; BayObLG NStZ-RR 1999, 174) oder dass er den Notstand verschuldet hat (BGHSt 7, 332 = NJW 1955, 1118; BGH StV 1995, 250; NStZ 2005, 33; aM Bosch/Schittenhelm in Schönke/Schröder Rn. 11; str.), schließt die Milderung nicht notwendig aus, ist aber für die Ermessensentscheidung über deren Gewährung relevant (→ Rn. 12, 13; → Rn. 3).

2. Der Täter muss die Unwahrheit gesagt haben, um die nicht ganz entfernte (RGSt 64, 105) **Gefahr** von sich oder einem Angehörigen abzuwenden, wegen einer vor dem Aussagedelikt begangenen, noch verfolgbaren Tat bestraft oder einer freiheitsentziehenden Maßregel (§§ 63–66) unterworfen zu werden. Dabei genügt die Absicht, sich nur eine mildere Bestrafung zu sichern (BGHSt 29, 298 = NJW 1980, 2264; str.) oder eine Einziehung gem. § 74 I abzuwenden (BGHR StGB § 157 Abs. 1 Selbstbegünstigung 8), und bei schon rechtskräftiger Aburteilung die Absicht, nachteilige Vollstreckungsfolgen abzuwenden (OLG Hamburg NJW 1952, 634; BayObLG JR 1956, 559). Die Gefahr der Ahndung wegen einer Ordnungswidrigkeit (BayObLG NJW 1971, 630 mablAnm Gross NJW 1971, 1620) oder eines Dienstvergehens (vgl. Fischer Rn. 5) scheidet dagegen aus (BT-Drs. 7/1261, 13). Bei Tatsachenzweifeln am Vorliegen der Absicht gilt der Grundsatz in dubio pro reo (BGH NJW 1988, 2391; NStZ 2005, 33; Detter NStZ 1995, 172; OLG Düsseldorf JR 1991, 520). Im Einzelnen: 2

a) In Frage kommt zB die Gefahr der Bestrafung wegen einer durch falsche Angaben im Ermittlungsverfahren begangenen Strafvereitelung (BGHSt 4, 172 = NJW 1953, 1191; BGH NStZ-RR 2007, 40), wegen falscher Verdächtigung (BGHSt 7, 332 = NJW 1955, 1118), wegen eines – auch nur versuchten – Prozessbetruges (aM OLG München StraFo 2006, 32 zu Recht mablAnm Meyer-Goßner), wegen eines abgeschlossenen Aussagedelikts aus einem früheren Rechtszug (BGHSt 2, 233 = NJW 1952, 630; BGH bei Holtz MDR 1980, 984; Geppert Jura 2002, 173 (181); sa BGH bei Holtz MDR 1983, 280; aM Zöller in SK-StGB Rn. 10, 14) oder wegen der vorausgegangenen Verabredung eines Meineids nach §§ 154, 30 II (OLG Stuttgart NJW 1978, 711; aM Bosch/Schittenhelm in Schönke/Schröder Rn. 11); nicht dagegen wegen der später beschworenen, zunächst uneidlichen Falschaussage, die im Meineid aufgeht (BGHSt 5, 269 = NJW 1954, 648; BGHSt 8, 301 = NJW 1956, 191; Geppert Jura 2002, 173 (181); Wessels/Hettinger/Engländer StrafR BT I Rn. 761). 3

b) An einer Gefahr **fehlt** es, wenn der Bestrafung oder Maßregelung ein **Verfolgungshindernis** (zB Verjährung, Amnestie, Ablauf der Antragsfrist) entgegensteht. 4

c) Ob Aussagenotstand vorliegt, ist nach der **Aussage im Ganzen** zu beurteilen (RGSt 60, 56). Droht die Gefahr nur im Hinblick auf einen Aussageteil, so genügt das mindestens dann, wenn zwischen den einzelnen Punkten ein innerer Zusammenhang besteht (BGH bei Dallinger MDR 1952, 658); droht sie jedoch nur durch den wahren Teil, so scheidet § 157 aus (RGSt 73, 310). 5

d) Die Gefahr muss **gerade aus der Offenbarung der Wahrheit** erwachsen, der Täter also unter dem Druck stehen, sich selbst (oder einen Angehörigen) zu bezichtigen (Vormbaum JuS 1980, 367 (369); Rengier StrafR BT II § 49 Rn. 47). Daran fehlt es, wenn der Täter aussagt, um einem Angehörigen ein falsches Alibi zu verschaffen (Bergmann, Die Milderung der Strafe nach § 49 Abs. 2 StGB, 1988, 6

S. 83) oder um einen anderen von der Erstattung einer Anzeige abzuhalten (BGHSt 7, 2 = NJW 1955, 111).

7 **e)** Nicht das objektive Vorhandensein der Gefahr, sondern das **Vorstellungsbild** des Täters entscheidet (BGHSt 8, 301 = NJW 1956, 191; Detter NStZ 1990, 222; BGH NStZ-RR 2008, 9 mit zust. Bespr. Kudlich JA 2008, 233; BGH NStZ 2008, 91). Auch wer unschuldig ist, kann an die Gefahr der Bestrafung glauben (OLG Düsseldorf NJW 1986, 1822). Erkennt der Täter eine objektiv bestehende Gefahr nicht, so ist die Vorschrift unanwendbar.

8 **f)** Die Abwendung der Gefahr braucht **nicht der alleinige** oder der Endzweck gewesen zu sein (BGHSt 2, 379 = BeckRS 1952, 31192607; BGH StV 1995, 249; NStZ-RR 2007, 40; BayObLG NJW 1996, 2244).

9 **g)** Es genügt nur eine Gefahr **für den Täter selbst** oder einen Angehörigen (→ § 11 Rn. 2). Eine analoge Einbeziehung auch anderer nahe stehender Personen ist zur Wahrung der Rechtssicherheit abzulehnen (BayObLG NJW 1986, 202 mit Bespr. Krümpelmann/Heusel JR 1987, 39; Ostendorf JZ 1987, 335 (338); OLG Braunschweig NStZ 1994, 344 mablAnm Hauf NStZ 1995, 35; OLG Celle NJW 1997, 1084; Moldenhauer in Momsen/Bloy/Rackow, Fragmentarisches Strafrecht, 2003, S. 187; aM Geppert Jura 2002, 173 (180); Weber GS Keller, 2003, 325 (339); Rudolphi in SK-StGB Rn. 1; Vormbaum in NK-StGB Rn. 15; zusf. Kretschmer JR 2008, 51 (54)).

10 **h)** Die Voraussetzungen des Aussagenotstandes sind **von Amts wegen** zu prüfen, sobald sich ausreichende Anhaltspunkte für sein Vorliegen ergeben haben (OLG Düsseldorf JR 1991, 520 mAnm Heusel); § 157 ist dann auch in den Urteilsgründen zu erörtern (BayObLG NJW 1996, 2244).

11 **3. Abs. 2** gilt nur für die uneidlich falsche Aussage (§ 153), aber ohne Rücksicht darauf, ob der Eidesunmündige unter Notstandsvoraussetzungen gehandelt hat. Auf dessen Meineid ist nur Abs. 1 anwendbar (→ § 154 Rn. 2).

12 **4. a)** Zur **Milderung der Strafe nach Ermessen** → § 49 Rn. 5–11 (zum Zusammentreffen von § 154 II und § 157 vgl. auch OLG Stuttgart NJW 1978, 711; BayObLG NStZ-RR 1999, 174; OLG Hamm StV 2004, 490; speziell zur Ermessensausübung gegenüber „tatverdächtigen“ Zeugen Montenbruck JZ 1985, 976). Die Milderung ist zu versagen, wenn die Abwendung der Gefahr angesichts des Gewichts der Falschaussage grob unverhältnismäßig war (zusf. OLG Düsseldorf JR 1991, 520 mkritAnm Heusel; eing. Bergmann, Die Milderung der Strafe nach § 49 Abs. 2 StGB, 1988, S. 81, 108, der iÜ mit guten Gründen herausarbeitet, dass die von der Rspr. entwickelten Einschränkungen der Strafmilderung nicht ausnahmslos zu deren Voraussetzungen gehören, sondern zT nur auf den fakultativen Charakter der Vorschrift gestützt werden können). Eine Strafmilderung ist nicht allein deshalb zu versagen, weil die Beweisperson ein Aussage- oder Auskunftsverweigerungsrecht hatte (BGH StV 1995, 250; NStZ 2008, 91; BGHR StGB § 157 Abs. 1 Selbstbegünstigung 8).

13 **b)** Das **Absehen von Strafe** (→ § 49 Rn. 7) ist nur zulässig, wenn die Tat eine falsche uneidliche Aussage ist (BGH bei Dallinger MDR 1952, 658) und entweder unter den Voraussetzungen des Abs. 1 oder von einem Eidesunmündigen begangen wurde.

§ 158 Berichtigung einer falschen Angabe

(1) **Das Gericht kann die Strafe wegen Meineids, falscher Versicherung an Eides Statt oder falscher uneidlicher Aussage nach seinem Ermessen mildern (§ 49 Abs. 2) oder von Strafe absehen, wenn der Täter die falsche Angabe rechtzeitig berichtigt.**

(2) **Die Berichtigung ist verspätet, wenn sie bei der Entscheidung nicht mehr verwertet werden kann oder aus der Tat ein Nachteil für einen anderen entstanden ist oder wenn schon gegen den Täter eine Anzeige erstattet oder eine Untersuchung eingeleitet worden ist.**

(3) **Die Berichtigung kann bei der Stelle, der die falsche Angabe gemacht worden ist oder die sie im Verfahren zu prüfen hat, sowie bei einem Gericht, einem Staatsanwalt oder einer Polizeibehörde erfolgen.**

1. Mit Rücksicht auf ihren **Zweck** (näher Rudolphi JR 1981, 384), der Wahrheit zum Siege zu verhelfen und Nachteile aus falschen Aussagen abzuwenden, ist die Vorschrift weit auszulegen (OLG Hamburg NJW 1981, 237). Sie gilt anders als § 157 (→ § 157 Rn. 1) für alle Fälle der §§ 153–156, für den Anstifter (BGH NJW 1951, 727), den Gehilfen (BGHSt 4, 172 = NJW 1953, 1191; BGH JuS 2018, 81; Müller NStZ 2002, 356 (365); Geppert Jura 2002, 173 (176)) und, soweit nicht schon § 24 eingreift, auch für den strafbaren Versuch (BGH JuS 2018, 81). Sie erstreckt sich nur auf die in Abs. 1 genannten Aussagedelikte, also zB nicht auf eine tateinheitlich begangene Strafvereitelung (hM; OLG Hamm JMBl. NRW 1980, 65), und wirkt als **persönlicher Strafaufhebungsgrund** (Vormbaum in NK-StGB Rn. 6; → Vor § 13 Rn. 29) nur zu Gunsten des Berichtigenden. 1

2. Berichtigen heißt, die eingestanden falsche Aussage (einschr. OLG Hamburg NJW 1981, 237 mit Bespr. Rudolphi JR 1981, 384; Dencker NStZ 1982, 461) in allen nicht völlig nebensächlichen Punkten durch die Mitteilung der Wahrheit (nicht etwa durch eine neue falsche, RGSt 59, 87, oder nicht vollständig wahre, BGHSt 9, 99 = NJW 1956, 638, Aussage) ersetzen (BGHSt 18, 348 = NJW 1963, 1461); dabei muss der Täter die Unrichtigkeit der früheren Aussage eindeutig zu erkennen geben (BGHSt 21, 115 = NJW 1966, 2224). Der Teilnehmer muss auf den Zeugen einwirken, um diesen zur Berichtigung zu bewegen, oder auf seine „Berichtigung" hin muss eine Berichtigung durch den Zeugen erfolgt sein (Müller NStZ 2002, 356 (367)). Bleibt die Wahrheit der Berichtigung zweifelhaft, so gilt der Grundsatz in dubio pro reo (BayObLG NJW 1976, 860 mAnm Stree JR 1976, 470; Küper NJW 1976, 1828; str.). 2

3. Es kommt nur auf objektive, dh durchgängig nicht nach den Vorstellungen des Täters zu bestimmende (diff. Bosch/Schittenhelm in Schönke/Schröder Rn. 7 mwN), **Rechtzeitigkeit** an, die sich nach dem Eingang der Berichtigung bei der Stelle bestimmt, der gegenüber berichtigt werden kann (RGSt 61, 123; → Rn. 8). Ob freiwillig berichtigt wird (BGHSt 4, 172 = NJW 1953, 1191), das Motiv der Berichtigung sittlich billigenswert ist (RGSt 62, 303) oder der wahre Sachverhalt schon anderweitig bekannt geworden ist (Vormbaum in NK-StGB Rn. 14), ist unerheblich. Im Übrigen gilt Folgendes **(Abs. 2):** 3

a) Für die **Verwertbarkeit** kommt es auf die den Rechtszug abschließende, nicht notwendig rechtskräftig werdende Entscheidung in der Sache an (BGH JR 1954, 31; OLG Hamm NJW 1950, 358). 4

5 **b) Nachteil** ist eine über die Verschlechterung der Beweislage hinausgehende Einbuße nicht nur ideeller Art (BGH NJW 1962, 2164), zB Erhebung einer Klage, Einleitung eines Straf- oder Dienststrafverfahrens (RGSt 60, 159), Entstehung von Verfahrenskosten (RGSt 70, 142). Ein Nachteil für die Strafverfolgung (zB Entlassung eines Beschuldigten aus der UHaft) genügt als solcher nicht (Ruß in LK-StGB Rn. 13).

6 **c)** Als **Anzeige** genügt nur die Strafanzeige (RGSt 62, 303), nicht die Selbstanzeige (RGSt 67, 81 (88)). **Untersuchung** ist nur die einer Strafverfolgungsbehörde.

7 **4.** Die Berichtigung ist nur wirksam, wenn sie gegenüber einer der in **Abs. 3** bezeichneten **Stellen** vorgenommen wird.

8 **5.** Zur **Milderung der Strafe und zum Absehen von ihr** → § 49 Rn. 5–11; ist die Gewährung der Vergünstigung kriminalpolitisch problematisch (zB bei einer Berichtigung zu dem Zweck, einer unmittelbar drohenden Anzeige zuvorzukommen), so kommt auch in Frage, nach pflichtmäßigem Ermessen (→ § 46 Rn. 50) jegliche Milderung zu versagen (Bottke, Strafrechtswissenschaftliche Methodik und Systematik bei der Lehre vom strafbefreienden und strafmildernden Täterverhalten, 1979, S. 643).

§ 159 Versuch der Anstiftung zur Falschaussage

Für den Versuch der Anstiftung zu einer falschen uneidlichen Aussage (§ 153) und einer falschen Versicherung an Eides Statt (§ 156) gelten § 30 Abs. 1 und § 31 Abs. 1 Nr. 1 und Abs. 2 entsprechend.

1 **1.** Die Vorschrift gilt **nur** für die falsche uneidliche Aussage und die falsche eidesstattliche Versicherung, nicht für den Meineid; dieser wird unmittelbar von § 30 erfasst.

2 **2.** Obwohl der Versuch eines Vergehens nach §§ 153, 156 nicht strafbar ist, bedroht das Gesetz die **versuchte Anstiftung** zu einem solchen Vergehen wegen ihrer besonderen Gefährlichkeit gerade bei den Aussagedelikten selbständig mit Strafe (Dreher JZ 1953, 421 (425); krit. Vormbaum GA 1986, 353; Vormbaum in NK-StGB Rn. 5–11; sowie Heinrich JuS 1995, 1115 (1117)).

3 **3.** Zur **versuchten Anstiftung** vgl. die Anm. zu § 30 I. Warum die Anstiftung nicht zum Erfolg führt, ist auch hier gleichgültig (Heinrich JuS 1995, 1115 (1117); Geppert Jura 2002, 173 (179)), zB weil es nicht zur Aussage kommt oder die Aussage nur einen straflosen tauglichen (hM; vgl. etwa Bosch/Schittenhelm in Schönke/Schröder Rn. 4; anders Vormbaum GA 1986, 353 (359); Maurach/Schroeder/Maiwald StrafR BT II § 75 Rn. 89) oder untauglichen (BGHSt 17, 303 = NJW 1962, 1520; aM BGHSt 24, 38 mit abl. Bespr. Dreher MDR 1971, 410; Schröder JZ 1971, 563; Otto JuS 1984, 161 (170); zw.) Versuch bildet, weil die Beweisperson entgegen der Annahme des Täters schon zur Falschaussage entschlossen ist (RGSt 74, 303) oder gutgläubig falsch aussagt (OLG Karlsruhe Justiz 1982, 141; → § 160 Rn. 5), weil die Aussage wahr ist, die der Täter für falsch hält (RGSt 64, 223 (224)), oder weil die Beweisperson die Wahrheit sagt. Gleichgültig ist ferner, ob die Haupttat durch ausdrückliche Falschaussage oder durch Verschweigen begangen werden soll (RGSt 42, 103). Die Aufforderung an einen Zeugen, mit un-

wahrer Begründung die Aussage zu verweigern, wird nicht erfasst (BayObLG NJW 1955, 1120).

4. Der sog. doppelte **Anstiftervorsatz** (bedingter genügt, RGSt 53, 220; → § 26 Rn. 4–6) muss sich darauf erstrecken, dass die Beweisperson den Tatentschluss fasst und dass die Haupttat nach § 153 oder § 156 begangen wird. Der Täter muss sich namentlich vorstellen, dass die Beweisperson vorsätzlich falsch (→ Vor § 153 Rn. 3–5) aussagt; sonst kommt § 160 in Frage. Ob die Beweisperson schuldfähig ist und der Täter dies richtig einschätzt, ist nach den Regeln der limitierten Akzessorietät (§ 29) unerheblich (Gallas FS Engisch, 1969, 600 (606); Bosch/Schittenhelm in Schönke/Schröder Rn. 6). 4

5. **Teilnahme** am Delikt des § 159 (ausf. Sickor ZStW 123 (2011), 284) ist in der Form der Kettenanstiftung (→ § 26 Rn. 8) möglich (hM). Dagegen werden versuchte Kettenanstiftung wegen des von § 30 I abweichenden Gesetzeswortlauts (Vormbaum GA 1986, 353 (368) mwN; str.) sowie Beihilfe in jeder Form (wie bei § 30, → § 30 Rn. 4) nicht erfasst. 5

6. § 159 ist **subsidiär** gegenüber §§ 153, 156, 26. Über das Verhältnis zu § 160 → § 160 Rn. 2–6. 6

§ 160 Verleitung zur Falschaussage

(1) **Wer einen anderen zur Ableistung eines falschen Eides verleitet, wird mit Freiheitsstrafe bis zu zwei Jahren oder mit Geldstrafe bestraft; wer einen anderen zur Ableistung einer falschen Versicherung an Eides Statt oder einer falschen uneidlichen Aussage verleitet, wird mit Freiheitsstrafe bis zu sechs Monaten oder mit Geldstrafe bis zu einhundertachtzig Tagessätzen bestraft.**

(2) **Der Versuch ist strafbar.**

1. Da die Vorschrift für die wesentlichen Fälle der **Falschbekundung in mittelbarer Täterschaft** selbständige Tatbestände mit milderen Strafdrohungen vorsieht, zeigt sie, dass die Aussagedelikte als eigenhändige Straftaten aufzufassen sind (→ Vor § 153 Rn. 7). Zu der iÜ umstrittenen Struktur des § 160 (Grundtatbestand, Auffangtatbestand, privilegierte Anstiftung, Spezialfall der Urheberschaft) Gallas FS Engisch, 1969, 600; Hruschka JZ 1967, 210; Eschenbach Jura 1993, 407; Müller NStZ 2002, 356 (372, 388); Vormbaum FS Maiwald, 2010, 817 (821); Vormbaum in NK-StGB Rn. 13, 14. 1

2. **Verleiten** ist hier das Bestimmen eines anderen zur unvorsätzlichen Tat (Geppert Jura 2002, 173 (179); Küper JZ 2012, 992). Anders als im Falle des § 159 (→ § 159 Rn. 4) will der Täter, dass die Beweisperson gutgläubig (wenn auch vielleicht fahrlässig, RGSt 64, 225) falsch (→ Vor § 153 Rn. 3–5) aussagt und auch sonst den äußeren Tatbestand eines Aussagedelikts erfüllt (hM; anders Hruschka JZ 1967, 210, der nicht auf Gutgläubigkeit abstellt). Hierher gehört auch das Verleiten eines anderen zur Unterzeichnung eines Schriftstücks, das eine eidesstattliche Versicherung enthält (RGSt 34, 298). 2

3. Die Strafbarkeit des **Versuchs** (Abs. 2) hat hier dieselben Gründe wie im Falle des § 159 (→ § 159 Rn. 2, unrichtig Hirsch JZ 1955, 234). Versuch liegt namentlich vor, wenn es nicht zur Aussage (einschließlich Eid und eidesstattlicher Versiche- 3

rung) kommt oder diese wahr ist (RGSt 15, 148). Wird falsch ausgesagt, so gilt Folgendes:

4 **a)** War die Beweisperson entgegen der Annahme des Täters **bösgläubig,** so ist § 160 vollendet (BGHSt 21, 116 = NJW 1966, 2130; Heinrich JuS 1995, 1115 (1118); Katzenberger/Pitz ZJS 2009, 659 (693); Gössel/Dölling StrafR BT I § 69 Rn. 36; Rengier StrafR BT II § 49 Rn. 57; Bosch/Schittenhelm in Schönke/Schröder Rn. 9). Zwar ist es nicht zu der bezweckten unvorsätzlichen Tat der Beweisperson gekommen. Deren Vorsatztat schließt aber als die weitergehende die unvorsätzliche ein (argumentum a maiore ad minus); mindestens handelt es sich um eine für die Beurteilung unwesentliche Abweichung der Vorstellung von der Wirklichkeit (→ § 15 Rn. 11). Die Annahme nur eines fehlgeschlagenen Versuchs ist zwar mit beachtlichen dogmatischen Gründen vertretbar, aber im sachlichen Ergebnis schwer erträglich (aM RGSt 11, 418; Gallas FS Engisch, 1969, 600; Otto JuS 1984, 161 (171); Eschenbach Jura 1993, 407 (411); Geppert Jura 2002, 173 (180); Müller NStZ 2002, 356 (386); Kudlich/Henn JA 2008, 510 (513); Vormbaum FS Maiwald, 2010, 819 (828); Hohmann/Sander StrafR BT § 21 Rn. 32; Heinrich in Krey/Hellmann/Heinrich StrafR BT I Rn. 764; Maurach/Schroeder/Maiwald StrafR BT II § 75 Rn. 102; Wessels/Hettinger StrafR BT I Rn. 783; Heinrich in HK-StrafR Rn. 3; zur „Bewertung der Kontroverse" klärend Küper/Zopfs StrafR BT Rn. 217, 218).

5 **b)** War die Beweisperson entgegen der Annahme des Täters **gutgläubig,** so ist § 160 nicht erfüllt (hM; anders Hruschka JZ 1967, 210). Auch eine vollendete Anstiftung liegt nicht vor (hM; Fischer Rn. 7; → Vor § 25 Rn. 9). Verwirklicht ist vielmehr nur eine versuchte Anstiftung nach § 30 allein oder iVm § 159 (OLG Karlsruhe Justiz 1982, 141; Gallas FS Engisch, 1969, 600 (620); Heinrich JuS 1995, 1115 (1118); Müller in MüKoStGB § 159 Rn. 19; Bosch/Schittenhelm in Schönke/Schröder § 159 Rn. 6).

6 **c)** War die Behörde entgegen der Annahme des Täters **unzuständig,** so liegt Versuch nach § 160 vor (beachte BGHSt 1, 13 = NJW 1951, 160; BGHSt 24, 38 = NJW 1971, 525; → § 154 Rn. 9).

§ 161 Fahrlässiger Falscheid; fahrlässige falsche Versicherung an Eides Statt

(1) **Wenn eine der in den §§ 154 bis 156 bezeichneten Handlungen aus Fahrlässigkeit begangen worden ist, so tritt Freiheitsstrafe bis zu einem Jahr oder Geldstrafe ein.**

(2) [1]**Straflosigkeit tritt ein, wenn der Täter die falsche Angabe rechtzeitig berichtigt.** [2]**Die Vorschriften des § 158 Abs. 2 und 3 gelten entsprechend.**

Fassung: Die Vorschrift ist durch das UmsetzungsG zur Kinderausbeutung (→ Vor § 1 Rn. 16) aus dem bisherigen § 163 übernommen worden.

1 **1.** Der äußere Tatbestand setzt **objektiv falsche Angaben** (→ Vor § 153 Rn. 3–5) und die Beteuerung durch Eid, eidesgleiche Bekräftigung oder eidesstattliche Versicherung (§§ 154–156) voraus. Fahrlässig falsche uneidliche Aussage und fahrlässige Verleitung genügen nicht.

2. Fahrlässigkeit → § 15 Rn. 35–54. Sie kann hier namentlich auf folgenden Gründen beruhen: 2

a) Der Täter kennt die **Unwahrheit** seiner Angaben nicht, obwohl er sie kennen muss. Beim Zeugen trifft das zu, wenn er aus Nachlässigkeit sein Erinnerungsbild nicht so wiedergibt, wie es noch in seinem Gedächtnis besteht, wenn er etwas Unwahres als sicheres Erinnerungsbild hinstellt, obwohl er es wegen mangelnder Überlegung nicht als sicheres Wissen ausgeben darf, oder wenn er es schuldhaft unterlässt, tatsächliche Anhaltspunkte oder äußere Hilfsmittel zu benutzen, die sich ihm während der Vernehmung darbieten und die geeignet sind, mindestens Zweifel an der Richtigkeit seines Erinnerungsbildes zu wecken (BGH GA 1973, 376; OLG Koblenz NStZ 1984, 511 mAnm Bohnert JR 1984, 425; zusf. Krehl NStZ 1991, 416; Rechtsprechungsanalyse bei Duttge, Zur Bestimmtheit des Handlungsunwerts von Fahrlässigkeitsdelikten, 2001, S. 314, 445). Eine Pflicht zur Vorbereitung auf die Vernehmung hat der Zeuge grds. nicht (hM; vgl. etwa Fischer Rn. 6). Die auf ungenügender Vorbereitung beruhende Unsicherheit seines Erinnerungsbildes kann ihm deshalb ebenso wenig zur Last gelegt werden wie ein eingewurzeltes falsches Erinnerungsbild, das er nicht mehr korrigieren kann (BGH GA 1967, 215; OLG Köln MDR 1980, 421; krit. Dedes JR 1983, 99). Eine „gesteigerte Vergewisserungspflicht" kommt nur für Zeugen in Frage, die über Beobachtungen im Rahmen ihrer amtlichen Tätigkeit (zB als Polizeibeamte über Verkehrsvorgänge) aussagen (hM; vgl. etwa Fischer Rn. 6; anders Nöldeke NJW 1979, 1644; Krehl NStZ 1991, 416; Vormbaum in NK-StGB Rn. 28). Der Sachverständige (→ Vor § 153 Rn. 4; → § 154 Rn. 7), die Prozesspartei (hM; anders Vormbaum in NK-StGB Rn. 35) und der zur Offenbarung seines Vermögens verpflichtete Schuldner (→ § 156 Rn. 4) haben auf Grund ihrer Verfahrensstellung eine Informationspflicht vor der Aussage, so dass hier der Vorwurf auch auf mangelnde Vorbereitung gestützt werden kann (RGSt 62, 126). Dasselbe gilt bei schriftlichen, freiwillig abgegebenen eidesstattlichen Versicherungen (OLG Celle NJW 1957, 1609; OLG Karlsruhe GA 1971, 59).

b) Der Täter erkennt nicht, dass seine Angaben **unter den Eid fallen** oder dass die abgegebene Erklärung eine eidesstattliche Versicherung ist (RGSt 60, 407; RGSt 70, 266; → § 154 Rn. 9). 3

c) Er hält die Behörde irrig für **unzuständig** (→ § 154 Rn. 9). 4

3. Fahrlässige Eidesverletzung geht in vorsätzlicher auf (RGSt 60, 58). Mit § 153 ist **Tateinheit** möglich (BGHSt 4, 214 = NJW 1953, 1113). 5

4. Die **Berichtigung** (→ § 158 Rn. 1–7) bewirkt hier, dass Straflosigkeit eintritt (Abs. 2 S. 1; zusf. Bottke, Strafrechtswissenschaftliche Methodik und Systematik bei der Lehre vom strafbefreienden und strafmildernden Täterverhalten, 1979, S. 622). 6

§ 162 Internationale Gerichte; nationale Untersuchungsausschüsse

(1) **Die §§ 153 bis 161 sind auch auf falsche Angaben in einem Verfahren vor einem internationalen Gericht, das durch einen für die Bundesrepublik Deutschland verbindlichen Rechtsakt errichtet worden ist, anzuwenden.**

(2) **Die §§ 153 und 157 bis 160, soweit sie sich auf falsche uneidliche Aussagen beziehen, sind auch auf falsche Angaben vor einem Untersuchungsausschuss eines Gesetzgebungsorgans des Bundes oder eines Landes anzuwenden.**

Fassung des UmsetzungsG zur Kinderausbeutung (→ Vor § 1 Rn. 16).

1 **1.** Die Vorschrift dehnt seit 2008 die Strafbarkeit der Aussagedelikte auf falsche Aussagen, die nicht vor deutschen Gerichten erfolgen, aus.

2 **2. Abs. 1** erfasst falsche Angaben vor **internationalen Gerichten,** wenn diese durch einen verbindlichen Rechtsakt errichtet worden sind. Als ein solcher Rechtsakt kommt nicht nur ein völkerrechtlicher Vertrag wie beim EGMR, EuGH oder IStGH in Betracht, sondern auch sonstige Rechtsakte wie bei Internationalen Strafgerichtshöfen für Jugoslawien oder Ruanda (Sinn NJW 2008, 3526 (3527); Kindhäuser/Hilgendorf in LPK-StGB Rn. 1). Er ergänzt damit das bisherige Recht, das grds. nur die innerstaatliche Rechtspflege schützte (→ Vor § 153 Rn. 2; Bosch/Schittenhelm in Schönke/Schröder Rn. 2: Ausweitung des Schutzbereichs). Die ausdrückliche Klarstellung war wegen der Verpflichtung aus Art. 70 IV Buchst. a des Römischen Statuts des IStGH (BGBl. 2000 II 1393) erforderlich (BT-Drs. 16/3439, 57; Fischer Rn. 2; krit. Vormbaum FS Maiwald, 2010, 817 (819)). Bei Auslandstaten wird die internationale Gerichtsbarkeit weitergehend geschützt als die innerstaatliche, weil § 5 Nr. 10 die §§ 159–161 nicht erfasst (Fischer Rn. 3; Vormbaum in NK-StGB Rn. 4; krit. Sinn NJW 2008, 3526 (3528)).

3 **3. Abs. 2** betrifft falsche Angaben bestimmter Art vor **Untersuchungsausschüssen** – trotz weitergehenden Wortlauts – nur des Bundestages und der deutschen Landtage (Fischer Rn. 4; Bosch/Schittenhelm in Schönke/Schröder Rn. 4), nicht etwa auch den Wahlprüfungsausschuss eines der genannten Parlamente (BGHSt 64, 307 = NJW 2020, 1982 mAnm Mitsch). Er ersetzt den vorherigen § 153 II; die Änderung hat allerdings zur Folge, dass es einen gem. § 154 strafbaren Meineid vor einem Untersuchungsausschuss nicht mehr geben kann (StGH Hessen DVBl 2012, 169 mkritAnm Brocker JZ 2011, 716 (722); Fischer Rn. 7). Zur Kritik der „gerichtsähnlichen“ Untersuchungssausschüsse und an Abs. 2 Fischer Rn. 5; Vormbaum in NK-StGB Rn. 5. Zur möglichen Täterschaft des strafrechtlich Betroffenen Peters StraFo 2009, 96 (101), der dies zu Recht ablehnt, wenn die „Betroffenen“ Beschuldigten gleichstehen (Fischer Rn. 5).

§ 163 *(aufgehoben)*

10. Abschnitt. Falsche Verdächtigung

§ 164 Falsche Verdächtigung

(1) **Wer einen anderen bei einer Behörde oder einem zur Entgegennahme von Anzeigen zuständigen Amtsträger oder militärischen Vorgesetzten oder öffentlich wider besseres Wissen einer rechtswidrigen Tat oder der Verletzung einer Dienstpflicht in der Absicht verdächtigt, ein behördliches Verfahren oder andere behördliche Maßnahmen gegen ihn herbeizuführen oder fortdauern zu lassen, wird mit Freiheitsstrafe bis zu fünf Jahren oder mit Geldstrafe bestraft.**

(2) **Ebenso wird bestraft, wer in gleicher Absicht bei einer der in Absatz 1 bezeichneten Stellen oder öffentlich über einen anderen wider besseres Wissen eine sonstige Behauptung tatsächlicher Art aufstellt, die geeignet ist, ein behördliches Verfahren oder andere behördliche Maßnahmen gegen ihn herbeizuführen oder fortdauern zu lassen.**

(3) [1]**Mit Freiheitsstrafe von sechs Monaten bis zu zehn Jahren wird bestraft, wer die falsche Verdächtigung begeht, um eine Strafmilderung oder ein Absehen von Strafe nach § 46b dieses Gesetzes, § 31 des Betäubungsmittelgesetzes oder § 4a des Anti-Doping-Gesetzes zu erlangen.** [2]**In minder schweren Fällen ist die Strafe Freiheitsstrafe von drei Monaten bis zu fünf Jahren.**

Fassung: Abs. 3 durch das 43. StÄG (→ Vor § 1 Rn. 16) eingefügt; Abs. 3 wurde mit Art. 2 Nr. 2 des AntiDopÄndG (→ Vor § 1 Rn. 19) zum 1. 10. 2021 durch den Hinweis auf § 4a AntiDopG erweitert.

1. Die Vorschrift **schützt** nebeneinander die **inländische staatliche Rechtspflege** gegen ungerechtfertigte Beanspruchung und Irreführung sowie den **einzelnen** gegen unbegründete Zwangsmaßnahmen der (auch ausländischen) Staatsgewalt (BGHSt 5, 66 = NJW 1954, 201; BGHSt 9, 240 = NJW 1956, 1448; Jeßberger in Hilgendorf/Kudlich/Valerius StrafR-Hdb IV § 22 Rn. 35; Hefendehl Kollektive Rechtsgüter S. 326; Wessels/Hettinger/Engländer StrafR BT I Rn. 686–688; Ruß in LK-StGB Rn. 1–3; aM Langer, Die falsche Verdächtigung, 1973, S. 64; Langer GA 1987, 289 (290); Langer GS Schlüchter, 2002, 361 (364); sowie Rogall in SK-StGB Rn. 1, 2, die das Individualinteresse des Einzelnen nur als Schutzreflex anerkennen, während Hirsch GS Schröder, 1978, 307; Vormbaum, Der strafrechtliche Schutz des Strafurteils, 1987, S. 449; Vormbaum in NK-StGB Rn. 10; sowie Schmidhäuser Studienbuch StrafR BT § 6 Rn. 6 umgekehrt das Rechtspflegeinteresse als bloßen Schutzreflex ansehen; für ausschließlichen Schutz eines Individualrechtsguts Schneider, Grund und Grenzen des strafrechtlichen Selbstbegünstigungsprinzips, 1991, S. 314; für Schutz speziell des Persönlichkeitsrechts Peglau, Der Schutz des allgemeinen Persönlichkeitsrecht durch das Strafrecht, 1997, S. 32; zust. Heuchemer in Götting/Schertz/Seitz, Handbuch des Persönlichkeitsrechts, 2008, § 30 Rn. 8); für ausschließlichen Schutz der innerstaatlichen Sanktionsrechtspflege Deutscher, Grundfragen der falschen Straftatverdächtigung, 1992, S. 22). Ist nur eines der Rechtsgüter verletzt, so ist § 164 anwendbar (Schröder NJW 1965, 1888; Fischer Rn. 2; krit. Langer, Die falsche Verdächtigung, 1973, S. 36; Langer GS Schlüchter, 2002, 361 (363)). Zur **Kriminologie** der falschen Verdäch- 1 tigung Geerds Jura 1985, 617; zu ihrer **Reform** Langer GS Schlüchter, 2002, 361 (363); zu ihrer **Geschichte** Bernhard, Falsche Verdächtigung (§ 164 StGB) und Vortäuschung einer Straftat (§ 145d StGB), 2003, S. 5; Koch NJW 2005, 943; Vormbaum in NK-StGB Rn. 2–6.

2 **2.** Der **äußere Tatbestand der Abs. 1 und 2** setzt übereinstimmend voraus, dass die Tat

a) sich gegen einen **bestimmten** anderen richtet, also gegen eine vom Täter verschiedene lebende Person, die nicht unbedingt namentlich bezeichnet, aber so weit erkennbar gemacht sein muss, dass sie identifiziert werden kann (BGHSt 13, 219 = NJW 1959, 2172; OLG Brandenburg NJW 1996, 141 (142)). Sonst, zB bei Selbstbezichtigung oder Anzeige gegen Unbekannt, kommt § 145d in Frage (uU auch §§ 189, 258);

3 **b)** gegenüber einer **Behörde** (→ § 11 Rn. 20), auch einer ausländischen (BGH NJW 1952, 1385; OLG Köln NJW 1952, 117; Eisele StrafR BT I Rn. 1448; Vormbaum in NK-StGB Rn. 32; einschr. Rudolphi/Rogall in SK-StGB Rn. 32; str.), einem zur Entgegennahme von Anzeigen zuständigen Beamten oder militärischen Vorgesetzten (zB einem Polizeibeamten, einem StA oder einem Disziplinarvorgesetzten) oder öffentlich (→ § 80a Rn. 2) begangen wird. Mangels Verweises auch auf euorpäische Amtsträger iSv § 11 I Nr. 2a sind diese zwar nicht mögliche Adressaten, wohl aber die dahinter stehende EU-Behörde als solche (zB Europol, Eurojust, OLAF oder die Europäische Staatsanwaltschaft, Jeßberger in Hilgendorf/Kudlich/Valerius StrafR-Hdb IV § 22 Rn. 60f.).

4 **3.** Zu den **Tathandlungen:**

a) aa) **Abs. 1: Verdächtigen** ist das Lenken eines (nach Zopfs in MüKoStGB Rn. 19, unwahren) Verdachts (auch Verstärken eines schon bestehenden Verdachts, BGHSt 14, 240 (246) = NJW 1960, 1310; BGHSt 60, 198 = NJW 2015, 1705 mit Bespr. Dehne-Niemann NStZ 2016, 677; Löffelmann JR 2015, 492; Zopfs StV 2016, 808; Krell HRRS 2015, 483) auf einen anderen (nicht eine fiktive Person, OLG Stuttgart NJW 2018, 1110 mAnm Mitsch, Niehaus DAR 2018, 395 und Jahn JuS 2018, 591), sei es durch ausdrückliche oder stillschweigende Äußerung, durch sog. Beweismittelfiktion, dh durch versteckte Manipulation wie zB Vorlegen oder Unterschieben belastenden Beweismaterials (hM, vgl. etwa BGHSt 9, 240 = NJW 1956, 1448; Blei GA 1957, 139; Welp JuS 1967, 510; Brand NStZ 2013, 7 (11); Rengier StrafR BT II § 50 Rn. 7; Rogall in SK-StGB Rn. 12; Zopfs in MüKoStGB Rn. 21; Bosch/Schittenhelm in Schönke/Schröder Rn. 8, sog. isolierte Beweismittelfiktion; anders Langer FS Lackner, 1987, 541 (542); Langer GS Schlüchter, 2002, 361 (366); Fuhr, Die Äußerung im StGB, 2001, S. 93; Wessels/Hettinger/Engländer StrafR BT I Rn. 692–694; Vormbaum in NK-StGB Rn. 20, 21), oder durch unechtes Unterlassen in Garantenstellung (BGHSt 14, 240 (246) = NJW 1960, 1310; Fischer Rn. 4; eing. Fuhr, Die Äußerung im StGB, 2001, S. 231; einschr. Rogall in SK-StGB Rn. 17). Dabei muss der Täter **Tatsachen** behaupten (darauf einschr. Langer FS Lackner, 1987, 541 (545)) oder auch nur sprechen lassen (so die hM), die nach den konkreten Umständen (Deutscher, Grundfragen der falschen Straftatverdächtigung, 1992, S. 76; Langer FS Lackner, 1987, 541 (550); Zieschang Gefährdungsdelikte S. 323) geeignet sind, den für behördliches Einschreiten erforderlichen Verdachtsgrad zu begründen (Rogall in SK-StGB

Rn. 4, 5; Ruß in LK-StGB Rn. 7; zur Nutzung fremder Packstationen zu deliktischen Zwecken, zB zur Abwicklung von Internetbetrugsserien, um die eigene Täterschaft zu verschleiern und den Verdacht auf den Inhaber der Packstation zu lenken, Brand NStZ 2013, 7 (10); zur wahrheitswidrigen Benennung einer Person im OWi-Verfahren OLG Celle NStZ-RR 2009, 370); daher genügt weder das Äußern eines reinen, nicht durch Tatsachen gestützten Verdachtsurteils (Langer FS Lackner, 1987, 541 (558); Langer GS Schlüchter, 2002, 361 (369)) noch im Falle der Beweismittelfiktion eine zur Verschlechterung der Beweislage des Betroffenen von vornherein ungeeignete Manipulation (Geilen Jura 1984, 251 (254)), der Verdacht muss sich auf eine zumindest bestimmbare Person beziehen (Zopfs in MüKo-StGB Rn. 21). Verdächtigen liegt danach regelmäßig nicht vor: wenn die Angaben des Täters Gründe enthalten, die das Vorliegen einer rechtswidrigen Tat (zB wegen eines Rechtfertigungsgrundes) ausschließen; wenn er nur Rechtsausführungen macht, ohne Tatsachen (einschließlich einfacher Rechtsbegriffe, die im Verkehr als Tatsachen gelten) zur Begründung des Verdachts vorzubringen (Bosch/Schittenhelm in Schönke/Schröder Rn. 6, 7); wenn er aus nicht belastenden Tatsachen lediglich falsche rechtliche (BayObLG NJW 1957, 1644; OLG Köln MDR 1961, 618; KG JR 1963, 351), uU auch nur falsche tatsächliche (RGSt 71, 167 (169); OLG Rostock NStZ 2005, 335) Schlüsse zieht; wenn ein Anzeigenerstatter den im Kern zutreffenden Sachverhalt vor Gericht als Zeuge mit Übertreibungen ausschmückt (OLG München NJW 2009, 3034; zur möglichen Strafbarkeit nach § 153 → § 153 Rn. 4) oder wenn er eine fremde Verdächtigung an die zuständige Behörde nur weiterleitet (BGHSt 14, 240 = NJW 1960, 1310; Rogall in SK-StGB Rn. 13; sa Fuhr, Die Äußerung im StGB, 2001, S. 169). Die Einbettung in **strafprozessuale Formen** (Strafanzeige, Strafantrag, Vernehmung) ist für das Verdächtigen unerheblich (Langer FS Lackner, 1987, 541 (560); einschr. BayObLG NJW 1986, 441). Namentlich durch **Selbstbegünstigungsabsicht** wird es nicht ausgeschlossen (BGHSt 18, 204 = NJW 1963, 1019; BGHSt 60, 198 (203) = NJW 2015, 1705; Heinrich in HK-StrafR Rn. 18; Schneider, Grund und Grenzen des strafrechtlichen Selbstbegünstigungsprinzips, 1991, S. 302, 322; speziell zu Ermittlungsverfahren auf Grund einer Anzeige eines gedopten Sportlers Karakaya/Kölling SpuRt 2001, 49); jedoch werden seine Voraussetzungen – allerdings mit unterschiedlicher Begründung – verneint, wenn der Täter sich auf das Leugnen einer ihm vorgeworfenen Tat beschränkt und daraus lediglich auf die Täterschaft eines bestimmten anderen geschlossen werden muss (OLG Hamm VRS 32, 441), und zwar nach hM (anders Langer FS Lackner, 1987, 541 (562); Schneider NZV 1992, 471 mit Erwiderung Bienko NZV 1993, 98; Deutscher, Grundfragen der falschen Straftatverdächtigung, 1992, S. 121) selbst dann, wenn er in dieser Lage den anderen als Täter bezeichnet, ohne zusätzliche irreführende Hinweise zu geben (OLG Düsseldorf NJW 1992, 1119 mit krit. Bespr. Mitsch JZ 1992, 979; Langer GS Schlüchter, 2002, 361 (367); Geppert JK StGB § 164 Rn. 3; OLG Frankfurt a. M. DAR 1999, 225; zu weit BayObLG NJW 1986, 441 mit Bespr. Keller JR 1986, 30; Fahrenhorst JuS 1987, 707 (708); Langer JZ 1987, 804; OLG Celle NStZ-RR 2009, 370; vgl. auch Fezer FS Stree/Wessels, 1993, 663 (674); Torka, Nachtatverhalten und nemo tenetur, 2000, S. 165; Verrel, Die Selbstbelastungsfreiheit im Strafverfahren, 2001, S. 88; Kölbel, Selbstbelastungsfreiheiten, 2006, S. 413; Rengier StrafR BT II § 50 Rn. 19, 20; Wessels/Hettinger/Engländer StrafR BT I Rn. 697; Rogall in SK-StGB Rn. 15). Zwar gibt es keine Wahrheitspflicht für den Angeklagten, aber auch kein Recht zur Lüge (BGHSt 60, 198 = NJW 2015, 1705; BGH NStZ 2005, 517).

5 bb) **Rechtswidrige Tat** (→ § 11 Rn. 18) ist nicht die Ordnungswidrigkeit, die uU allerdings unter Abs. 2 fällt (→ Rn. 6). Nach der Rspr. muss die Tat auch zurzeit der Aburteilung noch mit Strafe bedroht sein (→ § 2 Rn. 4; Dannecker, Das intertemporale Strafrecht, 1993, S. 495; zw.); außerdem muss sie nach dem Schutzzweck des Abs. 1 und seinem Verhältnis zu Abs. 2 geeignet sein, ein behördliches Verfahren oder andere behördliche Maßnahmen herbeizuführen oder fortdauern zu lassen (BGH StV 2002, 303; BayObLG StraFo 2003, 321 = NStZ 2004, 503; OLG Hamm NStZ-RR 2002, 167). Es genügt daher idR nicht, wenn jemand einer zwar rechtswidrigen, aber (zB wegen Notstandes) entschuldigten, sonst (zB wegen Rücktritts) strafrechtlich nicht sanktionierten oder auch nur (zB wegen Verjährung) nicht verfolgbaren Tat verdächtigt wird (hM; OLG Hamm NStZ-RR 2002, 167; OLG Stuttgart NStZ-RR 2014, 276 mit zust. Bespr. Hecker JuS 2015, 12; Geilen Jura 1984, 251 (257); Langer GS Schlüchter, 2002, 362 (363); aM Krell NStZ 2011, 671 (674)); umgekehrt kann der Tatbestand aber erfüllt sein, wenn die Verdächtigung eine wirklich begangene rechtswidrige Tat betrifft, aber Umstände (zB Entschuldigungsgründe, Strafausschließungsgründe oder Verfolgungshindernisse) verschwiegen werden, die einen behördlichen Zugriff ausschließen würden (hM; OLG Brandenburg NJW 1996, 141; Geilen Jura 1984, 300; anders Rogall in SK-StGB Rn. 24; zum Verschweigen rechtfertigender Umstände OLG Karlsruhe NStZ-RR 1997, 37). Die Verletzung der **Dienstpflicht** muss disziplinarisch ahndbar sein, was auch bei Soldaten in Frage kommt; bloße Standespflichten in Berufen mit Ehrengerichtsbarkeit, zB Rechtsanwälte und Ärzte, gehören jedoch nicht hierher (hM; vgl. etwa Bosch/Schittenhelm in Schönke/Schröder, Rn. 11; zw.).

6 **b) Abs. 2: Aufstellen von Behauptungen tatsächlicher Art.** → § 186 Rn. 3, 5. Beweismanipulationen (→ Rn. 4) werden hier nicht erfasst (Rudolphi/Rogall in SK-StGB Rn. 37). **Behördliche Verfahren** (Bosch/Schittenhelm in Schönke/Schröder, Rn. 13) oder andere behördliche Maßnahmen (krit. Geilen Jura 1984, 300 (304)) sind zB Sicherungsverfahren, Bußgeldverfahren (BGH bei Holtz MDR 1978, 623; OLG Stuttgart NStZ 2016, 15), Insolvenzverfahren (OLG Koblenz NStZ-RR 2013, 44) und Verfahren zur Entziehung der Fahr- oder Gewerbeerlaubnis oder des Sorgerechts (BayObLG NJW 1958, 1103), nicht jedoch Maßnahmen im Zivilprozess (RG JW 1938, 2733). Adressat kann auch hier eine juristische Person sein (OLG Koblenz NStZ-RR 2013, 44). Zur Eignung OLG Celle NStZ-RR 2009, 370 mit krit. Bespr. Geppert JK StGB § 164 Rn. 6. Zur Falschmeldung im Internet über den Tod eines Asylsuchenden Fahl Jura 2016, 735. Die Bestimmung einer anderen Person zur straflosen Selbstbezichtigung bezüglich einer Ordnungswidrigkeit ist ohne Hinzutreten weiterer, eine Tatherrschaft begründender Umstände mangels teilnahmefähiger Haupttat als straflose Anstiftung und nicht als falsche Verdächtigung gemäß § 164 II in mittelbarer Täterschaft zu qualifizieren (OLG Stuttgart NJW 2017, 1971; Kudlich JA 2017, 632; anders OLG Stuttgart NStZ 2016, 155 (2. StS) und → 29. Aufl. 2018).

7 **4.** Die Verdächtigung oder Behauptung muss **objektiv unwahr** sein. Bei der Verdächtigung setzt das nicht notwendig Unschuld des Betroffenen voraus; da die Tat nach dem Schutzzweck der Vorschrift als Täuschungs-(Behauptungs-)delikt, nicht als Beschuldigungsdelikt zu verstehen ist, kommt es auf den Wahrheits- und Vollständigkeitsgehalt, den **Tatsachenkern,** des unterbreiteten Materials an (hM; vgl. etwa Eisele StrafR BT I Rn. 1459; vom Wortlaut gedeckt nach BVerfG NJW 2008, 570). Eine Verdächtigung kann daher schon falsch sein, wenn ein Verdacht,

der nach dem Grundsatz in dubio pro reo begründet ist und dem Täter auch – sei es nur möglicherweise – begründet erscheint, durch unwahre Tatsachenbehauptungen untermauert wird (hM; vgl. etwa Langer FS Tröndle, 1989, 265; Heinrich in Krey/Hellmann/Heinrich StrafR BT I Rn. 801, 802; Vormbaum in NK-StGB Rn. 54; anders BGHSt 35, 50 = NJW 1988, 81 mit abl. Bespr. Fezer NStZ 1988, 177; Deutscher JuS 1988, 526; OLG Rostock NStZ 2005, 335; OLG Koblenz NZV 2011, 92; Schilling GS Kaufmann, 1989, 595; Fischer Rn. 6). Andererseits muss sie noch nicht falsch sein, wenn Behauptungen nur aufgebauscht (BGH JR 1953, 181) oder in Einzelheiten unrichtig, in dem für die Begründung des Verdachts notwendigen Gehalt (dazu OLG Karlsruhe Justiz 1986, 195) aber wahr sind (BGH bei Dallinger MDR 1956, 270; BayObLG NJW 1953, 353; 1956, 273; OLG München NJW 2009, 3043); hinzudichten eines Straferschwerungsgrundes (zB § 211 statt § 212) kann jedoch genügen (BGH 21.5.1968 – 5 StR 168/68; RGSt 15, 391 (395); Rogall in SK-StGB Rn. 28).

5. Zum **inneren Tatbestand der Abs. 1 und 2:** 8

a) Der Täter muss die Unwahrheit der Verdächtigung oder Behauptung sowie die Relevanz der verschwiegenen Umstände (OLG Brandenburg NJW 1996, 141; OLG Karlsruhe NStZ-RR 1997, 37) **sicher kennen** (wider besseres Wissen, → § 187 Rn. 1; OLG Düsseldorf NJW 2000, 3582 mit Bespr. Müller NStZ 2002, 356 (357); zu dieser „Wertentscheidung" aus historischer Sicht Koch NJW 2005, 943 (945)) und die übrigen Merkmale des objektiven Tatbestandes mit **Vorsatz** (bedingter genügt) verwirklichen; daran fehlt es etwa, wenn dem Täter im Rahmen einer öffentlichen Kundgebung nicht bewusst war, dass die Verdächtigung an den empfangszuständigen Adressaten gelangen kann (Zopfs in MüKoStGB Rn. 42). Wenn der Verdacht auf eine andere als die vom Täter gemeinte Person fällt, so liegt nach hM eine unwesentliche Abweichung des Kausalverlaufs (→ § 15 Rn. 11) und daher eine vollendete Tat vor (vgl. etwa BGHSt 9, 240 = NJW 1956, 1448; Prittwitz GA 1983, 110 (131); Rogall in SK-StGB Rn. 41); wegen des Schutzes auch des Einzelnen (→ Rn. 1) ist eine aberratio ictus und damit strafloser Versuch anzunehmen (Herzberg ZStW 85 (1973), 867 (892); Schroth, Vorsatz und Irrtum, 1998, S. 106; Kühl StrafR AT § 13 Rn. 40; Roxin/Greco StrafR AT I § 12 Rn. 170).

b) Für die neben dem Vorsatz erforderliche **Absicht** genügt direkter Vorsatz 9
(→ § 15 Rn. 20–22; str.; vgl. Zopfs in MüKoStGB Rn. 43). Sie ist also nicht auf den Beweggrund oder auf zielgerichtetes Wollen beschränkt (BGHSt 13, 219 = NJW 1959, 2172; BGHSt 18, 204 = NJW 1963, 1019; OLG Düsseldorf NStZ-RR 1996, 198; Lenckner NJW 1967, 1890; Schneider, Grund und Grenzen des strafrechtlichen Selbstbegünstigungsprinzips, 1991, S. 311; Deutscher, Grundfragen der falschen Straftatverdächtigung, 1992, S. 84; Saal NZV 1998, 218; aM Langer GA 1987, 289 (302); JZ 1987, 804 (808); sowie Vormbaum in NK-StGB Rn. 64; zw.); es genügt sicheres Wissen, dass die Verdächtigung zu einem Verfahren gegen den Betroffenen führen oder ein solches fortdauern lassen wird, wenn dieses der Täter auch will (BGH NStZ-RR 2020, 141). Regelmäßig (aber nicht notwendig, BayObLG NJW 1986, 441) liegt sie vor, wenn jemand eine Tat bestreitet und den Verdacht auf einen bestimmten anderen lenkt (BayObLG JZ 1960, 707; OLG Hamm NJW 1965, 62). Es genügt, wenn der Täter das behördliche Verfahren als solches will, auch wenn er an dessen Erfolg, etwa wegen Fehlens des Strafantrags, nicht glaubt (OLG Koblenz NZV 2011, 93).

10 **6. Vollendet** ist die Tat, wenn die Verdächtigung der Behörde oder Stelle zugegangen oder wenn die Vernehmung, in der die Verdächtigung geäußert wurde, abgeschlossen ist (OLG Düsseldorf NJW 2000, 3582 mit Bespr. Müller NStZ 2002, 356 (357)); Verdacht braucht der Adressat noch nicht geschöpft zu haben (Langer GA 1987, 289 (300); JZ 1987, 804 (806)). Vorherige oder gleichzeitige Richtigstellung hindert die Vollendung (OLG Düsseldorf NJW 2000, 3582 mit Bespr. Müller NStZ 2002, 356 (357)). Spätere freiwillige Berichtigung ist kein Rücktritt nach § 24. Jedoch ist § 158 im Hinblick auf die der Falschaussage und der Falschverdächtigung übereinstimmend zugrundeliegenden Zwecke analog anzuwenden (hM; vgl. etwa Rengier StrafR BT II § 50 Rn. 26; Bosch/Schittenhelm in Schönke/Schröder, Rn. 35; anders Deutscher, Grundfragen der falschen Straftatverdächtigung, 1992, S. 174; Fischer Rn. 9; Rogall in SK-StGB Rn. 45; zu möglichen Friktionen Berz FS Stree/Wessels, 1993, 331 (337), der deshalb eine analoge Anwendung der §§ 83a I, III, 311e II Nr. 1 aF (jetzt § 314a II Nr. 1) befürwortet; zw.). Mangels Strafbarkeit des **Versuchs** wird eine objektiv wahre Anschuldigung, die der Täter irrig für falsch hält, nicht erfasst.

11 **7.** Als **Rechtfertigungsgrund** ist § 193 nicht anwendbar (→ § 193 Rn. 2). Auch **Einwilligung** des Verdächtigten rechtfertigt im Regelfall einen Angriff auf die Rechtspflege nicht (hM; BGHSt 5, 66 = NJW 1954, 201; Rogall in SK-StGB Rn. 46; anders Hirsch GS Schröder, 1978, 307 (318); Mitsch Jura 1988, 203 (204); Vormbaum in NK-StGB Rn. 66). Und andere, über den allgemein anerkannten Bestand hinausgehende Möglichkeiten des Unrechts-, Schuld- oder Strafausschlusses scheiden regelmäßig aus (Langer JZ 1987, 804 (809); zu umstrittenen Möglichkeiten der Rechtfertigung oder schon der Tatbestandseinschränkung bei nachrichtendienstlichem Handeln von Behörden → Vor § 32 Rn. 17).

12 **8.** Der neue **Abs. 3** enthält in **S. 1** eine Qualifikation für Verdächtigungen in Selbstbegünstigungsfällen (Fischer Rn. 15; Vormbaum in NK-StGB Rn. 79), weil sie mit einer Drittschädigungsabsicht verbunden ist (Fischer Rn. 15; krit. Vormbaum in NK-StGB Rn. 79, der eine Begr. für das erhöhte Unrecht vermisst). Der Täter muss in der Absicht handeln, eine Strafmilderung nach den „Kronzeugen"-Regelungen der § 46b oder § 31 BtMG zu erlangen (BT-Drs. 16/6268, 15; Vormbaum in NK-StGB Rn. 81); sie will den dort geschaffenen Missbrauchsmöglichkeiten entgegenwirken (Kindhäuser/Hilgendorf in LPK-StGB Rn. 20); sa § 145d III (→ § 145d Rn. 10a). **S. 2:** minderschwere Fälle (→ § 46 Rn. 7).

13 **9.** Abs. 2 tritt hinter dem **spezielleren** Abs. 1 zurück (Wessels/Hettinger/Engländer StrafR BT I Rn. 690; Bosch/Schittenhelm in Schönke/Schröder, Rn. 3). **Tateinheit** ua möglich mit §§ 153ff., 187, 187a. Zur Verdächtigung mehrerer Personen in einer Schrift (BGH GA 1962, 24; Rogall in SK-StGB Rn. 49) oder Aussage (BGH StraFo 2013, 79); mehrere Verdächtigungen, die dasselbe Verfahren betreffen, bilden nur eine Tat im Rechtssinne (BGH StraFo 2013, 79). **Wahlfeststellung** zwischen § 164 und § 153 oder § 154 ist zulässig (→ § 1 Rn. 14; Fischer Rn. 16; aM Vormbaum in NK-StGB Rn. 82; Bosch/Schittenhelm in Schönke/Schröder, Rn. 38, zw.).

14 **10.** Beachte § 154e StPO.

§ 165 Bekanntgabe der Verurteilung

(1) [1]**Ist die Tat nach § 164 öffentlich oder durch Verbreiten eines Inhalts (§ 11 Absatz 3) begangen und wird ihretwegen auf Strafe erkannt, so ist auf Antrag des Verletzten anzuordnen, daß die Verurteilung wegen falscher Verdächtigung auf Verlangen öffentlich bekanntgemacht wird.** [2]**Stirbt der Verletzte, so geht das Antragsrecht auf die in § 77 Abs. 2 bezeichneten Angehörigen über.** [3]**§ 77 Abs. 2 bis 4 gilt entsprechend.**

(2) **Für die Art der Bekanntmachung gilt § 200 Abs. 2 entsprechend.**

1 **1. Inhalt und Zweck** der Vorschrift decken sich weitgehend mit § 200. Die Ausführungen dort unter → § 200 Rn. 1, 2, 4–6 gelten sinngemäß.

2 **2.** Abweichend von § 200 kann den Antrag grds. **nur der Verletzte,** unter den Voraussetzungen des § 77 III auch oder nur der gesetzliche Vertreter oder Sorgeberechtigte stellen. Zum Übergang des Antragsrechts auf die Angehörigen → § 77 Rn. 8. Wer in die Tat eingewilligt hat, ist nicht Verletzter (BGHSt 5, 66 (69) = NJW 1954, 201; Rogall in SK-StGB Rn. 2).

11. Abschnitt. Straftaten, welche sich auf Religion und Weltanschauung beziehen

§ 166 Beschimpfung von Bekenntnissen, Religionsgesellschaften und Weltanschauungsvereinigungen

(1) **Wer öffentlich oder durch Verbreiten eines Inhalts (§ 11 Absatz 3) den Inhalt des religiösen oder weltanschaulichen Bekenntnisses anderer in einer Weise beschimpft, die geeignet ist, den öffentlichen Frieden zu stören, wird mit Freiheitsstrafe bis zu drei Jahren oder mit Geldstrafe bestraft.**

(2) **Ebenso wird bestraft, wer öffentlich oder durch Verbreiten eines Inhalts (§ 11 Absatz 3) eine im Inland bestehende Kirche oder andere Religionsgesellschaft oder Weltanschauungsvereinigung, ihre Einrichtungen oder Gebräuche in einer Weise beschimpft, die geeignet ist, den öffentlichen Frieden zu stören.**

1 **1.** Die Vorschrift **schützt den öffentlichen Frieden** (→ § 126 Rn. 1), nicht das religiöse Empfinden des einzelnen, nicht den sachlichen Inhalt religiöser oder weltanschaulicher Bekenntnisse und auch nicht die in Abs. 2 genannten Organisationen als solche (hM; vgl. etwa BT-Drs. V/4094, 28; Dippel in LK-StGB Rn. 6–12; Rudolphi/Rogall in SK-StGB Vor § 166 Rn. 1, 2; Bosch/Schittenhelm in Schönke/Schröder Vor § 166 Rn. 2; ebenso Hufen JuS 1999, 911, der aber als „eigentliches Schutzgut" Art. 4 GG betrachtet; ähnlich Stumpf GA 2004, 104 (109), der neben der Religionsfreiheit das staatliche Kulturinteresse betont; krit. zur hM Stratenwerth FS Lenckner, 1998, 377 (386); anders Fischer GA 1989, 445, der die Struktur des Tatbestandes für verfehlt hält; abl. zu jeder Form strafrechtlichen Schutzes von Religion und Weltanschauung Hassemer in Vallauri/Dilcher, Christentum, Säkularisation und modernes Recht, 1981, S. 1309; für Streichung der Vorschrift Beisel, Die Kunstfreiheitsgarantie des Grundgesetzes und ihre strafrechtlichen Grenzen, 1997, S. 360; Hefendehl Kollektive Rechtsgüter S. 297 sowie

Hörnle, Grob anstößiges Verhalten, 2005, S. 340; Hörnle in Hefendehl/v. Hirsch/Wohlers, Die Rechtsgutstheorie, 2003, S. 268, 274; Hörnle JZ 2015, 293, die § 166 zu den „einfachen Gefühlsschutztatbeständen" zählt; ebenso Steinke KJ 2008, 451; Renzikowski NJW 2014, 2539 (2540); Valerius ZStW 129 (2017), 529 (530); Britz JM 2017, 343; krit. zu den Kritikern der Legitimität der Vorschrift Rudolphi/Rogall in SK-StGB Rn. 4–9 und vor dem Hintergrund aktueller Veränderungen in Deutschland Hilgendorf in Hilgendorf/Kudlich/Valerius StrafR-Hdb IV § 26 Rn. 31 f.; vgl. Stübinger FS Kargl, 2015, 573; für Schutz der Religionsfreiheit aufgrund der daraus folgenden Schutzpflicht des Staates, Eingriffe in die Religionsausübung durch Dritte zu unterbinden, Köhler, Religionsfreiheit und Strafrecht, 2021, S. 89; für Schutz des Toleranzgedankens Lung, Strafbare Blasphemie, 2019, S. 241). Dass auch weltanschauliche Bekenntnisse und Vereinigungen geschützt sind, beruht auf dem verfassungsrechtlichen Gebot ihrer Gleichstellung (Art. 4 I, 140 GG iVm Art. 137 VII WRV). Pawlik FS Küper, 2007, 411 (427), hält § 166 für „verzichtbar", aber nicht für „freiheitstheoretisch unzulässig". Angesichts zunehmender internationaler Verbreitung von religionsbeschimpfenden Filmen usw eine Übertragung ausländischer Fallkonstellationen auf § 166 unternehmen Hörnle NJW 2012, 3415 zu „Innocence of Muslims" und Fahl StraFo 2013, 1 (zu „Pussy Riot") zusf. Heger ZevKR 2016, 109 (120); Heger in Ströbele/Gharaibeh/Specker/Tatari, Kritik, Widerspruch, Blasphemie, 2017, S. 183, 190. Zur menschenrechtlichen Zulässigkeit, sogar Blasphemie zu bestrafen, EGMR NJW 2006, 3263. **Rechtsvergleichend** Naarmann, Der Schutz von Religionen und Religionsgemeinschaften in Deutschland, England, Indien und Pakistan, 2015; Stankewitz, Strafbarkeit religionsfeindlicher Äußerungen in Deutschland und Frankreich, 2017.

2 **2. a) Abs. 1** betrifft sowohl kollektive wie individuelle **Bekenntnisse** (BT-Drs. V/4094, 29). **Religiös** ist ein Bekenntnis, wenn sein Inhalt durch den Glauben an ein höheres göttliches Wesen (oder an mehrere) geprägt ist, **weltanschaulich,** wenn es ohne Rückgriff auf ein göttliches Wesen die Welt im Ganzen zu begreifen und die Stellung des Menschen in der Welt zu bestimmen sucht (Dippel in LK-StGB Rn. 18–21 mwN). Gegenstand der Tat ist nur der Inhalt des Bekenntnisses; Beschimpfung ohne den erforderlichen Bezug zum Inhalt genügt daher nicht (aM OLG Koblenz NJW 1993, 1808; Bosch/Schittenhelm in Schönke/Schröder Rn. 4). Darüber hinaus ist restriktive Auslegung insofern geboten, als nur essentielle Bestandteile des Bekenntnisses in den Schutzbereich fallen (Zipf NJW 1969, 1944; aM Eser in Eser, Strafrechtsreform in Polen und Deutschland, 1991, S. 828; Dippel in LK-StGB Rn. 16; zw.).

3 **b) Abs. 2** erfasst neben den christlichen Kirchen **jede Religionsgesellschaft,** ohne Rücksicht auf ihre Anerkennung als Körperschaft des öffentlichen Rechts. **Weltanschauungsvereinigung** ist eine Vereinigung (→ § 129 Rn. 2), die sich zu einer Weltanschauung (→ Rn. 2) bekennt und gemeinsame Erfüllung der daraus erwachsenden Aufgaben bezweckt (Dippel in LK-StGB Rn. 90, 91); speziell zur „Scientologie-Organisation" abl. Fischer Rn. 7, in strafvollzugsrechtlichem Zusammenhang auch Schöch FS Müller-Dietz, 2001, 803. **Inland** → Vor § 3 Rn. 4 (sa Dippel in LK-StGB Rn. 99, 100). **Einrichtungen** sind die von befugten Stellen geschaffenen allgemeinen Ordnungen für die innere und äußere Verfassung und für die Religionsausübung, zB Christusverehrung, Marienkult, Taufe, Eucharistie, Kommunion, Konfirmation, Messe, Abendmahl, Beichte, Priestertum, Predigtamt (vgl. etwa BayObLGSt 1954, 144; OLG Düsseldorf NJW 1983, 1211; OLG Karlsruhe NStZ 1986, 363; OLG Nürnberg NStZ-RR 1999, 238; zusf. Dippel in LK-

StGB Rn. 92–96); das gleiche gilt aufgrund der Neutralitäts- bzw. Gleichbehandlungspflicht durch den Staat (dazu ausf. Fateh-Moghadam, Die religiös-weltanschauliche Neutralität des Strafrechts, 2019 mit Bespr. Hörnle RW 2020, 487; Neumann ZStW 132 (2020), 441; Heger ZevKR 66 (2021), 324) entsprechend für andere Religionen wie zB Islam und Judentum. **Gebräuche** sind in der Gesellschaft oder Vereinigung allgemein anerkannte tatsächliche Übungen, zB das Kreuzzeichen (BayObLGSt 1954, 144; Joecks/Jäger StGB Rn. 3).

3. a) Beschimpfen → § 90a Rn. 6. Das besonders Verletzende kann hier namentlich darin liegen, dass die von den Anhängern des Bekenntnisses als heilig angesehenen geistigen Inhalte in den Schmutz gezogen werden (OLG Köln NJW 1982, 657; OLG Celle NJW 1986, 1275; OLG Nürnberg NStZ-RR 1999, 238; LG Düsseldorf NStZ 1982, 290; einschr. LG Frankfurt a. M. NJW 1982, 658); im Hinblick auf die Freiheit der Meinungsäußerung ist enge Auslegung geboten (zu eng jedoch OLG Karlsruhe NStZ 1986, 363 mAnm Ott; abl. Katholnigg NStZ 1986, 555). Die Äußerung muss sich gegen die in Abs. 1 und 2 genannten Schutzobjekte als solche richten (zB katholische Kirche als „Kinderficker“, AG Tiergarten StraFo 2012, 110; „Papstsau Franz“ und „Jesus – 2000 Jahre rumhängen“, AG Lüdinghausen NStZ-RR 2016, 200; ebenso „Islam passt zu Deutschland wie Scheiße auf den Esstisch“, AG Köln BeckRS 2016, 20078); Beschimpfungen, die sie nur mittelbar treffen, genügen nicht (Dippel in LK-StGB Rn. 102–105; Rogall in SK-StGB Rn. 3; diff. Bosch/Schittenhelm in Schönke/Schröder Rn. 21). **Wissenschaftliche Kritik** in sachlicher Form scheidet aus. Für Angriffe, die in einem **Kunstwerk** enthalten sind, gelten die Ausführungen unter → § 193 Rn. 14 sinngemäß; da der öffentliche Frieden und die Religionsfreiheit (Hufen JuS 1999, 911) ebenso wie die Kunstfreiheit hohe Gemeinschaftswerte sind, hängt das Ergebnis der gebotenen Wertabwägung von den Umständen des Einzelfalls ab (OLG Köln NJW 1982, 657; BVerwG NJW 1999, 304 mit Bespr. Hufen JuS 1999, 911; OVG Koblenz NJW 1997, 1174; Fischer, Die strafrechtliche Beurteilung von Werken der Kunst, 1995, S. 134; Rogall in SK-StGB Rn. 13; vgl. auch Hillgruber KuR 2013, 1; speziell zu **Karikaturen** und satirischen Darstellungen LG Bochum NJW 1989, 727; Würtenberger NJW 1982, 610; zum sog. „Karikaturenstreit“ Steinbach JR 2006, 495, der eine Strafbarkeit für Mohamed-Karikaturen für „nicht abwegig“ hält; aM OVG Berlin NJW 2012, 3116; zum Film „Innocence of Muslims“ Hörnle NJW 2012, 3415 (3418), die bei dessen Aufführung in Deutschland § 166 bejaht). 4

b) Öffentlich → § 80a Rn. 2. **Verbreiten** von Schriften oder anderen Darstellungen → § 11 Rn. 27, 28; → § 74d Rn. 5, 6. Speziell zur Tatbegehung über das Internet OLG Nürnberg NStZ-RR 1999, 238. 5

4. Zur **Eignung** der Beschimpfung, den **öffentlichen Frieden** zu stören, → § 126 Rn. 4 (beachte ua OLG Düsseldorf NJW 1983, 1211; OLG Celle NJW 1986, 1275; OLG Nürnberg NStZ-RR 1999, 238 mit Bespr. Otto JK StGB § 166 Rn. 1; AG Tiergarten StraFo 2012, 110; Herzog in NK-StGB Rn. 13–16; Rudolphi/Rogall in SK-StGB Rn. 2, 16–18; Hörnle NJW 2012, 3415 (3416f.); krit. Eser in Eser, Strafrechtsreform in Polen und Deutschland, 1991, S. 831; Fischer Rn. 14, 14a). 6

5. Der **Vorsatz** (bedingter genügt, OLG Koblenz NJW 1993, 1808) muss auch die Eignung zur Friedensstörung umfassen (→ § 126 Rn. 5). 7

8 **6. Tateinheit** ua möglich mit §§ 167–168, 185–187. Zumindest de lege ferenda für Spezialität gegenüber § 185 und damit eine Beschränkung auf massive Ehrabschniedungen gegenüber Religions- und Weltanschauungsgesellschaften Heger ZevKR 2016, 109 (140); zust. aus theologischer Warte Schieder in Wütrich/Gockel/Mohn, Blasphemie, 2020, S. 207, 219.

§ 167 Störung der Religionsausübung

(1) **Wer**

1. **den Gottesdienst oder eine gottesdienstliche Handlung einer im Inland bestehenden Kirche oder anderen Religionsgesellschaft absichtlich und in grober Weise stört oder**
2. **an einem Ort, der dem Gottesdienst einer solchen Religionsgesellschaft gewidmet ist, beschimpfenden Unfug verübt,**

wird mit Freiheitsstrafe bis zu drei Jahren oder mit Geldstrafe bestraft.

(2) **Dem Gottesdienst stehen entsprechende Feiern einer im Inland bestehenden Weltanschauungsvereinigung gleich.**

1 **1.** Die Vorschrift schützt zur Wahrung des **öffentlichen Friedens** (→ § 166 Rn. 1; darauf beschränkend Rogall in SK-StGB Rn. 1; aM Hörnle, Grob anstößiges Verhalten, 2005, S. 357; Hörnle in Hefendehl/v. Hirsch/Wohlers, Die Rechtsgutstheorie, 2003, S. 268, 279 „Tabuschutz", der insoweit legitim sei, als er das Recht aus Art. 4 II GG schützt) die **ungestörte Ausübung von Religion und Weltanschauung** (Art. 4 GG; Hörnle in MüKoStGB Rn. 1; Ebert in Haedrich, Flucht, Asyl und Integration aus rechtlicher Perspektive, 2017, S. 237, 247; Köhler, Religionsfreiheit und Strafrecht, 2021, S. 98); im Gegensatz zu § 166 muss die Eignung der Tathandlung zur Friedensstörung nicht festgestellt werden. Sie gilt zu Gunsten aller im Inland (→ Vor § 3 Rn. 5) bestehenden Religionsgesellschaften und Weltanschauungsvereinigungen (→ § 166 Rn. 3).

2 **2. a)** In **Abs. 1 Nr. 1** bedeutet **Gottesdienst** die Vereinigung von Mitgliedern einer Religionsgesellschaft zur religiösen Verehrung oder Anbetung Gottes nach den Vorschriften, Gebräuchen und Formen ihrer Gemeinschaft sowohl im geschlossenen Raum wie auch im Freien (zweifelnd für Mahnwachen OLG Celle NJW 1997, 1167); nicht der religiöse Unterricht, mag er auch in einer Kirche stattfinden. **Gottesdienstliche Handlung** ist eine auf dem religiösen Kult beruhende, idR vom Geistlichen vorgenommene Handlung, die außerhalb des Gottesdienstes der Gottesverehrung dient, zB Taufe, Trauung, Prozession.

3 **b) Stören** heißt, den Gottesdienst oder die gottesdienstliche Handlung unmittelbar behindern oder erschweren. **„In grober Weise"** schränkt auf objektiv besonders schwerwiegende Störungen ein (OLG Jena NJW 2006, 1892 (1893); LG Köln StV 2016, 810, auf den Altar springen mit entblößter Brust durch Femen-Aktivistin während einer Messe und dazu Bülte StV 2016, 837); dabei ist auch das eigene Verhalten des geschützten Personenkreises zu berücksichtigen (OLG Celle NJW 1997, 1167). Auf das Störungsmittel (zB Erregen von Lärm, auch von außen) kommt es nicht an.

4 **3. a)** Nach **Abs. 1 Nr. 2** dem Gottesdienst gewidmet ist ein Ort, wenn er ausschließlich oder überwiegend dem Gottesdienst, also nicht lediglich religiösen Ver-

sammlungen oder ähnlichen Zwecken, zu dienen bestimmt ist (zusf. Dippel in LK-StGB Rn. 19, 20). Das trifft idR zu bei Kirchen, Kapellen, Moscheen und Synagogen, kommt uU aber auch in Frage bei Sakristeien (BGHSt 21, 64 = NJW 1966, 1419; zw.), Kirchenvorräumen (BGHSt 9, 140 = NJW 1956, 1039) und Betsälen (zB der Heilsarmee).

b) Beschimpfender Unfug ist eine grob ungehörige Missachtenskundgebung, die das religiöse Empfinden zu verletzen geeignet ist (BGHSt 9, 140 = NJW 1956, 1039), zB Liegenstützen auf dem Altar einer geweihten Kirche für eine Videoinstallation (OLG Saarbrücken NJW 2018, 3794 mkritAnm Valerius). 5

4. Weltanschauungsvereinigung (Abs. 2) → § 166 Rn. 3. **Entsprechende Feiern** sind nur solche, die der gemeinsamen kultischen Pflege eines Weltanschauungswertes dienen, nicht bloße Versammlungen und Diskussionsveranstaltungen (Bosch/Schittenhelm in Schönke/Schröder Rn. 6, 7). 6

5. Absichtlich (Abs. 1 Nr. 1) erfordert zielgerichtetes Wollen (näher LG Köln StV 2016, 810; → § 15 Rn. 20). Für alle anderen Merkmale der beiden Tatbestände genügt bedingter **Vorsatz.** 7

6. Die **Rechtswidrigkeit** kann zB entfallen bei erlaubtem Gewerbebetrieb (RGSt 37, 151) oder bei der Abwehr beleidigender Äußerungen des Predigers, die in der älteren Rspr. unter dem Gesichtspunkt der Notwehr (§ 32) erfasst wurde (RGSt 21, 168), richtiger aber als rechtfertigender Notstand (§ 34) zu behandeln ist (Dippel in LK-StGB Rn. 16; Rogall in SK-StGB Rn. 10). Eine Rechtfertigung aus Art. 4 GG kommt nicht in Betracht (OLG Jena NJW 2006, 1892 (1893)), wohl aber können beschimpfende Äußerungen durch die Kunstfreiheit nach Art. 5 III 1 GG gerechtfertigt sein (Fischer Rn. 5), soweit diese nicht ihrerseits durch das konfligierende Grundrecht auf Religionsausübung beschränkt ist (OLG Saarbrücken NJW 2018, 3794). 8

7. Tateinheit ua möglich mit §§ 166, 167a, 168, 185–187, auch mit § 130 (Fischer Rn. 10). 9

§ 167a Störung einer Bestattungsfeier

Wer eine Bestattungsfeier absichtlich oder wissentlich stört, wird mit Freiheitsstrafe bis zu drei Jahren oder mit Geldstrafe bestraft.

1. Die Vorschrift schützt das **Pietätsgefühl** (hM; anders Rogall in SK-StGB Vor § 166 Rn. 3, § 167a Rn. 1, den öffentlichen Frieden; für Abschaffung dieser Moral- und Gefühlsschutznorm Hörnle, Grob anstößiges Verhalten, 2005, S. 364). Sie gewährt Bestattungsfeiern ohne Rücksicht darauf Strafschutz, ob sie Religionsausübung sind. 1

2. Bestattungsfeier umfasst Beerdigungen und Einäscherungen, und zwar nicht nur Feiern an einem dazu bestimmten Ort, sondern auch den Leichenzug und die im Trauerhaus abgehaltene Feier (zusf. Dippel in LK-StGB Rn. 26). **Stören** → § 167 Rn. 3. 2

3. Bedingter **Vorsatz** genügt nicht (→ § 15 Rn. 20–22). 3

4. Tateinheit ua möglich mit §§ 166, 167 (Fischer Rn. 4), § 168. 4

§ 168 Störung der Totenruhe

(1) **Wer unbefugt aus dem Gewahrsam des Berechtigten den Körper oder Teile des Körpers eines verstorbenen Menschen, eine tote Leibesfrucht, Teile einer solchen oder die Asche eines verstorbenen Menschen wegnimmt oder wer daran beschimpfenden Unfug verübt, wird mit Freiheitsstrafe bis zu drei Jahren oder mit Geldstrafe bestraft.**

(2) **Ebenso wird bestraft, wer eine Aufbahrungsstätte, Beisetzungsstätte oder öffentliche Totengedenkstätte zerstört oder beschädigt oder wer dort beschimpfenden Unfug verübt.**

(3) **Der Versuch ist strafbar.**

Fassung des 6. StrRG (→ Vor § 1 Rn. 13).

1 **1.** Die Vorschrift schützt das **Pietätsempfinden** der Allgemeinheit gegenüber den Verstorbenen und ihren Ruhestätten (Begr. zu § 191 E 1962, S. 346; „jedenfalls auch" nach BGHSt 50, 80 (89) = NJW 2005, 1876 mit krit. Bespr. Kubiciel JA 2005, 763 (765); verfassungsrechtlich nicht beanstandet von BVerfG NJW 2009, 1061 (1064); BGH NStZ-RR 2021, 76; ähnlich Rüping GA 1977, 299; Sternberg-Lieben, Die objektiven Schranken der Einwilligung im Strafrecht, 1997, S. 396 Fn. 312; Czerner ZStW 115 (2003), 91 (97); Tag in Groß/Esser/Knoblauch/Tag, Tod und toter Körper, 2007, S. 101, 103; aM Rogall in SK-StGB Vor § 166 Rn. 3, den öffentlichen Frieden; ähnlich Fischer Rn. 2, vorverlagerter Schutz eines Tabus; „Tabuschutz" für Abs. 2 nimmt an Hörnle, Grob anstößiges Verhalten, 2005, S. 367; Hörnle in Hefendehl/v. Hirsch/Wohlers, Die Rechtsgutstheorie, 2003, S. 268, 279), daneben auch den postmortalen Achtungsanspruch des Toten (BGHSt 50, 80 (89) = NJW 2005, 1876 mzustAnm Kudlich JR 2005, 342 (344); für Vorrangigkeit dieses individuellen Rechtsguts Kreuzer MschrKrim 2005, 412 (423); für Schutz der psychischen Gesundheit der Trauernden Berster ZIS 2017, 139 (145)). Die Einbeziehung auch der toten Leibesfrucht in diesen Schutzbereich, die auf das 24. StÄG (→ Vor § 1 Rn. 10) zurückgeht, ist problematisch; sie war als erste, noch der Weiterführung bedürftige gesetzgeberische Maßnahme gedacht, der missbräuchlichen kommerziellen Verwertung toter menschlicher Embryonen und Feten entgegenzuwirken (BT-Drs. 10/3758; BT-Drs. 10/6568; zusf. Sternberg-Lieben NJW 1987, 2962; krit. Koch NJW 1988, 2286; → Vor § 211 Rn. 2). Die Strafbarkeit der **Organentnahme** beim gesamthirntoten Spender ohne Einwilligung bestimmt sich nach § 19 I TPG (Schroth JZ 1997, 1149 (1152); Rogall in SK-StGB Rn. 1; Häberle in Erbs/Kohlhaas TPG § 19 Rn. 2; näher zum TPG unter → Rn. 4). Siehe auch Tag FS Laufs, 2006, 1080 (1088); krit. zur Neufassung von Abs. 2 Lassak, Irrwege der Strafgesetzgebung, 1999, S. 75, einzelfallorientierte Gesetzgebung; krit. zum fragmentarischen Schutz sterblicher Überreste von Menschen Tag in HK-StrafR Rn. 2; für ein Festhalten am Hirntod in einem künftigen Gesetz Schreiber FS Amelung, 2009, 487 (490).

2 **2. a) Körper eines verstorbenen Menschen** (zum Todeszeitpunkt → Vor § 211 Rn. 4), auch der eines tot geborenen Kindes, besteht als solcher so lange fort, wie der Zusammenhang seiner Teile zur Einheit einer menschlichen Gestalt im Wesentlichen noch vorhanden, seine Individualität noch erkennbar ist (Dippel in LK-StGB Rn. 35); jedoch entfällt der Strafschutz für Moorleichen, Mumien usw, die nicht mehr Gegenstand der Pietät sind (hM). Keine **Teile des Körper eines verstorbenen Menschen** sind bei der Obduktion entnommene, zur gesonderten

Vernichtung bestimmte Körperteile (AG Tiergarten NJW 1996, 3092 mit abl. Bespr. Schmeissner/Wolfslast NStZ 1997, 548; Bosch/Schittenhelm in Schönke/Schröder Rn. 3; aM Hörnle in MüKoStGB Rn. 9; Rogall in SK-StGB Rn. 5) und dem Körper eingefügte fremde Bestandteile, wie zB Prothesen, Herzschrittmacher usw (aM Fischer Rn. 5; diff. Bosch/Schittenhelm in Schönke/Schröder Rn. 3; Dippel in LK-StGB Rn. 37; sa Görgens JR 1980, 140; Gropp JR 1985, 181; Schünemann, Die Rechte am menschlichen Körper, 1985; Stellpflug, Der strafrechtliche Schutz des menschlichen Leichnams, 1996, S. 10; str.), wohl aber Leichenblut (OLG Frankfurt a. M. NJW 1975, 271; JZ 1977, 355; Grebing GA 1979, 81 (96); str.), „Kleinstteile" wie Gehörknöchelchen und Augenhornhäute (Kopp MedR 1997, 544) sowie von einem Verstorbenen entnommene Transplantate (→ Rn. 4). Die Entnahme von Organteilen bei toten Organspendern ohne Einwilligung des Spenders oder seiner nächsten Angehörigen ist durch § 19 II TPG unter Strafe gestellt (Schroth in Roxin/Schroth MedStrafR S. 462; zu den Entnahmevoraussetzungen des neuen Abs. 2 (bisher Abs. 1) Dippel in LK-StGB § 168 Rn. 24). **Leibesfrucht** ist die menschliche Frucht vom Zeitpunkt der Einnistung an (BT-Drs. 10/3758, 4; Spranger, Bestattungsgesetz NRW, 2003, § 19 II 2; Hilgendorf in Satzger/Schluckebier/Widmaier StGB Rn. 6; → § 218 Rn. 8). Regelmäßig wird sie aus einem Schwangerschaftsabbruch herrühren. **Asche** auch außerhalb der Urne (Spranger, Bestattungsgesetz NRW, 2003, § 19 II 2; vgl. auch Hörnle, Grob anstößiges Verhalten, 2005, S. 370); erfasst sind sämtliche nach der Einäscherung verbleibende Rückstände, also etwa auch das Zahngold als Verbrennungsrückstand (BGHSt 60, 302 = NJW 2015, 2901 mit krit. Bespr. Becker/Martenson JZ 2016, 779; Kudlich JA 2015, 872; OLG Hamburg NJW 2012, 1601 mAnm Stoffers; OLG Bamberg NJW 2008, 1543; Hilgendorf in Satzger/Schluckebier/Widmaier StGB Rn. 7; Bosch/Schittenhelm in Schönke/Schröder Rn. 3; aM OLG Nürnberg NJW 2010, 2071 (2073)).

b) aa) **Wegnahme** ist hier Bruch des Gewahrsams, nicht notwendig Begründung neuen Gewahrsams (hM). Gewahrsam setzt keine Sachherrschaft iSd § 242 voraus; es genügt ein weniger konkretisiertes tatsächliches Obhutsverhältnis, das über **Leichen** idR von den nächsten Angehörigen als den gewohnheitsrechtlich Berechtigten mit der Todesnachricht übernommen und alsdann von den zufälligen Gewalthabern, etwa der Krankenanstalt, dem Altenheim, der Polizei oder der Friedhofsverwaltung, nur für diese ausgeübt wird (ähnlich KG NJW 1990, 782; Kijewski, Die Einwilligung in Leichensektionen, 2007, S. 83; Fischer Rn. 8; krit. Hörnle, Grob anstößiges Verhalten, 2005, S. 373; zw.). Die Abgrenzung iE ist umstritten (zusf. OLG Zweibrücken JR 1992, 212 mAnm Laubenthal). Während die hM sich enger an § 242 anlehnt und deshalb Gewahrsam zB der Krankenanstalt bis zur Entfernung der Leiche aus deren Herrschaftsbereich bejaht (vgl. etwa OLG München NJW 1976, 1805; OLG Schleswig SchlHA 2002, 147; AG Tiergarten NJW 1996, 3092; Czerner ZStW 115 (2003), 91 (93); Dippel in LK-StGB Rn. 43, 45; Rogall in SK-StGB Rn. 8; Bosch/Schittenhelm in Schönke/Schröder Rn. 7; ebenso auch BT-Drs. 10/3758, 4; sa BVerfG NJW 2002, 2861), wird auf der anderen Seite ausschließlich auf das Obhutsrecht der Angehörigen abgestellt (Sternberg-Lieben NJW 1987, 2062; Stellpflug, Der strafrechtliche Schutz des menschlichen Leichnams, 1996, S. 17; Kopp MedR 1997, 544 (547); zu Recht krit. Hörnle, Grob anstößiges Verhalten, 2005, S. 374; für Mitgewahrsam von Angehörigen und Krematoriumsbetreiber nach Einäscherung bis zur Beisetzung OLG Bamberg NJW 2008, 1543 mit krit. Bespr. Kudlich JA 2008, 391). Die Streitfrage bedarf dringend 3 gesetzlicher Klärung (vgl. Tag FS Laufs, 2006, 1080 (1088); Freund ZStW 109 (1997), 455 (486)); das 6. StrRG (→ Vor § 38 Rn. 8–11) hat diese Klärung trotz Neufassung der Vorschrift nicht gebracht; der Anwendungsbereich der Vorschrift ist aber durch § 19 TPG erheblich verringert worden (Dippel in LK-StGB Rn. 45). Keine Wegnahme ist jedenfalls die Weiterbehandlung einer Toten (Kiesecker, Die Schwangerschaft einer Toten, 1996, S. 200; Dippel in LK-StGB Rn. 41). Gewahrsam an der **Leibesfrucht** wird meistens der Leiter der Krankenanstalt haben, in der die tote Leibesfrucht (durch Schwangerschaftsabbruch oder Fehlgeburt) angefallen ist (BT-Drs. 10/3758, 4; Hörnle in MüKoStGB Rn. 13); wegen der grds. andersartigen Ausgangslage scheidet hier eine Gleichsetzung des Gewahrsams mit dem Obhutsrecht der Angehörigen von vornherein aus (Rogall in SK-StGB Rn. 8; Bosch/Schittenhelm in Schönke/Schröder Rn. 6; aM Sternberg-Lieben NJW 1987, 2062; krit. Koch NJW 1988, 2286).

4 bb) Für die **Entnahme von Leichenteilen** im Rahmen einer **Sektion** oder **zu wissenschaftl Zwecken** bedarf es grds. der Einwilligung des Verstorbenen oder der nächsten Angehörigen (Tag FS Laufs, 2006, 1080 (1096)). Eine Sektion ohne Entnahme fällt mangels Verübens beschimpfenden Unfugs nicht unter § 168 (Maurach/Schroeder/Maiwald StrafR BT II § 62 Rn. 16). Ist jedoch der ausführende Arzt selbst Alleingewahrsamsinhaber oder handelt er im Einvernehmen mit der den Alleingewahrsam ausübenden Anstaltsleitung (→ Rn. 3), so fehlt es schon an der Wegnahme und damit trotz des Einwilligungsmangels am Tatbestand (Stellpflug, Der strafrechtliche Schutz des menschlichen Leichnams, 1996, S. 62; Tag in Duttge, Perspektiven des Medizinrechts, 2007, S. 49, 53). Wurde diese Einwilligung erteilt, so ist der Tatbestand ebenfalls, da kein Gewahrsam gebrochen wird, regelmäßig selbst dann ausgeschlossen, wenn der Verstorbene vor seinem Tod die Einwilligung versagt hatte (Bosch/Schittenhelm in Schönke/Schröder Rn. 6; aM v. Bubnoff GA 1968, 73). Umgekehrt bindet aber dessen ausdrückliche Gestattung die Angehörigen und rechtfertigt die Entnahme auch dann, wenn sie tatbestandsmäßig ist (OLG Frankfurt a. M. JZ 1977, 355; Lilie MedR 1983, 131; für Tatbestandsausschluss Stübinger in NK-StGB Rn. 21; str.); zur Wirkung sog. Sektionsklauseln in Krankenhausverträgen Bosch/Schittenhelm in Schönke/Schröder Rn. 8; zur Entnahme von Stammzellen aus Leichnamen und verstorbenen Foeten Beck, Stammzellenforschung und Strafrecht, 2006, S. 123, 137. Zur **klinischen Sektion** vgl. ua auch Brugger/Kühn, Sektion der menschlichen Leiche, 1979; Laufs, Berufsfreiheit und Persönlichkeitsschutz im Arztrecht, 1982, S. 16; Hirsch/Schmidt-Didczuhn, Transplantation und Sektion, 1992; Stellpflug, Der strafrechtliche Schutz des menschlichen Leichnams, 1996, S. 63; Dufkora MedR 1998, 304; Tag FS Laufs, 2006, 1080 (1097); zu **Leichenversuchen** Pluisch/Heifer NJW 1994, 2377; Stellpflug, Der strafrechtliche Schutz des menschlichen Leichnams, 1996, S. 64; zur **Plastination** OLG Hamburg NStZ 2006, 528 (zu § 118 OWiG); Tag MedR 1998, 387; Tag in Wetz/Tag, Schöne neue Körperwelten, 2001, Rn. 143; Fischer Rn. 17.

4a cc) Mit dem **Transplantationsgesetz** (TPG) ist die **Transplantation** von Organen Verstorbener auf der Basis der sog. Einwilligungslösung und des Hirntodkonzepts (dazu rechtsvergleichend Lilie in Fischer/Lilie, Ärztliche Verantwortung im europäischen Rechtsvergleich, 1999, S. 127–143; zur Geschichte vgl. Dippel FS Hanack, 1999, 665–688) gesetzlich geregelt worden (vgl. Dippel in LK-StGB Rn. 23–32; Fischer Rn. 13–15 a; zu verfassungsrechtlichen Bedenken gegen die Regelungen zur postmortalen Organspende vgl. den Nichtannahmebeschluss des BVerfG NJW 1999, 3401 mit krit. Bespr. Rixen NJW 1999, 3389; zur Lebendspende → § 228 Rn. 23). Da in § 19 II TPG die Entnahme von Organen bei Verstorbenen sowie bei toten Embryonen und Föten unter Verstoß gegen bestimmte, in §§ 3, 4, 4a TPG normierte Pflichten strafbewehrt ist (Tag in MüKoStGB TPG § 19 Rn. 7, 8), scheidet hierfür eine Strafbarkeit auch nach § 168 aus (Schroth JZ 1997, 1149 (1152); Heger JZ 1998, 506; Bosch/Schittenhelm in Schönke/Schröder Rn. 7; diff. Dippel FS Hanack, 1999, 665 (693)). Das muss wegen § 19 II iVm § 4 TPG auch für eine Organentnahme durch einen Nichtarzt gelten. Trotz der in §§ 3, 4, 4a TPG abschließend formulierten Voraussetzungen für eine Organentnahme beim Verstorbenen ist eine darüber hinausgehende Notstandsrechtfertigung im Einzelfall nicht ausgeschlossen (vgl. Kühl StrafR AT § 8 Rn. 72; Tag in MüKoStGB TPG § 19 Rn. 16; eing. Diettrich, Organentnahme und Rechtfertigung durch Notstand, 2003); es könnte jedoch die Angemessenheit iSd § 34 S. 2 wegen der abschließenden Regelung der Organentnahme zu Transplantationszwecken im TPG (vgl. Rogall in SK-StGB Rn. 8a; Bosch/Schittenhelm in Schönke/Schröder Rn. 8; ähnlich Fischer Rn. 15) zu verneinen sein.

dd) **Beschimpfender Unfug** (krit. zu dieser Umschreibung der Tathandlung 5 Hörnle, Grob anstößiges Verhalten, 2005, S. 378) ist eine grob ungehörige, rohe Gesinnung (krit. Rüping GA 1977, 299 (303)) zeigende Missachtenskundgebung, durch die der Täter dem Toten bewusst Verachtung bezeigen, dh ihm Schimpf antun will (BGHSt 50, 80 (88) = NJW 2005, 1876; BGH NStZ 1981, 300; Tag in HK-StrafR Rn. 15; Hilgendorf in Satzger/Schluckebier/Widmaier StGB Rn. 19); soweit es um das Pietätsempfinden der Allgemeinheit geht, muss der Unfug nach der Rspr. die Würde des Menschen als Gattungswesen in Frage stellen (BGHSt 50, 80 (90) = NJW 2005, 1876 mit krit. Bespr. Kubiciel JA 2005, 763 (765); Kudlich JR 2005, 342 (344); Otto JZ 2005, 799 (800)); eine solche menschenunwürdige Behandlung soll im Schlachten eines Menschen vor laufender Kamera zur Gewinnung von Material für spätere sexuelle Handlungen zu sehen sein (BGHSt 50, 80 (90) = NJW 2005, 1876; keine „Überdehnung des Wortlauts" nach BVerfG NJW 2009, 1061 (1064), wo offen gelassen wird, ob der Täter dem Opfer gegenüber seine Verachtung bezeigen wollte; dem BGH iE zust. Otto JZ 2005, 799 (800); Schiemann NJW 2005, 2350 (2351)). Das Einverständnis des Getöteten lässt die zweite Alternative des Abs. 1 nicht entfallen, weil dieser über das Allgemeinheitsrechtsgut nicht verfügen konnte (BGHSt 50, 80 (90) = NJW 2005, 1876 mkritAnm Kudlich JR 2005, 342 (344); BVerfG NJW 2009, 1061 (1064); BGH NStZ 2016, 469). Nicht genügend ist daher ein Zerteilen des Leichnams zur Verdeckung der Tat (BGH StV 2020, 98) oder zum Abtransport der Leiche. Beschimpfender Unfug kann an allen Schutzobjekten des Abs. 1, also auch an der Asche (AG Solingen MDR 1968, 65) oder der Leibesfrucht (Sternberg-Lieben NJW 1987, 2062), und außerdem auch unmittelbar an einer Beisetzungsstätte begangen werden, sei es durch deren Beschädigung oder durch andere Handlungen in deren Nähe (Dippel in LK-StGB Rn. 55); kommerzielle Verwertung von Leichenteilen oder Leibesfrüchten genügt für sich allein nicht (Dippel in LK-StGB Rn. 55; aM Sternberg-Lieben NJW 1987, 2062).

c) Das Merkmal **unbefugt** ist allgemeines Verbrechensmerkmal, weil die erste 6 Alternative des Abs. 1 das Unrecht abschließend beschreibt (→ § 15 Rn. 6; Dippel in LK-StGB Rn. 53; Bosch/Schittenhelm in Schönke/Schröder Rn. 2; Rogall in SK-StGB Rn. 13). Die Forschungsfreiheit des Art. 5 III 1 GG ist kein Rechtfertigungsgrund (Czerner ZStW 115 (2003), 91 (113); Rudolphi/Rogall in SK-StGB Rn. 15).

7 **3. Abs. 2: Aufbahrungsstätte** ist zB die Leichenhalle (BT-Drs. 13/8587, 23; Fischer Rn. 19 mit weiteren Beispielen). **Beisetzungsstätte** ist nicht nur das Grab, der Grabhügel und die Aschenurne, sondern alles, was zu ihr gehört und mit ihr verbunden ist, namentlich auch das Grabdenkmal und die Umfriedung (Rüping GA 1977, 299 (303)) sowie die Bepflanzung (Hörnle in MüKoStGB Rn. 25). Sie muss der Ruhe und dem Andenken eines Verstorbenen gewidmet sein; daran fehlt es bei Grabfeldern um Massengräber, in denen Verstorbene anonym verscharrt worden sind (OLG Jena NJW 2001, 1078). Keine Beisetzungsstätte ist ein durch Kriegseinwirkung gesunkenes U-Boot, auch wenn sich darin Überreste der ertrunkenen Schiffsbesatzung befinden (BGH NJW 1994, 2613). **Öffentliche Totengedenkstätten** sind nicht nur Gedenkstätten für Opfer einer Gewalt- und Willkürherrschaft, sondern auch Denkmäler, denen Pietätsempfinden entgegengebracht wird, wie zB Denkmäler für Kriegsgefallene oder für Opfer von Terroranschlägen (BT-Drs. 13/8587, 30; Dippel in LK-StGB Rn. 67; nach Hörnle, Grob anstößiges Verhalten, 2005, S. 381, erfasst diese Variante ein „modernes Tabu"), auch Massengräber (OLG Jena NJW 2001, 1078); **öffentliche:** schützenswerte und allgemein zugängliche (→ § 304 Rn. 2, 3). Beschimpfender Unfug (→ Rn. 5); **dort** erfasst Tathandlungen in einer Gedenkstätte und solche, die der Person des Verstorbenen gelten (BT-Drs. 13/9064, 10).

8 **4. Zerstören, Beschädigen** → § 303 Rn. 3–7. Eine etwaige Befugnis zur Einwirkung auf die Aufbahrungsstätte usw schließt hier die Rechtswidrigkeit aus (str.).

9 **5.** Bedingter **Vorsatz** genügt für alle Begehungsformen.

10 **6.** Die **Wegnahme** einer Leiche, die (zB durch Überlassen an eine Anatomie) Gegenstand des Eigentums geworden ist, fällt ausschließlich unter § 242 (ebenso Dippel in LK-StGB Rn. 78). Ist bei Zerstörung oder Beschädigung einer **Beisetzungsstätte** nur das Grabmal betroffen, so ist allein § 304 anwendbar (OLG Celle Nds. Rpfl. 1966, 225; aM Rogall in SK-StGB Rn. 20; diff. Dippel in LK-StGB Rn. 69), sonst ist **Tateinheit** mit § 168 möglich. Im Übrigen kommt Tateinheit zB mit §§ 166, 167, 167a in Frage. Zum Verhältnis zu § 19 II TPG → Rn. 4a. Bei den sog. Kannibalenfällen (→ § 211 Rn. 4) ist wegen der Zäsurwirkung des Todes des Opfers zwischen § 211 und § 168 Tatmehrheit anzunehmen (BGH NStZ 2016, 469).

12. Abschnitt. Straftaten gegen den Personenstand, die Ehe und die Familie

§ 169 Personenstandsfälschung

(1) **Wer ein Kind unterschiebt oder den Personenstand eines anderen gegenüber einer zur Führung von Personenstandsregistern oder zur Feststellung des Personenstands zuständigen Behörde falsch angibt oder unterdrückt, wird mit Freiheitsstrafe bis zu zwei Jahren oder mit Geldstrafe bestraft.**

(2) **Der Versuch ist strafbar.**

Fassung: Technische Änderung durch das PersonenstandsrechtsreformG (→ Vor § 1 Rn. 16).

1. Die Vorschrift schützt die **Allgemeinheit** (daher keine Rechtfertigung durch Einwilligung des Verletzten, → Vor § 32 Rn. 13; Bottke in Bottke, Familie als zentraler Grundwert demokratischer Gesellschaften, 1994, S. 101, 106) und mittelbar (weiter Schall in SK-StGB Rn. 6) auch den im Einzelfall rechtlich Interessierten vor den Gefahren aus falschen behördlichen Personenstandsfeststellungen (Schramm in Hilgendorf/Kudlich/Valerius StrafR-Hdb IV § 27 Rn. 14f.; krit. Dippel in LK-StGB Rn. 4). **Personenstand** ist der Familienstand (weiter Schall in SK-StGB Rn. 3; Frommel in NK-StGB Rn. 2), dh das familienrechtliche, auf Abstammung (auch nichtehelicher, RGSt 41, 301; Schramm, Ehe und Familie im Strafrecht, 2011, S. 313f.) oder Rechtsakt (zB Vaterschaftsanerkennung, Legitimation, Annahme als Kind, Ehelichkeitserklärung, Eheschließung) beruhende Verhältnis einer Person (uU auch einer schon verstorbenen, RGSt 25, 188, nicht aber eines tot geborenen Kindes, RGSt 43, 402, zust. Bosch/Schittenhelm in Schönke/Schröder Rn. 2) zu einer anderen Person; der lediglich aus Name, Stand und Staatsangehörigkeit folgende Personenstand ist nicht gemeint (Maurach/Schroeder/Maiwald StrafR BT II § 63 Rn. 11). Nicht geschützt ist der eigene Personenstand (OLG Stuttgart NJW 1968, 1341) oder der einer erfundenen Person (ebenso Bosch/Schittenhelm in Schönke/Schröder Rn. 2; dann uU Strafbarkeit nach §§ 263, 271; sa § 111 OWiG). 1

2. Zu den **Tathandlungen:** 2

a) Als **Unterschieben** (auch „Verwechseln") eines Kindes hat die frühere Rspr. (RGSt 36, 137) das Herbeiführen des Anscheins gegenüber der Umwelt verstanden, ein bestimmtes Kind (eine Person, die in Folge ihres geringen Alters noch keine richtigen Vorstellungen über ihren Personenstand hat, Frank StGB Kap. II Rn. 1) sei das leibliche Kind einer Frau, die es nicht geboren hat (RGSt 36, 137). Angesichts der Einschränkung der übrigen Begehungsformen auf Handlungen gegenüber Behörden (→ Rn. 5) ist diese Auslegung zu weit. Zwar muss der Täter nicht gegenüber einer zuständigen Behörde handeln; jedoch muss er mindestens die behördliche Feststellung des Personenstandes dadurch **gefährden,** dass er das Kind mittels Täuschung anderer in eine solche tatsächliche, namentlich räumliche, Beziehung zu einer bestimmten Frau mit dem Ziel bringt, es nach der äußeren Sachlage als deren leibliches Kind auch für die Behörde erscheinen zu lassen (Sturm JZ 1974, 1 (2); Fischer Rn. 5; aM Maurach/Schroeder/Maiwald StrafR BT II § 63 Rn. 19).

b) aa) **Falsches Angeben** muss durch unwahre (ausdrückliche oder stillschweigende) Erklärung geschehen; die bloße Schaffung eines irreführenden, zur Kenntnis der Behörde bestimmten tatsächlichen Zustandes genügt nicht (hM). Den wichtigsten Anwendungsfall bilden unwahre Angaben über den Erzeuger eines Kindes im gerichtlichen Feststellungsverfahren nach § 1600d BGB, vor allem die substantiierte Aussage der nichtehelichen Mutter, in der Empfängniszeit nur mit einem bestimmten Mann geschlechtlich verkehrt zu haben (Dippel in LK-StGB Rn. 21; Frommel in NK-StGB Rn. 5). Angaben im Zusammenhang mit der Anerkennung einer Vaterschaft nach § 1594 BGB genügen dagegen nicht, weil das bürgerliche Recht die biologisch nicht begründete Anerkennung als rechtliche Möglichkeit ausdrücklich zulässt und damit zugleich anerkennt (BT-Drs. VI/3521, 11; OLG Hamm NJW 2008, 1240; Fischer Rn. 6a; sa Goeschen ZRP 1972, 108). Entsprechendes gilt für die Anmeldung eines im Ehebruch gezeugten Kindes als ehelich, weil sie im Hinblick auf § 1592 Nr. 1 BGB den Personenstand richtig angibt. **Un-** 3

terdrücken ist das Herbeiführen eines Zustandes, in dem die behördliche Feststellung verhindert oder wenigstens erschwert wird (RGSt 77, 51), zB durch Aufrechterhaltung eines Antrags auf Todeserklärung, wenn der Täter erfährt, dass der Betroffene noch lebt (OLG Hessen NJW 1949, 518), oder durch Bewirken der Blutentnahme bei einem anderen im Feststellungsverfahren nach § 1600d BGB (OLG Oldenburg Nds. Rpfl. 1951, 37; auch bei der Veranlassung des Bruders, sich unter Vorlage des eigenen Personalausweises Probematerial entnehmen zu lassen, AG Tiergarten BeckRS 2013, 18604). Im Falle des Unterlassens ist Garantenstellung (→ § 13 Rn. 6) erforderlich (Neuheuser NStZ 2001, 175 (177); aM Maurach/Schroeder/Maiwald StrafR BT II § 63 Rn. 16; Schall in SK-StGB Rn. 20, echtes Unterlassungsdelikt); schon wegen ihres Fehlens ist das Schweigen der Mutter eines nichtehelichen Kindes über den Erzeuger (Maier MDR 1971, 883; Dippel in LK-StGB Rn. 29; Bosch/Schittenhelm in Schönke/Schröder Rn. 9) oder des Arztes über die Herkunft des Samens bei heterologer Insemination nicht strafbar (Frommel in NK-StGB Rn. 6; Fischer Rn. 7a; zweifelnd Hanack NJW 1974, 1 (2)); das Recht des Kindes auf Kenntnis seiner biologischen Abstammung zwingt nicht zur Strafbarkeit (Baumann FS Kaufmann, 1993, 537 (538); Schall in SK-StGB Rn. 22); speziell zum Abgeben des Kindes in eine „Babyklappe" Benöhr/Muth KJ 2001, 405 (410); Beulke FS Herzberg, 2008, 605 (618f.); Bosch/Schittenhelm in Schönke/Schröder Rn. 9; Schall in SK-StGB Rn. 24f.(zur anonymen Geburt Rn. 26); Schramm in Hilgendorf/Kudlich/Valerius StrafR-Hdb IV § 27 Rn. 24; ausf. Teubel, Geboren und Weggegeben, 2009; Teubel ZRP 2010, 63; Thürkow, Strafrechtliche Bewertung der anonymen Kindsweggabe in die Babyklappe in Deutschland, 2010; Hassemer/Eidam, Babyklappen und Grundgesetz, 2011; Wiesner-Berg NStZ 2010, 243, sowie Schramm, Ehe und Familie im Strafrecht, 2011, S. 319–329.

4 bb) Über die **Zuständigkeit zur Führung von Personenstandsregistern** vgl. das PStG. Zur **Feststellung des Personenstandes zuständig** sind diejenigen Behörden, die dazu berufen sind, durch Entscheidung von Rechtsangelegenheiten mit Wirkung für und gegen jedermann den Personenstand eines Menschen amtlich festzustellen oder zu verändern oder bei einer Veränderung amtlich mitzuwirken. In der Regel sind das der Standesbeamte, das in Statussachen zuständige Gericht und das Vormundschaftsgericht; jedoch kommt zB auch das für Todeserklärungen zuständige Gericht in Frage.

5 cc) **Gegenüber der zuständigen Behörde** ist die Tathandlung nur dann vorgenommen, wenn die falsche Angabe oder der herbeigeführte irreführende oder die Personenstandsfeststellung erschwerende Zustand der Auswertung der Behörde unterliegt, außerdem zu deren Kenntnis bestimmt (str.) und so in ihren Wahrnehmungsbereich gebracht ist, dass sie Kenntnis nehmen kann (ebenso Frommel in NK-StGB Rn. 8). Falsche Angaben gegenüber der Umwelt oder gegenüber der Polizei, der Meldebehörde, dem Finanzamt oder einem unzuständigen Gericht scheiden aus (BT-Drs. VI/3521, 11), es sei denn, dass sich der Täter ihrer als Mittel zur Täuschung der zuständigen Behörde bedient (Schall in SK-StGB Rn. 13).

6 **3.** Zum **Vorsatz** (bedingter genügt) gehört auch die Annahme der Zuständigkeit der Behörde. Handeln „gegenüber" der Behörde setzt jedoch voraus, dass deren Kenntnisnahme – sei es auch nur neben anderen Zwecken – angestrebt wird (weiter die hM; wie hier Schall in SK-StGB Rn. 27; diff. Dippel in LK-StGB Rn. 31; zw.).

4. Die Tat ist **Zustands-,** nicht Dauerdelikt (→ Vor § 52 Rn. 11); sie kann strafbar erneuert werden (OLG Nürnberg MDR 1951, 119). 7

5. Tateinheit ua möglich mit § 271 (RGSt 25, 188). Vgl. auch § 68 PStG. 8

§ 170 Verletzung der Unterhaltspflicht

(1) **Wer sich einer gesetzlichen Unterhaltspflicht entzieht, so daß der Lebensbedarf des Unterhaltsberechtigten gefährdet ist oder ohne die Hilfe anderer gefährdet wäre, wird mit Freiheitsstrafe bis zu drei Jahren oder mit Geldstrafe bestraft.**

(2) **Wer einer Schwangeren zum Unterhalt verpflichtet ist und ihr diesen Unterhalt in verwerflicher Weise vorenthält und dadurch den Schwangerschaftsabbruch bewirkt, wird mit Freiheitsstrafe bis zu fünf Jahren oder mit Geldstrafe bestraft.**

1. Abs. 1 dient dem **Schutz des Unterhaltsberechtigten vor Gefährdung seines materiellen Lebensbedarfs** und daneben – allerdings nur zweitrangig – der Verhütung unberechtigter Inanspruchnahme öffentlicher Mittel (hM; vgl. BVerfGE 50, 142 = NJW 1979, 1445; eing. Eggert, Der strafrechtliche Schutz des gesetzlichen Unterhaltsanspruchs, Diss., 1973; Bottke in Bottke, Familie als zentraler Grundwert demokratischer Gesellschaften, 1994, S. 101, 107; Zieschang Gefährdungsdelikte S. 318; krit. Seebode JZ 1972, 389); § 170 ist daher auch ein Schutzgesetz iSd § 823 II BGB zugunsten des Trägers der Unterhaltsvorschusskasse (BGH NJW 2010, 2353). Nicht bezweckt ist dagegen der Ausgleich eines gegen die Bande des Blutes und der Familie begangenen Unrechts (so noch BGHSt 5, 106 = NJW 1954, 81; OLG Hamm NJW 1960, 1632). Zur Verfassungsmäßigkeit von Abs. 1 BVerfGE 50, 142 = NJW 1979, 1445; für eine Überprüfung ihrer kriminalpolitischen Notwendigkeit Ostermann ZRP 1995, 204 (dazu Schramm, Ehe und Familie im Strafrecht, 2011, S. 340–345). Rechtsvergleichend Kunz NJW 1995, 1519. Mit **Abs. 2** versucht der Gesetzgeber der Forderung des BVerfG nachzukommen, Strafvorschriften gegen Gefahren zu schaffen, die vom familiären und weiteren sozialen Umfeld der Schwangeren ausgehen (→ Vor § 218 Rn. 24; vgl. auch Breuer in Ipsen/Rengeling/Mössner, Verfassungsrecht im Wandel, 1995, S. 25, 57), zB von Personen, die ihr „den ihnen zuzumutenden Beistand … in verwerflicher Weise vorenthalten" (BVerfGE 88, 203 (298) = NJW 1993, 1751). Geschützte Rechtsgüter sind zusätzlich zu Abs. 1 die **Entscheidungsfreiheit der Schwangeren** und das **ungeborene Leben** (letzteres betonend Schall in SK-StGB Rn. 6; Wittig in Satzger/Schluckebier/Widmaier StGB Rn. 2). Die Ausgestaltung der verselbständigten qualifizierten Unterhaltspflichtverletzung (BT-Drs. 13/1850, 25; Fischer Rn. 11; zweifelnd Bosch/Schittenhelm in Schönke/Schröder Rn. 1a; aM Schittenhelm NStZ 1997, 169, Schall in SK-StGB Rn. 42; Kindhäuser/Hilgendorf in LPK-StGB Rn. 1, eigenständiger Tatbestand) lässt befürchten, dass sie diese Schutzzwecke nicht erreichen wird (Schall in SK-StGB Rn. 4, symbolische Bedeutung; → Vor § 218 Rn. 24); die praktische Bedeutung ist im Gegensatz zu der des Abs. 1 gering (Frommel in NK-StGB Rn. 4). Vor allem gegenüber dem nichtehelichen Vater läuft sie leer, da dessen Unterhaltspflicht nach § 1615l I BGB regelmäßig sechs Wochen vor der Geburt (Tröndle NJW 1995, 3009 (3017)) und nach § 1615l II BGB frühestens vier Monate vor der Entbindung beginnt 1

(Eser/Weißer in Schönke/Schröder Vor § 218 Rn. 8). Die Vorschrift reicht andererseits bedenklich weit, weil sie die Strafbarkeit nur an die Unterhaltspflicht knüpft (krit. Schall in SK-StGB Rn. 43, 44), ohne eine besondere Beziehung des Unterhaltspflichtigen zum nasciturus vorauszusetzen (Schittenhelm NStZ 1997, 169; aM Dippel in LK-StGB Rn. 66).

2 **2.** Die **gesetzliche Unterhaltspflicht** kann namentlich beruhen auf §§ 1360ff., 1569ff., 1601ff., 1615aff., 1751 IV BGB, bei eingetragenen Lebenspartnern auf §§ 5, 12, 16 LPartG (näher Dippel in LK-StGB Rn. 19). Verträge (AG Schönau MDR 1966, 346) und Vergleiche (OLG Köln NJW 1962, 929; LG Itzehoe SchlHA 2002, 19) reichen als solche nicht aus (zusf. Dippel in LK-StGB Rn. 20). Auch ausländisches Unterhaltsrecht kommt als Grundlage in Frage (OLG Hamm JMBl. NRW 1959, 269; aM Oehler JR 1975, 292; eing. Mankowski/Bock ZStW 120 (2008), 704 (745)). Der Tatbestand ist jedoch wegen der stark differierenden ausländischen Regelungen und mangels Verletzung inländischer Interessen nicht anwendbar, wenn ein in der Bundesrepublik lebender Ausländer (oder auch Deutscher, BayObLG NJW 1982, 1243) sich seiner auf ausländischem Recht beruhenden Unterhaltspflicht gegenüber im Ausland lebenden Unterhaltsberechtigten nichtdeutscher Staatsangehörigkeit entzieht (BGHSt 29, 85 = NJW 1979, 2482 mit Bespr. Kunz NJW 1980, 1201; Oehler JR 1980, 381; Obermüller, Der Schutz ausländischer Rechtsgüter im deutschen Strafrecht im Rahmen des Territorialitätsprinzips, 1999, S. 210; aM Kunz NJW 1987, 881; NJW 1995, 1519; → Vor § 3 Rn. 9; zw.).

3 **a)** Das **Bestehen der Unterhaltspflicht** bestimmt sich nach bürgerlichem Recht (Lüke FS Kaufmann, 1993, 565). Maßgeblich sind daher Bedürftigkeit der Berechtigten und Leistungsfähigkeit des Schuldners (OLG Braunschweig StRR 2014, 74). Zu diesem gehören auch die gesetzlichen Beweisvermutungen, namentlich der §§ 1600c I, 1600d II BGB, so dass der Strafrichter sie zu beachten hat (Dippel in LK-StGB Rn. 27). Nach überwiegender Meinung bindet dagegen weder das stattgebende noch das abweisende (aM Schwab NJW 1960, 2169; Dippel in LK-StGB Rn. 28) Unterhaltsurteil den Strafrichter (BGHSt 5, 106 = NJW 1954, 81; OLG Zweibrücken NStZ-RR 2019, 246; BayObLG NJW 1967, 1287; aM Kaiser NJW 1972, 1847); dieser hat vielmehr seine Feststellungen selbständig zu treffen, genügt dieser Pflicht im Regelfall aber, wenn er die vom Familiengericht festgestellten Tatsachen zu Bestehen und Höhe des Unterhaltsanspruchs verwendet, sofern keine Anhaltspunkte für eine (nachträgliche) Änderung bestehen (OLG Celle Nds. Rpfl. 2011, 378). Im Gegensatz dazu ist das inter omnes wirkende Statusurteil nicht nur in Fällen der Feststellung der Vaterschaft (→ Rn. 4), sondern allgemein auch für den Strafrichter verbindlich (Bosch/Schittenhelm in Schönke/Schröder Rn. 11; aM zu § 170b StGB aF BGH FamRZ 1954, 170 = BeckRS 1954, 31391104; Eggert MDR 1974, 445). Die Feststellung der Nichtvaterschaft hat auch im Strafrecht rückwirkende Geltung (OLG Hamm NJW 2004, 2461; Bosch/Schittenhelm in Schönke/Schröder Rn. 12).

4 **b)** Für das **Kind, dessen Eltern nicht miteinander verheiratet sind** (nichteheliches Kind), ergibt sich nach den familienrechtlichen Änderungen durch das KindRG (vgl. Diederichsen NJW 1998, 1977; Gaul FamRZ 1997, 1441) und KindUG (dazu Schumacher/Grün FamRZ 1998, 778; Weber NJW 1998, 1992) – beide Gesetze sind aufgehoben – Folgendes: Der Vater ist jetzt gem. § 1615a BGB nach den allgemeinen Vorschriften (§§ 1601ff. BGB) unterhaltspflichtig. Er ist somit als Verwandter Unterhaltsschuldner, wenn er iSd § 1592 BGB Vater des Kindes

ist, dh die Vaterschaft anerkannt hat (§ 1592 Nr. 2, § 1594ff. BGB) oder diese gerichtlich festgestellt ist (§ 1592 Nr. 3, § 1600d BGB); an diese Feststellung ist auch der Strafrichter gebunden (zu § 1600a S. 1 BGB aF vgl. OLG Stuttgart NJW 1973, 2305; OLG Hamm NJW 1973, 2306; BayObLG NJW 1991, 2919; Bosch/Schittenhelm in Schönke/Schröder Rn. 4, 5). Darüber hinaus gilt nach Art. 12 § 3 I NEG als Vater auch, wer vor dem In-Kraft-Treten des Gesetzes zur Erfüllung des Unterhaltsanspruchs nach § 1708 aF BGB verurteilt worden ist oder sich in näher bezeichneter Weise zu seiner Vaterschaft bekannt hat; da diese Fiktion ebenfalls inter omnes wirkt, steht dem Strafrichter auch insoweit eine Nachprüfung nicht zu (BGHSt 26, 111 = NJW 1975, 1232), doch dürften solche Fälle inzwischen verjährt sein. Solange in diesem Sinne die Vaterschaft nicht festgestellt ist, können ihre Rechtswirkungen nur in den gesetzlich bestimmten Fällen geltend gemacht werden (§ 1600d IV BGB) und Unterhaltsleistungen daher nur im Wege einstweiliger Regelung nach § 49 FamFG beansprucht werden; ist eine solche Regelung nicht getroffen, so scheidet auch § 170 aus (beachte Dippel in LK-StGB Rn. 23–26); im anderen Falle gelten die unter → Rn. 3 dargelegten Grundsätze: der Strafrichter ist nicht an die vorläufige Beurteilung der Vaterschaft durch den Zivilrichter, wohl aber an die Vermutung des § 1600d II BGB gebunden (Dippel in LK-StGB Rn. 27).

c) Die **Art des Unterhalts** richtet sich **nach bürgerlichem Recht** (namentlich §§ 1360a II, 1612 II BGB; zu der durch das aufgehobene KindUG eingeführten Möglichkeit einer dynamisierten monatlichen Unterhaltsrente nach § 1612a I BGB iVm dem ebenfalls aufgehobenen RegBetrV vgl. Weber NJW 1998, 1992). Auch die Pflicht zur Haushaltsführung (§ 1360 BGB) oder zur Pflege und Erziehung des Kindes (§ 1606 III BGB; beachte jedoch OLG Zweibrücken NJW 1987, 1899) wird erfasst (hM; vgl. BVerfGE 50, 142 (153) = NJW 1979, 1445; aM Schall in SK-StGB Rn. 12; Schall FS Maiwald, 2010, 753). 5

d) Zur **Rangfolge mehrerer Berechtigter** § 1609 BGB; § 850d II ZPO. Ehegatten und Kinder iSd § 1603 BGB sind grds. gleichrangig und gehen anderen Berechtigten vor. Solange eine abweichende vollstreckungsrechtliche Regelung fehlt, hat der Schuldner, dessen Leistungsfähigkeit zur Erfüllung aller Ansprüche nicht ausreicht, grds. zunächst vorrangige Ansprüche zu befriedigen (OLG Köln FamRZ 1982, 1105) und bei gleichrangigen die verfügbaren Mittel anteilsmäßig (OLG Köln FamRZ 1976, 119), und zwar jeweils nach dem Verhältnis des Bedarfs (OLG Stuttgart MDR 1977, 1034), zu verteilen. Soweit er für ein bestimmtes Kind Kindergeld bezieht, hat er es für dessen Unterhalt zu verwenden (OLG Celle NJW 1984, 317). 6

e) Die Unterhaltspflicht ist **besonderes persönliches Merkmal** nach § 14 (auch nach § 28 I, Schünemann in LK-StGB § 28 Rn. 57; aM Dippel in LK-StGB Rn. 78), so dass uU auch **gesetzliche Vertreter** (§ 14 I Nr. 3) erfasst werden (Wiesener, Die strafrechtliche Verantwortlichkeit von Stellvertretern und Organen, 1971, S. 176; Schünemann in LK-StGB § 14 Rn. 41; aM Fischer § 14 Rn. 2). 7

3. Zur Verhütung unangemessener Kriminalisierung bildet die **Leistungsfähigkeit** des Pflichtigen ein zusätzliches ungeschriebenes **Tatbestandsmerkmal** (OLG Zweibrücken StV 1986, 531; OLG Köln StraFo 2003, 9; LG Itzehoe SchlHA 2002, 19; Fischer Rn. 8; aM OLG Koblenz NStZ 2005, 640; NStZ 2011, 423; Bosch/Schittenhelm in Schönke/Schröder Rn. 19; Schall in SK-StGB Rn. 23). Danach muss der Täter **imstande** sein, wenigstens teilweise zu leisten, 8 ohne seinen eigenen Lebensbedarf (OLG Köln NJW 1953, 517; BayObLG StV 1983, 418; OLG Hamm NStZ-RR 2009, 236) oder die Ansprüche von vorrangig Berechtigten (OLG Celle FamRZ 1962, 315) zu gefährden (OLG Koblenz GA 1975, 28; OLG Köln StV 1983, 419; Frommel in NK-StGB Rn. 8; Wittig in Satzger/Schluckebier/Widmaier StGB Rn. 11; zum Fall schwankenden Einkommens OLG Koblenz NStZ 2005, 640; sowie schon OLG Köln NJW 1962, 1527; NJW 1962, 1630). Diese Einschränkung wird allerdings nur bedeutsam, wenn die Unterhaltspflicht nicht schon selbst entfällt (näher dazu und zu dem differenzierenden Maßstab bei der Berücksichtigung der verschiedenen Unterhaltsberechtigungen Dippel in LK-StGB Rn. 39–51). Deshalb sind im Urteil sowohl über die Unterhaltspflicht als auch die Leistungsfähigkeit des Täters nähere Angaben zu machen (OLG Hamm NJW-Spezial 2012, 378; OLG Koblenz NStZ 2011, 423; OLG Hamburg StV 1989, 206; OLG Stuttgart FamRZ 1991, 624; OLG Hamm NStZ 2008, 342). Auch durch Straftaten erlangte Einkünfte sind zu berücksichtigen (LG Berlin NStZ 2006, 294); gleiches gilt für Schmerzensgeldzahlungen an den Unterhaltspflichtigen (OLG Hamm NStZ-RR 2009, 236). In Fällen weitestgehender Unterhaltspflicht muss der Täter – jeweils soweit zumutbar (OLG Düsseldorf JMBl. NRW 1964, 166) – Schenkungen und die Übernahme fremder Schulden vermeiden (Dippel in LK-StGB Rn. 49), arbeiten (OLG Schleswig SchlHA 1985, 44), sich einschränken, auf weitere Ausbildung verzichten (OLG Stuttgart NJW 1962, 1631), eine berufliche Tätigkeit aufnehmen (BayObLG NJW 1988, 2750), den Beruf wechseln (OLG Bremen NJW 1955, 1606; OLG Celle FamRZ 1971, 106; LG Stuttgart NStZ 1995, 408; beachte dazu BVerfGE 68, 256) oder einen wirtschaftlich nachteiligen Berufswechsel unterlassen (OLG Köln NStZ 1992, 337; LG Stuttgart NStZ 1996, 234), uU auch Ansprüche auf eine Vergütung für Mitarbeit im Geschäft der Ehefrau (OLG Köln NJW 1962, 1527) oder auf Kinderzuschläge (BayObLGSt 1961, 85) geltend machen. Die Arbeit aufzugeben, ist auch im Hinblick auf höheres Arbeitslosengeld unzumutbar (OLG Hamm NJW 1965, 877). Wird die Leistungsfähigkeit auf **erzielbare Einkünfte** gestützt, muss das Urteil nähere Angaben über die tatsächlichen und möglichen Einkünfte des Täters, über seine Verpflichtungen sowie über den Betrag enthalten, der ihm zu belassen ist (Selbstbehalt) und den er mindestens hätte leisten können (BayObLG NJW 1990, 3284; OLG Düsseldorf NJW 1994, 672; OLG Hamm NStZ-RR 1998, 207; OLG Köln StraFo 2003, 9; OLG Koblenz NStZ 2011, 423; OLG Hamm NJW-Spezial 2012, 378). Wird auf die erweiterte Leistungsfähigkeit eines Elternteils nach § 1603 II BGB abgestellt, muss die Leistungsfähigkeit des anderen Elternteils festgestellt werden (OLG Düsseldorf NJW 1994, 672).

9 **4.** Das **Entziehen** ist im Kern echtes Unterlassen (→ § 13 Rn. 4), weil es in der Nichtleistung von Unterhalt besteht (Dippel in LK-StGB Rn. 52; aM BGHSt 14, 165 = NJW 1960, 1021; str.). Jedoch kann positives Tun, zB unmittelbares Herbeiführen von Leistungsunfähigkeit durch leichtfertige Arbeitsaufgabe (BayObLG FamRZ 1988, 1323; LG Stuttgart NStZ 1996, 234) oder Verschwendung (BGHSt 14, 165 = NJW 1960, 1021), einen zwingenden, dem Täter zurechenbaren Grund für das Unterlassen bilden. Das Entziehen setzt weder eine vorherige Abmahnung noch eine feindliche Einstellung voraus (str.); bewusste Nichterfüllung genügt (OLG Düsseldorf NJW 1953, 1805).

10 **5.** Der **Lebensbedarf** – der angemessene iSd § 1610 BGB (Bosch/Schittenhelm in Schönke/Schröder Rn. 28), nicht nur der notwendige – muss gefährdet sein; das

trifft uU schon zu, wenn der Berechtigte übermäßig arbeiten muss (BayObLG GA 1963, 345). Der Gefährdung steht es gleich, wenn die Gefahr nur dadurch abgewendet wird, dass **andere** in innerem Zusammenhang mit der Entziehung helfend eingreifen, dh wenn sie mit ihrer Hilfe Sicherung des erforderlichen Lebensbedarfs bezwecken (BVerfGE 50, 142 = NJW 1979, 1445; BGHSt 26, 312 = NJW 1976, 1273; OLG Düsseldorf NJW 1990, 399; Zieschang Gefährdungsdelikte S. 320). Solche Hilfe ist auch die überanteilsmäßige, wegen Ausbleibens des Unterhalts (BGH BeckRS 1980, 108821) erbrachte Leistung der Mutter (§§ 1606 III, 1615 a BGB; BGH NJW 1964, 2118; OLG Hamm FamRZ 1964, 581), uU auch des Vaters (OLG Hamm NJW 1964, 2316). Hilfe anderer ist vor allem auch das Eingreifen öffentlicher Stellen (etwa nach dem SGB III oder BSHG; speziell zur Weggabe eines Neugeborenen in eine sog. „Babyklappe“ Neuheuser NStZ 2001, 175; Benöhr/Muth KJ 2001, 405 (410); Beulke FS Herzberg, 2008, 605; Schall in SK-StGB Rn. 38; → § 169 Rn. 3).

6. Der **Vorsatz** (bedingter genügt, BGHSt 14, 165 (168) = NJW 1960, 1021; OLG Hamm MDR 1969, 500) muss auch die Gefährdung oder die Möglichkeit der Gefährdung bei Ausbleiben der Hilfe anderer umfassen (zum Gefährdungsvorsatz → § 15 Rn. 28). Wegen der Weite des Entziehungsbegriffs (→ Rn. 9) sind strenge Anforderungen zu stellen. Der Vorsatz kann namentlich fehlen, wenn der Täter lediglich nähere Aufklärung oder eine gerichtliche Entscheidung über seine Pflichten abwarten will (OLG Hamburg NStZ 1984, 167; sa Frisch, Vorsatz und Risiko, 1983, S. 368). Irrtümer über das Bestehen der Unterhaltspflicht (BGH NStZ 1985, 166) und über die Rangfolge der Unterhaltsberechtigten (OLG Köln NJW 1981, 63) sind Tatbestandsirrtümer (→ § 17 Rn. 22; sa Walter Kern des Strafrechts S. 257); auch die irrigen Annahmen, dass die Leistungsfähigkeit eingeschränkt sei (problematisch OLG Köln NStZ 1992, 337) oder dass ein anderer Gläubiger Vorrang habe (BayObLG StV 1994, 429), können Tatbestandsirrtümer sein. 11

7. Die Tat ist idR **Dauerdelikt** (→ Vor § 52 Rn. 11). Sie kann – trotz des grundsätzlichen Verzichts der Rspr. auf dieses Rechtsinstitut (→ Vor § 52 Rn. 13) – bei Gesamtvorsatz uU eine fortgesetzte Tat bilden, wenn die Unterhaltspflicht, zB durch Freiheitsentziehung oder Krankheit, vorübergehend entfällt (Bosch/Schittenhelm in Schönke/Schröder Rn. 36; aM Ritscher in MüKoStGB Rn. 81; weiter OLG Düsseldorf MDR 1962, 922; LG Berlin MDR 1966, 1017, die eine einheitliche Dauerstraftat annehmen); bei neuem Vorsatz jedoch Tatmehrheit (OLG Hamm NJW 1965, 877; MDR 1973, 690). Bei Nichterfüllung mehrerer Unterhaltsansprüche je nach Sachlage Tateinheit oder -mehrheit (BGHSt 18, 376 = NJW 1963, 1683; OLG Düsseldorf MDR 1962, 922; eing. Struensee, Die Konkurrenz bei Unterlassungsdelikten, 1971, S. 77). Mit § 171 ist Tateinheit möglich. 12

8. Abs. 2 (→ Rn. 1) setzt wie Abs. 1 das Bestehen einer **gesetzlichen Unterhaltspflicht** voraus (BT-Drs. 13/1850, 25; Dippel in LK-StGB Rn. 65; → Rn. 2–7). Der Unterhalt muss der Schwangeren **vorenthalten** werden; trotz dieser von Abs. 1 abweichenden Umschreibung der Tathandlung entspricht das Vorenthalten dem Entziehen und besteht in der Nichtleistung von Unterhalt (→ Rn. 9). Einschränkend muss das Vorenthalten des Unterhalts in **verwerflicher Weise** erfolgen (krit. Schittenhelm NStZ 1997, 169 (171); Bosch/Schittenhelm in Schönke/Schröder Rn. 34 c, keine eigenständig einschränkende Bedeutung). Damit folgt die Vorschrift zwar den Vorgaben des BVerfG (BVerfGE 88, 203 (298) = NJW 1993, 13

1751), doch wird dies ihre Anwendbarkeit erschweren (krit. deshalb Tröndle NJW 1995, 3009 (3018)). Gefordert ist ein Vorenthalten, das in besonderer Weise sozialethisch negativ zu beurteilen ist (Otto Jura 1996, 135 (144); Wittig in Satzger/Schluckebier/Widmaier StGB Rn. 24; Handeln aus rein egoistischen oder finanziellen Motiven; aM Schall in SK-StGB Rn. 47: allemal verwerflich; → § 46 Rn. 33; → Vor § 211 Rn. 18, 19; → § 240 Rn. 17, 18). Durch das Vorenthalten muss der Schwangerschaftsabbruch **bewirkt,** dh verursacht (→ Vor § 13 Rn. 9, 12) werden (krit. wegen der Nachweisschwierigkeiten Tröndle NJW 1995, 3009 (3018)). Daran fehlt es etwa, wenn die Schwangere andere Gründe (zB gestörte Partnerbeziehung) für den Abbruch hatte, wohl auch, wenn ihr angemessener Lebensbedarf (→ Rn. 10) durch Leistungen Dritter gesichert ist (Schittenhelm NStZ 1997, 169 (171)). Auch hier genügt wie bei Abs. 1 (→ Rn. 11) bedingter **Vorsatz** (BT-Drs. 13/1850, 25); er muss namentlich auch das Bewirken des Schwangerschaftsabbruchs durch das Vorenthalten umfassen (aM Maurach/Schroeder/Maiwald StrafR BT II § 63 Rn. 47, die ein erfolgsqualifiziertes Delikt annehmen und nach § 18 Fahrlässigkeit hinsichtlich des Bewirkens genügen lassen).

14 **9.** Obwohl **Geldstrafe** nach § 170 problematisch ist, weil der Verurteilte sein verfügbares Geld zur Unterhaltsleistung verwenden soll (Ostermann ZRP 1995, 204 (206)), gilt § 47 uneingeschränkt (BT-Drs. VI/1552, 12; LG Koblenz MDR 1982, 70); § 459f StPO hilft nicht immer. Soweit jedoch Freiheitsstrafe nach § 47 unerlässlich ist und Strafaussetzung angeordnet wird, kommt idR die Weisung nach § 56c II Nr. 5 in Frage (→ § 56c Rn. 7).

§ 171 Verletzung der Fürsorge- oder Erziehungspflicht

Wer seine Fürsorge- oder Erziehungspflicht gegenüber einer Person unter sechzehn Jahren gröblich verletzt und dadurch den Schutzbefohlenen in die Gefahr bringt, in seiner körperlichen oder psychischen Entwicklung erheblich geschädigt zu werden, einen kriminellen Lebenswandel zu führen oder der Prostitution nachzugehen, wird mit Freiheitsstrafe bis zu drei Jahren oder mit Geldstrafe bestraft.

Fassung: Umnummerierung durch das 6. StrRG (→ Vor § 1 Rn. 13).

1 **1.** Die Vorschrift sichert den Fürsorge- und Erziehungsanspruch des (eigenen oder fremden) Kindes unter 16 Jahren (Wittig in Satzger/Schluckebier/Widmaier StGB Rn. 1; ausf. Wittig FS Heintschel-Heinegg, 2015, 505) und soll dadurch dessen **ungestörte Entwicklung** schützen (Neuheuser NStZ 2000, 174; Dippel in LK-StGB Rn. 3; Schramm, Ehe und Familie im Strafrecht, 2011, S. 355 f.; ähnlich Bottke in Bottke, Familie als zentraler Grundwert demokratischer Gesellschaften, 1994, S. 101, 109; krit. Wolters in SK-StGB Rn. 2). Die Tat ist konkretes Gefährdungsdelikt (→ Vor § 13 Rn. 32). Für eine intensivere Bestrafung der Eltern Thomas ZRP 1999, 193; dagegen Ostendorf, Die strafrechtliche Inpflichtnahme von Eltern wegen Verletzung der Fürsorge- und Erziehungspflicht, 1999; Ostendorf ZRP 1999, 348.

2 **2.** Die **Fürsorge- oder Erziehungspflicht** kann auf Gesetz (zB Eltern (§ 1631 BGB), Vormund, Pfleger), Vertrag (zB Pflegeeltern) oder öffentlich-rechtlichem Aufgabenbereich (zB Sozialarbeiter des Jugendamts; OLG Düsseldorf NStZ-RR 2001, 199), aber auch auf den tatsächlichen Gegebenheiten (zB Aufnahme in eine

Wohngemeinschaft, Prot. 6, Nr. 1193; in eine eheähnliche Lebensgemeinschaft, NStE Nr. 1) beruhen (näher zum Inhalt dieser „Gesamtpflicht" Neuheuser NStZ 2000, 174 (175)). Sie muss **gröblich,** dh in erheblichem Umfang und in auffälligem Missverhältnis zur Leistungsfähigkeit des Täters (Neuheuser NStZ 2000, 174 (178), will zusätzlich auf den deutlichen objektiven Widerspruch zu den „Grundsätzen ordnungsgemäßer Erziehung" abstellen), durch ein Tun oder Unterlassen **verletzt** werden (OLG Düsseldorf NStZ-RR 2001, 199; LG Bremen StV 2000, 501; AG Wermelskirchen NJW 1999, 590; Neuheuser NStZ 2000, 174 (178)), zB durch wiederholten geschlechtlichen Verkehr der Mutter mit einem Bekannten in Anwesenheit der fünfjährigen Tochter (BGH NStZ 1995, 178; Fischer Rn. 6 mit weiteren Einzelfällen); ein nur allgemeiner Mangel an Zuwendung zu dem Kind genügt nicht (BGH MDR 1979, 949 = BeckRS 1979, 31115524; zur Problematik von Langzeitschulschwänzern Schoene DRiZ 2004, 354). Häufig, aber nicht notwendig (BGH NStZ 1982, 809), wird erst eine Mehrzahl von Handlungen, die der Tatbestand zu einer Bewertungseinheit verbindet (BGHSt 8, 92 = BeckRS 1955, 31185472; → Vor § 52 Rn. 10, 16), den gröblichen Verstoß ergeben.

3. a) Eine **erhebliche Entwicklungsschädigung** liegt vor, wenn der normale 3
Ablauf des körperlichen oder psychischen Reifungsprozesses dauernd und nachhaltig gestört ist (BGH NStZ 1982, 809; Kindhäuser/Schramm StrafR BT I § 19 Rn. 5; Frommel in NK-StGB Rn. 8); es reicht das Bestehenlassen oder Intensivieren einer bereits vorhandenen Gefahr durch Untätigbleiben (OLG Düsseldorf NStZ-RR 2001, 199; Dippel in LK-StGB Rn. 14). Die **körperliche** Entwicklung braucht nicht unbedingt durch eine unmittelbare Gesundheitsschädigung beeinträchtigt zu sein (OLG Köln JR 1968, 308). Für die **psychische** Schädigung kommt es nicht auf das Verfehlen der Integration in ein sozialethisches Normensystem als solches an (Bottke in Bottke, Familie als zentraler Grundwert demokratischer Gesellschaften, 1994, S. 111; vgl. aber Bosch/Schittenhelm in Schönke/Schröder Rn. 7), sondern auf die Beeinträchtigung des biologischen Entwicklungsprozesses, in dem sich die seelischen Fähigkeiten zur Bewältigung der Lebensaufgaben herausbilden (BT-Drs. VI/3521, 16; Neuheuser NStZ 2000, 174 (175); einschr. Wolters in SK-StGB Rn. 6; nach Knauer, Der Schutz der Psyche im Strafrecht, 2013, S. 195, muss eine psychische Erkrankung nach einem Klassifikationssystem drohen; str.); psychisch bedeutet daher dasselbe wie „seelisch" in § 20 (→ § 20 Rn. 3; krit. zur Konkretisierbarkeit dieses Elements Hanack NJW 1974, 1 (3)). Ob die Schädigung auf fehlender Ernährung, Pflege oder ärztlicher Behandlung (dazu BT-Drs. VI/3521, 16), auf psychischer Beeinflussung oder Vernachlässigung oder auch nur auf der Verletzung von Abwehrpflichten, etwa der Duldung von Alkohol- (BGHSt 2, 348 = NJW 1952, 831) oder Drogenmissbrauch (Bottke in Bottke, Familie als zentraler Grundwert demokratischer Gesellschaften, 1994, S. 111; Neuheuser NStZ 2000, 174 (175)), beruht, macht keinen Unterschied; jedoch dürfte eine einmalige Pflichtwidrigkeit, durch die der Schutzbefohlene in die Gefahr der körperlichen Verletzung gerät, nicht genügen (KG JR 1975, 297; Dippel in LK-StGB Rn. 13).

b) Das Führen eines **kriminellen Lebenswandels** ist regelmäßig Ergebnis 4
einer psychischen Entwicklungsschädigung und daher meist zugleich ein Fall der erste Alternative (BT-Drs. VI/3521, 16). Es erfordert einen Hang zu nicht nur unerheblichen Straftaten (AG Wermelskirchen NJW 1999, 590; Neuheuser NStZ 2000, 174 (177)), die allerdings den „erheblichen Straftaten" iSd § 66 I Nr. 3 (→ § 66 Rn. 14) nicht gleichkommen müssen.

5 **c)** Der **Prostitution nachgehen** → § 180a Rn. 1a (krit. im Hinblick auf das ProstG Frommel in NK-StGB Rn. 5; dagegen Fischer Rn. 9).

6 **4. Gefahr** setzt die Herbeiführung eines Zustandes voraus, in dem nach den konkreten Umständen der Eintritt eines in den verschiedenen Tatbestandsalternativen (→ Rn. 3, 4) beschriebenen Schadens naheliegt (BGHSt 3, 256 = NJW 1953, 74; Neuheuser NStZ 2000, 174 (177); → § 315c Rn. 21, 22); ob der Schaden dann eintritt, ist unerheblich; die aktualisierte Vertiefung einer vorhandenen psychischen Gefährdung, zB einer kriminellen Veranlagung, reicht (AG Wermelskirchen NJW 1999, 590; Bosch/Schittenhelm in Schönke/Schröder Rn. 5).

7 **5.** Der **Vorsatz** (bedingter genügt) muss namentlich die Gefährdung des Schutzbefohlenen umfassen (BGH NJW 1964, 1630; NStZ 1982, 328; NStZ-RR 2020, 372; zum Gefährdungsvorsatz → § 15 Rn. 28). Jedoch braucht der Täter seine Pflichtverletzung nicht selbst als pflichtwidrig oder als gröblich zu bewerten; insoweit genügt die Kenntnis der Umstände, die diese Wertung begründen (Neuheuser NStZ 2000, 174 (179); Dippel in LK-StGB Rn. 21; Wittig in Satzger/Schluckebier/Widmaier StGB Rn. 14; → § 15 Rn. 17).

8 **6. Täter** kann nur der Fürsorge- oder Erziehungsberechtigte sein (Sonderdelikt, → Vor § 13 Rn. 33). Im Hinblick auf die enge Verwandtschaft seiner Pflichtenstellung mit der Garantenstellung beim Unterlassungsdelikt (→ § 13 Rn. 6) kann die Täterschaft **nicht als besonderes persönliches Merkmal** nach § 28 I verstanden werden (→ § 28 Rn. 6; ebenso Bosch/Schittenhelm in Schönke/Schröder Rn. 11; Schünemann in LK-StGB § 28 Rn. 57; aM Dippel in LK-StGB Rn. 22; Frommel in NK-StGB Rn. 11; Wolters in SK-StGB Rn. 12).

9 **7. Tateinheit** ua möglich mit § 170 (OLG Hamm NJW 1964, 2316), §§ 174, 180, 232 I 2 (Wolters in SK-StGB Rn. 15; aM Frommel in NK-StGB Rn. 12), § 211 ff., § 221 (aM Baier JA 2000, 307), §§ 222, 223 ff., namentlich § 225 (Sturm JZ 1974, 1 (3); Bosch/Schittenhelm in Schönke/Schröder Rn. 12).

§ 172 Doppelehe; doppelte Lebenspartnerschaft

[1]Mit Freiheitsstrafe bis zu drei Jahren oder mit Geldstrafe wird bestraft, wer verheiratet ist oder eine Lebenspartnerschaft führt und

1. mit einer dritten Person eine Ehe schließt oder
2. gemäß § 1 Absatz 1 des Lebenspartnerschaftsgesetzes gegenüber der für die Begründung der Lebenspartnerschaft zuständigen Stelle erklärt, mit einer dritten Person eine Lebenspartnerschaft führen zu wollen.

[2]Ebenso wird bestraft, wer mit einer dritten Person, die verheiratet ist oder eine Lebenspartnerschaft führt, die Ehe schließt oder gemäß § 1 Absatz 1 des Lebenspartnerschaftsgesetzes gegenüber der für die Begründung der Lebenspartnerschaft zuständigen Stelle erklärt, mit dieser dritten Person eine Lebenspartnerschaft führen zu wollen.

Fassung des Gesetzes zur Bereinigung des Rechts der Lebenspartner (→ Vor § 1 Rn. 18) mit Wirkung zum 26.11.2015.

1 **1.** Die Norm schützte traditionell die staatliche Eheordnung, die auf dem Grundsatz der Einehe beruht (Schramm JA 2013, 881 (884)). § 1306 BGB statuiert heute ein Eheverbot auch bei bereits bestehender eingetragener Lebenspartner-

schaft, während umgekehrt § 1 III Nr. 1 LPartG eine bestehende Ehe oder Lebenspartnerschaft als Hindernis für die Wirksamkeit einer weiteren eingetragenen Lebenspartnerschaft nennt. Mit der Reform von § 172 wurde 2015 die Gleichbehandlung von eingetragenen Lebenspartnerschaften auch strafrechtlich vollzogen (vgl. BT-Drs. 18/5901, 25), so dass die Norm neben der Eheordnung auch die Ordnung der eingetragenen Lebenspartnerschaft und damit das in deren Regelungen ebenfalls zum Ausdruck kommende **Prinzip der Einpaarigkeit** schützt. Mit der Etablierung der sog. „Ehe für alle" zum 1.10.2017 durch das Gesetz zur Einführung der Möglichkeit der Eheschließung für Personen gleichen Geschlechts v. 20.7.2017 umfasst die staatliche Eheordnung nicht mehr nur die Ehe von Mann und Frau, sondern auch diejenige von zwei Personen gleichen Geschlechts, so dass in Zukunft **wieder die staatliche Eheordnung als Schutzgut** (Schramm in Hilgendorf/Kudlich/Valerius StrafR-Hdb IV § 27 Rn. 61; Ebert ZStW 130 (2018), 179 (205)); dabei geht es allein um den Schutz einer einfachgesetzlichen Institution, so dass es nicht darauf ankommen kann, ob diese „Ehe für alle" auch dem verfassungsrechtlichen Verständnis der Ehe entspricht (vgl. zum LPartG BVerfGE 105, 313 (342) = NJW 2002, 2543). Weil dies aber nichts daran ändern kann, dass zwischen 2002 und 2017 zahlreiche eingetragene Lebenspartnerschaften eingegangen worden sind, die noch bestehen, und der Gesetzgeber mit der Erweiterung von § 172 gerade auch den Fall erfassen wollte, dass ein Partner einer Lebenspartnerschaft danach eine Ehe eingeht, ist – sollen alle nunmehr erfassten Fälle auch zukünftig strafbar bleiben – ein Festhalten an der derzeitigen Fassung von § 172 geboten.

2. Verheiratet ist, wer in formell gültiger, sei es auch materiell aufhebbarer, Ehe lebt, solange diese nicht durch Tod oder rechtskräftige Scheidung (§ 1564 BGB) aufgelöst oder durch rechtskräftiges Urteil aufgehoben (§ 1313 BGB) ist. Formell gültig ist jede Ehe (früher nur) zwischen Mann und Frau (Bosch NJW 1998, 2004 (2009)), die unter Wahrung von § 1310 BGB zustande gekommen ist; zur formellen Gültigkeit in besonderen Fällen Art. 11 EGBGB (Ausländerehen im Ausland), § 8 KonsG (Ehen von Deutschen im Ausland) und Art. 13 III EGBGB (Ausländerehen im Inland; sa LG Hamburg NStZ 1990, 280 mit krit., iErg aber zust. Bespr. Liebelt NStZ 1993, 544; GA 1994, 20 (37)). Eine **Lebenspartnerschaft führt,** wer mit seinem Partner gleichen Geschlechts eine eingetragene Lebenspartnerschaft iSv § 1 LPartG eingegangen ist, die zur Tatzeit noch besteht, dh noch nicht durch den Tod eines Lebenspartners oder durch richterliche Aufhebung gem. § 15 LPartG beendet worden ist; inzwischen ist aber auch eine Eheschließung zwischen gleichgeschlechtlichen Partnern möglich (→ Rn. 1). 2

3. a) Tathandlungen sind das **Schließen einer formell wirksamen Ehe** (Nr. 1) oder der **Versuch der Eingehung einer wirksamen Lebenspartnerschaft** (Nr. 2; vgl. BT-Drs. 18/5901, 26: nach § 1 III Nr. 1 LPartG kann bei bestehender Lebenspartnerschaft eine weitere nicht wirksam eingegangen werden) zu einem Zeitpunkt, zu dem der Täter oder der Partner noch verheiratet oder in einer Lebenspartnerschaft verbunden sind; nicht erfasst wird daher, wer eine im Ausland geschlossene, deutschem Strafrecht nicht unterliegende Doppelehe im Inland führt, wohl aber, wer im Inland eine Doppelehe schließt, auch wenn das nach seinem Heimatrecht zulässig ist (Dippel in LK-StGB Rn. 8 mwN). Einzubeziehen ist auch der Ehegatte eines für tot Erklärten, der in Kenntnis der Todeserklärung mit einem gutgläubigen Partner eine neue Ehe schließt (so schon BGHSt 4, 6 = NJW 1953, 591), denn nach § 1319 II BGB bewirkt erst die vollendete Schließung der Ehe die 3

Auflösung der früheren; das Bestehen einer Doppelehe gehört nicht zum Tatbestand (hM).

4 **b)** Die **§§ 3–7** sind anwendbar; uU bestimmt sich die Formgültigkeit nach ausländischem Recht (vgl. StA München NStZ 1996, 436).

5 **4.** Bedingter **Vorsatz** genügt (BT-Drs. VI/3521, 17).

6 **5.** Die Tat ist **Zustands-,** nicht Dauerdelikt (→ Vor § 52 Rn. 11); sie ist mit Abgabe der Erklärungen nach § 1310 BGB oder § 1 I LPartG vollendet und auch beendet. Daher ist von diesem Zeitpunkt ab keine Teilnahme mehr möglich (→ Vor § 22 Rn. 2), auch besteht keine Pflicht zur Beseitigung des „rechtswidrigen Zustandes" (Wolters in SK-StGB Rn. 5), wohl aber beginnt die Verfolgungsverjährung (Fischer Rn. 6).

7 **6.** Für den **Teilnehmer** gilt § 28 I nicht (Wittig in Satzger/Schluckebier/Widmaier StGB Rn. 10; → § 28 Rn. 4, 6). Das Unrecht erschöpft sich in der – hier allerdings nur vom Täter vollziehbaren – Verletzung des Rechtsguts der staatlichen Eheordnung bzw. des Prinzips der Einpaarigkeit (→ Rn. 1); ein selbständiger personaler Unwert fehlt (Herzberg GA 1991, 145 (171); Fischer Rn. 8; Wolters in SK-StGB Rn. 7; aM Schünemann in LK-StGB § 28 Rn. 59).

8 **7.** In der Regel keine **Tateinheit** mit Unterhaltspflichtverletzung gegenüber dem ersten Ehegatten (BGH LM Nr. 1 zu § 172 StGB). Tateinheit ist ua möglich mit §§ 156, 263 (Wolters in SK-StGB Rn. 8).

§ 173 Beischlaf zwischen Verwandten

(1) **Wer mit einem leiblichen Abkömmling den Beischlaf vollzieht, wird mit Freiheitsstrafe bis zu drei Jahren oder mit Geldstrafe bestraft.**

(2) [1]**Wer mit einem leiblichen Verwandten aufsteigender Linie den Beischlaf vollzieht, wird mit Freiheitsstrafe bis zu zwei Jahren oder mit Geldstrafe bestraft; dies gilt auch dann, wenn das Verwandtschaftsverhältnis erloschen ist.** [2]**Ebenso werden leibliche Geschwister bestraft, die miteinander den Beischlaf vollziehen.**

(3) **Abkömmlinge und Geschwister werden nicht nach dieser Vorschrift bestraft, wenn sie zur Zeit der Tat noch nicht achtzehn Jahre alt waren.**

1 **1.** Schutzzweck der Vorschrift ist die **Freihaltung der engsten Familie von sexuellen, mit der Ehe unvereinbaren Beziehungen** (BGHSt 39, 326 (329) = NJW 1994, 271; str.); er stützt sich namentlich auf die familienzerstörenden Wirkungen inzestuöser Beziehungen sowie auf die mit ihnen verbundenen aktuellen und potenziellen Gefahren, die sich auf die Möglichkeit psychischer, eugenischer und genetischer Schäden beziehen (BT-Drs. VI/1552, 14; BT-Drs. VI/3521, 17; Bottke in Bottke, Familie als zentraler Grundwert demokratischer Gesellschaften, 1994, S. 101, 113; Knauer, Der Schutz der Psyche im Strafrecht, 2013, S. 222; krit. Jung FS Leferenz, 1983, 311; Dippel NStZ 1994, 182; Stratenwerth FS Lenckner, 1998, 377 (390); Frommel in NK-StGB Rn. 5–8). Die Vorschrift wurde für verfassungswidrig gehalten (etwa von Klöpper, Das Verhältnis von § 173 StGB zu Art. 6 Abs. 1 GG, 1995, S. 131; Ellbogen ZRP 2006, 190; Al-Zand/Siebenhüner KritV 2006, 68; Kaspar, Präventivstrafrecht S. 456; Weigend in LK-StGB Einl. Rn. 5, we-

gen Unverhältnismäßigkeit verfassungswidrig; für die Streichung der Vorschrift Dippel in LK-StGB Rn. 16; Hörnle, Grob anstößiges Verhalten, 2005, S. 452, 457, nicht mehr „zweckrational" zu begründendes „Inzesttabu"; für Aufhebung der Strafbarkeit Schubarth FS Dencker, 2012, 273; Schubarth ZStr 2014, 34; Otto Jura 2016, 361 (373)). Das BVerfG aber hat § 173 II 2 wegen „plausibler" familienschädigender Wirkungen für verfassungsgemäß erklärt (BVerfGE 120, 224 = NJW 2008, 1137; abw. Meinung Hassemer NJW 2008, 1142; krit. Duttge JA 2008, 549; Greco ZIS 2008, 234; Hörnle NJW 2008, 2085; Zabel JR 2008, 453; Ziethen NStZ 2008, 617; Roxin StV 2009, 544; Bottke FS Volk, 2009, 93; Steinberg FS Rüping, 2008, 91; Wessels/Beulke/Satzger StrafR AT Rn. 13; Fischer Rn. 2; Dippel in LK-StGB Rn. 15; Wittig in Satzger/Schluckebier/Widmaier StGB Rn. 2; iE zust. Kühl FS Stöckel, 2010, 117 (128); Kühl FS Maiwald, 2010, 433 (447); Kühl FS Puppe, 2011, 653 (665); zur unnötigen Kritik des BVerfG am Rechtsgutsbegriff s. Kühl FS Heinz, 2012, 766 (768, 774); Kühl FS Frisch, 2013, 785 (786); sa Androulakis FS Hassemer, 2010, 271 (284); Krauß FS Hassemer, 2010, 423; Roxin FS Hassemer, 2010, 573 (581); bestätigt vom EGMR NJW 2013, 215 mAnm Kubiciel ZIS 2012, 282; krit. Jung GA 2012, 617). Dem Gesetzgeber steht es frei, die Vorschrift einzuschränken oder zu streichen, etwa wenn ihm die „Plausibilität" nicht reicht (Kühl JA 2009, 833 (837); für nicht akzeptabel hält die Vorschrift Kanwischer, Der Grenzbereich zwischen öffentlichem Strafanspruch und intimer Lebensgestaltung (§ 173 StGB), 2013, S. 178; anders Schramm, Ehe und Familie im Strafrecht, 2011, S. 399 mit Bespr. Hörnle JZ 2013, 1095; Kudlich ZStW 125, 368 (374); Murmann GA 2012, 756 (759); Schramm JA 2013, 881 (885); Schramm in Hilgendorf/Kudlich/Valerius StrafR-Hdb IV § 27 Rn. 75 f.; Zabel Mschrkrim 2009, 395für grundlegende Umformung mit teilweiser Ausweitung und teilweiser Einschränkung May, Geschwisterinzest in Deutschland und Liechtenstein 2021, S. 270 ff.). **Interdisziplinär:** Kliemannel, Beischlaf zwischen Verwandten, 2014. **Rechtshistorisch:** Bdeiwi, Beischlaf zwischen Verwandten, Reform und Gesetzgebung seit 1804, 2014. **Rechtsvergleichend:** May, Geschwisterinzest in Deutschland und Liechtenstein, 2021.

2. Nur die **blutsmäßige Abstammung** ist für die erforderliche Verwandtschaft maßgebend (so schon zum früheren Recht BGHSt 7, 245 = NJW 1955, 720; BGH GA 1957, 218); zu deren Erlöschen, das bei der Annahme als Kind oder der Aufhebung einer solchen Annahme in Frage kommt, §§ 1755, 1756, 1764 II BGB. Bindungen des Strafrichters an Unterhalts- und Statusurteile gibt es im Bereich des § 173 nicht (zw.). 2

3. **Beischlaf** ist das der Art nach zur Zeugung geeignete, sei es auch nur unvollständige, Eindringen des männlichen Gliedes in das weibliche Geschlechtsorgan (BGH NStZ-RR 2018, 281; nicht in das eines Transsexuellen, LG Mannheim NStZ 1997, 85 zu § 177); er ist daher **vollzogen,** sobald das Eindringen in dieses Organ, nicht etwa erst in die eigentliche Scheide, seinen Anfang genommen hat (BGHSt 16, 175 = NJW 1961, 2067; BGHSt 46, 176 = NJW 2001, 455; Gössel SexualstrafR § 2 Rn. 65; Kindhäuser/Hilgendorf in LPK-StGB § 176a Rn. 4; Ritscher in MüKoStGB Rn. 9; aM Renzikowski NStZ 1999, 377 (381) Fn. 54; Renzikowski in MüKoStGB § 177 Rn. 156; Maurach/Schroeder/Maiwald/Hoyer/Momsen StrafR BT § 17 Rn. 34; Wolters in SK-StGB § 173 Rn. 3, § 176a Rn. 14; Bosch/Schittenhelm in Schönke/Schröder Rn. 3; krit. Fischer § 177 Rn. 62–64; str.). Nur beischlafsähnliche Handlungen genügen nicht (BGH NStZ-RR 2018, 281). Nach dem Schutzzweck des § 173 scheidet der eheliche Beischlaf zwischen 3

Verwandten aus, deren Ehe nach §§ 1307, 1314 BGB aufhebbar ist (teleologische Reduktion; Dippel in LK-StGB Rn. 20; Wolters in SK-StGB Rn. 5, formell gültige Ehe als Rechtfertigungsgrund; die Gegenauffassung von RGSt 5, 159 ist durch das EheschRG überholt). Zur Beurteilung unfreiwilliger Handlungen seit der Sexualstrafrechtsreform 2016 May, Geschwisterinzest in Deutschland und Liechtenstein 2021, S. 39ff.

4 **4.** Der **Vorsatz** (bedingter genügt) muss sich auf die wirklichen blutsmäßigen Verhältnisse beziehen; deren falsche rechtliche Bewertung (zB die nichteheliche Täterin hält sich mit ihrem leiblichen Vater nicht für verwandt) ist Subsumtionsirrtum (→ § 15 Rn. 14; → § 17 Rn. 6; ebenso Frommel in NK-StGB Rn. 18).

5 **5.** Mangels Strafbarkeit des **Versuchs** ist die irrige Annahme der Verwandtschaft unerheblich.

6 **6.** Die Tat ist **eigenhändiges Delikt,** so dass mittelbare Täterschaft ausscheidet (hM; vgl. Schünemann in LK-StGB § 25 Rn. 45, 49; Bosch/Schittenhelm in Schönke/Schröder, Rn. 8). Die **Beteiligung des Deszendenten** (Abs. 1) **oder Aszendenten** (Abs. 2 S. 1) jeweils an der Tat des anderen bestimmt sich nach den Regeln über die notwendige Teilnahme (→ Vor § 25 Rn. 12), so dass jeder nur aus dem für ihn geltenden Tatbestand bestraft werden kann; die Strafe für den dritten Teilnehmer bestimmt sich in diesem Fall nach Abs. 1 (Bosch/Schittenhelm in Schönke/Schröder, Rn. 8). Auf den nicht verwandten Teilnehmer findet § 28 I keine Anwendung; die Verwandtschaft ist hier kein besonderes persönliches Verhältnis, weil § 173 Ehe und Familie ohne Rücksicht auf eine persönliche Pflicht des Täters schützt (BGHSt 39, 326 = NJW 1994, 271 mzustAnm Dippel NStZ 1994, 182; Stein StV 1995, 251 (253); Wolters in SK-StGB Rn. 8; Schünemann in LK-StGB § 28 Rn. 62; aM BGH bei Miebach NStZ 1992, 174; Otto StrafR BT § 65 Rn. 17).

7 **7. Abs. 3** bildet für Deszendenten und Geschwister unter 18 Jahren einen auf Schulderwägungen beruhenden **persönlichen Strafausschließungsgrund** (→ Vor § 13 Rn. 29; Langer, Die Sonderstraftat, 2007, S. 181; Frommel in NK-StGB Rn. 19; Wolters in SK-StGB Rn. 9; für Entschuldigungsgrund Roxin/Greco StrafR AT I § 22 Rn. 136, § 23 Rn. 16; bei notstandsähnlichen Situationen ebenso Klimsch, Die dogmatische Behandlung des Irrtums über Entschuldigungsgründe unter Berücksichtigung der Strafausschließungs- und Strafaufhebungsgründe, 1993, S. 166; für „formalisierten Schuldauschließungsgrund" Maurach/Schroeder/Maiwald StrafR BT II § 63 Rn. 89; str.); Teilnahme an ihrer Tat ist daher möglich (hM; vgl. Miebach NStZ 1960, 174; Sturm JZ 1971, 1 (3)).

8 **8. Tateinheit** ua möglich mit § 174 I Nr. 3 (BGH bei Dallinger MDR 1975, 21), § 176a II Nr. 1, §§ 177 VI, 182. Fortsetzungszusammenhang scheidet auch bei wiederholter Begehung mit derselben Person aus (→ Vor § 52 Rn. 16; Bosch/Schittenhelm in Schönke/Schröder Rn. 11); es kommt nur Tatmehrheit in Frage (Wolters in SK-StGB Rn. 10).

13. Abschnitt. Straftaten gegen die sexuelle Selbstbestimmung

Vorbemerkung

1. Dass die **sexuelle Selbstbestimmung** (zu deren Voraussetzungen Hörnle ZStW 127 (2015), 851; Corrêa Camargo ZStW 134 (2022), 335; zu den verfassungsrechtlichen Grundlagen ausf. Valentiner, Das Grundrecht auf sexuelle Selbstbestimmung, 2021) **geschütztes Rechtsgut** aller Tatbestände des Abschnitts ist, wird durch dessen Überschrift, die ebenso wie der größte Teil des Abschnitts auf das 4. StrRG (→ Vor § 1 Rn. 7) zurückgeht, zwar nahegelegt, durch den differenzierten Inhalt der Tatbestände und die Gesetzesgeschichte aber nur mit dem Vorbehalt bestätigt, dass der Begriff der Selbstbestimmung sehr weit und allgemein zu verstehen ist. In dem Initiativentwurf zum 4. StrRG (BT-Drs. 7/80) war noch die Überschrift „Sexualstraftaten" vorgesehen. Erst kurz vor Schluss seiner Beratungen hat sich der Sonderausschuss dafür entschieden, die Freiheit der sexuellen Selbstbestimmung als geschütztes Rechtsgut aller Tatbestände in den Vordergrund zu rücken (vgl. Sick/Renzikowsi FS Schroeder, 2006, 603). Er wollte damit erreichen, dass sich der Abschnitt in die überwiegend am Schutzzweck orientierte Ordnung des Besonderen Teils einfügt, musste zugleich aber in Kauf nehmen, dass diese Freiheit angesichts der Vielfalt der Tatbestände nur in einem vagen Sinne gemeint sein kann. Namentlich das Interesse an der ungestörten sexuellen Entwicklung der Jugend, die sich als besonderer Aspekt dieser Freiheit begreifen lässt, muss eingeschlossen bleiben (Prot. 7, Nr. 48, 53; Schroeder FS Welzel, 1974, 859 (876); krit. Schetsche MschrKrim 1994, 201). Dass in einzelnen Tatbeständen auch andere Rechtsgüter (mit-)geschützt sind, sollte durch die Überschrift nicht in Frage gestellt werden (BT-Drs. 7/514, 5; vgl. auch Horn in Ulsamer StrafR/StrafVerfR S. 839; Bottke in Schünemann/Dubber, Die Stellung des Opfers in Strafrechtssystem, 2000, S. 231, 235, der vom „Recht auf Sexualhoheit" spricht; differenzierende Rechtsgutsbestimmung bei Hörnle in LK-StGB Rn. 27–40, Rn. 32, die ua die Menschenwürde hervorhebt; zum Schutz auch der Psyche vgl. Knauer, Der Schutz der Psyche im Strafrecht, 2013, S. 213–220; krit. zur Leistungsfähigkeit des Rechtsgutskonzepts im Sexualstrafrecht Stratenwerth FS Lenckner, 1998, 377 (389); Pott KritV 1999, 91 (111), die auf „das subjektive Recht auf sexuelle Selbstbestimmung" abstellt). Einzelne Tatbestände wie etwa die §§ 174–176 schützen Personen, denen die Fähigkeit zur sexuellen Selbstimmung fehlt (näher Sternberg-Lieben, Die objektiven Schranken der Einwilligung im Strafrecht, 1997, S. 164 „weicher Paternalismus"). Überblick über die Rechtsgüter der §§ 174ff. bei Bottke FS Otto, 2007, 535 (560); zum Jugendschutz zust. Gnüchtel, Jugendschutztatbestände im 13. Abschnitt des StGB, 2013. Mit der grundlegenden Veränderung von § 177 durch das 50. StÄG sollen ebenfalls keine neuen Schutzgüter dazu kommen; nach der Gesetzesbegründung soll vielmehr gerade der Schutz des Opfers gegenüber Verletzungen seiner sexuellen Selbstbestimmung konsequent ausgestaltet werden (BT-Drs. 18/9097, 21). Das gilt auch für die Aufnahme der neuen Tatbestände der §§ 184i – 184l. – Zur Liberalisierung des Sexualstrafrechts durch das 4. StrRG zusf. Rengier in JMBW, Der Schutz vor Sexualstraftaten, 2003, S. 9; Ebert in Pauly, Wendepunkte, 2009, S. 186, 187. Soweit diese Liberalisierung zunächst mit der zunehmenden Entkriminalisierung sexueller Handlungen einhergegangen ist, hat sich 1 dies – wie nachstehend ausgeführt – ab Mitte der 1990er Jahre wieder geändert (vgl. Weigend ZStW 129 (2017), 513); geblieben ist aber eine weitgehende Loslösung vom früheren primär die Sexualmoral schützenden „Sittenstrafrecht", doch gehen aktuelle Reformtendenzen auch wieder in Richtung einer Remoralisierung des Sexualstrachtes (vgl. Renzikowski AL 2022, 93). – Vorschläge zur Systematisierung dieses Abschnitts bei Laubenthal FS Fischer, 2018, 431.

2 **2. a)** Auch bei den Tatbeständen im zweiten Teil des Abschnitts, die sich gegen die **Förderung sexueller Handlungen Minderjähriger und der Prostitution sowie gegen Menschenhandel und Zuhälterei wenden (§§ 180–181 a),** steht – neben dem Jugendschutz (§§ 180, 180 a II Nr. 1) – als geschütztes Rechtsgut die **Freiheit der Selbstbestimmung** in dem unter → Rn. 1 beschriebenen Sinne im Vordergrund (Horn in Ulsamer StrafR/StrafVerfR S. 843; Hörnle in LK-StGB Rn. 78). Nachdem bereits mit dem 4. StrRG die Förderung fremder „Unzucht" als bloße Moralwidrigkeit entkriminalisiert wurde, ist mit Art. 2 des ProstG (→ Vor § 1 Rn. 14) zum 1.1.2002 auch die Strafbarkeit der Förderung der Prostitution gem. § 180 a I Nr. 2 StGB aF gestrichen worden; der Tatbestand des § 181 a II wurde eingeschränkt (vgl. Rautenberg NJW 2002, 650 (652); Schroeder JR 2002, 408 f.; Heger StV 2003, 350 (351 f.)). Die geänderte Zielrichtung von einer zumindest mit intendierten Bekämpfung der Prostitution als unerwünschter Institution hin zu einer Verteidigung der sexuellen Selbstbestimmung der Prostituierten verdeutlicht auch die Änderung der amtlichen Überschrift von § 180 a aF („Förderung der Prostitution") zu „Ausbeutung von Prostituierten" in § 180 a nF. Ob die Anerkennung der Prostitution als Beruf eine bessere Bekämpfung dieser Ausbeutung tatsächlich gebracht hat (so die Erwartung von Sieber JZ 1995, 758 (767)) wid zT bezweifelt (so von Windel JR 2005, 85; Fischer § 180 a Rn. 5; vgl. auch Hilgendorf FS Kühne, 2013, 91).

3 **b)** Da §§ 180–181 a idR nunmehr allein die sexuelle Selbstbestimmung der Prostituierten schützt und die Begehungsformen kein qualitativ unterschiedliches Unrecht beschreiben, geht bei Handlungseinheit (→ Vor § 52 Rn. 3–19) die mildere Variante in der schwereren auf (Subsidiarität); das gilt etwa für das Zusammentreffen von § 180 a I und § 181 a I. Weiterhin kommt Tateinheit in Frage, wenn der eine Tatbestand allgemein den Schutz der Unabhängigkeit junger Menschen im Auge hat, während es im anderen um eine spezifische, altersindifferente Abhängigkeit geht (BGHSt 42, 179 = NJW 1996, 2875).

4 **c)** Die Vorschriften gegen **Ausbeutung von Prostituierten, Menschenhandel und Zuhälterei (§§ 180a–181 a)** dienen seit dem ProstG vor allem der sexuellen Selbstbestimmung der Prostituierten; deren persönliche und wirtschaftliche Unabhängigkeit ist nur als Reflex dieses Schutzzwecks mittelbar geschützt, wenn und soweit diese Abhängigkeit dazu instrumentalisiert wird, Prostituierte gegen ihren Willen zu sexuellen Handlungen zu veranlassen (vgl. Heger StV 2003, 350 (351); Renzikowski in MüKoStGB § 181 a Rn. 1; zB durch Verstricken in Schulden, die durch Prostitution abzuarbeiten sind). Da Art. 1 §§ 1, 2 ProstG Vereinbarungen zwischen Prostituierten und Freiern sowie den Arbeitgebern von Prostituierten zivilrechtlich grds. für wirksam erklären, kann der Verlust der Einkünfte durch die Nichtvornahme entgeltlicher sexueller Handlungen nicht als wirtschaftliche Zwangslage der Prostituierten strafbewehrt sein (BGHSt 48, 314 = NJW 2004, 81; Heger StV 2003, 350 (351)). Mit Streichung der Strafbarkeit des bloßen Förderns der Prostitution durch Art. 2 ProstG sowie der zivil- und sozialversicherungsrechtlichen Anerkennung der Prostitution als einer grds. legalen Einnahme-

quelle durch Art. 1 ProstG ist allein das Verstricken oder Festhalten von Personen, die freiwillig der Prostitution nachgehen, in ihrem Gewerbe nicht mehr vom Schutzzweck der §§ 180a–181a umfasst. Obwohl der Gesetzgeber der Auffassung war, über die Änderungen der §§ 180a I, 181a II durch Art. 2 ProstG sei an den Strafbestimmungen der §§ 180a–181a unverändert festzuhalten (zust. Rautenberg NJW 2002, 650 (652)), zwingen die zivil- und sozialversicherungsrechtlichen Änderungen durch Art. 1 §§ 1–3 ProstG jedenfalls zu einer Entkriminalisierung solcher, insbes. gem. § 181 I Nr. 2 als dirigierende Zuhälterei tatbestandsmäßiger, Verhaltensweisen, die sich als zulässige Einwirkung des Täters als Arbeitgeber auf die freiwillig in seinem Betrieb beschäftigten Prostituierten darstellen (BGHSt 48, 314 = NJW 2004, 81; Heger StV 2003, 350 (352f.)), auch wenn durch das Beschäftigungsverhältnis iSd § 1 ProstG gegen sonstige Rechtsvorschriften (zB ausländerrechtlicher, steuerrechtlicher und sozialversicherungsrechtlicher Art) verstoßen wird (BGHSt 48, 314 = NJW 2004, 81). Das gilt wegen § 2 III auch für vor dem 1.1.2002 beendete Tathandlungen (Heger StV 2003, 350 (355)). Aber auch für die Auslegung der damals neu gefassten §§ 180a I, 181a II sowie für den Menschenhandel gem. § 232 sind die Wertungen von Art. 1 §§ 1–3 ProstG zu berücksichtigen (vgl. Heger StV 2003, 350 (351f., 354)). In der strafrechtlichen Rspr. (BGH StV 2003, 616) und Lit. (Kühl GS Meurer, 2002, 546 (553); Kühl FS Schreiber, 2005, 957 (967); Heger StV 2003, 350 (355); zu den zivilrechtlichen Folgen Armbrüster NJW 2002, 2763) besteht Einigkeit, dass mit der zivilrechtlichen Anerkennung der Ansprüche der Prostituierten deren Vereinbarung mit dem Freier nicht mehr iSd §§ 138 I, 817 BGB sittenwidrig ist. Wegen der zivilrechtlichen Anerkennung der Zahlungsansprüche von Prostituierten ist überdies seit Inkrafttreten des ProstG auch eine Strafbarkeit wegen Betrugs und Erpressung durch den Freier möglich (→ § 263 Rn. 35; sowie Ziethen NStZ 2003, 184); sofern die sexuelle Handlung seitens der Prostituierten nicht einvernehmlich erbracht worden ist, scheidet allerdings Erpressung aus (BGH NStZ 2011, 278 mAnm Zimmermann NStZ 2012, 211; Eckstein JZ 2012, 101), so dass nur eine Strafbarkeit wegen §§ 177, 240 bleibt (vgl. Hecker FS Kühne, 2013, 81).– Das mit Wirkung zum 1.7.2017 völlig neu gestaltete und massiv ausgeweitete ProstituiertenschutzG (BGBl. 2016 I 2372) enthält neben Regelungen zur Anmeldung usw sowie einer Kondompflicht (§ 32) zwar keine eigenen Strafnormen, in § 33 aber einen langen Katalog von Ordnungswidrigkeiten; daneben ist das ProstG aber weiterhin in Geltung geblieben

d) aa) Durch das 37. StÄG v. 11.2.2005 aufgehobenen und mit Veränderungen in die §§ 232–233b „verschubt" worden sind die Menschenhandelstatbestände der **§§ 180b, 181.** 5

bb) Das **26. StÄG** (→ Vor § 1 Rn. 12) hatte die §§ 180a III–V, 181 aF durch die (aufgehobenen, → Rn. 5) §§ 180b, 181 (Menschenhandel und schwerer Menschenhandel) mit dem Ziel ersetzt, den strafrechtlichen Schutz namentlich ausländischer Mädchen und Frauen vor sexueller Ausbeutung, besonders vor Menschenhandel und Zwangsprostitution, zu verbessern. Zum 26., 27., 29., 30. und 33. StÄG sowie zum 6. StrRG Schroeder JZ 1999, 827 „Die Revolution des Sexualstrafrechts 1992–1998" sowie Rengier in JMBW, Der Schutz vor Sexualstraftaten, 2003, S. 12–23. 6

3. Das **27. StÄG** (→ Vor § 1 Rn. 12) hat in § 184 zur Eindämmung von Auswüchsen am Videomarkt (BT-Drs. 12/4883, 1, 6) verschärfte Strafen angedroht, wenn in Fällen des Abs. 3 die Schrift (→ § 11 Rn. 26–28) den sexuellen Missbrauch von Kindern zum Gegenstand hat oder wenn der Täter in Bezug auf solche Schrif- 7 ten gewerbsmäßig oder als Mitglied einer Bande handelt; mit dem SexÄG (→ Rn. 12) ist § 184 III–VII aF auf die neuen § 184a–184c verteilt worden.

8 **4.** Das **29. StÄG** (→ Vor § 1 Rn. 12) hat § 182 zu einer einheitlichen Schutzvorschrift für männliche und weibliche Jugendliche unter 16 Jahren umgestaltet (Schroeder NJW 1994, 1501 (1502); Laubenthal FS Otto, 2007, 495 (496)). Diese sollen geschlechtsneutral (BT-Drs. 12/4584, 7) gegen bestimmte Formen sexuellen Missbrauchs durch Erwachsene geschützt werden. Das Gesetz hat außerdem die Geltung unterschiedlichen Rechts beseitigt (BT-Drs. 12/7035, 8). § 175 (Homosexuelle Handlungen), der nur in den alten Bundesländern galt, wurde aufgehoben (Art. 1 Nr. 1); § 149 StGB/DDR (Sexueller Missbrauch von Jugendlichen), der nur im Beitrittsgebiet fortgalt, wurde außer Kraft gesetzt (Art. 4). Mit der Aufhebung des § 175 ist die alte Forderung nach Abschaffung der besonderen Strafbarkeit homosexueller Handlungen (Schroeder NJW 1994, 1501 (1502)) erfüllt worden. Auch die 1973 durch das 4. StrRG (→ Vor § 1 Rn. 7) erfolgte Ausrichtung der Vorschrift auf den Jugendschutz entkräftete die Bedenken gegen sie nicht: § 175 konnte den angestrebten Schutz der ungestörten sexuellen Entwicklung des männlichen Jugendlichen nicht bewirken, weil die Hetero- oder Homosexualität bei Jugendlichen schon festgelegt ist (BT-Drs. 12/4584, 6; BT-Drs. 12/4232, 4; Schroeder NJW 1994, 1501 (1502)); außerdem trug die Vorschrift zur Diskriminierung der Homosexualität bei (BT-Drs. 12/4232, 4). Als Standort der neuen einheitlichen Jugendschutzvorschrift erschien der rechtshistorisch belastete § 175 nicht angebracht (so die Begr. des Regierungsentwurfs, BT-Drs. 12/4584, 7). Mit dem am 22.6.2017 vom BT beschlossenen Gesetz zur strafrechtlichen Rehabilitierung der nach dem 8.5.1945 wegen einvernehmlicher homosexueller Handlungen verurteilten Personen sind zahlreiche, aber nicht alle Verurteilungen wegen §§ 175, 175a im Zeitraum von 1945–1994 nachträglich eliminiert worden. Die kriminalpolitisch problematische Vorschrift des § 182 aF, welche die Verführung von Mädchen vor allem wegen der Gefahr vorzeitiger Schwangerschaft verbot, war mit dieser Begründung nicht mehr zu halten und schon während ihrer Geltung praktisch bedeutungslos geworden (vgl. BT-Drs. 12/4232, 4; BT-Drs. 12/4584, 6). Von § 149 StGB/DDR hat der neue § 182 zwar die Überschrift (Sexueller Missbrauch von Jugendlichen) übernommen, doch sind die Abhängigkeiten neu umschrieben und die Missbrauchshandlungen erweitert worden. **In-Kraft-Treten:** 11.6.1994. **Übersichtsbeitrag:** Schroeder NJW 1994, 1501; JZ 1999, 827 (831).

9 **5. a)** Das **33. StÄG** (→ Vor § 1 Rn. 13) hat die lange vorbereitete Reform der §§ 177–179 in Kernpunkten zu einem – zwischenzeitlichen – Abschluss gebracht. §§ 177, 178 aF werden durch den geschlechtsneutral formulierten „§ 177 Sexuelle Nötigung; Vergewaltigung" in einem einheitlichen (Verbrechens-) Tatbestand zusammengefasst; Opfer kann jetzt auch ein Mann sein. Die „Vergewaltigung" ist Regelbeispiel eines besonders schweren Falles der „sexuellen Nötigung"; ihr werden ähnliche, das Opfer besonders erniedrigende Handlungen gleichgestellt, insbes., wenn sie mit einem Eindringen in den Körper verbunden sind. Zur Schließung von möglichen Strafbarkeitslücken wird den vorherigen Nötigungsmitteln (Gewalt und Drohung) die Ausnutzung einer schutzlosen Lage als weiteres Tatmittel hinzugefügt; § 237 StGB aF wurde dadurch überflüssig und deshalb aufgehoben. Durch die **Streichung** des Merkmals **außerehelich** wird die bis dahin nur als Nötigung (§ 240) strafbare Vergewaltigung in der Ehe als Straftat gegen die sexuelle Selbstbestimmung erfasst; damit ist das Hauptanliegen der Reform verwirklicht. Der Hauptstreitpunkt in der letzten Phase der Reformgesetzgebung, der diese zwi-

schenzeitlich zum Scheitern zu bringen drohte, war die sog. Widerspruchsklausel, die dem mit dem Täter verheirateten Opfer ein Widerspruchsrecht gegen die Strafverfolgung der Tat einräumen sollte. Diese problematische Widerspruchsklausel ist nach einem gescheiterten Vermittlungsverfahren und einem Einspruch des Bundesrates nicht ins Gesetz aufgenommen worden, obwohl sie vom Bundestag beschlossen worden war (zust. Nelles in Koreuber/Mager, Recht und Geschlecht, 2004, S. 81, 92; krit. Folkers NJW 2000, 3317 (3319)). Auch in § 179 wurde das Merkmal „außerehelich" gestrichen und der fragwürdige Begriff der „seelischen Abartigkeit" durch den der „seelischen Störung" ersetzt. **In-Kraft-Treten:** 5.7.1997. **Übersichtsbeiträge:** Lenckner NJW 1997, 2801; Dessecker NStZ 1998, 1; sa Mildenberger, Schutzlos-Hilflos-Widerstandsunfähig, 1998, S. 1–5. Aus dem **Schrifttum** zum 33. StÄG: Helmken ZRP 1996, 241; Frommel KJ 1996, 164; Schünemann GA 1996, 307; Schroeder JZ 1999, 827 (828, 830); Folkers NJW 2000, 3317; Harbeck, Probleme des Einheitstatbestandes sexueller Nötigung/Vergewaltigung, 2001, S. 15, 20. Zur historischen Entwicklung hinsichtlich der Strafbarkeit der ehelichen Vergewaltigung Wetzel, Die Neuregelung der §§ 177–179 StGB unter besonderer Berücksichtigung des ehelichen Bereichs und ausländischer Rechtsordnungen, 1998, S. 33; Nelles in Koreuber/Mager, Recht und Geschlecht, 2004, S. 84; rechtsvergleichend Wetzel, Die Neuregelung der §§ 177–179 StGB unter besonderer Berücksichtigung des ehelichen Bereichs und ausländischer Rechtsordnungen, 1998, S. 91; Harbeck, Probleme des Einheitstatbestandes sexueller Nötigung/Vergewaltigung, 2001, S. 198, 217.

b) Das **6. StrRG** (→ Vor § 1 Rn. 13) hat zahlreiche Änderungen auch im 13. Abschnitt des Bundestages gebracht. So „mussten" sich die gerade neu geregelten §§ 177, 179 Änderungen im Bereich der Regelbeispiele für besonders schwere Fälle (jetzt § 177 VII), der Qualifikationstatbestände (jetzt § 177 VII, VIII) und der Strafdrohung „gefallen lassen" (vgl. BT-Drs. 13/9064, 12; Otto Jura 1998, 210 (213); Folkers NJW 2000, 3317). § 179 wurde nur „unter Vorbehalt" beibehalten; der Rechtsausschuss des Bundestages hat die Bundesregierung aufgefordert, nach drei Jahren zu berichten, inwieweit die Vorschrift nach der Neufassung des § 177 noch einen Anwendungsbereich in der gerichtlichen Praxis hat (BT-Drs. 13/9064, 12 (13); Kreß NJW 1998, 633 (639); Schroeder JZ 1999, 827 (830)), doch ist dieser Tatbestand erst mit dem 50. StÄG gestrichen worden. Ein neuer § 178 erfasst die „Sexuelle Nötigung und Vergewaltigung mit Todesfolge". Neu ist auch § 174c, der – entsprechend einem Gesetzentwurf der Bundesregierung (BT-Drs. 13/8267; vgl. Dessecker NStZ 1998, 1 (3); Kreß NJW 1998, 633 (638)) – den strafrechtlichen Schutz geistig oder seelisch beeinträchtigter Menschen vor sexuellen Übergriffen, insbes. im Rahmen von Beratungs-, Behandlungs- oder Betreuungsverhältnissen, verbessern will. Der geänderte (Vergehens-)Grundtatbestand des § 176 wird durch einen (Verbrechens-)Qualifikationstatbestand § 176a und einen (Todes-)erfolgsqualifizierten Tatbestand § 176b ergänzt (BT-Drs. 13/7164, 31; BT-Drs. 13/8587, 31; Kreß NJW 1998, 633 (638); Stächelin StV 1998, 98 (99); Rosenau StV 1999, 388 (393); Jäger, Der objektive Tatbestand der Verkehrsunfallflucht, 1973, S. 58; Schroeder JZ 1999, 827 (830); Renzikowski NStZ 1999, 440). Die Vorschrift über die Führungsaufsicht – § 181b – wird entsprechend dem SexBG (→ Vor § 38 Rn. 6–15), das sonst das Maßregelrecht zur Bekämpfung von Sexualdelikten und anderen gefährlichen Straftaten ausweitet, angepasst (BT-Drs. 13/9064, 14). **10**

c) Das zweimalige Eingreifen des Gesetzgebers innerhalb eines Jahres hat zu tiefgreifenden Umgestaltungen des 13. Abschnittes des Bundestages geführt (krit. Nelles **11**

in DSNS StrRG § 3 Rn. 46 „Reformeifer"; Pott KritV 1999, 91 (100)). Es sind durch Kumulation verschiedener Regelungen Vorschriften entstanden, „die in sich und untereinander so unsystematisch geworden sind, dass sie sich einer sinnvollen Auslegung sperren oder nur um den Preis von Wertungswidersprüchen interpretierbar sind" (Nelles in DSNS StrRG § 3 Rn. 46 „Reformeifer"). Besonders missglückt ist die Einstufung der zuvor selbständigen Vergewaltigung (§ 177 aF) als Regelbeispiel eines besonders schweren Falles der sexuellen Nötigung in § 177 II 2 Nr. 1 StGB aF (→ § 177 Rn. 11; krit. Pott KritV 1999, 91 (102)); der Hinweis auf die misslichen Konsequenzen ua für den Urteilstenor (vgl. Bittmann/Merschki NJ 1998, 41; Renzikowski NStZ 1999, 377 (381)) und die Kriminalstatistik durch Sachverständige hat diese Einstufung leider nicht verhindern können (vgl. Wetzel, Die Neuregelung der §§ 177–179 StGB unter besonderer Berücksichtigung des ehelichen Bereichs und ausländischer Rechtsordnungen, 1998, S. 194; zusf. Renzikowski NStZ 1999, 377 (378)). Zur Entwicklung von § 177 vor der Reform durch das 50. StÄG (→ Rn. 14) s. Kratzer-Ceylan, Finalität, Widerstand, „Bescholtenheit", 2015.

12 **6.** Das **ProstG** (→ Rn. 2; → Vor § 1 Rn. 14) hat § 180a I „liberalisiert" um bessere Rahmenbedingungen für die Ausübung der Prostitution zu schaffen (BT-Drs. 14/5958, 1) und § 181a II eingeschränkt (Heger StV 2003, 350; Trede, Auswirkungen des Gesetzes zur Regelung der Rechtsverhältnisse von Prostituierten auf das Straf- und Ordnungswidrigkeitenrecht, 2007, S. 148, 200, 299). Trotz der Überarbeitung und Verschärfung der §§ 174ff. durch das 6. StrRG hat das **SexÄG** (→ Vor § 1 Rn. 15) weitere Tatbestandsausdehnungen (zB § 176 III Nr. 3, V) und Strafschärfungen (zB in den §§ 174–174c, 176, 176a, 179; krit. zu diesen „populären" Strafverschärfungen Duttge/Hörnle/Renzikowski NJW 2004, 1065 (1066); krit. zur Verschärfung der Mindeststrafrahmen Frommel NKrimPol 2004, 6 (7)). Außerdem hat es die Vorschriften über Pornographie, jetzt §§ 184–184c (die bisherigen §§ 184a–184c sind jetzt in zT modifizierter Form §§ 184d, 184f–184h), neu gestaltet (Übersichtsbeitrag: Amelung/Funcke-Auffermann StraFo 2004, 114). Das **37. StÄG** (→ Vor § 1 Rn. 15) hat die §§ 180b, 181 aufgehoben und in veränderter Form in den 18. BT-Abschnitt als §§ 232–233a eingestellt (BT-Drs. 15/3045, 1). Das UmsetzungsG zur Bekämpfung der sexuellen Ausbeutung von Kindern und der Kinderpornographie (→ Vor § 1 Rn. 16) schützt alle Minderjährigen ohne Differenzierung nach Kindern und Jugendlichen (s. § 182) und hat § 184c neu für jugendpornographische Schriften geschaffen (krit. Hörnle NJW 2008, 3523).

13 **7.** Das **49. StÄG** (→ Vor § 1 Rn. 18) dient einerseits der sog. Lanzarote-Konvention des Europarats zum Schutz von Kindern vor sexueller Ausbeutung und sexuellem Missbrauch (ETS 201), andererseits der Umsetzung der RL 2011/93/EU zur Bekämpfung des sexuellen Missbrauchs und der sexuellen Ausbeutung von Kindern sowie der Kinderpornographie. Es brachte mit Wirkung zum 21.1.2015 Änderungen zahlreicher Tatbestände der §§ 174ff. sowie der der §§ 184ff. mit sich (zB Einfügung von § 184e StGB nF mit der Folge einer erneuten Umnummerierung der beiden folgenden Tatbestände), änderte aber (noch) nichts Grundsätzliches an der Struktur des deutschen Sexualstrafrechts. Allerdings wurde das Ruhen der Verjährung in § 78b I Nr. 1 für die §§ 174–174c, 176–178, 180 III, 182 bis zum 30. Geburtstag des Opfers hinausgeschoben.

14 **8.** Fundamentalen Änderungen sollten eigentlich durch eine beim BMJV angesiedelte Expertenkommission zum Sexualstrafrecht erarbeitet werden, erfolgten dann aber weitgehend erst während des bereits begonnenen Gestezgebungsverfahrens in einem **50. StÄG** mit Wirkung zum 10.11.2016 (→ Vor § 1 Rn. 18), das auch infolge der Vorgaben von Art. 36 der sog. Istanbul-Konvention (ETS Nr. 210; dazu Blume/Wegener HRRS 2014, 357; Gerhold JR 2016, 122 (123); zu den Lücken aus menschenrechtlicher Sicht Sick/Renzikowski FS Rössner, 2015, 928), vor alllem aber aufgrund öffentlicher Empörung nach sexuellen Übergriffen durch junge Männer in der Silvesternacht 2015 zu einer grundlegenden Ausweitung von § 177 nach dem sog. „Nein-heißt-Nein"-Prinzip, in Abs. 2 Nr. 2 sogar nach dem „Ja heißt Ja"-Prinzip, und zur Einfügung der §§ 184i, 184j führte (ein erster „Rückblick" bei El-Ghazi StV 2021, 314). Der knapp 20 Jahre zuvor (→ Rn. 9) bereits deutlich ausgeweitete Verbrechenstatbestand der Sexuellen Nötigung und Vergewaltigung wurde damit um eine mildere Vergehensalternative des Sexuellen Übergriffs (nunmehr Abs. 1–3) ergänzt; die bisherigen Absätze finden sich der Sache nach in Abs. 5–9 wieder, wobei freilich durch das Anknüpfen der darin als Qualifikation bzw. Regelbeispiel genannten Strafschärfungsmerkmale auch an die bloßen sexuellen Übergriffe nunmehr etwa für § 177 V StGB nF (zuvor Abs. 1) keine Nötigung mehr zu der sexuellen Handlung erforderlich ist (BT-Drs. 18/9097, 26). Da die bis dahin in § 179 enthaltenen Missbrauchshandlungen bei widerstandsunfähigen Personen in § 177 IV StGB nF aufgenommen worden sind, ist § 179 ersatzlos gestrichen. Schließlich ist – aus guten Gründen – das bisherige Regelbeispiel der Nötigung zu einer sexuellen Handlung in § 240 IV Nr. 1 StGB aF gestrichen und in § 177 II Nr. 5 als Tatbestandsmerkmal übernommen worden. Betrachtet man die Struktur des heutigen § 177, der nicht nur Vergehen und Verbrechen sowie Regelbeispiele und gestaffelte Qualifikationstatbestände in sich vereint und mit nicht weniger als neun Absätzen nunmehr das Format von § 261 erreicht, hätte eine Aufteilung der Materie auch in den nunmehr unbesetzten § 179 sicher näher gelegen (in diese Richtung ging noch der Regierungsentwurf v. 25.4.2016, BT-Drs. 18/8210). Zu begrüßen ist immerhin, dass der Gesetzgeber sprachlich differenziert zwischen sexuellem Übergriff und sexueller Nötigung sowie Vergewaltigung; diese begriffliche Trias sollte auch in der Tenorierung ihren Niederschlag finden je nachdem welchen Tatbestand innerhalb von § 177 nF der Täter verwirklicht hat. Allzu leicht hat es sich der Gesetzgeber mit dem Regelbeispiel der „Vergewaltigung" gemacht (§ 177 VI Nr. 1), denn dieses baut nicht mehr – wie bisher – auf einer echten sexuellen Nötigung (§ 177 I aF) oder wenigstens den Einsatz der darin geforderten Mittel (jetzt § 177 V) auf, sondern lässt als „Grundtatbestand" (so angesichts des Regelbeispielscharakters jedenfalls unglücklich formuliert von BT-Drs. 18/9097, 28) ausdrücklich § 177 I, II nF genügen. Damit ist es nunmehr erstmals möglich, dass ein Vergehen (der sexuelle Übergriff iSv § 177 I in Form der Ausübung des Geschlechtsverkehrs) im Regelfall mit einem Mindeststrafrahmen von zwei Jahren Freiheitsstrafe bewehrt ist. Dass der dazwischen liegende Qualifikationstatbestand des § 177 V anders als die Vergewaltigung aber wie bisher die sexuelle Nötigung generell ein Verbrechen darstellt, zeigt nur die dogmatisch unsaubere Vorgehensweise. Grund für die Hektik war offenbar der öffentliche Druck auf den Gesetzgeber. Das erklärt auch, warum der Gesetzgeber hier den Anwendungsbereich des Regelbeispiels durch die Ausdehnung auf neue Tatbestände stark ausgeweitet hat, während er ein Jahr zuvor im Anti-Doping-Gesetz die Meinung vertreten hat, die Regelbeispielsmethode habe sich nicht bewährt. Ua solche Widersprüchlichkeiten und Unklarheiten in § 177 nF führen im Schrifttum bereits zum Verdikt der Verfassungswidrigkeit (Löffelmann StV 2017, 413), doch müsste auch angesichts der weiten Spielräume des Gesetzgebers sowie der völkerrechtlichen Vorgaben der Istanbul-Konvention hier wohl zuerst geprüft werden, ob nicht durch eine verfassungskonform-restriktive Auslegung (etwa durch extensive Anwendung minder schwerer Fälle nach § 177 IX oder durch Verneinung der Strafschärfung trotz Vorliegens des Regelbeispiels einer Vergewaltigung bei § 177 VI) die Strafnorm „gehalten" werden kann.

15 Auch die **§§ 184i, 184j** bringen Neuland für das Sexualstrafrecht. Ging es bislang bei den sexualitätsbezogenen Handlungen des Täters am Opfer idR um eine sexuelle Handlung iSv § 184h Nr. 1, mithin um sexuelle Handlungen von einiger Erheblichkeit, erweitert § 184i den Kreis auf bloße sexuelle Belästigungen, die bislang in einigen, aber nicht allen Fällen als sog. Sexualbeleidigung von § 185 erfasst worden sind. § 184j führt inhaltlich aus dem Bereich der vorsätzlichen Sexualdelikte heraus (Hörnle BRJ 2017, 57 (61) „systemwidrig platziert"), weil für die strafbare Beteiligung an Gruppen ausreicht, dass die aus diesen heraus begangene Straftat gem. § 177 oder § 184i als objektive Bedingung der Strafbarkeit vorliegt, während der Täter des § 184j nur Vorsatz hinsichtlich seiner Beteiligung an der Gruppe haben muss sowie, dass diese Gruppe eine Person zu irgendeiner Straftat bedrängt. Strafbar wegen dieses „Sexualdelikts" ist mithin bereits, wer sich an einer Gruppe beteiligt, die ein Opfer beleidigt (Fischer § 184j Rn. 8), sofern ein Mitglied dieser Gruppe – ohne Abstimmung mit den anderen – die Situation zu einer sexuellen Belästigung (§ 184i) nutzt. Damit ist die Teilnahme an einer Beleidigungs-Gruppe durch einen Nicht-Beleidiger mit bis zu zwei Jahren Freiheitsstrafe bedroht, während § 185 hier nur maximal ein Jahr vorsieht. Wegen Verstoßes gegen den Schuldgrundsatz wird von manchen Verfassungswidrigkeit postuliert (zB Fischer § 184j Rn. 13, Hoven/Weigend JZ 2017, 182 (191)), doch dürfte der vom BVerfG dem Gesetzgeber zugebilligte weite Spielraum noch nicht überschritten sein (Hörnle BRJ 2017, 57 (58)).

16 Insgesamt wird man vielleicht nicht die Inhalte, wohl aber die technische Umsetzung als völlig misslungen ansehen müssen (so auch Deckers StV 2017, 410 (412)). Es ist bedauerlich, dass trotz der Vorarbeiten der Reformkommission und ohne echten Zeitdruck der parlamentarische Gesetzgeber ohne Rücksicht auf bewährte und sachgerechte Dogmatik, wohl aber unter dem Eindruck teilweise in der öffentlichen Wahrnehmung völlig verfälschter angeblicher Skandale (zur Rolle der Medien Hoven KriPoZ 2018, 2; Hörnle KriPoZ 2018, 12) ein Gesetz mit vielen handwerklichen Fehler angenommen hat. Andererseits ist die Strafgesetzgebung prinzipiell eine Domäne des parlamentarischen Gesetzgebers, weshalb man das misslungene Produkt gleichwohl als Strafgesetz ernst nehmen und in der Praxis anwenden muss. Vielleicht gelingt es der Praxis, durch entsprechende Interpretation die Mängel der Gesetzgebung auszubügeln. Anderenfalls wäre es nicht das erste Mal, dass der Gesetzgeber bei einer Reform des § 177 bald darauf wieder tätig wird (so erfolgte die Reform 1997/98 durch das 33. StÄG und das 6. StrRG auch in zwei Schritten). **Überblicksbeiträge** ua von Papathanasiou KriPoZ 2016, 133; Bezjak KJ 2016, 557; Renzikowski NJW 2016, 3553; Hörnle NStZ 2017, 13; Hoven/Weigend JZ 2017, 182; Deckers StV 2017, 410. Die Streichung von § 181c (erweiterter Verfall) zum 1.7.2017ist angesichts der gleichzeitigen Ausweitung der Einziehungsmöglichkeiten nach §§ 73ff. StGB nF für die Rechtspraxis bedeutungslos. Zur **Rspr. zu den Änderungen** Spillecke StraFo 2018, 361; zu weiteren Reformüberlegungen Bezjak ZStW 130 (2018), 303.

17 Auch aufgrund einer öffentlich geführten Debatte ist mit dem 59. StÄG (→ Vor § 1 Rn. 19) zum 1.1.2021 mit **§ 184k** erstmals eine Strafnorm gegen die umgangssprachlich zumeist als **„Upskirting"** titulierte Verletzung des Intimbereichs durch Bildaufnahmen geschaffen worden. Das (häufig unbemerkte) Unter-den-Rock-Photographieren etwa auf einer Treppe ist praktisch vielfach erst durch den massen-

haften Einsatz von Mobiltelefonen als Kameras ermöglicht worden; eine Verbreitung solcher Bilder ist über das Internet extrem schnell und leicht möglich, während ein Löschen solcher Bilder aus dem Internet nach ihrer Verbreitung kaum noch möglich ist. Die Norm ist damit eine Antwort auf die durch neue Techniken, soziale Medien und das Internet verursachte Gefährdung von Persönlichkeitsrechten; aus Sicht des Gesetzgebers ist sie verbunden mit einer Verletzung der sexuellen Selbstbestimmung, weshalb sie in diesem Abschnitt und nicht bei § 201a platziert worden ist. Das ist angesichts der typischerweise sexualisierten Tatobjekte (Genitalien usw.) zumindest nachvollziehbar.

Das Gesetz zur **Bekämpfung sexualisierter Gewalt gegen Kinder** (zum Lebensalter als Tatbestandsmerkmal in diesem Abschnitt Wolters FS Fischer, 2018, 583) vom 16.6.2021 (BGBl. I 1810; → Vor § 1 Rn. 19) ersetzte mit Wirkung zum 1.7.2021 die bisherigen §§ 176–176b aF durch **§§ 176–176d,** gestaltete **§ 184b** um (mit einer redaktionellen Folgeänderung in § 184c) und fügte zur Schließung von Schutzlücken mit **§ 184l** einen Straftatbestand zur Herstellung, Verbreitung usw. sog. **Sexpuppen** ein. Damit ist das Sexualstrafrecht zum Schutz von Kindern auch vor dem Hintergrund einiger kaum vorstellbarer Missbrauchsskandale erheblich um- und ausgebaut worden. Die mit dem Regierungsentwurf zuerst verbundene Idee, den traditionellen und in seinem Wesensgehalt auch eindeutigen Begriff des sexuellen Missbrauchs durch den der **„sexualisierten Gewalt“** zu ersetzen (zur Begr. BT-Drs. 19/24901, 2), hat der Gesetzgeber jedoch „auf der Zielgeraden“ angesichts des Votums der angehörten Sachverständigen in der Beschlussempfehlung vom 24.3.2021 mit guten Gründen wieder aufgegeben, um anderenfalls drohende Auslegungsschwierigkeiten und eine Verengung auf bloß gewaltsames und nicht auch (wie schon bisher) manipulatives Missbrauchsverhalten zu verhindern (BT-Drs. 19/27928, 20f.); dies ist unbedingt zu begrüßen, hätte doch der angedachte Begriff in das StGB, aber auch in den 13. Abschnitt einen weiteren Gewaltbegriff hineingetragen, der ohne einen inhaltlichen Gewinn die Klarheit und Verständlichkeit des (Sexual-)Strafrechts negativ beeinflusst hätte. So enthält etwa der auf die neu gefassten §§ 176ff. folgende, erst 2017 erformierte § 177 in Abs. 5 und 7 ebenfalls den Begriff der Gewalt, der aber eben nicht der gleiche wie der bei der sexualisierten Gewalt gewesen wäre. Dagegen wurde die ebenfalls von Fachleuten kritisierte, von der medialen Öffentlichkeit aber befeuerte **Hochstufung von § 184b grundsätzlich zu einem Verbrechenstatbestand** letztlich Gesetz, womit auch in minder schweren Fällen eine Erledigung durch Einstellung gem. §§ 153, 153a StPO oder durch den Erlass eines Strafbefehls gem. § 407 StPO ausgeschlossen ist; das damit zwingend notwendige Hauptverfahren nötigt betroffene Kinder zu einer Zeugenaussage. Darüber hinaus sind die bisherigen Einschränkungen der **Versuchsstrafbarkeit** (vgl. § 184b IV aF) hinfällig geworden, so dass selbst nach bisherigem Recht mangels Versuchsstrafbarkeit straflose Fälle zukünftig zwingend zu einem Strafprozess führen müssen. Diese Einwände waren dem Gesetzgeber bekannt und wurden auch wegen des öffentlichen Drucks offensichtlich aus politischen Erwägungen in Kauf genommen. Die Diskussion um § 184b zeigt noch einmal deutlich auf, dass es bei §§ 184b, 184c – anders als in § 184 – weniger um den strafrechtlichen Umgang mit (Kinder- bzw. Jugend-) Pornographie als solcher, als vielmehr um denjenigen mit „Missbrauchsdarstellungen“ geht (vgl. die Studie von Anja Schmidt für die FDP-Landtagsfraktion NRW, 2022). – Schließlich ist mit dem Gesetz zur Verbesserung des strafrechtlichen Schutzes gegen sog. Feindeslisten (→ Vor § 1 Rn. 19) zum 22.9.2021 noch mit **§ 176e** ein neuer Tatbestand gegen **Verbreitung und Besitz von Anleitungen zu sexuellem Missbrauch von Kindern** aufgenommen 18 worden. Leider hat der Gesetzgeber diese Gelegenheit einer neuerlichen Veränderung der Tatbestände dieses Abschnitts ungenutzt gelassen, auch die aus den vorausgegangenen Änderungen (→ Rn. 13–16) folgenden Friktionen und Unklarheiten erneut anzufassen und befriedigender als bisher zu lösen.

19 Die zahlreichen Änderungen der §§ 174 ff. – wie auch die mit dem 60. StÄG (→ Vor § 1 Rn. 19) ebenfalls zum 1. 1. 2021 erfolgte **Streichung von § 184 d,** der sich durch die Neufassung des Inhaltsbegriffs in § 11 III erldigt hatte, – bei gleichzeitigem Verzicht auf eine Korrektur zB bei § 177 zeigen, dass der Gesetzgeber an den übrigen Tatbeständen dieses Abschnitts unverändert und im Lichte der zwischenzeitlich dazu ergangenen Rspr. (etwa zum zuvor streitigen **„Stealthing“,** → § 177 Rn. 5 a) festhalten will. – Ende der 19. Legislaturperiode begann schließlich eine öffentliche Debatte, ob auch das sog. **„Catcalling“** („Nachpfeifen“ in sexualisierter Weise) strafwürdig und strafbedürftig ist (dazu vgl. Gemmel/Immig KriPoZ 2022, 83; Greven/Goede/Brodtmann KriPoZ 2022, 371). Im Ausland vereinzelt als Ordnungswidrigkeit eingestuft, sind bislang in Deutschland nur Teilaspekte etwa gem. §§ 185, 201 a strafbar. Noch liegt kein Gesetzesentwurf vor, doch zeigt das Nacheinander von öffentlicher Debatte und nachziehender Gesetzgebung etwa bei der sexuellen Belästigung (§ 184 i), den Gruppenstraftaten (§ 184 j), dem Upskirting (§ 184 k) und dem Verbrechenscharakter von § 184 b, dass es nur eine Frage der Zeit sein dürfte, bis auch diese Frage den Strafgesetzgeber befassen dürfte. In der Diskussion sind auch weitere Änderungen der Pornographie-Strafnormen der §§ 184 ff. und die Schaffung einer Strafnorm gegen sog. „Revenge Porns“ sowie schließlich die geschlechtsneutrale Fassung von § 183, was de facto eine Ausweitung dieser Norm bedeuten würde; umgekehrt wird über deren Streichung sowie diejenige von § 183 a diskutiert.

Zu den „Determinanten“ der Sexualstrafrechtsreform Albrecht ZStW 111 (1999), 863; positiver bewertend Frommel FS Derleder, 2005, 525. Zur weiteren Entwicklung des Sexualstrafrechts Sick/Renzikowski FS Schroeder, 2006, 603 (616). Eine kritische **Gesetzgebungsgeschichte** zum Sexualstrafrecht bis 2005 findet sich bei Gössel SexualstrafR Einf. Rn. 1–16, dessen „Hoffnung“, dass keine wesentlichen Veränderungen mehr zu erwarten sind, unerfüllt geblieben ist. Abgewogen und diff. nach Sexualdelikten gegen Erwachsene und Strafvorschriften zum Schutz von Minderjährigen bewertet Hörnle in LK-StGB Rn. 24–26 die Änderungen der letzten Jahrzehnte. Zusammenfassend Brüggemann, Entwicklung und Wandel des Sexualstrafrechts in der Geschichte unseres StGB, 2013. – **Rechtsprechungsübersicht** zum BGH bei Pfister NStZ-RR 2008, 361; 2009, 361; 2010, 5; 2010, 361; 2011, 361; 2012, 329; 2013, 361; 2014, 6; 2015, 361; 2016, 361; 2017, 361; 2018, 1; 2019, 361; 2021, 1. – **Zur aktuellen Praxis** Stevens/Braumandl, Sexualstrafrecht, 2022; Geipel/Renzikowki, Verteidigung bei Sexualdelikten, 2022.

§ 174 Sexueller Mißbrauch von Schutzbefohlenen

(1) [1]**Wer sexuelle Handlungen**

1. **an einer Person unter achtzehn Jahren, die ihm zur Erziehung oder zur Betreuung in der Lebensführung anvertraut ist,**
2. **an einer Person unter achtzehn Jahren, die ihm im Rahmen eines Ausbildungs-, Dienst- oder Arbeitsverhältnisses untergeordnet ist, unter Missbrauch einer mit dem Ausbildungs-, Dienst- oder Arbeitsverhältnis verbundenen Abhängigkeit oder**
3. **an einer Person unter achtzehn Jahren, die sein leiblicher oder rechtlicher Abkömmling ist oder der seines Ehegatten, seines Lebenspartners**

oder einer Person, mit der er in eheähnlicher oder lebenspartnerschaftsähnlicher Gemeinschaft lebt,

vornimmt oder an sich von dem Schutzbefohlenen vornehmen läßt, wird mit Freiheitsstrafe von drei Monaten bis zu fünf Jahren bestraft. [2]Ebenso wird bestraft, wer unter den Voraussetzungen des Satzes 1 den Schutzbefohlenen dazu bestimmt, dass er sexuelle Handlungen an oder vor einer dritten Person vornimmt oder von einer dritten Person an sich vornehmen lässt.

(2) **[1]Mit Freiheitsstrafe von drei Monaten bis zu fünf Jahren wird eine Person bestraft, der in einer dazu bestimmten Einrichtung die Erziehung, Ausbildung oder Betreuung in der Lebensführung von Personen unter achtzehn Jahren anvertraut ist, und die sexuelle Handlungen**
1. **an einer Person unter sechzehn Jahren, die zu dieser Einrichtung in einem Rechtsverhältnis steht, das ihrer Erziehung, Ausbildung oder Betreuung in der Lebensführung dient, vornimmt oder an sich von ihr vornehmen lässt oder**
2. **unter Ausnutzung ihrer Stellung an einer Person unter achtzehn Jahren, die zu dieser Einrichtung in einem Rechtsverhältnis steht, das ihrer Erziehung, Ausbildung oder Betreuung in der Lebensführung dient, vornimmt oder an sich von ihr vornehmen lässt.**

[2]Ebenso wird bestraft, wer unter den Voraussetzungen des Satzes 1 den Schutzbefohlenen dazu bestimmt, dass er sexuelle Handlungen an oder vor einer dritten Person vornimmt oder von einer dritten Person an sich vornehmen lässt.

(3) **Wer unter den Voraussetzungen des Absatzes 1 oder 2**
1. **sexuelle Handlungen vor dem Schutzbefohlenen vornimmt, um sich oder den Schutzbefohlenen hierdurch sexuell zu erregen, oder**
2. **den Schutzbefohlenen dazu bestimmt, daß er sexuelle Handlungen vor ihm vornimmt,**

wird mit Freiheitsstrafe bis zu drei Jahren oder mit Geldstrafe bestraft.

(4) **Der Versuch ist strafbar.**

(5) **In den Fällen des Absatzes 1 Satz 1 Nummer 1, des Absatzes 2 Satz 1 Nummer 1 oder des Absatzes 3 in Verbindung mit Absatz 1 Satz 1 Nummer 1 oder mit Absatz 2 Satz 1 Nummer 1 kann das Gericht von einer Bestrafung nach dieser Vorschrift absehen, wenn das Unrecht der Tat gering ist.**

Fassung: Erweiterung von Abs. 1 Nr. 3 und Einfügung von Abs. 2 nF sowie Umnummerierung der folgenden Absätze durch das 49. StÄG (→ Vor § 1 Rn. 18); weitere Ausweitung der Tatbestände in Abs. 1–3 durch das G zur Bekämpfung sexualisierter Gewalt gegen Kinder (→ Vor § 1 Rn. 19) zum 1.7.2021.

1. Die Vorschrift schützt vornehmlich die **ungestörte geschlechtliche Entwicklung** junger, vom Täter durch ein Unterordnungsverhältnis oder durch enge familienrechtliche Verbundenheit abhängiger Personen (BGH NJW 1995, 2234 (2235); Eisele in Schönke/Schröder Rn. 1; → Vor § 174 Rn. 1) bzw. das sexuelle Selbstbestimmungsrecht Minderjähriger (BGH NStZ-RR 2014, 46). Daneben sollen auch bestimmte Überordnungs- und Betreuungsverhältnisse sowie Institutionen (BT-Drs. 18/2601, 27) um ihrer sozialen Funktion willen von geschlechtlichen 1

Einflüssen freigehalten werden (BT-Drs. VI/3521, 20; sa Wolters in SK-StGB Rn. 6, Strafbewehrung einer bestimmten „Sexualverfassung"). Aus dem Schutzzweck folgt, dass es idR unerheblich ist, ob der Schutzbefohlene in die sexuelle Handlung einwilligt oder sie anregt; nur im Falle des Abs. 1 Nr. 2 kann das für den Missbrauch der Abhängigkeit bedeutsam werden (→ Rn. 9). Der frühere Charakter als eigenhändige Tat, bei der Mittäter nur sein konnte, der das Kind selbst berührt hat (so zu Abs. 1 aF BGH StV 2020, 471) hat sich zum 1.7.2021 durch die Einfügung der zweiten Handlungsalternative in Abs. 1 und 2 dadurch erledigt, dass seither auch das Bestimmen einer dritten Person (Mit-)Täterschaft begründen kann. – Zur Kriminologie: Wößner, Typisierung von Sexualstraftätern, 2006 mit Bespr. Laubenthal GA 2008, 592; Eher/Rettenberger/Matthes MschrKrim 2009, 18. Für eine Heraufsetzung der Strafrahmenobergrenze in Abs. 1 auf zehn Jahre Hörnle GA 2010, 388 (398).

2 **2. Abs. 1** unterscheidet nach den **persönlichen und sachlichen Voraussetzungen der Tathandlung** drei Gruppen von Schutzbefohlenen, die nach ihrem Alter und dem Grad ihrer Abhängigkeit differenzierten Schutz genießen.

2a **a) Abs. 1 Nr. 1:** Personen unter 18 Jahren, die dem Täter zur Erziehung oder zur Betreuung in der Lebensführung anvertraut sind (→ Rn. 5–7). Auf einen Missbrauch des Schutzbefohlenen kommt es hier nicht an. Das Gesetz hält vielmehr sexuelle Kontakte mit dieser Altersgruppe, die zum 1.7.2021 von zuvor bis zu 15Jährigen auf nunmehr bis zu 17Jährige ausgeweitet worden ist, generell für missbräuchlich (BT-Drs. VI/3521, 22; zur Möglichkeit des Absehens von Strafe nach Abs. 5 beachte jedoch → Rn. 16).

3 **b) Abs. 1 Nr. 2:** Personen unter 18 Jahren (auch 16jährige Personen, die nach Recht und Anschauung ihrer Religion volljährig sind, OLG Zweibrücken NJW 1996, 330), wenn sie dem Täter im Rahmen eines Ausbildungs-, Dienst- oder Arbeitsverhältnisses untergeordnet sind (→ Rn. 8) und wenn der Täter die mit dem jeweiligen Verhältnis verbundene Abhängigkeit missbraucht (→ Rn. 9).

4 **c) Abs. 1 Nr. 3:** Das noch nicht 18 Jahre alte leibliche (auch das nach § 1755 BGB nicht mehr verwandte) oder angenommene (§§ 1741 ff. BGB) sowie seit dem 49. StÄG auch das nach §§ 1592ff. BGB nur als von einem bestimmten Vater abstammend geltende und ihm damit rechtlich zugeordnete Kind (BGHSt 29, 387 = NJW 1981, 1326 ist damit überholt). Darüber hinaus sind seither auch die Kinder des Ehe- oder Lebenspartners (Stiefkinder des Täters) sowie diejenigen von Personen, mit denen er in eheähnlicher oder lebenspartnerschaftsähnlicher Beziehung zusammenlebt. Dass der Täter mit dem Kind in häuslicher Gemeinschaft lebt ist ebenso wenig erforderlich wie das Bestehen irgendeines sozialen Kontakts (Fischer Rn. 10). „Stiefenkel" sind nur erfasst, wenn es sich um Abkömmlinge des Ehe- oder Lebenspartners des Täters bzw. einer Person, mit der er in eheähnlicher oder lebenspartnerschaftsähnlicher Gemeinschaft lebt, handelt; Stiefkinder der eigenen Abkömmlinge fallen danach nicht unter die Vorschrift (BGH NJW 2021, 3798). Weiterhin nicht erfasst sind Pflegekinder (Fischer Rn. 10a). Wegen der natürlichen Verbundenheit von Eltern und Kindern und der daraus folgenden, regelmäßig intensiven Abhängigkeit sollen solche Beziehungen von sexuellen Handlungen völlig frei bleiben (BT-Drs. VI/3521, 24). Das Ausnutzen eines Betreuungs- oder Abhängigkeitsverhältnisses ist unverändert kein Merkmal des gesetzlichen Tatbestandes iSv § 46 III (→ § 46 Rn. 45) und kann deshalb bei der Strafzumessung berücksichtigt werden (BGH NJW 1994, 1078); nicht dagegen die durch den Verstoß gegen

Abs. 1 Nr. 3 zwangsläufig bewirkte Zerstörung der Familie und des Vertrauensverhältnisses zum geschädigten Kind (BGH bei Miebach NStZ 1994, 223).

3. Das Merkmal **zur Erziehung oder zur Betreuung in der Lebensführung anvertraut** (→ Rn. 2a) weicht vom früheren Recht (§ 174 I aF) insofern ab, als nunmehr nicht mehr bloß das durch „Aufsicht" begründete Abhängigkeitsverhältnis gestrichen und das Betreuungsverhältnis durch einen Hinweis auf die Lebensführung konkretisiert worden ist (BT-Drs. VI/3521, 21), sondern seit dem 1.7.2021 auch ein Ausbildungsverhältnis nur noch unter den Voraussetzungen von Nr. 2 Berücksichtigung finden kann. 5

a) Wie sich aus den Aufgaben der Erziehung und der Betreuung in der Lebensführung ergibt und wie ebenso für den Bereich der Ausbildung zu fordern ist, muss der Täter auf Grund und im Rahmen seiner Aufgabe eine **Mitverantwortung auch für die Persönlichkeitsbildung des Schutzbefohlenen im Ganzen** tragen, dh in einem tatsächlichen Überordnungsverhältnis stehen, das sich – uU über das spezielle Aufgabengebiet hinaus – auch auf den allgemein menschlichen Bereich erstreckt (BGHSt 21, 196 = NJW 1967, 988; BGHSt 41, 137 = NJW 1995, 2999 mAnm Bellay NStZ 1995, 496; BGH StV 2011, 236; NStZ 2017, 155). Nicht ausreichend ist ein bloßes Zusammenleben in häuslicher Gemeinschaft (BGH NStZ 2017, 155). Ob ein solches Verhältnis besteht, bestimmt sich nach den tatsächlichen Umständen des Einzelfalles (BGHSt 1, 55; BGH NStZ 2017, 155). Eine ausdrückliche oder stillschweigende Übertragung der Sorgepflicht ist zwar die Regel, aber nicht unbedingt notwendig. Es genügt die Schaffung einer Lage, in welcher der Schutzbefohlene dem Täter tatsächlich „in die Hut" gegeben, dh ihm nach den Umständen untergeordnet und von seiner Betreuung abhängig ist (BGHSt 21, 196 (200) = NJW 1967, 988; BGHSt 41, 137 = NJW 1995, 2999 mzustAnm Bellay NStZ 1995, 496; BGH bei Miebach NStZ 1997, 119; BGH bei Pfister NStZ-RR 2000, 353; Wolters in SK-StGB Rn. 12). Deshalb kann der entlaufene Minderjährige auch dem zur Betreuung in der Lebensführung anvertraut sein, der die Sorge für ihn tatsächlich übernimmt (BGHSt 1, 292 = BeckRS 1951, 31194243). Bei solchen nur tatsächlichen Beziehungen müssen besondere Umstände für ein – nicht notwendig auf längere Dauer angelegtes (BGH NJW 1955, 1934; GA 1959, 276; NStZ 2017, 155; anders MaiwaldMaurach/Schroeder/Maiwald/Hoyer/Momsen StrafR BT § 20 Rn. 24) – Überordnungsverhältnis sprechen. Dass ein Pfarrer oder Beichtvater seine kirchliche Autorität zur Ausübung tatsächlichen Einflusses auf junge Gemeindemitglieder einsetzt, genügt nicht (BGHSt 33, 340 = NJW 1986, 1053 mAnm Gössel JR 1986, 516; aM Jakobs NStZ 1986, 216). Es kann auch bei vorübergehender Abwesenheit, zB zwecks Heimerziehung, bestehen bleiben (BGH NJW 1960, 2156) oder umgekehrt durch Aufnahme einer eheähnlichen Lebensgemeinschaft beendet werden (BGHSt 22, 314 = NJW 1969, 851). Erfasst ist auch ein mehrwöchiges Schülerpraktikum (BGH medstra 2020, 373 mAnm Frommel). 6

b) Die Begriffe **Erziehung** (Leitung und Überwachung der Lebensführung zur Förderung der körperlichen und seelischen Entwicklung), **Ausbildung** (Vermittlung größeren Wissens oder besseren Könnens auf einem beliebigen Gebiet zu einem bestimmten Ausbildungsziel, namentlich zum Erwerb von Berufserfahrung, BGHSt 21, 196 (198) = NJW 1967, 988) und **Betreuung in der Lebensführung** überschneiden sich. Ihre Grenzen sind fließend; ihre nähere Bestimmung hat sich am Schutzzweck der Vorschrift zu orientieren. **Im Einzelnen** sind iSd Nr. 1 häufig 7 anvertraut: das Pflegekind den Pflegeeltern (zum Kind → Rn. 4; Stiefkinder fallen nunmehr unter Abs. 1 Nr. 3); das Mündel dem Vormund, wenn dieser die Personensorge hat (Hörnle in LK-StGB Rn. 7); der Schüler neben seinen eigenen Lehrern auch dem Schulleiter (BGHSt 13, 352 = NJW 1960, 443; BayObLG MDR 1953, 503), meist aber nicht den übrigen Lehrern (BGHSt 19, 163 = NJW 1964, 411; OLG Koblenz StV 2012, 541; zum Nachhilfelehrer BGH NStZ 2003, 661; jetzt aber Abs. 2 nF); der Bewohner eines Erziehungsheims (Heimerziehung, Internat, Jugendwohnheim usw) dem für seine Erziehung allgemein oder in Teilbereichen verantwortlichen Personal, namentlich dem Heimleiter, doch ist insoweit auch Abs. 2 StGB nF einschlägig; der Proband dem Bewährungshelfer oder Erziehungsbeistand; der Lehrling dem Lehrherrn (BGH NJW 1951, 530), uU auch dann, wenn das vereinbarte Lehrverhältnis noch nicht begonnen hat (BGH NJW 1958, 2123) oder beim kaufmännischen Lehrling die Ausbildung dem Prokuristen übertragen ist (BGHSt 2, 157 = NJW 1952, 477); der Trainierte dem Trainer des Fußballvereins (BGHSt 17, 191 = NJW 1962, 1450; BGH NStZ 2003, 661; NStZ-RR 2008, 307; einschr. BGH NStZ-RR 2020, 210), dem einen Jugendkreis leitenden Pfarrer (BGHSt 4, 212 = NJW 1953, 1311), nicht hingegen mehr dem Jugendherbergsvater (anders noch BGH NJW 1957, 1201; wie hier MaiwaldMaurach/Schroeder/Maiwald/Hoyer/Momsen StrafR BT § 20 Rn. 27; Frommel in NK-StGB Rn. 15), wenn die Beziehung nicht nur ganz vorübergehender Art ist (→ Rn. 6); die junge Hausangestellte dem Haushaltungsvorstand (BGHSt 1, 55); die jugendliche Afrikanerin dem sie langjährig in seinen Haushalt Aufnehmenden (OLG Zweibrücken NJW 1996, 330). Auch bei Berufsausbildungsverhältnissen nach dem BBiG und nach öffentlichem Recht und bei den Volontär- und Praktikantenverhältnissen nach § 19 BBiG werden die Voraussetzungen häufig erfüllt sein (BT-Drs. VI/3521, 21). **Nicht ohne weiteres,** dh nicht ohne Hinzutreten besonderer Umstände, sind anvertraut: die Arbeitnehmerin dem Arbeitgeber (BGHSt 1, 231 = BeckRS 1951, 31399712; BGH NJW 1955, 1237; jedoch → Rn. 8), das Enkelkind den Großeltern (BGH bei Pfister NStZ-RR 2000, 353), das in den Haushalt aufgenommene Kind dem Mann der verheirateten Schwester (BGHSt 12, 94 = NJW 1959, 56); die Patientin dem Arzt (OLG München MDR 1951, 52); die Fahrschülerin dem Fahrlehrer (BGHSt 21, 196 = NJW 1967, 988 mAnm Lackner JR 1968, 190; OLG Stuttgart NJW 1961, 2171 mAnm Seibert NJW 1962, 61).

8 **4. Im Rahmen eines Ausbildungs-, Dienst- oder Arbeitsverhältnisses untergeordnet** (→ Rn. 3) ist, wer bei einem anderen ausgebildet wird (zB Lehre) oder für einen anderen (freiwillig oder unfreiwillig) Dienste oder Arbeiten zu verrichten hat und bei deren Ausführung einem Vorgesetzten (zB leitenden Angestellten, Abteilungsleiter, Meister, Gesellen, Gruppenführer, Vorarbeiter oder Einrichter am Fließband) unterstellt ist; die bloße Befugnis des Täters zu Einzelweisungen aus arbeitstechnischen Gründen genügt nicht (BT-Drs. VI/3521, 24; Gössel SexualstrafR § 4 Rn. 26), auch nicht die gelegentliche Tätigkeit als „Babysitter" (OLG Düsseldorf NStZ-RR 2001, 201). Auf die rechtliche Wirksamkeit des Verhältnisses kommt es nicht an.

9 **5. Missbrauch** der mit den Unterordnungsverhältnissen des Abs. 1 Nr. 2 (→ Rn. 3) verbundenen Abhängigkeit bedeutet zunächst deren Ausnutzung; dazu ist erforderlich, dass die Abhängigkeit des Schutzbefohlenen die Tathandlung ermöglicht oder erleichtert und dass der Täter die dadurch gebotene Gelegenheit wahrnimmt. Die Ausnutzung ist missbräuchlich, wenn in dem Schutzbefohlenen und für diesen erkennbar – sei es durch ausdrückliche oder versteckte Drohung, sei

es auch nur durch Ausspielen der Überlegenheit – die Befürchtung von Nachteilen oder des Ausbleibens von Vorteilen hervorgerufen oder aufrechterhalten werden soll (ähnlich BT-Drs. VI/3521, 22, wo von einer „Drucksituation" gesprochen wird). Mindestens muss der Täter seine Macht gegenüber dem Schutzbefohlenen erkennen und beide Teile müssen sich des Zusammenhangs zwischen dem Abhängigkeitsverhältnis und den sexuellen Handlungen bewusst sein (BGHSt 28, 365 = NJW 1979, 2054; BGH NStZ 1991, 81; NStZ-RR 2017, 276; NStZ 2019, 21; OLG Zweibrücken NJW 1996, 330; OLG Düsseldorf NStZ-RR 2001, 201). Das auf die Abhängigkeit bezogene Missbrauchselement bewirkt eine wesentlich stärkere Einschränkung des Tatbestandes, als sie in § 174 I aF durch das Merkmal des „Missbrauchs zur Unzucht" (zB BGHSt 1, 71; BGHSt 8, 278 = NJW 1956, 311; BGHSt 13, 352 = NJW 1960, 443) vorgesehen war (BGHSt 28, 365 = NJW 1979, 2054). Auch ein bloßer Missbrauch der Stellung des Täters genügt, wie sich aus dem Gegensatz zu § 174a I (→ § 174a Rn. 4) ergibt, für sich allein nicht (BGHSt 28, 365 = NJW 1979, 2054). Es kommt vielmehr auf den Missbrauch gerade der Abhängigkeit an (BGH NStZ-RR 1997, 293). Initiative Anregung der Tathandlung durch den Schutzbefohlenen oder spontane Bereitwilligkeit dazu schließen den Missbrauch nicht notwendig aus, sind aber für sein Fehlen häufig indiziell (BGHSt 28, 365 = NJW 1979, 2054).

6. Abs. 2 erweitert seit dem 49. StÄG den Schutz für jugendliche Personen, die 10
aufgrund eines **Rechtsverhältnisses** in eine **Einrichtung zur Erziehung, Ausbildung oder Betreuung in der Lebensführung** (→ Rn. 5–7) aufgenommen sind, gegenüber Tätern, denen in der jeweiligen Einrichtung Personen zur Erziehung, Ausbildung oder Betreuung in der Lebensführung anvertraut sind. Die Einrichtung muss eine gewisse organisatorische Selbständigkeit aufweisen und das Verhältnis zu den Benutzern muss einer einheitlichen rechtlichen Regelung unterliegen (vgl. BT-Drs. 18/2601, 27; Fischer Rn. 10b, neben Heimen auch Schulen, Kindertagesstätten, Krankenhäuser und Einrichtungen mit therapeutischer Zielrichtung sowie Universitäten, nicht hingegen offene Jugendzentren, Jugendherbergen oder Wohnheime für Auszubildende). Das gilt etwa für Erzieher, Lehrer, Heimleiter, nicht dagegen auch für in der Einrichtung tätige Gärtner, Hausmeister und Reinigungskräfte (Fischer Rn. 10d). Ist die **Person unter sechzehn Jahren,** kommt es nach **Nr. 1** nicht darauf an, dass der Täter auch ihr gegenüber innerhalb der Einrichtung eine bestimmte Stellung innehat, so dass etwa auch Handlungen eines Lehrers an einer Schülerin, die er nicht unterrichtet, erfasst werden (Fischer Rn. 10c; anders zu Abs. 1 BGH StV 2012, 531). Ist die Person mindestens 16, aber noch nicht 18 Jahre, muss der Täter dieser gegenüber eine Stellung innerhalb der Einrichtung bekleiden, etwa sie als Lehrer unterrichten (nicht nur als Fachlehrer, sondern auch als Leiter eines einmaligen Sanitätskurses, BGH StV 2014, 730 zu Abs. 1).

7. Tathandlungen nach Abs. 1 und Abs. 2 nF sind nicht mehr nur **sexuelle** 11
Handlungen (§ 184h Nr. 1), die der Täter **„an"** dem Schutzbefohlenen, dh an dessen Körper, vornimmt oder die er von diesem am eigenen Körper vornehmen lässt. Dazugekommen ist zum 1.7.2021 das **Bestimmen** (→ Rn. 14) zu sexuelle Handlungen, die der Schutzbefohlene **an oder vor einer dritten Person vornimmt** oder von einer dritten Person **an sich vornehmen** lässt (jeweils Satz 2).

a) Unerlässlich ist **körperliche Berührung** in dem Sinne, dass der Täter mit 12
der (nicht mehr unbedingt eigenen) sexuellen Handlung – sei es auch nur durch

einen Griff über der Kleidung oder durch Einwirkung mit einem Gegenstand (BGH NStZ 1992, 433) – den Körper des Schutzbefohlenen in Mitleidenschaft zieht (BGHSt 41, 242 = NJW 1995, 3065 mablAnm Schroeder JR 1996, 211). Kontakte ohne Körperberührung scheiden im Rahmen von Abs. 1 S. 1 grds. aus (beachte jedoch jetzt Abs. 1 S. 2, Abs. 2 S. 2 und Abs. 3 und § 180). Wegen der Eigenhändigkeit des Delikts in Abs. 1 S. 1 (Hörnle in LK-StGB Rn. 50) kann Unterlassen keine Täterschaft begründen (BGH NStZ 2007, 699). Von Täter und Opfer jeweils an sich selbst vorgenommene Handlungen genügen daher nicht, wohl aber Handlungen an Schlafenden (BGHSt 15, 197 = NJW 1961, 276; Maiwald-Maurach/Schroeder/Maiwald/Hoyer/Momsen StrafR BT § 17 Rn. 28). Daran hat der neue Satz 2 nichts geändert, denn dieser erfasst nur sexuelle Handlungen des Schutzbefohlenen vor (oder an) einem Dritten (und umgekehrt) nicht allein vor dem Täter (dessen Gleichsetzung mit dem Dritten stünde die Wortlautschranke gegenüber)

13 **b) An sich vornehmen lassen** bedeutet nicht nur Bestimmen des Schutzbefohlenen zur Vornahme, sondern auch bloßes Dulden einer sexuellen Handlung am eigenen Körper (Wolters in SK-StGB Rn. 20 mit Hinweis auf Abs. 4; aM Fischer Rn. 12; vgl. auch Hörnle in LK-StGB Rn. 7, bedeutungsloser Streit).

14 **8. a)** Zu den **Tathandlungen des Abs. 3** (Vornahme der Handlung vor einem anderen) → § 184h Rn. 8. **Bestimmen** nach Nr. 2 ist Verursachen (auch Mitverursachen) des Entschlusses zur Vornahme (→ § 26 Rn. 2; aM Frommel in NK-StGB Rn. 22; dagegen Fischer Rn. 13). Das angewendete Mittel (zB Überredung, Täuschung, Drohung) ist gleichgültig (BGHSt 41, 242 = NJW 1995, 3065). Deshalb genügt auch eine sog. „Kettenbestimmung", bei welcher der Obhutspflichtige den Entschluss des Schutzbefohlenen, vor ihm sexuelle Handlungen vorzunehmen, durch Einschaltung eines Dritten verursacht (aM Wolters in SK-StGB § 176 Rn. 10; Eisele in Schönke/Schröder Rn. 27).

15 **b) „Um zu"** bedeutet Absicht im Sinne zielgerichteten Wollens (→ § 15 Rn. 20; Gössel SexualstrafR § 4 Rn. 49). Es genügt, wenn es dem Täter darauf ankommt, eine bereits bestehende geschlechtliche Erregung zu steigern oder fortdauern zu lassen (BT-Drs. VI/3521, 25; Frommel in NK-StGB Rn. 24), nicht aber, wenn er nur Aufklärung bezweckt (Sturm JZ 1974, 1 (5)).

16 **9.** Der **Vorsatz** (bedingter genügt) erfordert namentlich Bedeutungskenntnis im Hinblick auf die sexuelle Handlung (dh auch deren Geschlechtsbezogenheit, → § 184h Rn. 2–4a) und auf das jeweilige Abhängigkeitsverhältnis, in Abs. 1 Nr. 2 außerdem die Kenntnis der Umstände, aus denen sich der Missbrauch ergibt (→ § 15 Rn. 17). Bei Abs. 2 ist Kenntnis davon erforderlich, dass die Person in einem Rechtsverhältnis zu der Einrichtung steht, der der Täter angehört. Daneben muss sich der Vorsatz auch auf das Alter erstrecken; hier ist zwar aktuelles Wissen erforderlich, jedoch setzt dieses nicht unbedingt ein Reflektieren voraus; unmittelbares Begreifen des Sachzusammenhangs genügt (→ § 15 Rn. 9; weiter einschr. Frisch GS Kaufmann, 1989, 311 (332)).

17 **10.** Das **Absehen von Strafe nach Abs. 5** ist auf Taten beschränkt, die sich gegen die in Abs. 1 Nr. 1 und Abs. 2 Nr. 1 genannten Schutzbefohlenen (→ Rn. 2a) richten. Selbst bei Vorliegen seiner Voraussetzungen ist es nur **fakultativ,** kann daher auch bei geringem Tatunrecht nach pflichtmäßigem Ermessen (→ § 46 Rn. 50) versagt werden (krit. Jung/Kunz NStZ 1982, 409). Es liegt namentlich

nahe bei tragischen Konflikten in echten Liebesbeziehungen (BT-Drs. VI/3521, 21) und bei Verführung durch einen geschlechtlich erfahrenen Schutzbefohlenen, kommt aber auch in anderen Fällen erheblicher Unrechtsminderung in Frage (Jung/Kunz NStZ 1982, 409).

11. Bei **Teilnahme Dritter** ist § 28 I nicht anwendbar; da die Strafbarkeit durch die besondere Schutzbedürftigkeit des Opfers begründet wird, ist das Schutzverhält- 18 nis tatbezogen (hM; vgl. Frommel in NK-StGB Rn. 27; Hörnle in LK-StGB Rn. 52; Wolters in SK-StGB Rn. 19; Eisele in Schönke/Schröder Rn. 32; aM Gössel SexualstrafR § 4 Rn. 37; Jakobs StrafR AT Abschn. 23 Rn. 25; Schünemann in LK-StGB § 28 Rn. 55, 56; → § 28 Rn. 5, 6). Das Opfer bleibt straflos, auch wenn sein Tatbeitrag die Grenzen notwendiger Teilnahme überschreitet (→ Vor § 25 Rn. 12).

12. Abs. 1 Nr. 1 ist gegenüber Nr. 3 und Abs. 1 Nr. 2 gegenüber Nr. 1 und 3 19 **subsidiär** (→ Vor § 52 Rn. 26). Das ergibt sich daraus, dass § 174 durchgängig den Schutz abhängiger Schutzbefohlener bezweckt und die Strafbarkeitsvoraussetzungen je nach der Art der Abhängigkeit stufenweise verschärft (hM; anders BGHSt 30, 355 = NJW 1982, 1109 mwN); daran hat sich auch durch die jüngsten Änderungen von Abs. 1 (s. Fassungshinweis) nichts geändert. Jedenfalls ist Abs. 1 Nr. 2 gegenüber Nr. 1 keine Spezialvorschrift (so aber BGHSt 30, 355 = NJW 1982, 1109), weil er im Verhältnis zur Nr. 1 keine Sonderregelung enthält, sondern mit ihr auf der Grundlage selbständiger Voraussetzungen nur einen Überschneidungsbereich bildet, innerhalb dessen zwar beide Tatbestände verwirklicht sind, es für den anwendbaren Strafrahmen aber auf das zusätzliche Merkmal der Nr. 2 (Missbrauch eines Abhängigkeitsverhältnisses) gerade nicht ankommen soll. Abs. 2 Nr. 2 verdrängt Nr. 1 (Fischer Rn. 21). **Tateinheit** ist ua möglich mit § 173 (BGH bei Dallinger MDR 1975, 21), §§ 174a, 174b, 174c, 176 (lässt sich nicht feststellen, ob das Opfer zur Tatzeit schon vierzehn Jahre alt ist, bleibt es in dubio pro reo bei § 174, auch wenn hierfür, nicht aber für § 176, die Verjährungsfrist abgelaufen sein könnte (BGHSt 46, 85 = NJW 2000, 3147; Fischer § 176 Rn. 44; → § 1 Rn. 17), § 177 (vgl. BGH NStZ 1997, 337 zu § 177 aF), § 182 (→ § 182 Rn. 11), 240. Begründet das Abhängigkeitsverhältnis die Zwangslage des Opfers, tritt § 182 I Nr. 1 hinter § 174 I Nr. 2 zurück (BGH NStZ-RR 2014, 46). § 185 wird, wenn er überhaupt vorliegt, idR verdrängt (BGHSt 8, 357 (359) = NJW 1956, 388).

13. Sicherungsverwahrung § 66 III (→ § 66 Rn. 10a–10e). Führungsaufsicht 20 § 181b. Ruhen der Verjährung, § 78b I Nr. 1.

§ 174a Sexueller Mißbrauch von Gefangenen, behördlich Verwahrten oder Kranken und Hilfsbedürftigen in Einrichtungen

(1) **Wer sexuelle Handlungen an einer gefangenen oder auf behördliche Anordnung verwahrten Person, die ihm zur Erziehung, Ausbildung, Beaufsichtigung oder Betreuung anvertraut ist, unter Mißbrauch seiner Stellung vornimmt oder an sich von der gefangenen oder verwahrten Person vornehmen läßt oder die gefangene oder verwahrte Person zur Vornahme oder Duldung sexueller Handlungen an oder von einer dritten Person bestimmt, wird mit Freiheitsstrafe von drei Monaten bis zu fünf Jahren bestraft.**

(2) **Ebenso wird bestraft, wer eine Person, die in einer Einrichtung für kranke oder hilfsbedürftige Menschen aufgenommen und ihm zur Beauf-**

sichtigung oder Betreuung anvertraut ist, dadurch mißbraucht, daß er unter Ausnutzung der Krankheit oder Hilfsbedürftigkeit dieser Person sexuelle Handlungen an ihr vornimmt oder an sich von ihr vornehmen läßt oder diese Person zur Vornahme oder Duldung sexueller Handlungen an oder von einer dritten Person bestimmt.

(3) **Der Versuch ist strafbar.**

Fassung: Strafrahmenanhebung in Abs. 1 und Streichung von „stationär" in Abs. 2 durch das SexÄG (→ Vor § 1 Rn. 15); Ausweitung der Tatbestände in Abs. 1 und 2 durch G zur Bekämpfung sexualisierter Gewalt gegen Kinder (→ Vor § 1 Rn. 19) zum 1.7.2021.

1 **1.** Die Vorschrift schützt in beiden Absätzen vornehmlich die **geschlechtliche Selbstbestimmung,** Abs. 1 daneben auch das Allgemeininteresse an sachrichtiger und gleicher Behandlung von gefangenen und verwahrten Personen sowie das Vertrauen in die Objektivität der für diese Behandlung Verantwortlichen (hM; vgl. BT-Drs. VI/3521, 25; BGH bei Pfister NStZ-RR 2000, 353 (354); OLG München NStZ 2011, 464 (466); Laubenthal FS Gössel, 2002, 359 (360); Laubenthal FS Otto, 2007, 659 (670); Otto StrafR BT § 66 Rn. 36; Eisele in Schönke/Schröder Rn. 1; anders Maurach/Schroeder/Maiwald/Hoyer/Momsen StrafR BT § 19 Rn. 3, die nur die geschlechtliche Selbstbestimmung als Rechtsgut anerkennen; wieder anders Wolters in SK-StGB Rn. 3: Gewährleistung der Störungsfreiheit des Gefangenen- oder Verwahrverhältnisses).

2 **2. a) Gefangene Person (Abs. 1)** → § 120 Rn. 3–5; **auf behördliche Anordnung verwahrte Person** → § 44 Rn. 11. Es kommt nicht auf den Ort der Verwahrung (zB Strafanstalt), sondern auf das Bestehen der Anstaltsgewalt an; die Tat kann sich daher auch gegen gefangene Personen auf Außenarbeit oder während eines Transports richten (BT-Drs. VI/3521, 25; Gössel SexualstrafR § 4 Rn. 56).

3 **b) Zur Erziehung, Ausbildung, Beaufsichtigung oder Betreuung anvertraut** → § 174 Rn. 5–7. Das dort fehlende Merkmal der **Beaufsichtigung** dient hier der Erfassung des reinen, konkret mit der Aufsicht betrauten (BGH NJW 1983, 404) Wachpersonals (weiter Laubenthal FS Gössel, 2002, 359 (364)); Richtern, Staatsanwälten und Polizeibeamten ist die Beaufsichtigung von gefangenen Personen, die sie lediglich in der Anstalt vernehmen, idR nicht anvertraut (beachte jedoch § 174b). Die **Betreuung** braucht sich abweichend von § 174 (→ § 174 Rn. 6) nicht auf die Lebensführung als solche zu erstrecken; es genügen auch Betreuungsaufgaben in Teilbereichen (zB Krankenpfleger, Sozialarbeiterin, OLG München NStZ 2011, 464 (465)) oder vorübergehender Art (BT-Drs. VI/3521, 25). Freiwillige Vollzugshelfer werden nur erfasst, wenn ihnen faktisch ein selbständiger Verantwortungsbereich zugewiesen ist. Zur **Ausbildung** gehört auch der Deutschunterricht für ausländische Gefangene (OLG München NStZ 2011, 464 (465)).

4 **c) Missbrauch der Stellung** liegt im Hinblick auf die intensive Abhängigkeit der geschützten Personen idR schon dann vor, wenn der Täter eine durch die Stellung gebotene Gelegenheit zur Tathandlung wahrnimmt oder diese für seine Ziele instrumentalisiert (OLG München NStZ 2011, 464 (465)). Abweichend von Abs. 2 (→ Rn. 7–9) und von § 174 I Nr. 2 (→ § 174 Rn. 9) kommt es auf eine Ausnutzung der Abhängigkeit nicht an. Auch bedarf es besonderer Umstände zur Begründung des Missbrauchs nicht (BT-Drs. VI/3521, 26; ebenso schon BGHSt 2, 93 = NJW 1952, 477; BGHSt 8, 24 (26) = NJW 1955, 1486); dieses Merkmal soll nur die Aus-

scheidung exzeptioneller Fälle ermöglichen, in denen die Abhängigkeit völlig in den Hintergrund tritt (vgl. BGH NStZ 1999, 29; NStZ 1999, 349, OLG München StV 2015, 495, echte Liebesbeziehung) und die Tathandlung auch bei Berücksichtigung des mitgeschützten Allgemeininteresses (→ Rn. 1) keinen sozialethischen Tadel verdient (vgl. BT-Drs. VI/3521, 26; Laubenthal FS Gössel, 2002, 359 (366)). Außerhalb solcher Einzelfälle lässt ein Einverständnis des Gefangenen mit der Vornahme der sexuellen Handlung wegen der doppelten Schutzrichtung (→ Rn. 1) den Tatbestand nicht entfallen (OLG München NStZ 2011, 464 (465f.)).

3. a) Hilfsbedürftige (Abs. 2) sind nur die in den genannten – öffentlichen oder privaten (BGHSt 19, 131 = NJW 1964, 457) – Einrichtungen zur Behandlung oder Pflege Aufgenommenen, dh die in den räumlichen Einrichtungsbereich aufgenommenen Personen, nicht das Personal (Hörnle in LK-StGB Rn. 43); die Tat kann auch außerhalb des Einrichtungsbereichs (zB auf einem Spaziergang) begangen werden (Hörnle in LK-StGB Rn. 44). Durch das SexÄG (→ Vor § 1 Rn. 15) wurde die Beschränkung auf die stationäre Aufnahme gestrichen; damit wird klargestellt, dass auch die Aufnahme in teilstationäre Einrichtungen wie zB Werkstätten für Behinderte, beschützte Wohnstätten und Tageskliniken reicht (BT-Drs. 15/350, 16); eine Übernachtung ist also nicht (mehr) erforderlich. 5

b) Zur Beaufsichtigung oder Betreuung anvertraut → Rn. 3. Als Täter kommen nicht nur die für Behandlung, Pflege und Beaufsichtigung allgemein Verantwortlichen (zB Ärzte, Krankenschwestern, einschr. BGH NStZ 1999, 29, Pfleger und Wärter), sondern auch andere Personen in Frage, denen im Einzelfall Betreuungsaufgaben übertragen sind (zB Angehörige des Verwaltungsdienstes, der Hausmeister, uU sogar der Gärtner; Laubenthal FS Gössel, 2002, 359 (363); krit. Wolters in SK-StGB Rn. 17). 6

c) Missbrauch der Abhängigkeit nach Abs. 2 setzt (kumulativ) voraus: 7

aa) Einen objektiven Zustand der Krankheit oder Hilfsbedürftigkeit (aM Wolters in SK-StGB Rn. 19; Fischer Rn. 8a).

bb) Das Ausnutzen dieses Zustandes durch den Täter. Dafür genügt nicht das Ausnutzen der durch den Aufenthalt selbst gegebenen besonderen Situation; vielmehr ist erforderlich, dass die durch den Zustand geschwächte Widerstandskraft des Patienten die Tathandlung ermöglicht oder erleichtert und dass der Täter die dadurch gebotene Gelegenheit wahrnimmt (BGH NStZ 2009, 324 (325); ebenso Otto StrafR BT § 66 Rn. 40; Eisele in Schönke/Schröder Rn. 10; anders BGH NStZ 2004, 630 und Fischer Rn. 11); daran wird es häufig, aber nicht notwendig, fehlen, wenn die Initiative vom Patienten ausgegangen ist (Sturm JZ 1974, 1 (5)); ein entgegenstehender Wille des Opfers wird nicht verlangt (Fischer Rn. 12). Dass nur die tatsächliche Abhängigkeit eines vor der Entlassung stehenden, gesundheitlich voll wiederhergestellten Patienten ausgenutzt wird, genügt nicht (aM OLG Hamm NJW 1977, 1499). 8

cc) Einen **Missbrauch** des Patienten, der besonderer Feststellung bedarf. Obwohl der Wortlaut dafür spricht, dass jede Ausnutzung der Krankheit oder Hilfsbedürftigkeit den Missbrauch begründet, soll das Merkmal nach den Gesetzesmaterialien (BT-Drs. VI/3521, 27) den Tatbestand auf Fälle missbräuchlicher Ausnutzung beschränken; jedoch kann es sich auch hier, wenn man das Erfordernis der Ausnutzung ernst nimmt, nur darum handeln, exzeptionelle Fälle nach dem unter → Rn. 4 konkretisierten Maßstab auszuscheiden (aM Hörnle in LK-StGB Rn. 54). 9

10 **4. Tathandlungen** nach Abs. 1 und 2 sind nur **sexuelle Handlungen** (§ 184h Nr. 1) mit körperlicher Berührung („an") zwischen den Partnern (→ § 174 Rn. 10–12).

11 **5.** Der **Vorsatz** (bedingter genügt) muss namentlich die abhängige Stellung der geschützten Person und die Umstände umfassen, aus denen sich der Missbrauch ergibt (→ § 15 Rn. 17).

12 **6.** Für die **Teilnahme Dritter** gelten die Ausführungen unter → § 174 Rn. 17 sinngemäß (für die Anwendung von § 28 I Otto StrafR BT § 66 Rn. 32; dagegen Renzikowski in MüKoStGB Rn. 33; Eisele in Schönke/Schröder Rn. 13).

13 **7. Tateinheit** möglich ua zwischen Handlungen nach Abs. 1 und 2, ferner mit §§ 174, 174b (→ § 174b Rn. 6), § 174c (→ § 174c Rn. 11), §§ 176–178, 240, 331, 332.

14 **8.** Sicherungsverwahrung § 66 III (→ § 66 Rn. 10a–10e). Führungsaufsicht § 181b. Ruhen der Verjährung, § 78b I Nr. 1.

§ 174b Sexueller Mißbrauch unter Ausnutzung einer Amtsstellung

(1) **Wer als Amtsträger, der zur Mitwirkung an einem Strafverfahren oder an einem Verfahren zur Anordnung einer freiheitsentziehenden Maßregel der Besserung und Sicherung oder einer behördlichen Verwahrung berufen ist, unter Mißbrauch der durch das Verfahren begründeten Abhängigkeit sexuelle Handlungen an demjenigen, gegen den sich das Verfahren richtet, vornimmt oder an sich von dem anderen vornehmen läßt oder die Person zur Vornahme oder Duldung sexueller Handlungen an oder von einer dritten Person bestimmt, wird mit Freiheitsstrafe von drei Monaten bis zu fünf Jahren bestraft.**

(2) **Der Versuch ist strafbar.**

Fassung: Strafrahmenanhebung in Abs. 1 durch das SexÄG (→ Vor § 1 Rn. 15); Ausweitung von Abs. 1 durch das G zur Bekämpfung sexualisierter Gewalt gegen Kinder (→ Vor § 1 Rn. 19) zum 1.7.2021.

1 **1.** Der **Schutzzweck** der Vorschrift entspricht dem des § 174a (hM; nur für den Schutz des sexuellen Selbstimmungsrechts Heinrich, Der Amtsträgerbegriff im Strafrecht, 2001, S. 274; einschr. Wolters in SK-StGB Rn. 2), bezieht sich jedoch auf einen anderen, zT allerdings auch dort erfassten Personenkreis.

2 **2. Amtsträger** → § 11 Rn. 3–11; obwohl die Tat Amtsdelikt ist, ist die Anwendung von § 28 I auf Teilnehmer umstritten (dafür Eisele in Schönke/Schröder Rn. 10; dagegen Wolters in SK-StGB Rn. 12). Zu den **Verfahren** iSd Abs. 1 und den danach in Frage kommenden Tätern → § 343 Rn. 2; nicht erforderlich ist, dass im Verfahren konkret Freiheitsentzug droht (Hörnle in LK-StGB Rn. 4; aM MaiwaldMaurach/Schroeder/Maiwald/Hoyer/Momsen StrafR BT § 19 Rn. 7).

3 **3. Missbrauch der Abhängigkeit** → § 174 Rn. 9. Da die einschlägigen Verfahren im Allgemeinen eine intensive Abhängigkeit begründen, ist deren Ausnutzung idR, aber nicht notwendig, als Missbrauch zu beurteilen (BT-Drs. VI/3521, 29; aM MaiwaldMaurach/Schroeder/Maiwald/Hoyer/Momsen StrafR BT § 19 Rn. 17).

4. Erfasst werden nur **sexuelle Handlungen** (§ 184h Nr. 1) mit körperlicher Berührung („an") zwischen den Partnern (→ § 174 Rn. 10–12; ebenso Frommel in NK-StGB Rn. 8). 4

5. Der **Vorsatz** (bedingter genügt) muss auch die Zuständigkeit zur Mitwirkung in dem Verfahren umfassen. Im Übrigen → § 174a Rn. 11. 5

6. Zwischen §§ 174a, 174b ist **Tateinheit** möglich, weil die in beiden Tatbeständen vorausgesetzte Abhängigkeit unterschiedliche Qualität hat (zB beim Untersuchungsgefangenen, der dem Richter zur Beaufsichtigung anvertraut und zugleich im Strafverfahren von ihm abhängig ist). Im Übrigen decken sich die Möglichkeiten der Konkurrenz mit denen bei § 174a (→ § 174a Rn. 13). 6

7. Sicherungsverwahrung § 66 III (→ § 66 Rn. 10a–10e). Führungsaufsicht § 181b. 7

§ 174c Sexueller Mißbrauch unter Ausnutzung eines Beratungs-, Behandlungs- oder Betreuungsverhältnisses

(1) **Wer sexuelle Handlungen an einer Person, die ihm wegen einer geistigen oder seelischen Krankheit oder Behinderung einschließlich einer Suchtkrankheit oder wegen einer körperlichen Krankheit oder Behinderung zur Beratung, Behandlung oder Betreuung anvertraut ist, unter Mißbrauch des Beratungs-, Behandlungs- oder Betreuungsverhältnisses vornimmt oder an sich von ihr vornehmen läßt oder diese Person zur Vornahme oder Duldung sexueller Handlungen an oder von einer dritten Person bestimmt, wird mit Freiheitsstrafe von drei Monaten bis zu fünf Jahren bestraft.**

(2) **Ebenso wird bestraft, wer sexuelle Handlungen an einer Person, die ihm zur psychotherapeutischen Behandlung anvertraut ist, unter Mißbrauch des Behandlungsverhältnisses vornimmt oder an sich von ihr vornehmen läßt oder diese Person zur Vornahme oder Duldung sexueller Handlungen an oder von einer dritten Person bestimmt.**

(3) **Der Versuch ist strafbar.**

Fassung: Das SexÄG (→ Vor § 1 Rn. 15) hat Abs. 1 erweitert und dessen Strafrahmen angehoben; Ausweitung von Abs. 1 und 2 durch G zur Bekämpfung sexualisierter Gewalt gegen Kinder (→ Vor § 1 Rn. 19) zum 1.7.2021.

1. Der Schutzzweck der Vorschrift entspricht dem des § 174a, bezieht sich jedoch auf einen anderen, zT allerdings auch dort erfassten Personenkreis (Hörnle in LK-StGB Rn. 1; aM Wolters in SK-StGB Rn. 2: Störungsfreiheit des Behandlungsverhältnisses; kumulativ mit der sexuellen Selbstbestimmung Zauner, Sexueller Mißbrauch unter Ausnutzung eines Beratungs-, Behandlungs- oder Betreuungsverhältnisses, § 174c StGB, 2004, S. 28, 37); mitgeschützt sind hier das hohe Berufsethos der Heilberufe und das öffentliche Interesse an einem funktionierenden Gesundheitswesen (BGH NStZ-RR 2018, 234). 1

2. a) Der in **Abs. 1** geschützte **Personenkreis** umfasst Menschen mit bestimmten intellektuellen, psychischen oder physischen Beeinträchtigungen (zur Erweiterung um körperliche Krankheiten → Rn. 2a). Das Gesetz knüpft dabei an die Terminologie des Behindertenrechts an (vgl. etwa § 14 II SGB XI oder §§ 1896, 2

1906 BGB), wobei wegen der unterschiedlichen Regelungsbereiche eine am Schutzzweck des § 174c ausgerichtete Auslegung der Begriffe zu anderen Ergebnissen führen kann. Keine Rolle spielt die vor allem im Sozialrecht (zB hinsichtlich der Gewährung bestimmter Hilfen) bedeutsame Unterscheidung zwischen (seelischer oder geistiger) Krankheit und Behinderung (s. etwa § 39 I BSHG), da beide Formen in Abs. 1 genannt werden (ebenso Gössel SexualstrafR § 3 Rn. 11). Die psychische oder geistige Beeinträchtigung muss erwiesenermaßen bestanden haben; ein lediglich darauf gerichtetes Behandlungsverhältnis genügt nicht (anders die hM; vgl. Bungart, Sexuelle Gewalt gegen behinderte Menschen, 2005, S. 217; Fischer Rn. 8; Wolters in SK-StGB Rn. 2a; Kindhäuser/Hilgendorf in LPK-StGB Rn. 3), da jemand, der zwar in Behandlung ist, diese Beeinträchtigung aber in Wahrheit nicht aufweist, der tatbestandsspezifischen Gefahr für seine sexuelle Selbstbestimmung in Ermangelung eines krankheits- oder behinderungsbedingten Abhängigkeitsverhältnisses nicht ausgesetzt sein dürfte.

2a Der Begriff der **geistigen Krankheit,** der im medizinischen Fachgebrauch kaum noch verwendet wird (vgl. Schwab in Münchener Kommentar zum BGB, 6. Aufl. 2012, BGB § 1896 Rn. 8), erfasst Intelligenzdefizite verschiedener Schweregrade, die, wenn sie länger andauern, als geistige Behinderung einzustufen sind (s. unten). Erkrankungen, die nach dem Verständnis der klassischen Psychiatrie ebenfalls zu den Geisteskrankheiten gehörten (zB Psychosen), werden im Behindertenrecht, das sich begrifflich an der modernen Psychiatrie orientiert, der seelischen Krankheit oder Behinderung zugeordnet (so etwa bei § 1896 BGB; vgl. Schwab in Münchener Kommentar zum BGB, 6. Aufl. 2012, BGB § 1896 Rn. 9). Die **seelische Krankheit** bezieht sich daher auf die anerkannten psychiatrischen Krankheitsbilder der endogenen und exogenen Psychosen (→ § 20 Rn. 4; vgl. auch Jürgens, Betreuungsrecht, 4. Aufl. 2010, BGB § 1896 Rn. 4; Schwab in Münchener Kommentar zum BGB, 6. Aufl. 2012, BGB § 1896 Rn. 9, 10). Psychopathien, Neurosen und andere Persönlichkeitsstörungen, die keine nachgewiesene oder postulierte organische Ursache haben, stellen wegen ihrer Ähnlichkeit mit normalen menschlichen Unzulänglichkeiten erst dann psychische Krankheiten dar, wenn sie auf Grund ihres Beeinträchtigungsgrades den Psychosen gleichwertig sind, dh einen Krankheitswert von klinischem Ausmaß erreichen (zur ähnlichen Problematik bei den anderen schweren seelischen Abartigkeiten in § 20 → § 20 Rn. 11). **Geistige Behinderungen** sind Intelligenzdefizite verschiedener Schweregrade von gewisser Dauer (sog. Oligophrenien). Hierbei wird – entsprechend der Unterscheidung beim „Schwachsinn" in § 20 (→ § 20 Rn. 10) – üblicherweise anhand des Intelligenzquotienten zwischen leichter, mittelgradiger und schwerer Oligophrenie differenziert (vgl. Jürgens, Betreuungsrecht, 4. Aufl. 2010, BGB § 1896 Rn. 7). Im Unterschied zur geistigen oder psychischen Krankheit, die einen behandlungsbedürftigen aber vorübergehenden Zustand beschreibt, kennzeichnet die geistige Behinderung eine gewisse Dauerhaftigkeit des regelwidrigen geistigen Zustands oder der darauf beruhenden Beeinträchtigungen (Otto Jura 1998, 210 (214); sa § 2 I SGB IX, § 39 I BSHG und Hoffmann, Sterilisation geistig behinderter Menschen, 1996, S. 25). Sie kann angeboren (zB Down-Syndrom) oder frühzeitig erworben sein (Otto Jura 1998, 210 (214); Schwab in Münchener Kommentar zum BGB, 6. Aufl. 2012, BGB § 1896 Rn. 16); beruht sie auf einer hirnorganischen Schädigung (exogene Psychose), kommt es zu begrifflichen Überschneidungen mit der seelischen Behinderung. Die **seelische Behinderung** ist zwar kein psychiatrischer Terminus, wird aber im Zivil- und Sozialrecht häufig verwendet (so zB in § 1896 BGB, § 2 I SGB IX). Er beschreibt bleibende oder jedenfalls lang anhaltende psychische Beeinträchtigungen, die Folge einer seelischen Krankheit sind (ebenso Frommel in NK-StGB Rn. 7; zu § 1896 BGB vgl. BT-Drs. 11/4528, 116; Jürgens, Betreuungsrecht, 4. Aufl. 2010, BGB § 1896 Rn. 6; Hoffmann, Sterilisation geistig behinderter Menschen, 1996, S. 26).

Suchtkrankheit ist die Alkohol-, Drogen- (BT-Drs. 13/8267, 6) und Medikamentenabhängigkeit. Soweit der Genuss des Suchtmittels zu hirnorganischen Schädigungen geführt hat, liegt zugleich eine psychische Erkrankung vor (exogene Psychose; → § 20 Rn. 4). Nicht stoffgebundene Suchtformen (zB Spielsucht) fallen hingegen unter den Begriff der psychischen Krankheit, wenn sie in ihrem Schweregrad einen entsprechenden Krankheitswert erreichen (aM Wolters in SK-StGB Rn. 3). 2b

Körperlich krank oder **behindert** sind Menschen mit vorübergehenden oder dauerhaften physischen Beeinträchtigungen, wozu etwa Funktionsstörungen des Stütz- und Bewegungsapparats, der inneren Organe oder der Sinnesorgane gehören (so zu § 1896 BGB Jürgens, Betreuungsrecht, 4. Aufl. 2010, BGB § 1896 Rn. 8; Schwab in Münchener Kommentar zum BGB, 6. Aufl. 2012, BGB § 1896 Rn. 17). Erfasst werden insbes. auch mehrfach behinderte Menschen, die sowohl ein körperliches als auch ein seelisches bzw. geistiges Handicap aufweisen; ihr Abhängigkeits- und Vertrauensverhältnis zum Therapeuten usw wird damit genauso vor sexuellen Übergriffen geschützt wie dasjenige von „nur" körperlich, geistig oder seelisch behinderten Menschen (BT-Drs. 15/350, 16). Vor diesem Hintergrund erscheint es indes problematisch, dass nach dem Wortlaut („körperliche Krankheit") nunmehr selbst Arztbesuche wegen gewöhnlicher Erkrankungen des Körpers (zB Erkältungs- oder Zahnkrankheit) in den Schutzbereich der Vorschrift fallen (krit. auch Renzikowski in MüKoStGB Rn. 10); erfasst ist auch die Behandlung durch einen Physiotherapeuten in der Praxis für Krankengymnastik (BGH StraFo 2005, 344 (345) = StV 2005, 439). 2c

b) Geschützt sind psychisch, geistig oder körperlich kranke bzw. behinderte **Personen** – anders als in § 174a II – in ambulanter Behandlung und – in Überschneidung mit § 174a II (→ § 174a Rn. 5) – in teilstationären Einrichtungen wie Werkstätten für Behinderte und Tagesförderstätten; auch Personen in beschützten Einzelwohnungen, Wohngruppen, Wohngemeinschaften sowie Wohn- und Übergangsheimen sind erfasst (BT-Drs. 15/350, 16). Suchtkranke sind namentlich geschützt in Tageskliniken, aber auch in teilstationären und ambulanten Beratungs- oder Behandlungsstellen. 3

c) Zur Beratung, Behandlung oder Betreuung anvertraut. Beratung ist die einer möglichen Behandlung vorausgehende Besprechung (weiter Gössel SexualstrafR § 4 Rn. 86). **Behandlung** erfasst sowohl diagnostische Untersuchungen als auch Rehabilitationsmaßnahmen (BT-Drs. 15/350, 11; Frommel in NK-StGB Rn. 9). **Betreuung** → § 174a Rn. 3. **Anvertraut** setzt den Abschluss eines (nicht notwendig rechtswirksamen, KG NStZ-RR 2014, 178) Beratungs-, Behandlungs- oder Betreuungsvertrages; auf das Vorliegen einer Approbation des Täters (BGH medstra 2020, 373 mAnm Frommel) oder die Dauer des Betreuungsverhältnisses kommt es nicht an (BGHSt 56, 226 = NJW 2011, 1891; BGH NStZ 2012, 440); auch nicht darauf, dass das Opfer dem Täter nur für Ausflüge außerhalb der Wohn-, Arbeits- oder Therapieeinrichtung anvertraut war (BGH NStZ-RR 2009, 14; aM Zauner, Sexueller Mißbrauch unter Ausnutzung eines Beratungs-, Behandlungs- oder Betreuungsverhältnisses, § 174c StGB, 2004, S. 135; Fischer Rn. 7). Auch Patienten, die einen Arzt zu Vorsorgeuntersuchungen aufsuchen, können an- 4 vertraut sein (BGHSt 65, 313 = NJW 2021, 2223 mAnm Eisele JR 2011, 533; Bespr. Schmidt HRRS 2021, 214). Ein Anvertrauen ist nicht mehr gegeben, wenn die Therapie regulär beendet ist, auch dann, wenn ein emotionales Abhängigkeitsverhältnis noch bestehen sollte (LG Offenburg NStZ-RR 2005, 74). Erfasst sind aber sowohl Anbahnungsgespräche vor Beginn der Behandlung als auch sich deren Ende anschließende übliche Ruhephasen, spezifische Zugriffsmöglichkeit, die durch das Behandlungs- und Vertrauensverhältnis geschaffen worden ist, noch fortdauert und ausgenutzt wird (KG NStZ-RR 2014, 178). Nicht selbst anvertraut ist eine Mutter, deren Kind in Behandlung ist, selbst wenn sie im Zuge von Elterngesprächen dem Arzt offenbart, selbst an einer ähnlichen Krankheit zu leiden, es aber nicht zu einer Behandlung auch von ihr kommt (BGH NStZ 2016, 529).

5 d) **Missbrauch des Beratungs-, Behandlungs- oder Betreuungsverhältnisses** liegt – ähnlich wie bei § 174a (→ § 174a Rn. 4) – im Hinblick auf die geschützten Personen idR schon dann vor, wenn der Täter eine durch das Vertrauensverhältnis gebotene Gelegenheit zur Tathandlung wahrnimmt (vgl. BT-Drs. 15/350, 7). Eine Ausnutzung der krankheitsbedingten Bedürftigkeit oder Hilflosigkeit des Opfers ist ebenso wenig erforderlich wie die Feststellung einer tatsächlichen Abhängigkeit des Opfers vom Täter im Tatzeitpunkt (BT-Drs. 15/350, 7; Otto StrafR BT § 66 Rn. 33; anders BGH NStZ 2009, 324). Der Missbrauch wird durch das Einverständnis des Opfers nicht ausgeschlossen (Zauner, Sexueller Mißbrauch unter Ausnutzung eines Beratungs-, Behandlungs- oder Betreuungsverhältnisses, § 174c StGB, 2004, S. 111, 140; Wolters in SK-StGB Rn. 9), da die Einhaltung von Berufspflichten nicht disponibel ist (Frommel in NK-StGB Rn. 10); in Fällen körperlicher Krankheit oder Behinderung wird dagegen – als Ausgleich für die Weite des Tatbestands und mit Blick auf die Unterschiede zu geistigen oder seelischen Beeinträchtigungen – ein Einverständnis teilweise für möglich gehalten (so etwa von Renzikowski in MüKoStGB Rn. 27; Eisele in Schönke/Schröder Rn. 6b; vgl. auch Fischer Rn. 10); dies erscheint insofern problematisch, als der Gesetzgeber bei Behandlungen aufgrund körperlicher Beeinträchtigungen usw ein Abhängigkeits- und Vertrauensverhältnis zwischen Therapeuten und Arzt genauso für möglich hält wie bei psychischen oder geistigen Beeinträchtigungen (vgl. BT-Drs. 15/350, 16). Echte Liebesbeziehungen können einen Missbrauch ausschließen (BGHSt 56, 226 = NJW 2011, 1891; Eisele in Schönke/Schröder Rn. 6; dagegen Gutmann/Tibone/Schleu/Thorwart MedR 2019, 18, die solche Beziehungen für unmöglich halten; vgl. auch Bungart, Sexuelle Gewalt gegen behinderte Menschen, 2005, S. 221), ebenso wenn auch ohne beidseitige Liebesbeziehung eine Patientin trotz Suchtkrankheit ihrem Arzt auf Augenhöhe begegnet und ihr Entschluss zu Sexualverkehr nicht durch die Krankheit beeinflusst ist (BGHSt 61, 208 = NJW 2016, 2965 mAnm Frommel medstra 2016, 303). Auf die Aufzählung bestimmter Berufsgruppen verzichtet die Vorschrift; es kommen deshalb als Täter alle Berater, Betreuer und Therapeuten mit unterschiedlichsten beruflichen Qualifikationen in Betracht, sofern ihnen nur die Behandlung der genannten Krankheiten und Behinderungen anvertraut ist; eine bloß unbedeutende Betreuungstätigkeit genügt allerdings nicht (Renzikowski in MüKoStGB Rn. 24). Bejaht worden ist § 174c I ua mit Blick auf Heilpraktiker (BGHSt 56, 226 = NJW 2011, 1891), Altenpfleger (BGH NStZ 2009, 324) und Allgemeinmediziner (OLG Celle NStZ-RR 2011, 274), aber auch für Hausmeister (BGH NJW 1964, 458 zu § 174 Nr. 2 aF) sowie Busfahrer, wenn sich deren Tätigkeitenkreis nicht auf die bloße Beförderung beschränkt (LG Ravensburg NStZ-RR 2012, 44).

in den Abs. 1, 2 und Abs. 4 Nr. 1, 2 beschriebenen Kontaktmöglichkeiten sind erschöpfend; der Fall, dass jemand ein Kind dazu bestimmt, eine sexuelle Handlung an sich selbst vorzunehmen (BGHSt 1, 168 = NJW 1951, 610), war bis zum 6. StrRG als solcher nicht mit Strafe bedroht; diese Strafbarkeitslücke ist durch Abs. 4 Nr. 2 aF beseitigt worden, womit auch der Fall erfasst werden soll, dass sog. Verbalerotiker Kinder durch Telefonanrufe zu sexuellen Handlungen an sich veranlassen (BT-Drs. 13/9064, 10; Kreß NJW 1998, 633 (639); Renzikowski NStZ 1999, 440). Im Einzelnen vgl.: **Sexuelle Handlung** → § 184h Rn. 2–7, wobei angesichts des Schutzes eines Kindes die Anforderungen an die Erheblichkeit geringer sein können (vgl. BGH NStZ-RR 2017, 43); **„an"** (Abs. 1 und 2) → § 174 Rn. 11, 12; **„An sich vornehmen lassen"** (Abs. 1) → § 174 Rn. 12. **Bestimmen** (Abs. 1 Nr. 2) → § 174 Rn. 13; der Dritte muss sich nicht selbst strafbar machen (BGH NStZ 2005, 152). Dritter kann daher auch ein anderes Kind sein (BGHSt 45, 41 (42) = NJW 1999, 1979); da das angewendete Mittel gleichgültig ist, genügt uU das bloße Wecken kindlicher Neugierde, auch wenn der Täter sonst nicht durch Worte, Gesten oder anderes Verhalten einwirkt (BGH NJW 1953, 710); ein schlafendes Kind kann nicht bestimmt werden (BGHSt 43, 366 (369) = NJW 1998, 1502). Zu Tatmustern sowie Täter- und Opfermerkmalen Randau/Steck MschrKrim 2008, 167.

3. Abs. 1 Nr. 1 und 2 (→ Rn. 2) betreffen nur Fälle unmittelbaren körperlichen Kontaktes zwischen dem Täter oder einem Dritten einerseits und dem Kind andererseits (BGH NStZ-RR 2017, 140; StV 2017, 39, bloßes Entkleiden genügt nicht; für das Verhältnis zwischen Täter und Kind BGHSt 41, 242 = NJW 1995, 3065 mablAnm Schroeder JR 1996, 211); auch das schlafende Kind ist einbezogen (BGHSt 38, 68 = NJW 1992, 324 mAnm Molketin NStZ 1992, 179; Wolters in SK-StGB Rn. 4; Hörnle in LK-StGB Rn. 10). 3

4. Abs. 1 Nr. 3: Anbieten eines Kindes meint die ausdrückliche oder konkludente Erklärung gegenüber mindestens einer anderen Person, das Kind iSd Nr. 1 und 2 zur Verfügung zu stellen; dieses Angebot muss nur ernst gemeint erscheinen, so dass es auf den Erfüllungswillen des Täters nicht ankommt (BGH NStZ 2013, 224). **Nachzuweisen verspricht** soll Fälle erfassen, in denen der Täter bekundet, willens und in der Lage zu sein, selbst oder über einen Dritten den Kontakt mit einem (noch nicht notwendig konkretisierten) Kind herzustellen (BT-Drs. 15/350, 18). Als Reaktion auf den sog. „Rosenheimer-Fall" (BGH NStZ 1998, 403) soll es – bei bedingtem Vorsatz – ausreichen, dass das Versprechen ernstlich gemeint erscheint (zust. Thalheimer, Die Vorfeldstrafbarkeit nach §§ 30, 31 StGB, 2008, S. 244; krit. Duttge/Hörnle/Renzikowski NJW 2004, 1065, die den Rechtsgutsbezug vermissen). Das hier bisher als dritte Variante genannte **Verabreden** zu einer solchen Tat ist wegen der Hochzonung zu einem Verbrechen (→ Rn. 1) bereits über § 30 (neben den anderen dortigen Vorbereitungshandlungen) direkt erfasst, so dass es gestrichen werden konnte. 4

5. Der **Vorsatz** (bedingter genügt, BGH NJW 1953, 152) muss in allen Tatbeständen namentlich auch das Alter des Kindes umfassen (→ § 174 Rn. 15; BGH StV 2003, 393). Hält der Täter das kindliche Opfer für über 13 Jahre, aber für einen Jugendlichen unter 16 Jahren, so kommt nur § 182 in Betracht (BGHSt 42, 51 (55) = NJW 1996, 1762). Anders als nach Abs. 6 aF ist angesichts des Verbrechenscharakters (→ Rn. 1) eine Strafbarkeit des **Versuchs** nunmehr auch für Abs. 1 Nr. 3 gegeben (zum unmittelbaren Ansetzen s. BGHR StGB § 176 Abs. 1 Versuch 1). 5

6 **6.** Für die **Beteiligung** (namentlich Anstiftung und Beihilfe) gelten die allgemeinen Regeln (§§ 25–27); Beihilfe durch Unterlassen kommt für die Mutter in Betracht, die nicht gegen den Missbrauch ihrer Kinder einschreitet (BGH bei Miebach NStZ 1996, 121), durch aktives Tun, wenn sie das Kind während der Tat festhält, um es zu trösten (BGH NStZ 2011, 456). Danach ist der Verkauf von Verhütungsmitteln oder die Verordnung von Contrazeptiva an Kinder (mit oder ohne Wissen der Erziehungsberechtigten) nicht notwendig strafrechtlich bedeutungslos; vielmehr können die Voraussetzungen von Anstiftung oder Beihilfe zu dem nachfolgenden sexuellen Missbrauch des Kindes erfüllt sein (Tröndle MedR 1992, 320; Dölling/Laue in Amann/Wipplinger, Sexueller Missbrauch, 2005, S. 896; Hörnle in LK-StGB Rn. 27).

7 **7. Abs. 2** enthält einen **fakultativen Strafabsehensgrund** für Fälle eines geringen Altersunterschieds. Voraussetzung für die Eröffnung entsprechenden richterlichen Ermessens ist einerseits ein zur Tatzeit (noch) bestehendes Einvernehmen des Täters mit dem Kind über die Vornahme der konkreten sexuellen Handlung und andererseits, dass der **Unterschied** sowohl **im Alter** als auch **im Entwicklungsstand oder Reifegrad gering ist.** Als Beispiel wird der Zugenkuss eines 14Jährigen mit einer 13Jährigen angeführt (BT-Drs. 19/23707, 38), so dass man einen Altersunterschied von einem Jahr als gering bewerten wird können; ein vergleichbarer Entwicklungsstand oder Reifegrad ist nahe liegend, wenn Täter und Opfer etwa die gleiche Klassenstufe besuchen. Umgekehrt scheidet nach Abs. 2aE ein Absehen von Strafe aus, wenn der Täter die **fehlende Fähigkeit des Kindes zur sexuellen Selbstbestimmung ausnutzt,** was iSv § 182 III zu verstehen sein soll (BT.Drs. 19/23707, 39). Damit soll dem Verhältnismäßigkeitsgrundsatz Rechnung getragen werden (BT-Drs. 19/23707, 38), der in der Tat etwa, wenn von zwei zunächst 13Jährigen Partnern einer wenige Tage vor dem anderen 14 Jahre alt wird, dafür streitet, dass zwischen beiden Geburstatgen vorgenommene Handlungen für den etwas Älteren kurzfristig bestraft werden sollen (auch wenn sie tatbestandsmäßig sind). Dass allerdings in diesem Beispiel dem Richter nach Feststellung der Voraussetzungen formal immer noch eine freie Ermessensausübung über das Ob eines Absehens von Strafe verbleiben soll, ist angesichts der Unverhältnismäßigkeit eines Nichtabsehens letztlich nicht zu begründen. Wenn daher angesichts besonders geringer Alters- und Reifeunterschiede ein Nichtabsehen von Strafe unverhältnismäßig wäre, muss sich das dahingehende Ermessen des Richters auf Null reduzieren. Beträgt der Altersunterschied nicht mehr als ein Jahr, sind in jedem Fall Feststellungen zu Abs. 2 geboten.

8 **8.** Zwischen Abs. 1 Nr. 1 und 2 ist **Tateinheit** möglich (jeweils zu Abs. 1 und 2 aF BGHSt 26, 167 (174) = NJW 1975, 2214; Gössel SexualstrafR § 6 Rn. 13; Fischer Rn. 43, aM Wolters in SK-StGB Rn. 15), auch zwischen versuchten schweren sexuellen Missbrauch und vollendetem § 176 I (BGH bei Pfister NStZ-RR 2003, 353 (354)); gegenüber § 176c I tritt § 176 I zurück. Treffen Handlungen nach §§ 176a, 176b tretenbeieiner Handlungseinheit hinter § 176 zurück (zu § 176 aF vgl. BGHSt 43, 366 (368) = NJW 1998, 1502; BGH NStZ 1996, 383); wird jedoch die schwerere nur versucht, so liegt Tateinheit zwischen §§ 176a, 176b und §§ 176, 22 vor (vgl. zum alten Recht BGH bei Dallinger MDR 1974, 722). Bei mehreren sexuellen Handlungen gegenüber einem Opfer (BGH NStZ-RR 2000, 139) und bei Missbrauch mehrerer Kinder durch dieselbe Handlung (zB Bestimmung von zwei Kindern durch eine Aufforderung) liegt nur ein Fall des sexuellen Missbrauchs von Kindern vor (BGHSt 43, 366 (367) = NJW 1998, 1502); bei Nötigung mehre-

rer Opfer zur Duldung sexueller Handlungen kommt trotz der Verletzung höchstpersönlicher Rechtsgüter Tateinheit in Betracht (BGH NStZ-RR 2000, 139; BGH bei Pfister NStZ-RR 2003, 353 (354, 255) zu § 176a aF; aM Hörnle in LK-StGB Rn. 69). Tateinheit ist ua möglich mit §§ 173–174c, 177, 178, 180 (→ § 180 Rn. 15), § 183 (→ § 183 Rn. 11), §§ 184 I, 184b II–IV (→ § 184b Rn. 11), §§ 211, 212, 223, 240; idR nicht mit § 185 (→ § 185 Rn. 6). § 182 wird bei Kindern von § 176 verdrängt (→ § 182 Rn. 11). Zwischen den Begehungsformen mit ihren zT fließenden Übergängen ist **Wahlfeststellung** (→ § 1 Rn. 14) möglich (iErg ebenso BGH bei Miebach NStZ 1992, 176). – Zu den Anforderungen an die **Anklageschrift** bei einer großen Zahl gleichartiger Übergriffe auf dasselbe Opfer BGHSt 46, 130 (134) = NJW 2000, 3293 mAnm Krack JR 2001, 423; BGH NStZ 1996, 294; StV 1996, 362; StV 1998, 470; NStZ-RR 1999, 79 (87, 173); NStZ-RR 2008, 338; Fischer Rn. 41; Schneider in KK-StPO § 200 Rn. 6–10; Schmitt in Meyer-Goßner/Schmitt StPO § 200 Rn. 9; zur Möglichkeit einer Verurteilung wegen Serienstraftaten aufgrund von Mindestfeststellungen BGH NStZ 2005, 113; zu den Anklageerfordernissen bei verschiedenen Tatmodalitäten und Altersstufen des Opfers BGH StV 2005, 113.

9. Sicherungsverwahrung § 66 III (→ § 66 Rn. 10a–10e); auch Taten iSd Abs. 1 können im Einzelfall „schwere Sexualstraftaten“ iSd Weitergeltungsanordnung des BVerfG sein (BGH NStZ-RR 2013, 204 unter Bezug auf die RL 2011/93/EU). Führungsaufsicht § 181b. Ruhen der Verjährung, § 78b I Nr. 1. 9

10. Zur **Kriminologie** des sexuellen Missbrauchs von Kindern vgl. ua Volbert in Amann/Wipplinger, Sexueller Missbrauch, 2005, S. 449; Meier/Stolte MschrKrim 2005, 351; Kaiser Kriminologie § 65 Rn. 33–46; Schwind Kriminologie § 19 Rn. 22 „Beziehungsdelikt“; krit. Frommel in NK-StGB Rn. 2–8; Parzeller/Dettmeyer/Flaig/Zedler/Bratzke Rechtsmedizin 2010, 188. 10

§ 176a Sexueller Missbrauch von Kindern ohne Körperkontakt mit dem Kind

(1) **Mit Freiheitsstrafe von sechs Monaten bis zu zehn Jahren wird bestraft, wer**

1. **sexuelle Handlungen vor einem Kind vornimmt oder vor einem Kind von einer dritten Person an sich vornehmen lässt,**
2. **ein Kind dazu bestimmt, dass es sexuelle Handlungen vornimmt, soweit die Tat nicht nach § 176 Absatz 1 Nummer 1 oder Nummer 2 mit Strafe bedroht ist, oder**
3. **auf ein Kind durch einen pornographischen Inhalt (§ 11 Absatz 3) oder durch entsprechende Reden einwirkt.**

(2) **Ebenso wird bestraft, wer ein Kind für eine Tat nach Absatz 1 anbietet oder nachzuweisen verspricht oder wer sich mit einem anderen zu einer solchen Tat verabredet.**

(3) [1]**Der Versuch ist in den Fällen des Absatzes 1 Nummer 1 und 2 strafbar.** [2]**Bei Taten nach Absatz 1 Nummer 3 ist der Versuch in den Fällen strafbar, in denen eine Vollendung der Tat allein daran scheitert, dass der Täter irrig annimmt, sein Einwirken beziehe sich auf ein Kind.**

Fassung aufgrund des G zur Bekämpfung sexualisierter Gewalt gegen Kinder vom 16.6.2021 (BGBl. I 1810, → Vor § 1 Rn. 19), in Kraft getreten am 1.7.2021.

1 **1.** Die Vorschrift ist – wie § 176 nF mit erhöhter Strafdrohung – an Stelle der Regelungen des § 176 aF getreten, die einen sexuellen Missbrauch ohne Körperkontakt mit dem Kind erfasst haben. Abs. 1 Nr. 1–3 übernehmen weitgehend die bisherigen § 176 IV Nr. 1, 2 und 4 aF (Nr. 3 aF ist nunmehr in § 176b), wobei allerdings zT eine Ausweitung der Tatbestände vorgenommen worden ist. Die Strafrahmenunter- und -obergrenze ist zwar auch hier jeweils verdoppelt worden, doch handelt es sich weiterhin um Vergehenstatbestände. Soweit Tatbestandsmerkmale mit denen des § 176 übereinstimmen, sind sie im gleichen Sinne zu verstehen.

2 **2. a) Abs. 1 Nr. 1, 2** erstreckt die Strafdrohung auf sexuelle Handlungen ohne unmittelbaren Körperkontakt (zur Abgrenzung → Rn. 2; sa BGH bei Pfister NStZ-RR 2003, 353 (354); OLG Saarbrücken NStZ-RR 1997, 236). Ausreichend ist daher bereits die akustische Wahrnehmung durch das Kind (BGHSt 60, 44 = NJW 2014, 3672 mAnm Krehl NStZ 2015, 29; Auffermann/Vogel StV 2015, 490). Die nach früherem Recht zusätzlich erforderliche Absicht, jemanden sexuell zu erregen, ist gestrichen worden, um Spannungen im Verhältnis zu § 176a II nF und der dort geforderten Verbreitungsabsicht zu vermeiden (BT-Drs. 13/9064, 11; krit. Bussmann StV 1999, 613 (618); Renzikowski NStZ 1999, 440). Nach ihrem Wortlaut und den Intentionen des Gesetzgebers (BT-Drs. VI/3521, 37) erfasst **Nr. 1** nicht nur Fälle, die nach früherem Recht als Vornahme unzüchtiger Handlungen mit einem Kind oder als Verleitung eines Kindes zur Verübung oder Duldung solcher Handlungen mit Strafe bedroht waren. Die sexuelle Handlung „vor" setzt – abweichend von der Rspr. zu § 176 I Nr. 3 aF (zB BGHSt 1, 168 = NJW 1951, 610; BGH GA 1966, 309) – die Benutzung des fremden Körpers oder die geflissentliche Anteilnahme des Kindes an dem sexuellen Geschehen nicht zwingend voraus, so dass auch exhibitionistische Handlungen, die das Kind lediglich wahrnimmt (→ § 184h Rn. 8), unter den Tatbestand fallen (BT-Drs. VI/3521, 37; beachte jedoch § 183 IV Nr. 2). Dennoch wird weiterhin verlangt, dass der Täter das Kind so einbezieht, dass gerade die Wahrnehmung durch das Kind für ihn ein entscheidender Faktor ist (BGHSt 49, 376 = NJW 2005, 1133; BGH NStZ 2011, 633; NStZ 2016, 467; OLG Hamm StV 2005, 134; OLG Stuttgart NStZ 2002, 34; zweifelnd noch für eine Vergewaltigung der Mutter vor den Augen des Kindes BGH NStZ 2013, 278; krit. Dölling/Laue in Amann/Wipplinger, Sexueller Missbrauch, 2005, S. 891, 896; nunmehr bejaht von BGH NStZ 2019, 203). Die früher geforderte räumliche Nähe zwischen Kind und Täter, so dass bloß telefonischer Kontakt nicht ausreichend sein sollte (BGHSt 41, 285 = NJW 1996, 1068), ist schon seit längerem beseitigt worden, sodass auch vom Opfer zeitgleich am Bildschirm mitverfolgte, über das Internet übermittelte sexuelle Handlungen des Täters erfasst werden (→ Rn. 2; BGHSt 53, 283 = NJW 2009, 1892; Fischer Rn. 12). **Nr. 2** lässt ausreichen, dass der Täter das Kind dazu bestimmt, vor ihm in sexuell aufreizender Weise zu posieren (BGH bei Pfister NStZ-RR 2010, 361 (362); Hörnle NJW 2008, 3521; Fischer Rn. 10; anders noch BGHSt 50, 370 = NJW 2006, 1890 zu § 176 III Nr. 2 aF).

3 **b) Abs. 1 Nr. 3** erstreckt die Strafbarkeit auf Handlungen, die als solche nicht dem § 184h entsprechen; auch sie müssen eine gewisse Erheblichkeitsschwelle (→ § 184h Rn. 5) überschreiten (BGH bei Dallinger MDR 1974, 546: abl. Gössel SexualstrafR § 6 Rn. 24). Im Ergebnis soll mit dieser Regelung – allerdings aus

einer anderen Perspektive – der strafwürdige Teil derjenigen Fälle einbezogen werden, die von der Rspr. zu § 176 I Nr. 3 aF unter dem Gesichtspunkt des geflissentlichen Betrachtens von unzüchtigen Darstellungen (BGHSt 1, 288 (291) = NJW 1951, 929) oder des aufmerksamen Anhörens oder Führens unzüchtiger Reden (BGHSt 1, 168 = NJW 1951, 610; BGHSt 15, 118 = NJW 1960, 2250) erfasst worden sind. Indem nunmehr alle **Inhalte** iSv § 11 III ausreichen (→ § 11 Rn. 26–28), ist die vormalige Beschränkung auf Abbildungen und Darstellungen unter Ausklammerung unbebilderter Schriften hinfällig. **Pornographisch** sind Inhalte, die sexualbezogenes Geschehen vergröbernd und ohne Sinnzusammenhang mit anderen Lebensäußerungen zeigen (BGH NStZ 2011, 455; NStZ-RR 2015, 74; → § 184 Rn. 2). **Entsprechende Reden** (auch Lieder, Dreher JR 1974, 45 (49)) sind solche, die nach Art und Inhalt pornographischem Material entsprechen (BGHSt 29, 29 = NJW 1980, 791; BGH NJW 1991, 3162; sa OLG Dresden NStZ-RR 2009, 371). **Einwirken** → § 176b Rn. 2. Erforderlich ist auch hier eine psychische Einflussnahme tiefergehender Art (BGH NStZ-RR 2015, 74). Dazu ist nicht unbedingt körperliche Nähe erforderlich, so dass zB telefonischer Kontakt genügt (BGHSt 29, 29 = NJW 1980, 791). Auch auf die Tendenz, dem Kind die Geschlechtsbezogenheit des Vorgangs begreiflich zu machen, kommt es nicht an (ebenso Dölling/Laue in Amann/Wipplinger, Sexueller Missbrauch, 2005, S. 897; Gössel SexualstrafR § 6 Rn. 23; Wolters in SK-StGB Rn. 35; aM Frommel in NK-StGB Rn. 22). Ein Handeln zum Zweck der Aufklärung wird nicht erfasst (Dölling/Laue in Amann/Wipplinger, Sexueller Missbrauch, 2005, S. 898; → § 184 Rn. 2).

3. Abs. 2 entspricht § 176 V aF und sieht neben den **in § 176 I Nr. 3** nunmehr vorgesehenen beiden Tathandlungen (→ § 176 Rn. 4) als dritte Tathandlung noch das **Verabreden** (→ § 30 Rn. 6) einer solchen Tat vor, da sich dieses angesichts des Vergehenscharakters der Norm nicht aus § 30 herleiten lässt. 4

4. Nach **Abs. 3 S. 1** ist der **Versuch** von **Abs. 1 Nr. 1 und 2** strafbar; derjenige von **Nr. 3** ist gem. **Abs. 3 S. 2** dagegen nur strafbar, wenn der Täter entgegen seiner Vorstellung nicht auf ein Kind einwirkt, so dass es sich nur um einen untauglichen Versuch wegen Untauglichkeit des Objekts handelt. Der Grund für diese Strafbewehrung liegt darin, dass es nur vom Zufall abhängig sein soll, ob im Internet aktive pädosexuelle Täter tatsächlich auf ein Kind einwirken oder nicht; erfasst werden daher alle Fälle, bei denen eine vollendete Tat iSv Abs. 1 Nr. 3 gegeben wäre, sofern es sich beim Opfer um ein Kind gehandelt hätte (BT-Drs. 19/23707, 39). 5

5. In **Abs. 1 Nr. 2** ist eine **Subsidiaritätsklausel** gegenüber Taten nach § 176 I Nr. 1 und 2 enthalten. Daraus lässt sich folgern, dass für andere Konstellationen bei Handlungseinheit mit § 176 Tateinheit möglich ist. 6

§ 176b Vorbereitung des sexuellen Missbrauchs von Kindern

(1) Mit Freiheitsstrafe von drei Monaten bis zu fünf Jahren wird bestraft, wer auf ein Kind durch einen Inhalt (§ 11 Absatz 3) einwirkt, um

1. **das Kind zu sexuellen Handlungen zu bringen, die es an oder vor dem Täter oder an oder vor einer dritten Person vornehmen oder von dem Täter oder einer dritten Person an sich vornehmen lassen soll, oder**
2. **eine Tat nach § 184b Absatz 1 Satz 1 Nummer 3 oder nach § 184b Absatz 3 zu begehen.**

(2) **Ebenso wird bestraft, wer ein Kind für eine Tat nach Absatz 1 anbietet oder nachzuweisen verspricht oder wer sich mit einem anderen zu einer solchen Tat verabredet.**

(3) **Bei Taten nach Absatz 1 ist der Versuch in den Fällen strafbar, in denen eine Vollendung der Tat allein daran scheitert, dass der Täter irrig annimmt, sein Einwirken beziehe sich auf ein Kind.**

Fassung aufgrund des G zur Bekämpfung sexualisierter Gewalt gegen Kinder vom 16.6.2021 (BGBl. I 1810, → Vor § 1 Rn. 19), in Kraft getreten am 1.7.2021.

1 **1.** Die Vorschrift regelt das sog. Cybergrooming, wobei die bisher in § 176 IV Nr. 3 aF enthaltenen Tatbestände sich nunmehr in Abs. 1 Nr. 1 und 2 wiederfinden. Angesichts der weiten Vorverlagerung des Rechtsgüterschutzes hat der Gesetzgeber anders als in §§ 176, 176a mit Recht am bisherigen Strafrahmen festgehalten.

2 **2. a) Abs. 1** erfasst lange straflose Vorbereitungshandlungen (BT-Drs. 15/350, 18; krit. Duttge/Hörnle/Renzikowski NJW 2004, 1065 (1067); Fischer Rn. 15) des **Einwirkens** auf ein Kind in sexueller Absicht (BT-Drs. 15/350, 18). **Einwirken** ist die intensive (BGHSt 29, 29 = NJW 1980, 791; BGHSt 45, 158 = NJW 1999, 3275; BGH NStZ 2011, 455; Hörnle in LK-StGB Rn. 88) Einflussnahme auf den Willen des Opfers, gleichgültig durch welches Mittel (→ § 26 Rn. 2) und unabhängig vom Eintritt des Erfolgs (BGH NStZ 2000, 86; Fischer Rn. 14a). Als **sexuelle Handlungen** gem. **Nr. 1** kommen namentlich solche nach §§ 176 I Nr. 1 und 2, 176a I Nr. 1 und 2 in Betracht; sexuelle Handlungen „an", „vor", „an sich vornehmen lassen" (→ § 176 Rn. 2). Das Einwirken muss durch **Inhalte iSv** § 11 III (→ § 11 Rn. 28), dh durch jedewede Form technischer Kommunikation (zB Internet, Online-Dienste, Soziale Netzwerke; Fischer Rn. 13a) geschehen und auf ein konkretes Kind gerichtet sein (BT-Drs. 15/350, 18). Wenngleich gerade den Gefahren der Anonymität der Kommunikation im Internet begegnet werden sollte (BT-Drs. 15/350, 18), steht räumliche Nähe (BGH StRR 2015, 429) oder ein vorheriges Kennen von Täter und Opfer einem Einwirken iSv Abs. 1 nicht entgegen (zB im Whatsapp-Chat, OLG Hamm MMR 2016, 425). Allerdings reicht das Versenden pornographischer Bilder für sich nicht, solange nicht der Täter weitere sexualbezogene Nachrichten sendet (BGH NStZ-RR 2015, 139; beachte jedoch § 176a I Nr. 3). Hinsichtlich des **Bringens zu sexuellen Handlungen** ist **Absicht** im Sinne zielgerichteten Wollens (→ § 15 Rn. 20) erforderlich; daran fehlt es, wenn auf Kinder zugegangen wird, um sie darin zu unterstützen, ein positives Gefühl zu ihrem Körper und ihrer Sexualität zu entwickeln (BT-Drs. 15/350, 18), aber auch bei nicht eindeutig auf sexuelle Handlungen bezogene Aufforderungen (LG Düsseldorf BeckRS 2013, 5895). Anlass dieser Tatbestandsvariante waren Zeitungsberichte über die Anbahnung und Verabredung sexueller Handlungen in sog. Chatrooms (BT-Drs. 15/350, 18; zweifelnd für in Internet-Chatrooms eingestellte Nachrichten Fischer Rn. 13; jetzt erfasst nach Frommel in NK-StGB Rn. 23). Trotz dieses Anlasses ist die Vorschrift nicht unbedenklich, weil sie – anders als § 30 II Var. 3 – die Vorbereitung durch einen Einzeltäter unter Strafe stellt und vergleichbar intensive Einwirkungen durch Geschenke weiterhin straflos lässt (Duttge/Hörnle/Renzikowski NJW 2004, 1065).

3 **b)** Der mit dem 49. StÄG erstmals (noch in § 176 III Nr. 3 Buchst. b aF) eingefügte **Abs. 1 Nr. 2** erfasst Einwirkungen zum Zwecke der Begehung einer **Tat**

nach § 184b I Nr. 3 oder § 184b III (Herstellen bzw. Besitz kinderpornographischer Schriften).

3. Abs. 2 und **3** entsprechen § 176a II und III S. 2, so dass auf die dortigen Ausführungen verwiesen werden kann (→ § 176a Rn. 4 und 5). 4

4. Als tatbestandlich vertyptes Vorbereitungsdelikt tritt § 176b hinter §§ 176, 176b zurück. 5

§ 176c Schwerer sexueller Missbrauch von Kindern

(1) **Der sexuelle Missbrauch von Kindern wird in den Fällen des § 176 Absatz 1 Nummer 1 und 2 mit Freiheitsstrafe nicht unter zwei Jahren bestraft, wenn**

1. **der Täter innerhalb der letzten fünf Jahre wegen einer solchen Straftat rechtskräftig verurteilt worden ist,**
2. **der Täter mindestens achtzehn Jahre alt ist und**
   a) **mit dem Kind den Beischlaf vollzieht oder ähnliche sexuelle Handlungen an ihm vornimmt oder an sich von ihm vornehmen lässt, die mit einem Eindringen in den Körper verbunden sind, oder**
   b) **das Kind dazu bestimmt, den Beischlaf mit einem Dritten zu vollziehen oder ähnliche sexuelle Handlungen, die mit einem Eindringen in den Körper verbunden sind, an dem Dritten vorzunehmen oder von diesem an sich vornehmen zu lassen,**
3. **die Tat von mehreren gemeinschaftlich begangen wird oder**
4. **der Täter das Kind durch die Tat in die Gefahr einer schweren Gesundheitsschädigung oder einer erheblichen Schädigung der körperlichen oder seelischen Entwicklung bringt.**

(2) **Ebenso wird bestraft, wer in den Fällen des § 176 Absatz 1 Nummer 1 oder Nummer 2, des § 176a Absatz 1 Nummer 1 oder Nummer 2 oder Absatz 3 Satz 1 als Täter oder anderer Beteiligter in der Absicht handelt, die Tat zum Gegenstand eines pornographischen Inhalts (§ 11 Absatz 3) zu machen, der nach § 184b Absatz 1 oder 2 verbreitet werden soll.**

(3) **Mit Freiheitsstrafe nicht unter fünf Jahren wird bestraft, wer das Kind in den Fällen des § 176 Absatz 1 Nummer 1 oder Nummer 2 bei der Tat körperlich schwer misshandelt oder durch die Tat in die Gefahr des Todes bringt.**

(4) [1]**In die in Absatz 1 Nummer 1 bezeichnete Frist wird die Zeit nicht eingerechnet, in welcher der Täter auf behördliche Anordnung in einer Anstalt verwahrt worden ist.** [2]**Eine Tat, die im Ausland abgeurteilt worden ist, steht in den Fällen des Absatzes 1 Nummer 1 einer im Inland abgeurteilten Tat gleich, wenn sie nach deutschem Strafrecht eine solche nach § 176 Absatz 1 Nummer 1 oder Nummer 2 wäre.**

1. Die mit dem Gesetz zur Bekämpfung sexualisierter Gewalt gegen Kinder (→ Vor § 1 Rn. 19) zum 1.7.2021 eingefügte Vorschrift enthält wie die Vorgängernorm des § 176a aF **Qualifikationstatbestände** (vgl. BT-Drs. 19/23707, 40; zu § 176a aF: Renzikowski NStZ 1999, 440 (441); Folkers JR 2007, 11; Gössel SexualstrafR § 6 Rn. 33; Wolters in SK-StGB § 176a (aF) Rn. 3; krit. zur Hochstufung 1 zum Verbrechen Rengier in JMBW, Der Schutz vor Sexualstraftaten, 2003, S. 9, 20) mit abgestuften Mindeststrafen zum sexuellen Missbrauch von Kindern. § 30 ist anwendbar, zB beim Anbieten von Kindern zum sexuellen Missbrauch über Datennetze (BT-Drs. 13/9064, 23), aber auch bei der Verabredung zum gemeinschaftlichen Missbrauch iSv Abs. 1 Nr. 2.

2 **2. Abs. 1** umfasst alle Tatbestände von § 176a I und II aF. **Nr. 1** enthält eine Qualifikation für rechtskräftig verurteilte **Wiederholungstäter** (BT-Drs. 13/9064, 22; krit. Renzikowski NStZ 1999, 440 (441) „Ungehorsamszuschlag"); es reicht die einmalige Wiederholung der Tat innerhalb einer Fünfjahresfrist nach einer rechtskräftigen (BGH NJW 2010, 2742) Verurteilung wegen § 176. Für die frühere Verurteilung kommt es nicht darauf an, ob sie auf Täterschaft oder Teilnahme lautete (Hörnle in LK-StGB § 176a (aF) Rn. 8; Eisele in Schönke/Schröder § 176a (aF) Rn. 4; aM Renzikowski NStZ 1999, 440 (441); Frommel in NK-StGB Rn. 9), Versuch oder Vollendung (Eisele in Schönke/Schröder § 176a (aF) Rn. 4; auch BGH NStZ 2002, 198 (199), wo aber eine Berücksichtigung bei Abs. 3 Alt. 1 in Erwägung gezogen wird) zum Gegenstand hatte oder auf Geld- oder Freiheitsstrafe lautete (Wolters in SK-StGB Rn. 9). Auch eine Verurteilung zu anderen Sanktionen als Strafe reicht aus, zB jugendstrafrechtliche Anordnung von Erziehungsmaßregeln (Wolters in SK-StGB § 176a (aF) Rn. 9). In der Lit. wird häufig gefordert, dass von den Gerichten in jedem Einzelfall zu prüfen sei, ob dem Täter vorzuwerfen ist, dass er sich die frühere Verurteilung nicht habe zur Warnung dienen lassen (Renzikowski NStZ 1999, 440 (441); Eisele in Schönke/Schröder § 176a (aF) Rn. 3; offen gelassen BGH NStZ 2002, 198), doch ist das dem Gesetz nicht zu entnehmen (für Respektierung der gesetzgeberischen Entscheidung Wolters in SK-StGB § 176a (aF) Rn. 6). Zur Fristberechnung vgl. ergänzend Abs. 6 S. 1 sowie → § 44 Rn. 11. Zur möglichen Einbeziehung ausländischer Verurteilungen vgl. Abs. 6 S. 2 sowie → § 66 Rn. 12. Der Vorsatz muss sich auf die Rückfallumstände beziehen (Wolters in SK-StGB § 176a (aF) Rn. 12). Zu **Nr. 2** → § 177 Rn. 11; Beischlafähnlichkeit der sexuellen Handlung setzt keine äußerliche Ähnlichkeit mit dem Bewegungsablauf beim Vaginalverkehr voraus; sie liegt regelmäßig schon dann vor, wenn die sexuelle Handlung entweder auf Seiten des Opfers oder des Täters unter Einbeziehung des primären Geschlechtsteils geschieht und ist vor allem an dem Gewicht der Rechtsgutverletzung zu messen (BGH StV 2019, 536); Analverkehr (BGH bei Pfister NStZ 2002, 353), Oralverkehr (BGHSt 53, 118 = NJW 2009, 1893 zur Ejakulation in den Mund; Urinieren in den Mund von Täter oder Opfers, BGHSt 59, 263 = NStZ 2015, 335 mAnm Brackmann JZ 2015, 155; NStZ-RR 2016, 307), nicht dagegen ein bloßer Zungenkuss (BGHSt 56, 223 = NJW 2011, 3111); Eindringen setzt nicht das Überwinden eines entgegenstehenden Willens voraus (BGHSt 45, 131 = NJW 1999, 2977 mzustAnm Hörnle NStZ 2000, 310); erfasst wird sowohl das Eindringen in den Körper des Opfers als auch des Täters (BGHSt 45, 131 = NJW 1999, 2977); eine besondere Erniedrigung des Opfers ist hier im Gegensatz zu § 177 VI 2 Nr. 1 nicht erforderlich (BGH NJW 2000, 672 mAnm Renzikowski NStZ 2000, 367; Folkers JR 2007, 11 (15); Eisele in Schönke/Schröder § 176a (aF) Rn. 8a), wohl aber „eigenhändiger" Körperkontakt zu dem Kind (BGH StV 2014, 413 = NJW 2013, 3528); jedoch ist der Kreis möglicher Täter – anders als bei Abs. 2 Nr. 2, 3 – auf Personen über 18 Jahre eingeschränkt, um jugendliche Täter mit geschlechtlichen Beziehungen zu weit entwickelten, noch nicht 14-jährigen Mädchen aus dem Verbrechenstatbestand herauszunehmen (BT-Drs. 13/8587, 32); seit der Reform aufgrund von Buchst. a

nicht mehr privilegiert ist der erwachsene Täter, der ein Kind zu sexuellen Handlungen mit einem Jugendlichen bestimmt. Beischlaf → § 173 Rn. 3 (BGHSt 46, 176); das Führen des erregten Gliedes an die Scheide des Kindes genügt nicht (BGH NStZ-RR 1998, 270), das Eindringen in den Scheidenvorhof reicht jedoch aus (BGH NJW 2001, 455; NStZ 2005, 90; Hörnle in LK-StGB § 176a (aF) Rn. 26; Eisele in Schönke/Schröder § 176a (aF) Rn. 8a; Wolters in SK-StGB § 176a (aF) Rn. 18), ebenso das Gelangenlassen von Sperma in den Mund des Opfers (BGHSt 53, 118 (120) = NJW 2009, 1893). Zu **Nr. 3** → § 177 Rn. 23; mind. zwei Personen müssen grundsätzlich vor Ort mit gleicher Zielrichtung täterschaftlich derart bewusst zusammenwirken, dass sie in der Tatsituation zusammen auf das Tatopfer einwirken oder sich auf andere Weise psychisch oder physisch aktiv unterstützen (BGHSt 59, 28 = NJW 2013, 3528) Zu **Nr. 4** → § 177 Rn. 25; die Gefahr muss vorsätzlich herbeigeführt werden (Frommel in NK-StGB § 176a (aF) Rn. 13); zusätzlich ist die Gefahr einer erheblichen Schädigung der körperlichen oder seelischen Entwicklung des Kindes erfasst (→ § 171 Rn. 3, 4, 6; krit. zur Praktikabilität Renzikowski NStZ 1999, 440 (441)).

3. Abs. 2 entspricht § 176a III aF (und ist wie dieser zu tenorieren als „schwerer sexueller Missbrauch von Kindern in kinderpornographischer Absicht“, BGH NStZ-RR 2016, 109 zu § 176a III) enthält einen Qualifikationstatbestand zu § 176 I Nr. 1 und 2, § 176a I Nr. 1 und 2, III 1. Die Qualifikation will das gesteigerte Unrecht einer auf Vermarktung abzielenden Kinderschändung erfassen (BT-Drs. 13/8587, 32); sie bezieht sich deshalb auf sämtliche Varianten der in Bezug genommenen Abs. 1 und 2 des § 184b (Renzikowski in MüKoStGB § 176a (aF) Rn. 30), nicht nur auf die Verbreitensalternative des § 184b I Nr. 1 (zu § 184 III Nr. 1 aF vgl. BGHSt 47, 55 = NJW 2001, 3558 mit zust. Bespr. Kudlich JZ 2002, 310; Lindemann/Wachsmuth JR 2002, 206; Gercke MMR 2001, 678). **Beteiligter** erfasst Täter, auch Mittäter, und Teilnehmer (Otto StrafR BT § 66 Rn. 50; Wolters in SK-StGB § 176a (aF) Rn. 26). **Absicht** → § 15 Rn. 20 (Becker in Schlüchter, 6. StrRG, 1998, S. 18). **Pornographische Schriften** → § 184 Rn. 2, **Verbreiten** → § 74d Rn. 5; → § 184 Rn. 5, hierfür genügt bedingter Vorsatz (vgl. BGH StraFo 2011, 317); **Zugänglichmachen** → § 184 Rn. 5. 3

4. Die in § 176a IV aF noch vorgesehenen niedrigen Strafrahmen für minder schwere Fälle (dazu Lackner/Kühl § 29 Aufl. 2018) sind in § 176c nicht übernommen worden, so dass sie nur noch auf bis zum 30. 6. 2021 begangene Taten anwendbar ist. 4

5. Abs. 3 entspricht im Wesentlichen § 176a V aF und enthält zwei Qualifikationen zu § 176 I Nr. 1 und 2 → § 177 Rn. 26. Es fehlt – anders als beim gleichlautenden § 177 VIII Nr. 2 – eine Vorschrift für minder schwere Fälle (Schäfer in Schäfer/Sander/van Gemmeren Strafzumessung Rn. 865; Wolters in SK-StGB Rn. 29). 5

6. Mehrere Strafschärfungsgründe nach Abs. 1, 2 und 3 stehen in Idealkonkurrenz (zu § 176a aF BGH NJW 2010, 2742; NStZ-RR 2016, 109; Frommel in NK-StGB § 176a (aF) Rn. 18); die Ausführungen unter → § 177 Rn. 28 gelten sinngemäß. 6

7. Führungsaufsicht § 181b. 7

§ 176d Sexueller Missbrauch von Kindern mit Todesfolge

Verursacht der Täter durch den sexuellen Missbrauch (§§ 176 bis 176c) mindestens leichtfertig den Tod eines Kindes, so ist die Strafe lebenslange Freiheitsstrafe oder Freiheitsstrafe nicht unter zehn Jahren.

1 Das **erfolgsqualifizierte Delikt** (→ § 18 Rn. 1–13), das mit G zur Bekämpfung sexualisierter Gewalt gegen Kinder (→ Vor § 1 Rn. 19) zum 1.7.2021 von § 176b aF in § 176d inhaltsgleich umnummeriert wuorden ist, entspricht in seiner Struktur weitgehend der Erfolgsqualifikation des § 251 beim Raub (→ § 251 Rn. 1–4; sa BGH NJW 1955, 1327); jedoch ist die Strafschärfung auf den Tod des Kindes beschränkt. Der Tod muss daher auf die Tat, dh die vorgenommenen sexuellen oder sonstigen Handlungen nach §§ 176, 176a (zB auch der schweren körperlichen Misshandlung iSv § 176a IV Nr. 1; Eisele in Schönke/Schröder § 176b (aF) Rn. 2; Fischer Rn. 2) und deren spezifische Gefährlichkeit, zurückführbar sein (BGH NStZ 2012, 694 (695); Hardtung Teilvorsatzdelikte S. 134; Gössel SexualstrafR § 6 Rn. 56); als mittelbare Folge ist uU auch der Selbstmord des missbrauchten Kindes erfassbar (Eisele in Schönke/Schröder § 176b (aF) Rn. 2; Hörnle in LK-StGB § 176b (aF) Rn. 5). Leichtfertigkeit → § 15 Rn. 55. Durch die Einfügung des Wortes „mindestens" (warum der Gesetzgeber dies anstelle des noch in § 176b aF gebrauchten „wenigstens" eingefügt hat, ist nicht erklärlich, zumal in § 251 unverändert dieser Begriff zu finden ist) ist auch die vorsätzliche Herbeiführung der Todesfolge erfasst. Mit den vorsätzlichen Tötungsdelikten ist daher Tateinheit möglich (Hörnle in LK-StGB § 176b (aF) Rn. 12). Zum **Versuch** des entsprechenden § 176 IV aF BGH bei Dallinger MDR 1971, 363; zum erfolgsqualifizierten Versuch Hardtung Teilvorsatzdelikte S. 134; Gössel SexualstrafR § 6 Rn. 59; Renzikowski in MüKoStGB § 176b (aF) Rn. 13; zur versuchten Erfolgsqualifizierung Fischer Rn. 4; Hörnle in LK-StGB § 176b (aF) Rn. 10. Mit § 178 ist Tateinheit möglich, wenn der Missbrauch auch unter § 177 V Nr. 3 fällt (Eisele in Schönke/Schröder § 176b (aF) Rn. 5; für Vorrang des § 178 Frommel in NK-StGB § 178 Rn. 3). Die **lebenslange** Freiheitsstrafe soll auch bei „nur" leichtfertiger Todesverursachung verhängt werden können (BGH NStZ-RR 2006, 75 mablAnm Beckschäfer ZIS 2006, 259; aM Frommel in NK-StGB § 176b (aF) Rn. 4; Renzikowski in MüKoStGB § 176a (aF) Rn. 16; zw.).

§ 176e Verbreitung und Besitz von Anleitungen zu sexuellem Missbrauch von Kindern

(1) **Wer einen Inhalt (§ 11 Absatz 3) verbreitet oder der Öffentlichkeit zugänglich macht, der geeignet ist, als Anleitung zu einer in den §§ 176 bis 176d genannten rechtswidrigen Tat zu dienen, und der dazu bestimmt ist, die Bereitschaft anderer zu fördern oder zu wecken, eine solche Tat zu begehen, wird mit Freiheitsstrafe bis zu drei Jahren oder mit Geldstrafe bestraft.**

(2) **Ebenso wird bestraft, wer**

1. **einen Inhalt (§ 11 Absatz 3), der geeignet ist, als Anleitung zu einer in den §§ 176 bis 176d genannten rechtswidrigen Tat zu dienen, verbreitet oder der Öffentlichkeit zugänglich macht oder**
2. **öffentlich oder in einer Versammlung zu einer in den §§ 176 bis 176d genannten rechtswidrigen Tat eine Anleitung gibt,**

um die Bereitschaft anderer zu fördern oder zu wecken, eine solche Tat zu begehen.

(3) **Wer einen in Absatz 1 bezeichneten Inhalt abruft, besitzt, einer anderen Person zugänglich macht oder einer anderen Person den Besitz daran verschafft, wird mit Freiheitsstrafe bis zu zwei Jahren oder mit Geldstrafe bestraft.**

(4) **Absatz 3 gilt nicht für Handlungen, die ausschließlich der rechtmäßigen Erfüllung von Folgendem dienen:**
1. **staatlichen Aufgaben,**
2. **Aufgaben, die sich aus Vereinbarungen mit einer zuständigen staatlichen Stelle ergeben, oder**
3. **dienstlichen oder beruflichen Pflichten.**

(5) **Die Absätze 1 und 3 gelten nicht für dienstliche Handlungen im Rahmen von strafrechtlichen Ermittlungsverfahren, wenn**
1. **kein kinderpornographischer Inhalt, der ein tatsächliches Geschehen wiedergibt oder der unter Verwendung einer Bildaufnahme eines Kindes oder Jugendlichen hergestellt worden ist, einer anderen Person oder der Öffentlichkeit zugänglich gemacht, verbreitet oder einer anderen Person der Besitz daran verschafft wird, und**
2. **die Aufklärung des Sachverhalts auf andere Weise aussichtslos oder wesentlich erschwert wäre.**

(6) [1]**Gegenstände, auf die sich eine Straftat nach Absatz 3 bezieht, werden eingezogen.** [2]**§ 74a ist anzuwenden.**

1. Die Vorschrift ist zum 22.9.2021 eingefügt worden durch das Gesetz zur Ver- 1
besserung des strafrechtlichen Schutzes gegen sog. Feindeslisten vom 14.9.2021 (BGBl. I 4250). Mit ihr sollen Minderjährige vor Missbrauchstaten iSd §§ 176ff. geschützt werden. Dahinter steht die Erkenntnis, dass v. a. im Darknet Anleitungen abrufbar sind, die beschreiben, wie sexueller Missbrauch von Kindern vorbereitet, ermöglicht, durchgeführt oder verschleiert werden kann, und derartige Anleitungen zum sexuellen Missbrauch von Kindern nicht selten bei des Kindesmissbrauchs Verdächtigten gefunden werden (BT-Drs. 19/31115, 10). Strukturell handelt es sich um ein **Eignungsdelikt,** mit dem die Strafbarkeit des Kindesmissbrauchs noch weiter als mit § 176b in das Vorbereitungsstadium vorverlagert wird.

2. Tatbestand (die Tatbestandmerkmale orientieren sich an § 130a und sollen 2
im dortigen Sinne verstanden werden, BT-Drs. 19/31115, 12):

a) Tatobjekt für alle Tathandlungen der Abs. 1–3 sind **Anleitungen zu sexuellem Missbrauch von Kindern,** dh Inhalte iSv § 11 III (→ § 11 Rn. 26–28), die geeignet sind, als Anleitung zu einer in den §§ 176 bis 176d genannten rechtswidrigen Tat zu dienen. Während für **Abs. 2 Nr. 1** auch „neutrale"Schriften wie zB medizinische Informationen über die Geschlechtsorgane eines Kindes ausreichen, wenn der Täter dadurch bei dem Empfänger der Schrift Tatbereitschaft wecken möchte, muss für **Abs. 1 und 3** die Anleitung objektiv dazu bestimmt sein, die Bereitschaft anderer zu fördern oder zu wecken, eine solche Tat zu begehen (BT-Drs. 19/31115, 11). Neben den verkörperten Anleitungen sind in **Abs. 2 Nr. 2** auch rein verbalisierte Anleitungen erfasst, wenn der Täter das gleiche Ziel wie mit einer „neutralen" Schrift verfolgt. Während Abs. 3 eine einzige Person als Adressat genügen lässt, ist der Kreis potenzieller, durch die Missbrauchsanleitung ansprechbarer Täter durch die plurale Fassung in Abs. 1 und 2 sprachlich weiter gezogen; gleichwohl dürfte zB von Abs. 2 Nr. 2 auch der Fall erfasst sein, dass der Täter mit seiner öffentlich kundgetanen Anleitung etwa aufgrund einer speziellen Sprache nur eine Person zu Taten gem. §§ 176ff. bestimmen will.

3 **b) Tathandlungen von Abs. 1 und 2 Nr. 1** sind das **Verbreiten, der Öffentlichkeit zugänglich machen,** für Abs. 2 Nr. 2 das **öffentliche Erklären** oder in **einer Versammlung verbreiten.** Für Abs. 3 sind es das Abrufen und Besitzen sowie das einer Person (nicht der Öffentlichkeit, sonst Abs. 1) zugänglich machen oder ihr den Besitz verschaffen.

4 **3.** In subjektiver Hinsicht genügt grds. **bedingter Vorsatz,** der auch die Eignung der Anleitung für die Begehung einer der genannten Missbrauchstaten sowie (nur) für Abs. 1 und 3 deren obejktive Bestimmung hierzu umfassen muss. Für Abs. 2 muss der Täter Absicht dahingehend haben, eine allgemeine subjektive Geneigtheit Dritter zu fördern oder zu wecken, die Ausführung einer der genannten Taten als Täter oder Teilnehmer als naheliegende Möglichkeit in Betracht zu ziehen (BT-Drs. 19/31115, 13); nicht erforderlich ist damit, dass er ganz bestimmte Personen zur Tatbegehung auffordern will.

5 **4. Abs. 4 und 5** enthalten **Tatbestandsausschlüsse.**

a) Abs. 4 enthält in Anlehnung an **§ 184b V 1** einen notwendigen Tatbestandsausschluss, wenn die genannten Tathandlungen der Wahrnehmung staatlicher Aufgaben oder von Aufgaben, die sich aus Vereinbarungen mit einer zuständigen staatlichen Stelle ergeben, oder der Wahrnehmung dienstlicher oder beruflicher Pflichten etwa als Anwälte, Sachverständige, Ärzte und wissenschaftliche Forscher (zB Begutachtungszwecken) dienen (BT-Drs. 19/31115, 13).

6 **b) Abs. 5** enthält in Anlehnung an **§ 184b VI** für Tathandlungen nach Abs. 1 und 3 einen Tatbestandsausschluss für dienstliche Handlungen im Rahmen von strafrechtlichen Ermittlungsverfahren, wenn kein kinderpornographischer Inhalt, der ein tatsächliches Geschehen wiedergibt oder der unter Verwendung einer Bildaufnahme eines Kindes oder Jugendlichen hergestellt worden ist, einer anderen Person oder der Öffentlichkeit zugänglich gemacht, verbreitet oder einer anderen Person der Besitz daran verschafft wird, und wenn die Aufklärung des Sachverhalts auf andere Weise aussichtslos oder wesentlich erschwert wäre. Damit soll verhindert werden, dass Ermittler als „Keuschheitsprobe" eine Missbrauchsanleitung senden müssen, um in entsprechende Foren zu gelangen (BT-Drs. 19/31115, 14).

7 **5.** Begeht der Adressat aufgrund der Anleitung Taten iSd §§ 176ff. steht die Anstiftung bzw. Beihilfe durch die Überlassung der Anleitung hierzu mit der Tat gem. § 176e angesichts von Handlungsidentität in **Tateinheit;** das gleiche gilt für die bloß versuchte Anstiftung zu einer Missbrauchstat. Ruft der nachmalige Missbrauchstäter zuvor eine Anleitung hierzu ab oder verschafft sich allein selbst sonst deren Besitz, dürfte § 176e als relativ milder Vorfeldtatbestand hinter §§ 176–176d zurücktreten.

8 **6. Abs. 6 S. 1** sieht die **Einziehung** der in Abs. 1 und 3 genannten Missbrauchsanleitungen vor, weil schon deren Besitz strafbar ist; S. 2 verweist auf § 74a, so dass Anleitungen auch iSv Abs. 2 Nr. 1 auch dann eingezogen werden, wenn sie nicht einem Täter oder Teilnehmer gehören. Für Übersendungen von **Missbrauchsanleitungen aus dem Ausland** → § 5 Nr. 8.

§ 177 Sexueller Übergriff; sexuelle Nötigung; Vergewaltigung

(1) **Wer gegen den erkennbaren Willen einer anderen Person sexuelle Handlungen an dieser Person vornimmt oder von ihr vornehmen lässt oder diese Person zur Vornahme oder Duldung sexueller Handlungen an oder von einem Dritten bestimmt, wird mit Freiheitsstrafe von sechs Monaten bis zu fünf Jahren bestraft.**

(2) **Ebenso wird bestraft, wer sexuelle Handlungen an einer anderen Person vornimmt oder von ihr vornehmen lässt oder diese Person zur Vornahme oder Duldung sexueller Handlungen an oder von einem Dritten bestimmt, wenn**
1. **der Täter ausnutzt, dass die Person nicht in der Lage ist, einen entgegenstehenden Willen zu bilden oder zu äußern,**
2. **der Täter ausnutzt, dass die Person auf Grund ihres körperlichen oder psychischen Zustands in der Bildung oder Äußerung des Willens erheblich eingeschränkt ist, es sei denn, er hat sich der Zustimmung dieser Person versichert,**
3. **der Täter ein Überraschungsmoment ausnutzt,**
4. **der Täter eine Lage ausnutzt, in der dem Opfer bei Widerstand ein empfindliches Übel droht, oder**
5. **der Täter die Person zur Vornahme oder Duldung der sexuellen Handlung durch Drohung mit einem empfindlichen Übel genötigt hat.**

(3) **Der Versuch ist strafbar.**

(4) **Auf Freiheitsstrafe nicht unter einem Jahr ist zu erkennen, wenn die Unfähigkeit, einen Willen zu bilden oder zu äußern, auf einer Krankheit oder Behinderung des Opfers beruht.**

(5) **Auf Freiheitsstrafe nicht unter einem Jahr ist zu erkennen, wenn der Täter**
1. **gegenüber dem Opfer Gewalt anwendet,**
2. **dem Opfer mit gegenwärtiger Gefahr für Leib oder Leben droht oder**
3. **eine Lage ausnutzt, in der das Opfer der Einwirkung des Täters schutzlos ausgeliefert ist.**

(6) [1]**In besonders schweren Fällen ist auf Freiheitsstrafe nicht unter zwei Jahren zu erkennen.** [2]**Ein besonders schwerer Fall liegt in der Regel vor, wenn**
1. **der Täter mit dem Opfer den Beischlaf vollzieht oder vollziehen lässt oder ähnliche sexuelle Handlungen an dem Opfer vornimmt oder von ihm vornehmen lässt, die dieses besonders erniedrigen, insbesondere wenn sie mit einem Eindringen in den Körper verbunden sind (Vergewaltigung), oder**
2. **die Tat von mehreren gemeinschaftlich begangen wird.**

(7) **Auf Freiheitsstrafe nicht unter drei Jahren ist zu erkennen, wenn der Täter**
1. **eine Waffe oder ein anderes gefährliches Werkzeug bei sich führt,**
2. **sonst ein Werkzeug oder Mittel bei sich führt, um den Widerstand einer anderen Person durch Gewalt oder Drohung mit Gewalt zu verhindern oder zu überwinden, oder**
3. **das Opfer in die Gefahr einer schweren Gesundheitsschädigung bringt.**

(8) **Auf Freiheitsstrafe nicht unter fünf Jahren ist zu erkennen, wenn der Täter**
1. **bei der Tat eine Waffe oder ein anderes gefährliches Werkzeug verwendet oder**
2. **das Opfer**
   a) **bei der Tat körperlich schwer misshandelt oder**
   b) **durch die Tat in die Gefahr des Todes bringt.**

(9) **In minder schweren Fällen der Absätze 1 und 2 ist auf Freiheitsstrafe von drei Monaten bis zu drei Jahren, in minder schweren Fällen der Absätze 4 und 5 ist auf Freiheitsstrafe von sechs Monaten bis zu zehn Jahren, in minder schweren Fällen der Absätze 7 und 8 ist auf Freiheitsstrafe von einem Jahr bis zu zehn Jahren zu erkennen.**

Fassung des 50. StÄG (→ Vor § 174 Rn. 14–15; → Vor § 1 Rn. 18zum 10.11.2016.

1 **1.** Die Vorschrift schützt die **Freiheit der sexuellen Selbstbestimmung** (→ Vor § 174 Rn. 1); sie erstreckt diesen Schutz im Gegensatz zum früheren Recht auch auf den ehelichen Bereich (BT-Drs. 13/7324, 5; BT-Drs. 7663, 2) und unabhängig vom Geschlecht des Täters und des Opfers. Sie ist durch das 50. StÄG massiv ausgeweitet und strukturell umgestaltet worden. Bereits die neue Titulierung macht deutlich, dass Ausgangspunkt von § 177 nF der **„sexuelle Übergriff"** ist. Die weiterhin aE stehende **„Vergewaltigung"** ist unverändert nur Hinweis auf ein Regelbeispiel; dagegen ist der unveränderte Hinweis auch auf eine **„sexuelle Nötigung"** strukturell verfehlt, denn der bisherige Tatbestand der sexuellen Nötigung in Abs. 1 aF hat mit der Reform den für die Nötigung typischen Charakter des Einsatzes eines Nötigungsmittels zur Erzwingung eines Nötigungserfolges (hier der Duldung einer sexuellen Handlung) komplett eingebüßt. Eine solche Nötigungskomponente findet sich als Tatbestandsmerkmal nur noch in Abs. 2 Nr. 5, der aber als Ersatz für § 240 IV Nr. 1 aF konzipiert ist und damit gerade nicht die bisherigen sexuellen Nötigungen iSv § 177 I aF, sondern jede Nötigung iSv § 240 I zu einer sexuellen Handlung erfasst. Die Abkehr von der früheren sexuellen Nötigung als den Grundtatbestand der §§ 177, 178 hat der Gesetzgeber bewusst vorgenommen, um aus seiner Sicht ebenfalls strafwürdige sexuelle Übergriffe besser erfassen zu können (BT-Drs. 18/9097, 21). Allerdings hätte dann eine Streichung des überkommenen Terminus aus der amtlichen Überschrift nahe gelegen (→ Vor § 174 Rn. 14).

2 **a)** Die früheren Abs. 1–5 finden sich sprachlich zwar in den neuen Abs. 5–9 wieder, doch führt die Schaffung neuer Grundtatbestände in Abs. 1 und 2 als Anknüpfungspunkte zu einer bewussten **erheblichen inhaltlichen Ausweitung** gegenüber den Vorgängernormen. Da allerdings alle bis zum 9.11.2016 bereits strafbaren Verhaltensweisen weiterhin mindestens mit Strafe bedroht sind, bleiben §§ 177, 178, 179, 240 IV Nr. 1 aF im Lichte von § 2 III für bis dahin abgeschlossene Tathandlungen weiterhin uneingeschränkt anwendbar (Abs. 1 und 2 sind gegenüber § 179 aF milder, BGH NStZ-RR 2018, 107). Systematisch handelt es sich bei den beiden als „Sexueller Übergriff" titulierten Missbrauchstatbeständen in Abs. 1 und 2 um **Vergehensgrundtatbestände,** während Abs. 4, 5, 7 und 8 echte **Verbrechensqualifikationen** hierzu normieren; eine **Erfolgsqualifikation** findet sich weiterhin in § 178.

3 **b)** Wie bisher Abs. 2 aF enthält nunmehr Abs. 6 **Regelbeispiele** eines besonders schweren Falles. Da allerdings nicht mehr Ausgangspunkt dieser Regelbeispiele

eine sexuelle Nötigung iSd Abs. 1 aF sein soll, sondern eben „nur" ein Vergehen nach Abs. 1 oder Abs. 2, führt die Beibehaltung dieser Technik dazu, dass auch bei bloßen Vergehen allein das Vorliegen eines Regelbeispiels zu einer Verschiebung der Strafrahmengrenze über die in Abs. 4 und 5 normierten Verbrechen hinaus führt. Da obendrein weiterhin bei Vorliegen von Abs. 6 Nr. 1 trotz des bloßen Strafzumessungscharakters von Regelbeispielen eine Verurteilung wegen „Vergewaltigung" ergehen dürfte, führt diese im Gesetzgebungsverfahren nicht näher erklärte (und wahrscheinlich nicht bedachte) Struktur von § 177 nunmehr dazu, dass trotz des bei Bejahung von Abs. 6 Nr. 1 anzuwendenden Mindeststrafrahmens von zwei Jahren Freiheitsstrafe eine Verurteilung nur wegen des Vergehens der Vergewaltigung zu ergehen hat, zumindest solange nicht auch Abs. 4 oder Abs. 5 mitverwirklicht sind; angesichts von Abs. 3 wäre zwar der Versuch, mangels Verbrechenscharakter nicht aber auch eine Verabredung hierzu etc gem. § 30 strafbar. Die Rechtspraxis könnte das Missverhältnis von einem Vergehen der Vergewaltigung mit einer Mindeststrafe deutlich im Verbrechensbereich dadurch lösen, dass bei Nichtvorliegen der Voraussetzungen der Abs. 4 oder Abs. 5 typischerweise trotz Erfüllung der Merkmale des Regelbeispiels des Abs. 6 Nr. 1 im Einzelfall doch die dadurch bewirkte Strafschärfung verneint wird; da sich in der Gesetzesbegründung zu dieser neuartigen Situation nichts findet, ist davon auszugehen, dass der Gesetzgeber dieses Problem nicht realisiert hat, so dass eine solche Rspr. noch im Rahmen zulässiger Auslegung wäre. Damit wäre auch – anders als bisher – bei einigen „Vergewaltigungen" eine Einstellung nach § 153a StPO nicht per se ausgeschlossen. Anders hat die Ausdehnung des Anwendungsbereichs einer als solches zu bezeichnenden Vergewaltigung zur Folge, dass auch die bloße Duldung bestimmter sexueller Handlungen nunmehr die Ausstellung eines Europäischen Haftbefehls ohne Prüfung der beiderseitigen Strafbarkeit erlaubt.

2. Täter aller Tathandlungen kann jedermann, auch eine Frau sein. Die Tat ist 4
weder ein Sonderdelikt (→ Vor § 13 Rn. 33) noch ein eigenhändiges Delikt (→ § 25 Rn. 3; ebenso schon BGHSt 6, 226 = NJW 1954, 1292); wie nach Abs. 1 aF kommt namentlich in Frage, dass von mehreren Beteiligten der eine nötigt und der andere die sexuelle Handlung vollzieht (BGH NStZ 1985, 71), doch führt der Verzicht auf die bislang konstitutive Nötigungskomponente dazu, dass jede Form mittäterschaftlichen Verhaltens möglich ist. Ob die in unterschiedlicher Rolle Beteiligten Täter oder Teilnehmer sind, bestimmt sich nach den allgemeinen Regeln und ist wegen der verschiedenen Teilnahmelehren (→ Vor § 25 Rn. 3–6) umstritten (vgl. etwa MaiwaldMaurach/Schroeder/Maiwald/Hoyer/Momsen StrafR BT § 18 Rn. 20); da sich jedoch zu Abs. 1 aF das tatbestandsmäßige Verhalten in der Nötigung zugunsten eines Dritten erschöpfen konnte, ist auch nach subjektiver Lehre (→ Vor § 25 Rn. 5) Mittäter, wer sich als Tatgenosse auf das Nötigen beschränkt (BGHSt 27, 205 = NJW 1977, 1784), aber etwa auch im Rahmen von Abs. 1 nF, wer das Opfer bestimmt mit einem Mittäter sexuelle Handlungen vorzu*nehmen. Ob wie zu* Abs. 2 Nr. 1 aF dieAnnahme des Regelbeispiels der Vergewaltigung iSd Abs. 6 Nr. 1 erfordert, dass der Täter die erschwerende sexuelle Handlung **selbst** begeht (so zur aF BGH NJW 1999, 2909; NStZ 2000, 418) ist angesichts des veränderten Wortlauts fraglich geworden (dagegen BGH NStZ-RR 2019, 76; offen gelassen von BGH NStZ-RR 2019, 13); folgt man der früheren Ansicht kommt für einen nicht selbst den Beischlaf usw vollziehenden Mittäter immer noch eine Strafschärfung nach Abs. 6 Nr. 2 in Betracht, die „nur" nicht in der Bestrafung wegen „Vergewaltigung" münden kann.

5 **3. Abs. 1** normiert den **sexuellen Übergriff** nach dem sog. „Nein heißt Nein"-Konzept, dh die Vornahme sexueller Handlungen gegen den Willen des Betroffenen (ausf. El-Ghazi ZIS 2017, 157). Der Täter muss daher **sexuelle Handlungen iSv § 184h Nr. 1** entweder am Opfer vornehmen, von diesem vornehmen lassen oder dieses zur Vornahme auch an sich selbst oder Duldung solcher bestimmen; in letzterem Fall ist nicht erforderlich, dass der Täter anwesend ist, so dass er auch in einem „Chatroom" verbleiben kann (BGH NStZ-RR 2020, 276 mit krit. Bespr. Wagner NStZ 2021, 562). Erfasst werden sexuelle Handlungen des Täters oder eines Dritten am Opfer sowie solche, die das Opfer an sich selbst oder einem Dritten vornehmen muss (BT-Drs. 18/9097, 23; Fischer Rn. 7). **Bestimmen** (→ § 26 Rn. 2) heißt in welcher Weise auch immer auf das Opfer mental und kommunikativ einzuwirken; ein Nötigen ist möglich, aber nicht notwendig (Fischer Rn. 8); Überreden reicht aus (Noltenius/Wolters in SK-StGB Rn. 14). DieVornahme bzw. Duldung der sexuellen Handlung muss **gegen den erkennbaren Willen** des Opfers erfolgen (dazu Wolters FS Merkel, 2020, 951), wobei es auf den Willen zurzeit der Vornahme der sexuellen Handlung ankommt; ein (auch konkludenter) Widerruf einer bereits erteilten Zustimmung zB zum Beischlaf ist auch während dessen Vollzug jederzeit möglich (BGH NStZ-RR 2022, 73 mAnm Fahl), selbst wenn der Beischlaf zuvor bereits vollendet ist (zB mit Eindringen), der Täter aber ihn aber noch nicht beendet hat Führt das Bestimmen mithin dazu, dass kein dieser Handlung entgegenstehender Wille (mehr) erkennbar ist (zB bei Überreden), entfällt der Tatbestand (Fischer Rn. 8). Der entgegenstehende Wille muss nach außen erkennbar sein, so dass ein bloß innerer Vorbehalt nicht genügt (BT-Drs. 18/9097, 23), selbst wenn der Täter diesen kennt (dazu krit. Fischer Rn. 12). Ausreichend ist eine ausdrückliche oder konkludente Äußerung (zB Weinen oder Abwehr der sexuellen Handlung), sofern sie die Ablehnung der sexuellen Handlung für einen objektiven Dritten – angesichts des Vorsatzerfordernisses, das nach dem Wortlaut auch die Erkennbarkeit des Willens umfasst, muss der Täter das Vorliegen eines erkennbar entgegenstehenden Willens jedenfalls für möglich gehalten haben – eindeutig erkennen lässt (BGH NStZ 2019, 717), so dass bei ambivalenten Äußerungen Abs. 1 ausscheidet (BT-Drs. 18/9097, 23; in bestimmten Fällen kommt Abs. 2 in Betracht); das gilt auch, wenn ein geäußertes „Nein" nicht klar auf den Sexualakt bezogen scheint, sondern etwa bloß dessen filmisches Festhalten betrifft. Auf die Motivation des Opfers kommt es nicht an. Während im Fall der Vornahme sexueller Handlungen durch den Täter nicht selten trotz deren Duldung der entgegenstehende Wille erkennbar sein dürfte, muss bei einem Bestimmen zur Vornahme solcher Handlungen durch das Opfer nach außen deutlich werden, dass dieses letztlich nicht aufgrund kommunikativer Überzeugung durch den Täter, sondern immer noch gegen seinen Willen agiert, was wohl regelmäßig eine nach außen erkennbare Nötigungs- oder Drucksituation erfordern dürfte (BGH NStZ 2019, 717 mAnm Ziegler; Schönauer JR 2020, 30; zust Bespr. Fischer NStZ 2019, 580; anders Hörnle NStZ 2019, 439; sa Noltenius/Wolters in SK-StGB Rn. 13, andere Situation logisch nicht vorstellbar; soweit der Täter das Opfer zur Vornahme genötigt hat, ist allerdings Abs. 2 Nr. 5 spezieller). Die Erkennbarkeit der Willensäußerung muss sich aber auf einen (noch) entgegenstehenden inneren Willen beziehen. Hat es daher zwar für einen Dritten (noch) den Anschein, das Opfer habe einen entgegenstehenden Willen geäußert, widerspricht die Vornahme oder Duldung der sexuellen Handlung aber nicht (mehr) seinem wirklichen Willen, muss daher Abs. 1 ausscheiden. Das ist etwa der Fall, wenn das Opfer sich zunächst sträubt, dann aber aufgrund von Überredung etc doch mit dem Sexualakt einverstanden zeigt, ohne zumindest konkludent die zuvor geäußerte Ablehnung zurückzunehmen. Eine zwar noch nach außen erkennbare

vorherige Äußerung, die nicht mehr dem Willen des Opfers entspricht, kann nicht (mehr) als erkennbar entgegenstehender Wille klassifiziert werden. Erkennt der Täter diesen Sinneswandel nicht und glaubt, den Willen des Opfers zu negieren, kommt ein untauglicher Versuch (Abs. 3) in Betracht. Glaubt der Täter umgekehrt irrig, trotz zunächst erkannter Ablehnung sei das Opfer aufgrund zwischenzeitlicher Überzeugungsversuche nunmehr doch mit der sexuellen Handlung einverstanden, liegt ein Tatbestandsirrtum iSv § 16 vor.

Der geäußerte **Widerwillen** muss sich nicht allgemein auf alle sexuellen Handlungen beziehen, sondern **kann auch einzelne betreffen** (zB Analverkehr statt Beischlaf); ist das Opfer zwar bis zuletzt mit dem Geschlechtsverkehr als solchem, nicht aber mit den dabei vom Täter ausgehenden Tätlichkeiten einverstanden gewesen, kommt eine Strafbarkeit wegen sexueller Nötigung (Abs. 5 in Tateinheit mit § 223) in Betracht, wenn die Tätlichkeit ihrerseits als sexuelle Handlungen zu werten sind (BGH NStZ 2019, 407). Weil der Widerwille sich aber auf eine sexuelle Handlung beziehen muss, war zunächst fraglich, ob ausreicht, wenn das Opfer keinen Widerwillen gegen den Geschlechtsverkehr hat, der Täter aber bei dessen Vornahme den Wunsch nach Nutzung eines Kondoms ignoriert bzw. während des Aktes sein Kondom heimlich entfernt (sog. **„Stealthing"**). Nach Uneinigkeit bei Instanzgerichten (gegen Strafbarkeit – so auch → 29. Aufl. 2018– mit beachtlichen Gründen AG Kiel StV 2021, 311 mit krit. Bespr. Pschorr StraFo 2021, 279) haben erste obergerichtliche Entscheidungen eine Strafbarkeit bejaht, weil der ungeschützte Geschlechtsverkehr etwas anderes sei als der geschützte (BayObLG NStZ-RR 2022, 43 (auch bei anderen sexuellen Handlungen und ohne Ejakulation); OLG Schleswig NStZ 2021, 619 mzustAnm Makepeace StraFo 2021, 250; KG StV 2021, 311, jedenfalls bei erfolgter Ejakulation); entscheidend sei, dass der dem Geschlechtsverkehr ohne Kondom entgegenstehende Wille während des gesamten Sexualaktes fortbestehe (Herzog in FS Fischer, 2018, 351 (356f.); Vavra ZIS 2018, 611; Hoven NStZ 2020, 578). Es bleiben freilich gewisse Bedenken, weil der Gesetzgeber in § 177 ausdrücklich nur auf die sexuelle Handlung als solche abstellt, während er zeitgleich in § 33 ProstSchG ausdrücklich das Verkehren mit einer Postituierten ohne Kondom als Ordnungswidrigkeit sanktioniert wissen will, was vor dem Hintergrund von Art. 103 II zumindest unklar wirken muss (für Verfassungswidrigkeit der Erfassung von Stealthing durch § 177 deshalb AG Kiel StV 2021, 311). Obwohl es dabei iSv Abs. 6 II Nr. 1 typischerweise zum Beischlaf kommt, tendiert die Rspr. bislang nicht zur Bejahung einer Vergewaltigung (dafür aber Makepeace KriPoZ 2021, 10). – Irrt sich das Opfer vor der sexuellen Handlung über damit verbundene nichtsexuelle Umstände (zB die Vermögensverhältnisse oder den Heiratswillen) oder die Identität des Täters und verzichtet deshalb auf die Äußerung der Ablehnung, dürfte es zu weit gehen, in der irrigen Akzeptanz der sexuellen Handlung deren explizitiert Ablehnung erkennen zu können (Fischer Rn. 2a, 2b; anders für die Identitätstäuschung Hoven/Weigend KriPoZ 2018, 156; Vavra ZIS 2018, 611; Hoven NStZ 2020, 578). **5a**

4. Abs. 2 erfasst dieselben Handlungen in Konstellationen, in denen der entgegenstehende Wille nicht iSv Abs. 1 erkennbar ist, aber dem Opfer die Äußerung seines Willens entweder nicht zumutbar oder nicht möglich ist (BT-Drs. 18/9097, 23). Anders als in Abs. 1 muss der Sexualakt hier nicht dem inneren Willen des Opfers widersprechen, sofern die Bildung eines entgegenstehenden Willens aufgrund der Umstände oder der Konstitution des Opfers diesem nicht möglich ist. Nr. 1 und 2 sind gegenüber § 179 I aF milder iSv § 2 III (BGH NStZ-RR 2017, 240 (242); NStZ-RR 2018, 33). **6**

7 **a) Nr. 1** erfasst Fälle, in denen das Opfer zur **Bildung oder Äußerung eines Willens absolut unfähig** ist; erfasst sind damit grds. psychisch wie körperlich widerstandsunfähige Personen iSv § 179 I aF. Da es darauf ankommt, dass das Opfer zur Tatzeit zur Willensbildung oder -äußerung objektiv nicht in der Lage ist, genügt ein vorübergehender Zustand wie etwa die Beibringung von K.O.-Tropfen (BT-Drs. 18/9097, 23) oder Schlaf (BGH StV 2020, 473). Eine bloße Einschränkung der Fähigkeit zur Willensbildung oder -äußerung reicht ebenso wenig wie Hilfsbedürftigkeit des Opfers (BT-Drs. 18/9097, 23 (24)). An eine Willensäußerungsfähigkeit dürfen nicht zu hohe Anforderungen gestellt werden, weil anderenfalls auch vom Opfer gewollte sexuelle Handlungen bei Strafe verboten sind, bloß weil das Opfer mit der Artikulation seiner Zustimmung erhebliche Schwierigkeiten hat; unmöglich ist eine Willensäußerung daher nur dann, wenn auch für mit dem Opfer vertraute Personen unmöglich ist, aus dessen Reaktionen (Augenblinzeln etc) auf eine Willensäußerung zu schließen (lässt sich dies nicht klären, ist Abs. 2 Nr. 2 anzuwenden, so dass die Strafbarkeit ua davon abhängt, ob der Täter sich der Zustimmung versichert hat oder nicht). Eine solche Lage des Opfers nutzt der Täter aus, wenn er sie erkennt und sich für die sexuelle Handlung zunutze macht (BT-Drs. 18/9097, 23). Angesichts der Qualifikation in Abs. 4 dürfte Nr. 1 vor allem für vorübergehende Beeinträchtigungen etwa durch kürzere Erkrankungen oder Rauschmittel, nicht dagegen für dauerhafte Krankheiten zur Anwendung kommen. Bringt der Täter allerdings die K.O.-Tropfen etc dem Opfer selbst bei, geht Abs. 5 Nr. 1 vor, so dass nur für die Ausnutzung einer nicht durch den Täter oder nicht vorsätzlich geschaffenen vorübergehenden Unfähigkeit Nr. 1 Relevanz hat.

8 **b) Nr. 2** erfasst darüber hinaus Fälle, in denen das Opfer aufgrund seines **körperlichen oder psychischen Zustands in der Bildung oder Äußerung des Willens erheblich eingeschränkt** ist. Erfasst sind damit Personen, die zwar einen natürlichen Willen bilden und äußern können (anderenfalls Nr. 1), in dieser Fähigkeit nicht notwendig dauerhaft, aber zumindest zur Tatzeit (zB alkoholbedingt) erheblich eingeschränkt sind. Erheblich soll die Einschränkung sein, wenn sie aus objektiver Sicht offensichtlich ist und sich einem Dritten ohne Weiteres aufdrängt (BT-Drs. 18/9097, 23 (24)); damit wird freilich das Kriterium der Erheblichkeit, welches nach allgemeinem Sprachgebrauch und auch sonst im StGB (vgl. § 303 II: nicht unerheblich) allein die Schwere der Einschränkung beschreibt, aus nicht nachvollziehbaren Gründen vom Gesetzgeber mit dem in Abs. 1 verwendeten Kriterium der Erkennbarkeit gleichgesetzt. In der Gesetzesbegründung wird dies leider noch weiter verunklart, ist doch auch dort die Rede davon, die Einschränkung müsse nur „eine gewisse Erheblichkeit aufweisen" (BT-Drs. 18/9097, 23 (24)), was sprachlich das gesetzliche Erfordernis der (mindestens) Erheblichkeit zum Nachteil des Täters einschränken würde und deshalb ausscheiden muss. Auch die Verwendung zweier unterschiedlicher Begriffe in einem Gesetzgebungsakt spricht gegen deren Vermischung im Wege der Interpretation, weshalb Erheblichkeit nur eine gewisse Schwere der Einschränkung der Fähigkeit zur Willensbildung oder -äußerung meinen kann, was sich wiederum – eigentlich selbstverständlich – nicht aus der Wahrnehmung des Opfers oder des Täters, sondern allein aus objektiven Umständen ergeben kann, dann aber auch mangels eines sachdienlichen Hinweises in der Begründung und ohne bestehende Rspr. hierzu kaum handhabbar ist (Fischer Rn. 29 erwägt beispielhaft ein Abstellen auf das Alter des Opfers, doch führe dies zu Friktionen mit § 182 II; Renzikowski in MüKoStGB Rn. 70; und Noltenius/Wolters in SK-StGB Rn. 27 differenzieren zwischen intellektueller und voluntati-

ver Komponente). Daher werden allenfalls eindeutige Fälle erfasst werden können, etwa wenn das Opfer so stark alkoholisiert ist, dass es iSv § 21 zumindest vermindert schuldfähig wäre. Die Einschränkung muss auf dem körperlichen oder psychischen Zustand beruhen. **Psychisch** meint so viel wie seelisch in § 20 (→ § 20 Rn. 3; → § 171 Rn. 3). **Körperlich** meint dann alle Grebrechen oder Hemnisse, die nicht auf eine psychische Störung zurückzuführen sind, wofür beispielhaft Lähmung und Alkoholisierung genannt werden (BT-Drs. 18/9097, 23 (24)). Allerdings wirft das Beispiel der Lähmung Probleme auf, wenn diese nicht die Kommunikationsfähigkeit betrifft, denn zB ein querschnittsgelähmtes Opfer ist natürlich nicht deswegen in seiner Fähigkeit zur Willensbildung oder -äußerung eingeschränkt (vgl. Fischer Rn. 57). Eine Strafbarkeit nach Nr. 2 scheidet nach dem hier zugrunde gelegten „nur Ja heißt Ja"-Konzept aus, wenn sich der Täter vor Vornahme jeder einzelnen sexuellen Handlung der **Zustimmung** des Opfers **versichert** hat. Diese kann ausdrücklich oder konkludent erklärt und jederzeit – auch während des Sexualakts – zurückgenommen werden. Dass Zweifel des Vorliegens der Zustimmung zum Nachteil des Täters gereichen sollen (so BT-Drs. 18/9097, 23 (24)) widerspricht freilich elementar dem Zweifelssatz und lässt sich – entgegen der Gesetzesbegründung – auch nicht aus dem Terminus „versichern" ableiten, denn dieser meint eben nur, dass der Täter fragt und eine von ihm als Zustimmung gedeutete Erklärung erhält. Freilich erfüllt damit derjenige den Tatbestand von Nr. 2, der mit der Vornahme der sexuellen Handlung zwar dem (noch) nicht geäußerten Willen des Opfers entspricht, sich dessen aber nicht zuvor vergewissert hat; dies soll strafmildernd berücksichtigt werden (BT-Drs. 18/9097, 23 (25)). Hat das Opfer vor einer dahingehenden Frage des Täters bereits Zustimmung signalisiert, wird man ein Nachfragen nur dann verlangen können, wenn die Signale als solche nicht eindeutig sind. – Nach der Rspr. soll eine erhebliche Einschränkung der Fähigkeit zur Bildung oder Äußerung des Willens gegeben sein, wenn die Fähigkeit des Opfers, einen entgegenstehenden Willen zu bilden und zu äußern gegenüber Personen ohne eine Beeinträchtigung deutlich herabgesetzt – aber noch nicht aufgehoben – ist; dies kann namentlich daran liegen, dass das Tatopfer zustandsbedingt die Situation nicht in ihrer Tragweite oder nicht schnell genug erfasst oder Wahrnehmungsstörungen hat, aber auch daran, dass es wegen kurzzeitiger Bewusstlosigkeit, Schwindel, Kopfschmerzen usw in der Willensbildung oder Willensäußerung eingeschränkt ist (OLG Hamm StRR 2021, Nr 5, 31).

c) Nr. 3 betrifft die **Ausnutzung des Überraschungsmoments.** Ein Täter nutzt ein Überraschungsmoment aus, wenn er die äußeren Umstände erkennt, aus denen sich ergibt, dass sich das Opfer keines sexuellen Angriffs auf seinen Körper versieht; ferner muss er dieses Überraschungsmoment als Bedingung für das Erreichen seiner sexuellen Handlung dergestalt erfassen, dass er zumindest für möglich hält, dass das Opfer in die sexuelle Handlung nicht einwilligt und dessen Überraschung den Sexualkontakt ermöglicht oder zumindest erleichtert (BGHSt 64, 55 = *NJW 2019, 2040 m*Anm Eisele JR 2019, 537; Erfasst ist auch die Situation, dass das Opfer zwar noch kurzfristig einen Willen bilden, diesen aber nicht mehr äußern kann (BGH NStZ 2022, 39); daneben soll auch erfasst sein, dass das Opfer den Willen aufgrund der Überrumpelung nicht durchsetzen kann (BT-Drs. 18/9097, 23 (25)), doch ist hier – soweit der Widerwille noch geäußert worden ist, bereits Abs. 1 einschlägig. Nr. 3 zielt insbes. auf gravierende sexuelle Übergriffe (sonst § 184i) im öffentlichen Raum, ist aber darauf nicht beschränkt, so dass auch Übergriffe in privaten Räumen und zwischen Bekannten erfasst sind (BT-Drs. 18/9097, 9

23 (25)). Wenn der Täter das Opfer zwar mit seiner sexuellen Handlung überrascht, dieses aber mit deren Vornahme einverstanden ist (wie im Privatraum unter Intimpartnern gut möglich), kann von einem Ausnutzen des Überraschungsmoments nicht die Rede sein, so dass Nr. 3 entfallen muss (vgl. Fischer Rn. 39; Renzikowski in MüKoStGB Rn. 85; Noltenius/Wolters in SK-StGB Rn. 34).

10 **d) Nr. 4** erfasst das **Ausnutzen einer Lage,** in der dem Opfer objektiv **bei Widerstand ein empfindliches Übel** iSv § 240 I (→ § 240 Rn. 13, 14) **droht,** ohne dass der Täter selbst drohen muss (BT-Drs. 18/9097, 26, Klima der Gewalt genügt; anders Noltenius/Wolters in SK-StGB Rn. 39; Renzikowski in MüKoStGB Rn. 89). Dabei muss es um eine konkrete Lage gehen, so dass allgemeine Lebenssituationen wie Arbeitsverhältnis, Partnerschaft, Ehe, Mitgliedschaft in einer Organisation als solche nicht ausreichen (Fischer Rn. 46). Widerstand ist nicht nur körperliche Gegenwehr, sondern auch jede Verweigerung der Mitwirkung an der sexuellen Handlung (Fischer Rn. 44).

11 **e) Nr. 5** erfasst nunmehr – anstelle von § 240 IV Nr. 1 aF – die **Nötigung** iSv § 240 I zu einer sexuellen Handlung, wobei neben deren **Duldung** auch die **Vornahme** durch das Opfer sowohl am Täter als auch an einem Dritten erfolgen kann (Fischer Rn. 49). Im Unterschied zu § 240 IV Nr. 1 aF genügt Nötigung mit Gewalt nicht (dann aber Abs. 5 Nr. 1); andererseits ist die Verwerflichkeit (§ 240 III) nicht mehr festzustellen. Macht also der Täter mit vis absoluta den Widerstand des Opfers unmöglich (zB Fesselung) und zwingt es dadurch zur Duldung sexueller Handlungen scheidet Nr. 5 aus, ebenso Abs. 1, wenn der Widerwille gegen die sexuelle Handlung nicht durch die gefesselte Person kommuniziert wird; es bleibt dann aber § 240 I. Erfasst soll auch die Drohung mit dem Abbruch einer Beziehung bei Nichtvornahme von sexuellen Handlungen mit einer (vermeintlich) anderen Person sein (OLG Karlsruhe NStZ 2019, 350), doch dürfte dies zumindest bei voll zurechnungsfähigen Personen fraglich sein, weil sie einer solchen Drohung eigentlich standhalten sollten.

12 **5. Abs. 4** ist Qualifikation nur zu Abs. 2 Nr. 1 (BT-Drs. 18/9097, 27), wenn die **Unfähigkeit zur Willensbildung oder -äußerung** auf einer vorübergehenden oder dauerhaften körperlichen oder psychischen **Krankheit** (nicht auch rauschbedingt), ein regelwidriger Körper- oder Geisteszustand, der Behandlungsbedürftigkeit bzw. Arbeitsunfähigkeit zur Folge hat, **oder Behinderung** iSv § 2 SGB IX **des Opfers beruht,** dh wenn ihre körperliche Funktion, geistige Fähigkeit oder seelische Gesundheit mit hoher Wahrscheinlichkeit länger als sechs Monate von dem für das Lebensalter typischen Zustand abweicht und daher ihre Teilhabe am Leben in der Gesellschaft beeinträchtigt ist (BT-Drs. 18/9097, 26). Im Unterschied zu dem aufgehobenen § 179 kommt es nicht mehr darauf an, dass das Opfer dadurch auch widerstandsunfähig ist. Allerdings muss die Krankheit oder Behinderung entweder beim Opfer bereits eine Willensbildung verunmöglichen, was etwa bei bloß körperlichen Leiden, aber auch psychische Krankheiten, die zwar die Willensbildung beeinträchtigen, nicht aber gänzlich ausschließen, ausscheiden muss (dann bleibt Abs. 2 Nr. 2), oder eine Äußerung des – mutmaßlichen entgegenstehenden – Willlens unmöglich machen; daher genügt eine Querschnittslähmung nicht, weil sie zwar die Widerstandsfähigkeit, nicht aber die Willensäußerungsfähigkeit tangiert (Fischer Rn. 57). Der Vorsatz muss daher neben dem Ausnutzen der Unmöglichkeit zu Willensbildung oder -äußerung (wie für Abs. 2 Nr. 1 genügend) auch das Vorliegen der Krankheit bzw. Behinderung sowie deren Kausalität

für die aktuelle Einschränkung des Opfers in Bezug auf Willensbildung oder -äußerung umfassen (BGH NStZ-RR 2018, 188).

6. Abs. 5 ist Qualifikation zu Abs. 1 und 2 und orientiert sich in den Tatbestandsmerkmalen an § 177 I aF; weil aber die bisher erforderliche Nötigungskomponente entfallen ist, kommt es nicht mehr darauf an, dass diese Mittel noch auf eine Brechung des Willens des Opfers gerichtet sind (BGHSt 63, 220 = NJW 2019, 1010 mAnm Ziegler NStZ 2019, 673; Hoven StV 2019, 542; BT-Drs. 18/9097, 26; aM Noltenius/Wolters in SK-StGB Rn. 53). Die Rspr. zu den drei bisherigen Nötigungsmitteln lässt sich also auf Abs. 5 übertragen, wenn man den bisher erforderlichen Bezug zum Nötigungserfolg, dh der Vornahme oder Duldung der sexuellen Handlung, außer Betracht lässt. Insbesondere müssen die Mittel nicht mehr dazu führen, einen Widerstand des Opfers gegen die sexuelle Handlung zu brechen. Auch für Abs. 5 gilt aber weiterhin: Willigt das durch die Nötigung sexuell erregte Opfer freiwillig in die sexuelle Handlung ein, so scheidet § 177 aus (BGH GA 1964, 377; aM Sick ZStW 103 (1991), 43 (62), beide zur „Einwilligung" in den „Beischlaf" nach § 177 aF). Auch „nicht unwillkommene" Gewalt (vis haud ingrata) ist nicht tatbestandsmäßig, wenn das Opfer keinen inneren Widerwillen hat, die Zwangsausübung vielmehr als Bestandteil der sexuellen Handlung bejaht (hM zu § 177 aF); sie wird uU aber als Versuch erfasst. Umgekehrt ist die erzwungene Fortsetzung der zunächst freiwillig geduldeten sexuellen Handlung ausreichend (BGH NStZ 1991, 431; JR 1993, 163 zu § 177 aF). 13

7. a) Gewalt in Form von vis absoluta und vis compulsiva → § 240 Rn. 5–11. Diese muss vom Täter nicht mehr eingesetzt werden, um die sexuelle Handlung zu erzwingen, so dass genügt, wenn er sie zur Tatzeit zu anderen Zwecken einsetzt (BT-Drs. 18/9097, 27, gegen den Willen des Opfers streichelt es der Täter im Intimbereich und schlägt zur Luststeigerung auf es ein); ein Sexualbezug der Gewalt ist nicht notwendig, doch kann die Gewalt Teil der sexuellen Handlung sein (BT-Drs. 18/9097, 27; aM Noltenius/Wolters in SK-StGB Rn. 56, str.). Ausreichend ist das heimliche Beibringen von Rausch-, Betäubungs- oder Schlafmitteln (Renzikowski in MüKoStGB Rn. 107). Wird die Gewalt vor der Vornahme der sexuellen Handlung eingesetzt, muss sie zu deren Beginn noch tatsächlich fortwirken (zB bei Fesselung); angesichts des Verzichts auf die Nötigungsstruktur nicht mehr entscheidend ist dagegen, ob durch eine als solche abgeschlossene Gewalthandlung (zB Schläge) noch zurzeit der sexuellen Handlung für das Opfer ein Nötigungsdruck bestanden hat (zu Abs. 1 aF noch BGH NStZ-RR 2017, 338). Ist das Opfer mit der Anwendung der Gewalt einverstanden (zB der Beibringung von Rauschmittel, vgl. BGHSt 14, 82 = NJW 1960, 782 zu § 177 aF), lehnt aber danach eine sexuelle Handlung ab, dürfte nur Abs. 1 oder Abs. 2 Nr. 1, nicht aber auch Abs. 5 anzunehmen sein. Auf das Maß der Gewalt kommt es – wie schon nach der im Folgenden zitierten Rspr. zu § 177 aF – nicht an (BGH NStZ 1985, 71); es genügt, dass die *Gesamtsituation* vom Opfer als körperliche Zwangslage empfunden wird; deshalb reicht das Einsperren des Opfers aus (BGH GA 1981, 168; NStZ 1993, 340; NStZ 1995, 229 (230); NStZ 2012, 34; NStZ-RR 2003, 42; StraFo 2011, 104), auch das Festhalten des Opfers (BGH NStZ-RR 2003, 42; NStZ 2011, 456; beachte aber BGH NStZ-RR 2009, 202). Im Unterschied zur bisherigen Rechtslage (vgl. BGH NStZ-RR 2016, 202), genügt angesichts des Verzichts auf die Nötigungsstruktur für Nr. 1 nunmehr, wenn die Vornahme der sexuellen Handlung selbst mit einer Gewalteinwirkung auf das Opfer (zB Verletzung bei Penetration) verbun- 14 den ist, die sich freilich nicht bloß in der sexuellen Handlung als solcher erschöpfen darf (sonst wäre fast jede Handlung nach Abs. 1 zugleich Gewalt).

15 **b) Drohung** → § 240 Rn. 12. **Gegenwärtige Gefahr für Leib oder Leben** → § 315c Rn. 21–23; die bloße Androhung von Schlägen reicht nicht (BGH StV 1994, 127; StV 2001, 679 jeweils zu § 177 aF; die in BGH NStZ 1999, 505 maßgebliche Schaffung eines Klimas der Angst und Einschüchterung erfüllt nunmehr Abs. 2 Nr. 4; trotz der zuvor postulierten inhaltlichen Ausrichtung am bisherigen Recht, nennt BT-Drs. 18/9097, 27 freilich als tatbestandsmäßige Drohung, das Opfer „grün und blau zu schlagen"), erst recht nicht diejenige mit Haarabschneiden (KG StV 2013, 749 = BeckRS 2013, 13929); die Drohung kann sich unmittelbar gegen eine dem Opfer nahe stehende Person richten (BGH NStZ 1994, 31 zu § 177 aF; → § 240 Rn. 15; → § 255 Rn. 1), sofern sie das Opfer als eigenes Übel empfindet (Renzikowski in MüKoStGB Rn. 121; noch strenger Wolters/Noltenius in SK-StGB Rn. 62), jedoch nicht in einer Selbstmorddrohung bestehen (BGH NStZ 1982, 286 zu § 177 aF). Eine einmal angewandte Gewalt sowie eine zunächst zu anderen Zwecken ausgesprochene Drohung kann als (konkludente) Drohung fortwirken (BGH NStZ-RR 2003, 42; NStZ 2010, 570; NStZ 2012, 34; NStZ 2013, 466 jeweils zu § 177 aF).

16 **c) Ausnutzung einer schutzlosen Lage.** Das Opfer muss sich bei objektiver ex-ante-Betrachtung (BGH NStZ 2013, 466 mablAnm Renzikowski/Sick) in einer Lage befinden, in der es sexuellen Übergriffen durch den Täter nichts entgegenzusetzen hat. Dies ist rein objektiv zu bestimmen; einer subjektiven Zwangswirkung der Schutzlosigkeit auf das Tatopfer bedarf es nicht (BGHSt 65, 62 = NJW 2021, 561 mAnm Fischer NStZ 2020, 665). **Schutzlos** ausgeliefert ist das Opfer, wenn es aus Furcht vor möglichen körperlichen Einwirkungen des Täters (BGHSt 50, 359 = NJW 2006, 1146; BGHSt 51, 280 = NJW 2007, 2341; BGH NJW 2003, 2250; NStZ 2009, 263; NStZ 2010, 273; NStZ 2012, 209; NStZ 2012, 268; NStZ-RR 2016, 78 jeweils zu § 177 aF) in seinen Abwehrmöglichkeiten erheblich eingeschränkt und von dritter Seite keine Hilfe zu erwarten ist (BGHSt 44, 228 (232) = NJW 1999, 369; BGHSt 45, 253 = NJW 2000, 1048; BGH NStZ 1999, 30; NStZ 2010, 273; eing. Harbeck, Probleme des Einheitstatbestandes sexueller Nötigung/Vergewaltigung, 2001, S. 86, 116, 138); der gänzlichen Beseitigung jeglicher Verteidigungsmöglichkeit bedarf es nicht (BGH NStZ 2003, 165; Hörnle in LK-StGB Rn. 100). Die schutzlose Lage ist etwa bei Verfolgung des Opfers in unbebautes Gebiet gegeben (BGH NStZ-RR 2021, 106), setzt aber kein Verbringen an einen entlegenen Ort voraus (BGH bei Pfister NStZ-RR 2003, 353 (357)); sie kann auch in der Abgeschiedenheit der familiären Wohnung gegeben sein, wenn weitere Umstände hinzukommen (BGH NStZ-RR 2003, 42; NStZ 2005, 267; NStZ 2006, 165); bloße „soziale Schutzlosigkeit" reicht nicht (Fischer ZStW 112 (2000), 75 (82); krit. Mildenberger, Schutzlos-Hilflos-Widerstandsunfähig, 1998, S. 58), auch nicht flüchtige situative Gelegenheiten (Fischer Rn. 32) oder das bloße Alleinsein mit dem Täter (BGH NStZ 2010, 273 (274)), doch bleibt in solchen Fällen häufig Abs. 1 oder Abs. 2.

16a **Unter Ausnutzung** setzt voraus, dass die schutzlose Lage nach den Umständen die Tathandlung, dh den sexuellen Übergriff, ermöglicht oder erleichtert und der Täter die dadurch gebotene Gelegenheit wahrnimmt (→ Rn. 10). Erfasst werden sollen vor allem Fälle, in denen der Täter das Opfer an einen Ort verbringt, an dem es fremde Hilfe nicht erwarten kann, dem körperlich überlegenen Täter ausgeliefert ist und angesichts seiner hilflosen Lage eine Verteidigung für sinnlos hält (zu § 177 aF: BGHSt 44, 228 (230) = NJW 1999, 369; BGHSt 45, 253 = NJW 2000, 1048; BGH NJW 1999, 30; NJW 2003, 2250; StV 2003, 393; NStZ 2010, 273). Nicht mehr erforderlich ist eine Förderung der Beugung des Opferwillens durch die schutzlose Lage. Die schutzlose Lage muss **nicht vom Täter herbeigeführt** worden sein, sie kann sich sowohl aus äußeren Gegebenheiten als auch aus in der Person des Opfers liegenden Umständen ergeben (zu § 177 aF BGHSt 45, 253 = NJW 2000, 1048; BGH NJW 2003, 2250; NStZ 2003, 424; JR 2004, 382 (385); Bungart, Sexuelle Gewalt gegen behinderte Menschen, 2005, S. 141; Laubenthal Sexualstraftaten Rn. 152, 153; Hörnle in LK-StGB Rn. 105; Eisele in Schönke/Schröder Rn. 87); der Täter muss diese schutzlose Lage erkannt und sich zu Nutze gemacht haben (zu § 177 aF BGHSt 45, 253 (257) = NJW 2000, 1048; BGH NJW 2003, 2250; NStZ 2004, 440; StV 2005, 439; Eisele in Schönke/Schröder Rn. 9); bei in der Person des Opfers liegenden Umständen, sind an die Feststellung der schutzlosen Lage erhöhte Anforderungen zu stellen (zu § 177 aF BGH NJW 2003, 2250; StV 2005, 439).

8. a) Erfasst werden nicht nur **sexuelle Handlungen** (§ 184h Nr. 1) **„an“** 17
einer vom Handelnden verschiedenen Person (BGH NStZ 1990, 490; → § 174 Rn. 10, 11), sondern auch Handlungen, die das Opfer an sich selbst vornimmt.

b) Dulden erfordert keinen Willensentschluss, sondern deckt auch Erdulden 18
absoluter Gewalt (BGH BeckRS 1973, 00089; → § 240 Rn. 4), zB das gewaltsame Führen der Hand des Opfers an das Glied des Täters (BGH NJW 1965, 1087) oder die Vornahme der sexuellen Handlung an dem durch die Gewaltanwendung bewusstlos oder sonst widerstandsunfähig gewordenen Opfer (LG Mosbach NJW 1978, 1868).

c) Die Tat ist mit dem Vornehmen oder Dulden einer ausgeführten sexuellen 19
Handlung **vollendet.** Der durchgehend **(vgl. Abs. 3)** strafbare **Versuch** beginnt idR mit dem unmittelbaren Ansetzen zu der ersten nicht konsentierten sexuellen Handlung (→ § 22 Rn. 5–7), nur noch bei Abs. 2 Nr. 5 und, soweit die Qualifikationen des Abs. 5 Nr. 1, 2 verwirklicht sind, dem Ansetzen zu der Drohung bzw. Gewalt (vgl. zu § 177 aF BGH NStZ 2000, 418); zum Rücktritt vom Versuch Noltenius/Wolters in SK-StGB Rn. 75.

9. Der **Vorsatz** muss die Geschlechtsbezogenheit der sexuellen Handlung 20
(→ § 184h Rn. 2–4a) umfassen; er muss sich bei Abs. 2 Nr. 5 namentlich auf den Einsatz des Nötigungsmittels (BGH NStZ 1991, 431) zur Überwindung des erwarteten (BGH bei Miebach NStZ 1992, 176) oder geleisteten ernstlichen – sei es auch nur inneren – Widerstands erstrecken (BGH NStZ 1983, 71), bei Abs. 5 Nr. 3 auch auf die schutzlose Lage des Opfers und deren Ausnutzung (BGHSt 50, 359 = NJW 2006, 1146; BGH NJW 2003, 2250; NStZ 2010, 273 (274); näher Mildenberger, Schutzlos-Hilflos-Widerstandsunfähig, 1998, S. 84). Wer den sexuellen Handlungen entgegenstehenden Willen des Opfers nicht erkennt, befindet sich im *Tatbestandsirrtum* (BGH NStZ-RR 2003, 325; sa BGH NStZ 2002, 494). Die irrige Annahme, der Widerwille sei nicht ernst gemeint, ist Tatbestandsirrtum. Jedoch liegt bedingter Vorsatz vor, wenn der Täter die Ernstlichkeit des Widerwillens für möglich hält und das Risiko der Tatbestandsverwirklichung auf sich nimmt (→ § 15 Rn. 24, 25). Das ist fast immer zu bejahen, wenn das Opfer seinen entgegenstehenden Willen – sei es auch nur verbal – artikuliert und dem Täter keinen Grund für die Annahme seines Einverständnisses gegeben hat; in diesem Bereich, ist die Berufung etwa auf vis haud ingrata (→ Rn. 13) jedenfalls im Regelfall eine

bloße Schutzbehauptung (Jerouschek JZ 1992, 227; Kruse/Sczesny KJ 1993, 336 (345); zur Opferperspektive und rechtsvergleichend Hörnle ZStW 112 (2000), 356 (361)).

21 **10. Abs. 6** regelt wie zuvor Abs. 2 aF besonders schwere Fälle der Abs. 1 und 2 mit Regelbeispielen; zu deren rechtlicher Struktur und allgemein zur Anwendung dieser Strafschärfung (auch bei Versuch (dagegen Gössel SexualstrafR § 2 Rn. 61), Teilnahme und Vorliegen gesetzlicher Milderungsgründe) → § 46 Rn. 6–21. Durch die Aufnahme der **„Vergewaltigung"** in die gesetzliche Überschrift wird diese besondere Begehungsform nur hervorgehoben; die vom Wortlaut, der Systematik und der Entstehungsgeschichte her gebotene rechtliche Einordnung als Regelbeispiel (→ Rn. 3) und damit als Strafzumessungsvorschrift bleibt davon unberührt (BT-Drs. 18/9097, 28, Straferschwerungsgrund; zu § 177 aF BGH NJW 1998, 2987). Das Regelbeispiel kann auch versucht werden (→ § 46 Rn. 14), zB wenn der Täter Abs. 1 vollendet, die angestrebte Vergewaltigung aber nicht erreicht (vgl. den Fall BGH NJW 1998, 2987; diff. Wolters/Noltenius in SK-StGB Rn. 92; aM Eisele in Schönke/Schröder Rn. 98). Neben dem vollendeten Grundtatbestand des § 177 I aF sollte aber im Schuldspruch für den Versuch der Verwirklichung eines Regelbeispiels nach Abs. 2 kein Raum sein (BGH NJW 1998, 2987; NStZ 2003, 602; krit. Schäfer in Schäfer/Sander/van Gemmeren Strafzumessung Rn. 868), obwohl dabei das eigentliche „Tatcharakteristikum" – der „Versuch der Vergewaltigung" – nicht zum Ausdruck kommt. Angesichts des bloßen Vergehenscharakters der nunmehr maßgebenden Grundtatbestände in Abs. 1 und 2 erscheint neben der Tenorierung wegen eines sexuellen Übergriffs der Verzicht auf die Erwähnung des Versuchs einer Vergewaltigung noch problematischer, wenngleich die insoweit unveränderte Gesetzessystematik weiterhin dafür streiten dürfte (vgl. BGH NJW 1998, 2987 zu § 177 aF). Da allerdings bis heute die Tenorierung auch wegen eines Regelbeispiels eine absolute Ausnahme darstellt, erscheint es nicht ausgeschlossen, wenigstens bei massiven Unterschieden des Unrechts, diesem auch in der Tenorierung als versuchte Vergewaltigung Rechnung zu tragen. Geht die Praxis diesen Weg nicht, kann jedoch in solchen Fällen bei Vorliegen besonders gravierender Umstände ein unbenannter schwerer Fall vorliegen (BGH NJW 1998, 2987; NStZ 2003, 602; → § 46 Rn. 14). Ist das Regelbeispiel des Abs. 6 S. 2 Nr. 1 verwirklicht, darf der Täter wegen „Vergewaltigung" verurteilt werden (BGH NJW 1998, 2987; NJW 2001, 2185; NStZ-RR 1999, 78; NStZ 2007, 478; NStZ-RR 2020, 313; Fischer Rn. 75a; → § 46 Rn. 21; zur Tenorierung bei unbestimmt schwerem Fall BGH bei Pfister NStZ-RR 2006, 363; Folkers NJW 2000, 3317 (3320); Harbeck, Probleme des Einheitstatbestandes sexueller Nötigung/Vergewaltigung, 2001, S. 154). Wegen „versuchter Vergewaltigung" ist nach der Rspr. zu Regelbeispielen jedenfalls dann zu verurteilen, wenn der Täter vor Vollendung von Abs. 1 oder Abs. 2 an der geplanten Vollziehung des Beischlafs gehindert wird (BGH NJW 1998, 2987; krit. zu dieser Rspr. → § 46 Rn. 15; zum „Regelbeispielsversuch" Renzikowski NStZ 1999, 377 (382)). Ein Rücktritt vom Versuch der Vergewaltigung (BGH NStZ-RR 2001, 199; BGH bei Pfister NStZ-RR 2003, 357; NStZ-RR 2010, 361 (364)) ist bis zum Beginn des Eindringens möglich (aM Eisele in Schönke/Schröder Rn. 98; zur Freiwilligkeit → § 24 Rn. 17); es wird dann häufig der vollendete Abs. 1 oder Abs. 2 eingreifen (→ § 24 Rn. 23; ebenso Zaczyk in NK-StGB § 24 Rn. 126). Mit der Neufassung ist allerdings noch eine weitere Differenzierung angezeigt, denn soweit die in Nr. 1 genannte Handlung allein auf dem Grundtatbestand von Abs. 1 oder Abs. 2 ruht, liegt ein Vergehen der „Vergewalti-

gung“ vor; ist zugleich zumindest eine der Verbrechensqualifikationen der Abs. 4 und 5 erfüllt, liegt ein Verbrechen der „Vergewaltigung“ vor. Abs. 6 ist nicht milder als § 179 V Nr. 1 aF (BGH NStZ-RR 2017, 240; NStZ-RR 2018, 33).

a) Nr. 1 erfasst als in Klammer gesetzte „Vergewaltigung“ die seit jeher erfasste Vergewaltigung durch Vollziehen des Beischlafs und die mit dem 33. StÄG gleich gestellten ähnlichen sexuellen Handlungen (eing. Folkers JR 2007, 11 (12)). Der Täter muss die sexuelle Handlung selbst ausführen (BGH NStZ-RR 2012, 45). **Beischlaf** → § 173 Rn. 3; das Regelbeispiel ist vollendet, sobald der Beischlaf vollzogen (→ § 173 Rn. 3) ist. **Ähnliche sexuelle Handlungen** sind Handlungen, die das Opfer besonders **erniedrigen,** von ihm als entwürdigend empfunden werden (BT-Drs. 13/7324, 5; krit. zur komplizierten Sprachregelung Wetzel, Die Neuregelung der §§ 177–179 StGB unter besonderer Berücksichtigung des ehelichen Bereichs und ausländischer Rechtsordnungen, 1998, S. 198). **Eindringen in den Körper** durch das männliche Glied zB beim Anal- oder Oralverkehr (OLG Hamm NStZ-RR 2001, 270; einschr. zum Oralverkehr BGH NStZ 2000, 27; Gössel SexualstrafR § 2 Rn. 67; für eine teleologische Reduktion bei anderen Formen des Eindringens in den Mund Renzikowski NStZ 2000, 367), aber auch durch das Benutzen von Gegenständen (BT-Drs. 13/2463, 7; BT-Drs. 13/7324, 6); zB Drücken des Fingers (auch mit Badeanzug) in die Scheide (BGH NJW 2000, 672 mzustAnm Renzikowski NStZ 2000, 366; BGH NStZ 2000, 254 mkritAnm Folkers NStZ 2000, 471; BGH NStZ-RR 2021, 105; OLG Frankfurt NStZ 2021, 173). Die besondere Erniedrigung bedarf nur in Fällen des Oral- und Analverkehrs keiner positiven Feststellung (BGH NJW 2000, 672 mkritAnm Renzikowski NStZ 2000, 366; BGH NStZ-RR 2009, 238; Fischer Rn. 67a, 68; weiter BGH NStZ 2000, 254; StV 2008, 81); ansonsten zu berücksichtigen sind Umstände wie das junge Alter des Opfers, öffentliche Tatbegehung und Schmerzverursachung zB beim Griff in die Scheide (BGH NJW 2000, 672; LG Augsburg NStZ 1999, 307 (377) mkritAnm Renzikowski), nach bisheriger Rspr. auch die grundsätzliche Bereitschaft des Tatopfers zu sexuellen Handlungen (BGH NJW 2001, 2185), doch sollte diese angesichts des vom Gesetzgeber gewollten Übergang eines auf jede einzelne konkrete sexuelle Handlung bezogenen „Nein heißt Nein“-Konzepts überdacht werden, so dass der Widerwille auch einer Prostituierten gegenüber bestimmten Sexualakten nicht anders gewertet wird als der einer anderen Person. **An sich vornehmen lassen** → § 174 Rn. 12 (vgl. BT-Drs. 13/9064, 21 f., zur Klarstellung), zB Vornahme des Oralverkehrs durch das Opfer am Täter (BGHSt 45, 131 = NJW 1999, 2977 zu § 176a I Nr. 1 mkritAnm Hörnle NStZ 2000, 310 (311); krit. auch Folkers NJW 2000, 3317 (3319); Bauer StraFo 2000, 196; aM noch LG Oldenburg NStZ 1999, 408). Am „Vergewaltigungs“-Vorsatz fehlt es, wenn der Täter Gewalt nur zu dem Zweck anwendet, um das Opfer in eine Lage zu versetzen, in der es infolge sexueller Erregung ohne Nachwirken der Gewalt in den Beischlaf oder eine ähnliche sexuelle Handlung einwilligen soll (BGH NJW 1965, 1284; GA 1968, 84; aM Sick ZStW 103 (1991), 43 (64); Sick, Sexuelles Selbstbestimmungsrecht und Vergewaltigungsbegriff, 1993, S. 191). Das Regelbeispiel ist nicht verwirklicht, wenn der Täter bereits bei Beginn des Beischlafs oder der ähnlichen sexuellen Handlung an ein Einverständnis des Opfers glaubt (BGHSt 39, 244 = NJW 1993, 2188 zu § 177 aF). – Aufgrund des Charakters als Strafzumessungsregel kann das Opfer **nicht mit der Nebenklage** eine Verurteilung wegen Vergewaltigung anstelle eines der Tatbestände von § 177 erstreben (BGH NStZ-RR 2022, 56). 22

23 **b) Nr. 2: Gemeinschaftlich** → § 224 Rn. 7; die Strafschärfung hat ihren Grund in der Verringerung der Abwehrchancen des Opfers und in der erhöhten Gefahr massiver sexueller Handlungen (BT-Drs. 13/2463, 7; BT-Drs. 7324, 6; Wetzel, Die Neuregelung der §§ 177–179 StGB unter besonderer Berücksichtigung des ehelichen Bereichs und ausländischer Rechtsordnungen, 1998, S. 199). **Tat** ist nicht die sexuelle Handlung iSd Nr. 1, sondern die Begehung einer der in Abs. 1 und 2 genannten Handlungen (zu § 177 aF BGH bei Pfister NStZ-RR 2001, 353 (356)), so dass es möglich ist, dass nur einer der Täter, der eine Handlung iSd Abs. 6 Nr. 1 erzwungen hat, wegen „Vergewaltigung", die anderen Mitwirkenden dagegen lediglich wegen gemeinschaftlicher „sexueller Nötigung", nach der Neufassung von § 177 auch wegen „gemeinsamen sexuellen Übergriffs" (Abs. 6 Nr. 2), verurteilt werden (BGH NStZ-RR 2012, 45). Gemeinschaftlich spricht für Beschränkung auf Mittäter (Gössel SexualstrafR § 2 Rn. 73 für Zusammenwirken am Tatort Renzikowski in MüKoStGB Rn. 150; Wolters/Noltenius in SK-StGB Rn. 95).

24 **11. Abs. 7 und 8** enthalten wie bisher Abs. 3 und 4 aF Qualifikationstatbestände mit abgestuften Mindeststrafen, die in der Urteilsformel als (besonders, Abs. 8) schwere Vergewaltigung, sexuelle Nötigung bzw. sexueller Übergriff zu bezeichnen sind (zu § 177 aF BGH bei Pfister NStZ-RR 2005, 361 (365); BGH NStZ 2015, 603). Angesichts des identischen Wortlauts und der insoweit klaren Aussage in der Gesetzesbegründung (BT-Drs. 18/9097, 28 f.) ist die nachfolgend zitierte Rspr. zu den Vorgängernormen weiterhin anwendbar, solange sich nicht aus der Aufgabe der bislang erforderlichen Nötigungsstruktur des Grundtatbestandes etwas anderes ergibt.

25 **a) Abs. 7 Nr. 1, 2:** Beisichführen einer Waffe (zB Schlagstock, BGH StV 2002, 80), eines (gefährlichen) Werkzeugs (zB Messer; Hörnle in LK-StGB Rn. 271; Narkosemittel, BGH NStZ-RR 2019, 43) oder eines Mittels → § 244 Rn. 2–5 (zB einer Scheinwaffe BGH NStZ-RR 2001, 199, oder einer ungeladenen Waffe BGH NStZ-RR 2006, 205; nicht erfasst sind unbewegliche Tatmittel wie der Deckel einer Sonnenbank, BGH NStZ 2009, 445); Ergreifen am Tatort reicht (BGH NStZ 1999, 242; NStZ-RR 2003, 202) ebenso wie der Einsatz ausschließlich zur Vornahme der sexuellen Handlung aus (BGHSt 46, 225 = NJW 2001, 836; BGH NStZ 2002, 431); die Gefährlichkeit kann sich durch die konkrete Art des Einsatzes des Werkzeugs, zB eines Schraubenschlüssels, ergeben (BGH NStZ-RR 2003, 202; abl. für Schreckschusspistole BGH bei Pfister NStZ-RR 2002, 353 (357); ebenso für einen Dildo, BGH NStZ-RR 2019, 13). Nach der Begründung soll offenbar auch das berufsbedingte Beisichführen eines Schraubendrehers ausreichen (BT-Drs. 18/9097, 29), was aber zumindest nach grundsätzlicher Aufgabe der Nötigungsstruktur von § 177 und damit dem Erfordernis, dass der Täter ein Nötigungsmittel zur Erzwingung des Sexualakts einsetzt, wie bei § 244 (→ § 244 Rn. 3) nur noch zutr. sein kann, wenn der Täter mindestens bedingten Verwendungsvorsatz vor oder während der sexuellen Handlung hat. Ebenso kann auch das Verwenden eines nicht gefährlichen Werkzeugs oder Mittels (zB Handschellen, Paketschnur oder Tuch) bei der Tat, nicht aber vor dem Ansetzen zur sexuellen Handlung (BGH bei Pfister NStZ-RR 2010, 361 (365)), ein Beisichführen darstellen (BGH NStZ 2001, 246; BGH bei Pfister NStZ 2004, 353 (357)); das Beisichführen und die Gefährlichkeit müssen zumindest vom bedingten Vorsatz umfasst sein (BGH NStZ 2022, 100). – **Abs. 7 Nr. 3:** Erforderlich ist eine konkrete Gefahr (→ § 315 c Rn. 21, 22) einer schweren Gesundheitsschädigung (→ § 250 Rn. 3), die nicht in einer schweren Folge iSd § 226 bestehen muss (BT-Drs. 13/2463, 7; BT-Drs. 7324,

6; → § 218 Rn. 20); erfasst ist auch die Gefahr einer psychischen Schädigung oder Erkrankung (BGH StV 2019, 544 StV 2019, 544; Knauer, Der Schutz der Psyche im Strafrecht, 2013, S. 214 f.); als Ursachen der Gefahr kommen Gewalt, Drohung und der erzwungene Sexualkontakt in Betracht (Renzikowski NStZ 1999, 377 (383)); der Täter muss das Opfer vorsätzlich in die Gefahr bringen (Noltenius/Wolters in SK-StGB Rn. 105); zum Gefährdungsvorsatz → § 15 Rn. 28.

b) Abs. 8 Nr. 1: Verwenden einer Waffe oder eines gefährlichen Werkzeugs 26
→ § 250 Rn. 4; zB ein als Schlaginstrument eingesetzter Cowboystiefel (BGH NStZ 2000, 419), ein als Drohmittel eingesetztes Messer (BGHSt 51, 276 = NJW 2007, 1699; BGH NStZ 2001, 369; NStZ-RR 2010, 337; NStZ-RR 2011, 142) oder eine Fleischgabel (BGH bei Pfister NStZ-RR 2006, 367), eine spitze Haushaltsschere (BGH bei Pfister NStZ-RR 2006, 366) oder eine Metallfigur (BGHSt 46, 225 = NJW 2001, 836), auch eine Paketschnur zur Fesselung am Hals (BGH bei Pfister NStZ-RR 2004, 353 (357)) oder eine Sprühflasche mit Haushaltsreiniger (BGH NStZ-RR 2011, 275), uU auch ein Schlüsselbund (BGH StV 2006, 416 (417)), ein Wach- und Zwingerhund (BGH NStZ-RR 2008, 370), nicht aber ein leicht zerbrechlicher Plastikkugelschreiber (BGH StV 2004, 201) oder eine ungeladene Waffe, selbst wenn der Täter deren Einsatzbereitschaft ohne weiteres herstellen kann (BGH NStZ-RR 2006, 205). Die (konkludente) Ankündigung des Einsatzes des Werkzeugs, also sein Gebrauch als Drohmittel, kann genügen; kein Verwenden ist demgegenüber gegeben, wenn das Werkzeug von dem Täter nicht als zweckgerichtetes Mittel eingesetzt wird, sondern sich das gefahrerhöhende Moment für das Tatopfer in dem körperlichen Vorhandensein des Werkzeugs bei der Tat erschöpft (BGH StV 2022, 234). **Bei der Tat** meint zwischen Versuchsbeginn und Beendigung (BGH StV 2019, 545). Erforderlich ist, dass der Täter während er mit dem gefährlichen Werkzeug droht, bereits Tatvorsatz im Hinblick auf die Vornahme sexueller Handlungen hat (BGH Rechtsmedizin 31, 73) – **Abs. 8 Nr. 2 a:** körperliche Misshandlung → § 223 Rn. 4; schwere Misshandlung → § 250 Rn. 4; sie liegt nicht schon bei jeder herabwürdigenden sexuellen Handlung vor (BGH NJW 2000, 3655 mzustAnm Kudlich JR 2001, 379; Noltenius/Wolters in SK-StGB Rn. 111). Sie muss angesichts der Gleichsetzung mit Nr. 2 b (BGH NStZ-RR 2021, 209) über die einfache Körperverletzung deutlich hinausgehen (idR nicht bei bloßem Würgen, BGH NStZ-RR 2018, 243) und verlangt mehr als ein bloßes Übergehen zur schweren körperlichen Misshandlung bei Gelegenheit einer bereits vollendeten Vergewaltigung (BGH NStZ 2010, 150) oder umgekehrt eine erst nach der Misshandlung beschlossene Vergewaltigung (BGHR StGB § 177 Abs. 2 Schwere Misshandlung 1). – **Abs. 8 Nr. 2 b:** Bringen in Todesgefahr (→ § 250 Rn. 3, 4) setzt das Verursachen einer konkreten Gefahr (→ § 315 c Rn. 21, 22) des Todes als Folge von sexueller Handlung oder Gewalt und Drohung (bei Abs. 2 Nr. 5 und Abs. 4) voraus; da es sich auch nach der Umnummerierung nicht um ein erfolgsqualifiziertes Delikt handelt, ist Vorsatz hinsichtlich des Eintritts der Gefahr erforderlich (BGHSt 46, 225 = NJW 2001, 836 mAnm Laubenthal NStZ 2001, 367; BGH NStZ-RR 2018, 188; zum Gefährdungsvorsatz → § 15 Rn. 28).

12. Zu **Abs. 9** (minder schwere Fälle) → § 46 Rn. 7–10 a; → § 12 Rn. 4. Erforderlich ist **Gesamtbetrachtung** aller Umstände (BGH NStZ-RR 2021, 11; StV 27
2021, 302). Seine Anwendung kommt weiterhin (wie zu § 177 aF, so dass die dazu ergangene nachfolgend zitierte Rspr. insoweit anwendbar bleibt) namentlich in Frage, wenn der Täter ein ernsthaftes Liebesverhältnis angestrebt (Sankol StV

2006, 607 (609); Eisele in Schönke/Schröder Rn. 149, nur im Ausnahmefall; krit. Fischer Rn. 94) oder wenn das Opfer durch sein vorausgegangenes, falsche Hoffnungen erweckendes Verhalten Anlass zur Tat gegeben (Theune NStZ 1987, 496; NStE Nr. 29; Fischer StV 1993, 693; krit. OLG Frankfurt a. M. StV 1988, 389; Sick ZStW 103 (1991), 43 (66); Schäfer in Schäfer/Sander/van Gemmeren Strafzumessung Rn. 871; problematisch LG Saarbrücken NStZ 1981, 222; LG Berlin NJ 1998, 382 mit abl. Bespr. Mildenberger) oder zu dem Täter schon zuvor intime Beziehungen unterhalten hat (BT-Drs. VI/3521, 40; BGH NStZ 1982, 26; NStZ-RR 2003, 168; MaiwaldMaurach/Schroeder/Maiwald/Hoyer/Momsen StrafR BT § 18 Rn. 23; krit. Reichenbach NStZ 2004, 12). Kein Milderungsgrund folgt allein aus dem hypothetischen Umstand, dass eine Person unter anderen Umständen für (höheres) Entgelt eingewilligt hätte (BGH NStZ 2009, 207 „Prostituierte"). Abs. 9 sieht drei Stufen der Strafmilderung vor, je nachdem ob nur einer der beiden Grundtatbestände, eine Qualifikation nach Abs. 4 und 5 oder nach Abs. 7 und 8 gegeben ist. Für Abs. 6 sind – wie zuvor für Abs. 2 aF – keine minder schweren Fälle vorgesehen (krit. Renzikowski NStZ 1999, 377 (381)), doch können mildernde Umstände zum Entfallen des Regelbeispiels führen (BGH StV 2000, 557; BGH bei Pfister NStZ-RR 2006, 365; BGH StraFo 2007, 472; StraFo 2011, 325; NStZ-RR 2010, 9; Fischer Rn. 74; Sankol StV 2006, 607 (608)), die Entscheidung darüber erfordert eine Gesamtbetrachtung aller Umstände (BGH NStZ 2009, 444) – die Tat ist dann im Urteilstenor gleichwohl als „Vergewaltigung" zu bezeichnen (BGH bei Pfister NStZ-RR 2004, 353 (356)); in Ausnahmefällen kann eine weitere Milderung des Normalstrafrahmens der Abs. 1, 2 und 4 oder Abs. 5 zur Anwendung des Strafrahmens für minder schwere Fälle (Abs. 9) führen (BGH StV 2000, 306; StV 2000, 556; NStZ 2004, 32; NStZ-RR 2006, 6; StraFo 2017, 425; Schäfer in Schäfer/Sander/van Gemmeren Strafzumessung Rn. 873; Sankol StV 2006, 607 (608); krit. Harbeck, Probleme des Einheitstatbestandes sexueller Nötigung/Vergewaltigung, 2001, S. 189); die Erfüllung von zwei Qualifikationstatbeständen steht der Annahme eines minderschweren Falles nicht entgegen (BGH StV 2003, 395); betrifft die nach Abs. 7, 8 qualifizierte Tat ein Regelbeispiel des Abs. 6, so entfaltet dessen Strafrahmen bei Anwendung von Abs. 9 eine Sperrwirkung (BGH NStZ 2000, 419; NStZ 2001, 646), sofern nicht ganz außergewöhnliche Milderungsgesichtspunkte vorliegen (BGH NStZ-RR 2011, 141). Zur Prüfungsreihenfolge BGH NStZ 2017, 524. Zur **Strafzumessung** → § 46 Rn. 45.

28 **13.** Die parallele Erfüllung mehrerer Begehungsalternativen ist nur eine Gesetzesverletzung (→ § 52 Rn. 3), kann sich aber straferschwerend auswirken (BGHSt 44, 228 = NJW 1999, 369; BGH NStZ-RR 2003, 42 (44)). Auch bei Verwirklichung beider Regelbeispiele des Abs. 6 liegt nur eine Tat vor (Fischer Rn. 197). Zwischen Abs. 1 und 2 gibt es bei Handlungseinheit **keine Konkurrenz** (→ § 46 Rn. 18); auch nicht zwischen vollendeter sexueller Nötigung iSv Abs. 5 Nr. 1 und versuchter Vergewaltigung iSv Abs. 6 Nr. 1 (BGH NStZ 1998, 510; NStZ-RR 2020, 211, NStZ-RR 2020, 312; Eisele in Schönke/Schröder Rn. 134; Fischer Rn. 101; aM Wolters/Noltenius in SK-StGB Rn. 92). Mehrere Strafschärfungsgründe nach Abs. 7 und 8 stehen nicht in Idealkonkurrenz, sondern sind lediglich als Begehungsformen desselben sexuellen Übergriffs zu werten (→ § 52 Rn. 3). Die Erfüllung von Erschwerungsgründen nach Abs. 6 geht bei Verwirklichung der Qualifikationstatbestände nach Abs. 7 und 8 in diesen auf; möglich bleibt Tateinheit zwischen versuchter Tat nach Abs. 7 und 8 und vollendeter Tat nach Abs. 1 und 2 (auch iVm Abs. 4–6). Beim Rücktritt vom Versuch einer Qualifikationstat nach

Abs. 7 und 8 kann Strafbarkeit nach Abs. 1–5 übrig bleiben (→ § 24 Rn. 13). Abs. 8 Nr. 1 verdrängt Abs. 7 Nr. 1 (zu § 177 aF BGH bei Pfister NStZ-RR 2002, 353 (357)). **Mehrere** sexuelle Handlungen, die durch Aufrechterhaltung desselben Nötigungsdrucks bei Abs. 2 Nr. 5 oder derselben Gewalt bzw. Drohung bei Abs. 5 Nr. 1, 2 erzwungen werden, bilden eine **tatbestandliche Handlungseinheit** (→ Vor § 52 Rn. 6, 10; zu § 177 aF BGH NStZ-RR 2007, 235; NStZ-RR 2013, 19; NStZ 2000, 419; NStZ-RR 2010, 361 (365 f.); diff. Schäfer in Schäfer/Sander/van Gemmeren Strafzumessung Rn. 867); anders bei einer Zäsur zwischen den sexuellen Handlungen (BGH NStZ 1999, 505). Mehrere sexuelle Handlungen, die unter Ausnutzung derselben Bedrohungs- oder schutzlosen Lage (Abs. 2 Nr. 4, Abs. 5 Nr. 3) vollzogen werden, führen auch weiterhin nur unter den Voraussetzungen der natürlichen Handlungseinheit zur Tateinheit (zu § 177 aF BGH NJW 2002, 381). – **Tateinheit** ua möglich mit § 174 (vgl. BGH NStZ 1997, 337 zu § 177 aF; sa Wetzel, Die Neuregelung der §§ 177–179 StGB unter besonderer Berücksichtigung des ehelichen Bereichs und ausländischer Rechtsordnungen, 1998, S. 180), §§ 174a, 174b, 176 (BGH bei Dallinger MDR 1974, 546), § 185 (OLG Frankfurt a. M. NJW 1967, 2075, → § 185 Rn. 6), § 218 (BGH bei Miebach NStZ 1994, 225), § 223, sofern die Verletzung über die bloße Abnötigung der sexuellen Handlung hinausgeht (BGH NStZ-RR 2022, 73 mAnm Fahl); § 249 (BGH bei Miebach NStZ 1994, 225), § 250 (BGH bei Pfister NStZ-RR 2010, 361 (365)) und § 316a (BGH VRS 60, 102). § 223 (BGH bei Dallinger MDR 1974, 546; Sick Sexuelles Selbstbestimmungsrecht und Vergewaltigungsbegriff, 1993, S. 310; anders für § 224 I Nr. 5 BGH bei Pfister NStZ-RR 2002, 353 (355)), § 239 (BGHSt 28, 18 = NJW 1978, 1490; BGH NStZ 2019, 410), § 240 (BGH bei Dallinger MDR 1956, 144; MDR 1971, 721) und § 241 (BGH StraFo 2019, 518) werden regelmäßig durch die „Vergewaltigung" iSd Abs. 6 verdrängt (Konsumtion, → Vor § 52 Rn. 27); dies gilt jedoch nur, wenn die Begleittat typischerweise der Ermöglichung oder Förderung der sexuellen Handlungen dient und nicht ein weitergehendes Ziel verfolgt (BGH NStZ 1993, 38; NStZ 1996, 31; NStZ 1999, 83; NStZ-RR 1996, 227; NStZ-RR 1997, 292; sa BGH NStZ 2000, 419). Bei irriger Annahme des Einverständnisses können § 185 (BGH GA 1956, 316; beachte jedoch → § 185 Rn. 6) und § 229 (Jerouschek JZ 1992, 227) übrig bleiben.

14. Führungsaufsicht § 181 b. Ruhen der Verjährung, § 78b I Nr. 1 (dazu BGH StV 2021, 295). **29**

15. Zur **Kriminologie** der sexuellen Nötigung, Vergewaltigung vgl. ua Künzel, Unzucht, Notzucht, Vergewaltigung, 2003; Elsner/Steffen, Vergewaltigung und sexuelle Nötigung in Bayern, 2005; Burgheim/Friese Kriminalistik 2006, 510; Harrendorf, Rückfälligkeit und kriminelle Karrieren von Gewalttätern, 2007; Eisenberg/Kölbel Kriminologie § 45 Rn. 51 ff.; Kaiser Kriminologie § 65 Rn. 1–32; Schwind Kriminologie § 2 Rn. 25, § 19 Rn. 23.– Zur **Strafzumessung** Schäfer in Schäfer/Sander/van Gemmeren Strafzumessung Rn. 866–878. – **Rechtsvergleichend** und zum Völkerstrafrecht Adams ZIS 2013, 500; Ambos ZIS 2011, 287; Weigend FS Heinz, 2012, 824; Werle/Jeßberger VölkerstrafR Rn. 1060–1080; Schwarz, Das völkerrechtliche Sexualstrafrecht, 2019, mit Bespr. Schmid ZIS 2020, 133. **30**

§ 178 Sexueller Übergriff, sexuelle Nötigung und Vergewaltigung mit Todesfolge

Verursacht der Täter durch den sexuellen Übergriff, die sexuelle Nötigung oder Vergewaltigung (§ 177) wenigstens leichtfertig den Tod des Opfers, so ist die Strafe lebenslange Freiheitsstrafe oder Freiheitsstrafe nicht unter zehn Jahren.

Fassung des 50. StÄG (→ Vor § 174 Rn. 14–15).

1 Das **erfolgsqualifizierte Delikt** (→ § 18 Rn. 1–13) entspricht auch nach Aufgabe der grundlegenden Nötigungsstruktur des § 177 in seiner Struktur grds. weitgehend der Erfolgsqualifikation des § 251 beim Raub (→ § 251 Rn. 1–4); jedoch ist die Strafschärfung auf den Tod des Opfers (→ § 177 Rn. 1) beschränkt. Der Tod muss daher auf die Tat, dh auf die Gewaltanwendung, die Drohung, die Ausnutzung oder die sexuellen Handlungen iSd § 177 I, II, V, VI zurückführbar sein (vgl. zu § 177 I, II aF Renzikowski NStZ 1999, 377 (384); Noltenius/Wolters in SK-StGB Rn. 5; Eisele in Schönke/Schröder Rn. 2; ebenso Hardtung Teilvorsatzdelikte S. 139, der aber die Vollendung von § 177 I zur Tatbestandsvoraussetzung erhebt). Die spezifische Gefährlichkeit der Tatmittel oder Tathandlungen muss sich im Todeserfolg niederschlagen (Hörnle in LK-StGB Rn. 3); daran fehlt es bei einer beendeten Vergewaltigung, selbst wenn die Gewaltlage fortdauert (BGH NStZ-RR 1999, 170; ebenso Renzikowski NStZ 1999, 377 (384); Küpper/Börner StrafR BT I Kap. I § 3 Rn. 77). **Leichtfertigkeit** → § 15 Rn. 55. Durch die Einfügung des Wortes „wenigstens" ist auch die vorsätzliche Herbeiführung der Todesfolge erfasst. Mit den vorsätzlichen Tötungsdelikten ist daher Tateinheit möglich (zB mit einem Mord zur Befriedigung des Geschlechtstriebs, BGHSt 19, 101 (106) = NJW 1963, 2236); ebenso mit § 227 – Versuch (BGH NStZ 2000, 420; Fischer Rn. 6; Eisele in Schönke/Schröder Rn. 6). Zum möglichen erfolgsqualifizierten Versuch Hardtung Teilvorsatzdelikte S. 143; Roxin StrafR AT II § 29 Rn. 332; Noltenius/Wolters in SK-StGB Rn. 6; Fischer Rn. 7; zum möglichen Versuch der ausgebliebenen Erfolgsqualifizierung Renzikowski in MüKoStGB Rn. 14; iE auch Noltenius/Wolters in SK-StGB Rn. 6 (normaler Versuch einer Qualifikation); zum umstrittenen Rücktritt vom Versuch Hörnle in LK-StGB Rn. 15, 16. Zur lebenslangen Freiheitsstrafe bei Leichtfertigkeit → § 176b Rn. 1.

§ 179 *(aufgehoben)*

§ 180 Förderung sexueller Handlungen Minderjähriger

(1) [1]**Wer sexuellen Handlungen einer Person unter sechzehn Jahren an oder vor einem Dritten oder sexuellen Handlungen eines Dritten an einer Person unter sechzehn Jahren**
1. durch seine Vermittlung oder
2. durch Gewähren oder Verschaffen von Gelegenheit
Vorschub leistet, wird mit Freiheitsstrafe bis zu drei Jahren oder mit Geldstrafe bestraft. [2]Satz 1 Nr. 2 ist nicht anzuwenden, wenn der zur Sorge für die Person Berechtigte handelt; dies gilt nicht, wenn der Sorgeberechtigte durch das Vorschubleisten seine Erziehungspflicht gröblich verletzt.

(2) **Wer eine Person unter achtzehn Jahren bestimmt, sexuelle Handlungen gegen Entgelt an oder vor einem Dritten vorzunehmen oder von einem Dritten an sich vornehmen zu lassen, oder wer solchen Handlungen durch seine Vermittlung Vorschub leistet, wird mit Freiheitsstrafe bis zu fünf Jahren oder mit Geldstrafe bestraft.**

(3) **Im Fall des Absatzes 2 ist der Versuch strafbar.**

Fassung: Abs. 3 aF gestrichen durch G zur Bekämpfung sexualisierter Gewalt gegen Kinder (→ Vor § 1 Rn. 19) zum 1.7.2021, weil sich der Inhalt nunmehr in § 174 nF wiederfindet.

1. Vgl. zunächst → Vor § 174 Rn. 1–3. 1

2. § 180 schützt die **ungestörte geschlechtliche Entwicklung Minderjähriger** durch das Verbot, unter bestimmten Voraussetzungen sexuelle Kontakte der geschützten Personen **mit Dritten** (also nicht mit dem Täter selbst) zu fördern (BT-Drs. VI/1552, 22; krit. Hörnle in LK-StGB Rn. 1–4); unerheblich ist dabei, ob es dem Täter auch oder sogar in erster Linie auf eigene sexuelle Beteiligung ankommt (einschr. Eisele in Schönke/Schröder Rn. 3; vgl. auch BGH NJW 2005, 2933; str.). 1a

3. Sämtliche Förderungshandlungen nach Abs. 1 und 2 beziehen sich auf **sexuelle Handlungen** (→ § 184h Rn. 2–4a) der geschützten Person **„an“** (→ § 174 Rn. 10, 11) oder **„vor“** (→ § 184h Rn. 8) einem **Dritten,** dh einer vom Täter verschiedenen Person, oder eines Dritten an der geschützten Person. Diese Möglichkeiten sind erschöpfend; Formen des Triolenverkehrs, bei denen der Minderjährige nur als zuschauender Partner beteiligt ist, werden daher nicht erfasst. **An sich vornehmen lassen** → § 174 Rn. 13. 2

4. Die **Abs. 1 und 2** unterscheiden nach dem Alter der geschützten Personen, ihrer Abhängigkeit vom Täter und der Entgeltlichkeit der sexuellen Betätigung drei verschiedene Gruppen von Förderungshandlungen. Im Einzelnen: 3

a) Abs. 1 (Schutzaltersgrenze 16 Jahre): Förderungshandlung ist hier das **Vorschubleisten** in den Formen der Nr. 1 (→ Rn. 5) oder Nr. 2 (→ Rn. 6). Allgemein setzt das die Schaffung günstigerer Bedingungen für eine nach Zeit, Ort und Beteiligten konkretisierte (KG NJW 1998, 3791; Hellmann FS Krey, 2010, 169 (174); str.) sexuelle Handlung (→ Rn. 2) voraus, die zu einer unmittelbaren Gefährdung des Opfers geführt haben muss (Laubenthal Sexualstraftaten Rn. 453); sie deckt sich insoweit mit (erfolgreicher und erfolgloser) Beihilfe (aM Hörnle in LK-StGB Rn. 15). Die Tat ist mit dem Vorschubleisten vollendet; zu der geförderten sexuellen Handlung braucht es nicht zu kommen (BT-Drs. VI/3521, 44; Laubenthal Sexualstraftaten Rn. 453; Eisele in Schönke/Schröder Rn. 6; sa BGHSt 1, 115 = BeckRS 1951, 31370548; BGHSt 24, 249 = NJW 1972, 645; aM Gössel SexualstrafR § 6 Rn. 70; Kindhäuser/Hilgendorf in LPK-StGB Rn. 2; Renzikowski in MüKoStGB Rn. 29; Fischer Rn. 8). Durch **Unterlassen** ist Vorschubleisten möglich, wenn der Täter Garantenstellung hat (KG NJW 1998, 3791), wenn seine Unterlassung nicht nur allgemein dem Vorschubleisten durch ein Tun, sondern gerade auch dem tätigen Vermitteln oder Gewähren bzw. Verschaffen von Gelegenheit entspricht (→ § 13 Rn. 2–16; zweifelnd hinsichtlich des Vorliegens dieser Voraussetzungen Wolters in SK-StGB Rn. 11, 20) und wenn nicht das Erzieherprivileg den Tatbestand ausschließt (→ Rn. 9–13). Im Übrigen ist das Vorschubleisten be- 4 schränkt auf die folgenden **typischen Förderungshandlungen** (BGHSt 21, 272 (276) = NJW 1967, 2271; OLG Köln NJW 1967, 455):

5 aa) Das **Vermitteln** (Abs. 1 S. 2 Nr. 1), dh die Herstellung einer persönlichen – bisher nicht bestehenden (Prot. 6, Nr. 1641, 1647) – Beziehung zwischen dem Dritten und der geschützten Person, welche die sexuellen Handlungen zum Gegenstand hat (BGHSt 1, 113; Gössel SexualstrafR § 6 Rn. 72). Gegenüber dem bloßen Gewähren oder Verschaffen von Gelegenheit bedarf es wegen der Unterschiede in Abs. 2 (→ Rn. 7) und beim Erzieherprivileg (→ Rn. 9–13) eindeutiger Abgrenzung: Es liegt nur vor, wenn die persönliche Beziehung dadurch zustande kommt (Eisele in Schönke/Schröder Rn. 8), dass der Täter – unmittelbar oder über Mittelsmänner – der geschützten Person oder dem Dritten den jeweils anderen, nach seiner Vorstellung zur Aufnahme der Beziehung allgemein oder für den Einzelfall bereiten Partner (uU auch unter einer Sammelbezeichnung eine begrenzte Mehrheit) nachweist und erst dadurch die Beziehung ermöglicht (KG NJW 1977, 2223 (2225); zT abw. Horstkotte JZ 1974, 84 (87); Dreher JR 1974, 45 (51)). Bei Adressenvermittlung in einem Call-Girl-Ring trifft das stets zu. Dagegen genügt das Benennen einer oder das Hinführen zu einer Prostituiertenunterkunft nur, wenn diese nicht allgemein bekannt und daher ohne Vermittlung nicht zugänglich ist. Das Organisieren von Zusammenkünften, Reisen, Zeltlagern usw reicht, selbst wenn dabei sexuelle Kontakte ermöglicht werden sollen, nur dann aus, wenn das Verhalten der Teilnehmer nicht ihrer Initiative überlassen, sondern durch Herstellung konkreter Beziehungen gesteuert wird (ebenso Gössel SexualstrafR § 6 Rn. 73).

6 bb) Das **Gewähren oder Verschaffen von Gelegenheit** (Abs. 1 S. 2 Nr. 2), dh die Bereitstellung auf Verlangen (BGH NJW 1959, 1284) oder die sonstige Herbeiführung äußerer Umstände, unter denen die sexuelle Handlung unmittelbar erleichtert wird (Kindhäuser/Hilgendorf in LPK-StGB Rn. 3). Bloß psychische Einwirkung auf die geschützte Person genügt nicht (Gössel SexualstrafR § 6 Rn. 74; Eisele in Schönke/Schröder Rn. 9; aM BGHSt 9, 71 = NJW 1956, 879; BGH NJW 1959, 1284), auch nicht die nur mittelbare, dh nicht in enger Verbindung mit der sexuellen Handlung stehende (BGH GA 1966, 337), Förderung oder das Erbringen allgemeiner Dienstleistungen im Bordell (zB als Putzfrau, RGSt 29, 108). In Frage kommen ua: Zurverfügungstellen von Räumlichkeiten, Organisieren von Zusammenkünften, Reisen usw zur Anbahnung sexueller Kontakte, soweit kein Vermitteln (→ Rn. 5) vorliegt; Verbringen der geschützten Person an einen Ort, wo sie der Prostitution nachgehen kann (BGH bei Dallinger MDR 1966, 558); Geben von Geld zur Bezahlung einer Prostituierten (RGSt 51, 46).

7/8 **b) Abs. 2** (Schutzaltersgrenze 18 Jahre): Geschützt sind **alle** Angehörigen der Altersgruppe, auch wenn sie schon der Prostitution nachgegangen sind (BGH bei Holtz MDR 1977, 809). **Bestimmen** → § 174 Rn. 13; speziell zu § 180 BGH NJW 1985, 924 mwN. **Entgelt** → § 11 Rn. 22; auch Sachwerte (BGH NJW 1997, 334), Reisen usw kommen in Frage; die Abgrenzung gegenüber Geschenken zur Gewinnung der Zuneigung kann im Einzelfall schwierig sein. Ob das Entgelt dem Opfer oder einem Dritten zufließt oder zufließen soll, ist unerheblich; Täter und Opfer müssen sich nur darüber einig sein, dass es die Gegenleistung für die sexuelle Handlung sein soll (BGH NStZ 1995, 540; Gössel SexualstrafR § 6 Rn. 89). **Vorschubleisten** genügt hier nur in der Form der Vermittlung (→ Rn. 5); beschränkt sich das Vorschubleisten durch Vermittlung in der Gestattung der Nutzug eines Bordellbetriebs zur Prostitutionsausübung liegt nur eine Tat vor (BGH NStZ-RR 2011, 79). Im Hinblick auf die in Abs. 3 angeordnete Versuchsstrafbarkeit setzt die Vollendung anders als in Abs. 1 (→ Rn. 4) voraus, dass es zu sexuellen Handlungen gekommen ist (BGH NJW 1997, 334; BGH bei Pfister NStZ-RR 2001, 353 (362); Wolters in SK-StGB Rn. 30; Fischer Rn. 16). Für die geschützten Personen unter 16 Jahren überschneiden sich die Anwendungsbereiche der Abs. 1 und 2 weit, decken sich aber nicht: Bestimmen ist einerseits enger als Vorschubleisten, das keine Willensbeeinflussung erfordert, andererseits aber auch weiter, weil es sich anders als das Gewähren oder Verschaffen von Gelegenheit (→ Rn. 6) in bloß psychischer Einwirkung erschöpfen kann.

5. a) Das umstrittene **Erzieherprivileg nach Abs. 1 S. 2** schließt die Anwendung des Abs. 1 Nr. 2 (→ Rn. 6) aus, wenn der (nach bürgerlichem Recht, vgl. namentlich §§ 1626 ff., §§ 1671 ff., §§ 1705 ff., §§ 1738, 1754, 1793 BGB; OLG Düsseldorf NJW 1959, 2120) **Personensorgeberechtigte** (idR Eltern, nichteheliche Mutter oder Vater, Vormund, uU auch ein Pfleger) die Tathandlung begeht und dadurch **nicht seine Erziehungspflicht gröblich verletzt.** Die letztere höchst unbestimmte Abgrenzung macht das ganze Institut verfassungsrechtlich fragwürdig (Becker/Ruthe FamRZ 1974, 508). Nach den Gesetzesmaterialien (BT-Drs. VI/3521, 45) soll es einerseits Förderungshandlungen im „pädagogischen Notstand", namentlich Handlungen im Grenzbereich von Tun und Unterlassen, bei denen nach den Umständen ein Andershandeln nicht zumutbar ist, straffrei stellen, andererseits aber auch dem „pädagogischen Experiment" Raum geben (krit. Schroeder FS Lange, 1976, 391). Während die Ausscheidung der Unzumutbarkeitsfälle nicht problematisch ist, sind verlässliche Maßstäbe für die Begrenzung pädagogisch motivierter Förderungshandlungen kaum auffindbar (krit. auch Hanack NJW 1974, 1 (8)). Bei den auseinanderstrebenden sozialethischen Wertvorstellungen in der Gesellschaft fehlt es an hinreichend eindeutigen Kriterien. Der Richter wird auf das „Moralisieren" verwiesen (Becker/Ruthe FamRZ 1974, 508 (512); vgl. auch Hörnle in LK-StGB Rn. 32, die auf „schlechthin" unvertretbares Verhalten abstellt). Immerhin ist die Grenze idR überschritten, wenn der Erziehungsberechtigte Gelegenheit zur Prostitutionsausübung (BT-Drs. VI/3521, 45) oder zum Geschlechtsverkehr mit häufig wechselnden Partnern (Prot. 6, Nr. 1663; Horstkotte JZ 1974, 84 (86)) verschafft, wenn er sexuelle Handlungen fördert, die als solche mit Strafe bedroht sind (Wolters in SK-StGB Rn. 17), oder wenn er Gewinn aus seinem Verhalten zieht (Hörnle in LK-StGB Rn. 33). Der Sorgeberechtigte braucht sein Verhalten nicht selbst für eine „gröbliche" Pflichtverletzung zu halten; es genügt, dass er die Umstände kennt, die diese Bewertung rechtfertigen (→ § 15 Rn. 17). 9

b) Das Erzieherprivileg **wirkt nur für Taten nach Abs. 1 Nr. 2.** Ist die Tat zugleich aus einem anderen Grunde strafbar, zB als Vorschubleisten durch Vermittlung (Abs. 1 Nr. 1) oder als Teilnahme an dem Sexualdelikt des Dritten, so kommt eine Ausdehnung des Privilegs nicht in Frage (BT-Drs. VI/3521, 46; Horstkotte JZ 1974, 84 (87); Gössel SexualstrafR § 6 Rn. 77); bei den fließenden Übergängen zwischen den verschiedenen Formen des Vorschubleistens (→ Rn. 4–6) und bei dem im Einzelfall uU völlig gleichwertigen Unrecht kann das zu sachlich nicht erklärbaren Unterschieden führen. 10

c) Das Erzieherprivileg begründet, worauf auch der Gesetzeswortlaut hinweist, einen **Tatbestandsausschluss** (BT-Drs. VI/3521, 45; nach Wolter GA 1996, 201 (208), Strafrechtsausschließungsgrund vor der ersten Deliktsstufe). Ein Rechtfertigungs- oder Entschuldigungsgrund scheidet schon deshalb aus, weil im Einzelfall 11 durchaus eine rechtswidrige und vorwerfbare, wenn auch nicht gröbliche, Pflichtverletzung vorliegen kann; daher bleibt auch die Möglichkeit von Maßnahmen nach § 1666 BGB unberührt (BT-Drs. VI/3521, 46). Für die **Beteiligung mehrerer** folgt daraus:

12 aa) Der **Sorgeberechtigte** handelt bei Vorliegen der Voraussetzungen des Abs. 1 S. 2 nicht tatbestandsmäßig und kann daher nicht Täter (auch nicht Mittäter) sein. Auch als Teilnehmer (Anstifter oder Gehilfe) scheidet er aus; das ergibt sich aus der weiten Fassung des Gesetzes, das schlechthin vom „Handeln" des Sorgeberechtigten spricht, und aus der Erwägung, dass die Teilnahmehandlung idR dieselben vom Gesetz tolerierten Zwecke verfolgt, wie die Täterhandlung (Horstkotte JZ 1974, 84 (87); aM Schroeder FS Lange, 1976, 391 (400)).

13 bb) Ist **ein anderer Täter,** so kommt ihm die Vergünstigung des Abs. 1 S. 2 auch bei Einwilligung des Sorgeberechtigten nicht zugute. Die bis in die letzten Stadien des Gesetzgebungsverfahrens noch vorgesehene Erstreckung des Privilegs auf Dritte, die mit Einwilligung des Sorgeberechtigten handeln, ist auf Vorschlag des Vermittlungsausschusses gestrichen worden (BT-Drs. 7/1166). Darin liegt eine verbindliche gesetzgeberische Entscheidung (Schroeder FS Lange, 1976, 391; aM Eisele in Schönke/Schröder Rn. 17, 18; diff. Fischer Rn. 13). Strafbare **Teilnahme an der Tat des Sorgeberechtigten** ist dagegen nicht möglich, weil es an einer mit Strafe bedrohten Haupttat fehlt (Horstkotte JZ 1974, 84 (87); → Vor § 25 Rn. 9; beachte auch Schroeder FS Lange, 1976, 391 (400)).

14 **6.** Die Personen, deren sexuelle Handlungen der Täter fördert, sind – auch im Falle der Anstiftung – als **notwendige Teilnehmer** straflos. Für die geschützte Person folgt das bereits aus den allgemeinen Regeln (→ Vor § 25 Rn. 12). Aber auch der Dritte bleibt straflos. Die Tat nach § 180 ist eine tatbestandlich verselbständigte Teilnahme an den nicht oder anderweit mit Strafe bedrohten sexuellen Handlungen der geschützten Person und des Dritten; für diesen liegt daher nur mittelbare Teilnahme am eigenen straflosen Tun vor (Kaufmann MDR 1958, 177; Bindokat NJW 1961, 1713; Herzberg GA 1971, 1 (10); aM BGHSt 10, 386 = NJW 1957, 1771; BGHSt 15, 377 = NJW 1961, 931; Gössel SexualstrafR § 6 Rn. 85; Hörnle in LK-StGB Rn. 40; diff. Sowada, Die „notwendige Teilnahme" als funktionales Privilegierungsmodell im Strafrecht, 1992, S. 225; zw.).

15 **7.** Zu den **Konkurrenzen** vgl. zunächst → Vor § 174 Rn. 3. Nach den dort entwickelten Grundsätzen wird Abs. 1 von Abs 2 verdrängt (BGH NStZ-RR 1998, 299; Eisele in Schönke/Schröder Rn. 34). Dagegen ist zwischen Abs. 2 und § 174 nF (der an die Stelle des vormaligen Abs. 3 aF getreten ist) **Tateinheit** möglich; dasselbe gilt für alle Begehungsformen des § 180 im Verhältnis zu den §§ 180a, 181a; § 180 I tritt hinter § 232 I 2 aF (ähnlich jetzt § 232 I Nr. 1a) zurück (BGH NStZ-RR 2010, 78) sowie zur Teilnahme an den Sexualdelikten des Dritten (namentlich nach §§ 174–176; BGH NStZ 1996, 599; aM Hörnle in LK-StGB Rn. 44, Zurücktreten des § 180 I).

16 **8.** Sicherungsverwahrung § 66 III (→ § 66 Rn. 10a–10e). Führungsaufsicht § 181b. Ruhen der Verjährung s. § 78b I Nr. 1.

§ 180a Ausbeutung von Prostituierten

(1) **Wer gewerbsmäßig einen Betrieb unterhält oder leitet, in dem Personen der Prostitution nachgehen und in dem diese in persönlicher oder wirtschaftlicher Abhängigkeit gehalten werden, wird mit Freiheitsstrafe bis zu drei Jahren oder mit Geldstrafe bestraft.**

(2) **Ebenso wird bestraft, wer**
1. **einer Person unter achtzehn Jahren zur Ausübung der Prostitution Wohnung, gewerbsmäßig Unterkunft oder gewerbsmäßig Aufenthalt gewährt oder**
2. **eine andere Person, der er zur Ausübung der Prostitution Wohnung gewährt, zur Prostitution anhält oder im Hinblick auf sie ausbeutet.**

Fassung: Änderungen in Abs. 1 durch Art. 2 ProstG (→ Vor § 1 Rn. 14).

1. Vgl. zunächst → Vor § 174 Rn. 1–4. 1

2. Prostitution setzt voraus, dass jemand auf gewisse, nicht unbedingt längere Dauer sexuelle Handlungen gegen Entgelt, das auch einem anderen zufließen kann (BT-Drs. VI/1552, 25), an oder vor wechselnden Partnern vornimmt oder von ihnen an sich vornehmen lässt (BGH NStZ 2000, 86; enger Dölling/Laue in Amann/Wipplinger, Sexueller Missbrauch, 2005, S. 891, 907; MaiwaldMaurach/Schroeder/Maiwald/Hoyer/Momsen StrafR BT § 21 Rn. 7; Wolters in SK-StGB Rn. 5; Eisele in Schönke/Schröder Rn. 5, nur Praktiken mit Partnern, nicht solche vor diesen); sexuelle Handlungen (zB Stripteasetanz) lediglich vor einer Mehrzahl von Zuschauern genügen jedoch nicht (Laufhütte/Roggenbuck in LK-StGB Rn. 4; Fischer Rn. 3; krit. zur Begr. Renzikowski in MüKoStGB Rn. 21). **Prostitutionsausübung** umfasst nicht nur das Vornehmen oder Geschehenlassen der sexuellen Handlungen selbst, sondern auch alle Handlungen, die dem sexuellen Vorgang unmittelbar vorausgehen oder nachfolgen und zusammen mit ihm ein einheitliches Geschehen bilden, namentlich also die Kontaktaufnahme mit den Kunden, die Verhandlungen über das Entgelt und die unmittelbar dem Vollzug der sexuellen Handlungen dienenden Vorbereitungen (ebenso Gössel SexualstrafR § 5 Rn. 6, Anbahnen). Der **Prostitution nachgehen** bedeutet nicht nur Prostitutionsausübung, sondern schon das unmittelbare Aufsuchen von Gelegenheiten dazu (BayObLG JZ 1989, 51), zB öffentliches Anbieten auf dem Straßenstrich; Aufenthalt in Animierlokalen zur Kontaktaufnahme; telefonische Anbahnungsgespräche als Callgirl (BayObLG JZ 1989, 51 mablAnm Behm JZ 1989, 301; BayObLG GA 1989, 489; zw.); nicht aber Verhandlungen mit dem Betreiber eines Bordells (BGH NStZ-RR 1997, 294). Zu sexuellen Handlungen braucht es nicht zu kommen (BVerfG NStZ 1985, 131). Zur **Zwangsprostitution** s. § 232a. 1a

3. Abs. 1 beschränkt sich nach der Streichung der Förderung der Prostitution gem. § 180a I Nr. 2 aF auf das bisher in Nr. 1 erfasste Unterhalten oder Führen eines Betriebs, in dem Frauen oder Männer der Prostitution nachgehen und in persönlicher oder wirtschaftlicher Abhängigkeit gehalten werden. Der inhaltliche Zusammenhang zu dem früheren Verbot der Unterhaltung von **Bordellen und bordellartigen Betrieben** ist damit endgültig aufgehoben. **Tathandlungen** sind das **Unterhalten** und das **Leiten** eines Betriebes; als Täter erfasst sind damit sowohl der Betriebsinhaber als auch der Betriebsleiter (vgl. Fischer Rn. 20), soweit sie gewerbsmäßig handeln (→ Vor § 52 Rn. 20). Die Tat ist ein **Sonderdelikt** (BGH 2

NStZ 1989, 68; → Vor § 13 Rn. 33); für andere Betriebsmitarbeiter kommt nur Teilnahme in Betracht.

3 **a)** In dem **Betrieb** (→ § 11 Rn. 15; sa OLG Frankfurt a. M. NJW 1978, 386), der auch, zB als sog. Massagesalon (OLG Köln NJW 1974, 1830 mAnm Loos JR 1975, 248; KG NJW 1976, 813), getarnt sein kann, muss mehr als eine Prostituierte tätig sein (BayObLG NJW 1994, 2370; Wolters in SK-StGB Rn. 4); doch reicht es aus, wenn von mehreren im Betrieb tätigen Prostituierten nur eine in Abhängigkeit gehalten wird (BGH NJW 1995, 1686). Das sog. **Dirnenwohnheim** bleibt ausgenommen. – Soweit die Prostituierte in dem Betrieb selbstbestimmt und freiwillig ihrem Gewerbe nachgeht, wird im Lichte von § 1 ProstG keine persönliche und wirtschaftliche Abhängigkeit (→ Rn. 4) mehr anzunehmen sein (BGHSt 48, 314 = NJW 2004, 81; BGH StV 2003, 617; Gössel SexualstrafR § 5 Rn. 91).

4 **b)** In dem Betrieb müssen Prostituierte alternativ **in persönlicher oder wirtschaftlicher Abhängigkeit gehalten** werden; dies muss nicht unbedingt durch den Betriebsinhaber oder -leiter als Täter des § 180a I selbst geschehen, sondern kann auch zB durch andere Mitarbeiter als deren Zuhälter erfolgen (Fischer Rn. 17–19). Zu § 180a I Nr. 1 aF wurde eine persönliche Abhängigkeit angenommen, wenn die Prostituierte in ihrer Lebensführung, zB durch Festlegung ihrer Arbeitszeiten oder Kleidung, entscheidend vom Betrieb bestimmt wurde. Diese weite Auslegung ist angesichts des für eine Sozialversicherungspflicht iSd Art. 1 § 3 ProstG vorausgesetzten eingeschränkten Weisungsrechts des Betriebsinhabers als Arbeitgebers und der sexuellen Selbstbestimmung der Prostituierten als des geschützten Rechtsgutes (→ Vor § 174 Rn. 2–4) nicht mehr entscheidend (v. Galen, Rechtsfragen der Prostitution, 2004, Rn. 329–335; Trede, Auswirkungen des Gesetzes zur Regelung der Rechtsverhältnisse der Prostituierten auf das Straf- und Ordnungswidrigkeitenrecht, 2007, S. 148, 299; Renzikowski in MüKoStGB Rn. 28); rechtsgutsbezogen muss die **persönliche Abhängigkeit** dazu führen, dass die Prostituierte nicht mehr frei über die Vornahme der sexuellen Handlungen entscheiden kann (Heger StV 2003, 350 (351 f.)), zB wenn durch Wegnahme des Passes eine Person zur Prostitution gezwungen werden soll (BGHSt 45, 158 = NJW 1999, 3275; Fischer Rn. 11). Eine wirtschaftliche Abhängigkeit war zu § 180a I Nr. 1 StGB aF anzunehmen, wenn die wirtschaftliche Bewegungsfreiheit der Prostituierten derart eingeschränkt war, dass ihr ein Abstandnehmen von der Prostitution entscheidend erschwert wurde. Die dahinter stehende Unterscheidung einer „freiberuflich tätigen" und einer – unzulässig – „abhängig beschäftigten" Prostituierten ist aber durch §§ 1 S. 2, 3 ProstG überholt (vgl. Fischer Rn. 12), so dass eine **wirtschaftliche Abhängigkeit** nur noch anzunehmen ist, wenn auf Grund unzulässigen wirtschaftlichen Zwangs (zB Verstrickung in Schulden) die Prostituierte nicht frei über die Vornahme der sexuellen Handlung entscheiden kann (Heger StV 2003, 350 (352)); ein einvernehmlich begründetes Beschäftigungsverhältnis, das Prostituierten eine jederzeitige Selbstbefreiung oder Loslösung aus dieser vertraglichen Beziehung ermöglicht, fällt nicht unter § 180a I (BGH StV 2003, 617; OLG Celle NStZ-RR 2013, 144). **Gehalten** werden Prostituierte in einem der genannten Abhängigkeitsverhältnisse nur, wenn der Zustand durch eine gezielte und fortdauernde Einwirkung einseitig, also gegen den Willen der Prostituierten, herbeigeführt oder aufrechterhalten wird (BGH StV 2003, 617; OLG Düsseldorf StV 2003, 165; zur Vereinbarung einer Kündigungsfrist v. Galen, Rechtsfragen der Prostitution, 2004, Rn. 336–340). Eine **Ausbeutung** (→ § 181a Rn. 3) der Prostituierten ist jedoch auch nach Änderung der Tatbestandsüberschrift

nicht erforderlich (Fischer Rn. 11; zu Nr. 1 aF BGH NStZ 1995, 180); werden Prostituierte von dem Betriebsinhaber oder -leiter ausgebeutet, ergibt sich die Strafbarkeit aus § 181 a I Nr. 1, so dass Raum für § 180 a I nur bleibt, wenn der Betriebsinhaber oder -leiter von der Ausbeutung der Prostituierten durch eine andere Person im Betrieb (vgl. Schroeder JR 2002, 408 (409)) Kenntnis hat.

4. Abs. 2 soll namentlich verhindern, dass Inhaber von Dirnenwohnheimen Personen unter 18 Jahren überhaupt aufnehmen und dass sie die von ihnen Aufgenommenen (gleichgültig welchen Alters) zur Prostitution anhalten oder sie ausbeuten. 5

a) Nr. 1: Die Prostitution muss gerade in der Wohnung usw, nicht anderswo, ausgeübt werden sollen und die Beteiligten über diese Zweckbestimmung einig sein (BGH NStZ 1981, 62; sa BGHSt 9, 71 = NJW 1956, 879). Gewähren von **Wohnung** ist (mittelbare oder unmittelbare, BGHSt 10, 192 = NJW 1957, 917) Raumüberlassung zu längerem Aufenthalt, sei es auch ohne Mietvertrag (BGHSt 10, 192 = NJW 1957, 917) oder Begründung eines Wohnsitzes (OLG Bremen MDR 1951, 53). Das **Gewähren von Unterkunft** (zB im Absteigequartier) oder **Aufenthalt** (zB in einer Bar) erfordert zusätzlich **Gewerbsmäßigkeit** (→ Vor § 52 Rn. 20); danach kann uU ein Barbesitzer erfasst werden, der es zulässt, dass eine noch nicht 18jährige Prostituierte in seinem Lokal Kontakte anknüpft (BT-Drs. 7/514, 9). 6

b) Nr. 2: Im Gegensatz zu Nr. 1 ist hier nur das Wohnunggewähren (→ Rn. 6) tatbestandsmäßig (krit. MaiwaldMaurach/Schroeder/Maiwald/Hoyer/Momsen StrafR BT § 21 Rn. 3). **Anhalten** ist andauernde und nachhaltige, nicht nur gelegentlich geäußerte psychische Einwirkung (BGH NStZ 1983, 220), die nicht notwendig erfolgreich sein muss (Laufhütte/Roggenbuck in LK-StGB Rn. 15; aM Eisele in Schönke/Schröder Rn. 19). – **Ausbeuten** ist hier und in § 181 a I Nr. 1 (→ § 181 a Rn. 3) gleich auszulegen (BGH GA 1987, 261; Fischer Rn. 27; aM Laufhütte/Roggenbuck in LK-StGB Rn. 16); regelmäßig, aber nicht notwendig (aM MaiwaldMaurach/Schroeder/Maiwald/Hoyer/Momsen StrafR BT § 21 Rn. 17), werden beide Tatbestände verwirklicht sein. 7

5. Zu den **Konkurrenzen** vgl. zunächst → Vor § 174 Rn. 3; → § 180 Rn. 15. Nach den dort entwickelten Grundsätzen wird Abs. 1 Nr. 2 von Nr. 1 verdrängt (BGH NStZ 1990, 80). Zwischen Abs. 2 Nr. 1, 2 sowie zwischen Abs. 2 und § 181 a I ist **Tateinheit** möglich. Tateinheit liegt auch bei gleichzeitigen Maßnahmen gegen zwei Prostituierte vor (BGH bei Pfister NStZ-RR 2002, 353 (357)). 8

§ 180b, § 181 *(aufgehoben)*

§ 181a Zuhälterei

(1) **Mit Freiheitsstrafe von sechs Monaten bis zu fünf Jahren wird bestraft, wer**

1. **eine andere Person, die der Prostitution nachgeht, ausbeutet oder**
2. **seines Vermögensvorteils wegen eine andere Person bei der Ausübung der Prostitution überwacht, Ort, Zeit, Ausmaß oder andere Umstände der Prostitutionsausübung bestimmt oder Maßnahmen trifft, die sie davon abhalten sollen, die Prostitution aufzugeben,**

und im Hinblick darauf Beziehungen zu ihr unterhält, die über den Einzelfall hinausgehen.

(2) **Mit Freiheitsstrafe bis zu drei Jahren oder mit Geldstrafe wird bestraft, wer die persönliche oder wirtschaftliche Unabhängigkeit einer anderen Person dadurch beeinträchtigt, dass er gewerbsmäßig die Prostitutionsausübung der anderen Person durch Vermittlung sexuellen Verkehrs fördert und im Hinblick darauf Beziehungen zu ihr unterhält, die über den Einzelfall hinausgehen.**

(3) **Nach den Absätzen 1 und 2 wird auch bestraft, wer die in Absatz 1 Nr. 1 und 2 genannten Handlungen oder die in Absatz 2 bezeichnete Förderung gegenüber seinem Ehegatten oder Lebenspartner vornimmt.**

Fassung: Abs. 3 wurde ergänzt durch das Gesetz zur Bereinigung des Rechts der Lebenspartner v. 20.11.2015, in Kraft zum 26.11.2015.

1 **1.** Vgl. zunächst → Vor § 174 Rn. 1–5. Obwohl durch Art. 2 ProstG nur Abs. 2 verschärft wurde, sind die Wertungen von Art. 1 ProstG auch bei der Auslegung von Abs. 1 Nr. 2 zu berücksichtigen (BGHSt 48, 314 = NJW 2004, 81; Heger StV 2003, 350 (352)). **Täter** und Prostituierte können Männer oder Frauen sein (Laufhütte/Roggenbuck in LK-StGB Rn. 1); jedoch ist bisher der weibliche Zuhälter wenig und der von einem Zuhälter abhängige männliche Prostituierte nur selten in Erscheinung getreten (BT-Drs. VI/3521, 49). – Zu Geschichte und Kriminologie Hochhaus, Strafbare Formen der Zuhälterei, 2009.

2 **2. Alle Formen der Zuhälterei** setzen voraus, dass der Täter zu der (dem) Prostituierten **im Hinblick auf die Tathandlung Beziehungen unterhält, die über den Einzelfall hinausgehen.** Das ist nicht gleichbedeutend mit dem spezifisch „zuhälterischen“ Verhältnis, das die Rspr. als Merkmal des § 181 a StGB aF entwickelt hatte (zB BGHSt 15, 5 = NJW 1960, 1868; BGHSt 21, 272 = NJW 1967, 2271; vgl. auch Trede, Die Auswirkungen des Gesetzes zur Regelung der Rechtsverhältnisse der Prostituierten auf das Straf- und Ordnungswidrigkeitenrecht, 2007, S. 200, 299). Es brauchen nicht unbedingt unmittelbare, in charakteristischer Weise persönlich geartete und mit der Deckung des Lebensunterhalts oder dem Schutz der Prostituierten zusammenhängende Beziehungen zu sein. Erforderlich ist vielmehr ein auf gewisse Dauer angelegtes, speziell an die Prostitutionsausübung anknüpfendes Einvernehmen (Gössel SexualstrafR § 5 Rn. 136), das der Täter – sei es auch durch Nötigung (OLG Hamburg NJW 1975, 127) – herstellt und aufrecht erhält, um die Prostituierte von sich abhängig zu machen (vgl. etwa BGH StV 1984, 334; KG MDR 1977, 862; NJW 1977, 2223 (2226)) und sich dadurch die Möglichkeit der Bereicherung durch die Tathandlungen zu eröffnen und zu erhalten (BT-Drs. VI/3521, 50; Laufhütte/Roggenbuck in LK-StGB Rn. 5). Erfasst wird daher nicht nur die persönliche, sondern auch die von anderen vermittelte Beziehung, durch die etwa der Boss einer Zuhälterbande eine ihm persönlich nicht bekannte Prostituierte ausbeutet oder dirigiert. Dagegen genügt es nicht, wenn es dem Täter nur auf die persönlichen oder geschlechtlichen Beziehungen ankommt (BGHSt 21, 272 = NJW 1967, 2271; BGH GA 1962, 307); auch Friseure, Kaufleute, Vermieter (beachte dazu § 180 a II Nr. 2), Ärzte usw, die sich für ihre Leistungen im Hinblick auf das gute Einkommen der Prostituierten überhöhte Preise zahlen lassen, gehören nicht hierher (ebenso Gössel SexualstrafR § 5 Rn. 137). Dagegen unterhält auch ein Bordellbetreiber als **Arbeitgeber** von Prostituierten

zu diesen über den Einzelfall hinausgehende Beziehungen (Heger StV 2003, 350 (354)); soweit das Arbeitsverhältnis nach Art. 1 ProstG zulässig ist, fehlt jedoch der erforderliche Bezug zu den Tathandlungen von Abs. 1 Nr. 1, 2 (Renzikowski in MüKoStGB Rn. 49).

3. Abs. 1 regelt die **schwereren Begehungsformen:** 3

a) Nr. 1: Ausbeuterische Zuhälterei. Das Opfer muss der **Prostitution nachgehen** (→ § 180a Rn. 1); dass es früher die Prostitution ausgeübt hat und noch über deren Erträge verfügt, genügt nicht (OLG Hamm NJW 1972, 882). **Ausbeuten** ist nicht schon das bloß eigennützige Ausnutzen der Prostitutionsausübung als Erwerbsquelle (hM). Vorauszusetzen ist vielmehr ein – auch in Fällen freiwilliger Unterwerfung mögliches (BGH NJW 1993, 3209 mablAnm Oetjen StV 1994, 482) – Abhängigkeitsverhältnis (BGH NStZ 1996, 188; Gössel SexualstrafR § 5 Rn. 135), auf dessen Grundlage die Prostitutionsausübung als Erwerbsquelle in gewinnsüchtiger Absicht ausgenutzt wird und die Prostituierte eine spürbare Verschlechterung ihrer wirtschaftlichen Lage erleidet (BGH NStZ 1983, 220; NStZ 1989, 67; NStZ 1999, 349; NJW 1993, 3209; StraFo 2007, 340; OLG Köln StV 1994, 244; Fischer Rn. 7; zu eng MaiwaldMaurach/Schroeder/Maiwald/Hoyer/Momsen StrafR BT § 21 Rn. 16; zu stark einschr. Leo, Die strafrechtliche Kontrolle der Prostitution, 1995, S. 172; eing. Hochhaus, Strafbare Formen der Zuhälterei, 2009, S. 63; sa BGH NStZ 2014, 419 (420)); dies ist bei 50%iger Abgabe der Einnahmen anzunehmen (BGH NStZ-RR 2002, 232; anders BGH bei Pfister NStZ-RR 2002, 353 (358)); daran fehlt es, wenn der Täter aus seinem hälftigen Anteil die Unkosten trägt (OLG Düsseldorf StV 2003, 165). Ausnutzung gerade der Notlage, des Leichtsinns oder der Unerfahrenheit ist nicht erforderlich. – Die Art der vermögenswerten Ausbeute (Geld, Sachwerte, Benutzung von Wohnung oder Kraftfahrzeug, gemeinsame Reisen usw) ist unerheblich, ebenso auch, ob sie für den Lebensunterhalt bestimmt ist oder einem anderen, etwa einer Zuhälterorganisation, zugeführt wird (BT-Drs. VI/1552, 30). Entnahme ohne oder gegen den Willen der Prostituierten kann genügen (BGHSt 19,350 = NJW 1964, 1630).

b) Nr. 2: Dirigierende Zuhälterei. Siesetzt **bestimmende Einflussnahme** 4 auf die Prostitutionsausübung voraus (BGH NStZ 1983, 220); bloße Unterstützung reicht nicht (BGH bei Pfister NStZ-RR 2002, 353 (358) Nr. 40, 41; BGH StV 2003, 617). Das Verhalten des Täters muss geeignet sein, Prostituierte in Abhängigkeit zu halten, sie zu nachhaltigerer Prostitutionsausübung anzuhalten oder ihre Entscheidungsfreiheit in sonstiger Weise nahhaltig zu beeinflussen (BGHSt 48, 314 = NJW 2004, 81; BGH NStZ-RR 2002, 232; NStZ 2010, 274; OLG Düsseldorf StV 2003, 165; sa Hochhaus, StrafbareFormen der Zuhälterei, 2009, S. 84). Während die bisherige Rspr. eine Strafbarkeit gem. § 181a I Nr. 2 auch bei freiwilliger Unterwerfung der Prostituierten nicht usgeschlossen hat (BGH NJW 1987, 3209) und daran zunächst auch unter Geung des ProstG festzuhalten schien (BGH NStZ-RR 2002, 232), soll nunmehrdie Eingliederung einer der freiwillig darin tätigen Prostituierten in die Organisatiosstruktur kein Bestimmen iSd § 181a I Nr. 2 mehr sein (BGHSt 48, 314 = NJW 2004, 81). Dieser Tatbestandsausschluss bei Vorliegen einer **Einwilligung** der Prostituierten, der von Teilen der Lit. bereits vor dem ProstG vertreten wurde (Wolters SK-StGB Rn. 22) und gelegentlich auch in der Rspr. Zustimmung gefunden hatte (BGH NStZ 1994, 32; für Alt. 3 auch BGH NStZ-RR 2002, 232) und nunehr ausdrücklich auf § 181a I Nr. 2 Alt. 2 ausgedehnt worden ist (BGHSt 48, 31= NJW 2004, 81), lässt sich auch auf

Alt. 1 – das Überwachen der Prostituierten – übertragen, so dass die Einwilligung der Prostituierten den Tatbestand des § 181 a I Nr. 2 ausschließt (Heger StV 2003, 350 (354); v. Galen, Rechtsfragen der Prostitution, 2004, Rn. 335; Renzikowski in MüKoStGB Rn. 45). Ein Bestimmen iSd § 181 a I Nr. 2 kann deshalb bei Einwilligung der Prostituierten nicht schon in der Vorgabe von Arbeitszeiten, Arbeitsorten und einer festen Organisationsstruktur gesehen werden (ebenso Gössel SexualstrafR § 5 Rn. 145); es liegt vielmehr erst vor, wenn sich die Prostituierte den Weisungen auf Grund wirtschaftlicher oder persönlicher Abhängigkeit, zB auf Grund einer Wegnahme der Personalpapiere, nicht entziehen kann, wenn sie nicht jederzeit kündigen kann und bestimmte sexuelle Handlungen oder Kunden nicht ablehnen darf (BGHSt 48, 314 = NJW 2004, 81; OLG Celle NStZ-RR 2013, 144); auch beim sittenwidrigen und unwirksamen Verlangen von sog. „Standgeldern" ohne Gegenleistung (BGH NJW 2010, 1615 mAnm Archangelskij NJ 2010, 259). Diese bestimmende Einflussnahme kann durch drei verschiedene Handlungsalternativen ausgeübt werden:

4a aa) Ein **Überwachen einer Person bei der Prostitutionsausübung (Alt. 1)** setzt voraus, dass der Täter kontrolliert, wie und wieviel die Prostituierte verdient (BGH NStZ-RR 2002, 232). Weil der Begriff des Überwachens einen über die bloße Kenntnisnahme und Billigung der Einnahmen hinausgehenden Überwachungszweck voraussetzt, genügt nicht bereits die bloße Kenntnisnahme zB bei Inempfangnahme der Einnahmen und deren Vermerk zum Zwecke späterer Abrechnung mit den Prostituierten (OLG Düsseldorf StV 2003, 165 (166)). Die Einkommenskontrolle muss vielmehr als Teil von auf Dauer angelegten Überwachungsmaßnahmen kraft tatsächlicher Überlegenheit des Täters den Einsatz der Prostituierten regeln und deren Entscheidungsfreiheit nachteilig beeinflussen. Als Überwachungsmaßnahme müssen die Einnahmen ständig kontrolliert werden; ein auch regelmäßiges „Vorbeischauen" des Täters reicht nicht aus (BGH NStZ 2002, 232). Eine Kontrolle der Tätigkeit der Prostituierten im Rahmen eines nach § 1 S. 2 ProstG zulässigen Vertragsverhältnisses ist nicht tatbestandsmäßig (Heger StV 2003, 350 (353); v. Galen, Rechtsfragen der Prostitution, 2004, Rn. 359–363; Renzikowski in MüKoStGB Rn. 41). Das Gleiche gilt für ein bloß schützendes Bewachen oder Fernhalten anderer Prostituierter aus dem „Revier" (BT-Drs. VI/1552, 30) und für Überwachungsmaßnahmen in allgemein zugänglichen Räumen eines Bordells (zB Gaststättenbereich; Heger StV 2003, 350 (353)).

4b bb) Ein **Bestimmen von Ort, Zeit, Ausmaß oder anderer Umstände der Prostitutionsausübung (Alt. 2)** setzt voraus, dass der Täter kraft seiner tatsächlichen Überlegenheit bestimmte Umstände der Prostitutionstätigkeit des Opfers einseitig festsetzt (Gössel SexualstrafR § 5 Rn. 148; Fischer Rn. 14). Die Erzwingung der Herausgabe der Einnahmen mittels Gewalt oder Drohungen genügt nicht (BGH NStZ-RR 2002, 232). Soweit die bisherige Rspr. auch in der Vorgabe von Umständen der Prostitutionsausübung, die für die Freiheit der sexuellen Selbstbestimmung der Prostituierten unbeachtlich sind (wie zB einer einheitlichen Bekleidung oder der Einteilung von Schichten), ein tatbestandsmäßiges Verhalten iSd § 181 a I Nr. 2 Alt. 2 gesehen hat, ist es durch die in § 3 ProstG zum Ausdruck gebrachte Anerkennung eines eingeschränkten Weisungsrechts des Bordellbetreibers gegenüber den angestellten Prostituierten überholt. So darf dieser als Arbeitgeber der Prostituierten etwa sein Bordell als Arbeitsort vorgeben und sie einer Schicht zuweisen, solange die Prostituierte jederzeit das Vertragsverhältnis lösen kann. Die Vorgabe von Zeit, Ort und Preis der Prostitutionshandlung sowie die Werbung hierfür im Internet reicht daher idR nicht aus (BGH NStZ 2015, 638). Ein weiterhin unzulässiges Bestimmen von Ausmaß und anderen Umständen liegt hingegen vor, wenn der Bordellbetreiber Art, konkrete Modalitäten oder Anzahl der sexuellen Kontakte vorschreibt (vgl. Heger StV 2003, 350 (353); v. Galen, Rechtsfragen der Prostitution, 2004, Rn. 356–358; Renzikowski in MüKoStGB Rn. 44); für die Anweisung zu ungeschütztem Sexualverkehr folgt dies seit dem 1.7.2017 aus der bußgeldbewehrten Kondompflicht des § 32 ProstSchG.

cc) **Maßnahmen, die eine Person von der Aufgabe der Prostitution abhalten sollen (Alt. 3),** umfassen alle Vorkehrungen äußerer (zB Entzug von Geldmitteln, Unterbindung von Kontakten zur Umwelt) oder psychischer Art (zB Drohung, Irreführung), die das Opfer in seiner Entscheidungsfreiheit zu beeinträchtigen geeignet und darauf gerichtet sind, ihm den Weg aus der Prostitution zu verbauen; das Opfer muss sich vom Täter durch Zwang oder Drohung gerade in der Prostitution festgehalten fühlen (BGH NStZ-RR 2002, 232; NStZ 1994, 32); daran fehlt es, wenn das Opfer sich zwar vom Täter, nicht aber von der Prostitution lösen wollte (BGH NStZ-RR 2002, 232). Nicht ausreichend ist auch ein bloßes Zureden, Bitten oder Raten, die Prostitution nicht aufzugeben (BayObLG NJW 1977, 1209; Gössel SexualstrafR § 5 Rn. 150); schon bisher genügte auch ein Hinweis auf den mit einer Aufgabe der Prostitution verbundenen Verdienstausfall nicht (BGH NJW 1993, 3209), was sich angesichts von Art. 1 §§ 1, 2 ProstG nunmehr von selbst versteht (für eine Beschränkung auf als Nötigung strafbare Handlungen v. Galen, Rechtsfragen der Prostitution, 2004, Rn. 363). Nach dem Wortlaut von Alt. 3 ist weiterhin nicht erforderlich, dass das Opfer aus der Prostitution auszusteigen beabsichtigt (offen gelassen BGH NStZ-RR 2002, 232), so dass auch zum Festhalten in der Prostitution unnötige oder untaugliche Maßnahmen erfasst sein können (Heger StV 2003, 350 (353); Eisele in Schönke/Schröder Rn. 10). Die Maßnahmen müssen allerdings auf einen längerfristigen Verbleib in der Prostitution gerichtet sein; eine nur kurzfristige Verschiebung des Ausstiegs bis zB nach Schichtende genügt nicht (Heger StV 2003, 350 (353)). 4c

dd) **Seines Vermögensvorteils wegen** (besonderes persönliches Merkmal iSd § 28 I, → § 28 Rn. 2–6; ebenso Wolters in Satzger/Schluckebier/Widmaier StGB Rn. 16) bezeichnet den Beweggrund. Er ist die den Täter motivierende, dh ausschlaggebende Zielvorstellung (→ § 15 Rn. 20); ob der Vorteil erreicht wird und ob weitere Motive konkurrieren, ist unerheblich. Vermögensvorteil ist jede wirtschaftliche Verbesserung der Vermögenslage (→ § 263 Rn. 59); dafür genügt das Streben nach einem Geschäftsgewinn aus dem Betrieb eines Bordells, der wegen § 1 ProstG als solcher kein Unrecht begründen kann (Heger StV 2003, 350 (353)). Zur systematischen Einordnung dieses eigennützigen Moments Beisheim, Eigennutz als Deliktsmerkmal, 1994, S. 131. Zu den in Frage kommenden vermögenswerten Vorteilen → Rn. 3. 5

4. Abs. 2 regelt die **gewerbsmäßig fördernde Zuhälterei;** die in § 181 a II aF geregelte **kupplerische Zuhälterei** ist, um die reine Vermittlung freiwilligen *sexuellen Verkehrs* von der Strafdrohung auszunehmen, von Art. 2 ProstG dadurch erheblich eingeschränkt worden, dass die Tathandlung objektiv zu einer konkreten **Beeinträchtigung der persönlichen oder wirtschaftlichen Unabhängigkeit geführt haben muss** (Gössel SexualstrafR § 5 Rn. 160, Taterfolg); die durch das ProstG (→ Vor § 1 Rn. 14) eingefügte Beeinträchtigung der persönlichen oder wirtschaftlichen Bewegungsfreiheit wurde durch das SexÄG (→ Vor § 1 Rn. 15) in Anpassung an § 180 a I (→ § 180 a Rn. 4) in eine Beeinträchtigung der Unabhängigkeit umformuliert (BT-Drs. 15/350, 19); die bloße Beeinträchtigungsabsicht ge- 6 nügt ebenso wenig wie die bloße Gefahr einer Beeinträchtigung. Alle bisherigen Voraussetzungen einer kupplerischen Zuhälterei müssen zusätzlich weiterhin vorliegen; so muss das gewerbsmäßige (→ Vor § 52 Rn. 20) Fördern der tatsächlich erfolgten Prostitution (BGH NStZ 1999, 615) durch Vermittlung (→ § 180 Rn. 5; einschr. Eisele in Schönke/Schröder Rn. 15) des Täters erfolgen. Diese Vermittlung sexuellen Verkehrs muss kausal (vgl. Schroeder JR 2002, 408 (409)) für die Beeinträchtigung der persönlichen oder wirtschaftlichen Unabhängigkeit der Prostituierten sein; die persönliche oder wirtschaftliche Einschränkung muss so schwer wiegen, dass das Opfer dadurch in der Prostitution verhaftet bleibt (Heger StV 2003, 350 (352); zust. Gössel SexualstrafR § 5 Rn. 160; vgl. auch Fischer Rn. 19). Der Täterkreis ist gegenüber § 181 a II aF erheblich verengt; selbst Unternehmer von Call-Girl-Ringen scheiden als Täter aus, wenn ihre Vermittlung nicht zu einer Beeinträchtigung der persönlichen oder wirtschaftlichen Bewegungsfreiheit führt oder die Vereinbarung mit den Prostituierten gem. Art. 1 ProstG zulässig ist. Häufig wird die Tat aber bereits nach § 181 a I Nr. 1 oder Nr. 2 strafbar sein, so dass daneben § 181 a II weitgehend leerlaufen dürfte (Schroeder JR 2002, 408 (409); Hochhaus, Strafbare Formen der Zuhälterei, 2009, S. 103; Fischer Rn. 20).

7 **5. Abs. 3** bedroht zuhälterische, in Bezug auf den **Ehegatten** oder eingetragene **Lebenspartner** vorgenommene Handlungen iSd Abs. 1 und 2 ohne Rücksicht darauf mit Strafe, ob die sonst vorausgesetzten, über den Einzelfall hinausgehenden Beziehungen (→ Rn. 2) vorliegen (Hochhaus, Strafbare Formen der Zuhälterei, 2009, S. 104; Fischer Rn. 22).

8 **6.** Die Tat erfordert **Vorsatz;** bedingter genügt insoweit, als nicht schon einzelne Merkmale des objektiven Tatbestandes (zB ausbeuten, überwachen, Beziehungen unterhalten) eine weiterreichende subjektive Tendenz voraussetzen.

9 **7. a)** Mehrere Tathandlungen innerhalb derselben Beziehung (→ Rn. 2) bilden eine **tatbestandliche Handlungseinheit** (BGHSt 39, 390 = NJW 1994, 1015; BGH NStZ-RR 2001, 170; → Vor § 52 Rn. 10); das Gleiche gilt bei teilweiser Identität der Ausführungshandlungen (→ § 52 Rn. 4), wenn sich die Maßnahmen nach § 181 a I Nr. 2 gegen mehrere Personen gleichzeitig oder sukzessive richten (BGH NJW 2004, 81 (83)). Die weiterreichenden Tatbestände des Abs. 1 gehen dem Abs. 2 vor (BGH bei Dallinger MDR 1974, 723; KG NJW 1977, 2223 (2225); Wolters in SK-StGB Rn. 26). Abs. 1 Nr. 2 geht bei Handlungseinheit in dessen Nr. 1 auf, weil beide Tatbestände denselben Schutzzweck verfolgen und die ausbeuterische Zuhälterei gegenüber der dirigierenden als die umfassendere, das Vorfeld lediglich nicht ganz so weit abdeckende Begehungsform desselben Delikts verstanden werden muss (aM BGH StV 2003, 617 (618), Idealkonkurrenz; ebenso MaiwaldMaurach/Schroeder/Maiwald/Hoyer/Momsen StrafR BT § 21 Rn. 21).

10 **b) Tateinheit** ua möglich zwischen Abs. 1 Nr. 1 und § 223 (BGH bei Holtz MDR 1983, 984), §§ 253, 255 (BGH bei Holtz MDR 1983, 793). Als minder schwere Tat konnte § 181 a Taten nach § 177 StGB aF und nach § 181 I Nr. 1 StGB aF (heute § 232 III 2) nicht zu einer Tat verbinden (BGHSt 39, 390 (392) = NJW 1994, 1015), was ebenso für mehrere Taten nach § 232 a gilt (vgl. BGH NStZ-RR 2007, 46 (47); Fischer § 232 a Rn. 41); angesichts der identischen Strafrahmen kann dies für die neuen § 177 I, II nicht mehr gelten. Zur Konkurrenz mit den §§ 180, 180 a → *Vor § 174 Rn. 3;* → *§ 180 Rn. 15;* → § 180 a Rn. 8.

11 **8.** Führungsaufsicht § 181 b.

9. Zur **Kriminologie** der Zuhälterei ua Gleß, Die Reglementierung von Prostitution in Deutschland, 1999; Paulus, Frauenhandel und Zwangsprostitution, 2003. 12

§ 181b Führungsaufsicht

In den Fällen der §§ 174 bis 174c, 176 bis 180, 181a, 182 und 184b kann das Gericht Führungsaufsicht anordnen (§ 68 Abs. 1).

Fassung des G zur Bekämpfung sexualisierter Gewalt gegen Kinder (→ Vor § 1 Rn. 19) zum 1.7.2021.

Vgl. → Vor § 68 Rn. 1, 2; → § 68 Rn. 1–8; s. auch OLG Hamm NStZ-RR 2013, 31. 1

§ 181c *(aufgehoben)*

§ 182 Sexueller Mißbrauch von Jugendlichen

(1) **Wer eine Person unter achtzehn Jahren dadurch missbraucht, dass er unter Ausnutzung einer Zwangslage**
1. sexuelle Handlungen an ihr vornimmt oder an sich von ihr vornehmen lässt oder
2. diese dazu bestimmt, sexuelle Handlungen an einem Dritten vorzunehmen oder von einem Dritten an sich vornehmen zu lassen,

wird mit Freiheitsstrafe bis zu fünf Jahren oder mit Geldstrafe bestraft.

(2) **Ebenso wird eine Person über achtzehn Jahren bestraft, die eine Person unter achtzehn Jahren dadurch missbraucht, dass sie gegen Entgelt sexuelle Handlungen an ihr vornimmt oder an sich von ihr vornehmen lässt.**

(3) **Eine Person über einundzwanzig Jahre, die eine Person unter sechzehn Jahren dadurch mißbraucht, daß sie**
1. sexuelle Handlungen an ihr vornimmt oder an sich von ihr vornehmen läßt oder
2. diese dazu bestimmt, sexuelle Handlungen an einem Dritten vorzunehmen oder von einem Dritten an sich vornehmen zu lassen,

und dabei die ihr gegenüber fehlende Fähigkeit des Opfers zur sexuellen Selbstbestimmung ausnutzt, wird mit Freiheitsstrafe bis zu drei Jahren oder mit Geldstrafe bestraft.

(4) **Der Versuch ist strafbar.**

(5) **In den Fällen des Absatzes 3 wird die Tat nur auf Antrag verfolgt, es *sei denn, daß die Straf*verfolgungsbehörde wegen des besonderen öffentlichen Interesses an der Strafverfolgung ein Einschreiten von Amts wegen für geboten hält.**

(6) **In den Fällen der Absätze 1 bis 3 kann das Gericht von Strafe nach diesen Vorschriften absehen, wenn bei Berücksichtigung des Verhaltens der Person, gegen die sich die Tat richtet, das Unrecht der Tat gering ist.**

Fassung des 49. StÄG (→ Vor § 1 Rn. 18).

1 **1.** Die Vorschrift schützt die sexuelle Selbstbestimmung (BGHSt 42, 27 = NJW 1996, 1294; BGHSt 42, 51 = NJW 1996, 1762; BGHSt 42, 399 = NJW 1997, 1590; BGH NStZ-RR 2014, 46) und **ungestörte sexuelle Entwicklung** von Jugendlichen (nicht im technischen Sinne des § 1 II JGG) unter 18 Jahren (vgl. BGH NJW 2000, 3726; → Vor § 174 Rn. 1; Schroeder NJW 1994, 1501 (1502); Kusch/Mössle NJW 1994, 1504; Schetsche MschrKrim 1994, 201; krit. Hörnle in LK-StGB Rn. 2 „unbrauchbar"; aM Frommel in NK-StGB Rn. 4; Fischer Rn. 2; sa Amelung GA 1999, 182 (186, 201); Verbot der Ausnutzung von Unfreiheit). Sie reiht sich damit in die Jugend- und Kinderschutzvorschriften der §§ 174, 176, 180 ein, die den gleichen Schutzzweck verfolgen (ebenso Laubenthal Sexualstraftaten Rn. 486; → §§ 174, 176 Rn. 1; → § 180 Rn. 2). Dieser Schutzzweck ist zwar in den Gesetzesmaterialien nicht deutlich genug herausgestellt (krit. deshalb Kusch/Mössle NJW 1994, 1504 (1505)), doch lässt er sich der Begründung des Regierungsentwurfs entnehmen. Danach kann bei Jugendlichen zwischen 14 Jahren und 16 Jahren ein sexueller Missbrauch durch Erwachsene deshalb „zu nachteiligen Folgen für die sexuelle Entwicklung" führen, weil bei ihnen der sexuelle Reifeprozess in sozialer und psychischer Hinsicht noch nicht so abgeschlossen ist, dass von ihrer Fähigkeit zur sexuellen Selbstbestimmung ausgegangen werden kann (BT-Drs. 12/4584, 6). Dieser Einschätzung wird man zustimmen können (krit. Schetsche MschrKrim 1994, 201 (205, 212); Harzer in IKW Zustand StrafR S. 31, 44), doch fragt es sich, ob diese Fähigkeit bei männlichen Jugendlichen wirklich schon mit 16 Jahren angenommen werden kann (krit. zur Einebnung der Schutzaltersstufen Schroeder NJW 1994, 1501 (1502); Gössel SexualstrafR § 6 Rn. 105). Diese Diskussion ist vom UmsetzungsG nicht aufgegriffen worden; dieses Gesetz hat sich fast ausschließlich auf die europäischen Vorgaben konzentriert (s. BT-Drs. 16/3439, 8). Geschützt sind jetzt von Abs. 1 und 2 Personen unter 18 Jahren, von Abs. 3 Personen unter 16 Jahren. Das 49. StÄG hat dann in Abs. 3 nur eine minimale sprachliche Ergänzung („ihr gegenüber") gebracht. Zur sehr kompliziert gewordenen Regelung Hörnle NJW 2008, 3521 (3522); Fischer Rn. 3a. – Zur Entstehungsgeschichte Hörnle in LK-StGB Vor § 182 Rn. 1.

2 **2. a) Sämtliche Tathandlungen** nach Abs. 1, 2 und 3 müssen sich als sexueller **Missbrauch** von männlichen oder weiblichen Jugendlichen (BT-Drs. 12/4584, 6) unter 18 Jahren, bei Abs. 3 unter 16 Jahren darstellen. Ob diesem Merkmal eigenständige Bedeutung im Verhältnis zu den übrigen Tatbestandsmerkmalen zukommt oder ob es diese nur unter einem inhaltsleeren Begriff verklammert, ist umstritten (für eigenständige Bedeutung Schroeder NJW 1994, 1501 (1504); dagegen Kusch/Mössle NJW 1994, 1504 (1507)). Anders als in den Materialien des 4. StrRG (→ § 174a Rn. 9) findet sich in den Materialien des 29. StÄG kein durchgehender Hinweis (vgl. aber BT-Drs. 12/4232, 5) auf die mögliche Einschränkung des Tatbestandes durch die Missbrauchsklausel (krit. deshalb Schroeder NJW 1994, 1501 (1504)). Da die Tathandlungen des § 182 aber die Ausnutzung des Opfers oder sexuelle Handlungen gegen Entgelt verlangen, kommt allenfalls in Betracht, mit diesem Merkmal exzeptionelle Fälle auszuscheiden (ebenso Fischer Rn. 17; → § 174a Rn. 4, 9). Solche Fälle sind schwer vorstellbar (ebenso Eisele in Schönke/Schröder Rn. 7); in Betracht kommen etwa motivierende Geschenke in einer echten Liebesbeziehung (BT-Drs. 12/4232, 5; Kindhäuser/Hilgendorf in LPK-StGB Rn. 2; nach Hörnle in LK-StGB Rn. 25: schon kein Ausnutzen der Zwangslage), soweit *sie überhaupt ein Entgelt* darstellen (weitere problematische Beispiele bei Schroeder NJW 1994, 1501 (1504)).

b) In sämtlichen Begehungsformen nach Abs. 1 und 2 werden **sexuelle Handlungen** vorausgesetzt, deren Beschreibung mit §§ 176, 176a(Missbrauch von Kindern) übereinstimmen (→ § 176 Rn. 2). Im Hinblick auf das von § 182 geschützte Rechtsgut (→ Rn. 1) wäre eine Einschränkung auf schwerer wiegende Handlungen wie etwa den Geschlechtsverkehr und geschlechtsverkehrsähnliche Handlungen zu erwägen gewesen; doch hat der Gesetzgeber von solchen Einschränkungen abgesehen (BGHSt 42, 51 (53) = NJW 1996, 1762), weil sie ihm willkürlich und kaum bestimmbar erschienen (vgl. BT-Drs. 12/4232, 5; BT-Drs. 12/4584, 9). Versuche, sie im Wege teleologischer Auslegung zu erreichen, werden zwar von § 184f Nr. 1 ausdrücklich gefordert, doch würde die Einschränkung der sexuellen Handlungen in § 182 auf den Geschlechts-, Anal- und Oralverkehr (so Kusch/Mössle NJW 1994, 1504 (1506); dagegen Laubenthal Sexualstraftaten Rn. 501; Gössel SexualstrafR § 6 Rn. 109; Otto StrafR BT § 66 Rn. 68; Hörnle in LK-StGB Rn. 12; Renzikowski in MüKoStGB Rn. 48) nur dann überzeugen, wenn die sexuelle Entwicklung der geschützten Jugendlichen erst durch diese Handlungen erheblich iSd § 184f Nr. 1 gestört würde. Davon kann aber nicht ausgegangen werden. 3

3. Die **Abs. 1, 2 und 3** unterscheiden nach dem Alter des Täters und nach den Umständen des Missbrauchs der geschützten Personen (→ Rn. 2). 4

a) Abs. 1 verlangte als Mindestalter für den Täter 18 Jahre; diese Einschränkung ist durch das UmsetzungsG gestrichen; es handelt sich um ein von Jedermann („Wer") begehbares Allgemeindelikt. Die Schutzaltersgrenze der Opfer ist achtzehn Jahre. **Nr. 1: Zwangslage** (→ § 232 Rn. 5) setzt Umstände voraus, denen die Gefahr anhaftet, sexuellen Übergriffen Vorschub zu leisten, denen sich der Jugendliche nicht ohne weiteres entziehen kann (BGHSt 42, 399 = NJW 1997, 1590; BGH NStZ-RR 2008, 238; StV 2019, 544; Laubenthal Sexualstraftaten Rn. 505; Fischer Rn. 5; Kindhäuser/Hilgendorf in LPK-StGB Rn. 3). Sie wird **ausgenutzt,** wenn sie nach den Umständen die Tathandlung ermöglicht oder erleichtert (Renzikowski in MüKoStGB Rn. 39) und der Täter die dadurch gebotene Gelegenheit wahrnimmt (→ § 179 Rn. 7). Es sollen vor allem Fälle erfasst werden, in denen die Bedrängnis wohnungsloser oder drogenabhängiger Jugendlicher oder Heimentwichener ausgenutzt wird (BT-Drs. 12/4232, 5; BGHSt 42, 399 (401) = NJW 1997, 1590); nicht genügen bloße Überraschungssituationen, die sich für den Täter aus Neugier des Jugendlichen auf sexuelle Erfahrungen ergeben (BGHSt 42, 399 (401) = NJW 1997, 1590). Geschieht dies aber durch Inaussichtstellen einer Schlafgelegenheit oder von Drogen, so ist Alt. 2 („gegen Entgelt") erfüllt (Kusch/Mössle NJW 1994, 1504 (1506)). Wird hingegen die Weitergewährung der zunächst uneigennützig gewährten Vorteile von sexuellem Entgegenkommen abhängig gemacht, so liegt Alt. 1 vor (Kusch/Mössle NJW 1994, 1504 (1506)). 5

b) Abs. 2 verlangt als Mindestalter für den Täter 18 Jahre, die Schutzaltersgrenze für Opfer liegt ebenfalls bei 18 Jahren (begrüßt von Hörnle in LK-StGB Rn. 26). **Entgelt** → § 11 Rn. 22. Danach ist als Zuwendung oder Vereinbarung (BT-Drs. 12/7035, 9) jedes noch so geringen Vermögensvorteils wie zB das Angebot einer warmen Mahlzeit erfasst (krit. deshalb Kusch/Mössle NJW 1994, 1504 (1506)); die Vereinbarung, deren rechtliche Wirksamkeit nicht erforderlich ist, muss vor oder spätestens während des sexuellen Kontakts erfolgen (BGH NStZ 2004, 683; BGH bei Pfister NStZ-RR 2006, 367; Hörnle in LK-StGB Rn. 34) und den Jugendlichen zu seinem Sexualverhalten jedenfalls mitmotivieren (BGHSt 61, 173 = NJW 2016, 2049). Immaterielle Vorteile wie zB die Aufnahme ins Schulorches- 5a ter genügen nicht, obwohl sie Jugendliche uU mehr als materielle Vorteile motivieren können (krit. deshalb Schroeder NJW 1994, 1501 (1502); aM Frommel in NK-StGB Rn. 9). Der Vermögensvorteil muss die Gegenleistung zur sexuellen Handlung sein; außerhalb des Austauschverhältnisses gewährte Vermögensvorteile scheiden auch dann aus, wenn sie den persönlichen Kontakt zum Jugendlichen aufrechterhalten (BGHSt 42, 399 (402) = NJW 1997, 1590; Kusch/Mössle NJW 1994, 1504 (1506)). Unerheblich ist, dass die Initiative zu den Zahlungen vom Jugendlichen ausgeht (BGH bei Pfister NStZ-RR 2006, 367). Auch muss der Jugendlichen den sexuellen Charakter der Handlung nicht realisieren (BGHSt 61, 173 = NJW 2016, 2049). **Nr. 2:** Beim Bestimmen (dazu BT-Drs. 12/7035, 9; Laubenthal Sexualstraftaten Rn. 500,; → § 174 Rn. 13) zu sexuellen Handlungen mit Dritten fehlt die Alternative des Handelns gegen Entgelt.

6 c) **Abs. 3** verlangt als Mindestalter für den Täter 21 Jahre (dazu krit. Hörnle FS Schöch, 2010, 401 (417)); die Schutzaltersgrenze liegt bei 16 Jahren. Der damit geforderte erhebliche Altersunterschied von mindestens fünf Jahren soll das „Machtgefälle" zwischen Täter und Opfer kennzeichnen (BT-Drs. 12/4584, 8; Fischer Rn. 11, sa Kusch/Mössle NJW 1994, 1504 (1505)). Dagegen geht es nicht darum, 14- oder 15-jährigen Personen generell die Fähigkeit zur wirksamen Einwilligung in sexuelle Handlungen abzusprechen. Mit dem 49. StÄG ist durch den Einschub „ihr gegenüber" daher klargestellt worden, dass es nicht um einen situationsunabhängigen Zustand der noch nicht 16-jährigen Person geht, sondern dass angesichts des Altersgefälles auch im Einzelfall ein Machtgefälle besteht, welches die frei Entscheidung des Jugendlichen tangiert (BT-Drs. 18/2601, 29). Darauf bezieht sich nunmehr sprachlich eindeutig die „**fehlenden Fähigkeit** des Opfers **zur sexuellen Selbstbestimmung**", so dass die zuvor beklagte Unbestimmtheit auch hinsichtlich des Anküpfungspunktes des erforderlichen Ausnutzens (dazu → 28. Aufl. 2014) nicht mehr besteht (vgl. Fischer Rn. 11 c). Ein Ausnutzen der fehlenden Fähigkeit des Opfers zur sexuellen Selbstbestimmung ist nicht nur dann gegeben, wenn der Jugendliche infolge fehlender Selbstbestimmungsfähigkeit keinen der sexuellen Handlung entgegenstehenden Willen entwickeln kann, sondern auch, wenn er seinen noch unterentwickelten und deshalb nur bedingt vorhanden entgegenstehenden Willen nicht verwirklichen, etwa aufgrund der Dominanz des Täters bzw. eines bestehenden Machtgefälles nicht durchsetzen kann (BGH NStZ 2014, 573; NStZ-RR 2014, 10). Kein Ausnutzen liegt daher vor, wenn der Täter den Widerwillen des Opfers mit Nötigungsmitteln bricht (Fischer Rn. 11 b). Für eine Beschränkung des Anwendungbereichs auf den ersten oder zweiten persönlichen Kontakt des Täters mit dem Jugendlichen oder gar auf den Fall der „Diskotheken-Bekanntschaft" (so Kusch/Mössle NJW 1994, 1504 (1505)) enthält der Tatbestand keinen Anhaltspunkt (Fischer Rn. 15). **Nr. 1** erfasst sexuelle Handlungen mit dem Täter, **Nr. 2** mit Dritten.

7 4. Der **Vorsatz** (bedingter genügt) muss namentlich auch das Alter der geschützten Person umfassen (→ § 174 Rn. 16). Nach **Abs. 4** ist der **Versuch** strafbar (Vorgabe des Rahmenbeschlusses, Hörnle in LK-StGB Rn. 44); das bezieht sich auf Abs. 1–3.

8 5. Die geschützte Person ist als **notwendiger Teilnehmer** straflos (→ Vor § 25 Rn. 12).

9 6. **Abs. 5** verlangt für die Verfolgung der Fälle des Abs. 3 einen Strafantrag; eine Amtsverfolgung bei öffentlichem Interesse ist möglich (→ § 232 Rn. 3–5). Mit dem

Antragsrecht soll den Personensorgeberechtigten die Möglichkeit eingeräumt werden, das jugendliche Opfer vor den mit der Durchführung eines Strafverfahrens verbundenen erheblichen Belastungen zu bewahren (BT-Drs. 12/4584, 9). Ein öffentliches Interesse soll dann anzunehmen sein, wenn der Täter „besonders rücksichtslos oder verwerflich" gehandelt oder „nachteilige Wirkungen von einigem Ausmaß" beim Opfer verursacht hat (BT-Drs. 12/4584, 9). Zu den Bedenken gegen diese Regelung Kusch/Mössle NJW 1994, 1504 (1507); Schroeder S. 1504.

7. Zum **Absehen von Strafe nach Abs. 6** vgl. § 153b StPO. Hier ist vor allem das Verhalten des Opfers zu berücksichtigen (BT-Drs. 12/7035, 10). Dass es sich schon auf dem Weg zur Berufsprostitution befindet, lässt das Verhalten des Täters noch nicht als geringes Unrecht erscheinen (vgl. Wolters in SK-StGB Rn. 18; Kusch/Mössle NJW 1994, 1504 (1507), die die Einstellungsmöglichkeit aber im Interesse des Opfers, das vor den Belastungen des Strafverfahrens bewahrt wird, begrüßen; krit. dagegen Schroeder NJW 1994, 1501 (1504)). 10

8. Abs. 1 geht Abs. 3 vor (Wolters in SK-StGB Rn. 26; aM Gössel SexualstrafR § 6 Rn. 128, Tateinheit möglich); zwischen den beiden Alternativen von Abs. 1 und 3 ist jeweils Tateinheit möglich, da es sich nicht um gleichwertige Begehungsformen handelt (ebenso Fischer Rn. 26; → § 52 Rn. 3; → § 176 Rn. 12). § 176 geht § 182 bei Opfern unter 14 Jahren vor (BGHSt 42, 51 = NJW 1996, 1762; BGH NStZ-RR 1997, 66; Wolters in SK-StGB Rn. 26; Eisele in Schönke/Schröder Rn. 19; ebenso für § 182 II BGHSt 42, 27 = NJW 1996, 1294, Spezialität ebenso Renzikowski in MüKoStGB Rn. 76; BayObLG NStZ 1995, 500 mablAnm Schroeder JR 1996, 40, Konsumtion; aM für § 182 I Nr. 1 Alt. 2 BGH NJW 2000, 3726; Vorlagebeschluss; von Vorlage abgesehen BGH NJW 2001, 2186; Fischer Rn. 26). § 182 kann aber anwendbar sein, wenn der Täter das kindliche Alter des Opfers verkennt, das jugendliche Alter aber erkennt (BGH NStZ 2007, 329). **Tateinheit** ist ua möglich mit §§ 173–174b (BGH NStZ 2001, 194 zu § 174 I Nr. 2, aus Klarstellungsgründen; beachte BGH NStZ-RR 2014, 46, wenn Abhangigkeitsverhältnis Zwangslage begründet, tritt Abs. 1 hinter § 174 I Nr. 2 zurück), §§ 177, 178, 240; idR nicht mit § 185 (→ § 185 Rn. 6). 11

9. Sicherungsverwahrung § 66 III (→ § 66 Rn. 10a–10e). Führungsaufsicht § 181b. Verjährung § 78 III Nr. 4; § 78b I Nr. 1 – Ruhen der Verjährung – findet seit dem 49. StÄG Anwendung. 12

§ 183 Exhibitionistische Handlungen

(1) **Ein Mann, der eine andere Person durch eine exhibitionistische Handlung belästigt, wird mit Freiheitsstrafe bis zu einem Jahr oder mit Geldstrafe bestraft.**

(2) **Die Tat wird nur auf Antrag verfolgt, es sei denn, daß die Strafverfolgungsbehörde wegen des besonderen öffentlichen Interesses an der Strafverfolgung ein Einschreiten von Amts wegen für geboten hält.**

(3) **Das Gericht kann die Vollstreckung einer Freiheitsstrafe auch dann zur Bewährung aussetzen, wenn zu erwarten ist, daß der Täter erst nach einer längeren Heilbehandlung keine exhibitionistischen Handlungen mehr vornehmen wird.**

(4) **Absatz 3 gilt auch, wenn ein Mann oder eine Frau wegen einer exhibitionistischen Handlung**
1. nach einer anderen Vorschrift, die im Höchstmaß Freiheitsstrafe bis zu einem Jahr oder Geldstrafe androht, oder
2. nach § 174 Absatz 3 Nummer 1 oder § 176a Absatz 4 Nummer 1
bestraft wird.

Fassung: Technische Änderung von Abs. 4 Nr. 2 durch das 49. StÄG (→ Vor § 18 Rn. 1) und das G zur Bekämpfung sexualisierter Gewalt gegen Kinder (→ Vor § 1 Rn. 19) zum 1.7.2021.

1 **1. a)** Die Vorschrift schützt die **psychische und körperliche Integrität** von Personen beiderlei Geschlechts, also ein Individualrechtsgut (hM; nach Hörnle in MüKoStGB Rn. 1, 2, Privatsphäre und sexuelle Selbstbestimmung; anders Benz, Sexuell anstößiges Verhalten, 1982, S. 179: die öffentliche Ordnung, und Gössel SexualstrafR § 7 Rn. 4, Freiheit zur sexuellen Selbstbestimmung; → Vor § 174 Rn. 1), gegen die spezifischen Auswirkungen exhibitionistischer Handlungen, die uU bis zu schweren, auch körperlich nachteiligen, psychischen Schocks reichen können (BT-Drs. VI/3521, 53; BGH bei Dallinger MDR 1974, 546; Benz, Sexuell anstößiges Verhalten, 1982, S. 104; ähnlich MaiwaldMaurach/Schroeder/Maiwald/Hoyer/Momsen StrafR BT § 22 Rn. 3; krit. v. Hören ZRP 1987, 19; Sick ZStW 103 (1991), 43 (83)). Zur **Kriminologie** exhibitionistischer Handlungen Eisenberg Kriminologie § 45 Rn. 71f, § 58 Rn. 35, § 61 Rn. 15; Sander, Zur Beurteilung exhibitionistischer Handlungen, 1996, S. 26, 123, der für eine Ordnungswidrigkeitenlösung plädiert; Sander ZRP 1997, 447; zust. Bespr. Böllinger MschrKrim 2000, 200; ebenso Hörnle MschrKrim 2001, 212); Görgen, Rückfallgefährdung und Gewaltrisiko bei exhibitionistischen Tätern, 2003; Elz/Jehle/Kröber, Exhibitionisten – Täter, Taten, Rückfall, 2004; von symbolischer Gesetzgebung spricht Jäger, Irrwege der Strafgesetzgebung, 1999, S. 49, 52; für Abschaffung der Vorschrift Hörnle, Grob anstößiges Verhalten, 2005, S. 459 und primär auch die Reformkommission in ihrem Bericht 2017, S. 369 (dazu Heger ZRP 2018, 112).

1a **b) Täter** kann nur ein Mann sein (kein besonderes persönliches Merkmal iSd § 28 I, Herzberg GA 1991, 145 (169); Hörnle in MüKoStGB Rn. 15; anders Schünemann in LK-StGB Rn. 46, 47). Für den Fall einer Nichtsreichung der Norm empfahl die Reformkommission 2017 alternativ die Einbeziehung aller Geschlechter (dagegen Heger ZRP 2018, 112 (114)).

2 **2.** Eine **exhibitionistische Handlung** ist eine – nicht notwendig öffentlich vorgenommene – sexuelle Handlung iSd § 184h Nr. 1 (→ § 184h Rn. 2–4), deren Schwerpunkt darin liegt, dass jemand (idR ein Mann) einem anderen (idR einer Frau oder einem Minderjährigen) sein entblößtes Geschlechtsteil vorweist, um sich entweder allein dadurch oder zusätzlich durch Beobachten der Reaktion des anderen oder durch Masturbation sexuell zu erregen oder zu befriedigen (BT-Drs. VI/3521, 53; BGH NStZ-RR 2007, 374; NStZ 2015, 337; NStZ-RR 2019, 44; OLG Düsseldorf NStZ 1998, 412; BayObLG NJW 1999, 72; OLG Hamm StRR 2013, 43; krit. Glatzel Forensia 1985, 167; abl. Bottke FS Szwarc, 2009, 297 (300)); das Vorzeigen eines „Kunstpenis" genügt nicht (LG Koblenz NStZ-RR 1997, 104), kann aber unter § 183a fallen (Eisele in Schönke/Schröder Rn. 3). Während iRd Abs. 1 nur das Vorweisen des männlichen Gliedes in Frage kommt (→ Rn. 1), ist bei Abs. 4 auch die exhibitionistische Handlung einer Frau denkbar, aber praktisch bedeutungslos. Handlungen ohne diese spezifische sexuelle Tendenz, zB zur

SexualstrafR § 7 Rn. 18; aM Horstkotte JZ 1974, 84 (90); MaiwaldMaurach/Schroeder/Maiwald/Hoyer/Momsen StrafR BT § 22 Rn. 7).

§ 183a Erregung öffentlichen Ärgernisses

Wer öffentlich sexuelle Handlungen vornimmt und dadurch absichtlich oder wissentlich ein Ärgernis erregt, wird mit Freiheitsstrafe bis zu einem Jahr oder mit Geldstrafe bestraft, wenn die Tat nicht in § 183 mit Strafe bedroht ist.

1 **1.** Die Vorschrift schützt **das Allgemeininteresse** an der Respektierung der verbreiteten sozial-moralischen Grundanschauung, dass sexuelle Handlungen nicht in die Öffentlichkeit gehören; es soll also jedermann vor dem „Wahrnehmenmüssen" solcher Vorgänge bewahrt werden (krit. Stratenwerth FS Lenckner, 1998, 377 (389); aM BT-Drs. VI/3521, 56; Schroeder FS Welzel, 1974, 859 (872); Graalmann-Scheerer GA 1995, 349 (354); Steinberg, Strafe für das Versetzen in Todesangst, 2014, S. 49; Hörnle in MüKoStGB Rn. 1; Wolters in SK-StGB Rn. 1; Laufhütte/Roggenbuck in LK-StGB Rn. 1, nach denen das Individualinteresse des jeweils Betroffenen geschützt ist; Benz, Sexuell anstößiges Verhalten, 1982, S. 179, der die öffentliche Ordnung als Schutzgut ansieht). Infolge der Ausscheidung exhibitionistischer Handlungen (§ 183) und der Beschränkung des inneren Tatbestandes auf direkten Vorsatz (→ Rn. 4) ist der Anwendungsbereich der Vorschrift gering (nach Fischer Rn. 1 hat sie keine praktische Bedeutung); von symbolischer Gesetzgebung spricht Jäger, Irrwege der Strafgesetzgebung, 1999, S. 49, 52; für eine Erfassung als Ordnungswidrigkeit – § 118 OWiG – Hörnle, Grob anstößiges Verhalten, 2005, S. 459; Roxin FS Marinucci, 2006, 715 (732).

2 **2.** Sexuelle Handlungen (→ § 184h Rn. 2–4a) sind **öffentlich** vorgenommen, wenn entweder eine unbestimmte Vielzahl oder eine bestimmte, nicht durch persönliche Beziehungen miteinander verbundene Mehrzahl von Personen (AG Lübeck JuS 2012, 179, lässt das Bespritzen einer Person mit Sperma genügen) sie wahrgenommen hat oder hätte wahrnehmen können (BGHSt 11, 282 = NJW 1958, 757; Hörnle, Grob anstößiges Verhalten, 2005, S. 458; krit. Marx JZ 1972, 112); wirklich anwesend brauchen sie nicht zu sein (BGH NJW 1969, 853; OLG Celle GA 1971, 251). In die persönlichen Beziehungen, welche die Öffentlichkeit ausschließen, muss auch der Täter eingeschlossen sein (RGSt 49, 147; Schröder JR 1970, 429; Otto StrafR BT § 66 Rn. 82; aM BGHSt 11, 282 = NJW 1958, 757; OLG Köln NJW 1970, 670; Laufhütte/Roggenbuck in LK-StGB Rn. 4). Bei der Auslegung orientiert sich die Rspr. am geschützten Rechtsgut und weicht zT erheblich von den Anforderungen ab, die sonst an die Öffentlichkeit gestellt werden (zB BGHSt 10, 194 (196) = NJW 1957, 880; BGHSt 12, 42 (46) = NJW 1958, 1788; BGHSt 15, 118 (124) = NJW 1960, 2250). Da sich das Merkmal auf die sexuelle Handlung, nicht auf das Ärgernis bezieht, genügt eine nichtöffentliche Handlung selbst dann nicht, wenn noch so viele Personen Ärgernis nehmen. Keine Öffentlichkeit, wenn die Wahrnehmung besondere Bemühung verlangt oder der Täter, zB auf einer öffentlichen Straße, ausreichende Vorkehrungen zur Verhinderung der Wahrnehmung durch einen unbestimmten Personenkreis getroffen hat (BGH NJW 1969, 853).

3 **3. Ärgernis erregen** setzt voraus, dass die sexuelle Handlung nach den Umständen zur Verletzung des – nicht überspannten – Wertgefühls, das sich aus der unter → Rn. 1 beschriebenen Grundanschauung ergibt, objektiv geeignet ist, und dass sie diesen Erfolg bei mindestens einer Person tatsächlich erreicht (Erfolgsdelikt, RGSt 51, 167; Gössel SexualstrafR § 7 Rn. 20; krit. Benz, Sexuell anstößiges Verhalten, 1982, S. 59); nach dem Schutzzweck scheiden jedoch solche Fälle aus, in denen es dem anderen darum ging, sexuelle Handlungen der vom Täter vorgenommenen Art wahrzunehmen (zB bei sexuellen Schaustellungen in Bars, Stripteaselokalen usw; weiter einschr. BT-Drs. VI/3521, 57). Maßgebend ist das Ärgernis des Wahrnehmenden; daran fehlt es zB, wenn ein Kind den Sexualbezug des Vorgangs nicht begreift (BGH NJW 1970, 1855 mAnm Geilen NJW 1970, 2304; KG JR 1965, 29) oder wenn erst ein Dritter auf Grund Berichts über den Vorgang Ärgernis nimmt.

4 **4.** Der **Vorsatz,** öffentlich eine sexuelle Handlung vorzunehmen, kann bedingt sein (→ § 15 Rn. 23–27). Dagegen ist für die Ärgerniserregung direkter Vorsatz erforderlich; er setzt voraus, dass es entweder dem Täter darauf ankommt (→ § 15 Rn. 20), bei mindestens einer – uU von ihm speziell ins Auge gefassten – Person Ärgernis zu erregen, oder dass er das Ärgernis als sichere Folge seiner Handlung voraussieht (OLG Bamberg OLGSt StGB § 183 Nr. 4; → § 15 Rn. 21). Wissentlichkeit fehlt idR, wenn der Täter Maßnahmen gegen Wahrnehmungen Dritter getroffen hat; Absicht und Wissentlichkeit fehlen idR auch bei der Prostituierten und dem Freier (Graalmann-Scheerer GA 1995, 349 (355)).

5 **5. Tateinheit** ua möglich mit § 185 (RGSt 75, 207). Gegenüber § 183 Subsidiarität (aM BT-Drs. 7/514, 10: Spezialität; ebenso Hörnle in MüKoStGB Rn. 11). Nehmen mehrere Personen an einer Handlung Ärgernis, so liegt nur eine Tat vor (BGHSt 4, 303 = NJW 1953, 1559).

§ 184 Verbreitung pornographischer Inhalte

(1) **Wer einen pornographischen Inhalt (§ 11 Absatz 3)**

1. **einer Person unter achtzehn Jahren anbietet, überläßt oder zugänglich macht,**
2. **an einem Ort, der Personen unter achtzehn Jahren zugänglich ist oder von ihnen eingesehen werden kann, zugänglich macht,**
3. **im Einzelhandel außerhalb von Geschäftsräumen, in Kiosken oder anderen Verkaufsstellen, die der Kunde nicht zu betreten pflegt, im Versandhandel oder in gewerblichen Leihbüchereien oder Lesezirkeln einem anderen anbietet oder überläßt,**

3a. **im Wege gewerblicher Vermietung oder vergleichbarer gewerblicher Gewährung des Gebrauchs, ausgenommen in Ladengeschäften, die Personen unter achtzehn Jahren nicht zugänglich sind und von ihnen nicht eingesehen werden können, einem anderen anbietet oder überläßt,**

4. **im Wege des Versandhandels einzuführen unternimmt,**
5. **öffentlich an einem Ort, der Personen unter achtzehn Jahren zugänglich ist oder von ihnen eingesehen werden kann, oder durch Verbreiten von Schriften außerhalb des Geschäftsverkehrs mit dem einschlägigen Handel anbietet oder bewirbt,**

6. an einen anderen gelangen läßt, ohne von diesem hierzu aufgefordert zu sein,
7. in einer öffentlichen Filmvorführung gegen ein Entgelt zeigt, das ganz oder überwiegend für diese Vorführung verlangt wird,
8. herstellt, bezieht, liefert, vorrätig hält oder einzuführen unternimmt, um diesen im Sinne der Nummern 1 bis 7 zu verwenden oder einer anderen Person eine solche Verwendung zu ermöglichen, oder
9. auszuführen unternimmt, um diesen im Ausland unter Verstoß gegen die dort geltenden Strafvorschriften zu verbreiten oder der Öffentlichkeit zugänglich zu machen oder eine solche Verwendung zu ermöglichen,

wird mit Freiheitsstrafe bis zu einem Jahr oder mit Geldstrafe bestraft.

(2) [1]**Absatz 1 Nummer 1 und 2 ist nicht anzuwenden, wenn der zur Sorge für die Person Berechtigte handelt; dies gilt nicht, wenn der Sorgeberechtigte durch das Anbieten, Überlassen oder Zugänglichmachen seine Erziehungspflicht gröblich verletzt.** [2]**Absatz 1 Nr. 3a gilt nicht, wenn die Handlung im Geschäftsverkehr mit gewerblichen Entleihern erfolgt.**

Fassung des 49. StÄG (→ Vor § 1 Rn. 18), angepasst und in Abs. 2 leicht ausgeweitet durch das 60. StÄG (→ Vor § 1 Rn. 19) zum 1.1.2021.

1. Da § 184 kein umfassendes Herstellungs- und Verbreitungsverbot für Pornographie enthält, ist sein **Schutzzweck** uneinheitlich (dazu BT-Drs. VI/1552, 33; BT-Drs. VI/3521, 58 (61); BT-Drs. 7/514, 11; → Vor § 174 Rn. 1; Beisel, Die Kunstfreiheitsgarantie des Grundgesetzes und ihre strafrechtlichen Grenzen, 1997, S. 168; Schreibauer, Das Pornographieverbot des § 184 StGB, 1999, S. 71, 85; Horn in Ulsamer StrafR/StrafVerfR S. 841; Laufhütte/Roggenbuck in LK-StGB Rn. 1–3; krit. zu den ungeklärten Basishypothesen Weigend ZUM 1994, 133 (136); krit. zur Legitimation Özmen/Schröter ARSP 2008, 443 (444); für Streichung Köhne JR 2012, 325 (328)). Die Vorschriften in Abs. 1 Nr. 1–5, 7, 8 dienen vorwiegend dem Jugendschutz (zu diesem Schutzgut Erdemir MMR 2003, 628 (630); für eine teilweise Legitimierung der Vorschrift über den Jugendschutz Hörnle, Grob anstößiges Verhalten, 2005, S. 441). Das Interesse, nicht unerwünscht mit Pornographie konfrontiert zu werden (dazu Erdemir MMR 2003, 628 (630); Gössel SexualstrafR § 7 Rn. 32; krit. Schreibauer, Das Pornographieverbot des § 184 StGB, 1999, S. 76, 265), liegt vornehmlich dem Abs. 1 Nr. 6, daneben aber auch dessen Nr. 3–5, 7 und 8, zugrunde. Abs. 1 Nr. 9 schließlich bildet einen Fremdkörper, weil er nur Konflikte der Bundesrepublik mit dem Ausland vorbeugen soll (hM; anders Lüttger FS Jescheck, 1985, 121 (168), der ausländische Rechtsgüter als geschützt ansieht; dagegen Schreibauer, Das Pornographieverbot des § 184 StGB, 1999, S. 85). Die Vorschriften des Abs. 1 sind auch dann anzuwenden, wenn eine Gefahr für die ungestörte sexuelle Entwicklung der unter achtzehnjährigen Person (Nr. 1) zB wegen umfangreicher Erfahrungen im konkreten Fall offensichtlich ausgeschlossen ist (aM Wolters/Greco in SK-StGB Rn. 3; Eisele in Schönke/Schröder Rn. 13; sa Schreibauer, Das Pornographieverbot des § 184 StGB, 1999, S. 87, Risikodelikt). **Rechtsvergleichend** zu den strafrechtlichen Pornographieverboten in Europa und deren unterschiedlichen Schutzzwecken Weigend ZUM 1994, 133, der den Jugendschutz als gemeineuropäischen Kern des Pornographieverbotes ausmacht, und Liesching MMR 2003, 156. Das 49. StÄG hat zwar einige sprachliche Modifikationen vorgenommen, die Norm aber inhaltlich unverändert gelassen. 1

2 **2. a) Pornographisch** sind Schriften (nach § 11 III auch Ton- und Bildträger, Datenspeicher, Abbildungen und andere Darstellungen, → § 11 Rn. 26–28; speziell für den Kinofilm, auch auf Videokassette und DVD, Erdemir MMR 2003, 628 (629)), wenn sie nach ihrem objektiven Gehalt (nicht unbedingt auch nach der Absicht des Verfassers) „zum Ausdruck bringen, dass sie ausschließlich oder überwiegend auf die Erregung eines sexuellen Reizes bei dem Betrachter abzielen, und dabei die im Einklang mit allgemeinen gesellschaftlichen Wertvorstellungen gezogenen Grenzen des sexuellen Anstandes eindeutig überschreiten" (BT-Drs. VI/3521, 60; Laufhütte JZ 1974, 46 (47); Erdemir, Filmzensur und Filmverbot, 2000, S. 142; Erdemir MMR 2003, 628 (630); Otto StrafR BT § 66 Rn. 100; krit. Gössel SexualstrafR § 7 Rn. 37, inhaltslos; zT abw. Dreher JR 1974, 45 (56); Beisel, Die Kunstfreiheitsgarantie des Grundgesetzes und ihre strafrechtlichen Grenzen, 1997, S. 183; Schreibauer, Das Pornographieverbot des § 184 StGB, 1999, S. 116; MaiwaldMaurach/Schroeder/Maiwald/Hoyer/Momsen StrafR BT § 23 Rn. 5). Diese weiterer Präzisierung bedürftige (OLG Karlsruhe NJW 1974, 2015) Formel will im Wesentlichen die Begriffsbestimmung widerspiegeln, die der BGH zum Begriff der „unzüchtigen Schriften" iSd § 184 aF (BGHSt 23, 40 = NJW 1969, 1818; Schroeder FG BGH, 2000, 485 (489)) entwickelt hat (BT-Drs. VI/3521, 60; sa OLG Düsseldorf NJW 1974, 1474 mAnm Möhrenschlager; BayObLGSt 1974, 175 (181)). Für die Beurteilung maßgebend ist der auf dem jeweiligen – dh zeitbedingten und dem Wandel unterworfenen (OLG Düsseldorf NJW 1970, 671; Honig FS Dreher, 1977, 39 (40)) – Kulturstand beruhende Grundbestand gemeinsamer Anschauungen auf sexuellem Gebiet (krit. OLG Karlsruhe NJW 1974, 2015). Danach sind Darstellungen des nackten menschlichen Körpers und Schilderungen sexueller Vorgänge nicht schon als solche pornographisch (KG NStZ 2009, 446 wenn im Vordergrund individuelle Merkmale wie Hautfarbe, Haarschnitt und Bartwuchs stehen); sie werden es idR erst durch eine auf die sexuelle Stimulierung reduzierte und der Lebenswirklichkeit widersprechende, aufdringlich vergröbernde, verzerrende oder anreißerische Darstellungsweise (BGHSt 23, 40 = NJW 1969, 1818; OLG Koblenz MDR 1979, 516; Hanack JZ 1971, 41 (45); Gössel SexualstrafR § 7 Rn. 40; auch BVerwG NJW 2002, 2969 mit Bespr. Hörnle JZ 2002, 1063; Dörr JuS 2002, 1118; Albrecht/Hotter, Rundfunk und Pornographieverbot, 2002, S. 43; diff. Schroeder, Pornographie, Jugendschutz und Kunstfreiheit, 1992, S. 16; aM Schumann FS Lenckner, 1998, 577, nach dem sich der pornographische Charakter einer Sexualdarstellung nur aus ihrer Verbindung mit der Präsentation und Billigung von Verhaltensweisen ergeben kann, die die Menschenwürde verletzen, dagegen BVerwG NJW 2002, 2969 mit Bespr. Hörnle JZ 2002, 1063; Ostendorf MschrKrim 2002, 372 (381); sowie Albrecht/Hotter, Rundfunk und Pornographieverbot, 2002, S. 37; krit. zur Verbindung von Pornographie und Menschenwürdeverletzung Erdemir MMR 2003, 628 (631)). Im Allgemeinen charakteristisch, aber nicht notwendig ist, dass die Schrift keine über den sexuellen Zweck hinausgehenden gedanklichen Inhalte vermittelt (BT-Drs. VI/3521, 60; zu eng OLG Düsseldorf NJW 1974, 1474), eine bloße Titulierung als „Pornofilm" oder „pornographische Aufnahme" reicht nicht aus (BGH NStZ-RR 2010, 108; BGH bei Pfister NStZ-RR 2010, 361 (366)). Das Problem einer hinreichend bestimmten Abgrenzung des Begriffs („das Dilemma der Toleranzgrenze") bleibt ebenso wie im früheren Recht ungelöst (Hanack NJW 1974, 1 (7); einen Art. 103 II GG-Verstoß nimmt an Liesching JMS 2/98, 56; aM Erdemir, Filmzensur und Filmverbot, 2000, S. 153; Erdemir MMR 2003, 628 (632); sa Schumann/Schumann FS Eisenberg, 2009, 351 (366)). Ob eine Schrift nach diesen

Maßstäben pornographisch ist, unterliegt nur begrenzt nachprüfbarer tatrichterlicher Würdigung (OLG Frankfurt a. M. JZ 1974, 516). Mit dem 49. StÄG ist durch die singuläre Betonung einer „Schrift" klargestellt worden, dass – wie bisher trotz des Plurals („Schriften") so praktiziert – bereits eine pornograhische Schrift als Tatobjekt ausreicht (BT-Drs. 18/2601, 29); das gilt seit dem 60. StÄG gleichermaßen für die Umstellung auf einen Inhalt iSv § 11 III.

b) Für **Kunstwerke** folgt aus dieser einschränkenden Auslegung, dass es einen Konflikt mit den Tatbeständen des § 184 im Regelfall nicht mehr gibt (nach Gössel SexualstrafR § 7 Rn. 42, überhaupt nicht; krit. Beisel, Die Kunstfreiheitsgarantie des Grundgesetzes und ihre strafrechtlichen Grenzen, 1997, S. 198; Dierksmeier JZ 2000, 883 (888)). Angesichts der zunehmenden Formalisierung des Kunstbegriffs in der Rspr. des BVerfG (→ § 193 Rn. 14) lässt sich allerdings in Grenzfällen eine vollständige Scheidung von Kunst und Pornographie nicht mehr durchführen (BVerfGE 83, 130 = NJW 1991, 1471 mit Bespr. Gusy JZ 1991, 470; Borgmann JuS 1992, 916; BGHSt 37, 55 = NJW 1990, 3026 mAnm Maiwald JZ 1990, 1141; Jean d'Heur StV 1991, 165; Liesching/v. Münch AfP 1999, 37; Erdemir MMR 2003, 628 (632); Fischer Rn. 8). Für diesen engen Überschneidungsbereich gelten daher die Ausführungen unter → § 193 Rn. 14 sinngemäß; da Kunstfreiheit und Jugendschutz gleichrangige Verfassungsgüter sind, bedarf es zur Konfliktslösung einer einzelfallbezogenen Abwägung (BGHSt 37, 55 = NJW 1990, 3026; Fischer, Die strafrechtliche Beurteilung von Werken der Kunst, 1995, S. 150; Liesching/v. Münch AfP 1999, 37; Laubenthal Sexualstraftaten Rn. 729, 730; krit. Schroeder, Pornographie, Jugendschutz und Kunstfreiheit, 1992, S. 47; Schroeder FG BGH, 2000, 485 (497); Kreckl MschrKrim 1994, 128 (130); Laubenthal Sexualstraftaten Rn. 731; krit. Schreibauer, Das Pornographieverbot des § 184 StGB, 1999, S. 154, der auf die Erforderlichkeit eines zumutbaren Betriebs und die Unkontrollierbarkeit sowie die Wesentlichkeit der Einschränkung des Jugendschutzes abstellt); keine Ausübung der Kunstfreiheit ist die Menschenwürde missachtende Pornographie, zB der künstlerisch verbrämte Kindesmissbrauch (Dierksmeier JZ 2000, 883 (888); ebenso für Kinderpornographie Erdemir, Filmzensur und Filmverbot, 2000, S. 160; anders aus europäischer Sicht Böse FS Schroeder, 2006, 751 (758)). 3

c) Der frühere Abs. 3 ist durch das SexÄG inhaltlich unverändert in den neuen § 184a eingestellt worden, soweit er sich auf die Verbreitung gewalt- und tierpornographischer Schriften bezog (BT-Drs. 15/350, 20). 4

3. Die Tathandlungen (im einzelnen Schreibauer, Das Pornographieverbot des § 184 StGB, 1999, S. 186–315; krit. zu der mit ihnen verbundenen Vorverlagerung des Strafschutzes Schroeder, Pornographie, Jugendschutz und Kunstfreiheit, 1992, S. 39). 5

a) Zu den **in den Tatbeständen der §§ 184 I, 184a, 184b, 184c mehrfach verwendeten Begriffen: Anbieten** ist einseitige (ausdrückliche oder stillschweigende) Erklärung der Bereitschaft zur Überlassung (Horn NJW 1977, 2328 (2332)); Annahme ist nicht erforderlich. Ist das Angebot (in den Fällen des Abs. 1 Nr. 5) an einen unbestimmten Personenkreis gerichtet, so muss es für den durchschnittlich interessierten und informierten Betrachter erkennbar machen, dass es sich auf Pornographie bezieht (BGHSt 34, 94 = NJW 1987, 449 mablAnm Greger JR 1987, 210; Deblitz, Die Strafbarkeit der Werbung für pornographische Schriften, 1995, S. 57; krit. Schreibauer, Das Pornographieverbot des § 184 StGB, 1999, S. 243; aM OLG München NJW 1987, 453; zw.); wird dagegen (in den Fällen des

Abs. 1 Nr. 1, 3, 3a) einer bestimmten geschützten Person konkret angeboten, so braucht für diese der pornographische Charakter nicht erkennbar zu sein (Wolters/Greco in SK-StGB Rn. 28; aM Laufhütte/Roggenbuck in LK-StGB Rn. 17; zw.). In den Fällen des Abs. 1 Nr. 3a wird „einem anderen" schon dann angeboten, wenn der pornographische Gegenstand in dem Ladengeschäft zur Entnahme durch den Interessenten dargeboten wird (OLG Hamburg NJW 1992, 1184). **Überlassen** ist Verschaffung (auch unentgeltliche) des Gewahrsams (einschr. Schreibauer, Das Pornographieverbot des § 184 StGB, 1999, S. 191 „zur eigenen Verfügung"). **Zugänglichmachen** erfordert, dass einem anderen, sei es auch nur durch bloßes Auslegen in einem Raum (BT-Drs. VI/1552, 34), durch Angebot im Bildschirmtext-Verfahren (OLG Stuttgart NStZ 1992, 38; Walther NStZ 1990, 523; Sieber JZ 1996, 494) oder durch Bereitstellung auf einem „Server" in Computernetzen wie dem Internet (BGHSt 47, 55 = NJW 2001, 3558; Sieber JZ 1996, 494; Stange CR 1996, 424 (426); Beisel/Heinrich CR 1997, 360 (362); Derksen NJW 1997, 1878 (1881); Schreibauer, Das Pornographieverbot des § 184 StGB, 1999, S. 200; zur Einrichtung sog. Hyperlinks und der strafrechtlichen Problematik iÜ → Rn. 7a), die Möglichkeit eröffnet wird (Weigend ZUM 1994, 133 (134); Ramberg ZUM 1994, 140), sich durch sinnliche Wahrnehmung vom (pornographischen, OLG Karlsruhe NJW 1984, 1975) Inhalt der Schrift Kenntnis zu verschaffen; **Ausstellen, Anschlagen und Vorführen** sind nur Beispiele dafür (Uschold NJW 1976, 2249). Im Internet reicht das Ermöglichen des Internetzugriffs aus (BGHSt 47, 55 (60) = NJW 2001, 3558 mAnm Gehrke ZUM 2002, 283; Kudlich JZ 2002, 310; Lindemann/Wachsmuth JR 2002, 206). Wer als Nutzer einer Internet-Tauschbörse entsprechende Dateien auf seinen Rechner herunterlädt, ermöglicht anderen Nutzern den Zugriff regelmäßig bereits während des Downloads (OLG Oldenburg NStZ 2010, 93; LG Wuppertal NStZ 2008, 463; zum Vorsatz-Problem → Rn. 8). Strahlt ein (Bezahl-)Fernsehsender pornographische Filme aus, so entfällt ein Zugänglichmachen nur dann, wenn er durch wirksame Sicherungsmaßnahmen eine effektive Barriere für die Wahrnehmung durch Minderjährige errichtet hat; dafür reicht die bloße Verschlüsselung der Filme und die Aushändigung des Decoders nur an Erwachsene nicht (BVerwG NJW 2002, 2966 (2968) mit Bespr. Hörnle JZ 2002, 1062; Dörr JuS 2002, 1118; sa Schumann/Schumann FS Eisenberg, 2009, 351 (354)). Im Internet wird mit einem Dialer keine effektive Zwangsbarriere zu pornographischem Material geschaffen, sofern das entsprechende Programm bereits mit Eingabe einer Personalausweis- oder Kreditkartennummer heruntergeladen werden kann (OLG Düsseldorf JMBl. NRW 2004, 106; Erdemir MMR 2004, 410). Ebensowenig zuverlässig sind solche Altersverifikationssysteme, bei denen die bloße Eingabe der Personalausweisnummer und weiterer Daten den Zugang ermöglichen; anders wenn mittels persönlichen Kontakts (sog. „face-to-face"-Kontrolle; vgl. Erdemir CR 2005, 660) das Alter des Benutzers kontrolliert wird, zB im Wege des Post-Ident-Verfahrens (zu § 4 II JMStV vgl. OLG Düsseldorf CR 2005, 657 (660) mit Bespr. Erdemir; Gerke ZUM 2004, 851; Liesching MMR 2004, 765; zu §§ 3, 21 GjSM aF vgl. KG NStZ-RR 2004, 249). Geschützten Personen **zugänglich** sind Orte (auch Räume), die von ihnen – sei es auch gegen Eintrittsgeld – ohne Überwindung eines im Allgemeinen wirksamen tatsächlichen oder rechtlichen (zB § 123) Hindernisses betreten werden können (hM). Zugangsverbote, namentlich Verbotsschilder, genügen nur, wenn ihre Beachtung durch Kontrollen oder sonst ausreichend gewährleistet ist (BGH NJW 1988, 292; Laufhütte/Roggenbuck in LK-StGB Rn. 20) und wenn sie nicht schon durch rechtswidriges Eindringen geschützter Personen unterlaufen sind (Wolters/Greco in SK-

StGB Rn. 38). **Eingesehen werden** können Orte, wenn die Vorgänge im Innern von außen beobachtet werden können (OLG Hamburg NJW 1992, 1184 mwN; str.), es sei denn, dass dies nur mit ungewöhnlichem Aufwand (zB Klettern auf einen Laternenmast; Verwendung eines Fernrohrs) oder in ganz geringfügigem Umfang (zB Öffnen und Schließen der Zugangstür beim Ein- und Austritt, OLG Stuttgart MDR 1987, 1047) möglich ist; ob auch die pornographischen Gegenstände wahrgenommen werden können, ist unerheblich (OLG Hamburg NJW 1992, 1184; aM für Abs. 1 Nr. 5 Deblitz, Die Strafbarkeit der Werbung für pornographische Schriften, 1995, S. 47; str.); akustische Wahrnehmung reicht nicht (aM Wolters/Greco in SK-StGB Rn. 39). **Verbreiten** vgl. zunächst → § 74d Rn. 5; auch das „vertrauliche" Zuleiten an einen größeren Personenkreis ist Verbreiten, idR auch das Versenden aus dem Ausland an einzelne inländische Bezieher (OLG Hamm NJW 1970, 1754; OLG Zweibrücken NJW 1970, 1758), das allerdings meist zugleich als Einführen im Wege des Versandhandels nach Abs. 1 Nr. 4 erfasst wird; Nr. 4 erfasst aber nicht den ohne Weiterverbreitungsabsicht handelnden privaten Besteller oder Empfänger von Schriften, die vom ausländischen Versandhandel ins Inland verschickt werden (OLG Hamm NJW 2000, 1965 mit Bespr. Behm AfP 2002, 22; LG Freiburg NStZ-RR 1998, 11; vgl. auch BGH StraFo 2011, 317). Im Internet reicht es, dass die Datei auf dem Rechner des Nutzers (zB in einem Arbeitsspeicher) angekommen ist; eine darüber hinausgehende Verkörperung ist (insoweit anders als bei § 74d, → § 74d Rn. 5) nicht erforderlich (BGHSt 47, 55 (59) = NJW 2001, 3558 mkritAnm Kudlich JZ 2002, 310; krit. auch Kudlich in Taeger/Vassilaki, Rechtsinformatik und Informationsrecht, 2009, S. 13, 18; Pooth, Jugendschutz im Internet, 2005, S. 82; nach Lindemann/Wachsmuth JR 2002, 206, nur Zugänglichmachen). **Versandhandel** erfordert die entgeltliche Auslieferung an Endverbraucher (OLG Düsseldorf MDR 1987, 604) ohne persönlichen Kontakt (OLG Düsseldorf NJW 1984, 1977; Eckstein wistra 1997, 47; zum Erwachsenenversand nach § 1 IV JuSchG vgl. OLG München NJW 2004, 3344 mit krit. Bespr. Liesching MMR 2004, 765), schließt aber nicht nur das Verkaufen, sondern auch das Vermieten ein (BVerfG NJW 1982, 1512). Das mit dem 49. StÄG aufgenommene **Bewerben** erfasst jede Art werbender Tätigkeit und tritt damit an die Stelle des bisherigen **Ankündigens,** das auch im Hinweis auf eine Bezugsmöglichkeit bestehen kann, und **Anpreisens;** wie diese braucht es nicht selbst pornographisch zu sein, muss aber auf einen pornographischen Gegenstand, der nicht nur fälschlicherweise als solcher bezeichnet wird, hinweisen (OLG Hamburg MDR 1978, 506) und dessen pornographischen Charakter in demselben Maße wie beim Anbieten gegenüber einem unbestimmten Personenkreis erkennbar machen (BGHSt 34, 94 = NJW 1987, 449 mwN). **Herstellen** umfasst das gesamte von Menschen bewirkte Geschehen, das ohne weiteres oder in fortschreitender Entwicklung ein bestimmtes (im Tatbestand beschriebenes) Endprodukt hervorbringt (Laufhütte/Kuschel in LK-StGB § 86 Rn. 30). Es ist erst bei dessen Vorliegen vollendet; jedoch ist am Herstellen jeder beteiligt, der in irgendeiner Phase der Entwicklung bewusst zur Fertigstellung beigetragen hat (Laufhütte/Kuschel in LK-StGB § 86 Rn. 30); das Herstellungsverbot hält wegen Verstoßes gegen den „Werkbereich" des Art. 5 III GG für verfassungswidrig Beisel, Die Kunstfreiheitsgarantie des Grundgesetzes und ihre strafrechtlichen Grenzen, 1997, S. 311. **Vorrätighalten** ist das Bereithalten, uU nur eines Stücks oder als mittelbarer Besitzer (RGSt 42, 209; RGSt 47, 223 (227)), zum Verkaufen, Vermieten, Verschenken oder zu sonstiger Abgabe. – Für **Einführen** (LG Bayreuth NJW 1970, 574; OLG Bremen NJW 1972, 1678) und **Ausführen,** die auch das bloße Durchführen umfassen (OLG Schleswig NJW

1971, 2319), genügt Versuch (→ § 11 Rn. 19); sämtliche in der Vorschrift enthaltenen Ein- und Ausfuhrverbote sind sog. Verbringungsverbote, die nach § 1 I 2, IV ZollVG zollamtlicher Überwachung unterliegen und insoweit nach § 6 VII ZollG das Brief- und Postgeheimnis einschränken (BGHSt 23, 329 = NJW 1970, 2071; beachte jedoch → Rn. 11). **Öffentlich** → § 74d Rn. 6; speziell zur öffentlichen Filmvorführung BayObLG NJW 1976, 527; KG JR 1978, 166; NStZ 1985, 220; Laubenthal Sexualstraftaten Rn. 825, 826.

6 **b) Abs. 1. Nr. 1:** Erforderlich ist Handeln unmittelbar gegenüber der geschützten Person (ebenso Gössel SexualstrafR § 7 Rn. 57). **Nr. 2:** Es soll verhindert werden, dass Pornographie ihrem Inhalt nach in den Wahrnehmungsbereich geschützter Personen kommt; deshalb gehört das Ausstellen einer Schrift mit neutralem Umschlag im Schaufenster einer Buchhandlung nicht hierher (beachte jedoch Nr. 5, → Rn. 6b). Pornographische Sendungen, die via Satellit ins häusliche Wohnzimmer kommen, sind Jugendlichen nicht zugänglich gemacht, wenn ihr Empfang nur mit Hilfe eines ausschließlich an Erwachsene abgegebenen Decoders möglich ist (Beisel/Heinrich JR 1996, 95 (97); Eisele in Schönke/Schröder Rn. 18; Fischer Rn. 11a; aM Ramberg ZUM 1994, 140; → 28. Aufl. 2014); wie bereits unter → Rn. 5 angesprochen sollen nach dem BVerwG (BGH NJW 2002, 2966 (2968) mAnm Hörnle JZ 2002, 1057) pornographische Filme im Fernsehen dann nicht erfasst sein, wenn effektive technische Vorkehrungen zum Ausschluss minderjähriger Zuschauer getroffen sind (Duttge/Hörnle/Renzikowski NJW 2004, 1065 (1069), sehen in dieser (und der am Ende von → Rn. 6a, zitierten BGH-) Entscheidung einen Trend, neue Formen der Verbreitung bei technischen Sicherungen zu akzeptieren; wegen des restriktiveren Wortlauts des § 184 I halten sie eine Gesetzesänderung für erforderlich; sa Hörnle KritV 2003, 299; enger Gössel SexualstrafR § 7 Rn. 62).

6a **Nr. 3, 3a, 4:** Hier wird nur das für pornographische Medienträger nach § 15 I Nr. 3, 4, II Nr. 1 JuSchG geltende allgemeine Verbot der genannten Formen gewerblichen Vertriebs und gewerblicher Gebrauchsüberlassung wiederholt. **Ladengeschäft** ist die räumlich und organisatorisch selbständige, nicht notwendig ortsgebundene (OLG Hamm NStZ 1988, 415 mAnm Greger) Geschäftseinheit, die von der Straße oder einer sonstigen allgemeinen Verkehrsfläche her zugänglich ist (BGH NJW 1988, 272 mAnm Greger JR 1989, 28); sie ist für abhängige, nur vom Hauptgeschäft aus zugängliche Nebenräume nicht herstellbar (aM LG Essen NJW 1985, 2841) und auch bei abgetrennten Geschäftsräumen innerhalb eines einheitlichen Warenhauses nicht gegeben (BGH NJW 1988, 272); sind jedoch unabhängige Einzelgeschäfte unter einem Dach vereinigt (zB in einem Einkaufszentrum), so hängt die Abgrenzung von der jeweiligen näheren Gestaltung ab (BGH NJW 1988, 272). Die früher allgemeine Praxis in Videotheken, pornographische Videokassetten in einem vom Hauptgeschäftsraum lediglich durch Türen oder Vorhänge abgetrennten Nebenraum zur Vermietung feilzuhalten, ist daher nicht mehr zulässig (BT-Drs. VI/1552, 25; Gössel SexualstrafR § 7 Rn. 65; problematisch LG Hamburg NJW 1989, 1046), es sei denn, dass die zusammenhängenden Räume zeitweise ganz für die geschützten Personen gesperrt und nur in dieser Zeit solche Kassetten angeboten werden (StA Konstanz MDR 1990, 742; zw.). Darüber hinaus ist eine teleologische Reduktion des Verbots dieser Vertriebsformen auf mindestens abstrakt jugendgefährdende Verhaltensweisen (so unter Ausnahme des Versandhandels Eisele in Schönke/Schröder Rn. 32, 33; vgl. aber auch Eckstein wistra 1997, 47) mangels zureichender Überwachungsmöglichkeiten mit Wortlaut und Zweck des Gesetzes nicht vereinbar (OLG Stuttgart NJW 1976, 529; OLG Düsseldorf NJW 1984, 1977 mAnm Lampe JR 1985, 159; aM MaiwaldMaurach/Schroeder/Maiwald/Hoyer/Momsen StrafR BT § 23 Rn. 13; str.). Allerdings fällt eine automatisierte Videothek, bei der kein Personal anwesend ist, unter das Merkmal des Ladengeschäfts, wenn durch technische Sicherungen ein vergleichbarer Jugendschutz wie bei der Überwachung durch Ladenpersonal gewährleistet ist (BGHSt 48, 278 (285) = NJW 2003, 2838 mit Bespr. Liesching MMR 2003, 585; Hörnle NStZ 2004, 150).

Nr. 5: Die Werbeverbote sind verfassungsrechtlich unbedenklich (BGH NJW **6b** 1977, 1695; aM Schumann NJW 1978, 1134) und in ihrer Reichweite erst durch BGHSt 34, 94 = NJW 1987, 449 bis zu einem gewissen Grade geklärt (→ Rn. 5; beachte auch BGHSt 34, 218 = NJW 1987, 451; OLG München NJW 1987, 453; OLG Frankfurt a. M. NJW 1987, 454); bei Werbung durch Zeitungsanzeigen muss sich der Eindruck, dass für pornographisches Material geworben wird, aus der Anzeige selbst ergeben (BGH NJW 1989, 409). Bei den für geschützte Personen nicht zugänglichen Orten ist namentlich an sog. Sex-Shops gedacht (Prot. 7, Nr. 71). Einschlägiger Handel setzt nicht voraus, dass gerade mit pornographischen Schriften Handel getrieben wird (hM; vgl. Deblitz, Die Strafbarkeit der Werbung für pornographische Schriften, 1995, S. 54; Schreibauer, Das Pornographieverbot des § 184 StGB, 1999, S. 254).

Nr. 6: Hier geht es vor allem um die unverlangte Zusendung von Werbemate- **6c** rial, das als solches pornographisch ist. **Gelangen lassen** bedeutet Überführung der Schrift, auch durch bloßes Liegenlassen (BT-Drs. VI/3521, 61; einschr. Schreibauer, Das Pornographieverbot des § 184 StGB, 1999, S. 261; Eisele in Schönke/Schröder Rn. 51 ff.), in den Machtbereich des – bei der Tathandlung nicht unbedingt schon konkretisierten (BT-Drs. VI/3521, 61) – Empfängers; ob dieser Kenntnis nimmt, ist unerheblich, es genügt, dass er es kann (BGH NStZ-RR 2005, 309; NStZ 2005, 687). Das Versenden einer E-Mail fällt unter Nr. 6, sofern in ihr ein pornographischer Inhalt enthalten (zB als Text) oder als Attachment (zB Bilder, Videos) angehängt ist, nicht jedoch bei der Mitteilung eines bloßen Links, der auf eine pornographiche Website verweist (Hörnle in MüKoStGB Rn. 60; Eisele in Schönke/Schröder Rn. 52). **Hierzu aufgefordert** ist, wer sich im Rahmen eines, uU auch durch schlüssiges Verhalten geäußerten (RGSt 47, 411 (413)), Verlangens auf Überlassung pornographischen Materials gehalten hat; ein (schriftliches oder mündliches) Angebot zum Versenden genügt daher nicht, falls die Schriften erst nach der Annahme und damit unter Zustimmung des Adressaten zugänglich gemacht werden (BGH NStZ-RR 2005, 309), nur vermutetes Einverständnis genügt nicht (Laufhütte JZ 1974, 46 (48)).

Nr. 7 (zu ihrer Verfassungsmäßigkeit BVerfGE 47, 109 = NJW 1978, 933; **6d** BVerfG NJW 1977, 2207; für ihre Streichung Beisel, Die Kunstfreiheitsgarantie des Grundgesetzes und ihre strafrechtlichen Grenzen, 1997, S. 236): **Entgelt** ist die in einem Vermögensvorteil bestehende Gegenleistung für die **Filmvorführung** (dazu Schreibauer, Das Pornographieverbot des § 184 StGB, 1999, S. 268; Laubenthal Sexualstraftaten Rn. 824; zu der Öffentlichkeit → Rn. 5 aE), die sich auch in überhöhten Preisen für andere Leistungen verbergen kann (Laufhütte JZ 1974, 46 (48)). Werden solche Leistungen mit der Vorführung verbunden, aber ohne inneren Zusammenhang mit ihr erbracht (zB Abgabe von Pornoheften), so kommt es nicht auf das „Gesamtentgelt", sondern allein auf die uU verdeckte Gegenleistung für die Vorführung an (BVerfGE 47, 109 = NJW 1978, 933; BGHSt 29, 68 = NJW 1980, 65); die filmtheaterähnliche Struktur eines Betriebes (dazu KG JR 1977, 379 mAnm Rudolphi) ist idR, aber nicht notwendig (BVerfGE 47, 109 = NJW 1978, 933; str.) ein Indiz dafür, dass Vorführung und „Zugaben" kein zusammengehöriges Leistungsgefüge bilden. Bei sinnvoll kombinierten Leistungsangeboten, wie sie namentlich in Gaststätten, Bars oder Striptease-Lokalen üblich sind (zB unmittelbare sexuelle Schaustellungen, Speisen, Getränke, Rauchwaren usw), wird dagegen das Entgelt nur dann überwiegend für die Vorführung verlangt, wenn deren konkreter wirtschaftlicher Wert (iSd für sie angemessenen und üblichen Entgelts) höher ist als der entsprechende Wert der übrigen Leistungen (ähnlich BVerfGE 47, 109 = NJW 1978, 933; BGHSt 29, 68 = NJW 1980, 65; KG JR 1978, 176; OLG Stuttgart NStZ 1981, 262; Laubenthal Sexualstraftaten Rn. 827; Gössel SexualstrafR § 7 Rn. 75; krit. Rogall JZ 1979, 715); die vom Täter nach außen vorgenommene Aufschlüsselung des Gesamtentgelts und das Verhältnis der betrieblichen Aufwendungen in den beiden Leistungsbereichen haben nur indizielle Bedeutung (BGH MDR 1978, 768 = BeckRS 1978, 31113483; sa OLG Koblenz MDR 1978, 776). Nicht erfasst werden unentgeltliche Vorführungen sowie Vorführungen in privaten Clubs und Privatwohnungen (BT-Drs. VI/3521, 61).

6e **Nr. 8:** Die Vorschrift beschreibt Vorbereitungshandlungen zu den Taten nach den Nr. 1–7 (näher Schreibauer, Das Pornographieverbot des § 184 StGB, 1999, S. 277).

6f **Nr. 9:** Die konkret im Ausland beabsichtigte Verbreitung usw muss gegen das dort geltende Strafrecht verstoßen (krit. Gross JZ 1974, 139); Strafbarkeit daher auch, wenn die Schriften zunächst durch ein Land ohne entsprechende Strafdrohung durchgeführt werden (Prot. 6, Nr. 1938). Die Vorschrift bildet keine abschließende Regelung (OLG Karlsruhe NJW 1987, 1957); es kommt daher in Frage, dass auch andere, das Ausland berührende Taten nach § 184 deutschem Strafrecht unterliegen (§§ 3–7).

7 **4.** Werden pornographische Schriften über (internationale, → Rn. 15; sowie → § 9 Rn. 5) **Computernetze** wie zB das Internet (zu Strafbarkeitslücken wegen des im Schrift-Begriff angelegten Verkörperungserfordernisses Gercke CR 2010, 798) zugänglich gemacht oder verbreitet (→ Rn. 5), ist hinsichtlich einer strafrechtlichen (Mit-)Verantwortlichkeit zunächst nach der von den Beteiligten jeweils wahrgenommenen Funktion im Hinblick auf die konkret in Frage stehende Darstellung zu differenzieren (zu den Funktionsträgern in Computernetzen Sieber CR 1997, 581 (597); rechtsvergleichend Schmoll, Die deliktische Haftung der Internet-Service-Provider, 2001; zum schweizerischen StGB Niggli/Schwarzenegger SchwJZ 2002, 61). Wer danach selbst pornographische Inhalte in Computernetze einspeist, so dass Dritte davon Kenntnis nehmen können (sog. Content-Provider), macht sich ggf. als Begehungstäter strafbar (vgl. etwa Conradi/Schlömer NStZ 1996, 472; Jäger/Collardin CR 1996, 236 (238)). Bei den Betreibern von Computernetzen, die durch das Bereitstellen der technischen Infrastruktur zu fremden Inhalten entweder nur den Zugang vermitteln (sog. Access-Provider) oder solche als zusätzliche Dienstleistung (zB durch Betreiben eines News- und/oder WWW-Servers) auch abrufbar halten (sog. Host-Service-Provider), kann der strafrechtliche Vorwurf demgegenüber idR nur an ein Unterlassen anknüpfen (Sieber JZ 1996, 494 (499); Derksen NJW 1997, 1880 (1882); Weitzel DRiZ 1997, 424 (427); Generalbundesanwalt MMR 1998, 93 (94) = BeckRS 9998, 93087; aM Altenhain CR 1997, 485 (491); Pichler MMR 1998, 79 (82); AG Tiergarten NStZ 2009, 636 zur Ermöglichung der Speicherung von Dateien und des Zugangs zu ihnen gegen Entgelt durch einen Host-Service-Provider), doch fehlt es insbes. bei den Access-Providern regelmäßig

an einer Garantenstellung (Conradi/Schlömer NStZ 1996, 472 (473); Sieber JZ 1996, 494 (500); Derksen NJW 1997, 1880 (1883)). Anders kann dies aber dann sein, wenn ein Host-Service-Provider Dritten den Zugriff auf seine Rechner dergestalt ermöglicht, dass diese dort unkontrolliert Daten für andere zugänglich machen können (zB über eine Homepage oder eine Newsgroup). Hier ergibt sich eine Garantenstellung des Host-Service-Providers aus dem Gesichtspunkt der Herrschaft über eine Gefahrenquelle (vgl. Kühl StrafR AT § 18 Rn. 115b; eing. Popp, Die strafrechtliche Verantwortung von Internet-Providern, 2002, S. 121–179; krit. Malek, Strafsachen im Internet, 2005, Rn. 115; → § 13 Rn. 12), weil gerade durch diese Möglichkeit die von ihm beherrschten, an ein weltweites Computernetz angebundenen Rechner zum Mittel einer erleichterten Tatausführung werden, indem sie die darauf abgelegten Daten allgemein und ständig verfügbar halten (ebenso Park GA 2001, 23 (33); vgl. auch Haft/Eisele in Kilian/Brinckmann, Beiträge zur juristischen Informatik, Bd. 23, 2000, S. 68; Jäger/Collardin CR 1996, 236 (238); Pätzel CR 1998, 625 (627); Pelz wistra 1999, 53 (56); Römer, Verbreitungs- und Äußerungsdelikte im Internet, 2000, S. 238; Satzger CR 2001, 109; Eisele in Schönke/Schröder Rn. 81; ferner BT-Drs. 13/7385, 20; zu weitgehend allerdings Generalbundesanwalt MMR 1998, 93 (94) = BeckRS 9998, 93087; aM Heghmanns JA 2001, 71 (75); LG München NJW 2000, 1051 mit Bespr. Heghmanns ZUM 2000, 463; Kühne NJW 2000, 1003; Moritz CR 2000, 119; Vassilaki NStZ 2000, 535; aus österreichischer Sicht Schwarzenegger in Plöckinger/Duursma/Mayrhofer, Internet-Recht, 2004, S. 395, 415).

a) Diese begrenzte strafrechtliche Verantwortlichkeit der Service- und Access- 7a
Provider schränkt das **Telemediengesetz (TMG)** weiter ein (vgl. Eisele in Schönke/Schröder Rn. 70–90); daran haben dessen Änderungen zum 1.12.2021 (BGBl. I 1982) nichts geändert. Die §§ 7–10 TMG enthalten eine zum Strafrecht akzessorische und – soweit sie die Verantwortlichkeit beschränken – abschließende Regelung (BT-Drs. 14/6098, 22 zum TDG aF) mit rechtsgebietsübergreifendem Charakter, deren systematische Stellung umstritten ist. Während sie nach dem Willen des Gesetzgebers einer strafrechtlichen Prüfung vorgelagert sein soll (sog. „Vorfilterlösung"; BT-Drs. 13/7385, 51; Park GA 2001, 23 (29); ähnlich Pelz wistra 1999, 53 (58)), erscheint ihre Berücksichtigung bei der Auslegung des jeweiligen Straftatbestandes vorzugswürdig (näher Haft/Eisele JuS 2001, 112 (117) „Integrationsmodell"; für eine Modifikation auf Tatbestandsebene auch Hilgendorf NStZ 2000, 518 (519); Hilgendorf/Valerius ComputerStrafR Rn. 189; Paul, Primärrechtliche Regelungen zur Verantwortlichkeit von Internetprovidern aus strafrechtlicher Sicht, 2005, S. 119; Römer, Verbreitungs- und Äußerungsdelikte im Internet, 2000, S. 162; Satzger CR 2001, 109 (111); Eisele in Schönke/Schröder Rn. 72; vgl. auch Bleisteiner, Rechtliche Verantwortlichkeit im Internet, 1999, S. 153; Hoeren/Sieber MultimediaR-HdB § 19 Rn. 236 „tatbestandsintegrierte Vorfilterlösung"; aM Vassilaki MMR 1998, 630 (632), eigenständiges „Telediensteinhaltsdelikt"; LG München NJW 2000, 1052, Element des Verschuldens; Heghmanns JA 2001, 71 (78), persönlicher Strafausschließungsgrund; zum vergleichbaren österreichischen ECG Schwarzenegger in Plöckinger/Duursma/Mayrhofer, Internet-Recht, 2004, S. 425).

Für eigene Informationen, die ein **Content-Provider** bereithält, bleibt es nach § 7 TMG bei der allgemeinen strafrechtlichen Haftung (BT-Drs. 14/6098, 23; Hörnle NJW 2002, 1009; Wolters/Greco in SK-StGB Rn. 21; vgl. auch BGHSt 47, 55 (56) = NJW 2001, 3558 zu § 5 TDG aF). Für das Anbieten fremder Informationen schreibt § 7 II 1 TMG zunächst vor, dass den Diensteanbieter nach §§ 8–10

TMG keine Kontroll- und Nachforschungspflicht bzgl. des Bereithaltens fremder rechtswidriger Inhalte trifft (vgl. Kudlich JA 2002, 800; Spindler NJW 2002, 922). Allerdings kann sich eine **Garantenstellung** aus anderen Gründen ergeben (→ Rn. 7) und so eine Pflicht zum Einschreiten auslösen (Hilgendorf/Valerius ComputerStrafR Rn. 247; zweifelnd Fischer Rn. 32). Für Host-Service-Provider, die fremde Informationen für einen Nutzer speichern, bestimmt sich die strafrechtliche Verantwortlichkeit nach § 10 TMG (Hörnle NJW 2002, 1011; Hilgendorf/Valerius ComputerStrafR Rn. 207; Fischer Rn. 31). Ob für die von § 10 TMG verlangte „Kenntnis" auch bedingter Vorsatz ausreicht, war bereits früher zweifelhaft (vgl. → 24. Aufl. 2001); die Neuregelung im TDG aF setzte nach dem Willen des Gesetzgebers eine „positive Kenntnis" (BT-Drs. 14/6098, 25) der rechtswidrigen Handlung oder rechtswidrigen Information (Spindler NJW 2002, 924) voraus, die bei einem für den dolus eventualis charakteristischen Für-möglich-Halten (→ § 15 Rn. 23) noch nicht gegeben ist (Hörnle NJW 2002, 1012; Kudlich JA 2002, 800 (801); für Wegfall der Haftungsfreistellung schon bei bloßer Risikokenntnis oder Organisationsdefiziten Paul, Primärrechtliche Regelungen zur Verantwortlichkeit von Internetprovidern aus strafrechtlicher Sicht, 2005, S. 155, 160). Die technische Möglichkeit und Zumutbarkeit der Nutzungsverhinderung wird zwar nicht mehr ausdrücklich verlangt, aber vom Gesetzgeber als selbstverständlich vorausgesetzt (Wolters/Greco in SK-StGB Rn. 26). Für das länger andauernde, zeitlich befristete Zwischenspeichern (sog. Caching) greift das Haftungsprivileg des § 10 TMG ein (vgl. Spindler NJW 2002, 923). Access- und Network-Provider sind nach § 8 TMG für die Durchleitung fremder Informationen (einschließlich des Betriebs eines Proxy-Crash-Servers, § 8 TMG) nicht zu belangen (Hörnle NJW 2002, 1011, es sei denn, es handelt sich um eine der in § 8 TMG aufgeführten funktionsunspezifischen Tätigkeiten (Kudlich JA 2002, 800 (801)). Keine Bedeutung für das Strafrecht erlangt § 7 II 2 TMG, der sich auf behördlich angeordnete, außerstrafrechtliche Sperrverpflichtungen erstreckt (Kudlich JA 2002, 800 (802); aM Paul, Primärrechtliche Regelungen zur Verantwortlichkeit von Internetprovidern aus strafrechtlicher Sicht, 2005, S. 187).

7b **b)** Von §§ 8–10 TMG nicht unmittelbar erfasst wird jedoch der Fall, dass der Zugriff auf fremde Inhalte mittels interaktiver Verknüpfungen **(Hyperlinks)** vereinfacht wird (zum Begriff Schwarzenegger in Plöckinger/Duursma/Mayrhofer, Internet-Recht, 2004, S. 403). Es bleibt daher bei der Verantwortlichkeit des Link-Providers nach allgemeinen Regeln (BT-Drs. 14/6098, 25; Schwarzenegger FS Rehbinder, 2002, 731), wobei allerdings für bestimmte Fälle der Verlinkung eine analoge Anwendung der §§ 8–10 TMG oder zumindest eine Anlehnung daran vertretbar erscheint (Kudlich JA 2002, 800 (803) Fn. 39; enger Spindler NJW 2002, 923). Die allgemeinen Vorschriften greifen auch dann ein, wenn der Link als eigene Information zur Nutzung iSd § 7 I TMG bereitgehalten wird (vgl. dazu Hörnle NJW 2002, 1010). Es macht sich also ggf. wegen Beihilfe strafbar, wer Hyperlinks anbietet, die – auch über eine Kette von mehreren, jeweils weiter verweisenden Hyperlinks – zu rechtlich missbilligten Inhalten führen, soweit sich diese noch in einer gewissen Nähe befinden oder zwingend zu erreichen sind (Löhnig JR 1997, 496; vgl. auch Ernst CoR 1997, 224; offen gelassen AG Tiergarten MMR 1998, 49 mAnm Hütig; Vassilaki CR 1998, 111; diff. Hilgendorf/Valerius ComputerStrafR Rn. 336). Nicht geregelt sind im TMG sog. **Suchmaschinen** (zum Begriff und zum österreichischen Recht Schwarzenegger in Plöckinger/Duursma/Mayrhofer, Internet-Recht, 2004, S. 405), deren Bewertung sich deshalb nach den allgemeinen

Regeln richten soll (vgl. BT-Drs. 14/6098, 37; Spindler NJW 2002, 922 (924); Rath, Das Recht der Internetsuchmaschinen, 2005, S. 275), wobei auch hier Wertungswidersprüche zu den Privilegierungen der §§ 8–10 TMG vermieden werden sollten (Kudlich JA 2002, 800 (803); Rath, Das Recht der Internetsuchmaschinen, 2005, S. 281).

5. Der **Vorsatz** (bedingter genügt) erfordert vor allem Bedeutungskenntnis im Hinblick auf den pornographischen Gehalt der Darstellung (Schroth, Vorsatz und Irrtum, 1998, S. 555; → § 15 Rn. 14). Der Täter braucht nicht selbst einen sexuellen Zweck verfolgen oder auch nur den Inhalt der Darstellung zu billigen. Von der bloßen Nutzung einer Internet-Tauschbörse allein lässt sich nicht auf den Vorsatz des Nutzers schließen, bereits durch den Download die Dateien der Tauschgemeinschaft zugänglich zu machen (OLG Oldenburg NStZ 2010, 93). 8

6. Abs. 2 S. 1 enthält das sog. **Erzieherprivileg** mit der Einschränkung bei gröblicher Verletzung der Erziehungspflicht (→ § 131 Rn. 13; → § 180 Rn. 9–13). Es bezieht sich nach seinem Wortlaut nur auf Taten nach Abs. 1 Nr. 1, ist aber auf gleichwertige Taten nach Abs. 1 Nr. 2 analog anwendbar, zB wenn Eltern ihren Kindern zu Hause einen Film vorführen (Laufhütte/Roggenbuck in LK-StGB Rn. 48). Trotz der Einwände gegen ein solches Privileg hält es der Gesetzgeber „weiterhin für erforderlich", dem Sorgeberechtigten einen „gewissen erzieherischen Freiraum" zu gewähren (BT-Drs. 15/1350, 20). Ob dieses Privileg durch die geringere Gefährlichkeit der Zugänglichmachung von Schriften pornographischen Inhalts durch Sorgeberechtigte begründet werden kann, erscheint eher fraglich (Duttge/Hörnle/Renzikowski NJW 2004, 1065 (1069)); auch die „Vermittlung von Medienkompetenz" (BT-Drs. 15/1350, 20) ist kein die Tatbestandslosigkeit tragender Grund. Immerhin ist das Erzieherprivileg durch Hs. 2 eingeschränkt („begrüßenswert" nach Duttge/Hörnle/Renzikowski NJW 2004, 1065 (1069)), allerdings äußerst unbestimmt (→ § 180 Rn. 9). Für die Gröblichkeit der Pflichtverletzung dürfte die Häufigkeit des Kontakts mit pornographischen Inhalten ein Kriterium sein (Duttge/Hörnle/Renzikowski NJW 2004, 1065 (1069)); das unsorgfältige Verwahren pornographischen Materials erfolgt zwar nicht aus erzieherischen Gründen, ist aber keine gröbliche Pflichtverletzung (Duttge/Hörnle/Renzikowski NJW 2004, 1065 (1069)). Abs. 2 S. 2 nimmt Handlungen nach Abs. 1 Nr. 3a (→ Rn. 6a) von der Strafbarkeit aus, wenn sie im Geschäftsverkehr mit gewerblichen Entleihern, zB Nachtclubbesitzern, erfolgen. 9

7. Für die **Einziehung** pornographischer Schriften gelten die allgemeinen Vorschriften, und zwar § 74d III für Taten nach Abs. 1 und 4. Sind bei pornographischen Rundfunkdarbietungen Ton- oder Bildträger reproduziert worden, so sind diese nach § 74d III einziehbar, weil sie iSd § 74d IV durch Vorführen öffentlich zugänglich gemacht worden sind (zw.). Die Frage der Einziehung aus dem Ausland eingeführter Schriften (Abs. 1 Nr. 4, 8 und Abs. 3) ist im Hinblick auf das Brief- und Postgeheimnis umstritten und bisher nicht abschließend geklärt (vgl. etwa BGHSt 23, 329 = NJW 1970, 2071 mAnm Meyer JR 1971, 162; OLG Karlsruhe NJW 1973, 208 mAnm Meyer JR 1973, 381). 10

8. a) Tateinheit ist möglich zwischen den **einzelnen Begehungsformen des § 184,** soweit sie untereinander einen selbständigen Unwert verkörpern, also etwa zwischen den Nr. 1 und 6 sowie zwischen Nr. 5 (Alt. 2) und den Nr. 1–3a, wenn das Angebot, die Ankündigung oder die Anpreisung selbst pornographisch ist (zT abw. Fischer Rn. 46; Eisele in Schönke/Schröder Rn. 92); dagegen bilden die Nr. 1–3a 11 und Nr. 5 (Alt. 1) gleichwertige Begehungsformen desselben Delikts, so dass nur eine Tat vorliegt, wenn sie hinsichtlich desselben Gegenstandes in einer Handlungseinheit zusammentreffen (→ § 52 Rn. 3; nur iErg ebenso Fischer Rn. 46; Eisele in Schönke/Schröder Rn. 92). Auch zwischen Taten nach § 184 einerseits und §§ 184a, 184b andererseits ist wegen der nur teilweisen Identität des Schutzzwecks Tateinheit möglich (Fischer Rn. 46; MaiwaldMaurach/Schroeder/Maiwald/Hoyer/Momsen StrafR BT § 23 Rn. 28; aM Eisele in Schönke/Schröder § 184a Rn. 8, § 184b Rn. 19; Wolters/Greco in SK-StGB Rn. 35, 44, 81). Die **Vorbereitungshandlungen** des Abs. 1 Nr. 8 gehen, wenn und soweit (BGH NJW 1976, 720) der Täter die Schriften seinem Plan entsprechend in strafbarer Weise selbst verwendet, in dieser Verwendung auf; iÜ bilden sie einander gleichwertige Begehungsformen, so dass nur eine Straftat vorliegt, wenn hinsichtlich desselben Gegenstandes die strafbare Verwendung mehrfach vorbereitet wird (BGHSt 5, 381 = BeckRS 1954, 31195891; sa BGH MDR 1966, 687 = BeckRS 1966, 31180723).

12 **b)** Zwischen Abs. 1 Nr. 1 und § 131 ist **Tateinheit** möglich. Von § 176 III Nr. 3 wird Abs. 1 Nr. 1 verdrängt (BGH NJW 1976, 1984).

13 **c)** Noch nicht geklärt ist das Verhältnis des § 184 zu den reformierten jugendschutzbezogenen Pornographieverboten, wie sie in dem **JuSchG** (dazu Liesching NJW 2002, 3281) sowie dem **JMStV** (dazu Bornemann NJW 2003, 787; Pooth, Jugendschutz im Internet, 2005, S. 133, 146) angeordnet sind. So hat das JuSchG die durch eine gegenständliche Weitergabe gekennzeichneten sog. Trägermedien zum Gegenstand (§ 1 II JuSchG; zB CD-ROM, DVD, Videocassette; vgl. BT-Drs. 14/9013, 17; Faber, Jugendschutz im Internet, 2005, 234) und erklärt in **§ 27 JuSchG** bestimmte Zuwiderhandlungen gegen die Vertriebs- und Werbebeschränkungen des § 15 JuSchG für strafbar. Die (jeweils landesrechtliche) Strafnorm des **§ 23 JMStV** erstreckt sich dagegen auf Angebote im Bereich der Rundfunksendungen und sog. Telemedien (§ 3 II JMStV; zB Internet, Chat-Rooms, Newsgroups, E-Mails und andere Ausprägungen von Tele- und Mediendiensten, → Rn. 7a; sa LT-Drs. BW 13/1551, 21), stellt aber nur die Verbreitung oder das Zugänglichmachen schwer jugendgefährdender Medien (§ 4 II 1 Nr. 2, S. 2 JMStV) unter Strafe. Hinsichtlich des Konkurrenzverhältnisses dieser Strafnormen wird man wie bei § 21 GjSM aF von einem Vorrang des § 184, der erkennbar den Jugendschutz besonders hervorheben soll, ausgehen können, sofern die jeweiligen Regelungen inhaltsgleich sind (Altenhain in Löffler JuSchG § 27 Rn. 33; Hörnle in MüKoStGB Rn. 83–86; Fischer Rn. 46a; aM Eisele in Schönke/Schröder Rn. 92, Verurteilung aus § 184 I und § 27 JuSchG). Soweit § 27 JuSchG bzw. § 23 JMStV darüber hinausgehen (etwa in der Erfassung fahrlässigen Verhaltens in § 27 II, III JuSchG bzw. § 23 S. 2 JMStV), behalten sie jedoch ihre selbständige Bedeutung.

14 **d)** Zur Behandlung jugendgefährdender oder -beeinträchtigender Schriften im Ganzen §§ 11–15, 27 JuSchG bzgl. Schriften und anderer Trägermedien sowie §§ 4–6, 11–13 JMStV bzgl. elektronischer Informations- und Kommunikationsmedien; zum anstößigen öffentlichen Zugänglichmachen von Schriften sexuellen Inhalts § 119 III OWiG.

15 **9.** Zur umstrittenen Anwendbarkeit der Vorschrift in Fällen, in denen die Darstellungen auf Computern im Ausland gespeichert, aber über internationale Datennetze wie das Internet auch im Inland zugänglich sind, → § 9 Rn. 5.

16 **10.** Beachte Nr. 223–228 RiStBV.

§ 184a Verbreitung gewalt- oder tierpornographischer Inhalte

[1]Mit Freiheitsstrafe bis zu drei Jahren oder mit Geldstrafe wird bestraft, wer einen pornographischen Inhalt (§ 11 Absatz 3), der Gewalttätigkeiten oder sexuelle Handlungen von Menschen mit Tieren zum Gegenstand hat,
1. verbreitet oder der Öffentlichkeit zugänglich macht oder
2. herstellt, bezieht, liefert, vorrätig hält, anbietet, bewirbt oder es unternimmt, diesen ein- oder auszuführen, um ihn im Sinne der Nummer 1 zu verwenden oder einer anderen Person eine solche Verwendung zu ermöglichen.

[2]In den Fällen des Satzes 1 Nummer 1 ist der Versuch strafbar.

Fassung des 49. StÄG (→ Vor § 1 Rn. 18), redaktionell angepasst und in S. 1 Nr. 2 eingeschränkt durch das G zur Bekämpfung sexualisierter Gewalt gegen Kinder (→ Vor § 1 Rn. 19) zum 1.7.2021.

1 **1.** Zweck der Vorschrift ist der **Schutz Jugendlicher** vor der Beeinträchtigung ihrer psychischen Entwicklung (weiter Eisele in Schönke/Schröder Rn. 1; für Streichung der Tabuschutznorm Hörnle, Grob anstößiges Verhalten, 2005, S. 431). § 184a enthält jedoch, ebenso wie § 184b und anders als die meisten Tatmodalitäten in § 184 I, keine jugendschutzspezifischen Altersgrenzen, sondern schreibt ein **absolutes Verbreitungsverbot** auch unter Erwachsenen vor (Laubenthal Sexualstraftaten Rn. 853); der Gesetzgeber wollte hier offenbar, neben der Furcht vor Nachahmung und anderer schädlicher Effekte (→ § 184b Rn. 1) nach entsprechendem Konsum gewalttätiger oder sodomitischer Pornographie, etwaige Lücken im Jugendschutz, die mit der Freigabe einfacher Pornographie an Erwachsene zwangsläufig entstehen, nicht hinnehmen (vgl. Wolters/Greco in SK-StGB Rn. 2). Die Vorschrift war früher in § 184 als dessen Abs. 3 enthalten und wurde durch das SexÄG (→ Vor § 1 Rn. 15), in den neuen § 184a verschoben, ohne dass damit eine inhaltliche Änderung verbunden ist (Duttge/Hörnle/Renzikowski NJW 2004, 1065 (1069)). Mit dem 49. StÄG ist sie neu gefasst und in S. 2 um eine **Versuchsstrafbarkeit** für S. 1 Nr. 1 ergänzt worden.

2 **2. Gewalttätigkeiten** → § 131 Rn. 4 (sa BGHSt 50, 80 (91) = NJW 2005, 1876, Schlachten eines getöteten Menschen mit sexuellem Bezug; BGH NJW 1980, 65; NStZ 2000, 307; einvernehmliche Sexualpraktiken sadistischer Art, dazu zust. Eisele in Schönke/Schröder Rn. 3, abl. Hörnle in MüKoStGB Rn. 9; OLG Köln NJW 1981, 1458; GRUR-RR 2013, 324; Hanack NJW 1974, 1 (7); Schreibauer, Das Pornographieverbot des § 184 StGB, 1999, S. 135). **Sexuelle Handlungen von Menschen mit Tieren** erfordern körperlichen Kontakt (Schreibauer, Das Pornographieverbot des § 184 StGB, 1999, S. 150; Erdemir, Filmzensur und Filmverbot, 2000, S. 150; Eisele in Schönke/Schröder Rn. 4); erfasst sind auch tote Tiere (Fischer Rn. 8), nicht aber Leichen (aM Hörnle in MüKoStGB Rn. 7). Pornographische Inhalte haben solche Handlungen schon dann zum **Gegenstand,** wenn sie nicht den alleinigen oder den in erster Linie zu vermittelnden (OLG Koblenz MDR 1979, 516) Inhalt der Darstellung ausmachen; nach dem Schutzzweck des Tatbestandes dürften lediglich solche Inhalte ausscheiden, bei denen diese besondere Thematik gegenüber dem Gesamtinhalt völlig zurücktritt (ähnlich Hanack NJW 1974, 1 (7)). Für verfassungswidrig hält das Verbot von Schriften sodomitischen Inhalts Beisel ZUM 1996, 859.

3 **3.** Der **Pornographiebegriff** des § 184 (→ Rn. 2) gilt auch für § 184a (Laufhütte/Roggenbuck in LK-StGB Rn. 2; Eisele in Schönke/Schröder Rn. 2; aM MaiwaldMaurach/Schroeder/Maiwald/Hoyer/Momsen StrafR BT § 23 Rn. 20). Zu den **Verbreitungs-** (Nr. 1) und **Vorbereitungshandlungen** (Nr. 2) → § 184 Rn. 5; für Nr. 1 genügt bedingter Vorsatz (dazu OLG Oldenburg NStZ-RR 2010, 93). In Nr. 2 bedeutet „um zu" Absicht im Sinne zielgerichteten Wollens (BGHSt 29, 68 (72) = NJW 1980, 65; → § 15 Rn. 20); es muss dem Täter darauf ankommen, die Darstellung oder aus ihr gewonnene Stücke (ebenso Wolters/Greco in SK-StGB Rn. 10) entweder selbst zu verwenden oder dies einem anderen zu ermöglichen; die Absicht muss nicht verwirklicht sein (BGH bei Pfister NStZ-RR 2003, 353 (362)). Erfasst werden danach auch Darstellungen, die nicht als solche verbreitet werden sollen, sondern nur als Grundlage für die Gewinnung der schließlich zu verbreitenden Endstücke dienen, wie zB Platten, Drucksätze, Negative und Matritzen (BGHSt 32, 1 = NJW 1983, 2270); auch das zur Drucklegung bestimmte Manuskript gehört hierher, allerdings nur unter der Voraussetzung, dass sein Inhalt – vom Vorbehalt geringfügiger Änderungen im üblichen Korrekturverfahren abgesehen – endgültig feststeht und der Weg zur technischen Vervielfältigung mit diesem Inhalt frei ist (BGHSt 32, 1 = NJW 1983, 2270). Versenden aus dem Ausland an einzelne inländische Bezieher, das idR zugleich von S. 1 Nr. 1 erfasst wird, geschieht im Allgemeinen mit der erforderlichen Verbreitungsabsicht (BT-Drs. VI/1552, 36).

4 **4.** Über das Verhältnis zur einfachen Pornographie → § 184 Rn. 11; zu § 130 → § 130 Rn. 13; und § 131 → § 131 Rn. 15.

5 **5.** Für den **räumlichen Geltungsbereich** gilt – auch iVm § 184c S. 1 – nach § 6 Nr. 6 der Weltrechtsgrundsatz (dazu Laufhütte/Roggenbuck in LK-StGB Rn. 17; Böse in NK-StGB § 6 Rn. 14). Obwohl es sich bei Nr. 1 um ein Presseinhaltsdelikt handelt, ist sie in den meisten Landespressegesetzen von der kurzen Verjährung ausgenommen (Kühl in Löffler LPG § 24 Rn. 32a).

§ 184b Verbreitung, Erwerb und Besitz kinderpornographischer Inhalte

(1) [1]**Mit Freiheitsstrafe von einem Jahr bis zu zehn Jahren wird bestraft, wer**

1. einen kinderpornographische Inhalt verbreitet oder der Öffentlichkeit zugänglich macht; kinderpornographisch ist ein pornographischer Inhalt (§ 11 Absatz 3), wenn er zum Gegenstand hat:
   a) sexuelle Handlungen von, an oder vor einer Person unter vierzehn Jahren (Kind),
   b) die Wiedergabe eines ganz oder teilweise unbekleideten Kindes in aufreizend geschlechtsbetonter Körperhaltung oder
   c) die sexuell aufreizende Wiedergabe der unbekleideten Genitalien oder des unbekleideten Gesäßes eines Kindes,

2. es unternimmt, einer anderen Person einen kinderpornographischen Inhalt, der ein tatsächliches oder wirklichkeitsnahes Geschehen wiedergibt, zugänglich zu machen oder den Besitz daran zu verschaffen,

3. einen kinderpornographischen Inhalt, der ein tatsächliches Geschehen wiedergibt, herstellt oder

4. einen kinderpornographischen Inhalt herstellt, bezieht, liefert, vorrätig hält, anbietet, bewirbt oder es unternimmt, diesen ein- oder auszuführen, um ihn im Sinne der Nummer 1 oder der Nummer 2 zu verwenden oder einer anderen Person eine solche Verwendung zu ermöglichen, soweit die Tat nicht nach Nummer 3 mit Strafe bedroht ist.

[2]Gibt der kinderpornographische Inhalt in den Fällen von Absatz 1 Satz 1 Nummer 1 und 4 kein tatsächliches oder wirklichkeitsnahes Geschehen wieder, so ist auf Freiheitsstrafe von drei Monaten bis zu fünf Jahren zu erkennen.

(2) **Handelt der Täter in den Fällen des Absatzes 1 Satz 1 gewerbsmäßig oder als Mitglied einer Bande, die sich zur fortgesetzten Begehung solcher Taten verbunden hat, und gibt der Inhalt in den Fällen des Absatzes 1 Satz 1 Nummer 1, 2 und 4 ein tatsächliches oder wirklichkeitsnahes Geschehen wieder, so ist auf Freiheitsstrafe nicht unter zwei Jahren zu erkennen.**

(3) **Wer es unternimmt, einen kinderpornographischen Inhalt, der ein tatsächliches oder wirklichkeitsnahes Geschehen wiedergibt, abzurufen oder sich den Besitz an einem solchen Inhalt zu verschaffen oder wer einen solchen Inhalt besitzt, wird mit Freiheitsstrafe von einem Jahr bis zu fünf Jahren bestraft.**

(4) **Der Versuch ist in den Fällen des Absatzes 1 Satz 2 in Verbindung mit Satz 1 Nummer 1 strafbar.**

(5) **Absatz 1 Satz 1 Nummer 2 und Absatz 3 gelten nicht für Handlungen, die ausschließlich der rechtmäßigen Erfüllung von Folgendem dienen:**
1. staatlichen Aufgaben,
2. Aufgaben, die sich aus Vereinbarungen mit einer zuständigen staatlichen Stelle ergeben, oder
3. dienstlichen oder beruflichen Pflichten.

(6) **Absatz 1 Satz 1 Nummer 1, 2 und 4 und Satz 2 gilt nicht für dienstliche Handlungen im Rahmen von strafrechtlichen Ermittlungsverfahren, wenn**
1. die Handlung sich auf einen kinderpornographischen Inhalt bezieht, der kein tatsächliches Geschehen wiedergibt und auch nicht unter Verwendung einer Bildaufnahme eines Kindes oder Jugendlichen hergestellt worden ist, und
2. die Aufklärung des Sachverhalts auf andere Weise aussichtslos oder wesentlich erschwert wäre.

(7) **[1]Gegenstände, auf die sich eine Straftat nach Absatz 1 Satz 1 Nummer 2 oder 3 oder Absatz 3 bezieht, werden eingezogen. [2]§ 74a ist anzuwenden.**

Fassung des 49. StÄG (→ Vor § 1 Rn. 18); Änderung von Abs. 6 aF durch das Vermögensabschöpfungsgesetz (→ Vor § 1 Rn. 18); Einfügung von Abs. 5 S. 2 durch das 57. StÄG (→ Vor § 1 Rn. 19) zum 13.3.2020, Umstellung auf den Inhalts-Begriff mit dem 60. StÄG (→ Vor § 1 Rn. 19) zum 1.1.2021, weitgehende Hochzonung zum Verbrechen, Umwandlung von Abs. 5 S. 2 in Abs. 6 nF und Verschiebung von Abs. 6 aF in Abs. 7 und redaktionelle Änderungen durch G zur Bekämpfung sexualisierter Gewalt gegen Kinder (→ Vor § 1 Rn. 19) zum 1.7.2021.

1 **1.** Rechtsgut der Vorschrift ist zunächst ebenso wie bei § 184 (→ § 184 Rn. 1) der **Jugendschutz.** Darüber hinaus soll sie dem **Schutz von Kindern** dienen, die **„Darsteller"** in kinderpornographischen– nach Anpassung an § 11 III nF (→ § 11 Rn. 26–28) – Inhalten (durch die Weite dieses Begriffs ist zugleich § 184d, der das Zugänglichmachen mittels Radio und Telemedien strafbewert hat, entbehrlich geworden) sind und dabei sexuell missbraucht werden (BT-Drs. 12/3001, 4; BT-Drs. 12/4883, 8; BGHSt 47, 55 (61) = NJW 2001, 3558; Schroeder NJW 1993, 2581 (2582); JZ 1999, 827 (831); Weigend ZUM 1994, 133 (140); Eisele in Schönke/Schröder Rn. 2; speziell der Menschenwürde, Hörnle, Grob anstößiges Verhalten, 2005, S. 422; für stärkere Orientierung am Täter als Multiplikator Popp ZIS 2011, 193). § 184b soll außerdem der wissenschaftlich nicht auszuschließenden kriminogenen und sozial desintegrierenden Wirkung pädophiler Pornographie durch ein Herstellungs- und Verbreitungsverbot begegnen (zur vergleichbaren Schutzrichtung bei gewalttätiger und sodomitischer Pornographie → § 184a Rn. 1). Durch die Anhebung der Mindeststrafe in Abs. 1 S. 1 auf nunmehr ein Jahr, handelt es sich mit Ausnahme von Abs. 1 S. 2 um ein Verbrechen, so dass nicht nur neben dem zuvor bereits strafbewehrten (Abs. 4 aF) Versuch auch die Verbrechensverabredung gem. § 30 strafbewhert ist, sondern dass prozessual eine Erledigung mittels Strafbefehl wie auch eine Einstellung gem. §§ 153f. StPO ausscheiden müssen); in dem damit obligatorischen Hauptverfahren dürften betroffene Kinder nunmehr häufig als Opferzeugen anzuhören sein, was für diese eine zusätzliche Bealstung darstellen könnte (wegen solcher Bedenken hat das AG München mit Beschl. v. 17.6.2022 eine konkrete Normenkontrolle durch das BVerfG initiiert (dort unter 2 BvL 11/22)). – Zur Europäisierung der Strafvorschriften gegen Kinderpornographie Böse FS Schroeder, 2006, 751; Geiger, Auswirkungen europäischer Strafrechtsharmonisierung auf nationaler Ebene, 2012. – Zur **Entstehungsgeschichte** Laufhütte/Roggenbuck in LK-StGB Vor § 184b Rn. 1.

2 **2. Abs. 1 Nr. 1** stellt das Verbreiten kinderpornographischer Schriften unter Strafe, wobei nunmehr der Begriff der Kinderpornographie abweichend vom allgemeinen Pornographie-Begriff der §§ 184ff. (→ § 184 Rn. 2, 3) legal definiert wird. Die pornographischen Schriften müssen nach **Buchst. a** den sexuellen Missbrauch von Kindern **zum Gegenstand** (→ § 184a Rn. 2) haben (für einen umfassenden Pornografiebegriff bei Darstellungen von Kindesmissbrauch König, Kinderpornografie im Internet, 2004, S. 118); im Unterschied zu § 184 wird hier aber kein vergröbernd-reißerischer Charakter der Darstellung gefordert (BGHSt 59, 177 = NJW 2014, 1829 mAnm Eisele StV 2014, 739 und krit. Bespr. Schumann ZIS 2015, 234). **Sexueller Missbrauch von Kindern** setzt Handlungen voraus, die iSd § 176 tatbestandsmäßig und rechtswidrig sind (OLG Koblenz MDR 1979, 516); daher genügen auch Handlungen von Kindern untereinander (KG NJW 1979, 1897) und Handlungen nach § 176 IV (zu § 176 III aF BGHSt 43, 366 (368) = NJW 1998, 1502; BGHSt 45, 41 = NJW 1999, 1979; Eisele in Schönke/Schröder Rn. 8; aM Schreibauer, Das Pornographieverbot des § 184 StGB, 1999, S. 145; bei § 176 IV Nr. 2 muss die Aufnahme nur zum Ausdruck bringen, dass das Kind aufgefordert worden ist, zu § 176 III aF BGHSt 45, 41 (43) = NJW 1999, 1979 mAnm Renzikowski NStZ 2000, 28), nicht dagegen Handlungen an toten Kindern (aM König, Kinderpornografie im Internet, 2004, S. 104). Der gezeigte Vorgang braucht, anders als bei Abs. 2 und 4, weder real noch wirklichkeitsnah zu sein (in solchen Fällen ist die Strafdrohung gem. Abs. 1 S. 2 niedriger), sondern kann auch frei erfunden sein (Hörnle in MüKoStGB Rn. 16); dass sich daher das Gesche-

hen in einem fiktiven Land mit abweichenden Sexualvorstellungen abspielt, ist unerheblich (BGH NStZ 2000, 307 (309)). Das UmsetzungsG (→ Vor § 1 Rn. 16) hat auch sexuelle Handlungen **an** und **vor** Kindern einbezogen (BT-Drs. 16/9646, 37); klargestellt ist durch diese Anpassung in **Buchst. b,** dass Handlungen von Kindern untereinander erfasst sind (Fischer Rn. 4), auch das sog. „Posing" von Kindern (BGH StV 2015, 494; Röder NStZ 2010, 113; zum „Posing" vgl. auch schon Reinbacher/Wincierz ZRP 2007, 195). In **Buchst. c** sind mit dem 49. StÄG auch Abbildungen der unbekleideten Genitalien oder des unbekleideten Gesäßes eines Kindes erfasst; deren Wiedergabe muss darüber hinaus sexuell **aufreizend** sein (dazu krit. Fischer Rn. 9a), dh aus Sicht eines objektiven Betrachters zur sexuellen Erregung geeignet sein.

3. Die **Tathandlungen** des **Abs. 1:** Zu den **Verbreitungs-** (Nr. 1 und 2) und 3
Vorbereitungshandlungen (Nr. 3) → § 184 Rn. 5. Zur Frage, ob das Versenden kinderpornographischer Darstellungen über das **Internet** unter das Merkmal des Verbreitens fällt, → § 184 Rn. 5; zum Surfen im Internet → Rn. 8; allg. zur Problematik der Verbreitung in Computernetzen vgl. König, Kinderpornografie im Internet, 2004, S. 104; Hörnle in MüKoStGB Rn. 21–23; zur Haftung des Internet-Providers → § 184 Rn. 7.

4. Abs. 1 Nr. 2 erfasst das Verschaffen des Besitzes von Kinderpornographie für 4
einen anderen. Durch das SexÄG (→ Vor § 1 Rn. 15) wurde die Besitzverschaffung für andere, anders als das Sich-Beschaffen in Abs. 3, im Strafrahmen demjenigen des Abs. 1 gleichgestellt, da der Austausch oder die Weitergabe kinderpornographischen Materials in pädophilen Benutzerkreisen (etwa über das Internet) vielfach zwar nicht die Voraussetzungen eines Verbreitens oder Zugänglichmachens iSd Abs. 1 Nr. 1 erfüllt, diesen aber im Unwertgehalt entspricht (BT-Drs. 15/350, 20; aM Duttge/Hörnle/Renzikowski NJW 2004, 1065 (1070), Verdachtsstrafe).

a) Unter Strafe gestellt ist das Verschaffen des **Besitzes für andere** (allg. zu den 5
sog. Besitzdelikten Struensee FS Grünwald, 1999, 713; eing. Eckstein, Besitz als Straftat, 2001; speziell zu § 184 V Eckstein, Besitz als Straftat, 2001, S. 109; Eckstein, Besitz als Straftat, 2001, S. 265, der von einer Zustandsverantwortung des Besitzers ausgeht; krit. dazu Deiters GA 2004, 58). Einem anderen Besitz zu verschaffen, erfordert das Herbeiführen oder Aufrechterhalten eines tatsächlichen Herrschaftsverhältnisses (Laufhütte/Roggenbuck in LK-StGB Rn. 7, 9); Übermittlung von (Bild-)Dateien per E-Mail oder deren Abspeichern auf Datenträger genügt (BGH NStZ 2005, 444 (445); BayObLG NJW 2000, 2911; OLG Hamburg NStZ-RR 1999, 329 mzustAnm Bertram JR 2000, 126; AG Hamburg CR 1998, 33 mAnm Vassilaki). Anderen wird Besitz verschafft zB durch elektronisches Versenden von Bilddateien (OLG Hamburg NStZ-RR 1999, 329). Wie bei § 29 I Nr. 3 BtMG werden die Fälle des unmittelbaren und mittelbaren Besitzes sowie der Besitzdienerschaft im zivilrechtlichen Sinne erfasst (aM für den Besitzdiener Wolters/Greco in SK-StGB Rn. 29, 30; wie hier Gössel SexualstrafR § 7 Rn. 96; Eisele in Schönke/Schröder Rn. 28); auf Rspr. und Lit. zur Auslegung des Merkmals „besitzen" in dieser Vorschrift kann zurückgegriffen werden (BT-Drs. 12/3001, 6; ebenso Struensee FS Grünwald, 1999, 713 (717)). Die Schriften müssen ein tatsächliches oder wirklichkeitsnahes Geschehen (→ Rn. 6) wiedergeben. Die Abbildung eines nackt auf einem Bett liegenden Mädchens hat nicht dessen „sexuellen Missbrauch" zum Gegenstand, wohl aber, wenn durch gespreizte Beine die unbedeckte Scheide zur Schau gestellt wird (BGHSt 43, 366 = NJW 1998, 1502). Abs. 1 Nr. 2 ist als **Unter-**

nehmenstatbestand (→ § 11 Rn. 19; OLG Hamburg NStZ-RR 1999, 329; Wolters/Greco in SK-StGB Rn. 19; Laufhütte/Roggenbuck in LK-StGB Rn. 10) ausgestaltet und vorverlagert damit die Strafbarkeit bedenklich weit auf alle Erwerbs- und Gebrauchsüberlassungsgeschäfte vor der Begründung neuen Besitzes (BT-Drs. 12/3001, 6; einschr. Schreibauer, Das Pornographieverbot des § 184 StGB, 1999, S. 308).

6 **b)** Die pornographischen (→ § 184 Rn. 2) Schriften (§ 11 III) müssen den sexuellen Missbrauch von Kindern (→ Rn. 2) zum Gegenstand haben und ein **tatsächliches oder wirklichkeitsnahes Geschehen** wiedergeben. Nicht erfasst werden zB Zeichnungen, Zeichentrickfilme (Hilgendorf/Valerius ComputerStrafR Rn. 288) oder wörtliche Darstellungen, da diese regelmäßig nicht mit einem tatsächlichen sexuellen Missbrauch eines Kindes verbunden sind (BGHSt 58, 197 = NJW 2013, 2914; BT-Drs. 12/4883, 8); der Anwendungsbereich der Vorschrift ist damit auf Foto- und Filmaufnahmen beschränkt (Schroeder Sexuologie 1995, 189 (194) „Kinderrealpornographie"). Wirklichkeitsnah sind Darstellungen, die ihrem äußeren Erscheinungsbild nach ein reales Geschehen wiedergeben auch dann, wenn nicht auszuschließen ist, dass es sich um fiktive, zB computergenerierte Darstellungen handelt (BT-Drs. 13/7934, 41; zu den erforderlichen Feststellungen OLG Köln NStZ 2011, 476). Erfasst sind seit der Änderung durch das IuKDG (→ Vor § 1 Rn. 13) in § 184b auch „Scheinwirklichkeiten", die wie zB beim sich in aufreizenden Posen schlafend Stellen für den Betrachter lediglich wie ein tatsächlicher Kindesmissbrauch aussehen (BGHSt 43, 366 = NJW 1998, 1502; Gössel SexualstrafR § 7 Rn. 94; aM MaiwaldMaurach/Schroeder/Maiwald/Hoyer/Momsen StrafR BT § 23 Rn. 24). Ist ein tatsächlich begangener sexueller Missbrauch an einem Kind unter 14 Jahren abgebildet, so fällt diese Darstellung idR auch dann unter Abs. 1–3, wenn das Opfer aus der Sicht eines „verständigen" Betrachters älter erscheint (BGHSt 47, 55 = NJW 2001, 3558 mAnm Lindemann/Wachsmuth JR 2002, 206). Zu Irrtümern über das Alter der Person im Rahmen von §§ 184b, 184c Mitsch ZStW 124 (2012), 323 (329).

6a **5.** Nach **Nr. 3** macht sich auch strafbar, wer kinderpornographische Inhalte ausschließlich zum Eigenbedarf herstellt (BGH NStZ-RR 2018, 341), nach **Nr. 4** darüber hinaus, wer diese Inhalte herstellt, bezieht, liefert, vorrätig hält, anbietet, bewirbt oder es unternimmt, diesen ein- oder auszuführen, sofern dies geschieht, um den Inhalt iSd Nr. 1 oder 2 zu verwenden (verbreiten, der Öffentlichkeit oder einem anderen Zugänglich machen) oder einer anderen Person eine solche Verwendung zu ermöglichen. Dabei handelt es sich in der Sache um Vorbereitungshandlungen für Nr. 1 und 2, welche freilich mit gleicher Strafdrohung versehen und ebenfalls bereits im Versuch strafbewehrt sind.

6b **6. Abs. 2** enthält – inhaltlich übereinstimmend mit Abs. 3 aF – einen Qualifikationstatbestand zu Abs. 1 (s. dazu BGH StV 2012, 539). Der Täter muss **gewerbsmäßig** (→ Vor § 52 Rn. 20) oder **bandenmäßig** (→ § 244 Rn. 6, 7) handeln.

7 **7. Abs. 3 Alt. 1** stellt das **Sichverschaffen** des Besitzes (→ Rn. 5) kinderpornographischer Schriften unter Strafe. Seit dem SexÄG (→ Vor § 1 Rn. 15) ist dies mit höherer Strafe als in § 184 V aF bedroht, um der Vorgabe eines EU-Rahmenbeschlusses zu folgen (BT-Drs. 15/350, 21). Jedoch ist das Anschauen von Kinderpornographie im Internet sowie das lediglich temporäre Speichern der Dateien im Cachespeicher (dazu Harms NStZ 2003, 646 (650), Eckstein ZStW 117 (2005), 107 (121); Laufhütte/Roggenbuck in LK-StGB Rn. 8, reicht für Besitz) ohne

dauerhaftes Abspeichern auf eigenen Datenträgern bzw. ohne einen solchen Vorsatz beim Surfen straffrei (hM; BGH NStZ 2007, 95; OLG Hamburg StraFo 2009, 165, zum fehlenden Besitzwillen bei umgehender Löschung; LG Stuttgart NStZ 2003, 36; Hörnle in MüKoStGB Rn. 38; König, Kinderpornografie im Internet, 2004, S. 142; Marberth-Kubicki, Computer- und Internetstrafrecht, 2. Aufl. 2010, Rn. 111, 112; vgl. auch Fischer Rn. 21; Heinrich NStZ 2005, 361 (363); aM OLG Schleswig NStZ-RR 2007, 41; dazu krit. Scheffler FS Herzberg, 2008, 627; krit. auch Eisele in Schönke/Schröder Rn. 28; OLG Hamburg NJW 2010, 1893 mAnm Mintas NJW 2010, 1897; Eckstein NStZ 2011, 18; anders Baumann, Besitz an Daten, 2015, der bloße Datenherrschaft durch Betrachtung des Computerbildschirms erfasst wissen will, doch ist insoweit jetzt § 184d II spezieller; zu bedingt vorsätzlichen Zufallsfunden Heinrich NStZ 2005, 361 (363); eing. zum Vorsatz bei digitalen Besitzdelikten Wüstenberg StraFo 2009, 233). Die nur sehr kurzzeitige Präsenz der Daten im Arbeitsspeicher genügt nicht (aM Eckstein ZStW 117 (2005), 107 (120)). Dem gleichgestellt ist im Auffangtatbestand (BGH NStZ 2009, 208) des **Abs. 3 Alt. 2** der bloße **Besitz** (Besitzdienerschaft reicht wie bei Abs. 1 Nr. 2; → Rn. 5; ebenso Eckstein ZStW 117 (2005), 107 (109); Eisele in Schönke/Schröder Rn. 28; aM Wolters/Greco in SK-StGB Rn. 29) solcher Schriften. Dies wird wenig überzeugend damit begründet, dass der Konsument solcher Schriften – vergleichbar dem Hehler – eine Nachfrage insbes. für attraktive, amateurhaft hergestellte Privatvideos schaffe und also mittelbar für den mit der Herstellung verbundenen sexuellen Missbrauch von Kindern verantwortlich sei (BT-Drs. 15/350, 5; sowie BT-Drs. 12/4883, 8; Schroeder NJW 1993, 2581 (2582); Nestler in IKW Zustand StrafR S. 76 Fn. 61; zu Recht krit. Jäger FS Schüler-Springorum, 1993, 229 (232), Scheffler FS Herzberg, 2008, 627 (636); Fischer Rn. 2; dagegen aber Schreibauer, Das Pornographieverbot des § 184 StGB, 1999, S. 301). Bedenken erweckt auch der Umstand, dass von dem Besitzer, der unvorsätzlich in den Besitz kinderpornographischer Darstellungen gelangt ist, zur Vermeidung der Strafbarkeit verlangt wird, sich durch Vernichtung oder Ablieferung bei einer Behörde von ihnen zu trennen (vgl. BT-Drs. 12/3001, 6; nach Wolters/Greco in SK-StGB Rn. 30 dogmatisch ein Unterlassungsdelikt; ebenso Schreibauer, Das Pornographieverbot des § 184 StGB, 1999, S. 304; ähnlich MaiwaldMaurach/Schroeder/Maiwald/Hoyer/Momsen StrafR BT § 23 Rn. 23; gegen das Besitzen als Unterlassen der Besitzaufgabe Struensee FS Grünwald, 1999, 713 (719)); erst recht erfüllt den Tatbestand, wer unvorsätzlich erlangte Daten auf seinen Personalcomputer verschiebt (OLG Oldenburg MMR 2011, 118; LG Freiburg CR 2011, 647). – Abs. 3 Alt. 1 ist wie Abs. 1 Nr. 2 (→ Rn. 5) ein **Unternehmenstatbestand** (dazu Müller MMR 2010, 344), so dass insoweit bereits der Versuch als Vollendung gilt (§ 11 I Nr. 6).

8. Tatebstandsausschlüsse (Abs. 1 „gilt nicht"): 8

a) Abs. 5. Der durch das SexÄG (→ Vor § 1 Rn. 15) in § 184b verlagerte Abs. 5 *nimmt Handlungen von den Tatbeständen des Abs. 1 Nr. 2 und Abs. 3 aus,* die ausschließlich der **Erfüllung rechtmäßiger dienstlicher oder beruflicher Pflichten** dienen (Nr. 3). Mit dem 49. StÄG sind zur Klarstellung staatliche Aufgaben (Nr. 1) und Aufgaben, die sich aus Vereinbarungen mit einer zuständigen staatlichen Stelle ergeben (Nr. 2; zB Internet-Beschwerdestellen, BT-Drs. 18/2601, 32), ausdrücklich aufgenommen worden (BT-Drs. 18/2601, 31). Hierzu zählen weiterhin neben Handlungen von Behörden in Wahrnehmung staatlicher Aufgaben wie zB Maßnahmen im Rahmen der Strafverfolgung auch solche von Anwälten, Sachverständigen, Wissenschaftlern bei der Durchführung konkreter Forschungsaufträge und von behandelnden Ärzten (BT-Drs. 12/4883, 8; Gössel SexualstrafR § 7 Rn. 97). Nur wenn die Besitzverschaffung zur Erfüllung des Gutachtenauftrags erforderlich ist, darf etwa ein Strafverteidiger eine Bilddatei an einen Sachverständigen weitergeben (BGH NStZ 2014, 514 mit Bespr. Jahn JuS 2014, 1046; Meyer-Lohkamp/Schwerdtfeger StV 2014, 772); die Überlassung von Aktenkopien an den Mandanten ist daher zumindest problematisch (Meyer-Lohkamp/Schwerdtfeger StV 2014, 772; anders Barton StRR 2014, 350). Das Erfordernis der Ausschließlichkeit stellt sicher, dass die Ausübung der Berufspflicht der einzige Grund für den Besitz der kinderpornographischen Darstellungen sein darf (BT-Drs. 12/4883, 9). Zur umstr Rechtfertigung durch die Kunstfreiheit → § 184 Rn. 3.

8a **b) Abs. 6** (2020 eingefügt zunächst als Abs. 5 S. 2 aF) enthält einen weiteren Tatbestandsausschluss für **strafrechtliche Ermittlungsverfahren,** in welchen Ermittler, um an kinderpronographisches Material etwa im Darknet zu gelangen und damit solche Taten aufklären zu können, ihrerseits bestimmtes **Material iSv Nr. 1** anbieten können müssen („Keuschheitsprobe"; näher Wagner ZStW 133 (2021), 1025). Sie handeln nicht tatbestandsmäßig, wenn ohne dieses Material die **Sachverhaltsaufklärung zumindest wesentlich erschwert** wäre (Nr. 2).

9 **9. Abs. 7 S. 1** ist eine besondere Vorschrift iSd § 74 IV, welche für eine Tat nach Abs. 1 Nr. 2 oder Nr. 3 die Einziehung über § 74 I zulässt. Die Einziehung darf daher nur unter den Voraussetzungen des § 74 II, III und in Folge der Verweisung in Abs. 6 S. 2 auf § 74a auch unter dessen Voraussetzungen angeordnet werden (s. dazu BGH NStZ 2012, 319). Wurde nicht nur das zur Bildspeicherung genutzte Speichermedium als Beziehungsgegenstand iSd Abs. 6 S. 1, fällt dies insoweit in den Anwendungsbereich von § 74 I (BGH wistra 2021, 398). – Sicherungsverwahrung scheidet aus (BGH StV 2012, 212).

10 **10. Konkurrenzen:** Lädt der Täter im Verlaufe einer Internetsitzung mehrere Dateien mit kinderpornographischem Inhalt auf seinen Computer herunter, handelt es sich aufgrund natürlicher Handlungseinheit um eine Tat des Sich-Verschaffens iSv Abs. 3 (BGH NStZ-RR 2016, 198). Abs. 1 und Abs. 3 Alt. 1 verdrängen Abs. 3 Alt. 2 (zu § 184b StGB aF BGHSt 58, 197 (204) = NJW 2013, 2914; BGH NStZ 2009, 208), so dass Abs. 3 Alt. 2 keine Klammerfunktion zukommen kann (BGH NStZ 2009, 208; NStZ-RR 2016, 198; Eisele in Schönke/Schröder Rn. 49), während beim sukzessiven Zugriff auf verschiedene Datenbestände Tatmehrheit vorliegt (BayObLG NJW 2003, 839). Zwischen Abs. 3 und § 176 ist Tateinheit anzunehmen (BGHSt 43, 366 (368) = NJW 1998, 1502 zu § 184 V aF). Zum Verhältnis der Vorbereitungshandlungen nach Abs. 1 Nr. 3 zur verbotenen Verwendung nach Abs. 1 Nr. 1 vgl. entsprechend → § 184 Rn. 11.

11 **11.** Für den räumlichen Geltungsbereich von Abs. 1 und 2 – auch iVm § 184c S. 1 – gilt nach § 6 Nr. 6 der Weltrechtsgrundsatz (dazu Böse in NK-StGB § 6 Rn. 14). Zur Strafzumessung und den disziplinarrechtlichen Folgen Hörnle FS Streng, 2017, 25.

12 **12.** Führungsaufsicht, § 181b.

§ 184c Verbreitung, Erwerb und Besitz jugendpornographischer Inhalte

(1) **Mit Freiheitsstrafe bis zu drei Jahren oder mit Geldstrafe wird bestraft, wer**

1. einen jugendpornographischen Inhalt verbreitet oder der Öffentlichkeit zugänglich macht; jugendpornographisch ist ein pornographischer Inhalt (§ 11 Absatz 3), wenn er zum Gegenstand hat:
   a) sexuelle Handlungen von, an oder vor einer vierzehn, aber noch nicht achtzehn Jahre alten Person,
   b) die Wiedergabe einer ganz oder teilweise unbekleideten vierzehn, aber noch nicht achtzehn Jahre alten Person in aufreizend geschlechtsbetonter Körperhaltung oder
   c) die sexuell aufreizende Wiedergabe der unbekleideten Genitalien oder des unbekleideten Gesäßes einer vierzehn, aber noch nicht achtzehn Jahre alten Person

2. es unternimmt, einer anderen Person einen jugendpornographischen Inhalt, der ein tatsächliches oder wirklichkeitsnahes Geschehen wiedergibt, zugänglich zu machen oder den Besitz daran zu verschaffen,

3. einen jugendpornographischen Inhalt, der ein tatsächliches Geschehen wiedergibt, herstellt oder

4. einen jugendpornographischen Inhalt herstellt, bezieht, liefert, vorrätig hält, anbietet, bewirbt oder es unternimmt, diesen ein- oder auszuführen, um ihn im Sinne der Nummer 1 oder 2 zu verwenden oder einer anderen Person eine solche Verwendung zu ermöglichen, soweit die Tat nicht nach Nummer 3 mit Strafe bedroht ist.

(2) **Handelt der Täter in den Fällen des Absatzes 1 gewerbsmäßig oder als Mitglied einer Bande, die sich zur fortgesetzten Begehung solcher Taten verbunden hat, und gibt der Inhalt in den Fällen des Absatzes 1 Nummer 1, 2 und 4 ein tatsächliches oder wirklichkeitsnahes Geschehen wieder, so ist auf Freiheitsstrafe von drei Monaten bis zu fünf Jahren zu erkennen.**

(3) **Wer es unternimmt, einen jugendpornographischen Inhalt, der ein tatsächliches Geschehen wiedergibt, abzurufen oder sich den Besitz an einem solchen Inhalt zu verschaffen, oder wer einen solchen Inhalt besitzt, wird mit Freiheitsstrafe bis zu zwei Jahren oder mit Geldstrafe bestraft.**

(4) **Absatz 1 Nummer 3, auch in Verbindung mit Absatz 5, und Absatz 3 sind nicht anzuwenden auf Handlungen von Personen in Bezug auf einen solchen jugendpornographischen Inhalt, den sie ausschließlich zum persönlichen Gebrauch mit Einwilligung der dargestellten Personen hergestellt haben.**

(5) **Der Versuch ist strafbar; dies gilt nicht für Taten nach Absatz 1 Nummer 2 und 4 sowie Absatz 3.**

(6) **§ 184b Absatz 5 bis 7 gilt entsprechend.**

Fassung des 49. StÄG (→ Vor § 1 Rn. 18); Umstellung auf den Inhalts-Begriff und Einfügung von Abs. 1 Nr. 1 lit. c mit dem 60. StÄG (→ Vor § 1 Rn. 19) zum 1.1.2021, redaktionelle Anpassung in Abs. 6 an § 184b V – VII durch G zur Bekämpfung sexualisierter Gewalt gegen Kinder (→ Vor § 1 Rn. 19) zum 1.7.2021.

1 **1.** Die Vorschrift ergänzt nach der Neufassung durch das 49. StÄG weiterhin in weitgehend wortgleicher Fassung den § 184b; auch die Regelung des § 184b I Nr. 1 Buchst. c ist zum 1.1.2021 übernommen worden, so dass nur noch Einschränkungen in Abs. 4 (Fischer Rn. 3) für jugendpornographische Schriften bestehen. Geschützt werden Personen von 14 Jahren bis unter 18 Jahren, gemeint sind 14–17-Jährige (Laufhütte/Roggenbuck in LK-StGB Rn. 3 unter Hinweis auf die Gesetzgebungsgeschichte). Zu den geschützten Rechtsgütern → § 184b Rn. 1; außerdem soll der allerdings nicht belegten Anreiz- und Nachahmungswirkung entgegengetreten werden (Hörnle NJW 2008, 3521; Reinbacher/Wincierz ZRP 2007, 195 zu § 184b; Kindhäuser/Hilgendorf in LPK-StGB Rn. 1). Wegen des im Vergleich zu § 184b (altersabhängigen?) geringeren Unrechtsgehalts sind die Strafdrohungen herabgesetzt.

2 **2. Abs. 4** privilegiert den Besitz des Herstellers, wenn er mit Einwilligung der dargestellten Person gehandelt handelt; die Einwilligung muss wirksam sein (Hörnle NJW 2008, 3521 (3523)). Die Beschränkung auf unter 18-jährige Hersteller wurde mit dem 49. StÄG gestrichen.

§ 184d *(aufgehoben)*

§ 184e Veranstaltung und Besuch kinder- und jugendpornographischer Darbietungen

(1) [1]**Nach § 184b Absatz 1 wird auch bestraft, wer eine kinderpornographische Darbietung veranstaltet.** [2]**Nach § 184c Absatz 1 wird auch bestraft, wer eine jugendpornographische Darbietung veranstaltet.**

(2) [1]**Nach § 184b Absatz 3 wird auch bestraft, wer eine kinderpornographische Darbietung besucht.** [2]**Nach § 184c Absatz 3 wird auch bestraft, wer eine jugendpornographische Darbietung besucht.** [3]**§ 184b Absatz 5 Nummer 1 und 3 gilt entsprechend.**

1 **1.** Die Vorschrift ist durch das 49. StÄG neu geschaffen worden und erfasst in Abs. 2 in Umsetzung von Art. 4 IV RL 2011/93/EU und Art. 21 I Buchst. c Lanzarote-Abkommen (→ Vor § 174 Rn. 13) den **Besuch kinder- und jugendpornographischer Darbietungen.** Allerdings ist nach europäischem Recht zwar der Besuch, nicht aber auch das Veranstalten solcher Darbietung unter Strafe zu stellen. Um zu vermeiden, dass nur der Besucher und nicht auch der Veranstalter bestraft werden, hat der Gesetzgeber mit Abs. 1 eine parallele Strafvorschrift geschaffen (BT-Drs. 18/2601, 35).

2 **2. Darbietung** umfasst die sog. Live-Darbietung (Echtzeitübertragung; BT-Drs. 15/350, 21; Krauß in LK-StGB § 130 Rn. 84; Wolters in SK-StGB Rn. 2); dazu gehören etwa Übertragungen von Webcam-Aufnahmen im Live-Stream-Verfahren über das Internet (Malek, Strafsachen im Internet, 2005, Rn. 327), aber auch andere Äußerungsformen pornographischer Gedankeninhalte wie Theaterstücke, (Live-)Bilder und sprachliche Darbietungen (Fischer Rn. 3).

3 **3.** Tathandlungen sind das **Veranstalten** (Abs. 1), dh die Darbietung auf eigene Rechnung und unter bestimmendem Einfluss ins Werk setzen, sowie das **Besuchen** in Form des Aufsuchens einer laufenden Darbietung auch zu Informations-

zwecken oder durch Unterlassen des Sich-Entfernens in Garantenstellung (Fischer Rn. 4). Der Besuch der Darbietung durch deren Veranstalter ist mitbestrafte Nachtat.

4. Bedingter Vorsatz genügt, obwohl die europäischen Vorgaben nur zur Pönalisierung eines wissentlichen Besuchs der Darbietung verpflichten. Eine sexuelle Absicht ist nicht erforderlich (Fischer Rn. 4). 4

§ 184f Ausübung der verbotenen Prostitution

Wer einem durch Rechtsverordnung erlassenen Verbot, der Prostitution an bestimmten Orten überhaupt oder zu bestimmten Tageszeiten nachzugehen, beharrlich zuwiderhandelt, wird mit Freiheitsstrafe bis zu sechs Monaten oder mit Geldstrafe bis zu einhundertachtzig Tagessätzen bestraft.

Umnummerierung von § 184d aF in § 184e durch das UmsetzungsG zur Kinderausbeutung (→ Vor § 1 Rn. 16) und zu § 184f durch das 49. StÄG (→ Vor § 1 Rn. 18).

1. Prostitution – heterosexuelle und homosexuelle – ist als solche nur unter den besonderen Voraussetzungen der §§ 184f, 184g mit Strafe bedroht. Ihrer Zurückdrängung dienen ferner die §§ 119, 120 OWiG. Zur Reform Gleß, Die Reglementierung von Prostitution in Deutschland, 1999, S. 139; für Streichung der Vorschrift im Hinblick auf die Entkriminalisierung der bloßen Förderung der Prostitution nach Art. 2 ProstG Heger StV 2003, 350 (354). 1

2. Die Vorschrift bildet einen **Mischtatbestand** mit § 120 I Nr. 1 OWiG, dessen Verwirklichung sie bei „beharrlicher" Zuwiderhandlung gegen eine SperrbezirksVO zur Straftat qualifiziert (Mitsch OWiR § 7 Rn. 2). Für ihre ersatzlose Streichung Leo, Die strafrechtliche Kontrolle der Prostitution, 1995, S. 199 mwN. 2

3. Zur Ausfüllung des Blanketts bedarf es einer **Rechtsverordnung,** zu deren Erlass Art. 297 EGStGB ermächtigt. Danach kann in einem bestimmten, näher umschriebenen Rahmen verboten werden, der Prostitution in Gemeinden, in Teilen von Gemeinden, an öffentlichen Orten oder zu bestimmten Zeiten nachzugehen. Die Verbotsmöglichkeiten sind je nach der Größe der Gemeinde differenziert. Die Ermächtigung ist abschließend (BGHSt 11, 31 = NJW 1958, 70) und lässt daher weitergehende Verbote nicht zu (vgl. Heger FS Schwintowski, 2017, 904). Die in ihren Grenzen erlassenen Rechtsverordnungen sind ebenso wie der Blanketttatbestand selbst (BVerfG NJW 1985, 1767) verfassungsrechtlich unbedenklich (VGH Mannheim DÖV 1978, 848; BayVerfGH NJW 1983, 2188; aM Gurlit/Oster GewA 2006, 361, Verstoß gegen Art. 80 GG iVm Art. 103 II GG und Art. 12 GG). 3

4. a) Der **Prostitution nachgehen** → § 180a Rn. 1. Maßgebend ist allein der Widerspruch der Tathandlung zu einem wirksamen Verbot; eine teleologische Reduktion zur Ausscheidung nichtstrafwürdiger Fälle (zB Beschränkung auf Handlungen, die zur Belästigung anderer geeignet sind) scheidet wegen der damit verbundenen Abgrenzungsschwierigkeiten aus (BayObLG GA 1989, 469). 4

b) Beharrlich setzt wiederholte (BGHSt 23, 167 (172) = NJW 1970, 338) Zuwiderhandlung in einer Haltung (krit. Hörnle in MüKoStGB Rn. 5) voraus, die gesteigerte Missachtung oder Gleichgültigkeit gegenüber dem Verbot offenbart und 5 deshalb weitere Wiederholung indiziert (OLG Köln GA 1984, 333). Abmahnung durch Bußgeldbescheid oder in anderer Weise ist nicht unbedingt erforderlich (Eisele in Schönke/Schröder Rn. 5; aM Laufhütte/Roggenbuck in LK-StGB Rn. 4; Wolters in SK-StGB Rn. 3; str.), Beharrlichkeit aber ohne sie idR nicht beweisbar.

6 **5.** Bedingter **Vorsatz** genügt (zum früheren Recht BGHSt 23, 167 = NJW 1970, 338).

7 **6.** Die Tat ist **eigenhändiges Delikt** (BayObLG NJW 1985, 1566 mAnm Geerds JR 1985, 472; → § 25 Rn. 3). **Teilnahme** (Anstiftung und Beihilfe) ist nicht grds. ausgeschlossen. Jedoch ist die Beharrlichkeit besonderes persönliches Merkmal (aM Otto StrafR BT § 66 Rn. 85), so dass Beteiligte, bei denen es fehlt, nur eine Ordnungswidrigkeit begehen (Hörnle in MüKoStGB Rn. 9; Mitsch OWiR § 13 Rn. 50; → § 28 Rn. 12). Ferner ist der Partner der Prostituierten, wenn sich sein Tatbeitrag auf die Rolle des zahlenden Freiers beschränkt (und es sich nicht um eine Zwangsprostituierte iSd § 232a handelt), als notwendiger Teilnehmer straflos (→ Vor § 25 Rn. 12; zust. Gössel SexualstrafR § 7 Rn. 117; nur iE ebenso Sowada, Die „notwendige Teilnahme" als funktionales Privilegierungsmodell im Strafrecht, 1992, S. 241; aM Graalmann-Scheerer GA 1995, 349). Da überdies die Überlassung von Wohnung, Unterkunft oder Aufenthalt zur Förderung der Prostitution in § 180a abschließend geregelt ist, erscheint ihre Kriminalisierung auf dem Umweg über die Teilnahme an Taten nach § 184d problematisch (ebenso Joecks/Jäger StGB § 184e Rn. 3; Fischer Rn. 7; aM BayObLG NJW 1981, 2766, Geerds JR 1985, 472, Gössel SexualstrafR § 7 Rn. 118; Hörnle in MüKoStGB Rn. 7, alle wegen der unterschiedlichen Intentionen beider Vorschriften).

§ 184g Jugendgefährdende Prostitution

Wer der Prostitution

1. **in der Nähe einer Schule oder anderen Örtlichkeit, die zum Besuch durch Personen unter achtzehn Jahren bestimmt ist, oder**
2. **in einem Haus, in dem Personen unter achtzehn Jahren wohnen,**

in einer Weise nachgeht, die diese Personen sittlich gefährdet, wird mit Freiheitsstrafe bis zu einem Jahr oder mit Geldstrafe bestraft.

Umnummerierung von § 184e in § 184f durch das UmsetzungsG zur Kinderausbeutung (→ Vor § 1 Rn. 16) und zu § 184g durch das 49. StÄG (→ Vor § 1 Rn. 18).

1 **1.** Vgl. zunächst → § 180a Rn. 1a; → § 184f Rn. 1, 7. Kritisch zur Legitimität der Vorschrift als Strafbarkeitsvorschrift Leo, Die strafrechtliche Kontrolle der Prostitution, 1995, S. 215; zur Reform Gleß, Die Reglementierung von Prostitution in Deutschland 1999, S. 143; für Abschaffung der Vorschrift Hörnle in MüKoStGB Rn. 1.

2 **2.** Eine Örtlichkeit ist nur dann **zum Besuch durch Personen unter 18 Jahren bestimmt,** wenn ihre Eigenart gerade darin besteht, diesem Personenkreis zu dienen (zB Kindergärten, Spielplätze und Jugendheime); nicht erfasst sind Örtlichkeiten wie zB Diskotheken, die nur von Jugendlichen häufig besucht werden (Dölling/Laue in Amann/Wipplinger, Sexueller Missbrauch, 2005, S. 891, 911).

3. Das (sachgemäß kaum konkretisierbare, Hanack NJW 1974, 1 (6)) Erfordernis **sittlicher Gefährdung** (krit. wegen der Anerkennung der Prostitution durch Art. 1 ProstG Heger StV 2003, 350 (355)) beschränkt den Strafschutz auf Fälle, in denen nach den konkreten Umständen naheliegt, dass die Prostitutionsausübung oder ihre Begleiterscheinungen von tatsächlich anwesenden geschützten Personen wahrgenommen und in ihrer sexuellen Bedeutung erfasst werden (ähnlich Eisele in Schönke/Schröder Rn. 5; Laufhütte/Roggenbuck in LK-StGB Rn. 5). 3

4. Der Vorsatz (bedingter genügt) muss auch die sittliche Gefährdung umfassen (zum Gefährdungsvorsatz → § 15 Rn. 28). 4

§ 184h Begriffsbestimmungen

Im Sinne dieses Gesetzes sind

1. **sexuelle Handlungen**
   nur solche, die im Hinblick auf das jeweils geschützte Rechtsgut von einiger Erheblichkeit sind,
2. **sexuelle Handlungen vor einer anderen Person**
   nur solche, die vor einer anderen Person vorgenommen werden, die den Vorgang wahrnimmt.

Umnummerierung von § 184f in § 184g durch das UmsetzungsG zur Kinderausbeutung (→ Vor § 1 Rn. 16) und in § 184h durch das 49. StÄG (→ Vor § 18 Rn. 18).

1. Den Begriff der **sexuellen Handlung** (vgl. §§ 174 I, II, 174a I, II, 174b I, 174c I, II, 176 I, II, III, 177, 180 I–III, 182 I, II, 183a, 184a, 184f, 232 I Nr. 1 Buchst. a) hat das 4. StrRG (→ Vor § 1 Rn. 7) eingeführt. Er sollte die Begriffe „Unzucht" und „unzüchtige Handlung" des früheren Rechts ersetzen. Die Einführung der Kategorie bloßer sexueller Belästigungen unterhab von sexuellen Handlungen mit dem 50. StÄG durch § 184i hat keine Auswirkung auf die tradierte Auslegung dieses Begriffs (BGH NStZ-RR 2017, 277 mit Bespr. El Ghazi StV 2018, 250). 1

a) Sexuelle Handlung ist jede menschliche Handlung, die entweder schon nach ihrem äußeren Erscheinungsbild für das allgemeine Verständnis eine Beziehung zum Geschlechtlichen aufweist, dh objektiv geschlechtsbezogen erscheint (BGH NStZ 1985, 24; NStZ 1996, 31; NStZ 2009, 29; NStZ-RR 2008, 339; NStZ-RR 2013, 10 (12)), oder die bei mehrdeutigem äußerem Erscheinungsbild, zB einer gynäkologischen Untersuchung (BGHSt 65, 313 = NJW 2021, 2223 mAnm Eisele JR 2011, 533; Bespr. Schmidt HRRS 2021, 214) oder Behandlung (BGH medstra 2020, 373 mAnm Frommel), einer sexuellen Ersatzhandlung (BGH bei Holtz MDR 1980, 454), einer körperlichen Misshandlung (Lenckner JR 1983, 159) oder Turnübungen (OLG Jena NStZ-RR 1996, 294), durch die Absicht motiviert ist, sich selbst oder einen anderen geschlechtlich zu erregen oder zu befriedigen (Joecks/Jäger StGB § 184g Rn. 3; aM Hörnle in MüKoStGB Rn. 4; Wolters in SK-StGB Rn. 3; Laubenthal FS Streng, 2017, 87 (98); abweichend die Rspr., die auf das Gesamturteil eines informierten objektiven Betrachters abstellt, zB BGH NJW 1992, 325; BGH bei Pfister NStZ-RR 2005, 367; OLG Jena NStZ-RR 1996, 294). Handlungen lediglich zur Ermöglichung eines beabsichtigten Geschlechtsakts, zB das Herunterreißen von Kleidung, sind nicht schon als solche geschlechtsbezogen, sondern nur dann, wenn sie schon selbst sexuelle Erregung be- 2 zwecken (BGH NStZ 1990, 490; NStZ-RR 1997, 292; aM Frommel in NK-StGB Rn. 1). Das gleiche gilt für das Ausziehen eines Kindes, wenn das Entblößen nicht mit einer sexuellen Handlung verbunden ist (BGH StV 2017, 39; NStZ-RR 2017, 140).

3 aa) **Weder** eine ausschließliche Anknüpfung an das äußere Erscheinungsbild (so aber die hM; vgl. etwa Maiwald GA 1979, 153 (154); Benz, Sexuell anstößiges Verhalten, 1982, S. 53; Gössel SexualstrafR § 1 Rn. 17; Laufhütte/Roggenbuck in LK-StGB Rn. 6–8) **noch** ein an der früheren Rspr. zum Begriff der „unzüchtigen Handlung" orientiertes ausnahmsloses Abstellen auf die „wolllüstige Absicht" (von der Rspr. nicht mehr gefordert, Miebach NStZ 1996, 124; subjektiver jedoch BGH NStZ 2002, 431, dem zust. Fischer Rn. 4) wird der Funktion des Begriffs gerecht (diff. daher Eisele in Schönke/Schröder Rn. 6–11; für die Einbeziehung der Opferperspektive Zinsmeister in Fegert, Sexueller Missbrauch durch Professionelle in Institutionen, 2002, S. 101, 108). In den gesetzgeberischen Beratungen war deshalb die hier vertretene gemischt objektiv-subjektive Deutung vorherrschend (Prot. 6, Nr. 2007); sie führt zu einem relativ weiten Anwendungsbereich und sucht die gebotene normative Einschränkung erst in dem Merkmal der Erheblichkeit (→ Rn. 5).

4 bb) Da also auch eine nur objektiv geschlechtsbezogene Handlung ausreicht (BGH NStZ 1983, 167; Gössel SexualstrafR § 1 Rn. 30), kommt es nicht darauf an, ob der Handelnde (etwa ein Kind) die Geschlechtsbezogenheit des Vorgangs begreift (BGHSt 29, 336 = NJW 1981, 134 mAnm Horn; BGHSt 61, 173 = NJW 2016, 2049; BGH JR 1981, 251; KG JR 1982, 507) oder ob er (etwa eine Prostituierte bei Einnehmen sexualtypischer Stellungen zur Anfertigung von Aktfotos) eine sexuelle Absicht hat (zum früheren Recht BGHSt 15, 276). Allerdings muss der **Vorsatz** des Täters die Geschlechtsbezogenheit umfassen (BGH NJW 1993, 2252 (2253); NStZ 2009, 29, Suche nach vermeintlich entwendetem Geld in der Scheide; Frommel in NK-StGB Rn. 2).

4a cc) Dass das Opfer (zB im Schlaf oder bei Bewusstlosigkeit) die sexuelle Handlung nicht sinnlich wahrnimmt, ist unerheblich, es sei denn, dass das Gesetz etwas anderes bestimmt (→ Rn. 8) oder dass Schutzzweckerwägungen beim einzelnen Tatbestand eine Ausnahme rechtfertigen (Laufhütte/Roggenbuck in LK-StGB Rn. 17; weitergehend MaiwaldMaurach/Schroeder/Maiwald/Hoyer/Momsen StrafR BT § 17 Rn. 31; → § 176 Rn. 3).

5 **b) Von einiger Erheblichkeit für das jeweils geschützte Rechtsgut** (beachte dazu die Hinweise, die bei allen einschlägigen Vorschriften die Erläuterungen einleiten; → Vor § 174 Rn. 1) ist die sexuelle Handlung, wenn sie einen solchen Grad der Gefährlichkeit erreicht hat, dass sie nach Art, Intensität und Dauer eine sozial nicht mehr hinnehmbare Beeinträchtigung eines bestimmten, im Tatbestand (allein oder mit-)geschützten Rechtsguts (uU auch mehrerer) bedeutet (ebenso Kindhäuser/Hilgendorf in LPK-StGB Rn. 3; krit. Eisele in Schönke/Schröder Rn. 14–16; Wolters in SK-StGB Rn. 16; einschr. Horn in Ulsamer StrafR/StrafVerfR S. 840). Die Bewertung umfasst den Gesamtvorgang, richtet sich also nach den konkreten Umständen, und zwar nicht nur nach dem äußeren Erscheinungsbild der Tat, sondern auch nach deren Begleitumständen, der Persönlichkeit des Täters und den Beziehungen der Beteiligten untereinander (BGH NStZ 1992, 432; NStZ 2012, 269; krit. Frommel NKrimPol 1993, 27; Kruse/Sczesny KJ 1993, 336 (343)), wobei eine pauschal einschränkende Bestimmung zB für den Täterkreis des § 174c I nicht angezeigt ist (OLG Celle NStZ-RR 2011, 274). Sie hat sich nicht an

rein sittlichen, aber an sozialethischen Maßstäben zur orientieren (Fischer Rn. 5). Im Ganzen muss eine gewisse Erheblichkeitsschwelle überschritten sein, die nicht für alle Rechtsgüter und Tatbestände gleich ist (BGH NStZ 1983, 553); sie bestimmt sich vielmehr nach dem Grad der Gefährlichkeit für das jeweils betroffene Rechtsgut (BGH StV 2000, 197; NStZ 2001, 370; NStZ 2007, 700; NStZ-RR 2017, 43; Frommel in NK-StGB Rn. 3); unter diesem Gesichtspunkt darf es sich nicht um Belanglosigkeiten handeln (BGH NStZ 2017, 527; NStZ-RR 2017, 43; StV 2019, 550).

aa) Soweit in den Tatbeständen die **ungestörte geschlechtliche Entwicklung** 6
des jungen Menschen im Vordergrund steht, wird die Schwelle bei jüngeren Opfern niedriger anzusetzen sein als bei solchen, die der Altersgrenze schon nahe sind (BGH NStZ 2017, 527; NStZ-RR 2017, 43; ebenso Eisele in Schönke/Schröder Rn. 16; krit. Schüler-Springorum MschrKrim 1977, 364). Ein bloßer Kuss wird jedoch ganz allgemein nicht ausreichen (sa BGHSt 1, 293 (298) = BeckRS 1951, 31194269; BGH StV 2006, 416 (418); OLG Zweibrücken NStZ 1998, 357 mzustAnm Michel), während das Abtasten der Brust (BGHSt 1, 168 = NJW 1951, 610; Miebach NStZ 1994, 226; BGH NStZ 2007, 700, Streicheln der bekleideten Brust) und der Zungenkuss (BGHSt 18, 169 = NJW 1963, 597) idR bei Kindern, nicht ohne weiteres auch bei geschlechtlich gereifteren Partnern, genügen (BGHSt 56, 223 = NJW 2011, 3111; BGH StV 1983, 415; OLG Brandenburg NStZ-RR 2010, 45, 15-Jährige; Michel NStZ 1998, 357; aM Sick ZStW 103 (1991), 43 (69); Wolters in SK-StGB Rn. 12; speziell zum Mobbing Fehr, Mobbing am Arbeitsplatz, 2007, S. 91). Das Streicheln des bedeckten Beines einer 16-Jährigen und ein Kussversuch reichen nicht (BGH NStZ 2001, 370 mkritAnm Lindenau JR 2002, 72; 2013, 280), uU aber der Griff zwischen die Beine (BGH StV 2006, 416 (417)), nicht aber schon das Streicheln an den Oberschenkeln (BGH bei Pfister NStZ-RR 2010, 6). Auszuscheiden sind auch kurze oder aus anderen Gründen unbedeutende Berührungen, die das Erheblichkeitsmerkmal nicht erfüllen (BGH StV 2017, 39).

bb) Sexuelle Handlungen, die **äußerlich nicht geschlechtsbezogen** erschei- 7
nen (→ Rn. 2, 3), werden idR, aber nicht notwendig (zB bei Körperverletzungen aus sadistischer Motivation), unter der Erheblichkeitsschwelle bleiben (Prot. 6, Nr. 2008).

2. Das Merkmal der **sexuellen Handlung vor einem anderen** (vgl. §§ 174 II, 8
176 IV Nr. 1 und § 180) erfordert eine bewusste sinnliche (uU auch nur akustische) Wahrnehmung des Vorgangs durch den anderen (Joecks/Jäger StGB Rn. 7); dieser muss den Vorgang in räumlicher Nähe wahrnehmen, so dass die Wahrnehmung sexualbezogener Äußerungen über Telefon nicht erfasst wird (BGHSt 41, 285 = NJW 1996, 1068; Laubenthal Sexualstraftaten Rn. 81; Wolters in SK-StGB Rn. 18; aM Frommel in NK-StGB Rn. 5; Hörnle in MüKoStGB Rn. 15, 16; → § 176 Rn. 4). Dass er die sexuelle Bedeutung begreift (BGH bei Dallinger MDR 1974, 546; BGH NStZ 1995, 228; Gössel SexualstrafR § 1 Rn. 32; Kindhäuser/Hilgendorf in LPK-StGB Rn. 7; Wolters in SK-StGB Rn. 20; Eisele in Schönke/Schröder Rn. 20–22) oder dass sein Körper in das sexuelle Geschehen mit einbezogen wird, wie es die Rspr. zum früheren Recht für die unzüchtige Handlung „mit“ einem anderen vorausgesetzt hat (zB BGHSt 4, 323 = NJW 1953, 1761; BGHSt 5, 88 = NJW 1954, 519; BGHSt 8, 1 = NJW 1955, 1600; BGH NJW 1965, 2308), ist nicht erforderlich; jedoch wird weiterhin gefordert, dass der Täter das Kind so einbezieht, dass gerade die Wahrnehmung durch den anderen für ihn ein entscheidender Faktor ist (für § 176 III StGB aF (jetzt § 176a I)

OLG Stuttgart NStZ 2002, 34; Eisele in Schönke/Schröder Rn. 22; Fischer Rn. 9). Sexuelle Handlungen, die der Täter von einem Dritten, selbst von einem schuldlos handelnden Kind, passiv an sich vornehmen lässt, sollen nicht ausreichen (so BGH NStZ 2010, 32; sa Renzikowski in MüKoStGB § 176 Rn. 36).

§ 184i Sexuelle Belästigung

(1) **Wer eine andere Person in sexuell bestimmter Weise körperlich berührt und dadurch belästigt, wird mit Freiheitsstrafe bis zu zwei Jahren oder mit Geldstrafe bestraft, wenn nicht die Tat in anderen Vorschriften dieses Abschnitts mit schwererer Strafe bedroht ist.**

(2) [1]**In besonders schweren Fällen ist die Freiheitsstrafe von drei Monaten bis zu fünf Jahren.** [2]**Ein besonders schwerer Fall liegt in der Regel vor, wenn die Tat von mehreren gemeinschaftlich begangen wird.**

(3) **Die Tat wird nur auf Antrag verfolgt, es sei denn, dass die Strafverfolgungsbehörde wegen des besonderen öffentlichen Interesses an der Strafverfolgung ein Einschreiten von Amts wegen für geboten hält.**

Fassung: Präzisierung der Subsidiaritätsklausel in Abs. 1 durch das 57. StÄG (→ Vor § 1 Rn. 19) zum 13.3.2020.

1 **1.** Die Vorschrift ist mit dem 50. StÄG (→ Vor § 18 Rn. 1) eingefügt worden und soll solche die Vornahme solcher sexuellen Handlungen erfassen, die nicht das von § 184h geforderte Maß an Erheblichkeit aufweisen. Wie bei § 183 genügt daher eine **Belästigung des Opfers.** Das Rechtsgut ist wie bei § 177 die **sexuelle Selbstbestimmung,** die auch bei nicht erheblichen Eingriffen für das Opfer, das die sexuelle Belästigung ertragen muss, tangiert wird; dass dies der Fall ist, muss aber festgestellt werden und kann bei einem Kind nicht allein aus der Stellung des Strafantrags durch die Eltern abgeleitet werden (BGH StV 2021, 307). Sicher war der Gesetzgeber nicht verpflichtet, neben gegen den Willen des Opfers vorgenommenen erheblichen sexuellen Eingriffen (zB nach § 177) auch solche unter Strafe zu stellen, die diese Schwelle nicht erreichen. Allerdings begründet der Rechtsgutsbezug in gewissem Maße die Strafwürdigkeit auch solcher Eingriffe. Und da mildere Mittel in der Praxis kaum denkbar sind, erscheint der Einsatz des Strafrechts hier auch nicht per se verfehlt (krit. Fischer Rn. 2; Lamping JR 2017, 347 (356)); die Situation erinnert an die Einfügung des Graffiti-Tatbestandes in § 303 II, der eben auch dann eingreift, wenn zwar das Eigentum geschädigt, eine Substanzverletzung aber nicht gegeben ist.

2 **2.** Tathandlung ist das **körperliche Berühren** des Opfers, was körperlichen Kontakt von Täter und Opfer erfordert (dazu Corrêa Camargo ZStW 131 (2019), 595). Verbale Einwirkungen werden nicht erfasst. Die körperliche Berührung erfolgt **in sexuell bestimmter Weise,** wenn sie sexuell motiviert ist, was nahe liegt bei solchen Handlungen, die typischerweise Intimität zwischen den Beteiligten voraussetzen (zB Kuss auf Mund oder Hals, „Begrabschen" des Gesäßes, BT-Drs. 18/9097, 31). Dies ist anhand der Auslegungskriterien zu bestimmen, die die Rspr. zum Begriff der sexuellen Handlung nach § 184h Nr. 1 entwickelt hat. Demnach kann eine Berührung sowohl objektiv nach dem äußeren Erscheinungsbild als auch subjektiv nach den Umständen des Einzelfalls sexuell bestimmt sein, wobei es nicht ausreicht, wenn die Handlung allein nach der Vorstellung des Täters sexuellen

Charakter hat (BGHSt 63, 98 = NJW 2018, 2655 mAnm Burghardt/Steinl JZ 2018, 1110; Eisele NStZ 2019, 25; Renzikowski StV 2019, 555; krit. Bespr. Pohlreich HRRS 2019, 16). Auch ambivalente körperliche Berührungen, die für sich betrachtet nicht ohne Weiteres einen sexuellen Charakter aufweisen, können tatbestandsmäßig sein; dabei ist auf das Urteil eines objektiven Betrachters abzustellen, der alle Umstände des Einzelfalles kennt, wobei auch zu berücksichtigen ist, ob der Täter von sexuellen Absichten geleitet war (OLG Hamm bei Kudlich JA 2019, 551). Berührungen, die sich mit Blick auf die sexuelle Selbstbestimmung des Betroffenen in bloßen Ärgernissen, Ungehörigkeiten oder Distanzlosigkeiten erschöpfen (zB In-den-Arm-Nehmen, Kuss auf die Wange), sind nicht tatbestandsmäßig (BT-Drs. 18/9097, 31; nach Fischer Rn. 7; Renzikowski in MüKoStGB Rn. 8 ist dies zu unbestimmt). Da der Gesetzgeber bewusst auf die Erheblichkeit solcher sexueller Handlungen verzichtet hat, scheidet ein darüber hinaus gehender Tatbestandsausschluss wegen Sozialadäquanz aus (vgl. Fischer Rn. 12). Weil der Täter selbst das Opfer körperlich berühren muss, genügt ein Berührenlassen durch Dritte oder Maschinen nicht; es handelt sich um ein **eigenhändiges Delikt** (Fischer Rn. 3). Wer sich in anderer Weise als durch Berührungen beteiligt, kann sich nur nach §§ 26f. oder § 184j strafbar machen.

3 **3. Dadurch** muss das Opfer kausal **belästigt** worden sein. Wie für § 183 (→ § 183 Rn. 3) kommt es darauf an, dass die Tathandlung das Opfer in seiner sexuellen Selbstbestimmung nicht unerheblich beeinträchtigt, wofür es auch auf sein subjektive Empfinden ankommt (BGH NStZ 2019, 22 (24); StV 2021, 307; für objektive Bewertung Renzikowski in MüKoStGB Rn. 10; Noltenius in SK-StGB Rn. 6); daran fehlt es etwa, wenn die Person eingewilligt oder die Berührung bei ihr nur Interesse, Verwunderung oder Vergnügen ausgelöst hat (BT-Drs. 18/9097, 31). § 184i ist **Erfolgsdelikt,** der Versuch straflos. Wie bei § 177 schließt das Einverständnis den Tatbestand aus.

4 **4.** Der (zumindest bedingte) **Vorsatz** muss neben der körperlichen Berührung auch deren sexuelle Bestimmung sowie die dadurch erreichte Belästigung erfassen, so dass etwa die irrige Annahme, das Opfer sei einverstanden oder verwundert usw stets einen Tatbestandsirrtum (§ 16) begründet (Fischer Rn. 8f; krit. Renzikowski in MüKoStGB Rn. 11).

5 **5. Abs. 2 S. 1** enthält eine Strafrahmenanhebung für besonders schwere Fälle von Abs. 1, **Abs. 2 S. 2** hierfür ein einziges an § 177 VI Nr. 2 angelehntes Regelbeispiel gemeinschaftlicher Tatbegehung. Wie zu § 177 (→ § 177 Rn. 23) setzt dies Mittäterschaft (§ 25 II) voraus; angesichts des Eigenhändigkeitserfordernisses ist dies nur der Fall, wenn mehrere Personen jeweils täterschaftlich das Opfer in sexuell bestimmter Weise berühren. Die Belästigung kann sich aber – weil Mitkausalität ausreicht – auch erst aus der Gesamtheit aller Berührungen ergeben. Theoretisch wären zwar auch andere besonders schwere Fälle denkbar, doch dürfte es schwer fallen, hierfür ein Beispiel zu finden.

6 **6. Abs. 1** ist für seit dem 13.3.2020 begangene Taten subsidiär nur noch gegenüber anderen tateinheitlich begangenen Delikten aus dem 13. Abschnitt (zB § 177), nicht mehr – wie zuvor (vgl. BGHSt 63, 98 = NJW 2018, 2655) – auch zB gegenüber einem mit dem „Grabschen" verbundenen Diebstahl oder §§ 223ff., 240. Da Abs. 2 nur eine Strafzumessungsregel und keinen Tatbestand darstellt, muss diese Subsidiaritätsklausel auch hier gelten, allerdings nur gegenüber Delikten, die einen höheren Strafrahmen aufweisen. Mehrere unmittelbar nacheinander folgende Be-

rührungen, die insgesamt eine Belästigung darstellen, bilden eine Tat; das gleiche gilt aufgrund natürlicher Handlungseinheit bei mehreren gleichartigen Taten, die bei einem Opfer kurz nacheinander zu mehreren Belästigungen führen.

7 **7. Abs. 3** statuiert ein **relatives Strafantragserfordernis** wie in § 230 I 1 (→ § 230 Rn. 3–5).

§ 184j Straftaten aus Gruppen

Wer eine Straftat dadurch fördert, dass er sich an einer Personengruppe beteiligt, die eine andere Person zur Begehung einer Straftat an ihr bedrängt, wird mit Freiheitsstrafe bis zu zwei Jahren oder mit Geldstrafe bestraft, wenn von einem Beteiligten der Gruppe eine Straftat nach den §§ 177 oder 184i begangen wird und die Tat nicht in anderen Vorschriften mit schwererer Strafe bedroht ist.

1 **1.** Die Vorschrift ist mit dem 50. StÄG vor allem auch vor dem Hintergrund der Übergriffe am Silvesterabend 2015 in Köln geschaffen worden (vgl. Fischer FS Neumann, 2017, 1089; Roxin FS Merkel, 2020, 973). Da sich weder die Tathandlung noch der Vorsatz des Täters auf ein Sexualdelikt beziehen müssen, handelt es sich um einen Fremdkörper im 13. BT-Abschnitt (zur Kritik → Vor § 174 Rn. 15; Renzikowski in MüKoStGB Rn. 1). Strukturell liegt wie bei §§ 186, 231, 323a ein Delikt mit **objektiver Bedingung der Strafbarkeit** (Begehung einer Straftat nach §§ 177, 184i) vor (BT-Drs. 18/9097, 32).

2 **2. Tathandlung** ist die **Beteiligung an einer Personengruppe.** Wie für die Bildung einer Gruppe bei § 127 (→ § 127 Rn. 2) soll ein lockerer, nicht auf Dauer angelegter Zusammenschluss von mindestens drei Personen ausreichen (BT-Drs. 18/9097, 32; enger Noltenius in SK-StGB Rn. 8; Renzikowski in MüKoStGB Rn. 8, 10). Möglich sind auch spontane Zusammenkünfte oder ad-hoc-Gruppen (Fischer Rn. 7), nicht dagegen bloße Menschenansammlungen (BT-Drs. 18/9097, 32, zB überfüllte U-Bahn).

3 **a)** Die Gruppe muss **eine andere Person,** also keinen Gruppenbeteiligten, **zur Begehung irgendeiner Straftat** (nicht notwendig einer Sexualstraftat, sondern zB Vermögens- oder Körperverletzungsdelikte, BT-Drs. 18/9097, 32; Fischer Rn. 12) **an ihr bedrängen.** Dazu muss diese Person von der Gruppe mit Nachdruck an der Ausübung seiner Bewegungsfreiheit oder sonstigen freien Willensbetätigung gehindert werden. Erforderlich ist eine hartnäckige Einwirkung, weshalb kurzes Weg-Versperren oder nur kurzfristige Einschüchterungen (zB durch Grölen) nicht genügen (BT-Drs. 18/9097, 32). Vor Augen hat der Gesetzgeber offenbar das sog. „Antanzen" durch mehrere Männer, das häufig in Straftaten gegenüber der angegangenen Person endet.

4 **b)** An der Gruppe muss sich der Täter **beteiligen,** was wie bei § 231 (→ § 231 Rn. 3) nicht iSd §§ 25–27, sondern umgangssprachlich als Mitwirken bei dem Bedrängen durch die Gruppe und nicht bloß als untätiges Dabeistehen zu verstehen sein soll (BT-Drs. 18/9097, 32; Fischer Rn. 7). **Durch diese Beteiligung** an den Aktivitäten der Gruppe muss der Täter eine **Straftat** objektiv **fördern,** dh sein Zutun muss zur Begehung oder Erleichterung einer Straftat führen (BT-Drs. 18/9097, 32). Das wird angesichts der von der Zahl der Gruppenmitglieder abhängigen Be-

drängungswirkung auf das Opfer regelmäßig der Fall sein. Allenfalls wenn eine relativ große Gruppe nur in Teilen auf ein Opfer bedrängend einwirkt (zB ein Teil der Gruppe hat das Opfer noch nicht erreicht), kann man bezweifeln, dass die anderen Gruppenmitglieder allein durch ihre Beteiligung an der (Gesamt-)Gruppe auch eine Straftat fördern.

3. Der (mindestens bedingte) **Vorsatz** muss sich auf die Beteiligung an der Gruppe sowie auf das durch diese zu erfolgende Bedrängen einer Person zur Ermöglichung oder Erleichterung von Straftaten an dieser erstrecken (BT-Drs. 18/9097, 32). Angesichts dessen scheidet ein Verstoß gegen den Schuldgrundsatz aus (Hörnle BRJ 2017, 57 (60); aM Noltenius in SK-StGB Rn. 12; Fischer Rn. 3). Ausreichend ist, wenn der Täter davon ausgeht, andere Gruppenmitglieder würden die Bedrängnis des Opfers zu irgendwelchen Straftaten ausnutzen. Nicht notwendig ist, dass der Täter von einem gemeinsamen Tatplan der Gruppenmitglieder ausgeht (so aber Fischer Rn. 8) oder sein Vorsatz auch mögliche Sexualdelikte erfasst. Vorsätzlich handelt auch, wer sich an einer Gruppe beteiligt in der Erwartung, diese werde Opfer bedrängen und dann beleidigen. Obwohl durch das Täterhandeln objektiv eine Straftat gefördert worden sein muss, muss der Täter nicht wie bei § 27 Vorsatz auf die Förderung einer bestimmten Haupttat haben (anders Renzikowski in MüKoStGB Rn. 15). 5

4. Die Beteiligung an einer Gruppe ist nur strafbar, wenn **ein Beteiligter** an dieser Gruppe eine **Tat nach §§ 177, 184i begangen** hat. Diese Straftat muss vorsätzlich, rechtswidrig und schuldhaft begangen worden sein, so dass etwa die irrige Annahme eines Einverständnisses des Opfers mit der sexuellen Belästigung zur Verneinung von § 184j führen muss. Das Opfer der Tat nach §§ 177, 184i muss nicht identisch sein mit der bedrängten Person, so dass sogar genügt, wenn während einer solchen Situation ein Beteiligter an der Gruppe einen anderen Beteiligten belästigt. Dabei handelt es sich um eine **objektive Bedingung der Strafbarkeit,** so dass sie nicht vom Vorsatz des Täters nach § 184j umfasst sein muss. 6

5. Der **Strafrahmen** entspricht § 184i und liegt knapp unter § 231. Die vom Gesetzgeber angeführten Argumente, warum die Strafrahmenobergrenze von § 184j nur geringfügig unterhalb von der des § 231 liegt (BT-Drs. 18/9097, 32), können nicht überzeugen, bedenkt man, dass bei § 184j als objektive Bedingung auch eine sexuelle Belästigung, also eine nicht erhebliche sexuelle Handlung, ausreichen kann, während § 231 neben schweren Körperverletzungen sogar den Tod des Opfers erfasst (für Unverhältnismäßigkeit der Strafdrohung daher Fischer Rn. 21; Hoven/Weigend JZ 2017, 182 (191); dagegen Hörnle BRJ 2017, 56). Steht bei der Beteiligung an der Gruppe nur eine mit nicht mehr als einem Jahr Freiheitsstrafe bedrohte Tat in Rede (zB § 185), hätte der sich an der Gruppe Beteiligende, wäre er Mittäter der Beleidigung, nur diese Strafe zu gewärtigen. Beteiligt er sich im Glauben daran, dass lediglich solche Taten begangen werden sollen, an der Gruppe, gebietet der Schuldgrundsatz (vgl. § 46), dass die in concreto verhängte Strafe nicht über den Strafrahmen von § 185 hinausgeht. 7

6. § 184j ist gegenüber allen mit höherer Strafe bedrohten Taten **subsidiär.** Das gilt vor allem gegenüber § 177, aber auch gegenüber zB § 242, wenn der Täter die Gruppendynamik selbst für einen Diebstahl ausnutzt. Mit §§ 183, 183a, 185 ist Tateinheit möglich (Fischer Rn. 23), ebenso angesichts gleicher Strafrahmen auch mit § 184i I (für Zurücktreten von § 184j Eisele in Schönke/Schröder Rn. 16). Leistet der Täter Beihilfe zu § 184i I und beteiligt sich zugleich an der Gruppe, aus der her- 8 aus diese Tat begangen wird, tritt angesichts der obligatorischen Milderung bei § 27 die Beihilfe zurück. Dies ist misslich, weil damit nicht zum Ausdruck gebracht werden kann, dass der Gehilfe nicht bloß Vorsatz hinsichtlich der Beteiligung an der Gruppe, sondern auch hinsichtlich der daraus erfolgten Sexualtat hatte.

§ 184k Verletzung des Intimbereichs durch Bildaufnahmen

(1) **Mit Freiheitsstrafe bis zu zwei Jahren oder mit Geldstrafe wird bestraft, wer**

1. **absichtlich oder wissentlich von den Genitalien, dem Gesäß, der weiblichen Brust oder der diese Körperteile bedeckenden Unterwäsche einer anderen Person unbefugt eine Bildaufnahme herstellt oder überträgt, soweit diese Bereiche gegen Anblick geschützt sind,**
2. **eine durch eine Tat nach Nummer 1 hergestellte Bildaufnahme gebraucht oder einer dritten Person zugänglich macht oder**
3. **eine befugt hergestellte Bildaufnahme der in der Nummer 1 bezeichneten Art wissentlich unbefugt einer dritten Person zugänglich macht.**

(2) **Die Tat wird nur auf Antrag verfolgt, es sei denn, dass die Strafverfolgungsbehörde wegen des besonderen öffentlichen Interesses an der Strafverfolgung ein Einschreiten von Amts wegen für geboten hält.**

(3) **Absatz 1 gilt nicht für Handlungen, die in Wahrnehmung überwiegender berechtigter Interessen erfolgen, namentlich der Kunst oder der Wissenschaft, der Forschung oder der Lehre, der Berichterstattung über Vorgänge des Zeitgeschehens oder der Geschichte oder ähnlichen Zwecken dienen.**

(4) [1]**Die Bildträger sowie Bildaufnahmegeräte oder andere technische Mittel, die der Täter oder Teilnehmer verwendet hat, können eingezogen werden.** [2]**§ 74a ist anzuwenden.**

1 **1.** Die Vorschrift ist mit dem 59. StÄG (→ Vor § 1 Rn. 19) zum 1.1.2021 eingefügt worden und soll das Phänomen des **„Upskirting“** bzw. **„Downblousing“** (unter den Rock bzw. die Bluse fotografieren; dazu Bonnin/Berndt HRRS 2019, 450; zur Umsetzung Sachen KriPoZ 2022, 248) strafrechtlich erfassen, das vor allem durch die massive Verbreitung kleiner und als solche nicht erkennbarere (Handy-) Kameras sowie die Möglichkeit sofortiger Verbreitung solcher Bilder über das Internet erheblich an Bedeutung gewonnen hat. Im Unterschied zu § 201a geht es hier nicht um im privaten Lebensbereich, sondern idR um in der Öffentlichkeit aufgenommene Bilder, die anders als bei §§ 184b, 184c keinen pornographischen Inhalt haben und – anders als in § 201a III – nicht notwendig unbedeckte Köperteile betreffen. Geschützt ist zwar auch das Recht am eigenen Bild, vor allem aber die **sexuelle Selbstbestimmung,** weshalb die Norm nicht in § 201a umgesetzt worden ist (BT-Drs. 19/20668, 15).

2 **2. Tatobjekt** sind **Bildaufnahmen** von den jeweils unbedeckten **Genitalien,** dem **Gesäß,** der **weiblichen Brust** oder der **diese Körperteile bedeckenden Unterwäsche** (Unterhose, BH) einer **anderen Person.** Unter weiblicher Brust ist nicht notwendig, wenn auch zumeist die Brust einer Frau zu verstehen; erfasst sind auch die Brüste bei Transpersonen, soweit sie optisch einer weiblichen Brust entsprechen (BT-Drs. 19/17795, 13). Werden die genannten Körperteile auf andere Weise, etwa durch figurbetonte Oberbekleidung, Bade- oder Sportmode, aber

auch durch ein Handtuch abgedeckt, ist ihr Abfotografieren nicht tatbestandsmäßig. Da im Gesetzgebungsverfahren der zuvor vorgeschlagene Begriff „Unterbekleidung" bewusst im Interesse einer Präszisierung und Restriktion durch den formaleren Begriff der „Unterwäsche" ersetzt worden ist (BT-Drs. 19/20668, 16), ist etwa das Fotografieren eines Bikinihöschens oder -oberteils unter einem Strandkleid nicht strafbar. Überdies muss das fotografierte Körperteil objektiv **gegen einen Anblick geschützt** sein (dies muss vom Opfer nicht intendiert sein, so dass auch andere Zwecke wie etwa Kälteschutz nicht entgegenstehen, Fischer Rn. 6), so dass Bildaufnahmen von insoweit nackt oder nur in Unterwäsche auftretenden Personen nicht erfasst werden (möglich ist aber eine Strafbarkeit des Verbreitens etwa von Nacktaufnahmen nach § 33 KUG). Trägt eine Frau zwar kein Oberteil oder nur einen BH, jedoch einen Rock, sind Aufnahmen unter diesen erfasst, nicht aber auch Aufnahmen der Brust.

3. Tathandlungen sind das **Herstellen** oder **Übertragen (Nr. 1),** das **Gebrauchen** oder einer **dritten,** dh nicht der aufgenommenen, **Person zugänglich machen (Nr. 2 und 3);** diese entsprechen im Wesentlichen § 201 a I Nr. 1–4 (→ § 201 a Rn. 4–7). Das bloße Sich-Verschaffen eines befugt aufgenommenen Bildes ist nicht erfasst (Fischer Rn. 12). 3

4. Für Abs. 1 Nr. 1 und 2 muss die Bildaufnahme selbst **unbefugt** erfolgt sein, bei Nr. 3 dagegen nur deren Weiterleitung, wobei dies wie bei § 201 a auch für Selbstaufnahmen gilt, weil es sich nur in Bezug auf das Bildnis, nicht auf das Herstellen um eine andere Person handeln muss (Eisele in Schönke/Schröder § 201 a Rn. 33). **Unbefugt** ist wie in § 201 a I als Hinweis auf mögliche Rechtfertigungsgründe zu verstehen (→ § 201 a Rn. 9; aM Fischer Rn. 8: Tatbestandsmerkmal). 4

5. Subjektiver Tatbestand: Während **Abs. 1 Nr. 1 direkten Vorsatz** erfordert, der sich auch auf das Geschütztsein gegen einen Anblick erstreckt (nicht aber auf das Unbefugtsein als Rechtsfertigungshinweis; aM Fischer 13); hält der Täter eine Unterhose irrig für ein Bikinihöschen, liegt ein Tatbestandsirrtum vor. Für **Nr. 2 und 3** genügt bedingter Vorsatz. 5

6. Abs. 3 enthält eine § 201 a IV entsprechende Regelung der **Sozialadäquanz** (→ § 201 a Rn. 9 c), die allerdings bei § 184 k weniger Relevanz für die Presse haben dürfte als dort. 6

7. Abs. 2 statuiert wie § 205 I S. 2 für § 201 a ein **relatives Antragsdelikt** (→ § 203 Rn. 3–5). – **Abs. 4 (Einziehung)** entspricht § 201 a V (→ § 201 Rn. 18). 7

8. Angesichts der unterschiedlichen Schutzgüter (→ Rn. 1) ist mit § 201 a **Tateinheit** möglich (etwa bei „Upskirting" in der Wohnung des Opfers). 8

§ 184l Inverkehrbringen, Erwerb und Besitz von Sexpuppen mit kindlichem Erscheinungsbild

(1) [1]**Mit Freiheitsstrafe bis zu fünf Jahren oder Geldstrafe wird bestraft, wer**

1. eine körperliche Nachbildung eines Kindes oder eines Körperteiles eines Kindes, die nach ihrer Beschaffenheit zur Vornahme sexueller Handlungen bestimmt ist, herstellt, anbietet oder bewirbt oder

2. mit einer in Nummer 1 beschriebenen Nachbildung Handel treibt oder sie hierzu in oder durch den räumlichen Geltungsbereich dieses Gesetzes verbringt oder

3. ohne Handel zu treiben, eine in Nummer 1 beschriebene Nachbildung veräußert, abgibt oder sonst in Verkehr bringt.

[2]Satz 1 gilt nicht, wenn die Tat nach § 184b mit schwererer Strafe bedroht ist.

(2) **[1]Mit Freiheitsstrafe bis zu drei Jahren oder Geldstrafe wird bestraft, wer eine in Absatz 1 Satz 1 Nummer 1 beschriebene Nachbildung erwirbt, besitzt oder in oder durch den räumlichen Geltungsbereich dieses Gesetzes verbringt. [2]Absatz 1 Satz 2 gilt entsprechend.**

(3) **In den Fällen des Absatzes 1 Satz 1 Nummer 2 und 3 ist der Versuch strafbar.**

(4) **Absatz 1 Satz 1 Nummer 3 und Absatz 2 gelten nicht für Handlungen, die ausschließlich der rechtmäßigen Erfüllung staatlicher Aufgaben oder dienstlicher oder beruflicher Pflichten dienen.**

(5) **[1]Gegenstände, auf die sich die Straftat bezieht, werden eingezogen. [2]§ 74a ist anzuwenden.**

1 **1.** Die Vorschrift ist mit dem Gesetz zur Bekämpfung sexualisierter Gewalt gegen Kinder vom 16.6.2021 (BGBl. I 1810; → Vor § 1 Rn. 19) mit Wirkung zum 1.7.2021 neu geschaffen worden. Weil die Vorschrift angesichts der daraus resultierenden Herstellungs-, Einfuhr und Inverkehrsbringensverbote der Richtlinie (EU) 2015/1535 vom 9.9.2015 über ein Informationsverfahren auf dem Gebiet der technischen Vorschriften und der Vorschriften für die Dienste der Informationsgesellschaft (ABl. L 241 v. 17.9.2015, S. 1) unterfällt, ist das nach deren Art. 5 I erforderliche Notifizierungsverfahren erfolgreich durchgeführt worden (BT-Drs. 19/27928, 25). Damit ist ausgeschlossen, dass sich zukünftige Täter darauf berufen können, wegen der Warenverkehrsfreiheit der Art. 28–37 AEUV sei ihre Zuwiderhandlung nicht strafbar (zu dieser Diskussion bei EU-weiten Sportwettangeboten → § 284 Rn. 6). Da Verbreitung, Erwerb und Besitz von Sexpuppen als kinderpornographische Inhalte von § 184b nF erfasst sind, sollen – wie die **Subsidiaritätsklausel** in Abs. 1 S. 2 zeigt – von § 184l nur die bleibenden Schutzlücken, dh bei Fehlen eines kinderpornographischen Inhalts oder rein fiktiver Darstellung (sonst § 184b III), geschlossen werden (BR-Drs. 634/20, S. 45). Wie dort ist das Rechtsgut der **Jugendschutz,** wobei hier freilich Schutz von konkreten Kindern (anders als bei den „Darstellern" in kinderpronographischen Inhalten, → § 184b Rn. 1) ausscheidet. Der Gesetzgeber sieht bloß die Gefahr, dass im Umgang mit Sexpuppen die **Hemmschwelle zum Missbrauch von Kindern gesenkt** wird (BR-Drs. 634/20, S. 45). Damit handelt es sich genau genommen um ein **abstraktes Gefährdungsdelikt im Vorfeld anderer Jugendschutzdelikte.** Nicht ersichtlich ist, warum dann auch der Versuch einiger Tathandlungen bestraft werden soll (Abs. 3).

2 **2. Tatbestand. a) Tatobjekt** ist stets eine **Sexpuppe mit kindlichem Erscheinungsbild,** die in Abs. 1 Nr. 1 legal definiert ist als **körperliche Nachbildung eines Kindes oder eines Körperteiles eines Kindes (zB Torso), die nach ihrer Beschaffenheit zur Vornahme sexueller Handlungen bestimmt ist.** Diese – nicht notwendig wirklichkeitsnahe oder iSv § 184b Nr. 1 Buchst. b

oder c kinderpornographische – Nachbildung muss nach ihrer Beschaffenheit objektiv zur Vornahme sexueller Handlungen bestimmt sein, was sich insbesondere aus der spezifischen Darstellung der Geschlechtsorgane und dem Vorhandensein von Körperöffnungen ergeben kann (BT-Drs. 19/23707, 42).

b) Die **Tathandlungen** differenzieren nach der Hersteller- bzw. Geber- (Abs. 1 Nr. 1–3) und der Nehmerseite (Abs. 2), wobei nach der Herstellung einer Sexpuppe (Abs. 1 Nr. 1) die beiden folgenden Handlungsgruppen jeweils spiegelbildlich ausgestaltet sind. Für Abs. 1 ist die Strafrahmenobergrenze höher als für Abs. 2. **Abs. 1 Nr. 1: Herstellen** → § 184 I Nr. 8; **Anbieten, Bewerben** → § 184b I S. 1 Nr. 4. **– Nr. 2: Handeltreiben** umfasst jede eigennützige, auf Umsatz gerichtete – auch bloß einmalige oder vermittelnde – Tätigkeit (BT-Drs. 19/23707, 42); **Verbringen** der Sexpuppe **in oder durch den räumlichen Geltungsbereich** dieses Gesetzes (auch durch im Ausland ansässigen Täter), wenn es **zum Zwecke des Handeltreibens** erfolgt. Den Tatbestand erfüllt daher auch der im Ausland ansässige Täter; erfolgt Ein- bzw. Durchfuhr nicht zum Zwecke des Handeltreibens, liegt nur Abs. 2 vor (BT-Drs. 19/23707, 43). – **Nr. 3: Veräußern** meint uneigennützige Weitergabe an eine andere Person, zB Verkauf zum Selbstkostenpreis, **Abgeben** die unentgeltliche Übergabe der Sexpuppe an eine andere Person zB durch Schenkung; **sonstiges Inverkehrbringen** umfasst alle übrigen Handlungen, durch die die Sexpuppe einer anderen Person zugänglich gemacht oder verschafft wird (BT-Drs. 19/23707, 43). – **Abs. 2: Erwerben** iS aller Erwerbs- und Gebrauchsüberlassungsgeschäfte (zB Kauf, Tausch, Miete, Leihe) und **Besitzen** in Form (un)mittelbaren Besitzes und der Besitzdienerschaft iSd Zivilrechts dienen dem Herbeiführen oder Aufrechterhalten eines tatsächlichen Herrschaftsverhältnisses; **Verbringen in oder durch den räumlichen Geltungsbereich** entspricht der Ein- und Durchfuhr (BT-Drs. 19/23707, 43). 3

3. Für alle Tathandlungen genügt **bedingter Vorsatz;** das gilt auch hinsichtlich der objektiven Zweckbestimmung der Sexpuppe, so dass der Täter nur billigend in Kauf nehmen muss, dass diese objketiv für sexuelle Handlungen bestimmt ist. 4

4. Der **Versuch** ist gem. **Abs. 3** nur **bei Abs. 1 Nr. 2 und 3 strafbar.** 5

5. In **Abs. 4** ist in Anlehnung an § 184b V ein **Tatbestandsausschluss** vorgesehen. 6

6. Alle Tathandlungen sind gem. Abs. 1 S. 2 iVm Abs. 2 S. 2 gegenüber **§ 184b** subdisdiär; das zusätzliche Erfordernis, dass dort die Strafe überdies schwerer sein muss, ist unnötig, weil für alle Tatbestandsvarianten in § 184b zumindest die Strafrahmenuntergrenze gegenüber den Taten nach Abs. 1 und 2 erhöht ist. 7

7. Obligatorische **Einziehung** der Sexpuppe auch bei Dritten **(Abs. 5).** 8

14. Abschnitt. Beleidigung

Vorbemerkung

1 **1. Geschütztes Rechtsgut der §§ 185–187a ist die Ehre** (hM; vgl. etwa Eisele/Schittenhelm in Schönke/Schröder Rn. 1; anders Knittel, Ansehen und Geltungsbewusstsein, 1985). Dass sie nur einen Teilbereich der Personenwürde bildet, mit ihr und dem aus ihr fließenden Persönlichkeitsrecht also nicht identisch ist, entspricht allgemeiner Ansicht (BGHSt 36, 145 = NJW 1989, 3028; BGH NJW 2014, 3154; BAG NJW 2015, 2061 (2062); Schertz NJW 2013, 721 (722); Satzger Jura 2015, 1267, § 185). Im Übrigen sind Inhalt und Grenzen der Ehre aber umstritten (eing. Tenckhoff, Die Bedeutung des Ehrbegriffs für die Systematik der Beleidigungstatbestände, 1974, S. 26); ein umfassender Schutz des allgemeinen Persönlichkeitsrechts kann den Beleidigungsdelikten nicht zugeordnet werden (Peglau, Der Schutz des allgemeinen Persönlichkeitsrechts durch das Strafrecht, 1997, S. 133; gegen eine Erweiterung des Rechtsguts zu sonstigen Persönlichkeitsrechten Stegbauer, Rechtsextremistische Propaganda im Lichte des Strafrechts, 2000, S. 122). Die Rspr. (zB BGHSt 1, 288 = NJW 1951, 929; BGHSt 11, 67 = NJW 1958, 228) vertritt einen gespaltenen normativ-faktischen Ehrbegriff, der dem § 185 als Rechtsgut die innere Ehre, dh den aus dem sittlichen und sozialen Persönlichkeitswert entspringenden Achtungsanspruch („Menschenwürdekern" nach Hilgendorf, Menschenwürde und Demütigung, 2013, S. 134), und dem § 186 die äußere Ehre, dh den in Bezug auf diesen Persönlichkeitswert guten Ruf des Menschen, zuordnet (sog. Aliudtheorie; ob sie auch noch der neueren Rspr. zu Grunde liegt, ist zweifelhaft; vgl. Eisele ComputerStrafR § 24 Rn. 65; Heinrich in Krey/Hellmann/Heinrich StrafR BT I Rn. 458, 461; Zaczyk in NK-StGB Rn. 7; krit. zur Rspr. Rühl, Tatsachen – Interpretationen – Wertungen, 1998, S. 309). Im Schrifttum wird die Ehre teils als faktischer Begriff in der dualistischen Ausformung von äußerer Ehre (Leumund) und subjektiver Ehre (Ehrgefühl) verstanden (Stern FS Hübner, 1984, 815; ebenso Hilgendorf JZ 2009, 139 (141) für den Ehrbegriff türkischstämmiger Migranten); teils wird sie nur normativ als der auf die Personenwürde gegründete personale Geltungswert des Menschen (Hirsch, Ehre und Beleidigung, 1967, S. 29; Hirsch ZStW 90 (1978), 965 (978); sowie Hirsch FS Wolff, 1998, 125 (127)) oder als der aus diesem Wert entspringende verdiente soziale Geltungsanspruch (so Begr. zu § 173 E 1962) gedeutet (kombinierend Otto NJW 2006, 575; Eisele StrafR BT I Rn. 560; ähnlich Hilgendorf in LK-StGB Rn. 20–23 und Gössel GS Schlüchter, 2002, 295); teils sieht man sie als ein zugleich faktisch und normativ zu verstehendes Beziehungsverhältnis zur Umwelt an (so Wolff ZStW 81 (1969), 886; Schramm FS Lenckner, 1998, 539 (545); Zaczyk in NK-StGB Rn. 1; ähnlich Ignor, Der Straftatbestand der Beleidigung, 1995, S. 174; Schößler, Anerkennung und Beleidigung, 1997; Rogall in SK-StGB Rn. 25; Fischer Vor § 185 Rn. 4; sa Kargl FS Wolff, 1998, 189 (217)); teils wird der bisher durchgängig anerkannte rein personale Charakter des Rechtsguts auch geleugnet und Ehre als die im öffentlichen Interesse zu Gunsten einer Person angebrachte Zurechnung als verdienstlich definiert (Jakobs FS Jescheck, 1985, 637; Jakobs FS Maiwald, 2010, 365); neuerdings wird die Ehre funktional als Voraussetzung der Kommunikation mit anderen als ebenbürtige Partner aufgefasst (Amelung, Die Ehre als Kommunikationsvoraussetzung, 2002 mit Bespr. Jakobs GA 2003, 232; Amelung FS Rudolphi, 2004, 373

(375); beachtlicher Neuansatz nach Heinrich in Krey/Hellmann/Heinrich StrafR BT I Rn. 460; ähnlich Rahmlow, Die Auslegung von Äußerungen im Strafrecht, 2006, S. 76); zum Begriff der Ehre im Rechtsdiskurs (Rühl KJ 2002, 197). Mit Recht zeichnet sich im Ganzen eine zunehmend normative Deutung des Begriffs ab, die allerdings die Verschlingung mit dem Faktischen nicht leugnen kann (Hirsch, Ehre und Beleidigung, 1967, S. 1; Tenckhoff, Die Bedeutung des Ehrbegriffs für die Systematik der Beleidigungstatbestände, 1974, S. 71; Engisch FS Lange, 1976, 401; Arzt JuS 1982, 717; Erhardt, Kunstfreiheit und Strafrecht, 1989, S. 114; krit. Kübler JZ 1984, 541 (543)). Jedenfalls wird die Verletzung der Ehre heute überwiegend darin gesehen, dass dem Betroffenen zu Unrecht Mängel nachgesagt werden, die, wenn sie vorlägen, seinen Geltungswert mindern würden (BGHSt 36, 145 = NJW 1989, 3028). Dieser Wert ist aus dem allgemeinen Menschenwert sowie dem sittlichen und sozialen Wert der jeweils betroffenen Person abzuleiten (hM; vgl. etwa Maurach/Schroeder/Maiwald/Hoyer/Momsen StrafR BT § 24 Rn. 5; anders Hirsch, Ehre und Beleidigung, 1967, S. 77 ff., der ein soziales Element des Ehrbegriffs verneint, aber den sittlichen Aspekt auf den Gesamtbereich der Sozialethik erstreckt; offen gelassen BGHSt 36, 145 (148) = NJW 1989, 3028). Ein Schutz der psychischen Integrität ist nicht umfaßt (Steinberg, Strafe für das Versetzen in Todesangst, 2014, S. 75, 77 mit Bespr. Heger GA 2017, 633). – **Rechtsvergleichend** Kretschmer, Strafrechtlicher Ehrenschutz und Meinungs- und Pressefreiheit im Recht der Bundesrepublik Deutschland und der Vereinigten Staaten von Amerika, 1994; Brömmekamp, Die Pressefreiheit und ihre Grenzen in England und in der Bundesrepublik Deutschland, 1997, S. 87; Spinellis FS Hirsch, 1999, 739; Brugger AöR 2003, 372 (388); JA 2006, 687; Tellenbach, Die Rolle der Ehre im Strafrecht, 2007, mit 14 Länderberichten von Australien bis zu den USA und ausgewählten arabischen Ländern sowie einer Zusammenfassung der Herausgeberin, S. 723–807. Zur Berücksichtigung kultureller Unterschiede Valerius, Kultur und Strafrecht, 2011, S. 129. Zur grundrechtlichen „Verortung" der Ehre Isensee und Stark FS Kriele, 1997, 5 (235). – **Rechtsgeschichtlich** Regge/Pegel in MüKoStGB Rn. 1–6; Waldow, Der strafrechtliche Ehrenschutz in der NS-Zeit, 2000, S. 516, mit Ausblick auf die Entwicklungen der Nachkriegszeit. Für eine Reformvorschrift, die Ehrverletzungen nur dann erfasst, wenn sie zugleich Verletzungen der Menschenwürde enthalten, Bemmann FS Wolff, 1998, 33 (38). Für die Abschaffung des strafrechtlichen Ehrenschutzes Kubiciel/Winter ZStW 113 (2001), 305.

2. a) Beleidigungsfähig ist jeder lebende (→ § 189 Rn. 1, 4) Mensch, da ihm mindestens auf Grund seines allgemeinen Menschenwerts Ehre zukommt, also auch der Geisteskranke und das Kind (BGHSt 7, 129 (132) = NJW 1955, 471; Hilgendorf in LK-StGB Rn. 24; diff. Zaczyk in NK-StGB Rn. 9–11; aM Jakobs FS Maiwald, 2010, 365 (377)) sowie der Behinderte (Schramm FS Lenckner, 1998, 539, der die Ausstrahlungswirkung von Art. 3 III 2 GG auf die Auslegung der Beleidigung hervorhebt; einschr. Regge/Pegel in MüKoStGB Rn. 44). Die genaue Bestimmung der beleidigten Person ist ua wegen der unterschiedlichen verfassungsrechtlichen Anforderungen von Bedeutung (BVerfG NJW 2006, 3769 (3771)). 2

aa) Die Beleidigung kann sich unter einer **Kollektivbezeichnung** auch gegen jeden einzelnen Angehörigen einer Personenmehrheit richten (Wehinger, Kollektivbeleidigung – Volksverhetzung, 1994, S. 17; Rüthers NJW 2016, 3337; zusf. Joecks/Jäger StGB Rn. 22–28), wenn diese so aus der Allgemeinheit hervortritt, dass der Kreis der betroffenen Personen klar umgrenzt und die Zuordnung des ein- 3 zelnen zweifelsfrei ist (BGHSt 11, 207 = NJW 1958, 599; BGHSt 36, 83 = NJW 1989, 1365; zusf. Wagner JuS 1978, 674 (677); Geppert Jura 2005, 244; Kett-Straub ZStW 120 (2008), 759 (779); Eisele ComputerStrafR § 24 Rn. 76; krit. aus US-amerikanischer Sicht Brugger AöR 2003, 372 (390)). Die uneinheitliche und zT zu weite Rspr. (Rechtsprechungsübersicht bei Wehinger, Kollektivbeleidigung – Volksverhetzung, 1994, S. 33; krit. zur Handhabung des Kriteriums durch Rspr. Dencker FS Bemmann, 1997, 291) hat das zB bejaht für die „Spitze der Großbanken" (OLG Hamm DB 1980, 1215), für die „Patentanwälte" (BayObLG NJW 1953, 554 mAnm Bockelmann), für die „Soldaten der Bundeswehr" (BGHSt 36, 83 = NJW 1989, 1365; OLG Frankfurt a. M. NJW 1989, 1367 mit Bespr. Arzt JZ 1989, 647; Dau NStZ 1989, 361; Maiwald JR 1989, 485; BayObLG NJW 1991, 1493; sa KG NJW 2003, 685; grdl. Maiwald JR 1989, 486; krit. Giehring StV 1992, 194 (196); Goerlich Jura 1993, 471 (476); vgl. auch BVerfG NJW 1994, 2943 (2944) mit krit. Bespr. Herdegen NJW 1994, 2933 (2934); Lorenz NJ 1994, 561 (562); Campbell NStZ 1995, 329, zust. aber Dencker FS Bemmann, 1997, 291 (297); BVerfGE 93, 266 (298) = NJW 1995, 3303 mit Bespr. Heselhaus JA 1996, 539; Hufen JuS 1996, 738; Otto NStZ 1996, 127; Gounalikis NJW 1996, 481 (485); Sendler NJW 1996, 825; zum abl. US-Recht Brugger JA 2006, 687 (691); zw.), für die noch in einem Wehrdienstverhältnis stehenden „Reservisten" (OLG Köln NStE Nr. 3 zu § 77), für die Sondereinheit des Bundesgrenzschutzes „GSG 9" (OLG Köln OLGSt StGB Vor § 185 Nr. 12), für die kommunalen Messbeamten (AG Gießen DAR 1993, 274), für die „Beamten der Schutz- und Kriminalpolizei" (OLG Düsseldorf MDR 1981, 868) und allgemein die „Polizei", wenn damit erkennbar nur die Beteiligten an einem bestimmten Einsatz (OLG Frankfurt a. M. NJW 1977, 1353; zu weit BayObLG NJW 1990, 921 mablAnm Seibert StV 1990, 212) oder einer bestimmten Veranstaltung (BayObLG NStZ 1988, 365 mAnm Volk JR 1989, 74; OLG Karlsruhe SpuRt 2013, 73 mit krit. Bespr. Jäger JA 2013, 232) gemeint sind, nicht dagegen für die „Polizei" im Ganzen (OLG Düsseldorf NJW 1981, 1522; StraFo 2003, 316 = NStZ-RR 2003, 295; BayObLG NJW 1990, 1742; LG Stuttgart NStZ 2008, 633; OLG Nürnberg NStZ 2013, 593, T-Shirt „A.C.A.B." = „All Cops are bastards"; dazu BVerfG BeckRS 2016, 47561 mit Bespr. Jahn JuS 2016, 751 und mkritAnm Ollech NStZ-RR 2016, 278; Satzger Jura 2016, 1340 zu § 185; OLG Frankfurt NStZ-RR 2018, 309; OLG Rostock NStZ-RR 2018, 539; BVerfG NJW 2017, 1092; NJW 2017, 2607 mit zust. Bespr. Klas/Blatt HRRS 2013, 388; Geppert NStZ 2013, 553 (557, 558); sa BVerfG NJW 2015, 2022 (2023) mit Bespr. Kretschmer JR 2015, 444; Muckel JA 2017, 797; Satzger Jura 2015, 1252 zu § 185; → Rn. 5; Wehinger, Kollektivbeleidigung – Volksverhetzung, 1994, S. 59, keine Individuumsbezogenheit), und zwar auch dann nicht, wenn die Äußerung auf Träger bestimmter Ausrüstungen (zB von Helmen, Schutzschilden und Schlagstöcken) beschränkt wird (aM KG JR 1990, 124), für die Mitglieder des Freundeskreises „Ein Herz für Deutschland" (AG Pforzheim NStZ-RR 2003, 202). Allgemeine Bezeichnungen, die sich auf keinen fest umrissenen Personenkreis fixieren lassen oder erkennbar aus der Sicht des Täters nicht auf alle Angehörigen eines solchen Kreises gemünzt sind, genügen nicht (BGHSt 36, 83 = NJW 1989, 1365; KG JR 1978, 422); zB „die Katholiken", „die Christen" (LG Köln MDR 1982, 771), „die Akademiker" (BGHSt 11, 207 (209) = NJW 1958, 599), „die an der Entnazifizierung Beteiligten" (BGHSt 2, 38) und „alle Soldaten der Welt" (BVerfGE 93, 266 (302) = NJW 1995, 3303 mit zust. Bespr. Mager Jura 1996, 405 (409); Rudolphi/Rogall in SK-StGB Rn. 40). Als in diesem Sinne klar umgrenzte Gruppe hat die Rspr. auch die jetzt in Deutschland lebenden, vom

Nationalsozialismus verfolgten Juden anerkannt (BVerfG NStZ 1992, 535; NJW 1993, 916; NJW 2009, 3089; BGHSt 11, 207 = NJW 1958, 599; BGHSt 16, 49 (57) = NJW 1961, 1364; sa BayObLG JR 1997, 341 mkritAnm Jakobs; noch weitergehend BGHZ 75, 160 = NJW 1980, 45 mAnm Deutsch NJW 1980, 1100; zu Recht krit. Zaczyk in NK-StGB Rn. 36). Nur auf der Grundlage dieser extensiven Rspr. kann der auf dem 21. StÄG (→ Vor § 1 Rn. 10) beruhende § 194 I 2–4 für den Beleidigungsschutz der Juden, namentlich für Fälle der sog. „Auschwitzlüge", praktisch werden (BGHSt 40, 97 = NJW 1994, 1421; Peglau, Der Schutz des allgemeinen Persönlichkeitsrechts durch das Strafrecht, 1997, S. 62, 102, 116, 120; krit. Wehinger, Kollektivbeleidigung – Volksverhetzung, 1994, S. 61; Stegbauer, Rechtsextremistische Propaganda im Lichte des Strafrechts, 2000, S. 135; Wandres, Die Strafbarkeit des Auschwitz-Leugnens, 2000, S. 203; Eisele/Schittenhelm in Schönke/Schröder § 194 Rn. 1); bei Verfolgten anderer Gruppen (etwa den vom Vertreibungsschicksal betroffenen „Schlesiern") sind die Voraussetzungen der Kollektivbeleidigung auch bei weitester Auslegung regelmäßig nicht erfüllt. Hier ist nicht hinreichend bedacht worden, dass der Anwendungsbereich dieser Rechtsfigur durch den Verzicht auf das Antragserfordernis nicht berührt wird und dass seine schon heute problematische Weite nicht noch mehr ausgedehnt werden kann, ohne den Charakter der Beleidigung als eines gegen das Individuum gerichteten Delikts preiszugeben (krit. auch Stegbauer, Rechtsextremistische Propaganda im Lichte des Strafrechts, 2000, S. 142).

bb) Ein Angriff gegen das Mitglied einer begrenzten, ohne weiteres überschau- 4
baren (KG JR 1978, 422; Dolde ZRP 1973, 217; diff. Wehinger, Kollektivbeleidigung – Volksverhetzung, 1994, S. 30) Gruppe, **das nicht näher bezeichnet wird** (zB „ein bayerischer Minister"), kann alle Mitglieder kränken (BGHSt 14, 48 = NJW 1960, 779; BGHSt 19, 235 = NJW 1964, 1148; Geppert Jura 2005, 244; Eisele StrafR BT I Rn. 593; zu weit Lamprecht ZRP 1973, 215).

b) Auch **Personengemeinschaften,** die eine anerkannte soziale Funktion er- 5
füllen, einen einheitlichen Willen bilden können und nicht vom Wechsel ihrer Mitglieder abhängen, sind beleidigungsfähig (hM; vgl. ua OLG Frankfurt a. M. NJW 1977, 1353 mit abl. Bespr. Wagner JuS 1978, 674; Rengier StrafR BT II § 28 Rn. 10; Hilgendorf in LK-StGB Rn. 27; einschr. Hirsch FS Wolff, 1998, 125 (140); aM Schößler, Anerkennung und Beleidigung, 1997, S. 250, 259; Gössel GS Schlüchter, 2002, 295 (302); Kett-Straub ZStW 120 (2008), 759 (769, 776): Defizit des persönlichen Elements; Rogall in SK-StGB Rn. 36; Zaczyk in NK-StGB Rn. 12; Amelung, Die Ehre als Kommunikationsvoraussetzung, 2002, S. 53, der das „zurechnende Urteil potenzieller Kommunikationspartner" für maßgeblich hält, S. 54; zw.). Für Behörden, Gesetzgebungsorgane und politische Körperschaften ergibt sich das aus § 194 III, IV (hM; BVerfGE 93, 266 (291) = NJW 1995, 3303; BGH NJW 2000, 3421; Heghmanns StrafR BT Rn. 758; anders Fischer JZ 1990, 68). Die Rspr. dehnt den Schutz in zT problematischer Weise sehr weit aus und bezieht zB die Bundeswehr (BGHSt 36, 83 = NJW 1989, 1365; OLG Frankfurt a. M. NJW 1989, 1367; zust. Eisele StrafR BT I Rn. 585; krit. Giehring StV 1992, 194 (195); zusf. Dau NJW 1988, 2650), die politischen Parteien und deren Untergliederungen (OLG Düsseldorf MDR 1979, 692; aM Hirsch, Ehre und Beleidigung, 1967, S. 91, 113), ein katholisches Erzbistum (BGH NJW 2006, 601), Kapitalgesellschaften (BGHSt 6, 186 = NJW 1954, 1412) sowie ein bestimmtes Dezernat der Kriminalpolizei (AG Weinheim NJW 1994, 1543; LG Mannheim NStZ-RR 1996, 360), nicht dagegen die Polizei im Ganzen (BayObLG NJW

1990, 1742; OLG Düsseldorf StraFo 2003, 316 = NStZ-RR 2003, 295; OLG Nürnberg NStZ 2013, 593; → Rn. 3; Eisele ComputerStrafR § 24 Rn. 75) ein (eing. Krug, Ehre und Beleidigungsfähigkeit von Verbänden, 1965; krit. Brackert JA 1991, 189; zusf. Tenckhoff JuS 1988, 457). Eine besondere **Familienehre** wird dagegen nicht als solche geschützt (hM; vgl. etwa BGHSt 6, 186 (192) = NJW 1954, 1412; BGH NJW 1951, 531; Geppert Jura 2005, 244; Fischer Rn. 11 a; anders Kaufmann ZStW 84 (1972), 433; beachte Gössel GS Schlüchter, 2002, 295 (305); Hilgendorf JZ 2009, 139 (142), der für eine entsprechende Ausdehnung des strafrechtlichen Ehrschutzes plädiert). Die dadurch entstehende Lücke ist allerdings unbedeutend, weil idR zugleich eine Beleidigung der Familienmitglieder unter einer Kollektivbezeichnung vorliegt (Rudolphi/Rogall in SK-StGB Rn. 37).

6 **3.** Nicht unmittelbar die Ehre (zB des Verstorbenen oder des Adressaten) schützen **§ 189** (→ § 189 Rn. 1) und der mit **§ 192a** neu geschaffene Tatbestand der verhetzenden Beleidigung. V.a. durch die Aufnahme dieser Norm 2021 ist die prinzipiell individualschützende Zielrichtung der §§ 185 ff. tendenziell in Richtung auf einen auch überindividuellen Menschenwürdeschutz in der Gesellschaft – wie er bislang v. a. durch § 130 vermittelt wird – erweitert worden. Die gleichzeitige Aufnahme **neuer Qualifikationstatbestände in die §§ 185, 186** ändert zwar nichts an deren Schutzrichtung, unterscheidet aber nunmehr bei der Strafdrohung zwischen einem Handeln bloß gegenüber einzelnen Personen und der **Öffentlichkeit,** so dass ein Gesellschaftsbezug hier zwar nicht strafbegründend, wohl aber strafschärfend wirken soll. In die gleiche Richtung geht die **Ausweitung von § 188** in sachlicher (es genügt nunmehr bereits eine Beleidigung) und persönlicher Hinsicht (erfasst sind nunmehr bereits Kommunalpolitiker). Damit werden die §§ 185 ff. zu einem Teil der sog. Hate Crimes, für die die in § 46 II S. 2 explizierten strafschärfend zu berücksichtigende Motivation des Täters (zB menschenverachtend, antisemtisch) eine besondere Rolle spielen (dazu Oğlakcioğlu ZStW 132 (2020), 521, Ceffinato ZStW 132 (2020), 594; rechtsvergleichend Valerius ZStW 132 (2020), 666).

§ 185 Beleidigung

Die Beleidigung wird mit Freiheitsstrafe bis zu einem Jahr oder mit Geldstrafe und, wenn die Beleidigung öffentlich, in einer Versammlung, durch Verbreiten eines Inhalts (§ 11 Absatz 3) oder mittels einer Tätlichkeit begangen wird, mit Freiheitsstrafe bis zu zwei Jahren oder mit Geldstrafe bestraft.

Fassung aufgrund des Gesetzes zur Bekämpfung des Rechtsextremismus und der Hasskriminalität vom 30.3.2021 (BGBl. I 441), in Kraft seit 3.4.2021 (→ Vor § 1 Rn. 19).

1 **1.** Zum **Rechtsgut** und zum geschützten Personenkreis → Vor § 185 Rn. 1–5. Die Verfassungsmäßigkeit der Vorschrift (Bestimmtheitsgrundsatz, → § 1 Rn. 2) wird in stRspr vorausgesetzt und wegen der näheren Strukturierung des Tatbestandes in Theorie und Praxis nur vereinzelt in Frage gestellt (so aber Finkeisen u. a. ZRP 1991, 245 mit Erwiderung Küpper ZRP 1991, 249; krit. auch Ignor, Der Straftatbestand der Beleidigung, 1995, S. 158); die jüngst erfolgte Erweiterung der Qualifikationsmerkmale (→ Rn. 13) ändert daran nichts, wenngleich dieser gesetzgeberische Eingriff in den tradierten Wortlaut von § 185 eine gute Gelegenheit zur tatbestandlichen Präzisierung des pönalisierten Verhaltens gegeben hätte. Die Vor-

schrift enthält unter Berücksichtigung des § 193 keine übermäßige Einengung der von Art. 5 I GG geschützten Meinungsfreiheit und verstößt im Hinblick auf die gefestigte Rspr. der Strafgerichte nicht gegen den Bestimmtheitsgrundsatz des Art. 103 II GG (BVerfGE 93, 266 (290) = NJW 1995, 3303; krit. Rühl, Tatsachen – Interpretationen – Wertungen, 1998, S. 299). Dabei ist zu berücksichtigten, dass die Meinungsfreiheit nicht nur mit dem Ehrschutz in Konflikt geraten kann, sondern zugleich für im Lichte von Art. 3 III S. 1 GG diskriminierende Angriffe zB unter Bezug auf die „Rasse" der angesprochenen Person missbraucht werden kann, so dass sich gerade auch im politischen Meinungskampf, in dem normalerweise scharfe Töne zulässig sind (→ § 193 Rn. 12–12b), rasssitisch beleidigte Personen aus der Debatte zurückziehen könnten (vgl. Bredler/Markard JZ 2021, 86). Der Anspruch auf Gleichheit (zu dessen Auswirkungen auf das materielle Strafrecht Heger ZIS 2011, 402) begrenzt hier die Freiheit der Meinungsäußerung. – Für einen Verzicht auf § 185 Kargl FS Wolff, 1998, 189 (223).

2. § 185 umfasst **drei Begehungsformen:** die Äußerung eines beleidigenden Werturteils gegenüber dem Betroffenen („Du Lümmel") und gegenüber einem Dritten („er ist ein Lümmel") sowie – nach hM (zB BayObLG NJW 1959, 57) – die Behauptung einer ehrenrührigen Tatsache gegenüber dem Betroffenen („Du hast gestohlen"); im letzten Falle muss allerdings die Behauptung nach hM unwahr (→ § 187 Rn. 1) sein (→ Rn. 11). Die Behauptung ehrenrühriger Tatsachen gegenüber einem Dritten („er hat gestohlen") fällt als üble Nachrede unter § 186 oder als Verleumdung unter § 187 (vgl. § 187 a). Zusammenfassend zur Systematik der Beleidigungsdelikte Geppert Jura 2002, 820. Ob die Beleidigung ein Pflichtdelikt ist, ist umstritten (vgl. Krack FS Achenbach, 2011, 219; sa Kühl StrafR AT § 20 Rn. 14). 2

3. Beleidigung ist ein Angriff auf die Ehre durch **Kundgabe** eigener (hM; OLG Köln NJW 1993, 1486; NJW 1996, 2878; diff. Maurach/Schroeder/Maiwald/Hoyer/Momsen StrafR BT § 25 Rn. 4; anders Tenckhoff JuS 1988, 787 (791)) **Missachtung oder Nichtachtung** (BGHSt 1, 288 = NJW 1951, 929; stRspr). 3

a) aa) Eine Äußerung bringt **Missachtung oder Nichtachtung** zum Ausdruck, wenn sie dem Betroffenen den elementaren Menschenwert oder seinen ethischen oder sozialen Wert ganz oder teilweise abspricht und dadurch seinen grds. (aber nicht notwendig, OLG Frankfurt a. M. JR 1972, 515 mAnm Hirsch) uneingeschränkten Achtungsanspruch verletzt (Tenckhoff, Die Bedeutung des Ehrbegriffs für die Systematik der Beleidigungstatbestände, 1974, S. 90, 120; aus der Rspr. BayObLG NJW 2005, 1291; OLG Karlsruhe NStZ 2005, 158; zusf. Geppert Jura 1983, 580 (589)); maßgebend ist dabei ihr objektiver, durch Auslegung zu ermittelnder Sinn (KG JR 1980, 290 mAnm Volk; OLG Düsseldorf NJW 1989, 3030 mAnm Laubenthal JR 1990, 127; sa BVerfGE 93, 266 (295) = NJW 1995, 3303; sa BVerfG NJW 2017, 2606; BVerfG BayVBl. 2006, 15; eing. Rahmlow, Die Auslegung von Äußerungen im Strafrecht, 2005), für den auch die gesamten Begleitumstände bedeutsam sind (OLG Köln NStZ 1981, 183; OLG Düsseldorf NJW 1998, 3214; OLG Düsseldorf NStZ-RR 2006, 206; OLG Karlsruhe NStZ 2005, 158 mit krit. Bespr. Jerouschek NStZ 2006, 345; Otto JK StGB § 185 Rn. 10; OLG Hamm NStZ 2008, 631; Regge/Pegel in MüKoStGB Rn. 9; Fischer Rn. 8; zu eng OLG Frankfurt a. M. NJW 1984, 1128; BayObLG NStZ-RR 2002, 210 mkritAnm Zaczyk JR 2003, 36 (37); beachte auch BVerfGE 82, 43 = NJW 1990, 1980; BVerfG BayVBl. 2006, 15; zu abweichenden kulturellen Vorstellungen Valerius, Kultur und Strafrecht, 2011, S. 131; speziell zu Anträgen von Strafverteidigern Wohlers StV 2001, 420 (428)). Mag es sich um Äußerungen durch Wort, Schrift, Bild, Gesten 4 (zum sog. „Stinkefinger" gegen eine Radaranlage BayObLG NJW 2000, 1548; OLG Koblenz NStZ-RR 2011, 337; LG Kassel NZV 2008, 310; Jendrusch NZV 2007, 559) oder Tätlichkeiten handeln, stets kommt es auf die Einzelumstände an (BayObLG NJW 1983, 2040), wozu auch das Verhalten des Betroffenen zählen kann (OLG Karlsruhe NStZ-RR 2006, 173; Eisele/Schittenhelm in Schönke/Schröder Rn. 7); abstrakt beleidigende Äußerungen gibt es nicht (OLG Celle Nds. Rpfl. 1977, 88; Valerius, Kultur und Strafrecht, 2011, S. 132). Verletzungen des Persönlichkeitsrechts, auch der Intimsphäre (BayObLG NJW 1980, 1969 mkritAnm Rogall NStZ 1981, 102), und Unhöflichkeiten (Rüping/Kamp JuS 1976, 660) sind häufig schon keine Äußerungen und drücken jedenfalls nicht schon als solche Nichtachtung aus. Jedoch gestattet auch der Straßenverkehr – trotz gewisser Konzessionen an den Verkehrston – keine Angriffe auf die Menschenwürde (OLG Düsseldorf NJW 1960, 1072; vgl. auch Haas FS Fürst, 2002, 159 (163)). Bei Äußerungen durch Bilder, Gesten (OLG Düsseldorf NJW 1996, 2245) oder Tätlichkeiten ist der gedankliche Kern zu ermitteln und neben dessen Einkleidung gesondert zu prüfen (BVerfGE 75, 369 = NJW 1987, 2661; BVerfGE 86, 1 = NJW 1992, 2073; BVerfG NJW 2005, 3271 mit Bespr. Hufen JuS 2006, 257; Beater JZ 2006, 432); das gilt namentlich auch für Karikaturen, satirische Darstellungen (BayObLG NJW 1957, 1607; OLG Hamburg MDR 1967, 146; AG Hamburg NJW 1989, 410; Oppermann, Ehrensache Satire: Zur Frage satirischer Ehrenbeeinträchtigung im Strafrecht, 2014; → § 193 Rn. 15); Glossen (OLG Düsseldorf NJW 1992, 1335), bei denen der zum Ausdruck gebrachte Gedankeninhalt idR bewusst verzerrend über den wirklich gemeinten Gedankenkern erstreckt wird (OLG Hamm NJW 1982, 659; OLG Hamburg NJW 1985, 1654 mAnm Geppert JR 1985, 430; KG NStZ 1992, 385 mAnm Liesching/v. Münch NStZ 1999, 85; zusf. Würtenberger NJW 1982, 610; NJW 1983, 1144; Otto JR 1983, 1; Würkner JA 1988, 183; Steffen FS Simon, 1987, 359; eing. Erhardt, Kunstfreiheit und Strafrecht, 1989, S. 114). Zur Frage der Betroffenheit realer Personen durch Darstellungen mittels Romanfiguren vgl. BGH NJW 2005, 2844 mAnm Wanekel NJW 2006, 578.

4a Maßgeblich für die Bewertung einer Äußerung ist die **Tatzeit,** die sich auch durch die gesellschaftliche Entwicklung ändern kann. So wurde unter Geltung von § 175 aF der Vorhalt der Homosexualität idR als beleidigend angesehen, während dies nach Streichung dieser Norm sowie der rechtlichen Anerkennung gleichgeschlechtlicher Beziehungen nicht mehr der Fall ist (ausf. Finger, Homophobie und Strafrecht, 2016). Ähnliches dürfte für den Gebrauch des N-Wortes in Bezug auf dunkelhäutige Personen gelten (und zunehmend auch das Z-Wort); auch wenn dieses Wort früher nicht als ehrverletzend angesehen worden ist, hat sich diese Bewertung zwischenzeitlich verändert, so dass mit dessen Gebrauch heutzutage idR eine Ehrverletzung verbunden sein wird. Das gleiche kann gelten, wenn Transpersonen ihre aktuelle Identität abgesprochen wird (sog. „Deadnaming"; zu transfeindlichen Äußerungen als Form von Hate Speech AG Hanau Az. 51 Cs 3324). Allein eine rechtliche Neubewertung reicht aber nicht aus, solange diese sich nicht in der sozialen Einstufung des vorgehaltenen Verhaltens niederschlägt; so ist der wahrheitswidrige Vorhalt, jemand gehe der Prostitution nach, auch nach der Aufgabe der Einstufung dieses Verhaltens als sittenwidrig durch das ProstG 2001 gleichwohl weiterhin ehrenrührig. – § 2 ist mangels Veränderung der Strafdrohung für die einfache Beleidigung zwar nicht anwendbar, so dass theoretisch zur Tatzeit ehrverletzend verstandene Äußerungen auch dann strafbar bleiben, wenn dies bei einer späteren Äußerung gleichen Inhalts nicht mehr anzunehmen wäre, doch spielt dies angesichts der kurzen Verjährung von drei bis fünf Jahren (§ 78 I Nr. 4 und 5) praktisch keine Rolle.

bb) Die **Rspr.** hat zB – stets allerdings auf der Grundlage der jeweiligen Umstände – **genügen** lassen: die herabsetzend gemeinte Bezeichnung als Jude (BGHSt 8, 325 = NJW 1956, 312; sa OLG Celle NStZ-RR 2004, 107, aber auch BVerfG NJW 2001, 61; aM Tenckhoff, Die Bedeutung des Ehrbegriffs für die Systematik der Beleidigungstatbestände, 1974, S. 46; Amelung, Die Ehre als Kommunikationsvoraussetzung, 2002, S. 47; sa LG Tübingen NStZ-RR 2013, 10; AG Emmendingen BeckRS 2014, 16340 mit Bespr. Hecker JuS 2015, 81) oder „Zigeunerjude" (BayObLG NStZ-RR 2002, 210 mAnm Zaczyk JR 2003, 36; BVerfG BayVBl. 2006, 15; dazu auch Sonnen StrafR BT S. 78); die Bezeichnung eines Polizeibeamten als „Bulle" (OLG Hamm JMBl. NRW 1982, 22; BayObLG JR 1989, 72 mAnm Volk; einschr. KG JR 1984, 165 mAnm Otto; LG Regensburg NJW 2006, 629; aM AG Bremen StV 2018, 452: nur noch Synonym für Polizist; zw.) oder als „Scheißbulle" (OLG Oldenburg JR 1990, 127 mAnm Otto), als „Clown" (KG NJW 2005, 2872 mAnm Otto NJW 2006, 577); oder als „Spitzel" (BayObLG NStZ 2005, 215 mit Bespr. Otto NJW 2006, 575); die Bezeichnung eines Polizeidezernats mit dem Zusatz „stasi" (AG Weinheim NJW 1994, 1543; LG Mannheim NStZ-RR 1996, 360; vgl. auch OLG Koblenz NStZ-RR 2000, 44); die Äußerung, der Polizeibeamte habe einen „Dachschaden" (BVerfG NJW-RR 2012, 1002); die Unterstellung eines Rechtsanwalts, der Richter vertrete Auffassungen wie in den Nürnberger Rassegesetzen (OLG Bremen NStZ-RR 2013, 276; einschr. BVerfG NJW 2019, 2600 für Vergleich von NS-Sondergericht und Hexenprozss; → § 193 Rn. 11 a) oder ein Staatsanwalt verdiene wegen „Gestapo-Methoden" hingerichtet zu werden (KG StV 2021, 188); die Bezeichnung von kommunalen Messbeamten als „Wegelagerer" (AG Gießen DAR 1993, 274; hinsichtlich Polizeiangehöriger, vgl. OLG Düsseldorf StraFo 2003, 316 = NStZ-RR 2003, 295; BayObLG NJW 2005, 1291 mit Bespr. Otto NJW 2006, 575); die Bemerkung, Polizisten konnten wie vor 60 Jahren Menschen zu Tode prügeln (BVerfG NJW 2005, 3274 mit Bespr. Hufen JuS 2006, 259); die Bezeichnung eines Arztes als „Tötungsspezialist für ungeborene Kinder" und seiner Tätigkeit als „Babycaust" (BVerfG NJW 2006, 3769 (3770); bestätigt durch EGMR NJW 2011, 3353; sa Mückl ZfL 2007, 62 (66)); die Bezeichnung als „Jungfaschist" (OLG Karlsruhe MDR 1978, 421; sa OLG Hamm NJW 1982, 659) oder als „Gashahnaufdreher" (OLG Köln NStZ-RR 2020, 76); die Bezeichnung von **Soldaten als „Mörder"** oder als „potenzielle Mörder" (LG Frankfurt a. M. NStZ 1990, 233; → § 193 Rn. 12; BayObLG NJW 1991, 1493; Otto StrafR BT § 32 Rn. 12; aM Giehring StV 1992, 194 (199); Goerlich Jura 1993, 471 (476); vgl. auch BVerfG NJW 1992, 2750; NJW 1994, 2943 mit krit. Bespr. Herdegen NJW 1994, 2933; Grasnick JR 1995, 162; Campbell NStZ 1995, 329; Stark JuS 1995, 689; aber zust. Bespr. Hill DRiZ 1994, 458; Lorenz NJ 1994, 561; Hufen JuS 1995, 352; sowie BVerfGE 93, 266 (297) = NJW 1995, 3303 mit krit. Bespr. Otto NStZ 1996, 127, zust. aber Amelung, Die Ehre als Kommunikationsvoraussetzung, 2002, S. 46; krit. auch Geppert NStZ 2013, 553 (556)); die auf Bundeswehrsoldaten bezogene Aussage: „Morden, Ja" (KG NJW 2003, 685); die unverlangte Zusendung von Werbeschriften für sexuelle, in den Intimbereich eindringende Aufklärungsliteratur (BGHSt 11, 67 = NJW 1958, 228; beachte OLG Stuttgart MDR 1975, 330 mit Bespr. Lüthge-Bartholomäus MDR 1975, 815; doch ist dies heute überholt); die Bezeichnung von Angestellten eines Sicherheitsdienstes als „private Schlägertruppe" und „primitive Schlägernaturen" (BVerfG NJW 2002, 3315); der gegen einen Richter erhobene Vorwurf, dieser lüge, führe einen Schauprozess durch und habe Aktenteile in Verschleierungsabsicht verschwinden lassen (OLG Hamm NStZ-RR 2006, 7); die Bezeichnung einer Rechts- 5 anwaltskanzlei als „Winkeladvokatur" (LG Köln NJW-Spezial 2012, 158; dagegen BVerfG NJW 2013, 3021, kann durch die Meinungsäußerungsfreiheit gedeckt sein); uU auch die sog. **„Auschwitzlüge"** (BGHSt 40, 97 (103) = NJW 1994, 1421 insoweit mablAnm Jakobs StV 1994, 540 (542), zust. dagegen Otto Jura 1995, 277 (280); OLG Zweibrücken NStZ 1994, 490; BayObLG NStZ 1997, 283 mkritAnm Jakobs JR 1997, 344, iErg zust. Peglau NStZ 1998, 196, der eine unter § 185 fallende Verletzung des Persönlichkeitsrechts annimmt; LG Mannheim NJW 1994, 2494 (2498); vgl. auch BVerfGE 90, 241 = NJW 1994, 1779; krit. Stegbauer, Rechtsextremistische Propaganda im Lichte des Strafrechts, 2000, S. 143; Amelung, Die Ehre als Kommunikationsvoraussetzung, 2002, S. 48; Eisele/Schittenhelm in Schönke/Schröder Rn. 3; Zaczyk in NK-StGB Rn. 10; → § 130 Rn. 8a). Weitere Beispiele bei Burkhardt in Wenzel BerichterstattungR § 5 Rn. 197 ff.; und bei Bock StrafR BT-Nichtvermögensdelikte Fall 3, S. 95–125.

5a **Nicht dagegen:** die provozierend gemeinte **Anrede mit „Du"** (OLG Düsseldorf JR 1990, 345 mAnm Keller; Geppert Jura 2002, 820 (825)); die Bezeichnung eines Polizisten als „Wichtigtuer" (OLG Bremen StV 2020, 181); das „Götz-Zitat" im schwäbischen Sprachraum (AG Ehingen NStZ-RR 2010, 143); den wahren Vorhalt tatsächlichen ehrenrührigen Verhaltens gegenüber dem Betroffenen (BayObLG NJW 1959, 57; Tenckhoff JuS 1989, 35 (36)); das Werfen von Steinen an des Nachbarn Fenster (BayObLG JR 1963, 468 mAnm Schröder); das Fotografieren eines Gefangenen gegen dessen Willen (OLG Oldenburg NJW 1963, 920; zw.) oder das Herstellen einer Bildaufnahme durch Halten eines Mobiltelefons unter den Rock einer vor einem auf der Rolltreppe stehenden Frau (OLG Nürnberg NStZ 2011, 217; strafbar jetzt aber nach § 184k); der Vorwurf der dilatorischen (zögerlichen) Behandlung des Verfahrens gegenüber einem Richter (BGH NJW 2004, 1541, anders aber der Vorwurf willkürlichen Vorgehens); die Behauptung, ein bestimmter Arzt nehme „rechtswidrige" Schwangerschaftsabbrüche vor (OLG Karlsruhe NJW 2005, 612 mkritAnm Mosbacher NStZ 2005, 576; beachte aber BVerfG ZfL 2007, 135; sa Mückl ZfL 2007, 62; Zimmermann ZfL 2007, 80); die Behauptung, jemand lasse sich eine Vertragsstrafe versprechen (BGH NJW 2005, 279 (282); zur Einordnung als Meinungsäußerung → § 186 Rn. 3); die Drohung, einem Menschen das Leben zu nehmen (OLG Oldenburg NStZ-RR 2009, 77); die Bezeichnung eines Polizisten als „Oberförster" (AG Tiergarten NJW 2008, 3233) oder – entgegen früherer überholter Rspr. – wegen der zwischenzeitlichen rechtlichen Gleichstellung gleichgeschlichtlicher Lebensweisen (→ Rn. 4a) als „Homosexuellen" (LG Tübingen NStZ-RR 2013, 10; krit. Kudlich StrafR BT II Fall 113a; unverändert beleidigend ist aber ehrabschneiden Form wie „Schwuchtel", AG Frankfurt, 15.01.2021, Az. 907 Cs – 7680 Js 229740/19; ausf. Finger Homophobie und Strafrecht, 2015); die Bezeichnung eines Falschparkers als „Parkplatzschwein" (AG Rostock NJW 2013, 799); die Äußerung „mit Nazis rede ich nicht" in einer politischen Auseinandersetzung (AG Syke StV 2020, 200) sowie die kommentierende Aufforderung an Demonstranten „Verpisst euch" (AG Dortmund StV 2021, 515).

6 cc) **Geschlechtliche Angriffe** hat die frühere Rspr. in ursprünglich viel zu weitem, neuerdings jedoch zunehmend eingeschränktem Umfang als Kundgabe von Missachtung gedeutet und solche Angriffe auf Kinder, Jugendliche oder Ehegatten zugleich (oder nur) als Beleidigung der Eltern oder des anderen Ehegatten gewertet (BGHSt 7, 129 = NJW 1955, 471; krit. Hirsch, Ehre und Beleidigung, 1967, S. 61; Schubarth JuS 1981, 726 (728); Hillenkamp FS Wassermann, 1985, 861 (870); Sternberg-Lieben, Die objektiven Schranken der Einwilligung im Strafrecht, 1997, S. 513; Amelung, Die Ehre als Kommunikationsvoraussetzung, 2002,

S. 68; Hilgendorf in LK-StGB Vor § 185 Rn. 35–37). Diese lückenbüßende Aufgabe (krit. dazu ua BGHSt 16, 58 (63) = NJW 1961, 1412; Arzt JuS 1982, 717 (725); Peglau EWE 2008, 439), die sich aus einer unzutreffenden Gleichsetzung von Ehr- und Schamverletzung herleitet (Hirsch, Ehre und Beleidigung, 1967, S. 61; offen gelassen BGH NJW 1986, 2442), ist dem Beleidigungstatbestand von der Rspr. in unterschiedlichem Ausmaß zugewiesen worden (BGHSt 36, 145 = NJW 1989, 3028). Sie hat aber spätestens seit Inkrafttreten des 4. StrRG (→ Vor § 1 Rn. 7) ihre Grundlage verloren, weil mit der Reform des Sexualstrafrechts eine nachhaltige und differenzierte Einschränkung der Strafbarkeit erreicht werden sollte, deren Unterlaufen durch § 185 den Reformzweck vereiteln würde (BGH NJW 1986, 2442; OLG Zweibrücken NJW 1986, 2960; krit. BGH NStZ 1987, 21). Eine tatbestandsmäßige Beleidigung liegt daher nur vor, wenn der geschlechtliche Angriff über das gewöhnliche Erscheinungsbild eines Sexualdelikts hinausgeht und nach seinen gesamten Umständen zum Ausdruck bringt, der Betroffene weise einen seine Ehre mindernden Mangel auf (BGHSt 36, 145 = NJW 1989, 3028 mit Bespr. Otto JZ 1989, 803; Hillenkamp NStZ 1989, 529; Kiehl NJW 1989, 3003; Frommel NKrimPol 1993, 26; BGH NStZ 1992, 33 mAnm Keller JR 1992, 246; BGH NStZ 2007, 218; ähnlich BGHSt 35, 76 = NJW 1988, 2054; BGH NStZ 1993, 182; NStZ 1995, 129; NStZ-RR 2006, 338; NStZ-RR 2012, 206; BayObLG NJW 1999, 72 (73); OLG Düsseldorf NJW 2001, 3562; OLG Karlsruhe NJW 2003, 1263; OLG Bamberg NStZ 2007, 96; krit. Fischer Rn. 11b; OLG Hamm NStZ-RR 2008, 108; LG Darmstadt NStZ-RR 2005, 140; LG Freiburg NJW 2002, 3645; Kindhäuser/Schramm StrafR BT I § 25 Rn. 6; Fischer Rn. 11a; Zaczyk in NK-StGB Vor § 185 Rn. 25; anders Amelung FS Rudolphi, 2004, 373 (378), der ua auf einen demonstrativen Handlungsvollzug vor Dritten abstellt); die nähere Abgrenzung ist in der Rspr. bisher noch nicht gelungen (unklar BGH NJW 1986, 2442 mit krit. Bespr. Hillenkamp JR 1987, 126; Laubenthal JuS 1987, 700; zu weit BGH NJW 1989, 3029 mit abl. Bespr. Kiehl NJW 1989, 3003; krit. Ignor, Der Straftatbestand der Beleidigung, 1995, S. 47; Mästle AuR 2002, 410 (412); Schroeder FG BGH, 2000, 485 (495); zusf. Peglau EWE 2008, 439 (440)) und zT widersprüchlich (krit. Sick JZ 1991, 330; sowie Sick, Sexuelles Selbstbestimmungsrecht und Vergewaltigungsbegriff, 1993, S. 310); jedenfalls genügen bloße Taktlosigkeiten oder heimliches voyeuristisches Verhalten nicht (OLG Nürnberg NStZ 2011, 217; anders OLG Karlsruhe NJW 2003, 1263, wenn der Täter zum Ausdruck bringt, das Opfer zähle zu dem Personenkreis, der „so etwas" mit sich machen lasse). Spätestens mit der Strafbewehrung bloß sexueller Belästigungen in § 184i zm 10.11.2016 und der Verletzung des Intimbereichs durch Bildaufnahmen in § 184k zum 1.1.2021 dürfte sich eine Strafbarkeit wegen „sexueller Beleidigung" vollends erledigt haben. –Auch der Ehebruch ist daher allenfalls bei Hinzutreten außergewöhnlicher Umstände eine Beleidigung des anderen Ehegatten (OLG Zweibrücken NJW 1971, 1225; krit. Pauli JR 1971, 194).

b) Kundgabe ist **Äußerung** der Miss-(Nicht-)achtung gegenüber einem **anderen.** Sie erfordert idR positives Tun, kann ausnahmsweise aber, wenn die Entsprechensklausel des § 13 (→ § 13 Rn. 16) nicht entgegensteht (dazu Welp JuS 1983, 865 (868)), auch durch unechtes Unterlassen in Garantenstellung begangen werden (hM; OLG Köln NJW 1996, 2878; Geppert Jura 1983, 660 (662); Meyer JuS 1988, 554 (556)). Der Empfänger muss den ehrenrührigen Sinn der Äußerung verstehen (BGHSt 9, 17 = NJW 1956, 679; OLG Zweibrücken NStZ-RR 2019, 246; Geppert NStZ 2013, 553 (556); Wessels/Hettinger/Engländer StrafR BT I Rn. 487; 7

Joecks/Jäger StGB Rn. 22; Regge/Pegel in MüKoStGB Rn. 28; Rogall in SK-StGB Rn. 18; aM Schramm FS Lenckner, 1998, 539 (560); Schößler, Anerkennung und Beleidigung, 1997, S. 248), braucht jedoch die beleidigte Person nicht zu kennen; es genügt, dass diese feststellbar ist (BGHSt 9, 17 = NJW 1956, 679).

8 aa) Als Kundgabe genügt das Diktat eines Briefentwurfs an die Sekretärin (LG Hannover Nds. Rpfl. 1966, 23; Rengier StrafR BT II § 28 Rn. 30; aM OLG Koblenz OLGSt 2; Kindhäuser/Schramm StrafR BT I § 22 Rn. 18; Zaczyk in NK-StGB Vor § 185 Rn. 19); sie kann über das Medium einer Videokamera erfolgen (BayObLG NJW 2000, 1584; Fischer Rn. 7), auch über das Internet (näher Beck MMR 2009, 736; sa Eisele ComputerStrafR § 24 Rn. 77). Tagebuch und Monolog scheiden jedoch aus, wenn kein Dritter sie wahrnehmen soll (RGSt 71, 159; BayObLG JZ 1951, 786; Regge/Pegel in MüKoStGB Rn. 27). Dasselbe gilt für das versteckte Beobachten eines Liebespaares (BayObLG NJW 1962, 1782; Schünemann JuS 1979, 275; Wessels/Hettinger/Engländer StrafR BT I Rn. 480). Zur Internetbeleidigung in sozialen Netzwerken Krischker JA 2013, 488; Reinbacher JZ 2020, 559; Reinbacher FG Robot Recht, 2020, 457 (zum Einsatz von Social Bots); Tassis, Die Kommentierung von Statusmeldungen in sozialen Netzwerken aus strafrechtlicher Perspektive, 2020; zu Ehrverletzungen im Internet Hilgendorf/Valerius, Computer- und Internetstrafrecht, 2. Aufl. 2012, Rn. 331 ff.; Malek in Malek/Popp, Strafsachen im Internet, 2. Aufl. 2015, Rn. 367. – Zur Reform Reinbacher NKrimPol 2020, 186.

9 bb) Gespräche unter **Eheleuten oder in der engeren Familie** werden nach ganz hM nicht erfasst, wenn die Vertraulichkeit nach den Umständen erkennbar ist und gewährleistet erscheint (OLG Celle Nds. Rpfl. 1964, 174; krit. Otto FS Schwinge, 1973, 71 (87); eing. Engisch GA 1957, 326). Das wird mit Recht auf eine teleologische (allerdings unterschiedlich begründete) Reduktion schon des Tatbestandes gestützt (so zB Wasmuth NStZ 1995, 100 (101); Wolff-Reske Jura 1996, 184; Hillenkamp FS Hirsch, 1999, 555 (568); Gillen, Das Verhältnis von Ehren- und Privatsphärenschutz im Strafrecht, 1999, S. 75; Heinrich in Krey/Hellmann/Heinrich StrafR BT I Rn. 503; Roxin/Greco StrafR AT I § 10 Rn. 40; Rogall in SK-StGB Vor § 185 Rn. 47), teils aber auch als Rechtfertigungsgrund (so zB Otto FS Amelung, 2009, 225 (236); Otto StrafR BT § 32 Rn. 52; Hilgendorf in LK-StGB Rn. 14; Schendzielorz, Umfang und Grenzen der straffreien Beleidigungssphäre, 1993, S. 214, zieht das Grundrecht auf freie Kommunikation in der ehelich-familiären Privatsphäre zur Rechtfertigung heran) oder als bloßer Strafausschluss (so zB Eisele/Schittenhelm in Schönke/Schröder, Vor § 185 Rn. 9 a) gedeutet (zusf. Geppert Jura 1983, 530 (533)). Entsprechendes gilt heute auch für Gespräche unter eng vertrauten Personen (BVerfGE 90, 255 = NJW 1995, 1015 mzustAnm Wasmuth NStZ 1995, 100; BVerfG NJW 2007, 1194 mAnm Vahle DVP 2007, 481; OLG Frankfurt a. M. NStZ 1994, 404; KG NStZ 2021, 430; LG Hof StV 2015, 571; Wolff-Reske Jura 1996, 184 (188); Gillen, Das Verhältnis von Ehren- und Privatsphärenschutz im Strafrecht, 1999, S. 150; aM BayObLG MDR 1976, 1036), für Äußerungen einer Ärztin in einem vertraulichen, der ärztlichen Verschwiegenheitspflicht unterliegenden Gesprächskreis (OLG München NJW 1993, 2998; krit. Gillen, Das Verhältnis von Ehren- und Privatsphärenschutz im Strafrecht, 1999, S. 160; zw.), für schriftliche Mitteilungen innerhalb des privilegierten Personenkreises (aM BGH bei Dallinger MDR 1954, 335) und für Informationen an den Anwalt (Praml NJW 1976, 1967; Gillen, Das Verhältnis von Ehren- und Privatsphärenschutz im Strafrecht, 1999, S. 164; Rengier StrafR BT II § 28 Rn. 28; aM OLG Hamburg NJW 1990, 1246 mit Bespr. Dähn JR 1990, 516; Wessels/Hettinger/Engländer StrafR BT I Rn. 486) anzunehmen sein (Schendzie-

lorz, Umfang und Grenzen der straffreien Beleidigungssphäre, 1993, S. 221, 288; Eisele/Schittenhelm in Schönke/Schröder, Vor § 185 Rn. 9b; Zaczyk in NK-StGB Vor § 185 Rn. 40; aM Rogall in SK-StGB Vor § 185 Rn. 51, allein Rechtfertigung nach § 193; zw.), nicht aber für Äußerungen des Anwalts gegenüber seinem Mandanten (BGHSt 53, 257 (262) = NJW 2009, 2690 mAnm Ruhmannseder NJW 2009, 2647 (2648); Barton JZ 2010, 102; krit. Kühne HRRS 2009, 547 (549); Wohlers JR 2009, 523 (524); Norouzi StV 2010, 667 (672); sa BVerfG NJW 2010, 2937 (2939)) oder zwischen Arbeitskollegen (Fehr, Mobbing am Arbeitsplatz, 2007, S. 94; Schrader/Stork AiB 2010, 175 (177)). Die Vertraulichkeit der Äußerung geht nicht dadurch verloren, dass sich der Staat zB durch Briefüberwachung nach §§ 29 III, 31 StVollzG (bzw den landesrechtlichen Nachfolgenormen) Kenntnis von der Äußerung verschafft und der Verfasser von der Überwachung weiß (BVerfGE 90, 255 = NJW 1995, 1015 iErg mzustAnm Wasmuth NStZ 1995, 100, aber krit. Bespr. Popp NStZ 1995, 413; Muckel JA 1995, 452; Kunig JK GG Art. 5 Rn. 23; BVerfG NJW 1995, 1477 (gegen OLG Bamberg NJW 1994, 1972) mkritAnm Kiesel JR 1995, 381; BVerfG NJW 1997, 185; NJW 2007, 1194; OLG Frankfurt a. M. NStZ 1994, 404; der Rspr. zust. Wolff-Reske Jura 1996, 184 (188), krit. aber Arloth ZIS 2010, 263; vgl. auch BVerfGE 33, 1 = NJW 1972, 811).

4. a) Die Tat erfordert **Vorsatz** (bedingter genügt; auch bei mehrdeutigen Erklärungen, Haas GA 1996, 473). Er muss die Bedeutung der Kundgabe als Miss- oder Nichtachtung (BGHSt 1, 288 (291) = NJW 1951, 929; BayObLG NStZ-RR 2002, 210 (212); Fischer Rn. 17) und deren Wahrnehmung durch den Äußerungsempfänger umfassen (BayObLG NJW 2000, 1548; OLG Nürnberg NStZ 2013, 593 mit Bespr. Geppert NStZ 2013, 553 (556); LG Kassel NZV 2008, 310; LG Regensburg NJW 2008, 1094 zu Recht mkritAnm Nierwetberg). Eine Beleidigungsabsicht ist nicht erforderlich (BGH NJW 2004, 1541 (1542); → § 192 Rn. 3; → § 193 Rn. 13). Vorsätzlich handelt auch, wer den Äußerungsempfänger (unmittelbar oder am Telefon) mit einem anderen verwechselt (error in persona, → § 15 Rn. 13) und deshalb eigentlich den anderen meint (BayObLG JR 1987, 431 mwN); jedoch ist der objektive Tatbestand in Bezug auf den Empfänger nicht verwirklicht, wenn für ihn – und bei Anwesenheit weiterer Personen auch für diese – objektiv erkennbar ist, dass der Ehrangriff dem anderen gilt (Streng JR 1987, 431; aM BayObLG JR 1987, 431, das darauf abstellt, ob der Empfänger den Irrtum bemerkt; ebenso Zaczyk in NK-StGB Rn. 16; zw.). 10

b) Wird dem Betroffenen gegenüber eine **ehrenrührige Tatsache** behauptet (→ Rn. 2), so muss sich der Vorsatz auch auf die Unwahrheit erstrecken (hM; vgl. etwa BayObLG NJW 1959, 57; OLG Köln NJW 1964, 2121; OLG Koblenz MDR 1977, 864; Welp JuS 1983, 865 (866); Hirsch FS Wolff, 1998, 125 (143); Hilgendorf in LK-StGB Rn. 35; Joecks/Jäger StGB Rn. 25; Rogall in SK-StGB Rn. 19; aM OLG Frankfurt a. M. MDR 1980, 495; Gössel/Dölling StrafR BT I § 30 Rn. 27); dasselbe gilt, wenn über den Betroffenen ein bloßes Werturteil abgegeben wird, das sich aber auf ein diesem Urteil entsprechendes Fehlverhalten stützt (hM; anders Hirsch JR 1972, 516; Tenckhoff, Die Bedeutung des Ehrbegriffs für die Systematik der Beleidigungstatbestände, 1974, S. 135; zw.). Obwohl diese Abweichung von § 186 (→ § 186 Rn. 7) mit Rechtsgutserwägungen begründbar und vor allem mit der besonderen Gefährlichkeit von Äußerungen gegenüber Dritten erklärbar ist (zusf. Geppert Jura 2002, 820 (823)), kann sie nicht voll befriedigen, weil sie den Betroffenen partiell schutzlos stellt (aM daher Hirsch, Ehre und 11

Beleidigung, 1967, S. 204; Otto FS Schwinge, 1973, 71 (83); Tenckhoff JuS 1989, 35 (36)).

12 **5.** Die **Einwilligung** (→ Vor § 32 Rn. 10–18; → § 228 Rn. 3–12) nimmt bei Zugrundelegung eines normativen Ehrbegriffs (→ Vor § 185 Rn. 1) der Äußerung regelmäßig den ehrverletzenden Charakter und wirkt deshalb meist tatbestandsausschließend (Tenckhoff JuS 1988, 787 (788); JuS 1989, 198; weiter Zaczyk in NK-StGB Rn. 14, tatbestandsausschließendes Einverständnis). Nach der Rspr. entfällt idR nur die Rechtswidrigkeit (BGHSt 11, 67 (72) = NJW 1958, 228; BGHSt 23, 1 (3) = NJW 1969, 1582); danach kann auch die Einwilligung eines Minderjährigen rechtfertigend wirken (BGHSt 5, 362 = NJW 1954, 847), wenn dieser die Bedeutung der angegriffenen Ehrposition erfasst (BGHSt 8, 357 = NJW 1956, 388; BGH GA 1963, 50; krit. Arzt JuS 1982, 717 (726) – jeweils zu der überholten (→ Rn. 6) Problematik bei der sexuellen Beleidigung). Auf dieser Grundlage ist der Irrtum über die Einwilligung je nach Sachlage ein Tatbestands- oder Erlaubnistatbestandsirrtum (→ § 17 Rn. 9–16), uU auch nur ein Verbotsirrtum (BayObLG MDR 1963, 333). Die erschlichene Einwilligung ist jedenfalls dann unwirksam, wenn sie auf einer rechtsgutsbezogenen Täuschung beruht (→ § 228 Rn. 8; enger Maurach/Schroeder/Maiwald/Hoyer/Momsen StrafR BT § 24 Rn. 23, nur bei rechtsgutsbezogener Fehlvorstellung). – Zur Rechtfertigung grober Ehrverletzungen (zB „Nazi“ gegenüber einem Polizisten) bei Rechtswidrigkeit der Diensthandlung wegen **Ehrennotwehr** gem. § 32 (→ § 32 Rn. 3) vgl. LG Köln StV 2020, 183.

13 **6.** Die qualifizierte mittels einer **Tätlichkeit** begangene Beleidigung erfordert neben ihrem beleidigenden Sinn (→ Rn. 4) eine unmittelbar gegen den Körper gerichtete Einwirkung (zB Ohrfeige, Anspucken; BGH NStZ-RR 2009, 172); auch der fehlgehende, den Körper nicht berührende Angriff wird nach dem Schutzzweck der Vorschrift erfasst (Eisele/Schittenhelm in Schönke/Schröder, Rn. 18; anders die hM; vgl. etwa OLG Karlsruhe NJW 2003, 1263; Kindhäuser/Schramm StrafR BT I § 25 Rn. 12). Die gleiche Qualifikationswirkung tritt seit dem 3.4.2021 ein, wenn die Beleidigung **öffentlich, in einer Versammlung oder durch Verbreiten eines Inhalts (§ 11 III)** erfolgt ist. Dasselbe gilt für § 186, wobei hier allerdings nur die Äußerung in einer Versammlung neu hinzugetreten ist (diese fand sich bislang nur in § 187), weshalb für die öffentliche oder durch Verbreiten von Inhalte erfolgte Beleidigung auf die entsprechenden Ausführungen verwiesen werden kann (→ § 186 Rn. 9). Damit sollen öffentlichkeitswirksame Anprangerungen insbesondere, aber nicht nur über das Internet schärfer bestraft werden können.

14 **7.** Über das **Verhältnis zu § 186** → § 186 Rn. 11. Gegenüber speziellen Beleidigungsvorschriften, zB §§ 90, 90b (→ § 90 Rn. 6), § 103, tritt § 185 zurück. Mit § 189 ist **Tateinheit** möglich (→ § 189 Rn. 1, 2); ferner zwischen tätlicher Beleidigung und § 223 (hM; vgl. etwa BGH bei Dallinger MDR 1975, 196; BGH NStZ-RR 2020, 243; anders Lilie in LK-StGB 11. Aufl. 2005 § 223 Rn. 27; nicht fortgeführt von Grünewald in LK-StGB § 223 Rn. 6). Das gleiche dürfte angesichts der identischen Strafdrohung aus Klarstellungsgründen für eine Beleidigung mittels Inhalten (§ 11 III) und § 192a gelten, soweit die zugänglich gemachte Erklärung eine andere Person als den Empfänger beleidigt (zB gegenüber einem Vertreter des Zentralrats der Juden wird ein anderer Jude als solcher beschimpft) sowie wenn der Empfänger selbst durch den zugänglich gemachten Inhalt beschimpft und dadurch (auch unter einer Kollektivbezeichnung → Vor § 185 Rn. 3) zugleich beleidigt wird.

8. Wahrnehmung berechtigter Interessen § 193. Strafantrag § 194. Kompensation § 199. Bekanntmachung § 200. 15

9. Zu den **Mindestfeststellungen** für Verurteilungen nach §§ 185 wegen in öffentlicher Social-Media-Gruppe eingestellter Postings vgl. BayObLG MMR 2021, 441. 16

§ 186 Üble Nachrede

Wer in Beziehung auf einen anderen eine Tatsache behauptet oder verbreitet, welche denselben verächtlich zu machen oder in der öffentlichen Meinung herabzuwürdigen geeignet ist, wird, wenn nicht diese Tatsache erweislich wahr ist, mit Freiheitsstrafe bis zu einem Jahr oder mit Geldstrafe und, wenn die Tat öffentlich, in einer Versammlung oder durch Verbreiten eines Inhalts (§ 11 Absatz 3) begangen ist, mit Freiheitsstrafe bis zu zwei Jahren oder mit Geldstrafe bestraft.

Fassung aufgrund des Gesetzes zur Bekämpfung des Rechtsextremismus und der Hasskriminalität vom 30.3.2021 (BGBl. I 441), in Kraft seit 3.4.2021 (→ Vor § 1 Rn. 19).

1. Zum **Rechtsgut** und zum geschützten Personenkreis → Vor § 185 Rn. 1–5. 1

2. Die Vorschrift verbietet **das Ermöglichen fremder Missachtung.** Darin 2 weicht sie von § 185 (→ § 185 Rn. 3) ab, der nach hM die Kundgabe eigener Missachtung betrifft.

3. Eine **Tatsache** ist (im Gegensatz zu dem unter § 185 fallenden Werturteil) et- 3 was Geschehenes oder Bestehendes, das in die Wirklichkeit getreten und daher dem Beweis zugänglich ist (RGSt 55, 129 (131); BGH NJW 1994, 2614; BGHZ 132, 13 (21) = NJW 1996, 1131; BGH NJW 1998, 3047 mit Bespr. Dietlein JR 1999, 246; BGH NJW 2005, 279 (281); OLG Brandenburg NJW 1996, 1002; NJW 1999, 3339; BayObLG JZ 2001, 717 mAnm Otto; OLG Celle StV 2015, 566; LG Hamburg NJW 2015, 796 (797); BGH NJW 2015, 773; ähnlich Amelung, Die Ehre als Kommunikationsvoraussetzung, 2002, S. 72; Zaczyk in NK-StGB Rn. 2; krit. Hilgendorf in LK-StGB § 185 Rn. 4; und schon Hilgendorf, Tatsachenaussagen und Werturteile im Strafrecht, 1998, S. 123, 127, 185, 203, der für Tatsachenbehauptungen auf die empirische Überprüfbarkeit abstellt und Tatsachenaussagen mit geringerem Geltungsanspruch ausscheidet; dazu krit. Gössel GA 2001, 84 (87); → § 263 Rn. 4). Hierunter können auch innere Tatsachen (Beweggründe, Zwecke, Charaktereigenschaften) fallen, wenn sie zu bestimmten äußeren Geschehnissen in eine erkennbare Beziehung gesetzt werden (Dallinger MDR 1951, 404; Hilgendorf, Tatsachenaussagen und Werturteile im Strafrecht, 1998, S. 128, 141, 188, der aber sprecherbezügliche Umformulierungen von Werturteilen nicht als Tatsachenbehauptungen behandeln will). Den Gegensatz zur Behauptung einer Tatsache bildet das **Werturteil,** dem subjektive Wertungen, Schlussfolgerungen und Prognosen zuzuordnen sind (zT abw. Hilgendorf, Tatsachenaussagen und Werturteile im Strafrecht, 1998, S. 179; Hilgendorf in LK-StGB § 185 Rn. 3). Beide enthalten danach eine Aussage, die auch die Form einer (rhetorischen) Frage annehmen kann (BVerfGE 85, 23 = NJW 1992, 1442; Hilgendorf, Tatsachenaussagen und Werturteile im Strafrecht, 1998, S. 150). Die Grenze zwischen ihnen ist fließend (zusf. Geppert Jura 1983, 530 (540); Jura 2002, 820 (821); Tenckhoff JuS 1988, 618; aus zivilrechtlicher Sicht Hager Jura 1995, 566; Hager AcP 1996, 168 (213); vgl. auch BVerfGE 90, 241 = NJW 1994, 1779; BVerfGE 94, 1 (8) = NJW 1996, 1529; BVerfG NJW 1999, 2262; NJW 2000, 3196; NJW 2005, 1341 (1342); zur Rspr. des BVerfG Soehring/Seelmann-Eggebert NJW 2000, 2466 (2468); aus verfassungsrechtlicher Sicht Grimm NJW 1995, 1697 (1698); Rühl, Tatsachen – Interpretation – Wertungen, 1998, S. 191; Rühl AfP 2000, 17). Sie bestimmt sich nicht allein nach dem Wortlaut und der Form der Äußerung, sondern auch nach ihrem Sinn, so wie er im Gesamtzusammenhang von dem angesprochenen Adressatenkreis verstanden wird (BGH NJW 1993, 930; NJW 1994, 2614; NJW 2000, 3421; NJW 2009, 1872 mAnm Jahn EWiR 2009, 413; BGH NJW 2009, 3580; OLG Brandenburg NJW 1999, 3339; problematisch OLG München ZIP 2004, 19 mit zutreffender Kritik Tiedemann ZIP 2004, 294 (297); speziell zur Auslegung eines Fragesatzes im Gesamtzusammenhang NJW 2004, 1034; einzelne Elemente komplexer Äußerungen dürfen regelmäßig nicht isoliert beurteilt werden, s. BVerfG NJW 1997, 2513; NJW 2013, 217 (218); OLG Hamm NStZ-RR 2006, 7); enthält eine Äußerung zugleich wertende und tatsächliche Bestandteile, die ohne Sinnverfälschung nicht getrennt werden können, so liegt insgesamt eine wertende Meinungsäußerung vor, BVerfG StV 2014, 540 = BeckRS 2013, 54173). Der „Kampf der Meinungen" ist nur als geistige Auseinandersetzung akzeptiert (Zaczyk FS Kargl, 2015, 607).

3a Die Abgrenzung ist daher im Wesentlichen eine Sache **tatrichterlicher Würdigung** (OLG Frankfurt a. M. NJW 1989, 1367; OLG Köln NJW 1993, 1486; krit. Hilgendorf in LK-StGB § 185 Rn. 9), die nicht zuletzt auch durch die Interessenlage zwischen Täter und Opfer mitbestimmt wird (Arzt JuS 1982, 717 (719); zu Äußerungen im öffentlichen Meinungsstreit beachte BVerfGE 85, 1 = NJW 1992, 1439; BVerfG NJW 1993, 1845; NJW 1998, 3047; → § 193 Rn. 12). So kann das allgemeine Schimpfwort „Lump" eine Tatsachenbehauptung darstellen, wenn es sich erkennbar auf ein bestimmtes Geschehen bezieht (sog. abgekürzter tatsächlicher Vorhalt). Umgekehrt kann die Bezeichnung eines Widerstandskämpfers als „Landesverräter" (BGHSt 11, 329 = NJW 1958, 1004), einer Gruppe Demonstranten als „Alkoholiker" (KG NStZ-RR 2013, 8 (9) mit Bespr. Satzger JK StGB § 185 Rn. 14) oder eines Mitbürgers als „Jude" (BGHSt 8, 325 = NJW 1956, 312; Valerius, Kultur und Strafrecht, 2011, S. 136), als „alter Nazi" (OLG Düsseldorf NJW 1970, 905; sa OLG Hamburg NJW 1992, 2035) oder als „Altkommunist im Geiste des Massenmörders Stalin" (AG Weinheim NJW 1994, 1543) als bloß abwertendes (verdecktes) Werturteil zu verstehen sein (sa BGHSt 6, 159 (357) = NJW 1954, 1252; BGH JR 1977, 28 mkritAnm Schroeder; BayObLG NStZ 1983, 126; Hilgendorf, Tatsachenaussagen und Werturteile im Strafrecht, 1998, S. 188); ebenso die Bezeichnung von Soldaten als „Mörder" (so in Übereinstimmung mit den aufgehobenen Strafurteilen BVerfGE 93, 266 (289) = NJW 1995, 3303), eines als Zeugen vernommenen Polizeibeamten als „bedenkenloser Berufslügner" (OLG Hamburg NStZ-RR 1997, 103 mzustAnm Foth JR 1997, 5222), eines Polizeibeamten als „Spitzel" (BayObLG NStZ 2005, 215), eines Anwalts als „rechtsradikal" (BVerfG NJW 2012, 3712 (3713)), eines Richters oder Staatsanwalts als Rechtsbeuger (BayObLG NStZ-RR 2002, 40; OLG Frankfurt a. M. NJW 2003, 77; OLG Jena NJW 2002, 1890; zur unterschiedlichen Einordnung des Vorwurfs der Rechtsbeugung Fischer Rn. 3a) oder die Vermutung, ein Polizeibeamter hätte „zu lange in der Sonne gestanden" (BVerfG NJW-RR 2012, 1002). Äußerungen, die rechtliche Fachbegriffe enthalten, sind meist als Rechtsauffassung und damit als Werturteil einzustufen (BGH NJW 2006, 279 (282)). Fotografien geben als Abbildungen der Wirklichkeit idR Tatsachen wieder (BVerfG NJW 2005, 3271). Eine Tatsachenbehauptung verliert ihren Charakter nicht durch Einschübe wie „ich glaube" oder „offenbar" (BGH NJW 2008, 2262; NJW 2009, 3580) dadurch, dass aus den behaupteten Tatsachen zusätzlich Werturteile abgeleitet werden (BGHSt 12, 287 = NJW 1959, 636; OLG Celle NJW 1988, 353), auch nicht dadurch, dass einer schwerwiegenden Behauptung ein unbedeutendes Schimpfwort beigefügt wird (sog. substantiiertes Werturteil). Das überwiegende Element entscheidet (BGHSt 6, 159 = NJW 1954, 1252; BGH NJW 1955, 311; OLG Stuttgart JZ 1969, 77; Otto JR 1983, 1 (5); Regge/Pegel in MüKoStGB Rn. 10; krit. Hilgendorf, Tatsachenaussagen und Werturteile im Strafrecht, 1998, S. 183); dabei kommt es darauf an, ob das Werturteil von den Tatsachen noch gedeckt, dh ihnen adäquat ist, oder ob es darüber erheblich hinausgeht (sog. Wertungsexzess; ähnlich EGMR NJW 2006, 1645; KG NStZ-RR 2013, 8 (9)). Auch Tateinheit mit § 185 ist nicht ausgeschlossen (→ Rn. 11).

4. Die **Eignung** der Tatsache **zum Herabwürdigen** oder Verächtlichmachen genügt (hM; vgl. etwa Eisele ComputerStrafR § 25 Rn. 81: abstraktes Gefährdungsdelikt wegen potentieller Verbreitungsgefahr; einschr. Hoyer, Die Eignungsdelikte, 1987, S. 142; Zieschang Gefährdungsdelikte S. 301). Ein solcher Erfolg braucht nicht einzutreten (aM Zaczyk in NK-StGB Rn. 6). Öffentliche Meinung ist die eines größeren, individuell unbestimmten Kreises. 4

5. a) Behaupten heißt, eine Tatsache als nach eigener Überzeugung wahr hinstellen (Hilgendorf, Tatsachenaussagen und Werturteile im Strafrecht, 1998, S. 191), selbst wenn man sie nur von dritter Seite erfahren hat. Das kann auch dadurch geschehen, dass eine Frage gestellt, eine Schlussfolgerung nahegelegt oder ein Verdacht geäußert wird (OLG Köln NJW 1962, 1121; NJW 1963, 1634; OLG München NJW 1993, 2998 (2999); Stapper ZUM 1995, 590 (596)); jedoch genügt das Ziehen erkennbar persönlicher Schlussfolgerungen aus richtig mitgeteilten Tatsachen allein nicht (Eisele/Schittenhelm in Schönke/Schröder Rn. 7; vgl. aber die zivilrechtlichen Judikate BGH NJW 2006, 601; OLG Karlsruhe NJW 2005, 2400). **Verbreiten** ist Weitergeben einer fremden Äußerung (hM; vgl. Hilgendorf, Tatsachenaussagen und Werturteile im Strafrecht, 1998, S. 191; anders Streng GA 1985, 214, der auch Manipulationen zum Nachteil des anderen einbezieht); jedoch wird nach dem Schutzzweck der Vorschrift die Weitergabe vom Betroffenen selbst herrührender Mitteilungen nicht erfasst (KG NJW 1955, 1368; Bockelmann JR 1954, 327; Hilgendorf in LK-StGB Rn. 9; aM Eisele/Schittenhelm in Schönke/Schröder Rn. 16, der aber einen Strafausschließungsgrund annimmt; ebenso Fischer Rn. 14). Anders als in den Fällen des § 74d (→ § 741d Rn. 5) genügt es, wenn der Täter die Äußerung nur an eine Person gelangen lässt. Verbreitung eines als „grundlos" bezeichneten Gerüchts kann reichen (OLG Hamm NJW 1953, 596), uU bei Handeln im Interesse des von dem Gerücht Betroffenen auch durch mutmaßliche Einwilligung (→ Vor § 32 Rn. 19–21) gerechtfertigt sein (ähnlich Hansen JuS 1974, 104 (106); JR 1974, 406; Heinrich in Krey/Hellmann/Heinrich StrafR BT I Rn. 501; aM Rogall in SK-StGB Rn. 15, Tatbestandseinschränkung; ebenso Eisele StrafR BT I Rn. 611; str.). Zur vertraulichen Mitteilung → § 185 Rn. 9; zur Begehung durch Strafanzeige Müller MDR 1965, 629; Ranft MDR 1966, 107; zum Verbreiten durch Setzen eines sog. Hyperlink LG Hamburg NJW 1998, 3650 mit Bespr. Bettinger/Freytag CR 1998, 549; Waldenberger AfP 1998, 373; zum Bereithalten von Artikeln in Onlinearchiven Seelmann-Eggebert NJW 2008, 2551 (2554); zu ehrverletzenden Äußerungen im Internet (sog. „flamig") 5

Hilgendorf ZIS 2010, 208 und Kett-Straub ZStW 120 (2008), 759 (hier wird heute oft eine Qualifikation anzunehmen sein → Rn. 9).

6 **b)** In **Beziehung auf einen anderen** erfordert, dass Empfänger der Kundgabe und Betroffener verschiedene Personen sind (→ § 185 Rn. 2). Außerdem muss erkennbar sein, dass hinter der Äußerung ein anderer als der Betroffene als (angeblicher oder wirklicher) Urheber steht. Wer diesen „Drittbezug" verbirgt und lediglich eine den Betroffenen kompromittierende Sachlage schafft, wird nicht erfasst (BGH NStZ 1984, 216; Heinrich in Krey/Hellmann/Heinrich StrafR BT I Rn. 512; Kindhäuser/Hilgendorf in LPK-StGB § 185 Rn. 9; Regge/Pegel in MüKoStGB Rn. 17; Rogall in SK-StGB Rn. 14; aM Streng GA 1985, 214; Gössel/Dölling StrafR BT I § 31 Rn. 20; Otto StrafR BT § 32 Rn. 18; diff. Fuhr, die Äußerung im Strafgesetzbuch, 2001, S. 45); in Betracht kommt aber eine Beleidigung nach § 185 (Kindhäuser/Hilgendorf in LPK-StGB Rn. 11; Rengier StrafR BT II § 29 Rn. 8).

7 **6.** Die **Nichterweislichkeit der Tatsache** ist objektive Bedingung der Strafbarkeit (hM; vgl. BayObLG NJW 1965, 58; Satzger JA 2006, 108 (109 und 111); Eisele ComputerStrafR § 25 Rn. 85; zusf. Eppner/Hahn JA 2006, 860 (862); → Vor § 13 Rn. 30).

7a **a)** Mit Rücksicht auf den zwischen Täter und Verletztem bestehenden Interessenkonflikt gehört die Unwahrheit nicht zum Tatbestand (hM; vgl. etwa Geppert Jura 2002, 820 (822); anders Sax JZ 1976, 80 (81); JZ 1976, 429 (434)); auch nicht, dass sich der Täter in Bezug auf die Wahrheit sorgfaltswidrig verhalten hat (so aber mit beachtlichen, allerdings die Interessen des Verletzten nicht genügend berücksichtigenden Gründen Hirsch, Ehre und Beleidigung, 1967, S. 168; Hirsch ZStW 90 (1978), 978 (980); sowie Hirsch FS Wolff, 1998, 125 (144); Streng GA 1985, 214 (226); Küpper JA 1985, 453 (459); Kindhäuser, Gefährdung als Straftat, 1989, S. 298; Miseré, Die Grundprobleme der Delikte mit strafbegründender schwerer Folge, 1997, S. 144; Geisler, Zur Vereinbarkeit objektiver Bedingungen der Strafbarkeit mit dem Schuldprinzip, 1998, S. 437; Walter Kern des Strafrechts S. 76; Roxin/Greco StrafR AT I § 23 Rn. 19; Wessels/Hettinger/Engländer StrafR BT I Rn. 501; Hilgendorf in LK-StGB Rn. 4; Regge/Pegel in MüKoStGB Rn. 30; Rogall in SK-StGB Rn. 20–24; Zaczyk in NK-StGB Rn. 19; krit. Bock, Begriff, Inhalt und Zulässigkeit der Beweislastumkehr im materiellen Strafrecht, 2001, S. 11, 87, der hier eine echte Beweislastumkehr erkennt; zust. Rzepka GA 2003, 885; diff. Bülte JZ 2014, 603 (605); die Nichterweislichkeit wahrer Tatsachen kann von der Meinungsfreiheit gedeckt sein (BVerfG NJW 2016, 3360 mit Bespr. Muckel JuS 2017, 76); beachte andererseits Amelung, Die Ehre als Kommunikationsvoraussetzung, 2002, S. 59, der von einem Verletzungsdelikt hinsichtlich des auch schon in einer Situation der Ungewissheit bestehenden Achtungsanspruchs ausgeht; aufgegeben Amelung FS Rudolphi, 2004, 373 (376); vgl. auch Koch NJW 2005, 943 (945), der für Strafanzeigen Handeln wider besseres Wissen verlangt). Es ist unerheblich, warum der Wahrheitsbeweis nicht erbracht werden kann (zB Tod oder Aussageverweigerung von Zeugen) und ob der Täter an die Erweislichkeit geglaubt hat (hM; vgl. etwa AG Rosenheim FamRZ 2012, 45, dazu Eisele ComputerStrafR § 25 Rn. 85). Dieser trägt also das volle Beweisrisiko und damit die Gefahr der Verurteilung auch bei möglicherweise wahren Behauptungen (zusf. Tenckhoff JuS 1988, 618 (622); anders für Strafanzeigen Koch NJW 2005, 943 (945); zur abweichenden Beweislastverteilung im zivilrechtlichen Ehrenschutzprozess Hager AcP 1996, 168 (186)). Die **Beweisführungslast** obliegt dagegen dem Gericht, das von Amts wegen die Wahrheit erforschen muss (Bülte JZ 2014, 603 (605)). Es darf von der Erhebung des Wahrheitsbeweises auch dann nicht absehen, wenn ohnehin wegen der Form der Äußerung nach §§ 192 iVm 185 zu verurteilen (BGHSt 27, 290 = NJW 1978, 834; aM Tenckhoff, Die Bedeutung des Ehrbegriffs für die Systematik der Beleidigungstatbestände, 1974, S. 143; sa Rogall FS Hirsch, 1999, 665 (679)) oder wegen Wahrnehmung berechtigter Interessen nach § 193 freizusprechen ist (BGHSt 11, 273 = NJW 1958, 797); denn nur so kann einerseits dem Anspruch des Verletzten auf Wiederherstellung seiner Ehre Rechnung getragen (OLG Hamm JMBl. NRW 1953, 139) und andererseits der Täter vom Makel der Lüge befreit werden (Roxin NJW 1967, 792); außerdem hängt bei § 192 die Strafzumessung ganz wesentlich vom Wahrheitsgehalt ab. **Der Wahrheitsbeweis ist geführt,** wenn die Behauptung in ihrem Kern zutrifft (BGHSt 18, 182 = NJW 1963, 665; Eisele StrafR BT I Rn. 617; krit. Hilgendorf, Tatsachenaussagen und Werturteile im Strafrecht, 1998, S. 225, nach dem die bewiesenen Behauptungselemente den ehrverletzenden Vorwurf tragen müssen); geringe Abweichungen oder Übertreibungen sind unschädlich (OLG Hamm JMBl. NRW 1958, 112; Tenckhoff JuS 1989, 35 (38)). Zur Nichterweislichkeit des Dopings in der DDR BVerfG NJW 2016, 3360.

b) Der **schrankenlos zugelassene Wahrheitsbeweis** birgt schwere Gefahren, 8
die den Verletzten oft auf gerichtlichen Schutz verzichten lassen (Arzt JuS 1982, 717 (721)). Deshalb ist mindestens sein Missbrauch durch uferlose Beweisanträge zur weiteren Schädigung des Beleidigten zu verhüten (Dallinger MDR 1955, 269; Nr. 230 RiStBV); behauptete und zu beweisende Tatsachen müssen identisch sein (BGH VersR 1963, 943). **Weitergehenden Forderungen,** den Wahrheitsbeweis einzuschränken, steht die Erwägung entgegen, dass es im Allgemeinen gestattet sein sollte, die Wahrheit zu sagen (Roeder FS Maurach, 1972, 347 (352) mwN).

7. Öffentlich → § 80a Rn. 2. **Verbreiten** von Inhalten → § 11 Rn. 26–28 (zB 9
Datenspeicher, Eisele ComputerStrafR § 25 Rn. 86); → § 74d Rn. 5. Begehen in einer Versammlung (→ § 80a Rn. 2) genügt seit dem 3.4.2021– wie schon bisher bei § 187 (→ § 187 Rn. 3) – ebenfalls zur Qualifizierung.

8. Der **Vorsatz** (bedingter genügt) muss auch die Kundgabe an einen Dritten 10
umfassen, nicht dagegen die Wahrheit oder die Erweislichkeit (hM; vgl. Helle NJW 1964, 841). Eine Beleidigungsabsicht ist nicht erforderlich.

9. Tateinheit ua möglich mit §§ 130, 164. § 90b geht vor (→ § 90b Rn. 6; str.). 11
§ 185 tritt gegenüber § 186 zurück (ebenso für den Regelfall Amelung, Die Ehre als Kommunikationsvoraussetzung, 2002, S. 78); auf Grund der Aliudtheorie (→ Vor § 185 Rn. 1) soll hier ausnahmsweise Tateinheit in Frage kommen, wenn die Tatsachenbehauptung sowohl an einen anderen als auch an den Beleidigten gerichtet oder wenn ihr eine selbständige Formalbeleidigung hinzugefügt wird (hM; BGHSt 12, 287 (292) = NJW 1959, 636; BayObLG NJW 1962, 1120; aM Rogall in SK-StGB Vor § 185 Rn. 53; zw.). Wird ein ehrenrühriger tatsächlicher Inhalt über einen Dritten gem. § 192a zugänglich gemacht, dürfte zur Klarstellung Tateinheit anzunehmen sein.

10. Die Verweisungen in → § 185 Rn. 15 gelten auch hier. 12

§ 187 Verleumdung

Wer wider besseres Wissen in Beziehung auf einen anderen eine unwahre Tatsache behauptet oder verbreitet, welche denselben verächtlich zu machen oder in der öffentlichen Meinung herabzuwürdigen oder dessen Kredit zu gefährden geeignet ist, wird mit Freiheitsstrafe bis zu zwei Jahren oder mit Geldstrafe und, wenn die Tat öffentlich, in einer Versammlung oder durch Verbreiten eines Inhalts (§ 11 Absatz 3) begangen ist, mit Freiheitsstrafe bis zu fünf Jahren oder mit Geldstrafe bestraft.

Fassung: Durch das 60. StÄG (→ Vor § 1 Rn. 19) trat zum 1.1.2021 „Inhalt" anstelle von „Schriften".

1 **1.** Im Gegensatz zu § 186 muss feststehen, dass die behauptete Tatsache **unwahr** ist. Dabei kommt es auf den wesentlichen Kern an; geringfügige Abweichungen oder Übertreibungen sind unschädlich (→ § 186 Rn. 7; Eppner/Hahn JA 2006, 860 (863)); jedoch genügt die unvollständige Mitteilung wahrer Tatsachen, wenn bei Hinzufügung der weggelassenen Teile beim Empfänger eine andere Schlussfolgerung nahe liegen würde (BGH NJW 2000, 656). Vertrauliche Äußerungen (→ § 185 Rn. 9) werden von § 187 nicht erfasst (Hillenkamp JuS 1997, 821 (826); für Rechtfertigung in seltenen Fällen Hilgendorf in LK-StGB Rn. 2; anders die hM; vgl. etwa Wessels/Hettinger/Engländer StrafR BT I Rn. 486; Joecks/Jäger StGB Rn. 2). **Wider besseres Wissen** ist sichere Kenntnis der Unwahrheit; dass der Täter diese nur für möglich hält, genügt nicht (Tiedemann FS Kohlmann, 2003, 307 (316)), wohl aber, dass er von der Unwahrheit einer aus der Luft gegriffenen Behauptung überzeugt ist.

2 **2.** Der zusätzliche Tatbestand der **Kreditgefährdung** schützt nicht die Ehre, sondern das Vertrauen, das jemand hinsichtlich der Erfüllung seiner vermögensrechtlichen Verbindlichkeiten genießt (zusf. und krit. Lampe FS Oehler, 1985, 275; aM Otto StrafR BT § 32 Rn. 26). Die Aussage über die fehlende Kreditwürdigkeit ist eine auf Gegenwärtiges bezogene und dem Beweis zugängliche Tatsachenbehauptung, weil es um die (gegenwärtige) Bereitschaft der Kreditinstitute geht, einem Bankkunden weiteren Kredit zu gewähren (Tiedemann FS Kohlmann, 2003, 307 (316); Tiedemann ZIP 2004, 294 (297); gegen OLG München ZIP 2004, 19; Hilgendorf in LK-StGB Rn. 3). Die Tat kann auch gegen Handelsgesellschaften und juristische Personen begangen werden (→ Vor § 185 Rn. 5).

3 **3.** Im Übrigen → Vor § 185 Rn. 1–5; → § 185 Rn. 2, 15; → § 186 Rn. 3–5, 9; → § 193 Rn. 3. Wie nunmehr auch für § 186 (→ § 186 Rn. 9) genügt für die qualifizierte Tat die Begehung in einer Versammlung (→ § 80a Rn. 2).

§ 188 Gegen Personen des politischen Lebens gerichtete Beleidigung, üble Nachrede und Verleumdung

(1) [1]**Wird gegen eine im politischen Leben des Volkes stehende Person öffentlich, in einer Versammlung oder durch Verbreiten eines Inhalts (§ 11 Absatz 3) eine Beleidigung (§ 185) aus Beweggründen begangen, die mit der Stellung des Beleidigten im öffentlichen Leben zusammenhängen, und ist die Tat geeignet, sein öffentliches Wirken erheblich zu erschweren,**

so ist die Strafe Freiheitsstrafe bis zu drei Jahren oder Geldstrafe. [2]Das politische Leben des Volkes reicht bis hin zur kommunalen Ebene.

(2) **Unter den gleichen Voraussetzungen wird eine üble Nachrede (§ 186) mit Freiheitsstrafe von drei Monaten bis zu fünf Jahren und eine Verleumdung (§ 187) mit Freiheitsstrafe von sechs Monaten bis zu fünf Jahren bestraft.**

Fassung: Mit dem Gesetz zur Bekämpfung des Rechtsextremismus und der Hasskriminalität wurde zum 3.4.2021 auch die Beleidigung erfasst und auch die üble Nachrede qualifiziert; zuvor wurde durch das 60. StÄG zum 1.1.2021 bereits die üble Nachrede in Abs 1 aufgenommen (→ Vor § 1 Rn. 19).

1. Die Vorschrift enthält nach der Einbeziehung auch der Beleidigung (s. Fassungshinweis) nunmehr eine **Qualifizierung der §§ 185–187; sie** soll der Vergiftung des politischen Lebens entgegenwirken, also nicht den Politikern um ihrer selbst willen erhöhten Ehrenschutz gewähren (ebenso Fischer Rn. 1; zu ihrer Vereinbarkeit mit Art. 3 GG BVerfGE 4, 352 = NJW 1956, 99). 1

2. Im politischen Leben des Volkes stehen nur Personen, die sich für eine gewisse Dauer mit den grundsätzlichen, den Staat, seine Verfassung, Gesetzgebung und Verwaltung unmittelbar berührenden Angelegenheiten befassen und auf Grund der ausgeübten Funktion das politische Leben maßgeblich beeinflussen (BayObLG NJW 1982, 2511), zB Regierungsmitglieder, Bundesverfassungsrichter (BGHSt 4, 338 = NJW 1953, 1722), Abgeordnete, Parteiführer (OLG Düsseldorf NJW 1983, 1211) und andere hervorgehobene Vertreter der Regierungsparteien und der Opposition, uU auch Journalisten, Geistliche, Gewerkschaftler und Verbandsvertreter, wenn sie sich – nach außen sichtbar – mit wichtigen Angelegenheiten des Staates oder der Allgemeinheit befassen (Rudolphi/Rogall in SK-StGB Rn. 3; aM Zaczyk in NK-StGB Rn. 5); durch die Aufnahme von Satz 2 in Abs. 1 steht heute fest, dass auch Landräte (so schon zuvor für Bayern BayObLG JZ 1989, 699; aM dagegen OLG Frankfurt a. M. NJW 1981, 1569), leitende politische Kommunalbeamte und Gemeinderatsmitglieder (anders noch BayObLG NJW 1982, 2511) erfasst sind. 2

3. a) Öffentlich, in einer **Versammlung** → § 80a Rn. 2. **Verbreiten** von Inhalten → § 11 Rn. 26–28; → § 74d Rn. 5. In die Beurteilung der Frage, ob die Tat geeignet ist, das **Wirken zu erschweren,** bezieht die hM weder die Glaubwürdigkeit des Verbreiters noch die Art der Verbreitung und die Größe des angesprochenen Personenkreises (BGH bei Holtz MDR 1980, 455) ein, stellt vielmehr allein auf den Inhalt der Behauptung und deren abstrakte Eignung zu negativen Auswirkungen ab (BGH NJW 1954, 649; NStZ 1981, 300); das widerspricht jedoch dem Gesetz, weil das Eignungselement nicht an die ehrenrührige Behauptung, sondern an die Tat im ganzen anknüpft (mit Recht anders daher Hoyer, Die Eignungsdelikte, 1987, S. 146; Hilgendorf in LK-StGB Rn. 4; sowie Zieschang Gefährdungsdelikte S. 304, der ein konkretes Gefährlichkeitsdelikt annimmt). 3

b) Die **Tatmotive** müssen mit der Stellung des Politikers zusammenhängen. Jedoch muss die Tat selbst weder politisch motiviert sein noch politische Ziele verfolgen; die Hoffnung auf absatzfördernde Sensation für eine Zeitung genügt (BGHSt 4, 119 = NJW 1953, 869). 4

5 **4.** Gegenüber §§ 185–187 geht die Vorschrift vor **(Spezialität).** Über das Verhältnis zu § 90b → § 90b Rn. 6.

6 **5.** Die Verweisungen in → § 185 Rn. 15 gelten auch hier.

§ 189 Verunglimpfung des Andenkens Verstorbener

Wer das Andenken eines Verstorbenen verunglimpft, wird mit Freiheitsstrafe bis zu zwei Jahren oder mit Geldstrafe bestraft.

1 **1. Geschütztes Rechtsgut** ist nicht die Ehre des Toten (so aberHirsch, Ehre und Beleidigung, 1967, S. 125; Hirsch FS Wolff, 1998, 125 (141); Hunger, Das Rechtsgut des § 189 StGB, 1996, S. 114; Hilgendorf in LK-StGB Rn. 1, 2; ähnlich BVerfG NJW 2018, 770, Achtungsanspruch kraft Personseins und Lebensleistung; Hörnle, Grob anstößiges Verhalten, 2005, S. 166, postmortaler Ehrenschutz); de lege ferenda auch Müller, Postmortaler Rechtsschutz, 1996, S. 94; für den Schutz eines Persönlichkeitsrechts eigener Art Eisele/Schittenhelm in Schönke/Schröder Rn. 1, zust. Regge/Pegel in MüKoStGB Rn. 12; Burkhardt in Wenzel BerichterstattungR § 5 Rn. 225; LG Bonn NStZ-RR 2014, 79), auch nicht die „Familienehre", sondern das **Pietätsgefühl** der Angehörigen und der Allgemeinheit (OLG Düsseldorf NJW 1967, 1142; Rüping GA 1977, 299 (304); Enders, Die Menschenwürde in der Verfassungsordnung, 1997, S. 470; vermittelnd BGHSt 40, 97 (105) = NJW 1994, 1421; ähnlich Zaczyk in NK-StGB Rn. 1, die Ehre des Adressaten in ihrem besonderen Verhältnis zum Andenken des Verstorbenen; krit. aber Stegbauer, Rechtsextremistische Propaganda im Lichte des Strafrechts, 2000, S. 127; vgl. auch Rogall in SK-StGB Rn. 10, Schutz öffentlicher Interessen an zutreffender Information über den Toten; zw.). Die Verunglimpfung eines Toten kann aber zugleich (tateinheitlich, → § 185 Rn. 14) einen Hinterbliebenen beleidigen (RGSt 76, 226). Der für tot Erklärte steht einem Toten gleich. Zur historischen Entwicklung der Vorschrift und zu entsprechenden Regelungen in den europäischen Nachbarstaaten Hunger, Das Rechtsgut des § 189 StGB, 1996, S. 17, 57.

2 **2.** Die Grundsätze über Beleidigung unter einer **Kollektivbezeichnung** (→ Vor § 185 Rn. 3) gelten auch für § 189 (BGH LM Nr. 1 zu § 189 StGB). Dabei kann dieselbe Äußerung, wie das zB bei der sog. „Auschwitzlüge" (BGHSt 40, 97 (103) = NJW 1994, 1421 mablAnm Jakobs StV 1994, 540; vgl. auch BayObLG NStZ 1997, 283 mkritAnm Jakobs JR 1997, 344) zutreffen kann, tateinheitlich zugleich Lebende beleidigen und Verstorbene verunglimpfen. Ein kränkendes Werturteil und damit eine Beleidigung begeht, wer Widerstandskämpfer „Landesverräter" nennt (LG Bonn NStZ-RR 2014, 79, Fall Bonhoeffer).

3 **3. Verunglimpfen** ist mehr als beleidigen; es setzt eine nach Form, Inhalt oder Motiv besonders schwere Kränkung voraus (BayObLG JZ 1951, 786; NJW 1988, 2902). Diese kann auch tätlich an dem Leichnam begangen werden (BayObLGSt 1951, 455; einschr. Zaczyk in NK-StGB Rn. 5). Bei „übler Nachrede" über einen Toten ist Wahrheitsbeweis zulässig (hM).

4 **4.** Der **Vorsatz** (bedingter genügt, BayObLG JZ 1951, 786) muss sich auch darauf erstrecken, dass der Verunglimpfte verstorben ist. Die Annahme grds. verschiedener Rechtsgüter in den Beleidungstatbeständen einerseits und § 189 andererseits (→ Rn. 1) zwingt zu dem misslichen Ergebnis, dass straflos bleibt, wer einen ande-

ren beleidigt, den er irrig für tot hält, oder wer das Andenken eines Verstorbenen verunglimpft, von dem er irrig glaubt, er lebe noch (vgl. Fischer Rn. 4; Eisele/Schittenhelm in Schönke/Schröder, Rn. 3; krit. Hunger, Das Rechtsgut des § 189 StGB, 1996, S. 121; diff. Zaczyk in NK-StGB Rn. 8).

5. Wahrnehmung berechtigter Interessen → § 193 Rn. 3. Strafantrag § 194 II (für dessen Erweiterung in Anlehnung an § 230 Hunger, Das Rechtsgut des § 189 StGB, 1996, S. 123). Bekanntmachung § 200. 5

§ 190 Wahrheitsbeweis durch Strafurteil

[1]Ist die behauptete oder verbreitete Tatsache eine Straftat, so ist der Beweis der Wahrheit als erbracht anzusehen, wenn der Beleidigte wegen dieser Tat rechtskräftig verurteilt worden ist. [2]Der Beweis der Wahrheit ist dagegen ausgeschlossen, wenn der Beleidigte vor der Behauptung oder Verbreitung rechtskräftig freigesprochen worden ist.

1. Die beiden **Beweisregeln** schränken die freie Beweiswürdigung nach § 261 StPO ein, um das Wiederaufrollen abgeschlossener Strafsachen durch Beleidigungsverfahren zu verhindern. Sie gelten für §§ 186–189; auch für § 185, sofern es sich um eine Tatsachenbehauptung gegenüber dem Betroffenen handelt (BayObLG NJW 1961, 85; → § 185 Rn. 11; str.). 1

2. Verurteilung durch Strafbefehl genügt; auch der für straffrei Erklärte (zB § 199) ist verurteilt. Tilgung oder Tilgungsreife (§ 51 BZRG) schließen die Anwendung der Beweisregel nicht aus (BT-Drs. VI/1550, 22; BVerfG NJW 2006, 1865; aM Dähn JZ 1973, 51). Der **Freispruch** muss eine Sachentscheidung sein, nicht zB Einstellung wegen Verjährung (Eisele StrafR BT I Rn. 573). 2

§ 191 (weggefallen)

§ 192 Beleidigung trotz Wahrheitsbeweises

Der Beweis der Wahrheit der behaupteten oder verbreiteten Tatsache schließt die Bestrafung nach § 185 nicht aus, wenn das Vorhandensein einer Beleidigung aus der Form der Behauptung oder Verbreitung oder aus den Umständen, unter welchen sie geschah, hervorgeht.

1. Die Vorschrift **gilt für die §§ 186–188;** ferner für § 189 (str.) und für tatsächliche Vorhalte ehrenrührigen Verhaltens gegenüber dem Betroffenen (BayObLG NJW 1959, 57; → § 185 Rn. 11). Sie verbietet, die Wahrheit über einen anderen in unnötig herabsetzender Weise zu sagen. Der Wahrheitsbeweis muss auch dann erhoben werden, wenn die Bestrafung nach §§ 192, 185 feststeht (→ § 186 Rn. 7). 1

2. Aus der Form kann die Beleidigung hervorgehen; zB bei gehässiger Einkleidung, begleitenden Schimpfworten, Lautstärke, anonymer Übermittlung. **Aus den Umständen** kann sich die Beleidigung zB ergeben bei unsachlicher Veröffentlichung einer weit zurückliegenden Verfehlung (Tenckhoff JuS 1989, 35 (38)) oder sonst einer wahren Tatsache ausgerechnet bei der Hochzeitsfeier, im öffentlichen Lokal, in der Presse, im Schaukasten (sog. Publikationsexzess; vgl. LG Hamburg 2

MDR 1992, 522; Peglau ZRP 1998, 249 (250); Rühl, Tatsachen – Interpretationen – Wertungen, 1998, S. 319; Joecks/Jäger StGB Rn. 5, 6; Zaczyk in NK-StGB Rn. 4); erfasst wird auch das Gebaren des „Schwarzen Mannes" bei der Schuldeneintreibung (LG Leipzig NJW 1995, 3190; Scheffler NJ 1995, 573 (575); Edenfeld JZ 1998, 645 (648); Regge/Pegel in MüKoStGB Rn. 9). Jedoch muss man sich in öffentlichen Angelegenheiten auch öffentliche Kritik gefallen lassen.

3 **3.** Der Täter muss erkennen (Bedeutungskenntnis, → § 15 Rn. 14), dass in Form oder Umständen eine über die ehrenrührige Tatsache hinausgehende Kundgabe von Missachtung oder Nichtachtung liegt. **Beleidigungsabsicht** ist nicht erforderlich (Oppe MDR 1962, 947; Hilgendorf in LK-StGB Rn. 5; Maurach/Schroeder/Maiwald/Hoyer/Momsen StrafR BT § 26 Rn. 21; anders noch RGSt 40, 317).

§ 192a Verhetzende Beleidigung

Wer einen Inhalt (§ 11 Absatz 3), der geeignet ist, die Menschenwürde anderer dadurch anzugreifen, dass er eine durch ihre nationale, rassische, religiöse oder ethnische Herkunft, ihre Weltanschauung, ihre Behinderung oder ihre sexuelle Orientierung bestimmte Gruppe oder einen Einzelnen wegen dessen Zugehörigkeit zu einer dieser Gruppen beschimpft, böswillig verächtlich macht oder verleumdet, an eine andere Person, die zu einer der vorbezeichneten Gruppen gehört, gelangen lässt, ohne von dieser Person hierzu aufgefordert zu sein, wird mit Freiheitsstrafe bis zu zwei Jahren oder mit Geldstrafe bestraft.

Fassung: Sprachliche Korrektur durch G zur Änderung des BZRG und des StGB v. 20.10.2022 (vgl. BT-Drs. 20/4085, 12).

1 **1.** Die Vorschrift ist mit dem Gesetz zur Verbesserung des strafrechtlichen Schutzes gegen sog. Feindeslisten (→ Vor § 1 Rn. 19) zum 22.9.2021 zur besseren Bekämpfung sog. **Hassrede** (hate speech) eingefügt worden v. a. um Strafbarkeitslücken zu schließen, die sich daraus ergeben, dass eine Hassrede über bestimmte Gruppen gegenüber einem Angehörigen dieser Gruppe vielfach, etwa weil wegen der Größe der Gruppe (zB bei Protestanten, Katholiken oder Muslimen) eine Beleidigung unter einer Kollektivbezeichnung (→ Vor § 185 Rn. 3) nicht in Betracht kommt oder die addressierte Person erkennbar nicht selbst beleidigt werden soll und ein beleidigter Dritter nicht erkennbar ist (zB abfällige Behauptungen über den Propheten Mohamed in einer Zuschrift an den Vorsteher einer muslimischen Gemeinde), eine § 185-Strafbarkeit ebenso ausscheiden muss wie mangels einer Gefahr für den öffentlichen Frieden eine wegen Volksverhetzung (vgl. BT-Drs. 19/31115, 14 f.). In der Rechtspraxis diskutiert wurde das Bedürfnis für eine solche Norm zB, aber nicht nur für antisemitische Schreiben an den Zentralrat der Juden. Die Bezeichnung als verhetzende „Beleidigung" wird dem Sinn der Norm nicht wirklich gerecht, denn es geht gerade nicht um eine individuelle Ehrabschneidung (→ Vor § 185 Rn. 6) gegenüber der angesprochenen Person (oder einem erwähnten Dritten), sondern primär um eine Gefährdung der Menschenwürde des Addressaten und der durch ihn repräsentierten Gruppe im Vorfeld von deren möglicherweise als Volksverhetzung strafbarer Veröffentlichung, weshalb wohl eine Platzierung hinter § 130 näher gelegen hätte. Die Einreihung in die Beleidigungsdelikte führt aber nicht dazu, dass § 192a nur ein individuelles Rechtsgut (wie die Ehre)

schützt; vielmehr ist der davon vermittelte **Schutz der Menschenwürde** hier trotz des Erfordernisses eines konkreten Addressaten (der „anderen Person") gerade überindividuell zu verstehen.

2. Schutzgut soll nach der Bergr. (BT-Drs. 19/31115, 15) die **Ehre der betroffenen Personen** sein (so auch Jansen GA 2022, 94 (96f.)), wobei dies nicht wirklich überzeugen kann. Wie ausgeführt (→ Rn. 1) sollen gerade auch Situationen erfasst werden, in denen eine strafbare Ehrverletzung des Adressaten des Inhalts (der aber als Verletzter iSv § 194 I S. 4 gilt) nicht in Betracht kommt; da aber auch der Inhalt selbst nicht notwendig eine Person (sondern auch nur eine Gruppe) betreffen kann und diese möglicherweise nicht beleidigungsfähig ist bzw. der Inhalt nicht in einer Beleidigung der Gruppe iSv § 185 besteht (zB Zusendung der sog. „Protokolle der Weisen von Zion" an den Vorsteher einer jüdischen Gemeinde; Rechtfertigung der Ermordung Behinderter durch das NS-Regime gegenüber dem Sprecher eines Behindertenverbands) und § 192a obendrein gem. § 194 I S. 3 nur relatives, nicht absolutes Antragsdelikt ist, geht es primär um den auch überindividuell begriffenen **Schutz der Menschenwürde** in Bezug auf die angesprochene Gruppe und den dieser zugehörigen Adressaten des Inhalts (ähnlich Nussbaum KriPoZ 2021, 335 (337); Großmann GA 2020, 546 (556)). Da es auf eine tatsächliche Verletzung der Ehre des Empfängers nicht ankommt (→ Rn. 3), handelt es sich um ein **potenzielles Gefährdungsdelik**t (BT-Drs. 19/31115, 15). 2

3. Tathandlung ist das **Gelangenlassen** iS eines Zusendens, Anbietens, Überlassens und Zugänglichmachens (→ § 184 Rn. 5) eines gruppenbezogenen **Inhalts iSv § 11 III** (→ § 11 Rn. 26–28) in schriftlicher oder (fern-)mündlicher Form an eine natürliche Person, die zu der angesprochenen Gruppe zählt, aber eben nicht selbst unmittelbar von dem Inhalt angesprochen ist (sonst idR § 185); möglich ist auch ein Handeln gegenüber mehr als einer Person, doch muss es ein überschaubarer individualisierter Adressatenkreis (zB die Mitglieder eines Gemeindevorstandes, nicht auch die der gesamten Gemeinde) sein, wobei eine individaulisierende Anrede o. ä. nicht notwendig ist (möglich also auch „Meine Damen und Herren" o. ä.); ein öffentliches Zungänglichmachen ist nicht erfasst (dieses dürfte idR unter § 130 II fallen). Das Gelangenlassen oder Zuleiten setzt wie für § 184 I Nr. 6 in Anlehung an den Zugang im BGB voraus, dass der Inhalt so in den Machtbereich des Empfängers gelangt, dass dieser von dem Inhalt Kenntnis nehmen kann, ohne dass eine tatsächliche Kenntnisnahme erfolgt sein muss (→ § 184 Rn. 6c). Allerdings muss der Empfänger Gewahrsam an dem Inhalt erlangt haben, so dass die bloße Absendung eines Briefes oder einer E-Mail nicht ausreicht. Wie in § 184 I Nr. 6 nicht tatbestandsmäßig ist das Zusenden **aufgrund entsprechender** – nicht bloß mutmaßlicher (Jansen GA 2022, 94 (102)) – **Aufforderung** (→ § 184 Rn. 6c); fühlt sich der Täter irrig aufgefordert, liegt ein Tatbestandsirrtum vor. Handelt er in Wahrnehmung berechtigter Interessen, ist er durch § 193 gerechtfertigt (BT-Drs. 19/31115, 16). 3

a) Der Inhalt (zB Brief) muss entweder eine **durch ihre nationale, rassische, religiöse oder ethnische Herkunft, ihre Weltanschauung, ihre Behinderung oder ihre sexuelle Orientierung bestimmte Gruppe** (→ § 130 Rn. 2) oder einen **Einzelnen** wegen seinerZugehörigkeit zu derselben **beschimpfen, böswillig verächtlich machen oder verleumden** (→ § 130 Rn. 6). Dadurch muss dieser Inhalt objektiv **geeignet** sein, die **Menschenwürde anderer anzugreifen** (→ § 130 Rn. 3); ein Angriff auf die Würde muss damit (noch) nicht erfolgt sein (Jansen GA 2022, 94 (98); aM Nussbaum KriPoZ 2021, 335 (339)). Nicht notwen- 4 dig ist, dass der gruppennagehörige Adressat selbst beschimpft ist; möglich ist auch, dass ihm gegenüber ein anderer Gruppenangehöriger beschimpft wird.

5 **b)** Die (ggf. mit anderen) **adressierte Person** muss **Mitglied der angesprochenen** (und nicht einer anderen genannten) **Gruppe** sein, so dass es nicht ausreicht, wenn dem Vorstand einer muslimischen Gemeinde antisemitische Hetzschriften übersandt werden (Jansen GA 2022, 94 (101)); dass andere mitangesprochen Personen nicht der Gruppe zugehören, spielt dagegen keine Rolle (z. B. antisemitisches Schreiben an ein Ehepaar, bei dem nur ein Ehepartner Jude ist). Geht das an ein Mitglied der Gruppe gerichtete Schreiben (zB den Vater) stattdessen einem anderen, nicht adressierten Mitglied derselben Gruppe (zB dem Sohn) zu, kommt es darauf an, ob der Täter das Schreiben an die falsche Person adressiert hat oder ob ein an die eigentlich gemeinte Person adressiertes Schreiben etwa von der Post einer anderen gleichnamigen Person zugestellt wird; letzterenfalls ist der Zugang beim Adressaten zu verneinen, selbst wenn dieser der gleichen Gruppe wie der Adressat angehört. Irrt sich der Täter dagegen bei Namen oder Anschrift und gelangt deshalb sein Schreiben an ein anderes als das ursprünglich gemeinte Gruppenmitglied, ist dies ein unbeachtlicher error in persona (handelt es sich beim tatsächlichen Empfänger nicht um ein Gruppenmitglied, scheidet eine Strafbarkeit aus).

6 **4.** In subjektiver Hinsicht genügt **bedingter Vorsatz.** Glaubt der Täter irrig, der Adressat gehöre nicht zu der Gruppe, liegt ein Tatbestandsirrtum iSv § 16 vor (Jansen GA 2022, 94 (102)).

7 **5.** Die Tat ist gem. § 194 I S. 3 **relatives Antragsdelikt.** Die Nähe zu § 130 und damit zum Schutz des öffentlichen Friedens und der Menschenwürde sowie die Gleichsetzung in § 193 I S. 3 mit Ehrangriffen auf Politiker legt nahe, dass das öffentliche Interesse bei solchen Angriffen idR zu bejahen sein dürfte, zumal ja dem Adressaten in § 194 I S. 4 ein **Widerspruchsrecht** zugestanden ist, so dass er nicht etwa Gefahr läuft, entgegen seinem Willen als Zeuge in einen Strafprozess einbezogen zu werden.

8 **6.** Adressiert der Täter eine Person und verbreitet dies zugleich öffentlich (etwa indem er den Brief auf seine Website stellt) ist angeischts der zumindest auch individuellen Schutzrichtung von § 192a aus Klarstellungsgründen mit § 130 **Tateinheit** möglich, ebenso mit § 186. – De lege ferenda sollte dem Adressaten daher konsequent – wie auch bei §§ 185–189 (vgl. § 395 III StPO) – die Befugnis zur **Nebenklage** zugestanden werden.

§ 193 Wahrnehmung berechtigter Interessen

Tadelnde Urteile über wissenschaftliche, künstlerische oder gewerbliche Leistungen, desgleichen Äußerungen oder Tathandlungen nach § 192a, welche zur Ausführung oder Verteidigung von Rechten oder zur Wahrnehmung berechtigter Interessen vorgenommen werden, sowie Vorhaltungen und Rügen der Vorgesetzten gegen ihre Untergebenen, dienstliche Anzeigen oder Urteile von seiten eines Beamten und ähnliche Fälle sind nur insofern strafbar, als das Vorhandensein einer Beleidigung aus der Form der Äußerung oder aus den Umständen, unter welchen sie geschah, hervorgeht.

Fassung: Durch das G zur Verbesserung des strafrechtlichen Schutzes gegen sog. Feindeslisten (→ Vor § 1 Rn. 19) wurde zum 22. 9. 2021 der neu geschaffene § 192a aufgenommen.

1. a) Die Vorschrift gibt die Befugnis, zur **Wahrnehmung berechtigter Interessen** die Ehre anderer Menschen zu verletzen. Nach hM wird hier eine Interessenkollision nach den Grundsätzen der **Güter- und Interessenabwägung** gelöst (BGH bei Dallinger MDR 1953, 401; krit. Merz, Strafrechtlicher Ehrenschutz und Meinungsfreiheit, 1998, S. 93); zT greift man – jedenfalls für § 186 mit Recht (überzeugend Eisele/Schittenhelm in Schönke/Schröder, Rn. 8) – auch auf den Gesichtspunkt des erlaubten Risikos (→ Vor § 32 Rn. 29) zurück (Lenckner FS Mayer, 1966, 165 (179); Jescheck/Weigend StrafR S. 402; krit. Merz, Strafrechtlicher Ehrenschutz und Meinungsfreiheit, 1998, S. 96; aM Preuß, Untersuchungen zum erlaubten Risiko im Strafrecht, 1974, S. 220). Es handelt sich jedenfalls um einen **Rechtfertigungsgrund** (BGHSt 18, 182 = NJW 1963, 665; Eser, Wahrnehmung berechtigter Interessen als allgemeiner Rechtfertigungsgrund, 1969, S. 18; diff. Hilgendorf in LK-StGB Rn. 1), nicht lediglich um einen Strafunrechtsausschließungsgrund (so Günther FS Spendel, 1992, 189 (196)) und auch nicht um einen Schuldausschließungsgrund (so Erdsiek JZ 1969, 311; Roeder FS Heinitz, 1972, 229). Soweit Gesichtspunkte der Meinungsbildung eine Rolle spielen, wird § 193 schlechthin als eine Ausprägung des Grundrechts der **freien Meinungsäußerung** nach Art. 5 GG verstanden (BVerfGE 42, 143 (152) = NJW 1976, 1677; BVerfG NJW 1999, 2262; NJW 2000, 3196; BGHSt 12, 287 (293) = NJW 1959, 636; BVerwG NJW 1982, 1008 (1010); BayObLG NStZ 1983, 126; NStZ-RR 2002, 210 mablAnm Zaczyk JR 2003, 36 (37); KG StV 1997, 485; OLG Düsseldorf NJW 1998, 3214; NStZ-RR 2003, 295; OLG Koblenz NStZ-RR 2000, 44; Meurer FS Hirsch, 1999, 651 (655); Otto NJW 2006, 575; Eisele ComputerStrafR § 27 Rn. 91; sa EuGH NJW 1987, 2145; aM Merz, Strafrechtlicher Ehrenschutz und Meinungsfreiheit, 1998, S. 59; Zaczyk FS Hirsch, 1999, 819; Zaczyk in NK-StGB Rn. 6). Dass der Täter seine Aussage auch anders hätte formulieren können, ist unerheblich, weil auch starke Schlagworte oder scharfe Äußerungen dem Schutzbereich des Art. 5 I GG unterfallen (BVerfG NJW-RR 2012, 1002 (1003); OLG Frankfurt a. M. NStZ-RR 2012, 244 (245)). Durch die These des BVerfG von der „Wechselwirkung" zwischen dem Grundrecht des Art. 5 GG und den dieses begrenzenden „allgemeinen Gesetzen" (BVerfGE 7, 198 = NJW 2018, 686; BVerfG NJW 2005, 1341 (1342); Grimm NJW 1995, 1697; Hager AcP 1996, 168 (178); Schößler, Anerkennung und Beleidigung, 1997, S. 288; krit. Stern FS Hübner, 1984, 815; Mackeprang, Ehrenschutz im Verfassungsstaat, 1990, S. 119; Kiesel NVwZ 1992, 1129; Tröndle FS Odersky, 1996, 259 (264) „Inversionsformel der Wechselwirkung"; Merz, Strafrechtlicher Ehrenschutz und Meinungsfreiheit, 1998, S. 63; sa Isensee FS Kriele, 1997, 5 (28); Kübler KritV 2000, 313) ist die Auslegung des Beleidigungsrechts zwar nicht vollständig, aber doch in weitem Umfang auf das BVerfG übergegangen (vgl. etwa BVerfGE 61, 1 = NJW 1983, 1415 mit krit. Bespr. Schmitt Glaeser JZ 1983, 95 und v. d. Decken NJW 1983, 1400; BVerfGE 82, 43 = NJW 1990, 1980; BVerfGE 82, 236 = NJW 1991, 91 mAnm Tettinger JZ 1990, 1074; BVerfGE 85, 1 = NJW 1992, 1439; BVerfGE 90, 241 = NJW 1994, 1779; BVerfGE 93, 266 (290) = NJW 1995, 3303 mit krit. Bespr. Otto NStZ 1996, 127 (128); Zuck JZ 1996, 364 (365); Hilgendorf in LK-StGB Rn. 4; sa Tiedemann, Verfassungsrecht und Strafrecht, 1991, S. 37; Hirsch FS BGH, 1975, 199 (228); Roxin JahrbÖR 2011, 1 (22); Maurach/Schroeder/Maiwald/Hoyer/Momsen StrafR BT § 26 Rn. 8; speziell zum Persönlichkeitsrecht des Straftäters BVerfGE 35, 202 (231) = NJW 1973, 1226; dazu Kühl FS Müller-Dietz, 2001, 401; BVerfG NJW 2010, 757 (758); zusf. zur neueren Rspr. des BVerfG Rixen Jura 2020, 1151). 1

2 **b)** § 193 deckt nur die Verletzung **fremder Ehre** (hM); seine vorsichtige Erstreckung auf einige **weitere Tatbestände** mit besonders gemeinschaftsbezogenen Rechtsgütern (zB Verletzung der Vertraulichkeit des Wortes, Verletzung von Privatgeheimnissen, § 201 I, II Nr. 1, § 203) wird im Schrifttum teils befürwortet (Noll ZStW 77 (1965), 1 (31); Eser, Wahrnehmung berechtigter Interessen als allgemeiner Rechtfertigungsgrund, 1969, S. 15, 40; Tiedemann JZ 1969, 717 (721); Geppert Jura 1985, 25 (28)), teils aber auch nachdrücklich abgelehnt (Suppert, Studien zur Notwehr und „notwehrähnlichen Lage“, 1973, S. 223; Krey ZStW 90 (1978), 173 (181); Lenckner GS Noll, 1984, 243; Tenckhoff JuS 1989, 198; Kretschmer, Strafrechtlicher Ehrenschutz und Meinungs- und Pressefreiheit im Recht der Bundesrepublik Deutschland und der Vereinigten Staaten von Amerika, 1994, S. 73; Bohnert NStZ 2004, 301 (305); Schmidt ZStW 121 (2009), 645 (651); Maurach/Schroeder/Maiwald/Hoyer/Momsen StrafR BT § 29 Rn. 14; Hoyer in SK-StGB Vor § 201 Rn. 14–16); darüber hinaus ist er jedenfalls unanwendbar, zB wenn § 123 (OLG Stuttgart NStZ 1987, 121 mit Bespr. Lenckner JuS 1988, 349), § 164 (RGSt 71, 34 (37); OLG Oldenburg Nds. Rpfl. 1951, 51), § 267 (RGSt 50, 55) oder § 303 (OLG Stuttgart NStZ 1987, 121) verletzt ist (OLG Düsseldorf NJW 2006, 630 (631)).

3 **c)** Innerhalb des **14. Abschnitts** kommt § 193 namentlich in Frage bei der üblen Nachrede (§§ 186, 187a I), daneben auch bei Tatsachenbehauptungen gegenüber dem Beleidigten (→ § 185 Rn. 2) sowie bei öffentlichen Meinungsäußerungen, dienstlichen Urteilen und tätlichen Beleidigungen (str.) iRd § 185 (zu eng BGH bei Dallinger MDR 1953, 401), darüber hinaus auch bei § 192a. Bei reinen Formalbeleidigungen (OLG Düsseldorf NStZ-RR 1996, 5 (7); Eisele/Schittenhelm in Schönke/Schröder, Rn. 2; krit. Graul NStZ 1991, 457 (461); Scheffler NJ 1995, 573 (575)) und bei Verleumdungen (BGHSt 14, 48 = NJW 1960, 779; BGH NStZ 1995, 78 mzustAnm Jahn StV 1996, 259; OLG Hamm NJW 1971, 853; s. aber RGSt 48, 414; RGSt 63, 94; für die Heranziehung von § 34 Maurach/Schroeder/Maiwald/Hoyer/Momsen StrafR BT § 26 Rn. 30; Regge/Pegel in MüKoStGB § 187 Rn. 20) scheidet er dagegen idR, aber nicht notwendig aus (aM Hilgendorf in LK-StGB Rn. 11). Auch die Verunglimpfung des Andenkens Verstorbener (§ 189) kann ausnahmsweise gerechtfertigt sein (LG Göttingen NJW 1979, 1558 (1559)); sie ist jedoch wegen Unangemessenheit der Zweckverfolgung (→ Rn. 10) regelmäßig ausgeschlossen, wenn die Kränkung schon der Form nach besonders schwer war (unrichtig Bemmann, Meinungsfreiheit und Strafrecht, 1981, S. 6, 12).

4 **2.** § 193 beschreibt einen **besonderen Rechtfertigungsgrund,** der speziell den Ehrenschutz relativiert und deshalb nur die Beleidigungstatbestände zur Grundlage hat. Wegen dieser inneren Verknüpfung lässt er sich regelmäßig abschließend erst beurteilen, wenn der objektive und subjektive Tatbestand einer Beleidigung erfüllt (OLG Frankfurt a. M. NJW 1989, 1367; BayObLG NJW 1999, 1982), ein in Frage kommender Wahrheitsbeweis gescheitert (→ § 186 Rn. 7, 8) und die Tat nicht schon aus allgemeinen Gründen (zB Notwehr, Einwilligung) gerechtfertigt ist (Tenckhoff JuS 1989, 198). Die Annahme der hM (OLG Frankfurt a. M. NJW 1989, 1367; BayObLG NJW 1999, 1982; Hilgendorf in LK-StGB Rn. 12), dass der Richter die Tatbestandsmäßigkeit stets zuerst festzustellen habe, findet im Prozessrecht keine zureichende Stütze (Graul NStZ 1991, 457; Hardtung JuS 1996, 807 (810)).

3. a) Dem verletzten Rechtsgut der Ehre muss ein – durch die gesetzlichen Beispiele zT näher konkretisiertes – **berechtigtes Interesse** des Täters gegenüberstehen, das sich im Einzelfall auch aus einer gesetzlichen Pflicht (zB Aussagen vor Gericht, Vorhaltungen und Rügen von Dienstvorgesetzten, dienstliche Anzeigen und Urteile von Beamten) ergeben kann. Als **Interesse** kommt jedes öffentliche oder private, ideelle oder vermögensrechtliche Interesse in Frage, soweit es von der Rechtsordnung als schutzwürdig anerkannt ist (Merz, Strafrechtlicher Ehrenschutz und Meinungsfreiheit, 1998, S. 103); Belange, die dem Recht oder dem Sittengesetz zuwiderlaufen, sind daher ausgeschlossen (RGSt 34, 222; Hilgendorf in LK-StGB Rn. 18; Rogall in SK-StGB Rn. 13). 5

b) Das Interesse ist **berechtigt,** wenn es ein **unmittelbares oder mittelbares eigenes Interesse** des Täters ist (Merz, Strafrechtlicher Ehrenschutz und Meinungsfreiheit, 1998, S. 104). Es genügt, wenn es ihn so nahe berührt, dass er sich nach vernünftigem Ermessen zu seinem Verfechter aufwerfen darf (RGSt 63, 231). Das ist zB der Fall bei Handeln kraft Stellung oder Auftrags (Anwalt: OLG Köln NJW 1979, 1723; OLG Saarbrücken AnwBl 1979, 193; OLG Düsseldorf NStZ-RR 1996, 5 (7); NJW 1998, 3214; KG StV 1997, 485; NStZ-RR 1998, 12; LG Köln MDR 1973, 65; Gemeinderatsmitglied: BayObLG NJW 1956, 354; Landtagsabgeordneter: BGH bei Dallinger MDR 1955, 270; Auskunfteien: Jäger NJW 1956, 1224), bei Belangen von nahen Angehörigen (vgl. BVerfG NJW 2004, 354), Freunden (BayObLG NJW 1965, 58; Meurer FS Hirsch, 1999, 651 (658)) oder langjährigen Angestellten (OLG Braunschweig NJW 47/48, 697); ferner bei Meldungen zur Aufklärung von Betriebsdiebstählen (KG DRZ 1950, 418) und bei sonstigen gemeinsamen Belangen eines engeren Personenkreises (Verein, Schutzverband, Gemeinde). 6

c) Interessen der Allgemeinheit berühren jeden Bürger nahe (BVerfGE 12, 113 (125) = NJW 1961, 819; BVerfGE 93, 266 (293) = NJW 1995, 3303; BGHZ 31, 308 (312) = NJW 1960, 476; BGHSt 18, 182 (187) = NJW 1963, 665). Der Bürger hat daher ein eigenes Interesse daran, dass Straftaten verfolgt, Verfehlungen von Abgeordneten, Beamten und anderen Staatsbediensteten (OLG Düsseldorf VRS 60, 115) aufgedeckt oder Angriffe auf die rechtsstaatliche Ordnung abgewehrt werden (BGH bei Dallinger MDR 1956, 397). § 193 deckt daher bei Vorliegen auch seiner weiteren Voraussetzungen die (freiwillige) Zeugenaussage vor der Polizei (OLG Stuttgart NJW 1967, 792 mAnm Roxin) und die Anzeige bei der zuständigen Behörde oder dem Parlament, uU sogar die sog. Flucht in die Öffentlichkeit. Der Bürger nimmt sein Interesse auch wahr bei Auskünften an politische Parteien über einen Wahlkandidaten (BayObLG NJW 1953, 1361) oder an eine Behörde auf Grund eines Auskunftsersuchens (OLG Schleswig SchlHA 1960, 313). Die Publikation einer Stasi-Akte durch den Betroffenen kann ein wichtiger Beitrag zur zeitgeschichtlichen Diskussion sein; an ihr besteht ein erhebliches öffentliches Interesse (OLG Hamburg DtZ 1993, 349); kein überwiegendes Interesse besteht an der Veröffentlichung einer Liste, wenn diese Angaben zu Personen enthält, die weder im IM-Gefüge des MfS eine exponierte Stellung innehatten, noch heute eine herausgehobene Stellung besitzen (BGH JZ 1995, 253 = VersR 1994, 1116 mkritAnm Trute; vgl. dazu auch den Nichtannahmebeschluss BVerfG NJW 2000, 2413 mit Bespr. Enders JZ 2000, 1108; zur Veröffentlichung der Gehaltsliste des MfS s. BVerfG NJW 1999, 3326). 7

8 **d)** Die früher umstrittene Frage, ob **auch die Presse** nur unmittelbare oder mittelbare eigene Interessen wahrnehmen darf, ist heute im Grundsatz geklärt. Im Hinblick auf ihre Funktion im demokratischen Staat genießt die Presse im Rahmen ihrer öffentlichen Aufgabe, die in den meisten Landespressegesetzen ausdrücklich anerkannt ist (Groß JR 1995, 485 (487)), den Schutz des § 193 (BVerfGE 12, 113 (126) = NJW 1961, 819; BGHZ 31, 308 = NJW 1960, 476; weiter Hilgendorf in LK-StGB Rn. 20; Rogall in SK-StGB Rn. 18). Zu ihrer öffentlichen Aufgabe (vgl. Löffler NJW 1982, 91) gehört es, in Angelegenheiten von öffentlichem Interesse Nachrichten zu beschaffen und zu verbreiten, Stellung zu nehmen, Kritik zu üben oder auf andere Weise an der Meinungsbildung mitzuwirken (OLG Düsseldorf NStZ 1992, 283; Fuhrmann JuS 1970, 70; krit. Rehbinder NJW 1963, 1387; 1969, 1616; BVerwG NJW 2015, 807; zur Presse als „öffentlicher Wachhund" EGMR NJW 2010, 751), nicht aber ausschließlich auf Skandal und Sensation gerichtete Äußerungen zu verbreiten (BGHSt 18, 182 = NJW 1963, 665).

9 **4.** Nach hM muss als **subjektives Rechtfertigungselement** hinzukommen, dass es dem Täter – sei es auch neben anderen Zwecken (BGH NStZ 1987, 554; OLG Düsseldorf VRS 60, 115) – auf die **Interessenwahrnehmung ankommt** (BGHSt 18, 182 (186) = NJW 1963, 665; Merz, Strafrechtlicher Ehrenschutz und Meinungsfreiheit, 1998, S. 188; Otto StrafR BT § 32 Rn. 41; Fischer Rn. 42; Zaczyk in NK-StGB Rn. 46). Jedoch ist auch hier die Mindermeinung, die Kenntnis der Rechtfertigungslage genügen lässt (→ Vor § 32 Rn. 6), vorzugswürdig (Roxin/Greco StrafR AT I § 18 Rn. 48; Eisele/Schittenhelm in Schönke/Schröder Rn. 23).

10 **5. a)** Die **Abwägung** der widerstreitenden Interessen muss ergeben, dass das Interesse des Beleidigers mindestens gleich- (OLG Frankfurt a. M. NJW 1991, 2032 (2035); Rengier StrafR BT II § 29 Rn. 43), wenn nicht höherwertig (Lenckner GS Noll, 1984, 243 (248)) ist als der Anspruch des Beleidigten auf Unverletztheit seiner Ehre (krit. Merz, Strafrechtlicher Ehrenschutz und Meinungsfreiheit, 1998, S. 137; Zaczyk in NK-StGB Rn. 2, 16). Vor allem muss die Ehrverletzung nach den Umständen ein geeignetes und zugleich das schonendste Mittel der Interessenwahrnehmung sein (ähnlich Merz, Strafrechtlicher Ehrenschutz und Meinungsfreiheit, 1998, S. 117, 123, 135, die außer der Geeignetheit und Erforderlichkeit noch die Angemessenheit verlangt; beachte jedoch → Rn. 12). Dabei trifft den Beleidiger die Pflicht zur Prüfung, ob der Ehrangriff das unerlässliche – auch in dieser Form nötige – Mittel zur Interessenverfolgung ist. Deshalb besteht im Rahmen der Zumutbarkeit auch eine **Informationspflicht** über den Wahrheitsgehalt einer Äußerung, wenn der Angriff eine Tatsachenbehauptung enthält (BGHSt 14, 48 (51) = NJW 1960, 779; BVerfG NJW 2006, 207 (210); sa EGMR NJW 2006, 1645 mit Bespr. Dörr JuS 2006, 1120; Seelmann-Eggebert NJW 2008, 2551 (2553); Gropp StrafR AT § 6 Rn. 223; Jescheck/Weigend StrafR S. 403; Köhler StrafR AT S. 323; Heinrich in Krey/Hellmann/Heinrich StrafR BT I Rn. 485, 490; Fischer Rn. 9; aM Roxin/Greco StrafR AT I § 18 Rn. 47; sa Merz, Strafrechtlicher Ehrenschutz und Meinungsfreiheit, 1998, S. 185; Hirsch FG BGH, 2000, 199 (226); speziell zur Informationspflicht bei Berichten über inoffizielle „Stasi"-Mitarbeiter OLG Hamburg ZIP 1992, 117; Bork ZIP 1992, 90 (101); einschr. bei zu Grunde liegenden staatlichen Berichten EGMR NJW 2000, 1015, bei Behördenauskünften, nicht aber bei inoffiziellen Angaben aus den Reihen der Polizei, OLG Dresden NJW 2004, 1181). Der Umfang dieser Pflicht richtet sich nach allen äußeren und inneren Umständen, zB nach dem Grad der Wahrscheinlichkeit, der nach den bis-

herigen Informationen für die Richtigkeit der Behauptung spricht, den zeitlichen, beruflichen und persönlichen Möglichkeiten weiterer Aufklärung durch den Täter, seinen Motiven, seiner etwaigen Erregung, der Schwere des erhobenen Vorwurfs und den Anschauungen der beteiligten Kreise (zusf. Geppert Jura 1985, 25 (30); aus zivilrechtlicher Sicht Hager AcP 1996, 168 (193)). Fehlt es in diesem Sinne an gewissenhaftem Bemühen um Aufklärung des Wahrheitsgehalts, hat der Täter seine Behauptung also „leichtfertig“ aufgestellt, so ist ihm (auch im Falle der leichtfertig falschen Anzeige, BVerfG NJW 2006, 2318; zu Recht einschr. für sog. Aufklärungsanzeigen OLG Köln NJW 1997, 1247 mit zust. Bespr. Fahl JA 1998, 365; Otto JK StGB § 193 Rn. 4) der Schutz des § 193 zu versagen (BGH bei Dallinger MDR 1954, 335; OLG Hamburg MDR 1980, 953; OLG Celle NJW 1988, 353; beachte auch BVerfG NJW 2000, 199 mit krit. Bespr. Otto JK StGB § 193 Rn. 5; Soehring/Seelmann-Eggebert NJW 2000, 2466 (2471); Schulz, Die rechtlichen Auswirkungen von Medienberichterstattung auf Strafverfahren, 2002, S. 53). Ergeben die Nachforschungen, dass die Tatsachen umstritten oder zweifelhaft sind, muss der sich Äußernde darauf hinweisen (BVerfG NJW 2006, 207 (210)). Soweit die Informationspflicht reicht, sind die für den Erlaubnistatbestandsirrtum geltenden Regeln (→ § 17 Rn. 9–16) nicht anwendbar (hM; vgl. etwa Fuhrmann JuS 1970, 70 (75); Geppert Jura 1985, 25 (31); Hilgendorf in LK-StGB Rn. 31; anders Rogall in SK-StGB Rn. 35). Zur Information des eigenen Anwalts und zu dessen Sachvortrag im Verfahren BGH NStZ 1987, 554; OLG Hamburg MDR 1980, 953; OLG Celle NJW 1991, 1189; LG Hechingen NJW 1984, 1766; sa OLG Köln FamRZ 1992, 1170; → § 185 Rn. 9).

b) Auch bei **öffentlichen Äußerungen,** namentlich Äußerungen in der **Presse** (zusf. Rehbinder, Die öffentliche Aufgabe und rechtliche Verantwortlichkeit der Presse, 1962; Fuhrmann JuS 1970, 70; Schmid, Freiheit der Meinungsäußerung und strafrechtlicher Ehrenschutz, 1972; rechtsvergleichend Schwinge MDR 1973, 801; vgl. auch EGMR NJW 2006, 591 mit Bespr. Dörr JuS 2006, 634; EGMR NJW 2010, 751), besteht die Pflicht zur Prüfung, ob eine Tatsachenbehauptung wahr (BVerfGE 12, 113 (130) = NJW 1961, 819; OLG Hamburg ZIP 1992, 117; AG Mainz NStZ 1995, 347 mkritAnm Otto; Hilgendorf in LK-StGB Rn. 23; vgl. auch BGHZ 132, 13 = NJW 1996, 1131; EGMR NJW 2006, 1645) und ob die Veröffentlichung unerlässlich ist. Dabei ist grds. ein strenger Maßstab anzulegen (BGHSt 3, 73 = BeckRS 1952, 31192623; BGH NJW 1952, 194; OLG Stuttgart NJW 1972, 2320; Hager Jura 1995, 566 (568); Stapper ZUM 1995, 590 (597); Groß JR 1995, 485 (486); Wessels/Hettinger/Engländer StrafR BT I Rn. 518). Die Anforderungen sind umso höher, je schwerer die Äußerung wiegt (BVerfG NJW 2004, 589; NJW 2006, 595; EGMR NJW 2006, 1645). Namentlich während eines schwebenden Strafverfahrens ist es idR nicht gerechtfertigt, den Beschuldigten auf der Grundlage eigener Recherchen schon als Täter und nicht lediglich als Verdächtigen hinzustellen; auch wenn die **Unschuldsvermutung** nach Art. 6 II MRK keine unmittelbare Drittwirkung hat, ist sie doch als wichtiges Interesse an der Verhütung von „Vorverurteilungen“ in die Abwägung einzubeziehen (BVerfGE 35, 202 (232) = NJW 1973, 1226; BVerfG NJW 2009, 350 zu § 176 GVG; BGHZ 143, 199 = NJW 2000, 1036; BGH NJW 2013, 229 (230); NJW 2013, 790; sowie BGH NJW 2013, 1681 (1682); problematisch OLG Frankfurt a. M. NJW 1980, 597 mit krit. Bespr. Grave NJW 1981, 209; sa OLG Düsseldorf NJW 1980, 599; OLG Köln NJW 1987, 2682; OLG Brandenburg NJW 1995, 886; OLG Nürnberg NJW 1996, 530; OLG Stuttgart NJW 2001, 3797; OLG Dresden NJW 2004, 1181; LG Düssel- 11 dorf NJW 2003, 2536; VG Berlin NJW 2001, 3799; VG Saarlouis NJW 2003, 3431; Marxen GA 1980, 365; Zielemann, Der Tatverdächtige als Person der Zeitgeschichte, 1982, S. 67; Kühl FS Hubmann, 1985, 241; Kühl FS Müller-Dietz, 2001, 401; Hassemer NJW 1985, 1921; Roxin NStZ 1991, 153 (157); Hager Jura 1995, 566 (569); Stapper ZUM 1995, 590 (597); Groß JR 1995, 485 (487); Merz, Strafrechtlicher Ehrenschutz und Meinungsfreiheit, 1998, S. 115, 131; Soehring/Seelmann-Eggebert NJW 2000, 2466 (2470); Eisenberg StraFo 2006, 15; Boehme-Neßler ZRP 2009, 228 (229); Bölke, Presserecht für Journalisten, 2005, S. 143; Ricker/Weberling PresseR-HdB Kap. 16 Rn. 10; Fischer Rn. 34; Hilgendorf in LK-StGB Rn. 29; sa BVerfG NJW 1998, 2889; NJW 2009, 3357 mAnm Jahn NJW 2009, 3344; sowie EGMR NJW 2006, 1645 mit Bespr. Dörr JuS 2006, 1120; zur vergleichbaren Rechtslage in der Schweiz SchwBG StV 1991, 527; rechtsvergleichend Brömmekamp, Die Pressefreiheit und ihre Grenzen in England und in der Bundesrepublik Deutschland, 1997, S. 190, 216, 226); schon eine Namensnennung oder sonst identifizierende Berichterstattung kann eine unnötige Prangerwirkung auslösen (näher Kühl FS Müller-Dietz, 2001, 401; vgl. auch BVerfG NJW 2009, 350; sa EGMR NJW 2013, 768; BGH NJW 2010, 757; NJW 2010, 2432 (2433); AfP 2013, 250; Eisele JZ 2014, 932 (933); LG Hamburg AfP 2013, 70; Stieper JZ 2014, 271 (279); zur sog. „Verdachtsberichterstattung“; BVerfG JA 2016, 797 = NJW 2016, 2870 mit Bespr. Muckel; BGHZ 199, 237 = NJW 2014, 2029; JZ 2015, 417 (422) mkritAnm Beater; BGH NJW 2015, 778 mit Bespr. Hager JuS 2015, 386; Hohmann NJW 2009, 881; Lehr NStZ 2009, 409 (412); AfP 2013, 7; NJW 2013, 728; Rau/Wulf Kriminalistik 2010, 467; rechtsvergleichend Hanske/Lauber-Rönsberg ZUM 2013, 264 (266); zivilrechtlich Schertz NJW 2013, 721 (724); rechtshistorisch Fröhling, Der moderne Pranger, 2014; Vacca Jura 2013, 594 (601)); Rische AfP 2013, 1; Haarmann, Die individualisierende Verdachtsberichterstattung über den Beschuldigten eines Strafverfahrens, 2012; vier Voraussetzungen der Verdachtsberichterstattung fordert Gounalakis NJW 2014, 2000, ua keine Vorverurteilung; zur Beweislastumkehr Brinkmann AfP 2015, 290; Nagel in Jaeckel/Zabel/Zimmermann, Grundrechtspolitik und Rechtswissenschaft, 2015, S. 248, 252; Jahn ZStW 127 (2015), 725 (728), Diskussionsbeitrag. Zur öffentlichen Identifizierung von Beschuldigten in Ermittlungsverfahren durch Ermittlungsbehörden → § 203 Rn. 15, 21, 25; → § 353b Rn. 6, 11; → § 353d Rn. 4.

11a **c)** Äußerungen **zur Ausführung oder Verteidigung von Rechten** (näher Eisele/Schittenhelm in Schönke/Schröder Rn. 6) genießen wegen des Rechtsstaatsprinzips und des Anspruchs auf rechtliches Gehör (BVerfG NJW 1991, 2074; NJW 2004, 354) sowie des Interesses an einem sachgerechten Funktionieren der Rechtspflege (BGH NJW 2005, 279; vgl. auch BVerfG NJW 1991, 2074; NJW 2008, 2424; außerdem BGH NJW 1962, 243) insbes. im Rahmen geordneter gerichtlicher und behördlicher Verfahren (BVerfG NJW 2004, 354; BGH NJW 1962, 243; NJW 2005, 279; LG Saarbrücken NJW 2013, 179 mAnm Mehle) besonderen Schutz (Beulke FS Müller, 2008, 45). So etwa das Verteidigungsvorbringen des Angeklagten (BVerfG NJW 2000, 3196) oder seines Verteidigers (BVerfG NJW 2000, 199 mit zust. Bespr. Otto JK StGB § 193 Rn. 5; BVerfG NJW 2003, 3263; sa LG Hildesheim NJW-RR 2004, 1418; AG Magdeburg NJW 2004, 1541; diff Eisele/Schittenhelm in Schönke/Schröder Rn. 6 und 22), das Stellen eines Beweisantrags (LG Düsseldorf StV 2002, 660) oder Ablehnungsgesuchs (OLG Hamm NStZ-RR 2006, 7) sowie das Unterstellen bewusst unrichtiger Behauptungen gegenüber einem Zeugen im Plädoyer (AG Frankfurt StV 2020, 199), die Beschwerde gegen eine staatsanwaltschaftliche Verfahrenseinstellung (OLG Oldenburg NStZ-RR 2008, 201), Schreiben an die Bußgeldbehörde (BVerfG NJW-RR 2012, 1002), die Zurückweisung einer gegenüber dem Mandanten geltend gemachten Forderung (BVerfG NJW 2008, 2425), der Sachvortrag in gerichtlichen Auseinandersetzungen (BVerfG NJW 1991, 2074; NStZ 1995, 78 mzustAnm Jahn StV 1996, 259; BVerfG NJW 2005, 279; NJW 2019, 2600; OLG Hamburg NStZ-RR 1997, 103 mzustAnm Foth JR 1997, 522; KG StV 1997, 485; NStZ-RR 1998, 12; OLG Düsseldorf NJW 1998, 3214; OLG Bremen NStZ 1999, 621; BayObLG NJW 2000, 3079; OLG Frankfurt a. M. NJW 2003, 77; OLG Jena NJW 2002, 1890; BayObLG NJW 2001, 1511; NStZ-RR 2002, 40 (41) **„Kampf ums Recht";** OLG Celle StV 2015, 566; sa EGMR BeckRS 2015, 81139 besprochen von Jahn JuS 2016, 468; sa Jahn FS Schiller, 2014, 339 (348); Hilgendorf in LK-StGB Rn. 15, 16; sa BVerfG NJW 1996, 3268; Ignor GS Schlüchter, 2002, 317); ebenso Petitionen nach Art. 17 GG (OLG Düsseldorf NJW 1972, 650), die Anprangerung von Missständen (BVerfGE 60, 234 = NJW 1982, 2655; BVerfG NJW 2004, 354; NJW 2014, 3357; JZ 1982, 724; auch im Strafvollzug BVerfG NStZ 1994, 300; sa LG Bonn NStZ-RR 2013, 374; und Strafanzeigen Eisele/Schittenhelm in Schönke/Schröder Rn. 20; einschr. Zaczyk in NK-StGB Rn. 14; vgl. auch BVerfGE 74, 257 = NJW 1987, 1929; BGH NJW 1962, 243; anders Koch NJW 2005, 943). Die Äußerungen dürfen jedoch nicht missbräuchlich sein (BVerfG NJW 1991, 2074), etwa wenn ihre Funktion eher in der öffentlichen Verächtlichmachung der Beteiligten als in einer Kritik des Beschlusses oder einer Aufklärung über aus Sicht des Täters darin enthaltene Ungerechtigkeiten besteht (BVerfG NJW 2020, 2622). Für die Schwere der Ehrverletzung ist zu unterscheiden, ob ein persönlicher Angriff auf die verantwortlichen Beamten vorliegt oder die Maßnahme („SS-Methoden") kritisiert wird (OLG Frankfurt a. M. NStZ-RR 2012, 244 (245); sa schon BVerfG NJW 1992, 2815; vgl. auch Sinn ZJS 2020, 402).

d) Bei Äußerungen in der **politischen Auseinandersetzung oder sonst im Bereich der öffentlichen Meinungsbildung,** zB im Wahlkampf (BVerfGE 61, 1 = NJW 1983, 1415 mit Bespr. Schmitt Glaeser JZ 1983, 95; v. d. Decken NJW 1983, 1400; OLG Stuttgart JZ 1969, 77), oder in einem Diskussionsforum im Internet (BVerfG NJW 2012, 3712), bei Kritik an Staatsorganen (etwa der Bundeswehr, BGHSt 36, 83 = NJW 1989, 1365; BVerfGE 93, 266 (291) = NJW 1995, 3303), Amtsträgern (BVerfG NJW 2009, 3016; Sächs VerfGH StraFo 2011, 283 (286)), Unternehmen in (teilweise) staatlicher Hand (BGH NJW 2009, 1872 mAnm Jahn EWiR 2009, 413) oder staatlichen Maßnahmen (BVerfG NJW 1992, 2815; BayObLG NJW 2005, 1291; OLG Karlsruhe NStZ-RR 2006, 173; OLG München StraFo 2015, 30) legt die Rspr. zur Wahrung der Meinungsfreiheit andere, für den Täter günstigere Maßstäbe an (zusf. Kübler JZ 1984, 541; sa Zippelius FS Hubmann, 1985, 511; Schmitt Glaeser FS Dürig, 1990, 91 (102); Burkhardt in Wenzel BerichterstattungR § 10 Rn. 64 ff.; vgl. auch EGMR NJW 2006, 591; sowie für Informanten der Presse BGH NJW 2005, 2766) und dehnt damit den Schutzbereich dieses Grundrechts nachhaltig aus (Heselhaus NVwZ 1992, 740; krit. Otto NJW 2006, 575); in diesem Bereich soll eine Vermutung zugunsten der freien Rede gelten (BVerfGE 7, 198 (208) = NJW 2018, 686; BVerfGE 61, 1 (12) = NJW 1983, 1415; BVerfG NJW 1992, 2815; NJW 1999, 2262; NJW 2009, 3016 (3019) mit Bespr. Muckel; Sächs VerfGH StraFo 2011, 283 (286); KG NJW 2003, 685 (687); AG Pforzheim NStZ-RR 2003, 202; zu Recht krit. Kriele NJW 1994, 1898; Tettinger, Die Ehre – ein ungeschütztes Verfassungsgut?, 1995, S. 28; Tröndle FS Odersky, 12

1996, 266; Buscher NVwZ 1997, 1057 (1059); Stark FS Kriele, 1997, 235 (237); Merz, Strafrechtlicher Ehrenschutz und Meinungsfreiheit, 1998, S. 174; Haas FS Fürst, 2002, 159 (162); Otto StrafR BT § 32 Rn. 43; Hilgendorf in LK-StGB Rn. 7). Vor allem begründet schon die bloße Teilnahme an politischen Auseinandersetzungen ein berechtigtes Interesse (OLG Frankfurt a. M. NJW 1989, 1367). Auch wird hier nicht unbedingt der Einsatz des jeweils schonendsten Mittels der Interessenwahrnehmung, sondern bloße Verhältnismäßigkeit gefordert (BVerfGE 24, 278 = NJW 1969, 227; OLG Düsseldorf NStZ 1992, 283) und bei Äußerungen mit zugleich tatsächlichem und wertendem Gehalt der Schwerpunkt (→ § 186 Rn. 3) zum Werturteil hin verschoben (BVerfGE 85, 1 = NJW 1992, 1439; BVerfG NJW 1993, 1845; BayObLG NStZ 2005, 215; OLG Karlsruhe NJW 1996, 1140; Grimm NJW 1995, 1697 (1699)); bewusst oder erwiesen unwahre Tatsachenbehauptungen fallen jedoch nicht in den Schutzbereich (BVerfGE 99, 185 = NJW 1999, 1322; BVerfG NJW 1993, 916 mit Bespr. Hufen JuS 1994, 165; BVerfG NJW 2004, 354; NJW 2013, 217 (218); vgl. auch BVerfGE 90, 241 = NJW 1994, 1779 mit Bespr. Schulze-Fielitz JZ 1994, 902; Hufen JuS 1995, 638; Huster NJW 1996, 487 zur sog. „Auschwitzlüge"; Grimm NJW 1995, 1697 (1699); Erichsen Jura 1996, 84; Hager AcP 1996, 168 (184); Brugger AöR 2003, 372 (396); sa Kyrill/Schwarz JZ 2000, 126 (129)); bei Meinungsäußerungen mit wertenden und tatsächlichen Elementen kann die Unrichtigkeit der Tatsache, auf der das Werturteil aufbaut, bei der Abwägung berücksichtigt werden (BVerfG NJW 2004, 277; NJW 2013, 217 (218); sa BVerfG NJW 2003, 1856). Die Bezeichnung als Lügner oder Betrüger ist im politischen Meinungskampf zulässig (OLG Karlsruhe BeckRS 2015, 1118).

12a Ferner darf, wenn eine Äußerung objektiv mehrere Deutungen zulässt, die zur Verurteilung führende nur zu Grunde gelegt werden, wenn die anderen überzeugend ausgeschlossen werden können (BVerfG NJW 1992, 2013; NJW 1994, 2943; NJW 2001, 3613; NJW 2002, 3315; NJW 2005, 1341 (1343); NJW 2005, 3274; sowie BVerfG NZV 1994, 486; OLG Karlsruhe NStZ 2005, 158 mit krit. Bespr. Jerouschek NStZ 2006, 345 und Otto JK StGB § 185 Rn. 10 „Sie können mich mal …"; Grimm NJW 1995, 1697 (1700); sa BVerfG NJW 1992, 2750; NJW 1993, 916; NJW 1996, 1529; vgl. auch BVerfGE 107, 275 = NJW 2003, 1303; BVerfG BayVBl. 2006, 15, kein Eingehen auf völlig entfernte Alternativen oder abstrakte Deutungsmöglichkeit erforderlich; vgl. auch Rahmlow, Die Auslegung von Äußerungen im Strafrecht, 2005, S. 289, der Deutungsalternativen als Fragen der erlaubten/unerlaubten Risikoschaffung behandelt; Seelmann-Eggebert NJW 2008, 2551 (2552)); umgangssprachlich zu verstehenden Äußerungen darf kein fachspezifischer Sinn zugrundegelegt werden (BVerfGE 93, 266 (296) = NJW 1995, 3303 mit nicht überzeugender Sinnermittlung der Bezeichnung von Soldaten als „Mörder"; zu Recht krit. das Sondervotum Haas BVerfGE 104, 92 (315) = NJW 2002, 1031; Mager Jura 1996, 405 (409); Otto NStZ 1996, 127; Zuck JZ 1996, 364; Gounalakis NJW 1996, 481; Sendler NJW 1996, 825; Tröndle FS Odersky, 1996, 266 (276); Isensee JZ 1996, 1085 (1088); Isensee FS Kriele, 1997, 5 (42); Jescheck/Weigend StrafR S. 404; weniger krit. Braum KritV 1995, 371 (390); Dencker FS Bemmann, 1997, 291; vgl. auch LG Mainz NStZ-RR 1996, 330 mAnm Schmittmann NStZ 1996, 496). Schließlich kommen Gesichtspunkte der Wechselwirkung zwischen den Grundrechten und den allgemeinen Gesetzen ins Spiel (→ Rn. 1), so dass uU auch übertreibende oder verallgemeinernde Kennzeichnungen des Gegners sowie **scharfe und drastische Formulierungen,** namentlich im Rahmen eines sog. „Gegenschlags" auf ehrverletzende Angriffe, gerechtfertigt sein können (zB BVerfG NJW 1992, 2815; BGHSt 36, 83

= NJW 1989, 1365; BGH NJW 2000, 3421: „Babycaust"; OLG Düsseldorf NStZ-RR 1996, 164 (166); OLG Hamm NJW 1982, 659; BayObLG NStZ 1983, 265; NStZ-RR 2002, 210 mkritAnm Zaczyk JR 2003, 36; sowie BayObLG NStZ 2005, 215; OLG Hamburg NJW 1984, 1130 mAnm Otto JR 1983, 511; OLG Frankfurt a. M. NJW 1989, 1367; NStZ 1991, 493 mAnm Brammsen JR 1992, 82; KG JR 1990, 124; OLG Köln AfP 2013, 144; Otto JR 1983, 1 (6); Tettinger JZ 1983, 317; Hager AcP 1996, 168 (211); krit. Arzt JuS 1982, 722 (727); Geppert Jura 1985, 25 (33); Kiesel NVwZ 1992, 1129; Stark FS Kriele, 1997, 235 (240); Merz, Strafrechtlicher Ehrenschutz und Meinungsfreiheit, 1998, S. 153; Meurer FS Hirsch, 1999, 651 (661); zu weit LG Frankfurt a. M. NStZ 1990, 233 mablAnm Brammsen; zust. jedoch Giehring StV 1992, 194 (200); → Rn. 1).

e) Erst jenseits der zT bedenklich weitgehenden verfassungsgerichtlichen Rspr. (zB BVerfGE 86, 1 = NJW 1992, 2073 mit Bespr. Hillgruber/Schemmer JZ 1992, 946; Schmidt-De Caluwe NVwZ 1992, 1166; BVerfG NJW 1992, 2815 mit abl. Bespr. Otto JK StGB § 193 Rn. 3; BVerfG NJW 2003, 1109; NJW 2003, 961; NJW 2003, 3760; NJW 2004, 277 (278); NJW 2004, 590 (591); sa Otto JR 1993, 258 (259); krit. zu dieser Rspr. Isensee AfP 1993, 619 (626); Forkel JZ 1994, 637 (641); Stürner JZ 1994, 865; Kriele NJW 1994, 1897 mit Erwiderung Soehring NJW 1994, 2926; Krey JR 1995, 221 (224); Tettinger, Die Ehre – ein ungeschütztes Verfassungsgut?, 1995, S. 25; Ossenbühl JZ 1995, 633, Schmitt Glaeser NJW 1996, 873; Brohm NJW 2001, 1 (7); Tröndle FS Odersky, 1996, 266 (274); Otto NJW 2006, 575; zu dieser Kritik, die Rspr. des BVerfG verteidigend, Grimm NJW 1995, 1697 (1701); Ignor, Der Straftatbestand der Beleidigung, 1995, S. 118; Schößler, Anerkennung und Beleidigung, 1997, S. 1293; sa Kübler NJW 1999, 1281; Fischer Rn. 25–27) wird die Grenze zur eng auszulegenden sog. **Schmähkritik** überschritten, bei der nicht mehr die Auseinandersetzung in der Sache, sondern die Diffamierung der Person im Vordergrund steht (BVerfGE 82, 272 (283) = NJW 1991, 95; BVerfGE 93, 266 (294) = NJW 1995, 3303; BVerfG NJW 1993, 1462; NJW 2003, 3760; NJW 2005, 3274; NJW 2008, 358 (359); NJW 2009, 749; NJW 2009, 3016; NJW 2012, 3712; NJW 2013, 3021; BayVBl. 2006, 15; StV 2014, 540; NJW 2014, 764; krit. Sajuntz NJW 2015, 597; BVerfG NJW 2014, 3357 mit krit. Bespr. Hufen JuS 2015, 283; Muckel JA 2015, 155; Kingreen Jura 2015, 1264 zu Art. 5 GG; BVerfG NJW 2016, 2870 mAnm Gostomzyk (Abrücken von Schmähkritik); und Bespr. Muckel JA 2016, 87; Hufen JuS 2017, 181; BVerfG NJW 2017, 1460 mit Bespr. Muckel NJW 2017, 475; NJW 2020, 2629; NJW 2020, 2631; NJW 2020, 2636; NJW 2021, 148 mzustAnm Bode NStZ-RR 2021, 47 („Trulla" noch nicht Schmähkritik, ebenso (probl.) KG MMR 2020, 867 für „Pädophilen-Trulla" zu Renate Künast); BVerfG NJW 2021, 298; BGH NJW 2009, 3580; BGHZ 143, 199 = NJW 2000, 1036; BGHZ 210, 277 = NJW 2016, 3369 (3372); BayObLG NJW 1991, 1493 mAnm Brammsen JR 1992, 82; BayObLG NJW 2000, 3079; NJW 2005, 1291; sowie BayObLG NStZ 2005, 215; NStZ-RR 2002, 40 (41); NStZ-RR 2002, 210 mAnm Zaczyk JR 2003, 36; OLG Brandenburg NJW 1996, 1002; NJW 1999, 3339; OLG Frankfurt a. M. JR 1996, 250 mkritAnm Foth; OLG Celle NStZ 1998, 88; OLG Dresden AfP 2013, 333; OLG Düsseldorf StraFo 2003, 316 = NStZ-RR 2003, 295; NStZ-RR 2006, 206; OLG Karlsruhe NStZ-RR 2006, 173; OLG Hamm NStZ 2008, 631; sa BGH NJW 1994, 124 mit Bespr. Emmerich JuS 1994, 346; Würkner NJW 1994, 914; OLG Hamburg NJW 1992, 2035; KG DtZ 1992, 286; NJW 2003, 685 (687); sowie (probl.) KG NJW 2005, 2872 mkritAnm Otto NJW 2006, 575 (577); OLG 12b

Düsseldorf NStZ-RR 1996, 5 (7); OLG München NJW 1996, 2515; OLG Frankfurt a. M. NJW 2013, 798; OLG Bremen NStZ-RR 2013, 276; OLG München StV 2015, 570; StraFo 2015, 30; OLG Düsseldorf NJW 2016, 2759 mAnm Putzke; Groß JR 1995, 485 (487); Seelmann-Eggebert NJW 2008, 2551 (2555); Wiese JZ 2011, 608 (613); Merz, Strafrechtlicher Ehrenschutz und Meinungsfreiheit, 1998, S. 165; Kett-Straub ZStW 120 (2008), 759 (766); Christoph JuS 2016, 599, satirisch überzeichnete Schmähkritik; krit. Rühl, Tatsachen – Interpretation – Wertungen, 1998, S. 322). Enthält die Äußerung einen Angriff auf die Menschenwürde eines anderen, so tritt die Meinungsfreiheit (wie die Kunstfreiheit, → Rn. 15) stets zurück (BVerfGE 93, 266 (293) = NJW 1995, 3303; BVerfG NJW 2004, 2371; Grimm NJW 1995, 1697 (1703); sa BVerfG NJW 2009, 3089; BayObLG JZ 2001, 717 mAnm Otto; BayObLG NStZ 2005, 215).

13 6. **Trotz Wahrnehmung** berechtigter Interessen ist die Tat strafbar, wenn sich aus der Form oder den Umständen eine unnötige (dh nicht gerechtfertigte, Graul NStZ 1991, 457 (461)) Ehrverletzung ergibt (BVerwGE 64, 55 (63) = NJW 1982, 1008; problematisch KG JR 1988, 522); Beleidigungsabsicht ist nicht erforderlich (Merz, Strafrechtlicher Ehrenschutz und Meinungsfreiheit, 1998, S. 192; → § 192 Rn. 2, 3; str.).

14 7. **a)** Ehrverletzungen in **Kunstwerken,** zB künstlerisch gestalteten Karikaturen und satirischen Darstellungen (→ § 185 Rn. 4), nicht hingegen die bloße Berichterstattung über eine satirische Darstellung (BVerfG NJW 2006, 595), sind grds. tatbestandsmäßig (OLG Hamburg JR 1983, 508; Geppert JR 1985, 430; Roggemann JZ 1992, 934 (941); Fischer Rn. 36; aM KG NStZ 1992, 385 mAnm Liesching/v. Münch NStZ 1999, 85; Erhardt, Kunstfreiheit und Strafrecht, 1989, S. 178; sa KG NJW 2003, 685 (688); speziell zu Fotomontagen BVerfG NJW 2005, 3271 mit Bespr. Hufen JuS 2006, 257); jedoch kann sich ihre Rechtfertigung unabhängig von der allgemeinen Reichweite des § 193 schon aus dem Grundrecht der Kunstfreiheit ergeben (Fischer, Die strafrechtliche Beurteilung von Werken der Kunst, 1995, S. 69; Burkhardt in Wenzel BerichterstattungR § 3 Rn. 1 ff.; abl. Triffterer/Schmoller ÖJZ 1993, 547 (551), die eine verfassungskonform einengende Interpretation des Tatbestandes vorschlagen; ebenso Beisel, Die Kunstfreiheitsgarantie des Grundgesetzes und ihre strafrechtlichen Schranken, 1997, S. 163; im Ansatz abw. Zaczyk in NK-StGB Rn. 40, 41). Die Distanzierung des Künstlers von seinem Werk durch sog. Disclaimer befreit ihn aber nicht schon von seiner Verantwortung (BGH NJW 2005, 2844 (2846) mAnm Wandtel NJW 2006, 578). Rechtlich setzt ein Gegenstand der Kunst „freie schöpferische Gestaltung" voraus, „in der Eindrücke, Erfahrungen, Erlebnisse des Künstlers durch das Medium einer bestimmten Formensprache zu unmittelbarer Anschauung gebracht werden" (BVerfGE 30, 173 = NJW 1971, 1645). Auf dem Boden dieser oder vergleichbarer materialer Deutungen wird häufig ein Element „vergeistigter Auseinandersetzung" gefordert (Würtenberger FS Dreher, 1977, 79 (89); Maurach/Schroeder/Maiwald/Hoyer/Momsen StrafR BT § 26 Rn. 50). Die neuere Rspr. des BVerfG (umf. Würkner, Das BVerfG und die Freiheit der Kunst, 1994, S. 72; knapper Fischer, Die strafrechtliche Beurteilung von Werken der Kunst, 1995, S. 30; Wolf, Spötter vor Gericht, 1996, S. 30; Enderlein, Der Begriff der Freiheit als Tatbestandsmerkmal der Grundrechte, 1995, S. 4, 191, der dem BVerfG die verfassungskonforme Auslegung der Beleidigungstatbestände vorenthalten will) hält es dagegen nicht für möglich, „Kunst generell zu definieren" und bezieht deshalb zusätzliche (formale, zeichentheoretische) Beurteilungsmaßstäbe ein, die zu einer weiten Erstreckung des Le-

bensbereichs „Kunst“ führen (BVerfGE 67, 213 = NJW 1985, 261 mit Bespr. Zöbeley NJW 1985, 254; krit. Würkner NJW 1988, 317; sa Erhardt, Kunstfreiheit und Strafrecht, 1989, S. 86, der einen „strukturellen“ Kunstbegriff entwickelt; zust. dazu Beisel, Die Kunstfreiheitsgarantie des Grundgesetzes und ihre strafrechtlichen Grenzen, 1997, S. 108; nach Fischer, Die strafrechtliche Beurteilung von Werken der Kunst, 1995, S. 43 sind die Strukturmerkmale der Formensprache und des Eigenschöpferischen, das sich auf die äußere Gestaltung beziehen muss, entscheidend; zur österreichischen Diskussion um den Kunstbegriff Triffterer/Schmoller ÖJZ 1993, 547 (549)). Zu ihm gehören nicht nur der „Werkbereich“, die eigentliche künstlerische Betätigung, sondern auch der „Wirkbereich“, in dem der Öffentlichkeit – sei es auch nur durch Werbung – der Zugang zu dem Werk verschafft wird (BVerfGE 77, 240 (251) = NJW 1988, 325 mAnm Würkner NJW 1988, 327; BVerfGE 82, 1 = NJW 1990, 2541; BGH NJW 2009, 3576). Obwohl die Freiheit der Kunst iSd Art. 5 III 1 GG nicht durch Gesetzesvorbehalt eingeschränkt, vor allem nicht dem Vorbehalt des Art. 5 II GG unterworfen ist, besteht keine grds. schrankenlose Freiheit (BGH NJW 2005, 2844; NJW 2009, 3576; Seetzen NJW 1976, 497; Würtenberger FS Dreher, 1977, 79 (89); Würtenberger JR 1979, 309). Sie ist vielmehr nach Maßgabe der grundgesetzlichen Wertordnung und unter Berücksichtigung der Einheit dieses grundlegenden Wertsystems begrenzt (BVerfGE 30, 173 = NJW 1971, 1645; vgl. Isensee AfP 1993, 619 (625); Fischer, Die strafrechtliche Beurteilung von Werken der Kunst, 1995, S. 56). Das bedeutet aber nur eine Abwägung zwischen den jeweils kollidierenden Verfassungswerten nach dem Verhältnismäßigkeitsprinzip (BVerfGE 81, 278 = NJW 1990, 1982 mkritAnm Gusy JZ 1990, 640; BGHSt 37, 55 = NJW 1990, 3026 mAnm Maiwald JZ 1990, 1141; BGH NJW 2009, 3576; BayObLG MDR 1994, 80) mit dem Ziel der Herbeiführung praktischer Konkordanz (dazu Henschel NJW 1990, 1937 (1942)). Schon damit wird eine gegenüber der früheren Rspr. der Strafgerichte (vgl. etwa BGHSt 20, 192 = NJW 1965, 983; BayObLG NJW 1964, 1149) wesentlich weiterreichende Gewährleistung der Kunstfreiheit erreicht, die noch dadurch verstärkt wird, dass bei mehreren möglichen Deutungen einer Äußerung die zur Bestrafung führende nur dann zugrundegelegt werden darf, wenn dafür besondere, dem Täter zurechenbare Gründe vorliegen (BVerfGE 82, 43 = NJW 1990, 1980 mAnm Kübler JZ 1990, 916), außerdem dadurch, dass die Einkleidung einer Äußerung, zB in eine Fotomontage, weniger streng beurteilt wird, wenn der gewählten Darstellungsart die Verfremdung wesenseigen ist (BVerfGE 75, 369 = NJW 1987, 2661; BVerfG NJW 2005, 3271 mit Bespr. Hufen JuS 2006, 257; krit. Beater JZ 2006, 432).

b) Im Bereich der **Beleidigung** kommt es darauf an, ob nach den konkreten 15
Umständen des Einzelfalls (beachte dazu LG Baden-Baden NJW 1985, 2431) die verfassungsrechtlich gewährleistete Kunstfreiheit (bei politischen Karikaturen und Satiren, Gärtner, Was die Satire darf, 2009 mit Bespr. Müller-Dietz GA 2010, 408; uU zugleich die Meinungsfreiheit, BayObLG MDR 1994, 80; Gounalakis NJW 1995, 809; allein darauf abstellend BGH JZ 2004, 577 = NJW 2004, 596 mzustAnm Kübler) gegenüber dem Grundwert des Persönlichkeitsrechts den Vorzug verdient, was bei eindeutigen Verletzungen der Menschenwürde niemals zutrifft (BVerfGE 75, 369 = NJW 1987, 2661 mit Bespr. Würkner NStZ 1988, 23; JA 1988, 183; sowie Hufen JuS 1989, 136; OLG Karlsruhe NJW 1994, 1963; BayObLG NJW 1994, 952 mkritAnm Otto JR 1994, 473; BayObLG NJW 1995, 145 (146); Fischer, Die strafrechtliche Beurteilung von Werken der Kunst, 1995,

S. 90; Ignor, Der Straftatbestand der Beleidigung, 1995, S. 127, 195; krit. Enders, Die Menschenwürde in der Verfassungsordnung, 1997, S. 485; rechtsvergleichend mit dem US-Recht Brugger JA 2006, 687 (690)) und bei anderen schweren Beeinträchtigungen des Persönlichkeitsrechts vom Einzelfall abhängt (BVerfGE 30, 173 (193) = NJW 1971, 1645; OLG Hamm NJW 1982, 659 (660); OLG Hamburg NJW 1985, 1654 mAnm Geppert JR 1985, 430; BayObLG MDR 1994, 80; JR 1998, 385 mAnm Foth; Otto JR 1981, 1 (8); NJW 1986, 1206; zu weit BVerfGE 67, 213 = NJW 1985, 261 mkritAnm Otto NStZ 1985, 213; OLG Hamburg NJW 1984, 1130 mablAnm Otto JR 1983, 511; sa Emmerich/Würkner NJW 1986, 1195; Steffen FS Simon, 1987, 359; Fischer, Die strafrechtliche Beurteilung von Werken der Kunst, 1995, S. 94; Buscher NVwZ 1997, 1057 (1062); die Rspr. des BVerfG zusf. Henschel NJW 1990, 1937, krit. zu dieser Rspr. Isensee AfP 1993, 619 (628); Tröndle FS Odersky, 1996, 259 (278); zur vergleichbaren österreichischen Diskussion Triffterer/Schmoller ÖJZ 1993, 573 (575); rechtsvergleichend Wolf, Spötter vor Gericht, 1996, passim).

§ 194 Strafantrag

(1) [1]**Die Beleidigung wird nur auf Antrag verfolgt.** [2]**Ist die Tat in einer Versammlung oder dadurch begangen, dass ein Inhalt (§ 11 Absatz 3) verbreitet oder der Öffentlichkeit zugänglich gemacht worden ist, so ist ein Antrag nicht erforderlich, wenn der Verletzte als Angehöriger einer Gruppe unter der nationalsozialistischen oder einer anderen Gewalt- und Willkürherrschaft verfolgt wurde, diese Gruppe Teil der Bevölkerung ist und die Beleidigung mit dieser Verfolgung zusammenhängt.** [3]**In den Fällen der §§ 188 und 192 a wird die Tat auch dann verfolgt, wenn die Strafverfolgungsbehörde wegen des besonderen öffentlichen Interesses an der Strafverfolgung ein Einschreiten von Amts wegen für geboten hält.** [4]**Die Taten nach den Sätzen 2 und 3 können jedoch nicht von Amts wegen verfolgt werden, wenn der Verletzte widerspricht.** [5]**Der Widerspruch kann nicht zurückgenommen werden.** [6]**Stirbt der Verletzte, so gehen das Antragsrecht und das Widerspruchsrecht auf die in § 77 Abs. 2 bezeichneten Angehörigen über.**

(2) [1]**Ist das Andenken eines Verstorbenen verunglimpft, so steht das Antragsrecht den in § 77 Abs. 2 bezeichneten Angehörigen zu.** [2]**Ist die Tat in einer Versammlung oder dadurch begangen, dass ein Inhalt (§ 11 Absatz 3) verbreitet oder der Öffentlichkeit zugänglich gemacht worden ist, so ist ein Antrag nicht erforderlich, wenn der Verstorbene sein Leben als Opfer der nationalsozialistischen oder einer anderen Gewalt- und Willkürherrschaft verloren hat und die Verunglimpfung damit zusammenhängt.** [3]**Die Tat kann jedoch nicht von Amts wegen verfolgt werden, wenn ein Antragsberechtigter der Verfolgung widerspricht.** [4]**Der Widerspruch kann nicht zurückgenommen werden.**

(3) [1]**Ist die Beleidigung gegen einen Amtsträger, einen für den öffentlichen Dienst besonders Verpflichteten oder einen Soldaten der Bundeswehr während der Ausübung seines Dienstes oder in Beziehung auf seinen Dienst begangen, so wird sie auch auf Antrag des Dienstvorgesetzten verfolgt.** [2]**Richtet sich die Tat gegen eine Behörde oder eine sonstige Stelle, die Aufgaben der öffentlichen Verwaltung wahrnimmt, so wird sie auf An-**

trag des Behördenleiters oder des Leiters der aufsichtführenden Behörde verfolgt. [3]Dasselbe gilt für Träger von Ämtern und für Behörden der Kirchen und anderen Religionsgesellschaften des öffentlichen Rechts.

(4) **Richtet sich die Tat gegen ein Gesetzgebungsorgan des Bundes oder eines Landes oder eine andere politische Körperschaft im räumlichen Geltungsbereich dieses Gesetzes, so wird sie nur mit Ermächtigung der betroffenen Körperschaft verfolgt.**

Fassung: Abs. 1 und 2 sind durch das 60. StÄG (→ Vor § 1 Rn. 19) zum 1.1.2021 an den neuen Inhaltsbegriff des § 11 III angepasst worden; Abs. 1 S. 4 ist durch das G zur Bekämpfung von Rechtsextremismus und Hasskriminalität zum 3.4.2021 eingefügt und durch G zur Verbesserung des strafrechtlichen Schutzes gegen sog. Feindeslisten (→ Vor § 1 Rn. 19) zum 22.9.2021 um den neu geschaffene § 192a erweitert worden (→ Vor § 1 Rn. 19).

1. Das **Erfordernis des Strafantrags** (§§ 77–77d) gilt – vorbehaltlich der Aus- 1
nahmen nach Abs. 1 S. 2, Abs. 2 S. 2 und Abs. 4 – für alle Beleidigungen nach §§ 185–189. Eine Ersetzung des Antrags durch eine Entscheidung der StA in entsprechender Anwendung des § 230 I ist nicht möglich (BGHSt 7, 256 = NJW 1955, 838; krit. Günther FS Lüderssen, 2002, 205 (215)).

2. Abs. 1 S. 1: Antragsberechtigt ist der Beleidigte, bei Kollektivbeleidigungen 2
(→ Vor § 185 Rn. 3, 4) also jeder durch die Beleidigung Gekränkte (→ § 77 Rn. 6), allerdings nur mit Wirkung für sich selbst, nicht für das Kollektiv (OLG Frankfurt a. M. JR 1991, 390 mAnm Hilger).

3. Abs. 1 S. 2–4: Diese auf dem 21. StÄG (→ Vor § 1 Rn. 10) beruhende Re- 3
gelung ist das umstrittene Ergebnis langwieriger Auseinandersetzungen um die Verstärkung des Strafschutzes gegen **rechtsextremistische Bestrebungen,** namentlich um die strafrechtliche Behandlung der sog. „Auschwitzlüge“ (vgl. etwa die Entwürfe BT-Drs. 9/2090; BT-Drs. 10/891 und BT-Drs. 10/1286; krit. dazu v. Bubnoff ZRP 1982, 118; Eschen ZRP 1983, 10; Köhler NJW 1985, 2389; Wehinger, Kollektivbeleidigung – Volksverhetzung, 1994, S. 63). Dass gerade dieses Gesetz sich nicht auf einen Konsens der beteiligten Kräfte stützen kann, ist zu bedauern, sein unausgereifter Inhalt (→ Vor § 185 Rn. 3) eine Hypothek für die Rspr. (krit. Eisele/Schittenhelm in Schönke/Schröder, Rn. 1).

a) S. 2 schließt nur das Antragserfordernis aus, setzt das Vorliegen einer Beleidi- 4
gung also voraus. In den einschlägigen Fällen wird es sich idR um Beleidigungen unter einer Kollektivbezeichnung handeln, deren ohnehin problematischer Anwendungsbereich durch den Wegfall des Antragserfordernisses nicht erweitert wird (→ Vor § 185 Rn. 3). Im Einzelnen:

aa) **Verbreiten von Schriften** → § 11 Rn. 26–28; → § 74d Rn. 5. **Zugäng- 5
lichmachen** → § 184 Rn. 5; namentlich Ausstellen, Anschlagen (Plakatieren) und Vorführen gehören hierher (BT-Drs. 10/3242, 10). Zugänglichmachen ist **öffentlich,** wenn die Schrift für einen nach Zahl und Individualität unbestimmten Kreis oder für einen nicht durch persönliche Beziehungen innerlich verbundenen größeren bestimmten Kreis von Personen wahrnehmbar gemacht wird, und zwar auch dann, wenn der Ort der Tat kein öffentlicher ist (BT-Drs. 10/3242, 10). **Versammlung** → § 80a Rn. 2; das Beisammensein von nur wenigen Personen genügt nicht (BT-Drs. 10/3242, 10). **Darbietung im Rundfunk** → § 184c Rn. 3; erfasst wird uU auch der Teilnehmer an einer Gesprächsrunde, der selbst für den Inhalt der Sendung nicht verantwortlich ist (vgl. Fischer Rn. 19; einschr. Zaczyk in NK-StGB

Rn. 7). Andere in S. 2 nicht genannte Formen der Äußerung, namentlich auch öffentliche mündliche Äußerungen außerhalb einer Versammlung, scheiden aus (BT-Drs. 10/3242, 10; krit. Vogelgesang NJW 1985, 2386 (2388)).

6 bb) **Verletzter** → § 77 Rn. 6. **Gruppe** ist eine durch gemeinsame Merkmale verbundene Mehrzahl von Menschen, die sich auf Grund dieser Verbundenheit aus der übrigen Bevölkerung abhebt und sich auch als ein besonderer Teil dieser Bevölkerung begreift (ebenso Fischer Rn. 16; Rudolphi/Rogall in SK-StGB Rn. 7). In Frage kommen namentlich nationale, rassische, religiöse und ethnische Gruppen (§ 6 I VStGB), darüber hinaus aber auch andere, namentlich politische (zB der Verfolgung ausgesetzte politische Parteien, BT-Drs. 10/3242, 10, Widerstandsgruppen) und gesellschaftliche (zB Gewerkschaften, ausländische Arbeitnehmer) Gruppierungen (ebenso Maurach/Schroeder/Maiwald/Hoyer/Momsen StrafR BT § 27 Rn. 12; → § 130 Rn. 2). **Gewalt- und Willkürherrschaft** → § 92 Rn. 6; der Hinweis auf die nationalsozialistische Herrschaft bezeichnet rechtlich nur ein offenkundiges Beispiel, macht zugleich aber deutlich, dass der Begriff eng auszulegen und auf solche Systeme zu beschränken ist, die sich über elementare Menschenrechte hinwegsetzen (Eisele/Schittenhelm in Schönke/Schröder, Rn. 5). **Verfolgt** worden sein muss der Verletzte selbst, nicht lediglich die Gruppe als solche. Er muss also selbst wegen seiner Gruppenzugehörigkeit Verfolgungsmaßnahmen ausgesetzt gewesen sein, was bei den unter nationalsozialistischer Herrschaft in Deutschland lebenden Juden schon im Hinblick auf die gegen sie gerichteten Rassengesetze ausnahmslos zutrifft, bei anderen Verfolgten aber nach den jeweiligen Umständen beurteilt werden muss (BT-Drs. 10/3242, 10).

7 cc) Zur Begrenzung des Anwendungsbereichs von S. 2 muss die Gruppe im ganzen oder mindestens in Teilen (Eisele/Schittenhelm in Schönke/Schröder, Rn. 5 a) zurzeit der Beleidigung, also nicht notwendig schon zurzeit der Verfolgung, **Teil der** (inländischen, BT-Drs. 10/3242, 11) **Bevölkerung** sein.

8 dd) Der erforderliche **Zusammenhang** mit der Verfolgung kann sich auch allein aus den Umständen ergeben (Eisele/Schittenhelm in Schönke/Schröder, Rn. 6).

9 **b) S. 3 und 4:** Der **Widerspruch** begründet iVm der Unzulässigkeit seiner Rücknahme ein endgültiges Prozesshindernis (BT-Drs. 10/3242, 11). Er wirkt nur für die Tat im Sinne einer Beleidigung des Verletzten (BT-Drs. 10/3242, 11), also nicht für andere ideal konkurrierende Gesetzesverletzungen, namentlich auch nicht für die in gleichartiger Idealkonkurrenz begangene Beleidigung anderer Verletzter (Vogelgesang NJW 1985, 2386 (2389)); der Widerspruch steht deshalb der Fortführung eines Verfahrens im Hinblick auf andere, durch dieselbe Handlung Betroffene nicht entgegen (ebenso Maurach/Schroeder/Maiwald/Hoyer/Momsen StrafR BT § 27 Rn. 12). Form, Inhalt und Adressat der Widerspruchserklärung bestimmen sich nach den für die Rücknahme eines Strafantrags geltenden Regeln (→ § 77 d Rn. 5).

10 **4. Abs. 1 S. 5:** Zum **Übergang des Antragsrechts** auf die Angehörigen → § 77 Rn. 8. Geht das **Widerspruchsrecht** (S. 3) auf mehrere Angehörige über, so kann es in Analogie zu § 77 d II nur gemeinsam ausgeübt werden (BT-Drs. 10/3242, 11).

11 **5. a) Abs. 2 S. 1:** Das Antragsrecht steht den in § 77 II genannten Angehörigen in derselben Rangfolge zu, in der es sonst beim Tod des Verletzten übergeht. Wenn ein zunächst Antragsberechtigter vor Ablauf der Antragsfrist stirbt und kein anderer

Angehöriger derselben Ranggruppe vorhanden ist, geht es daher nach Maßgabe des § 77 II 2 auf die Angehörigen der nächsten Gruppe über. Davon abgesehen endet der Schutz des Totengedächtnisses praktisch mit dem Tod der Antragsberechtigten, soweit nicht S. 2 eingreift.

b) Abs. 2 S. 2–4: Die Vorschriften übernehmen im Kern das frühere Recht 12 (Abs. 2 S. 2 StGB aF). Diesem gegenüber bestehen Unterschiede lediglich insofern, als es auf das Fehlen von Antragsberechtigten nicht mehr ankommt (statt dessen Widerspruchsrecht) und als die Handlungsmodalitäten entsprechend Abs. 1 eingeschränkt sind (BT-Drs. 10/3242, 11).

6. a) Abs. 3 S. 1: Vgl. § 77a. Der Dienstvorgesetzte tritt selbständig neben den 13 Beleidigten. Er kann damit sowohl die durch die Beleidigung verletzten Interessen der Behörde oder Dienststelle wahren als auch sich schützend vor seine Untergebenen stellen (Lenckner ZStW 106 (1994), 502 (538)). Letzteres hat nicht nur ideelle, sondern wegen des Kostenrisikos des Beleidigten (bei Privatklagen) auch materielle Bedeutung (vgl. etwa § 470 StPO). Die Antragstellung durch den Dienstvorgesetzten macht die Prüfung des öffentlichen Interesses durch die StA nicht überflüssig (§ 376 StPO; Nr. 229 II RiStBV). Wird es verneint, so hat der Dienstvorgesetzte ein selbständiges Privatklagerecht (§ 374 II StPO). **Während der Ausübung des Dienstes** ist die Beleidigung begangen, wenn sie mit der Dienstausübung zusammentrifft (Eisele/Schittenhelm in Schönke/Schröder, Rn. 14); also auch dann, wenn dem Amtsträger usw ein beleidigender Brief in das Amt geschickt (RGSt 76, 366), nicht aber wenn er nur während einer auf seinen dienstlichen Kenntnissen beruhenden Tätigkeit (etwa der Hochschullehrer während der Erstattung eines Gutachtens als gerichtlicher Sachverständiger, BayObLG JZ 1978, 482) beleidigt wird. Sie ist **in Beziehung auf den Dienst** begangen, wenn sie die dienstliche Tätigkeit oder Stellung erkennbar zum Gegenstand hat (RGSt 66, 128) oder wenn sonst ein erkennbarer Zusammenhang dazu hergestellt wird (BayObLG JZ 1978, 482); dafür genügt, dass ein erhobener Vorwurf wegen außerdienstlichen Verhaltens den Amtsträger usw als amtsunwürdig erscheinen lassen soll (RGSt 76, 366 (369); Regge/Pegel in MüKoStGB Rn. 28; Rogall in SK-StGB Rn. 21).

b) Abs. 3 S. 2 (→ Vor § 185 Rn. 5): **Behörde** → § 11 Rn. 20; **Sonstige Stelle,** 14 die Aufgaben der öffentlichen Verwaltung wahrnimmt, → § 11 Rn. 8, 9.

7. In **Abs. 4** tritt die Ermächtigung (§ 77e) an die Stelle des Strafantrags. Damit 15 wird die sonst für die Strafverfolgung erforderliche Initiative des Antragsberechtigten auf die StA verlagert, die sich um die Ermächtigung zu bemühen hat. **Gesetzgebungsorgan** → § 36 Rn. 2. Andere politische Körperschaften sind zB Gemeinderäte und Stadtverordnetenversammlungen, aber nicht deren Fraktionen (OLG Düsseldorf NJW 1966, 1235), auch nicht politische Parteien (OLG Düsseldorf NJW 1966, 1235). Räumlicher Geltungsbereich → Vor § 3 Rn. 5. Beachte auch § 374 I Nr. 2 StPO.

§§ 195–198 (weggefallen)

§ 199 Wechselseitig begangene Beleidigungen

Wenn eine Beleidigung auf der Stelle erwidert wird, so kann der Richter beide Beleidiger oder einen derselben für straffrei erklären.

1 **1.** Das **Wesen der Kompensation** ist umstritten (Küster NJW 1958, 1659; Reiff NJW 1959, 181; Küper JZ 1968, 651; Kiehl, Strafrechtliche Toleranz wechselseitiger Ehrverletzungen, 1986; Frister, Die Struktur des „voluntativen Schuldelements", 1993, S. 225; Kargl FS Wolff, 1998, 189 (194)). Sie berücksichtigt, dass dem ersten Täter bereits ein Übel zugefügt worden ist (BGH 18.10.1960 – 1 StR 305/60) und dass beim zweiten Unrecht und Schuld im Hinblick auf die Provokation und die dadurch häufig ausgelöste Erregung gemindert sind (Tenckhoff JuS 1989, 198 (202); Eisele StrafR BT I Rn. 565).

2 **2.** Der Täter, dem die Vergünstigung zugute kommen soll, muss eine **prozessual verfolgbare Straftat** begangen haben; andernfalls ist freizusprechen oder das Verfahren einzustellen (ebenso Regge/Pegel in MüKoStGB Rn. 6). Die Tat des Gegners muss nicht immer eine Straftat (Rogall in SK-StGB Rn. 5; aM Maurach/Schroeder/Maiwald/Hoyer/Momsen StrafR BT § 27 Rn. 29; str.), mindestens aber eine rechtswidrige (→ § 11 Rn. 18), dh auch nicht gerechtfertigte (OLG Hamm GA 1974, 62), Tat sein. Im Allgemeinen treffen die der Kompensation zugrundeliegenden Zweckvorstellungen schon unter dieser Voraussetzung zu (Küper JZ 1968, 651 (659)); bei Beleidigung eines erkanntermaßen Schuldunfähigen ist die Vergünstigung jedoch zu versagen (Eisele/Schittenhelm in Schönke/Schröder Rn. 7; weiter BayObLG NJW 1991, 2031; Kiehl, Strafrechtliche Toleranz wechselseitiger Ehrverletzungen, 1986, S. 204; zu schuldunfähigen Kindern Eisenberg/Koelbel JGG § 1 Rn. 2). Die Vorschrift ist auch anwendbar, wenn die behauptete **Gegenbeleidigung nicht erwiesen** ist (hM; BGHSt 10, 373 = NJW 1957, 1682; BayObLG NJW 1991, 2031; OLG Koblenz NStZ-RR 2011, 337; trotz kriminalpolitischer Bedenken auch Maurach/Schroeder/Maiwald/Hoyer/Momsen StrafR BT § 27 Rn. 29; aM Schwarz NJW 1958, 10). Folgerichtig muss das dann auch für den Fall der irrigen Annahme eines rechtswidrigen Angriffs gelten (OLG Hamburg NJW 1965, 1611; OLG Hamm GA 1972, 29; GA 1974, 62; aM Rogall in SK-StGB Rn. 8; Zaczyk in NK-StGB Rn. 6, analoge Anwendung des § 35 II). Zur Frage, ob es beim Irrtum des Täters über die Rechtswidrigkeit der Erstbeleidigung auf die Vermeidbarkeit des Irrtums ankommt, Hilgendorf in LK-StGB Rn. 3; gegen OLG Hamburg NJW 1966, 1977 mAnm Deubner NJW 1967, 63.

3 **3. „Auf der Stelle"** ist nicht lediglich zeitlich, sondern vor allem psychologisch zu verstehen (BayObLG NJW 1991, 2031; OLG Köln NJW-Spezial 2020, 217; krit. Zaczyk in NK-StGB Rn. 5, so lange die Ersttat zwischen den Beteiligten noch „im Raum" steht); der erforderliche **Kausalzusammenhang** ist gewahrt, solange die Erregung anhält oder in engem zeitlichem Zusammenhang wieder hervortritt. Identität zwischen Beleidigtem und Gegenbeleidiger ist nicht unbedingt erforderlich; Handeln in Erregung über die Kränkung einer nahe stehenden Person genügt (OLG Hamburg NJW 1965, 1611; str.). Die Gegenbeleidigung kann auch gegenüber einem Dritten kundgegeben werden (OLG Braunschweig MDR 1948, 186).

4 **4.** Die Straffreierklärung steht im **pflichtmäßigen Ermessen** (→ § 46 Rn. 50) des Gerichts (einschr. Kiehl, Strafrechtliche Toleranz wechselseitiger Ehrverletzungen, 1986, S. 207). Dass hinsichtlich der anderen Beleidigung bereits ein rechtskräf-

tiger Freispruch vorliegt, hindert die Vergünstigung nicht (OLG Celle MDR 1959, 511); umgekehrt darf sie nicht deshalb versagt werden, weil einer der Streitenden schon zu Strafe verurteilt ist (OLG Hamm NJW 1957, 392). Abweichend von § 233 ist eine Milderung der Strafe nach § 49 II nicht vorgesehen.

5. Einziehung nach § 74 und Bekanntgabe der Verurteilung nach § 200 sind hier nicht zulässig, weil ihr poenaler Charakter mit der Freistellung von Strafe nicht vereinbar ist und § 200 außerdem eine Hauptstrafe voraussetzt. 5

§ 200 Bekanntgabe der Verurteilung

(1) **Ist die Beleidigung öffentlich oder durch Verbreiten eines Inhalts (§ 11 Absatz 3) begangen und wird ihretwegen auf Strafe erkannt, so ist auf Antrag des Verletzten oder eines sonst zum Strafantrag Berechtigten anzuordnen, daß die Verurteilung wegen der Beleidigung auf Verlangen öffentlich bekanntgemacht wird.**

(2) [1]**Die Art der Bekanntmachung ist im Urteil zu bestimmen.** [2]**Ist die Beleidigung durch Verbreiten eines Inhalts (§ 11 Absatz 3) begangen, so soll die Bekanntmachung, wenn möglich, auf dieselbe Art erfolgen.**

Fassung: Durch das 60. StÄG (→ Vor § 1 Rn. 19) trat zum 1.1.2021 „Inhalt" anstelle von „Schriften".

1. Die Anordnung der Bekanntgabe (krit. Schomburg ZRP 1986, 65) ist eine der **Genugtuung für den Beleidigten dienende strafähnliche Nebenfolge** (zu ihrer Rechtsnatur Häger in LK-StGB Vor § 38 Rn. 49; Streng Sanktionen Rn. 28; eing. Weinrich, Statusmindernde Nebenfolgen als Ehrenstrafen im Sanktionensystem, 2009, S. 158; sa Zaczyk in NK-StGB Rn. 1: Nebenstrafe; ebenso Regge/Pegel in MüKoStGB Rn. 1; Rogall in SK-StGB Rn. 1). Auf Antrag (→ Rn. 3) muss auf sie bei Vorliegen der Voraussetzungen in allen Fällen der Verurteilung zu Strafe wegen Beleidigung, auch nach § 189 (BayObLG MDR 1951, 758), nicht jedoch bei Straffreierklärung nach §§ 199, 233 (→ § 199 Rn. 5) erkannt werden. Das gilt auch dann, wenn die Beleidigung mit einem schwereren Delikt in Tateinheit zusammentrifft (RGSt 73, 148; → § 52 Rn. 9). 1

2. Öffentlich → § 80a Rn. 2; sa OLG Celle MDR 1966, 347. **Verbreiten eines Inhalts** → § 11 Rn. 26–28; → § 74d Rn. 5. § 200 gilt auch, wenn eine Tat nach § 103 I in einer **Versammlung** (→ § 80a Rn. 2) begangen wurde (§ 103 II 1). 2

3. Erforderlich ist ein **Antrag** des Verletzten (→ § 77 Rn. 6), eines sonst zum Strafantrag Berechtigten (§ 194 I 4, II 1, III, §§ 77 II, III, 77a) oder im Falle des § 103 (dort Abs. 2 S. 2) auch des StA. Der Antrag ist analog § 77d I 2 bis zum rechtskräftigen Abschluss des Strafverfahrens rücknehmbar. 3

4. Wie weit die **Art der Bekanntmachung** zu bestimmen ist (Abs. 2 S. 1), unterliegt pflichtmäßigem Ermessen (→ § 46 Rn. 50); jedoch ist die Zeitung oder Zeitschrift, in der im Falle des Abs. 2 veröffentlicht werden soll, im Hinblick auf § 463c III StPO stets anzugeben (zur Verurteilung nach § 111 UrhG Deumeland MuR 2006, 136). Bei Verurteilung wegen mehrerer Taten in Tateinheit ist vorzusehen, dass die konkurrierenden andersartigen Taten ungenannt bleiben und über die Beleidigung hinaus nur die Tatsache der Konkurrenz und die Strafe angegeben werden (BGHSt 10, 306 (312) = NJW 1957, 1325; Formulierungsvorschlag bei 4

Regge/Pegel in MüKoStGB Rn. 9; gegen die Einbeziehung der Konkurrenz Rogall in SK-StGB § 165 Rn. 5); bei Tatmehrheit ist auf die Verurteilung wegen Beleidigung zu beschränken (BayObLGSt 1961, 141).

5 **5.** Anordnung im **Urteil** (oder Strafbefehl, § 407 II Nr. 1 StPO). Der Name des Beleidigten ist in die Urteilsformel aufzunehmen (Nr. 231 RiStBV). Das Übergehen des Antrags ist nicht nachholbar, aber Revisionsgrund (BGHSt 3, 73 = BeckRS 1952, 31192623).

6 **6. Vollstreckung** § 463 c StPO.

15. Abschnitt. Verletzung des persönlichen Lebens- und Geheimbereichs

Vorbemerkung

1 **1.** Die Vorschriften über den Schutz des **persönlichen Lebens- und Geheimbereichs** sind durch das EGStGB (→ Vor § 1 Rn. 5) in einem Abschnitt vereinigt worden, um damit das Interesse an der Unverletzlichkeit dieses Bereichs als selbständiges, allerdings in den einzelnen Tatbeständen sehr differenziertes, Rechtsgut anzuerkennen (näher zum Rechtsgut der §§ 201–206 Hoyer in SK-StGB Rn. 1–9; Kargl in NK-StGB Rn. 4–9) und zugleich die Bedeutung zu unterstreichen, die einer ungefährdeten Intim- und Geheimsphäre des Menschen zukommt (BT-Drs. 7/550, 235; Arzt in Ulsamer StrafR/StrafVerfR S. 692; vgl. auch OLG Jena NStZ 1995, 502; zu neuartigen Gefahren für die Privatsphäre durch den technischen Fortschritt Hilgendorf in Tomasek, Grundfragen des europäischen Strafrechts, 2005, S. 31). § 201 a und § 238 sind neuere Entwicklungen des fragmentarischen **Persönlichkeitsrechtsschutzes** durch das Strafrecht (Kühl in Bosch/Bung/Klippel, Geistiges Eigentum und Strafrecht, 2011, S. 115); diesem dienen außerhalb dieses Abschnitts auch Delikte wie § 184 k, die vorrangig Rechtsgüter (zB sexuelle Selbstbestimmung) schützen

2 **2.** Sämtliche Tatbestände des Abschnitts setzen voraus, dass der Täter **unbefugt** handelt. Das Gesetz nimmt zur dogmatischen Bedeutung dieses Merkmals nicht Stellung (BT-Drs. 7/550, 236; zur „Schwierigkeit der Rechtslage" KG NJW 2008, 3449 zu § 201, → § 201 Rn. 9). Im früheren Recht war – namentlich im Zusammenhang mit § 300 aF – umstritten, ob die Einwilligung (das Einverständnis) des von der Tat Betroffenen schon den Tatbestand ausschließt oder erst einen Rechtfertigungsgrund bildet. Unabhängig von dem grundsätzlichen Meinungsstreit über die Einordnung der Einwilligung (→ Vor § 32 Rn. 10) wurde hier für die Annahme eines Tatbestandsausschlusses geltend gemacht, dass erst das Fehlen der Einwilligung den Unrechtstypus begründe (OLG Köln NJW 1962, 686 mzustAnm Bindokat; zust. ferner Maurach/Schroeder/Maiwald/Hoyer/Momsen StrafR BT § 29 Rn. 13, 45; Eisele in Schönke/Schröder, § 203 Rn. 21, 22; abl. Dreher MDR 1962, 592); diese Ansicht erweckt jedoch Bedenken, weil die Offenbarung eines Geheimnisses iSd § 203 für den Betroffenen stets einen erheblichen Interessenverlust bedeutet und daher zur Begründung des Unrechts ausreicht (Warda Jura 1979, 286 (296); Rogall NStZ 1983, 1 (6); Klug FS Oehler, 1985, 401; Eisele in Haft/Schlieffen Mediation-HdB, 3. Aufl. 2016, § 30 Rn. 20; Sieber FS Eser, 2005, 1155 (1160) Fn. 18; Kargl in NK-StGB Rn. 13, 14; aM Meurer in Szwarc, AIDS und Strafrecht, 1996, S. 133, 144; zusf. Schünemann in LK-StGB § 203 Rn. 91–93).

Wie weit dasselbe auch für die übrigen Tatbestände des Abschnitts gilt, hängt davon ab, ob schon die Tatbestandsverwirklichung allein als nicht unerheblicher Interessenverlust zu bewerten ist (→ § 201 Rn. 9, 9a; → § 201a Rn. 8, 9; → § 202 Rn. 7; → § 202a Rn. 7). Soweit die Befugnis aus anderen Rechtfertigungsgründen (→ Vor § 32 Rn. 2–28) abgeleitet wird, ergeben sich für die Einordnung keine Besonderheiten (BGHSt 31, 304 (306) = NJW 1983, 1570); denkbar ist allerdings, dass sie in gewissen Fällen auch mit (tatbestandsausschließender, → Vor § 32 Rn. 29) Sozialadäquanz begründet wird (→ § 201 Rn. 14). Ein **Irrtum** über die Befugnis ist je nach Sachlage Erlaubnistatbestandsirrtum (→ § 17 Rn. 9–20; zB bei irriger Annahme der Einwilligung des Geheimnisanvertrauenden bei § 203; Hoyer in SK-StGB § 203 Rn. 61) oder Verbotsirrtum (→ § 17 Rn. 6; sa BGHSt 4, 355 = NJW 1953, 1878; BGHSt 9, 370 = NJW 1957, 29; sowie Gropp JR 1996, 478).

§ 201 Verletzung der Vertraulichkeit des Wortes

(1) **Mit Freiheitsstrafe bis zu drei Jahren oder mit Geldstrafe wird bestraft, wer unbefugt**
1. **das nichtöffentlich gesprochene Wort eines anderen auf einen Tonträger aufnimmt oder**
2. **eine so hergestellte Aufnahme gebraucht oder einem Dritten zugänglich macht.**

(2) [1]**Ebenso wird bestraft, wer unbefugt**
1. **das nicht zu seiner Kenntnis bestimmte nichtöffentlich gesprochene Wort eines anderen mit einem Abhörgerät abhört oder**
2. **das nach Absatz 1 Nr. 1 aufgenommene oder nach Absatz 2 Nr. 1 abgehörte nichtöffentlich gesprochene Wort eines anderen im Wortlaut oder seinem wesentlichen Inhalt nach öffentlich mitteilt.**

[2]**Die Tat nach Satz 1 Nr. 2 ist nur strafbar, wenn die öffentliche Mitteilung geeignet ist, berechtigte Interessen eines anderen zu beeinträchtigen.** [3]**Sie ist nicht rechtswidrig, wenn die öffentliche Mitteilung zur Wahrnehmung überragender öffentlicher Interessen gemacht wird.**

(3) **Mit Freiheitsstrafe bis zu fünf Jahren oder mit Geldstrafe wird bestraft, wer als Amtsträger oder als für den öffentlichen Dienst besonders Verpflichteter die Vertraulichkeit des Wortes verletzt (Absätze 1 und 2).**

(4) **Der Versuch ist strafbar.**

(5) [1]**Die Tonträger und Abhörgeräte, die der Täter oder Teilnehmer verwendet hat, können eingezogen werden.** [2]**§ 74a ist anzuwenden.**

1. Die Vorschrift schützt die **Eigensphäre** (Privatsphäre) des Menschen unter dem Aspekt, die Unbefangenheit seiner mündlichen Äußerungen zu wahren und in den Fällen des Abs. 1 auch die Perpetuierung des flüchtig gesprochenen Wortes zu verhüten (vgl. Gallas ZStW 75 (1963), 16 und Maurach/Schroeder/Maiwald/Hoyer/Momsen StrafR BT § 29 Rn. 6; str.). In der Strafrechtswissenschaft wird teils nur ein einheitliches Rechtsgut der Vertraulichkeit bzw. Unbefangenheit des Wortes anerkannt (Cornelius JZ 2015, 693 (695); Kargl in NK-StGB Rn. 2; Graf in MüKoStGB Rn. 2; auch Helle JR 2000, 353 (359)), teils auch eine größere Selbständigkeit der Schutzbereiche von Abs. 1 und 2 angenommen (Eisele in Schönke/Schröder, Rn. 2; Schünemann in LK-StGB Rn. 2; eing. Arzt, Der strafrechtliche 1

Schutz der Intimsphäre, 1970, S. 237; Suppert, Studien zur Notwehr und „notwehrähnlichen Lage“, 1973, S. 142; Klug FS Sarstedt, 1981, 101 (103); Lenckner FS Baumann, 1992, 135; Kattanek, Die Verletzung des Rechtes am gesprochenen Wort durch das Mithören anderer Personen, 2000, S. 29).

2 **2. Schutzgegenstand** aller Tatbestände (Abs. 1–3) ist das nichtöffentlich gesprochene Wort eines anderen. Dabei bedeutet **Wort** die gesprochene Äußerung eines Gedankens, also nicht Gesang (aM Hilgendorf/Valerius ComputerStrafR Rn. 425; Wessels/Hettinger/Engländer StrafR BT I Rn. 526; Kargl in NK-StGB Rn. 7; Eisele in Schönke/Schröder Rn. 5; Schünemann in LK-StGB Rn. 6; zw.) oder Hervorbringen anderer Laute (Schünemann in LK-StGB Rn. 3; aM Fischer Rn. 3); nach dem Schutzzweck wohl auch nicht bloßes Deklamieren von Gedichten und dgl. (Blei FS Henkel, 1974, 109 (118); Meyer JR 1987, 215 (216); krit. Maiwald ZStW 91 (1979), 923 (951); aM Graf in MüKoStGB Rn. 11; Heghmanns StrafR BT Rn. 799; Hoyer in SK-StGB Rn. 7). Im Übrigen kommt es aber nicht auf seinen gedanklichen Inhalt (Hoyer in SK-StGB Rn. 2) und auch nicht auf seine Geheimhaltungsbedürftigkeit oder Vertraulichkeit an (OLG Karlsruhe NJW 1979, 1513 mAnm Weber ArchPF 1979, 292; Frank, Die Verwertbarkeit rechtswidriger Tonbandaufnahmen Privater, 1996, S. 47; Graf in MüKoStGB Rn. 11). **Nicht öffentlich** ist das Wort, wenn es nach dem Willen des Sprechers nicht an einen nach Zahl und Individualität unbestimmten oder durch persönliche Beziehungen innerlich unverbundenen größeren bestimmten Kreis von Personen gerichtet und auch objektiv für einen solchen Kreis nicht im Sinne verstehenden Mithörens wahrnehmbar ist (OLG Frankfurt a. M. NJW 1977, 1547 mAnm Arzt JR 1978, 170; Frank JR 1978, 44; v. Morr/Haake JR 2015, 789); dabei begründet die Anwesenheit einzelner, vom Sprecher nicht bemerkter Personen keine Öffentlichkeit (aM OLG Celle JR 1977, 338 mablAnm Arzt). Bei nicht öffentlichen Großveranstaltungen wie Erörterungsterminen im umweltrechtlichen Genehmigungsverfahren oder Aktionärsversammlungen muss der Ausschluss der Öffentlichkeit durch Kontrollmaßnahmen auch tatsächlich sichergestellt sein (OLG Nürnberg NJW 1995, 974; aM Graf in MüKoStGB Rn. 14). Auf die Öffentlichkeit des Ortes, an dem gesprochen wird, oder auf den dienstlichen oder privaten Charakter der Äußerung (OLG Frankfurt a. M. NJW 1977, 1547; OLG Karlsruhe NJW 1979, 1513 mit Bespr. Ostendorf JR 1979, 468; Alber JR 1981, 495; OLG Jena NStZ 1995, 502) kommt es nicht an; selbst das Wort eines Amtsträgers in dieser Eigenschaft wird erfasst (BVerfG NJW 2011, 1859 (1862)). **Öffentlich** gesprochen wird dagegen im Taxi- und Polizeifunk, weil ein Abhören trotz der Benutzung von Sonderfrequenzen mit entsprechendem Empfänger jedermann möglich ist (Schmitz JA 1995, 118; Hoyer in SK-StGB Rn. 12; Eisele in Schönke/Schröder Rn. 9; zum Abhören des Polizeifunks vgl. §§ 89, 148 TKG; Kalf in Erbs/Kohlhaas TKG StGB aF § 86 Rn. 2).

3 **3.** Zu den **Tathandlungen nach Abs. 1:**

a) Nr. 1: Aufnehmen muss nicht notwendig heimlich geschehen (OLG Jena NStZ 1995, 502 mit zust. Bespr. Joerden JR 1996, 265; Otto JK StGB § 201 Rn. 2; Wessels/Hettinger/Engländer StrafR BT I Rn. 529; Graf in MüKoStGB Rn. 22; str.; → Rn. 11). Auch durch Vermittlung eines Abhörgeräts oder von einem Fernsprecher im Telefonverkehr (BGHSt 31, 304 (306) = NJW 1983, 1570; OLG Karlsruhe NJW 1979, 1513) kann aufgenommen werden. Nach dem Schutzzweck der Vorschrift, der nur den unmittelbaren Eingriff in die Intimsphäre im Auge hat, genügt dagegen die Aufnahme von einem anderen Tonträger nicht (Eisele in

Schönke/Schröder, Rn. 12; Schünemann in LK-StGB Rn. 15). **Tonträger** ist jede Vorrichtung zur wiederholten Wiedergabe von Tonfolgen, namentlich das Ton-(Magnet-)band und die Schallplatte (Hoyer in SK-StGB Rn. 13). Umstr ist, ob (auch) **Tonaufnahmen von einem öffentlichen Polizeieinsatz** durch ein Smartphone erfasst sind (so OLG Zweibrücken 30.6.2022 – 1 OLG Ss 62/21); dagegen wird ua die Öffentlichkeit des Einsatzes und ein Vergleich mit § 201a, der nur besonders geschützte Räume als Tatorte erfasse, eingewandt (LG Osnabrück CR 2021, 806; LG Kassel BeckRS 2019, 38252), wobei letzteres Argument verkennt, dass § 201 vor § 201a entstanden ist und nicht erkennbar ist, dass der Gesetzgeber mit Einfügungen von § 201a den Anwendungsbereich von § 201 beschneiden wollte.

b) Nr. 2: Gebrauchen ist das Verwenden einer nach Nr. 1 hergestellten Aufnahme (→ Rn. 9a) zum Abspielen (OLG Düsseldorf NJW 1995, 975: auch wenn nur zur technischen Aufbereitung), Kopieren oder Überspielen einer nach Nr. 1 hergestellten Aufnahme; ob der Täter die Aufnahme nur für sich selbst oder einem Dritten gegenüber abspielt oder abspielen lässt, ist unerheblich (Graf in MüKoStGB Rn. 27); auch das Abspielen einer Kopie ist Gebrauchen der ursprünglichen Aufnahme (Graf in MüKoStGB Rn. 26, der den Kopiervorgang bzw. das Überspielen selbst aber nicht als erfasst sieht; ebenso Gössel/Dölling StrafR BT I § 37 Rn. 21; ähnlich Cornelius JZ 2015, 693 (695); wie hier Schünemann in LK-StGB Rn. 17; Eisele in Schönke/Schröder, Rn. 17). Die mittelbare Verwertung (zB die Publikation eines Tonbandprotokolls) wird dagegen nicht erfasst (Hoyer in SK-StGB Rn. 19; krit. Arzt in Ulsamer StrafR/StrafVerfR S. 693). **Zugänglichmachen** ist die Eröffnung des Zugriffs für einen Dritten (idR durch Aushändigen) in einer Weise, dass dieser die Aufnahme gebrauchen oder einem anderen zugänglich machen kann. 4

4. Zu den **Tathandlungen nach Abs. 2:** 5

a) Nr. 1: Abhören mit einem Abhörgerät erfordert den Einsatz eines besonderen technischen Mittels, mit dem das gesprochene Wort über dessen normalen Klangbereich hinaus durch Verstärkung oder Übertragung unmittelbar wahrnehmbar gemacht wird, zB Mikrofonanlagen, „Mini-Spione", Stethoskope (Hilgendorf/Valerius ComputerStrafR Rn. 426); Lauschen an der Wand genügt nicht. Keine Abhörgeräte sind jedoch nach dem Schutzzweck des Abs. 2 Fernsprechapparate im normalen Telefonverkehr, wenn sie infolge technischer Störungen das Mithören fremder Gespräche ermöglichen (Begr. zu § 183 E 1962, S. 332), und Lautsprecher, Zweithörer oder sonstige Mithöreinrichtungen, die bestimmungsmäßig in solche Apparate eingebaut sind (BGHSt 39, 335 (343) = NJW 1994, 596 mit krit. Bespr. Jung JuS 1994, 617; krit. auch Schmitz JA 1995, 118 (120), zust. aber Helle JR 2000, 353 (359); Sternberg-Lieben Jura 1995, 299 (303); Graf in MüKoStGB Rn. 33; Hoyer in SK-StGB Rn. 24; aM Eisele in Schönke/Schröder, Rn. 19; Schünemann in LK-StGB Rn. 21; Fischer Rn. 7; beachte auch Arzt, Der strafrechtliche Schutz der Intimsphäre, 1970, S. 246; Kattanek, Die Verletzung des Rechtes am gesprochenen Wort durch das Mithören anderer Personen, 2000, S. 115; zw.). Ist das Abgehörte zur Kenntnis des Täters bestimmt (zB Abhören des Ferngesprächs eines Geschäftspartners mit dem Prokuristen durch den Geschäftsinhaber), so entfällt der Tatbestand (Schünemann in LK-StGB Rn. 24; aM Schmitz JA 1995, 118 (119); Kargl in NK-StGB Rn. 15; Eisele in Schönke/Schröder, Rn. 21a; zw.).

b) Nr. 2: Die Vorschrift knüpft an Abs. 1 Nr. 1 und Abs. 2 S. 1 Nr. 1 an. Sie setzt daher voraus, dass die Tathandlung sich auf ein nichtöffentlich gesprochenes Wort bezieht, das **zuvor** (unbefugt, → Rn. 9) **aufgenommen oder abgehört** wurde 6 (krit. zur systematisch unbefriedigenden und zT auch widersprüchlichen Einordnung der Vorschrift in den Zusammenhang des § 201 Lenckner FS Baumann, 1992, 135; ähnlich Hoyer in SK-StGB Rn. 5 „Fremdkörper"; die Nähe zu einem allgemeinen Indiskretionsdelikt betont Rogall FS Hirsch, 1999, 665 (677)).

7 aa) **Öffentlich mitteilen** bedeutet, das Aufgenommene oder Abgehörte für einen nach Zahl und Individualität unbestimmten oder für einen nicht durch persönliche Beziehungen innerlich verbundenen größeren bestimmten Kreis von Personen zugänglich machen (OLG Stuttgart NJW 2004, 622; AG Weinheim NJW 1994, 1543 (1544); LG Mannheim NStZ-RR 1996, 360 alle zu § 353 d; Hilgendorf/Valerius ComputerStrafR Rn. 429; Schünemann in LK-StGB Rn. 26; Hoyer in SK-StGB Rn. 27; sa BT-Drs. 11/6714, 3). **Im Wortlaut** setzt wortgetreue, nicht notwendig vollständige, aber doch wesentliche Teile umfassende Wiedergabe voraus (ebenso Graf in MüKoStGB Rn. 36). Der **wesentliche Inhalt** ist mitgeteilt, wenn die veröffentlichten Informationen geeignet sind, von der jeweils in Frage stehenden Äußerung (dem „Wort") eine im Großen und Ganzen zutreffende Vorstellung zu vermitteln; ob auf der zugehörigen Aufnahme oder Fixierung des Abgehörten noch weitere (nicht veröffentlichte) Äußerungen festgehalten sind, ist unerheblich.

8 bb) Die sog. **Bagatellklausel** (Abs. 2 S. 2) verfolgt den Zweck, schon den Tatbestand des Abs. 2 S. 1 Nr. 2 (nicht erst die Rechtswidrigkeit) auf strafwürdige Fälle zu beschränken (BT-Drs. 11/7414, 4; näher Schünemann in LK-StGB Rn. 28); sie gilt nicht für Abs. 1 (OLG Jena NStZ 1995, 502). **Berechtigte Interessen** → § 193 Rn. 5–8. Es genügt, dass Art und Inhalt der Veröffentlichung unter den Umständen ihrer Vornahme zur **Beeinträchtigung** solcher Interessen geeignet sind (BT-Drs. 11/7414, 4; Graf in MüKoStGB Rn. 38; Hoyer in SK-StGB Rn. 29, abstrakt-konkrete Gefährdung); dass die Interessenverletzung eingetreten ist oder auch nur die konkrete Gefahr ihres Eintritts bestand, ist nicht unbedingt erforderlich (→ Vor § 13 Rn. 32). Für die Wahrnehmung privater Interessen kommt nur § 34 (→ Rn. 13) in Betracht (Schmitz JA 1995, 118 (120)).

9 5. **Unbefugt** → Vor § 201 Rn. 2. Da hier bei Einvernehmen mit dem Betroffenen die unrechtsindizierende Kraft des Tatbestandes wegen der mit der Perpetuierung des Wortes allgemein verbundenen Missbrauchsgefahren zwar nicht ganz wegfällt, aber doch erheblich schwächer ist als bei der Geheimnisoffenbarung, wirkt das Einverständnis tatbestandsausschließend (Lenckner FS Baumann, 1992, 135 (146); Kindhäuser/Schramm StrafR BT I § 28 Rn. 22; Maurach/Schroeder/Maiwald/Hoyer/Momsen StrafR BT § 29 Rn. 13; Roxin StrafR AT I § 13 Rn. 24; Schünemann in LK-StGB Rn. 9, 32; einschr. Tag in HK-StrafR Rn. 18: Doppelfunktion, ebenso Eisele in Schönke/Schröder, Rn. 29; aM Kargl in NK-StGB Rn. 22; unentschieden KG NJW 2008, 3449).

9a **a)** In den Fällen des Abs. 1 Nr. 2 muss auch die Herstellung der Aufnahme unbefugt gewesen sein (OLG Düsseldorf NJW 1995, 975 mit Bespr. Schmidt JuS 1995, 651; Schmitz JA 1995, 118 (119, 120); Rengier StrafR BT II § 31 Rn. 4; Wessels/Hettinger/Engländer StrafR BT I Rn. 535, 536; Schünemann in LK-StGB Rn. 16; anders Suppert, Studien zur Notwehr und „notwehrähnlichen Lage", 1973, S. 209; Wölfl Jura 2003, 742, der hier eine Frage der Rechtswidrigkeit bzw. Rechtmäßigkeit sieht; mit beachtlichen Gründen diff. Lenckner FS Baumann, 1992, 135 (146); zum Abspielen eines privat aufgenommenen Tonbandes durch den Strafrichter Frank, Die Verwertbarkeit rechtswidriger Tonbandaufnahmen Privater, 1996, S. 119). Dasselbe gilt in Fällen des Abs. 2 S. 1 Nr. 2 für das Aufnehmen und das Abhören (BT-Drs. 11/6714, 3; BT-Drs.11/7414, 3 (4)).

b) Als **Grundlagen der Befugnis** kommen namentlich in Frage: 10

aa) Eine **besondere gesetzliche Vorschrift,** zB die §§ 100a, 100b (BGHSt 31, 296 (304) = NJW 1983, 1569; BGHSt 34, 39 = NJW 1986, 2261; OLG Düsseldorf NJW 1995, 975; einschr. Hoyer in SK-StGB Rn. 47) und §§ 100c–e StPO (Schünemann in LK-StGB Rn. 34; einschr. BVerfG NJW 2004, 1003; Kargl in NK-StGB Rn. 30), §§ 1, 3 G 10, §§ 39–42 AWG sowie Befugnisse auf Grund der Verfassungsschutz- und Polizeigesetze des Bundes und der Länder (näher Hoyer in SK-StGB Rn. 46); ferner § 41 II AuslG, § 16 I AsylG und §§ 32, 27 StVollzG, bei denen jeweils die Betroffenen vorher in Kenntnis zu setzen sind (Graf in MüKoStGB Rn. 45, 46).

bb) Die **Einwilligung** des Betroffenen (→ Vor § 201 Rn. 2). Sie muss sich stets 11 auf die Tathandlung beziehen; sie ist daher zB für das Zugänglichmachen gegenüber einem Dritten unerheblich, wenn sie nur zur Aufnahme erteilt war (aM Schünemann in LK-StGB Rn. 12). Auch stillschweigende Einwilligung (→ § 228 Rn. 6) ist denkbar. Sie liegt idR (nicht aber zwingend, vgl. OLG Jena NStZ 1995, 502 mit zust. Bespr. Joerden JR 1996, 265; Otto JK StGB § 201 Rn. 2) vor, wenn der Betroffene **trotz Kenntnis** des Abhörens/Aufnehmens **weiterspricht** (Schünemann in LK-StGB Rn. 11; Graf in MüKoStGB Rn. 41; Fischer Rn. 10; aM AG Hamburg NJW 1984, 2111, Arzt, Der strafrechtliche Schutz der Intimsphäre, 1970, S. 266; Eisele in Schönke/Schröder, Rn. 13, nach denen schon der Tatbestand entfällt; zw.), oder wenn die Beteiligten nach ihren persönlichen oder geschäftlichen Beziehungen mit der Aufnahme oder dem Abhören rechnen.

cc) **Notwehr** (zB Aufnahme der Stimme des anrufenden Erpressers, → § 32 12 Rn. 4, 15; Hoyer in SK-StGB Rn. 39; Schünemann in LK-StGB Rn. 42; → § 354 Rn. 15; Wölfl Jura 2000, 231 (232); eine teleologische Reduktion des Tatbestandes erwägt Frank, Die Verwertbarkeit rechtswidriger Tonbandaufnahmen Privater, 1996, S. 52).

dd) Die Grundsätze der **Güter- und Interessenabwägung** (→ § 34 Rn. 6; sa 13 Evers ZRP 1970, 147), soweit auch die übrigen Voraussetzungen des rechtfertigenden Notstandes erfüllt sind (Tenckhoff JR 1981, 255; Rose, Grenzen der journalistischen Recherche, 2001, S. 85; Eisele in Schönke/Schröder, Rn. 31a; krit. Kattanek, Die Verletzung des Rechtes am gesprochenen Wort durch das Mithören anderer Personen, 2000, S. 86, 158; str.). Das kann zB zutreffen beim Aufnehmen von Telefonanrufen zur Abwehr krimineller Handlungen (Klug FS Sarstedt, 1981, 101; Hoyer in SK-StGB Rn. 40; Schünemann in LK-StGB Rn. 43), ferner – allerdings nur ausnahmsweise (BGHSt 31, 304 (307) = NJW 1983, 1570; Kargl in NK-StGB Rn. 27; einschr. auch Frank, Die Verwertbarkeit rechtswidriger Tonbandaufnahmen Privater, 1996, S. 55; Graf in MüKoStGB Rn. 49) – beim Aufnehmen oder Abhören zur Beschaffung von Beweismitteln (vgl. etwa BVerfG NJW 2002, 3623 (3624); NJW 1982, 277 (278) mit Bespr. Dünnebier NStZ 1982, 255, Lachmann JA 1982, 258; Zeiss JR 1982, 289; OLG Frankfurt a. M. NJW 1977, 1547; OLG Karlsruhe NJW 1979, 1513; BayObLG NJW 1994, 1671 mkritAnm Preuß StV 1995, 66; problematisch KG JR 1981, 254 mkritAnm Tenckhoff; sa BGHSt 14, 358 (364) = NJW 1960, 1580; BGHSt 58, 268 = NJW 2013, 2530) und bei der Verwertung zufällig erlangter Beweismittel (OLG Frankfurt a. M. NJW 1979, 1172); dass die Rspr. sich hier vielfach auch auf eine sog. notwehrähnliche Lage (→ § 32 Rn. 4) stützt, begründet keinen selbständigen, von § 34 verschiedenen

Rechtfertigungsgrund (Wölfl Jura 2000, 231 (233); Eisele in Schönke/Schröder Rn. 32). Eine Erweiterung der gesetzlich konkretisierten Befugnisse zur Strafverfolgung nach §§ 100a, 100b, 100c I Nr. 2, 3 StPO kann auf diese Rspr. grds. nicht gestützt werden (BGHSt 34, 39 = NJW 1986, 2261 mit Bespr. Wolfslast NStZ 1987, 103; Meyer JR 1987, 215; Wagner JZ 1987, 705 (707); Bottke Jura 1987, 356; → § 34 Rn. 14). Überhaupt sind hoheitliche Eingriffe in diesen Bereichen nur auf Grund gesetzlicher Ermächtigung zulässig (BVerfGE 85, 386 = NJW 1992, 1875).

14 ee) Sozialadäquanz (→ Vor § 32 Rn. 29). Hierher soll namentlich das Aufnehmen zur Fixierung von Verhandlungen im Rahmen allgemein üblicher, sozialethisch nicht missbilligenswerter Gepflogenheiten im Geschäftsleben gehören (so die problematisch hM; anders Suppert, Studien zur Notwehr und „notwehrähnlichen Lage“, 1973, S. 142, der die kritischen Fälle durch eine Analogie zu § 32 löst; ferner Klug FS Sarstedt, 1981, 101, Eisele in Schönke/Schröder, Rn. 31b, die nur die Möglichkeit der Rechtfertigung anerkennen; dagegen Wölfl Jura 2000, 231 (234); stark einschr. Kargl in NK-StGB Rn. 16).

15 **c)** Für die **öffentliche Mitteilung** (Abs. 2 S. 1 Nr. 2) regelt Abs. 2 S. 3 den möglichen Konflikt zwischen den Verfassungsgütern der Eigensphäre nach Art. 1 I, 2 I GG einerseits und der Meinungs- und Pressefreiheit nach Art. 5 GG andererseits ausdrücklich. Insoweit wird hier nur die nach der verfassungsgerichtlichen Rspr. ohnehin erforderliche Wertabwägung, die bei einer Kollision von Grundwerten der Verfassung vorzunehmen ist (BVerfGE 66, 116 = NJW 1984, 1741; BGHZ 73, 120 = NJW 1979, 647; sa Lenckner FS Baumann, 1992, 135 (151); → Vor § 32 Rn. 28), punktuell kodifiziert (BT-Drs. 11/7414, 4 (5)). Ein **überragendes öffentliches Interesse** kann namentlich vorliegen, wenn es sich um die Aufdeckung schwerwiegender Missstände handelt, etwa die Begehung von Katalogstraftaten nach §§ 129a I, 138 I oder von schweren Verstößen gegen § 34 AWG (zB illegale Lieferungen an ausländische C-Waffenfabriken) mitgeteilt wird (BT-Drs. 11/7414, 4 (5)). Einer „gegenwärtigen Notstandsgefahr“ (→ § 34 Rn. 2) bedarf es hier nicht. – Auch in den **übrigen Fällen des § 201** ist eine entsprechende Grundwertekollision denkbar (Klug FS Oehler, 1985, 397); jedoch ist nicht gerechtfertigt, wer durch die Tat zufällig Missstände erfährt, auch wenn er sie alsdann öffentlich mitteilen darf (BT-Drs. 11/7414, 4 (5); Hoyer in SK-StGB Rn. 36).

16 **d)** Zum **Irrtum** über die Befugnis → Vor § 201 Rn. 2. In Fällen des Abs. 1 Nr. 2 muss sich der Vorsatz auf die unbefugte Herstellung der Aufnahme beziehen (OLG Düsseldorf NJW 1995, 975; Maurach/Schroeder/Maiwald/Hoyer/Momsen StrafR BT § 29 Rn. 62).

17 **6. Abs. 3** ist als Qualifikationstatbestand für Amtsträger (→ § 11 Rn. 3–11; sa § 48 I WStG) und für den öffentlichen Dienst besonders Verpflichtete (→ § 11 Rn. 13–17) uneigentliches Amtsdelikt (→ Vor § 331 Rn. 2). Die Amtseigenschaft ist besonderes persönliches Merkmal nach § 28 II (Schmitz JA 1995, 118 (120); Hoyer in SK-StGB Rn. 32; Kargl in NK-StGB Rn. 35). Der Täter muss „als“ Amtsträger usw, dh in innerem Zusammenhang mit seiner Amtseigenschaft, handeln (Schmitz JA 1995, 118 (120); weiter Schünemann in LK-StGB Rn. 50). Soweit kein staatliches Interesse entgegensteht, kommt die Einwilligung (→ Rn. 11) auch hier als Rechtfertigungsgrund in Frage (Amelung FS Dünnebier, 1982, 487 (511)).

7. Abs. 5 ist eine besondere Vorschrift iSd § 74 IV, welche die **Einziehung** über § 74 I hinaus zulässt. Daher müssen die Voraussetzungen des § 74 II, III oder – auf Grund der Verweisung in S. 2 – die des § 74a erfüllt sein. Im Übrigen vgl. §§ 74–74c, 74e–76a. 18

8. Die Begehungsformen der Abs. 1 und 2 können nach den verschiedenen Möglichkeiten des Zusammentreffens in **Tateinheit** stehen, sich als unselbständige Formen derselben Tat darstellen oder als mitbestrafte Nachtaten verdrängt werden (→ § 52 Rn. 3; → Vor § 52 Rn. 32). Das Verhältnis des Aufnehmens auf einen Tonträger und des Gebrauchens der Aufnahme ist ebenso zu beurteilen wie das Fälschen einer Urkunde und deren Gebrauch im Falle des § 267 (→ § 267 Rn. 27; Schmitz JA 1995, 118 (121); Schünemann in LK-StGB Rn. 55; jetzt auch Eisele in Schönke/Schröder, Rn. 38; zw.). Bei einheitlichem Vorsatz bildet auch das Aufnehmen und Abhören mit dem nachfolgenden öffentlichen Mitteilen eine Handlungseinheit, bei der das Herstellen als bloße Vorbereitungshandlung verdrängt wird (Hoyer in SK-StGB Rn. 49). Tateinheit ist ferner möglich mit § 148 TKG (Klesczewski in Berliner Kommentar zum TKG, 3. Aufl. 2013, Rn. 25 zu § 148 TKG; Schünemann in LK-StGB Rn. 56). 19

9. Strafantrag § 205. 20

§ 201a Verletzung des höchstpersönlichen Lebensbereichs und von Persönlichkeitsrechten durch Bildaufnahmen

(1) **Mit Freiheitsstrafe bis zu zwei Jahren oder mit Geldstrafe wird bestraft, wer**

1. **von einer anderen Person, die sich in einer Wohnung oder einem gegen Einblick besonders geschützten Raum befindet, unbefugt eine Bildaufnahme herstellt oder überträgt und dadurch den höchstpersönlichen Lebensbereich der abgebildeten Person verletzt,**
2. **eine Bildaufnahme, die die Hilflosigkeit einer anderen Person zur Schau stellt, unbefugt herstellt oder überträgt und dadurch den höchstpersönlichen Lebensbereich der abgebildeten Person verletzt,**
3. **eine Bildaufnahme, die in grob anstößiger Weise eine verstorbene Person zur Schau stellt, unbefugt herstellt oder überträgt,**
4. **eine durch eine Tat nach den Nummern 1 bis 3 hergestellte Bildaufnahme gebraucht oder einer dritten Person zugänglich macht oder**
5. **eine befugt hergestellte Bildaufnahme der in den Nummern 1 bis 3 bezeichneten Art wissentlich unbefugt einer dritten Person zugänglich macht und in den Fällen der Nummern 1 und 2 dadurch den höchstpersönlichen Lebensbereich der abgebildeten Person verletzt.**

(2) [1]**Ebenso wird bestraft, wer unbefugt von einer anderen Person eine Bildaufnahme, die geeignet ist, dem Ansehen der abgebildeten Person erheblich zu schaden, einer dritten Person zugänglich macht.** [2]**Dies gilt unter den gleichen Voraussetzungen auch für eine Bildaufnahme von einer verstorbenen Person.**

(3) **Mit Freiheitsstrafe bis zu zwei Jahren oder mit Geldstrafe wird bestraft, wer eine Bildaufnahme, die die Nacktheit einer anderen Person unter achtzehn Jahren zum Gegenstand hat,**

1. herstellt oder anbietet, um sie einer dritten Person gegen Entgelt zu verschaffen, oder
2. sich oder einer dritten Person gegen Entgelt verschafft.

(4) **Absatz 1 Nummer 2 und 3, auch in Verbindung mit Absatz 1 Nummer 4 oder 5, Absatz 2 und 3 gelten nicht für Handlungen, die in Wahrnehmung überwiegender berechtigter Interessen erfolgen, namentlich der Kunst oder der Wissenschaft, der Forschung oder der Lehre, der Berichterstattung über Vorgänge des Zeitgeschehens oder der Geschichte oder ähnlichen Zwecken dienen.**

(5) [1]**Die Bildträger sowie Bildaufnahmegeräte oder andere technische Mittel, die der Täter oder Teilnehmer verwendet hat, können eingezogen werden.** [2]**§ 74a ist anzuwenden.**

Fassung des 49. StÄG (→ Vor § 1 Rn. 18), ingekrafttreten zum 27.1.2015; Einfügung eines postmortalen Schutzes in Abs. 1 Nr. 3 nF und Abs. 2 S. 2 nF durch das 59. StÄG (→ § 1 Rn. 19) zum 1.1.2021. Die damals neu gefassten Verweisungen in Abs. 4 sind unrichtig, weil der Gesetzgeber dabei die Nichtaufnahme von Upskirting in § 201a (jetzt § 184k) übersehen hat; gemeint sind Abs. 1 Nr. 2 und 3, auch iVm Abs. 4 und 5, doch hatte dies keine formalen oder inhaltlichen Auswirkungen, weil die darin normierte Sozialadäquanzklausel als Rechtfertigungsgrund zugunsten des Täters nicht der strikten Wortlautschranke unterliegt. Im Zuge des G gegen sog Feindeslisten ist zum 22.9.2021 eine redaktionelle Korrektur erfolgt.

1 **1.** Die Vorschrift schützt den **höchstpersönlichen Lebensbereich** (BT-Drs. 15/2466, 1 = fraktionsübergreifender Entwurf; Kühl Schünemann-Symposium, 2005, 211 (221); BGH NStZ 2015, 391; Busch NJW 2015, 977; ebenso Rengier StrafR BT II § 31 Rn. 9; Tag in HK-StrafR Rn. 2; Valerius in LK-StGB Rn. 5; anders Bosch in Satzger/Schluckebier/Widmaier StGB Rn. 1, Recht am eigenen Bild als Teilbereich des allgemeinen Persönlichkeitsrechts; Graf in MüKoStGB Rn. 7; Eisele StrafR BT I Rn. 705). Sie geht damit über den Schutz der Intimsphäre (so noch der FDP-Entwurf BT-Drs. 15/361, 2) hinaus (ebenso Murmann FS Maiwald, 2010, 585 (591); Valerius in LK-StGB Rn. 31; zur „Sphärentheorie" Geminn/Roßnagel JZ 2015, 703 (705); aM Koch GA 2005, 589 (596); Hoyer ZIS 2006, 1 (3); Hoyer in SK-StGB Rn. 2) und beschränkt sich deshalb nicht auf die Erfassung von Nacktheit (inzwischen im Abs. 3 des Gesetzestextes) und Sexualität, bleibt aber hinter dem Schutz des persönlichen Lebensbereichs (so noch der CDU-Entwurf BT-Drs. 15/533, 2) zurück. Sie führt ohne Not einen im Strafrecht bisher unbekannten Begriff ein (krit. Kühl und Schöch in der Anhörung des BT-Rechtsausschußes v. 24.9.2003, 15. Wahlperiode, Prot. 27, Nr. 14, 82, Prot. 28, Nr. 118; sowie Borgmann NJW 2004, 2133 (2134)); sie verlässt damit die Orientierung an der Abschnittsüberschrift („Verletzung des persönlichen Lebensbereichs") und begibt sich so des Rückgriffs auf einen im Strafrecht verwendeten Begriff (§ 68a I StPO, § 171b I GVG), zu dem auch schon Rspr. vorhanden ist (BGHSt 30, 212 (214) = NJW 1982, 59). Es bleibt dennoch ein relativ offenes, unbestimmtes Rechtsgut (ebenso Heuchemer in Götting/Schertz/Seitz, Handbuch des Persönlichkeitsrechts, 2008, § 29 Rn. 2), so dass die genaue Bestimmung des Strafbaren den Angriffsformen und deren Eingriffstiefe überlassen bleibt (Kargl in NK-StGB Rn. 3; vgl. Schünemann in LK-StGB Vor § 201 Rn. 3). Hinter dem höchstpersönlichen Lebensbereich steht das **allgemeine Persönlichkeitsrecht und das Recht auf informationelle Selbstbestimmung über Bildaufnahmen** (Kühl AfP 2004, 190; Kargl ZStW 117 (2005), 324 (337); Murmann FS Maiwald, 2010, 585; Kühl in Bosch/Bung/

Klippel, Geistiges Eigentum und Strafrecht, 2011, S. 115 mit Bespr. Wittig GA 2015, 533; Maurach/Schroeder/Maiwald/Hoyer/Momsen StrafR BT § 29 Rn. 82; Fischer Rn. 3; krit. zu Letzterem Bosch in Satzger/Schluckebier/Widmaier StGB Rn. 1). Die Vorschrift erfüllt alte Forderungen nach der Gleichstellung von Abhören (§ 201) und Abbilden (Schünemann ZStW 90 (1978), 11 (33); Kühl Schünemann-Symposium, 2005, 211 (212); Hilgendorf/Valerius ComputerStrafR Rn. 431; dagegen unter Hinweis auf unterschiedliche Selbstschutzmöglichkeiten Kraenz, Der strafrechtliche Schutz des Persönlichkeitsrechts, 2008, S. 132, 337), wie sie der AE (PersStR) im nicht Gesetz gewordenen § 146 vorgeschlagen hatte, und ergänzt den strafbewehrten Bildnisschutz des § 33 KUG (BT-Drs. 15/2466, 4), der erst das Verbreiten von Bildnissen erfasst (Ernst NJW 2004, 1277 (1278)), sowie den zivilrechtlichen Persönlichkeitsschutz hinsichtlich von Bildaufnahmen, dessen Durchsetzung Aufklärungsschwierigkeiten und finanzielle Risiken entgegenstehen (Kühl AfP 2004, 190). Der Strafrahmen bleibt hinter dem des § 201 zurück, entspricht aber dem des § 33 KUG (Kühl in AAKMN Neue Technologien S. 165, 167; Eisele JR 2005, 6 (11)). Konkreter Anlass waren die technisch verbesserten Bildaufnahmemöglichkeiten, insbes. die zunehmende Digitalisierung und Miniaturisierung von Geräten wie Handy-Kameras und Webcams (BT-Drs. 15/1891, 6; Flechsig ZUM 2004, 605; Bosch JZ 2005, 377; Hoyer in SK-StGB Rn. 1; vgl. auch den Tätigkeitsbericht des Bundesbeauftragten für den Datenschutz, BT-Drs. 14/5555, 2). Zu **Strafwürdigkeit** und **-bedürftigkeit** Kühl FS Schöch, 2010, 419 (432, 436), zum typischen Unrechtsgehalt Kühl in Bosch/Bung/Klippel, Geistiges Eigentum und Strafrecht, 2011, S. 115, 124. **Zur Verfassungsgemäßheit** der Vorschrift Wendt AfP 2004, 181; Koch GA 2005, 589 (603). **Kriminalpolitische** und verfassungsrechtliche Bedenken bei Pollähne KritV 2003, 387; Kraenz, Der strafrechtliche Schutz des Persönlichkeitsrechts, 2008, S. 130, 238). Zur **Entstehungsgeschichte** Eisele JR 2005, 6; Kargl ZStW 117 (2005), 324 (325); Koch GA 2005, 589; Kächele, Der strafrechtliche Schutz vor unbefugten Bildaufnahmen, 2007, S. 45; sa Klintworth, Investigativer Journalismus im Spannungsfeld zwischen Pressefreiheit und Strafrecht, 2014 mit Bespr. Marang ZIS 2015, 195. Kriminalstatistik BT-Drs. 18/2601, 36, 37. Die Neufassung durch das 49. StÄG hat mehr zur Verwirrung beigetragen als zur Klarstellung. Sie ist überdies wenig systematisch; der **Hilflosigkeit** und ihr Zurschaustellen ist in **Nr. 2 des Abs. 1** platziert, es folgen noch zwei weitere Nummern (Nr. 3 und 4) in **Abs. 2** die **Ansehensschädigung** und in **Abs. 3** die **„Nacktheit“** mit zwei Handlungsalternativen, die vom Entgelt geprägt sind (zu allem Bosch Jura 2016, 1380 (1381, 1384): „Bankrotterklärung in Form ignoranter Kriminalpolitik“). Gleichwohl hat der Gesetzgeber die erneute Änderung durch das 59. StÄG (zum Entwurf Lenk KriPoZ 2019, 361; Eisele/Straub KriPoZ 2019, 367) nicht zu einer Korrektur dieser Problembereiche genutzt; im Gegenteil zeugt die Sclamperei bei der Änderung von Abs. 4 (s. Fassungshinweis) von unveränderter Nonchalance mit dem Gesetzeswortlaut (bemerkenswert ist, dass dieser offensichtlcihe redaktionelle Mangel in den nachfolgenden Strafrechtsänderungsgesetzen nicht einmal korrigiert worden ist). – **Rechtsvergleichend** Kächele, Der strafrechtliche Schutz vor unbefugten Bildaufnahmen, 2007, S. 153. Zu den Auswirkungen auf das **Privatrecht** Hoppe GRUR 2004, 990 (994).

2. Schutzgegenstand aller Tatbestände ist das aufgenommene **Bild** einer anderen Person; Zeichnungen und Karikaturen sind also nicht erfasst (Fischer Rn. 4; Valerius in LK-StGB Rn. 9); auch nicht das Fotographieren von Gegenständen (Kindhäuser/Hilgendorf in LPK-StGB Rn. 3). Der **Schutzbereich von Abs. 1** 2

Nr. 1 ist räumlich beschränkt auf die Wohnung und einen sichtgeschützten Raum. Dieser letzte persönliche Rückzugsbereich (BT-Drs. 15/2995, 5; BT-Drs. 15/2466, 4) passt zum höchstpersönlichen Rechtsgut, ist aber wie dieses zu eng, denn nicht alles, was sich außerhalb dieses Rückzugbereichs abspielt, sollte straffrei abgebildet werden dürfen, zB das schwer verletzte, entstellte Unfallopfer auf der Straße oder die von Trauer überwältigten Eltern am Grab ihres Kindes (vgl. Kühl in AAKMN Neue Technologien S. 165, 172; zum zivilrechtlichen Schutz des allgemeinen Persönlichkeitsrechts von Angehörigen bei Trauerfeiern s. LG Frankfurt a. M. AfP 2013, 438), weshalb mit dem 49. StÄG in Abs. 1 Nr. 2 auch solche Fälle erfasst worden sind; dass der Einzelne im öffentlichen Lebensraum damit rechnen müsse, durch Bildaufnahmen abgebildet zu werden (BT-Drs. 15/2466, 4), gilt nicht in dieser Pauschalität und ist selbst für **Nacktaufnahmen** (s. jetzt Abs. 3) am öffentlichen Badestrand zweifelhaft (Kühl AfP 2004, 190; aM Eisele JR 2005, 6 (8). Immerhin wird der Tatbestand mit der räumlichen Begrenzung durch ein objektives Merkmal eingeschränkt und bestimmter, als wenn nur die Tathandlungen und der Erfolg den Tatbestand umschreiben würden (Kühl AfP 2004, 190; Borgmann NJW 2004, 2133 (2134)). Die **Wohnung** ist ohne Einschränkungen erfasst (Eisele JR 2005, 6 (8) „absolut" geschützt; Koch GA 2005, 589 (599)), auch wenn sie wegen großer Glaselemente den Einblick ermöglicht. Der Wohnungsbegriff ist in Übereinstimmung mit § 244 I Nr. 3 (→ § 244 Rn. 11) enger als in § 123 (→ § 123 Rn. 3) als Zentrum des höchstpersönlichen Lebensbereichs zu verstehen (aM Rengier StrafR BT II § 31 Rn. 11; Eisele in Schönke/Schröder Rn. 9; Bosch in Satzger/Schluckebier/Widmaier StGB Rn. 7; wie hier Heuchemer/Paul JA 2006, 616 (617); Maurach/Schroeder/Maiwald/Hoyer/Momsen StrafR BT § 29 Rn. 86; Wessels/Hettinger/Engländer StrafR BT I Rn. 545b; Fischer Rn. 7; Altenhain in Matt/Renzikowski Rn. 4; Hoyer in SK-StGB Rn. 14; ohne Bezug auf § 244 I 3 auch Valerius in LK-StGB Rn. 15). Es kann die eigene Wohnung des Opfers sein, aber auch eine fremde (BT-Drs. 15/1891, 7; Gropp FS Kühne, 2013, 679 (691), der daraus die Tatbestandsmäßigkeit der Herstellung pornographischer Abbildungen gegen den Willen der Abgebildeten, zB von Kindern) oder die von Täter und Opfer gemeinsam bewohnte; krit. Murmann FS Maiwald, 2010, 585 (594, 601), der sich gegen eine restriktive Interpretation der geschützten Örtlichkeit ausspricht. Erfasst sind auch Gästezimmerund Hotelzimmer (so BT-Drs. 15/2466, 5; Obert/Gottschalk ZUM 2005, 436 (437); Kächele, Der strafrechtliche Schutz vor unbefugten Bildaufnahmen, 2007, S. 84; Kargl in NK-StGB Rn. 4; Kindhäuser/Hilgendorf in LPK-StGB Rn. 4; Bosch in Satzger/Schluckebier/Widmaier StGB Rn. 7; Valerius in LK-StGB Rn. 15). Der alternativ („oder") genannte **Raum** muß ein gegen Einblick besonders geschützter sein. Solchen Sichtschutz bieten etwa Toiletten, Umkleidekabinen oder ärztliche Behandlungszimmer (BT-Drs. 15/2466, 5) sowie der Schlafraum einer Kindertagesstätte (LG Berlin NStZ 2021, 370); auch der sichtgeschützt umzäunte Garten soll erfasst sein (BT-Drs. 15/2466, 5; Hoppe GRUR 2004, 990 (992); Kächele, Der strafrechtliche Schutz vor unbefugten Bildaufnahmen, 2007, S. 87; Eisele StrafR BT I Rn. 708; Kargl in NK-StGB Rn. 5; Valerius in LK-StGB Rn. 17; krit. Heuchemer/Paul JA 2006, 616 (618), die einschränkend einen „sozialen Tabubruch" verlangen), doch fragt es sich, ob er – auch bei Sichtschutz – überhaupt ein Raum ist (ebenso Joecks/Jäger StGB Rn. 3). Nicht erfasst sind die einer (beschränkten) Öffentlichkeit zugänglichen Dienst- und Geschäftsräume (BT-Drs. 15/2466, 5); auch nicht der für jeden Besucher mit Eintrittskarte betretbare Saunabereich (OLG Koblenz NZSt 2009, 268 mit krit. Bespr. Bosch JA 2009, 308; krit. zur Entscheidung auch Valerius in LK-StGB Rn. 18).

3. Der tatbestandsmäßige **Erfolg** besteht in der **Verletzung des höchstpersönlichen Lebensbereichs.** Deshalb handelt es sich um ein Verletzungsdelikt (OLG Koblenz NStZ 2009, 268 (269) mit zust. Bespr. Bosch JA 2009, 308 (309); Eisele JR 2005, 6 (9); Kargl ZStW 117 (2005), 324 (338); Valerius in LK-StGB Rn. 29; Hoyer ZIS 2006, 1 (4), der aber im Hinblick auf den zu verhütenden sozialen Geltungsschaden auch ein abstraktes Gefährdungsdelikt annimmt; für Letzteres auch Bosch in Satzger/Schluckebier/Widmaier StGB Rn. 2, 11; anders Murmann FS Maiwald, 2010, 585 (591)). Damit wird nicht nur klargestellt, dass nicht jede Bildaufnahme in einer Wohnung usw zur Tatbestandserfüllung führt (Heuchemer in Götting/Schertz/Seitz, Handbuch des Persönlichkeitsrechts, 2008, § 29 Rn. 3); sie muß zusätzlich eine Verletzung des höchstpersönlichen Lebensbereichs sein (Maurach/Schroeder/Maiwald/Hoyer/Momsen StrafR BT § 29 Rn. 82; krit. Wolter Schünemann-Symposium, 2005, 225 (229, 233): „misslungene Vorschrift"). Es wird auch ein relativ offenes Rechtsgut zum Tatbestandsmerkmal erhoben, was als Schwachstelle der Vorschrift in der praktischen Rechtsanwendung angesehen wurde (ebenso Borgmann NJW 2004, 2133 (2134); krit. auch Bosch JZ 2005, 377 (379, 385); Kargl ZStW 117 (2005), 324 (336); Mitsch Jura 2006, 117 (119); Heuchemer/Paul JA 2006, 616 (618); Kächele, Der strafrechtliche Schutz vor unbefugten Bildaufnahmen, 2007, S. 96, 178; Murmann FS Maiwald, 2010, 585 (586); Hoyer in SK-StGB Rn. 8; Fischer Rn. 14–14c; für diese „Eingrenzung" Hesse ZUM 2005, 432 (434)). Eine erste Orientierung gibt die Trias von Krankheit, Tod und Sexualität (BT-Drs. 15/2466, 5; Valerius in LK-StGB Rn. 32), der Schwerpunkt dürfte jedoch bei **Nacktaufnahmen** (s. jetzt Abs. 3) liegen (BT-Drs. 15/1891, 7; Kargl in NK-StGB Rn. 12; zum zivilrechtlichen Schutz nach §§ 22, 23 KUG s. OLG Hamburg AfP 2013, 65). Hinzukommen Aufnahmen von gynäkologischen Untersuchungen und der Benutzung von Toiletten, Saunen, Solarien und Umkleidekabinen (BT-Drs. 15/2466, 4). Erfasst sollen auch bestimmte Tatsachen aus dem Familienleben sein, die Dritten nicht zugänglich sind und vor dem Einblick Außenstehender geschützt sind (BT-Drs. 15/2466, 4; weiter Hoppe GRUR 2004, 990 (993)); dies ist zu begrüßen, zeigt aber, dass man trotz der Begrenzung auf den höchstpersönlichen Lebensbereich gewillt ist, auch den weiteren persönlichen Lebensbereich zu schützen, denn diese Formulierungen zur Familie entstammen einer BGH-Entscheidung zum persönlichen Lebensbereich iSd § 172 Nr. 2 StPO aF (BGHSt 30, 212 (214) = NJW 1982, 59). Als allgemeine Richtschnur kann gelten, dass alle Lebensäußerungen erfasst sind, mit denen man üblicherweise allein gelassen werden will und die andere nichts angehen (Kühl AfP 2004, 190 (196); Kühl Schünemann-Symposium, 2005, 211 (223); krit. Zöller FS Wolter, 2013, 679 (685), zu sehr normativ bestimmt). Beispiele für unbefugte Bildaufnahmen in einer Wohnung usw, die den höchstpersönlichen Lebensbereich nicht verletzen, sucht man in den Gesetzesmaterialien vergebens; es wäre an Gäste einer Abendgesellschaft oder an den am Schreibtisch arbeitenden Professor zu denken (zust. Hoyer ZIS 2006, 1 (3, 5); Heuchemer in Götting/Schertz/Seitz, Handbuch des Persönlichkeitsrechts, 2008, § 29 Rn. 7; zu solchen „neutralen Handlungen" Wolter Schünemann-Symposium, 2005, 225 (236), der „Mahlzeiten" als Beispiel nennt, und Zöller FS Wolter, 2013, 679 (685); vgl. auch Bock StrafR BT-Nichtvermögensdelikte Fall 3, S. 95). Eine Waschküche, die von mehreren Personen genutzt wird, gehört ebenfalls nicht zum höchstpersönlichen Lebensbereich (OLG Köln NJW 2005, 2997). **Tatobjekt** muß eine **andere Person** sein (Eisele StrafR BT I Rn. 712). Damit scheiden nicht nur Selbstaufnahmen aus, sondern auch Bildaufnahmen gerade Verstorbener (jetzt aber Abs. 1 Nr. 3), zB des Unfall- 3 opfers oder des in der Badewanne seines Hotelzimmers Verstorbenen (Flechsig ZUM 2004, 605 (612); Hoppe GRUR 2004, 990 (993); Koch GA 2005, 589 (592); Mitsch Jura 2006, 117 (118); Rengier StrafR BT II § 31 Rn. 10; Hoyer in SK-StGB Rn. 11; Valerius in LK-StGB Rn. 10; Fischer Rn. 5). Es reicht, dass sich die andere Person in einer Wohnung usw **befindet.** Nicht verlangt ist also, dass der Täter den Sichtschutz von außen durch das Bildaufnahmegerät überwindet (BT-Drs. 15/1891, 6; Eisele JR 2005, 6 (8); Kühl AfP 2004, 190; BGH NStZ-RR 2016, 271). Der Täter kann sich bei der Bildaufnahme schon in der Wohnung befinden; ist er aber ein geladener Gast, der nur mal einen „Schnappschuss" machen will, so könnte der geschützte, weil geöffnete Rückzugsbereich (→ Rn. 2) oder der oben genannte Erfolg verneint werden (Kühl Schünemann-Symposium, 2005, 211 (217)).

4 **4. Zu den Tathandlungen nach Abs. 1;** Abs. 1 unterscheidet vier Varianten (zu den Anwendungsproblemen van Bergen, Abbildungsverbote im Strafrecht, 2018, S. 158). Der **Versuch ist** nicht strafbar (krit. Kühl AfP 2004, 190 (193)).

a) Herstellen einer Bildaufnahme (Nr. 1). Herstellen meint Hervorbringen (→ § 267 Rn. 17) und ist sachlich dem Aufnehmen iSd § 201 (→ § 201 Rn. 3) gleichzustellen. Bezogen auf Bildaufnahmen umfasst es alle Handlungen, mit denen das Bild auf einem Bild- oder Datenträger abgespeichert wird (BT-Drs. 15/2466, 5; Zöller FS Wolter, 2013, 679 (684); Eisele ComputerStrafR § 36 Rn. 20; Hilgendorf/Valerius ComputerStrafR Rn. 433; Heinrich in Krey/Hellmann/Heinrich StrafR BT I Rn. 603; Fischer Rn. 12; Valerius in LK-StGB Rn. 19; Heuchemer/Paul JA 2006, 616 (617), die die „Reproduzierbarkeit" betonen). Damit wird der strafwürdige Unrechtskern, der im dauerhaften bildlichen Festhalten einer momentanen, vergänglichen Erscheinung einer Person liegt (Kühl AfP 2004, 190; Graf in MüKo-StGB Rn. 15), zutr. erfasst. Einer Vorverlegung der Strafbarkeitsgrenze auf das Beobachten mit einem Aufnahmegerät, wie sie noch im FDP-Entwurf (BT-Drs. 15/361, 2) im Anschluß an Art. 179 quater 3 des schweizerischen StGB vorgesehen war, ist zu Recht nicht Gesetz geworden, weil das Beobachten, auch mit einem Fernglas oder einem nicht benutzten Bildaufnahmegerät, so vergänglich ist wie sein Gegenstand (Kühl Schünemann-Symposium, 2005, 211 (219)). Der „freche Blick" des „Spanners" (zu dessen möglicher Strafbarkeit nach § 123 Mitsch Jura 2006, 117 (119)) in Nachbars Garten mag moralische Anstandsgrenzen verletzen (BT-Drs. 15/2466, 4 unter zutreffender Berufung auf Arzt, Der strafrechtliche Schutz der Intimsphäre, 1970, S. 65; Bosch JZ 2005, 377 (380); Valerius in LK-StGB Rn. 21), verletzt aber noch nicht die Freiheit des Betroffenen hinsichtlich des Umgangs mit seinem Erscheinungsbild. Eine Bildaufnahme von einer anderen Person liegt nur vor, wenn diese auf dem Bild erkennbar ist, da sonst, zB bei verschwommener oder verfremdeter Aufnahme, das Recht am eigenen Bild nicht betroffen ist (ebenso Hoyer ZIS 2006, 1 (2); Kraenz, Der strafrechtliche Schutz des Persönlichkeitsrechts, 2008, S. 198; Maurach/Schroeder/Maiwald/Hoyer/Momsen StrafR BT § 29 Rn. 83; Fischer Rn. 5; aM BGH NStZ 2015, 391; NStZ-RR 2015, 141; Kargl ZStW 117 (2005), 324 (340); Rengier StrafR BT II § 31 Rn. 16; Bosch in Satzger/Schluckebier/Widmaier StGB Rn. 5; Valerius in LK-StGB Rn. 11; einschr. BGH NStZ-RR 2019, 143, abgebildetes Objekt muss mind. Als Person erkennbar sein).

5 **b) Übertragen einer Bildaufnahme** erfasst sog. Echtzeitübertragungen zB mittels Webcams oder Spycams, bei denen es nicht zu einer dauerhaften Speicherung der aufgenommenen Bilder kommt (BT-Drs. 15/2466, 5; Heuchemer/Paul

JA 2006, 616 (617); Kächele, Der strafrechtliche Schutz vor unbefugten Bildaufnahmen, 2007, S. 169; Valerius in LK-StGB Rn. 20; Fischer Rn. 13 „Live-Übertragungen"; krit. Flechsig ZUM 2004, 605 (611)); es ist also nicht erforderlich, dass der Täter die Bildaufnahme selbst sofort zur Kenntnis nimmt (BT-Drs. 15/2466, 5).

c) Nach Abs. 1 Nr. 2 sind jetzt auch Bildaufnahmen erfaßt, die die **Hilflosigkeit** einer Person zur Schau stellen. Damit wird – unabhängig von einer räumlichen Schutzsphäre – auf eine besondere Verfassung der abgebildeten Person abgestellt (Fischer Rn. 10a). Die hilflose Person kann sich gegen ihr drohende Gefahren nicht zur Wehr setzen oder ist unfähig, Anforderungen der konkreten Situation zu „meistern" (Fischer Rn. 10a mit Verweis auf BT-Drs. 18/2601, 36; sa Tag in HK-StrafR Rn. 5). Dabei kommt es nicht auf die Dauer des Zustandes an; kurzfristige Zustände wie bei Unfallopfern reichen ebenso wie dauerhafte Behinderungen (Kargl in NK-StGB Rn. 7). Von wem die hilflose Lage verschuldet wurde, kommt es nicht an (Fischer Rn. 10a; Kargl in NK-StGB Rn. 7). Nach der Rspr. ist Hilflosigkeit gegeben, wenn ein Mensch aktuell Opfer einer mit Gewalt oder unter Drohungen gegen Leib und Leben ausgeübter Straftat ist und deshalb Hilfe bedarf (BGH NJW 2017, 1891 (1892)). Kritisch zur begrifflichen Weite der Hilflosigkeit (Bosch in Satzger/Schluckebier/Widmaier StGB Rn. 11; Fischer Rn. 10a; eing. Bosch Jura 2016, 1380 (1394)). **Zur Schau stellen:** Damit ist die Hervorhebung der Hilflosigkeit durch den Inhalt des Bildes gemeint (BGH NJW 2017, 1831 (1832); Bosch Jura 2017, 1451, § 201a I 1; Cornelius NJW 2017, 1853; vorsichtiger Fischer Rn. 10b). Die Hilflosigkeit darf aber nicht nur – wie häufig bei Pressefotos – nur das Randgeschehen darstellen (Fischer Rn. 10a; Kargl in NK-StGB Rn. 8, an der Peripherie; Kindhäuser/Hilgendorf in LPK-StGB Rn. 7, völlig untergeordnetes Beiwerk der Aufnahme). 5a

d) Abs. 1 Nr. 3 nF erfasst seit dem 1.1.2021 auch Bildaufnahmen von **Verstorbenen,** die diese – über Nr. 2 hinausgehend: **in grob anstößiger Weise** (Fischer Rn. 21, bei „Schnappschüssen" verletzter oder nesttellter Unfallofer idR der Fall) – **zur Schau stellen** (→ Rn. 5a aE). 5b

e) Abs. 1 Nr. 4 nF (= Nr. 3 aF) Gebrauchen oder Zugänglichmachen einer nach Abs. 1 Nr. 1 bis Nr. 3 hergestellten Bildaufnahme (näher Eisele StrafR BT I Rn. 714; Fischer Rn. 14–16 und im Text → Rn. 6, 7). **Abs. 1 Nr. 5 nF** (= Nr. 4 aF) Unbefugtes Zugänglichmachen einer befugt hergestellten Aufnahme (näher Eisele StrafR BT I Rn. 715; Fischer Rn. 25; Bosch Jura 2016, 1380 (1381); → Rn. 8). 5c

5. Zu den weiteren Tathandlungen des Abs. 1: 6

a) Gebrauchen einer nach Abs. 1 hergestellten, also unbefugten (Mitsch Jura 2006, 117 (119)) **Bildaufnahme:** vgl. zunächst → § 267 Rn. 23; und vor allem → § 201 Rn. 4. Erfasst wird die Nutzung der Bildaufnahme zB durch Archivieren, Speichern oder Kopieren (BT-Drs. 15/2466, 5; Kächele, Der strafrechtliche Schutz vor unbefugten Bildaufnahmen, 2007, S. 173; Hilgendorf/Valerius Computer-StrafR Rn. 437; krit. Hoppe GRUR 2004, 990 (992); Lagardère/Fink HRRS 2008, 247). Unerheblich ist, ob die Nutzung durch einen anderen als den Hersteller erfolgt (BT-Drs. 15/2466, 5) oder der Täter die Aufnahme für sich selbst sichtbar macht, indem er zB einen gefertigten Film ansieht (BT-Drs. 15/1891, 7; Kindhäuser/Hilgendorf in LPK-StGB Rn. 8); damit wird aber nicht jegliches Betrachten von Bildmaterial wie zB die Lektüre einer Boulevardzeitung erfasst (so aber Hoppe GRUR 2004, 990 (992); Sauren ZUM 2005, 425 (429); zu Recht einschr. Bosch JZ 2005, 377 (380); Bosch in Satzger/Schluckebier/Widmaier StGB § 201a

Rn. 17, der den Gebrauch hier im Wege einer teleologischen Reduktion auf Fälle beschränkt, in denen sich der Dritte den Bildträger verschafft hat, ebenso Zöller FS Wolter, 2013, 679 (691); Heinrich in Krey/Hellmann/Heinrich StrafR BT I Rn. 606; einschr. auch Koch GA 2005, 589 (600); Heuchemer/Paul JA 2006, 616 (619)). Die Dauer des Betrachtens spielt keine Rolle (Kargl ZStW 117 (2005), 324 (334); Valerius in LK-StGB Rn. 24).

7 **b) Dritten Zugänglichmachen** (→ § 201 Rn. 4) ist das Ermöglichen des Zugriffs auf das Bild (Valerius in LK-StGB Rn. 25), zB durch Aushändigen oder Ablegen auf einem Server (Heuchemer/Paul JA 2006, 616 (619)) oder der Kenntnisnahme vom Gegenstand für einen oder mehrere Dritte (BT-Drs. 15/2466, 5; Kargl in NK-StGB Rn. 9). Kritisch zur Weite beider Tathandlungen des Abs. 2 Wessels/Hettinger/Engländer StrafR BT I Rn. 545e, der einschränkende Auslegung fordert; krit. auch Heinrich in Krey/Hellmann/Heinrich StrafR BT I Rn. 607. Für Anwendung des Abs. 2 auch bei im Ausland hergestellten Bildaufnahmen Zöller FS Wolter, 2013, 679 (693).

8 **6. Zur Tathandlung des Abs. 1 Nr. 5:** Dritten Zugänglichmachen (→ Rn. 7) **befugt hergestellter Bildaufnahmen.** Von der weiteren Tathandlung des Gebrauchens, die noch im interfraktionellen Entwurf vorgesehen war (BT-Drs. 15/2466, 2), ist erst in der Beschlussempfehlung des BT-Rechtsausschusses abgesehen worden, weil dabei keine strafbaren Handlungen denkbar seien (BT-Drs. 15/2995, 6). Befugt ist die Bildaufnahme etwa hergestellt, wenn dies mit Einwilligung des Abgebildeten erfolgt; das spätere Zugänglichmachen muss dagegen **unbefugt** erfolgen. Diese Tathandlung erweckt im Hinblick auf das geschützte Rechtsgut Bedenken, denn der Betroffene hat sich seines höchstpersönlichen Lebensbereichs begeben und ist nun Opfer eines **Vertrauensbruchs** (Koch GA 2005, 589 (602); Sauren ZUM 2005, 425 (429); Maurach/Schroeder/Maiwald/Hoyer/Momsen StrafR BT § 29 Rn. 85; Hoyer in SK-StGB Rn. 7; weiter Valerius in LK-StGB Rn. 27; vgl. auch Kargl in NK-StGB Rn. 10); dennoch ist sie nicht ohne Berechtigung, denn das (enttäuschte) Vertrauen des Abgebildeten bezieht sich doch auch auf den Schutz des höchstpersönlichen Lebensbereichs gegen späteres unbefugtes Zugänglichmachen für Dritte und darüber sollte er auch dann disponieren können, wenn er in die Herstellung der Aufnahme eingewilligt hat (Eisele JR 2005, 6 (10); Kühl AfP 2004, 190). Zu verlangen ist allerdings im Hinblick auf die Vorhersehbarkeit der Strafbarkeit durch den potentiellen Täter, dass der Betroffene seinen entgegenstehenden Willen ausdrücklich oder konkludent (zB durch das Bild) erklärt (ebenso Kächele, Der strafrechtliche Schutz vor unbefugten Bildaufnahmen, 2007, S. 194; aM Fischer Rn. 24; Bosch in Satzger/Schluckebier/Widmaier StGB Rn. 23). Der Täter erfüllt diese Tatbestandsalternative nur, wenn er **wissentlich** unbefugt vorgeht; das Wissen muss sich nicht auf das Fehlen einer ausdrücklichen Gestattung beziehen (so aber Bosch JZ 2005, 377 (382); wie hier Valerius in LK-StGB Rn. 37). Wissentlichkeit (→ § 15 Rn. 21) schließt nicht nur den bedingten Vorsatz aus, sondern macht ihr Bezugsobjekt – die Unbefugtheit – zum Tatbestandsmerkmal (zust. Heuchemer/Paul JA 2006, 616 (620); Fischer Rn. 24; Kindhäuser/Hilgendorf in LPK-StGB Rn. 10; Valerius in LK-StGB Rn. 28; Bosch in Satzger/Schluckebier/Widmaier StGB Rn. 23). Dies könnte zu einem „Bruch im System" innerhalb derselben Vorschrift führen, wenn man die sonstige Unbefugtheit zutr. der Rechtswidrigkeits- bzw. Rechtfertigungsebene zuordnet (Eisele JR 2005, 6 (10)). Doch ist dieser „Systembruch" nur ein scheinbarer, weil es sich bei der speziellen Unbefugtheit des Abs. 3 um ein notwendiges Tatbestandsmerkmal handelt: das

Zugänglichmachen befugt hergestellter Bildaufnahme umschreibt ohne dieses Merkmal noch kein typisches Unrecht, sondern sozialübliches Verhalten; zum Unrecht wird es erst, wenn es gegen den Willen des Abgebildeten geschieht (Kühl AfP 2004, 190; krit. Hoyer in SK-StGB Rn. 35; diff. Maurach/Schroeder/Maiwald/Hoyer/Momsen StrafR BT § 29 Rn. 85). Erfasst sind hier auch **Selbstaufnahmen** des Opfers, weil Gegenstand der dem Dritten zugänglich gemachten Aufnahme eine andere Person als der Täter ist (BGH NJW 2020, 3608 mAnm Busch; Hoyer StV-S 2021, 62; Schork ZUM 2021, 360; Bespr. Kudlich JA 2020, 952)

7. Unbefugt (→ Vor § 201 Rn. 2) ist in Abs. 1 ein Hinweis auf mögliche 9
Rechtfertigungsgründe (ebenso Eisele JR 2005, 6 (10), betrifft die „Rechtfertigungsebene"; wie hier auch Sauren ZUM 2005, 425 (431); Heuchemer/Paul JA 2006, 616 (619); Mitsch Jura 2006, 117; Kächele, Der strafrechtliche Schutz vor unbefugten Bildaufnahmen, 2007, S. 191; Zöller FS Wolter, 2013, 679 (688); Hilgendorf/Valerius ComputerStrafR Rn. 434; Kindhäuser/Hilgendorf in LPK-StGB Rn. 10; Hoyer in SK-StGB Rn. 23; Fischer Rn. 16; krit. Wolter Schünemann-Symposium, 2005, 225 (233); ebenso für die Einwilligung Maurach/Schroeder/Maiwald/Hoyer/Momsen StrafR BT § 29 Rn. 88; einschr. Tag in HK-StrafR Rn. 11, Doppelfunktion; ebenso Bosch in Satzger/Schluckebier/Widmaier StGB Rn. 20; Graf in MüKoStGB Rn. 41; wohl auch Valerius in LK-StGB Rn. 22; aM Lenckner in Schönke/Schröder, 27. Aufl. 2006, Rn. 8, Tatbestandsausschluss; anders jetzt wie hier Eisele in Schönke/Schröder, Rn. 17; ebenso Kraenz, Der strafrechtliche Schutz des Persönlichkeitsrechts, 2008, S. 194), weil sich das typische Unrecht der Tat schon aus den sonstigen Tatbestandsmerkmalen ergibt (spezifizierte Tathandlung, Befinden im persönlichen Rückzugsbereich wie zB der Wohnung und Verletzung des höchstpersönlichen Lebensbereichs als tatbestandsmäßiger Erfolg). Wichtigster Rechtfertigungsgrund wird die Einwilligung sein (dazu und zu weiteren Rechtfertigungsgründen Kargl in NK-StGB Rn. 16–19; zu § 34 Kächele, Der strafrechtliche Schutz vor unbefugten Bildaufnahmen, 2007, S. 211; Hoyer in SK-StGB Rn. 25, 26; zu gesetzlichen Befugnissen Kächele, Der strafrechtliche Schutz vor unbefugten Bildaufnahmen, 2007, S. 204). Nicht völlig auszuschließen ist eine Rechtfertigung nach den Grundsätzen der Interessen- und Güterabwägung (wie bei § 201, → § 201 Rn. 13), zB bei Aufnahmen, die das Verbrechensopfer vom Täter in dessen Wohnung zur Aufklärung der Tat macht (für § 34-Anwendung Heinrich ZIS 2011, 416 (419); Eisele ComputerStrafR § 36 Rn. 27). Angesichts der (zu) sehr eingeschränkten Tatumschreibung sind spezielle Rechtfertigungsgründe wie zB die Wahrnehmung berechtigter Interessen zu Recht nicht in die Vorschrift aufgenommen worden (ebenso Eisele ComputerStrafR § 36 Rn. 27; Bosch JZ 2005, 377 (383); Kargl in NK-StGB Rn. 15; aM Flechsig ZUM 2004, 605 (613)). Sollte die journalistische Recherche oder gar der sog. investigative Journalismus (so die Befürchtung von Tillmanns/Führ ZUM 2005, 41 (42); Bölke, Presserecht für Journalisten, 2005, S. 175) durch § 201a übermäßig behindert werden, so kann dem durch die unmittelbare Anwendung des Art. 5 GG abgeholfen werden (näher Kühl AfP 2004, 190; vgl. auch Flechsig ZUM 2004, 605 (608, 613); allenfalls in Ausnahmefällen nach Valerius in LK-StGB Rn. 39; nur innerhalb bereits existierender Rechtfertigungsgründe Zöller FS Wolter, 2013, 679 (695); aM Koch GA 2005, 589 (604); Kächele, Der strafrechtliche Schutz vor unbefugten Bildaufnahmen, 2007, S. 209; Eisele in Schönke/Schröder Rn. 18; diff. für Abs. 1 und 2 Hoyer in SK-StGB Rn. 24, 30; zu unterhaltenden Medienberichten BVerfG NJW 2008, 1793 „Caroline"; zum Schutz des Persönlichkeitsrechts vor der Presse

durch europäisches Verfassungsrecht und den EGMR Michael JahrbÖR 2007, 358 (361)). Ob und wie die in §§ 23, 24 KUG normierten Sachgesichtspunkte in die Auslegung des § 201a einfließen können, ist im Gesetzgebungsverfahren nicht geklärt worden (vgl. Kühl AfP 2004, 190; abl. Kächele, Der strafrechtliche Schutz vor unbefugten Bildaufnahmen, 2007, S. 207; dafür Kraenz, Der strafrechtliche Schutz des Persönlichkeitsrechts, 2008, S. 340; allenfalls bei Abs. 3 Bosch in Satzger/Schluckebier/Widmaier StGB Rn. 20). Zur Frage, ob auch am Herstellungsort geltende, ausländische Rechtfertigungsgründe einzubeziehen sind Zöller FS Wolter, 2013, 679 (689), der sie wegen eines autarken Rechtsgüterschutzes durch den deutschen Gesetzgeber verneint.

9a **Abs. 1 Ansehens**schädigende Bildaufnahme. Es geht um Aufnahmen, die die abgebildete Person in einer peinlichen, ihre Würde verletzende Situation zeigen (BT-Drs. 18/2601, 37, wo das „Cyber-Mobbing" genannt wird; Kargl in NK-StGB Rn. 10; Kindhäuser/Hilgendorf in LPK-StGB Rn. 11; Eisele StrafR BT I Rn. 717). Wann eine Aufnahme dazu geeignet ist, ist schwer zu bestimmen (vgl. Eisele StV 2015, 315; Busch NJW 2015, 977). Entscheidend soll die Beurteilung durch einen durchschnittlichen Betrachter sein (BT-Drs. 18/2601, 37; Kindhäuser/Hilgendorf in LPK-StGB Rn. 11). Auch der Begriff des „Ansehensschaden" hilft nur wenig weiter (Fischer Rn. 23; Tag in HK-StrafR Rn. 11). Die Kombination dreier relativ unbestimmter Tatbestandsmerkmale wie Ansehen, Eignung zur Ansehensschädigung und Erheblichkeit steht die Vorschrift im Hinblick auf das ultima-ratio-Prinzip und das Bestimmtheitsgebot in der Kritik (Eisele StrafR BT I Rn. 718; Fischer Rn. 23, Bosch in Satzger/Schluckebier/Widmaier StGB Rn. 16; eing. Bosch Jura 2016, 1380 (1385, 1386)).

9b **Abs. 3 Nacktaufnahmen** Jugendlicher. In den Medien als „Lex Edathy" bekannt. Moralisierende, paternalistische Vorschrift, die nicht ins Strafrecht gehört (vgl. Fischer Rn. 36; Kindhäuser/Hilgendorf in LPK-StGB Rn. 12; Kargl in NK-StGB Rn. 12; eing. Bosch Jura 2016, 1380 (1386)). Abbilden erfordert keine besondere Hervorhebung, auch keines pornographischen Inhalts (Fischer Rn. 37). Nacktheit ist auch bei Badekleidung oder Unterwäsche gegeben (Eisele StrafR BT I Rn. 719; Kindhäuser/Hilgendorf in LPK-StGB Rn. 12; Tag in HK-StrafR Rn. 12; im Wesentlichen unbekleidet). Tathandlungen sind das Herstellen oder Anbieten entsprechender Bildaufnahmen, um sie einer dritten Person gegen Entgelt (§ 11 I Nr. 9) zu verschaffen (Nr. 1) oder darin, daß sich oder einer dritten Person gegen Entgelt verschafft wird (Tag in HK-StrafR Rn. 12). Also ist die Entgeltlichkeit in beiden Varianten verlangt (Eisele StrafR BT I Rn. 719; Kargl in NK-StGB Rn. 11). Nr. 2 erfaßt auch die Konsumenten (Kargl in NK-StGB Rn. 13, Remoralisierung des Strafrechts; krit. auch Neumann FS Kargl, 2015, 349). Bei Werbeaufnahmen für Kinderbademode oder -unterwäsche ist an berechtigte Interessen iSv Abs. 4 zu denken (Fischer Rn. 37).

9c **Abs. 4 Sozialadäquanz** läßt den Tatbestand entfallen; s. § 86 III; Fischer Rn. 31; Tag in HK-StrafR Rn. 13.

10 **8.** Zu **Abs. 5** (Einziehung) → § 201 Rn. 18; Fischer Rn. 33; ergänzend Valerius in LK-StGB Rn. 42.

11 **9.** Zu den **Konkurrenzen** → § 201 Rn. 19. Unklar ist das Verhältnis zu § 33 KUG, wenn das unbefugt aufgenommene Bild verbreitet wird; da die Verbreitung der intensivste Eingriff ist, könnten die davor liegenden Eingriffe wie zB die Bildaufnahme mitbestrafte Vortaten sein; dagegen spricht aber, dass die Tathandlungen des § 201a qualitativ intensiver sind, weil sie im Gegensatz zu § 33 KUG den per-

sönlichen Rückzugsbereichs verletzen; deshalb ist Tatmehrheit anzunehmen (zust. Fischer Rn. 35; Kindhäuser/Hilgendorf in LPK-StGB Rn. 14; Eisele in Schönke/Schröder Rn. 54; für § 201 a I auch Valerius in LK-StGB Rn. 45; iE auch Kächele, Der strafrechtliche Schutz vor unbefugten Bildaufnahmen, 2007, S. 223; Maurach/Schroeder/Maiwald/Hoyer/Momsen StrafR BT § 29 Rn. 30; aM Kraenz, Der strafrechtliche Schutz des Persönlichkeitsrechts, 2008, S. 238; Kargl in NK-StGB Rn. 22, Tateinheit möglich; diff. Fischer Rn. 45).

10. Strafantrag § 205. – § 201 a ist im Gegensatz zu § 33 KUG kein Privatklagedelikt (anders für Abs. 1 und 2, Fischer Rn. 36; ebenso mit § 184k). 12

§ 202 Verletzung des Briefgeheimnisses

(1) **Wer unbefugt**
1. **einen verschlossenen Brief oder ein anderes verschlossenes Schriftstück, die nicht zu seiner Kenntnis bestimmt sind, öffnet oder**
2. **sich vom Inhalt eines solchen Schriftstücks ohne Öffnung des Verschlusses unter Anwendung technischer Mittel Kenntnis verschafft,**

wird mit Freiheitsstrafe bis zu einem Jahr oder mit Geldstrafe bestraft, wenn die Tat nicht in § 206 mit Strafe bedroht ist.

(2) **Ebenso wird bestraft, wer sich unbefugt vom Inhalt eines Schriftstücks, das nicht zu seiner Kenntnis bestimmt und durch ein verschlossenes Behältnis gegen Kenntnisnahme besonders gesichert ist, Kenntnis verschafft, nachdem er dazu das Behältnis geöffnet hat.**

(3) **Einem Schriftstück im Sinne der Absätze 1 und 2 steht eine Abbildung gleich.**

1. Die Vorschrift schützt die (hier nicht materiell, sondern nur formal begrenzte) **Geheimsphäre** gegen den Bruch des verfassungsrechtlich gewährleisteten (Art. 10 GG) Briefgeheimnisses (aM Hoyer in SK-StGB Rn. 3) und gegen gleichwertige Formen der Kenntnisverschaffung vom Inhalt fremder verkörperter, unmittelbar wahrnehmbarer Gedankenäußerungen (zusf. Lenckner JR 1978, 424; Schmitz JA 1995, 297). Schutz nicht unmittelbar wahrnehmbarer Daten § 202 a. 1

2. Schriftstück ist jeder Träger von Schriftzeichen (auch Druck- oder Geheimschrift), die einen gedanklichen Inhalt ergeben (Schünemann in LK-StGB Rn. 5), der **Brief** (die an einen anderen gerichtete schriftliche Mitteilung) nur eine Unterart davon (BT-Drs. 7/550, 237; Hoyer in SK-StGB Rn. 5); nicht erfasst werden jedoch Schriftträger ohne jeglichen Persönlichkeitsbezug (Heghmanns StrafR BT Rn. 814, zB Postwurfsendungen), so dass idR nicht nur Bücher und sonst öffentlich verbreitete Schriften ausscheiden, sondern uU auch Mitteilungen allgemeiner Art, die etwa in Gebrauchsanweisungen zur Bedienung eines technischen Geräts oder zur Einnahme eines Medikaments enthalten sind (Blei JA 1974, 601 (605); einschr. Schmitz JA 1995, 297; Schünemann in LK-StGB Rn. 10; aM Graf in MüKoStGB Rn. 9; Hoyer in SK-StGB Rn. 8). Zur Gleichstellung von **Abbildungen** (zB Erinnerungsphotos) mit den Schriftstücken beachte Abs. 3 (→ § 11 Rn. 26–28). Das Schriftstück usw ist **verschlossen,** wenn es mit einer an ihm befindlichen Vorkehrung versehen ist, die (auch) dazu bestimmt und geeignet ist, dem Vordringen zum gedanklichen Inhalt ein Hindernis zu bereiten (BT-Drs. 7/550, 237); ob das zutrifft, hängt in Grenzfällen von den Umständen ab und unterliegt 2 daher tatrichterlicher Würdigung (OLG Stuttgart NStZ 1984, 25). **Nicht zur Kenntnis bestimmt** ist ein Schriftstück usw auch dann, wenn der Täter nach dem Willen des Berechtigten noch nicht oder nicht mehr Kenntnis nehmen soll (Schünemann in LK-StGB Rn. 27; einschr. Kargl in NK-StGB Rn. 5). **Verschlossenes Behältnis** → § 243 Rn. 15; der Verschluss muss sich speziell gegen fremde Kenntnisnahme richten (ähnlich Graf in MüKoStGB Rn. 16, zumindest auch).

3 **3.** Zu den **Tathandlungen:**

a) Abs. 1 Nr. 1: Öffnen ist Beseitigen oder Unwirksammachen des Verschlusses (RGSt 54, 295); auf Kenntnisnahme vom Inhalt kommt es hier abweichend von Abs. 1 Nr. 2, Abs. 2 nicht an (Graf in MüKoStGB Rn. 21).

4 **b) Abs. 1 Nr. 2: Anwendung technischer Mittel** erfordert den Einsatz spezifischer technischer Hilfsmittel, zB einer Durchleuchtungseinrichtung; dass jemand das Schriftstück nur von außen abtastet oder gegen das Licht hält, genügt nicht (BT-Drs. 7/550, 237; Kindhäuser/Schramm StrafR BT I § 29 Rn. 12). **Kenntnis verschafft** hat sich schon, wer bis zum Inhalt durch visuelle oder optische Wahrnehmung vorgedrungen ist (Wessels/Hettinger/Engländer StrafR BT I Rn. 554 Kindhäuser/Hilgendorf in LPK-StGB Rn. 10; enger Schmitz JA 1995, 297 (299); Joecks/Jäger StGB Rn. 9; Graf in MüKoStGB Rn. 23; Kargl in NK-StGB Rn. 14; Schünemann in LK-StGB Rn. 21); Verständnis des Sinngehalts ist nicht erforderlich (diff. Rengier StrafR BT II § 31 Rn. 22; Eisele in Schönke/Schröder Rn. 10, 11; zw.).

5 **c) Abs. 2** ist zweiaktiges Delikt (Woelk, Täterschaft bei zweiaktigen Delikten, 1994, S. 40); beide Akte müssen vom selben Täter vorgenommen werden (Hoyer in SK-StGB Rn. 20). Erforderlich sind Öffnen (→ Rn. 3) zum Zwecke (im Sinne zielgerichteten Wollens) der Kenntnisnahme und Verschaffen der Kenntnis. Aufbrechen in Diebstahlsabsicht und nachträgliche Kenntnisnahme genügen nicht (BT-Drs. 7/550, 237; Wessels/Hettinger/Engländer StrafR BT I Rn. 553). Zur umstrittenen Möglichkeit der Begehung in mittelbarer Täterschaft durch den Kenntnisnehmenden mit dem ohne Kenntnisnahmeabsicht Öffnenden als Werkzeug vgl. Eisele in Schönke/Schröder Rn. 19; abl. Hoyer in SK-StGB Rn. 21.

6 **4.** Der **Vorsatz** (bedingter genügt) braucht sich im Falle des Abs. 1 Nr. 1 nicht auf Kenntnisnahme zu erstrecken (Schünemann in LK-StGB Rn. 30; einschr. Schmitz JA 1995, 297 (300)). Im Falle des Abs. 2 muss er auf sie schon beim Öffnen des Behältnisses gerichtet sein (ebenso Graf in MüKoStGB Rn. 35; Hoyer in SK-StGB Rn. 24).

7 **5. Unbefugt** → Vor § 201 Rn. 2. Die Tat kann zB durch Gesetz (etwa §§ 99, 100 StPO; § 99 II InsO; § 2 ÜberwachungsG; §§ 1, 3 Art. 1 G 10), Erziehungsrecht (Schünemann in LK-StGB Rn. 35) oder mutmaßliche Einwilligung (→ Vor § 32 Rn. 19–21) gerechtfertigt sein; die Einwilligung des Berechtigten schließt bereits den Tatbestand aus, weil dann idR eine Berechtigung zur Kenntnisnahme vorliegt (Maurach/Schroeder/Maiwald/Hoyer/Momsen StrafR BT § 29 Rn. 18; Roxin StrafR AT I § 13 Rn. 24; Wessels/Hettinger/Engländer StrafR BT I Rn. 555; Eisele in Schönke/Schröder Rn. 12; Schünemann in LK-StGB Rn. 38); bei Handlungen unter Ehegatten, die als solche zur Öffnung von Briefen des anderen nicht befugt sind, wird die Einwilligung häufig stillschweigend (→ § 228 Rn. 6) erteilt sein (abl. Kargl in NK-StGB Rn. 19); ansonsten wird oft eine Rechtfertigung durch mutmaßliche Einwilligung in Betracht kommen (Wessels/Beulke/Satzger StrafR AT

Rn. 385; Eisele in Schönke/Schröder Rn. 14). Berechtigter ist beim Brief bis zum Eingang beim Empfänger der Absender, danach der Empfänger (Maurach/Schroeder/Maiwald/Hoyer/Momsen StrafR BT § 29 Rn. 20; Hoyer in SK-StGB Rn. 15).

6. Die Vorschrift verdrängt den § 303 (**Konsumtion;** Schünemann in LK-StGB Rn. 45; diff. Eisele in Schönke/Schröder, Rn. 22). Hinter § 206 tritt sie zurück (Subsidiarität). Mit §§ 242, 246 ist Tateinheit möglich (BGH NJW 1977, 590 mit Bespr. Küper JZ 1977, 464; Lenckner JR 1978, 424; Hoyer in SK-StGB Rn. 28; beachte jedoch Wagner FS Grünwald, 1999, 797 (803)). 8

7. Strafantrag § 205. 9

§ 202a Ausspähen von Daten

(1) **Wer unbefugt sich oder einem anderen Zugang zu Daten, die nicht für ihn bestimmt und die gegen unberechtigten Zugang besonders gesichert sind, unter Überwindung der Zugangssicherung verschafft, wird mit Freiheitsstrafe bis zu drei Jahren oder mit Geldstrafe bestraft.**

(2) **Daten im Sinne des Absatzes 1 sind nur solche, die elektronisch, magnetisch oder sonst nicht unmittelbar wahrnehmbar gespeichert sind oder übermittelt werden.**

Fassung: Abs. 1 wurde durch das 41. StÄG (→ Vor § 1 Rn. 16) zur Erfassung des sog. „Hackings“ geändert.

1. Die Vorschrift **schützt** nicht nur den persönlichen Lebens- und Geheimbereich, sondern weitergehend – ähnlich wie § 202 (→ § 202 Rn. 1) – ein allgemeines, durch das Erfordernis besonderer Sicherung **formalisiertes Interesse an der Geheimhaltung** von Daten, die nicht unmittelbar wahrnehmbar gespeichert sind oder übermittelt werden (Möhrenschlager wistra 1986, 128 (140); Winkelbauer CR 1986, 483 (485); Schmölzer ZStW 123 (2011), 709 (724); Jessen, Zugangsberechtigung und besondere Sicherung iSv § 202a StGB, 1994, S. 37; Schulze-Heiming, Der strafrechtliche Schutz der Computerdaten gegen die Angriffsformen der Spionage, Sabotage und des Zeitdiebstahls, 1995, S. 37; Schreibauer/Hessel K&R 2007, 616; Schumann NStZ 2007, 675 (676); Häberle LdRerg 8/362, S. 2; Kindhäuser/Hilgendorf in LPK-StGB Rn. 1; Eisele ComputerStrafR § 6 Rn. 1; Reinbacher in NK-WSS Rn. 4; krit. Hilgendorf in Arzt/Weber/Heinrich/Hilgendorf StrafR BT § 8 Rn. 49–54; aM Haft NStZ 1987, 6 (9), das Vermögen; zusf. Krutisch, Strafbarkeit des unberechtigten Zugangs zu Computerdaten und -systemen, 2003; Dietrich, Das Erfordernis der besonderen Sicherung im StGB am Beispiel des Ausspähens von Daten, 2009, S. 27–59); zum Schutz unmittelbar wahrnehmbarer Daten vgl. §§ 201, 202. **Träger** des Rechtsgutes ist der Berechtigte, dh der über die Daten Verfügungsberechtigte (Winkelbauer CR 1986, 483 (485); Schlüchter in Ulsamer StrafR/StrafVerfR S. 228; Kargl in NK-StGB Rn. 2; zweifelnd Tiedemann JZ 1986, 865 (871); fünf Ansatzpunkte diskutiert Dietrich, Das Erfordernis der besonderen Sicherung im StGB am Beispiel des Ausspähens von Daten, 2009, S. 60–70), der allerdings nicht mit dem Anlagenbetreiber identisch sein muss (→ § 303a Rn. 4); nicht mitgeschützt ist der vom Dateninhalt Betroffene, selbst wenn er ein Recht auf Wahrung der Vertraulichkeit gegenüber dem Berechtigten hat (Winkelbauer CR 1986, 483 (485); Schmitz JA 1995, 478; Dauster/Braun NJW 2000, 313 (315); Maurach/Schroeder/Maiwald/Hoyer/Momsen StrafR BT 1

§ 29 Rn. 79; Hilgendorf in LK-StGB Rn. 6; anders → 28. Aufl. 2014). § 202a ist Schutzgesetz iSd § 823 II BGB (OLG Celle MMR 2011, 208). Zu **Reformvorschlägen** s. Sieber, 69. DJT, Gutachten C, S. 154; Sieber NJW-Beilage zu Heft 28/2012, 86; dazu Hilgendorf JZ 2012, 825 (830f.); Beukelmann NJW 2012, 2617; zur Entwicklung des Internetstrafrechts Gercke ZUM 2015, 772; ZUM 2016, 825. Zur **Anwendbarkeit deutschen Strafrechts** bei grenzüberschreitender Cyberkriminalität Werkmeister/Steinbeck wistra 2015, 209. **Rechtsvergleichend** Hirsnik, Die Strafbarkeit eines Angriffs auf das Computersystem nach deutschem, estnischem, europäischem und internationalem Recht, 2013.

2 **2. Abs. 2: Daten** → § 263a Rn. 3 (eing. Krutisch, Strafbarkeit des unberechtigten Zugangs zu Computerdaten und -systemen, 2003, S. 74–93; Hampel, Der Datenbegriff im Strafgesetzbuch, 2015); ob sie Geheimnisse sind (etwa iSd § 203 I, → § 203 Rn. 14), ist unerheblich (Winkelbauer CR 1986, 483 (485)). **Nicht unmittelbar wahrnehmbar** sind Daten, wenn ihr Bedeutungsgehalt nicht ohne weiteres, sondern erst nach technischer Umformung mit den menschlichen Sinnen erfassbar ist (Hoyer in SK-StGB Rn. 4). Neben den beispielhaft genannten Formen elektronischer oder magnetischer Fixierung gehören zB auch Daten auf technisch andersartigen Trägern (Tonbänder, Schallplatten, Bildträger, Mikrofilme usw) hierher (BT-Drs. 10/5058, 29; Binder RDV 1995, 57 (58); Schmitz JA 1995, 478 (480); Schulze-Heiming, Der strafrechtliche Schutz der Computerdaten gegen die Angriffsformen der Spionage, Sabotage und des Zeitdiebstahls, 1995, S. 48; Hilgendorf in Hilgendorf, Informationsstrafrecht und Rechtsinformatik, 2004, S. 511; zu diesen und Sonderfällen Dietrich, Das Erfordernis der besonderen Sicherung im StGB am Beispiel des Ausspähens von Daten, 2009, S. 70, 77; zum Cloud Computing Obenhaus NJW 2010, 651; zu Lochkarten → 28. Aufl. 2014). Neben den **gespeicherten,** dh zur Wiederverwendung erfassten, aufgenommenen oder aufbewahrten (§ 3 IV Nr. 1 BDSG; die Daten müssen ihr Aufbewahrungsstadium erreicht haben, Schmitz JA 1995, 478 (481); aM Hilgendorf in Hilgendorf, Informationsstrafrecht und Rechtsinformatik, 2004, S. 512; Jessen, Zugangsberechtigung und besondere Sicherung iSv § 202a StGB, 1994, S. 53), fallen auch im **Übermittlungsstadium** befindliche Daten in den Schutzbereich; damit soll namentlich das praktisch bedeutsame „Anzapfen" von Datenübertragungsleitungen im Bereich datenfernverarbeitender Systeme einbezogen werden (BT-Drs. 10/5058, 28; als Sicherungsmittel kommen hier ua Verschlüsselung und Steganographie in Betracht, Dietrich, Das Erfordernis der besonderen Sicherung im StGB am Beispiel des Ausspähens von Daten, 2009, S. 78, 93, 287, ansonsten bleibt § 202b)

3 **3. a) Nicht für ihn** (den Täter) **bestimmt** sind Daten, die nach dem Willen des Berechtigten nicht (auch noch nicht oder nicht mehr) in den Herrschaftsbereich des Täters gelangen sollen (Schreibauer/Hessel K&R 2007, 616 (617)). Berechtigter ist auch derjenige, dem eine Zugangserlaubnis versehentlich erteilt oder nicht entzogen wurde (Ernst NJW 2003, 3233 (3236), zw. bei Erschleichen), bei Übermittlungen auch der Datenempfänger (Möhrenschlager wistra 1986, 128 (140); Graf in MüKoStGB Rn. 22). Die (den Tatbestand ausschließende, BT-Drs. 10/5058, 28) Bestimmung für den Täter wird nicht allein schon dadurch begründet, dass sich die Daten auf ihn selbst beziehen (Möhrenschlager wistra 1986, 128 (140); Ernst NJW 2003, 3233 (3236); Schmitz JA 1995, 478 (481); Graf in MüKoStGB Rn. 22), dass sie gegen Entgelt nach Anschluss an eine Datenbank allgemein zugänglich sind (BT-Drs. 10/5058, 28), dass er Kenntnis vom Passwort hat (Ernst NJW 2003, 3233 (3236)) oder dass er Eigentümer des Datenträgers ist; Letzteres kommt zB in Frage,

wenn ihm die Nutzung des Programms, nicht aber der Zugriff auf die zu Grunde liegenden Daten eröffnet ist (Winkelbauer CR 1986, 483 (486); Schlüchter NStZ 1988, 53; Richter CR 1989, 303 (305); Meier JZ 1992, 657; Bühler, Die strafrechtliche Erfassung des Missbrauchs von Geldspielautomaten, 1995, S. 178; Hilgendorf in Hilgendorf, Informationsstrafrecht und Rechtsinformatik, 2004, S. 512; Kindhäuser/Schramm StrafR BT I § 30 Rn. 11; Hoyer in SK-StGB Rn. 14; aM Heinrich, Die Strafbarkeit der unbefugten Vervielfältigung und Verbreitung von Standardsoftware, 1993, S. 304; diff. Schulze-Heiming, Der strafrechtliche Schutz der Computerdaten gegen die Angriffsformen der Spionage, Sabotage und des Zeitdiebstahls, 1995, S. 56). Wer für ihn bestimmte Daten vertragswidrig verwendet, wird nicht erfasst (Dauster/Braun NJW 2000, 313 (315); Graf in MüKoStGB Rn. 24; Eisele in Schönke/Schröder Rn. 11). Für den Polizeibeamten bestimmte Daten bleiben solche, auch wenn dieser sie ohne dienstlichen Anlass abruft (BayObLG NJW 1999, 1727 mit krit. Bespr. Pätzel NJW 1999, 3246; BayObLG StV 1999, 214 mAnm Kühn). Ein Arbeitnehmer darf nur während der Arbeitszeit auf Betriebsdaten zugreifen (Ernst NJW 2003, 3233 (3236)). Zur verdachtsabhängigen E-Mail- und EDV-Kontrolle bei internen Ermittlungen Rübenstahl/Debus NZWiSt 2012, 129; Preuß, Die Kontrolle von E-Mails und sonstigen elektronischen Dokumenten im Rahmen unternehmensinterner Ermittlungen, 2016; zu weiteren Einzelfällen Krutisch, Strafbarkeit des unberechtigten Zugangs zu Computerdaten und -systemen, 2003, S. 93, 98–103.

b) Gegen unberechtigten Zugang besonders gesichert sind Daten, wenn – 4
ähnlich den Fällen der §§ 202 II, 243 I Nr. 2 (BT-Drs. 10/5058, 28; → § 243 Rn. 16) – Vorkehrungen speziell zu dem Zweck getroffen sind, den Zugang Unbefugter zu verhindern oder zu erschweren (BGH NJW 2015, 3463; Schmitz JA 1995, 478 (482); Schumann NStZ 2007, 675 (676); Häberle LdRerg 8/362, S. 3; Graf in MüKoStGB Rn. 35; Dieterich NStZ 2011, 247; Eisele Jura 2012, 922). Neben verschlossenen Behältnissen (zB Kassetten für Magnetbänder) und mechanischen Schließeinrichtungen (zB Schlösser an Computeranlagen) kommen auch systemimmanente Vorkehrungen (zB Verwendung von Erkennungssignalen, Passwörtern oder Verschlüsselungen; bei EC-Karten mit auf Magnetstreifen gespeicherten Daten verneinend BGH NStZ 2010, 275; NStZ 2011, 154 (155) mAnm Schuhr; Schiemann JR 2010, 498; dem sich der 3. Strafsenat unter Aufgabe von BGH NStZ 2005, 566 anschließt; Seidl/Fuchs HRRS 2011, 265 (267)) in Frage (BGH NJW 2015, 3463; Hilgendorf JuS 1996, 702; Rengier StrafR BT II § 31 Rn. 27; Graf in MüKoStGB Rn. 40; diff. zum Passwort Jessen, Zugangsberechtigung und besondere Sicherung iSv § 202a StGB, 1994, S. 154; Ernst NJW 2003, 3233 (3236f.); Krutisch, Strafbarkeit des unberechtigten Zugangs zu Computerdaten und -systemen, 2003, S. 112; Graf in MüKoStGB Rn. 46; Dietrich, Das Erfordernis der besonderen Sicherung im StGB am Beispiel des Ausspähens von Daten, 2009, S. 179; gegen das Ausreichen einer Verschlüsselung Schumann NStZ 2007, 675 (676)), neuerdings auch biometrische Verfahren (näher Graf in MüKoStGB Rn. 404). Es kommt darauf an, ob die Sicherung geeignet erscheint, einen wirksamen, wenn auch nicht absoluten Schutz zu erreichen und namentlich auch das Interesse an der Geheimhaltung deutlich zu dokumentieren (BT-Drs. 10/5058, 28; BGH NJW 2015, 3463; Hilgendorf JuS 1996, 702; Ernst NJW 2003, 3233 (3236f.); Hoyer in SK-StGB Rn. 5; Binder, Strafbarkeit intelligenten Ausspähens von programmrelevanten DV-Informationen, 1994, S. 51; Heinrich, Die Strafbarkeit der unbefugten Vervielfältigung und Verbreitung von Standardsoftware, 1993,

S. 301; Jessen, Zugangsberechtigung und besondere Sicherung iSv § 202a StGB, 1994, S. 63; Schulze-Heiming, Der strafrechtliche Schutz der Computerdaten gegen die Angriffsformen der Spionage, Sabotage und des Zeitdiebstahls, 1995, S. 64; aM Dietrich, Das Erfordernis der besonderen Sicherung im StGB am Beispiel des Ausspähens von Daten, 2009, S. 160, 369, der spezialpräventiv auf besondere Gefährlichkeit des Sicherungsbruchs abstellt); ob Phishing-Mails erfasst sind, ist umstritten (bejahend Heghmanns wistra 2007, 167 (169), Goeckenjan wistra 2009, 47 (54); Rengier StrafR BT II § 31 Rn. 39; anders Graf NStZ 2007, 131; Kindhäuser/Hilgendorf in LPK-StGB Rn. 4; krit. Ernst NJW 2007, 2661 (2665)); zur Überwindung der Sicherung → Rn. 5. Computerprogramme sind idR nicht hinreichend wirksam gesichert, so dass sog. Softwarepiraterie (Raubkopien von solchen Programmen) nur selten in den Schutzbereich der Vorschrift fällt (Meier JZ 1992, 657 (661); Jessen, Zugangsberechtigung und besondere Sicherung iSv § 202a StGB, 1994, S. 190; Rengier StrafR BT II § 31 Rn. 32; zur möglichen Strafbarkeit nach § 106 UrhG eing. Heinrich, Die Strafbarkeit der unbefugten Vervielfältigung und Verbreitung von Standardsoftware, 1993, S. 176). Auch das mit der Datenverarbeitung befasste Personal ist von der Zugangssperre meist nicht betroffen (zu teilweise schwierigen Abgrenzungsfragen Winkelbauer CR 1986, 483 (487); weiter Hilgendorf JuS 1996, 702 (704)), selbst wenn es die Daten treuwidrig verwendet.

5 **4. Sich oder einem anderen unter Überwindung der Zugangssicherung Zugang verschaffen** bedeutet Herstellen der eigenen Herrschaft oder derjenigen eines anderen über die Daten. Dazu genügt es – ähnlich wie bei § 96 (→ § 96 Rn. 3) –, dass der Täter entweder von ihnen Kenntnis nimmt bzw. dem anderen die Kenntnisnahme ermöglicht oder – ohne Kenntnisnahme (BT-Drs. 10/5058, 29) – sich oder dem anderen den Besitz an den Datenträgern verschafft (Winkelbauer CR 1986, 483 (488); Graf in MüKoStGB Rn. 54; einschr. Schmitz JA 1995, 478 (483); Eisele in Schönke/Schröder Rn. 18; str.). Die besondere Sicherung musste zwar nicht beim Verschaffen, aber im weiteren Verlauf überwunden werden (Hilgendorf JuS 1996, 702 (703); Krutisch, Strafbarkeit des unberechtigten Zugangs zu Computerdaten und -systemen, 2003, S. 215). Unter **Überwinden der Zugangssicherung** meint eine Handlung, die geeignet ist, die jeweilige Sicherung auszuschalten oder zu umgehen, auch wenn dies aufgrund besonderer Kenntnisse, Fähigkeiten oder Möglichkeiten schnell und ohne besonderen Aufwand geschieht (BGH NStZ-RR 2020, 278 mit Bespr. Ceffinato JuS 2021, 311). Auf der anderen Seite sollte aber nach der problematischen Intention des Gesetzgebers, der nur das sich oder einem anderen Verschaffen verlangte, das bloße Eindringen in einen Datenspeicher oder Übermittlungsvorgang, mit dem ein Computersystem nur „geknackt" werden soll (sog. „hacking"), nicht erfasst werden (BT-Drs. 10/5058, 29; eing. Krutisch, Strafbarkeit des unberechtigten Zugangs zu Computerdaten und -systemen, 2003, S. 130); um den Zweck dieser Einschränkung nicht zu vereiteln, musste auch bloße Kenntnisnahme von den fremden Daten aus dem Tatbestand ausscheiden, wenn sie notwendig mit dem Hacking verbunden ist und ihr keine Weiterverwendungsabsicht zu Grunde liegt (für eine teleologische Reduktion Hilgendorf JuS 1996, 702 (704); Schmitz JA 1995, 478 (483); ähnlich Binder RDV 1995, 57 (59); krit. Ernst NJW 2003, 3233 (3236)). Inzwischen hat sich die Intention des Gesetzgebers, was das **„hacking"** angeht, in Richtung Strafbarkeit geändert (BT-Drs. 16/3556, 7 (9); Ernst NJW 2007, 2661; Schreibauer/Hessel K&R 2007, 616; Rengier StrafR BT II § 31 Rn. 33; Kindhäuser/Hilgendorf in LPK-StGB Rn. 6; Schünemann in LK-StGB Rn. 18; Fischer Rn. 10); dies hat er im Ge-

setz dadurch zum Ausdruck gebracht, dass er das sich (oder einem anderen) „Zugang" verschaffen um die Modalität „unter Überwindung der Zugangssicherung" ergänzte; dadurch wird das bloße Erreichen des Zugangs zu Daten ohne deren Ausspähen (= „hacking") erfasst (Schumann NStZ 2007, 675 (676); Häberle LdRerg 8/362, S. 4; Hilgendorf in LK-StGB Rn. 3; Hoyer in SK-StGB Rn. 11). Der Versuch ist nicht strafbar, obwohl § 202c die Vorbereitung unter Strafe stellt (krit. Ernst NJW 2007, 2661 (2662); Fischer Rn. 10; Kindhäuser/Hilgendorf in LPK-StGB Rn. 6). Zu eingesetzten Techniken wie Würmern, Keylogging, Phishing, Pharming oder Trojanern anschaulich Dietrich, Das Erfordernis der besonderen Sicherung im StGB am Beispiel des Ausspähens von Daten, 2009, S. 112; Fischer Rn. 11). Das Einwählen in fremde WLAN-Netze (sog. Schwarzsurfen, dazu Buermeyer HRRS 2004, 285) ist von § 202a nur erfasst, wenn das Netz gegen unberechtigten Zugang besonders gesichert ist (LG Wuppertal MMR 2011, 65; Altenhain in Matt/Renzikowski Rn. 8). Nicht erfasst ist das sog. Google WLAN-Scanning (Hagemeier HRRS 2011, 72 (74)).

5. Bedingter **Vorsatz** genügt. Zu Irrtumsfragen Hilgendorf JuS 1996, 702 (705). 6

6. Unbefugt → Vor § 201 Rn. 2. Ohne Befugnis handelt ua auch, wer sich ohne Anschluss Daten aus einer Datenbank verschafft (→ Rn. 3). Die Tat kann zB durch Gesetz (etwa § 94 StPO; §§ 1, 3 G 10; weitere gesetzliche Ermächtigung für staatliche Maßnahmen bei Graf in MüKoStGB Rn. 74–79; zu § 20k BKAG – nachrichtendienstliche „Online-Durchsuchung" –, der nur noch bis zum 30.6.2018 anwendbar ist (BVerfGE 141, 220 = NJW 2016, 1781), Fischer Rn. 12; § 100b StPO nF regelt die Online-Durchsuchung im Rahmen der Strafverfolgung) oder durch Einwilligung des Berechtigten (beachte dazu die sinngemäß auch hier geltenden Ausführungen unter → § 201 Rn. 9; für tatbestandsausschließendes Einverständnis Hoyer in SK-StGB Rn. 17; Hilgendorf in LK-StGB Rn. 20, 25; sa BVerfG JR 2010, 79), nicht des vom Dateninhalt Betroffenen (Hilgendorf JuS 1996, 702 (705); Jessen, Zugangsberechtigung und besondere Sicherung iSv § 202a StGB, 1994, S. 61; Hoyer in SK-StGB Rn. 17), gerechtfertigt sein. Mutmaßliche Einwilligung (→ Vor § 32 Rn. 19–21) kommt namentlich in Frage, wenn der Täter die Daten einem anderen, für den sie bestimmt sind, verschafft (BT-Drs. 10/5058, 29; Eisele in Schönke/Schröder Rn. 24; einschr. Kargl in NK-StGB Rn. 16; Hilgendorf in LK-StGB Rn. 38). Erfolgt ein Eingriff (zB in die Software) in urheberrechtlich zulässiger Weise (§§ 69a ff. UrhG), so ist er nicht unbefugt (LG Mannheim NJW 1995, 3322 mit zust. Bespr. König NJW 1995, 3293). Das gleiche gilt für den Betreiber eines sog. Card-Sharing-Servers, der selbst als Kunde eines Pay-TV-Anbieters zum Entschlüsseln des Sendesignals berechtigt ist; gibt er unberechtigten Dritten die Möglichkeit zum Entschlüsseln liegt Beihilfe zu deren § 202a vor (OLG Celle wistra 2017, 116; dazu Esser/Reehag wistra 2017, 81; Schmidhäuser, Die Strafbarkeit des Card- und Account-Sharings, 2021, S. 184). 7

7. Tateinheit ua möglich mit §§ 123, 242 (aM Haft NStZ 1987, 6 (10)), §§ 263a, 269, 274 I Nr. 2, § 303 (aM Hilgendorf JuS 1996, 702 (703), Tatmehrheit), §§ 303a, 303b. § 44 BDSG tritt zurück (§ 1 III BDSG), sofern der Verfügungsberechtigte auch von den Daten Betroffener ist oder der nicht von den Daten Betroffene ein Recht auf Vertraulichkeit hat (aM Graf in MüKoStGB Rn. 110; Hoyer in SK-StGB Rn. 18). Zum Zusammentreffen mit § 17 UWG aF Schlüchter NStZ 1988, 53. 8

9 **8.** Strafantrag § 205. Verfügungsberechtigt über die auf EC-Karten gespeicherten Daten und damit antragsberechtigt (→ § 206 Rn. 2) ist das kartenausstellende Institut, nicht der Karteninhaber (BGH NStZ 2005, 566). Für die Umwandlung in ein relatives Antragsdelikt (→ § 77 Rn. 1) Jessen, Zugangsberechtigung und besondere Sicherung iSv § 202a StGB, 1994, S. 216. Zum Vorschlag eines Tatbestandes gegen „digitalen Hausfriedensbruch" durch unbefugte Benutzung informationstechnischer Systeme krit. Buermeyer/Golla K&R 2017, 14; Stuckenberg FS Merkel, 2020, 931.

§ 202b Abfangen von Daten

Wer unbefugt sich oder einem anderen unter Anwendung von technischen Mitteln nicht für ihn bestimmte Daten (§ 202a Abs. 2) aus einer nichtöffentlichen Datenübermittlung oder aus der elektromagnetischen Abstrahlung einer Datenverarbeitungsanlage verschafft, wird mit Freiheitsstrafe bis zu zwei Jahren oder mit Geldstrafe bestraft, wenn die Tat nicht in anderen Vorschriften mit schwererer Strafe bedroht ist.

Fassung des 41. StÄG (→ Vor § 1 Rn. 16)

1 **1.** Die Vorschrift schützt – wie § 202a (→ § 202a Rn. 1) – ein **formalisiertes Interesse an der Geheimhaltung** von Daten (BT-Drs. 16/3656, 11; Schumann NStZ 2007, 675 (677); Rengier StrafR BT II § 31 Rn. 34; Goeckenjahn wistra 2009, 47 (50); Schmölzer ZStW 123 (2011), 709 (728); Fischer Rn. 2; Hilgendorf in LK-StGB Rn. 2; Reinbacher in NK-WSS Rn. 4). Sie ergänzt §§ 201, 201a und kann als Parallelvorschrift zu § 201 gesehen werden (Kindhäuser/Hilgendorf in LPK-StGB Rn. 1; „elektronisches Pendant" nach Kargl in NK-StGB Rn. 1; und Hoyer in SK-StGB Rn. 1). Träger des Rechtsguts ist der Berechtigte (→ § 202a Rn. 1).

2 **2. Daten** → § 263a Rn. 3. Sie müssen Gegenstand einer **Datenübermittlung** oder einer elektronischen Abstrahlung sein (Fischer Rn. 3). Erfasst sind etwa Übermittlung durch E-Mail, Fax oder Telefon (Häberle LdRerg 8/362, S. 4; Rengier StrafR BT II § 31 Rn. 35), egal ob kabelgebunden oder drahtlos (Rengier StrafR BT II § 31 Rn. 36; Fischer Rn. 3); ein Versenden per Post reicht dagegen nicht (Kindhäuser/Hilgendorf in LPK-StGB Rn. 2). Die Daten müssen sich in einem Übermittlungsvorgang befinden (Rengier StrafR BT II § 31 Rn. 35; Fischer Rn. 3). Sie müssen – anders als bei § 202a (→ § 202a Rn. 4) – nicht besonders gesichert sein. Gegen Phishing bietet die Vorschrift keinen Schutz (Ernst NJW 2007, 2661 (2662)). **Nicht für ihn bestimmt** → § 202a Rn. 3 (Kargl in NK-StGB Rn. 4). Die Datenübermittlung muss **nicht öffentlich** sein (→ § 201 Rn. 2); das bezieht sich auf den Übermittlungsvorgang und nicht auf den Inhalt der Daten (BT-Drs. 16/3656, 11; Kindhäuser/Hilgendorf in LPK-StGB Rn. 3); auch unverschlüsselte Daten, die leicht abgefangen werden können, können nicht öffentlich sein (Schumann NStZ 2007, 675 (677); Fischer Rn. 4; „faktische Öffentlichkeit" nach Kindhäuser/Hilgendorf in LPK-StGB Rn. 3; einschr. Hoyer in SK-StGB Rn. 8; Kargl in NK-StGB Rn. 5); WLAN-Netze sind nur dann nichtöffentlich, wenn die Datenübermittlung nur für einen bestimmten Personenkreis erfolgen soll (LG Wuppertal MMR 2011, 65 (66); Hilgendorf in LK-StGB Rn. 10; Reinbacher in NK-WSS Rn. 9; Eisele in Schönke/Schröder Rn. 4a). Erfasst wird das sog. Google WLAN-Scanning (Hagemeier HRRS 2011, 72 (75)).

3. Sich oder einem anderen verschaffen → § 202a Rn. 5; es setzt hier eine die Kenntnisnahme ermöglichende Erlangung der Daten voraus (Schreibauer/Hessel K&R 2007, 616 (617); Vassilaki CR 2008, 131 (133); Kindhäuser/Hilgendorf in LPK-StGB Rn. 4), zB durch Mithören beim Telefon oder beim Kopieren (Kindhäuser/Hilgendorf in LPK-StGB Rn. 4; Fischer Rn. 5); das bloße Eindringen in einen Übermittlungsvorgang (das sog. hacking, → § 202a Rn. 5) wird hier nicht erfasst, ua weil hier – anders als bei § 202a – eine Zugangsverschaffung nicht verlangt wird (Fischer Rn. 5; Hilgendorf in LK-StGB Rn. 14; Hoyer in SK-StGB Rn. 4–6; Kargl in NK-StGB Rn. 6). **Mittels technischer Mittel,** zB durch Software, Codes oder Passwörter (BT-Drs. 16/3656, 11). 3

4. Bedingter **Vorsatz** reicht (allgM; krit. Schumann NStZ 2007, 677). 4

5. Unbefugt → Vor § 200 Rn. 2; es ist hier ein Merkmal der Rechtswidrigkeit (Fischer Rn. 7; Hilgendorf in LK-StGB Rn. 19; Hoyer in SK-StGB Rn. 12). Bei Einverständnis des Verfügungsberechtigten soll der Tatbestand entfallen (BVerfG JR 2010, 79 mit Bespr. Kudlich JA 2009, 739). 5

6. Subsidiarität ist im letzten Halbsatz angeordnet (→ Vor § 52 Rn. 26); sie gilt gegenüber §§ 201, 202a (Ernst NJW 2007, 2661 (2662); Fischer Rn. 10). Ebenso tritt § 202b beim Abhören oder vergleichbarer Kenntnisnahme einer Nachricht hinter § 148 I Nr. 1 iVm § 89 S. 1 TKG zurück (Hoyer in SK-StGB Rn. 13; Kindhäuser/Hilgendorf in LPK-StGB Rn. 7; aM Fischer Rn. 11; Altenhain in Matt/Renzikowski Rn. 11). Wird eine Zugangssicherung überwunden, ist § 202a spezieller (Vassilaki CR 2008, 131 (132); Kargl in NK-StGB Rn. 11). 6

7. Strafantrag: § 205. 7

§ 202c Vorbereiten des Ausspähens und Abfangens von Daten

(1) **Wer eine Straftat nach § 202a oder § 202b vorbereitet, indem er**

1. **Passwörter oder sonstige Sicherungscodes, die den Zugang zu Daten (§ 202a Abs. 2) ermöglichen, oder**
2. **Computerprogramme, deren Zweck die Begehung einer solchen Tat ist,**

herstellt, sich oder einem anderen verschafft, verkauft, einem anderen überlässt, verbreitet oder sonst zugänglich macht, wird mit Freiheitsstrafe bis zu zwei Jahren oder mit Geldstrafe bestraft.

(2) **§ 149 Abs. 2 und 3 gilt entsprechend.**

Fassung des KorrBekG (→ Vor § 1 Rn. 18).

1. Der auch sog. „Hackerparagraph" (Kindhäuser/Hilgendorf in LPK-StGB Rn. 1) erfasst **Vorbereitungshandlungen** zu Taten nach §§ 202a, 202b (Fischer Rn. 2; Häberle LdRerg 8/362, S. 5). Er ist als **abstraktes Gefährdungsdelikt** ausgestaltet (hM; krit. Ernst NJW 2007, 2661 (2663); Vassilaki CR 2008, 131 (135); Schmölzer ZStW 123 (2011), 709 (730); eing. zu diesem neuen Typus eines europäischen Softwaredelikts Popp GA 2008, 375). Rechtsstaatliche Bedenken gegen die „Kombination einer Strafbarkeitsvorverlagerung" in den subjektiven Bereich mit einer erheblichen Unsicherheit der Tatbestandsmerkmale bei Hilgendorf in LK-StGB Rn. 4. 1

2 **2. Nr. 1** erfasst Passwörter und sonstige Sicherungscodes, die Taten nach §§ 202a, 202b ermöglichen (Fischer Rn. 3). Damit ist insbes. das **Phishing** durch einen eigenen Tatbestand erfasst (Kindhäuser/Hilgendorf in LPK-StGB Rn. 3); für dessen Erfassung auch Ernst NJW 2007, 2661 (2662); Schreibauer/Hessel K&R 2007, 616 (618); Rengier StrafR BT II § 31 Rn. 39; Hilgendorf in LK-StGB Rn. 10; Reinbacher in NK-WSS Rn. 8; krit. Goeckenjahn wistra 2009, 54; zum „Skimming" Tyszkiewicz HRRS 2010, 207 (210)).

3 **3. Nr. 2 Computerprogramme** müssen den primären Zweck haben, eine der in den §§ 202a, 202b genannten Taten zu begehen (Rengier StrafR BT II § 31 Rn. 40); ob sie diesen Zweck haben, ist **objektiv** zu ermitteln (Fischer Rn. 4; Kargl in NK-StGB Rn. 7; Kindhäuser/Hilgendorf in LPK-StGB Rn. 4); dass sie die entsprechende Eignung haben, reicht nicht (BVerfG JR 2010, 79 mAnm Valerius JR 2010, 84; Stuckenberg wistra 2010, 41 (46); sa Holzner ZRP 2009, 177, der eine gesetzliche Klarstellung vorschlägt; dagegen Bachmann ZRP 2009, 251; Fischer Rn. 5). Sog. „Hacker-Tools" als „dual use tools" (dazu Hilgendorf in LK-StGB Rn. 13; Hoyer in SK-StGB Rn. 5; Kargl in NK-StGB Rn. 6; Altenhain in Matt/Renzikowski Rn. 3; Eisele in Schönke/Schröder Rn. 4) zur Vorbereitung des Phishing sind nicht so zweckgerichtet, sondern auch anderweitig einsetzbar (vgl. dazu Ernst NStZ 2007, 2661 (2662); Schreibauer/Hessel K&R 2007, 616; Goeckenjahn wistra 2009, 47 (54); Fischer Rn. 5; Kindhäuser/Hilgendorf in LPK-StGB Rn. 4). An dieser Zweckausrichtung fehlt es selbst bei Programmen mit hohem „Missbrauchspotential" (krit. und zw. Popp GA 2008, 375 (379); Fischer Rn. 6).

4 **4.** Die sechs **Tathandlungen** kommen größtenteils auch in anderen Vorschriften des StGB schon vor. **Herstellen** → § 149 Rn. 4; **sich oder einem anderen Verschaffen** → § 146 Rn. 6; Verkaufen liegt schon bei Abschluß des Vertrags vor (Fischer Rn. 7; Hoyer in SK-StGB Rn. 7); **Überlassen** → § 184 Rn. 5; **Verbreiten** oder **sonst Zugänglichmachen** → § 184 Rn. 5.

5 **5.** Bedingter Vorsatz genügt (krit. Kargl in NK-StGB Rn. 13). Zusätzlich muss der Täter subjektiv auf die vorbereiteten, später zu begehenden Taten ausgerichtet sein.

6 **6.** Tätige Reue **Abs. 2.**

7 **7.** Hinter §§ 202a, 202b tritt § 202c zurück; das gilt auch für die allein § 202c verwirklichende Beihilfe zu §§ 202a, 202b (Fischer Rn. 10; Kindhäuser/Hilgendorf in LPK-StGB Rn. 8). Werden die vorbereiteten Taten später begangen, so ist § 202c mitbestrafte Vortat (Rengier StrafR BT II § 31 Rn. 38). Im Unterschied zu §§ 202a f. ist § 202c kein Antragsdelikt (vgl. § 205), was zu Wertungswidersprüchen führen kann (Hilgendorf in LK-StGB Rn. 33).

§ 202d Datenhehlerei

(1) **Wer Daten (§ 202a Absatz 2), die nicht allgemein zugänglich sind und die ein anderer durch eine rechtswidrige Tat erlangt hat, sich oder einem anderen verschafft, einem anderen überlässt, verbreitet oder sonst zugänglich macht, um sich oder einen Dritten zu bereichern oder einen anderen zu schädigen, wird mit Freiheitsstrafe bis zu drei Jahren oder mit Geldstrafe bestraft.**

(2) **Die Strafe darf nicht schwerer sein als die für die Vortat angedrohte Strafe.**

(3) [1]**Absatz 1 gilt nicht für Handlungen, die ausschließlich der Erfüllung rechtmäßiger dienstlicher oder beruflicher Pflichten dienen.** [2]**Dazu gehören insbesondere**
1. **solche Handlungen von Amtsträgern oder deren Beauftragten, mit denen Daten ausschließlich der Verwertung in einem Besteuerungsverfahren, einem Strafverfahren oder einem Ordnungswidrigkeitenverfahren zugeführt werden sollen, sowie**
2. **solche beruflichen Handlungen der in § 53 Absatz 1 Satz 1 Nummer 5 der Strafprozessordnung genannten Personen, mit denen Daten entgegengenommen, ausgewertet oder veröffentlicht werden.**

Fassung: Eingeführt durch Art. 5 des SpeicherpflichtG (→ Vor § 1 Rn. 18) mit Wirkung zum 18.12.2015.

1. Ausweislich der Gesetzesbegründung soll die Vorschrift (dazu Rode in FS Rengier, 2018, 301; Reinbacher GA 2018, 310; Stam StV 2017, 488) das **formelle Datengeheimnis,** das durch die Vortat bereits verletzt worden ist, vor einer Aufrechterhaltung und Vertiefung dieser Verletzung schützen (BT-Drs. 18/5088, 26; abw. Reinbacher GA 2018, 311: formell-materielles Schutzkonzept). Zugleich soll wie bei der Sachhehlerei ein Anreiz für die Begehung von Vortaten verhindert werden (BT-Drs. 18/5088, 26; zum Vergleich mit § 259 s Berghäuser JA 2017, 244). Da mangels Vortat bloß durch Vertragsverletzung, Disziplinarvergehen oder Ordnungswidrigkeit erlangte Daten (BT-Drs. 18/5088, 46) ebenso wenig Gegenstand einer Datenhehlerei sein können wie die durch Abs. 3 Nr. 1 ausgeklammerten, durch Steuerbehörden angekauften Steuerdateien (Stuckenberg ZIS 2016, 526 (529)), drängt sich der Eindruck auf, die Einfügung von § 202d diene weniger der Bestrafung der Datenhehlerei als vielmehr umgekehrt der versteckten Straffreistellung für den behördlichen Erwerb illegal erlangter Steuer-CDs (so Fischer Rn. 1). Weil vor allem von Pressevertretern die in Abs. 3 Nr. 2 enthaltene Privilegierung auch von Journalisten als in der Ausgestaltung mangelhaft angesehen wird, ist derzeit eine Verfassungsbeschwerde anhängig (vgl. Reinbacher in NK-WirtschaftsStStrafR Rn. 13–15). 1

2. Abs. 1: Daten iSd § 202a II (→ § 202a Rn. 2–4; → § 263a Rn. 3; näher Brodowski/Marnau NStZ 2017, 377 (378f.)). Diese müssen **nicht allgemein zugänglich** sein. Öffentlich zugänglich sind Daten nach § 10 V BDSG, die jedermann, sei es auch nach Anmeldung, Zulassung oder Entrichtung eines Entgelts, nutzen kann, also auch urheberrechtlich geschützte Werke (BT-Drs. 18/5088, 45) und alle im Internet auch an versteckter Stelle auffindbare Quellen (Fischer Rn. 3). Ebenfalls von Abs. 1 nicht erfasst sind Daten, welche nur über ihr eigenes Vorhandensein Auskunft geben (Fischer Rn. 3). Ist eine erworbene Datensammlung zT nicht öffentlich zugänglich, muss dieser Teil gegenüber dem öffentlich zugänglichen Inhalt einen eigenständigen Informationsgehalt aufweisen (Fischer Rn. 3). Diese Daten müssen aus einer **rechtswidrigen Tat** iSd § 11 Nr. 5 stammen, namentlich einer Straftat nach §§ 202a f., aber etwa auch §§ 240, 242, 263f, 269, 152 (BT-Drs. 18/5088, 46; näher Brodowski/Marnau NStZ 2017, 377 (381)); bei Auslandsvortaten gelten die §§ 3ff. (Fischer Rn. 4). Die Daten muss **ein anderer** als der Täter des § 202d **erlangt** haben, was wie bei § 259 (→ § 259 Rn. 6) idR Vollendung 2 der Vortat erfordert (Berghäuser JA 2017, 246 (247)). Wie bei § 259 (→ § 259 Rn. 8) soll sog. Ersatzhehlerei nicht tatbestandsmäßig sein; angesichts der leichten Kopierbarkeit von Daten sind aber im Wege teleologischer Korrektur von Abs. 1 auch bestimmte Daten-Duplikate oÄ erfasst (Brodowski/Marnau NStZ 2017, 377 (379 f.); vgl. auch Reinbacher GA 2018, 311 (315 ff.)).

3 **3. Sich oder einem anderen Verschaffen** bedeutet wie bei § 202 c (→ § 202 c Rn. 4) dem Empfänger der Daten durch die Handlung tatsächliche Verfügungsgewalt über die Daten zu verschaffen etwa durch Kopieren derselben oder Erwerb eines Datenträgers (Berghäuser JA 2017, 246 (247)); trotz unglücklicher sprachlicher Gleichsetzung des Vortäters und des Datenempfängers jeweils als „anderer" können beide Personen nicht identisch sein (Berghäuser JA 2017, 246 (249)). **Überlassen, Verbreiten** oder **sonst Zugänglichmachen** → § 184 Rn. 5. Die Überwindung einer Zugangssicherung ist nicht erforderlich (deswegen krit. Singelnstein ZIS 2016, 432 (435 f.)).

4 **4.** Der **Vorsatz** (bedingter genügt) muss neben der nicht öffentlichen Zugänglichkeit der Daten namentlich auch den Umstand erfassen, dass die Daten von einem anderen aus einer rechtswidrigen Vortat erlangt worden sind, wobei zwar das Bewusstsein, die Daten entstammten irgendeiner rechtswidrigen Tat, als solches nicht ausreichend ist, aber auch nicht gefordert werden kann, dass der Täter Kenntnis von den genauen Einzelheiten der Vortat und der Person des Vortäters hat (BT-Drs. 18/5088, 47). Ausreichend ist, wenn Tathandlungen nach Kenntniserlangung von der Herkunft der Daten vorgenommen werden (BT-Drs. 18/5088, 47).

5 **5.** Der Strafrahmen endet bei drei Jahren Freiheitsstrafe, doch darf nach **Abs. 2** die Strafe nicht höher sein als die für die Vortat angedrohte.

6 **6. Abs. 3** sieht für dienstlich oder beruflich befugtes Handeln in Anlehnung an § 184 b V (→ § 184 b Rn. 9) einen Tatbestandsausschluss vor (Fischer Rn. 9; zur Kritik → Rn. 1).

7 **7. Strafantrag** § 205 I 2.

§ 203 Verletzung von Privatgeheimnissen

(1) **Wer unbefugt ein fremdes Geheimnis, namentlich ein zum persönlichen Lebensbereich gehörendes Geheimnis oder ein Betriebs- oder Geschäftsgeheimnis, offenbart, das ihm als**

1. **Arzt, Zahnarzt, Tierarzt, Apotheker oder Angehörigen eines anderen Heilberufs, der für die Berufsausübung oder die Führung der Berufsbezeichnung eine staatlich geregelte Ausbildung erfordert,**
2. **Berufspsychologen mit staatlich anerkannter wissenschaftlicher Abschlußprüfung,**
3. **Rechtsanwalt, Kammerrechtsbeistand, Patentanwalt, Notar, Verteidiger in einem gesetzlich geordneten Verfahren, Wirtschaftsprüfer, vereidigtem Buchprüfer, Steuerberater, Steuerbevollmächtigten,**

3a. **Organ oder Mitglied eines Organs einer Wirtschaftsprüfungs-, Buchprüfungs- oder einer Berufsausübungsgesellschaft von Steuerberatern und Steuerbevollmächtigten, einer Berufsausübungsgesellschaft von Rechtsanwälten oder europäischen niedergelassenen Rechtsanwälten oder einer Berufsausübungsgesellschaft von Patentanwälten oder nie-**

dergelassenen europäischen Patentanwälten im Zusammenhang mit der Beratung und Vertretung der Wirtschaftsprüfungs-, Buchprüfungs- oder Berufsausübungsgesellschaft im Bereich der Wirtschaftsprüfung, Buchprüfung oder Hilfeleistung in Steuersachen oder ihrer rechtsanwaltlichen oder patentanwaltlichen Tätigkeit,

4. Ehe-, Familien-, Erziehungs- oder Jugendberater sowie Berater für Suchtfragen in einer Beratungsstelle, die von einer Behörde oder Körperschaft, Anstalt oder Stiftung des öffentlichen Rechts anerkannt ist,
5. Mitglied oder Beauftragten einer anerkannten Beratungsstelle nach den §§ 3 und 8 des Schwangerschaftskonfliktgesetzes,
6. staatlich anerkanntem Sozialarbeiter oder staatlich anerkanntem Sozialpädagogen oder
7. Angehörigen eines Unternehmens der privaten Kranken-, Unfall- oder Lebensversicherung oder einer privatärztlichen, steuerberaterlichen oder anwaltlichen Verrechnungsstelle

anvertraut worden oder sonst bekanntgeworden ist, wird mit Freiheitsstrafe bis zu einem Jahr oder mit Geldstrafe bestraft.

(2) [1]Ebenso wird bestraft, wer unbefugt ein fremdes Geheimnis, namentlich ein zum persönlichen Lebensbereich gehörendes Geheimnis oder ein Betriebs- oder Geschäftsgeheimnis, offenbart, das ihm als

1. Amtsträger oder Europäischer Amtsträger,
2. für den öffentlichen Dienst besonders Verpflichteten,
3. Person, die Aufgaben oder Befugnisse nach dem Personalvertretungsrecht wahrnimmt,
4. Mitglied eines für ein Gesetzgebungsorgan des Bundes oder eines Landes tätigen Untersuchungsausschusses, sonstigen Ausschusses oder Rates, das nicht selbst Mitglied des Gesetzgebungsorgans ist, oder als Hilfskraft eines solchen Ausschusses oder Rates,
5. öffentlich bestelltem Sachverständigen, der auf die gewissenhafte Erfüllung seiner Obliegenheiten auf Grund eines Gesetzes förmlich verpflichtet worden ist, oder
6. Person, die auf die gewissenhafte Erfüllung ihrer Geheimhaltungspflicht bei der Durchführung wissenschaftlicher Forschungsvorhaben auf Grund eines Gesetzes förmlich verpflichtet worden ist,

anvertraut worden oder sonst bekanntgeworden ist. [2]Einem Geheimnis im Sinne des Satzes 1 stehen Einzelangaben über persönliche oder sachliche Verhältnisse eines anderen gleich, die für Aufgaben der öffentlichen Verwaltung erfaßt worden sind; Satz 1 ist jedoch nicht anzuwenden, soweit solche Einzelangaben anderen Behörden oder sonstigen Stellen für Aufgaben der öffentlichen Verwaltung bekanntgegeben werden und das Gesetz dies nicht untersagt.

(3) [1]Kein Offenbaren im Sinne dieser Vorschrift liegt vor, wenn die in den Absätzen 1 und 2 genannten Personen Geheimnisse den bei ihnen berufsmäßig tätigen Gehilfen oder den bei ihnen zur Vorbereitung auf den Beruf tätigen Personen zugänglich machen. [2]Die in den Absätzen 1 und 2 Genannten dürfen fremde Geheimnisse gegenüber sonstigen Personen offenbaren, die an ihrer beruflichen oder dienstlichen Tätigkeit mitwirken, soweit dies für die Inanspruchnahme der Tätigkeit der sonstigen mitwirkenden Personen erforderlich ist; das Gleiche gilt für sonstige mitwirkende

Personen, wenn diese sich weiterer Personen bedienen, die an der beruflichen oder dienstlichen Tätigkeit der in den Absätzen 1 und 2 Genannten mitwirken.

(4) [1]**Mit Freiheitsstrafe bis zu einem Jahr oder mit Geldstrafe wird bestraft, wer unbefugt ein fremdes Geheimnis offenbart, das ihm bei der Ausübung oder bei Gelegenheit seiner Tätigkeit als mitwirkende Person oder als bei den in den Absätzen 1 und 2 genannten Personen tätiger Datenschutzbeauftragten bekannt geworden ist.** [2]**Ebenso wird bestraft, wer**

1. **als in den Absätzen 1 und 2 genannte Person nicht dafür Sorge getragen hat, dass eine sonstige mitwirkende Person, die unbefugt ein fremdes, ihr bei der Ausübung oder bei Gelegenheit ihrer Tätigkeit bekannt gewordenes Geheimnis offenbart, zur Geheimhaltung verpflichtet wurde; dies gilt nicht für sonstige mitwirkende Personen, die selbst eine in den Absätzen 1 oder 2 genannte Person sind,**
2. **als im Absatz 3 genannte mitwirkende Person sich einer weiteren mitwirkenden Person, die unbefugt ein fremdes, ihr bei der Ausübung oder bei Gelegenheit ihrer Tätigkeit bekannt gewordenes Geheimnis offenbart, bedient und nicht dafür Sorge getragen hat, dass diese zur Geheimhaltung verpflichtet wurde; dies gilt nicht für sonstige mitwirkende Personen, die selbst eine in den Absätzen 1 oder 2 genannte Person sind, oder**
3. **nach dem Tod der nach Satz 1 oder nach den Absätzen 1 oder 2 verpflichteten Person ein fremdes Geheimnis unbefugt offenbart, das er von dem Verstorbenen erfahren oder aus dessen Nachlass erlangt hat.**

(5) **Die Absätze 1 bis 4 sind auch anzuwenden, wenn der Täter das fremde Geheimnis nach dem Tod des Betroffenen unbefugt offenbart.**

(6) **Handelt der Täter gegen Entgelt oder in der Absicht, sich oder einen anderen zu bereichern oder einen anderen zu schädigen, so ist die Strafe Freiheitsstrafe bis zu zwei Jahren oder Geldstrafe.**

Fassung des Gesetzes zur Neuregelung des Schutzes von Geheimnissen v. 30.10.2017 (BGBl. I 3618) mit Wirkung zum 9.11.2017; mit G zur Durchführung der Verordnung (EU) 2017/1939 des Rates vom 12.10.2017 zur Durchführung einer Verstärkten Zusammenarbeit zur Errichtung der Europäischen Staatsanwaltschaft und zur Änderung weiterer Vorschriften v. 10.07.2020 (BGBl. I 1648), in Kraft getreten am 17.7.2020 ist in Abs. 2 Nr. 1 der Europäische Amtsträger ergänzt worden. Abs. 1 Nr. 3a durch G vom 7.7.2021 (BGBl. I 2363) zum 1.8.2022 eingefügt.

1 **1.** Die Vorschrift (zur Struktur Bosch Jura 2013, 780) schützt vorrangig die **Geheimsphäre des Einzelnen,** daneben in Abs. 1 auch das Allgemeininteresse an der Verschwiegenheit der in Krankheit und Rechtsnot helfenden Berufe (BGH NJW 1968, 2288; Jung SÄB 1981, 244; Geppert, Die ärztliche Schweigepflicht im Strafvollzug, 1983, S. 11; Geppert FS Gössel, 2002, 303 (309); Timm, Grenzen der ärztlichen Schweigepflicht, 1988, S. 22; Cramer, Strafprozessuale Verwertbarkeit ärztlicher Gutachten aus anderen Verfahren, 1995, S. 43; Michalowski ZStW 109 (1997), 519; Wichmann, Das Berufsgeheimnis als Grenze des Zeugenbeweises, 2000, S. 165, 181; Kern MedR 2006, 205; Ulsenheimer/Gaede ArztStrafR Rn. 1041; Cierniak/Niehaus in MüKoStGB Rn. 6; Fischer Rn. 2; Kargl in NK-StGB Rn. 4; Jäschke ZStW 131 (2019), 36; gegen diese Beschränkung auf Abs. 1 Otto StrafR BT § 34 Rn. 26). Demgegenüber wird teils das Allgemeininteresse als

vorrangig geschützt angesehen (OLG Köln NStZ 1983, 412; Schmidt NJW 1962, 1745; Schlund JR 1977, 265 (269); Eisele in Schönke/Schröder Rn. 3), teils aber auch nur das Individualinteresse als Schutzgut anerkannt (Schünemann ZStW 90 (1978), 11; Schünemann in LK-StGB Rn. 14; Rogall NStZ 1983, 1 (3); Meurer in Szwarc, AIDS und Strafrecht, 1996, S. 133, 137; Schmitz JA 1996, 772; Reinbacher medstra 2020, 67 (70); diff. Ostendorf JR 1981, 444; Eser ZStW 97 (1985), 1 (40); Eisele in Haft/Schlieffen Mediation-HdB, 1. Aufl. 2002, § 30 Rn. 5, 6; Hoyer in SK-StGB Vor § 201 Rn. 4–9, § 203 Rn. 1–3; zusf. Müller-Dietz in Jung/Meiser/Müller, Aktuelle Probleme und Perspektiven des Arztrechts, 1989, S. 39; rechtsvergleichend Jung GS Constantinesco, 1983, 355; Lilie in Fischer/Lilie, Ärztliche Verantwortung im europäischen Rechtsvergleich, 1999, S. 83, 97). Ihre verfassungsrechtliche Legitimation bezieht die Vorschrift aus Art. 2 I iVm Art. 1 I GG, die das allgemeine Persönlichkeitsrecht und insbes. das Recht auf informationelle Selbstbestimmung garantieren (BVerfG NJW 2002, 2164; KG NJW 1992, 2771; Eisele in Haft/Schlieffen Mediation-HdB, 3. Aufl. 2016, § 30 Rn. 5). Nicht geschützt sind Daten von Ungeborenen (eing. Grabsch, Die Strafbarkeit der Offenbarung höchstpersönlicher Daten des ungeborenen Menschen, 1994, S. 17, 109, mit Bespr. Helle MedR 1995, 257; Kiesecker, Die Schwangerschaft einer Toten, 1996, S. 218). Der Schweigepflicht nach Abs. 1 steht das – inhaltlich nicht voll entsprechende (für die unterschiedliche persönliche und sachliche Reichweite von § 203 und § 53 StPO Rogall in SK-StGB § 53 Rn. 12–30; krit. Foth JR 1976, 7; Schmitz JA 1996, 949 (954); Michalowski ZStW 109 (1997), 519; Ulsenheimer/Gaede ArztStrafR Rn. 385; Schünemann in LK-StGB Rn. 9) – verfahrensrechtliche Schweigerecht (zB §§ 53, 53a StPO, § 383 ZPO) gegenüber. Die **Neuregelung** (s. Fassungshinweis) erweitert die Möglichkeit für Berufsgeheimnisträger, Aufgaben auf Nichtberufsgeheimnisträger auszulagern (BT-Drs. 18/11936; BT-Drs. 18/12940; Übersicht von Cornelius NJW 2017, 3751). – § 1 III Nr. 1 des G zum Schutz von Geschäftgeheimnissen **(GeschGehG)** v. 18.4.72019 (BGBl. I 466) lässt § 203 grds. unberührt; zu der in § 5 Nr. 2 GeschGehG enthaltenen Haftungsfreistellung für einen **Whistleblowver** vgl. Rönnau FS Merkel, 2020, 909. – Zur Umsetzung der Richtlinie (EU) 2019/1937 zum Schutz von Personen, die Verstöße gegen Unionsrecht melden, liegt seit dem 27.7.2022 der Regierungsentwurf eines Hinweisgeberschutzgesetzes vor, welches nach § 2 I Nr. 1 RegE u. a. die Meldung und Offenlegung strafbewehrter Verstöße betrifft.

2. Täter (nach hM besonderes persönliches Merkmal iSd § 28 I; vgl. etwa Hilgendorf in Arzt/Weber/Heinrich/Hilgendorf StrafR BT § 8 Rn. 35; Schünemann in LK-StGB Rn. 160; Eisele in Schönke/Schröder Rn. 111) können nur sein: 2

a) Angehörige der Berufsgruppen nach Abs. 1. aa) **Nr. 1:** Für die **Heilberufe** bedürfen neben den Ärzten (s. Hübner, Umfang und Grenzen des strafrechtlichen Schutzes des Arztgeheimnisses nach § 203 StGB, 2011; auch Pathologen, Laufs NJW 1980, 1315 (1319)), Zahnärzten (Jahnke, Die strafrechtliche Verantwortung des Zahnarztes, 2005, S. 168), Tierärzten und Apothekern (→ § 132a Rn. 3) einer geregelten Ausbildung ua: Krankenschwestern und -pfleger, Kinderkrankenschwestern und -pfleger, Krankenpflegehelferinnen und -helfer (§§ 1, 2 KrPflG) sowie Hebammen und Entbindungspfleger (§§ 1, 2 HebG). Nachw. zu zahlreichen weiteren einschlägigen Heilberufen bei Fischer Rn. 12. Nicht erfasst sind Heilpraktiker, da für sie keine staatliche Berufsausbildung gefordert wird (HeilprG). Patienten in einer psychotherapeutischen Gruppe sind anders als der therapierende Arzt oder Psychologe nicht schweigepflichtig (für deren Erfassung de lege ferenda Riemer/Tschuschke, Gruppentherapie und Gruppendynamik, 2004, 193). 3

bb) **Nr. 2: Berufspsychologen** müssen eine psychologische Tätigkeit auf mindestens einem der Hauptanwendungsgebiete der Psychologie, zB auch der analytischen Psychotherapie, beruflich ausüben (BT-Drs. 7/550, 239; BayObLG NStZ 1995, 187; speziell im Bereich der Mediation Eisele in Haft/Schlieffen Mediation-HdB, 1. Aufl. 2002, § 30 Rn. 8; krit. Blau NJW 1973, 2234; Kargl in NK-StGB Rn. 31). **Staatlich anerkannte wissenschaftliche Abschlussprüfungen** schließen mit der Erlangung des Grades eines „Diplom-Psychologen" oder mit der Promotion im Hauptfach Psychologie ab (BT-Drs. 7/550, 239). Bei der Gruppenpsychotherapie ist nur der Therapeut, nicht aber die Mitpatienten schweigepflichtig (krit. Riemer, Gruppenpsychotherapie und Gruppendynamik, 2002, 372).

4 cc) **Nr. 3, 3a:** Die genannten Berufe in der **Rechtspflege und Wirtschaftsberatung** sind erschöpfend (europäische RAe stehen RAen und Anwälten gleich, § 42 I EuRAG; → § 132a Rn. 3). Neben Verteidigern im Strafverfahren (§§ 138, 139, 142 StPO; OLG Köln NJW 2000, 3656) werden auch Verteidiger im Bußgeld-, Disziplinar-, Berufs- und Ehrengerichtsverfahren sowie Kammerrechtsbeistände (BT-Drs. 18/11936, 26) erfasst, nicht dagegen sonstige Rechtsbeistände (vgl. BVerfG NJW 2002, 2308) und Rechtskonsulenten; speziell zu Anwälten und Verteidigern im Bereich der Mediation Eisele in Haft/Schlieffen Mediation-HdB, 1. Aufl. 2002, § 30 Rn. 8. Einbezogen sind jetzt auch Rechtsanwalts- und Patentanwaltsgesellschaften, da die Offenbarung eines ihnen anvertrauten Geheimnisses ebenso strafwürdig erscheint wie Taten von Organen der anderen in Nr. 3 genannten Gesellschaften (BT-Drs. 13/9820, 22); in **Nr. 3a** werden auch Berufsausübungsgesellschaften erfasst (näher BT-Drs. 19/27670, 322).

5 dd) **Nr. 4–6:** Alle in Nr. 4 genannten Berater müssen in einer **staatlich oder anderweit öffentlich anerkannten Beratungsstelle** tätig sein. Deren Anerkennung ist Ländersache (BT-Drs. 7/1261, 15). Zu den in Nr. 5 genannten **Beratungsstellen für Schwangere** §§ 3, 8 SchKG (zum geheimhaltungspflichtigen Täterkreis Rudolphi FS Bemmann, 1997, 412 (416); zusf. zu deren Schweigepflicht Lenckner in Eser/Hirsch, Sterilisation und Schwangerschaftsabbruch, 1980, S. 227; Rudolphi FS Bemmann, 1997, 412 (418); → Vor § 218 Rn. 12). Die **staatliche Anerkennung von Sozialarbeitern und Sozialpädagogen** nach Nr. 6 erfordert eine abgeschlossene Hochschul- oder Fachhochschulausbildung (BT-Drs. 7/1261, 15). Hauptamtliche Bewährungshelfer gehören nicht hierher (Schenkel NStZ 1995, 67; Cierniak/Niehaus in MüKoStGB Rn. 46; diff. Eisele in Schönke/Schröder Rn. 13, 68; zw.).

6 ee) **Nr. 7: Angehörige eines Versicherungsunternehmens oder einer Verrechnungsstelle** sind deren Inhaber, Organe, Mitglieder von Organen und Bedienstete, nach dem Gesetzeszweck auch die nicht als Angestellte tätigen selbständigen Versicherungsvertreter (BGH VersR 2010, 762 mAnm Gödecke/Jngwersen; zusf. Rein VersR 1976, 117). Keine privatärztliche Verrechnungsstelle ist ein gewerbliches Factoring-Unternehmen, dem von Ärzten Forderungen abgetreten worden sind (Hoyer in SK-StGB Rn. 46; Eisele in Schönke/Schröder Rn. 69; aM OLG Stuttgart NJW 1987, 1490; Cierniak/Niehaus in MüKoStGB Rn. 40; Schünemann in LK-StGB Rn. 70). Einbezogen sind jetzt auch anwaltliche und steuerberaterliche Verrechnungsstellen.

7 **b) Amtsträger und amtsnahe Personen nach Abs. 2.** aa) **Nr. 1 und 2: (seit dem 17. 7. 2020 auch Europäische) Amtsträger, für den öffentlichen Dienst besonders Verpflichteter** → § 11 Rn. 3–17; gleichgestellt sind nach §§ 1 III, 48 I WStG Offiziere und Unteroffiziere, nach § 2 SAEG-ÜbermittlungsschutzG (v.

16.3.1993, BGBl. I 336) bestimmte Bedienstete des Statistischen Amtes der EG sowie nach Art. 2 § 8 EuropolG bestimmte Europolbedienstete. Ehemalige Bedienstete der DDR werden nicht erfasst; die Bundesregierung bemüht sich, diese Strafbarkeitslücke zu schließen (BT-Drs. 13/58). Nicht erfasst ist die Verletzung des Bankgeheimnisses durch Vorstandsmitglieder bzw. Angestellte einer Genossenschaftsbank (BGH NJW 2007, 2106) oder einer in der Rechtsform einer Anstalt des öffentlichen Rechts organisierten Sparkasse (BGH NJW 2010, 362; iE auch Schünemann in LK-StGB Rn. 71; Tiedemann FS Kohlmann, 2003, 307 (308, 317), fordert eine Aufnahme von Bankangestellten in § 203 I, weil §§ 55a, 55b KWG nur eine beschränkte Reichweite hätten; vgl. Eisele ZIS 2011, 354).

bb) **Nr. 3:** Das **Personalvertretungsrecht** umfasst alle Rechtsnormen, die für die Interessenvertretung der Angehörigen von Dienststellen gelten, auch der Richter (§§ 49, 72, 74 DRiG), Soldaten (§§ 35ff. SG) und Zivildienstleistenden (§ 37 ZDG). **Aufgaben und Befugnisse** sind nur solche, die spezifisch der Personalvertretung dienen (BT-Drs. 7/550, 241). 8

cc) **Nr. 4: Gesetzgebungsorgan** → § 36 Rn. 2. Nicht hierher gehören die Ausschüsse der Gesetzgebungsorgane, wohl zB aber die Enquête-Kommissionen und Sachverständigenräte (BT-Drs. 7/550, 241). Als Hilfskräfte kommen Personen in Betracht, deren Tätigkeit von den Aufgaben des Gremiums bestimmt sind, also nicht das technische oder die Verwaltung durchführende Personal (Hoyer in SK-StGB Rn. 58). 9

dd) **Nr. 5:** Für die Bestellung der freiberuflich tätigen **Sachverständigen** gilt § 36 GewO. 10

ee) **Nr. 6:** Erweiterung des Täterkreises auf Personen, die zur Geheimhaltung bei der Durchführung wissenschaftlicher Forschungsvorhaben auf Grund des VerpflG förmlich verpflichtet sind (Eisele in Schönke/Schröder Rn. 95); die Vorschrift ist im Zusammenhang mit § 476 III StPO zu sehen (BT-Drs. 14/1484, 35; Fischer Rn. 29). 10a

c) Abs. 4 S. 1 erfasst nunmehr neben dem bereits in Abs. 2a aF genannten externen **Datenschutzbeauftragten** (vgl. Art. 37 VI DSGVO), für den sich aus der Neuregelung keinerlei inhaltliche Änderung ergibt (BT-Drs. 18/11936, 28), sowie **mitwirkende Personen,** dh den in Abs. 3 aufgeführten Gehilfen (→ Rn. 11b), Personen in Vorbereitung auf einen Beruf (→ Rn. 12) und sonstigen mitwirkenden Personen iSv Abs. 3 S. 2 (→ Rn. 11; vgl. BT-Drs. 18/11936, 21); dazu zählen auch die von Abs. 3 S. 1 aF bislang erfassten nichtanwaltlichen Geschäftsführer von Rechtsanwaltsgesellschaften (BT-Drs. 18/11936, 27). Neben diesen macht sich auch der Berufsgeheimnisträger bei einer das erforderliche Ausmaß übersteigenden Offenbarung (→ Rn. 25a) selbst strafbar (BT-Drs. 18/11936, 28). Für diese Personen besteht gem. § 53a StPO nF auch ein Zeugnisverweigerungsrecht. 10b

d) aa) **Gehilfen (Abs. 3 S. 1 Alt. 1)** der Berufsträger nach Abs. 1 und 2 sind abweichend von § 53a StPO nur berufsmäßig, nicht auch gelegentlich tätige Helfer (Schmitz JA 1996, 772 (773); Rudolphi FS Bemmann, 1997, 412 (417); Cierniak/Niehaus in MüKoStGB Rn. 123; aM Meurer in Szwarc, AIDS und Strafrecht, 1996, S. 139; Sieber FS Eser, 2005, 1155 (1167); Eisele in Schönke/Schröder Rn. 24ff.; Schünemann in LK-StGB Rn. 82; für eine gesetzliche Präzisierung Eichelbrönner, Die Grenzen der Schweigepflicht des Arztes und seiner berufsmäßig tätigen Gehilfen nach § 203 StGB im Hinblick auf Verhütung und Aufklärung von Straftaten, 2001, S. 45, 212; auf die Herrschaft über Daten stellen ab Kudlich/Kessler NStZ 2008, 57). Sie müssen bei der eigentlichen Berufsausübung helfen, also zB 11 der Bürovorsteher, der rechtskundige Mitarbeiter des Rechtsanwalts (BGH NJW 1995, 2915), die Sekretärin, die Sprechstundenhilfe, uU auch die Frau des Landarztes; das technische Bedienungs- und Wartungspersonal nur, soweit es in die Praxisorganisation eingebunden ist (Ehmann CR 1991, 293; Otto wistra 1999, 201 (203)); aber nicht die Putzfrau, der Chauffeur usw (ebenso Cierniak/Niehaus in MüKoStGB Rn. 123; krit. Kohlhaas NJW 1972, 1502); auch nicht die vorgesetzte Aufsichtsbehörde (Kreuzer MedKlinik 1976, 1467 (1469); aM Middelhauve MedKlinik 1977, 775). Das Hilfs- und Ausbildungspersonal des Sachverständigen nach Abs. 2 Nr. 5 wird damit nunmehr erfasst.

12 bb) Zur **Vorbereitung auf einen Beruf (Abs. 3 S. 1 Alt. 2) nach Abs. 1 und 2** sind zB der Rechtsreferendar in der Anwaltsstation sowie der famulierende Medizinstudent und die Lehrschwester im Krankenhaus tätig.

13 cc) Der Strafschutz nach **Abs. 4 S. 2 Nr. 3** beginnt erst **mit dem Tod des zunächst Schweigepflichtigen** (krit. Eisele in Schönke/Schröder Rn. 106 mwN). Ob dieser das Geheimnis dem Täter befugt oder unbefugt offenbart hat, ist unerheblich (aM Cierniak/Niehaus in MüKoStGB Rn. 152–154; Hoyer in SK-StGB Rn. 52; einschr. Schmitz JA 1996, 772 (774)).

14 **3. a) Fremde Geheimnisse** (Abs. 1 und 2) sind nur Privatgeheimnisse, dh solche Tatsachen, die nur einem beschränkten Personenkreis bekannt sind (sog. faktisches Begriffselement; so etwa Rogall in SK-StGB § 53 Rn. 14) und nach dem verständlichen Interesse des Geheimnisträgers nicht weiter bekannt werden sollen (OLG Köln NJW 2000, 3656); es entscheidet nicht allein der Geheimhaltungswille (OLG Hamm NJW 2001, 1957; gegen diese Tatbestandsvoraussetzung Hoyer in SK-StGB Rn. 11), sondern auch die objektive Geheimhaltungswürdigkeit (hM; sog. normatives Begriffselement; vgl. etwa Arzt in Ulsamer StrafR/StrafVerfR S. 694; Küper/Zopfs StrafR BT Rn. 255; Cierniak/Niehaus in MüKoStGB Rn. 12; Rogall in SK-StGB § 53 Rn. 14; Schünemann in LK-StGB Rn. 19; krit. Schmitz JA 1996, 772 (774); einschr. Hoyer in SK-StGB Rn. 8; speziell zum Bankgeheimnis Otto wistra 1999, 201 (202), zum Arzt- und Patientengeheimnis Sieber FS Eser, 2005, 1155, zum Zahnarzt-Patienten-Geheimnis Jahnke, Die strafrechtliche Verantwortung des Zahnarztes, 2005, S. 169; zur Abtretung einer Darlehensforderung Abs. 2 S. 1 Nr. 1 abl. BGH NJW 2010, 361 (362)). Eine Tatsache verliert den Geheimnischarakter nicht notwendig, wenn sie schon einmal verraten worden oder gerüchtweise bekannt geworden ist (Schmitz JA 1996, 772 (774); Rudolphi FS Bemmann, 1997, 412 (418)). Eine öffentlich bekannt gewesene Tatsache kann durch Zeitablauf zu einem Geheimnis werden, so etwa die Vorstrafe nach zehn Jahren (OLG Köln NJW 2000, 3656 mkritAnm Peglau StraFo 2001, 106). Das Geheimnis muss personenbezogen sein (dazu Rogall NStZ 1983, 1 (5); Cierniak/Niehaus in MüKoStGB Rn. 14); daran fehlt es zB, wenn die anonymisierten Daten keinen Rückschluss auf den Betroffenen zulassen (zum sog. Outsourcing von Versicherungsdaten Hilgendorf in Hilgendorf, Informationsstrafrecht und Rechtsinformatik, 2004, S. 89; Sieber FS Eser, 2005, 1155 (1159)). Es kann sich auf jeden, dh den persönlichen, wirtschaftlichen oder beruflichen, Lebensbereich des Betroffenen, uU sogar auf amtliche Vorgänge beziehen, sofern nur das erforderliche Geheimhaltungsinteresse besteht (hM; vgl. etwa Eisele in Haft/Schlieffen Mediation-HdB, 1. Aufl. 2002, § 30 Rn. 9; einschr. Rogall NStZ 1983, 1 (6)). Das zum persönlichen Lebensbereich gehörende Geheimnis und das Betriebs- oder Geschäftsgeheimnis (dazu Köhler in Köhler/Bornkamm UWG § 17 Rn. 4–13; Cierniak/Niehaus in MüKoStGB Rn. 25; hierzu gehört auch das Know-how eines Unter-

nehmens, Eisele in Haft/Schlieffen Mediation-HdB, 1. Aufl. 2002, § 30 Rn. 9) sind nur Beispiele; zu Letzterem gehört die interne Diensteinteilung der TÜV-Fahrprüfer nicht (OLG Köln NJW 2010, 166 (167)). Auch juristische Personen können (Geschäfts-)Geheimnisträger sein (Cierniak/Niehaus in MüKoStGB Rn. 30). Nicht nur Geheimnisse des Patienten (zB sein Name, die Tatsache seiner Behandlung und die Höhe seiner Honorarforderung des Arztes, LG Memmingen NJW 1996, 793; vgl. außerdem Langkeit NStZ 1994, 6; Schlund DAR 1995, 50; Sieber FS Eser, 2005, 1155 (1159); Ulsenheimer ArztStrafR Rn. 362; Cierniak/Niehaus in MüKoStGB Rn. 26) oder sonst Anvertrauenden, sondern in gewissen Grenzen auch sog. **Drittgeheimnisse** sind geschützt (OLG Hamburg NJW 1962, 689 (691); Müller-Dietz SÄB 1980, 356 (358); Rogall NStZ 1983, 413; Schünemann in LK-StGB Rn. 39; Cierniak/Niehaus in MüKoStGB Rn. 26; abl. Hilgendorf in Arzt/Weber/Heinrich/Hilgendorf StrafR BT § 8 Rn. 23; krit. zum Begriff Maurach/Schroeder/Maiwald/Hoyer/Momsen StrafR BT § 29 Rn. 25; speziell zum Anwaltsgeheimnis Rüpke NJW 2002, 2835 (2837); für den Bereich der Mediation Eisele in Haft/Schlieffen Mediation-HdB, 3. Aufl. 2016, § 30 Rn. 12; sa BVerfG NJW 2002, 2307), zB die Krankheit eines Angehörigen des Patienten (vgl. Bender MedR 2002, 626 (628)).

b) Einzelangaben über persönliche oder sachliche Verhältnisse eines anderen, dh einer bestimmten oder bestimmbaren (natürlichen oder juristischen) Person (BT-Drs. 7/550, 242), sind nur in den Fällen des Abs. 2 in den Strafschutz einbezogen (S. 2). Praktisch bedeutsam ist die Vorschrift nur für Angaben ohne Geheimnischarakter (zu deren Abgrenzung vom Geheimnis Goll, Offenbarungsbefugnis iRd § 203 Abs. 2 StGB, 1980, S. 74), weil andernfalls schon S. 1 verwirklicht wäre (BGHSt 48, 28 = NJW 2003, 226); offenkundige Tatsachen fallen aber nicht in den Schutzbereich von S. 2 (BGHSt 48, 28 = NJW 2003, 226; Schmitz JA 1996, 772 (776)). Fahrzeug- und Halterdaten, die im Rahmen einer einfachen Registerauskunft nach § 39 I StVG übermittelt werden, sollen wegen des geforderten „berechtigten Interesses" nicht offenkundig sein und deshalb dem Schutz des § 203 II 2 unterfallen (BGHSt 48, 28 = NJW 2003, 226 mit zust. Bespr. Behm JR 2003, 292; zust. auch Hoyer in SK-StGB Rn. 27; diff. Cierniak/Niehaus in MüKoStGB Rn. 96, 109; anders noch OLG Hamburg NStZ 1998, 358; BayObLG NJW 1999, 1727); dies erscheint wegen der tatsächlich nur geringen Schwierigkeiten, eine solche Auskunft zu erhalten, bedenklich. Damit werden an sich nicht geheimhaltungsbedürftige Angaben einem Offenbarungsverbot unterworfen, so dass der Täter unbefugt handelt, wenn kein Rechtfertigungsgrund (→ Rn. 18–25) vorliegt (hM; krit. Hilgendorf in Arzt/Weber/Heinrich/Hilgendorf StrafR BT § 8 Rn. 40, 41); offenkundige (BGHSt 6, 292 (293) = NJW 1954, 1656; OLG Hamburg NStZ 1998, 358) Angaben genügen jedoch nach dem Schutzzweck der Vorschrift nicht (Cierniak/Niehaus in MüKoStGB Rn. 109; Eisele in Schönke/Schröder Rn. 77). Seinen **Schwerpunkt** hat S. 2 im Bereich statistischer Erhebungen (vgl. etwa das BStatG); er führt aber auch in anderen Zusammenhängen, zB für die Zulässigkeit öffentlicher Identifizierung von Beschuldigten im Ermittlungsverfahren (Ostendorf GA 1980, 445; Roxin NStZ 1991, 153 (159); Dalbkermeyer, Der Schutz des Beschuldigten vor identifizierenden und tendenziösen Pressemitteilungen der Ermittlungsbehörden, 1994, S. 53, 168; Schulz, Die rechtlichen Auswirkungen von Medienberichterstattung auf Strafverfahren, 2002, S. 53; Cierniak/Niehaus in MüKoStGB Rn. 109; aus der Rspr. vgl. OLG Hamm NJW 2000, 1278), zu Einschränkungen (→ Rn. 21, 25). Einzelangaben sind **erfasst,** wenn sie handschrift- 15 lich, kartei- oder formularmäßig, auf Lochkarten, Magnetbändern und dergl festgehalten sind; sie brauchen auf dem Weg zur Speicherung oder sonstigen Einordnung nicht schon zum Endpunkt gelangt sein (BT-Drs. 7/550, 242). **Für Aufgaben der öffentlichen Verwaltung** → § 11 Rn. 9. Die Ausnahme des **zweiten Halbsatzes von S. 2** wirkt tatbestandsausschließend, nicht erst rechtfertigend (Cierniak/Niehaus in MüKoStGB Rn. 111; zw.); sie betrifft nur die Weitergabe von Angaben ohne Geheimnischarakter, weil andernfalls die Verbotsnorm des S. 1 die Weitergabe untersagt (Eisele in Schönke/Schröder Rn. 78; aM Marx GA 1983, 160 (170, 174)). Die Bedeutung der Ausnahme ist gering, seit die Übermittlung personenbezogener Daten auch aus Akten nur noch unter engen Voraussetzungen zulässig ist (§§ 15, 16 BDSG). Im Übrigen dürfte ein kriminalpolitisches Bedürfnis für die Vorschrift nach Neuregelung des Datenschutzrechts nicht mehr bestehen.

16 **4. Auf welche Weise** der Täter von dem Geheimnis oder der Einzelangabe (Abs. 2 S. 2) Kenntnis erlangt hat, ist unerheblich, wenn er es nur **„als"** Berufs- oder Amtsperson getan hat, die Kenntnisnahme also in innerem Zusammenhang mit seiner Berufs- oder Amtseigenschaft steht (OLG Hamburg NJW 1962, 689 (691); OLG Köln NJW 2000, 3656; Rudolphi FS Bemmann, 1997, 412 (419); Wessels/Hettinger/Engländer StrafR BT I Rn. 565; problematisch OLG Karlsruhe NJW 1984, 676; Schlund DAR 1995, 50; einschr. Ostendorf JR 1981, 444 (448); Schmitz JA 1996, 772 (776); Schünemann in LK-StGB Rn. 40; sa BGHSt 33, 148 = NJW 1985, 2203 mAnm Rogall NStZ 1985, 374 und Hanack JR 1986, 35, alle mwN; str.); unerheblich ist daher auch, ob er zurzeit der Tat noch Berufs- oder Amtsträger ist (ebenso Cierniak/Niehaus in MüKoStGB Rn. 33; nach § 1 III WStG gilt das auch für Soldaten). Meist wird das Geheimnis ausdrücklich oder stillschweigend anvertraut sein (dazu OLG Köln NStZ 1983, 412). Jedoch erfahren zB Haus-, Amts-, Werks-, Truppen- und Fürsorgeärzte auch ohne Anvertrauen viele private Geheimnisse. So muss zB der Arzt über die Morphiumspritze, die er bei dem bewusstlosen Opfer eines Unfalls findet, ebenso schweigen wie über die Krankheit eines Patienten seines Kollegen, der ihn – auch nur freundschaftlich – um Rat fragt.

17 **5. Offenbaren** ist jede Mitteilung über die geheimzuhaltende Tatsache (einschließlich der Person, auf die sie sich bezieht) an einen Dritten – auch einen nach § 203 Schweigepflichtigen (BGHZ 116, 268 = NJW 1992, 737; BayObLG NJW 1995, 1623 mzustAnm Fabricius StV 1996, 485; Gropp JR 1996, 478; Niedermair, Körperverletzung mit Einwilligung und die Guten Sitten, 1999, S. 400; Schmitz JA 1996, 772 (777); Gramberg-Danielsen/Kern NJW 1998, 2708 (2709); Rudolphi FS Bemmann, 1997, 412 (421); Schöch FS Schreiber, 2005, 437; Cierniak/Niehaus in MüKoStGB Rn. 51; speziell im Bereich der Mediation Eisele in Haft/Schlieffen Mediation-HdB, 3. Aufl. 2016, § 30 Rn. 15–18) –, der das Geheimnis oder die Einzelangabe noch nicht oder noch nicht sicher kennt (BGH NJW 1995, 2915; BayObLG NJW 1995, 1623; Michalski/Römermann NJW 1996, 1305 (1308); Otto wistra 1999, 201 (202); Niedermair, Körperverletzung mit Einwilligung und die Guten Sitten, 1999, S. 397; Hoyer in SK-StGB Rn. 31). Das über die bloße Wahrnehmung hinausgehende intellektuelle Verstehen der Mitteilung seitens des Dritten ist nicht erforderlich (Hilgendorf in Hilgendorf, Informationsstrafrecht und Rechtsinformatik, 2004, S. 99). Die Form der Mitteilung ist gleichgültig; auch Gewähren von Akteneinsicht und Unterlassen in Garantenstellung (→ § 13 Rn. 6–15; Schmitz JA 1996, 772 (777)), zB das Liegenlassen von Patientenakten auf dem Schreibtisch des unverschlossenen Dienstzimmers (Langkeit NStZ 1994, 6; Fischer

Rn. 30b; aM Cierniak/Niehaus in MüKoStGB Rn. 55; Eisele in Schönke/Schröder Rn. 23; zw.), oder die Übergabe von Rauschgift an die Polizei durch einen Anwalt, für dessen Mandanten es bestimmt war (OLG Jena StV 2013, 160), kommen in Frage (beachte auch BAG MedR 1988, 100), so dass bereits die bloße Möglichkeit der Kenntnisnahme für ein Offenbaren ausreicht (BT-Drs. 18/11936, 28). Nach **Abs. 3 S. 1** liegt im Zugänglichmachen des Geheimnisses an Gehilfen (→ Rn. 11b) oder zur Vorbereitung auf einen Beruf tätigen Personen (→ Rn. 12) **kein Offenbaren;** dadurch wird die bereits zuvor allgM kodifiziert (BT-Drs. 18/11936, 27). Ein Offenbaren scheidet auch aus, wenn innerhalb bestimmter Funktionseinheiten (zB Behörde, Krankenhaus) Bedienstete im Rahmen ihrer Tätigkeit Zugang zu den Privatgeheimnissen (LG Bonn NJW 1995, 2419; Sieber FS Eser, 2005, 1155 (1161), geht von einer begrenzten Aufgabe des Geheimhaltungswillens aus) oder ein dienstliches Interesse an der Information haben (OLG Frankfurt a. M. NStZ-RR 1997, 69; einschr. Hoyer in SK-StGB Rn. 33–37; → Rn. 21).

6. a) Unbefugt → Vor § 201 Rn. 2. Als Grundlage der Befugnis kommen namentlich in Frage: 18

aa) **Einwilligung** des Betroffenen (→ Vor § 32 Rn. 10–18; → Vor § 201 Rn. 2), dh des mit dem Anvertrauenden nicht notwendig identischen Geheimnisträgers (hM; vgl. Sternberg-Lieben, Die objektiven Schranken der Einwilligung im Strafrecht, 1997, S. 89; Rudolphi FS Bemmann, 1997, 412 (422); Kern MedR 2006, 205; zu juristischen Personen vgl. Bittmann wistra 2012, 173; anders OLG Köln NStZ 1983, 412 mablAnm Rogall; Schmitz JA 1996, 949 (951); Rüpke NJW 2002, 2835; Eisele in Haft/Schlieffen Mediation-HdB, 3. Aufl. 2016, § 30 Rn. 24; Otto StrafR BT § 34 Rn. 36, der Anvertrauende; diff. Schünemann ZStW 90 (1978), 11 (57); Schünemann in LK-StGB Rn. 99; Hoyer in SK-StGB Rn. 68–71; Eisele in Schönke/Schröder Rn. 31; der Einwilligende kann auch ein Minderjähriger sein (näher Wolfslast in Gropp/Lipp/Steiger, Rechtswissenschaft im Wandel, 2007, S. 361). Für eine juristische Person (zB AG, GmbH) können deshalb diejenigen die Entbindungserklärung abgeben, die **zu ihrer Vertretung zum Zeitpunkt der Zeugenaussage berufen** sind; nach Eröffnung des Insolvenzverfahrens ist der Insolvenzverwalter dazu berechtigt, soweit das Vertrauensverhältnis Angelegenheiten der Insolvenzmasse betrifft (BGHSt 65, 278 = NJW 2021, 1022 mAnm Trüg; Kirsch/Wick wistra 2021, 203; Brand GmbHR 2021, 445; Jungmann NZI 2021, 340; Thole EWiR 2021, 179; Bormann/Böttger DStR 2021, 1016; Eschenfelder BB 2021, 625; Ladiges WuB 2021, 247; Bespr. Wohlers JR 2021, 245; Wessing StV 2021, 392). Bei der **ausdrücklichen** Einwilligung ist speziell bei pauschalen und formularmäßigen Ermächtigungen erforderlich, dass sie für den Betroffenen in ihren Wirkungen überschaubar sind (Sieber FS Eser, 2005, 1155 (1170)). Bei Fehlen eines entgegenstehenden staatlichen Interesses wird ihre Wirksamkeit nicht dadurch ausgeschlossen, dass der Täter Amtsträger oder amtsnahe Person ist (Amelung FS Dünnebier, 1982, 487 (511)). In den Fällen des Abs. 1 ist die Einwilligung idR **stillschweigend** (→ § 228 Rn. 6) erteilt bei beruflicher Notwendigkeit (aM Cierniak/Niehaus in MüKoStGB Rn. 66, 67, schon kein tatbestandsmäßiges Offenbaren), zB für Mitteilungen des Rechtsanwalts an seinen rechtskundigen Mitarbeiter (BGH NJW 1995, 2915; NJW 2001, 2463; Hoyer in SK-StGB Rn. 77) oder des Arztes an den Vertreter, Assistenten (Kamps NJW 1992, 1545; weitergehend Langkeit NStZ 1994, 6 (7)), Hilfskräfte iSd Abs. 3 S. 2 (vgl. Sieber FS Eser, 2005, 1155 (1164); auch zur umgekehrten Weitergabe Sieber FS Eser, 2005, 1155 (1167)) auch an den Partner in der Gemeinschaftspraxis (Kamps NJW 1992, 1545) und den Konsiliarius (Ulsenheimer/Gaede ArztStrafR Rn. 1063; einschr. Langkeit NStZ 1994, 6 (7); Kargl in NK-StGB Rn. 58; str.), ferner an den Hausarzt, der den Patienten zur Spezialuntersuchung oder -beratung überwiesen hat und auf die Auswertung des Ergebnisses angewiesen ist (BGH NJW 1983, 350; OLG München NJW 1993, 797; OLG Hamm MedR 1995, 328), ausnahmsweise auch an die Krankenhausleitung (Langkeit NStZ 1994, 6 (8); beachte jedoch → Rn. 20) und an das Rechenzentrum des Krankenhauses zwecks Abrechnung (LG Bonn NJW 1995, 2419; dazu Sieber FS Eser, 2005, 1155 (1163) Fn. 31). Wer sich vor Einstellung als Beamter oder vor Abschluss eines Arbeits- oder Versicherungsvertrages untersuchen lässt, erteilt damit idR schlüssig auch dem Privatarzt iRd Untersuchungsauftrags die Einwilligung zur Mitteilung an die Behörde, Betriebsleitung oder Versicherung. Die Erfüllung von Auskunftsersuchen einer Versicherung durch einen Arzt ohne Vorlage einer Schweigepflichtentbindung ist unbefugt (Weichert NJW 2004, 1695 (1699)). Ob der Berufspsychologe, der Tatsachen aus psychologischen Einstellungsuntersuchungen an Arbeitgeber oder Vorgesetzte weiterleitet, durch schlüssige Einwilligung gedeckt ist, hängt von den Umständen ab (Scholz NJW 1981, 1987; einschr. Cierniak/Niehaus in MüKoStGB Rn. 67). Zum Betriebs-(Werks-)Arzt Kierski BB 1976, 842; Schlund JR 1977, 265 (268); Sieber FS Eser, 2005, 1155 (1172). Auch bei Mitteilungen an nahe **Angehörige** ist häufig, aber keineswegs notwendig (Schlund JR 1977, 265 (266); Langkeit NStZ 1994, 6 (8)), stillschweigende Einwilligung gegeben. Dasselbe wird bei Mitteilungen an den gesetzlichen Vertreter eines im Hinblick auf die Einwilligung schon urteilsfähigen Minderjährigen anzunehmen sein; jedoch kann dieser dem Arzt solche Mitteilungen untersagen (Laufs NJW 1979, 1230 (1233); Schünemann in LK-StGB Rn. 94; krit. Wolfslast in Gropp/Lipp/Steiger, Rechtswissenschaft im Wandel, 2007, S. 370, die hier schon das „Offenbaren" berührt sieht). Die Vorlage einer ärztlichen Arbeitsunfähigkeitsbescheinigung durch den Angeklagten, der sein Ausbleiben entschuldigen will, enthält die konkludente Einwilligung zur Beantwortung von erforderlichen Nachfragen des Gerichts durch den ausstellenden Arzt (OLG Karlsruhe NStZ 1994, 141; ebenso für das Fernbleiben des Beklagten im Zivilprozess OLG Frankfurt a. M. NStZ-RR 2005, 237; dazu Kern MedR 2006, 205 (206)); die Einwilligung des Arbeitnehmers in die Verlautbarung einer Diagnose durch eine dem Arbeitgeber vorgelegte Arbeitsunfähigkeitsbescheinigung umfasst auch deren Widerruf durch ein neues Attest (LG Oldenburg MedR 1995, 278). Die Weitergabe von **Patientendaten** an Verrechnungsstellen zum Inkasso oder nach Abtretung zur Einziehung durch Dritte kann dagegen nicht auf Konkludenz (auch nicht auf mutmaßliche Einwilligung) gestützt werden, bedarf vielmehr der ausdrücklichen Erklärung (BGHZ 115, 123 = NJW 1991, 2955 mit Bespr. Emmerich JuS 1992, 153; BGH NJW 1992, 2348 mAnm Schlund JR 1993, 25; BGH NJW 1993, 2371; NJW 1996, 775; OLG Karlsruhe NJW 1998, 831; Niedermair, Körperverletzung mit Einwilligung und die Guten Sitten, 1999, S. 399; Cierniak/Niehaus in MüKoStGB Rn. 70; Kern MedR 2006, 205 (206); diff. Sieber FS Eser, 2005, 1155 (1174); krit. Berger NJW 1995, 1584; ebenso für die der einzelnen Abtretung zugrundeliegende Rahmenvereinbarung OLG Hamm NJW 1993, 791; OLG Düsseldorf NJW 1994, 2421); ebenso für die Abtretung von Vergütungsforderungen von Pflegeleistungen an ein Factoring-Unternehmen, die zugunsten gesetzlich versicherter Patienten erbracht worden sind (OLG Hamm NJW 2007, 849), die unter den – häufig vorliegenden – Voraussetzungen des § 4 a I BDSG vorher schriftlich eingeholt werden muss (OLG Bremen NJW 1992, 757; Körner-Dammann NJW 1992, 729 (730); Gramberg-Danielsen/Kern NJW 1998, 2708

(2710); aM Schmitz JA 1996, 949 (953); Sieber FS Eser, 2005, 1155 (1179), unterschiedliche Regelungskreise von BDSG und StGB). Dies gilt auch für privatärztliche **Verrechnungsstellen,** obwohl diese nach Abs. 1 Nr. 6 selbst schweigepflichtig sind (Gramberg-Danielsen/Kern NJW 1998, 2708 (2709); aM wegen § 28 VII 1 BDSG Giesen NStZ 2012, 122); zur Abtretung von Honorarforderungen des Tierarztes ebenso LG Bochum NJW 1993, 1537 mablAnm Wilhelms; anders aber OLG Celle NJW 1995, 786; LG Lüneburg NJW 1993, 2994. Im Wesentlichen dasselbe gilt für die Abtretung von **Honorarforderungen des Rechtsanwalts** (BGHZ 122, 115 = NJW 1993, 1638 mit Bespr. Emmerich JuS 1993, 866; BGH NJW 1993, 1912; NJW 1993, 2795; sowie BGH NJW 1995, 2026; Cierniak/Niehaus in MüKoStGB Rn. 72; einschr. LG Darmstadt NJW 1994, 2962), doch gilt dies nicht, wenn der Zessionar zuvor als Mitarbeiter des Zedenten die Angelegenheiten des Mandanten umfassend kennengelernt hat (BGH NJW 1995, 2915), oder wenn er vor der Abtretung zum Abwickler der Kanzlei des Zedenten bestellt worden war (BGH NJW 1997, 188). An der Strafbarkeit gem. § 203 I ändert auch die Neufassung von § 49b BRAO und § 64 II StBerG nichts, weil damit nur sichergestellt wird, dass auch der Zedent selbst zur Verschwiegenheit verpflichtet ist (OLG Koblenz DStRE 2000, 555; AG München NJW-RR 1997, 1559; Kargl in NK-StGB Rn. 60; Hoyer in SK-StGB Rn. 78; aM BGHZ 171, 252 = NJW 2007, 1196 mAnm Kühl JZ 2007, 1057; LG Baden-Baden NJW-RR 1998, 202; Cierniak/Niehaus in MüKoStGB Rn. 72; Eisele in Schönke/Schröder Rn. 54, die eine gesetzliche Offenbarungsbefugnis annehmen; für die Zulässigkeit der Weitergabe von Mandantenakten bei einem Kanzleiverkaufsvertrag BGH NJW 2001, 2462 mit Bespr. Huffer NJW 2002, 1382). Zur Abtretung von Honorarforderungen des Steuerberaters beachte OLG Hamm DStR 1992, 557; LG Konstanz NJW 1992, 1241. Der Verkauf einer Steuerberaterpraxis mit uneingeschränkter Verpflichtung zur Aktenübergabe verstößt gegen § 203 I Nr. 3 (BGH NJW 1996, 2087); zum Verkauf einer Anwaltskanzlei NJW 1995, 2026 mit krit. Bespr. Michalski/Römermann NJW 1996, 1305; BGH NJW 1996, 393; NJW 1999, 1404; NJW 2001, 2462; OLG München NJW 2000, 2592; zum Outsourcing von Versicherungsdaten Hilgendorf in Hilgendorf, Informationsstrafrecht und Rechtsinformatik, 2004, S. 105; zu Non-Performing-Loans und Verbriefungstransaktionen Rinze/Heda WM 2004, 1557; zum IT-Outsourcing Kort NStZ 2011, 193.

bb) **Mutmaßliche Einwilligung** (→ Vor § 32 Rn. 19–21), so namentlich bei 19
Benachrichtigung der Angehörigen von bewusstlosen oder geisteskranken Patienten (Schlund DAR 1995, 50 (51); zu Verstorbenen → Rn. 27). Sie scheidet als Rechtfertigungsgrundlage aus, wenn der Patient unschwer befragt werden kann (→ Vor § 32 Rn. 21; BVerfG NJW 2002, 2164; Hoyer in SK-StGB Rn. 79; Schünemann in LK-StGB Rn. 130). Die Überlassung der Patientenkartei anlässlich der Übernahme einer Arztpraxis ist daher nicht auf diese Rechtsfigur zu stützen (so aber BGH NJW 1974, 602; anders jetzt BGHZ 116, 268 = NJW 1992, 737 mit Bespr. Schlund JR 1992, 203; Körner-Dammann NJW 1992, 1543; Kamps NJW 1992, 1545; Rieger MedR 1992, 147; Sieber FS Eser, 2005, 1155 (1175); Kargl in NK-StGB Rn. 61; Eisele in Schönke/Schröder Rn. 41; beachte aber BGH NJW 2001, 2462). Angesichts der tatsächlichen Schwierigkeiten, die in solchen Fällen mit der Einholung der erforderlichen Einwilligungen und der Aufbewahrung der Patientenunterlagen verbunden sind (dazu Taupitz MDR 1992, 421 (423); Kamps NJW 1992, 1545; Rieger MedR 1992, 147; sa die Münchener Empfehlungen zur Wahrung der ärztlichen Schweigepflicht bei Veräußerung einer Arztpraxis MedR 1992, 207), wäre allenfalls eine konkludente Einwilligung in Betracht zu ziehen;

deren Voraussetzungen können aber im Regelfall wegen der Bedeutung des Rechts auf informationelle Selbstbestimmung nicht bejaht werden (BGH NJW 2001, 2462; Hülsmann/Maser MDR 1997, 111; Schünemann in LK-StGB Rn. 110; zw.); dieses Recht kann auch einer Mitteilung von Prämienrückständen des Versicherten an Dritte durch die Versicherung entstehen (BVerfG NJW 2002, 2164).

20 cc) **Dienstliche Befugnis des beamteten Arztes** und anderer Personen, die zugleich als Berufs- und als Amtspersonen schweigepflichtig sind. Sie fallen unter die Abs. 1 und 2 (→ Rn. 29), mit der Folge, dass sie nach den für die Berufspersonen geltenden strengeren Regeln zu behandeln sind (iErg ebenso Geppert, Die ärztliche Schweigepflicht im Strafvollzug, 1983, S. 20; Goll, Offenbarungsbefugnis iRd § 203 Abs. 2 StGB, 1980, S. 144; Arloth MedR 1986, 295; Cierniak/Niehaus in MüKoStGB Rn. 112; aM Kierski MedKlinik 1977, 773 (774)). Mitteilungen beamteter Ärzte in Krankenhäusern (auch Universitätskliniken) an ihre vorgesetzte Dienstbehörde sind daher regelmäßig nicht durch eine dienstrechtliche Befugnis gedeckt (OVG Lüneburg NJW 1975, 2263; Kreuzer NJW 1975, 2232; MedKlinik 1976, 1396 (1467, 1520); MedKlinik 1977, 776; Kierski MedKlinik 1977, 773; Laufs NJW 1980, 1315 (1319), alle mwN). Allgemeine Leitungs-, Kontroll- und Akteneinsichtsrechte, die das Verwaltungsorganisationsrecht der vorgesetzten Dienstbehörde einräumt, sind durch das Grundrecht auf informationelle Selbstbestimmung nachhaltig eingeschränkt (Oebbecke MedR 1988, 123; sa BVerfGE 65, 1 = NJW 2017, 3069; speziell zu Sozialdaten § 76 SGB X; Neuhaus Jura 1990, 624 (630)). Regelmäßig gilt das auch für Mitteilungen von Ärzten, Berufspsychologen (Kühne NJW 1977, 1478) und Beratern in den Beratungsstellen nach Abs. 1 Nr. 4, 4a. Dagegen haben Amts-, Truppen- und Vollzugsanstaltsärzte weiterreichende Befugnisse zu Mitteilungen an die Dienstbehörde, für die sie tätig sind (ebenso Schünemann in LK-StGB Rn. 154; aM Cierniak/Niehaus in MüKoStGB Rn. 121 Fn. 666). Die Grenzen ihrer Befugnis sind nach Sinn und Zweck der Rechtsvorschriften, die ihren Dienstauftrag und ihre Einbindung in den Aufgabenbereich ihrer Behörde regeln, in einem noch nicht abschließend geklärten Umfang so weit zu ziehen, dass einerseits die jeweils notwendigen dienstlichen Maßnahmen nicht vereitelt oder unangemessen erschwert, andererseits aber die Mindestanforderungen des Datenschutzes (§§ 15, 16 BDSG) nicht unterschritten werden. Namentlich für Truppenärzte (BGH NJW 1963, 409) und für Vollzugsanstaltsärzte (OLG Karlsruhe NStZ 1993, 405 mit zust. Bespr. Bringewat BewH 1993, 456; beachte Kaiser/Schöch StVollz § 7 Rn. 223; Tag in Hillenkamp, Intramurale Medizin – Gesundheitsfürsorge zwischen Heilauftrag und Strafvollzug, 2005, S. 89, 99 mit Hinweis auf § 182 II 3 StVollzG) ermächtigen diese Vorschriften zu den dienst- oder vollzugsbedingt notwendigen Einschränkungen der Schweigepflicht (Geppert, Die ärztliche Schweigepflicht im Strafvollzug, 1983, S. 31; aM Zieger StV 1981, 559; zu weit einschr. auch Marx GA 1983, 160). Auf dieser Grundlage ist der Anstaltsarzt ua auch befugt, uU sogar verpflichtet, AIDS-infizierte Gefangene dem Anstaltsleiter zu melden (Arloth MedR 1986, 295; Eberbach NStZ 1987, 141; Eberbach in Schünemann/Pfeiffer, Die Rechtsprobleme von AIDS, 1988, S. 249, 254; Bottke in Schünemann/Pfeiffer, Die Rechtsprobleme von AIDS, 1988, S. 171, 239; Geppert in Szwarc, AIDS und Strafrecht, 1996, S. 235, 245; Meurer in Szwarc, AIDS und Strafrecht, 1996, S. 143; Schünemann in Busch/Heckmann/Marks, HIV/AIDS und Straffälligkeit, 1991, S. 93, 153; sowie Schünemann in Szwarc, AIDS und Strafrecht, 1996, S. 42; einschr. Bruns StV 1987, 504 (506); Eisenberg/Fischer JuS 1991, 754 (756); sa Wellbrock StV 1987, 507; Dargel NStZ 1989, 207; Schöch FS Schreiber, 2005, 437 (442); Kaiser/Schöch StVollz § 7

Rn. 235). **Ärztliche Satzungen oder Standesregeln** verleihen keine dienstliche Befugnis; sie können die Schweigepflicht ohne gesetzliche Ermächtigung nicht einschränken (AG Düsseldorf MedR 1986, 83 mwN).

dd) **Dienstliche Befugnis des Amtsträgers** oder der amtsnahen Person in den 21
Fällen des **Abs. 2** (zusf. Rogall NStZ 1983, 1 (6)). Sie ist nach partieller Erstreckung des **Datenschutzes** auf die Verarbeitung und Nutzung von Daten auch aus Akten durch die §§ 14–16 BDSG und durch einige Spezialvorschriften, etwa für **Sozialdaten** nach §§ 67–78 SGB X (speziell zum str. Auskunftsrecht der StA und der Strafgerichte gegenüber den Sozialbehörden Kerl NJW 1984, 2444; Hardtung NJW 1992, 211; Riekenbrauk StV 1992, 37) und für das **Ausländerrecht** nach §§ 76–79 AuslG, eingeschränkt. Im Übrigen liegt im **internen Dienstbetrieb** einer Behörde schon kein Offenbaren vor, wenn das Geheimnis dem für die Bearbeitung zuständigen Amtsträger mitgeteilt (OLG Frankfurt a. M. NStZ-RR 1997, 69; NStZ-RR 2003, 170; Cierniak/Niehaus in MüKoStGB Rn. 106; Eisele in Schönke/Schröder Rn. 22, 49) oder sonst bestimmungsmäßig, etwa zur innerdienstlichen Berichterstattung, verwendet wird (sa § 14 III BDSG; Haß SchlHA 1976, 3; Sieber FS Eser, 2005, 1155 (1162)). **Offenbaren nach außen,** namentlich im Behördenverkehr, ist befugt, wenn und soweit es durch Rechtsvorschrift vorgesehen oder zwingend vorausgesetzt ist (Schünemann in LK-StGB Rn. 44), zB bei der **Amtshilfe** nach §§ 4–7, 30 VwVfG (beachte jedoch § 1 IV BDSG), bei der **Auskunftspflicht gegenüber den Strafverfolgungsbehörden** nach § 161 StPO iVm §§ 15 I, 14 II Nr. 7 BDSG aF (sa OLG Karlsruhe NJW 1986, 145; LG Berlin NStZ 1999, 86; Ostendorf DRiZ 1981, 4; Jakobs JR 1982, 359) oder bei angemessener, die schutzwürdigen Interessen des Geheimnisträgers und der Unschuldsvermutung berücksichtigender Erfüllung des in den Landespressegesetzen normierten **presserechtlichen Informationsanspruchs** gegenüber den Medien (OLG Schleswig NJW 1985, 1090 mAnm Wente NStZ 1986, 366; OLG Hamm NJW 2000, 1278; OLG Stuttgart NJW 2001, 3797; LG Düsseldorf NJW 2003, 2536; VG Berlin NJW 2001, 3799; VG Saarlouis NJW 2003, 3431; Wagner JZ 1987, 705 (708); Eisele in Schönke/Schröder Rn. 83; enger Schünemann in LK-StGB Rn. 149; Cierniak/Niehaus in MüKoStGB Rn. 116; zu eng Ostendorf GA 1980, 445 (460); Bornkamm NStZ 1983, 102 (108); beachte auch § 16 BDSG). Der früher nur durch Verwaltungsvorschriften geregelte **Informationsverkehr zwischen Strafverfolgungs- und Verwaltungsbehörden** ist mit dem **Justizmitteilungsgesetz** v. 18.7.1997 (JuMiG) auf eine gesetzliche Grundlage gestellt worden (vgl. §§ 12–22 EGGVG (dazu Meyer-Goßner/Schmitt Anh. 2) und die Änderungen anderer Gesetze durch Art. 2–31 JuMiG sowie durch das StVÄG 1999 §§ 474 II, 481, 482 StPO), doch begründet dieses keine eigenen Mitteilungspflichten, sondern ermächtigt nur zum Erlass von diese betreffenden Verwaltungsvorschriften (§ 12 V EGGVG), so dass die Begründung von Mitteilungspflichten weiterhin ua der MiStra (abgedr. bei Meyer-Goßner/Schmitt Anh. 13) überlassen bleibt (Schünemann in LK-StGB Rn. 151; Cierniak/Niehaus in MüKoStGB Rn. 115). Eine Befugnisnorm für die Weitergabe personenbezogener Daten durch Ärzte, Psychologen, Lehrer etc bei Anhaltspunkten für eine Gefährdung des Wohls eines Kindes oder Jugendlichen enthält § 4 des Gesetzes zur Kooperation und Information im Kinderschutz v. 22.12.2011 (KKG; dazu Wüstenberg StraFo 2012, 348). Im Ganzen sind die Rechtfertigungsmöglichkeiten in diesem Bereich noch nicht abschließend geklärt, so dass bei der Weitergabe von Geheimnissen und Einzelangaben im Behördenverkehr weiterhin Vorsicht geboten ist (zu weiteren bereichsspezifischen Vorschriften Cierniak/Niehaus in MüKoStGB Rn. 115; speziell zur Datenweitergabe im strafrechtlichen Ermittlungsverfahren Groß/Fünfsinn NStZ

1992, 105; im Behördenverkehr zwischen den Staatsanwaltschaften und dem Justizministerium Landau/Dames DRiZ 1992, 130).

22 ee) **Gesetzliche Anzeigepflicht,** zB § 138 mit den Einschränkungen des § 139 II, III (Bender MedR 2002, 626 (629)); bei ansteckenden Krankheiten § 6 iVm § 8 IfSG; bei Transplantationen § 11 IV TPG (Deutsch NJW 1998, 777 (779)); bei Finanztransaktionen §§ 1, 3 I 1 Alt. 2, § 12 GwG (Schünemann in LK-StGB Rn. 120) und Geldwäscheverdacht §§ 2, 11, 12, 17 GwG (Hoyer in SK-StGB Rn. 86); zu Offenbarungspflichten und -befugnissen im Strafvollzug § 182 II 2 StVollzG (krit. Callies/Müller-Dietz StVollzG § 182 Rn. 6; Kaiser/Schöch StVollz § 7 Rn. 227–229); zur Weitergabepflicht des Arztes von Daten der Leichenschau LG Berlin NJW 1999, 878; zum insoweit umstrittenen § 49b BRAO → Rn. 18; zu § 148 I StPO BVerfG NJW 2010, 1740, Begrenzung des freien Verteidigerverkehrs). Weitere gesetzliche Meldepflichten bei Schlund DAR 1995, 50 (51); Cierniak/Niehaus in MüKoStGB Rn. 91–93.

23 ff) Bestellung zum **Sachverständigen,** die vor allem bei Ärzten häufig zu typischen Spannungen führt. Hier ist die Offenbarung gegenüber dem Auftraggeber stets tatbestandsmäßig (Krauß ZStW 97 (1985), 81 (92); str.), aber nicht unbefugt, soweit der Sachverständige durch den amtlichen Auftrag (oder durch Einwilligung, → Rn. 18) gedeckt ist (hM; vgl. BGHZ 40, 288 = NJW 1964, 449; BGHSt 38, 369 = NJW 1993, 803; OLG Frankfurt a. M. NStZ-RR 2005, 235; Cierniak/Niehaus in MüKoStGB Rn. 75; Schünemann in LK-StGB Rn. 125). Der nähere Umfang der amtlichen Befugnis ist allerdings umstritten. Aufgrund eines Gutachtenauftrags im Strafprozess hält Krauß (ZStW 97 (1985), 81 (110)) nur die Mitteilung sog. Befundtatsachen für zulässig, weil daneben ermittelte sog. Zusatztatsachen schon prozessual nur durch Zeugenbeweis (→ Rn. 24) in das Verfahren eingeführt werden können (BGHSt 18, 107 = NJW 1963, 401). Demgegenüber wird eine Schweigepflicht des Sachverständigen mit gewissen Einschränkungen teils überhaupt verneint (so Krause in Löwe/Rosenberg StPO § 76 Rn. 2); teils werden Begrenzungen aus dem Rahmen des Gutachtenauftrags (so Eisele in Schönke/Schröder Rn. 16, 17), aus der Pflicht des Betroffenen zur Duldung der Untersuchung (so BGHZ 40, 288 (294) = NJW 1964, 449) oder aus einer Aufspaltung der Rollen als Arzt und Sachverständiger (so Kühne JZ 1981, 647) hergeleitet. Schwierigkeiten können namentlich entstehen, wenn der Sachverständige zunächst behandelnder Arzt war (OLG Schleswig SchlHA 1954, 25) oder wenn er Tatsachenkenntnisse aus anderen Verfahren hatte (BGHZ 40, 288 (294) = NJW 1964, 449). Bei der **Bestellung zum Bewährungshelfer** (→ Rn. 5) oder dem **Ermittlungsauftrag** an einen Sozialarbeiter oder Sozialpädagogen ist die Rechtslage nach sinngemäß entsprechenden Grundsätzen zu beurteilen; die Mitteilung von persönlichen Daten, die zur Vorbereitung einer betreuten Umgangsregelung zwischen einem Elternteil und dem Kind ermittelt wurden, durch einen Mitarbeiter des vom Familiengericht beauftragten Kinderschutzbundes an das Familiengericht ist danach nicht unbefugt (OLG Stuttgart NJW 2006, 2197).

23a gg) **Befugnis des Insolvenzverwalters** iRd § 80 InsO (Cierniak/Niehaus in MüKoStGB Rn. 60). Betrifft aber ein Geschäftsgeheimnis zugleich den persönlichen Geheimbereich eines Insolvenzschuldners, so bedarf es seines zusätzlichen Einverständnisses (Eisele in Schönke/Schröder Rn. 32; Cierniak/Niehaus in MüKoStGB Rn. 83; OLG Koblenz NStZ 1985, 426 mzustAnm Herrmann NStZ 1985, 565; aM Schünemann in LK-StGB Rn. 101).

24 hh) **Zeugnispflicht.** Sie geht der Schweigepflicht vor, soweit kein prozessuales Schweigerecht (→ Rn. 1) besteht (hM; vgl. BFH NJW 1993, 2831; Lenckner NJW

1965, 321 (323); Rogall in SK-StGB § 53 Rn. 16; anders Foth JR 1976, 7 (9)) und auch keine Begrenzung des Zeugniszwangs unmittelbar aus der Verfassung abgeleitet werden kann (BVerfGE 33, 367 = NJW 1972, 2214 mit Bespr. Kühne JuS 1973, 685; sa BVerfGE 44, 353 = NJW 1977, 1489 mAnm Knapp NJW 1977, 2119). Solange die zeugnisverweigerungsberechtigte Berufs- oder Amtsperson von der Schweigepflicht nicht entbunden ist, macht die Tatsache allein, dass sie als Zeuge aussagt, ihre Offenbarung noch nicht befugt (hM; vgl. Woesner NJW 1957, 692; Schilling JZ 1976, 617 (620)). Die Offenbarung muss vielmehr gerechtfertigt sein (BGHSt 18, 146 (148) = NJW 1963, 723; Rogall in SK-StGB § 53 Rn. 17); jedoch ist die materiell unbefugte Aussage nach der Rspr. mangels Vernehmungsverbots prozessual verwertbar (BGHSt 9, 59 = NJW 1956, 599; BGHSt 15, 200 (202) = NJW 1961, 279; Jung GS Constantinesco, 1983, 355 (371); Kudlich/Roy JA 2003, 569; Hellmann StrafProzR Rn. 729; Roxin/Schünemann StrafVerfR § 24 Rn. 45; Meyer-Goßner/Schmitt StPO § 53 Rn. 6; Rogall in SK-StGB § 53 Rn. 20–30, der jedoch beim Verwertungsverbot Einschränkungen macht, Rn. 213, 214; aM Lenckner NJW 1965, 321 (325); Haffke GA 1973, 65; Krauß ZStW 97 (1985), 81 (116); Freund GA 1993, 49; Wichmann, Das Berufsgeheimnis als Grenze des Zeugenbeweises, 2000, S. 153, 197, 271; krit. dazu Rogall in SK-StGB § 53 Rn. 29; Beulke/Swoboda StrafProzR Rn. 462; zw.). Der von der Schweigepflicht nach § 53 II StPO Entbundene muss auch über solche Umstände aussagen, von denen der Geheimnisträger nicht wusste, dass der andere sie kannte (hM; anders Lenckner NJW 1965, 321 (323)). Ferner müssen die Gehilfen usw nach § 53a StPO aussagen, wenn der Berufsträger von der Schweigepflicht entbunden ist oder wenn dieser entscheidet, dass sie aussagen sollen (BGHSt 9, 59 = NJW 1956, 599; einschr. Lenckner NJW 1965, 321 (323, 327)); die Reichweite ihres Zeugnisverweigerungsrechts ist für den Fall umstritten, dass sich das Verfahren gegen den Berufsträger richtet (vgl. Schliwienski NJW 1988, 1507).

ii) Die Grundsätze der **Güter- und Interessenabwägung** (→ § 34 Rn. 6–13), **25**
soweit auch die übrigen, hier nicht eng auszulegenden Voraussetzungen des rechtfertigenden Notstandes erfüllt sind. Darüber bestehen geringfügige, nur für Grenzfälle bedeutsame Meinungsverschiedenheiten (ebenso Sieber FS Eser, 2005, 1155 (1177)): Die hM (OLG Karlsruhe NJW 1984, 676; OLG Köln NJW 2000, 3656 mit krit. Bespr. Rüpke NJW 2002, 2835) lässt schlichte Güter- und Interessenabwägung ohne Rückgriff auf § 34 genügen, während im Schrifttum teils die Wahrnehmung berechtigter Interessen (→ § 193 Rn. 1, 2) ins Spiel gebracht (Rogall NStZ 1983, 1 (6); Geppert, Die ärztliche Schweigepflicht im Strafvollzug, 1983, S. 26; Meurer in Szwarc, AIDS und Strafrecht, 1996, S. 145; dagegen Bohnert NStZ 2004, 301 (305); Schünemann in LK-StGB Rn. 131, 138), teils aber auch jede Auflockerung gegenüber § 34 abgelehnt wird (Schmitz JA 1996, 949 (953); Bender MedR 2002, 626 (629); Geppert FS Gössel, 2002, 303 (310); Eichelbrönner, Die Grenzen der Schweigepflicht des Arztes und seiner berufsmäßig tätigen Gehilfen nach § 203 StGB im Hinblick auf Verhütung und Aufklärung von Straftaten, 2001, S. 164; Cierniak/Niehaus in MüKoStGB Rn. 87; Schünemann in LK-StGB Rn. 132–144; diff. Eisele in Schönke/Schröder Rn. 56 ff.). Rechtfertigung kann danach zB in Frage kommen: wenn der Täter zur Herbeiführung von Rettungsmaßnahmen die Eltern über den lebensbedrohlichen Zustand ihres volljährigen Kindes unterrichtet (BGH JZ 1983, 151 = NJW 1983, 350 mAnm Geiger; aM Kargl in NK-StGB Rn. 67; Maurach/Schroeder/Maiwald/Hoyer/Momsen StrafR BT § 29 Rn. 48 „Die Autonomie geht vor"; zw.); wenn der Psychotherapeut zur Abwendung einer Suizidgefahr Heimtherapeuten über sexuelle Übergriffe des Heimleiters

auf seine Patientin informiert (BayObLG NJW 1995, 1623 (1624); mAnm Gropp JR 1996, 478), das jedoch im konkreten Fall eine solche Notstandsgefahr nicht feststellen konnte; wenn ein Anwalt zur Verhinderung eines Prozessbetrugs den Bedrohten warnt (Dahs JR 1987, 476) oder zur Geltendmachung seines Honorars im Zivilprozess (BGH NJW 1996, 775 (776); Schmitz JA 1996, 949 (954); Schünemann in LK-StGB Rn. 133) oder zu seiner Verteidigung in einem gegen ihn gerichteten Strafprozess die zur Rechtsverfolgung notwendigen Tatsachen vorträgt (BGHSt 1, 366 (368) = NJW 1952, 151; BGH MDR 1956, 625; KG NJW 1994, 462 (463); Schäfer wistra 1993, 281 (285); Henssler NJW 1994, 1817 (1823); Schünemann in LK-StGB Rn. 134; beachte auch Sieber FS Roxin, 2001, 1113 (1131)); oder wenn ein Arzt (für eine gesetzliche Präzisierung der befugten Offenbarung von Privatgeheimnissen durch den Arzt Eichelbrönner, Die Grenzen der Schweigepflicht des Arztes und seiner berufsmäßig tätigen Gehilfen nach § 203 StGB im Hinblick auf Verhütung und Aufklärung von Straftaten, 2001, S. 214) eine Fahruntüchtigkeit begründende Krankheit seines Patienten der Verwaltungsbehörde (BGH NJW 1968, 2288 mAnm Händel NJW 1969, 555; Schünemann in LK-StGB Rn. 140; sa Middendorff JZ 1976, 252; Schlund DAR 1995, 50 (53); Riemenschneider MedR 1998, 17 (21); Geppert FS Gössel, 2002, 303 (310); str.) oder dessen AIDS-Infektion einem ansteckungsgefährdeten Lebenspartner (OLG Frankfurt a. M. NJW 2000, 875 mit Bespr. Bender VersR 2000, 322; Spickhoff NJW 2000, 848; Engländer MedR 2001, 143; Wolfslast NStZ 2001, 151; Ulsenheimer ArztStrafR Rn. 376c; Joecks/Jäger StGB Rn. 21) oder Dritten mitteilt (Meurer in Szwarc, AIDS und Strafrecht, 1996, S. 145; Rudolphi FS Bemmann, 1997, 412 (422); Schünemann in LK-StGB Rn. 139; näher zum Kreis der Adressaten dieser Information Zieschang in LK-StGB § 34 Rn. 68a; die Meldepflicht des § 7 III 1 Nr. 2 IfSG rechtfertigt die Offenbarung der Identität des Patienten nicht, Cierniak/Niehaus in MüKoStGB Rn. 92); wenn ein Arzt sexuellen Missbrauch von Eltern an ihren Kindern anzeigt (Bender MedR 2002, 626 (629)), doch dürfte hier seit 2012 § 4 KKG (→ Rn. 20) vorgehen (vgl. Wüstenberg StraFo 2012, 348). Dagegen sind Mitteilungen des Arztes über die Drogensucht seines Patienten zur Wahrung der inneren Ordnung im Krankenhaus oder zur Verhütung künftiger, auf die Beschaffung von Suchtstoffen gerichteter Straftaten idR nicht gerechtfertigt (Kauder StV 1981, 564). Nur ausnahmsweise ist eine Veröffentlichung mit namentlicher Identifizierung des Beschuldigten im Ermittlungsverfahren gerechtfertigt (BGH NJW 1994, 1950 und OLG Köln NJW 2000, 1278, jeweils Presseverlautbarungen der Staatsanwaltschaft; OLG Karlsruhe NJW 1995, 899, Presseerklärung der Polizei; Eisele in Schönke/Schröder Rn. 86); vgl. Nr. 4a, 23 RiStBV (skeptisch zu deren Wirkung Dalbkermeyer, Der Schutz des Beschuldigten vor identifizierenden und tendenziösen Pressemitteilungen der Ermittlungsbehörden, 1994, S. 169). Der beschuldigte Amtsträger kann sich zu seiner Entlastung nicht auf § 34 berufen (näher Bohnert NStZ 2004, 301 (306), der aber bei drohender Freiheitsstrafe § 35 erwägt). Eine Rechtfertigung der ärztlichen Schweigepflichtverletzung zum Zwecke der Straftatverfolgung, nicht dagegen zum Zwecke der Straftatverhinderung, scheidet regelmäßig aus (Michalowski ZStW 109 (1997), 519 (530); Schünemann in LK-StGB Rn. 141). Das Interesse der Bank am Betrieb ihres Netzwerks kann einen Eingriff in das Geheimhaltungsinteresse ihrer Kunden nur unter bestimmten Voraussetzungen rechtfertigen (näher Otto wistra 1999, 201 (204); ähnlich für das Outsourcing von Versicherungsdaten Hilgendorf in Hilgendorf, Informationsstrafrecht und Rechtsinformatik, 2004, S. 106).

25a jj) **Abs. 3 S. 2 Hs. 1** befugt nunmehr jeden Geheimnisträger iSv Abs. 1 oder Abs. 2 ausdrücklich zur Offenbarung fremder Geheimnisse an **sonstige Personen**

(→ Rn. 10b), die an seiner beruflichen oder dienstlichen Tätigkeit mitwirken. Da die Weitergabe von Informationen an Berufsgehilfen gem. Abs. 3 S. 1 gar kein Offenbaren darstellt, geht es hier vor allem um Fälle des Outsourcing von Leistungen zB bei Schreib- und Telefondiensten, der Abrechnung oder Datenwartung. Die Offenbarung der Geheimnisse gegenüber den sonstigen Personen muss für die **Inanspruchnahme von deren Tätigkeit erforderlich** sein. Damit beschränkt sich die Zulässigkeit der Datenweitergabe auf den für die Erbringung der konkreten Tätigkeit durch die externe Person notwendigen Umfang (BT-Drs. 18/11936, 23), nicht dagegen auf die Erbringung der Dienstleistung selbst (Cornelius NJW 2017, 3751 (3752); Reinbacher medstra 2020, 67 (71)), so dass ein Auslagern von Dienstleistungen auch dann zulässig ist, wenn der Berufsgeheimnisträger die Tätigkeit auch selbst vornehmen könnte (zB Abrechnungen erstellen). Die Daten können auch in einer Cloud abgelegt werden, müssen aber verschlüsselt oder anonymisiert sein (Cornelius NJW 2017, 3751 (3752)). **Abs. 2 S. 2 Hs. 2** erlaubt es auch dem mit einer Dienstleistung betrauten, seinerseits in einem Unterauftragsverhältnis weitere Personen mit der Ausführung der dem Berufsgeheimnisträger geschuldeten Tätigkeit zu beauftragen und auch diesen Zugang zu den erforderlichen Geheimnissen zu verschaffen. Diese Regelungen dürften in den meisten Fällen eine stillschweigende Einwilligung (→ Rn. 18) entbehrlich machen.

b) Zum **Irrtum über die Offenbarungsbefugnis** → Vor § 201 Rn. 2. 26

7. Abs. 4 S. 2 Nr. 3 bejaht die früher umstrittene (OLG Düsseldorf NJW 1969, 821) Frage, ob die Schweigepflicht über den Tod des Betroffenen fortdauert. Soweit es sich um Geheimnisse außerhalb des persönlichen Lebensbereichs handelt, unterliegen sie der Verfügung des Erben (Eisele in Schönke/Schröder Rn. 107; Schünemann in LK-StGB Rn. 117). Meist war aber die Verfügungsbefugnis des Verstorbenen über das Geheimnis höchstpersönlich; sie geht deshalb nicht auf die Angehörigen oder Erben über, so dass eine Entbindung von der Schweigepflicht nicht mehr möglich ist (hM; vgl. zB RGSt 71, 21; Schmidt NJW 1962, 1745 (1758); Kiesecker, Die Schwangerschaft einer Toten, 1996, S. 212; Müller, Postmortaler Rechtsschutz, 1996, S. 96; Hoyer in SK-StGB Rn. 79; anders Rein VersR 1977, 121; zur zivilrechtlichen Rechtslage beachte auch BGH NJW 1983, 2627; Stein FamRZ 1986, 7 (10); zur verwaltungsrechtlichen Rechtslage OVG Lüneburg NJW 1997, 2468; zw.). Eine Rechtfertigung kann sich aus der mutmaßlichen Einwilligung des Verstorbenen ergeben, etwa in Fällen der Durchsetzung von Versicherungsansprüchen (OLG Naumburg NJW 2005, 2017 mit zust. Bespr. Spickhoff NJW 2005, 1984, krit. aber Kern MedR 2006, 205). 27

8. Abs. 4 S. 2 Nr. 1, 2 enthält zwei Unterlassungstatbestände, die jeweils daran anknüpfen, dass ein Berufsgeheimnisträger iSv Abs. 1 und 2 (Nr. 1) oder eine mitwirkende Person iSv Abs. 3 (Nr. 2) **nicht dafür Sorge getragen hat,** dass eine mitwirkende Person **zur Geheimhaltung verpflichtet** worden ist. Ist diese mitwirkende Person ihrerseits ein Berufsgeheimnisträger iSv Abs. 1 oder Abs. 2, scheidet eine Strafbarkeit aus, weil ihr gegenüber eine zusätzliche Verpflichtung zur Geheimhaltung überflüssig ist (Cornelius NJW 2017, 3751 (3754)). Strafbar ist das Unterlassen obendrein nur, sofern letztere Person ihrerseits das Geheimnis unbefugt (→ Rn. 18–25) offenbart hat; dabei soll es sich nach dem Willen des Gesetzgebers um eine objektive Bedingung der Strafbarkeit handeln, so dass diese vom Vorsatz des Täters nicht umfasst sein muss (BT-Drs. 18/11936, 29), doch ist dies angesichts einer von §§ 186, 231 abweichenden Formulierung fraglich (Cornelius NJW 2017, 27a

3751 (3753)). Da die das Geheimnis offenbarende Person aber ihrerseits nach Abs. 4 S. 1 strafbar ist (→ Rn. 10b), ist diese Unterlassungsstrafnorm kaum zu rechtfertigen (so auch Cornelius NJW 2017, 3751 (3753); Kargl CR 2017, 482 (486)).

28 **9. Abs. 6: Entgelt** → § 11 Rn. 22 (näher Schmitz JA 1996, 949). **Bereicherungsabsicht** ist die Absicht, sich oder einem anderen einen Vermögensvorteil zu verschaffen (→ § 263 Rn. 58, 59). Rechtswidrig braucht der Vermögensvorteil nicht zu sein (Cierniak/Niehaus in MüKoStGB Rn. 159; Hoyer in SK-StGB Rn. 63; Eisele in Schönke/Schröder Rn. 112); die auf Realisierung der Bereicherung gerichtete Handlung erweitert das Unrecht der mit der unbefugten Offenbarung nicht nur vollendeten, sondern auch beendeten Tat nicht (BGH NStZ 1993, 538; Brüning NStZ 2006, 253; → § 263 Rn. 63). **Schädigungsabsicht** setzt zielgerichteten Willen voraus (→ § 15 Rn. 20); unbedingter Vorsatz genügt nicht (→ § 272 Rn. 1); es reicht jeder beabsichtige Nachteil, es muss keine Vermögensminderung beabsichtigt sein (Gössel/Dölling StrafR BT I § 37 Rn. 180; Eisele in Schönke/Schröder Rn. 112; aM Kargl in NK-StGB Rn. 84; Hoyer in SK-StGB Rn. 64). Beide Absichten sind besondere persönliche Merkmale iSd § 28 II (Cierniak/Niehaus in MüKoStGB Rn. 159; Hoyer in SK-StGB Rn. 65; Schünemann in LK-StGB Rn. 165; Eisele in Schönke/Schröder Rn. 113; aM Gössel/Dölling StrafR BT I § 37 Rn. 181).

29 **10.** Verstößt der Täter, zB als Amtsarzt, **zugleich** gegen Abs. 1 und 2, so liegt nur eine Gesetzesverletzung vor (Eisele in Schönke/Schröder Rn. 71, 114; → § 52 Rn. 3; aM Gössel/Dölling StrafR BT I § 37 Rn. 182, gleichartige Idealkonkurrenz). **Abs. 2 S. 2** überschneidet sich weit mit § 42 BDSG, der jedoch zurücktritt (§ 1 II BDSG; Schünemann in LK-StGB Rn. 166; Eisele in Schönke/Schröder Rn. 114); dies gilt trotz des Fehlens einer Subsidiaritätsanordnung auch für § 37 SÜG (aM Cierniak/Niehaus in MüKoStGB Rn. 167; zw.). Mit § 353b ist **Tateinheit** möglich. Zu § 354 → § 354 Rn. 16; zu § 355 → § 355 Rn. 8.

30 **11.** Strafantrag § 205. Zur Anwendbarkeit des deutschen Strafrechts bei Outsourcing von Versicherungsdaten Hilgendorf in Hilgendorf, Informationsstrafrecht und Rechtsinformatik, 2004, S. 86.

§ 204 Verwertung fremder Geheimnisse

(1) **Wer unbefugt ein fremdes Geheimnis, namentlich ein Betriebs- oder Geschäftsgeheimnis, zu dessen Geheimhaltung er nach § 203 verpflichtet ist, verwertet, wird mit Freiheitsstrafe bis zu zwei Jahren oder mit Geldstrafe bestraft.**

(2) **§ 203 Absatz 5 gilt entsprechend.**

Fassung: Abs. 2 redaktionell an § 203 nF angepasst (s. Fassungshinweis dort).

1 **1.** Der **Schutzzweck** der Vorschrift entspricht dem des § 203 (Kargl in NK-StGB Rn. 3), ist aber auf die Wahrung materieller Interessen beschränkt; zusf. Schmitz JA 1996, 949 (950).

2 **2. Täter** können nur die nach § 203 Schweigepflichtigen sein (→ § 203 Rn. 2–13).

3. Geheimnis, Geschäfts- und Betriebsgeheimnis → § 203 Rn. 14. Auch wenn einem Geheimnis der Zusammenhang mit einem Betrieb oder Geschäft fehlt oder noch fehlt, zB bei der Erfindung eines Privatmanns, ist es geschützt (Graf in MüKoStGB Rn. 7); jedoch muss es seiner Natur nach überhaupt zur wirtschaftlichen Auswertung geeignet sein (BT-Drs. 7/550, 244; Hoyer in SK-StGB Rn. 2). 3

4. Verwerten ist wirtschaftliches Ausnutzen des Geheimnisses zur Gewinnerzielung (BT-Drs. 7/550, 244; Schünemann in LK-StGB Rn. 5; krit. Rein VersR 1976, 117 (123)), sei es für den Täter selbst oder für einen Dritten (BayObLG NStZ 1984, 169); das setzt einen Verwertungserfolg (Wagner JZ 1987, 658 (666); aM BayObLG NStZ 1984, 169; Graf in MüKoStGB Rn. 10; Hoyer in SK-StGB Rn. 7; Reinbacher in NK-WSS Rn. 9) und nach dem Schutzzweck der Vorschrift auch eine Verletzung der Interessen des Geheimnisträgers voraus (Maiwald JuS 1977, 353 (362); Schünemann in LK-StGB Rn. 6, 7; aM BayObLG NStZ 1984, 169 mablAnm Maiwald; Hoyer in SK-StGB Rn. 8). Die Verwendung von sog. Insider-Informationen zu Spekulationszwecken stellt daher kein Verwerten dar, ist aber vom Straftatbestand des Insiderhandels (§ 119 III WpHG) erfasst (hM; anders Hoyer in SK-StGB Rn. 8; Kargl in NK-StGB Rn. 6). 4

5. Unbefugt → Vor § 201 Rn. 2. 5

6. § 203 **geht vor,** wenn das Verwerten durch Offenbaren, zB durch „Verkaufen" des Geheimnisses, begangen wird (BT-Drs. 7/550, 244); zu § 355 → § 355 Rn. 8. 6

§ 205 Strafantrag

(1) [1]**In den Fällen des § 201 Abs. 1 und 2 und der §§ 202, 203 und 204 wird die Tat nur auf Antrag verfolgt.** [2]**Dies gilt auch in den Fällen der §§ 201 a, 202 a, 202 b und 202 d, es sei denn, dass die Strafverfolgungsbehörde wegen des besonderen öffentlichen Interesses an der Strafverfolgung ein Einschreiten von Amts wegen für geboten hält.**

(2) [1]**Stirbt der Verletzte, so geht das Antragsrecht nach § 77 Abs. 2 auf die Angehörigen über; dies gilt nicht in den Fällen der §§ 202 a, 202 b und 202 d.** [2]**Gehört das Geheimnis nicht zum persönlichen Lebensbereich des Verletzten, so geht das Antragsrecht bei Straftaten nach den §§ 203 und 204 auf die Erben über.** [3]**Offenbart oder verwertet der Täter in den Fällen der §§ 203 und 204 das Geheimnis nach dem Tod des Betroffenen, so gelten die Sätze 1 und 2 sinngemäß.** [4]**In den Fällen des § 201 a Absatz 1 Nummer 3 und Absatz 2 Satz 2 steht das Antragsrecht den in § 77 Absatz 2 bezeichneten Angehörigen zu.**

Fassung: Abs. 1 durch das SpeicherpflichtG (→ Vor § 1 Rn. 18) geändert; Abs. 2 S. 4 angefügt durch das 59. StÄG (→ Vor § 1 Rn. 19) zum 1. 1. 2021.

1. Das **Erfordernis des Strafantrags** (§§ 77–77 d) gilt mit Ausnahme der Fälle des § 201 III für alle Straftaten nach diesem Abschnitt. Nach Abs. 1 S. 2 kann die Tat in Fällen der §§ 202 a, 202 b bei besonderem öffentlichen Interesse auch ohne Strafantrag verfolgt werden (→ § 230 Rn. 3–5). 1

2. Antragsberechtigt ist – vorbehaltlich der Ausnahmen nach Abs. 2 (→ Rn. 3–5) – **nur der Verletzte** (→ § 77 Rn. 6). Das ist bei Taten nach § 201 der 2

Sprecher des nichtöffentlichen Wortes (Hoyer in SK-StGB Rn. 2), bei Taten nach §§ 202, 202a, 202b der über das Schriftstück oder die Daten Verfügungsberechtigte (→ § 202 Rn. 7; → § 202a Rn. 1; → § 202b Rn. 2); in den Fällen des § 202a ist auch der vom Dateninhalt Betroffene verletzt, wenn ihm gegenüber dem Berechtigten ein Recht auf Vertraulichkeit zusteht (→ § 202a Rn. 1; aM Kargl in NK-StGB Rn. 6; Schünemann in LK-StGB Rn. 5; Reinbacher in NK-WSS Rn. 6; zw.); dies gilt auch für § 202b (aM Kargl in NK-StGB Rn. 6; Schünemann in LK-StGB Rn. 6, nur der Sender). Bei Taten nach §§ 203, 204 kommt es auf den Geheimnisträger an; im Hinblick auf den Schutz auch von Drittgeheimnissen (→ § 203 Rn. 14) braucht das nicht unbedingt der Anvertrauende zu sein, der als solcher kein selbständiges Antragsrecht hat (Hackel NJW 1969, 2257 (2277); Eisele in Haft/Schlieffen Mediation-HdB, 3. Aufl. 2016, § 30 Rn. 29; Hoyer in SK-StGB Rn. 5; aM Kargl in NK-StGB Rn. 7; diff. Schünemann ZStW 90 (1978), 11 (57); zw.); das gilt auch für den vom Drittgeheimnis Betroffenen (Niedermair in Roxin/Schroth, Medizinstrafrecht, 4. Aufl. 2010, S. 393, 412).

3 **3. a)** Zu dem nicht durchgängig vorgesehenen **Übergang des Antragsrechts nach Abs. 2 S. 1** auf die Angehörigen → § 77 Rn. 8; nach Hs. 2 ist dieser Übergang für §§ 202a und 202b nicht vorgesehen.

4 **b)** In den Fällen des **Abs. 2 S. 2** treten die Erben an die Stelle der Angehörigen (Graf in MüKoStGB Rn. 143). Ein Geheimnis **gehört nicht zum persönlichen Lebensbereich,** wenn es mit den materiellen Gütern des Verstorbenen (Kargl in NK-StGB Rn. 8 mit § 1922 BGB), nicht mit seiner Person verbunden ist, namentlich also das Betriebs- oder Geschäftsgeheimnis (Schmitz JA 1995, 31; Hoyer in SK-StGB Rn. 7). Stirbt der Erbe vor Ablauf der Antragsfrist, so gibt es einen weiteren Übergang auf seine Erben nicht (zw.). Bei Verletzung des postmortalen Persönlichkeitsrechts gem. § 201a I Nr. 3, II S. 2 steht nach Abs. 2 S. 4 den Angehörigen das Antragsrecht zu.

5 **c)** Soweit in den Fällen des **Abs. 2 S. 3** das Antragsrecht den Angehörigen zusteht, gelten die Ausführungen unter → § 194 Rn. 10 sinngemäß.

§ 206 Verletzung des Post- oder Fernmeldegeheimnisses

(1) **Wer unbefugt einer anderen Person eine Mitteilung über Tatsachen macht, die dem Post- oder Fernmeldegeheimnis unterliegen und die ihm als Inhaber oder Beschäftigtem eines Unternehmens bekanntgeworden sind, das geschäftsmäßig Post- oder Telekommunikationsdienste erbringt, wird mit Freiheitsstrafe bis zu fünf Jahren oder mit Geldstrafe bestraft.**

(2) **Ebenso wird bestraft, wer als Inhaber oder Beschäftigter eines in Absatz 1 bezeichneten Unternehmens unbefugt**

1. **eine Sendung, die einem solchen Unternehmen zur Übermittlung anvertraut worden und verschlossen ist, öffnet oder sich von ihrem Inhalt ohne Öffnung des Verschlusses unter Anwendung technischer Mittel Kenntnis verschafft,**
2. **eine einem solchen Unternehmen zur Übermittlung anvertraute Sendung unterdrückt oder**
3. **eine der in Absatz 1 oder in Nummer 1 oder 2 bezeichneten Handlungen gestattet oder fördert.**

(3) **Die Absätze 1 und 2 gelten auch für Personen, die**
1. **Aufgaben der Aufsicht über ein in Absatz 1 bezeichnetes Unternehmen wahrnehmen,**
2. **von einem solchen Unternehmen oder mit dessen Ermächtigung mit dem Erbringen von Post- oder Telekommunikationsdiensten betraut sind oder**
3. **mit der Herstellung einer dem Betrieb eines solchen Unternehmens dienenden Anlage oder mit Arbeiten daran betraut sind.**

(4) **Wer unbefugt einer anderen Person eine Mitteilung über Tatsachen macht, die ihm als außerhalb des Post- oder Telekommunikationsbereichs tätigem Amtsträger auf Grund eines befugten oder unbefugten Eingriffs in das Post- oder Fernmeldegeheimnis bekanntgeworden sind, wird mit Freiheitsstrafe bis zu zwei Jahren oder mit Geldstrafe bestraft.**

(5) [1]**Dem Postgeheimnis unterliegen die näheren Umstände des Postverkehrs bestimmter Personen sowie der Inhalt von Postsendungen.** [2]**Dem Fernmeldegeheimnis unterliegen der Inhalt der Telekommunikation und ihre näheren Umstände, insbesondere die Tatsache, ob jemand an einem Telekommunikationsvorgang beteiligt ist oder war.** [3]**Das Fernmeldegeheimnis erstreckt sich auch auf die näheren Umstände erfolgloser Verbindungsversuche.**

1. Die Vorschrift schützt das **Post- und Fernmeldegeheimnis** (Art. 10 GG; auch nach der Privatisierung, Groß JZ 1999, 326; ausf. Kohler, Straf- und bußgeldrechtliche Probleme der Postreformen, 2005) sowie das öffentliche Interesse an der Sicherheit und Zuverlässigkeit des Post- und Telekommunikationsverkehrs (BT-Drs. 13/8453, 12; Otto StrafR BT § 34 Rn. 45; Kindhäuser/Hilgendorf in LPK-StGB Rn. 1; Graf in MüKoStGB Vor § 201 Rn. 2; Hoyer in SK-StGB Vor § 201 Rn. 3, § 206 Rn. 4; Altvater in LK-StGB Rn. 7; aM Welp FS Lenckner, 1998, 619 (629), der nach der Neufassung – unter Ausnahme des Abs. 4 – nur noch Individualinteressen geschützt sieht; ebenso Maurach/Schroeder/Maiwald/Hoyer/Momsen StrafR BT § 29 Rn. 8, Altenhain in MüKoStGB Rn. 1–3; Kargl in NK-StGB Rn. 3); geschützt ist nur die Beförderungs- und Übermittlungsphase (BGHSt 42, 139 (154) = NJW 1996, 2940; BGH NJW 1997, 1934; Eisele in Schönke/Schröder Rn. 6a). 1

2. Der **Täterkreis der Abs. 1 und 2** umfasst nach seiner Neufassung nicht mehr Bedienstete der Post, sondern Inhaber und Beschäftigte von Unternehmen, die geschäftsmäßig Post- oder Telekommunikationsdienste erbringen. Das Unternehmen setzt eine betriebliche Verfestigung der Funktionswahrnehmung voraus (Eisele in Schönke/Schröder Rn. 8). Die Vorschrift ist kein Amtsdelikt mehr, weil an Stelle der Deutschen Bundespost nun privatrechtlich organisierte Unternehmen wie die Deutsche Post AG, die Deutsche Telekom AG sowie weitere Wettbewerber Post- und Telekommunikationsdienste erbringen (BT-Drs. 13/8016, 29). Sie enthält auf bestimmte Täter bezogene Sonderdelikte; auf Teilnehmer ist aber § 28 nicht anwendbar, weil die Sondereigenschaft des Täters rechtsgutsbezogen ist (aM Eisele in Schönke/Schröder Rn. 38; Hoyer in SK-StGB Rn. 6). **Geschäftsmäßiges Erbringen** von Post- und Telekommunikationsdiensten ist das nachhaltige Betreiben der Beförderung von Postsendungen für andere (§ 4 Nr. 4 PostG; Altenhain in MüKoStGB Rn. 14) bzw. das nachhaltige Angebot von Telekommunikation (§ 3 Nr. 10 TKG), ohne dass es dabei auf eine Gewinnerziehungsabsicht ankommt (erg. → Vor § 52 Rn. 20). Erfasst sind damit auch Telekommunikationsnetze für ge- 2 schlossene Benutzergruppen (BT-Drs. 13/8016, 29; Altvater in LK-StGB Rn. 12), solange deren Privatnutzung durch den Arbeitgeber nicht verboten ist (Eisele ZIS 2012, 402 (403)). Zu verdachtsabhängigen E-Mail- und EDV-Kontrollen bei internen Ermittlungen Rübenstahl/Debus NZWiSt 2012, 129 (132).

3 a) **Inhaber und Beschäftigte (Abs. 1 und 2)** sind Angehörige des Unternehmens. Inhaber sind nach der Gesetzesbegründung natürliche Personen als Träger einzelkaufmännischer Unternehmen oder als (Mit-) Eigner von unternehmenstragenden Personenhandels- oder Kapitalgesellschaften (BT-Drs. 13/8016, 29; Hoyer in SK-StGB Rn. 8). Diese Definition legt jedoch eine gewerbliche Funktionswahrnehmung nahe, die nach dem Gesetzeswortlaut, der nur von einer geschäftsmäßigen Erbringung spricht, gerade nicht erforderlich sein soll, so dass entgegen der Annahme des Gesetzgebers (BT-Drs. 13/8016, 29) der nach § 39 PostG, § 88 TKG geheimhaltungspflichtige Personenkreis weiter ist und sich nicht mit dem Kreis tauglicher Täter deckt (auf diesen und weitere Widersprüche weist zu Recht Welp FS Lenckner, 1998, 619 (631 ff.) hin; gegen einen institutionellen und für einen weiten funktionalen Unternehmensbegriff Altenhain in MüKoStGB Rn. 11–13; Kargl in NK-StGB Rn. 7). Beschäftigte sind sämtliche Mitarbeiter, auch die in (auslaufenden) öffentlich-rechtlichen Dienstverhältnissen (ebenso Hoyer in SK-StGB Rn. 8).

4 b) **Wahrnehmung mit Aufgaben der Aufsicht (Abs. 3 Nr. 1)** erfolgt vor allem durch Beschäftigte der verbliebenen Hoheitsverwaltung des Bundes, zB des Bundesamtes für Post und Telekommunikation oder der Regulierungsbehörde für Telekommunikation und Post (BT-Drs. 13/8016, 29). Entscheidend ist die berufsspezifische Funktion, die ihnen die Erlangung von dem Geheimnisschutz unterliegenden Kenntnissen ermöglichen muss (ebenso Altvater in LK-StGB Rn. 60).

5 c) Mit dem **Erbringen von Post- oder Telekommunikationsdiensten betraut (Abs. 3 Nr. 2)** sind andere (dh nicht bei dem Unternehmen beschäftigte) Personen und Unternehmen, wenn sie in die Abwicklung der geschäftsmäßigen Erbringung von Post- und Telekommunikationsleistungen irgendwie eingeschaltet sind, zB zur Postsackbeförderung (BT-Drs. 7/550, 285 zu § 354 StGB aF), aber auch zur Wahrnehmung von Aufgaben des präventiven Betriebsschutzes (Welp ArchPT 1994, 5 (35) zu § 354 aF; aM Altenhain in MüKoStGB Rn. 26).

6 d) **Mit der Herstellung von Anlagen oder mit Arbeiten daran betraut (Abs. 3 Nr. 3)** sind namentlich die Inhaber, Angestellten und Arbeiter von Privatfirmen, die Post- und Telekommunikationsanlagen (§ 3 Nr. 23 TKG) einrichten oder ausbessern, zB Brief- oder Paketsortiermaschinen (Welp ArchPT 1994, 5 (35)). Ihre Gleichstellung beschränkt sich nicht mehr auf Fälle des Abs. 1 (krit. zur Strafbarkeitslücke in § 354 StGB aF Welp ArchPT 1994, 5 (37); Eisele in Schönke/Schröder Rn. 30), sondern erstreckt sich auch auf Fälle des Abs. 2 (BT-Drs. 13/8016, 29). **Anlagen** → § 325 Rn. 2; Altenhain in MüKoStGB Rn. 27.

7 **3. Abs. 1** schützt gegen das **Mitteilen von Tatsachen,** die dem Post- oder Fernmeldegeheimnis unterliegen (→ Rn. 13), an andere. **Mitteilung über eine Tatsache** (→ § 186 Rn. 3) macht, wer mit der Tendenz der Unterrichtung einem anderen, gleichgültig auf welche Weise, Kenntnis von der Tatsache verschafft oder wer mit derselben Tendenz – jedoch ohne dass ihm die Tatsache selbst bekannt ist – einen Nachrichtenträger (zB Brief, Telegramm, Tonträger usw) so in den Wahrnehmungsbereich des anderen bringt, dass dieser Kenntnis nehmen kann (Eisele in

Schönke/Schröder Rn. 10; Welp FS Lenckner, 1998, 619 (636), der die Strafwürdigkeit im „Erfolgsunwert der Offenbarung“ sieht; Altvater in LK-StGB Rn. 27, 28; aM Kargl in NK-StGB Rn. 21; Hoyer in SK-StGB Rn. 22, Verstoß gegen Art. 103 II GG; zw.). **Bekanntwerden** können dem Täter nur Tatsachen, die ihm bisher noch unbekannt waren (Eisele in Schönke/Schröder Rn. 9). Zum Bekanntwerden im Zusammenhang mit der beruflichen Tätigkeit **(„als“)** genügt ein innerer Zusammenhang (Kindhäuser/Hilgendorf in LPK-StGB Rn. 3; Hoyer in SK-StGB Rn. 10); ob der Täter geschäftlich mit dem Geheimnis befasst war und wie er Kenntnis erlangt hat, ist unerheblich (Altvater in LK-StGB Rn. 17); auch braucht der Täter im Zeitpunkt der Mitteilung nicht mehr Bediensteter usw zu sein (Altenhain in MüKoStGB Rn. 36).

4. Abs. 2 schützt die dem Unternehmen anvertrauten Sendungen gegen Ausforschung und Unterdrückung. **Anvertraut** ist ein besonderes persönliches Merkmal iSd § 28 II (→ § 246 Rn. 13; Otto StrafR BT § 34 Rn. 58). Der **Täter** muss in innerem Zusammenhang mit seiner beruflichen Tätigkeit **(„als“),** nicht lediglich während der Dauer seines Beschäftigungsverhältnisses handeln (BT-Drs. 7/550, 285; Otto StrafR BT § 34 Rn. 54; Altvater in LK-StGB Rn. 33); einer geschäftlichen Befassung mit der Sendung bedarf es dazu nicht. **Sendung** ist jeder körperliche Gegenstand, der auf dem Postweg übermittelt wird, neben Briefen und Paketen zB auch Telegramme, Postanweisungen, Paketkarten, Empfängerabschnitte von Nachnahmeüberweisungen (OLG Hamm NJW 1980, 2320; Kargl in NK-StGB Rn. 25) und Zeitungen unter Kreuzband; unverschlossene Sendungen werden aber nicht erfasst (OLG Stuttgart NStZ 1984, 25; Otto StrafR BT § 34 Rn. 52). Für den unkörperlich vermittelten Telekommunikationsverkehr hat Abs. 2 nur geringe Bedeutung (vgl. Welp FS Lenckner, 1998, 619 (639); diesen einbeziehend Fischer Rn. 13). Dem **Unternehmen anvertraut** sind Sendungen, die ordnungsgemäß in den Postverkehr gelangt sind, auch von dem Unternehmen selbst abgesandte (aM Altenhain in MüKoStGB Rn. 48), sogar Fangbriefe (RGSt 65, 145; Altvater in LK-StGB Rn. 38; aM Hoyer in SK-StGB Rn. 26; Kargl in NK-StGB Rn. 46; Altenhain in MüKoStGB Rn. 53), es sei denn, sie werden zwar in den Sortierbereich des zu überführenden Zustellers gelegt, sollen aber nicht befördert werden AG Hamburg-Altona NStZ-RR 2017, 110); Einwurf in den Briefkasten oder Aushändigung an den Briefträger genügt. 8

a) Nr. 1: Verschlossen, Öffnen und **unter Anwendung technischer Mittel Kenntnis verschaffen** → § 202 Rn. 2–4; sa BVerwG NJW 1984, 2111 (aM Maiwald JuS 1977, 353 (361), der das Merkmal „Kenntnis verschaffen“ selbständig auslegt; ebenso Altvater in LK-StGB Rn. 42). 9

b) Nr. 2: Unterdrücken heißt, dem ordnungsmäßigen Verkehr entziehen, auch wenn der Gewahrsam des Unternehmens bestehen bleibt (RGSt 52, 248) oder die Entziehung nur vorübergehend ist (OLG Celle NJW 1957, 1290; Hoyer in *SK-StGB Rn. 30), zB durch* Verstecken im Sortierraum oder durch Ausschließen von der Zustellung (OLG Köln NJW 1987, 2596); eine Veränderung der räuml Lage oder ein Verheimlichen der Zurückstellung ist nicht erforderlich (OLG Köln NJW 1987, 2596); zum Spamfilter Kitz CR 2005, 450 (453). Bloße Ordnungsverstöße gegen innerdienstl Vorschriften genügen nicht, auch wenn sie verzögerlich wirken (OLG Celle NJW 1957, 1290; OLG Köln NJW 1987, 2596; Altvater in LK-StGB Rn. 52; krit. Altenhain in MüKoStGB Rn. 56, der das Unterdrücken weiter einschränkt, Rn. 57). Kritisch zur Beibehaltung dieser Tatbestandsvariante 10

Welp FS Lenckner, 1998, 619 (643), der hier ein dem Unrechtstyp fremdes, durch den Wettbewerb ausreichend gewährleistetes Verkehrsinteresse geschützt sieht.

11 **c) Nr. 3: Gestatten** umfasst einerseits die Anstiftung (Otto StrafR BT § 34 Rn. 55) und andererseits schon das pflichtwidrige Unterlassen des Einschreitens, sofern der Täter tatsächliche Herrschaft über die Sendung hat (Küpper/Börner StrafR BT I Kap. I § 5 Rn. 49; Fischer Rn. 16; einschr. auf konkludente Erlaubniserteilung bzw. „grünes Licht" geben Altenhain in MüKoStGB Rn. 62; Hoyer in SK-StGB Rn. 33; Eisele in Schönke/Schröder Rn. 23). **Fördern** ist Hilfeleisten (→ § 27 Rn. 2) durch positives Tun oder pflichtwidriges Unterlassen (Otto StrafR BT § 34 Rn. 55). Die Vorschrift bewirkt, dass der nur gestattende oder helfende Bedienstete stets als Täter erfasst wird und die Strafmilderung nach § 27 II 2 entfällt.

12 **5. Abs. 4** erstreckt den Strafschutz über den Post- und Telekommunikationsbereich hinaus. **Täter** können nur Amtsträger (→ § 11 Rn. 3–11; sa §§ 1 III, 48 I WStG) sein, die weder bei einem Unternehmen iSd Abs. 1 noch in der verbliebenen Hoheitsverwaltung des Bundes (→ Rn. 4) beschäftigt sind; möglicherweise auch Angehörige einer unternehmensfremden Ermittlungsorganisation (Welp ArchPT 1994, 5 (36) zu § 354 StGB aF zw.). Die Tat ist eigentliches Amtsdelikt (→ Vor § 331 Rn. 2; Otto StrafR BT § 34 Rn. 56). **Auf Grund befugten Eingriffs** setzt voraus, dass eine dem Post- oder Fernmeldegeheimnis unterliegende Tatsache (→ Rn. 13) in einem Dienstbereich außerhalb des Post- und Telekommunikationsbereichs wegen Vorliegens eines Rechtfertigungsgrundes (zB bei Eingriffen nach §§ 99–100b StPO) rechtmäßig und gerade durch den Eingriff (Kausalzusammenhang; → Vor § 13 Rn. 9) bekannt geworden ist und der Täter von ihr im Zusammenhang mit seinem Dienst („als"; → § 353b Rn. 7) Kenntnis erlangt hat; dass er den befugten Eingriff selbst vorgenommen hat, ist nicht erforderlich (BT-Drs. 7/550, 286 zu § 354 StGB aF; Fischer Rn. 10). Dem befugten ist nunmehr der **unbefugte** Eingriff gleichgestellt worden, um die bisherige Besserstellung von Amtsträgern zu beseitigen, die den unbefugten Eingriff zwar nicht selbst vornehmen, die ihnen hierdurch bekanntgewordenen Tatsachen aber unbefugt weitergeben (BT-Drs. 13/8016, 29).

13 **6. Abs. 5:** Dem **Post- oder Fernmeldegeheimnis** unterliegen nicht nur der Inhalt von Sendungen oder der Telekommunikation, sondern auch die näheren Umstände des Postverkehrs oder des Telekommunikationsvorgangs, zB die bloße Tatsache, dass ein Verkehr oder Vorgang zwischen bestimmten Personen (auch juristischen Personen, Behörden oder sonstigen Stellen, BT-Drs. 7/550, 287) stattgefunden hat (BVerfGE 85, 386 (395) = NJW 1992, 1875; BGHSt 35, 32 (33) = NJW 1988, 1223, beide zu § 354; BGH NJW 2013, 401 (402); Altenhain in MüKoStGB Rn. 30; Altvater in LK-StGB Rn. 20); beim Fernmeldegeheimnis sind sogar die näheren Umstände erfolgloser Verbindungsversuche erfasst (S. 3); statistische Erhebungen ohne Offenlegung der Beteiligten bleiben daher möglich. Die unterschiedlichen Formulierungen des Postgeheimnisses (S. 1, in Anlehnung an § 39 PostG) und des Fernmeldegeheimnisses (S. 2 und 3, die § 88 I TKG nachgebildet sind) bedeuten keine Änderung des sachlichen Regelungsgehalts im Vergleich zu § 354 StGB aF (BT-Drs. 13/8016, 29). Außerhalb des Schutzbereichs liegen deshalb die von einem der beiden Kommunikationspartner an den anderen erbrachten sog. „dialogisch" organisierten Telekommunikationsdienste, die zwar von der Geheimhaltungspflicht des § 88 TKG umfasst sind, deren Einbeziehung aber eine Ausdehnung des Anwendungsbereichs von § 206 auch auf die Kommunikationspartner

selbst zur Folge hätte (Welp FS Lenckner, 1998, 619 (638); Kohler, Straf- und bußgeldrechtliche Probleme der Postreformen, 2005, S. 57f.; ebenso Altenhain in MüKoStGB Rn. 21, der das aus § 1 I TMG und dem Begriff Telekommunikation herleitet). Geschützt ist weiterhin der Verkehr als solcher.

7. Der **Vorsatz** (bedingter genügt) braucht den in allen Begehungsformen vorausgesetzten Mangel der Befugnis (→ Rn. 15) nicht zu umfassen (→ § 15 Rn. 6). 14

8. Unbefugt → Vor § 201 Rn. 2. Im Hinblick auf das geschützte (auch Allgemeinheits-) Rechtsgut (→ Rn. 1) ist schon die Tatbestandsverwirklichung als Interessenverlust zu bewerten. Eine (deshalb nur) rechtfertigende Befugnis kann sich hier namentlich aus §§ 99–100b, 100g, 100h StPO, § 2 G 10 (Altenhain in MüKoStGB Rn. 80, 83–85), §§ 39 III 3, IV, V, 42 I PostG bzw. § 88 III 3, IV TKG (zu § 85 TKG aF vgl. Hoyer in SK-StGB Rn. 36; zum Auskunftsverlangen Privater und staatlicher Stellen gegenüber Internetprovidern zur Verfolgung von Urheberrechtsverletzungen im Internet Dietrich NJW 2006, 809; GRUR-RR 2006, 145), § 39 V AWG, § 5 ZollVG, §§ 6, 7 TDSV, § 3 VerbrVerbG oder § 99 InsO (Fischer Rn. 9), nicht dagegen aus der allgemeinen Zeugnispflicht ergeben (Kurth NStZ 1983, 541). Auch die Anzeigepflicht nach § 138 kommt in Frage (Welp ArchPF 1976, 763 (784); s. jetzt auch § 39 III 4 PostG, § 88 III 4 TKG; dazu Altenhain in MüKoStGB Rn. 72); Nothilfe (§ 32) und rechtfertigender Notstand (§ 34) scheiden dagegen aus, weil sie sich nicht ausdrücklich auf Postsendungen oder -verkehr bzw. Telekommunikationsvorgänge beziehen (§ 39 III 3 PostG, § 88 III 3 TKG; Altenhain in MüKoStGB Rn. 70; Hoyer in SK-StGB Rn. 35; Eisele in Schönke/Schröder Rn. 14; aM Altvater in LK-StGB Rn. 80; vgl. dazu auch Bock in Beck'scher TKG-Kommentar, 4. Aufl. 2013, TKG § 88 Rn. 57). Die Beobachtung des Fernmeldeverkehrs durch Fangschaltungen oder Zählervergleichseinrichtungen zur Abwehr anonymer bedrohender oder belästigender Anrufe ist ein Grundrechtseingriff; die Befugnis zur Identifizierung von Anschlüssen durch Fangschaltungen usw regelt § 101 TKG (Büning/Weißenfels in Beck'scher TKG-Kommentar, 4. Aufl. 2013, TKG § 101 Rn. 2). 15

9. Tateinheit ua möglich zwischen den Abs. 1 und 3 und § 353b I sowie zwischen den Abs. 2 und 3 und § 242; § 246 ist subsidiär (krit. Wagner FS Grünwald, 1999, 797 (803)). Dagegen **treten zurück:** § 202 hinter Abs. 2 Nr. 1 (Altenhain in MüKoStGB Rn. 99); § 203 II hinter den Abs. 3 (Nr. 1)] und Abs. 4 (Kargl in NK-StGB Rn. 57; Eisele in Schönke/Schröder Rn. 39; Fischer Rn. 21); § 133 hinter Abs. 2 Nr. 2 (Hoyer in SK-StGB Rn. 40; so auch für § 133 III KG JR 1977, 426; Kindhäuser/Hilgendorf in LPK-StGB Rn. 12; Eisele in Schönke/Schröder Rn. 39; Fischer Rn. 21: Tateinheit möglich). 16

10. Die Vorschrift ist kein Antragsdelikt (BT-Drs. 13/8453, 29). Zur Ergänzung vgl. § 148 TKG, der neben der unbefugten Weitergabe nun auch das unbefugte Abhören erfasst (Dierlamm in Beck'scher TKG-Kommentar, 4. Aufl. 2013, TKG § 148 Rn. 8). 17

§§ 207–210 (weggefallen)

16. Abschnitt. Straftaten gegen das Leben

Vorbemerkung

1 **1. a) Geschütztes Rechtsgut** der Tötungstatbestände ieS (§§ 211–213, 216, 222) ist das Leben, **Angriffsobjekt** der (geborene) Mensch (Heine in Ulsamer StrafR/StrafVerfR S. 1010; Rissing-van Saan/Rosenau in LK-StGB, Rn. 4; krit. zu dieser Gegenüberstellung Kargl ZStW 96 (1984), 485 (491)). Das ungeborene Leben genießt Schutz durch § 218 (→ § 218 Rn. 1), der als Angriffsobjekt eine im Mutterleib eingenistete Leibesfrucht voraussetzt (→ § 218 Rn. 3, 8); davor ist der Embryo nicht durch das StGB geschützt (zum unzulänglichen Schutz des „Retortenembryos" durch das ESchG Maurach/Schroeder/Maiwald/Hoyer/Momsen StrafR BT § 32 Rn. 18, § 7 Rn. 2, 3). Zu diesen Stufungen des Lebensschutzes aus verfassungsrechtlicher Sicht Dreier ZRP 2002, 377; JZ 2007, 261 (267); Hufen JuS 2010, 1 (5); krit. Duttge ZRph 2004, 67 (70).

2 **b) Außerhalb dieses Schutzbereichs** liegende Eingriffe, zB die Tötung eines in-vitro fertilisierten Eies, der Embryotransfer, das Humanexperiment an einem Foetus nach Schwangerschaftsabbruch und die in der Humangenetik und Biotechnik möglich gewordene Genmanipulation, sind während der 11. Wahlperiode im ESchG (Übersichtsbeitrag: Jung JuS 1991, 431; zu den geschützten Rechtsgütern Schroeder FS Miyazawa, 1995, 533; Augsberg ZfL 2014, 74; kommentiert durch Günther in Günther/Taupitz/Kaiser, Embryonenschutzgesetz, 2014; und durch Rössner/Wenkel in HK-StrafR Rn. 30–79; zur Reformbedürftigkeit des „veralteten Gesetzes" Günther FS Krey, 2010, 105 (115)) und im GenTG einer (auch strafrechtlichen, zB § 39 GenTG) Regelung außerhalb des StGB zugeführt worden (speziell zur Präimplantationsdiagnostik → § 218 a Rn. 15 mwN; dazu vgl. auch das GendiagnostikG v. 31.7.2009 (BGBl. I 2529), das allerdings die PID ausnimmt, Kientopf/Pagel MedR 2008, 344 (345); Schmidtke/Taupitz in Bartram/Bobbert/Dölling/Fuchs/Schwarzkopf/Tanner, Der (un)durchsichtige Mensch, 2012, 281, 299; die PID ist jetzt im PräimplantationsdiagnostikG v. 7.7.2011 (BGBl. I 2228) – geregelt); hinzu gekommen ist am 1.7.2002 das Stammzellengesetz (BGBl. I 2277; „Verlängerung" durch das Gesetz zur Änderung des StammzellenG v. 14.8.2008 (BGBl. I 1708); dazu Gehrlein NJW 2002, 3680; zu den strafrechtlichen Auswirkungen Dahs/Müssig MedR 2003, 617; Beck, Stammzellenforschung und Strafrecht, 2006, S. 115; krit. mit Reformforderung Merkel, Forschungsobjekt Embryo, 2002, S. 190, 270 mit zust. Bespr. Ipsen JZ 2004, 240; sa Hufen JZ 2004, 313 (318)). Jedoch sind diese Fragenkreise unter verfassungs-, zivil- und strafrechtlichen Gesichtspunkten nach wie vor umstritten. Gesetzgeberische Bemühungen um Erweiterung, Konkretisierung und Differenzierung des Strafschutzes sind daher wahrscheinlich. Das einschlägige **Schrifttum** hat inzwischen einen kaum mehr übersehbaren Umfang erreicht. Da es für die Anwendung des StGB nicht relevant ist, muss aus Raumgründen auf seinen Nachweis verzichtet werden.

3 **2. a)** Das Leben **als Mensch beginnt** für das Gebiet des Strafrechts mit dem **Anfang der Geburt** (hM auch nach Wegfall der Kindstötung (§ 217 StGB aF) mit dem 6. StrG; vgl. Küper GA 2001, 515 mit Berufung auf § 218 I; Küper ZIS 2010, 197 (201); Küper/Zopfs StrafR BT Rn. 238; Saliger KritV 2001, 382 (405); Otto Jura 2003, 612 (614); Jäger ZStW 115 (2003), 765 (775); Schmoller FS Gössel,

2002, 369 (378); Hirsch FS Eser, 2005, 309; Kühl JA 2009, 321; Rissing-van Saan/Rosenau in LK-StGB, Rn. 3; Kindhäuser/Hilgendorf in LPK-StGB Rn. 2; Mitsch in Leipold/Tsambikakis/Zöller Rn. 7; Schneider in MüKoStGB Rn. 7, 11; zweifelnd Struensee in DSNS StrRG § 2 Rn. 6; aM Herzberg/Herzberg JZ 2001, 1106; Herzberg Geilen-Symposium, 2003, 39, die auf die Vollendung der Geburt (§ 1 BGB) abheben; für Abstellen auf die Beendigung der Geburt Merkel in NK-StGB § 218 Rn. 40, anders noch Merkel, Früheuthanasie, 2001, S. 102, zum Anfang des individuellen menschlichen Lebens Rager ZfL 2016, 134). Bei regulärem Geburtsverlauf ist dafür nicht erst der Beginn der Treib- und Presswehen (so aber Saerbeck, Beginn und Ende des Lebens als Rechtsbegriffe, 1974, S. 95; sowie Neumann/Saliger in NK-StGB Rn. 10), sondern schon der tatsächliche – auch der „künstlich" vorgezogene oder hinausgeschobene (OLG Karlsruhe NStZ 1985, 314 mAnm Jung) – Beginn der sog. **Eröffnungswehen** maßgebend (hM; BGHSt 32, 194 = NJW 1984, 674; OLG Dresden MedR 2014, 896; Ingelfinger, Grundlagen und Grenzbereiche des Tötungsverbots, 2004, S. 129 mit krit. Bespr. Neumann ZStW 118 (2006), 743 (748); Kaltenhäuser JuS 2015, 786; Rengier StrafR BT II § 3 Rn. 3); ein noch früherer Zeitpunkt scheidet auf jeden Fall aus (BGHSt 31, 348 = NJW 1983, 2097 mit Bespr. Lüttger NStZ 1983, 481; Arzt FamRZ 1983, 1019; Hirsch JR 1985, 336; zweifelnd für sog. „Spätschwangerschaftsabbrüche" Gropp GA 2000, 1; und Gropp/Wörner in MüKoStGB Vor § 218 Rn. 56, die de lege ferenda auf die Lebensfähigkeit des Ungeborenen abstellen wollen; krit. dazu Küper GA 2001, 515 (532); → § 218a Rn. 16). Bei operativ durchgeführter Geburt entscheidet die Öffnung des Uterus (BGHSt 65, 163 = NJW 2021, 645 mAnm Grünewald; Eser/Sternberg-Lieben in Schönke/Schröder Rn. 13), nicht der Bauchdecke (so aber Lüttger FS Heinitz, 1972, 359 (366); Tag, Der Körperverletzungstatbestand im Spannungsfeld zwischen Patientenautonomie und Lex artis, 2000, S. 136), erst recht nicht die Narkoseeinleitung bei der Schwangeren (so aber aus medizinischer Sicht Cremer MedR 1993, 421 mit Erwiderungen Ratzel/Hiersche/Opderbecke MedR 1994, 472). Auf Lebensfähigkeit kommt es nicht an (hM; zum Problemfall „extremer Frühgeburten" Merkel, Früheuthanasie, 2001, S. 105); auch die lebend zur Welt gebrachte unreife Leibesfrucht und die Missgeburt werden daher erfasst, nicht dagegen das lediglich krankhaft entartete Ei (sog. Mole). Das gilt auch für eine Mehrlingsschwangerschaft, wenn im Interesse eines überlebensfähigen Zwillings der andere, schwer geschädigte Zwilling erst nach Eröffnung des Uterus getöten wird und wenn vor diesem Zeitpunkt eine Spätabtreibung legal gewesne wäre (BGHSt 65, 163 = NJW 2021, 645 mAnm Grünewald; Mitsch HRRS 2021, 297 und Hoven GesR 2021, 103 sowie krit. (für Vollendung der Geburt) Lorenz JR 2021, 335); zust. hingegen Eisele JuS 2021, 272; Jäger JA 2021, 342; sowie die vorausgegangene Entscheidung LG Berlin MedR 2020, 844 mkritAnm Duttge). Die vorsätzliche oder fahrlässige (auch durch unechtes Unterlassen begangene) **Einwirkung** auf eine Leibesfrucht vor Geburtsbeginn ist daher kein Tötungsdelikt (BVerfG NJW 1988, 2945; OLG Bamberg NJW 1988, 2963), und zwar auch dann nicht, wenn der Tod erst nach der Geburt eintritt (BGHSt 31, 348 = NJW 1983, 2097; Kühl JA 2009, 321 (322); Satzger Jura 2008, 424 (428); Neumann/Saliger in NK-StGB Rn. 14, 15; Eser/Sternberg-Lieben in Schönke/Schröder Rn. 15; → § 218 Rn. 3; → § 223 Rn. 2). Zum Lebensbeginn von in-vitro erzeugten Embryonen, die (möglicherweise bei Weiterentwicklung der Reproduktionsmedizin) in einer künstlichen Gebärmutter herangezogen werden können, Hilgendorf MedR 1994, 429 (432); krit. Hoerster MedR 1995, 394 mit Erwiderung Hilgendorf MedR 1995, 396; Günther in Kitagawa, Das Recht vor der Herausforderung eines neuen Jahrhunderts, 1998, S. 435; Günther in Günther/Taupitz/Kaiser, Embryonenschutzgesetz, 2014, ESchG § 8 Rn. 3, 4; zusf. Kersten Jura 2007, 667. Siehe auch Dreier, Bioethik, Politik und Verfassung, 2013 mit Bespr. Hilgendorf JZ 2014, 789.

4 **b)** Wann rechtlich das **Leben als Mensch endet,** ist neuerdings wieder heftig umstritten (vgl. Fischer Vor § 211 Rn. 14–16; → § 168 Rn. 5). Während man früher auf den endgültigen Stillstand von Kreislauf und Atmung abgestellt hatte, wird heute – nach den Fortschritten der modernen Medizin (zB Organverpflanzung) – als Todeszeitpunkt mit Recht der **Hirntod** angesehen (hM; vgl. Lüttger JR 1971, 309; Klinge, Todesbegriff, Totenschutz und Verfassung, 1996, S. 125, 147; Sternberg-Lieben JA 1997, 80; Günther in Bien/Conzelmann, Hirntodkriterium und Organtransplantation, 1998, S. 19; Tag, Der Körperverletzungstatbestand im Spannungsfeld zwischen Patientenautonomie und Lex artis, 2000, S. 145; Merkel, Früheuthanasie, 2001, S. 111, 113; Kühl JA 2009, 321 (323); v. Thannhausen, Der Todesbegriff im Strafrecht, 2013, S. 228; Lang ZfL 2015, 2 (3); Heyers Jura 2016, 709 (718); Bode ZfL 2016, 81 (83): valides Todeskriterium; Küper/Zopfs StrafR BT Rn. 498; Otto StrafR BT § 2 Rn. 10; Rengier StrafR BT II § 3 Rn. 7; Wessels/Hettinger/Engländer StrafR BT I Rn. 21; Kindhäuser/Hilgendorf in LPK-StGB Rn. 3; Rissing-van Saan/Rosenau in LK-StGB, Rn. 7; Mitsch in Leipold/Tsambikakis/Zöller Rn. 9; Neumann/Saliger in NK-StGB Rn. 25; Eser/Sternberg-Lieben in Schönke/Schröder Rn. 19; weiter Dencker NStZ 1992, 311 mit Erwiderung Joerden NStZ 1993, 268; dagegen auch Heghmanns StrafR BT Rn. 74–76; Funck MedR 1992, 182, die schon den sog. Kortikaltod, dh den endgültigen, nicht mehr umkehrbaren Bewusstseinsverlust in Todesnähe für ausreichend halten; krit. zum Kortikaltod, aber auch zum Hirntod Schick in Bernat, Ethik und Recht an der Grenze zwischen Leben und Tod, 1993, S. 121, 125; sowie Schick in Schwarz ua, Schädel-Hirn-Trauma, 1995, S. 315; verfassungsrechtliche Bedenken gegen die Hirntodkonzeption erhebt Höfling JZ 1995, 26 (31) mit Erwiderung Heun JZ 1996, 213; und Schlusswort Höfling JZ 1996, 615; sa Höfling medstra 2015, 85 (86); Höfling/Lang NJW 2014, 3399 (3404), Mehrheit der GG-Kommentatoren krit. bis abl. zur Hirntod-Konzeption; gegen diese Bedenken Seewald VerwArch 1997, 199 (212); Schneider in MüKoStGB Rn. 20–26; vgl. auch Keller ZStW 107 (1995), 457 (470); Höfling/Rixen, Verfassungsfragen der Transplantationsmedizin, 1996; Spittler JZ 1997, 747; Merkel Jura 1999, 113; Rixen, Lebensschutz am Lebensende, 1999; Schmidt-Jortzig, Wann ist der Mensch tot? 1999; Tröndle FS Hirsch, 1999, 779; Wolf in Joerden, Der Mensch und seine Behandlung in der Medizin, 1999, S. 289; aus moralphilosophischer Sicht Stoecker, Der Hirntod, 2010 mit Bespr. Overdick/Gulden ZfL 2011, 67; aus philosophischer, theologischer Sicht Rosenboom, Ist der irreversible Hirnausfall der Tod des Menschen?, 2000, S. 129 mit Bespr. Weber ARSP 1991, 137; vgl. auch Rohrer, Menschenwürde am Lebensanfang und Lebensende und strafrechtlicher Lebensschutz, 2012 mit Bespr. Asholt GA 2013, 427; aus medizinethischer Sicht Oduncu in Roxin/Schroth MedStrafR, 2. Aufl. 2001, S. 199; Spittler, Gehirn, Tod und Menschenbild, 2003 mit Bespr. Schmidt-Recla MedR 2003, 542). Der Gesetzgeber hat den Hirntod als Todeszeitpunkt im TPG nicht allgemein festgeschrieben, sondern nur als Voraussetzung für eine zulässige Organentnahme bestimmt (§ 3 TPG; vgl. Lilie in Medizin – Recht – Ethik, 1998, S. 89, 91). Er tritt mit dem **irreversiblen Erlöschen** der gesamten Hirntätigkeit, also namentlich auch des Stammhirns ein (näher Krösl/Scherzer, Die Bestimmung des Todeszeitpunkts, 1973; Eser ZStW 97 (1985), 1 (27);

Schreiber FS Schewe, 1991, 120 (129); Angstwurm MedR 1994, 467; beachte ferner die Richtlinien der Deutschen Gesellschaft für Chirurgie in Chirurg 1968, 196; dritte Fortschreibung DÄBl 1995, 1861); damit ist die den Menschen ausmachende körperlich-geistige Einheit unwiderruflich aufgelöst (Sternberg-Lieben JA 1997, 80 (83); Klinge, Todesbegriff, Totenschutz und Verfassung, 1996, S. 248; Ingelfinger, Grundlagen und Grenzbereiche des Tötungsverbots, 2004, S. 157). Sog. Anencephale (→ § 218 Rn. 5), deren Stammhirn bei der Geburt regelmäßig funktionsfähig ist, sind daher nicht hirntot; ihre Ausnahme von den maßgebenden Kriterien zur Erleichterung von Transplantationen ist als nicht vertretbare Relativierung des Lebensschutzes abzulehnen (Wolfslast MedR 1989, 163; Kloth MedR 1994, 180; Höfling JZ 1995, 26 (30); Bottke in Bottke, Familie als zentraler Grundwert demokratischer Gesellschaften, 1994, S. 59, 69; Klinge, Todesbegriff, Totenschutz und Verfassung, 1996, S. 181; Wessels/Hettinger/Engländer StrafR BT I Rn. 26).

c) Danach ist das Leben **auch geschützt,** wenn es dem Menschen oder seiner 5
Umwelt nicht oder nicht mehr lebenswert erscheint. Die mehr oder minder begrenzte Zulassung der Tötung **„lebensunwerten Lebens"** (Euthanasie iwS) ist zwar häufig gefordert worden, anerkannt ist sie – wenn man von der sog. Sterbehilfe (→ Rn. 6–8) und von gewissen Grenzfällen absieht, die im Bereich der Sterbehilfe eine Entsprechung haben (dazu Hanack Gynäkologe 1982, 104 (116)), – in keiner Form (OGHSt 1, 321 (324); Engisch, Euthanasie und Vernichtung lebensunwerten Lebens in strafrechtlicher Beleuchtung, 1948; Ehrhardt in Göppinger, Arzt und Recht, 1966, S. 96; eing. zur medizinischen und theologischen Problematik Lohmann, Euthanasie in der Diskussion, 1975). Namentlich auch die sog. **Früheuthanasie** (Tötung von körperlich oder geistig geschädigten Neugeborenen durch positives Tun oder „Liegenlassen") ist nur erlaubt, wenn die Voraussetzungen der Sterbehilfe durch passiven oder tätigen Behandlungsabbruch (→ Rn. 8) vorliegen oder in gleichwertiger, bisher allerdings noch nicht abschließend geklärter Weise erfüllt sind (vgl. etwa Eser in Auer/Menzel/Eser, Zwischen Heilauftrag und Sterbehilfe, 1977, S. 75, 141; Eser FS Narr, 1988, 47; Kaufmann JZ 1982, 421; Hanack GS Noll, 1984, 197 (202); MedR 1985, 33; Schmitt FS Klug, 1983, 329; JZ 1985, 365 (368); v. Loewenich MedR 1985, 30; Hiersche/Hirsch/Graf-Baumann, Grenzen ärztlicher Behandlungspflicht bei schwerstgeschädigten Neugeborenen, 1987; Everschor, Probleme der Neugeboreneneuthanasie und der Behandlungsgrenzen bei schwerstgeschädigten Kindern und ultrakleinen Frühgeborenen aus rechtlicher und ethischer Sicht, 2001; Stratenwerth FS Schreiber, 2005, 893 (898); Rissing-van Saan in LK-StGB, Rn. 20d; Neumann/Saliger in NK-StGB Rn. 136–138; Schneider in MüKoStGB Rn. 180, 181; eing. Merkel, Früheuthanasie, 2001, S. 638, der für eine „moralische Lösung" des Arztes iRd § 34 plädiert; krit. Birnbacher ARS 2001, 587; Rixen GA 2002, 293; die sog. Einbecker-Empfehlungen (Revidierte Fassung) 1992, MedR 1992, 206; Ulsenheimer MedR 1994, 425; Merkel JZ 1996, 1145; Saliger KritV 1998, 118 (150); KritV 2001, 382 (425); sa Keyserlingk ZStW 97 (1985), 178; Hiersche MedR 1985, 45; Peters, Der Schutz des Neugeborenen, insbesondere des missgebildeten Kindes, 1988; Saati, Früheuthanasie, 2001; Nagel, Die ärztliche Behandlung Neugeborener – Früheuthanasie, 2006; rechtsvergleichend Mattisseck-Neef, Schwangerschaftsabbrüche kranker/geschädigter Föten und Neugeboreneneuthanasie, 2006; speziell zur Frühgeburt nach einem erfolglosen indizierten Schwangerschaftsabbruch → § 218a Rn. 16; str.).

d) Sterbehilfe, in der Lit. häufig auch als Euthanasie ieS bezeichnet (krit. zu 6
Unschärfe und uneinheitlicher Verwendung dieser Begriffe Langer in Kruse/Wag-

ner, Sterbende brauchen Solidarität, 1986, S. 103; Saliger KritV 2001, 382 (392); gegen die Verwendung des Begriffs ‚Euthanasie' Neumann/Saliger in NK-StGB Rn. 94), kann als tatbestandsmäßige Tötungshandlung nur relevant werden, wenn sie nicht lediglich Teilnahme an einer Selbsttötung ist (→ Rn. 9–16) und wenn sie objektiv (oder im Versuchsfalle nach der Vorstellung des Täters) eine Lebensverkürzung verursacht; das kann auch bei einem bereits Todgeweihten durch Setzen einer weiteren Bedingung geschehen (überholende Kausalität, → Vor § 13 Rn. 11). Der Fragenkreis ist seit langem **umstritten.** Die bis in die Gegenwart anhaltende Diskussion hat zu einer kaum mehr übersehbaren Fülle von Äußerungen, aber doch auch zu beachtlichen Fortschritten in der Meinungsbildung geführt (vgl. dazu die Verhandlungen der strafrechtlichen Abteilung des 56. DJT, Sitzungsbericht M, und die Beiträge zu deren Vorbereitung: Otto, 56. DJT, Bd. I, Gutachten Teil D; Arzt JR 1986, 309; Eser JZ 1986, 786; Heine JR 1986, 314; Hoerster NJW 1986, 1786; Leonardy DRiZ 1986, 281; Schmitt MDR 1986, 617; Schöch ZRP 1986, 236; Schreiber NStZ 1986, 337; Uhlenbruck ZRP 1986, 209; Wassermann DRiZ 1986, 291). In Einzelheiten ist noch vieles offen, und zwar vor allem die Frage, ob es einer weiteren Klärung der Rechtslage durch Gesetz bedarf (so namentlich der AE (SterbeH) mit Bespr. Herzberg JZ 1986, 1021; JZ 1987, 132; Lauter/Meyer MschrKrim 1988, 370; Pohlmeier MschrKrim 1992, 278; Uhlenbruck NJW 2001, 2770; Witteck KritV 2003, 163 (179); neuerdings der AE-StB, vorgestellt von Schöch/Verrel GA 2006, 553, dieser neue AE enthält auch ein Sterbebegleitungsgesetz mit einer spezialgesetzlichen Dokumentationspflicht bzgl. des Therapieverlaufs beim Abbruch lebenserhaltender Maßnahmen; krit. Auseinandersetzung bei Duttge GA 2006, 573; Merkel FS Schroeder, 2006, 297 (320); speziell zur passiven und indirekten Sterbehilfe Strätling/Lipp/May/Kutzer/Glogner/Schlaudraff/Neuman/Simon MedR 2003, 483, sog. „Göttinger Empfehlungen"; Wessels/Hettinger/Engländer StrafR BT I Rn. 40 sowie der Bericht einer ua vom BMJ eingesetzten Arbeitsgruppe „Patientenautonomie am Lebensende" v. 10.6.2004, S. 50, www.bmj.bund.de; aM Otto, 56. DJT, Bd. I, Gutachten Teil D, S. 90; Hirsch FS Lackner, 1987, 597 (610); zusf. Muschke, Gesetzliche Regelung der Sterbehilfe?, 1988) und ob diese Regelung auf die Problematik der Sterbehilfe beschränkt (so der AE; v. Lutterotti MedR 1988, 55) oder nur im Zusammenhang mit dem ebenfalls noch regelungsbedürftigen ärztlichen Heileingriff (→ § 223 Rn. 8) getroffen werden kann (so namentlich Tröndle, 56. DJT, Sitzungsbericht M, S. 29; Tröndle ZStW 99 (1987), 25; MedR 1988, 163; Tröndle FS Göppinger, 1990, 595). Das Thema wird von der strafrechtlichen Abteilung des 66. DJT wieder aufgegriffen, vgl. die Beiträge zu dessen Vorbereitung: Verrel, 66. DJT, Bd. I, Gutachten C; Otto NJW 2006, 2217; Ingelfinger JZ 2006, 821; Neumann/Saliger HRRS 2006, 280; Schreiber NStZ 2006, 473; Schroth GA 2006, 549; Zuck ZRP 2006, 173; sa Duttge NStZ 2006, 479 zur einseitigen Begrenzung ärztlicher Lebenserhaltung. In der neueren Diskussion wird vor allem ein Verbot der Suizidbeihilfe durch Sterbevereine bei gewerblichem und organisiertem Handeln gefordert (→ Rn. 10); andere verlangen, daß der Gesetzgeber Suizidbeihilfe durch Ärzte ermöglicht (→ Rn. 9). In verschiedenen Gesetzesentwürfen wird eine zivilrechtliche Regelung der Sterbehilfe in § 1921 a BGB, ein Verbot geschäftsmäßiger Sterbehilfe, ein Verbot jeglicher Teilnahme an Selbsttötung, eine Strafbarkeit gewerbsmäßige Suizidbeihilfe (s. dazu Tolmein NJW-aktuell 2014, 12) vorgeschlagen. Die deutschen Strafrechtslehrer haben sich ua für die Straflosigkeit der Beihilfe zum Suizid ausgesprochen (Bericht von Hilgendorf/Rosenau ZfL 2015, 64; zur Straflosigkeit auch Henking JR 2015, 174; Kubiciel ZRP 2015, 194 (197). Der gleichwohl eingeführte § 217 wurde vom

BVerfG für nichtig erklärt, derzeit wird über eine Nachfolgeregelung im Bundestag diskutiert).

Aus der **Lit.** zur Sterbehilfe sei exemplarisch auf folgende Sammelwerke, Monographien und gutachtlichen Äußerungen sowie Stellungnahmen aus verschiedenen wissenschaftlichen Disziplinen verwiesen: Engisch, Der Arzt an den Grenzen des Lebens, 1973; Geilen, Euthanasie und Selbstbestimmung, 1975; Hiersche, Euthanasie, 1975; Heifetz/Mangel, Das Recht zu sterben, 1976; Joachim-Jungius-Gesellschaft, Der Grenzbereich zwischen Leben und Tod, 1976; Eser, Suizid und Euthanasie, 1976; Auer/Menzel/Eser, Zwischen Heilauftrag und Sterbehilfe, 1977; Gehrig, Zur Problematik der Euthanasie, 1977; Möllering, Der Schutz des Lebens – Recht auf Sterben, 1977; Eid/Frey, Sterbehilfe oder wie weit reicht die ärztliche Behandlungspflicht?, 1978; Blaha/Roxin, Schutz des Lebens – Recht auf Tod, 1978; v. Dellingshausen, Sterbehilfe und Grenzen der Lebenserhaltungspflicht des Arztes, 1981; Koch, Euthanasie, Sterbehilfe, 1984; Eid, Euthanasie oder soll man auf Verlangen töten?, 2. Aufl. 1985; v. Lutterotti, Menschenwürdiges Sterben, 1985; AE (SterbeH), 1986; Eibach, Sterbehilfe – Tötung auf Verlangen?, 1988 (2. Aufl. 1998); Bade, Der Arzt an den Grenzen von Leben und Recht, 1988; Schöttler, Menschenrechte für jeden oder „Sterbehilfe" von Anfang bis zum Ende?, 1990; Atrott/Pohlmeier, Sterbehilfe in der Gegenwart, 1990; Eser/Koch, Materialien zur Sterbehilfe, 1991; sa Matouschek, Gewandelte Auffassungen über Leben und Tod, 1991, der sich allerdings nicht auf den Bereich der Sterbehilfe beschränkt; Ochsmann, Lebens-Ende, 1991; Student, Das Recht auf den eigenen Tod, 1993; Jens/Küng, Menschenwürdig Sterben, 1995; Peukert/Fritsche/Bottke/Schreiber/Huber, Lebensverlängerung aus medizinischer, ethischer und rechtlicher Sicht, 1995; Wettstein, Leben- und Sterbenkönnen, 3. Aufl. 2000; Laber, Der Schutz des Lebens im Strafrecht, 1997, S. 185; Müller, Tötung auf Verlangen – Wohltat oder Untat?, 1997, S. 95; Gose/Hoffmann/Wirtz, Aktive Sterbehilfe?, 1997; Hoerster, Sterbehilfe im säkularen Staat, 1998 mit Bespr. Brocker ZRP 1999, 305; Nagel, Passive Euthanasie, 2002; Czerner, Das Euthanasie-Tabu, 2004; Knopp/Schluchter, Sterbehilfe – Tabuthema im Wandel, 2004; Thiele, Aktive und passive Sterbehilfe, 2005; Grauer, Strafrechtliche Grenzen der Palliativmedizin, 2006; Kutzer, Patientenautonomie am Lebensende, 2006; Duttge, Preis der Freiheit, 2. Aufl. 2006; Mieth, Grenzenlose Selbstbestimmung, 2008; Strasser ua, Begleitetes Sterben, 2013 mit Bespr. Anders NJW 2015, 1744; aus **verfassungsrechtlicher** Sicht Hufen NJW 2001, 849; Antoine, Aktive Sterbehilfe in der Grundrechtsordnung, 2004; Dreier JZ 2007, 317 (320); Kunig in v. Münch/Kunig GG Art. 1 Rn. 36; aus **philosophischer** Sicht Birnbacher, Rechtsphilosophische Hefte Nr. 8/1998, S. 75 und die philosophische Kontroverse zwischen Spaemann und Gerhardt ZfL 2006, 119; aus ethischer Sicht Frewer/Winau, Ethische Kontroversen am Ende des menschlichen Lebens, 2002; Zoglauer, Tödliche Konflikte, 2007, S. 134; aus rechtsphilosophischer Sicht Duttge GA 2001, 158; aus **theologischer** Sicht Eibach MedR 2000, 10; Römelt, Dem Sterben einen Sinn geben, 2006; sa den Infobrief 01/03 des Nationalen Ethikrates sowie dessen Stellungnahme: Selbstbestimmung und Fürsorge am Lebensende, 2006; **medizinisch-ethische** Aspekte bei Sahm ZfL 2005, 45. **Rechtstatsachenforschung:** Schick NStZ 2006, 484. **Rechtsvergleichend** Lilie in Fischer/Lilie, Ärztliche Verantwortung im europäischen Rechtsvergleich, 1999, S. 83, 145; Wernstedt, Sterbehilfe in Europa, 2004; Fuchs, Sterbehilfe und selbstbestimmtes Sterben, 2006; zur vergleichbaren Diskussion in Österreich Schick in Bernat, Ethik und Recht an der Grenze zwischen Leben und Tod, 1993, S. 130; Schick GS Zipf, 1999, 393 (398); Bernat FS Deutsch, 1999, 443; Schmoller ÖJZ 2000, 361; Schmoller in Likar/Bernatzky/Märkert/Ilias, Schmerztherapie in der Pflege, 2002, S. 165; zur schweizerischen Diskussion Baumgarten, The right to die, 1998; Giger, Reflexionen über Tod und Recht, 2000, S. 103; Eicker NKrimPol 2006, 135; zur japanischen und polnischen Diskussion Nishihara/Janiszewski, Strafrechtskolloquium, 1998, 51 (59); zu Japan auch Ida FS Gössel, 2002, 383; zu Korea Lee, Formen der straflosen Sterbehilfe in Deutschland und Korea, 2007; zur Diskussion in den Vereinigten Staaten Brunner, Die vorsätzliche Tötung im Strafrecht der Vereinigten Staaten, insbesondere des Staates Kalifornien, im Vergleich zum deutschen Recht unter Hervorhebung der Euthanasie-Problematik, 1998, S. 68, 143, 188;

Nußbaum, The Right to Die, 2000, S. 54; Schmaltz, Sterbehilfe, Rechtsvergleich Deutschland – USA, 2001; Halliday JZ 2002, 752; Baer-Henney, Die Strafbarkeit aktiver Sterbehilfe, 2004 mit Bespr. Antoine GA 2006, 606; Kämpfer, Die Selbstbestimmung Sterbewilliger – Sterbehilfe im deutschen und amerikanischen Verfassungsrecht, 2005 mit Bespr. Uhlenbruck MedR 2006, 243; Heun JZ 2006, 425; zur gesetzlichen Regelung der Euthanasie in den Niederlanden Sagel-Grande ZStW 111 (1999), 742; Janssen ZRP 2001, 179; Gordijn KritV 2001, 457; sowie Grundmann, Das niederländische Gesetz über die Prüfung von Lebensbeendigung auf Verlangen und Beihilfe zur Selbsttötung, 2004 mit Bespr. Antoine MedR 2006, 553; unter Einbezug Belgiens Kintzi DRiZ 2002, 256; Khorrami MedR 2003, 19; Schreiber in Thiele, Aktive und passive Sterbehilfe, 2005, S. 117; Hillgruber ZfL 2006, 70 (72); zur Rechtswirklichkeit von Euthanasie in den Niederlanden Lindemann ZStW 117 (2005), 208; zur Übertragbarkeit des holländischen Modells in das deutsche Recht Fischer, Recht auf Sterben?, 2004 mit Bespr. Antoine MedR 2006, 553; zu europäischen Entwicklungen Knopp MedR 2003, 379; internationaler Vergleich bei Oduncu/Eisenmenger MedR 2002, 327. Zu beruflichen **Richtlinien** in Deutschland:Grundsätze der Bundesärztekammer zur ärztlichen Sterbebegleitung v. 21.1.2011, Deutsches Ärzteblatt 2011, 346, und Hinweise der Bundesärztekammer zum ärztlichen Umgang mit Suizidalität und Todeswünschen nach dem Urteil des Bundesverfassungsgerichts zu § 217 StGB v. 25.6.2021, Deutsches Ärzteblatt 2021, 1428. – Neuerdings werden vermehrt **prozedurale Lösungen** der Problematik der Sterbehilfe diskutiert (zusf. Neumann/Saliger in NK-StGB Rn. 142–144). – **Rechtshistorisch:** Große-Vehne, Tötung auf Verlangen (§ 216 StGB), „Euthanasie und Sterbehilfe“, Reformdiskussion und Gesetzgebung seit 1870, 2005 mit Bespr. Neumann GA 2006, 605; Kunze medstra 2022, 88.

7 aa) Durch **positives Tun** geleistete (täterschaftliche, → § 216 Rn. 3) Sterbehilfe **(aktive Euthanasie)** ist, wenn sie auf Lebensverkürzung abzielt **(direkte Euthanasie),** strafbare Tötung (hM; BGHSt 37, 376 = NJW 1991, 2357 mit Bespr. Langer JR 1993, 133; Günther in Kitagawa, Das Recht vor der Herausforderung eines neuen Jahrhunderts, 1998, S. 443; Sonnen StrafR BT S. 11; Rissing-van Saan/Rosenau in LK-StGB, Rn. 14; Schneider in MüKoStGB Rn. 100; einschr. BGH NJW 2022, 3021 mkrit Bespr. Paul; HRRS 2022, 281). Sie ist grds. (→ § 216 Rn. 6) nicht durch Notstand (§ 34) zu rechtfertigen, weil es wegen des hohen Ranges und der Unverfügbarkeit des Eingriffsgutes sowie der Möglichkeiten des Behandlungsabbruchs (→ Rn. 8) und der bloßen Teilnahme an einer Selbsttötung (→ Rn. 9–16) am „wesentlichen Überwiegen“ des geschützten Interesses fehlt (hM; vgl. BGHSt 46, 279 = NJW 2001, 1802; Ingelfinger, Grundlagen und Grenzbereiche des Tötungsverbots, 2004, S. 244; krit. Neumann ZStW 118 (2006), 743 (753); anders Simson FS Schwinge, 1973, 89 (108); Kargl in Institut für Kriminalwissenschaften und Rechtsphilosophie, Jenseits staatlichen Strafrechts, 2007, S. 379, 403; für **Extremfälle** auch Hirsch FS Welzel, 1974, 775 (795); Herzberg NJW 1986, 1635 (1639); NJW 1996, 3043 (3047); Otto, 56. DJT, Bd. I, Gutachten Teil D, S. 60; Otto Jura 1999, 434 (441); Schroeder ZStW 106 (1994), 565 (580); Chatzikostas, Die Disponibilität des Rechtsguts Leben, 2001, S. 320; Scheffler in Joerden/Neumann, Medizinethik, Bd. 2, 2001, S. 45; Saliger KritV 2001, 382 (435); Kutzer MedR 2001, 2770; Merkel FS Schroeder, 2006, 297 (320); Murmann, Die Selbstverantwortung des Opfers im Strafrecht, 2005, S. 297; Neumann/Saliger in NK-StGB Rn. 139; Neumann FS Herzberg, 2008, 575; zusf. Achenbach Jura 2002, 542 (548); Kühl Jura 2009, 881 (884)). Ob sie wenigstens einen übergesetzlichen Schuld- oder Strafausschluss begründen kann, wird zT bejaht, ist aber dogmatisch noch wenig geklärt (vgl. etwa Roxin in Roxin/Schroth MedStrafR S. 119; Langer in Kruse/Wagner, Sterbende brauchen Solidarität, 1986, S. 120, 122; Hirsch FS Lackner, 1987, 597 (609); Pelzl KJ 1994, 179 (194); Sternberg-Lieben in

Schönke/Schröder Vor § 32 Rn. 117, die vorrangig § 34 für Extremfälle erwägen). Nach der neuen Rspr. zur Sterbehilfe (BGHSt 55, 191 = NJW 2010, 2963) ist der aktive Behandlungsabbruch getrennt zu betrachten (Eisele StrafR BT I Rn. 159); er ist der rechtfertigenden Einwilligung zugänglich. Der „Kreis zulässiger aktiver Sterbehilfemaßnahmen" scheint zuzunehmen (Pawlik FS Wolter, 2013, 627). Dagegen wird sie nahezu allgemein für zulässig gehalten, wenn sie zur Erleichterung des Sterbens nur Schmerzlinderung bezweckt und dabei eine Lebensverkürzung als mögliche oder sogar unvermeidliche Folge in Kauf nimmt (**indirekte Euthanasie;** BGHSt 42, 301 = NJW 1997, 807 mit zust. Bespr. Schöch NStZ 1997, 409; Verrel MedR 1997, 248; Dölling JR 1998, 160; Otto JK StGB § 212 Rn. 3; vgl. ua Otto, 56. DJT, Bd. I, Gutachten Teil D, S. 53; Hirsch FS Lackner, 1987, 597 (608); Achenbach in Ochsmann, Lebens-Ende, 1991, S. 137, 154; Langer JR 1993, 133 (134); Kutzer NStZ 1994, 110 (114); Günther in Kitagawa, Das Recht vor der Herausforderung eines neuen Jahrhunderts, 1998, S. 444; Roxin in Roxin/Schroth MedStrafR S. 86; Witteck KritV 2003, 163 (169); Murmann, Die Selbstverantwortung des Opfers im Strafrecht, 2005, S. 299; Roggendorf, Indirekte Sterbehilfe, 2011 mit Bespr. Beckmann ZfL 2011, 133; Bornemann BLJ 2012, 25; Herzog FS Kargl, 2015, 201 (212); Rissing-van Saan/Rosenau in LK-StGB, Rn. 15; Sinn in SK-StGB § 212 Rn. 58; Kindhäuser/Hilgendorf in LPK-StGB Rn. 15; Neumann/Saliger in NK-StGB Rn. 99–103; krit. Scheffler in Joerden/Neumann, Medizinethik, Bd. 2, 2001, S. 50; sa § 214 a AE (SterbeH)). Die Begründung dafür ist umstritten. Meist wird sie zutreffend aus § 34 hergeleitet (BGHSt 42, 301 (305) = NJW 1997, 807 mit Bespr. Sternberg-Lieben JZ 2001, 153; BGHSt 46, 279 (285) = NJW 2001, 1802; Schreiber NStZ 1986, 337 (340); Otto Jura 1999, 434 (440); Achenbach Jura 2002, 542 (547); Kühl Jura 2009, 881 (884); Roxin in Roxin/Schroth MedStrafR S. 87; Eisele StrafR BT I Rn. 158; Gössel/Dölling StrafR BT I § 2 Rn. 43; Neumann/Saliger in NK-StGB Rn. 103; Schneider in MüKoStGB Rn. 108–113; diff. Dölling MedR 1987, 6 (7); krit. Duttge GA 2006, 573 (578), der auf „mitmenschliche Solidarität" abhebt; abl. Merkel, Früheuthanasie, 2001, S. 154, 195, der sich gegen die subjektivierende Sonderstellung der indirekten Sterbehilfe ausspricht, S. 587, 597; krit. auch Kubiciel JZ 2009, 600 (607)); daneben wird sie auch auf Schutzzweckerwägungen (zB Ingelfinger, Grundlagen und Grenzbereiche des Tötungsverbots, 2004, S. 273, fehlende Rechtsgutsverletzung), auf den sozialen Sinn- und Bedeutungsgehalt (Wessels/Hettinger/Engländer StrafR BT I Rn. 33; Jäger ZStW 115 (2003), 765 (770) Fn. 14), auf erlaubtes Risiko (v. Dellingshausen, Sterbehilfe und Grenzen der Lebenserhaltungspflicht des Arztes, 1981, S. 111; Eser/Sternberg-Lieben in Schönke/Schröder Rn. 26; krit. Joerden FS Jakobs, 2007, 235 (236, 255)), auf Sozialadäquanz (Herzberg NJW 1996, 3043 (3048)), auf tatsächliche oder mutmaßliche Einwilligung (Verrel JZ 1996, 224 (226); Murmann GK StrafR § 21 Rn. 78; für eine Kombination von Einwilligung und § 34 Schöch NStZ 1997, 409; ebenso Dölling FS Gössel, 2002, 209 (212); krit. im Hinblick auf § 216 Achenbach Jura 2002, 542 (547)), auf einverständliche Fremdgefährdung (Scheffler in Joerden, Der Mensch und seine Behandlung in der Medizin, 1999, S. 249, 264) oder auf rechtfertigende Pflichtenkollision (Leonardy DRiZ 1986, 281 (287); Pelzl KJ 1994, 179 (190)) gestützt (krit. Tröndle ZStW 99 (1987), 25 (29); krit. zu allen Tatbestandslösungen Merkel JZ 1996, 1145 (1148); Merkel, Früheuthanasie, 2001, S. 200, 215). Eine teleologische Reduktion des § 216 schlägt Pawlik FS Wolter, 2013, 627 (634), vor. Die Einschaltung des Vormundschaftsgerichts in analoger Anwendung von § 1904 BGB ist hier – anders als bei der passiven Sterbehilfe (→ Rn. 8) – nicht geboten, da der Sterbeprozess bereits eingesetzt hat (Kutzer GS Schlüchter, 2002, 347 (354)). Auch die indirekte Sterbehilfe wird durch die neue Rspr. zum Behandlungsabbruch (BGHSt 55, 191 = NJW 2010, 2963; krit. Eser/Sternberg-Lieben in Schönke/Schröder Rn. 28b), der getrennt zu behandeln ist, eingeschränkt; letzterer ist der rechtfertigenden Einwilligung zugänglich. Rechtsvergleichend mit der Schweiz Lüthi, Lebensverkürzung im medizinischen Kontext, 2014.

8 bb) Durch **Unterlassen** geleistete Sterbehilfe **(passive Euthanasie)** kann als Tötungsdelikt nur bei Garantenstellung (→ § 13 Rn. 6) relevant werden. Nichtaufnahme oder Beendigung einer Intensivbehandlung, die das Leiden nicht mehr bessern, sondern nur noch das bevorstehende Sterben hinausschieben kann, ist trotz der Garantenstellung des Arztes erlaubt, wenn sie auf einer frei verantwortlichen (→ Rn. 13–13b) Entscheidung des Patienten oder dessen mutmaßlicher Einwilligung beruht (hM; BGHSt 37, 376 = NJW 1991, 2357; Otto, 56. DJT, Bd. I, Gutachten Teil D, S. 37; „offene Fragen" formuliert Schöch FS Hirsch, 1999, 693; sa § 214 I Nr. 1, 3 AE (SterbeH); Dölling MedR 1987, 6 (8); Achenbach Jura 2002, 542 (545); Ingelfinger, Grundlagen und Grenzbereiche des Tötungsverbots, 2004, S. 294; Kühl Jura 2009, 881 (885)). Der Arzt hat den auf Unterbleiben weiterer Behandlung gerichteten Patientenwillen zu respektieren, auch wenn dadurch der Eintritt des Todes beschleunigt wird (hM; vgl. GenStA Nürnberg NStZ 2008, 343; Kutzer MDR 1985, 710 (711); Schreiber NStZ 1986, 337 (341); Schreiber in Peukert/Fritsche/Bottke/Schreiber/Huber, Lebensverlängerung aus medizinischer, ethischer und rechtlicher Sicht, 1995, S. 134; Otto Jura 1999, 434 (437); NJW 2006, 2217 (2218); Giesen JZ 1990, 929 (936); Verrel JZ 1996, 224 (227); NStZ 2003, 449 (451); Saliger KritV 2001, 382 (398, 438); Neumann/Saliger in NK-StGB Rn. 107–110; Schneider in MüKoStGB Rn. 115; zur verfassungsrechtlichen Garantie dieser Sterbehilfe Lorenz JZ 2009, 57 (61); zur verfassungsrechtlichen Beurteilung auch Dreier JZ 2007, 317 (322); zum Sterbewillen des Suizidenten → Rn. 15).

Für die Ermittlung dieses Willens kann das sog. „Patiententestament" als Indiz zu Buch schlagen (zur umstrittenen Bedeutung im einzelnen Uhlenbruck NJW 1978, 566; ZRP 1986, 209 (215); MedR 1992, 134; Spann MedR 1983, 13; Sternberg-Lieben NJW 1985, 2734; Sternberg-Lieben FS Lenckner, 1998, 349; Sternberg-Lieben FS Seebode, 2008, 401; Saueracker, Die Bedeutung des Patiententestaments in der Bundesrepublik Deutschland aus ethischer, medizinischer und juristischer Sicht, 1990; Bottke in Peukert/Fritsche/Bottke/Schreiber/Huber, Lebensverlängerung aus medizinischer, ethischer und rechtlicher Sicht, 1995, S. 99; Schöch NStZ 1995, 153 (155) prognostiziert einen Bedeutungszuwachs; ebenso Saliger KritV 1998, 118 (137); Albrecht Intensiv- und Notfallbehandlung 2000, 185; OLG Frankfurt a. M. NJW 1998, 2747 (2749); Eisenbart, Patienten-Testament und Stellvertretung in Gesundheitsangelegenheiten, 1998; Ingelfinger ZfL 2005, 38 (41); JZ 2006, 821 (827); **für** grundsätzliche **Rechtsverbindlichkeit** Otto NJW 2006, 2217 (2219), einschr. Rieger, Die mutmaßliche Einwilligung in den Behandlungsabbruch, 1997, S. 78; Rönnau in LK-StGB Vor § 32 Rn. 172; eing. Popp ZStW 118 (2006), 639; sie ist durch die **gesetzliche** Regelung der **Patientenverfügung** in § 1901a BGB bekräftigt worden (dazu → Rn. 8c); aus zivilrechtlicher Sicht Schöllhammer, Die Rechtsverbindlichkeit des Patiententestaments, 1993; Uhlenbruck, Selbstbestimmtes Sterben durch Patienten-Testament, Vorsorgevollmacht, Betreuungsverfügung, 1997; Hager, Die Patientenverfügung, 2006; Coeppicus, Sterbehilfe, Patientenverfügung und Vorsorgevollmacht, 2006; Spickhoff NJW 2000, 2297 (2301); NJW 2004, 1710 (1719); NJW 2006, 1630 (1639) Fn. 156; Roth JZ 2004, 494; Milzer NJW 2004, 2277; May, Patientenverfügungen, 2005; Taupitz/Weber/Hassemer FS Laufs, 2006, 1107; Wüstenberg JA 2006, 64; aus verfassungsrechtlicher Sicht Dreier JZ 2007, 317 (323); rechtsvergleichend Füllmich NJW 1990, 2301; Eisenbart, Patienten-Testament und Stellvertretung in Gesundheitsangelegenheiten, 1998, S. 29; Bernat FS Deutsch, 1999, 443 (449); zu den gesetzlichen Wirksamkeitsvoraussetzungen Vossler ZRP 2002, 295 mit Erwiderung Strätling/Sedemund-Adib/Scharf/Schmucker ZRP 2003, 289; zur verfassungsrechtlich nicht zu beanstandenden „Auslegung" der Patientenverfügung durch den Arzt s. BVerfG NStZ-RR 2002, 169; für ein selbst entworfenes „Patientenautonomie- und Integritätsschutzgesetz" Höfling MedR 2006, 25). Empirisch (Richterbefragung) Höffling/Schäfer, Leben und Sterben in Richterhand?, 2006. Zu Sterbehilfe und Demenz Magnus NStZ 2013, 1; zu Autonomie und Paternalismus Magnus in Beck, Gehört mein Körper noch mir?, 2012, S. 421; Magnus, Patientenautonomie im Strafrecht, 2015 mit Bespr. Duttge JZ 2017, 999, Kudlich MedR 2016, 299, Schroth ZStW 129 (2017). Zu Bedeutung und Reichweite der Patientenautonomie Pawlik in Becker/Roth, Recht der Älteren, 2013, S. 127.

Nach jetzt wohl überwiegender Meinung besteht auch bei **Einwilligungsunfähigen** keine Rechtspflicht des Arztes, unaufhaltsam verlöschendes oder infolge irreversiblen Bewusstseinsverlusts geschädigtes Leben durch Reanimatoren, Stimulantien oder andere Mittel künstlich zu verlängern (Eser ZStW 97 (1985), 1 (32); Anschütz MedR 1985, 17; Otto, 56. DJT, Bd. I, Gutachten Teil D, S. 34; Hirsch FS Lackner, 1987, 597 (601); Dölling MedR 1987, 6 (9); Pelzl KJ 1994, 179 (183); Joecks/Jäger StGB Rn. 39–49; aus ärztlicher Sicht v. Lutterotti ZME 1993, 3 (7); zur ethischen Problematik Gründel MedR 1985, 2). Diese Grundsätze gelten nicht nur für die passive Sterbehilfe ieS (auch sog. „Hilfe beim Sterben") sondern nach der Rspr. auch für Fälle, in denen der Sterbevorgang noch nicht eingesetzt hat (passive Sterbehilfe iwS, auch sog. „Hilfe zum Sterben"; insbes. beim sog. „apallischen Syndrom" oder Wachkoma, dazu Saliger KritV 2002, 383 (418); Höfling, Das sogenannte Wachkoma, 2005 mit Bespr. Laufs MedR 2005, 736). Entscheidend ist bei einwilligungsunfähigen Patienten deren (zB in einem „Patiententestament" geäußerte; insoweit übereinstimmend BGHSt 40, 257 (263) = NJW 1995, 204; BGHZ 154, 205 = NJW 2003, 1588; NJW 2014, 3572 mit Bespr. Boemke NJW 2015, 378; Röthel Jura 2015, 418 zu § 1901 a BGB; BGH NJW 2017, 1735 mit Bespr. Boemke NJW 2017, 1709; dazu auch Sternberg-Lieben FS Eser, 2005, 1185 (1190)) **mutmaßlicher Wille,** an dessen Annahme hier erhöhte Anforderungen gestellt werden (zu den Kriterien für die Feststellung Wunder MedR 2004, 319); kann dieser nicht ermittelt werden, so ist auf allgemeine Wertvorstellungen zurückzugreifen, wobei im Zweifel der Schutz des Lebens Vorrang hat (BGHSt 40, 257 = NJW 1995, 204 mit zust. Bespr. Helgerth JR 1995, 338; Schöch NStZ 1995, 153; Zielinski Arztrecht 1995, 188; Verrel JZ 1996, 224; Günther in Kitagawa, Das Recht vor der Herausforderung eines neuen Jahrhunderts, 1998, S. 445; Otto JK StGB § 212 Rn. 2; zust. auch Albrecht FS Schreiber, 2005, 551 (573); Witteck KritV 2003, 163 (175); Eisele StrafR BT I Rn. 161; Neumann/Saliger in NK-StGB Rn. 117–124; krit. aber Merkel ZStW 107 (1995), 545; Vogel MDR 1995, 337; Bernsmann ZRP 1996, 87; Rönnau JA 1996, 108; Scheffler in Joerden, Der Mensch und seine Behandlung in der Medizin, 1999, S. 268; Scheffler in Joerden/Neumann, Medizinethik, Bd. 2, 2001, S. 52; Höfling JuS 2000, 111 (116); Hirsch FG BGH, 2000, 199 (222); Dreier JZ 2007, 317 (323); Verrel FS Jakobs, 2007, 715 (720); sa GenStA Nürnberg NStZ 2008, 343; Otto Jura 1999, 434 (436); NJW 2006, 2217 (2220), Roxin in Roxin/Schroth MedStrafR S. 97–100; Bernat FS Deutsch, 1999, 443 (455); Arzt FS Schreiber, 2005, 583; Stratenwerth FS Schreiber, 2005, 893; eing. und krit. Weimer, Der tödliche Behandlungsabbruch beim Patienten im apallischen Syndrom, 2004, der eine Rechtfertigung nach § 34 für möglich hält, mit Bespr. Ulsenheimer MedR 2006, 188; zusf. Achenbach Jura 2002, 542 (546); Kühl Jura 2009, 881 (885); aus ärztlicher und medizinischer Sicht Weißauer/ 8a

Opderbecke MedR 1995, 456; Dörner ZRP 1996, 93; Hiersche FS Hanack, 1999, 697). Die so vom BGH in Strafsachen gestaltete Rechtslage ist durch die Entscheidung eines Zivilsenats insofern unsicher geworden, als man diese so verstehen kann, dass das Selbstbestimmungsrecht des Patienten selbst bei Vorliegen eines „Patiententestaments" nur beachtlich sei, wenn das Grundleiden noch keinen irreversiblen tödlichen Verlauf genommen hat (BGHZ 154, 205 = NJW 2003, 1588 mit überwiegend krit. Bespr. Deutsch NJW 2003, 1567; Höfling/Rixen JZ 2003, 884; Hohloch JuS 2003, 818; Hufen ZRP 2003, 248; Kutzer ZRP 2003, 209; Sonnen NKrimPol 2003, 116; Spickhoff JZ 2003, 732; Stackmann NJW 2003, 1568; Stoffers DNotZ 2003, 855; Uhlenbruck NJW 2003, 1710; Verrel NStZ 2003, 449; Heyers JuS 2004, 100 (101); Holzhauer ZRP 2004, 41; Saliger MedR 2004, 237 (240); Otto JK StGB § 216 Rn. 6; krit. auch Sternberg-Lieben FS Eser, 2005, 1185 (1196); Ulsenheimer FS Eser, 2005, 1225 (1230); im Gefolge dieser Entscheidung überzeugend bei feststellbarem mutmaßlichen Willen LG Heilbronn NJW 2003, 3783 mit zust. Bespr. Bertram NJW 2004, 988).

8b Ungeklärt ist das Verhältnis der mutmaßlichen Einwilligung zum **Betreuungsrecht** (zu dessen Neugestaltung durch §§ 1901 a, 1901 b, 1904 BGB, → Rn. 8 c), insbes. die Frage, ob und wann die Entscheidung eines Betreuers sowie die Genehmigung von dessen Entscheidung durch das Vormundschaftsgericht herbeigeführt werden muss (vgl. dazu Helgerth JR 1995, 338; Lilie in Fischer/Lilie, Ärztliche Verantwortung im europäischen Rechtsvergleich, 1999, S. 83, 145; Schöch NStZ 1995, 153; Vogel MDR 1995, 337; Weißauer/Opderbecke MedR 1995, 456; Zielinski Arztrecht 1995, 188; Bernsmann ZRP 1996, 87; Verrel JZ 1996, 224; sowie Deichmann MDR 1995, 983; Steffen NJW 1996, 1581; Weise ZRP 1997, 344; Tolmein MedR 1997, 534 (535); Schreibauer Betreuungsrechtliche Praxis 1997, 217; Saliger KritV 1998, 118; JuS 1999, 16; Eisenbart, Patienten-Testament und Stellvertretung in Gesundheitsangelegenheiten, 1998, S. 198, Sternberg-Lieben FS Lenckner, 1998, 349 (370); Coeppicus NJW 1998, 3381, Rieger, Die mutmaßliche Einwilligung in den Behandlungsabbruch, 1997, S. 115; Ankermann MedR 1999, 387; Lipp in Wolter/Riedel/Taupitz, Einwirkungen der Grundrechte an das Zivilrecht, Öffentliches Recht und Strafrecht, 1999, S. 75; Otto Jura 1999, 434 (439); Schöch FS Hirsch, 1999, 693 (708); Zöller ZRP 1999, 317; Kutzer ZRP 2000, 402; MedR 2001, 77; Scheffen ZRP 2000, 313; Spickhoff NJW 2000, 2297 (2301); Popp ZStW 118 (2006), 639 (676)); beides ist beim Vorliegen eines Patiententestaments nicht erforderlich (Eisenbart, Patienten-Testament und Stellvertretung in Gesundheitsangelegenheiten, 1998, S. 241). Die Zivilgerichte beginnen, die vom BGH vorgezeichnete Lösung zu übernehmen, und verlangen analog § 1904 BGB eine **vormundschaftliche Genehmigung** der Einwilligung des Betreuers bei Einwilligungsunfähigkeit des Betroffenen (OLG Frankfurt a. M. NJW 1998, 2747 mit Bespr. Knieper NJW 1998, 2720; Bienwald FamRZ 1998, 1138; Laufs NJW 1998, 3399; NJW 1999, 1761; Müller-Freienfels JZ 1998, 1123; Seitz ZRP 1998, 417; Hohloch JuS 1998, 1062; Nickel MedR 1998, 520; Alberts NJW 1999, 835; Frister JR 1999, 73; Saliger JuS 1999, 16; Verrel JR 1999, 5; KritV 2001, 440; OLG Frankfurt a. M. NJW 2002, 689; OLG Düsseldorf NJW 2001, 2807; OLG Karlsruhe NJW 2002, 685; LG Duisburg NJW 1999, 2744 mkritAnm Albrecht MedR 2000, 431; Albrecht FS Schreiber, 2005, 551 (565); der Rspr. zust. Lipp DRiZ 2000, 231; Fröschle JZ 2000, 72 (79); anders jetzt aber LG München NJW 1999, 1788 mit zust. Bespr. Schlund JR 2000, 65; Stockmann MedR 2003, 490 (493); dazu Spickhoff NJW 2002, 1758 (1766); abl. aber Gründel NJW 1999, 3391; LG Augsburg NJW 2000, 2363; OLG Brandenburg NJW 2000, 2361; gegen die Analogie auch Dodegge

NJW 2000, 2704 (2710); Strätling/Fieber/Sedemund-Adib/Schmucker MedR 2004, 434 (436) mit verfassungsrechtlichen Bedenken; für eine gesetzliche Regelung Eberbach MedR 2000, 267; Laufs NJW 2001, 1757 (1765); aus zivilrechtlicher Sicht Heyers, Passive Sterbehilfe bei entscheidungsfähigen Patienten und das Betreuungsrecht, 2001); gegen eine Analogie zu § 1904 BGB inzwischen BGHZ 154, 205 = NJW 2003, 1588, wo aber die Entscheidungszuständigkeit des Vormundschaftsgerichts im Wege der Rechtsfortbildung aus einem unabweisbaren Bedarf des Betreuungsrechts abgeleitet wird (krit. Deutsch NJW 2003, 1567; Hufen ZRP 2003, 248; Spickhoff JZ 2003, 732; Stackmann NJW 2003, 1568; Czerner KritV 2004, 182; Ingelfinger, Grundlagen und Grenzbereiche des Tötungsverbots, 2004, S. 319; Otto NJW 2006, 2217 (2218); eher zust. Heyers JuS 2004, 100 (103); Strätling/Fieber/Sedemund-Adib/Schmucker MedR 2004, 434; erläuternd Hahne FamRZ 2003, 1619); diese Entscheidung hat nicht die erforderliche Rechtsklarheit gebracht (Spickhoff NJW 2004, 1710 (1719)). Bei einem nicht unmittelbar bevorstehenden Tod des irreversibel tödlich Erkrankten wird neben der vormundschaftlichen Genehmigung des vom Betreuer gewünschten Behandlungsabbruchs die Bestellung eines Verfahrenspflegers für erforderlich gehalten (OLG Karlsruhe NJW 2004, 1882). Eine vormundschaftliche Genehmigung ist jedenfalls dann nicht erforderlich, wenn Arzt und Betreuer eine Lebensverlängerung übereinstimmend ablehnen (BGH NJW 2005, 2385 mkritAnm Höfling JZ 2006, 145; LG Berlin NJW 2006, 3014; krit. auch Spickhoff NJW 2006, 1630 (1639)).

Nicht nur die zuletzt angesprochene Thematik der vormundschaftlichen Genehmigung, sondern auch die davor thematisierte Frage der Rechtsverbindlichkeit des „Patiententestaments" sind durch das Dritte Gesetz zur Änderung des Betreuungsrechts v. 29.7.2009, das am 1.9.2009 in Kraft getreten ist (BGBl. I 2286), weitgehend einer Klärung zugeführt worden (näher zu dieser Neuregelung der §§ 1901a, 1901b, 1904 BGB Beckmann MedR 2009, 582; Dodegge NJW 2009, 2727 (2730); Höfling NJW 2009, 2849; Olzen JR 2009, 354; Diehn/Rebhan NJW 2010, 326; Reus JZ 2010, 80; Spickhoff NJW 2010, 172; zur Diskussion um Wirksamkeit und Reichweite der Patientenverfügung davor zusf. Sternberg-Lieben FS Amelung, 2009, 325 (345); eine prozedurale Rechtfertigung bzw. Legalisierung erkennen hier Saliger FS Hassemer, 2010, 599 (608); Neumann/Saliger in NK-StGB Rn. 134, →Rn. 6). Im Rahmen der Sterbehilfe hat die **Patientenverfügung** Bedeutung für entscheidungsunfähig gewordene Patienten, deren mutmaßlicher Wille ermittelt werden muss, weil sie nicht mehr nach ihrer Einwilligung oder Ablehnung („Patientenveto") gefragt werden können (Rengier StrafR BT II § 7 Rn. 11, 12; monographisch Borrmann, Akzessorietät des Strafrechts zu den betreuungsrechtlichen (Verfahrens-)Regelungen die Patientenverfügung betreffend (§ 1901a BGB), 2016 mit Bespr. Windhöfel ZfL 2016, 121); die Ermittlung dieses Willens ist ohne eine Patientenverfügung schwieriger. Nach § 1901a I BGB muss die Patientenverfügung von einem einwilligungsfähigen Volljährigen (beachte jedoch Spickhoff NJW 2010, 172, klare Verfügungen eines Minderjährigen sind ein Indiz für den Willen des einwilligungsfähig gewordenen Minderjährigen) schriftlich abgefasst sein, umgesetzt aber kann sie nur werden, wenn sie die lebenserhaltenden/lebensbeendigenden Maßnahmen hinreichend bestimmt umschreibt (Rengier StrafR BT II § 7 Rn. 14). Nach § 1901a I BGB kann die Verfügung „jederzeit formlos widerrufen werden". Eine Pflicht, sich vor der Verfügung beraten zu lassen, gibt es nicht (Fischer Rn. 50; krit. Höfling NJW 2009, 2849 (2852)). Klärend ist auch der Verzicht auf eine sog. Reichweitenbeschränkung durch § 1901a III BGB – „unabhängig von Art und Stadium der Erkrankung des Betreuten" – (Ren- **8c** gier StrafR BT II § 7 Rn. 14; Neumann/Saliger in NK-StGB Rn. 117), so dass die eigentliche Sterbephase noch nicht begonnen haben muss (Wessels/Beulke/Satzger StrafR AT Rn. 381 a; Wessels/Hettinger/Engländer StrafR BT I Rn. 39, 39 a). Es wurde keine Aktualisierungspflicht statuiert; allerdings hat der Betreuer nach § 1901 a I 1 BGB zu prüfen, ob die Festlegungen in der Patientenverfügung (noch) „auf die aktuelle Lebens- und Behandlungssituation zutreffen". Ist das der Fall, so hat er nach § 1901 a I 2 BGB „dem Willen des Betreuten Ausdruck und Geltung zu verschaffen"; für ihn, aber auch den behandelnden Arzt oder das Pflegepersonal, ist die Patientenverfügung **verbindlich** (Kühl JA 2009, 881 (886) mit Hinweis auf BT-Drs. 16/13314, 22; ebenso Rengier StrafR BT II § 7 Rn. 17; Wessels/Beulke/Satzger StrafR AT Rn. 381 a; Fischer Rn. 52; Eser/Sternberg-Lieben in Schönke/Schröder Vor § 211 Rn. 28 e). Ist das nicht der Fall (oder liegt keine Patientenverfügung vor), hat nach § 1901 a II 1 BGB der Betreuer den mutmaßlichen Willen festzustellen und auf dessen Grundlage zu entscheiden. Die Ermittlung hat „aufgrund konkreter Anhaltspunkte" zu erfolgen (§ 1901 a II 2 BGB): „zu berücksichtigen sind insbes. frühere mündliche oder schriftliche Äußerungen, ethische oder religiöse Überzeugungen oder sonstige persönliche Wertvorstellungen des Betreuten" (§ 1901 a II 3 BGB); dabei soll zB Angehörigen „Gelegenheit zur Äußerung" gegeben werden (§ 1901 b II BGB). Während dies dem bisherigen Recht zur mutmaßlichen Einwilligung und wohl auch der Praxis entspricht, schafft § 1904 BGB Klarheit hinsichtlich der Aufgaben des **Betreuungsgerichts.** Seiner Genehmigung bedarf es nicht, wenn zwischen Arzt und Betreuer „Einvernehmen" (§ 1904 IV BGB) besteht (Rengier StrafR BT II § 7 Rn. 20; Neumann/Saliger in NK-StGB Rn. 134). Ist eine Genehmigung erforderlich, so ist sie am Willen des Betreuten auszurichten und bezieht sich auf den Antrag des Betreuers (Neumann/Saliger in NK-StGB Rn. 135: keine selbständige Entscheidungskompetenz). Die Neuregelung aufgreifend erklärt der BGH die einer von einem Betreuer geprüften Einwilligung entsprechende Tötung der einwilligungsunfähig gewordenen Patientin durch ihre Kinder mittels Durchschneiden des Schlauchs der Magensonde zur künstlichen Ernährung zu Recht für straflos (BGHSt 55, 191 = NJW 2010, 2963 mit Bespr. Bosch JA 2010, 908; Hecker JuS 2010, 1027; Gaede NJW 2010, 2925; Verrel NStZ 2010, 671; Brunhöber JuS 2011, 401 (404); Dölling ZIS 2011, 345; Duttge MedR 2011, 36; Engländer JZ 2011, 513; Eidam GA 2011, 232; Hecker JuS 2011, 1027; Hirsch JR 2011, 37; Uhlig/Joerden JR 2011, 369; Walter ZIS 2011, 76; Wasserburg NStZ 2013, 152; Wolfslast/Weinrich StV 2011, 286; Dannecker/Streng NStZ 2014, 673 (678); Geppert JK StGB § 216 Rn. 8; zum Fall auch Joerden FS Roxin II, 2011, 593; Rosenau FS Rissing-van Saan, 2011, 547; Zieschang FS Knemeyer, 2012, 449; Roxin GA 2013, 313 (316); Streng FS Frisch, 2013, 739; Kühl StrafR AT § 18 Rn. 19; diese Rspr. mit ihrer Bindung an das Betreuungsrecht wird fortgesetzt und verstärkt durch BGH NJW 2011, 161 mit Bespr. Jäger JA 2011, 309; Olzen/Mestmacher JR 2011, 318; BGH NJW 2014, 3572 mit Bespr. Simon medstra 2015, 214; Röthel Jura 2015, 418 zu § 1901 BGB; Boemke NJW 2015, 378; Duttge JZ 2015, 43; Wasserburg NStZ 2013, 153; näher auch Kühl StrafR AT § 18 Rn. 19).

8d In allen Fällen der Aussichtslosigkeit ist auch der **tätige Behandlungsabbruch** nicht tatbestandsmäßig (hM; zusf. Achenbach Jura 2002, 542 (547); anders Bockelmann, Das Strafrecht des Arztes, 1968, S. 114, 125); er kommt zB beim Abschalten des Reanimators auf Veranlassung des behandelnden Arztes, nicht eines außenstehenden Dritten (→ § 216 Rn. 6) in Frage, aber zB auch bei einer schriftlichen Anweisung des Arztes an das Pflegepersonal, den Patienten nur noch mit Tee zu ernähren (BGHSt 40, 257 (265) = NJW 1995, 204; zust. Helgerth JR 1995, 338; Schöch FS Hirsch, 1999, 693 (708); Vogel MDR 1995, 337; Zielinski Arztrecht 1995, 188; Verrel NStZ 2010, 671; krit. aber Merkel, Früheuthanasie, 2001, S. 200, 215; Rönnau JA 1996, 108; auch zB bei Durchschneiden des Schlauchs der Magensonde zur künstlichen Ernährung (BGHSt 55, 191 = NJW 2010, 2963). Seine Einbeziehung wird überwiegend mit seinem Sinngehalt als bloßes **Unterlassen der Weiterbehandlung** erklärt (so zutr. zB Geilen JZ 1968, 145 (151); Roxin FS Engisch, 1969, 380 (395); Roxin/Greco StrafR AT II § 31 Rn. 115–123; Engisch FS Dreher, 1977, 309 (325); Herzberg JZ 1988, 182 (186); Jäger ZStW 115 (2003), 765 (769); Ingelfinger, Grundlagen und Grenzbereiche des Tötungsverbots, 2004, S. 308; Czerner JR 2005, 94 (98); Führ Jura 2006, 265 (269); Kühl Jura 2008, 881 (886); Ransiek JuS 2010, 490 (493); Ast, Normentheorie und Strafrechtsdogmatik 2009, S. 148, 190; Marxen StrafR BT § 1 Rn. 1a; Neumann/Saliger in NK-StGB Rn. 126; Schneider in MüKoStGB Rn. 119; Bosch in Schönke/Schröder, Vor § 13 Rn. 160; **aM** Kargl GA 1999, 459 (478); Otto Jura 1999, 434 (438); Winter, Der Abbruch rettender Kausalität, 2000, S. 86; Gropp GS Schlüchter, 2002, 173, die Unterlassungskonstruktion sei ein dogmatischer „Kunstgriff"; zust. Fischer Rn. 60; Herzberg FS Röhl, 2003, 270 (283); Walter ZStW 116 (2004), 555 (563); Gimbernat Schünemann-Symposium, 2005, 163 (188); Haas, Kausalität und Rechtsverletzung, 2002, S. 232; Mosenheuer, Unterlassen und Beteiligung, 2009, S. 42 mit zust. Bespr. Bachmann ZIS 2010, 349; BWME StrafR AT § 15 Rn. 33; Jescheck/Weigend StrafR S. 604; Stein in SK-StGB Vor § 13 Rn. 82; Rissing-van Saan/Rosenau in LK-StGB, Rn. 18; krit. Pelzl KJ 1994, 179 (186); Witteck KritV 2003, 163 (171); Hettinger FG Paulus, 2009, 73 (82)), teils auch mit Erwägungen über den Schutzzweck der Norm (zB Sax JZ 1976, 429 (438); Samson FS Welzel, 1974, 579 (601); Rissing-van Saan/Rosenau in LK-StGB, Rn. 16), mit dem Gesichtspunkt zulässigen Abbruchs eines rettenden Kausalverlaufs (Küpper/Börner StrafR BT I Kap. I § 1 Rn. 22; Stoffers MDR 1992, 621, der zu Unrecht auch Eingriffe Dritter voll einbezieht; dagegen auch Roxin StrafR AT II § 31 Rn. 123 Fn. 174), mit der „Erwartung der Rechtsordnung" (Schneider, Tun und Unterlassen beim Abbruch lebenserhaltender medizinischer Behandlung, 1997, S. 175) oder mit einer Differenzierung nach Organisationskreisen von Arzt und Patient (Jakobs FS Schewe, 1991, 72; ähnlich Merkel, Früheuthanasie, 2001, S. 241, 245). Der BGH erkennt hier ein dem krankheitsbedingten Sterben „seinen Lauf lassen" und grenzt dies von einer „auf eine Lebensbeendigung gerichteten Tötung" ab (BGHSt 55, 191 = NJW 2010, 2963; Kudlich StrafR BT II Fall 2); die Annahme eines aktiven Tuns wird zwar „wortgewaltig" begründet (dem BGH zust. Bosch JA 2010, 908 (910); Engländer JZ 2011, 513 (517); Fischer FS Roxin II, 2011, 557 (569); Hirsch JR 2011, 37; Rosenau FS Rissing-van Saan, 2011, 547 (557); auch Wessels/Hettinger/Engländer StrafR BT I Rn. 37; Wessels/Beulke/Satzger StrafR AT Rn. 705), überzeugt aber nicht, denn der Sache nach wird die weitere Behandlung unterlassen (Kühl StrafR AT § 18 Rn. 17; ebenso Frister StrafR AT § 22 Rn. 8; Hillenkamp in Anderheiden/Eckart, Handbuch Sterben und Menschenwürde, 2012, S. 349, 367; Roxin GA 2013, 313 (316); Streng FS Frisch, 2013, 739 (754); Neumann/Saliger in NK-StGB Rn. 126) und wirft unnötige Probleme mit § 216 auf (krit. Zieschang FS Knemeyer, 2012, 449 (469); Joerden FS Roxin II, 2011, 593; Kahlo FS Frisch, 2013, 711 (731); Pawlik FS Wolter, 2013, 626 (629); Frister StrafR AT § 22 Rn. 10; Eser/Sternberg-Lieben in Schönke/Schröder Rn. 28b; für eine teleologische Reduktion des § 216 Walter ZIS 2011, 76; ebenso Pawlik FS Wolter, 2013, 626 (630)). Eine § 34-Rechtfertigung ist sowohl bei Tun als auch Unterlassen möglich (Mosenheuer, Unterlassen und Beteiligung, 2009, S. 42; sa Kühl StrafR AT § 18 Rn. 19).

9 3. **Ein anderer Mensch** muss getötet werden; dies ergibt sich zwar nicht schon aus dem Wortlaut, ist aber unstreitig (Kühl JA 2009, 321 (324); Mitsch in Leipold/Tsambikakis/Zöller Rn. 11). Die Selbsttötung ist weder grundrechtlich garantiert (hM; aus verfassungsrechtlicher Sicht Kunig in v. Münch/Kunig GG Art. 1 Rn. 36, Selbsttötung; Kunig in v. Münch/Kunig GG Art. 2 Rn. 50; vgl. aber Dreier JZ 2007, 317 (318); anders ua Wagner, Selbstmord und Selbstmordverhinderung, 1975, S. 84; Bottke, Suizid und Strafrecht, 1982, S. 55; Bottke GA 1982, 346; sowie Bottke in Bottke, Familie als zentraler Grundwert demokratischer Gesellschaften, 1994, S. 44, 96, 106; Bemmann FS Klug, 1983, 563 (568); Ostendorf GA 1984, 308; Wassermann DRiZ 1986, 291; Günzel, Das Recht auf Selbsttötung, seine Schranken und die strafrechtlichen Konsequenzen, 2000, S. 19, 99; Maurach/Schroeder/Maiwald/Hoyer/Momsen StrafR BT § 1 Rn. 19; einschr. Neumann/Saliger in NK-StGB Rn. 43–45 Fn. 179, Recht auf menschenwürdiges Sterben; diff. Fink, Selbstbestimmung und Selbsttötung, 1992 mit krit. Bespr. Bottke JR 1994, 42; Neumann GA 1995, 86) noch – entgegen der Rspr. (BGHSt 46, 279 (285) = NJW 2001, 1802 zu Recht mkritAnm Duttge NStZ 2001, 546; Sternberg-Lieben JZ 2002, 154; krit. auch Kühl FS Schreiber, 2005, 959 (964); Kühl FS Kühne, 2013, 15 (27); Kühl FS Kerner, 2013, 621 (633); Dreier JZ 2007, 317 (319)) – umgekehrt rechtlich verboten (Kühl JahrbRuE 2006, 243; nach Zaczyk, Strafrechtliches Unrecht und die Selbstverantwortung des Verletzten, 1993, S. 26, ist die Selbstverletzung als solche kein Unrecht, die Selbsttötung kein Totschlag; kein Fremdverletzungsunrecht nach Jakobs StrafR AT Abschn. 21 Rn. 58; Roxin FS Jakobs, 2007, 571 (572); Ingelfinger, Grundlagen und Grenzbereiche des Tötungsverbots, 2004, S. 220); daher auch kein Straftatbestand (Mitsch JuS 1995, 787 (790); Dölling FS Maiwald, 2010, 119; Schroeder ZStW 106 (1994), 565, der § 216 zur Begr. anführt; Bechtel JuS 2016, 882; Rissing-van Saan/Rosenau in LK-StGB, Rn. 21; Neumann/Saliger in NK-StGB Rn. 37–41; aus philosophischer Sicht Höfte, Kritik der Freiheit, 2015, S. 75, Zwischenfazit zum Freitod; rechtsvergleichend Simson, Die Suizidtat, 1976; Baumgarten, The right to die, 1998; interdisziplinär Haesler/Schuh, Der Selbstmord, 1986; Pohlmeier/Schöch/Venzlaff, Suizid zwischen Medizin und Recht, 1996; Wolfslast/Schmidt, Suizid und Suizidversuch, 2005; speziell zum sog. **„erweiterten Suizid“** unter psychologischen, soziologischen und strafrechtlichen Aspekten Witteck JA 2009, 292, Foerster FS Hamm, 2008, 83 (90); beim sog. **„ärztlich assistierten Suizid“** geht es um die Frage, ob auf Verlangen Ärzte „Beihilfe“ zur Tötung von Personen leisten dürfen, die selbst nicht mehr zur Ausführung eines Suizids imstande sind, dazu Schubarth SchwZStrR 2009, 3 (9); Schreiber FS Jakobs, 2007, 615; Lindner NJW 2013, 136; Roxin GA 2013, 313 (322); Roxin in Roxin/Schroth MedStrafR S. 108; Duttge MedR 2014, 621; Jäger JZ 2015, 875; Saliger medstra 2015, 132 (138); Sowada ZfL 2015, 34; Hilgendorf PflR 2016, 556; Neumann, Die Mitwirkung am Suizid als Straftat?, 2015, 314; Schroth FS Yamanaka, 2017, 349, Saliger in NK-StGB § 217 Rn. 21, 22; rechtshistorisch Rehbach DRiZ 1986, 241; Jakobs, Tötung auf Verlangen, Euthanasie und Strafrechtssystem, 1998, S. 5; Dreier JZ 2007, 317). Zur Suizidhilfe Duttge/Simon NStZ 2017, 512.

10 **a)** aa) **„Versuch, Anstiftung und Beihilfe“** zur Selbsttötung (dazu rechtshistorisch Heinrich in GS Tröndle, 2019, S. 539)445 sind folglich nicht tatbestandsmäßig (hM; vgl. etwa BGHSt 32, 367 = NJW 1984, 2639; Achenbach Jura 2002,

542; Roxin in Roxin/Schroth MedStrafR S. 104; Dölling FS Maiwald, 2010, 119; Kühl Jura 2010, 81; Otto ZfL 2015, 77 (79); Kubiciel ZRP 2015, 194; anders Bringewat JuS 1975, 155; ZStW 87 (1975), 623, der einen gewohnheitsrechtlich anerkannten Tatbestand der Selbsttötung postuliert und darauf die Strafbarkeit des Teilnehmers nach § 28 II gründet; Schmidhäuser FS Welzel, 1974, 801; sowie Klinkenberg JR 1978, 441; JR 1979, 183, die den Unrechtstatbestand bejahen, aber Entschuldigung des Suizidenten annehmen; Schilling JZ 1979, 159, der das Teilnahmeargument ganz verwirft und das Ergebnis an den für die Einwilligung geltenden Regeln orientiert; methodisch abweichend auch Neumann JA 1987, 244; Hohmann/König NStZ 1989, 304, die mit Recht darauf hinweisen, dass die Abgrenzung nicht in den Regelungsbereich der Vorschriften über die Beteiligung mehrerer (§§ 25 II, 26, 27) falle; krit. Krack KJ 1995, 60 (62); anders auch Köhler JahrbRuE 2006, 425 (442); Matthes-Wegfraß, Der Konflikt zwischen Eigenverantwortung und Mitverantwortung im Strafrecht, 2013, S. 143, die auf ein allgemeines Rechtsprinzip der Eigenverantwortung abstellt; zur Abgrenzung von Suizidbeihilfe und Tötung auf Verlangen Roxin GA 2013, 313 (318)). Für eine durch Art. 3 I GG gebotene Gleichbehandlung der Mitwirkung an einer freiverantwortlichen Selbstverletzung und der konsentierten Fremdverletzung de lege ferenda Krack KJ 1995, 60 (75). Im Alternativentwurf Sterbebegleitung wird gefordert, die Unterstützung einer **Selbsttötung aus Gewinnsucht** unter Strafe zu stellen (zum § 215a AE-StGB vgl. Schöch/Verrel GA 2006, 553 (581); krit. Kühl JahrbRuE 2006, 243 (257); Duttge GA 2006, 584; Neumann/Saliger HRRS 2006, 287; Schroth GA 2006, 570, für wucherähnlichen Tatbestand; Hilgendorf JahrbRuE 2007, 479; krit. zur Strafwürdigkeit organisierter Sterbehilfe Hilgendorf JZ 2014, 545: unnötig und letztlich verfassungswidrig; krit. zu allen Entwürfen Schöch FS Kühl, 2014, 585 (zu § 217 → Rn. 25). – Zur Verpflichtung des Staates, Todkranken Medikamente zur Selbsttötung zur Verfügung zu stellen neuerdings NJW 2017, 2211 (2213); dazu Schütz/Sitte NJW 2017, 2155; Sachs JuS 2017, 800; Brade/Tänzer NVwZ 2017, 1435. – Zum ungarischen Strafrecht Filó ZStW 117 (2005), 952. Die politische Umsetzung durch das Bundesgesundheitsministerium ist aber auch in der 19. Legislaturperiode nicht erfolgt.

bb) Aus Gründen der Widerspruchsfreiheit des Rechts muss auch die **fahrlässige Mitverursachung** der Selbsttötung ausscheiden (BGHSt 24, 342 = NJW 1972, 1207 mAnm Welp JR 1972, 427; Roxin FS Gallas, 1973, 241 (243); Zaczyk, Strafrechtliches Unrecht und die Selbstverantwortung des Verletzten, 1993, S. 48; Mitsch JuS 1995, 787 (790); Achenbach Jura 2002, 542 (545); Roxin FS Schreiber, 2005, 399 (400); Kühl Jura 2010, 81; Neumann/Saliger in NK-StGB Rn. 61; Hoyer in SK-StGB Anh. zu § 16 Rn. 50; krit. Geilen JZ 1974, 145; Murmann, Die Selbstverantwortung des Opfers im Strafrecht, 2005, S. 321; Freund/Rostalski StrafR AT § 5 Rn. 70–77; Hellmann in Krey/Hellmann/Heinrich StrafR BT I Rn. 117; aM Weber FS Spendel, 1992, 371 (379)), soweit sie sich in der Veranlassung, Ermöglichung oder Förderung eines frei verantwortlich (→ Rn. 12–13b) begangenen Selbsttötungsakts erschöpft, also keine selbständigen Bedingungen für den Tod setzt (Rissing-van Saan/Rosenau in LK-StGB, Rn. 23); wäre die Mitwirkung im Falle des Vorsatzes wegen der eigenhändigen Vornahme der irreversiblen Tötungshandlung eine Tötung auf Verlangen nach § 216, so soll bei fahrlässiger Unkenntnis der tödlichen Wirkung des eingesetzten Mittels (die Waffe wurde zB für ungeladen gehalten) eine fahrlässige Tötung nach § 222 vorliegen (BGH NJW 2003, 2326 mit zT krit. Bespr. Herzberg NStZ 2004, 1; Engländer Jura 2004, 234 (237); Rautenkranz JA 2004, 190; Küpper JuS 2004, 757; Hecker/Witteck 11

JuS 2005, 397; Duttge NStZ 2006, 266 (271); Otto JK StGB § 216 Rn. 7; OLG Nürnberg NJW 2003, 454 mit zust. Bespr. Herzberg NStZ 2004, 1; Jura 2004, 670; krit. Engländer JZ 2003, 747; Duttge NStZ 2006, 266 (271); der Rspr. zust. Murmann, Die Selbstverantwortung des Opfers im Strafrecht, 2005, S. 343, 364; Gössel/Dölling StrafR BT I § 2 Rn. 104; Rengier StrafR BT II § 20 Rn. 26; Sternberg-Lieben/Schuster in Schönke/Schröder, § 15 Rn. 166a; Eser/Sternberg-Lieben in Schönke/Schröder § 222 Rn. 5; Eisele FS Kühl, 2014, 159 (165); abl. Kühl StrafR AT § 20 Rn. 138; Kühl Jura 2010, 81 (82); Roxin FS Otto, 2007, 441; Roxin/Graeco StrafR AT I § 11 Rn. 126–130; Roxin Täterschaft/Tatherrschaft S. 625; Wessels/Beulke/Satzger StrafR AT Rn. 684a); dies erscheint aber dann nicht berechtigt, wenn der die Tötungshandlung Ausführende als Werkzeug des allein das Tötungsgeschehen überblickenden Opfers agiert (krit. auch Duttge FS Otto, 2007, 237 (245); Stratenwerth/Kuhlen StrafR AT § 15 Rn. 38 Fn. 51; Wessels/Hettinger/Engländer StrafR BT I Rn. 65a; Neumann/Saliger in NK-StGB Vor § 211 Rn. 61, § 222 Rn. 5; Puppe in NK-StGB Vor § 13 Rn. 185; zum Fall fahrlässiger Nichtverhinderung eines § 216 Roxin FS Schreiber, 2005, 399 (400); ebenso Eser/Sternberg-Lieben in Schönke/Schröder § 222 Rn. 5, kein § 222; dagegen Herzberg NStZ 2004, 1 (8)). Auch positives Tun sog. „Beschützergaranten" gehört hierher; es kann nicht als Fremdtötung durch Unterlassen gedeutet werden (hM; anders Geilen JZ 1974, 145 (153); Herzberg NJW 1986, 1635 (1638); JZ 1988, 182 (183); zw.). Fehlt die freie Verantwortlichkeit des Suizidenten, so kommt fahrlässige Tötung oder Körperverletzung in Betracht (OLG Stuttgart NJW 1997, 3103; Günzel, Das Recht auf Selbsttötung, seine Schranken und die strafrechtlichen Konsequenzen, 2000, S. 189; dabei ist eine Begrenzung der Sorgfaltspflicht von Ärzten bei der Behandlung suizidgefährdeter Patienten aus therapeutischen Gründen geboten (näher Schöch in Pohlmeier/Schöch/Venzlaff, Suizid zwischen Medizin und Recht, 1996, S. 81, 90).

12 cc) Aus dieser Rechtslage folgert die Rspr. zutr. weiter (aM Puppe in NK-StGB Vor § 13 Rn. 184), dass **frei verantwortlich gewollte und verwirklichte Selbstgefährdungen** nicht als Tötung oder Körperverletzung tatbestandsmäßig sind und dass deshalb auch nicht wegen eines solchen Delikts strafbar sein kann, wer die Selbstgefährdung lediglich veranlasst, ermöglicht oder erleichtert (BGHSt 32, 262 = NJW 1984, 1469 mit Bespr. Seier JA 1984, 533; Kienapfel JZ 1984, 751; Roxin NStZ 1984, 411; Otto Jura 1984, 536; Horn JR 1984, 513; Dach NStZ 1985, 24; Herzberg JA 1985, 265 (269); Stree JuS 1985, 179; zum Fall auch Murmann, Die Selbstverantwortung des Opfers im Strafrecht, 2005, S. 388, 398; BGHSt 46, 279 (288) = NJW 2001, 1802 mit Bespr. Duttge NStZ 2001, 546; Heuchemer JA 2001, 627; Rigizahn JR 2002, 430; Sternberg-Lieben JZ 2002, 153; Otto JK StGB § 34 Rn. 3; BGHSt 49, 34 (39) = NJW 2004, 1054; BGHSt 53, 55 (60) = NJW 2009, 1155 mit Bespr. Neumann Jura 2017, 160 (161); Jura 2017, 288 (290) mit Bespr. Walther HRRS 2009, 560; Kudlich StrafR BT II Fall 5a; BGHSt 59, 150 (167) = BeckRS 2014, 4267 mit Bespr. Bruns NJW 2011, 341 (342); Drogenarzt-Fall mit Bespr. Jäger JA 2011, 474; Jahn JuS 2011, 372; Kotz JR 2011, 267; Puppe JZ 2011, 911; Stam StV 2011, 536; Bosch JK StGB § 227 Rn. 6; Fall 52 bei Jäger ExRep StrafR AT Rn. 46; Kühl StrafR AT § 4 Rn. 88; Beer ZJS 2017, 536; krit. Biewald, Regelmäßiges Verhalten und Verantwortlichkeit, 2003, S. 120; BGH NStZ 2016, 406; StV 2017, 668 (670); Matthes-Wegfraß, Der Konflikt zwischen Eigenverantwortung und Mitverantwortung im Strafrecht, 2013, S. 49; Stefanopoulou, Verantwortlichkeit und Schuldzumessung in Mitwirkungsfällen, 2018, Teil 3, eigenverantwortliche Selbstgefährdung

und einverständliche Fremdgefährdung; zusf. Geppert Jura 2001, 490; Christmann Jura 2002, 679; Lasson ZIS 2009, 359; Kühl JA 2009, 321 (326); speziell für Gefährdung durch Missbrauch von Betäubungsmitteln anders Weber FS Spendel, 1992, 371; Zaczyk, Strafrechtliches Unrecht und die Selbstverantwortung des Verletzten, 1993, S. 60 mit insoweit krit. Bespr. Neumann GA 1995, 36; sowie BGHSt 53, 288 = NJW 2009, 2611 mit Bespr. Walther HRRS 2009, 560; für Strafbarkeit zur Vermeidung von Wertungswidersprüchen zu §§ 29, 30 BtMG Sternberg-Lieben FS Puppe, 2011, 1283 (1297); für die Gefährdung durch **Doping**-Mittel dagegen der Rspr. folgend Otto SpuRt 1994, 10; Ahlers, Doping und strafrechtliche Verantwortlichkeit, 1994, S. 109; Rain, Die Einwilligung des Sportlers beim Doping, 1998, S. 30; Kühl in Vieweg, Doping, 1998, S. 77, 81; Mitsch NStZ 2000, 641 (642); Jahn in Vieweg, Prisma des Sportrechts, 2006, S. 33; Sternberg-Lieben ZIS 2011, 583; Oğlakcioğlu, Der Allgemeine Teil des Betäubungsmittelstrafrechts, 2013, S. 128 diff. zwischen § 29 und § 30 I BtMG; Ott, Strafwürdigkeit und Strafbedürftigkeit des Selbstdopings im Leistungssport, 2013; eing. Schild, Sportstrafrecht, 2002, S. 144, 147). Übertriebener sportlicher Ehrgeiz schließt die freiverantwortliche Entscheidung von Läufern nicht aus (AG Garmisch-Partenkirchen SpuRt 2011, 127, Zugspitzlauf mit Bespr. Jahn JuS 2011, 844). Matthes-Wegfraß, Der Konflikt zwischen Eigenverantwortung und Mitverantwortung im Strafrecht, 2013.

Die Tatbestandsmäßigkeit entfällt nicht, wenn der Täter in Folge **überlegenen Sachwissens** die Größe des Risikos besser erkennt (BGHSt 53, 55 (60) = NJW 2009, 1155; BGHSt 59, 150 (167) = BeckRS 2014, 4267 mit Praxiskommentar Patzak NStZ 2014, 715 und Bespr. Kudlich JA 2014, 392; Kaspar HRRS 2014, 463; Ullmann/Pollähne StV 2014, 631; BGH NStZ 1986, 266; NJW 2000, 2286; zust. Kretschmer Jura 2000, 267 (275); BGH NJW 2003, 2326 mit Bespr. Duttge NStZ 2006, 266 (271); StV 2014, 601 mAnm Greco medstra 2015, 44; Bosch medstra 2015, 165; BayObLG NJW 2003, 371 mit Bespr. Freund/Klapp JR 2003, 431; Duttge NStZ 2006, 266 (274); AG Saalfeld NStZ 2006, 100 mit zust. Bespr. Kudlich Jura 2006, 570; Riemenschneider MedR 1998, 17 (21); Roxin in LK-StGB, § 25 Rn. 115; eine determinierende Risikoförderung verlangt zusätzlich Walther, Eigenverantwortlichkeit und strafrechtliche Zurechnung, 1991, S. 177; einschr. auf beim Opfer fehlende Risikokenntnis Neumann/Saliger in NK-StGB § 222 Rn. 3; sa BGH NStZ 2011, 341 mit Bespr. Jahn JuS 2011, 372; Kotz JR 2011, 267; Puppe JZ 2011, 911; Stam StV 2011, 536; BayObLG NStZ 1997, 341), dies vorgibt (OLG Karlsruhe NZV 1996, 325) oder bei Fahrlässigkeitsdelikten besser erkennen kann als der andere (Rissing-van Saan in LK-StGB, 11. Aufl., § 222 Rn. 21 (von Krüger in 12. Aufl. nicht übernommen); ebenso Hardtung NStZ 2001, 206 (207) gegen BGH NJW 2000, 2286 (2287)). Die Freiverantwortlichkeit fehlt nicht nur, wenn autonomes Handeln etwa wegen einer Intoxikationspsychose ausgeschlossen ist (BGH NStZ 1983, 72), sondern auch bei einem die Selbstverantwortlichkeit betreffenden Irrtum (BGH NStZ 1986, 266 (267); BGHSt 53, 288 (290) = NJW 2009, 2611, Heroin statt Kokain mit krit. Bespr. Walther HRRS 2009, 560; Weißer FS Wolter, 2013, 541 (545); Lange/Wagner NStZ 2011, 67, zust. Frisch JuS 2010, 120 Fn. 36; Eisele JuS 2012, 577 (583)). Mit dieser Neuorientierung ist die frühere Rspr. überholt, die Strafbarkeit wegen fahrlässiger Tötung oder Körperverletzung häufig ohne Prüfung der Eigenverantwortlichkeit des Opfers bejaht hatte (vgl. etwa BGHSt 7, 112 = NJW 1955, 472; BGHSt 17, 359 = NJW 1963, 165; BGH NStZ 1981, 350; zu Ausnahmen und Grenzfällen beachte jedoch BGHSt 37, 179 = NJW 1991, 307, nach BtMG verbotene Beteiligungs- **12a** handlung, mAnm Rudolphi JZ 1991, 572; Beulke/Schröder NStZ 1991, 393; Hohmann MDR 1991, 1117; krit. zu dieser Entscheidung auch Roxin/Greco StrafR AT I § 11 Rn. 112; und Neumann/Saliger in NK-StGB § 222 Rn. 9, zust. aber Hardtung in MüKoStGB § 222 Rn. 25; BGH NStZ 1992, 489 mAnm Helgerth JR 1993, 419; sowie BGHSt 39, 322 = NJW 1994, 205 mit Bespr. Alwart NStZ 1994, 84; Amelung NStZ 1994, 338; Sowada JZ 1994, 663; Derksen NJW 1995, 240; Günther StV 1995, 78; Bernsmann/Zieschang JuS 1995, 775; Kretschmer SpuRt 2002, 4; sa Frisch FS Nishihara, 1998, 66; Schünemann GA 1999, 207 (222); Murmann, Die Selbstverantwortung des Opfers im Strafrecht, 2005, S. 439, 481, wo dem Brandstifter der Tod des „freiwilligen" Retters als fahrlässige Tötung zugerechnet wird, weil der **Retter,** dem ein einsichtiges Motiv für die gefährliche Rettungshandlung gesetzt werde, in den Schutzbereich der vom Täter verletzten Norm falle (der Entscheidung zust. Hardtung in MüKoStGB § 222 Rn. 24; Puppe in NK-StGB Vor § 13 Rn. 186, 186a, krit. Kühl JA 2009, 321 (327); Roxin FS Puppe, 2011, 909; abl. Neumann/Saliger in NK-StGB § 222 Rn. 10); beachte auch OLG Celle NJW 2001, 2816 mkritAnm Walther StV 2002, 367; Duttge NStZ 2006, 266 (274); sowie OLG Stuttgart NJW 2008, 1971 mit krit. Bespr. Furukawa GA 2010, 169; Kudlich JA 2008, 740; Puppe NStZ 2009, 333; Radtke/Hoffmann NStZ-RR 2009, 52; Radtke FS Puppe, 2011, 831; Geppert JK StGB § 222 Rn. 7, zu unvernünftigen Rettungsversuchen Rettungspflichtiger; gegen eine berufs- und statusbezogene Unterscheidung Radtke/Hoffmann GA 2007, 201; eing. Strasser, Die Zurechnung von Retter-, Flucht- und Verfolgersachverhalten im Strafrecht, 2008 mit krit. Bespr. Duttge GA 2010, 245; Thier, Zurechenbarkeit von Retterschäden bei Brandstiftungsdelikten, 2009 mit Bespr. Kuhli HRRS 2009, 517). Auch in sog. **Verfolger**-Fällen geht es um die Verursachung frei verantwortlicher Selbstgefährdungen von Verfolgern, deren objektive Zurechnung zweifelhaft ist (vgl. Stuckenberg FS Puppe, 2011, 1039; auch Roxin FS Puppe, 2011, 909 (926); monografisch Otto, Strafrechtliche Zurechnungsprobleme bei den sogenannten Verfolgerfällen, 2007; Murmann GK StrafR § 23 Rn 90a; zum Zivilrecht BGH NJW 2012, 1951 mit Bespr. Mäsch JuS 2012, 1029; Musielak JA 2013, 241 (245)). Der Sache nach ist die Straflosigkeit bloßer Förderung frei verantwortlicher Selbstgefährdungen weithin anerkannt (diff. Köhler MDR 1992, 739). Jedoch sind Grund, Grenzen und dogmatische Einordnung umstritten (zusf. Lasson ZIS 2009, 359 (360–362)). Teils wird die Straflosigkeit aus dem Teilnahmeargument (so namentlich die Rspr.; krit. dazu Ingelfinger, Grundlagen und Grenzbereiche des Tötungsverbots, 2004, S. 222; Murmann, Die Selbstverantwortung des Opfers im Strafrecht, 2005, S. 391), daneben aber auch aus dem Schutzzweck der Norm (Roxin/Greco StrafR AT I § 11 Rn. 107–120), dem Prinzip der Eigenverantwortlichkeit (Neumann JA 1987, 244; sa Zaczyk, Strafrechtliches Unrecht und die Selbstverantwortung des Verletzten, 1993, S. 19), viktimodogmatisch (Schünemann GA 1999, 207 (222); krit. Puppe GA 2009, 486 (493)) oder den allgemeinen Regeln zur Bestimmung des erlaubten Risikos abgeleitet (Frisch NStZ 1992, 1 (62), der die Fälle der Opferbeteiligung auf der Grundlage der von ihm vertretenen Unrechtslehre (Frisch, Tatbestandsmäßiges Verhalten und Zurechnung des Erfolgs, 1988) in die Fragestellung einordnet, ob das von dem anderen eingegangene Risiko nach der jeweiligen Interessenlage rechtlich zu „missbilligen" ist; ähnlich Freund, Erfolgsdelikt und Unterlassen, 1992, S. 199, der schon einen Verhaltensnormverstoß verneint, und Murmann, Die Selbstverantwortung des Opfers im Strafrecht, 2005, S. 318, 325; krit. zu diesen Begründungen Timpe JR 2014, 52 (57); sa Duttge in MüKoStGB § 15 Rn. 153); kein Zurechnungsproblem, sondern eines der Bestimmung und Begrenzung von Sorgfaltspflichten sieht Puppe in NK-StGB Vor § 13 Rn. 182.

12b Die Anerkennung der tatbestandslosen Selbstgefährdung macht eine Abgrenzung von der gerechtfertigten **einverständlichen Fremdgefährdung** (→ § 228 Rn. 2b; erstmals propagiert von Roxin 1973: Roxin FS Gallas, 1973, 241) erforderlich (Dölling GA 1984, 71 (80); Zaczyk, Strafrechtliches Unrecht und die Selbstverantwortung des Verletzten, 1993, S. 55; Roxin/Greco StrafR AT I § 11 Rn. 121–136; Roxin GA 2012, 655 (657); Jetzer, Einverständliche Fremdgefährdung im Strafrecht, 2015; sa Otto FS Tröndle, 1989, 157; Otto SpuRt 1994, 10 (14); sowie Walther, Eigenverantwortlichkeit und strafrechtliche Zurechnung, 1991, S. 227; speziell für Sportverletzungen Berkel, Der Sportunfall im Lichte des Strafrechts, 2007, S. 92, 104; aM Frisch, Tatbestandsmäßiges Verhalten und Zurechnung des Erfolgs, 1988; Murmann, Die Selbstverantwortung des Opfers im Strafrecht, 2005, S. 336; anders auch Fiedler, Zur Strafbarkeit der einverständlichen Fremdgefährdung, 1990, S. 152, 170, der die Unterscheidung verwirft und die nichtstrafwürdigen Fälle nach dem sog. „viktimologischen Prinzip" ausscheidet; krit. zur Unterscheidung als Grundlage der dogmatischen Behandlung des Opferverhaltens Cancio Melia ZStW 111 (1999), 357 (368), der auf den Selbstverantwortungsgrundsatz abstellt; dagegen Luzón Peña GA 2011, 302 (308), der auf die Kontrollmöglichkeit des Opfers abstellt; dagegen Roxin GA 2012, 655 (669); dafür auch Hellmann FS Roxin, 2001, 271 (282); dagegen Duttge FS Otto, 2007, 227 (246); eine Verteidigung der Einwilligungslösung findet sich bei Menrath, Die Einwilligung in ein Risiko, 2013; zusf. Lasson ZIS 2009, 359 (363); Timpe JR 2014, 52). Wegen des Strukturunterschieds zwischen den beiden Formen der Opferbeteiligung (dazu Neumann JA 1987, 244 (251)) ist ihre wertmäßige Gleichstellung nicht überzeugend begründbar (hM; vgl. etwa Dölling FS Gössel, 2002, 209 (213); anders Göbel, Die Einwilligung im Strafrecht als Ausprägung des Selbstbestimmungsrechts, 1992, S. 99; Jakobs StrafR AT Abschn. 7 Rn. 120; abl. Radtke FS Puppe, 2011, 831 (840); abw. auch Roxin/Greco StrafR AT I § 11 Rn. 123; Roxin JZ 2009, 399 (400); GA 2012, 655 (663), der eine solche Gleichstellung für bestimmte einverständliche Fremdgefährdungen befürwortet; krit. zu Roxins Gleichstellungsvoraussetzungen Hellmann FS Roxin, 2001, 271 (280); zust. von der Meden JZ 2015, 22 (27); ebenso Geppert Jura 2001, 490 (493); OLG Zweibrücken JR 1994, 518 mzustAnm Dölling, für den Fall, dass das spätere Opfer seine Gefährdung durch die ungesicherte Mitnahme im Laderaum eines Pkw-Kombi im selben Umfang wie der Fahrzeugführer erkannt hat; für eine Gleichbehandlung „im Ergebnis" Beulke FS Otto, 2007, 207 (217); Roxin GA 2012, 655 (666); sa OLG Koblenz BA 2002, 483 mAnm Heghmanns). Die Abgrenzung dürfte denselben (umstrittenen) Regeln folgen, die für die Unterscheidung der Selbsttötung von der Tötung auf Verlangen entwickelt worden sind (→ § 216 Rn. 3; krit. Roxin/Greco StrafR AT I § 11 Rn. 135; str.); die Rspr. nimmt als **Abgrenzungskriterium** die **„Trennungslinie zwischen Täterschaft und Teilnahme"** (BGHSt 49, 34 (39) = NJW 2004, 1054; BGHSt 53, 55 (60) = NJW 2009, 1155; BGH NJW 2003, 2326 (2327); zust. für das Fremddoping Sternberg-Lieben ZIS 2011, 583; für analoge Heranziehung Wessels/Beulke/Satzger StrafR AT Rn. 190; krit. Murmann FS Puppe, 2011, 767; Puppe GA 2009, 486 (487); Renzikowski HRRS 2009, 347 (349); Walter NStZ 2013, 673; eing. Fiedler, Das Doping minderjähriger Sportler, 2013, S. 42); wer einem anderen eigenhändig Heroin injiziert, begeht wegen der Tatherrschaft über die Gefährdungshandlung eine Fremdgefährdung (BGHSt 49, 34 (39) = NJW 2004, 1054 mit

Bespr. Otto JK StGB Vor § 13 Rn. 17; dazu auch Jahn ZIS 2006, 57 (59)); „Gefährdungsherrschaft“ soll auch der Fahrer eines sog. „Beschleunigungsrennens“ haben (BGHSt 53, 55 (60) = NJW 2009, 1155 mkritAnm Kühl NJW 2009, 1158; weitere krit., iE aber meist zust. Bespr. von Brüning ZJS 2009, 194; Kudlich JA 2009, 389; Jahn JuS 2009, 370; Lasson ZIS 2009, 359; Timpe ZIS 2009, 175; Puppe GA 2009, 486 (487); Renzikowski HRRS 2009, 347 (349); Roxin JZ 2009, 399 (402); zur Entscheidung auch Dölling FS Geppert, 2011, 54 (56); Walter NStZ 2013, 673; Timpe JR 2014, 52 (58, 61); Duttge in MüKoStGB § 15 Rn. 159; dem BGH zust. auch Bock StrafR AT Fall 2, S. 37; Rengier StrafR BT II § 20 Rn. 34); dass § 315 c nur eigenhändig durch Führen eines Fahrzeugs begangen werden kann, spielt für die „Gefährdungsherrschaft“ iSd § 222 keine Rolle (Renzikowski HRRS 2009, 347 (349); anders wohl Jahn JuS 2009, 370; Roxin GA 2012, 655 (660), der – präzisierend – darauf abstellt, von wem die Gefährdung ausgeht). Außerdem hängt der Anwendungsbereich strafloser Selbstgefährdungen auch von den umstrittenen Fragen ab, unter welchen Voraussetzungen das Opfer frei verantwortlich handelt (→ Rn. 13–13b; zusf. Lasson ZIS 2009, 359 (362), der hier für die Exkulpationslösung plädiert; speziell zur Freiverantwortlichkeit Drogenabhängiger für Selbstschädigungen durch den Gebrauch von Suchtstoffen Amelung NJW 1996, 2393) und wie weit das Prinzip auch auf Tun und Unterlassen von Garanten anwendbar ist (→ Rn. 14–16).

12c Sexualkontakte mit **AIDS-Risiko** sind danach regelmäßig Selbstgefährdungen oder -verletzungen (dazu Otto FS Tröndle, 1989, 157 (166); Kühl JA 2009, 321 (324)), wenn die beteiligten Partner mit gleichem Gefahrwissen handeln (BayObLG NJW 1990, 131 mAnm Dölling JR 1990, 474; ebenso Bottke in Schünemann/Pfeiffer, Die Rechtsprobleme von AIDS, 1988, S. 171, 182; Prittwitz JA 1988, 427 (431); Wokalek/Köster MedR 1989, 286; Zaczyk, Strafrechtliches Unrecht und die Selbstverantwortung des Verletzten, 1993, S. 58; Rengier StrafR BT II § 20 Rn. 16; mit anderem Ansatz für Straflosigkeit auch Hugger JuS 1990, 972; offen gelassen BGHSt 36, 1 (17) = NJW 1989, 781; aM Helgerth NStZ 1989, 261; Schünemann JR 1989, 89 (92); Schünemann in Busch/Heckmann/Marks, HIV/AIDS und Straffälligkeit, 1991, S. 93, 231; sowie Schünemann in Szwarc, AIDS und Strafrecht, 1996, S. 9; Frisch JuS 1990, 362 (363); NStZ 1992, 62 (66); Hellmann FS Roxin, 2001, 271 (273); Roxin/Greco StrafR AT I § 11 Rn. 133, die einverständliche Fremdgefährdung annehmen, wobei Roxin GA 2012, 655 (665), diese analog zur Selbstgefährdung als tatbestandsausschließend bewertet). Verschweigt jedoch ein Partner seine Ansteckungsfähigkeit, so kommt wegen seines überlegenen Sachwissens eine in mittelbarer Täterschaft begangene (versuchte oder vollendete) Fremdverletzung in Frage, und zwar auch dann, wenn er zu einer sog. Risikogruppe gehört (hM; vgl. BGHSt 36, 1 (17) = NJW 1989, 781; Herzberg JZ 1989, 470 (473); Rengier Jura 1989, 225 (230); Meier GA 1989, 207 (220); Schünemann GA 1999, 207 (222); aM Bruns MDR 1989, 200; diff. Schünemann JR 1989, 89 (90)); allerdings bedarf dann der (regelmäßig nur bedingte) Vorsatz besonderer Prüfung (→ § 224 Rn. 10). Sexualkontakte unter sachgerechter und lückenloser Verwendung eines Kondoms bewegen sich iRd erlaubten Risikos (→ Vor § 32 Rn. 29) und sind daher nicht tatbestandsmäßig (Prittwitz JA 1988, 427 (437); Herzberg JR 1989, 470 (474); Kunz SchwZStR 1990, 39 (49); Knauer GA 1998, 428 (439); Kühl StrafR AT § 4 Rn. 90; so ist wohl auch BGHSt 36, 1 (16) = NJW 1989, 781 zu verstehen; aM Rengier Jura 1989, 225 (231); Fischer Vor § 32 Rn. 13; diff. Herzberg in Szwarc, AIDS und Strafrecht, 1996, S. 61, 82; dagegen Bottke in Bottke, Familie als zentraler Grundwert demokratischer Gesellschaften, 1994, S. 277, 293). Zum sog.

„Pozzing" – bewusste Durchführung des Geschlechtsverkehrs mit einem HIV-positiven Partner mit dem Ziel, sich zu infizieren – Brand/Lotz JR 2011, 513.

b) Ein Suizid kann auch als **Fremdtötung in mittelbarer Täterschaft** zu beurteilen sein (OLG München NJW 1987, 2940). Das setzt voraus, dass sich das Gesamtgeschehen als Werk des steuernden Hintermanns darstellt, dieser also den Suizidenten in der Hand hat (→ § 25 Rn. 2). Der Maßstab für die Abgrenzung ist umstritten (zusf. Mitsch JuS 1995, 888; Achenbach Jura 2002, 542 (543); Otto Jura 2003, 100 (101); Günzel, Das Recht auf Selbsttötung, seine Schranken und die strafrechtlichen Konsequenzen, 2000, S. 189). 13

aa) In Fällen **beeinträchtigter Verantwortungsfähigkeit und des Zwanges** hält ein Teil der Lehre den Tötungsakt nur dann für unfrei, wenn er unter Voraussetzungen vorgenommen wird, die denen der §§ 19, 20, 35 StGB (OGHSt 2, 5 (7)) oder des § 3 JGG (BGH NStZ 1985, 25) entsprechen (Roxin FS Dreher, 1977, 331 (343); sowie → § 25 Rn. 125–127; Hirsch JR 1979, 429 (432); Bottke, Suizid und Strafrecht, 1982, S. 247, 256; Bottke GA 1983, 22 (31); Dölling GA 1984, 71; Zaczyk, Strafrechtliches Unrecht und die Selbstverantwortung des Verletzten, 1993, S. 36, 43; Günzel, Das Recht auf Selbsttötung, seine Schranken und die strafrechtlichen Konsequenzen, 2000, S. 178; Schünemann in LK-StGB § 25 Rn. 72; Schneider in MüKoStGB Rn. 54–63; für Fälle des Zwanges ähnlich Göbel, Die Einwilligung im Strafrecht als Ausprägung des Selbstbestimmungsrechts, 1992, S. 113, der jedoch eine Analogie zum rechtfertigenden Nötigungsnotstand (→ § 34 Rn. 2) annimmt; sa Heine/Weißer in Schönke/Schröder, § 25 Rn. 13). 13a

Mit überzeugenden Gründen, vor allem gestützt auf den Strukturunterschied zwischen Selbst- und Fremdschädigung (→ Rn. 12), auf die Notwendigkeit einer Harmonisierung mit § 216 und auf die Ergebnisse der Suizidforschung (dazu Bochnik MedR 1987, 216; Pohlmeier in Pohlmeier/Schöch/Venzlaff, Suizid zwischen Medizin und Recht, 1996, S. 33), wird demgegenüber der Bereich unfreien Handelns weiter ausgedehnt (Maurach/Gössel/Zipf StrafR AT II, 7. Aufl. 1989, § 48 Rn. 91) und eine frei verantwortliche Entscheidung nur bejaht, wenn der Suizidentschluss nach der **Einwilligungslehre** Ausdruck eines ernstlichen (autonomen) Verlangens nach dem eigenen Tod ist (vgl. etwa Geilen JZ 1974, 145 (151); Herzberg NJW 1986, 1635 (1636); JZ 1988, 182 (183); Brandts Jura 1986, 495 (496); Otto Jura 1987, 246 (256); Frisch, Tatbestandsmäßiges Verhalten und Zurechnung des Erfolgs, 1988, S. 165; Freund, Erfolgsdelikt und Unterlassen, 1992, S. 205; Krack KJ 1995, 60 (64); Laber, Der Schutz des Lebens im Strafrecht, 1997, S. 254; Chatzikostas, Die Disponibilität des Rechtsguts Leben, 2001, S. 299; Ingelfinger, Grundlagen und Grenzbereiche des Tötungsverbots, 2004, S. 228; Rengier FS Kühl, 2014, 383; Hellmann in Krey/Hellmann/Heinrich StrafR BT I Rn. 92; Wessels/Hettinger/Engländer StrafR BT I Rn. 48; Rössner/Wenkel in HK-StrafR Rn. 11; Rissing-van Saan/Rosenau in LK-StGB, Rn. 25–32; Neumann/Saliger in NK-StGB Rn. 65; krit. Bernsmann Geilen-Symposium, 2003, 9 (16); sa Meyer, Ausschluss der Autonomie durch Irrtum, 1984, S. 221). Kritisch zu beiden Ansätzen Achenbach in Ochsmann, Lebens-Ende, 1991, S. 137, 144, Gössel/Dölling StrafR BT I § 2 Rn. 86; Dölling FS Maiwald, 2010, 119 (123); für eine Kumulation beider Ansätze Mitsch in Leipold/Tsambikakis/Zöller Rn. 16; zusf. Gropp in Pohlmeier/Schöch/Venzlaff, Suizid zwischen Medizin und Recht, 1996, S. 13, 24.

bb) In Fällen der **Täuschung** genügt die Herbeiführung eines Motivirrtums für sich allein nicht (Kühl Jura 2010, 81 (82); anders Eisele StrafR BT I Rn. 184; vgl. Dölling FS Maiwald, 2010, 119 (127)). Irrtumsherrschaft liegt hier nur vor, wenn 13b das Opfer die Bedeutung des Todes als Lebensbeendigung verkennt (BGHSt 32, 38 = NJW 1983, 2579 mit Bespr. Roxin NStZ 1984, 71; Schmidhäuser JZ 1984, 195; Sippel NStZ 1984, 357; Neumann JuS 1985, 677; Muñoz Conde ZStW 106 (1994), 547 (559); Freund/Rostalski StrafR AT § 10 Rn. 60f., 98, str.) oder wenn der Suizidentschluss infolge des Irrtums nicht mehr als Ausdruck eines ernstlichen (autonomen) Verlangens nach dem Tode gedeutet werden kann (weiter einschr. die strengere Lehre, die folgerichtig das Herbeiführen einer den § 20 oder § 35 entsprechenden psychischen Verfassung voraussetzt, Charalambakis GA 1986, 485; Roxin in LK-StGB, § 25 Rn. 106, Schünemann/Greco in LK-StGB § 25 Rn. 107; einschr. verlangt Zaczyk, Strafrechtliches Unrecht und die Selbstverantwortung des Verletzten, 1993, S. 45 eine solche Verengung der Entscheidungssituation des Opfers, dass in Wahrheit der Täter die Entscheidung trifft). Entscheidungserheblich ist deshalb namentlich, ob die dem Verlangen zugrundeliegende Einwilligung nach den für sie geltenden allgemeinen, allerdings zT umstrittenen Regeln (→ § 228 Rn. 8) wirksam ist (dazu Brandts/Schlehofer JZ 1987, 442; ähnlich Neumann JA 1987, 244 (249), der zwischen Irrtümern verschiedener Rechtsgutsnähe unterscheidet). Als Maßstab ungeeignet ist dagegen – ebenso wie bei § 216 – bloße Herrschaft über das Geschehen, wenn sie nicht zugleich die Mitherrschaft des Opfers aufhebt und dessen Selbsttötung zu einer im vorstehenden Sinne unfreien macht (→ § 216 Rn. 3).

14 **c)** aa) Auch für **Garanten** (→ § 13 Rn. 6) gelten grds. die unter → Rn. 10–12 beschriebenen Regeln (hM; OLG München NJW 1987, 2940 (2942); OLG Zweibrücken NStZ 1995, 89 mAnm Horn JR 1995, 304; Dölling FS Maiwald, 2010, 119 (130); Roxin/Greco StrafR AT I § 11 Rn. 111; Sternberg-Lieben/Schuster in Schönke/Schröder § 15 Rn. 166; zT abw. Herzberg JA 1985, 177 (265, 271); JZ 1988, 182 (183); offen gelassen in BGHSt 32, 262 = NJW 1984, 1469; ferner BGH NStZ 1983, 117 mit krit. Bespr. Eser NStZ 1984, 49 (56); BGHSt 46, 279 = NJW 2001, 1802 (1805); zum Verhältnis von Eigenverantwortlichkeit und Garantenpflichten s. Walther, Eigenverantwortlichkeit und strafrechtliche Zurechnung, 1991, S. 207). Die hM lässt von diesem Grundsatz keine Ausnahmen zu, verkennt dabei aber, dass die Garantenpflicht nach den besonderen Umständen des Einzelfalls auch die Pflicht zur Verhütung von Selbstgefährdungen einschließen kann, zB beim Arbeitgeber, der die zur Unfallverhütung erforderlichen Schutzvorkehrungen unterlässt (OLG Naumburg NStZ-RR 1996, 229 mit abl. Bespr. Puppe Jura 1997, 408 (411); Otto JK StGB Vor § 13 Rn. 9; Seier JuS 1984, 706 (708); Freund, Erfolgsdelikt und Unterlassen, 1992, S. 209; Neumann/Saliger in NK-StGB § 222 Rn. 7), oder beim Arzt, dessen Hilfe der Patient gerade im Hinblick auf seine Neigung zur Selbstgefährdung (zB zum Drogenmissbrauch) oder zum Suizid in Anspruch genommen hat (Herzberg NJW 1986, 1635 (1638); Otto ZfL 2015, 77 (80) Fn. 33; aA LG Gießen ZfL 2013, 31 mit abl. Bespr. Bosch JK StGB § 213 Rn. 48). Ob und bis zu welchen Grenzen solche Ausnahmen anzuerkennen sind, ist noch wenig geklärt (sa Herzberg JZ 1986, 1021).

15 bb) Von dieser letzten Einschränkung abgesehen ist ein Garant, der eine **frei verantwortliche Selbsttötung nur geschehen lässt,** nicht als Unterlassungstäter strafbar (hM; vgl. etwa Gallas JZ 1960, 649; Engisch FS Dreher, 1977, 309 (317); Roxin FS Dreher, 1977, 331 (349); Bottke GA 1983, 22 (33); Dölling MedR 1987, 6 (10); Laber, Der Schutz des Lebens im Strafrecht, 1997, S. 266; Günzel, Das Recht auf Selbsttötung, seine Schranken und die strafrechtlichen Konsequenzen, 2000, S. 190; Müssig, Mord und Totschlag, 2005, S. 417; Freund StrafR AT

§ 6 Rn. 52–56; Rössner/Wenkel in HK-StrafR Rn. 12; Neumann/Saliger in NK-StGB Rn. 77–82; abl. Herzberg JA 1985, 177; zusf. Achenbach Jura 2002, 542 (544); Otto Jura 2003, 100 (102); Kühl Jura 2010, 81; aus der Rspr. LG Gießen BeckRS 2012, 15337 mit Bespr. Bosch JK StGB § 13 Rn. 47), es sei denn, dass nach der Tötungshandlung der Wille des Suizidenten weiterzuleben erkennbar wird (hM; vgl. etwa Otto NJW 2006, 2217 (2222); krit. Herzberg JA 1985, 177). Demgegenüber nimmt die uneinheitliche und im Kern widersprüchliche (dazu Schreiber FG BGH, 2000, 503 (525); Rissing-van Saan/Rosenau in LK-StGB, Rn. 24) Rspr. grds., dh vorbehaltlich von Ausnahmen auf Grund einer Abwägung im Einzelfall, Strafbarkeit an, wenn der Suizident – etwa in Folge von Bewusstlosigkeit – die Herrschaft über das Geschehen verloren hat und der Garant eine noch bestehende Rettungsmöglichkeit nicht nutzt (BGHSt 32, 367 = NJW 1984, 2639 mit abl. Bespr. Schmitt JZ 1984, 866; Eser MedR 1985, 6; Sowada Jura 1985, 75; Gropp NStZ 1985, 97; Schultz JuS 1985, 270; Ranft JZ 1987, 908 (911); abl. auch Otto, 56. DJT, Bd. I, Gutachten Teil D, S. 65; Otto NJW 2006, 2217 (2222); sowie Otto ZfL 2015, 77 (80); Tröndle ZStW 99 (1987), 25 (44); Pelzl KJ 1994, 179 (182); Verrel JZ 1996, 224 (229); zust. jedoch Herzberg JA 1985, 177; JZ 1986, 1021; JZ 1988, 182 (184); Kutzer MDR 1985, 710; Lipp in Laufs/Katzenmeier/Lipp ArztR Kap. IV Rn. 20–24; sa BGHSt 2, 150 = NJW 1952, 552; BGH NJW 1960, 1821; BayObLG NJW 1973, 565; einschr. BGHSt 13, 162 = NJW 1959, 1694; OLG Düsseldorf NJW 1973, 2215; gegen eine solche Verpflichtung des Notarztes bei einem freiverantwortlichen Bilanzsuizid LG Deggendorf ZfL 2014, 95; sa LG Gießen NStZ 2013, 43; Fischer Rn. 25; Putz medstra 2015, 19). Abgesehen davon, dass die frei verantwortliche Verwirklichung des Sterbewillens häufig als Entlassung des Garanten aus seiner Beschützerstellung gedeutet werden muss (so mit Recht OLG München NJW 1987, 2940 (2943); Küpper/Börner StrafR BT I Kap. I § 1 Rn. 9; Rengier StrafR BT II § 8 Rn. 14; sa Achenbach Jura 2002, 542 (544); Albrecht FS Schreiber, 2005, 551 (577); Hillenkamp FS Küper, 2007, 123 (133); ähnlich Mitsch JuS 1996, 309 (310), die Entbindung von der Garantenpflicht macht die tatbestandliche Tötung durch Unterlassen zu einer nicht rechtswidrigen Tötung), ist schon die Annahme, dass die Garantenpflicht gegenüber diesem Willen vorrangig sei (so BGHSt 32, 367 = NJW 1984, 2639; krit. BGH NStZ 1988, 127 mAnm Rippa NStZ 1988, 553), mit den allgemeinen, für das Selbstbestimmungsrecht des Patienten geltenden Regeln unvereinbar (hM; vgl. etwa Otto, 56. DJT, Bd. I, Gutachten Teil D, S. 65; Herzberg JZ 1988, 182 (184); Freund, Erfolgsdelikt und Unterlassen, 1992, S. 269).

cc) Eine **Rettungspflicht aus Ingerenz** (→ § 13 Rn. 11) lässt sich nicht auf das **16**
Fördern eines frei verantwortlich begangenen Selbsttötungsversuchs stützen, weil sich der erforderliche Schutzzweckzusammenhang (→ § 15 Rn. 43) nicht ohne Wertungswiderspruch begründen lässt (OLG München NJW 1987, 2940 (2944); aM BGH NStZ 1984, 452 mit abl. Bespr. Fünfsinn StV 1985, 57; Stree JuS 1985, 179; BGHSt 33, 66 = NJW 1985, 690 (691) mablAnm Roxin NStZ 1985, 320; sa Schultz JuS 1985, 270 (274); Mitsch JuS 1996, 309 (310); sehr weit BGH NStZ 2012, 319 (320) mAnm Brüning ZJS 2012, 691; Hecker JuS 2012, 755; Kudlich JA 2012, 470; Murmann NStZ 2012, 387; Oğlakcioğlu NStZ-RR 2012, 246; Bosch JK StGB § 13 Rn. 47; Unterlassen bei bewußter Selbstgefährdung BGHSt 61, 21 = NJW 2016, 176 mit Bespr. Schiemann NJW 2016, 178; Roxin StV 2016, 426, Hinstellen einer Giftflasche mit Warnung; BGH StV 2016, 426, in solchen Fällen kommt nur § 323c (→ § 323c Rn. 2) in Frage (ebenso Neumann/Saliger in NK-StGB Rn. 82; Sternberg-Lieben/Schuster in Schönke/Schröder, § 15 Rn. 166).

16a dd) Wie weit eine **unfrei** ausgeführte Selbsttötung dem **Garanten** zugerechnet werden kann, bestimmt sich nach den allgemeinen für mittelbare Täterschaft (→ Rn. 13–13b) und für fahrlässige Begehung (→ § 15 Rn. 54) geltenden Regeln (str.); allerdings ist im Bereich ärztlichen Handelns, namentlich bei Suiziden während psychiatrischer Behandlung (dazu Wolfslast NStZ 1984, 105), der Sorgfaltsmaßstab noch wenig geklärt (vgl. Bosch JK StGB § 13 Rn. 47; zu LG Gießen BeckRS 2012, 15337).

17 **d)** Zur Selbstmordverhinderung durch **Zwangsernährung** von Häftlingen im Hungerstreik beachte § 101 StVollzG (zu deren Problematik vgl. ua Geppert Jura 1982, 177; Ostendorf, Das Recht zum Hungerstreik, 1983, S. 158; Ostendorf GA 1984, 308 (320); Bemmann FS Klug, 1983, 563; Heim, Zwangsernährung und Zwangsbehandlung von Gefangenen, 1983; Tröndle FS Kleinknecht, 1985, 411; Rissing-van Saan in LK-StGB, Rn. 34).

18 **4.** Die **§§ 211–213** unterscheiden in Anknüpfung an eine jahrhundertealte Tradition die Tötungsformen **des Mordes und des Totschlags** (vgl. Küpper FS Kriele, 1997, 777). Diese wurden früher nach dem Kriterium der Überlegung voneinander abgegrenzt. Das auf dem Gesetz v. 4.9.1941 (RGBl. I S. 549) beruhende geltende Recht bestimmt dagegen – für ein Tatstrafrecht höchst ungewöhnlich (ebenso Köhne ZRP 2007, 165 (166)) – die Begriffe **des Mörders und des Totschlägers** und stützt sich dabei auf die sog. Mordmerkmale (→ § 211 Rn. 3–13), die sich auf den allgemeinen Gesichtspunkt besonderer Verwerflichkeit (BVerfGE 45, 187 (261) = NJW 1977, 1525; BVerfG NJW 2009, 1061 (1063); Kühl FS Kerner, 2013, 621 (630); krit. Schroeder JuS 1984, 275; diff. Neumann/Saliger in NK-StGB Rn. 152), in Teilbereichen auch auf besondere Gefährlichkeit, zurückführen lassen (hM; krit. Rüping JZ 1979, 617; Köhler GA 1980, 121; anders Müssig, Mord und Totschlag, 2005, S. 243 mit Bespr. Heinz ZIS 2007, 136; Neumann ZStW 118 (2006), 913 (924), der nach Kriterien der objektiven Zurechnung auf der Unrechtsebene differenziert zwischen dem alleinverantwortlich gestalteten Mord und unter entlastenden Umständen begangenen Totschlag).

19 **a)** Nicht zuletzt auf dieser unklaren gesetzlichen Ausgestaltung beruhen **zahlreiche Meinungsverschiedenheiten,** die allerdings überwiegend nicht die grundsätzliche Unterscheidung von Mord und Totschlag in Frage stellen, sondern nur die Methode der Abgrenzung der beiden Tötungstypen betreffen (dazu Kerner FS Heidelberg, 1986, 419): Zweifelhaft ist zunächst, ob die subjektiven Mordmerkmale, namentlich die niedrigen Beweggründe, Unrechts- (so BGHSt 1, 368 (370) = NJW 1952, 110; Rissing-van Saan/Rosenau in LK-StGB, Rn. 46–49) oder bloße Schuldelemente sind (so Schmidhäuser Studienbuch StrafR BT § 2 Rn. 13–15), oder ob sie eine Unrecht und Schuld umgreifende Doppelfunktion haben (so Paeffgen GA 1982, 255 (270); vgl. auch Otto Jura 1994, 141 (143)); im Hinblick auf den Vorrang des § → Vor § 29 Rn. 28 ist dieser Meinungsstreit allerdings ohne praktische Relevanz (→ § 28 Rn. 1, 5, 9; ebenso Neumann/Saliger in NK-StGB Rn. 153). Bisher nicht überwundene Schwierigkeiten ergeben sich aber daraus, dass der historische Gesetzgeber die in seiner Zeit aktuelle Lehre vom normativen Tätertyp in die Tötungstatbestände integrieren wollte (Frommel JZ 1980, 559; Braum KritV 1995, 371 (380); Rissing-van Saan/Rosenau in LK-StGB, Rn. 36). Zwar hat er damit schon in der Rspr. des RG keine Gefolgschaft gefunden (RGSt 76, 297); auch heute ist ganz unbestritten, dass dem § 211 kein bestimmter Tätertyp zugrundeliegt. Immerhin hält ein Teil der Lehre daran fest, dass zur Annahme eines

Mordes das bloße Vorliegen eines Mordmerkmals nicht ausreicht; sie fordert vielmehr darüber hinaus eine Gesamtwürdigung von Tat und Täter, die nach einer Meinung zum positiven Nachweis besonderer Verwerflichkeit der Tötung führen muss (sog. positive Typenkorrektur, Lange GS Schröder, 1978, 217) oder nach einer anderen Auffassung jedenfalls die Möglichkeit eröffnet, ausnahmsweise die besondere Verwerflichkeit zu verneinen (sog. negative Typenkorrektur, Geilen JR 1980, 309 (310); Eser JR 1981, 177; Eser/Sternberg-Lieben in Schönke/Schröder § 211 Rn. 10; krit. Arzt in Göppinger/Bresser, Tötungsdelikte, 1980, S. 49, 52; Otto Jura 1994, 141 (143); Mitsch JuS 1996, 121). Überwiegend aber wird eine solche generelle Typenkorrektur abgelehnt (Hilgendorf in Arzt/Weber/Heinrich/Hilgendorf StrafR BT § 2 Rn. 15; Schneider in MüKoStGB § 211 Rn. 38); eine im Hinblick auf Schwere und Verwerflichkeit der Tat möglicherweise erforderliche restriktive Auslegung hat deshalb bei den einzelnen Mordmerkmalen anzusetzen (Wessels/Hettinger/Engländer StrafR BT I Rn. 133; Neumann/Saliger in NK-StGB Rn. 163).

b) Die **Rspr.** hat dagegen die Mordmerkmale bis in die jüngere Vergangenheit (1981) nach jeder Richtung für abschließend gehalten (BGHSt 3, 180 (330) = NJW 1952, 1303; BGHSt 9, 385 = NJW 1957, 70; Rissing-van Saan in LK-StGB, Rn. 37; zweifelnd BVerfGE 45, 187 (266) = NJW 1977, 1525) und nur versucht, der Würdigung des Täters und seiner verwerflichen Gesinnung durch einschränkende Auslegung einzelner Mordmerkmale Raum zu geben. Dabei hat sich allerdings gezeigt, dass die Möglichkeit der Persönlichkeitswürdigung im Rahmen der ungleichartigen Mordmerkmale sehr verschieden ist. Im Vordergrund steht sie in den Fällen, die durch die niedrigen Beweggründe gekennzeichnet sind (BGHSt 3, 330 = NJW 1953, 391; krit. Woesner NJW 1978, 1025), während sie bei der Tötung mit gemeingefährlichen Mitteln ganz zurücktritt. Bei den insoweit besonders problematischen Merkmalen der Heimtücke (BGH NStZ 2016, 649) und der Absicht, eine andere Straftat zu verdecken, haben sich dagegen immer wieder Spannungen ergeben (→ § 211 Rn. 6, 12, 13; eing. Kerner FS Heidelberg, 1986, 419 (429)). Sie haben einerseits das BVerfG dazu veranlasst, die Verfassungsmäßigkeit des § 211 nur unter der Voraussetzung zu bejahen, dass seine Auslegung nicht zu unverhältnismäßigen Strafen führt (BVerfGE 45, 187 (262, 264) = NJW 1977, 1525; BVerfG NJW 2009, 1061 (1063); eing. zu den Vorgaben der verfassungsgerichtlichen Rspr. Veh, Mordtatbestand und verfassungskonforme Rechtsanwendung, 1986, S. 42). Andererseits hat der Große Senat des BGH in Fällen heimtückischer Tötung – nicht in Fällen der Tötung aus Habgier (BGHSt 42, 301 = NJW 1997, 807 mit zust. Bespr. Schöch NStZ 1997, 409; Dölling JR 1998, 160) – bei Vorliegen außergewöhnlicher Umstände zwar an der Charakterisierung der Tat als Mord festgehalten, aber zur Vermeidung unverhältnismäßiger Strafen eine übergesetzliche Strafmilderung nach dem Maßstab des § 49 I Nr. 1 anerkannt (BGHSt 30, 105 = NJW 1981, 1965; BGH NStZ 1984, 20 mit zust. Bespr. Rengier; krit. aber Günther JR 1985, 268). Diese Auflockerung der starren Strafdrohung des § 211 auf der Rechtsfolgenseite – sog. **Rechtsfolgenlösung** – ist teils auf Zustimmung (zB Kratzsch JA 1982, 401; Rengier NStZ 1982, 225; Frommel StV 1982, 533; Gössel/Dölling StrafR BT I § 4 Rn. 12–19; Tiedemann, Verfassungsrecht und Strafrecht, 1991, S. 14; Rissing-van Saan FS Spendel, 1992, 537; Weigend FS Hirsch, 1999, 917 (920); Reichenbach Jura 2009, 176; Kühl FS Kerner, 2013, 621), überwiegend aber auf berechtigte Kritik gestoßen, und zwar namentlich unter den Gesichtspunkten, ob die hier vorgenommene Rechtsfortbildung die Grenzen richterlicher Rechtsschöpfung über- 20 schreitet, ob sie sich auf das Heimtückemerkmal beschränken lässt und ob nicht eine begrenztere, namentlich eine tatbestandsinterne Lösung, zB durch Restriktion des Heimtückebegriffs (so der Vorlagebeschluss des 4. Strafsenat BGH NStZ 1981, 181 mit Bespr. Eser JR 1981, 177), im Interesse der Rechtsbestimmtheit den Vorzug verdient hätte (vgl. etwa Lackner NStZ 1981, 348; Bruns JR 1981, 358; JR 1983, 28; Bruns FS Kleinknecht, 1985, 49; Eser NStZ 1981, 383 (384); Günther NJW 1982, 353; Spendel JR 1983, 269; StV 1984, 45; Ebert JR 1983, 633 (638); Hassemer JZ 1983, 967; Köhler JuS 1984, 762; Langer FS Wolf, 1985, 335 (341); Veh, Mordtatbestand und verfassungskonforme Rechtsanwendung, 1986, S. 123; Hirsch FS Tröndle, 1989, 19 (27); Otto Jura 1994, 141 (144); Mitsch JuS 1996, 121 (122); Müller-Dietz FS Nishihara, 1998, 248; Saliger ZStW 109 (1997), 302 (330); Meurer NJW 2000, 2936 (2938); Küper JuS 2000, 740 (746); Kühl FS Kerner, 2013, 621 (626, 630); Hellmann in Krey/Hellmann/Heinrich StrafR BT I Rn. 70). Trotz dieser Kritik hält auch die neuere Rspr. (zB BGH NStZ-RR 2004, 294; NStZ 2005, 154) an der Rechtsfolgenlösung fest, begrenzt sie aber auf nahezu ausweglose, notstandsnahe Situationen schwerster seelischer Bedrängnis oder Erregung, die der Tat den Stempel des „Außergewöhnlichen" aufdrücken (so in seiner Rechtsprechungsübersicht Altvater NStZ 2005, 22 (29); Schünemann NStZ 2006, 196 (200, 201); vgl. BGHSt 48, 255 (258) = NJW 2003, 2464; BGHSt 50, 80 = NJW 2005, 1876; verfassungsrechtlich nicht beanstandet, BVerfG NJW 2009, 1061; BGH NStZ-RR 2006, 200; StV 2009, 524 mAnm Neumann; BGH NStZ 2016, 469, Kannibale II, mit Bespr. Eisele JuS 2016, 947; Jäger JuS 2016, 629; sa Berster ZIS 2017, 139 zu BGH NStZ 2016, 469; zur neueren Rspr. Reichenbach Jura 2009, 176 (180)). Zur Frage, ob außergewöhnliche Umstände nur tatbestandsbezogene Umstände sein können (→ § 211 Rn. 6) oder ob auch ein langer Zeitablauf zwischen Tat und Urteil in Betracht kommt, BGHSt 41, 72 (93) = NStZ 1995, 394 mit Bespr. Schuster NJW 1995, 2698; eine rechtstaatswidrige **Verfahrensverzögerung** führt nicht zur Reduzierung der wegen Mordes verhängten lebenslangen Freiheitsstrafe (BVerfG NStZ 2006, 680). Zur Bedeutung der Rechtsfolgenlösung bei außergewöhnlichen Umständen nach der Tat Börgers JR 2004, 139. Für eine Verpositivierung der Rechtsfolgenlösung Mitsch JZ 2008, 336.

21 **c)** Mit der neuen Rspr. ist nur **ein Teil der Schwierigkeiten behoben,** zu denen die absolute Strafdrohung iVm dem abschließenden Katalog unausgewogener Mordmerkmale geführt hat (Kerner FS Heidelberg, 1986, 419; zusf. Müller-Dietz Jura 1983, 568 (571)). Namentlich im Bereich des Verdeckungsmordes (→ § 211 Rn. 12, 13) und bei den NS-Gewaltverbrechen gibt es nach wie vor schwer erträgliche Spannungen (vgl. ua BVerfGE 54, 100 = NJW 1980, 1943 mit abl. Bespr. Hirsch JZ 1980, 801; BGH NJW 1968, 1339; NJW 1977, 1544; NJW 1978, 1336; LG Hamburg NJW 1976, 1756 mAnm Hanack; sa Hanack JZ 1967, 227 (229); Kreuzer ZRP 1977, 49; Bertram in Büttner, Das Unrechtsregime, 1986, Bd. 2, S. 421; Backes FS Maihofer, 1988, 41 (51)). Vergleichbare Probleme gibt es auch bei politisch motivierten Taten (Müssig, Mord und Totschlag, 2005, S. 295), wenn nach den Umständen nur die Verwirklichung des unbestimmten und für die Bewertung politischen Terrors kaum geeigneten Merkmals des niedrigen Beweggrundes in Frage steht (Geilen FS Bockelmann, 1979, 613). Das an sich begrüßenswerte Bemühen um Auflockerung der starren Strafdrohung (Küpper FS Kriele, 1997, 777 (788)) durch einschränkende Auslegung der Mordmerkmale und notfalls auch durch Milderung der Rechtsfolge hat zwar die Gefahr ungerechter Ergebnisse abgemildert, ist aber mit einem ständigen, kaum kalkulierbaren und auch nicht wider-

spruchsfreien Wandel der Auslegungsergebnisse (zusf. Möhrenschlager NStZ 1981, 57) und einer in ihren Folgen nicht absehbaren Relativierung des gesetzlichen Systems der Strafdrohungen erkauft worden (→ Rn. 25).

5. Das **systematische Verhältnis** der Tatbestände vorsätzlicher Tötung (§§ 211–213, 216, 217) ist umstritten (zusf. Mitsch JuS 1996, 26): 22

a) Im Verhältnis der **§§ 211, 212** bildet der Totschlag den **Grundtatbestand** (hM; anders Kargl JZ 2003, 1141, der ein dreistufiges Strukturmodell entwickelt). Zu Unrecht und ohne zureichende inhaltliche Begründung hält die Rspr. Mord und Totschlag für selbständige Tatbestände (stRspr; vgl. etwa BGHSt 1, 368 = NJW 1952, 110; BGHSt 22, 375 = NJW 1969, 1445; BGHSt 50, 1 (5) = NJW 2005, 996 mit abl. Bespr. Jäger JR 2005, 477; Kraatz Jura 2006, 613; Kudlich JuS 2005, 1051; Puppe JZ 2005, 902; BGH NStZ 2006, 288 mit abl. Bespr. Satzger JK StGB § 211 Rn. 48; Zweifel aber jetzt bei BGH NJW 2006, 1008 (1012) mit Bespr. Gasa/Marlie ZIS 2006, 200; Küper JZ 2006, 608 (612); dazu auch Küper JZ 2006, 1157; krit. Rechtsprechungsanalyse bei Küper JZ 1991, 761; JZ 1991, 862; JZ 1991, 910; krit. zur Rspr. auch Otto Jura 1994, 141 (142); Jura 2003, 612 (614); Geppert Jura 2008, 34 (37) „mit penetranter Hartnäckigkeit"; sowie mit argumentationstheoretischen Erwägungen Neumann FS Lampe, 2003, 643; für eine Aufgabe der „Eigenständigkeitsthese" durch die Rspr. Gössel ZIS 2008, 153) und die Mordmerkmale des § 211 II für strafbegründend (Gerhold, Akzessorietät der Teilnahme an Mord und Totschlag, 2014; zu den Folgerungen für die Beteiligung am Tötungsdelikt → § 211 Rn. 16). Schon aus dem Leitgesichtspunkt besonderer Verwerflichkeit der Tötung (→ Rn. 18) ergibt sich zwingend, dass hier nur eine quantitative Abstufung der Strafwürdigkeit, die ihren Grund in einer Unrechts- oder Schuldsteigerung haben kann (str.), in Frage steht. Mit Recht sieht daher das Schrifttum entweder in § 212 (hM; vgl. Rissing-van Saan/Rosenau in LK-StGB, Rn. 39; Mitsch JZ 2008, 336 (337)) oder in § 211 (Schmidt DRZ 1949, 241 (272)) den Grundtatbestand, der jeweils in dem anderen Tatbestand qualifiziert bzw. privilegiert wird. Der E 1962 (§§ 134, 135) wollte das Verhältnis in dem Sinne klären, dass der Totschlag Grundtatbestand ist. Diese Auffassung verdient schon für das geltende Recht den Vorzug, weil sie der inneren Struktur der Begehungsformen entspricht (Rissing-van Saan/Rosenau in LK-StGB, Rn. 45).

b) § 213 (minder schwere Fälle des Totschlags) sieht eine Strafmilderung nur für § 212 vor („Totschläger"); auf § 211 ist er nicht anwendbar (stRspr; Mitsch JuS 1996, 121; krit. Geilen FS Dreher, 1977, 357 (383); JR 1980, 309 (316); teilweise aM Rengier MDR 1980, 1; Bernsmann JZ 1983, 45 (51); Laber MDR 1989, 861 (869); Küpper FS Kriele, 1997, 777 (792); Maurach/Schroeder/Maiwald/Hoyer/Momsen StrafR BT § 2 Rn. 28; Neumann/Saliger in NK-StGB Rn. 167; → § 213 Rn. 4; sowie Neumann FS Eser, 2005, 431; für Vorrang der Privilegierung Zwiehoff, Die provozierte Tötung, 2001, S. 25). 23

c) § 216 (Tötung auf Verlangen) enthält eine **Privilegierung** gegenüber dem Grundtatbestand des § 212 (Otto StrafR BT § 2 Rn. 14) und geht zugleich als abschließende Spezialregelung dem § 211 vor (Küpper GS Meurer, 2002, 123 (124); Kindhäuser/Schramm StrafR BT I § 1 Rn. 2; Rengier StrafR BT II § 6 Rn. 3; Rissing-van Saan in LK-StGB, Rn. 45; aM hinsichtlich der Begr. Bernsmann JZ 1983, 45 (49); Herzberg JZ 2000, 1093). Soweit die Rspr. (BGHSt 13, 162 (165) = NJW 1959, 1694; krit. Engländer FS Krey, 2010, 71 (72)) und zT auch das Schrifttum (Eser/Sternberg-Lieben in Schönke/Schröder, Rn. 7) den § 216 als selbständigen 24

Tatbestand (Sondertatbestand) ansehen, ist das für die Auslegungsergebnisse ohne praktische Bedeutung.

25 **6.** Die Tötungsdelikte sind **reformbedürftig.** Nach nahezu einhelliger Auffassung gewährleistet das geltende Recht Schutzwirkung, Einzelfallgerechtigkeit und Rechtssicherheit nicht in ausgewogenem Maße (Eser, 53. DJT, Bd. I, Gutachten Teil D S. 34; → Rn. 18–24). Vor allem die Verbindung der absoluten Strafdrohung des § 211 mit der bisher abschließenden Kasuistik der Mordmerkmale hat die Rspr. zu einer Strategie fallorientierter Anpassungen gedrängt, die der Rechtssicherheit abträglich ist (beachte dazu namentlich → § 211 Rn. 3–9, 12, 13). Die zeitweise sehr intensiven Reformbemühungen haben allerdings nicht zu einer allgemein anerkannten Konzeption, sondern nur zu einer Vielzahl umstrittener Vorschläge geführt, die teils auf dem Leitprinzip besonderer Verwerflichkeit (sog. Verwerflichkeitslösung) und teils auf dem besonderer Gefährlichkeit (sog. Gefährlichkeitslösung) beruhen (krit. zu dieser Unterscheidung Albrecht JZ 1982, 697). Wie der 53. DJT gezeigt hat, wird überwiegend eine Gefährlichkeitslösung bevorzugt (eing. dazu Eser, 53. DJT, Bd. I, Gutachten Teil D S. 154), die in ihren Einzelheiten allerdings noch weiterer Klärung bedarf (zusf. Fuhrmann, 53. DJT, Sitzungsbericht M, S. 7; Lackner, 53. DJT, Sitzungsbericht M, S. 25; Wehling JZ 1981, 109; Möhrenschlager NStZ 1981, 57 (59)). Aus der Reformliteratur vgl. ua auch §§ 134–139 E 1962; §§ 100–104 AE (PersStR); Arzt ZStW 83 (1971), 1; Otto ZStW 83 (1971), 39; Lackner JZ 1977, 502; Zipf FS Würtenberger, 2013, 151; Woesner NJW 1978, 1025 (1027); NJW 1980, 1136; Rüping JZ 1979, 617; Rengier ZStW 92 (1980), 459; Geilen JR 1980, 309; Gössel DRiZ 1980, 281; Gribbohm ZRP 1980, 222; Rissing-van Saan MDR 1980, 705; Beckmann GA 1981, 337; Müller-Dietz Jura 1983, 568 (578); Baltzer StV 1989, 42; Kintzi DRiZ 1993, 341 (348); Küpper FS Kriele, 1997, 777 (785); Heine GA 2000, 305; Heine in Ehrengabe für Brauneck, 1999, 315; Grasberger MschrKrim 1999, 147; Kargl StraFo 2001, 365 (374); rechtsvergleichend Moos ZStW 89 (1977), 796; Schultz in Göppinger/Bresser, Tötungsdelikte, 1980, S. 13; Tschulik in Göppinger/Bresser, Tötungsdelikte, 1980, S. 31; Eser/Koch ZStW 92 (1980), 491; Brunner, Die vorsätzliche Tötung im Strafrecht der Vereinigten Staaten, insbesondere des Staates Kalifornien, im Vergleich zum deutschen Recht unter Hervorhebung der Euthanasie-Problematik, 1998, passim; Heine in Ehrengabe für Brauneck, 1999, 315 (330). Eine Reform der Tötungsdelikte war von der Bundesregierung geplant (BT-Drs. 13/4830, 7; BT-Drs. 8587, 55 (78)). Das 6. StrRG (→ Vor § 38 Rn. 16–22) hat diese Reform nicht gebracht (Kreß NJW 1998, 633 (643); Lesch JA 1998, 474; Stächelin StV 1998, 98 (99); Jäger JuS 2000, 31; Otto Jura 2003, 612). Es hat bei § 213 eine fragwürdige Erhöhung des Strafrahmens vorgenommen (Struensee in DSNS StrRG § 2 Rn. 3; krit. auch Sander/Hohmann NStZ 1998, 273 (274); Stächelin StV 1998, 98 (99), den nicht mehr als zeitgemäß empfundenen § 217 (Kindestötung) aufgehoben (BT-Drs. 13/8587, 34; krit. die Stellungnahme des Bundesrates BT-Drs. 13/8587, 59; Ebert in Pauly, Wendepunkte, 2009, S. 186, 197; sa Jäger JuS 2000, 31 (32)) und mit einem „schlimmen Missgriff" (Struensee in DSNS StrRG § 2 Rn. 58) die Aussetzung gem. § 221 vollständig neu gestaltet und dabei erheblich erweitert. Zum Arbeitsentwurf des BMJ v. 21.3.2001, Otto Jura 2003, 612 (622); krit. Köhne ZRP 2007, 165 (169), der einen „einzigen Tatbestand mit einem weiten Strafrahmen" vorschlägt. Ein dreistufiges Strukturmodell schlägt vor Kargl JZ 2003, 1141 (1147); eine Abstufung nach spezifisch rechtlichen und nicht nur moralischen Kriterien entwickelt Grünewald, Das vorsätzliche Tötungsdelikt, 2010. 2008 wurde ein AE-

Leben vorgelegt (BGH GA 2008, 193). Kritische Analyse aktueller Reformvorschläge zur vorsätzlichen Tötung bei Kubik/Zimmermann StV 2013, 582 (588), mit eigenem Reformvorschlag; von Köhne ZRP 2014, 21; König RuP 2014, 9; zur Reform der Tötungsdelikte Mord und Totschlag Deckers/Fischer/König/Bernsmann NStZ 2014, 9. Eine vom BMJV 2014 eingesetzt Kommission zur Reform der Tötungsdelikte (§§ 211–213, 57a) legte zwar 2015 ihren Abschlussbericht vor, doch blieb dieser ohne gesetzliche Auswirkungen, auch weil für die Abschaffung der zwingenden lebenslangen Freiheitsstrafe bei einem Mord politisch keine Mehrheit gegeben war. – Außerhalb des Auftrags dieser Kommission erfolgte Ende 2015 dann die Einführung eines neuen **§ 217 zur Strafbarkeit geschäftsmäßiger Sterbehilfe** (aus der Diskussion hierzu: Kempf JR 2013, 11; Hilgendorf JZ 2014, 545, Jurgeleit NJW 2015, 2708. Die eigentliche Diskussion erfolgt in den Zeitschriften 2016 und 2017: Berghäuser ZStW 128 (2016) 740; Eibach ZfL 2016, 16; Eidam medstra 2016, 17; Gaede JuS 2016, 385; medstra 2016, 65; Grünewald JZ 2016, 938; Hecker GA 2016, 455; Herzberg ZIS 2016, 440; Hilgendorf PfLR 2016, 556; Hillenkamp KriPoZ 2016, 3; Hoven ZIS 2016, 1; Magnus medstra 2016, 210; Roxin NStZ 2016, 185; Taupitz medstra 2016, 323; Weigend/Hoven ZIS 2016, 691; Berghäuser GA 2017, 383; El-Ghazi ZIS 2017, 157; Nakamichi ZIS 2017, 324; Kuhli ZStW 129 (2017), 691; Duttge ZStW 129 (2017), 448), der wiederum durch Urteil vom 26.2.2020 vom BVerfG wegen Verstoßes gegen Art. 2 I iVm Art. 1 I GG für verfassungswidrig und nichtig erklärt worden ist, weil die grundgesetzlich garantierte Freiheit zu sterben auch die Freiheit umfasse, sich hierfür der Hilfe Dritter zu bedienen (BVerfGE 153, 182 = NJW 2020, 905; zu möglichen praktischen Konsequenzen Kusch/Hecker, Handbuch der Sterbehilfe, 2020). Verschiedene Vorschläge für eine Neuregelung sind in der 19. Legislaturperiode (→ Vor § 1 Rn. 19) nicht (mehr) verwirklicht worden.

7. Zur **Kriminologie** der Tötungsdelikte vgl. ua Schorsch/Becker, Angst, Lust, Zerstörung. Sadismus als soziales und kriminelles Handeln. Zur Psychodynamik sexueller Tötungen, 1977; Göppinger/Bresser, Tötungsdelikte, 1980; Sessar, Rechtliche und soziale Prozesse einer Definition der Tötungskriminalität, 1981; Kreuzer Kriminalistik 1982, 428 (491); Rode/Scheld, Sozialprobleme bei Tötungsdelikten, 1986; Glatzel, Mord und Totschlag, 1987; Legnaro/Aengenheister KJ 1995, 188; Oberlies MschrKrim 1997, 133; Koslowski, Die Kriminologie der Tötungsdelikte, 1999; Rückert, Tote haben keine Lobby, 2000; Scheib, Die Dunkelziffer bei Tötungsdelikten, 2002; Egg, Tötungsdelikte, 2002; Häßler, Begutachtungspraxis von Tötungsdelikten, 2003, S. 61; Pierschke in Fabian, Qualitätssicherung in der Rechtspsychologie, 2003, S. 337; Müller/Nedopil Forensische Psychiatrie S. 314, 322; Heghmanns StrafR BT Rn. 29–35; Eisenberg Kriminologie § 45 Rn. 13–23, § 55 Rn. 15–19, § 61 Rn. 1; Kaiser Kriminologie § 59 Rn. 1–17; Schwind Kriminologie § 19 Rn. 18 „Beziehungsdelikt“; speziell zu bestimmten Tätergruppen Rasch, Tötung des Intimpartners, 1964; dazu auch Marneros/Reichel/Röttig MschrKrim 2008, 241; Trube-Becker, Frauen als Mörder, 1974; Schneider NStZ 2015, 64, Frauen als Opfer und Täterinnen; Lempp in Leygraf, Die Sprache des Verbrechens, 1993, S. 7; Krieg, Kriminologie des Triebmörders, 1996; Robertz, Wenn Jugendliche morden, 1999; Fittkau/Graser, Zur Kriminologie und Soziologie von Tötungsdelikten Jugendlicher und Heranwachsender, 2008; Remschmidt, Tötungs- und Gewaltdelikte Jugendlicher, 2012; Höynck/Behnsen/Haug ZIS 2014, 102, Tötungsdelikte an Kindern unter sechs Jahren; Marneros, Sexualmörder, 1997 mit Bespr. Rössner MschrKrim 1999, 218; Litzken, Sexualmoral in Bayern: Opfer-Tat- 26 verlauf-Täter, 2015; zum Vatermord Schaffstein FS Stutte, 1979, 253; zur Elterntötung Schöch FS Usteri, 1997, 119; zur weiblichen Tötungsdelinquenz Burgheim MschrKrim 1994, 232; Lamott ua MschrKrim 1998, 235; Hornung, Frauen die töten, 2016; bei Partnertrennung Burgheim, Psychologische Bedingungen bei Entstehung und Verlauf von Tötungsdelikten in der Situation der Partnertrennung, 1993; speziell zum Raubmord Steck/Post/Schrader MschrKrim 2004, 117; zur „härter" gewordenen Bestrafung wegen vollendeter vorsätzlicher Tötungsdelikte von Erwachsenen, nicht aber von Jugendlichen Heinz in BMJ (Veranstalter), Das Jugendkriminalrecht vor neuen Herausforderungen, 2009, S. 29, 79. – Zur **Rechtsgeschichte** Thomas, Die Geschichte des Mordparagraphen, 1985; Maurach/Schroeder/Maiwald/Hoyer/Momsen StrafR BT § 2 Rn. 1–4.

§ 211 Mord

(1) **Der Mörder wird mit lebenslanger Freiheitsstrafe bestraft.**

(2) **Mörder ist, wer**

aus Mordlust, zur Befriedigung des Geschlechtstriebs, aus Habgier oder sonst aus niedrigen Beweggründen,

heimtückisch oder grausam oder mit gemeingefährlichen Mitteln oder

um eine andere Straftat zu ermöglichen oder zu verdecken,

einen Menschen tötet.

1 **1.** Allgemein zu den **Tötungsdelikten** ieS, namentlich zum geschützten Rechtsgut, zur zeitlichen Erstreckung des Strafschutzes und zur Beteiligung an der Selbsttötung → Vor § 211 Rn. 1–17; zur Systematik der Tatbestände vorsätzlicher Tötung → Vor § 211 Rn. 18–24; zu ihrer Reformbedürftigkeit und Kriminologie → Vor § 211 Rn. 25, 26; speziell für den „verfassungswidrigen" § 211 fordert Mitsch JZ 2008, 336 (340) einen neuen Abs. 3 für minder schwere Fälle; ähnlich schon Rengier MDR 1980, 1 (6); sa Mitsch JR 2014, 385 (390), Tötung Homosexueller als Mord; Mitsch GA 2016, 472 (479) zur Mehrfachtötung. Zu Grundproblemen der Tötungsdelikte Kühl FS Kerner, 2013, 621.

2 **2. Töten** → § 212 Rn. 2. Auch hier kommt Unterlassen in Garantenstellung (→ § 13 Rn. 6) in Frage (Dallinger MDR 1966, 24; Rauber, Mord durch Unterlassen, 2008; Eser/Sternberg-Lieben in Schönke/Schröder Rn. 3; krit. Jescheck JZ 1961, 752), zB bei einem von anderen auf den Vater verübten Mordanschlag (BGHSt 19, 167 = NJW 1964, 731; dazu Geilen FamRZ 1964, 385); jedoch können sich Einschränkungen aus dem Inhalt des einzelnen Mordmerkmals ergeben (Eser/Sternberg-Lieben in Schönke/Schröder Rn. 35; zB bei der Verdeckungsabsicht Mitsch JuS 1996, 213 (218); Schlüchter FG BGH, 2000, 933 (944); Arzt FS Roxin, 2001, 855; Roxin FS Lüderssen, 2002, 577 (584); Haas FS Weber, 2004, 235; Geppert Jura 2004, 242 (245); Rengier StrafR BT II § 4 Rn. 60–64; Weiß, Die Problematik der Verdeckungsabsicht im Mordtatbestand, 1997, S. 236; gegen diese Einschränkungen Grünewald GA 2005, 502; aus der Rspr. zur Verdeckungsabsicht vgl. BGH NJW 2003, 1060 mit krit. Bespr. Freund NStZ 2004, 123, Wilhelm NStZ 2005, 177; Otto JK StGB § 211 Rn. 40; weitere Nachw. → Rn. 12; speziell zu den tatbezogenen Mordmerkmalen Grünewald Jura 2005, 519; Schneider in MüKoStGB Rn. 267; zu Heimtücke und niedrigen Beweggrün-

den BGH BeckRS 2012, 26153 mit Bespr. Hecker JuS 2012, 562; für Heimtücke abl. Sinn in SK-StGB Rn. 51).

3. Die Mordmerkmale (zu ihrer Bedeutung im Tatbestandsgefüge → Vor § 211 Rn. 19, 20; aus psychiatrischer Sicht krit. Janzarik NervA 1992, 656) haben von ihrem ausschlaggebenden Gewicht für die Anwendung des § 211 auch nach BGHSt 30, 105 = NJW 1981, 1965 nichts eingebüßt; vor allem wird ihre Auslegung durch diese Entscheidung nicht oder allenfalls mittelbar berührt (Rechtsprechungsübersicht bei Eser NStZ 1981, 383 (429); NStZ 1983, 433; sowie bei Otto Jura 1994, 141). 3

a) Niedrige Beweggründe (krit. Eser, 53. DJT, Bd. I, Gutachten Teil B, S. 39; Heine, Tötung aus „niedrigen Beweggründen", 1988; rechtsstaatliche Bedenken bei Kargl StraFo 2001, 365 (366); Wolf FS Schreiber, 2005, 519 (529); zu deren Normativierung Müssig FS Dahs, 2005, 117 (125); zusf. Bosch Jura 2015, 803): 4

aa) Mordlust, Befriedigung des Geschlechtstriebs und Habgier bezeichnen nur gesetzliche Beispiele **niedriger Beweggründe** („sonst", OGHSt 1, 95 (99); Kühl JA 2009, 567). **Mordlust** liegt vor, wenn der Tötungsvorgang als solcher den alleinigen Tötungsantrieb bildet, wenn es also an einem in der Person des Opfers oder der Tötungssituation liegenden Tatanlass und an einem über das Interesse am Tötungsakt hinausgehenden Tatzweck fehlt (BGHSt 34, 59 = NJW 1986, 2120 mAnm Geerds JR 1986, 519; BGHSt 47, 128 (133) = NJW 2002, 382 mit Bespr. Otto JZ 2002, 567 (568); Saliger StV 2003, 38 (39); BGH NJW 1994, 2629 mkritAnm Fabricius StV 1995, 637; Otto Jura 2003, 612 (615); Müssig, Mord und Totschlag, 2005, S. 262, 426; Schneider in MüKoStGB Rn. 49; zusf. Kühl JA 2009, 566 (567); krit. Kelker, Zur Legitimität von Gesinnungsmerkmalen im Strafrecht, 2007, S. 594); namentlich Handeln aus Freude am Töten (BGH NStZ 2007, 522 (523) mAnm Eisenberg/Schmitz NStZ 2008, 95 (96)), aus Neugierde, einen Menschen sterben zu sehen, aus reinem Mutwillen (Küpper/Börner StrafR BT I Kap. I § 1 Rn. 37) und aus Zeitvertreib (Otto Jura 1994, 141 (144)) kommt in Frage; anders als bei den niedrigen Beweggründen (→ Rn. 5b) soll es hier nicht auf die Steuerbarkeit gefühlsmäßiger Regungen ankommen (BGH NJW 1994, 2629 mit krit. Bespr. Grotendiek/Göbel NStZ 2003, 118, Verstoß gegen das Schuldprinzip; BGH NStZ 2007, 522 (523) mAnm Eisenberg/Schmitz NStZ 2008, 95 (96); Handeln mit Überlegung verlangt Kelker, Zur Legitimität von Gesinnungsmerkmalen im Strafrecht, 2007, S. 593, 598). **Zur Befriedigung des Geschlechtstriebs** (das Merkmal ist nach BVerfG NJW 2008, 1061 (1063) zur „Abgrenzung besonders verwerflicher Tötungshandlungen" grds. „geeignet") tötet, wer das Töten als Mittel zur geschlechtlichen Befriedigung benutzen will (BGHSt 50, 80 (86) = NJW 2005, 1876; BGH NJW 1982, 2565; zusf. Kühl JA 2009, 568 (570); einschr. auf Handeln mit Überlegung Kelker, Zur Legitimität von Gesinnungsmerkmalen im Strafrecht, 2007, S. 602); danach wird namentlich erfasst, wer in der Tötungshandlung selbst sexuelle Befriedigung sucht („Lustmord", BGHSt 7, 353 = NJW 1955, 1196; sa BGH NStZ 2005, 91), wer tötet, um sich an der Leiche zu vergehen (BGHSt 7, 353 = NJW 1955, 1196; Holtz MDR 1982, 102) oder wer bei einer Vergewaltigung den Tod des Opfers billigend in Kauf nimmt (BGHSt 19, 101 = NJW 1963, 2236; Otto Jura 1994, 141 (144); Schroeder JuS 1994, 294 (296); Eisele StrafR BT I Rn. 81 mit Beispiel). Das Motiv ist auch gegeben, wenn der Täter die Befriedigung erst bei der späteren Betrachtung der Bild-Ton-Aufzeichnung vom Tötungsakt und dem „kannibalistischen" Umgang mit der Leiche finden will (BGHSt 50, 80 = NJW 2005, 1876, nicht beanstandete Auslegung, BVerfG NJW

2009, 1061 (1063); mit zust. Bespr. Kubiciel JA 2005, 763 (764); Kudlich JR 2005, 342 (343); Geppert JK StGB § 211 Rn. 46a; zust. auch Kühl JA 2009, 566 (569); krit. aber Kreuzer StV 2007, 589; Otto JZ 2005, 799; Schiemann NJW 2005, 2350; krit. auch Joecks/Jäger StGB Rn. 15; zust. aber Rengier StrafR BT II § 4 Rn. 12; Rössner/Wenkel in HK-StrafR Rn. 24; zu kriminologischen Aspekten des sog. „Kannibalen"-Falles Kreuzer MschrKrim 2005, 412; zum sog. 2. Kannibalen-Fall BGH NStZ 2016, 469; Bechtel JuS 2016, 882; Eisele JuS 2016, 947). Dagegen handelt derjenige nicht zur Befriedigung des Geschlechtstriebs, den das Bedürfnis nach sexueller Befriedigung erst überkam, nachdem er die maßgeblichen Ursachen für den Tod des Opfers gesetzt hatte (BGH NStZ 2001, 598; NStZ-RR 2004, 8; Otto Jura 2003, 612 (616)). Eine Tötung durch Unterlassen reicht nur in wenigen Fällen (Rauber, Mord durch Unterlassen, 2008, S. 281, 381). **Habgier** erfordert ungehemmte, überzogene und sittlich anstößige Steigerung des Erwerbssinns (Kühl JA 2009, 566 (570); krit. Eser/Sternberg-Lieben in Schönke/Schröder Rn. 17; Sinn in SK-StGB Rn. 17; einschr. Kelker, Zur Legitimität von Gesinnungsmerkmalen im Strafrecht, 2007, S. 604), die sich auch im Streben nach wirtschaftlicher Entlastung (zB Unterhaltsentziehung) äußern kann (BGHSt 10, 399 = NJW 1957, 1808; Kühl JA 2009, 566 (571); Rengier StrafR BT II § 4 Rn. 13a; Eisele StrafR BT I Rn. 86; Neumann/Saliger in NK-StGB Rn. 22; vgl. Küper/Zopfs StrafR BT Rn. 308; aM Mitsch JuS 1996, 121 (124); sa BGH bei Altvater NStZ 2003, 21 (22), Ziel, Darlehen nicht zurückzahlen zu müssen). Das setzt Streben nach einer durch den Tod herbeizuführenden unmittelbaren Vermögensvermehrung oder Aussicht auf solche Vermehrung voraus (BGH NJW 1993, 1664 mit zust. Bespr. Otto JK StGB § 211 Rn. 24; sa Paeffgen GA 1982, 255 (257); krit. Küper/Zopfs StrafR BT Rn. 310; aM Fischer Rn. 11); ausreichend ist, dass durch die Tötungshandlung die aus dem zuvor vollendeten Raub stammende Beute gesichert werden soll (BGH NJW 2001, 763; Schneider in MüKoStGB Rn. 62, auch zum klassischen Fall des „Raubmordes"). Der „Killer", der gegen Belohnung tötet, handelt regelmäßig habgierig (BGH NStZ 2006, 34 (35); Schneider in MüKoStGB Rn. 63 „Meuchelmord"). Streben nach außergewöhnlicher Bereicherung ist nicht unbedingt erforderlich; auch die Motivation, um jeden Preis und ohne jede Rücksicht einen dem Opfer zustehenden Vermögensgegenstand zu erwerben, kann genügen (BGHSt 29, 317 = NJW 1981, 136 mkritAnm Alwart JR 1981, 293), ebenso der Wunsch, durch für die Tötung ausgeurteilte langjährige Strafhaft in der JVA versorgt zu sein (BGH NStZ 2020, 733 mkritAnm Mitsch und krit. Bespr. Jäger JA 2021, 167: eher niedriger Beweggrund; zw.). Sie fehlt idR, aber nicht notwendig (aM OLG Hamburg NJW 1947/1948, 350), bei gewaltsamer Durchsetzung eines Anspruchs (Schmidhäuser FS Reimers, 1979, 445; Otto Jura 1994, 141 (145); Küpper GS Meurer, 2002, 191 (205); Kühl JA 2009, 566 (572); Rengier StrafR BT II § 4 Rn. 13a; auch eines nur vermeintlichen Anspruchs Mitsch JuS 1996, 121 (124); aM Neumann/Saliger in NK-StGB Rn. 23; diff. Otto StrafR BT § 4 Rn. 12; ein Ausweichen auf niedrige Beweggründe befürwortet beim Hinzutreten weiterer Umstände Schneider in MüKoStGB Rn. 65). Auch eine Tötung durch Unterlassen kann durch Habgier motiviert sein (Rauber, Mord durch Unterlassen, 2008, S. 296, 381). Bei Vorliegen eines Motivbündels (→ Rn. 5c) muss die Habgier für das Gesamtbild der Tat prägend, dh „bewusstseinsdominant" sein (BGHSt 42, 301 (304) = NJW 1997, 807; BGH NJW 1981, 932 mit Bespr. Franke JZ 1981, 525; BGH NStZ 2020, 613; sa BGH NJW 1991, 1189; BGHSt 50, 1 (7) = NJW 2005, 996 mit zust. Bespr. Jäger JR 2005, 477; krit. Alwart GA 1983, 433; str.); daran fehlt es, wenn durch die Tötung des gefesselten (Raub-)Opfers nur der

Raub verdeckt werden soll (BGH NJW 2001, 763 mit zust. Bespr. Otto JK StGB § 211 Rn. 36; → Rn. 12).

bb) **Niedrig** sind Beweggründe, die nach allgemeiner sittlicher Wertung auf tiefster Stufe stehen und deshalb besonders verwerflich, ja verächtlich sind (stRspr; vgl. etwa BGHSt 3, 132 = NJW 1952, 1026; BGHSt 35, 116 (127) = NJW 1988, 2679; BGHSt 42, 226 (228) = NJW 1996, 3425; BGHSt 56, 1 (8) = NJW 2011, 163; BGHSt 60, 52 = NJW 2014, 3737 mit Bespr. Bartsch StV 2015, 718; BGH NStZ 1997, 81; NStZ 1998, 352; NStZ 1999, 129; NStZ 2004, 34; NStZ-RR 2000, 168; NStZ-RR 2000, 333; NStZ 2011, 35; NStZ 2012, 441 (442); NStZ 2015, 33 mit Praxiskommentar Drees und Satzger Jura 2016, 767 zu § 211 II Nr. 1 Var. 4; BGH NStZ 2015, 265; NStZ 2015, 392; NStZ 2016, 690 mit Bespr. Satzger Jura 2016, 827; Kühl JA 2009, 834; JuS 2010, 1041; Rissing-van Saan in LK-StGB, Rn. 24–31; einschr. Heine, Tötung aus „niedrigen Beweggründen", 1988, S. 210; Kelker, Zur Legitimität von Gesinnungsmerkmalen im Strafrecht, 2007, S. 608; krit. Schütz JA 2007, 23; aM Fischer Rn. 14, nach dem es auf eine „rechtliche Beurteilung" an; krit. Kühl JuS 2010, 1042; Kühl FS Achenbach, 2011, 251 (259); Kühl FS Kerner, 2013, 621 (629); Votteler, Das Mordmerkmal der „sonstigen Beweggründe" gem. § 211 Abs. 2 1. Gruppe 4. Variante StGB – im Spiegel gesellschaftlicher Moralvorstellungen, 2014; Schorn, Mord aus niedrigen Beweggründen bei fremden soziokulturellen Wertvorstellungen, 2014; nach Küper/Zopfs StrafR BT Rn. 154 kommt es auf eine „rechtlich-sittliche Wertung" an; krit. zu dieser Verrechtlichung Kühl JA 2009, 834). Die Wertung erstreckt sich auf die Motivation im Ganzen, namentlich auf die Mittel-Zweck-Relation (BGH NStZ 2006, 116; Rössner/Wenkel in HK-StrafR Rn. 27). Sie ist also eine Gesamtwürdigung (BGHSt 47, 128 (131) = NJW 2002, 382; BGHSt 56, 11 (18) = NJW 2011, 1014; BGH NJW 1969, 2292; NJW 1981, 1382; NStZ 1993, 182; NJW 1996, 471; NStZ 1999, 129; NStZ 2001, 87; NStZ 2003, 146; NStZ 2006, 140; NStZ-RR 2008, 308; NStZ 2011, 35; NStZ 2012, 441 (442); NStZ 691 (692); NStZ 2013, 470; NJW 2019, 34, 64; krit. zur „Psychologisierung" der Motivgeneralklausel Schneider FS Widmaier, 2008, 759, auch Kühl JuS 2010, 1043). Dabei können einerseits die Verschuldung der Konfliktslage und das Missverhältnis zwischen Anlass und Erfolg (BGH StV 1983, 503; Otto Jura 1994, 141 (145); ähnlich Neumann/Saliger in NK-StGB Rn. 27; krit. Geilen FS Bockelmann, 1979, 613 (641)), andererseits Persönlichkeitsmängel (BGH bei Dallinger MDR 1969, 723) und bei ausländischen Tätern auch Anschauungen ihrer Heimat berücksichtigt werden (BGH NJW 1980, 537 mAnm Köhler JZ 1980, 238; BGH NJW 1996, 602; StV 1997, 565; einschr. BGH NStZ 2002, 369 mit zT krit. Bespr. Momsen NStZ 2003, 237; Saliger StV 2003, 22; Otto JK StGB § 211 Rn. 39; BGH NJW 2004, 1466 mit zust. Bespr. Ogorek JA 2004, 787; sa BGH NStZ-RR 2004, 361; NStZ-RR 2006, 43; NStZ 2006, 284; Kühl JA 2009, 834 (835); JuS 2010, 1047; Schorn, Mord aus niedrigen Beweggründen bei fremden soziokulturellen Wertvorstellungen, 2014; zur Problematik der sog. Ehrenmorde vgl. Kudlich/Tepe GA 2008, 92 (96); Valerius JZ 2008, 912 (917); Valerius, Kultur und Strafrecht, 2011 mit Bespr. Neumann ZStW 127 (2015), 176; Hilgendorf JZ 2009, 139 (140); Grünewald NStZ 2010, 1; Bosch Jura 2015, 803 (810); Greco ZIS 2014, 309; Hörnle FS Frisch, 2013, 653; Lembke KJ 2014, 299; Renzikowski NJW 2014, 2539 (2542); Ebert in Ebert/Schilberg/Ammer, Rechtliche Verantwortlichkeit im Konflikt, 2015, S. 65, 70; den Terminus abl. Sinn in SK-StGB Rn. 27; monographisch: Baumeister, Ehrenmorde, 2007; Erbil, Toleranz für Ehrenmörder?, 2008 mit Bespr. Neuhaus StraFo 2009, 477; Pohlreich, „Ehrenmorde" im Wandel des Strafrechts, 2009; Kasselt, Ehre im Spiegel der Justiz, 2016; zur sog Blut- 5 rache Kretschmer FS Fischer 2018, 415), objektiver Maßstab für die Bewertung des Beweggrundes sind aber die sittlichen und rechtlichen Vorstellungen der Bundesrepublik (BGH NJW 2006, 1008 (1011) mit Bespr. Küper JZ 2006, 610; BGH NStZ 2019, 206; NStZ-RR 2020, 40; NStZ 2021, 287 mAnm Schnieder; ebenso schon BGH NJW 1995, 602 mablAnm Fabricius StV 1996, 209; Kühl JuS 2010, 1047; krit. Vogel GA 2010, 1 (10), klassisch-striktes Verständnis von Interkulturalität). Bei sog. Spontantaten sind niedrige Beweggründe nicht ausgeschlossen, bedürfen aber sorgfältiger Prüfung (BGH NStZ-RR 1996, 99; NStZ-RR 1998, 67; NStZ-RR 2000, 333; NStZ 2001, 87; NStZ 2006, 166 (167); NStZ 2006, 284 (285); NStZ-RR 2003, 78; NStZ-RR 2004, 108; aber sa BGH bei Altvater NStZ 1999, 19; zum möglichen Fehlen des Ausnutzungsbewusstseins → Rn. 5 c). Politische Motive sind auch in demokratisch verfassten Staaten zwar häufig, aber nicht notwendig niedrig; entscheidend ist auch hier die Mittel-Zweck-Relation (hM; vgl. Kühl JuS 2010, 1046; Neumann/Saliger in NK-StGB Rn. 39–41; anders Brocker JR 1992, 13; RuP 1992, 211; Rissing-van Saan in LK-StGB, Rn. 27; Schneider in MüKoStGB Rn. 92; zur Rspr. gegen Ende von → Rn. 5 a). Auch eine Tötung durch Unterlassen kann durch niedrige Beweggründe motiviert sein; so wenn der Täter das Opfer lebensgefährlich verletzt und dann aus krass-egoistischen Gründen sterben lässt (Arzt FS Roxin, 2001, 855 (858); Rauber, Mord durch Unterlassen, 2008, S. 314, 333). Ein alleiniges Abstellen auf das äußerst brutale Tatgeschehen reicht für dieses Motivmerkmal nicht (BGH NStZ 2013, 470). Ist eine vorausgegangene Körperverletzung durch neidrige Beweggründe motiviert, spricht dies dafür, dass diese Beweggründe auch die unmittelbar danach folgende vorsätzliche Tötung desselben Opfers tragen (BGH NStZ 2020, 215 mAnm Drees).

5a **In Frage kommen** je nach den Umständen ua folgende Motivationen (Kasuistik bei Kühl JuS 2010, 1041 (1044)), sofern sie ihrerseits auf einer niedrigen Gesinnung beruhen (Holtz MDR 1980, 629; MDR 1980, 985; NStZ 1984, 261; weiter konkretisierend Jakobs NJW 1969, 489; Paeffgen GA 1982, 255 (266)), Ausländerhass (BGH NJW 2000, 1583), Rassenhass oder Anmaßung einer Überlegenheit der eigenen Rasse (BGHSt 18, 37 = NJW 1962, 2308; auch wenn sich der Täter die rassistischen Beweggründe anderer, denen er durch die Tat imponieren will, zu eigen macht, BGH NJW 1994, 395; Mitsch JuS 1996, 121 (125); sa BGH NStZ 1999, 129 „Imponiergehabe"); Aufwerfen zum Herrn über Leben und Tod aus reiner Willkür (BGH NJW 1971, 571; BGHSt 47, 128 (132) = NJW 2002, 382 mAnm Neumann JR 2002, 471; Otto JZ 2002, 567; einschr. BGH StV 2009, 524 mAnm Neumann; Kühl JuS 2010, 1041 (1043)); auch bei „grundloser" Tötung (BGH NStZ-RR 2004, 332 mit krit. Bespr. Otto JK StGB § 211 Rn. 44; BGH NStZ 2006, 167 (169) mit Bespr. Eidam JA 2006, 11; einschr. BGH NStZ 2006, 166 (167) mAnm Rose ZIS 2006, 223 (224); problematisch BGH NStZ 2012, 694 mit krit. Bespr. Bosch JK StGB § 211 Rn. 64, Tötung eines Kindes, weil es nicht aufhörte zu schreien), die bei direktem Vorsatz zur Mordlust führt (BGHSt 47, 128 = NJW 2002, 382 mzustAnm Otto JZ 2003, 567, krit. aber Neumann JR 2002, 471; Saliger StV 2003, 38; vgl. auch Müssig FS Dahs, 2005, 117 (125); BGH NStZ-RR 2005, 309 (310)); menschenverachtender Vernichtungswille (BGH NStZ-RR 2003, 78; nicht dagegen bloßer Vernichtungswille gegenüber menschlichem Leben, da dies nicht über den Unwert von § 212 hinausgeht, BGH NStZ-RR 2002, 142); Homophobie (BGH JR 2021, 216 mzustAnm Hinz); Blutrache (BGH NJW 1995, 602; einschr. BGH NJW 2006, 1008 mit Bespr. Gasa/Marlie ZIS 2006, 200; Dietz NJW 2006, 1385 (1386); Küper JZ 2006, 608 (610); Nehm FS Eser, 2005, 419; Kudlich/Tepe GA 2008, 92; Kühl JA 2009, 833 (835);

JuS 2010, 1047; Sinn in SK-StGB Rn. 27);Rachsucht (BGH NJW 1958, 189; NStZ 2006, 97 mit krit. Bespr. Bosch JA 2006, 175; BGH NStZ-RR 2006, 317 (319); anders für „berechtigte" Racheaktionen BGH StV 1998, 25; NStZ-RR 2003, 147 (149); NStZ-RR 2004, 79; NStZ 2006, 284 (285); krit. Schneider FS Widmaier, 2008, 759 (773); vgl. auch BGHSt 56, 11 (19) = NJW 2011, 1014); übersteigerte Eifersucht (BGHSt 3, 180 = NJW 1952, 1303; BGH StV 2001, 571 (572); zu Recht diff. Schütz JA 2007, 23, Kühl JuS 2010, 1045, Rengier StrafR BT II §4 Rn. 21; Wessels/Hettinger/Engländer StrafR BT I Rn. 98); vermeintliche „Besitzrechte" bzw. „Besitzansprüche" (BGH NStZ-RR 2012, 339 (340); NStZ 2019, 82; NStZ-RR 2020, 40); übersteigerter Geltungsdrang (BGH MDR 1975, 542; problematisch BGHSt 9, 180 = NJW 1956, 1040 mit Bespr. Dreher MDR 1956, 498); hemmungslose Eigensucht (BGH VRS 17, 187), die in Parallele zum Verdeckungsmord (→Rn. 12, 13) auch darauf gerichtet sein kann, sich der Verantwortung für begangenes Unrecht zu entziehen (BGH NJW 1992, 919 mablAnm Hohmann NStZ 1993, 183; BGH NStZ 1997, 81 mkritAnm Walter NStZ 1998, 36; Miehe JuS 1996, 1000 (1005); BGH NStZ-RR 1999, 234 mit zust. Bespr. Otto JK StGB §211 Rn. 33; BGH NStZ 2003, 146; NStZ 2013, 337; krit. aber Bosch/Schindler Jura 2000, 78 (83); Neumann/Saliger in NK-StGB Rn. 37; zum Vorrang des Verdeckungsmordes BGHSt 56, 239 (247) = NJW 2011, 2223; BGH NStZ-RR 1999, 235; nicht bereits das bloße Verfolgen eigener Interessen, BGH StV 2021, 77); Wut oder Enttäuschung über verweigerten Geschlechtsverkehr (BGHSt 2, 60 = NJW 1952, 392; Müssig, Mord und Totschlag, 2005, S. 282); Tötung der Ehefrau, um sich einer anderen Frau zuzuwenden (BGHSt 3, 132 = NJW 1952, 1026); Tötung eines anderen, um statt seiner als tot zu gelten (BGH NStZ 1985, 454); Tötung eines anderen, um die Frau des Opfers zu heiraten und in den Genuss der auf das Opfer abgeschlossenen Lebensversicherung gelangen zu können (BGH NStZ 1998, 352); Tötung eines Unbeteiligten als Bestrafungsaktion für die vermeintliche Unterstützung einer Person, an der Rache geübt werden sollte (BGH NStZ-RR 2000, 168; NStZ-RR 2006, 318 (319)); bewusstes Abreagieren frustrationsbedingter Aggressionen an einem Unbeteiligten (BGHSt 47, 128 = NJW 2002, 382 mit krit. Bespr. Neumann JR 2002, 471; Otto JZ 2002, 567; Saliger StV 2003, 38 (41)); Auftragstötung an einer dem Täter unbekannten Person aus „Gefälligkeit" (BGHSt 50, 1 (8) = NJW 2005, 996 mit Bespr. Jäger JR 2005, 477); Tötung aus verletzter „Familienehre" (BGH NStZ 2020, 86; NStZ 2020, 617) oder wegen verbaler Herabsetzung verstorbener Angehöriger durch das Opfer (BGH NStZ 2019, 206); Sorge um das Ansehen der Familie schließt das Motiv nicht aus (anders LG Passau NStZ 2005, 101 zu Recht mkritAnm Schneider, der solche „Fernziele" als „Todfeind" der Rechtssicherheit bezeichnet). Allgemein können auch Wut (BGH NJW 1996, 471; NStZ-RR 1996, 99; NStZ-RR 2004, 108; NStZ-RR 2006, 140); Haß (BGH NStZ-RR 1999, 106) genügen, wenn sie ihrerseits auf niedrigen Beweggründen beruhen (BGHSt 47, 128 (130) = NJW 2002, 382; BGHSt 56, 11 (18) = NJW 2011, 1014; BGHSt 56, 239 (247) = NJW 2011, 2223; BGH NStZ 1995, 181; StV 1995, 301; NStZ-RR 1996, 99; StV 2001, 228; BGH bei Altvater NStZ 2003, 21 (23); BGH NStZ 2004, 34; NStZ 2006, 166 (167); NStZ 2006, 284 (285); NStZ 2007, 330; NStZ 2008, 273 (275); NStZ 2011, 35; NStZ 2012, 691; NStZ 2013, 337; Kühl JuS 2010, 1044); daran kann es fehlen, wenn die Wut nicht einer gewissen Berechtigung entbehrt (BGH NStZ 2002, 368; NStZ-RR 2004, 108; NJW 2006, 1008 (1011) mit krit. Bespr. Dietz NJW 2006, 1385 (1387); BGH NJW 2008, 1008 (1011); Kühl JuS 2010, 1044) oder wenn Gefühle der Verzweiflung und der inneren Auswegslosigkeit beim verlassenen Ehepartner auch tatauslösend und tatbestimmend sind (BGH NStZ 2004, 34; NStZ 2006, 338 (340); BGH NStZ-RR 2007, 14 (15)); nicht jede Tötung des Intimpartners, der sich abwenden will, ist aus niedrigen Beweggründen begangen (BGH NStZ 2006, 288; NStZ-RR 2006, 340 (342); NStZ 2009, 568; NStZ-RR 2018, 177; NStZ 2019, 204; NStZ 2019, 518 mAnm Grünewald; Bespr. Kudlich JA 2019, 794); Gefühle der Angst, Ratlosigkeit und Verzweiflung können auch bei einer Kindstötung zur Verneinung niedriger Beweggründe führen (BGH NStZ-RR 2007, 111; anders wenn das Kind als „Störfaktor" beseitigt wird, BGH NStZ 2009, 210 mit krit. Bespr. Bosch JA 2009, 150 (152); Kühl JuS 2010, 1045), oder dem „Wunsch nach Nichtstun" im Wege steht (BGH NStZ-RR 2009, 173 (175)). Bei **politischen Motiven** (dazu Engländer FS Merkel, 2020, 983) genügen regelmäßig selbstsüchtiges oder gruppenegoistisches Machtstreben und persönlicher Hass (BGH NStZ 2004, 89 mAnm Schneider; v. Selle NJW 2000, 992; zur unterschiedlichen Bewertung der Gruppendynamik BGH bei Altvater NStZ 2004, 23 (25); Kühl JuS 2010, 1046), auch „terroristische" (Sprengstoff-)Anschläge auf willkürlich ausgewählte unbeteiligte Dritte sind erfasst (BGH NJW 2004, 3051 (3054) mkritAnm Schroeder NStZ 2005, 153) oder ein terroristischer Flugzeugangriff auf ein Hochhaus (BGH NJW 2007, 384 (390)); nicht dagegen eine Protesthaltung gegen eine Flughafenerweiterung (BGH NStZ 1993, 341 mit krit. Bespr. Otto JK StGB § 211 Rn. 24; Brocker NStZ 1994, 33, der jede politisch motivierte Tötung außerhalb der Grenzen des Art. 20 IV GG genügen lässt (inzwischen ebenso BGH NStZ 2019, 342 mAnm Engländer; Montenegro GA 2021, 101); Bosch Jura 2015, 803 (811)). Auf niedrigen Beweggründen können auch die Tötungshandlungen sog. Mauerschützen zur Verhinderung der Republikflucht (→ § 2 Rn. 16) beruhen (im konkreten Fall verneinend BGH NJW 1995, 2732; vgl. Jakobs NStZ 1995, 26; Gropp JuS 1996, 13 (18) sowie Momsen NStZ 2003, 237).

5b Der Umstände, die den Antrieb zum Handeln sittlich besonders verwerflich machen, muss der Täter **sich bewusst sein** (BGH NStZ 1983, 19; NJW 1996, 602; NStZ-RR 1999, 234; NStZ 2006, 166 (167)) und die Bedeutung seiner Beweggründe und Ziele für die Bewertung der Tat erfassen; soweit dabei emotionale Regungen in Frage stehen, muss er diese nach stRspr auch gedanklich beherrschen und willensmäßig steuern können (zB BGHSt 6, 329 = NJW 1954, 1855; BGHSt 47, 128 (132) = NJW 2002, 382 mit krit. Bespr. Neumann JR 2002, 471 (473); BGH NStZ 1993, 281; NJW 1993, 3210 mkritAnm Fabricius StV 1994, 373; BGH NJW 1996, 602; NStZ 1996, 384; NStZ-RR 1998, 133; NStZ-RR 2000, 168 (169); NStZ-RR 2000, 333; StV 2001, 228; NStZ-RR 2003, 78; NStZ 2004, 34; NStZ 2004, 620; NStZ-RR 2006, 234; NStZ-RR 2006, 340; BGH BeckRS 2012, 26153 mit Bespr. Eisenberg HRRS 2012, 23; Hecker JuS 2012, 562; Otto Jura 1994, 141 (146)); dies kann bei schweren Persönlichkeitsstörungen zweifelhaft sein (Altvater NStZ 2002, 20 (23); NStZ 2003, 21 (24); NStZ 2007, 525) und bei entsprechender geistig-seelischer Verfassung, zB Verzweiflung, zu verneinen sein (BGH NStZ-RR 2004, 44 mkritAnm Trück NStZ 2004, 497; zB Gefühl der Hilflosigkeit, BGH NStZ-RR 2010, 175 (176)); auch bei unvorbereiteten Spontantaten (BGH NJW 2004, 1965 (1966); NStZ 2005, 331; NStZ-RR 2006, 234) und bei intensiver Verhaftung von Ausländern an fremden kulturellen Wertvorstellungen (BGH NJW 2004, 1466 (1467); NJW 2004, 1965 (1966); Kühl JA 2009, 835; JuS 2010, 1041 (1047); krit. Renzikowski NJW 2014, 2539 (2542); für eine Lösung über § 17 Valerius JZ 2008, 912 (918); Grünewald NStZ 2010, 1 (9)). Jedoch braucht er seine Beweggründe nicht selbst als niedrig zu beurteilen (BGH NJW 1967, 1140; NStZ 1993, 182; NJW 1994, 395 (396); NJW 1994, 2629

(2630); NJW 2004, 1466 mit zust. Bespr. Ogorek JA 2004, 787; BGH NStZ 2013, 339 (340); → § 15 Rn. 17; aM Köhler JZ 1980, 238); zur Wahrung des Schuldprinzips genügt seine Fähigkeit zu solcher Beurteilung (BGH NStZ 1981, 258; NStZ 1996, 384; NJW 2002, 382 (383); NStZ-RR 2004, 44; NStZ-RR 2004, 340 (341); NStZ 2004, 620 (621)).

5c Handelt der Täter aus **mehreren Beweggründen** (sog. Motivbündel), so müssen die niedrigen in der Gesamtwürdigung überwiegen, dh der Tat das Gepräge geben (BGH NStZ 1989, 19; NStZ 1997, 81; NStZ 2005, 332; NStZ 2006, 288; NStZ 2006, 338; NStZ-RR 2004, 14; NStZ-RR 2004, 234; NJW 2006, 1008 (1011); NStZ-RR 2007, 14 (15); NStZ-RR 2007, 111; NStZ-RR 2015, 288; NStZ 2015, 391; StV 2021, 111; Kühl JuS 2010, 1041 (1047); Neumann/Saliger in NK-StGB Rn. 31; sa BGHSt 47, 128 (131) = NJW 2002, 382 mit krit. Bespr. Neumann JR 2002, 471). Neben der Verdeckungsabsicht ist die Annahme niedriger Beweggründe nicht gerechtfertigt, wenn die zur Begründung dieses Merkmals herangezogenen Motive des Täters über die Verdeckungsabsicht hinaus keinen weiteren Unrechtsgehalt aufweisen (BGHSt 56, 239 (247) = NJW 2011, 2223). Lässt das Verhalten im Hinblick auf die Motivation verschiedene Deutungen zu, so muss jede der in Frage kommenden Möglichkeiten einen niedrigen Beweggrund ergeben (BGH GA 1980, 23; NStZ 2006, 166 mAnm Rose ZIS 2006, 223). Kommen nur niedrige Beweggründe in Betracht, so kommt es nicht darauf an, welcher tatsächlich vorherrschend war (BGH NStZ-RR 1998, 133).

6 **b) Heimtückisch** tötet, wer in feindlicher Willensrichtung die objektiv gegebene (hM) Arglosigkeit und Wehrlosigkeit seines Opfers bewusst zur Tötung ausnutzt (BGHSt 32, 382 = NJW 1985, 334; BGHSt 39, 353 (368) = NJW 1994, 267; BGH NStZ 2009, 569 (570); NStZ 2014, 633; NStZ-RR 2016, 43 mit Bespr. Hecker JuS 2016, 364; Satzger JK 2017, 115; Geppert Jura 2007, 270 (272); Kaspar JA 2007, 699; Küper/Zopfs StrafR BT Rn. 311; krit. zu dieser Definition Otto Jura 1994, 141 (147); zu den „Tücken der Heimtücke" Kett-Straub JuS 2007, 515). Grundgedanke dieser Definition ist die für das Opfer gesteigerte Gefährlichkeit der Tatausführung (BGHSt 11, 139 (143) = NJW 1958, 309; Küper JuS 2000, 740 (742); Murmann HRRS 2014, 442 (449); Mitsch in Leipold/Tsambikakis/Zöller Rn. 4; Schneider in MüKoStGB Rn. 144; krit. Müssig, Mord und Totschlag, 2005, S. 300; Kelker, Zur Legitimität von Gesinnungsmerkmalen im Strafrecht, 2007, S. 617; Grünewald, Das vorsätzliche Tötungsdelikt, 2010, S. 124). Dennoch ist diese weite, in stRspr gefestigte, aber in Grenzbereichen immer wieder korrigierte (krit. dazu Kerner FS Heidelberg, 1986, 419 (433); nach Kargl StraFo 2001, 365 (370) „regelrechte Basteltechnik"; Rengier FS Küper, 2007, 473 (486) will eine „schleichende Verschärfung" erkennen; krit. auch Lembke NKrimPol 2009, 109 (110) „Heimtückemord – der Tötungsmodus der Schwachen und Frauen?") Begriffsbestimmung verfassungsrechtlich problematisch (BVerfGE 45, 187 (262) = NJW 1977, 1525; beachte jedoch BVerfG NJW 2001, 669, wo BGH NJW 2000, 3079 trotz der weiten Definition bestätigt wird). Zwar hat der BGH einige Möglichkeiten der Restriktion wahrgenommen, jedoch einschneidendere Korrekturen, etwa durch Einschränkung auf überlegtes Handeln (BGHSt 11, 139 = NJW 1958, 309) oder durch das Erfordernis verwerflicher Gesinnung (BGHSt 9, 385 = NJW 1957, 70), stets abgelehnt. In der **Strafrechtswissenschaft** wird dagegen überwiegend ein Missbrauch von Vertrauen vorausgesetzt (so zB Schaffstein FS Mayer, 1966, 419; Schmidhäuser JR 1978, 265 (269); Lange GS Schröder, 1978, 217 (233); Otto JR 1991, 382; Eser/Sternberg-Lieben in Schönke/Schröder Rn. 26; mit Recht krit. Geilen GS Schrö-

der, 1978, 235 (253); Geilen FS Bockelmann, 1979, 613 (617); Rengier MDR 1980, 1 (4); Mitsch JuS 1996, 213; Grünewald, Das vorsätzliche Tötungsdelikt, 2010, S. 130–134; Wessels/Hettinger/Engländer StrafR BT I Rn. 108; Mitsch in Leipold/Tsambikakis/Zöller Rn. 58; Neumann/Saliger in NK-StGB Rn. 49; Sinn in SK-StGB Rn. 44); zT wird auch auf den Missbrauch zuvor „verlangten" Vertrauens (Jakobs JZ 1984, 996), auf den „Missbrauch sozialpositiver Verhaltensmuster" (Meyer JR 1979, 441 (485)), auf die Ausnutzung „begründeter" Arglosigkeit (Arzt JR 1979, 7 (12)), auf „unrechtsbewusst-überlegtes" Ausnutzen der Arglosigkeit und Wehrlosigkeit (Köhler JuS 1984, 762 (765)), auf den Missbrauch von Vertrauen unter Ausnutzung der Arglosigkeit und Wehrlosigkeit „in menschenverachtender Gesinnung" (Langer JR 1993, 133 (138)), auf „tückisch-verschlagenes" (Spendel JR 1983, 269 (271); StV 1984, 45; Schild JA 1991, 48 (55); Seebode StV 2004, 596 (597); Wessels/Hettinger/Engländer StrafR BT I Rn. 114; Neumann/Saliger in NK-StGB Rn. 72; krit. Grünewald, Das vorsätzliche Tötungsdelikt, 2010, S. 134–136; Morris, Die normative Restriktion des Heimtückebegriffes auf Basis der Teilverwirklichung von Rechtfertigungsgründen, 2010, S. 176–180) oder „heimlich-verschlagenes" (Veh, Mordtatbestand und verfassungskonforme Rechtsanwendung, 1986, S. 161) Vorgehen, auf „hinterhältiges" Verhalten (Küpper FS Kriele, 1997, 777 (787)), auf „besonders weitgehende, dem Opfer nicht erkennbare Tatvorbereitung" (Schmoller ZStW 99 (1987), 389) oder allgemeiner auf das Fehlen eines „achtenswerten Grundes" (Schwalm MDR 1957, 260; MDR 1958, 396) abgestellt (zusf. Miehe JuS 1996, 1000 (1003); Küper JuS 2000, 740 (745); Bürger JA 2004, 298 (301); Geppert Jura 2007, 270). Zusammenfassend zu alternativen Heimtückekonzeptionen des Schrifttums Schneider in MüKoStGB Rn. 203–214. – Die nach der Rspr. nicht zureichend eingrenzbare Weite des Begriffs hat zur Anerkennung einer **übergesetzlichen Strafmilderung** nach dem Maßstab des § 49 I Nr. 1 für den Fall geführt, dass **außergewöhnliche Umstände** die Verhängung der lebenslangen Freiheitsstrafe als unverhältnismäßig erscheinen lassen (→ Vor § 211 Rn. 20; näher konkretisierend Günther JR 1985, 268; sa Frommel StV 1987, 292); ob solche Umstände, die zB bei Tötungen in großer Verzweiflung, aus tiefem Mitleid (→ Rn. 6 a), aus gerechtem Zorn über grundlos erlittene schwere Kränkungen, in lebensgefährlichen Zwangssituationen (BGH NStZ 1995, 231) oder in einem vom Opfer verursachten zermürbenden und ausweglosen Konflikt in Frage kommen (BGHSt 30, 105 (119) = NJW 1981, 1965; BGH NStZ 1982, 69; NJW 1983, 54 (55)), nicht dagegen in einer vom Täter verursachten Drucksituation (BGH NStZ 2021, 105 mit Bespr. Hecker JuS 2021, 464), im Einzelfall vorliegen, ist erst nach Erschöpfung aller gesetzlichen Milderungsmöglichkeiten zu prüfen (BGHSt 48, 255 (262) = NJW 2003, 2464 mit Bespr. Widmaier NJW 2003, 142; Hillenkamp JZ 2004, 48; Kargl Jura 2004, 189; Otto NStZ 2004, 142; BGH NJW 1983, 2456 mit Bespr. Hassemer JZ 1983, 967; Rengier NStZ 1984, 21; Spendel StV 1984, 45) und nur in wirklichen „Grenzfällen" zu bejahen (BGH NStZ 1983, 553; sa BGH NJW 1990, 2896; Fünfsinn Jura 1986, 136; Otto Jura 2003, 612 (620)), unterliegt iÜ aber tatrichterlicher Würdigung mit der Folge, dass eine Nachprüfung durch das Revisionsgericht nur begrenzt möglich ist. Zum Heimtückebegriff **iE:**

6a aa) An der **feindlichen Willensrichtung** fehlt es, wenn der Täter zum Besten des Opfers zu handeln glaubt (BGHSt 30, 105 (119) = NJW 1981, 1965; Kaspar JA 2007, 699 (702); krit. zum Kriterium Grünewald, Das vorsätzliche Tötungsdelikt, 2010, S. 129; Sinn in SK-StGB Rn. 42; nach Mitsch in Leipold/Tsambikakis/Zöller Rn. 56, missverständlich; Schneider in MüKoStGB Rn. 197 „Fremdkörper"; krit. auch Morris, Die normative Restriktion des Heimtückebegriffes auf Basis der Teilverwirklichung von Rechtfertigungsgründen, 2010, S. 185), was etwa beim Selbsttötungsversuch unter Mitnahme von Familienangehörigen, sog. Mitnahmesuizid oder erweiterter Suizid (BGH StV 1989, 390; NStZ 1995, 230 mit Bespr. Winckler/Foerster NStZ 1996, 32; unter Berücksichtigung des Willens der Opfer zu Recht einschr. BGH NStZ-RR 2000, 327; NStZ 2006, 338 mit Bespr. Geppert Jura 2007, 270 (274); vgl. auch Mitsch JuS 1996, 213 (214); Mielke NStZ 1996, 477; Witteck JA 2009, 292 (297); Hilgendorf in Arzt/Weber/Heinrich/Hilgendorf StrafR BT § 2 Rn. 46; Fischer Rn. 44a; für Zuständigkeit der Eltern Müssig, Mord und Totschlag, 2005, S. 411) oder bei mitleidmotivierter verbotener Sterbehilfe (BGHSt 37, 376 = NJW 1991, 2357 mAnm Roxin NStZ 1992, 35; krit. zur tatsächlichen Würdigung der Tätermotivation als Mitleid Geilen FS Spendel, 1992, 521; Otto Jura 2003, 612 (619); anders bei „oberflächlicher" Mitleidsmotivation BGH NStZ 2008, 93 mit zust. Bespr. Satzger JK StGB § 211 Rn. 54, und bei gewollter Durchsetzung der eigenen „Vorstellungen über Würde und Wert des Lebens" Sterbender BGH StV 2009, 524 mAnm Neumann) in Frage kommt. Dies ist zuletzt eingeschränkt worden auf Fälle, in denen Tötung entweder dem ausdrücklichen Willen des Getöteten entspricht oder mit dem mutmaßlichen Willen des zu einer autonomen Entscheidung nicht fähigen Opfers geschieht (BGHSt 64, 111 = NJW 2019, 2413 mAnm Mitsch; Wachter NStZ 2019, 722; Sternberg-Lieben ZfL 2019, 311; Bespr. Momsen/Schwarze JR 2020, 232; Jäger JA 2019, 791; Eisele JuS 2019, 1124; Theile ZJS 2019, 525).

bb) **Arglos** ist, wer sich keines Angriffs von Seiten des Täters (bei mittelbarer 7
Täterschaft des Tatmittlers, Bürger JA 2004, 298 (301)) versieht (BGHSt 32, 382 = NJW 1985, 334; BGHSt 39, 353 (368) = NJW 1994, 267; BGHSt 41, 72 (79) = NStZ 1995, 394; BGH NStZ 2009, 569 (570); NStZ 2014, 633; krit. Rengier FS Küper, 2007, 473), also die allgemeine Erwartung hegt, es werde ihm von dessen Seite nichts Arges zustoßen (BGHSt 27, 322 = NJW 1978, 1061). „Alte" latente Angst wegen früherer Aggression steht Arglosigkeit nicht entgegen (BGH NStZ-RR 2016, 72 (73); BGH NJW 2018, 3398 mAnm Leitmeier). Arglos ist danach nicht, wer tatsächlich mit einem Angriff **rechnet** (zB bei Ankündigung BGH NStZ 2007, 268 (269); auch bei der Aufforderung „ins Freie zu treten" BGH BeckRS 2013, 15528 mit Bespr. Hecker JuS 2013, 1141), soll aber – normativ gesehen – auch derjenige nicht sein, der zB wegen der Fortsetzung seines rechtswidrigen Angriffs auf das Vermögen des Täters mit dessen auch überzogener Gegenwehr **rechnen muss** (BGHSt 48, 207 = NJW 2003, 1955 mit zust. Bespr. Roxin JZ 2003, 966 dazu Küper GA 2006, 310; Roxin FS Widmaier, 2008, 741; Widmaier NJW 2003, 2788 (2790); Rengier NStZ 2004, 236; Trüg JA 2004, 272; krit. bis abl. aber Otto Jura 2003, 612 (618); Schneider NStZ 2003, 428; Hillenkamp JZ 2004, 48; Hillenkamp FS Rudolphi, 2004, 463 (466); Zaczyk JuS 2004, 750; Bürger JA 2004, 298 (299); Kaspar JA 2007, 699 (701); Duttge FS Krey, 2010, 39 (61); Exner/Remmers ZIS 2011, 14; unentschieden Geppert JK StGB § 211 Rn. 41; krit. auch Fischer Rn. 49–55; Mitsch in Leipold/Tsambikakis/Zöller Rn. 51; dem BGH zust. Rengier StrafR BT II § 4 Rn. 26a; Neumann/Saliger in NK-StGB Rn. 61; wohl auch Grünewald, Das vorsätzliche Tötungsdelikt, 2010, S. 136–138; anders BGH NStZ 2005, 688 (690) mkritAnm Mosbacher); der dogmatische Ansatz für diese normative Einschränkung ist im Wortteil „tückisch" zu sehen, das beim Vorgehen des noch Erpressten gegen den Erpresser fehlt (so auch Hillenkamp FS Rudolphi, 2004, 472 (477); Neumann/Saliger in NK-StGB Rn. 61; ähnlich Zaczyk JuS 2004, 750 (752), kein verwerflicher Vertrauensbruch des erpressten Täters; beachte jedoch, dass etwa BGH NJW 2006, 1008 mit Bespr.

Küper JZ 2006, 608 wieder rein „faktisch" argumentiert; zum Fall auch Geppert Jura 2007, 270 (275); allg. zur Normativierung der Mordmerkmale und insbes. der Heimtücke Müssig FS Dahs, 2005, 117 (126), der ua auf die Opferverantwortung abstellen will; dezidiert für eine normative Auslegung unter Berücksichtigung des Opferverhaltens Zorn, Die Heimtücke iSd § 211 Abs. 2 StGB – ein das vortatliche Opferverhalten berücksichtigendes Tatbestandsmerkmal?, 2013, S. 212, 320 mit Bespr. Küper GA 2014, 349; als Tötung unter „Teilverwirklichung" eines Rechtfertigungsgrundes ordnet den Fall ein Morris, Die normative Restriktion des Heimtückebegriffes auf Basis der Teilverwirklichung von Rechtfertigungsgründen, 2010, S. 148, 202, der diesem Kriterium eine angemessene Berücksichtigung „tatauslösenden Opferverhaltens" zutraut; einen Gesetzesvorschlag unterbreitet Roxin FS Widmaier, 2008, 741 (756); Morris, Die normative Restriktion des Heimtückebegriffes auf Basis der Teilverwirklichung von Rechtfertigungsgründen, 2010, S. 203). Für die Arglosigkeit ist das positive Bewusstsein erforderlich, vor einem Angriff sicher zu sein (hM; anders Dreher MDR 1970, 248; Zorn, Die Heimtücke iSd § 211 Abs. 2 StGB – ein das vortatliche Opferverhalten berücksichtigendes Tatbestandsmerkmal?, 2013, S. 316; Kindhäuser/Schramm StrafR BT I § 2 Rn. 23; Sinn in SK-StGB Rn. 40); ein Besinnungsloser ist danach nicht arglos (BGH NJW 1966, 1823; StV 1998, 545; Bürger JA 2004, 298; Wessels/Hettinger/Engländer StrafR BT I Rn. 120; Rissing-van Saan in LK-StGB, Rn. 42; aM Hohmann/Sander StrafR BT II § 2 Rn. 14), ebenso wenig eine Person, die infolge von Krankheit die Absicht des Täters nicht erkennen kann (BGH NStZ 1997, 490 mit krit. Bespr. Otto JK StGB § 211 Rn. 31), wohl idR aber der **Schlafende,** weil er die Arglosigkeit mit in den Schlaf nimmt (BGHSt 23, 119 = NJW 1969, 2292; BGHSt 32, 382 (386) = NJW 1985, 334; BGHSt 48, 255 = NJW 2003, 2464 mit Bespr. Hillenkamp JZ 2004, 48; Kargl Jura 2004, 189; Rengier NStZ 2004, 233 (235); Rotsch JuS 2005, 12, krit. Otto NStZ 2004, 142; BGH NStZ 2006, 338; NStZ 2007, 523 (524) mit Bespr. Jahn JuS 2007, 960; Kudlich JA 2007, 901; krit. zu dieser Differenzierung Otto Jura 1994, 141 (149); Jura 2003, 612 (618); Kutzer NStZ 1994, 110; Bosch/Schindler Jura 2000, 77 (79); Küper JuS 2000, 740 (744); Geppert Jura 2007, 270 (273); Kretschmer Jura 2009, 590 (592); Grünewald, Das vorsätzliche Tötungsdelikt, 2010, S. 123; Hellmann in Krey/Hellmann/Heinrich StrafR BT I Rn. 45, 46; Neumann/Saliger in NK-StGB Rn. 57; diff. und einschr. beim Schlaf Haverkamp GA 2006, 586; Schneider in MüKoStGB Rn. 180; sa Fahl Jura 1998, 456 (457); Morris, Die normative Restriktion des Heimtückebegriffes auf Basis der Teilverwirklichung von Rechtfertigungsgründen, 2010, S. 190; zusf. Kaspar JA 2007, 699 (700)); auch ein drei- bzw. fünfjähriges Kind kann arglos sein (BGH NStZ 1995, 230; NStZ 2006, 338; krit. zur Ablehnung bei unter dreijährigen Kindern Grünewald, Das vorsätzliche Tötungsdelikt, 2010, S. 127; Ceffinato/Kalb JA 2014, 887 (890); Fischer Rn. 43; → Rn. 9).

7a Nach einer früher wesentlich strengeren Rspr. (BGHSt 7, 218 = NJW 1955, 759; BGHSt 20, 301 = NJW 1966, 556) hat der BGH vorübergehend angenommen, dass Arglosigkeit schon entfalle, wenn eine offene Auseinandersetzung von vornherein im Zeichen feindseligen Verhaltens stehe, und zwar unabhängig davon, ob sich das Opfer gerade eines tätlichen Angriffs versehe oder nicht (BGHSt 27, 322 = NJW 1978, 1061; BGH NStZ 1983, 34; krit. BGHSt 30, 105 (113) = NJW 1981, 1965; dazu Zorn, Die Heimtücke iSd § 211 Abs. 2 StGB – ein das vortatliche Opferverhalten berücksichtigendes Tatbestandsmerkmal?, 2013, S. 317; Geilen GS Schröder, 1978, 235); inzwischen stellt er aber wieder auf Arglosigkeit im Hinblick auf einen **tätlichen,** dh gegen die körperliche Unversehrtheit gerichteten, erheblichen **Angriff** ab (BGHSt 33, 363 = NJW 1986, 1502 mkritAnm Rengier NStZ 1986, 505; Frommel StV 1987, 292; BGHSt 39, 353 (368) = NJW 1994, 267; BGHSt 48, 207 (210) = NJW 2003, 1955; BGH NJW 1991, 1963 mit krit. Bespr. Otto Jura 1994, 141 (149); BGH NStZ 1993, 341; NStZ 1999, 506; NStZ 2002, 368; NStZ-RR 2002, 233; dazu Otto Jura 2003, 612 (618); BGH NStZ 2004, 234; NStZ 2005, 310 (311); NStZ 2005, 691; NStZ 2006, 235; zusf. Geppert Jura 2007, 270 (273); Kaspar JA 2007, 699). Zweifelsfrei arglos ist, wer nach vorausgegangenem Streit jedenfalls zu dieser Zeit kein feindseliges Verhalten mehr erwartet (BGHSt 7, 218 = NJW 1955, 759; BGHSt 28, 210 = NJW 1979, 378; BGHSt 39, 353 (369) = NJW 1994, 267; BGH NStZ-RR 1996, 322; NStZ-RR 1997, 168; NStZ 2009, 30 (31) mablAnm Schneider; BGH NStZ 2013, 232); dass der Tat eine feindselige Auseinandersetzung vorausgegangen ist, ändert daran nichts (BGH NStZ-RR 2012, 371), ebenso wenn das Opfer eine vorausgegangene tätliche Auseinandersetzung für beendet ansieht (BGH StV 2021, 110); erst recht nicht, wenn eine einverständliche Schlägerei vorausging (Hofmann NStZ 2011, 66). Arglosigkeit entfällt, wenn das Opfer einen Angriff des Täters für möglich hält und ihm deshalb die Möglichkeit bleibt, dem Angriff zu begegnen (BGH StV 1998, 543 (544); sa BGH NJW 2006, 1008 (1010) mit Bespr. Küper JZ 2006, 608 (609); sowie BGH NStZ 2008, 273 (274) mit Bespr. Kudlich JA 2008, 310; sa BGH NStZ-RR 2011, 10); sie entfällt nicht schon wegen eines generellen Misstrauens, das zB Polizisten „rollenbedingt" vor Menschengruppen hegen (BGHSt 41, 72 (79) = NStZ 1995, 394 mit krit. Bespr. Schuster NJW 1995, 2698); latente Angst des Opfers kann dessen Arglosigkeit nicht beseitigen (BGH NStZ 2010, 450 (451), ebenso Mitsch in Leipold/Tsambikakis/Zöller Rn. 49), auch wer dauerhaft Angst um sein Leben hat, verliert seine Arglosigkeit erst, wenn er akuten Anlass hat, anzunehmen, dass der ständig befürchtete Angriff auf sein Leben nun unmittelbar bevorsteht (BGH NStZ 2013, 337 mit krit. Bespr. Bosch JK StGB § 211 Rn. 66).

In der Regel muss die Arglosigkeit bei **Beginn der (ersten) mit Tötungsvorsatz geführten Angriffshandlung,** dh bei Eintritt der Tat in das Versuchsstadium, bestehen (BGHSt 32, 382 (384) = NJW 1985, 334 mit Bespr. Meyer JR 1986, 133; BGH NJW 1991, 1963 mkritAnm Otto JR 1991, 382; BGH NStZ 1993, 438; NStZ-RR 1996, 98; NStZ-RR 1999, 101; NStZ-RR 1999, 234 mit krit. Bespr. Bosch/Schindler Jura 2000, 78; BGH NStZ-RR 2001, 14; NStZ 2003, 146; NStZ 2005, 688 (689); NStZ 2006, 96; NStZ 2006, 503; NStZ 2009, 501 mit Bespr. Hecker JuS 2010, 79; BGH NStZ 2012, 35; StV 2007, 229; NStZ 2014, 633; NStZ 2015, 457 mit Bespr. Bosch Jura 2015, 658; BGH NStZ 2016, 405; Küper JuS 2000, 740 (742); GA 2014, 611 (612); Bürger JA 2004, 298 (299); Neumann/Saliger in NK-StGB Rn. 64; Schneider in MüKoStGB Rn. 170); dabei können auch Vorkehrungen, mit denen der Täter eine günstige Gelegenheit zur Tötung zu schaffen sucht, die Heimtücke begründen, wenn sie bei der Tatausführung noch fortwirken (BGH NStZ 1989, 364 mit krit. Bespr. Otto JK StGB § 211 Rn. 19). Danach genügt es nicht, wenn der Täter das zunächst arglose Opfer mit Körperverletzungsvorsatz angreift, dann aber während der feindseligen Auseinandersetzung zur Tötung übergeht (BGHSt 19, 321 = NJW 1964, 1578; BGH StV 1998, 545; anders bei schnellem Umschlagen BGH NStZ 2009, 29 mkritAnm Puppe NStZ 2009, 208; für die Verabschiedung der „Indifferenz-These" Küper GA 2014, 611 (637)), oder wenn er es ohne Tötungsvorsatz wehrlos macht und dann erst einen offenen tödlichen Angriff anschließt (BGHSt 32, 382 = NJW 1985, 334), wohl aber, wenn sich das Opfer, in eine **Falle gelockt,** plötzlich dem feindseligen Täter gegenübersieht (BGHSt 22, 77 = NJW 1968, 1291; BGHSt 32, 382 (384) = NJW 1985, 334; BGH NJW 1991, 7b

1963; NStZ 2008, 569 mAnm Schroeder JR 2008, 392; BGH NStZ 2010, 450 (451) mit Bespr. Hecker JuS 2010, 1116; BGH NStZ 2016, 340; JuS 2016, 278 mit Bespr. Hecker NStZ-RR 2017, 78; BGH NStZ 2018, 654 mablAnm Schiemann; zust. Bespr. Hecker JuS 2019, 80; krit. Kudlich JA 2019, 72; Schauf NStZ 2019, 585; BGH StraFo 2019, 38; NJW 2020, 2421 mAnm Schiemann und Drees NStZ 2020, 612; Bespr. Jäger JA 2020, 867; sa BGH NStZ 2005, 526; Kaspar JA 2009, 699 (700); Küper JuS 2000, 743 (744), vorgreifender und fortwirkender Entzug von Verteidigungsmöglichkeiten; Murmann HRRS 2014, 442 (449); Zorn, Die Heimtücke iSd § 211 Abs. 2 StGB – ein das vortatliche Opferverhalten berücksichtigendes Tatbestandsmerkmal?, 2013, S. 314; Sinn in SK-StGB Rn. 45; krit. Hilgendorf in Arzt/Weber/Heinrich/Hilgendorf StrafR BT § 2 Rn. 48). Nach der Rspr. ist heimliches Vorgehen nicht erforderlich; auch ein **offener Angriff** trifft danach auf ein argloses Opfer, wenn er so **überraschend** erfolgt, dass eine Gegenwehr unmöglich gemacht wird (BGH NStZ-RR 1997, 168; NStZ 1999, 506; NStZ 2002, 368; dazu Otto Jura 2003, 612 (618); BGH NStZ 2003, 146; NStZ 2005, 331; NStZ 2006, 96 mkritAnm Puppe NStZ 2006, 424; zust. Bespr. Satzger JK StGB § 211 Rn. 49; BGH NStZ 2006, 167 (169); NStZ 2006, 502; NStZ 2008, 510 (511); BGH BeckRS 2011, 3765 mit krit. Bespr. Bosch JK StGB § 211 Rn. 17 zu § 25 Abs. 2; BGH BeckRS 2011, 26153 mit Bespr. Hecker JuS 2012, 562; BGHNStZ 2012, 691; NStZ-RR 2004, 14; NStZ-RR 2005, 201 (202); NStZ-RR 2005, 309; NStZ-RR 2006, 10; NStZ-RR 2007, 14; NStZ 2005, 526; NStZ 2014, 633; NStZ 2016, 346; NJW 2016, 2899; NStZ-RR 2017, 78; ebenso Küpper/Börner StrafR BT I Kap. I § 1 Rn. 45). Daran fehlt es, wenn sich der Täter zur Tötung des (zweiten) Opfers in einem Zeitpunkt entschließt, als dieses nach Beobachtung der ersten Tötung die Gefahr erkannte (BGH NStZ 2012, 35).

8 cc) **Wehrlos** ist, wer bei Beginn des Angriffs (BGH GA 1967, 244; Mitsch in Leipold/Tsambikakis/Zöller Rn. 54; krit. Küper GA 2014, 611 (615)) infolge seiner Arglosigkeit in seiner natürlichen Abwehrbereitschaft und -fähigkeit stark eingeschränkt ist (BGH GA 1971, 113; NStZ 1997, 490; StV 2007, 229; Küper JuS 2000, 740 (741); Geppert Jura 2007, 270 (274); Kaspar JA 2007, 699 (702); Sinn in SK-StGB Rn. 41); daran fehlt es, wenn das Opfer über effektive Abwehrmittel verfügt, zB fliehen oder Hilfe herbeirufen kann (Küper JuS 2000, 740 (741); Rissing-van Saan in LK-StGB, Rn. 44; sa BGH NStZ 2006, 96; NStZ 2006, 167; NStZ 2006, 502). Wehrlosigkeit kann dadurch entfallen, dass sich das Opfer dem Angriff durch Flucht entzieht (BGH StV 2017, 515).

9 dd) **Ausgenutzt** werden muss die Arglosigkeit und Wehrlosigkeit; Ausnutzung nur der Wehrlosigkeit genügt nicht (BGHSt 32, 382 (388) = NJW 1985, 334; BGHSt 39, 353 (369) = NJW 1994, 267; BGH NStZ 2007, 523 (525)). Besonderer Überlegung oder eines **zuvor erwogenen Tatplans** bedarf es dazu nicht (BGHSt 2, 60 = NJW 1952, 392; BGH StV 1981, 339 mAnm Burgsmüller), namentlich nicht in dem Sinne, dass der Täter seinen Tötungsentschluss davon abhängig gemacht hat, die Tat unter Ausnutzung der Arglosigkeit und Wehrlosigkeit ausführen zu können (BGH NStZ 1987, 173); auch wer auf jeden Fall, dh unabhängig von den Ausführungsmöglichkeiten, töten will, kann heimtückisch handeln (BGH NStZ 1985, 216; NStZ-RR 1997, 294); einer bewussten Instrumentalisierung bedarf es nicht (BGH NStZ 2009, 569; NStZ 2013, 470 (471)) es genügt ein bewusstes Überraschen des Opfers (BGH NStZ 2019, 520 mAnm Drees; BGH NStZ 2020, 348), jedoch muss dem Täter nach der Rspr. die Arglosigkeit und Wehrlosigkeit in ihrer Bedeutung für die hilflose Lage **bewusst** sein (BGHSt 6, 120 = NJW 1954, 1374; BGHSt 22, 77 (80) = NJW 1968, 1291; BGHSt 39, 353 (369) = NJW

1994, 267; BGH NStZ 1993, 341; NStZ 1997, 490; NStZ-RR 1997, 294; NStZ-RR 2001, 14; NStZ-RR 2001, 296 (297); NStZ-RR 2004, 79; NStZ 2006, 502; NStZ 2007, 330 (331); NStZ 2008, 510 (511); NStZ 2009, 264; NStZ 501; NStZ-RR 2010, 175 (176); NStZ-RR 2012, 371; NStZ 2011, 634; NStZ 2013, 339; NStZ 2013, 470; NStZ 2013, 709; NJW 2016, 2899; NStZ 2014, 574 mit Bespr. Liebhart; BGH NStZ 683; NStZ 2015, 31 mit Bespr. Engländer; BGH NStZ 2015, 392; NStZ 2016, 148;krit. Rengier FS Küper, 2007, 473 (478); sowie Zorn, Die Heimtücke iSd §211 Abs. 2 StGB – ein das vortatliche Opferverhalten berücksichtigendes Tatbestandsmerkmal?, 2013, S. 320, verzichtbare, funktionslose Komponente; beachte auch BGH NStZ 1984, 506), was bei hochgradiger Erregung häufig, aber nicht notwendig ausgeschlossen ist (BGH NStZ 1987, 555; NStZ 2001, 86; NStZ-RR 2001, 296 (297); NStZ-RR 2004, 139 mkritAnm Seebode StV 2004, 596; krit. auch Eser/Sternberg-Lieben in Schönke/Schröder Rn. 25; BGH NStZ 2009, 569 (570); NStZ 2009, 571 (572); NStZ-RR 2010, 175 (176); NStZ 2013, 232; NStZ 2013, 709; Klesczewski StrafR BT S. 17; Rengier StrafR BT II §4 Rn. 42, der ein Wiederaufleben des früheren Mordmerkmals der Überlegung erkennen will); dasselbe gilt bei plötzlich aufwallender Wut und Verbitterung (BGH bei Altvater NStZ 2002, 20 (22)); das Ausnutzungsbewusstsein kann auch wegen erheblich verminderter Schuldfähigkeit oder psychischer Störungen fehlen (BGH NStZ 2002, 368 (369); BGH NStZ 2020, 409 mAnm Schneider; BGH NStZ 2021, 162; beachte aber BGH NStZ-RR 2010, 144; für eine Abkoppelung der Beurteilung des Ausnutzungsbewusstseins von den §21-Kriterien Schneider in MüKoStGB Rn. 192–194); ein spontaner Tatentschluss kann ein Indiz gegen ein bewusstes Ausnutzen sein (BGH NStZ-RR 2005, 264, affektiver Durchbruch; BGH NStZ 2005, 688 (691, 692); NStZ 2007, 330 (331); NStZ-RR 2010, 175 (176); NStZ 2011, 634; NStZ 2012, 270; NStZ 2012, 693; NStZ 2013, 232; NStZ 2015, 30; StV 2018, 735; NStZ 2019, 142 mAnm Drees; BGH NStZ 2020, 348), spricht aber nicht zwingend dagegen (BGH NStZ 2019, 520); ebenso, dass der Täter seinem eigenen Leben ein Ende setzen will (BGH NStZ 2006, 503 (504)); auch bei Ankündigung des gewalttätigen Übergriffs bedarf die Annahme des Ausnutzungsbewusstseins ganz besonderer Umstände (BGH NStZ 2007, 268 (269)). Erforderlich ist ferner, dass sich das Opfer ohne das Verhalten des Täters **aus eigener Kraft** – nicht jedoch nur durch instinktives Ausspucken vergifteter Nahrung (Mitsch JuS 2013, 783 (784); Rengier StrafR BT II §4 Rn. 28; Wessels/Hettinger/Engländer StrafR BT I Rn. 121; Neumann/Saliger in NK-StGB Rn. 58; aM BGHSt 8, 216 = NJW 1955, 1524 mit krit. Bespr. Fahl JA 1999, 284; zust. Schneider in MüKoStGB Rn. 177; Fischer Rn. 43; sa Müssig, Mord und Totschlag, 2005, S. 410) – oder mit Hilfe Dritter hätte wehren können (BGHSt 4, 11 = NJW 1953, 633; BGHSt 18, 37 (38) = NJW 1962, 2308). Das kann schon bei verhältnismäßig kleinen Kindern in Frage kommen (BGH NJW 1978, 709; Altvater NStZ 2004, 23 (26)); auch kann die Tötung von Kleinkindern durch Ausnutzen der Arglosigkeit einer schutzbereiten Person begangen werden (BGHSt 8, 216 = NJW 1955, 1524; BGH NStZ 2013, 158 (159) mit Bespr. Jahn JuS 2013, 364; Mitsch JuS 2013, 783; BGH NStZ 2015, 215 mit Bespr. Hecker JuS 2015, 370; Ceffinato/Kalb JA 2014, 887 (890); BGH NStZ-RR 2020, 313; einschr. auf Aufsichtspersonen BGH NStZ 2006, 338 mit Bespr. Satzger; Kaspar JA 2007, 699 (700); krit. BVerfGE 45, 187 (266) = NJW 1977, 1525); ebenso bei bewusstlosen Patienten durch Ausschaltung schutzbereiter Pflegekräfte (BGH NStZ 2008, 93; abl. Rengier StrafR BT II §4 Rn. 30c; BGH StV 2009, 524 mAnm Neumann). Der Täter braucht die schutzlose Lage **nicht selbst** herbeigeführt zu haben (BGHSt 18, 87

= NJW 1963, 259); es genügt, dass er eine zufällig vorhandene Lage bewusst (Holtz MDR 1979, 455) ausnutzt (BGHSt 32, 382 (384) = NJW 1985, 334; BGH NStZ 2006, 502; Küper JuS 2000, 740 (741); Geppert Jura 2007, 270 (274); speziell beim Mitnahmesuizid BGH NStZ 2006, 338 (339), dazu Witteck JA 2009, 292 (296)).

10 c) **Grausam** tötet, wer dem Opfer besonders starke Schmerzen oder Qualen körperlicher oder seelischer Art (krit. zu seelischen Qualen Schneider in MüKo-StGB Rn. 139; dafür Heghmanns StrafR BT Rn. 178, 179; schon das einjährige Kind kann Verhungern und Verdursten als solche Qualen empfinden, BGH bei Dallinger MDR 1974, 14; ebenso BGH BeckRS 2004, 04050; aber sa BGH NStZ 1982, 379; NStZ 2007, 402 (403); NStZ-RR 2009, 173; Schneider in MüKoStGB Rn. 136, 137; dazu und allg. zur möglichen Begehung durch Unterlassen Grünewald Jura 2005, 519 (521); Rauber, Mord durch Unterlassen, 2008, S. 104, 153; abl. Arzt FS Roxin, 2001, 855 (859)) aus gefühlloser, unbarmherziger Gesinnung zufügt (hM; vgl. etwa BGHSt 3, 180 = NJW 1952, 1303; BGHSt 3, 264); BGHSt 37, 40 (41) = NJW 1990, 2632; BGH NStZ 2007, 402 (403); NStZ 2008, 29; Köhne Jura 2009, 265; Eisele StrafR BT I Rn. 109; Mitsch in Leipold/Tsambikakis/Zöller Rn. 61; problematisch BGHSt 49, 189 (196) = NJW 2004, 2316 „Massenerschießung" italienischer Gefangener 1944; mit zu Recht krit. Bespr. Betram NJW 2004, 2278 (2280); Zöller Jura 2005, 552 (558); auf die „Besonderheit" des Falles weist Altvater NStZ 2005, 22 (26) hin; weiter Witt, Das Mordmerkmal „grausam", 1996, S. 156, 169; Eser/Sternberg-Lieben in Schönke/Schröder Rn. 27); daran fehlt es, wenn das Opfer alsbald bewusstlos wird (Altvater NStZ 2002, 20 (24); Schneider NStZ 2008, 29 (31); aM Gössel/Dölling StrafR BT I § 4 Rn. 121); ebenso bei zehn wuchtigen Fußtritten mit Springerstiefeln gegen Kopf und Rippen des Opfers, die sich nicht über einen längeren Zeitraum hinziehen (BGH NStZ 2008, 29 mzustAnm Schneider, „Schmerzeinheit"; sa BGH NStZ-RR 2006, 236 (237), Tatmittelwechsel); auch bei Verbrennen des Opfers BGH NJW 2017, 1252. Nach der Rspr. müssen Schmerzen oder Qualen zugefügt werden, die über das für die Tötung erforderliche Maß hinausgehen (BGH NStZ 2008, 29 (30) mablAnm Schneider; abl. auch Köhne Jura 2009, 265; vgl. auch Grünewald, Das vorsätzliche Tötungsdelikt, 2010, S. 169). Dabei muss die Grausamkeit nicht notwendig in der eigentlichen Ausführungshandlung liegen (Otto Jura 1994, 141 (150); zur „tatbestandlichen Koordination von ‚Tötung' und ‚Grausamkeit'" Küper FS Seebode, 2008, 196); sie kann sich auch aus Umständen ergeben, unter denen nach dem Tatplan die Tötung eingeleitet oder vollzogen wird (BGH NJW 1971, 1189; StV 1997, 565); ein bloß enger zeitlicher Zusammenhang zwischen grausamen, ohne Tötungsvorsatz begangenen Körperverletzungshandlungen und der anschließenden (BGH NJW 1986, 265 mit Bespr. Amelung NStZ 1986, 265; BGH NStZ 2007, 402 (404); Schneider NStZ 2008, 29 (31), Fälle „vorbereitender Grausamkeit"; zust. Köhne Jura 2009, 265; abl. Sinn in SK-StGB Rn. 53) oder vorausgegangenen (BGHSt 37, 40 = NJW 1990, 2632; Schneider NStZ 2008, 29 (31) „nachträglich begleitende Grausamkeit"; krit. Neumann/Saliger in NK-StGB Rn. 83; abl. Walther NStZ 2005, 657 (664); Köhne Jura 2009, 265), selbst nicht grausamen Tötungshandlung genügt jedoch nicht. Die erforderliche Gesinnung (dazu BGH NStZ 1982, 379; krit. Kargl StraFo 2001, 365 (371); Grünewald, Das vorsätzliche Tötungsdelikt, 2010, S. 170; Schneider in MüKoStGB Rn. 135, 148; Neumann/Saliger in NK-StGB Rn. 78; beachte jedoch Kelker, Zur Legitimität von Gesinnungsmerkmalen im Strafrecht, 2007, S. 624) braucht nicht im Wesen des Täters zu wurzeln; sie muss ihn nur bei der Tat beherrschen (BGH NStZ 1982,

379; NStZ-RR 2006, 236 (237); Köhne Jura 2009, 265). Sie wird nicht dadurch ausgeschlossen, dass der Täter aus einem niedrigen Beweggrund handelt (BGH NJW 1988, 2682), kann aber bei hochgradiger Erregung oder heftiger Gemütsbewegung fehlen (BGH NStZ 2001, 647; krit. Rissing-van Saan in LK-StGB, Rn. 55); ebenso bei einer von Gedanken- und Hilflosigkeit geprägten, durch Passivität gekennzeichneten Lebensführung (BGH NStZ 2007, 402 (404)).

d) Gemeingefährlich sind Mittel, deren Wirkung auf Leib oder Leben einer 11 Mehrzahl anderer Menschen (nach Rössner/Wenkel in HK-StrafR Rn. 6, ab drei Personen; nach Zieschang FS Puppe, 2011, 1316, ab zehn Personen) der Täter nach den konkreten Umständen nicht in der Hand hat (BGH NJW 1985, 1477 mit Bespr. Horn JR 1986, 32; Rengier StV 1986, 405; BGH NStZ 2006, 167 mit zust. Bespr. Eidam JA 2006, 11; Jahn JuS 2006, 88; Satzger JK StGB § 211 Rn. 47; Köhne Jura 2009, 267; Mitsch JuS 2015, 884 (887), zu Germanwings-Absturz; Mitsch in Leipold/Tsambikakis/Zöller Rn. 64; einschr. auf Gefahr für das Leben Neumann/Saliger in NK-StGB Rn. 86; für Streichung des Merkmals Kargl StraFo 2001, 365 (372); eing. v. Danwitz Jura 1997, 569; Wilms, Die Tötung mit gemeingefährlichen Mitteln, 2011, S. 21, 197 mit Bespr. Heghmanns GA 2012, 646). Die Verwendung einer Pistole zur Tötung eines bestimmten Menschen genügt jedoch nicht, auch wenn der Täter in Kauf nimmt, dass der Schuss fehlgehen und einen Unbeteiligten aus einer Vielzahl von Menschen treffen kann (BGHSt 38, 353 = NJW 1993, 210 mit Bespr. Rengier JZ 1993, 364; zust. Eisele StrafR BT I Rn. 115), wohl aber ein über Café-Terrassen und Gehwege gelenktes Kraftfahrzeug (BGH NStZ 2006, 167), auch ein Pkw bei einer „Geisterfahrt“ auf der Autobahn (BGH NStZ 2006, 503), wohl auch ein mit Selbsttötungsabsicht zum Rammen eines bestimmten Fahrzeugs eingesetzter Pkw (BGH NStZ 2010, 515, auch Insassen anderer Fahrzeuge und Baustellenarbeiter hätten getötet werden können) oder ein in einem illegalen Rennen innerorts verwendeter Pkw (BGHSt 65, 42 = NJW 2020, 2900 mAnm Grünewald; Steinert NStZ 2020, 608; Kubiciel JZ 2020, 1114; Preuß NZV 2020, 523; Bespr. Eisele JuS 2020, 892; Puppe ZIS 2020, 584; Wachter JR 2021, 146), nicht aber ein Fahrfehler mit Kontrollverlust über das Fahrzeug, der ein Abkommen von der Fahrbahn zur Folge hat (BGH NStZ 2007, 330), regelmäßig auch nicht bei Steinwürfen von einer Autobahnbrücke (BGH NStZ-RR 2010, 373 mit Bespr. Jahn JuS 2010, 456; anders Schneider in MüKoStGB Rn. 128). Bloß abstrakte Gemeingefährlichkeit genügt nicht (v. Danwitz Jura 1997, 569 (573); anders wohl Sinn in SK-StGB Rn. 61, 62, der aber auch die Nichtbeherrschung des Mittels durch den Täter im konkreten Falle verlangt), während der Eintritt einer konkreten Gefahr (→ § 315 c Rn. 20–22) nicht unbedingt erforderlich ist (Otto Jura 1994, 141 (150); aM Rengier StV 1986, 405; eing. Grünewald, Das vorsätzliche Tötungsdelikt, 2010, S. 173), auch nicht die Vornahme einer Handlung iSd 28. BT-Abschnitts. Das Auslösen einer Explosion durch Aufdrehen des Gashahns in einer Doppelhaushälfte ist ein gemeingefährliches Mittel, weil es auch die Nachbarn in der anderen Hälfte gefährdet (BGH NStZ 2012, 28), ebenso das Inbrandsetzen eines Mehrfamilienhauses oder eines Hauses in dichter Bebauung (BGH NStZ 2020, 614 mAnm Zieschang; Bespr. Eisele JuS 2020, 1221; Sinn ZJS 2021, 92), während das Inbrandsetzen eines Hauses zur Tötung eines dort allein Lebenden nicht ausreicht, wenn nicht auch mit der Tötung von Rettern gerechnet wird (BGH NStZ 2021, 361 mAnm Schneider). Umstritten sind die sog. Mehrfachtötungen, bei denen sich der Vorsatz des Täters, zB des Bombenwerfers, nicht nur auf seinen Feind, sondern auf alle Gäste des Lokals bezieht (für Gemeingefährlichkeit Rengier StrafR BT II § 4 Rn. 47c; Sinn in SK-StGB Rn. 61; dagegen BGH NStZ 2020, 284 mzust Anm Engländer; krit. Bespr. Sinn ZJS 2021, 94; Köhne Jura 2009, 268; Zieschang FS Puppe, 2011, 1318). Der Täter muss das Mittel zur Tötung einsetzen; die bloße Ausnutzung einer – sei es auch vom Täter selbst ohne Tötungsvorsatz herbeigeführten – gemeingefährlichen Lage reicht nicht aus (BGHSt 34, 13 = NJW 1986, 1503 mit krit. Bespr. Grünewald Jura 2005, 519; BGH NStZ 2010, 87 mit krit. Bespr. Kudlich JA 2009, 901; Hecker JuS 2010, 360; Satzger JK StGB § 211 Rn. 57; krit. auch Fischer Rn. 61, zust. aber Schneider in MüKoStGB Rn. 133; abl. Zieschang FS Puppe, 2011, 1320; diff. Wilms, Die Tötung mit gemeingefährlichen Mitteln, 2011, S. 181; sa BGHSt 48, 147 (149) = NJW 2003, 1058, wo die Frage, ob ein Mord mit gemeingefährlichen Mitteln durch Unterlassen begangen werden kann, offen gelassen wird; zum Streitstand vgl. Rauber, Mord durch Unterlassen, 2008, S. 154).

12 **e)** aa) **Um eine andere Straftat** (nicht lediglich Ordnungswidrigkeit, BGHSt 28, 93 = NJW 1978, 2518; Köhne Jura 2011, 651; Mitsch FS Krey, 2010, 351 (364), der aber niedrige Beweggründe annimmt; str.) **zu ermöglichen oder zu verdecken** setzt die – nicht notwendig ausschließliche (BGH NStZ 2003, 261; NStZ 2004, 495 (496); bei mehreren Motiven muss die Ermöglichungs-/Verdeckungsabsicht im Täterbewusstsein dominierend sein, BGH NStZ 2005, 332; NStZ-RR 2009, 173 (174); NJW 2021, 326 mAnm Mitsch; Rengier StrafR BT II § 4 Rn. 48; Schneider in MüKoStGB Rn. 230) – **Absicht** im Sinne zielgerichteten Wollens (→ § 15 Rn. 20) voraus (BGH NStZ 1996, 81 mit Bespr. Fischer NStZ 1996, 416; zur Ermöglichungsabsicht; Eisele StrafR BT I Rn. 117; anders BGH NStZ 2017, 462 mit Praxiskommentar Immel, auch in unvorhergesehener Augenblickssituation spontan gefaßter Entschluß); daran kann es bei demjenigen fehlen, der nur einen lästigen Verfolger loswerden will (BGHSt 56, 239 (245) = NJW 2011, 2223 mit Bespr. Brand NStZ 2011, 698; Brunhöber HRRS 2011, 513; Jäger JA 2011, 792; Jahn JuS 2011, 942; Steinberg JR 2011, 490; BGH NStZ-RR 1997, 132; NStZ 2019. 605 mAnm Hinz; Bespr. Eisele JuS 2020, 180; Küper/Zopfs StrafR BT Rn. 576 „bloße Verfolgungsvereitelung"; zur Vereinbarkeit von Flucht mit Verdeckungsabsicht s. jedoch BGH NJW 1999, 1039 mit Bespr. Schroth NStZ 1999, 554; Hefendehl StV 2000, 107 (110); Momsen JR 2000, 29 (31); krit. Sowada JZ 2000, 1035 (1045)); anders ist das, wenn der Täter die Vorstellung hat, er könne durch die Tötung die für ihn günstige Beweislage aufrechterhalten (so Küper/Zopfs StrafR BT Rn. 575, der dafür BGHSt 56, 239 (245) = NJW 2011, 2223 anführt; so auch schon BGHSt 15, 291 (295) = NJW 1961, 519; dazu Schneider in MüKoStGB Rn. 226 Fn. 1063). Die Absicht setzt keine Überlegung des Täters im Sinne eines abwägenden Reflektierens über die eigenen Ziele voraus, sondern kann auch bei einem spontan gefassten Tötungsentschluss vorliegen (BGHSt 15, 291 (295) = NJW 1961, 519). Die **andere Straftat** kann die des Täters oder eines Dritten sein (BGHSt 9, 180 = NJW 1956, 1040) und auch nur – sei es infolge eines Tatsachen- oder Bewertungsirrtums (Rissing-van Saan in LK-StGB, Rn. 10, 18; zw.) – in der Vorstellung des Täters bestehen (hM; BGHSt 11, 226 = NJW 1958, 717; BGHSt 28, 93 = NJW 1978, 2518); die (irrige) Annahme, die andere Tat sei nicht strafbar, genügt jedoch nicht (BGH JR 1993, 163 = NStZ 1991, 431 mAnm Sick; Grunst Jura 2002, 252 (253); enger Eser/Sternberg-Lieben in Schönke/Schröder Rn. 33); sa BGH BeckRS 2017, 103135 mit Bespr. Jäger JA 2017, 473). Andere Straftat ist bei der Ermöglichungsabsicht auch der Betrug zum Nachteil der Lebensversicherung (BGHSt 46, 73 (80) = NJW 2000, 2517), aber auch Taten nach den

§§ 168, 131, 184a (BGHSt 50, 80 (88) = NJW 2005, 1876 mit Bespr. Kudlich JR 2005, 342 (344); BGH StV 2020, 98; Otto JZ 2005, 199). Andere Straftat ist bei der Verdeckungsabsicht der vorausgegangene Raub, auch wenn die Tötung schon vor dem Raub geplant war, aber erst nach dessen Ausführung ausgeführt werden sollte (BGH NJW 2001, 763); auch die Misshandlung Schutzbefohlener, die durch den Tod des verhungerten/verdursteten Kleinkindes verdeckt wird (BGH NStZ-RR 2009, 173 (174)) und die zur Entkleidung des Opfers führende Gewalt iSd § 240 (BGH NStZ 2012, 49), auch die Tötung einer Schwangeren, um die Geburt des Kindes zu verhindern (BGH NStZ 2016, 892 (894) mit Praxiskommentar Berster); die andere Tat kann auch gegen Leib und Leben gerichtet sein, darf aber nicht nur bloß Teil der gerade begonnenen Tat sein (BGH NStZ 2015, 458 mit Bespr. Eisele JuS 2015, 754; Jäger JA 2015, 711; Satzger Jura 2016, 328 zu § 211; von der Körperverletzung zur vorsätzlichen Tötung s. BGH NStZ 2017, 583).

Verdeckung der Täterschaft, die nach der Vorstellung des Täters den Strafverfolgungsbehörden noch unbekannt ist (BGH GA 1979, 108; NStZ-RR 1997, 132), bedeutet zugleich Verdeckung der (uU bereits bekannten) Tat (BGH NJW 1988, 2682); es genügt daher, wenn der Täter den von ihm angefahrenen Fußgänger (BGH VRS 23 (1962), 207) oder den ihn nach einem Verkehrsdelikt anhaltenden (BGHSt 15, 291 = NJW 1961, 519; BGH VRS 26, 202) oder verfolgenden (BGH NJW 1968, 660) Polizeibeamten tötet, um unerkannt zu entkommen; auch reicht es, wenn die zu verdeckende Tat nach den Vorstellungen des Täters den Strafverfolgungsbehörden noch nicht in einem für die Verurteilung ausreichenden Umfang bekannt war (BGHSt 50, 11 (15) = NJW 2005, 1203 mit Bespr. Fischinger JA 2005, 490; Kudlich JuS 2005, 659; Steinberg JR 2007, 293). **Ziel** der Verdeckungshandlung kann nach der Rspr. außer der Abwehr der Strafverfolgung auch die Vermeidung außerstrafrechtlicher Konsequenzen wie zB die Entziehung der erschlichenen Beute durch die Geschädigten der Vortat sein (BGHSt 41, 8 = NJW 1995, 1910 mzustAnm Saliger StV 1998, 19; BGH NStZ 1999, 243; NStZ 1999, 615; NStR-RR 2005, 201); diese weite Auslegung ist zwar mit dem Wortlaut der Verdeckungsmodalität vereinbar, doch verfehlt sie deren Qualifikationsgrund, den Schutz staatlicher Strafverfolgungsinteressen gegen massive, straftatverdeckende Eingriffe (Küper JZ 1995, 1158; ähnlich Brocker MDR 1996, 228; Buttel/Rotsch JuS 1996, 327 (329); Otto JK StGB § 211 Rn. 26; Sowada JZ 2000, 1035; Köhne Jura 2011, 655; Theile ZJS 2011, 407; Joecks/Jäger StGB Rn. 65, 66; Hellmann in Krey/Hellmann/Heinrich StrafR BT I Rn. 77; Rengier StrafR BT II § 4 Rn. 56; Schneider in MüKoStGB Rn. 234; Mitsch in Leipold/Tsambikakis/Zöller Rn. 73; aM und der Rspr. zust. Saliger ZStW 109 (1997), 302 (317); Steinberg JR 2007, 293 (295); Hohmann/Sander StrafR BT § 2 Rn. 83; Kindhäuser/Schramm StrafR BT I § 2 Rn. 43; Eschelbach in BeckOK StGB Rn. 91; Neumann/Saliger in NK-StGB Rn. 97, 98; Fischer Rn. 69); die von der Rspr. aufgestellte These von der „Verknüpfung von Unrecht mit weiterem Unrecht" trägt die Qualifikation nicht (Küper JZ 1995, 1158 (1162); Sowada JZ 2000, 1035 (1037); Heine in Ehrengabe für Brauneck, 1999, 315 (328, 336); Becker, Zur Frage der Erweiterung des Mordmerkmals der Verdeckungsabsicht, 2003, S. 94; aM Geppert Jura 2004, 242 (243); Eisele StrafR BT I Rn. 117). Keine Verdeckungsabsicht liegt vor, wenn der Täter sich und seine Familie vor befürchteten Angriffen des Opfers schützen will (BGH NStZ-RR 2005, 201 (202)). 12a

Die andere Tat kann mit dem Mord **tateinheitlich zusammentreffen,** zB wenn in natürlicher Handlungseinheit eine Körperverletzung oder ein abgeschlossener Tötungsversuch und zu deren Verdeckung unmittelbar anschließend eine Tö- 12b tung begangen wurde (BGHSt 35, 116 (123) = NJW 1988, 2679; BGH NJW 1992, 919; NStZ 2002, 253; beachte auch BGH NStZ-RR 1999, 234 mit krit. Bespr. Bosch/Schindler Jura 2000, 78 (81); Otto JK StGB § 211 Rn. 33; BGH NStZ-RR 2006, 10 (11); NStZ 2012, 441; NStZ 2015, 458 mit Bespr. Eisele JuS 2015, 254; Jäger JA 2015, 711; Satzger Jura 2016, 328 zu § 211; Eisele StrafR BT I Rn. 129; Mitsch in Leipold/Tsambikakis/Zöller Rn. 77), auch wenn sich in natürlicher Handlungseinheit ein versuchtes Tötungsdelikt an den noch nicht beendeten Versuch einer räuberischen Erpressung anschließt (BGH NStZ 2003, 371 (372)), nicht aber, wenn sich die Tötung völlig in der Begehung der gleichzeitig vollzogenen anderen Straftat erschöpft (BGHSt 51, 236 (240) = NJW 2007, 2130; BGHSt 56, 121 (126) = NJW 2011, 1301 mit Bespr. Bock ZJS 2011, 177; Niemöller JR 2012, 88) oder wenn eine vorsätzlich begangene Tötung lediglich vollendet wurde (BGH NJW 1990, 2758 mAnm Hohmann JR 1991, 212; BGH NStZ 2000, 498; NStZ 2002, 253); anders soll dies bei einer deutlichen zeitlichen Zäsur zwischen der ersten und zweiten aktiven Tötungshandlung sein (BGH NStZ 2003, 259; NStZ 2017, 583; Geppert Jura 2004, 242 (244); krit. zu dieser Differenzierung Freund JuS 2002, 642 (644); Theile JuS 2006, 110; Rengier StrafR BT II § 4 Rn. 65); dagegen soll auch dann kein Verdeckungsmord durch Unterlassen vorliegen, wenn zwischen dem Handlungs- und Unterlassungsteil eine gewisse zeitliche Zäsur liegt (BGH NJW 2003, 1060 mit krit. Bespr. Freund JuS 2004, 123; Stein JR 2004, 79; Wilhelm NStZ 2005, 177; Otto JK StGB § 211 Rn. 40; zum Fall auch Grünewald GA 2005, 502 (505); BGH NStZ-RR 2009, 239; NJW 2011, 2895; krit. auch Fischer Rn. 73; Schneider in MüKoStGB Rn. 254–256). Zur Vereinbarkeit bedingten Vorsatzes mit der erforderlichen Absicht → Rn. 15. Zur „Verdeckung" durch **Unterlassen** → Rn. 2; sowie Haas FS Weber, 2004, 235; Grünewald GA 2005, 502; Theile JuS 2006, 110 (111); Rauber, Mord durch Unterlassen, 2008, S. 196; Neumann/Saliger in NK-StGB Rn. 102–104; Schneider in MüKoStGB Rn. 248–256; verneinend BGH NStZ 2017, 342 mit Praxiskommentar Hoven zur Problematik der anderen Straftat. Zum Verdeckungsmord mit „Auslandsberührung" Mitsch FS Krey, 2010, 351. Rechtsgeschichtlich und rechtsvergleichend Weiß, Die Problematik der Verdeckungsabsicht im Mordtatbestand, 1997. Zusammenfassend zur Verdeckungsabsicht Geppert Jura 2004, 242. Zur **Ermöglichungsabsicht** näher Köhne Jura 2011, 651 (654).

13 bb) Zur **Wahrung der Verhältnismäßigkeit** ist in Grenzfällen der **Verdeckungsabsicht** eine enge Auslegung geboten (BVerfGE 45, 187 (266) = NJW 1977, 1525; krit. zur Berechenbarkeit Kargl StraFo 2001, 365 (373); zur Legitimität der Verdeckungsabsicht als Mordmerkmal Geppert Jura 2004, 242; Kelker, Zur Legitimität von Gesinnungsmerkmalen im Strafrecht, 2007, S. 631; keinen Verstoß gegen das Selbstbegünstigungsprinzip sieht Müssig, Mord und Totschlag, 2005, S. 270), die allerdings nicht so weit geht, dass nur noch solche Verdeckungstaten erfasst werden, die schon im Voraus geplant waren (BGHSt 27, 281 = BeckRS 1977, 30373268; BGH bei Holtz MDR 1983, 622) oder mit Überlegung begangen wurden (hM; anders Köhler JZ 1981, 548; Wohlers JuS 1990, 20 (23)). Unter dem Eindruck verfassungsgerichtlicher Kritik (BVerfGE 45, 187 (266) = NJW 1977, 1525; → Vor § 211 Rn. 18–21) hatte der 2. Strafsenat des BGH gewisse Grenzfälle unmittelbaren nahtlosen Übergehens einer gegen Leib oder Leben gerichteten Vortat in die Verdeckungstat aus dem Anwendungsbereich des Mordmerkmals ausgeschieden (vgl. etwa BGHSt 27, 346 = NJW 1978, 1062), ist davon aber mit Recht wieder abgerückt (BGHSt 35, 116 = NJW 1988, 2679 mit krit. Bespr. Schmidhäuser NStZ 1989, 55; Timpe NStZ 1989, 70; Hohmann/Matt JA 1989, 134; Wohlers

JuS 1990, 20 (23); die Entwicklung zusf. Otto Jura 1994, 141 (151); Weiß, Die Problematik der Verdeckungsabsicht im Mordtatbestand, 1997, S. 262; Freund JuS 2002, 642). Stattdessen erwägt er jetzt, die Verdeckungsabsicht als spezielle Ausprägung und damit als bloßes Regelbeispiel eines niedrigen Beweggrundes zu verstehen und auf diese Weise die Möglichkeit einer abschließenden Gesamtwürdigung (→ Rn. 5) zu eröffnen (BGHSt 56, 121 (126) = NJW 2011, 1301; BGH NStZ-RR 2009, 173 (174); nach Geppert Jura 2004, 242 (243) hat der BGH für diese Einschränkungsmöglichkeit nur „verhaltene Sympathie" gezeigt und sie in BGHSt 41, 358 (361) = NJW 1996, 939 aufgegeben). Dieses Modell ist zwar der Rechtsfolgenlösung bei der Heimtücke (→ Rn. 6) überlegen (für eine Übertragung der Rechtsfolgenlösung auf die Verdeckungsabsicht Rissing-van Saan in LK-StGB, 11. Aufl., Rn. 13 (dagegen nunmehr Rissing-van Saan/Zimmermann in LK-StGB Rn. 39); krit. Fischer Rn. 76), aber wegen seines offenbaren Widerspruchs zum Gesetzeswortlaut nicht unbedenklich (krit. Timpe NStZ 1989, 70; Laber MDR 1989, 861; Wohlers JuS 1990, 20 (23); Sowada JZ 2000, 1035 (1041); abl. Eisele StrafR BT I Rn. 134); dies gilt auch für das Modell der doppelten (finalen und psychologischen) Motivprüfung von Groth, Der Verdeckungsmord als doppelmotivierter Handlungsakt, 1993, S. 179; beide Modelle bestätigen nur ein weiteres Mal die Reformbedürftigkeit der Tötungstatbestände (→ Vor §211 Rn. 25; Küpper/Börner StrafR BT I Kap. I § 1 Rn. 57; ebenso Saliger ZStW 109 (1997), 302 (329), der für das geltende Recht eine negative Typenkorrektur zur Ausscheidung nicht höchststrafwürdiger Tötungen vorschlägt; krit. Sowada JZ 2000, 1035 (1044)).

4. a) Der **Vorsatz** muss neben der Tötungshandlung (→ § 212 Rn. 2) auch die äußeren Merkmale umfassen, die die Tat als Mord gegenüber dem Totschlag kennzeichnen. Dabei kommt es auf das Bewusstsein im Augenblick der Tat (nicht der Planung) an; fehlt das aktuelle Bewusstsein (→ § 15 Rn. 9) – selbst in Folge eines verschuldeten Affekts –, so ist das Merkmal nicht zurechenbar (BGHSt 6, 329 = NJW 1954, 1855; sa BGH NJW 2000, 3079); zu dem entsprechenden Bewusstsein bei den Motiv- und Absichtsmerkmalen → Rn. 5b, 9; beim Verdeckungsmord sind strenge Anforderungen an den vorsatzausschließenden affektiven Erregungszustand zu stellen (BGH NJW 1999, 1039 mzustAnm Momsen JR 2000, 29 (31)); zur Bedeutung des Affekts für die Mordmerkmale und ihre innere Tatseite vgl. Klesczewski in Klesczewski, Affekt und Strafrecht, 2004, S. 63. Zu Irrtumsproblemen bei den Mordmerkmalen Grunst Jura 2002, 252. 14

b) Bedingter Vorsatz genügt (BGH ZfSch 1982, 381). Er ist mit Mordlust nicht vereinbar (BGH bei Dallinger MDR 1974, 547; aM Otto JK StGB §211 Rn. 15), wohl aber mit einem anderen niedrigen Beweggrund (BGHSt 19, 101 (105) = NJW 1963, 2236), mit Habgier (Küper/Zopfs StrafR BT Rn. 311 mit der Einschränkung für Fälle, in denen der Erwerb des Vorteils den Tod des Opfers nach der Tätervorstellung notwendig voraussetzt, wie zB bei Tötung zur Erlangung der Lebensversicherungssumme) und mit Grausamkeit (BGH NJW 1988, 2682; Witt, Das Mordmerkmal „grausam", 1996, S. 164; Schneider in MüKoStGB Rn. 144; abl. Köhne Jura 2009, 265 (266)). Das gilt grds. auch für die **Absicht, eine Straftat zu ermöglichen oder zu verdecken** (BGHSt 11, 268 (270) = NJW 1958, 836; BGHSt 15, 291 (297) = NJW 1961, 519; BGHSt 21, 283 = NJW 1967, 2319; BGH NStZ 2015, 639; NStZ-RR 2016, 280; StV 2018, 736; eing. Geilen FS Lackner, 1987, 571; zusf. Miehe JuS 1996, 1000 (1004)). Die frühere Rspr. hat – allerdings nicht einheitlich – ein solches Zusammentreffen weitgehend ausgeschlossen, weil sie nicht nur verlangte, dass die in Kauf genommene Tötung als Mittel zur 15

Ermöglichung oder Verdeckung der anderen Straftat eingesetzt wurde (BGHSt 23, 176 (194) = NJW 1970, 338), sondern darüber hinaus zu Unrecht auch, dass der Todeserfolg notwendiges Mittel zur Zweckerreichung war (BGH bei Holtz MDR 1980, 629). Diese im Schrifttum schon lange bekämpfte Einschränkung (vgl. etwa Geilen FS Lackner, 1987, 571 (573); Schall JuS 1990, 623 (624)) hat die Rspr. inzwischen aufgegeben (BGHSt 39, 159 = NJW 1993, 1724 mit Bespr. Graul JR 1993, 510; Jung JuS 1993, 873; Schroeder JuS 1994, 293; BGH NJW 1999, 1039 mit Bespr. Schroth NStZ 1999, 554; Hefendehl StV 2000, 107 (110); Momsen JR 2000, 29 (30); BGH NStZ 2011, 34 mit Bespr. Hecker JuS 2011, 181; BGH NStZ-RR 2020, 141); auch bei Tötung durch Unterlassen (BGH NJW 2000, 1730), auch bei Versuch (BGH NJW 2011, 2895 mit Bespr. Bosch JK StGB § 227 Rn. 6; Joecks/Jäger StGB Rn. 75). Erfasst wird deshalb sowohl der Fall, dass ein Kraftfahrer nach einem Unfall flieht und den Tod des Unfallopfers hinnimmt (Mitsch JuS 1996, 213 (217); Hilgendorf in Arzt/Weber/Heinrich/Hilgendorf StrafR BT § 2 Rn. 65; Maurach/Schroeder/Maiwald/Hoyer/Momsen StrafR BT § 2 Rn. 36; aM BGHSt 7, 287 = NJW 1955, 876), als auch der bisher schon unbestrittene Fall, dass der flüchtige Kraftfahrer Zusammenstöße mit dem verfolgenden Polizeiwagen herbeiführt, um unerkannt zu entkommen, und den – an sich nicht erwünschten – Tod des Beamten in Kauf nimmt (BGH NJW 1968, 660; VRS 37, 28); ebenfalls erfasst wird der Fall, dass von dem durch die Verdeckungshandlung (zB Brandstiftung mit bedingtem Tötungsvorsatz) Gefährdeten bzw. Getöteten selbst Entdeckung nicht zu befürchten war (BGHSt 41, 358 = NJW 1996, 939 mit überwiegend zust. Bespr. Fischer NStZ 1996, 416; Schroeder JZ 1996, 688; Mitsch JuS 1997, 788; Saliger ZStW 109 (1997), 302 (328); BGH StV 1998, 21 (22); sowie Otto JK StGB § 211 Rn. 28; sa BGH NStZ-RR 2010, 372; NStZ 2011, 34; NStZ 2012, 694). In Verdeckungsfällen ist ein Zusammentreffen mit bedingtem Vorsatz allerdings ausgeschlossen, wenn nach der Vorstellung des Täters die erstrebte Verdeckung nur durch den Tod des Opfers erreichbar ist (BGH NStZ 1985, 166; StV 1992, 259; BGH bei Holtz MDR 1993, 406; Otto Jura 1994, 141 (152); Hinderer JA 2009, 25; Rissing-van Saan/Zimmermann in LK-StGB, Rn. 56); in der Rspr. ist diese Voraussetzung häufig auf einer verkürzten Sachverhaltsbasis zu Unrecht bejaht worden (krit. Geilen FS Lackner, 1987, 571 (588); beachte auch BGH NJW 1988, 2682 mkritAnm Frister StV 1989, 343). Fährt der Täter mit bedingtem Tötungsvorsatz auf einen anderen zu, um ihn zum Ausweichen zu zwingen, so ist die Nötigung keine andere, zu ermöglichende Tat (Altvater NStZ-RR 2002, 20 (23)). In Ermöglichungsfällen reicht es, dass sich der Täter deshalb für die Tötung entscheidet, weil er glaubt, dadurch die andere Straftat schneller oder leichter begehen zu können (BGH NStZ 1998, 352).

16 **5.** Für die **Beteiligung am Mord** (Täterschaft und Teilnahme) ist davon auszugehen, dass der Totschlag (§ 212) den Grundtatbestand der Tötungsdelikte bildet (→ Vor § 211 Rn. 22). Unter dieser Voraussetzung sind sämtliche Mordmerkmale strafschärfend, die Motivmerkmale (BGHSt 22, 375 = NJW 1969, 1445; BGH NStZ 1989, 19; Jakobs NJW 1969, 489) und die Absichtsmerkmale (BGHSt 23, 39 = NJW 1969, 1725; Jakobs NJW 1970, 1089; aM Dreher JR 1970, 146) darüber hinaus persönlicher Natur nach § 28 II (Schröder JZ 1969, 132; Maurach JuS 1969, 249; Neumann/Saliger in NK-StGB Rn. 114; Neumann FS Lampe, 2003,643; diff. je nach Auslegung des einzelnen Merkmals Hoyer in SK-StGB Rn. 40, 41). Dagegen sind die Merkmale „heimtückisch“ (BGHSt 23, 103 = NJW 1969, 2105; BGHSt 50, 1 = NJW 2005, 996 (6); BGH NStZ 2006, 288 mit Bespr. Satzger JK

StGB §211 Rn. 48; krit. Jakobs NJW 1970, 1089), „grausam" (BGHSt 24, 106 = NJW 1971, 1189; BGH NJW 1972, 832; diff. Herzberg ZStW 88 (1976), 68 (108); Schünemann Jura 1980, 568 (578); Schünemann in LK-StGB, Rn. 73) und „mit gemeingefährlichen Mitteln" tatbezogen (→ § 28 Rn. 4; zusf. Engländer JA 2004, 410; Geppert Jura 2008, 34 (36); Rissing-van Saan in LK-StGB, Rn. 59–65). Im Gegensatz zur Strafrechtswissenschaft hält die Rspr. (→ Vor § 211 Rn. 22) die Mordmerkmale für strafbegründend (BGHSt 22, 375 = NJW 1969, 1445; BGHSt 50, 1 (5) = NJW 2005, 996 mit abl. Bespr. Jäger JR 2005, 477; Kraatz Jura 2006, 613; Kudlich JuS 2005, 1051; Puppe JZ 2005, 902; BGH NJW 1993, 2125 (2126); zweifelnd in einem „obiter dictum" NJW 2006, 1008 (1012) mit Bespr. Küper JZ 2006, 608 (612); dazu auch Küper JZ 2006, 1157; krit. Küper JZ 1991, 910). Danach macht sich der aus niedrigen Beweggründen handelnde Anstifter eines Totschlägers nur nach §§ 212, 26 (BGHSt 1, 368 = NJW 1952, 110; BGHSt 50, 1 (6) = NJW 2005, 996 mit Bespr. Jäger JR 2005, 477; Kraatz Jura 2006, 613; Kudlich JuS 2005, 1051; Puppe JZ 2005, 902; ebenso für Mittäterschaft BGH NStZ 2009, 628; anders die Lit., die über § 28 II zur Anstiftung zum Mord kommt; vgl. Rengier StrafR BT II § 5 Rn. 10 für den aus Habgier handelnden Anstifter) und umgekehrt der nicht selbst aus niedrigen Beweggründen handelnde Gehilfe eines Mörders nach §§ 211, 27, allerdings mit der Milderung nach § 28 I, strafbar (BGHSt 22, 375 = NJW 1969, 1445; BGH NStZ 1996, 384; NJW 2003, 1060 mit Bespr. Freund NStZ 2004, 123; Stein JR 2004, 79; ebenso für den nicht habgierig handelnden Gehilfen des Raubmörders und den ohne Verdeckungsabsicht handelnden Gehilfen des „Verdeckungsmörders", BGH NStZ-RR 2002, 139 mit krit. Bespr. Baier JA 2002, 925; Otto JK StGB § 211 Rn. 37, zum Fall auch Geppert Jura 2008, 34 (38); BGH bei Altvater NStZ 2004, 23 (25); krit. Hilgendorf in Arzt/Weber/Heinrich/Hilgendorf StrafR BT § 2 Rn. 41); erfüllen jedoch Täter und Teilnehmer auch nur verschiedene, einander aber verwandte Mordmerkmale, so soll das – trotz Überschreitung der Akzessorietätsgrenzen des § 28 (Arzt JZ 1973, 681) – für Mordteilnahme genügen (BGHSt 23, 39 = NJW 1969, 1725; BGHSt 50, 1 (5) = NJW 2005, 996 mit krit. Bespr. Jäger JR 2005, 477 (479); Kudlich JuS 2005, 1051; Puppe JZ 2005, 902 (903); krit. auch Rengier StrafR BT II § 5 Rn. 11; BGH NJW 1982, 2738; BGH bei Altvater NStZ 2005, 22 (24); BGH NStZ-RR 2015, 288; zu den gekreuzten Mordmerkmalen Geppert Jura 2008, 34 (39); mit Aufbauhinweisen Vietze Jura 2003, 394; damit entfällt entgegen dem Wortlaut des § 28 I die dort vorgesehene Strafmilderung (Wessels/Hettinger/Engländer StrafR BT I Rn. 151). Erwogen wird, ob die Mindeststrafe für eine § 212-Beteiligung eine „Sperrwirkung" für die Mindeststrafe einer § 211-Beteiligung entfaltet (BGH NStZ 2006, 34); dies bejaht jetzt der BGH für die versuchte Anstiftung zum Totschlag hinsichtlich der „doppelt gemilderten" (§ 30 I und § 28 I) versuchten Anstiftung zum Mord (BGH NStZ 2006, 288 mit krit. Bespr. Puppe JZ 2005, 902 (903); Satzger JK StGB § 211 Rn. 48; zum Fall Geppert Jura 2008, 34 (38); sa Altvater NStZ 2006, 86 (88)). Von diesem Standpunkt aus ist auch die Möglichkeit von Mittäterschaft zwischen §§ 211, 212 problematisch, wird neuerdings aber von der Rspr. zutreffend bejaht (BGHSt 36, 231 = NJW 1989, 2826 mit Bespr. Timpe JZ 1990, 97; Beulke NStZ 1990, 278; Küpper JuS 1991, 639).

6. Mehrere Mordmerkmale, die in einer Handlung zusammentreffen, begründen **keine Tateinheit,** sondern nur verschiedene Begehungsformen desselben Delikts (→ § 52 Rn. 3); jedoch kann das Zusammentreffen strafschärfend berücksichtigt werden (→ § 46 Rn. 45; zur Wahlfeststellung bei der alternativen Verwirk- 17 lichung verschiedener Mordmerkmale → § 1 Rn. 14). Zum Konkurrenzverhältnis des § 211 zu den §§ 212, 213, 216 → Vor § 211 Rn. 22–24. Im Übrigen gibt es bei den vorsätzlichen Tötungsdelikten für die Möglichkeiten der **Konkurrenz** mit anderen Gesetzesverletzungen (→ § 212 Rn. 6–10) keine relevanten Unterschiede. Zwischen den Mordmerkmalen ist **Wahlfeststellung** möglich (→ § 1 Rn. 14; Rössner/Wenkel in HK-StrafR Rn. 49).

18 **7.** Unverjährbarkeit des Mordes § 78 II; diese führt aufgrund §von § 362 Nr. 5 StPO dazu, dass bei Vorliegen neuer Tatsachen eine Wiederaufnahme des Verfahrens und damit eine Durchbrechung der Rechtskraft auch zum Nachteil des Angeklagten möglich ist. Anzeigepflicht § 138 I Nr. 6. Für (auch versuchten, BGH NJW 2020, 3537 mAnm Eisenberg NStZ 2020, 742) Mord ist eine erhöhte Jugendstrafe von bis zu 15 Jahren möglich (§ 105 III 2 JGG). Zur Milderung der lebenslangen Freiheitsstrafe bei Heranwachsenden gem. § 106 I JGG s. BGH NStZ-RR 2018, 327:

§ 212 Totschlag

(1) **Wer einen Menschen tötet, ohne Mörder zu sein, wird als Totschläger mit Freiheitsstrafe nicht unter fünf Jahren bestraft.**

(2) **In besonders schweren Fällen ist auf lebenslange Freiheitsstrafe zu erkennen.**

1 **1.** Allgemein zu den Tötungsdelikten, namentlich zum geschützten Rechtsgut, zur zeitlichen Erstreckung des Strafschutzes und zur Beteiligung an der Selbsttötung → Vor § 211 Rn. 1–17; zur Systematik der Tatbestände vorsätzlicher Tötung → Vor § 211 Rn. 18–24; zu ihrer Reformbedürftigkeit und Kriminologie → Vor § 211 Rn. 25, 26.

2 **2. Töten** bedeutet, als Täter den Tod eines anderen (→ Vor § 211 Rn. 3, 4) in objektiv zurechenbarer Weise verursachen (Kühl JA 2009, 321 (325); ebenso Neumann/Saliger in NK-StGB Rn. 2; ähnlich Kindhäuser/Schramm StrafR BT I § 1 Rn. 13; zur Beteiligung an einer Selbsttötung → Vor § 211 Rn. 9–17); die Tat ist erst mit dem Todeseintritt vollendet, damit aber auch beendet (eine Vorverlagerung der Vollendung erwägt Walther NStZ 2005, 657). Meist wird es durch Verletzen, Vergiften (aM für lebensverkürzende Verletzungen zB durch eine AIDS-Infizierung Schünemann in Busch/Heckmann/Marks, HIV/AIDS und Straffälligkeit, 1991, S. 93, 96; Schünemann FS Eser, 2005, 1141 (1150); → § 224 Rn. 1 a), Aussetzen oder durch Unterlassen gebotener Hilfe geschehen; auch Töten durch Erschrecken ist nicht ausgeschlossen, wohl aber das Herbeiwünschen eines Blitzes (zu den verschiedenen Begründungen im sog. „Erbonkel"-Fall Kühl StrafR AT § 4 Rn. 97; rechtshistorisch Schroeder, Der Blitz als Mordinstrument, 2009 mit Bespr. Hettinger GA 2010, 407). Bei positivem Tun genügt die Herbeiführung jeder – sei es auch nur kurzfristigen – Beschleunigung des Todeseintritts (BGHSt 21, 59 (61) = NJW 1966, 1871; BGH StV 1986, 59; OLG Braunschweig NStZ 2013, 593 (595) mit krit. Bespr. Helmecke/Seeger famos 1/2014, S. 6; der Rspr. zust. Schreiber FG BGH, 2000, 503 (510); Rengier StrafR BT II § 3 Rn. 10; Rissing-van Saan in LK-StGB, Rn. 3; Neumann/Saliger in NK-StGB Rn. 3; krit. Puppe JR 1994, 517; Ulsenheimer ArztStrafR Rn. 221–225). Beim Unterlassen kommt es nach hM darauf an, ob die unterbliebene Handlung mit an Sicherheit grenzender Wahrscheinlich-

keit das Leben nicht nur unwesentlich verlängert hätte (BGH StV 1994, 425 mit Bespr. Puppe JR 1994, 515; OLG Düsseldorf StV 1993, 477; Rengier StrafR BT II § 3 Rn. 11; Rissing-van Saan in LK-StGB, Rn. 4; → Vor § 13 Rn. 12; krit. Merkel, Früheuthanasie, 2001, S. 277); jedoch kann auch die kurze Zeitspanne von nur einem Tag oder von wenigen Stunden namentlich dann ausreichen, wenn durch das Unterlassen Überlebenschancen vereitelt worden sind (BGH NStZ 1981, 218 mAnm Wolfslast; BGH NStZ 1985, 26; iErg zust. Wachsmuth/Schreiber NJW 1982, 2094; krit. Neumann/Saliger in NK-StGB Rn. 5; abl. Ulsenheimer MedR 1984, 161 (163); Ranft JZ 1987, 863; zw.). Im Übrigen gelten für die objektive Zurechnung des Todeserfolges die allgemeinen Regeln (→ Vor § 13 Rn. 14). Die Zurechnung des Todes zu einem von zwei Teilakten scheidet aus, wenn nicht zu klären ist, welcher von beiden ursächlich war, und erst beim zweiten Teilakt Tötungsvorsatz vorliegt (BGH NStZ 1999, 101; Neumann/Saliger in NK-StGB Rn. 3; → § 52 Rn. 6). Totschlag ist kein eigenhändiges Delikt; mittelbarer oder Mit-Täter kann auch sein, wer die den Tod herbeiführende Handlung nicht selbst vornimmt (BGH NStZ-RR 2000, 327; NStZ 2008, 273 (275), Mord, BGH NJW 2021, 2896 (Fall Zschäpe/NSU) mAnm Roxin JR 2021, 650; Fahl NStZ 2021, 667; und krit. Bespr. Valerius NJW 2021, 2851; vgl. Arnold StV 2022, 108; Schlösser NStZ 2022, 335; Kühl StrafR AT § 20 Rn. 100).

3. Der **Vorsatz** braucht nur die Herbeiführung des Todes eines anderen zu um- 3
fassen; die Abgrenzungsformel „ohne Mörder zu sein" ist kein Tatbestandsmerkmal (→ Vor § 211 Rn. 22; krit. Puppe JR 1984, 229 (233)). **Bedingter** Vorsatz genügt (BGHSt 14, 193 = NJW 1960, 1261; Ruppenthal, Der bedingte Tötungsvorsatz, 2017), auch zur Strafbarkeit illegaler Straßenrennen mit „Rasern" trotz der mit einem Unfall verbundenen Eigengefährdung (BGHSt 65, 42 = NJW 2020, 2900 mAnm Grünewald; Steinert NStZ 2020, 608; Kubiciel JZ 2020, 1114; Preuß NZV 2020, 523; Bespr. Eisele JuS 2020, 892; Puppe ZIS 2020, 584; Wachter JR 2021, 146; krit. Fromm DAR 2021, 13; insoweit auch schon BGHSt 63, 88, 93 = NJW 2018, 1621), solange der Fahrer nicht ernsthaft auf ein Ausbleiben eines Unfalls vertraut (BGH NStZ 2019, 276 mAnm Preuß NZV 2019, 307; BGH NZV 2021, 316 mAnm Preuß). Für seine Abgrenzung von der bewussten (uU auch unbewussten) Fahrlässigkeit (→ § 15 Rn. 53) stellt die Rspr. im Hinblick auf die **hohe Hemmschwelle** vor Tötungshandlungen höhere als die sonst maßgebenden (→ § 15 Rn. 25; zB BGH NStZ 2017, 342) Anforderungen (krit. Puppe NStZ 1992, 576; Puppe in NK-StGB § 15 Rn. 93, 94; Mühlbauer, Die Rechtsprechung des Bundesgerichtshofs zur Tötungshemmschwelle, 1999, S. 53, 163 mit Bespr. Grasberger MschrKrim 2000, 330; Lederer, Hemmschwellen im Strafrecht, 2011; Prömper, Hemmschwellentheorie und Einzelfallgerechtigkeit, 2017; Verrel NStZ 2004, 309; Fabricius FS Kargl, 2015, 109; Trück NStZ 2005, 233; Schroth FS Widmaier, 2008, 779 (788); Edlbauer JA 2008, 725; Rissing-van Saan FS Geppert, 2011, 497; Roxin/Greco StrafR AT I § 12 Rn. 73; Horn in SK-StGB Rn. 23c; Neumann/Saliger in NK-StGB Rn. 10, 14, 18–20; zust. Rössner/Wenkel in HK-StrafR Rn. 5; zusf. Müller JA 2013, 584), die sie namentlich bei gefährlichen Gewalttätigkeiten ohne nachvollziehbares Tötungsmotiv, weniger bei Unterlassungen (BGH NJW 1992, 583 mablAnm Schwarz JR 1993, 31; BGH NStZ 2013, 581 mit Bespr. Kämper/Dannhorn NStZ 2015, 241; vgl. aber BGH NZV 1993, 197; StV 1995, 512; sowie Schroth FS Widmaier, 2008, 779 (797)), besonders betont und dadurch zu einer bisweilen problematischen Einschränkung des Vorsatzbereichs kommt (vgl. etwa BGH NJW 1983, 2268; NJW 1985, 2428; NStZ 1986, 549; NStZ 1987, 424; NStZ 1988,

175; NStZ 1988, 361; NStZ 1992, 384; NStZ 1992, 587; NStZ 1994, 483; StV 1988, 93; StV 1992, 420; StV 1992, 575; NZV 1992, 370; NZV 1993, 237; NStZ 1994, 585; StV 1997, 7 (8); NJW 1999, 2533 mAnm Ingelfinger JR 2000, 299; BGH NStZ-RR 2000, 327; NStZ-RR 2001, 369; NStZ 2002, 314 (315); NStZ 2003, 431; NStZ 2003, 603; NStZ 2005, 629 mAnm Schneider; BGH NStZ 2006, 98 (99); NStZ 2007, 639; NStZ 2009, 503; NStZ 2010, 276; NStZ 2010, 571 mit krit. Bespr. v. Heintschel-Heinegg JA 2010, 387; BGH NStZ 2011, 210; NStZ 2011, 338; NStZ 2015, 266 mAnm Lohmann NStZ 2015, 580; BGH NStZ 2016, 404; NStZ 2017, 22 (25); NStZ-RR 2007, 267; NStZ-RR 2007, 307; NStZ 2009, 372; NStZ 2010, 144; NStZ 2010, 178 (179); NStZ 2012, 369; NStZ 2014, 35 mAnm Schiemann; BGH NStZ 2015, 172; NStZ 2016, 111; StV 2004, 74; StV 2015, 695; LG Rostock NStZ 1997, 391 mkritAnm Fahl; Geppert Jura 2001, 55 (59); zur Zurückhaltung der neueren Rspr. hinsichtlich des Hemmschwellen-Arguments s. Altvater NStZ 2005, 22 (23); inzwischen hat der 4. Strafsenat die Bedeutung der „Hemmschwellentheorie" niedrig gehängt und will sie als Hinweis auf eine besonders sorgfältige Prüfung der voluntativen Komponente verstanden wissen (BGHSt 57, 183 (189) = NJW 2012, 1524 mit Bespr. Heghmanns ZJS 2012, 826; v. Heintschel-Heinegg JA 2012, 632; Jahn JuS 2012, 757; Leitmeier NJW 2012, 2850; Mandla NStZ 2012, 635; Müller JA 2013, 584; Puppe JR 2012, 477; BGH NStZ 2014, 183; Puppe ZIS 2014, 66; sowie Fischer ZIS 2014, 97; Sinn/Bohnhorst StV 2012, 661; Fahl JuS 2013, 499; Trück JZ 2013, 179; Kindhäuser/Hilgendorf in LPK-StGB Rn. 4; bloßer Hinweis auf § 261 StPO; zust. Streng FS Kühne, 2013, 47 (57); BGHSt 60, 227 = NJW 2015, 1834; BGH NJW 2016, 25; speziell zum bedingten Vorsatz bei Abgabe von Schüssen auf Menschen Schneider FS Dahs, 2005, 189; Schroth FS Widmaier, 2008, 779 (792), bei Manipulation am Fahrzeug des Opfers BGH NStZ 2006, 446, beim Schütteln eines Kleinkindes BGH NStZ 2004, 201 mAnm Schneider; BGH NStZ 2009, 264, beim Zufahren auf eine Person BGH NStZ 1983, 407; beim Durchbrechen einer Polizeisperre BGH NZV 1992, 370; NZV 1996, 156; Schroth FS Widmaier, 2008, 779 (794); Krey/Esser StrafR AT Rn. 399, 400; Schneider in MüKoStGB Rn. 15, 16; Rissing-van Saan in LK-StGB, Rn. 22; beim Mitschleifen einer Person durch einen Kleintransporter BGH NZV 2001, 266; und bei Brandanschlägen BGH StV 1994, 654; NStZ 1994, 483; NStZ 1994, 584; sowie Altvater NStZ 1999, 18; BGH NStZ 2000, 18; NStZ 2001, 19; NStZ 2002, 20; NStZ 2003, 21 (22); NStZ-RR 2000, 165; StV 2003, 557; sa BGH NStZ-RR 2010, 178 (179); Schroth FS Widmaier, 2008, 779 (792); Puppe in NK-StGB § 15 Rn. 72, 98; zu diesen und weiteren Fallgruppen eing. Schneider in MüKoStGB Rn. 15–89; zum „Tottreten" Heinke NStZ 2010, 119 (123)); bei Ärzten soll die zu überwindende Hürde noch höher sein, allerdings nur für die Tötung eigener Patienten, nicht für die Tötung fremder und zudem anonymer Menschen wie bei der Manipulation der Zuteilung von Spenderorganen (OLG Braunschweig NStZ 2013, 593 (594, 595); krit. Helmecke/Seeger famos 1/2014, S. 5; „abwegig" Schroth NStZ 2013, 442 (443); dagegen Rissing-van Saan NStZ 2014, 233 (240); Verrel MedR 2014, 464 (466) zu Bülte StV 2013, 753; zu „Allokationsentscheidungen" Höfling/Lange NJW 2014, 3398 (3403); sa Schroth/Hofmann FS Kargl, 2015, 523). – Bei Sexualkontakten mit **AIDS-Risiko** (→ Vor § 211 Rn. 12a; → § 224 Rn. 10) ist sie umstritten und noch nicht abschließend geklärt. Überwiegend wird Vorsatz zutr. – allerdings mit unterschiedlichen, schon im Ansatz abweichenden Begründungen (zB Fehlen des voluntativen Elements, Ausschluss der Zurechnung von Spätfolgen) – für den Regelfall verneint (BGHSt 36, 1 (15) = NJW 1989, 781; BGHSt 36, 262 (267) = NJW 1990, 129); iE zust. Schünemann

JR 1989, 89 (93); Herzberg JZ 1989, 470 (478); Schlehofer NJW 1989, 2017; krit. Prittwitz StV 1989, 123 (126); Bottke AIFO 1989, 468 (473); Frisch JuS 1990, 362 (365); LG Würzburg bei Jahn JuS 2007, 773; aM LG München MedR 1987, 288; Meier GA 1989, 227; Mayer JuS 1990, 784; vgl. auch die Beiträge von Schünemann/Herzberg/Bottke in Szwarc, AIDS und Strafrecht, 1996, S. 9, 61, 277; sowie Geppert Jura 2001, 55 (57); Teumer MedR 2010, 11; sa Rengier StrafR BT II § 3 Rn. 13a). Unwesentliche **Abweichungen** des wirklichen vom vorgestellten Geschehensablauf schließen weder den unbedingten (BGHSt 7, 325 = NJW 1955, 801) noch den bedingten (BGHSt 14, 193 = NJW 1960, 1261) Tötungsvorsatz aus (Altvater NStZ 2003, 21; → § 15 Rn. 11).

4. Die **Rechtswidrigkeit** kann namentlich ausgeschlossen sein durch Notwehr (§ 32), uU auch durch Waffengebrauchsrechte von Amtsträgern oder durch das Völkerrecht bei Kampfhandlungen im Kriege und im bewaffneten Konflikt (→ Vor § 32 Rn. 24; zusf. Kühl Jura 2009, 881; Rissing-van Saan/Zimmermann in LK-StGB, Rn. 13–25). Zur **Perforation** → § 34 Rn. 9. 4

5. Zu **Abs. 2** (besonders schwere Fälle) → § 46 Rn. 7–10a (zu seiner Verfassungsmäßigkeit BVerfG JR 1979, 28 mkritAnm Bruns; krit. auch Hirsch FS Gössel, 2002, 287 (298); Köhne Jura 2011, 741 (742); zust. Dannecker in LK-StGB § 1 Rn. 235; für seine Streichung Küpper FS Kriele, 1997, 777 (792)). Die Schuld des Totschlägers muss ebenso schwer wiegen wie die eines Mörders (BGH NJW 1981, 2310 mAnm Bruns MDR 1982, 65; BGH NStZ 1991, 431; JR 1993, 163). Es genügt daher nicht, wenn die Tatumstände den Mordmerkmalen nach § 211 II nur nahekommen; es müssen vielmehr zusätzliche schulderhöhende Momente hinzutreten, die das Minus gegenüber dem Mord ausgleichen (BGH NStZ 1981, 258; NStZ 1993, 342; NStZ 2001, 647; NStZ-RR 1999, 101 (102); sa BGH NJW 1982, 2264 mAnm Bruns JR 1983, 28; BGH NStZ 2016, 207; Eisele StrafR BT I Rn. 60; Rössner/Wenkel in HK-StrafR Rn. 7; eing. zur Rspr. Köhne Jura 2011, 741; ferner Eser NStZ 1984, 49 (51); einschr. Momsen NStZ 1998, 487, der die Nähe zu mindestens zwei Mordmerkmalen fordert). Eine paranoide Persönlichkeitsstörung, die zur Verneinung der subjektiven Voraussetzungen von Mordmerkmalen geführt hat, lässt auch die „Nähe" zu diesen Merkmalen entfallen (BGH NStZ 2004, 200); eine weitere Milderung nach §§ 21, 49 I ist nach Ablehnung von § 212 II möglich (BGH NStZ 2004, 200). 5

6. a) Bei einem Angriff auf mehrere Menschen ist **gleichartige Tateinheit** idR nur anzunehmen, wenn eine natürliche Handlung vorliegt (zB Tötung mehrerer durch einen Feuerstoß aus der Maschinenpistole, BGHSt 16, 397 = NJW 1962, 645; oder vier Schüsse unmittelbar nacheinander, BGH NStZ-RR 2019, 9Rissing-van Saan); mit Rücksicht auf die Verletzung verschiedener höchstpersönlicher Rechtsgüter sind der Annahme einer natürlichen Handlungseinheit bei mehreren Willensbetätigungen enge Grenzen gesetzt (BGH NStZ 1996, 129; JR 1998, 516 (517); NStZ-RR 2004, 14 (16); → Vor § 52 Rn. 7). 6

b) Eine **Konkurrenz von Tötungs- und Körperverletzungsdelikten** ist nicht begrifflich ausgeschlossen. Die Körperverletzung bildet schon objektiv ein notwendiges Durchgangsstadium zur Tötung mit der Folge, dass die Kongruenz von objektivem und subjektivem Tatbestand die Anerkennung dieses Stufenverhältnisses auch für den Vorsatz erfordert (Jakobs, Die Konkurrenz von Tötungsdelikten mit Körperverletzungsdelikten, 1967, S. 96, 119; krit. Hilgendorf in Arzt/Weber/Heinrich/Hilgendorf StrafR BT § 2 Rn. 86). Die sog. Gegensatztheorie, die ein 7

Ausschlussverhältnis zwischen Tötungs- und Körperverletzungsvorsatz postuliert (RGSt 61, 375), ist daher überholt und durch die nahezu einhellig anerkannte sog. Einheitstheorie verdrängt worden. Daraus folgt:

8 aa) In jedem Tötungsvorsatz ist ein unbedingter oder bedingter **Verletzungsvorsatz** enthalten (hM; BGHSt 16, 122 = NJW 1961, 1779; BGHSt 21, 265 = NJW 1967, 1918; BGHSt 44, 196 (199) = NJW 1999, 69; BGH NJW 2001, 980), und zwar idR auch dann, wenn die Körperverletzung das für die Tötung typische Maß überschreitet (Hirsch ZStW 81 (1969), 917 (928); aM Jakobs, Die Konkurrenz von Tötungsdelikten mit Körperverletzungsdelikten, 1967, S. 111) oder wenn der Täter im Rahmen einer natürlichen Handlungseinheit zunächst nur verletzen und erst während der Tatausführung töten wollte BGH NStZ 1992, 277; NStZ 2009, 266; sa BGH NStZ-RR 2009, 349 (350)). Dieses Nebeneinander ist namentlich für die Strafbarkeit der Körperverletzung nach Rücktritt vom Tötungsversuch bedeutsam (→ § 24 Rn. 23; BGH NJW 2001, 980 zu § 226 II mit Bespr. Joerden JZ 2002, 414; Joecks/Jäger StGB § 226 Rn. 35). Auch scheidet eine Körperverletzung auf Grund von Mindestfeststellungen nicht deshalb aus, weil der Täter möglicherweise mit Tötungsvorsatz gehandelt hat (BGH NJW 1991, 990).

9 bb) Hinter der **vollendeten Tötung** tritt die Körperverletzung als **subsidiäres** (→ Vor § 52 Rn. 26) Delikt zurück (hM; BGHSt 16, 122 = NJW 1961, 1779; Neumann/Saliger in NK-StGB Rn. 30; diff. Eser/Sternberg-Lieben in Schönke/Schröder Rn. 17–20), auch die versuchte schwere Körperverletzung nach § 226 hinter den versuchten Totschlag (BGH HRRS 2013 Nr. 939). Überwiegend wurde von der Rspr. das auch für das Zusammentreffen eines **Tötungsversuchs** mit vollendeter einfacher oder gefährlicher Körperverletzung angenommen (BGHSt 21, 265 = NJW 1967, 1918; BGH NStZ 1995, 79; NStZ-RR 1998, 42; krit. Maatz NStZ 1995, 209; Wessels/Hettinger/Engländer StrafR BT I Rn. 320). Früher bejahte die Rspr. es sogar für § 224 aF, jetzt § 226 I (BGHSt 22, 248 = NJW 1969, 59; Tateinheit erwägend BGH bei Holtz MDR 1995, 880; aM Schmitt JZ 1962, 389 (392); Jakobs NJW 1969, 437), und schoss es nur für § 225 I aF, jetzt § 226 II (BGH NStZ 1995, 589; vgl. auch BGH NStZ 1997, 233), und für § 226 aF, jetzt § 227, aus (BGH bei Holtz MDR 1977, 282; sa BGH NStZ 1988, 565). Im Hinblick auf die allgemeinen Grundsätze, die für das Zusammentreffen des Versuchs eines schwereren mit der Vollendung eines zurücktretenden leichteren Delikts gelten, ist diese Lösung problematisch (→ Vor § 52 Rn. 28). Der BGH hat sie deshalb zu Recht aufgegeben und nimmt **zur Klarstellung,** dass es sich nicht um einen folgenlosen Tötungsversuch handelt, Tateinheit zwischen diesem und der vollendeten vorsätzlichen Körperverletzung an (BGHSt 44, 196 = NJW 1999, 69 mit Bespr. Kudlich JA 1999, 452; Satzger JR 1999, 203; Neumann/Saliger in NK-StGB Rn. 37; Eser/Sternberg-Lieben in Schönke/Schröder Rn. 23; gefestigte Rspr. nach Altvater NStZ 2001, 19 (25)).

10 **c)** Zum **Verhältnis** der vorsätzlichen Tötung zu den erfolgsqualifizierten Delikten → § 18 Rn. 13; → § 251 Rn. 4; zum Schwangerschaftsabbruch → § 218 Rn. 21. Mit § 52 WaffG ist Tateinheit möglich, wenn bereits zu Beginn des Waffenbesitzes Vorsatz zu deren tödlichem Einsatz besteht (LG Nürnberg-Fürth StraFo 2020, 34).

11 **7.** Anzeigepflicht § 138 I Nr. 6.

§213 Minder schwerer Fall des Totschlags

War der Totschläger ohne eigene Schuld durch eine ihm oder einem Angehörigen zugefügte Mißhandlung oder schwere Beleidigung von dem getöteten Menschen zum Zorn gereizt und hierdurch auf der Stelle zur Tat hingerissen worden oder liegt sonst ein minder schwerer Fall vor, so ist die Strafe Freiheitsstrafe von einem Jahr bis zu zehn Jahren.

1 **1.** Die Vorschrift gibt eine **Strafzumessungsregel** (hM; aus der Rspr. BGHSt 21, 14 = NJW 1966, 787; BGH NStZ 2015, 582; aus der Lit. Mitsch JuS 1996, 28; Rissing-van Saan/Zimmermann in LK-StGB, Rn. 3; Neumann/Saliger in NK-StGB Rn. 3; anders für die Provokationsvariante Eisele, Die Regelbeispielmethode im Strafrecht, 2004, S. 187, Tatbestandscharakter; Zwiehoff, Die provozierte Tötung, 2001, S. 7 „echte Privilegierung"; ähnlich Müssig, Mord und Totschlag, 2005, S. 317 „Unrechts- und Schuldprivilegierung"; dagegen Maatz FS Salger, 1995, 91) ausschließlich für den Totschlag (→ Vor §211 Rn. 23; aM Deckers FS Rieß, 2002, 651 (668): auch für §§224, 227). Auch der minder schwere Fall des Totschlags ist Verbrechen, der Versuch deshalb strafbar. Reformvorschlag bei Mitsch JZ 2008, 336 (340).

2 **2.** Der Strafmilderungsgrund der **Reizung zum Zorn (Provokation)** ist zwingend (BGHSt 25, 222 = BeckRS 1973, 30403021; BGH StraFo 2007, 125 = NStZ-RR 2007, 260; Deckers FS Rieß, 2002, 651 (663); Rissing-van Saan in LK-StGB, Rn. 2; krit. Maatz FS Salger, 1995, 91 (98), der eine normativ-ethische Reduktion fordert; für eine restriktive Auslegung Schneider NStZ 2001, 455; für eine Gesamtwürdigung aller strafzumessungsrelevanter Umstände Eser/Sternberg-Lieben in Schönke/Schröder Rn. 12a; Sinn in SK-StGB Rn. 10); zu seiner umstrittenen Deutung vgl. Hillenkamp, Vorsatztat und Opferverhalten, 1981, S. 272; Frister, Die Struktur des „voluntativen Schuldelements", 1993, S. 224; Zwiehoff, Die provozierte Tötung, 2001, S. 19; Schneider NStZ 2001, 455; zur historischen Entwicklung Zwiehoff, Die provozierte Tötung, 2001, S. 10; Deckers FS Rieß, 2002, 651 (659).

a) Als **Misshandlung** kommt körperliche oder seelische in Frage (BGH NStZ 2008, 510, Kränkung; Mitsch in Leipold/Tsambikakis/Zöller Rn. 7), wobei – anders als für §223 I Alt. 1 – ein Verletzungserfolg nicht erforderlich ist (BGH NStZ-RR 2021, 280); letztere kann auch in einem fehlgeschlagenen Angriff auf Leib und Leben, zB in einem Messerstich ohne Verletzungsfolgen, liegen (BGH NJW 1995, 1910; BGH bei Holtz MDR 1997, 20; BGH NStZ 2015, 582; sa BGH NStZ 2001, 477, Angriff mit Flasche unter Todesdrohung ist jedenfalls schwere Beleidigung). **Beleidigung** ist nicht technisch zu verstehen (aM Schneider NStZ 2001, 455 (456)); Kränkung durch Ehebruch (BGH bei Holtz MDR 1978, 110; Neumann/Saliger in NK-StGB Rn. 10; aM Schneider NStZ 2001, 455 (456); Fischer Rn. 6) oder durch Hausfriedensbruch (BGH bei Holtz MDR 1979, 987) kann genügen, Bedrohung mit künftigem Verhalten dagegen idR nicht (BGH bei Holtz MDR 1979, 280). Ob die Beleidigung **schwer** ist, bestimmt sich nicht nach der Auffassung des Täters, sondern nach objektivem Maßstab (BGH NStZ 1981, 300; NStZ 1982, 27; NStZ 2004, 631; NStZ 2011, 339 (340); NStZ 2015, 218; NStZ-RR 2017, 11; StV 2017, 543), für den auch der Wahrheitsgehalt der Äußerung relevant sein kann (BGH StV 1990, 204). Dabei ist jedoch von dem konkreten Geschehensablauf (BGH bei Holtz MDR 1979, 280; StV 1990, 205) und den Anschauungen im Lebenskreis der Beteiligten (BGH NStZ 1996, 33; Schneider NStZ 2001, 455 (457), sog. personaler Einschlag) auszugehen; auch das eigene Verhalten des Täters (BGH NStZ 1998, 191), das frühere des Opfers (BGH bei Holtz MDR 1978, 110; MDR 1978, 280) und das gesamte Verhältnis zwischen beiden mit seiner Vorgeschichte (BGH NJW 1985, 870; NJW 1987, 3143) sind zu berücksichtigen (BGH bei Holtz MDR 1991, 483; sa BGHSt 21, 14 = NJW 1966, 787). Der erforderliche Schweregrad kann auch durch fortlaufende, für sich gesehen nicht als schwer zu wertende Kränkungen erreicht werden (BGH GA 1970, 214; NStZ 1982, 27; NStZ 1984, 507; NStZ-RR 1996, 259; sa BGH StV 1991, 105; krit. Maatz FS Salger, 1995, 91 (99)), wenn dadurch „das Fass zum Überlaufen" gebracht wird (BGH NStZ 2004, 631 (632); NStZ-RR 2013, 305 (306)).

3 **b)** Misshandlung oder Beleidigung müssen durch den **getöteten Menschen,** nicht durch einen Dritten, begangen (BGH bei Dallinger MDR 1973, 901) und nach der Rspr. als bewusster Angriff auch wirklich geschehen sein (BGH bei Holtz MDR 1989, 111); selbst ein nach seinem objektiven Erklärungswert beleidigendes Verhalten soll nicht genügen (BGHSt 34, 37 = NJW 1986, 2517; aM Maurach/Schroeder/Maiwald/Hoyer/Momsen StrafR BT § 9 Rn. 56); für den nur vermeintlich gekränkten Totschläger sollte aber § 16 II zumindest analog angewendet werden (Eser/Sternberg-Lieben in Schönke/Schröder Rn. 12; sogar für direkte Anwendung Zwiehoff, Die provozierte Tötung, 2001, S. 24; gegen jede § 16 II-Anwendung Maatz FS Salger, 1995, 91 (100); Mitsch JuS 1996, 26 (28); Schneider NStZ 2001, 455 (459); Neumann/Saliger in NK-StGB Rn. 17; → Rn. 9).

4 **c) Angehöriger** → § 11 Rn. 2; auch Lebenspartner nach dem LPartG (Weber GS Keller, 2003, 325 (329)). Eine analoge Einbeziehung auch anderer nahe stehender Personen (zB Partner einer eheähnlichen Gemeinschaft) widerspricht nicht nur allgemeinen Auslegungsgrundsätzen, sondern ist kriminalpolitisch (→ Rn. 9) auch nicht geboten (Rissing-van Saan in LK-StGB, Rn. 6; aM Strätz FamRZ 1980, 308; Weber GS Keller, 2003, 325 (329); Neumann/Saliger in NK-StGB Rn. 11; sa BayObLG NJW 1986, 202; zw.).

5 **d) Eigene Schuld** (zur Erklärung dieser Einschränkung auf der Grundlage eines funktionalen Schuldbegriffs (→ Vor § 13 Rn. 25) Jakobs, Das Schuldprinzip, 1993, S. 32) trifft den Täter, wenn er dem Getöteten im gegebenen Augenblick (BGH NStZ 1981, 300), unter Berücksichtigung allerdings auch früheren Verhaltens (BGH NStZ 1992, 588; NStZ 1998, 191; krit. zu dessen meist unzureichender Berücksichtigung Geilen FS Dreher, 1977, 357 (363)), schuldhaft genügenden Anlass zu der Provokation gegeben hat (BGH bei Holtz MDR 1986, 272; BGH NStZ 2008, 510; NStZ 2012, 691 (693); StraFo 2017, 204 = StV 2017, 543; Eisele StrafR BT I Rn. 57), etwa „zur Zuspitzung des Streits" beigetragen hat (BGH NStZ 2008, 510; NStZ 2008, 624; NStZ-RR 2014, 140: Gefahr der Eskalation); eine zunächst berechtigte Notwehr führt nicht zur Schuldlosigkeit, wenn der Täter nicht nur aus Angst, sondern auch aus spontanem Zorn unmittelbar anschließend das Opfer tötet (BGH NStZ 2001, 478).

6 **e) Zum Zorn gereizt und zur Tat hingerissen** schließt das Mitwirken anderer Motive nicht aus, es sei denn, dass diese den Affekt völlig überlagern (BGH NJW 1977, 2086 mkritAnm Geilen JR 1978, 341; BGH bei Holtz MDR 1979, 107; BGH NStZ 1998, 84; NStZ 2004, 500; enger Schneider NStZ 2001, 455 (458); BGH NStZ 2015, 151 mit zust. Bespr. Eisele JuS 2015, 465 (466)). Nicht privilegiert ist jedoch der Täter, der auch ohne die Provokation zur Tat entschlossen war

(BGHSt 21, 14 = NJW 1966, 787; Rössner/Wenkel in HK-StrafR Rn. 6). **Auf der Stelle** setzt nicht unbedingt voraus, dass die Tat der Provokation unmittelbar folgt (aM Schneider NStZ 2001, 455 (458)). Liegt zwischen beiden eine gewisse Zeitspanne, die zwar nicht allzu lange (BGH 22.2.1973 – 4 StR 524/72), uU aber doch einige Stunden dauern kann (BGH bei Dallinger MDR 1975, 542; BGH NStZ 1984, 216), so muss der Täter beim Entschluss zur Tat und bei dessen Verwirklichung noch bestimmend unter dem Einfluss der vom Opfer ausgelösten Gemütsbewegung stehen (BGH GA 1970, 214; NStZ 1995, 83; NStZ-RR 2000, 80 „motivationspsychologischer Zusammenhang"; BGH NStZ-RR 2007, 200; 2017, 11).

f) Im Ganzen ist eine gewisse **Verhältnismäßigkeit** zwischen dem Schweregrad der Provokation und der Tat im Sinne einer Nachvollziehbarkeit des ausgelösten Affekts zu fordern (Geilen FS Dreher, 1977, 357 (374, 382); Neumann, Zurechnung und „Vorverschulden", 1985, S. 253; Schroth StrafR BT S. 65; aM BGH NStZ 1985, 216; zum Fall Eisele StrafR BT I Rn. 57; Maurach/Schroeder/Maiwald/Hoyer/Momsen StrafR BT § 2 Rn. 56; zw.). 7

g) Zweifel über das Vorliegen einer Provokation sind nach dem Grundsatz in dubio pro reo zu lösen (Detter NStZ 1992, 170; Neumann/Saliger in NK-StGB Rn. 18; Schneider in MüKoStGB Rn. 44). Bei **Beteiligung** mehrerer gilt § 28 II (→ § 28 Rn. 8, 10; Mitsch in Leipold/Tsambikakis/Zöller Rn. 4). 8

3. Ob sonst ein **minder schwerer Fall** vorliegt, ist auf Grund einer Gesamtwürdigung von Tat und Täter zu entscheiden (→ § 46 Rn. 9; sa GA 1980, 143; BGH StV 1984, 283 (284); NStZ 1985, 72; NStZ 1985, 310; NStZ 1989, 318; JR 1986, 75 mAnm Timpe; Holtz MDR 1996, 550; BGH NStZ 1998, 84; NStZ-RR 2009, 139; LG Osnabrück StV 1994, 430; Wessels/Hettinger/Engländer StrafR BT I Rn. 175); auf die Vergleichbarkeit mit den Fällen der Provokation ist nicht abzustellen (BGH NStZ-RR 2002, 140). Hier können die Beleidigung oder Misshandlung einer anderen nahe stehenden Person (→ Rn. 4; Mitsch in Leipold/Tsambikakis/Zöller Rn. 17) und ein zwar nicht ohne eigene Schuld entstandener, aber begreiflicher Erregungszustand (BGH NJW 1968, 757) sinnvoll berücksichtigt werden (beachte auch BGH NJW 1988, 1153), nach der Rspr. auch eine nur vermeintliche Kränkung (BGHSt 34, 37 = NJW 1986, 2517; → Rn. 3); auch bei Handeln im Grenzbereich der Notwehr kommt ein minder schwerer Fall in Betracht (BGH NStZ-RR 2007, 194 (195); Fischer Rn. 13); auch eine objektiv vorliegende Notwehrlage ist in die Gesamtbewertung einzubeziehen (BGH StraFo 2013, 388 = NStZ 2013, 580). Auch gesetzlich vertypte Milderungsgründe wie die verminderte Schuldfähigkeit nach § 21 können einen sonst minder schweren Fall begründen (Wessels/Hettinger/Engländer StrafR BT I Rn. 170; krit. Schneider NStZ 2001, 455 (459)). Nach Aufhebung von § 217 kann die psychische Ausnahmesituation der Mutter, die ihr Kind in oder gleich nach der Geburt tötet, einen minder schweren Fall darstellen (BT-Drs. 13/8587, 34; BGH NStZ 2009, 439 (440); Fischer Rn. 16; sa Lammel FPPK 2008, 96; Dölling FPPK 2009, 31; zur inneren Spannung, die sich aus der sozial-medizinischen Indikation ergibt, → § 218a Rn. 16); es ist eine Gesamtwürdigung aller Umstände, die für die Wertung von Tat und Täter in Betracht kommen, erforderlich (BGH NStZ-RR 2004, 80; LG Erfurt NStZ 2002, 260). Selbst die Tötung durch einen willkürlichen Richterspruch kann wegen der Einbindung des Täters in ein Unrechtssystem und eines ungewöhnlich langen Zeitablaufs ein minder schwerer Fall sein (BGHSt 41, 317 (341) = NJW 1996, 857). 9

10 **4.** Zum **Zusammentreffen** mit anderen Milderungsgründen → § 50 Rn. 2–4; sa Wessels/Hettinger/Engländer StrafR BT I Rn. 177–182. Da das Gesetz bei der Provokation keine für verminderte Schuldfähigkeit hinreichende Affektintensität voraussetzt, können §§ 213, 21 nebeneinander anwendbar sein (Holtz MDR 1977, 106; BGH StV 1993, 421; StV 1994, 315; NJW 1996, 1910; NStZ 1998, 190; NStZ 2001, 477 (478); NStZ 2002, 542; NStZ 2008, 338; NStZ 2009, 92; NStZ 2011, 339 (340); NStZ 2013, 341; Schneider NStZ 2001, 455 (457); Deckers FS Rieß, 2002, 651 (673); Salger FS Tröndle, 1989, 201 (216); Streng Sanktionen Rn. 693, 929; Fischer Rn. 17; Neumann/Saliger in NK-StGB Rn. 19; Schneider in MüKoStGB Rn. 54; einschr. Maatz FS Salger, 1995, 91 (102); problematisch nach Schneider in MüKoStGB Rn. 55; aM Blau FS Tröndle, 1989, 109 (120); aus psychiatrischer Sicht krit. auch Glatzel StV 1987, 553; zw.). Bei solchem Zusammentreffen ist daher eine weitere Strafmilderung nach §§ 21, 49 I weder notwendig ausgeschlossen (BGH JZ 1983, 400 = BeckRS 1979, 31113360 mAnm Schmitt; BGH NStZ 1986, 115; Herde ZRP 1990, 458), noch zwingend geboten (BGH NStZ 1986, 71; NStZ 2002, 542). Die Strafrahmenverschiebung nach § 213 Alt. 2 schließt eine weitere Milderung nach §§ 13 II, 49 I nicht aus (BGH NStZ 2013, 340 (341)).

§§ 214, 215 (weggefallen)

§ 216 Tötung auf Verlangen

(1) **Ist jemand durch das ausdrückliche und ernstliche Verlangen des Getöteten zur Tötung bestimmt worden, so ist auf Freiheitsstrafe von sechs Monaten bis zu fünf Jahren zu erkennen.**

(2) **Der Versuch ist strafbar.**

1 **1.** Allgemein zu den Tötungsdelikten, namentlich zur Systematik der Tatbestände vorsätzlicher Tötung, → Vor § 211 Rn. 1–24. Die Vorschrift **privilegiert** die Tötung auf Verlangen gegenüber § 212 (Kühl Jura 2010, 86; aM Murmann GK StrafR § 21 Rn. 11, selbständiger Tatbestand) und geht als abschließende Spezialregelung auch dem § 211 vor (→ Vor § 211 Rn. 24; ebenso Fischer Rn. 2; für eine Neufassung von § 216, die berücksichtigt, dass die Tat zugleich Mordmerkmale verwirklichen kann Herzberg JZ 2000, 1093). Ihren gesetzgeberischen Grund bildet nicht allein die schuldmindernde Konfliktslage des Täters, sondern daneben auch die Unrechtsminderung, die sich aus der gesteigerten Einwilligung des Opfers herleiten lässt (Hillenkamp, Vorsatztat und Opferverhalten, 1981, S. 243; Mitsch JuS 1996, 309; Ingelfinger, Grundlagen und Grenzen des Tötungsverbots, 2004, S. 165, 215 mit Bespr. Neumann ZStW 118 (2006), 743 (750); Rengier StrafR BT II § 6 Rn. 1; Eser/Sternberg-Lieben in Schönke/Schröder Rn. 1; Fischer Rn. 3; allein auf die Unrechtsminderung wegen Verletzung „nur" des kollektiven Interesses an der Aufrechterhaltung des Tötungstabus Neumann/Saliger in NK-StGB Rn. 2; krit. Kubiciel JZ 2009, 600 (601, 606), der selbst die Sicherung eines objektiven Mindeststandards im Umgang mit Menschen in existentiellen Krisen zum Schutzzweck erklärt, strafbar bleibe die Tötung auf bloßes Verlangen ohne objektiv angemessenen Grund; sa Kubiciel AL 2011, 361; eing. Kubiciel, Die Wissenschaft des besonderen Teils des Strafrechts, 2013, S. 196; zum „Tötungstabu" Paw-

lik, Das Unrecht des Bürgers, 2012, S. 225; Pawlik in Becker/Roth, Recht der Älteren, 2013, S. 127, 150; sowie Pawlik FS Kargl, 2015, 407, teleologische Reduktion; Stratenwerth FS Amelung, 2009, 355 (359), betont die „Unverbrüchlichkeit der Norm"; nur durch „allgemeine Interessen" zu rechtfertigen, Schoppe BLJ 2012, 107; sa Kaspar Präventivstrafrecht S. 478, Autonomiesicherung; Roxin FS Fischer, 2018, 509; zusf. Kühl Jura 2010, 81 (83)). Die geforderte **Beseitigung** (zB Marx, Zur Definition des Begriffs „Rechtsgut", 1972, S. 64, 82; Schmitt FS Maurach, 1972, 113 (117); JZ 1979, 462) ist verfassungsrechtlich problematisch (dazu Wilms/Jäger ZRP 1988, 41 mit Erwiderung Hoerster ZRP 1988, 185; zweifelnd Krey/Esser StrafR AT Rn. 26; Schroeder ZStW 106 (1994), 565 (573) begründet die Vorschrift mit der in Art. 2 II GG iVm Art. 1 II GG verankerten Unverzichtbarkeit des Lebens; ebenso Dölling FS Laufs, 2006, 767 (771); ähnlich aus verfassungsrechtlicher Sicht Kunig in v. Münch/Kunig GG Art. 1 Rn. 36, Sterbehilfe; Lindner JZ 2006, 373 (375) mit Erwiderung Duttge JZ 2006, 899; Schlusswort Lindner JZ 2006, 899 (902); Lorenz JZ 2009, 57 (64); beachte aber auch Zippelius in Lübbe/Schölmerich/Zippelius/Müller/Funke, Anfang und Ende des Lebens als normatives Problem, 1988, S. 45, 49; vgl. auch Singer JZ 1995, 1133 (1141) und aus „Kantischer Perspektive" abl. Mosbacher, Strafrecht und Selbstschädigung, 2001, S. 147, 231; Kühl, Der Einfluss der Rechtsphilosophie auf das Strafrecht, 2001, S. 44; anders aber Köhler StrafR AT S. 255; Köhler JahrbRuE 2006, 425 (444); sowie Maatsch, Selbstverfügung als intrapersonaler Rechtspflichtverstoß, 2001 mit krit. Bespr. Jakobs GA 2003, 65, krit. auch Kubiciel JZ 2009, 600 (604); auch aus dem Lebensschutzartikel 2 MRK lässt sich kein Recht auf Sterben mit Hilfe anderer herleiten; dieser Ausschluss der Wahlfreiheit verstößt zwar gegen das Recht auf Achtung des Privatlebens nach Art. 8 MRK, doch soll er im Hinblick auf die Bedeutung des Rechts auf Leben und (zw.) auf die öffentliche Gesundheit und Sicherheit nach Art. 8 II MRK gerechtfertigt sein (EGMR NJW 2002, 2851 mit Bespr. Faßbender Jura 2004, 115; Heymann JuS 2002, 957; Kneihs EuGRZ 2002, 234; Kutzer ZRP 2003, 209 (212); Otto JK StGB § 216 Rn. 5)), weder dogmatisch geboten noch rechtspolitisch verantwortbar (hM; vgl. etwa Hirsch FS Welzel, 1974, 775; Möllering, Der Schutz des Lebens – Recht auf Sterben, 1977, S. 93; Tröndle ZStW 99 (1987), 25 (38); Bade, Der Arzt an den Grenzen von Leben und Recht, 1988, S. 179; Giesen JZ 1990, 929 (933); Hofmann FS Krause, 1990, 115 (121); Achenbach in Ochsmann, Lebens-Ende, 1991, S. 137, 155; v. Lutterotti MedR 1992, 7; Schöttler ZRP 1992, 132; Göbel, Die Einwilligung im Strafrecht als Ausprägung des Selbstbestimmungsrechts, 1992, S. 39; Pelzl KJ 1994, 179; Fritsche in Peukert/Fritsche/Bottke/Schreiber/Huber, Lebensverlängerung aus medizinischer, ethischer und rechtlicher Sicht, 1995, S. 22; Schreiber in Peukert/Fritsche/Bottke/Schreiber/Huber, Lebensverlängerung aus medizinischer, ethischer und rechtlicher Sicht, 1995, S. 144; Verrel JZ 1996, 224 (226); Laber, Der Schutz des Lebens im Strafrecht, 1997, S. 133 mit krit. Bespr. Ingelfinger GA 1999, 294; Sternberg-Lieben, Die objektiven Schranken der Einwilligung im Strafrecht, 1997, S. 114; Chatzikostas, Die Disponibilität des Rechtsguts Leben, 2001, S. 267; Kutzer GS Schlüchter, 2002, 347 (357); Ingelfinger, Grundlagen und Grenzen des Tötungsverbots, 2004, S. 187, 216, 238; Roxin GA 2013, 313 (326); Rissing-van Saan in LK-StGB, Rn. 1; sa Murmann, Die Selbstverantwortung des Opfers im Strafrecht, 2005, S. 433, der die Unbeachtlichkeit der Opferselbstverfügung in der Unsicherheit über die Defizität der Entscheidungsgrundlage sieht; „fragwürdig" nach Kudlich GA 2006, 120 (122); krit. zu § 216 als paternalistisch begründeter Ausnahmeregelung Müssig, Mord und Totschlag, 2005, S. 351; Tenthoff, Die Strafbarkeit der Tötung auf Verlangen im Lichte des Autonomieprinzips, 2008, S. 179; einen rechtsethisch nicht zu legitimierenden „indirekten" Paternalismus erkennt v. Hirsch/Neumann GA 2007, 671; für einen „begrenzten" Paternalismus dagegen Hoerster, Muss Strafe sein?, 2012, S. 132; für einen „freiheitskompatiblen weichen Paternalismus" Pawlik, Das Unrecht des Bürgers, 2012, S. 232, der für die „Sachgerechtigkeit" des § 216 die Schwere und Endgültigkeit des Verlustes und die Bedeutung des Verlangens als Appell um Zuwendung in einer verzweifelt erlebten Lebenssituation anführt (Pawlik, Das Unrecht des Bürgers, 2012, S. 231); ebenso Pawlik FS Wolter, 2013, 627 (641); zur Paternalismus-Problematik sa Gkountis, Autonomie und strafrechtlicher Paternalismus, 2011, S. 31–36, 213, 223; Rigopoulou, Grenzen des Paternalismus im Strafrecht, 2013, S. 295–300, 305–315, 322; sowie Kubiciel, Die Wissenschaft des besonderen Teils des Strafrechts, 2013, S. 207–211; krit. zu Legalität und Legitimität der Vorschrift Kargl in Institut für Kriminalwissenschaften und Rechtsphilosophie, Jenseits staatlichen Strafrechts, 2007, S. 379, 382, 389); zusf. zur Legitimität der Vorschrift Schroeder FS Deutsch, 2009, 505, knapper Kühl Jura 2010, 81 (84); zu „Dammbruch- und Schiefe-Bahn-Argumenten" Saliger JahrbRuE 2007, 642, zum Missbrauchs-Argument Dreier JZ 2007, 317 (320); Roxin in Roxin/Schroth MedStrafR S. 117 „Missbrauchs- und Falschbeurteilungsgefahr"; umfassende Kritik aller Legitimationskonzepte bei Müller, § 216 StGB als Verbot abstrakter Gefährdung, 2010. Ob allerdings die Strafbarkeit einer **Einschränkung** durch Gesetz oder Auslegung bedarf, wird zwar überwiegend verneint, ist aber unter verschiedenen Gesichtspunkten umstritten (vgl. etwa Engisch FS Dreher, 1977, 309 (318); v. Dellingshausen, Sterbehilfe und Grenzen der Lebenserhaltungspflicht des Arztes, 1981, S. 489; Kaufmann MedR 1983, 121; Dölling GA 1984, 71 (85); Kutzer MDR 1985, 710 (715); Weigend ZStW 98 (1986), 44 (66); Herzberg NJW 1986, 1635 (1643); NJW 1996, 3043; Hoerster NJW 1986, 1786; ZRP 1988, 1; Jakobs FS Kaufmann, 1993, 459; Jakobs, Tötung auf Verlangen, Euthanasie und Strafrechtssystem, 1998, S. 25; krit. Roxin FS Jakobs, 2007, 571 (574); Krack KJ 1995, 60 (73); Lampe, Strafphilosophie, 1999, S. 233; Dreier JZ 2007, 317 (319); speziell zur „tötenden" Organentnahme von „lebenden Hirntoten" Rixen, Lebensschutz am Lebensende, 1999, S. 370; Tröndle FS Hirsch, 1999, 779 (788); Wolf in Joerden, Der Mensch und seine Behandlung in der Medizin, 1999, S. 289, 304; Kubiciel, Die Wissenschaft des besonderen Teils des Strafrechts, 2013, S. 219). Häufiger wird dagegen die Eröffnung einer gesetzlichen Möglichkeit befürwortet, in extremen Konfliktsfällen direkter Euthanasie (→ Vor § 211 Rn. 7) von Strafe abzusehen (so zB § 216 II AE (SterbeH); Beschlüsse der strafrechtlichen Abteilung des 56. DJT, Sitzungsbericht M, S. 193; Wilms/Jäger ZRP 1988, 41 (46); Schreiber in Peukert/Fritsche/Bottke/Schreiber/Huber, Lebensverlängerung aus medizinischer, ethischer und rechtlicher Sicht, 1995, S. 144; krit. Hirsch FS Lackner, 1987, 597 (618); Tröndle ZStW 99 (1987), 25 (41); Lüderssen JZ 2006, 689 (695) mit Gesetzesvorschlag; für eine rechtliche Neuordnung des § 216 Wolfslast FS Schreiber, 2005, 913; Czerner, Das Euthanasie-Tabu, 2004, S. 11 mit Gesetzesvorschlag); einen neuen Abs. 3, der die indirekte und die passive Sterbehilfe „legalisiert", enthält der Bericht einer ua vom BMJ eingesetzten Arbeitsgruppe „Patientenautonomie am Lebensende" v. 10.6.2004 (www.bmj.bund.de); auch der 66. DJT führt die Reformdiskussion weiter (→ Vor § 211 Rn. 6) und hat sich gegen eine partielle Liberalisierung ausgesprochen (Abteilung Strafrecht V 1), ebenso der AE-Leben: uneingeschränkte Beibehaltung (Schöch/Verrel GA 2005, 582 (584)); gegen eine Änderung des § 216 für Tötungen zur „Leidbeseitigung" Otto NJW 2006, 2217 (2222); zusf. Roxin in Roxin/

Schroth MedStrafR S. 111; auch zu Strafbarkeitseinschränkungen und abweichenden Gesetzesvorschlägen, Roxin in Roxin/Schroth MedStrafR S. 112, 116, der selbst für die uneingeschränkte Beibehaltung der Vorschrift plädiert; zur internationalen Reformdiskussion Schubarth SchwZStr R 2009, 3 (9), beide auch zum sog. assistierten Suizid (→ Vor § 211 Rn. 9). Rechtsgeschichtlich Große-Vehne, Tötung auf Verlangen (§ 216 StGB), 2005 mit Bespr. Neumann GA 2006, 605; aus portugiesischer Sicht Godinho GA 2015, 338, für Lockerung des Tötungsverbots in extremen Ausnahmefällen. Der 6. Strafsenat des BGH neigt in einem abiter dictu der Auffassung zu, dass die vom BVerfG zu § 217 entwickelten Grundsätze über ein selbstbestimmtes Sterben auf § 216 zu übertragen sind (BGH 28.6.2022 – 6 StR 68/21).

2. a) Verlangen ist mehr als Einwilligung (RGSt 68, 306; aM Steinhilber JA 2010, 430); seiner Beachtlichkeit steht die Bewußtlosigkeit des Verlangenden im Zeitpunkt der Tötung nicht entgegen, sofern nicht Anzeichen für einen mutmaßlichen Widerruf des Verlangens vorhanden sind (Mitsch JuS 1996, 309 (310); → Vor § 211 Rn. 15). **Ausdrücklich** heißt in eindeutiger, nicht misszuverstehender Weise, sei es auch nur mit Bedingungen oder in Form einer Frage (BGH NJW 1987, 1092 mAnm Kühl JR 1988, 338) oder durch zweifelsfrei deutbare Gesten. **Ernstlich** schließt unüberlegte Äußerungen aus und macht auch das Verlangen nicht frei verantwortlich Handelnder unbeachtlich (BGHSt 50, 80 = NJW 2005, 1876; BGH NJW 1981, 932; eing. Meyer, Ausschluss der Autonomie durch Irrtum, 1984, S. 223 mit krit. Bespr. Küper JZ 1986, 219 (227); Mitsch JuS 1996, 309 (313); Kühl Jura 2010, 81 (85); Neumann/Saliger in NK-StGB Rn. 14); selbst wenn das Verlangen frei von Willensmängeln ist, fehlt ihm die Ernstlichkeit, wenn es in einer depressiven Augenblicksstimmung geäußert wurde; jedenfalls dann, wenn es nicht von innerer Festigkeit getragen war (vgl. BGH NStZ 2011, 340 mit Bespr. Wasserburg NStZ 2013, 154; BGH NStZ 2012, 85 (86) mit Bespr. Hecker JuS 2012, 365; Kraatz NStZ-RR 2013, 33; LG Augsburg ZfL 2015, 24; vgl. auch Eisele StrafR BT I Rn. 213; Murmann GK StrafR § 21 Rn. 84; Pawlik FS Wolter, 2013, 627 (641), verlangt eine „sachgemäße“ Reaktion auf den Leidenszustand des Sterbewilligen; zusf. Bock StrafR BT-Nichtvermögensdelikte Fall 1, S. 45). Das Verlangen muss den Täter in dem Sinne zur Tat bestimmt haben, dass es als entscheidender **Tatantrieb** gewirkt hat; das Motiv muss „handlungsleitend“ gewesen sein (hM; vgl. etwa BGHSt 50, 80 (91) = NJW 2005, 1876, als „wortlautkonforme“ Auslegung vom BVerfG NJW 2009, 1061 (1062) nicht beanstandet; mit zust. Bespr. Schiemann NJW 2005, 2350 (2351); iE zust. auch Kubiciel JA 2005, 736; Otto JZ 2005, 799 (800); Bechtel JuS 2016, 882 (886); krit. aber Kudlich JR 2005, 342; Geppert JK StGB § 211 Rn. 46b; Mitsch ZIS 2007, 197 (198); Scheinfeld GA 2007, 695 (698); zusf. Steinhilber JA 2010, 430 (431)); mitwirkende Nebenmotive (auch Bereicherungsabsicht) sind daher unschädlich (einschr. Bernsmann JZ 1983, 45 (52); BGH NStZ-RR 2018, 172 mAnm Hinz JR 2018, 585; Stam JZ 2018, 1055). Die Motivierung durch das Verlangen ist **besonderes persönliches Merkmal** nach § 28 II (Hassemer, Delictum sui generis, 1974, S. 60; Mitsch JuS 1996, 309 (312); Sinn in SK-StGB Rn. 16; Eser/Sternberg-Lieben in Schönke/Schröder Rn. 18; diff. Schünemann Jura 1980, 568 (579); für Anwendung von § 29 Hoyer in SK-StGB § 28 Rn. 42; aM Otto StrafR BT § 6 Rn. 73; Neumann/Saliger in NK-StGB Rn. 20; krit. zur Rspr., die eigentlich § 28 I anwenden müsste, Engländer FS Krey, 2010, 71 (73), der selbst für die Anwendung von § 28 II plädiert, weil das Vorliegen des Merkmals keine notwendige Bedingung 2 für die Straftatbestandsmäßigkeit des Rechtsguts Leben darstellt; zusf. Steinhilber JA 2010, 430 (432)). Zusammenfassend zum objektiven Tatbestand Kühl Jura 2010, 81 (84), zur Akzessorietätslockerung 86. Vertiefend zur Einwilligungssperre des § 216 Krell medstra 2017, 3; medstra 2017, 90).

3 **b)** aa) Die **Rspr.** fordert für die (durch positives Tun begangene) Tathandlung, dass sie **täterschaftliche Tötung eines anderen ist** (Fremdtötung). Das nimmt sie auch bei sog. „Quasi-Mittäterschaft" an (dagegen zu Recht Hoyer in SK-StGB Anh. zu § 16 Rn. 49). Dabei stellt sie – wohl zu Unrecht – auf die bloße Mitbeherrschung des unmittelbar zur Tötung führenden Gesamtgeschehens durch den Täter ab (BGHSt 19, 135 = NJW 1965, 699 mit abl. Bespr. Dreher MDR 1964, 335; GA 1986, 508; BGH NStZ 2012, 28; OLG München NJW 1987, 2940 mit abl. Bespr. Kutzer NStZ 1994, 110; für bloße Selbstgefährdung abw. BGH NStZ 1984, 452; BayObLG JZ 1989, 1073) und bejaht deshalb – insoweit mit Recht – dessen volle Tatherrschaft über positive Eingriffe nach Eintritt der Bewußtlosigkeit des Opfers (BGH NJW 1987, 1092; zust. Herzberg JuS 1988, 771; BGH NStZ 1989, 559; aM Roxin NStZ 1987, 345; Hohmann/König NStZ 1989, 304; zweifelnd Kühl JR 1988, 338; vgl. auch Jakobs FS Kaufmann, 1993, 459 (467); Schroeder ZStW 106 (1994), 565 (570, 575)). In der **Strafrechtswissenschaft** besteht inzwischen Einigkeit, dass jedenfalls die nach § 25 II vorgesehene wechselseitige Zurechnung der Tatbeiträge (→ § 25 Rn. 9) nicht zulässig ist (Herzberg JuS 1988, 771 (774); JuS 1988, 560; nach Dencker, Kausalität und Gesamttat, 1996, S. 246, fehlt es schon an einer gemeinschaftlich zu begehenden „Gesamttat"). Deshalb rechtfertigt der Fall gleichwertigen Zusammenwirkens von Täter und Opfer eine selbständige, von den allgemeinen Regeln losgelöste Beurteilung auf Grund der hier vorliegenden besonderen Interessenlage. Vorzugswürdig ist insoweit die Meinung, nach der die volle Herrschaft des Suizidenten über den unmittelbar lebensbeendenden Akt eine frei verantwortliche Selbsttötung begründet und der Annahme einer täterschaftlichen Fremdtötung entgegensteht (Engländer Jura 2004, 234 (235); Kühl Jura 2010, 81 (83); Neumann JA 1987, 244 (249); Neumann/Saliger in NK-StGB Vor § 211 Rn. 48; sowie Neumann/Saliger in NK-StGB § 216 Rn. 5; dazu Ziethen ZIS 2007, 371; Heghmanns StrafR BT Rn. 255; Rengier StrafR BT II § 8 Rn. 8; Roxin NStZ 1987, 345 (347); Roxin FS GA, 1993, 177; Schünemann in Schünemann/Pfeiffer, Die Rechtsprobleme von AIDS, 1988, S. 373, 477; Zaczyk, Strafrechtliches Unrecht und die Selbstverantwortung des Verletzten, 1993, S. 40; Bechtel JuS 2016, 882 (883); iE auch Hugger JuS 1990, 972 (977); Murmann GK StrafR § 23 Rn. 97, 99 mit dem Kriterium der rechtlich missbilligten Gefahrschaffung; ähnlich Otto FS Tröndle, 1989, 157, der „Quasi-Mittäterschaft" für unzureichend hält und darauf abstellt, ob der Täter durch seine letzte positive Handlung unmittelbar über das Leben des Suizidenten verfügt; im Ansatz abw. Jakobs FS Schewe, 1991, 72, der die Zurechnung nach den Organisationskreisen von Täter und Opfer bestimmt; alle Vorschläge der Lit. haben nach Fischer Rn. 4b nicht zu allg. überzeugenden Abgrenzungskriterien geführt; zusf. Roxin GA 2013, 313 (318)). Mit § 25 I nicht vereinbar ist dagegen der Vorschlag von Hohmann/König NStZ 1989, 304, den Zurechnungsausschluss für mitwirkende Dritte allgemein, also nicht nur im Bereich der „Quasi-Mittäterschaft", von einem aus der Eigenverantwortlichkeit abgeleiteten affirmativen Element, das eine Monopolisierung der Zuständigkeit aufseiten des Suizidentschlossenen bewirke, abhängig zu machen (mit Recht abl. Herzberg NStZ 1989, 559). Nach allem genügt es jedenfalls nicht, wenn der Getötete dem Tatplan zufolge auch nach der letzten Handlung des Partners noch die freie Entscheidung

über sein Leben behalten hat (hM; vgl. etwa Geilen Jura 1979, 201 (202); Dölling GA 1984, 71 (78); Eser MedR 1985, 6 (8); Jakobs StrafR AT Abschn. 21 Rn. 58a; Eisele StrafR BT I Rn. 179; Rengier StrafR BT II § 8 Rn. 10; aM Herzberg JA 1985, 131 (136); NJW 1986, 1635 (1641); Rissing-van Saan in LK-StGB, Rn. 12–15); ob allerdings diese Begründung der hM auch für den in BGHSt 19, 135 = NJW 1965, 699 entschiedenen einseitig fehlgeschlagenen Doppelselbstmord tragfähig ist, erscheint zweifelhaft (krit. Otto FS Tröndle, 1989, 157 (164); Kühl Jura 2010, 81 (82); nach Schroeder ZStW 106 (1994), 565 (569) liegt keine von § 216 erfasste Abschiebung des Vollzugs der Tötung auf einen anderen vor, wenn es nur von zufälligen technischen Gegebenheiten (zB Sitzen auf dem Fahrersitz) abhängt, wer die zur Tötung führenden Kräfte (zB durch Treten des Gaspedals) auslöst).

bb) Wer sich – sei es auch als Garant (→ § 13 Rn. 6–15) – nur bestimmen lässt, eine frei verantwortliche Selbsttötung **geschehen** zu lassen, ist idR straflos (→ Vor § 211 Rn. 9–16; Steinhilber JA 2010, 430 (432); Roxin GA 2013, 313 (314); Wessels/Hettinger/Engländer StrafR BT I Rn. 161; Rissing-van Saan in LK-StGB, Rn. 9; Fischer Rn. 6; ebenso Rengier StrafR BT II § 7 Rn. 9, der die Garantenhandlungspflicht für aufgehoben hält); die Einwilligungssperre des § 216 gilt nur für die aktive Fremdtötung (Chatzikostas, Die Disponibilität des Rechtsguts Leben, 2001, S. 290; Stratenwerth FS Amelung, 2009, 355 (358); Küpper/Börner StrafR BT I Kap. I § 1 Rn. 62; Kindhäuser/Hilgendorf in LPK-StGB Rn. 6; Neumann/Saliger in NK-StGB Rn. 9; Eser/Sternberg-Lieben in Schönke/Schröder, Rn. 10; aM Merkel, Früheuthanasie, 2001, S. 242; diff. Sinn in SK-StGB Rn. 17; zw.). 4

3. Der **Vorsatz** (bedingter genügt) muss auch das ausdrückliche und ernstliche Verlangen umfassen, weil es als solches schon zum Tatbestand gehört (hM; zB Sinn in SK-StGB Rn. 3) und lediglich darüber hinaus motivierend wirken muss (→ Rn. 2). Fehlt diese Vorstellung, so sind die §§ 211, 212 anwendbar; nimmt umgekehrt der Täter ein solches Verlangen irrig an, so begründet § 16 II (→ § 16 Rn. 6) die Anwendung des § 216 (BGH NStZ 2012, 85 (86) mit Bespr. Hecker JuS 2012, 365; Mitsch JuS 1996, 309 (311); Kühl Jura 2010, 81 (85, 86); Steinhilber JA 2010, 430 (432); Gierhake GA 2012, 302; Rössner/Wenkel in HK-StrafR Rn. 11; Rissing-van Saan in LK-StGB, Rn. 18; Neumann/Saliger in NK-StGB Rn. 18; str.). 5

4. Zulässige Sterbehilfe schließt je nach den Umständen schon den Tatbestand oder jedenfalls die Rechtswidrigkeit aus (→ Vor § 211 Rn. 6–8). Wird eine Intensivbehandlung gegen den Willen des Patienten (widerrechtlich) fortgesetzt, so bilden Eingriffe Dritter, die den Behandlungsabbruch zu Gunsten des Patienten erzwingen (zB Abschalten des Reanimators; zur Frage, ob Tun oder Unterlassen vorliegt, → Vor § 211 Rn. 8a) keine rechtswidrige Tat; teils wird schon die Tatbestandsmäßigkeit solchen Verhaltens verneint (so Roxin NStZ 1987, 345 (348); Tröndle FS Göppinger, 1990, 595 (606); Stoffers MDR 1992, 621 (629); Mitsch JuS 1996, 309 (311); Herzberg NJW 1996, 3043 (3049) Fn. 32; Jakobs StrafR AT Abschn. 7 Rn. 64; sa Pawlik in Becker/Roth, Recht der Älteren, 2013, S. 149), jedenfalls ist die Tat aber als Herstellung des vom Recht geforderten Zustandes gerechtfertigt (LG Ravensburg NStZ 1987, 229; Herzberg JZ 1988, 182 (187); Otto JK StGB § 216 Rn. 2; vgl. auch Schneider, Tun und Unterlassen beim Abbruch lebenserhaltender medizinischer Behandlung, 1997, S. 242, der § 34 heranzieht; ebenso Eisele StrafR BT I Rn. 162). Hierher gehört nach neuester Rspr. auch der Behandlungsabbruch durch aktives Tun (BGHSt 55, 191 = NJW 2010, 2963; → Vor § 211 Rn. 8a mit Bedenken). 6

7 **5.** Beim **Tötungsversuch** ist die Beteiligung des Opfers schon deshalb straflos, weil sie notwendige Teilnahme ist (→ Vor § 25 Rn. 12) und auch dann keine Strafbarkeit begründet, wenn sie das erforderliche Maß der Mitwirkung überschreitet (Wolter JuS 1982, 343 (345); Steinhilber JA 2010, 430 (432); iE ebenso Mitsch JuS 1996, 303 (312); Neumann/Saliger in NK-StGB Rn. 21). Beim **Rücktritt** vom Versuch ist eine etwa vollendete Körperverletzung (→ § 24 Rn. 23) nur nach §§ 223, 224, nicht nach § 226 strafbar (Sperrwirkung des milderen Gesetzes, Hirsch ZStW 81 (1969), 917 (931); Küpper GS Meurer, 2002, 123 (126); Kühl Jura 2010, 81 (86); Gerhold JuS 2010, 113, analoge Anwendung des § 216-Strafrahmens auf §§ 224, 226; Zieschang StrafR AT Rn. 532–534; Neumann/Saliger in NK-StGB Rn. 24, 25; Jäger JuS 2000, 31 (37), der aber für §§ 223, 224 einen minderschweren Fall annehmen will; zust. Wallschläger JA 2002, 390 (394); Hellmann in Krey/Hellmann/Heinrich StrafR BT I Rn. 243, der aber nur § 223 anwenden will; aM Jakobs, Die Konkurrenz von Tötungsdelikten mit Körperverletzungsdelikten, 1967, S. 134; zusf. Steinhilber JA 2010, 430 (433)).

§ 217 *Geschäftsmäßige Förderung der Selbsttötung*

(1) Wer in der Absicht, die Selbsttötung eines anderen zu fördern, diesem hierzu geschäftsmäßig die Gelegenheit gewährt, verschafft oder vermittelt, wird mit Freiheitsstrafe bis zu drei Jahren oder mit Geldstrafe bestraft.

(2) Als Teilnehmer bleibt straffrei, wer selbst nicht geschäftsmäßig handelt und entweder Angehöriger des in Absatz 1 genannten anderen ist oder diesem nahesteht.

§ 217 ist mit Urteil vom 26.2.2020 durch das BVerfG (BverfGE 153, 182 = NJW 2020, 905) für verfassungswidrig und nichtig erklärt worden.

Vorbemerkung zu den §§ 218–219b

1 **I. 1.** Die **erste Phase** der von Anfang an umstrittenen **Reformbestrebungen** zur Ablösung des früher geltenden allgemeinen Abtreibungsverbots durch eine differenziertere Regelung des sog. Schwangerschaftsabbruchs war im Jahre 1976 mit der Verkündung des **15. StÄG** (→ Vor § 1 Rn. 7) zu einem vorläufigen Abschluss gekommen (Übersichtsbeiträge: Laufhütte/Wilkitzki JZ 1976, 329; Müller-Emmert DRiZ 1976, 164; Lackner NJW 1976, 1233; Jung JuS 1976, 476; Beulke FamRZ 1976, 596; sa Muth, Die Diskussion über eine Reform des strafrechtlichen Abtreibungsverbots in der Bundesrepublik Deutschland bis zum 15. Strafrechtsänderungsgesetz v. 18.5.1976, 1994).

2 **a)** Zunächst hatte das **5. StrRG** (→ Vor § 1 Rn. 7) in Abkehr von den Vorschlägen des Regierungsentwurfs eines 5. StrRG (BT-Drs. VI/3434) eine **Fristenregelung** eingeführt, die den §§ 105–107 AE (PersStR) nachgebildet war und den Schwangerschaftsabbruch durch einen Arzt innerhalb der ersten drei Monate seit Empfängnis zulassen wollte, wenn nur zuvor eine Beratung der Schwangeren stattgefunden hatte (Ebert in Pauly, Wendepunkte, 2009, S. 186, 189). Die Fristenregelung konnte jedoch nicht in Kraft treten, weil das BVerfG durch Urteil v. 25.2.1975 (BVerfGE 39, 1 = NJW 1975, 573) den ihr zugrundeliegenden § 218a im Kern für **verfassungswidrig** erklärt hat.

b) Um der durch das Urteil entstandenen Lage Rechnung zu tragen, hat das **15. StÄG** eine **Indikationenlösung** eingeführt, die zwar an dem grundsätzlichen Verbot des Schwangerschaftsabbruchs festgehalten, aber die damals schon jahrelang in der Diskussion befindlichen Indikationen bis hin zur sozialen Indikation anerkannt hat. Die Neuregelung ist aber von Anfang an Gegenstand polarisierter Auseinandersetzungen geblieben und hat dazu geführt, dass sich zahlreiche, zT extrem gegensätzliche Meinungsfronten gebildet haben, die entweder eine weitere Freigabe des Schwangerschaftsabbruchs anstrebten oder unter Berufung auf die Vorgaben des BVerfG eine effektivere Gesamtregelung einforderten. Trotz aller oder vielleicht gerade wegen der bestehenden Meinungsgegensätze haben bis zum Beitritt der DDR alle Versuche, eine Änderung des geltenden Rechts oder auch nur der Abtreibungspraxis zu erreichen, nicht zum Ziel geführt. 3

c) In dieser ersten Phase der Reformbestrebungen ist ein unübersehbar kontroverses **Schrifttum** entstanden, das infolge der inzwischen weiter fortgeschrittenen Entwicklung entweder nicht mehr aktuell ist oder im späteren Schrifttum, was die Argumentation zur Sache betrifft, mehr oder weniger unverändert wiederkehrt. 4

II. Das **Wirksamwerden des Beitritts der DDR** (Art. 1 I EV) hat gesetzgeberisch **eine neue Lage geschaffen:** Im Beitrittsgebiet waren, weil zwischen den Vertragsparteien keine Einigung erzielt werden konnte, die §§ 153–155 StGB/DDR iVm Vorschriften des DDR-Gesetzes über die Unterbrechung der Schwangerschaft (mit DurchfBest) vorläufig in Geltung geblieben. Zugleich hat Art. 31 IV EV dem **gesamtdeutschen Gesetzgeber** die Aufgabe gestellt, eine Regelung zu treffen, die den Schutz des vorgeburtlichen Lebens besser gewährleistet, als das „in den beiden Teilen Deutschlands derzeit der Fall“ sei; daneben standen aber auch die quantitativ positiven Erfahrungen in der DDR, in der es trotz einer uneingeschränkten Frsitenlösung vergleichsweise wenige Schwangerschaftaabrüche gegeben hat (zur Debatte anch der Wiedervereinigung Lembke RuP Beiheft 8 (2021), 58). Damit wurde die **zweite Phase der Reformbestrebungen** eingeleitet. 5

1. Weder die BReg noch der BR haben zur Erfüllung dieses Auftrages eigene Entwürfe vorgelegt. Vielmehr wurden aus der Mitte des Bundestages zunächst sechs Entwürfe eingebracht, die das ganze Spektrum der tiefgreifenden Meinungsverschiedenheiten widerspiegelten und von völliger Abschaffung des Strafschutzes, verbunden mit einem Rechtsanspruch auf Schwangerschaftsabbruch, bis hin zu einer erheblichen Verschärfung des in den alten Bundesländern geltenden Rechts reichten. Als sich in den Beratungen des BT-Sonderausschusses herausstellte, dass für keinen der eingebrachten Entwürfe die erforderliche Mehrheit erreichbar war, wurde auf Grund fraktionsübergreifender Verhandlungen der sog. Gruppenantrag von Wettig-Danielmeier ua als Entwurf eines **Schwangeren- und Familienhilfegesetzes (SFHG)** eingebracht (BT-Drs. 12/2605 (neu)). Er fand im BT die erforderliche Mehrheit (SBer 12, Nr. 8223–8456) und wurde nach Zustimmung des Bundesrates (BR-Drs. 451/91, Beschluss) am 4.8.1992 verkündet (BGBl. I 1398). In seinem strafrechtlichen Teil hat das SFHG vor allem die §§ 218–219d durch die neuen §§ 218–219b ersetzt (Art. 13 Nr. 1). 6

2. Das **SFHG** ist dadurch **gekennzeichnet,** dass es eine **Fristenregelung mit Beratungspflicht** vorgesehen (§ 218a I StGB aF) und für die Zeit nach Ablauf der Frist weitgehend die Regelungen des früher geltenden Rechts (medizinische Indikation; embryopathische Indikation; Feststellungsverfahren) übernommen (§§ 218a II, III, 218b StGB aF), die flankierenden Maßnahmen verstärkt (Art. 1–12 SFHG) 7 und den Schwangerschaftsabbruch mit der Folge seiner Einbeziehung in die Krankenversicherung (§ 24b SGB V) für nicht rechtswidrig erklärt hat, wenn er im Rahmen der gesetzlichen Voraussetzungen vorgenommen wurde (§ 218a I–III). Der Inhalt der Beratung sollte nicht nur ergebnis-, sondern auch zieloffen sein. Danach war der Berater nicht verpflichtet, die Schwangere zur Fortsetzung der Schwangerschaft zu ermutigen; § 219 I StGB aF forderte nur, der Schwangeren zur Bewältigung des Schwangerschaftskonflikts Rat und Hilfe zu gewähren und sie in die Lage zu versetzen, eine verantwortungsbewusste eigene Gewissensentscheidung zu treffen. – Mit dieser Lösung hat das Gesetz – übereinstimmend mit der gefestigten verfassungsgerichtlichen Rspr. – immerhin ein uneingeschränktes Lebensrecht der Ungeborenen anerkannt und damit weitergehenden Bestrebungen, schon dieses Recht zu verneinen oder zu mindern, eine Absage erteilt (anders im Anschluss an den Ethiker Peter Singer namentlich Hoerster, Abtreibung im säkularen Staat, 1991; Hoerster JuS 1991, 190; NJW 1991, 2540; ZRP 1991, 398; ARSP 91, 385; JZ 1991, 1128; GA 1993, 364; JR 1995, 51; MedR 1995, 394 mit Erwiderung Hilgendorf MedR 1995, 396; Papageorgiou ARSP 1992, 108; Lübbe KritV 1993, 313; ähnlich auch Kindl, Philosophische Bewertungsmöglichkeiten der Abtreibung, 1996, S. 101, 158 mit abl. Bespr. Heuermann MedR 1997, 247; Wetz ARSP 1997, 555; ausdrücklich gegen Hoerster Schroeder JuS 1991, 362; Stürner JZ 1991, 505; Hruschka JZ 1991, 507; Tröndle NJW 1991, 2542; GA 1995, 249; Pöltner LebSchrR Nr. 8, S. 7; Leist ARSP 1992, 94; Joerden JZ 1992, 456; Spaemann in Thomas, Menschlichkeit in der Medizin, 1993, S. 261; Lohner, Rechtfertigung der Abtreibung. Eine Auseinandersetzung mit Peter Singer und Norbert Hoerster, 1993; Kluth in Thomas/Kluth, Das zumutbare Kind, 1993, S. 99; Viefhues GA 1993, 359; Weiß JR 1995, 53; Ferber ARSP 1995, 149; sa Müller, Tötung auf Verlangen – Wohltat oder Untat?, 1997 mit Bespr. Thomas ZfL 1999, 23). Davon abgesehen hat das Gesetz aber den Meinungsstreit nicht beenden können. Schon unmittelbar nach seiner Verkündung hat das BVerfG durch einstweilige Anordnung bestimmt, dass die strafrechtlichen Vorschriften des SFHG einstweilen nicht in Kraft treten.

8 **3.** Im Zusammenhang mit dem Gesetzgebungsverfahren und der Verkündung des SFHG ist wiederum ein umfangreiches kontroverses **Schrifttum** entstanden, in dem teils die vorliegenden Entwürfe unterstützt oder kritisiert, teils aber auch selbständige Lösungsmodelle unterbreitet wurden. Das ganze Ausmaß der Meinungsverschiedenheiten zeigte sich namentlich im Anhörungsverfahren des Bundestages, in dem die widerstreitenden Gutachten der strafrechtlichen Sachverständigen vorgetragen wurden (dokumentiert bei Baumann, § 218 StGB im vereinten Deutschland, 1992). Für das in diesem vorbereitenden Stadium entstandene Schrifttum gilt das oben unter → Rn. 4 Gesagte sinngemäß. Entsprechend kontrovers waren die Stellungnahmen zum Gesetz selbst (zust. ua Eser NJW 1992, 2913; abl. Büchner, Lebensrecht unter Gewissensvorbehalt, 1992; Beckmann MDR 1992, 1093; Rauscher KuG Nr. 194 S. 3; krit. Schroeder ZRP 1992, 409 mit Erwiderung Rahardt-Vahldieck ZRP 1993, 41). Das setzte sich fort in zahlreichen Äußerungen zum Normenkontrollverfahren, die zT als Gutachten in das Verfahren eingeführt worden sind (expl. Kriele, Die nichttherapeutische Abtreibung vor dem Grundgesetz, 1992; Langer JR 1993, 1; Denninger/Hassemer KritV 1993, 78; Eser, Schwangerschaftsabbruch: Auf dem verfassungsgerichtlichen Prüfstand, 1994; Stürner, Der straffreie Schwangerschaftsabbruch in der Gesamtrechtsordnung, 1994).

4. Das **BVerfG** hat durch Urteil v. 28.5.1993 (BVerfGE 88, 203 = NJW 1993, 1751) neben anderen das Strafrecht nicht berührenden Vorschriften die §§ 218a I, 219 für nichtig erklärt und sie für die Zeit bis zum Inkrafttreten einer gesetzlichen Neuregelung durch eine vorläufige AO nach § 35 BVerfGG ersetzt (zur verfassungsrechtlichen Problematik der AO Eser KritV-Sonderheft 1/1993, 138; Geiger/v. Lampe Jura 1994, 20 (29); Weiß JR 1994, 315 (316); Lerche FS Gitter, 1995, 509). In der Begründung hat es weitgehend die Grundsätze seines vorausgegangenen Urteils (BVerfGE 39, 1 = NJW 1975, 573) bestätigt (vgl. namentlich die Leitsätze zu dem Urteil 1–5, 7, 8), darüber hinaus aber die Möglichkeit eines Beratungskonzepts, das im Kern eine Fristenregelung mit Beratungspflicht ist, mit der Einschränkung eingeräumt, dass der beratene Schwangerschaftsabbruch ohne Feststellung einer anerkannten Indikation nicht für rechtmäßig erklärt werden darf und dass die Rahmenbedingungen für eine solche Regelung auf einen höchstmöglichen Schutz des ungeborenen Lebens angelegt sein müssen (vgl. namentlich die Leitsätze 6, 10–12, 15). Diesen Anforderungen werde das SFHG nicht gerecht, weil § 218a I auch den indikationslosen Schwangerschaftsabbruch für rechtens erkläre (BVerfGE 88, 203 (299) = NJW 1993, 1751) und § 219 eine nicht nur ergebnis-, sondern auch zieloffene Beratung vorsehe (BVerfGE 88, 203 (301) = NJW 1993, 1751). Das Urteil beanstandet ferner ua, dass nach dem SFHG weder der abbrechende Arzt noch das familiäre und weitere soziale Umfeld der Schwangeren in das Schutzkonzept einbezogen sei, und fordert insoweit (strafrechtspolitisch problematische) Strafdrohungen, die verantwortungslosem Handeln des Arztes und verwerflichem Druck auf die Schwangere zur Abtreibung entgegenwirken sollen (vgl. die Leitsätze 9, 13). 9

5. a) Die Resonanz auf das **Urteil des BVerfG** (→ Rn. 9) war kontrovers. Eine starke Meinungsgruppe, namentlich viele Anhänger der Fristenregelung des SFHG, haben dem Gericht vorgeworfen, es sei mit seinem Schutzkonzept auf halbem Wege stehengeblieben und habe eine von Grund auf widersprüchliche Lösung angeboten (expl. KritV-Sonderheft 1/1993 mit abl. Beiträgen von Denninger, Eser, Frommel, Hassemer, Schlink/Bernsmann; Frommel KJ 1993, 324; KJ 1993, 471; Gropp GA 1994, 147; Gropp/Wörner in MüKoStGB Rn. 3–12; Hassemer FS Mahrenholz, 1994, 561 (607, 731); Kayßer in IKW Zustand StrafR S. 143; Kayßer, Abtreibung und die Grenzen des Strafrechts, 1997 mit Bespr. Wohlers GA 1999, 504; Freudiger, Selbstbestimmung der Frau und Verfassung, 1995; Lamprecht NJW 1994, 3272; Merkel, Forschungsobjekt Embryo, 2002, S. 64; Merkel in NK-StGB Rn. 11–22; aus verfassungsrechtlicher Sicht Dreier JZ 2007, 267). Die Gegner jeglicher durch die Letztentscheidung der Schwangeren gekennzeichneten Fristenregelung sehen in dem Urteil die Durchbrechung der bis dahin jedenfalls verbal noch aufrechterhaltenen verfassungsrechtlichen Schranke, die es ausschließt, die Entscheidung über Leben und Tod des Ungeborenen unüberprüfbar in die Hand der Schwangeren zu legen; außerdem halten sie das Schutzkonzept für aussichtslos und – hier treffen sich die Argumente gegensätzlicher Positionen – schon wegen der unvertretbar widersprüchlichen Bestimmung seiner Grenzen für unannehmbar (expl. Geiger/v. Lampe Jura 1994, 20; Tröndle MedR 1994, 356; Hofmann FS Sutor, 1995, 333; Hettinger, Entwicklungen im Strafrecht und Strafverfahrensrecht der Gegenwart, 1997, S. 17; Wessels/Hettinger/Engländer StrafR BT I Rn. 236, widersprüchlich und dogmatisch nicht nachvollziehbar). Dazwischen steht eine Meinungsgruppe, die Zustimmung mit mehr oder weniger weitreichender Einzelkritik ausdrückt (expl. die Beiträge von Ossenbühl und Steiner in KritV- 10

Sonderheft 1/1993; die Beiträge von Steiner, Lerche, Keller, Günther in Reiter/Keller, Paragraph 218: Urteil und Urteilsbildung, 1993; die Beiträge von Lerche, Steiner, Graßhof und Friauf in Thomas/Kluth, Urteil und Urteilsbildung, 1993; Rüfner ZfL 1993, 21; Starck JZ 1993, 816; Stürner, Der straffreie Schwangerschaftsabbruch in der Gesamtrechtsordnung – Rechtsgutachten für das BVerfG mit seiner Vorgeschichte und einer Stellungnahme zur Entscheidung, 1994, S. 19; Dreier DÖV 1995, 1036; Breuer in Ipsen/Rengeling/Mössner, Verfassungsrecht im Wandel, 1995, S. 25).

11 **b)** Das **Urteil des BVerfG** ist als **Kompromiss zwischen mehreren, zT extrem divergierenden Positionen** zu verstehen. Dass damit Widersprüche im Verhältnis zu sonst anerkannten allgemeinen Grundsätzen verbunden sind, ist unausweichlich und kann deshalb nicht schon aus diesem Grunde für die Ablehnung des Schutzkonzepts ausschlaggebend sein (str.; anders ua Philipp ZfL 1996, 50; Hoerster NJW 1997, 773; Tröndle FS Kaiser, 1998, 1387, nach denen die Widersprüche rechtsstaatswidrig oder mit dem Grundrechtsverständnis des BVerfG nicht vereinbar sind). Das Urteil ist vielmehr als **Angebot an alle Lager** zu verstehen, einen Teil ihrer jeweiligen Zielvorstellungen zu opfern, um zu einem zwar aus gegensätzlichen Gründen wenig befriedigenden, aber immerhin von einer breiten Mehrheit mitgetragenen Konsens zu kommen.

12 **c)** Für die Anhänger eines umfassenden Lebensschutzes ist allerdings der **Ausgangspunkt des Urteils problematisch.** Nach ihm soll die Einschätzung des Gesetzgebers, das Beratungskonzept biete eine reelle Chance für die Verbesserung des Lebensschutzes der Ungeborenen, vertretbar und deshalb verfassungsrechtlich hinnehmbar sein (BVerfGE 88, 203 (264) = NJW 1993, 1751). Dagegen ist eingewendet worden: Die Möglichkeiten und Wirkungen der schon im früheren Recht vorgeschriebenen Pflichtberatung sind bekannt. Danach könne eine zum Abbruch entschlossene Frau nur in seltenen Ausnahmefällen zur Fortsetzung der Schwangerschaft bewegt werden (vgl. dazu das unter → Rn. 30 nachgewiesene kriminologische Schrifttum). An diesem Befund werde auch die auf den Schutzzweck auszurichtende Beratung (BVerfGE 88, 203 (270, 282) = NJW 1993, 1751) und die staatliche Kontrolle der Beratungsstellen (BVerfGE 88, 203 (286) = NJW 1993, 1751), so wie sie das Urteil fordert, kaum Entscheidendes ändern. Die **seitherige Praxis** hat allerdings gezeigt, dass das Berutungskonzept weitgehend akzeptiert wird und die Zahl der jährlichen Abbrüche mit ca. 100.000 bei einer relativ geringen Dunkelziffer verglichen mit Zahlen zu Zeiten duetlich restriktiverer rechtlicher Rahmenbedingungen nicht übermäßig hoch ist.

13 **d)** Auch wenn das Beratungskonzept damit praktisch durchaus erfolgreich ist, soll hier auf einige damit verbundene **Abweichungen von allgemeinen Rechtsgrundsätzen** verwiesen werden:

14 aa) Unbefriedigend ist namentlich die **Stellung der Ärzte** (BVerfGE 88, 203 (289) = NJW 1993, 1751) geregelt. Einerseits räumt das Gesetz ihnen die Befugnis zur Vornahme formal rechtswidriger Schwangerschaftsabbrüche ein. Dabei erwartet es, dass sie sich in genügender Zahl an „ambulanten und stationären Einrichtungen zur Vornahme von Schwangerschaftsabbrüchen" beteiligen und verpflichtet zugleich die Länder, „ein ausreichendes Angebot" solcher Einrichtungen sicherzustellen (§ 13 SchKG). Andererseits sollen sie aber neben der Prüfung, ob die Voraussetzungen der Beratungsregelung erfüllt sind, selbst zugunsten des Lebens beraten und den Eingriff nur vornehmen, wenn sie ihn verantworten können. Legen sie

nun aber für sich selbst den Maßstab des BVerfG an, können sie Schwangerschaftsabbrüche nur verantworten, wenn nach ihrer Überzeugung eine anerkannte Indikation vorliegt (§ 218a II, III). Es ist offensichtlich, dass bei einer durchgängigen Verweigerung der Ärzte, einen nichtindizierten Schwangerschaftsabbruch vorzunehmen, das Beratungskonzept nicht umsetzbar wäre. Ihm ist unausweichlich die Zumutung an einen Teil der Ärzteschaft immanent, etwas zu tun und zu verantworten, was das BVerfG selbst als Unrecht eingestuft hat. Darin liegt eine Aufforderung zur Unrechtsteilnahme. Bei den begrenzten Möglichkeiten des Beratungskonzepts im Ganzen (→ Rn. 12) fällt es nicht leicht, darin eine Maßnahme zur Unrechtsminderung zu sehen (so Günther in Reiter/Keller, Paragraph 218: Urteil und Urteilsbildung, 1993, S. 217, 228) und deshalb den Widerspruch hinzunehmen, der sich in der Unrechtsbeteiligung ausdrückt (krit. auch Esser, Der Arzt im Abtreibungsstrafrecht, 1992; Laufs, Gante und Esser in Thomas/Kluth, Urteil und Urteilsbildung, 1993, S. 13, 53, 75; Hepp LebSchrR Nr. 10, S. 13; Wuermeling ZfL 1994, 35; Schmid-Tannwald LebSchrR Nr. 11, S. 43; Hillgruber ZfL 2000, 46; Büchner ZfL 1999, 2 (4), bemängelt, dass die gängigen Lehrbücher der Gynäkologie und Geburtshilfe nur spärliche Hinweise auf die Problematik der ärztlichen Verantwortung enthalten; allerdings ist auch die Ausbildung angehender Mediziner zur Vornahme von Abtreibungen wegen deren vielfacher formaler Rechtswidrigkeit unzureichend); an solche Widersprüche knüpft die Kritik von Kluth an (Kluth ZfL 1999, 35). Das widersprüchliche Konzept hat auch Folgewirkungen im Zivilrecht, mit dessen Mitteln sich Ärzte gegen Handzettel wehren müssen, in denen ihr Handeln als „rechtswidrig" bezeichnet wird (BGH NJW 2003, 2011: gerichtliche Untersagung wegen „Prangerwirkung"; anders OLG Karlsruhe NJW 2003, 2029, nach geltender Rechtslage zutreffend; sa Wessels/Hettinger/Engländer StrafR BT I Rn. 236a „Verwerfungen" auch im Zivilrecht).

bb) Das Beratungskonzept soll es erfordern, **einen Teil der Unrechtsfolgen,** 15
die an sich nach allgemeinen Grundsätzen verwirkt wären (Nothilfe, Arztverträge, Lohnfortzahlung), **nicht eintreten zu lassen** (BVerfGE 88, 203 (279, 295, 322) = NJW 1993, 1751). Im Ergebnis wird allein die Einbeziehung rechtswidriger Schwangerschaftsabbrüche in das Krankenversicherungs- und das staatliche Beihilfesystem für verfassungswidrig erklärt. Wenn für diese Fokussierung der Unrechtsfolgen auf einen einzigen Punkt auch einige nachvollziehbare Gründe sprechen, so bedeutet das doch formal eine Privilegierung rechtswidriger Handlungen. Die Ausscheidung lediglich der Kostenerstattung für Nichtbedürftige führt in Verbindung mit der Regelhaftigkeit der Abläufe dazu, dass der Schwangerschaftsabbruch in der Mehrheit der Bevölkerung als normaler sozialer Vorgang verstanden wird. Dieser Faktor erscheint auch dadurch untermauert, dass fast drei Jahrzehnte nach der Einführung der heutigen Fristenlösung diese von der Bevölkerungsmehrheit letztlich als eine rechtlich gestützte Befugnis zu einem Schwangerschaftsabbruch verstanden wird (weshalb das Stigma als „rechstwidrig" wiederum als überholt bzw. verfehlt angesehen wird).

cc) Der Einbau des Beratungskonzepts in das **allgemeine Verbrechenssystem,** 16
so wie das BVerfG (BVerfGE 88, 203 (270) = NJW 1993, 1751) ihn vornimmt, ist nicht frei von dogmatischen Brüchen. Das Gericht geht davon aus, dass es verfassungsrechtlich zulässig und uU sogar geboten ist (Ls. 5), Schwangerschaftsabbrüche insoweit zu rechtfertigen, als im Einzelfall die Auferlegung der Pflicht zum Austragen des Kindes für die Schwangere unzumutbar ist. Neben der hergebrachten medizinischen bejaht es das auch für die embryopathische und die kriminologische Indikation (→ § 218a Rn. 14–20); darüber hinaus bezieht es auch solche Notlagen ein,

deren Umschreibung die Schwere des vorauszusetzenden Konflikts so deutlich erkennbar macht, dass unter dem Gesichtspunkt der Unzumutbarkeit die Kongruenz mit den anderen Indikationen gewahrt bleibt (BVerfGE 88, 203 (257) = NJW 1993, 1751). Damit bestätigt das Gericht die von der Rspr. (BGHSt 38, 144 (158) = NJW 1992, 763) und Teilen des Schrifttums (auch in diesem Erläuterungsbuch) vertretene sog. **Rechtfertigungsthese** (expl. Rogall in SK-StGB § 218a Rn. 15, 16). Allerdings lässt die Begründung jede Auseinandersetzung mit zahlreichen Gegenpositionen vermissen. Teils wurden die Indikationen nämlich dem sog. „rechtsfreien Raum" zugeschlagen (Schild JA 1978, 631 (635)) oder als „unverboten" charakterisiert (Kaufmann JZ 1992, 981; JZ 1992, 1173 mit Erwiderung Löwisch JZ 1992, 1172), teils im Rahmen einer von der hM abweichenden Straftatsystematik als bloße, für die Rechtmäßigkeit unerhebliche „Strafwürdigkeitsvoraussetzungen" (Sax JZ 1977, 326) oder „Strafunrechtsausschließungsgründe" (Günther, Strafrechtswidrigkeit und Strafunrechtsausschluss, 1983, S. 314; Günther in Reiter/Keller, Paragraph 218: Urteil und Urteilsbildung, 1993, S. 217) gedeutet und teils auch unter Ausschluss der klassischen vitalen Indikation den Schuldausschließungs- bzw. Entschuldigungsgründen (Tröndle MedR 1986, 32; ZRP 1989, 54 (58)) oder den objektiven Strafausschließungsgründen (Otto NStZ 1990, 178) zugeordnet. Im Vordergrund standen dabei Einwendungen, die in Übereinstimmung mit den allgemeinen Grundsätzen des Lebensschutzes den Vorzug von nichtvitalen Interessen der Schwangeren vor dem Lebensrecht des Ungeborenen für verfassungswidrig hielten (expl. Esser MedR 1983, 57; Reis, Das Lebensrecht des ungeborenen Kindes als Verfassungsproblem, 1984, S. 157; Bosch FamRZ 1984, 262; Belling, Ist die Rechtfertigungsthese zu § 218a StGB haltbar?, 1987; Laufs NJW 1987, 1449 (1451); Kluth GA 1988, 547; v. Hippel, Loewe und Lenzen in Voss/Voss/Hoffacker, Chancen für das ungeborene Leben, 1988, S. 69, 82, S. 127, 129, 229, 230). Schon dieser Streitstand lässt erkennen, dass die Frage erörterungsbedürftig war, ob wirklich ein Verfassungsgebot begründbar ist, nach dem schwere Konfliktslagen der Schwangeren im Verbrechensaufbau nur durch Annahme eines Rechtfertigungsgrundes und nicht auf andere Weise berücksichtigt werden können. Diese Prüfung hat das Gericht versäumt. Dennoch hat es die Rechtfertigungsthese ausdrücklich bestätigt (so auch Wessels/Hettinger/Engländer StrafR BT I Rn. 231, 232; aus der zivilrechtlichen Rspr. vgl. OLG Braunschweig MedR 2008, 372) und allen Gegenmeinungen für die praktische Anwendung des Gesetzes, nicht aber für die weitere wissenschaftliche Auseinandersetzung (vgl. etwa Belling MedR 1995, 184), den Boden entzogen. Die strafrechtssystematischen Bedenken setzen sich bei der Einstufung des beratenen Schwangerschaftsabbruchs als Tatbestandsausschluss fort. Es ist ein Novum, dass eine durch positives Tun verursachte und objektiv zurechenbare Rechtsgutsverletzung, die in das Zentrum des Schutzbereichs eines Tatbestandes fällt, schon als nichttatbestandsmäßig ausgesondert wird (Satzger Jura 2008, 424 (430): diese Rechtsfolge gleicht einem „Eiertanz" des Gesetzgebers). Ob das dafür geltend gemachte, aus dem Schutzkonzept abgeleitete Bedürfnis diese Anomalie wirklich rechtfertigt, ist fraglich und in der Strafrechtsdogmatik ungeklärt (krit. ua Wessels/Hettinger/Engländer StrafR BT I Rn. 236; krit. ferner Hassemer FS Mahrenholz, 1994, 731; Wolter GA 1996, 207 (223); Eser FS Süssmuth, 2002, 117 (132), die nur eine **prozedurale** Rechtfertigung für vertretbar halten, dazu Saliger FS Hassemer, 2010, 599 (607); krit. mit einem eigenen problematisch Lösungsvorschlag Langer ZfL 1999, 47; diesen abl. Rogall in SK-StGB § 218a Rn. 4, 6, der einen „Tatbestandsausschluss sui generis" annimmt). Jedenfalls ist dogmatisch nicht erklärbar, warum allein die Verletzung der Beratungspflicht Strafbarkeit nach § 218 –

und zwar abweichend vom früheren Recht, das nur Ungehorsamsstrafe vorsah (§ 218b I aF) – zur Folge hat, obwohl sich doch das dadurch begangene Unrecht qualitativ nicht vom Unrecht des beratenen Abbruchs unterscheidet (krit. daher ua Frommel NKrimPol 1993, 13; v. Hippel FS Geerds, 1995, 137 (147), Fn. 37; Otto Jura 1996, 135 (138); Maurach/Schroeder/Maiwald/Hoyer/Momsen StrafR BT § 6 Rn. 12, aber auch Rn. 16; Merkel in NK-StGB § 218 Rn. 4). Überdies führt die Annahme eines Tatbestandsausschlusses schon iRd § 218a zu inneren Widersprüchen, für die es keine überzeugende Auflösung gibt (→ § 218a Rn. 21a).

dd) Schließlich liegt eine aus Gründen der Gerechtigkeit fragwürdige Konsequenz des Beratungskonzepts in der vom BVerfG (BVerfGE 88, 203 (270, 271) = NJW 1993, 1751) umschriebenen Ausgestaltung darin, dass es alle beratenen Schwangerschaftsabbrüche als rechtswidrig qualifizieren muss, obwohl sich **in der Gesamtheit auch Fälle rechtfertigender Notlagen** befinden können (→ Rn. 16); so lässt sich nicht ausschließen, dass eine Schwangere, die nach den Maßstäben des BVerfG materiell rechtmäßig handelt, ins Unrecht gesetzt und wirtschaftlich benachteiligt wird (krit. namentlich das Sondervotum von Böckenförde BVerfGE 88, 359; → § 218a Rn. 21, 21a). 17

6. a) Noch in der 12. Wahlperiode sind **Gesetzgebungsverfahren** zur Anpassung des SFHG an die neue verfassungsrechtliche Lage eingeleitet worden. Nach Einbringung von fünf **Entwürfen** hat sich in den Ausschussberatungen der Koalitionsentwurf von CDU/CSU und FDP (BT-Drs. 12/6643) durchgesetzt (Beschlussempfehlung, BT-Drs. 12/7660 und Bericht, BT-Drs. 12/8609 des BT-Sonderausschusses) und zur Verabschiedung eines SFHÄndG geführt (BR-Drs. 592/94), das aber im BR gescheitert ist (BT-Drs. 12/8276). 18

b) In der 13. Wahlperiode sind wiederum sechs **Entwürfe** eingebracht worden (vgl. die Vorlagen der Fraktionen der CDU/CSU, BT-Drs. 13/285; der SPD BT-Drs. 13/27; der FDP BT-Drs. 13/286; und von BÜNDNIS 90/DIE GRÜNEN BT-Drs. 13/402; sowie der Gruppe der PDS BT-Drs. 13/397; und der Abgeordneten Hüppe ua BT-Drs. 13/395). Auf ihrer Grundlage wurde ein fraktionsübergreifender Kompromiss erreicht (Beschlussempfehlung und Bericht des BT-Ausschusses für Familie, Senioren, Frauen und Jugend BT-Drs. 13/1850), der im Plenum mit großer Mehrheit verabschiedet wurde (BR-Drs. 390/95) und dem der BR zugestimmt hat (BR-Drs. 390/95). Aus den Gesetzesmaterialien vgl. ferner die Beratungen im Plenum des Bundestages (SBer 13, Nr. 3755) und im Plenum des Bundesrates (Plenarprotokoll 687 S. 338). **Übersichtsbeiträge** sowie Stellungnahmen zu den Entwürfen und dem Gesetz im Ganzen Burmeister LebSchrR Nr. 12, S. 55; Beckmann ZfL 1995, 24; Reiter StimmZt 1995, 730; Tröndle NJW 1995, 3009; Laufs NJW 1995, 3042; Gropp/Wörner in Ulsamer StrafR/StrafVerfR 8/1350; Otto Jura 1996, 135. **In-Kraft-Treten:** 1.10.1995. 19

7. Das **SFHÄndG** ist dadurch **gekennzeichnet,** dass es an der Beratungsregelung festhält und die meisten Vorgaben des BVerfG – zT bis in die Formulierungen hinein – umsetzt. Es ist aber von der Tendenz geleitet, die Interpretationsspielräume, die das Urteil offenlässt, zu nutzen (BT-Drs. 13/1850, 19), und zwar überwiegend zu Lasten des Lebensschutzes; in Einzelpunkten geht es auch offen darüber hinaus. Da im Gesetzgebungsverfahren zwischen den das Gesetz tragenden Fraktionen nur umstritten war, wie weit diese Vorgaben ohne unvertretbares verfassungsrechtliches Risiko abgeschwächt werden können, bezieht sich der gefundene Kom- 20 promiss letztlich nur auf diese Frage. Exemplarisch sei zum Abweichen des Gesetzes von der Position des BVerfG auf Folgendes verwiesen:

21 **a)** Das BVerfG hatte in Nr. 2 S. 2 seiner vorläufigen AO (→ Rn. 9) den **ausdrücklichen Hinweis** für erforderlich gehalten, dass das **grundsätzliche Verbot des beratenen Schwangerschaftsabbruchs** (§ 218 I) **unberührt** bleibt. Auf diesen Hinweis hat das Gesetz in Übereinstimmung mit allen Entwürfen (→ Rn. 19) verzichtet. Wenngleich das Gericht diese ausdrückliche Klarstellung nicht zwingend vorgegeben hatte (BVerfGE 88, 203 (279) = NJW 1993, 1751), bedeutet der Verzicht auf sie doch ein Zurückbleiben hinter dem verfassungsgerichtlichen Maßstab: In der Gesetz gewordenen Gesamtregelung ist das grundsätzliche Verbot des Schwangerschaftsabbruchs noch weniger deutlich als im Beratungskonzept des BVerfG ausgeprägt, denn jetzt wird die Kostenerstattung für Bedürftige nicht mehr über die Sozialhilfe, sondern über die Krankenkassen abgewickelt (Art. 5 SFHÄndG). Überdies wird den Gegnern des Beratungskonzepts dadurch ein willkommener Ansatzpunkt geboten, die Rechtswidrigkeit des nichtindizierten Schwangerschaftsabbruchs überhaupt in Frage zu stellen, weil sie nun im Gesetz nicht mehr verankert sei (vgl. nur Eser/Weißer in Schönke/Schröder § 218a Rn. 14–18; beachte aber die Kritik von Rogall in SK-StGB § 218a Rn. 2).

22 **b)** Das Gesetz hat die bisher vorgesehene (§ 218a III idF des SFHG) und vom BVerfG (BVerfGE 88, 203 (257) = NJW 1993, 1751) gebilligte **embryopathische Indikation** auf Grund berechtigter Einwendungen der Behindertenverbände und der Kirchen beseitigt, aber durch Erweiterung der medizinischen (§ 218a II idF des SFHG) zur **sozial-medizinischen Indikation** des früheren Rechts (§ 218a I Nr. 2 idF des 15. StÄG) gezielt einen Auffangtatbestand geschaffen, der die embryopathische Indikation in sich aufnehmen soll (BT-Drs. 13/1850, 26; BGH NJW 2002, 2636; OLG Frankfurt a. M. NJW 2008, 3790 (3792)), aber durch die Ermöglichung sog. Spätabtreibungen über die zuvor maßegbliche 22. Woche hinaus die Überlebenschancen der Ungeborenen weiter verschlechtert (→ § 218a Rn. 14–17). Überdies bildet die weite und unbestimmte Fassung der sozial-medizinischen Indikation im Rahmen einer Beratungsregelung einen – auch verfassungsrechtlich problematischen – Fremdkörper (dazu Tröndle NJW 1995, 3009 (3015); zust. Stürner JZ 2003, 155); sie lädt zu extensiver und uU auch missbräuchlicher Auslegung geradezu ein, nicht nur um den Anwendungsbereich der früheren embryopathischen Indikation erweitern, sondern auch einen Teil der im früheren Recht ausgeuferten Notlagenindikation einbeziehen zu können.

23 **c)** aa) Die **Pflichtenstellung des Arztes** wird gegenüber der ohnehin problematischen (→ Rn. 14) Position des BVerfG dadurch weiter verunklart, dass der Arzt der Schwangeren nur Gelegenheit zur Darlegung der Gründe für die Abbruchsverlangen geben muss (§ 218c I Nr. 1), obwohl das BVerfG (BVerfGE 88, 203 (284) = NJW 1993, 1751) die Darlegung dieser Gründe für unerlässlich gehalten hat. Dessen ungeachtet steht aber das Gesetzlichkeitsprinzip (→ § 1 Rn. 6) der Bestrafung des Arztes entgegen, wenn er den Eingriff trotz Verweigerung dieser Offenlegung vornimmt.

23a bb) Das Land Bayern hatte versucht, in dem BaySchwBerG und dem BaySchwHEG, namentlich auf Grund seiner ausschließlichen Zuständigkeit für das ärztliche Berufsrecht, den Vorgaben des BVerfG Geltung zu verschaffen (sog. **„Bayerischer Sonderweg“**). Die einschlägigen Vorschriften wurden jedoch vom 1. Senat des BVerfG überwiegend für nichtig erklärt (BVerfGE 98, 265 = NJW

1999, 841). Daraus folgt, dass in Bayern Beratungsbescheinigungen auch dann nicht verweigert werden dürfen, wenn die Schwangere die Gründe für ihr Abbruchsverlangen nicht angibt, und dass auch reine Abbruchskliniken ihre Tätigkeit weiter fortsetzen dürfen; das BVerfG bejaht damit ein Berufsrecht (Art. 12 GG) auf Vornahme formal rechtswidriger Schwangerschaftsabbrüche (abl. die dissentierenden Richter BVerfGE 98, 265 (352) = NJW 1999, 841; Beckmann ZfL 1998, 38; MedR 1999, 138; Büchner NJW 1999, 833; Rüfner ZfL 1999, 39; Rogall in SK-StGB Rn. 56). Der 1. Senat meint, dass die Abweichung von der Entscheidung des 2. Senats nur durch eine erneute, gegen § 218c I Nr. 1 gerichtete Normenkontrollklage, dh nicht inzident in einem anderen Verfahren, festgestellt werden könne. Die Entscheidung offenbarte tiefgreifende Meinungsverschiedenheiten zum Abtreibungsrecht zwischen den beiden Senaten. Auch deshalb, aber auch wegen der in der Praxis nicht schlchen Erfahrungen mit der Fristenlösung, ist nicht sicher vorherzusagen, wie eine erneute Befassung des BVerfG mit den §§ 218ff. bzw. Teilen davon (demnächst vielleicht – trotz dessen Aufhebung – § 219a) ausgehen dürfte.

cc) Schließlich ist die Forderung des Gerichts, die medizinisch nicht veranlasste **Offenbarung des Geschlechts des Ungeborenen** während der ersten zwölf Schwangerschaftswochen mit Strafe zu bedrohen (BVerfGE 88, 203 (293) = NJW 1993, 1751), übergangen worden. Die dafür gegebene Begründung, dass die Frage in Deutschland nicht praktisch relevant sei (BT-Drs. 13/1850, 26), macht einen Dissens zwischen Gesetzgeber und Gericht im Hinblick auf das verfassungsrechtliche Untermaßverbot (BVerfGE 88, 203 (254) = NJW 1993, 1751; krit. Denninger FS Mahrenholz, 1994, 561; Staechelin in IKW Zustand StrafR S. 267) sichtbar. **23b**

d) Im Gesetz fehlt die vom BVerfG (BVerfGE 88, 203 (296) = NJW 1993, 1751) um der Wirksamkeit des Schutzkonzepts willen für notwendig gehaltene Strafvorschrift gegen Gefahren, die vom **familiären und weiteren sozialen Umfeld** der Schwangeren ausgehen. Die Ergänzung der §§ 170b aF (jetzt § 170) und § 240 entspricht der Vorgabe des BVerfG nicht wirklich. Die qualifizierte Unterhaltspflichtverletzung (§ 170 II) ist wegen ihrer inneren Widersprüche gesetzestechnisch missglückt und von vornherein so angelegt, dass sie für den Lebensschutz kaum praktische Bedeutung erlangen kann (zur Kritik → § 170 Rn. 13; sa Eser/Weißer in Schönke/Schröder Rn. 8); das Regelbeispiel für einen besonders schweren Fall der Nötigung (§ 240 I 2 Nr. 1) stellt nur die Rechtslage klar, die sich bei richtiger Auslegung schon aus dem zuvor geltenden Recht ergeben hat (Meyer SBer 13, Nr. 6775). Mag auch ein Tatbestand, der sich gegen verwerfliche Einflussnahmen auf die Schwangere richtet, unter dem Gesichtspunkt der Gesetzesbestimmtheit problematisch sein (vgl. dazu die öffentliche Anhörung v. 11.5.1995 im BT-Unterausschuss „Schwangeren- und Familienhilfeänderungsgesetz", Prot. Nr. 3), so geht doch der Verzicht auf ihn zu Lasten des Schutzes der Ungeborenen (näher Tröndle FS Kaiser, 1998, 1387 (1399)). **24**

e) Das Gesetz übergeht die Forderung des BVerfG (BVerfGE 88, 203 (279) = NJW 1993, 1751) sicherzustellen, „dass gegen das Handeln der Frau und des Arztes von Dritten **Nothilfe ...** nicht geleistet werden kann". Die dafür gegebene Begründung, mit der „bewussten Herausnahme aus dem strafrechtlich vertypten Unrecht" werde zum Ausdruck gebracht, dass beratene Schwangerschaftsabbrüche „im Bereich des Strafrechts nicht als Unrecht zu behandeln" seien (BT-Drs. 13/1850, 25), ist unzutreffend. Es ist unbestritten, dass Nothilfe gegen rechtswidrige Angriffe jeder Art unabhängig von ihrer strafrechtlichen Relevanz zulässig ist (→ § 32 Rn. 5; Wessels/Hettinger/Engländer StrafR BT I Rn. 236). Wenn die Rspr. der Vorgabe **25**

des BVerfG gerecht werden will, wird sie eine Ausnahme von diesem anerkannten Prinzip allenfalls dogmatisch vertretbar, aber nicht zwingend begründen können (näher Otto Jura 1996, 135 (139); Tröndle LebSchrR Nr. 12, S. 91 (100); Wolter GA 1996, 207 (224); Satzger JuS 1997, 800; Lesch ZfL 2001, 2; Mitsch JR 2006, 450 (451); Satzger Jura 2008, 424 (432); Kühl StrafR AT § 7 Rn. 138; Gropp/Wörner in MüKoStGB § 218a Rn. 12; Eser/Weißer in Schönke/Schröder § 218a Rn. 14; Perron in Schönke/Schröder § 32 Rn. 19, 20; Rogall in SK-StGB § 218 Rn. 19; → § 32 Rn. 5, 15).

26 **f)** Im Ganzen hat das Gesetz danach die **Vorgaben des BVerfG erheblich verwässert,** was dem Befund Rechnung trägt, dass es auch im Rahmen der Fristenlösung – und nicht nur bei den durch § 218a II, III indizierten Abbrüchen – nicht selten jedenfalls gut nachvollziehgbare Gründe der Schwangeren für ihre Entscheidung gibt, die häufig nicht bloß auf „Lebensqualität" zielen. Dabei ist zu bedenken, dass allein die Schwangere und damit – anders als bei anderen Straftatbeständen – allein Frauen durch die Versagung der Möglichkeit eines Schwangerschaftsabbruchs entweder in die Illegalität oder zur langfristigen Duldung eines zunächst allein sie betreffenden Umstandes genötigt sind.

26a **g)** Umgekehrt ist festzuhalten, dass sich das aktuelle **Recht der §§ 218ff. in dem Sinne bewährt** hat, als die derzeitigen Regelungen weitgehend akzeptiert und beachtet werden und die Zahl der Schwangerschaftsabbrüche ebenso wie die vermutete Dunkelziffer im historischen Vergleich niedrig ist; trotz der dogamtischen Schwierigkeiten und gelegnetlichen Abweichungen von den Vorgaben des BVerfG (→ Rn. 14–25) haben diese mithin gerade nicht die auch hier befürchtete Konsequenz eines verschlechterten Lebensschutzes, sondern im Gegenteil eine reduzierte Zahl von Abtreibungen zur Folge gehabt. Auch der früher nicht seltene sog. Abtreibungstourismus in Länder mit liberalen Regelungen hat dadurch massiv an Bedeutung verloren. Zieht man mithin – eben weil auch die aktuelle Rechtslage den politischen Kompromiss, der den §§ 218ff. zugrunde liegt, widerspiegelt – die Rechtspraxis und Rechtsrealität hinzu, ist das aktuelle System im Grundsatz auch in Hinsicht auf den tatsächlich verwirklichten Lebensschutz durchaus erfolgreich. Wie auch in der DDR zeigt sich hier, dass eine Fristenlösung nicht notwendig zu mehr Abtreibungen als eine Indikationslösung führen muss.

26b **8.** Der seit einigen Jahren stark kritisierte **§ 219a** ist durch Gesetz vom 11.7.2022 (BGBl. I 1082) zum 19.7.2022 aufgehoben worden; nach Art. 316n EGStGB sind zugleich alle diesbezüglichen Verurteilungen seit dem 3.10.1990 aufgehoben worden (dazu Kubiciel JZ 2022, 934), was möglicherweise auch der gegen eine solche Verurteilung eingelegten Verfassungsbeschwerde den Boden entzieht.

27 **III. 1.** Ein Schwangerschaftsabbruch darf nur in einer **Einrichtung** vorgenommen werden, in der auch die notwendige medizinische Nachbehandlung gewährleistet ist (§ 13 SchKG). Zu **jedermanns Recht,** seine Mitwirkung an Schwangerschaftsabbrüchen – von Notfällen abgesehen (krit. Esser, Der Arzt im Abtreibungsstrafrecht, 1992, S. 87) – **zu verweigern,** § 12 SchKG (zusf. Maier NJW 1974, 1405; sa BVerfGE 88, 203 (294) = NJW 1993, 1751; Rudolphi/Rogall in SK-StGB § 218a Rn. 65–69). Zur **Bundesstatistik über Schwangerschaftsabbrüche** §§ 15–18 SchKG. Zum Rückzug der katholischen Amtskirche aus dem staatlichen Beratungssystem und dem daraus erwachsenen sog. „Schein-Streit" Beckmann, Der Streit um den Beratungsschein, 2000 mit Bespr. Reimann ZfL

2000, 34; Jakobs LebSchrR Nr. 17, S. 17; Tillmanns NJW 2001, 873; Sala NJW 2001, 1773; Tettinger FS Ipsen, 2000, 767.

2. Auf der Grundlage des SchKG sind **Anerkennung und Kontrolle der Beratungsstellen** Sache der **Länder.** Diese haben überwiegend ohne nähere eigene Prüfung der Zulassungsvoraussetzungen (dazu Büchner ZfL 1995, 2; Büchner LebSchrR Nr. 12, S. 9) die zuvor schon tätigen Beratungsstellen anerkannt (beachte § 11 SchKG). Die Materie ist in den meisten Ländern durch verwaltungsinterne (zT noch vorläufige) Richtlinien und nur im Land Bayern durch (teilweise für nichtig erklärtes) Gesetz (BaySchwHEG) geregelt. 28

3. Zu den für das Beratungskonzept wichtigen sog. **flankierenden Maßnahmen** Art. 1–12 SFHG; Art. 2–7, 9 SFHÄndG (sa BVerfGE 88, 203 (258) = NJW 1993, 1751). 29

4. Zur **Kriminologie** des Schwangerschaftsabbruchs ua Wimmer/Puchinger, Empirische Untersuchung der Motive zum Schwangerschaftsabbruch, 1983; Häußler/Holzhauer ZStW 100 (1988), 817; Arnold/Geissler ZStW 100 (1988), 855; Holzhauer, Schwangerschaft und Schwangerschaftsabbruch, 1989; Häußler-Sczepan, Arzt und Schwangerschaftsabbruch, 1989; Liebl, Ermittlungsverfahren, Strafverfolgungs- und Sanktionspraxis beim Schwangerschaftsabbruch, 1990; Eisenberg Kriminologie § 45 Rn. 24; Kaiser Kriminologie § 61 Rn. 14–24; Rudolphi/Rogall in SK-StGB Rn. 68, 69; soziologisch Heitzmann, Rechtsbewusstsein in der Demokratie. Schwangerschaftsabbruch und Rechtsverständnis, 2002; Boltanski, Soziologie der Abtreibung, 2007 mit Bespr. Pawlik FAZ v. 20.7.2007, S. 39. Zur **Rechtsvergleichung** ua Ketting/v. Praag, Schwangerschaftsabbruch – Gesetz und Praxis im internationalen Vergleich, 1985; Brugger NJW 1986, 896; Koch ZStW 97 (1985), 1043; Eser/Koch, Schwangerschaftsabbruch im internationalen Vergleich, Teil 1: Europa, 1988, Teil 2: Außereuropa, 1989, Teil 3: Rechtsvergleichender Querschnitt, 1999; v. Hippel in Voss/Voss/Hoffacker, Chancen für das ungeborene Leben, 1988, S. 69; Mir Puig JZ 1992, 985; Bruch ZStW 105 (1993), 637; Weigend/Zielinska GA 2000, 320; Schmidt in Dannecker/Reiche, Sexualität und Gesellschaft, 2000, S. 396; Rogall in SK-StGB Rn. 70, 71. Zur **historischen Entwicklung** ua Dähn in Baumann, Das Abtreibungsverbot des § 218, 2. Aufl. 1972, S. 329; Jerouschek, Lebensschutz und Lebensbeginn. Kulturgeschichte des Abtreibungsverbots, 2. Aufl. 2002; Gante, § 218 in der Diskussion. Meinungen und Willensbildung 1945–1976, 1991; Gante in Thomas/Kluth, Urteil und Urteilsbildung, 1993, S. 53; Muth, Die Diskussion über eine Reform des strafrechtlichen Abtreibungsverbots in der Bundesrepublik Deutschland bis zum 15. Strafrechtsänderungsgesetz v. 18.5.1976, 1994; Müller, Die Abtreibung – Anfänge der Kriminalisierung 1140–1650, 2000; Deutsch ZRP 2003, 332; Berghäuser, Das Ungeborene im Widerspruch, 2015, mit dem Postulat des gleichwertigen Lebensschutzes; Kaiser Kriminologie § 36 Rn. 55–58; Maurach/Schroeder/Maiwald/Hoyer/Momsen StrafR BT § 5 Rn. 9–18; Merkel in NK-StGB Rn. 1–6; Rogall in SK-StGB Rn. 1–3; zusf. zur Gesetzgebungsgeschichte Satzger Jura 2008, 424 (425)). Zu den Auswirkungen auf das **Zivilrecht** Bernhard, Der Schwangerschaftsabbruch aus zivilrechtlicher Sicht unter besonderer Berücksichtigung der Rechtsstellung des nasciturus, 1995. 30

§ 218 Schwangerschaftsabbruch

(1) [1]**Wer eine Schwangerschaft abbricht, wird mit Freiheitsstrafe bis zu drei Jahren oder mit Geldstrafe bestraft.** [2]**Handlungen, deren Wirkung vor Abschluß der Einnistung des befruchteten Eies in der Gebärmutter eintritt, gelten nicht als Schwangerschaftsabbruch im Sinne dieses Gesetzes.**

(2) [1]**In besonders schweren Fällen ist die Strafe Freiheitsstrafe von sechs Monaten bis zu fünf Jahren.** [2]**Ein besonders schwerer Fall liegt in der Regel vor, wenn der Täter**

1. **gegen den Willen der Schwangeren handelt oder**
2. **leichtfertig die Gefahr des Todes oder einer schweren Gesundheitsschädigung der Schwangeren verursacht.**

(3) **Begeht die Schwangere die Tat, so ist die Strafe Freiheitsstrafe bis zu einem Jahr oder Geldstrafe.**

(4) [1]**Der Versuch ist strafbar.** [2]**Die Schwangere wird nicht wegen Versuchs bestraft.**

1 **1.** Die Vorschrift schützt **das ungeborene Leben** (hM; BGHSt 28, 11 (15) = NJW 1978, 2040; Satzger Jura 2008, 424 (425), eigenständiges höchstpersönliches Rechtsgut). In zweiter Linie berücksichtigt sie auch **Gesundheitsinteressen der Schwangeren** (Rengier StrafR BT II § 11 Rn. 6); ob sich daraus die Annahme eines sekundär mitgeschützten Rechtsgutes (so Eser/Weißer in Schönke/Schröder Vor § 218 Rn. 9; weitergehend für den Abbruch durch Nichtärzte Maurach/Schroeder/Maiwald/Hoyer/Momsen StrafR BT § 6 Rn. 13) oder nur eines bloßen Schutzreflexes ableiten lässt (so Kröger in LK-StGB, Vor § 218 Rn. 28; ebenso Satzger Jura 2008, 424 (425); ähnlich Otto StrafR BT § 13 Rn. 6), ist eine im Wesentlichen rechtstheoretische Frage, deren Beantwortung von Inhalt und Grenzen des umstrittenen Rechtsgutsbegriffs abhängt.

2 **2. Abs. 1** enthält den **Tatbestand des Schwangerschaftsabbruchs** (krit. zu diesem das geschützte Rechtsgut verschleiernden Begriff Lackner NJW 1976, 1233 (1235); Schroeder JuS 1991, 362 (363); Tröndle FS Kaiser, 1998, 1387 (1389); sa Küper ZIS 2010, 197 (200); krit. ferner zum Aufbau der Gesamtregelung, die den überwiegend straflosen Schwangerschaftsabbruch (§ 218 a) der Wirklichkeit zuwider als die Ausnahme, dessen Verbot aber als die Regel erscheinen lasse, Otto Jura 1996, 135 (138); Maurach/Schroeder/Maiwald/Hoyer/Momsen StrafR BT § 6 Rn. 1). **Schutzobjekt** ist die Leibesfrucht (Küper ZIS 2010, 197 (201); Merkel in NK-StGB Rn. 8; krit. zur Terminologie Gropp/Wörner in MüKoStGB Rn. 5, der vom „ungeborenen Menschen" spricht). Zwischen Handlungen, die früher als „Fremd"- oder „Selbstabtreibung" bezeichnet wurden, unterscheidet das Gesetz nicht mehr (Merkel in NK-StGB Rn. 45).

3 **a) Abbrechen der Schwangerschaft** setzt einen Eingriff gleich welcher Art voraus, mit dem während der Schwangerschaft, also vor Beginn der Geburt (→ Vor § 211 Rn. 3; Küper GA 2001, 515 (535): restriktive Auslegung des § 218 I, die der Sprachsinn von „Schwangerschaft" ermöglicht und die gewohnheitsrechtlich legitimiert ist; aM Merkel in NK-StGB Rn. 33–42), auf die Leibesfrucht – sei es auch nur auf eine von mehreren (Hirsch MedR 1988, 292; Hülsmann NJW 1992, 2331; Eser/Weißer in Schönke/Schröder Rn. 8) – eingewirkt und dadurch deren Absterben herbeigeführt wird (BGHSt 31, 348 = NJW 1983, 2097 mit Bespr. Lüttger

NStZ 1983, 481; Hirsch JR 1985, 336; BGH NStZ 2008, 393 (394) mit Bespr. Jäger Jura 2009, 53 (55); Jahn JuS 2008, 370; Schroeder JR 2008, 252; Beispiel bei Rengier StrafR BT II § 11 Rn. 8; OLG Karlsruhe NStZ 1985, 314 mAnm Jung; Satzger Jura 2008, 424 (428); Kühl JA 2009, 321 (322); zur historischen und systematischen Begründung des Einwirkungskriteriums Küper ZIS 2010, 197 (203); zur möglichen Kausalität eines ärztlichen Befunderhebungsfehlers OLG Braunschweig MedR 2008, 372). Er ist nur in Ausnahmefällen durch Unterlassen in Garantenstellung (→ § 13 Rn. 6) begehbar (BGH NStZ 2008, 393 (394); OLG Karlsruhe NStZ 1985, 314 mAnm Jung; Lüttger NStZ 1983, 481; Hilgendorf JuS 1993, 97 (98); weiter Rogall in SK-StGB Rn. 23; einschr. Hansen MDR 1974, 797); als „Beschützergarant" kommt auch der Erzeuger in Frage (Kröger in LK-StGB, Rn. 36; Merkel in NK-StGB Rn. 100, 124–126). Jedoch kann der durch positives Tun bewirkte Abbruch nicht im Hinblick auf die Pflicht der Schwangeren zum Austragen in ein Unterlassen dieser Pflichterfüllung umgedeutet werden, um dadurch allgemein die Unterlassungsregeln anwendbar zu machen (Lennartz MedR 1993, 179; Unberath JahrbRuE 1995, 437; Rogall in SK-StGB Rn. 20; Eser/Weißer in Schönke/Schröder Rn. 3; krit. Jakobs, Die strafrechtliche Zurechnung von Tun und Unterlassen, 1996, S. 39; aM Geilen ZStW 103 (1991), 829 (846); Bernsmann JuS 1994, 9 mit Erwiderung Lennartz JuS 1994, 903; Jäger ZStW 115 (2003), 765 (773)); dies gilt insbes. für das Zulassen des Eingriffs durch die Schwangere, da es zwingend die Darbietung des eigenen Körpers voraussetzt (Schöne, Unterlassene Erfolgsabwendungen und Strafgesetz, 1974, S. 215; Weber in Arzt/Weber/Heinrich/Hilgendorf StrafR BT § 5 Rn. 33; iE auch Merkel in NK-StGB Rn. 90, 91; aM v. Renesse ZRP 1991, 321 (322), stets Unterlassen; diff. Rogall in SK-StGB Rn. 22). Das Unterlassungselement gibt allenfalls Anlass zur Prüfung der Frage, ob an die Rechtfertigung eines Schwangerschaftsabbruchs ein weniger strenger Maßstab anzulegen ist, als er sonst bei der Kollision von grundrechtlich geschützten Positionen gilt (BVerfGE 88, 203 (256) = NJW 1993, 1751; → Vor § 218 Rn. 16).

aa) Erforderlich ist danach vor allem, dass der Eingriff den **Tod der Frucht** herbeiführt (Eser/Weißer in Schönke/Schröder Rn. 19; Mitsch in Leipold/Tsambikakis/Zöller Rn. 5; sa BGH NJW 2002, 2636 (2639) mzustAnm Stürner JZ 2003, 155). Ob dieser schon im Mutterleib unmittelbar (zB durch Absaugen, Ausschaben oder andere direkte Einwirkung) oder mittelbar (zB durch Einnehmen von biologisch oder chemisch wirkenden Mitteln) herbeigeführt wird oder ob die Frucht zunächst lebend abgeht und erst danach – sei es auch schon als Kind (beachte dazu BGHSt 13, 291; Geilen ZStW 103 (1991), 829 (835)) – infolge der durch den Eingriff bedingten Lebensunfähigkeit oder Schädigung stirbt, ist unerheblich (Küper ZIS 2010, 197 (199); Eser/Weißer in Schönke/Schröder Rn. 22). Nach dem Schutzzweck der Vorschrift (→ Rn. 1, 2) wird auch der Fall erfasst, dass nach Eintritt des Hirntodes der Schwangeren (→ Vor § 211 Rn. 4) Bemühungen um künstliche Aufrechterhaltung der Vitalfunktionen des mütterlichen Körpers zur Rettung der Leibesfrucht eingestellt werden (Erlanger Schwangerschaftsfall; AG Hersbruck FamRZ 1992, 1471; Hilgendorf JuS 1993, 97; Beckmann MedR 1993, 121; Kiesecker, Die Schwangerschaft einer Toten, 1996, S. 224; Maurach/Schroeder/Maiwald/Hoyer/Momsen StrafR BT § 6 Rn. 25; Merkel in NK-StGB Rn. 28, 118–123; Fischer Rn. 6; Rogall in SK-StGB Rn. 11; aM Giesen/Poll JR 1993, 177; Koch in Bockenheimer-Lucius/Seidler, Hirntod und Schwangerschaft, 1993, S. 77; Eser/Weißer in Schönke/Schröder Rn. 27; beachte auch Hilgendorf NJW 1996, 758; NJW 1997, 3074 mit Erwiderung Heuermann NJW 1996, 3063; Weiß NJW 1996, 3064; Hoerster NJW 1997, 773; → § 218a Rn. 7). Der Tod der Leibes- 4 frucht erst nach ihrem Abgang muss nicht notwendig auf ungenügender Ausreifung des Kindes beruhen (aM BGHSt 10, 5 = NJW 1957, 191; BGHSt 13, 21 (24) = NJW 1959, 823; Fischer Rn. 6); es genügt, wenn er sich als unmittelbare Auswirkung des Eingriffs darstellt (ähnlich Gropp, Der straflose Schwangerschaftsabbruch, 1981, S. 18; Rogall in SK-StGB Rn. 14) und alsbald nach dem Fruchtabgang, also nicht erst als Spätfolge des Eingriffs, eintritt (Kröger in LK-StGB, Rn. 15; Merkel in NK-StGB Rn. 72; Weber in Arzt/Weber/Heinrich/Hilgendorf StrafR BT § 5 Rn. 28; aM Gropp/Wörner in MüKoStGB Rn. 20; Eser/Weißer in Schönke/Schröder Rn. 23). Ist das Kind lebend geboren und wird es erst durch eine neue Einwirkung zu Tode gebracht, so liegt nach den für überholende Kausalität geltenden Regeln (→ Vor § 13 Rn. 11; aM Merkel in NK-StGB Rn. 84) oder mindestens wegen einer wesentlichen Abweichung des Kausalverlaufs (→ § 15 Rn. 12; krit. Merkel in NK-StGB Rn. 129) keine vollendete Tat nach § 218 vor (BGHSt 13, 21 (24) = NJW 1959, 823; Altvater NStZ 2004, 23 (25); einschr. BGHSt 10, 291 (294) = BeckRS 1957, 31184670; str.). Das gilt unabhängig davon, ob das Kind auf längere Dauer lebensfähig war (Wessels/Hettinger/Engländer StrafR BT I Rn. 241; offen gelassen BGHSt 13, 21 (24) = NJW 1959, 823; eing. und krit. zur Lebensfähigkeit Merkel in NK-StGB Rn. 75–82). Fehlt es aus diesem oder einem anderen Grunde an dem erforderlichen Kausalzusammenhang oder ist er nicht feststellbar, so kommt Versuch (Abs. 4) in Frage (Kröger in LK-StGB, Rn. 13).

5 bb) Der Eingriff muss ferner **während der Schwangerschaft auf die Leibesfrucht einwirken** (krit. zum „Einwirkungs"-Erfordernis Merkel in NK-StGB Rn. 51–71, 69, der die mit diesem Erfordernis erzielten Ergebnisse de lege lata als „zutreffend" bezeichnet). Einwirkungen, die erst nach Beginn der Geburt das Kind treffen oder die der Beseitigung einer bereits abgestorbenen Frucht oder eines krankhaft entarteten Eies (Mole) dienen, scheiden daher aus. Ob auch der sog. Anencephalus, dh eine Frucht ohne Großhirn und Hirnschale, straflos beseitigt werden kann, ist iErg unbestritten: zwar kann man ihm nicht schon die Qualität einer Leibesfrucht absprechen (Kröger in LK-StGB Rn. 4; Merkel in NK-StGB Rn. 18; jetzt auch Rissing-van Saan/Rosenau in LK-StGB Vor § 211 Rn. 11) oder ihn ohne Differenzierung einem Hirntoten (→ Vor § 211 Rn. 4) gleichsetzen (Isemer/Lilie MedR 1988, 66; Wolfslast MedR 1989, 163; aM Hiersche MedR 1984, 215; sa Hanack GS Noll, 1984, 197 (204)), wohl aber ist die Annahme der medizinischen Indikation (§ 218a II) vertretbar (→ § 218a Rn. 17); zum sog. Acardius s. Merkel in NK-StGB Rn. 22, 23. Anwendung von **wehenfördernden Mitteln** zur Beschleunigung oder Eingriffe zur Herbeiführung der Geburt eines vermeintlich lebensfähigen Kindes sind nicht tatbestandsmäßig, weil es an der auf die Frucht bezogenen Handlungstendenz (BT-Drs. VI/3434, 13), mindestens aber am Vorsatz fehlt.

6 **b)** Ein Schwangerschaftsabbruch kann auch vorliegen, wenn die **Schwangere** den Eingriff **nicht überlebt** (BGHSt 1, 278 (280) = NJW 1951, 810) oder wenn ein ihr geltender Angriff den Tod der Leibesfrucht bewirkt (BGHSt 11, 15 = NJW 1958, 189 mablAnm Jescheck JZ 1958, 749; Geilen Jura 1979, 201 (204); Eser/Weißer in Schönke/Schröder Rn. 25; aM Otto Jura 1996, 135 (144)). Auch Selbstmordversuch der Schwangeren begründet, Vorsatz vorausgesetzt, versuchten (für die Schwangere nicht mit Strafe bedrohten) oder vollendeten Schwangerschaftsabbruch (BGHSt 11, 15 = NJW 1958, 189; Roxin JA 1981, 542 (543); Hellmann in Krey/Hellmann/Heinrich StrafR BT I Rn. 180, 181; aM Otto StrafR BT § 13 Rn. 65–68; str.); jedoch kommt Schuldausschluss wegen Verbotsirrtums oder Absehen von Strafe nach § 218a IV 2 (Ostendorf JuS 1982, 200 (201)) in Frage.

c) Die Tathandlung kann von **jedermann,** auch der Schwangeren selbst, begangen werden. Daher gehört auch das früher besonders geregelte „Zulassen" des Eingriffs durch die Schwangere hierher (zur umstrittenen Einordnung als Tun oder Unterlassen → Rn. 3). Auch mittelbare Täterschaft sowohl der Schwangeren als auch eines Dritten kommt in Frage (Eser/Weißer in Schönke/Schröder Rn. 29, 30). 7

d) Tatbestandsmäßig und deshalb für die §§ 218–219b erheblich sind nur Handlungen, deren Wirkung nach der **Nidation** eintritt, dh nach Abschluss der Einnistung des befruchteten Eies in der Gebärmutter (Abs. 1 S. 2), gleichgültig ob diese auf natürlicher, künstlicher oder extrakorporaler Befruchtung beruht (Rogall in SK-StGB Rn. 6). Der Strafschutz beginnt danach nicht schon mit der Empfängnis, dem Zeitpunkt der Befruchtung, obwohl diese nach naturwissenschaftlicher Erkenntnis den Anfang individuellen menschlichen Lebens markiert (Schlingensiepen-Brysch ZRP 1992, 418; zur Unterscheidung von Empfängnis und Nidation sowie deren Relevanz vgl. Gropp/Wörner in MüKoStGB Rn. 72, Vor § 218 Rn. 74); diese Einschränkung ist materiell-rechtlich zwar nicht begründet, aber mit den typischen Beweisproblemen erklärbar, die während der Zeit vor der Einnistung bestehen, und daher verfassungsrechtlich hinnehmbar (hM; anders Esser, Der Arzt im Abtreibungsstrafrecht, 1992, S. 92; krit. auch Hirsch MedR 1987, 13). Die Verhütung der Nidation durch die morning-after-Pille, durch intrauterine Pessare, Spiralen, Schleifen usw und durch vorsorgliche Ausschabung wird daher nicht erfasst, wohl aber das Abtreibungsmittel Mifegyne (früher RU 486), wenn es, was regelmäßig zutrifft, erst nach der Einnistung wirkt (Eser/Weißer in Schönke/Schröder Rn. 21; zu seiner medizin-technischen Wirksamkeit Hepp StimmZt 1992, 590 (598)). In das geltende Beratungssystem ist es sinnvoll nicht integrierbar (näher Starck NJW 2000, 2714). Im statistischen Durchschnitt ist die Nidation mit dem 13. Tag nach der Empfängnis abgeschlossen; sie kann jedoch auch einige Tage früher oder später eintreten (Laufhütte/Wilkitzki JZ 1976, 329 (330)). In der Praxis ist der Zeitpunkt meist nur durch Rückrechnung auf die letzte Menstruation (ungefähr vier Wochen danach) in etwa konkretisierbar (krit. Eser/Weißer in Schönke/Schröder Rn. 11; → Rn. 9 und zum Embryonenschutz außerhalb des Schutzbereichs der §§ 218 ff. → Vor § 211 Rn. 1). 8

3. a) Der **Vorsatz** (bedingter genügt) muss sich namentlich auch auf das **Absterben der Leibesfrucht** beziehen; dabei reicht es aus, wenn er je nach den sich entwickelnden Umständen den Tod der Frucht im Mutterleib oder des Kindes in oder nach der Geburt umfasst (BGHSt 10, 5 = NJW 1957, 191; Gropp/Wörner in MüKoStGB Rn. 26). Ein **Eingriff vor der Nidation** (→ Rn. 8), den der Täter trotz Kenntnis der Sachlage irrig für tatbestandsmäßig hält, ist ein Wahnverbrechen (→ § 22 Rn. 15), kein untauglicher Versuch (unrichtig Kohlhaas NJW 1970, 501). Im Übrigen ergeben sich aus den Schwierigkeiten, den Zeitpunkt der Nidation aufzuklären, aus der verbreiteten Unkenntnis über deren Wesen und aus dem oft unzureichenden Wissen der Ärzte über die (nur nidationshemmende oder auch abortive) Wirkung von Medikamenten zahlreiche Möglichkeiten des Irrtums, der je nach seinem Inhalt einen Verbotsirrtum, ein Wahnverbrechen oder einen untauglichen Versuch begründen kann (dazu Lüttger FS Sarstedt, 1981, 169 (178); Eser/Weißer in Schönke/Schröder Rn. 42; sa Gropp, Der straflose Schwangerschaftsabbruch, 1981, S. 195). Auch eine **unrichtige Beratung** (§ 219) kann für die Schwangere, soweit nicht schon § 218a I zum Tatbestandsausschluss führt, 9

Quelle eines Tatbestands- oder Verbotsirrtums sein (zusf. zu den hier möglichen Irrtümern Roxin JA 1981, 542 (543)).

10 **b) Fahrlässiger** Schwangerschaftsabbruch ist nicht mit Strafe bedroht.

11–13 **4.** Zur **Straflosigkeit** (einschließlich Rechtfertigung) des Schwangerschaftsabbruchs § 218a; §§ 218a II, III enthalten eine auch gegenüber § 34 abschließende Rechtfertigungsregelung (Eser/Weißer in Schönke/Schröder Rn. 37; diff. Mitsch JR 2006, 450 (452)); zur Nothilfe zugunsten des Embryo → Vor § 218 Rn. 25.

14 **5.** Der **Versuch** ist nur für den Dritten, nicht die Schwangere strafbar; für sie enthält Abs. 4 S. 2 einen persönlichen Strafausschließungsgrund (Fischer Rn. 14). Zur Abgrenzung bloßer Vorbereitungshandlungen vom Versuch vgl. die unter → § 22 Rn. 5 angeführten, zT auch den Schwangerschaftsabbruch betreffenden Beispiele. Untauglicher Versuch (→ § 22 Rn. 12) kommt sowohl bei Untauglichkeit des Mittels wie auch des Objekts (keine Schwangerschaft, bereits abgestorbene Frucht) in Frage (AG Albstadt MedR 1988, 261 mit Bespr. Mitsch Jura 1989, 193; AG Meschede ZfL 2008, 89 mAnm Wiebe; Merkel in NK-StGB Rn. 146). Bei Anwendung offensichtlich ungeeigneter Mittel (zB Spülungen mit warmem Wasser) kann § 23 III anwendbar sein (→ § 23 Rn. 4–8), bei abergläubischen Handlungen auch irrealer Versuch vorliegen (→ § 22 Rn. 14).

15 **6.** Für die **Beteiligung (Täterschaft und Teilnahme)** gelten die allgemeinen Regeln:

a) Die Schwangere, die den Eingriff nur zulässt, ist idR (Mit-)Täterin (BT-Drs. VI/3434, 14; zu den möglichen Konstellationen Rotsch FS Merkel, 2020, 1163), weil sie im Allgemeinen nach subjektiver Lehre Täterwillen (→ Vor § 25 Rn. 5) und nach der Tatherrschaftslehre wegen der Notwendigkeit und des Gewichts ihrer Mitwirkung funktionelle Tatherrschaft hat (→ § 25 Rn. 11; Roxin JA 1981, 542; diff. Gropp/Wörner in MüKoStGB Rn. 40; Rogall in SK-StGB Rn. 22; krit. Hansen MDR 1974, 797; zw.); im Schrifttum wird zT auch angenommen, dass ihr als „Beschützergarantin" nach allgemeinen Unterlassungsgrundsätzen die Nichthinderung des Schwangerschaftsabbruchs als Täterschaft zugerechnet werde (Eser/Weißer in Schönke/Schröder Rn. 31).

16 **b)** Die Schwangerschaft ist ein **besonderes persönliches Merkmal** nach § 28 II (→ § 28 Rn. 8, 10; zusf. Roxin JA 1981, 542). Die Beteiligung eines Dritten unterliegt daher stets den Rechtsfolgen der Abs. 1 und 2, die der Schwangeren stets denen des Abs. 3. Wer also die Schwangere anstiftet oder ihr hilft, ist Teilnehmer nach Abs. 1 (ggf. iVm Abs. 2), während für die Tat der Schwangeren Abs. 3 gilt. Hat die Schwangere den Schwangerschaftsabbruch zugelassen (→ Rn. 15), so ist sie idR Mittäterin, wobei wiederum für sie selbst Abs. 3 gilt, während für den, der den Eingriff vorgenommen hat, Abs. 1 und 2 anzuwenden ist. Entsprechendes gilt beim Versuch: Während die Schwangere in allen Beteiligungsformen nach Abs. 4 S. 2 straflos bleibt, werden die anderen Beteiligten als Versuchstäter oder als Teilnehmer an dem Versuch (AG Albstadt MedR 1988, 261) erfasst.

17 **c)** Ist jemand an demselben Schwangerschaftsabbruch **zugleich als Täter** (auch Mittäter) **und Teilnehmer** beteiligt, so geht die Teilnahme regelmäßig in der Täterschaft auf (ebenso Gropp/Wörner in MüKoStGB Rn. 38; → Vor § 25 Rn. 13). Daher ist die Schwangere, die einen Dritten zum Schwangerschaftsabbruch anstiftet und alsdann den Eingriff an sich zulässt, idR nur Mittäterin nach Abs. 3. Ein Arzt

kann durch Nennung einer Abtreibungsklinik Beihilfe leisten (OLG Oldenburg ZfL 2013, 56; Kraatz NStZ-RR 2014, 65).

7. Zu **Abs. 2** (besonders schwere Fälle), der für die Schwangere nicht gilt, → § 46 Rn. 6–21 (krit. Wagner JR 1979, 295). Als unbenannter besonders schwerer Fall kommt auch gewerbsmäßiges Handeln in Frage (Laufhütte/Wilkitzki JZ 1976, 329 (330)). 18

a) Nr. 1: „Gegen den Willen" setzt eine Manifestation des entgegenstehenden natürlichen Willens voraus, der auch bei Vorliegen einer Indikation (§ 218a II, III) maßgebend ist (Rogall in SK-StGB Rn. 38; aus der Rspr. LG Wiesbaden ZfL 2006, 103 mAnm Riemer); bloß innere Missbilligung genügt nicht (Weber in Arzt/Weber/Heinrich/Hilgendorf StrafR BT § 5 Rn. 35 Fn. 38). Ist jedoch das Einverständnis abgenötigt oder die Freiheit der Entschließung durch berauschende, betäubende oder ähnliche Mittel beeinträchtigt, so reicht der mutmaßlich entgegenstehende Wille aus (Eser/Weißer in Schönke/Schröder Rn. 58; krit. Gropp/Wörner in MüKoStGB Rn. 63, der einen sonstigen atypischen besonders schweren Fall annimmt). 19

b) Nr. 2: Erforderlich ist die konkrete Gefahr (→ § 315c Rn. 21, 22) des Todes oder einer schweren Gesundheitsschädigung (→ § 250 Rn. 3). Einwilligung der Schwangeren in das Risiko ist unerheblich (Weber in Arzt/Weber/Heinrich/Hilgendorf StrafR BT § 5 Rn. 36). **Leichtfertig** → § 15 Rn. 55; bei vorsätzlicher Gefährdung, die nicht unter Nr. 2 fällt (trotz Fehlens des Wortes „wenigstens" aM Kröger in LK-StGB, Rn. 65; Merkel in NK-StGB Rn. 167), liegt idR ein unbenannter besonders schwerer Fall vor (Laufhütte/Wilkitzki JZ 1976, 329 (330); Rudolphi/Rogall in SK-StGB Rn. 41); die Strafschärfung ist daher auch neben einem versuchten Tötungsdelikt gegen die Schwangere einschlägig (BGH NStZ 2021, 423). 20

8. Mit vorsätzlicher (BGHSt 11, 15 = NJW 1958, 189; BGH NStZ 1996, 276; NStZ 2021, 423; Fischer Rn. 5) und fahrlässiger (BGHSt 15, 345 = NJW 1961, 978) Tötung ist **Tateinheit** möglich. Der vollendete Schwangerschaftsabbruch (nicht der Versuch, BGHSt 28, 11 = NJW 1978, 2040; → Vor § 52 Rn. 28; auch nicht der des Regelbeispiels nach Abs. 2 Nr. 1 LG Wiesbaden ZfL 2006, 103) verdrängt nicht nur die für ihn notwendige einfache (§ 223; Laue in Maurach/Gössel/Zipf StrafR AT II § 55 Rn. 11), sondern auch die gefährliche (jetzt § 224) Körperverletzung der Schwangeren (BGHSt 28, 11 = NJW 1978, 2040 mkritAnm Wagner JR 1979, 295; Kröger in LK-StGB, Rn. 58; aM BGH NJW 2007, 2565 (2566); Satzger Jura 2008, 424 (433); Kindhäuser/Hilgendorf in LPK-StGB Rn. 8; Merkel in NK-StGB Rn. 153; Rogall in SK-StGB Rn. 44); im Falle des § 224 gilt das ungeachtet der Verschärfung des Strafrahmens durch das VerbrBG (→ Vor § 38 Rn. 4), weil sie keine wesentliche Verschiedenheit des Unrechtsgehalts der beiden zusammentreffenden Tatbestände bewirkt hat (aM BGH NJW 2007, 2565 mablAnm Wiebe ZfL 2008, 16; zust. aber Satzger JK StGB §§ 52, 218, 224 I Nr. 5 Rn. 13; für § 223 und § 218-Versuch AG Meschede ZfL 2008, 89 mAnm Wiebe, Tateinheit). Früher hat die Rspr. Gesetzeseinheit auch für Körperverletzung mit schwerer Folge (jetzt §§ 226, 227) bejaht (BGHSt 10, 312 = NJW 1957, 1446; BGHSt 15, 345 = NJW 1961, 978), nach der starken Ermäßigung der Strafdrohung für § 218 aber zutr. Tateinheit mit § 227 angenommen (BGHSt 28, 11 = NJW 1978, 2040), was dann entsprechend auch für § 226 (Wessels/Hettinger/Engländer StrafR BT I Rn. 242; Kröger in LK-StGB, Rn. 59) gelten muss. Bei weiterreichenden, dh für 21 den Schwangerschaftsabbruch nur teilweise notwendigen, Verletzungen kommt Tateinheit in Frage (BGH GA 1966, 339). Führt ein Eingriff nach § 218 zu einer Frühgeburt und wird das Kind alsdann durch neue Einwirkung getötet (→ Rn. 4), so liegt idR Tatmehrheit zwischen versuchtem Schwangerschaftsabbruch, der allerdings für die Schwangere nicht mit Strafe bedroht ist (Abs. 4 S. 2), und vorsätzlicher Tötung vor (BGHSt 13, 21 = NJW 1959, 823; Gropp/Wörner in MüKoStGB Rn. 60; anders BGHSt 10, 291 = BeckRS 1957, 31184670; sa Roxin JA 1981, 542 (545)). **Wahlfeststellung** ist nicht möglich zwischen §§ 218, 263 bei Lieferung eines möglicherweise untauglichen Mittels (→ § 1 Rn. 15), wohl aber zwischen §§ 218, 211 ff. bei Zweifeln, ob das Kind den Eingriff überlebt hat und erst durch nachträgliche Einwirkung oder Unterlassung zu Tode gebracht wurde (hM; vgl. etwa Kröger in LK-StGB, Rn. 69; anders Eser/Weißer in Schönke/Schröder Rn. 70).

22 **9.** Geltungsbereich § 5 Nr. 9 (→ § 5 Rn. 3).

§ 218a Straflosigkeit des Schwangerschaftsabbruchs

(1) Der Tatbestand des § 218 ist nicht verwirklicht, wenn
1. **die Schwangere den Schwangerschaftsabbruch verlangt und dem Arzt durch eine Bescheinigung nach § 219 Abs. 2 Satz 2 nachgewiesen hat, daß sie sich mindestens drei Tage vor dem Eingriff hat beraten lassen,**
2. **der Schwangerschaftsabbruch von einem Arzt vorgenommen wird und**
3. **seit der Empfängnis nicht mehr als zwölf Wochen vergangen sind.**

(2) Der mit Einwilligung der Schwangeren von einem Arzt vorgenommene Schwangerschaftsabbruch ist nicht rechtswidrig, wenn der Abbruch der Schwangerschaft unter Berücksichtigung der gegenwärtigen und zukünftigen Lebensverhältnisse der Schwangeren nach ärztlicher Erkenntnis angezeigt ist, um eine Gefahr für das Leben oder die Gefahr einer schwerwiegenden Beeinträchtigung des körperlichen oder seelischen Gesundheitszustandes der Schwangeren abzuwenden, und die Gefahr nicht auf eine andere für sie zumutbare Weise abgewendet werden kann.

(3) Die Voraussetzungen des Absatzes 2 gelten bei einem Schwangerschaftsabbruch, der mit Einwilligung der Schwangeren von einem Arzt vorgenommen wird, auch als erfüllt, wenn nach ärztlicher Erkenntnis an der Schwangeren eine rechtswidrige Tat nach den §§ 176 bis 178 des Strafgesetzbuches begangen worden ist, dringende Gründe für die Annahme sprechen, daß die Schwangerschaft auf der Tat beruht, und seit der Empfängnis nicht mehr als zwölf Wochen vergangen sind.

(4) [1]Die Schwangere ist nicht nach § 218 strafbar, wenn der Schwangerschaftsabbruch nach Beratung (§ 219) von einem Arzt vorgenommen worden ist und seit der Empfängnis nicht mehr als zweiundzwanzig Wochen verstrichen sind. [2]Das Gericht kann von Strafe nach § 218 absehen, wenn die Schwangere sich zur Zeit des Eingriffs in besonderer Bedrängnis befunden hat.

1 **1.** § 218a beschreibt die Voraussetzungen, unter denen ein Schwangerschaftsabbruch straflos, dh entweder schon nicht tatbestandsmäßig (Abs. 1) oder nicht rechtswidrig (Abs. 2 und 3) oder lediglich straffrei ist (Abs. 4). Nachdem das Gesetz

in Übereinstimmung mit der Entscheidung des BVerfG die Fälle der Beratungsregelung als nicht tatbestandsmäßig eingestuft und in den Fällen der Abs. 2 und 3 die Rechtmäßigkeit des Schwangerschaftsabbruchs ausdrücklich bestimmt hat (→ Vor § 218 Rn. 16), ist zwischen tatbestandslosen (→ Rn. 3), gerechtfertigten (→ Rn. 7) und rechtswidrigen, aber straffreien (→ Rn. 22) Schwangerschaftsabbrüchen zu unterscheiden.

2. a) Allgemeine Voraussetzung jedes straflosen Schwangerschaftsabbruchs ist die Vornahme des Eingriffs durch einen **approbierten Arzt** der Humanmedizin, der nicht notwendig Gynäkologe oder Chirurg sein muss (Satzger Jura 2008, 424 (430); krit. Eser/Weißer in Schönke/Schröder Rn. 58). Erfasst wird danach auch der Eingriff einer Ärztin im Falle der „Selbstabtreibung" (Laufhütte/Wilkitzki JZ 1976, 329 (331); Eser/Weißer in Schönke/Schröder Rn. 58; aM Kröger in LK-StGB, Rn. 16; krit. Gössel JR 1976, 1; zw.). Approbation nach ausländischem Recht genügt nicht, weil die dem Arzt auferlegten, verfassungsrechtlich begründeten Pflichten (→ Vor § 218 Rn. 14) nur den in der Bundesrepublik approbierten Arzt treffen (Eser/Weißer in Schönke/Schröder Rn. 58; aM Merkel in NK-StGB Rn. 6–8). Der im Ausland vorgenommene Eingriff ist daher im Allgemeinen rechtswidrig; jedoch unterliegt der ausländische Arzt regelmäßig nicht dem Strafrecht der Bundesrepublik (§§ 3–7) und die beteiligte Frau bleibt unter den Voraussetzungen des Abs. 4 S. 1 straffrei (Kröger in LK-StGB Rn. 15). Wird die Schwangerschaft durch Einnahme von Mitteln abgebrochen, so kommt es meist nur darauf an, ob ein Arzt das Mittel verschrieben und seine ordnungsmäßige Einnahme überwacht hat (expl. Laufhütte/Wilkitzki JZ 1976, 329 (330)). Der Eingriff eines **Nichtarztes** ist rechtswidrig, es sei denn, dass in einer gegenwärtigen, nicht anders abwendbaren Gefahr für Leib oder Leben keine andere Hilfe erreichbar ist; in solchen Fällen kann auf § 34 zurückgegriffen werden (Gropp FS Schreiber, 2005, 113 (116); Gropp/Wörner in MüKoStGB Rn. 30 zu § 218; sowie Eser/Weißer in Schönke/Schröder § 218 Rn. 37; gegen diese Beschränkung Merkel in NK-StGB § 218 Rn. 139). 2

b) Weitere allgemeine Voraussetzung ist nach herrschender, nicht unproblematischer Meinung die **kunstgerechte Ausführung** (→ § 223 Rn. 9) des Eingriffs (Eser/Weißer in Schönke/Schröder Rn. 59; Kröger in LK-StGB, Rn. 19, 20; diff. Gropp/Wörner in MüKoStGB Rn. 26); zu bedenken ist jedoch, dass hier ausschließlich Interessen der Schwangeren betroffen sind, die durch die Tötungs- und Körperverletzungstatbestände umfassenden Schutz genießen (Satzger Jura 2008, 424 (430); Weber in Arzt/Weber/Heinrich/Hilgendorf StrafR BT § 5 Rn. 55; Merkel in NK-StGB Rn. 9–13). 2a

3. Abs. 1: Die Neufassung durch das SFHÄndG (→ Vor § 218 Rn. 19) dient der Anpassung an die durch das Urteil des BVerfG entstandene Rechtslage. Sie stimmt mit dem nichtigen Abs. 1 aF insoweit überein, als sie zur Straflosigkeit (aller am Eingriff Beteiligten) das Verlangen der Schwangeren, den Nachweis der mindestens drei Tage zurückliegenden Beratung (§ 219) und den Abbruch der Schwangerschaft durch einen Arzt (→ Rn. 2) innerhalb der 12-Wochen-Frist voraussetzt (Satzger Jura 2008, 424 (430)). Auf die Gründe für die Letztentscheidung der Schwangeren kommt es danach nicht an. Der grundlegende Unterschied besteht aber darin, dass die Einhaltung des Beratungsverfahrens den Eingriff schon aus dem Tatbestand ausnimmt und damit das grundsätzliche Verbot des Schwangerschaftsabbruchs unberührt lässt (zur Kritik → Vor § 218 Rn. 16). 3

4 **a) Verlangen** ist mehr als Einwilligung (ebenso Satzger Jura 2008, 424 (430); Mitsch in Leipold/Tsambikakis/Zöller Rn. 7). Nach dem Gesetzeszweck ist hier – abweichend von § 216 I (→ § 216 Rn. 2) – die ausdrückliche, an den Arzt (uU vermittelt durch die Arztgehilfen) gerichtete Aufforderung notwendig, den Eingriff vorzunehmen. Bloß konkludente oder auch ausdrückliche Einwilligung nach (nicht selten von Angehörigen veranlasster) Überredung durch den Arzt genügt nicht (ebenso Gropp/Wörner in MüKoStGB Rn. 16). Die Wirksamkeit des Verlangens bestimmt sich nach den für die Einwilligung geltenden Regeln (→ § 228 Rn. 3–9).

5 **b)** Der **Beratungsnachweis** erfordert, dass eine Beratung tatsächlich stattgefunden hat (BT-Drs. 13/1850, 21; Eser/Weißer in Schönke/Schröder Rn. 6) und dass die vorgelegte **Bescheinigung** echt ist, von einer anerkannten Beratungsstelle (§ 219 II iVm §§ 8, 9 SchKG) stammt und insoweit der Wahrheit entspricht, als sie die Einhaltung der Drei-Tages-Frist (in die der Tag der Erteilung nicht eingerechnet wird, § 187 I BGB) beweisen soll. Fehlt es daran, so ist der Schwangerschaftsabbruch rechtswidrig und bei Kenntnis der Sachlage für alle Beteiligten nach § 218 strafbar. Bei irriger Annahme der Voraussetzungen kommt je nach den Umständen ein Tatbestandsirrtum in Frage. Nicht nachprüfbar ist dagegen die inhaltliche Richtigkeit und Vollständigkeit der Beratung (aM Rogall in SK-StGB Rn. 9), auch wenn im Einzelfall durch Überschreitung der Grenze des noch Vertretbaren die Berufspflicht verletzt wurde (→ § 219 Rn. 6). Nur reine Scheinberatung, die alle wichtigen Informationen unterdrückt oder wider besseres Wissen falsch vermittelt, ist keine Beratung im Sinne der Vorschrift (weiter einschr. Eser/Weißer in Schönke/Schröder § 219 Rn. 22–26). Hat der abbrechende Arzt entgegen § 219 II 3 zuvor die Konfliktberatung durchgeführt, so macht er sich nach § 218c I Nr. 4 strafbar (→ § 218c Rn. 5). Die Existenz dieses Tatbestandes zwingt zu der Annahme, dass die Zuwiderhandlung nicht die Unwirksamkeit der Beratungsbescheinigung und Strafbarkeit nach § 218, sondern bloße Ungehorsamsstrafe nach § 218c zur Folge haben soll (Eser/Weißer in Schönke/Schröder § 218c Rn. 10).

6 **c)** Die **12-Wochen-Frist** ist nach dem jeweiligen Stand der wissenschaftlichen Erkenntnis zu ermitteln. In der Praxis ist sie nur innerhalb einer gewissen Schwankungsbreite durch ärztliche Untersuchung (namentlich Ultraschalluntersuchung) näher konkretisierbar. Da sie vornehmlich dem Gesundheitsschutz der Schwangeren dient, darf sie auch dann nicht überschritten werden, wenn die Beratungsbescheinigung (→ Rn. 5) – gleich aus welchen Gründen – verspätet erteilt wurde.

7 **4. Abs. 2, 3** beschreiben die sog. **Indikationen,** die als **Rechtfertigungsgründe** zu deuten sind (Satzger Jura 2008, 424 (430); → Vor § 218 Rn. 16).

a) Gemeinsame notwendige, für sich allein aber nicht hinreichende (Eser/Weißer in Schönke/Schröder Rn. 61) Voraussetzung ist die **Einwilligung der Schwangeren.** Ihr Inhalt, ihre Wirksamkeit, ihre Ersetzung durch den gesetzlichen Vertreter und die Möglichkeit mutmaßlicher Einwilligung (→ Vor § 32 Rn. 19–21) bestimmen sich nach den zT umstrittenen Regeln, die allgemein für die rechtfertigende Einwilligung gelten (→ § 228 Rn. 3–9; zusf. Lenckner in Eser/Hirsch, Sterilisation und Schwangerschaftsabbruch, 1980, S. 173; eing. Merkel in NK-StGB Rn. 16–49; speziell zum „Kausalitätszusammenhang" zwischen Aufklärungsfehler und Einwilligung Merkel in NK-StGB Rn. 38–43); zur näheren Konkretisierung können die Vorschriften über die Einwilligung, die in zahlreichen Entwürfen mit Indikationenmodellen enthalten sind (zB BT-Drs. VI/3434, 3 (28); BT-Drs.

7/1983, 15 (27); BT-Drs. 7/4211, 3), als vorsichtig zu handhabende Auslegungshilfe dienen (vgl. Henke NJW 1976, 1773 (1775); Rogall in SK-StGB Rn. 24). Ob auch eine Minderjährige auf der Grundlage des SFHÄndG (→ Vor § 218 Rn. 19) selbständig, dh unabhängig von ihrem gesetzlichen Vertreter, einwilligungsfähig sein kann, ist umstritten, dürfte aber zu bejahen sein (Merkel in NK-StGB Rn. 28–30; aM OLG Hamm JR 1999, 333 mit abl., den Diskussionsstand umfassend dokumentierender Anm. Schlund; sa Wiebe ZfL 2000, 12), und zwar schon deshalb, weil im Strafrecht allein die natürliche Einsichts- und Urteilsfähigkeit maßgebend ist (ebenso Satzger Jura 2008, 424 (432); Gropp/Wörner in MüKoStGB Rn. 19; enger Merkel in NK-StGB Rn. 21; → § 228 Rn. 5; → Vor § 32 Rn. 16). Die nach den Maßstäben des BtG zu beurteilende Frage, wem bei fehlender oder zweifelhafter selbständiger Einwilligungsfähigkeit der Minderjährigen die letzte Entscheidungskompetenz zusteht (der Schwangeren, dem gesetzlichen Vertreter oder dem Vormundschaftsgericht), bedarf noch weiterer Klärung (expl. OLG Hamm NJW 1998, 3424; Belling/Eberl FuR 1995, 287; Scherer FamRZ 1997, 589). Für krankheitsbedingt einwilligungsunfähige Schwangere kann ein Betreuer bestellt werden, dem die Entscheidung über die Einwilligung trotz ihrer Höchstpersönlichkeit in den Abbruch obliegt (OLG Frankfurt a. M. NJW 2008, 3790 (3791)); nach dem Maßstab des § 1896 II 1 BGB ist eine Betreuerbestellung schon dann erforderlich, wenn eine Entscheidung hinsichtlich des Abbruchs ernsthaft in Betracht kommen kann (OLG Frankfurt a. M. NJW 2008, 3790 (3792)). Kommt eine Einwilligung der Schwangeren infolge ihres Hirntodes nicht mehr in Betracht (Erlanger Schwangerschaftsfall; → § 218 Rn. 4), so dürfte eine Aufrechterhaltung der Vitalfunktionen des mütterlichen Körpers zur Rettung der Leibesfrucht ethisch nur vertretbar und rechtlich nur zulässig sein, wenn sich aus den konkreten Umständen mutmaßliche Einwilligung ableiten lässt (aM Beckmann MedR 1993, 121 (125); Rogall in SK-StGB § 218 Rn. 26) und wenn nach den allgemeinen Regeln des § 34, namentlich einer umfassenden Chancen- und Risikoabwägung, das Lebensinteresse des Ungeborenen vorzugswürdig erscheint (str.; näher zum Streitstand Hilgendorf JuS 1993, 97; Heuermann JZ 1994, 133; Kiesecker, Die Schwangerschaft einer Toten, 1996, S. 255; Eser/Weißer in Schönke/Schröder § 218 Rn. 27; zur ethischen Problematik Bockenheimer-Lucius/Seidler, Hirntod und Schwangerschaft, 1993).

b) Abweichend von § 218a III idF des SFHG ist für alle gerechtfertigten Schwangerschaftsabbrüche eine **Konfliktberatung (§ 219) nicht mehr vorgeschrieben.** Die dafür (nur für die kriminologische Indikation) gegebene Begründung, dass in diesen Fällen das Beratungsangebot der §§ 2 ff. SchKG ausreiche (BT-Drs. 13/1850, 26), überzeugt nicht. Namentlich bei der sozialmedizinischen Indikation (→ Rn. 12, 13, 16; beachte auch die Erklärung der Bundesärztekammer MedR 1999, 31, zum Schwangerschaftsabbruch nach Pränataldiagnostik, die in diesen Fällen eine eingehende Beratung für unverzichtbar hält), aber auch bei der kriminologischen (→ Rn. 18–20) haben allgemeine soziale Gesichtspunkte großes Gewicht. Die Rechtsänderung bedeutet deshalb eine Schwächung des Lebensschutzes (krit. auch Eser/Weißer in Schönke/Schröder § 219 Rn. 1/2; Fischer Rn. 29). Erweiterte Beratung, Aufklärung und Information(smaterial) sieht vor das Gesetz zur Änderung des Schwangerschaftskonfliktgesetzes v. 26.8.2009 (BGBl. I 2290); → Rn. 15, 16; → § 218b Rn. 2. 7a

c) Da nach hM die Indikationen Notlagen beschreiben, die auf einer **speziellen, unmittelbar vom Gesetz vorgenommenen Güter- und Interessen-** 8

abwägung beruhen (expl. Laufhütte/Wilkitzki JZ 1976, 329 (331); Lackner NJW 1976, 1233 (1236); → Vor § 218 Rn. 16), sind die allgemeinen für den rechtfertigenden Notstand geltenden **subjektiven Voraussetzungen** zu beachten (vgl. Satzger Jura 2008, 424 (430), Spezialfälle des rechtfertigenden Notstands). Ebenso wie dort sind daher die Fragen zu beurteilen, die sich aus dem Erfordernis des **Willens zur Gefahrabwendung** (des Rettungswillens, → § 34 Rn. 5), aus dem Meinungsstreit um die **Pflicht zur Prüfung der Rechtfertigungsvoraussetzungen** (→ § 17 Rn. 17; sa BGH JZ 1977, 139 = BeckRS 1975, 31112966; Roxin JA 1981, 542 (543); abl. Kröger in LK-StGB, Rn. 65) und aus den verschiedenen Möglichkeiten des Irrtums ergeben (zusf. Eser/Weißer in Schönke/Schröder Rn. 63, 64).

9 **d)** Neben der allgemein erforderlichen Vornahme des Eingriffs durch einen Arzt (→ Rn. 2) und der Einwilligung der Schwangeren (→ Rn. 7) muss eine in **Abs. 2, 3 beschriebene Indikation** vorliegen. Zwar ist an sich nur **eine** Indikation, die sozial-medizinische, vorgesehen (Abs. 2), während die kriminologische formell als ihr Unterfall behandelt wird (Abs. 3). Materiell verwirklicht aber diese „Unterindikation" die Voraussetzungen des Abs. 2 nicht notwendig, so dass ihre kraft unwiderleglicher Vermutung (Laufhütte/Wilkitzki JZ 1976, 329 (331); aM Schmitt FamRZ 1976, 595, Fiktion) vorgenommene Gleichstellung nichts daran ändert, dass sie unabhängig von Abs. 2 geprüft werden muss (krit. zur selben Problematik im früheren Recht Lackner NJW 1976, 1233 (1236); Schmitt FamRZ 1976, 595; Beulke FamRZ 1976, 596 (598)).

10 **e)** Beide Indikationen sind **„nach ärztlicher Erkenntnis"** zu beurteilen. Nach hM zum früheren Recht soll dieser Begriff nicht rein objektiv im Sinne der Erkenntnisse und Erfahrungen der medizinischen Wissenschaft und Praxis (→ § 223 Rn. 9), sondern unter Einbeziehung auch der konkreten subjektiven Bewertung durch den abbrechenden Arzt auszulegen sein, mit der Folge, dass diesem ein gewisser, gerichtlich nicht überprüfbarer „ärztlicher Beurteilungsspielraum" verbleibt, solange das Ergebnis noch vertretbar erscheint (BGHSt 38, 144 = NJW 1992, 763 mit zT krit. Bespr. Frommel StV 1992, 114; Otto JR 1992, 210; Lackner NStZ 1992, 331; Kluth JZ 1992, 533; Hassemer JuS 1992, 703; Vultejus NJ 1992, 198; krit. auch Rogall in SK-StGB Rn. 54; zust. Ulsenheimer/Gaede ArztStrafR Rn. 334b; Eser/Weißer in Schönke/Schröder Rn. 36; Fischer Rn. 19; weiter BGHZ 95, 199 = NJW 1985, 2752; OLG Düsseldorf NJW 1987, 2306; zusf. Satzger Jura 2008, 424 (431)). Diese Subjektivierung der Rechtfertigungsvoraussetzungen widerspricht allgemein anerkannten, für die Begründung der Rechtmäßigkeit tatbestandsmäßiger Handlungen geltenden Regeln. Sie ist auch nicht erforderlich, weil die Ärzteschaft nach neuem Recht mit der berufsfremden Aufgabe, Notlagenindikationen zu beurteilen, nicht mehr belastet ist und weil überdies auch die gebotene objektive Auslegung den Rückgriff auf die „ärztliche Erkenntnis" erfordert (Merkel in NK-StGB Rn. 133). Damit werden die arztrechtlichen Standards unter Einbeziehung auch von Außenseiterpositionen (→ § 223 Rn. 9) sowohl für den Umfang der Ermittlungspflichten des Arztes, die durch die allgemein in der ärztlichen Berufspraxis verfügbaren Erkenntnismittel begrenzt sind (BGHSt 38, 144 (154) = NJW 1992, 763), als auch für die normative Beurteilung der Indikationen zur Grundlage gemacht. Schon dadurch entsteht ein hinreichender, gerichtlich nicht überprüfbarer Spielraum (ähnlich Rogall in SK-StGB Rn. 52–54; Kröger in LK-StGB, Rn. 47; aM BayObLG NJW 1990, 2328 mAnm Eser JZ 1991, 1003). Die Zivilgerichte verlangen zur Feststellung der „ärztlichen Erkenntnis" im Schadensersatzprozess (zB der Mutter gegen fehl-

diagnostizierenden Arzt) die Einholung eines Sachverständigengutachtens (BGH NJW 2003, 3411; Müller NJW 2003, 697 (703)).

f) Die **sozial-medizinische Indikation** nach Abs. 2 (zur Kritik → Vor § 218 Rn. 22). 11

aa) **Angezeigt** (indiziert) ist der Schwangerschaftsabbruch, wenn er auf Grund eines ex-ante-Urteils nach ärztlicher Erkenntnis (→ Rn. 10) geeignet und zugleich ein angemessenes Mittel ist, um die beschriebene konkrete Gefahr abzuwenden (BT-Drs. VI/3434, 20; Gropp FS Schreiber, 2005, 113 (119); Kröger in LK-StGB, Rn. 34). Gegenwärtig braucht die Gefahr nicht zu sein; der drohende Schaden muss nur – auch wenn sein Eintritt erst später, uU nach der Geburt, zu erwarten ist – bei Fortbestehen der Schwangerschaft voraussichtlich unvermeidbar sein; der jeweils erforderliche Wahrscheinlichkeitsgrad ist nicht absolut bestimmbar, weil er auch von der Schwere der drohenden Gefahr abhängt (BT-Drs. VI/3434, 20). Erforderlich ist der Wille zur Gefahrabwendung (→ Rn. 8; Kenntnis der § 218 a II-Voraussetzungen lässt ausreichen Satzger Jura 2008, 424 (431)); an ihm fehlt es idR, aber nicht notwendig (aM BGH JZ 1977, 139 = BeckRS 1975, 31112966 mAnm Schroeder), wenn der abbrechende Arzt sich nicht selbst vergewissert, ob überhaupt eine Gefahr droht. Als **Lebensgefahr** kommt auch Selbstmordgefahr in Frage (BGHSt 3, 7 = NJW 1952, 893; Rogall in SK-StGB Rn. 40; krit. Merkel in NK-StGB Rn. 86–89, der auf die unzumutbare Bedrohung des seelischen Gesundheitszustandes abstellen will). **Beeinträchtigung des körperlichen oder seelischen Gesundheitszustandes** ist namentlich die Verursachung oder Steigerung einer physischen oder psychischen Krankheit (zB erhebliche Depression mit Krankheitswert, BGH NJW 2002, 2636 (2638) mit krit. Bespr. Stürner JZ 2003, 155). Darüber hinaus werden aber auch solche Zustände, dh Störungen von erheblicher Dauer (Kröger in LK-StGB, Rn. 39), erfasst, die keinem medizinisch fest umschriebenen Krankheitsbild entsprechen, sondern erst auf Grund einer Gesamtwürdigung auf dem Hintergrund der **gegenwärtigen und zukünftigen Lebensverhältnisse** eine biologisch signifikante Verschlechterung der körperlichen oder seelischen Verfassung der Schwangeren erkennbar machen (BT-Drs. VI/3434, 20; Gropp/Wörner in MüKoStGB Rn. 44; für seelische Beeinträchtigungen stellt die Zivilrechtsprechung hohe Anforderungen, BGH NJW 2002, 886 mit Bespr. Gehrlein NJW 2002, 870; sa BGH NJW 2002, 2636 (2639); jugendliches Alter soll nicht reichen, OLG Köln MedR 2010, 41; Spickhoff NJW 2010, 1724). Deshalb kann uU die Summierung familiärer und wirtschaftlicher Belastungen bei psychisch Labilen die Gefahr psychoneurotischer, neurasthenischer oder depressiver Fehlentwicklungen begründen (BT-Drs. VI/3434, 20). Das zusätzliche Erfordernis **schwerwiegender** Beeinträchtigung scheidet alle Belastungen aus, die normalerweise mit einer Schwangerschaft verbunden sind (Satzger Jura 2008, 424 (431), nicht schon jede Störung des subjektiven Wohlbefindens), darüber hinaus aber auch solche, deren Hinnahme bei einer Gesamtabwägung mit dem Lebensinteresse des Ungeborenen keine Überforderung der Schwangeren bedeutet (BT-Drs. VI/3434, 20; ähnlich Kröger in LK-StGB, Rn. 41). 12

bb) Auch bei Vorliegen dieser Voraussetzungen ist der Schwangerschaftsabbruch nur als **ultima ratio** zulässig (Subsidiaritätsgrundsatz). Eine zur Verfügung stehende ärztliche oder sozialpflegerische Abhilfe schließt daher die Indikation grds. aus. Sie kann aber **unzumutbar** sein (krit. zu diesem Kriterium „ohne eigenständige Bedeutung" Momsen, Die Zumutbarkeit als Begrenzung strafrechtlicher Pflichten, 2006, S. 442, 537), wenn sie die Schwangere in einem mit dem Sinn der Indikation 13 unvereinbaren Maße belasten würde (BVerfGE 88, 203 (256) = NJW 1993, 1751). Ob das zutrifft, ist auf Grund einer **Gesamtwürdigung** nach den Umständen des Einzelfalls zu beurteilen, wobei der Maßstab umso strenger ist, je mehr sich die Schwangerschaft ihrem Ende zuneigt (Eser/Weißer in Schönke/Schröder Rn. 34). Unzumutbarkeit kommt namentlich bei einer sonst unumgänglichen langfristigen Einweisung in eine Klinik oder ein psychiatrisches Krankenhaus in Frage (hM; vgl. BT-Drs. VI/3434, 21; Kröger in LK-StGB, Rn. 45; Merkel in NK-StGB Rn. 126). Dasselbe gilt auch für die Unterbringung des zu erwartenden Kindes in einem Heim oder einer anderen Familie, vor allem für seine Adoption. Die Frage ist früher im Rahmen der Notlagenindikation behandelt worden, stellt sich in eingeschränktem Maße aber auch bei der sozial-medizinischen. Eine solche Weggabe des Kindes unmittelbar nach der Geburt ist weder grds. zumutbar (so aber AG Celle NJW 1987, 2307), noch ist sie grds. unzumutbar (so aber LG Memmingen NStZ 1989, 227; Kröger in LK-StGB, Rn. 44; Merkel in NK-StGB Rn. 130), sondern auch hier nach den Umständen des Einzelfalls zu beurteilen (BayObLG NJW 1990, 2328; Heghmanns StrafR BT Rn. 360; Rogall in SK-StGB Rn. 47; sa Pesch/Hattenhauer LebSchrR Nr. 14, S. 15, 35); allerdings ist die Zumutbarkeit regelmäßig zu verneinen, wenn nicht auszuschließen ist, dass mit der Weggabe des Kindes eine schwere seelische Belastung der Schwangeren verbunden wäre (ähnlich BGHSt 38, 144 (161) = NJW 1992, 763; sa Beulke FamRZ 1976, 596 (600); Weber in Arzt/Weber/Heinrich/Hilgendorf StrafR BT § 5 Rn. 65; Eser/Weißer in Schönke/Schröder Rn. 35). Unzumutbarkeit wird ferner bei einer Mehrlingsschwangerschaft zu bejahen sein, wenn durch partiellen Schwangerschaftsabbruch (zB Reduktion von Fünflingen auf Zwillinge) eine hinreichende Verminderung der zu erwartenden Belastung erreichbar wäre, die Schwangere aber diesen Eingriff verweigert (Eberbach JR 1989, 265 (271); Eser/Weißer in Schönke/Schröder Rn. 34; aM de lege lata Merkel in NK-StGB Rn. 113–122; zur zivilgerichtlichen Beurteilung des für beide tödlichen Abbruchs einer Zwillings-Schwangerschaft BGH NJW 2002, 886 mit Bespr. Gehrlein NJW 2002, 870).

14 **g)** aa) Nachdem die im SFHG (→ Rn. 7) noch vorgesehene (dort § 218a III) und im Urteil des BVerfG (BVerfGE 88, 203 (257) = NJW 1993, 1751) gebilligte **embryopathische Indikation** weggefallen ist (zur Kritik → Vor § 218 Rn. 22), geht der Gesetzgeber davon aus, dass sie durch die **sozial-medizinische** aufgefangen werden kann (BT-Drs. 13/1850, 26; OLG Frankfurt a. M. NJW 2008, 3790 (3792)). Im Hinblick darauf, dass bei dieser Indikation auch die gegenwärtigen und künftigen Lebensverhältnisse der Schwangeren zu berücksichtigen sind und dass nach der Intention des Gesetzgebers auch die erst nach der Geburt drohende Beeinträchtigung ihres seelischen Gesundheitszustandes relevant ist (dazu Otto Jura 1996, 135 (141)), kann die sozial-medizinische Indikation regelmäßig bejaht werden, wenn die zu erwartende, nicht behebbare Schädigung der Leibesfrucht nach Art und Schwere (Kröger in LK-StGB, Rn. 50) so erheblich ist, dass die Pflege und Erziehung des kranken Kindes auch bei voller Anerkennung seines Lebensrechts eine zeitlich, kräftemäßig oder wirtschaftlich unzumutbare Überforderung der Schwangeren, uU auch im Hinblick auf bereits vorhandene Kinder, bedeuten würde (BT-Drs. VI/3434, 24; sa BVerfGE 39, 1 (49) = NJW 1975, 573; BVerfGE 88, 203 (256) = NJW 1993, 1751; krit. Hillenkamp FS Amelung, 2009, 425 (437), zu weitgehend). Zwar decken sich die rechtlichen Voraussetzungen der beiden Indikationen nicht (näher Schumann/Schmidt-Recla MedR 1998, 497; Rogall in SK-StGB Rn. 17, 18); bei der in der Rspr. und überwiegend auch im Schrifttum unangefochtenen weiten Auslegung der sozial-medizinischen Indikation (→ Rn. 12) führt die Subsumtion unter beide Rechtfertigungstatbestände aber zu weitgehend gleichen Ergebnissen und macht deshalb die sozial-medizinische Indikation als Auffangtatbestand geeignet.

bb) Mit dieser Gesetzesänderung ist deshalb die **vielschichtige Problematik** 15 der embryopathischen Indikation **nicht gelöst, sondern nur verlagert.** Im früheren Recht sind gegen diesen Rechtfertigungsgrund nicht nur wegen der mit ihm verbundenen Diskriminierung der Behinderten Einwendungen erhoben worden. Mit Recht gerügt wurde vor allem der innere Widerspruch, der darin liegt, dass die Schwangere in ihrer Entscheidung für den Abbruch nicht ihre eigene künftige Belastung, sondern ausschließlich den ihr unzureichend erscheinenden Lebenswert des Ungeborenen im Auge haben und zum ausschlaggebenden Motiv machen kann (Boland/Krone/Pfeiffer, Kindliche Indikation zum Schwangerschaftsabbruch, 1982, S. 50, 51; Hepp Geburtshilfe und Frauenheilkunde 1983, 131; Hanack GS Noll, 1984, 197; sa Jakobs in Zentrum für medizinische Ethik. Medizinethische Materialien, Heft 90, 1994; Maurach/Schroeder/Maiwald/Hoyer/Momsen StrafR BT § 6 Rn. 36, 40). Leider hat sich die pränatale Diagnostik (Amniocentese, Chorionbiopsie, Fetoskopie, Hautbiopsie usw) in Verbindung mit der problematischen Rspr. zur Haftung des Arztes, der ihre Möglichkeiten nicht oder fehlerhaft nutzt (vgl. etwa BGHZ 124, 128 = NJW 1994, 788; BGHZ 143, 389 = NJW 2000, 1782; krit. dazu Picker, Schadensersatz für das unerwünschte Leben: „wrongful life", 1995; Picker AcP 1995, 483; Zimmermann JZ 1997, 131; Laufs NJW 1998, 796; zum „Kind als Schaden" gegensätzlich BVerfGE 88, 203 (296) = NJW 1993, 1751; BVerfGE 96, 375 = NJW 1998, 519 mit kontroverser Bespr. Stürner JZ 1998, 317; Beckmann ZfL 1998, 1; MedR 1999, 138; Lamprecht NJW 1998, 1039; Sangmeister JuS 1999, 21; Losch/Radau NJW 1999, 821; Looschelders Jura 2000, 169; BGH NJW 2001, 885 (886); NJW 2002, 2636 mkritAnm Stürner JZ 2003, 155; BGH NJW 2003, 3411) zunehmend zu einem Mittel der Familienplanung entwickelt, das die „Schwangerschaft auf Probe" ermöglicht (krit. Laufs NJW 1990, 1505 (1511) sowie Fortpflanzungsmedizin und Arztrecht, 1992, S. 90; Wisser ZfL 1999, 11). Das Fortschreiten der Fetaldiagnostik und -therapie, nicht zuletzt auch der Techniken selektiver Abtreibung (→ § 218 Rn. 3), hat eine Lage geschaffen, in der die Indikation unhaltbar oder mindestens von Grund auf änderungsbedürftig geworden ist (krit. daher ua Eberbach JR 1989, 265; Cramer ZRP 1992, 136; Pluisch, Der Schwangerschaftsabbruch aus kindlicher Indikation im Spannungsfeld der pränatalen Diagnostik, 1992; krit. auch aus feministischer Sicht Hochreuter KritV 1996, 171). Die Auffassung von Reichenbach (Jura 2000, 623), der alle diese Bedenken nicht nur für unbegründet, sondern den Eintritt der geschilderten Folgen für wünschenswert hält, ist abzulehnen. Das Problem einer zu selektiver „Verwerfung" führenden Qualitätskontrolle des Nachwuchses stellt sich unter etwas anderem Blickwinkel auch bei der **Präimplantationsdiagnostik.** Das Gesetz zur Änderung des Schwangerschaftskonfliktsgesetzes v. 26.8.2009 (BGBl. I 2990) sieht in § 2a eine Beratung von Ärzten vor, wenn nach den Ergebnissen von pränatal-diagnostischen Maßnahmen dringende Gründe für die Annahme sprechen, dass die körperliche oder geistige Gesundheit des Kindes geschädigt ist. Zur Beratung im Kontext von PID und Schwangerschaftsabbruch Woopen/Rummer MedR 2009, 130 (138). Im Hinblick auf eine mögliche Strafbarkeit nach dem ESchG ist hier hinsichtlich der Verwendung pluripotenter Zellen vieles umstritten; die Entnahme totipotenter Zellen verstößt gegen das Klonverbot des § 6 I ESchG. Die Methode ist jedenfalls ethisch höchst bedenklich (näher v. Renesse ZfL 2001, 10; Beckmann

ZfL 2001, 12; Herzog ZRP 2001, 393; Renzikowski NJW 2001, 2753; Böckenförde-Wunderlich, Präimplantationsdiagnostik als Rechtsproblem, 2002 mit Bespr. Duttge JZ 2003, 411; Schlink, Aktuelle Fragen des pränatalen Lebensschutzes, 2002, S. 16, 20; Duttge GA 2002, 241; ZRph 2004, 67 (77); Hörnle GA 2002, 659; Neidert ZRP 2002, 467; Hufen/Reiter ZRP 2002, 372; Lüderssen GS Meurer, 2002, 209 (211); Eibach MedR 2003, 441; Eser/Koch GS Keller, 2003, 15 (31); Lübbe MedR 2003, 148; Schreiber MedR 2003, 367 (369); Hufen JZ 2004, 313 (317); Fumagalli, Rechtsprobleme vorgeburtlicher Diagnoseverfahren, 2006; Latsiou, Präimplantationsdiagnostik, 2008; v. Wietersheim, Strafbarkeit der Präimplantationsdiagnostik, 2014 mit Bespr. Duttge medstra 2017, 95; aus philosophischer Sicht Höffe, Kritik der Freiheit, 2015, S. 83; Roxin in Roxin/Schroth MedStrafR S. 543–558; Maurach/Schroeder/Maiwald/Hoyer/Momsen StrafR BT § 7 Rn. 5); einen Vorschlag zur Gesetzesänderung enthalten die „Einbecker Empfehlungen zu Rechtsfragen der Präimplantationsdiagnostik“, MedR 2005, 117 (118). Zur Strafbarkeit der beabsichtigten und durchgeführten PID nach § 1 I Nr. 2, § 2 I ESchG Günther FS Krey, 2010, 105 (110); aus der Rspr. KG NStZ 2009, 293 mit Bespr. Schroth NStZ 2009, 233 (238); Spranger MedR 2010, 36; VG München medstra 2017, 58; für Straflosigkeit, wenn PID zur Vermeidung schwerer genetischer Schäden eingesetzt wird, BGHSt 55, 206 = NJW 2010, 2672 mit Bespr. Brunhöber HRRS 2010, 412; Dederer MedR 2010, 819; Kreß ZRP 2010, 201; Kudlich JA 2010, 833; Reiß HRRS 2010, 418; Schroth NJW 2010, 2676; Kraatz NStZ-RR 2012, 33 (37); König FS Achenbach, 2011, 207; eing. zur „Strafbarkeit der PID de lege lata und de lege ferenda“ von Wietersheim, 2014; dazu auch Brunhöber HRRS 2010, 142; Kraatz NStZ-RR 2012, 33 (37). Inzwischen ist eine gesetzliche Regelung erfolgt, welche die PID in bestimmten Fällen zulässt (PräimplantationsdiagnostikG v. 7.7.2011, BGBl. I 222; dazu Frister/Lehmann JZ 2012, 659; Frommel JZ 2013, 488; Kubiciel NStZ 2013, 382; Pestalozza MedR 2013, 343). Durch dieses Gesetz wurde die Strafbarkeit des § 3a in das ESchG eingefügt, der in Abs. 2 Ausnahmen vom grundsätzlichen PID-Verbot vorsieht (kommentiert von Taupitz in Günther/Taupitz/Kaiser, Embryonenschutzgesetz, 2. Aufl. 2014).

16 Die Ausgestaltung der sozial-medizinischen Indikation als Auffangtatbestand für die embryopathische **bringt die gebotene Klärung nicht,** auch nicht das Gesetz zur Änderung des Schwangerschaftskonfliktgesetzes v. 26.8.2009 (BGBl. I 2990) nach dem Spätabtreibungen unverändert zulässig sind (Czerner ZRP 2009, 233; zum Gesetz sa Büchner ZfL 2009, 38; Duttge/Bernau ZfL 2009, 42; Frommel NKrimPol 2009, 86; Hübner MedR 2009, 390). Sie erweitert nur die Möglichkeit erlaubter Eingriffe zu Lasten des Lebensschutzes, und zwar vor allem dadurch, dass sie wegen ihrer größeren Unbestimmtheit (Burmeister LebSchrR Nr. 12, S. 51, 73 „Verstecken“ einer speziellen in einer allgemeinen Indikation; Tröndle NJW 1995, 3009 (3015) „Akt gesetzgeberischer Verhüllungskunst“; krit. auch Otto ZfL 1999, 55; Rogall in SK-StGB Rn. 48; Kröger in LK-StGB, Rn. 54, Akt symbolischer Gesetzgebung; krit. zu dieser Sicht Merkel in NK-StGB Rn. 82, 95–99) zum Missbrauch einlädt (s. aber Kröger in LK-StGB, Rn. 53, die wegen der schweren seelischen Belastung davon ausgeht, dass Schwangere nicht ohne zwingende Gründe eine Spätabtreibung auf sich nehmen werden) und auf die bisher vorgesehene – wenn auch problematische – 22 Wochen-Frist und das Erfordernis vorausgegangener Pflichtberatung (→ Rn. 7a) verzichtet hat; dass die sonstigen Voraussetzungen des Abs. 2 strenger sind als bei der früheren embryopathischen Indikation, ändert daran nichts (aM Schumann/Schmidt-Recla MedR 1998, 497 (503); Kröger in LK-StGB, Rn. 50, die von einer engeren bzw. restriktiveren Rechtslage ausgehen). Dadurch wird der bisher schon bestehende, aber nur in engen zeitlichen Grenzen mögliche innere Widerspruch verschärft, der darin besteht, dass in der letzten Schwangerschaftsphase eine bereits lebensfähige Leibesfrucht rechtmäßig abgetrieben werden darf, während das frühgeborene Kind vollen Lebensschutz nach den §§ 211 ff. genießt (dazu Helmke ZRP 1995, 441; Gropp GA 2000, 1 (8); vgl. auch Foth JR 2004, 367 (370) mit dem Hinweis, dass Spätabbrüche zunehmend durchgeführt werden, um dem „Risiko" intensivmedizinischer Behandlungspflicht geschädigter Kinder zu entgehen). Führt nämlich der Versuch eines nach Abs. 2 indizierten Schwangerschaftsabbruchs **zur Geburt eines** – geschädigten oder ungeschädigten – **lebenden Kindes,** so ist dessen Tötung nicht deshalb erlaubt, weil der Schwangerschaftsabbruch gerechtfertigt war (ebenso Rudolphi/Rogall in SK-StGB Rn. 48). Der Arzt ist vielmehr Garant für das Leben des Kindes und zur Unterlassung von Behandlungsmaßnahmen nur nach den allgemein für die sog. Früheuthanasie geltenden Regeln (→ Vor § 211 Rn. 5) befugt (Weiß GA 1995, 373; Merkel, Früheuthanasie, 2001, S. 237; zu Unrecht aM StA Oldenburg NStZ 1999, 461 mablAnm Tröndle; Foth JR 2004, 367 (370); sa Tröndle LebSchrR Nr. 16, S. 95; zur medizinischen Problematik Hepp Geburtshilfe und Frauenheilkunde 1983, 131; Hepp in Jung/Müller-Dietz, § 218 StGB – Dimensionen einer Reform, 1983, S. 1; Hiersche/Rissing-van Saan MDR 1986, 1). Die Verschärfung des Strafrahmens in § 213 und die Aufhebung des § 217 durch das 6. StrRG (→ Vor § 38 Rn. 8–11) haben die Relevanz dieses Widerspruchs noch weiter vergrößert. Für die beteiligten Ärzte können daraus unlösbare Gewissenskonflikte erwachsen. In der politischen Diskussion sind deshalb auch unter Befürwortern des SFHÄndG (→ Vor § 218 Rn. 19–21) Forderungen nach Abhilfe laut geworden (beachte auch die Erklärung der Bundesärztekammer (→ Rn. 7 a) und die Richtlinien der Bundesärztekammer zur pränatalen Diagnostik von Krankheiten und Krankheitsdispositionen, DÄBl 1998, 3236; Deutsch ZRP 2003, 332). **Spätabtreibungen** sind nicht nur moralisch (dazu Merkel in NK-StGB Rn. 107), sondern auch rechtlich bedenklicher als frühe Abtreibungen (Deutsch ZRP 2003, 332; Gropp/Wörner in MüKoStGB Rn. 64; Gropp GA 2000, 1, der vorschlägt, den strafrechtlichen Begriff „Mensch" de lege ferenda auch auf Ungeborene mit Beginn ihrer Lebensfähigkeit, spätestens jedoch mit Ablauf der 20. Schwangerschaftswoche zu erstrecken, krit. Küper GA 2001, 515 (532); aM Merkel in NK-StGB Rn. 107, der einen einheitlichen Schutz früher und später Embryonen grundrechtlich für geboten hält; ähnlich Dreier JZ 2007, 261 (269); Pro (Hoerster) und Contra (Rüttgers) ZRP 2007, 71; aus der Zivilrechtsprechung vgl. BGH NJW 2002, 2636 (2638)); teilweise wird auch die Wiedereinführung einer Frist gefordert (Deutsch ZRP 2003, 332; Schumann/Schmidt-Recla MedR 1998, 497 (504); wohl auch Gropp/Wörner in MüKoStGB Rn. 65; Wetz ARSP 1997, 555 (566); dagegen wegen der Gefahr von Panikabbrüchen Kröger in LK-StGB, Rn. 52; kein verfassungsrechtliches Gebot zur Befristung erkennt BGH NJW 2002, 2636 (2638)). Zum „Spätabbruch in der Schweiz" *Tschuor-Naydowski*, Der Spätabbruch in der Schweiz, 2014.

cc) Ein Vorteil gegenüber dem früheren Recht besteht lediglich darin, dass infolge Wegfalls der 22-Wochen-Frist eine Fallgruppe ohne Auslegung contra legem lösbar wird: Wenn die bisweilen mögliche **sichere Diagnose perinataler Lebensunfähigkeit** des Fötus (zB bei Anencephalen, → § 218 Rn. 5) gestellt werden muss, die unmittelbar nach der Geburt einen Behandlungsabbruch rechtfertigen würde (→ Vor § 211 Rn. 5), so dürfte Abs. 2 regelmäßig deshalb erfüllt sein, weil die mit der Fortsetzung der Schwangerschaft verbundene sinnlose Belastung der **17**

Schwangeren unzumutbar wäre (ähnlich Kröger in LK-StGB, § 218 Rn. 4; Rogall in SK-StGB Rn. 47; krit. Hillenkamp FS Amelung, 2009, 425 (444)).

18 **h)** Die **kriminologische Indikation** nach Abs. 3. Sie wird häufig auch als ethische, humanitäre oder Vergewaltigungsindikation bezeichnet.

19 aa) **Vorausgesetzt wird eine rechtswidrige,** nicht notwendig schuldhafte (Mitsch in Leipold/Tsambikakis/Zöller Rn. 14), **Tat** (→ § 11 Rn. 18; → § 29 Rn. 1) nach §§ 176–178, welche die Schwangerschaft verursacht hat; Inzest (§ 173) genügt nicht, doch kommt uU eine Indikation nach Abs. 3 in Betracht (Gropp/Wörner in Müko-StGB Rn. 75). Ob die Schwangere, soweit das nach den Tatbeständen überhaupt in Frage kommt (zB in Fällen von § 176 I), in die Tat eingewilligt hatte, ist unerheblich (Eser/Weißer in Schönke/Schröder Rn. 47); nach dem Sinn der Regelung gilt dasselbe auch – und zwar ungeachtet der umstrittenen systematischen Stellung des Vorsatzes im Verbrechensaufbau (→ § 15 Rn. 34) – für vorsatzausschließende Irrtümer des Täters, etwa über das Alter des Kindes in Fällen des § 176 I oder über das Einverständnis des Opfers in Fällen des § 177 (Kröger in LK-StGB, Rn. 59; für gesetzgeberische Klarstellung Merkel in NK-StGB Rn. 151). Die Ausweitung von § 177 auch auf das Nein-heißt-Nein-Konzept in § 177 I nF (→ § 177 Rn. 5) erweitert den Kreis möglicher Indikationsfälle. **Dringende Gründe** für die Annahme, dass die Schwangerschaft auf der rechtswidrigen Tat beruht, erfordert keinen sicheren Nachweis; es genügt ein solcher Grad von Wahrscheinlichkeit, dass dieser Zusammenhang ernstlich in Betracht zu ziehen ist (ebenso Merkel in NK-StGB Rn. 152; Rogall in SK-StGB Rn. 58; enger Gropp/Wörner in MüKoStGB Rn. 76 „hoher Wahrscheinlichkeitsgrad"). Dabei ist auf den Sachstand unmittelbar vor dem Schwangerschaftsabbruch abzustellen. Zur Aufklärung braucht der Arzt nicht wie eine Ermittlungsbehörde tätig zu werden, sondern sich nur der Erkenntnismittel bedienen, die allgemein in der Berufspraxis verfügbar sind (BT-Drs. 13/1850, 26; Satzger Jura 2008, 424 (431); → Rn. 10); bei Zweifeln an der Glaubwürdigkeit der Schwangeren kommt in Frage, mit deren Einwilligung die Staatsanwaltschaft um Auskunft oder Einsicht in etwa vorhandene Ermittlungsakten zu bitten (vgl. dazu Nr. 9 der vorläufigen AO des BVerfG, BVerfGE 88, 203 (223) = NJW 1993, 1751; krit. Rogall in SK-StGB Rn. 59; Eser/Weißer in Schönke/Schröder Rn. 49).

20 bb) Einer besonderen Prüfung, ob die Konfliktslage von solchem Gewicht war, dass **die Fortsetzung der Schwangerschaft nicht verlangt werden kann,** bedarf es hier nicht, weil das nach der Wertung des Gesetzes stets zutrifft (Lackner NJW 1976, 1233 (1238); Eser/Weißer in Schönke/Schröder Rn. 51).

cc) Zur **Zwölf-Wochen-Frist** → Rn. 6. Zur Problematik in Fällen, in denen den Sorge- und Entscheidungsberechtigten die Schwangerschaft des Kindes oder der psychisch kranken Frau erst nach dieser Frist bekannt wird (Merkel in NK-StGB Rn. 156).

21 **i)** Über diesen anerkannten Bereich hinaus schließt das BVerfG die Möglichkeit einer rechtfertigenden **Notlagenindikation** unter der Voraussetzung ihrer Gleichwertigkeit (Kongruenz) mit den anderen Indikationen nicht aus, hält aber ihre zur Begründung der Rechtmäßigkeit unerlässliche Feststellung mit dem Schutzkonzept der Beratungsregelung für unvereinbar (→ Vor § 218 Rn. 16, 17).

21a **5.** Wie die **grds. verschiedenen Möglichkeiten der Straflosigkeit nach Abs. 1–3** nebeneinander bestehen können, ist widerspruchsfrei nicht zu erklären. Nach den (bindenden) Bewertungsmaßstäben des BVerfG ist von folgenden Prämissen auszugehen: Der Schwangerschaftsabbruch ist **verfassungsrechtlich verboten,** wenn er vorgenommen wird, obwohl die Fortsetzung der Schwangerschaft zumutbar ist (→ Vor § 218 Rn. 16). Er ist gerechtfertigt, wenn eine Indikation nach Abs. 2 und 3 vorliegt, und zwar unabhängig davon, ob und mit welchem Ergebnis ein Feststellungsverfahren stattgefunden hat (→ § 218b Rn. 2). Für andere Notlagen, die so schwer wiegen, dass die Fortsetzung der Schwangerschaft nicht zumutbar ist, sieht das Gesetz, weil die Abs. 2 und 3 abschließend sind, keine förmliche Rechtfertigung vor. Diese Fälle müssen deshalb – im Interesse der Wirksamkeit des Beratungskonzepts (BVerfGE 88, 203 (271) = NJW 1993, 1751) – in den nach Abs. 1 straflosen Schwangerschaftsabbrüchen aufgehen, wenn dessen Voraussetzungen erfüllt sind; sie bilden in der Gesamtheit dieser Abbrüche einen – wenn auch geringfügigen – Anteil materiell rechtmäßiger Eingriffe (→ Vor § 218 Rn. 16, 17); für alle übrig bleibenden ändert das aber nichts an dem verfassungsrechtlichen Verbot. Aus dieser Rechtslage folgt: Der ausdrückliche Hinweis des BVerfG in Nr. 2 der vorläufigen AO, dass das grundsätzliche Verbot des Schwangerschaftsabbruchs unberührt bleibe, entspricht diesen Prämissen; denn er stellt nur klar, dass Abs. 1 den für den Schwangerschaftsabbruch geltenden Verbotsbereich nicht verändert. Damit ist auch jeder Versuch, das Verbot materiell nicht zu rechtfertigender Eingriffe mit dogmatischen oder verfahrensrechtlichen Argumenten zu bestreiten oder zu relativieren, mit den Vorgaben des BVerfG unvereinbar (anders zB Hassemer FS Mahrenholz, 1994, 731; Eser FS Süssmuth, 2002, 117 (132); Eser/Weißer in Schönke/Schröder Rn. 12–18). Bisher nicht geklärt ist die Frage, ob sich eine Schwangere auch noch nach durchgeführter Konfliktberatung dem Feststellungsverfahren stellen kann, um auf dieser Grundlage die Rechtfertigung des Eingriffs zu erreichen (so mit Recht Eser/Weißer in Schönke/Schröder Rn. 17). Abs. 1, der bei beratenen Abbrüchen schon den Tatbestand ausschließt (→ Rn. 3), bildet dafür kein unüberwindbares Hindernis. Wenn sich die Schwangere nach § 219 hat beraten lassen, wozu sie beim Vorliegen einer Indikation nicht verpflichtet ist (zur Kritik → Rn. 7a), kann der Eingriff zwar nach Abs. 1 ohne Verwirklichung des Tatbestandes vorgenommen werden; solange das aber nicht geschieht, bleibt offen, ob es im weiteren Verlauf zu einem tatbestandslosen oder einem gerechtfertigten Eingriff kommt. Der Schwangeren diese Möglichkeit zu versperren, wäre rechtsstaatswidrig, weil die bloße Inanspruchnahme der Konfliktberatung einen Rechtsverlust (vgl. § 24b I SGB V) nicht legitimieren kann. Wurde der Eingriff jedoch unter den Voraussetzungen des Abs. 1 vorgenommen, so ist für eine nachträgliche Rechtfertigung im Hinblick auf die Tatbestandslosigkeit des Eingriffs kein Raum mehr (aM Maurach/Schroeder/Maiwald/Hoyer/Momsen StrafR BT § 6 Rn. 49). Wurde eine Schwangerschaft abgebrochen, obwohl weder die Voraussetzungen des Abs. 1 erfüllt waren noch das vorgeschriebene Feststellungsverfahren beachtet wurde, so ist die – wenn auch entfernte – Möglichkeit nicht ganz auszuschließen, dass das Gericht auf Grund der Sachlage eine Indikation nach Abs. 2 und 3 bejahen muss (→ § 218b Rn. 2).

6. Abs. 4: Die Vorschrift entspricht im Wesentlichen dem § 218 III 2, 3 aF, der 22
schon im früheren Recht unter verschiedenen Gesichtspunkten als verfassungsrechtlich problematisch und kriminalpolitisch verfehlt eingestuft wurde (krit. namentlich Lackner NJW 1976, 1233 (1242); Beulke FamRZ 1976, 596 (602); Roxin JA 1981, 226 (229); Rogall in SK-StGB Vor § 218 Rn. 20, § 218a Rn. 70). Als geltendes Recht ist sie zu respektieren, praktisch aber nahezu bedeutungslos. Sie setzt nämlich einen rechtswidrigen Schwangerschaftsabbruch voraus, an dem es

fehlt, wenn die Tat schon nicht unter § 218 fällt (Einhaltung des Beratungsverfahrens) oder wenn sie gerechtfertigt ist (→ Rn. 7–20).

23 **a) S. 1** beschreibt einen (auf § 218 beschränkten) persönlichen Strafausschließungsgrund für die Schwangere (hM; vgl. Satzger Jura 2008, 424 (432); Kröger in LK-StGB, Rn. 71; Rogall in SK-StGB Rn. 71). Die Rechtswidrigkeit der Tat und die Strafbarkeit aller anderen Beteiligten bleiben daher unberührt; auch ein Irrtum über die Arzteigenschaft des Täters oder die Rechtzeitigkeit des Eingriffs (22-Wochen-Frist) kommt der Schwangeren nicht zugute (Weber in Arzt/Weber/Heinrich/Hilgendorf StrafR BT § 5 Rn. 77), wohl aber die irrige Annahme der Voraussetzungen einer Indikation (→ Rn. 7–20). Es kommt allein darauf an, ob die nach § 219 vorgeschriebene Konfliktberatung stattgefunden hat (Satzger Jura 2008, 424 (433)); ob sie inhaltlich fehlerhaft war (→ § 219 Rn. 5) oder ob eine Bescheinigung über sie ausgestellt wurde (aM Fischer Rn. 35), ist unerheblich. Der abbrechende Arzt kann auch im Ausland tätig und dort approbiert sein (iErg auch Merkel in NK-StGB Rn. 158).

24 **b)** Da **S. 2** ausscheidet, wenn die Tat gerechtfertigt ist, kommt hier als Rechtfertigungsgrund neben den ausdrücklich geregelten Indikationen (→ Rn. 7–20); ebenso Rogall in SK-StGB Rn. 72) auch die (vom Gericht jeweils festzustellende) **Notlagenindikation** (→ Rn. 21) in Frage, wenn sie den vom BVerfG umschriebenen, im Verhältnis zum früheren Recht wesentlich strengeren Voraussetzungen genügt; der Schwangeren in diesen Fällen die Rechtfertigung zu versagen (→ Rn. 21 a), wäre rechtsstaatswidrig. Im Übrigen ist S. 2 nur bei solcher Bedrängnis anwendbar, die einerseits nach ihrer Schwere oder wegen anderweitiger Abwendungsmöglichkeit zur Rechtfertigung nicht ausreicht (Laufhütte/Wilkitzki JZ 1976, 329 (330); Krey/Heinrich, Strafrecht Besonderer Teil, Bd. 1, 14. Aufl. 2008, Rn. 160), andererseits aber signifikant schwerere Belastungen mit sich bringt, als sie üblicherweise mit einer Schwangerschaft verbunden sind. Obwohl der Wortlaut von S. 2 nicht ganz eindeutig ist, betrifft die Vergünstigung nach historischer und teleologischer Auslegung nur die Schwangere, nicht die übrigen an der Tat Beteiligten (Eser/Weißer in Schönke/Schröder Rn. 77; Kröger in LK-StGB, Rn. 73; Merkel in NK-StGB Rn. 161; Fischer Rn. 38; aM Otto Jura 1996, 135 (148); Rogall in SK-StGB Rn. 75). Zum **Absehen von Strafe** → § 49 Rn. 7.

§ 218b Schwangerschaftsabbruch ohne ärztliche Feststellung; unrichtige ärztliche Feststellung

(1) [1]**Wer in den Fällen des § 218a Abs. 2 oder 3 eine Schwangerschaft abbricht, ohne daß ihm die schriftliche Feststellung eines Arztes, der nicht selbst den Schwangerschaftsabbruch vornimmt, darüber vorgelegen hat, ob die Voraussetzungen des § 218a Abs. 2 oder 3 gegeben sind, wird mit Freiheitsstrafe bis zu einem Jahr oder mit Geldstrafe bestraft, wenn die Tat nicht in § 218 mit Strafe bedroht ist.** [2]**Wer als Arzt wider besseres Wissen eine unrichtige Feststellung über die Voraussetzungen des § 218a Abs. 2 oder 3 zur Vorlage nach Satz 1 trifft, wird mit Freiheitsstrafe bis zu zwei Jahren oder mit Geldstrafe bestraft, wenn die Tat nicht in § 218 mit Strafe bedroht ist.** [3]**Die Schwangere ist nicht nach Satz 1 oder 2 strafbar.**

(2) [1]**Ein Arzt darf Feststellungen nach § 218a Abs. 2 oder 3 nicht treffen, wenn ihm die zuständige Stelle dies untersagt hat, weil er wegen einer**

rechtswidrigen Tat nach Absatz 1, den §§ 218 oder 219b oder wegen einer anderen rechtswidrigen Tat, die er im Zusammenhang mit einem Schwangerschaftsabbruch begangen hat, rechtskräftig verurteilt worden ist. [2]Die zuständige Stelle kann einem Arzt vorläufig untersagen, Feststellungen nach § 218a Abs. 2 und 3 zu treffen, wenn gegen ihn wegen des Verdachts einer der in Satz 1 bezeichneten rechtswidrigen Taten das Hauptverfahren eröffnet worden ist.

Fassung: Durch G vom 11.7.2022 (BGBl. I 1082) wurde Abs. 2 S 1 zum 19.7.2022 redaktionell an die Streichung von § 219a angepasst.

1. Die mit den §§ 219, 219a aF sachlich übereinstimmende Vorschrift ist auf die Feststellung von rechtfertigenden Indikationen (§ 218a II, III) beschränkt. Sie schützt die **Ordnungsmäßigkeit des Feststellungsverfahrens** und damit mittelbar dasselbe Rechtsgut wie § 218 (→ § 218 Rn. 1; ähnlich Kröger in LK-StGB, Vor § 218 Rn. 30, § 218b Rn. 2; aM Rogall in SK-StGB Rn. 7). Sie wendet sich nicht gegen die Vornahme eines Schwangerschaftsabbruchs, sondern nur gegen die Missachtung oder verfälschende Beeinflussung des für die Zulassung des Eingriffs vorgeschriebenen Verfahrens (Eser/Weißer in Schönke/Schröder Rn. 1). 1

2. Zum Feststellungsverfahren nach **Abs. 1 S. 1, 3:** 2

a) Die schriftliche **Feststellung** ist nur insofern relevant, als ohne ihr „Vorliegen" auch ein rechtmäßiger Schwangerschaftsabbruch gesperrt und bei Zuwiderhandlung Ungehorsamsstrafe verwirkt ist. Sie bindet den Arzt, der den Eingriff vornimmt, weder positiv noch negativ (Kröger in LK-StGB, Rn. 9); ob dessen Handeln gerechtfertigt ist, hängt allein von den Voraussetzungen des § 218a II, III ab. Nach § 2a II 1 des Gesetzes zur Änderung des Schwangerschaftskonfliktgesetzes v. 26.8.2009 (BGBl. I 2990) hat der Arzt vor der schriftlichen Feststellung die Schwangere zu beraten, zu informieren und zu vermitteln, nach S. 2 darf sie „nicht vor Ablauf von drei Tagen" nach Mitteilung der Diagnose oder nach der Beratung nach S. 1 vorgenommen werden.

b) Die **Feststellung** darf sich nach hM nicht auf bloße Bejahung oder Verneinung beschränken, muss vielmehr die wesentlichen Gründe für das Vorliegen oder Fehlen einer bestimmten Indikation angeben (Rogall in SK-StGB Rn. 10; Eser/Weißer in Schönke/Schröder Rn. 5). Sie muss dem abbrechenden Arzt vor dem Eingriff **vorgelegen** haben, deshalb von ihm auch zur Kenntnis genommen sein (Müller-Emmert DRiZ 1976, 164 (168); Rogall in SK-StGB Rn. 16; aM Ulsenheimer/Gaede ArztStrafR Rn. 339; Eser/Weißer in Schönke/Schröder Rn. 13; krit. Fischer Rn. 4; zw.). Sie kann von **jedem anderen Arzt** getroffen sein, wenn dieser nur – im Hinblick auf den engen Zusammenhang mit dem Berufsrecht – in der Bundesrepublik approbiert ist (BT-Drs. 7/4696, 14; Eser/Weißer in Schönke/Schröder Rn. 8; Rogall in SK-StGB Rn. 14) und wenn ihm kein Feststellungsverbot nach Abs. 2 auferlegt ist (→ Rn. 8). Handelt danach der Arzt unbefugt, so ist die von ihm getroffene Feststellung unbeachtlich (hM; vgl. etwa Müller-Emmert DRiZ 1976, 164 (168); Eser/Weißer in Schönke/Schröder Rn. 8, 9, 33). 3

c) Der **Vorsatz** (bedingter genügt) muss sich auf das Nichtvorliegen der schriftlichen Feststellung beziehen; er wird daher durch die irrige Annahme, die (schriftliche oder mündliche) Feststellung eines anderen Arztes sei lediglich getroffen, nicht berührt. Weiß der Täter nicht, dass dem feststellenden Arzt die Befugnis gefehlt hat 4

(→ Rn. 3), handelt er im Tatbestandsirrtum. Im Übrigen kann die irrige Annahme, den Abbruch vornehmen zu dürfen, je nach den Umständen Tatbestands- oder Verbots-(Subsumtions-)Irrtum sein (näher Eser/Weißer in Schönke/Schröder Rn. 19).

5 **d) Rechtfertigender Notstand** (§ 34) kommt in Frage, wenn die Schwangere durch den mit der Einholung der Feststellung verbundenen Zeitaufwand in die Gefahr des Todes oder einer schweren Beeinträchtigung ihres Gesundheitszustandes käme (Kröger in LK-StGB, Rn. 12).

6 **e) S. 3** enthält für jegliche Form **der Beteiligung der Schwangeren** einen persönlichen Strafausschließungsgrund, dessen Wirkung allerdings ihre mögliche Strafbarkeit wegen Beteiligung an dem Schwangerschaftsabbruch nach § 218 nicht berührt (→ § 218 Rn. 7, 15). Für die **Beteiligung Dritter** gelten die allgemeinen Regeln. Nach dem Wortlaut der Vorschrift kann an sich jeder Dritte **Täter** sein (Kröger in LK-StGB, Rn. 10); praktisch kommt jedoch nur ein Arzt in Frage, weil der Laienabort in der Regel (→ § 218 a Rn. 2) nach § 218 strafbar ist.

7 **3.** Zum Tatbestand gegen **unrichtige ärztliche Feststellung nach Abs. 1 S. 2:**

Die Vorschrift entspricht in ihrer Struktur dem des Ausstellens unrichtiger Gesundheitszeugnisse. Die Ausführungen unter → § 278 Rn. 2–5 über die inhaltliche Unrichtigkeit, die Zweckbestimmung zum Gebrauch bei einer Behörde (hier zur Vorlage nach S. 1), die Vollendung der Tat und das Handeln wider besseres Wissen gelten daher sinngemäß (vgl. BT-Drs. 7/4696, 12; zusf. Eser/Weißer in Schönke/Schröder Rn. 23–31).

8 **4.** Zum **Feststellungsverbot nach Abs. 2** (zusf. Eser/Weißer in Schönke/Schröder Rn. 32–37):

a) Die **zuständige Stelle** bestimmt sich nach Landesrecht (Art. 83 GG).

b) Zuwiderhandlungen gegen eine Untersagung sind nicht mit Strafe bedroht (Laufhütte/Wilkitzki JZ 1976, 329 (336)), sondern nur berufsrechtlich relevant; jedoch ist die Feststellung des zuwiderhandelnden Arztes unwirksam, so dass sie die Tatbestandsverwirklichung nicht hindert (→ Rn. 3).

9 **5.** Auf Grund seiner **Subsidiaritätsklauseln** tritt Abs. 1 hinter § 218 (einschließlich Versuch; Kröger in LK-StGB, Rn. 14) zurück (→ Vor § 52 Rn. 26). Er hat daher in Fällen, in denen es zum Schwangerschaftsabbruch kommt, nur geringe praktische Bedeutung; meist liegt dann Beihilfe zu § 218 I vor, die Vorrang hat. Deren Voraussetzungen bleiben durch Abs. 1 unberührt, so dass als Teilnehmer am Schwangerschaftsabbruch auch strafbar sein kann, wer eine unrichtige Feststellung nach S. 2 nur mit bedingtem Vorsatz getroffen hat (Lackner NJW 1976, 1233 (1242); Gropp, Der straflose Schwangerschaftsabbruch, 1981, S. 236; Eser/Weißer in Schönke/Schröder § 218 Rn. 53; aM Rogall in SK-StGB Rn. 38). Zwischen Abs. 1 S. 2 ist **Tateinheit** ua möglich mit § 278 (Kröger in LK-StGB, Rn. 21).

§218c Ärztliche Pflichtverletzung bei einem Schwangerschaftsabbruch

(1) **Wer eine Schwangerschaft abbricht,**

1. **ohne der Frau Gelegenheit gegeben zu haben, ihm die Gründe für ihr Verlangen nach Abbruch der Schwangerschaft darzulegen,**
2. **ohne die Schwangere über die Bedeutung des Eingriffs, insbesondere über Ablauf, Folgen, Risiken, mögliche physische und psychische Auswirkungen ärztlich beraten zu haben,**
3. **ohne sich zuvor in den Fällen des §218a Abs. 1 und 3 auf Grund ärztlicher Untersuchung von der Dauer der Schwangerschaft überzeugt zu haben oder**
4. **obwohl er die Frau in einem Fall des §218a Abs. 1 nach §219 beraten hat,**

wird mit Freiheitsstrafe bis zu einem Jahr oder mit Geldstrafe bestraft, wenn die Tat nicht in §218 mit Strafe bedroht ist.

(2) **Die Schwangere ist nicht nach Absatz 1 strafbar.**

1. Die Vorschrift dient der **Umsetzung der Verhaltensanforderungen des BVerfG an den abbrechenden Arzt,** bleibt hinter ihnen aber in mehrfacher Hinsicht zurück (zur Kritik → Vor §218 Rn. 23). Nach dem Beratungskonzept soll sie dem Arzt bewusst machen, dass er dem Lebensschutz verpflichtet ist und dass er auch selbst für den Schwangerschaftsabbruch Verantwortung trägt (zur Kritik → Vor §218 Rn. 14). Sie wendet sich nicht unmittelbar gegen die Vornahme des Eingriffs, sondern nur gegen die Missachtung der durch Abs. 1 begründeten Pflichten. Diese gelten für jeden Schwangerschaftsabbruch, gleichgültig, ob er rechtlich indiziert (§218a II, III), lediglich straflos (§218a I), für die Schwangere straffrei (§218a IV) oder sogar strafbar ist (§218 I); dass die Vorschrift in den beiden letzten Fällen hinter §218 zurücktritt (→ Rn. 9), beruht nur auf Konkurrenzgründen (Rogall in SK-StGB Rn. 2). In Notfällen kommt jedoch eine Rechtfertigung nach §34 in Frage. 1

2. Die **Pflichten nach Abs. 1** iE: 2

a) Nr. 1: Gelegenheit zur Darlegung der Abbruchsgründe wird vom Arzt nur dann nicht gegeben, wenn er den Eingriff vornimmt, ohne zuvor nach den Gründen für das Abbruchsverlangen gefragt zu haben, oder wenn er die erklärungsbereite Schwangere nicht darüber sprechen, namentlich sie nicht ausreden lässt (Eser/Weißer in Schönke/Schröder Rn. 4). Danach (wohl aber nach dem allgemeinen Berufsrecht; → Rn. 6) ist er nicht verpflichtet, auf der Darlegung der Gründe zu bestehen, wenn die Schwangere sich weigert (Rogall in SK-StGB Rn. 5). Zur Unvereinbarkeit dieser vom Gesetzgeber gewollten Beschränkung mit den Vorgaben des BVerfG → Vor §218 Rn. 23.

b) Nr. 2: Die Gesichtspunkte, die nach der Vorschrift **Gegenstand der Beratung** sein müssen, decken sich mit denen, über die ein nicht schon informierter Patient vor jedem ärztlichen Eingriff aufzuklären ist (→ §228 Rn. 14–17; ebenso Kröger in LK-StGB, Rn. 8; aM Beulke FamRZ 1976, 596 (600); Eser/Weißer in Schönke/Schröder Rn. 5). Unterschiede bestehen jedoch insofern, als die Beratung nicht unterbleiben darf, wenn die Schwangere auf Aufklärung verzichtet oder über die Zusammenhänge schon voll unterrichtet erscheint (Gropp/Wörner in MüKo-StGB Rn. 8), und als sie ebenso wie die Beratung nach §219 im Hinblick auf den 3

Lebensschutz zielorientiert, aber ergebnisoffen geführt werden muss (→ § 219 Rn. 1–5). Daraus folgt: Wenn die Beratung den Anforderungen der ärztlich gebotenen Aufklärung nicht genügt, ist die Einwilligung der Schwangeren unwirksam, der Eingriff deshalb rechtswidrig (→ § 218a Rn. 7) und meist auch strafbar; § 218c tritt dann zurück (Eser/Weißer in Schönke/Schröder Rn. 5). In den übrigen Fällen wirkt die Beratung tatbestandsausschließend auch dann, wenn sie fehlerhaft oder unvollständig ist; insoweit verletzt sie nur die Berufspflicht (→ Rn. 6). Bloße Scheinberatung, die wesentliche Informationen unterdrückt oder wider besseres Wissen falsch vermittelt, ist jedoch keine Beratung im Sinne der Vorschrift (Kröger in LK-StGB, Rn. 9; weiter einschr. Eser/Weißer in Schönke/Schröder Rn. 6; → § 219 Rn. 22–26).

4 **c) Nr. 3** soll die **Einhaltung der Fristen in § 218a I und III sichern;** zu weitergehenden Untersuchungspflichten → Rn. 6. Praktisch bedeutsam ist die Vorschrift nur, wenn zurzeit des Eingriffs die Frist noch nicht abgelaufen ist; andernfalls ist der Arzt regelmäßig nach § 218 strafbar, es sei denn, dass ihm ausnahmsweise im Hinblick auf die Fristüberschreitung bedingter Vorsatz nicht nachweisbar ist (→ § 17 Rn. 18; strenger Kröger in LK-StGB Rn. 12).

5 **d) Nr. 4** soll Interessenkonflikte verhüten und eine unvoreingenommene Beratung sicherstellen (Eser/Weißer in Schönke/Schröder Rn. 10). Sie betrifft nur Fälle des § 218a I, weil beim Abbruch nach § 218a II oder § 218a III eine Beratung nicht zwingend vorgeschrieben ist (zur Kritik → § 218a Rn. 7a) und beim Abbruch nach § 218a IV die Strafbarkeit des Arztes nach § 218 unberührt bleibt. Nach ihrem Schutzzweck bezieht sie sich nur auf den jeweils anstehenden Eingriff; Beratung bei früheren Schwangerschaftsabbrüchen sind nicht relevant (Eser/Weißer in Schönke/Schröder Rn. 10). Dass der abbrechende Arzt nach § 219 II 3 von der Beratung ausgeschlossen ist, begründet nur seine Strafbarkeit nach Nr. 4, nicht nach § 218 (→ § 218a Rn. 5).

6 **3.** Die Pflichten nach Abs. 1 bilden nur einen vertatbestandlichten **Teilbereich der allgemeinen ärztlichen Berufspflichten** (Eser/Weißer in Schönke/Schröder Rn. 2). Deshalb sind Zuwiderhandlungen nicht nur strafrechtlich, sondern auch berufsrechtlich relevant mit der Folge, dass die Verletzung strengerer Berufspflichten zwar nicht mit Strafe bedroht, aber ein Berufsvergehen ist (→ Vor § 218 Rn. 23).

7 **4. Mangels Strafbarkeit des Versuchs** ist Abs. 1 nur anwendbar, wenn der Schwangerschaftsabbruch vollendet wurde (Eser/Weißer in Schönke/Schröder Rn. 3).

8 **5.** Für die **Beteiligung** der Schwangeren oder Dritter gelten die Ausführungen unter → § 218b Rn. 6 sinngemäß.

9 **6.** Die Vorschrift tritt hinter § 218 (einschließlich Versuch) zurück (**formelle Subsidiarität,** → Vor § 52 Rn. 26). Gegenüber einer Ordnungswidrigkeit nach § 14 SchKG (Schwangerschaftsabbruch in einer unzureichend ausgestatteten Einrichtung) geht sie vor (§ 21 OWiG).

§ 219 Beratung der Schwangeren in einer Not- und Konfliktlage

(1) [1]**Die Beratung dient dem Schutz des ungeborenen Lebens. [2]Sie hat sich von dem Bemühen leiten zu lassen, die Frau zur Fortsetzung der Schwangerschaft zu ermutigen und ihr Perspektiven für ein Leben mit dem Kind zu eröffnen; sie soll ihr helfen, eine verantwortliche und gewissenhafte Entscheidung zu treffen. [3]Dabei muß der Frau bewußt sein, daß das Ungeborene in jedem Stadium der Schwangerschaft auch ihr gegenüber ein eigenes Recht auf Leben hat und daß deshalb nach der Rechtsordnung ein Schwangerschaftsabbruch nur in Ausnahmesituationen in Betracht kommen kann, wenn der Frau durch das Austragen des Kindes eine Belastung erwächst, die so schwer und außergewöhnlich ist, daß sie die zumutbare Opfergrenze übersteigt. [4]Die Beratung soll durch Rat und Hilfe dazu beitragen, die in Zusammenhang mit der Schwangerschaft bestehende Konfliktlage zu bewältigen und einer Notlage abzuhelfen. [5]Das Nähere regelt das Schwangerschaftskonfliktgesetz.**

(2) [1]**Die Beratung hat nach dem Schwangerschaftskonfliktgesetz durch eine anerkannte Schwangerschaftskonfliktberatungsstelle zu erfolgen. [2]Die Beratungsstelle hat der Schwangeren nach Abschluß der Beratung hierüber eine mit dem Datum des letzten Beratungsgesprächs und dem Namen der Schwangeren versehene Bescheinigung nach Maßgabe des Schwangerschaftskonfliktgesetzes auszustellen. [3]Der Arzt, der den Abbruch der Schwangerschaft vornimmt, ist als Berater ausgeschlossen.**

1. Die Vorschrift stellt Grundsätze für die **Ausgestaltung der Beratung** auf, 1
schließt den Arzt, der den Schwangerschaftsabbruch vornimmt, von der Beratung aus und verweist iÜ zur näheren Konkretisierung auf das SchKG (Anh. II). Das Beratungskonzept (zur Kritik → Vor § 218 Rn. 12) beruht auf der Prämisse, dass von der rechtlichen Ausgestaltung der Beratung und ihrer Umsetzung in der Praxis die lebensschützende Wirkung des Gesetzes abhängt (BVerfGE 88, 203 (270) = NJW 1993, 1751). Dass die damit gebotene Zielorientierung der Beratung nur in § 219 I entsprechend den Vorgaben des BVerfG Ausdruck findet, während in dem umfassenderen § 5 SchKG – von wenig aussagekräftigen pauschalen Hinweisen abgesehen – der Schwerpunkt auf das Selbstbestimmungsrecht der Frau und die ihr anzubietenden Informationen und Hilfen gelegt wird, ist für das Verständnis der Gesamtregelung nicht förderlich. Es bietet nur einen unnötigen Ansatzpunkt für die Fehldeutung, dass die beiden Vorschriften wegen ihres unterschiedlichen Inhalts widersprüchlich seien und deshalb allein § 5 SchKG den für die Beratungsstellen verbindlichen Maßstab festlege (näher Otto Jura 1996, 135 (143)). Nach allgemeinen Auslegungsregeln bilden aber § 219 und die ihn ergänzenden Vorschriften der §§ 5–11 SchKG eine Einheit (BT-Drs. 13/1850, 20), die deshalb auch „zusammen gelesen“, dh sämtlich ohne Einschränkung beachtet werden müssen (Eser/Weißer in Schönke/Schröder Rn. 1/2).

2. Für **Struktur und Inhalt der Beratung** sind § 219 I und § 5 SchKG 2
(Anh. II) maßgebend. In ihrer Zusammenschau (→ Rn. 1) bestätigen sie, dass die Beratung dem Lebensschutz mit dem Ziel zu dienen hat, der Frau ihre Verpflichtung gegenüber dem Lebensrecht des Ungeborenen bewusst zu machen, dafür ihr Verständnis zu wecken und sie durch umfassende Unterrichtung über die Rechtslage und die bestehenden Hilfsmöglichkeiten zur Fortsetzung der Schwangerschaft

zu ermutigen (so schon zum früheren Recht expl. BVerfGE 39, 1 (61) = NJW 1975, 573; Laufhütte/Wilkitzki JZ 1976, 329 (333); Tröndle ZRP 1989, 54 (56); Schroeder JuS 1991, 362 (365)). Die daraus folgenden näheren Konkretisierungen der Zielorientierung in § 219 I und § 5 I 3, 4 SchKG entsprechen im Wesentlichen den Vorgaben des BVerfG (BVerfGE 88, 203 (281) = NJW 1993, 1751). Da jedoch die Letztverantwortung für den Schwangerschaftsabbruch nach dem Beratungskonzept bei der Schwangeren verbleibt (BVerfGE 88, 203 (270) = NJW 1993, 1751), ist deren Entscheidungsfreiheit zu respektieren (Rogall in SK-StGB Rn. 5). Die Beratung muss deshalb ergebnisoffen geführt werden; sie soll der Schwangeren helfen, eine verantwortliche und gewissenhafte Entscheidung zu treffen, darf ihr also durch Belehrung, Bevormundung oder sogar Irreführung kein bestimmtes Verhalten abverlangen. Die nach den beiden Vorschriften zu beachtenden Gesichtspunkte sind überwiegend allgemeine Leitlinien, die aus sich heraus verständlich sind und keine spezifisch juristischen Probleme aufwerfen. Erläuternd ist lediglich auf Folgendes hinzuweisen:

3 **a)** Die vom BVerfG geforderte zielorientierte, aber ergebnisoffene Beratung ist möglich und keineswegs – wie vereinzelt auch im juristischen Schrifttum behauptet wird (expl. Köhler JZ 1988, 904 (907); Kausch, Soziale Beratung Schwangerer, 1990, S. 60; Kausch ARSP 1995, 496) – widersprüchlich (Rogall in SK-StGB Rn. 5). Zu einer redlichen Beratung gehört eine Erörterung der Pflichtenlage nach den Maßstäben des § 219 I ebenso wie ein takt- und verständnisvolles Eingehen auf die konkreten Probleme der Schwangeren, das keinen Zweifel über deren Letztverantwortung aufkommen lässt (so auch Demel, Abtreibung zwischen Straffreiheit und Exkommunikation, 1995, S. 161; krit. aber Tröndle FS Kaiser, 1998, 1387 (1394)).

4 **b)** In der Beratung hat die Schwangere, wie sich zwingend aus § 5 II Nr. 1 SchKG ergibt, **keine Mitteilungspflicht** über die Gründe für ihr Abbruchsverlangen. Hier liegt eine gravierende Schwäche des Beratungskonzepts; die Schwangere hat es nämlich in der Hand, durch Verweigerung jeder Mitwirkung die Beratung zu blockieren und die beratende Person außer Stand zu setzen, sinnvoll zu informieren und Vorschläge zu unterbreiten (krit. Tröndle NJW 1995, 3009 (3017); Beckmann ZfL 1995, 24 (25); → Vor § 218 Rn. 23; → § 218c Rn. 2).

5 **c)** Die **nähere Ausgestaltung der Beratung** im Rahmen der in § 219 I und § 5 SchKG vorgegebenen Leitlinien hängt von den Umständen des Einzelfalls ab und unterliegt **pflichtmäßigem Ermessen.** Inhaltliche Mängel und Unvollständigkeit sind unerheblich, solange das Vorgehen noch vertretbar bleibt. Unter diesem Gesichtspunkt dürfte es hinnehmbar sein, dass in Fällen, in denen ein strafloser (§ 218 I) oder gerechtfertigter (§ 218 II, III) Eingriff in Frage steht, über die dazu bestehenden Möglichkeiten (abbruchsbereiter Arzt, ambulante oder stationäre Einrichtung, Versicherungsschutz usw) informiert wird (Kröger in LK-StGB, Rn. 11). Ermessensmissbrauch, namentlich bloße Scheinberatung, die wichtige Informationen unterdrückt oder wider besseres Wissen falsch vermittelt, verletzt dagegen die Berufspflicht (zur strafrechtlichen Relevanz → § 218a Rn. 5).

6 **3.** Zum **zeitlichen Ablauf** der Beratung, namentlich zu ihrer unverzüglichen Durchführung auch in Fällen, in denen ein Fortsetzungsgespräch notwendig ist, und zu dem Verbot, die Ausstellung der Beratungsbescheinigung zu verweigern, wenn dadurch die Beachtung der Fristen in § 218a I unmöglich werden könnte,

§§ 6 I, 7 II, III SchKG (zur Rechtswidrigkeit des verspäteten Schwangerschaftsabbruchs auch im Falle der Missachtung dieses Verbots → § 218c Rn. 6).

4. a) Zugang zur Beratung hat jede Schwangere, auch die minderjährige, die insoweit nicht der Einwilligung ihres gesetzlichen Vertreters bedarf (Eser/Weißer in Schönke/Schröder Rn. 15); dieser darf auch nur im Einvernehmen mit ihr zur Beratung herangezogen werden (→ Rn. 8). Zu der vom BVerfG gebilligten (BVerfGE 88, 203 (288) = NJW 1993, 1751) **anonymen Beratung** und ihren Grenzen §§ 6 II, 7 I SchKG. 7

b) Zuziehung von Fachkräften und von Personen aus dem Umfeld der Schwangeren kann je nach den Umständen des Einzelfalls erforderlich sein (§ 6 III SchKG). Sie ist jedoch nur im **Einvernehmen mit der Schwangeren** zulässig. Wenn von dem Erzeuger oder von Angehörigen schädliche Einflüsse zu befürchten sind, kann es angezeigt sein, nach einem ersten gemeinsamen Gespräch ein Fortsetzungsgespräch allein mit der Schwangeren zu führen (BVerfGE 88, 203 (285) = NJW 1993, 1751; BT-Drs. 13/1850, 20). 8

5. Eine bestimmte **äußere Form der Beratung** schreibt das Gesetz nicht ausdrücklich vor. Aus dem Zweckzusammenhang und dem Erfordernis des „Eintretens in eine Konfliktberatung" (§ 5 II Nr. 1 SchKG) folgt aber, dass ein **unmittelbarer persönlicher Kontakt mit dem Berater** – sei es auch an einem Ort außerhalb der Beratungsstelle (Kröger in LK-StGB, Rn. 12) – unerlässlich ist; die Aushändigung oder Übersendung allgemein gehaltener Merkblätter und fernmündliche Beratung genügen nicht (Eser/Weißer in Schönke/Schröder Rn. 15). 9

6. Zur Erteilung der **Beratungsbescheinigung** Abs. 2 S. 2 iVm § 7 SchKG. Zur **Zuständigkeit,** zu dem Erfordernis der **Anerkennung** der Konfliktberatungsstelle, ihrer **Aufzeichnungs- und Berichtspflicht** und ihrer **periodischen Überprüfung durch staatliche Behörden** §§ 8–11 SchKG (zur Kritik → Vor § 218 Rn. 12; → Vor § 218 Rn. 28). 10

7. Zur Rechtslage bei Abbruch der Schwangerschaft durch einen nach Abs. 2 S. 3. 11

§ 219a *(aufgehoben)*

§ 219b Inverkehrbringen von Mitteln zum Abbruch der Schwangerschaft

(1) **Wer in der Absicht, rechtswidrige Taten nach § 218 zu fördern, Mittel oder Gegenstände, die zum Schwangerschaftsabbruch geeignet sind, in den Verkehr bringt, wird mit Freiheitsstrafe bis zu zwei Jahren oder mit Geldstrafe bestraft.**

(2) **Die Teilnahme der Frau, die den Abbruch ihrer Schwangerschaft vorbereitet, ist nicht nach Absatz 1 strafbar.**

(3) **Mittel oder Gegenstände, auf die sich die Tat bezieht, können eingezogen werden.**

1 **1.** Die Vorschrift schützt gegen das **Inverkehrbringen von Mitteln** zum Schwangerschaftsabbruch, der den Voraussetzungen des § 218a I–III nicht genügt; obwohl die Vorschrift alle rechtswidrigen Eingriffe einbezieht, ergibt sich in Fällen des § 218a I aus dem Fehlen schon der Tatbestandsmäßigkeit des Eingriffs, dass keine rechtswidrige Tat iSd § 11 I Nr. 5 vorliegt (Eser/Weißer in Schönke/Schröder Rn. 7; Fischer Rn. 4).

2 **2.** Zur Eignung der **Mittel und Gegenstände** für den Schwangerschaftsabbruch (Verfahren scheiden hier aus) → § 219a Rn. 2; auf konkrete Wirksamkeit im Einzelfall kommt es nicht an (Gropp/Wörner in MüKoStGB Rn. 5; Eser/Weißer in Schönke/Schröder Rn. 2).

3 **3. Inverkehrbringen** → § 146 Rn. 7 (sa Laufhütte/Wilkitzki JZ 1976, 329 (337); enger Ulsenheimer ArztStrafR Rn. 344, Abgeben für den Publikumsverkehr); die bloß leihweise Überlassung eines Absauggeräts für einen bestimmten Eingriff wird nicht erfasst (Kröger in LK-StGB, Rn. 4). Auf Entgeltlichkeit, zivilrechtliche Wirksamkeit, Gewerbsmäßigkeit oder Entschlossenheit des Empfängers zum Schwangerschaftsabbruch kommt es nicht an.

4 **4. a)** Der **Vorsatz** (bedingter genügt) braucht sich nicht darauf zu erstrecken, dass ein bestimmter Schwangerschaftsabbruch begangen oder versucht werden soll.

5 **b) Absicht** iSd Abs. 1 ist unbedingter Vorsatz (Kröger in LK-StGB, Rn. 5). Es würde dem Schutzzweck der Vorschrift widersprechen, ihren Anwendungsbereich auf zielgerichtetes Wollen (→ § 15 Rn. 20) zu beschränken (aM Eser/Weißer in Schönke/Schröder Rn. 7); denn dem Veräußerer eines Abtreibungsmittels kommt es auf das Entgelt an, also idR nicht auf die Förderung von Schwangerschaftsabbrüchen (aM Rudolphi/Rogall in SK-StGB Rn. 8). **Fördern** entspricht dem Hilfeleisten iSd § 27 I (→ § 27 Rn. 2). **Rechtswidrige Tat** → § 11 Rn. 18; der Täter muss danach die Verwendung des Mittels oder Gegenstandes zu (irgend-)einem, nicht notwendig konkretisierten (Herzberg JR 1977, 469 (470)), rechtswidrigen Schwangerschaftsabbruch (→ Rn. 1) fördern wollen, wobei im Hinblick auf die Rechtswidrigkeit bedingter Vorsatz genügt (Fischer Rn. 4).

6 **5.** Für **Täterschaft und Teilnahme** gelten die allgemeinen Regeln. Abs. 2 begründet einen persönlichen Strafausschließungsgrund; die Ausführungen unter → § 218b Rn. 6 gelten – beschränkt auf hier allein in Frage kommende Teilnahmehandlungen – sinngemäß.

7 **6. Abs. 3** ist eine besondere Vorschrift iSd § 74 IV, welche die Einziehung über § 74 I hinaus zulässt. Die Voraussetzungen des § 74 II, III müssen daher erfüllt sein. § 74a ist nicht anwendbar (Rogall in SK-StGB Rn. 13). Im Übrigen vgl. §§ 74–74c, 74e–76a.

8 **7.** Mit § 218 und mit Beihilfe dazu kommt je nach den Umständen **Tateinheit oder Tatmehrheit** in Frage; das abstrakte Gefährdungsdelikt tritt wegen seiner allgemeinen Schutzrichtung nicht hinter das Verletzungsdelikt zurück (Eser/Weißer in Schönke/Schröder Rn. 12; aM Satzger Jura 2008, 424 (433); Gössel/Dölling StrafR BT I § 10 Rn. 14; Maurach/Schroeder/Maiwald/Hoyer/Momsen StrafR BT § 6 Rn. 70; Kröger in LK-StGB, Rn. 8). Mit §§ 222, 229 ist Tateinheit möglich (Kröger in LK-StGB, Rn. 8).

§ 220 (weggefallen)

§ 221 Aussetzung

(1) **Wer einen Menschen**
1. **in eine hilflose Lage versetzt oder**
2. **in einer hilflosen Lage im Stich läßt, obwohl er ihn in seiner Obhut hat oder ihm sonst beizustehen verpflichtet ist,**

und ihn dadurch der Gefahr des Todes oder einer schweren Gesundheitsschädigung aussetzt, wird mit Freiheitsstrafe von drei Monaten bis zu fünf Jahren bestraft.

(2) **Auf Freiheitsstrafe von einem Jahr bis zu zehn Jahren ist zu erkennen, wenn der Täter**
1. **die Tat gegen sein Kind oder eine Person begeht, die ihm zur Erziehung oder zur Betreuung in der Lebensführung anvertraut ist, oder**
2. **durch die Tat eine schwere Gesundheitsschädigung des Opfers verursacht.**

(3) **Verursacht der Täter durch die Tat den Tod des Opfers, so ist die Strafe Freiheitsstrafe nicht unter drei Jahren.**

(4) **In minder schweren Fällen des Absatzes 2 ist auf Freiheitsstrafe von sechs Monaten bis zu fünf Jahren, in minder schweren Fällen des Absatzes 3 auf Freiheitsstrafe von einem Jahr bis zu zehn Jahren zu erkennen.**

1. Die Vorschrift schützt nach der weitgehend auf § 139 E 62 zurückgehenden 1
(BT-Drs. 13/8587, 34) Neufassung (dazu Hörnle Jura 1998, 169 (176); Struensee in DSNS StrRG Einf. § 2 Rn. 7–10; eing. Laue, Die Aussetzung – Eine Klarstellungsvorschrift, 2002; Lucks, Der Aussetzungstatbestand nach dem 6. Strafrechtsreformgesetz, 2003; Wielant, Die Aussetzung nach § 221 Abs. 1 StGB, 2009 mit Bespr. Küper GA 2010, 228; Chilecki, Zur Dogmatik der Aussetzung (§ 221 StGB) nach dem sechsten Strafrechtsreformgesetz, 2010; Küper ZStW 111 (1999), 30 (36)) hilflose Personen **vor der konkreten Gefährdung des Lebens** (BGHSt 21, 44 (48) = BeckRS 1966, 30386211) und – was zuvor umstritten war – **der Gesundheit** (Küper ZStW 111 (1999), 30 (36); Heger ZStW 119 (2007), 593 (595); Wessels/Hettinger/Engländer StrafR BT I Rn. 198; Neumann/Saliger in NK-StGB Rn. 3; Eser/Sternberg-Lieben in Schönke/Schröder Rn. 1; → Rn. 5). Kritischer Rückblick auf die Reformgeschichte im 20. Jahrhundert Wielant, Die Aussetzung nach § 221 Abs. 1 StGB, 2009, S. 43, 52, 79; nach Küper GA 2010, 228 „trauriges Kapitel"; Lautner, Die Systematik des Aussetzungstatbestands, 2010, S. 5–16; Heinrich, Die geschichtliche Entwicklung des Aussetzungsdelikts, 2004. Für Streichung Stuckenberg FS Fischer, 2018, 543.

2. a) Gemeinsame Voraussetzung der Tathandlungen in Nr. 1 und 2 ist, dass sich 2
das Opfer in hilfloser Lage wiederfindet, dh entweder in eine solche versetzt oder während deren Fortbestand im Stich gelassen wird. Eine **hilflose Lage** wurde nach altem Recht nur für das Verlassen verlangt; die für beide Varianten nach § 221 I aF erforderliche Hilflosigkeit des Opfers wegen jugendlichen Alters, Gebrechlichkeit oder Krankheit ist entfallen, so dass eine Unterscheidung der Hilflosigkeit der Person von deren hilfloser Lage nicht mehr notwendig ist. Danach ist eine hilflose Lage zumindest gegeben, wenn sich das Opfer in seiner konkreten Lage gegenüber potenziellen Gefahren für Leben und Gesundheit nicht mehr aus eigener Kraft schützen könnte (BGHSt 52, 153 (157) = NJW 2008, 2199 mit Bespr. Hardtung

JZ 2008, 953 (954); BGH NStZ 2008, 395; Sternberg-Lieben/Fisch Jura 1999, 45 (46); Küpper JuS 2000, 225; Laue, Die Aussetzung – Eine Klarstellungsvorschrift, 2002, S. 103; Neumann/Saliger in NK-StGB Rn. 6, 7; Horn/Wolters in SK-StGB Rn. 3; aus der Rspr. vgl. BGHSt 26, 35 = NJW 1975, 1175; OLG Zweibrücken VRS 98, 284; vgl. auch Hardtung in MüKoStGB Rn. 5–7, abstrakte Gefahrenlage für Leib oder Gesundheit ohne die Möglichkeit eigener oder fremder Hilfe; speziell zum Versetzen in Hypnose Gerke HRRS 2009, 373 (374)), nicht aber schon wegen bestimmter Merkmale der Person als solcher (zB Alter); erweitert wurde damit der Kreis der geschützten Opfer, so dass nunmehr auch zB der vom Bergführer zurückgelassene bergunkundige Bergsteiger erfasst wird (BT-Drs. 13/8587, 34; sowie schon E 62, Begr. S. 276; Küper/Zopfs StrafR BT Rn. 65, 345; krit. Küper ZStW 111 (1999), 30 (32); Struensee in DSNS StrRG § 2 Rn. 22, Schritt in Richtung auf ein allgemeines Lebens- und Gesundheitsgefährdungsdelikt; dagegen Wielant, Die Aussetzung nach § 221 Abs. 1 StGB, 2009, S. 237; dazu auch Hettinger/Wielant FS Herzberg, 2008, 649; zum Fall vgl. Jäger JuS 2000, 31 (33), Imstichlassen; zust. Ebel NStZ 2002, 404 (408); Heger ZStW 119 (2007), 593 (597); aM Wielant, Die Aussetzung nach § 221 Abs. 1 StGB, 2009, S. 352, 399; Wessels/Hettinger/Engländer StrafR BT I Rn. 201, Versetzen). Ob zu dieser potentiell gefährlichen Lage noch eine konkrete Gefahr hinzutreten muss, wie zu § 221 I StGB aF allgemein verlangt (BGHSt 21, 44 (45) = BeckRS 1966, 30386211), ist wegen der neuen Gefahrverursachungsklausel in Abs. 1 aE (→ Rn. 5), die bei einer Erfassung der konkreten Gefahr bereits bei der hilflosen Lage weitgehend inhaltsleer wäre, umstritten (dafür Otto StrafR BT § 10 Rn. 2; Krüger in LK-StGB Rn. 3, 7; dagegen Sternberg-Lieben/Fisch Jura 1999, 45 (46); Schroth NJW 1998, 2861 (2863); Heger ZStW 119 (2007), 593 (606); ebenso Küper ZStW 111 (1999), 30 (48) für Abs. 1 Nr. 1); denkbar ist insoweit auch eine differenzierende Auslegung der geforderten hilflosen Lage in Abs. 1 Nr. 1, 2 (so Küper/Zopfs StrafR BT Rn. 345; zust. Fischer Rn. 17; ähnlich Hardtung in MüKoStGB Rn. 16; abl. Wielant, Die Aussetzung nach § 221 Abs. 1 StGB, 2009, S. 276; zur Problematik auch Hettinger/Wielant FS Herzberg, 2008, 649 (667)), bei der nur für Abs. 1 Nr. 2 bereits eine konkrete Gefahrenlage vorauszusetzen wäre (Küper ZStW 111 (1999), 30 (54); dagegen Ebel NStZ 2002, 404, der er eine „drohende Gefahr" ausreichen lässt und die „Ausweglosigkeit der Situation" als Charakteristikum der hilflosen Lage bestimmt; dagegen verlangt Wielant, Die Aussetzung nach § 221 Abs. 1 StGB, 2009, S. 313 eine Hilfsmöglichkeit, so dass sog. Augenblicksgefahren ausscheiden, insoweit zust. Küper GA 2010, 228 (231); trotz entgegenstehenden Wortlauts stellt Eser/Sternberg-Lieben in Schönke/Schröder Rn. 4 auf die Hilflosigkeit des Opfers, nicht der Lage, ab). Jedenfalls setzt eine „Lage" eine gewisse Dauer voraus (Maurach/Schroeder/Maiwald/Hoyer/Momsen StrafR BT § 4 Rn. 5; Eser/Sternberg-Lieben in Schönke/Schröder Rn. 2; zweifelnd BGHSt 52, 153 (157) = NJW 2008, 2199; abl. Hardtung JZ 2008, 953 (956); Heger ZStW 119 (2007), 593 (596); sa Gerhold NKrimPol 2009, 69 (74), dem diese einschränkende Auslegung nicht weit genug geht).

3 **b) Versetzen (Abs. 1 Nr. 1)** bedeutet eine Zustandsveränderung beim Opfer vornehmen (zB durch Gewalt oder Täuschung, uU sogar durch Unterlassen in Garantenstellung, BGH NStZ 2018, 209 mit Bespr. Jäger JA 2018, 230; Jäger JuS 2000, 31 (33); Küper/Zopfs StrafR BT Rn. 69, Nichtverhinderung der „Selbstaussetzung"; Maurach/Schroeder/Maiwald/Hoyer/Momsen StrafR BT § 4 Rn. 8; Wolters in SK-StGB Rn. 5; Krüger in LK-StGB Rn. 30; ebenso Wielant, Die Aus-

setzung nach § 221 Abs. 1 StGB, 2009, S. 213 unter Ausklammerung von Ingerenz-Garantenstellung; aM Schroth NJW 1998, 2861 (2863)), deren Folge eine hilflose Lage ist, und es darin allein lassen. Nicht zwingend ist, dass sich das Opfer vorher nicht in einer (anderen) hilflosen Lage befunden hat (so aber Jäger JuS 2000, 31 (33); Horn/Wolters in SK-StGB Rn. 4; wie hier Heger ZStW 119 (2007), 593 (605); Eisele StrafR BT I Rn. 237; Hardtung in MüKoStGB Rn. 8–11; Neumann/Saliger in NK-StGB Rn. 15); eine bloße Gefahrverursachung ohne sonstige Lageveränderung genügt nur, wenn man in der konkreten Gefahr ein Element der hilflosen Lage sieht (→ Rn. 2). Eine Veränderung der örtlichen Lage des Opfers ist jedenfalls nicht mehr erforderlich (Küper ZStW 111 (1999), 30 (42); Jäger JuS 2000, 31 (32); Küpper JuS 2000, 225; Heger ZStW 119 (2007), 593 (596); Joecks/Jäger StGB Rn. 6; Neumann/Saliger in NK-StGB Rn. 11; aM Hohmann/Sander StrafR BT § 5 Rn. 4; Hellmann in Krey/Hellmann/Heinrich StrafR BT I Rn. 129), es reicht eine bloße körperliche Einwirkung, zB Stöße, Tritte, Faustschläge (BGHSt 52, 153 (156) = NJW 2008, 2199 mit Bespr. Hardtung JZ 2008, 953 (954); Jahn JuS 2008, 647). Begründet der Täter die hilflose Lage des Opfers durch räumliches Verlassen, so ist das der typische Fall der Nr. 2, die deshalb vorrangig eingreift, aber eine Garantenstellung des Täters voraussetzt (Küper/Zopfs StrafR BT Rn. 65); ob weiterhin die geschaffene Lage eine das Opfer konkret gefährdende sein muss (so BGHSt 4, 113 (115) = NJW 1953, 1070; BGH NStZ 1985, 501 mkritAnm Ulsenheimer StV 1986, 201, jeweils zu § 221 aF; Krüger in LK-StGB Rn. 9, 18; Küper/Zopfs StrafR BT Rn. 66), hängt nach der Neufassung vom Inhalt der geforderten hilflosen Lage ab (→ Rn. 2). Ob der Anwendungsbereich der Nr. 1 durch den Begriff Versetzen (statt Aussetzen) darüber hinaus erweitert wird (so Hörnle Jura 1998, 169 (177); Hettinger/Wielant FS Herzberg, 2008, 649 (656); Otto StrafR BT § 10 Rn. 2; Rengier StrafR BT II § 10 Rn. 7a), erscheint angesichts der Verwendung von Worten mit nahezu identischer Bedeutung eher fraglich; das bloße Abschneiden von der Hilfe Dritter reicht mangels Zustandsveränderung beim Opfer idR nicht aus (Heger ZStW 119 (2007), 593 (598); Eser/Sternberg-Lieben in Schönke/Schröder Rn. 4a; iE auch Struensee in DSNS StrRG § 2 Rn. 23, der aber entscheidend auf das Fehlen der Gefahrverursachung abstellt (→ Rn. 5); aM Otto StrafR BT § 10 Rn. 2; einschr. Schroth NJW 1998, 2861 (2863); Wolters in SK-StGB Rn. 4). Nr. 1 greift für Veranlasser nicht ein, wenn das Opfer seine hilflose Lage freiverantwortlich selbst herbeiführt (Wessels/Hettinger/Engländer StrafR BT I Rn. 199; Neumann/Saliger in NK-StGB Rn. 12). Eine Sorgepflicht des Täters ist bei diesem „Allgemeindelikt" (Küper Jura 1994, 513) im Gegensatz zu Nr. 2 nicht erforderlich (Wessels/Hettinger/Engländer StrafR BT I Rn. 199).

c) **Das Imstichlassen (Abs. 1 Nr. 2)** erfasst zum einen (wie das bisherige Verlassen) Fälle, in denen eine räumliche Änderung der Beziehung zum Hilflosen erfolgt (hM zu § 221 StGB aF; vgl. BGHSt 38, 78 = NJW 1992, 581; zum geltenden Recht Küper ZStW 111 (1999), 30 (59)); daher genügt es, wenn die Krankenschwester das Krankenzimmer verlässt. Zum anderen genügt es jetzt auch, wenn sie dort untätig verweilt (BT-Drs. 13/8587, 34; BGHSt 52, 153 (158) = NJW 2008, 2199 mit Bespr. Hardtung JZ 2008, 953 (956); Jahn JuS 2008, 954; Hörnle Jura 1998, 169 (177); Struensee in DSNS StrRG § 2 Rn. 37; Hacker/Lauter Jura 2006, 277; Küper/Zopfs StrafR BT Rn. 344; Maurach/Schroeder/Maiwald/Hoyer/Momsen StrafR BT § 4 Rn. 9; Fischer Rn. 12; zu denkbaren Tatmodalitäten in Alten- und Pflegeheimen Pfleiderer/Schubert MedR 2005, 591 (594)). Nach der 4

Rspr. zu § 221 aF verließ auch die Mutter ihr Kind, die entgegen ihrer Absicht von einer Besorgung oder einem Vergnügen nicht zurückkehrt (BGHSt 21, 44 = BeckRS 1966, 30386211); dies ist jetzt vom Imstichlassen unmittelbar umfasst (Küper ZStW 111 (1999), 30 (63); Wessels/Hettinger/Engländer StrafR BT I Rn. 202). Weil das Verlassen des Opfers nur noch ein faktischer Anwendungsfall, nicht aber mehr – wie noch zu § 221 I aF (BGHSt 38, 78 (81) = NJW 1992, 581 zum Verlassen) – einen gesetzlichen Unterfall eines Imstichlassens darstellt, sieht die Rspr. inzwischen in Abs. 1 Nr. 2 ein einheitliches echtes Unterlassungsdelikt, auf welches § 13 nicht anwendbar ist (BGHSt 57, 28 = NJW 2012, 546 mit Bespr. Momsen StV 2013, 54; Freund/Timm HRRS 2012, 223, so auch schon Struensee in DSNS StrRG § 2 Rn. 35, 41; Hardtung in MüKoStGB Rn. 2; Neumann/Saliger in NK-StGB Rn. 19; Wolters in SK-StGB Rn. 6; dagegen Küper ZStW 111 (1999), 30 (55, 58); für Einstufung als unechtes Unterlassungsdelikt Wielant, Die Aussetzung nach § 221 Abs. 1 StGB, 2009, S. 165; Krüger/Wengenroth NStZ 2013, 102). Dass das Imstichlassen weiterhin auch in Form eines aktiven Verlassens des Opfers geschehen kann, führe nicht zu einer Einstufung dieser Tatbestandsvariante auch als Begehungsdelikt (so Krüger in LK-StGB Rn. 44). Die Einstufung als echtes Unterlassungsdelikt setzt voraus, dass der Täter die subjektive Möglichkeit zur Erfolgsabwendung hat und die Rettung nicht aus objektiv-situativen Gründen völlig aussichtslos erscheint (Küper ZStW 111 (1999), 30 (61); Heger ZStW 119 (2007), 593 (609)). In beiden Fällen ist es nur strafbar, wenn der Täter eine Garantenstellung hat (→ § 13 Rn. 6; echtes „Sonderdelikt", Küper ZStW 111 (1999), 30 (49); Jäger JuS 2000, 31 (33); Mitsch, Strafrechtlicher Schutz gegen medizinische Behandlung, 1999, S. 408; Neumann/Saliger in NK-StGB Rn. 19; Eser/Sternberg-Lieben in Schönke/Schröder Rn. 7; Hörnle Jura 1998, 169 (177) gegen BT-Drs. 13/8587, 34, wo zu Unrecht von einer Erweiterung der Beistandspflicht ausgegangen wird; zutr. dagegen BT-Drs. 13/9064, 14), die durch die Merkmale der Obhut und der Beistandspflicht lediglich näher konkretisiert wird (BGHSt 25, 218 = NJW 1973, 1706; BGHSt 26, 35 = NJW 1975, 1175; BGH NStZ 1983, 454; zur Garantenstellung unter Geschwistern LG Kiel NStZ 2004, 157; aus freiwilliger Übernahme BGH NJW 1993, 2628; OLG Zweibrücken VRS 98, 284; OLG Stuttgart NStZ 2009, 102 (103); problematisch zur Garantenstellung aus vorsätzlicher Gefahrschaffung BGH NStZ-RR 1996, 131 mablAnm Stein JR 1999, 265, abl. auch Heger ZStW 119 (2007), 593 (628), Fischer Rn. 6; einschr. auf „echte" Garantenstellungen unter Ausschluss der Ingerenz Schünemann in Gimbernat/Schünemann/Wolter, Internationale Dogmatik der objektiven Zurechnung und der Unterlassungsdelikte, 1995, S. 49, 60; einschr. auch Neumann/Saliger in NK-StGB Rn. 29, der zusätzlich eine „Vertrauensbeziehung" verlangt). Aus losen Zusammenschlüssen von Drogenkonsumenten (BGH StV 2020, 373 mit Bespr. Ruppert HRRS 2020, 250; Nussbaum ZJS 2021, 86) oder gerechtfertigtem Vorverhalten kann sich keine Obhutspflicht ergeben (BGH NStZ 2018, 84 mAnm. Rückert und Bespr. Kudlich JA 2018, 149; Erb StudRZ 2018, 285). Die Obhutspflicht bzw. Garantenstellung ist ein besonderes persönliches Merkmal iSd § 28 I (Eser/Sternberg-Lieben in Schönke/Schröder Rn. 11; Fischer Rn. 26; Neumann/Saliger in NK-StGB Rn. 44; anders → 29. Aufl. 2018, § 28 Rn. 5).

5 **d)** Das Opfer muss **konkret der Gefahr des Todes oder einer schweren Gesundheitsschädigung** (→ § 250 Rn. 3; ergänzend Küper ZStW 111 (1999), 30 (37)) ausgesetzt worden sein (Lautner, Die Systematik des Aussetzungstatbestands, 2010, S. 1, zweite Stufe des zweistufigen Delikts). Diese muss vom Täter durch

eine der beiden Tathandlungen verursacht worden sein) (Struensee in DSNS StrRG § 2 Rn. 11; Rengier StrafR BT II § 10 Rn. 10; → § 315c Rn. 27; näher Lautner, Die Systematik des Aussetzungstatbestands, 2010, S. 205, 226, 245, der Gefahr-Erfolg müsse „unmittelbar" auf dem Zwischenerfolg der hilflosen Lage beruhen); dafür genügt, dass eine bestehende Gefahr verstärkt wird (BT-Drs. 13/9064, 14; BGHSt 52, 153 (157) = NJW 2008, 2199 mit zust. Bespr. Hardtung JZ 2008, 953 (954); Satzger JK StGB § 221 Rn. 6; Eisele StrafR BT I Rn. 234, 249; Maurach/Schroeder/Maiwald/Hoyer/Momsen StrafR BT § 4 Rn. 13; Otto StrafR BT § 10 Rn. 2; aM Neumann/Saliger in NK-StGB Rn. 31; diff. Wielant, Die Aussetzung nach § 221 Abs. 1 StGB, 2009, S. 458). Eine Gefahr für eines der Schutzgüter liegt vor, wenn ohne rettenden Zufall der Verletzungserfolg eintreten würde (→ § 315c Rn. 22; Küpper JuS 2000, 225; Krüger in LK-StGB Rn. 64); daran fehlt es allerdings nach der Neufassung, wenn der Täter Dritte von Rettungshandlungen abhält und es dem Zufall überlässt, ob andere dem Opfer helfen, solange noch keine konkrete Gefahr für dieses eingetreten ist (Struensee in DSNS StrRG § 2 Rn. 23).

3. Der **Vorsatz** (bedingter genügt, OLG Zweibrücken NStZ 1997, 601) muss vor allem die Gefährdung umfassen (BGH NStZ 2008, 395 (396); NStZ 2009, 385; Gerhold NKrimPol 2009, 69 (77); zum Gefährdungsvorsatz → § 15 Rn. 28; beachte auch BGH NStZ 1997, 485). Der Versuch des Abs. 1 ist nicht unter Strafe gestellt (Kühl StrafR AT § 15 Rn. 16; krit. Bussmann GA 1999, 21 (23); Kühl FS Küper, 2007, 289 (293)). 6

4. Die Qualifikation des **Abs. 2 Nr. 1** entspricht in der zweite Alternative § 174 I Nr. 1 (→ § 174 Rn. 3), allerdings ohne Altersbegrenzung (BT-Drs. 13/9064, 15); damit sind Kinder von Stief- und Pflegeeltern einbezogen; Kinder von Adoptiveltern sind bereits durch die erste Alternative erfasst; „sein Kind" ist in personenstandsrechtlicher Hinsicht gemeint, so dass auch Kinder über 14 Jahre Opfer sein können (Sternberg-Lieben/Fisch Jura 1999, 45 (49)), doch sind volljährige Personen ausgeschlossen (Neumann/Saliger in NK-StGB Rn. 37; einschr. auf Jugendliche auch Wolters in SK-StGB Rn. 14). Die Tat ist Verbrechen (Maurach/Schroeder/Maiwald/Hoyer/Momsen StrafR BT § 4 Rn. 17), der Versuch deshalb strafbar (Kühl FS Küper, 2007, 289 (293); zu den dabei auftretenden Problemen Heger ZStW 119 (2007), 593 (617)). Zu den Erfolgsqualifikationen des **Abs. 2 Nr. 2** und des **Abs. 3** vgl. § 18 (zu Abs. 3 auch BGH NStZ 2008, 395, Aussetzung von Betrunkenen durch Polizeibeamte, mkritAnm Gerhold NKrimPol 2009, 69, der strengere Anforderungen an den Unmittelbarkeitszusammenhang stellt; Heger ZStW 119 (2007), 593 (614); vgl. außerdem Hardtung Teilvorsatzdelikte S. 86; Hardtung in MüKoStGB Rn. 39, der den Aussetzungserfolg zur Tatbestandsvoraussetzung erhebt; ebenso Küpper/Börner StrafR BT I Kap. I § 1 Rn. 91); zur schweren Gesundheitsschädigung → Rn. 1. Die schweren Folgen müssen wenigstens fahrlässig verursacht worden sein, was bei Vorsatz hinsichtlich der Tatbestandsmerkmale des Abs. 1 der Fall sein wird (BGH NStZ 2008, 385); zur „Unmittelbarkeit" der Verursachung Küpper/Börner StrafR BT I Kap. I § 1 Rn. 91; OLG Zweibrücken VRS 98, 284; umstritten ist, ob ein erfolgsqualifizierter Versuch (→ § 18 Rn. 9) trotz Straflosigkeit des Grunddeliktsversuchs möglich ist (→ § 18 Rn. 11; dagegen Kühl FS Gössel, 2002, 191 (204); Kühl FS Küper, 2007, 289 (299); sowie Kühl StrafR AT § 17a Rn. 47; Sonnen StrafR BT S. 21; Fischer Rn. 22; Krüger in LK-StGB Rn. 40; Neumann/Saliger in NK-StGB Rn. 42; krit. auch Bussmann GA 1999, 21 (23); dafür Heger ZStW 119 (2007), 593 (620); Otto StrafR BT § 10 7

Rn. 9; Wolters in SK-StGB Rn. 16; Hardtung in MüKoStGB Rn. 47). – Zu **Abs. 4** (minder schwere Fälle) → § 46 Rn. 7–10a; → § 12 Rn. 4.

8 **5.** Bei der **Strafzumessung** darf die Gefährdung nicht als solche, sondern nur im Hinblick auf ihr besonderes Ausmaß strafschärfend berücksichtigt werden (Verbot der Doppelverwertung, BGH BeckRS 1975, 00170; → § 46 Rn. 45).

9 **6. Tateinheit** ua möglich mit §§ 142, 169, 171 (str.); ferner mit §§ 223–227 und zwar namentlich auch in Fällen des Abs. 2 Nr. 1 und des Abs. 3 (BGHSt 4, 113 = NJW 1953, 1070; str.) sowie mit § 315c (Heger ZStW 119 (2007), 593 (626); Lautner, Die Systematik des Aussetzungstatbestands, 2010, S. 243; aM Struensee in DSNS StrRG § 2 Rn. 33, der § 315c als Privilegierung versteht). Die Vorschrift verdrängt den § 323c, ihr Abs. 2 Nr. 2 und Abs. 3 auch die §§ 222, 229 (Wolters in SK-StGB Rn. 17). Gegenüber §§ 211, 212 tritt sie zurück (BGHSt 4, 113 (116) = NJW 1953, 1070; BGH NStZ-RR 1996, 131; NStZ 2017, 90 mkritAnm Bock); mit versuchten Tötungsdelikten besteht aus Klarstellungsgründen Tateinheit (→ Vor § 52 Rn. 28; Neumann/Saliger in NK-StGB Rn. 47). Erfüllt eine Kindstötung (§ 217 aF) die Voraussetzungen des § 213 (→ § 213 Rn. 9), so könnte es die Sperrwirkung des milderen Gesetzes gestatten, den Strafrahmen des Abs. 3 bis zum Mindestmaß des § 213 zu unterschreiten, doch ist dafür angesichts von Abs. 4 Alt. 2 kein Bedürfnis zu erkennen (vgl. Sternberg-Lieben/Fisch Jura 1999, 45 (50)). Ist bei § 221 III aufgrund eines Imstichlassens die Todesfolge nur fahrlässig verursacht, wäre der Mindeststrafrahmen mit drei Jahren höher als bei einer vorsätzlichen Verursachung derjenige von §§ 212, 13 (iVm § 49 I Nr. 3, zwei Jahre); um diesen Wertungswiderspruch zu vermeiden, sollte bei § 221 I Nr. 2 als Grundtatbestand der Mindeststrafrahmen – auch außerhalb des Anwendungsbereichs von Abs. 4 Alt. 2 – praeter legem bei ebenfalls zwei Jahren angesetzt werden (BGHSt 57, 28 (31) = NJW 2012, 546).

§ 222 Fahrlässige Tötung

Wer durch Fahrlässigkeit den Tod eines Menschen verursacht, wird mit Freiheitsstrafe bis zu fünf Jahren oder mit Geldstrafe bestraft.

1 **1.** Allgemein zu den **Tötungsdelikten** ieS, namentlich zum geschützten Rechtsgut und zur zeitlichen Erstreckung des Strafschutzes → Vor § 211 Rn. 1–8; die Abgrenzung gegenüber der Leibesfrucht (→ Vor § 211 Rn. 3) ist wegen der Straflosigkeit fahrlässigen Schwangerschaftsabbruchs wichtig (BGHSt 31, 348 = NJW 1983, 2097 mAnm Lüttger NStZ 1983, 481 (483); Sternberg-Lieben, Die objektiven Schranken der Einwilligung im Strafrecht, 1997, S. 517; Eser/Sternberg-Lieben in Schönke/Schröder,, Rn. 2). Für eine Anhebung der Strafbarkeitsschwelle auf leichtfertiges Verhalten Koch, Die Entkriminalisierung im Bereich der fahrlässigen Körperverletzung und Tötung, 1998, S. 248, mit Reformvorschlag.

2 **2.** Der **äußere Tatbestand** entspricht dem der vorsätzlichen Tötung; die Ausführungen unter → § 212 Rn. 2 gelten daher sinngemäß. Der Tod kann von mehreren untereinander unabhängigen Personen (Nebentäter) (mit-)verursacht werden (BGHSt 4, 20 = NJW 1953, 634; BayObLG NJW 1960, 1964; Mitsch in Leipold/Tsambikakis/Zöller Rn. 2; → § 25 Rn. 8). Zur Mitverursachung einer Selbsttötung → Vor § 211 Rn. 11, 14–16. Zur Abgrenzung von tatbestandsloser eigenverantwortlicher Selbstgefährdung und allenfalls durch Einwilligung zu rechtfertigender

Fremdgefährdung und zur Verneinung der Rechtfertigung bei „Einwilligung" in eine konkrete Lebensgefahr, zB bei einem „Beschleunigungsrennen" auf öffentlichen Straßen (heute auch § 315d V) vgl. BGHSt 53, 55 = NJW 2009, 1155 mAnm Kühl Duttge NStZ 2009, 690; Jahn JuS 2009, 370; Kudlich JA 2009, 389; Lasson ZIS 2009, 359; Puppe GA 2009, 486; Renzikowski HRRS 2009, 347; Roxin JZ 2009, 399(dazu auch noch → § 15 Rn. 42, 43, 46; → Vor § 211 Rn. 12; → § 228 Rn. 2a, 10, 11). Zur fahrlässigen Tötung trotz Tatherrschaft des Opfers über den getäuschten Täter vgl. OLG Nürnberg NJW 2003, 454; BGH NJW 2003, 2326, abl. Kühl StrafR AT § 20 Rn. 51a, 138; → Vor § 211 Rn. 11; Zweifel bei Fischer § 216 Rn. 12.

3. **Fahrlässigkeit** → § 15 Rn. 35–54. Im Vordergrund der unübersehbaren Fülle von gerichtlichen Entscheidungen steht die Konkretisierung der Sorgfaltspflicht und des Vertrauensgrundsatzes bei gefahrgeneigten Tätigkeiten, namentlich im Straßenverkehr und im Beruf (→ § 15 Rn. 39; zum Straßenverkehr Pießkalla NZV 2007, 438). 3

4. Allgemein zur **Rechtfertigung** einer fahrlässigen Tötung → § 15 Rn. 48; speziell durch Einwilligung → Vor § 32 Rn. 14; → § 228 Rn. 1–2a. 4

5. Wird eine **Vorsatztat** durch fahrlässige oder leichtfertige Verursachung der Todesfolge qualifiziert (zB §§ 176b, 178, 221 III, 227, 239 IV, 306c, 316a III, 330a II), so tritt § 222 hinter dem erfolgsqualifizierten Delikt zurück (Wolters in SK-StGB Rn. 8; Kröger in LK-StGB, Rn. 24; diff. Eser/Sternberg-Lieben in Schönke/Schröder, Rn. 8). Fahrlässige Tötung (in Tateinheit mit § 250) ist aber möglich, wenn aufgrund eines Mittäterexzesses bei einem Raub der durch einen anderen verursachte Tod des Opfers dem Täter nicht iSv § 251 zugerechnet werden kann (BGH NStZ-RR 2020, 313 mit Bespr. Eisele JuS 2020, 570; Kudlich JA 2020, 390; Putzke ZJS 2020, 664). 5

17. Abschnitt. Straftaten gegen die körperliche Unversehrtheit

Vorbemerkung

Das **VerbrBG** (→ Vor § 1 Rn. 12) hat im Abschnitt über die Körperverletzung vor allem die **Strafrahmen** der §§ 223–225 StGB aF **erweitert** (krit. zur Abstimmung der neuen Strafdrohungen Hettinger GA 1995, 399 (404, 420)). Die Strafdrohungen für Körperverletzungsdelikte sind denen für Eigentums- und Vermögensdelikte angepasst (vgl. näher BT-Drs. 12/6853, 25; zust. Hauf ZRP 1995, 52; Sternberg-Lieben in Schönke/Schröder Rn. 1–3). Die erhöhten Strafrahmen sollen dem verfassungsrechtlichen Rang des Rechtsguts der körperlichen Unversehrtheit (→ § 223 Rn. 1) Rechnung tragen und den strafrechtlichen Schutz vor tätlichen Angriffen – namentlich gegen ausländische, aber auch zB gegen behinderte Mitbürger – verbessern (BT-Drs. 12/6853, 25). Darüber hinaus sind einige Tatbestände geändert worden. § 223 ist geschlechtsneutral formuliert und die Qualifizierung des Abs. 2 aF zum Schutz der Aszendenten entfallen (BT-Drs. 12/6853, 26; vertretbar nach König/Seitz NStZ 1995, 1 (3); krit. Schautes ZRP 1995, 232). Eine Erweiterung der Versuchsstrafbarkeit auf § 223 ist trotz einer entsprechenden Anfrage nicht vorgenommen worden (BT-Drs. 12/6893). Dies ist durch das **6. StrRG** 1

(→ Vor § 1 Rn. 13) zur Vermeidung von Wertungswidersprüchen zu §§ 242, 246, 263, 303 nachgeholt worden (BT-Drs. 13/8587, 36; zust. Rengier ZStW 111 (1999), 1 (2); Jäger JuS 2000, 31 (34); Wallschläger JA 2002, 390; krit. Sander/Hohmann NStZ 1998, 273 (275); Struensee in DSNS StrRG § 2 Rn. 61–64; krit. auch schon Hettinger, Entwicklungen im Strafrecht und Strafverfahrensrecht der Gegenwart, 1997, S. 34); es hat außerdem die Abschnittsüberschrift auf das geschützte Rechtsgut hin ausgerichtet (Struensee in DSNS StrRG § 2 Rn. 59; Wolters JuS 1998, 582 (583)) und die einzelnen Tatbestände mehr oder weniger neu gefasst und umnummeriert (vgl. den Überblick bei Rengier StrafR BT II § 12 Rn. 1–3); § 228 (Führungsaufsicht), § 229 (Vergiftung; → § 224 Rn. 1 a), § 233 (wechselseitig begangene Straftaten; krit. Freund ZStW 109 (1997), 455 (488); Wolters JuS 1998, 582 (586)) sind gestrichen worden. Zudem sind in Verfolgung der Zielsetzung des VerbrBG die Strafrahmen der meisten Vorschriften erhöht worden (vgl. Hörnle Jura 1998, 169 (177); Kreß StV 1998, 633 (639); Wolters JuS 1998, 582 (585); zum Referentenentwurf Freund ZStW 109 (1997), 455 (458); Hettinger, Entwicklungen im Strafrecht und Strafverfahrensrecht der Gegenwart, 1997, S. 34). Zur Verstümmelung weiblicher Genitalien → § 226 a; die Beschneidung von männlichen Kindern ist mit § 1631 II BGB inzwischen gesetzlich geregelt (→ § 223 Rn. 12 a). In einem neuen § 224 a sollte „Rassenhass" als niedriger Beweggrund erfasst werden (BR-Drs. 577/60; abl. Keiser ZRP 2010, 46 (47)); dies hat sich mit der Aufnahme dieses Motivs in § 46 II 2 geändert (→ § 46 Rn. 33 b). Körperliche Angriffe auf Polizeibeamte werden seit 2017 auch durch § 114 erfasst.

§ 223 Körperverletzung

(1) **Wer eine andere Person körperlich mißhandelt oder an der Gesundheit schädigt, wird mit Freiheitsstrafe bis zu fünf Jahren oder mit Geldstrafe bestraft.**

(2) **Der Versuch ist strafbar.**

1 **1.** Die Körperverletzungstatbestände **schützen** die **körperliche Unversehrtheit** (hM; vgl. etwa Grünewald in LK-StGB, Rn. 1; Hardtung in MüKoStGB Vor § 223 Rn. 1; Dölling in HK-StrafR Rn. 1; sa Amelung/Lorenz FS Otto, 2007, 527 (531); nach Kargl GA 2001, 538 (552), auch das Interesse an körperlicher Unberührtheit; weiter Tag, Der Körperverletzungstatbestand im Spannungsfeld zwischen Patientenautonomie und Lex artis, 2000, S. 68; Wolters in SK-StGB Rn. 35, auch das Selbstbestimmungsrecht; Tolmein KritV 1998, 52 (57), auch das Selbstbestimmungsrecht Einwilligungsunfähiger; noch weiter Freund/Heubel MedR 1995, 194, Kernbestand des Freiheitspotentials einer Person; dagegen Schroeder FS Hirsch, 1999, 725 (736); vgl. auch die weite Auslegung der Körperverletzung iSv § 823 I BGB durch den BGH in Zivilsachen, BGHZ 124, 52 = NJW 1994, 127 mit Bespr. Laufs/Reiling NJW 1994, 775; Rohe JZ 1994, 465; Schnorbus JuS 1994, 830 (835); aus strafrechtlicher Sicht Freund/Heubel MedR 1995, 194; Otto Jura 1996, 219; Schroeder FS Hirsch, 1999, 725 (737), die zu einem Auseinanderfallen von strafrechtlichem und zivilrechtlichem Integritätsschutz führt; Taupitz NJW 1995, 745 (749)). Angriffsobjekt ist der **geborene Mensch** (Hirsch FS Eser, 2005, 309 (312); Paeffgen/Böse in NK-StGB Rn. 3; Sternberg-Lieben in Schönke/Schröder/Sternberg-Lieben, Rn. 1a). Zur **Reform** Hirsch ZStW 83 (1971), 140; Lampe ZStW 83 (1971), 177. Zur **historischen Entwicklung** und

zur Reformdiskussion Korn, Körperverletzungsdelikte – §§ 223 ff., § 340 StGB, 2003, S. 8, 93. Zur **Kriminologie** Köllisch MschrKrim 2009, 28; Dölling in HK-StrafR Rn. 2. **Rechtsprechungsübersicht** Miebach NStZ-RR 2012, 225; NStZ-RR 2013, 265.

2. Zu **Beginn und Ende** des Lebens als Mensch → Vor § 211 Rn. 3, 4. Eine Einwirkung auf die Leibesfrucht vor Geburtsbeginn, die einen Dauerschaden verursacht, genügt danach nicht (Lüttger JR 1971, 133 (139); NStZ 1983, 481 (485); Kaufmann JZ 1971, 569; Bruns FS Heinitz, 1972, 317 (322); Roxin JA 1981, 542 (548); Ostendorf JuS 1982, 200; Grünewald in LK-StGB, Rn. 15–19; Paeffgen/Böse in NK-StGB Rn. 4; aM LG Aachen JZ 1971, 507; Tepperwien, Pränatale Einwirkungen als Tötung oder Körperverletzung?, 1973; Weiß GA 1995, 373; Weber in Arzt/Weber/Heinrich/Hilgendorf StrafR BT § 5 Rn. 98; Gössel/Dölling StrafR BT I § 12 Rn. 30; zw.). Ferner muss eine **andere** Person verletzt werden (Hardtung JuS 2008, 864; Hardtung in MüKoStGB Rn. 7). Selbstverletzung ist ebenso wie Selbsttötung nicht mit Strafe bedroht (Ausnahme: Selbstverstümmelung nach § 109 StGB, § 17 WStG), so dass insoweit auch Teilnahme entfällt (→ Vor § 211 Rn. 10); mittelbare Täterschaft des Hintermanns bleibt jedoch möglich (→ Vor § 211 Rn. 13; → § 25 Rn. 4; ebenso Dölling in HK-StrafR Rn. 3). 2

3. Die **Tathandlungen** können durch positives Tun und durch Unterlassen in Garantenstellung, zB durch Vorenthalten der Nahrung oder ärztlicher Versorgung (→ § 13 Rn. 6), begangen werden (Meurer JR 1992, 38; Hardtung JuS 2008, 864 (868) mit BGH NJW 1960, 2253 als Fall 12; Grünewald in LK-StGB Rn. 21, 38; Wolters in SK-StGB Rn. 25; speziell zur unterlassenen Schmerzbehandlung Andreas Arztrecht 1999, 232). Als Erfolg (diesen betont auch für die körperliche Misshandlung Rackow GA 2003, 135) müssen sie eine körperliche Beeinträchtigung (→ Rn. 4, 5) verursachen, für deren objektive Zurechnung die allgemeinen Regeln gelten (→ Vor § 13 Rn. 9–14). – Wird eine Person durch mehrere Handlungen des Täters verletzt, handelt es sich nur um **eine Körperverletzung,** wenn die einzelnen Akte in engem räumlichen und zeitlichen Zusammenhang stehen, mit der Mehrheit der Handlungen das tatbestandliche Unrecht intensiviert wird und keine wesentlichen Zäsuren eintreten (BGH NStZ 2019, 471). 3

a) Körperliche Misshandlung ist eine üble, unangemessene Behandlung (dazu Grünewald in LK-StGB, Rn. 6; nach Murmann Jura 2004, 102, verzichtbar; anders Rackow GA 2003, 135), durch die das körperliche Wohlbefinden nicht nur unerheblich (dazu OLG Düsseldorf NJW 1991, 2918; OLG Karlsruhe Justiz 2001, 193; OLG München NStZ 2014, 706 (708); sa AG Erfurt BeckRS 2013, 16490 mit Bespr. Jahn JuS 2014, 176) beeinträchtigt wird (BGHSt 25, 277 = NJW 1974, 958; BGHSt 53, 145 (158) = NJW 2009, 1360 mit Bespr. Jahn JuS 2009, 466 (Dienstvorschriften zuwiderlaufende Geiselnahmeübung; anders bei Einhaltung der Befugnisse BGHSt 14, 269 = NJW 1960, 1477); BGH NStZ 2007, 218; NStZ-RR 2012, 340; NStZ-RR 2014, 11; NStZ-RR 2015, 211; Küper StrafR BT S. 230; ähnlich Kargl GA 2001, 538 (548), der die Beeinträchtigung des körperlichen Wohlbefindens als „Oberbegriff" wählt; krit. zu dieser Kombination zweier Fallgruppen Wolters in SK-StGB Rn. 8). Schmerzzufügung ist nicht unbedingt erforderlich (BGH NStZ 2007, 218; krit. Schroeder FS Hirsch, 1999, 725 (729); str.; BGH NStZ-RR 2014, 11, verlangt beim Schlag ins Gesicht ein kurzanhaltendes Schmerzempfinden); umgekehrt kann das pflichtwidrige Unterlassen der Schmerzlinderung genügen (OLG Hamm NJW 1975, 604; OLG Düsseldorf NStZ 1989, 4

269; Uhlenbruck MedR 1993, 296 (298)). Bei **unmittelbarer Einwirkung** auf den Körper werden die Voraussetzungen oft erfüllt sein, zB bei einem Faustschlag in das Gesicht (OLG Düsseldorf NJW 1994, 1232; anders für einen Schlag auf den Brustkorb BGH StV 2001, 680), auch bei einer Ohrfeige (BGH NJW 1990, 3156; BayObLG NJW 1991, 2031), bei Fesseln und Knebeln (BGH NStZ 2007, 404), beim Übergießen mit Brennspiritus (BGH bei Miebach NStZ-RR 2008, 193), bei gewaltsamen Öffnen des Mundes unter größerem Kraftaufwand und das mechanische Auslösen des Brechreizes mittels Pinzette und Spatels (BGH NJW 2012, 2453 (2454); zum „Brechmitteleinsatz" vgl. auch schon BGHSt 55, 121 = NJW 2010, 2595; → § 227 Rn. 2), nach hM sogar beim Abschneiden der Haare (BGH NJW 1953, 1440; NStZ-RR 2009, 50 „Dreadlocks"; einschr. OLG München StraFo 2011, 102, nur wenn unangemessen; Hardtung in MüKoStGB Rn. 38; aM Paeffgen/Böse in NK-StGB Rn. 6), bei Hervorrufen von Brechreiz durch Anspucken, nicht aber bloßer Erregung von Ekelgefühl (BGH NJW 2016, 27 mit krit. Bespr. Ruppert JR 2016, 686, Brechreiz, der nicht zum Erbrechen führte) und bei der Defloration (RGSt 56, 64; BGH NStZ 2011, 456 (457); Wessels/Hettinger/Engländer StrafR BT I Rn. 256; zw.); nicht dagegen beim ungeschützten Sexualkontakt unter Verschweigung der eigenen Infektiosität (aM Herzberg in Szwarc, AIDS und Strafrecht, 1996, S. 61, 81; dagegen Bottke in Szwarc, AIDS und Strafrecht, 1996, S. 290; Knauer GA 1998, 428 (429); Wolters in SK-StGB Rn. 22b); beim nicht einverständlichen Geschlechtsverkehr (BGH NStZ 2007, 218); auch nicht bei bloßem Niederdrücken und Festhalten (OLG Köln NStZ-RR 2013, 308), bei einer kunstgerecht durchgeführten Hypnose (Gerke HRRS 2009, 373 (381)), bei einer gynäkologischen Untersuchung ohne medizinische Indikation (OLG München NStZ 2008, 632) sowie bei der Vornahme eines Corona-Schnelltests durch Sekretentnahme in Rachen oder Nase (OLG Oldenburg Nds. Rpfl 2021, 415). Auch **mittelbare Einwirkungen** können genügen. Bei Erregung eines Unfallschocks mit nicht unerheblichen Auswirkungen trifft das idR zu (BGH NJW 2015, 1451 mAnm Thora; OLG Stuttgart NJW 1959, 831; OLG Hamm GA 1973, 347; zur schadensersatzrechtlichen Behandlung von Schockschäden durch die Rspr. Dahm NZV 2008, 187); bei Überanstrengung eines Soldaten in der Geländeausbildung (LG Köln NZWehrr 1982, 110, durch eine Geiselnahmeübung für Rekruten (BGHSt 53, 145 (158) = NJW 2009, 1360 mit Bespr. Jahn JuS 2009, 446; Eisele StrafR BT I Rn. 292) oder eines Arbeitnehmers am Arbeitsplatz (eing. Stöckel, Der strafrechtliche Schutz der Arbeitskraft, 1993, S. 63, 166) und bei nächtlichen Störanrufen (OLG Düsseldorf NJW 2002, 2118 mAnm Pollähne StV 2003, 563; Herzog GA 1975, 257 (264)) kann es zutreffen; ebenso beim Bespritzen mit Sperma, das zu Schlafstörungen und Krampfanfällen führt (AG Lübeck BeckRS 2011, 19102 mit zust. Bespr. Hecker JuS 2012, 179); die Verursachung von Schrecken (BGH NStZ 1986, 166; NStZ 2000, 25; NStZ-RR 2000, 106; OLG Hamm MDR 1958, 939; auch nicht bei Auftreten von Durchfall, OLG Köln NJW 1997, 2191), Ekel (OLG Zweibrücken NJW 1991, 240; Küpper/Börner StrafR BT I Kap. I § 2 Rn. 5) oder Erregung (BGHSt 25, 277 = NJW 1974, 958; OLG Köln StV 1985, 17) beeinträchtigt das körperliche Wohlbefinden im Regelfall nicht (Zöller in Leipold/Tsambikakis/Zöller Rn. 10); das gilt auch für Angst- und Panikgefühle auf Grund einer Verfolgung (BGHSt 48, 34 (36) = JuS 2003, 503 mit Bespr. Kühl JZ 2003, 637; Eisele StrafR BT I Rn. 294); Bedrohungs- und Einschüchterungshandlungen dürfen sich nicht nur auf das seelische Gleichgewicht auswirken, sondern müssen auch die körperliche Verfassung betreffen (BGH NStZ-RR 2012, 340). Nicht erfasst von § 223 ist das sog. weiche **„Stal-**

king" in Form des ständigen, wiederholten Nachstellens und Bedrängens (Meyer ZStW 115 (2003), 249 (261); anders bei „Steigerung des pathologischen Zustands", der nicht nur das seelische, sondern auch das körperliche Wohlbefinden beeinträchtigt, BVerfG EuGRZ 2006, 603 mit zust. Bespr. Jahn JuS 2007, 384; Engländer in Matt/Renzikowski Rn. 2; Momsen in Satzger/Schluckebier/Widmaier StGB Rn. 51; sa Steinberg, Strafe für das Versetzen in Todesangst, 2014, S. 106), auch nicht das sog. „Cyberstalking" über das Internet (Hilgendorf/Hong K & R 2003, 168 (170)); zu beachten sind jedoch die Strafvorschrift des § 4 GewSchG (dazu Grziwotz NJW 2002, 872) und § 238 („Nachstellung"); **Mobbing** ist nur erfasst, wenn es zu einer durch Stress verursachten Reizung des zentralen Nervensystems führt (Fehr, Mobbing am Arbeitsplatz, 2007, S. 79; Schrader/Stork AiB 2010, 175 (176); ähnlich OLG Celle NJW 2008, 2202 (2203)). Unerheblich ist die Beeinträchtigung durch einen Stromstoß, wenn das Opfer lediglich ein Kribbeln in den Beinen verspürt (BGH NStZ 1997, 123, weitere Beispiele zu unerheblichen Beeinträchtigungen bei Grünewald in LK-StGB, Rn. 9); bei der Veranlassung zum einmaligen Kokain-Konsum versteht sich körperliche Misshandlung nicht von selbst (BGH NStZ-RR 2021, 375), ebenso beim heimlichen Nachschenken von Alkohol (BGH NStZ 2022, 224).

b) Gesundheitsschädigung ist jedes Hervorrufen oder Steigern eines vom normalen Zustand der **körperlichen** Funktionen nachteilig abweichenden (pathologischen) Zustandes (Zöller in Leipold/Tsambikakis/Zöller Rn. 12 „Gesundheitsverschlechterung"), gleichgültig, auf welche Art und Weise er verursacht wird und ob das Opfer dabei Schmerz empfindet (hM; vgl. etwa BGHSt 36, 1 (6) = NJW 1989, 781; BGHSt 43, 346 (354) = NJW 1998, 833; BGH NJW 2013, 3383; NStZ 2015, 269; Eisele StrafR BT I Rn. 296; zusf. Grünewald in LK-StGB, Rn. 30–38; einschr. Krauß FS Bockelmann, 1979, 557 (559)). Bei schweren Infektionskrankheiten, zB bei AIDS (→ § 224 Rn. 8; sa BGHZ 114, 284 = NJW 1991, 1948), bedeutet schon die Ansteckung eine solche Abweichung (BGH NStZ 2009, 43; Paeffgen/Böse in NK-StGB Rn. 23; Eser/Sternberg-Lieben in Schönke/Schröder, Rn. 7; anders bei kurzfristigem Passivrauchen Jahn JuS 2014, 177 gegen AG Erfurt BeckRS 2013, 16490); bei einer Vielzahl von Röntgenstrahlen reicht die Zerstörung der Zellstrukturen und die damit verbundene Erhöhung des Schadensrisikos, auch wenn klinisch erkennbare Schäden nicht sogleich wahrnehmbar sind und sich der Eintritt von Langzeitschäden nicht sicher voraussagen lässt (BGHSt 43, 346 (353) = NJW 1998, 833 mkritAnm Jung/Wigge MedR 1998, 329; und Wolfslast NStZ 1999, 133; sowie Bespr. Jerouschek JuS 1999, 746; krit. auch Hardtung in MüKoStGB Rn. 65; Wolters in SK-StGB Rn. 20a; zur Körperverletzung durch Gammastrahlen BGHSt 43, 306 = NJW 1998, 1802 mkritAnm Wolfslast NStZ 1999, 133). Auch durch Anwendung von **Doping**-Mitteln (Linck NJW 1987, 2545 (2548); MedR 1993, 55 (59); Turner MDR 1991, 569 (573); Otto SpuRt 1994, 10 (13); Müller, Doping im Sport als strafbare Gesundheitsbeschädigung (§§ 223 Abs. 1, 230 StGB)?, 1993, S. 37; Ahlers, Doping und strafrechtliche Verantwortlichkeit, 1994, S. 29; Schild, Sportstrafrecht, 2002, S. 142; Heger JA 2003, 76 (78); Kargl NStZ 2007, 489 (490); Roxin FS Samson, 2010, 445 (446); Fiedler, Das Doping minderjähriger Sportler, 2013, S. 26; Heger iurratio 2016, 89 (91); Hardtung in MüKoStGB Rn. 38–41; Engländer in Matt/Renzikowski Rn. 7; dies gilt auch für das europäische Ausland, Kargl NStZ 2007, 489 (490); Adolphsen, Internationale Dopingstrafen, 2003; speziell zum Unterlassen von Trainern und Ärzten ua Karakaya, Doping und Unterlassen als strafbare Kör- 5 perverletzung, 2003, S. 81; die freiverantwortlich gewollte und verwirklichte Selbstgefährdung durch den Sportler bleibt ebenso straflos wie deren Unterstützung durch Zurverfügungstellung der Dopingmittel, Kargl NStZ 2007, 489 (491); → Vor § 211 Rn. 12; Roxin FS Samson, 2010, 445 (450); de lege ferenda Ott, Strafwürdigkeit und Strafbedürftigkeit des Selbstdopings im Leistungssport, 2013, S. 116; Heger iurratio 2016, 89 (91)) oder durch unbegründetes Verschreiben von Betäubungs- (OLG Frankfurt a. M. NStZ 1988, 25) oder sonst suchtfördernden Mitteln (OLG Frankfurt a. M. NJW 1991, 763 mit Bespr. Geppert JK StGB § 223 Rn. 1; BayObLG StV 1993, 641 mAnm Dannecker/Stoffers; BayObLG NJW 2003, 371 (373); Bieniek, Entkriminalisierung von Drogenabhängigen durch Substitutionsbehandlung, 1993, S. 364, 410; Körner MedR 1993, 257 (259); Wolters in SK-StGB Rn. 42a; anders für die Verschreibung von Suchtersatzmitteln im Rahmen einer Substitutionsbehandlung BayObLG NJW 1995, 797; Rspr. bei Kraatz NStZ-RR 2015, 132) wird sie nicht selten bewirkt. Bloße Störung des **seelischen** Befindens (zB Flashbacks, BGH JR 2020, 134 mAnm Doerbeck) reicht dagegen als solche **nicht** (BGHSt 48, 34 (36) = JuS 2003, 503 mAnm Kühl JZ 2003, 637 (640); BGH NJW 2013, 3383 mit Bespr. Jahn JuS 2014, 559; OLG Hamm MDR 1958, 993; Knauer, Der Schutz der Psyche im Strafrecht, 2013, S. 199 mit Bespr. Steinberg GA 2015, 305; Steinberg, Strafe für das Versetzen in Todesangst 2014, S. 93; weiter Hardtung JuS 2008, 864 (867) „echte psychische Erkrankung" reicht, so auch schon Wolfslast, Psychotherapie in den Grenzen des Rechts, 1985, S. 15; str.), wohl aber, wenn sie auch den körperlichen Zustand nicht nur unerheblich verschlechtert (hM; vgl. etwa BGHSt 41, 285 = NJW 1996, 1068; BGHSt 48, 34 (37) = JuS 2003, 503; BGH NStZ 1997, 123; OLG Köln NJW 1997, 2191 (2192); zur „stalkingtypischen" Beeinträchtigung → Rn. 4; Fischer Rn. 12; sowie BGH NJW 2013, 3383 mit Bespr. Jahn JuS 2014, 559; speziell zum Mobbing mit psycho-vegetativer Störung Fehr, Mobbing am Arbeitsplatz, 2007, S. 80; Schrader/Stork AiB 2010, 175 (176); → Rn. 4). Entsprechendes gilt für die Verursachung von Lärm (OLG Koblenz und AG Hannover ZMR 1965, 223; StA Hannover NStZ 1987, 175), für die Verabreichung bewusstseinstrübender Schlafmittel (BGH NStE Nr. 12; BGH NStZ-RR 1996, 100) oder berauschender Drogen (BGHSt 49, 34 (38) = NJW 2004, 1054) und für die Erregung von Trunkenheit jedenfalls dann, wenn dies zum Verlust des Bewusstseins führt (BGH NStZ 1986, 266); ausreichend ist auch, dass sich der Verletzte in Folge Alkoholgenusses übergeben muss oder Entziehungserscheinungen wie Zittern, Schlafstörungen und Albträume erleidet (BGH NJW 1983, 462; AG Saalfeld NStZ 2006, 100 mit zust. Bespr. Kudlich JA 2006, 570; vgl. auch BGH NJW 1996, 1068 (1069)); es muss sich aber um Beeinträchtigungen erheblichen Ausmaßes handeln (BGH NJW 2013, 3383 (3384); zu „akuter Angst" Steinberg, Strafe für das Versetzen in Todesangst 2014, S. 96, 117 (dazu Bespr. Heger GA 2017, 633)); das gilt auch für „Weinkrämpfe" und „Herzrasen" (BGH NJW 2013, 3383 (3384); und schon OLG Köln NJW 1997, 2191 (2192)) und für Angst als Reaktion auf Bedrohungen, die kein pathologischer Zustand ist, wenn sie nur „kurzfristig" auftritt (BGH NStZ-RR 2012, 340; NJW 2013, 3383 (3384)). Zur Herbeiführung einer **Schwangerschaft** vgl. Grünewald in LK-StGB Rn. 37 nwN. Auch die Beschneidung von Kindern, insbes. Mädchen, aus religiösen Gründen kann erfasst sein (vgl. Gropp/Sinn StrafR AT § 6 Rn. 231; Fischer Rn. 11 → 226a; zur „Zirkumzision" (Beschneidung von Knaben) hat sich der Gesetzgeber zur Klarstellung für eine Rechtfertigungslösung entschieden (→ Rn. 12a). – Zu Sportverletzungen Sternberg-Lieben FS Merkel, 2020, 1223.

4. Bedingter **Vorsatz** genügt (→ § 224 Rn. 10); die Grenze zur bewußten Fahrlässigkeit ist eng (BGH StraFo 2015, 300; NStZ 2015, 460, Schütteln des Kopfes eines Säuglings.) Auch hier soll die affektive Erregung den Vorsatz ausschließen können (BGH NStZ 2004, 201 mAnm Schneider, der sich gegen die Übertragung der sog. Hemmschwellentheorie (→ § 212 Rn. 3) von den Tötungs- auf die Körperverletzungsdelikte ausspricht). 6

5. Die **Rechtswidrigkeit** kann namentlich ausgeschlossen sein durch § 228, § 32 und Festnahmerecht. 7

a) Nach der Rspr. erfüllt der indizierte und kunstgerecht ausgeführte **ärztliche Heileingriff** zwar den äußeren Tatbestand des § 223, wird aber durch wirkliche oder mutmaßliche Einwilligung (BGHSt 11, 111 = NJW 1958, 267; BGHSt 43, 306 (308) = NJW 1998, 1802; BGHSt 45, 219 (221) = NJW 2000, 885; BGH NJW 2011, 1088 (1089) mit Bespr. Hardtung NStZ 2011, 635; Jahn JuS 2011, 468; Schiemann NJW 2011, 1046; Wasserburg NStZ 2013, 268; Ziemann/Ziethen HRRS 2011, 394; Zöller ZJS 2011, 173; zum Fall auch Widmaier FS Roxin II, 2011, 439; Fall 2 bei Jäger ExRep StrafR AT Rn. 139a, 139b; BGH NStZ 1996, 34 mAnm Ulsenheimer NStZ 1996, 132, der Rspr. zust. Jäger JuS 2000, 31 (34); Rengier FG BGH, 2000, 467 (477); Schreiber FG BGH, 2000, 503; Hardtung JuS 2008, 864 (868); Dölling in HK-StrafR Rn. 9; iE auch Paeffgen/Böse in NK-StGB § 228 Rn. 57; BGH NStZ 2008, 150 mAnm Rönnau StV 2009, 466 „Turboentzug"; BGH NStZ 2012, 205 mit Bespr. Jäger JA 2012, 70; ebenso Eisenbart, Patienten-Testament und Stellvertretung in Gesundheitsangelegenheiten, 1998, S. 47; Kargl GA 2001, 538 (553); Gropp GA 2015, 5 (17); Mitsch JahrbRuE 2016, 253; sa Magnus, Patientenautonomie im Strafrecht, 2015; Reichmann, Die Placeboapplikation, 2015, S. 196; abl. Ulsenheimer ArztStrafR Rn. 336; ebenso im Zivilrecht, vgl. Deutsch/Spickhoff MedR Kap. X Rn. 480; krit. zur Rechtfertigungslösung, die auf Hilfs- und Umgehungsstrategien (Wessels/Hettinger/Engländer StrafR BT I Rn. 32)] angewiesen sei, Schneider FS Leipzig, 2009, 165 (175)), uU auch durch Notstand nach § 34 (Trockel NJW 1970, 489; str.), gerechtfertigt (→ § 228 Rn. 3–17; → Vor § 32 Rn. 19; → § 34 Rn. 2–8; speziell zur zahnärztlichen Behandlung Jahnke, Die strafrechtliche Verantwortung des Zahnarztes, 2005, S. 39; speziell zum Handeln nichtärztlicher Hilfspersonen in Notfällen Boll, Strafrechtliche Probleme bei Kompetenzüberschreitungen nichtärztlicher medizinischer Hilfspersonen in Notsituationen, 2000, S. 68, 197; speziell zur Strafbarkeit überflüssiger medizinischer Maßnahmen Brettel medstra 2015, 324). Demgegenüber verneint die in der **Wissenschaft** hM mit unterschiedlicher Begründung, iErg aber wohl mit Recht (aM Schwalm FS Bockelmann, 1979, 539; Kaufmann ZStW 85 (1973), 341; Mitsch, Strafrechtlicher Schutz gegen medizinische Behandlung, 1999, S. 518; Weber in Arzt/Weber/Heinrich/Hilgendorf StrafR BT § 6 Rn. 100; Wolters in SK-StGB Rn. 33; Grünewald in LK-StGB Rn. 72–75; zw.) schon den Tatbestand (zusf. Tag, Der Körperverletzungstatbestand im Spannungsfeld zwischen Patientenautonomie und Lex artis, 2000, S. 18, 28, 441; Joecks/Jäger StGB Vor § 223 Rn. 11–23; zur historischen Entwicklung der Lehrmeinungen Bockelmann ZStW 93 (1981), 105; zur Rolle von Eberhard Schmidt s. Schneider FS Leipzig, 2009, 165). Während es nach Ansicht eines Teils der Lehre jedenfalls beim gelungenen Eingriff an einer Misshandlung und Gesundheitsbeschädigung fehlt (Bockelmann, Das Strafrecht des Arztes, 1968, S. 62), stellt man überwiegend, allerdings mit Unterschieden iE, auf das Fehlen einer objektiv verstandenen „Körperinteressenverletzung" ab, die Voraussetzung jeder Schädigung der körperlichen 8

Integrität sei (Engisch ZStW 70 (1958), 1 (5); sa Laufs NJW 1974, 2025; Eser/Sternberg-Lieben in Schönke/Schröder, Rn. 32ff.; aM Krauß FS Bockelmann, 1979, 557, der auch das subjektive Interesse des Betroffenen einbezieht; ebenso Tag, Der Körperverletzungstatbestand im Spannungsfeld zwischen Patientenautonomie und Lex artis, 2000, S. 91; für die Einordnung der eigenmächtigen Heilbehandlung als Persönlichkeitsverletzung Katzenmeier in Laufs/Katzenmeier/Lipp ArztR Kap. V Rn. 12). Die seit langem vorliegenden **Entwürfe** zur eigenständigen Regelung der Heilbehandlung (zB §§ 161, 162 E 1962 und § 123 AE (PersStr)) sind bisher leider nicht verwirklicht worden (vgl. ua auch Zipf FS Bockelmann, 1979, 577; Jung in Schreiber, Arzt und Patient zwischen Therapie und Recht, 1981, S. 189; Bottke, Suizid und Strafrecht, 1982, S. 136; Eser ZStW 97 (1985), 1 (17); Tröndle ZStW 99 (1987), 25 (33); Tröndle FS Göppinger, 1990, 595; Mitsch, Strafrechtlicher Schutz gegen medizinische Behandlung, 1999, S. 23; Hartmann, Eigenmächtige und fehlerhafte Heilbehandlung, 1999, S. 76; krit. Krauß FS Bockelmann, 1979, 557 (575)). Auch der Versuch, Sondervorschriften zur eigenmächtigen und fehlerhaften Heilbehandlung im Rahmen der 6. Strafrechtsreform einzuführen, scheiterte, nachdem die §§ 229, 230 des Referentenentwurfs zum 6. StrRG auf vielfache Kritik gestoßen waren (vgl. Cramer FS Lenckner, 1998, 761; Freund ZStW 109 (1997), 455 (475); Katzenmeier ZRP 1997, 156; Müller DRiZ 1998, 155; Meyer GA 1998, 415; Schroeder, Besondere Strafvorschriften gegen eigenmächtige und fehlerhafte Heilbehandlungen?, 1998, S. 9, 49; Tag, Der Körperverletzungstatbestand im Spannungsfeld zwischen Patientenautonomie und Lex artis, 2000, S. 215; Schreiber FS Hirsch, 1999, 713; Hirsch GS Zipf, 1999, 353; Mitsch, Strafrechtlicher Schutz gegen medizinische Behandlung, 1999, S. 8; Hartmann, Eigenmächtige und fehlerhafte Heilbehandlung, 1999, S. 79, 242; Wallschläger JA 2002, 390 (391); gegen einen Neuanfang Kargl GA 2001, 538; dafür Duttge MedR 2005, 706 (709); Schneider FS Leipzig, 2009, 165 (180), der Eberhard Schmidt's Ruf nach dem Gesetzgeber uneingeschränkt zustimmt). Dem PatientenrechteG v. 26.2.2013 kann in § 630d BGB eine Bestätigung der hM zur Tatbestandsmäßigkeit ärztlicher Heileingriffe entnommen werden (Conrad/Koranyi JuS 2013, 979 (985)). Rechtsvergleichend Eser FS Hirsch, 1999, 465; Lahti FS Jung, 2007, 511.

9 aa) **Ärztlicher Heileingriff** ist eine in die Körperintegrität eingreifende Behandlung, die vorgenommen wird, um Krankheiten, Leiden, Körperschäden, körperliche Beschwerden oder seelische Störungen zu verhüten, zu erkennen, zu heilen oder zu lindern (§ 161 E 1962 mit Begr.; Zöller in Leipold/Tsambikakis/Zöller Rn. 16; zusf. Lenckner in Forster, Praxis der Rechtsmedizin, 1986, S. 592; Tag, Der Körperverletzungstatbestand im Spannungsfeld zwischen Patientenautonomie und Lex artis, 2000, S. 40). Er ist **indiziert,** wenn er nach den Erkenntnissen und Erfahrungen der Heilkunde und den Grundsätzen eines gewissenhaften Arztes zur Erreichung eines der genannten Zwecke angezeigt ist (§ 161 E 1962 mit Begr.; zur Bedeutung der Arztethik für die Gewinnung der rechtlichen Maßstäbe Schreiber FS Dünnebier, 1982, 633; zu nicht indizierten Behandlungen auf ausdrücklichen Wunsch der aufgeklärten Patienten Duttge MedR 2005, 706; Sternberg-Lieben FS Amelung, 2009, 325). Er ist **kunstgerecht** (lege artis) ausgeführt, wenn bei seiner Vornahme die anerkannten Regeln der Heilkunst beachtet worden sind (Tag, Der Körperverletzungstatbestand im Spannungsfeld zwischen Patientenautonomie und Lex artis, 2000, S. 199, 252). Abweichungen von diesen, nicht unbedingt mit einer bestimmten „Schulmedizin“ gleichzusetzenden (RGSt 67, 12 (16); sa BGHSt 37, 383 = NJW 1991, 2359 mit Bespr. Moll NJW 1991, 2334; Hellebrand NStZ 1992, 13; MedR 1992, 71; Laufs/Reiling JZ 1992, 106; Hassemer JuS 1992, 110;

Helgerth JR 1992, 170; Kühne NJW 1992, 1547; Haffke MedR 1990, 243; Köhler NJW 1993, 762; zur alternativen Medizin Bodenburg NJW 2009, 2786) Regeln, die sich sowohl auf die Beurteilung der Indikation wie auch die Ausführung des Eingriffs beziehen können, sind im Allgemeinen als **Behandlungsfehler** (Kunstfehler) zu bewerten (vgl. ua BGHZ 8, 138 = NJW 1953, 257; BGHSt 43, 306 (308) = NJW 1998, 1802; BGH NJW 1970, 1963; NJW 1972, 335; NJW 1973, 554; NJW 1974, 1424; NStZ 1983, 134; OLG Hamm MedR 2006, 358; Spickhoff NJW 2010, 1719 zur arzthaftungsrechtlichen Rspr.; zur Haftung bei arbeitsteiliger Behandlung → § 15 Rn. 40); an einem solchen kann es jedoch bei gewissenhafter Prüfung der Gründe für die Abweichung (zu sog. Außenseitermethoden vgl. etwa BGH NJW 1960, 2253; NJW 1962, 1780; NJW 2007, 2774; NStZ 2008, 150 mAnm Rönnau StV 2009, 466; Laufs NJW 1984, 1383 (1384); Eser ZStW 97 (1985), 1 (11); Jung ZStW 97 (1985), 47; Grupp MedR 1992, 256 (258)) und beim Heilversuch (→ § 228 Rn. 22) fehlen. Der Behandlungsfehler erfüllt idR die Voraussetzungen einer objektiven Sorgfaltspflichtverletzung (→ § 15 Rn. 37–40), die bei Hinzutreten eines zurechenbaren schädlichen Erfolges meist auch (→ § 15 Rn. 41–45) nach §§ 222, 227 oder § 229 tatbestandsmäßig ist (zusf. Schwalm FS Bockelmann, 1979, 539; Krauß in Jung/Schreiber, Arzt und Patient zwischen Therapie und Recht, 1981, S. 141; Ulsenheimer/Gaede ArztStrafR Rn. 38–42; Schlund MedR 1993, 185; zum Behandlungsfehler im zivilrechtlichen Sinne beachte BGH NJW 2016, 713 (714); Giesen JZ 1982, 345; Schreiber MedKlinik 1983, 468; Katzenmeier in Laufs/Katzenmeier/Lipp ArztR Kap. X Rn. 1–99; überzogen die Kritik von Thoss NJW 1979, 1909). Die für den ärztlichen Heileingriff geltenden Regeln sind – soweit tatsächliche Besonderheiten nichts anderes ergeben – auch auf **psychotherapeutische Behandlungen** durch Ärzte und Nichtärzte (namentlich Psychologen) anwendbar (Wegener JZ 1980, 590). Zu den Besonderheiten bei Eingriffen durch **Heilpraktiker** Cramer, Strafrechtliche Grenzen der Therapiefreiheit und der Heilbehandlung durch den Heilpraktiker, 1995, S. 85; Ehlers, Medizin in den Händen von Heilpraktikern, 1995, S. 242. Zur speziellen Regelung der freiwilligen Kastration → § 228 Rn. 20, 21. Zu lebensgefährlichen Operationen zwischen Heilversuch und Humanexperiment Krell medstra 2017, 3; medstra 2017, 90).

bb) Vom Heileingriff zu unterscheiden sind anderen Zwecken dienende, in die 10
Körperintegrität eingreifende ärztliche Behandlungen, namentlich die (ausschließlich) kosmetische Operation (BGH NJW 1978, 1206; NStZ-RR 2007, 340; Wagner, Die Schönheitsoperation im Strafrecht, 2015, S. 150; Eisele StrafR BT I Rn. 310; Zöller in Leipold/Tsambikakis/Zöller Rn. 19; Sternberg-Lieben in Schönke/Schröder, Rn. 50b; → Rn. 14; auch zum Piercing Schroth FS Volk, 2009, 719; zu weiteren, rechtlich zT noch ungeklärten Formen des sog. **enhancement** Beck MedR 2006, 95; speziell zum „Neuroenhancement" Merkel ZStW 121 (2009), 919 (946, 951), der de lege ferenda einen § 237 zum Schutz der mentalen Selbstbestimmung vorschlägt; Birnbacher, Info Philosophie, 2016, 19, etwa in der *Sportmedizin*), das Doping (zusf. Linck NJW 1987, 2545; Turner MDR 1991, 569 (573); Ahlers, Doping und strafrechtliche Verantwortlichkeit, 1994, S. 45; ebenso für das therapeutische Doping Müller, Doping im Sport als strafbare Gesundheitsbeschädigung (§§ 223 Abs. 1, 230 StGB)?, 1993, S. 43), der Schwangerschaftsabbruch (§ 218), die freiwillige Sterilisation (→ § 228 Rn. 18, 19), die Entnahme eines Organtransplantats (→ § 228 Rn. 23), das wissenschaftliche Humanexperiment (→ § 228 Rn. 22) und die künstliche Insemination (zusf. Lüttger, Vorträge und Abhandlungen, 1986, S. 85); zur Entnahme von Stammzellen Beck, Stammzel-

lenforschung und Strafrecht, 2006, S. 117, 124. Sie sind im Allgemeinen als Körperverletzung tatbestandsmäßig.

11 **b)** Auch die **Züchtigung** aus erzieherischen Gründen erfüllt bei Überschreitung der Erheblichkeitsschwelle (→ Rn. 4) den Tatbestand (hM; BGHSt 12, 62 (64) = NJW 1958, 1356; anders Kienapfel, Körperliche Züchtigung und soziale Adäquanz im Strafrecht, 1961, S. 31; anders für die angemessene Züchtigung durch die Eltern Wessels/Beulke/Satzger StrafR AT Rn. 387a; zw).

aa) Das Züchtigungsrecht kann vor allem auf einem **familienrechtlichen Erziehungsrecht** beruhen. Es lässt sich entweder unmittelbar aus dem Gesetz, zB für die Eltern aus §§ 1626 I, 1631 I BGB (Kindhäuser/Hilgendorf in LPK-StGB Vor § 32 Rn. 67), für die Mutter des nichtehelichen Kindes aus § 1626a II BGB und für den Vormund aus § 1800 BGB, oder jedenfalls aus Gewohnheitsrecht ableiten (hM; anders Schneider, Körperliche Gewaltanwendung in der Familie, 1987, S. 202; eing. und rechtstatsächlich fundiert Bussmann, Verbot familiärer Gewalt, 2000); daran hat auch das Gesetz zur Neuregelung des Rechts der elterlichen Sorge v. 18.7.1979 (BGBl. I 1061) nichts geändert (BGH NStZ 1987, 173 mablAnm Reichert-Hammer JZ 1988, 617). Eine neue (nach zwei Jahren schon überholte; s. unten) Rechtslage ergab sich aber möglicherweise wegen des durch das KindRG geänderten § 1631 II BGB, wonach „entwürdigende Erziehungsmaßnahmen, insbes. körperliche und seelische Misshandlungen … unzulässig" sind, denn darin konnte eine Definition der entwürdigenden Erziehungsmaßnahmen durch die genannten Misshandlungen gesehen werden (Diederichsen NJW 1998, 1977 (1984) mit Kritik an der Förderung von Illusionen durch nicht sanktionierbare Rechtspflichten), welche die Begründung des Züchtigungsrechts durch das elterliche Erziehungsrecht bei „körperlichen Misshandlungen" hätte entfallen lassen können (eine Beseitigung des Züchtigungsrechts, soweit es körperliche Misshandlungen rechtfertigte, nahm Bohnert Jura 1999, 533 (534) an). Doch ging der Gesetzgeber bei dieser Änderung davon aus, dass sie keine Ausweitung der Strafbarkeit der Eltern bedeute (BT-Drs. 12/6343; BT-Drs. 13/8511; krit. dazu der Gesetzentwurf der SPD BT-Drs. 13/8558, 2; kriminalpolitische Bedenken gegen die Ausweitung der Strafbarkeit bei Roxin/Greco StrafR AT I § 17 Rn. 47–51; Maurach/Schroeder/Maiwald/Hoyer/Momsen StrafR BT § 8 Rn. 19, radikaler Eifer). Das damit gewollte Fortbestehen des familienrechtlichen Züchtigungsrechts konnte angesichts des Wortlauts von § 1631 II BGB damit begründet werden, dass eine „körperliche Misshandlung" im Sinne dieser Vorschrift – anders als in § 223 I – zusätzlich eine „entwürdigende Erziehungsmaßnahme" sein muss, um unzulässig zu sein. Man konnte aber auch von einer identischen Auslegung der „körperlichen Misshandlung" in BGB und StGB ausgehen; dann war das Fortbestehen des Züchtigungsrechts nur durch einschränkende verfassungskonforme Auslegung von § 223 I (so Beulke FS Hanack, 1999, 539; Wessels/Beulke/Satzger StrafR AT Rn. 387a im Hinblick auf Art. 6 GG; dagegen Gropp/Sinn StrafR AT § 6 Rn. 196a; zusf. Schmidt, Grundrechte als verfassungsunmittelbare Strafbefreiungsgründe, 2008, S. 207, 215, 251, der eine Rechtfertigung aus Art. 6 II 1 GG ableitet) oder durch Anerkennung eines echten Strafunrechtsausschließungsgrundes (Günther FS Lange, 1992, 877 (899); ähnlich Diaz y García Conlledo FS Schünemann, 2014, 325 (334); zust. Heghmanns GA 2004, 189 (190); krit. Kargl NJ 2003, 57 (62)) zu erreichen (für eine Beschränkung des § 1631 II BGB auf die „Wertungsebene des Zivilrechts" Moritz JA 1998, 704 (709); ähnlich Paeffgen/Böse in NK-StGB Rn. 29; abl. Kargl NJ 2003, 57 (58)). Die Rechtslage hat sich durch Art. 1 Nr. 3 des Gesetzes zur Ächtung der Gewalt in der Erziehung v. 2.11.2000 iErg nicht geändert (aM Otto

Jura 2001, 670; Bock StrafR AT Fall 9, S. 276; Wolters in SK-StGB Rn. 13). Der neue, seit dem 8. 11. 2000 geltende **§ 1631 II BGB** erklärt (neben dem Programmsatz vom Recht auf gewaltfreie Erziehung in S. 1; nach Däubler-Gmelin ein „moralisches Recht" und ein „Appell" (BT-Prot. v. 6. 7. 2000, S. 10897); ebenso Berger in Jauernig BGB §§ 1631–1633 Rn. 3 „Appellfunktion") in S. 2 „körperliche Bestrafungen ... und andere entwürdigende Maßnahmen" für „unzulässig" (nach Berger in Jauernig BGB §§ 1631–1633 Rn. 3 „Konkretisierung mit Auffangklausel"). Damit ist der § 223 entnommene Begriff der körperlichen Misshandlung fallengelassen und das Erziehungsrecht nur insoweit „abgeschafft" worden, als es um körperliche Bestrafungen geht, die zugleich entwürdigende Maßnahmen darstellen (Kühl StrafR AT § 9 Rn. 77 b; ebenso Schramm, Ehe und Familie im Strafrecht, 2011, S. 196 mit Bespr. Hörnle JZ 2013, 1095; Kudlich ZStW 125, 368 (372); Murmann GA 2012, 756 (757); Schramm JA 2013, 881 (887); Kindhäuser/Zimmermann StrafR AT § 20 Rn. 18, 19; Klesczewski StrafR BT S. 30; Krey/Hellmann/Heinrich StrafR BT I Rn. 344; Küpper/Börner StrafR BT I Kap. I § 2 Rn. 38; Marxen StrafR AT § 11 Rn. 11 d; Duttge in HK-StrafR Vor §§ 32–35 Rn. 24; iE auch Beulke FS Schreiber, 2005, 29 (39); Kargl NJ 2003, 57 (58); Paeffgen/Böse in NK-StGB Rn. 29; wohl auch Eisele StrafR BT I Rn. 305; nach Otto StrafR AT § 8 Rn. 150 lässt sich angesichts des Wortlauts immer noch so argumentieren; dagegen Ceffinato/Kalb JA 2014, 891; Gössel/Dölling StrafR BT I § 12 Rn. 117; Jäger ExRep StrafR AT Rn. 165; Roxin/Greco StrafR AT I § 17 Rn. 39; Zieschang StrafR AT Rn. 316, gegen Abstellen auf die Begrifflichkeit des § 1631 II BGB; Fischer Rn. 41; eing., aber nicht überzeugend „positivistisch" Hennes, Das elterliche Züchtigungsrecht, 2010). Von einer völligen „Abschaffung" des Erziehungsrechts kann also nicht mehr ausgegangen werden (ebenso Kindhäuser/Schramm StrafR BT I § 7 Rn. 13; nach Hilgendorf/Valerius StrafR AT § 5 Rn. 86, wohl hM; diff. Sternberg-Lieben in Schönke/Schröder, Rn. 17–23, der neben entwürdigenden Maßnahmen repressive „Bestrafungen" von der Rechtfertigung ausschließt; anders die Entwurfsbegründung BT-Drs. 14/1247, 3, 6, nach der der „früher gewohnheitsrechtlich anerkannte Rechtfertigungsgrund des elterlichen Züchtigungsrechts" schon durch das KindRG entfallen war, und die Neuregelung deshalb die Strafbarkeit nicht ausgeweitet habe; ebenso Hoyer FamRZ 2001, 521; Roxin JuS 2004, 177; Frister StrafR AT § 13 Rn. 8; Jäger ExRep StrafR AT Rn. 165; Maurach/Schroeder/Maiwald/Hoyer/Momsen StrafR BT § 8 Rn. 18; Otto StrafR AT § 8 Rn. 150; Hardtung in MüKo-StGB Rn. 125–135; Rengier StrafR BT II § 13 Rn. 14; Grünewald inPaeffgen/Böse in NK-StGB Rn. 30; Fischer Rn. 40; iE auch Hillenkamp JuS 2001, 159 (165) für körperliche Strafen, die zugleich körperliche Misshandlungen sind; vgl. auch Ebert StrafR AT S. 90). Die Praxis der Untergerichte folgt der hM von der Abschaffung des Züchtigungsrechts und bestraft Klapse und Ohrfeigen (Riemer ZJJ 2005, 403 mit Entscheidungen von Amtsgerichten; Riemer selbst differenziert zwischen körperlichen Gewalteinwirkungen mit und ohne Strafcharakter, Riemer ZJJ 2005, 403 (407)); für Ohrfeigen das Erziehungsrecht bejahend Kühl FS Kerner, 2013, 621 (622), verneinend Schramm, Ehe und Familie im Strafrecht, 2011, S. 206. Die Anwendung des rechtfertigenden Notstands nach § 34 erwägt Heinrich ZIS 2011, 431 (441); krit. Fischer Rn. 40; Paeffgen/Böse in NK-StGB Rn. 29 Fn. 114; aus spanischer Sicht Diaz y García Conlledo FS Schünemann, 2014, 325 (330)). Für einen „Verantwortungsausschluss" auf der Grundlage des Art. 6 GG Jäger ExRep StrafR AT Rn. 165. Der Berechtigte konnte die Ausübung des Züchtigungsrechts bei Vorliegen eines zureichenden Grundes ganz oder teilweise übertragen, etwa auf eine der Familie nahe stehende Person.

11b Die Rspr. billigte dem **Lehrer** früher auch ein selbständiges, dh nicht aus dem familienrechtlichen Erziehungsrecht abgeleitetes, Züchtigungsrecht gegenüber jüngeren Schülern kraft Gewohnheitsrechts zu (BGHSt 11, 241 = NJW 1958, 1194; BGHSt 14, 52 = NJW 1960, 876; OLG Zweibrücken NJW 1974, 1772; BayObLG NJW 1979, 1371). Sie nahm an, dass dieses Recht nicht durch Verwaltungsvorschriften, sondern nur durch Rechtsnormen beseitigt werden kann (BGH GA 1963, 82). Im größeren Teil der landesrechtlichen Schulgesetze sind daraufhin gesetzliche Züchtigungsverbote erlassen worden (dazu für Baden-Württemberg BGH NStZ 1993, 591, für Bayern BayObLG NJW 1979, 1371 mablAnm Vormbaum JR 1979, 477); für die übrigen Landesschulgesetze gilt iErg dasselbe, denn sie enthalten abschließende Kataloge von Erziehungsmaßnahmen, die körperliche Maßnahmen nicht enthalten. Die Annahme, dass iÜ das schulische Züchtigungsrecht gewohnheitsrechtlich noch fortbestehe, ist daher seit langem nicht mehr vertretbar (AG Dortmund ZBlJR 1980, 235; Jung, Das Züchtigungsrecht des Lehrers, 1977; Wagner JZ 1987, 658 (662); Grünewald in LK-StGB, Rn. 10; Sternberg-Lieben in Schönke/Schröder, Rn. 24; aM BayObLG NJW 1979, 1371; noch offen gelassen BGH NJW 1976, 1949). Auch die Annahme eines hinter der Rechtfertigung zurückbleibenden Strafunrechtsausschlusses zugunsten des Lehrers (so Günther, Strafrechtswidrigkeit und Strafunrechtsausschluss, 1983, S. 355; Günther FS Spendel, 1992, 189 (200)) erweckt Bedenken, weil Strafwürdigkeitsgesichtspunkte allein für eine hinreichend zuverlässige Abgrenzung nicht tauglich sind (hM; vgl. Roxin/Greco StrafR AT I § 17 Rn. 55; anders Reichert-Hammer JZ 1988, 617). Das bloße Umfassen des Oberarmes soll mangels Demütigung nicht tatbestandsmäßiges sozialadäquates Handeln sein (LG Berlin BeckRS 2010, 02070 mit krit. Bespr. Jahn JuS 2010, 458). Das Züchtigungsrecht in **Erziehungsheimen** war lange nicht abschließend geklärt (vgl. etwa BGHSt 3, 105 = NJW 1952, 1023; Vormbaum JR 1977, 492 (495)), hat sich aber zwischenzeitlich längst erledigt. Für den **gewerblichen Lehrherrn** (BGHSt 6, 263 (267) = NJW 1954, 1615), für den **Seelsorger** (RGSt 67, 324) und für die Züchtigung **fremder Kinder** (OLG Saarbrücken NJW 1963, 2379) ist es schon lange zu verneinen.

12 bb) **Art und Maß** der Züchtigung müssen angemessen sein, sich namentlich der Körperbeschaffenheit des Kindes (BGHSt 14, 52 = NJW 1960, 876), seinem Alter, der Größe der Verfehlung und den konkreten erzieherischen Bedürfnissen anpassen (BGH NJW 1953, 1440; OLG Köln FamRZ 1972, 403). Die Grenze der Angemessenheit ist überschritten, wenn die Züchtigung gefährlich, entwürdigend (sehr weit BGH NStZ 1987, 173 mablAnm Rolinski StV 1988, 63) oder sonst eindeutig erziehungsschädlich ist oder wenn sie zu mehr als vorübergehender körperlicher Beeinträchtigung führt (BGHSt 6, 223; krit. Reichert-Hammer JZ 1988, 617 (619)). Als subjektives Rechtfertigungselement (→ Vor § 32 Rn. 6) ist **Erziehungswille** erforderlich (BGHSt 11, 241 (260) = NJW 1958, 1194; zu den Folgen seines Fehlens → § 22 Rn. 16). Der **Irrtum** über Art oder Umfang des Züchtigungsrechts ist Verbotsirrtum (BGHSt 3, 105 = NJW 1952, 1023; BayObLG NJW 1955, 184).

12a **c)** Die umstrittene rechtliche Bewertung der **Beschneidung** von Knaben (Zirkumzision ist vom Gesetzgeber – wie schon das elterliche Erziehungsrecht (→ Rn. 11) – im Familienrecht des Bürgerlichen Gesetzbuches durch das Gesetz über den Umfang der Personensorge bei einer Beschneidung des männlichen Kindes v. 20.12.2012 (BGBl. I 2749) geregelt. Nach § 1631d BGB umfasst die Personensorge auch das „Recht, in eine medizinisch nicht erforderliche Beschneidung des nicht einsichts- und urteilsfähigen männlichen Kindes einzuwilligen, wenn diese nach den Regeln der ärztlichen Kunst durchgeführt werden soll." Bei Gefährdung des Kindeswohls gilt dies nicht (Abs. 1 S. 2). Vgl. OLG Hamm NJW 2013, 3662; sa Wohlers, Die Knabenbeschneidung, 2014. Manok, Die medizinisch nicht indizierte Beschneidung des männlichen Kindes, 2015. Zum Gesetzentwurf der Bundesregierung (BT-Drs. 17/11295) Antomo Jura 2013, 425; Walter JZ 2012, 1110; sa Herzberg ZIS 2012, 486. Erste Kritik bei Hörnle/Huster JZ 2013, 328; Scheinfeld HRRS 2013, 268; Prittwitz FS Kühne, 2013, 121 (126); krit. auch Fischer Rn. 11, 43–50a, der aber von der „Praxis" die Respektierung des Willens des Gesetzgebers verlangt; aus verfassungsrechtlicher Sicht Rixen NJW 2013, 257; Alatovic/Helmken NKrimPol 2013, 120. Eine überzeugende krit. Analyse der Kritiker findet sich bei Pekarek ZIS 2014, 514. – Konkreter Anlass für das Eingreifen des Gesetzgebers war eine Entscheidung des LG Kölns, in der die Knabenbeschneidung als rechtswidrige Körperverletzung eingestuft wurde (LG Köln NJW 2012, 2128; zu diesem Urteil vgl. ua Bartsch StV 2012, 604; Beulke/Dießner ZIS 2012, 338; Kempf JR 2012, 436; Putzke MedR 2012, 621; Rox Jura 2012, 806; Erwiderung Goerlich/Zabel Jura 2012, 1059; Schlusswort Rox Jura 2012, 1061); aus verfassungsrechtlicher Sicht Isensee JZ 2013, 317; Muckel JA 2012, 637; aus der davor liegenden Diskussion vgl. ua Jerouschek NStZ 2008, 313; Putzke NJW 2008, 1568; Czerner ZKJ 2012, 374; ZKJ 2012, 433; Eschelbach in BeckOK StGB Rn. 9, 35; Paeffgen/Böse in NK-StGB § 228 Rn. 103a–d mit umfangreichen Literaturhinweisen. – Rechtsvergleichend Sonnekus JR 2015, 1 (14); speziell mit Finnland Lahti FS Frisch, 2013, 771 mit der Schweiz Heimgartner FS Kilias, 2013, 747. Eingehend Steiner, Die religiös motivierte Knabenbeschneidung im Lichte des Strafrechts, 2014, die auch den neuen § 1631 d BGB bespricht. Die Genitalverstümmelung bei weiblichen Personen ist inzwischen in § 226a geregelt.

6. Über das **Konkurrenzverhältnis** zu den Tötungsdelikten → § 212 Rn. 7–9; zu § 109 → § 109 Rn. 7; zu §§ 113, 114 → § 113 Rn. 26 (Tateinheit möglich, BGHSt 65, 36 = NJW 2020, 2347; BGH NStZ-RR 2020, 243); zu § 177 → § 177 Rn. 28; zu § 218 → § 218 Rn. 21. Von § 25 WStG wird die einfache Körperverletzung verdrängt (OLG Frankfurt a. M. NJW 1970, 1333; Paeffgen/Böse in NK-StGB Rn. 36; aM Fischer Rn. 56); ebenso von § 19 I TPG (Niedermair, Körperverletzung mit Einwilligung und die Guten Sitten, 1999, S. 230; Roxin in Roxin/Schroth MedStrafR S. 473; aM Pelchen in Erbs/Kohlhaas TPG § 19 Rn. 6, die Tateinheit für möglich halten; offen gelassen vom Gesetzgeber, BT-Drs. 13/8017, 44); Tateinheit kommt mit §§ 74, 75 IfSG in Betracht (Hardtung in MüKoStGB Rn. 145). **Wahlfeststellung** zwischen den beiden Alternativen des Abs. 1 ist zulässig (→ § 1 Rn. 14; ebenso Wolters in SK-StGB Rn. 27; Paeffgen/Böse in NK-StGB Rn. 37). 13

7. Fahrlässige Körperverletzung § 229. Körperverletzung im Amt § 340. Die Strafbarkeit von Doping im Sport bestimmt sich seit 2015 nach § 4 AntiDopG; soweit mit der Veraabreichung von Dopingmitteln eine Körperverletzung gegeben ist, liegt Tateinheit vor. 14

§ 224 Gefährliche Körperverletzung

(1) **Wer die Körperverletzung**

1. **durch Beibringung von Gift oder anderen gesundheitsschädlichen Stoffen,**
2. **mittels einer Waffe oder eines anderen gefährlichen Werkzeugs,**
3. **mittels eines hinterlistigen Überfalls,**
4. **mit einem anderen Beteiligten gemeinschaftlich oder**
5. **mittels einer das Leben gefährdenden Behandlung**

begeht, wird mit Freiheitsstrafe von sechs Monaten bis zu zehn Jahren, in minder schweren Fällen mit Freiheitsstrafe von drei Monaten bis zu fünf Jahren bestraft.

(2) **Der Versuch ist strafbar.**

1 **1.** Bei dieser **qualifizierten Körperverletzung** ist Erschwerungsgrund die in fünf Nummern beschriebene, besonders gefährliche Art der Tatausführung (Stree Jura 1980, 281; ähnlich Heinrich, Die gefährliche Körperverletzung, 1993, S. 586, 612, 644; Heinrich FS Roxin I, 2012, 241 (245); der den bewussten Einsatz eines in besonderem Maße die Wirkungsmacht des Angriffs erhöhenden Faktors zum Zwecke der Körperverletzung als verbindendes Kriterium aufstellt; zusf. Paeffgen/Böse in NK-StGB Rn. 2–5). „Begehung" ist nicht nur die eigenhändige, sondern jede Tatbestandsverwirklichung (BGHSt 5, 344 = NJW 1954, 765).

1a **2.** Nach Aufhebung von § 229 aF wird die Giftbeibringung von der **Nr. 1** erfasst (BT-Drs. 13/8587, 35; BT-Drs. 9064, 16; vgl. auch E 62, Begr. S. 282); sie ist das mildere Gesetz iSd § 2 III (BGH NJW 1998, 3366). Für Streichung der Nr. 1, weil Nr. 2 es nicht zu Strafbarkeitslücken kommen lasse, Kretschmer Jura 2008, 916 (919).

a) Gift ist jeder organische oder anorganische Stoff, der unter bestimmten Bedingungen durch chemische oder chemisch-physikalische Wirkung die Gesundheit zu schädigen geeignet ist (vgl. Satzger Jura 2015, 580 (584); Joecks/Jäger StGB Rn. 7; Grünewald in LK-StGB Rn. 8; Paeffgen/Böse in NK-StGB Rn. 7; Sternberg-Lieben in Schönke/Schröder, Rn. 2b). Die **anderen Stoffe** können zB Bakterien, Viren (zweifelnd hinsichtlich des HI-Virus Knauer GA 1998, 428 (433); Jäger JuS 2000, 31 (36); Schünemann in Busch/Heckmann/Marks, HIV/AIDS und Straffälligkeit, 1991, S. 93, 108; Schünemann FS Eser, 2005, 1141 (1150) dagegen qualifiziert den AIDS-Erreger sogar als Gift) oder Dopingsubstanzen (Heger JA 2003, 76 (78); Kargl NStZ 2007, 489 (490)) sein, aber auch KO-Tropfen (BGH NStZ 2009, 505), zähfließendes Teergemisch (OLG Zweibrücken StraFo 2012, 240) und mechanisch wirken (zB zerstoßenes Glas). Beide Substanzen müssen nach ihrer Art, der beigebrachten Menge, der Form der Beibringung und der Körperbeschaffenheit des Opfers geeignet sein (BGH NJW 1979, 556; Paeffgen/Böse in NK-StGB Rn. 7; aM Hoyer, Die Eignungsdelikte, 1987, S. 156; Wolters in SK-StGB Rn. 8), dessen **Gesundheit zu schädigen** (Rengier StrafR BT II § 14 Rn. 8). Im Unterschied zu § 229 aF wird eine Eignung zur Zerstörung nicht verlangt. Trotz der fehlenden Erwähnung des Eignungserfordernisses ist an ihm festzuhalten (Wolters JuS 1998, 582 (583); Zieschang Gefährdungsdelikte S. 282), da sonst die in allen übrigen Nummern geforderte besonders gefährliche Art der Tatausführung (→ Rn. 1) fehlen würde; letzteres spricht auch dafür, nur Stoffe mit der – sei es auch nur aufgrund der konkreten Umstände des Falles (s. oben) gegebenen – Eignung zur Herbeiführung **erheblicher** Gesundheitsschäden zu erfassen (BGHSt 51, 18 (22) = JuS 2006, 758; Kudlich StrafR BT II Fall 47a; Jäger JuS 2000, 31 (35); Hilgendorf ZStW 112 (2000), 811 (828); Wallschläger JA 2002, 390 (391); Hardtung JuS 2008, 960 (964); Eisele StrafR BT I Rn. 327; Wessels/Hettinger/Engländer StrafR BT I Rn. 267; Küpper/Börner StrafR BT I Kap. I § 2 Rn. 7b; Maurach/Schroeder/Maiwald/Hoyer/Momsen StrafR BT § 9 Rn. 13; Joecks/Jäger StGB Rn. 12; Kindhäuser/Hilgendorf in LPK-StGB Rn. 4; Grünewald in LK-StGB, Rn. 11; Paeffgen/Böse in NK-StGB Rn. 7; Rengier ZStW 111 (1999), 1 (8); Rengier StrafR BT II § 14 Rn. 16; aM Struensee in DSNS StrRG § 2 Rn. 69; Weber in Arzt/Weber/Heinrich/Hilgendorf StrafR BT § 6 Rn. 52); es kommen deshalb auch Stoffe des täglichen Bedarfs wie Kochsalz – verwendet zur Intoxikation – in Betracht (BGHSt 51, 18 (22) = JuS 2006, 758 „Salzpudding" mit Bespr. Bosch JA 2006, 743 (745); Jahn JuS 2006, 758; zum Fall auch Kretschmer Jura 2008, 916 (917); aM Maurach/Schroeder/Maiwald/Hoyer/Momsen StrafR BT § 9 Rn. 13). Unabhängig davon, welche Anforderungen an die Gefährlichkeit des Stoffes gestellt werden, ist nach der Neufassung zu verlangen, dass der beigebrachte Stoff einen Gesundheitsschaden herbeiführt (Wessels/Hettinger/Engländer StrafR BT I Rn. 266 „Verletzungsdelikt"; Paeffgen/Böse in NK-StGB Rn. 11; Sternberg-Lieben in Schönke/Schröder, Rn. 2d; Fischer Rn. 3a; weiter Otto StrafR BT § 16 Rn. 5; Hardtung in MüKoStGB Rn. 8, die die „Eignung" genügen lassen). Gesundheitsschädigung (→ § 223 Rn. 5). Zu sog. Masernparty vgl. Beck ZIS 2016, 692; Ellbogen medstra 2016, 273, Immunisierung auf natürliche Weise; eing. Roth, Die Strafbarkeit von Masernpartys, 2013.

b) Für das **Beibringen** genügt jede Art des Einführens oder Anwendens (auch Infizieren durch Körperkontakt, aM Bottke AIFO 1988, 628 (635); zw.), durch die der Stoff seine gesundheitszerstörende Wirkung im Inneren des Körpers (unstr.; speziell zur Verabreichung von Dopingsubstanzen Kargl NStZ 2007, 489 (490)) oder auch von außen her, wie zB durch Salzsäure (BGHSt 32, 130 = NJW 1984, 442 mAnm Stree JR 1984, 335; Schall JZ 1984, 337; OLG Zweibrücken StraFo 2012, 240 „zähflüssiges Teergemisch"; Eisele StrafR BT I Rn. 328; Rengier StrafR BT II § 14 Rn. 20; enger Hohmann/Sander StrafR BT § 6 Rn. 16; aM Jäger JuS 2000, 31 (35); Wallschläger JA 2002, 390 (392); Eckstein NStZ 2008, 125 (126); Paeffgen/Böse in NK-StGB Rn. 10; Wolters in SK-StGB Rn. 8b; Zöller in Leipold/Tsambikakis/Zöller Rn. 6), entfalten kann; das Verbrühen mit heißem Kaffee reicht bei bloß kurzer thermischer Einwirkung auf die Haut nicht (OLG Dresden NStZ-RR 2009, 337 mit Bespr. Jahn JuS 2010, 268). 1b

3. Durch den Wortlaut klargestellt (Struensee in DSNS StrRG § 2 Rn. 66) ist in **Nr. 2** das **gefährliche Werkzeug** der Oberbegriff, während die Waffe, die auch hier im technischen Sinn zu verstehen ist (→ § 244 Rn. 3; ebenso BGH StV 2002, 21 (22); Hardtung JuS 2008, 960 (962); Wessels/Hettinger/Engländer StrafR BT I Rn. 273), nur ein Beispiel bildet (Grünewald in LK-StGB, Rn. 16); das Messer wird nicht mehr als Beispiel hervorgehoben, fällt aber entweder unter den Begriff Waffe (Hörnle Jura 1998, 169 (178); Hilgendorf ZStW 112 (2000), 811) oder den des gefährlichen Werkzeugs (Fischer Rn. 9d, idR); ein zum Haarabschneiden benutztes Messer fällt nicht unter Nr. 2 (BGH NStZ-RR 2009, 50), wohl aber der Einsatz eines Messergriffs durch Schlag auf den Kopf (BGH JR 2015, 206 mAnm Ernst). 2

a) Danach muss der Täter ein **gegenständliches Mittel,** nicht lediglich eigene Körperteile (aM Hilgendorf ZStW 112 (2000), 811 (822); dagegen Wallschläger JA 3

2002, 390 (393); vgl. auch Heinrich FS Roxin I, 2012, 241 (252)), zur Verletzung einsetzen (**Mittel-Zweck-Beziehung;** sa KG NZV 2006, 111 mAnm Krüger); bloß gefährlicher Einsatz der Hand (zB Boxhieb, Handkantenschlag), des Knies (BGH GA 1984, 124) oder des Fußes (hM; anders zum beschuhten Fuß BGH NStZ-RR 2015, 309) sowie bloße Verletzung an einem gefährlichen Gegenstand als Folge der Tathandlung (Stree Jura 1980, 281 (287)) genügen daher nicht. Das Werkzeug muss **unmittelbar** auf den Körper des Opfers einwirken (BGH NStZ-RR 2010, 205 (206); NStZ 2012, 697 (698); NJW 2012, 697; NJW 2013, 2133 (2135); StV 2013, 438 mit abl. Bespr. Jäger JA 2013, 472; KG NStZ 2012, 326; OLG Hamm NStZ-RR 2014, 141; Eisele StrafR BT I Rn. 336; Zöller in Leipold/Tsambikakis/Zöller Rn. 11; untaugliches Kriterium nach Stam NStZ 2016, 713); daran fehlt es, wenn ein Schuss mit einer Waffe nur den Unfall bewirkt, der dann zu Verletzungen des Fahrzeugführers führen soll (BGH NStZ 2006, 572 mit zust. Bespr. Satzger JK StGB § 224 Rn. 4, Waffe lediglich „Wegbereiter" der Tat; beim Zerbersten der Scheibe infolge Schuß BGH NStZ 2016, 407 mit Praxiskommentar Kulhanek); der Körperverletzungserfolg ist nicht **„mittels"** des gefährlichen Werkzeug Kfz herbeigeführt, wenn das Opfer erst durch den nachfolgenden Aufprall auf dem Gehweg verletzt wird (BGH NStZ 2007, 405 mit Bespr. Krüger; Eckstein NStZ 2008, 125 (126); Kretschmer Jura 2008, 916 (917); BGH NStZ 2010, 512 (513) mit Bespr. Krüger Jura 2011, 887; dazu auch Heinrich FS Roxin I, 2012, 241 (257), Schockauslösung; BGH StraFo 2011, 104 mit Bespr. Krüger Jura 2011, 887; BGH NJW 2012, 697; Kudlich StrafR BT II Fall 50a; BGH NJW 2013, 2133 (2135); NStZ 2014, 36; BeckRS 2014, 82104; Satzger Jura 2016, 794; BGH NStZ 2016, 724 mit Bespr. Böse ZJS 2017, 110; BGH NStZ 2022, 101; KG NStZ 2012, 326, jeweils Ausweichbewegungen und Stürze; Joecks/Jäger StGB Rn. 27; krit. Rengier StrafR BT II § 14 Rn. 42; OLG Hamm DAR 2014, 594 mAnm Ernst; ebenso bei Verletzungen durch einen Sturz nach dem Losfahren, OLG Jena NZV 2008, 366) sowie bei unfallbedingten Verletzungen von Wageninsassen (BGH NStZ 2009, 628 mit abl. Bespr. Bosch JA 2009, 392).

4 **b)** Unter **Werkzeugen** verstand die Rspr. zunächst nur Gegenstände, die durch mechanische Einwirkung eine Verletzung herbeiführen können (zur Entwicklung der Rspr. Hilgendorf ZStW 112 (2000), 811 (813)). Später bezog sie chemische Einwirkungen (BGHSt 1, 1 = NJW 1951, 82), etwa durch eine Gaspistole (BGHSt 4, 125 = NJW 1953, 952), und das Hetzen von Hunden auf Menschen ein (BGHSt 14, 152 = NJW 1960, 1022; OLG Hamm NJW 1965, 164; einschr. Hilgendorf ZStW 112 (2000), 811 (817); zum Nicht-Zurückpfeifen von Hunden als Unterlassen Paeffgen/Böse in NK-StGB Rn. 21). Jedoch muss es sich um einen beweglichen Gegenstand handeln, der durch menschliche Kraft zum Zwecke der Verletzung gegen einen Körper in Bewegung gesetzt werden kann, wobei es allerdings nicht darauf ankommt, ob im konkreten Fall das Werkzeug gegen den Menschen oder der Mensch gegen das Werkzeug geführt wird (BGHSt 22, 235 = NJW 1968, 2115; BGH NStZ-RR 2005, 75; Paeffgen/Böse in NK-StGB Rn. 14; Zöller in Leipold/Tsambikakis/Zöller Rn. 10; diff. Hardtung in MüKoStGB Rn. 16); der Wortsinn schließt es aber aus (→ § 1 Rn. 6; Hardtung JuS 2008, 960 (963); Ernst DAR 2014, 595; Hellmann in Krey/Hellmann/Heinrich StrafR BT I Rn. 261), auch unbewegliche Gegenstände, etwa die Wand eines Gebäudes einzubeziehen (BGH NStZ-RR 2005, 75 mkritAnm Schmitt JZ 1969, 304; BGH NStZ 1988, 361; Hilgendorf ZStW 112 (2000), 811 (819); Joecks/Jäger StGB Rn. 24, 25; aM Stree Jura 1980, 281 (284); Heinrich JA 1995, 718 (725); Küpper JuS 2000, 225

(226); Rengier StrafR BT II § 14 Rn. 39; Grünewald in LK-StGB Rn. 23; Wolters in SK-StGB Rn. 17, 18; Sternberg-Lieben in Schönke/Schröder, Rn. 7; zusf. Kretschmer Jura 2008, 916 (919)).

5 c) **Gefährlich** ist ein Werkzeug, das nach objektiver Beschaffenheit (nach Hilgendorf ZStW 112 (2000), 811, überflüssig; ebenso Fahl Jura 2012, 593 (594); wie hier aber Rengier StrafR BT II § 14 Rn. 27; Wessels/Hettinger/Engländer StrafR BT I Rn. 275) und nach Art der Benutzung im konkreten Fall (BGH bei Holtz MDR 1979, 988; OLG Köln VRS 70, 273) erhebliche Verletzungen herbeizuführen geeignet ist (hM; vgl. BGH NStZ 1987, 174; NStZ 2002, 594 mit Bespr. Baier JA 2003, 362; BGH NStZ 2007, 95; NStZ 2010, 151; NStZ-RR 2009, 50; zur neueren Rspr. Kretschmer Jura 2008, 916 (918); Zieschang Gefährdungsdelikte S. 290; Sternberg-Lieben in Schönke/Schröder Rn. 4; einschr. Wolters in SK-StGB Rn. 13–16; Paeffgen/Böse in NK-StGB Rn. 15–18; krit. Heinrich, Die gefährliche Körperverletzung, 1993, S. 494, 615; Heinrich JA 1995, 601 (605)), nach teilweise vertretener Auffassung allerdings nur, wenn es als Angriffs- oder Verteidigungsmittel benutzt wird (BGH NJW 1978, 1206; zw.). In Frage kommen zB: Stich mit der Nadel ins Auge; Tritt mit dem Schuh in den Unterleib (BGH bei Dallinger MDR 1971, 16; OLG Neustadt JR 1958, 228), in den Magen (Miebach NStZ-RR 2007, 330), in den Bauchbereich (BGH NStZ 2010, 151 mit Bespr. Hecker JuS 2010, 648; Heinke HRRS 2010, 428; v. Heintschel-Heinegg JA 2010, 308; BGH StraFo 2010, 76 (77)), ins Gesicht (BGHSt 30, 375 = NJW 1982, 1164; BGH NStZ 1984, 328; NStZ 1999, 616; NStZ-RR 2011, 337; OLG Braunschweig Nds. Rpfl. 1960, 233; krit. Fischer Rn. 9a–c), uU auch ins Gesäß (BGH 27.1.1953 – 2 StR 91/50; sa OLG Düsseldorf NJW 1989, 920), gegen das Schienbein (OLG Stuttgart NJW 1992, 850) oder mit einem Turnschuh auf den Oberschenkel und in den Rücken des am Boden liegenden Opfers (BGH NStZ 2003, 662; OLG Oldenburg StraFo 2021, 388; Kretschmer Jura 2008, 916 (919); Hardtung JuS 2008, 960 (963)); vorausgesetzt wird meist, dass es sich um festes schweres Schuhwerk handelt; das trifft auf Hausschuhe nicht zu (BGH NStZ 2011, 477; BeckRS 2015, 11650; NStZ-RR 2015, 309), wohl aber idR auf Straßenschuhe (BGH NStZ-RR 2019, 345). Schlag mit dem „Gipsarm" (OLG Schleswig bei Ernesti/Jürgensen SchlHA 1978, 185); Schneiden mit scharfer Rasierklinge (BGH NStZ-RR 2021, 211); Anfahren mit einem Kraftfahrzeug (BGH BeckRS 1978 30380574; NStZ 2019, 608; KG NZV 2006, 111 mAnm Krüger; Fischer Rn. 9b), nicht jedoch, wenn der im vorderen Innenraum beim Versuch, die Handbremse zu ziehen, zum Liegen gekommene Polizeibeamte beim Anstoß des rückwärts in Gang gesetzten Fahrzeugs gegen eine Böschung aus dem Fahrzeug fällt und durch den Aufprall auf dem Gehsteig verletzt wird (BGH NStZ 2007, 405 mit Bespr. Eckstein NStZ 2008, 125; Kretschmer Jura 2008, 916 (920); OLG Jena NZV 2008, 366; Dölling in HK-StrafR Rn. 3); Schütten von Salzsäure ins Gesicht (→ Rn. 1a, 1b); Streuen von Pfeffer (BGH LM Nr. 7 zu § 224 StGB) oder Sprühen von Pfefferspray jeweils in die Augen (BGH NZV 2001, 352 (353); NStZ-RR 2012, 308); Trinkenlassen von Brennspiritus (BGH bei Dallinger MDR 1956, 526); Zufügen einer Brandverletzung mittels einer brennenden Zigarette (BGH NStZ 2002, 30; NStZ 2002, 86); Kretschmer Jura 2008, 916 (919)); Einsatz eines Elektroschockgeräts (BGH NStZ-RR 2019, 205). **Nicht dagegen** bestimmungsmäßige Verwendung ärztlicher Instrumente durch eine dafür qualifizierte Heilperson (BGH NJW 1978, 1206; NStZ-RR 2021, 109; Hilgendorf ZStW 112 (2000), 811 (818); Eisele StrafR BT I Rn. 332; anders OLG Karlsruhe medstra 2022, 254, mit Bespr. Hecker

Jus 2022, 684 und Larenz medstra 2022, 220; krit. Schneider FS Leipzig, 2009, 165 (176); diff. Tag, Der Körperverletzungstatbestand im Spannungsfeld zwischen Patientenautonomie und Lex artis, 2000, S. 424; problematisch BGH NStZ 1987, 174 mit Bespr. Wolski GA 1987, 527; Sowada JR 1988, 123); Zopfabschneiden mit Schere (aM Heinrich JA 1995, 718 (726)); Haarabschneiden mit Messer (BGH NStZ-RR 2009, 50); leichter Rippenstoß mit geladener Pistole (Zöller in Leipold/Tsambikakis/Zöller Rn. 9); Schlag mit einem in der flachen Hand gehaltenen Mobiltelefon (OLG Bremen StV 2020, 320, anders ggf. bei Schlagen mit der Ecke desselben); Fesselung der Fußgelenke mit Schnürsenkel (BGH NStZ 2002, 482); Schläge mit dünnem Ledergürtel (BGH NStZ 2007, 95), wohl aber Schläge mit einer Gürtelschnalle, auch einer Porzellan-Kaffeetasse oder Flasche (BGH bei Miebach NStZ-RR 2008, 193).

6 **4. Nr. 3: Hinterlistig** ist ein Überfall (dh unvorhergesehener Angriff) nicht schon durch die bewusste Ausnutzung des Überraschungsvorteils (BGH GA 1961, 241; BGH bei Holtz MDR 1981, 267; BGH NJW 2004, 1965 (1966); NStZ 2005, 97; NStZ 2007, 702; NStZ-RR 2009, 42 (43); NStZ-RR 2009, 77; NStZ-RR 2010, 46; NStZ-RR 2011, 337; NStZ-RR 2013, 174; NStZ 2012, 698). Hinzukommen muss ein planmäßiges, auf Verdeckung der wahren Absicht berechnetes Vorgehen (BGH NStZ 2012, 698), wie zB Auflauern (BGH NStZ 2005, 40), Vortäuschen von Friedfertigkeit (BGH NStZ 2004, 93 Generalbundesanwalt bei Miebach NStZ-RR 2007, 329 (330)), heimliches Zuführen eines Betäubungsmittels (BGH NStZ 1992, 490; NStZ-RR 1996, 100; zum Fall Kretschmer Jura 2008, 916 (920) „KO-Tropfen") usw, um dadurch dem Gegner die Abwehr des nicht erwarteten Angriffs zu erschweren (BGH GA 1989, 132; NStZ 2004, 93; beachte auch Bohnert GA 1978, 353 (364), Heinrich, Die gefährliche Körperverletzung, 1993, S. 584, 694; Heinrich JA 1995, 718 (720); sowie Kelker, Zur Legitimität von Gesinnungsmerkmalen im Strafrecht, 2007, S. 575, Unrechtsmerkmal); daran fehlt es beim bloßen Ausnutzen der Arglosigkeit und Wehrlosigkeit eines Schlafenden, es sei denn der Täter hätte vor dem Schlafengehen gezielt seine Tötungsabsicht verborgen (BGH bei Miebach NStZ-RR 2007, 330), und wnen sich der Täter durch List Zugang zur Wohnung des Opfers verschafft und dieses dann dort offen angreift (BGH NStZ-RR 2020, 42). Eine konkrete Gefahr erheblicher Verletzungen ist dagegen nicht unbedingt erforderlich (hM; vgl. etwa Hardtung JuS 2008, 960 (964); Kindhäuser/Schramm StrafR BT I § 9 Rn. 17; Dölling in HK-StrafR Rn. 4; Grünewald in LK-StGB, Rn. 3, 32; Zöller in Leipold/Tsambikakis/Zöller Rn. 12; anders Paeffgen/Böse in NK-StGB Rn. 22; Wolters in SK-StGB Rn. 23), ebensowenig, dass der Täter bis zur letzten Ausführungshandlung mit Verletzungsabsicht vorgeht (BGH NStZ 2022, 164).

7 **5. Nr. 4: Gemeinschaftlich** mit einem anderen Beteiligten setzt voraus, dass mindestens zwei Personen bei der Körperverletzung zusammenwirken und dem Verletzten unmittelbar – allerdings nicht notwendig unter eigenhändiger Mitwirkung jedes einzelnen an der Verletzungshandlung (BGH GA 1986, 229; NJW 1998, 465; NStZ 2000, 194; NJW 2006, 572; NJW 2017, 1894) – gegenüberstehen; daran fehlt es, wenn das Tatopfer von der Beteiligung einer zweiten Person nichts weiß (Kretschmer Jura 2008, 916 (921); aM BGH NStZ 2006, 572), diese sich nicht am Tatort befindet (anders wenn dennoch Mittäterschaft nach allgemeinen Regeln vorliegt, BGH NStZ-RR 2012, 270), mit dem unmittelbar Handelnden nicht in Verbindung steht (Joecks/Jäger StGB Rn. 43) und auch notfalls nicht zu dessen Unterstützung bereit ist (BGH StV 1994, 542); ausreichend soll aber eine

Information per Handy durch den auf einem benachbarten Grundstück positionierten „Mittäter" sein, auf die der die Tat ausführende Täter angewiesen ist (BGH NStZ 2006, 572 mit krit. Bespr. Satzger JK StGB § 224 Rn. 4, zum Fall auch Hardtung JuS 2008, 960 (965); Kretschmer Jura 2008, 916 (920); zw.). Schlägt der Täter erst zu, nachdem der Angriff anderer Täter abgeschlossen war, liegt keine gemeinschaftliche Körperverletzung vor (OLG Naumburg BeckRS 2013, 14035 mit Bespr. v. Heintschel-Heinegg JA 2013, 871). Da der Grund für die Strafschärfung lediglich in der erhöhten Gefährlichkeit des Angriffs liegt (BGH NStZ 2015, 584 mit Bespr. Satzger Jura 2015, 452; Jäger JA 2015, 794; KG StV 2014, 342; BGH NJW 2017, 1894, Fischer Rn. 11a; → Rn. 1), ist auch hier eine konkrete Gefahr erheblicher Verletzungen nicht erforderlich (hM; vgl. Küper GA 1997, 301; GA 2003, 363 (368), qualifizierendes „Gefahrerhöhungsdelikt" mit „genereller" Gefahrsteigerung; aM Wolters in SK-StGB Rn. 25). Obwohl schon die bisherige Voraussetzung „gemeinschaftlich" nicht voll mit Mittäterschaft (→ § 25 Rn. 9–11) gleichgesetzt wurde, musste diese doch regelmäßig gegeben sein (OLG Düsseldorf NJW 1989, 2003 mAnm Otto NStZ 1989, 531; Hassemer JuS 1990, 67; Deutscher NStZ 1990, 125; aM Heinrich, Die gefährliche Körperverletzung, 1993, S. 723); Beihilfe genügte nur in Ausnahmefällen (beachte Baumann JuS 1963, 51; Stree Jura 1980, 281 (289); Küper GA 1997, 301 (321)), Anstiftung nie). Dies ist durch die Neufassung zweifelhaft geworden, denn die auf Mittäterschaft hindeutende Voraussetzung „gemeinschaftlich" (§ 25 II) ist durch die Formulierung „mit einem anderen Beteiligten" ergänzt worden; Beteiligte sind aber auch Teilnehmer (§ 28 II), so dass nach dem allerdings mehrdeutigen Wortlaut (zur beschränkten Aussagekraft des neuen Wortlauts vgl. Küper GA 2003, 363 (372–374)) künftig Gehilfen und Anstifter einbezogen sein könnten (ebenso Hörnle Jura 1998, 169 (178); Lesch JA 1998, 474; Schumacher in Schlüchter, 6. StrRG, 1998, S. 37; Struensee in DSNS StrRG § 2 Rn. 69; Rengier ZStW 111 (1999), 1 (9); Joecks/Jäger StGB Rn. 38–41; Grünewald in LK-StGB, Rn. 34).

Die **Beschränkung** der gemeinschaftlichen Begehung **auf mittäterschaftliche Begehung** ist jetzt auch (anders wohl noch BGH NStZ 2000, 194 mit abl. Bespr. Geppert JK StGB § 224 Rn. 1) vom BGH **aufgegeben** worden (BGHSt 47, 383 = JuS 2003, 301 mit überwiegend zust. Bespr. Heinrich JR 2003, 213; Küper GA 2003, 363; Schroth JZ 2003, 215; Stree NStZ 2003, 203; Paeffgen StV 2004, 77; Geppert JK StGB § 224 I Nr. 4 Rn. 2; BGH NStZ-RR 2009, 10; NStZ 2016, 698 mit Praxiskommentar Kämpfer; BGH NStZ-RR 2016, 139; dagegen Paeffgen/Böse in NK-StGB Rn. 24; Schroth JZ 2003, 215); das Zusammenwirken des Täters mit einem Gehilfen soll jedenfalls dann ausreichen, wenn der am Tatort anwesende Gehilfe die Wirkung der Körperverletzung des Täters bewusst in einer Weise verstärkt, welche die Lage des Opfers zu verschlechtern geeignet ist (BGH NStZ-RR 2016, 139; NStZ-RR 2012, 341; StraFo 2015, 478; Hardtung JuS 2008, 960 (965); Hellmann in Krey/Hellmann/Heinrich StrafR BT I Rn. 269); dies führt aber nicht dazu, dass der nach allgemeinen Regeln als Gehilfe eingestufte Beteiligte als Mittäter zu bestrafen wäre (BGH NStZ-RR 2010, 236 mit zust. Bespr. Satzger JK StGB § 224 I 4 Rn. 3). Damit stellt der BGH zu Recht auf den Qualifikationsgrund der Nr. 4 ab, der in der erhöhten Gefährdung des Opfers zu sehen ist, das am Tatort der „Übermacht" mehrerer, aktiv miteinander zusammenwirkender Gegner unmittelbar – körperlich gegenübersteht (Küper GA 2003, 363 (367)). Dabei betont der BGH einseitig die durch Einschüchterung geschwächte Verteidigungsbereitschaft des Opfers und die Reduzierung von dessen Abwehr- und Ausweichmöglichkeiten (dem aber zust. Heinrich JR 2003, 213; Stree NStZ 2003, 203) und vernachlässigt das bei mehreren Gegnern gesteigerte Risiko gravierender Verletzungsfolgen (Küper GA 2003, 363 (368)). Unter Berücksichtigung aller Gefährdungsfaktoren reicht – wie hier schon vor der BGH-Entscheidung vertreten – die Tatortanwesenheit eines Anstifters (Jäger JuS 2000, 31 (36)) ebensowenig wie die eines den Täter in seinem Vorgehen bestärkenden psychischen Gehilfen (Hardtung in MüKoStGB Rn. 38; diff. bzgl. Letzterem Küper GA 2003, 363 (381), wenn dieser die Bereitschaft zum aktiven Eingreifen erkennen lässt). Bei mittäterschaftlich verbundenen Gegnern ist – soweit sie am Tatort zusammenwirken – die erhöhte Gefährlichkeit im gegenseitigen „Aufschaukelungs-Risiko" (Paeffgen StV 2004, 77 (79); problematisch OLG Schleswig BeckRS 2010, 13033 mit krit. Bespr. Gerhold Jura 2010, 379), bei physischen Gehilfen, die zB das Opfer festhalten, ihm den Fluchtweg versperren oder dem Täter Tatwerkzeuge verschaffen, in der Steigerung des „Aggressionspotenzials" zu sehen (Küper GA 2003, 363 (380)). „Gemeinschaftlich" bedeutet hier nur einverständliches Zusammenwirken; deshalb scheidet eine sog. „heimliche" Beihilfe aus (Rengier StrafR BT II § 14 Rn. 47). Im Übrigen gelten für die Beteiligung mehrerer keine Besonderheiten (OLG Düsseldorf MDR 1963, 521). Zum Versuchsbeginn BGH NStZ 2000, 422.

8 **6. Nr. 5:** Für **lebensgefährdende Behandlung** (uU auch durch Unterlassen in Garantenstellung, BGH JR 1956, 347 mAnm Maurach; vgl. auch BGHSt 37, 106 = NJW 1990, 2560; BGH NStZ 2009, 321 „Justizvollzugsanstalts-Fall" bei Jäger ExRep StrafR AT Rn. 373a, 373b) genügt nach der Rspr. objektive Eignung der Behandlung zur Lebensgefährdung (BGH NStZ-RR 2010, 176, Stiche mit Schraubendreher; BGH NStZ-RR 2013, 342; NStZ 2013, 345; NStZ 2013, 519; NStZ-RR 2016, 81, Messerstich; BGH NStZ-RR 2021, 211, Einsatz scharfer Rasierkling; Bosch Jura 2017, 909 (918), abstrakte Gefährlichkeit; Eisele StrafR BT I Rn. 341); eine konkrete Gefahr braucht nicht eingetreten zu sein (BGHSt 2, 160 (163) = BeckRS 1952, 30385532; BGHSt 36, 1 (9) = NJW 1989, 781; BGH NStZ 2004, 618 mit zust. Bespr. Geppert JK StGB § 224 Rn. 1; BGH NStZ 2007, 34; NStZ 2007, 339 mit krit. Bespr. Satzger JK StGB § 224 Rn. 2; sa BGH NStZ-RR 2007, 303; OLG Köln StV 1994, 247; OLG Düsseldorf JZ 1995, 908; OLG Jena NZV 2008, 366 (367); Hardtung JuS 2008, 960 (965); Gallas FS Heinitz, 1972, 171 (183); Zieschang Gefährdungsdelikte S. 294; Hilgendorf ZStW 112 (2000), 811 (829); Wolters in SK-StGB Rn. 30; Grünewald in LK-StGB, Rn. 3, 36; aM Paeffgen/Böse in NK-StGB Rn. 27; eing. zur Deliktsstruktur Küper FS Hirsch, 1999, 595, der verlangt, dass das Opfer in eine so kritische Lage gebracht wird, dass ein Verletzungserfolg naheliegt; nach Beck ZIS 2016, 692 (699) muß sich die konkrete Gefahr für die körperliche Unversehrtheit gerade aus der Lebensgefährlichkeit des Verhaltens ergeben). Individuelle Besonderheiten beim Tatopfer sind zu berücksichtigen, wenn sie das Gefahrenpotential der Handlung im Vergleich zu einer „einfachen" Körperverletzung deutlich erhöhen (BGH NStZ 2013, 345 (346), für Schläge mit der bloßen Hand in das Gesicht des Opfers). Jede intensivere Einwirkung kann zusammen mit anderen Umständen eine solche Behandlung sein (BGHSt 2, 160 = BeckRS 1952, 30385532; BGH NStZ 1986, 166), zB Stoß in tiefes oder winterkaltes Wasser (LG Saarbrücken NStZ 1983, 414; BGH BeckRS 2011, 27459 mit Bespr. Jahn JuS 2012, 367; Kudlich StrafR BT II Fall 53a); Würgegriff am Hals (BGH StV 1993, 26; NStZ-RR 1997, 67; NStZ 2002, 594; StV 2002, 649; NStZ-RR 2005, 44; NStZ-RR 2006, 11; NStZ-RR 2007, 339; zum Fall Kretschmer Jura 2008, 916 (921); BGH NStZ-RR 2011, 11 (12); NStZ 2013, 519; OLG Hamburg StV 2013, 447; OLG Hamm NStZ-RR

2014, 110; nicht bei kurzfristigen Würgen BGH StV 2015, 111); lang andauernde Fesselung ohne Flüssigkeitszufuhr (BGH NStE Nr. 17); Anfahren mit Kfz (BGH VRS 14, 286; sa OLG Schleswig SchlHA 1970, 194); Abschütteln vom fahrenden Moped (BGH bei Dallinger MDR 1957, 652); kräftiger Kopfstoß (OLG Hamm NStZ-RR 2009, 15; OLG Düsseldorf JZ 1995, 908, anders für kräftigen Faustschlag auf die Nase; wieder anders für Faustschläge in besonders empfindliche Bereiche des Kopfes wie die Schläfenregion, BGH BeckRS 2010, 21245; NJW 2013, 1379 (1382); oder das Ohr, OLG Hamburg StV 2013, 447, auch für Fußtritte, jedenfalls dann, wenn sie nach der Art der Ausführung der Verletzungshandlung im Einzelfall zu lebensgefährlichen Verletzungen führen können, so auch schon BGH NStZ-RR 2012, 340; NStZ-RR 2013, 342); Anwendung von Röntgenstrahlen (BGHSt 43, 346 (356) = NJW 1998, 833 mit abl. Bespr. Jung MedR 1998, 329). Auch ungeschützter Geschlechtsverkehr eines AIDS-Positiven gehört hierher (hM; BGHSt 36, 262 = NJW 1990, 129 mit abl. Bespr. Lüderssen StV 1990, 83; Prittwitz/Scholderer NStZ 1990, 385; krit. Meier GA 1989, 207 (210); BGH NStZ 2009, 34; Kusnik/Stalberg AL 2009, 349; aM Schünemann in Busch/Heckmann/Marks, HIV/AIDS und Straffälligkeit, 1991, S. 93, 107; Heinrich, Die gefährliche Körperverletzung, 1993, S. 754; Knauer AIFO 1994, 463 (474)). **Nicht mittels** der Behandlung (zB Zu-Boden-Stoßen) ist eine Lebensgefahr verursacht, wenn diese erst durch das nachfolgende Anfahren des auf dem Boden einer Fahrbahn liegenden Opfers erfolgen soll (BGH NZV 2006, 483 (484) mit zust. Bespr. Jahn JuS 2007, 89; abl. aber Bosch JA 2006, 900; BGH NStZ-RR 2015, 244; sa Beck ZIS 2016, 692 (699) Fn. 48); nicht ausreichend ist das bloße Werfen des Opfers auf die Fahrbahn (BGH NStZ 2010, 276; zust. Rengier StrafR BT II § 14 Rn. 52).

7. a) Der **Vorsatz** (bedingter genügt) muss bei der Nr. 1 auch die Eignung des 9
Stoffes zur Gesundheitsschädigung (BGHSt 51, 18 = JuS 2006, 758; Kudlich StrafR BT II Fall 47 a), bei der Nr. 2 die Umstände, aus denen die Eigenschaft als gefährliches Werkzeug folgt (auch auf die unmittelbare Einwirkung auf den Körper, BGH NJW 2013, 2133 (2135); NStZ-RR 2015, 244), und bei der Nr. 5 die Umstände umfassen, die das Verhalten als lebensgefährdende Behandlung kennzeichnen (BGHSt 2, 160 = BeckRS 1952, 30385532; BGHSt 36, 1 (15) = NJW 1989, 781; BGH NJW 2013, 2133 (2135); NStZ-RR 2013, 342). Nach der Rspr. soll darüber hinaus nicht erforderlich sein, dass der Täter das Werkzeug für gefährlich (OLG Düsseldorf NJW 1989, 920) oder sein Verhalten für lebensgefährdend hält (BGHSt 19, 352 = NJW 1964, 1631; BGHSt 36, 1 (15) = NJW 1989, 781; BGH NJW 1990, 3156; Fischer Rn. 13; Dölling in HK-StrafR Rn. 7); soweit damit auch auf das Bewusstsein der objektiven Gefährlichkeit verzichtet wird, ist das mit den Grundsätzen über die Parallelwertung in der Laiensphäre (→ § 15 Rn. 14) nicht vereinbar (Backmann MDR 1976, 969 (976); Schroth, Vorsatz und Irrtum, 1998, S. 57; Kretschmer Jura 2008, 916 (922); Klesczewski StrafR BT S. 36, 37; Küpper/Börner StrafR BT I Kap. I § 2 Rn. 15; Murmann GK StrafR § 22 Rn. 27; Wessels/Hettinger/Engländer StrafR BT I Rn. 284; Hardtung in MüKoStGB Rn. 52; Zöller in Leipold/Tsambikakis/Zöller Rn. 19; krit. Frisch GS Kaufmann, 1989, 311 (348); sa Walter Kern des Strafrechts S. 181). Für die Beantwortung der Frage, ob die Tat subjektiv auf Lebensgefährdung iSd Nr. 5 angelegt war, kommt es auf die vom Täter konkret beabsichtigte und umgesetzte Tathandlung (zB Drücken des Opfers in das Kissen, bis es ruhig war) an (BGH NStZ-RR 2008, 350 (351)); diese muss der Täter zwar nicht als lebensgefährlich bewerten, doch muss die Handlung nach seiner Vorstellung auf Lebensgefährdung „angelegt" sein (BGH NStZ 2021, 107).

10 **b)** Da **Ansteckung mit AIDS** (→ Rn. 8) aus tatsächlichen Gründen nur selten beweisbar ist (beachte jedoch BGHSt 36, 262 = NJW 1990, 129; Wokalek/Köster MedR 1989, 286), wird **bedingter Vorsatz** hier regelmäßig nur bei Versuch (Abs. 2; aM Herzberg in Szwarc, AIDS und Strafrecht, 1996, S. 61, 84; Zöller in Leipold/Tsambikakis/Zöller Rn. 19) und auch nur dann relevant, wenn keine frei verantwortliche Selbstgefährdung vorliegt (→ Vor § 211 Rn. 12, 12a). Für seine Voraussetzungen gelten **keine Besonderheiten** (Wessels/Hettinger/Engländer StrafR BT I Rn. 271). Leider haben die Unsicherheiten um Erheblichkeit, Inhalt und beweismäßige Feststellung des voluntativen Elements (→ § 15 Rn. 24, 25) zu zahlreichen Versuchen geführt, den Vorsatzbereich je nach der gesundheits- und kriminalpolitischen Einstellung zur AIDS-Bekämpfung – zT extrem – restriktiv oder extensiv zu interpretieren (ausgewogen zusf. Eberbach in Jäger, AIDS und HIV-Infektionen, 3. ErgLfg 1/90, 1988, Kap. IX, Rn. 2.3). Da jedenfalls ein Sonderrecht für den AIDS-Bereich dem Gesetz widerspricht, kann nur der allgemeine Vorsatzbegriff Bewertungsgrundlage sein. Diesen Ausgangspunkt hat die höchstrichterliche, den Vorsatz in Einzelfällen bejahende Rspr. mit Recht nicht verlassen (BGHSt 36, 1 = NJW 1989, 781 mit teils zust., teils abl. und teils krit. Bespr. Bottke AIFO 1989, 468; Bruns MDR 1989, 199; Frisch JuS 1990, 362; Frisch FS Meyer, 2006, 533; Herzberg JZ 1989, 470; Prittwitz StV 1989, 123; Schlehofer NJW 1989, 2017; Schünemann JR 1989, 89; Schünemann in Szwarc, AIDS und Strafrecht, 1996, S. 9, 17; BGHSt 36, 262 = NJW 1990, 129 mit Bespr. Lüderssen StV 1990, 83; Prittwitz/Scholderer NStZ 1990, 385; Rudolphi JZ 1990, 197; zust. Joecks/Jäger StGB Rn. 51; zusf. Rengier Jura 1989, 225; Knauer AIFO 1994, 463 (470); Wisuschil ZRP 1998, 61; Kusnik/Stalberg AL 2009, 349 (353); krit. zur deutschen Lehre und Rspr. Canestrari GA 2004, 210 (225)). Zu beachten ist, dass die psychische Einstellung von Sexualpartnern zur Tatbestandsverwirklichung sehr verschiedenartig sein kann. Das voluntative Element hängt daher weitgehend von der Beurteilung des Einzelfalls ab, namentlich von Art, Intensität und Häufigkeit des Kontakts, bei dem auch die Anwendung besonders gefahrträchtiger oder gezielt gefahrmindernder (zB coitus interruptus) Sexualpraktiken erheblich zu Buch schlagen kann (Knauer AIFO 1994, 463 (473)), sowie von Aufklärungsstand und Intelligenzgrad des Täters (→ § 15 Rn. 25). Häufig wird die erforderliche Risikobereitschaft nicht beweisbar sein, was übrigens in dem BGHSt 36, 1 = NJW 1989, 781 zugrundeliegenden Fall keineswegs fern liegend war (Schünemann JR 1989, 89 (94); Rengier Jura 1989, 225 (228)). Einer Verallgemeinerung der Ergebnisse (zB durch Bildung typischer Fallgruppen) sind wegen der Komplexität der Sachverhalte und des Fehlens zureichender Erfahrungen enge Grenzen gesetzt. Bilanz bei Frisch FS Szwarc, 2009, 495. Zur polnischen Diskussion Szwarc FS Herzberg, 2008, 987.

11 **8.** Zu **Abs. 1 Hs. 2** (minder schwere Fälle) → § 46 Rn. 7–10a; → § 12 Rn. 4; die Verwurzelung in einem archaischen Wertesystem allein ergibt noch keinen minder schweren Fall (BGH NStZ 2009, 689); regelmäßig nicht fernliegend bei Tatprovokation (BGH StraFO 2012, 24 (25); NStZ-RR 2012, 308); eine zusätzliche Strafrahmenverschiebung nach §§ 21, 49 I ist möglich (BGH NStZ 2009, 91 (92); StraFo 2012, 24 (25)).

12 **9.** Das **Zusammentreffen** mehrerer Alternativen des Abs. 1 begründet nur eine Gesetzesverletzung (Kretschmer Jura 2008, 916 (922); → § 52 Rn. 3), kann aber strafschärfend berücksichtigt werden (→ § 46 Rn. 45). § 224 wird **verdrängt,** wenn die Tat notwendiges Mittel eines Schwangerschaftsabbruchs ist (BGHSt 28, 11 = NJW 1978, 2040; anders jetzt BGH NJW 2007, 2565 mit zust. Bespr. Satzger

JK StGB §§ 52, 218, 224 Rn. 13; → § 218 Rn. 21) oder wenn sie zu einer schweren Folge nach §§ 226 oder 227 führt (BGHSt 21, 194 (195) = NJW 1967, 737; BGH NJW 1967, 297; Schmitt ZStW 75 (1963), 43 (50); Grünewald in LK-StGB, § 226 Rn. 40, § 227 Rn. 24; aM Vogler FS Bockelmann, 1979, 715 (723); Jescheck/Weigend StrafR S. 734; Grünewald in LK-StGB, Rn. 41; zw.); weil die schwere Folge iSd § 226 I Nr. 3 das Unrecht der Lebensgefährdung nicht erfasse, soll Tateinheit mit Nr. 5 bestehen (BGHSt 53, 23 = NJW 2009, 863 mit zust. Bespr. Geppert JK StGB § 226 Rn. 12; auch Fischer § 226 Rn. 20; ebenso mit § 226 I Nr. 2 BGH NStZ-RR 2010, 175 (176); NStZ-RR 2021, 138). Die abstrakte Lebensgefährdung der Nr. 5 wird von der konkreten Lebensgefährdung des § 306b II 1 verdrängt, nicht aber die Gesundheitsschädigung des § 223 (BGH StraFo 2007, 54; Kühl StrafR AT § 21 Rn. 54, Subsidiarität); mit versuchter schwerer Körperverletzung kann er aber in Tateinheit stehen (BGHSt 21, 194 = NJW 1967, 737; aM Schröder JZ 1967, 368; JR 1967, 146; zw.); Abs. 1 Nr. 5 tritt hinter § 250 II Nr. 3 zurück (BGH NStZ 2005, 449).

10. Sicherungsverwahrung § 66 III (→ § 66 Rn. 10a–10e). 13

§ 225 Mißhandlung von Schutzbefohlenen

(1) **Wer eine Person unter achtzehn Jahren oder eine wegen Gebrechlichkeit oder Krankheit wehrlose Person, die**
1. seiner Fürsorge oder Obhut untersteht,
2. seinem Hausstand angehört,
3. von dem Fürsorgepflichtigen seiner Gewalt überlassen worden oder
4. ihm im Rahmen eines Dienst- oder Arbeitsverhältnisses untergeordnet ist,

quält oder roh mißhandelt, oder wer durch böswillige Vernachlässigung seiner Pflicht, für sie zu sorgen, sie an der Gesundheit schädigt, wird mit Freiheitsstrafe von sechs Monaten bis zu zehn Jahren bestraft.

(2) **Der Versuch ist strafbar.**

(3) **Auf Freiheitsstrafe nicht unter einem Jahr ist zu erkennen, wenn der Täter die schutzbefohlene Person durch die Tat in die Gefahr**
1. des Todes oder einer schweren Gesundheitsschädigung oder
2. einer erheblichen Schädigung der körperlichen oder seelischen Entwicklung

bringt.

(4) **In minder schweren Fällen des Absatzes 1 ist auf Freiheitsstrafe von drei Monaten bis zu fünf Jahren, in minder schweren Fällen des Absatzes 3 auf Freiheitsstrafe von sechs Monaten bis zu fünf Jahren zu erkennen.**

1. Die Vorschrift normiert im Wesentlichen eine **qualifizierte Körperverletzung,** bei der die verwerfliche Missachtung einer besonderen Schutzpflicht den Erschwerungsgrund bildet (Dölling in HK-StrafR Rn. 1); sie hat darüber hinaus aber noch einen geringfügigen selbständigen Anwendungsbereich (hM; vgl. etwa Paeffgen/Böse in NK-StGB Rn. 2; ähnlich Grünewald in LK-StGB, Rn. 1; anders Maurach/Schroeder/Maiwald/Hoyer/Momsen StrafR BT § 10 Rn. 2; und Sternberg-Lieben in Schönke/Schröder, Rn. 1, 2, die einen insgesamt selbständigen Tatbestand annehmen). Eingehend zur rechtlichen, rechtspolitischen oder kriminolo- 1 gischen Problematik der Kindsmisshandlung Stutte Jahrbuch für Jugendpsychiatrie 1971, 122; Würtenberger in Neidhardt ua, Aggressivität und Gewalt in unserer Gesellschaft, 1973, S. 63; Jung MschrKrim 1977, 89; Zenz, Kindesmisshandlung und Kindesrechte, 1979; Trube-Becker, Gewalt gegen das Kind, 1982; Haesler, Kindesmisshandlung, 1983; Geerds Monatsschrift für Kinderheilkunde 1986, 327; Bußmann, Verbot familiärer Gewalt gegen Kinder, 2000; Helfer, Das misshandelte Kind, 2002; Melzer in Krüger, Handbuch Kindheits- und Jugendforschung, 2002, S. 837; Fabian, Gefährdete Kinder, 2003; Herrmann in Sturzbecher, Kinder stark machen, 2003, S. 77; Lamnek/Boatca, Geschlecht, Gewalt, Gesellschaft, 2003; Deegener/Körner (Hrsg.), Kindesmißhandlung und Vernachlässigung, 2005; Seeger, Die Mißhandlung von Schutzbefohlenen, 2014; Eisenberg Kriminologie § 45 Rn. 25–31, § 58 Rn. 21, 31, § 61 Rn. 4; Kaiser Kriminologie § 61 Rn. 7–11; Schwind Kriminologie § 19 Rn. 19–21; sa Schneider, Körperliche Gewaltanwendung in der Familie, 1987; Albert, Innerfamiliäre Gewalt, 2008; zur Misshandlung alter Menschen Schreiber/Schreiber ZRP 1993, 146; Kaiser Kriminologie § 61 Rn. 12, 13. **Rechtsvergleichend** Meurer, Probleme des Tatbestandes der Misshandlung Schutzbefohlener, 1997, S. 117.

2 **2. Geschützt sind** nur Minderjährige und Wehrlose (zusf. Hardtung JuS 2008, 1060). Die Wehrlosigkeit (nicht gleichbedeutend mit Hilflosigkeit) muss auf Gebrechlichkeit (durch Alter, körperliche Fehler, auch Taubstummheit) oder Krankheit (jeder pathologische Zustand) beruhen; normale Schwangerschaft ist keine Krankheit (RGSt 77, 68), uU aber starke alkoholische Beeinflussung (BGHSt 26, 35 = NJW 1975, 1175; BGH NStZ 1983, 454; str.).

3 **3.** Es muss eines der **vier Schutzverhältnisse** (zust. Hardtung JuS 2008, 1060) bestehen: Das Fürsorge- oder Obhutsverhältnis (Abs. 1 Nr. 1) kann namentlich auf Gesetz (zB Eltern), freiwilliger Übernahme (zB Kindergärtnerin) oder behördlichem Auftrag (zB Aufsichtsperson) beruhen; ein rechtlich unverbindliches Gefälligkeitsverhältnis genügt nicht (BGH NJW 1982, 2390). Zum Hausstand gehören (Abs. 1 Nr. 2) etwa Stief- und Pflegekinder, uU auch Hauspersonal und Auszubildende; bei einem Ehepaar obliegt beiden Ehegatten die Verantwortung für den Hausstand (BGHSt 52, 153 (159) = NJW 2008, 2199, unter Anführung von § 1356 I 1 BGB). Die Überlassung durch den Fürsorgepflichtigen (Abs. 1 Nr. 3) ist ein tatsächlicher Vorgang (Zöller in Leipold/Tsambikakis/Zöller Rn. 6), der keine Obhutspflicht zu begründen braucht (aM Paeffgen/Böse in NK-StGB Rn. 7). Im Rahmen des Dienst- oder Arbeitsverhältnisses (Abs. 1 Nr. 4) muss ein Unterordnungsverhältnis bestehen (→ § 174 Rn. 8); speziell zum Mobbing Fehr, Mobbing am Arbeitsplatz, 2007, S. 82. Alle Schutzverhältnisse sind, soweit § 225 die Körperverletzung qualifiziert (→ Rn. 1), besondere persönliche Verhältnisse nach § 28 II (hM; vgl. Grünewald in LK-StGB, Rn. 26), in den übrigen Fällen nach § 28 I (ebenso Rengier StrafR BT II § 17 Rn. 4; Zöller in Leipold/Tsambikakis/Zöller Rn. 17; str.).

4 **4. Quälen** ist Zufügen länger dauernder oder sich wiederholender erheblicher Schmerzen oder Leiden (BGHSt 41, 113= NJW 1995, 2045; BGH NStZ 2004, 94; NStZ-RR 2007, 304; StV 2012, 534 (537); NJW 2015, 3074; NStZ-RR 2020, 174; Hardtung JuS 2008, 1060 mit Hinweis auf § 17 Nr. 2b TierSchG; Fischer Rn. 8a) körperlicher oder seelischer Art (RG JW 1938, 1879; RGSt 78, 213 (215); Küper/Zopfs StrafR BT Rn. 376, 377); so können mehrere für sich noch nicht als Quälen einzustufende Körperverletzungen in der Gesamtschau als eine solche zu

qualifizieren sein (BGH StV 2021, 119). Die Leidenszufügung muss nicht einer gefühllosen und unbarmherzigen Gesinnung entspringen (BGH NJW 2015, 3074 mit zust. Bespr. Engländer und Anm. Momsen/Pflanz StV 2016, 440; ebenso Dölling in HK-StrafR Rn. 4; aM Paeffgen/Böse in NK-StGB Rn. 13; Wolters in SK-StGB Rn. 10). Wird das Quälen durch Vornahme mehrerer Handlungen verwirklicht, so bilden diese eine tatbestandliche Handlungseinheit (→ Vor § 52 Rn. 10, 16; BGH StV 2012, 534 (537); Geppert NStZ 1996, 59; Warda FS Hirsch, 1999, 391 (414); Rissing-van Saan FG BGH, Bd. IV, 2000, 475 (480); zu weitgehend BGHSt 41, 113 = NJW 1995, 2045 mkritAnm Hirsch NStZ 1996, 36; und Wolfslast/Schmeissner JR 1996, 338; krit. auch Brähler, Die rechtliche Behandlung von Serienstraftaten und -ordnungswidrigkeiten, 2000, S. 363; Meurer, Probleme des Tatbestandes der Misshandlung Schutzbefohlener, 1997, S. 95); auch Begehen durch unechtes **Unterlassen** (→ § 13 Rn. 6) ist nicht ganz ausgeschlossen (hM; vgl. BGHSt 41, 113 = NJW 1995, 2045 mkritAnm Hirsch NStZ 1996, 36; BGHSt 52, 153 (159) = NJW 2008, 2199 mAnm Hardtung JZ 2008, 953; BGH NStZ-RR 1996, 197; NStZ 2004, 94; NJW 2015, 3047; NStZ 2017, 410; Fischer Rn. 8;str.), aber durch das Erfordernis der Modalitätenäquivalenz (→ § 13 Rn. 16) eingeschränkt (Sternberg-Lieben in Schönke/Schröder Rn. 11; und BGH NStZ 2017, 410, reines Erfolgsdelikt). Nach der Rspr. soll es uU ausreichen, wenn ein Kind auch nur für einige Minuten in Todesangst versetzt wird (BGH LM Nr. 3 zu § 224 StGB; zw.).

5. Misshandeln → § 223 Rn. 4; jedoch ist hier – abweichend von § 223, wo ausdrücklich ein körperlicher Bezug gefordert wird – die seelische Misshandlung einbezogen (ebenso Hardtung JuS 2008, 1060 (1061); anders die hM; vgl. Grünewald in LK-StGB, Rn. 13; Zöller in Leipold/Tsambikakis/Zöller Rn. 10). Auch Begehung durch Unterlassen ist ebenso wie beim Quälen (→ Rn. 4) möglich (BGH NStZ 1991, 234; NStZ 2004, 94). **Roh:** Handeln aus gefühlloser, fremde Leiden missachtender Gesinnung, die sich in erheblichen Handlungsfolgen für das Wohlbefinden des Opfers offenbart (RGSt 78, 213 (215); BGHSt 3, 105 (109) = NJW 1952, 1023; BGHSt 25, 277 = NJW 1974, 958; BGH NStZ 2007, 405; NStZ 2007, 720; NStZ-RR 2009, 180 (181); NStZ 2016, 472; NStZ-RR 2018, 209; NStZ-RR 2019, 77; NStZ-RR 2022, 13; Fischer Rn. 9; Küper/Zopfs StrafR BT Rn. 407, 408; Sternberg-Lieben in Schönke/Schröder Rn. 13; sa Kelker, Zur Legitimität von Gesinnungsmerkmalen im Strafrecht, 2007, S. 577, 579, legitimes Merkmal mit Unrechts- und Schuldaspekten) und keine Dauereigenschaft zu sein braucht (BGH NStZ 2004, 94; NStZ 2016, 472); Erregung erheblicher Schmerzen ist idR, aber nicht ausnahmslos, zB bei Kranken mit reduzierter Schmerzempfindlichkeit, erforderlich (BGH NStZ 2016, 472 mkritAnm Jakobs NJW 1974, 1829; str.). Handeln allein aus großer Erregung ist nicht roh (BGHSt 3, 105 (109) = NJW 1952, 1023). 5

6. Gesundheitsschädigung (→ § 223 Rn. 5) liegt uU schon vor, wenn die gesunde Entwicklung beeinträchtigt oder gehemmt wird (RGSt 76, 371). Die dem Täter obliegende **Sorgepflicht** kann auf denselben Gründen beruhen wie die Garantenstellung beim unechten Unterlassungsdelikt (→ § 13 Rn. 6–15). **Böswillig** handelt, wer die Pflichtverletzung aus besonders verwerflichem Motiv (zB Bosheit, Hass, Eigensucht (dazu BGH NStZ 2015, 630), Sadismus, nicht aber aus Gleichgültigkeit oder Schwäche) begeht (BGHSt 3, 20 (22) = NJW 1952, 943; BGH NStZ 2007, 402 (404); NStZ 2015, 630; Niedermair ZStW 106 (1994), 388 (391); Hardtung JuS 2008, 1060 (1061); Frister StrafR AT § 8 Rn. 31; Joecks/Jäger StGB Rn. 9; 6

Küper/Zopfs StrafR BT Rn. 159; krit. wegen fehlender Anwendungsklarheit Kelker, Zur Legitimität von Gesinnungsmerkmalen im Strafrecht, 2007, S. 547); dieser Vorwurf erfordert sorgfältige Persönlichkeitserforschung (BGHSt 3, 20 = NJW 1952, 943). § 13 II ist nicht entsprechend anwendbar (→ § 13 Rn. 19; Zöller in Leipold/Tsambikakis/Zöller Rn. 11).

7 **7.** Bedingter **Vorsatz** genügt, auch bei Unterlassen (BGH NStZ 2004, 94 (95); NJW 2015, 3074); jedoch steht seiner Annahme in Fällen der Nichtabwendung einer Gesundheitsschädigung das Gesinnungselement „böswillig" entgegen (Grünewald in LK-StGB, Rn. 19; Joecks/Jäger StGB Rn. 10; zur Bedeutungskenntnis der Merkmale roh und böswillig → § 15 Rn. 17).

8 **8. Rechtfertigung** der Tat nach § 228 kommt nicht in Frage, weil bei Vorliegen einer wirksamen Einwilligung regelmäßig schon die Handlungsmerkmale des Tatbestandes nicht erfüllt sind, mindestens aber die Tat trotz der Einwilligung gegen die guten Sitten verstößt (Maurach/Schroeder/Maiwald/Hoyer/Momsen StrafR BT § 10 Rn. 4; Zöller in Leipold/Tsambikakis/Zöller Rn. 15).

9 **9. Abs. 3** enthält in der Neufassung zwei Qualifikationstatbestände (keine Erfolgsqualifikation iSd § 18, BGH NStZ-RR 2020, 372; Hardtung JuS 2008, 1060 (1061)), die sachlich mit den bisherigen Regelbeispielen fast identisch sind (statt der schweren Körperverletzung wird nun eine schwere Gesundheitsschädigung verlangt). **Nr. 1** verlangt, dass die schutzbefohlene Person in die konkrete Gefahr des Todes (→ § 315c Rn. 23) oder einer schweren Gesundheitsschädigung (→ § 250 Rn. 3; Wallschläger JA 2002, 390 (395)); für die Einbeziehung seelischer Beeinträchtigungen Knauer, Der Schutz der Psyche im Strafrecht, 2013, S. 209) gebracht worden ist; Letzteres ist anzunehmen, wenn eine intensivmedizinische Maßnahme erforderlich ist (BGH NStZ-RR 2007, 304; Schroth NJW 1998, 2861 (2865)); die Gefahr muss vorsätzlich herbeigeführt werden (Struensee in DSNS StrRG § 2 Rn. 75; Wolters JuS 1998, 582 (584); Rengier ZStW 111 (1999), 1 (23); zum Gefährdungsvorsatz → § 15 Rn. 28). **Nr. 2** setzt die konkrete Gefahr einer erheblichen Entwicklungsschädigung iSv § 171 voraus (→ § 171 Rn. 3; ergänzend Paeffgen/Böse in NK-StGB Rn. 27); dabei ist nicht auf jeden Einzelakt, abzustellen, sondern auf das Gesamtgeschehen als natürliche Handlungseinheit (BGH NStZ-RR 2007, 304). Zu **Abs. 4** (minder schwere Fälle) → § 46 Rn. 7–10a; → § 12 Rn. 4; die Tat bleibt wegen § 12 III Verbrechen (Hardtung JuS 2008, 1060).

10 **10. Tateinheit** ua möglich mit §§ 224, 171 (→ § 171 Rn. 9); auch mit § 212, wenn bei einem Teilakt einer fortgesetzt begangenen (→ Vor § 52 Rn. 12–19) Körperverletzung Tötungsvorsatz hinzutritt (BGH NStZ 1994, 79); Tateinheit ist zur Klarstellung des schuldhaft verwirklichten Unrechts auch mit § 227 (BGHSt 41, 113 = NJW 1995, 2045 mit Bespr. Hirsch NStZ 1996, 37; Wolfslast/Schmeissner JR 1996, 338; Otto JK StGB § 225 Rn. 2, der Subsidiarität erwägt) sowie mit § 226 (BGH NJW 1999, 72 unter Aufgabe von GA 1975, 85; Paeffgen/Böse in NK-StGB § 226 Rn. 61) anzunehmen. § 223 wird durch die Misshandlungsvariante verdrängt, nicht aber § 244 I Nr. 5 (BGH bei Miebach NStZ-RR 2007, 331; KG NStZ-RR 2013, 173); hinter § 225 III Nr. 1 tritt § 224 I Nr. 5 zurück (KG NStZ-RR 2013, 173). § 225 III Nr. 2 verdrängt § 171 Alt. 1 (BGH StraFo 2010, 123).

11 **11.** Sicherungsverwahrung § 66 III (→ § 66 Rn. 10a–10e).

§ 226 Schwere Körperverletzung

(1) **Hat die Körperverletzung zur Folge, daß die verletzte Person**
1. **das Sehvermögen auf einem Auge oder beiden Augen, das Gehör, das Sprechvermögen oder die Fortpflanzungsfähigkeit verliert,**
2. **ein wichtiges Glied des Körpers verliert oder dauernd nicht mehr gebrauchen kann oder**
3. **in erheblicher Weise dauernd entstellt wird oder in Siechtum, Lähmung oder geistige Krankheit oder Behinderung verfällt,**

so ist die Strafe Freiheitsstrafe von einem Jahr bis zu zehn Jahren.

(2) **Verursacht der Täter eine der in Absatz 1 bezeichneten Folgen absichtlich oder wissentlich, so ist die Strafe Freiheitsstrafe nicht unter drei Jahren.**

(3) **In minder schweren Fällen des Absatzes 1 ist auf Freiheitsstrafe von sechs Monaten bis zu fünf Jahren, in minder schweren Fällen des Absatzes 2 auf Freiheitsstrafe von einem Jahr bis zu zehn Jahren zu erkennen.**

1. Bei dieser **qualifizierten Körperverletzung** (BGH NJW 2001, 980 mit Bespr. Joerden JZ 2002, 414; Hardtung in MüKoStGB Rn. 1) ist Erschwerungsgrund das Ausmaß der schuldhaft verursachten Körperschäden; ihre Aufzählung ist abschließend (BGH StV 1992, 115); es handelt sich um ein Delikt mit „andauerndem" Erfolg (Schmitz, Unrecht und Zeit, 2001, S. 69, 244). Die Tat nach Abs. 1 ist **erfolgsqualifiziertes Delikt** (§ 18; ebenso Rengier StrafR BT II § 15 Rn. 1; Wessels/Hettinger/Engländer StrafR BT I Rn. 285; Paeffgen/Böse in NK-StGB Rn. 5; zu Abs. 2 → Rn. 5). Die Körperverletzung, die nach der Rspr. auch durch einen ärztlichen Heileingriff (→ § 223 Rn. 9) verursacht sein kann (OLG Köln JMBl. NRW 1986, 273; str.), muss **vorsätzlich,** die in Abs. 1 beschriebene schwere Folge kann fahrlässig, leichtfertig oder bedingt vorsätzlich herbeigeführt werden, bei unbedingtem Vorsatz (Absicht oder Wissentlichkeit) geht Abs. 2 vor. Die Tat ist selbst bei leicht fahrlässiger Herbeiführung der schweren Folge Verbrechen (anders noch der Regierungsentwurf, BT-Drs. 13/8587, 37 und BT-Drs. 13/9064, 38). Für die Unmittelbarkeit der schweren Folge (→ § 18 Rn. 8) gelten die Ausführungen unter → § 227 Rn. 2 sinngemäß (näher Puppe, Die Erfolgszurechnung im Strafrecht, 2000, S. 231; Paeffgen/Böse in NK-StGB Rn. 11–18; abw. Wolters in SK-StGB Rn. 18); ebenso für die Strafbarkeit eines **Versuchs** in Fällen, in denen der vom Vorsatz umfasste Tätigkeitsakt zu einer schweren Folge führt (→ § 18 Rn. 9; sowie Paeffgen/Böse in NK-StGB Rn. 42, 57; beachte auch Hardtung Teilvorsatzdelikte S. 122); Versuch ist auch möglich, wenn der Täter die schwere Folge bedingt (Abs. 1; dann: versuchte Erfolgsqualifizierung) oder unbedingt vorsätzlich (Abs. 2) herbeiführen will (vgl. etwa BGH NJW 2001, 1075 (1076); → § 18 Rn. 10; sowie Kühl FS Gössel, 2002, 191 (196); Rengier StrafR BT II § 15 Rn. 30; Roxin StrafR AT II § 29 Rn. 319; Wolters in SK-StGB Rn. 23; Paeffgen/Böse in NK-StGB Rn. 43, 58), ein bereits erfolgsqualifizierter Versuch nur, wenn man die „Ursächlichkeit" der Verletzungshandlung für die schwere Folge ausreichen lässt (Dölling in HK-StrafR Rn. 8). **Rechtsgeschichtlich** Fruhriep, Die Dauerhaftigkeit der Folgen im Rahmen der schweren Körperverletzung, 2010. 1

2. Nr. 1: Sehvermögen ist die Fähigkeit, Gegenstände visuell wahrzunehmen; **Sprechvermögen** die Fähigkeit zu artikuliertem Reden (Eisele StrafR BT I Rn. 347); **Fortpflanzungsfähigkeit** auch die Empfängnisfähigkeit (BT-Drs. 2

13/9064, 38; so schon bisher zur „Zeugungsfähigkeit“ BGHSt 10, 312 (315) = NJW 1957, 1446; Scheffler Jura 1996, 505). Die Fähigkeit ist verloren, wenn sie im Wesentlichen, also nicht unbedingt vollständig (OLG Hamm GA 1976, 304; LG Freiburg Justiz 2007, 144, bei Minderung des Sehvermögens auf 10%), aufgehoben ist (Hardtung in MüKoStGB Rn. 19 „praktisch verloren“), der Ausfall langzeitig ist und die Heilung sich entweder gar nicht oder doch auf unbestimmte Zeit nicht absehen lässt (RGSt 72, 321; LG Freiburg Justiz 2007, 144); wird die durch Operation mögliche Wiedererlangung der verlorenen Sehkraft vom Blinden nicht gewollt, so kann er das fehlende Sehvermögen nicht mehr durch einen Faustschlag verlieren (OLG Oldenburg NStE Nr. 5). Ebenso wie bei der dauernden Entstellung (→ Rn. 4) dürfte entgegen der früher hM (RGSt 27, 80) die Möglichkeit operativer Beseitigung die Annahme eines Dauerschadens ausschließen, wenn sie aussichtsreich ist und kein unzumutbares Risiko enthält (van Els NJW 1974, 1074; Grünewald in LK-StGB Rn. 28). Das gilt jedoch nicht für nur vorübergehend mit dem Körper verbundene Hilfsmittel wie Sehhilfen, die die Auswirkungen des Verlustes mildern (BayObLG NStZ-RR 2004, 264 mit zust. Bespr. Kudlich JuS 2005, 80), da es im Unterschied zu Nr. 3 Var. 1 (→ Rn. 4) auf die Funktionsfähigkeit und nicht auf das äußere Erscheinungsbild ankommt (BayObLG NStZ-RR 2004, 264).

3 **3. Nr. 2: Wichtiges Glied** ist jeder in sich abgeschlossene und mit dem Rumpf oder einem anderen Körperteil durch ein Gelenk verbundene Körperteil (Fischer Rn. 6; Dölling in HK-StrafR Rn. 3; Zöller in Leipold/Tsambikakis/Zöller Rn. 8; noch enger Hardtung in MüKoStGB Rn. 26; aM Eisele StrafR BT I Rn. 349, auch Nase und Ohren), der eine herausgehobene Funktion erfüllt, also nicht das innere Organ (zB die Niere, BGHSt 28, 100 = NJW 1978, 2345 mAnm Hirsch JZ 1979, 109; Ebert JA 1979, 278; Wallschläger JA 2002, 390 (396); Murmann GK StrafR § 22 Rn. 31; Wessels/Hettinger/Engländer StrafR BT I Rn. 288; Joecks/Jäger StGB Rn. 9–13; methodische Kritik bei Rengier FG BGH, 2000, 467 (471); aM Otto StrafR BT § 17 Rn. 6; Rengier StrafR BT II § 15 Rn. 7; str.; der Gesetzgeber des 6. StrRG hat in diesen Meinungsstreit nicht eingegriffen, Hörnle Jura 1998, 169 (179); Wallschläger JA 2002, 390 (396); vgl. jedoch Jäger JuS 2000, 31 (37)). Die Rspr. bestimmte die Wichtigkeit allein nach der generellen Bedeutung des Gliedes für den Gesamtorganismus und erfasste damit den Daumen (RGSt 64, 201) und den Zeigefinger (BGH bei Dallinger MDR 1953, 597), nicht ohne weiteres auch einen anderen Finger (BGH NJW 1991, 990), etwa den Ringfinger (RGSt 62, 161). Demgegenüber hält ein beachtlicher Teil der Wissenschaft mit Recht auch die besonderen Verhältnisse des Verletzten (zB Musiker) für bedeutsam (Stree in Schönke/Schröder Rn. 2; anders jetzt Sternberg-Lieben in Schönke/Schröder Rn. 2; Rengier StrafR BT II § 15 Rn. 11; Maurach/Schroeder/Maiwald/Hoyer/Momsen StrafR BT § 9 Rn. 21; aM Jesse NStZ 2008, 605; Küpper/Börner StrafR BT I Kap. I § 2 Rn. 21; Hohmann/Sander StrafR BT § 7 Rn. 13; Joecks/Jäger StGB Rn. 14, 15; Paeffgen/Böse in NK-StGB Rn. 27; diff. Wolters in SK-StGB Rn. 10. Dem hat sich die Rspr. jetzt vorsichtig angeschlossen; sie berücksichtigt dauerhafte körperliche Besonderheiten wie die Finger der linken Hand für einen Linkshänder, aber auch die Besonderheit, dass neben der Versteifung des rechten Zeigefingers – egal ob Rechts- oder Linkshänder – auch noch der rechte Mittelfinger teilweise abgetrennt wurde und deshalb die Funktion des Mittelfingers nicht übernehmen konnte (BGHSt 51, 252 (255, 256) = NJW 2007, 1988 (dazu auch BGH NJW 2017, 1763 mAnm Grünewald) mit Bespr. Hardtung NStZ 2007, 702; Jahn JuS 2007, 866; Paeffgen/Grosse-Wilde HRRS 2007, 363; zum Fall auch Jesse

NStZ 2008, 605; Hardtung JuS 2008, 1060 (1062); Bock StrafR BT-Nichtvermögensdelikte Fall 1, S. 51). **Verloren** ist das Glied nicht schon bei bloßer Funktionseinbuße, sondern im Hinblick auf die Wortlautschranke des Art. 103 II GG (→ § 1 Rn. 6) erst bei völligem physischen Verlust (BGH NJW 1988, 2622 mablAnm Kratzsch JR 1989, 295; Struensee in DSNS StrRG § 2 Rn. 77; Wolters in SK-StGB Rn. 11). Gleichgestellt ist dem jetzt durch Nr. 2 Alt. **2** der Fall, dass die verletzte Person das wichtige Glied **dauernd nicht mehr gebrauchen** kann; zur Dauerhaftigkeit der Folge BGH NJW 2017, 1763 mit Bespr. Kudlich JA 2017, 470; damit ist die dauernde Funktionsunfähigkeit, zB die Versteifung eines Kniegelenks, erfasst (BT-Drs. 13/9064, 16; BGHSt 51, 252 (256) = NJW 2007, 1988, Versteifung des rechten Zeigefingers; BGH NStZ 2014, 213, Knie; sa BGH bei Miebach NStZ-RR 2009, 98, Taubheit zweier Finger; BGH NJW 2001, 980, Lähmung des linken Arms; Hellmann in Krey/Hellmann/Heinrich StrafR BT I Rn. 277; Rengier ZStW 111 (1999), 1 (15); Grünewald in LK-StGB, Rn. 17; krit. zum Knieversteifungs-Beispiel Struensee in DSNS StrRG § 2 Rn. 77). Die Nichtwahrnehmung medizinischer Behandlung führt nicht zur Dauerhaftigkeit des Verlustes eines Körpergliedes (BGH NJW 2017, 1763 mit Bespr. Eisele JuS 2017, 893).

4. Nr. 3: Dauernde Entstellung ist Verunstaltung der Gesamterscheinung (Eisele StrafR BT I Rn. 353), die einen unästhetischen Eindruck vermittelt; sie muss erheblich, dh nach ihrem Gewicht mindestens der geringsten der in § 226 genannten Folgen in etwa gleichkommen (BGH StV 1992, 115; NStZ 2008, 32; NStZ-RR 2013, 343; NJW 2014, 3382 (3384); Küper/Zopfs StrafR BT Rn. 204). Sie ist nicht ausgeschlossen, wenn sie nach allgemeiner Lebensgewohnheit verdeckt zu werden pflegt (BGHSt 17, 161 (163) = NJW 1962, 1067; LG Saarbrücken NStZ 1982, 204; str.), nach hM wohl aber, wenn sie durch kosmetische Operation (zB bei Narben im Gesicht; aM BGH NJW 1967, 297 mit krit. Bespr. Wegner NJW 1967, 671; Schröder JR 1967, 146), durch Prothese (zB beim Verlust mehrerer Schneidezähne, BGHSt 24, 315 = NJW 1972, 1143 mAnm Hanack JR 1972, 472; Ulsenheimer JZ 1973, 64; Zöller in Leipold/Tsambikakis/Zöller Rn. 10; sa BGH NJW 1978, 1206) oder auf andere Weise behoben wurde oder wenn ihre Behebung medizinisch-technisch in absehbarer Zeit ausführbar und zumutbar ist (zusf. Grünewald in LK-StGB, Rn. 21; krit. zur Zumutbarkeit Hardtung in MüKoStGB Rn. 43; str.). Ob der Verlust anderer Zähne (BayObLG JR 1955, 106) oder die Verursachung von Narben am Hals (OLG Bremen MDR 1959, 777; LG Berlin NStZ 1993, 286) ausreicht, hängt von den Umständen ab; sichtbare Narben an den Unterschenkeln reichen nicht (BGH NStZ 2006, 686), bei Narben im Gesicht reicht allein deren deutliche Sichtbarkeit nicht (BGH NStZ 2008, 32); wohl aber, wenn sie groß und markant sind (BGH NStZ-RR 2013, 343; NStZ-RR 2020, 136). Ob auch die Verstümmelung der äußeren Geschlechtsorgane einer Frau erfasst werden kann, ist noch ungeklärt (vgl. Rosenke ZRP 2001, 377; Möller ZRP 2002, 186; Wolters in SK-StGB Rn. 14a. **Siechtum** bezeichnet einen chronischen Krankheitszustand, der den Gesamtorganismus in Mitleidenschaft zieht und ein Schwinden der körperlichen und geistigen Kräfte sowie allgemeine Hinfälligkeit zur Folge hat (BGH NStZ 2007, 325; NStZ-RR 2021, 209; Hardtung JuS 2008, 1060 (1063); Murmann GK StrafR § 22 Rn. 37; krit. Eisenmenger/Liebhardt FS Spann, 1986, 415). **Lähmung** ist eine mindestens mittelbar den ganzen Menschen ergreifende Bewegungsunfähigkeit; Lähmung einzelner Glieder kann genügen, wenn sie die Integrität des gesamten Körpers aufhebt (BGH NJW 1988, 2622 mkritAnm Kratzsch JR 1989, 295). **Geisteskrankheiten** sind die exogenen und 4 endogenen Psychosen (→ § 20 Rn. 3–5), beschränken sich aber nicht „krankhafte seelischen Störunge“ iSv § 20, sondern umfassen sämtliche krankheitswertigen Schäden an der psychischen Gesundheit (BGH NStZ 2018, 102); die **Behinderung** ist nach dem Wortlaut („oder“) als **geistige Behinderung** (→ § 174c Rn. 2) zu verstehen (BGH NStZ-RR 2016, 220; Hörnle Jura 1998, 169 (179); Wolters JuS 1998, 582 (585); Rengier ZStW 111 (1999), 1 (17); Hardtung JuS 2008, 1060 (1063); Knauer, Der Schutz der Psyche im Strafrecht, 2013, S. 197; Otto StrafR BT § 17 Rn. 10; Wolters in SK-StGB Rn. 15; so auch Schroth NJW 1998, 2861 (2862), der aber einschränkend nur Schädelverletzungen mit Gehirnbeteiligung (zB durch Schütteln bei Babys, BGH NStZ 2021, 424) und offene Gehirnverletzungen erfassen will; ebenso Jäger JuS 2000, 31 (38)); die körperliche Behinderung kann über andere Alternativen (Lähmung, Verlust eines wichtigen Gliedes) erfasst werden (Hörnle Jura 1998, 169 (179)). Alle Krankheitszustände müssen **chronisch** (RGSt 44, 59), nicht notwendig unheilbar sein (BGH bei Dallinger MDR 1968, 17); speziell zum offen ausgebrochenen Immundefekt BGH NStZ 2009, 34; „zeitlebens“ verlangt Fruhriep, Die Dauerhaftigkeit der Folgen im Rahmen der schweren Körperverletzung, 2010, S. 155.

5 **5.** Die **schwere Folge** kann in **Abs. 1** fahrlässig (→ § 15 Rn. 35), leichtfertig (→ § 15 Rn. 55) oder bedingt vorsätzlich (→ § 15 Rn. 23) herbeigeführt werden, bei **Abs. 2** absichtlich (→ § 15 Rn. 20) oder wissentlich (BGH NJW 2001, 980 mAnm Joerden JZ 2002, 414; BGH NStZ-RR 2006, 174; → § 15 Rn. 21); Abs. 2 ist auch bei alternativem direktem Tötungsvorsatz anwendbar (BGH NJW 2001, 980 mAnm Joerden JZ 2002, 414; BGHR § 226 Abs. 2 schwere Körperverletzung 2 mit krit. Bespr. Eisele JA 2003, 105; krit. auch Hardtung in MüKoStGB Rn. 48; → § 212 Rn. 8), obwohl die schweren Folgen das Überleben des Opfers voraussetzen (Rengier StrafR BT II § 15 Rn. 33; Wessels/Hettinger/Engländer StrafR BT I Rn. 295a) und idR kein vom Tötungsvorsatz umfasstes Durchgangsstadium zur Tötung sind (Eisele JA 2003, 105). Bei vorsätzlicher Herbeiführung sind unwesentliche Abweichungen der Verletzung unerheblich (OLG Bremen MDR 1959, 777; LG Berlin NStZ 1993, 286; Zöller in Leipold/Tsambikakis/Zöller Rn. 20; krit. Paeffgen/Böse in NK-StGB Rn. 54).

6 **6.** Zu **Abs. 3** (minder schwere Fälle) → § 46 Rn. 6–10a. Bei Vorliegen der besonderen Provokationsvoraussetzungen des § 213 (vgl. Fischer Rn. 17) ist die Annahme eines minder schweren Falles ebenso wie in § 227 zwingend (→ § 227 Rn. 4).

7 **7.** Über das Verhältnis zu den Tötungsdelikten → § 212 Rn. 7–9; zu § 109 → § 109 Rn. 7; zu § 218 → § 218 Rn. 21; zu § 224 → § 224 Rn. 12; zu § 225 → § 225 Rn. 10.

§ 226a Verstümmelung weiblicher Genitalien

(1) **Wer die äußeren Genitalien einer weiblichen Person verstümmelt, wird mit Freiheitsstrafe nicht unter einem Jahr bestraft.**

(2) **In minder schweren Fällen ist auf Freiheitsstrafe von sechs Monaten bis zu fünf Jahren zu erkennen.**

Fassung des 47. StÄG (→ Vor § 1 Rn. 17).

1. Die Vorschrift ist eingefügt worden mit Wirkung zum 28.9.2013. Vorausgegangen war einerseits die explizite gesetzliche Rechtfertigung einer mit einer Knabenbeschneidung verbundenen Körperverletzung in § 1631 d BGB (→ § 223 Rn. 12 a), andererseits aber auch eine langjährige Debatte (vgl. bereits Rosenke ZRP 2001, 377; Rosenke, Die rechtlichen Probleme im Zusammenhang mit der weiblichen Genitalverstümmelung, 2000) über Sinn und Notwendigkeit einer eigenständigen Strafnorm gegen weibliche Genitalverstümmelungen (Hagemeier/Bülte JZ 2010, 406; Hahn ZRP 2010, 37; Wüstenberg ZRP 2010, 131), die bis zur Einfügung von § 226 a bereits nach §§ 223–226 strafbar sein konnten (Fischer Rn. 3). Die Spezialregelung gegen weibliche Genitalverstümmelung wird von Vielen als symbolisches Strafrecht kritisiert (zB Fischer Rn. 2 b; dagegen Kraatz JZ 2015, 246, § 226 a sei zwar ein „stumpfes Schwert“, mache aber auf das massenweise Unrecht aufmerksam). Die in die Gesetzesberatung eingebrachten Entwürfe des Bundesrates und der SPD rekurrierten als mögliche Tathandlung noch auf Verstümmelung „durch Beschneidung oder in anderer Weise“ (BT-Drs. 17/1217, 5) bzw. auf „Beschneidung oder Verstümmelung“ (BT-Drs. 17/12374, 3) der weiblichen Genitalien; entsprechend dem Gesetzesentwurf der Regierungsfraktionen (BT-Drs. 17/13707) verzichtete der Gesetzgeber in § 226 a mit Recht auf eine Bezugnahme zur Beschneidung der weiblichen Genitalien, auch um den kriminalpolitischen Fehlschluss zu vermeiden, die Beschneidung von Knaben sei ebenfalls eine Form der Genitalverstümmelung (ausf. Schramm FS Kühl, 2014, 603); dass damit auch leichtere Formen einer international als FGM (dh weibliche Genitalverstümmelung) bezeichneten Eingriffe von § 226 a ausgenommen sind, ist hinzunehmen, aber auch nicht problematisch, zumal diese relativ selten vorkommen und immer noch nach § 223 strafbar sind (diskutiert wird insoweit angesichts von Art. 3 III GG über eine Rechtfertigungsmöglichkeit analog § 1631 d BGB). Umgekehrt werden gegen § 226 a unter dem Gesichtspunkt des Gleichheitsgrundsatzes Einwände vorgebracht, weil dadurch nur Mädchen und Frauen und nicht auch Männer vor Verstümmelungen ihrer äußeren Genitalien geschützt werden (dazu Fischer Rn. 4–7; Rittig JuS 2014, 499; Wolters GA 2014, 556). Das ist zwar formal richtig und kann wegen Art. 103 III GG auch nicht durch eine Analogie geschlossen werden; allerdings sind männliche Genitalverstümmelungen gerade nicht in einigen Kulturen als rituelle Handlungen verbreitet, so dass ein Bedürfnis für eine Spezialregelung – anders als bei der weltweit verbreiteten Genitalverstümmelung bei Frauen und Mädchen – nicht erkennbar ist. In theoretisch denkbaren Fällen (Fischer Rn. 5 nennt zB Folterungen) bleiben §§ 223, 224 und uU auch § 226 I, der den gleichen Mindeststrafrahmen wie § 226 a ermöglicht. Auch dass bei Frauen die äußeren anders als die inneren Genitalien auch durch § 226 a und nicht bloß durch die übrigen §§ 223 ff. geschützt werden, ist jedenfalls keine verfassungswidrig Ungleichbehandlung (so wohl Fischer Rn. 7), sondern eine jedenfalls noch nachvollziehbare bewusste Unterscheidung des Gesetzgebers (dazu allg. Heger ZIS 2011, 402 (403)). Zusammenfassend Zöller/Thörnich JA 2014, 167. 1

2. a) Die Vorschrift schützt die **körperliche Integrität** der Mädchen und Frauen (Fischer Rn. 2); nur als Schutzreflex anzusehen ist die sexuelle Selbstbestimmung der Opfer (Schramm FS Kühl, 2014, 603 (627)). Geschützt sind nicht bloß minderjährige, sondern auch volljährige Personen. 2

b) Tatobjekt sind die **äußeren Genitalien einer weiblichen Person** (dazu angesichts des seit 1.11.2013 mit § 22 III PStG ermöglichten Verzichts auf die Zuordnung zu einem Geschlecht Ladiges RuP 2014, 15), dh die äußeren und inneren 3 oder kleinen Schamlippen, Klitoris samt Klitorisvorhaut sowie der Scheidenvorhof, nicht aber die Scheide selbst (Fischer Rn. 9). **Tathandlung** ist deren **Verstümmelung;** wie in § 109 (→ § 109 Rn. 4) ist damit grds. jede mechanische Einwirkung gemeint, die zu Einbußen an Körpersubstanz der äußeren weiblichen Genitalien führt (Fischer Rn. 10). Täter kann jeder sein, der die Verstümmelung iSd § 25 kausal bewirkt (Fischer Rn. 19); im Umkehrschluss zu § 109 I („sich") und angesichts des systematischen Zusammenhangs zu §§ 223 ff. ist von § 226 a eine Selbstverstümmelung nicht erfasst (Fischer Rn. 8). Die Weltgesundheitsorganisation (WHO) unterscheidet vier Typen (I–IV) einer weiblichen Genitalverstümmelung (FGM), wobei der Typ IV solche Formen erfasst, die nicht durch Typ I–III erfasst sind (dazu Fischer Rn. 11). Typ I umfasst auch Beschneidungen der Klitorisvorhaut; soweit diese (praktisch freilich selten) ohne Exzision eines Teils der Klitoris auskommen (sog. „milde Sunna"; vgl. Walter JZ 2012, 1110 (1112)), könnte man sie angesichts der Schwere des Eingriffs mit der Vorhautbeschneidung bei Knaben und Männern vergleichen (näher Schramm FS Kühl, 2014, 603 (627)). Da der Gesetzgeber bewusst davon abgesehen hat, die bloße Beschneidung als Fall einer weiblichen Genitalverstümmelung in § 226 a aufzunehmen (→ Rn. 1), sind solche milden Beschneidungen der Klitorisvorhaut nicht tatbestandsmäßig; durch eine solche teleologische Reduktion werden auch verfassungsrechtliche Bedenken mit Blick auf die Knabenbeschneidung vollends zerstreut (vgl. Sotiriadis ZIS 2014, 320 (327)). Nach der Gesetzesbegründung sollen auch Intimpiercings und Schönheitsoperationen vom Tatbestand ausgenommen sein (BT-Drs. 17/13707, 7), was allerdings bei gravierenderen Eingriffen zumindest zweifelhaft ist (Fischer Rn. 12); dies ist auch nicht problematisch, soweit eine rechtfertigende Einwilligung zugrunde liegt (→ Rn. 6).

4 **3.** Erforderlich, aber auch ausreichend, ist bedingter **Vorsatz,** der sich nur auf die Verstümmelung der Genitalien und nicht auf irgendeinen damit verfolgten Zweck beziehen muss (Fischer Rn. 14).

5 **4.** Die Tat ist **Verbrechen,** der **Versuch** damit strafbar. Soll die Tat im Ausland begangen werden, begründen vorbereitende Handlungen wie eine Abreise im Inland noch kein unmittelbares Ansetzen iSv § 22 (Fischer Rn. 18); möglich ist dann allenfalls eine Verbrechensverabredung im Inland gem. § 30 II (Fischer Rn. 18).

6 **5. Rechtfertigung** nach § 1631 d BGB scheidet aus (→ Rn. 1), ebenso aus Art. 4 GG (Schramm FS Kühl, 2014, 603 (632)). Bei medizinisch indizierten Eingriffen (zB zur Krebsbekämpfung) und bei allen Taten gegenüber Volljährigen ist Einwilligung möglich; selbst wenn damit Folgen des § 226 (Verlust der Fortpflanzungsfähigkeit) verbunden sind, verstößt die Tat nicht notwendig iSd § 228 gegen die guten Sitten (Schramm FS Kühl, 2014, 603 (631); Sotiriadis ZIS 2014, 320 (331); Fischer Rn. 16; so aber BT-Drs. 17/13707, 8). Zur Möglichkeit einer Einwilligung in eine Entfernung der weiblichen Geschlechtsorgane bei Intersexuellen vgl. Schramm FS Kühl, 2014, 603 (631); vgl. auch Brachthäuser/Richarz KritV 2014, 292; Grünewald in LK-StGB Rn. 23, 24. In eine Genitalverstümmelung bei Minderjährigen nicht wirksam einwilligen können die Sorgeberechtigten, doch werden Ausnahmen anerkannt für Piercings, Tätowierungen und nicht religiös bzw. rituell motivierte kleinere chirurgische Eingriffe (Fischer Rn. 17).

7 **6.** Zu **Abs. 2** (minder schwere Fälle) → § 46 Rn. 7–10 a. Nicht als Verstümmelung erfassbare weibliche Genitalbeschneidungen (→ § 46 Rn. 3), können auch nicht von § 226 a II erfasst werden (Schramm FS Kühl, 2014, 603 (628); beachte aber Fischer Rn. 21). Dagegen kann im Einzelfall sowohl das Drohen einer Ab-

schiebung als auch zugunsten der zur Tat anstiftenden Eltern der auf ihnen lastende große soziale und kulturelle Druck berücksichtigt werden (Schramm FS Kühl, 2014, 603 (628)).

7. Gegenüber § 223 ist § 226a lex specialis; zu §§ 224, 226, 227 besteht hingegen Tateinheit um klarzustellen, dass zusätzlich auch eine der darin genannten Folgen eingetreten ist, ebenso auch zu § 225 und § 240 sowie zu versuchten Tötungsdelikten (Fischer Rn. 22). 8

8. Obwohl es sich bei § 226a um eine Strafnorm handelt, bei der die Tathandlung auch bei im Inland lebenden Opfern nicht selten im Ausland und durch ausländische Täter vorgenommen werden dürfte, hat der Gesetzgeber von einer Aufnahme in § 5 abgesehen, so dass eine Genitalverstümmelung im Ausland nur unter den Voraussetzungen der §§ 4, 7 im Inland verfolgt werden kann (krit. Schramm FS Kühl, 2014, 603 (628f.); Ferner RuP 2014, 74; Sotiriadis ZIS 2014, 333; Zöller FS Schünemann, 2014, 729 (735)); regelmäßig müssen daher Täter oder Opfer (sind diese im Inland geboren, haben sie aber bis zur Volljährigkeit idR eine doppelte Staatsangehörigkeit) mindestens auch die deutsche Staatsangehörigkeit besitzen und die Tat muss am Tatort mit Strafe bedroht sein. 9

§ 227 Körperverletzung mit Todesfolge

(1) **Verursacht der Täter durch die Körperverletzung (§§ 223 bis 226a) den Tod der verletzten Person, so ist die Strafe Freiheitsstrafe nicht unter drei Jahren.**

(2) **In minder schweren Fällen ist auf Freiheitsstrafe von einem Jahr bis zu zehn Jahren zu erkennen.**

1. Bei dieser **qualifizierten Körperverletzung** ist Erschwerungsgrund die schuldhaft verursachte Todesfolge. Die Tat ist **erfolgsqualifiziertes Delikt** (§ 18). Als Grundtatbestand ist auch § 225 einbezogen (BayObLGSt 1960, 286; Rengier ZStW 111 (1999), 1 (20); Hardtung JuS 2008, 1060 (1061); Paeffgen/Böse in NK-StGB Rn. 4; Zöller in Leipold/Tsambikakis/Zöller Rn. 2; aM für die Fälle rein seelischen Beeinträchtigungen Gössel/Dölling StrafR BT I § 13 Rn. 80). – **Rechtsvergleichend** mit Italien Staffler, Präterintentionalität und Zurechnungsdogmatik, 2013, der als Lösungsvorschlag das Leitbild einer grob fahrlässigen Tötung entwirft. In der Übungsklausur Ronsiec Jura 2017, 912, § 227 zwischen § 212 und § 222. 1

2. a) Die Körperverletzung muss den Tod **unmittelbar** verursacht haben (hM; vgl. etwa BGH NJW 1971, 152 mkritAnm Schröder JR 1971, 206; Küpper FS Hirsch, 1999, 615 (621); zusf. Sowada Jura 1994, 643 (646); zur Rspr. Kühl FG BGH, 2000, 237 (251, 256); Puppe, Die Erfolgszurechnung im Strafrecht, 2000, S. 204; zur Begründung dieses einschränkenden Erfordernisses durch systematische Auslegung Kudlich ZStW 115 (2003), 1 (7)). Die „Ursächlichkeit" (so die Rspr.; zu diesem Zurechnungskriterium → § 15 Rn. 41–45) entfällt auch hier, wenn der gleiche Erfolg bei pflichtgemäßem Verhalten eingetreten wäre (BGH NStZ 2008, 150 (151)), ebenso idR durch vorsätzliches Dazwischentreten Dritter (BGH StV 2021, 120). Die nähere Konkretisierung des Unmittelbarkeits-Erfordernisses ist umstritten (vgl. die Nachw. unter → § 18 Rn. 8; ergänzend Rengier StrafR BT II § 16 Rn. 9–16; Paeffgen/Böse in NK-StGB Rn. 8–15; krit. Wolters in SK-StGB Rn. 5–11). Einigkeit besteht nur darüber, dass sich in dem Todeserfolg die der Ver- 2 wirklichung des Grundtatbestandes eigentümliche Gefahr niedergeschlagen haben muss (BGHSt 32, 25 = NJW 1984, 621; BGHSt 51, 18 (21) = JuS 2006, 758; BGH StV 1993, 75; NStZ 1994, 394; NStZ 1997, 341; StV 1998, 203; NStZ 2008, 278; NStZ-RR 2007, 76; NStZ-RR 2009, 78; NJW 2017, 418 mit Bespr. Kudlich JA 2017, 229; LG Kleve NStZ-RR 2003, 235; sa BGH NStZ 2008, 150 (151) mzustAnm Rönnau StV 2008, 466 (468), Lungenödem nach „Turboentzug"; BGH NJW 2011, 341 (342) mit Bespr. Jäger JA 2011, 474; BGH NJW 2012, 2453 (2454) „Brechmitteleinsatz", dazu auch schon BGHSt 55, 121 (129) = NJW 2010, 2595); aus der Lit. Kühl FG BGH, Bd. IV, 2000, 237 (250); Hardtung JuS 2008, 1060 (1061); Engländer GA 2008, 669 (670, 885), nach dem sich die Unfreiheit des Dazwischentretenden aus dem Körperverletzungserfolg oder der Körperverletzungshandlung ergeben muss). Danach wird der Zurechnungszusammenhang jedenfalls durch eigenes Verhalten des Opfers oder durch Eingreifen Dritter regelmäßig ausgeschlossen. Die Rspr. (zusf. Kühl FG BGH, Bd. IV, 2000, 237 (256)) macht jedoch auch bei § 227 Ausnahmen: so soll es genügen, wenn die Verletzung eine Benommenheit des Opfers verursacht, die zu einem selbstschädigenden Panikverhalten führt (BGH NJW 1992, 1708 mit Bespr. Graul JR 1992, 344, Mitsch Jura 1993, 18; sa Kühl StrafR AT § 17 a Rn. 26), wenn das verfolgte Opfer „Hals über Kopf" flieht (BGHSt 48, 43 = NJW 2003, 300 mit Bespr. Kühl JZ 2003, 637, mit Bespr. Hardtung NStZ 2003, 261; Heger JA 2003, 455 (457); Laue JuS 2003, 743; Puppe JR 2003, 123; Sowada Jura 2003, 549, in einem Versuchsfall; zu diesem Fall vgl. auch Engländer GA 2008, 669 (683); Bock StrafR AT Fall 12, S. 384; Rengier StrafR BT II § 16 Rn. 18–20; Wessels/Hettinger/Engländer StrafR BT I Rn. 301; sowie krit. Küpper/Börner StrafR BT I Kap. I § 2 Rn. 32; ebenso BGH NStZ 2008, 278 mit krit. Bespr. Bosch JA 2008, 547; Steinberg JZ 2009, 1053), wenn sich das alkoholkranke und schwerverletzte Opfer einer stationären Krankenhausbehandlung trotz eines Hinweises auf bestehende Lebensgefahr widersetzt (BGH NStZ 1994, 394 mit krit. Bespr. Otto JK StGB § 227 Rn. 6; dazu einschr. Fischer Rn. 4), wenn das Opfer sich nach einem Behandlungsfehler der Ärzte dadurch selbst schädigt, dass es trotz ständiger Verschlechterung des Gesundheitszustands keine ärztliche Hilfe mehr in Anspruch nimmt (BGH NStZ 2009, 92 (93); Steinberg NStZ 2010, 72 (75); die bloße Alkoholisierung des Opfers schließt den Zurechnungszusammenhang nicht aus, BGH NStZ-RR 2008, 350 mit zust. Bespr. Steinberg NStZ 2010, 72 (74)) oder wenn ein im Interesse des Täters handelnder Dritter den Tod des bewusstlosen, von ihm schon für tot gehaltenen Opfers nur unbeabsichtigt beschleunigt (BGH NStZ 1992, 333 mit krit. Bespr. Dencker NStZ 1992, 311; Puppe JR 1992, 511; vgl. auch Kühl StrafR AT § 17 a Rn. 28 mwN aus der Rspr.).

2a Obwohl die Strafschärfung ihren Grund nur in der Gefährlichkeit der Tathandlung haben kann, ergibt sich aus dem Wortlaut des § 227 („Tod der verletzten Person"; vgl. Freund ZStW 109 (1997), 455 (473); Wolters JZ 1998, 397 (399); dagegen Heghmanns StrafR BT Rn. 436), seiner Struktur und dem typischen Geschehensablauf bei Verletzungshandlungen mit tödlichem Ausgang, dass der Tod aus der vorsätzlich zugefügten **Körperschädigung als solcher** hervorgehen muss (BGH bei Dallinger MDR 1954, 150; Mitsch Jura 1993, 18 (20); Bussmann GA 1999, 21 (30); Kühl FG BGH, 2000, 255; Hardtung Teilvorsatzdelikte S. 122; Hardtung in MüKoStGB Rn. 11; Roxin/Greco StrafR AT I § 10 Rn. 115; Roxin StrafR AT II § 29 Rn. 329; Gössel/Dölling StrafR BT I § 13 Rn. 90–96; Küpper FS Hirsch, 1999, 615 (619); Küpper/Börner StrafR BT I Kap. I § 2 Rn. 29; Joecks/Jäger StGB Rn. 8; Hillenkamp in LK-StGB Vor § 22 Rn. 112; Sternberg-Lieben/

Schuster in Schönke/Schröder, § 18 Rn. 4a; ähnlich Jakobs JR 1986, 380; Puppe, Die Erfolgszurechnung im Strafrecht, 2000, S. 223, verlangt zur Präzisierung ein Zwangsläufigkeits- und Durchgangserfordernis; krit. Paeffgen/Böse in NK-StGB Rn. 15; weiter Altenhain GA 1995, 19, der Mitursächlichkeit der Beschädigung für den Tod ausreichen lässt; ebenso bei Mitursächlichkeit des Opfers Laue JuS 2003, 743). Demgegenüber stellen die Rspr. (zusf. Kühl FG BGH, Bd. IV, 2000, 255 (253); Puppe, Die Erfolgszurechnung im Strafrecht, 2000, S. 215; sa Bock StrafR BT-Vermögensdelikte Fall 7, S. 204) und ein Teil der Lehre ausschließlich auf den vom Körperverletzungsvorsatz umfassten (dazu BGH NJW 1985, 2958; NJW 2011, 341 (342) mit Bespr. Jäger JA 2011, 473) Tätigkeitsakt ab und wenden die Vorschrift zB auch an, wenn sich beim Zuschlagen mit einer Pistole ein tödlicher Schuss löst (BGHSt 14, 110 = NJW 1960, 683; BGH bei Holtz MDR 1995, 444; Wolter JuS 1981, 168; GA 1984, 443; Hinderer JA 2009, 25; Rengier, Erfolgsqualifizierte Delikte und verwandte Erscheinungsformen, 1986, S. 214; Rengier StrafR BT II § 16 Rn. 11, 13; Laubenthal JZ 1987, 1065 (1068); Paeffgen JZ 1989, 220 (226); Hellmann in Krey/Hellmann/Heinrich StrafR BT I Rn. 300; Eisele StrafR BT I Rn. 371–373; Wessels/Hettinger/Engländer StrafR BT I Rn. 299, 300; Vogel/Bülte in LK-StGB § 18 Rn. 46; Grünewald in LK-StGB, Rn. 9; aM vom sog. „Letalitätskriterium" ausgehend Sternberg-Lieben in Schönke/Schröder, Rn. 5; aM trotz Abstellens auf den Tätigkeitsakt Otto StrafR BT § 18 Rn. 5, keine Realisierung der Schlaggefahr; zum Fall auch Engländer GA 2008, 669 (675, 677, 678, 679), § 227 nur bei § 224 I Nr. 5 – Versuch als Grunddelikt, abl. Zöller in Leipold/Tsambikakis/Zöller Rn. 12). Dabei lässt es die neuere, nicht widerspruchsfreie Rspr. genügen, wenn sich das der Verletzungshandlung, also nicht erst das dem Verletzungserfolg, spezifisch anhaftende Risiko des tödlichen Ausgangs irgendwie vorhersehbar realisiert hat (BGHSt 31, 96 = NJW 1982, 2831 mit Bespr. Puppe NStZ 1983, 22; Stree JZ 1983, 75; Hirsch JR 1983, 78; Schlapp StV 1983, 62; Küpper JA 1983, 229; Maiwald JuS 1984, 439; krit. Freund FS Frisch, 2013, 677 (690); abl. Wessels/Hettinger/Engländer StrafR BT I Rn. 300; BGH NStZ 1995, 287; NStZ 1997, 341; NStZ-RR 1998, 171; NStZ-RR 2009, 79; NStZ 2008, 278 mit Bespr. Bosch JA 2008, 547; Steinberg NStZ 2010, 72 (74); BGH NJW 2011, 341 (342) mit Bespr. Jäger JA 2011, 473; LG Gera NStZ-RR 1996, 37; LG Kleve NStZ-RR 2003, 235 mit krit. Bespr. Duttge NStZ 2006, 266 (273), nicht erkennbare Opferdisposition; zust. auch Laue JuS 2003, 745; Sowada Jura 2003, 553); dass die Körperverletzungshandlungen nur zusammen mit der Vorschädigung des Opfers dessen Tod herbeigeführt haben, soll der Zurechnung nicht entgegenstehen (BGH NStZ 1997, 341 mit krit. Bespr. Fahl JA 1998, 9; Geppert JK StGB § 227 Rn. 1; BGH NJW 2012, 2353 (2354), unerkannte Herzvorschädigung beim „Brechmitteleinsatz", LG Kleve NStZ-RR 2003, 235). An einer Realisierung des Risikos fehlt es, wenn die Täter das bewusstlose und vermeintlich tote Opfer zur Spurenbeseitigung in einen Fluss werfen (BGH NStZ-RR 1998, 171 mit zust. Bespr. Otto JK StGB § 227 Rn. 8). Am erforderlichen Zusammenhang fehlt es auch bei Verkettung außergewöhnlicher Umstände (BGHSt 51, 18 (21) = JuS 2006, 758; zust. Rengier StrafR BT II § 16 Rn. 14; krit. Bosch JA 2006, 743 (745); Kühl StrafR AT § 17a Rn. 30; BGH NStZ 2008, 686 mkritAnm Dehne-Niemann StraFo 2008, 126; Hardtung StV 2008, 407; Jahn JuS 2008, 273; Satzger JK StGB § 227 Rn. 4; krit. auch Eisele StrafR BT I Rn. 369, 370 „medizinische Rarität"; zust. Steinberg NStZ 2010, 72 (73); abl. Rengier FS Geppert, 2011, 479 (480)), nicht hingegen, wenn ein Rollstuhlfahrer über die Bahnsteigkante vor einen Zug gestoßen wird und durch das Überrolltwerden stirbt (BGH NStZ 2022, 224 mAnm Hinz JR 2021, 402; Bespr. Eisele JuS 2021, 698).

3 **b)** Die Körperverletzung muss – sei es auch nur durch einen bloß zurechenbaren mittäterschaftlichen Tatbeitrag (BGH bei Holtz MDR 1986, 795) oder durch **Unterlassen** in Garantenstellung (BGH bei Holtz MDR 1982, 624; BGH NJW 1995, 3194 mit krit. Bespr. Schmidt JuS 1996, 270; Wolters JR 1996, 471; Ingelfinger GA 1997, 573; Otto JK StGB § 227 Rn. 7; krit. auch Gössel/Dölling StrafR BT I § 13 Rn. 97, 98; BGH NJW 2017, 418 mAnm Berster, Garantenstellung aus tatsächlicher Herrschaft über vergiftete Flasche, mit Bespr. Kudlich JA 2017, 229; Eisele JuS 2017, 561; sa schon BGHSt 61, 21 = NJW 2016, 176; eing. Köhler, Beteiligung und Unterlassen beim erfolgsqualifizierten Delikt am Beispiel der Körperverletzung mit Todesfolge (§ 227 I StGB), 2000, S. 106; krit. Küpper FS Hirsch, 1999, 615 (627); str.; zum Vorsatz des Unterlassungstäters BGHSt 41, 113 (118) = NJW 1995, 2045 mAnm Hirsch NStZ 1996, 37; Wolters JR 1996, 471; Ingelfinger GA 1997, 573 (590); BGH NStZ-RR 2000, 329; NStZ 2008, 150 (151) mAnm Rönnau StV 2009, 466 (468); Fischer Rn. 6a), wobei das Unterlassen die Todesgefahr zumindest wesentlich erhöht haben muss (BGH NStZ 2006, 686; näher Ingelfinger GA 1997, 573 (589), der diese Einschränkung der sog. Entsprechensklausel des § 13 entnimmt; ebenso Köhler, Beteiligung und Unterlassen beim erfolgsqualifizierten Delikt am Beispiel der Körperverletzung mit Todesfolge (§ 227 I StGB), 2000, S. 138, der aber schon die Vertiefung einer schon bestehenden Todesgefahr ausreichen lässt) – **vorsätzlich** begangen, der Tod wenigstens **fahrlässig** verursacht sein (§ 18; enger Paeffgen/Böse in NK-StGB Rn. 17, Leichtfertigkeit; krit. dazu Küpper FS Hirsch, 1999, 615 (624)); tatbestandsmäßig (jedoch nach Konkurrenzregeln auszuscheiden) ist daher auch die vorsätzliche Herbeiführung des Todes (BGHSt 20, 269 (271) = NJW 1965, 2262; BGH NStZ 2008, 278 (279); Paeffgen JZ 1989, 220 (223); Hardtung in MüKoStGB Rn. 21). Zur Fahrlässigkeit → § 15 Rn. 35–54; speziell in Fällen des § 226 aF (= § 227 nF) BGHSt 24, 213 = NJW 1972, 217; BGH NStZ 1982, 27; NStZ 1995, 287; NStZ-RR 1997, 296; NStZ 1997, 485 mit Bespr. Küpper JuS 2000, 225 (226); OLG Köln NJW 1963, 2381; speziell zu § 227 BGH NStZ 2001, 478; NStZ-RR 2004, 167; krit. zu beiden Entscheidungen Duttge NStZ 2006, 266 (273); sowie BGHSt 51, 18 (21) = JuS 2006, 758 „Salzpudding“ mit krit., iE aber zust. Bespr. Bosch JA 2006, 745; Satzger JK StGB § 224 Rn. 5, fahrlässige Herbeiführung des Todes des Opfers, weil die schuldhafte Verwirklichung eines der Grunddelikte der §§ 223ff. bereits pflichtwidrig ist; alleiniges Merkmal der Fahrlässigkeit ist angesichts dieser Pflichtwidrigkeit die Vorhersehbarkeit des Todeserfolges (BGHSt 51, 18 (21) = JuS 2006, 758; BGH NJW 2012, 2453 (2454); weitere Nachw. bei → § 18 Rn. 7; einschr. Kühl StrafR AT § 17a Rn. 30). Für die subjektive Vorhersehbarkeit ist auf die konkrete Lage und die persönlichen Kenntnisse des Täters abzustellen, insbes. auf sein konkrete Absicht; sie muss sich nicht auf einzelne physische Vorgänge erstrecken; dass das vom Täter verfolgte Handlungsziel früher eintritt, schließt die Vorhersehbarkeit nicht aus (BGH NStZ-RR 2008, 350 (351); sa schon BGHSt 51, 18 (21) = JuS 2006, 758; BGH NStZ 2008, 686 mkritAnm Dehne-Niemann StraFo 2008, 126; Hardtung StV 2008, 407; Jahn JuS 2008, 273; Satzger JK StGB § 227 Rn. 4); der Tod muss „im Ergebnis“ voraussehbar sein, einer Voraussehbarkeit aller Einzelheiten des „Geschehensablaufs“ bedarf es nicht (BGH NStZ 2008, 686 mit Bespr. Steinberg NStZ 2010, 72 (73); BGH NStZ-RR 2009, 309; NJW 2012, 2453 „Brechmitteleinsatz“ mit Bespr. Kraatz NStZ-RR 2012, 363; BGH NStZ 2015, 460 „Schütteln des Kopfes eines Kindes“).

Bei gemeinschaftlicher Körperverletzung (→ § 224 Rn. 7) kann der von einem **Mittäter** verursachte Tod auch den anderen Mittätern zugerechnet werden, wenn die körperverletzende Handlung iRd gemeinschaftlichen Tatentschlusses lag (→ § 25 Rn. 10; BGH bei Holtz MDR 1995, 444; BGH NStZ 2013, 280; auch ein stillschweigend gefasster Entschluss reicht, BGH NStZ 1994, 394; NStZ 1997, 82 mAnm Stein StV 1997, 582; und BGH NStZ 2009, 631; weiter BGH NStZ 2004, 684; NStZ 2005, 93 mzustAnm Heinrich und Bespr. Kudlich JuS 2005, 568 (zu beiden Entscheidungen auch Sowada FS Schroeder, 2006, 621 (624); Stuckenberg FS Jakobs, 2007, 693), auch bei in der Verletzungshandlung innewohnendem (BGH NStZ 2021, 735) oder voraussehbarem **Exzess** eines Mittäters; ebenso Fischer Rn. 10; → § 18 Rn. 6; zw.) und wenn hinsichtlich des Todes auch den anderen Mittätern Fahrlässigkeit zur Last fällt (BGH NStZ 1994, 339; NStZ 2009, 631; sa BGH NStZ-RR 2007, 76; NStZ-RR 2009, 309; NStZ 2013, 280 mit iE zust. Bespr. Jäger JA 2013, 312; Bosch JK StGB § 227 Rn. 9). Eine (sukzessive) Mittäterschaft kommt nicht in Betracht, wenn der Hinzutretende die weitere Tatausführung nicht mehr fördern kann, weil für die Herbeiführung des tatbestandsmäßigen Erfolges schon alles getan ist, und sein eigenes Handeln ohne Einfluss auf den späteren Tod bleibt; Kenntnis, Billigung und Ausnutzung der durch einen anderen geschaffenen Lage reicht nicht (BGH NStZ 2009, 631). **Versuch** ist als versuchte Erfolgsqualifizierung möglich, doch tritt dieser Versuch hinter dem § 212-Versuch zurück (näher Kühl Jura 2003, 19; Paeffgen/Böse in NK-StGB Rn. 28–30; aM Roxin StrafR AT II § 29 Rn. 319, tatbestandlich nur Tötungsversuch); ein erfolgsqualifizierter Versuch ist nur möglich, wenn man mit der Rspr. einen Unmittelbarkeitszusammenhang zwischen Körperverletzungshandlung und Todesfolge genügen lässt (→ Rn. 2; so etwa BGHSt 48, 43 = NJW 2003, 300 mit Bespr. Heger JA 2003, 455; Kühl JZ 2003, 637; Hardtung NStZ 2003, 261; Laue JuS 2003, 743; Puppe JR 2003, 123; Sowada Jura 2003, 549; zum Fall auch Engländer Jura 2008, 667 (671), zum Versuch; Sonnen StrafR BT S. 34–36; BGH NStZ-RR 2019, 378; zur Gegenansicht Kühl StrafR AT § 17 a Rn. 50; diff. Paeffgen/Böse in NK-StGB Rn. 24–27; den „Versuch einer todbringenden Körperverletzung" ganz abl. Hardtung in MüKoStGB Rn. 26, der aber über eine „Strafschärfungslösung" zum Strafrahmen des § 227 kommt). Der von § 227 und vom Totschlag durch Unterlassen umfasste Todeserfolg soll § 227 und § 212 zur Tateinheit verbinden (BGH NStZ 2000, 29; Hardtung in MüKoStGB Rn. 27). 3a

3. Zu **Abs. 2** (minder schwere Fälle) → § 46 Rn. 7–10 a (krit. zum Strafrahmen Bussmann GA 1999, 21 (26, 29)). Erforderlich ist eine Gesamtabwägung aller relevanten Strafzumessungstatsachen, eine summarische Prüfung oder Abwägung reicht nicht (BGH NStZ-RR 2009, 204). Ein minder schwerer Fall liegt nahe, wenn der Tod Folge eines untypischen Kausalverlaufs ist, der maßgeblich durch das Verhalten des Opfers mit verursacht ist (BGH NStZ-RR 2009, 204). Bei Vorliegen der besonderen Provokationsvoraussetzungen des § 213 ist die Annahme eines minder schweren Falles zwingend (BGHSt 25, 222 = BeckRS 1973, 30403021; BGH NStZ-RR 2000, 80; Hardtung in MüKoStGB Rn. 29); weitere gesetzliche Milderungsgründe können daneben für eine zusätzliche Milderung des Strafrahmens und für die Strafzumessung (ieS) ungeschmälert berücksichtigt werden (BGH StV 1992, 115; sa BGH NStZ-RR 2000, 329); auch wenn keine „Provokationslage" gegeben ist, kann § 21 als Milderungsgrund eingreifen (BGH NStZ-RR 2010, 206). 4

4. Erstreckt sich der Vorsatz, wenn auch nur bedingt (BGHSt 21, 265 = NJW 1967, 1918), auf den Tod, so **verdrängen** die §§ 211, 212 den § 227 (BGHSt 20, 5

269 (271) = NJW 1965, 2262; Eisele StrafR BT I Rn. 387; → § 212 Rn. 9). Umgekehrt wird die fahrlässige Tötung durch § 227 verdrängt (BGHSt 8, 54 = NJW 1955, 1765). Tateinheit aus Klarstellungsgründen des Schuldspruchs besteht mit § 251 – Versuch (BGHSt 46, 24 = JuS 2000, 925 mit Bespr. Stein JR 2001, 72; Kindhäuser NStZ 2001, 31). Über das Verhältnis zu § 109 → § 109 Rn. 7; zu § 218 → § 218 Rn. 21; zu § 224 → § 224 Rn. 12; zu § 225 → § 225 Rn. 10; zu § 231 → § 231 Rn. 6. Mit § 30 WStG **Tateinheit** (BGH NJW 1970, 1332). § 30 I Nr. 3 BtMG in der Tatvariante des Verabreichens von Betäubungsmitteln mit Todesfolge steht zu § 227 I nicht im Verhältnis privilegierender Spezialität (BGHSt 49, 34 = NJW 2004, 1054 mit Bespr. Martin JuS 2004, 350).

§ 228 Einwilligung

Wer eine Körperverletzung mit Einwilligung der verletzten Person vornimmt, handelt nur dann rechtswidrig, wenn die Tat trotz der Einwilligung gegen die guten Sitten verstößt.

1 **1. a)** Die **Einwilligung des Verletzten** kommt als Rechtfertigungsgrund (→ Vor § 32 Rn. 10; ebenso Dölling in HK-StrafR Rn. 1; Paeffgen/Zabel in NK-StGB Rn. 8; für Tatbestandsausschluss etwa Roxin/Greco StrafR AT I § 13 Rn. 12–18, der unter Hinweis auf § 11 Nr. 5 in § 228 („rechtswidrig") kein Gegenargument sieht (Roxin/Greco StrafR AT I § 13 Rn. 29); trotz dieses zutreffenden Hinweises spricht § 228 letztlich doch für Rechtfertigung (Kühl FS Jakobs, 2007, 293 (300); schon Kühl FS Schroeder, 2006, 521 (523)) bei Körperverletzungen jeder Art in Frage. Größere praktische Bedeutung hat sie für ärztliche Eingriffe (→ Rn. 14–23) und nach der nicht unbestrittenen (→ Rn. 2a) Rspr. auch für fahrlässige Verletzungen durch andere gefahrträchtige Tätigkeiten.

2 **b)** Grundsätzlich muss sich die Einwilligung auf die **Verletzungshandlung und den Verletzungserfolg** erstrecken (Sternberg-Lieben, Die objektiven Schranken der Einwilligung im Strafrecht, 1997, S. 214 mit Bespr. Kühl ZStW 115 (2003), 385; krit. Murmann, Die Selbstverantwortung des Opfers im Strafrecht, 2005, S. 248; Otto StrafR BT § 15 Rn. 16; Rönnau, Willensmängel bei der Einwilligung im Strafrecht, 2001, S. 193; aM Paeffgen/Zabel in NK-StGB Rn. 10, 12; zusf. Lasson ZIS 2009, 359 (364)), doch gilt dies nicht für Fahrlässigkeitstaten (aM Krey/Esser StrafR AT Rn. 670, 674; Roxin/Greco StrafR AT I § 24 Rn. 108; Roxin GA 2012, 655 (661); Sternberg-Lieben in Schönke/Schröder, Rn. 1, 20).

2a aa) Die **Rspr.** (zust. Hirsch FG BGH, 2000, 199 (217)) und ein Teil der Lehre wenden – allerdings unter umstrittenen weiteren Voraussetzungen – die Einwilligungsregeln zu Recht auch auf bloße Risikohandlungen mit Verletzungstendenz an (sog. **Risiko-Einwilligung**) und ermöglichen damit die Entscheidung zahlreicher Fallgruppen fahrlässiger Verletzung (Weber FS Baumann, 1992, 43; Arzt FS Geppert, 2011, 1 (12, 15); Dölling FS Gössel, 2002, 209 (214); Menrath, Die Einwilligung in ein Risiko, 2013; Walter NStZ 2013, 673; Rengier StrafR BT II § 20 Rn. 28; Paeffgen/Zabel in NK-StGB Rn. 9, 112; sa Murmann, Die Selbstverantwortung des Opfers im Strafrecht, 2005, S. 447; abl. Sternberg-Lieben FS Geppert, 2011, 723 (738); zusf. Lasson ZIS 2009, 359 (364)). Bedeutsam ist das etwa für das Eingehen lebensgefährdender Risiken (BGHSt 4, 88 (93) = NJW 1953, 912; Schaffstein FS Welzel, 1974, 557 (563); Weigend ZStW 98 (1986), 44 (69); speziell zum Handeln nichtärztlicher Hilfspersonen in Notfällen Boll, Strafrechtliche Probleme bei Kompetenzüberschreitungen nichtärztlicher medizinischer Hilfspersonen in Notsituationen, 2000, S. 72; zur Operation durch einen infektiösen Chirurgen Paeffgen FS Rudolphi, 2004, 187), im Kraftverkehr für besonders gefährliche Fahrten (BGH MDR 1959, 856 = NJW 1959, 1447; vgl. auch OLG Zweibrücken JR 1994, 518 mAnm Dölling; dazu auch Wessels/Beulke/Satzger StrafR AT Rn. 191; speziell zu sog. „Beschleunigungsrennen" BGHSt 53, 55 (62) = NJW 2009, 1155 mkritAnm Kühl NJW 2009, 1158; Roxin JZ 2009, 399, anders für den Fall, dass der Beifahrer dieselbe Verantwortung wie der Täter getragen hätte; Roxin GA 2012, 655 (666), Tatbestandsausschluss; dazu auch Jäger ExRep StrafR AT Rn. 145 a, 145 b; Walter NStZ 2013, 673 (weitere Bespr. → Vor § 211 Rn. 12); speziell zum sog. Autosurfen OLG Düsseldorf NStZ-RR 1997, 325 mit krit. Bespr. Hammer JuS 1998, 785; Saal NZV 1998, 49 (52); Geppert JK StGB § 228 Rn. 7), Fahrten mit Angetrunkenen (BGHSt 6, 232 (234) = NJW 1954, 1255; BGH DAR 1992, 348; OLG Hamm DAR 1972, 77; OLG Koblenz BA 2002, 483 mAnm Heghmanns; AG Saalfeld VRS 107, 181; diff. nach dem Grad der Fahruntüchtigkeit Zaczyk, Strafrechtliches Unrecht und die Selbstverantwortung des Verletzten, 1993, S. 59) oder Epileptikern (BGHSt 40, 341 (347) = NJW 1995, 795) sowie für Gefälligkeitsfahrten (OLG Hamm VRS 7, 202). Im **Sport** wird für regelgemäßes und regelwidriges Verhalten immer noch die Einwilligungslösung vertreten (BayObLG JR 1961, 73; NJW 1961, 2072; OLG Karlsruhe NJW 1982, 394; (zivilrechtlich zur „Blutgrätsche") OLG Hamm SpuRt 2006, 38; Murmann, Die Selbstverantwortung des Opfers im Strafrecht, 2005, S. 116, 422; Jescheck/Weigend StrafR S. 591; Paeffgen/Zabel in NK-StGB Rn. 109; Wolters in SK-StGB Rn. 21, 22; Sternberg-Lieben in Schönke/Schröder, Rn. 27; zusf. Schroeder in Schroeder/Kauffmann, Sport und Recht, 1972, S. 21, 28). Die vom Teilnehmer eines Boxkampfes konkludent erteilte Einwilligung erstreckt sich ausschließlich auf solche Verletzungen, die bei regelkonformem Verhalten des Gegners üblich und zu erwarten sind, dh nicht auf Doping beim Gegner (OLG Köln JR 2020, 322 mAnm Lorenz/Bade; Bespr. Jahn JuS 2019, 593; Heger in GS Tröndle, 2019, S. 419 (429)). Mit beachtlichen Gründen wird dagegen in der **Strafrechtswissenschaft** die Beurteilung solcher Risikohandlungen zunehmend auf andere Gesichtspunkte als die Einwilligung gestützt (für eine strikte Trennung von Einwilligung und Risiko-Einwilligung Sternberg-Lieben, Die objektiven Schranken der Einwilligung im Strafrecht, 1997, S. 213, 585; Rönnau in LK-StGB Vor § 32 Rn. 168), namentlich auf erlaubtes Risiko (Eser JZ 1978, 368 (372)), auf das **Sportrisiko** als tatbestandliche Strafbarkeitsgrenze (Rössner FS Hirsch, 1999, 313 (319); zust. Fischer Rn. 22; Kubink JA 2003, 257 (259); Hirsch FS Szwarc, 2009, 559 (563); Walker JuS 2015, 865 (871) „alle Sportler wissen …, worauf sie sich einlassen"; ähnlich Berkel, Der Sportunfall im Lichte des Strafrechts, 2007, S. 143, 206) oder allgemein auf die Voraussetzungen objektiver Zurechnung (Göbel, Die Einwilligung im Strafrecht als Ausprägung des Selbstbestimmungsrechts, 1992, S. 26; Roxin/Greco StrafR AT I § 24 Rn. 108; speziell auf die Eigenverantwortlichkeit des Verletzten Hellmann FS Roxin, 2001, 271 (282)), daneben auch auf soziale Adäquanz (Zipf, Einwilligung und Risikoübernahme im Strafrecht, 1970, S. 77; Dölling ZStW 96 (1984), 36; Dölling FS Gössel, 2002, 209 (215); sowie Dölling in HK-StrafR Rn. 26; Otto FS Amelung, 2009, 225 (234); Duttge FS Otto, 2007, 227 (232); Schild FS Paeffgen, 2015, 153; → Vor § 32 Rn. 29) oder die Annahme eines rechtsfreien Raumes (Schild Jura 1982, 464 (520, 585); Schild, Sportstrafrecht, 2002, S. 114; krit. Berkel, Der Sportunfall im Lichte des Strafrechts, 2007, S. 139, 206; ähnlich Sternberg-Lieben/Schuster in Schönke/Schröder, § 15 Rn. 214, rechtlich zugelassener Risikobereich; → Vor § 32 Rn. 31).

2b bb) Die Risikohandlung kann nur in einer sog. **einverständlichen Fremdgefährdung** bestehen, weil die Beteiligung an einer frei verantwortlichen Selbstgefährdung schon keinen Tatbestand verwirklicht (→ Vor § 211 Rn. 12). Der sog. Einwilligungslösung für die Fremdgefährdung wird die sog. Zurechnungslösung entgegengesetzt, nach der bei gleichrangiger Verantwortlichkeit die Fremdgefährdung analog der Selbstgefährdung – also tatbestandsausschließend – behandelt werden soll (Roxin GA 2012, 655 (664); ähnlich Sternberg-Lieben in Schönke/Schröder, Vor § 32 Rn. 106; Rönnau in LK-StGB Vor § 32 Rn. 167).

3 **2.** Die Einwilligung ist kein bloß passives Geschehenlassen, sondern das **bewusste Einverstandensein** mit der Rechtsverletzung (OLG Oldenburg NJW 1966, 2132). Im Einzelnen:

4 **a)** Die – jederzeit widerrufliche (Göbel, Die Einwilligung im Strafrecht als Ausprägung des Selbstbestimmungsrechts, 1992, S. 137; Rönnau Jura 2002, 665 (666)) Einwilligung muss **vor der Tat** (BGHSt 17, 359 = NJW 1963, 165) erteilt sein und bei deren Begehung noch fortbestehen; nachträgliche Genehmigung genügt nicht (OLG Köln MDR 1992, 447; anders für Verfügungen Nichtberechtigter, die allerdings nur außerhalb des Körperverletzungsbereichs denkbar sind, Weber FS Baur, 1981, 133 (140)).

5 **b)** Die Einwilligung muss **wirksam** sein. Das setzt voraus, dass sie von einem im Hinblick auf die konkrete Sachlage einsichts- und urteilsfähigen – sei es auch noch minderjährigen (BGHSt 12, 379 (382) = NJW 1959, 825; BGH MedR 2008, 289; BayObLG JR 1978, 296; AG Schlüchtern NJW 1998, 832; beachte aber OLG Hamm NJW 1998, 3424; BayObLG NJW 1999, 372 mit Bespr. Amelung NStZ 1999, 458; Otto JR 1999, 124) – Verletzten erteilt worden ist (BGHSt 4, 88 = NJW 1953, 912; BGH NStZ 2000, 87), und zwar ernstlich (OLG Stuttgart NJW 1968, 1200), freiwillig (BGHSt 19, 201 = NJW 1964, 1190; OLG Hamburg JZ 1963, 374 mAnm Schmidt) und in Kenntnis ihrer Tragweite (BGHSt 12, 379 = NJW 1959, 825; OLG Frankfurt a. M. NStZ 1991, 235; problematisch BGH NJW 1978, 1206 mit Bespr. Rogall NJW 1978, 2344; Hruschka JR 1978, 519; Horn JuS 1979, 29; Rüping Jura 1979, 90; Bichlmeier JZ 1980, 53; krit. auch Rönnau Jura 2002, 665 (668); Duttge MedR 2005, 706; eing. zur Einwilligungsfähigkeit Neyen, Die Einwilligungsfähigkeit im Strafrecht, 1991; Amelung ZStW 104 (1992), 525; ZStW 104 (1992), 821; Amelung, Vetorechte beschränkt Einwilligungsfähiger in Grenzbereichen medizinischer Intervention, 1995, S. 11, mit einer Definition der Einwilligungsunfähigkeit; sowie Amelung JR 1999, 45, wo auf die Fähigkeit, eine vernünftige Entscheidung zu treffen, abgestellt wird; Voll, Die Einwilligung im Arztrecht, 1996, S. 61; Fiedler, Das Doping minderjähriger Sportler, 2013, S. 55 zur Einwilligung; zum österreichischen Recht Hinterhofer, Die Einwilligung im Strafrecht, 1998, S. 62; zur Einwilligung des Sportlers in sportmedizinische Eingriffe Heger medstra 2015, 199). In einen Zweikampf kann auch ein 15-Jähriger einwilligen (BGH NStZ 2021, 494).

6 aa) Einer zivilrechtlich wirksamen Willenserklärung (Willenserklärungstheorie) bedarf es dazu nicht (zum Unterschied von Willenserklärung und Einwilligung klärend Amelung ZStW 109 (1997), 491), umgekehrt reicht aber der bloße, der Preisgabe des Rechtsguts zustimmende Wille (Willensrichtungstheorie) für sich allein nicht aus (hM; vgl. KG JR 1954, 428; anders Göbel, Die Einwilligung im Strafrecht als Ausprägung des Selbstbestimmungsrechts, 1992, S. 135). Erforderlich ist vielmehr die ausdrückliche oder stillschweigende (dazu ua OLG Oldenburg NJW

1966, 2132; BayObLG NJW 1968, 665; OLG Celle MDR 1969, 69; Amelung/Eymann JuS 2001, 937 (941)) **Kundgabe des Willens,** auf den Rechtsschutz zu verzichten (Sternberg-Lieben in Schönke/Schröder, Vor § 32 Rn. 43; krit. Rönnau Jura 2002, 665 (666); aM Hinterhofer, Die Einwilligung im Strafrecht, 1998, S. 82; Joecks/Jäger StGB Vor § 32 Rn. 26).

bb) Die Herbeiführung der erforderlichen Einsichtsfähigkeit kann je nach den Umständen Aufklärung erfordern und deshalb eine – namentlich für den ärztlichen Eingriff bedeutsame (→ Rn. 14–17) – **Aufklärungspflicht** begründen. 7

cc) Bei Vorliegen erheblicher **Willensmängel** (Drohung, Täuschung, Erklärungsirrtum) nimmt die **Rspr.** wegen Fehlens der Freiwilligkeit regelmäßig Unwirksamkeit an (BGHSt 4, 113 = NJW 1953, 1070; BGHSt 16, 309 = NJW 1962, 682; BGH NJW 1998, 1784 mAnm Kern MedR 1998, 518; OLG Hamm NJW 1987, 1043; Fischer Rn. 7; zu Willensmängeln beim tatbestandsausschließenden Einverständnis → Vor § 32 Rn. 11). In der **Wissenschaft** ist namentlich die Behandlung der auf **Täuschung** beruhenden Einwilligung umstritten. Teils wird die Rspr. gebilligt (BWME StrafR AT § 17 Rn. 111; Grünewald in LK-StGB, Vor § 32 Rn. 119; eing. Mitsch, Rechtfertigung und Opferverhalten, 2004, S. 507, 639) und teils im Anschluss an Arzt (Willensmängel bei der Einwilligung, 1970, S. 15; Arzt FS Baumann, 1992, 201; krit. dazu Amelung ZStW 109 (1997), 489 (497); Rönnau, Willensmängel bei der Einwilligung im Strafrecht, 2001, S. 282; Paeffgen/Zabel in NK-StGB Rn. 26, 27) die Gegenmeinung vertreten, dass nur die rechtsgutsbezogene, dh Art oder Umfang der Rechtsgutsverletzung verschleiernde, Täuschung zur Unwirksamkeit führe, während die täuschungsbedingte Vereitelung des mit der Einwilligung verfolgten rechtsgutsfremden Zwecks unerheblich sei (Rudolphi ZStW 86 (1974), 68 (82); Meyer, Ausschluss der Autonomie durch Irrtum, 1984, S. 202; Schröder/Taupitz, Menschliches Blut: Verwendbar nach Belieben des Arztes?, 1991, S. 26; Sternberg-Lieben, Die objektiven Schranken der Einwilligung im Strafrecht, 1997, S. 532; Hinterhofer, Die Einwilligung im Strafrecht, 1998, S. 97; Jescheck/Weigend StrafR S. 383). Beide Extrempositionen befriedigen nicht. Die engere Auslegung verdient nur für den Regelfall den Vorzug; denn unter den nach dieser Abgrenzung nichtrechtsgutsbezogenen Täuschungen kommen bisweilen auch solche vor, die eine normativ wesentliche Einschränkung der Selbstbestimmung bewirken und die deshalb entweder durch extensive Auslegung als rechtsgutsbezogen erfasst (dazu Brandts/Schlehofer JZ 1987, 442) oder ihnen jedenfalls gleichgestellt werden müssen (dazu Roxin GS Noll, 1984, 275; Otto FS Geerds, 1995, 603 (615); Tag, Der Körperverletzungstatbestand im Spannungsfeld zwischen Patientenautonomie und Lex artis, 2000, S. 369, 372; Sternberg-Lieben in Schönke/Schröder, Vor § 32 Rn. 47; mit ähnlicher Zielsetzung schon Kühne JZ 1979, 241 (242), der zwischen entgeltlicher und unentgeltlicher Rechtsgutspreisgabe unterscheidet; sowie Schlehofer, Einwilligung und Einverständnis, 1985, S. 82; Göbel, Die Einwilligung im Strafrecht als Ausprägung des Selbstbestimmungsrechts, 1992, S. 119; Jakobs StrafR AT Abschn. 7 Rn. 116–123, die sich auf eine Analogie zur mittelbaren Täterschaft stützen; sowie Joerden Rechtstheorie 1991, 165, der die gebotene Erweiterung aus einer Analyse des Verhältnisses der jeweils in Frage kommenden Zweckverfolgungen herleitet). Weitergehend wird die Einwilligung schon dann für unwirksam erklärt, wenn der Einwilligende auf Grund eines Irrtums nicht überblickt, welche Folgen seine Erklärung für seine Werte hat (Amelung ZStW 109 (1997), 489 (516); GA 1999, 182 (198)); danach schließen einfache Irrtümer wie Erklärungs- oder Entscheidungsfehler einschließlich Motivirrtümer und nicht-rechtsgutsbezogene Irrtümer die Wirksamkeit der 8

Einwilligung regelmäßig ebenso aus wie täuschungsbedingte Irrtümer; zum Schutz des Vertrauens des Erklärungsempfängers ist dann aber die Zurechnung des von ihm bewirkten Erfolgs gesondert zu prüfen (Amelung, Irrtum und Täuschung als Grundlage von Willensmängeln bei der Einwilligung des Verletzten, 1998, S. 46, 72 mit zust. Bespr. Mitsch JZ 1999, 513; krit. aber Weber GA 2000, 77; sa Paeffgen/Zabel in NK-StGB Rn. 25, 30–32); eine ähnliche Korrekturüberlegung ist auch nach Rönnau (Willensmängel bei der Einwilligung im Strafrecht, 2001, S. 221, 230, 454 mit Bespr. Amelung ZStW 115 (2003), 710; Rönnau Jura 2002, 665 (672)) anzustellen, der aber bei einem rechtsgutsbezogenen Irrtum über Art, Umfang und Gefährlichkeit des Eingriffs bereits die Einwilligung verneint; ansonsten hält er alle Einwilligungen für wirksam, die der Eingreifende nicht unlauter beeinflusst hat und bei denen für ihn auch keine (Garanten-)Pflicht zur Aufklärung oder zum Abbau der Zwangslage besteht. Eine **Drohung** macht die daraufhin erfolgte Einwilligung nicht erst dann unwirksam, wenn sie eine Gefahr iSd § 35 bewirkt (so Joecks/Jäger StGB Vor § 32 Rn. 34), sondern schon, wenn sie für den Bedrohten eine verwerfliche Nötigung iSd § 240 darstellt (Amelung NStZ 2006, 317 (320); Kühl StrafR AT § 9 Rn. 36; krit. BWME StrafR AT § 17 Rn. 108; eing. Mitsch, Rechtfertigung und Opferverhalten, 2004, S. 553, 569). Speziell im hoheitlichen Staat-Bürger-Verhältnis verlangt Amelung JR 2006, 317 (320), dass der soziale Druck auf den Einwilligenden die „Qualität eines Grundrechtseingriffes" erreicht. Zur Drohung in Dreiecksverhältnissen, wie zB einer Erpressung, vgl. Rönnau JuS 2005, 481 (484); dazu Kühl StrafR AT § 9 Rn. 36). Zur Freiwilligkeit bei Einwilligungen, die von Unfreien (namentlich Gefangenen) erteilt werden, Amelung, Die Einwilligung in die Beeinträchtigung eines Grundrechtsgutes, 1981, S. 91; Amelung ZStW 95 (1983), 1.

9 **c)** Als **subjektives Rechtfertigungselement** muss hinzukommen, dass der Täter **auf Grund** (so die Rspr. und die überwiegende Meinung, BGHSt 4, 199 = NJW 1953, 1271) oder mindestens **in Kenntnis** der Einwilligung handelt (→ Vor § 32 Rn. 6). Fehlt es daran, so bleibt die Tat rechtswidrig, entspricht aber nur dem Unwert eines Versuchs (→ § 22 Rn. 16).

10 **d)** aa) Die begangene Tat darf **nicht sittenwidrig** sein (zur Normgeschichte Järkel, Die wegen Sittenwidrigkeit rechtswidrige Körperverletzung, 2010, S. 21; zur Auslegung der „guten Sitten"-Klausel in anderen Rechtsgebieten, Järkel, Die wegen Sittenwidrigkeit rechtswidrige Körperverletzung, 2010, S. 202; zur Inkassozession Stadler JZ 2014, 613 (619); zum Arbeitsrecht BAG NJW 2015, 1709). Ob das zutrifft, ist nicht nach der Einwilligung (krit. Amelung Die Einwilligung in die Beeinträchtigung eines Grundrechtsgutes, 1981, S. 56), sondern nach der **Tat** zu beurteilen (BGHSt 4, 88 = NJW 1953, 912; BGHSt 49, 34 (41) = NJW 2004, 1054; Berz GA 1969, 145; str.); dabei ist zweifelhaft, ob Beurteilungsgrundlage nur Art und Umfang der Körperverletzung sind (so zB Arzt, Willensmängel bei der Einwilligung, 1970, S. 36; Weigend ZStW 98 (1986), 44 (64); Otto FS Tröndle, 1989, 157 (168); Göbel, Die Einwilligung im Strafrecht als Ausprägung des Selbstbestimmungsrechts, 1992, S. 48; Hirsch FS Amelung, 2009, 181 (192), gegen die „Zwecktheorie"; vgl. auch Dölling FS Gössel, 2002, 209 (211)) oder auch der mit ihr verfolgte **Zweck** (so mit Recht die hM; vgl. etwa Bott/Volz JA 2009, 421 (423) „Gesamtbetrachtung von Tatschwere und Tatzweck"; krit. zur Rspr. Hirsch FG BGH, 2000, 199 (218); offen gelassen BGHSt 49, 34 (42) = NJW 2004, 1054; nur der Zweck der Vorbereitung, Vornahme, Verdeckung oder Vortäuschung einer Straftat macht nach Wolters in SK-StGB Rn. 9 die Körperverletzung sittenwidrig;

ähnlich Paeffgen/Zabel in NK-StGB Rn. 55; krit. dazu Roxin/Greco StrafR AT I § 13 Rn. 39, 41, die auf lebensgefährliche Verletzungen abstellen); auf die **Lebensgefährlichkeit** der Körperverletzungshandlungen stellt inzwischen auch die Rspr. ab; so etwa BGHSt 49, 34 = NJW 2004, 1054, für das eine konkrete Lebensgefahr verursachende Verabreichen von Betäubungsmitteln; sowie BGHSt 49, 166 = NJW 2004, 2458, für lebensgefährliche sadomasochistische Praktiken (zu beiden Entscheidungen Kühl FS Schroeder, 2006, 519; Kühl FS Otto, 2007, 63 (69); Kühl FS Puppe, 2011, 653 (661); krit. zur unbelegten Gleichsetzung von „lebensgefährlich" mit „sittenwidrig" Kühl StudZR 2017, 193 (196); Höfling JZ 2017, 617 (623); deutlicher Entmoralisierungsprozeß; Duttge NJW 2005, 260; Hardtung Jura 2005, 401; Bott/Volz JA 2009, 421 (424); zust. Hardtung JuS 2008, 960, Fall 15, erhoffter Vorteil der sexuellen Erregung ist zwar ein rechtlich anerkannter Zweck, der jedoch zu gefährlicher Tat „ganz außer Verhältnis" steht; dieser Rspr. zust. Hirsch FS Amelung, 2009, 181 (198); Walter NStZ 2013, 673 (679); Hellmann in Krey/Hellmann/Heinrich StrafR BT I Rn. 341, 342; Rengier StrafR BT II § 20 Rn. 8; Wessels/Hettinger/Engländer StrafR BT I Rn. 318, 318a; Roxin/Greco StrafR AT I § 13 Rn. 61–66; Dölling in HK-StrafR Rn. 15; Zöller in Leipold/Tsambikakis/Zöller Rn. 5; iE auch Jakobs FS Schroeder, 2006, 507; zu eng Duttge GS Schlüchter, 2002, 775 (786), nur bei menschenunwürdiger Unterwerfung des Opfers; zu Duttge und Jakobs s. Kühl FS Puppe, 2011, 653 (659, 660); krit. zu allen Ansätzen der Lit. Järkel, Die wegen Sittenwidrigkeit rechtswidrige Körperverletzung, 2010, S. 118–202); die neuere Rspr. wird fortgeführt und auf die fahrlässige Tötung ausgedehnt von BGHSt 53, 55 (62) = NJW 2009, 1155 mit krit. Bespr. Kühl NJW 2009, 1158; BGH NStZ 2010, 389 zu § 179 V aF; Wedler JA 2015, 671 (686); bei der Bewertung der Gefährlichkeit ist bei tätlichen Auseinandersetzungen zwischen rivalisierenden Gruppen die typische Eskalationsgefahr zu berücksichtigen (BGHSt 58, 140 = NJW 2013, 1379 mit iE zust. Bespr. Jäger JA 2013, 634; Jahn JuS 2013, 945; Bosch JK StGB § 228 Rn. 6; krit. v. d. Meden HRRS 2013, 158; Sternberg-Lieben JZ 2013, 953; Zöller/Lorenz ZJS 2013, 429; Gaede ZIS 2014, 489 (502), tatbezogen begrenzter Begriff der guten Sitten; Hardtung NStZ 2014, 267; für Boxkampf unter Gefangenen, BGH StV 2022, 101 mit Bespr. Jahn JuS 2021, 890). Die Weite und Konturenlosigkeit des Merkmals der „guten" Sitten erfordert, dieses strikt auf das Rechtsgut der §§ 223ff. zu beziehen und auf seinen Kerngehalt zu reduzieren; gesellschaftliche Vorstellungen oder der durch die Tat verfolgte Zweck können lediglich dazu führen, dass ihretwegen eine Einwilligung trotz massiver Rechtsgutverletzungen Wirksamkeit entfalten kann (BGHSt 60, 166 = NJW 2015, 1540 mAnm Mitsch; Bespr. Knauer HRRS 2015, 435; Neumann NJ 2015, 350; Zabel JR 2015, 619; BGH NStZ-RR 2018, 314).

Speziell zur Bestimmungsmensur BGHSt 4, 24 (32) = NJW 1953, 473 (ausreichende Schutzmaßnahmen; vgl. auch BGHSt 58, 140 = NJW 2013, 1379 bei Gruppenauseinandersetzungen; OLG München NStZ 2014, 706); zu lebensgefährlichen Sportarten Kubink JA 2003, 257 (262); Berkel, Der Sportunfall im Lichte des Strafrechts, 2007, S. 121; zum Boxsport Herzog GA 2006, 678 (687); zum Kampfsport, insbes. zum „Ultimate Fight" Kaiser SpuRt 2010, 98; zum „Mannschaftskickboxen" Spoenk NStZ 2011, 552 (554); zur Anwendung von **Doping**-Mitteln Linck NJW 1987, 2545 (2550); MedR 1993, 55 (60); Turner NJW 1991, 2943; Jung JuS 1992, 131 (132); Otto SpuRt 1994, 10 (14); Müller, Doping im Sport als strafbare Gesundheitsbeschädigung (§§ 223 Abs. 1, 230 StGB)?, 1993, S. 109; Ahlers, Doping und strafrechtliche Verantwortlichkeit, 1994, S. 164; Kühl in Vieweg, Doping, 1998, S. 77, 82; Kühl GS Meurer, 2002, 545 (554); Rain, Die 10a

Einwilligung des Sportlers beim Doping, 1998, S. 111; Niedermair, Körperverletzung mit Einwilligung und die Guten Sitten, 1999, S. 146; Schild, Sportstrafrecht, 2002, S. 151; Heger SpuRt 2001, 92 (94); JA 2003, 76 (79); Heger GS Tröndle, 2019, 419; Kargl JZ 2002, 389; NStZ 2007, 489 (491); Bottke FS Kohlmann, 2003, 85 (101); Jahn ZIS 2006, 57 (60); Hirsch FS Szwarc, 2009, 559 (572); Roxin FS Samson, 2010, 445 (446); Sternberg-Lieben ZIS 2011, 583 (601), der beim Fremddoping der Einwilligung des gedopten Sportlers auf der Basis der Anti-Doping Vorschriften im Arzneimittelgesetz und jetzt im AntiDopG keine rechtfertigende Wirkung zuschreibt; Meier, Dopingsanktion durch Zahlungsversprechen, 2015, S. 116; Fischer Rn. 23a; Dölling in HK-StrafR Rn. 22; sa Fiedler, Das Doping minderjähriger Sportler, 2013, S. 92; rechtsvergleichend mit Italien Maiwald FS Gössel, 2002, 339; mit der Schweiz Schmidt SpuRt 2006, 19; zu Phänomenen des sog. enhancement Beck MedR 2006, 95 (99); zu **sadomasochistischen Handlungen** BGHSt 49, 166 = NJW 2004, 2458 mit Bespr. Duttge NJW 2005, 260; Hardtung Jura 2005, 401; Kühl FS Schroeder, 2006, 519; Hirsch JR 2004, 475; Arzt JZ 2005, 103; Stree NStZ 2005, 40; Sitzmann GA 1991, 71; May, Strafrecht und Sadomasochismus, 1997; Sternberg-Lieben, Die objektiven Schranken der Einwilligung im Strafrecht, 1997, S. 367; Frisch FS Hirsch, 1999, 485 (502); Niedermair, Körperverletzung mit Einwilligung und die Guten Sitten, 1999, S. 185; Bock StrafR AT Fall 7, S. 211; Fischer Rn. 10; zum sog. Autosurfen LG Mönchengladbach NStZ-RR 1997, 169; OLG Düsseldorf NStZ-RR 1997, 325 mit krit. Bespr. Hammer JuS 1998, 785; Geppert JK StGB § 228 Rn. 7; krit. Hardtung in MüKoStGB Rn. 57, der § 228 nicht auf fahrlässige Körperverletzungen anwenden will; zu Eingriffen im Mundbereich wie Piercing oder Zahnfleischtatoos Jahnke, Die strafrechtliche Verantwortung des Zahnarztes, 2005, S. 150; zur Substitutionsbehandlung Drogenabhängiger Bieniek, Entkriminalisierung von Drogenabhängigen durch Substitutionsbehandlung, 1993, S. 140; Ulsenheimer/Gaede ArztStrafR Rn. 234; Wolters in SK-StGB § 223 Rn. 42a; zu gefährlichen Körperverletzungen als Voraussetzung für die Aufnahme in eine Jugend-Gang BayObLG NJW 1999, 372 mit Bespr. Amelung NStZ 1999, 458 (460); Otto JR 1999, 124; Rengier StrafR BT II § 20 Rn. 9; zur Operation durch einen infektiösen Chirurgen Paeffgen FS Rudolphi, 2004, 187; zur sog. „Wunschsektio", dem Kaiserschnitt ohne medizinische Indikation, Ulsenheimer/Gaede ArztStrafR Rn. 545, 546).

10b Maßstab ist das **Anstandsgefühl aller billig und gerecht Denkenden** (BGHSt 4, 24 (32) = NJW 1953, 473; BGHSt 39, 88 (91) = NStZ 1993, 180; BGHSt 49, 34 (41) = NJW 2004, 1054 mit Bespr. Sternberg-Lieben JuS 2004, 954; Kühl JA 2009, 833 (837); Kühl FS Puppe, 2011, 653 (658); OLG München NStZ 2014, 706 (708); zur Entwicklung der Rspr. der Strafgerichte Järkel, Die wegen Sittenwidrigkeit rechtswidrige Körperverletzung, 2010, S. 30; krit. dazu Roxin JuS 1964, 373 (379); Lenckner JuS 1968, 249 (304); Berz GA 1969, 145; Niedermair, Körperverletzung mit Einwilligung und die Guten Sitten, 1999, S. 49, 72; Hardtung JuS 2008, 960; Joecks/Jäger StGB Rn. 2; zurückhaltender BGHSt 49, 166 = NJW 2004, 2458, wo nach einer rechtlichen Grenze gesucht wird; zust. Hardtung JuS 2008, 960; Jahn ZIS 2006, 57 (60); Hirsch FS Amelung, 2009, 181 (202); Hellmann in Krey/Hellmann/Heinrich StrafR BT I Rn. 341; sowie Fischer Rn. 11; krit. Kühl FS Schroeder, 2006, 519 (527); Kühl HRRS 2010, 254 (256)), nur was für dieses – also nicht lediglich für einzelne Gesellschaftsgruppen oder für die kulturellen Anschauungen des Einwilligenden (Valerius, Kultur und Strafrecht, 2011, S. 160) – als zweifellos strafwürdiges Unrecht erscheint, ist auszuscheiden

(BGHSt 4, 24 (32) = NJW 1953, 473; Otto FS Geerds, 1995, 603 (619)). Risikohandlungen (→ Rn. 2) sind nicht schon deshalb sittenwidrig, weil sie – etwa als Straftaten im BtMG oder als Ordnungswidrigkeiten im Straßenverkehr – rechtlich verboten sind (BGHSt 49, 34 = NJW 2004, 1054 mit krit. Bespr. Otto JK StGB § 228 Rn. 3; BayObLG JR 1978, 296 mAnm Kienapfel). Mit dem Wortlaut kaum vereinbar ist die Deutung der Sittenwidrigkeit als fehlende Begreifbarkeit der Einwilligung als Ausdruck der autonomen Willensentscheidung eines Vernünftigen (so aber Frisch FS Hirsch, 1999, 485 (498); dazu Kahlo FS Frisch, 2013, 711 (732); Jakobs FS Frisch, 2014, S. 7, 9; ähnlich Murmann, Die Selbstverantwortung des Opfers im Strafrecht, 2005, S. 488, 501, 532; Köhler StrafR AT S. 255 „Mindestmaß inhaltlicher Vernünftigkeit“ (dies verteidigend Kahlo FS Frisch, 2013, 711 (732)) und Jakobs FS Schroeder, 2006, 507 (519), der von einer wegen ihrer Unverhältnismäßigkeit unverständigen Tat ausgeht und die Körperverletzung hier deshalb als Delikt gegen allgemeine Interessen versteht (krit. Kühl FS Jakobs, 2007, 293 (307)); Hardtung in MüKoStGB Rn. 23, geht von einem Interesse der Rechtsgemeinschaft an der Tabuisierung schwerwiegender Eingriffe aus; vgl. auch Stratenwerth/Kuhlen StrafR AT § 9 Rn. 17; krit. zu Frisch jetzt Hirsch FG BGH, 2000, 199 (219), Rönnau, Willensmängel bei der Einwilligung im Strafrecht, 2001, S. 167, Mosbacher, Strafrecht und Selbstschädigung, 2001, S. 180; Kargl JZ 2002, 389 (397); Sternberg-Lieben GS Keller, 2003, 289 (308)).

bb) In der Strafrechtswissenschaft wird vereinzelt die **Legitimation des Gesetzgebers,** die Verfügbarkeit des Rechtsguts der körperlichen Unversehrtheit zu beschränken, überhaupt in Frage gestellt (Schmitt FS Maurach, 1972, 113 (118); Schmitt GS Schröder, 1978, 263; Kargl JZ 2002, 387 (399); mit Recht abl. Hirsch FS Welzel, 1974, 775 (797)); die Vorschrift wird wegen fehlender Gesetzesbestimmtheit (Art. 103 II GG) auch für verfassungswidrig gehalten (Sternberg-Lieben, Die objektiven Schranken der Einwilligung im Strafrecht, 1997, S. 136, 162; Sternberg-Lieben GS Keller, 2003, 289; sowie Sternberg-Lieben FS Amelung, 2009, 325 (332); Paeffgen/Zabel in NK-StGB Rn. 55; vgl. auch Rönnau, Willensmängel bei der Einwilligung im Strafrecht, 2001, S. 165; aM Hardtung in MüKoStGB Rn. 32); für die Streichung der Vorschrift plädierte ein Arbeitskreis von Strafrechtslehrern (Freund ZStW 109 (1997), 455 (473)). Die Vorschrift wird in strafbegründender Hinsicht für funktionslos gehalten, weil die Rechtsordnung kein Wertungsmaterial zur Konkretisierung der Sittenwidrigkeit zur Verfügung stelle (Niedermair, Körperverletzung mit Einwilligung und die Guten Sitten, 1999, S. 257). Ein weiterer Kritikpunkt betrifft die Konzeption der Vorschrift, die das Unrecht der Körperverletzung verfehle (Frisch FS Hirsch, 1999, 485 (488)). Jedenfalls scheint die Sittenwidrigkeit in einer pluralistischen offenen Gesellschaft kaum mehr eindeutig feststellbar zu sein (nach Jakobs FS Schroeder, 2006, 507 (510), Privatsache). Das belegt die oben (→ Rn. 10) referierte Rspr. zur Verabreichung von Betäubungsmitteln und zu sadomasochistischen Handlungen, wo keine eindeutige Sittenwidrigkeit festgestellt werden konnte. Wenn diese Körperverletzungen dennoch für rechtswidrig erklärt wurden, so wegen ihrer konkreten Lebensgefährlichkeit (BGHSt 49, 34 (42) = NJW 2004, 1054; BGHSt 49, 166 (173) = NJW 2004, 2458; BGHSt 53, 55 = NJW 2009, 1155); dafür mag das auch in §§ 216, 228 zum Ausdruck kommende „Allgemeininteresse“ am Erhalt der Rechtsgüter Leben und körperliche Unversehrtheit sprechen (BGHSt 53, 55 (63) = NJW 2009, 1155; ähnlich Hirsch FS Amelung, 2009, 181 (193); krit. Sternberg-Lieben FS Amelung, 2009, 325 (340); Murmann FS Puppe, 2011, 767; Stratenwerth FS Puppe, 2011, 1017 (1023); Kühl StrafR AT § 17 Rn. 87, 88; Duttge in MüKoStGB § 15 Rn. 200), die Verbindung zur gesetzlich 11 geforderten Sittenwidrigkeitsgrenze („jedenfalls" dann überschritten) ist damit nicht hergestellt (Kühl NJW 2009, 1158 (1159); HRRS 2010, 256; sowie Kühl FS Puppe, 2011, 653 (659); ebenso Renzikowski HRRS 2009, 347 (354)); die konkrete Lebensgefährlichkeit sollte deshalb de lege ferenda die Sittenwidrigkeit ersetzen (näher Kühl FS Schroeder, 2006, 519; Kühl FS Otto, 2007, 63 (71); JA 2009, 833 (837); Kaspar Präventivstrafrecht S. 479). Zur Paternalismus-Kritik an § 228 vgl. Gkountis, Autonomie und strafrechtlicher Paternalismus, 2011, S. 43–45, 211–213, 224; Rigopoulou, Grenzen des Paternalismus im Strafrecht, 2013, S. 300–304, 321, 322. Zur Reform mit Gesetzesvorschlag Mosbacher, Strafrecht und Selbstschädigung, 2001, S. 188; Järkel, Die wegen Sittenwidrigkeit rechtswidrige Körperverletzung, 2010, S. 295, 338, jedenfalls Abschaffung der „gute Sitten"-Klausel.

11a cc) Der **Irrtum** über die Bewertung der vorgenommenen Körperverletzung als sittenwidrig, ist ein Verbotsirrtum (BGHSt 49, 166 (176) = NJW 2004, 2458 mzustAnm Hirsch JR 2004, 475 (477); Stree NStZ 2005, 40; Bott/Volz JA 2009, 421 (425)); ein Irrtum über das Bestehen einer konkreten Lebensgefahr, die nach der neueren Rspr. zur Sittenwidrigkeit führt (→ Rn. 10), ist dagegen ein Erlaubnistatbestandsirrtum (BGHSt 49, 34 (44) = NJW 2004, 1054 mzustAnm Sternberg-Lieben JuS 2004, 954 (956); BGHSt 49, 166 (176) = NJW 2004, 2458; Wessels/Beulke/Satzger StrafR AT Rn. 484; ebenso für den Irrtum über die vermeintliche Schwere der Tat Bott/Volz JA 2009, 421 (425)).

12 **3.** Die Einwilligung rechtfertigt nur, soweit das Einverständnis mit der Tat reicht, also **nicht den Exzess** des Täters, eine weiterreichende Folge (beachte jedoch → Rn. 2) oder eine konkurrierende Tat (BGHSt 6, 232 = NJW 1954, 1255; OLG Frankfurt a. M. VRS 29, 457), in die nicht wirksam eingewilligt wurde oder werden konnte.

13 **4. Stellvertretung** des Verletzten im Willen ist nur möglich, soweit sie mit dem Wesen der Einwilligung als Rechtsschutzverzicht vereinbar ist (str.); namentlich die Sorgeberechtigten (vgl. zB § 1629 I BGB) und Betreuer (vgl. zB § 1896 BGB; Paeffgen/Zabel in NK-StGB Rn. 68–71; Rönnau in LK-StGB Vor § 32 Rn. 179–185) sind – allerdings nur mit Einschränkungen (hM), zu Blut- und Knochenmarkspenden Rönnau in LK-StGB Vor § 32 Rn. 181; – befugt, die Einwilligung anstelle des Einsichtsunfähigen zu erteilen (BayObLG JR 1961, 73; Lenckner ZStW 84 (1972), 446; Eberbach MedR 1986, 14; Kern NJW 1994, 753; Amelung, Vetorechte beschränkt Einwilligungsfähiger in Grenzbereichen medizinischer Intervention, 1995, S. 12, der die Vetorechte der vertretenen Einwilligungsunfähigen betont; speziell zur Problematik bei Sterilisationen → Rn. 19; bei medizinischer Forschung an Kindern und Geisteskranken → Rn. 22; und bei Vorab-Erklärungen, die Dritte zur Einwilligung in ärztliche Behandlungen oder zu deren Verweigerung ermächtigen, Uhlenbruck MedR 1992, 134 (138)). Das Recht der Eltern, in eine Beschneidung des männlichen Kindes einzuwilligen, ist in § 1631 d BGB geregelt (→ § 223 Rn. 12 a).

14 **5. a)** Da die Rspr. jeden **ärztlichen Eingriff** in die körperliche Unversehrtheit als tatbestandsmäßige Körperverletzung wertet (→ § 223 Rn. 8), hat die rechtfertigende Einwilligung in diesem Bereich große praktische Bedeutung (krit. Magnus, Patientenautonomie im Strafrecht, 2015). Für ihre Voraussetzungen gelten keine Besonderheiten (eing. Voll, Die Einwilligung im Arztrecht, 1996, S. 61). Neben der Einwilligung des einsichts- und urteilsfähigen Minderjährigen (→ Rn. 5) ist daher die Einwilligung des gesetzlichen Vertreters zwar häufig empfehlenswert, aber nicht unbedingt erforderlich (hM; einschr. BGHSt 12, 379 (383) = NJW 1959, 825; BGH NJW 1972, 335 (337); NJW 2007, 217; dazu Spickhoff NJW 2008, 1640; OLG Düsseldorf FamRZ 1984, 1221; OLG Hamm NJW 1998, 3424; zusf. Lesch NJW 1989, 2309). Zur Einwilligung von Patienten, die (zB im psychiatrischen Krankenhaus) untergebracht sind, Schünemann VersR 1981, 307; Ukena MedR 1992, 202; Helle MedR 1993, 134). Die Einwilligung umfasst außer der Behandlung durch den Arzt auch die Delegation an ausreichend ausgebildetes medizinisches Hilfspersonal (LG Waldshut-Tiengen NStZ 2005, 694). – Die Verabreichung von Morphin zur Bekämpfung von Vernichtungsschmerzen **bei einem Sterbenden** durch eine Pflegekraft kann auch dann durch erklärte oder mutmaßliche Einwilligung gerechtfertigt sein, wenn sie nicht der ärztlichen Verordnung entspricht (BGHSt 64, 69 = NJW 2019, 3253 mAnm Mitsch; Magnus NStZ 2020, 32; Neumann medstra 2022, 124; Lorenz JR 2020, 65; Rostalski HRRS 2020, 211; Bespr. Hardtung medstra 2020, 137; Kudlich JA 2019, 953; Eisele JuS 2020, 80; BGH NStZ 2021, 164 mAnm Merkel; Valerius JR 2021, 453; Jansen medstra 2021, 167; Duttge/Pfeifer MedR 2021, 730; Bespr. Eisele JuS 2021, 181).

aa) Mit Rücksicht darauf, dass ihre Wirksamkeit Kenntnis der Tragweite des Eingriffs voraussetzt (→ Rn. 5, 7), ist der Patient, der nicht schon im Bilde ist (OLG Köln MedR 2004, 567) und auch nicht auf die Aufklärung wirksam verzichtet hat (BGH NJW 1971, 1887; diff. Tag, Der Körperverletzungstatbestand im Spannungsfeld zwischen Patientenautonomie und Lex artis, 2000, S. 355; zusf. Roßner NJW 1990, 2291), über den Befund (hM; einschr. Grünwald ZStW 85 (1973), 5 (18); Eser ZStW 97 (1985), 1 (22)) sowie über Art, Chancen und Risiken des Eingriffs insoweit **aufzuklären,** als ein verständiger Mensch in der Lage des Patienten (dazu Steffen MedR 1983, 88) für seine Entscheidung über die Einwilligung darauf angewiesen ist (stRspr seit BVerfGE 52, 131 (167) = NJW 1979, 1925; BGHSt 11, 111 = NJW 1958, 267; BGHZ 29, 46 = NJW 1959, 811; BGH NJW 1956, 1106 mit Bespr. Giesen/Walter Jura 1991, 182; BGH NJW 1996, 777; NStZ 2008, 150 (151) mAnm Rönnau StV 2009, 466 (467); OLG Koblenz MedR 2004, 501; OLG Frankfurt a. M. NJW 2009, 2820 (2821); Rechtsprechungsanalyse bei Schreiber FG BGH, 2000, 503 (513); Rechtsprechungsübersicht bei Kraatz NStZ-RR 2012, 361; NStZ-RR 2014, 97; zur Zivil-Rechtsprechung Spickhoff NJW 2010, 1720). Dabei schlagen auch die mit der Aufklärung verbundenen Gefahren erheblicher Gesundheitsschäden (unstr.) und die konkrete, durch die Krankheit uU herabgesetzte psychische Belastbarkeit des Patienten zu Buche (sog. therapeutisches Privileg; Deutsch NJW 1980, 1305; Laufs in Jung/Schreiber, Arzt und Patient zwischen Therapie und Recht, 1981, S. 71, 78; Paeffgen/Zabel in NK-StGB Rn. 79; Grünewald in LK-StGB, Rn. 25; krit. Eberbach MedR 1984, 201; Giesen JZ 1987, 282 (286)); das ist namentlich für die Aufklärung bei Krebs bedeutsam (Bauer/Engisch FS Bockelmann, 1979, 497 (519); Herrmann MedR 1988, 1). Das **Mindestmaß der Aufklärung** ist nach den differenzierten, nicht immer einheitlichen und vor allem im Zivilrecht zT auch überzogenen Maßstäben der Rspr. (dazu Tröndle MDR 1983, 881; Demling MedR 1983, 207; Knoche NJW 1989, 757; Ulsenheimer MedR 1992, 127 (133); Ulsenheimer ArztStrafR Rn. 338; Dölling in HK-StrafR Rn. 19) von den Umständen des Einzelfalls abhängig (vgl. etwa BGH NJW 1977, 337 mit krit. Bespr. Wachsmuth FS Bockelmann, 1979, 473; BGH NJW 1984, 1397; NJW 1989, 1541; NJW 1990, 1528; NJW 1992, 2354); den Leitlinien der Rspr. entspricht die Deklaration „Patientenrechte in Deutschland heute" 1999 (dazu Lilie FS Amelung, 2009, 473 (482)); über Behandlungsalternativen (zB Chemotherapie) muss aufgeklärt werden (BGH StV 1994, 425; MedR 2005, 599; NStZ 2008, 150; OLG 14a

Karlsruhe MedR 2003, 229; OLG Zweibrücken MedR 2003, 810; OLG Naumburg MedR 2008, 442; Laufs NJW 1995, 1590 (1598); Spickhoff NJW 2004, 1710 (1717); NJW 2006, 1630 (1635); NJW 2009, 1719), wenn es eine konkret verfügbare und durchführbare Alternative mit geringeren Risiken oder Belastungen oder besseren Erfolgsaussichten gibt (BGH NJW 2004, 3703 (3704); Schelling/Erlinger MedR 2003, 331 mit vier Fallgruppen und Rechtsprechungsnachweisen). Je dringender der Eingriff, umso leichter wiegt namentlich die Pflicht zur Aufklärung über mögliche Risiken (zur sog. **Risikoaufklärung** s. OLG Brandenburg MedR 1998, 470; OLG Köln NJW 1998, 3422; Sternberg-Lieben in Schönke/Schröder § 223 Rn. 41c; Spickhoff NJW 2009, 1640; Magnus/Bublitz/Repantis medstra 2015, 213; Rechtsprechungsübersicht bei Kraatz NStZ-RR 2012, 361 (362) mit OLG Köln BeckRS 2012, 02891; und OLG München BeckRS 2011, 27524; BeckRS 2012, 05186; sowie OLG Braunschweig BeckRS 2011, 26630; Kraatz NStZ-RR 2014, 36 mit OLG Karlsruhe BeckRS 2013, 02329; und OLG München BeckRS 2013, 06086; Kraatz NStZ-RR 2016, 233 mit OLG Brandenburg BeckRS 2015, 1989; zur Risikoaufklärung bei Blutspenden → Rn. 15). Hält der Arzt einen sofortigen lebensrettenden Eingriff für notwendig, so „braucht er mit der Einwilligung nicht viel Umstände zu machen" (BGHSt 12, 379 (382) = NJW 1959, 825). Streng sind dagegen die Anforderungen namentlich: bei Operationen, die nur vorsorglich (zB Blinddarm, BGHSt 12, 379 (382) = NJW 1959, 825), sonst aufschiebbar (zB Leistenbruch, BGH NJW 1980, 2751; Hüftgelenk, BGH MedR 1987, 237; OLG Oldenburg NJW 1997, 1642) oder rein kosmetischer Natur sind (zB Bauchdeckenstraffung, OLG Celle NJW 1987, 2304; Brustreduktionsplastik, OLG München MedR 1988, 187; Beseitigung von Kinnfalten, BGH NJW 1991, 2349; Fettabsaugen, BGH NStZ-RR 2007, 340 mAnm Sternberg-Lieben StV 2008, 190; monographisch Wagner, Die Schönheitsoperation im Strafrecht, 2015; Joost in Roxin/Schroth MedStrafR S. 383; Ulsenheimer ArztStrafR Rn. 336, 362; → § 223 Rn. 10; zum „Piercing" LG Koblenz MedR 2007, 738 mAnm Bernzen; vgl. Schroth FS Volk, 2009, 719; Sternberg-Lieben FS Amelung, 2009, 325 (352)); bei freiwilliger Blutspende (OLG Zweibrücken NJW 2005, 74; → Rn. 15); bei unsicherer Diagnose (BGH JZ 1964, 231); bei zweifelhafter Operationsindikation mit hohem Misserfolgsrisiko (BGH NJW 1988, 1514; OLG Köln NJW 1987, 2302; sa BGH NJW 1990, 2928; NJW 1991, 2344; NJW 1992, 1558; sowie zur nur „relativ" indizierten Operation BGH NJW 2000, 1788); bei Fremdbluttransfusion im Hinblick auf die Infektionsgefahr mit Hepatitis oder AIDS (BGHZ 116, 379 = NJW 1992, 743 mAnm Deutsch JZ 1992, 423); bei alternativen Therapiemöglichkeiten mit unterschiedlichen Chancen und Risiken (BGHZ 106, 391 = NJW 1989, 1533; BGH NJW 1988, 765; NStZ 1996, 34 mAnm Rigizahn JR 1996, 72; Ulsenheimer NStZ 1996, 132; krit. Ludolph MedR 1988, 120; beachte auch BGH NJW 1988, 763; NJW 1988, 1516; NJW 1992, 2353; NJW 1996, 776 mzustAnm Giesen JZ 1996, 519; speziell bei Erweiterungsoperationen nach Schnellschnitt-Diagnostik Dettmeyer/Madea MedR 1998, 247; zur möglichen Rechtfertigung einer eigenmächtigen Operationserweiterung durch mutmaßliche Einwilligung BGHSt 45, 219 = NJW 2000, 885 mit Bespr. Hoyer JR 2000, 473; Wasserburg StVO 2004, 373; Geppert JK StGB StGB aF § 226 Rn. 9; Kraatz NStZ-RR 2015, 97; Fischer FS Deutsch, 1999, 545 (551); Laufs NJW 2001, 1757 (1760); Biermann in Ulsenheimer/Gaede ArztStrafR Rn. 405; Eser/Sternberg-Lieben in Schönke/Schröder, § 223 Rn. 44b; → Vor § 32 Rn. 21), zB auch bei der Möglichkeit, Fremdblut- durch Eigenbluttransfusion zu ersetzen (BGHZ 116, 379 = NJW 1992, 743 mit Bespr. Weißauer/Opderbecke MedR 1992, 307; OLG Köln VersR 1997, 1534) oder die

Wahl zwischen einer Schnitt- oder einer Vaginalentbindung zu treffen (BGH NJW 1992, 741 mAnm Schlund JR 1992, 243; zur „Wunschsectio" Sternberg-Lieben FS Amelung, 2009, 325 (352)); bei bloßen Diagnosemaßnahmen (BGH NJW 1984, 1395); bei einem sog. medizinischen Neulandschritt (OLG Oldenburg NJW-RR 1997, 533) und bei Anwendung sog. Außenseitermethoden (BGH NJW 2007, 2774 mAnm Spickhoff MedR 2008, 87; BGH NStZ 2008, 150 (151) mAnm Rönnau StV 2009, 466 (467) „Turboentzug"; BGH MedR 2008, 435 mAnm Spickhoff; BGH NJW 2011, 1088 „Zitronensaft" mit zahlreichen Besprechungen bei → § 223 Rn. 8; OLG Düsseldorf MedR 1984, 28; VersR 1991, 1176; OLG Frankfurt a. M. NJW 1991, 763; OLG Koblenz NJW 1996, 1600; Siebert MedR 1984, 216 (220); Jung ZStW 97 (1985), 47) und neuer medizinischer Behandlungsmethode (BGH JR 2007, 194 = NJW 2006, 2477 mAnm Olzen/Stylianidis JR 2007, 194 (196 f.); Vogeler MedR 2008, 697 (704)). Über den Einsatz eines nicht zugelassenen Arzneimittels muss immer aufgeklärt werden (BGH NStZ 1995, 34 mzustAnm Ulsenheimer NStZ 1996, 132; krit. aber Jordan JR 1997, 32). Die Aufklärung über Chancen und Risiken ist vor allem auf die **möglichen Auswirkungen** des Eingriffs zu erstrecken, während eine nähere Unterrichtung über die für die Prognose maßgebenden medizinischen Gründe im Allgemeinen nicht geboten ist (BGH NJW 1990, 2929; OLG Köln NJW 1992, 1564). **Zeitlich** ist so rechtzeitig aufzuklären, dass der Patient noch hinreichende Gelegenheit hat, das Für und Wider des Eingriffs abzuwägen (BGH NJW 1992, 2351 mAnm Giesen JZ 1993, 315; BGH NJW 1994, 3009; NJW 1996, 777 (779); NJW 1998, 1784 mAnm Kern MedR 1998, 518; BGH NJW 2734; sowie BGH NJW 2003, 2012, bei Bandscheibenoperation nicht erst am Tag des Eingriffs; Spickhoff NJW 2004, 1710 (1716), sog. Vorabendaufklärung; OLG Koblenz MDR 2008, 507; strenger OLG Köln NJW 1992, 1564; krit. zu Rspr. Hoppe NJW 1998, 782; zusf. Wertenbruch MedR 1995, 306); bei Notfalloperationen ist der Umfang der Aufklärungspflicht herabzusetzen (Spickhoff NJW 2008, 1640); weitere Rspr. bei Kraatz NStZ-RR 2012, 361. Eine bestimmte **Form** ist nicht vorgeschrieben. Jedoch wird ein zureichender Informationsstand des Patienten häufig nur durch ein **Aufklärungsgespräch** erreichbar sein (Giebel/Wienke/Sauerborn/Edelmann/Mennigen/Dievenich NJW 2001, 863; Spickhoff NJW 2008, 1640), das durch Aushändigung und Unterzeichnung von Formularen oder Merkblättern nicht ersetzt (BGH NJW 1985, 1399; OLG Köln NJW 1992, 1564; OLG Oldenburg NJW 1997, 1642; Spickhoff NJW 2009, 1718; Gödicke, Formularerklärungen in der Medizin, 2008, S. 37; Zöller in Leipold/Tsambikakis/Zöller Rn. 12; weitere Rspr. bei Kraatz NStZ-RR 2012, 362), wohl aber erleichtert werden kann. Zur Problematik der sog. **Blankoeinwilligung** hinsichtlich der Person des behandelnden Arztes Arzt FS Baumann, 1992, 201.

bb) Bei **Blutentnahmen** bedarf es im Allgemeinen einer Aufklärung nur über 15
den Eingriff als solchen, nicht über die iE vorgesehenen Blutuntersuchungen (Janker NJW 1987, 2897 (2899)); zur Risikoaufklärung bei Blutspenden BGH JR 2007, 191 (196) mAnm Olzen/Stylianidis). Über geplante **AIDS-Tests** ist jedoch stets aufzuklären, wenn die Blutentnahme ausschließlich der Gewinnung wissenschaftlich-statistischer Daten oder dem Schutz Dritter, zB des medizinischen Personals in Kliniken oder der Insassen und Bediensteten in Strafanstalten, dienen soll (hM; vgl. etwa Dölling in HK-StrafR Rn. 19; weiter Bottke in Schünemann/Pfeiffer, Die Rechtsprobleme von AIDS, 1988, S. 171, 226, der bei heimlichen Tests rechtfertigenden Defensivnotstand (→ § 34 Rn. 9) nicht ausschließt; ebenso Schünemann in Busch/Heckmann/Marks, HIV/AIDS und Straffälligkeit, 1991, S. 93, 144; Laubenthal in Laubenthal/Nestler/Neubacher/Verrel, Strafvollzugsgesetze,

12. Aufl. 2015, Rn. 638). Sind sie diagnostisch indiziert (→ § 223 Rn. 9), kann in begründeten Fällen jedenfalls dann von einer ausdrücklichen Information abgesehen werden, wenn der Test zur Aufhellung eines unklaren Krankheitsbildes erforderlich und deshalb im Patientenauftrag enthalten ist (Laufs/Laufs NJW 1987, 2257 (2263); Michel JuS 1988, 8 (10); Eberbach AIFO 1988, 307 (310); Schröder/Taupitz, Menschliches Blut: Verwendbar nach Belieben des Arztes?, 1991, S. 26; Schünemann in Busch/Heckmann/Marks, HIV/AIDS und Straffälligkeit, 1991, S. 140; Schünemann FS Eser, 2005, 1141 (1151); aM StA Mainz NJW 1987, 2946 mablAnm Solbach/Solbach JA 1988, 114; sa StA beim KG NJW 1987, 1495 mit Bespr. Sonnen JA 1987, 461; Langkeit Jura 1990, 452). In anderen Fällen wird jedoch wegen der besonderen Interessenlage eine Information über den Entnahmezweck, die allerdings nicht auch die psycho-sozialen Folgen einer möglichen positiven Diagnose umfassen muss (hM; anders Buchborn MedR 1987, 263), regelmäßig notwendig sein (OLG Koblenz StV 1989, 163; Eberbach NJW 1987, 1470; Bruns MDR 1987, 353 (355); einschr. StA Aachen DRiZ 1989, 20; aM Solbach/Solbach JA 1988, 114). Das gilt auch für Blutentnahmen zum Zwecke von **Genomanalysen,** weil deren heimliche Durchführung das informationelle Selbstbestimmungsrecht vergleichbar schwer verletzt (Sternberg-Lieben GA 1990, 289 (291); Buchborn MedR 1996, 441), und für Blutentnahmen zum Zwecke der Dopingkontrolle (Kühl in Blut und/oder Urin zur Dopingkontrolle, Schriftenreihe des Bundesinstituts für Sportwissenschaft, Bd. 86, 1996, S. 31, 53). Ob bei einer – aus welchen Gründen auch immer – diagnostisch indizierten Blutentnahme das Verschweigen des geplanten AIDS- bzw. Gen-Tests oder die Täuschung über ihn zur Unwirksamkeit der Einwilligung führt, ist noch nicht abschließend geklärt; das Ergebnis hängt davon ab, ob dafür die Herbeiführung oder Unterhaltung jeglichen Irrtums über die (auch mittelbaren) Folgen der Einwilligung genügt (so zB Eberbach NJW 1987, 1470; Bruns MDR 1987, 353 (355)) oder ob eine Einschränkung auf rechtsgutsbezogene Irrtümer (→ Rn. 8) geboten ist (so Solbach/Solbach JA 1987, 298; Janker NJW 1987, 2897 (2899); Michel JuS 1988, 8 (10); Schlehofer Jura 1989, 263 (264); Lesch NJW 1989, 2309 (2312); Sternberg-Lieben GA 1990, 282 (292); Sternberg-Lieben, Die objektiven Schranken der Einwilligung im Strafrecht, 1997, S. 533; eing. zum Ganzen Pfeffer, Durchführung von HIV-Tests ohne den Willen des Betroffenen, 1989; Joerden Rechtstheorie 1991, 165; sa Schünemann in Busch/Heckmann/Marks, HIV/AIDS und Straffälligkeit, 1991, S. 141; Paeffgen/Zabel in NK-StGB Rn. 107). Bei bloßer Ausnutzung einer bereits vorhandenen Blutprobe zur Durchführung eines AIDS- bzw. Gen-Tests fehlt es schon am Tatbestand (Janker NJW 1987, 2897 (2899); Michel JuS 1988, 8 (10); Sternberg-Lieben, Die objektiven Schranken der Einwilligung im Strafrecht, 1997, S. 533; Schünemann in Busch/Heckmann/Marks, HIV/AIDS und Straffälligkeit, 1991, S. 141; Geppert in Szwarc, AIDS und Strafrecht, 1996, S. 235, 239).

16 cc) Aus der neueren **Lit.** zur Aufklärungspflicht vgl. ferner ua Katzenmeier in Laufs/Katzenmeier/Lipp ArztR Kap. V Rn. 1–97; Biermann in Ulsenheimer/Gaede ArztStrafR Rn. 341–348; speziell zur Risikoaufklärungspflicht Biermann in Ulsenheimer ArztStrafR Rn. 349–383; Schöch in Roxin/Schroth MedStrafR S. 51–74; Scholz MDR 1996, 649; Voll, Die Einwilligung im Arztrecht, 1996, S. 113; Tag, Der Körperverletzungstatbestand im Spannungsfeld zwischen Patientenautonomie und Lex artis, 2000, S. 332; Paeffgen/Zabel in NK-StGB Rn. 74–92; Eser/Sternberg-Lieben in Schönke/Schröder, § 223 Rn. 40–42d; vierzehn Leitsätze zur Aufklärungspflicht formuliert Schlund MedR 1993, 185 (187); Rechtsprechungsgrundsätze Schlund MedR 1994, 190; speziell zur sog. Stu-

fenaufklärung Ulsenheimer ArztStrafR Rn. 374; zur Aufklärung durch den Zahnarzt Jahnke, Die strafrechtliche Verantwortung des Zahnarztes, 2005, S. 52; zur Aufklärung bei Behandlung mit Arzneimitteln Hart MedR 1991, 300 (306); zur Aufklärung über Behandlungsfehler Taupitz NJW 1992, 713; zur Aufklärung von Gefangenen im Strafvollzug Sigel NJW 1984, 1390; Schöch in Roxin/Schroth MedStrafR S. 786; zur Aufklärung bei Eingriffen durch Heilpraktiker Cramer, Strafrechtliche Grenzen der Therapiefreiheit und der Heilbehandlung durch den Heilpraktiker, 1995, S. 95; zur Aufklärung durch nichtärztliche Hilfspersonen in Notfällen Boll, Strafrechtliche Probleme bei Kompetenzüberschreitungen nichtärztlicher medizinischer Hilfspersonen in Notsituationen, 2000, S. 73, 197.

dd) Die Aufklärung **obliegt** grds. dem Arzt, der den Eingriff vornimmt (BGH NStZ 1981, 351; MedR 1983, 30; OLG Koblenz MedR 2006, 61), es sei denn, dass sich aus dem Arztvertrag (BGH MDR 1990, 808 = NJW 1990, 2929) oder aus den Beziehungen zwischen den arbeitsteilig mitwirkenden Ärzten (BGH NJW 1990, 2929 mAnm Giesen JZ 1991, 985) etwas anderes ergibt. **17**

ee) **Aufklärungsmängel** können die Strafbarkeit des Arztes nur begründen, wenn der Patient bei einer den Anforderungen genügenden Aufklärung in den Eingriff nicht eingewilligt hätte (auch sog. **hypothetische Einwilligung,** → Vor § 32 Rn. 21a; krit. Krüger FS Beulke, 2015, S. 137, „hypothetische Aufklärung"; vgl. BGH NStZ 1996, 34 mzustAnm Rigizahn JR 1996, 72; Ulsenheimer NStZ 1996, 132; BGH NStZ-RR 2004, 16 mit Bespr. Kuhlen JR 2004, 227; Rönnau JZ 2004, 801; krit. Eisele JA 2005, 252; BGH NStZ 2012, 205 bei „Neulandmethode" mit Bespr. Jäger JA 2012, 70; Kraatz NStZ-RR 2012, 365vgl. auch BGH JR 1994, 514 mAnm Puppe; BGH NStZ 2004, 442 mit Bespr. Puppe JR 2004, 469; sowie Rönnau, Willensmängel bei der Einwilligung im Strafrecht, 2001, S. 428; der Rspr. zust. Beulke medstra 2015, 67 (76); krit. Tag ZStW 127 (2015), 523; einschr. auf de lege artis durchgeführte Heilbehandlungen BGH NStZ-RR 2007, 340 mit Bespr. Sternberg-Lieben StV 2008, 190; krit. zum Fall Schneider FS Leipzig, 2009, 165 (179); abw. AG Moers BeckRS 2015, 18722; zust. Jäger JA 2016, 472; dagegen Kraatz NStZ-RR 2016, 237f., gesetzliche Verankerung in § 630h II 2 BGB übersehen; Gaede, Limitiert akzessorisches Medizinstrafrecht statt hypothetischer Einwilligung, 2014 mit Bespr. Kuhlen GA 2015, 709; zur Entwicklung der Rspr. in Zivil- und Strafsachen Otto/Albrecht Jura 2010, 264 (265, 266); Merkel JZ 2013, 979; vergleichend mit dem Zivilrecht Böcker JZ 2005, 925; Sickor JR 2008, 179, der eine Konkretisierung der Prüfungsformel der Rspr. unternimmt); anderenfalls entfällt die Zurechnung des Erfolgs auf der Rechtswidrigkeitsebene (Kuhlen FS Roxin, 2001, 331; Kuhlen FS Müller-Dietz, 2001, 431; sowie Kuhlen JR 2004, 227 „im Prinzip"; zust. Geppert JK StGB § 223 Rn. 3; Rönnau JZ 2004, 801; Rönnau in LK-StGB Vor § 32 Rn. 230; Roxin/Greco StrafR AT I § 13 Rn. 120; Engländer in Matt/Renzikowski Vor § 32 Rn. 27; Hilgendorf/Valerius StrafR AT § 5 Rn. 41: wohl hA; Satzger FS Beulke, 2015, 257; Zabel GA 2015, 219; Kraatz NStZ-RR 2014, 36 (39) mit Verweis auf BGH NJW 2013, 1688; krit. Schneider FS Leipzig, 2009, 165 (178); Sickor JA 2008, 11; Yamanaka FS Maiwald, 2010, 865; Swoboda ZIS 2013, 18; abl. Puppe GA 2003, 764; Otto Jura 2004, 679 (683); Otto/Albrecht Jura 2010, 264 (269), bloße Fiktion; ebenso Kindhäuser/Hilgendorf in LPK-StGB Vor §§ 32–35 Rn. 63; Duttge FS Schroeder, 2006, 179 (185); Gropp FS Schroeder, 2006, 197 (205); Frister StrafR AT § 15 Rn. 34; Jäger FS Jung, 2007, 345; Jäger ExRep StrafR AT Rn. 146c; Jansen ZJS 2011, 482; für Verabschiedung des Instituts Haas GA 2015, 147 (159); Joecks/Jäger StGB Vor § 32 Rn. 46–48; Sternberg-Lieben in Schönke/Schröder, § 223 Rn. 40h; die Entwicklung der Dis- **17a** kussion nachzeichnend Sowada NStZ 2012, 1; Zusammenstellung von Befürwortern und Gegnern bei Conrad/Koranyi JuS 2013, 979 (982–984); eing. Schwartz, Die hypothetische Einwilligung im Strafrecht, 2009; Albrecht, Die „hypothetische Einwilligung" im Strafrecht, 2010; Wiesner, Die hypothetische Einwilligung im Medizinstrafrecht, 2010; Hengstenberg, Die hypothetische Einwilligung im Strafrecht, 2013; Sturm, Die hypothetische Einwilligung im Strafrecht, 2016; Garbe, Wille und Hypothese – zur Rechtsfigur der hypothetischen Einwilligung im Zivil- und Strafrecht, 2011 mit krit. Bespr. Mitsch GA 2013, 602; den Erfolgsunwert bereits auf der Ebene des Tatbestands ausschließend Mitsch JZ 2005, 279 mit zu Recht krit. Erwiderung Kuhlen JZ 2005, 713; bei Placeboapplikationen Reichmann, Die Placeboapplikation, 2015, S. 183); Haupteinwand ist die Verletzung des tatsächlich ausgeübten Selbstbestimmungsrechts (exemplarisch Merkel JZ 2013, 975 (979); vgl. Kühl StrafR AT § 9 Rn. 47; Engländer in Matt/Renzikowski Vor § 32 Rn. 27); dass die Einwilligung bei pflichtgemäßer Aufklärung verweigert worden wäre, ist dem Arzt nachzuweisen (BGH NStZ-RR 2004, 16 mit Bespr. Kuhlen JR 2004, 227 (229); Rönnau JZ 2004, 801 (804); Ulsenheimer/Gaede ArztStrafR Rn. 499; Katzenmeier in Laufs/Katzenmeier/Lipp ArztR Kap. V Rn. 86–89; Rönnau FS Maiwald, 2010, 683; Rönnau in LK-StGB Vor § 32 Rn. 232; scharf dagegen Puppe GA 2003, 764; JR 2004, 469 (471); krit. auch Paeffgen GS Heinze, 2004, 187 (208); Sternberg-Lieben in Schönke/Schröder § 223 Rn. 40g; anders auch Roxin/Greco StrafR AT I § 13 Rn. 124, Risikoerhöhung reicht; rechtsvergleichend zu Beweislastregelungen im Zivilrecht Spickhoff NJW 2009, 1719). Geht der Arzt nicht davon aus, dass die Einwilligung erteilt worden wäre, so ist Versuch möglich (Kuhlen JZ 2005, 713). Inwieweit eine Haftungseinschränkung nach dem Erfordernis der objektiven Zurechnung (→ Vor § 13 Rn. 14), etwa nach dem **Schutzbereich** der verletzten Aufklärungspflicht, in Betracht kommt, bedarf noch der Klärung (vgl. BGH NStZ 1996, 34 (35) mzustAnm Ulsenheimer NStZ 1996, 132 (133); krit. aber Rigizahn JR 1996, 72 (74); Jordan JR 1997, 32 (33); grds. zust. auch Kuhlen FS Roxin, 2001, 331 (334, 341); Kuhlen FS Müller-Dietz, 2001, 431 (434); sowie Stratenwerth/Kuhlen StrafR AT § 9 Rn. 28; ebenso Dreher, Objektive Erfolgszurechnung bei Rechtfertigungsgründen, 2003; und auch Duttge FS Schroeder, 2006, 179 (190, 193); einschr. für Fälle, in denen der Aufklärungsmangel unbedeutend erscheint Swoboda ZIS 2013, 18 (29)). Das PatientenrechteG v. 26.2.2013 enthält in § 630h II 2 BGB keine gesetzliche Regelung der im Strafrecht umstrittenen hypothetischen Einwilligung als Rechtfertigungsgrund (Conrad/Koranyi JuS 2011, 979 (985); Merkel JZ 2013, 975; anders Kraatz NStZ-RR 2014, 36 (39)).

18 **b)** aa) Für die **freiwillige Sterilisation** gilt nach der gegenwärtigen Rechtslage, namentlich der Aufhebung des ErbgesundheitsG durch Art. 8 Nr. 1 des 5. StrRG (→ Vor § 1 Rn. 7), § 228 unmittelbar (hM; vgl. etwa Grünewald in LK-StGB, Rn. 38; Zöller in Leipold/Tsambikakis/Zöller Rn. 17). Demgegenüber hält die Rspr. nicht sehr überzeugend die freiwillige Sterilisation für gesetzlich überhaupt nicht geregelt und hat deshalb in einem Fall der Tubenligatur freigesprochen (BGHSt 20, 81 = NJW 1965, 355 mablAnm Hanack JZ 1965, 221; zum Meinungsstand im Übrigen BGH NJW 1976, 1790; Hanack in Göppinger, Arzt und Recht, 1966, S. 11, 28; Röhmel JA 1977, 183; Sternberg-Lieben in Eser/Hirsch, Sterilisation und Schwangerschaftsabbruch, 1980, S. 55, 245; Kunz JZ 1982, 788; Eser/Koch MedR 1984, 6; Laufs, Fortpflanzungsmedizin und Arztrecht, 1992, S. 126; Hoffmann, Sterilisation geistig behinderter Menschen, 1996, S. 51, 56, 171; Niedermair, Körperverletzung mit Einwilligung und die Guten Sitten, 1999, S. 240).

bb) Die **Sterilisation Einwilligungsunfähiger (geistig Behinderter)** ist bis in die jüngste Vergangenheit kontrovers beurteilt (zusf. Eser FS Tröndle, 1989, 625; Gaidzik/Hiersche MedR 1999, 58; eing. Hiersche/Hirsch/Graf-Baumann, Die Sterilisation geistig Behinderter, 1988; Hoffmann, Sterilisation geistig behinderter Menschen, 1996, passim; Voll, Die Einwilligung im Arztrecht, 1996, S. 197) und in der Praxis in bedenklich weitem Umfang durchgeführt worden. Inzwischen hat das BtG (→ Vor § 1 Rn. 11) die Frage geregelt: Es schließt Sterilisationen Minderjähriger ganz aus (§ 1631 c BGB), lässt sie aber bei einwilligungsunfähigen Erwachsenen unter engen, den Indikationen des § 218 a I, II Nr. 3 StGB aF nachgebildeten und den Erforderlichkeitsgrundsatz besonders betonenden Voraussetzungen zu (§ 1905 BGB); näher zu diesen beiden (in Auslegung und Anwendung nicht unproblematischen) Vorschriften Kern/Hiersche MedR 1995, 463 (465); Gaidzik/Hiersche MedR 1999, 58 (61); speziell zum Vetorecht der Betroffenen Amelung, Vetorechte beschränkt Einwilligungsfähiger in Grenzbereichen medizinischer Intervention, 1995, S. 13; zu § 1905 Hoffmann, Sterilisation geistig behinderter Menschen, 1996, S. 91, 139. Ob diese Lösung trotz ihrer restriktiven Tendenz der Sterilisation zu breiten Raum lässt, ist zweifelhaft und erfordert eine sorgfältige Beobachtung der künftigen Praxis (vgl. BT-Drs. 11/4528, 73 (76); BT-Drs. 11/6949, 73; krit. zur Volljährigkeitsgrenze des § 1631 c BGB Kern/Hiersche MedR 1995, 463 (467)). Nach dem Bericht der BReg über die praktischen Auswirkungen der im BtG enthaltenen Regelungen zur Sterilisation v. 20.2.1996 ist die Zahl der Sterilisationen deutlich zurückgegangen (BT-Drs. 13/3822, 6; krit. Gaidzik/Hiersche MedR 1999, 58 (61)). Zur möglichen Strafbarkeit des Arztes, zB auch bei Missachtung von § 1905 II 2 BGB Hoffmann, Sterilisation geistig behinderter Menschen, 1996, S. 171, 185. 19

c) aa) Die **freiwillige Kastration** hat das KastrG auf eine bundesgesetzliche Grundlage gestellt. Es lässt die Kastration zur Behandlung eines abnormen Geschlechtstriebes beim Mann nur mit Einwilligung zu und bestimmt, unter welchen näheren Voraussetzungen der Eingriff selbst und auch andere Behandlungen (idR Hormonbehandlungen), welche die dauernde Funktionsunfähigkeit der Keimdrüsen zur Folge haben können, nicht als Körperverletzung strafbar sind. Zu den Rechtfertigungsgründen der §§ 2, 4 KastrG Dölling FS Gössel, 2002, 209. 20

bb) Das KastrG **gilt nicht für Heilbehandlungen und körperliche Eingriffe anderer Art.** Die Entfernung der Keimdrüsen aus anderen medizinischen Gründen, zB wegen einer Krebsgeschwulst, bestimmt sich daher nach den allgemeinen Regeln über den ärztlichen Heileingriff. Wird ein solcher Eingriff mit Einwilligung weder unter den Voraussetzungen des KastrG noch auf Grund medizinischer Indikation vorgenommen, zB zur Geschlechtsanpassung Transsexueller (Walter JZ 1972, 263; Niedermair, Körperverletzung mit Einwilligung und die Guten Sitten, 1999, S. 215 mit Hinweis auf das TSG), so beurteilt sich seine Strafbarkeit nach § 228. Mindestens dort, wo der Eingriff eine Beeinflussung des Geschlechtstriebs bezweckt, wird die Sittenwidrigkeit regelmäßig zu bejahen sein, weil das KastrG insoweit die Grenzen festgelegt hat, innerhalb deren eine Kastration als sozialethisch vertretbar hingenommen wird (Prot. 5, Nr. 2525; Grünewald in LK-StGB Rn. 30; aM Niedermair, Körperverletzung mit Einwilligung und die Guten Sitten, 1999, S. 212; Paeffgen/Zabel in NK-StGB Rn. 103). Soweit neue medizinische Methoden der Beeinflussung des Geschlechtstriebs nicht die Funktion oder Funktionsfähigkeit der Keimdrüsen tangieren (zB die stereotaktische Hypothalamotomie, OLG Hamm NJW 1976, 2311; sa OLG Hamm NJW 1980, 1909), liegen sie nicht im Verbotsbereich des KastrG (Sternberg-Lieben in 21

Schönke/Schröder, § 223 Rn. 57, 58; Dölling in HK-StrafR Rn. 23; aM Schmitt GS Schröder, 1978, 263 (268); zur Frage ihrer Einbeziehung durch Gesetz Jung NJW 1973, 2241; Hauptmann ZRP 1974, 231).

22 **d)** Bei **wissenschaftlichen Humanexperimenten** und (experimentellen) **therapeutischen Heilversuchen,** deren rechtsethische Vertretbarkeit von einer positiven Risiko-Nutzen-Analyse abhängt, sind die Anforderungen an Inhalt und Grenzen der Aufklärung strenger als beim Heileingriff (Dölling in HK-StrafR Rn. 21), im Hinblick auf die besonderen Bedürfnisse medizinischer Forschung aber noch nicht abschließend geklärt (speziell zur klinischen Prüfung von Arzneimitteln §§ 40–42 AMG; zur Abgrenzung vom Heilversuch Bender MedR 2005, 511; zusf. Laufs/Kern, Handbuch des Arztrechts, 5. Aufl. 2019, § 158; zum Einfluss des EG/EU-Rechts Rosenau RPG 2002, 94; Pestalozza NJW 2004, 3374 zur 12. AMG-Novelle; sa Holzhauer NJW 1992, 2325; Niedermair, Körperverletzung mit Einwilligung und die Guten Sitten, 1999, S. 199). Dazu ist ein kaum mehr übersehbares Schrifttum entstanden.

Exemplarisch sei verwiesen auf: BGHZ 20, 61 = NJW 1956, 629; Grahlmann, Heilbehandlung und Heilversuch, 1977; Laufs, Medizin und Recht im Zeichen des technischen Fortschritts, 1978, S. 17; Eser GS Schröder, 1978, 191; Deutsch, Das Recht der klinischen Forschung am Menschen, 1979; Deutsch NJW 1981, 614; VersR 1983, 1; Fischer, Medizinische Versuche am Menschen, 1979; Schimikowski, Experiment am Menschen, 1980; Schreiber in Martini, Medizin und Gesellschaft, 1982, S. 181; Schreiber in Helmchen/Winau, Versuche mit Menschen, 1986, S. 15; Siebert MedR 1983, 216; Schmidt-Elsaeßer, Medizinische Forschung an Kindern und Geisteskranken, 1987; Eberbach MedR 1988, 7; Held, Strafrechtliche Beurteilung von Humanexperimenten und Heilversuchen in der medizinischen Diagnostik, 1990; Keller MedR 1991, 11; Tiedemann/Tiedemann FS Schmitt, 1992, 139; Freund/Heubel MedR 1997, 347 „Marburger Richtlinien" zur Forschung mit einwilligungsunfähigen und beschränkt einwilligungsfähigen Personen; Tolmein KritV 1998, 52; Elzer, Allgemeine und besondere klinische Prüfungen an Einwilligungsunfähigen, 1998; Fröhlich, Forschung wider Willen?, 1999; Niedermair, Körperverletzung mit Einwilligung und die Guten Sitten, 1999, S. 203; Fischer FS Deutsch, 1999, 545 (556); Siep Jahrbuch Wissenschaft und Ethik 4 (1999), 115; Höfling/Demel MedR 1999, 540; Radau/Losch ARSP 2000, 423; Wachenhausen, Medizinische Versuche und Klinische Prüfung an Einwilligungsunfähigen, 2001; Seelmann FS Trechsel, 2002, 569; Seelmann FS Schreiber, 2005, 853; Köhler NJW 2002, 853; Michael, Forschung an Minderjährigen, 2004; Spickhoff MedR 2006, 707; Freund/Georgy JZ 2009, 504 (507); Jansen, Forschung an Einwilligungsunfähigen, 2015; Katzenmeier in Laufs/Katzenmeier/Lipp ArztR Kap. XIII Rn. 1–128; Oswald in Roxin/Schroth MedStrafR S. 669–728; Deutsch/Spickhoff MedR Kap. X Rn. 482; zu weit einschr. Fincke, Arzneimittelprüfung, strafbare Versuchsmethoden, 1977; Fincke NJW 1977, 1094 mit krit. Bespr. Wartensleben FS Bruns, 1978, 339; Jakobs ZStW 91 (1979), 649; zur vergleichbaren schweizerischen Diskussion Seelmann FS Trechsel, 2002, 569; aus philosophischer Sicht zur fremdnützigen Forschung an Nichteinwilligungsfähigen Fehige ZphF 2004, 397; beachte auch Art. 17 II der von der Bundesrepublik nur unterzeichneten, aber noch nicht ratifizierten Biomedizin-Konvention des Europarates (König MedR 2005, 22; zu dessen Diskussion Eser in Eser, Biomedizin und Menschenrechte, 1999, S. 9; Taupitz/Schelling in Eser, Biomedizin und Menschenrechte, 1999, S. 94, 95; dort ist auch die umstrittene Vorschrift abgedruckt, Eser, Biomedizin und Menschenrechte, 1999, S. 16; gegen Ratifizierung Höfling/Demel MedR 1999, 540 (546); eing. Radau, Die Biomedizin Konvention, 2006, S. 55) sowie die europäische Richtlinie über die Anwendung der klinischen Praxis bei der Durchführung von klinischen Prüfungen mit Humanarzneimitteln v. 4. 4. 2001, ABl. 2001 L 121, S. 34 (dazu Rosenau RPG 2002, 94; zu deren Umsetzung durch die 12. AMG-Novelle Pestalozza NJW 2004, 3374; Schwerdtfeger Bundesgesundheitsblatt 2005, 147); dazu und zu weiteren internationalen Regelungen Katzenmeier in

Laufs/Katzenmeier/Lipp ArztR Kap. XIII Rn. 90–95; Tag in Lilie/Bernat/Rosenau, Standardisierung in der Medizin als Rechtsproblem, 2008, S. 163, 171; Oswald, Die strafrechtlichen Beschränkungen der klinischen Prüfung von Arzneimitteln und ihr Verhältnis zu § 228, 2014.

Zur Einordnung des „Erlanger Falles" (Erhaltung der Leibesfrucht einer hirntoten Schwangeren) als nicht gebotener Heilversuch Laufs NJW 1994, 1569; Kiesecker, Die Schwangerschaft einer Toten, 1996, S. 220. Zur Aufklärungspflicht bei **psychologischen Experimenten** Eberbach/Schuler JZ 1982, 356.

e) Die Organentnahme vom lebenden Spender zum Zwecke der **Transplantation** ist als tatbestandsmäßige Körperverletzung (→ § 223 Rn. 10) nur bei dessen Einwilligung gerechtfertigt (§ 8 I Nr. 1 b TPG; vgl. dazu Seidenath MedR 1998, 253; Kühn MedR 1998, 455 (456); Schreiber/Heuer in Korff/Beck/Mikat/Honnefelder/Hunold/Mertens/Heinrich/Eser, Lexikon der Bioethik, Bd. 2 1998, S. 812; König, Strafbarer Organhandel, 1999, S. 44; Tag, Der Körperverletzungstatbestand im Spannungsfeld zwischen Patientenautonomie und Lex artis, 2000, S. 374; Zöller in Leipold/Tsambikakis/Zöller Rn. 18; so bisher schon die allgM, vgl. etwa Bottke in Peukert/Fritsche/Bottke/Schreiber/Huber, Lebensverlängerung aus medizinischer, ethischer und rechtlicher Sicht, 1995, S. 35, 77; Schreiber FS Steffen, 1995, 451 (452); Sasse, Zivil- und strafrechtliche Aspekte der Veräußerung von Organen Verstorbener und Lebender, 1996, S. 123; Voll, Die Einwilligung im Arztrecht, 1996, S. 232); § 19 I TPG stellt ua die Organentnahme ohne Einwilligung unter Strafe (Schroth JZ 1997, 1149 (1152); Niedermair, Körperverletzung mit Einwilligung und die Guten Sitten, 1999, S. 225, der darin eine abschließende Festlegung der Strafbarkeit für einverständliche Explantation sieht, beide noch zu § 19 II TPG aF; zum neuen § 19 I TPG Dippel in LK-StGB § 168 Rn. 22; Überblick über das Transplantationsrecht, insbes. zur Unterscheidung zwischen Lebend- und Totenspende Lang ZfL 2015, 2 (5)). Sie kommt nur bei paarigen Organen (Niere) und Teilen bestimmter Organe (zB der Leber, der Lunge oder der Bauchspeicheldrüse) in Betracht (Zöller in Leipold/Tsambikakis/Zöller Rn. 18). Weitgehend ungeklärt war die Problematik der Spendeeinsichtsfähigkeit von Minderjährigen und der Ersetzung ihrer Einwilligung bei Einwilligungsunfähigkeit durch die Sorgeberechtigten und/oder einen Betreuer (Amelung, Vetorechte beschränkt Einwilligungsfähiger in Grenzbereichen medizinischer Intervention, 1995, S. 16, 29; Sasse, Zivil- und strafrechtliche Aspekte der Veräußerung von Organen Verstorbener und Lebender, 1996, S. 123; Voll, Die Einwilligung im Arztrecht, 1996, S. 232). § 8 I Nr. 1 a TPG verlangt, dass der Spender volljährig und einsichtsfähig ist; § 19 I TPG stellt ein Zuwiderhandeln unter Strafe. Da die Einwilligung Minderjähriger selbst unter Verwandten nicht rechtfertigend wirkt, können auch die Eltern nicht stellvertretend für ihre minderjährigen Kinder einwilligen (vgl. Rönnau in LK-StGB Vor § 32 Rn. 180). Die Aufklärung hat neben den unmittelbaren Risiken der Entnahme auch deren Langzeitfolgen zu umfassen (vgl. § 8 I Nr. 1 b TPG iVm § 8 II 1 TPG; strafbewehrt in § 19 I TPG). Eine Beschränkung der Übertragung des Organs auf Verwandte (so die gegenwärtige Praxis) und nahe stehende Personen war dem bisher geltenden Recht nicht zu entnehmen. Die Freiwilligkeit der Spende kann sowohl bei Angehörigen („Druck" der Familie) als auch bei Dritten (finanzielle Gründe) zweifelhaft sein. § 8 I 2 TPG enthält jetzt eine ausdrückliche Regelung für die Spende von Organen, die sich nicht wieder bilden können; sie dürfen nur zum Zwecke der Übertragung auf „Verwandte ersten und zweiten Grades, Ehegatten, Verlobte und andere Personen, die dem Spender in besonderer persönlicher Verbundenheit offenkundig nahe stehen", entnommen wer- 23 den (gegen diese Beschränkung bestehen keine verfassungsrechtlichen Bedenken, BVerfG NJW 1999, 3399 mit krit. Bespr. Gutmann NJW 1999, 3387; zu weit Seidenath MedR 1998, 253 (254); krit. dazu Schroth MedR 1999, 67; vgl. auch Dufková MedR 2000, 408 zu sog. Cross-Spenden und Rittner/Besold/Wandel MedR 2001, 118 mit Vorschlägen de lege lata et ferenda); Resch, Die empfängergerichtete Organspende, 2014; Strafbewehrung in § 19 I TPG (krit. Schroth JZ 1997, 1149 (1153); Kühn MedR 1998, 455 (458); Niedermair, Körperverletzung mit Einwilligung und die Guten Sitten, 1999, S. 228; Grünewald in LK-StGB, Rn. 46). Kommerzielle Motive des Spenders machten nach bisher hM die Organentnahme noch nicht sittenwidrig (Bottke in Peukert/Fritsche/Bottke/Schreiber/Huber, Lebensverlängerung aus medizinischer, ethischer und rechtlicher Sicht, 1995, S. 83; König, Strafbarer Organhandel, 1999, S. 63), doch könnte sich das durch die Einführung eines (strafbewehrten) Verbots des Organhandels (§§ 17, 18 TPG) geändert haben, weil der Gesetzgeber durch das Verbot zugleich einen Verstoß gegen die guten Sitten markiert (so Schroth JZ 1997, 1149 (1152); aM Wolters in SK-StGB Rn. 8a; Paeffgen/Zabel in NK-StGB Rn. 51, 94; Fischer Rn. 24a; Niedermair, Körperverletzung mit Einwilligung und die Guten Sitten, 1999, S. 223, 230, der die Pönalisierungsentscheidungen im TPG für abschließend hält, so dass § 228 nicht zur Begr. der Strafbarkeit der Körperverletzung, zB bei der Organentnahme, führen könne; ähnlich König, Strafbarer Organhandel, 1999, S. 227). Der Arzt, der eine Transplantation zum Zwecke des verbotenen Organhandels vornimmt, begeht auch eine Körperverletzung; bei fehlender Kenntnis dieses Zwecks befindet er sich im Vorsatz ausschließenden Erlaubnistatbestandsirrtum (→ § 17 Rn. 9–15), womit sich sachwidrige Ergebnisse idR vermeiden lassen; Gott, Schnittstellen zwischen Organ- und Gewebespenden, 2014. **Rechtsvergleichend** Gutmann/Schroth, Organlebendspende in Europa, 2002. Zur Notwendigkeit einer **gesetzlichen Neuregelung** Schreiber FS Maiwald, 2010, 785. Eine Analyse der strafbewehrten Spendebegrenzung im deutschen Transplantationsrecht bietet Scheinfeld, Organtransplantation und Strafrechtspaternalismus, 2014; sa Gutmann, Für ein neues Transplantationsgesetz, 2006.

24 **6.** Zur Einwilligung **außerhalb des Bereichs der Körperverletzung** → Vor § 32 Rn. 16–18.

§ 229 Fahrlässige Körperverletzung

Wer durch Fahrlässigkeit die Körperverletzung einer anderen Person verursacht, wird mit Freiheitsstrafe bis zu drei Jahren oder mit Geldstrafe bestraft.

1 **1.** Die Vorschrift entspricht in ihrer Struktur der fahrlässigen Tötung (→ § 222 Rn. 2, 3). Zur **Reform** Cramer DAR 1974, 317; Zipf FS Krause, 1990, 437 (443); in Auseinandersetzung mit Vorschlägen von hessischen und niedersächsischen Strafrechtsreform-Kommissionen Hoffmann NZV 1993, 209; Müller-Metz NZV 1994, 89; vgl. auch Weigend FS Miyazawa, 1995, 549, Schünemann DAR 1998, 424 (431); Koch, Die Entkriminalisierung im Bereich der fahrlässigen Körperverletzung und Tötung, 1998.

2 **2. Körperverletzung** umfasst die körperliche Mißhandlung und die Gesundheitsbeschädigung iSv § 223 (→ § 223 Rn. 4, 5; ebenso Hardtung JuS 2008, 960

(961)). Zwischen leichter und schwerer Verletzung wird hier nicht unterschieden. Führt die Verletzung zum Tode, so ist § 229 anwendbar, wenn nur die Körperverletzung, aber nicht der Tod voraussehbar war.

3. Strafantrag § 230. Mit vorsätzlicher Körperverletzung ist ausnahmsweise **Tateinheit** möglich, wenn die Verletzungen des Opfers nicht durch eine Handlung des Täters herbeigeführt wurden (BGH NStZ 1997, 493 mit nur iErg zust. Bespr. Paul JZ 1998, 297). Für den Fall des Zusammentreffens mit Ordnungswidrigkeiten beachte BayObLG MDR 1977, 246; Kellner MDR 1977, 626. 3

§ 230 Strafantrag

(1) [1]**Die vorsätzliche Körperverletzung nach § 223 und die fahrlässige Körperverletzung nach § 229 werden nur auf Antrag verfolgt, es sei denn, daß die Strafverfolgungsbehörde wegen des besonderen öffentlichen Interesses an der Strafverfolgung ein Einschreiten von Amts wegen für geboten hält.** [2]**Stirbt die verletzte Person, so geht bei vorsätzlicher Körperverletzung das Antragsrecht nach § 77 Abs. 2 auf die Angehörigen über.**

(2) [1]**Ist die Tat gegen einen Amtsträger, einen für den öffentlichen Dienst besonders Verpflichteten oder einen Soldaten der Bundeswehr während der Ausübung seines Dienstes oder in Beziehung auf seinen Dienst begangen, so wird sie auch auf Antrag des Dienstvorgesetzten verfolgt.** [2]**Dasselbe gilt für Träger von Ämtern der Kirchen und anderen Religionsgesellschaften des öffentlichen Rechts.**

1. Von allen Körperverletzungen sind nur die einfache vorsätzliche (§ 223) und die fahrlässige (§ 229) **Antragsdelikte.** Zur Reform bei fahrlässigen Körperverletzungen im Straßenverkehr Loos ZRP 1993, 310; Janiszewski DAR 1994, 1 (6). 1

2. Strafantrag §§ 77–77 d. Kein Übergang des Antragsrechts auf die Angehörigen (→ § 77 Rn. 8) bei fahrlässiger Körperverletzung (Abs. 1 S. 2). Antragsrecht des Dienstvorgesetzten (Abs. 2) § 77 a sowie → § 194 Rn. 13. 2

3. a) Die Verfolgung der Antragsdelikte nach Abs. 1 S. 1 auf Grund eines **besonderen öffentlichen Interesses** kommt nur in Frage, wenn ein wirksamer Antrag fehlt; andernfalls ist nach § 376 StPO zu verfahren (Paeffgen/Böse in NK-StGB Rn. 28; Grünewald in LK-StGB, Rn. 6; aM Maurach/Schroeder/Maiwald/Hoyer/Momsen StrafR BT § 9 Rn. 8). Ob die StA ein Einschreiten wegen dieses Interesses für geboten erachtet, liegt allein in ihrer nach pflichtmäßigem Ermessen (→ § 46 Rn. 50) zu treffenden Entscheidung (Zöller in Leipold/Tsambikakis/Zöller Rn. 8). Sie kann daher die Tat auch gegen den Willen des Verletzten (OLG Hamm JMBl. NRW 1951, 196) und auch dann verfolgen, wenn dieser auf das Antragsrecht verzichtet hat (BGH bei Dallinger MDR 1956, 270) oder die Antragsfrist verstrichen ist; die Verfolgung gegen den Willen des verletzten Angehörigen sollte aber idR unterbleiben. Haben mehrere Personen durch dieselbe Handlung, etwa bei einem Verkehrsunfall, eine Körperverletzung erlitten (gleichartige Idealkonkurrenz), so ist die Annahme des besonderen öffentlichen Interesses ebenso wie der Strafantrag (→ § 77 Rn. 4) auf einzelne Verletzungserfolge beschränkbar, sofern dem nicht der Gleichheitssatz entgegensteht (ebenso Sternberg-Lieben in Schönke/Schröder Rn. 6; aM OLG Braunschweig MDR 1975, 862). 3

4 **b)** Ob ein besonderes öffentliches Interesse an der Strafverfolgung besteht, hängt von den Umständen ab, kommt aber nur **ausnahmsweise** in Frage, etwa wenn der Täter schwere Verletzungen verursacht (vgl. Tiedemann FS Kohlmann, 2003, 307 (311) zu § 22 I UWG aF) oder besonders leichtfertig gehandelt hat, wenn er einschlägig vorbestraft ist, wenn ihm als Arzt ein grober Behandlungsfehler zur Last fällt (zu streng Günter DRiZ 1992, 96, der die Verfolgung von Behandlungsfehlern zur Regel machen und Ausnahmen nur zulassen will, wenn sie aus der Interessenlage der Beteiligten begründbar sind) oder wenn er die Tat im Straßenverkehr unter Alkohol- oder Rauschmitteleinfluss begangen hat (Nr. 234, 243 III RiStBV; krit. zur Uneinheitlichkeit der Praxis Havekost DAR 1977, 289; Rebmann DAR 1978, 296 (304); speziell zu Verletzungen im Sport Kauffmann FS Kleinknecht, 1985, 203; Reinhart SpuRt 1997, 1; bei Gewalt gegen Frauen in Lebensgemeinschaften Schall/Schirrmacher, Gewalt gegen Frauen und Möglichkeiten staatlicher Intervention, 1995, S. 42); auch die Verletzung einer besonderen Berufspflicht kommt als Kriterium in Betracht (Krüger in LK-StGB, Rn. 10, zB Verstoß gegen Arbeitsschutzvorschriften; Tiedemann FS Kohlmann, 2003, 307 (313), Bankgeheimnis). Mit Rücksicht auf das Erfordernis eines „besonderen" Interesses sind die Voraussetzungen strenger als in §§ 153, 376 StPO (Oehler JZ 1956, 630; Krüger in LK-StGB, Rn. 12; aM v. Weber MDR 1963, 169); nicht vertretbar daher die Annahme, dass die StA dieses Interesse bejahen, zugleich aber einer Einstellung nach § 153 II StPO zustimmen könne (so OLG Düsseldorf DAR 1971, 160; krit. Ulsenheimer ArztStrafR Rn. 242).

5 **c)** Die Entscheidung der StA über das Einschreiten ist weder im Klageerzwingungsverfahren noch im Verfahren nach §§ 23ff. EGGVG (BGHSt 16, 225 = NJW 1961, 2120; aM Strubel/Sprenger NJW 1972, 1734 (1737); str.) noch im Verwaltungsrechtsweg (BVerwG NJW 1959, 448; str.) **nachprüfbar** (Zöller in Leipold/Tsambikakis/Zöller Rn. 15) und daher allenfalls im Aufsichtswege durchsetzbar. Die positive Entscheidung kann nach der Rspr. auch vom Strafgericht nicht nachgeprüft werden (BVerfGE 51, 176 = NJW 1979, 1591; BGHSt 16, 225 = NJW 1961, 2120; BayObLG NJW 1991, 1765; Sternberg-Lieben in Schönke/Schröder, Rn. 3; Krüger in LK-StGB Rn. 18; aM LG München StV 1990, 400; Kröpil NJW 1992, 654; Wolters in SK-StGB Rn. 4; Paeffgen/Böse in NK-StGB Rn. 15; eingehende Kritik der „aM" bei Hardtung in MüKoStGB Rn. 13–18). Jedoch muss die StA – sei es auch nur formlos (BGHSt 16, 225 = NJW 1961, 2120; OLG Oldenburg StraFo 2008, 510 (511)) oder konkludent (BGH bei Dallinger MDR 1974, 546; BayObLG NJW 1990, 461) – erklären, dass sie wegen dieses Interesses einschreite; eine solche Erklärung liegt nicht schon in jeder – gleichgültig unter welchem rechtlichen Gesichtspunkt erhobenen – Anklage (BGHSt 19, 377 = NJW 1964, 1969; OLG Oldenburg StraFo 2008, 510 (511); StraFo 2015, 505; aM RGSt 75, 341), wohl aber in der Begründung einer Berufung mit der eine höhere Strafe gefordert wird (OLG Oldenburg StraFo 2015, 505). Sie ist nicht fristgebunden und kann grds. jederzeit, also auch noch vor dem Revisionsgericht (BGHSt 6, 282 = NJW 1954, 1536; BGHSt 16, 225= NJW 1961, 2120; BGH NJW 1991, 3292) oder nach vorausgegangener verneinender Erklärung (OLG Hamburg NStZ 1986, 81), nachgeholt werden (beachte jedoch KG VRS 70, 8). Verweigert die StA eine Erklärung, obwohl die Verfahrenslage sie erfordert, so ist das öffentliche Interesse verneint (BGHSt 19, 377 = NJW 1964, 1969; OLG Oldenburg StraFo 2015, 505; beachte jedoch BGH bei Dallinger MDR 1975, 367). Erklärt sie während des Verfahrens, das zunächst bejahte öffentliche Interesse be-

stehe nicht mehr, so ist wegen Wegfalls einer Prozessvoraussetzung Einstellung nach §§ 206a, 260 III StPO geboten (BGHSt 19, 377 = NJW 1964, 1969; OLG Düsseldorf NJW 1970, 1054; Dölling in HK-StrafR Rn. 3; aM OLG Bremen JZ 1956, 663; Oehler JZ 1956, 630; v. Weber MDR 1963, 169).

d) Neben Abs. 1 ist die Amtsverfolgung von Antragsdelikten wegen des besonderen öffentlichen Interesses nur in den Fällen der §§ 182 III, 183 II, 202a und § 202b (so § 205 I 2, → § 205 Rn. 1); § 235 VII, 238 IV, 248a (uU iVm §§ 257 IV 2, 259 II, 263 IV, 263a II, 265a III, 266 III, 266b II) und des § 303c zulässig. Entsprechende Anwendung auf andere Tatbestände ist ausgeschlossen (zur Beleidigung BGHSt 7, 256 = NJW 1955, 838). 6

§ 231 Beteiligung an einer Schlägerei

(1) **Wer sich an einer Schlägerei oder an einem von mehreren verübten Angriff beteiligt, wird schon wegen dieser Beteiligung mit Freiheitsstrafe bis zu drei Jahren oder mit Geldstrafe bestraft, wenn durch die Schlägerei oder den Angriff der Tod eines Menschen oder eine schwere Körperverletzung (§ 226) verursacht worden ist.**

(2) **Nach Absatz 1 ist nicht strafbar, wer an der Schlägerei oder dem Angriff beteiligt war, ohne daß ihm dies vorzuwerfen ist.**

1. Die Vorschrift stellt zur Vorbeugung und wegen der für solche Fälle typischen Beweisnot **die bloße Beteiligung** an besonders gefährlichen tätlichen Auseinandersetzungen unter Strafe (BGHSt 16, 130 = NJW 1961, 1732; Eisele JR 2001, 270; krit. Hund, Beteiligung an einer Schlägerei – Ein entbehrlicher Straftatbestand?, 1987; Rönnau/Bröckers GA 1995, 549; Saal, Die Beteiligung an einer Schlägerei, 2005, S. 9 mit Bespr. Geisler GA 2007, 371; zusf. Henke Jura 1985, 585). Die Tat ist **abstraktes Gefährdungsdelikt** (hM; → Vor § 13 Rn. 32; Geisler, Zur Vereinbarkeit objektiver Bedingungen der Strafbarkeit mit dem Schuldprinzip, 1998, S. 275, Pichler, Beteiligung an einer Schlägerei, 2010, S. 35, 57; Hardtung JuS 2008, 1064; Bock Jura 2016, 992 mit Bezug auf BGHSt 60, 166 = NJW 2015, 1540; ähnlich Wessels/Hettinger/Engländer StrafR BT I Rn. 343 Fn. 1, Gefährlichkeitsdelikt; Paeffgen/Böse in NK-StGB Rn. 2; Wolters in SK-StGB Rn. 2; anders Montenbruck JR 1986, 138, der ein konkretes Gefährdungsdelikt annimmt; diff. Saal, Die Beteiligung an einer Schlägerei, 2005, S. 22 mit krit. Bespr. Geisler GA 2007, 371). Zur **Reformbedürftigkeit** der Vorschrift Rönnau/Bröckers GA 1995, 549 (567). Die vom Regierungsentwurf des 6. StrRG vorgesehene Streichung der „entbehrlichen“ Vorschrift (BT-Drs. 13/8587, 35) ist nach der Stellungnahme des Bundesrates (BT-Drs. 13/8587, 35 (61)) nicht vollzogen worden (BT-Drs. 13/9064, 39; krit. zur beabsichtigten Streichung Freund ZStW 109 (1997), 455 (487); Hettinger, Entwicklungen im Strafrecht und Strafverfahrensrecht der Gegenwart, 1997, S. 39; Geisler, Zur Vereinbarkeit objektiver Bedingungen der Strafbarkeit mit dem Schuldprinzip, 1998, S. 590, der für ein abstraktes Gefährdungsdelikt ohne schwere Folge plädiert; ebenso Rengier ZStW 111 (1999), 1 (25); für eine Erfolgsqualifikation iSd § 18 Saal, Die Beteiligung an einer Schlägerei, 2005, S. 128). Verfassungsrechtliche Bedenken bei Saal, Die Beteiligung an einer Schlägerei, 2005, S. 114 mit Bespr. Geisler GA 2007, 371 (372ff.). Zur **Entwicklungsgeschichte** Zopfs Jura 1999, 172 (173). Die aktuellen Problemkonstellationen zusf. Bock Jura 2016, 992 (1005). 1

2 **2. Schlägerei** ist eine mit gegenseitigen Körperverletzungen verbundene Auseinandersetzung, bei der mehr als zwei Personen aktiv mitwirken (BGHSt 31, 124 = NJW 1983, 581; BGH NStZ 2014, 147 mit Praxiskommentar Engländer NStZ 2014, 214; Küper/Zopfs StrafR BT Rn. 433); die Tätlichkeiten können auch nacheinander erfolgen, außer es entfernen sich alle anderen Beteiligten, so dass es sich nur noch um einen von § 231 nicht erfassten Zweikampf handelt (BGH NStZ 2021, 494). Dabei wird der Angegriffene, der wegen Notwehr straflos bleibt, mitgezählt (BGHSt 15, 369 = NJW 1961, 839; BGH NStZ 2014, 147; NJW 1997, 2123; Paeffgen/Böse in NK-StGB Rn. 6); an der aktiven Mitwirkung von drei Personen fehlt es aber, wenn sich eine davon auf bloße Schutzwehr beschränkt (BGHSt 15, 369 (371) = NJW 1961, 839; Eisele ZStW 110 (1998), 69 (73); Wolters in SK-StGB Rn. 3; krit. Paeffgen/Böse in NK-StGB Rn. 6); ebenso wenn jemand bei einem Zweikampf schlichtungswillige Dritte abhält (Zopfs Jura 1999, 172; aM BGHSt 31, 124 = NJW 1983, 581; BGH NStZ 2014, 147). Hingegen setzt der **Angriff** (→ § 102 Rn. 2) weder zwei Parteien noch beiderseitige Tätlichkeiten voraus (zB längere Zeit fortgesetztes Quälen eines Geisteskranken, BGHSt 2, 160 = BeckRS 1952, 30385532); eine im Angriffswillen einheitliche, nicht notwendig mittäterschaftliche, unmittelbar auf den Körper eines anderen abzielende Einwirkung mehrerer genügt (BGHSt 31, 124 = NJW 1983, 581Zöller in Leipold/Tsambikakis/Zöller Rn. 6), wobei der Beginn des Angriffs nicht notwendig mit dem Beginn der Tätlichkeiten zusammenfallen muss (BGHSt 33, 100 = NJW 1985, 871 mAnm Günther JZ 1985, 585; Schulz StV 1986, 250; Henke Jura 1985, 585 (587); Berz Geilen-Symposium, 2003, 17 (23); sa BGH NStZ-RR 2000, 331; zw.).

3 **3. Beteiligung** deckt sich hier nicht mit dem Oberbegriff der Teilnahme (→ Vor § 25 Rn. 1). Für (täterschaftliche) Beteiligung an einer Schlägerei soll vielmehr nach hM Anwesenheit am Tatort und irgendeine physische (tätliche) oder psychische (intellektuelle) Mitwirkung in feindseliger Willensrichtung erforderlich und zugleich ausreichend sein (Eisele StrafR BT I Rn. 414; Grünewald in LK-StGB, Rn. 7; mit Recht diff. Stree FS Schmitt, 1992, 215 (216), der psychische Mitwirkung nur als Beihilfe zu der Schlägerei oder dem Angriff einstuft; ähnlich diff. Küper GA 1997, 301 (326); Zopfs Jura 1999, 172 (173); Paeffgen/Böse in NK-StGB Rn. 8; zusf. Küper/Zopfs StrafR BT Rn. 450f., die zwischen „konstitutiver" und „sekundärer" Schlägereibeteiligung unterscheiden).

4 **4. Ohne dass ihm dies vorzuwerfen ist (Abs. 2)** bedeutet eine auf Rechtfertigungs- und Entschuldigungsgründe verweisende Tatbestandseinschränkung (Hohmann in MüKoStGB Rn. 20), mindestens einen deklaratorischen Hinweis auf Rechtfertigungs- und Entschuldigungsmöglichkeiten (so Eisele JR 2001, 270; Wolters in SK-StGB Rn. 6; Grünewald in LK-StGB, Rn. 9, 16; Pichler, Beteiligung an einer Schlägerei, 2010, S. 129; krit. zu beiden Erklärungen Paeffgen/Böse in NK-StGB Rn. 13). Die schuldhafte Beteiligung – zu irgendeinem Zeitpunkt des Gesamtvorgangs (OLG Celle MDR 1970, 608; aM Eisele ZStW 110 (1998), 69 (76), der zur StGB aF auf das anfängliche Hineingezogenwerden abstellt; vgl. auch BT-Drs. 13/8587, 83 und BT-Drs. 13/9064, 16) – muss positiv festgestellt werden (RGSt 65, 340; BGH NJW 1997, 2123).

5 **5. a)** Die **schwere Folge** (Tod oder schwere Körperverletzung, → § 226 Rn. 2–5) ist objektive Bedingung der Strafbarkeit, braucht also nicht vom Vorsatz umfasst oder auch nur voraussehbar zu sein (hM; vgl. etwa Satzger JA 2006, 108 (109, 111); Eisele StrafR BT I Rn. 417; Kindhäuser/Hilgendorf in LPK-StGB

Rn. 1; Paeffgen/Böse in NK-StGB Rn. 3, 20; Sternberg-Lieben in Schönke/Schröder, Rn. 1, 2; anders Miseré, Die Grundprobleme der Delikte mit strafbegründender besonderer Folge, 1997, S. 135; Roxin/Greco StrafR AT I § 23 Rn. 12; Krüger in LK-StGB, Rn. 33). Sie muss durch den Gesamtvorgang der Schlägerei (des Angriffs), nicht notwendig durch eine rechtswidrige Tat oder durch die Beteiligung eines bestimmten einzelnen verursacht sein (BGHSt 16, 130 (132) = NJW 1961, 1732) und damit sachlich innerhalb dieses Rahmens liegen (RGSt 61, 272). Zugleich muss sie sich nach den für die **objektive Zurechnung** geltenden Regeln als Realisierung der in diesem Vorgang angelegten Gefahr darstellen (näher Stree FS Schmitt, 1992, 215 (221); Geisler, Zur Vereinbarkeit objektiver Bedingungen der Strafbarkeit mit dem Schuldprinzip, 1998, S. 304; Geisler GA 2000, 166 (176); Rengier FS Roxin, 2001, 811 (816); Rengier StrafR BT II § 18 Rn. 7–9; Satzger JA 2006, 108 (112); Hardtung JuS 2008, 1064; eing. Pichler, Beteiligung an einer Schlägerei, 2010, S. 137; iE auch Hohmann in MüKoStGB Rn. 28; Wolters in SK-StGB Rn. 8a, die verlangen, dass die schwere Folge ein Indiz für die Gefährlichkeit der Schlägerei darstellt; → § 18 Rn. 8). Die schwere Folge kann jede beliebige Person, zB auch einen einschreitenden Polizeibeamten oder einen in Notwehr getöteten Angreifer (BGHSt 33, 100 = NJW 1985, 871; Montenbruck JR 1986, 138; Stree FS Schmitt, 1992, 215 (224); Eisele ZStW 110 (1998), 69 (87); aM Günther JZ 1985, 585; Henke Jura 1985, 585 (587); Rengier StrafR BT II § 18 Rn. 9; iE auch Eisele StrafR BT I Rn. 420, der wie bei § 223 eine „andere" Person verlangt; diff. Schulz StV 1986, 250; zw.), getroffen haben; Letzteres gilt auch dann, wenn der an der Schlägerei Beteiligte durch seine Notwehrhandlung selbst die objektive Bedingung der Strafbarkeit setzt (BGHSt 39, 305 = NJW 1993, 3337 mit zust. Bespr. Seitz NStZ 1994, 185; Stree JR 1994, 370; Wagner JuS 1995, 296; Geisler, Zur Vereinbarkeit objektiver Bedingungen der Strafbarkeit mit dem Schuldprinzip, 1998, S. 331; Zopfs Jura 1999, 172 (180); krit. aber Rönnau/Bröckers GA 1995, 549 (564); sa Saal, Die Beteiligung an einer Schlägerei, 2005, S. 70). Daher kann strafbar auch sein, wer durch seine eigene Verletzung die Anwendbarkeit des § 231 erst begründet (BGHSt 33, 100 = NJW 1985, 871; Stree JR 1994, 370; Zopfs Jura 1999, 172 (179); Hardtung JuS 2008, 1064; Küpper/Börner StrafR BT I Kap. I § 2 Rn. 57; aM Günther JZ 1985, 585; Henke Jura 1985, 585 (587); Rengier StrafR BT II § 18 Rn. 9; zw.) oder – wegen fortwirkender Gefährlichkeit seines Beitrags – wer sich schon **vor** Verursachung der Folge entfernt (BGHSt 14, 132 = NJW 1960, 874; BGH GA 1960, 213; aM Hellmann in Krey/Hellmann/Heinrich StrafR BT I Rn. 323; Welzel Dt. StrafR S. 297; zw.), umgekehrt aber mangels Gefahrrealisierung nicht, wer sich erst **nach** deren Verursachung beteiligt hat (aM BGHSt 16, 130 = NJW 1961, 1732; BGH NStZ-RR 2014, 179; Geisler, Zur Vereinbarkeit objektiver Bedingungen der Strafbarkeit mit dem Schuldprinzip, 1998, S. 337; Hohmann/Sander StrafR BT § 7 Rn. 40; Wessels/Hettinger/Engländer StrafR BT I Rn. 360; Zöller in Leipold/Tsambikakis/Zöller Rn. 10; wie hier Stree JuS 1962, 94; Satzger JA 2006, 108 (112); Hardtung JuS 2008, 1065; Rengier StrafR BT II § 18 Rn. 11; Wolters in SK-StGB Rn. 8; Paeffgen/Böse in NK-StGB Rn. 9; zusf. Zopfs Jura 1999, 172 (177 ff.); zum zeitlichen Verhältnis zwischen der Beteiligung und dem Eintritt der schweren Folge sa Saal, Die Beteiligung an einer Schlägerei, 2005, S. 47); die rein sprachliche Änderung der Vorschrift (Lesch JA 1998, 473 (474)) hat hier keine Klarstellung gebracht (Schumacher in Schlüchter, 6. StrRG, 1998, S. 49; Wolters JZ 1998, 397 (399)). Voraussetzung ist jedoch stets, dass die Schlägerei (der Angriff), aus der die Folge erwachsen ist, sich als dieselbe erweist, an der sich der Täter beteiligt hat; daran kann es namentlich bei mehreren aufeinander folgenden Schlägereien fehlen (BGH 25.4.1979 – 2 StR 143/79; Paeffgen/Böse in NK-StGB Rn. 11); außerdem aber auch, wenn sich der Täter aus einer Schlägerei von drei Personen entfernt; denn dann ist die anschließende, die schwere Folge verursachende Auseinandersetzung unter zwei Personen (→ Rn. 2) nicht mehr tatbestandsmäßig (OLG Köln NJW 1962, 1688).

5a **b)** Das Ausmaß der **schweren Folge** ist als solches für die Schwere der Tatschuld unerheblich (→ Vor § 13 Rn. 30). Es kann jedoch als Indiz für die Gefährlichkeit der Schlägerei (des Angriffs) bei der Strafzumessung zu Buch schlagen (Stree FS Schmitt, 1992, 215 (228)).

6 **6. Tateinheit** ua möglich mit § 125. Hat ein Beteiligter die schwere Folge (→ Rn. 5) gewollt oder sonst während der Schlägerei oder des Angriffs einen anderen getötet oder verletzt, so kommt auch Tateinheit mit §§ 211 ff., 223 ff. (zu § 223 a aF, jetzt § 224, BGHSt 33, 100 = NJW 1985, 871; zu § 227 BGH NStZ-RR 2009, 309; einschr. Montenbruck JR 1986, 138 (141); Stratenwerth/Kuhlen StrafR AT § 18 Rn. 14; Eisele StrafR BT I Rn. 408; aM Maurach/Schroeder/Maiwald/Hoyer/Momsen StrafR BT § 11 Rn. 12; Paeffgen/Böse in NK-StGB Rn. 22) in Frage.

18. Abschnitt. Straftaten gegen die persönliche Freiheit

Vorbemerkung

1 Zu den unterschiedlichen Rechtsgütern dieses Abschnitts Müller-Dietz in Ulsamer StrafR/StrafVerfR S. 681; Schroeder JuS 2009, 14; NStZ 2017, 320; zur (umstrittenen) Systematik der Freiheitsdelikte Maurach/Schroeder/Maiwald/Hoyer/Momsen StrafR BT § 12 Rn. 1–8; Otto StrafR BT § 26 Rn. 2–4; zur Notwendigkeit einer Reform Müller-Dietz in Ulsamer StrafR/StrafVerfR S. 690. Seit dem 37. StÄG beginnt der 18. BT-Abschnitt mit Strafvorschriften hinsichtlich des Menschenhandels, die in veränderter Gestalt die §§ 180b, 181 aF, aber auch Teile des § 234 betreffend Sklaverei und Leibeigenschaft übernehmen. Diese §§ 232 ff. sind durch das Gesetz zur Verbesserung der Bekämpfung des Menschenhandels v. 11.10.2016 (→ Vor § 1 Rn. 18) in Umsetzung der RL 2011/36/EG zur Verhütung und Bekämpfung des Menschenhandels strukturell neu gefasst und ausgeweitet worden (Begr. BT-Drs. 18/9095; näher zu den sich aus den EU-Vorgaben ergebenden Bestimmtheitsanforderungen Böse KriPoZ 2018, 16; zum Einfluss internationalen Rechts vgl. Petzsche in Matt/Renzikowski Rn. 7–17). **§ 232** transferiert inhaltlich die bisher in § 233 a aF platzierte „Förderung des Menschenhandels" vom Ende an den Anfang der Menschenhandels-Tatbestände, was der Tatsache entspricht, dass strukturell die in § 232 nF geregelten Handlungen denen der folgenden Tatbestände vorausgehen. Mit der neuen Überschrift „Menschenhandel" wird zugleich deutlich gemacht, dass nicht erst die Ausbeutung eines Menschenhandelsopfers den eigentlichen Menschenhandel darstellt, sondern bereits deren Beförderung usw, was sich am Sprachgebrauch der EU-Richtlinie orientiert (zum neuen Regelungskonzept Bürger JR 2017, 143; Petzsche in Jishkariani/Waßmer, Die Europäisierung des georgischen Wirtschaftsstrafrechts, 2017, S. 194). Weil damit § 233 a aF nicht mehr als tatbestandlich vertypte Beihilfe zu den §§ 232, 233 aF er-

scheint, sind die darauf bezogenen Probleme bei der Umsetzung von EU-Vorgaben (Brons, Binnendissonanzen im AT, 2014, S. 480–490) in formaler Hinsicht erledigt. Es bleibt freilich zu konstatieren, dass die strukturelle Umstellung von § 232 auf den Ausgangstatbestand der nachfolgenden §§ 232a ff. letztlich unverändert zu einer Vorverlagerung der Strafbarkeit führt (vgl. Brons, Binnendissonanzen im AT, 2014, S. 279–302). Überblicksbeiträge: Bürger ZIS 2017, 169; Petzsche KJ 2017, 236; Renzikowski KriPoZ 2017, 358. **In-Kraft-treten:** 15.10.2016. Ein neuer § 237 hat 2011 unter teilweiser Streichung von § 240 IV 2 Nr. 1 aF die „Zwangsheirat" erfasst. Das Phänomen‚**Stalking**' ist von § 238 als Nachstellung erfasst; dessen erstmalige Strafbewehrung 2007 wurde 2017 und 2021 jeweils erheblich weiter ausgedehnt; dadurch soll auch das sog. Cyber-Stalking besser erfasst werden. – Zum Schutz der mentalen Selbstbestimmung gegen „Neuroenhancement" wird ein neuer Straftatbestand vorgeschlagen (Merkel ZStW 121 (2009), 919 (951); krit. in der Diskussion Hilgendorf, Duttge und Hassemer, vgl. den Diskussionsbericht von Eidam/Gaede ZStW 121 (2009), 1000–1004; zu Enhancenments im Sport Heger in FS Merkel, 2020, 1245). Auch ein Straftatbestand zur Erfassung des „Mobbing", insbesondere des Cybermobbing (hierfür wie auch für Cyber-Stalking liegt der Vorschlag einer EU-Richtlinie vom 8.3.2022 vor; krit. zur EU-Kompetenz Heger KriPoZ 2022, 273 (275)), wird zunehmend gefordert (Schrader/Stork AiB 2010, 175 (180); abl. Fehr, Mobbing am Arbeitsplatz, 2007, S. 207; Knauer, Der Schutz der Psyche im Strafrecht, 2013, S. 241–250), doch bleibt abzuwarten, ob sich diese Vorschläge durchsetzen werden. De lege ferenda angesichts der Bestrafungspflicht aus der VN-Konvention gegen das Verschwindenlassen für die Schaffung eines eigenen Tatbestandes des Verschwindenlassens v. Braun/Diehl ZIS 2011, 214 (223). – Soweit die Freiheitsdelikte bereits jetzt (zB §§ 232ff.) oder in Zukunft (Cyber-Stalking, Cybermobbing) auch der Umsetzung von EU-Richtlinien dienen, ist stets auch an eine richtlinienkonforme Auslegung sowie bei Unklarheiten an eine Vorlage zum EuGH gem. Art. 267 AEUV zu denken.

§ 232 Menschenhandel

(1) [1]**Mit Freiheitsstrafe von sechs Monaten bis zu fünf Jahren wird bestraft, wer eine andere Person unter Ausnutzung ihrer persönlichen oder wirtschaftlichen Zwangslage oder ihrer Hilflosigkeit, die mit dem Aufenthalt in einem fremden Land verbunden ist, oder wer eine andere Person unter einundzwanzig Jahren anwirbt, befördert, weitergibt, beherbergt oder aufnimmt, wenn**

1. **diese Person ausgebeutet werden soll**
   a) **bei der Ausübung der Prostitution oder bei der Vornahme sexueller Handlungen an oder vor dem Täter oder einer dritten Person oder bei der Duldung sexueller Handlungen an sich selbst durch den Täter oder eine dritte Person,**
   b) **durch eine Beschäftigung,**
   c) **bei der Ausübung der Bettelei oder**
   d) **bei der Begehung von mit Strafe bedrohten Handlungen durch diese Person,**
2. **diese Person in Sklaverei, Leibeigenschaft, Schuldknechtschaft oder in Verhältnissen, die dem entsprechen oder ähneln, gehalten werden soll oder**
3. **dieser Person rechtswidrig ein Organ entnommen werden soll.**

[2]**Ausbeutung durch eine Beschäftigung im Sinne des Satzes 1 Nummer 1 Buchstabe b liegt vor, wenn die Beschäftigung aus rücksichtslosem Gewinnstreben zu Arbeitsbedingungen erfolgt, die in einem auffälligen Missverhältnis zu den Arbeitsbedingungen solcher Arbeitnehmer stehen, welche der gleichen oder einer vergleichbaren Beschäftigung nachgehen (ausbeuterische Beschäftigung).**

(2) **Mit Freiheitsstrafe von sechs Monaten bis zu zehn Jahren wird bestraft, wer eine andere Person, die in der in Absatz 1 Satz 1 Nummer 1 bis 3 bezeichneten Weise ausgebeutet werden soll,**
1. **mit Gewalt, durch Drohung mit einem empfindlichen Übel oder durch List anwirbt, befördert, weitergibt, beherbergt oder aufnimmt oder**
2. **entführt oder sich ihrer bemächtigt oder ihrer Bemächtigung durch eine dritte Person Vorschub leistet.**

(3) [1]**In den Fällen des Absatzes 1 ist auf Freiheitsstrafe von sechs Monaten bis zu zehn Jahren zu erkennen, wenn**
1. **das Opfer zur Zeit der Tat unter achtzehn Jahren alt ist,**
2. **der Täter das Opfer bei der Tat körperlich schwer misshandelt oder durch die Tat oder eine während der Tat begangene Handlung wenigstens leichtfertig in die Gefahr des Todes oder einer schweren Gesundheitsschädigung bringt oder**
3. **der Täter gewerbsmäßig handelt oder als Mitglied einer Bande, die sich zur fortgesetzten Begehung solcher Taten verbunden hat.**

[2]**In den Fällen des Absatzes 2 ist auf Freiheitsstrafe von einem Jahr bis zu zehn Jahren zu erkennen, wenn einer der in Satz 1 Nummer 1 bis 3 bezeichneten Umstände vorliegt.**

(4) **In den Fällen der Absätze 1, 2 und 3 Satz 1 ist der Versuch strafbar.**

Fassung des MenschenhandelsbekG (→ Vor § 1 Rn. 18).

1 **1.** Die Vorschrift übernimmt im Wesentlichen den Regelungsgehalt von § 233a aF (→ Vor § 232 Rn. 1) und schützt die **Selbstbestimmung** und damit die **Handlungsfreiheit** der Betroffenen, über ihren Arbeitseinsatz selbst zu disponieren (Fischer Rn. 2a), sowie deren **Vermögen** iSd durch die drohende Ausbeutung geminderten Gewinnchancen (Schroeder NStZ 2017, 320f.). Die **Freiheit sexueller Selbstbestimmung** ist demgegenüber nachrangig (geschützt wird diese bei der Ausbeutung von Prostituierten gem. § 180a); dafür spricht auch die Platzierung im 18. BT-Abschnitt. Bei der neu aufgenommenen Absicht rechtswidriger Organentnahme wird die **Gesundheit** geschützt. Strukturell handelt es sich zudem nicht mehr – wie bei § 232 aF – um ein echtes Erfolgsdelikt. Zwar ist der objektive Tatbestand mit der Tathandlung (→ Rn. 3), dh dem Anwerben usw der Person, vollendet, doch muss zugleich eine der in S. 1 Nr. 1–3 genannten Ausbeutungssituationen bevorstehen. Da es insoweit nicht auf die Absicht des Täters ankommt, liegt kein kupiertes Erfolgsdelikt mit überschießender Innentendenz vor; vielmehr handelt es sich der Sache nach – auch wenn der Gesetzgeber nicht von „Gefahr" spricht – um ein **konkretes Gefährdungsdelikt,** bei dem die Tathandlung die konkrete Gefahr einer Ausbeutung in sich trägt (aM Renzikowski in MüKoStGB Rn. 3: abstraktes Gefährdungsdelikt). Zu der Ausbeutung muss es daher nicht kommen; kommt es dazu, ist überdies eine Strafbarkeit nach §§ 232a ff. denkbar.

2. Abs. 1 erfasst als Menschenhandel bestimmte enumerativ aufgezählte Tathandlungen gegenüber bestimmten Tatopfern. 2

a) Anwerben setzt das vom Täter, von dem die Initiative ausgehen muss (Eisele in Schönke/Schröder Rn. 22), durch psychische Einwirkung erreichte (dazu BGH NStZ 1992, 434 zu § 181 aF) Einvernehmen mit der angeworbenen Person voraus, wonach diese sich verpflichtet fühlt, bestimmte Tätigkeiten nach Anweisung des Anwerbers auszuführen (BGHSt 42, 179 = NJW 1996, 2875 zu § 181 aF; Eisele in Schönke/Schröder Rn. 22; Noltenius/Wolters in SK-StGB Rn. 7; Fischer Rn. 25; Renzikowski in MüKoStGB Rn. 44). Nicht ausreichend ist das unbestimmte Inaussichtstellen, eine Arbeitsstelle zu besorgen. **Befördern** meint das Transportieren einer Person, wobei deren Ortswechsel vom Täter verursacht sein muss (Noltenius/Wolters in SK-StGB Rn. 8); die bloße Organisation des Transports reicht nicht (Eisele in Schönke/Schröder Rn. 23; Renzikowski in MüKoStGB Rn. 46). **Weitergeben** ist die kontrollierte Weitergabe einer Person an einen Dritten zur weiteren Beförderung/Verwendung (Fischer Rn. 25). Auch ein Tausch oder die Weitergabe der Kontrolle ohne Ortswechsel ist erfasst (Eisele in Schönke/Schröder Rn. 24 „rahmenbeschlusskonforme Auslegung"), etwa durch Übergabe der Ausweispapiere (Noltenius/Wolters in SK-StGB Rn. 9) oder eine Vermittlung über das Darknet (Petzsche in Matt/Renzikowski Rn. 22). **Beherbergen** ist das tatsächliche Gewähren von Unterkunft (Eisele in Schönke/Schröder Rn. 25; Renzikowski in MüKoStGB Rn. 48), das von einer gewissen Dauer sein muss (Noltenius/Wolters in SK-StGB Rn. 10; zT abweichend Fischer Rn. 25; aM Renzikowski in MüKoStGB Rn. 48; Zimmermann in Satzger/Schluckebier/Widmaier Rn. 7). **Aufnehmen** ist die Empfangnahme des Opfers (BT-Drs. 18/9095, 24; Renzikowski in MüKoStGB Rn. 49; Eisele in Schönke/Schröder Rn. 26; enger Fischer Rn. 25). 3

b) Die Tathandlungen müssen sich beziehen entweder auf eine **Person, deren Zwangslage oder Hilfsbedürftigkeit ausgenutzt** wird, oder auf eine **Person unter einundzwanzig Jahren,** dh eine Person, die zu Beginn der Tathandlung (vgl. § 8) das 21. Lebensjahr noch nicht erreicht hat. Letztere Alternative ist durch die EU-Vorgaben nicht gedeckt, da diese nur einen Schutz von unter 18-jährigen Personen gebieten (Zimmermann in Satzger/Schluckebier/Widmaier StGB Vor § 232 Rn. 5), sondern hat historische Gründe (Renzikowski in MüKoStGB Rn. 2). Diese nationale Übererfüllung ist aber nicht problematisch (krit. aber Petzsche KJ 2017, 236 (241) unter Hinweis auf den systematischen Widerspruch zum Sexualstrafrecht), weil angesichts der intendierten illegalen Handlungen (Ausbeutung usw) letztlich die Arbeitnehmerfreizügigkeit innerhalb der EU (Art. 45 AEUV) dadurch nicht verletzt wird (anders als durch § 232a I Nr. 1). 4

aa) **Zwangslage** ist eine ernste persönliche oder wirtschaftliche, nicht notwendig existenzgefährdende, Bedrängnis (ähnlich Eisele in Schönke/Schröder Rn. 14; Noltenius/Wolters in SK-StGB Rn. 13; Fischer Rn. 5), die die Entscheidungsfreiheit des von ihr betroffenen Opfers deutlich vermindert (BGHSt 42, 399 = NJW 1997, 1590; Böse in NK-StGB Rn. 11). Es müssen aber gravierende, das Maß der für Personen im Alter und in der Situation Jugendlicher deutlich übersteigende Umstände vorliegen, die geeignet sind, die Entscheidungsmöglichkeiten des Opfers über sein sexuelles Verhalten einzuschränken (BGH NStZ-RR 2008, 238). Arbeits- oder Wohnungslosigkeit kann reichen, ebenso die Furcht vor Abschiebung, nicht aber schlechte soziale Verhältnisse (zB im Heimatland) und dringendes Geld- und Sachbedürfnis, auch nicht bloßes Verbringen zu einem Waldstück (BGH NStZ-RR 2008, 238). Die Zwangslage muss nicht objektiv bestehen, es reicht, wenn sie 5 das Opfer subjektiv empfindet (Gössel SexualstrafR § 5 Rn. 41; Eisele in Schönke/Schröder Rn. 15; Bürger JR 2017, 143 (144); einschr. Fischer Rn. 5). Gleichgültig ist, ob sie vom Opfer verschuldet oder von ihm vermeidbar war (Renzikowski in MüKoStGB Rn. 37).

6 bb) **Hilflosigkeit,** die mit dem Aufenthalt des Opfers in einem fremden Land verbunden ist. Hilflosigkeit liegt vor, wenn das Opfer in der konkreten Lage nach seinen persönlichen Fähigkeiten nicht imstande ist, sich dem Ansinnen der ihm unerwünschten (sexuellen) Betätigung aus eigener Kraft zu entziehen (ebenso Gössel SexualstrafR § 5 Rn. 42). Sie muss spezifisch darauf beruhen, dass sich das Opfer in einem **fremden Land,** zB als Ausländer in der Bundesrepublik, aufhält und gerade deswegen besonderen Schwierigkeiten wie etwa Sprachunkenntnis oder Unkenntnis der Lebensverhältnisse (BGHSt 45, 158 = NJW 1999, 3275; BGH NStZ 1999, 349; NStZ-RR 2004, 233, alle zu § 180b II aF; Schroeder JZ 1995, 231 (233)) ausgesetzt wird. Das Opfer muss sich zum Zeitpunkt der Tathandlung im Zustand der Hilflosigkeit befinden (Fischer Rn. 4, 8).

7 cc) **Unter Ausnutzung.** Die Zwangslage oder Hilflosigkeit wird ausgenutzt, wenn sie nach den Umständen die jeweilige Tathandlung ermöglicht oder erleichtert und der Täter die dadurch gebotene Gelegenheit wahrnimmt (→ § 182 Rn. 5; ebenso Eisele in Schönke/Schröder Rn. 17; Renzikowski in MüKoStGB Rn. 40). Das (spätere) Herbeiführen der Zwangslage oder Hilflosigkeit kann uU eine Versuchsstrafbarkeit nach Abs. 4 begründen (Petzsche in Matt/Renzikowski Rn. 28). Das Ausnutzen muss im Gegensatz zum bisherigen Recht, wo in § 180b I aF die „Kenntnis einer Zwangslage" ausreichte, objektiv vorliegen (Schroeder NJW 2005, 1393 (1395); Fischer Rn. 8).

8 **c)** Als weiteres Tatbestandsmerkmal erforderlich ist, dass das vom Täter aufgenommene usw Opfer währenddessen oder danach iSd Nr. 1–3 durch den **Täter** selbst oder **einen Dritten** ausgebeutet usw werden soll.

9 aa) **Nr. 1: Ausbeuten** (→ § 181a Rn. 3) meint die wirtschaftliche Ausbeutung (BT-Drs. 15/4048, 12; Gössel SexualstrafR § 5 Rn. 39); es reicht nicht schon das bloß eigennützige Ausnutzen, sondern verlangt, dass der Täter oder ein Dritter grob unverhältnismäßig an der Leistung des Opfer verdient, zB durch Abkassieren von 50% der Einnahmen (BT-Drs. 18/9095, 26; ähnlich Renzikowski in MüKoStGB Rn. 54; Noltenius/Wolters in SK-StGB Rn. 18).

Ausbeutungsformen: Buchst. a: Zur **Ausübung der Prostitution** (→ § 180a Rn. 1a); angesichts des nunmehr auch hierfür geforderten Ausbeutens sind die Bedenken in Bezug auf das Verhältnis zu den Wertungen des ProstG hinfällig. **Sexuelle Handlungen** (→ § 184h Rn. 2–6). Nach der Vorstellung des Gesetzgebers soll der Hauptanwendungsbereich bei Peepshows und der Herstellung pornographischer Darstellungen, aber auch beim „Heiratsschwindel" (BT-Drs. 15/3045, 8; BT-Drs. 15/4048, 12) sowie bei der „Vermietung" von Kindern zum sexuellen Missbrauch liegen (BT-Drs. 18/9095, 27). **Buchst. b: Durch eine Beschäftigung,** dh durch ein auch bloß faktisches Arbeitsverhältnis (Fischer Rn. 12); Legaldefinition für ein **ausbeuterisches Beschäftigungsverhältnis** in **S. 2,** die § 15a AÜG und § 291 I 1 (→ § 291 Rn. 3) entspricht (BT-Drs. 18/9095, 27). Das als korrektiv gedachte zusätzliche Merkmal des rücksichtslosen Gewinnstrebens (BT-Drs. 18/9095, 28), scheint überflüssig (vgl. Petzsche in Matt/Renzikowski Rn. 35). Tatsächlich selbständige Beschäftigungen unterfallen § 232 nicht (anders als in § 291), auch wenn das Missverhältnis nicht weniger auffällig ist (Fischer Rn. 14). **Buchst. c: bei der Ausübung der Bettelei,** einer auf das Sammeln von

Zuwendungen geldwerter Art in der Öffentlichkeit gerichteten Tätigkeit (Fischer Rn. 18). **Buchst. d: bei der Begehung von strafbaren Handlungen** als in objektiver Hinsicht Tatbeteiligter (§§ 25–27), wobei es einschränkend aufgrund der systematischen Zusammenschau einer gewissen Dauer der Beziehung bedarf (Petzsche KJ 2017, 236 (242); Renzikowski KriPoZ 2017, 358 (361); Zimmermann in Satzger/Schluckebier/Widmaier StGB Vor § 232 Rn. 29); fehlende Strafmündigkeit (§ 14) oder Entschuldigungsgründe (zB Nötigungsnotstand) stehen nicht entgegen (BT-Drs. 18/9095, 29).

bb) **Nr. 2: Sklaverei und Leibeigenschaft** – bisher in § 233 I aF erfasst – sind iSd Übereinkommens über die Sklaverei v. 25. 9. 1926 idF des Zusatzübereinkommens über die Sklaverei v. 25. 9. 1926 idF des Änderungsprotokolls v. 7. 12. 1953 (BGBl. 1972 II 1473) und des Zusatzübereinkommens über die Abschaffung der Sklaverei, des Sklavenhandels und sklavereiähnlicher Einrichtungen und Praktiken v. 7. 9. 1956 (BGBl. 1958 II 203) zu verstehen. In Sklaverei oder Leibeigenschaft kann in der Bundesrepublik niemand gebracht oder gehalten werden; in Frage kommen nur ausländische Rechtsordnungen, die die Rechtsstellung eines Sklaven oder Leibeigenen – sei es auch nur in Form behördlicher Duldung – noch kennen (BGHSt 39, 212 = NJW 1993, 2252 zu § 234 aF). **Schuldknechtschaft** meint ein Abhängigkeitsverhältnis, bei dem der Gläubiger die Arbeitskraft des Schuldners über Jahre oder Jahrzehnte mit dem Ziel ausbeutet, dass tatsächlich bestehende oder vermeintliche Schulden abgetragen werden (BT-Drs. 15/3045, 9; ähnlich Eisele in Schönke/Schröder Rn. 49, der von einer „Verpfändung" der Dienstleistung spricht). Zwischen der Arbeitsleistung und dem Entgelt muss ein ausbeuterisches Missverhältnis bestehen. Als Beispiel wird das Einbinden in eine sog. „Drückerkolonne" genannt (Fischer Rn. 22); auch die Bereiche „Schleuserkriminalität" und „Arbeitsmigration" sind erfasst (näher Eydner NStZ 2006, 10 (11), der den „Angriff auf die Rechtspersönlichkeit des Opfers" betont, S. 12). **Verhältnisse, die dem entsprechen oder ähneln,** sind solche, bei denen die genannte ausbeuterische Situation bloß faktisch eintritt (BT-Drs. 18/9095, 29). 10

cc) **Nr. 3: Rechtswidrige Organentnahme** meint neben Entnahmen gegen den Willen des Opfers auch solche, die unter dem Druck von dessen Zwangslage entgegen den Regelungen des TPG vorgenommen werden (Fischer Rn. 25; Zimmermann in Satzger/Schluckebier/Widmaier StGB Vor § 232 Rn. 12). 11

3. Abs. 1 verlangt **Vorsatz,** bedingter genügt grds. (Fischer Rn. 26; Bürger ZIS 2017, 169 (172)). In S. 1 ist zwar eine Kenntnis der Schwächesituation – Zwangslage, Hilflosigkeit – nicht mehr gefordert (→ Rn. 7), doch muss der Täter die sie begründenden Umstände erfassen (Noltenius/Wolters in SK-StGB Rn. 32; Eisele in Schönke/Schröder Rn. 55); „unter Ausnutzung" erfordert dann aber nur bedingten Vorsatz (Fischer Rn. 26). Bei Alt. 2 muss der Täter das Alter des Opfers kennen; geht er irrtümlich von einem noch nicht 21-jährigen Opfer aus, ist untauglicher (nach Abs. 4 strafbarer) Versuch gegeben (Eisele in Schönke/Schröder Rn. 55; Renzikowski in MüKoStGB Rn. 50). Hinsichtlich der Ausbeutungszwecke usw spricht deren objektive Fassung zwar ebenfalls für ein Genügenlassen von bedingtem Vorsatz (so Fischer Rn. 26), doch kann es nicht genügen, wenn der Täter bei seinen teils neutralen Tathandlungen (zB Beherbergen einer 20-jährigen Person) bloß für möglich hält, dass diese durch einen Dritten ausgebeutet werden soll; deshalb ist insoweit sicheres Wissen zu fordern (Bürger ZIS 2017, 169 (173); Renzikowski KriPoZ 2017, 358 (359); Zimmermann in Satzger/Schluckebier/Widmaier StGB Vor § 232 Rn. 6). 12

13 **4. Abs. 2** ist ein eigener **(Grund-)Tatbestand** (keine Qualifikation, unzutr. Fischer Rn. 28), der zwei Tatbestandsvarianten enthält. – Hinsichtlich des Vorsatzes gilt das zu Abs. 1 Gesagt (→ Rn. 12) entsprechend; für Nr. 2 ist beim Entführen und Sochbemächtigen ein bloß bedingter Vorsatz kaum denkbar (Petzsche in Matt/Renzikowski Rn. 49).

14 **a) Nr. 1** erfasst die Tathandlungen des Abs. 1, wenn sie mit **Gewalt** (→ § 240 Rn. 8 ff.), durch **Drohung** mit einem empfindlichen Übel (→ § 240 Rn. 31 ff.) oder durch **List** (→ § 234 Rn. 2; hierfür ist allein das Schaffen eines Anreizes (Vorspiegeln von schulden und Krankheit) nicht ausreichend, BGH BeckRS 2020, 23516) begangen werden, ohne Rücksicht auf Hilfsbedürftigkeit oder Alter der betroffenen Person. Damit sollen sog. Loverboy-Fälle erfasst werden, in denen ein über 21-jähriges Opfer im Versprechen gemeinsamer Zukunft nach Deutschland gelockt und dann hier zur Prostitution veranlasst werden soll (BT-Drs. 18/9095, 30).

15 **b) Nr. 2** erfasst das **Entführen** (→ § 239 a Rn. 3) oder **Sich-Bemächtigen** (→ § 239 a Rn. 3) gegenüber einer Person iSd Nr. 1 sowie **Vorschubleisten** hierzu. **Vorschubleisten** (vgl. zunächst → § 180 Rn. 4) setzt die Schaffung günstigerer Bedingungen für ein Entführen oder Sich-Bemächtigen voraus, wie etwa in Form eines Zuführens mittels List oder durch organisatorische Unterstützung, doch muss zur Abgrenzung von einer bloßen Beihilfe zur Tat des Unterstützen ein täterschaftliches Vorschubleisten in seinem Gewicht einem eigenständigen Sich-Bemächtigen zumindest nahe kommen (Fischer Rn. 30).

16 **5. Abs. 3** enthält drei **Qualifikationstatbestände für Abs. 1 (S. 1) und Abs. 2 (S. 2). Nr. 1** schützt Kinder und Jugendliche, also Personen unter 18 Jahren. Wie bei Abs. 1 kommt es nicht auf die Ausnutzung einer Zwangslage oder Hilflosigkeit an (Fischer Rn. 22). **Nr. 2:** Schwere körperliche Misshandlung (→ § 250 Rn. 4); Bringen in Todesgefahr (→ § 250 Rn. 3, 4) oder in die Gefahr einer schweren Gesundheitsschädigung (→ § 177 Rn. 25), wobei Vorsatz hinsichtlich der Gefahr auch angesichts der sprachlichen Parallele zu § 306 b II Nr. 1 (→ § 306 b Rn. 3) erforderlich ist (Fischer Rn. 33; Petzsche in Matt/Renzikowski Rn. 54; aA Renzikowski in MüKoStGB Rn. 97; Valerius in BeckOK StGB Rn. 49 – str.; zum Gefährdungsvorsatz → § 15 Rn. 28). **Nr. 3:** gewerbsmäßige (→ Vor § 52 Rn. 20; dabei muss sich die Wiederholungsgefahr auf den Tatbestand beziehen, der durch das Merkmal der Gewerbsmäßigkeit qualifiziert ist, BGH NStZ-RR 2018, 375 (376)) oder bandenmäßige (→ § 244 Rn. 6–10) Begehung (vgl. BGH StraFo 2008, 477); auf beide Merkmale ist § 28 II anzuwenden (→ § 28 Rn. 9; BGH StraFo 2009, 429; BeckRS 2020, 23516; Noltenius/Wolters in SK-StGB Rn. 46; aM für die bandenmäßige Begehung Eisele in Schönke/Schröder Rn. 74).

17 **6. Abs. 4: Versuch** der Taten nach Abs. 1, 2, 3 S. 1 ist strafbar. Für Abs. 3 S. 2 ergibt sich die Versuchsstrafbarkeit aus dessen Verbrechenscharakter.

18 **7. Konkurrenzen:** Verwirklicht der Täter mehrere Alternativen von Abs. 1 und 2 oder Abs. 3, so liegt nur eine Tat vor. Tateinheit wegen teilidentischer Ausführungshandlungen kommt bei mehreren Taten zum Nachteil verschiedener Opfer in Betracht (Pfister NStZ-RR 2005, 361 (366); ebenso bei nur einer Handlung, BGH NStZ-RR 2004, 233). §§ 232 a, 232 b, 233 a konsumieren täterschaftliches Handeln nach § 232 (anderes kann jedoch für eine Beihilfe gelten s. Renzikowski in MüKoStGB Rn. 109). Tateinheit ist ua möglich mit §§ 176, 177, 180 II, 180 a, 181 a, 291 I Nr. 3 (Renzikowski in MüKoStGB Rn. 110).

8. Weltrechtsgrundsatz § 6 Nr. 4; Führungsaufsicht § 233b. Anzeigepflicht § 138 I Nr. 6 beschränkt auf Abs. 3 S. 2. Für das Opfer s. auch § 154c II StPO. 19

§ 232a Zwangsprostitution

(1) **Mit Freiheitsstrafe von sechs Monaten bis zu zehn Jahren wird bestraft, wer eine andere Person unter Ausnutzung ihrer persönlichen oder wirtschaftlichen Zwangslage oder ihrer Hilflosigkeit, die mit dem Aufenthalt in einem fremden Land verbunden ist, oder wer eine andere Person unter einundzwanzig Jahren veranlasst,**
1. die Prostitution aufzunehmen oder fortzusetzen oder
2. sexuelle Handlungen, durch die sie ausgebeutet wird, an oder vor dem Täter oder einer dritten Person vorzunehmen oder von dem Täter oder einer dritten Person an sich vornehmen zu lassen.

(2) **Der Versuch ist strafbar.**

(3) **Mit Freiheitsstrafe von einem Jahr bis zu zehn Jahren wird bestraft, wer eine andere Person mit Gewalt, durch Drohung mit einem empfindlichen Übel oder durch List zu der Aufnahme oder Fortsetzung der Prostitution oder den in Absatz 1 Nummer 2 bezeichneten sexuellen Handlungen veranlasst.**

(4) **In den Fällen des Absatzes 1 ist auf Freiheitsstrafe von einem Jahr bis zu zehn Jahren und in den Fällen des Absatzes 3 auf Freiheitsstrafe nicht unter einem Jahr zu erkennen, wenn einer der in § 232 Absatz 3 Satz 1 Nummer 1 bis 3 bezeichneten Umstände vorliegt.**

(5) **In minder schweren Fällen des Absatzes 1 ist auf Freiheitsstrafe von drei Monaten bis zu fünf Jahren zu erkennen, in minder schweren Fällen der Absätze 3 und 4 auf Freiheitsstrafe von sechs Monaten bis zu zehn Jahren.**

(6) [1]**Mit Freiheitsstrafe von drei Monaten bis zu fünf Jahren wird bestraft, wer an einer Person, die Opfer**
1. eines Menschenhandels nach § 232 Absatz 1 Satz 1 Nummer 1 Buchstabe a, auch in Verbindung mit § 232 Absatz 2, oder
2. einer Tat nach den Absätzen 1 bis 5

geworden ist und der Prostitution nachgeht, gegen Entgelt sexuelle Handlungen vornimmt oder von ihr an sich vornehmen lässt und dabei deren persönliche oder wirtschaftliche Zwangslage oder deren Hilflosigkeit, die mit dem Aufenthalt in einem fremden Land verbunden ist, ausnutzt. [2]**Verkennt der Täter bei der sexuellen Handlung zumindest leichtfertig die Umstände des Satzes 1 Nummer 1 oder 2 oder die persönliche oder wirtschaftliche Zwangslage des Opfers oder dessen Hilflosigkeit, so ist die Strafe Freiheitsstrafe bis zu drei Jahren oder Geldstrafe.** [3]**Nach den Sätzen 1 und 2 wird nicht bestraft, wer eine Tat nach Satz 1 Nummer 1 oder 2, die zum Nachteil der Person, die nach Satz 1 der Prostitution nachgeht, begangen wurde, freiwillig bei der zuständigen Behörde anzeigt oder freiwillig eine solche Anzeige veranlasst, wenn nicht diese Tat zu diesem Zeitpunkt ganz oder zum Teil bereits entdeckt war und der Täter dies wusste oder bei verständiger Würdigung der Sachlage damit rechnen musste.**

Fassung: Durch G zur besseren Erfassung von Nachstellungen u. a. wurde zum 1.10.2021 in Abs. 6 ein neuer S. 2 eingefügt und S. 3 erweitert.

1 **1.** Die Vorschrift entspricht inhaltlich weitgehend dem bisherigen § 232 aF (BT-Drs. 18/9095, 32; zu der Reformbedürftigkeit Eisele KriPoZ 2017, 330); ist eine Tat erst nach Inkrafttreten der Neuregelnug beendet, bestimmt sich die Strafbarkeit gem. § 2 II (→ Rn. 2) einheitlich nach der neuen Fassung (BGH StraFo 2020, 127). Neu dazugekommen ist die Freierbestrafung in Abs. 6 (dazu Hofmann NKrim 2018, 180; Ofasu-Ayeh ZJS 2020, 109; zum Strafbedürfnis Merk ZRP 2006, 250). Geschützt wird die **sexuelle Selbsbestimmung** (BT-drs. 18/9095; Schroeder NStZ 2017, 320 (321); Renzikowski in MüKoStGB Rn. 1). Es handelt sich (anders als bei § 232 (→ § 232 Rn. 1)) um ein **Erfolgsdelikt.**

2 **2. Abs. 1** bildet einen Grundtatbestand mit zwei Alternativen: Veranlassen zur Prostitution (Nr. 1) oder zu sexuellen Handlungen (Nr. 2); beides muss unter bestimmten Umständen geschehen, die wiederum alternativ vorliegen bei Ausnutzung einer Zwangslage oder einer bestimmten Hilflosigkeit (→ § 232 Rn. 4ff.) bzw. bei einem unter 21-jährigen Opfer (→ § 232 Rn. 4).

3 **a) Veranlassen** ersetzt das Dazubringen als das bisherige „Grundmerkmal" von § 232 I aF (Schroeder NJW 2005, 1393 (1395)), welches weiter als ein Bestimmen (BT-Drs. 15/3045, 8) und weniger streng als das gebräuchliche, eine intensive Einflussnahme und Hartnäckigkeit voraussetzende Einwirken (BGH NStZ-RR 2005, 234; StraFo 2010, 210; Schroeder NJW 2005, 1393 (1394)) zu verstehen war, so dass eben Veranlassen ausreichen sollte (BT-Drs. 15/3045, 8; Fischer Rn. 8). Die Mittel der Veranlassung sind beliebig. Es ist weder eine unmittelbare Einwirkung auf den Willen noch überhaupt eine kommunikative Beziehung zum Opfer erforderlich (aM Renzikowski KriPoZ 2017, 358 (362); Renzikowski in MüKoStGB Rn. 23). Es reicht jede tatsächliche Erleichterung für die Zuwendung zur Prostitution oder zu sexuellen Handlungen. Beispielhaft seien hervorgehoben: Drängen, Überreden, aber auch schlichte Angebote oder die Vermittlung an einen Prostitutionsbetrieb (BGH NStZ-RR 2005, 234); selbst mittelbare suggestive Steuerung, zB durch Wegnahme von Reisedokumenten reicht (Eisele in Schönke/Schröder Rn. 17). Ein Veranlassen scheidet aus bei schon zur Prostitution oder zu sexuellen Handlung Entschlossenen (OLG Hamm NStZ-RR 2010, 279; Noltenius/Wolters in SK-StGB Rn. 13) und bei fehlender Verknüpfung von Zwangslage oder Hilflosigkeit mit dem Einwirkungserfolg (BGH StraFo 2010, 210; Eisele in Schönke/Schröder Rn. 20, eigenverantwortliche Entscheidung des Opfers zB nach Beendigung der Zwangslage; ähnlich Fischer Rn. 12); erforderlich ist schließlich, dass der Täter das Angebot an bestimmte Personen heranträgt und nicht nur allgemein verlautbart (OLG Hamm NStZ-RR 2010, 279). Die Weite des Veranlassens provoziert Konflikte mit den Wertungen des ProstG (→ Vor § 174 Rn. 4; vgl. auch Stehen StV 2007, 665; allg. zu Wertungswidersprüchen zum Sexualstrafrecht Eisele KriPoZ 2017, 330), die beim Bringen zur Prostitution nicht durch das dort nicht vorausgesetzte Ausbeuten ausgeräumt werden (anders Eisele in Schönke/Schröder Rn. 19; → Rn. 4).

4 **b) Bringen zur Prostitution oder sexuellen Handlungen**

aa) Zur Aufnahme oder Fortsetzung **der Prostitution. Prostitution** (→ § 180a Rn. 1a) – **Aufnahme** setzt voraus, dass das Opfer noch unentschlossen ist (BGH StraFo 2007, 340; OLG Hamm NStZ-RR 2010, 279; Eisele in Schönke/Schröder

Rn. 11, 19; Fischer Rn. 3); auch eine Wiederaufnahme nach Beendigung einer früheren Prostitutionsausübung reicht (Gössel SexualstrafR § 5 Rn. 36). **Fortsetzung** verlangt, dass die ausgeübte Tätigkeit mindestens in derselben Intensität aufrechterhalten bleibt; sie ist erst recht gegeben, wenn der Täter das Opfer zu einer intensiveren Form der Prostitutionsausübung bringt (Eisele in Schönke/Schröder Rn. 11; Noltenius/Wolters in SK-StGB Rn. 13; Fischer Rn. 4; zu § 180b aF BGHSt 42, 179 (181) = NJW 1996, 2875). Ebenfalls erfasst ist, wenn das Opfer von einer qualitativ oder quantitativ weniger intensiven Form abgehalten wird (BGH BeckRS 2020, 23516 Rn. 15). Die Änderung von Art, Ort oder Umfang der Tätigkeit genügt nur, wenn sie zu verschlechterten Ausübungsbedingungen führt. Nur ausnahmsweise reicht eine Verringerung des Umfangs der Tätigkeit dann, wenn sie einem Opfer „gebracht" wird, das ganz aufhören wollte (Fischer Rn. 5). Eine Ausbeutung wird hier vom Gesetz nicht verlangt (Noltenius/Wolters in SK-StGB Rn. 9; Fischer Rn. 5b). Daraus ergeben sich Konflikte mit den Wertungen des ProstG; das dort legalisierte Anwerben zur Prostitution kann nicht ohne Widerspruch in der Gesamtrechtsordnung kriminalisiert werden (vgl. Fischer Rn. 13; daher mit Recht für eine restriktive Auslegung von „veranlassen", Petzsche in Matt/Renzikowski Rn. 12). Das Ausnutzen einer Zwangslage oder Hilflosigkeit ist allerdings ein Umstand, der das Bringen zur Prostitution vom normalen Anwerben abhebt; zumindest für das Anwerben von 18- bis 20-Jährigen, für die es ja auf ein Ausnutzen nicht ankommt, kann dies aber eine Strafbarkeit nicht begründen.

bb) **Sexuelle Handlungen** (→ § 184h Rn. 2–6). Erfasst wird in verschiedenen Varianten das Bringen zum Vornehmen und Vornehmenlassen, wobei nicht nur wie öfter auf den Dritten, sondern auch auf den Täter abgestellt wird (BT-Drs. 15/3045, 8). Nach der Vorstellung des Gesetzgebers soll der Hauptanwendungsbereich bei Peepshows und der Herstellung pornographischer Darstellungen, aber auch beim „Heiratsschwindel" liegen (BT-Drs. 15/3045, 8; BT-Drs. 15/4048, 12; krit. Schroeder NJW 2005, 1393 (1394)). Unverändert missverständlich ist das „durch"; es meint nicht „mittels", sondern Ausbeutung der Handlungen (Schroeder GA 2005, 307; Fischer Rn. 9).

3. Abs. 1 verlangt **Vorsatz,** bedingter genügt (Fischer Rn. 15). Kenntnis der 5
Schwächesituation – Zwangslage, Hilflosigkeit – ist zwar nicht gefordert, doch muss der Täter die sie begründenden Umstände erfassen (Noltenius/Wolters in SK-StGB Rn. 18; Eisele in Schönke/Rn. 21). Veranlassen verlangt Absicht im Sinne zielgerichteten Wollens (→ Vor § 15 Rn. 20), „unter Ausnutzung" sicheres Wissen (Fischer Rn. 16; Gössel SexualstrafR § 5 Rn. 44).

4. Versuch der Taten nach Abs. 1 ist nach **Abs. 2** strafbar; für Abs. 3 und 4 er- 6
gibt sich dies aus deren Verbrechenscharakter (§ 23 I); nicht strafbar ist der Versuch von Abs. 6. Er beginnt mit Handlungen des Täters, die unmittelbar zum Erfolg des Dazubringens führen sollen. Vollendet ist die Tat mit dem Beginn der Ausübung der Prostitution oder des Ausführens einer sexuellen Handlung (Eisele in Schönke/Schröder Rn. 23). Da es sich nicht um ein Dauerdelikt handelt, schließt sich an den Erfolgseintritt bzw. die Vollendung **keine Beendigungsphase,** etwa bis zum Aufgeben der Prostitutionsausübung, an (Eisele in Schönke/Schröder Rn. 23; Fischer Rn. 24; aM Böse in NK-StGB § 232 aF Rn. 26).

5. Abs. 3 entspricht § 232 IV Nr. 1 aF und enthält wie § 232 II (→ § 232 7
Rn. 13–15) keine Qualifikationstatbestände, sondern eigenständige Verbrechens-

Grundtatbestände (anders Fischer Rn. 26), die sich auf Taten nach Abs. 1, nicht aber Abs. 6, beziehen. Zu den aufgeführten Tatmitteln → § 232 Rn. 14.

8 **6. Abs. 4** enthält durch den Verweis auf § 232 III 1 Nr. 1–3 (→ § 232 Rn. 16) die gleichen drei Qualifikationstatbestände wie dieser, wobei für die Strafrahmenobergrenze differenziert wird: Ist Abs. 3 (besonders schwere Zwangsprostitution) statt Abs. 1 (schwere Zwangsprostitution) der Grundtatbestand, ist sie höher.

9 **7. Abs. 5:** Zu den minder schweren Fällen → § 46 Rn. 7–10a; → § 12 Rn. 4; allein aus der Begehungsalternative kann angesichts der in der gesetzlichen Regelung zum Ausdruck gebrachten Gleichwertigkeit nicht auf einen minder schweren Fall geschlossen werden (BGH BeckRS 2018, 6553).

10 **8. Abs. 6 S. 1** enthält einen neuen Vergehens-Tatbestand für **Freier von Zwangsprostituierten,** dh einem Opfer von Menschenhandel iSd § 232 I 1 Nr. 1 Buchst. a, II **(Nr. 1)** oder Zwangsprostitution nach Abs. 1–5 **(Nr. 2),** das der Prostitution nachgeht; nicht ausreichend ist, dass es entgeltliche sexuelle Handlungen iSv § 232 I Nr. 1 Buchst. b Var. 2 vornimmt (Fischer Rn. 35). Tathandlung ist das Vornehmen oder Vornehmenlassen von sexuellen Handlungen (→ § 184h Rn. 2–4a, 8) gegen Entgelt, wobei die Zwangslage oder ausländerspezifische Hilflosigkeit ausgenutzt werden muss (→ § 232 Rn. 4–7). Anders als in Abs. 1 wird nicht allein auf das Alter des Opfers (unter 21 Jahre) abgestellt. Zur Tatzeit (§ 8), dh dem Beginn der sexuellen Handlungen, muss die Zwangslage noch fortdauern (Fischer Rn. 36). **Bedingter Vorsatz** genügt (muss aber auch festgestellt werden, was Beweisschwierigkeiten mit sich bringen dürfte; dazu Bürger JR 2017, 143 (152); Petzsche KJ 2017, 236 (244f.); deshalb de lege ferenda für Umwandlung in eine objektive Bedingung der Strafbarkeit Ofosu-Ayeh ZJS 2020, 109 (110)), dh der Täter muss die Umstände für möglich halten, die eine Zwangslage begründen, und billigen, dass die sexuelle Handlung nur im Hinblick darauf erfolgt (Fischer Rn. 35; anders Noltenius/Wolters in SK-StGB Rn. 45; Ofosu-Ayeh ZJS 2020, 109 (110): dolus directus II). Ihn trifft insoweit keine Erkundigungspflicht. **S. 2 nF** begründet für Taten ab dem 1.10.2021 eine Strafbarkeit bereits bei **Leichfertigkeit** in Bezug darauf, dass ihm die Situation der Zwangsprostitution nicht bewusst geworden ist; das ist idR der Fall bei erkennbaren Merkmalen der Gewaltanwendung oder Einschüchterung, Vorgaben zur sexuellen Handlung durch den Zuhälter, dessen Anwesenheit oder Bezahlung an ihn, besonders junges Alter des Opfers oder dessen Verständigungsschwierigkeiten (BT-Drs. 19/3111, 5). **S. 3** enthält einen persönlichen Strafausschließungsgrund (nur) in Bezug auf S. 1 und 2, wenn der Täter, der zunächst eine Tat nach § 232 I 1 Nr. 1 Buchst. a, II oder § 232a I–V gegenüber der Zwangsprostituierten vorgenommen hat, diese freiwillig bei der zuständigen Behörde anzeigt oder eine Anzeige veranlasst. Dies gilt wiederum nicht, wenn die Tat der zuständigen Behörde (Fischer Rn. 37) bereits ganz oder teilweise bekannt war und der Täter dies wusste oder zumindest damit rechnen musste. Dessen Wirksamkeit ist jedoch aufgrund der mangelnden Anwendbarkeit auf ebenfalls erfüllte Sexualdelikte fraglich (Eisele KriPoZ 2017, 330 (331); Petzsche KJ 2017, 236 (244)).

11 **9.** Zu den Konkurrenzen → § 232 Rn. 18. Tateinheit ist mit § 180a möglich (vgl. zu § 180b aF BGHSt 42, 179 = NJW 1996, 2875), auch mit § 181a (Eisele in Schönke/Schröder Rn. 50; Noltenius/Wolters in SK-StGB Rn. 48; ist das Unrecht der Tat vollständig durch § 232a erfast, tritt § 181a zurück, BGH NStZ-RR 2018, 375 (377) zu § 232 IV Nr. 1 aF)). Tateinheit wegen teilidentischer Ausführungshandlungen kommt bei mehreren Taten zum Nachteil verschiedener Opfer in Be-

tracht (BGH bei Pfister NStZ-RR 2005, 361 (367); ebenso bei nur einer Handlung, BGH NStZ-RR 2004, 233). Dagegen scheidet Tateinheit zwischen Abs. 3 und Abs. 4 (so aber Fischer Rn. 40) aus, weil in diesem Falle innerhalb von Abs. 4 (iVm Abs. 3) eine zusätzliche Qualifikation existiert. In einer mehrfachen Prostitutionsausübung liegen nur dann mehrere selbständige Taten, wenn die aufgenommene Prostitutionstätigkeit zwischenzeitlich beendet wurde oder aufgegeben werden sollte, BGH NStZ-RR 2019, 179 zu § 232 I 2 aF).

10. Nicht mehr erfasst vom Weltrechtsgrundsatz nach § 6 Nr. 4 (krit. zu der Straflosigkeit von Auslandssachverhalten vor und nach der Reform Petzsche JR 2018, 376; Petzsche in Matt/Renzikowski Rn. 36); Führungsaufsicht § 233b. Anzeigepflicht § 138 I Nr. 6 beschränkt auf Abs. 3 und 4 oder Abs. 5. **12**

§ 232b Zwangsarbeit

(1) **Mit Freiheitsstrafe von sechs Monaten bis zu zehn Jahren wird bestraft, wer eine andere Person unter Ausnutzung ihrer persönlichen oder wirtschaftlichen Zwangslage oder ihrer Hilflosigkeit, die mit dem Aufenthalt in einem fremden Land verbunden ist, oder wer eine andere Person unter einundzwanzig Jahren veranlasst,**
1. **eine ausbeuterische Beschäftigung (§ 232 Absatz 1 Satz 2) aufzunehmen oder fortzusetzen,**
2. **sich in Sklaverei, Leibeigenschaft, Schuldknechtschaft oder in Verhältnisse, die dem entsprechen oder ähneln, zu begeben oder**
3. **die Bettelei, bei der sie ausgebeutet wird, aufzunehmen oder fortzusetzen.**

(2) **Der Versuch ist strafbar.**

(3) **Mit Freiheitsstrafe von einem Jahr bis zu zehn Jahren wird bestraft, wer eine andere Person mit Gewalt, durch Drohung mit einem empfindlichen Übel oder durch List veranlasst,**
1. **eine ausbeuterische Beschäftigung (§ 232 Absatz 1 Satz 2) aufzunehmen oder fortzusetzen,**
2. **sich in Sklaverei, Leibeigenschaft, Schuldknechtschaft oder in Verhältnisse, die dem entsprechen oder ähneln, zu begeben oder**
3. **die Bettelei, bei der sie ausgebeutet wird, aufzunehmen oder fortzusetzen.**

(4) **§ 232a Absatz 4 und 5 gilt entsprechend.**

1. Die Vorschrift entspricht inhaltlich weitgehend dem bisherigen § 233 aF und ist § 232a nachgebildet (BT-Drs. 18/9095, 32; zur Problematik der altersbedingten Schutzbedürftigkeit Petzsche in Matt/Renzikowski Rn. 7). **1**

2. Die Vorschrift schützt die **Freiheit der Selbstbestimmung** über die eigene **Arbeitskraft** (BGH StraFo 2010, 210 zu § 233 aF; Eisele in Schönke/Schröder Rn. 1), aber auch das **Vermögen** (→ § 232 Rn. 1; noch weiter Renzikowski in MüKoStGB Rn. 1, auch Gesundheit). Es handelt sich um ein **Erfolgsdelikt.** Neu aufgenommen worden ist nur das Veranlassen zur Aufnahme oder Fortsetzung der Bettelei (Abs. 1 Nr. 3). Sie dient wie § 232 (→ § 232 Rn. 1) der Umsetzung internationaler Vorgaben (Eydner NStZ 2006, 10 (11); Renzikowski in MüKoStGB Rn. 12f) und entspricht systematisch weitgehend § 232a I–V (Fischer Rn. 2), wo- **2**

bei Abs. 4 auf § 232a IV, V verweist; ein Pendant zur Freierbestrafung in § 232a VI fehlt allerdings (dafür Fischer Rn. 6). Insoweit kann auf die Erläuterungen zu §§ 232, 232a verwiesen werden.

3 **3.** Zum **subjektiven Tatbestand** → § 232a Rn. 5.

4 **4.** Nach Abs. 2 ist der **Versuch** des Abs. 1 strafbar; für Abs. 3 und 4 ergibt sich dies aus deren Verbrechenscharakter (§ 23 I).

5 **5.** Wie § 232a III enthält Abs. 3 einen eigenen Grundtatbestand (anders Fischer Rn. 4) für den sich, wie für die Qualifikation nach Abs. 4 iVm § 232a IV die Versuchsstrafbarkeit aus dem Verbrechenscharakter ergibt. Zu den aufgeführten Tatmitteln → § 232 Rn. 14.

6 **6. Abs. 4** enthält durch den Verweis auf § 232a IV, V eine Qualifikation (→ § 232a Rn. 8, → § 232 Rn. 16) und eine Regelung über minder schwere Fälle (→ § 232a Rn. 9).

7 **7.** Zu den Konkurrenzen → § 232 Rn. 18, → § 232a Rn. 11. § 291 StGB, § 15a AÜG, §§ 10, 10a SchwarzArbG, § 58 JArbSchG sind subsidiär (Petzsche in Matt/Renzikowski Rn. 26).

8 **8.** Nicht mehr erfasst vom Weltrechtsgrundsatz nach § 6 Nr. 4 (→ § 232a Rn. 12); dadurch ist die Relevanz insbesondere von Abs. 1 Nr. 2 Var. 1 und 2 sehr begrenzt (Petzsche in Matt/Renzikowski Rn. 26). Führungsaufsicht § 233b. Anzeigepflicht § 138 I Nr. 6 beschränkt auf Abs. 3 oder Abs. 4.

§ 233 Ausbeutung der Arbeitskraft

(1) **Mit Freiheitsstrafe bis zu drei Jahren oder mit Geldstrafe wird bestraft, wer eine andere Person unter Ausnutzung ihrer persönlichen oder wirtschaftlichen Zwangslage oder ihrer Hilflosigkeit, die mit dem Aufenthalt in einem fremden Land verbunden ist, oder wer eine andere Person unter einundzwanzig Jahren ausbeutet**

1. **durch eine Beschäftigung nach § 232 Absatz 1 Satz 2,**
2. **bei der Ausübung der Bettelei oder**
3. **bei der Begehung von mit Strafe bedrohten Handlungen durch diese Person.**

(2) **Auf Freiheitsstrafe von sechs Monaten bis zu zehn Jahren ist zu erkennen, wenn**

1. **das Opfer zur Zeit der Tat unter achtzehn Jahren alt ist,**
2. **der Täter das Opfer bei der Tat körperlich schwer misshandelt oder durch die Tat oder eine während der Tat begangene Handlung wenigstens leichtfertig in die Gefahr des Todes oder einer schweren Gesundheitsschädigung bringt,**
3. **der Täter das Opfer durch das vollständige oder teilweise Vorenthalten der für die Tätigkeit des Opfers üblichen Gegenleistung in wirtschaftliche Not bringt oder eine bereits vorhandene wirtschaftliche Not erheblich vergrößert oder**
4. **der Täter als Mitglied einer Bande handelt, die sich zur fortgesetzten Begehung solcher Taten verbunden hat.**

(3) **Der Versuch ist strafbar.**

(4) **In minder schweren Fällen des Absatzes 1 ist auf Freiheitsstrafe bis zu zwei Jahren oder auf Geldstrafe zu erkennen, in minder schweren Fällen des Absatzes 2 auf Freiheitsstrafe von drei Monaten bis zu fünf Jahren.**

(5) [1]**Mit Freiheitsstrafe bis zu zwei Jahren oder mit Geldstrafe wird bestraft, wer einer Tat nach Absatz 1 Nummer 1 Vorschub leistet durch die**
1. **Vermittlung einer ausbeuterischen Beschäftigung (§ 232 Absatz 1 Satz 2),**
2. **Vermietung von Geschäftsräumen oder**
3. **Vermietung von Räumen zum Wohnen an die auszubeutende Person.**

[2]**Satz 1 gilt nicht, wenn die Tat bereits nach anderen Vorschriften mit schwererer Strafe bedroht ist.**

1. Die Vorschrift ergänzt den neuen § 232b, der nur das Veranlassen einer ausbeuterischen Beschäftigung usw, nicht aber die Ausbeutung der Arbeitskraft selbst erfasst (BT-Drs. 18/9095, 39). Sie schützt dieselben Rechtsgüter wie § 232b (→ § 232b Rn. 1). 1

2. Abs. 1 erfasst das **Ausbeuten** (→ § 232 Rn. 9) einer Person unter Ausnutzung ihrer ausländerspezifischen Zwangslage oder Hilfsbedürftigkeit (→ § 232 Rn. 4–7) oder einer unter 21-jährigen Person (→ § 232 Rn. 4) durch eine **ausbeuterische Beschäftigung** nach § 232 I 2 (Nr. 1; → § 232 Rn. 9), bei der **Bettelei** (Nr. 2; → § 232 Rn. 9) oder der **Begehung strafbarer Handlungen** (Nr. 3; → § 232 Rn. 9). Während bei § 232 (→ § 232 Rn. 8) die Ausbeutung nur Folge des Menschenhandels sein soll und auch durch einen Dritten erfolgen kann, ist hier Täter nur derjenige, der selbst das Opfer ausbeutet. 2

3. Abs. 2 enthält vier (Vergehens-)**Qualifikationen:** Während **Nr. 1** (Opfer unter 18 Jahren) und **Nr. 2** (schwere Misshandlung usw) vollumfänglich § 232 III Nr. 1 und 2 entsprechen; übernimmt **Nr. 4** aus § 232 III Nr. 3 nur die bandenmäßige, nicht auch die gewerbsmäßige Begehung (vgl. Petzsche KJ 2017, 236 (246)). **Nr. 3** erfasst das Bringen in wirtschaftliche Not (→ § 283a Rn. 2) oder deren Vergrößern durch das Vorenthalten der üblichen Gegenleistung (BT-Drs. 18/9095, 42; krit. Renzikowski KriPoZ 2017, 358 (364)). 3

4. Der Versuch von Abs. 1 und 2 ist strafbar **(Abs. 3).** 4

5. Minder schwere Fälle **Abs. 4.** 5

6. Abs. 5 S. 1 stellt bereits das **Vorschubleisten** iSe Schaffens günstiger Bedingungen (Renzikowski in MüKoStGB Rn. 30) als eigenständigen Beihilfetatbestand zu einer Tat nach Abs. 1 Nr. 1 unter Strafe (krit. hinsichtlich der erheblichen Ausweitung Petzsche KJ 2017, 236 (246)), wenn eine der drei Handlungen vorgenommen wird: Vermittlung von ausbeuterischer Beschäftigung nach § 232 I 2 **(Nr. 1)** auch ohne eigene Ausbeutungsabsicht (Fischer Rn. 14), Vermietung von Geschäftsräumen **(Nr. 2)** oder von Wohnräumen für das Opfer **(Nr. 3);** insofern Nr. 2 und 3 neutrale Handlungen erfassen, ist ein subjektiver Deliktsbezug zu fordern (Renzikowski in MüKoStGB Rn. 31; krit. Petzsche ZStW 131 (2019), 576 (586): Hinwendung zum Täterstrafrecht). Der Täter muss mindestens bedingten Vorsatz auch in Bezug auf die geförderte – hinsichtlich Zeit und Ort hinreichend konkretisierte (Renzikowski in MüKoStGB Rn. 30; Zimmermann in Satzger/Schluckebier/Widmaier StGB Vor § 232 Rn. 32) – Tat haben. **S. 2** enthält eine Subsidiaritätsklau- 6 sel, wenn die Tat in anderen Vorschriften mit höherer Strafe bedroht ist, zB als Beihilfe zu Abs. 1 oder Abs. 2 (Fischer Rn. 14).

7 **7.** Tateinheit von Abs. 1 und 2 ist möglich mit §§ 223ff., 266a und bei List auch § 263 (Fischer Rn. 15). Gegenüber § 291 I ist Abs. 1 Nr. 1 spezieller (vgl. dazu Fischer Rn. 8f).

§ 233a Ausbeutung unter Ausnutzung einer Freiheitsberaubung

(1) **Mit Freiheitsstrafe von sechs Monaten bis zu zehn Jahren wird bestraft, wer eine andere Person einsperrt oder auf andere Weise der Freiheit beraubt und sie in dieser Lage ausbeutet**
1. bei der Ausübung der Prostitution,
2. durch eine Beschäftigung nach § 232 Absatz 1 Satz 2,
3. bei der Ausübung der Bettelei oder
4. bei der Begehung von mit Strafe bedrohten Handlungen durch diese Person.

(2) **Der Versuch ist strafbar.**

(3) **In den Fällen des Absatzes 1 ist auf Freiheitsstrafe von einem Jahr bis zu zehn Jahren zu erkennen, wenn einer der in § 233 Absatz 2 Nummer 1 bis 4 bezeichneten Umstände vorliegt.**

(4) **In minder schweren Fällen des Absatzes 1 ist auf Freiheitsstrafe von drei Monaten bis zu fünf Jahren, in minder schweren Fällen des Absatzes 3 auf Freiheitsstrafe von sechs Monaten bis zu zehn Jahren zu erkennen.**

1 **1.** Die Vorschrift stellt keine Qualifikation, sondern einen eigenständigen Tatbestand dar, wobei der Täter das Opfer während dessen Freiheitsberaubung ausbeutet (Fischer Rn. 2; Petzsche in Matt/Renzikowski Rn. 2). Strukturell handelt es sich damit um ein **vollkommen zweiaktiges Erfolgsdelikt.**Die Vorschrift schützt die körperliche **Fortbewegungsfreiheit** sowie die **Entscheidungs- und Handlungsfreiheit** des Opfers (**sexuelle Selbstbestimmung,** Abs. 1 Nr. 1) und die **wirtschaftliche und berufliche Betätigungsfreiheit** in Abs. 1 Nr. 2 und 3 (Petzsche in Matt/Renzikowski Rn. 3).

2 **2. Abs. 1:** Der Täter muss das Opfer **Einsperren oder auf andere Weise der Freiheit berauben** (→ § 239 Rn. 3, 4); dadurch muss die Bewegungsfreiheit tatsächlich erheblich gemindert sein (zB durch Fesseln), so dass das Wegnehmen von Ausweispapieren oder Reisedokumenten nicht ausreicht (Fischer Rn. 3; Renzikowski in MüKoStGB Rn. 5). Da er diese Lage verlorener Bewegungsfreiheit bei einer der nachfolgend in Nr. 1–4 aufgezählten Handlungen ausbeuten muss, muss diese einen gewissen Zeitraum andauern. Außerdem muss die Einschränkung der Bewegungsfreiheit die Ausbeutung ermöglichen oder Erleichtern (Fischer Rn. 3). Die Ausbeutungshandlungen sind abschließend aufgezählt: Nr. 1: Ausübung der Prostitution; Nr. 2: ausbeuterische Beschäftigung; Nr. 3: Bettelei; Nr. 4: Begehung strafbarer Handlungen (jeweils → § 232 Rn. 9; zu dem fehlenden praktischen Anwendungsbereich von Nr. 3 und 4 Renzikowski in MüKoStGB Rn. 7; Noltenius/Wolters in SK-StGB Rn. 10). Bedingter Vorsatz genügt, doch muss der Täter bei der Ausbeutung davon ausgehen, dass das Opfer (noch) in seiner Bewegungsfreiheit erheblich eingeschränkt ist. Nicht erforderlich ist, dass der Täter zurzeit der Freiheitsberaubung bereits Vorsatz in Bezug auf das Ausbeuten gefasst hat.

3. Abs. 3 enthält eine Verbrechens-Qualifikation, wenn bei der Tat einer der Umstände des § 233 II (→ § 233 Rn. 3) vorliegt. Angesichts der Deliktsstruktur (→ Rn. 1) genügt es, wenn der Täter etwa bei der Freiheitsberaubung Gewalt iSv § 233 II Nr. 2 anwendet oder das Opfer zu dieser Zeit noch nicht 18 Jahre alt ist (§ 233 II Nr. 1), auch wenn diese Umstände bei der Ausbeutung nicht mehr vorliegen; umgekehrt genügt, dass erst die Ausbeutung das Opfer in Not bringt (§ 233 II Nr. 3). 3

4. Der **Versuch** ist strafbar; für Abs. 1 ergibt sich dies aus Abs. 2, für Abs. 3 aus dessen Verbrechenscharakter. Angesichts der Deliktsstruktur beginnt das unmittelbare Ansetzen wie beim Versuch von § 239 mit dem **Ansetzen zum Einsperren;** hat zu diesem Zeitpunkt der Täter noch keinen Ausbeutungsvorsatz, beginnt der Versuch von § 233a erst, wenn er diesen fasst. Vollendet ist das Delikt mit erfolgter Ausbeutung. Bis dahin ist durch Verzicht darauf noch ein strafbefreiender Rücktritt (§ 24) vom Versuch des § 233a möglich; doch bleibt dann eine vollendete Freiheitsberaubung. 4

5. Minder schwere Fälle **Abs. 4.** 5

6. Tateinheit ist möglich mit § 239 III, ebenso mit §§ 232ff. Dagegen tritt § 239 I hinter einen vollendeten § 233a zurück. 6

§ 233b Führungsaufsicht

In den Fällen der §§ 232, 232a Absatz 1 bis 5, der §§ 232b, 233 Absatz 1 bis 4 und des § 233a kann das Gericht Führungsaufsicht anordnen (§ 68 Abs. 1).

Fassung des Vermögensabschöpfungsgesetz (→ Vor § 1 Rn. 18).

Führungsaufsicht § 68 I (→ § 68 Rn. 1–8).

§ 234 Menschenraub

(1) **Wer sich einer anderen Person mit Gewalt, durch Drohung mit einem empfindlichen Übel oder durch List bemächtigt, um sie in hilfloser Lage auszusetzen oder dem Dienst in einer militärischen oder militärähnlichen Einrichtung im Ausland zuzuführen, wird mit Freiheitsstrafe von einem Jahr bis zu zehn Jahren bestraft.**

(2) **In minder schweren Fällen ist die Strafe Freiheitsstrafe von sechs Monaten bis zu fünf Jahren.**

Fassung des 37. StÄG (→ Vor § 1 Rn. 15).

1. Die Vorschrift behandelt einen **Spezialfall der Freiheitsberaubung** (§ 239; ebenso Wieck-Noodt in MüKoStGB Rn. 2), hat darüber hinaus aber noch einen geringfügigen selbständigen Anwendungsbereich (Bohnert JuS 1977, 746 (747)). Die Tat dauert an, solange die Bemächtigung anhält (Dauerdelikt, → Vor § 52 Rn. 11; ebenso Joecks/Jäger StGB Rn. 4; Wieck-Noodt in MüKoStGB Rn. 2). Zur geringen praktischen, aber unverzichtbaren symbolischen Bedeutung der Vorschrift vgl. Sonnen in NK-StGB Rn. 7–12. 1

2 **2. Gewalt** (einschr. Krehl in LK-StGB Rn. 13–18, gewaltloses Beibringen von Betäubungsmitteln reiche nicht) und **Drohung** mit einem empfindlichen Übel → § 240 Rn. 5–15. **List** umschreibt ein Verhalten, mit dem der Täter darauf abzielt, unter geflissentlichem und geschicktem Verbergen der wahren Zwecke oder Mittel seine Ziele durchzusetzen (BGHSt 32, 267 (269) = NJW 1984, 1633; BGHSt 44, 355 (360) = NJW 1999, 1344 zu § 235; BGH NStZ 1996, 276; NJW 1997, 2609 (2610); OLG Celle NJW 1996, 2666; Küper/Zopfs StrafR BT Rn. 374; krit. Krack, List als Straftatbestandsmerkmal, 1994, S. 18). Irrige Vorstellungen braucht er nicht hervorzurufen; es genügt, dass er die Unkenntnis von der wahren Sachlage ausnutzt (hM; einschr. Wieck-Noodt in MüKoStGB Rn. 38; anders Bohnert GA 1978, 353; Krack, List als Straftatbestandsmerkmal, 1994, S. 25, der sogar eine tatsächliche Beeinflussung des Denk- und Vorstellungsvermögens des Opfers verlangt). Sie kann zB durch Irreführung über die wahren Verhältnisse (BGHSt 1, 199 (364) = BeckRS 1951, 31399704), durch Ausnutzen eines Irrtums (BGHSt 10, 376 = NJW 1957, 1642; aM Krack, List als Straftatbestandsmerkmal, 1994, S. 75) und durch Vorspiegeln von Fluchtwilligkeit (BGHSt 43, 125 (128) = NJW 1997, 2609 zu § 234a) oder verlockender Reisen (BGH MDR 1962, 750 = BeckRS 1962, 31183381) verwirklicht und nicht nur gegenüber dem Opfer, sondern auch gegenüber Obhuts- oder Mittelspersonen angewendet werden (BGHSt 16, 58 = NJW 1961, 1412; Geppert GS Kaufmann, 1993, 759 (784)). Das Verstecken des Opfers oder die Verweigerung der Auskunft über seinen Aufenthalt reicht aber nicht (OLG Celle NJW 1996, 2666). **Bemächtigen** ist Begründen der physischen Herrschaft (→ § 239a Rn. 3); dafür müssen die angewendeten Mittel ursächlich sein, so dass es nicht genügt, wenn der Täter sich nur entschließt, das bereits in seiner Gewalt befindliche Opfer den tatbestandsmäßigen Zwecken zuzuführen (Wolters in SK-StGB Rn. 3; Sonnen in NK-StGB Rn. 15).

3 **3.** Die neben dem **Vorsatz** erforderliche **Absicht** („um zu") setzt den auf das Ziel gerichteten Willen voraus (→ § 15 Rn. 20; Krehl in LK-StGB Rn. 33), das Opfer in eine der (erschöpfend) beschriebenen Lagen zu bringen. **In hilfloser Lage Aussetzen** erfordert wie im gleich lautenden § 221 I aF (zur hilflosen Lage und dem Versetzen iSv § 221 I nF → § 221 Rn. 3, 4), das Opfer in eine Lage zu bringen, in der es, zur Selbsthilfe unfähig, auf fremde Hilfe angewiesen und konkret an Leib oder Leben gefährdet (BGH NStZ 2001, 247 mit Bespr. Heger JA 2001, 631; BGH NStZ 2011, 158); umstr ist, ob sich die Absicht auch auf diese Gefahr beziehen muss (so etwa Sonnen in NK-StGB Rn. 24) oder insoweit bedingter Vorsatz ausreicht (so etwa Wolters in SK-StGB Rn. 4; offen gelassen BGH NStZ 2001, 247, NStZ 2011, 158; zum Gefährdungsvorsatz → § 15 Rn. 28). **Zuführen** (→ § 109h Rn. 3) **dem Dienst in einer militärischen oder militärähnlichen Einrichtung** (→ § 109h Rn. 2) **im Ausland,** dh nicht im Heimatstaat des Opfers (aM Krehl in LK-StGB Rn. 46, 67).

4 **4.** Anzeigepflicht § 138 I Nr. 7. Vgl. auch § 2 SklavRG.

§ 234a Verschleppung

(1) **Wer einen anderen durch List, Drohung oder Gewalt in ein Gebiet außerhalb des räumlichen Geltungsbereichs dieses Gesetzes verbringt oder veranlaßt, sich dorthin zu begeben, oder davon abhält, von dort zurückzukehren, und dadurch der Gefahr aussetzt, aus politischen Gründen ver-**

folgt zu werden und hierbei im Widerspruch zu rechtsstaatlichen Grundsätzen durch Gewalt- oder Willkürmaßnahmen Schaden an Leib oder Leben zu erleiden, der Freiheit beraubt oder in seiner beruflichen oder wirtschaftlichen Stellung empfindlich beeinträchtigt zu werden, wird mit Freiheitsstrafe nicht unter einem Jahr bestraft.

(2) **In minder schweren Fällen ist die Strafe Freiheitsstrafe von drei Monaten bis zu fünf Jahren.**

(3) **Wer eine solche Tat vorbereitet, wird mit Freiheitsstrafe bis zu fünf Jahren oder mit Geldstrafe bestraft.**

1. Die Vorschrift schützt die **Freiheit** des Einzelnen, seine **körperliche Unversehrtheit** und seine **wirtschaftliche Betätigungsfreiheit** (Krehl in LK-StGB Rn. 1; weiter Sonnen in NK-StGB Rn. 3). Sie soll eine Lücke schließen, wenn das Schicksal von Verschleppten und Denunzierten nicht aufklärbar ist (Wagner MDR 1967, 629 (709, 797)). Die Tat ist **konkretes Gefährdungsdelikt** (→ Vor § 13 Rn. 32; Krehl in LK-StGB Rn. 14; Wieck-Noodt in MüKoStGB Rn. 2). Unerheblich ist daher, ob es zu der Verfolgung gekommen ist; erforderlich (LG Koblenz NStZ 1983, 508) und zugleich ausreichend (OLG Düsseldorf NJW 1979, 59) ist vielmehr die konkrete Gefahr (→ § 315c Rn. 21, 22) der in Abs. 1 beschriebenen Verfolgung und der durch sie drohenden Schädigung. 1

2. Mittel der Gefährdung sind **List** (→ § 234 Rn. 2), **Drohung** (→ § 240 Rn. 12–15, obwohl der Zusatz „mit einem empfindlichen Übel" hier fehlt) und **Gewalt** (→ § 240 Rn. 5–11). 2

3. Politische Gründe können schon dann vorliegen, wenn die Verfolgung auf der Machtausübung eines fremden staatlichen Regimes beruht (Arndt SJZ 1950, 112). Erfasst werden daher auch Verschleppung zur Zwangsarbeit und Verfolgung wegen „Republikflucht" (BGHSt 14, 104 = NJW 1960, 876; BGH NJW 1997, 2609) oder aus religiösen oder weltanschaulichen Gründen (Krehl in LK-StGB Rn. 21); je nach den Umständen (beachte dazu BGHSt 33, 238 = NJW 1985, 2599 mkritAnm Schroeder JR 1986, 162) kann sogar die Gefahr der Verfolgung wegen solcher Taten genügen, die auch im Rechtsstaat verfolgbar sind, zB wegen Zuwiderhandlungen gegen Wirtschafts-, Devisen- (Wagner GA 1966, 77) oder Betäubungsmittelgesetze (LG Koblenz NStZ 1983, 508), wenn sie eine politische Auswertung und eine daraus abgeleitete Schädigung durch Gewalt- oder Willkürmaßnahmen erwarten lassen (BGHSt 6, 166 = NJW 1954, 1255; krit. Wolters in SK-StGB Rn. 6); dem Opfer müssen Nachteile drohen, weil die Gefahr besteht, dass es vom fremden Staat aus politischen Gründen verfolgt wird, auch wenn der fremde Staat neben den politischen auch andere Gründe hat (BGHR § 234a Politische Verfolgung 1). **Rechtsstaatliche Grundsätze** sind namentlich verletzt, wenn kein geordnetes oder nur ein Scheinverfahren gewährt wird (Krehl in LK-StGB Rn. 30; Sonnen in NK-StGB Rn. 12); eine bloß rechtsstaatswidrige Strafverfolgung in dem fremden Staat ohne das Vorliegen politischer Gründe genügt nicht (BGHR § 234a Politische Verfolgung 1). Zur von den USA veranlassten Entführungen von Personen mit Zwischenlandung im Inland Krehl in LK-StGB Rn. 26. 3

4. Der **Vorsatz** (bedingter genügt) muss auch die spezielle Art der Gefährdung umfassen (ebenso Joecks/Jäger StGB Rn. 4; weiter LG Dortmund NJW 1954, 1539). 4

5 **5.** Zu **Abs. 2** (minder schwere Fälle) → § 46 Rn. 7–10 a.

6 **6. Abs. 3** (dazu Wagner GA 1966, 307) gilt praktisch nur für den die Verschleppung allein vorbereitenden Täter, da bei Zusammenwirken mehrerer Personen § 30 II vorgeht (BGHSt 6, 85 = NJW 1954, 1209). Auf den freiwillig zurücktretenden Alleintäter ist § 31 entsprechend anwendbar (BGHSt 6, 85 = NJW 1954, 1209; BGH NJW 1956, 30).

7 **7.** Räumlicher Geltungsbereich → Vor § 3 Rn. 5. Verjährung → § 78 a Rn. 5. Anzeigepflicht § 138 I Nr. 7.

8 **8.** Zur Rechtslage bei **DDR-Alttaten** → § 2 Rn. 25.

§ 235 Entziehung Minderjähriger

(1) **Mit Freiheitsstrafe bis zu fünf Jahren oder mit Geldstrafe wird bestraft, wer**
1. eine Person unter achtzehn Jahren mit Gewalt, durch Drohung mit einem empfindlichen Übel oder durch List oder
2. ein Kind, ohne dessen Angehöriger zu sein,

den Eltern, einem Elternteil, dem Vormund oder dem Pfleger entzieht oder vorenthält.

(2) **Ebenso wird bestraft, wer ein Kind den Eltern, einem Elternteil, dem Vormund oder dem Pfleger**
1. entzieht, um es in das Ausland zu verbringen, oder
2. im Ausland vorenthält, nachdem es dorthin verbracht worden ist oder es sich dorthin begeben hat.

(3) **In den Fällen des Absatzes 1 Nr. 2 und des Absatzes 2 Nr. 1 ist der Versuch strafbar.**

(4) **Auf Freiheitsstrafe von einem Jahr bis zu zehn Jahren ist zu erkennen, wenn der Täter**
1. das Opfer durch die Tat in die Gefahr des Todes oder einer schweren Gesundheitsschädigung oder einer erheblichen Schädigung der körperlichen oder seelischen Entwicklung bringt oder
2. die Tat gegen Entgelt oder in der Absicht begeht, sich oder einen Dritten zu bereichern.

(5) **Verursacht der Täter durch die Tat den Tod des Opfers, so ist die Strafe Freiheitsstrafe nicht unter drei Jahren.**

(6) **In minder schweren Fällen des Absatzes 4 ist auf Freiheitsstrafe von sechs Monaten bis zu fünf Jahren, in minder schweren Fällen des Absatzes 5 auf Freiheitsstrafe von einem Jahr bis zu zehn Jahren zu erkennen.**

(7) **Die Entziehung Minderjähriger wird in den Fällen der Absätze 1 bis 3 nur auf Antrag verfolgt, es sei denn, daß die Strafverfolgungsbehörde wegen des besonderen öffentlichen Interesses an der Strafverfolgung ein Einschreiten von Amts wegen für geboten hält.**

1 **1.** Der frühere Tatbestand des **Muntbruchs** (§ 235 aF: Kindesentziehung) **schützte** das **elterliche** (oder sonst familienrechtliche) **Sorgerecht,** mittelbar auch den Minderjährigen selbst (vgl. Schroeder FS Rolinski, 2002, 155 (161); str.),

so dass dessen Teilnahme auch dann straflos war, wenn sein Tatbeitrag die Grenze der notwendigen Beteiligung überschritt (→ Vor § 25 Rn. 12). Umgekehrt war ebenfalls straflos, wer an einer Selbstentziehung des Minderjährigen nur als Anstifter oder Gehilfe teilnimmt (vgl. Schramm, Ehe und Familie im Strafrecht, 2011, S. 453 f.). An diesen Ergebnissen hat sich nichts geändert, denn nach der Neufassung (Abs. 4 Nr. 1 Alt. 3) schützt die Vorschrift unmittelbar auch die entzogene Person (BGHSt 44, 355 (357) = NJW 1999, 1344; BT-Drs. 13/8587, 38; Kreß NJW 1998, 633 (641); Schroth StrafR BT S. 380; Wessels/Hettinger/Engländer StrafR BT I Rn. 438; Fischer Rn. 2; eing. Sallum, Die strafrechtlichen Probleme der internationalen Kindesentziehung beim Streit um das gemeinsame Kind, 2008, S. 27, 63; aM Nelles in DSNS StrRG § 3 Rn. 27, 28, die die „familiäre Ordnung" als Schutzgut betrachtet, innerhalb dieser aber den Rechten der Kinder größeren Raum zukommen lassen will). Zur geschichtlichen Entwicklung der Kindesentziehung Albrecht, Kinderhandel 1994, S. 49; Sonnen in NK-StGB Rn. 2–4. – Soweit **Abs. 2 Nr. 2** zu einer Ungelichbehandlung von deutschen Tätern nach Abs. 1 mit solchen aus dem EU-Ausland führt, ist diese Strafnorm wegen **Verstoßes gegen Art. 21 AEUV nicht anwendbar** (EuGH 19.11.2020, C-454/19, JuS 2021, 467 mit Bespr. Hecker; Vorlage des AG Heilbronn StV 2019, 616).

2. Eltern sind auch die Adoptiveltern; die Pflege- und Stiefeltern dagegen nur, 2
wenn ihnen das Sorgerecht übertragen ist (OLG Düsseldorf JR 1981, 386 mAnm Bottke; Krehl in LK-StGB Rn. 13). Die Tat kann auch von dem sorgeberechtigten Elternteil begangen werden, und zwar nicht nur gegenüber dem (mit-)sorgeberechtigten, sondern auch gegenüber dem nur zum persönlichen Umgang berechtigten **Elternteil** (BGHSt 44, 355 = NJW 1999, 1344 mit Bespr. Baier JA 1999, 835; OLG München StraFo 2012, 513 f.; Wessels/Hettinger/Engländer StrafR BT I Rn. 438; Maurach/Schroeder/Maiwald StrafR BT II § 63 Rn. 59; aM Otto StrafR BT § 65 Rn. 36). **Vormund** §§ 1773 ff. BGB. Als Amtsvormund nach § 1791 c BGB ist das Jugendamt geschützt, wenn ihm das volle Sorgerecht (BGHSt 1, 364) oder das der Mutter nach §§ 1666, 1666 a BGB entzogene Aufenthaltsbestimmungsrecht (OLG Bremen JR 1961, 107) zusteht. **Pfleger** §§ 1909 ff. BGB. Heime, zB bei Heimerziehung nach § 34 SGB VIII, haben kein eigenes Sorgerecht (BGH NJW 1963, 1412). In der Regel richtet sich aber die Entziehung aus der Obhut Dritter zugleich gegen die Sorgeberechtigten, so dass der Tatbestand aus diesem Grunde erfüllt ist (OLG Düsseldorf JR 1981, 386).

3. Entzogen ist der Minderjährige (eine Person unter 18 Jahren (Abs. 1 Nr. 1) 3
oder ein Kind (Abs. 1 Nr. 2, Abs. 2), dh eine Person unter 14 Jahren (→ § 176 Rn. 1); vgl. Schramm, Ehe und Familie im Strafrecht, 2011, S. 458), wenn das Recht zur Erziehung, Beaufsichtigung und Aufenthaltsbestimmung (§ 1631 BGB) durch räumliche Trennung (hM; vgl. etwa Maurach/Schroeder/Maiwald StrafR BT II § 63 Rn. 60; Sallum, Die strafrechtlichen Probleme der internationalen Kindesentziehung beim Streit um das gemeinsame Kind, 2008, S. 160) für eine gewisse, *nicht nur ganz* vorübergehende Dauer so beeinträchtigt wird, dass es nicht ausgeübt werden kann (BGHSt 1, 199 = BeckRS 1951, 31399704; BGH NStZ 1996, 333; OLG Köln NStZ-RR 2017, 174). Nach der Rspr. sollen hierfür beim Kleinkind (BGHSt 16, 58 (61) = NJW 1961, 1412, je nach den Umständen des Einzelfalles schon zehn Minuten; beachte BGH StraFo 2017, 247; nicht bloß 45 Minuten bei 5-Jährigem; mit Recht krit. zur zT allzu kurzen Dauer Krehl in LK-StGB Rn. 54; Hillenkamp FS Wassermann, 1985, 861 (871); Krack, List als Straftatbestandsmerkmal, 1994, S. 6; Wolters in SK-StGB Rn. 5; zw.) und beim Recht zum persönlichen

Umgang (BGHSt 10, 376 = NJW 1957, 1642, einige Stunden) schon sehr kurze Zeiträume genügen (krit. für Entziehungsfälle unter Eltern Geppert GS Kaufmann, 1993, 759 (781)). Entziehung liegt auch vor, wenn ein sorgeberechtigter Elternteil zwangsweise für eine gewisse Dauer von seinem Kind entfernt wird (BGHSt 59, 307 = NJW 2014, 3589 mit iE zust. Bespr. Eidam HRRS 2015, 243 und mablAnm Putzke ZJS 2015, 315) und wenn bei einer Trennung im Ausland ein im Inland ansässiger Elternteil, bei dem das Kind seinen Wohnsitz hat, dorthin zurückkehrt (BGH NStZ 2015, 338 mAnm Wieck-Noodt NStZ 2015, 646 und Bespr. Hecker JuS 2015, 947). Entziehung durch Unterlassen in Garantenstellung (→ § 13 Rn. 6) ist möglich, zB wenn ein Auskunftspflichtiger den Aufenthalt verschweigt (Dallinger MDR 1968, 728; Krehl in LK-StGB Rn. 74–77; aM für das Beispiel Maurach/Schroeder/Maiwald StrafR BT II § 63 Rn. 62, keine Modalitätenäquivalenz); sie kann auch durch die Alternative des Vorenthaltens erfasst werden. Nicht hierher gehört die durch Täuschung erschlichene richterliche Entziehung der elterlichen Sorge (OLG Stuttgart NJW 1968, 1341; vgl. Krehl in LK-StGB Rn. 58–60). Bei Einverständnis des Sorgeberechtigten, das nicht abgenötigt oder durch List erschlichen ist (BGHSt 1, 199 (200) = BeckRS 1951, 31399704; BGHSt 1,364 (366)), liegt keine Entziehung vor (Maurach/Schroeder/Maiwald StrafR BT II § 63 Rn. 69; Eisele in Schönke/Schröder Rn. 8). Die Einwilligung des Minderjährigen ist dagegen unerheblich (→ Vor § 32 Rn. 12; Krack, List als Straftatbestandsmerkmal, 1994, S. 6; Sallum, Die strafrechtlichen Probleme der internationalen Kindesentziehung beim Streit um das gemeinsame Kind, 2008, S. 63; Eisele in Schönke/Schröder Rn. 1). **Vorenthalten** (vgl. § 1632 I BGB) entspricht dem Entziehen (→ § 170 Rn. 13) und meint die Aufrechterhaltung der räumlichen Trennung (Otto StrafR BT § 65 Rn. 35). Es deckt sich weitgehend mit dem Entziehen durch Unterlassen (BT-Drs. 13/8587, 38; Wolters in SK-StGB Rn. 6); erfasst wird nicht nur das Verweigern der Herausgabe des Minderjährigen, sondern auch deren Erschwerung zB durch Verheimlichen des Aufenthaltsortes (Nelles in DSNS StrRG § 3 Rn. 31; Rengier StrafR BT II § 26 Rn. 3); die bloße Gewährung von Unterkunft und Verpflegung bei ansonsten passivem Verhalten reicht nicht (BT-Drs. 13/8587, 38; Fischer Rn. 7).

4 4. **Mittel des Entziehens oder Vorenthaltens** sind in den Fällen des **Abs. 1 Nr. 1,** dh bei Taten durch einen Angehörigen (→ § 11 Rn. 2; weiter Wieck-Noodt in MüKoStGB Rn. 35: auch durch Dritten) an einer Person unter 18 Jahren (Jugendliche und Kinder), **List** (→ § 234 Rn. 2), **Drohung** mit empfindlichem Übel oder **Gewalt** (→ § 240 Rn. 5–15), uU auch gegenüber dem Minderjährigen oder Dritten (BGHSt 16, 58 (62) = NJW 1961, 1412; BGH NJW 1963, 1412; einschr. Krehl in LK-StGB Rn. 70, 71). Zur Schließung von Strafbarkeitslücken bei heimlicher Wegnahme von Kleinkindern (zB zum Verkauf, vgl. Albrecht, Kinderhandel 1994, S. 67, 122) erfasst jetzt **Abs. 1 Nr. 2** das bloße Entziehen oder Vorenthalten von Kindern, dh Personen unter 14 Jahren (→ § 176 Rn. 1), durch **Nichtangehörige** (Nelles in DSNS StrRG § 3 Rn. 32; Fischer Rn. 10); diese Erweiterung der Strafbarkeit, auch hinsichtlich des Versuchs (Abs. 3), hat ihren Grund in der besonderen Schutzbedürftigkeit von Kindern, insbes. Säuglingen und Kleinkindern, denen gegenüber Gewalt, Drohung und List nicht eingesetzt werden muss; ihnen gegenüber reicht jetzt die schlichte Wegnahme (Wolters in SK-StGB Rn. 13).

5 5. **Abs. 2 Nr. 1** (sog. „aktive Entführung"; Nelles in DSNS StrRG § 3 Rn. 33) erfasst das Entziehen eines Kindes (→ Rn. 3) durch einen Angehörigen oder Dritten mit der Absicht (→ § 15 Rn. 20; Nelles in DSNS StrRG § 3 Rn. 33; Wieck-

Noodt in MüKoStGB Rn. 24; weiter Schumacher in Schlüchter, 6. StrRG, 1998, S. 53), **es in das Ausland zu verbringen. Abs. 2 Nr. 2** (sog. „passive Entführung"; Nelles in DSNS StrRG § 3 Rn. 34) betrifft das Vorenthalten des Kindes **im Ausland** (vgl. Schramm, Ehe und Familie im Strafrecht, 2011, S. 459); erfasst werden damit die zuvor straflosen Fälle, in denen sich der Täter rechtmäßig mit dem Kind ins Ausland begeben hat, sich dort aber entschließt, es nicht wieder herauszugeben (Nelles in DSNS StrRG § 3 Rn. 34; zu weiteren „typischen Sachverhaltsgestaltungen" Sonnen in NK-StGB Rn. 21); wegen der besonderen Gefährdung des Sorgerechts in diesen Fällen ist in Nr. 1 und 2 auf das Erfordernis des Einsatzes der Tatmittel des Abs. 1 Nr. 1 (→ Rn. 4) verzichtet und für Nr. 2 die Versuchsstrafbarkeit angeordnet worden (Abs. 3). Nr. 2 setzt voraus, dass das Sorgerecht bereits („nachdem") in der Bundesrepublik ausgeübt worden ist (BT-Drs. 13/9064, 17). Zur Beeinträchtigung des Umgangsrechts (§ 1684 BGB) eines Elternteils durch Verbringen des Kindes durch den allein Sorgeberechtigten ins Ausland s. Bock JR 2016, 300.

6. Der **Vorsatz** (bedingter genügt) muss sich namentlich beziehen auf das Alter des Opfers (→ § 174 Rn. 15), die Tathandlungen und bei Abs. 1 Nr. 2 auf die Tatmittel, die bewusst als Mittel zur Entziehung bzw. zum Vorenthalten eingesetzt werden müssen. Die irrige Annahme des Einverständnisses des Sorgeberechtigten ist Tatbestandsirrtum (Wolters in SK-StGB Rn. 12); ebenso die irrige Annahme eines eigenen Sorgerechts (Fischer Rn. 13). 6

7. Abs. 4 enthält zwei Qualifikationstatbestände. **Nr. 1:** konkrete Gefahr (→ § 315 c Rn. 21, 22) des Todes, einer schweren Gesundheitsschädigung (→ § 250 Rn. 3) oder einer Entwicklungsschädigung (→ § 171 Rn. 3); letzteres kann beim Verbringen des Kindes in einen fremden Kulturkreis dann gegeben sein, wenn etwa unter dem massiven Einfluss einer fremden Religion die Gefahr einer solchen Schädigung droht (BGH NStZ 2006, 447); zum erforderlichen Gefährdungsvorsatz → § 15 Rn. 28. **Nr. 2** ersetzt das bisherige Regelbeispiel der Gewinnsucht durch die den Tatbestand erweiternden Merkmale „gegen Entgelt" (→ § 11 Rn. 22) oder in „Bereicherungsabsicht" (→ § 263 Rn. 58, 59); die beabsichtigte Bereicherung muss nicht rechtswidrig sein (Wessels/Hettinger/Engländer StrafR BT I Rn. 443; aM Nelles in DSNS StrRG § 3 Rn. 37). Bei beiden Alternativen handelt es sich um tatbezogene Merkmale, so dass § 28 keine Anwendung findet (BGHSt 55, 229 = NJW 2010, 3669 mAnm Wieck-Noodt NStZ 2011, 458; Hoyer GA 2012, 123; Dallmayer JA 2013, 293). Mit Nr. 2 sollen Erscheinungsformen des kommerziellen und organisierten Kinderhandels erfasst werden (BT-Drs. 13/8587, 39; krit. Nelles in DSNS StrRG § 3 Rn. 36, 37). 7

8. Zu **Abs. 5** vgl. § 18; der Tod des Opfers, dh des entzogenen Minderjährigen oder Kindes (Hardtung Teilvorsatzdelikte S. 144), muss wenigstens fahrlässig verursacht worden sein und unmittelbar auf Gewalt, Drohung, List oder Entziehen, Vorenthalten zurückführbar sein (einschr. verlangt Hardtung Teilvorsatzdelikte S. 145 die Vollendung des Grunddelikts). Ein sog. erfolgsqualifizierter Versuch (→ § 18 Rn. 9) kommt in Fällen, zB des Entziehens eines Jugendlichen durch Drohung (Abs. 1 Nr. 1), für die Abs. 3 die Versuchsstrafbarkeit nicht angeordnet hat, nicht in Betracht (→ § 18 Rn. 11; Ebert StrafR AT S. 128; aM Hardtung Teilvorsatzdelikte S. 148). 8

9. Zu **Abs. 6** (minder schwere Fälle) → § 46 Rn. 7–10 a; → § 12 Rn. 4. 9

10 **10. Tateinheit** ua möglich mit § 120 (BGH NJW 1963, 1412), § 234 (BGHSt 1, 199 (203) = BeckRS 1951, 31399704; str.), § 239 (BGHSt 39, 239 = NJW 1993, 2758) und wegen der Verschiedenheit der Rechtsgüter auch mit § 239a (hM), schließlich auch mit § 240 (BGHSt 59, 307 = NJW 2014, 3589; Fischer Rn. 22; diff. Wolters in SK-StGB Rn. 21; anders → 28. Aufl. 2014).

11 **11.** Strafantrag Abs. 7; öffentliches Interesse ist etwa bei besonders rücksichtslosem Verhalten gegenüber Eltern oder Kind zu bejahen (BT-Drs. 13/8587, 39); nicht klar ist, ob das mitgeschützte Kind (→ Rn. 1) antragsberechtigt ist (krit. deshalb Nelles in DSNS StrRG § 3 Rn. 39). Räumlicher Geltungsbereich § 5 Nr. 6a.

§ 236 Kinderhandel

(1) [1]**Wer sein noch nicht achtzehn Jahre altes Kind oder seinen noch nicht achtzehn Jahre alten Mündel oder Pflegling unter grober Vernachlässigung der Fürsorge- oder Erziehungspflicht einem anderen auf Dauer überlässt und dabei gegen Entgelt oder in der Absicht handelt, sich oder einen Dritten zu bereichern, wird mit Freiheitsstrafe bis zu fünf Jahren oder mit Geldstrafe bestraft.** [2]**Ebenso wird bestraft, wer in den Fällen des Satzes 1 das Kind, den Mündel oder Pflegling auf Dauer bei sich aufnimmt und dafür ein Entgelt gewährt.**

(2) [1]**Wer unbefugt**
1. **die Adoption einer Person unter achtzehn Jahren vermittelt oder**
2. **eine Vermittlungstätigkeit ausübt, die zum Ziel hat, daß ein Dritter eine Person unter achtzehn Jahren auf Dauer bei sich aufnimmt,**

und dabei gegen Entgelt oder in der Absicht handelt, sich oder einen Dritten zu bereichern, wird mit Freiheitsstrafe bis zu drei Jahren oder mit Geldstrafe bestraft. [2]**Ebenso wird bestraft, wer als Vermittler der Adoption einer Person unter achtzehn Jahren einer Person für die Erteilung der erforderlichen Zustimmung zur Adoption ein Entgelt gewährt.** [3]**Bewirkt der Täter in den Fällen des Satzes 1, daß die vermittelte Person in das Inland oder in das Ausland verbracht wird, so ist die Strafe Freiheitsstrafe bis zu fünf Jahren oder Geldstrafe.**

(3) **Der Versuch ist strafbar.**

(4) **Auf Freiheitsstrafe von sechs Monaten bis zu zehn Jahren ist zu erkennen, wenn der Täter**
1. **aus Gewinnsucht, gewerbsmäßig oder als Mitglied einer Bande handelt, die sich zur fortgesetzten Begehung eines Kinderhandels verbunden hat, oder**
2. **das Kind oder die vermittelte Person durch die Tat in die Gefahr einer erheblichen Schädigung der körperlichen oder seelischen Entwicklung bringt.**

(5) **In den Fällen der Absätze 1 und 3 kann das Gericht bei Beteiligten und in den Fällen der Absätze 2 und 3 bei Teilnehmern, deren Schuld unter Berücksichtigung des körperlichen oder seelischen Wohls des Kindes oder der vermittelten Person gering ist, die Strafe nach seinem Ermessen mildern (§ 49 Abs. 2) oder von Strafe nach den Absätzen 1 bis 3 absehen.**

Fassung des 6. StrRG (→ Vor § 1 Rn. 13); das SexÄG (→ Vor § 1 Rn. 15) hat Abs. 1 neu gefasst und erweitert und in Abs. 5 die Verweisungen ausgedehnt. Das UmsetzungsG zur Kinderausbeutung (→ Vor § 1 Rn. 16) hat in Abs. 2 einen neuen S. 2 eingefügt.

1. Die Vorschrift schützt in **Abs. 1** die **ungestörte Entwicklung des Kindes** 1
(BT-Drs. 13/8587, 40; Schramm, Ehe und Familie im Strafrecht, 2011, S. 455; Otto StrafR BT § 65 Rn. 43; Schumacher in Schlüchter, 6. StrRG, 1998, S. 57; Schroeder FS Rolinski, 2002, 155 (160); Wessels/Hettinger/Engländer StrafR BT I Rn. 445; → § 171 Rn. 1), nach der Vorstellung des Gesetzgeber auch die Menschenwürde des Kindes (BT-Drs. 13/6038, 6; ebenso Sonnen in NK-StGB Rn. 9). Da ein tatsächlicher Schaden nicht eingetreten zu sein braucht, handelt es sich um ein abstraktes Gefährdungsdelikt (Otto StrafR BT § 65 Rn. 43; Wessels/Hettinger/Engländer StrafR BT I Rn. 445; Krehl in LK-StGB Rn. 24, 44; Wolters in SK-StGB Rn. 2). Der § 14a AdVermiG aF nachgebildete **Abs. 2** sichert die Vermittlungsverbote des AdVermiG ab (BT-Drs. 13/8587, 40) und schützt damit Kinder und Jugendliche vor unbefugten, meist gewerblichen Adoptionsvermittlungen (vgl. BT-Drs. 13/8587, 40); damit ist neben dem „Verkäufer“ und dem „Käufer“ (Abs. 1) auch der „Makler“ erfasst (BT-Drs. 13/8587, 10; Schramm, Ehe und Familie im Strafrecht, 2011, S. 459f.). Anlass für die Erweiterung durch Abs. 1 war die deutliche Zunahme von Fällen, in denen Kinder von ihren leiblichen Eltern wie Handelsware zum Kauf angeboten worden sind (BT-Drs. 13/8587, 10; Kreß NJW 1998, 633 (642)). **Zur geschichtlichen Entwicklung** Sonnen in NK-StGB Rn. 5–8.

2. Als Opfer kommen in **Abs. 1** Kinder, Mündel und Pfleglinge unter 18 Jahren 2
in Betracht (damit trägt der Gesetzgeber einem Fakultativprotokoll eines UN-Übereinkommens v. 20.11.1989 und einem Rahmenbeschluss des Rates der EU v. 19.7.2002, ABl. 2002 L 203, S. 1, Rechnung; BT-Drs. 15/350, 22).

a) Als Täter kommen in **S. 1** („sein Kind“) zunächst die Eltern oder ein Elternteil in Betracht, neben den leiblichen auch Adoptiveltern und „Scheinväter“ iSd § 1591 BGB aF (BT-Drs. 13/8587, 40) sowie Väter iSd § 1592 BGB; die Tat ist echtes Sonderdelikt (Nelles in DSNS StrRG § 3 Rn. 41), die Elterneigenschaft strafbegründendes Merkmal iSd § 28 I (Wolters in SK-StGB Rn. 7; Fischer Rn. 3; Schramm, Ehe und Familie im Strafrecht, 2011, S. 460); andere Verwandte und Außenstehende können Teilnehmer an der Tat der Eltern sein oder (Wessels/Hettinger/Engländer StrafR BT I Rn. 446) sich als Täter nach Abs. 2 strafbar machen (BT-Drs. 13/8587, 40), bei Handeln gegen den Willen eines Elternteils kommt auch § 235 in Betracht (Nelles in DSNS StrRG § 3 Rn. 41). Als weitere Täter („seinen Mündel oder Pflegling“) kommen jetzt (s. Fassungshinweis) auch Vormund und Pfleger in Betracht (auch dies entspricht dem oben genannten Fakultativprotokoll); damit sollen Strafbarkeitslücken geschlossen werden (näher BT-Drs. 15/350, 22). Das Kind ist einem anderen **überlassen,** wenn diesem die **tatsächliche** Gewalt, zB durch Übergabe, verschafft worden ist (ähnlich Fischer Rn. 4; → § 225 Rn. 3); wird die Übernahme der Gewalt geduldet (Schumacher in Schlüchter, 6. StrRG, 1998, S. 57), so genügt dies, wenn dadurch dem anderen die Herrschaft über das Kind tatsächlich ermöglicht wird (ebenso Wieck-Noodt in MüKoStGB Rn. 20). **Auf Dauer** meint nicht nur die endgültige Überlassung, auch nicht jede vorübergehende Überlassung zB während eines längeren Auslandsaufenthalts; es reicht ein mehrmonatiges Überlassen, wenn dadurch eine nachhaltige Entfremdung des Kindes von seinen Eltern eingetreten ist (Schumacher in Schlüchter,

6. StrRG, 1998, S. 57; weiter Sonnen in NK-StGB Rn. 15). Die Überlassung des Kindes zu anderen Zwecken wie zB als Arbeitskraft wird nicht erfasst (BT-Drs. 13/6038, 9). **Grobe Vernachlässigung der Fürsorge oder Erziehungspflicht** → § 171 Rn. 2, jedoch soll hier schon das einmalige Überlassen eines Kindes reichen (krit. Krehl in LK-StGB Rn. 42); mit diesem strafbarkeitseinschränkenden Merkmal sollen sozial akzeptierte Vorgänge wie die Unterbringung eines Kindes bei Verwandten oder die Begründung anderer ähnlich anerkennenswerter Pflegeverhältnisse aus dem Tatbestand ausgeschieden werden (BT-Drs. 13/8587, 40; krit. dazu die Stellungnahme des Bundesrates, BT-Drs. 13/8587, 40 (62); zust. Wessels/Hettinger/Engländer StrafR BT I Rn. 446; dagegen jedoch die Gegenäußerung der BReg, BT-Drs. 13/8587, 40 (84)). Gegen **Entgelt** (→ § 11 Rn. 22), idR Geldzahlungen, aber auch Sachleistungen (BT-Drs. 13/6038, 9). **Bereicherungsabsicht** → § 263 Rn. 68, 59.

3 **b) S. 2** ist akzessorisch zu S. 1 gestaltet („in den Fällen des Satzes 1"); es muss deshalb ein Fall grober Vernachlässigung der Fürsorge- oder Erziehungspflicht durch die Eltern vorliegen (BT-Drs. 13/8587, 40; Nelles in DSNS StrRG § 3 Rn. 42). Die Tat ist Allgemeindelikt, doch müssen die Eltern im Wege teleologischer Reduktion als Täter ausgenommen werden (Schramm, Ehe und Familie im Strafrecht, 2011, S. 459f.; Krehl in LK-StGB Rn. 11). Bei sich **Aufnehmen** ist das Übernehmen des Kindes in eigene tatsächliche Gewalt zB durch Unterbringung in der eigenen Wohnung. Entgelt (→ § 11 Rn. 22) ist **gewährt,** wenn als Gegenleistung für das Kind („dafür") ein Vermögensvorteil geflossen ist (BT-Drs. 13/6038, 9); Leistungen, die dem Kind selbst zufließen, sind auch dann nicht erfasst, wenn sie zu einer finanziellen Entlastung zB durch Freistellung von Unterhaltsleistungen führen (BT-Drs. 13/6038, 9).

4 **3.** Als Opfer kommen in **Abs. 2** nur vermittelte Personen unter 18 Jahren, dh Kinder und Jugendliche, in Betracht; damit sind alle nicht volljährigen Personen, deren Möglichkeiten begrenzt sind, sich der Adoptionsvermittlung zu widersetzen, in den Schutzbereich einbezogen (BT-Drs. 13/6038, 9). Für beide Nummern des **S. 1** ist ein Handeln gegen Entgelt (→ § 11 Rn. 22) oder in Bereicherungsabsicht (→ § 263 Rn. 58, 59; BT-Drs. 13/6038, 9 (10)) erforderlich. Außerdem muss der Täter **unbefugt** handeln. **Nr. 1** erfasst den Verstoß gegen das Adoptionsvermittlungsverbot des § 5 I AdVermiG (BT-Drs. 13/6038, 9 (10)); danach ist die Adoptionsvermittlung anderen als den nach § 2 I AdVermiG befugten Jugendämtern und Landesjugendämtern und den nach § 2 II AdVermiG berechtigten Stellen untersagt. **Nr. 2** erfasst den Verstoß gegen das Verbot bestimmter anderer Vermittlungstätigkeiten des § 5 IV 1 AdVermiG (BT-Drs. 13/6038, 9 (10)). Danach ist jede Vermittlungsaktivität unter Umgehung der Adoptionsvermittlung untersagt, wenn sie zum Ziel hat, dass ein Dritter ein fremdes Kind bei sich aufnimmt (Wache in Erbs/Kohlhaas AdVermiG § 5 Rn. 13); so etwa das Zusammenbringen Schwangerer mit kindersuchenden Männern (Bach FamRZ 1990, 574 (576); Schumacher in Schlüchter, 6. StrRG, 1998, S. 59; Wache in Erbs/Kohlhaas AdVermiG § 5 Rn. 13). **S. 2** ist 2008 in Umsetzung des EU-Rahmenbeschlusses 2004/68/JI neu eingefügt worden (s. Fassungshinweis), um eine Lücke bei der erforderlichen Zustimmung anderer Personen als Eltern/Vormund/Pfleger, insbes. des Kindes, zu schließen (BT-Drs. 16/3439, 9; Fischer Rn. 15a). Engelt → § 11 Rn. 22; → Rn. 2. **S. 3:** Inland → Vor § 3 Rn. 4; Ausland → Vor § 3 Rn. 6. **Verbrachtwerden** ist jedes Befördertwerden im Sinne einer grenzüberschreitenden Ortsveränderung, gleichgültig mit welchem Beförderungsmittel, auch zu Fuß. Ein solches Verbrachtwerden

der vermittelten Person muss vom unbefugten Vermittler bewirkt, dh kausal veranlasst, werden, zB durch Bereitstellen des Transportmittels oder durch Bestimmen des Kindes, jemanden zu Fuß zu begleiten (ebenso Wieck-Noodt in MüKoStGB Rn. 48).

4. Der **Vorsatz** (bedingter genügt) muss in allen Tatbeständen namentlich auch das Alter der geschützten Personen umfassen (→ § 174 Rn. 15). Bei Abs. 1 S. 2 muss er sich zudem auf die grobe Pflichtverletzung der Eltern beziehen (BT-Drs. 13/8587, 40; Nelles in DSNS StrRG § 3 Rn. 42); daran kann es fehlen, wenn die „Aufnehmer" davon ausgehen, dass die Eltern zum Besten ihrer Kinder handeln (Schumacher in Schlüchter, 6. StrRG, 1998, S. 58). 5

5. Abs. 4 enthält zwei Qualifikationstatbestände für Abs. 1 und 2; der Versuch ist trotz der ungeschickt platzierten Strafbarkeitsandrohung in Abs. 3 auch in Fällen des Abs. 4 strafbar (Wieck-Noodt in MüKoStGB Rn. 64; Sonnen in NK-StGB Rn. 25). **Nr. 1: Gewinnsucht** ist Steigerung des Erwerbssinns auf ein ungehemmtes, überzogenes, sittlich anstößiges Maß (BGHSt 1, 388 = NJW 1952, 552; BGH GA 1953, 154; krit. Kelker, Zur Legitimität von Gesinnungsmerkmalen im Strafrecht, 2007, S. 555); sie muss sich von der in Abs. 1 und 3 geforderten Bereicherungsabsicht deutlich abheben (Wessels/Hettinger/Engländer StrafR BT I Rn. 448), kann aber auch beim Streben nach wirtschaftlicher Entlastung (zB Unterhaltsentziehung) vorliegen (→ § 211 Rn. 4). **Gewerbsmäßig** → Vor § 52 Rn. 20. **Mitglied einer Bande** → § 244 Rn. 6, 7; die Verbindung muss sich hier auf die fortgesetzte Begehung eines Kinderhandels beziehen; iÜ gelten die Ausführungen unter → § 260 Rn. 2–5 sinngemäß. **Nr. 2:** → § 235 Rn. 6. 6

6. Abs. 5 sieht alternativ Strafmilderung und Absehen von Strafe für Beteiligte (Täter und Teilnehmer) nach Abs. 1 und 3 und für Teilnehmer (Anstifter und Gehilfen) nach Abs. 2 und 3 vor; bei Letzteren ist vor allem an Eltern und aufnahmewillige Personen gedacht, die sich eines unbefugten Vermittlers bedienen (BT-Drs. 13/8587, 41); bei nur versuchten Taten nach Abs. 3 war bisher nur Absehen von Strafe, nicht aber Strafmilderung vorgesehen (krit. Nelles in DSNS StrRG § 3 Rn. 45, insoweit verunglückte Vorschrift); das ist durch Art. 1 Nr. 19 SexÄG (→ Vor § 1 Rn. 15) dahingehend geändert worden, dass eine Strafmilderung auch bei Versuch in Betracht kommt (BT-Drs. 15/350, 22 „Widerspruch" beseitigt). Voraussetzung ist **geringe Schuld,** die an den Folgen für das seelische oder körperliche Wohl des Opfers (Kind oder vermittelte Person) zu messen ist; sie kann bei einer unverschuldeten Notlage der Eltern oder bei aufnahmewilligen Personen vorliegen, die sich von einem anders nicht erfüllbarem Kinderwunsch leiten ließen (BT-Drs. 15/350, 22). Liegen die Voraussetzungen für ein Absehen von Strafe vor, kann das Verfahren nach § 153b StPO beendet werden (BT-Drs. 15/350, 22; krit. Nelles in DSNS StrRG § 3 Rn. 45). 7

7. Tateinheit ist ua möglich mit §§ 171, 235, 239 (vgl. Krehl in LK-StGB Rn. 116, auch mit §§ 169, 235). 8

§ 237 Zwangsheirat

(1) [1]**Wer einen Menschen rechtswidrig mit Gewalt oder durch Drohung mit einem empfindlichen Übel zur Eingehung der Ehe nötigt, wird mit Freiheitsstrafe von sechs Monaten bis zu fünf Jahren bestraft.** [2]**Rechtswidrig ist die Tat, wenn die Anwendung der Gewalt oder die Androhung des Übels zu dem angestrebten Zweck als verwerflich anzusehen ist.**

(2) **Ebenso wird bestraft, wer zur Begehung einer Tat nach Absatz 1 den Menschen durch Gewalt, Drohung mit einem empfindlichen Übel oder durch List in ein Gebiet außerhalb des räumlichen Geltungsbereiches dieses Gesetzes verbringt oder veranlasst, sich dorthin zu begeben, oder davon abhält, von dort zurückzukehren.**

(3) **Der Versuch ist strafbar.**

(4) **In minder schweren Fällen ist die Strafe Freiheitsstrafe bis zu drei Jahren oder Geldstrafe.**

Fassung des Gesetzes zur Bekämpfung der Zwangsheirat (→ Vor § 1 Rn. 17).

1 **I. 1.** Die bis dahin als **Regelbeispiel eines besonders schweren Falls einer Nötigung** in § 240 IV Nr. 1 Alt. 2 aF geregelte Nötigung zur Eingehung einer Ehe ist mit Wirkung zum 1.7.2011 durch den in § 237 neu geschaffenen **Straftatbestand der Zwangsheirat** abgelöst worden (zur Gesetzgebung Yerlikaya/Cakir-Ceylan ZIS 2011, 205; Busch NJ 2010, 18; Letzgus FS Puppe, 2011, 1205; zusf. Schramm, Ehe und Familie im Strafrecht, 2011, S. 502–506). Diese Umgestaltung eines Regelbeispiels wie auch die Legalüberschrift „Zwangsheirat" ist im Schrifttum auf Kritik gestoßen, die im Vorhalt medial gesteuerter (Fischer Rn. 2a; vgl. auch Achenbach StraFo 2011, 426), bloß symbolischer Gesetzgebung gipfelt (Eidam in Matt/Renzikowski Rn. 2; Valerius JR 2011, 430). In der Tat gibt es bis Mitte 2017 noch keine veröffentlichten Entscheidungen zu § 237. Allerdings ist die deutsche Gesetzgebung gegen Zwangsverheiratungen eingebettet in verfassungsrechtliche (Art. 6 GG: Eheschließungsfreiheit), internationale (zB Art. 23.3 IPbpR) und europäische (Art. 12 EMRK) Vorgaben (dazu Eidam in Matt/Renzikowski Rn. 5, 6). **Übersichtsbeiträge:** Bülte/Becker JA 2013, 7; Eisele/Majer NStZ 2011, 546; Ensenbach Jura 2012, 507; Haas JZ 2013, 72; Letzgus FPR 2011, 451; Letzgus FS Puppe, 2011, 1231; Schumann JuS 2011, 789; Sering NJW 2011, 2161; Valerius JR 2011, 430.

2 **2.** Geschützes Rechtsgut ist die **Eheschließungsfreiheit** (BT-Drs. 17/4401, 1), die als Unterfälle der von § 240 allgemein geschützten Willensbetätigungsfreiheit (→ § 240 Rn. 1) das Recht auf freie Eheschließung und Partnerwahl, wie auch auf einen Verzicht auf die Eingehung der Ehe umfasst (Fischer Rn. 3; Valerius in BeckOK StGB Rn. 1–3; Eidam in Matt/Renzikowski Rn. 3); nicht geschützt ist die Ehe als Institution (Eisele/Majer NStZ 2011, 546 (547)) und auch nicht die sexuelle Selbstbestimmung (Wieck-Noodt in MüKoStGB Rn. 11; Eidam in Matt/Renzikowski Rn. 5; Letzgus FS Puppe, 2011, 1231 (1232); einschr. Eisele/Majer NStZ 2011, 546 (547)), doch bleiben insoweit §§ 174ff. anwendbar. § 237 vereint zwei strukturell unterschiedliche Tatbestände, die Nötigung zur Eingehung einer Ehe (Abs. 1), die in Anlehnung an § 240 als Erfolgsdelikt ausgestaltet ist, und die Verschleppung zur Zwangsverheiratung (Abs. 2), die gewisse Ähnlichkeiten zu § 234a aufweist, aber nicht als konkretes (→ § 234a Rn. 1), sondern bloß als abs-

traktes Gefährdungsdelikt (Valerius in BeckOK StGB Rn. 8; Valerius JR 2011, 430 (434); Wieck-Noodt in MüKoStGB Rn. 15; Eidam in Matt/Renzikowski Rn. 7; für Annahme eines Erfolgsdelikts auch für Abs. 2 wegen der erfolgten Änderung des Aufenthaltsortes aber Fischer Rn. 23; Eisele/Majer NStZ 2011, 546 (548)).

II. 1. Abs. 1: S. 1 benennt die Tatbestandsmerkmale der Nötigung zur Eingehung einer Ehe in bewusster Anlehnung an § 240, so dass die Ausführungen hierzu herangezogen werden können: **Nötigen** (→ § 240 Rn. 4) mit **Gewalt** (→ § 240 Rn. 6–11), doch kann – wegen des Mitwirkungserfordernisses des Opfers bei der Eheschließung – hier nur vis compulsiva tatbestandsmäßig sein (Eidam in Matt/Renzikowski Rn. 12), oder durch **Drohung mit einem empfindlichen Übel** (→ § 240 Rn. 12–15; zB Drohung mit Ausschluss aus dem Familienverbund bis hin zum Ehrenmord, BT-Drs. 17/4401, 8); über § 240 hinausgehende Mittel wie der Aufbau moralischen Drucks sind damit auch iRv § 237 nicht als Nötigungsmittel anerkannt (Eidam in Matt/Renzikowski Rn. 11). **Nötigungserfolg** ist die **Eingehung einer Ehe** im In- oder Ausland; damit ist die Tat vollendet (Fischer Rn. 11; → § 240 Rn. 26). Kommt es nach dem Ansetzen zu einem Nötigungsmittel nicht zu der intendierten Eheschließung, bleibt ein **Versuch gem. Abs. 3.** Erforderlich ist der Abschluss einer rechtlich wirksamen Ehe sei es aufgrund deutschen Zivilrechts (§ 1310 BGB) oder einer im Ausland nach dort anzuwendendem Recht formwirksam geschlossenen Ehe (Bülte/Becker ZIS 2012, 61 (67); → § 172 Rn. 2), zumindest solange diese nicht wegen Verstoßes gegen den deutschen ordre public im Inland als Nichtehe zu behandeln ist (so Haas JZ 2013, 72 (78); insoweit aM Bülte/Becker ZIS 2012, 61 (64)), so dass jedenfalls auch im Ausland nicht staatlich anerkannte religiöse oder kultische Eheschließungen wie die sog. Imam-Ehe nicht von § 237 erfasst sind (Eidam in Matt/Renzikowski Rn. 15); allerdings kann die Nötigung zu einer solchen unverändert einen unbenannten besonders schweren Fall iSd § 240 IV darstellen (Schumann JuS 2011, 789 (790)). Da es auf die Tatbestandsmäßigkeit zur Tatzeit ankommt, spielt es keine Rolle, ob die Ehe später ex tunc (so bis 1998 §§ 17–22 EheG aF) oder ex nunc (vgl. § 1314 BGB) aufgelöst wird. Hält der Täter irrig auch eine nicht staatlich anerkannte Ehe für genügend, ist die Annahme eines strafbaren untauglichen Versuchs im Einzelfall zwar denkbar (vgl. Eidam in Matt/Renzikowski Rn. 26), doch dürfte idR ein Wahndelikt anzunehmen sein. Ist das Opfer mit der Eingehung der Ehe auch in ihren konkreten Modalitäten (Valerius JR 2011, 430 (433)) **einverstanden,** entfällt der Tatbestand (Fischer Rn. 9); allerdings ist ein durch Gewalt oder Drohung abgenötigtes Einverständnis nicht wirksam (Eidam in Matt/Renzikowski Rn. 17). An der Strafbarkeit wegen § 237 ändert sich auch nichts, wenn der Gesetzgeber die Anerkennung sog. Kinderehen (dazu Antomo NJW 2016, 3558) ausschließen sollte, weil auch die sog. „hinkenden Ehen" erfasst sind (Kudlich in LK-StGB Rn. 17). Nicht erfasst waren bisher gleichgeschlechtliche Partnerschaften (Kudlich in LK-StGB Rn. 20), doch hat sich dies mit Anerkennung der „Ehe für alle" geändert. 3

2. Abs. 2 soll insbes. Mädchen und junge Frauen vor einer sog. „Ferienverheiratung" schützen und stellt in Anlehnung an § 234a I in drei Varianten die Verschleppung zur Zwangsverheiratung unter Strafe (BT-Drs. 17/4401, 12); da die Zwangsverheiratung im Ausland nur intendierte Folge des Handelns sein muss (→ Rn. 5), kommt es nicht darauf an, ob die Eheschließung schließlich erfolgt, so dass es sich um einen Tatbestand mit überschießender Innentendenz handelt. Vollendet ist die Tat bereits, wenn das Opfer im Ausland angekommen (Var. 1 und 2) oder verblieben (Var. 3) ist. Damit verbunden ist eine Vorverlagerung der Voll- 4 endung auf den Zeitpunkt, in dem potenzielle Opfer dem Schutz der deutschen Rechtsordnung entzogen werden (Fischer Rn. 17; Eidam in Matt/Renzikowski Rn. 18); die Versuchsstrafbarkeit in Abs. 3 führt zu einer nicht unproblematisch weiten Vorverlagerung des Strafrechtsschutzes (Eidam in Matt/Renzikowski Rn. 27; Sering NJW 2011, 2161 (2163)). Als Nötigungsmittel kommt neben Gewalt und Drohung mit einem empfindlichen Übel (→ Rn. 3) auch **List** (→ § 234 Rn. 2) in Betracht. Dadurch muss kausal bewirkt werden ein **Verbringen** des Opfers ins Ausland (Var. 1), dessen **Veranlassen,** sich dorthin zu begeben (Var. 2), oder dessen **Abhalten von einer Rückkehr** (Var. 3) ins Inland.

5 **III.** Bedingter **Vorsatz** genügt für die Tathandlungen beider Tatbestände; Abs. 2 fordert ein Verschleppen **zur Begehung** einer Zwangsverheiratung und damit insoweit Absicht (Fischer Rn. 18; Eidam in Matt/Renzikowski Rn. 21; Schumann JuS 2011, 789 (792 f.)). In Bezug auf den Taterfolg des Abs. 1 – die Eingehung der abgenötigten Ehe – wird vielfach ebenfalls Absicht gefordert (Eidam in Matt/Renzikowski Rn. 20; Eisele/Majer NStZ 2011, 546 (548); Schumann JuS 2011, 789 (791)), doch dürfte angesichts des Wortlauts wie für den gleichlautenden § 240 (→ § 240 Rn. 16) auch insoweit bedingter Vorsatz ausreichend sein.

6 **IV. 1.** Theoretisch können beide Tatbestände durch **allgemein anerkannte Rechtfertigungsgründe** gerechtfertigt sein, doch ist praktisch kaum eine entsprechende Fallkonstellation denkbar (Wieck-Noodt in MüKoStGB Rn. 60; Valerius in BeckOK StGB Rn. 11; Eidam in Matt/Renzikowski Rn. 22); namentlich aus Art. 4 II GG lässt sich eine solche keinesfalls ablesen (Wieck-Noodt in MüKoStGB Rn. 59; Eidam in Matt/Renzikowski Rn. 22).

7 **2.** Allerdings ist in Abs. 1 S. 2 nur für die Nötigung zur Eingehung einer Ehe eine § 240 II nachgebildete **Verwerflichkeitsklausel** (→ § 240 Rn. 17–24) enthalten, die vom Wortlaut her zwar wie bei § 240 (→ § 240 Rn. 19) auch Gewalt als Nötigungsmittel erfasst, nach der Begründung wie auch angesichts praktisch denkbarer Fallkonstellationen auf nicht gewaltbezogene Drohungen beschränkt sein dürfte (näher Kubik/Zimmermann JR 2013, 192 (197)).

8 **V.** Zu **Abs. 4** (minder schwere Fälle) → § 46 Rn. 7–10a. Zur Verjährung § 79 III Nr. 4; die Tat ist mit der jeweiligen Vollendung auch beendet (Haas JZ 2013, 72 (80)). Aufgrund des § 49 StÄG (→ Vor § 1 Rn. 18) ist für **Auslandstaten** seit dem 27.1.2015 nach **§ 5 Nr. 6 Buchst. c** deutsches Strafrecht anwendbar, wenn der Täter Deutscher ist oder das Opfer zzt der Tat seinen Wohnsitz oder gewöhnlichen Aufenthalt im Inland (→ § 5 Rn. 3) hat.

9 **VI.** Umstritten ist, ob Abs. 2 in Fällen einer erfolgten Eheschließung als mitbestrafte Vortat hinter Abs. 1 zurücktritt (Valerius in BeckOK StGB Rn. 18; Eidam in Matt/Renzikowski Rn. 28) oder wegen des zusätzlichen Verschleppungs-Unrechts Tatmehrheit angenommen werden soll (Fischer Rn. 26; Schumann JuS 2011, 789 (794)); denkbar erscheint insoweit eine Differenzierung innerhalb von Abs. 2, denn nur bei Var. 1 und 2 tritt das abgenötigte Ausreisen zur Zwangsverheiratung hinzu. **Tateinheit** kommt auch in Betracht zB mit §§ 177 ff., §§ 223 ff., §§ 239, 241 (Eidam in Matt/Renzikowski Rn. 29 mwN). Abs. 1 verdrängt als lex specialis § 240 I; zwischen versuchtem § 237 und vollendetem § 240 ist Tateinheit möglich (Schumann JuS 2011, 789 (794)).

§ 238 Nachstellung

(1) **Mit Freiheitsstrafe bis zu drei Jahren oder mit Geldstrafe wird bestraft, wer einer anderen Person in einer Weise unbefugt nachstellt, die geeignet ist, deren Lebensgestaltung nicht unerheblich zu beeinträchtigen, indem er wiederholt**
1. die räumliche Nähe dieser Person aufsucht,
2. unter Verwendung von Telekommunikationsmitteln oder sonstigen Mitteln der Kommunikation oder über Dritte Kontakt zu dieser Person herzustellen versucht,
3. unter missbräuchlicher Verwendung von personenbezogenen Daten dieser Person
a) Bestellungen von Waren oder Dienstleistungen für sie aufgibt oder
b) Dritte veranlasst, Kontakt mit ihr aufzunehmen,
4. diese Person mit der Verletzung von Leben, körperlicher Unversehrtheit, Gesundheit oder Freiheit ihrer selbst, eines ihrer Angehörigen oder einer anderen ihr nahestehenden Person bedroht,
5. zulasten dieser Person, eines ihrer Angehörigen oder einer anderen ihr nahestehenden Person eine Tat nach § 202a, § 202b oder § 202c begeht,
6. eine Abbildung dieser Person, eines ihrer Angehörigen oder einer anderen ihr nahestehenden Person verbreitet oder der Öffentlichkeit zugänglich macht,
7. einen Inhalt (§ 11 Absatz 3), der geeignet ist, diese Person verächtlich zu machen oder in der öffentlichen Meinung herabzuwürdigen, unter Vortäuschung der Urheberschaft der Person verbreitet oder der Öffentlichkeit zugänglich macht oder
8. eine mit den Nummern 1 bis 7 vergleichbare Handlung vornimmt.

(2) [1]**In besonders schweren Fällen des Absatzes 1 Nummer 1 bis 7 wird die Nachstellung mit Freiheitsstrafe von drei Monaten bis zu fünf Jahren bestraft.** [2]**Ein besonders schwerer Fall liegt in der Regel vor, wenn der Täter**
1. durch die Tat eine Gesundheitsschädigung des Opfers, eines Angehörigen des Opfers oder einer anderen dem Opfer nahestehenden Person verursacht,
2. das Opfer, einen Angehörigen des Opfers oder eine andere dem Opfer nahestehende Person durch die Tat in die Gefahr des Todes oder einer schweren Gesundheitsschädigung bringt,
3. dem Opfer durch eine Vielzahl von Tathandlungen über einen Zeitraum von mindestens sechs Monaten nachstellt,
4. bei einer Tathandlung nach Absatz 1 Nummer 5 ein Computerprogramm einsetzt, dessen Zweck das digitale Ausspähen anderer Personen ist,
5. eine durch eine Tathandlung nach Absatz 1 Nummer 5 erlangte Abbildung bei einer Tathandlung nach Absatz 1 Nummer 6 verwendet,
6. einen durch eine Tathandlung nach Absatz 1 Nummer 5 erlangten Inhalt (§ 11 Absatz 3) bei einer Tathandlung nach Absatz 1 Nummer 7 verwendet oder
7. über einundzwanzig Jahre ist und das Opfer unter sechzehn Jahre ist.

(3) **Verursacht der Täter durch die Tat den Tod des Opfers, eines Angehörigen des Opfers oder einer anderen dem Opfer nahestehenden Person, so ist die Strafe Freiheitsstrafe von einem Jahr bis zu zehn Jahren.**

Fassung des 40. StÄG (→ Vor § 1 Rn. 16). Seit dem 10.3.2017 (BGBl. I 386) ist das bisherige Erfolgsdelikt als Eignungsdelikt ausgestaltet. Abs. 2 und 3 neugefaßt und Abs. 4 (Antragserfordernis) gestrichen durch G zur effektiveren Bekämpfung von Nachstellungen und bessere Erfassung des Cyberstalkings (BGBl. I 3513) zum 1.10.2021.

1 **1.** Rechtsgut der Vorschrift ist der **individuelle Lebensbereich** (BT-Drs. 16/575, 6, Regierungsentwurf; ebenso Fischer Rn. 2); sie will die Handlungs- und Entschließungsfreiheit des Opfers (Eisele StrafR BT I Rn. 512; Rengier StrafR BT II § 26a Rn. 2) und damit dessen private Lebensgestaltung schützen (Hellmann in Krey/Hellmann/Heinrich StrafR BT I Rn. 436; Wessels/Hettinger/Engländer StrafR BT I Rn. 369a; Rössner/Krupna in HK-StrafR Rn. 1; Gericke in MüKo-StGB Rn. 1; Wolters in SK-StGB Rn. 7; Krüger in Krüger, Stalking als Straftatbestand, 2. Aufl. 2013, S. 83–91; ähnlich BGHSt 54, 189 (193) = NJW 2010, 1680, Schutz der eigenen Lebensführung vor Belästigungen der Lebensgestaltung; so auch schon Mosbacher NStZ 2007, 665; krit. Kinzig ZRP 2006, 255 (257); Steinberg JZ 2006, 30 (32); Rackow GA 2008, 552 (557); Kraenz, Der strafrechtliche Schutz des Persönlichkeitsrechts, 2008, S. 315, 339; weiter Schluckebier in Satzger/Schluckebier/Widmaier StGB Rn. 1, der zusätzlich den individuellen Frieden und die psychische Gesundheit nennt; kein Schutz der Psyche nach Knauer, Der Schutz der Psyche im Strafrecht, 2013, S. 210, 239, der aber deren Einbeziehung de lege ferenda fordert; krit. zur Rechtsgutsdiskussion im Entstehungsprozess des § 238 Kargl in Neumann/Prittwitz, „Personale Rechtsgutslehre" und „Opferorientierung im Strafrecht", 2007, S. 46). Wie schon bei der neuen Vorschrift zum Schutz vor Bildaufnahmen (§ 201a), die als Rechtsgut den höchstpersönlichen Lebensbereich hat (→ § 201a Rn. 1), handelt es sich auch hier um ein relativ offenes, unbestimmtes Rechtsgut, so dass die genauere Bestimmung des typischen Unrechts und damit des Bereichs des Strafbaren von den Angriffsformen und deren Eingriffstiefe, also von den ausgewählten Tathandlungen, zu leisten ist. § 238 und § 201a sind neuere Entwicklungen des fragmentarischen Persönlichkeitsrechtsschutzes durch das Strafrecht (Kühl in Bosch/Bung/Klippel, Geistiges Eigentum und Strafrecht, 2011, S. 115). Die Platzierung der Vorschrift vor der Freiheitsberaubung ist deshalb passend, weil der Freiheitseingriff durch Nachstellung dem von § 239 erfassten Eingriff in die Fortbewegungsfreiheit im Schweregrad gleichkommt (BT-Drs. 16/3641, 29, Beschlussempfehlung und Bericht des Rechtsausschusses); auch die sachliche Nähe zur Bedrohung (§ 241) spricht für diese Platzierung (BT-Drs. 16/575, 7; ebenso Valerius JuS 2007, 319 (323); Fischer Rn. 4). Zu **Strafwürdigkeit** und **-bedürftigkeit** Kühl FS Schöch, 2010, 419 (435, 437); zum typischen Unrechtsgehalt Kühl in Bosch/Bung/Klippel, Geistiges Eigentum und Strafrecht, 2011, S. 115, 129. Vom Deliktstypus her handelte es sich bis zur Änderung der Vorschrift 2017 (s. oben Fassung) um ein **Erfolgsdelikt** (BT-Drs. 16/3641, 30; BGHSt 54, 189 (197) = NJW 2010, 1680; BGH NStZ-RR 2013, 145; Mosbacher NStZ 2007, 665 (671); Rackow GA 2008, 552 (561); Wessels/Hettinger/Engländer StrafR BT I Rn. 369b, verhaltensgebundenes Erfolgsdelikt; Wolters in SK-StGB Rn. 2, modalisiertes Erfolgsdelikt; krit. dazu der Entschließungsantrag der FDP, BT-Drs. 16/3641, 10; Mitsch NJW 2007, 1237 (1240); Krüger NJ 2008, 150). Vorschläge in der öffentlichen Anhörung des BT-Rechtsausschusses v. 18.10.2006, die

eine teilweise Umgestaltung in Absichtsdelikte (Nack, Prot. 30, S. 18) oder eine Gestaltung als Gefährdungsdelikte (Janovsky, Prot. 30, S. 14; zust. Mitsch NJW 2007, 1237 (1240); vgl. auch schon Meyer ZStW 115 (2003), 249 (285); Sommerfeld/Voß SchlHA 2005, 326 (328); Schöch NStZ 2013, 221 (224)) forderten, wurden erst zu Recht nicht aufgegriffen (zur Begr. Kühl, Prot. 30, S. 15, 54; Käppner, Der Stalking-Tatbestand in der Rechtsprechung seit seiner Einführung, 2014, S. 86). Zur Entstehungsgeschichte Fünfsinn FS Widmaier, 2008, 909 (917); Fünfsinn/Sander FS Kargl, 2015, 141 (144); Krüger in Krüger, Stalking als Straftatbestand, 2. Aufl. 2013, S. 79–83. Käppner, Der Stalking-Tatbestand in der Rechtsprechung seit seiner Einführung, 2014; Schandl, Stalking: § 238 StGB – Fluch oder Segen für die Rechtspraxis, 2014; Steinberg, Strafe für das Versetzen in Todesangst, 2014; Issa, Der Straftatbestand der Nachstellung (§ 238 StGB) und die Strafbarkeit von Stalking nach US-amerikanischem Recht am Beispiel Kaliforniens, 2015; Zacharias, Der Unrechtstatbestand der Nachstellung (§ 238 StGB) im Lichte des strafrechtlichen Bestimmtheitsgebots, 2015. Eine krit. Bilanz zieht Schöch NStZ 2013, 221 (224). Da sich allerdings die mit § 238 verbundenen Hoffnungen auf eine effektive Strafbewehrung angesichts von Nachweisschwierigkeiten in Bezug auf den Erfolg nicht erfüllt haben (vgl. Conzelmann Zur Notwendigkeit einer Reform des § 238 StGB, 2016, mit Bespr. Schiemann KriPoZ 2017, 135) hat der Gesetzgeber 2017 die Norm in ein **potenzielles Gefährdungsdelikt** umgestaltet; die Debatte um eine Erhöhung der praktischen Bedeutung von § 238 hat dies aber nicht beendet (am 4.2.2021 ist ein Evaluationsbericht des BMJV vorgelegt worden, BT-Drs. 19/26515), wie sich darin zeigt, dass zwischenzeitlich die Tatbestandsmerkmale „schwerweigend" durch „nicht unerheblich" und „beharrlich" durch „wiederholt" ersetzt sowie der Bereich des sog. **Cyberstalking** stärker einbezogen und zugleich mit Abs. 4 aF der Charakter als relatives Antragsdelikt gestrichen worden ist. Dies hat an der Einstufung als Eignungsdelikt nichts geändert.

Mit § 238 wird das weltweit bekannte **Phänomen ‚Stalking'** (dazu Gazeas KJ 1a 2006, 247; Rackow GA 2008, 552; Hilgendorf/Valerius ComputerStrafR Rn. 440; eingehende Analyse bei Müller, Zum tatbestandlichen Anwendungsbereich des § 238 Abs. 1 StGB, 2013, S. 20–61) auch im deutschen StGB strafrechtlich erfasst. Dass dies nicht unter dem Namen ‚Stalking' (entsprechender Vorschlag bei Kühl, Prot. 30, S. 15, 101; zust. Voß, Prot. 30, S. 25), sondern unter der Überschrift ‚Nachstellung' geschieht, ist jedenfalls aussagekräftiger und passender als die Alternative ‚Schwere Belästigung' (so der Entwurf des Bundesrates, BT-Drs. 16/1030, 5; dagegen Kühl, Prot. 30, S. 15, 101). ‚Stalking' ist nicht nur eine Belästigung, sondern enthält durchaus **strafwürdige Verhaltensweisen** (= Freiheitsverletzungen; vgl. Harzer KJ 2009, 95 (99), Verletzung der Autonomie von Lebensführungen vor allem von Frauen, der die „Solidargemeinschaft" entgegen treten muss). Deshalb war es in den Beratungen und Anhörungen zu § 238 nicht so sehr die Frage, ob eine Strafvorschrift berechtigt, sondern wie sie auszugestalten ist. Dabei bestand weitgehende Einigkeit, dass andere Strafvorschriften des StGB wie etwa §§ 123, 185, 187, 223, 240, 241 oder § 303 zwar bei harten Formen des ‚Stalking' eingreifen können (Kinzig ZRP 2006, 255 (256); Meyer ZStW 115 (2003), 249 (259); Eiden ZIS 2008, 123 (125)), die weichen Formen aber nicht erfassen (BT-Drs. 16/575, 6; exemplarisch BGH NJW 2013, 3383 zu Nachstellungen, die nicht die Schwelle zur Körperverletzung erreichen). Scharfe Kritik an der ursprünglichen Tatbestandsfassung bei Maurach/Schroeder/Maiwald/Hoyer/Momsen StrafR BT § 16 Rn. 19 „Karikatur" mit durch „fachterminologische Sprechblasen" aufgemotzten „banalen Tathandlungen".

1b Umstrittener war, ob nicht die Strafvorschrift des § 4 GewSchG und damit das Nebenstrafrecht der richtige Standort gewesen wäre, denn die praktischen Erfahrungen mit diesem Gesetz waren durchaus positiv (anerkannt im Regierungsentwurf, BT-Drs. 16/575, 1). Für das **Kernstrafrecht** spricht nicht so sehr der Umstand, dass dadurch die Bedeutung der Nachstellung als echtes Kriminaldelikt hervorgehoben wird und eine „sittenbildende Kraft" entfalten kann, sondern die zivilrechtsakzessorische Ausgestaltung des § 4 GewSchG, der „nur" den Verstoß gegen eine zuvor zu erwirkende richterliche Verfügung erfasst. Eine allgemeine, das typische Unrecht hervorhebende Strafvorschrift erscheint deshalb als eine sinnvolle Ergänzung von § 4 GewSchG (so auch Fünfsinn in Kerner/Marks, Internetdokumentation Deutscher Präventionstag, 2006, S. 5; anders Neubacher ZStW 118 (2006), 855 (864, 867), den Argumenten zur Erforderlichkeit der Neukriminalisierung fehle es an Überzeugungskraft; gegen ein „eigenständiges Stalking-Delikt" Kinzig ZRP 2006, 255 (258), wohl auch Steinberg JZ 2006, 30 (33); scharf abl. Pollähne StraFo 2006, 398 (402), Tatbestand, der absehbar noch mehr Probleme als § 4 GewSchG aufwerfen wird; für ein reformiertes GewaltschutzG Kraenz, Der strafrechtliche Schutz des Persönlichkeitsrechts, 2008, S. 338; ähnlich Eiden ZIS 2008, 123 (126)). Der von § 238 erhoffte „effektivere Schutz vor Nachstellungshandlungen" (BT-Drs. 16/575, 1; BT-Drs. 16/3641, 2;Zweifel bei Löhr NStZ 1996, 434 (436), die von „symbolischem" Strafrecht spricht; ebenso Eiden ZIS 2008, 123 (128); Rackow GA 2008, 552 (567); dagegen Mosbacher NStZ 2007, 665 (671)) hat sich, wie das Bedürfnis nach Reformen zeigt, nicht ergeben. Ein solcher Schutz setzt neben dem Strafrecht auch das Nutzen des polizei- und zivilrechtlichen sowie des sozialpolitischen Instrumentariums voraus (Kühl, Prot. 30, S. 37, 102; und schon Meyer ZStW 115 (2003), 249 (293)). – Zur Empirie/**Kriminologie:** Kinzig ZRP 2006, 255; Neubacher ZStW 118 (2006), 855 (864); Dressing/Maul-Backer/Gass NStZ 2007, 253; Endrass/Rossegger/Urbanik MschrKrim 2007, 1; Krüger NKrim 2008, 144 mit Zahlenmaterial; Aul, Stalking, 2009, S. 66; Höffler in Krüger, Stalking als Straftatbestand, 2. Aufl. 2013, S. 15–78; Schöch NStZ 2013, 221 (222); Sonnen in NK-StGB Rn. 15–25. – **Rechtsvergleichend** Kinzig ZRP 2006, 255; Neubacher ZStW 118 (2006), 855 (864); Buß, Der Weg zu einem deutschen Stalkingstraftatbestand, 2008, S. 19 ff.; Löhr, Zur Notwendigkeit eines spezifischen Anti-Stalking-Straftatbestandes in Deutschland – Eine rechtsvergleichende Untersuchung unter besonderer Berücksichtigung der australischen Rechtsentwicklung, 2008, S. 143 ff., 214 ff.; Sadtler, Stalking-Nachstellung, 2009, S. 116; Müller, Zum tatbestandlichen Anwendungsbereich des § 238 Abs. 1 StGB, 2013, S. 62; mit Alternativvorschlag Müller, Zum tatbestandlichen Anwendungsbereich des § 238 Abs. 1 StGB, 2013, S. 337).

2 **2. Abs. 1. a**) Der ursprünglich geforderte tatbestandsmäßige Erfolg war in Abs. 1 als **Beeinträchtigung** der **Lebensgestaltung** umschrieben; er musste kausal durch eine der zuvor genannten Nachstellungshandlungen herbeigeführt werden. Damit wurde erneut – wie schon bei § 201 a (→ § 201 a Rn. 3) – das Rechtsgut zum tatbestandsmäßigen Erfolg erhoben. Allerdings dürfte dieses Problem – anders als bei § 201 a, wo der höchstpersönliche Lebensbereich konkretisiert werden muss – hier die Anwendbarkeit der Vorschrift nicht erschwert haben, denn angesichts der Weite des Merkmals ‚Lebensgestaltung' hat es kaum Fälle gegeben, in denen bei Verwirklichung einer der Nachstellungshandlungen deren Beeinträchtigung nicht vorliegt; das gilt auch, wenn man eine „objektivierbare Beeinträchtigung" verlangt (BT-Drs. 16/575, 8), die als erzwungene „Veränderung der Lebensumstände" derart umschrieben wurde, dass das Opfer „nicht mehr so leben kann wie zuvor" (BT-Drs.

16/575, 8; BGHSt 54, 189 (197) = NJW 2010, 1680 mkritAnm Heghmanns ZJS 2010, 269; BGH NStZ-RR 2013, 145; Maurach/Schroeder/Maiwald/Hoyer/Momsen StrafR BT § 16 Rn. 10; Gericke in MüKoStGB Rn. 17). Seit 2017 ist die Vorschrift kein Erfolgsdelikt mehr, sondern ein Eignungsdelikt, allerdings nach wie vor bezogen auf die Beeinträchtigung der Lebensgestaltung. Die tatbestandsmäßige Handlung muss „nur noch" **geeignet** sein, die Lebensgestaltung zu beeinträchtigen, ein dahingehender muss nicht mehr bewirkt werden (abl. schon zum Referentenentwurf v. 15.2.2016; Kühl ZIS 2016, 456; von einem wahren Inkriminierungsrausch ua wegen der Erweiterung des Verbots von Stalking spricht Weigend StV 2016 I; den Referentenentwurf dagegen – was die vorgesehene Änderung vom Erfolgsdelikt zum Eignungsdelikt angeht – begrüßen Kubiciel/Borutta KriPoZ 2016, 194;: die Umwandlung von einem Erfolgs- zu einem Eignungsdelikt, wurde nach ihrem gesetzlichen Vollzug am 10.3.2017 ua begrüßt von Mosbacher NJW 2017, 983; Steinberg JZ 2017, 676, spricht dagegen von einer missratenen Änderung, was sich aber nur darauf bezieht, dass „rein" psychische Schäden nicht erfasst werden). Der „Zug" in Richtung „Eignungsdelikt" ist inzwischen abgefahren. Mit der Eignung als Voraussetzung der Strafbarkeit wird das Opfer gestärkt, doch ist damit zugleich eine durchaus nicht unproblemtische Abkehr von der Tradition verbunden, dass (höchst) persönliche Rechtsgüter gegenüber Schädigungen (und nicht bloß potenziellen Gefahren) geschützt werden. Eine gewisse Einschränkung brachte das Erfordernis der schwerwiegenden Beeinträchtigung. Als schwerwiegend galten Schutzvorkehrungen des Opfers wie etwa das Verlassen der Wohnung nur noch in Begleitung Dritter und der Wechsel des Arbeitsplatzes oder der Wohnung (BGHSt 54, 189 = NJW 2010, 1680; OLG Hamm NStZ-RR 2009, 175), nicht dagegen die Einrichtung einer sog. Fangschaltung zum Zwecke der Beweissicherung (BT-Drs. 16/575, 8; Wolters in SK-StGB Rn. 6); abstrakt konnte man „im konkreten Kontext ins Gewicht fallende, gravierende und ernstzunehmende Beeinträchtigungen" verlangen, „die über durchschnittliche, regelmäßig hinzunehmende und zumutbare Beeinträchtigungen erheblich … hinausgehen" (BT-Drs. 16/3641, 31; OLG Hamm NStZ-RR 2009, 175; BGH NStZ-RR 2013, 145 (146), Aufgabe erheblicher Freizeitalternativen; Schluckebier in Satzger/Schluckebier/Widmaier StGB Rn. 15; ähnlich Gazeas KJ 2006, 247 (259); → § 218a Rn. 12). Das hatte der BGH bestätigt, wenn er auf gravierende, ernst zu nehmende Folgen abstellt, die über durchschnittliche, regelmäßig hinzunehmende Beeinträchtigungen der Lebensgestaltung erheblich und objektivierbar hinausgehen (BGHSt 54, 189 (197) = NJW 2010, 1680); lediglich subjektiv als solche empfundene Nachteile reichten selbst dann nicht, wenn damit gravierende psychische Folgen verbunden sind (BGH NStZ-RR 2013, 145; OLG Rostock BeckRS 2009, 19346 mit zust. Bespr. Jahn JuS 2010, 81; ebenso Eidam JuS 2010, 869 (873); für eine Objektivierung auch Peters NStZ 2009, 238 (241); Krüger in Krüger, Stalking als Straftatbestand, 2. Aufl. 2013, S. 182). Nicht schwerwiegend sollte die „Beeinträchtigung" sein, die in der Benutzung eines Anrufbeantworters oder der Änderung der Telefonnummer besteht, wohl aber die eines Wohnungswechsels und mehrere, für sich nicht schwerwiegende Beeinträchtigungen in ihrer Summe (AG Löbau StV 2008, 646 (647)). Mit der Änderung 2021 ist allerdings die Einschränkung auf die Eignung der Tathandlungen zu einer schwerwiegenden Beeinträchtigung dadurch deutlich relativiert worden, dass für Taten seither die **Eignung** bloß noch zu einer **nicht unerheblichen Beeinträchtigung** ausreicht. Damit sind neben den bisherigen Fällen schwerwiegender Beeinträchtigungen auch solche erfasst, die in Hinsicht auf die davon möglicherweise ausgehende Beeinträchtigung der Lebensgestaltung des Opfers bloß ein mitteleres

Gewicht aufweisen; dazu gehört etwa das Ändern der Telefonnummer (vgl. BT-Drs. 19/28679, 11).

3 **b)** Die **Tathandlungen** des Abs. 1, deren Kreis 2021 um drei weitere benannte Varianten v. a. zur Erfassung von sog. Cyber-Stalking auf nunmehr acht ausgeweit, wobei die Nr. 1–4 gleichgeblieben und Nr. 5 aF mit geringfügigen Änderungen in Nr. 8 umnummeriert worden ist (näher zu diesen Krüger in Krüger, Stalking als Straftatbestand, 2. Aufl. 2013, S. 102–164), müssen immer eine Nachstellung sein; dieser Begriff muss aber nicht selbständig definiert werden (Hellmann in Krey/Hellmann/Heinrich StrafR BT I Rn. 438; krit. Rackow GA 2008, 552 (562)), soweit es um die Nr. 1–7 geht, denn bei deren Vorliegen ist eine Nachstellung anzunehmen („nachstellt, indem er", aM Maurach/Schroeder/Maiwald/Hoyer/Momsen StrafR BT § 16 Rn. 12), für Nr. 8 könnte er relevant werden. Für alle seit 2021acht Tathandlungen wird verlangt, dass sie beharrlich begangen werden (dazu Krüger in Krüger, Stalking als Straftatbestand, 2. Aufl. 2013, S. 164; BGH NStZ 2016, 724 mit Praxiskommentar Bock; NStZ-RR 2021, 138). Damit wird auf einen problematischen Begriff zurückgegriffen, der bei den einzelnen Delikten des Bundestages im StGB fast schon verschwunden war, und der, wo er noch – wie in § 184f – vorhanden ist, berechtigter Kritik ausgesetzt ist (krit. zur Orientierung an § 184f Mosbacher NStZ 2007, 665 (666)). Anders als bei „böswillig" handelt es sich zwar nicht um ein Gesinnungsmerkmal (beachte jedoch Gazeas KJ 2006, 247 (255): erkennbare Unrechtsgesinnung des Täters), aber es wird eine bestimmte „Haltung" oder „innere Einstellung" verlangt (→ § 184f Rn. 5), die nicht zu einem Tatstrafrecht passt. Mit Recht ist der Gesetzgeber daher 2021 auf das as Merkmal **wiederholt** umgeschwenkt (BT-Drs. 19/28679, 12; so schon Kühl, Prot. 30 (→ Rn. 1), S. 106); soweit die Rspr. zum alten Recht damals konsequent wiederholtes Handeln als solches nicht ausreichen ließ (BGHSt 54, 189 (195) = NJW 2010, 1680 mit Bespr. Gazeas NJW 2010, 1684; Seher JZ 2010, 582), ist dies nunmehr überholt. Es gnügt vielmehr heute, wenn der Täter mehr als einmal nacheinander gegenüber dem gelciehn Opfer eine der Tathandlungen vornimmt, ohne dass er „aus Missachtung des entgegenstehenden Willens oder aus Gleichgültigkeit gegenüber den Wünschen des Opfers in der Absicht handelt, sich auch in Zukunft entsprechend zu verhalten" (BGHSt 54, 189 (195) = NJW 2010, 1680). Die Beharrlichkeit ist wie bei § 184e (→ § 184e Rn. 7) ein besonderes persönliches Merkmal iSd § 28 I (Fischer Rn. 33). Ob zwei Drohanrufe innerhalb von fünf Monaten ausreichen, erscheint zweifelhaft (Jahn JuS 2008, 553 gegen LG Lübeck BeckRS 2008, 5249), eine Mindestanzahl von Angriffen des Täters kann nicht festgelegt werden (BGHSt 54, 189 (198) = NJW 2010, 1680).

4 **Nr. 1** erfasst physische Annäherungen an Opfer wie Auflauern, Verfolgen oder (auch nur) Vor-dem-Haus-Stehen (BGH NStZ-RR 2013, 145; BT-Drs. 16/575, 7). Eine gewisse räumliche Nähe ist erforderlich (vgl. Gazeas KJ 2006, 247 (256), der optische Wahrnehmbarkeit verlangt; ebenso Kinzig/Zander JA 2007, 481 (483) „in Sichtweite"; vgl. auch Müller, Zum tatbestandlichen Anwendungsbereich des § 238 Abs. 1 StGB, 2013, S. 316). Die Annäherung muss gezielt erfolgen (BGHSt 54, 189 (194) = NJW 2010, 1680; Mosbacher ZRP 2007, 665 (667); Krüger in Krüger, Stalking als Straftatbestand, 2. Aufl. 2013, S. 110); zufällige zeitgleiche Anwesenheit, zB beim Warten an der Bushaltestelle, reicht nicht (BT-Drs. 16/575, 7; Eisele StrafR BT I Rn. 517; Gericke in MüKoStGB Rn. 19); anders bei Planung des vermeintlich unbeabsichtigten Zusammentreffens (Valerius JuS 2007, 319 (321); Wessels/Hettinger/Engländer StrafR BT I Rn. 369c). **Nr. 2** erfasst den

Versuch, mit Telekommunikationsmitteln unerwünschten Kontakt herzustellen, auch mittelbare Kontaktaufnahmen über Dritte wie Angehörige oder Kollegen (BT-Drs. 16/575, 7; BGHSt 54, 189 (194) = NJW 2010, 1680; BGH NStZ-RR 2013, 145); auch das „Cyberstalking" per Internet oder E-Mail ist erfasst (Eisele ComputerStrafR § 38 Rn. 38; Hilgendorf/Valerius ComputerStrafR Rn. 441; vgl. auch Reum, Cybermobbing, 2014). **Nr. 3** erfasst das Aufgeben von Waren- oder Dienstleistungs-Bestellungen für das Opfer unter missbräuchlicher Verwendung von dessen persönlichen Daten (Mosbacher ZRP 2007, 665 (668); näher Eisele ComputerStrafR § 38 Rn. 41, der auf Art. 4 I DSGVO verweist). Außerdem sind Verhaltensweisen verboten, durch die Dritte zu einer Kommunikation mit dem Opfer veranlasst werden; so etwa, wenn eine Kontaktanzeige mit dem Angebot sexueller Dienstleistungen unter Angabe der Telefonnummer des Opfers aufgegeben wird (BT-Drs. 16/575, 7 (8); Hellmann in Krey/Hellmann/Heinrich StrafR BT I Rn. 441; Küpper in Leipold/Tsambikakis/Zöller Rn. 9). Nicht erfasst sind Anzeigen anderer Art wie etwa falsche Traueranzeigen (Mosbacher ZRP 2007, 665 (668)). Zum zivilrechtlichen Schutz Müller, Zum tatbestandlichen Anwendungsbereich des § 238 Abs. 1 StGB, 2013, S. 306: Eingriff in das allgemeine Persönlichkeitsrecht. **Nr. 4** erfasst verschiedene Drohungen; sie müssen nicht ernst gemeint oder empfunden werden (KG StV 2015, 709; Harzer NKrim 2009, 95 (100); Fischer Rn. 16). Die Drohung kann das Leben, aber auch die körperliche Unversehrtheit, die Gesundheit oder die Freiheit betreffen, wobei die Freiheitsbedrohung nicht näher bezeichnet ist; entsprechend dem insoweit vergleichbaren § 35 wird man auch hier einschränkend auf die Bedrohung der Fortbewegungsfreiheit abstellen müssen, weil die Bedrohung der gesamten persönlichen Freiheit zu einem zu weiten Tatbestand führen würde (Eisele StrafR BT I Rn. 520; Hellmann in Krey/Hellmann/Heinrich StrafR BT I Rn. 442), merkwürdig ist die Nennung der körperlichen Unversehrtheit neben der Gesundheit, denn die Überschrift des 17. BT-Abschnitts nennt nur ersteres und dennoch erfasst § 223 auch die Gesundheitsschädigung; die geistige oder seelische Krankheit (vgl. § 174c I) ist jedenfalls nicht erfasst (Wolters in SK-StGB Rn. 13; aM Fischer Rn. 16; Rössner/Krupna in HK-StrafR Rn. 8; Gericke in MüKoStGB Rn. 33); die Bedrohung mit einem Verbrechen ist nicht verlangt (Müller, Zum tatbestandlichen Anwendungsbereich des § 238 Abs. 1 StGB, 2013, S. 305). Nahestehende Person geht über Angehörige hinaus (Mosbacher ZRP 2007, 665 (668)) und ist nach § 35 (→ § 35 Rn. 4) zu bestimmen.

Nr. 5–7 sollen das sog. **Cyber-Stalking** erfassen (BT-Drs. 19/28679, 12). **Nr. 5** 4a
umfasst Taten gem. §§ 202a – 202c, **Nr. 6** das Verbreiten oder der Öffentlichkeit Zugänglichmachen von Abbildungen des Opfers bzw. nahstehender Personen (zB einen „Revenge Porn") unabhängig davon, ob diese Handlungen selbst etwa in §§ 184k, 201a StGB, § 33 KUG strafbewerht sind, und **Nr. 7** das Verbreiten oder der Öffentlichkeit Zugänglichmachen von ehrenrührigen Inhalten (→ § 11 Rn. 26–28), als deren vermeintlicher Urheber das Opfer selbst erscheinen soll (zB vermeintliche Vergewaltigungsfantasien, BT-Drs. 19/28679, 12).

Nr. 8 enthält wie zuvor Nr. 5 aF einen sog. **Auffangtatbestand** (so BT-Drs. 5
16/3641, 30) oder eine **Öffnungsklausel,** die man auch als gesetzliche Aufforderung zur (im Strafrecht an sich verbotenen) Analogie zu Ungunsten des Täters (→ § 1 Rn. 5) bezeichnen kann, denn hier wird aufgefordert, nach „vergleichbaren" Handlungen zu suchen. Hinzu kommen Bedenken aus dem Bestimmtheitsgrundsatz, der nach Art. 103 II GG und § 1 StGB eine gesetzliche Bestimmung der Strafbarkeit fordert; nach der Nr. 5 aF soll der Richter aber die „anderen" strafbaren Handlungen festlegen. Es ist deshalb nicht verwunderlich, dass diese Öffnungsklau-

selKritik aus den genannten Gründen auf sich zog (in der Anhörung des BT-Rechtsausschusses von Kühl, Prot. 30, S. 16; davor schon von Neubacher ZStW 118 (2006), 855 (870); Gazeas KJ 2006, 247 (266); danach Rackow GA 2008, 552 (565); krit. auch Krüger in Krüger, Stalking als Straftatbestand, 2. Aufl. 2013, S. 164, entbehrlich und weitgehend bedeutungslos; keine Einwände bei Meyer ZStW 115 (2003), 249 (288); Mosbacher NStZ 2007, 665 (668); nach Sommerfeld/Voß SchlHA 2005, 326 (328), sogar „vorzugswürdig"). Die Begründung des Rechtsausschusses für den von ihm sog. Auffangtatbestand lässt sich durchaus hören, denn es geht beim Stalking um „vielfältige, häufig wechselnde und immer neue Angriffsformen" (BT-Drs. 16/3641, 30), die nicht ein für alle Mal in Gesetzesform gepresst werden können (für Streichung der Nr. 5 aF Schöch NStZ 2013, 221 (224)). Die Frage bleibt aber, ob man mit sich auftuenden Strafbarkeitslücken in einem fragmentarischen Strafrecht nicht leben kann, zumal die harten Formen des Stalking durch verschiedene Tatbestände des StGB und vier Formen des weichen Stalking von **§ 238** I Nr. 1–4 erfasst sind. In Betracht kommt eine verfassungsrechtlich zulässige **innertatbestandliche Analogie** (Kühl, Prot. 30, S. 16; aufgegriffen in BT-Drs. 16/3641, 30; sa Köhne ZRP 2009, 87 (88); krit. Schöch NStZ 2013, 221 (222); Kirsch, Zur Geltung des Gesetzlichkeitsprinzips, 2014, S. 183; wie hier Eisele StrafR BT I Rn. 521; Hellmann in Krey/Hellmann/Heinrich StrafR BT I Rn. 443), wie sie etwa in §§ 315, 315b „erfolgreich" praktiziert wird (→ § 315 Rn. 6; und dem (noch von Lackner gezogenen) Fazit: trotz relativer Unbestimmtheit verfassungsrechtlich noch vertretbar). Allerdings hat die Praxis für §§ 315, 315b handfeste Vorgaben – Eingriff von außen, unmittelbare Einwirkung auf den Verkehrsvorgang –, die bei § 238 I so nicht vorhanden sind (ähnlich Gazeas KJ 2006, 247 (258); JR 2007, 497 (501); Fischer Rn. 6a; Bestimmtheitsbedenken auch bei BGHSt 54, 189 (193) = NJW 2010, 1680: kaum überschaubar und ohne nähere Eingrenzung). Die Nr. 1–4 umschreiben so unterschiedliche Verhaltensweisen, dass darauf kaum ein Analogieschluss aufgebaut werden kann (anders für Nr. 3, 4 Neubacher/Seher JZ 2007, 1029 (1033)). Immerhin kann dem Gesetz entnommen werden, dass es sich bei der anderen, vergleichbaren Handlung um eine Nachstellung handeln muss; diese aber ist bisher nur durch die Nr. 1–4 definiert. Außerdem muss auch diese Handlung zu dem oben genannten Erfolg (→ Rn. 2) führen. Schließlich musste es sich für Nr. 5 aF um eine **andere** Handlung als die in den Nr. 1–4 genannten Verhaltensweisen handeln; es durften also nicht Handlungen erfasst werden, die knapp neben oder kurz vor diesen Verhaltensweisen liegen, es mussten andere Angriffsformen auf den individuellen Lebensbereich sein. Ob das bei Verleumdungen und Sachbeschädigungen durch Zerkratzen von Fahrzeugen und Reifenzerstechen (so Schluckebier in Satzger/Schluckebier/Widmaier StGB Rn. 12; für Sachbeschädigungen auch Eisele StrafR BT I Rn. 498; krit. Fischer Rn. 17); zutrifft, ist eher fraglich, da dabei die Ehre und das Eigentum angegriffen werden (zur möglichen Tateinheit → Rn. 12). Mit der **Verschiebung in Nr. 8** hat der Gesetzgeber das Erfordernis einer **Ähnlichkeit** der gemeinten Handlung **mit den in Nr. 1–7 genannten Handlungen** expliziert und zugleich deren Bezeichnung als andere Handlung aufgegeben. Damit hat sicher Kreis der von Nr. 8 gemeinten Handlungen in Richtung auf solche verschoben, die gerade nahe an die Nr. 1–7 herankommen.

6 **c) Unbefugt** ist hier ein **Tatbestandsmerkmal,** weil Abs. 1 auch sozialadäquate Verhaltensweisen (vgl. BT-Drs. 16/575, 7 ua mit dem Beispiel journalistischer Vorgehensweisen; zu dieser Problematik Krüger in Krüger, Stalking als Straftatbestand, 2. Aufl. 2013, S. 199) erfasst (ebenso Kindhäuser/Hilgendorf in LPK-

StGB Rn. 9; aA Zimmernann in Leipold/Tsambikakis/Zöller Rn. 6); zu typischem und komplettem Unrecht werden sie erst, wenn sie unbefugt, dh gegen den Willen oder ohne Einverständnis des Opfers erfolgen (ähnlich Gazeas KJ 2006, 247 (255); JR 2007, 502; diff. und für Nr. 3, 4 anders Mitsch NJW 2007, 1240; Neubacher/Seher JZ 2007, 1031; Fischer Rn. 26; Sonnen in NK-StGB Rn. 50; krit. Rackow GA 2008, 552 (563); aM Maurach/Schroeder/Maiwald/Hoyer/Momsen StrafR BT § 16 Rn. 12; Wolters in SK-StGB Rn. 8). Eine Befugnis kann sich auch aus dem Gesetz ergeben, so bspw. die amtliche Befugnis des Gerichtsvollziehers (BT-Drs. 16/575, 7, scheidet aus dem Anwendungsbereich der Norm aus; Kinzig/Zander JA 2007, 481 (483); krit. zur Tatbestandslosigkeit Wolters in SK-StGB Rn. 8).

d) Vorsatz reicht als bedingter aus (Gericke in NK-StGB Rn. 51); manche Verhaltensweisen verlangen aber gezieltes Vorgehen (→ Rn. 4 zu Nr. 1; ebenso Küpper in Leipold/Tsambikakis/Zöller Rn. 14; aM Fischer Rn. 30; für „beharrlich" Sonnen in NK-StGB Rn. 49). 7

e) Ein spezieller **Rechtfertigungsgrund** für die Medien (in der Anhörung des Rechtsausschusses gefordert von Pöppelmann, Prot. 30, S. 21) wurde – wie schon bei § 201 a (→ § 201 a Rn. 9) – zu Recht abgelehnt (dafür Sommerfeld/Voß SchlHA 2005, 326 (329)). Sozialadäquates Verhalten kann allerdings zur Reduktion des Tatbestandes, auch für Journalisten bei ihrer Recherche, führen (→ Vor § 32 Rn. 29); außerdem ist § 238 im Lichte des Art. 5 I 2 GG im Hinblick auf Medienvertreter restriktiv auszulegen (Gazeas KJ 2006, 247 (256); Kinzig/Zander JA 2007, 481 (483)); Personen der Zeitgeschichte (§ 23 KUG; dazu BGH NJW 2015, 2500) müssen keine Einschränkung ihrer von § 238 geschützten Sphäre hinnehmen (aM Fischer Rn. 28); für eine Übernahme der nebenstrafrechtlichen Ausnahmeregelung für die Tätigkeit der Medien Kraenz, Der strafrechtliche Schutz des Persönlichkeitsrechts, 2008, S. 340. 8

f) Der **Versuch** des Vergehens nach Abs. 1 ist nicht unter Strafe gestellt. 9

3. Abs. 2 enthält anstelle der vormals zwei Gefahr-Qualifikationen hinsichtlich des Todes oder einer schweren Gesundheitsschädigung (BGH NStZ-RR 2011, 12 (13); → § 251 Rn. 1; → § 250 Rn. 3; sowie → § 330 Rn. 6; Mosbacher NStZ 2007, 665 (669); für die Einbeziehung psychischer Krankheiten Knauer, Der Schutz der Psyche im Strafrecht, 2013, S. 211) nunmehr **sieben Regelbeispiele eines besonders schweren Falles,** die sich (wie auch der daneben mögliche unbenannte besonders schwere Fall) nur auf Handlungen gem. **Abs. 1 Nr. 1–7** beziehen (aus Bestimmtheitsgründen nicht auch auf Nr. 8; BT-Drs. 19/28679, 13) und von denen Nr. 1 und 2 den bisherigen Qualifikatioenn entsprechen. Nr. 3 erfasst langanhaltendes Stalking, Nr. 4–6 betreffen das Cyber-Stalking und Nr. 7 in Anlehnung an § 182 III (BT-Drs. 19/28679, 13) das Handeln von über 21jährigen Tätern gegenüber unter 16jährigen Opfern. Neben der Gefährdung des Opfers reicht auch die seiner Angehörigen oder ihm nahestehender Personen (→ § 35 Rn. 4); die Einbeziehung dieser Personen berücksichtigt die „Typik des Stalking" (BT-Drs. 16/3641, 31). 10

4. Abs. 3, der bei der Reform unverändert geblieben ist, enthält eine Todes-**Erfolgsqualifikation** (BT-Drs. 16/3641, 31). Erfasst werden sollen Fälle, in denen das Opfer zum Suizid getrieben wird oder auf der Flucht vor dem Täter zu Tode kommt (BGH NJW 2017, 2211 mAnm Ast; BGH StV 2021, 353; BT-Drs. 16/3641, 31; Mitsch NJW 2007, 1237 (1240)); dies ist nur dann möglich, wenn es sich bei der Mitwirkung des Opfers nicht um ein eigenverantwortliches Verhalten, 11 sondern um ein vom Täter erzwungenes verständliches Panikverhalten handelt (→ § 227 Rn. 2; Kühl StrafR AT § 17a Rn. 26, 27; Rackow GA 2008, 552 (567); aus der Rspr. zu § 227: BGHSt 48, 34 = JuS 2003, 503); nicht erfasst sind erfundene Todesmeldungen, die bei betagten Personen zum Tod führen (so aber Mosbacher NStZ 2007, 665 (669)). Auch hier werden – wie schon bei Abs. 1 Nr. 4 (→ Rn. 4) und Abs. 2 (→ Rn. 10) – Angehörige und nahestehende Personen einbezogen. Die Tat ist Verbrechen, der Versuch somit strafbar; ein erfolgsqualifizierter Versuch kommt aber wegen der Straflosigkeit des Versuchs des Grunddelikts (= § 238 I, → Rn. 9) nicht in Betracht (Kühl Jura 2003, 19 (21); → § 18 Rn. 11; ebenso Hellmann in Krey/Hellmann/Heinrich StrafR BT I Rn. 450; Fischer Rn. 37; Gericke in MüKoStGB Rn. 59; Krüger in Krüger, Stalking als Straftatbestand, 2. Aufl. 2013, S. 218; iE auch Gazeas KJ 2006, 247 (261); aM Mitsch NJW 2007, 1241; str.); eine versuchte Erfolgsqualifizierung tritt hinter dem (immer zugleich verwirklichten) versuchten Totschlag zurück (ebenso Wolters in SK-StGB Rn. 22).

12 **5.** Verwirklicht der Täter mehrere strafbare Verhaltensweisen nach § 238 I, so liegt nur **eine Tat** vor (ebenso Mosbacher NStZ 2007, 665 (669); Küpper in Leipold/Tsambikakis/Zöller Rn. 19; Wolters in SK-StGB Rn. 24); § 238 ist zwar kein Dauerdelikt, doch werden einzelne Handlungen des Täters zu einer tatbestandlichen Handlungseinheit (→ Vor § 52 Rn. 10) zusammengefasst, wenn sie erst in ihrer Gesamtheit zu der erforderlichen Beeinträchtigung des Opfers führen (BGHSt 54, 189 (197, 201) = NJW 2010, 1680; KG StraFo 2019, 480); § 238 I Nr. 5 ist dagegen als andere Tat exklusiv, weil sie voraussetzt, dass keine Tat nach Nr. 1–4 vorliegt (aM Rössner/Krupna in HK-StrafR Rn. 13). **Tateinheit** ist mit harten Formen des Stalking (→ Rn. 1) wie §§ 123, 223, 240, evtl. auch §§ 187, 303 möglich (nach BGHSt 54, 189 (197, 201) = NJW 2010, 1680 auch mit §§ 185, 241), weil die Nachstellung einen anderen zusätzlichen Unrechtsgehalt aufweist (Kindhäuser/Hilgendorf in LPK-StGB Rn. 15); das gilt auch für das Zusammentreffen von § 238 I Nr. 4 mit § 241 (Wolters in SK-StGB Rn. 24; aM Kinzig/Zander JA 2007, 481 (485), Spezialität des § 238 I Nr. 4; Satzger Jura 2015, 61, Konsumtion). § 238 I verklammert als schwerster Delikt die an sich selbständig begangenen Delikte der Beleidigung und Bedrohung (BGHSt 54, 189 (197, 201) = NJW 2010, 1680). § 238 I Nr. 5 nF ist gegenüber § 202a lex specialis (BT-Drs. 19/, 10)

13 **6.** Mit der Streichung von **Abs. 4 aF** ist § 238 seit dem 1.10.2021 ein Offizialdelikt. Bereits zuvor war sie aus dem Kreis der Privatklagedelikte gestrichen worden, so dass nunmehr weder die Durchführung eines Strafverfahrens noch die Durchsetzung des Strafanspruchs vor Gericht von einer Mitwirkung des Opfers abhängig sind.

14 **7. Prozessuale** Auswirkungen: In den Qualifikationsfällen von Abs. 2 und 3 wird die Möglichkeit einer sog. **Eskalations-Untersuchungshaft** nach § 112a I Nr. 1 StPO eröffnet (näher Mosbacher NStZ 2007, 665 (670)). Besonders gefährliche Täter sollen in Haft genommen werden können, um „vorhersehbaren schwersten Straftaten gegen Leib und Leben vorzubeugen" (BT-Drs. 16/3641, 32; die präventiv-polizeiliche Natur des § 112a StPO betont Meyer-Goßner StPO § 112a Rn. 1, der deshalb einen Verstoß gegen die Unschuldsvermutung verneint; krit. Neubacher ZStW 118 (2006), 855 (871), der die Stalking-Paragraphen der § 238 vorausgehenden Entwürfe als „Ermittlungsparagraphen" mit „Türöffner-Funktion" bezeichnet; krit. auch Gazeas KJ 2006, 247 (265), präventive Freiheitsentziehung aufgrund eines unbewiesenen Verdachts; krit. auch Krüger NJ 2008,

150, weil der Schutz des § 112a StPO zu spät komme; abl. auch Sommerfeld/Voß SchlHA 2005, 326 (330)).

§ 239 Freiheitsberaubung

(1) **Wer einen Menschen einsperrt oder auf andere Weise der Freiheit beraubt, wird mit Freiheitsstrafe bis zu fünf Jahren oder mit Geldstrafe bestraft.**

(2) **Der Versuch ist strafbar.**

(3) **Auf Freiheitsstrafe von einem Jahr bis zu zehn Jahren ist zu erkennen, wenn der Täter**
1. das Opfer länger als eine Woche der Freiheit beraubt oder
2. durch die Tat oder eine während der Tat begangene Handlung eine schwere Gesundheitsschädigung des Opfers verursacht.

(4) **Verursacht der Täter durch die Tat oder eine während der Tat begangene Handlung den Tod des Opfers, so ist die Strafe Freiheitsstrafe nicht unter drei Jahren.**

(5) **In minder schweren Fällen des Absatzes 3 ist auf Freiheitsstrafe von sechs Monaten bis zu fünf Jahren, in minder schweren Fällen des Absatzes 4 auf Freiheitsstrafe von einem Jahr bis zu zehn Jahren zu erkennen.**

1. Die Vorschrift schützt die potentielle persönliche **Bewegungsfreiheit** (hM; 1
vgl. etwa BGHSt 14, 314 = NJW 1960, 1629; BGHSt 32, 183 = NJW 1984, 673; Müller-Dietz in Ulsamer StrafR/StrafVerfR S. 686; Bosch Jura 2012, 604; Schluckebier in LK-StGB, Rn. 1; Wieck-Noodt in MüKoStGB Rn. 1, 13; krit. Schumacher FS Stree/Wessels, 1993, 431 (434); anders Bloy ZStW 96 (1984), 703; Weber in Arzt/Weber/Heinrich/Hilgendorf StrafR BT § 9 Rn. 13; Eisele StrafR BT I Rn. 425, 428; Wolters in SK-StGB Rn. 2a; Sonnen in NK-StGB Rn. 8; zu den Auswirkungen der Streichung des Wortes „Gebrauchs" (der Freiheit) und der Einführung der Versuchsstrafbarkeit in Abs. 2 auf die Rechtsgutsdiskussion Kargl JZ 1999, 72, der – im Anschluss an Küper/Zopfs StrafR BT Rn. 234f. – die Verfügbarkeit über einen Bewegungsraum geschützt sieht; ebenso Kindhäuser/Hilgendorf in LPK-StGB Rn. 2). Deshalb kommt es nicht darauf an, ob der Betroffene sich überhaupt fortbewegen will, sondern darauf, ob ihm diese Möglichkeit genommen wird (OLG Köln NJW 1986, 333). Geschützt sind mithin auch Betrunkene, Geisteskranke, Gelähmte und Kinder, sofern sie zu willkürlicher Ortsveränderung überhaupt imstande sind (Schluckebier in LK-StGB, Rn. 4–10); nicht aber Kleinstkinder (BayObLGSt 1950/1951, 525; Bosch Jura 2012, 604 (605); Eisele StrafR BT I Rn. 429). Erfasst wird auch die Intensivierung einer bereits andauernden Freiheitsberaubung, zB durch Fesselung des Eingesperrten (hM; vgl. etwa Bosch Jura 2012, 604 (606)). Zur Hypnose Gerke HRRS 2009, 373 (375).

2. a) Ein Mensch ist seiner Freiheit beraubt, wenn und solange er – sei es 2
auch nur vorübergehend (BGHSt 14, 314 = NJW 1960, 1629; kurzfristiges Festhalten reicht aber nicht, BGH NStZ 2003, 371; beachte aber BGH NStZ 2005, 507; ebensowenig Schließen der Tür für eine Minute, wenn Opfer diese öffnen könnte, BGH NJW 2019, 789) und ohne sein Wissen (Jakobs FS Roxin, 2001, 793 (804)) – zB durch Gewalt, List, Drohung, Betäubung (Müller MedR 2011, 339), Nichtanhalten eines Fahrzeugs (BGH NStZ 1992, 33; NStZ 2005, 507) gehindert wird,

seinen Aufenthaltsort frei zu verlassen (hM; nur iErg problematisch BGHSt 32, 183 = NJW 1984, 673 mkritAnm Herzberg/Schlehofer JZ 1984, 481; Geerds JR 1984, 430); dabei muss seine Fortbewegungsfreiheit vollständig aufgehoben werden (BGH NJW 1993, 1807 mit zust. Bespr. Otto JK StGB § 239 Rn. 2), das Verlassen des Ortes also unmöglich oder mindestens so erschwert erscheinen, dass es nach den Umständen als Verhaltensalternative nicht in Frage kommt (BGH NStZ 2001, 420; NStZ 2015, 338 mAnm Wieck-Noodt NStZ 2015, 646; BGH NStZ-RR 2018, 210; Park/Schwarz Jura 1995, 294 (296); Wieck-Noodt in MüKoStGB Rn. 26). Drohung mit einem empfindlichen Übel (BGH NStZ 2001, 420; str.) oder Anwendung entsprechender List (für deren Einbeziehung weitergehend Eisele StrafR BT I Rn. 439–441: bei Rechtsgutsbezug; zum „faktischen Zwang" Bosch Jura 2012, 604 (606)) reicht danach häufig nicht aus, wohl aber Drohung mit gegenwärtiger Gefahr für Leib oder Leben (BGH NStZ 2001, 420) oder Verweisen auf einen lebensgefährlichen Ausweg (OLG Koblenz VRS 49 (1975), 347). Auch Handeln gegenüber einem Schlafenden oder Bewusstlosem kommt – allerdings unter umstrittenen Voraussetzungen (vgl. etwa Meyer-Gerhards JuS 1974, 566 (569); Geppert JuS 1975, 384 (387); Bloy ZStW 96 (1984), 703 (724); Schumacher FS Stree/Wessels, 1993, 431 (438), speziell für alte Menschen in Endstadien dementiver Erkrankungen; Jakobs FS Roxin, 2001, 793 (804); Horn/Wolters in SK-StGB Rn. 3; Joecks/Jäger StGB Rn. 10–14; abl. Heghmanns StrafR BT Rn. 657; Eisele in Schönke/Schröder, Rn. 2; zusf. Fahl Jura 1998, 456 (460)) – ebenso in Frage wie Unterlassen in Garantenstellung (zB Untätigbleiben nach versehentlicher Einsperrung, → § 13 Rn. 6, 11; beachte auch BGH NJW 2004, 528; speziell zur Ingerenz BGH NStZ-RR 2009, 366; Bosch Jura 2012, 604 (610)).

3 **b) Einsperren** (Verhinderung des Verlassens eines Raumes durch äußere Vorrichtungen) ist als häufigste Begehungsform nur ein hervorgehobenes Beispiel; ob es die Unterbringung in einer geschlossenen psychiatrischen Anstalt erfasst, hängt vom Einzelfall ab (Sack/Denger MDR 1982, 972); ebenso bei Einrichtungen der stationären Altenhilfe (Schumacher FS Stree/Wessels, 1993, 431 (440)). Für die Begehung **auf andere Weise** genügt nicht bereits jede Drohung mit einem empfindlichen Übel; das angedrohte Übel muss vielmehr den Grad einer gegenwärtigen Gefahr für Leib oder Leben erreichen (qualifizierte Nötigungshandlung, BGH NStZ-RR 2021, 281).

4 **c)** Auch **mittelbare Täterschaft** (→ § 25 Rn. 2–4) ist praktisch bedeutsam; sie kann zB vorliegen bei Herbeiführen einer Verhaftung auf Grund unwahrer Anzeige (BGHSt 3, 4 = NJW 1952, 944; BGHSt 10, 306 = NJW 1957, 1325; BGHSt 42, 275 = NJW 1997, 951), in Ausnahmefällen auch auf Grund wahrer Anzeige oder Aussage trotz Zeugnisverweigerungsrechts (BGHSt 3, 110 = NJW 1952, 1024; BGHSt 40, 218 = NJW 1994, 2703; BGHSt 42, 275 = NJW 1997, 951 mit zust. Bespr. König JR 1997, 317 (321); Schluckebier in LK-StGB, Rn. 31) oder auf Grund wahrer Aussage vor einem Gericht außerhalb der Bundesrepublik (BGH NJW 1958, 874; OLG Düsseldorf NJW 1979, 59 (60)). Beruht die Haft auf dem Urteil eines Gerichts, so ist Täterschaft des falsch Anzeigenden bzw. die Werkzeugeigenschaft des Gerichts zweifelhaft (dagegen Otto StrafR BT § 28 Rn. 7; krit. Bosch Jura 2012, 604 (609); zur Verwirklichung durch einen Arzt im Krankenhaus Müller MedR 2011, 339 (341)).

5 **d) Einwilligung** schließt als sog. Einverständnis (→ Vor § 32 Rn. 11) schon den Tatbestand aus, weil die Begriffe des Beraubens und Einsperrens Handeln gegen

oder ohne den Willen des Betroffenen erfordern (hM; vgl. etwa Wessels/Hettinger/Engländer StrafR BT I Rn. 374; Müller MedR 2011, 339 (340), speziell zu Minderjährigen; krit. Kargl JZ 1999, 72 (75); anders Jescheck/Weigend StrafR S. 373; Otto StrafR BT § 28 Rn. 9; → Vor § 32 Rn. 11); das gilt jedoch idR nicht für das ausdrücklich oder konkludent widerrufene (BGH NStZ 2005, 508 mit zust. Bespr. Geppert JK StGB § 239 Rn. 3) und für das erschlichene Einverständnis, weil auch List als Tatmittel anerkannt ist (Zipf, Einwilligung und Risikoübernahme im Strafrecht, 1970, S. 17; Küpper in Leipold/Tsambikakis/Zöller Rn. 3; Horn/Wolters in SK-StGB Rn. 8, 9; aM Park/Schwarz Jura 1995, 294 (297); sa OLG Zweibrücken GA 1981, 94; str.) und weil überdies der Charakter der Tat als Verletzung fremder, auf das geschützte Rechtsgut bezogener Autonomie durch ein solches Einverständnis nicht berührt wird (Bloy ZStW 96 (1984), 703 (713)). Das Einverständnis in die Beförderung mit einem Kraftfahrzeug kann bei gefährlicher Fahrweise widerrufen werden (BGH NStZ 2005, 850 mit Bespr. Kudlich JuS 2005, 850).

3. Der **Vorsatz** (bedingter genügt) muss sich nach dem klarstellenden Eingreifen des Gesetzgebers nicht mehr auf das gestrichene Merkmal der „Widerrechtlichkeit" beziehen (Nelles in DSNS StrRG § 3 Rn. 8; sa Kargl JZ 1999, 72 (73); ebenso schon die bisher hM). 6

4. Die **Rechtswidrigkeit** kann namentlich aus folgenden Gründen ausgeschlossen sein: Notwehr (§ 32); erlaubte Selbsthilfe (§§ 229, 562b BGB); amtliche Befugnis (BGH bei Holtz MDR 1978, 624; OLG Schleswig NStZ 1985, 74 mkritAnm Otto; Amelung/Brauer JR 1985, 474; LG Mainz MDR 1983, 1044); rechtmäßige (→ § 113 Rn. 7) Vollstreckungshandlung (OLG Köln NStZ 1986, 234 mit krit. Bespr. Geppert Jura 1986, 532); Festnahmerecht (§ 127 StPO, Fincke GA 1971, 41); Erziehungsrecht (BGH NStZ 2015, 338 mAnm Wieck-Noodt NStZ 2015, 646; Otto Jura 2001, 670 (671); Küpper/Börner StrafR BT I Kap. II § 3 Rn. 9; Wieck-Noodt in MüKoStGB Rn. 38; Wolters in SK-StGB Rn. 12a, wenn sie keine „entwürdigende Erziehungsmaßnahme" darstellt); Familienpflege eines Geisteskranken (BGHSt 13, 197 = NJW 1959, 1595 mAnm Sax JZ 1959, 778); vormundschaftsgerichtliche Genehmigung (Sack/Denger MDR 1982, 972; Schumacher FS Stree/Wessels, 1993, 431 (446)); zur Frage der rechtfertigenden Wirkung einer Einwilligung der Eltern bei Minderjährigen Müller MedR 2011, 339 (342). Im Rahmen von Abs. 3 Nr. 1 (→ Rn. 9) ist auch denkbar, dass eine zunächst rechtswidrige Entführung aufgrund einer zwischenzeitlichen rechtmäßigen Inhaftierung vor Ablauf der Wochenfrist gerechtfertigt wird, so dass nur die Tat nach Abs. 1 rechstwidrig erfolgt ist, nicht auch die darauf aufbauende Erfolgsqualifikation (vgl. BGHSt 64, 170 = NJW 2020, 856 mAnm Mitsch; Farthofer NStZ 2020, 283; Safferling JR 2021, 343, wo dies alledings aufgrund einer vorausgegangenen völkerrechtswidrigen Entführung verneint worden ist). – Die **irrige Annahme** der Rechtfertigung ist je nach den Umständen Erlaubnistatbestands- oder Verbotsirrtum (BGHSt 3, 357 = NJW 1953, 75; → § 17 Rn. 6; → § 17 Rn. 9–17). 7

5. Die Tat ist **Dauerdelikt** (→ Vor § 52 Rn. 11), also mit Eintritt des Freiheitsentzugs vollendet und erst mit dessen Wiederaufhebung beendigt (Kühl FS Roxin, 2001, 665 (676); Eisele StrafR BT I Rn. 425); es ist deshalb nach Vollendung sukzessive Beihilfe und Mittäterschaft möglich (Krey/Esser StrafR AT Rn. 963; Kühl StrafR AT § 20 Rn. 126). Der **Versuch** nach Abs. 1 ist nach der Neufassung strafbar (**Abs. 2;** krit. zur Begr. Nelles in DSNS StrRG § 3 Rn. 9), so dass nicht mehr auf die versuchte Nötigung zurückgegriffen werden muss (Nelles in DSNS StrRG § 3 Rn. 10). 8

9 **6. Abs. 3 und 4** qualifizieren die Tat zum Verbrechen (→ § 12 Rn. 2, 3), so dass die Versuchsstrafbarkeit eröffnet ist. Bei schwerer Gesundheitsschädigung (→ § 250 Rn. 3) iSd Abs. 3 Nr. 2 oder Tod des Opfers iSd Abs. 4 fordert § 18 mindestens Fahrlässigkeit (beachte BGHSt 21, 288 (291) = NJW 1967, 2070), die auch bei Dauer von mehr als einer Woche nach der bisherigen Rspr. genügte (BGHSt 10, 306 = NJW 1957, 1325); dies ist nach der „aktivischen" Neufassung von Abs. 3 Nr. 1 zwar zweifelhaft geworden (Vorsatz verlangen deshalb Nelles in DSNS StrRG § 3 Rn. 12; Bosch Jura 2012, 604 (608); Heghmanns StrafR BT Rn. 666; Wessels/Hettinger/Engländer StrafR BT I Rn. 377; Fischer Rn. 15; Wolters in SK-StGB Rn. 16; Joecks/Jäger StGB Rn. 24; Sonnen in NK-StGB Rn. 27; Eisele in Schönke/Schröder, 28. Aufl. 2010, Rn. 12; Wieck-Noodt in MüKoStGB Rn. 44), doch war vom Gesetzgeber keine Umwandlung der Erfolgsqualifikation in eine tatbestandliche Qualifikation gewollt (BT-Drs. 13/8587, 84; Kühl FG BGH, 2000, 237 (242); Duttge FS Herzberg, 2008, 309 (320); Mitsch GA 2009, 329 (336); Küpper/Börner StrafR BT I Kap. I § 3 Rn. 11; Otto StrafR BT § 28 Rn. 12; Rengier StrafR BT II § 22 Rn. 19; Küpper in Leipold/Tsambikakis/Zöller Rn. 13; Schluckebier in LK-StGB, Rn. 33). Auch im Tod bei einem Fluchtversuch (BGHSt 19, 382 = NJW 1964, 1866; diff. Bussmann GA 1999, 21 (32); aM Widmann MDR 1967, 972) und im Selbstmord des Opfers (BGH LM Nr. 4 zu § 239 StGB) kann sich die der Freiheitsentziehung eigentümliche Gefahr realisieren (Kühl FG BGH, 2000, 237 (265); Puppe, Die Erfolgszurechnung im Strafrecht, 2000, S. 237, 244; Bosch Jura 2012, 604 (608); Küpper/Börner StrafR BT I Kap. I § 3 Rn. 12; → § 18 Rn. 8). Zum Versuch der erfolgsqualifizierten Delikte → § 18 Rn. 9, 10; der erfolgsqualifizierte Versuch kommt für Abs. 3 Nr. 1 und Abs. 4 (abl. Bussmann GA 1999, 21 (33); dagegen Puppe, Die Erfolgszurechnung im Strafrecht, 2000, S. 239; beachte auch Hardtung Teilvorsatzdelikte S. 96, der den Freiheitsberaubungserfolg zur Tatbestandsvoraussetzung erhebt) in Betracht, nachdem der Wortlaut nicht mehr auf den „der Freiheit Beraubten", sondern auf das „Opfer" abstellt (vgl. Kühl FS Gössel, 2002, 191 (207)); für Abs. 3 Nr. 1 kommt, sofern man weiterhin von einer Erfolgsqualifizierung ausgeht, die versuchte Erfolgsqualifizierung, ansonsten der „normale" Versuch eines Qualifikationstatbestandes, in Betracht (Kühl FS Gössel, 2002, 191 (198)). Zu **Abs. 5** (minder schwere Fälle) → § 46 Rn. 7–10a; → § 12 Rn. 4.

10 **7. Tateinheit** ua möglich mit §§ 113, 132 (RGSt 59, 291 (298)), §§ 153, 154, 164, 240 (BGH NStZ 2006, 340) sowie zur Klarstellung zwischen vollendeter einfacher und versuchter schwerer Freiheitsberaubung (BGH NStZ 2001, 247 mit Bespr. Heger JA 2001, 631). Freiheitsberaubungen, die als bloße Nebenfolgen anderer Taten (zB Körperverletzungen) verursacht werden oder die nur Mittel oder Bestandteil anderer, regelmäßig mit Freiheitsentziehung verbundener Taten sind (zB Raub und Vergewaltigung oder Nötigung, BGH NStZ-RR 2003, 168; NStZ 2019, 410; StV 2019, 97), werden verdrängt, wenn ihnen keine Eigenbedeutung zukommt (Eisele StrafR BT I Rn. 449; Horn/Wolters in SK-StGB Rn. 13; Schluckebier in LK-StGB, Rn. 40). Ist die dem Opfer „widerfahrene Behandlung" als solche mit Strafe bedroht (zB als vorsätzliche Tötung oder Körperverletzung) und erfüllt sie zugleich die Voraussetzungen der Abs. 3 oder Abs. 4, so liegt Tateinheit vor (BGHSt 28, 18 = NJW 1978, 1490; BGH NStZ 1999, 83; Jescheck/Weigend StrafR S. 723). Über das Verhältnis zu § 239a → § 239a Rn. 11; zu § 240 → § 240 Rn. 27; zu § 241a → § 241a Rn. 3. Zur Verklammerung mehrerer Delikte, die während der Freiheitsberaubung begangen wurden, Bosch Jura 2012, 604 (610); aus der Rspr. BGH NStZ 2008, 632.

§ 239a Erpresserischer Menschenraub

(1) **Wer einen Menschen entführt oder sich eines Menschen bemächtigt, um die Sorge des Opfers um sein Wohl oder die Sorge eines Dritten um das Wohl des Opfers zu einer Erpressung (§ 253) auszunutzen, oder wer die von ihm durch eine solche Handlung geschaffene Lage eines Menschen zu einer solchen Erpressung ausnutzt, wird mit Freiheitsstrafe nicht unter fünf Jahren bestraft.**

(2) **In minder schweren Fällen ist die Strafe Freiheitsstrafe nicht unter einem Jahr.**

(3) **Verursacht der Täter durch die Tat wenigstens leichtfertig den Tod des Opfers, so ist die Strafe lebenslange Freiheitsstrafe oder Freiheitsstrafe nicht unter zehn Jahren.**

(4) [1]**Das Gericht kann die Strafe nach § 49 Abs. 1 mildern, wenn der Täter das Opfer unter Verzicht auf die erstrebte Leistung in dessen Lebenskreis zurückgelangen läßt.** [2]**Tritt dieser Erfolg ohne Zutun des Täters ein, so genügt sein ernsthaftes Bemühen, den Erfolg zu erreichen.**

1. Die Vorschrift schützt vornehmlich die **persönliche Freiheit und Unversehrtheit des Opfers,** daneben die persönliche Freiheit des Dritten, dessen Sorge ausgenutzt werden soll (Satzger Jura 2007, 114 (115); Wessels/Hillenkamp/Schuhr StrafR BT II Rn. 741), und erst in letzter Linie das Vermögen. Nach ihrem Schwerpunkt ist die Tat daher kein Vermögensdelikt (Schluckebier in LK-StGB Rn. 1; aM Eisele in Schönke/Schröder Rn. 2), sondern ein durch die erpresserische Absicht qualifiziertes Delikt gegen die persönliche Freiheit und Unversehrtheit (ähnlich Müller-Emmert/Maier MDR 1972, 97; Renzikowski JZ 1994, 492 (496); Renzikowski in MüKoStGB Rn. 3, der ein potentielles Gefährdungsdelikt annimmt; Brambach, Probleme der Tatbestände des erpresserischen Menschenraubes und der Geiselnahme, 2000, S. 47, 67, der den Lebensschutz der Geisel in den Vordergrund rückt, und Rheinländer, Erpresserischer Menschenraub und Geiselnahme, 2000, S. 206, 226, 256, der auf die gesteigerte Realisierungswahrscheinlichkeit der Drohung und damit den Schutz der Geisel abstellt; den Angriff auf Leib und Leben des Opfers rückt in den Vordergrund Immel, Die Gefährdung von Leib und Leben durch Geiselnahme, 2001, S. 61 mit krit. Bespr. Zöller GA 2003, 188; Nikolaus, Zu den Tatbeständen des erpresserischen Menschenraubs und der Geiselnahme, 2003, S. 199, die die Freiheit der Geisel und die Willensentschließungsfreiheit des Erpressungsadressaten als gleichrangige Rechtsgüter einstuft; sa BGHSt 16, 316 = NJW 1962, 164; abw. Bohlinger JZ 1972, 230; Hansen GA 1974, 353 (368)). – Zur **geschichtlichen Entwicklung** Nikolaus, Zu den Tatbeständen des erpresserischen Menschenraubs und der Geiselnahme, 2003, S. 24; Renzikowski in MüKoStGB Rn. 10–23; Sonnen in NK-StGB Rn. 9, 10. Zur Reform Rheinländer, Erpresserischer Menschenraub und Geiselnahme, 2000, S. 268 mit Gesetzesvorschlag S. 291; Nikolaus, Zu den Tatbeständen des erpresserischen Menschenraubs und der Geiselnahme, 2003, S. 207 mit Gesetzesvorschlag. 1

2. Angriffsobjekt kann jeder Mensch sein, auch der Erwachsene und das eigene Kind (BGHSt 26, 70 = NJW 1975, 269; BGH GA 1975, 53). 2

3. a) Abs. 1 Alt. 1: Entführen ist das Verbringen des Opfers an einen anderen Aufenthaltsort mit der Wirkung, dass es dem ungehemmten Einfluss des Täters aus- 3 gesetzt ist (BGHSt 22, 178 = NJW 1968, 1885; BGHSt 24, 90 = NJW 1971, 627; BGHSt 40, 350 = NJW 1995, 471; BGH NStZ 1994, 283; NStZ 1994, 430; sowie BGH NStZ 2003, 604; Brambach, Probleme der Tatbestände des erpresserischen Menschenraubes und der Geiselnahme, 2000, S. 92; Renzikowski in MüKoStGB Rn. 26, 27). Daran fehlt es, wenn der Täter das Opfer schon vorher in seiner Gewalt hatte (BGH GA 1966, 310; GA 1968, 246; Britz/Müller-Dietz Jura 1997, 313 (317); Renzikowski in MüKoStGB Rn. 28, der ein Sich-bemächtigen annimmt); es genügt aber, dass das Verbringen die schon vorher bestehende Herrschaftsgewalt des Täters erheblich verstärkt (unklar insoweit BGHSt 25, 237 = NJW 1974, 282 mit krit. Bespr. Geilen JZ 1974, 540). Eine ständige aktuelle physische Gewalt über das zB eingesperrte Opfer wird nicht verlangt (Renzikowski JZ 1994, 492 (495); Schluckebier in LK-StGB Rn. 10); bis zur Aufhebung der persönlichen Freiheit braucht der Einfluss des Täters nicht zu gehen. Als Mittel der Entführung reicht der Einsatz von List aus (BGH NStZ 1996, 276; einschr. Sonnen in NK-StGB Rn. 18; krit. Fischer Rn. 4a, 4b; → § 234 Rn. 2). **Sich bemächtigen** bedeutet Begründung eigener physischer Herrschaft (iSv Verfügungsgewalt) über den Körper eines anderen (BGHSt 26, 70 = NJW 1975, 269; BGH NStZ 1996, 277; Renzikowski JZ 1994, 492 (495); Renzikowski in MüKoStGB Rn. 31; krit. Küpper Jura 1983, 206 (210)); bloßes Bedrohen mit einer Waffe („in-Schach-halten") – nach der Rspr. auch mit einer Scheinwaffe wie zB einer Bombenattrappe (BGH StV 1999, 647 mit zu Recht krit. Bespr. Renzikowski; BGH NStZ 1999, 509; NStZ-RR 2002, 213; krit. Satzger Jura 2007, 114 (116)) – kann genügen (BGH NJW 1990, 1055; NStE Nr. 4; Satzger Jura 2007, 114 (116); Rengier GA 1985, 314; Renzikowski JZ 1994, 492 (495); Mitsch StrafR BT II/2 § 2 Rn. 84); einer Ortsveränderung (BGH NStZ 1996, 277; NStZ 1999, 509; Brambach, Probleme der Tatbestände des erpresserischen Menschenraubes und der Geiselnahme, 2000, S. 96) oder einer Freiheitsberaubung (BGH NStZ-RR 1997, 100) nach § 239 bedarf es nicht (zB Festhalten eines zur Ortsveränderung unfähigen Kleinstkindes, BayObLG JZ 1952, 237; Wolters in SK-StGB Rn. 4 mit weiteren Beispielen). Begehen durch Unterlassen in Garantenstellung (→ § 13 Rn. 6) ist möglich (krit. Lampe JR 1975, 424; aM Brambach, Probleme der Tatbestände des erpresserischen Menschenraubes und der Geiselnahme, 2000, S. 98; Renzikowski in MüKoStGB Rn. 34). Beide Begriffe decken sich weitgehend; jedoch hat jeder von ihnen einen selbständigen Anwendungsbereich (Bohlinger JZ 1972, 230; Britz/Müller-Dietz Jura 1997, 313 (317); Nikolaus, Zu den Tatbeständen des erpresserischen Menschenraubs und der Geiselnahme, 2003, S. 201; aM Maurach FS Heinitz, 1972, 403 (407); Eisele in Schönke/Schröder Rn. 6, die jedoch eine „Koordinierung" für notwendig halten). Stellt sich jemand freiwillig als Geisel (nicht nur als Ersatzgeisel; dazu Immel, Die Gefährdung von Leib und Leben durch Geiselnahme, 2001, S. 275; Mitsch StrafR BT II/2 § 2 Rn. 73) zur Verfügung, so entfällt der Tatbestand (Backmann JuS 1977, 444 (449); Nikolaus, Zu den Tatbeständen des erpresserischen Menschenraubs und der Geiselnahme, 2003, S. 200; Wessels/Hettinger/Engländer StrafR BT I Rn. 454, 455; str.); das Einverständnis eines noch willensunfähigen Kindes kann jedoch nicht durch den Erziehungsberechtigten ersetzt werden (BGHSt 26, 70 = NJW 1975, 269; Kindhäuser/Schramm StrafR BT I § 16 Rn. 11).

4 **b)** aa) In dieser erste Alternative muss mit dem **Vorsatz** die **Absicht** verbunden sein (BGH StV 1987, 483; Satzger Jura 2007, 114 (116), überschießende Innentendenz), Sorge um das Wohl des Opfers (Wessels/Hillenkamp/Schuhr StrafR BT II Rn. 742) zu erregen oder zu unterhalten und diese für eine – sei es auch noch nicht

konkretisierte (BGH NStZ 2003, 151) – Erpressung des besorgten Opfers selbst (BT-Drs. 11/4359, 17; krit. Kunert/Bernsmann NStZ 1989, 449 (450)) oder eines besorgten Dritten, der nicht notwendig eine nahe stehende Person sein muss (Backmann/Müller-Dietz JuS 1975, 38 (41)), auszunutzen (hM; vgl. BGH NStZ 2003, 328; anders Hansen GA 1974, 353 (366)). Die Erregung oder Unterhaltung von Sorge muss danach Zwischenziel (→ § 15 Rn. 20) und die Erlangung eines Vermögensvorteils durch Erpressung (→ § 253 Rn. 8) Endziel (oder auch nur ein weiteres Ziel) sein; als Endziel kommt auch (schwerer) Raub in Betracht (BGH NStZ 2002, 31; NStZ 2003, 604; NStZ-RR 2004, 333 (334); NStZ-RR 2009, 16; NStZ-RR 2013, 210; NStZ-RR 2019, 212; Fischer Rn. 5c). Nach der Tatbestandserweiterung durch das 2. StGB/VersGÄndG (→ Vor § 1 Rn. 11) genügt es jetzt idR auch, wenn sich der Täter mehrerer Personen bemächtigt, den Erpressungserfolg aber nur durch den drohenden Einfluss auf den Verfügenden selbst zu erreichen suchte.

Eine einschränkende Auslegung der Vorschrift für sog. **Zweipersonenverhältnisse** nach Kriterien der Außenwirkung (BGHSt 39, 36 = NJW 1993, 1145 mit krit. Bespr. Graul in IKW Zustand StrafR S. 345; Tenckhoff/Baumann JuS 1994, 836) oder der besonderen Zwangslage aus der Sicht des Opfers (BGHSt 40, 90 = NJW 1994, 2162) ist vom Großen Senat in Strafsachen unter Betonung des Wortlauts und der Entstehungsgeschichte verworfen worden (BGHSt 40, 350 (358) = NJW 1995, 471 mit überwiegend zust. Bespr. Hauf NStZ 1995, 184; Jung JuS 1995, 556; Lesch JA 1995, 449; Müller-Dietz JuS 1996, 110; Renzikowski JR 1995, 349; Geppert JK StGB § 239a Rn. 6a, 6b; vgl. auch Brambach, Probleme der Tatbestände des erpresserischen Menschenraubes und der Geiselnahme, 2000, S. 186). Gefordert wird jetzt ein **funktionaler Zusammenhang** zwischen den beiden Teilakten der sog. unvollkommen zweiaktigen Delikte § 239a und § 239b; der Täter muss danach beabsichtigen, die durch die Tathandlung geschaffene Lage zur Erpressung (§ 239a) oder zur qualifizierten Drohung und dadurch bewirkten Nötigung (§ 239b) auszunutzen (BGH NStZ-RR 2003, 328; NStZ 2003, 604; NStZ 2005, 508; NStZ 2006, 36; NStZ 2006, 340; NStZ 2006, 448; NStZ-RR 2010, 46; NStZ-RR 2017, 176; StV 2014, 218; StV 2015, 765). Während bei der Entführung das Opfer in seinen Schutz- und Verteidigungsmöglichkeiten eingeschränkt und deshalb dem ungehemmten Einfluss des Täters ausgesetzt ist, wird es an einer derartig „stabilisierten Lage" beim Sichbemächtigen vielfach fehlen (BGHSt 40, 350 (359) = NJW 1995, 471; BGH NStZ-RR 1996, 141); für die Stabilität der Bemächtigungslage ist eine qualifizierte Schlechterstellung im Vergleich zur vorherigen Nötigungshandlung nicht erforderlich (BGH NStZ 2006, 448); nicht tatbestandsmäßig sind Bemächtigungen, bei denen der Bemächtigungssituation keine „eigenständige Bedeutung" zukommt, die abgenötigte oder abgepresste Handlung vielmehr schon durch die Bedrohung (zB Vorhalten einer Schusswaffe, BGH StV 1996, 266; NStZ 1996, 277 (278); NStZ 2014, 515; NStZ-RR 2006, 141; NStZ-RR 2012, 173; NStZ-RR 2015, 336; StraFo 2013, 389; ähnlich die „Zweiaktigkeitstheorie" von Brambach, Probleme der Tatbestände des erpresserischen Menschenraubes und der Geiselnahme, 2000, S. 192; und auch Immel, Die Gefährdung von Leib und Leben durch Geiselnahme, 2001, S. 218 „hinreichend lang dauerndes Herrschaftsverhältnis"; krit. Fischer Rn. 8a; vgl. aber Wolters in SK-StGB Rn. 7) durchgesetzt wird. Ob mit dieser differenzierten Behandlung der beiden Tathandlungen der richtige Weg zur Einschränkung der Vorschriften gefunden ist, erscheint zweifelhaft (krit. zB Renzikowski JR 1998, 126; Renzikowski in MüKoStGB Rn. 55; Rheinländer, Erpresserischer Menschenraub und Geiselnahme, 2000, 4a

S. 245; Satzger Jura 2007, 114 (119); krit. wegen des Offenlassens der Konkurrenzfrage Fahl NJ 1996, 70); der Ruf nach dem Gesetzgeber ist durch die Entscheidung nicht verstummt (Satzger Jura 2007, 114 (120); Eisele in Schönke/Schröder Rn. 13d; Fischer Rn. 8c; zum Änderungsbedarf mit Regelungsvorschlag Brambach, Probleme der Tatbestände des erpresserischen Menschenraubes und der Geiselnahme, 2000, S. 243, 254). Am erforderlichen **zeitlichen Zusammenhang** fehlt es, wenn die zu erpressende Leistung nach dem Tatplan erst nach der Beendigung der Bemächtigungslage erfolgen soll (BGH NStZ 1996, 277; NStZ 2005, 508; NStZ 2008, 569; NStZ 2014, 38 mAnm Krehl und Fahl JZ 2014, 582; BGH StV 1997, 302 (303); StV 2007, 354; StV 2013, 73; StV 2014, 218; StV 2015, 765; NStZ-RR 2008, 109; NStZ-RR 2009, 16; NStZ-RR 2017, 176; NStZ-RR 2019, 212; NStZ 2022, 41; Rengier StrafR BT II § 24 Rn. 14; Wolters in SK-StGB Rn. 6); dies soll aber dann nicht gelten, wenn bereits während der Zwangssituation eine Handlung (zB ein Ehrenwort) abgenötigt wird, die aus der Sicht des Täters gegenüber dem erstrebten Endzweck selbständige Bedeutung hat (BGH NJW 1997, 1082 mit Bespr. Renzikowski JR 1998, 126; BGH NStZ 2006, 36 mit zust. Bespr. Jahn/Kudlich NStZ 2006, 340; Satzger JK StGB § 239b Rn. 2). Die Erfordernisse der „stabilisierten Lage“ und des funktionalen Zusammenhangs gelten nach der Rspr. auch im Dreipersonenverhältnis (BGH NStZ 1999, 509 mit Bespr. Immel NStZ 2001, 67; BGH NStZ 2002, 31; Renzikowski StV 1999, 647 (649); Rengier StrafR BT II § 24 Rn. 25; Sonnen in NK-StGB Rn. 32); im Dreipersonenverhältnis ist eine solche stabile Bemächtigungslage regelmäßig gegeben (BGHSt 40, 350 (356) = NJW 1995, 471; BGH NStZ-RR 2002, 213).

5 bb) Die **Sorge um das Wohl** setzt die Befürchtung voraus, das Opfer könne bei Fortbestehen der vom Täter geschaffenen Lage körperliche oder seelische Unbill erleiden (BGHSt 25, 35 = NJW 1973, 156; enger Mitsch StrafR BT II/2 § 2 Rn. 95; weiter Wolters in SK-StGB Rn. 9); die Besorgnis unmittelbarer Gefahr für Leib oder Leben ist nicht unbedingt erforderlich (hM; vgl. etwa Renzikowski in MüKoStGB Rn. 49). Ob daneben noch andere Motive des Opfers oder des Dritten (zB außenpolitische Rücksichtnahme der erpressten Regierung) ausgenutzt werden sollen, ist unerheblich.

6 cc) Die Tat ist mit der Tathandlung in dieser Absicht **vollendet** (näher Brambach, Probleme der Tatbestände des erpresserischen Menschenraubes und der Geiselnahme, 2000, S. 128, 132, 202); ob es zu deren Verwirklichung kommt (vgl. jedoch → Rn. 10), ob der Täter das Opfer nach erfolgreicher Erpressung freigeben will und wie er überhaupt mit ihm verfährt oder zu verfahren vorhat (BGHSt 16, 316 = NJW 1962, 164), ist für den Tatbestand bedeutungslos. – Zum erforderlichen Vorsatz vgl. BGH NStZ-RR 2021, 140.

7 **4. Abs. 1 Alt. 2:** Hier wird die Tathandlung nicht in erpresserischer Absicht, sondern zu anderen Zwecken (zB in sexueller Absicht) begangen. Die Ausnutzung der Sorge muss durch eine vollendete oder wenigstens versuchte (BGH NStZ-RR 2012, 173) Erpressung geschehen (ebenso Satzger Jura 2007, 114 (117); Kindhäuser/Schramm StrafR BT I § 16 Rn. 20; Mitsch StrafR BT II/2 § 2 Rn. 111), die sich auch gegen das Bemächtigungsopfer selbst (BT-Drs. 11/4359, 17) oder gegen ein anderes Opfer richten kann, dessen sich der Täter bemächtigt hat (BGH StV 1987, 483 mAnm Horn); dass er nur die Unfreiheit des Opfers in Erwartung eines Lösegeldangebots aufrechterhält, genügt nicht (BGH 21.7.1976 – 2 StR 340/76; aM Maurach FS Heinitz, 1972, 403 (408); zw.).

8 **5.** Zu **Abs. 2** (minder schwere Fälle) → § 46 Rn. 6–10a.

6. Die **Erfolgsqualifikation nach Abs. 3** entspricht ihrer Struktur nach dem Raub mit Todesfolge (→ § 251 Rn. 1–3); jedoch ist die Strafschärfung auf den Tod des Opfers, der Geisel, beschränkt (Brambach, Probleme der Tatbestände des erpresserischen Menschenraubes und der Geiselnahme, 2000, S. 135). Dabei müssen sich im Tod die tatbestandsspezifischen Risiken verwirklichen, die typischerweise mit einer Entführung oder Sich-Bemächtigung einhergehen (BGH NJW 2016, 2516 mAnm Hinz JR 2016, 400: psychische Belastung während längerer Bemächtigung führt zu Gewaltausbruch). Nach der Rspr. war stets die vorsätzliche Tötung erfasst (BGH NStZ 1994, 481 (482)); dies ist jetzt durch die Einfügung des Worts „wenigstens" gesetzlich klargestellt (Nelles in DSNS StrRG § 3 Rn. 17). Auch mittelbare Verursachung der Todesfolge (→ § 18 Rn. 8) im Rahmen einer Befreiungsaktion zur Beendigung der Geiselnahme kann genügen (nur iErg zu eng BGHSt 33, 322 = NJW 1986, 438 mit Bespr. Küpper NStZ 1986, 117; Fischer NStZ 1986, 314; Krehl StV 1986, 432; Wolter JR 1986, 465; Kühl FG BGH, 2000, 237 (266); Puppe, Die Erfolgszurechnung im Strafrecht, 2000, S. 241; Brambach, Probleme der Tatbestände des erpresserischen Menschenraubes und der Geiselnahme, 2000, S. 139; Wessels/Hettinger/Engländer StrafR BT I Rn. 460; Wolters in SK-StGB Rn. 28; Joecks/Jäger StGB Rn. 33–34; Renzikowski in MüKoStGB Rn. 72–78). Zum möglichen erfolgsqualifizierten Versuch Hardtung Teilvorsatzdelikte S. 154; Roxin StrafR AT II § 29 Rn. 335; Renzikowski in MüKoStGB Rn. 85; Schluckebier in LK-StGB Rn. 50). 9

7. Abweichend von anderen Fällen **tätiger Reue** nach vollendeter Tat (→ § 24 Rn. 29) erfordert **Abs. 4** keine Freiwilligkeit (→ § 24 Rn. 16–18; → § 239b Rn. 3), unterwirft aber die fakultative Strafmilderung nicht dem Maßstab des § 49 II (zu den Gründen BT-Drs. VI/2722, 2), sondern dem strengeren des § 49 I (→ § 49 Rn. 2–4, 8–11; → § 50 Rn. 2–4). – **In seinen Lebenskreis zurückgelangt** ist das Opfer, wenn es nach Entlassung aus der Gewalt des Täters die Möglichkeit hat, seinen Aufenthaltsort frei zu bestimmen und zu erreichen (BGH NStZ 2003, 605; Renzikowski in MüKoStGB Rn. 94; enger Fischer Rn. 19; weiter Immel, Die Gefährdung von Leib und Leben durch Geiselnahme, 2001, S. 358); bei Minderjährigen und Hilfsbedürftigen ist uU Mitwirkung der Obhutspflichtigen erforderlich (Eisele in Schönke/Schröder Rn. 37). **Erstrebte Leistung** ist die Beute (uU auch ein an ihre Stelle getretenes Surrogat), auf deren erpresserische Erlangung es dem Täter ankam (→ Rn. 4). Er **verzichtet** auf sie, wenn er entweder die Bemühungen um ihre Erlangung endgültig aufgibt, dh vollständig von der erhobenen Forderung Abstand nimmt (BGH NJW 2017, 1124 mzustAnm Schiemann), selbst wenn ihm deren Erlangung nicht mehr möglich ist (BGH NStZ-RR 2020, 347), oder das bereits Erlangte zugunsten des Erpressten wieder preisgibt; da Verzicht aber Wahlmöglichkeit voraussetzt, reicht bloßes Unvermögen, die bereits verwertete Beute herauszugeben, nicht aus (Joecks/Jäger StGB Rn. 41; Renzikowski in MüKoStGB Rn. 96; Schluckebier in LK-StGB Rn. 58; aM Müller-Emmert/Maier MDR 1972, 97; Bohlinger JZ 1972, 230 (233); Wolters in SK-StGB Rn. 23), es sei denn, dass sich das Unvermögen nur auf einen unwesentlichen Teil des Erlangten bezieht (Renzikowski in MüKoStGB Rn. 96; Fischer Rn. 20; BT-Drs. VI/2722, 3). 10

8. Die §§ 239, 239b (→ § 239b Rn. 4), § 240 werden verdrängt (BGH NStZ 2008, 569, Subsidiarität; ebenso Renzikowski in MüKoStGB Rn. 88; für §§ 239, 240 nimmt Zöller JA 2000, 476 (481), Spezialität an); geht die Freiheitsentziehung zeitlich über die für § 239a erforderliche Freiheitseinschränkung hinaus, besteht mit § 239 Tateinheit (BGH NStZ-RR 2003, 45 (46)). Mit § 235 (→ § 235 Rn. 10; 11

ebenso Schluckebier in LK-StGB Rn. 62; aM Fischer Rn. 21) und §§ 253, 255 (BGHSt 16, 316 (320) = NJW 1962, 164; BGHSt 26, 24 = NJW 1975, 320; BGH NStZ 1993, 39; str.) ist **Tateinheit** möglich. Nutzt der Täter eine Bemächtigung oder Entführung zu mehreren Erpressungen aus, stellt dieses Verhalten nur eine Tat im Rechtssinne dar (BGH NStZ 2011, 213). Zur Konkurrenz mit den vorsätzlichen Tötungsdelikten gelten die Ausführungen unter → § 251 Rn. 4 sinngemäß. § 222 tritt hinter Abs. 3 zurück (ebenso Fischer Rn. 21 a).

12 **9.** Anzeigepflicht § 138 I Nr. 7.

§ 239b Geiselnahme

(1) **Wer einen Menschen entführt oder sich eines Menschen bemächtigt, um ihn oder einen Dritten durch die Drohung mit dem Tod oder einer schweren Körperverletzung (§ 226) des Opfers oder mit dessen Freiheitsentziehung von über einer Woche Dauer zu einer Handlung, Duldung oder Unterlassung zu nötigen, oder wer die von ihm durch eine solche Handlung geschaffene Lage eines Menschen zu einer solchen Nötigung ausnutzt, wird mit Freiheitsstrafe nicht unter fünf Jahren bestraft.**

(2) **§ 239a Abs. 2 bis 4 gilt entsprechend.**

1 **1.** Die Vorschrift richtet sich gegen **Geiselnahmen,** mit denen der Täter andere als Bereicherungszwecke (zB Gefangenenbefreiung) verfolgt. Sie unterscheidet sich von § 239a nur dadurch, dass an die Stelle der erpresserischen Absicht jegliche Absicht der Nötigung eines anderen tritt, dafür aber als Nötigungsmittel eine qualifizierte Drohung beabsichtigt sein muss (krit. zu dieser Konzeption Renzikowski JZ 1994, 492 (494)). Er schützt deshalb – ebenso wie § 239a (→ § 239a Rn. 1) – vorrangig die persönliche Freiheit und Unversehrtheit der Geisel (Wessels/Hettinger/Engländer StrafR BT I Rn. 452; enger Heinrich in Arzt/Weber/Heinrich/Hilgendorf StrafR BT § 18 Rn. 32, konkret-abstraktes Lebensgefährdungsdelikt bei Dreierbeziehung; zust. Sonnen in NK-StGB Rn. 6); eine einschränkende Auslegung in Fällen, in denen eine Gefährdung der Geisel ausgeschlossen ist, lässt sich jedoch daraus nicht herleiten (hM). Zu den Möglichkeiten **internationaler Bekämpfung** der Geiselnahme Jescheck GA 1981, 49 (64); Renzikowski in MüKo-StGB Rn. 9–13.

2 **2.** Zu den **Tathandlungen und zum inneren Tatbestand** vgl. zunächst → § 239a Rn. 3–7 (sa BGHSt 26, 309 = NJW 1976, 976; Satzger Jura 2007, 114 (117)); für sexuelle Nötigungen iSd § 177 I aF (nicht auch für sexuelle Übergriffe gem. § 177 nF) gelten die Ausführungen unter → § 239a Rn. 4a (sa BGH NStZ 2016, 147; diff. bei § 239b aber Graul in IKW Zustand StrafR S. 345, 356). **Drohung** → § 240 Rn. 12 (zu einer konkludenten Todesdrohung s. BGH NStZ 2001, 247; NStZ-RR 2011, 142); **Handlung, Duldung oder Unterlassung** → § 240 Rn. 4; **schwere Körperverletzung** → § 226 Rn. 2–5 (krit. zu dieser Beschränkung Eisele in Schönke/Schröder Rn. 5). Wegen des Fehlens der Gewalt als Nötigungsmittel reicht auch eine Duldung der Gewalt als Nötigungsziel nicht aus (einschr. Renzikowski in MüKoStGB Rn. 20); erforderlich ist, dass der Täter ein Verhalten erstrebt, bei dem das Opfer selbst aktiv mitwirken und dabei einen gewissen Entscheidungsspielraum besitzen muss (Heinrich NStZ 1997, 365 (369); krit. Renzikowski JR 1998, 126 (127) Fn. 13). Erforderlich ist auch hier wie bei § 239a

(→ § 239a Rn. 4a) ein funktionaler und zeitlicher Zusammenhang, nach dem der Täter dem Opfer noch während der Entführung/Bemächtigung eine Handlung, Duldung oder Unterlassung abpressen will (BGH NStZ-RR 2007, 343; NStZ-RR 2008, 279); hinsichtlich des Einsatzes qualifizierter Nötigungsmittel ist Absicht erforderlich (BGH NStZ 2019, 411). Nötigungsadressat kann nicht nur eine Person, sondern zB auch eine staatliche Stelle sein (BT-Drs. VI/2722, 4); in diesen Fällen braucht eine Bedrohung der Geisel selbst nicht beabsichtigt zu sein (BGH NStZ 1985, 455). Im Sinne der zweite Alternative liegt eine **„solche Nötigung"** vor, wenn sie durch Drohung mit dem Tode, einer schweren Körperverletzung nach § 226 (nicht lediglich einer gefährlichen nach § 224, BGH NJW 1990, 57) oder einer Freiheitsentziehung von über einer Woche Dauer begangen wird (vgl. KG StV 2019, 565). In Fällen mit Dreiecksstruktur fehlt es am erforderlichen funktionalen Zusammenhang (→ § 239a Rn. 4a), wenn der Nötigungsadressat nach der Vorstellung des Täters keine Kenntnis von der Bemächtigungslage des Opfers hat (BGH NStZ-RR 1997, 100; NStZ 2002, 317). Für den funktionalen Zusammenhang kann aber genügen, wenn der Täter während der Bemächtigungslage einen Teilerfolg erreichen wollte, der aus seiner Sicht eine bedeutende eigenständige Vorstufe auf dem Weg zur Erreichung des Endzieles darstellt (BGH NStZ 2020, 667). – § 240 II ist nicht anwendbar, weil die Verwerflichkeit der Mittel-Zweck-Relation ohne Rücksicht auf eine mögliche Wertneutralität des Nötigungszwecks (BT-Drs. VI/2722, 3) schon aus dem Nötigungsmittel folgt (Renzikowski in MüKoStGB Rn. 17; krit. Bohlinger JZ 1972, 230 (233)).

3. Zu **Abs. 2** → § 239a Rn. 8–10. **Verzicht auf die erstrebte Leistung** bedeutet hier Aufgabe der Nötigungsabsicht (BGH NStZ 2003, 605; beachte dazu Theune NStZ 1987, 497; LG Mainz MDR 1984, 687) oder vollständigen (BGH NStZ-RR 2019, 285) Verzicht auf Ausnutzung des bereits erzielten Nötigungserfolgs; die Regelung kann auch nach Vollendung der Geiselnahme eingreifen (BGH NStZ 2003, 605); sie setzt bei Freilassung der Geisel kein freiwilliges Handeln voraus (BGH NJW 2001, 2895 mit Bespr. Heinrich JR 2002, 161; BGH NStZ-RR 2002, 235). 3

4. Gegenüber § 239a ist die Vorschrift subsidiär (BGH NStZ 2002, 31; NStZ 2003, 604; Kindhäuser/Schramm StrafR BT I § 17 Rn. 8); jedoch ist **Tateinheit** möglich, wenn mit derselben Tathandlung zugleich Bereicherung und ein anderer Zweck verfolgt werden (BGHSt 25, 386 = NJW 1975, 63; BGHSt 26, 24 = NJW 1975, 320; BGH NStZ 1993, 39). § 239b kann auch § 177 IV aF (dh § 177 VIII, soweit eine sexuelle Nötigung zugrunde liegt) und § 224 verklammern und dadurch Tateinheit begründen (BGH NStZ-RR 2011, 142). Im Übrigen decken sich die Möglichkeiten der Konkurrenz weitgehend mit § 239a. 4

5. Anzeigepflicht § 138 I Nr. 7. 5

§ 239c Führungsaufsicht

In den Fällen der §§ 239a und 239b kann das Gericht Führungsaufsicht anordnen (§ 68 Abs. 1).

Vgl. → Vor § 68 Rn. 1, 2; → § 68 Rn. 1–8. 1

§ 240 Nötigung

(1) **Wer einen Menschen rechtswidrig mit Gewalt oder durch Drohung mit einem empfindlichen Übel zu einer Handlung, Duldung oder Unterlassung nötigt, wird mit Freiheitsstrafe bis zu drei Jahren oder mit Geldstrafe bestraft.**

(2) **Rechtswidrig ist die Tat, wenn die Anwendung der Gewalt oder die Androhung des Übels zu dem angestrebten Zweck als verwerflich anzusehen ist.**

(3) **Der Versuch ist strafbar.**

(4) [1]**In besonders schweren Fällen ist die Strafe Freiheitsstrafe von sechs Monaten bis zu fünf Jahren.** [2]**Ein besonders schwerer Fall liegt in der Regel vor, wenn der Täter**
1. eine Schwangere zum Schwangerschaftsabbruch nötigt oder
2. seine Befugnisse oder seine Stellung als Amtsträger mißbraucht.

Fassung des 50. StÄG (→ Vor § 1 Rn. 18).

1 **I. 1.** Die Vorschrift **schützt die freie Willensentschließung und Willensbetätigung** (BVerfGE 73, 206 (237) = NJW 1987, 43; zur Konkretisierung des im Kern umstrittenen Rechtsguts ua Jakobs FS Peters, 1974, 69; Jakobs GS Kaufmann, 1993, 791; Arzt FS Welzel, 1974, 823; Fezer JZ 1974, 599; GA 1975, 353; Keller, Strafrechtlicher Gewaltbegriff und Staatsgewalt, 1982, S. 44, 215; Bergmann, Das Unrecht der Nötigung (§ 240 StGB), 1983, S. 44; Köhler FS Leferenz, 1983, 511; Timpe, Die Nötigung, 1989, S. 19; Hruschka JZ 1995, 737 (743); Sinn, Die Nötigung im System des heutigen Strafrechts, 2000, S. 53, 371; Lesch FS Rudolphi, 2004, 483; Heger FS Geppert, 2011, 153 (157); krit. Amelung GA 1999, 182 (184, 191); Schroeder FS Gössel, 2002, 415 (425)). Grundlegend Mañalich, Nötigung und Verantwortung, 2009.

2 **2.** Die **Verfassungsmäßigkeit** der Vorschrift ist vom BVerfG wiederholt – jeweils aus Anlass von Sitzblockaden – anerkannt worden (BVerfGE 73, 206 = NJW 1987, 43; BVerfGE 92, 1 = NJW 1995, 1141; BVerfGE 104, 92 = NJW 2002, 1031). In der Entscheidung aus dem Jahre 1986 ist dies mit der Maßgabe erfolgt, dass die Bejahung nötigender Gewalt nicht allein schon die Rechtswidrigkeit der Tat indiziere (BVerfGE 73, 206 = NJW 1987, 43 mit Bespr. Kühl StV 1987, 122; Otto NStZ 1987, 212; Starck JZ 1987, 145; Meurer/Bergmann JR 1988, 49). Eine Klärung in den jahrelangen Auseinandersetzungen um die Verwerflichkeitsklausel hat die Entscheidung selbst nicht gebracht; doch haben sich Rspr. und Lit. in der Folgezeit mit zunehmendem Erfolg darum bemüht (→ Rn. 22; ebenso die Einschätzung von Amelung NJW 1995, 2584 (2587); Scholz NStZ 1995, 417 (422)). In der Entscheidung aus dem Jahre 1995 hat das BVerfG überraschend die in der ersten Entscheidung unbeanstandet gebliebene Gewaltalternative des Abs. 1 ins Visier genommen und deren Auslegung durch die Strafgerichte insoweit für verfassungswidrig (Verstoß gegen das Bestimmtheitsgebot des Art. 103 II GG; diesem Ansatz zust. Küper JuS 1996, 783 (785) Fn. 11) erklärt, als „die Gewalt lediglich in körperlicher Anwesenheit besteht und die Zwangswirkung auf den Genötigten nur psychischer Natur ist" (BVerfGE 92, 1 (18) = NJW 1995, 1141). Die Entscheidung ist von der Lit. überwiegend krit. aufgenommen worden (Altvater NStZ 1995, 278; Amelung NJW 1995, 2584; Krey JR 1995, 265; Lesch JA 1995, 889 (921); Roellecke NJW 1995,

1525; Scholz NStZ 1995, 417; Schroeder JuS 1995, 875; Herzberg GA 1996, 557; Isensee JZ 1996, 1085 (1089); Tröndle FS Odersky, 1996, 259 (284); Tröndle FG BGH, 2000, 526; sowie Otto JK StGB § 240 Rn. 15; weniger krit. Braum KritV 1995, 371 (381); Gusy JZ 1995, 783; Heselhaus JA 1995, 875; Ostendorf AuR 1995, 274; Arnold JuS 1997, 289; krit. dazu Herzberg JuS 1997, 1067; Kunig JK GG Art. 103 Rn. 3). Angesichts ihrer – in ihren Grenzen allerdings ungeklärten (Priester FS Bemmann, 1997, 361; Rheinländer FS Bemmann, 1997, 387; Buchwald DRiZ 1997, 513; Eisele in Schönke/Schröder Vor § 234 Rn. 10b; Altvater in LK-StGB Rn. 29) – **Bindungswirkung** (vgl. BVerfG NStZ-RR 2000, 297) bemühen sich Strafgerichte (und Wissenschaft), die verfassungsrechtlichen Grenzen des Gewaltbegriffs nicht nur bei Sitzblockaden (→ Rn. 8), sondern auch in anderen Bereichen wie zB dem Straßenverkehr neu zu bestimmen (→ Rn. 9–11); ein Abstellen auf Drohung bei Sitzblockaden ist nicht von der Bindungswirkung ausgeschlossen (AG Lüneburg Nds. Rpfl. 2004, 49). In der Entscheidung v. 24.10.2001 hat das BVerfG für die Ankettung von Demonstranten vor einer Baustelleneinfahrt nötigende Gewalt angenommen (BVerfGE 104, 92 (102) = NJW 2002, 1031; mit Sondervoten Haas BVerfGE 104, 92 (115) = NJW 2002, 1031; und Jaeger/Bryde BVerfGE 104, 92 (123) = NJW 2002, 1031; mit Bespr. Mittelsdorf JuS 2002, 1062; Sinn NJW 2002, 1024; Heger Jura 2003, 112), zugleich jedoch eine Abkehr von den bisher anerkannten Grundsätzen hinsichtlich der Berücksichtigung von politischen Fernzielen vorgenommen (→ Rn. 18a).

3. Zur **Reform** ua § 170 E 1962; § 116 AE (PersStR); Mayer, Materialien zur Strafrechtsreform, Bd. 1, 1962, S. 259, 270; Fezer JR 1976, 95; Wolter NStZ 1986, 241 (248); Baumann ZRP 1987, 265; Dreher MDR 1988, 19; Kaufmann NJW 1988, 2581; König in Bundeskriminalamt, Was ist Gewalt?, Bd. 3, 1989, S. 61; Schwind/Baumann ua (Hrsg.), Ursachen, Prävention und Kontrolle von Gewalt, Bd. I, 1990, S. 136, 216, Bd. II S. 811, 888, 901; Albrecht GS 1992, 65. Die Reformdiskussion ist durch die verfassungsgerichtliche Straffreistellung von Sitzblockaden (BVerfG 92, 1 = NJW 1995, 1141) neu entfacht worden (vgl. ua Amelung NJW 1995, 2584 (2590); Berkemann JR 1995, 453; Gusy JZ 1995, 782; Hruschka JZ 1995, 737 (745); Ostendorf AuR 1995, 274; Scholz NJW 1995, 417 (423); Schroeder NJW 1996, 2627). Am dringlichsten erscheint die Forderung nach Schließung der dadurch entstandenen Strafbarkeitslücken, doch ist durch die Reaktion der Strafgerichte, insbes. durch die Entscheidungen des BGH zur Anwendung der Vorschrift auf Autobahnblockaden (BGHSt 41, 182 = NJW 1995, 2643; BGH NJW 1995, 2862), eine gewisse Beruhigung eingetreten. Zur (kontrovers beurteilten) **historischen Entwicklung** Schaffstein FS Lange, 1976, 983; Ostendorf, Kriminalisierung des Streikrechts, 1987, S. 28; Timpe, Die Nötigung, 1989, S. 36; Bertuleit, Sitzdemonstrationen zwischen prozedural geschützter Versammlungsfreiheit und verwaltungsrechtsakzessorischer Nötigung, 1994, S. 61; Hruschka JZ 1995, 737 (740); Toepel in NK-StGB Rn. 2–12. 3

II. Nötigen bedeutet, einen Menschen (nicht einer juristischen Person; zur Problematik; Wallau JR 2000, 312) ein von ihm nicht gewolltes Verhalten (Handeln, Dulden oder Unterlassen) aufzwingen (hM; vgl. etwa Küper/Zopfs StrafR BT Rn. 398; BGHSt 45, 253 (258) = NJW 2000, 1048 zu § 177 I; krit. Kargl FS Roxin, 2001, 905; einschr. Bergmann, Das Unrecht der Nötigung (§ 240 StGB), 1983, S. 61, der auf das absichtliche Bewirken einer Zwangslage abstellt; ähnlich Eschenbach Jura 1995, 14 (16); anders auch Jakobs JZ 1986, 1063; Jakobs GS Kaufmann, 1993, 791 (797); Timpe, Die Nötigung, 1989, S. 27; Lesch StV 1993, 579; Lesch 4

FS Rudolphi, 2004, 483 (487); sowie Wallau JR 2000, 312, die nur den Eingriff in „rechtlich garantierte Freiheit" als Nötigungserfolg genügen lassen, krit. dazu Toepel in NK-StGB Rn. 21–23; die gesetzestechnisch verkürzten drei Modalitäten werden aufgefächert von Schroeder FS Gössel, 2002, 415, der die der Arten der Erzwingungs-, Duldungs- und Verhinderungsnötigung unterscheidet). Erfasst wird danach auch, wer den anderen durch absoluten Zwang daran hindert, einen Entschluss zu fassen oder einen gefassten Entschluss zu verwirklichen (hM; zB erzwungener Kuss, vgl. OLG Hamm JuS 2013, 751 mit Bespr. Hecker; anders Köhler FS Leferenz, 1983, 511; Köhler NJW 1983, 10 (11); Hruschka JZ 1995, 737; Sinn, Die Nötigung im System des heutigen Strafrechts, 2000, S. 75, 102, 371 mit krit. Bespr. Schroeder GA 2002, 288; Sinn in MüKoStGB Rn. 97–103; krit. auch Marxen KJ 1984, 54; Braum KritV 1995, 371 (388)). Daraus folgt, dass das Einverständnis des Betroffenen mit dem verlangten Verhalten den Tatbestand ausschließt (→ Vor § 32 Rn. 11); wenn jedoch der Zwang das Verhalten des Betroffenen bestimmt und dieser sich lediglich ohne inneres Widerstreben mit der Situation abfindet, liegt darin kein Einverständnis (OLG Stuttgart NJW 1989, 1620; str.).

5 **III. 1. Gewalt** ist nach einer ursprünglich in der Rspr. verwendeten, im Laufe der Zeit aber zunehmend relativierten (→ Rn. 6, 7) Formel der Einsatz physischer (körperlicher) Kraft zur Beseitigung eines wirklichen oder vermuteten Widerstandes (RGSt 64, 113 (115); zu weit BGHSt 25, 237 = NJW 1974, 282 mit krit. Bespr. Geilen JZ 1974, 540). Der Einsatz eines kraftentfaltenden Werkzeugs, etwa eines Kraftwagens, genügt (BGH bei Dallinger MDR 1955, 145; OLG Koblenz VRS 46, 31; → Rn. 9). Die Gewalt kann als **vis absoluta** die Willensentschließung oder -betätigung unmöglich machen oder als **vis compulsiva** auf Beugung des Willens gerichtet sein (gegen die Nötigung mit vis absoluta Sinn, Die Nötigung im System des heutigen Strafrechts, 2000, S. 195; krit. auch Paeffgen FS Grünwald, 1999, 433 (441); → Rn. 4). Dass dieser die Einwirkung bemerkt, ist (zB bei starker Trunkenheit oder Bewusstlosigkeit) nicht unbedingt erforderlich (BGHSt 4, 210 = NJW 1953, 1400; diff. Wolter NStZ 1985, 245 (247)). Bei Gewalt durch Körperverletzung muss das vom Täter erstrebte Verhalten des Opfers über die mit der Körperverletzungshandlung verbundene Beeinträchtigung hinausgehen (BGH NStZ-RR 2006, 77); das kurzfristige „Fixieren" am Boden reicht nicht (BGH NStZ-RR 2006, 77).

6 **a)** Die **Rspr.** hat den Gewaltbegriff im Wege kasuistischer Abgrenzung zunächst durch Verlagerung des Schwerpunktes auf die beim Genötigten eintretende körperliche **Zwangswirkung** und später auch durch Einbeziehung gewisser psychischer Wirkungen zunehmend ausgedehnt und dabei in differenzierter und zT problematischer Weise einzelne Elemente der Begriffsbestimmung als unerheblich angesehen. Das hat zu uneinheitlichen und nicht immer widerspruchsfreien Ergebnissen geführt (zu den Phasen dieser sog. „Entmaterialisierung" des Gewaltbegriffs zusf. BVerfGE 73, 206 (239) = NJW 1987, 43; BVerfGE 92, 1 (15) = NJW 1995, 1141; Krey in Bundeskriminalamt, Was ist Gewalt?, Bd. 1, 1986, S. 28; Altvater in LK-StGB Rn. 9–33; krit. Otto NStZ 1987, 212; NStZ 1992, 568 (569); Timpe, Die Nötigung, 1989, S. 36, 59; Paeffgen FS Grünwald, 1999, 433 (440)). Auf dem Boden der Rspr. ist deshalb eine umfassende, für alle Fallgruppen allgemeiner und spezialisierter (zB §§ 113, 177, 249, 253, 255) Nötigung passende Bestimmung des Gewaltbegriffs nicht möglich (krit. wegen der fehlenden formalen Gleichbehandlung Frommel NKrimPol 1993, 23), eine nähere Konkretisierung vielmehr nur auf der Grundlage der jeweiligen Tatbestände (zusf. dazu Krey in Bundeskriminalamt,

Was ist Gewalt?, Bd. 2, 1988, S. 22) und auch nur im Wege fallgruppenorientierter Annäherung durchführbar.

aa) Nach gefestigter Rspr. wird zB als genügend angesehen, wenn der Täter einen anderen in einem Raum **einsperrt** (BGHSt 20, 194 (195) = NJW 1965, 1087; auch durch vorzeitiges Schließen einer Straßenbahntür, AG Stuttgart-Bad Cannstatt NZV 1998, 477; zur Hinderung der Passagiere am Verlassen des Flugzeugs vor Abflug durch das Kabinenpersonal Fahl JR 2009, 100); aber auch das bloße Heranziehen des Körpers des Geschädigten kann ausreichen (OLG Hamm JuS 2013, 751 mit Bespr. Hecker). Dies sollte auch gelten, wenn er Schreckschüsse abgibt (BGH GA 1962, 145) oder drohend eine durchgeladene und entsicherte Pistole auf einen anderen richtet (BGHSt 23, 126 = NJW 1970, 61; BayObLG JR 1994, 112 mkritAnm Dölling); das ist aber nach der gewalteinschränkenden Entscheidung des BVerfG (BVerfGE 92, 1 = NJW 1995, 1141) wegen der vor allem psychischen Auswirkungen solchen Verhaltens beim Opfer kaum mehr haltbar (Krey/Heinrich JR 1995, 265 (270); Paeffgen FS Grünwald, 1999, 433 (447)). Dagegen ist die **Beibringung betäubender Mittel** wegen der körperlichen Zwangswirkung beim Opfer weiterhin (bisher schon BGHSt 1, 145 = NJW 1951, 532) als Gewalt anzusehen (ebenso Rengier StrafR BT II § 23 Rn. 25; Wessels/Hettinger/Engländer StrafR BT I Rn. 396; Eisele in Schönke/Schröder Vor § 234 Rn. 13; aM Paeffgen FS Grünwald, 1999, 433 (444); Krehl in LK-StGB § 234 Rn. 15); anders jedoch bei Täuschung des Opfers über die betäubende Substanz, die zur Selbstschädigung führt = List (Krehl in LK-StGB § 234 Rn. 17); Gewalt ist auch die physische Einwirkung durch Spritzen einer Deodorantflüssigkeit in die Augen, die eine physische Reaktion (Schließen des Auges) auslöst (BGH NStZ 2003, 89 zu § 249). 7

bb) Ebenso gefestigt war auch die höchstrichterliche Rspr., die Gewalt in Fällen bejahte, in denen der Täter (zB **bei Demonstrationen oder Streiks**) zusammen mit anderen Verkehrswege, Straßenbahnen oder Zu- und Durchgänge körperlich blockierte und dadurch bei dem am Passieren Gehinderten eine unausweichliche (physische oder psychische) Zwangswirkung verursachte (BGHSt 23, 46 = NJW 1969, 1770; OLG Köln NJW 1986, 333; OLG Düsseldorf StV 1987, 393; OLG Koblenz NJW 1988, 720; zur Kriminologie politisch motivierter Gewalt Dölling/Sass in Kröber/Dölling/Leygraf/Saß, Handbuch der forensischen Psychiatrie, 2007, S. 63). Das sollte auch dann gelten, wenn diese Wirkung nicht aus unmittelbarer Konfrontation oder aus der blockierenden Wirkung der anderen aufgehaltenen Nötigungsopfer erwächst, sondern erst durch zeitlich und örtlich unmittelbar mit der Blockade zusammenhängende Anhaltemaßnahmen der Polizei vermittelt wird (BGHSt 37, 350 = NJW 1991, 2300 mit zust. Bespr. Dierlamm NStZ 1992, 573; Altvater in LK-StGB Rn. 57; aM BayObLG NJW 1990, 59; Wohlers NJW 1992, 1432; Eschenbach Jura 1995, 14; sa Sinn, Die Nötigung im System des heutigen Strafrechts, 2000, S. 137; zw.). Diese Rspr. haben die Strafgerichte der gewalteinschränkenden Entscheidung des BVerfG (BVerfGE 92, 1 = NJW 1995, 1141; → Rn. 2) angepasst (zB OLG Karlsruhe Justiz 2016, 101). Offen geblieben ist dabei die Frage nach der Notwendigkeit einer Korrektur der Rspr. (BGHSt 37, 350 = NJW 1991, 2300) im Fall eines zwischengeschalteten, nach eigenem Ermessen handelnden Dritten (BGHSt 41, 182 (186) = NJW 1995, 2643; Wolters in SK-StGB Rn. 6). Keine Korrektur der Rspr. erfolgte für Blockaden, bei denen durch Betreten der Fahrbahn Personen und ihre Fahrzeuge angehalten und als Werkzeuge zur tatsächlichen Sperrung der Durchfahrt für nachfolgende Fahrer benutzt werden (BGHSt 41, 182 = NJW 1995, 2643 mit zust. Bespr. Krey/Jaeger NStZ 1995, 542; Buchwald DRiZ 1997, 513 (522); zust. auch Tröndle FG BGH, 2000, 527; Fischer 8

Rn. 17; krit. bis abl. Amelung NStZ 1996, 230; Hoyer JuS 1996, 200 mit krit. Echo Kudlich JuS 1996, 664; Herzberg GA 1996, 557; Hruschka NJW 1996, 160; Kniesel NJW 1996, 2606 (2610); Lesch StV 1996, 152; Sinn, Die Nötigung im System des heutigen Strafrechts, 2000, S. 182, 215; Sinn in MüKoStGB Rn. 48; Eisele in Schönke/Schröder Vor § 234 Rn. 10). Dies gilt auch für Fälle, in denen Fahrzeuge, die zu Blockadezwecken auf der Fahrbahn abgestellt worden waren, als Barriere weiterbenutzt werden (BGH NJW 1995, 2862). Damit wird zwar der Wortlaut der Begründung des BVerfG aufgenommen, denn „Sich-Hinsetzen oder das Sich-auf-die-Fahrbahn-Begeben" ist mehr als nur „körperliche Anwesenheit" und das Unterbinden der beabsichtigten Fortbewegung durch tatsächlich nicht überwindbare Hindernisse geht über eine „psychische Zwangswirkung" hinaus (Krey JR 1995, 265 (270); vgl. auch OLG Zweibrücken NJW 1996, 866); doch wird man bezweifeln müssen, ob damit der (allerdings nur undeutlich zum Ausdruck gebrachten) „Kernaussage des BVerfG" Rechnung getragen ist (Amelung NStZ 1996, 230 (231); Priester FS Bemmann, 1997, 361 (383); Rheinländer FS Bemmann, 1997, 387 (402); vgl. auch OLG Koblenz NJW 1996, 3351; NStZ-RR 1998, 44 (47)); ob die „Zweite-Reihe-Rechtsprechung" des BGH verfassungsgemäß ist, ist von BVerfGE 104, 92 (103) = NJW 2002, 1031; BVerfG NJW 2002, 2308, ausdrücklich offen gelassen, inzwischen aber in einem Kammerbeschluss bejaht worden (BVerfG NJW 2011, 3020; krit. zur Ausdehnung des Gewaltbegriffs in der Rspr. des BVerfG Magnus NStZ 2012, 538).

8a Eher haltbar erscheint die Annahme von Gewalt bei **Straßensperren** unter Einsatz von Sachen (wie zB Fahrzeugen) als technischen Blockademitteln (OLG Karlsruhe NJW 1996, 1551; vgl. auch Amelung NStZ 1996, 230 (231); Rheinländer FS Bemmann, 1997, 387 (402)), beim lärmenden Umringen eines blockierten Busses (KG NStZ-RR 1998, 12), beim Sich-Stemmen gegen die Motorhaube eines Pkw (OLG Naumburg NStZ 1998, 623), bei Sich-Legen mit dem Körper auf die Motorhaube eines Pkw (BGH NStZ-RR 2002, 236; krit. Fischer Rn. 20b; abl. Wessels/Hettinger/Engländer StrafR BT I Rn. 396), sowie bei der Unterbindung von Bahntransporten durch Befestigen von Stahlkörpern auf den Gleisen (BGHSt 44, 34 (40) = NJW 1998, 2149 mit Bespr. Dietmeier JR 1998, 470 (472); Otto NStZ 1998,). Das BVerfG (BVerfGE 104, 92 (102) = NJW 2002, 1031) bejaht Gewalt zB beim Bremsen eines Pkw oder beim Anketten an Torpfosten trotz der geringen körperlichen Kraftentfaltung wegen der dadurch vermittelten körperlichen Zwangswirkung (zust. Mittelsdorf JuS 2002, 1062; krit. Sinn NJW 2002, 1024; Sinn in MüKoStGB Rn. 39 „hypothetischer Gewaltbegriff"); ob Gewalt auch ohne körperliche Kraftentfaltung angenommen werden kann, bleibt offen (Heger Jura 2003, 112 (117)). Speziell zu Betriebsblockaden Löwisch/Krauß DB 1995, 1330; Ostendorf AuR 1995, 274. Bloßes Einreden auf einen anderen scheidet dagegen aus, weil sonst die Grenze zur Drohung aufgehoben würde (BGH NStZ 1981, 218); anders jedoch, wenn die Zwangswirkung nicht durch den Inhalt der Äußerung, sondern (zB bei Vorlesungsstörungen) durch körperlich empfundene Geräuschentwicklung (zB Geschrei, Absingen von Liedern) erreicht wird (BGH NJW 1982, 189 mit Bespr. Dingeldey NStZ 1982, 160; Schroeder JuS 1982, 491; Köhler NJW 1983, 10 (11); NJW 1983, 1595; Brendle NJW 1983, 727; OLG Koblenz MDR 1987, 162; speziell zum Mobbing Fehr, Mobbing am Arbeitsplatz, 2007, S. 85; Schrader/Stork AiB 2010, 175 (177) sowie Knauer, Der Schutz der Psyche im Strafrecht, 2013, S. 241–250). Ob eine **„Internetblockade"** per „Mausklick" Gewalt ist (so AG Frankfurt a. M. NStZ 2006, 399), erscheint angesichts der minimalen Kraftentfaltung und der nur mittelbaren Zwangswirkung beim Internetbenutzer fraglich (zu Recht abl. OLG Frankfurt a. M. StV 2007, 244 mit Bespr. Kelker GA 2009, 86; Jahn JuS 2006, 943; Geppert JK StGB § 240 Rn. 23).

cc) Für **verkehrswidriges Verhalten** hat § 240 durch die Betonung der Zwangswirkung große praktische Bedeutung erlangt und in der Rspr. zu einer uneinheitlichen Kasuistik geführt (zusf. zur „Verkehrsnötigung" Heger FS Geppert, 2011, 153; Maatz NZV 2006, 337; Heß in BHJJ StVO § 1 Rn. 91; Altvater in LK-StGB Rn. 128–134; Fallgruppen bei König in Hentschel/König/Dauer § 240 Rn. 9–33); Erzwingen oder Verhindern des Überholens (BGHSt 18, 389 = NJW 1963, 1629; BGHSt 19, 263 = NJW 1964, 1426; OLG Karlsruhe NJW 1972, 962; OLG Hamm NJW 1991, 3230; OLG Köln NZV 1992, 371; BayObLG NJW 1993, 2882; sa BayObLG DAR 1990, 231); Schneiden nach Überholen (OLG Celle Nds. Rpfl. 1962, 68); willkürliches scharfes Abbremsen (OLG Düsseldorf VRS 73, 71); Blockieren einer Ausfahrt (OLG Koblenz MDR 1975, 243) oder eines geparkten Fahrzeugs (OLG Koblenz VRS 20, 436; OLG Düsseldorf JMBl. NRW 1993, 129; vgl. auch OVG Saarlouis NJW 1994, 878); Erzwingen der Durchfahrt durch einen widerrechtlich versperrten Weg (BGH VRS 30, 281); Sperrung eines tatsächlich öffentlichen Wegs (BayObLG NZV 1994, 116); Verhindern der Weiterfahrt durch Dazwischentreten (BayObLG NJW 1970, 1803). Diese, schon immer Kritik hervorrufende, weite Rspr. (vgl. Hellmann in Krey/Hellmann/Heinrich StrafR BT I Rn. 377, 394) bedarf nach der Entscheidung des BVerfG (BVerfGE 92, 1 = NJW 1995, 1141; fortgeführt für Verhalten im Straßenverkehr von BVerfG NJW 2007, 1669 mit krit. Bespr. Sinn JuS 2009, 577; vgl. auch Heger FS Geppert, 2011, 153 (165); Magnus NStZ 2012, 538) der Einschränkung. Dieser Aufgabe stellen sich die Strafgerichte. Im Bereich des fließenden Straßenverkehrs führt dies jedoch wegen der im Einsatz eines Fahrzeuges liegenden Kraftentfaltung und des (über die Errichtung physischer Hindernisse vermittelt auch) körperlich oder (vergleichbar schweren) psychisch wirkenden Zwangs zu keiner Änderung der Rspr. (Rheinländer FS Bemmann, 1997, 387 (401); Janiszewski VerkehrsStrafR Rn. 561 a). Weiterhin als Gewalt erfasst wird: sog. „Ausbremsen" (BGH NJW 1995, 3131 (3133); KG VRS 131, 79; OLG Celle NZV 2009, 199: nicht bei Ausweichmöglichkeit); bei sog. „Vollbremsung" und bei massiver Reduzierung der Geschwindigkeit (BayObLG NJW 2002, 628); dichtes Auffahren zur Erzwingung des Überholens (OLG Köln NZV 1995, 405; Berz NZV 1995, 297 (299); Suhren DAR 1996, 310; einschr. OLG Karlsruhe NStZ-RR 1998, 58; OLG Hamm NZV 2006, 388; aM Paeffgen FS Grünwald, 1999, 433 (456)); intensives bedrängendes Auffahren im innerstädtischen Verkehr (OLG Köln NStZ-RR 2006, 280; nicht beanstandet von BVerfG NJW 2007, 1669 mkritAnm Huhn DAR 2007, 387; für eine „Objektivierung" beim „Drängeln" durch Orientierung an §§ 4 I, 49 I Nr. 4 StVO Maatz NZV 2006, 337 (342, 345), der auf die mögliche Verwirklichung weiterer Tatbestände wie §§ 315 b, 315 c hinweist); Schneiden nach Überholen (OLG Stuttgart NJW 1995, 2647; beachte jedoch auch OLG Karlsruhe Justiz 1999, 25; OLG Düsseldorf NJW 2007, 3219 mablAnm König NZV 2008, 46), nicht aber bloß rücksichtsloses Überholen (KG VRS 131, 79). Die Einwirkung auf den anderen Verkehrsteilnehmer darf nicht nur Folge, sondern muss der Zweck des verbotswidrigen Verhaltens sein (OLG Hamm NStZ 2009, 213). 9

Keine Gewalt wird angenommen bei andauerndem Hupen (OLG Düsseldorf NJW 1996, 2245); beim bewusst verkehrswidrigen Gehen auf der Fahrbahn in Fahrtrichtung (BGHSt 41, 231 (240) = NJW 1996, 203 mkritAnm Meurer BA 1996, 161 (163)) und beim Einscheren mit einem Kraftfahrzeug in eine Fahrzeugkolonne bei stockendem Verkehr (OLG Köln NZV 2000, 99) sowie beim einmaligen, kurzzeitigen Näherkommen an einen anderen Verkehrsteilnehmer (OLG Köln NZV 2013, 454); das gilt auch für das Verhindern des Überholens (Berz NZV 1995, 297 (299); Suhren DAR 1996, 310; speziell durch Radfahrer OLG Koblenz bei Himmelreich/Lessing NStZ 2002, 301 (302)), zB durch Aufleuchtenlassen des angetippten Bremspedals (OLG Köln NZV 1997, 318 mit zust. Bespr. Fahl JA 1998, 274) oder zB kurzfristiges Anhalten auf der linken Spur der Autobahn vor einer Baustelle (LG Dresden NZV 1998, 83 mit krit. Bespr. Paul NZV 1998, 312), anders jedoch bei absichtlichem Langsamfahren und beharrlichem Linksfahren auf der Autobahn (OLG Düsseldorf NStZ-RR 2000, 369). Nicht mehr haltbar erscheint die Annahme von Gewalt in Fällen des Blockierens von Ausfahrten oder geparkter Fahrzeuge und des Versperrens eines Weges oder der Weiterfahrt, soweit dazu nur der Körper eingesetzt wird (BGH NStZ-RR 2002, 236; OLG Karlsruhe NJW 2003, 1263; OLG Frankfurt a. M. NStZ-RR 2011, 110; Wessels/Hettinger/Engländer StrafR BT I Rn. 396; weiter Berz NZV 1995, 297 (300), auch beim Einsatz eines stehenden Fahrzeuges; ähnlich Suhren DAR 1996, 310 (311); vgl. Eisele in Schönke/Schröder Rn. 5; sa OLG Düsseldorf NJW 1999, 2912 (mit Einkaufswagen den Weg zum Ausgang versperren) zu Recht mkritAnm Erb NStZ 2000, 200, effektive physische Barriere); das gilt auch für das **Freihalten eines Parkplatzes** (Berz NZV 1995, 297 (300); Maatz NZV 2006, 337 (340); König in Hentschel/König/Dauer § 240 Rn. 30; offen gelassen BayObLG NJW 1995, 2646 mit Bespr. Schmidt JuS 1995, 1134; aM Hellmann in Krey/Hellmann/Heinrich StrafR BT I Rn. 402), nicht jedoch für das Zufahren auf den „Parkplatzreservierer" (Berz NZV 1995, 297 (300); König in Hentschel/König/Dauer § 240 Rn. 27; Hellmann in Krey/Hellmann/Heinrich StrafR BT I Rn. 409, 410; Küpper/Börner StrafR BT I Kap. I § 3 Rn. 45; allg. zum Zufahren mit einem Kfz auf einen Menschen OLG Düsseldorf StraFo 2001, 178 mit krit. Bespr. Heger JA 2001, 833). Zu den Fallkonstellationen der Gewalt im Straßenverkehr, ihrem Umfang und ihren Entstehungsbedingungen Kaiser FS Salger, 1995, 55. Kritisch zur Erfassung verkehrswidrigen Verhaltens über § 240 und für die Schaffung spezialgesetzlicher Regelungen bei §§ 315 ff. Nehm NZV 1997, 432; krit. zum „Fremdkörper" Nötigung im Verkehrsstrafrecht Kölbel, Rücksichtslosigkeit und Gewalt im Straßenverkehr, 1997, S. 401, der den §§ 315 b, 315 c abschließenden Charakter zuerkennen und dadurch die Anwendung des § 240 im Straßenverkehr ausschließen will (Kölbel, Rücksichtslosigkeit und Gewalt im Straßenverkehr, 1997, S. 413, 427); für Strafverschärfung der Nötigung im Straßenverkehr Kropp ZRP 2004, 4 mit Gesetzesvorschlag.

9a dd) In der Konsequenz dieser Entwicklung liegt es schließlich, dass auch **Unterlassen** in Garantenstellung ausreichen kann (OLG Düsseldorf bei Janiszewski NStZ 1987, 401; Timpe JuS 1992, 748; zu weit BayObLG NJW 1963, 1261; einschr. Altvater in LK-StGB Rn. 72–75). Auch hier ist nach der gewalteinschränkenden Entscheidung des BVerfG (BVerfGE 92, 1 = NJW 1995, 1141) das Erfordernis der nicht nur psychischen Zwangswirkung zu beachten, so dass nur die Aufrechterhaltung oder Nichthinderung körperlich wirkenden Zwangs in Betracht kommt (BGH NJW 2004, 528; ganz abl. Sinn, Die Nötigung im System des heutigen Strafrechts, 2000, S. 214). Das Unterlassen des Garanten (→ § 13 Rn. 6) muss der aktiven gewaltsamen Verwirklichung der Nötigung entsprechen (→ § 13 Rn. 16; dazu Toepel in NK-StGB Rn. 72–74).

10 **b)** Im **Schrifttum** ist die Erweiterung des Gewaltbegriffs zunächst überwiegend gebilligt (dazu Maurach/Schroeder/Maiwald/Hoyer/Momsen StrafR BT

§ 13 Rn. 11–23) und teils noch ausgedehnt worden, um dadurch ein „Gleichgewicht" (krit. Sommer NJW 1985, 769) zwischen der Drohung als dem Inaussichtstellen eines empfindlichen Übels und der Gewalt als Zufügung eines solchen Übels herstellen zu können (Knodel, Der Begriff der Gewalt im Strafrecht, 1962). Sie ist jedoch wegen ihrer Weite und wegen der nicht immer widerspruchsfreien Vermengung physischer und psychischer Elemente zunehmend in Frage gestellt worden. Weniger im Streit ist dabei die Verlagerung des Schwerpunktes auf die Zwangswirkung. Mit einer gewissen Berechtigung wurde aber in Teilen des Schrifttums an dem Erfordernis festgehalten, dass die Zwangswirkung mindestens in dem Sinne körperlich vermittelt sein muss, dass der Genötigte sie körperlich empfindet, ihr also entweder überhaupt nicht, nur mit erheblicher Gegengewalt oder in nicht zumutbarer Weise begegnen kann (ähnlich Tröndle FS Rebmann, 1989, 481 (494); Otto NStZ 1992, 568; Altvater in LK-StGB Rn. 48; mit gewissen Einschränkungen auch Krey/Bauermann/Plate in Bundeskriminalamt, Was ist Gewalt?, Bd. 1, 1988, S. 61; Brammsen/Kaiser Jura 1992, 35 (42); Dierlamm NStZ 1992, 573 (575)). Ob diese (über physische Hindernisse vermittelte) körperliche Zwangswirkung den Vorgaben des BVerfG ausreichend Rechnung trägt, erscheint zweifelhaft (vgl. Altvater NStZ 1995, 278; Schroeder NJW 1996, 2627); die Begründung geht auf diese Art der körperlichen Zwangswirkung nicht ausdrücklich ein, obwohl sie von den Richtern, die ihre abweichende Meinung geäußert haben, als (Nötigungs-)Gewalt eingestuft wird (BVerfGE 92, 1 (21) = NJW 1995, 1141; ebenso Krey JR 1995, 265 (268), Scholz NStZ 1995, 417 (420) und wohl auch Amelung NJW 1995, 2584 (2588); offen gelassen BGH NJW 1995, 2862). Im Ganzen geht die Kritik von den verschiedenartigsten methodischen Ansätzen aus und verwendet ebenso unterschiedliche Bewertungsmaßstäbe mit der Folge, dass der gegenwärtige Diskussionsstand von einem Konsens weit entfernt ist (vgl. etwa Geilen FS Mayer, 1966, 445; Calliess, Der Begriff der Gewalt im Systemzusammenhang der Straftatbestände, 1974; Calliess NJW 1985, 1506; Keller, Strafrechtlicher Gewaltbegriff und Staatsgewalt, 1982; Keller JuS 1984, 109; Bergmann, Das Unrecht der Nötigung (§ 240 StGB), 1983, S. 123; Köhler FS Leferenz, 1983, 511; Krauß NJW 1984, 905; Wolter NStZ 1985, 193 (245); NStZ 1986, 241; Dearing StV 1986, 125; Kühl StV 1987, 122 (125); Ostendorf, Kriminalisierung des Streikrechts, 1987, S. 35; Schultz FS Maihofer, 1988, 517; Hirsch FS Tröndle, 1989, 19 (20); Velten/Mertens ARSP 1990, 516 (531); Timpe, Die Nötigung, 1989, S. 70; zusf. Küper/Zopfs StrafR BT Rn. 284). Daran hat sich auch nach der gewalteinschränkenden Entscheidung des BVerfG (BVerfGE 92, 1 = NJW 1995, 1141) und deren „zurückhaltender Umsetzung" durch die Strafgerichte (→ Rn. 8, 9, 11) nichts geändert. Die bisherigen Positionen werden in der Lehrbuch- und Kommentarliteratur allenfalls modifiziert (vgl. die unterschiedlichen Gewaltdefinitionen von Horn/Wolters in SK-StGB Rn. 9; Hellmann in Krey/Hellmann/Heinrich StrafR BT I Rn. 384; Küpper/Börner StrafR BT I Kap. I § 3 Rn. 44; Otto StrafR BT § 27 Rn. 14; Wessels/Hettinger/Engländer StrafR BT I Rn. 383; Eisele in Schönke/Schröder Vor § 234 Rn. 10). Außer dem körperlich vermittelten Zwang (Hellmann in Krey/Hellmann/Heinrich StrafR BT I Rn. 384; Otto StrafR BT § 27 Rn. 14) wird die gegenwärtige, sich körperlich auswirkende Übelszufügung (Wessels/Hettinger/Engländer StrafR BT I Rn. 383; Eisele in Schönke/Schröder Vor § 234 Rn. 10), die gegenwärtige Zufügung eines Übels (Wolters in SK-StGB Rn. 9) und die Verletzung garantierter Rechte (Lesch FS Jakobs, 2007, 327; krit. dazu Paeffgen FS Grünwald, 1999, 433 (459, 463), der eine körperliche Kraftentfaltung mit „aggressiver Dynamik" und Kommunikation abschneidender „Schroffheit" verlangt) als das wesentliche Definitionselement der Gewalt angesehen (weiterführend Herzberg GA 1996, 557 (565); sehr eng Sinn, Die Nötigung im System des heutigen Strafrechts, 2000, S. 202, 209: unmittelbar ausgeübter physisch wirkender Zwang, der durch körperliche Kraftentfaltung hervorgerufen wird; ebenso Sinn in MüKoStGB Rn. 62). Neu ist die Einbeziehung des Merkmals des Abschneidens oder Versperrens der dem Opfer physisch möglichen Ausweichbewegungen (Buchwald DRiZ 1997, 513 (521)) und das Abstellen auf das reale Schaffen von Tatsachen, die beim Opfer antreibenden oder hemmenden Zwang bewirken (Herzberg GA 1997, 251 (272)). Schließlich wird Gewalt unter Ausklammerung passiver und defensiver Verhaltensweisen als feindselig-aggressives Verhalten des Täters verstanden, durch das beim Opfer ein als gegenwärtiges Übel empfundener Zustand in Gestalt zumindest (erheblichen) psychischen Zwangs hervorgerufen wird (Zöller GA 2004, 147 (161)).

11 2. Die Gewalt kann sich unmittelbar auch gegen einen **Dritten,** namentlich einen nahe stehenden, richten, wenn sie geeignet ist, von dem Genötigten als nicht notwendig körperlicher (aM Altvater in LK-StGB Rn. 46; Toepel in NK-StGB Rn. 59) Zwang empfunden zu werden (BayObLG JZ 1952, 237; Paeffgen FS Grünwald, 1999, 433 (447); Hellmann in Krey/Hellmann/Heinrich StrafR BT I Rn. 399; für überflüssig hält diese Konstruktion Bohnert JR 1982, 397; ganz abl. Sinn, Die Nötigung im System des heutigen Strafrechts, 2000, S. 212). Dasselbe gilt für Gewalt **gegen Sachen,** soweit sie vom Genötigten als körperlich wirkender Zwang empfunden wird (BGH JR 1988, 73 mit zust., die Begr. verbessernder Bespr. Otto JK StGB § 240 Rn. 11; OLG Köln StV 1990, 266; Küpper/Börner StrafR BT I Kap. I § 3 Rn. 46; krit. Wolter NStZ 1985, 245 (249); Paeffgen FS Grünwald, 1999, 433 (449, 463)); auch das Abdrehen von Wasser, Licht oder Heizung beim räumungsunwilligen Mieter kommt als solcher Eingriff in Frage (OLG Hamm NJW 1983, 1505, str.). Das Ausräumen einer Wohnung wird auch nach der gewalteinschränkenden Entscheidung des BVerfG (BVerfGE 92, 1 = NJW 1995, 1141) wegen der Entfaltung erheblicher körperlicher Kraft und der Empfindung körperlichen Zwangs, dem gar nicht oder allenfalls mit erheblicher Kraftentfaltung begegnet werden kann, als Gewalt eingestuft (OLG Köln NJW 1996, 472); ob die Begründung des körperlich über den Entzug von Sachen vermittelten Zwangs (Küper/Zopfs StrafR BT Rn. 285; Otto StrafR BT § 27 Rn. 15, 16; Toepel in NK-StGB Rn. 65) den Vorgaben des BVerfG entspricht, erscheint zweifelhaft (ganz abl. Sinn, Die Nötigung im System des heutigen Strafrechts, 2000, S. 210; vgl. auch Eisele in Schönke/Schröder Vor § 234 Rn. 13a, 17a, 18); keinesfalls genügen kann das Werfen von Fremdkartoffeln auf ein Versuchsfeld für gentechnisch veränderte Kartoffeln (LG Neubrandenburg StraFo 2012, 377 mit Bespr. Jahn JuS 2012, 1140).

12 **IV. 1. Drohung** ist das – ausdrückliche oder (ggf. durch Auslegung der Erklärung festzustellende, dazu KG StraFo 2012, 328) schlüssige (Holtz MDR 1987, 281; NStZ 2003, 424) – In-Aussicht-Stellen eines Übels, dessen Eintritt davon abhängen soll, dass der Bedrohte sich nicht dem Willen des Drohenden beugt; dieser muss es daher, anders als bei der bloßen Warnung (BGH NStZ-RR 2001, 171; zur „täuschenden Warnung" s. Küper FS Puppe, 2011, 1217), als in seiner Macht stehend hinstellen, das Übel – sei es auch nur mittelbar durch Einschaltung eines Dritten (BGHSt 7, 197 = NJW 1955, 719; BGH NStZ-RR 2007, 16; vgl. auch BGH NStZ 1996, 435) – zu verwirklichen (hM; vgl. BGH NStZ 2009, 692; OLG Karlsruhe NJW 2004, 3724; Justiz 2005, 17; Küper/Zopfs StrafR BT Rn. 160, 164; krit. Rechtsprechungsanalyse bei Küper GA 2006, 439; weiter

Puppe JZ 1989, 596; Gutmann, Freiwilligkeit als Rechtsbegriff, 2001, S. 269; Toepel in NK-StGB Rn. 100; krit. Sinn, Die Nötigung im System des heutigen Strafrechts, 2000, S. 231, 371, der auf die Instrumentalisierung des Opfers und die überlegene Stellung des Täters abstellt; ebenso Sinn in MüKoStGB Rn. 74; speziell zu Reaktionen von Unternehmen auf Straftaten von Mitarbeitern Kuhlen FS Lüderssen, 2002, 649). Ob der Täter die Drohung wahr machen will oder kann, ist unerheblich (BGHSt 23, 294 = NJW 1970, 1855 mAnm Küper NJW 1970, 2253; str.; zum Streitstand Kindhäuser/Hilgendorf in LPK-StGB Vor § 232 Rn. 28–30); es kommt nur darauf an, ob sie objektiv als ernstlich erscheint, dh beim Bedrohten mindestens Zweifel zu erwecken geeignet ist, ob sie verwirklicht werden soll (BGHSt 26, 309 = NJW 1976, 976; aM Küper/Zopfs StrafR BT Rn. 163, die allein auf den Handlungsunwert abstellen; eing. Küper GA 2006, 439, der nach „Freiheitsangriffen" differenziert und die sog. fraudulöse Warnung als Drohung auffasst, S. 465); bei Drohung mit einem Übel, das erst später oder nach Eintritt einer Bedingung verwirklicht werden soll, bedarf das besonderer Prüfung (BGHSt 16, 386 = NJW 1962, 596). Eine Drohung kann auch in der unmittelbaren Zufügung eines Übels (OLG Hamm NJW 1983, 1505; OLG Koblenz NJW 1993, 1808) oder in der Ausnutzung eines bereits zugefügten Übels (BGH NJW 1984, 1632) liegen, wenn damit die Fortsetzung des Nötigungsverhaltens in Aussicht gestellt wird und die Befürchtung dieser Fortsetzung den Genötigten motivieren soll (Altvater in LK-StGB Rn. 77; beachte jedoch BGH NStZ 1984, 454; OLG Köln NZV 1992, 371; speziell zu Sperrmaßnahmen im Rahmen eines Boykotts Bergerhoff, Nötigung durch Boykott, 1998, S. 280; dazu Hellmann JR 2001, 483). Eine Drohung wird schließlich auch nicht dadurch ausgeschlossen, dass der Bedrohte den ersten Schritt tut, um der Verwirklichung des Übels durch den Täter zu begegnen (BGH NJW 1993, 1484; OLG Karlsruhe NJW 2004, 3724). Einschränkend wird im Schrifttum die Ankündigung einer durch die Mitwirkung des Opfers bedingten Übelszufügung verlangt (Hoyer GA 1997, 451 (455); krit. dazu Herzberg GA 1998, 211; vgl. auch Schroeder NJW 1996, 2627 (2629)); danach läge bei Sitzblockaden keine Drohung vor (so aber AG Lüneburg Nds. Rpfl. 2004, 49; Herzberg GA 1996, 577; aM Paeffgen FS Grünwald, 1999, 433 (464); abl. auch Priester FS Bemmann, 1997, 362 (368); Sinn in MüKoStGB Rn. 93, 94; zusf. Schroeder GS Meurer, 2002, 237).

2. a) Empfindliches Übel setzt als normatives Tatbestandselement voraus, dass die Drohung bei objektiver Betrachtung geeignet ist, einen besonnenen Menschen in der konkreten Situation zu dem damit erstrebten Verhalten zu bestimmen (BGH NStZ 1982, 287); nach neuerer, wegen ihrer Unbestimmtheit aber problematischer Rspr. soll es schon dann entfallen, „wenn von diesem Bedrohten in seiner Lage erwartet werden kann, dass er der Drohung in besonnener Selbstbehauptung standhält" (sog. Selbstverantwortungsprinzip, BGHSt 31, 195 (201) = NJW 1983, 765; BGH NStZ 1992, 278; OLG Karlsruhe NStZ-RR 1996, 296; JZ 2004, 101; sa BGHSt 32, 165 (174) = NJW 1984, 931 mAnm Arzt JZ 1984, 428 (429); sa Sinn, Die Nötigung im System des heutigen Strafrechts, 2000, S. 254; Gutmann, Freiwilligkeit als Rechtsbegriff, 2001, S. 270, 329; abl. Roxin JR 1983, 333 (334)). Für die Empfindlichkeit ist es unerheblich, ob die Zufügung des Übels erlaubt ist (hM; vgl. etwa Altvater in LK-StGB Rn. 80; anders Jakobs FS Peters, 1974, 69 (76); Jakobs Geilen-Symposium, 2003, 63 (68); Horn NStZ 1983, 497; sa LG Ulm wistra 1999, 113). In Frage kommt zB Drohen mit Entlassung (Kuhlen FS Lüderssen, 2002, 649 (651)), Gewaltanwendung, Strafanzeige (BGHSt 5, 254 = NJW 1954, 13

565), öffentlicher Bekanntmachung (OLG Hamm NJW 1957, 1081), Bloßstellung des Schuldners (Edenfeld JZ 1998, 645 (648); zur Einschaltung privater Inkassounternehmen Kapitza JuS 2007, 442), Abbruch geschäftlicher Beziehungen (Bergerhoff, Nötigung durch Boykott, 1998, S. 63, 120), Boykottaufruf (Bergerhoff, Nötigung durch Boykott, 1998, S. 286, 336); Ankündigung einer Strafanzeige bei Nichterfüllung von in einem anwaltlichen Mahnschreiben geltend gemachten Ansprüchen (BGH NJW 2014, 401 mAnm Tsambikakis; Becker NStZ 2014, 154; Eidam HRRS 2014, 129; Fahl JR 2015, 169); Nichterscheinen des Pflichtverteidigers in der anberaumten Hauptverhandlung (OLG Frankfurt a. M. StV 2001, 407 mit krit. Bespr. Wohlers StV 2001, 420 (428)) oder der Verhinderung der in Aussicht gestellten Ausreise aus der DDR (LG Berlin NJ 1996, 484). Auch die Drohung mit Selbsttötung, die einen Gewissens- oder Meinungsdruck (etwa durch Hungerstreik) erzeugen soll, scheidet nicht grds. aus (hM; anders Ostendorf, Das Recht zum Hungerstreik, 1983, S. 211; GA 1984, 308 (323)), wird allerdings häufig wegen des nur mittelbaren Übelcharakters für den Bedrohten zur erstrebten Willensbeugung nicht hinreichend geeignet sein (vgl. etwa BGHSt 27, 325 (329) = NJW 1978, 433; Jakobs ZStW 95 (1983), 669 (677)); zur Drohung, als Lokführer auf den Gleisen sitzende Demonstranten überfahren zu müssen, AG Lüneburg Nds. Rpfl. 2004, 49. Das In-Aussicht-Stellen einer Dienstaufsichtsbeschwerde (OLG Koblenz VRS 51, 208) oder nicht näher konkretisierter Schwierigkeiten oder Weiterungen (BGH NJW 1976, 760) genügt idR nicht. Anträge in einem Strafverfahren oder Eingaben an Behörden sind dann verwerflich, wenn sie grob wahrheitswidrige Angaben enthalten oder in keinem Zusammenhang mit dem angesonnenen Verhalten stehen (BVerfG NJW 2007, 1443).

14 **b)** Für die Ankündigung eines **Unterlassens** soll es nach neuerer, allerdings umstrittener Rspr. grds. nicht mehr darauf ankommen, ob der Täter zum Handeln verpflichtet ist (anders noch BGH NStZ 1982, 287; heute noch Amelung GA 1999, 182 (192, 201)); vielmehr sollen die Voraussetzungen des empfindlichen Übels ausnahmslos nach dem Selbstverantwortungsprinzip (→ Rn. 13) zu beurteilen und alsdann alle Fälle als nicht verwerflich (→ Rn. 18) auszuscheiden sein, in denen nur der Handlungsspielraum des Bedrohten erweitert, die Autonomie seiner Entschlüsse jedoch nicht in strafwürdiger Weise angetastet wurde (BGHSt 31, 195 = NJW 1983, 765; BGHSt 44, 68 (74) = NJW 1998, 2612; BGHSt 44, 251 = NJW 1999, 800, beide zu § 253, → § 253 Rn. 2 mwN; zust. Stoffers JR 1988, 492; abl. Horn NStZ 1983, 497; vgl. auch BGH NStZ 1997, 494, wo auf ein Abhängigkeitsverhältnis des Opfers vom Täter abgestellt wird). Im Hinblick auf die Unbestimmtheit der Verwerflichkeitsklausel (→ Rn. 17–25) geht das bedenklich weit (Frohn StV 1983, 365) und bedarf daher der Konkretisierung oder Modifizierung nach differenzierenden Kriterien, die im Schrifttum – etwa unter den Gesichtspunkten eines rechtspflichtbezogenen Umkehrprinzips (Schroeder JZ 1983, 284), einer materialen Umdeutung phänomenologischer Unterlassungen in positives Tun (Schubarth NStZ 1983, 312; sa Mästle AuR 2002, 410 (411)), einer Einschränkung des sog. Autonomieprinzips (Roxin JR 1983, 333) und einer widerspruchsfreien Abgrenzung von Nötigung und Wucher (Arzt FS Lackner, 1987, 641; Pelke, Die strafrechtliche Bedeutung der Merkmale „Übel" und „Vorteil", 1990, S. 87) – erörtert werden, aber noch nicht abschließend geklärt sind (vgl. Jäger FS Krey, 2010, 193; Lampe FS Stree/Wessels, 1993, 449 (452); Hillenkamp JuS 1994, 769; Zopfs JA 1998, 813; König, Strafbarer Organhandel, 1999, S. 51; Küper/Zopfs StrafR BT Rn. 167; Küpper/Börner StrafR BT I Kap. I § 3 Rn. 53;

Wessels/Hettinger/Engländer StrafR BT I Rn. 407–416; Altvater in LK-StGB Rn. 62–64.

3. Im Übrigen genügt, ähnlich wie bei der Gewaltanwendung, die **Bedrohung eines Dritten,** wenn das angedrohte Übel geeignet ist, den Genötigten – sei es auch nur auf Grund seines Verantwortungsgefühls für den Dritten (Seelmann JuS 1986, 201 (203)) – iSd Täterverlangens zu motivieren (BGHSt 16, 316 = NJW 1962, 164; BGH NStZ 1985, 408; diff. Jakobs JR 1987, 340); das kommt nicht nur bei nahestehenden Dritten in Frage (BGH NStZ 1987, 222), liegt bei ihnen aber näher (Zaczyk JZ 1985, 1059; krit. Bohnert JR 1982, 397). 15

V. Der **Vorsatz** (bedingter genügt, BGHSt 5, 245 = NJW 1954, 401; einschr. Küpper/Börner StrafR BT I Kap. I § 3 Rn. 57; Eisele in Schönke/Schröder Rn. 34; vermittelnd Wessels/Hettinger/Engländer StrafR BT I Rn. 419; str.) muss alle Umstände des Abs. 1 umfassen (enger Sinn, Die Nötigung im System des heutigen Strafrechts, 2000, S. 298, 371, der hinsichtlich des abgenötigten Willensentschlusses Absicht verlangt; → Rn. 25). Dazu gehört bei der Drohung auch, dass sie vom Bedrohten als ernstlich verstanden werden (→ Rn. 12), nicht dass sie wahrgemacht werden soll. 16

VI. Die **Rechtswidrigkeit** der Nötigung ist ausgeschlossen, wenn ein allgemein anerkannter Rechtfertigungsgrund (→ Vor § 32 Rn. 8–29; speziell zum Streikrecht → § Vor § 32 Rn. 26) vorliegt (zB Notwehr; BayObLG JR 1994, 112 insoweit mzustAnm Dölling). Nur wenn das nicht zutrifft (hM; vgl. Altvater in LK-StGB Rn. 111), bedarf es – und zwar in jedem Falle (OLG Zweibrücken StV 1992, 469) – einer selbständigen Prüfung nach der **Verwerflichkeitsklausel des Abs. 2,** ob die Tat als Nötigungsunrecht zu qualifizieren ist (→ Rn. 25). Die Zuordnung dieser Klausel zum Grundsatz der Verhältnismäßigkeit (so BVerfGE 104, 92 (109) = NJW 2002, 1031) ist verfehlt, weil sie nicht erst die Verhängung unverhältnismäßiger Sanktionen verhindern, sondern nicht verwerfliche Handlungen bereits aus dem Nötigungsunrecht herausnehmen soll (Heger Jura 2003, 112 (115); sa Sondervotum Haas BVerfGE 104, 92 (119) = NJW 2002, 1031). 17

1. Das Ergebnis ist aus der Verknüpfung von Nötigungsmittel und -zweck (sog. **Mittel-Zweck-Relation**) herzuleiten, also nicht isoliert nach dem eingesetzten Mittel oder dem angestrebten Zweck zu beurteilen (hM; vgl. etwa Küper StrafR BT S. 244; Küper JZ 2013, 449; anders Timpe, Die Nötigung, 1989, S. 149, 187, der die Ankündigung eines rechtmäßigen Verhaltens als Nötigungsmittel ausscheidet und die Verwerflichkeitsklausel für funktionslos hält; ähnlich Lesch FS Rudolphi, 2004, 483 (487)). Die Rspr. hat bisher meist darauf abgestellt, ob die Nötigung auf Grund dieser Relation nach allgemeinem Urteil so verwerflich, dh sittlich so missbilligenswert ist, dass sie ein gesteigertes, als Vergehen strafwürdiges Unrecht darstellt (vgl. etwa BGHSt 17, 328 = NJW 1962, 1923; BGHSt 18, 389 = NJW 1963, 1629; BGHSt 19, 263 = NJW 1964, 1426; OLG Zweibrücken NJW 1988, 716; BayObLG NJW 1988, 718; OLG Frankfurt a. M. StV 2001, 407; OLG Koblenz NJW 1988, 720; OLG Köln DAR 1989, 150; NZV 2000, 99; OLG Düsseldorf StraFo 2001, 178; LG Dresden NZV 1998, 83 mit krit. Bespr. Paul NZV 1998, 312; OLG Düsseldorf NStZ-RR 2000, 369; LG Frankfurt a. M. NJW 2005, 692 (694); relativierend BGHSt 35, 270 = NJW 1988, 1739; BGHSt 39, 133 = NJW 1993, 1869; sa BGH NJW 1998, 2612 (2614)). Das Schrifttum lehnt diesen Maßstab nahezu einhellig ab und hält mit Recht überwiegend – im Einklang mit einer sich auch in der Rspr. zunehmend durchsetzenden Sicht (vgl. BayObLG NJW 1995, 269; OLG Karlsruhe 18

Justiz 2005, 17) – für ausschlaggebend, ob die Nötigung sozialwidrig bzw. sozial unerträglich ist (vgl. namentlich Roxin JuS 1964, 373, der zur näheren Konkretisierung die Prinzipien der Rechtswidrigkeit des abgenötigten Verhaltens, der Güterabwägung, der Geringfügigkeit, des Vorrangs staatlicher Zwangsmittel, des mangelnden Zusammenhangs und der Autonomie herausarbeitet; zu weiteren Konkretisierungsversuchen Küper/Zopfs StrafR BT Rn. 402). Nach allen Auffassungen ist aber stets ein Werturteil erforderlich, das nach objektiven Maßstäben zu gewinnen ist (BGHSt 19, 263 (268) = NJW 1964, 1426; Dreher JZ 1953, 428).

18a Aus der Struktur des dem Individualschutz dienenden Nötigungsverbots folgt zwingend, dass die Mittel-Zweck-Relation auf das **Nötigungsopfer** und dessen Freiheitsinteresse bezogen werden muss. Der Einsatz von Zwangsmitteln zur Verhinderung eines rechtlich geschützten oder zur Durchsetzung eines rechtlich oder sozialethisch nicht geschuldeten Verhaltens schmälert den gewährleisteten Freiheitsraum des Genötigten und macht ihn zum Instrument fremder Zwecksetzung auch dann, wenn der mit der Nötigung verfolgte Endzweck rechtlich oder ethisch Anerkennung verdient. Deshalb geht der BGH davon aus, dass unter dem „angestrebten Zweck" nur das zu erzwingende Verhalten des Genötigten verstanden werden kann, und scheidet darüber hinausgehende Zwecke, namentlich die sog. Fernziele des Täters, aus der Bewertung aus (BGHSt 35, 270 = NJW 1988, 1739 mit teils zust., teils abl. Bespr. Arzt JZ 1988, 775; Hassemer JuS 1988, 822; Jahn JuS 1988, 946; Ostendorf StV 1988, 488; Schmitt Glaeser BayVBl. 1988, 454; Bertuleit/Herkströtter KJ 1988, 331; Bertuleit, Sitzdemonstrationen zwischen prozedural geschützter Versammlungsfreiheit und verwaltungsrechtsakzessorischer Nötigung, 1994, S. 203; sowie Roxin FS Schüler-Springorum, 1993, 441 (450); sa OLG Zweibrücken GA 1991, 323; BayObLG NJW 1993, 212). Als grundsätzlicher Ausgangspunkt und als Schwerpunkt der Abwägung verdient das Zustimmung (zust. auch Jakobs JZ 1986, 1063; Arzt FS Welzel, 1974, 823; Tröndle FS Lackner, 1987, 627 (631); Tröndle FS Rebmann, 1989, 481 (496); Miebach NStZ 1988, 130; Gössel FS Tröndle, 1989, 357 (366); Wolters in SK-StGB Rn. 37a; Fischer Rn. 43; Altvater in LK-StGB Rn. 108). Jedoch ist der unmittelbare Nötigungszweck (das Herbeiführen des Nötigungserfolges) regelmäßig in die Gesamtzielsetzung des Täters eingebettet und mit ihr zu einer nicht vollständig auflösbaren Einheit verbunden. Sie kann deshalb nicht ganz ausgeblendet werden, muss vielmehr die Gesamtabwägung mindestens insoweit beeinflussen, als die bezweckten unmittelbaren Auswirkungen des Nötigungserfolges (zB Herbeiführung von Aufsehen in der Öffentlichkeit bei Sitzblockaden) in Frage stehen (ähnlich BayObLG JZ 1986, 404; NJW 1988, 717; Otto NStZ 1987, 212 (213); NStZ 1991, 324; str.); sie müssen sich nicht notwendig zu Gunsten der Blockierer auswirken (so aber Bertuleit JA 1989, 16 (24); dagegen Graul JR 1994, 51 (52) Fn. 23, die auf die Instrumentalisierung der Blockierten hinweist; → Rn. 22). Notwendig ist danach eine differenzierende Gesamtwürdigung (Otto NStZ 1992, 568 (571)), deren Ergebnis davon abhängt, ob das Missverhältnis zwischen Mittel und Zweck eine gewisse Mindestgrenze überschritten hat (BGHSt 35, 270 (277) = NJW 1988, 1739; OLG Düsseldorf MDR 1989, 840; BayObLG DAR 1990, 187), die nach dem Maßstab des sozial noch Erträglichen zu bestimmen ist (→ Rn. 21, 22). Diese Deutung ist allerdings höchst umstritten und von einem Konsens weit entfernt (vgl. dazu die Nachw. in BVerfGE 73, 206 = NJW 1987, 43; BGHSt 35, 270 (277) = NJW 1988, 1739; abl. ferner LG Kreuznach NJW 1988, 2624; LG Zweibrücken StV 1989, 395; Kühl StV 1987, 122 (134); Fritz FS Simon, 1987, 403; Meurer/Bergmann JR 1988, 49 (51); Kaufmann NJW 1988, 2581; Roggemann JZ 1988, 1108;

Hirsch FS Tröndle, 1989, 19 (24); Eser FS Jauch, 1990, 35; Reichert-Hammer, Politische Fernziele und Unrecht, 1991; Bertuleit ZRP 1992, 46; Günther FS Baumann, 1992, 213.

a) Durch **Anwendung von Gewalt** wird Nötigungsunrecht zwar nicht notwendig (BVerfGE 73, 206 (252) = NJW 1987, 43; BGHSt 34, 71 = NJW 1986, 1883), aber doch häufig begründet; trotz der Einschränkung des Gewaltbegriffs bei Demonstrationen (→ Rn. 8) indiziert diese Gewalt die Verwerflichkeit und damit das Nötigungsunrecht nicht (BVerfGE 104, 92 (103) = NJW 2002, 1031 mit zust. Bespr. Heger Jura 2003, 112 (114); ebenso schon Krey JR 1995, 265 (266); zu BVerfGE 92, 1 = NJW 1995, 1141; aM Sondervotum Haas BVerfGE 104, 92 (120) = NJW 2002, 1031); bei Begehung von Gewalttätigkeiten liegt es regelmäßig, aber nicht notwendig vor (hM). 19

aa) Verhältnismäßig am weitesten ist der Spielraum des sozial Tolerablen in Fällen, in denen das abgenötigte Verhalten auch **vom Recht gefordert oder erwartet** wird, zB bei Verhinderung einer Straftat oder sonst widerrechtlichen Verhaltens (OLG Celle NZV 1990, 239) oder bei formal rechtswidriger (kein Selbsthilferecht) Durchsetzung eines unbedingten und fälligen Rechtsanspruchs (Altvater in LK-StGB Rn. 127; schon den Tatbestand abl. Lesch FS Rudolphi, 2004, 483 (492)); aber auch hier bleibt allenfalls die Anwendung mäßiger Gewalt, nicht aber rücksichtslose Durchsetzung des Faustrechts unter der Strafbarkeitsschwelle (BGH JR 1988, 75 = BeckRS 1987, 31088133; BayObLG bei Janiszewski NStZ 1986, 541; weiter einschr. Wolters in SK-StGB Rn. 46, 47). Nicht verwerflich sind auch Widerstandshandlungen gegen menschenrechtswidrige Vollstreckungshandlungen von DDR-Vollzugspersonen (v. Bubnoff in LK-StGB, 11. Aufl. 1992, Vor § 110 Rn. 11); das lässt sich übertragen, wenn deutsche Gerichte etwa über Straftaten von Flüchtlingen in ihren Heimatländern zu urteilen haben. In diesen Zusammenhang gehört auch das schulmeisterliche Verhindern des Überholens auf Autobahnen, um die Einhaltung der Höchstgeschwindigkeit zu erzwingen. Es ist nicht schon als solches verwerflich (hM; anders Helmken NZV 1991, 372); die uneinheitliche Rspr. (Nachw. bei Helmken NZV 1991, 372) scheidet mit Recht nur kurzfristige und gefahrlose Einwirkungen aus (zB BayObLG DAR 1990, 187; OLG Stuttgart Justiz 1991, 63; OLG Naumburg NZV 1998, 163; sa OLG Köln NZV 1993, 36; NZV 2000, 99; OLG Düsseldorf NStZ-RR 2000, 369; zur neueren Rspr. Maatz NZV 2006, 337 (344)); es ist der Verkehrssicherheit aber abträglich, dass sie in Einzelfällen die Anforderungen an das Ausmaß der vom Täter verursachten Gefahrenlage überspannt hat; sozial tolerabel dürften nur solche Fälle sein, in denen nach den Umständen Gefährdungen anderer ausgeschlossen sind. Hierher gehört ferner die sog. präventive Notwehr (→ § 32 Rn. 4) in der Form der Nötigung zur Unterlassung eines noch nicht gegenwärtigen rechtswidrigen Angriffs, wenn sie nicht schon als Defensivnotstand gerechtfertigt ist (→ § 34 Rn. 9); sie ist jedoch regelmäßig verwerflich, wenn sie unter bewusster Ausschaltung der vorrangigen staatlichen Zwangsmittel geübt wird (BGHSt 39, 133 = NJW 1993, 1869 mzustAnm Roxin NStZ 1993, 335 mablAnm Lesch StV 1993, 580; → § 32 Rn. 11a). Schließlich bezieht die Rspr. hier zutr. auch die Verhinderung einer Selbsttötung mittels mäßiger Gewalt ein (BGHSt 6, 147 (153) = NJW 1954, 1049); die im Schrifttum dazu kontroversen Meinungen hängen im Wesentlichen davon ab, ob und wieweit ein Recht auf den eigenen Tod (→ Vor § 211 Rn. 9) anerkannt wird (vgl. etwa Wagner, Selbstmord und Selbstmordverhinderung, 1975, S. 128; Bottke, Suizid und Strafrecht, 1982, S. 81; Bottke GA 1982, 346 (354); Ja- 20 kobs ZStW 95 (1983), 669; Günzel, Das Recht auf Selbsttötung, seine Schranken und die strafrechtlichen Konsequenzen, 2000, S. 136; sa Wolter NStZ 1993, 1 (8); Wolter FS GA, 1993, 269 (282)).

21 bb) Wird der Genötigte dagegen durch die Gewaltanwendung **innerhalb seines rechtlich gewährleisteten Freiheitsspielraums** getroffen (→ Rn. 18a), so kommt es auf die Qualität der vom Täter verfolgten weiteren Ziele nur nachrangig, schwerpunktmäßig aber allein auf solche Gründe an, die dafür tragfähig sind, gerade dem Genötigten ein Stück seiner Freiheit durch Entzug des Strafschutzes zu nehmen. Solche Gründe können sich ua aus dem Geringfügigkeitsprinzip (OLG Düsseldorf MDR 1989, 181), aus dem Vorliegen unrechtsmindernder, für die Rechtfertigung aber nicht ausreichender Umstände (OLG Stuttgart NJW 1992, 2713; sehr weit OLG Stuttgart NJW 1991, 994 mkritAnm Otto NStZ 1991, 334) oder aus einem konkreten Sachbezug des Genötigten zum Nötigungsgegenstand, etwa dessen provozierendem Vorverhalten (OLG Stuttgart NZV 1991, 119), ergeben (BVerfGE 73, 206 (257) = NJW 1987, 43; BVerfGE 76, 211 (217) = NJW 1988, 693). Allein die Gesinnung des Täters charakterisierende Umstände sind dagegen irrelevant, weil damit eine Bewertung der Fernziele des Täters verbunden wäre (Otto NStZ 1991, 334; insoweit problematisch BVerfG NStZ 1991, 279; NJW 1991, 971 mablAnm Schmitt Glaeser JR 1991, 16; OLG Stuttgart NJW 1992, 2714 (2716)).

22 cc) Für Blockadeaktionen bei **Demonstrationen und Streiks** (→ Rn. 8; speziell zu Streiks Müller-Roden ZRP 1988, 409; einschr. Ostendorf, Kriminalisierung des Streikrechts, 1987, S. 40; zur Mitwirkung des Betriebsrats Rieble/Klebeck NZA 2006, 758 (761); Toepel in NK-StGB Rn. 190; Altvater in LK-StGB Rn. 138) gilt nichts anderes. Durch die den Gewaltbegriff bei Sitzblockaden einschränkende Entscheidung des BVerfG (BVerfGE 92, 1 = NJW 1995, 1141) ist für die Fälle bloß körperlicher Anwesenheit mit psychischer Zwangswirkung mangels Gewalt keine Verwerflichkeitsprüfung mehr erforderlich; es verbleiben aber genügend (folgt man dem BGH (→ Rn. 8) sogar viele) Blockadeaktionen, bei denen Gewalt angewendet wird und die Verwerflichkeit geprüft werden muss (Eisele in Schönke/Schröder Rn. 26ff.). Dabei ist besonders zu beachten, dass Verkehrsbehinderungen schon durch die Grundrechte der Meinungs- und Versammlungsfreiheit (Art. 5, 8 GG) gerechtfertigt werden, wenn sie vorübergehend als Nebenwirkung der Grundrechtsausübung eintreten und auf Grund der verfassungsrechtlich gebotenen Güter- und Interessenabwägung hinzunehmen sind (BVerfGE 73, 206 (250) = NJW 1987, 43; Roxin FS Schüler-Springorum, 1993, 441 (448); Altvater in LK-StGB Rn. 142). Darüber hinaus sind aber solche Aktionen verfassungsrechtlich nicht gedeckt, wenn sie darauf abzielen, durch die mit ihnen verbundene Zwangswirkung gesteigertes Aufsehen in der Öffentlichkeit zu erregen (BVerfGE 73, 206 (250) = NJW 1987, 43), andere zur Anhörung einer bestimmten Meinungsäußerung zu zwingen (BayObLG NJW 1969, 1127; OLG Celle NJW 1970, 206) oder bestimmte sachliche Anliegen (zB Herabsetzung von Straßenbahntarifen) leichter durchzusetzen (BGHSt 23, 46 = NJW 1969, 1770); ebenso für Aktionen, die wie die Unterbindung von Bahntransporten dazu führen sollen, dass sich die andere Seite ohne Möglichkeit zu eigener Willensentscheidung einem auf sie ausgeübten Zwang beugt (BGHSt 44, 34 (41) = NJW 1998, 2149). Das gilt unabhängig davon, ob versammlungsrechtlich Sitzblockaden schon als solche die Friedlichkeit einer Versammlung ausschließen (verneinend BVerfGE 73, 206 (250) = NJW 1987, 43) und ob im Einzelfall die Auflösung der Versammlung bereits wirksam angeordnet war (Schwabe NStZ 1998, 22; offen gelassen in BVerfGE 73, 206 (250) = NJW 1987, 43 „jeden-

falls“; aM Weichert StV 1989, 459; Kniesel NJW 1992, 865; Rinken StV 1994, 94 (104); Bertuleit, Sitzdemonstrationen zwischen prozedural geschützter Versammlungsfreiheit und verwaltungsrechtsakzessorischer Nötigung, 1994, S. 90; vgl. auch Wolters in SK-StGB Rn. 48a). Das folgt schon daraus, dass Zwang als Zweckelement der Grundrechtsausübung nach Art. 5, 8 GG mit dem Wesen dieser Grundrechte, die ausschließlich die geistige Auseinandersetzung gewährleisten, nicht vereinbar ist (BVerfGE 73, 206 (250) = NJW 1987, 43). Die Instrumentalisierung des Genötigten ist daher auch bei **politisch motivierten Blockadeaktionen** nur in engen Grenzen sozial tolerabel (weiter zT die nachfolgend referierte Rspr.). Hier kann auf kurze Frist angelegte und im Wesentlichen nur symbolhafte Anwendung passiver Gewalt auf Grund der gebotenen Gesamtwürdigung (→Rn. 18a) unter der Strafbarkeitsschwelle bleiben (vgl. etwa OLG Stuttgart NJW 1989, 1870; NJW 1992, 2713; OLG Zweibrücken NJW 1991, 53; OLG Köln VRS 83, 420; BayObLG NJW 1993, 213; NJW 1995, 269 (270); LG Kaiserslautern MDR 1991, 175). Dabei sind als maßgebliche Tatumstände regelmäßig zu berücksichtigen: der zum Blockadetermin zu erwartende Dienstbetrieb, die Dauer und Intensität der Aktionen, deren vorherige Bekanntgabe, Ausweichmöglichkeiten über andere Zufahrten und der Sachbezug der betroffenen Personen zum Protestgegenstand, uU auch die Zahl der Demonstranten und die Dringlichkeit der blockierten Dienstfahrten (BVerfG NJW 1991, 971; BGHSt 44, 34 (42) = NJW 1998, 2149; OLG Stuttgart NJW 1991, 993 (994); sowie OLG Stuttgart NJW 1992, 2714 (2716); BayObLG NJW 1992, 521; JR 1993, 117 mAnm Nehm; krit. Offenloch JZ 1992, 438 (441); dem Umständekatalog zust. Graul JR 1994, 51, die aber eine Differenzierung zwischen den die Verwerflichkeit begründenden und den diese nur erhöhenden Umständen für erforderlich hält). Soweit Fernziele des Täters überhaupt in die Beurteilung einfließen können (→Rn. 18a), darf die Abwägung nicht auf eine inhaltliche Bewertung der mit der Zwangswirkung verfolgten (rechtmäßigen) politischen Ziele (zB Eintreten für den Frieden) gestützt werden; eine solche Differenzierung widerspricht der Anerkennung des Meinungspluralismus (BVerfGE 73, 206 (258) = NJW 1987, 43; BGHSt 35, 270 (275) = NJW 1988, 1739; AG Lüneburg Nds. Rpfl. 2004, 49; s. ua auch Klein in Rüthers/Stern, Freiheit und Verantwortung im Verfassungsstaat, 1984, S. 177, 189; Brohm JZ 1985, 501 (510); Offenloch JZ 1986, 11; Starck JZ 1987, 145; Baumann NJW 1987, 36; JZ 1987, 265; Schmitt Glaeser, Private Gewalt im politischen Meinungskampf, 2. Aufl. 1992, S. 114; Roxin FS Schüler-Springorum, 1993, 441 (456); Sinn, Die Nötigung im System des heutigen Strafrechts, 2000, S. 215). Das BVerfG (BVerfGE 104, 92 (110) = NJW 2002, 1031; BVerfG NJW 2011, 3020 (3022f.)) wendet sich nun zwar gegen die Berücksichtigung der inhaltlichen Fernziele der Demonstranten (zB Ausstieg aus der Nutzung der Kernenergie), verlangt aber im Rahmen von Art. 8 GG die Beachtung des „Anliegens der Erzielung öffentlicher Aufmerksamkeit“ (Mittelsdorf JuS 2002, 1062 (1065); OLG Karlsruhe NStZ 2016, 32); die Beschränkung auf Themen, die die Öffentlichkeit angehen, entspricht nicht dem Schutzbereich der Demonstrationsfreiheit (Sinn NJW 2002, 1024; Heger Jura 2003, 112 (116); sa Sondervotum Haas BVerfGE 104, 92 (123) = NJW 2002, 1031).

dd) Nicht nur auf dem Gebiet der politischen Demonstration, sondern auch in 23
zahlreichen anderen Bereichen sind Rspr. und Schrifttum zur Rechtswidrigkeit der Gewalt uneinheitlich (krit. Calliess NJW 1985, 1506 (1511)). So wird zB hingenommen, dass ein Kraftfahrer sich die Einfahrt in eine von einem Fußgänger reservierte Parklücke unter Einsatz seines Pkw erzwingt (OLG Stuttgart NJW 1966, 745 mablAnm Bockelmann; OLG Hamburg NJW 1968, 662; OLG Naumburg

NZV 1998, 163; mit Recht aM Rasehorn NJW 1968, 1246; Berz JuS 1969, 367; diff. OLG Hamm NJW 1970, 2074; BayObLG NJW 1995, 2646; Altvater in LK-StGB Rn. 131) bzw. so auf einen Polizisten zufährt, dass dieser auch ohne Beiseitetreten einer konkreten Gefahr des Angefahren – oder Überrolltwerdens noch nicht ausgesetzt ist (OLG Düsseldorf StraFo 2001, 178) oder dass umgekehrt – soweit hier noch Gewalt angenommen werden kann (→ Rn. 9; verneinend Altvater in LK-StGB Rn. 131) – der Fußgänger die Parklücke gegen den einfahrenden Kraftfahrer verteidigt, um sie für einen anderen freizuhalten (OLG Köln NJW 1979, 2056; OLG Hamm VRS 59, 426; sa OLG Düsseldorf NZV 1992, 199), während die Nötigung eines die Zufahrt zu einem Privatparkplatz versperrenden Wächters als verwerflich angesehen wird (OLG Schleswig SchlHA 1968, 265; AG Villingen-Schwenningen DAR 2018, 701 mit Bespr. Hecker JuS 2019, 269); ebenso das Erzwingen der Durchfahrt einer Fußgängerzone durch einen Taxifahrer (OLG Bamberg ZfSch 2018, 587). Zu mutwilligen Verkehrsbehinderungen näher Hansen, Die tatbestandliche Erfassung von Nötigungsunrecht, 1972, S. 195; Voß-Broemme NZV 1988, 2.

24 **b)** Auch bei der **Drohung** entscheidet die Mittel-Zweck-Relation, die wie bei der Gewalt eine Gesamtwürdigung erfordert (→ Rn. 18, 18a; sa BVerfG NJW 1993, 1519; StraFo 2006, 450 (451)). Danach ist die Nötigung idR rechtswidrig, wenn die Drohung nach ihrer Schwere außer Verhältnis zu dem angestrebten Zweck steht (BayObLG NJW 1963, 824) oder wenn es an einem inneren Zusammenhang zwischen Mittel und Zweck fehlt (BayObLG NJW 1971, 768; vgl. auch BGH NStZ 1997, 494; bei Androhung legalen Verhaltens schon den Tatbestand abl. Lesch FS Rudolphi, 2004, 483 (487); zu politischen Konstellationen Brodowski HRRS 2009, 277 (283)); mit derselben Maßgabe wie bei der Gewaltanwendung (→ Rn. 19–23) nimmt auch hier die Austragung von Meinungsgegensätzen in der politischen Auseinandersetzung oder sonst im öffentlichen Leben keine aus den Grundrechten der Art. 5, 8 GG herzuleitende Sonderstellung ein (OLG Hamm NJW 1982, 2676 mit abl. Bespr. Schöne NJW 1982, 2649; speziell für den Hungerstreik aM Ostendorf, Das Recht zum Hungerstreik, 1983, S. 70, 74; str.). Andererseits reicht aber nicht jedes unanständige (OLG Hamm JMBl. NRW 1963, 206) oder iSd OWiG ordnungswidrige (Lampe FS Stree/Wessels, 1993, 449 (457); s. aber AG Lüneburg Nds. Rpfl. 2004, 49) Druckmittel aus. Die Androhung einer Strafanzeige ist nicht rechtswidrig, wenn ein begründeter (dh auch rechtlich nicht umstrittener, OLG Koblenz JR 1976, 69 mkritAnm Roxin) und mit der Straftat zusammenhängender (BayObLG MDR 1957, 309) zivilrechtlicher Anspruch durchgesetzt werden soll (BGHSt 5, 254 = NJW 1954, 565; OLG Düsseldorf NStZ-RR 1996, 5; ebenso für die Anzeige (nebst Kündigung) als Reaktion von Unternehmen auf Straftaten von Mitarbeitern Kuhlen FS Lüderssen, 2002, 649 (652)); sie kann es unter anderen Umständen sein (BGH NJW 1957, 596; vgl. Scheffler NJ 1995, 573; Edenfeld JZ 1998, 645 (648)), nicht aber, wenn ein Anwalt sie in Kenntnis tatsächlicher Straflosigkeit in einem Mahnschreiben einsetzt (BGH NJW 2014, 401 mAnm Tsambikakis; Becker NStZ 2014, 154; Eidam HRRS 2014, 129; Schuster NZWiSt 2014, 64; Fahl JR 2015, 169; Roxin StV 2015, 447); dies gilt auch für die Drohung mit persönlicher Vorsprache und der Beschreitung des Rechtsweges zur Durchsetzung eines Anspruchs wegen einer sittenwidrigen Leistung (Telefonsex), sofern sie nicht mit einer Bloßstellung des Gemahnten verbunden ist (OLG Karlsruhe NStZ-RR 1996, 296); anders, wenn die Veröffentlichung einer durch unwahre Tatsachenbehauptungen gestützten Meinung (Bilanzunregelmäßigkeiten) zur Durchsetzung

der Einstellung eines Zwangsversteigerungsverfahrens, auf die kein Anspruch besteht, eingesetzt wird (BayObLG wistra 2005, 235); auch die Drohung mit Versetzung für den Fall, dass sich der Versicherungsmitarbeiter nicht selbst bei seinem Arbeitgeber versichere, kann rechtswidrig sein (OLG Karlsruhe Justiz 2005, 17). Verwerflich ist auch der Einsatz einer Parkkralle bei auf Privatgrundstücken unbefugt parkenden Pkw zur Durchsetzung eines geltend gemachten Kostenanspruchs (BGH NJW 2017, 1487 mAnm Kudlich/Koch; Wittig NStZ 2017, 280). Im Ganzen hängt alles von den Umständen des Einzelfalles ab, so dass eine gewisse Rechtsunsicherheit unvermeidlich ist (BayObLG NJW 1965, 163; OLG Stuttgart VRS 78, 205; Altvater in LK-StGB Rn. 91). Speziell zur Androhung einer wirtschaftlichen Sperre im Rahmen eines Boykotts diff. Bergerhoff, Nötigung durch Boykott, 1998, S. 199, 237; zur Androhung eines Boykottaufrufs Bergerhoff, Nötigung durch Boykott, 1998, S. 295, 325, 337; zu einzelnen Mobbinghandlungen Fehr, Mobbing am Arbeitsplatz, 2007, S. 86; Schrader/Stork AiB 2010, 175 (177). Speziell für Strafverteidiger wird im Hinblick auf den sonst gefährdeten Anspruch des Angeklagten nach Art. 6 IIIc MRK eine „zurückhaltende" Auslegung der Verwerflichkeit praktiziert (so von OLG Frankfurt a. M. StV 2001, 407 mit Bespr. Wohlers StV 2001, 420 (423)). Die Androhung von mäßiger Gewalt (Ohrläppchenumdrehen) ist nicht verwerflich, wenn sie der Lebensrettung eines Entführten dient (aM LG Frankfurt a. M. NJW 2005, 692 (694); wie hier das Gutachten Prittwitz für den „Fall Daschner", ebenso Fahl Jura 2007, 743 (749)); sie kann aber sogar durch Notwehrhilfe gerechtfertigt sein (→ § 32 Rn. 17a), so dass es auf eine Prüfung der Verwerflichkeit gar nicht ankommt; zur Anwendung von § 240 IV Nr. 2 → Rn. 28.

2. Die **Rechtswidrigkeit** nach Abs. 2 ist als solche allgemeines Verbrechens- 25
merkmal (hM). Das **Bewusstsein der Rechtswidrigkeit** gehört daher nicht zum Vorsatz; sein Fehlen ist Verbotsirrtum (→ § 15 Rn. 6; Altvater in LK-StGB Rn. 116). Jedoch erfordert Nötigungsunrecht mehr als nur die Rechtswidrigkeit des eingesetzten Mittels. Es wird erst durch die Verwerflichkeit der Mittel-Zweck-Relation begründet. Da also Abs. 1 für sich allein das Unrecht nicht indiziert, ist aus systematischen Gründen anzunehmen, dass die tatsächlichen Umstände, auf denen das Verwerflichkeitsurteil beruht, zum Tatbestand gehören (BayObLG NJW 1992, 521; Herdegen FS BGH, 1975, 195 (200); Kaufmann FS Klug, 1983, 277 (282); Küper/Zopfs StrafR BT Rn. 403; Eisele in Schönke/Schröder Rn. 16; wohl auch BVerfGE 104, 92 (103) = NJW 2002, 1031 „tatbestandsregulierendes, den Täter begünstigendes Korrektiv"; aM BGHSt 2, 194 (196) = NJW 1952, 593, der sie als Rechtfertigungsvoraussetzungen einordnet; anders auch Reichert-Hammer, Politische Fernziele und Unrecht, 1991, S. 231; Günther FS Baumann, 1992, 213, nach denen die Verwerflichkeitsklausel als Strafunrechtsausschließungsgrund zu verstehen ist; sa Bergmann, Das Unrecht der Nötigung (§ 240 StGB), 1983, S. 178; Herzberg JA 1989, 243 (248); Hansen, Die tatbestandliche Erfassung von Nötigungsunrecht, 1972, S. 67; Sinn, Die Nötigung im System des heutigen Strafrechts, 2000, S. 308, 372). Jedenfalls ist aber der Irrtum über diese Voraussetzungen entweder ein Tatbestandsirrtum (Bockelmann ZStW 1969, 275; Maurach/Schroeder/Maiwald/Hoyer/Momsen StrafR BT § 13 Rn. 41) oder ein Erlaubnistatbestandsirrtum (BGH LM Nr. 3 zu § 240 StGB; Schroth, Vorsatz und Irrtum, 1998, S. 65; Wessels/Hettinger/Engländer StrafR BT I Rn. 424), was für die Rechtsfolgen keinen Unterschied macht (→ § 17 Rn. 9–20; Fischer Rn. 54; sa Roxin JR 1976, 71; Walter Kern des Strafrechts S. 107).

26 **VII. Vollendet** ist die Nötigung, sobald der Betroffene sich dem Zwang entsprechend verhalten oder mindestens damit – sei es auch nur mit dem durch vis absoluta verursachten Dulden (einschr. BGH NStZ-RR 2006, 77) – begonnen hat (hM; vgl. BGH NStZ 1987, 70; NStZ 2004, 385 (386); OLG Frankfurt StV 2019, 690; Altvater in LK-StGB Rn. 66; für Grenzfälle wie das Versperren eines Weges anders Jakobs FS Roxin, 2001, 793 (805); einschr. Horn/Wolters in SK-StGB Rn. 27); solange es an einer solchen Auswirkung des Zwanges fehlt, kommt nur Versuch in Frage BGH bei Holtz MDR 1979, 280; BGH NStZ 2004, 442 (443); OLG Hamburg MDR 1974, 330; Altvater in LK-StGB Rn. 118; → Rn. 8). An einem Handeln unter Zwang fehlt es, wenn das Opfer nur deshalb der Drohung nachkommt, weil ihm von der Polizei dazu geraten wurde (BGH NStZ 2010, 215). **Versuch** setzt unmittelbares Ansetzen zur Tatbestandsausführungshandlung voraus, es muss noch nicht mit der Nötigungshandlung begonnen worden sein (anders Fischer Rn. 56; dem zust. BVerfG StraFo 2006, 450 (451)); ein strafbefreiender Rücktritt erfordert nicht die Aufgabe des abgenötigten Ziels, sondern nur, dass der Täter dieses nicht weiter mit Nötigungsmitteln verfolgt (BGH NStZ 2013, 521; OLG Celle Nds. Rpfl. 2017, 281).

27 **VIII. Tateinheit** ua möglich mit §§ 123, 132, auch mit § 223, wenn die Körperverletzung als Nötigungsmittel dient (BGH NStZ-RR 1997, 34). § 240 wird verdrängt von allen Tatbeständen, die eine Nötigung voraussetzen **(Spezialität),** zB von § 177 aF (BGH NStZ-RR 2014, 139, doch gilt dies heute nur noch für § 177 II Nr. 5), 239 (BGHSt 30, 235 = NJW 1982, 190; OLG Köln NStZ 1985, 550 (552)), §§ 249, 253, 255 (BGH NStZ-RR 2000, 106, soweit das abgenötigte Verhalten der Beutesicherung dient) und § 106, wenn die Nötigung auf die Ausübung der darin genannten Befugnisse zielt (BGH NStZ-RR 2012, 76); wird jedoch mit dem Nötigungsmittel zugleich ein anderer Zweck verfolgt, dem Eigenbedeutung zukommt und der in diesen Vorschriften nicht mit Strafe bedroht ist, so liegt Tateinheit vor (vgl. zB → § 253 Rn. 14; BGH NStZ 2005, 38); Tateinheit ist auch möglich mit § 235 (BGHSt 59, 307 = NJW 2014, 3589). Über das Verhältnis zu § 105 → § 105 Rn. 7; zu § 113 → § 113 Rn. 26 (vgl. Fahl StV 2012, 623); zu § 239a → § 239a Rn. 11; zu § 241 → § 241 Rn. 4. Bei der konkurrenzrechtlichen Bewertung des Tatbildes von Raub, gefährlicher Körperverletzung und anschließender Nötigung/Bedrohung ist maßgeblich darauf abzustellen, ob das Tatgeschehen auf einem einheitlichen Tatentschluss beruht (BGH NStZ-RR 2019, 310 (311); StV 2022, 8). Werden durch eine Nötigungshandlung verschiedene Verhaltensweisen des Opfers erzwungen, liegt nur eine Nötigung vor (BGH NStZ-RR 2017, 312).

28 **IX.** Zu den **besonders schweren Fällen** des **Abs. 4** → § 46 Rn. 7–21. Als ein besonders schwerer Fall konnte immer schon die Nötigung zu einem Schwangerschaftsabbruch beurteilt werden (Otto Jura 1996, 135 (144); → Vor § 218 Rn. 24). Dies hatte der Gesetzgeber durch ein Regelbeispiel (Abs. 1 S. 2 aF) klargestellt (BT-Drs. 13/1850, 26); dieses Regelbeispiel ist seit dem 50. StÄG (→ Vor § 1 Rn. 18) in **Nr. 1** (zuvor Nr. 2) eingestellt. Er ist damit der Forderung des BVerfG nach Schaffung von Strafvorschriften nachgekommen, die Gefahren entgegenwirken sollen, die vom familiären und weiteren sozialen Umfeld der Schwangeren ausgehen, insbes. Verhaltensweisen, welche „die Frau zum Schwangerschaftsabbruch … drängen" (BVerfGE 88, 203 (298) = NJW 1993, 1751); Schwangerschaftsabbruch → § 218 Rn. 2–17; in der Praxis spielt Abs. 4 Nr. 1 nur eine geringe Rolle (Altvater in LK-StGB Rn. 159). Zu **Nr. 2** (Nr. 3 aF): → § 264 Rn. 26 (krit. zur Begr. Nelles

in DSNS StrRG § 3 Rn. 21); tauglicher Täter kann nur der Amtsträger sein (Nelles in DSNS StrRG § 3 Rn. 22, 23; Altvater in LK-StGB Rn. 123); auf den beteiligten Nichtamtsträger ist nach § 28 II der Abs. 1 anzuwenden (Horn/Wolters in SK-StGB Rn. 61; Toepel in NK-StGB Rn. 200). Im „Fall Daschner" (→ Rn. 24) wurde Nr. 2 auf den Polizeipräsidenten, der Gewalt androhte, wegen der atypischen Konstellation (Lebensrettung des Entführten) mit guten Gründen nicht angewendet (LG Frankfurt a. M. NJW 2005, 692 (695); für Anwendbarkeit Toepel in NK-StGB Rn. 200). Zur Annahme eines unbenannten besonders schweren Falles bei „häuslicher Gewalt" vgl. OLG Hamburg, StraFo 2018, 254.

X. Für das Opfer der Nötigung beachte § 154c StPO; Nr. 102 RiStBV (Krause 29
FS Spendel, 1992, 547).

§ 241 Bedrohung

(1) **Wer einen Menschen mit der Begehung einer gegen ihn oder eine ihm nahestehende Person gerichteten rechtswidrigen Tat gegen die sexuelle Selbstbestimmung, die körperliche Unversehrtheit, die persönliche Freiheit oder gegen eine Sache von bedeutendem Wert bedroht, wird mit Freiheitsstrafe bis zu einem Jahr oder mit Geldstrafe bestraft.**

(2) **Wer einen Menschen mit der Begehung eines gegen ihn oder eine ihm nahestehende Person gerichteten Verbrechens bedroht, wird mit Freiheitsstrafe bis zu zwei Jahren oder mit Geldstrafe bestraft.**

(3) **Ebenso wird bestraft, wer wider besseres Wissen einem Menschen vortäuscht, daß die Verwirklichung eines gegen ihn oder eine ihm nahestehende Person gerichteten Verbrechens bevorstehe.**

(4) **Wird die Tat öffentlich, in einer Versammlung oder durch Verbreiten eines Inhalts (§ 11 Absatz 3) begangen, ist in den Fällen des Absatzes 1 auf Freiheitsstrafe bis zu zwei Jahren oder auf Geldstrafe und in den Fällen der Absätze 2 und 3 auf Freiheitsstrafe bis zu drei Jahren oder auf Geldstrafe zu erkennen.**

(5) **Die für die angedrohte Tat geltenden Vorschriften über den Strafantrag sind entsprechend anzuwenden.**

Fassung aufgrund des G zur Bekämpfung des Rechtsextremismus und der Hasskriminalität v. 30.3.2021 (BGBl. I 441), in Kraft getreten am 3.4.2021, dieses insoweit geändert durch G zur Anpassung der Regelungen über die Bestandsdatenauskunft an die Vorgaben aus der Entscheidung des BVerfG vom 27.5.2020 v. 30.3.2021 (BGBl. I 448)

1. Die Vorschrift ist **zum 3.4.2021 erheblich ausgebaut** worden. Die bishe- 1
rigen Abs. 1 und 2 aF, die allein auf die Bedrohung mit einem Verbrechen gerichtet sind, wurden unter Verdoppelung der Strafrahmenobergrenze zu Abs. 2 und 3 nF; zugleich ist in Abs. 1 nF eine neue Bedrohungsvariante mit bestimmten Vergehen strafbewehrt worden. Für diese nunmehr **drei Grundtatbestände** ist in Abs. 4 nF ein Qualifikationstatbestand mit abgestufter Strafrahmenobergrenze geschaffen worden. Das in Abs. 5 ebenfalls neu geschaffene Antragserfordernis ist zwar allgemein formuliert; da aber Verbrechen nicht als Antragsdelikte ausgestaltet sind, bezieht es sich in der Sache nur auf Abs. 1 nF, so dass dadurch der Anwendungsbereich der Abs. 2 und 3 nF nicht eingeschränkt worden ist (vgl. BT-Drs. 19/17741, 37).

Unverändert schützt § 241 das **Gefühl der Rechtssicherheit des Einzelnen,** namentlich sein Vertrauen in deren Fortbestand (hM; vgl. etwa Fischer Rn. 2; Horn/Wolters in SK-StGB Rn. 2; krit. Schroeder FS Lackner, 1987, 665; Spendel FS Schmitt, 1992, 205, die zutr. die Unzulänglichkeit des Schutzes vor Bedrohungen durch Gewalttäter hervorheben; anders Wallau JR 2000, 312 (315), der normativ auf das „Vertrauen-Dürfen" abstellt, und Teuber, Die Bedrohung, 2001, S. 4, 63 „Freisein von Angst und Schrecken"; dazu Schroeder GA 2003, 54). Die durch das 14. StÄG (→ Vor § 1 Rn. 7) eingeführte Beschränkung auf Verbrechen gegen den bedrohten Menschen (nicht die juristische Person; krit. Wallau JR 2000, 312 (315)) oder eine (tatsächlich existierende, BVerfG NJW 1995, 2776) ihm nahestehende Person (→ § 35 Rn. 4), die der bereits zuvor hM zu § 241 aF entspochen hat, folgt aus dem Schutzzweck (Individualrechtsgut) und dient der Abgrenzung von § 126. – Zur **Rechtsgeschichte** Teuber, Die Bedrohung, 2001, S. 7, der auch einen ausformulierten Gesetzesvorschlag präsentiert (Teuber, Die Bedrohung, 2001, S. 100).

2 **2. Bedrohen und Vortäuschen** → § 126 Rn. 2, 3. Dabei muss – uU auch nur für den Fall des Eintritts einer Bedingung (BGH NStZ 2015, 394) – eine bestimmte künftige (BGH NStZ 1984, 454) Tat in Aussicht gestellt oder vorgetäuscht werden, die für Abs. 2 und 3 nF die Merkmale eines Verbrechens aufweist (BGH bei Holtz MDR 1986, 795; sa BGH NStZ-RR 2011, 109), auch wenn sie nicht schuldhaft begangen werden soll (→ § 12 Rn. 1; → § 11 Rn. 18). Enstprechendes gilt in Hinsicht auf Abs. 1 nF (nur) für das Inaussichtstellen eines Vergehens aus den abschließend aufgezählten, über das Schutzgut und den Sachwert definierten Tatbestandsgruppen wie zB §§ 174ff., 223ff., 303ff.; in Anlehnung an die Rspr. zu § 315c wird man auch hier verlangen müssen, dass die angedrohte Tat sich nicht nur gegen eine werthaltige Sache richten, sondern auch der in Aussicht gestellte Schaden bedeutend sein, dh mind. 750–1000 EUR betragen muss (→ § 315c Rn. 24). Die gem. Abs. 1 in Aussicht gestellte Beschädigung oder Verunstaltung (zB §§ 303 II, 304 II) muss sich zwar gegen einen anderen Menschen richten (→ Rn. 1), nicht notwendig allerdings (anders als zB in § 315c) eine für den Täter fremde Sache betreffen, soweit das in Aussicht gestellte Vergehen nicht solches voraussetzt (zB § 304) Das Bedrohen kann auch durch konkludentes Verhalten, zB Abgabe von Schreckschüssen, erfolgen (OLG Köln NStE Nr. 1; s. aber OLG Koblenz NJW 2006, 3015), muss aber als objektiv ernst zu nehmende Drohnung mit einem Verbrechen anzusehen sein, was insbes. bei Äußerungen im Zustand momentaner Erregung oder bei Absurdität der in Aussicht gestellten Tötungsart („ans Kreuz schlagen") fraglich sein kann (OLG Naumburg StV 2013, 637; OLG Zweibrücken NStZ 2021, 108; AG Rudolstadt NStZ-RR 2012, 341; Eisele in Schönke/Schröder Rn. 4; Toepel in NK-StGB Rn. 10). Bloße Verwünschungen und Prahlereien genügen nicht (BGH NJW 1953, 1440; AG Saalfeld NStZ-RR 2004, 264). Auch kann in der Ausführung eines Verbrechens, wie etwa bei einer versuchten Erpressung, kann die Bedrohung mit einem (weiteren) Verbrechen liegen (BGH StV 2019, 671).-Schließlich müssen sich die Tathandlungen (unmittelbar oder mittelbar) an einen bestimmten Adressaten (uU auch mehrere) wenden, den der Täter als Opfer ins Auge gefasst hat (OLG Frankfurt a. M. NStZ-RR 2002, 209), und geeignet sein, dessen Rechtsfrieden zu stören (BGH NStZ 2015, 394 mAnm Nestler; Zieschang Gefährdungsdelikte S. 340; Altvater in LK-StGB Rn. 10); zum Widerruf der Drohung Teuber, Die Bedrohung, 2001, S. 99. – **Abs. 4** enthält in Anlehnung an § 185 nF (→ § 185 Rn. 13) einen **Qualifikationstatbestand,** wenn die Tat **öffentlich, in einer Ver-**

sammlung oder durch **Verbreiten eines Inhalts** begangen wird; die strafrahmenobergrenze ist je nach Grundtatbestand differenziert ausgestaltet.

3. Zum **Vorsatz** (bedingter genügt) gehört nicht, dass der Täter das angedrohte oder vorgetäuschte Verhalten selbst als Verbrechen bzw. – bei Abs. 1 nF – als dort aufgeführtes Vergehen wertet; insoweit genügt die Vorstellung der wesentlichen Merkmale eines Verbrechens (BGHSt 17, 307 = NJW 1962, 1830). Im Falle des Abs. 1 und 2 nF kommt es auf das Bewusstsein an, dass die Bedrohung von dem anderen als (möglicherweise) ernstlich verstanden wird (OLG Köln NStE Nr. 1; → § 240 Rn. 12); ob sie auch wahrgemacht werden soll, ist unerheblich (BGH bei Dallinger MDR 1975, 22). 3

4. Die Tat (nur) nach **Abs. 1** ist insoweit **Antragsdelikt,** als es das in Auzssicht gestellte Vergehen ist; angesichts des Verweises auf die für den strafantrag geltenden Vorschriften gilt in Bezug auf angedrohte Delikte mit einem relativen Antragserfordernis (zB in § 230 I für § 223) selbiges ebenso für § 241 I und auch für Abs. 4, soweit dieser sich auf eine Tat gem. Abs. 1 bezieht (BT-Drs. 19/17741, 37). 4

5. **Tateinheit** ua möglich mit § 126. Von § 113 (BGH JR 2020, 139 mAnm Fahl), § 177 (BGH GA 1977, 306), § 240 (BGH NStZ-RR 2021, 281; Freund/Rostalski StrafR AT § 11 Rn. 26) und §§ 253, 255 (Schluckebier in LK-StGB Rn. 31) wird Abs. 1 auch dann verdrängt, wenn die konkurrierende Nötigung nur versucht wurde (BGH NStZ 2006, 342; StV 2015, 111; GA 1970, 372; NStZ 2019, 410; StraFo 2020, 78; NStZ-RR 2021, 13; OLG Koblenz MDR 1984, 1040); dies ist trotz des qualifizierten Übels bei der Bedrohung (vgl. Maatz NStZ 1995, 209 (212)) deshalb richtig, weil § 241 anders als § 240 nur die bloße Einschüchterung des Opfers erfasst (Maurach/Schroeder/Maiwald/Hoyer/Momsen StrafR BT § 16 Rn. 3) und als Gefährdungsdelikt nicht so schwer wiegt wie das Erfolgsdelikt des § 240 (BGH NStZ 2006, 342); Tateinheit aus Klarstellungsgründen (→ Vor § 52 Rn. 28) anzunehmen, ist mangels zusätzlichen Erfolgs bei der vollendeten Bedrohung nicht erforderlich (anders BayObLG NJW 2003, 911 mablAnm Jäger JR 2003, 477; Toepel in NK-StGB § 240 Rn. 202); § 241 tritt jedenfalls dann hinter § 240 zurück, wenn die (Todes)Bedrohung allein der Durchsetzung des vom § 240-Täter angestrebten Endziels dient (BGH NJW 2003, 3283 (3286) mzustAnm Kühl NStZ 2004, 387, Subsidiarität), ebenso hinter § 177 (BGH StraFo 2019, 518), auch wenn nach neuem Recht nur ein Vergehen (zB § 177 I) in Rede steht. § 241 wird vom angedrohten Verbrechen (auch dessen Versuch, BGHR StGB § 241 Abs. 1 Konkurrenzen 1) konsumiert, wenn dieses in unmittelbarem zeitlichen Zusammenhang danach begangen wird (BGH NJW 2005, 1203 (1205); ähnlich Rengier StrafR BT II § 27 Rn. 4: subsidiär); das gleiche muss jetzt auch gelten in Bezug auf die in Abs. 1 nF angesprochenen Vergehen sowie deren Versuch, soweit dieser strafbar ist. 5

§ 241a Politische Verdächtigung

(1) **Wer einen anderen durch eine Anzeige oder eine Verdächtigung der Gefahr aussetzt, aus politischen Gründen verfolgt zu werden und hierbei im Widerspruch zu rechtsstaatlichen Grundsätzen durch Gewalt- oder Willkürmaßnahmen Schaden an Leib oder Leben zu erleiden, der Freiheit beraubt oder in seiner beruflichen oder wirtschaftlichen Stellung empfindlich beeinträchtigt zu werden, wird mit Freiheitsstrafe bis zu fünf Jahren oder mit Geldstrafe bestraft.**

(2) **Ebenso wird bestraft, wer eine Mitteilung über einen anderen macht oder übermittelt und ihn dadurch der in Absatz 1 bezeichneten Gefahr einer politischen Verfolgung aussetzt.**

(3) **Der Versuch ist strafbar.**

(4) **Wird in der Anzeige, Verdächtigung oder Mitteilung gegen den anderen eine unwahre Behauptung aufgestellt oder ist die Tat in der Absicht begangen, eine der in Absatz 1 bezeichneten Folgen herbeizuführen, oder liegt sonst ein besonders schwerer Fall vor, so kann auf Freiheitsstrafe von einem Jahr bis zu zehn Jahren erkannt werden.**

1 **1.** Vgl. zunächst → § 234a Rn. 1, 3–5.

1a **2.** Die **Mittel der Gefährdung** sind hier **Anzeigen** (an Behörden) und **Verdächtigungen** sowie nach Abs. 2 einfache **Mitteilungen** (BGHSt 11, 91 = NJW 1958, 350). Anzeigen wegen noch nicht beendeter „Republikflucht" erfüllten den von der Rspr. äußerst restriktiv gedeuteten Tatbestand nur dann, wenn sie für den Angezeigten die konkrete Gefahr begründen, durch Gewalt- oder Willkürmaßnahmen Schaden an den in Abs. 1 genannten Rechtsgütern zu erleiden, dh es muss mit schweren Verstößen gegen Menschenrechte zB durch völlig unverhältnismäßige Strafen oder durch Ermittlungsmaßnahmen gerechnet werden, die eine Strafbarkeit der dafür verantwortlichen DDR-Organe begründen können (BGHSt 40, 125 = NJW 1994, 3174; mit zu Recht krit. Bespr. Reimer NStZ 1995, 83; Seebode JZ 1995, 417; Wassermann NJW 1995, 931; BGH NStZ 1995, 288; NStZ-RR 1997, 100; krit. auch König JR 1997, 317 (320); Eisele in Schönke/Schröder Rn. 4; zust. aber Toepel in NK-StGB Rn. 19; zusf. Koch NJW 2005, 943 (944); → § 2 Rn. 25). Auf dieses menschenrechtswidrige Vorgehen muss sich der Vorsatz (bedingter reicht) iSd Bedeutungskenntnis (→ § 15 Rn. 14) erstrecken (BGHSt 40, 125 (137) = NJW 1994, 3174. **Abs. 2** richtet sich namentlich gegen den Agenten; andererseits schützt § 241a uU auch den Agenten (KG NJW 1957, 684).

2 **3.** Zu **Abs. 4** (besonders schwere Fälle) → § 46 Rn. 7–10a; → § 12 Rn. 4; ergänzend s. Wolters in SK-StGB Rn. 12.

3 **4. Tateinheit** ua möglich mit §§ 99, 164 (str.), 186, 187, 187a. Versuchte Freiheitsberaubung wird verdrängt (BGH NJW 1960, 1211; Sinn in MüKoStGB Rn. 14; krit. Schluckebier in LK-StGB Rn. 27; für Tateinheit Toepel in NK-StGB Rn. 26).

4 **5.** Zuständigkeit §§ 74a I, 120 II, 142a GVG. Verfahren §§ 153c–153e StPO.

19. Abschnitt. Diebstahl und Unterschlagung

§ 242 Diebstahl

(1) **Wer eine fremde bewegliche Sache einem anderen in der Absicht wegnimmt, die Sache sich oder einem Dritten rechtswidrig zuzueignen, wird mit Freiheitsstrafe bis zu fünf Jahren oder mit Geldstrafe bestraft.**

(2) **Der Versuch ist strafbar.**

1. Geschützte Rechtsgüter sind **Eigentum und Gewahrsam** (hM; vgl. Lampe GA 1966, 225; Reinbacher ZStW 126 (2014), 644 (646); Rengier StrafR BT I § 2 Rn. 1; aM Rönnau JuS 2009, 1088; Bosch JA 2015, 1237 (1244); Eisele StrafR BT II Rn. 8; Mitsch StrafR BT II/1 § 1 Rn. 5; Wessels/Hillenkamp/Schuhr StrafR BT II Rn. 70; Kindhäuser in NK-StGB Vor § 242 Rn. 3; zw.). Verletzter kann also auch der Gewahrsamsinhaber sein (BGHSt 10, 400 = NJW 1957, 1933; Hoyer in SK-StGB Vor § 242 Rn. 12; aM Kargl in NK-StGB Rn. 12; Bosch in Schönke/Schröder Rn. 1/2). Unbestellt zugesandte Waren sind trotz § 241 a BGB für den Empfänger fremd (Haft/Eisele GS Meurer, 2002, 245 (249); Matzky NStZ 2002, 458 (460); zur möglichen Strafbarkeit wegen Unterschlagung → § 246 Rn. 10, wegen Sachbeschädigung → § 303 Rn. 9; und wegen Betrugs durch Veräußerung Haft/Eisele GS Meurer, 2002, 245 (259)). **Rechtsgeschichte** Vogel in LK-StGB Vor § 242 Rn. 13–24; Sieper, Das Diebstahlsdelikt im Codex Georgianus, 2014. **Rechtsvergleichend** Vogel in LK-StGB Vor § 242 Rn. 68–84; speziell zum Diebstahl im französischen Recht Walter, Betrugsstrafrecht in Frankreich und Deutschland, 1999, S. 325; gegen den Verzicht auf die Zueignungsabsicht wie im italienischen Strafrecht Weber FS Kerner, 2013, 689 (693). Kritisch zur (angeblich) schichtspezifischen Formulierung des Tatbestandes und der schichtspezifischen Auswahl der Täter Smaus, Das Strafrecht und die gesellschaftliche Ordnung, 1998, S. 220, 238. Zur **Kriminologie** Sonnen StrafR BT S. 98; Vogel in LK-StGB Vor § 242 Rn. 4–12. Zur Berücksichtigung des Zivilrechts, insbes. des **Internationalen Privatrechts** beim Diebstahl Brutscher, Zivilrechtsakzessorietät des Strafrechts bei Sachverhalten mit Auslandsbezug – am Beispiel des § 242 StGB, mit Bespr. Mankowski/Bock JZ 2015, 1092. 1

2. Objekt des Diebstahls sind fremde bewegliche Sachen. 2

a) Sachen sind grds. alle körperlichen Gegenstände (§ 90 BGB; krit. Kretschmer JA 2015, 105 (108)), auch Körper eines verstorbenen Menschen (§ 168; Schramm JuS 2009, 678 (679); Hoyer in SK-StGB Rn. 4 unter Hinweis auf das Verfügungsrecht der Angehörigen nach § 4 I TPG; Joecks/Jäger StGB Vor § 242 Rn. 11; Eisele StrafR BT I Rn. 47; Kindhäuser/Böse StrafR BT II § 2 Rn. 25; Vogel in LK-StGB Rn. 14; aM Maurach/Schroeder/Maiwald/Hoyer/Momsen StrafR BT § 32 Rn. 19 „Rückstand der Persönlichkeit"), nicht aber lebende Menschen, Embryonen (Feten) und Tiere; letztere werden jedoch auch nach der gesetzestechnisch missglückten Einführung des § 90 a BGB (krit. Braun JuS 1992, 558; Küper JZ 1993, 435) unverändert erfasst (BayObLG NJW 1993, 2760; Fischer Rn. 3), weil die für Sachen geltenden Vorschriften, soweit nichts anderes bestimmt ist, kraft Gesetzes (also nicht auf Grund lückenfüllender Analogie, BT-Drs. 11/7369, 6, 7) auf Tiere entsprechend anzuwenden sind (Gropp JuS 1999, 1041 (1042); für einen autonomen strafrechtlichen

Sachbegriff Küper Jura 1996, 205 (206); Graul JuS 2000, 215 mit krit. Echo Krüger JuS 2000, 1040; Zopfs ZJS 2009, 506). Natürliche und künstliche Körperimplantate werden mit der Einpflanzung Bestandteile des Körpers (hM; vgl. Otto Jura 1989, 137 (138); Hardtung JuS 2008, 864; Valerius medstra 2015, 159; anders Bringewat JA 1984, 61 (63); nach Ersatz- und Zusatzimplantaten diff. Gropp JR 1985, 181; Bosch in Schönke/Schröder, Rn. 10). Auf den wirtschaftlichen Wert (auch völlig wertlose Gegenstände, OLG Düsseldorf NJW 1989, 115; aM Bosch in Schönke/Schröder, Rn. 7; Kretschmer JA 2015, 1092) und auf den Aggregatzustand (auch Gas, Dampf, Wasser; für elektrische Energie beachte § 248 c; zur Frage der Strafbarkeit von Stromzählermanipulationen durch Magnete Kudlich/Oğlakcioğlu FS Roxin I, 2012, 265 (267)) kommt es nicht an. Keine Sachen sind Forderungen und sonstige Rechte (namentlich auch nicht das sog. Buch- oder Giralgeld, OLG München JZ 1977, 408), wohl aber die Urkunden, in denen sie verbrieft sind, zB im Sparbuch, Scheck, Grundschuldbrief (BGH NJW 1978, 710) oder Schuldschein (OLG Düsseldorf NJW 1990, 1492). Keine Sachen sind Computerprogramme, wohl aber Disketten oder sonstige Programmträger (Heinrich, Die Strafbarkeit der unbefugten Vervielfältigung und Verbreitung von Standardsoftware, 1993, S. 314; Reinbacher ZStW 126 (2014), 633; vgl. auch König NJW 1993, 3121 (3123); Müller-Hengstenberg NJW 1994, 3129 zu § 90 BGB).

3 b) **Beweglich** sind – unabhängig von dem bürgerlich-rechtlichen Begriff – Sachen, die tatsächlich fortgeschafft werden können; also auch beweglich gemachte Sachen, zB ausgebrochene Goldzähne (OLG Gera HESt 2, 296) oder spätestens durch die Tathandlung vom Grundstück getrennte Bodenbretter, Türen, Fenster, Heizkörper usw (Samson JA 1990, 5 (6); Streng JuS 2002, 454 (456)), auch das von der Weide abgefressene Gras (LG Karlsruhe NStZ 1993, 543; Kretschmer JA 2015, 105 (106)).

4 c) **Fremd** ist die Sache, die einem anderen als dem Täter gehört. Maßgebend ist das Eigentum nach bürgerlichem Recht (BGH NStZ-RR 2000, 234; OLG Düsseldorf NJW 1988, 1335; Küper StrafR BT S. 259; Mitsch StrafR BT II/1 § 1 Rn. 21; zum IPR → Rn. 1 a. E.). Erfasst wird also das Eigentum aller Rechtssubjekte, auch des Staates (OLG Frankfurt a. M. NJW 1984, 2303), nicht aber das sog. wirtschaftliche Eigentum (hM; krit. Otto, Die Struktur des strafrechtlichen Vermögensschutzes, 1970, S. 143; Otto JZ 1993, 559; Jura 2004, 389: wirtschaftliche Betrachtungsweise; Lampe in Müller-Dietz, Strafrechtsdogmatik und Kriminalpolitik, 1971, S. 59, 63; sa Liver FG Schultz, 1977, 108 (121)). Zur zivilrechtlichen Eigentumslage bei Betäubungsmitteln Bechtel JR 2017, 197. Zu erbrechtlichen Aspekten Kudlich JA 2010, 777.

5 aa) Fremd sind deshalb **bspw.** der vorausgezahlte Dirnenlohn für den Freier (BGHSt 6, 377 = NJW 1954, 1292; Kühl HRR StrafR BT Nr. 65 Antwort 6; nicht aber für den Drogenkäufer das von ihm übergebene „Kaufgeld“, dessen Übereignung nach § 134 BGB nichtig ist, BGHSt 31, 145 (147) = NJW 1983, 636; BGH NStZ-RR 2000, 234; Bosch in Schönke/Schröder, Rn. 12), illegal erworbene Drogen (BGH NJW 2006, 72 mit zust. Bespr. Hauck ZIS 2006, 36 (40); Satzger JK StGB § 249 Rn. 10; iE auch Kudlich JA 2006, 335; zusf. Schramm JuS 2008, 678 (680); aM Wolters FS Samson, 2010, 495 (500); zu nicht verkehrsfähigen BtM wie Marihuana BGH NStZ 2015, 571 (572)), die der Einmann-GmbH gehörenden Sachen für den Alleingesellschafter (RGSt 71, 355; Hoyer in SK-StGB Rn. 11; Kindhäuser in NK-StGB Rn. 16; Fischer Rn. 5) und die durch Inkassovertreter eingetriebenen Versicherungsprämien für den Vertreter (OLG Düsseldorf

NStZ-RR 1999, 41), nicht fremd dagegen beschlagnahmte oder unter Eigentumsvorbehalt (OLG Düsseldorf NJW 1984, 810) verkaufte Sachen für deren Eigentümer (beachte §§ 136 I, 288, 289) und unter aufschiebender Bedingung übereignete Sachen für deren Veräußerer (OLG Saarbrücken NJW 1976, 65). Vom Körper eines lebenden Menschen abgetrennte Teile oder Substanzen (Haare, Zähne, entnommenes Blut usw) sind dessen Eigentum (hM; vgl. BGH bei Dallinger MDR 1958, 739; zur Plazenta Gropp in Eser-Beiträge, 1995, S. 299; zum Blut eing. Schröder/Taupitz, Menschliches Blut: Verwendbar nach Belieben des Arztes?, 1991, S. 34; zur Strafbarkeit heimlicher Vaterschaftstests anhand von Gegenständen mit DNA-Spuren Glaser/Dahlmanns JR 2007, 316 (318)). In einzelnen Fallgruppen sind die Eigentumsverhältnisse noch nicht abschließend geklärt, zB bei unbezahltem, durch Tanken mit Fremd- oder Selbstbedienung erlangtem Kraftstoff (für Übereignung erst an der Kasse OLG Koblenz NStZ-RR 1998, 364 mit abl. Bespr. Baier JA 1999, 364; zust. aber Otto JK StGB § 246 Rn. 11; Borchert/Hellmann NJW 1983, 2799; Ranft JA 1984, 1 (4); Otto JZ 1985, 21 (22); Charalambakis MDR 1985, 975; Streng JuS 2002, 454; Lange/Trost JuS 2003, 961 (965); Bock StrafR BT-Vermögensdelikte Fall 2, S. 30; Hellmann in Krey/Hellmann/Heinrich StrafR BT II Rn. 222, 223; Rengier StrafR BT I § 5 Rn. 13; Wessels/Hillenkamp/Schuhr StrafR BT II Rn. 197; für Eigentumsvorbehalt bis Bezahlung OLG Hamm NStZ 1983, 266; Ernst Jura 2013, 454 (458); für Übereignung schon beim Tankvorgang OLG Düsseldorf NStZ 1982, 249; JR 1985, 207 mzustAnm Herzberg;Herzberg NJW 1984, 896; Baier JA 1999, 364; zw.; offen gelassen BGH NJW 1983, 2827 mkritAnm Gauf; Deutscher NStZ 1983, 505 (507); Schroeder JuS 1984, 846; → § 246 Rn. 2), bei (wegen Zurückziehen des mit Tesafilm präpariert eingegebenen Geldscheins) unbefugt aus einem Geldwechselautomaten entnommenem Geld (Fremdheit bejahend OLG Düsseldorf NJW 2000, 158 mit zust. Bespr. Biletzki NStZ 2000, 406; Otto JR 2000, 214; krit. Kudlich JuS 2001, 20 (23)), bei unbefugt aus einem Bankautomaten mittels Codekarte entnommenem Geld (vgl. die Nachw. unter → Rn. 23) und in Fällen des Rückerwerbs vom Berechtigten (aus zivilrechtlicher Sicht Musielak JuS 2010, 377); bei Einscannen eines falschen Codes in die Selbstbedienungskasse ist die entnommene teurere Ware nicht übereignet (OLG Hamm BeckRS 2013, 16642 mit Bespr. Jäger JA 2014, 155; Jahn JuS 2014, 179; OLG Karlsruhe bei Hecker JuS 2019, 819; LG Kaiserslautern bei Jahn JuS 2021, 1197; zur Wegnahme → Rn. 14). Fremd (und nicht bereits herrenlos) sind schließlich auch die von Lebensmittelhändlern in Mülltonnen zur Abholung durch die Müllabfuhr bereitgestellten Lebensmittel, so dass deren Entnahme zum Verbrauch zB durch Aktivisten oder Bedürftige (sog **„Containern"**) als Diebstahl strafbar ist (BayObLG NStZ-RR 2020, 104, bestätigt durch BVerfG NJW 2020, 2953 mzustAnm Lenk JR 2021, 180; Rennicke NStZ 2021, 485; krit. Zimmermann JZ 2021, 186; Schnetter KJ 2021, 73; vgl. auch Mitsch ZfL 2020, 457), ohne dass eine Rechtfertigung zB über Art. 20a GG in Betracht kommt (näher zur Rechtfertigung von Umwelt-, Klima- und Tierschutzinteressen → Vor § 32 Rn. 28a).

bb) Fremd sind ferner Sachen im **Miteigentum** (auch Gesamthandseigentum, 6
BGH NStZ 1991, 432), weil sie dem Täter nicht allein gehören (unstr.).

cc) Nicht fremd sind Sachen, die in niemandes Eigentum stehen oder stehen 7
können **(herrenlose Sachen)**, namentlich freie Luft, fließendes Wasser, wilde Tiere in Freiheit (§ 960 BGB; Fischer Rn. 6; s. jedoch Hammer NuR 1992, 62; → Rn. 19; sowie §§ 292, 293) und vom Eigentümer nach § 959 BGB derelinquierte Sachen (OLG Düsseldorf NJW 1983, 2153 mAnm Bottke JR 1984, 35; be-

achte BayObLG JR 1987, 128 mAnm Keller; OLG Düsseldorf JMBl. NRW 1992, 191), am entsprechenden Willen des Eigentümers fehlt es aber, wenn ein Bankangestellter nach Rückgabe einer EC-Karte durch den Kunden diese in den Papierkorb wirft (OLG Hamm BeckRS 2011, 07785 mit Bespr. Jahn JuS 2011, 755; Kudlich StrafR BT I Fall 8a; Rengier StrafR BT I § 2 Rn. 7); auch bei sog. Liebesschlössern, die an Brücken gehängt werden (AG Köln BeckRS 2012, 20013 mit Bespr. Jahn JuS 2013, 271). Regelmäßig, aber nicht notwendig (→ § 168 Rn. 10), auch der Körper oder Teile des Körpers eines verstorbenen Menschen, deren Schutz sich nach § 168 bestimmt (OLG Bamberg NJW 2008, 1543; OLG Hamburg NJW 2012, 1601 (1603); Pluisch/Heifer NJW 1994, 2377 (2379); Kopp MedR 1997, 544 (546); Kretschmer JA 2015, 105 (109); Stellpflug, Der strafrechtliche Schutz des menschlichen Leichnams, 1996, S. 22; Tag in Groß/Esser/Knoblauch/Tag, Rechtliche Aspekte im Umgang mit dem Körper, 2007, S. 101, 104; Valerius medstra 2015, 159; Rengier StrafR BT I § 2 Rn. 8–9a; Joecks/Jäger StGB Vor § 242 Rn. 19–23; Bosch in Schönke/Schröder, Rn. 21; Vogel in LK-StGB Rn. 34; Kindhäuser in NK-StGB Rn. 25, 26; zur Asche BGH bei Bosch Jura 2015, 1392). Lediglich verlorene, verlegte oder vergessene Sachen sind nicht herrenlos; idR gilt das auch für militärisches Gerät, Geschosse und Geschossteile im Kampfgelände (BGH NJW 1953, 1271) und auf dem Übungsplatz (OLG Hamm JMBl. NRW 1963, 145).

8 3. **Wegnehmen** ist Bruch fremden und Begründung neuen Gewahrsams (Apprehensionstheorie, hM; vgl. Hecker JuS 2015, 276 (277); eine Neubestimmung dieser Theorie unternimmt Ling ZStW 110 (1998), 919; anders Kargl JuS 1996, 971 (976), einmalige Erlangung des Zugriffs auf die Sache, der gegenüber der frühere Gewahrsamsinhaber in eine Rechtfertigungsdefensive gerät; nach Wallau JA 2000, 248 (256), ist die Notwendigkeit der Neubegründung zu überdenken; krit. zur Auslegung der hM im Hinblick auf die Wortlautschranke (→ § 1 Rn. 6) Rotsch GA 2008, 66). In den Urteilsgründen reicht die Feststellung, der Angeklagte habe näher bezeichnete Waren „entwendet“, nicht (BGH NStZ-RR 2013, 343; OLG Dresden NStZ-RR 2015, 211 mit Bespr. Hecker JuS 2015, 847). Wegnahme in der Fallbearbeitung Kudlich JA 2017, 428.

8a a) **Gewahrsam** ist ein **tatsächliches von einem Herrschaftswillen getragenes Herrschaftsverhältnis** (hM;aus der Rspr. BGH wistra 2015, 273; NStZ 2021, 42 mAnm Hoven NStZ 2021, 228; Kaspar JR 2022, 31; krit. Samson JA 1980, 285 (287); zur Geschichte des Gewahrsamsbegriffs Rönnau JuS 2009, 1088). Es ist nicht gleichbedeutend mit Besitz iSd §§ 854 ff. BGB (hM – dogmatische Gegenüberstellung von Besitz und Gewahrsam bei Jüchser ZIS 2012, 541; Fall 2 bei Bosch Jura 2014, 1237 (1239); Högel, Die Abgrenzung von Trickdiebstahl und Betrug, 2015 mit krit. Bespr. Kudlich GA 2016, 664). Mangels Anwendbarkeit des § 857 BGB kommt es daher bei Erben auch auf dessen tatsächliche Besitzergreifung an (Kudlich JA 2010, 779).

9 aa) **Objektiv** setzt Gewahrsam voraus, dass **nach den Anschauungen des täglichen Lebens** (BGHSt 16, 271 = NJW 1961, 2266; BGH NJW 1981, 997, sog. normativ-soziales Moment; BGH NStZ 2011, 158 (159); ebenso in der Zivilrechtsprechung BGH NJW 2013, 1678, dieses betonend Wessels/Hillenkamp/Schuhr StrafR BT II Rn. 82, 83; weiterführend Gössel ZStW 85 (1973), 591 (619); Kahlo in IKW Zustand StrafR S. 123, 135; Kargl JuS 1996, 971 (974); krit. Schmidhäuser FS Henkel, 1974, 229 (233); Seelmann/Pfohl JuS 1987, 199; Keller ZStW 107 (1995), 457 (478); Ling ZStW 110 (1998), 919; Hoyer in SK-StGB Rn. 30, 31;

zusf. Gropp JuS 1999, 1041 (1042); Rönnau JuS 2009, 1088; Bosch Jura 2015, 1237; krit. zu neuen Wegnahmebegriffen Maurach/Schroeder/Maiwald/Hoyer/Momsen StrafR BT § 33 Rn. 27) **der Verwirklichung des Willens zur unmittelbaren Einwirkung auf die Sache keine Hindernisse entgegenstehen** (hM). Das trifft auch zu bei einer räumlichen Trennung von der Sache, die im Rahmen des sozial Üblichen liegt, wenn nur die Sachherrschaft nach einer gewissen Zeit ausgeübt werden kann (BGH GA 1969, 25; Eisele StrafR BT II Rn. 27). Eine solche Herrschaft hat zB der abwesende Wohnungsinhaber über die Sachen in der Wohnung und der Autofahrer über den geparkten Wagen (BGH VRS 62, 274) oder das an bekannter Stelle zurückgelassene Wagenwrack (OLG Köln VRS 14, 299), nicht aber der Reisende über die im abgefahrenen Zug zurückgelassenen Sachen; hieran wird die Bahn Gewahrsam haben (hM). Die Beurteilung hängt weitgehend vom Einzelfall ab (BGH GA 1962, 77).

bb) **Subjektiv** ist ein **Herrschaftswille** erforderlich (hM; vgl. Wessels/Hillenkamp/Schuhr StrafR BT II Rn. 87; anders Lampe JR 1986, 294; Schmitz in MüKoStGB Rn. 54), dh der Wille, sich die Möglichkeit ungehinderter Einwirkung auf die Sache zu erhalten (KG GA 1979, 427). Er setzt weder einen Eigentumswillen (§ 872 BGB) noch rechtliche Willensfähigkeit voraus (Kinder können Gewahrsam haben, aber nicht juristische Personen; zu letzterem Bosch Jura 2014, 1237 (1242)). Durch vorübergehende Ausschaltung der tatsächlichen Willensfähigkeit (zB im Schlaf) wird der (latente) Herrschaftswille nicht aufgehoben; jedoch fehlt er beim Toten, dagegen nach den Anschauungen des täglichen Lebens nicht schon beim Kranken, der die Willensfähigkeit verloren und bis zum Tode nicht wieder erlangt hat (BGH NJW 1985, 1911 mit Bespr. Lampe JR 1986, 294; anders Seelmann/Pfohl JuS 1987, 199, die eine Nutzungsmöglichkeit verlangen; dagegen Otto Jura 1989, 14; Bosch Jura 2014, 1237 (1243); sa Fahl Jura 1998, 456 (458)). 10

cc) Der Herrschaftswille kann sich auch auf einen **generellen Gewahrsamsbereich** erstrecken, den der Gewahrsamsinhaber allgemein beherrschen will (zB seine Wohnung, seinen gewerblichen oder landwirtschaftlichen Betrieb usw). Unter dieser Voraussetzung ist die genaue Kenntnis der im Gewahrsam stehenden Sachen nicht erforderlich, zB die Post im Hausbriefkasten, das Münzgeld im Postfernsprecher (OLG Düsseldorf NJW 1988, 1335), die in der Frühe vor der Ladentür abgestellte Ware (BGH NJW 1968, 662 mAnm Schmitt JZ 1968, 307), die vor einem Geschäft im Freien aufgestellte Verkaufsware (BayObLG NJW 1997, 3326), der vom Entleiher zurückgebrachte und vor dem Haus abgestellte Wagen (BGH GA 1962, 78). In einem generellen Gewahrsamsbereich verlorene Sachen (zB das im Haus verlorene Schmuckstück) sind – anders als sonst verlorene Sachen – nicht gewahrsamslos (vgl. Rönnau JuS 2009, 1088 (1089); Vogel in LK-StGB Rn. 66). 11

dd) Der Gewahrsam braucht **nicht rechtlich** begründet zu sein; auch der Dieb kann bestohlen werden (BGH NJW 1953, 1358; Kargl JuS 1996, 971 (973); Mitsch StrafR BT II/1 § 1 Rn. 49; aM Roth, Eigentumsschutz nach der Realisierung von Zueignungsunrecht, 1986, S. 115); die Wegnahme der ungeteilten Beute durch einen Mittäter ist aber kein neuer Angriff auf fremdes Eigentum (RGSt 11, 438). 12

ee) Haben mehrere Personen gleichrangigen **Mitgewahrsam,** so kann diesen jeder von ihnen brechen (hM; Bosch Jura 2014, 1237 (1244); anders Haffke GA 1972, 225; zusf. Zopfs ZJS 2009, 506 (509)). In Abhängigkeitsverhältnissen kann der Untergeordnete den Gewahrsam des Übergeordneten brechen, nicht aber umgekehrt; dieses allgemein anerkannte Ergebnis erklärt die Rspr. mit der Annahme mehrstufigen Gewahrsams (BGHSt 10, 400 = NJW 1957, 1933; BGH NStZ-RR 1996, 131; OLG Celle NStZ 2012, 447 mit Bespr. Jahn JuS 2011, 1131; OLG 13

Hamm JMBl. NRW 1965, 10), während im Schrifttum sachentsprechender schon der Gewahrsam des Untergeordneten verneint wird (Schünemann GA 1969, 46 (52); Zopfs ZJS 2009, 506 (509); Rönnau JuS 2009, 1088 (1089); Mitsch StrafR BT II/1 § 1 Rn. 55; Hoyer in SK-StGB Rn. 45; Bosch in Schönke/Schröder, Rn. 32). Danach können je nach den Umständen Mitgewahrsam oder mehrstufigen Gewahrsam im Sinne der Rspr. zB haben: Post und Briefträger oder sonst mit der Ausgabe von Postsendungen betraute Bedienstete (BGH wistra 1989, 18); Hausfrau und Angestellte (BGHSt 16, 271 (274) = NJW 1961, 2266); Bank und Schließfachkunde; Pensionswirtin und Gast (BGH NJW 1960, 1357); Garageninhaber und Autoeinsteller (BGHSt 18, 221 = NJW 1963, 1068); Geschäftsführer und Sekretärin (BGH NStZ-RR 1996, 131). Der Transportfahrer, der unterwegs nicht beaufsichtigt werden kann, hat Alleingewahrsam (BGHSt 2, 317 (318); BGH GA 1979, 390; StV 2001, 13; Kühl HRR StrafR BT Nr. 44; Wessels/Hillenkamp/Schuhr StrafR BT II Rn. 103; dagegen haben Fahrer und Mitfahrer, auch bei kurzfristigem Entfernen, Mitgewahrsam, OLG Köln VRS 107, 366 mit zust. Bespr. Otto JK StGB § 242 Rn. 22; Schramm JuS 2009, 678 (682)); ebenso der alleinverantwortliche Kassierer bei Bank, Warenhaus und Amtsstelle (BGHSt 8, 273 = NJW 1956, 232; BGH wistra 1989, 60; NStZ-RR 2001, 268; NStZ-RR 2018, 108; OLG Celle NStZ 2012, 447; OLG Zweibrücken NStZ-RR 2018, 249;Joecks/Jäger StGB Rn. 31) und der zur Postkontrolle eingesetzte MfS-Mitarbeiter (BGHSt 40, 8 (23) = NJW 1994, 1228; anders BGH NStZ 1995, 131, Gewahrsam an den den Postsendungen entnommenen Gegenständen haben die in der Leitungsebene Verantwortlichen; nicht entschieden von BGHSt 41, 187 (198) = NJW 1996, 402); sogar am Inhalt eines verschlossenen Behältnisses, zB einem Fernsehgerät mit Münzeinwurf, kann der legitimierte Besitzer (Mieter, Pächter usw) Alleingewahrsam haben, selbst wenn nur der Eigentümer dazu den Schlüssel hat (BGHSt 22, 180 = NJW 1968, 2069; zw.); anders beim fest einmontierten Gasautomaten (BGHSt 22, 180 = NJW 1968, 2069). Bargeld, das ein **Geldautomat** am Ende eines ordnungsgemäßen Abhebevorgangs ausgibt, steht mit der Bereitstellung im Ausgabefach und der hierdurch eröffneten Zugriffsmöglichkeit regelmäßig (auch) im Gewahrsam desjenigen, der diesen Vorgang durch Eingabe der Bankkarte und der PIN-Nummer in Gang gesetzt hat (BGHSt 66, 55 = NJW 2021, 1545 mAnm Lenk; El-Ghazi NStZ 2021, 427; Schröder WuB 2021, 330; Bechtel JR 2022, 37; Ruppert StV 2022, 17; Bespr. Kudlich JA 2021, 519; allg. zum Gewahrsam bei der Geldabhebung am Automaten Zivkovic NZWiSt 2022, 7; der Vorlagebeschluss des 3. StS (BGH NStZ 2019, 726 mzustAnm Krell; zust Bespr. Waßmer HRRS 2020, 25) stellte demgegenüber allein auf den fortbesthenden Gewahrsam des Geldinstituts ab, während der 2. StS (BGH NJW 2018, 245) zuvor einen Gewahsamsbruch verneint hatte).

14 b) **Der Täter muss fremden Gewahrsam** (nicht unbedingt den des Eigentümers) **brechen,** dh ohne Willen des Gewahrsamsinhabers aufheben (ebenso Vogel in LK-StGB Rn. 107; enger Ludwig/Lange JuS 2000, 446 (449): gegen dessen Willen; ebenso Fischer Rn. 16; alternativ Eisele StrafR BT II Rn. 51; Wessels/Hillenkamp/Schuhr StrafR BT II Rn. 115, gegen oder ohne dessen Willen; nach Rotsch GA 2008, 65 muss sich der entgegenstehende Wille auch auf die Begründung neuen Gewahrsams beziehen; zum Einverständnis der Mitnahme von privatem Schrott durch öffentlich-rechtliche Entsorgungsunternehmen Bock JA 2016, 589); verliert der vormalige Gewahrsamsinhaber ohen sein Wissen einen Gegenstand und damit den Gewahrsam daran, ist ein Gewahrsamsbruch durch den Finder nicht möglich (BGH NStZ 2020, 483 mAnm Hoven NStZ 2021, 228; Bespr. Kudlich

JA 2020, 865; Hecker JuS 2020, 1083; Rennicke ZJS 2020, 499). Dessen Einverständnis schließt daher den Tatbestand aus (ebenso Mitsch StrafR BT II/1 § 1 Rn. 69). Beim sog. **Selbstbedienungstanken** ohne Zahlungsbereitschaft ist idR ein dem Gewahrsamsinhaber zurechenbares Einverständnis anzunehmen, weil nach der Struktur des automatisierten Ablaufs der Gewahrsam immer dann als freigegeben angesehen werden muss, wenn der Automat äußerlich ordnungsgemäß betätigt wird (vgl. die Nachw. unter → Rn. 5; ergänzend Schramm JuS 2009, 678 (681); Ernst DAR 2013, 159; Joecks/Jäger StGB Rn. 61; Rengier StrafR BT I § 2 Rn. 35; Wessels/Hillenkamp/Schuhr StrafR BT II Rn. 197; Vogel in LK-StGB Rn. 118; aM Walter, Betrugsstrafrecht in Frankreich und Deutschland, 1999, S. 441; zur möglichen Unterschlagung → § 246 Rn. 2; zum möglichen Betrug(sversuch) → § 263 Rn. 9, 26). Dasselbe gilt, wenn jemand einen Glücksspielautomaten unter Ausnutzung anderweit erlangter Programmkenntnis „leerspielt" (Neumann JuS 1990, 535 (538); Bühler, Die strafrechtliche Erfassung des Missbrauchs von Geldspielautomaten, 1995, S. 159; Arloth CR 1996, 359 (361); Vogel in LK-StGB Rn. 116; → § 263a Rn. 14a; anders, wenn der Automat ohne Einverständnis des Aufstellers mit Falschgeld bedient wird, OLG Celle NJW 1997, 1518 mit zust. Bespr. Hilgendorf JR 1997, 347; Mitsch JuS 1998, 307; aM Hoyer in SK-StGB Rn. 55, oder wenn ein Geldwechselautomat mittels eines mit Tesafilm beklebten Geldscheins „überlistet" wird, OLG Düsseldorf NJW 2000, 153 mit zust. Bespr. Biletzki NStZ 2000, 424; Kudlich JuS 2001, 20 (23); Geppert JK StGB § 242 Rn. 20; zust. auch Wessels/Hillenkamp/Schuhr StrafR BT II Rn. 120; Joecks/Jäger StGB Rn. 47; aM aber Otto JR 2000, 214) oder wenn er – was inzwischen unter § 263a fallen kann (→ § 263a Rn. 13, 14) – eine echte (und wohl auch eine unechte, BGHSt 38, 120 = NJW 1992, 445; Achenbach NStZ 1993, 430; Otto JZ 1993, 559 (562); Otto StrafR BT § 40 Rn. 39; Schlüchter JR 1993, 496; aM Richter CR 1989, 303 (307); Rengier StrafR BT I § 2 Rn. 35; zw.) Codekarte zum Geldabheben aus Bankautomaten missbraucht (BGHSt 35, 152 = NJW 1988, 979 mAnm Huff NJW 1988, 981; Schmitt/Ehrlicher JZ 1988, 364; Löhnig JR 1999, 362 (364); Vogel in LK-StGB Rn. 117; aM Mitsch StrafR BT II/1 § 1 Rn. 77; str.). Bei der Manipulation einer Selbstbedienungskasse mit einem falschen Strichcode ist das Einverständnis des Verkäufers nur unter der Bedingung erteilt, dass die Kasse ordnungsgemäß bedient wird (bedingtes Einverständnis, so Rengier StrafR BT I § 2 Rn. 70; BGH BeckRS 2013, 16642 mit Bespr. Jäger JA 2014, 155; Jahn JuS 2014, 179; OLG Hamm NStZ 2014, 275 (276); zu § 263 → § 263 Rn. 26). Auch die sog. **Diebesfalle** erfüllt den Tatbestand regelmäßig nicht; häufig fehlt es schon an der Gewahrsamsverschiebung (BGHSt 4, 199 = NJW 1953, 1271), jedenfalls läuft diese aber dem Willen des Gewahrsamsinhabers nicht zuwider (OLG Celle JR 1987, 253; OLG Düsseldorf NJW 1988, 83; NStZ 1992, 237 mablAnm Janssen; Hefendehl NStZ 1992, 544; LG Gera StraFo 2000, 358; Gropp JuS 1999, 1041 (1042); aM Otto JZ 1993, 559 (562); zur möglichen Unterschlagung → § 246 Rn. 3, 5). Gewahrsamsbruch liegt dagegen vor, wenn der Betroffene (zB bei **Vortäuschen einer Beschlagnahme;** → § 249 Rn. 4 „Feldjäger") die Sache unabhängig von seinem Einverständnis oder seiner Mitwirkung dem Zugriff des Täters preisgegeben glaubt (hM; vgl. etwa GA 1960, 277; GA 1965, 107; Eisele StrafR BT II Rn. 56; Rengier StrafR BT I § 13 Rn. 77, 80–82; Joecks/Jäger StGB Rn. 57; diff. Miehe, Unbewusste Verfügungen, 1987, S. 71; krit. Walter, Betrugsstrafrecht in Frankreich und Deutschland, 1999, S. 225; aM Kindhäuser FS Bemmann, 1997, 339 (353); Kindhäuser in NK-StGB Rn. 154; anders auch Schmitt FS Spendel, 1992, 575, der ausschließlich nach dem äußeren Nehmen oder Geben unterscheidet); Diebstahl liegt dann auch vor, wenn der Betroffene die Sache herausgibt (Hellmann in Krey/Hellmann/Heinrich StrafR BT II Rn. 579; Wessels/Hillenkamp/Schuhr StrafR BT II Rn. 633; aM Mitsch StrafR BT II/1 § 1 Rn. 79; Vogel in LK-StGB Rn. 126). Duldet der Gewahrsamsinhaber (uU auch ein bloßer Gewahrsamshüter, Dallinger MDR 1974, 15) auf Grund irrtumsbedingten, iÜ aber innerlich freien Willensentschlusses die Besitzergreifung, so liegt keine Wegnahme, sondern Vermögensverfügung nach § 263 vor (BGHSt 18, 221 = NJW 1963, 1068); führt die Täuschung nur zur Gewahrsamslockerung und nimmt der Täter dann den Gegenstand weg, liegt Diebstahl vor (BGH NStZ-RR 2018, 249). Zur weiteren Abgrenzung gegenüber Erpressung, Betrug und Erschleichen von Leistungen → § 255 Rn. 2; → § 263 Rn. 26; → § 265 a Rn. 2; und Högel, Die Abgrenzung von Trickdiebstahl und Betrug, 2015. Zum Trickdiebstahl BGH NStZ 2016, 727 mit Bespr. Satzger Jura 2017, 871; Eisele JuS 2017, 698; Fischer Rn. 22. Eine auf das Opferverhalten abstellende Systematisierung der Sachentziehungsdelikte schlägt Hruschka (JahrbRuE 1994, 177) vor: während der Bestohlene schon nicht „willentlich“ beim Gewahrsamswechsel mitwirkte, fehle es beim Erpressten und Betrogenen an einer „freiwilligen“ Mitwirkung (sa Toepel FS Rudolphi, 2004, 581 (592), krit. aber zur Freiwilligkeit).

15 c) **Neuer Gewahrsam,** der nicht unbedingt der des Täters zu sein braucht (zB Abholenlassen durch Gutgläubigen), ist **begründet,** wenn der Täter (oder der Dritte) die Herrschaft über die Sache derart erlangt hat, dass er sie unbehindert durch den alten Gewahrsamsinhaber ausüben und dieser seinerseits über die Sache nicht mehr verfügen kann, ohne die Verfügungsgewalt des Täters zu beseitigen (BGH GA 1966, 78; NStZ 2008, 624 (625); OLG Hamm NStZ 2014, 275 (276); NStZ-RR 2013, 343; 2014, 209; OLG Köln StV 1989, 156; Kühl JuS 1982, 110 (112); Bosch Jura 2014, 1237 (1238); Eisele StrafR BT II Rn. 41; Vogel in LK-StGB Rn. 87; eing. Gössel ZStW 85 (1973), 591 (614); einschr. Ling ZStW 110 (1998), 919 (942), der eine günstige Bestandsprognose verlangt). Endgültig geborgen braucht die Beute noch nicht zu sein (BGHSt 20, 194 = NJW 1965, 1087; OLG Hamburg MDR 1970, 1027). Dabei kann sich der Wechsel im Gewahrsam in einer oder in mehreren Phasen vollziehen.

16 aa) Bei **unauffälligen,** leicht beweglichen Sachen, wie Geldscheinen, Schmuckstücken usw, genügt im Allgemeinen schon ein Ergreifen und Festhalten (BGHSt 23, 254 = NJW 1970, 1317; BGH NStZ 2011, 36 mit Bespr. Hecker JuS 2011, 374 = Fall 1 bei Bosch Jura 2015, 1237; BGH NStZ 2011, 158, 159; NStZ-RR 2020, 174; OLG Hamm NStZ-RR 2013, 343; für § 249 ebenso BGH NStZ 2014, 40 „Münzrollen“). Sonst begründet an **Sachen geringen Umfangs** neuen Gewahrsam idR schon, wer die Beute in seine Kleidung oder in ein leicht zu transportierendes Behältnis steckt (BGHSt 26, 24 = NJW 1975, 320; BGH NStZ 2011, 158 mit zust. Bespr. Hecker JuS 2011, 566 (567); BGH NStZ 2019, 613 mAnm Buchholz StV 2020, 669; Bespr. Kudlich JA 2019, 470; Hecker JuS 2019, 723; BGH NStZ 2020, 417; OLG Hamm NStZ-RR 2013, 343; OLG Düsseldorf NJW 1990, 1492; LG Gera NJW 2000, 159 mit zust. Bespr. Otto JK StGB § 249 Rn. 7; Schramm JuS 2009, 678 (681); Bosch Jura 2014, 1237 (1240); Vogel in LK-StGB Rn. 96; Mitsch StrafR BT II/1 § 1 Rn. 63, bereits mit dem Ergreifen) oder wer sie in dem fremden Gewahrsamsbereich unauffällig wie seine eigene Sache fortträgt (OLG Köln MDR 1971, 595), spätestens mit Verlassen des Herrschaftsbereichs des Berechtigten (BGH NStZ 2008, 624 mit Bespr. Jahn JuS 2008, 1119, abl. Bachmann NStZ 2009, 267); eine „Gewahrsamsenklave“ (OLG Dresden NStZ-RR 2015, 211 (212))

innerhalb der Gewahrsamssphäre des Ladeninhabers wird durch Wegtragen umfangreicher Beute (sechs Flaschen Whiskey) in zwei Tüten nicht begründet (BGH NStZ-RR 2013, 276; sa OLG Hamm NStZ-RR 2013, 343). Im Regelfall hindern hier sofortige Festnahme (BGH GA 1963, 147), zufällige oder planmäßige Beobachtung (BGH NStZ 1987, 71; NStZ 2008, 624 mit Bespr. Jahn; Bachmann NStZ 2009, 267; LG Zwickau NJW 2006, 166; Geilen JR 1963, 446; Joecks/Jäger StGB Rn. 22–24; aM Bosch in Schönke/Schröder, Rn. 40; sa BGHSt 41, 198 (204) = NJW 1995, 3129 mAnm Scheffler JR 1996, 342; BGH NStZ 1988, 270; OLG Zweibrücken NStZ 1995, 448; LG Gera NJW 2000, 159; problematisch LG Köln StV 1997, 27 mit krit. Bespr. Otto Jura 1997, 465; Geppert JK StGB § 242 Rn. 18; krit. zur uneinheitlichen Rspr. Kahlo in IKW Zustand StrafR S. 130; aM Ling ZStW 110 (1998), 919 (942); zusf. Hillenkamp StrafR BT Problem 20, S. 99) oder der Einsatz von elektromagnetischen Sicherungsetiketten (BayObLG NJW 1995, 3000 mit Bespr. v. Heintschel-Heinegg JA 1995, 833; Kargl JuS 1996, 971; Schmidt JuS 1996, 78; Kindhäuser/Hilgendorf in LPK-StGB Rn. 59; aM Borsdorff JR 1989, 4; Ling ZStW 110 (1998), 919 (942); Bosch in Schönke/Schröder, Rn. 40; → § 243 Rn. 16) die Vollendung der Wegnahme nicht, es sei denn, dass der eingriffsbereite Dritte noch auf die Sache zugreifen kann, ohne in die höchstpersönliche Sphäre des Täters eindringen zu müssen (OLG Düsseldorf NJW 1986, 2266 mit krit. Bespr. Roßmüller/Rohrer Jura 1994, 469 (474)), hingegen gibt die alsbaldige Entdeckung des Täters und seine Festnahme nur die Möglichkeit, ihm die Sache wieder abzunehmen (BGH NStZ 2011, 158); beim offenen Wegtragen wird dies von der Rspr. uneinheitlich beurteilt (einerseits BGH NStZ 2008, 624 mit Bespr. Jahn; Bachmann NStZ 2009, 267; andererseits BayObLG NJW 1997, 624; dazu Zopfs ZJS 2009, 506 (511)). Das alles gilt auch für Entwendungen im Warenhaus (zur kriminalpolitischen Problematik des Ladendiebstahls → Vor § 13 Rn. 5 a) und im Selbstbedienungsladen (BGHSt 16, 271 = NJW 1961, 2266; Gropp JuS 1999, 1041 (1043); Kühl HRR StrafR BT Nr. 43; aM Kahlo in IKW Zustand StrafR S. 137); jedoch muss bei Sachen, die in ein noch bestimmungsmäßiger Kontrolle unterliegendes Behältnis (zB den Einkaufswagen im Selbstbedienungsladen) gelegt werden, auch diese Kontrolle durchlaufen sein (OLG Köln NJW 1984, 810; NJW 1986, 392; OLG Hamm wistra 2014, 36 (38); beachte auch OLG Düsseldorf NJW 1988, 922; NJW 1993, 1407; Hohmann/Sander StrafR BT I § 1 Rn. 48; Kindhäuser in NK-StGB Rn. 39; → § 263 Rn. 26). Bei **sperrigen oder sonst schwer beweglichen** Gegenständen sowie bei Sachen, die wegen ihrer **Vielzahl** auffälligen Abtransports bedürfen, ist Gewahrsam erst begründet, wenn der Täter die Sache aus dem fremden Machtbereich herausgeschafft hat (BGH NStZ 1981, 435; OLG Karlsruhe NStZ-RR 2005, 140 mit iE zust. Bespr. Otto JK StGB § 242 Rn. 23; Fischer Rn. 19) oder wenn er sie aus ihm ohne Gefahr der Behinderung oder Entdeckung herausschaffen kann (BGHSt 16, 271 (276) = NJW 1961, 2266). Dasselbe gilt für leichter bewegliche Beute, die von Arbeitern auf dem Werksgelände (OLG Celle MDR 1965, 315) oder von Angestellten in der Küche versteckt wird (KG JR 1966, 308); hier vollendet häufig erst das spätere Abholen den Diebstahl. Bei **Kraftwagen** genügt es idR, wenn der Täter das Fahrzeug von dem Platz wegfährt, auf dem es der Gewahrsamsinhaber abgestellt hatte (BGH NStZ 1982, 420; Fischer Rn. 20).

bb) Auf die **Mittel,** mit denen der Wechsel im Gewahrsam herbeigeführt wird, kommt es nicht an (zB Hühnerdiebstahl durch dressierten Hund oder Grasdiebstahl durch weidende Schafe, LG Karlsruhe NStZ 1993, 543; krit. Mitsch StrafR BT II/1 § 1 Rn. 85), es sei denn, dass das Mittel die Tat zu einem eigenständigen Delikt macht (zB bei Gewalt § 249). 17

18 **d)** Die Wegnahme ist **vollzogen** (und damit die Tat im Ganzen **vollendet,** Kühl JuS 2002, 729 (730); **beendet** soll der Diebstahl mit der Sicherung des Gewahrsams an den entwendeten Gegenständen sein, BGHSt 8, 390 = NJW 1956, 478; BGHSt 20, 194 = NJW 1965, 1087; BGH NStZ 2001, 88; NStZ 2008, 152; NStZ 2011, 637 (638); Wessels/Hillenkamp/Schuhr StrafR BT II Rn. 119; Fischer Rn. 54; mit neuer Begr. Lotz/Reschke JR 2013, 59 (63), Gewahrsam als „griffiges Kriterium"; gegen eine solche, mangels Wegnahme tatbestandslose Phase Kühl JuS 2002, 729 (731)), sobald der neue Gewahrsam begründet ist (→ Rn. 15, 16; eing. Gössel ZStW 85 (1973), 591 (614, 617)). Dieser Zeitpunkt ist nicht nur für die Abgrenzung zum Versuch wichtig; auf ihn ist vielmehr auch die Beurteilung folgender, zT umstrittener Fragen zu beziehen: ob die weggenommene Sache fremd ist und ob Zueignungsabsicht besteht (Herzberg/Seier Jura 1985, 49 (51); beachte auch Herzberg FS Oehler, 1985, 163 (173); Küper JuS 1986, 862 (869); Freund StV 1991, 23); ob der Helfer beim Abtransport der Beute Beihilfe, Begünstigung oder Hehlerei begeht (→ § 27 Rn. 3; gegen Beihilfe Wolff, Begünstigung, Strafvereitelung und Hehlerei, 2002, S. 106; Kindhäuser/Böse StrafR BT II § 2 Rn. 125), ob nach vollendeter Wegnahme bis zur Beendigung der Tat (dazu BGH NJW 1985, 814; JZ 1989, 759; abl. Kühl JuS 2002, 729 (734)) noch erschwerende Merkmale (zB Waffenführen nach § 244 I 1 a) verwirklicht werden können (→ Vor § 22 Rn. 2; → § 244 Rn. 2), und ob in der Phase zwischen Vollendung und Beendigung noch Tateinheit mit hinzutretenden Delikten begründet werden kann (→ § 52 Rn. 3, 4); zu Recht krit. zu diesen strafbegründenden und -schärfenden Konsequenzen Mitsch StrafR BT II/1 § 1 Rn. 90; Wessels/Hillenkamp/Schuhr StrafR BT II Rn. 132; eing. Kühl JuS 2002, 729 (733 ff.).

19 **4.** Der **Vorsatz** (bedingter genügt; Vogel in LK-StGB Rn. 128; diff. Dencker FS Rudolphi, 2004, 425 (441)) muss die Wegnahme einer fremden beweglichen Sache umfassen. Hält der Täter die Sache nicht für fremd, was auch bei voller Kenntnis der zugrundeliegenden Tatsachen denkbar ist (→ § 15 Rn. 14, 15), hält er sie für gewahrsamslos oder den Gewahrsamsinhaber für einverstanden, so handelt er nicht vorsätzlich. Nimmt er irrig das Einverständnis des Eigentümers an, so irrt er idR über die Rechtswidrigkeit der Zueignung (→ Rn. 27). Zum umgekehrten Irrtum (→ § 16 Rn. 7) → Rn. 29. Zum Irrtum bei erbrechtlichen Fragestellungen Kudlich JA 2010, 779. Ob der Vorsatz von vornherein auf ein bestimmtes Objekt konkretisiert oder nur allgemein auf stehlenswerte Sachen gerichtet war (BGH NStZ-RR 2013, 309), bleibt sich gleich. Erstreckt der Täter während der Tat, dh vor deren Beendigung, den Vorsatz auf weitere Objekte, so ergibt das keinen neuen selbständigen Diebstahl (Bosch in Schönke/Schröder, Rn. 45; vgl. auch BGH NStZ 2004, 386; zur Problematik des Vorsatzwechsels beim Übergang zum besonders schweren Fall und beim Rau→ § 243 Rn. 6; → § 249 Rn. 5; zum Irrtum über den Inhalt eines Behältnisses und für unbeachtlichen error in objecto Böse GA 2010, 249 (252)).

20 **5. Die Absicht** (kein besonderes persönliches Merkmal iSd § 28 I, → § 28 Rn. 6), **die Sache sich oder einem Dritten rechtswidrig zuzueignen** (komprimierte Zusammenfassung der wesentlichen Gesichtspunkte bei Gropp JuS 1999, 1041 (1043); Rönnau JuS 2007, 806; Schramm JuS 2009, 773 (774); Küper StrafR BT S. 472–483; zur Fallbearbeitung Kudlich/Oğlakcioğlu JA 2012, 321) muss der Täter (auch der Mittäter, MDR 1986, 864; → § 249 Rn. 8) bei der Wegnahme (→ Rn. 18) haben (BGH NJW 1985, 812). Fasst er sie erst später, so kommt § 246 in Frage (BGH GA 1962, 78; NStZ-RR 2012, 207; Eisele StrafR BT II Rn. 62).

a) Zueignen bedeutet, die Sache selbst oder wenigstens den in ihr verkörperten Sachwert unter dauerndem Ausschluss des Berechtigten dem eigenen Vermögen einverleiben (BGHSt 1, 262 = BeckRS 1951, 31399738; BGHSt 16, 190 = NJW 1961, 2122; BGH StraFo 2015, 216 mit zust. Bespr. Kudlich JA 2015, 471; Bosch Jura 2015, 881, durch Konsumieren von BtM; Eisele StrafR BT II Rn. 65; eing. Kauffmann, Zur Identität des strafrechtlichen Zueignungsbegriffs, 2005; krit. Dencker FS Rudolphi, 2004, 425 (431)); zu den Besonderheiten der Drittzueignung → Rn. 26a. Erforderlich ist danach, dass der Täter unter Anmaßung einer eigentümerähnlichen Stellung (se ut dominum gerere, dazu rechtshistorisch Gropp FS Maiwald, 2010, 263 (265); krit. Dencker FS Rudolphi, 2004, 425 (431); Rengier StrafR BT I § 2 Rn. 39) dem Berechtigten die Sache ihrer Substanz nach oder ihren spezifischen Funktionswert (das sog. lucrum ex re) dauernd (hM; anders Otto Jura 1996, 383) entzieht (Enteignung) und – sei es auch nur vorübergehend (hM; anders Kargl ZStW 103 (1991), 136 (152)) – seinem Vermögen zuführt (Aneignung; zusf. Mikolajczyk ZJS 2008, 18; sa Reinbacher ZStW 124 (2012), 644 (647)). Aneignung bedeutet nicht notwendig wirtschaftliche Bereicherung (BGH GA 1969, 306), so dass auch wertlose Sachen gestohlen werden können (BGH VRS 62, 274); an ihr fehlt es aber, wenn der Täter die Sache nur **preisgeben** oder **vernichten** (BGH NJW 1977, 1460 mkritAnm Lieder NJW 1977, 2272; Geerds JR 1978, 172; OLG Düsseldorf NJW 1987, 2526; Kindhäuser FS Geerds, 1995, 655 (669); aM Wallau JA 2000, 248 (255), der auch die Beschädigung als Zueignung versteht; zur Abgrenzung von der Sachbeschädigung entwickelt Mikolajczyk, Der Zueignungsbegriff des Unterschlagungstatbestandes, 2005, S. 37 eine „Eigentümerhypothese“; vgl. auch Gehrmann, Systematik und Grenzen der Zueignungsdelikte, 2002, S. 72, 85, der auf ein „Transferkriterium“ abhebt), Wegnahme eines Mobiltelefons zur Löschung von Bilddateien (BGH StV 2016, 642 mit Bespr. Satzger Jura 2016, 828; den Berechtigten durch die Sachentziehung **nur ärgern** (BGH NStZ 2011, 699 mit Bespr. Jahn JuS 2011, 846; OLG Nürnberg NStZ-RR 2013, 78; BayObLG NJW 1992, 2040 mAnm Meurer JR 1992, 347; Schild in Schild, Rechtliche Aspekte bei Sportgroßveranstaltungen, 1994, S. 63, 88; krit. Wallau JA 2000, 248 (256)), schädigen (BGH StV 1990, 407) oder sich an ihm **nur rächen will** (BGH NJW 1985, 812; NStZ 2011, 699; dazu Rengier StrafR BT I § 2 Rn. 65; OLG Köln NJW 1997, 2611 mit Bespr. Martin JuS 1997, 1140). Die Zueignungsabsicht fehlt, wenn der Täter im Einkaufsmarkt Waren wegnimmt, um gestellt zu werden und sie an den Eigentümer zurückgelangen zu lassen (BGH NStZ-RR 2012, 207; Rengier StrafR BT I § 2 Rn. 46); behält er die Ware, kommt § 246 in Betracht, nicht hingegen, wenn der Täter (Einheits-)**Pfandflaschen** (nicht Individualflaschen eines einzelnen Unternehmens) wegnimmt, um sie später gegen Erstattung des Pfandgeldes wieder in das Mehrwegsystem zurückzuführen (BGHSt 63, 215 = NJW 2018, 3598 mzustAnm Hoven; krit. Wachter JZ 2019, 315; Bespr. Kuldich JA 2019, 152; Eisele JuS 2019, 178; anders AG Berlin-Tiergarten BeckRS 2013, 09282 mit Bespr. Jahn JuS 2013, 753 und → 29. Aufl. 2018); auch *bei bloßer Gebrauchsanmaßung* fehlt die Aneignungsabsicht (→ § 249 Rn. 5). Im Einzelnen ist die Abgrenzung des Aneignungselements noch nicht abschließend geklärt (näher BGH NStZ-RR 2012, 207; Mikolajczyk ZJS 2008, 18). Ob es bei der Wegnahme von Behältnissen (mit oder ohne Inhalt), die alsbald wieder preisgegeben werden, erfüllt ist, hängt von den Umständen ab (BGH NJW 1990, 2569; NStZ-RR 2000, 343; StV 2010, 22 mit Bespr. Jahn JuS 2010, 362; BGH NStZ-RR 2013, 309; NJW 2019, 2868; NStZ-RR 2021, 212; Reinbacher ZStW 126 (2014), 644 (656); diff. Kindhäuser FS Geerds, 1995, 655 (670); zusf. Ruß 21

FS Pfeiffer, 1988, 61; zur Aneignungsabsicht beim Irrtum über den Inhalt Böse GA 2010, 249 (252)). Probleme hinsichtlich der Zueignungsabsicht werfen Datenträger auf, bei denen nur zT zwischen Inhalt und Träger unterschieden werden kann (Reinbacher ZStW 126 (2014), 644 (658)).

22 aa) Diese **kombinierte Substanz- und Sachwerttheorie** (Vereinigungstheorie) ist hM (zusf. Ulsenheimer Jura 1979, 169; Tenckhoff JuS 1980, 723; Rönnau JuS 2007, 806; Reinbacher ZStW 126 (2014), 644 (650); Hillenkamp StrafR BT Problem 21, S. 106, 107, diff. zwischen „Vereinigungstheorie mit restriktivem Sachbegriff" und „Vereinigungstheorie mit extensivem Sachbegriff"; krit. Samson JA 1980, 285 (290); Kindhäuser FS Geerds, 1995, 655; Behrendt, Der Begriff der Zueignung in den Tatbeständen des Diebstahls und der Unterschlagung, 1996, S. 15). Sie ist jedoch keineswegs ausdiskutiert. Bei den wissenschaftlichen Auseinandersetzungen geht es vorwiegend um die nähere Klärung der Elemente von Substanz- und Sachwertzueignung, ihr Verhältnis zueinander und ihre Vereinigung auf einer höheren Ebene (Eser JuS 1964, 477; Wessels NJW 1965, 1153; Paulus, Der strafrechtliche Begriff der Sachzueignung, 1969; Rudolphi JR 1985, 252; Behrendt, Der Begriff der Zueignung in den Tatbeständen des Diebstahls und der Unterschlagung, 1996, S. 25, 34; krit. zu diesen Neubestimmungen der Zueignung Maurach/Schroeder/Maiwald/Hoyer/Momsen StrafR BT § 33 Rn. 49), außerdem auch um Schwierigkeiten, die bei der Zueignung vertretbarer Sachen – namentlich bei eigenmächtigem Wechseln, Vermengen und vorübergehendem Gebrauchen fremden Geldes – entstehen (OLG Celle NJW 1974, 1833; Roxin FS Mayer, 1966, 467; Ebel JZ 1983, 175; Bollweg Jura 1985, 605 (606); Baumgartner, Der Schutz zivilrechtlicher Forderungen durch Veruntreuung, Untreue und Unterschlagung – Eine rechtsvergleichende Untersuchung uim österreichischen, deutschen und schweizerischen Strafrecht, 1996, S. 104) und in Teilen des Schrifttums mit Unterschieden iE durch teleologische Reduktion des Zueignungsbegriffs auf Fälle der „Verletzung von Eigentümerinteressen" gelöst werden (vgl. etwa Sax JZ 1976, 429; Maiwald ZStW 91 (1979), 923 (954); Rheineck, Zueignungsdelikte und Eigentümerinteresse, 1977; Witthaus, Probleme der Rechtswidrigkeit und Zueignung bei den Eigentumsdelikten der §§ 242, 246 StGB, 1981; Börner Jura 2005, 389). Daneben wird aber auch grundsätzliche Kritik an der Vereinigung von Substanz- und Sachwertzueignung geübt (zusf. Gössel FS GA, 1993, 39). Mit den beiden Elementen können zwar die verschiedenen Möglichkeiten der Verletzung von Eigentum vollständig erfasst werden (Schmidhäuser FS Bruns, 1978, 345 (351)), sie schließen sich aber im dogmatischen Ausgangspunkt aus (Rudolphi GA 1965, 333; Kleb-Braun JA 1986, 249; Miehe FS Heidelberg, 1986, 481; Kargl ZStW 103 (1991), 136 (148)); diesen Gegensatz versucht Maiwald (Der Zueignungsbegriff im System der Eigentumsdelikte, 1970; Maiwald JA 1971, 579 (634)) durch Rückgriff auf das gemeinsame Element der Eigentumsverletzung als Oberbegriff zu überwinden. Aus psychoanalytischer Sicht erscheint die Zueignung als „oraler Zugriff", der sich strafrechtlich als „Einverleibung" verstehen lassen müsse (Behrendt, Der Begriff der Zueignung in den Tatbeständen des Diebstahls und der Unterschlagung, 1996, S. 34, 45).

23 bb) Nach der Vereinigungstheorie hat die **Sachwertzueignung** nur subsidiäre Bedeutung (hM; vgl. Ulsenheimer Jura 1979, 169 (176); zu den Funktionen des Sachwertgedankens auf der Enteignungs- und der Aneignungsseite klärend Küper StrafR BT S. 478; Zopfs ZJS 2009, 649 (653)). Nach ihr eignet sich etwa zu, wer ein Sparbuch (hM; vgl. RGSt 22, 2; anders Miehe FS Heidelberg, 1986, 481 (497); Gössel FS GA, 1993, 39 (51); Otto JZ 1993, 559 (563); zw.) oder Biermarken (RGSt

40, 10) wegnimmt, die er nach völliger oder teilweiser Abhebung der Sparsumme oder Eintausch gegen Bier an den Eigentümer zurückgelangen lassen will (hM; vgl. etwa Wessels/Hillenkamp/Schuhr StrafR BT II Rn. 174; krit. Grunewald GA 2005, 520 (534)); auch Telefon- und Geldkarte sind Träger zueignungsfähiger Sachwerte (Schnabel NStZ 2005, 18 (19), auch zur sog. Sparcard). Wer dagegen als Soldat einem Kameraden einen Dienstgegenstand wegnimmt, um ihn anstelle eines verlorenen auf der Kammer abzugeben oder sonst an diese zurückgelangen zu lassen, strebt kein lucrum ex re an (BGHSt 19, 387 = NJW 1964, 2025; Eisele StrafR BT II Rn. 67; Mitsch StrafR BT II/1 § 1 Rn. 117; aM OLG Frankfurt a. M. NJW 1962, 1879; OLG Hamm NJW 1964, 1427; sa Gropp FS Maiwald, 2010, 263 (271); Wessels JZ 1965, 631). Entwendet der Täter Leergut, um es gegen Zahlung eines Pfandes an den Hersteller zurückgelangen zu lassen, liegt Zueignungsabsicht nur bei Einheitsleergut unbestimmt vieler Hersteller oder einer Herstellergruppe vor, nicht jedoch bei individualisiertem Leergut eines bestimmten Herstellers, das in dessen Eigentum verbleibt (OLG Hamm NStZ 2008, 154 (155); Hellmann JuS 2001, 353 (354); Bock StrafR BT-Vermögensdelikte Fall 2, S. 42; Joecks/Jäger StGB Vor § 242 Rn. 48, 49, alle auch zur möglichen Strafbarkeit nach § 289, → § 289 Rn. 1; Vogel in LK-StGB Rn. 169 hält die Tätervorstellung für maßgeblich; aus der Rspr. vgl. auch AG Flensburg NStZ 2006, 101 mit Bespr. Kudlich JA 2006, 571; AG Tiergarten StV 2014, 298 mit Bespr. Jahn). Auch wer eine Codekarte wegnimmt, um sie zur Geldabhebung aus einem Bankautomaten zu missbrauchen und dann zurückzugeben, entzieht keinen Sachwert aus der Karte (hM; BGHSt 35, 152 = NJW 1988, 979; OLG Köln StV 1991, 468 (471); Mitsch StrafR BT II/1 § 1 Rn. 145; Wessels/Hillenkamp/Schuhr StrafR BT II Rn. 178–180; Kindhäuser in NK-StGB Rn. 103; Vogel in LK-StGB Rn. 164); das gilt auch für Wegnahme der Scheckkarte mit electronic-cash-Funktion und der Chipkarte (Altenhain JZ 1997, 752) und für die sog. Prepaid-Karte (Schnabel NStZ 2005, 18 (20)). Das aus dem Automaten entnommene Geld bleibt jedoch fremd (→ Rn. 4), weil eine interessengemäße Auslegung der einschlägigen Geschäftsbedingungen ergibt, dass die Bank ein konkludentes Übereignungsangebot nur an den Berechtigten, jedenfalls nicht zugunsten des Unbefugten abgibt (BGHSt 35, 152 = NJW 1988, 979mit zT abl. Bespr. Huff NJW 1988, 981; Schmitt/Ehrlicher JZ 1988, 364; Thaeter wistra 1988, 339; Ranft JR 1989, 165; Eisele StrafR BT II Rn. 58; aM Spahn Jura 1989, 513 (517); Ennuschat StV 1990, 498; Löhnig JR 1999, 362 (364); Wessels/Hillenkamp/Schuhr StrafR BT II Rn. 184; krit. Weber FS Krause, 1990, 427 (429)); das gilt sinngemäß auch, wenn der Kontoinhaber selbst unter Überschreitung seiner Kreditlinie unbefugt Geld abhebt (AG Berlin-Tiergarten wistra 1984, 114; AG Hamburg NJW 1986, 945; Ranft wistra 1987, 79 (85); zusf. Streng JuS 2002, 454 (455); anders für die Bezahlung von Waren mittels EC-Karte im POS-System unter Überziehung des Kreditrahmens Rossa CR 1997, 219 (222)). Danach war die Geldentnahme vor In-Kraft-Treten des 2. WiStG (→ Vor § 263 Rn. 2) zwar nicht als Diebstahl (→ Rn. 14), wohl aber als Unterschlagung strafbar (BGHSt 35, 152 = NJW 1988, 979); im geltenden Recht wird § 246 jedoch durch § 263a (Computerbetrug) ausgeschlossen (→ § 263a Rn. 28), falls dieser eingreift (Hellmann in Krey/Hellmann/Heinrich StrafR BT II Rn. 743; Wessels/Hillenkamp/Schuhr StrafR BT II Rn. 184; Vogel in LK-StGB Rn. 165).

24 cc) Das sog. **furtum usus,** dh der bloß unbefugte vorübergehende Gebrauch ohne erhebliche Substanzverletzung, ist keine Zueignung und idR straflos (Ausnahmen in §§ 248b, 290). Es liegt vor, wenn der Eigentümer die Sache ohne erhebliche Veränderung oder Wertminderung (BGHSt 34, 309 (312) = NJW 1987, 2242) zu-

rückerhalten soll (BGH NStZ 1981, 63; NJW 1985, 1564 mit Bespr. Rudolphi JR 1985, 252; Joerden Jura 1986, 80; Gropp FS Maiwald, 2010, 263 (267); zusf. Küper StrafR BT S. 479); das Schrifttum geht hier zT weiter und nimmt Zueignung erst an, wenn der Sachwert um mehr als 50% vermindert (so Fricke MDR 1988, 538; dagegen Kindhäuser FS Geerds, 1995, 655 (671)), mindestens eine Teilfunktion der Sache vollständig entzogen (so Rudolphi GA 1965, 33 (46)) oder sogar ihre Gesamtfunktion ganz aufgehoben wurde (so Kargl ZStW 103 (1991), 136 (184)). Die Rspr. nimmt keine bloße Gebrauchsanmaßung an, wenn dem Täter der unbedingte Rückführungswille fehlt (BGHSt 22, 45 = NJW 1968, 951; BGH NStZ 1996, 38 mit Bespr. v. Heintschel-Heinegg JA 1996, 271; Otto JK StGB § 248b Rn. 3; Küper StrafR BT S. 222), namentlich wenn er die Rückführung von dem ungewissen Eintritt einer Bedingung abhängig macht (BGH NJW 1985, 812), oder wenn er die Sache preisgeben will und ihm – und zwar schon zurzeit der Wegnahme (BGH NJW 1987, 266) – deren Rückgewinnung durch den Eigentümer gleichgültig ist (BGHSt 16, 190 = NJW 1961, 2122; BGH NStZ 1982, 420); dafür ist in hohem Maße indiziell, wenn er sich der Sache irgendwo entledigen will, wo sie dem Zugriff Dritter preisgegeben ist und es deshalb dem Zufall überlassen bleibt, ob der Eigentümer sie zurückerhält (BGH NJW 1987, 266 mAnm Keller JR 1987, 343; BGH NStZ 1996, 38). Diese vornehmlich für Fälle unbefugten Gebrauchs von Fahrzeugen nach § 248b (→ § 248b Rn. 6) entwickelte Abgrenzung ist umstritten (vgl. BGH NStZ 2015, 396; Schaffstein GA 1964, 97; Rudolphi GA 1965, 33 (50); Schaudwet JR 1965, 413; Seelmann JuS 1985, 288; Kargl ZStW 103 (1991), 136 (150); Joecks/Jäger StGB Vor § 242 Rn. 54, 55). Auch sonst sind die Grenzen zweifelhaft (BGH NJW 1985, 812 mit Bespr. Gropp JR 1985, 518). Zueignung wurde zB verneint, wenn von einer Diskette lediglich Daten kopiert und verwertet wurden (BayObLG NJW 1992, 1777 mAnm Julius JR 1993, 255; Heinrich, Die Strafbarkeit der unbefugten Vervielfältigung und Verbreitung von Standardsoftware, 1993, S. 315; anders für den Fall anschließender Vernichtung des einzigen Originaldatenträgers Cramer CR 1997, 693; abl. zum Kopieren von Bilddateien und anschließendem Verschicken an Dritte BGH NStZ 2012, 627; Rengier StrafR BT I § 2 Rn. 66; dagegen zu Recht Jäger ExRep StrafR BT Rn. 239a, 239b, Fall 26), wenn ein polizeilicher Parkzettel zur Irreführung missbraucht wurde (OLG Hamburg NJW 1964, 736 mit Bespr. Baumann NJW 1964, 705; aM Schünemann JA 1974, 37) oder wenn die Dienstwaffe eines die Festnahme versuchenden Polizeibeamten vom Festzunehmenden zur Absicherung seiner Flucht verwendet wird (LG Zweibrücken NStZ-RR 1999, 327), dagegen bejaht bei Wegnahme eines – später nicht mehr als neu verkäuflichen – Taschenbuches im Laden, um es nach Lektüre zurückzubringen (OLG Celle NJW 1967, 1921 mit Bespr. Deubner; Schröder JR 1967, 390; Androulakis JuS 1968, 409; Widmann MDR 1969, 529; Fahl JA 2002, 649; Zopfs ZJS 2009, 649 (650); diff. Mitsch StrafR BT II/1 § 1 Rn. 114; krit. Kindhäuser FS Geerds, 1995, 655 (664); Joecks/Jäger StGB Vor § 242 Rn. 42; Naucke StrafR § 2 Rn. 76; zw.), und bei Wegnahme eines Lottoscheins, um ihn zu Täuschungszwecken auszufüllen und an den Eigentümer zurückgelangen zu lassen (OLG Stuttgart NJW 1970, 672 mablAnm Widmaier).

25 **b) Absicht** ist hier der auf Zueignung (nicht notwendig auf Bereicherung, BGH MDR 1960, 689) zielgerichtete Wille (→ § 15 Rn. 20); dabei ist unerheblich, ob die erstrebte Zueignung durch einen andersartigen Beweggrund, etwa das sexuelle Motiv des Fetischisten, überlagert (Krauß FS Bruns, 1978, 11 (18)) oder ob sie überhaupt erreicht wird (str.). Dieser Zweckrichtung bedarf es nur für das Aneig-

nungselement der Zueignung (→ Rn. 21), während für die Enteignung, dh den dauernden Ausschluss des Berechtigten, jede Form des Vorsatzes genügt (hM; vgl. Heghmanns StrafR BT Rn. 1049; Kindhäuser/Hilgendorf in LPK-StGB Rn. 73; anders Seelmann JuS 1985, 454). Immerhin muss sich danach der Täter aber zurzeit der Wegnahme aktuell (→ § 15 Rn. 9) der Möglichkeit bewusst sein, dass der Eigentümer auf Dauer verdrängt wird (BGH NStZ 1981, 63; Hohmann/Sander StrafR BT I § 1 Rn. 76; aM Tenckhoff/Arloth JuS 1985, 129 (131); Krehl Jura 1989, 646 (649); krit. auch Ranft JA 1984, 277 (279); zw.); daran kann es fehlen, wenn ein Gefangener aus der Vollzugsanstalt unter Mitnahme der Anstaltskleidung flieht oder wenn er zur Ermöglichung des Ausbruchs dem Wärter einen Schlüssel wegnimmt (problematisch BGH MDR 1960, 689 mit zust. Bespr. Ranft JA 1984, 277 (279); Krehl Jura 1989, 646 (649); anders Seelmann JuS 1985, 288 (291); diff. zwischen beiden Fällen v. Selle JR 1999, 309 (313)). Zueignungsabsicht fehlt auch, wenn die Wegnahme nur als Mittel zur Erpressung des Opfers dienen soll (BGH NStZ-RR 2009, 51) oder bei der sog. „eigenmächtigen In-Pfand-Nahme", wenn der Täter diese nur als Druckmittel zur Durchsetzung seiner Forderung einsetzen oder im Wege der Zwangsvollstreckung auf dem gesetzlich vorgesehenen Weg verwerten will (BGH StV 1983, 329; NStZ-RR 1998, 235; NStZ-RR 2007, 15; NStZ 2011, 36; dazu Jäger ExRep StrafR BT Rn. 234, 234a, Fall 24; Bernsmann NJW 1982, 2214; aM Mohrbotter NJW 1970, 1857), nicht aber, wenn er es dabei für möglich hält, dass die Sache dem Berechtigten auf andere Weise endgültig entzogen wird (Gropp JR 1985, 518 (520)). Keine Zueignungsabsicht ist auch anzunehmen, wenn der Täter die Sache nur wegnimmt, um gestellt zu werden und die Sache gleich wieder an den Eigentümer zurückzugeben; es genügt nicht, dass eine Aneignung vom Täter nur als mögliche Folge seines Verhaltens in Kauf genommen wird, er müsste sie stattdessen für sich oder einen Dritten mit unbedingtem Willen erstreben (BGH NStZ-RR 2019, 248).

c) Die Sache **sich oder einem Dritten** zueignen. Die Alternative der Drittzueignung ist durch das 6. StrRG (→ Vor § 38 Rn. 16–22) nach dem Vorbild des § 235 E 62, der sich seinerseits frühere Entwürfe zum Vorbild nahm (Begr. S. 400), eingefügt worden (positiv bewertet von Rengier FS Lenckner, 1998, 801 (802); Murmann NStZ 1999, 14 (15) zu § 246; krit. aber Dencker in DSNS StrRG § 1 Rn. 30–39; Rönnau JuS 2007, 806 (807); zur Rechtslage vor dem 6. StrRG Vogel in LK-StGB Rn. 177–179). 26

aa) Ein **sich** zueignen beabsichtigt nicht nur, wer eine Sache behalten, benutzen oder verbrauchen will, sondern auch, wer sie wie ein Eigentümer verschenken (BGHSt 4, 236 = NJW 1953, 1151; Maiwald ZStW 91 (1979), 923 (940); Rengier StrafR BT I § 2 Rn. 72; Vogel in LK-StGB Rn. 188; aM Seelmann JuS 1985, 288 (290)) oder sonst überlassen (BGHSt 17, 87 = NJW 1962, 971; OLG Düsseldorf JZ 1986, 203; Schenkewitz NStZ 2003, 17 (21)), sie dem ahnungslosen Eigentümer zurückverkaufen (RGSt 57, 199; Ranft JA 1984, 277 (282); Wessels/Hillenkamp/Schuhr StrafR BT II Rn. 158, 159; aM Seelmann JuS 1985, 288 (290); Mikolajczyk, Der Zueignungsbegriff des Unterschlagungstatbestandes, 2005, S. 63; vgl. auch Stoffers Jura 1995, 113 (116); Jäger JuS 2000, 651 (652); Grunewald GA 2005, 520; Zopfs ZJS 2009, 649 (650)) oder als angeblicher Bote einem Kunden des Eigentümers bringen will, um den Kaufpreis zu kassieren (BayObLG JR 1965, 26 mkritAnm Schröder; aM Rudolphi JR 1985, 252 (253); zw.). Nach der Rspr. soll es ausreichen, wenn der Täter durch die unentgeltliche Zuwendung der Sache an einen Dritten einen mittelbaren wirtschaftlichen Vorteil im weitesten Sinne erstrebt (BGHSt 41, 187 (194) = NJW 1996, 402 mkritAnm Otto JZ 1996, 582; Rönnau GA 2000, 410 (412, 414); Zopfs ZJS 2009, 649 (657)). Das Schrifttum ging bisher (nach neuem Recht ist das nicht mehr vertretbar, Dencker in DSNS StrRG § 1 Rn. 40; Rönnau GA 2000, 410 (420); nach Rengier StrafR BT I § 2 Rn. 74 „überholt") zT noch weiter, indem es jede Verfügung zugunsten eines Dritten als Zueignung an sich selbst genügen ließ (Rudolphi GA 1965, 33 (41, 51); Tenckhoff JuS 1980, 723 (725); Otto JZ 1996, 582; Wolfslast NStZ 1994, 542 (544); krit. Werle Jura 1979, 485 (486); Küper JuS 1986, 862 (867); Kindhäuser FS Geerds, 1995, 655 (666); erwogen auch von BGH NStZ 1995, 131; NStZ 1995, 442 mit Bespr. Brocker wistra 1995, 292; Schroeder JR 1995, 95); zT scheidet es umgekehrt die Fälle, in denen der Täter keinen aus der Sache abgeleiteten Vorteil erstrebt, aus dem Anwendungsbereich aus (Eser in Schönke/Schröder, 27. Aufl. 2006, Rn. 55).

26a bb) Eine Zueignung **an einen Dritten** beabsichtigt, wer über die Sache zugunsten eines Dritten verfügen will. Die Verfügung setzt eine Position voraus, die es dem Täter ermöglicht, sachherrschaftsverändernde Dispositionen vorzunehmen (Otto Jura 1998, 550 (551)); die Ermöglichung der Zueignung durch Dritte (zB durch Diebe, denen das Eindringen in einen Laden erleichtert wird) reicht nicht (Otto Jura 1998, 550 (551); Rönnau GA 2000, 410 (418); Rengier StrafR BT I § 2 Rn. 70; Bosch in Schönke/Schröder, Rn. 55; diff. Vogel in LK-StGB Rn. 188). Drittzueignungsabsicht ist nicht nur anzunehmen, wenn der Täter sie dem Dritten unentgeltlich zuwenden will, sondern auch dann, wenn er einen mittelbaren wirtschaftlichen Vorteil im weitesten Sinne erstrebt (zur bisherigen Rspr. → Rn. 26; ebenso Rengier StrafR BT I § 2 Rn. 68–76; Bosch in Schönke/Schröder, Rn. 57; Fischer Rn. 48; speziell zur Schenkung Gropp JuS 1999, 1041 (1045), Jäger JuS 2000, 651; Wessels/Hillenkamp/Schuhr StrafR BT II Rn. 168). Drittzueignungen sind zB Zuwendungen von Angestellten oder Organen an das Unternehmen (Hörnle Jura 1998, 169 (170); Vogel in LK-StGB Rn. 188). Die Aneignungskomponente bei der Drittzueignung umfasst zwar alle Verfügungen, die zu Gunsten Dritter gehen (Küper StrafR BT S. 481 „Ermöglichung der ‚Fremdaneignung'"; ebenso Dencker FS Rudolphi, 2004, 425 (435); Wessels/Hillenkamp/Schuhr StrafR BT II Rn. 141, 166; krit. Rönnau GA 2000, 410 (418), der verlangt, dass der Täter selbst die Aneignungshandlung vornimmt), doch muss ein Dritter Adressat der Verfügung sein. Auch müssen auf der Seite des Dritten die Aneignungsvoraussetzungen vorliegen (Hellmann in Krey/Hellmann/Heinrich StrafR BT II Rn. 107; Küper StrafR BT S. 481; Rengier StrafR BT I § 2 Rn. 78; Fischer Rn. 48); ein auf bloße Sachentziehung oder Sachzerstörung durch den Dritten (→ Rn. 21) gerichteter Wille reicht deshalb nicht aus (Mitsch StrafR BT II/1 § 1 Rn. 135; Wessels/Hillenkamp/Schuhr StrafR BT II Rn. 166; Hoyer in SK-StGB Rn. 92); die auf bloß unbefugten vorübergehenden Gebrauch (→ Rn. 24) durch den Dritten gerichtete Absicht reicht dagegen mangels Enteignungsvorsatzes nicht aus (Wessels/Hillenkamp/Schuhr StrafR BT II Rn. 166; Vogel in LK-StGB Rn. 184). Zur Frage der (notwendigen) Beteiligung des Dritten → § 246 Rn. 8 (für § 242 bejahend Kindhäuser in NK-StGB Rn. 108–111; dagegen Dencker FS Rudolphi, 2004, 425 (436)). Zur Strafbarkeit eines Gerichtsvollziehers, der schuldnerfremde Gegenstände verwertet Bohnert ZStW 127 (2015), 97.

Wer für einen Dritten eine Sache wegnimmt, ist danach idR Täter mit Drittzueignungsabsicht und nicht mehr bloß **„absichtslos doloses Werkzeug"** (→ § 25 Rn. 4; ebenso Mitsch ZStW 111 (1999), 65 (68); Gehrmann, Systematik und Grenzen der Zueignungsdelikte, 2002, S. 158); der Dritte ist dann nicht mehr mittelbarer Täter, sondern – bei Vorliegen der Voraussetzungen – Anstifter (Rengier StrafR BT I § 2 Rn. 77; Fischer Rn. 46; ebenso Mitsch StrafR BT II/1 § 1 Rn. 165, der auch Mittäterschaft erwägt); fehlt dem Wegnehmenden freilich auch noch die Drittzueignungsabsicht, weil er etwa meint, dem Auftraggeber die fremde Sache nur zum vorübergehenden Gebrauch zu übergeben (vgl. das Beispiel bei Wessels/Beulke/Satzger StrafR AT Rn. 537), so ist die umstrittene Rechtsfigur des absichtslos-dolosen Werkzeugs (→ § 25 Rn. 4) weiterhin zu erwägen (ebenso Jäger JuS 2000, 651 (652); Rönnau GA 2000, 410 (417); Fahl JA 2004, 287 (288); Kühl StrafR AT § 20 Rn. 56a; Küper StrafR BT S. 482; Wessels/Hillenkamp/Schuhr StrafR BT II Rn. 167). Mittelbare Täterschaft kommt außerdem in Betracht, wenn der auftragserteilende Hintermann den für ihn wegnehmenden Vordermann in den den Vorsatz hinsichtlich der Rechtswidrigkeit der Zueignung ausschließenden Irrtum (→ Rn. 28) versetzt, er habe die wegzunehmende Sache bereits gekauft (Krüger Jura 1998, 616; Mitsch StrafR BT II/1 § 1 Rn. 166; sa Fahl JuS 1998, 24 mit Kritik Maultzsch JuS 1999, 104). Der Bereich der Mittäterschaft wird sich zu Lasten der Beihilfe in noch nicht absehbarem Umfang vergrößern (vgl. Schroth StrafR BT S. 152; Fischer Rn. 46, 58), weil die wegen fehlender Sichzueignungsabsicht bisher als Gehilfen eingestuften Beteiligten Mittäter mit Drittzueignungsabsicht sein können (krit. Rönnau GA 2000, 410 (421)); so etwa, wenn nur ein Mittäter sich die gemeinschaftlich weggenommene Sache zueignen will, der andere aber sie nicht sich, sondern ihm zueignen will, dh in Drittzueignungsabsicht zugunsten seines in Sichzueignungsabsicht handelnden Partners handelt (vgl. das Beispiel bei Mitsch StrafR BT II/1 § 1 Rn. 127; zur Mittäterschaft bei Drittzueignungsabsicht eines Beteiligten Küper StrafR BT S. 482; Kudlich FS Schroeder, 2006, 271 (275, 282), sieht in diesen Fällen ein „normatives Tatherrschaftsgefälle" und nimmt für den mit Drittzueignungsabsicht Handelnden bei untergeordnetem, aber auch bei objektiv gleichwertigem Tatbeitrag nur Beihilfe an; zur fortbestehenden Möglichkeit einer Beihilfe Wessels/Hillenkamp/Schuhr StrafR BT II Rn. 167).

d) aa) **Rechtswidrig** ist die erstrebte Zueignung, wenn sie der materiellen Eigentumsordnung widerspricht (hM). Daran fehlt es bei (vorheriger) Einwilligung des Eigentümers und beim Aneignungsrecht; ebenso bei einem fälligen und einredefreien Anspruch auf Übereignung der weggenommenen Sache (BGHSt 17, 87 = NJW 1962, 971 mAnm Schröder JR 1962, 346; dazu Gropp FS Weber, 2004, 127; OLG Schleswig StV 1986, 64; Schmidhäuser FS Bruns, 1978, 345 (359); Dencker in DSNS StrRG § 1 Rn. 47; aM Hirsch JZ 1963, 149, der das Vorliegen der Selbsthilfevoraussetzungen verlangt; dagegen Küper FS Gössel, 2002, 429 (439); zusf. Küper StrafR BT S. 495; Hillenkamp StrafR BT Problem 22, S. 110). Ein Anspruch auf Übereignung einer Gattungssache genügt dagegen nur, wenn – was regelmäßig bei Geldschulden zutrifft – kein wirtschaftliches Interesse des Schuldners an der Bestimmung der konkret geschuldeten Sache verletzt wird (Joecks/Jäger StGB Vor § 242 Rn. 61, 62; Bosch in Schönke/Schröder, Rn. 59; ohne diese Einschränkung Kindhäuser in NK-StGB Rn. 117, 118; Vogel in LK-StGB Rn. 41; für mutmaßliche Einwilligung Wessels/Hillenkamp/Schuhr StrafR BT II Rn. 202; ganz abl. Gropp JuS 1999, 1041 (1044); krit. Mitsch StrafR BT II/1 § 1 Rn. 156; → Rn. 22; str.). Bei erbrechtlichen Ansprüchen ist nach dem Charakter des jeweiligen Anspruchs zu differenzieren (näher Kudlich JA 2010, 780). In Fällen der Drittzueignung (→ Rn. 26a) reicht ein fälliger, einredefreier Anspruch des Dritten (Eisele StrafR BT II Rn. 89; Vogel in LK-StGB Rn. 189; aM Schmitz in MüKo-StGB Rn. 74) ebenso wie ein solcher des Täters (Dencker in DSNS StrRG § 1 27

Rn. 44; Bosch in Schönke/Schröder, Rn. 59; diff. Mitsch ZStW 111 (1999), 65 (69); aM Heinrich in Arzt/Weber/Heinrich/Hilgendorf StrafR BT § 13 Rn. 122).

28 bb) Die **systematische Einordnung der Rechtswidrigkeit** (der Zueignung) ist umstritten (eing. Otto, Die Struktur des strafrechtlichen Vermögensschutzes, 1970, S. 212; Kösch, Der Status des Merkmals „rechtswidrig" in Zueignungsabsicht und Bereicherungsabsicht, 1999; sa Maiwald ZStW 91 (1979), 923 (955); Gössel GS Zipf, 1999, 217 (226); zu ihrem nicht hinreichend geklärten Verhältnis zu den allgemeinen Rechtfertigungsgründen s. Küper StrafR BT S. 496). Ein Teil des Schrifttums und überwiegend auch die Rspr. verstehen sie mit Recht, allerdings mit unterschiedlicher Begründung, als normatives Tatbestandsmerkmal (zB BGH GA 1968, 121; Herdegen FS BGH, 1975, 195 (200); Berster ZStW 128 (2016), 755; Kindhäuser/Hilgendorf in LPK-StGB Rn. 119; Vogel in LK-StGB Rn. 36; Hellmann in Krey/Hellmann/Heinrich StrafR BT II Rn. 122, 123; aM Börner Jura 2005, 389 (393): Rechtfertigungsebene) und behandeln daher den Irrtum über den Widerspruch zur materiellen Eigentumsordnung, gleichgültig ob er auf einer Verkennung von Tatsachen oder falscher rechtlicher Wertung beruht, unterschiedslos als Tatbestandsirrtum (BGH NJW 1990, 2832; StV 2004, 78; StV 2004, 207; StraFo 2005, 433; NStZ 2008, 626 mit zust. Bespr. Bosch JA 2009, 70; Hinderer JA 2009, 864 (867); Gropp FS Weber, 2004, 127 (142); Fischer Rn. 31; Vogel in LK-StGB Rn. 131; krit. Mitsch StrafR BT II/1 § 1 Rn. 162) oder im Hinblick darauf, dass die Rechtswidrigkeit nur der Charakterisierung eines Elements des subjektiven Tatbestandes dient (→ § 15 Rn. 8), jedenfalls wie einen Tatbestandsirrtum (Warda Jura 1979, 71 (77); Schroth, Vorsatz und Irrtum, 1998, S. 63; Gössel GS Zipf, 1999, 217 (228)). Soweit ein anderer Teil des Schrifttums diesen Widerspruch schon als Element des Zueignungsbegriffs versteht (so Hirsch JZ 1963, 149 (154)), ist der Irrtum über die ihn begründenden Tatsachen Tatbestandsirrtum, während die irrige Annahme als solche, die Zueignung sei erlaubt, als Verbotsirrtum erscheint (zusf. Hillenkamp StrafR BT Problem 23, S. 114). Schließlich hält die Rspr. häufig auch an der Einordnung als allgemeines Verbrechensmerkmal fest, behandelt aber den Irrtum, einen Anspruch auf Übereignung der konkreten Sache zu haben, als Erlaubnistatbestandsirrtum (→ § 17 Rn. 9–20) und scheidet nur die allgemein irrige Annahme, sich einen Gegenstand aus der Gattung nehmen zu dürfen, als Verbotsirrtum aus (zB BGHSt 17, 87 (90) = NJW 1962, 971; BGH StV 1990, 546; StV 2000, 78; ebenso auch Schröder DRiZ 1956, 71; JR 1962, 346). Hält es der Täter nur für möglich, dass er einen Anspruch auf die weggenommene Sache hat, so liegt die rechtswidrige Zueignungsabsicht vor (Gössel StrafR BT II § 7 Rn. 112). Weiß der Täter nicht, dass ihm ein Anspruch auf Übereignung der weggenommenen Sache zusteht, liegt nur ein (untauglicher) Diebstahlsversuch vor (Küper FS Gössel, 2002, 429 (446); Wessels/Hillenkamp/Schuhr StrafR BT II Rn. 190; für Vollendung Gössel GS Zipf, 1999, 217 (228); Streng FS v. Heintschel-Heinegg, 2015, 423; Mitsch StrafR BT II/1 § 1 Rn. 161; Hoyer in SK-StGB Rn. 109).

29 **6. Versucht** ist der Diebstahl, sobald der Täter zum Bruch fremden Gewahrsams unmittelbar angesetzt hat (→ § 22 Rn. 4–7 und die dort angeführten, zT auch den Diebstahl betr. Beispiele; ergänzend Meyer GA 2002, 367 (382)); das erfordert nicht unbedingt, dass Vorsatz und diebische Absicht schon auf eine bestimmte Sache konkretisiert sind (OLG Hamm NJW 1976, 119; Seier JuS 1978, 692 mwN). Hält der Täter die Sache (zB auch herrenloses Wild, → § 292 Rn. 1) irrig – sei es auch nur auf Grund falscher Wertung (→ § 15 Rn. 14, 15) – für fremd (sog. umgekehrter Irrtum, → § 16 Rn. 7), so kommt untauglicher Versuch in Frage

(→ § 22 Rn. 15), uU in Tateinheit mit vollendeter Wilderei (→ § 292 Rn. 5); ein solcher Versuch liegt regelmäßig auch vor, wenn es infolge Stellens einer Diebesfalle am Gewahrsamsbruch fehlt (vgl. die Nachw. unter → Rn. 14; → § 246 Rn. 3).

7. a) Die §§ 249–252 gehen gegenüber dem Diebstahl vor **(Spezialität);** ist jedoch der Raub nur versucht, § 242 dagegen hinsichtlich anderer Tatobjekte vollendet, so liegt Tateinheit vor (BGHSt 21, 78 = NJW 1966, 1930; Kindhäuser in NK-StGB § 249 Rn. 34). Dasselbe gilt für die Entwendungstatbestände der Forstdiebstahls- sowie Feld- und Forstpolizeigesetze der Länder, die nach Art. 4 IV EGStGB durch das Strafrecht des Bundes nicht berührt werden). **Mitbestrafte Nachtaten** (→ Vor § 52 Rn. 32) sind alle tatbestandsmäßigen Handlungen, die der Dieb nach der Tat zur weiteren Einverleibung der Sache in sein Vermögen und zu ihrer Verwertung begeht (zB BayObLG NJW 1958, 1597; NStZ-RR 1997, 6; LG Karlsruhe NStZ 1993, 543 (544); das gilt auch, wenn der Dieb die gestohlene Sache beschädigt oder zerstört, BGH NStZ-RR 1998, 294; aM Wolff in LK-StGB § 303 Rn. 38, ausschließlich Anwendung von § 242). Es dürfen jedoch keine neuen Rechtsgüter verletzt werden (zB Fälschung des gestohlenen Wechsels; Verkauf der gestohlenen Sache als eigene, bei dem der betrogene Käufer wegen § 935 BGB kein Eigentum erwirbt); auch neues, selbständiges schadensverursachendes (Betrugs-) Verhalten (zB Beseitigung einer Kontensperre oder Fertigung und Vorlage einer gefälschten Vollmacht, BGH NStZ 1993, 591 mit iErg zust. Bespr. Otto JK StGB § 242 Rn. 39) ist nicht mitbestraft. – **Natürliche Handlungseinheit** ist bei der Wegnahme mehrerer Sachen auch von verschiedenen Eigentümern anzunehmen, auch wenn sich der Vorsatz darauf nachträglich erweitert (BGH StV 2020, 228). 30

b) Tateinheit ua möglich mit § 132 (RGSt 54, 255), § 133 (RGSt 54, 122), §§ 134, 136, 146 (BGH NJW 1952, 311), § 211 (OGHSt 3, 34), §§ 223, 266 (BGH LM Nr. 4 zu § 266 StGB), § 267 (BayObLG NStZ-RR 1997, 6; für Kennzeichen-Diebstahl BGH VRS 140, 323); ferner mit § 21 StVG (BGH VRS 46, 105; NStZ-RR 2021, 222, s. aber BGH NStZ 2001, 88 zu Straftaten nach Beendigung des Kfz-Diebstahls: Tatmehrheit) und § 29 I Nr. 1 BtMG (BGHSt 30, 359 (360) = NJW 1982, 1337; Fischer Rn. 61; s. aber BGHSt 30, 277 = NJW 1982, 708). § 242 einerseits und §§ 253, 255, 263 andererseits schließen sich idR aus (→ § 255 Rn. 2; → § 263 Rn. 67). Zur **Wahlfeststellung** zwischen Diebstahl und anderen Delikten → § 1 Rn. 14. 31

8. Haus- und Familiendiebstahl § 247. Diebstahl geringwertiger Sachen § 248 a. Führungsaufsicht § 245. 32

§ 243 Besonders schwerer Fall des Diebstahls

(1) [1]**In besonders schweren Fällen wird der Diebstahl mit Freiheitsstrafe von drei Monaten bis zu zehn Jahren bestraft.** [2]**Ein besonders schwerer Fall liegt in der Regel vor, wenn der Täter**

1. **zur Ausführung der Tat in ein Gebäude, einen Dienst- oder Geschäftsraum oder in einen anderen umschlossenen Raum einbricht, einsteigt, mit einem falschen Schlüssel oder einem anderen nicht zur ordnungsmäßigen Öffnung bestimmten Werkzeug eindringt oder sich in dem Raum verborgen hält,**
2. **eine Sache stiehlt, die durch ein verschlossenes Behältnis oder eine andere Schutzvorrichtung gegen Wegnahme besonders gesichert ist,**

3. gewerbsmäßig stiehlt,
4. aus einer Kirche oder einem anderen der Religionsausübung dienenden Gebäude oder Raum eine Sache stiehlt, die dem Gottesdienst gewidmet ist oder der religiösen Verehrung dient,
5. eine Sache von Bedeutung für Wissenschaft, Kunst oder Geschichte oder für die technische Entwicklung stiehlt, die sich in einer allgemein zugänglichen Sammlung befindet oder öffentlich ausgestellt ist,
6. stiehlt, indem er die Hilflosigkeit einer anderen Person, einen Unglücksfall oder eine gemeine Gefahr ausnutzt oder
7. eine Handfeuerwaffe, zu deren Erwerb es nach dem Waffengesetz der Erlaubnis bedarf, ein Maschinengewehr, eine Maschinenpistole, ein voll- oder halbautomatisches Gewehr oder eine Sprengstoff enthaltende Kriegswaffe im Sinne des Kriegswaffenkontrollgesetzes oder Sprengstoff stiehlt.

(2) **In den Fällen des Absatzes 1 Satz 2 Nr. 1 bis 6 ist ein besonders schwerer Fall ausgeschlossen, wenn sich die Tat auf eine geringwertige Sache bezieht.**

1 **1.** Die auf dem 1. StrRG (→ Vor § 1 Rn. 4) beruhende grundlegende Umgestaltung des § 243 hat die kriminalpolitisch unbefriedigende Kasuistik der Tatbestände des schweren Diebstahls beseitigt und durch eine elastischere Lösung ersetzt, die – von § 244 abgesehen – keine qualifizierten Tatbestände, sondern nur die Bildung einer erhöhten Strafrahmenstufe in besonders schweren Fällen vorsieht (zusf. Corves JZ 1970, 157; Wessels FS Maurach, 1972, 295; sa die Nachw. unter → § 46 Rn. 11). Obwohl sie dadurch Ungereimtheiten des früheren Rechts behoben hat, die zT unerträglich waren, ist sie im Schrifttum auf erhebliche Kritik gestoßen (zB Hirsch ZStW 84 (1972), 380 (385); Arzt JuS 1972, 385; Blei FS Heinitz, 1972, 419; Calliess JZ 1975, 112; eing. Eisele, Die Regelbeispielsmethode im Strafrecht, 2004, S. 407).

2 **2.** Die der Verdeutlichung der Strafschärfung dienenden **Regelbeispiele** sind überwiegend aus den Merkmalen gebildet, die nach früherem Recht straferhöhende Umstände des schweren Diebstahls nach § 243 StGB aF waren. Die dazu entstandene umfangreiche Rspr. ist daher zT noch verwertbar.

3 **3. a)** Zur **rechtlichen Struktur der besonders schweren Fälle mit Regelbeispielen** und allgemein zur Anwendung dieser Strafschärfung (auch bei Versuch, Teilnahme und Vorliegen besonderer gesetzlicher Milderungsgründe) → § 46 Rn. 7–21; zur Relevanz in der Klausur Kudlich JuS 1999 L 89 und in strafrechtlichen Prüfungen insgesamt Zopfs Jura 2007, 421.

4 **b)** Der zwingende **Ausschluss der Strafschärfung** nach **Abs. 2** (zusf. Zipf FS Dreher, 1977, 389) gilt dem missglückten Wortlaut nach nur für die Nr. 1–6 (zu den Gründen für die Ausnahme der Nr. 7 BT-Drs. 11/2834, 10); daran hat sich nach der korrigierten Fassung des 6. StrRG nichts geändert (Mitsch ZStW 111 (1999), 65 (73)); seiner ratio nach gilt er jedoch auch für die „ungeregelten" schweren Fälle des Abs. 1 S. 1 (Küper NJW 1994, 349 (351); Eisele, Die Regelbeispielsmethode im Strafrecht, 2004, S. 327; Eisele StrafR BT II Rn. 156; Wessels/Hillenkamp/Schuhr StrafR BT II Rn. 249; aM Mitsch ZStW 111 (1999), 65 (73); Mitsch StrafR BT II/1 § 1 Rn. 213; Jesse JuS 2011, 313 (316)). Die Ausschlusswirkung tritt nur ein, wenn der Gegenstand der Tat objektiv und subjektiv eine geringwertige

Sache (OLG Hamm BeckRS 2016, 05563; Eisele JuS 2016, 564; OLG Frankfurt a. M. NStZ-RR 2017, 12; → § 248a Rn. 3) ist, die Geringwertigkeit also beim vollendeten Diebstahl wirklich und vom Vorsatz umfasst vorliegt (hM; vgl. etwa Kudlich JuS 1999 L 89, L 92; grds. anders Gribbohm NJW 1975, 1153; NJW 1975, 2213; Braunsteffer NJW 1975, 1570; Eisele, Die Regelbeispielsmethode im Strafrecht, 2004, S. 332, der die allgemeinen Regeln über Vorsatz und Versuch anwendet; aus der Rspr. BGH NStZ 1987, 71; NStZ 2012, 571) und beim Versuch im Tatentschluss enthalten ist (OLG Karlsruhe MDR 1976, 335; Zipf FS Dreher, 1977, 389(393)). Grundwissen zum Versuch Huber JuS 2016, 597.

aa) Die Ausschlusswirkung **tritt nicht ein,** wenn der Täter eine Sache jeweils im 5 Widerspruch zur objektiven Sachlage und nicht nur auf Grund eines Subsumtionsirrtums (→ § 15 Rn. 14) für geringwertig (Wessels/Hillenkamp/Schuhr StrafR BT II Rn. 251; Bosch in Schönke/Schröder, Rn. 53; diff. Zipf FS Dreher, 1977, 389 (396); aM Eisele, Die Regelbeispielsmethode im Strafrecht, 2004, S. 332, der § 16 II anwenden will; für entsprechende Anwendung von § 16 II Heinrich in Arzt/Weber/Heinrich/Hilgendorf StrafR BT § 14 Rn. 31) oder für nicht geringwertig hält (Gribbohm NJW 1975, 1153; NJW 1975, 2213; Wessels/Hillenkamp/Schuhr StrafR BT II Rn. 251; aM Maurach/Schroeder/Maiwald/Hoyer/Momsen StrafR BT § 33 Rn. 102; anders auch Seelmann JuS 1985, 454 (457), Eisele, Die Regelbeispielsmethode im Strafrecht, 2004, S. 333; Kindhäuser/Böse StrafR BT II § 3 Rn. 48; Hoyer in SK-StGB Rn. 49, die Diebstahl in einem versuchten besonders schweren Fall annehmen; str.). Im ersten Fall rechtfertigt der verwirklichte volle Erfolgsunwert und im zweiten der volle Handlungsunwert eine zwingende Privilegierung nicht (Küper NJW 1994, 349 (351)); jedoch kann die objektive Geringwertigkeit oder ihre irrige Annahme uU die Indizwirkung des Regelbeispiels überspielen und deshalb einen besonders schweren Fall ausschließen (→ § 46 Rn. 13).

bb) Die Ausschlusswirkung **tritt ferner nicht ein,** wenn der Täter seinen auf 6 eine geringwertige Sache gerichteten Vorsatz nach Verwirklichung des Regelbeispiels über die Grenzen der Geringwertigkeit hinaus erweitert (Zipf FS Dreher, 1977, 389 (396); Ernst Jura 2014, 536 (539); aM Hoyer in SK-StGB Rn. 53; Kindhäuser/Hilgendorf in LPK-StGB Rn. 47; sa BGHSt 9, 253 = NJW 1956, 1526). Bezieht sich umgekehrt der Diebstahlsvorsatz zunächst nicht auf eine geringwertige Sache, begnügt sich der Täter aber mit einer solchen, so kann ein besonders schwerer Fall des vollendeten Diebstahls vorliegen, weil sich die Tat im Versuchsstadium nicht auf eine geringwertige Sache bezogen hat (BGHSt 26, 104 = NJW 1975, 1286; BGH NStZ 1987, 71; Eisele, Die Regelbeispielsmethode im Strafrecht, 2004, S. 339, der jedoch unter der Voraussetzung des § 24 einen Teilrücktritt zulassen und daher § 243 II anwenden will; Eisele StrafR BT II 163; aM Hoyer in SK-StGB Rn. 53). Das gilt nur dann nicht, wenn der Täter den auf eine nicht geringwertige Sache gerichteten Tatentschluss endgültig aufgibt oder sogar wirksam vom Versuch zurücktritt und erst danach einen neuen, auf geringwertige Beute gerichteten Entschluss fasst; in diesen Fällen sind beide Vorgänge getrennt zu beurteilen (Zipf FS Dreher, 1977, 389 (395); offen gelassen BGHSt 26, 104 (105) = NJW 1975, 1286).

cc) Bei Mittäterschaft, Teilnahme und im Rahmen einer Handlungseinheit 7 kommt es auf den **Gesamtwert** des Erlangten an (→ § 248a Rn. 3).

4. Die Regelbeispiele: a) Nr. 1: Einbruchs- und Nachschlüsseldiebstahl. 8 Die hier beschriebenen Tathandlungen müssen der **Ausführung des Diebstahls dienen.** Dazu ist nicht erforderlich, dass aus dem Raum gestohlen wird, in den der

Täter eingedrungen ist (hM; → § 244 Rn. 11); es genügt, wenn durch die Handlung Hindernisse beseitigt werden sollen, die dem Diebstahl entgegenstehen oder ihn erschweren, zB Aufbrechen eines Pkw, um ihn zu stehlen, Einbrechen oder Einschleichen zur Beschaffung des bestimmungsmäßigen Schlüssels, nicht jedoch Aufbrechen eines Raumes zur Aufnahme der Beute bis zum Abtransport (Maurach/Schroeder/Maiwald/Hoyer/Momsen StrafR BT § 33 Rn. 77; Mitsch StrafR BT II/1 § 1 Rn. 186; Kindhäuser in NK-StGB Rn. 8).

9 aa) Der **umschlossene Raum** bildet den Oberbegriff (Küper/Zopfs StrafR BT Rn. 424–426); die übrigen genannten Räume sind nur Beispiele. Umschlossener Raum ist ein Raumgebilde, das – mindestens auch – zum Betreten von Menschen bestimmt und mit – mindestens teilweise künstlichen – Vorrichtungen zur Abwehr des Eindringens versehen ist (BGHSt 1, 158 = NJW 1951, 669; Eisele StrafR BT II Rn. 111); zB auch: abgetrennte Abteilungen innerhalb eines Gebäudes (BGHSt 1, 158 = NJW 1951, 669); eingehegte Obstgärten (BGHSt 1, 158 = NJW 1951, 669) oder Viehpferche (OLG Köln MDR 1969, 237); umzäunte Lagerplätze (BGH NStZ 2000, 143) und umzäunte Friedhöfe zur Nachtzeit (BGH NJW 1954, 1897); unter Tage liegende Bergwerksteile (BGH NJW 1952, 984); Wohnwagen, Schiffe (BGHSt 1, 158 (166) = NJW 1951, 669), Bürowagen von Baugeschäften und Personenkraftwagen (BGHSt 2, 214 = NJW 1952, 597; krit. Bockelmann JZ 1951, 296); der zum Betreten bestimmte Gepäckraum von Lieferwagen (BGHSt 4, 16 = NJW 1953, 592). **Dagegen nicht:** öffentliche Fernsprechzellen (OLG Hamburg NJW 1962, 1453; zw.) und nur mit Drahtzaun umgebene Weiden (OLG Bremen JR 1951, 88). **Gebäude** ist ein durch Wände und Dach begrenztes, mit dem Erdboden fest – wenn auch nur durch eigene Schwere – verbundenes Bauwerk, das den Eintritt von Menschen gestattet und Unbefugte abhalten soll (BGHSt 1, 158 (163) = NJW 1951, 669); neben Häusern zB auch Baracken, Baubuden und dgl.; in die Mauer eingelassene, wenn auch nur von außen zugängliche Schaukästen sind Teil des Gebäudes (BGHSt 15, 134 = NJW 1960, 2300; zw.). **Dienst- und Geschäftsräume** → § 123 Rn. 3, 4. Die Wohnung ist von § 244 I Nr. 3, IV erfasst (→ § 244 Rn. 11), der §§ 242, 243 I 2 Nr. 1 verdrängt (Fahl NJW 2001, 1699).

10 bb) **Einbrechen** ist gewaltsames Öffnen einer den Zutritt verwehrenden Umschließung von außen; diese braucht nicht in ihrer Substanz verletzt zu werden (hM; vgl. etwa Küper StrafR BT S. 119). Keine Gewalt wendet an, wer durch den Türspalt greift und einen Riegel zurückschiebt. Obwohl Gewalt nicht unbedingt eine beträchtliche Kraftanstrengung voraussetzt, genügt Aufdrücken des unverriegelten Lüftungsfensters eines Pkw idR nicht (Gropp JuS 1999, 1041 (1049); Hellmann in Krey/Hellmann/Heinrich StrafR BT II Rn. 137; Schmitz in MüKoStGB Rn. 20; aM BGH NJW 1956, 389; VRS 35, 416; Fischer Rn. 5), auch nicht das Hochheben und Beiseitedrücken eines beweglichen Zaunes (BGH NStZ 2000, 143). Eintreten des Täters in den gewaltsam geöffneten Raum ist nicht erforderlich (BGH NStZ 1985, 217 mkritAnm Arzt StV 1985, 103; OLG Düsseldorf MDR 1984, 961), auch nicht ein Stehlen aus ihm; erfasst wird daher auch, wer nur Sachen herausreicht oder einen umschlossenen Raum (zB Pkw, Schiff oder Wohnwagen) aufbricht, um ihn wegzunehmen (Begr. zu § 236 E 1962, S. 403; Eisele StrafR BT II Rn. 113). Dagegen genügt gewaltsames Öffnen einer Umschließung von innen nicht, zB zur Erleichterung der Flucht oder zur Fortschaffung der Beute (BGH BeckRS 1977, 00263; OLG Bremen JR 1951, 88; Wessels/Hillenkamp/Schuhr StrafR BT II Rn. 225).

11 cc) **Einsteigen** setzt voraus, dass der Täter in den Raum unter Überwindung von Hindernissen, die den Zugang nicht unerheblich erschweren (BGH StV 1984,

204; NJW 1993, 2252 (2253); NStZ 2000, 143), auf außergewöhnliche Weise eindringt (BGHSt 10, 132 = NJW 1957, 638), zB auch Einkriechen oder Übersteigen einer Umfriedung (OLG Oldenburg HESt 1, 104; OLG Bremen MDR 1950, 753) oder Hindurchzwängen durch enge, hindernde Zaunlücken oder Gartenhecken (Holtz MDR 1982, 810). Der Täter braucht nicht mit dem ganzen Körper einzudringen (BGHSt 10, 132 = NJW 1957, 638; str.); er muss nur im Inneren einen Stützpunkt gewonnen haben, von dem aus er entweder die Wegnahme (BGH NJW 1968, 1887) oder eine andere der Tatausführung dienende Handlung vornimmt. Wer schon im Gebäude ist, kann dort noch in andere umschlossene Räume einsteigen. Kein Einsteigen liegt dagegen vor, wenn der Täter von außen über eine gekippte Terrassentür in den Raum hineingreift, um die Tür zu öffnen und durch sie die Wohnung zu betreten (BGH NStZ-RR 2010, 374; StV 2016, 637, Vorlegungsfrage verneint).

dd) **Eindringen** → § 123 Rn. 5; Gropp JuS 1999, 1041 (1050). **Schlüssel** sind 12
nicht nur metallische Öffnungsinstrumente, sondern auch mechanische oder elektronische Kunststoffkartenschlüssel (Küper StrafR BT S. 264). **Falsch** ist jeder Schlüssel, den der Berechtigte überhaupt nicht, nicht mehr oder noch nicht zur Öffnung des konkreten Schlosses bestimmt hat (BGH BeckRS 1986, 31109793). Ein richtiger Schlüssel verliert diese Bestimmung nicht ohne weiteres durch Diebstahl (BGH GA 1965, 344), durch unbefugte Benutzung (BGH StV 1998, 204), durch Zurückbehalten eines benutzten Schlüssels (KG StV 2004, 544) oder Verlust, wohl aber durch Entwidmung, die spätestens mit Ersatzbeschaffung, nach der Rspr. schon durch bloße Entdeckung des Diebstahls eintritt (BGHSt 21, 189 = NJW 1967, 834; BGH bei Detter NStZ 1993, 474; sa BayObLG NJW 1987, 663; zw.); kein falscher ist ein beim Berechtigten bloß in Vergessenheit geratener Schlüssel (BGHSt 65, 194 = NJW 2021, 1107 mAnm Kulhanek NStZ 2021, 169; Bespr. Kuldich JA 2021, 255; Hecker JuS 2021, 370). Auch die gleichgestellten anderen Werkzeuge müssen auf den Verschluss einwirken; daher genügen Dietriche sowie Zangen und Drähte, mit denen der innen steckende Schlüssel gedreht wird, dagegen nicht Brechwerkzeuge (Küper/Zopfs StrafR BT Rn. 455–457) oder das bloße Zurückschieben des Türdrückers nach Abreißen der Türklinke (BGH NJW 1956, 271).

ee) **Verborgenhalten** muss sich der Täter zum Zweck der Tatausführung, dh 13
also idR vor deren Beginn. Wie er in den Raum gelangt ist, zB durch Einschleichen, ist unerheblich. „Verborgen" ist der unberechtigte Aufenthalt, wenn der Täter Vorkehrungen gegen ein Bemerktwerden trifft oder getroffen hat (Küper StrafR BT S. 273).

ff) Täter **aller Begehungsformen** der Nr. 1 kann auch sein, wer (wie zB der 14
Mitbewohner) **an sich berechtigt ist,** sich in dem Gebäude oder umschlossenen Raum aufzuhalten (BGHSt 22, 127 = NJW 1968, 1886 mablAnm Säcker NJW 1968, 2116; BGH NJW 1960, 1357; Wittkämper NJW 1960, 2036; zw.).

b) Nr. 2: Diebstahl von besonders gesicherten Sachen. aa) **Schutzvor-** 15
richtung *ist* der Oberbegriff, das verschlossene Behältnis nur ein Beispiel. Schutzvorrichtungen sind von Menschenhand geschaffene Einrichtungen (zB Auto- und Fahrradschlösser; Lenkradschlösser usw), die ihrer Art nach geeignet und auch dazu bestimmt sind, die Wegnahme einer Sache erheblich zu erschweren (Sonnen StrafR BT S. 109; BayObLG NJW 1981, 2826, wo allerdings zu Unrecht schon dem Spielwerk eines Automaten, also nicht erst dessen Gehäuse diese Funktion beigemessen wird; krit. Meurer JR 1982, 292 (293)). Bloß unerhebliche Erschwerungen, zB das Verschließen eines Schriftstücks durch einen Briefumschlag oder das

Festbinden einer Sache mit einer einfachen Schnur am Gepäckträger des Fahrrades, genügen nicht (Begr. zu § 236 E 1962, S. 403). Auch Sicherungen, die sich aus der Beschaffenheit der Sache selbst, zB ihrem großen Eigengewicht, ergeben oder nur die spätere Wiedererlangung des verlorenen Gewahrsams erleichtern sollen (OLG Stuttgart NStZ 1985, 76 mit Bespr. Dölling JuS 1986, 688), scheiden aus. **Behältnis** ist ein – die Voraussetzungen einer Schutzvorrichtung erfüllendes – Raumgebilde, das zur Aufnahme von Sachen und deren Umschließung, nicht aber zum Betreten durch Menschen bestimmt ist (BGHSt 1, 158 (163) = NJW 1951, 669; Küper StrafR BT S. 60), zB Schränke, Schreibtische, Koffer, Säcke (OLG Bremen MDR 1955, 628), Kassetten sowie Waren- und Geldautomaten sowie der Banktresor (BGH NJW 2010, 3175); auch der Kofferraum im Pkw, dagegen nicht der einfache Briefumschlag (OLG Stuttgart NJW 1964, 738). **Verschlossen** ist das Behältnis, wenn sein Inhalt mittels einer technischen Schließeinrichtung oder auf andere Weise (zB durch Verschnüren) gegen den unmittelbaren ordnungswidrigen Zugriff von außen gesichert ist; das trifft nicht zu bei einer durch Kurbeln (BGH NJW 1974, 567), durch einen verdeckt angebrachten Nothebel (aM OLG Frankfurt a. M. NJW 1988, 3028; Hohmann/Sander StrafR BT I § 1 Rn. 147) oder durch eine unauffällig angebrachte Schnellöffnungstaste (aM AG Freiburg NJW 1994, 400 mit krit. Bespr. Murmann NJW 1995, 935; Otto Jura 1997, 464 (471); zw.) zu öffnenden Registrierkasse oder einem Behältnis, in dem der Schlüssel steckt (Begr. zu § 236 E 1962, S. 403; Wessels/Hillenkamp/Schuhr StrafR BT II Rn. 237) oder dessen zugehörigen Schlüssel der Täter befugtermaßen in Verwahrung hat (OLG Hamm NJW 1982, 777 mablAnm Schmid JR 1982, 119; bestätigt durch NJW 2010, 3175; zw.); anders wenn der Täter den aufgefundenen Schlüssel unbefugt an sich nimmt (BGH NJW 2010,; OLG Karlsruhe NStZ-RR 2010, 48 mit krit. Bespr. Bosch JA 2010, 905; KG NJW 2012, 1093 mit zust. Bespr. Bachmann/Goeck ZJS 2012, 281; Jahn JuS 2012, 468; Rengier StrafR BT I § 3 Rn. 26 a; Wessels/Hillenkamp/Schuhr StrafR BT II Rn. 234).

16 bb) **Gegen Wegnahme besonders gesichert** erfordert einen spezifischen Schutzzweck der Vorrichtung gegen Wegnahme gerade der konkreten Sache (BGH NJW 1974, 567; OLG Schleswig NJW 1984, 67); wenn daneben noch andere Zwecke mitspielen, so ist das unerheblich. Die Beurteilung hängt ganz von den Umständen ab (OLG Zweibrücken NStZ 1986, 411). Nicht erforderlich ist, dass der Schlüssel seinerseits durch Sicherungsvorkehrungen geschützt ist (BGH NJW 2010, 1375). Jedoch fehlt dieser spezifische Zweck idR bei leicht transportierbaren Behältnissen, wie Koffern, verschnürten Paketen usw (Krüger NJW 1972, 648; Fischer Rn. 16), weil es hier meist nicht um Diebstahlssicherung, sondern um das Zusammenhalten der Gegenstände und deren Schutz gegen Transportschäden geht (weiter OLG Hamm NJW 1978, 769), ferner beim Einsatz von elektromagnetischen Sicherungsetiketten in Kaufhäusern, weil diese im Regelfall nicht gegen Wegnahme, sondern nur gegen die Entfernung der bereits weggenommenen Sache aus dem Hause schützen (BGH NStZ 2019, 212 mit Bespr. Jäger JA 2019, 228; Jahn JuS 2018, 1013; Heghmanns ZJS 2019, 68; OLG Stuttgart NStZ 1985, 76 mit Bespr. Kadel JR 1985, 386; Dölling JuS 1986, 688; OLG Düsseldorf NJW 1998, 1002; aM Bosch in Schönke/Schröder, Rn. 24; OLG Dresden NStZ-RR 2015, 211 (212); → § 242 Rn. 16). Der auf die Sache bezogene Schutzzweck fehlt auch bei nur allgemeiner Sicherung von Grundstücken durch Mauern oder Umzäunungen (BayObLG NJW 1973, 1205 mAnm Schröder JR 1973, 507).

17 cc) Von **§ 243 I Nr. 2 aF unterscheidet** sich die Nr. 2 namentlich dadurch, dass nicht mehr aus einem umschlossenen Raum gestohlen werden muss. Dass die

Schutzvorrichtung bei der Wegnahme überwunden wird, ist nicht unbedingt erforderlich (enger OLG Stuttgart NJW 1982, 1659 mit Bespr. Albrecht JuS 1983, 101); erfasst wird zB auch, wer eine Kassette mit einem zufällig passenden Schlüssel öffnet oder wer sie ungeöffnet mitnimmt und erst später aufbricht, unverändert veräußert (BGHSt 24, 248 = NJW 1972, 167 mAnm Krüger NJW 1972, 648; Schröder NJW 1972, 778; Eisele StrafR BT II Rn. 128; Rengier StrafR BT I § 3 Rn. 29; krit. Vogel in LK-StGB Rn. 33; aM Hoyer in SK-StGB Rn. 31) oder infolge Entdeckung nicht mehr zum Öffnen kommt (Wessels/Hillenkamp/Schuhr StrafR BT II Rn. 233; Joecks/Jäger StGB Rn. 29; aM Bosch in Schönke/Schröder, Rn. 25). Immerhin muss aber die Schutzvorrichtung im weiteren Verlauf überwunden werden sollen; Manipulationen, die den Zugriff ohne Einwirkung auf die Schutzvorrichtung ermöglichen, zB die spielplanwidrige, nicht durch Eingriff von außen (BayObLG NJW 1981, 2826) erzielte Herbeiführung von Gewinnstellungen in Geldspielautomaten (OLG Stuttgart NJW 1982, 1659; str.); ebenso die unbefugte, aber äußerlich ordnungsmäßige (→ § 242 Rn. 14) Entnahme von Geld aus einem Geldwechselautomaten (OLG Düsseldorf NJW 2000, 158 mit krit. Bespr. Biletzki NStZ 2000, 424; Kudlich JuS 2001, 20 (24); Geppert JK StGB § 242 Rn. 20) oder aus einem Bankautomaten (BayObLG NJW 1987, 663; Gropp JZ 1983, 487 (491); Huff NStZ 1985, 438; aM BayObLG NJW 1987, 665; LG Köln NJW 1987, 667; Mitsch JuS 1986, 767 (771); zw.), genügen nicht.

c) Nr. 3: Gewerbsmäßiger Diebstahl. Gewerbsmäßig → Vor § 52 Rn. 20. 18

d) Nr. 4: Kirchendiebstahl. Die Sachen müssen unmittelbar dem Gottes- 19
dienst (→ § 167 Rn. 2; zB Kelche, Altarbilder und -kerzen) oder der religiösen Verehrung (zB Votivtafeln, BGHSt 21, 64 = NJW 1966, 1419; Madonnenbilder in Kapellen) gewidmet sein. Sachen, die nur mittelbar der Religionsausübung dienen oder zum Inventar gehören, wie zB Opferstöcke (BGH LM Nr. 1 zu § 242 StGB), Gesangbücher, religiöse Schriften und Kirchenstühle, werden nicht erfasst; ebenso nicht die in einer Kirche vorhandenen Kunstwerke als solche (Prot. 5, Nr. 2462). Die angebaute Sakristei ist Teil der Kirche (RGSt 45, 243). Der Diebstahl vergleichbarer Kultgegenstände von Weltanschauungsvereinigungen (→ § 166 Rn. 3) wird zwar durch das Regelbeispiel nicht erfasst, legt aber die Annahme eines unbenannten besonders schweren Falles nahe (Prot. 5, Nr. 2471; Eisele StrafR BT II Rn. 131; Wessels/Hillenkamp/Schuhr StrafR BT II Rn. 240; → § 46 Rn. 14).

e) Nr. 5: Diebstahl öffentlicher Sachen. Das Merkmal **„Bedeutung für“** 20
scheidet alle Sachen aus, deren Verlust für den jeweils betroffenen Bereich keine empfindliche Einbuße bedeutet. **Allgemein,** dh für einen nach Zahl und Individualität unbestimmten oder für einen nicht durch persönliche Beziehungen innerlich verbundenen größeren bestimmten Kreis von Personen, **zugänglich** ist eine Sammlung auch dann, wenn das übliche Entgelt verlangt oder wenn der Nachweis bestimmter persönlicher Voraussetzungen oder Erlaubnisse zwar gefordert, der Zutritt aber regelmäßig gewährt wird (Prot. 5, Nr. 2462; Joecks/Jäger StGB Rn. 32). Die Sammlung kann eine öffentliche oder private sein (zB Museen, Gemäldegalerien, Staats- und Universitätsbibliotheken, nicht aber Gerichtsbüchereien, BGHSt 10, 285 = NJW 1957, 1158). **Öffentlich ausgestellt** → § 74d Rn. 6; die Sache muss an einem öffentlich zugänglichen Ort aufgestellt, dh nicht nur allgemein zugänglich, sondern zur Besichtigung dargeboten sein.

f) Nr. 6: Diebstahl unter Ausnutzung fremder Bedrängnis. aa) **Hilflosig-** 21
keit liegt vor, wenn jemand sich aus eigener Kraft nicht gegen die dem Rechtsgut

(BayObLG NJW 1973, 1808 mAnm Schröder JR 1973, 427) konkret drohenden Gefahren schützen kann; Schlaf gehört nicht ohne weiteres hierher (BGH NJW 1990, 2569; str.); allein hohes Alter begründet die Hilflosigkeit nicht (BGH NStZ 2001, 532). Dass die Hilflosigkeit unverschuldet (aM Maurach/Schroeder/Maiwald/Hoyer/Momsen StrafR BT § 33 Rn. 99) oder von längerer Dauer ist, wird nicht vorausgesetzt (Küper StrafR BT S. 207); sie kann – da der Grund der Hilflosigkeit ohne Bedeutung ist – auch vom Täter aus anderen Gründen herbeigeführt sein (BGH NStZ-RR 2003, 186 (188); Fischer Rn. 21). **Unglücksfall** → § 323 c Rn. 2 (einschr. Joecks/Jäger StGB Rn. 38); auf Verschulden des Verunglückten kommt es auch hier nicht an. **Gemeine Gefahr** → § 323 c Rn. 3.

22 bb) **Ausnutzen** bedeutet hier, die infolge der Hilflosigkeit usw entstandene Lockerung des Eigentumsschutzes (BGH NStZ 1985, 215) als Gelegenheit zur Erleichterung des Diebstahls wahrnehmen (ebenso Kindhäuser in NK-StGB Rn. 39), auch zum Nachteil einer dem Verunglückten zur Hilfe eilenden Person (OLG Hamm NStZ 2008, 218).

23 **g) Nr. 7: Diebstahl von Waffen oder Sprengstoff.** Erlaubnispflichtige (§ 2 II WaffG iVm Anl. 2; § 4 WaffG) **Handfeuerwaffe** § 1 IV WaffG iVm Anl. 1 (aM Eser in Schönke/Schröder Rn. 41 a). – **Maschinengewehr, Maschinenpistole, voll- oder halbautomatisches Gewehr** § 1 IV WaffG iVm Anl. 1 und § 1 KWKG iVm Teil B V Nr. 29 KWL. **Kriegswaffe** § 1 KWKG iVm der KWL. **Sprengstoff** ist ein explosionsgefährlicher Stoff (§ 1 SprengG), der Druckenergien von ungewöhnlicher Beschleunigung nach außen freizusetzen geeignet ist (zB Dynamit, Nitroglyzerin, Schießbaumwolle, Schwarzpulver). Sprengstoff enthaltende Kriegswaffen sind namentlich Handgranaten und Panzerfäuste (BT-Drs. 11/2834, 10; Bosch in Schönke/Schröder, Rn. 41 a).

24 **5.** Zwischen §§ 242, 243 gibt es bei Handlungseinheit **keine Konkurrenz,** und zwar auch nicht zwischen vollendetem einfachen und versuchtem Diebstahl in einem besonders schweren Fall (→ § 46 Rn. 18; str.). Zwischen Einbruchsdiebstahl (→ Rn. 8–14) bzw. dem Diebstahl besonders gesicherter Sachen (→ Rn. 15–17) und § 303 besteht nach neuer Rspr. generell Tateinheit (BGHSt 63, 253 = NJW 2019, 1086 mAnm Mitsch (unter Aufgabe von BGH NStZ-RR 2017, 340); BGH NStZ 2018, 708 (Anfragebeschluss); StV 2019, 449; sa Fahl GA 2019, 721), so dass die früher vertretene Annahme von Konsumtion (nur regelmäßig, BGH NJW 2002, 150; → Vor § 52 Rn. 27; so Voraufl.) insoweit überholt ist. Der Einbruchsdiebstahl geht einem Hausfriedensbruch (§ 123) vor (Konsumtion, → Vor § 52 Rn. 27; Eisele, Die Regelbeispielsmethode im Strafrecht, 2004, S. 355; Wessels/Hillenkamp/Schuhr StrafR BT II Rn. 245; aM Gössel FS Tröndle, 1989, 357 (366); Maurach/Schroeder/Maiwald/Hoyer/Momsen StrafR BT § 33 Rn. 109; Rengier StrafR BT I § 3 Rn. 61; krit. Schmitt FS Tröndle, 1989, 313 (316)), allerdings nur unter der Voraussetzung, dass auf Grund des Regelbeispiels ein besonders schwerer Fall bejaht wird (KG JR 1979, 249 mAnm Geerds; zw.). Soweit § 242 mit anderen Tatbeständen in Tateinheit oder Gesetzeskonkurrenz zusammentreffen kann oder im Verhältnis zu ihnen Wahlfeststellungen (→ § 1 Rn. 14; näher Eisele, Die Regelbeispielsmethode im Strafrecht, 2004, S. 364) gestattet, gilt das unmittelbar auch für die Fälle des § 243. – Tateinheit soll jeweils wegen Teilidentität der Ausführunsghandllung (→ Vor § 52 Rn. 10) anzunehmen sein, wenn ein Täter erst die Haustür aufbricht, dann eine Praxistür und danach eine Wohnungstür und jeweils diverse Dinge stiehlt (BGH NJW 2018, 2909) bzw. nach dem Aufbrechen der Haustür mehrere Einbruchsdiebstähle in Büros eines Hauses durchführt (BGH

NStZ-RR 2018, 203); dies ist angesichts des bloßen Strafzumessungscharakters der Regelbeispiele fragwürdig.

§ 244 Diebstahl mit Waffen; Bandendiebstahl; Wohnungseinbruchdiebstahl

(1) **Mit Freiheitsstrafe von sechs Monaten bis zu zehn Jahren wird bestraft, wer**

1. einen Diebstahl begeht, bei dem er oder ein anderer Beteiligter
   a) eine Waffe oder ein anderes gefährliches Werkzeug bei sich führt,
   b) sonst ein Werkzeug oder Mittel bei sich führt, um den Widerstand einer anderen Person durch Gewalt oder Drohung mit Gewalt zu verhindern oder zu überwinden,

2. als Mitglied einer Bande, die sich zur fortgesetzten Begehung von Raub oder Diebstahl verbunden hat, unter Mitwirkung eines anderen Bandenmitglieds stiehlt oder

3. einen Diebstahl begeht, bei dem er zur Ausführung der Tat in eine Wohnung einbricht, einsteigt, mit einem falschen Schlüssel oder einem anderen nicht zur ordnungsmäßigen Öffnung bestimmten Werkzeug eindringt oder sich in der Wohnung verborgen hält.

(2) **Der Versuch ist strafbar.**

(3) **In minder schweren Fällen des Absatzes 1 Nummer 1 bis 3 ist die Strafe Freiheitsstrafe von drei Monaten bis zu fünf Jahren.**

(4) **Betrifft der Wohnungseinbruchdiebstahl nach Absatz 1 Nummer 3 eine dauerhaft genutzte Privatwohnung, so ist die Strafe Freiheitsstrafe von einem Jahr bis zu zehn Jahren.**

Fassung: Durch das 55. StÄG (→ Vor § 1 Rn. 18) ist die Strafdrohung für den Privatwohnungseinbruchsdiebstahl in Abs. 4 nF (Abs. 4 aF betraf den erweiterten Verfall und ist zum 1.7.2017 aufgehoben worden) zum 22.7.2017 auf Freiheitsstrafe von einem Jahr bis zu zehn Jahren erhöht worden (= Verbrechen).

1. Da der **Diebstahl mit Waffen und der Bandendiebstahl** besonders gefährliche Formen des Diebstahls sind, wird hier in Übereinstimmung mit dem früheren Recht (§ 243 I Nr. 5, 6 StGB aF) an der Strafschärfung durch **abschließende Beschreibung der qualifizierenden Merkmale** festgehalten; 1998 aufgenommen wurde in Abs. 1 Nr. 3 der Wohnungseinbruchsdiebstahl, der bis dahin nur über das Regelbeispiel Nr. 1 von § 243 I 2 erfasst war (→ Rn. 11). Die Tat ist nur Vergehen, § 30 daher nicht anwendbar. 2017 wurde diese Variante durch Abs. 4 nF für bestimmte besonders schutzwürdige Wohnungen ihrerseits zum Verbrechen qualifiziert (zu tenorieren als „schwerer Wohnungseinbruchsdiebstahl" (BGH NStZ-RR 2020, 116)), so dass insoweit § 30 zur Anwendung kommt (BGH NStZ 2019, 716 mAnm Kudlich NStZ 2020, 34). 1

2. Diebstahl mit Waffen nach Abs. 1 Nr. 1a, 1b. 2

a) Waffe, Werkzeug oder Mittel müssen **von einem am Tatort anwesenden Beteiligten** (uU auch Gehilfen; mittäterschaftliche Zurechnung der Bewaffnung über § 25 II ist deshalb nicht erforderlich, BGHSt 48, 189 (194) = NStZ 2003, 435 mit Bespr. Altenhain NStZ 2003, 437) **mitgeführt werden** (zusf. Lanzrath/Fieberg Jura 2009, 348 (351); Mitsichführen einer Waffe iSd § 30a II Nr. 2 BtMG BGH NStZ 2015, 349 mit Praxiskommentar Volkmer); es reicht, wenn der Täter sich erst während der Tat mit einem solchen Gegenstand versieht (BGH NStZ-RR 2014, 277). Das kann zu **irgendeinem Zeitpunkt** (BGHSt 13, 259 = NJW 1959, 2222; BGH NStZ 1985, 547; BGH bei Holtz MDR 1993, 720; MDR 1994, 434; BGH NJW 1994, 1166 (1167) mit Bespr. Kelker StV 1994, 657; Hauf JR 1995, 172; Eisele StrafR BT II Rn. 182) vom Beginn des versuchten Grunddelikts bis zu dessen vollständiger – uU eine Mehrzahl von Einzelakten umfassender (BGHSt 43, 8 (10) = NJW 1997, 1717) – Vollendung geschehen, es sei denn, dass es ausnahmsweise schon an jeder Möglichkeit einer Realisierung der in der Schusswaffe liegenden Gefährlichkeit fehlt (Zaczyk NStZ 1984, 217; vgl. auch BGHSt 43, 8 (12) = NJW 1997, 1717; zum Erfordernis der Funktionsfähigkeit des Werkzeugs BGH NStZ-RR 2003, 186 (188); NStZ 2014, 110; NStZ-RR 2015, 310, Elektroschockgeräte; Fischer Rn. 27; einschr. bei Alltags- und Berufsgegenständen OLG Frankfurt a. M. StraFo 2006, 467 (468)). Die Rspr. bezieht zu Unrecht die Phase nach Vollendung bis zur Beendigung (→ Vor § 22 Rn. 2) auch dann ein, wenn nichts mehr weggenommen wird (BGHSt 20, 194 = NJW 1965, 1087; BGH StV 1988, 429 mablAnm Scholderer sowie Erwiderung Salger StV 1989, 66; Scholderer StV 1989, 153; BGH NStZ 1998, 354; NStZ 2004, 263; NStZ 2007, 332 (334) mkritAnm Kudlich JR 2007, 381; BGH NStZ-RR 2013, 244; NStZ-RR 2016, 339 zu § 250 I Nr. 1b; ebenso Hellmann in Krey/Hellmann/Heinrich StrafR BT II Rn. 191; Maurach/Schroeder/Maiwald/Hoyer/Momsen StrafR BT § 33 Rn. 121; Bosch in Schönke/Schröder, Rn. 7; sowie → § 250 Rn. 10; aM Kühl JR 1983, 425 (427); JuS 2002, 729 (734); Zaczyk JR 1998, 256; Lanzrath/Fieberg Jura 2009, 348 (351); Becker, Waffe und Werkzeug als Tatmittel im Strafrecht, 2003, S. 151, 158; Schmid, Das gefährliche Werkzeug, 2003, S. 220; Eisele StrafR BT II Rn. 184; Mitsch StrafR BT II/1 § 1 Rn. 238; Rengier StrafR BT I § 4 Rn. 49; Wessels/Hillenkamp/Schuhr StrafR BT II Rn. 267; Sander in MüKoStGB § 250 Rn. 34; Schmitz in MüKoStGB Rn. 23; Hoyer in SK-StGB Rn. 16; Sinn in SK-StGB § 250 Rn. 12; Joecks/Jäger/Jäger StGB Rn. 26; Kindhäuser in NK-StGB Rn. 21; Kindhäuser/Hilgendorf in LPK-StGB Rn. 20). Mitführen unmittelbar vor Beginn des Versuchs oder auf der Flucht nach einem misslungenen Versuch genügt nicht (BGHSt 31, 105 = NJW 1982, 2784 mAnm Hruschka JZ 1983, 217). Tragen der Waffe in der Hand oder am Körper ist nicht erforderlich; es reicht aus, wenn sie dem Beteiligten zur Verfügung steht, dh von ihm bei Annäherung anderer jederzeit ergriffen und gebraucht werden kann (BGHSt 31, 105 = NJW 1982, 2784; BGHSt 43, 8 (10) = NJW 1997, 1717 mAnm Zaczyk JR 1998, 256; BGH NStZ 1998, 354; StV 2002, 120 (121); KG StV 2020, 251; Rönnau JuS 2012, 117 (118)), oder wenn sie dem Opfer oder einem Dritten erst entwendet wird (BGHSt 29, 184 = NJW 1980, 1475; BGH NStZ 2015, 85 mkritAnm Floeth; OLG Frankfurt a. M. StraFo 2006, 467 (468); Rengier StrafR BT I § 4 Rn. 46; aM Kindhäuser/Hilgendorf in LPK-StGB Rn. 17; zusf. Lanzrath/Fieberg Jura 2009, 348 (351)). Mitgeführt können nur bewegliche Tatmittel werden (BGHSt 52, 89 (92) = NJW 2008, 368). Zur Möglichkeit des Teilrücktritts von der qualifizierten Begehungsweise → § 24 Rn. 13 (str.).

3 **b) Nr. 1a:** Es genügt das bloße Mitführen einer **Waffe oder eines anderen gefährlichen Werkzeugs** (dazu rechtsvergleichend Hochmayr, Waffen und gefährliche Werkzeuge als Strafschärfungsgrund, 2019). Wie bei § 224 I Nr. 2 (→ § 224 Rn. 2) ist das gefährliche Werkzeug der Oberbegriff (BGHSt 44, 103

(105) = NJW 1998, 2915; Geppert Jura 1999, 599 (600); Küper FS Hanack, 1999, 569 (572)), die Waffe nur ein Beispiel. **Gefährlich** ist ein Werkzeug, das nach objektiver Beschaffenheit geeignet ist, erhebliche Verletzungen herbeizuführen (BGHSt 4, 125 (127) = NJW 1953, 952 zur „Waffe im technischen Sinne"; Mitsch StrafR BT II/1 § 1 Rn. 235); die Eignung kann sich nach dem Wortlaut – anders als bei § 224 I Nr. 2 (→ § 224 Rn. 5) – anscheinend nicht erst aus der Art der Benutzung im konkreten Fall ergeben, da es hier nicht um die Verwendung, sondern um das Beisichführen eines gefährlichen Werkzeugs geht (Hörnle Jura 1998, 169 (172); Dencker in DSNS StrRG § 1 Rn. 20; Dencker JR 1999, 33 (35); Küper JZ 1999, 187 (188); Mitsch StrafR BT II/1 § 1 Rn. 236; Otto StrafR BT § 41 Rn. 52; Zopfs Jura 2007, 510 (516); Rönnau JuS 2012, 117; jetzt auch BGHSt 52, 257 (262) = NJW 2008, 2861; BGH BeckRS 2016, 20065 mit Bespr. Eisele JuS 2017, 369). Zur näheren Bestimmung der schon nach ihrer **objektiven Beschaffenheit** gefährlichen Werkzeuge werden unterschiedliche, meist generalisierende bzw. abstrakte Kriterien angeboten (zusf. Bock StrafR BT-Vermögensdelikte Fall 7, S. 211): Werkzeuge, die potentiell zu Verletzungshandlungen eingesetzt werden können (Hörnle Jura 1998, 169 (172)); Werkzeuge, die für die Verletzung nicht zweckentfremdet werden müssen (Hellmann in Krey/Hellmann/Heinrich StrafR BT II Rn. 183); Werkzeuge, deren typische, bestimmungsgemäße Anwendungsart gefährlich ist (Mitsch StrafR BT II/1 § 1 Rn. 236; Mitsch ZStW 111 (1999), 65 (77); ähnlich Dencker in DSNS StrRG § 1 Rn. 20; Kargl StraFo 2000, 7 (10); Deiters StV 2004, 202); Werkzeuge, die bereits nach ihrer Art einen bestimmten gefährlichen Einsatz nahe legen (Otto StrafR BT § 41 Rn. 53); Werkzeuge, denen nach allgemeiner Anschauung eine besondere Gefährlichkeit innewohnt und zu denen Täter in Bedrängnissituationen erfahrungsgemäß greifen (Schroth NJW 1998, 2861 (2864); ähnlich Hoyer in SK-StGB Rn. 11; ähnlich auch Maurach/Schroeder/Maiwald/Hoyer/Momsen StrafR BT § 33 Rn. 116, die die „schnelle Einsatzbereitschaft" hervorheben; zust. Heghmanns GA 2004, 189 (190)); Werkzeuge, die in der konkreten Situation keine andere Verwendung haben können als die, Leibes- und Lebensgefahr zu begründen (Schlothauer/Sättle StV 1998, 505 (508); ebenso Bussmann StV 1999, 613 (621); ähnlich Joecks/Jäger StGB Rn. 19; Bosch in Schönke/Schröder, Rn. 5; Schmitz in MüKoStGB Rn. 15; Sinn in SK-StGB § 250 Rn. 11 e); Werkzeuge von äußerer waffenähnlicher Beschaffenheit, die sich unschwer zur Herbeiführung erheblicher körperlicher Verletzungen einsetzen lassen (Kindhäuser in NK-StGB Rn. 13; ähnlich Seier JA 1999, 666 (669); Zieschang JuS 1999, 49 (51); Deiters StV 2004, 202; Streng GA 2001, 359 „Waffenersatzfunktion"; zust. Kudlich in Satzger/Schluckebier/Widmaier StGB Rn. 11, 13; sa OLG Stuttgart NJW 2009, 2756 (2758) mit Bespr. Sättele; Kraatz JR 2010, 142; ähnlich auch Fischer Rn. 23, 24). Als gefährliche Werkzeuge werden danach etwa eingestuft: Beil, (größerer) Hammer (BGH NStZ-RR 2021, 107), (Tapeten-)Messer, (größerer) Schraubenzieher, Stein, Schlagring oder Salzsäure (vgl. BT-Drs. 13/9064, 18; krit. zu dieser unvollständigen Aufzählung Rengier StrafR BT I § 4 Rn. 27–30), auch ein (großes) Küchenmesser (BGH NStZ-RR 2003, 186 (188)) ein Teppichmesser (OLG Schleswig NStZ 2004, 212 mit Bespr. Hardtung StV 2004, 399 oder ein Klappmesser KG StraFo 2016, 123); grds. auch ein (größeres) **Taschenmesser** (BGHSt 52, 257 = NJW 2008, 2861 mit Bespr. Mitsch NJW 2008, 2865; Foth NStZ 2009, 93; Jahn JuS 2008, 835; Krüger JA 2009, 190; Peglau JR 2009, 162; sa Deiters ZJS 2008, 424, Jooß Jura 2008, 777; Kasiske HRRS 2008, 378, offen gelassen BGH NStZ-RR 2005, 340; einschr. OLG Frankfurt a. M. StraFo 2006, 467; krit. Rengier FS Schöch, 2010, 549; aM Vogel in LK-StGB

Rn. 17; sa KG StV 2008, 473; ebenso ein „Schweizer Offiziersmesser" mit einer Klingenlänge von 6 cm (OLG Köln NStZ 2012, 327 (328) mkritAnm Kraatz; Satzger JK StGB § 244 Rn. 7); ebenso eine Nagelschere (KG StraFo 2020, 128), nicht hingegen ein Seitenschneider mit 1,7 cm langen Schneidkanten (OLG Nürnberg StV 2020, 250); Einbruchwerkzeug wie ein Schraubendreher nur, wenn er etwa als Stichwerkzeug eingesetzt werden kann (BGH NStZ 2012, 571; sa schon BGH NStZ 2011, 158 (159); zu beiden Entscheidungen Rengier StrafR BT I § 4 Rn. 24); zum Pfefferspray Jesse NStZ 2009, 364). Wegen der Weite der objektiven Kriterien werden von den Vertretern der „objektiven Lehre" Einschränkungen vorgeschlagen, nach denen etwa „deliktstypische" Werkzeuge wie zB ein beim Einbruchsdiebstahl mitgeführtes Stemmeisen ausgeschlossen werden sollen (vgl. Seier JA 1999, 666 (669); Jäger JuS 2000, 651 (654); Krüger Jura 2002, 766 (770); sa OLG Stuttgart NJW 2009, 2756 mAnm Sättele NJW 2009, 2758, Schraubenzieher; Bespr. Kraatz JR 2010, 142). Zur „Zange" diff. KG StV 2015, 122; Fischer Rn. 23. zusf. Becker, Waffe und Werkzeug als Tatmittel im Strafrecht, 2003, S. 151, 158; Schmid, Das gefährliche Werkzeug, 2003, S. 220;

3a Wer die Bestimmung der Gefährlichkeit eines gefährlichen Werkzeugs schon auf Grund seiner objektiven Beschaffenheit für unmöglich hält (so Lesch JA 1999, 30; Küper JZ 1999, 187 (191, 193); Küper GS Schlüchter, 2002, 331; nach Rönnau JuS 2012, 117 (118), bei Zweckentfremdung auch Krawatte, Damenstrumpf und Bleistift); Wessels/Hillenkamp/Schuhr StrafR BT II Rn. 274), muss – wofür es im Wortlaut des Gesetzes allerdings keine Anhaltspunkte gibt – auf andere Kriterien abstellen. Lesch (JA 1999, 30 (36); GA 1999, 365) will rigoros nur Gegenstände erfassen, die – wie zB verbotene Waffen – nach dem Gesetz nicht frei verfügbar sind („ersichtlich zu eng" nach Wessels/Hillenkamp/Schuhr StrafR BT II Rn. 273; ähnlich Rönnau JuS 2012, 117 (118) „rein formal"). Der Bericht des BT-Rechtsausschusses verweist, ohne den Unterschied zwischen Beisichführen und Einsetzen/ Verwenden zu beachten, auf § 224 I Nr. 2 (BT-Drs. 13/9064, 18; krit. Fischer Rn. 14); dem schien die **Rspr.** zunächst ohne weiteres (BGH NStZ-RR 1998, 358) folgen zu wollen, wenn sie es ausreichen ließ, dass sich die die Gefährlichkeit begründende Eignung zur Herbeiführung erheblicher Verletzungen aus der Art der Benutzung des Werkzeugs im konkreten Einzelfall ergibt (BGHSt 44, 103 = NJW 1998, 2915 mit Bespr. Mitsch JuS 1999, 640; BGH NJW 1998, 3130 mkritAnm Dencker JR 1999, 33; BGH NJW 1998, 3130 (3131); BGH NJW 2000, 1050; NStZ-RR 1998, 294; StV 2004, 201 mkritAnm Deiters; OLG Hamm NJW 2000, 3510 mAnm Kindhäuser/Wallau StV 2001, 352; BayObLG NJW 1999, 2535; NStZ-RR 2001, 202 mkritAnm Kindhäuser/Wallau StV 2001, 18; Erb JR 2001, 206; Geppert JK StGB § 244 Rn. 1; krit. auch Küper JZ 1999, 187 (189)), beurteilt diesen gesetzgeberischen Auslegungshinweis mittlerweile aber als „dogmatisch verfehlt bzw systemwidrig" (BGHSt 52, 257 (262) = NJW 2008, 2861 mit Bespr. Foth NStZ 2009, 93; Jahn JuS 2008, 835; Krüger JA 2009, 190; Peglau JR 2009, 162; Rönnau JuS 2012, 117 (118)); eine „Einsatzwahrscheinlichkeit" verlangt OLG Stuttgart NJW 2009, 2756 mAnm Sättele und Bespr. Kraatz JR 2010, 142; zust. Rengier StrafR BT I § 4 Rn. 42, auf der Grundlage seiner „konkret-subjektiven Betrachtungsweise"; dagegen OLG Köln NStZ 2012, 327 (328) mkritAnm Kraatz) tatsächlich ging es bei den sich unnötig zur Nr. 1 a (des parallelen § 250 I) äußernden BGH-Entscheidungen um Verwendungsfälle iSd § 250 II Nr. 1, bei denen sich die Problematik des Beisichführens eines gefährlichen Werkzeugs nicht stellt; die Entscheidung des BayObLG ist unhaltbar, wenn sie ein kleines zusammengeklapptes Taschenmesser einbezieht (zu Recht abl. OLG Braunschweig NJW 2002, 1735 mit Bespr. Krüger Jura 2002, 766; Müller JA 2002, 929; Wessels/Hillenkamp/Schuhr StrafR BT II Rn. 272).

Will man auch Werkzeuge erfassen, die nicht schon nach ihrer objektiven Beschaffenheit gefährlich sind, so muss man auf die konkrete **„Verwendungsabsicht"** des Beisichführenden abstellen (so Küper JZ 1999, 187 (192); Zopfs JR 1999, 1062 (1063); Jura 2007, 510 (519); Graul Jura 2000, 204 (205); Hilgendorf ZStW 111 (1999), 811 (813); Rengier StrafR BT I § 4 Rn. 38; sachlich übereinstimmend Wessels/Hillenkamp/Schuhr StrafR BT II Rn. 275, wo ein „innerer Verwendungsvorbehalt" verlangt wird; ähnlich Geppert Jura 1999, 599 (602); Rönnau JuS 2012, 117 (119); vgl. auch Arzt FG BGH, 2000, 755 (770), der von einer „Einsatzbereitschaftsvermutung" ausgeht; abl. Fahl Jura 2012, 593 (595)); nach dieser sog. „Widmungstheorie", der auch einzelne Entscheidungen der Rspr. zugerechnet werden (so zB BGHSt 43, 266 (269) = NJW 1998, 1504; BGH NStZ 1999, 302; OLG Frankfurt a. M. StV 2002, 145; OLG Braunschweig NJW 2002, 1735; OLG Schleswig NStZ 2004, 212; nach Otto StrafR BT § 241 Rn. 53 „weiterführender Vorschlag"; subjektives Element auch bei OLG Stuttgart NJW 2009, 2756 mAnm Sättele und Bespr. Kraatz JR 2010, 142) ist jedes gefährliche Werkzeug iSd § 224 (→ § 224 Rn. 5) erfasst, zB die Schnur, die zum Würgen des Opfers verwendet werden soll oder eine Hutfeder (Rönnau JuS 2012, 117 (119)). Damit würde zwar das gefährliche Werkzeug in der Nr. 1a der §§ 244 I, 250 I dem in § 250 II Nr. 1 genannten gefährlichen Werkzeug entsprechen, doch gälten in den beiden Alternativen der Nr. 1a der §§ 244 I, 250 I – Waffe oder gefährliches Werkzeug – unterschiedliche subjektive Voraussetzungen (→ Rn. 5). Innerhalb der konkret-subjektiven Lehre ist umstritten, ob der innere Vorbehalt genügt, das Werkzeug als Mittel einer (gefährlichen) Drohung einzusetzen (dafür Küper StrafR BT S. 456; Wessels/Hillenkamp/Schuhr StrafR BT II Rn. 262b; dagegen Rengier StrafR BT I § 4 Rn. 34). Der vom Gesetzgeber (unvorsätzlich) verursachte Streit sollte von ihm durch eine Neuregelung beendet werden (so jetzt auch BGHSt 52, 257 (269) = NJW 2008, 2861; dies ist zwingend, wenn man – so Braum, Irrwege der Strafgesetzgebung, 1999, S. 27, 46 – von der Verfassungswidrigkeit der Vorschrift ausgeht; für Streichung dieser Qualifikationsalternative Mitsch NJW 2008, 2865, aM Peglau JR 2009, 162 (164)). Eine objektive Bestimmung kann nicht überzeugend gelingen, die subjektive Ergänzung des Gesetzes liegt am äußersten Rand einer noch zulässigen Auslegung (aM Hellmann in Krey/Hellmann/Heinrich StrafR BT II Rn. 183, unzulässige Rechtsfindung contra legem). Solange aber der Gesetzgeber nicht eingreift, muss versucht werden, objektive und täterbezogene Indikatoren für die Wahrscheinlichkeit, dass das Werkzeug zur Gefährdung des Opfers eingesetzt werden könnte, zu entwickeln; – ein „steiniger Weg" ohne absehbar gutes Ende (aufgegriffen von Küper GS Schlüchter, 2002, 331 (341); zust. Fischer NStZ 2003, 569 (576); Deiters StV 2004, 202; die Figur eines „Unrechts aus struktureller Überlegenheit" – so Maatsch GA 2001, 75 – erscheint eher unbrauchbar). Die Rspr. hat es bisher jedenfalls nicht geschafft, die Rechtslage zu klären (der Vorlagebeschluss BGH NJW 2002, 2889 mit Bespr. Sander NStZ 2002, 596; und Geppert JK StGB § 250 Rn. 3 erhielt von BGHSt 48, 197 = NJW 2003, 1677 mit BesprFischer NStZ 2003, 569, nicht die klärende Antwort für § 244 I Nr. 1a; das bedauert auch OLG Schleswig NStZ 2004, 212; auch der Vorlagebeschluss OLG Braunschweig NJW 2002, 1735 führte nicht weiter, s. BGH NStZ-RR 2003, 12 mit Bespr. Fischer NStZ 2003, 569 (570)), den subjektiven Ansätzen aber eine Absage erteilt (BGHSt 52, 257 (267) = NJW 2008, 2861 mit zust. Bespr. Mitsch NJW 2008, 2865; Lanzrath/Fieberg Jura 2009, 348 (351); Peglau JR 2009, 162; krit. aber 3b

Foth NStZ 2009, 93; Krüger JA 2009, 190; zust. auch Fischer Rn. 20, es seien objektive Abgrenzungskriterien zu entwickeln; krit. auch OLG Stuttgart NJW 2009, 2756).

3c Weiterhin erfasst ist die in der Neufassung nicht mehr gesondert hervorgehobene **Schusswaffe** als Untergruppe der Waffe im technischen Sinne (BGHSt 43, 266 (269) = NJW 1998, 1504 zu § 30a II Nr. 2 BtMG; Küper JZ 1999, 187 (190); Mitsch StrafR BT II/1 § 1 Rn. 234); sie ist ein Werkzeug, bei dem ein festes, mechanisch wirkendes Geschoss (oder mehrere zugleich) mittels Explosions- oder Luftdruck aus einem Lauf abgefeuert werden kann (Eisele StrafR BT II Rn. 174; Küper StrafR BT S. 206; ähnlich Bosch in Schönke/Schröder, Rn. 3; vgl. § 1 II Nr. 1 WaffG); auch das Luftgewehr (BGH bei Dallinger MDR 1974, 547) und die Luftpistole sind daher Schusswaffen. In Grenzfällen (zB bei Bolzenschussapparaten) ist nicht der Schusswaffenbegriff des WaffG, sondern der Schutzzweck des § 244 ausschlaggebend (OLG Hamm MDR 1975, 420). **Waffen** sind neben Schusswaffen auch sonstige Waffen im technischen Sinne (BGH StV 2015, 770; krit. zur Terminologie Maurach/Schroeder/Maiwald/Hoyer/Momsen StrafR BT § 33 Rn. 113) wie Hieb-, Stoß- oder Stichwaffen nach § 1 II Nr. 2a WaffG (BGHSt 43, 266 (269) = NJW 1998, 1504; Mitsch StrafR BT II/1 § 1 Rn. 233; Wessels/Hillenkamp/Schuhr StrafR BT II Rn. 265; weiter Otto StrafR BT § 41 Rn. 51); hierher gehört auch eine mit Gaspatronen geladene und das Gas nach vorne verschießende Gaspistole (BGHSt 45, 92 = NJW 1999, 2198 mit zust. Bespr. Zopfs JZ 1999, 1062; Mitsch NStZ 1999, 617; Geppert JK StGB § 250 Rn. 1; BGH NStZ 1999, 301; NStZ 2001, 532; NStZ 2002, 31 (33); NJW 2011, 1979 (1980); zust. Rengier StrafR BT I § 4 Rn. 9; Kudlich in Satzger/Schluckebier/Widmaier StGB Rn. 7; für die Einordnung als Schusswaffe Fischer Rn. 4), nicht aber ein mit Platzpatronen geladener Gasrevolver (aM BGH JR 1999, 33 zu Recht mablAnm Dencker). Nach längerem Hin und Her (vgl. Fischer NStZ 2003, 569 (570)) hat auch der Große Senat **Schreckschusswaffen** als Waffen eingeordnet (ebenso das neue Waffengesetz; Heghmanns NJW 2003, 3373 (3374); abl. Fischer Rn. 8, der im Anschluss an BVerfG NJW 2008, 3627 (zu § 113 III aF) auf die objektive Bestimmung zur Verursachung erheblicher Verletzungen abstellt = sog. strafrechtlicher Waffenbegriff), wenn beim Abfeuern der Explosionsdruck nach vorne austritt (BGHSt 48, 197 = NJW 2003, 1677; bestätigt von BGH NStZ 2012, 445; NStZ-RR 2015, 111; abl. Erb JuS 2004, 653 (655); Fischer NStZ 2003, 569; Zopfs Jura 2007, 510 (518); Lanzrath/Fieberg Jura 2009, 348; und Geppert JK StGB § 250 Rn. 4; krit. Fischer Rn. 8–11; sowie Fischer § 250 Rn. 5a–d; zust. Eisele StrafR BT II Rn. 179; vgl. auch BGH NJW 2006, 73 zu § 30a II Nr. 2 BtMG); er hat sie damit Gaspistolen gleichgestellt (Rengier StrafR BT I § 4 Rn. 17) und dies – neben dem methodisch fragwürdigen Hinweis auf die Begründung des neuen WaffG (BT-Drs. 14/7758, 49) – mit der besonderen (Lebens-)Gefährlichkeit (dazu Rothschild NStZ 2001, 406) begründet; letzteres überzeugt nicht, weil diese Gefährlichkeit erst durch eine bestimmte Verwendung durch den Täter entsteht (Küper StrafR BT S. 439; Wessels/Hillenkamp/Schuhr StrafR BT II Rn. 265). Die Abgrenzung von Waffen und anderen gefährlichen Werkzeugen ist im Hinblick auf § 250 II Nr. 2 (→ § 250 Rn. 4) erforderlich (Dencker in DSNS StrRG § 1 Rn. 21); sie kann etwa bei Messern schwierig sein (Dencker in DSNS StrRG § 1 Rn. 21; Zopfs Jura 2007, 510 (517): nach genereller Bestimmung bei Springmessern ja, bei Taschen- und Küchenmessern nein; sa BGH StV 1998, 487), bei Pfefferspray- und sonstigen Reizsprühgeräten ist die Einordnung umstritten (BGHSt 52, 376 = NJW 2008, 3651, gefährliches Werkzeug; Fischer Rn. 4, Waffe). Ob die Waffe bei der Tat verwendet werden soll, ist unerheblich; denn schon das Bewusstsein der Verfügung über ein so gefährliches und handliches Angriffsmittel kann zur Anwendung verführen (BGH NStZ 1985, 547). Dieser Grundgedanke erfordert einschränkende Auslegung: Die Schusswaffe muss als solche **einsatzfähig,** wenn auch nicht schon durchgeladen (BGHSt 45, 249 (250) = NJW 2000, 1050 mAnm Hannich/Kudlich NJW 2000, 3475; BGH NStZ 2014, 110; NStZ 1981, 301; StV 1982, 574; Heghmanns StrafR BT Rn. 1108), sein. Dies gilt auch nach der Neufassung, die von der Waffe eine objektive Gefährlichkeit verlangt; daran fehlt es bei einer echten, aber ungeladenen Schusswaffe (BGH NJW 1998, 2915; NJW 1998, 3130; OLG Hamm NStZ 2007, 473; zu § 177 IV 1 (→ § 177 Rn. 12) auch BGH NStZ-RR 2006, 205 mit abl. Bespr. Satzger JK StGB § 250 II Nr. 1 Rn. 5; Fischer Rn. 5; ebenso für ungeladene Gas-/Schreckschusspistolen BGHSt 45, 249 (250) = NJW 2000, 1050; BGH NJW 1998, 3131; StV 1998, 487; NStZ-RR 2000, 43; NStZ-RR 2004, 169). Eine defekte oder nicht mit „griffbereiter" (BGH bei Holtz MDR 1983, 91) Geschossmunition, zB nur mit Schreckschusspatronen (BGH StV 1987, 67; StV 1988, 469 (472)), ausgestattete Waffe genügt daher nicht, wohl aber eine einsatzbereite Waffe, die nicht zur Sicherung des Diebstahls, sondern aus anderen Gründen mitgeführt wird, etwa im Dienst als Soldat, Polizeibeamter, Nachtwächter usw; denn in diesem Falle bleibt die Gefährlichkeit bestehen, der gegenüber die Zulassung von Ausnahmen nach einem konkretisierbaren Maßstab nicht möglich erscheint (BGHSt 30, 44 = NJW 1981, 1107 mkritAnm Lenckner JR 1982, 424; BGH NStZ 1985, 547; Hettinger GA 1982, 525; Seelmann JuS 1985, 454 (457); Wessels/Hillenkamp/Schuhr StrafR BT II Rn. 269, 270; aM Kotz JuS 1982, 97 (99); Scholderer StV 1988, 429 (431); Schroth NJW 1998, 2861 (2864); Seier JA 1999, 666 (672); dies ist verfassungsrechtlich nicht zu beanstanden, BVerfG NStZ 1995, 76). Aus dem Erfordernis der Einsatzfähigkeit folgt für das gefährliche Werkzeug, dass es ein beweglicher, ergreifbarer Gegenstand sein muss; ein „Industriemüll-Häcksler" gehört dazu nicht (BGH BeckRS 2013, 00525 mit zust. Bespr. Hecker JuS 2013, 948).

c) Nr. 1 b: Sonst ein Werkzeug oder Mittel ist nur ein Gegenstand, der nach 4
seiner Art und seinem Verwendungszweck in der konkreten Situation (BGHSt 30, 375 = NJW 1982, 1164) dazu geeignet ist, Widerstand durch Gewalt (→ § 240 Rn. 5–11) oder durch Drohung (→ § 240 Rn. 12–15) mit Gewalt zu verhindern oder zu überwinden (ebenso Mitsch StrafR BT II/1 § 1 Rn. 247). Das war nach dem Schutzzweck von § 244 I Nr. 2 aF einschränkend dahin zu verstehen, dass der geplante Einsatz geeignet sein muss, für den Betroffenen mindestens Leibesgefahr zu schaffen. Dies hat der Gesetzgeber des 6. StrRG (→ Vor § 38 Rn. 16–22) ändern wollen (vgl. Dencker in DSNS StrRG § 1 Rn. 14, 16); danach soll Nr. 1 b ein Auffangstatbestand sein, der Gegenstände wie zB ein Kabelstück oder ein Tuch erfasst, die zu Nötigungszwecken eingesetzt werden sollen, ohne hierbei objektiv wenigstens Leibesgefahr zu begründen (BT-Drs. 13/9064, 18). Abgesehen davon, dass die Schwere der Strafdrohung für das Beisichführen solch ungefährlicher Gegenstände trotz der hier geforderten Gebrauchsabsicht überzogen erscheint (für eine einschränkende Auslegung deshalb Wessels/Hillenkamp/Schuhr StrafR BT II Rn. 285), kommt die Absicht des Gesetzgebers nicht in der wünschenswerten Deutlichkeit zum Ausdruck. Immerhin aber ist nach der Neufassung erkennbar und deshalb als gesetzgeberische Entscheidung zu respektieren, dass nur Nr. 1 a gefährliche Werkzeuge voraussetzt, während Nr. 1 b – anders als Nr. 2 StGB aF, der auch Waffen umfasste – nur noch sonstige Werkzeuge oder Mittel verlangt (ebenso Küper StrafR BT

S. 464). Der Grund der Strafschärfung ist nach dem Wortlaut der Nr. 1 b nur noch die objektive Tauglichkeit des Gegenstandes als Nötigungsmittel. Auf die objektive Gefährlichkeit des Tatmittels ist damit verzichtet worden; die Einbeziehung auch gänzlich ungefährlicher Gegenstände, namentlich sog. **Scheinwaffen** (zB Spielzeugpistolen, Schusswaffenattrappen, Dekowaffen), ist damit ermöglicht worden (auch dies entspricht der Absicht des Gesetzgebers, BT-Drs. 13/9064, 18). Ob das Schrifttum diese vom Gesetzgeber gewollte Erweiterung des Schutzzweckes für die neue Nr. 1 b billigt, bleibt abzuwarten (für Respektierung des gesetzgeberischen Willens Küper FS Hanack, 1999, 569 (580); Dencker in DSNS StrRG § 1 Rn. 22; Kudlich JR 1998, 357; Schroth NJW 1998, 2861 (2865); Geppert Jura 1999, 599 (603); Seier JA 1999, 666 (670); Eisele StrafR BT II Rn. 207; Mitsch StrafR BT II/1 § 1 Rn. 247, 248; Otto StrafR BT § 41 Rn. 59; Rengier StrafR BT I § 4 Rn. 64–67; Wessels/Hillenkamp/Schuhr StrafR BT II Rn. 286, 287; Hoyer in SK-StGB Rn. 3, 8; Joecks/Jäger/Jäger StGB Rn. 28; Bosch in Schönke/Schröder, Rn. 13a; zweifelnd Hörnle Jura 1998, 169 (174); aM Kindhäuser/Hilgendorf in LPK-StGB Rn. 26, der Nr. 1 b auf subjektiv gefährliche Tatmittel beschränkt; zur bis dahin gegenteiligen hM zu § 244 I Nr. 2 aF vgl. Eser JZ 1981, 761; Geppert Jura 1992, 496; Hauf GA 1994, 319; Saal JA 1997, 859). Demgegenüber leitete die Rspr. schon aus dem durch das 1. StrRG (→ Vor § 1 Rn. 4) veränderten Wortlaut der Nr. 2 aF ab, dass die damalige Neufassung solche Gefährlichkeit nicht mehr voraussetze und daher den Schutzbereich der Vorschrift entsprechend erweitert habe (BGHSt 24, 339 = NJW 1972, 1243; BGH NJW 1989, 2549; sa Hellmann JuS 1996, 522 (526); Arzt FG BGH, 2000, 755 (774)); die Rspr. wird sich durch den neugefassten § 244 I Nr. 1 b in ihrer bisherigen Linie bestätigt finden (dies zeigt schon BGH NJW 1998, 2914 mit krit. Bespr. Lesch StV 1999, 93; Otto JK StGB § 250 Rn. 9; BGHSt 44, 103 = NJW 1998, 2915 mit Bespr. Mitsch JuS 1999, 640; sa BGH NJW 1998, 3130 mzustAnm Dencker JR 1999, 33; BGH NStZ-RR 1998, 295; NStZ-RR 1998, 358; StV 1999, 92; NStZ 2004, 263; zur Rspr. zusf. Boetticher/Sander NStZ 1999, 292 (293)). Auf dieser Basis hat sie bisher unterschiedslos den geplanten Einsatz eines Kraftwagens (Holtz MDR 1978, 987; LG München NStZ 1993, 188) oder „des Schuhs am Fuße des Täters“ (BGHSt 30, 375 = NJW 1982, 1164 mit abl. Bespr. Hettinger JuS 1982, 895) zur Gewaltausübung, eines Stücks Kabel oder eines Kleidungsstücks zur Fesselung (BGH NJW 1989, 2549) und einer Pistole ohne Munition oder einer Pistolenattrappe zur Drohung (BGHSt 24, 339 = NJW 1972, 1243) genügen lassen, und zwar im letzten Fall selbst dann, wenn das Opfer die Ungefährlichkeit der Scheinwaffe erkannt hat (BGH NJW 1990, 2570 mit abl. Bespr. Herzog StV 1990, 547; Hauf GA 1994, 319 (321, 328)); lediglich den Einsatz von bloßen Fähigkeiten oder Körperkräften des Täters hat sie ausgeschieden (BGH NStZ 1985, 547). Neuerdings schränkt sie allerdings insoweit ein, als der Gegenstand immerhin aus der Sicht des Täters ohne weiteres, namentlich ohne weitere Erklärungen, geeignet sein muss, dem Opfer den Eindruck eines zur Gewaltanwendung geeigneten und deshalb gefährlichen Gegenstandes zu vermitteln (BGHSt 38, 116 = NJW 1992, 920 mit krit. Bespr. Mitsch NStZ 1992, 434; Kelker NStZ 1992, 539; Grasnick JZ 1993, 267; Hauf GA 1994, 319 (321); iE zust. Müther MDR 1993, 931; BGH bei Holtz MDR 1993, 1040; BGH NJW 1994, 1166 mkritAnm Kelker StV 1994, 657; iErg zust. Hauf JR 1995, 172; Ernst Jura 2014, 540; krit. Fischer § 250 Rn. 11); ihrem äußeren Erscheinungsbild nach offensichtlich ungefährliche Gegenstände (zB ein Lippenpflegestift) scheiden als taugliche Tatmittel aus, weil bei diesen die Täuschung und nicht die Drohung dominiert (BGH NJW 1996, 2663 mit krit. Bespr. Hohmann NStZ 1997, 185; Geppert JK StGB § 250 Rn. 8; krit. auch Knupfer

FS Schlüchter, 1998, 123; sa BGH NStZ-RR 1996, 356, Holzstück; und BGH NStZ-RR 1997, 129; sowie BGH NStZ 1998, 38; 2007, 332 mit Bespr. Jahn JuS 2007, 583; Kudlich JR 2007, 381, dünnes Metallrohr; und BGH NStZ 2009, 95, Gegenstand unter T-Shirt; BGH NStZ-RR 2008, 311; NStZ 2011, 703 mit Bespr. Jahn JuS 2012, 84, Wasserpistole in Jackentasche; anders aber BGH NStZ 2011, 278 mit Bespr. Hecker JuS 2011, 757, verschlossene Sporttasche mit dem Hinweis auf die Theke gestellt, in ihr befinde sich eine Bombe; zusf. Lanzrath/Fieberg Jura 2009, 348 (352); Pfuhl ZJS 2011, 415). Diese Auslegung bedeutet einen Fortschritt (Graul JR 1992, 297), doch bleibt die Begründung für die Einschränkungen verbesserungsbedürftig (skeptisch zur Möglichkeit der Ausgrenzung plumper Imitate Dencker in DSNS StrRG § 1 Rn. 23; für deren Ausgrenzung Kudlich JR 1998, 357 (359); Schroth NJW 1998, 2861 (2865); Otto StrafR BT § 41 Rn. 59); ausreichend ist aber das Mitführen eines Deo-Sprays zum Spritzen in die Augen (BGH NStZ 2003, 89).

d) Zum **inneren Tatbestand. Nr. 1 a:** Der **Vorsatz** (bedingter genügt) muss sich nach dem Wortlaut der Vorschrift nur auf das Mitführen der Waffe oder – nach dem Wortlaut, der beide gleichbehandelt, auch – des gefährlichen Werkzeugs (namentlich ihrer Verfügbarkeit) durch einen der Beteiligten (Täter oder Teilnehmer) erstrecken (BayObLG NJW 1999, 2535; Dencker in DSNS StrRG § 1 Rn. 17; Schroth NJW 1998, 2861 (2864); Otto StrafR BT § 41 Rn. 56), beim Beisichführen eines gefährlichen Werkzeugs ist außerdem das Bewusstsein der Gebrauchsbereitschaft erforderlich (BGH NStZ-RR 2005, 340 mit krit. Bespr. Kudlich JA 2006, 249; OLG Schleswig NStZ 2004, 212 mAnm Hardtung StV 2004, 399; OLG Celle StV 2005, 336; KG StV 2008, 473 (474); StV 2015, 122; OLG Naumburg StraFo 2016, 303; zusf. Schramm JuS 2009, 773 (778)); wer einen einheitlichen Begriff des gefährlichen Werkzeugs in § 224 I Nr. 2, §§ 244 I Nr. 1 a, 250 I Nr. 1 a und § 250 II Nr. 1 will (→ Rn. 3), muss hier „Verwendungsabsicht" iSd Nr. 1 b (s. unten) verlangen (so Rengier StrafR BT I § 4 Rn. 38; Günther JZ 1985, 585; Wessels/Hillenkamp/Schuhr StrafR BT II Rn. 275). Ob der waffentragende Beteiligte selbst von der Waffe weiß, ist dabei für die Beurteilung aller anderen Beteiligten unerheblich (aM Bosch in Schönke/Schröder, Rn. 9, 10). Wird die einsatzbereite Waffe zu anderen Zwecken, etwa im Dienst als Soldat oder als Polizeibeamter (→ Rn. 3 a), mitgeführt, so kann es am (aktuellen, → § 15 Rn. 9) Bewusstsein des Mitführens fehlen (OLG Hamm NStZ 2007, 473; Hettinger GA 1982, 525 (549); einschr. Lenckner JR 1982, 424 (425); zusf. Lanzrath/Fieberg Jura 2009, 348 (352)). **Nr. 1 b:** Hier muss der **Vorsatz** mit der **Absicht** (im Sinne zielgerichteten Wollens, → § 15 Rn. 20; Eisele StrafR BT II Rn. 211) verbunden sein, im Bedarfsfalle (BGH NJW 1999, 69 (70)) oder „unter Umständen" (BGH NStZ-RR 1996, 3) durch Verwendung des Gegenstandes fremden Widerstand zu verhindern oder zu überwinden (Küper JuS 1976, 645; weiter Arzt JuS 1972, 578; einschr. für sog. Scheinwaffen Saal JA 1997, 859 (865); problematisch BGH NJW 2004, 528 mit krit. Bespr. Baier JA 2004, 431 (433)), oder um diese Absicht eines anderen Beteiligten wissen (auch in der Form nur bedingten Vorsatzes); dabei genügt es nicht, wenn der Täter (oder andere Beteiligte) beabsichtigt, sich bei Widerstand des Opfers zurückzuziehen und nur seine Flucht durch Verwendung des Gegenstandes zu sichern (Eser JZ 1981, 761 (765); Mitsch StrafR BT II/1 § 1 Rn. 250; Kindhäuser in NK-StGB Rn. 24; aM BGHSt 22, 230 = NJW 1968, 2344; BGH NStZ-RR 1996, 3). Der Entschluss, einen mitgebrachten oder am Tatort vorgefundenen Gegenstand zu dem angegebenen Zweck einzusetzen, kann auch 5 noch während der Tatausführung gefasst werden (BGHSt 30, 375 = NJW 1982, 1164; BGH NJW 1989, 2549).

6 **3. Bandendiebstahl nach Abs. 1 Nr. 2. a) Bande** (eing. Schild GA 1982, 55; Dessecker NStZ 2009, 184; Wengenroth JA 2015, 185; Bosch Jura, 2021, 879) ist eine auf ausdrücklicher oder stillschweigender (BGHSt 50, 160 (162) = NJW 2005, 2629 mit Bespr. Kindhäuser StV 2006, 526; BGH StraFo 2011, 521; NStZ-RR 2013, 128 (129) mit Bespr. Hecker JuS 2013, 177 (178); BGH NStZ-RR 2013, 208 (209); NStZ 2015, 647) Vereinbarung (sog. Bandenabrede; Oğlakcioğlu Jura 2012, 770 (771); Hillenbrand StRR 2014, 168) beruhende und für eine gewisse Dauer (BGH GA 1974, 308; StraFo 2013, 128; einschr. OLG Hamm NJW 1981, 2207 mAnm Tenckhoff JR 1982, 208) vorgesehene Verbindung einer Mehrzahl von Personen zur Begehung mehrerer selbständiger, iE noch ungewisser Taten nach §§ 242, 249 (BGH NStZ 1986, 408; StV 1996, 545; NJW 1998, 2913; NStZ-RR 2019, 311; ebenso für §§ 30 I Nr. 1, 30a I BtMG BGHSt 50, 160 (161) = NJW 2005, 2629; BGH StraFo 2013, 128; Wessels/Hillenkamp/Schuhr StrafR BT II Rn. 297; Grundwissen zu den Bandendelikten bei Rönnau JuS 2013, 594). Der Annahme einer Bande steht es nicht entgegen, dass außer den gesetzlich umschriebenen auch andere Bandentaten begangen werden (BGH NStZ 2009, 35). Spontan und mit wechselnder Beteiligung begangene Straftaten können auf einer Bandenabrede beruhen, wenn die beteiligten Personen darin übereinkommen, zukünftig sich ergebende günstige Situationen entsprechend auszunutzen (BGH NStZ 2009, 35; NStZ-RR 2013, 208 (209)). Das Merkmal der **fortgesetzten** Begehung ist nicht mit dem von der Rspr. aufgegebenen (→ Vor § 52 Rn. 13) Rechtsinstitut der fortgesetzten Tat identisch (Günther in SK-StGB § 250 Rn. 38). Da die Täter auf Grund des Bandenzusammenschlusses meist gewerbsmäßig iSd § 243 I 2 Nr. 3 handeln werden, ist meist § 244a I anzuwenden (Zopfs GA 1995, 320 (334)); für § 244 I Nr. 2 verbleiben Fälle, bei denen der Bandenzusammenschluss nicht auf das Schaffen einer Einnahmequelle gerichtet ist (Zopfs GA 1995, 320 (335) mit Beispiel; Erb NStZ 1998, 537 (541); zur Erfassung von Jugendbanden BGH NStZ 2006, 574; NStZ 2008, 625 mit Bespr. Möller StraFo 2009, 92; dazu auch Glandien NStZ 1998, 197; mit strafunmündigen Beteiligten Ellbogen/Wichmann JuS 2007, 114). Stehen die Taten im Wesentlichen von vorneherein fest, fehlt es an der für eine Bande typischen Organisationsgefahr, immer wieder neue Taten zu generieren (BGH NStZ-RR 2019, 310). Die Bande setzt eine Verbindung von mindestens **drei Personen** voraus (BGHSt 46, 321 (325) = NJW 2001, 2266 mit überwiegend zust. Bespr. Altenhain Jura 2001, 836; Erb NStZ 2001, 561; Ellbogen wistra 2002, 8; Franke JA 2002, 106; Joerden JuS 2002, 329; zust. auch Toepel ZStW 115 (2003), 60 (72); Hillenbrand StRR 2014, 168; Eisele StrafR BT II Rn. 214; neu: BGH StraFo 2013, 128; zusf. Schramm JuS 2009, 773 (778); aus methodischer Sicht Kudlich/Christensen JuS 2002, 144 (145); schon Kudlich/Christensen, Theorie richterlichen Begründens, 2001, S. 381; Rückblick und Ausblick bei Rissing-van Saan Geilen-Symposium, 2003, 131; ebenso für §§ 30 I Nr. 1, 30a I BtMG BGHSt 50, 160 (162) = NJW 2005, 2629). Dies entspricht nicht nur dem Wortlaut, sondern auch der Bindungs- und Anreizwirkung, die bei einer Zweiergruppe meist nicht oder nur schwach vorhanden sein wird (krit. und der bisherigen Rspr. zust. Krings, Die strafrechtlichen Bandennormen unter besonderer Berücksichtigung des Phänomens der Organisierten Kriminalität, 2000, S. 43, 156; aus kriminologischer Sicht Schöch NStZ 1996, 166 (169)). Im Unterschied zur Vereinigung nach § 129 (→ § 129 Rn. 2) ist keine Organisation erforderlich (BGH StV 1998, 599;

Eisele StrafR BT II Rn. 216; Fischer Rn. 36a; anders Altenhain ZStW 113 (2001), 112 (140); zusf. Dessecker NStZ 2009, 184 (187)); ebenso wenig, dass sich sämtliche Mitglieder persönlich verabredet haben und sich untereinander kennen (BGHSt 50, 160 (164) = NJW 2005, 2629 mit Bespr. Kindhäuser StV 2006, 526; BGH StraFo 2013, 128 (129)), wobei persönliche Verbundenheit der Beteiligten der Annahme einer Bande auch nicht entgegensteht (BGH NStZ 2007, 339); doch reicht ein mittäterschaftliches Zusammenwirken nicht (BGH NJW 1998, 2913), es muss vielmehr – entgegen BGHSt 46, 321 (327) = NJW 2001, 2266 – ein über das individuelle Interesse hinausgehendes übergeordnetes Bandeninteresse verfolgt werden (BGH NJW 1998, 2913; NStZ 2001, 32 mit Bespr. Geppert JK StGB § 244 Rn. 2; BGH StV 1998, 599 zu § 30a BtMG; BGH StraFo 2011, 521; Günther in SK-StGB § 250 Rn. 37; aM Joecks/Jäger StGB Rn. 34; Kindhäuser/Hilgendorf in LPK-StGB Rn. 32; Fischer Rn. 35; aber sa BGH NStZ 2007, 339); daran fehlt es, wenn ein Bandenmitglied nebenbei in ausschließlich eigenem Interesse handelt, zB beim gescheiterten Kfz-Diebstahl Sachen aus dem Auto „mitgehen" lässt (BGH NStZ 2000, 30; StraFo 2006, 340; NStZ-RR 2010, 170; StV 2011, 410 (411); zu dieser Rspr. Eisele StrafR BT II Rn. 231; Rengier StrafR BT I § 4 Rn. 103–105; Wessels/Hillenkamp/Schuhr StrafR BT II Rn. 297). Eine Bande soll auch dann vorliegen, wenn die erforderliche dritte Person nur „Gehilfentätigkeit" leisten soll (BGHSt 47, 214 = JuS 2002, 717 mit zT krit. Bespr. Erb JR 2002, 338; Toepel StV 2002, 540; Gaede StV 2003, 78; Rath GA 2003, 823; Zopfs Jura 2007, 510 (512); Geppert JK StGB § 244 I Nr. 2 Rn. 3; BGH StraFo 2006, 340 (341) mit zust. Bespr. Kudlich JA 2006, 746; BGH NStZ-RR 2012, 121; NStZ-RR 2013, 208 mit Bespr. Hecker JuS 2013, 177 (179)) oder sich deren Beitrag als Anstiftung darstellt (BGH NStZ-RR 2013, 208 mit zust. Bespr. Hecker JuS 2013, 177 (179); Bosch JK StGB § 244a Rn. 2); dies ist nicht nur unklar, sondern beim Verzicht auf ein übergeordnetes Bandeninteresse auch widersprüchlich (Wessels/Hillenkamp/Schuhr StrafR BT II Rn. 300; zust. aber Eisele StrafR BT II Rn. 224; Fischer Rn. 39). Die Bandenabrede lässt die allgemeinen Regeln über die Tatbeteiligung unberührt, weshalb die Bandenmitgliedschaft und die Beteiligung an den Bandentaten unabhängig voneinander zu beurteilen sind (BGH NStZ 2011, 637; sa Oğlakcioğlu Jura 2012, 770 (773); Kudlich StrafR BT I Fall 59).

b) Die Strafschärfung gilt **nur für Bandenmitglieder.** Sie gründet sich auf die 7
erhöhte Gefährlichkeit sowohl der Tat als auch der Täterverbindung (dazu iE Schild GA 1982, 55 (62)). Die Qualität der Mitgliedschaft als besonderes persönliches Merkmal ist daher zweifelhaft (zusf. Oğlakcioğlu Jura 2012, 770 (772)). In den Vorarbeiten zum 1. StrRG (→ Vor § 1 Rn. 4) hat man den Schwerpunkt auf das personale Element gelegt und daher § 28 II für anwendbar gehalten (Begr. zu § 236 E 1962, S. 407); bei vergleichbarer Problemlage, aber abweichendem Gesetzeswortlaut hat der BGH den personalen Charakter teils verneint (BGHSt 8, 205 = NJW 1956, 69; für Nr. 2 StGB nF ebenso Toepel ZStW 115 (2003), 60 (83); Rengier StrafR BT I § 4 Rn. 107; Kindhäuser/Hilgendorf in LPK-StGB Rn. 38; Hoyer in SK-StGB Rn. 35) und teils bejaht (BGHSt 12, 220 = NJW 1959, 443); insgesamt sind die der Sachlage angemesseneren Ergebnisse mit § 28 II zu erzielen (ebenso BGHSt 46, 120 (128) = NStZ 2000, 645; BGHSt 47, 214 (216) = JuS 2002, 717; BGH NStZ 1996, 128 mit zust. Bespr. Geppert JK StGB § 244 Rn. 6; BGH NStZ 2007, 101; NStZ 2007, 526 mit zust. Bespr. Satzger JK StGB § 244 Rn. 1; BGH NStZ-RR 2007, 112; NStZ-RR 2012, 121 (122); NStZ-RR 2013, 208 mit zust. Bespr. Hecker JuS 2013, 177 (178); Bosch JK StGB § 244a

Rn. 2; BGH NStZ 2014, 635 mit Praxiskommentar Langenhahn; Satzger Jura 2015, 424; Arzt JuS 1972, 576 (579); Schünemann JA 1980, 393 (395); Schild GA 1982, 55 (83); Zopfs Jura 2007, 510 (514); Eisele StrafR BT II Rn. 232; Wessels/Hillenkamp/Schuhr StrafR BT II Rn. 296; Fischer Rn. 44; Schünemann in LK-StGB Rn. 68).

8 **c)** Unter **Mitwirkung** eines anderen Bandenmitglieds ist demgegenüber tatbezogen (BGHSt 46, 120 (128) = NStZ 2000, 645; dazu Oğlakcioğlu Jura 2012, 770 (774)) und setzt nach der neuesten Rspr. kein örtliches und zeitliches Zusammenwirken von zwei Bandenmitgliedern voraus; es reicht danach vielmehr aus, wenn ein Bandenmitglied als Täter und ein anderes Bandenmitglied in irgendeiner Weise zusammenwirken, wobei die Wegnahme sogar durch einen bandenfremden Täter ausgeführt werden kann (BGHSt 46, 321 (332) = NJW 2001, 2266 (= Kühl HRR StrafR BT Nr. 51) mit krit. Bespr. Erb NStZ 2001, 561 (564); krit. auch Sowada GS Schlüchter, 2002, 383 (395); Zopfs Jura 2007, 510 (516); zust. aber Altenhain ZStW 113 (2001), 112 (144); Müller GA 2002, 318 (332); Joecks/Jäger StGB Rn. 36; Kindhäuser/Hilgendorf in LPK-StGB Rn. 34; Fischer Rn. 42, 43; sa BGHSt 50, 160 (167) = NJW 2005, 2629). Dies überzeugt insoweit, als es dadurch möglich wird, den im Hintergrund die Fäden ziehenden „Bandenchef" zu erfassen (Maurach/Schroeder/Maiwald/Hoyer/Momsen StrafR BT § 33 Rn. 127; dafür schon unter der strengeren älteren Rspr. etwa Wessels/Hillenkamp/Schuhr StrafR BT II Rn. 301). Dagegen bleiben Zweifel, ob – trotz der strengeren Anforderungen an die Bande (→ Rn. 6) und der daraus resultierenden Organisationsgefährlichkeit – der Verzicht auf die Aktions- oder Ausführungsgefahr, die von zwei Bandenmitgliedern am Tatort ausgeht, den Strafschärfungsgrund nicht teilweise verfehlt (vgl. Wessels/Hillenkamp/Schuhr StrafR BT II Rn. 304; Schmitz in MüKoStGB Rn. 50; aber auch Hoyer in SK-StGB Rn. 36). Einschränkend lässt die Rspr. Tatbeiträge von Gehilfen-Bandenmitgliedern (→ Rn. 6), wenn sie nach Beendigung des Diebstahls (BGH NStZ 2011, 637; Fall 2 bei Oğlakcioğlu Jura 2012, 770 (774); Kudlich StrafR BT I Fall 59) erfolgen oder – ohne Bezug auf konkrete Diebstahlstaten – nur in der Zusage, bei der Beuteverwertung mitzuwirken, besteht (BGH NStZ 2003, 32 mit hinsichtlich der zweite Alternative krit. Bespr. Geppert JK StGB § 244 I Nr. 2 Rn. 7; BGH StV 2015, 113; → § 27 Rn. 4; → § 257 Rn. 9; → § 259 Rn. 18), nicht genügen. Auch tippgebende Anstiftungsbeiträge und täterbestärkende psychische Gehilfenbeiträge sollten mangels Gefahrsteigerung ausscheiden (erwogen von Rissing-van Saan Geilen-Symposium, 2003, 144).

9 **d)** Schon der erste Diebstahl, den eine Bande begeht, fällt unter § 244 (BGH bei Dallinger MDR 1967, 369; Zopfs Jura 2007, 510 (514); aM Kindhäuser StV 2006, 526 (528); Dessecker NStZ 2009, 184). Dieser und die weiteren Diebstähle müssen im Rahmen der mit der Bildung der Bande verfolgten Zwecke liegen (BGH bei Dallinger MDR 1972, 925; Kindhäuser/Hilgendorf in LPK-StGB Rn. 33); jedoch wird durch die Bandenmäßigkeit keine Handlungseinheit begründet.

10, 11 **4. Wohnungseinbruchdiebstahl nach Abs. 1 Nr. 3** ist aus § 243 I 2 Nr. 1 StGB aF als Regelbeispiel ausgegliedert und als Qualifikationstatbestand in § 244 als neue Nr. 3 eingestellt worden; damit soll dem mit dieser Tat verbundenen Eindringen in die Intimsphäre der Opfer Rechnung getragen werden (näher BT-Drs. 13/8587, 43; krit. Dencker in DSNS StrRG § 1 Rn. 5). Zur Kriminologie Feltes/Kavelowski Polizei 2014, 139; zu empirischen Erkenntnissen Bartsch Kriminalistik 2014, 483. Zur Auslegung der einzelnen Voraussetzungen → § 243 Rn. 8–14.

Wohnung → § 123 Rn. 3 (Jäger JuS 2000, 651 (656); Dencker in DSNS StrRG § 1 Rn. 6); einschränkend sind hier jedoch nur solche Räumlichkeiten erfasst, die den Mittelpunkt des privaten Lebens bilden (Wessels/Hillenkamp/Schuhr StrafR BT II Rn. 290; zust. Seier FS Kohlmann, 2003, 29 (302); Schall FS Schreiber, 2005, 423; Trüg JA 2002, 191 (193); ähnlich einschr. Krumme, Die Wohnung im Recht, 2004, S. 270; Eisele StrafR BT II Rn. 235: eigentlicher Wohnbereich (Bosch Jura 2017, 604 zu § 244 Nr. 3); weiter Maurach/Schroeder/Maiwald/Hoyer/Momsen StrafR BT § 33 Rn. 130; Vogel in LK-StGB Rn. 75; aus der Rspr. BGH StraFo 2017, 76; StV 2016, 639 mit Bespr. Jäger JA 2016, 872, vom Wohnbereich getrennter Kellerbereich; ebenso BGH NStZ-RR 2018, 14; NStZ 2022, 42 (wenn keine Zugangshindernisse bestehen); weiter BGHSt 61, 285 = NJW 2017, 1186 mit Bespr. Mitsch und Hecker JuS 2017, 476, Wohnmobile/Wohnwagen, wenn sie Menschen zumindest vorübergehend zur Unterkunft dienen), auch wenn ihre vormaligen Bewohner nicht (mehr) in ihnen leben, solange sie nicht entwidmet sind (BGH NJW 2020, 1750), wonmit auch leerstehende Wohnungen erfasst sind (BGH NJW 2020, 2816; anders AG Saalfeld StV 2005, 613 und → 29. Aufl. 2018), nicht jedoch Arbeits-, Geschäfts- oder Lagerräume (BGH NStZ 2005, 631; anders wenn ausschließlich beruflich genutzte Räume so in die Wohnung integriert sind, dass eine in sich geschlossene Einheit vorliegt, BGH NStZ 2013, 120), „Schuppen" (BGH StV 2015, 113); Kellerverschläge eines Wohnblocks (OLG Schleswig NStZ 2000, 479 mit Bespr. Hellmich NStZ 2001, 511; Hoffmann SchlHA 2001, 25), freistehende Gartenhäuser (AG Saalfeld NStZ-RR 2004, 141) oder ein vorübergehend genutztes Hotelzimmer (Wessels/Hillenkamp/Schuhr StrafR BT II Rn. 290; aM StV 2001, 624), wohl aber der Haftraum eines Strafgefangenen (Kretschmer ZfStrVo 2003, 212 (214)). Nr. 3 ist auch erfüllt, wenn nach Einbruch oder Einsteigen (OLG Oldenburg NStZ 2016, 988) in einen Wohnraum Sachen aus einem angrenzenden Geschäftsraum weggenommen werden (BGH NJW 2001, 3203; zust. Schall FS Roxin, 2001, 426 (435); abl. Wessels/Hillenkamp/Schuhr StrafR BT II Rn. 291: § 243 I 2 Nr. 1; neu: BGH NStZ 2013, 120 mit Bespr. Ladiges StraFo 2012, 325; → § 243 Rn. 8), nicht aber im umgekehrten Fall, wenn der Täter nach Einbruch/Einsteigen in eine rein gewerblich genutzte Räumlichkeit ohne Überwindung weiterer Hindernisse in den davon abgetrennten Wohnbereich gelangt, um dort zu stehlen (BGH NStZ 2008, 154 mit Bespr. Jahn JuS 2008, 928; Ladiges JR 2008, 493; Eisele StrafR BT II Rn. 236; neu: BGH NStZ 2013, 120 mit Bespr. Ladiges StraFo 2012, 325; sa Zopfs Jura 2007, 510 (521); zum Einbruch in Mischgebäude zusf. Bachmann NStZ 2007, 667). Anders als beim Einbruchsdiebstahl in Gebäude iSd § 243 I 2 Nr. 1 ist vom Wohnungseinbruchdiebstahl auch der Diebstahl einer geringwertigen Sache iSd § 243 II erfasst (Dencker in DSNS StrRG § 1 Rn. 7). Der Versuch des Qualifikationstatbestandes ist unproblematischer möglich als der des ehemaligen Regelbeispiels (Mitsch StrafR BT II/1 § 1 Rn. 263), beginnt jedoch nur dann mit dem Einbrechen, wenn darin zugleich ein unmittelbares Ansetzen zum Diebstahl, zur Wegnahme, liegt (Mitsch ZStW 111 (1999), 65 (84); Kühl StrafR AT § 15 Rn. 50; → § 22 Rn. 10).

5. Der 2011 eingefügte **Abs. 3** enthält eine Regelung für minder schwere Fälle **11a**
des Abs. 1 Nr. 1–3 (näher Fischer Rn. 52). Er könnte zur Lösung des Problems um das gefährliche Werkzeug bei Alltagsgegenständen (vgl. BT-Drs. 17/4143, 7) iSd Nr. 1 a beitragen (Krüger Jura 2011, 887 (890); krit. Fischer Rn. 52 a, der für eine dogmatische Korrektur der Nr. 1 a plädiert).

11b **6.** Betrifft der Wohnungseinbruchsdiebstahl des Abs. 1 Nr. 3 eine **dauerhaft genutzte Privatwohnung** (Abs. 4), so wird daraus ein Verbrechen (dazu Esposito ZRP 2017, 30, gerechtfertigt für die Wohnung als letzter Rückzugs- und Schutzraum; krit. Dagegen Mitsch KriPoZ 2017, 21 und Busch ZRP 2017, 30, gesetzgeberischer Aktionismus); im Unterschied zu Abs. 1 Nr. 3 müssen diese Wohnungen zur Zeit des Einbruchs tatsächlich bewohnt sein und dürfen nicht leerstehen (BGH NJW 2020, 2816). Als Qualifikation geht dieser jenem vor. Nach dem klaren Wortlaut von Abs. 3 gilt er nur für Abs. 1 Nr. 1–3, so dass es für Abs. 4 keinen minder schweren Fall geben kann; die strafrahmenmäßige Gleichstellung mit §§ 244a, 249 ist angesichts der dortigen midner schweren Fälle (§§ 244a II, 249 II) fragwürdig (Bosch in Schönke/Schröder Rn. 31; Wittig in BeckOK StGB Rn. 22.2; Mitsch KriPoZ 2017, 181).

12 **7. a)** Mehrere Strafschärfungsgründe nach den Nr. 1a, 1b des Abs. 1 einerseits und dessen Nr. 2, 3 andererseits stehen nicht in **Idealkonkurrenz,** sondern sind lediglich als verschiedene Begehungsformen desselben Diebstahls (→ § 52 Rn. 3) zu werten (BGH NJW 1994, 2034 mit Bespr. v. Hippel JR 1995, 125; vgl. aber auch BGH NStZ 1994, 285 mit Bespr. v. Hippel JR 1995, 125). Dagegen ist wegen der Unrechtsverwandtschaft die Nr. 1b des Abs. 1 neben dessen Nr. 1a nicht anwendbar (für Spezialität der Nr. 1a Mitsch StrafR BT II/1 § 1 Rn. 245; für Idealkonkurrenz Hoyer in SK-StGB Rn. 39). Zwischen den Begehungsformen ist **Wahlfeststellung** zulässig (→ § 1 Rn. 14). Dagegen verdrängt Abs. 4 als tatbestandliche Qualifikation Abs. 1 Nr. 3.

13 **b)** Verwirklicht die Tat zugleich Erschwerungsgründe nach § 243, so gehen diese in dem Qualifikationstatbestand des § 244 auf (BGHSt 33, 50 = NJW 1985, 502; BGH NJW 1970, 1279 mAnm Schröder JR 1970, 388; BGH NStZ-RR 2003, 186 (188); OLG Hamm StraFo 2000, 276), so zB der Gebäudeeinbruchdiebstahl (§ 243 I 2 Nr. 1) im Wohnungseinbruchdiebstahl (§ 244 I Nr. 3 (auch § 244 IV); Jäger JuS 2000, 651 (657); Fahl NJW 2001, 1699 (1700), Spezialität; Wessels/Hillenkamp/Schuhr StrafR BT II Rn. 224: Subsidiarität), Tateinheit aber zwischen § 244 I Nr. 3 –Versuch und vollendetem § 243 I 2 Nr. 1, wenn der Täter den Geschäftsraum für eine Wohnung hält (Mitsch ZStW 111 (1999), 65 (71)). Jedoch ist **Tateinheit** möglich zwischen versuchtem Diebstahl nach § 244 (zu Abs. 4 BGH NStZ 2019, 674) und vollendetem nach §§ 242, 243 (Kindhäuser in NK-StGB Rn. 57; Rengier StrafR BT I § 7 Rn. 5, 6), zB wenn der Täter irrig glaubt, eine Schusswaffe bei sich zu führen; nicht dagegen zwischen (versuchtem) Diebstahl nach § 244 und vollendetem Raub (BGH NStZ-RR 2005, 202), zB wenn der Täter entgegen seiner Erwartung mit Bewohnern in der Wohnung konfrontiert wird und mit Gewalt Sachen entwendet. Die §§ 250, 252 (→ § 252 Rn. 8) gehen vor. Über das Verhältnis zu § 244a → § 244a Rn. 6. § 247 ist anwendbar, dagegen nicht § 248a.

§ 244a Schwerer Bandendiebstahl

(1) **Mit Freiheitsstrafe von einem Jahr bis zu zehn Jahren wird bestraft, wer den Diebstahl unter den in § 243 Abs. 1 Satz 2 genannten Voraussetzungen oder in den Fällen des § 244 Abs. 1 Nr. 1 oder 3 als Mitglied einer Bande, die sich zur fortgesetzten Begehung von Raub oder Diebstahl verbunden hat, unter Mitwirkung eines anderen Bandenmitglieds begeht.**

(2) **In minder schweren Fällen ist die Strafe Freiheitsstrafe von sechs Monaten bis zu fünf Jahren.**

Fassung: Abs. 3 aufgehoben durch G zur Vermögensabschöpfung (→ Vor § 1 Rn. 18) zum 1.7.2017.

1. Der **schwere Bandendiebstahl** bedeutet gegenüber § 244 I Nr. 2 eine weitere **Qualifizierung,** die zur wirksameren Bekämpfung der organisierten Kriminalität beitragen soll (BT-Drs. 12/989, 25; zur Entstehungsgeschichte Zopfs GA 1995, 320; krit. wegen der mit § 244 identischen Höchststrafe Hettinger GA 1995, 399 (412)); er gilt auch für Jugendbanden (BGH NStZ-RR 2000, 343; NStZ 2006, 574; NStZ 2008, 625 mit krit. Bespr. Möller StraFo 2009, 92; LG Koblenz NStZ 1998, 197 mAnm Glandien; aM Kindhäuser in NK-StGB Rn. 1). Die Tat ist Verbrechen, § 30 daher anwendbar. 1

2. Zunächst müssen **alle Merkmale des Bandendiebstahls** erfüllt sein. Als Erschwerungsgrund muss hinzukommen: entweder die vollständige (Zopfs GA 1995, 320 (325)) Verwirklichung der Voraussetzungen eines der in § 243 I 2 Nr. 1–7 beschriebenen Regelbeispiele (→ § 243 Rn. 8–23; Eisele StrafR BT II Rn. 242) oder die Begehung der Tat mit Waffen iSd § 244 I Nr. 1 oder als Wohnungseinbruchdiebstahl nach § 244 I Nr. 3 (→ § 244 Rn. 2–5; → § 244 Rn. 8), auch wenn dieser letztlich hinter § 244 IV zurücktritt. Danach bildet der schwere Bandendiebstahl eine Kombination des Erschwerungsgrundes der Bandenmäßigkeit mit einem der übrigen in den §§ 243, 244 vorgesehenen Erschwerungsgründe (krit. Zopfs GA 1995, 320 (326)). Die Voraussetzungen der Regelbeispiele haben hier – abweichend von § 243 (→ § 243 Rn. 3; → § 46 Rn. 11) – nicht bloß exemplifizierende Funktion; sie sind vielmehr gewöhnliche, für den Richter bindende Tatbestandsmerkmale (ebenso Kindhäuser in NK-StGB Rn. 3; krit. zu dieser „Verwandlung" Bosch in Schönke/Schröder, Rn. 4). Zur Abgrenzung von Mittäterschaft und Beihilfe beim Bandendiebstahl BGH NStZ-RR 2016, 139. 2, 3

3. Zu **Abs. 2** (minderschwere Fälle) → § 46 Rn. 6–10 a; → § 12 Rn. 4. 4

4. Die Vorschrift geht den §§ 242–244 I vor (Eisele StrafR BT II Rn. 244, Spezialität). **Tateinheit** ist jedoch möglich, wenn die Tat nach § 244 a nur versucht, ein weniger qualifizierter Diebstahl aber vollendet wurde (für vollendeten Wohnungseinbruchsdiebstahl nach § 244 BGH NStZ-RR 2010, 170), zB wenn der Täter irrig glaubt, ein mitwirkender Beteiligter sei Bandenmitglied, und angesichts einer idR gleichen, im Einzelfall aber sogar höheren Strafdrohung (→ § 244 Rn. 11 b) mit § 244 IV (BGH StV 2020, 661; Bosch in Schönke/Schröder Rn. 11). Aus Klarstellungsgründen steht eine Sachbeschädigung nach § 303 in Tateinheit zu §§ 244 a, 243 I 2 (BGH NStZ 2014, 40 mit zust. Bespr. Hecker JuS 2014, 181). Die §§ 250, 252 (→ § 252 Rn. 8) gehen vor. § 247 ist anwendbar, dagegen nicht § 248 a. Mehrere Fälle des § 244 a können eine natürliche Handlungseinheit bilden (BGH NStZ 1996, 493). Beim systematischen Leerspielen von Geldautomaten ist mit §§ 263 a II iVm 263 V Wahlfeststellung möglich (BGH StV 2020, 759). 5

§ 245 Führungsaufsicht

In den Fällen der §§ 242 bis 244a kann das Gericht Führungsaufsicht anordnen (§ 68 Abs. 1).

1 Vgl. → Vor § 68 Rn. 1, 2; → § 68 Rn. 1–8.

§ 246 Unterschlagung

(1) **Wer eine fremde bewegliche Sache sich oder einem Dritten rechtswidrig zueignet, wird mit Freiheitsstrafe bis zu drei Jahren oder mit Geldstrafe bestraft, wenn die Tat nicht in anderen Vorschriften mit schwererer Strafe bedroht ist.**

(2) **Ist in den Fällen des Absatzes 1 die Sache dem Täter anvertraut, so ist die Strafe Freiheitsstrafe bis zu fünf Jahren oder Geldstrafe.**

(3) **Der Versuch ist strafbar.**

1 **1.** Die Vorschrift **schützt** abweichend von § 242 **nur das Eigentum.** Auf eine Abgrenzungsklausel zu § 242 wurde verzichtet; dafür enthält Abs. 1 letzter Halbsatz eine Subsidiaritätsklausel (→ Rn. 14), die „sicherstellen" soll, dass § 246 nicht der „Grundtatbestand aller Zueignungsdelikte", sondern ein **„Auffangtatbestand"** ist (BT-Drs. 13/8587, 43; Cantzler JA 2001, 567; Schulz FS Lampe, 2003, 653 (671); Wessels/Hillenkamp/Schuhr StrafR BT II Rn. 71, 307; Hoyer in SK-StGB Rn. 7; Fischer Rn. 2; aM Kindhäuser FS Gössel, 2002, 451; Hohmann in MüKo-StGB Rn. 7; Otto StrafR BT § 39 Rn. 8, Grundtatbestand. Verfassungsrechtliche Bedenken im Hinblick auf den Bestimmtheitsgrundsatz (→ § 1 Rn. 2) erheben Duttge/Fahnenschmidt ZStW 110 (1998), 884 (910); Noak, Drittzueignung und 6. Strafrechtsreformgesetz, 1999, S. 115; Jahn, Irrwege der Strafgesetzgebung, 1999, S. 195, 201; Kudlich JuS 2001, 767 (768)). Zur „gesetzesgeschichtlichen Entwicklung" Mikolajczyk, Der Zueignungsbegriff des Unterschlagungstatbestandes, 2005, S. 11. Die Unterschlagung in der Fallbearbeitung Kudlich/Koch JA 2017, 184 ff.).

2 **2. Fremde bewegliche Sache** → § 242 Rn. 2–7; erwirbt der „Selbstbedienungstanker" mit dem Einfüllen des Benzins in den Tank Eigentum (zw.; → § 242 Rn. 5), so scheidet auch § 246 aus, wenn der Kunde den Entschluss zur Nichtzahlung erst danach fasst (OLG Düsseldorf JR 1985, 207 mAnm Herzberg; Heinrich in Arzt/Weber/Heinrich/Hilgendorf StrafR BT § 15 Rn. 15; Diebstahl scheidet idR mangels Gewahrsamsbruchs aus, → § 242 Rn. 14); § 246 kann dagegen eingreifen, wenn der Eigentumsübergang erst mit dem Bezahlen angenommen wird (OLG Koblenz NStZ-RR 1998, 364 mit abl. Bespr. Baier JA 1999, 364; zust. aber Otto JK StGB § 246 Rn. 11; Borchert/Hellmann NJW 1983, 2799; Streng JuS 2002, 454 (455); Ernst Jura 2013, 454 (456); Hellmann in Krey/Hellmann/Heinrich StrafR BT II Rn. 223); § 246 scheidet aber wegen Subsidiarität (→ Rn. 14) aus, wenn der Täter schon beim Einfüllen mit Zueignungswillen handelt, selbst wenn er nur Besitz am Bezin und nicht bereits Eigentum an diesem erlangt (BGH NJW 2012, 1092 mit Bespr. Ast NStZ 2013, 305; Ernst Jura 2013, 454, pro § 246). Miteigentümer können sich die im Miteigentum stehenden Sachen (OLG Düsseldorf NJW 1992, 60; OLG Koblenz NStZ-RR 1998, 364 mit zust. Bespr. Otto JK StGB § 246 Rn. 11), Gesellschafter einer GmbH deren Eigentum (BGHSt 3, 32

= BeckRS 1952, 31196211) zueignen. Immer muss sich aber die Zueignung auf konkrete Sachen, nicht auf unausgesonderte Teile einer Sachgesamtheit beziehen (Bosch in Schönke/Schröder, Rn. 4; Hohmann in MüKoStGB Rn. 11).

3. Die Sache musste bisher **im Gewahrsam** oder im Besitz des Täters sein; dieses tatbestandseinschränkende Erfordernis ist in der Neufassung zur Vermeidung von Strafbarkeitslücken nicht mehr enthalten (BT-Drs. 13/8587, 43; ebenso schon § 240 E 62 mit Begr. S. 408; krit. Dencker in DSNS StrRG § 1 Rn. 48; Duttge/Fahnenschmidt ZStW 110 (1998), 884 (898); Mitsch StrafR BT II/1 § 2 Rn. 18). Die Bemühungen um eine „kleine" oder „große" „berichtigende Auslegung" (vgl. die Nachw. in → 22. Aufl. 1997) können deshalb eingestellt werden (Otto Jura 1998, 550 (551); Jäger JuS 2000, 1167; Cantzler JA 2001, 567 (568); Kudlich JuS 2001, 767 (768); Maurach/Schroeder/Maiwald/Hoyer/Momsen StrafR BT § 34 Rn. 3; Mitsch StrafR BT II/1 § 2 Rn. 28). Fundunterschlagung (→ Rn. 5) und Leichenfledderei (BGHSt 47, 243 = NJW 2002, 2188; Mitsch ZStW 111 (1999), 65 (89); Wessels/Hillenkamp/Schuhr StrafR BT II Rn. 318) sind ebenso erfasst wie die Zueignung einer vom Dieb aufgegebenen Sache (BGHSt 13, 43 = NJW 1959, 948) sowie Fälle der sog. Diebesfalle (→ § 242 Rn. 14), wenn trotz Übergangs des Gewahrsams dessen Bruch zu verneinen ist (→ Rn. 5). Selbst Fälle, in denen der Täter mit Einverständnis des Gewahrsamsinhabers eine fremde Sache, die er zu keinem Zeitpunkt in Gewahrsam hatte, veräußert, sind jetzt nach dem Wortlaut in den Tatbestand einbezogen (vgl. Dencker in DSNS StrRG § 1 Rn. 50; Duttge/Fahnenschmidt ZStW 110 (1998), 884 (899) mit noch weitergehenden Beispielsfällen). Zu Einschränkungsmöglichkeiten bei der Drittzueignung → Rn. 8. 3

4. Die Handlung besteht darin, dass der Täter die Sache sich oder einem Dritten zueignet. 4

a) Für die **Zueignung** (→ § 242 Rn. 21–24) genügt nicht der bloße innere Entschluss; dieser muss vielmehr durch eine „Manifestation des Zueignungswillens" betätigt werden (hM; aus der Rspr. BGH NStZ 2019, 473; vgl. etwa Rengier StrafR BT I § 5 Rn. 23; anders Schmidhäuser FS Bruns, 1978, 345 (357); Samson JA 1990, 5 (7); krit. und unter Inkaufnahme großer Strafbarkeitslücken rigoros einschr. Kargl ZStW 103 (1991), 136; weniger weitgehend Basak, Irrwege der Strafgesetzgebung, 1999, S. 173, 188; Basak GA 2003, 109, der eine Rechtsgutsgefährdung verlangt; ähnlich Degener JZ 2001, 388 (398) „Enteignungsgefahrerfolg"; krit. auch Dencker in DSNS StrRG § 1 Rn. 51; Hoyer in SK-StGB Rn. 12–22, der einen Zueignungserfolg fordert, zust. Joecks/Jäger StGB Rn. 19; krit. auch Vogel in LK-StGB Rn. 28–32, der sowohl einen Enteignungs- als auch einen Aneignungserfolg verlangt; für einen „streng objektiven Zueignungsbegriff" Mikolajczyk, Der Zueignungsbegriff des Unterschlagungstatbestandes, 2005, S. 108; auf „Sachtransfer" und Manifestation stellt ab Gehrmann, Systematik und Grenzen der Zueignungsdelikte, 2002, S. 87, 119; auch Maiwald FS Schreiber, 2005, 315 (321); Maurach/Schroeder/Maiwald/Hoyer/Momsen StrafR BT § 34 Rn. 27 betonen die Eigentumsverletzung und fordern eine Position von „gewisser Endgültigkeit"; gegen das Erfordernis eines Enteignungserfolgs Sinn NStZ 2002, 64 (67), der eine „Herrschaftsmacht" des Eigentümers verlangt; den Erfolg von An- und Enteignung verlangt Schulz FS Lampe, 2003, 653 (668); zur Kritik dieser „Gegentendenzen" (so Küper/Zopfs StrafR BT Rn. 849) Wessels/Hillenkamp/Schuhr StrafR BT II Rn. 310; zusf. Duttge/Sotelsek Jura 2002, 526; Hillenkamp StrafR BT Problem 24, S. 120; für die Einordnung als unechtes Unternehmensdelikt Mitsch JuS 2015, 97 (100); methodische Kritik übt

Duttge JahrbRuE 2003, 103 (107)). Diese erfordert eine äußere Handlung, die auf den Willen schließen lässt, den Eigentümer dauernd (aM Otto Jura 1996, 383) auszuschließen und die Sache (oder ihren Sachwert) dem eigenen Vermögen oder dem eines Dritten einzuverleiben (BGHSt 1, 262 = BeckRS 1951, 31399738; BGHSt 14, 38 = NJW 1960, 684; BayObLG NJW 1992, 1777 mAnm Julius JR 1993, 255; OLG Hamm NStZ-RR 2015, 213, Kreditkarte; Eisele StrafR BT II Rn. 254; rechtsgeschichtlich zum „Se ut dominum gerere" Gropp FS Maiwald, 2010, 263 (265); den „Einverleibungswunsch" betont aus psychoanalytischer Sicht Behrendt, Der Begriff der Zueignung in den Tatbeständen des Diebstahls und der Unterschlagung, 1996, S. 33). Dabei genügt es, wenn in der Manifestation nur das Aneignungselement (→ § 242 Rn. 21) eindeutig in einer Weise zu Tage tritt, dass nicht zugleich das Enteignungselement ausgeschlossen erscheint (Tenckhoff JuS 1984, 775 (780); einschr. Seelmann JuS 1985, 699; zw.). Handlungen, die nach den Umständen mehrdeutig und auch bei Fehlen des Zueignungswillens, zB beim Einkassieren von Geld im Rahmen eines erteilten Auftrags, zu erwarten sind, scheiden daher aus (BGHSt 14, 38 (41) = NJW 1960, 684; weiter Bockelmann JZ 1960, 621; str.). Die Notwendigkeit einer präzisen Bestimmung des Zueignungsbegriffs ergibt sich nach der Neufassung der Vorschrift vor allem deshalb, weil das begrenzende Gewahrsamselement (→ Rn. 3) entfallen ist; der nur noch auf die Zueignung abstellende Tatbestand bedarf einer einschränkenden Auslegung besonders bei gewahrsamlosen Zueignungen (ebenso Bosch in Schönke/Schröder, Rn. 1; ähnlich Joecks/Jäger StGB Rn. 20–25; vgl. Mitsch StrafR BT II/1 § 2 Rn. 19, 28, der zB bloß verbale Eigentumsanmaßungen ausscheiden will; zust. Jäger JuS 2000, 1167; Sinn NStZ 2002, 64 (67); und Schenkewitz NStZ 2003, 17 (20); sa Ambos GA 2007, 127; speziell zur Begrenzung bei der gewahrsamlosen Drittzueignung → Rn. 8). In Ausnahmefällen (beachte OLG Koblenz StV 1984, 287) ist die Manifestation auch durch garantenpflichtwidriges Unterlassen (→ § 13 Rn. 2, 3, 6) möglich, zB bei Dulden der Pfändung und Versteigerung einer gemieteten Sache ohne Benachrichtigung des Vermieters (BGH StV 2013, 632; OLG Oldenburg NJW 1952, 1267; Lagodny Jura 1992, 659 (664); Hohmann in MüKoStGB Rn. 28; krit. Schmid MDR 1981, 806; sa Schmid MDR 1982, 374; str.); idR jedoch nicht schon bei der Nichtrückgabe einer gemieteten Sache nach Vertragsende (BGH StV 2013, 632; OLG Hamm wistra 1999, 112 LG Potsdam NStZ-RR 2008, 143; zur Weiterbenutzung → Rn. 5). Neuerdings wird auch für § 246 eine **Beendigungsphase** konstruiert; sie soll sich – harmonisierend mit der Beendigungsphase bei § 242 (→ § 242 Rn. 18) – an der „Eigentumsvertiefung" ausrichten (Lotze/Reschke JR 2013, 59 (63), nach denen das einschränkend nur für Fallkonstellationen gelten soll, bei denen das Opfer oder hilfsbereite Dritte diese Vertiefung vereiteln können).

5 aa) In der Regel liegt Zueignung vor bei Verzehr, Verbrauch oder Verarbeitung (§ 950 BGB) der Sache, bei ihrer Verbindung mit einer anderen Sache (§§ 946, 947 BGB), auch bei Vermischung (§ 948 BGB) fremden Geldes mit eigenem, jedenfalls dann wenn der Täter zur sofortigen Rückzahlung nicht in der Lage ist (OLG Düsseldorf NStZ-RR 1999, 41; Klesczewski StrafR BT S. 78; → § 242 Rn. 22), und bei rechtsgeschäftlicher Verfügung über sie, zB durch Verschenken (Maurach/Schroeder/Maiwald/Hoyer/Momsen StrafR BT § 34 Rn. 34; Hohmann in MüKoStGB Rn. 37; → § 242 Rn. 26; zum gutgläubigen Empfänger Gropp FS Maiwald, 2010, 263 (269)); im Falle einer Verpfändung schließt die sichere Möglichkeit der jederzeitigen Wiedereinlösung die Zueignung jedoch aus (BGHSt 12, 299 = NJW 1959, 586; Vogel in LK-StGB Rn. 40; aM Kindhäuser in NK-StGB Rn. 31). Die Veräußerung einer unter Eigentumsvorbehalt gekauften Sache (BGHSt 16, 280

= NJW 1962, 117) ist dann keine Zueignung, wenn der Erwerber die weiteren Raten übernimmt (OLG Oldenburg Nds. Rpfl. 1960, 236; OLG Hamm JMBl. NRW 1961, 44; sa Baumann ZStW 68 (1956), 522). Es genügt auch nicht, wenn eine solche Sache nur der Herrschaft des Vorbehaltskäufers ohne Beeinträchtigung der Position des Eigentümers entzogen wird (BGH bei Dallinger MDR 1974, 367). Die mehrfache Sicherungsübereignung derselben Sache kann Unterschlagung oder Betrug sein (BGHSt 1, 262 = BeckRS 1951, 31399738; BGH GA 1965, 207). Auch im Abschluss von obligatorischen Verträgen über die Sache kann eine Zueignung liegen; uU schon im Kaufangebot (OLG Braunschweig HESt 2, 320; OLG Schleswig SchlHA 1970, 195; aM Maiwald FS Schreiber, 2005, 315 (326); Hoyer in SK-StGB Rn. 27). Im bloßen Nichtanzeigen eines Fundes liegt keinesfalls (OLG Hamm JR 1952, 204), selbst in der Ingebrauchnahme des gefundenen Gegenstandes nicht ohne weiteres (OLG Schleswig SchlHA 1953, 217) eine Zueignung (vgl. Basak, Irrwege der Strafgesetzgebung, 1999, S. 191). Dagegen ist bei der sog. Diebesfalle (→ Rn. 3) das Fehlen der (rechtswidrigen) Zueignung nicht überzeugend begründbar, wenn der Täter den „Lockgegenstand" ohne Gewahrsamsbruch an sich nimmt (OLG Celle JR 1987, 253 mablAnm Hillenkamp; LG Gera StraFo 2000, 358; Paeffgen JR 1979, 297; Otto Jura 1997, 464 (468); Fischer § 242 Rn. 23, 55; aM OLG Düsseldorf NStZ 1992, 237 mit abl. Bespr. Geppert JK StGB § 242 Rn. 15; Hellmann in Krey/Hellmann/Heinrich StrafR BT II Rn. 43; Rengier StrafR BT I § 2 Rn. 33; Wessels/Hillenkamp/Schuhr StrafR BT II Rn. 106). Ob das Ableugnen des Besitzes (BayObLG JR 1955, 271) und die Weiterbenutzung eines befristet gemieteten Autos nach Vertragsablauf (OLG Köln JMBl. NRW 1962, 175; OLG Düsseldorf StV 1990, 164; zur Abgrenzung von § 248b beachte BayObLG NJW 1961, 280; OLG Celle NJW 1974, 2326; sa AG Saalfeld StraFo 2004, 397; zum weiteren Gebrauch eines herauszugebenden Baugerüstes BGH StV 2013, 632) oder eines zur Sicherung übereigneten Gegenstandes nach berechtigtem Rückgabeverlangen des Eigentümers (BGHSt 34, 309 (311) = NJW 1987, 2242) genügen, hängt davon ab, ob sie den Zueignungswillen hinreichend eindeutig manifestieren (anders Basak, Irrwege der Strafgesetzgebung, 1999, S. 192, 193); dagegen begeht der wegen Diebstahls Beschuldigte durch die Einlassung, die bei ihm gefundenen Sachen seien sein Eigentum, idR noch keine Zueignung (OLG Frankfurt a. M. SJZ 1947, 676); das gilt auch für die Aussage des Rückgabepflichtigen, die Sache verlegt zu haben oder für die bloße Nichterklärung auf das Rückgabeverlangen des Eigentümers hin (OLG Brandenburg NStZ 2010, 220 mit Bespr. Hecker JuS 2010, 740); eine solche ist auch nicht notwendig darin zu sehen, dass ein Auslieferungsfahrer die beförderten Sachen an einem Ort abstellt, der nicht mit der Empfängeradresse übereinstimmt (BGH NStZ-RR 2009, 51).

Im Bereich der **Amtsunterschlagung** dehnt die Rspr. den Zueignungsbegriff 6
in problematischer Weise über seine allgemeinen Grenzen aus (krit. Bosch in Schönke/Schröder, Rn. 12) und lässt es genügen, wenn der Amtsträger amtliche Gelder zur – sei es auch nur vorübergehenden – Deckung von Fehlbeträgen verwendet (BGHSt 9, 348 mablAnm Koch NJW 1957, 150; str.); dabei soll es auf eine Entnahme aus der Kasse nicht ankommen, vielmehr die Vornahme einer falschen oder die Unterlassung einer vorgeschriebenen Buchung genügen (BGHSt 24, 115 = NJW 1971, 900 mit abl. Bespr. Otto Jura 1996, 383; Tenckhoff JuS 1984, 775 (778); Seelmann JuS 1985, 699 (701); aM auch Kindhäuser in NK-StGB Rn. 32; zw.). Ob der Amtsträger zum Ersatz des Fehlbetrages verpflichtet war, ist für die Manifestation des Zueignungswillens unerheblich, sofern er nur eine solche Ersatzpflicht annahm. In der bloßen Benutzung von Ausrüstungsgegenständen im Dienst

der Bundeswehr, die dem Soldaten nicht ordnungsgemäß zur Verfügung gestellt wurden, liegt keine Manifestation des Zueignungswillens (BayObLG JuS 2021, 561). – Die Veräußerung einer Sache durch den Insolvenzverwalter ist wegen des nach § 80 I InsO erfolgten Übergangs der Verfügungsbefugnis keine Zueignung (Tachau wistra 2005, 449 (450)).

7 bb) Hat der Täter sich die Sache zugeeignet, so kann er durch **weitere Herrschaftsbetätigungen** den Tatbestand nicht noch einmal erfüllen (BGHSt 14, 38 = NJW 1960, 684 mit Bespr. Schünemann JuS 1968, 114; Eckstein JA 2001, 25; dazu Kühl HRR StrafR BT Nr. 53; Otto, Die Struktur des strafrechtlichen Vermögensschutzes, 1970, S. 107; Maiwald, Der Zueignungsbegriff im System der Eigentumsdelikte, 1970, S. 261; Maurach/Schroeder/Maiwald/Hoyer/Momsen StrafR BT § 34 Rn. 22; Jäger JuS 2000, 1167 (1170); Schulz FS Lampe, 2003, 653 (669); Rengier StrafR BT I § 5 Rn. 51; iE auch Roth, Eigentumsschutz nach der Realisierung von Zueignungsunrecht, 1986, S. 107; im Ansatz abw. Hoyer in SK-StGB Rn. 32); ob dies auch für eine der Sichzueignung nachfolgende Drittzueignung (→ Rn. 8) gilt, ist noch nicht entschieden (dafür Mitsch StrafR BT II/1 § 2 Rn. 51; Rengier StrafR BT I § 5 Rn. 23 a; Cantzler JA 2001, 567 (573); für eine teleologische Reduktion des Tatbestandes wegen der bloßen Perpetuierung der rechtswidrigen Besitzlage Murmann NStZ 1999, 14 (15); zust. Schulz FS Lampe, 2003, 653 (654); dagegen Duttge/Sotelsek Jura 2002, 526 (531)). Dagegen sind nach der im Schrifttum überwiegenden Meinung die späteren Herrschaftsbetätigungen tatbestandlich Unterschlagung, aber als mitbestrafte Nachtaten (→ Vor § 52 Rn. 32) zu behandeln (Bockelmann JZ 1960, 621; Tenckhoff JuS 1984, 775 (778); Seelmann JuS 1985, 699 (702); Mitsch ZStW 111 (1999), 65 (92); Duttge/Sotelsek Jura 2002, 526 (532); Eisele StrafR BT II Rn. 264; Wessels/Hillenkamp/Schuhr StrafR BT II Rn. 328; Bosch in Schönke/Schröder, Rn. 19); diese Konkurrenzlösung wird auch für die der Sichzueignung nachfolgende Drittzueignung vertreten (Wessels/Hillenkamp/Schuhr StrafR BT II Rn. 331). Der Unterschied ist deshalb wichtig, weil die Förderung einer solchen Nachtat strafbare Beihilfe sein kann (abl. Bockelmann JZ 1960, 621 (625); → § 27 Rn. 8). Die Subsidiaritätsklausel (→ Rn. 14) ändert an diesem Streitstand nichts (näher Küper/Zopfs StrafR BT Rn. 860; ebenso Dencker in DSNS StrRG § 1 Rn. 57; Gehrmann, Systematik und Grenzen der Zueignungsdelikte, 2002, S. 106; aM Gropp JuS 1999, 1041 (1045); Eckstein JA 2001, 25 (30)). Aus dieser Rspr. folgt weiter, dass auch die **neue Herrschaftsbetätigung** desjenigen den Tatbestand nicht erfüllt, der den Berechtigten seiner Sachherrschaft bereits durch eine andere Vermögensstraftat (Diebstahl, Erpressung, Betrug, Untreue) entsetzt hat (BGHSt 14, 38 = NJW 1960, 684; BGH NStZ-RR 1996, 131 mit zust. Bespr. Otto JK StGB § 246 Rn. 10); anders wenn ein vorausgegangener Betrug nur den Fremdbesitz (zB Ratenkauf mit Eigentumsvorbehalt) verschafft hatte (BGHSt 16, 280 = NJW 1962, 117). Allerdings sind hier solche Herrschaftsbetätigungen nicht gemeint, die – wie zB der gutgläubige Erwerb einer gestohlenen Sache – keine Herrschaftsanmaßung gegenüber dem Berechtigten enthalten (Otto, Die Struktur des strafrechtlichen Vermögensschutzes, 1970, S. 115); hier erfüllt erst die Manifestation des bösgläubig gewordenen Erwerbers den Tatbestand (BGH BeckRS 1966, 00115). Nach dieser Rspr. erfüllten auch Herrschaftsbetätigungen, die gleichzeitig mit einem anderen Zueignungsdelikt begangen werden, nicht noch zusätzlich den Tatbestand des § 246 (BGHSt 14, 38 (46) = NJW 1960, 684; zust. Hellmann in Krey/Hellmann/Heinrich StrafR BT II Rn. 243, 244; krit. Küper Jura 1996, 205 (207)); diese sog. Gleichzeitigkeitsfälle sind jetzt von der Subsidiaritätsklausel (→ Rn. 14) erfasst (Wessels/Hillenkamp/

Schuhr StrafR BT II Rn. 326; ebenso Murmann NStZ 1999, 14 (16), der deren Anwendungsbereich aber vorsichtig erweitert; ähnlich Eckstein JA 2001, 25 (30); aM Hellmann in Krey/Hellmann/Heinrich StrafR BT II Rn. 244, tatbestandliche Subsidiarität; krit. dazu Jäger JuS 2000, 1167 (1170)).

b) Der Täter muss die Sache **sich oder einem Dritten** zueignen (→ § 242 Rn. 26, 26a). Daran fehlt es namentlich, wenn er sich der Sache nur entledigen will, weil deren Besitz ihm zu gefährlich ist (OLG Hamburg GA 1961, 121) oder weil sie durch eine Beschädigung für ihn unverwendbar geworden ist (OLG Celle Nds. Rpfl. 1962, 168). Anders als bei § 242 (→ § 242 Rn. 25) ist Absicht auch nicht hinsichtlich der Aneignung gefordert (Ambos GA 2007, 127 (143); Rengier StrafR BT I § 5 Rn. 18; Wessels/Hillenkamp/Schuhr StrafR BT II Rn. 312; Hoyer in SK-StGB Rn. 40; aM Kindhäuser FS Gössel, 2002, 451 (461); Dencker FS Rudolphi, 2004, 425 (439); Kindhäuser/Hilgendorf in LPK-StGB Rn. 31; Küper StrafR BT S. 486). **Drittzueignung** (zur Veränderung des tatbestandlichen Unrechts Maiwald FS Schreiber, 2005, 315; zu den Folgen für Täterschaft und Teilnahme Hauck, Drittzueignung und Beteiligung, 2007) – Anlass für die Einbeziehung der Drittzueignung war die (nicht zwingende) Verneinung der Sichzueignung durch die Rspr. in den DDR-Postplünderungsfällen (BGHSt 41, 187 = NJW 1996, 402; krit. Naucke, Die strafjuristische Privilegierung staatsverstärkter Kriminalität, 1996, S. 59; Bussmann StV 1999, 613 (615); Rönnau GA 2000, 410 (414)) – liegt wie bei § 242 (→ § 242 Rn. 26a) nicht schon bei Entziehung oder Zerstörung der Sache vor (ebenso Jäger JuS 2000, 1167 (1168); Mitsch StrafR BT II/1 § 2 Rn. 37). Typische Drittzueignung ist das Verschaffen des Besitzes (Gehrmann, Systematik und Grenzen der Zueignungsdelikte, 2002, S. 94; Wessels/Hillenkamp/Schuhr StrafR BT II Rn. 313; enger Vogel in LK-StGB Rn. 47). Wer sich aber einer Sache in dem Bewusstsein entledigt, dass ein Dritter sie seinem Vermögen einverleibt, manifestiert dadurch je nach den Umständen den hier – anders als bei § 242 (→ § 242 Rn. 25) – auch hinsichtlich der Aneignung ausreichenden bedingten Drittzueignungswillen (vgl. zu diesen sog. „Quasi-Dereliktionen" Noak in Schlüchter, 6. StrRG, 1998, S. 74; Schenkewitz NStZ 2003, 17 (20); einschr. Bosch in Schönke/Schröder, Rn. 21; aM Dencker in DSNS StrRG § 1 Rn. 42; Dencker FS Rudolphi, 2004, 425 (439, 442), der Absicht verlangt; abl. auch Mikolajczyk, Der Zueignungsbegriff des Unterschlagungstatbestandes, 2005, S. 114). An einer Drittzueignung fehlt es, wenn die Sache dem Dritten nur zum bloß unbefugten vorübergehenden Gebrauch zugewendet wird (→ § 242 Rn. 24, 26a). Problematisch ist die Drittzueignung vor allem in Fällen, in denen der Täter im Zeitpunkt der Zueignung keinen Besitz oder Gewahrsam an der Sache hat (Dencker in DSNS StrRG § 1 Rn. 50–56; vgl. die Beispiele bei Otto Jura 1998, 550 (552), der eine Einschränkung auf „unmittelbar besitzändernde" Verfügungen fordert; ebenso Cantzler JA 2001, 567 (569); ähnlich Mitsch ZStW 111 (1999), 65 (89); Mitsch StrafR BT II/1 § 2 Rn. 19, 28; Bussmann StV 1999, 613 (616); Duttge/Fahnenschmidt ZStW 110 (1998), 884 (917); Duttge/Sotelsek Jura 2002, 526 (531) formulieren eine „eingeschränkte Substanzformel", die auf Täterseite einen wirtschaftlichen Vorteil im weitesten Sinne verlangt; dagegen Schenkewitz NStZ 2003, 17 (21); einschr. auch Rengier FS Lenckner, 1998, 801 (811), der mindestens mittelbaren Besitz des begünstigten Dritten verlangt; ebenso Kudlich JuS 2001, 767 (772); Hellmann in Krey/Hellmann/Heinrich StrafR BT II Rn. 239; noch enger Jahn, Irrwege der Strafgesetzgebung, 1999, S. 214, der ein ungeschriebenes Merkmal „in Besitz oder Gewahrsam" pos- 8 tuliert). Bloße Kundgabe oder Berühmung reichen für die auch hier zu fordernde Betätigung des Zueignungswillens nicht (Wessels/Hillenkamp/Schuhr StrafR BT II Rn. 319; Eser in Schönke/Schröder, Rn. 10). Noch ungeklärt ist die Frage, ob es für die (vollendete) Drittzueignung auf die Mitwirkung und das Einverständnis des Dritten ankommt (dafür Kindhäuser/Böse StrafR BT II § 6 Rn. 29–35; Rengier FS Lenckner, 1998, 801 (805); anders jetzt in Rengier StrafR BT I § 5 Rn. 45, der „heimliche" und „aufgedrängte" Zueignungen ausscheidet; ähnlich Cantzler JA 2001, 567 (571); Kauffmann, Zur Identität des strafrechtlichen Zueignungsbegriffs, 2005, S. 208; dafür auch Vogel in LK-StGB Rn. 47; diff. zu „aufgedrängten" oder „heimlichen" Drittzueignungen Vogel in LK-StGB Rn. 48; dagegen Jäger JuS 2000, 1167 (1168); Duttge/Sotelsek Jura 2002, 526 (532); Gropp FS Maiwald, 2010, 263 (274); Maurach/Schroeder/Maiwald/Hoyer/Momsen StrafR BT § 34 Rn. 35; Wessels/Hillenkamp/Schuhr StrafR BT II Rn. 281; diff. Schenkewitz NStZ 2003, 17 (18); Kindhäuser FS Gössel, 2002, 451 (464)). Die Sache muss nicht vollständig in das Vermögen des Dritten eingeordnet sein (Jäger JuS 2000, 1167 (1168); Schroth StrafR BT S. 130; aM Noak, Drittzueignung und 6. Strafrechtsreformgesetz, 1999, S. 133). Überträgt der Sicherungsgeber den unmittelbaren Besitz am Sicherungsgut auf den Dritten, so muss zum Ausdruck kommen, dass der bisherige Fremdbesitz durch Eigenbesitz, der dem Dritten auf Dauer verschafft wird, ersetzt werden soll (BGH wistra 2007, 18 (20) mit Bespr. Hauck wistra 2008, 241). Der Zueignungswille ist kein besonderes persönliches Merkmal iSd § 14 (BGHSt 40, 8 (19) = NJW 1994, 1228); jedoch eignet sich idR die Sache zu, wer als Organ oder Vertreter für eine juristische Person oder eine Personenmehrheit handelt (OLG Karlsruhe Justiz 1975, 314); es kommt in diesen Fällen auch eine Drittzueignung in Betracht (→ § 242 Rn. 26a).

9 **5.** Der **Vorsatz** (bedingter genügt) muss sich namentlich auf die Fremdheit der Sache erstrecken (BayObLG NJW 1963, 310; → § 242 Rn. 19) und reicht auch für die Zueignung (→ Rn. 8; Eisele StrafR BT II Rn. 270; Hohmann in MüKoStGB Rn. 52; aM Dencker FS Rudolphi, 2004, 425 (442), der Absicht hinsichtlich der Umstände verlangt, die die Aneignung ermöglichen; Klesczewski StrafR BT S. 81). Ob er auch die Rechtswidrigkeit der Zueignung umfassen muss, ist umstritten (→ Rn. 11).

10 **6. a)** Zur **Rechtswidrigkeit** der Zueignung → § 242 Rn. 27. Eignet sich jemand eine ihm unter Eigentumsvorbehalt gelieferte (fremde, → § 242 Rn. 5) Sache durch Weiterveräußerung zu, so ist die Zueignung nicht rechtswidrig, wenn sich aus den Vertragsbeziehungen zum Vorbehaltsverkäufer dessen (ausdrückliche oder stillschweigende) Einwilligung ergibt (OLG Düsseldorf NJW 1984, 810); das gilt auch bei Veräußerung von zur Sicherheit übereigneten Sachen (BGH NStZ 2005, 566 mit Bespr. Geppert JK StGB § 246 Rn. 14); nicht rechtswidrig ist die von § 241a BGB „gestattete" Zueignung unbestellt zugesandter Waren (Haft/Eisele GS Meurer, 2002, 245 (257); für Rechtfertigung durch § 241a BGB Matzky NStZ 2002, 458 (462); erwogen auch von Wessels/Hillenkamp/Schuhr StrafR BT II Rn. 320; krit. zur Begr. Otto Jura 2004, 389 (390), der schon die Fremdheit der unbestellten Sache verneint). – Soweit man im Wechseln fremden Geldes überhaupt eine Zueignung sieht (→ § 242 Rn. 22), ist die Rechtswidrigkeit idR durch mutmaßliche Einwilligung (→ Vor § 32 Rn. 19–21) ausgeschlossen.

11 **b)** Ob die Rechtswidrigkeit **zum Tatbestand gehört** und welchen Regeln der Irrtum über sie folgt, ist hier ebenso umstritten wie beim Diebstahl (→ § § 242

Rn. 28). Jedenfalls ist aber eine unterschiedliche Behandlung bei Diebstahl und Unterschlagung ausgeschlossen (OLG Hamm NJW 1969, 619; str.).

7. Täter, auch Mittäter, konnte bisher nach hM nur sein, wer Gewahrsam an der Sache hatte; diese schon bisher umstrittene Einschränkung (Küper Jura 1996, 205 (209)) ist durch die Neufassung entfallen (Dencker in DSNS StrRG § 1 Rn. 49; Rengier FS Lenckner, 1998, 801 (808); Wessels/Hillenkamp/Schuhr StrafR BT II Rn. 317). Hat jemand die von einem anderen unterschlagene Sache mit dessen Einverständnis in seine Verfügungsgewalt gebracht, so kommt in Frage, dass er nur Teilnahme an der Unterschlagung oder nur Hehlerei begangen hat oder dass beide Gesetzesverletzungen in Tatmehrheit oder Tateinheit zusammentreffen (iE → § 259 Rn. 6, 18, 20). Zur Abgrenzung von Täterschaft und Teilnahme nach der Neufassung Jäger JuS 2000, 1167 (1169) und – auf die allgemeinen Kriterien verweisend – Kudlich JuS 2001, 767 (769); sowie Maurach/Schroeder/Maiwald/Hoyer/Momsen StrafR BT § 34 Rn. 34; Rengier StrafR BT I § 5 Rn. 46–49; eing. Hauck, Drittzueignung und Beteiligung, 2007. 12

8. Die **Veruntreuung** nach **Abs. 2** ist ein qualifizierter Fall der Unterschlagung. **Anvertraut** (besonderes persönliches Merkmal iSd § 28 II, StV 1995, 84; Hohmann in MüKoStGB Rn. 62; ebenso Schünemann in LK-StGB Rn. 66; Hoyer in SK-StGB Rn. 36, beide zu § 28; str.) ist eine Sache nicht erst bei Vorliegen eines besonderen Treueverhältnisses (BGHSt 9, 90 = BeckRS 1956, 31192089; Hohmann in MüKoStGB Rn. 54), sondern schon dann, wenn sie dem Täter in dem Vertrauen überlassen wurde, er werde die Herrschaft nur iSd Überlassenden ausüben, zB jede unter Eigentumsvorbehalt gekaufte (BGHSt 16, 280 = NJW 1962, 117) oder gemietete (BGHSt 9, 90 = BeckRS 1956, 31192089) Sache, nicht jedoch eine Sache, die ein Dritter im Widerspruch zu den Interessen des Eigentümers (zB die Diebesbeute) „anvertraut" hat (Bosch in Schönke/Schröder, Rn. 29; sowie Bosch JK StGB § 246 Rn. 15 zu BGH NJW 2012, 3046; zur Entscheidung auch Hohmann NStZ 2012, 161; Heghmanns ZIS 2013, 134; sowie Wessels/Hillenkamp/Schuhr StrafR BT II Rn. 327, aktuelle Entscheidung); Gewahrsam des Täters an der ihm überlassenen Sache wird weiter vorausgesetzt (Wessels/Hillenkamp/Schuhr StrafR BT II Rn. 321; Hoyer in SK-StGB Rn. 43; aM Friedl wistra 1999, 206; Mitsch ZStW 111 (1999), 65 (93); sa Küper/Zopfs StrafR BT Rn. 44, der eine „sonstige Verfügungsgewalt" einbeziehen will); iÜ wird das Anvertrautsein nicht dadurch ausgeschlossen, dass mit der Überlassung der Sache ein gesetz- oder sittenwidriger Zweck verfolgt wird oder das zugrunde liegende Rechtsgeschäft unwirksam ist (hM; vgl. Wessels/Hillenkamp/Schuhr StrafR BT II Rn. 322; aM Kindhäuser in NK-StGB Rn. 41; Hoyer in SK-StGB Rn. 47; Joecks/Jäger StGB Rn. 29). 13

9. Jedenfalls gegenüber anderen Zueignungsdelikten iwS ist die Unterschlagung (auch die veruntreuende nach Abs. 2 BGH NJW 2012, 3046 mit zust. Bespr. Bosch JK StGB § 246 Rn. 15; abl. Heghmanns ZJS 2013, 124; und die versuchte nach Abs. 3, Duttge/Sotelsek Jura 2002, 526 (533); Mitsch JuS 2015, 97 (100); Mitsch StrafR BT II/1 § 2 Rn. 70; der versuchte Diebstahl verdrängt auch die unmittelbar folgende vollendete Unterschlagung, BGH NStZ-RR 2021, 212; Jäger JuS 2000, 1167 (1171); anders Hinderer JuS 2009, 625), sofern sie nicht schon tatbestandsmäßig ausscheidet (→ Rn. 7) **subsidiär** (Abs. 1, letzter Halbsatz); diese Einschränkung der Subsidiarität (BT-Drs. 13/8587, 43) ist freilich im Wortlaut nicht zum Ausdruck gekommen, so dass Subsidiarität zu allen Vorschriften mit schwererer 14

Strafdrohung anzunehmen ist (BGHSt 43, 237 = NJW 1998, 465 zu § 125; BGHSt 47, 238 = NJW 2002, 1436 mit Bespr. Cantzler/Zauner Jura 2003, 483; Duttge/Sotelsek NJW 2002, 3756; Freund/Putz NStZ 2003, 242; Heghmanns JuS 2003, 954; Hoyer JR 2002, 517; Küpper JZ 2002, 1115; BGH StraFo 2014, 434 zu § 99 I; Otto NStZ 2003, 87; BGH NStZ-RR 2018, 118; Otto Jura 1998, 550 (551); Wagner FS Grünwald, 1999, 797 (803); Hohmann in MüKoStGB Rn. 64; Kudlich in Satzger/Schluckebier/Widmaier StGB Rn. 29, trotz systematischer Bedenken; aM Jäger JuS 2000, 1167 (1171); Cantzler JA 2001, 567 (571); Gehrmann, Systematik und Grenzen der Zueignungsdelikte, 2002, S. 195; Mikolajczyk, Der Zueignungsbegriff des Unterschlagungstatbestandes, 2005, S. 128, 158; Mitsch StrafR BT II/1 § 2 Rn. 75; Maurach/Schroeder/Maiwald/Hoyer/Momsen StrafR BT § 34 Rn. 43; Wessels/Hillenkamp/Schuhr StrafR BT II Rn. 326; Bosch in Schönke/Schröder, Rn. 32; Fischer Rn. 23–23d). Wird betrügerisch erlangtes Geld danach an Dritte weitergegeben, unterfällt dies nicht mehr der Sudsidiaritätsklausel (BGH NStZ-RR 2022, 14). Wegen der wechselseitigen Subsidiaritätsklauseln ist mit § 248b Tateinheit möglich. **Tateinheit** ua möglich mit §§ 133, 136 I. – **Wahlfeststellung** → § 1 Rn. 14; speziell zwischen § 242 und § 246 ist nur noch unechte Wahlfeststellung auf Grund bloßer Tatsachenalternativität und damit Strafbarkeit aus § 246 anzunehmen (Jäger JuS 2000, 1167 (1171); → § 1 Rn. 9).

15 **10.** Unterschlagung in Haus und Familie § 247. Geringwertige Sachen § 248a.

§ 247 Haus- und Familiendiebstahl

Ist durch einen Diebstahl oder eine Unterschlagung ein Angehöriger, der Vormund oder der Betreuer verletzt oder lebt der Verletzte mit dem Täter in häuslicher Gemeinschaft, so wird die Tat nur auf Antrag verfolgt.

1 **1.** Das **Antragserfordernis** dient der Erhaltung des Familienfriedens (BGHSt 18, 123 = NJW 1963, 57; BGHSt 59, 278 (281) = NJW 2014, 2968). Es gilt für Diebstahl (§§ 242–244a) und Unterschlagung (§ 246), nicht für Raub und räuberischen Diebstahl (§§ 249–252). Vgl. auch §§ 248c III, 259 II, 263 IV, 263a II, 265a III, 266 II.

2 **2. Strafantrag** §§ 77–77d. **Verletzte** (→ § 77 Rn. 6, 7) sind bei § 246 nur der Eigentümer, bei §§ 242ff. der Eigentümer und der Gewahrsamsinhaber (→ § 242 Rn. 1; Rengier StrafR BT I § 6 Rn. 2a; Vogel in LK-StGB Rn. 16; aM Bosch Jura 2013, 368 (372); Kindhäuser in NK-StGB Rn. 11); sind sie verschiedene Personen, so muss – wenn die Gewahrsamsposition auch dem Eigentümer gegenüber rechtlich geschützt ist (ähnlich einschr. BGHSt 10, 400 = NJW 1957, 1933) – die persönliche Beziehung zu beiden bestehen. **Angehöriger** → § 11 Rn. 2. **Vormund** §§ 1773ff. BGB. **Betreuer** §§ 1896ff. BGB; vgl. BGHSt 59, 278 (280) = NJW 2014, 2968 Betreuer nach § 1901 II 2 BGB. Eine **häusliche Gemeinschaft** setzt den freien und ernstlichen Willen der Mitglieder zum Zusammenleben auf eine gewisse Dauer voraus (BGHSt 29, 54 = NJW 1979, 2055); am freien Willen fehlt es zB beim Soldaten in der Kaserne und beim Insassen einer Straf- oder Verwahrungsanstalt oder eines Flüchtlingslagers (hM; anders Seelmann JuS 1985, 699 (703)), nicht aber beim Bewohner eines Internats oder Altenheims (BT-Drs. 7/550, 247; Kindhäuser in NK-StGB Rn. 7; Bosch in Schönke/Schröder, Rn. 7), am ernstlichen Willen zB beim Täter, der das Zusammenleben von vornherein nur zu Straf-

taten gegen die Mitglieder ausnutzen will (BGHSt 29, 54 = NJW 1979, 2055; zw.). Die persönliche Beziehung muss zurzeit der Tat bestanden haben (BGHSt 29, 54 = NJW 1979, 2055); ihr späterer Wegfall lässt – wie sich zT schon aus § 11 I Nr. 1a ergibt – das Antragsrecht unberührt (OLG Celle NJW 1986, 733 mAnm Stree JR 1986, 386; OLG Hamm NJW 1986, 734; str.).

3. Das Antragserfordernis gilt nur für den **Beteiligten** (Täter oder Teilnehmer, 3 nicht Kinder BGH StraFo 2017, 120), bei dem die persönliche Beziehung tatsächlich besteht (BGH NJW 2003, 3283 (3285) mAnm Kühl NStZ 2004, 387; ebenso Wessels/Hillenkamp/Schuhr StrafR BT II Rn. 336). Ein Irrtum hierüber ist unerheblich (Mitsch StrafR BT II/1 § 1 Rn. 272).

§ 248 (weggefallen)

§ 248a Diebstahl und Unterschlagung geringwertiger Sachen

Der Diebstahl und die Unterschlagung geringwertiger Sachen werden in den Fällen der §§ 242 und 246 nur auf Antrag verfolgt, es sei denn, daß die Strafverfolgungsbehörde wegen des besonderen öffentlichen Interesses an der Strafverfolgung ein Einschreiten von Amts wegen für geboten hält.

1. Die Vorschrift lässt die Verfolgung von Diebstahl und Unterschlagung **geringwertiger** Gegenstände **nur auf Antrag oder bei Vorliegen eines besonderen öffentlichen Interesses** zu. Sie beschreibt keine selbständigen Delikte 1 (BVerfGE 50, 205 = NJW 1979, 1039; OLG Hamm NJW 1979, 117; aM Naucke NStZ 1988, 220), sondern enthält nur zusammen mit den §§ 248c III, 257 IV 2, 259 II, 263 IV, 263a II, 265a III, 266 III, 266b II eine insgesamt prozessrechtliche Konzeption, die der Bewältigung der Bagatellkriminalität (→ Vor § 13 Rn. 5a) im Bereich der Aneignungs-, Bereicherungs- und Begünstigungsdelikte dient (zu ihrer Verfassungsmäßigkeit im Hinblick auf Bagatelldiebstähle BVerfGE 50, 205 = NJW 1979, 1039). Sie wird ergänzt durch die §§ 153 I, 153a StPO, die bei Vermögensdelikten mit geringem Schaden die Einstellung des Verfahrens von der Zustimmung des Gerichts unabhängig machen und darüber hinaus die Einstellungsmöglichkeiten wegen Geringfügigkeit allgemein erweitern (Eckl JR 1975, 99; Boxdorfer NJW 1976, 317; Hobe FS Leferenz, 1983, 629).

2. Strafantrag §§ 77–77d. Kein Übergang des Antragsrechts auf die Angehöri- 2 gen (→ § 77 Rn. 8). Zur Verfolgung von Amts wegen auf der Grundlage eines **besonderen öffentlichen Interesses** → § 230 Rn. 3–6.

3. a) Ob **Sachen geringwertig** sind, bestimmt sich nach ihrem Verkehrswert 3 (BGH NJW 1977, 1460; OLG Hamm BeckRS 2011, 07785 mit krit. Bespr. Jahn JuS 2011, 755, EC-Karte; Rengier StrafR BT I § 6 Rn. 3; Kindhäuser in NK-StGB Rn. 4) zurzeit der Tat, so dass nachträgliche Veränderungen zum Zwecke besserer Verwertung nicht zu Buch schlagen (BGH NStZ 1981, 62); bei der Beurteilung dürfen die Verhältnisse der Beteiligten, namentlich des Verletzten, nicht völlig außer Betracht bleiben (Fischer Rn. 3; aM Schmitz in MüKoStGB § 243 Rn. 64). Gegenwärtig dürfte die Grenze im Regelfall etwa bei 50 EUR liegen (OLG Hamm NJW 2003, 3145; wistra 2004, 34; OLG Frankfurt a. M. NStZ-RR 2008, 311 mit Bespr. Jahn JuS 2008, 1024; Zopfs ZJS 2009, 649 (657); Eisele StrafR BT II Rn. 297; Rengier StrafR BT I § 3 Rn. 40; Kudlich in Satzger/Schluckebier/Widmaier StGB Rn. 43; OLG Oldenburg NStZ-RR 2005, 111; KG StraFo 2011, 65, 30 EUR (KG StV 2016, 652, 50 EUR); Jesse JuS 2011, 313 (315), nicht unter 30 EUR; nach Fischer Rn. 3a, 25–30 EUR; ebenso Kindhäuser/Hilgendorf in LPK-StGB Rn. 2; zur Preisentwicklung Henseler StV 2007, 323 (324); zur Möglichkeit, dennoch eine kurze Freiheitsstrafe zu verhängen, OLG Hamburg NStZ-RR 2004, 72). Die Rspr. zu den Merkmalen der Geringwertigkeit und des unbedeutenden Wertes in §§ 247, 248a, 370 I Nr. 5 StGB aF (zB BGHSt 5, 263 = NJW 1954, 239; BGHSt 6, 41 = NJW 1954, 969; BGH GA 1957, 17 (19); GA 1960, 181) ist weiterhin verwertbar (BGh bei Dallinger MDR 1975, 543; OLG Hamm MDR 1977, 424). Wird eine Sache ohne messbaren Verkehrswert nicht zur wirtschaftlichen Verwendung, sondern zu anderen Zwecken gestohlen (zB Diebstahl belastender Akten oder Diebstahl von Scheckformularen zur Fälschung), so entscheidet das Gewicht der funktionellen Möglichkeiten, die nach der Verkehrsanschauung generell mit der Herrschaft über solche Sachen verknüpft sind (ähnlich BGH NJW 1977, 1460; BayObLG NJW 1979, 2218 mAnm Paeffgen JR 1980, 300; einschr. Jungwirth NJW 1984, 954; str.). Im Rahmen einer Handlungseinheit (→ Vor § 52 Rn. 4–19) entscheidet nicht die Geringwertigkeit der einzelnen Sache, sondern der Gesamtwert des Erlangten (OLG Düsseldorf NJW 1984, 810; Wessels/Hillenkamp/Schuhr StrafR BT II Rn. 341), bei Mittätern nicht deren Anteil, sondern die Gesamtmenge (Bosch in Schönke/Schröder, Rn. 15), bei Teilnehmern muss sich deren Tatbeitrag auf eine geringwertige Sache beziehen (Hohmann in MüKoStGB Rn. 12; aM Kindhäuser in NK-StGB Rn. 10). – **Überblick** über die Behandlung geringwertiger Tatobjekte im Strafrecht bei Kudlich/Noltensmeier/Schuhr JA 2010, 342.

4 **b)** Da die Vorschrift nur für Taten nach §§ 242, 246 gilt, darf der Diebstahl (einschließlich Versuch) weder nach § 244 strafbar (OLG Köln NJW 1978, 652; Zopfs ZJS 2009, 649 (658); aM Burkhardt NJW 1975, 1687, der entsprechenden Anwendung des § 243 II vorschlägt) noch ein besonders schwerer Fall nach § 243 sein (BGH NStZ-RR 2014, 141), und zwar unabhängig davon, ob ein Regelbeispiel verwirklicht ist (BGHSt 26, 104 = NJW 1975, 1286 mablAnm Braunsteffer NJW 1975, 1570). Ist die Annahme eines besonders schweren Falles zwar nach § 243 II (→ § 243 Rn. 4–7) nicht ausgeschlossen, aber trotz Vorliegens eines Regelbeispiels ausnahmsweise zu verneinen (→ § 46 Rn. 13), so bleibt § 248a anwendbar (BGHSt 26, 104 = NJW 1975, 1286).

5 **c)** Im Übrigen entscheidet – abweichend von § 243 II (→ § 243 Rn. 4–7) – nur die objektive Geringwertigkeit (hM; vgl. etwa Wessels/Hillenkamp/Schuhr StrafR BT II Rn. 339; in Fällen des Vorsatzwechsels krit. Bosch in Schönke/Schröder, Rn. 17), beim Versuch daher der Wert der Sache, zu deren Wegnahme (§ 242) oder Zueignung (§ 246) der Täter entschlossen war (anders Hoyer in SK-StGB Rn. 11; Hohmann in MüKoStGB Rn. 13). Wegen des prozessualen Charakters des Antragserfordernisses (→ § 77 Rn. 2) ist ein Irrtum über den Wert unerheblich (Warda Jura 1979, 113 (117)).

§ 248b Unbefugter Gebrauch eines Fahrzeugs

(1) **Wer ein Kraftfahrzeug oder ein Fahrrad gegen den Willen des Berechtigten in Gebrauch nimmt, wird mit Freiheitsstrafe bis zu drei Jahren oder mit Geldstrafe bestraft, wenn die Tat nicht in anderen Vorschriften mit schwererer Strafe bedroht ist.**

(2) **Der Versuch ist strafbar.**

(3) **Die Tat wird nur auf Antrag verfolgt.**

(4) **Kraftfahrzeuge im Sinne dieser Vorschrift sind die Fahrzeuge, die durch Maschinenkraft bewegt werden, Landkraftfahrzeuge nur insoweit, als sie nicht an Bahngleise gebunden sind.**

1. Erfasst werden soll das **furtum usus** an Fahrzeugen, das wegen fehlender Zu- 1
eignungsabsicht oder Zueignung nicht nach §§ 242, 246 bestraft werden kann (→ § 242 Rn. 24). Die Vorschrift schützt das Eigentum, uU auch die aus ihm abgeleitete, einem anderen eingeräumte Gebrauchsberechtigung; daher kein Schutz des Gebrauchsberechtigten oder anderer Verkehrsteilnehmer (BGH NJW 1957, 500) gegen den Eigentümer (Hoyer in SK-StGB Rn. 3; aM Wessels/Hillenkamp/Schuhr StrafR BT II Rn. 433; Kindhäuser in NK-StGB Rn. 1; zw.).

2. Kraftfahrzeuge (Abs. 4) sind namentlich Autos, Motorräder, Flugzeuge, 2
Schiffe, dagegen nicht Straßenbahnen, Autoanhänger, Schleppkähne ohne eigenen Antrieb usw.

3. Ingebrauchnehmen setzt nach der Rspr. voraus, dass der Täter ein Fahr- 3
zeug nach seinem Willen – sei es auch nur im Leerlauf (BGHSt 11, 44 = NJW 1958, 152) – zu einer Fahrt in Gang setzt oder in Gang hält (BGHSt 11, 47 = NJW 1958, 151; BGHSt 59, 260 = NJW 2014, 2887 mit Bespr. Jahn JuS 2015, 82; Theile/Stürmer ZJS 2015, 123; Rengier StrafR BT I § 6 Rn. 5; einschr. Franke NJW 1974, 1803; Hoyer in SK-StGB Rn. 10–15; str.). Danach genügen Übernachten im parkenden Wagen, bloßes Mitfahren (OLG Hamm DAR 1961, 92) und nur vertragswidriger Gebrauch während der Mietzeit nicht (LG Mannheim NJW 1965, 1929), wohl aber Benutzen nach Ablauf der Mietzeit (BGH GA 1963, 344; OLG Schleswig NStZ 1990, 340 mablAnm Schmidhäuser; aM Otto JZ 1993, 559 (567); König in Hentschel/König/Dauer § 248b Rn. 8; zw.), unbefugtes Entleihen eines Mietwagens durch einen Dritten (OLG Neustadt MDR 1961, 708) und unbefugtes Fortsetzen eines vermeintlich befugt begonnenen Gebrauchs (BGHSt 11, 47 = NJW 1958, 151; Rengier StrafR BT I § 6 Rn. 6, 7; Wessels/Hillenkamp/Schuhr StrafR BT II Rn. 435; aM BayObLG NJW 1953, 193; Ebert DAR 1954, 291; Hohmann/Sander StrafR BT I § 4 Rn. 11; Hellmann in Krey/Hellmann/Heinrich StrafR BT II Rn. 212; König in Hentschel/König/Dauer § 248b Rn. 6; zw.). Die Tat ist Dauerdelikt (→ Vor § 52 Rn. 11), die mit der Ingebrauchnahme vollendet und mit deren Abschluss beendigt ist (OLG Düsseldorf NStZ 1985, 413; Mitsch StrafR BT II/2 § 1 Rn. 13); nicht mehr tatbestandsmäßig kann jedoch die Rückführung des Fahrzeugs an den Berechtigten (→ Rn. 4) sein (Kudlich JA 2015, 32 (33); → § 242 Rn. 24), weil sie dessen mutmaßlichem Willen entspricht (OLG Düsseldorf NStZ 1985, 413 mit krit. Bespr. Otto JK StGB § 248b Rn. 1; aM Wessels/Hillenkamp/Schuhr StrafR BT II Rn. 438, der aber den Unterstützer dieser Rückführung wegen Risikoverringerung nicht als Gehilfe erfasst; wieder anders Eisele StrafR BT II Rn. 285: Rechtswidrigkeit entfällt; problemati-

sierend Mitsch JuS 2015, 97 (100)). Die bloße Veranlassung zum Sich-Fahren-Lassen genügt mangels Tatherrschaft für eine täterschaftliche Begehung nicht (Küper/Zopfs StrafR BT Rn. 378).

4 4. **Berechtigter** ist jeder, der aus irgendeinem rechtlichen Grunde (zB als Eigentümer, Mieter, Chauffeur während des Dienstes, Fahrzeughalter usw) befugt ist, das Fahrzeug als Fortbewegungsmittel zu benutzen (BGHSt 11, 47 (51) = NJW 1958, 151; BGH VRS 39, 199). **Gegen den Willen** setzt keine ausdrückliche Erklärung, sondern nur erkennbar oder mutmaßlich entgegenstehenden Willen voraus (hM; vgl. Ludwig/Lange JuS 2000, 446 (449)).

5 5. Der **Vorsatz** (bedingter genügt) muss auch den entgegenstehenden Willen des Berechtigten umfassen. Irrige Annahme des Einverständnisses ist daher Tatbestandsirrtum (→ § 16 Rn. 3); Unkenntnis seines Vorliegens begründet untauglichen Versuch (→ § 22 Rn. 12).

6 6. Die in Abs. 1 bestimmte **formelle Subsidiarität** (→ Vor § 52 Rn. 26) bezieht sich nach dem zu respektierenden Wortlaut nicht nur auf Tatbestände gleicher oder ähnlicher Schutzrichtung (Boller, Der unbefugte Gebrauch von Kraftfahrzeugen und Fahrrädern, 2013, S. 114; Heghmanns StrafR BT Rn. 1180; anders die hM; vgl. Wessels/Hillenkamp/Schuhr StrafR BT II Rn. 440). Die Vorschrift wird also verdrängt bei Wegnahme in Zueignungsabsicht von § 242 (zur Abgrenzung → § 242 Rn. 24); bei sonstiger Zueignung von § 246 (Gössel JR 1976, 1 (3)), auch wenn diese erst während des unberechtigten Gebrauchs begangen wird; dies ist allerdings wegen der neuen Subsidiaritätsklausel in § 246 I (→ § 246 Rn. 14) und angesichts der gleichen Strafandrohung zweifelhaft geworden, so dass Tateinheit möglich erscheint (ebenso Mitsch StrafR BT II/1 § 2 Rn. 77). Der Verbrauch lediglich des Benzins im Tank wird als typische Begleittat des § 242 von diesem konsumiert (Kühl StrafR AT § 21 Rn. 62; ebenso v. Heintschel-Heinegg FS Jakobs, 2007, 131 (143); Fahl JZ 2014, 582 (584) „jedenfalls"; und Eisele StrafR BT II 70; bereits den Tatbestand ausschließend BGHSt 14, 386 = NJW 1960, 1729; BGH GA 1960, 182; Vogler FS Bockelmann, 1979, 715 (731); krit. Mitsch StrafR BT II/2 § 1 Rn. 42; aM Ranft JA 1984, 277 (281); für Eingreifen der Subsidiaritätklausel Küper/Zopfs StrafR BT Rn. 379).

7 7. **Strafantrag** §§ 77–77 d. Als Verletzter (→ § 77 Rn. 6, 7) kommt auch der Gebrauchsberechtigte in Frage (hL; aM Hoyer in SK-StGB Rn. 17). Kein Übergang des Antragsrechts auf die Angehörigen (§ 77 II).

§ 248c Entziehung elektrischer Energie

(1) **Wer einer elektrischen Anlage oder Einrichtung fremde elektrische Energie mittels eines Leiters entzieht, der zur ordnungsmäßigen Entnahme von Energie aus der Anlage oder Einrichtung nicht bestimmt ist, wird, wenn er die Handlung in der Absicht begeht, die elektrische Energie sich oder einem Dritten rechtswidrig zuzueignen, mit Freiheitsstrafe bis zu fünf Jahren oder mit Geldstrafe bestraft.**

(2) **Der Versuch ist strafbar.**

(3) **Die §§ 247 und 248 a gelten entsprechend.**

(4) [1]**Wird die in Absatz 1 bezeichnete Handlung in der Absicht begangen, einem anderen rechtswidrig Schaden zuzufügen, so ist die Strafe**

Freiheitsstrafe bis zu zwei Jahren oder Geldstrafe. [2]Die Tat wird nur auf Antrag verfolgt.

1. Die Vorschrift schließt eine bei §§ 242, 246 verbleibende Lücke (RGSt 29, 111 mit Bespr. Vec in Falk/Luminati/Schmoeckel, Fälle aus der Rechtsgeschichte, 2008, S. 284), da fraglich ist, ob elektrische Energie eine Sache im Rechtssinne ist (Brodowski ZJS 2010, 144; → § 242 Rn. 2). In wessen Gewahrsam sich die Energie befindet (zB Akkumulator), ist unerheblich. **Fremd** ist die Energie, auf deren Entziehung der Täter kein Recht hat (hM; Bock JA 2016, 502 (503); krit. Herzberg/Hardtung JuS 1994, 494). Zur „Historie" Bock JA 2016, 509. 1

2. Entziehen ist Minderung des Energievorrats (Herzberg/Hardtung JuS 1994, 494). Hinzu kommen muss die Verwendung eines Leiters (jeder physikalisch geeignete Stromleiter), der ordnungswidrig ist (Brodowski ZJS 2010, 144 (145), der einen Willensbruch fordert; aM Rengier StrafR BT I § 6 Rn. 11); zB Anbringen eines nicht zur Anlage gehörenden Kabels (BGH GA 1958, 369), Anzapfen einer Hochspannung (auch mittels Induktion; aM Hoyer in SK-StGB Rn. 5), Überbrücken oder Umgehen des Stromzählers (OLG Celle MDR 1969, 579), Anschließen an fremde Leitung. Nicht hierher gehören Einwirkungen auf den Zähler oder bloß vertragswidrige Benutzung einer vorhandenen Lichtquelle (Herzberg/Hardtung JuS 1994, 494) oder einer allgemein vom Berechtigten zum Anschluss elektronischer Geräte bestimmten Steckdose (Brodowski ZJS 2010, 144 (146)), auch nicht der Missbrauch von Strom- und Fernsprechautomaten, der unter § 265 a fällt (BayObLG MDR 1961, 619; Klesczewski StrafR BT S. 106), und das Auffangen von Rundfunk- und Fernmeldewellen (Stimpfig MDR 1991, 709; zum sog. Schwarzhören → § 265 a Rn. 5). 2

3. Die Absicht (im Sinne zielgerichteten Wollens, → § 15 Rn. 20) muss bei Abs. 1 auf rechtswidrige Sich- oder Drittzueignung (→ § 242 Rn. 20–28), bei Abs. 4 auf Schadenszufügung (zB Anbringen eines Erdschlusses) gerichtet sein (aM Fischer Rn. 7, die nur bedingten Schädigungsvorsatz ausschließen). Abs. 1 ist durch die in Abs. 3 angeordnete entsprechende Anwendung der §§ 247 und 248 a, Abs. 4 durch dessen S. 2 Antragsdelikt (§§ 77–77 d). 3

20. Abschnitt. Raub und Erpressung

§ 249 Raub

(1) **Wer mit Gewalt gegen eine Person oder unter Anwendung von Drohungen mit gegenwärtiger Gefahr für Leib oder Leben eine fremde bewegliche Sache einem anderen in der Absicht wegnimmt, die Sache sich oder einem Dritten rechtswidrig zuzueignen, wird mit Freiheitsstrafe nicht unter einem Jahr bestraft.**

(2) **In minder schweren Fällen ist die Strafe Freiheitsstrafe von sechs Monaten bis zu fünf Jahren.**

1. Raub ist – auch hinsichtlich der geschützten Rechtsgüter (→ § 240 Rn. 1; → § 242 Rn. 1) – eine eigenständige **Kombination von Diebstahl und Nötigung.** Es muss deshalb der volle äußere und innere Tatbestand des § 242 erfüllt 1 sein, bei dessen Verwirklichung Gewalt oder Drohung als Mittel zur Wegnahme eingesetzt werden; die Wegnahme geringwertiger Sachen genügt (hM; vgl. etwa BGH NStZ-RR 1998, 103; anders Burkhardt NJW 1975, 1687). Raub kann auch durch Unterlassen begangen werden (Rahmani, Raub durch Unterlassen, 2017). – **Rechtsprechungsübersicht** bei Meier NStZ-RR 2013, 329 ff.; NStZ-RR 2015, 33 ff.; NStZ-RR 2017, 1 ff. – **Rechtsgeschichtlich** Vogel in LK-StGB Vor § 249 Rn. 11–18. – **Rechtsvergleichend** Vogel in LK-StGB Vor § 249 Rn. 69–83.

2 **2.** Die **Nötigungsmittel und ihr Einsatz zur Wegnahme.**

a) Gewalt → § 240 Rn. 5–11; auch durch Unterlassen (→ § 240 Rn. 9 a; Walter NStZ 2005, 240; Mitsch StrafR BT II/1 § 3 Rn. 27, 28). Wie bei der Nötigung wird der Begriff auch hier von der Rspr. weit ausgelegt (zusf. und zT krit. Geilen Jura 1979, 54 (109); Schünemann JA 1980, 349 (350); Seelmann JuS 1986, 201; Küper/Zopfs StrafR BT Rn. 298–303; Sinn in SK-StGB Rn. 6–16; Vogel in LK-StGB Rn. 7; für einen engeren Gewaltbegriff, ua mit höheren Anforderungen an die Erheblichkeit der Zwangswirkung, bei § 249 Hellmann in Krey/Hellmann/Heinrich StrafR BT II Rn. 263): die überraschend weggezogene Handtasche (BGHSt 18, 329 = NJW 1963, 1210; OLG Saarbrücken NJW 1969, 621; mit Recht einschr. BGH StV 1990, 262; sa BGH NStZ-RR 2013, 309; Wessels/Hillenkamp/Schuhr StrafR BT II Rn. 348; Knodel JZ 1963, 701; Frommel NKrimPol 1993, 23; Sinn in SK-StGB Rn. 11; Joecks/Jäger StGB Rn. 29–32; Kindhäuser in NK-StGB Rn. 14; ganz abl. Mitsch StrafR BT II/1 § 3 Rn. 24); Spritzen von Deodorantflüssigkeit in die Augen (BGH NStZ 2003, 89; zust. Kudlich/Aksoy JA 2014, 81 (82); Eisele StrafR BT II Rn. 309; abl. Wessels/Hillenkamp/Schuhr StrafR BT II Rn. 348); die weggeschobene Hand des fast Bewusstlosen (BGHSt 16, 341 = NJW 1962, 356; zu Recht krit. Rengier StrafR BT I § 7 Rn. 15); die Ausplünderung des Betrunkenen (BGHSt 4, 210 = NJW 1953, 1400; Kudlich/Aksoy JA 2014, 81 (82)); die Herbeiführung einer bedrohlichen Situation im Straßenverkehr (LG München NJW 1993, 188); das bewusst nur kurzfristige Versperren der Fahrbahn (LG Ulm zfs 2010, 100 mit abl. Bespr. Geppert JK StGB § 249 Rn. 12), nicht aber das bloße Abbremsen vor „grüner Ampel" (BGH NStZ 2020, 219); gewaltsame Rücknahme des mit einer Prostituierten vereinbarten Entgelts (BGH NStZ 2015, 66). Die Gewalt **gegen eine Person** braucht keine gegenwärtige Leibes- oder Lebensgefahr zu bewirken (BGHSt 18, 75 = NJW 1963, 216; BGH NStZ 2003, 89); unbedeutende Beeinträchtigungen der Körperintegrität genügen jedoch nicht (BGHSt 7, 252 (254) = NJW 1955, 877; LG Gera NJW 2000, 159 zu § 252 mit abl. Bespr. Otto JK StGB § 249 Rn. 7; abl. auch Fischer Rn. 4 a; Kudlich/Aksoy JA 2014, 81). Sie kann sich auch gegen den Begleiter des Gewahrsamsinhabers oder eine – sei es auch nur vermeintlich – zur Hilfe verpflichtete oder bereite Person richten (RGSt 69, 327 (330); Eisele StrafR BT II Rn. 312), jedoch nicht lediglich gegen Sachen, es sei denn, dass die Einwirkung eine körperliche Zwangswirkung verursacht, zB die Ausschaltung eines erwarteten Widerstandes durch Einsperren (BGHSt 20, 194 = NJW 1965, 1087; Kudlich/Aksoy JA 2014, 81 (82); Mitsch StrafR BT II/1 § 3 Rn. 20; Rengier StrafR BT I § 7 Rn. 10).

3 **b) Drohung** → § 240 Rn. 12; für § 249 Kudlich/Aksoy JA 2014, 81 (82). Sie kann sich auch gegen die unter → Rn. 2 genannten Personen richten (nicht gegen Hund, BGH StV 2014, 287); gegen einen Bewusstlosen ist sie nicht möglich (BGH DRiZ 1972, 30). Auch Drohung durch schlüssiges Verhalten kommt in Frage (BGH wistra 1994, 225; StV 2015, 560 mit Bespr. Kudlich JA 2015, 551; Geilen

Jura 1979, 109 (110); Kindhäuser in NK-StGB Rn. 5); ferner mittelbare Drohung, wenn die für den Dritten in Aussicht gestellte Gefahr geeignet ist, das Opfer zur Duldung zu motivieren (→ § 240 Rn. 15; Kudlich/Aksoy JA 2014, 81 (82); Küper StrafR BT S. 114; ähnlich Sinn in SK-StGB Rn. 22, der Anwendung von „Zwang" verlangt; enger Zaczyk JZ 1985, 1061, Näheverhältnis). Keine Drohung liegt vor bei bloßem Ausnutzen der Angst des Opfers vor erneuter Gewaltanwendung (BGH NStZ-RR 2017, 143) – **Gefahr** für Leib oder Leben → § 315c Rn. 21–23. **Gegenwärtig** → § 34 Rn. 2 (speziell zu §§ 249, 255 BGH NStZ 1996, 494; Geilen Jura 1979, 109 (110); Kudlich/Aksoy JA 2014, 81 (83); Kindhäuser/Hilgendorf in LPK-StGB Rn. 6; Wessels/Hillenkamp/Schuhr StrafR BT II Rn. 354; krit. Schünemann JA 1980, 349 (351); vgl. Küper/Zopfs StrafR BT Rn. 179–184, die einen „gegenwärtigen Verhaltenszwang" für ausreichend halten; enger und hinsichtlich der Dauergefahr diff. Blanke, Das qualifizierte Nötigungsmittel der Drohung mit gegenwärtiger Gefahr für Leib und Leben, 2007, S. 219, 220).

c) Die Nötigungsmittel muss der Täter **final zur Erzwingung der Wegnahme einsetzen** (BGHSt 4, 210 = NJW 1953, 1400; BGHSt 18, 329 (331) = NJW 1963, 1210; BGHSt 20, 32 (33) = NJW 1965, 115; BGH StV 1991, 516; StV 1995, 416; NStZ-RR 1997, 298; NStZ-RR 2002, 304 mit krit. Bespr. Walter NStZ 2004, 154; zust. aber Geppert JK StGB § 249 Rn. 8; BGH NStZ 1999, 510; NStZ 2003, 431; NJW 2011, 1979; NStZ 2013, 471; NStZ 2015, 156; NStZ 2015, 585 mit Praxiskommentar Piel; Kudlich JA 2015, 791; BGH StV 2016, 640 mit Bespr. Eisele JuS 2016, 754; BGH NJW 2016, 2900 mAnm Berster JZ 2016, 1017; BGH NStZ 2016, 472 mit Bespr. Kudlich JuS 2016, 632; BGH NStZ 2016, 698; weitere Rspr. bei Maier NStZ-RR 2013, 329 (331); Eser NJW 1965, 377; Müller-Dietz JuS 1971, 412 (417); Biletzki JA 1997, 385 (387); Kudlich/Aksoy JA 2014, 81 (83); Albrecht, Die Struktur des Raubtatbestandes (§ 249 Abs. 1 StGB), 2011, S. 43; krit. Hörnle FS Puppe, 2011, 1143 „wider das Dogma vom Finalzusammenhang"; abl. auch schon Jakobs FS Eser, 2005, 331; mit Kausalitätsüberlegungen füllt Streng GA 2010, 671, das objektiv-subjektive Merkmal inhaltlich); dass er damit zugleich noch ein weiteres Ziel verfolgt, steht dem nicht entgegen (BGH NStZ 1993, 79). Ob auch ein kausaler Zusammenhang hergestellt wird, ist unerheblich (hM; vgl. etwa Geilen Jura 1979, 165 (221); Schünemann JA 1980, 349 (351); Eisele StrafR BT II Rn. 324; Mitsch StrafR BT II/1 § 3 Rn. 38; Rengier StrafR BT I § 7 Rn. 22; Wessels/Hillenkamp/Schuhr StrafR BT II Rn. 350; anders Seelmann JuS 1986, 201 (203); Sinn in SK-StGB Rn. 29; Joecks/Jäger StGB Rn. 25; Kindhäuser in NK-StGB Rn. 12, der eine „objektive Zweck-Mittel-Relation" verlangt; für einen Kausalzusammenhang Albrecht, Die Struktur des Raubtatbestandes (§ 249 Abs. 1 StGB), 2011, S. 75, 125, die auch noch einen „raubspezifischen Zusammenhang" fordert; auch Hörnle FS Puppe, 2011, 1143, Bewirkung verminderter Abwehrchancen; vermittelnd Brandts, Der Zusammenhang von Nötigungsmittel und Wegnahme beim Raub, 1990); die Drohung muss deshalb auch keinen *Erfolg in dem Sinne* haben, dass sie vom Adressaten ernst genommen wird (Küper/Zopfs StrafR BT Rn. 180; Wessels/Hillenkamp/Schuhr StrafR BT II Rn. 353; aM Rengier FS H Maurer, 2001, 1195; Kindhäuser in NK-StGB Vor § 249 Rn. 24). Es genügt, wenn eine zunächst zu anderem (zB sexuellem) Zweck angewendete Gewalt bewusst auch als Mittel der (uU unbemerkten) Wegnahme eingesetzt wird (BGHSt 20, 32 = NJW 1965, 115; BGH NStZ 1982, 380; NStZ 2003, 431; NStZ 2013, 471; Rengier StrafR BT I § 7 Rn. 27). Dazu ist ein Fortdauern des Nötigungsverhaltens nach dem Vorsatzwechsel erforderlich (Küper JZ 1981, 4

568 (571); Kindhäuser in NK-StGB Rn. 22). Die Rspr. fordert auch einen räumlich-zeitlichen Zusammenhang (BGH NStZ 2016, 472 mit Praxiskommentar Maier; krit. Bespr. Bosch Jura 2016, 1082 zu § 249; BGH NStZ 2020, 355). Die **bloße Ausnutzung** einer – sei es auch vom Täter selbst geschaffenen – psychischen Zwangswirkung (BGH NJW 1984, 1632; NStZ 1986, 409; StV 1991, 516; NStZ 2006, 508 mit zust. Bespr. Geppert JK StGB § 249 Rn. 11; BGH NStZ 2009, 325; NStZ-RR 2014, 110; NStZ 2022, 42) oder Bewusstlosigkeit (BGH NStZ 2006, 508 mit zust. Bespr. Geppert JK StGB § 249 Rn. 11) reicht daher nicht aus, wohl aber die Fortsetzung des Zwanges durch tatbestandsmäßige konkludente Drohung (BGHSt 41, 123 (124) = NJW 1995, 2799 mit Bespr. Krack JuS 1996, 493; BGH BeckRS 2013, 11728; NStZ-RR 2015, 173; NStZ-RR 2015, 372; NStZ 2015, 156; NStZ-RR 2021, 245; StV 2021, 493; Eisele StrafR BT II Rn. 328; Küper/Zopfs StrafR BT Rn. 302) oder durch **pflichtwidriges Aufrechterhalten** einer in engem zeitlichen und räumlichen Zusammenhang weiterwirkenden physischen Zwangsmaßnahme, wie zB Fesselung oder Einsperrung (BGHSt 48, 365 (368) = NJW 2004, 528 mit krit. Bespr. Otto JZ 2004, 362; Baier JA 2004, 431; Gössel JR 2004, 254; Walter NStZ 2004, 623; NStZ 2005, 240; Geppert JK StGB § 249 Rn. 9; krit. auch Sonnen StrafR BT S. 129; Fischer Rn. 12b; wie hier Eser NJW 1965, 377 (379); Schünemann JA 1980, 349 (353); Jakobs JR 1984, 385 (386); Graul Jura 2000, 204 (205); Streng GA 2010, 671 (679); Vogel in LK-StGB Rn. 25; aM Küper JZ 1981, 568 (571), JuS 1986, 862; Otto Jura 1987, 498; Joerden JuS 1985, 20 (26); Ingelfinger FS Küper, 2007, 197 (202); Satzger Jura 2011, 756; Eisele StrafR BT II Rn. 325; Fischer Rn. 12b; Rengier StrafR BT I § 7 Rn. 32; Wessels/Hillenkamp/Schuhr StrafR BT II Rn. 364; Kindhäuser in NK-StGB Rn. 24; zw.) sowie die Ausnutzung des Umstands, dass das Opfer die Wegnahme nur unter dem Eindruck der Gewalttätigkeit des Täters duldet (Jahn JuS 2008, 741). Im Falle bloßer Ausnutzung der Zwangslage liegt nur ein Diebstahl vor (BGH NJW 1969, 619; Holtz MDR 1989, 858); ebenso wenn ein Dritter als Werkzeug zum Gewahrsamsbruch genötigt wird (Mitsch NStZ 1995, 499; aM Krack JuS 1996, 493 (496); BGH NStZ 1999, 134 (135); Wolf JR 1997, 73 (76)). Nur § 249 und nicht §§ 253, 255 kommt beim Vortäuschen einer Beschlagnahme durch einen angeblichen „Feldjäger“ in Betracht (BGH NJW 2011, 1979 (in BGHSt 56, 196 nicht abgedr.) mit Bespr. Hecker JuS 2011, 849; Jäger JA 2011, 632; krit. Eisele StrafR BT II Rn. 763; Rengier StrafR BT I § 13 Rn. 80; zur entsprechenden Situation beim Diebstahl → § 242 Rn. 14). Nur § 242 liegt vor, wenn die Nötigung im Vorbereitungsstadium eines späteren Diebstahls erfolgt (Rengier StrafR BT I § 7 Rn. 24). Wird das Mittel erst nach der Wegnahme zur Sicherung der Beute eingesetzt, so liegt § 252 vor (→ § 252 Rn. 1, 2). Soll es nicht die Wegnahme der Sache ermöglichen, sondern deren Herausgabe erzwingen, so kommt § 255 in Frage (→ § 255 Rn. 2).

5 **3.** Der **Vorsatz** (bedingter genügt) muss namentlich den Einsatz von Gewalt oder Drohung umfassen. Außerdem ist der **volle subjektive Tatbestand des Diebstahls** erforderlich (→ § 242 Rn. 19–28), und zwar schon zurzeit des Nötigungsverhaltens (Küper JuS 1986, 862 (867)); keine Zueignungsabsicht liegt auch beim Raub (bei § 242 → Rn. 21) vor, wenn der Täter die Sache mit Gewalt wegnimmt, um sie zu zerstören (BGH NStZ 2011, 699 (701) mit zust. Bespr. Jahn JuS 2011, 846 (848)), sie beiseite zu schaffen oder zu verbergen (BGH BeckRS 2013, 15528 mit Bespr. Hecker JuS 2013, 1141); auch nicht bei Einsatz eines Nötigungsmittels zur Erzwingung einer Gebrauchsanmaßung (BGH NStZ 2012, 627 mit

Bespr. Hecker JuS 2013, 468, abl. Putzke ZJS 2013, 311; Fischer Rn. 19a); Wegnahme des Dirnenlohns (BGH NStZ 2015, 699); weitere Rspr. zur Zueignungsabsicht beim Raub, BGH bei Maier NStZ-RR 2013, 331; ausreichend ist auch hier – im Gegensatz zu § 252 – Drittzueignungsabsicht. Zu Fällen des Vorsatzwechsels → Rn. 4. Nimmt der Täter nach Anwendung des Nötigungsmittels mehr weg, als ursprünglich geplant (Erweiterung des Wegnahmevorsatzes), so ergibt das keinen neuen selbständigen Diebstahl, sondern fällt in den Rahmen des Raubes (BGHSt 22, 350 = NJW 1969, 1037).

4. a) Vollendet ist der Raub erst mit Vollendung der Nötigung und der Wegnahme, auch wenn der Täter weniger Geld an sich nehmen kann als geplant (BGH NStZ-RR 2019, 311). Bis dahin ist Teilnahme möglich; nach der Rspr. auch noch nach Vollendung bis zur Beendigung (BGHSt 6, 248 = NJW 1954, 1495; → Vor § 22 Rn. 2; → § 242 Rn. 18; sa BGH NJW 1985, 814 mit krit. Bespr. Küper JuS 1986, 862; nicht mehr nach Beendigung, BGH bei Maier NStZ-RR 2013, 332); dies ist abzulehnen, weil es sich bei der Beutesicherung um eine tatbestandslose Phase handelt (Kühl JuS 2002, 729 (732f.); Grabow/Pohl Jura 2009, 656 (657); Eisele StrafR BT II Rn. 340; Kindhäuser/Böse StrafR BT II § 13 Rn. 32; Rengier StrafR BT I § 7 Rn. 48; Wessels/Hillenkamp/Schuhr StrafR BT II Rn. 357). Nicht vollendet ist § 249, wenn der Inhalt des weggenommenen Behältnisses für den Täter abweichend vom Tatplan belanglos ist und daher alsbald entsorgt wird (BGH NStZ 2006, 686 mit krit. Bespr. Streng JuS 2007, 422; Sinn in SK-StGB Rn. 36); anders wenn sich der Täter zwar über den Inhalt des Behältnisses irrt, das Behältnis aber zum Transport der sich nach seiner Vorstellung darin befindlichen Sache benötigt (LG Düsseldorf NStZ 2008, 155 mkritAnm Sinn ZJS 2010, 274; grds. für unbeachtlichen error in objecto beim Irrtum über den Inhalt des Behältnisses Böse GA 2010, 249 (258)). Ist die Wegnahme zum Zeitpunkt der Gewaltanwendung gegen den Geschädigten bereits vollendet, kommt aufgrund des vollendeten Diebstahls der Sache ein Raub durch anschließende Gewaltanwendung gegen den Geschädigten nicht mehr in Betracht (BGH NStZ 2020, 417). 6

b) Versucht ist der Raub nach der Struktur des Tatbestandes (→ § 22 Rn. 10) erst, wenn die zur Wegnahme vorgenommene Nötigungshandlung die Versuchsschwelle überschreitet (hM; vgl. etwa Berz Jura 1982, 317 (320); Kindhäuser/Böse StrafR BT II § 13 Rn. 27; Rengier StrafR BT I § 7 Rn. 41); ein uU vorausgehender Wegnahmebeginn begründet nur einen Diebstahlsversuch (Mitsch StrafR BT II/1 § 3 Rn. 50; Vogel in LK-StGB Rn. 58; aM Sinn in SK-StGB Rn. 35; iÜ → § 22 Rn. 5–7, und die dort angeführten, zT auch den Raub betr. Beispiele). Hat sich die Zueignungsabsicht bei der Wegnahme nur auf nicht vorgefundene Gegenstände erstreckt (→ Rn. 5) und wurde sie erst nachträglich auf die vorgefundenen erweitert, so liegt nur Versuch vor (BGH StV 1990, 408). 7

5. Jeder **Mittäter** eines Raubes muss Zueignungsabsicht haben (BGH StV 1988, 526; NStZ-RR 1997, 298; NStZ 1999, 510, alle zu § 249 aF; Sinn in SK-StGB Rn. 37 (dabei ist Mittäterschaft auch möglich zwischen einem mit Sich-Zueignungsabsicht Handelnden und einem in Drittzueignungsabsicht Handelnden, Mitsch StrafR BT II/1 § 3 Rn. 47; Wessels/Hillenkamp/Schuhr StrafR BT II Rn. 356; → § 242 Rn. 20, 26a) und außerdem wissen und wollen, dass die Gewalt gegen das Opfer zum Zwecke eines Diebstahls verübt wird (subjektiv-finaler Konnex); bloße Ausnutzung der von einem anderen Beteiligten zu anderem Zweck angewendeten Gewalt genügt nicht (BGH bei Holtz MDR 1989, 858; Mitsch StrafR 8

BT II/1 § 3 Rn. 43; es kommt aber mittelbare Täterschaft in Betracht, BGH NStZ 2013, 103 mit zust. Bespr. Jäger JA 2013, 71; zum Fall auch Wessels/Hillenkamp/Schuhr StrafR BT II Rn. 356, aktuelle Entscheidung); das bloße Partizipieren bei der Beuteaufteilung reicht nicht (BGH bei Maier NStZ-RR 2012, 297 (298)); weitere Rspr., auch zur sukzessiven Mittäterschaft BGH bei Maier NStZ-RR 2013, 331 (332).

9 **6.** Zu **Abs. 2** (minder schwere Fälle) → § 46 Rn. 6–10a; → § 12 Rn. 4.

10 **7.** § 249 ist **Spezialvorschrift** gegenüber §§ 240, 242 (→ § 242 Rn. 30); er geht auch dem § 243 vor (→ § 243 Rn. 24; ebenso schon BGHSt 20, 235 (237) = NJW 1965, 1870; aM Vogler FS Bockelmann, 1979, 715 (723)); die §§ 247, 248a sind nicht anwendbar. § 252 wird verdrängt (BGH BeckRS 2015, 19654), es sei denn die Nötigungshandlung in der Beendigungsphase wiegt schwerer; § 239 tritt zurück, wenn die Freiheitsberaubung nur das Mittel zur Begehung des Raubes ist (BGH StV 2015, 113). Mit §§ 211 ff. (→ Vor § 22 Rn. 2), §§ 223, 224 (BGH GA 1969, 347), § 177 (BGH bei Holtz MDR 1990, 294) und § 316a (BGH NJW 1963, 1413) ist **Tateinheit** möglich. Über das Verhältnis zu §§ 253, 255 → § 255 Rn. 2. **Wahlfeststellung** → § 1 Rn. 14; sowie ergänzend Sinn in SK-StGB Rn. 41, 42.

11 **8.** Führungsaufsicht § 256. Anzeigepflicht § 138 I Nr. 8.

§ 250 Schwerer Raub

(1) **Auf Freiheitsstrafe nicht unter drei Jahren ist zu erkennen, wenn**

1. der Täter oder ein anderer Beteiligter am Raub
   a) eine Waffe oder ein anderes gefährliches Werkzeug bei sich führt,
   b) sonst ein Werkzeug oder Mittel bei sich führt, um den Widerstand einer anderen Person durch Gewalt oder Drohung mit Gewalt zu verhindern oder zu überwinden,
   c) eine andere Person durch die Tat in die Gefahr einer schweren Gesundheitsschädigung bringt oder

2. der Täter den Raub als Mitglied einer Bande, die sich zur fortgesetzten Begehung von Raub oder Diebstahl verbunden hat, unter Mitwirkung eines anderen Bandenmitglieds begeht.

(2) **Auf Freiheitsstrafe nicht unter fünf Jahren ist zu erkennen, wenn der Täter oder ein anderer Beteiligter am Raub**

1. bei der Tat eine Waffe oder ein anderes gefährliches Werkzeug verwendet,
2. in den Fällen des Absatzes 1 Nr. 2 eine Waffe bei sich führt oder
3. eine andere Person
   a) bei der Tat körperlich schwer mißhandelt oder
   b) durch die Tat in die Gefahr des Todes bringt.

(3) **In minder schweren Fällen der Absätze 1 und 2 ist die Strafe Freiheitsstrafe von einem Jahr bis zu zehn Jahren.**

1 **1.** Die Vorschrift enthält – ebenso wie § 244 im Verhältnis zu § 242 – **Qualifikationstatbestände** zum einfachen Raub und nach §§ 252, 255 auch zum räuberischen Diebstahl und zur räuberischen Erpressung. Rechtsprechungsübersicht bei Maier NStZ-RR 2013, 346.

2. a) Zu **Abs. 1 Nr. 1a, 1b, 2** → § 244 Rn. 2–9. Auch hier sind von Abs. 1 Nr. 1b nach Wortlaut, Systematik (Kudlich ZStW 115 (2003), 1 (8)) und gesetzgeberischem Willen (→ § 244 Rn. 4) sog. Scheinwaffen als taugliche Nötigungsmittel einbezogen (Joecks/Jäger StGB Rn. 17; aM Klesczewski GA 2000, 257; Kindhäuser in NK-StGB Rn. 5; sa Mitsch ZStW 111 (1999), 65 (99, 102); aus der Rspr. BGH HRRS 2015 Nr. 1015), obwohl die sog. „leere Drohung" schon zur Begründung des Grunddelikts (→ § 249 Rn. 3; → § 240 Rn. 12) herangezogen wird (zu Recht krit. deshalb Mitsch StrafR BT II/1 § 3/60; Wessels/Hillenkamp/Schuhr StrafR BT II Rn. 374; krit. auch Vogel in LK-StGB Rn. 11–13; überzogene Kritik bei Lesch JA 1999, 30 (38), der zur Vermeidung axiologischer Widersprüche zu Nr. 1c (→ Rn. 3) nur „nicht jedermann frei verfügbare" Gegenstände wie zB verbotene Waffen erfassen will); ungefährliches Reizgas ist erfasst (BGH NStZ-RR 2005, 373), auch Mobiltelefon und Sporttasche mit angeblicher Bombe (BGH NStZ 2011, 278 mit zu Recht krit. Bespr. Hecker JuS 2011, 757 (759); Pfuhl ZJS 2011, 415 (417); abl. Eisele StrafR BT II Rn. 350; Fischer Rn. 11d „Bombenattrappen"); ebenso eine ungeladene Schreckschusswaffe (Maier NStZ-RR 2012, 297 (300)); zum Werkzeug als Drohungsinstrument BGH NStZ 2016, 215; zu objektiv ungefährlichen Drohmitteln BGH NStZ 2017, 581 mAnm Kudlich. Bei sich führen iSd Nr. 1a kann auch dann verwirklicht werden, wenn das Opfer hiervon keine Kenntnis hat (BGH NStZ 2012, 389 mit Bespr. Jäger JA 2012, 307); bei sich führen zu irgendeinem Zeitpunkt bis zur Beendigung (BGH NStZ-RR 2014, 110; NStZ-RR 2014, 275). Für den Bandenraub genügt es, dass die Verabredung nur auf Diebstähle (nicht auf Raub) ging (OGH NJW 1949, 910); Ausführungstat muss aber ein Raub sein (Wessels/Hillenkamp/Schuhr StrafR BT II Rn. 378). 2

b) Abs. 1 Nr. 1c setzt eine **konkrete Gefahr** (→ § 315c Rn. 21, 22) voraus (näher mit Beispielen Sinn in SK-StGB Rn. 36). Sie muss durch die Tat, dh den Einsatz der Raubmittel oder die Wegnahme (BGH 10.2.1977 – 4 StR 652/76; Hellmann in Krey/Hellmann/Heinrich StrafR BT II Rn. 288; Bosch in Schönke/Schröder, Rn. 23; aM Mitsch ZStW 111 (1999), 65 (103); Kindhäuser in NK-StGB Rn. 10; Sinn in SK-StGB Rn. 38; zw.), vorsätzlich (BGHSt 26, 176 (244) = NJW 1975, 1934; BGH NJW 2002, 2043; Küper NJW 1976, 543; Meyer-Gerhards JuS 1976, 228 (231)) verursacht und auf deren typische Gefährlichkeit zurückzuführen sein (hM). Die Tat reicht auch hier nur bis zur Vollendung (Eisele StrafR BT II Rn. 360; Kindhäuser/Böse StrafR BT II § 14 Rn. 7; Wessels/Hillenkamp/Schuhr StrafR BT II Rn. 377), in der anschließenden sog. Beendigungsphase kann die Qualifikation jedoch über § 252 eingreifen. Tatbeteiligte sind aus dem Schutzbereich ausgenommen (→ § 251 Rn. 1; Fischer Rn. 13). **Schwere Gesundheitsschädigung** setzt keine schwere Körperverletzung iSd Nr. 1–3 des § 226 I voraus, sondern liegt etwa auch bei einschneidenden oder nachhaltigen Beeinträchtigungen der Gesundheit vor, zB bei langwierigen ernsthaften Krankheiten oder erheblicher Beeinträchtigung der Arbeitskraft für lange Zeit (BT-Drs. 13/8587, 28; ähnlich Schroth NJW 1998, 2861 (2865)); dabei ist auch die individuelle Schadensdisposition des Opfers zu berücksichtigen (BGH NJW 2002, 2043 mit Bespr. Degener StV 2003, 332; Hellmann JuS 2003, 17; Schroth JR 2003, 250); der Schweregrad der in § 226 genannten Fälle ist nicht vorausgesetzt (BGH NJW 2002, 2043; aM Stein in DSNS StrRG § 4 Rn. 62). Die Gefahr, zB durch demonstrativ in einem Verkaufsregal aufgestellte Bierflaschen mit „verdünnter Salzsäure" Gesundheitsschäden hervorzurufen, reicht nicht, es greift aber die Nr. 1b ein (BGH NJW 3

1994, 1166 mzustAnm Hauf JR 1995, 172 zu § 250 StGB aF); ausreichend kann ein heftiger Faustschlag ins Gesicht eines älteren Menschen sein (BGH NStZ 2003, 662). Zum Gefährdungsvorsatz → § 15 Rn. 28; er muss sich auch auf die individuelle Schadendisposition beziehen, wenn diese die schwere Gesundheitsschädigung begründet (BGH NJW 2002, 2043 mit Bespr. Degener StV 2003, 332; Hellmann JuS 2003, 17; Schroth JR 2003, 250).

4 **3. Abs. 2** enthält Qualifikationstatbestände mit erhöhter Mindeststrafe; sie haben anders als die Alternativen des Abs. 1 „keine Parallele in § 244" (Mitsch ZStW 111 (1999), 65 (103)). **Nr. 1:** Waffe, gefährliches Werkzeug → § 244 Rn. 3 (speziell zur ungeladenen und zur geladenen Gaspistole BGH NJW 2011, 1979; StV 2015, 765, Elektroimpulsgerät; beim Diebstahl → § 242 Rn. 3 a). **Verwenden** (dazu Peters ZStW 134 (2022), 149) ist jeder Gebrauch, auch der zu Nötigungszwecken wie zB zur Drohung mit Gewalt (BGHSt 45, 92 = NJW 1999, 2198; BGH NStZ 2011, 158 mit Bespr. Hecker JuS 2011, 565; Bachmann/Goeck Jura 2010, 922; als aktuelle Entscheidung bei Wessels/Hillenkamp/Schuhr StrafR BT II Rn. 382 „Schraubendreher"; Küper JZ 1999, 187 (189); Geppert Jura 1999, 599 (605); einschr. Schroth NJW 1998, 2861 (2864)), wobei für den Einsatz als Drohmittel erforderlich ist, dass der Bedrohte dies ggf. auch taktil (BGH NStZ 2018, 278 mzustAnm Eidam; Bespr. Eisele JuS 2018, 280)wahrnimmt (BGH NJW 2004, 3437; NStZ 2008, 687; NStZ 2011, 158 (159); NStZ 2011, 212; sowie BGH NStZ 2012, 389 mit zust. Bespr. Jäger JA 2012, 307 (309); der andernfalls vorliegende Versuch wird von der Tat nach Abs. 1 Nr. 1 a oder Nr. 1 b nicht verdrängt, Gössel JR 2005, 159 gegen BGH NStZ 2012, 389; NStZ 2017, 26 mit Praxiskommentar Kudlich); dafür soll ausreichen, wenn der Täter akustisch durch den Hinweis auf ein Messer oä dieses dem Opfer nahe bringt (BGH NStZ 2021, 229 mit zu Recht abl Anm Riek; Ruppert StraFo 2020, 503; ebenfalls abl. Hirsch/Dölling zfistw 2022, 68; zust. dagegen Jäger JA 2021, 77). Kein Verwenden ist das bloße Mitsichführen (BGH NStZ 2011, 158 (159)), grds. auch dann, wenn es offen erfolgt (BGH NStZ-RR 2004, 169; StV 2008, 470; Fischer Rn. 18 a). Bei besonders gefährlichen Werkzeugen (zB ein Baseballschläger) soll für das Verwenden schon ein offenes, für die zu bedrohende Person deutlich wahrnehmbares Vorzeigen genügen (BGH NStZ 2008, 687 mit krit. Bespr. Satzger JK StGB § 250 II Nr. 1 Rn. 6). Wer das Opfer mit einer ungeladenen Waffe bedroht, verwendet sie auch dann nicht, wenn er sich zB wegen des in der Jackentasche mitgeführten auf munitionierten Magazins kurzfristig schussbereit machen könnte (BGHSt 45, 249 = NJW 2000, 1050 mit krit. Bespr. Hannich/Kudlich NJW 2000, 3475; Geppert JK StGB § 250 II Nr. 1 Rn. 2; krit. auch Küper/Zopfs StrafR BT Rn. 796, zust. aber Wessels/Hillenkamp/Schuhr StrafR BT II Rn. 381; BGH NStZ-RR 2008, 342; zu § 177 IV Nr. 1 (→ § 177 Rn. 12) ebenso BGH StraFo 2006, 253 = NStZ-RR 2006, 205 mit abl. Bespr. Satzger JK StGB § 250 II Nr. 1 Rn. 5); dasselbe gilt für ein mitgeführtes Teppichmesser, dessen Klinge noch ausgefahren werden muss (BGH NStZ-RR 2001, 41; sa BGH NJW 2002, 2889 (2891); anders Sinn in SK-StGB Rn. 53) und erst recht für ungefährliche Scheinwaffen (BGH NStZ 1999, 135; NStZ 2004, 263; StraFo 2008, 85; Mitsch ZStW 111 (1999), 65 (104); Küper FS Hanack, 1999, 569 (579); Wessels/Hillenkamp/Schuhr StrafR BT II Rn. 381) sowie für ungeladene Schreckschusspistolen (BGH NStZ-RR 2007, 375; Kriminalistik 2019, 88), die nur Abs. 1 Nr. 1 b unterfallen (→ Rn. 2), nicht aber für eine mit Platzpatronen geladene Schreckschusspistole (→ § 244 Rn. 3 a), wenn sie dem Opfer an die Schläfe gehalten wird (BGH NStZ-RR 1999, 102; NStZ-RR 1999,

173; aber auch BGH StV 2001, 274). Das Bedrohen eines Geldboten mit einer Waffe kann genügen, auch wenn der Verfügende von dieser nichts weiß (BGH StraFo 2019, 260). Die Gefährlichkeit kann sich aus dem bestimmungswidrigen Gebrauch des Gegenstandes, zB Legen eines Kunststoffbandes um den Hals des Opfers, ergeben (BGH NStZ 2011, 210; dazu abl. Bachmann/Goeck NJ 2012, 45 (49)). Nicht verwendete Holzknüppel und Plastikklebeband zum Fesseln sind keine gefährlichen Werkzeuge (BGH StV 1999, 91; s. jedoch BGH NStZ-RR 2004, 169), auch nicht das mitgeführte Elektroschockgerät (BGH NStZ-RR 2004, 169); für eine als Schlagwerkzeug auf die Knieregion eingesetzte Holzlatte (BGH BeckRS 2015, 6119 mit Bespr. Kudlich JA 2015, 471; krit. Bosch Jura 2015 zu § 250 II Nr. 1); beim Einsatz eines Schlafmittels muss die Dosierung geeignet sein, dem Opfer erhebliche Körperverletzungen zuzufügen (BGH StV 1998, 660; NStZ 2009, 505 mit krit. Bespr. Bosch JA 2009, 737: abl. für KO-Tropfen, die lediglich eine Bewusstlosigkeit herbeiführen, ebenso BGH NStZ-RR 2018, 141). Dagegen reicht bei funktionsbereiten Waffen ihre abstrakte Gefährlichkeit für ein Verwenden auch dann aus, wenn sie dem Bedrohten (zB dem hinter kugelsicherem Glas stehenden Kassierer) nicht gefährlich werden können (BGHSt 45, 92 = NJW 1999, 2198 mit Bespr. Mitsch NStZ 1999, 617; Zopfs JZ 1999, 1062; Kargl StraFo 2000, 7;). Verwenden beim Einsatz von Gewalt setzt eine unmittelbar oder mittelbar gegen den Körper des Opfers gerichtete Einwirkung voraus (zB Werfen eines Tesors auf das Opfer, um diese zum Öffnen zu bringen, BGH NStZ-RR 2019, 77), die eine körperliche Zwangswirkung beim Opfer zur Folge haben muss; lediglich psychisch vermittelter Zwang genügt nicht (BGH NStZ 2019, 523 mAnm Kassebaum). Es wird zT verlangt, dass der Gegenstand ein immanentes „Eskalationspotenzial" aufweisen muss (Lesch JA 1999, 30 (34), der dadurch wiederum axiologische Widersprüche zu Nr. 1c (→ Rn. 3) vermeiden will). – **Bei der Tat** → § 244 Rn. 2 (nicht bloß im Vorbereitungsstadium, BGH NStZ 2018, 148; ergänzend BGH NStZ 2004, 263; die Beendigungsphase auch wie bei § 244 (→ § 244 Rn. 2) einbeziehend BGH NStZ 2007, 332 (334) mablAnm Kudlich JR 2007, 381; BGH NStZ 2011, 211 (212); sowie BGH NStZ-RR 2008, 342; NStZ-RR 2015, 277; trotz Einschränkung auf Beutesicherungsabsicht objektiv zu weit BGHSt 52, 376 = NJW 2008, 3651 mit Bespr. Mitsch JR 2009, 298; zutr. Sinn in SK-StGB Rn. 54; krit. zur sukzessiven Qualifikation von §§ 249, 253, 255 Küpper/Grabow FS Achenbach, 2011, 265; Joecks/Jäger StGB Rn. 36, 37). Setzt der Täter in diesem Zeitraum die Waffe oder das Werkzeug mit dem Ziel weiterer Wegnahme ein, liegt ein Verwenden bei der Tat auch dann vor, wenn die angestrebte weitere Wegnahme nicht vollendet wird (BGH NJW 2010, 1385 mit Bespr. Habetha NJW 2010, 3133 (3134); Hecker JuS 2010, 930; v. Heintschel-Heinegg JA 2010, 471; Kraatz StV 2010, 360; Lehmann JR 2011, 131; Satzger JK StGB § 250 II Nr. 1 Rn. 9; sowie Bachmann/Goeck NJ 2012, 45 (51); Jura 2012, 133; Wessels/Hillenkamp/Schuhr StrafR BT II Rn. 383). Der erzwungene Geschlechtsverkehr hat keinen Vermögenswert, so daß eine räuberische Erpressung nach § 255 (→ § 255 Rn. 1) ausscheidet (BGH NStZ 2013, 710 mit Bespr. Jäger JA 2014, 230). – **Nr. 2:** der bewaffnete Bandenraub ist eine weitere Qualifikation des Bandenraubes nach Abs. 1 Nr. 2 (→ Rn. 2) zur Erfassung besonders gefährlicher Banden (BT-Drs. 13/9064, 18; vgl. auch BGH NJW 1998, 3130; krit. Wessels/Hillenkamp/Schuhr StrafR BT II Rn. 384); **nur Waffe** (nicht auch gefährliches Werkzeug) → § 244 Rn. 3 (Mitsch ZStW 111 (1999), 65 (105); Durchladen der verwendeten Schusswaffe ist nicht erforderlich; es reicht aus, wenn diese durch Einfügen des bestückten Magazins unterladen ist, BGH NStZ 2019, 612), **Beisichfüh-**

ren → § 244 Rn. 2. – **Nr. 3 a: Körperliche Misshandlung** (→ § 223 Rn. 4); sie ist eine **schwere** nicht schon bei einer erheblichen Beeinträchtigung der körperlichen Unversehrtheit; es muss sich vielmehr um eine gravierende Beeinträchtigung der körperlichen Unversehrtheit handeln; eine solche Beeinträchtigung liegt bei der Zufügung erheblicher Schmerzen, zB durch heftige Schläge, vor (BGH NStZ 1998, 461; NStZ-RR 2007, 175; StraFo 2013, 343), nicht jedoch schon bei roher Misshandlung iSd § 225 (Kindhäuser in NK-StGB Rn. 23; aM Wessels/Hillenkamp/Schuhr StrafR BT II Rn. 385); sie ist auch bei erheblichen Folgen für die Gesundheit gegeben (BGH NStZ 1998, 461; NStZ-RR 2007, 175; Fischer Rn. 26; sa BGH NJW 2000, 3655), auf den Eintritt einer schweren Folge iSd § 226 kommt es aber nicht an. Die Misshandlung muss bei der Tat, dh bis zur Vollendung des Raubes durch Wegnahme (→ § 249 Rn. 6) erfolgt sein (Mitsch StrafR BT II/1 § 3 Rn. 81; Bock StrafR BT-Vermögensdelikte Fall 5, S. 123; Wessels/Hillenkamp/Schuhr StrafR BT II Rn. 385; weiter Sinn in SK-StGB Rn. 58 bis zur Beendigung; bei Beuteerhaltungsabsicht auch BGHSt 53, 234 = NJW 2009, 3041 mit zT krit. Bespr. Dehne-Niemann ZIS 2009, 377; Jahn JuS 2009, 754; Kraatz Jura 2009, 852; Mitsch JR 2009, 298; Nestler JR 2010, 100; Waszcynski HRRS 2010, 111; Geppert JK StGB § 250 I Nr. 3 Rn. 8; BGH NStZ-RR 2015, 277; NStZ 2020, 417; NStZ-RR 2021, 245; ebenso Fischer Rn. 26; abl. Eisele StrafR BT II Rn. 360). **Nr. 3 b:** zur konkreten **Gefahr** und zum Gefährdungsvorsatz → Rn. 3; **Tod** → Vor § 211 Rn. 4; die Qualifikation tritt nach der Rspr. nicht ein, wenn die die Lebensgefahr verursachende Handlung, zB ein Schuss, nicht von der Beutesicherung, sondern von der unentdeckten Flucht aus einer misslichen Lage motiviert ist (so jetzt BGHSt 55, 79 = NJW 2010, 1892 (im Anschluss an BGHSt 53, 234 = NJW 2009, 3041 zu § 250 II Nr. 3 a) mit krit. Bespr. Kühl JZ 2010, 1131; Habetha NJ 2010, 3133; Waszcynski HRRS 2010, 350; Kudlich NStZ 2011, 518; Bachmann/Goeck NJ 2012, 133; Satzger JK StGB § 250 II Nr. 1 Rn. 10); diese an sich begrüßenswerte Einschränkung wird ua mit dem Wörtchen „zur" (im Gegensatz etwa zu „bei" bei Nr. 3 a) begründet, das wichtigere Wort „Tat" wird aber nach wie vor auf die Beutesicherungs- oder Beendigungsphase, die nicht mehr zum Tatbestand gehört, erstreckt (vgl. die „Kritik" in BGH NJW-Spezial 2010, 377). Als **andere Person** iSd Nr. 3 kommt außer dem Täter und den Tatbeteiligten grds. jedermann in Betracht (einschr. Mitsch ZStW 111 (1999), 65 (106)).

5 **4.** Zu **Abs. 3** (minder schwere Fälle) → § 46 Rn. 6–10 a; das Mitsichführen einer nicht funktionsfähigen Schusswaffe reicht für sich genommen nicht (BGH NStZ-RR 2001, 215); auch das Fehlen einer konkreten Todesgefahr bei Verwirklichung des Abs. 2 Nr. 3 a begründet nicht die Annahme eines minder schweren Falles (BGH NStZ 2005, 212).

6 **5.** Der **Anstifter** zum schweren Raub ist, wenn der Täter nur einen einfachen Raub begeht, nach §§ 250, 30 in Tateinheit mit §§ 249, 26 strafbar (Sinn in SK-StGB Rn. 64, so zum Straßenraub nach früherem Recht BGHSt 9, 131 = NJW 1956, 1038; → Vor § 52 Rn. 28). Zur sog. Aufstiftung des zur Begehung von § 249 bereits entschlossenen Täters → § 26 Rn. 2 a; sowie Wessels/Hillenkamp/Schuhr StrafR BT II Rn. 358.

7 **6.** Abs. 2 Nr. 1 verdrängt Abs. 1 Nr. 1 a, Abs. 2 Nr. 2 den Abs. 1 Nr. 2 **(Subsidiarität). Tateinheit** mit §§ 211, 212 ist auch in Fällen des Abs. 1 Nr. 3 StGB aF, in erweiterter Form jetzt Abs. 1 Nr. 1 c, Abs. 2 Nr. 3 b, (einschließlich Versuch) möglich (BGHSt 29, 317 = NJW 1981, 136). Abs. 2 Nr. 3 b verdrängt § 224 I Nr. 5

(BGH NStZ 2006, 449); Abs. 2 auch § 244 I Nr. 3 (BGH NStZ-RR 2011, 87 mit Bespr. Bachmann/Goeck NJ 2012, 45 (52)). Im Übrigen gelten zur **Konkurrenz** und zur Wahlfeststellung die Ausführungen unter → § 244 Rn. 12 sinngemäß. Über das Verhältnis zu § 251 → § 251 Rn. 4.

§ 251 Raub mit Todesfolge

Verursacht der Täter durch den Raub (§§ 249 und 250) wenigstens leichtfertig den Tod eines anderen Menschen, so ist die Strafe lebenslange Freiheitsstrafe oder Freiheitsstrafe nicht unter zehn Jahren.

1 **1.** Für die **Erfolgsqualifikation** muss der Tod durch eine Tathandlung des Raubes (Einsatz der Nötigungsmittel oder Wegnahme) verursacht (→ Vor § 13 Rn. 9–12) und auf deren spezifische Gefährlichkeit zurückführbar sein (→ § 18 Rn. 8). Die Vorschrift durch restriktive Auslegung von vornherein auf solche tödlichen Folgen zu beschränken, die unmittelbar durch den Einsatz der Nötigungsmittel verursacht wurden (so ua Küpper, Der „unmittelbare" Zusammenhang zwischen Grunddelikt und schwerer Folge beim erfolgsqualifizierten Delikt, 1982, S. 100; krit. Sinn in SK-StGB Rn. 10), ist vom Gesetzeswortlaut nicht gefordert, weshalb ein solcher Zusammenhang auch zu bejahen sein kann, wenn die den Tod des Opfers herbeiführende Handlung mit dem Raubgeschehen derart verknüpft ist, dass sich in der Todesfolge die der konkreten Raubtat eigentümliche besondere Gefährlichkeit verwirklicht (BGH NStZ-RR 2020, 372 mAnm Kudlich JR 2021, 268; Bespr. Jäger JA 2021, 258); auch zwingt der Einsatz der Nötigungsmittel nicht selten dazu, auch die Wegnahme in generell gefährlicher Weise zu begehen (zB Hinauswerfen der Beute aus dem Fenster, um unmittelbar drohendem Widerstand zuvorzukommen; ebenso Herzberg JZ 2007, 615 (616); Hinderer/Kneba JuS 2010, 590 (593); Heghmanns StrafR BT Rn. 1508; Hellmann in Krey/Hellmann/Heinrich StrafR BT II Rn. 297; Vogel in LK-StGB Rn. 6; Sander in MüKoStGB Rn. 6; mit beachtlichen Gründen aM Hardtung Teilvorsatzdelikte S. 104; Wolters GA 2007, 65 (72); Mitsch StrafR BT II/1 § 3 Rn. 94; Wessels/Hillenkamp/Schuhr StrafR BT II Rn. 388; Kindhäuser in NK-StGB Rn. 3; Sinn in SK-StGB Rn. 13). Entgegen der Rspr. (BGHSt 38, 295 = NJW 1992, 2103 mit zu Recht abl. Bespr. Rengier JuS 1993, 460; Schroeder JZ 1993, 52; BGH NStZ 2010, 33; NStZ 2010, 81) mit krit. Bespr. Bachmann/Goeck NJ 2012, 45 (52)) hat aber die Todesverursachung zwischen Vollendung und Beendigung (→ Vor § 22 Rn. 2) keine erfolgsqualifizierende Wirkung, da es sich um eine tatbestandslose Geschehensphase handelt (Kühl FS Roxin, 2001, 665 (685); Kühl JuS 2002, 729 (734); iErg ebenso Günther FS Hirsch, 1999, 543 (544); Hinderer/Kneba JuS 2010, 590 (593); Küpper/Grabow FS Achenbach, 2011, 265 (277); Eisele StrafR BT II Rn. 382; Maurach/Schroeder/Maiwald/Hoyer/Momsen StrafR BT § 35 Rn. 34; Wessels/Hillenkamp/Schuhr StrafR BT II Rn. 388; Joecks/Jäger StGB Rn. 5; Kindhäuser in NK-StGB Rn. 4; Sander in MüKoStGB Rn. 11; Fischer Rn. 5; Sinn in SK-StGB Rn. 8); die zB zur Beutesicherung verursachte Todesfolge kann dem Täter nur über § 252 (→ § 252 Rn. 7) angelastet werden (ebenso Hellmann in Krey/Hellmann/Heinrich StrafR BT II Rn. 298; Rengier StrafR BT I § 9 Rn. 8). Der qualifikationsspezifische Risikozusammenhang wird nicht dadurch unterbrochen, dass die behandelnden Ärzte mit Blick auf eine wirksame Patientenverfügung in rechtmäßiger Weise von einer Weiterbehandlung des moribunden Raubopfers absehen

(BGH NJW 2020, 3669 mAnm Mitsch; Sowada NStZ 2021, 233; Ruppert JZ 2021, 266; Jäger JR 2021, 271; Bespr. Pohlreich HRRS 2021, 207; Kudlich JA 2021, 169; Eisele JuS 2021, 86). Am erforderlichen Unmittelbarkeits- oder Gefahrzusammenhang (→ § 18 Rn. 8) fehlt es, wenn sich der Täter den Fluchtweg ohne Beute freischießt (näher Kühl FG BGH, 2000, 237 (262); anders die Rspr., vgl. etwa BGH NJW 1999, 1039 mit zu Recht krit. Bespr. Hefendehl StV 2000, 107; zust. aber Kudlich JAR 1999, 21; Schroth NStZ 1999, 554; Momsen JR 2000, 29; zum versuchten § 251 vgl. BGH NJW 1998, 3361 mit krit. Bespr. Küpper FS Hirsch, 1999, 785 (793); Geppert JK StGB § 251 Rn. 6, wo der Täter ohne finale Verknüpfung mit der Wegnahme Messerstiche zur Unterbindung der Gegenwehr und zur Verhinderung der Flucht des Opfers einsetzte); dass hier auch über § 252 nicht zu § 251 zu kommen ist, mag eine „empfindliche Sanktionslücke" (BGHSt 38, 295 (298) = NJW 1992, 2103) sein, doch ist sie eine vom Gesetz geschaffene und deshalb zu respektierende Lücke (Kühl FG BGH, 2000, 237 (265); ebenso Wessels/Hillenkamp/Schuhr StrafR BT II Rn. 388; krit. auch Sonnen StrafR BT S. 136). Außerdem genügt es zB nicht, wenn der Tod nur infolge leichtfertigen Verhaltens beim Abtransport der Beute (zB Tod eines Passanten durch leichtfertiges Verkehrsverhalten) verursacht wurde (Blei JA 1974, 236). War bei der zum Tode führenden Gewaltanwendung der Raub bzw. die räuberische Erpressung bereits beendet oder der dahingehende Versuch fehlgeschlagen, kann sich der von § 251 geforderte besondere qualifikationsspezifische Zusammenhang nicht mehr realisieren (BGH NStZ 2019, 730). Die eigentümliche besondere Gefährlichkeit der konkreten Raubtat kann auch vorliegen, wenn der Täter die zum Tode führende Gewalt zur Flucht oder Beutesicherung anwendet (BGH JR 2016, 395 = NJW 2016, 2516 mAnm Hinz). Kein raubspezifisches Risiko verwirklicht sich in den sog. Verfolgerfällen, bei denen das Opfer dem Täter nacheilt und dabei durch einen unglücklichen Sturz zu Tode kommt (Günther FS Hirsch, 1999, 543 (549); Kühl FG BGH, 2000, 237 (261); Hinderer/Kneba JuS 2010, 590 (593); Eisele StrafR BT II Rn. 381; sa BGHSt 22, 362 = NJW 1969, 1126), oder wenn der Täter nach Scheitern seines Raubvorhabens das Opfer aus Wut und in Panik erschießt (anders BGH NStZ 2003, 34). Im Übrigen reicht aber der Tod irgendeines Menschen aus; ausgenommen sind nur die Tatbeteiligten (ebenso Rengier StrafR BT I § 9 Rn. 4; Bosch in Schönke/Schröder, 28. Aufl. 2010, Rn. 3; Fischer Rn. 2; aM Kunath JZ 1972, 199 (201)).

2 **2.** Abweichend von § 18 (→ § 18 Rn. 3) ist wenigstens **Leichtfertigkeit** erforderlich (→ § 15 Rn. 55). Für sie kommt es darauf an, ob Sorgfaltsmangel und Voraussehbarkeit (→ § 15 Rn. 36–47) – lediglich bezogen auf die Herbeiführung des Todes – das Urteil grober Fahrlässigkeit rechtfertigen (Dallinger MDR 1975, 543; OLG Hamburg NStZ 2016, 695 (696) mAnm Hauck (StV 2016, 644), Leichtsinn, Gleichgültigkeit (so schon BGHSt 33, 66 = NJW 1985, 690; BGHSt 39, 100 = NJW 1993, 1662); BGH NJW 2016, 2516; Maier NStZ-RR 2015, 37; sa OLG Nürnberg NStZ 1986, 556; Mitsch StrafR BT II/1 § 3 Rn. 97). Dass der Täter einen rechtswidrigen Zweck angestrebt und schon deshalb besonders verwerflich gehandelt hat, bleibt – unabhängig davon, ob dieser Gesichtspunkt allgemein zur Begründung von Leichtfertigkeit herangezogen werden darf (dazu Maiwald GA 1974, 257) – außer Ansatz; denn andernfalls wäre nahezu jede vorhersehbare Todesfolge leichtfertig verursacht und damit zugleich der Zweck vereitelt, den das Gesetz mit der Einschränkung der Strafbarkeit gegenüber dem früheren Recht verfolgt hat (Tenckhoff ZStW 88 (1976), 897 (908); Rengier, Erfolgsqualifizierte Delikte und

verwandte Erscheinungsformen, 1986, S. 124; Günther FS Hirsch, 1999, 543 (551); aM Maiwald GA 1974, 257; sa Arzt GS Schröder, 1978, 119 (120)). **Wenigstens** leichtfertig stellt klar, dass die schwere Folge (erst recht) auch vorsätzlich herbeigeführt werden kann; der Gesetzgeber hat damit auf die hier (→ 22. Aufl. 1997, Rn. 4) vorgetragene Kritik am „Hineinlesen" des bisher fehlenden Wortes „wenigstens" reagiert und damit einen Konstruktionsfehler des § 251 StGB aF beseitigt (Dencker in DSNS StrRG § 1 Rn. 28; Mitsch ZStW 111 (1999), 65 (107)).

3. Nach der Neufassung (→ Rn. 2) ist auch eine versuchte Erfolgsqualifizierung 3
(→ § 18 Rn. 10) möglich (BGH NJW 2001, 2187; NStZ 2001, 534; Kühl Jura 2003, 19; Eisele StrafR BT II Rn. 386; Hellmann in Krey/Hellmann/Heinrich StrafR BT II Rn. 303; Rengier StrafR BT I § 9 Rn. 15; Vogel in LK-StGB Rn. 17). Hat schon die **versuchte Tat** den Tod verursacht (erfolgsqualifizierter Versuch), so kommt ebenfalls Versuch nach § 251 in Frage (→ § 18 Rn. 9; BGH NStZ 1998, 511; NJW 2001, 2187; NJW 2003, 911; Kühl Jura 2003, 19 (20); Roxin StrafR AT II § 29 Rn. 333; Eisele StrafR BT II Rn. 385; Wessels/Hillenkamp/Schuhr StrafR BT II Rn. 358; krit. Hardtung Teilvorsatzdelikte S. 101, der einen Nötigungserfolg verlangt; diff. Maurach FS Heinitz, 1972, 403 (412)); von diesem Versuch ist ein **Rücktritt** noch möglich (BGHSt 42, 158 = NJW 1996, 2663 mit zT krit. Bespr. Küper JZ 1997, 229; Otto Jura 1997, 464 (476); Jäger NStZ 1998, 161; Geppert JK StGB § 251 Rn. 5; Kühl Jura 2003, 19 (22); Haft StrafR BT I S. 43; Wessels/Hillenkamp/Schuhr StrafR BT II Rn. 358; Joecks/Jäger StGB Rn. 17; Sander in MüKoStGB Rn. 15; Sinn in SK-StGB Rn. 20; Vogel in LK-StGB Rn. 18; → § 24 Rn. 22; aM Ulsenheimer FS Bockelmann, 1979, 405 (414); Wolters GA 2007, 65 (72), formell vollendetes modalisiertes Erfolgsdelikt; Streng FS Küper, 2007, 629 (636), krit. dazu Herzberg JZ 2007, 615 (621)); nach der Rspr. sollen die Versuchsfälle des § 251 auch noch in der oben (→ Rn. 1) abgelehnten Beendigungsphase verwirklicht werden können (BGH NJW 1998, 3361; zu Recht abl. Rengier StrafR BT I § 9 Rn. 16). Jedoch steht einem Schuldspruch wegen vollendeten Raubes mit Todesfolge nicht entgegen, dass das Opfer im Zeitpunkt der Wegnahme bereits an den Folgen der Raubhandlung verstorben war, weil in diesem Fall die Gewahrsamsverhältnisse bei Vornahme der Raubhandlung entscheidend sind (BGH NStZ 2010, 33; NStZ 2012, 379 (380)). Umgekehrt setzt ein wirksamer Rücktritt vom Versuch der räuberischen Erpressung mit Todesfolge (§§ 251, 255, 22) durch deren Verhinderung gem. § 24 I 1 Alt. 2 nicht voraus, dass der Täter auch vom Versuch der schweren räuberischen Erpressung (§§ 250, 255, 22) zurücktritt, selbst wenn er für den Fall, dass seine Forderungen nicht erfüllt werden, damit droht, erneut ein Mittel einzusetzen, das geeignet ist, den Tod anderer Menschen herbeizuführen (BGHSt 64, 80 = NJW 2019, 3659 mAnm Schiemann; Renzikowski JR 2020, 328; Jäger NStZ 2020, 224; Bespr. Eisele JuS 2020, 275; Kudlich JA 2020, 64; Heghmanns ZJS 2020, 164; vgl. auch Küper GA 2020, 584; Streng GA 2021, 487). – **Mittäter,** die den Tod nicht verursacht haben, sind nur dann nach § 251 zu bestrafen, wenn sich ihr zumindest bedingter Vorsatz auf die Gewaltanwendung oder Drohung erstreckt, durch welche der qualifizierende Erfolg herbeigeführt wurde, und wenn ihnen in Bezug auf die Todesfolge wenigstens Leichtfertigkeit vorzuwerfen ist (BGH NStZ-RR 2000, 366; NStZ 2010, 81; NStZ-RR 2020, 143). Ein Exzess liegt aber dann nicht vor, wenn der Tatbeteiligte mit Kenntnis und Billigung des – wenn auch vom ursprünglichen Tatplan abweichenden – Geschehens in die bereits begonnene Ausführungshandlung als Mittäter eintritt (BGH NStZ 2008, 280 mit krit. Bespr. Walter NStZ 2008, 548; Murmann

ZJS 2008, 456; sowie Grabow/Pohl Jura 2009, 656 (660); aM Vogel in LK-StGB Rn. 14) oder mit der Abweichung vom Tatplan nach den Umständen des Falles gerechnet werden muss bzw. dem Beteiligten die Handlungsweise seiner Tatgenossen gleichgültig ist und deswegen auf deren Billigung geschlossen werden kann (BGH NJW 1998, 3361). Die nachträgliche Billigung der todesverursachenden Exzesshandlung des anderen reicht nicht (aM BGH NStZ 2008, 280 mit krit. Bespr. Walter NStZ 2008, 548; Murmann ZJS 2008, 456; Grabow/Pohl Jura 2009, 656 (660); abl. auch Rengier StrafR BT I § 9 Rn. 25).

4 **4.** § 250 (BGHSt 21, 183 = NJW 1967, 835; Sinn in SK-StGB Rn. 23; aM für Abs. 1 Nr. 1c, Abs. 2 Nr. 3b Bosch in Schönke/Schröder, Rn. 10) und die §§ 222, 227 (BGH NJW 1965, 2116; aM für § 227 Kindhäuser/Hilgendorf in LPK-StGB Rn. 15, zur Klarstellung Tateinheit) **treten zurück** (Sander in MüKoStGB Rn. 16); Tateinheit besteht jedoch zwischen § 251 – Versuch und § 227 (→ § 227 Rn. 5). **Tateinheit** ist nach Einfügung des Wortes „wenigstens" (→ Rn. 2) auch mit den vorsätzlichen Tötungsdelikten möglich (so trotz der bisher entgegenstehenden Wortlautschranke des Art. 103 II GG (→ § 1 Rn. 6) schon die hM; vgl. BGHSt 39, 100 = NJW 1993, 1662 mit zahlreichen Nachw. zum Streitstand; BGH NStZ-RR 2003, 44; ebenso Jescheck/Weigend StrafR S. 262, 572; sa Schünemann JA 1980, 393 (396); Arzt StV 1989, 57; Alwart NStZ 1989, 225; Lagodny NStZ 1992, 490; Sowada Jura 1995, 644; Otto Jura 1997, 464 (475)).

§ 252 Räuberischer Diebstahl

Wer, bei einem Diebstahl auf frischer Tat betroffen, gegen eine Person Gewalt verübt oder Drohungen mit gegenwärtiger Gefahr für Leib oder Leben anwendet, um sich im Besitz des gestohlenen Gutes zu erhalten, ist gleich einem Räuber zu bestrafen.

1 **1.** Die Vorschrift normiert einen selbständigen **raubähnlichen Tatbestand** (hM; vgl. etwa Kudlich/Aksoy JA 2014, 81 (83); Eisele StrafR BT II Rn. 397; anders Kratzsch JR 1988, 397; Perron GA 1989, 145), der sich vom Raub dadurch unterscheidet, dass Gewalt und Drohung (→ § 249 Rn. 2, 3) hier nicht Mittel der Wegnahme sind, sondern nach deren Vollendung zur Sicherung des gerade erlangten Gewahrsams (BGHSt 9, 162; sa BGH bei Dallinger MDR 1972, 17) eingesetzt werden (zusf. Geppert Jura 1990, 554). Im Gegensatz zum Raub handelt es sich bei § 252 nicht um ein Verletzungsdelikt, sondern um ein – aus der Perspektive der (nicht notwendig erfolgreichen) Gewahrsamssicherung – erfolgskupiertes Delikt (Sinn in SK-StGB Rn. 2; Küper Jura 2001, 21 (25) „abstraktes Gefährdungsdelikt"; eing. zu den verschiedenen Erklärungsmodellen der ratio legis Küper JZ 2001, 730 (735); Weigend GA 2007, 274); zur Deliktsstruktur Natus Jura 2014, 772. Rechtsprechungsübersicht bei Maier NStZ-RR 2013, 367.

2 **2.** Dem als **Vortat** erforderlichen Diebstahl genügt auch ein Raub (BGHSt 21, 377 = NJW 1968, 260; BGH NJW 2002, 2043 (2044); Lask, Das Verbrechen des räuberischen Diebstahls, 1999, S. 40), zweifelhaft ob auch die räuberische Erpressung (dafür Frank Jura 2010, 893; dagegen Küpper/Grabow FS Achenbach, 2011, 265 (267)), nicht aber ein Betrug (BGHSt 41, 198 (203) = NJW 1995, 3129; BGH NStZ 2012, 95 mit Bespr. Jäger JA 2011, 950; Kudlich in Satzger/Schluckebier/Widmaier StGB Rn. 22) oder eine Unterschlagung (BGH NStZ 2011, 36 mit zust.

Bespr. Hecker JuS 2011, 374). Dass der Diebstahl dem Antragserfordernis nach § 247 unterliegt oder die Sache iSd § 248a geringen Wert hat, ist unerheblich (hM; anders Burkhardt NJW 1975, 1687).

3. Die Vortat (der Diebstahl) muss regelmäßig **vollendet** sein (BGHSt 16, 271 (277) = NJW 1961, 2266; BGHSt 41, 198 (203) = NJW 1995, 3129; LG Gera NJW 2000, 159 mit zust. Bespr. Otto JK StGB § 249 Rn. 7; Kudlich/Aksoy JA 2014, 81 (83); dabei kann zB in Fällen der Mittäterschaft die irrige Annahme der Vollendung genügen, Küper Jura 2001, 21 (23)); ausnahmsweise reicht auch ein (untauglicher) Versuch, wenn der Täter dadurch Gewahrsam erlangt hat (Küper Jura 2001, 21 (23)); es kommt dann aber nur § 252-Versuch in Betracht (Küper Jura 2001, 21 (23); Mitsch StrafR BT II/1 § 4 Rn. 22). Nach dem Vollendungszeitpunkt bestimmt sich zugleich die Abgrenzung von Raub und räuberischem Diebstahl, so dass der Einsatz der Raubmittel nach Vollendung der Vortat nicht unter § 249 fällt, sondern nach § 252 zu beurteilen ist (hM; BGHSt 28, 224 = NJW 1979, 726; Zöller JuS 1997, L 90; anders Dreher MDR 1979, 529; dagegen Lask, Das Verbrechen des räuberischen Diebstahls, 1999, S. 53; Schmidhäuser Studienbuch StrafR BT § 8 Rn. 51). Das gilt unabhängig von der Streitfrage, ob die Sicherung der Beute unmittelbar nach Vollendung der Wegnahme noch als deren Bestandteil verstanden werden kann (→ Vor § 22 Rn. 2); denn das qualifizierte Raubunrecht ist zureichend nur begründbar, wenn der Zwang Mittel der Gewahrsamsverschiebung und nicht lediglich der für die Vollendung unerheblichen Gewahrsamssicherung war (hM). 3

4. **Auf frischer Tat betroffen** ist nach der Rspr., wer bei Ausführung der Tat (Küper Jura 2001, 21 (24); Wessels/Hillenkamp/Schuhr StrafR BT II Rn. 397) oder alsbald nach deren Vollendung am Tatort oder in dessen unmittelbarer Nähe von einem anderen bemerkt, dh namentlich durch Sehen, uU auch Hören, sinnlich wahrgenommen wird (BGHSt 9, 255 = NJW 1956, 1487; BGHSt 28, 224 (227) = NJW 1979, 726; BGH NJW 2015, 3178 mAnm Becker NStZ 2015, 701; Küper StV 2016, 285; Bespr. Eisele JuS 2015, 1043; Brüning ZJS 2016, 386); da das Gesetz unscharf nur von Betreffen, nicht von Bemerken spricht, dürfte ohne Überschreitung der Auslegungsgrenzen auch der Fall erfasst sein, dass der Täter, von dem anderen überrascht, dem unmittelbar bevorstehenden Bemerktwerden durch schnelles Zuschlagen zuvorkommt (BGHSt 26, 95 = NJW 1975, 1176; dazu Kühl HRR StrafR BT Nr. 57; OLG Köln NStZ 2005, 448 (449); Rengier StrafR BT I § 10 Rn. 9; Sinn in SK-StGB Rn. 10, 11; aM Dreher MDR 1976, 529; Schnarr JR 1979, 314; Lask, Das Verbrechen des räuberischen Diebstahls, 1999, S. 93, 124; Dehne-Niemann Jura 2008, 742 (744); Joecks/Jäger StGB Rn. 7; Vogel in LK-StGB Rn. 28; krit. auch BGHSt 28, 224 (227) = NJW 1979, 726; Fezer JZ 1975, 609; Küper FS Krey, 2010, 335; Mitsch StrafR BT II/1 § 4 Rn. 38; Wessels/Hillenkamp/Schuhr StrafR BT II Rn. 401; Kindhäuser in NK-StGB Rn. 9; krit. zur historischen Sachgerechtigkeit Haas in Momsen/Bloy/Rackow, Fragmentarisches Strafrecht, 2003, S. 145, 151, 184, der ein Eingreifen des Gesetzgebers fordert; zusf. Hillenkamp StrafR BT Problem 27, S. 145; Kudlich/Aksoy JA 2014, 81 (84)). Ob dabei der Täter nur als Person oder auch in Bezug auf ein Verhalten betroffen wird, das der andere in Zusammenhang mit einem irgendwie strafbaren Tun bringt oder bringen würde, soll nach hM unerheblich sein (vgl. etwa Geilen Jura 1980, 43; Schünemann JA 1980, 393 (398); Vogel in LK-StGB Rn. 29; aM Schnarr JR 1979, 314). Für Fälle der Begegnung, dh des „raumzeitlichen Zusammentreffens" (BGHSt 28, 224 (227) = NJW 1979, 726; BGH StV 2013, 445 mit Bespr. Kudlich 4

JA 2013, 310; Bosch JK StGB § 252 Rn. 8; Wessels/Hillenkamp/Schuhr StrafR BT II Rn. 400), führt das zu sinnvollen Ergebnissen. Es ist aber problematisch, wenn der andere schon bei der Tat – etwa einer gemeinsamen Autofahrt – mit dem Täter zusammen war (Seier/Brandts Jura 1981, 215 (219)); wenn es hier genügen soll, dass sich der Täter als Tatverdächtiger wahrgenommen glaubt (so Herdegen in LK-StGB, 11. Aufl. 1992, Rn. 12), wird auf das Element des Betreffens ganz verzichtet. Auch wenn die Tat noch nicht beendigt, dh noch nicht vollständig abgeschlossen und die Beute noch nicht gesichert ist, braucht sie nach der Rspr. nicht mehr frisch zu sein (BGHSt 28, 224 (228) = NJW 1979, 726; BGH NJW 1987, 2687 mit Bespr. Kratzsch JR 1988, 397; Herzog EzSt StGB Nr. 2; BGH NStZ 2015, 219; Rienhoff JA 2016, 745 (751); Wessels/Hillenkamp/Schuhr StrafR BT II Rn. 399; aM Dreher MDR 1976, 529 (531); zw.). Umgekehrt schließt aber die Beendigung die „Frische" nur idR, aber nicht notwendig aus (anders die hM; vgl. etwa BGH NStZ 1987, 2687, NStZ 2015, 219; StV 1986, 530; JZ 1988, 471; NStZ 2002, 542 (544); OLG Köln NStZ 2005, 448; Perron GA 1989, 145 (147); Heghmanns StrafR BT Rn. 1127; Otto StrafR BT § 46 Rn. 54; Mitsch StrafR BT II/1 § 4 Rn. 39; Sinn in SK-StGB Rn. 7, 8; Kindhäuser in NK-StGB Rn. 14; Bosch in Schönke/Schröder, Rn. 3; Fischer Rn. 4; Vogel in LK-StGB Rn. 34, sprengt die Auslegungsgrenzen; wie hier Gössel StrafR BT II § 15 Rn. 15; vgl. Küper/Zopfs StrafR BT Rn. 156, beachtliche Gegenmeinung; sa Marlie ZIS 2006, 42 (45)). Hier sind – etwa bei Diebstählen aus der Nachbarwohnung – Fälle so engen zeitlich-räumlichen Zusammenhangs denkbar, dass eine Tat trotz Beendigung noch frisch sein kann (so zB im Fall BGHSt 21, 377 (378) = NJW 1968, 260; sa BGHSt 22, 227 (229) = NJW 1968, 2252). Ihre Einbeziehung ist sachlich begründet; der dagegen erhobene formale und sprachlich nicht zwingende Einwand, die Worte „bei einem Diebstahl" müssten als zeitliche Begrenzung verstanden werden (so OLG Hamm MDR 1969, 238; Kratzsch JR 1988, 397; Rengier StrafR BT I § 10 Rn. 6), schlägt nicht durch (iErg ebenso Dreher MDR 1976, 529 (531); Herzog EzSt StGB Nr. 2). Auch muss die „Frische" nicht notwendig noch bei der Nötigungshandlung gegeben sein; auch Nötigungshandlungen gegen Verfolger (sog. Nacheile) sind noch erfasst (Mitsch StrafR BT II/1 § 4 Rn. 27, 39; aM Küper/Zopfs StrafR BT Rn. 158; vgl. auch Goossens, Zum Begriff der „frischen Tat" iSd § 252 StGB, 1996, S. 141, der einen ununterbrochenen Zusammenhang zwischen vollendeter Vortat und Folgegeschehen verlangt).

5 **5. Um sich im Besitz des gestohlenen Gutes zu erhalten,** bedeutet die Absicht (im Sinne zielgerichteten Wollens, → § 15 Rn. 20), eine bevorstehende – jedoch nicht notwendig nach der Vorstellung des Täters schon gegenwärtige oder unmittelbar drohende (Geilen Jura 1980, 43 (44); Schünemann JA 1980, 393 (399); Dehne-Niemann Jura 2008, 742 (746); Gehrig, Der Absichtsbegriff in den Straftatbeständen des Besonderen Teils des StGB, 1986, S. 68; Rengier StrafR BT I § 10 Rn. 18; Sinn in SK-StGB Rn. 22, 23; aM BGHSt 28, 224 (231) = NJW 1979, 726; BGH StV 1987, 196; Perron GA 1989, 145 (149, 169); Hellmann in Krey/Hellmann/Heinrich StrafR BT II Rn. 312; Wessels/Hillenkamp/Schuhr StrafR BT II Rn. 404; zw.) – Gewahrsamsentziehung zugunsten des Bestohlenen zu verhindern (Holtz MDR 1987, 94; BGH NStZ 2015, 157; Küper StrafR BT S. 91). Sie muss von demselben Bestreben geleitet sein, das schon die Zueignungsabsicht bei der Vortat kennzeichnet (BGH StV 1987, 534; OLG Zweibrücken JR 1991, 383 mAnm Perron; OLG Zweibrücken StV 1994, 545 (546); sa BGH StV 1991, 349 mit Bespr. Ennuschat JR 1991, 500; str.). Jedoch braucht sie nicht der einzige

oder auch nur dominierende (aM Schünemann JA 1980, 393 (399)) Zweck zu sein (BGHSt 13, 64 = NJW 1959, 1235; BGH NStZ 1984, 454; NStZ-RR 2005, 340); bei Flucht soll Beuteerhaltungsabsicht angenommen werden können, wenn der Täter die Möglichkeit hatte, sich der Beute gefahrlos zu entledigen (OLG Köln NStZ 2005, 449 mit Bespr. Kudlich JuS 2005, 1055; Kudlich/Aksoy JA 2014, 81 (84); vgl. auch OLG Hamm StV 2005, 336; zw.); anders wenn der Täter sich der Beute nicht hätte entledigen können, ohne den Diebstahl zuzugeben oder das entscheidende Beweismittel für seine Überführung zu liefern (OLG Brandenburg NStZ-RR 2008, 201). Anders als bei §§ 242, 249, die eine Drittzueignungsabsicht genügen lassen (→ § 242 Rn. 26 a), reicht hier eine „Dritt-Besitzerhaltungsabsicht" für die Begründung von Täterschaft nicht aus (Mitsch ZStW 111 (1999), 65 (109); Eisele StrafR BT II Rn. 411; Klesczewski StrafR BT S. 98; Sinn in SK-StGB Rn. 21; zur Problematik sa schon Freund ZStW 109 (1997), 455 (482)); einer Ergänzung um eine auf Drittbesitzerhaltung zielende Absicht steht das Analogieverbot entgegen (Wessels/Hillenkamp/Schuhr StrafR BT II Rn. 403; Sinn in SK-StGB Rn. 21; aM Weigend GA 2007, 274 (285)); wer sich im Besitz der Beute halten will, um sie später einem Dritten zuzueignen, hat Eigenbesitzerhaltungsabsicht (vgl. Weigend GA 2007, 274 (284)). Dass der Täter bei Anwendung des Nötigungsmittels die Beute unmittelbar mit sich führt, ist nicht unbedingt erforderlich (BGH NJW 1968, 2386). Unerheblich ist auch, ob er sein Ziel der Gewahrsamsbehauptung erreicht (Holtz MDR 1984, 981) oder ob er nur irrig annimmt, die Beute verteidigen zu müssen (Bach MDR 1957, 402; aM Küper JZ 2001, 730 (735), der wegen der objektiv nicht beeinträchtigten Restitutionsinteressen und der damit fehlenden Opfertauglichkeit nur Versuch annimmt); jedoch kann es im letzteren Falle an dem Betreffen auf frischer Tat fehlen (→ Rn. 4). Keine Beuteerhaltungsabsicht liegt bei Verzehr der Beute vor (Marlie ZIS 2006, 42 (46) gegen die vorstehende Entscheidung des LG Freiburg).

6. Täter (auch Mittäter) nach § 252 kann nur sein, wer entweder an dem vorausgegangenen Diebstahl täterschaftlich beteiligt war oder nach den Regeln sukzessiver Mittäterschaft (→ § 25 Rn. 10, 12) in diesen Diebstahl eingetreten ist; denn nur unter dieser Voraussetzung sind die Elemente des Diebstahls und der Nötigung in einer dem Raub entsprechenden Weise verwirklicht (Geilen Jura 1980, 43 (46); Weigend GA 2007, 274 (277); Natus Jura 2014, 772 (776); Eisele StrafR BT II Rn. 422; Mitsch StrafR BT II/1 § 4 Rn. 24; Rengier StrafR BT I § 10 Rn. 25; Wessels/Hillenkamp/Schuhr StrafR BT II Rn. 407; Kindhäuser in NK-StGB Rn. 24; aM BGHSt 6, 248 = NJW 1954, 1495; BGH bei Dallinger MDR 1967, 727; Maurach/Schroeder/Maiwald/Hoyer/Momsen StrafR BT § 35 Rn. 40; Sinn in SK-StGB Rn. 25; zw.). Alle anderen Beteiligten können nur Teilnehmer sein. Jedoch kommt eine Tat nach § 252 überhaupt nicht zur Entstehung, wenn die Raubmittel von Unbeteiligten oder Gehilfen ohne Einvernehmen mit dem Täter (auch Mittäter) des vorausgegangenen Diebstahls angewendet werden (Blei StrafR BT S. 209). Ob dieser mittelbarer Täter sein kann, wenn ein Unbeteiligter oder Gehilfe des Diebstahls hinsichtlich der Nötigung allein als unmittelbarer Täter handelt, ist umstritten (dafür Blei StrafR BT S. 209, bei Irrtumserregung, aber auch bei bloß „anstiftungsförmiger" Bestimmung durch den Täter des Diebstahls; abl. Dehne-Niemann JuS 2008, 589 (591); Weigend GA 2007, 277; zum absichtslos – dolosen Werkzeug Hillenkamp JuS 2003, 157 (160); abl. zum qualifikationslos – dolosen Werkzeug Mitsch StrafR BT II/1 § 4 Rn. 24, 40; → § 25 Rn. 4; ohne Problembewusstsein BGH StV 1991, 349). Der Mittäter dieses Diebstahls kann auch dann 6

Täter nach § 252 sein, wenn er selbst nicht im Besitz der Beute ist (BGH NStZ 2015, 276 mit Bespr. Jahn JuS 2015, 78 (86); Dehne-Niemann NStZ 2015, 251; Satzger Jura 2015, 768; OLG Stuttgart NJW 1966, 1931). Hat sich der Mittäter des Diebstahls an diesem nur in Drittzueignungsabsicht beteiligt, so ist er nicht Täter nach § 252, wenn er durch seine Nötigungshandlung nur den übrigen Mittätern den Besitz der Beute sichern will (vgl. Rengier StrafR BT I § 10 Rn. 22; Wessels/Hillenkamp/Schuhr StrafR BT II Rn. 408; Sinn in SK-StGB Rn. 24). Anstiftung muß zum gesamten Tatbestand erfolgen und nicht erst zum Zeitpunkt des Betroffenseins (Natus Jura 2014, 772 (780)).

7 **7.** Die Bestrafung gleich einem Räuber (§ 249) rechtfertigt auch die Anwendung der strafschärfenden §§ 250, 251 (zum früheren Recht BGHSt 17, 179 = NJW 1962, 1258; OGHSt 2, 323).

8 **8.** Der vorausgegangene Diebstahl (auch §§ 243, 244) oder die sonst ausreichende diebstahlsgleiche Tat (→ Rn. 2) steht idR in **Gesetzeseinheit** (Natus Jura 2014, 772 (776); aM Lask, Das Verbrechen des räuberischen Diebstahls, 1999, S. 270); wurde jedoch die Anwendung der Raubmittel nur versucht, so liegt zwischen dem vollendeten einfachen und dem versuchten räuberischen Diebstahl Tateinheit vor, weil nur so klargestellt werden kann, dass die Vortat vollendet und nicht lediglich untauglich versucht wurde (Geppert Jura 1990, 554 (558); Dehne-Niemann Jura 2008, 742 (748); Otto StrafR BT § 46 Rn. 66; Fischer Rn. 12; Sinn in SK-StGB Rn. 28; aM OLG Karlsruhe MDR 1978, 244; Maurach/Schroeder/Maiwald/Hoyer/Momsen StrafR BT § 35 Rn. 44; Bosch in Schönke/Schröder Rn. 13). Sind die Raubmittel sowohl zur Wegnahme als auch später zur Sicherung des Gewahrsams eingesetzt worden, so geht der räuberische Diebstahl im Raub auf (BGHSt 21, 377 = NJW 1968, 260; BGH GA 1969, 347; NJW 2002, 2043; NStZ 2018, 103; sa Wessels/Hillenkamp/Schuhr StrafR BT II Rn. 377); erfüllt aber erst der räuberische Diebstahl einen erschwerenden Umstand nach §§ 250, 251 (→ Rn. 7), so wird umgekehrt der vorausgegangene einfache oder weniger erschwerte Raub aufgezehrt (BGH GA 1969, 347; NJW 2002, 2043; Kudlich JuS 1998, 966; Sinn in SK-StGB Rn. 29; Kindhäuser in NK-StGB Rn. 29; zT abw. Geppert Jura 1990, 554 (559); Wessels/Hillenkamp/Schuhr StrafR BT II Rn. 377; Eser in Schönke/Schröder Rn. 13). Über das Verhältnis zu § 255 → § 255 Rn. 3.

§ 253 Erpressung

(1) **Wer einen Menschen rechtswidrig mit Gewalt oder durch Drohung mit einem empfindlichen Übel zu einer Handlung, Duldung oder Unterlassung nötigt und dadurch dem Vermögen des Genötigten oder eines anderen Nachteil zufügt, um sich oder einen Dritten zu Unrecht zu bereichern, wird mit Freiheitsstrafe bis zu fünf Jahren oder mit Geldstrafe bestraft.**

(2) **Rechtswidrig ist die Tat, wenn die Anwendung der Gewalt oder die Androhung des Übels zu dem angestrebten Zweck als verwerflich anzusehen ist.**

(3) **Der Versuch ist strafbar.**

(4) [1]**In besonders schweren Fällen ist die Strafe Freiheitsstrafe nicht unter einem Jahr.** [2]**Ein besonders schwerer Fall liegt in der Regel vor, wenn**

der Täter gewerbsmäßig oder als Mitglied einer Bande handelt, die sich zur fortgesetzten Begehung einer Erpressung verbunden hat.

1. Erpressung ist Vermögensbeschädigung durch Nötigung eines anderen in Bereicherungsabsicht (Grundfälle dazu Seelmann JuS 1982, 914). Sie ist eine zugleich gegen die persönliche Entschlussfreiheit gerichtete Vermögensstraftat (BGHSt 1, 13 (20) = NJW 1951, 160; BGHSt 19, 342 = NJW 1964, 1865; BGHSt 41, 123 (125) = NJW 1995, 2799). Geschützte Rechtsgüter sind daher **das Vermögen und die persönliche Freiheit,** wobei allerdings der Schwerpunkt auf dem Vermögensschutz liegt (Maurach/Schroeder/Maiwald/Hoyer/Momsen StrafR BT § 42 Rn. 12; Mitsch StrafR BT II/1 § 6 Rn. 1; Otto StrafR BT § 53 Rn. 2; Wessels/Hillenkamp/Schuhr StrafR BT II Rn. 706; für gleichrangigen Schutz Sinn in SK-StGB Rn. 2). Von dem verwandten Betrug unterscheidet sich die Erpressung im Wesentlichen dadurch, dass dort Täuschung, hier Zwang das Mittel der erstrebten Bereicherung ist (OLG Hamburg MDR 1966, 1018; → Rn. 14). Im Unterschied zum Raub, bei dem das Opfer die Wegnahme nur erduldet, nötigt es der Erpresser, die Sache selbst herauszugeben oder sich sonst vermögensschädigend zu verhalten (BGHSt 18, 75 = NJW 1963, 216). – Zur **Kriminologie** der Erpressung v. Hentig, Zur Psychologie der Einzeldelikte, Bd. 4, Die Erpressung, 1959; Reinsberg, Die Erpressung, 1970; Schima, Erpressung und Nötigung, 1973; Ohlemacher, Verunsichertes Vertrauen?, 1998; Eisenberg/Kölbel Kriminologie § 45 Rn. 46–49; Kaiser Kriminologie § 60 Rn. 8–12. Grundwissen zum Vermögensdelikt Rönnau JuS 2016, 114ff.; zum strafrechtlich geschützten Vermögensbegriff BGH wistra 2016, 395 mit Bespr. Jäger JA 2016, 790; Jahn JuS 2016, 847; krit. Bosch Jura 2016, 1338 zu § 255 Drogenbesitz. 1

2. a) Die Tathandlung des **Nötigens mit Gewalt oder durch Drohung** (zu beiden BGH NStZ-RR 2015, 373) entspricht der des § 240 (→ § 240 Rn. 4–15). Als Gewalt kommt hier jedoch – anders als bei der Nötigung – nur vis compulsiva, dh Einwirkung auf den Willen des Opfers in Frage. Da die Erpressung in Parallele zum Betrug eine Vermögensverfügung des Genötigten voraussetzt (→ Rn. 3) und diese bei Motivierung durch Zwang denknotwendig in einem willensgesteuerten Verhalten besteht, scheidet vis absoluta aus (aM Gössel StrafR BT II § 31 Rn. 18–20; Hellmann in Krey/Hellmann/Heinrich StrafR BT II Rn. 422; Maurach/Schroeder/Maiwald/Hoyer/Momsen StrafR BT § 42 Rn. 19; Mitsch StrafR BT II/1 § 6 Rn. 35; wie hier Wessels/Hillenkamp/Schuhr StrafR BT II Rn. 708; Fischer Rn. 5); zur Beeinträchtigung der Entschlussfreiheit BGH NStZ 2016, 45 mit Bespr. Kudlich JA 2016, 239; BGH StV 2014, 286; zur konkludenten Drohung BGH NStZ 2015, 461; NStZ 2015, 210; NStZ 2015, 269 mit Praxiskommentar Krehl; zu einschüchterndem Verhalten als Drohung BGH StraFo 2015, 522; NStZ 2019, 674; StV 2020, 240; StV 2021, 493, dazu auch Vogel in LK-StGB § 249 Rn. 15. Die Problematik der (verwerflichen) Drohung durch Ankündigung eines Unterlassens (→ § 240 Rn. 14) stellt sich auch hier (dazu Eisele StrafR BT II Rn. 757); speziell in Erpressungsfällen BGHSt 44, 68 (74) = NJW 1998, 2612 (mit Bespr. Lagodny/Hesse JZ 1999, 313; Sinn NStZ 2000, 195; krit. Fischer Rn. 7); BGHSt 44, 251 = NJW 1999, 800 (krit. Fischer Rn. 8; Wessels/Hillenkamp/Schuhr StrafR BT II Rn. 708); OLG Karlsruhe NJW 2004, 3724; OLG Oldenburg NJW 2008, 3012; OLG Hamm StV 2014, 294 mAnm Wedler NZWiSt 2014, 246; Sinn ZJS 2010, 447 (448). Zur Drohung mit der Enthüllung einer Straftat (sog. Chantage) BGH NJW 2003, 1955 (1959) Bespr. Zaczyk JuS 2004, 750. Zur Erpressung, bei der das Übel von einem Dritten verwirk- 2 licht werden soll BGH JZ 2014, 521 mAnm Jäger (und schon BGHSt 7, 197 = NJW 1955, 719 mit BGH NStZ-RR 2007, 16). Zur Drohung gegenüber Beamten der Staatsanwaltschaft OLG Hamm NStZ 2013, 312.

3 **b)** Die abgenötigte Handlung, Duldung oder Unterlassung muss die Voraussetzungen einer **Vermögensverfügung** erfüllen (Schröder ZStW 60 (1948), 33; Tenckhoff JR 1974, 489; Rengier JuS 1981, 654; Otto JZ 1984, 143; Otto StrafR BT § 53 Rn. 4; Geppert/Kubitza Jura 1985, 276; Eisele StrafR BT II Rn. 760–776; Rengier StrafR BT I § 11 Rn. 25–29; Wessels/Hillenkamp/Schuhr StrafR BT II Rn. 712; Bock StrafR BT-Vermögensdelikte Fall 5, S. 142, Fall 7, S. 200; Joecks/Jäger StGB § 255 Rn. 6; Bosch in Schönke/Schröder, Rn. 8; einschr. Brand JuS 2009, 899, nur bei Sacherpressungen). Wegen der andersartigen Struktur des Zwanges ist aber – abweichend von den für § 263 geltenden Grundsätzen (→ § 263 Rn. 22–27) – Unmittelbarkeit der Vermögensminderung nicht in jedem Falle erforderlich (Küper StrafR BT S. 411; krit. Wessels/Hillenkamp/Schuhr StrafR BT II Rn. 714); es genügt, wenn der Genötigte an der Vermögensverschiebung in einer Weise mitwirkt, die nach seiner Vorstellung für die Herbeiführung des Schadens unerlässlich ist (Tenckhoff JR 1974, 489 (491); Küper NJW 1978, 956; anders Küper FS Lenckner, 1998, 495 (505); Wessels/Hillenkamp/Schuhr StrafR BT II Rn. 714 „Schlüsselstellung“; aM Rengier StrafR BT I § 11 Rn. 25–29). Eine „freiwillige“ Verfügung liegt auch vor, wenn die Entscheidung zur Übergabe eines Ersatzgegenstandes für das geforderte, aber nicht vorhandene Bargeld vom bedrohten Opfer ausgeht (BGHSt 48, 322 (324) = NJW 2003, 3283 mAnm Kühl NStZ 2004, 387). **Demgegenüber** lassen die **Rspr.** und ein Teil des Schrifttums jede mittelbare Schädigung genügen, die darin besteht, dass der Genötigte dem Täter oder einem Dritten den schädigenden Eingriff in das Vermögen nur möglich oder leichter macht (BGHSt 14, 386 = NJW 1960, 1729; dazu Kühl HRR StrafR BT Nr. 58; BGHSt 25, 224 = NJW 1973, 2072; Lüderssen GA 1968, 257; Geilen Jura 1980, 43 (50); Schünemann JA 1980, 486; Seier JA 1984, 441 (442); Erb FS Herzberg, 2008, 711 (726); Günther FS Rössner, 2015, 798; Kindhäuser in NK-StGB Vor § 249 Rn. 50–52; Kindhäuser/Böse StrafR BT II § 17 Rn. 20–31; Hellmann in Krey/Hellmann/Heinrich StrafR BT II Rn. 430–433; Mitsch StrafR BT II/1 § 6 Rn. 40; Sinn in SK-StGB Rn. 16; → Vor § 249 Rn. 13–17; zusf. Hillenkamp StrafR BT Problem 33, S. 179; sowie Küper FS Lenckner, 1998, 495; einschr. Schlehofer, Einwilligung und Einverständnis, 1985, S. 63, der darauf abstellt, ob dem Täter das Verhalten des Genötigten im Sinne mittelbarer Täterschaft zurechenbar ist). Das Erfordernis einer Vermögensverfügung ist begründet. Zwar spricht (neben der Entstehungsgeschichte, dazu Tausch, Die Vermögensverfügung des Genötigten – Notwendiges Merkmal des Erpressungstatbestandes?, 1995, S. 79, 111, aber auch Maurach/Schroeder/Maiwald/Hoyer/Momsen StrafR BT § 42 Rn. 2, 3, 6) der Gesetzeswortlaut nicht dafür, weil er mit § 240 übereinstimmt und dort auch Fälle bloßen Erduldens einschließt. Misslich ist auch die Folge, dass einige, iSd § 253 strafwürdige Fälle ausgeschieden werden (dazu Schünemann JA 1980, 486 (487)). Für die Einschränkung sollte aber die Erwägung ausschlaggebend sein, dass sie der Erpressung im Rahmen der Vermögensdelikte eine bestimmte, gegenüber den anderen Tatbeständen mit gleicher Schutzrichtung abgegrenzte Funktion zuweist, während bei Einbeziehung auch der mittelbaren Schädigung iErg ein konturloser Grundtatbestand aller mit Nötigungsmitteln begangenen Angriffe auf fremdes Vermögen iwS entsteht, der dem Element des Zwanges in diesem Bereich eine zusätzliche, für andere Deliktsgruppen nicht vorgesehene Schärfungswirkung

beilegt. Außerdem kann die Gegenmeinung das systematische Verhältnis zwischen den §§ 249, 255 nicht sinnvoll erklären (Tenckhoff JR 1974, 489 (490)) und muss der Erpressung die problematische Aufgabe zuweisen, zwischen Diebstahl und Raub, sozusagen als „kleinen Raub", eine besondere, nach der Gesetzessystematik offensichtlich nicht vorgesehene Qualifikationsstufe zu bilden. Die Antwort auf die Streitfrage entscheidet über die Abgrenzung der Erpressung (einschließlich der räuberischen) von den Wegnahmedelikten, namentlich vom Raub (→ § 255 Rn. 2) und damit zugleich auch darüber, ob die gewaltsame Wegnahme einer Sache ohne Zueignungsabsicht, etwa bei unbefugtem Fahrzeuggebrauch nach § 248b (BGHSt 14, 386 = NJW 1960, 1729; Biletzki Jura 1995, 635 (637); Kudlich JA 2015, 32 (34)) oder bei Pfandkehr nach § 289 (RGSt 25, 436), zur Strafbarkeit nach § 255 führt. Wohl unabhängig von diesem Streit liegt § 255 vor, wenn ein dem Transportunternehmer unbekannter Fahrgast die Duldung seiner Flucht erzwingt und so verhindert, dass der Fahrpreisanspruch gegen ihn durchgesetzt wird (BGH BeckRS 2013, 00841 mit Bespr. Kudlich JA 2013, 310; Satzger JK StGB § 252 Rn. 8).

3. a) Nachteil für das Vermögen (auch einer juristischen Person; Wallau JR 2000, 312 (316); Eisele StrafR BT II Rn. 777) ist gleichbedeutend mit der Vermögensbeschädigung beim Betrug (BGHSt 34, 394 = NJW 1987, 3144; BGH NStZ-RR 1998, 233; Cramer JuS 1966, 472; Lenckner JZ 1967, 110; Sinn in SK-StGB Rn. 19; → § 263 Rn. 32–53); speziell zum Vermögensnachteil in Erpressungsfällen BGHSt 4, 259 (260) = NJW 1953, 1232; BGHSt 14, 386 = NJW 1960, 1729; BGHSt 20, 136 = NJW 1965, 594; BGHSt 32, 88 = NJW 1984, 500; BGHSt 44, 251 (254) = NJW 1999, 800; BGH StV 1984, 377; StV 1989, 149; StV 1996, 33; zum individuellen Schadenseinschlag BGH NStZ 2016, 149 mit Bespr. Bosch Jura 2016, 218; → § 263 Rn. 48; speziell zur erzwungenen Ausstellung eines Schuldscheins BGH NStZ 1999, 618; NStZ 2000, 197; NStZ 2009, 386; NStZ-RR 1998, 233; NStZ-RR 2000, 234, zur Durchsetzung von rechtlich nicht geschützten Ansprüchen gegen Tatgenossen einer Straftat BGH NStZ 2001, 534, zur Preisgabe der Geheimnummer einer EC-Karte BGH NStZ-RR 2004, 333 mit Bespr. Valerius JA 2005, 330; zum Abpressen von Bankkarte und PIN (BGH NStZ 2011, 212); zum Unterbleiben einer Anzeige bei sonst drohender Geldstrafe OLG Karlsruhe NJW 2004, 3724; geschädigt ist auch der Eigentümer einer ihm gestohlenen oder sonst widerrechtlich entzogenen Sache, wenn er unter Nötigungsdruck für die Wiedererlangung ein Lösegeld zahlt (BGHSt 26, 346 = NJW 1976, 1414 mAnm Gössel JR 1977, 32; Stoffers Jura 1995, 113 (117); Graul JuS 1999, 562 (566); krit. Mitsch StrafR BT II/1 § 6 Rn. 56–58; aM Trunk JuS 1985, 944), ebenso der Nutzer des durch die Schadsoftware gesperrten Computers, der zur Abwendung der Sperrung zur Zahlung eines Geldbetrages genötigt ist (BGH NJW 2021, 2301 mAnm Safferling; Eisele JZ 2021, 1067; Nicolai NStZ 2022, 47; Bespr. Gercke ZUM 2021, 921; Dittrich/Erdogan ZWH 2022, 13). Zum Nachteil bei der Sicherungserpressung → Rn. 13. Am Nachteil fehlt es, wenn der Täter zum Verzicht auf eine wertlose Forderung gebracht wird (BGH NStZ 2007, 95 mit zust. Bespr. Satzger JK StGB § 253 Rn. 12; BGH NStZ-RR 2021, 281); zur Erpressung einer Prostituierten durch abgenötigten Verzicht auf das vereinbarte Entgelt (problematisch BGH NStZ 2011, 278 mit zu Recht krit. Bespr. Bachmann/Goeck NJ 2012, 45 (46); Eckstein JZ 2012, 101; Hecker JuS 2011, 944; Hecker FS Kühne, 2013, 81; zust. Zimmermann NStZ 2012, 211; Wessels/Hillenkamp/Schuhr StrafR BT II Rn. 716, aktuelle Entscheidung; Fischer Rn. 13; für Vermögenswert der freiwillig erbrachten sexuellen Dienstleistung einer Prostituierten, die zum Ver- 4 zicht auf das vereinbarte Entgelt „erpresst" werden kann BGH NStZ 2013, 710 mAnm Barton StV 2014, 418; keinen Vermögenswert hat dagegen der erzwungene Geschlechtsverkehr, der nur von §§ 177, 240 erfasst wird BGH NStZ 2013, 710), ebenso ein abverlangtes Verhalten, das sich in der Begehung strafbarer Handlungen erschöpft, sodass die erzwungene Vornahme solcher Handlungen keinen Vermögensschaden beim Nötigungsopfer begründen kann (BGH NStZ 2020, 286 mzustAnm Habetha; Bespr. Jäger JA 2020, 551).

5 **b)** Der Vermögensnachteil muss durch die Nötigung **verursacht** sein (→ Vor § 13 Rn. 9–13). Das setzt voraus, dass der Genötigte durch das Zwangsmittel zur Vermögensverfügung bestimmt wird, der Druck zurzeit des Nachgebens also noch fortwirkt (BGH wistra 1988, 348; OLG Frankfurt a. M. NJW 1970, 342). Die Kausalität entfällt nicht deshalb, weil die Geldübergabe zugleich der Überführung des Täters dienen soll (BGHSt 41, 368 (371) = NJW 1996, 936; BGH NJW 1997, 265). Zwischen dem Einsatz des Nötigungsmittels und dem erlangten Vorteil muss – wie bei § 249 (→ § 249 Rn. 4) – ein **finaler Zusammenhang** bestehen (BGH NStZ-RR 2012, 173 (174); Fischer Rn. 18 a).

6 **c)** Genötigter und Verfügender müssen identisch sein, während der von dem Zwang unmittelbar Betroffene (BGHSt 16, 316 (318) = NJW 1962, 164) und der Geschädigte (Dreieckserpressung; vgl. RGSt 71, 291; BGH NStZ-RR 2011, 143; zum Fall Jäger ExRep StrafR BT Rn. 377, Beispiel) andere – auch voneinander verschiedene – Personen sein können. Die **Dreieckserpressung** erfordert ebenso wie die entsprechende Betrugskonstellation (→ § 263 Rn. 28–30) ein sog. Näheverhältnis (BGH NStZ-RR 2014, 246; Küper NJW 1978, 956; Schünemann JA 1980, 486 (489); Wessels/Hillenkamp/Schuhr StrafR BT II Rn. 715; aM Röckrath Jura 1993, 446, der eine Zuständigkeit des Vermögensinhabers für die Nötigungssituation verlangt; krit. Krack JuS 1996, 493 (495); Mitsch StrafR BT II/1 § 6 Rn. 45, der eine „Leidensgenossenschaft" zwischen Genötigtem und Vermögensinhaber voraussetzt; Ebel Jura 2008, 256; auf den mutmaßlichen Willen des Vermögensinhabers stellen ab Hellmann in Krey/Hellmann/Heinrich StrafR BT II Rn. 436), dessen Abgrenzung iE allerdings noch nicht abschließend geklärt ist (eing. Rengier JZ 1985, 565, knapper Rengier StrafR BT I § 11 Rn. 30–32; zusf. Küper StrafR BT S. 411; Sinn in SK-StGB Rn. 18). Nach der Rspr. muss der Genötigte spätestens im Zeitpunkt der Tatbegehung schutzbereit auf der Seite des Vermögensinhabers stehen; auf rechtliche Verfügungsmacht oder tatsächliche Herrschaftsgewalt über die Vermögensgegenstände kommt es nicht an (BGHSt 41, 123 = NJW 1995, 2799 mit Bespr. Mitsch NStZ 1995, 499; Otto JZ 1995, 1020; Biletzki JA 1996, 189; Krack JuS 1996, 493; Wolf JR 1997, 73; BGH NStZ-RR 1997, 321 mit Bespr. Cramer NStZ 1998, 299; Krack NStZ 1999, 134; Geppert JK StGB § 255 Rn. 9; vgl. auch BGHSt 41, 368 (371) = NJW 1996, 936). Fehlt es an dieser Schutzbereitschaft des Dritten, so kommt Diebstahl in mittelbarer Täterschaft mit dem Dritten als genötigtem Werkzeug in Betracht, nicht jedoch Raub in mittelbarer Täterschaft, weil der genötigte Dritte dann kein zu überwindendes Hindernis für die Wegnahme darstellt (iErg ebenso Hellmann in Krey/Hellmann/Heinrich StrafR BT II Rn. 436; Rengier StrafR BT I § 11 Rn. 32). Das Näheverhältnis besteht, wenn der Genötigte als Angestellter des Geschädigten im Tatzeitpunkt untergeordneten Mitgewahrsam an den entzogenen Vermögensgegenständen hat, selbst wenn der Inhaber des übergeordneten Mitgewahrsams als Tatbeteiligter mit der Entziehung einverstanden ist (OLG Celle NStZ 2012, 447

mit zust. Bespr. Jahn JuS 2011, 1131; (krit.) Krell ZJS 2011, 572; Bosch JK StGB § 255 Rn. 11; krit. auch Rengier StrafR BT I § 11 Rn. 32a).

7 **4.** Der **Vorsatz** (bedingter genügt) muss sich namentlich darauf erstrecken, dass der Genötigte infolge des Zwanges (BGH bei Holtz MDR 1978, 625) eine ihm selbst oder einem Dritten nachteilige Vermögensverfügung (→ Rn. 3) vornimmt (beachte BGH bei Holtz MDR 1982, 280). Im Allgemeinen muss er schon bei Anwendung des Nötigungsmittels (BGH NJW 1953, 1400), mindestens aber zu einer Zeit vorliegen, in der die Zwangswirkung des zuvor eingesetzten Mittels noch andauert (OLG Frankfurt a. M. NJW 1970, 342). Jedoch genügt im Falle des Vorsatzwechsels das bloße Bewusstsein der noch andauernden Zwangswirkung nicht; erforderlich ist vielmehr – ebenso wie beim Raub – das Fortdauern des Nötigungsverhaltens, dh das Bestehen eines finalen Zusammenhangs in dem Sinne, dass der Täter dem mit anderer Motivation eingesetzten Zwang eine neue Richtung auf das Vermögen des Opfers gibt und ihn nunmehr als Mittel zur Herbeiführung des vermögensschädigenden Opferverhaltens (und zugleich auch zur Verwirklichung der Bereicherungsabsicht) aufrecht erhält (→ § 249 Rn. 4).

8 **5.** Die **Absicht** („um zu"), sich oder einen Dritten zu Unrecht zu bereichern, ist mit der beim Betrug vorausgesetzten Absicht, sich oder einem Dritten einen rechtswidrigen Vermögensvorteil zu verschaffen (→ § 263 Rn. 58–62) gleichbedeutend (hM; vgl. BGH NJW 1988, 2623; NStZ 2011, 699 (701) mit zust. Bespr. Jahn JuS 2011, 846 (848); BGH NStZ 2014, 41; dazu Jäger JZ 2014, 526; BGH NStZ 2017, 466 mit Praxiskommentar Bock). Das ist namentlich wichtig für die Beschränkung des Absichtsbegriffs auf zielgerichtetes Handeln (BGHSt 16, 1 (4) = NJW 1961, 1172; BGHSt 34, 329 (333) = NJW 1987, 1898; BGH NStZ 1996, 39), für das Erfordernis der Stoffgleichheit (BGH NStZ-RR 1998, 235; dazu auch Eisele StrafR BT II Rn. 784; BGH NStZ 2002, 254; NStZ 2002, 481; NStZ 2002, 597; NJW 2002, 2117 mkritAnm Kindhäuser/Wallau NStZ 2003, 152 (154); sie fehlt etwa bei eigenmächtiger Inpfandnahme von Sachen, um das Opfer zur Zahlung seiner Schulden zu veranlassen, BGH NStZ 1988, 216; NStZ 2018, 712; Kindhäuser/Böse StrafR BT II § 17 Rn. 49; Rengier StrafR BT I § 11 Rn. 60; Wessels/Hillenkamp/Schuhr StrafR BT II Rn. 719; erst recht, wenn die abgepressten Sachen alsbald vernichtet werden sollen, BGH NStZ 2005, 155); auch das Abpressen eines Mobiltelefons reicht nicht, wenn es dem Täter nur darum geht, das Opfer zu isolieren (BGH StraFo 2011, 409; NStZ 2020, 542; OLG Jena NStZ 2006, 450; NStZ 2011, 699 mit zust. Bespr. Jahn JuS 2011, 646 (648), zust. auch Rengier StrafR BT I § 11 Rn. 60), oder wenn dies anderen als Vermögenszwecken – zB Besitz von Daten – dient (BGH NStZ 2012, 627 mit Bespr. Hecker JuS 2013, 468; und abl. Putzke ZJS 2013, 311 (314)); bloßer Besitz einer Sache bildet einen Vermögensvorteil nur dann, wenn ihm ein eigenständiger wirtschaftlicher Wert zukommt, etwa weil er zu wirtschaftlich messbaren Gebrauchsvorteilen führt, die der Täter oder der Dritte für sich nutzen will (BGH NStZ-RR 2018, 218). Für das Wesen der Bereicherung (BGHSt 14, 386 = NJW 1960, 1729) sowie für die Unrechtmäßigkeit der Bereicherung und die Behandlung des Irrtums darüber (BGHSt 4, 105 = NJW 1953, 834; BGHSt 20, 136 = NJW 1965, 594; BGHSt 48, 322 = NJW 2003, 3283 mAnm Kühl NStZ 2004, 387; BGH NStZ-RR 2004, 45; NJW 1982, 2265 mit krit. Bespr. Bernsmann NJW 1982, 2214; BGH wistra 1983, 28; wistra 1991, 20; NJW 1986, 1623; NStZ 1988, 216; StV 1990, 205; NStZ-RR 1998, 235; NStZ-RR 1999, 6; wistra 1999, 378; StV 2000, 79 mit Bespr. Jahn/Dickmann JA 2000, 541; BGH NStZ 2008, 626 mAnm Kindhäuser StV 2009,

355; BGH StV 2014, 283 mit Bespr. Hecker JuS 2014, 366; Kudlich JA 2014, 947; Fischer § 16 Rn. 15, § 253 Rn. 20); auch hier kann statt der Unrechtmäßigkeit der Bereicherung schon der Vermögensnachteil (s. Hillenkamp FS Achenbach, 2011, 189 (196, 205)) und statt des Vorsatzes über die Rechtswidrigkeit der Bereicherung der Vorsatz hinsichtlich des Vermögensnachteils zu verneinen sein (Rengier StrafR BT I § 11 Rn. 65; → § 263 Rn. 61, 47).

9 **6.** Die **Rechtswidrigkeit** ist auf zwei Ebenen zu prüfen (ebenso Mitsch StrafR BT II/1 § 6 Rn. 72).

a) Die **Unrechtmäßigkeit der erstrebten Bereicherung** bedarf einer selbständigen Beurteilung (→ Rn. 8); für sie gelten die unter → § 263 Rn. 61, 62 dargelegten Grundsätze. Danach entfällt die Unrechtmäßigkeit der Bereicherung, wenn der Täter einen Anspruch auf sie hat; anders wenn er keinen rechtlich begründeten Anspruch hat (BGH NStZ 2011, 519). Es kommt auf die materielle Rechtslage an, nicht darauf, ob der Anspruch unbestritten ist oder vor Gericht durchgesetzt werden muss (BGH NStZ-RR 2009, 17 (18); StV 2009, 357 (358); JA 2014, 947 mit zust. Bespr. Kudlich; BGH NJW 2017, 1487 mit Bespr. Bosch Jura 2017, 990 zu § 253; BGH NStZ-RR 2020, 356; Wittig JA 2013, 401 (403)); das gleiche gilt für ein abgenötigtes Schuldanerkenntnis (BGH NStZ-RR 2018, 316). Einen solchen (Schadensersatz-)Anspruch auf Rückzahlung kann etwa der nicht belieferte Rauschgiftkäufer haben (BGH NJW 2002, 2117 mzustAnm Engländer JR 2003, 164; abl. aber Kindhäuser/Wallau NStZ 2003, 152; Mitsch JuS 2003, 122; Swoboda NStZ 2005, 476; Geppert JK StGB § 253 Rn. 8), nicht aber der Rauschgifthändler, der dem Käufer nach Belieferung den Kaufpreis „abpresst", denn sein Schadensersatzanspruch wäre auf einen rechtswidrigen (Besitz-)Zustand am Rauschgift oder an dessen (Geld-)Surrogat gerichtet (BGHSt 48, 322 = NJW 2003, 3283 mAnm Kühl NStZ 2004, 387 und krit. Bespr. Otto JK StGB § 253 Rn. 9; krit. auch Fischer Rn. 13b; iE zust. Swoboda NStZ 2005, 476; Vogel in LK-StGB Rn. 21). An der Rechtswidrigkeit der erstrebten Bereicherung fehlt es, wenn ein Dieb das ihm von einem Dritten entwendete Diebesgut durch Drohung zurückerlangt, weil auch dem Dieb ein Anspruch auf Wiedereinräumung des Besitzes nach § 861 I BGB zusteht (BGH NStZ 2009, 37; zust. Rengier StrafR BT I § 11 Rn. 61; sa Eisele StrafR BT II Rn. 786).

10 **b)** Die **Rechtswidrigkeit der Tat im Ganzen** bestimmt sich nach der Mittel-Zweck-Relation des Abs. 2, die mit § 240 II übereinstimmt (→ § 240 Rn. 17–25; einschr. Kindhäuser in NK-StGB Rn. 37); eine völlig willkürliche Verbindung von Mittel und Zweck ist verwerflich (BGH NStZ-RR 2011, 143 (144); aktuelle Entscheidung bei Wessels/Hillenkamp/Schuhr StrafR BT II Rn. 721). Da bei dieser Prüfung die erstrebte Bereicherung als Nötigungszweck erscheint und die Rechtswidrigkeit des Zwecks ein wesentliches Element der Mittel-Zweck-Beziehung ist, wird die Unrechtmäßigkeit der Bereicherung idR für die Gesamtbeurteilung wesentlich und meist auch ausschlaggebend sein (Schünemann JA 1980, 486 (489)). Umgekehrt ist für die Erpressung charakteristisch, dass häufig auch Nachteile angedroht werden, deren Zufügung für sich betrachtet rechtmäßig wäre (Eisele StrafR BT II Rn. 789 mit Beispiel). Das gilt namentlich für die sog. **Chantage,** dh die Erpressung von Schweigegeld durch Drohung mit der Enthüllung von bloßstellenden Begebenheiten, etwa von Jugendverfehlungen oder homosexuellen Beziehungen (RGSt 64, 381; Kindhäuser in NK-StGB Rn. 41; sa Krause MschrKrim 1969, 213).

7. Die Erpressung ist **vollendet,** wenn der Vermögensnachteil auch nur teilweise eintritt (BGHSt 41, 368 (371) = NJW 1996, 936; BGH NJW 1997, 265 mit zust. Bespr. Geppert JK StGB § 255 Rn. 8; Wessels/Hillenkamp/Schuhr StrafR BT II Rn. 722); die Überwachung der Übergabe der geforderten Sache durch die Polizei kann die Entstehung des Vermögensschadens und damit die Vollendung der Tat im Ganzen verhindern (BGHSt 41, 368 (372) = NJW 1996, 936; BGH StV 1998, 80). Die Bereicherung braucht dagegen nicht (oder noch nicht) erreicht zu sein (BGHSt 19, 342 = NJW 1964, 1865); die Erpressung dauert nach Vollendung nicht bis zur Bereicherung („Beendigung") fort (Herdegen in LK-StGB, 11. Aufl. 1992, Rn. 29); Beihilfe ist deshalb nur bis zur Vollendung möglich (Kindhäuser in NK-StGB Rn. 46; Vogel in LK-StGB Rn. 43; aM Bosch in Schönke/Schröder, Rn. 28). Der **Versuch** beginnt, wenn der Täter zur Nötigungshandlung unmittelbar ansetzt (→ § 22 Rn. 4). 11

8. Abs. 4 regelt in der Neufassung besonders schwere Fälle (→ § 46 Rn. 6–21; → § 12 Rn. 4). **Gewerbsmäßig** → § 260 Rn. 2; **bandenmäßige Begehung** → § 260 Rn. 4, 5. 12

9. a) Verteidigt der Täter nach Begehung eines Aneignungs- oder Bereicherungsdelikts die erlangte Sache durch Nötigung, so wird dadurch idR kein neuer Schaden verursacht, der über den bereits aus der Vortat erwachsenen hinausgeht (BGH NJW 1984, 501 mAnm Kienapfel JR 1984, 388; anders jedoch BGH NStZ 2002, 33 mit Bespr. Heger JA 2002, 454 (456); krit. zu diesen sich widersprechenden Urteilen Rengier StrafR BT I § 11 Rn. 55, 56a; neu: BGH NStZ 2011, 36; dazu Jäger ExRep StrafR BT Rn. 234, 234a, Fall 24; BGH StV 2011, 677; dazu Jäger ExRep StrafR BT Rn. 380d, 380e, Fall 44; BGH NStZ 2012, 95 mit zust. Bespr. Jäger JA 2011, 950 (952): Mitsch HRRS 2012, 181; Satzger JK StGB §§ 253, 255 Rn. 15; Wessels/Hillenkamp/Schuhr StrafR BT II Rn. 412). Eine solche sog. **Sicherungserpressung** ist mindestens als mitbestrafte Nachtat (→ Vor § 52 Rn. 32) mit der Folge auszuscheiden, dass Strafbarkeit nur wegen Nötigung übrigbleibt (BGH StV 1986, 530; Eisele StrafR BT II Rn. 782; zweifelnd für eine qualifizierte Erpressung nach §§ 255, 250 II Nr. 1 Hellmann in Krey/Hellmann/Heinrich StrafR BT II Rn. 569; für § 255 Grabow, Die Sicherungserpressung, 2013; Gabow NStZ 2014, 121, pro Tatbestandslösung); zT wird auch angenommen, dass schon der Tatbestand mangels Vermögensnachteils nicht verwirklicht sei (BGH NJW 1984, 501; Seier NJW 1981, 2152; Kudlich JA 2015, 32 (34); Mitsch StrafR BT II/1 § 6 Rn. 64; Wessels/Hillenkamp/Schuhr StrafR BT II Rn. 735; krit. Herzberg JR 1985, 209; beachte auch BGH bei Holtz MDR 1984, 625; zw.). 13

b) Die Vorschrift geht den §§ 240, 241 idR vor (Spezialität); richtet sich jedoch die der (räuberischen) Erpressung nachfolgende Nötigung zur Beutesicherung gegen einen bisher unbeteiligten Dritten, so liegt Tateinheit vor (BGH NStZ-RR 2002, 334; NStZ 2005, 38; → § 240 Rn. 27; → § 252 Rn. 8). **Tateinheit** ist außerdem möglich, wenn die Anwendung des Nötigungsmittels neben der Bereicherung auch einen anderen Zweck verfolgt (BGH bei Dallinger MDR 1972, 386; sa BGH NJW 1991, 578). Über das Verhältnis zu den Wegnahmedelikten → § 255 Rn. 2, 3. Bei § 263 ist zu unterscheiden (zusf. Günther ZStW 88 (1976), 960; Stoffers Jura 1995, 113 (120); Kindhäuser in NK-StGB Rn. 50): dient eine Täuschung nur dazu, eine zugleich angewendete Drohung zu ermöglichen oder gefährlicher erscheinen zu lassen, so wird ein zugleich verwirklichter Betrug (Hellmann in Krey/Hellmann/Heinrich StrafR BT II Rn. 453–459) konsumiert (Rengier StrafR BT I 14

§ 11 Rn. 75; bereits den Tatbestand verneinend BGHSt 23, 294 = NJW 1970, 1855 mit Bespr. Küper NJW 1970, 2253; (abl.) Herzberg JuS 1972, 570; BGH NStZ 1985, 408; Hillenkamp JuS 1994, 769 (771)); hat in diesen Fällen ein Teilnehmer nur Kenntnis von der Täuschung, so ist er wegen Teilnahme am Betrug strafbar (nur iE so BGHSt 11, 66 = NJW 1958, 69; aM Günther ZStW 88 (1976), 960 (966); str.). Soll jedoch die Täuschung andere, mit der Drohung nicht zusammenhängende Vorstellungen für eine irrige Entschließung des Opfers bewirken, so ist Tateinheit möglich (BGHSt 9, 245 = NJW 1956, 1526; Rengier StrafR BT I § 11 Rn. 75; str.). Nur Betrug liegt vor, wenn jemand vortäuscht, er werde erpresst, auch wenn den Getäuschten ausschließlich die ihm angeblich selbst drohende Enthüllung motiviert (BGHSt 7, 197 = NJW 1955, 719); ebenso bei einer Täuschung über eine Drohung durch andere, auf deren Verwirklichung der Täter keine Beeinflussungsmöglichkeit vortäuscht (BGH NStZ 1996, 435 mit zust. Bespr. Otto JK StGB § 253 Rn. 46; → § 240 Rn. 12). Mit § 239a (→ § 239a Rn. 11), § 291 (→ § 291 Rn. 12), § 308 (→ § 307 Rn. 6), §§ 331, 332 (BGHSt 9, 245 = NJW 1956, 1526; str.) ist Tateinheit möglich.

15 **c)** Nur **eine Tat** im Rechtssinne liegt vor, wenn durch die Einzelakte, die auf die Willensentschließung des Opfers einwirken sollen, letztlich nur die ursprüngliche Drohung durchgehalten wird (BGHSt 41, 368 = NJW 1996, 936; BGH NJW 1998, 619 mit insoweit zust. Bespr. Satzger JR 1998, 518; Wilhelm NStZ 1999, 80; krit. aber Momsen NJW 1999, 982 (984) „Gemengelage von rechtlicher und natürlicher Handlungseinheit"; BGH NStZ-RR 2000, 234 (235); NStZ 2000, 532; NStZ-RR 2012, 79; → Vor § 52 Rn. 6; → § 52 Rn. 6); diese tatbestandliche Einheit endet bei vollständiger Zielerreichung oder beim fehlgeschlagenen Versuch (BGHSt 41, 368 = NJW 1996, 936 mit krit. Bespr. Puppe JR 1996, 513; BGH NJW 1998, 619 mit krit. Bespr. Momsen NJW 1999, 982 (986); Wilhelm NStZ 1999, 80; → Vor § 52 Rn. 6); sie hat nicht die Kraft, mehrere Mordversuche zum Nachteil verschiedener Menschen zu einer Tat zu verklammern (BGH NJW 1998, 619 mkritAnm Satzger JR 1998, 518; Fischer Vor § 52 Rn. 8). Natürliche Handlungseinheit kann beim Übergang vom vollendeten § 255 zu einem weiteren § 255-Versuch vorliegen (BGH NStZ 1999, 406); sie soll auch dann möglich sein, wenn sich die Erpressungen nacheinander gegen verschiedene Personen richten (BGH NJW 1997, 265; → Vor § 52 Rn. 7), Tateinheit liegt jedoch vor, wenn die Erpressung des zweiten Opfers unter Aufrechterhaltung und Ausnutzung der gegen das erste Opfer verübten Gewalt erfolgt (BGH NStZ 1999, 618). Tateinheit mit Verdeckungsmord soll auch dann möglich sein, wenn die tödlichen Schüsse in der sog. Beendigungsphase der (räuberischen) Erpressung fallen und deren Beendigung dienen (BGH NStZ-RR 2000, 367; NStZ 2004, 329 mit Bespr. Kudlich JuS 2004, 927).

16 **10.** Führungsaufsicht § 256. Zum Schutz des Erpressungsopfers beachte § 154c StPO, Nr. 102 RiStBV (Krause FS Spendel, 1992, 547).

§ 254 (weggefallen)

§255 Räuberische Erpressung

Wird die Erpressung durch Gewalt gegen eine Person oder unter Anwendung von Drohungen mit gegenwärtiger Gefahr für Leib oder Leben begangen, so ist der Täter gleich einem Räuber zu bestrafen.

1. **Qualifizierter Fall** der Erpressung (Eisele StrafR BT II Rn. 752). Die Nötigungsmittel entsprechen denen des Raubes (→ § 249 Rn. 2, 3). Wie dort bezieht sich die Leib- oder Lebensgefahr (speziell zur Dauergefahr BGH NJW 1994, 1166 mit krit. Bespr. Schmidt JuS 1994, 891; BGH NJW 1997, 265 mit Bespr. Joerden JR 1999, 120; BGH NStZ-RR 1999, 266 mit Bespr. Kindhäuser/Wallau StV 1999, 379; Zaczyk JR 1999, 343; BGH NStZ 2015, 36 mit Bespr. Hecker JuS 2015, 467) nur auf die Drohung (BGH NStZ 2012, 95 (96); NStZ-RR 2012, 173 (174)), nicht auf die Gewalt (BGHSt 18, 75 = NJW 1963, 216; str.). Richtet sich die Drohung gegen einen Dritten (→ § 240 Rn. 15), so braucht der Erpresste sich nicht selbst als an Leib oder Leben bedroht zu fühlen; es genügt, dass sich ihm die entsprechende Bedrohung des Dritten als Übel darstellt (BGH NStZ 1987, 222; NJW 1994, 1166; NStZ 1996, 494; Wessels/Hillenkamp/Schuhr StrafR BT II Rn. 726; aM Zaczyk JZ 1985, 1059; JR 1999, 343 (345); Cramer NStZ 1998, 299; Reuter-Stracke, Gewalt oder Drohung gegen Dritte als (qualifizierte) Nötigung, 1993, S. 97; beachte auch BGH NJW 1989, 176). Zur Abgrenzung des unbeendeten vom beendeten Versuch bei § 255 BGHSt 4, 180 = NJW 1953, 1231. 1

2. **a)** Das **Verhältnis zum Raub** (wie überhaupt das der Erpressung zu den Wegnahmedelikten) hängt davon ab, ob der Tatbestand des § 253 eine Vermögensverfügung voraussetzt (→ § 253 Rn. 3; Grundwissen zur Abgrenzung von Raub und räuberischer (Sach-)Erpressung bei Rönnau JuS 2012, 888; dazu auch Bode JA 2017, 110; Überblick bei Kudlich/Aksoy JA 2014, 81 (85); zum Führer eines Kfz BGH BeckRS 2017, 110824 mit Bespr. Eisele JuS 2017, 793). Bei dieser Annahme scheidet **Tateinheit** idR aus, weil Vermögensverfügung und Wegnahme einander ausschließen (→ § 263 Rn. 31). Auf dem Boden der Gegenmeinung hält die Rspr. den Raub für einen Fall des § 255, der als der speziellere vorgeht (BGHSt 14, 386 (390) = NJW 1960, 1729 mablAnm Schnellenbach NJW 1960, 2154; BGH NStZ 1999, 350; ähnlich Kindhäuser in NK-StGB Rn. 7; Rönnau JuS 2012, 888 (891)). Aber auch auf dieser Grundlage ist es unbefriedigend, dass sich die Abgrenzung der beiden Tatbestände – abweichend von dem Verhältnis zwischen den §§ 242, 263 (→ § 242 Rn. 14; → § 263 Rn. 26) – nicht nach der inneren Willensrichtung des Genötigten, sondern nach dem äußeren Erscheinungsbild des Gebens und Nehmens bestimme (BGHSt 7, 252 = NJW 1955, 877; BGHSt 41, 123 (126) = NJW 1995, 2799; BGH NStZ 1999, 350; NStZ-RR 2010, 46 (48); NStZ-RR 2011, 80; BeckRS 2013, 12237; schwer verständlich BGH StV 2012, 153 mAnm Jäger JA 2012, 307; dazu auch Jäger ExRep StrafR BT Rn. 299a, 299b, Fall 33; überraschend BGHSt 56, 196 = NJW 2011, 1979 mit krit. Bespr. Jäger JA 2011, 632; Theile ZJS 2012, 138; krit. dazu auch Jäger ExRep StrafR BT Rn. 380a, 380b, Fall 43; krit. auch Eisele StrafR BT II Rn. 763; zust. die meisten Anhänger der weiten Auslegung des § 253; ebenso auch Schmitt FS Spendel, 1992, 575; ähnlich Rengier JuS 1981, 654 (656); Rengier StrafR BT I § 11 Rn. 37, Indiz für faktisches Einverständnis; ähnlich Toepel FS Rudolphi, 2004, 581 (592); krit. Schünemann JA 1980, 486 (491); Seelmann JuS 1982, 914 (915); Schlehofer, Einwilligung und Einverständnis, 1985, S. 52); dies soll auch für die Dreieckserpressung (→ § 253 Rn. 6) 2

gelten (BGH NStZ-RR 1997, 321 mAnm Krack NStZ 1999, 134; zusf. Kudlich/Aksoy JA 2014, 81 (86)). Wegnahme liegt vielmehr stets vor, wenn es in der Zwangslage für den Genötigten gleichgültig ist, wie er sich verhält, die Sache also unabhängig von seiner Mitwirkung dem Zugriff des Täters preisgegeben ist (ebenso Eisele StrafR BT II Rn. 764); deshalb ist unerheblich, ob er in dieser Lage lediglich das Nehmen duldet oder die Sache selbst herausgibt. Nur wenn der Gewahrsamsverlust nach seiner Vorstellung (Tenckhoff JR 1974, 489 (492); str.) von seiner Mitwirkung abhängt, scheidet Wegnahme aus (Schröder ZStW 60 (1948), 33 (95); Otto ZStW 79 (1967), 59 (86); Samson JA 1980, 285 (289); Erb FS Herzberg, 2008, 711 (726); Hohmann/Sander StrafR BT § 13 Rn. 28; Wessels/Hillenkamp/Schuhr StrafR BT II Rn. 730; krit. Sinn in SK-StGB Vor § 249 Rn. 17; weiter Schlehofer, Einwilligung und Einverständnis, 1985, S. 67, der zu Unrecht einen „Raub aus räumlicher Entfernung" für möglich hält, wenn dem Täter das Verhalten des Genötigten im Sinne mittelbarer Täterschaft zurechenbar ist). Unabhängig von diesem Meinungsstreit ist Tateinheit mit einem Wegnahmedelikt ausnahmsweise möglich, wenn dasselbe Zwangsmittel zugleich zur Wegnahme der einen und zur Herausgabe der anderen Sache führt (BGHSt 7, 252 (254) = NJW 1955, 877; BGHSt 32, 88 = NJW 1984, 500; BGH bei Holtz MDR 1993, 1040 (1041); str.; anders auch Küper FS Lenckner, 1998, 495 (517), der für den Raub eine persönliche Bemächtigungslage in direkter räumlich-persönlicher Konfrontation verlangt). Sie ist nach der Rspr. ferner möglich, wenn die Erpressung nach vollendeter, aber noch nicht beendigter Wegnahme zur Sicherung des Gewahrsams in natürlicher Handlungseinheit (→ Vor § 52 Rn. 4–7) begangen wird (→ Vor § 22 Rn. 2). Das Abnötigen einer Auskunft, die die spätere Wegnahme ermöglicht, ist mit dieser als Raub zu werten (vgl. BGH NStZ 2006, 38 mablAnm Hoyer ZIS 2006, 140), wie auch die erzwungene Preisgabe des Verstecks einer noch wegzunehmenden Beute als (versuchter) Raub, sofern ein enger räumlicher und zeitlicher Zusammenhang zwischen Gewaltanwendung und Wegnahme besteht (BGH NStZ 2022, 14; 2019, 411).

3 **b)** Im **Verhältnis zum räuberischen Diebstahl** (§ 252) kommt eine Konkurrenz im Allgemeinen nicht in Frage. In der Regel scheitert das schon am Erfordernis der Vermögensverfügung (→ § 253 Rn. 3; beachte auch BGH StV 1991, 349 mit Bespr. Ennuschat JR 1991, 500). Aber auch wenn man auf dieses Erfordernis verzichtet, entsteht meist keine echte Konkurrenz, weil die der Vortat nachfolgende Sicherungserpressung entweder schon wegen Fehlens eines Vermögensnachteils zu verneinen (Wessels/Hillenkamp/Schuhr StrafR BT II Rn. 412) oder jedenfalls als mitbestrafte Nachtat auszuscheiden wäre (→ § 253 Rn. 13; Kindhäuser in NK-StGB § 252 Rn. 31–33; beachte jedoch BGH bei Holtz MDR 1984, 981 mit Bespr. Brandts/Seier JA 1985, 174).

4 **c)** Wegen der engen Verwandtschaft von Handlungen nach §§ 249, 255 ist **Wahlfeststellung** (BGHSt 5, 280 = NJW 1954, 361; Maier NStZ-RR 2015, 35 mit BGH NStZ 2014, 640) möglich (Eisele StrafR BT II Rn. 812; aM Sinn in SK-StGB Rn. 14), doch nimmt die Rspr. Vorrang von § 255 an, weil dieser auch § 249 umfasse (BGH NStZ-RR 2018, 140). Ein versuchter Raub tritt als **mitbestrafte Vortat** hinter einer auf denselben Gegenstand gerichteten räuberischen Erpressung zurück (BGH NJW 1967, 60); dasselbe gilt im umgekehrten Falle (BGH bei Holtz MDR 1982, 280; Mohrbotter GA 1968, 112). Dagegen lehnt die Rspr. im Verhältnis zu § 242 sowohl ein Stufenverhältnis als auch echte Wahlfeststellung (auch nur

mit § 253) ab (BGH NJW 2018, 1557 mAnm Krell NStZ 2018, 466; Bespr. Hecker JuS 2018, 1009; Kudlich JA 2018, 549).

3. Bestrafung gleich einem Räuber bedeutet Verweisung auf die §§ 249–251 (BGHSt 14, 386 (391) = NJW 1960, 1729; BGHSt 21, 183 = NJW 1967, 835), nicht auf § 252 (Sinn in SK-StGB Rn. 9). Zum erfolgsqualifizierten Versuch nach §§ 255, 251, 22, 23 BGH NJW 2003, 911 mit zu weitem Gefahrverwirklichungszusammenhang (zu Recht abl. deshalb auch Wessels/Hillenkamp/Schuhr StrafR BT II Rn. 388); ein solcher Versuch kann auch mit Tötungsvorsatz begangen werden, er steht dann mit § 212 in Tateinheit (BGH NJW 2003, 911). 5

4. Führungsaufsicht § 256. Anzeigepflicht § 138 I Nr. 7. 6

§ 256 Führungsaufsicht

In den Fällen der §§ 249 bis 255 kann das Gericht Führungsaufsicht anordnen (§ 68 Abs. 1).

Fassung: Abs. 2 aF gestrichen durch G zur Reform der strafrechtlichen Vermögensabschöpfung (→ Vor § 1 Rn. 18) zum 1.7.2017.

Vgl. → Vor § 68 Rn. 1, 2; → § 68 Rn. 1–8. 1

21. Abschnitt. Begünstigung und Hehlerei

§ 257 Begünstigung

(1) **Wer einem anderen, der eine rechtswidrige Tat begangen hat, in der Absicht Hilfe leistet, ihm die Vorteile der Tat zu sichern, wird mit Freiheitsstrafe bis zu fünf Jahren oder mit Geldstrafe bestraft.**

(2) **Die Strafe darf nicht schwerer sein als die für die Vortat angedrohte Strafe.**

(3) [1]**Wegen Begünstigung wird nicht bestraft, wer wegen Beteiligung an der Vortat strafbar ist.** [2]**Dies gilt nicht für denjenigen, der einen an der Vortat Unbeteiligten zur Begünstigung anstiftet.**

(4) [1]**Die Begünstigung wird nur auf Antrag, mit Ermächtigung oder auf Strafverlangen verfolgt, wenn der Begünstiger als Täter oder Teilnehmer der Vortat nur auf Antrag, mit Ermächtigung oder auf Strafverlangen verfolgt werden könnte.** [2]**§ 248a gilt sinngemäß.**

1. Die Vorschrift betrifft nur die **sachliche Begünstigung** (persönliche Begünstigung § 258). Sie ist nachträgliche Unterstützung einer Tat und verletzt daher das **Interesse an der Wiederherstellung des gesetzmäßigen Zustandes.** Auf Vermögensschutz ist sie nicht beschränkt (aM Otto StrafR BT § 57 Rn. 1; ähnlich Bosch Jura 2012, 270; dagegen Jahn/Reichart JuS 2009, 309 (310)). Im Übrigen ist die nähere Konkretisierung des geschützten Rechtsgutes – etwa die Rechtspflege iwS oder das durch die Vortat betroffene Rechtsgut – zweifelhaft und noch nicht abschließend geklärt (BGHSt 23, 360 = NJW 1971, 62; Hecker in Schönke/Schröder Rn. 1). Die Annahme eines kumulativen Schutzes von Allgemein- und Indivi- 1 dualinteressen dürfte der Sachlage am ehesten entsprechen (Stree JuS 1976, 137 (138); Amelung JR 1978, 227 (229); Zipf JuS 1980, 24 (25); Geppert Jura 1994, 441 (442); Heinrich in Arzt/Weber/Heinrich/Hilgendorf StrafR BT § 27 Rn. 1; Mitsch StrafR BT II/1 § 9 Rn. 4; Hoyer in SK-StGB Rn. 1; krit. Eisele StrafR BT II Rn. 1075; aM Schroeder, Die Straftaten gegen das Strafrecht, 1985, S. 14; Walter in LK-StGB Rn. 4–11, reines Gemeinrechtsgut; Janson, Begünstigung und Hehlerei vor dem Hintergrund des Rückerwerbes der Diebesbeute, 1992, S. 94; Seel, Begünstigung und Strafvereitelung durch Vortäter und Vortatteilnehmer, 1999, S. 18, der auf die Sicherung der generalpräventiven Wirkung des Strafrechts mittels Isolationsandrohung abstellt; ähnlich Weisert, Der Hilfeleistungsbegriff bei der Begünstigung, 1999, S. 253; anders auch Altenhain, Das Anschlussdelikt, 2002, S. 245, 369, 428, der nur das staatliche Recht auf Entziehung der Vorteile als geschützt ansieht, und eine Verschmelzung mit §§ 258, 259 zu einem Anschlussdelikt gegen die strafrechtlichen Rechtsfolgen fordert; vgl. dazu die Bespr. von Schroeder JZ 2003, 789; Wohlers GA 2003, 428). – Zu **Kriminologie** und Reform der Begünstigung Geerds GA 1988, 243; Wolf, Begünstigung, Strafvereitelung und Hehlerei, 2002. – Zur **geschichtlichen Entwicklung** der Begünstigung aus der Beihilfe nach der Tat Ebert ZRG Germ. Abt. 1993, 1 (15); Altenhain, Das Anschlussdelikt, 2002, S. 33, 74; sa Walter in LK-StGB Rn. 1, 2.

2 **2. Ein anderer** (der Vortäter) **muss eine rechtswidrige Tat** (die Vortat) **begangen haben,** schuldhaft muss sie nicht begangen worden sein (Bosch Jura 2012, 270 (272)); zur Tatbestandsrelevanz von Auslandstaten Hecker FS Heinz, 2012, 714 (721). Zu deren Voraussetzungen → § 259 Rn. 4 (krit. hinsichtlich der Unbeachtlichkeit von Verfahrenshindernissen und des Erfordernisses, dass die Vortat deutscher Strafgewalt unterliegen muss Altenhain in NK-StGB Rn. 10, 11); auch Versuch (Jahn/Reichart JuS 2009, 309 (310)) und Teilnahme kommen in Frage, soweit aus ihnen, was beim Versuch praktisch kaum vorkommen wird, Vorteile erwachsen sind. Gegen fremdes Vermögen braucht sich die Vortat – abweichend von der Hehlerei (→ § 259 Rn. 5) – nicht gerichtet zu haben (Stree JuS 1976, 137; Walter in LK-StGB Rn. 18; Hoyer in SK-StGB Rn. 4); jedoch muss sie dem Vortäter öffentlich- oder zivilrechtlich entziehbare Vorteile (→ Rn. 5) verschafft haben. Entfällt die Bezugstat (zB durch gesetzgeberische Abschaffung), so kommt eine Strafbarkeit nach § 257 nicht in Betracht (BGHSt 14, 156 (158) = NJW 1960, 1163; BGH StV 2003, 166).

3 **3. Hilfeleisten** ist jede Handlung (uU auch Unterlassung in Garantenstellung, → § 13 Rn. 6; Bosch Jura 2012, 270 (274); Eisele StrafR BT II Rn. 1085 mit Beispiel; Mitsch StrafR BT II/1 § 9 Rn. 45; Altenhain in NK-StGB Rn. 25; Hecker in Schönke/Schröder Rn. 13; Dehne-Niemann ZJS 2009, 142 (151); sa BGH NJW 1979, 2621 (2622)), die objektiv geeignet ist, den Vortäter im Hinblick auf die Vorteilssicherung unmittelbar (Lenckner NStZ 1982, 401 (403); zur Unmittelbarkeit des vorteilssichernden Hilfeleistens beim Vortat-Vorteil Sachbesitz → Rn. 5) besserzustellen, und die subjektiv mit dieser Tendenz vorgenommen wird (hM; BGHSt 4, 221 = NJW 1953, 1194; BGHSt 46, 107 (116) = NJW 2000, 3010; Vogler FS Dreher, 1977, 405; Geppert Jura 2007, 589 (592); Zieschang Gefährdungsdelikte S. 333; Küper/Zopfs StrafR BT Rn. 328 „objektiviertes Versuchsdelikt"; Mitsch JuS 2015, 97 (100), unechtes Unternehmensdelikt; Rengier StrafR BT I § 20 Rn. 10; Altenhain in NK-StGB Rn. 22; krit. Weisert, Der Hilfeleistungsbegriff bei der Begünstigung, 1999, S. 38, der Hilfeleisten als Förderung der Vorteilssicherungsinteressen des Vortäters, dem diese nützlich erscheinen muss, definiert (Wei-

sert, Der Hilfeleistungsbegriff bei der Begünstigung, 1999, S. 208, 270); anders Seelmann JuS 1983, 32 (34); Klesczewski StrafR BT S. 142; Hoyer in SK-StGB Rn. 18; zur Problematik vertiefend Heinrich in Arzt/Weber/Heinrich/Hilgendorf StrafR BT § 27 Rn. 5–10; zusf. Bosch Jura 2012, 270 (273)). Dass die Lage des Vortäters tatsächlich gebessert wird, ist nicht erforderlich (BGHSt 4, 221 (224) = NJW 1953, 1194; Fischer Rn. 7; anders noch BGHSt 2, 375 = NJW 1952, 894). An der objektiven Eignung fehlt es, wenn der zu sichernde Vorteil beim Vortäter nicht mehr vorhanden ist (BGHSt 24, 166 = NJW 1971, 1572 mAnm Maurach JR 1972, 70; BGH NStZ 1994, 187; NStZ 2008, 516 mit zust. Bespr. Kudlich JA 2008, 656; Geppert JK StGB § 257 Rn. 6; BGH NStZ-RR 2013, 245; NStZ 2013, 583; Weisert, Der Hilfeleistungsbegriff bei der Begünstigung, 1999, S. 230; Schünemann in Ulsamer StrafR/StrafVerfR S. 87; Mitsch StrafR BT II/1 § 9 Rn. 33; Kindhäuser/Hilgendorf in LPK-StGB Rn. 12) oder wenn dieser ihn von Rechts wegen behalten darf (Hoyer in SK-StGB Rn. 13, 14).

4. Der **Vorsatz** (bedingter genügt) muss namentlich die Vortat umfassen (BGHSt 46, 107 (118) = NJW 2000, 3010 mit Bespr. Jäger wistra 2000, 344 (346)). Das Maß der erforderlichen Konkretisierung der Vorstellungen über die Vortat ist umstritten (vgl. zB Hartung JZ 1954, 694; Weisert, Der Hilfeleistungsbegriff bei der Begünstigung, 1999, S. 231; Hecker in Schönke/Schröder Rn. 20). Nach der Rspr. muss sich der Begünstiger von dieser Tat wenigstens eine allgemeine Vorstellung machen (OLG Hamburg NJW 1953, 1155; OLG Düsseldorf NJW 1964, 2123), es sei denn, dass er trotz der unvollständigen Kenntnis, der Vortäter habe irgendeine rechtswidrige Tat (→ § 11 Rn. 18) begangen, auf jeden Fall Hilfe leisten will (BGHSt 4, 221 = NJW 1953, 1194; Bosch Jura 2012, 270 (274); Eisele StrafR BT II Rn. 1093). Hat er eine bestimmte irrige Vorstellung von der Vortat, so entfällt sein Vorsatz, wenn bei Richtigkeit dieser Vorstellung die Hilfeleistung zur Vorteilssicherung ungeeignet wäre (BGHSt 4, 221 = NJW 1953, 1194). Im Übrigen braucht er die rechtliche Subsumtion der Vortat unter ihre gesetzlichen Merkmale nicht nachzuvollziehen; es genügt Bedeutungskenntnis (→ § 15 Rn. 14; ebenso Mitsch StrafR BT II/1 § 9 Rn. 48). 4

5. a) Die **Absicht,** die Vorteile der Vortat zu sichern, ist zielgerichtetes Wollen (→ § 15 Rn. 20). Der Begünstigungserfolg braucht daher nicht Motiv (Endziel) des Täters zu sein; es genügt, dass es ihm auf diesen Erfolg – um seiner selbst willen oder zur Erreichung eines weiteren Ziels – ankommt (BGHSt 4, 107 = NJW 1953, 834; BGHSt 46, 107 (118) = NJW 2000, 3010; BGH GA 1985, 321; NStZ 1992, 540; NStZ-RR 2020, 175; BayObLG StV 2021, 454; Jahn/Reichart JuS 2009, 309 (312); Gehrig, Der Absichtsbegriff in den Straftatbeständen des Besonderen Teils des StGB, 1986, S. 110; Altenhain in NK-StGB Rn. 31; Hoyer in SK-StGB Rn. 28; aM Bosch Jura 2012, 270 (275); Otto StrafR BT § 557 Rn. 8; Hecker in Schönke/Schröder Rn. 17, die Wissentlichkeit (→ § 15 Rn. 21) genügen lassen; zweifelnd Lenckner GS Schröder, 1978, 339 (341)); das Bewusstsein der Beutesicherung als notwendige Konsequenz eines in anderer Absicht erfolgten Handelns reicht aber nicht (BGH NStZ 2000, 31). Ob der Sicherungserfolg erreicht wird, ist unerheblich. **Vorteile** (nicht notwendig Vermögensvorteile, BT-Drs. 7/550, 248) sind nur die unmittelbaren (hM; BGHSt 24, 166 (168) = NJW 1971, 1572; BGHSt 36, 277 = NJW 1990, 918 mAnm Keller JR 1990, 478; BGHSt 46, 107 (117) = NJW 2000, 3010; BGH NStZ 1987, 22; NStZ 2011, 399 (400); NStZ 2013, 583 mAnm Trüg). Die Tragweite dieses Erfordernisses ist umstritten (klärend Eisele StrafR BT II Rn. 1089, 1090; Küper StrafR BT S. 204; 5

Rengier StrafR BT I § 20 Rn. 7–9; Walter in LK-StGB Rn. 31–40; zusf. Jahn/Reichart JuS 2009, 309 (312); Bosch Jura 2012, 270 (275)). Während die Rspr. bei der Ausgrenzung von Surrogaten uneinheitlich verfährt (zB Unvereinbarkeit von BGHSt 36, 277 = NJW 1990, 918; BGH NStZ 1987, 22), werden im Schrifttum Ersatzvorteile teils ganz ausgeschieden (Hruschka JR 1980, 221 (224); Altenhain in NK-StGB Rn. 17), teils unter Ausschaltung sog. Kettenzwischenglieder einbezogen (Maurach JR 1972, 70) und teils auch nur dann als ausreichend angesehen, wenn bei ihnen der bestimmungsmäßige nächste Verwendungszweck unverändert geblieben ist (so mit Recht Ruß in LK-StGB, 11. Aufl. 1992, Rn. 11). Vorteil soll aber der an einen Tatbeteiligten gezahlte – nicht schon der ihm versprochene – Tatlohn sein (BGHSt 57, 56 = NJW 2012, 1463 mit zT krit. Bespr. Adick ZWH 2012, 322; Altenhain JZ 2012, 913; Cramer NStZ 2012, 449; Jahn JuS 2012, 566; Satzger JK StGB § 257 Rn. 7; Kudlich StrafR BT I Fall 227a); das erscheint dann bedenklich, wenn dieser Lohn nicht aus der Vortat stammt (Rengier StrafR BT I § 20 Rn. 5a; zum Fall vgl. auch Wessels/Hillenkamp/Schuhr StrafR BT II Rn. 814 „aktuelle Entscheidung"; zust. Fischer Rn. 6). Die **Sicherung** der Vorteile ist beabsichtigt, wenn es dem Täter darauf ankommt, im Interesse des Vortäters (BGH NJW 1958, 1244) die Wiederherstellung des gesetzmäßigen Zustandes zu verhindern oder zu erschweren (BGHSt 46, 107 (118) = NJW 2000, 3010; OLG Düsseldorf NJW 1979, 2320; Seelmann JuS 1983, 32 (35)), etwa dadurch, dass er Diebesgut verheimlicht, nach hM auch dadurch, dass er beim Absatz zur Sicherstellung des Erlöses mitwirkt (BGHSt 2, 362 = NJW 1952, 832; OLG Düsseldorf NJW 1979, 2320; aM RGSt 59, 129; Hruschka JR 1980, 221 (224); Schünemann in Ulsamer StrafR/StrafVerfR S. 87), dass er eine gestohlene Sache im Auftrag des Diebes an eine bestimmte Person verschenkt (BGHSt 4, 122 = NJW 1953, 995) oder an den Eigentümer rückveräußert (OLG Düsseldorf NJW 1979, 2320; Stoffers Jura 1995, 113 (123); einschr. Kindhäuser/Hilgendorf in LPK-StGB Rn. 18; krit. aber Hruschka JR 1980, 221 (224); Heinrich in Arzt/Weber/Heinrich/Hilgendorf StrafR BT § 27 Rn. 10, 13; Altenhain in NK-StGB Rn. 32; eing. Janson, Begünstigung und Hehlerei vor dem Hintergrund des Rückerwerbes der Diebesbeute, 1992, S. 262, 294; zw.). Keine Vorteilssicherung ist die Abwehr von Ersatzansprüchen des durch die Vortat Geschädigten (BGH StV 1994, 185); eine Vorteilssicherung kann aber in der Warnung des Vortäters vor Ermittlungen liegen (Ransiek wistra 1999, 401).

6 **b)** Dass der Täter neben der Vorteilssicherung auch **andere Zwecke** verfolgt, ist unerheblich (OLG Düsseldorf NJW 1979, 2320 mwN). Zum Zusammentreffen der Begünstigungsabsicht mit dem Vorsatz der Strafvereitelung → § 258 Rn. 16, 17.

7 **6.** Die Tat ist mit dem Hilfeleisten **vollendet.** Ob die Vorteilssicherung erreicht wird, ist unerheblich (BGH StV 1994, 185). Ein Rücktritt in Analogie zu den Regeln, die für gewisse Unternehmensdelikte gelten (zB § 83a I), ist nicht möglich (hM; vgl. etwa Mitsch StrafR BT II/1 § 9 Rn. 12; Wessels/Hillenkamp/Schuhr StrafR BT II Rn. 817; Lenckner GS Schröder, 1978, 339 (349); Walter in LK-StGB Rn. 99; für eine analoge Anwendung von § 261 StGB IX Schittenhelm FS Lenckner, 1998, 519 (535); Altenhain in NK-StGB Rn. 34; Hecker in Schönke/Schröder Rn. 22; für tätige Reue unter Hinweis auf §§ 261 IX, 264 V, 306e Rengier StrafR BT I § 20 Rn. 20; vgl. auch Berz FS Stree/Wessels, 1993, 331 (341)).

7. Selbstbegünstigung fällt nicht unter Abs. 1 („einem anderen"; Seel, Begünstigung und Strafvereitelung durch Vortäter und Vortatteilnehmer, 1999, S. 30; Weisert, Der Hilfeleistungsbegriff bei der Begünstigung, 1999, S. 237; zusf. Fahrenhorst JuS 1987, 707; Bosch Jura 2012, 270 (273)); wer aber einen anderen bei der Selbstbegünstigung unterstützt, leistet ihm Hilfe, nicht dagegen, wer ihn nur zur Selbstbegünstigung bestimmt oder in dem Willen zur Selbstbegünstigung durch eine Zusage bestärkt (Kindhäuser/Hilgendorf in LPK-StGB Rn. 10; Rengier StrafR BT I § 20 Rn. 19; Altenhain in NK-StGB Rn. 27; Hecker in Schönke/Schröder Rn. 15). Die in **Abs. 3** vorgesehene Ausnahme auch des an der Vortat Beteiligten (Mittäter, Teilnehmer) beruht auf dem Gedanken der mitbestraften Nachtat (Wolter GA 1996, 201 (222); Weisert, Der Hilfeleistungsbegriff bei der Begünstigung, 1999, S, 237; Jahn/Reichart JuS 2009, 309 (312); Bosch Jura 2012, 270 (277); → Vor § 52 Rn. 32; krit. Seel, Begünstigung und Strafvereitelung durch Vortäter und Vortatteilnehmer, 1999, S. 78, formelle Subsidiaritätsklausel); daher keine Straflosigkeit, wenn die Beteiligung an der Vortat nicht erwiesen (OLG München NStZ-RR 2011, 56 = „aktuelle Entscheidung" bei Wessels/Hillenkamp/Schuhr StrafR BT II Rn. 819) oder wenn sie zB wegen Schuldunfähigkeit nicht (BT-Drs. 7/550, 248; aM Hoyer in SK-StGB Rn. 8)) oder wegen Tatbestandsirrtums nur nach einem milderen Gesetz (BGH bei Holtz MDR 1981, 454) strafbar ist, wohl aber, wenn nur ein Verfolgungshindernis besteht (Geppert Jura 1994, 441 (444); aM Seel, Begünstigung und Strafvereitelung durch Vortäter und Vortatteilnehmer, 1999, S. 83; sa Altenhain in NK-StGB Rn. 37), zB Verjährung (Ruß in LK-StGB, 11. Aufl. 1992, Rn. 21, zw. nach Walter in LK-StGB Rn. 84; aM Mitsch StrafR BT II/1 § 9 Rn. 61) oder Fehlen des Strafantrags (Stree JuS 1976, 137 (138); Hecker in Schönke/Schröder Rn. 25; zw.). Die Gegenausnahme in S. 2 für die Anstiftung eines Unbeteiligten ist nur aus der für die Teilnahme allgemein abgelehnten Schuldteilnahmetheorie (→ Vor § 25 Rn. 8) erklärbar und daher unbefriedigend (vgl. ua Otto FS Lange, 1976, 197 (213); Wolter JuS 1982, 343 (347); Schneider, Grund und Grenzen des strafrechtlichen Selbstbegünstigungsprinzips, 1991, S. 175; sa BGHSt 17, 236 = NJW 1962, 1356); sie ist aber als verbindliche gesetzgeberische Entscheidung hinzunehmen (Herzberg JuS 1975, 792 (795)) und möglichst nicht erweiternd auszulegen (Horn JA 1995, 218; Dehne-Niemann ZJS 2009, 369 (370); Mitsch StrafR BT II/1 § 9 Rn. 59; Hoyer in SK-StGB Rn. 34; krit. Seel, Begünstigung und Strafvereitelung durch Vortäter und Vortatteilnehmer, 1999, S. 49, 88). 8

8. Ob eine vor Begehung der Vortat – auch konkludent (BGH NStZ-RR 2013, 245) – **zugesagte Begünstigung** Beihilfe ist, bestimmt sich nach den allgemeinen Regeln (→ § 27 Rn. 2–4; nach Wolff, Begünstigung, Strafvereitelung und Hehlerei, 2002, S. 126, soll sogar eine vorgeleistete Hilfe Begünstigung sein; dagegen → § 258 Rn. 18; vgl. Küper StrafR BT S. 206). Ist Beihilfe zu bejahen, so bleibt die nachfolgende Begünstigung idR nach Abs. 3 S. 1 straflos (BGH NStZ-RR 2013, 245). Tateinheit liegt vor, wenn dieselbe Handlung Begünstigung hinsichtlich begangener Taten und Beihilfe zu zukünftigen Taten ist (BGHSt 46, 107 (118) = NJW 2000, 3010 mit zust. Bespr. Jäger wistra 2000, 344 (346); wistra 1999, 103). Hält man eine **nach Vollendung der Tat geleistete Beihilfe** für möglich (zu deren Problematik → Vor § 22 Rn. 2; → § 27 Rn. 3; zu Recht abl. Jahn/Reichart JuS 2009, 309 (311); Kindhäuser/Böse StrafR BT II § 46 Rn. 25; Mitsch StrafR BT II/1 § 9 Rn. 40; Wessels/Hillenkamp/Schuhr StrafR BT II Rn. 806; Joecks/Jäger StGB Rn. 10; Altenhain in NK-StGB Rn. 14; Hoyer in SK- 9

StGB Rn. 23; krit. Bosch Jura 2012, 270 (273); zusf. Geppert Jura 1994, 441 (443); Horn JA 1995, 218; Piatkowski/Saal JuS 2005, 979 (981)), so kann sie sich mit der Begünstigung überschneiden (→ § 27 Rn. 3; näher Weisert, Der Hilfeleistungsbegriff bei der Begünstigung, 1999, S. 217; Fischer Rn. 4; für Anwendung von Abs. 3 S. 1 (→ Rn. 8) und damit für Vorrang der Beihilfe Bosch Jura 2012, 270 (273); str.); nach Beendigung der Haupttat ist keine Beihilfe mehr, sondern nur noch § 257 möglich (BGH wistra 2012, 302).

10 **9. Abs. 2:** Durch die **Begrenzung der Strafe** auf den für die Vortat geltenden Strafrahmen wird nicht nur dessen Überschreitung unzulässig, sondern auch die Ausrichtung der Strafzumessung an dem engeren Rahmen geboten (Hecker in Schönke/Schröder, Rn. 29); das macht zugleich die Schwere der Vortat zum Strafzumessungsfaktor (Schroeder NJW 1976, 980). **Abs. 4:** Zu den erforderlichen **Verfahrensvoraussetzungen** (S. 1) vgl. §§ 77–77e. Die sinngemäße Anwendung des **§ 248a** (S. 2) kann nach dem Sachzusammenhang nur auf die Begünstigungshandlung bezogen werden (Vogler FS Dreher, 1977, 405 (420); Mitsch StrafR BT II/1 § 9 Rn. 65; Hecker in Schönke/Schröder Rn. 31; Altenhain in NK-StGB Rn. 42; aM Stree JuS 1976, 137 (139); Stree in Schönke/Schröder, 27. Aufl. 2006, Rn. 38; Walter in LK-StGB Rn. 95; zw.). Es kommt deshalb darauf an, ob die zu sichernden Vorteile, die nicht notwendig Sachen oder auch nur Vermögensvorteile sein müssen (→ Rn. 2, 5), iSd § 248a (→ § 248a Rn. 3) geringwertig sind (ebenso Wessels/Hillenkamp/Schuhr StrafR BT II Rn. 821; Fischer Rn. 14). Die Gegenansicht übersieht, dass § 248a in allen Zusammenhängen, in denen er sonst anwendbar ist, nicht auf die Geringfügigkeit einer Vortat, sondern der jeweils begangenen Tat abstellt und dass der Bagatellcharakter dieser Tat im Wesentlichen von der Geringfügigkeit der zu sichernden, also nicht von der Gesamtheit der aus der Vortat erwachsenen Vorteile abhängt. Die beschriebene Grundstruktur wird nicht dadurch in Frage gestellt, dass sich die Beihilfe in diesen Zusammenhang nicht spannungsfrei einfügt, denn für sie ist im Gegensatz zu den Anschlusstaten der Begünstigung und der Hehlerei keine Regelung iSd § 248a vorgesehen.

11 **10. Tateinheit** ua möglich mit § 258 (→ § 258 Rn. 16), §§ 258a, 259, 263. **Wahlfeststellung** zwischen Begünstigung und Diebstahl ist zulässig (→ § 1 Rn. 14; Geppert Jura 1994, 441 (446).

§ 258 Strafvereitelung

(1) **Wer absichtlich oder wissentlich ganz oder zum Teil vereitelt, daß ein anderer dem Strafgesetz gemäß wegen einer rechtswidrigen Tat bestraft oder einer Maßnahme (§ 11 Abs. 1 Nr. 8) unterworfen wird, wird mit Freiheitsstrafe bis zu fünf Jahren oder mit Geldstrafe bestraft.**

(2) **Ebenso wird bestraft, wer absichtlich oder wissentlich die Vollstreckung einer gegen einen anderen verhängten Strafe oder Maßnahme ganz oder zum Teil vereitelt.**

(3) **Die Strafe darf nicht schwerer sein als die für die Vortat angedrohte Strafe.**

(4) **Der Versuch ist strafbar.**

(5) **Wegen Strafvereitelung wird nicht bestraft, wer durch die Tat zugleich ganz oder zum Teil vereiteln will, daß er selbst bestraft oder einer**

Maßnahme unterworfen wird oder daß eine gegen ihn verhängte Strafe oder Maßnahme vollstreckt wird.

(6) **Wer die Tat zugunsten eines Angehörigen begeht, ist straffrei.**

1. Die Vorschrift schützt die (inländische, BGHSt 44, 52 (57) = NJW 1998, 2610 mAnm Schroeder JR 1998, 428; BGHSt 45, 97 (101) = NJW 1999, 2908 mit Bespr. Dölling JR 2000, 379; Neumann StV 2000, 425; Müller NStZ 2002, 356 (361); Satzger Jura 2010, 190 (196); Hecker FS Heinz, 2012, 714 (724); Altenhain in NK-StGB Rn. 5) **staatliche Strafrechtspflege** (hM; vgl. etwa BGHSt 43, 82 (84) = NJW 1997, 2059; OLG Düsseldorf StV 1998, 65; Günther, Das Unrecht der Strafvereitelung, 1998, S. 25; Stumpf, Die Strafbarkeit des Strafverteidigers wegen Strafvereitelung, 1993, S. 50; Eisele StrafR BT II Rn. 1102; Hecker in Schönke/Schröder Rn. 1; diff. Amelung JR 1978, 227 (229); Rudolphi FS Kleinknecht, 1985, 379 (384); Kusch NStZ 1985, 385 (388); Jerouschek/Schröder GA 2000, 51 (52); krit. Haas FS Maiwald, 2010, 277 (285); Heinrich in Arzt/Weber/Heinrich/Hilgendorf StrafR BT § 26 Rn. 1, 17, 18; Hoyer in SK-StGB Rn. 2). Sie will verhindern, dass dem Vortäter nach der Tat von außen Hilfe geleistet wird, und verfolgt den weiteren Zweck, den Vortäter durch Eindämmung späterer Hilfe zu isolieren (Fezer FS Wessels, 1993, 663 (673); ähnlich Seel, Begünstigung und Strafvereitelung durch Vortäter und Vortatteilnehmer, 1999, S. 24, der die Sicherung der generalpräventiven Wirkung des Strafrechts hervorhebt; Schröder, Vortat und Tatobjekt der Strafvereitelung, 2000, S. 34; anders Altenhain, Das Anschlussdelikt, 2002, S. 257, 266, 269, staatliches Recht zur Bestrafung des Vortäters; dagegen auch Jahn/Palm JuS 2009, 408). Sie betrifft nur die sog. persönliche Begünstigung. Das EGStGB (→ Vor § 1 Rn. 5) hat ihre Verbindung mit der sachlichen Begünstigung aufgelöst und sie abweichend vom früheren Recht als Erfolgsdelikt ohne überschießende Innentendenz konstruiert (BGH NJW 2016, 3110; Altenhain, Das Anschlussdelikt, 2002, S. 218; Küper StrafR BT S. 350); die sachlichen Änderungen, die die Neuformulierung des Tatbestandes bewirkte, hat der Gesetzgeber nur zT beabsichtigt (Ebert ZRG Germ. Abt. 1993, 1 (58); Ferber, Strafvereitelung – Zur dogmatischen Korrektur einer missglückten Vorschrift, 1997; Haas FS Maiwald, 2010, 277 (288), der § 258 „prozessrechtsakzessorisch" versteht). – Zur **historischen** Entwicklung Ebert ZRG Germ. Abt. 1993, 1; Wappler, Der Erfolg der Strafvereitelung, 1998, S. 16; Altenhain, Das Anschlussdelikt, 2002, S. 48, 54, 84. – Zur **Kriminologie** der Strafvereitelung Rodenhäuser, Die Strafvereitelung, 1970; Geerds Jura 1985, 617 (624). 1

2. a) Ganz oder zT Vereiteln, das in allen Begehungsformen als Tathandlung vorausgesetzt wird, deckt sich mit demselben in § 257a I aF verwendeten Begriff und entspricht zugleich dem „Entziehen" iSd § 257 I aF; nur muss die Vereitelung nicht lediglich beabsichtigt, sondern wirklich eingetreten sein. 2

aa) Als **Täterverhalten** (Handlungsunrecht) reicht nicht jedes für den Vereitelungserfolg (→ Rn. 4) ursächliche Tun oder Unterlassen (in Garantenstellung, → § 13 Rn. 6; OLG Schleswig SchlHA 1999, 172; näher Heinrich in Arzt/Weber/Heinrich/Hilgendorf StrafR BT § 26 Rn. 8, 9) aus. Es muss mindestens mit einer „Besserstellung" des Vortäters verbunden, dh zur Herbeiführung des Vereitelungserfolges generell geeignet sein (BT-Drs. 7/550, 249). Zur Einschränkung des sonst unangemessen weiten Tatbestandes wird darüber hinaus überwiegend – allerdings mit unterschiedlicher dogmatischer Begründung – angenommen, dass auch iwS **sozialadäquates** Verhalten (→ Vor § 32 Rn. 29) ausscheidet. Für dessen nähere 3

Konkretisierung dürfte zu fordern sein, dass die Tathandlung mit Vereitelungstendenz, dh im Hinblick gerade auf den Vereitelungserfolg, vorgenommen wird und nicht lediglich eine berechtigte Inanspruchnahme des jedermann gewährleisteten Freiheitsspielraums bedeutet (ähnlich, wenn auch mit Unterschieden iE, Frisch NJW 1983, 2471; Küpper GA 1987, 385 (399); Hassemer wistra 1995, 81 (83); Otto FS Lenckner, 1998, 193 (217); Satzger Jura 2007, 754 (758); Weisert, Der Hilfeleistungsbegriff bei der Begünstigung, 1999, S. 197; Otto StrafR BT § 96 Rn. 8; Rengier StrafR BT I § 21 Rn. 37; Altenhain in NK-StGB Rn. 26–30; Hoyer in SK-StGB Rn. 24, 25; Kindhäuser/Hilgendorf in LPK-StGB Rn. 6; sa Schumann, Strafrechtliches Handlungsunrecht und das Prinzip der Selbstverantwortung der Anderen, 1986, S. 58; krit. Günther, Das Unrecht der Strafvereitelung, 1998, S. 126, der eine Handlung verlangt, die darauf gerichtet ist, den Erfolg durch das unmittelbare Bewirken eines primären Vereitelungsgrundes herbeizuführen (Günther, Das Unrecht der Strafvereitelung, 1998, S. 139, 146, 241); Wolf, Das System des Rechts der Strafverteidigung, 2000, S. 289, der jede Verhinderung einer gesetzmäßigen Verurteilung des Vortäters erfassen will). Speziell zum Handeln von Verteidigern → Rn. 8–10.

4 bb) Der **Vereitelungserfolg** tritt nicht erst ein, wenn die Verfolgung oder Vollstreckung ganz oder zT endgültig unmöglich wird, zB durch Herbeiführen der Verjährung (aM Hoyer in SK-StGB Rn. 17); ebenso wie bei § 346 StGB aF (BGHSt 15, 18 (21) = NJW 1960, 1962) genügt es schon, dass der staatliche Zugriff in Folge der Handlung (BGH NJW 2016, 3110; Altenhain in NK-StGB Rn. 52; krit. zum Kausalitätserfordernis Schroeder NJW 1976, 980; Lenckner GS Schröder, 1978, 339 (347); Ebert ZRG Germ. Abt. 1993, 1 (59)) für **geraume Zeit** nicht verwirklicht worden ist (BGHSt 45, 97 (100) = NJW 1999, 2908 „erheblich verzögert"; BGH NJW 1984, 135; KG JR 1985, 24; OLG Karlsruhe NStZ 1988, 503; Stree JuS 1976, 137 (140); Jerouschek/Schröder GA 2000, 51 (57); Satzger Jura 2007, 754; Rengier StrafR BT I § 21 Rn. 6; aM Samson JA 1982, 181; Vormbaum, Der strafrechtliche Schutz des Strafurteils, 1987, S. 394; Vormbaum FS Küper, 2007, 663; Hardtung JuS 1998, 719 (720); Seebode JR 1998, 338 (341); Schittenhelm FS Lenckner, 1998, 519 (532); Kargl FS Hamm, 2008, 235 (250); Günther, Das Unrecht der Strafvereitelung, 1998, S. 85; Stumpf, Die Strafbarkeit des Strafverteidigers wegen Strafvereitelung, 1993, S. 64, 75; Wappler, Der Erfolg der Strafvereitelung, 1998, S. 172; Wolf, Das System des Rechts der Strafverteidigung, 2000, S. 283; Schmitz, Unrecht und Zeit, 2001, S. 76; Altenhain in NK-StGB Rn. 51; diff. Lenckner GS Schröder, 1978, 339 (342); Rudolphi JuS 1979, 859 (860); für die Vollstreckungsvereitelung abw. Kusch NStZ 1985, 385 (389); speziell für den Strafverteidiger Lüderssen/Jahn in Löwe/Rosenberg StPO Vor § 137 Rn. 127); in Anlehnung an den geänderten § 229 I StPO ist dies bei drei Wochen anzunehmen (Jahn JZ 2006, 1134 (1136) Fn. 30; Jahn/Palm JuS 2009, 408 (409); Ellbogen MedR 2006, 459 (460); Eisele StrafR BT II Rn. 1117; zwei Wochen nach Kindhäuser/Schramm StrafR BT I § 51 Rn. 8; Wessels/Hettinger/Engländer StrafR BT I Rn. 727; nach Joecks/Jäger StGB § 258 a Rn. 13, mehrwöchige Verzögerung). Bei der Verzögerung von Ermittlungshandlungen tritt der Vereitelungserfolg der Verfolgungsvereitelung (→ Rn. 11) nur dann ein, wenn dadurch auch die Aburteilung für geraume Zeit verzögert wird (BGH wistra 1995, 143; Hecker in Schönke/Schröder, Rn. 14; Günther, Das Unrecht der Strafvereitelung, 1998, S. 103 verlangt, dass ihr endgültiges Ausbleiben konkret zu befürchten ist). **„Zum Teil"** vereiteln betrifft daher nur die Fälle, in denen mit der beschriebenen endgültigen oder vorübergehenden Wirkung ein inhaltlich begrenzter Teil der Strafe, Maßnahme

oder Vollstreckung vereitelt wird, wenn also zB Bestrafung nur wegen eines Vergehens statt eines Verbrechens oder durch Heranziehung eines Strafmilderungsgrundes eine mildere Strafe (LG Hannover Nds. Rpfl. 2003, 73) erreicht, die Strafschärfung nur wegen eines bestimmten Erschwerungsgrundes ausgeschlossen, der strafbar erlangte Gewinn dem Verfall bzw. nunmehr der Einziehung nur teilweise entzogen oder die Vollstreckung nur eines Strafrestes verhindert wird (BT-Drs. 7/550, 249).

cc) Schließlich genügt auch **nicht jede unmittelbare oder mittelbare Besserstellung** im Hinblick auf den Vereitelungserfolg (so aber BT-Drs. 7/550, 249). 5
Einschränkungen ergeben sich vor allem aus den allgemeinen Regeln über die **Abgrenzung von Vorbereitung und Versuch;** die danach für das Überschreiten der Strafbarkeitsschwelle maßgebenden Voraussetzungen (→ § 22 Rn. 4–10), müssen erfüllt sein (vgl. etwa BGHSt 31, 10 = NJW 1982, 1600; BGH NJW 1982, 1601 mit Bespr. Lenckner NStZ 1982, 401; BGH NJW 1983, 2712 mAnm Beulke NStZ 1983, 503; Bottke JR 1984, 300; BGH NJW 1986, 2121; NJW 1992, 1635; BayObLG NJW 1986, 202 mAnm Bottke JR 1987, 33; OLG Karlsruhe Justiz 1993, 262; Küper/Zopfs StrafR BT Rn. 585, 591). Entsprechendes gilt grds. auch für die allgemeinen Regeln über **Täterschaft und Teilnahme** (Ernst ZStW 125 (2013), 299 (322); Walter in LK-StGB Rn. 159); deren Anwendung jedoch wegen der besonderen Struktur des Tatbestandes schwierig und umstritten ist (→ Rn. 6, 10).

b) Aus dem Merkmal **„ein anderer"** folgt, dass Vereiteln zu eigenen Gunsten **(persönliche Selbstbegünstigung)** nicht tatbestandsmäßig ist (hM; Seel, Begünstigung und Strafvereitelung durch Vortäter und Vortatteilnehmer, 1999, S. 39; Lüderssen/Jahn in Löwe/Rosenberg StPO Vor § 137 Rn. 120, 134; anders Schmidhäuser, Form und Gehalt der Strafgesetze, 1988, S. 24; eing. zu dem dieser Begrenzung zugrunde liegenden sog. Selbstbegünstigungsprinzip Rogall, Der Beschuldigte als Beweismittel gegen sich selbst, 1977; Schneider, Grund und Grenzen des strafrechtlichen Selbstbegünstigungsprinzips, 1991; Kölbel, Selbstbelastungsfreiheiten, 2006, S. 388; aber auch Kölbel, Selbstbelastungsfreiheiten, 2006, S. 337, 361). Zu beachten ist jedoch, dass die Tatbestände der Strafvereitelung nach ihrer historischen Entwicklung und ihrem erkennbaren Schutzzweck vor allem die Aussichten des Vortäters schmälern sollen, „Hilfe nach der Tat" zur Abwendung der drohenden strafrechtlichen Konsequenzen zu erlangen (Heinrich in Arzt/Weber/Heinrich/Hilgendorf StrafR BT § 26 Rn. 17; Eisele StrafR BT II Rn. 1107; krit. Ebert ZRG Germ. Abt. 1993, 1 (47)). Bei diesem Ausgangspunkt liegt es noch im Rahmen zulässiger teleologischer Auslegung, dem Vortäter geleisteten **sachlichen Beistand** (zB durch Verschaffen von Unterkunft, gefälschten Papieren, Geld usw oder durch Erteilen von konkreten hilfreichen Ratschlägen) als Täterschaft nach Abs. 1 und 2 zu erfassen und ihn nicht als (straflose) Beihilfe zu einer nicht mit Strafe bedrohten Selbstbegünstigung auszuscheiden (hM, so Küper StrafR BT S. 352; vgl. etwa Lenckner GS Schröder, 1978, 339 (352); Frisch JuS 1983, 915 (919); Lackner FS Heidelberg, 1986, 39 (42); Küpper GA 1987, 385 (391); Küper GA 1997, 301 (315); Weisert, Der Hilfeleistungsbegriff bei der Begünstigung, 1999, S. 206; Rengier StrafR BT I § 21 Rn. 35; Kindhäuser/Hilgendorf in LPK-StGB Rn. 6; Hecker in Schönke/Schröder Rn. 35; diff. Günther, Das Unrecht der Strafvereitelung, 1998, S. 139; anders Rudolphi JR 1984, 338 und Rudolphi FS Kleinknecht, 1985, 379 (389); Krekeler NStZ 1989, 146 (148); Scholderer StV 1993, 229; Ebert ZRG Germ. Abt. 1993, 1 (61); Ferber, Strafvereitelung – Zur dogmatischen Korrektur einer missglückten Vorschrift, 1997, S. 83, 138, 183; Stumpf, Die Strafbarkeit des Strafverteidi- 6 gers wegen Strafvereitelung, 1993, S. 110; Jerouschek/Schröder GA 2000, 51 (60); Satzger Jura 2007, 754 (760); Maurach/Schroeder/Maiwald StrafR BT II § 100 Rn. 18; Altenhain in NK-StGB Rn. 24; Hoyer in SK-StGB Rn. 29–31; Lüderssen/Jahn in Löwe/Rosenberg StPO Vor § 137 Rn. 128–130; anders auch Schmidhäuser, Form und Gehalt der Strafgesetze, 1988, S. 24, der strafbare Beihilfe annimmt; anders auch Haas FS Maiwald, 2010, 277 (291), der jede prozessual unzulässige Einflussnahme als Täterschaft wertet; die Rspr. hat die Frage bisher nicht grds. entschieden, tendiert aber wohl zur hM, vgl. BGHSt 44, 52 = NJW 1998, 2610; und BGHSt 45, 97 = NJW 1999, 2908; dazu unter methodischen Aspekten der Auslegung Küper FS Schroeder, 2006, 555); die Behandlung von Fällen sog. „Quasi-Mittäterschaft" (→ § 216 Rn. 3) zwischen dem tatbestandslos handelnden Beschuldigten und dem Dritten ist noch nicht geklärt (diff. Scholderer StV 1993, 229; Jerouschek/Schröder GA 2000, 51 (60); für Straflosigkeit Lüderssen FS Miyazawa, 1995, 449 (452); Lüderssen/Jahn in Löwe/Rosenberg StPO Vor § 137 Rn. 131–133k, der die Strafbarkeit erst bei mittelbarer Täterschaft des dominierenden Verteidigers annimmt; vgl. auch Ernst ZStW 125 (2013), 299 (322)); die Annahme von Täterschaft auch bei bloßer Anstiftung eines anderen zur persönlichen Begünstigung (Lenckner GS Schröder, 1978, 339 (352); Seel, Begünstigung und Strafvereitelung durch Vortäter und Vortatteilnehmer, 1999, S. 41, 52) und bei bloßer Beihilfe durch psychisches Bestärken des Selbstbegünstigungsentschlusses (BGH NJW 1984, 135) wird dagegen durch den Schutzzweck nicht getragen (OLG Karlsruhe StV 1991, 519; Otto StrafR BT § 96 Rn. 7; Wessels/Hettinger/Engländer StrafR BT I Rn. 725; Lüderssen/Jahn in Löwe/Rosenberg StPO Vor § 137 Rn. 129). Ob über diese Grenze hinaus Täterschaft auch angenommen werden kann, wenn jemand im Interesse des Vortäters einen Dritten zur Vornahme einer Vereitelungshandlung bestimmt, ist noch nicht abschließend geklärt, in der Rspr. vorwiegend aber nur im Zusammenhang mit Handlungen von Strafverteidigern erörtert worden (→ Rn. 10).

7 **c)** aa) Als **Vereitelungshandlungen** reichen idR aus (weitere Beispiele unter → § 258a Rn. 3, 4 und bei Jahn/Palm JuS 2009, 408 (409)): Vernichten von Beweismitteln (vgl. Günther, Das Unrecht der Strafvereitelung, 1998, S. 143); Beiseiteschaffen von Ermittlungs- oder Vollstreckungsakten (vgl. BGH BeckRS 2007, 19110 mit Bespr. Satzger JK StGB § 339 Rn. 3); Verstecken einer Person, jedoch idR nicht schlichtes Beherbergen (Schubarth FG Schultz, 1977, 158) oder bloßes Zusammenwohnen (BGH NJW 1984, 135), wohl aber Gewähren von Wohnraum als Versteck zur Verheimlichung des Aufenthalts (OLG Stuttgart NJW 1981, 1569 mit Bespr. Frisch JuS 1983, 915; OLG Koblenz NJW 1982, 2785 mit Bespr. Frisch NJW 1983, 2471; Otto FS Lenckner, 1998, 193 (217); Günther, Das Unrecht der Strafvereitelung, 1998, S. 175, 192); Gefangenenbefreiung, nicht jedoch Verbinden eines flüchtigen Verbrechers durch einen Arzt; irreführende Aussagen, nicht dagegen die bloße Zusage an einen Beschuldigten, zu seinen Gunsten falsch auszusagen (BGHSt 31, 10 = NJW 1982, 1600; sa die Nachw. unter → Rn. 5), auch nicht die von § 55 StPO gedeckte Verweigerung, eine Aussage zu vervollständigen (OLG Zweibrücken wistra 1993, 231); Veranlassen des Beschuldigten zum Widerruf eines Geständnisses (BGHSt 2, 375 = NJW 1952, 894; zw.); Informieren des Vortäters über gegen ihn unternommene Ermittlungsmaßnahmen (Ransiek wistra 1999, 401).

7a bb) Auch **Unterlassen** einer gebotenen und nach den Umständen zumutbaren Anzeige oder Meldung kommt in Frage. Jedoch kann die hier erforderliche Garantenstellung (BGH NStZ 1992, 540; → Rn. 3) nur aus einer Pflicht hergeleitet werden, die dem Schutz der Rechtspflege in dem durch §258a I (→ §258a Rn. 2) umschriebenen Aufgabenbereich dient (hM; aM Klesczewski StrafR BT S. 225); bloß zivilrechtliche (Walter in LK-StGB Rn. 92) oder öffentlichrechtliche Pflichten, namentlich auch Dienstpflichten (diff. nach speziellen Anzeige- und allgemeinen Dienstpflichten Grunst StV 2005, 453 (456); zu Finanzbeamten Dusch/Rommel NStZ 2014, 188; aus §§385ff. AO folgt Garantenpflicht zur Anzeige bei Verdacht einer Steuerhinterziehung, LG Stuttgart NStZ 2021, 544 mAnm Oesterle; Kremer/Altenburg NZWiSt 2021, 266; Bespr. Ebner/Fischer ZWH 2021, 131), reichen als solche nicht aus; deshalb begründet die Meldepflicht eines Vollzugsbediensteten, dem Straftaten von Gefangenen oder von Bediensteten an Gefangenen bekannt werden, keine Garantenstellung (BGHSt 43, 82 = NJW 1997, 2059 mit zust. Bespr. Rudolphi NStZ 1997, 599; Sonnen JA 1997, 837; Seebode JR 1998, 338; Geppert JK StGB §258 Rn. 10; Rengier StrafR BT I §21 Rn. 16; Altenhain in NK-StGB Rn. 44; Hoyer in SK-StGB Rn. 32; Walter in LK-StGB Rn. 95; krit. aber Klesczewski JZ 1998, 313; Wagner FS Schleswig, 1992, 511; aM für den Anstaltsleiter bei schweren Straftaten von Gefangenen an Bediensteten und externen Mitarbeiterinnen OLG Hamburg NStZ 1996, 102 mzustAnm Klesczewski und abl. Bespr. Küpper JR 1996, 524; Volckart StV 1996, 608; Geppert JK StGB §258 Rn. 9; sowie Verrel GA 2003, 595; zust. Fischer Rn. 13), auch nicht die „Pflicht" des Arztes, Trunkenheitsfahrern Blutproben abzunehmen (Schmelz in Schneider/Frister, Alkohol und Schuldfähigkeit, 2002, S. 91, 98), wohl aber die Pflicht zur Meldung des Abbruchs einer Therapiebehandlung nach §35 III BtMG (BayObLG NStZ 1990, 85 mAnm Kreuzer; krit. Ostendorf JZ 1994, 562) und die Pflicht der Kassenärztlichen Vereinigungen zur Information der StA über den Verdacht strafbarer Handlungen nach §81a IV SGB V (Ellbogen MedR 2006, 459 (461); Steinhilper ZMGR 2010, 152 (155)) sowie die Pflicht des Zeugen zur Aussage im Strafverfahren (OLG Frankfurt a.M. StraFo 1998, 237; OLG Köln BeckRS 2010, 02388; OLG Hamm JuS 2018, 296 mit Bespr. Jahn; LG Ravensburg NStZ-RR 2008, 177; Jahn in Satzger/Schluckebier/Widmaier StGB Rn. 22; aM LG Itzehoe NStZ-RR 2010, 10 mit abl. Bespr. Hecker JuS 2010, 549; Reichling/Döring StraFo 2011, 82 (83); Popp JR 2014, 418; Eisele StrafR BT II Rn. 1116; Rengier StrafR BT I §21 Rn. 15; diff. Weidemann JA 2008, 532). Auch rechtsgültige innerdienstliche Verwaltungsvorschriften sind danach als Grundlage nicht ganz auszuschließen, wenn sie die Verfolgung von Straftaten in bestimmten Bereichen sicherstellen sollen (aM Verrel GA 2003, 595 (604), Art. 103 II GG – Verstoß); jedoch widerspricht die gebietsweise durch Richtlinien angeordnete Anzeigepflicht von Umweltbehörden dem Bundesrecht und ist auch organisationsrechtlich bedenklich (Schink DVBl 1986, 1073; Papier NJW 1988, 1113 (1115); wohl auch Hecker in Schönke/Schröder Rn. 17; aM Scheu NJW 1983, 1707 (1708); Sack UmweltschutzStrafR §324 Rn. 202g; zw.). Ein Dienstvorgesetzter verletzt seine Garantenpflicht meist nur bei Ermessensmissbrauch (BGHSt 4, 167 (170) = NJW 1953, 1312; vgl. auch BGHSt 43, 82 (88) = NJW 1997, 2059).

d) Prozessual zulässiges **Handeln von Verteidigern,** dessen Grenzen umstritten und zT noch ungeklärt sind (vgl. etwa Welp ZStW 90 (1978), 804; Ostendorf NJW 1978, 1345; Wassmann, Strafverteidigung und Strafvereitelung, 1982, S. 12, 123; Vormbaum, Der strafrechtliche Schutz des Strafurteils, 1987, S. 414; Beulke/Ruhmannseder, Die Strafbarkeit des Verteidigers, 2. Aufl. 2010; Beulke/Ruhmannseder FS Volk, 2009, 45; Beulke FS Amelung, 2009, 543; Liemersdorf MDR 1989, 204; Krekeler NStZ 1989, 146; Paulus NStZ 1992, 305; Scholderer StV 8

1993, 229; Günther, Das Unrecht der Strafvereitelung, 1998, S. 160; Pellkofer, Sockelverteidigung und Strafvereitelung, 1999, S. 86; Wohlers StV 2001, 420; Roxin FS Hanack, 1999, 1; zusf. Jahn/Palm JuS 2009, 408 (410); Jahn StV 2014, 40; speziell zur Strafvereitelung durch Beratung Bosch Jura 2012, 938 (941); krit. zu allen prozessakzessorischen Ansätzen Stumpf, Die Strafbarkeit des Strafverteidigers wegen Strafvereitelung, 1993, S. 16, 29, nach dem über die Strafbarkeit meist im materiellen Recht entschieden wird; ähnlich Dessecker GA 2005, 142, der auf die prozessuale Stellung des Verteidigers erst dann zurückgreifen will, wenn das materielle Recht keine brauchbaren Abgrenzungskriterien mehr liefert; krit. zur „zirkulären Argumentation" Lüderssen/Jahn in Löwe/Rosenberg StPO Vor § 137 Rn. 122, 137), schließt schon den Tatbestand aus, wirkt also nicht erst rechtfertigend (BGHSt 46, 53 = NJW 2000, 2433; offen gelassen OLG Nürnberg NJW 2012, 1895 (1896); OLG Düsseldorf NJW 1991, 996; StV 1998, 64 (65); StV 1998, 552; LG Hannover Nds. Rpfl. 2003, 73; Müller-Dietz JR 1981, 76; Müller StV 1981, 90 (95); Otto Jura 1987, 329; Stumpf NStZ 1997, 7; Pellkofer, Sockelverteidigung und Strafvereitelung, 1999, S. 85; Wohlers StV 2001, 420 (426); Satzger Jura 2007, 754 (759); aM Volk BB 1987, 139 (144), dagegen Satzger JK StGB § 258 Rn. 16). Fallkatalog bei Beulke/Swoboda StrafProzR Rn. 176; sieben Leitlinien für den Strafverteidiger bei Heinrich in Arzt/Weber/Heinrich/Hilgendorf StrafR BT § 26 Rn. 11; einzelne Verteidigungshandlungen bei Fezer StrafProzR S. 43; Volk/Engländer Grundkurs StPO § 11 Rn. 26; Jahn ZRP 1998, 103 (106); Meyer-Goßner FS BGH, 1975, 615 (636–640); Fallgruppenübersicht bei Kappelmann, Die Strafbarkeit des Strafverteidigers, 2006. Positive Analyse der Rspr. bei Widmaier FG BGH, 2000, 1042 (1050).

9 aa) Der Verteidiger **darf** die ihm zustehenden prozessualen Rechte voll ausschöpfen (BGHSt 38, 345 (347) = NJW 1993, 273 mit zust. Bespr. Scheffler StV 1993, 470; Beulke JR 1994, 116; Otto JK StGB § 267 Rn. 17; OLG Düsseldorf JZ 1986, 408; OLG Nürnberg StV 2014, 19 mAnm Tsambikakis; OLG Bamberg StV 2015, 8; LG Nürnberg-Fürth StV 2010, 136; Kölbel GA 2002, 403 (422); Kölbel, Selbstbelastungsfreiheiten, 2006, S. 162, 422, 425 „fragmentwahrende Auslegung"; Eisele StrafR BT II Rn. 1119; Altenhain in NK-StGB Rn. 32; krit. zu dieser „Leerformel" Kühne StrafProzR Rn. 201; auf die professionelle Adäquanz des Verteidigerverhaltens hebt Hassemer wistra 1995, 81 ab, → Rn. 3). Diese schließen aber nicht die Befugnis ein, die Begehung anderer Straftaten (zB Urkundenfälschung, Anstiftung zum Meineid) als Verteidigungsmittel einzusetzen (BGHSt 38, 345 (347) = NJW 1993, 273 mzustAnm Beulke JR 1994, 118; Scholderer StV 1993, 230; für eine Sperrwirkung von § 258 für andere tateinheitlich begangene Delikte v. Stetten StV 1995, 606; Wünsch StV 1997, 45; Hilgendorf GS Schlüchter, 2002, 497 (508); Küpper GS Meurer, 2002, 123 (131) „mittelbare" Sperrwirkung; dagegen Stumpf NStZ 1997, 7, der diese aber mittelbar aus dem Prozessrecht herleitet; dem zust. Hilgendorf GS Schlüchter, 2002, 497 (505); Rengier StrafR BT I § 21 Rn. 42; Fischer Rn. 23–28b zur Rspr. auch Widmaier FG BGH, 2000, 1043 (1056); → Rn. 14), oder selbst zu lügen (Roxin FS Hanack, 1999, 1 (12); Gillmeister FS Schiller, 2014, 172 (174)). Auch darf der Verteidiger nicht auf Zeugen zur Herbeiführung einer Falschaussage einwirken (BGH NJW 1983, 2712 mAnm Bottke JR 1984, 300; OLG Oldenburg StV 1987, 523; sa OLG Düsseldorf StV 1998, 552), zB durch ein Schmerzensgeldversprechen als „Erfolgshonorar für eine entlastende Aussage" (BGHSt 46, 53 = NJW 2000, 2433 mit zT krit. Bespr. Cramer/Papadopoulos NStZ 2001, 148; Kudlich/Roy JA 2001, 15; Scheffler JR 2001, 294; Müller NStZ 2002, 356 (358); Geppert JK StGB § 258 Rn. 14; zust.

Beulke FS Roxin, 2001, 1173; sa Müller-Christmann JuS 2001, 60 (62); Hilgendorf GS Schlüchter, 2002, 497 (502)); ihre Vernehmung trotz Kenntnis ihrer Entschlossenheit zur Falschaussage beantragen (hM; vgl. Beulke/Ruhmannseder, Die Strafbarkeit des Verteidigers, 2. Aufl. 2010, Rn. 102a; anders Mehle FG Koch, 1989, 179; Hoyer in SK-StGB Rn. 26) oder sonst auf die Wahrheitsfindung in bewusst verfälschender Weise Einfluss nehmen (BGH NStZ 1999, 188 mit krit. Bespr. Lüderssen StV 1999, 537; Stumpf wistra 2001, 123; zust. Widmaier FG BGH, 2000, 1043 (1051); Meyer-Goßner/Schmitt StPO Vor §137 Rn. 2; OLG Nürnberg NJW 2012, 1895 (1896) mzustAnm Ruhmannseder NJW 2012, 1895 (1897), hat sich jeder aktiven Verdunkelung und Verzerrung des Sachverhalts zu enthalten; zust. Fischer Rn. 19; OLG Frankfurt a.M. NStZ 1981, 144 mit Bespr. Seier JuS 1981, 106; OLG Düsseldorf StV 1998, 64 (65); LG Hannover Nds. Rpfl. 2003, 73; Bottke ZStW 96 (1984), 726; Otto Jura 1987, 329; Liemersdorf MDR 1989, 204; Röhse JuS 1991, 683; diff. Krekeler NStZ 1989, 146; Kühne StrafProzR Rn. 203, 204; aM Strzyz, Die Abgrenzung von Strafverteidigung und Strafvereitelung, 1983, S. 304). Mit dieser Beschränkung ist es **zulässig:** dem Mandanten von einem Geständnis oder einer Selbstanzeige abzuraten, auch wenn dieser schon dazu entschlossen ist (Krekeler NStZ 1989, 146 (147); einschr. Müller-Dietz Jura 1979, 244 (251)); ihm zu empfehlen, sich nicht zur Sache einzulassen (BGH bei Holtz MDR 1982, 970); für ihn trotz Kenntnis seiner Schuld mit korrekten prozessualen Mitteln einen Freispruch anzustreben (BGHSt 2, 375 = NJW 1952, 894; Dahs Strafverteidiger-HdB Rn. 75; zu weit Ostendorf NJW 1978, 1345); ihn „stimulierungsneutral" (weiter Wassmann, Strafverteidigung und Strafvereitelung, 1982, S. 133, 137) über die Rechtslage und über etwaige Möglichkeiten zu informieren, dem Tatvorwurf durch unverbotenes, aber dem Verfahren abträgliches Verhalten, etwa durch Lügen, Widerruf eines wahren Geständnisses (Kölbel, Selbstbelastungsfreiheiten, 2006, S. 422), Veränderung der Haartracht (OLG Karlsruhe StV 1991, 519) oder Flucht (ebenso Cramer in MüKoStGB Rn. 43), zu entgehen, selbst wenn damit das Risiko verbunden ist, dass eine solche Möglichkeit ergriffen wird (Bottke ZStW 96 (1984), 726 (755); Krekeler NStZ 1989, 146 (148)); dem Angehörigen (BGHSt 10, 393 = NJW 1957, 1808 mAnm Ackermann MDR 1958, 48) oder sonst einem Zeugen zur zulässigen Aussageverweigerung zuzureden (hM); als sachverständige Zeugen zu vernehmende Geheimnisträger auf eine mögliche Strafbarkeit nach §203 hinzuweisen (OLG Frankfurt a. M. NStZ-RR 2005, 235); einen Zeugen auch bei Zweifeln an der Richtigkeit von dessen Aussage benennen (BGHSt 46, 53 (56) = NJW 2000, 2433; Stumpf, Die Strafbarkeit des Strafverteidigers wegen Strafvereitelung, 1993, S. 189, 213; Joecks/Jäger StGB §258a Rn. 18). In der Regel darf der Verteidiger seinen Mandanten auch über Tatsachen unterrichten, die er aus den Akten erfahren oder selbst ermittelt hat, und ihm darüber Aktenauszüge oder -abschriften aushändigen (BGHSt 29, 99 = NJW 1980, 64; OLG Frankfurt a. M. NStZ-RR 2005, 235; StV 1981, 28).

Die hM nimmt jedoch Ausnahmen an, wenn die Unterrichtung (zB über eine **9a** unmittelbar bevorstehende Durchsuchung oder Verhaftung) den Untersuchungszweck gefährden oder die **Besorgnis eines Missbrauchs** zu verfahrensfremden Zwecken begründen würde (BGHSt 29, 99 = NJW 1980, 64; zust. BVerfG NJW 2006, 3197; zurückhaltend hinsichtlich der Annahme verteidigungsfremden Verhaltens, im konkreten Fall (Leugnen des Holocaust); aber bejahend BGH NStZ 2006, 510 mit (krit.) Bespr. Jahn JZ 2006, 1134; KG NStZ 1983, 556 mablAnm Mehle; Pfeiffer DRiZ 1984, 341; abl. auch Kölbel, Selbstbelastungsfreiheiten, 2006, S. 425; Liemersdorf MDR 1989, 204 (207); Fischer Rn. 18; diff. Krekeler NStZ 1989, 146

(149); Vogt, Berufstypisches Verhalten und Grenzen der Strafbarkeit im Recht der Strafvereitelung, 1992, S. 233; Stumpf, Die Strafbarkeit des Strafverteidigers wegen Strafvereitelung, 1993, S. 161; aM Tondorf StV 1983, 257; Welp FG Peters, 1984, 309; Gatzweiler StV 1985, 248; Cramer in MüKoStGB Rn. 44; beachte auch Sieber FS Roxin, 2001, 1113 (1135)). In Fällen **konfliktbehafteter Strafverteidigung** soll, soweit sie nur das Verfahren und seinen Abschluss behindert, erschwert oder vereitelt, die objektive Zurechnung des Vereitelungserfolgs ausgeschlossen sein, wenn das Gericht vorhandene prozessuale Gestaltungsmöglichkeiten nicht ausnutzt (Jahn, Konfliktverteidigung und Inquisitionsmaxime, 1998, S. 345, 358; ZRP 1998, 103 (107); JZ 2006, 1134: sog. „Strafjustizvereitelung"; zust. Barton StV 2000, 111; ähnlicher Ansatz bei Stumpf, Die Strafbarkeit des Strafverteidigers wegen Strafvereitelung, 1993, S. 188, 213; sa Pellkofer, Sockelverteidigung und Strafvereitelung, 1999, S. 134, die insbes. die sog. „Sockelverteidigung", dh die Zusammenarbeit unter Verteidigern, aus dem Tatbestand heraushalten will (Pellkofer, Sockelverteidigung und Strafvereitelung, 1999, S. 171, 199); zur „Sockelverteidigung" vgl. auch Dahs Strafverteidiger-HdB Rn. 68; Müller StV 2001, 649 (652)); bei einer gemeinsamen Verteidigungsstrategie kann der Verteidiger auch an Gesprächen teilnehmen, die der andere Verteidiger mit seinem Mandanten führt (OLG Düsseldorf JR 2003, 346 mAnm Beulke); § 258 kommt erst in Betracht, wenn der Verteidiger an einer absichtlichen Absprache falscher Beschuldigteneinlassungen mitwirkt (Beulke JR 2003, 346 (348); ähnlich schon OLG Frankfurt a. M. NStZ 1981, 144). – Zur Honorarannahme als möglicher Geldwäsche → § 261 Rn. 5.

10 bb) Für Verteidigerhandeln, das durch das Prozessrecht **nicht gedeckt ist,** gelten keine Besonderheiten (hM; anders Müller StV 1981, 90). Seine Strafbarkeit hängt von der Verwirklichung des Tatbestandes iÜ (zB BGHSt 63, 174 = NJW 2018, 3261 mAnm Mitsch; Bockemühl NStZ 2019, 102; Bespr. Jäger JA 2019, 154: Vereitelung der Beschlagnahme von Unterlagen, für die kein Beschlagnahmeverbot besteht) oder wenigstens der Versuchsvoraussetzungen (Abs. 4) ab (Lüderssen/Jahn in Löwe/Rosenberg StPO Vor § 137 Rn. 133c, 133h, 170), zu denen namentlich die Überschreitung der Versuchsschwelle gehört (vgl. die Nachw. unter → Rn. 5; näher Pellkofer, Sockelverteidigung und Strafvereitelung, 1999, S. 159; Meyer-Goßner FS BGH, 1975, 615 (639); aus der Rspr. BGH NJW 2006, 2421 mit Bespr. Böhm NJW 2006, 2371, Verteidigerausschließung nach § 138a I Nr. 3 StPO wegen versuchter Strafvereitelung). Auch unechtes Unterlassen (→ § 13 Rn. 6–16) ist nicht ganz ausgeschlossen, scheidet regelmäßig aber wegen Fehlens der erforderlichen Garantenstellung aus (so zum Nichterscheinen des Verteidigers in der Hauptverhandlung Schneider Jura 1989, 343; ebenso zur Nichtvorlage eines belastenden Privatgutachtens LG Koblenz StV 1994, 378; zw.). Sucht ein Verteidiger im Interesse seines Mandanten einen **Dritten** zu einer Vereitelungshandlung (zB einer falschen Zeugenaussage) zu **bestimmen,** so nimmt die Rspr. ohne nähere Begründung regelmäßig Täterschaft an, obwohl nach den allgemeinen Regeln (versuchte oder vollendete) Anstiftung des Dritten nicht von der Hand zu weisen ist (BGHSt 31, 10 = NJW 1982, 1600; BGH NJW 1982, 1601; NJW 1983, 2712; StV 2001, 108 mit Bespr. Müller NStZ 2002, 356 (360); OLG Hamburg NJW 1981, 771; OLG Bremen NJW 1981, 2711; KG JR 1984, 250; sa OLG Karlsruhe MDR 1993, 368). Auf dem Boden der subjektiven Teilnahmelehre (→ Vor § 25 Rn. 5) ist das vielleicht noch vertretbar (bejahend namentlich Beulke NStZ 1982, 329; NStZ 1983, 504), mit der Tatherrschaftslehre aber schwerlich vereinbar (abl. daher OLG Frankfurt a. M. StV 1992, 360; Rudolphi JR 1984, 338; Rudolphi FS Kleinknecht, 1985, 379 (387); Müller-Dietz JR 1981, 475; Otto Jura 1987, 329 (331); Krekeler NStZ 1989, 146

(150); Scholderer StV 1993, 230; Ferber, Strafvereitelung – Zur dogmatischen Korrektur einer missglückten Vorschrift, 1997, S. 85, 143; Pellkofer, Sockelverteidigung und Strafvereitelung, 1999, S. 153; Rengier StrafR BT I § 21 Rn. 40; Altenhain in NK-StGB Rn. 40); zur Abgrenzung von täterschaftlicher Strafvereitelung und strafloser Teilnahme an strafloser Selbstbegünstigung (→ Rn. 6) vgl. Beulke/Ruhmannseder, Die Strafbarkeit des Verteidigers, 2. Aufl. 2010, Rn. 153, ausnahmslos Täter; dagegen Meyer-Goßner FS BGH, 1975, 615 (639); Jahn in Satzger/Schluckebier/Widmaier StGB Rn. 26; sa OLG Nürnberg NJW 2012, 1895 (1896) mkritAnm Ruhmannseder NJW 2012, 1895 (1897). Die Straflosigkeit des Verteidigers, der erfolglos versucht, einen anderen zu einer Strafvereitelung zu bestimmen, ist freilich im Hinblick auf die prozessualen Fernwirkungen unbefriedigend (Ebert ZRG Germ. Abt. 1993, 1 (64)). Beim Verdacht einer Strafvereitelung (auch einer versuchten, nicht aber einer straflosen versuchten Anstiftung) ist der Verteidigung von der Mitwirkung im Strafverfahren auszuschließen (Ernst ZStW 125 (2013), 299 (322); Schmitt in Meyer-Goßner/Schmitt StPO § 138a Rn. 11).

3. Abs. 1 (Verfolgungsvereitelung). a) Die Tathandlung (→ Rn. 2–10) muss eine dem **Strafgesetz gemäße** Rechtsfolge vereiteln. Die Voraussetzungen einer Strafe oder Maßnahme müssen wirklich erfüllt gewesen sein (Wessels/Hettinger/Engländer StrafR BT I Rn. 719), der Begünstigte (in Ausnahmefällen auch ein Dritter; → Rn. 12) also mindestens eine rechtswidrige Vortat (→ § 11 Rn. 18), nicht nur eine Ordnungswidrigkeit, begangen haben, deretwegen eine Strafe verhängt oder eine Maßnahme angeordnet werden könnte. Bei Vereitelung einer Bestrafung ist deshalb eine schuldhaft begangene Vortat erforderlich, bei der weder ein persönlicher Strafausschließungs- oder Strafaufhebungsgrund noch ein endgültig wirkendes Verfolgungshindernis eingreift (OLG Düsseldorf NStE Nr. 1 mwN). Ist die Vortat nicht festgestellt oder hat der Täter sie irrig – sei es auch nur auf Grund falscher rechtlicher Wertung (BGHSt 15, 210 = NJW 1961, 228; → § 22 Rn. 15; für Anwendung des Abs. 2 Schröder, Vortat und Tatobjekt der Strafvereitelung, 2000, S. 153 mit krit. Bespr. Heghmanns GA 2000, 83; str.) – angenommen, so liegt Versuch (Abs. 4) vor (Jerouschek/Schröder GA 2000, 51 (54, 56); Wessels/Hettinger/Engländer StrafR BT I Rn. 722; aM Günther, Das Unrecht der Strafvereitelung, 1998, S. 52); dasselbe gilt, wenn nur die Strafschärfung wegen eines Erschwerungsgrundes vereitelt werden sollte, dieser Grund aber nicht festgestellt ist (BayObLG JZ 1973, 385). Zur vorgeleisteten Strafvereitelung → Rn. 18. 11

b) Die Vereitelung kann sich auch auf **Maßregeln der Besserung und Sicherung, Einziehung und Unbrauchbarmachung** (§ 11 I Nr. 8) beziehen, und zwar unabhängig davon, ob sich die Maßnahme nach dem Gesetz gegen den Vortäter oder einen Dritten (vgl. namentlich § 74 III, §§ 74a, 74d II) richtet (BT-Drs. 7/550, 249). Die Beschränkung auf Strafen und Maßnahmen (→ § 11 Rn. 21) ist abschließend (weiter Schröder, Vortat und Tatobjekt der Strafvereitelung, 2000, S. 41); eine Erstreckung auf andere Sanktionen, zB die Einstellung des Verfahrens unter Auflagen oder Weisungen nach § 153a StPO (Momberg ZRP 1982, 70; Günther, Das Unrecht der Strafvereitelung, 1998, S. 40; Schröder, Vortat und Tatobjekt der Strafvereitelung, 2000, S. 54), auf Maßnahmen nach dem JGG (OLG Hamm NJW 2004, 1189, zu Zuchtmitteln nach § 13 JGG; Hecker in Schönke/Schröder Rn. 12, 13; aM Schröder, Vortat und Tatobjekt der Strafvereitelung, 2000, S. 58; Jerouschek/Schröder GA 2000, 51 (53)), auf die Abführung des Mehrerlöses nach § 8 WiStG oder auf die Vernichtungs- und Überlassungsansprüche 12 nach §§ 98, 99 UrhG (Weber GS Meyer, 1990, 633 (637)) ist daher nicht möglich; jedoch kommt Begünstigung in Frage.

13 **4. Abs. 2 (Vollstreckungsvereitelung)** setzt Vollstreckbarkeit der (inländischen; Schröder, Vortat und Tatobjekt der Strafvereitelung, 2000, S. 160; Altenhain in NK-StGB Rn. 61) Entscheidung voraus, die idR erst mit Rechtskraft eintritt (§ 449 StPO). So kann etwa die Strafe bei Nichtbearbeitung gestellter Ableistungsanträge nicht vollstreckt werden und sogar Verjährung eintreten (OLG Koblenz NStZ-RR 2006, 77). Das Gericht darf die rechtskräftige Entscheidung nicht nachprüfen (RGSt 73, 331; Schröder, Vortat und Tatobjekt der Strafvereitelung, 2000, S. 161; Wessels/Hettinger/Engländer StrafR BT I Rn. 731; anders Hoyer in SK-StGB Rn. 6, der eine „wirklich begangene strafrechtswidrige Vortat" verlangt; vgl. auch Altenhain in NK-StGB Rn. 62). Lockerungsmaßnahmen der Vollzugsbehörden, die den verwaltungsrechtlich anerkannten Beurteilungs- und Ermessensspielraum nicht überschreiten, liegen im Rahmen gesetzmäßiger Vollstreckung und sind daher nicht tatbestandsmäßig (→ § 120 Rn. 3, 7, 9; beachte auch LG Berlin NStZ 1988, 132 mit abl. Bespr. Ostendorf JZ 1989, 579; Schaffstein FS Lackner, 1987, 795; Kaiser/Schöch StVollz § 7 Rn. 61; aM Peglau NJW 2003, 3256); bei Überschreiten dieses Spielraums (auch dann abl. Jahn in Satzger/Schluckebier/Widmaier StGB Rn. 34) hängt die Tatbestandsverwirklichung vom Eintritt des Vereitelungserfolges (→ Rn. 4; problematisch dazu Kusch NStZ 1985, 385 (389)) und von dem erforderlichen direkten Vorsatz (→ Rn. 14) ab (ebenso Kaiser/Schöch StVollz § 7 Rn. 61). Die Zahlung einer Geldstrafe für einen anderen erfüllt nach der Rspr., die im Hinblick auf den Gesetzeswortlaut und die Schwierigkeiten sinnvoller Begrenzung vorzugswürdig, kriminalpolitisch aber bedauerlich ist (symptomatisch Kapp NJW 1992, 2796), den Tatbestand nicht (BGHSt 37, 226 = NJW 1991, 990 mit zT krit. Bespr. Wodicka NStZ 1991, 487; Krey JZ 1991, 889; Hillenkamp JR 1992, 74; Müller-Christmann JuS 1992, 379; Günther, Das Unrecht der Strafvereitelung, 1998, S. 193; Schröder, Vortat und Tatobjekt der Strafvereitelung, 2000, S. 159; Piatkowski/Saal JuS 2005, 979 (983); Stoffers JR 2010, 239; Heinrich in Arzt/Weber/Heinrich/Hilgendorf StrafR BT § 26 Rn. 12; Kindhäuser/Schramm StrafR BT I § 51 Rn. 22; Heinrich in Krey/Hellmann/Heinrich StrafR BT I Rn. 840; Rengier StrafR BT I § 21 Rn. 18–20; Altenhain in NK-StGB Rn. 65; krit. Häger in LK-StGB Vor § 40 Rn. 31; abl. Scholl NStZ 1999, 599 (603); zusf. Hillenkamp StrafR BT Problem 12, S. 54; zw.; zur möglichen Strafbarkeit wegen Untreue Hoffmann/Wißmann StV 2001, 249; Spatscheck/Ehnert StraFo 2005, 265 (266)).

14 **5. Absichtlich** erfordert hier zielgerichtetes Wollen (→ § 15 Rn. 20; sa KG JR 1985, 24), **wissentlich** Handeln trotz sicherer Kenntnis oder Voraussicht der Tatbestandsverwirklichung (→ § 15 Rn. 21; krit. Lenckner GS Schröder, 1978, 339 (354); Ebert ZRG Germ. Abt. 1993, 1 (65)). Der danach erforderliche **direkte Vorsatz** (BGHSt 38, 345 (348) = NJW 1993, 273; BGHSt 46, 53 (59) = NJW 2000, 2433 mit Bespr. Cramer/Papadopoulos NStZ 2001, 148 (149); Wohlers StV 2001, 420 (421); Müller NStZ 2002, 356 (358); sowie Hilgendorf GS Schlüchter, 2002, 497 (504); OLG Düsseldorf StV 1998, 64 (65); vgl. auch OLG Koblenz NStZ-RR 2006, 77; zusf. Jahn/Palm JuS 2009, 408 (410)) muss nur die Tathandlung und den daraus erwachsenden Vereitelungserfolg, und zwar auch dessen Element der „geraumen Zeit" (aM KG JR 1985, 24), umfassen (Momberg ZRP 1982, 70 (71)), bei Jugendlichen als Vortäter auf das Unterbleiben der Verhängung einer Jugendstrafe (OLG Hamm NJW 2004, 1189 (1190)); im Hinblick auf die

Vortat (→ § 257 Rn. 4) kann er dagegen bedingt sein (BGHSt 45, 97 (100) = NJW 1999, 2908 mit Bespr. Dölling JR 2000, 379; BGH NJW 2015, 3732; Hecker in Schönke/Schröder,, Rn. 24; Fischer Rn. 33; diff. Schroeder FS Rudolphi, 2004, 285 (291); aM Müller StV 1981, 90 (92); abw. Schroeder FS Rudolphi, 2004, 285 (291); diff. Cramer in MüKoStGB Rn. 39). Dabei macht es keinen Unterschied, ob der Täter des § 258 den anderen aus tatsächlichen Gründen für straflos hält oder der Überzeugung ist, dass dessen Handlungsweise aus Rechtsgründen keinen Straftatbestand erfüllt (BGH NStZ-RR 2021, 175). Das Erfordernis des direkten Vorsatzes ist auch bei verteidigerspezifischem Handeln nicht auf andere Straftatbestände wie Aussage- oder Urkundsdelikte zu übertragen (BGHSt 38, 345 = NJW 1993, 273 mit zust. Bespr. Otto JK StGB § 267 Rn. 17; anders Scheffler StV 1993, 472; Wünsch StV 1997, 45; → Rn. 9). Der Irrtum über die Alternativen des Abs. 1 und des Abs. 2 – der Täter meint eine Verfolgungsvereitelung zu begehen, begeht aber eine Vollstreckungsvereitelung oder umgekehrt – lässt den Vorsatz unberührt (Jahn in Satzger/Schluckebier/Widmaier StGB Rn. 30; aM Jerouschek/Schröder GA 2000, 51 (61), die aber Versuch annehmen).

6. Die Tat ist erst mit Eintritt der Vereitelungswirkung **vollendet** (BayObLG NStZ 1991, 203; Schmitz, Unrecht und Zeit, 2001, S. 76). Vorher kommt Versuch (auch untauglicher; zB bei irriger Annahme einer Vortat; näher Altenhain in NK-StGB Rn. 68) in Frage (Abs. 4; → § 22 Rn. 15; zum Versuchsbeginn vgl. Günther, Das Unrecht der Strafvereitelung, 1998, S. 234; Heinrich in Krey/Hellmann/Heinrich StrafR BT I Rn. 832–834; Wessels/Hettinger/Engländer StrafR BT I Rn. 728; krit. Ferber, Strafvereitelung – Zur dogmatischen Korrektur einer missglückten Vorschrift, 1997, S. 103, 132, 176); noch kein Versuch liegt vor, wenn der Täter es erfolglos unternimmt, einen Zeugen zur Falschaussage zu bestimmen (OLG Köln StV 2003, 15 mit zust. Bespr. Geppert JK StGB § 258 Rn. 15, der aber zu Recht schon eine täterschaftliche Begehung des § 258 bezweifelt; ebenso Haas FS Maiwald, 2010, 277 (291) zu BGHSt 31, 10 (12) = NJW 1982, 1600). 15

7. Abs. 5 enthält einen auf Zumutbarkeitserwägungen beruhenden **persönlichen Strafausschließungsgrund** (→ Vor § 13 Rn. 29; Satzger Jura 2017, 645; aM Seel, Begünstigung und Strafvereitelung durch Vortäter und Vortatteilnehmer, 1999, S. 75; Roxin/Greco StrafR AT I § 22 Rn. 138, § 23 Rn. 16; sowie Schünemann in Ulsamer StrafR/StrafVerfR S. 86, Entschuldigungsgrund; nach Walter Kern des Strafrechts S. 203 „Opportunitätsregel"; str.); mit Rücksicht auf die notstandsähnliche Lage (BGHSt 43, 356 (358) = NJW 1998, 1327 mit krit. Bespr. Seebode JZ 1998, 781; BGH StraFo 2016, 257; BayObLG NStZ 1996, 497; Jahn/Palm JuS 2009, 408 (411); krit. zu dieser individual-psychologischen Erklärung und für die Einräumung eines tatbestandlichen Freiraumes Fezer FS Wessels, 1993, 663 (673); krit. auch Schneider, Grund und Grenzen des strafrechtlichen Selbstbegünstigungsprinzips, 1991, S. 157, 360, 382) schließt er die Strafbarkeit aus, wenn die Vereitelungshandlung bezweckt, neben dem anderen zugleich auch den Täter selbst – auch wenn die Befürchtung eigener Strafverfolgung unbegründet ist (BGH NStZ-RR 2002, 215; StraFo 2016, 257; NStZ 2021, 236; BayObLG StV 2021, 454) – besserzustellen (persönliche Selbstbegünstigung; → Rn. 6; Seel, Begünstigung und Strafvereitelung durch Vortäter und Vortatteilnehmer, 1999, S. 77), oder wenn dieser Zweck nicht auszuschließen ist (BGH NJW 1984, 135; NStZ-RR 2020, 175); in welchem Gewichtsverhältnis die konkurrierenden Zwecke zueinander stehen, ob sich die Tathandlung auf dieselbe oder auf verschiedene Vortaten bezieht und ob diese in bestimmter Weise voneinander abhängen, ist 16 unerheblich (BGH NJW 1995, 3264; BT-Drs. 7/550, 250; Wessels/Hettinger/Engländer StrafR BT I Rn. 733; → § 258a Rn. 5). Einerseits kann danach nicht bestraft werden, wer einen anderen anstiftet, ihn selbst persönlich zu begünstigen (BayObLG NJW 1978, 2563 mAnm Stree JR 1979, 253) und andererseits bleibt nur die Strafvereitelung als solche, nicht ein mit ihr zusammentreffender Betrug oder Meineid (BGHSt 15, 53 = NJW 1960, 2008), straflos. Das gilt auch für das Zusammentreffen mit § 257. Die durch das EGStGB hergestellte systematische Selbständigkeit der §§ 257, 258 (→ Rn. 1) bietet keinen Ansatz für die Annahme, dass der Anwendungsbereich des Abs. 5 auch die Begünstigung einschließt (Maurach/Schroeder/Maiwald StrafR BT II § 101 Rn. 13; Walter in LK-StGB Rn. 133; aM Stree JuS 1976, 137 (140); Amelung JR 1978, 227; Geppert Jura 1980, 327 (332); Seel, Begünstigung und Strafvereitelung durch Vortäter und Vortatteilnehmer, 1999, S. 91; offen gelassen BGH NStZ 2000, 259 mit Bespr. Cramer NStZ 2000, 246); jedenfalls hat die früher weiterreichende Rspr. und Lehre im Gesetz keinen Ausdruck gefunden. Strebt also jemand zugleich Vorteilssicherung für einen anderen und Strafvereitelung für sich selbst und den anderen an, so entfällt die Strafbarkeit nur nach § 258, es sei denn, dass sich aus § 257 III (→ § 257 Rn. 8) Straflosigkeit ergibt; jedoch bedarf es in solchen Fällen sorgfältiger Prüfung, ob es dem Täter auf die Vorteilssicherung ankam oder ob er sie nur – was die Regel sein wird – um seiner „Selbstbegünstigung" willen in Kauf genommen hat. – Strafvereitelung kann auch der an der Vortat Beteiligte zugunsten eines anderen Beteiligten begehen; jedoch schließt idR Abs. 5 die Strafbarkeit aus (Seel, Begünstigung und Strafvereitelung durch Vortäter und Vortatteilnehmer, 1999, S. 74). Dies soll jedoch dann nicht gelten, wenn die Vortat (zB Beihilfe zur Brandstiftung) und die Vereitelungshandlung im Verhältnis von vorheriger Zusage eines falschen Alibis zu deren späterer Einlösung steht (BGHSt 43, 356 = NJW 1998, 1327 mit überwiegend krit. Bespr. Paul JZ 1998, 739; Seebode JZ 1998, 782; Geerds NStZ 1999, 31; Gubitz/Wolters NJW 1999, 764; Joerden JuS 1999, 1063; Müller NStZ 2002, 356 (362); Otto JK StGB § 258 Rn. 11; krit. auch Rengier StrafR BT I § 21 Rn. 24; Altenhain in NK-StGB Rn. 70; zust. aber Piatkowski/Saal JuS 2005, 979 (982)); entscheidend ist aber, ob der Täter subjektiv seine eigene Bestrafung vereiteln will und in der – sei es auch irrigen – Vorstellung handelt, dies mit seiner Aussage erreichen zu können; die Angabe objektiver Gründe (so BGHSt 43, 356 = NJW 1998, 1327) reicht für die Ablehnung des Vereitelungswillens nicht. Mit der rechtskräftigen Verurteilung des Vortäters oder Vortatbeteiligten entfällt die Zwangslage und damit der Strafausschließungsgrund (BayObLG NStZ 1996, 497).

17 **8. Abs. 6** enthält einen auf Schulderwägungen beruhenden persönlichen Strafausschließungsgrund (→ Vor § 13 Rn. 29; OLG München NStZ-RR 2011, 56 (57); Jahn/Palm JuS 2009, 408 (411); aM Günther, Das Unrecht der Strafvereitelung, 1998, S. 218; Roxin/Greco StrafR AT I § 22 Rn. 139, § 23 Rn. 16, Entschuldigungsgrund; Walter in LK-StGB Rn. 133, Opportunitätsregel) für den **Angehörigen** (→ § 11 Rn. 2; nicht wie in § 35 auch für nahe stehende Personen, Hecker in Schönke/Schröder Rn. 41; aM Maurach/Schroeder/Maiwald StrafR BT II § 100 Rn. 24), und zwar auch dann, wenn dieser die Tat nicht selbst begeht, sondern einen anderen dazu anstiftet (BGHSt 14, 172 = NJW 1960, 1023; Horn JA 1995, 218 (220)). Abs. 6 greift nicht ein, wenn die Tat über § 258 hinausgehend ein weiteres strafrechtlich geschütztes Rechtsgut verletzt (BGHSt 11, 343 = NJW 1958, 1148; OLG München NStZ-RR 2011, 56 (57) = „aktuelle Entscheidung" bei Wessels/Hillenkamp/Schuhr StrafR BT II Rn. 819). Aus dem Zusammenhang

mit Abs. 5 lässt sich ableiten, dass es für die Angehörigenbeziehung nicht auf die wirkliche Lage, sondern auf die – sei es auch irrige – Vorstellung des Täters ankommt (Stree JuS 1976, 137 (141); Warda Jura 1979, 286 (292); Wessels/Beulke/Satzger StrafR AT Rn. 501; Eisele StrafR BT II Rn. 1128; Fischer Rn. 39; Altenhain in NK-StGB Rn. 74; aM BWME StrafR AT § 24 Rn. 6; Otto StrafR BT § 96 Rn. 19; Walter in LK-StGB Rn. 137; anders auch Schünemann GA 1986, 293 (303), der § 35 II analog anwendet; ebenso Joecks/Jäger StGB § 258a Rn. 25; Maurach/Schroeder/Maiwald StrafR BT II § 100 Rn. 24). Soll die Strafvereitelung zugleich einen Nichtangehörigen besserstellen, so ist das ebenso wie in den Fällen des Abs. 5 unschädlich (OLG Celle NJW 1973, 1937 mit Bespr. Ruß JR 1974, 164; Kratzsch JR 1974, 186; str.); eine zugleich begangene sachliche Begünstigung bleibt dagegen, wenn sie überhaupt vorliegt (→ Rn. 16), unberührt (offen gelassen BGH NStZ 1995, 595, allenfalls, wenn § 258 nach der Vorstellung des Täters nicht ohne gleichzeitige Begehung von § 257 erreicht werden kann; ebenso Mitsch StrafR BT II/1 § 9 Rn. 62; Fischer Rn. 40; ähnlich Hecker in Schönke/Schröder Rn. 41; offen gelassen auch von BGH NStZ 2000, 259 mit Bespr. Cramer NStZ 2000, 246).

9. Zur **Beihilfe** steht die Strafvereitelung weitgehend in demselben Verhältnis wie die Begünstigung (→ § 257 Rn. 9); da Beihilfe nach Vollendung grds. nicht mehr geleistet werden kann (→ § 27 Rn. 3), kommt es in der sog. Beendigungsphase der Vortat nicht zu Überschneidungen mit der Strafvereitelung (Eisele StrafR BT II Rn. 1110; aM Schröder, Vortat und Tatobjekt der Strafvereitelung, 2000, S. 85); auch wenn man mit der Rspr. Beihilfe bis zur Beendigung für möglich hält (aus der Lit. Hecker in Schönke/Schröder,, Rn. 6), ist hier die Möglichkeit von Überschneidungen mit der Beihilfe nach vollendeter Tat weniger problematisch (eing. Plümer, Das Verhältnis zwischen Strafvereitelung und Beihilfe zur Vortat, 1979). Strafvereitelung kann anders als die Begünstigung auch schon vor der Vortatbegehung, zB durch Bereitung eines Verstecks, geleistet werden (Schröder, Vortat und Tatobjekt der Strafvereitelung, 2000, S. 78–94; Wolff, Begünstigung, Strafvereitelung und Hehlerei, 2002, S. 126; Maurach/Schroeder/Maiwald StrafR BT II § 100 Rn. 12; Schünemann in LK-StGB § 27 Rn. 13; aM Günther, Das Unrecht der Strafvereitelung, 1998, S. 61–65). 18

10. Zur **Begrenzung der Strafe** nach Abs. 3 → § 257 Rn. 10; diese Begrenzung ist wegen der rechtsgutsmäßigen Selbständigkeit der Strafvereitelung gegenüber der Vortat des Begünstigten inkonsequent (Ebert ZRG Germ. Abt. 1993, 1 (90); krit. zu Abs. 3 auch Schröder, Vortat und Tatobjekt der Strafvereitelung, 2000, S. 173). 19

11. Tateinheit ua möglich mit § 120 (→ § 120 Rn. 13), §§ 153, 154, 257 (→ Rn. 16), § 263. Gegenüber § 145d (→ § 145d Rn. 11) geht die Vorschrift vor (Altenhain in NK-StGB Rn. 77). – Zur Möglichkeit echter **Wahlfeststellung** zwischen § 258 und § 164 Köchel/Wilhelm ZJS 2014, 269. Nicht möglich ist Postpendenzfeststellung bzw. echte Wahlfeststellung bei möglicher Mordbeteiligung und anschließender, versuchter Strafvereitelung (BGH NStZ-RR 2020, 175). 20

§ 258a Strafvereitelung im Amt

(1) **Ist in den Fällen des § 258 Abs. 1 der Täter als Amtsträger zur Mitwirkung bei dem Strafverfahren oder dem Verfahren zur Anordnung der Maßnahme (§ 11 Abs. 1 Nr. 8) oder ist er in den Fällen des § 258 Abs. 2 als Amtsträger zur Mitwirkung bei der Vollstreckung der Strafe oder Maßnahme berufen, so ist die Strafe Freiheitsstrafe von sechs Monaten bis zu fünf Jahren, in minder schweren Fällen Freiheitsstrafe bis zu drei Jahren oder Geldstrafe.**

(2) **Der Versuch ist strafbar.**

(3) **§ 258 Abs. 3 und 6 ist nicht anzuwenden.**

1 **1. Qualifikationstatbestand** zu § 258 (BT-Drs. 7/550, 251; Jahn/Palm JuS 2009, 408 (411)). Die Tat ist **uneigentliches Amtsdelikt** (→ Vor § 331 Rn. 2; Altenhain in NK-StGB Rn. 1), die Einschränkung des Abs. 3 daher nur auf solche Tatbeteiligte anwendbar, bei denen die persönlichen Voraussetzungen des Abs. 1 erfüllt sind (Stree JuS 1976, 137 (142); Walter in LK-StGB Rn. 2).

2 **2. Amtsträger** → § 11 Rn. 3–11. Zu den **Verfahren** iSd Abs. 1 gehören neben dem Straf- und Strafvollstreckungsverfahren auch das Sicherungsverfahren nach §§ 413 ff. StPO und das selbständige Verfahren nach §§ 440, 441 StPO (→ § 343 Rn. 2). Täter können namentlich Richter, Staatsanwälte (BGH BeckRS 2007, 19110 mit zust. Bespr. Satzger JK StGB § 339 Rn. 3; Frank GS Schlüchter, 2002, 275), Ermittlungspersonen der StA, Rechtspfleger (OLG Koblenz NStZ-RR 2006, 77 (78)), Polizeibeamte (OLG Koblenz NStZ-RR 1998, 332), auch Geschäftsstellenbeamte des AG, Beamte der Finanzverwaltung (RGSt 58, 79) und der Bahnpolizei (RGSt 57, 19) sein. Der Innenminister eines Landes kann im Rahmen der Dienstaufsicht (BGH LM Nr. 3 zu § 346 StGB aF), der Justizminister im Rahmen seines Weisungsrechts gegenüber der StA und der Bürgermeister je nach Landesrecht als Ortspolizeibehörde (BGHSt 12, 277 = NJW 1959, 494) zur Mitwirkung berufen sein. In der Regel kommen als Täter nur der tatsächlich befasste, sachlich (nicht notwendig auch örtlich und nach der innerdienstlichen Regelung, BGH NStZ 1998, 194) zuständige Beamte und dessen Vorgesetzte in Frage (vgl. BayObLG JZ 1961, 453 mablAnm Geerds; OLG Karlsruhe NStZ 1988, 503 mkritAnm Geerds JR 1989, 212; Piatkowski/Saal JuS 2005, 979 (983); Hecker in Schönke/Schröder, Rn. 4).

3 **3. a)** Die **Vereitelungshandlung** eines Amtsträgers kann zB vorliegen (weitere Beispiele schon unter → § 258 Rn. 7, 7 a): wenn er ein Verfahren oder eine Vollstreckung nicht einleitet (OLG Koblenz NStZ-RR 2006, 77), von der Verfolgung unter Ermessensmissbrauch wegen Geringfügigkeit absieht (vgl. Pott in IKW Zustand StrafR S. 79, 92; Frank GS Schlüchter, 2002, 275 (280); Kölbel GA 2002, 403 (421)) oder durch Unterdrückung belastender Umstände auf eine mildere Bestrafung hinwirkt. Dem Ermittlungsbeamten muss für seine Entschließung eine angemessene Zeitspanne zugebilligt werden (BGH LM Nr. 1 zu § 346 StGB aF; Frank GS Schlüchter, 2002, 275 (279)); auch unzweckmäßige Ermittlungen sprechen nicht ohne weiteres für eine Vereitelung (BGHSt 19, 79 = NJW 1963, 1931). Bei Nichtbearbeitung wegen Überlastung muss der Amtsträger seinen Vorgesetzten unterrichten (BGHSt 15, 18 = NJW 1960, 1962), wenn er Rückstände nicht mehr in angemessener Zeit erledigen kann (DRiZ 1977, 87; krit. Hoyer in SK-StGB

Rn. 7). Der Vorgesetzte eines Polizeibeamten muss dessen Anzeige idR der StA zuleiten, auch wenn er an deren Richtigkeit zweifelt (BGH MDR 1956, 563 = BeckRS 1956, 31185511); allerdings wird es in solchen Fällen meist am erforderlichen direkten Vorsatz fehlen (→ § 258 Rn. 14). Ein Zurückstellen der Strafverfolgung durch Verdeckte Ermittler aus übergeordneten Ermittlungsinteressen erfüllt den Tatbestand nicht, wenn es von § 110a StPO gedeckt ist (Altenhain in NK-StGB Rn. 8; Fischer Rn. 4a; sa RiStBV Anl. D II 2.6.1–2.6.3), weil dann ein Verstoß gegen § 163 StPO nicht vorliegt (Krey, Rechtsprobleme des strafprozessualen Einsatzes Verdeckter Ermittler einschließlich des „Lauschangriffs" zu seiner Sicherung und als Instrument der Verbrechensaufklärung, 1993, S. 245; Vogt, Berufstypisches Verhalten und Grenzen der Strafbarkeit im Recht der Strafvereitelung, 1992, S. 240; sa Volk StPO § 10 Rn. 63). Das Angebot, einen auf der Flucht befindlichen Terroristen aufzunehmen, reicht ebenso wenig wie das Unterlassen der Auslieferung ohne entsprechende Rechtspflicht (BGHSt 44, 52 (58) = NJW 1998, 2610 mkritAnm Schroeder JR 1998, 428).

b) Außerdienstlich erlangte Kenntnis verpflichtet das Strafverfolgungsorgan nur bei schweren, die Öffentlichkeit besonders berührenden Straftaten zum Einschreiten (hM; vgl. etwa BGHSt 5, 225 = NJW 1954, 1009; BGHSt 12, 277 = NJW 1959, 494; BGHSt 38, 388 = NJW 1993, 544 mit krit. Bespr. Mitsch NStZ 1993, 384; Bergmann StV 1993, 518; Laubenthal JuS 1993, 907; Rudolphi JR 1995, 167; BGH NStZ 1998, 194; NStZ 2000, 147 mit Bespr. Wollweber wistra 2000, 338; OLG Karlsruhe NStZ 1988, 503 mit krit. Bespr. Geerds JR 1989, 212; Otto JuS 1987, 761; Rengier StrafR BT I § 21 Rn. 45; Altenhain in NK-StGB Rn. 7; Beulke/Swoboda StrafProzR Rn. 91; diese Auslegung verstößt nicht gegen Art. 103 II GG, BVerfG NJW 2003, 1030 mkritAnm Seebode JZ 2004, 305; einschr. Hellmann StrafProzR Rn. 52, nur bei Verdacht eines Verbrechens; einschr. auch Jahn/Palm JuS 2009, 408 (412); Jahn in Satzger/Schluckebier/Widmaier StGB Rn. 8, Taten mit höherer Strafandrohung als fünf Jahre; § 100c II Nr. 1–7 StPO; krit. BGH NJW 1989, 914; Vormbaum, Der strafrechtliche Schutz des Strafurteils, 1987, S. 435; Schünemann in Gimbernat/Schünemann/Wolter, Internationale Dogmatik der objektiven Zurechnung und der Unterlassungsdelikte, 1995, S. 49, 62; Pawlik ZStW 111 (1999), 335 (343); Laubenthal FS Weber, 2004, 109; anders OLG Koblenz NStZ-RR 1998, 332; Krause JZ 1984, 548; Wagner JZ 1987, 705 (711); Roxin StrafR AT II § 32 Rn. 84; Hoyer in SK-StGB Rn. 6; Meyer-Goßner/Schmitt StPO § 160 Rn. 10; Erb in Löwe/Rosenberg StPO § 163 Rn. 22, die eine Pflicht zum Einschreiten überhaupt verneinen; zusf. Piatkowski/Saal JuS 2005, 979 (983); zw.). 4

4. Da **Abs. 3** den § 258 V (→ § 258 Rn. 16) nicht ausschließt, gilt dieser auch für den Amtsträger. Nach dem insoweit eindeutigen Gesetzeswortlaut kann auch hier ein bestimmter Bezug der Tathandlung zur Vortat nicht gefordert werden (Hecker in Schönke/Schröder Rn. 18; einschr. Geerds JR 1989, 212 (214); Fischer Rn. 8; Walter in LK-StGB Rn. 16). Jedoch kann sich der Amtsträger nicht dadurch Straffreiheit verschaffen, dass er ungeachtet der Pflicht und der Möglichkeit, gegen die Vortat einzuschreiten, diese durch eine eigene Tat (zB Bestechlichkeit, Hehlerei) ausbeutet (BGHSt 4, 167 = NJW 1953, 1312; BGHSt 5, 155 (166) = BeckRS 1953, 31195778) oder sich an einer zeitlich nachfolgenden Tat des Vortäters beteiligt (OLG Karlsruhe NStZ 1988, 503). 5

6 **5. Tateinheit** möglich mit § 332 (OLG Köln JMBl. NRW 1950, 254; aM Altenhain in NK-StGB Rn. 17; Hecker in Schönke/Schröder Rn. 22). Im Übrigen → § 258 Rn. 20.

§ 259 Hehlerei

(1) **Wer eine Sache, die ein anderer gestohlen oder sonst durch eine gegen fremdes Vermögen gerichtete rechtswidrige Tat erlangt hat, ankauft oder sonst sich oder einem Dritten verschafft, sie absetzt oder absetzen hilft, um sich oder einen Dritten zu bereichern, wird mit Freiheitsstrafe bis zu fünf Jahren oder mit Geldstrafe bestraft.**

(2) **Die §§ 247 und 248a gelten sinngemäß.**

(3) **Der Versuch ist strafbar.**

1 **1.** Die Hehlerei ist **Vermögensdelikt** (BGH NJW 1978, 710; OLG Stuttgart NStZ 2004, 402; zusf. Rudolphi JA 1981, 1; Arzt NStZ 1981, 10; Otto Jura 1985, 148; Seelmann JuS 1988, 39; Roth JA 1988, 193 (260); Geppert Jura 1994, 100; Freund in Ulsamer StrafR/StrafVerfR S. 447; Jahn/Palm JuS 2009, 501 (502); nach Heinrich in Arzt/Weber/Heinrich/Hilgendorf StrafR BT § 28 Rn. 1, abstraktes Vermögensgefährdungsdelikt; ähnlich Krack NStZ 1998, 462 (463); krit. Altenhain in NK-StGB Rn. 3; anders Rosenau NStZ 1999, 352 (353), konkretes Gefährdungsdelikt). Die Neufassung durch das EGStGB (→ Vor § 1 Rn. 5) stellt das in Anlehnung an die hM zum früheren Recht ausdrücklich klar (BT-Drs. 7/550; Altenhain, Das Anschlussdelikt, 2002, S. 219). § 259 wendet sich nach der herrschenden Perpetuierungstheorie gegen die Aufrechterhaltung der durch die Tat geschaffenen rechtswidrigen Vermögenslage (BGHSt 7, 134 = NJW 1955, 390; KG NJW 2006, 3016, geht deshalb von einem schlichten Tätigkeitsdelikt aus) durch einverständliches Zusammenwirken mit dem Vortäter (BGHSt 42, 196 = NJW 1996, 2877 mit krit. Bespr. Otto JK StGB § 259 Rn. 16; BGH NJW 2013, 2211 (2212)). Soweit abweichende Lehren in der Aufrechterhaltung jeder durch irgendeine Vortat geschaffenen rechtswidrigen Besitzposition (Theorie der Restitutionsvereitelung, Schröder MDR 1952, 68 (71)), in der Ausbeutung strafbaren Erwerbs (Nutznießungstheorie, Geerds GA 1958, 129) oder im Verbot der Hilfe nach der Tat (Miehe FS Honig, 1970, 91 (103)) das wesentliche Element des Tatbestandes sehen, sind sie mit dem geltenden Recht nicht mehr vereinbar (Stree JuS 1976, 137 (142); Stoffers Jura 1995, 113 (115); diff. Hruschka JR 1980, 221); auch eine nur begrenzte Anerkennung der Nutznießungstheorie für Teilbereiche der Ersatzhehlerei (so Knauth NJW 1984, 2666) muss ausscheiden (Roth NJW 1985, 2242). Mindestens als gesetzgeberisches Motiv, nach einem Teil der Lehre sogar als zusätzlicher Schutzzweck (Lenckner JZ 1973, 797; Rudolphi JA 1981, 1 (4); Schneider, Grund und Grenzen des strafrechtlichen Selbstbegünstigungsprinzips, 1991, S. 180; Janson, Begünstigung und Hehlerei vor dem Hintergrund des Rückerwerbes von Diebesbeute, 1992, S. 137; Hoyer in SK-StGB Rn. 2; aM Roth JA 1988, 193 (195); Geppert Jura 1994, 100; Schittenhelm FS Lenckner, 1998, 519 (523)), steht hinter dem Tatbestand auch der Gedanke, allgemeine Sicherheitsinteressen zu wahren (→ Rn. 17); Altenhain, Das Anschlussdelikt, 2002, S. 246, 269, stellt – wie bei § 257 (→ § 257 Rn. 1) – auf den Schutz des staatlichen Rechts auf Entziehung der Vorteile der Tat ab. – Zur **geschichtlichen Entwicklung** Wagner ZJS 2010, 17 (19–23, 27). – Zu **Kriminologie** und Reform der Hehlerei Kreuzer/Oberheim, Praxistauglichkeit

des Hehlereitatbestandes, BKA-Schriftenreihe, 1986; Geerds GA 1988, 243; Heinrich in Arzt/Weber/Heinrich/Hilgendorf StrafR BT § 25 Rn. 7–12. – Vergleichende Gegenüberstellung zur **Datenhehlerei** nach § 202d bei Berghäuser JA 2017, 244; zur Steuerhehler gem. § 374 AO vgl. BGHSt 64, 152 = NJW 2020, 412.

2 **2. Gegenstand der Tat** sind nur Sachen (→ § 242 Rn. 2; sa BGH NJW 1978, 710 mAnm Lackner/Müller JR 1978, 345), nicht Forderungen und geistige Erzeugnisse (Jahn/Palm JuS 2009, 501 (502); Mitsch StrafR BT II/1 § 10 Rn. 22; Altenhain in NK-StGB Rn. 8), auch keine Daten (zum Liechtensteiner Kontendaten Fall OLG Düsseldorf NStZ-RR 2011, 84; Schünemann NStZ 2008, 305 (308); Sieber NJW 2008, 881 (883); Satzger FS Achenbach, 2011, 447; Wessels/Hillenkamp/Schuhr StrafR BT II Rn. 826); jedoch abweichend von den Zueignungsdelikten auch unbewegliche und herrenlose, ausnahmsweise (BGH wistra 1988, 25) sogar eigene Sachen des Hehlers (§ 289). Infolge dieser Beschränkung kommt als rechtswidrige Vermögenslage (→ Rn. 1) nur der unrechtmäßige Sachbesitz in Frage (Walter in LK-StGB Rn. 2).

3 **3.** Die Sache muss **ein anderer** (der Vortäter) **gestohlen oder sonst durch eine gegen fremdes Vermögen gerichtete rechtswidrige Tat** (die Vortat) erlangt haben.

4 **a)** Die Vortat muss eine **rechtswidrige** (→ § 11 Rn. 18), nicht notwendig schuldhafte Tat sein (hM; vgl. etwa Zöller/Frohn Jura 1999, 378 (379); Altenhain in NK-StGB Rn. 9; s. jedoch Otto StrafR BT § 58 Rn. 6, § 56 Rn. 11–13); eine Ordnungs- oder Disziplinarwidrigkeit genügt nicht (Stree JuS 1976, 137 (143)). Außerdem darf bei Vorsatztaten der Vorsatz im Sinne des Wissens und Wollens der Tatbestandsverwirklichung (→ § 15 Rn. 3–30; Heinrich in Arzt/Weber/Heinrich/Hilgendorf StrafR BT § 28 Rn. 9) und bei Fahrlässigkeitstaten der objektive Sorgfaltsmangel (→ § 15 Rn. 37–40; aM BGHSt 4, 76 = NJW 1953, 794, der in vollem Umfang Fahrlässigkeit fordert) nicht fehlen. Unerheblich ist dagegen, ob die Vortat zB wegen Begehung im Ausland nicht dem deutschen Strafrecht (§§ 3–7) unterworfen (RGSt 55, 234; Walter in LK-StGB Rn. 16; zur tatbestandlichen Relevanz von Auslandstaten Hecker FS Heinz, 2012, 714 (720); zw.), wegen Schuldunfähigkeit oder Verbotsirrtums nicht vorwerfbar (BGHSt 1, 47 = MDR 1951, 370; OLG Neustadt NJW 1962, 2312; Hoyer in SK-StGB Rn. 5; aM OLG Hamburg NJW 1966, 2228; str.), wegen eines persönlichen Strafausschließungsgrundes nicht strafbar oder wegen Verjährung oder Fehlens des Strafantrags nicht verfolgbar ist (Lenz, Die Abhängigkeit der Hehlerei von der Vortat, 1995, S. 167).

5 **b) Gestohlen** § 242. **Gegen fremdes Vermögen gerichtet** setzt kein Vermögensdelikt im technischen Sinne (Betrug, Erpressung, Untreue) voraus (hM, vgl. Jahn/Palm JuS 2009, 501 (502); krit. Otto Jura 1985, 148 (150); Roth JA 1988, 193 (198); aM Mitsch StrafR BT II/1 § 10 Rn. 15; eing. zu den als Vortat geeigneten und ungeeigneten Delikten Lenz, Die Abhängigkeit der Hehlerei von der Vortat, 1995, S. 195, 245, 304); nach der Rspr. kann vielmehr jede Tat genügen, wenn sie fremde Vermögensinteressen verletzt und eine rechtswidrige Vermögenslage schafft. Das kommt auch in Frage bei Taten nach §§ 248b, 257 (Rudolphi JA 1981, 1 (2)), § 263 (BGH NJW 1969, 1261; krit. Arzt NStZ 1981, 10 (11); mangels Schaffung einer rechtswidrigen Besitzlage scheiden Versicherungsbetrug bzw. -missbrauch aus, BGH NStZ 2005, 447 mzustAnm Rose JR 2006, 109; BGH StraFo 2012, 369), § 283 (BGH bei Holtz MDR 1977, 282), §§ 289, 290, 292, 293, uU sogar nach § 240 (Dallinger MDR 1972, 571; Rengier StrafR BT I § 22 Rn. 4b; Kind-

häuser/Hilgendorf in LPK-StGB Rn. 11), § 267 (aM Sippel NStZ 1985, 348 (349); Mitsch StrafR BT II/1 § 10 Rn. 15) und § 274. Auch Hehlerei an gehehlten Sachen ist möglich (BGHSt 33, 44 (48) = NJW 1985, 443; BGH NStZ-RR 1999, 208), jedoch nur, wenn der „Zwischenhehler" eigene Verfügungsgewalt über die Sache erlangt hat, also nicht nur „Absetzer" oder „Absatzhelfer" war (BGH NStZ 1999, 351 mit zust. Bespr. Kudlich JA 2002, 672 (675); Otto JK StGB § 259 Rn. 20; Wessels/Hillenkamp/Schuhr StrafR BT II Rn. 869). Dagegen scheiden Versicherungsbetrug nach § 263 und Versicherungsmissbrauch nach § 265 mangels unrechtmäßigen Sachbesitzes als Vortaten aus (BGH NStZ 2005, 447 mit zust. Bespr. Rose JR 2006, 109 (112)). Verstöße gegen Bewirtschaftungs- und Steuervorschriften (Dallinger MDR 1975, 543; beachte jedoch § 374 I AO) oder gegen das Verbot von Prostitution (§§ 184 d, 184 e) und Glücksspiel (§§ 284, 285) scheiden aus, weil hier nicht der Sacherwerb als solcher rechtswidrig ist, sondern nur mit ihm zusammenhängende Pflichten verletzt werden (Walter in LK-StGB Rn. 20). Auch der Erwerb urheberrechtlich geschützter Werke (zB sog. Raubkopien) gehört nicht hierher, weil – sofern es nicht schon an der Sache als Tatgegenstand fehlt (→ Rn. 2) – der Urheberrechtsverstoß des Vortäters zwar gegen fremdes Vermögen gerichtet ist, die Sache selbst (der Ton-, Bild- oder Datenträger) aber nicht durch die Vortat erlangt ist (str.) und an ihr auch keine rechtswidrige Vermögenslage aufrechterhalten wird (KG NStZ 1983, 561 mablAnm Flechsig; Heinrich, Die Strafbarkeit der unbefugten Vervielfältigung und Verbreitung von Standardsoftware, 1993, S. 309; Heinrich JZ 1994, 938; aM Ganter NJW 1986, 1479; diff. v. Gravenreuth, Das Plagiat aus strafrechtlicher Sicht, 1986, S. 96; zw.).

6 c) **Durch die Vortat erlangt** ist eine Sache, wenn tatsächliche Sachherrschaft über sie, sei es auch nur als Mitgewahrsamsinhaber, erreicht wurde (weiter Martens JA 1996, 248); dies kann auch durch eine nur versuchte Vortat geschehen (BGH bei Holtz MDR 1995, 881; Mitsch StrafR BT II/1 § 10 Rn. 20). Bei einer Unterschlagung des Vortäters genügt der Übergang von Fremd- in Eigengewahrsam (Walter in LK-StGB Rn. 25); daran kann es bei einer Unterschlagung in Form der Drittzueignung fehlen (Mitsch ZStW 111 (1999), 65 (88)). Nach Rspr. und hM muss die Erlangung vor Begehung der Hehlerei **abgeschlossen** sein (BGHSt 13, 403 = NJW 1960, 541; BGH NStZ 1994, 486; StV 2002, 542 mit zust. Bespr. Geppert JK StGB § 259 Rn. 21; BGH NStZ-RR 2011, 245 mit zust. Bespr. Hecker JuS 2011, 1040; Satzger JK StGB § 259 Rn. 27; „aktuelle Entscheidung" bei Wessels/Hillenkamp/Schuhr StrafR BT II Rn. 834; BGH StV 2011, 215; NStZ 2012, 510; NStZ 2012, 700; NJW 2012, 3736; NStZ-RR 2021, 7; OLG Düsseldorf NJW 1990, 1492; OLG München NStZ-RR 2006, 371; Geppert Jura 1994, 100 (102); Zöller/Frohn Jura 1999, 378 (380); Jahn/Palm JuS 2009, 501 (502); Rengier StrafR BT I § 22 Rn. 6; Wessels/Hillenkamp/Schuhr StrafR BT II Rn. 832, 833; Fischer Rn. 8; Altenhain in NK-StGB Rn. 15, 16; Hoyer in SK-StGB Rn. 13–16; Walter in LK-StGB Rn. 31; Hecker in Schönke/Schröder Rn. 14). Danach ist, wer eine Sache von einem Fremdbesitzer, etwa dem Entleiher, erwirbt, nur an dessen Unterschlagung beteiligt, es sei denn, dass die Vortat schon vor dem Erwerb abgeschlossen wurde (OLG Stuttgart NStZ 1991, 285 mablAnm Stree). Demgegenüber wird von einer im Vordringen befindlichen Mindermeinung mit überzeugenden Gründen (eing. Küpe FS Wessels, 1993, 467) Hehlerei zu Recht auch bejaht, wenn die Vortat erst durch die Verfügung zugunsten des Hehlers begangen wird (Rudolphi JA 1981, 1 (6); Otto Jura 1993, 652 (663); zusf. Hillenkamp StrafR BT Problem 38, S. 207). Zur Beteiligung des Hehlers an der Vortat → Rn. 18.

d) aa) Im Hinblick auf das geschützte Rechtsgut (→ Rn. 1) muss bei Vornahme der Tathandlung die rechtswidrige Vermögenslage an der Sache **noch fortbestehen** (Walter in LK-StGB Rn. 28), sei es auch – etwa beim Betrug – nur in der Form eines Anfechtungsrechts gegenüber dem wirksamen Eigentumserwerb des Vortäters (Sippel NStZ 1985, 348; Roth NJW 1985, 2242; Freund in Ulsamer StrafR/StrafVerfR S. 448; Mitsch StrafR BT II/1 § 10 Rn. 32; aM Knauth NJW 1984, 2666 (2668)); eine zunächst rechtswidrige Lage kann zB durch Genehmigung des Geschädigten (Altenhain in NK-StGB Rn. 20), durch Erwerb für ihn, durch Verarbeitung (BayObLG NJW 1979, 2218 mkritAnm Paeffgen JR 1980, 300) oder durch Ersitzung entfallen. Hat der Vortäter durch Vermischung gestohlenen und eigenen Geldes Miteigentum gebildet, so ist Hehler, wer mehr erhält, als dem Vortäter gehörte (BGH NJW 1958, 1244 mAnm Mittelbach JR 1958, 466; krit. Otto Jura 1985, 148 (151); zw.). Die Gutgläubigkeit eines Zwischenerwerbers hebt die Rechtswidrigkeit der Vermögenslage nicht auf, wenn er nach §§ 932, 935 BGB kein Eigentum erlangt, so dass Hehlerei uU auch durch Vermittlung einer redlichen Zwischenperson möglich ist (BGHSt 15, 53 (57) = NJW 1960, 2008; OLG Düsseldorf NJW 1978, 713 mablAnm Paeffgen JR 1978, 466; Hruschka JZ 1996, 1136; OLG Celle NJW 1988, 1225; Eisele StrafR BT II Rn. 1152; einschr. Rudolphi JA 1981, 1 (6); aM Rengier StrafR BT I § 22 Rn. 22; Heinrich in Krey/Hellmann/Heinrich StrafR BT II Rn. 878). Gelangt das Diebesgut an den bestohlenen Eigentümer durch Erwerb oder Veräußerung an ihn zurück, so liegt kein hehlerisches Verhalten (Ankauf oder Absetzen) vor, weil dadurch die rechtswidrige Besitzlage beendet wird (→ Rn. 11, 14; Eisele StrafR BT II Rn. 1162; Hecker in Schönke/Schröder Rn. 30; str.). 7

bb) Aus dem Erfordernis des Fortbestehens der rechtswidrigen Vermögenslage, nicht lediglich aus dem Wortlaut des Gesetzes, folgt die Straflosigkeit der **Ersatzhehlerei.** Nur unmittelbar aus der Vortat stammende Sachen können gehehlt werden (hM; BGHSt 9, 137 (139) = NJW 1956, 998; BGH NJW 1969, 1260; Eisele StrafR BT II Rn. 1145; Wessels/Hillenkamp/Schuhr StrafR BT II Rn. 835; aM für vertretbare Sachen Gribbohm NJW 1968, 240), also nicht die für gestohlenes Geld erworbene Ersatzsache, auch nicht das dafür erlangte Wechselgeld (Berz Jura 1980, 57 (60); Schroth, Theorie und Praxis subjektiver Auslegung im Strafrecht, 1983, S. 118; Otto Jura 1985, 148 (153); Heinrich in Arzt/Weber/Heinrich/Hilgendorf StrafR BT § 28 Rn. 7; Mitsch StrafR BT II/1 § 10 Rn. 31; Walter in LK-StGB Rn. 30; aM Roxin FS Mayer, 1966, 467; Rudolphi JA 1981, 1 (4); krit. Miehe FS Honig, 1970, 91 (118); zw.) oder der durch Überweisung eines Beuteanteils begründete Auszahlungsanspruch gegen die Bank (BGH NStZ-RR 2019, 379). Die dadurch und durch rechtlich gleichliegende Fallkonstellationen (dazu Knauth NJW 1984, 2666) entstehende Strafbarkeitslücke ist klein, weil der Erwerb der Ersatzsache meist (allerdings nicht beim bloßen Wechseln von Geld) Betrug oder Hehlerei ist, die dann ihrerseits die Anwendbarkeit des § 259 begründet (ebenso Zöller/Frohn Jura 1999, 378 (381)); ernste Schwierigkeiten ergeben sich erst, wenn der Zusammenhang zwischen der Vortat und dem späteren Erwerb nicht rekonstruierbar ist (Arzt NStZ 1990, 1 (2)). 8

4. Die **Tathandlungen** (zusf. Jahn/Palm JuS 2009, 501 (503)). 9

a) Sich oder einem Dritten verschaffen entspricht dem „Ansichbringen" des früheren Rechts in der Auslegung, die es durch die Rspr. erfahren hat; die Neufassung will lediglich den vom BGH in Abweichung von der früheren Rspr. (zB RGSt 55, 220; RGSt 62, 15 (17)) aufgestellten Satz, dass zum Ansichbringen nicht unbedingt die Erlangung eigener Verfügungsgewalt gehört, sondern etwa auch der für den Geschäftsherrn ankaufende Gewerbegehilfe erfasst wird (BGHSt 2, 355 = BeckRS 1952, 31195752; vgl. auch LG Hanau NStZ-RR 1996, 362), auf eine sichere gesetzliche Grundlage stellen (BT-Drs. 7/550, 252; krit. Heinrich in Arzt/Weber/Heinrich/Hilgendorf StrafR BT § 28 Rn. 14). Davon abgesehen sind Rspr. und Schrifttum zum Begriff des Ansichbringens noch verwertbar.

10 aa) **Verschaffen** setzt, wie das gesetzliche Beispiel (hM) des **Ankaufens** zeigt, einen derivativen Erwerb (Waider GA 1963, 321; Mitsch StrafR BT II/1 § 10 Rn. 36; krit. Hruschka JR 1980, 221), dh ein **einverständliches,** nicht notwendig kollusives (hM;OLG Köln StV 2019, 688; bezweifelt von Wagner ZJS 2010, 17 (27): eigennütziges selbständiges Delikt und nicht eine vertatbestandlichte nachfolgende Vortatteilnahme; anders Seelmann JuS 1988, 39 (40)), Zusammenwirken mit dem Vortäter (uU auch nur dem möglicherweise gutgläubigen Vorbesitzer; → Rn. 7) voraus (BGHSt 7, 134 (137) = NJW 1955, 390; BGH NStZ-RR 2013, 78; Eisele StrafR BT II Rn. 1149; Walter in LK-StGB Rn. 34; aM Roth, Eigentumsschutz nach der Realisierung von Zueignungsunrecht, 1986, S. 115; Roth JA 1988, 193 (207)). Eigenmächtiges Verschaffen genügt nicht (BGHSt 10, 151 = NJW 1957, 718), wohl aber stillschweigende (nicht lediglich vermutete, RGSt 57, 203; aM Maurach/Schroeder/Maiwald/Hoyer/Momsen StrafR BT § 39 Rn. 24; zw.) oder durch Täuschung bewirkte Herbeiführung des Einvernehmens (BGHSt 63, 264 = NJW 2019, 1540 mAnm Jahn; Heger/Weiss JR 2019, 641; Eidam NStZ 2019, 477; Altenhain StV 2019, 674; Bespr. Jäger JA 2019, 584; Heinrich in Arzt/Weber/Heinrich/Hilgendorf StrafR BT § 28 Rn. 12; Fischer Rn. 13 a; aM Hruschka JZ 1996, 1136; Zöller/Frohn Jura 1999, 378 (381); Kindhäuser/Böse StrafR BT II § 47 Rn. 19; Heinrich in Krey/Hellmann/Heinrich StrafR BT II Rn. 882; Mitsch StrafR BT II/1 § 10 Rn. 38; Rengier StrafR BT I § 22 Rn. 21 a; Wessels/Hillenkamp/Schuhr StrafR BT II Rn. 854); wird der Vortäter durch eine erpresserische Drohung zur Übertragung der Verfügungsmacht veranlasst, so fehlt es am einverständlichen Zusammenwirken (BGHSt 42, 196 = NJW 1996, 2877 mit zust. Bespr. Hruschka JZ 1996, 1135; Eisele StrafR BT II Rn. 1151; Fischer Rn. 13 a; einschr. Heinrich in Arzt/Weber/Heinrich/Hilgendorf StrafR BT § 28 Rn. 12; grds. krit. zur Differenzierung zwischen Täuschung und Drohung Küper FS Dencker, 2012, 203 (219), der den „rechtsgeschäftlichen" Charakter des Zusammenwirkens gewahrt sehen will, der bei der Täuschung, aber auch bei bestimmten Drohungen gegeben ist, nicht mehr aber bei Drohung mit Gefahr für Leib und Leben, mit der intensiv in die Freiheit eingegriffen wird). Außerdem muss der Täter auf der Grundlage dieses Einvernehmens eigene tatsächliche **Verfügungsgewalt** über die Sache erlangen (BGHSt 27, 45 (46) = NJW 1977, 205; BGH NStZ-RR 2013, 78; NStZ-RR 2019, 14) oder die entsprechende Verfügungsgewalt eines **Dritten** herstellen (Altenhain in NK-StGB Rn. 43); Drittverschaffung erfordert zur Abgrenzung von der Beihilfe zum Sichverschaffen eine weisungsunabhängige Begründung fremder Verfügungsgewalt (Küper/Zopfs StrafR BT Rn. 481, 482); dabei kann diese Gewalt auch in bloßer Mitverfügung bestehen (BGHSt 33, 44 (46) = NJW 1985, 443; BGH NStZ-RR 2005, 236), muss aber vom Vortäter unabhängig sein (BGHSt 35, 172 = NJW 1988, 3108; BGHSt 43, 110 (112) = NJW 1997, 2610; BGH wistra 1993, 146; wistra 1998, 264; StV 2005, 87; StV 2020, 745; OLG Stuttgart NJW 1973, 1385; Stoffers Jura 1995, 113; Zöller/Frohn Jura 1999, 378 (382)). Außerdem muss sie zu eigenen oder zu Zwecken des Dritten in dem Sinne gewollt sein, dass die Sache ihrem wirtschaftlichen Wert nach übernommen wird (Zueignung; vgl. BGHSt 15, 53 = NJW 1960, 2008; Rengier StrafR BT I

§ 22 Rn. 23); daran fehlt es bei Übernahme der Sache zur Entsorgung und damit zur Vernichtung (BGH NStZ 1995, 544); ebenso bei der Veräußerung der „bemakelten“ Sache durch den sog. Verkaufskommissionär für Rechnung des Vorbesitzers (Wessels/Hillenkamp/Schuhr StrafR BT II Rn. 847, 848; aM Dencker FS Küper, 2007, 9). Das Einvernehmen ist auf die Übernahme der selbständigen Verfügungsgewalt und daher auf den Zeitpunkt des Verschaffens zu beziehen (BGHSt 5, 47 (49) = NJW 1954, 119), das der Gewahrsamserlangung auch zeitlich nachfolgen kann (OLG Celle MDR 1965, 761).

bb) **Verfügungsgewalt** erlangt im Allgemeinen (beachte BGH NStZ 1992, 36) 11
nicht, wer strafbar erlangte Sachen nur entleiht (BGH wistra 1993, 146), mietet, verwahrt (BGH StV 1992, 65 = BeckRS 1991, 4921), vorübergehend benutzt (BGH StV 1987, 197; sa BGH wistra 1998, 264) oder mitverzehrt (hM; vgl. etwa BGH StV 1999, 604; Zöller/Frohn Jura 1999, 378 (382); Hoyer in SK-StGB Rn. 27; anders Roth JA 1988, 193 (203); Maurach/Schroeder/Maiwald/Hoyer/Momsen StrafR BT § 39 Rn. 31; Altenhain in NK-StGB Rn. 33; zw.); wer einen Kaufvertrag abschließt, ohne dass ihm die Sache übergeben wird (BGH 18.4.1961 – 1 StR 34/61); wer Diebesgut des Ehepartners nach dessen Anweisung im Haushalt konserviert oder verbraucht (OLG Köln MDR 1949, 120) oder mit dessen gestohlenem Geld für den Haushalt einkauft (BGH GA 1965, 374; str.); **wohl aber:** wer ein Darlehen annimmt (BGH NJW 1958, 1244); wer Diebesgut übernimmt, um es später gemeinsam mit dem Dieb zu verbrauchen (Dallinger MDR 1975, 368); wer einen Pfandschein (BGHSt 27, 160 = NJW 1977, 1352 mablAnm Schall NJW 1977, 2221; Meyer JR 1978, 253; Rudolphi JA 1981, 90 (91); zw.) oder Gepäckschein erwirbt, wenn ihm damit ermöglicht werden soll, über die Sache zu eigenem Nutzen zu verfügen (Berz Jura 1980, 57 (62); Walter in LK-StGB Rn. 47; zw.). Am **einverständlichen Zusammenwirken** fehlt es beim bloßen Behalten einer zunächst in Unkenntnis des Diebstahls erworbenen Sache (BGH GA 1967, 315), beim Vernichten einer vom Vortäter heimlich zugesteckten Sache (BGHSt 15, 53 = NJW 1960, 2008) und beim Sichverschaffen einer vom Vortäter bereits aufgegebenen Sache (OLG Celle Nds. Rpfl. 1972, 22; sa BGHSt 13, 43 = NJW 1959, 948). Im Hinblick auf das geschützte Rechtsgut (→ Rn. 1) scheidet auch Verschaffen zur Verfügung des **Berechtigten,** namentlich zur Rückgabe an ihn, aus (NStE Nr. 2; BayObLGSt 1959, 78 (79); Hohmann/Sander StrafR BT § 49 Rn. 44).

cc) Zu problematischen Fällen **versuchten** Sichverschaffens BGHSt 21, 267 12
267 = NJW 1967, 1918; Dallinger MDR 1971, 546 (sa OLG Celle NJW 1986, 78).

b) Absetzen und Absetzen helfen entspricht weitgehend dem „Mitwirken zu 13
deren Absatz“ iSd früheren Rechts (zusf. Stree GA 1961, 33); die Neufassung will nur klarstellen, dass Hehler auch ist, wer die Sache zwar im Einverständnis mit dem Vortäter, aber sonst völlig selbständig auf dessen Rechnung absetzt (BT-Drs. 7/550, 253). Jedoch besteht ein weiterer, vom Gesetzgeber nicht beabsichtigter Unterschied auch darin, dass sich der Vollendungszeitpunkt verschiebt: Während die Rspr. zu Abs. 1 aF jede auf den Absatz gerichtete Tätigkeit ohne Rücksicht auf ihren Erfolg genügen ließ (BGHSt 22, 206 = NJW 1968, 1973; BGH NJW 1955, 350), setzt die Neufassung den Eintritt des Absatzerfolges voraus (OLG Köln NJW 1975, 987 mit Bespr. Meyer MDR 1975, 721; Küper JuS 1975, 633; Fezer NJW 1975, 1982; Zöller/Frohn Jura 1999, 378 (383); Zieschang GS Schlüchter, 2002, 403 (408); Jahn/Palm JuS 2009, 501 (504); Klesczewski StrafR BT S. 150; Heinrich in Krey/Hellmann/Heinrich StrafR BT II Rn. 890–895; Küper StrafR BT S. 4, 8; Rengier StrafR BT I § 22 Rn. 35; Joecks/Jäger StGB Rn. 36; Altenhain in NK-

StGB Rn. 48, 49; Walter in LK-StGB Rn. 56; Fischer Rn. 23; ebenso Mitsch StrafR BT II/1 § 10 Rn. 52, der aber diesen Erfolg schon bei Erlangung eines wirtschaftlichen Vorteils durch den Vortäter annimmt). Absetzen kann aus sprachlichen Gründen, die sich durch extensive Auslegung nur schwer überspielen lassen (→ § 1 Rn. 6; Berz Jura 1980, 57 (64); Rudolphi JA 1981, 90 (92); Seelmann JuS 1988, 39; Roth JA 1988, 193 (203); Paeffgen JR 1996, 346 (348)), nicht mit dem bloßen Versuch des Absetzens gleichgesetzt werden (so zunächst BGH NJW 1976, 1698 mAnm Küper NJW 1977, 58; sa Lackner FS Heidelberg, 1986, 39 (40, 61)). Dass dann für das Absetzen-Helfen nichts anderes gelten kann, ist eine nahe liegende Folgerung aus dem Erfordernis der Gleichbehandlung (Schall JuS 1977, 179 (181)). Die bisher abweichende Auslegung des BGH, der inzwischen voll an der Rspr. zum früheren Recht festhält (BGHSt 26, 358 = NJW 1976, 1900; zur Steuerhehlerei auch BGHSt 29, 239 = NJW 1980, 2204; einschr. BGH NStZ 2008, 152), fasst die beiden Handlungsbegriffe zu einer Sinneinheit zusammen und hält diese für geeignet, auch die nur auf den Absatz gerichtete Tätigkeit zu erfassen (BGHSt 27, 45 = NJW 1977, 205; iE zust. Meyer JR 1977, 80; Schünemann, Nulla poena sine lege?, 1978, S. 22; Schroth, Theorie und Praxis subjektiver Auslegung im Strafrecht, 1983, S. 131; Weisert, Der Hilfeleistungsbegriff bei der Begünstigung, 1999, S. 187; Heinrich in Arzt/Weber/Heinrich/Hilgendorf StrafR BT § 28 Rn. 19; Gössel StrafR BT II § 27 Rn. 42; Wessels/Hillenkamp/Schuhr StrafR BT II Rn. 864). Sprachlich mag das vertretbar sein (dagegen aber BGH NStZ 2013, 584 mit zust. Bespr. Jahn JuS 2013, 1044 (1046)); es schließt aber die Möglichkeit aus, die beiden Handlungsbegriffe – und zwar jeden für sich – mit einem widerspruchsfreien Inhalt auszufüllen. Überdies stimmt nur die engere Auslegung mit dem Schutzzweck des § 259 überein, weil das für die Perpetuierungstheorie (→ Rn. 1) wesentliche Moment das Weiterschieben der Sache in die nächste Hand ist (so jetzt auch BGH NStZ 2013, 584); es führt zu Widersprüchen, wenn das Sich-Verschaffen Erlangung eigener Verfügungsgewalt voraussetzt, während für das Absetzen eine auf Übertragung von Verfügungsgewalt nur hinzielende Handlung ausreichen soll (Stree JuS 1976, 137 (143); Küper JuS 1975, 633 (635); Freund/Bergmann JuS 1991, 221 (223); aM Meyer JR 1977, 126; Mitsch StrafR BT II/1 § 10 Rn. 52). Das von der neueren Rspr. gelegentlich verwendete Kriterium der Eignung zur Erfolgsherbeiführung und Aufrechterhaltung des rechtswidrigen Vermögenszustandes (BGHSt 43, 110 (111) = NJW 1997, 2610; BGH NStZ-RR 1999, 208; NStZ-RR 2000, 266; wistra 2009, 59; zust. Bosch JA 2008, 232; Wessels/Hillenkamp/Schuhr StrafR BT II Rn. 867; krit. zum sog. Eignungsansatz Krack NStZ 1998, 462; JR 1999, 472; Zieschang GS Schlüchter, 2002, 403 (411); Maiwald FS Roxin II, 2011, 1027) bringt keine nennenswerte Einschränkung (Küper StrafR BT S. 9); immerhin scheidet Vollendung beim Absetzen an einen Polizisten oder V-Mann aus (BGHSt 43, 110 = NJW 1997, 2610 mit Bespr. Endriß NStZ 1998, 463; Krack NStZ 1998, 462; Seelmann JR 1998, 342; Rosenau NStZ 1999, 352; Otto JK StGB § 259 Rn. 18; zum Fall auch Zöller/Frohn Jura 1999, 378 (383); Kudlich JA 2002, 672 (676); BGH NStZ 1999, 351; NStZ-RR 2000, 266). Die neueste Rspr. setzt nun nach mehreren Anfragen einzelner Senate und dem „Rückzieher" des 3. Strafsenats (Nachw. bei Sorge ZJS 2016, 33) einen **Absatzerfolg** für eine vollendete Hehlerei durch Absetzen voraus (BGHSt 59, 40 = NJW 2014, 951 mit zust. Bespr. Jahn JuS 2013, 1044; Jäger JA 2013, 951; Bosch JK StGB § 259 Rn. 28; Beckemper NZWiSt 2014, 155; Theile ZJS 2014, 458; Küper JZ 2015, 1032 (1035); Mitsch JuS 2015, 97 (101); Sorge ZJS 2016, 33; BGH NStZ 2014, 577; NStZ-RR 2019, 180).

aa) **Absetzen** ist die im Interesse des Vortäters und mit seinem Einverständnis (BGH NJW 1976, 1698) erfolgende wirtschaftliche Verwertung der Sache durch deren entgeltliche (BGH NJW 1976, 1950) Veräußerung an Dritte (hM; weiter Küper/Zopfs StrafR BT Rn. 11; Altenhain in NK-StGB Rn. 47, 50; Hecker in Schönke/Schröder Rn. 28; aus der Rspr. BGH wistra 2014, 391; zw.); jedoch soll es nach der Rspr. nicht auf das Gelingen des Absatzes (→ Rn. 13), sondern nur auf ein selbständiges Unterstützen des Vortäters (BGHSt 27, 45 (48) = NJW 1977, 205), zB die Übernahme in eigene Verfügungsgewalt zum Zwecke der entgeltlichen Veräußerung (BGH NStZ 1983, 455), ankommen. Während Handeln ausschließlich im eigenen Interesse den Tatbestand nicht erfüllt, ist bloße Mitverfolgung von Eigeninteressen unerheblich (BGH GA 1984, 427). Veräußerung an den durch die Vortat Verletzten genügt nicht (Stree GA 1961, 33 (39); Stoffers Jura 1995, 113 (115); Mitsch StrafR BT II/1 § 10 Rn. 48; Wessels/Hillenkamp/Schuhr StrafR BT II Rn. 865; Joecks/Jäger StGB Rn. 32; Altenhain in NK-StGB Rn. 51; Walter in LK-StGB Rn. 52; Heinrich in Arzt/Weber/Heinrich/Hilgendorf StrafR BT § 28 Rn. 16; aM RGSt 30, 401; Zöller/Frohn Jura 1999, 378 (384); Hoyer in SK-StGB Rn. 29; zusf. Küper/Zopfs StrafR BT Rn. 6). 14

bb) **Absetzen helfen** ist jede Hilfeleistung iSd § 27 I (→ § 27 Rn. 2) bei den Bemühungen des Vortäters um Absatz (BGH NJW 1979, 2621). Deshalb muss der Täter auch hier im Interesse des Vortäters und mit dessen Einverständnis handeln (BGHSt 27, 45 (51) = NJW 1977, 205; OLG Düsseldorf wistra 1989, 196); Hilfe, die einem im Interesse des Vortäters tätigen Absetzer oder Absatzhelfer geleistet wird, ist dagegen nur Beihilfe zu dessen Hehlerei (BGHSt 26, 358 (362) = NJW 1976, 1900; BGHSt 33, 44 (49) = NJW 1985, 443 mAnm Arzt JR 1985, 212; BGH StV 1989, 435; NStZ 1999, 351; NStZ 2008, 215; NStZ 2009, 161; Altenhain in NK-StGB Rn. 57; sa BGH NStZ 2000, 607 (608)); sie kann auch schon vor Vollendung der Vortat geleistet werden (BGH NStZ 1994, 486). Die Rspr. nahm lange – in bedenklicher Ausweitung der Tatbestandsgrenzen, von ihrem Standpunkt aus (→ Rn. 13) aber folgerichtig – vollendete Absatzhilfe nicht erst an, wenn der Absatz an einen Dritten durchgeführt oder versucht worden ist, zB wenn der Absatzhelfer das Diebesgut zum Erwerber transportiert oder mit diesem Verhandlungen über den Kaufpreis geführt hat, sondern schon dann, wenn er irgendeine vorbereitende, auf Förderung der Absatzmöglichkeiten gerichtete Tätigkeit entfaltet hat (BGHSt 29, 239 = NJW 1980, 2204); zB wenn er Diebesgut zum Transport an den Umsatzort (BGH NJW 1990, 2897) oder in Verkaufskommission übernommen, Kaufinteressenten ermittelt oder benannt, Verkaufs- oder Lagerräume bereitgestellt (BGHSt 33, 44 (47) = NJW 1985, 443), unechte Kennzeichen an dem abzusetzenden Kraftfahrzeug angebracht (BGH NJW 1978, 2042 mkritAnm Sonnen JA 1979, 108) oder den Vortäter zur Förderung des Umsatzes gestohlenen Geldes beraten hat (BGHSt 10, 1 = NJW 1957, 150 mkritAnm Maurach JZ 1957, 184). Bloßes Mitverprassen solchen Geldes genügt jedoch nicht (BGHSt 9, 137 = NJW 1956, 998). Nach zwischenzeitlicher Rspr. sollten auch Unterstützungshandlungen ausscheiden, die lediglich der Vorbereitung späteren, noch nicht konkretisierten Absatzes dienen (BGH NJW 1989, 1490 mit krit. Bespr. Stree JR 1989, 384; BGH NStZ 1993, 282; NStZ-RR 2005, 373). Nach neuester Rspr. liegt nunmehr eine vollendete Absatzhilfe ebenfalls nur bei einem **Absatzerfolg** vor (BGHSt 63, 228 = NJW 2019, 1311 mAnm Mitsch; Bespr. Eisele JuS 2019, 915). 15

5. Der **Vorsatz** (bedingter genügt, BGH wistra 1993, 264) setzt namentlich die Kenntnis (oder auch nur das Für-möglich-halten, → § 15 Rn. 23), dass die Sache aus 16 einer rechtswidrigen Vortat (→ Rn. 4) stammt (BGH NStZ-RR 2000, 106; OLG Hamm NStZ-RR 2003, 237), und das Bewusstsein einverständlichen Zusammenwirkens voraus. Beim Absatz und der Absatzhilfe ist außerdem ein entsprechendes Wissen um die Förderung der Interessen des Vortäters, nicht eine darauf gerichtete Absicht erforderlich (BGHSt 10, 1 = NJW 1957, 150). Die Vorstellungen über die Vortat brauchen nicht im Einzelnen konkretisiert zu sein (BGH NStZ-RR 2015, 380); insoweit genügt für die Wissensseite des Vorsatzes (→ § 15 Rn. 9–18) schon die Annahme verschiedener Möglichkeiten der Herkunft der Sache, wenn nur eine von ihnen die Voraussetzungen einer gegen fremdes Vermögen gerichteten Tat (also nicht lediglich einer Steuerstraftat, OLG Schleswig SchlHA 1975, 187) erfüllt (BGH NStZ 1983, 264; → Rn. 5). Nicht ausreichend für Eventualvorsatz ist bei Internetauktionen die Angabe eines geringeren Startpreises und die Beschreibung der Ware als „toplegal" (LG Karlsruhe StV 2008, 362 mit Bespr. Jahn JuS 2008, 174). Hat der Täter zunächst nur Gewahrsam erlangt (→ Rn. 10), so kommt es darauf an, ob der Vorsatz bei Übernahme der tatsächlichen Verfügungsgewalt (dem Zeitpunkt des Sichverschaffens) die erforderlichen Voraussetzungen erfüllt (BGHSt 15, 53 (58) = NJW 1960, 2008; BGH bei Holtz MDR 1980, 629). Die irrige Annahme (uU schon das bloße Für-möglich-halten, BGH NStZ 1983, 264) einer rechtswidrigen Vortat begründet untauglichen Versuch (BGH NStZ 1992, 84 mwN). Nach Wegfall der im früheren Recht vorgesehenen Beweisregel („oder den Umständen nach annehmen muss"; vgl. BGHSt 2, 146 = NJW 1952, 554) ist der Vorsatz nach den allgemeinen Regeln des Prozessrechts festzustellen (→ § 15 Rn. 25; beachte auch BGH bei Dallinger MDR 1971, 17; OLG Celle Nds. Rpfl. 1972, 64).

17 6. Die **Absicht („um zu"), sich oder einen Dritten zu bereichern** (kein besonderes persönliches Merkmal iSd § 28 I, BGH JR 1978, 344; Herzberg ZStW 88 (1976), 68 (92); aM Hoyer in SK-StGB Rn. 45), entspricht der beim Betrug vorausgesetzten Absicht, sich oder einem Dritten einen Vermögensvorteil zu verschaffen (BT-Drs. 7/550, 253; → § 263 Rn. 58, 59; zusf. Jahn/Palm JuS 2009, 501 (504)). Das bedeutet eine Beschränkung auf zielgerichtetes Wollen (→ § 15 Rn. 20) und auf das Erstreben von – sei es auch nur mittelbaren (BGH JR 1978, 344; BayObLG NJW 1979, 2218 mablAnm Paeffgen JR 1980, 300; zw.) – geldwerten Vorteilen (näher Altenhain in NK-StGB Rn. 65–68; zusf. Walter in LK-StGB Rn. 76, 77). Daran fehlt es bei einem für den Täter wirtschaftlich nicht vorteilhaften Austausch von Leistungen (OLG Düsseldorf NJW 1978, 600; OLG Hamm NStZ-RR 2003, 17; sa BGH NJW 1979, 2358); jedoch genügt der übliche Geschäftsgewinn (BGH GA 1978, 372; BGH bei Holtz MDR 1981, 267). Alle nicht vermögenswerten Vorteile scheiden aus (BGH bei Holtz MDR 1983, 92; wistra 1986, 169; MDR 1996, 118). Ob der Vorteil erreicht wird, ist unerheblich (BGH GA 1969, 62). Stoffgleichheit (→ § 263 Rn. 59) ist hier nicht erforderlich (BGH bei Holtz MDR 1996, 118; BayObLG NJW 1979, 2218; Rudolphi JA 1981, 90 (94); aM Arzt NStZ 1981, 10 (13); Seelmann JuS 1988, 39 (41; zw.); auch ein externer Vorteil, etwa eine vom Vortäter versprochene Belohnung für Absatzhilfe, reicht aus (diff. Otto Jura 1985, 148 (154)). Vor allem braucht der erstrebte Vorteil, wie sich aus dem von §§ 253 I, 263 I abweichenden Wortlaut ergibt, nicht rechtswidrig zu sein (hM; vgl. etwa Eisele StrafR BT II Rn. 1167; Altenhain in NK-StGB Rn. 70; anders Arzt NStZ 1981, 10 (11); Heinrich in Arzt/Weber/Heinrich/Hilgendorf StrafR BT § 28 Rn. 29, 30; einschr. Roth JA 1988, 258 (259); Walter in LK-StGB Rn. 78); strafbar ist daher auch, wer aus einer rechtswidrigen Vortat stammendes Geld als Bezahlung einer Schuld annimmt. Die Einbezie-

hung der Absicht, einen **Dritten** zu bereichern, soll den Fällen Rechnung tragen, in denen Sachen nicht zu Gunsten des Täters, sondern etwa des Geschäftsherrn oder des Ehegatten, hehlerisch erworben werden (BT-Drs. 7/550, 252; krit. Arzt JA 1979, 574). Der Vortäter scheidet als Dritter aus (BGH StraFo 2005, 214 (215); NStZ 1995, 595 mit zust. Bespr. v. Heintschel-Heinegg JA 1996, 273; Paeffgen JR 1996, 346; Geppert JK StGB § 259 Rn. 13; zum Fall auch Kudlich JA 2002, 672 (676); Eisele StrafR BT II Rn. 1167; Rengier StrafR BT I § 22 Rn. 38; Wessels/Hillenkamp/Schuhr StrafR BT II Rn. 873; Altenhain in NK-StGB Rn. 71; aM BGH NJW 1979, 2621 (2622) mablAnm Lackner/Werle JR 1980, 214; Zöller/Frohn Jura 1999, 378 (384); Mitsch StrafR BT II/1 § 10 Rn. 62; Hecker in Schönke/Schröder Rn. 44; zusf. Küper/Zopfs StrafR BT Rn. 130, 136); das ergibt sich schon aus dem Wortlaut des Abs. 1, weil der dort als „anderer" bezeichnete Vortäter schwerlich zugleich Dritter sein kann; außerdem hat die typische Gefährlichkeit der Hehlerei ihren Grund nicht nur in der Perpetuierung einer rechtswidrigen Vermögenslage, sondern auch in dem verbreiteten Bereicherungsstreben Dritter, also gerade nicht des Vortäters, das den Nährboden für das erfolgreiche Weiterschieben strafbar erlangter Beute bildet. Soll dem Vortäter ausschließlich der Besitz der rechtswidrig erlangten Sache erhalten werden, so greift § 257 ein (BGH NStZ 1995, 595 mkritAnm Paeffgen JR 1996, 346).

7. Der **Vortäter** (auch Mittäter) kann nicht zugleich Hehler sein (BGHSt 7, 134 18
(137) = NJW 1955, 390; BGHSt 33, 50 (52) = NJW 1985, 502; BGH StraFo 2012, 369), da er nach Abs. 1 ein anderer sein muss (krit. zu dem Wortlautargument Küper, Probleme der Hehlerei bei ungewisser Vortatbeteiligung, 1989, S. 40; Geppert Jura 1994, 100 (103)) und außerdem durch seine Handlung kein neues Rechtsgut verletzt (Wessels/Hillenkamp/Schuhr StrafR BT II Rn. 880; aM Kindhäuser/Böse StrafR BT II § 47 Rn. 9; zum früheren Recht BGHSt 7, 134 = NJW 1955, 390). Das dürfte auch für den Fall gelten, dass sich der Mittäter nach Teilung der Beute den Anteil des anderen verschafft (so schon RGSt 34, 304; Schneider, Grund und Grenzen des strafrechtlichen Selbstbegünstigungsprinzips, 1991, S. 183; Hecker in Schönke/Schröder, Rn. 50; aM BGHSt 3, 191 = NJW 1952, 1304). Die vom Vortäter begangene Anstiftung des Hehlers ist mitbestrafte Nachtat (BayObLG NJW 1958, 1597; Geppert Jura 1994, 100 (103); Heghmanns StrafR BT Rn. 1699; Mitsch StrafR BT II/1 § 10 Rn. 68, der jedoch in 2/79 Tateinheit zwischen § 246 und Beihilfe zur Hehlerei annimmt); ebenso der Rückerwerb der Beute vom Hehler durch den Vortäter (Eisele StrafR BT II Rn. 1156; Heinrich in Krey/Hellmann/Heinrich StrafR BT II Rn. 861; Wessels/Hillenkamp/Schuhr StrafR BT II Rn. 882, 883; iE auch Zöller/Frohn Jura 1998, 384; aM Schneider, Grund und Grenzen des strafrechtlichen Selbstbegünstigungsprinzips, 1991, S. 179; Geppert Jura 1994, 100 (103); Kindhäuser/Hilgendorf in LPK-StGB Rn. 34; Rengier StrafR BT I § 22 Rn. 43, Tatmehrheit). Ob auch Teilnehmer an der Vortat Hehlerei begehen können, ist umstritten; die Fassung des Abs. 1 steht dieser Annahme nicht entgegen, weil sie nur den Vortäter ausschließt (BT-Drs. 7/550, 252; Küper Jura 1996, 205 (211); zw.). Nach längerem Schwanken (zB BGHSt 2, 315 = NJW 1952, 752; BGHSt 4, 41 = NJW 1953, 633) bejaht der BGH die Frage jetzt selbst dann, wenn die Teilnehmer schon bei ihrem Tatbeitrag auf die Beute abgezielt haben (BGHSt 7, 134 = NJW 1955, 390; BGHSt 8, 390 = NJW 1956, 478; BGHSt 33, 50 = NJW 1985, 502; BGH MDR 1986, 864; NStZ 2002, 200; NStZ 2003, 32; StraFo 2012, 369; ebenso Rengier StrafR BT I § 22 Rn. 42; beachte jedoch BGH NStZ 1996, 493 mit krit. Bespr. Otto JK StGB § 259 Rn. 17; Zöller/Frohn

Jura 1999, 378 (380); aM Seelmann JuS 1988, 39 (42); diff. OLG München NStZ-RR 2006, 371; Roth JA 1988, 193 (201); Hecker in Schönke/Schröder, Rn. 51).

19 **8.** Für den **Versuch** (Abs. 3), auch den untauglichen (BGH NStZ 1992, 84), gelten die allgemeinen Regeln (§ 22). Die Sache muss zumindest nach der Vorstellung des Täters durch den Vortäter erlangt sein (BGH bei Holtz MDR 1995, 881 mit iErg zust. Bespr. Otto JK StGB § 259 Rn. 14). Beim **Verschaffen** (einschließlich Ankaufen; → Rn. 10) erfordert daher der Versuchsbeginn unmittelbares Ansetzen zur Übernahme eigener Verfügungsgewalt; das ist beim Eintritt in Ankaufsverhandlungen nur zu bejahen, wenn der Käufer die Verfügungsgewalt unmittelbar nach Verhandlungsschluss übernehmen, das Geschehen also ohne Unterbrechung in die Tatbestandsverwirklichung einmünden soll (Walter in LK-StGB Rn. 87; sa OLG Celle MDR 1986, 421; zu weit OLG Koblenz VRS 64, 22), so dass weder eine Abnahmevereinbarung noch gescheiterte Verkaufsverhandlungen ausreichen (KG NStZ 2021, 175). **Absetzen** (einschließlich Absetzen helfen; näher Küper FS Paeffgen, 2015, 345 (355); Küper/Zopfs StrafR BT Rn. 18, 19; Altenhain in NK-StGB Rn. 75, die einen Absatzversuch durch den Vortäter voraussetzen) wurde auch nach der sehr weiten Rspr. (→ Rn. 15) durch bloßes Verwahren der Sache im Hinblick auf ihre künftige Verwertung noch nicht begonnen, sondern nur vorbereitet (BGHSt 2, 135 = NJW 1952, 515; anders für die Übernahme eines Geräts zur Reparatur, BGH NStZ 1994, 395 mit krit. Bespr. Otto JK StGB § 259 Rn. 12); die Tat ist idR aber als Begünstigung strafbar. Seit der Rspr.-Wende genügt das Suchen nach potenziellen Abnehmern nicht mehr (BGH NStZ 2019, 80). – Versuchte Absatzhilfe liegt vor, wenn der Vortäter, der die bemakelte Sache erlangt hat, bei seinen erfolglosen Verwertungsbemühungen unterstützt wird, Beihilfe zur versuchten Hehlerei, wenn nicht dem Vortäter, sondern einem Absatzhelfer bei dessen erfolglosen Bemühungen geholfen wird (BGH NStZ 2019, 276).

20 **9. a)** Zwischen Hehlerei und Teilnahme an der Vortat (→ Rn. 18) liegt idR **Tatmehrheit** vor (BGH bei Holtz MDR 1986, 793; BGH NStZ 2002, 200; OLG München NStZ-RR 2006, 371; Geppert Jura 1994, 100 (104); Heinrich in Arzt/Weber/Heinrich/Hilgendorf StrafR BT § 28 Rn. 38; aM Roth JA 1988, 258 (260)); nach der Rspr. soll in Ausnahmefällen aber auch Tateinheit in Frage kommen, obwohl § 259 eine abgeschlossene Vortat voraussetzt (BGHSt 13, 403 = NJW 1960, 541; BGHSt 22, 206 = NJW 1968, 1973 mkritAnm Schröder JZ 1969, 32; sa BGHSt 11, 316 (318) = NJW 1958, 1005). Mit §§ 257, 261 (BGHSt 50, 347 (358) = NJW 2006, 1297 mit Bespr. Schramm wistra 2008, 245; BGH NStZ 1999, 83 (84)), § 263 (KG JR 1966, 307), § 267 und mit Steuerhehlerei (§ 374 AO) ist Tateinheit möglich. Mitwirken beim Absatz ist nur eine Tat, auch wenn die Beute aus mehreren Vortaten stammt (BGH StV 2003, 396); ebenso der Erwerb mehrer Sachen aus einer oder verschiedenen Vortaten in einem Akt (BGH NStZ-RR 2005, 236). Das Absetzen nach einem Ankaufen ist mitbestrafte Nachtat (BGH StV 2015, 116).

21 **b) Wahlfeststellung** → § 1 Rn. 9–20 (eing. Küper, Probleme der Hehlerei bei ungewisser Vortatbeteiligung, 1989; zusf. Zöller/Frohn Jura 1999, 378 (385); Heinrich in Arzt/Weber/Heinrich/Hilgendorf StrafR BT § 28 Rn. 32, 33; Walter in LK-StGB Rn. 112); diese verstößt zwischen § 259 und § 242 (dazu BGHSt 62, 164 = NJW 2017, 2842 mAnm Jahn; Stuckenberg StV 2017, 815; BGH NStZ-RR 2018, 47) nicht gegen § 1 (BVerfG NJW 2019, 2837 mit Bespr. Hecker JuS 2019,

1119); zur Postpendenzfeststellung zwischen § 242 und § 259 BGH NStZ-RR 2018, 49.

10. Abs. 2: Im Falle des **§ 248a** muss nur die Sache, nicht auch der erstrebte Vermögensvorteil geringwertig sein (Stree JuS 1976, 137 (144); Zöller/Frohn Jura 1999, 378 (385); Wessels/Hillenkamp/Schuhr StrafR BT II Rn. 885; Kindhäuser/Hilgendorf in LPK-StGB Rn. 2). 22

11. Gewerbsmäßige Hehlerei, Bandenhehlerei § 260. Gewerbsmäßige Bandenhehlerei § 260a. Führungsaufsicht § 262. 23

§ 260 Gewerbsmäßige Hehlerei; Bandenhehlerei

(1) **Mit Freiheitsstrafe von sechs Monaten bis zu zehn Jahren wird bestraft, wer die Hehlerei**
1. gewerbsmäßig oder
2. als Mitglied einer Bande, die sich zur fortgesetzten Begehung von Raub, Diebstahl oder Hehlerei verbunden hat,

begeht.

(2) **Der Versuch ist strafbar.**

Fassung: Abs. 3 wurde durch das Vermögensabschöpfungsgesetz (→ Vor § 1 Rn. 18) aufgehoben.

1. Die Vorschrift enthält **Qualifikationstatbestände** zur Hehlerei (Altenhain in NK-StGB Rn. 1; Walter in LK-StGB Rn. 1; zusf. Jahn/Palm JuS 2009, 501 (504)). Während die gewerbsmäßige Hehlerei dem bisherigen Recht entspricht (§ 260 aF), bedeutet die Bandenhehlerei eine weitere Strafschärfung, die zur wirksameren Bekämpfung der organisierten Kriminalität beitragen soll (BT-Drs. 12/989, 25; krit. dazu Erb NStZ 1998, 537). Die Tat ist Vergehen, § 30 daher nicht anwendbar. 1

2. Die **gewerbsmäßige Hehlerei** (Abs. 1 Nr. 1): 2

a) Gewerbsmäßig (wie bandenmäßig besonderes persönliches Merkmal iSd § 28 II; BGH StV 1994, 17; NStZ 2009, 95; NJW 2020, 1080 mzustAnm Kudlich; abl. Hinderer NStZ 2020, 276; Mitsch StrafR BT II/1 § 10 Rn. 76) erfordert auch bei der Hehlerei keinen bestimmten Tätertyp, etwa einen „typischen gewerbsmäßigen Hehler" (BGHSt 1, 383 = NJW 1952, 113; BGH NStZ 1995, 85); Erstreben einer Nebeneinnahmequelle genügt (BGH GA 1955, 212; Altenhain in NK-StGB Rn. 2; Walter in LK-StGB Rn. 2; → Vor § 52 Rn. 20). Nicht erforderlich ist, daß der Täter den Betrieb eines „Kriminellen Gewerbes" plant und seinen Lebensunterhalt auf Dauer ganz oder teilweise hierdurch bestreiten will (BGH wistra 2016, 307; Fischer Rn. 2).

b) Einzeltaten werden nicht zu einer sog. Sammelstraftat zusammengefasst (BGH NJW 1953, 955; → Vor § 52 Rn. 20). **Wahlfeststellung** mit § 242 ist zulässig (→ § 1 Rn. 14). 3

3. Die **Bandenhehlerei** (Abs. 1 Nr. 2): 4

a) Mitglied einer Bande → § 244 Rn. 6, 7; auch hier ist eine Verbindung von drei Bandenmitgliedern erforderlich (BGH wistra 2002, 57; ebenso für eine Betrugsbande BGH NStZ 2002, 200; Altenhain in NK-StGB Rn. 3). Die Verbindung muss sich hier auf die fortgesetzte Begehung (Walter in LK-StGB Rn. 4) von Raub, Diebstahl oder Hehlerei beziehen, mit der Folge, dass nicht nur Taten im Rahmen einer Verbindung mehrerer Hehler zu einer „Hehlerbande" erfasst werden, sondern namentlich auch solche Taten, die Mitglieder einer Diebes- oder Räuberbande im Rahmen ihrer Bandentätigkeit als Hehler begehen (BT-Drs. 12/989, 25; Hecker in Schönke/Schröder, Rn. 3; zur Problematik gemischter Banden Miehe StV 1997, 247 (248); Erb NStZ 1998, 537 (539); aus der Rspr. BGH NStZ 2005, 567; StraFo 2006, 340 (341); StV 2020, 243).

5 **b)** Die Ausführungen unter → § 244 Rn. 9 gelten sinngemäß; auch ist keine festgefügte Organisation erforderlich (BGH wistra 2000, 135; NJW 2000, 2034). Jedoch kommt es – abweichend von § 244 (→ § 244 Rn. 8) – auf die Mitwirkung mehrerer Bandenmitglieder am Tatort nicht an (BGH NStZ 1995, 85; NStZ 1996, 495 mAnm Miehe StV 1997, 247; BGH NStZ 2000, 473; NJW 2000, 2034; Wessels/Hillenkamp/Schuhr StrafR BT II Rn. 887; Walter in LK-StGB Rn. 8; krit. zu dieser „Ungleichbehandlung" Erb NStZ 1998, 537 (539)). Einschränkend ist jedoch zu verlangen, dass sich auch bei der Bandenhehlerei die in der Bandenbildung steckende Arbeitsteilung in der Einzeltat niedergeschlagen haben muss (so Miehe StV 1997, 247 (249); zust. Altenhain in NK-StGB Rn. 9–12).

6 **4.** § 259 wird verdrängt **(Spezialität).** Im Übrigen stimmen die Möglichkeiten der Konkurrenz weitgehend mit denen bei der Hehlerei überein (→ § 259 Rn. 20; beachte aber → § 261 Rn. 19). In Analogie zum Diebstahl (→ § 244 Rn. 11; → § 247 Rn. 1) dürfte § 247 iVm § 259 II auch hier anwendbar sein (zw.), während § 248a ausscheidet (ebenso Fischer Rn. 6). **Wahlfeststellung** mit Diebstahl und Betrug ist möglich (Walter in LK-StGB Rn. 16), auch mit Bandendiebstahl (BGH NStZ 2000, 473).

§ 260a Gewerbsmäßige Bandenhehlerei

(1) **Mit Freiheitsstrafe von einem Jahr bis zu zehn Jahren wird bestraft, wer die Hehlerei als Mitglied einer Bande, die sich zur fortgesetzten Begehung von Raub, Diebstahl oder Hehlerei verbunden hat, gewerbsmäßig begeht.**

(2) **In minder schweren Fällen ist die Strafe Freiheitsstrafe von sechs Monaten bis zu fünf Jahren.**

Fassung: Abs. 3 wurde durch das Vermögensabschöpfungsgesetz (→ Vor § 1 Rn. 18) aufgehoben.

1 **1.** Die **gewerbsmäßige Bandenhehlerei** ist ähnlich wie § 244a im Diebstahlsbereich (→ § 244a Rn. 2) ein aus der Kombination der Erschwerungsgründe des § 260 abgeleiteter, **weiter qualifizierter Tatbestand** (ebenso Walter in LK-StGB Rn. 1; krit. Erb NStZ 1998, 537 (541); zusf. Jahn/Palm JuS 2009, 501 (505)). Deshalb muss die Tat sämtliche Merkmale der gewerbsmäßigen Hehlerei und der Bandenhehlerei erfüllen (→ § 260 Rn. 2, 4, 5; BGH NStZ 1996, 495; StV 2002, 302). Sie ist Verbrechen, § 30 daher anwendbar (Mitsch StrafR BT II/1 § 10 Rn. 79). Ein Tatbestandsausschluss bei geringwertigen Tatobjekten (vgl. § 244a IV) ist nicht vorgesehen (krit. Erb NStZ 1998, 537 (539)).

2. Zu **Abs. 2** (minder schwere Fälle) → § 46 Rn. 6–10a; → § 12 Rn. 4. 2

3. Die §§ 259, 260 werden verdrängt (**Spezialität;** ebenso Altenhain in NK-StGB Rn. 5). Im Übrigen gelten die Ausführungen unter → § 260 Rn. 7 sinngemäß. 3

§ 261 Geldwäsche

(1) [1]Wer einen Gegenstand, der aus einer rechtswidrigen Tat herrührt,
1. verbirgt,
2. in der Absicht, dessen Auffinden, dessen Einziehung oder die Ermittlung von dessen Herkunft zu vereiteln, umtauscht, überträgt oder verbringt,
3. sich oder einem Dritten verschafft oder
4. verwahrt oder für sich oder einen Dritten verwendet, wenn er dessen Herkunft zu dem Zeitpunkt gekannt hat, zu dem er ihn erlangt hat,

wird mit Freiheitsstrafe bis zu fünf Jahren oder mit Geldstrafe bestraft. [2]In den Fällen des Satzes 1 Nummer 3 und 4 gilt dies nicht in Bezug auf einen Gegenstand, den ein Dritter zuvor erlangt hat, ohne hierdurch eine rechtswidrige Tat zu begehen. [3]Wer als Strafverteidiger ein Honorar für seine Tätigkeit annimmt, handelt in den Fällen des Satzes 1 Nummer 3 und 4 nur dann vorsätzlich, wenn er zu dem Zeitpunkt der Annahme des Honorars sichere Kenntnis von dessen Herkunft hatte.

(2) Ebenso wird bestraft, wer Tatsachen, die für das Auffinden, die Einziehung oder die Ermittlung der Herkunft eines Gegenstands nach Absatz 1 von Bedeutung sein können, verheimlicht oder verschleiert.

(3) Der Versuch ist strafbar.

(4) Wer eine Tat nach Absatz 1 oder Absatz 2 als Verpflichteter nach § 2 des Geldwäschegesetzes begeht, wird mit Freiheitsstrafe von drei Monaten bis zu fünf Jahren bestraft.

(5) [1]In besonders schweren Fällen ist die Strafe Freiheitsstrafe von sechs Monaten bis zu zehn Jahren. [2]Ein besonders schwerer Fall liegt in der Regel vor, wenn der Täter gewerbsmäßig handelt oder als Mitglied einer Bande, die sich zur fortgesetzten Begehung von Geldwäsche verbunden hat.

(6) [1]Wer in den Fällen des Absatzes 1 oder 2 leichtfertig nicht erkennt, dass es sich um einen Gegenstand nach Absatz 1 handelt, wird mit Freiheitsstrafe bis zu zwei Jahren oder mit Geldstrafe bestraft. [2]Satz 1 gilt in den Fällen des Absatzes 1 Satz 1 Nummer 3 und 4 nicht für einen Strafverteidiger, der ein Honorar für seine Tätigkeit annimmt.

(7) Wer wegen Beteiligung an der Vortat strafbar ist, wird nach den Absätzen 1 bis 6 nur dann bestraft, wenn er den Gegenstand in den Verkehr bringt und dabei dessen rechtswidrige Herkunft verschleiert.

(8) Nach den Absätzen 1 bis 6 wird nicht bestraft,
1. wer die Tat freiwillig bei der zuständigen Behörde anzeigt oder freiwillig eine solche Anzeige veranlasst, wenn nicht die Tat zu diesem Zeitpunkt bereits ganz oder zum Teil entdeckt war und der Täter dies wusste oder bei verständiger Würdigung der Sachlage damit rechnen musste, und

2. in den Fällen des Absatzes 1 oder des Absatzes 2 unter den in Nummer 1 genannten Voraussetzungen die Sicherstellung des Gegenstandes bewirkt.

(9) Einem Gegenstand im Sinne des Absatzes 1 stehen Gegenstände, die aus einer im Ausland begangenen Tat herrühren, gleich, wenn die Tat nach deutschem Strafrecht eine rechtswidrige Tat wäre und

1. am Tatort mit Strafe bedroht ist oder
2. nach einer der folgenden Vorschriften und Übereinkommen der Europäischen Union mit Strafe zu bedrohen ist:
   a) Artikel 2 oder Artikel 3 des Übereinkommens vom 26. Mai 1997 aufgrund von Artikel K.3 Absatz 2 Buchstabe c des Vertrags über die Europäische Union über die Bekämpfung der Bestechung, an der Beamte der Europäischen Gemeinschaften oder der Mitgliedstaaten der Europäischen Union beteiligt sind (BGBl. 2002 II S. 2727, 2729),
   b) Artikel 1 des Rahmenbeschlusses 2002/946/JI des Rates vom 28. November 2002 betreffend die Verstärkung des strafrechtlichen Rahmens für die Bekämpfung der Beihilfe zur unerlaubten Ein- und Durchreise und zum unerlaubten Aufenthalt (ABl. L 328 vom 5. 12. 2002, S. 1),
   c) Artikel 2 oder Artikel 3 des Rahmenbeschlusses 2003/568/JI des Rates vom 22. Juli 2003 zur Bekämpfung der Bestechung im privaten Sektor (ABl. L 192 vom 31. 7. 2003, S. 54),
   d) Artikel 2 oder Artikel 3 des Rahmenbeschlusses 2004/757/JI des Rates vom 25. Oktober 2004 zur Festlegung von Mindestvorschriften über die Tatbestandsmerkmale strafbarer Handlungen und die Strafen im Bereich des illegalen Drogenhandels (ABl. L 335 vom 11. 11. 2004, S. 8), der zuletzt durch die Delegierte Richtlinie (EU) 2019/369 (ABl. L 66 vom 7. 3. 2019, S. 3) geändert worden ist,
   e) Artikel 2 Buchstabe a des Rahmenbeschlusses 2008/841/JI des Rates vom 24. Oktober 2008 zur Bekämpfung der organisierten Kriminalität (ABl. L 300 vom 11. 11. 2008, S. 42),
   f) Artikel 2 oder Artikel 3 der Richtlinie 2011/36/EU des Europäischen Parlaments und des Rates vom 5. April 2011 zur Verhütung und Bekämpfung des Menschenhandels und zum Schutz seiner Opfer sowie zur Ersetzung des Rahmenbeschlusses 2002/629/JI des Rates (ABl. L 101 vom 15. 4. 2011, S. 1),
   g) den Artikeln 3 bis 8 der Richtlinie 2011/93/EU des Europäischen Parlaments und des Rates vom 13. Dezember 2011 zur Bekämpfung des sexuellen Missbrauchs und der sexuellen Ausbeutung von Kindern sowie der Kinderpornografie sowie zur Ersetzung des Rahmenbeschlusses 2004/68/JI des Rates (ABl. L 335 vom 17. 12. 2011, S. 1; L 18 vom 21. 1. 2012, S. 7) oder
   h) den Artikeln 4 bis 9 Absatz 1 und 2 Buchstabe b oder den Artikeln 10 bis 14 der Richtlinie (EU) 2017/541 des Europäischen Parlaments und des Rates vom 15. März 2017 zur Terrorismusbekämpfung und zur Ersetzung des Rahmenbeschlusses 2002/475/JI des Rates und zur Änderung des Beschlusses 2005/671/JI des Rates (ABl. L 88 vom 31. 3. 2017, S. 6).

(10) [1]*Gegenstände, auf* die sich die Straftat bezieht, können eingezogen werden. [2]§ 74 a ist anzuwenden. [3]Die §§ 73 bis 73 e bleiben unberührt und

gehen einer Einziehung nach §74 Absatz 2, auch in Verbindung mit den §§74a und 74c, vor.

Fassung: Durch G zur Verbesserung der strafrechtlichen Bekämpfung der Geldwäsche (→ Vor §19 Rn. 19) zum 18.3.2021 neu gefasst.

1. Der Tatbestand wurde durch das OrgKG 1992 in das StGB eingefügt, um einem bis dahin strafrechtlich nicht bekämpften Phänomen organisierter Kriminalität entgegenzuwirken, und bildet einen Ausschnitt des materiell-rechtlichen Programms, mit dem das in seinem Grundanliegen überwiegend anerkannte, in seiner Einzelausgestaltung aber sehr umstrittene OrgKG der wachsenden Bedrohung durch organisierte Kriminalität und Waffenhandel Rechnung zu tragen versucht hat (vgl. Oswald, Die Implementation gesetzlicher Maßnahmen zur Bekämpfung der Geldwäsche in der Bundesrepublik Deutschland, 1997, S. 31, 59; Remmers, Die Entwicklung der Gesetzgebung zur Geldwäsche, 1998; Beulke FS Rudolphi, 2004, 391 (392)). Bis 2021 wurde §261 immer weiter ausgebaut, in seiner Grundstruktur aber beibehalt (für Taten bis zum 17.3.2021 →Lackner/Kühl 29. Aufl. 2018); mit der Neufassung von §261 zum 18.3.2021 (dazu Krötz/Burgert StraFo 11/2021) wurde einerseits der vormalige Bezug zu einem Vortatenkatalog, der typischerweise der Organsierten Kriminalität entnommen war, aufgegeben und andererseits auch das inländische „Waschen“ von im Ausland illegal erlangten Gegenständen unter den in Abs. 9 genannten Voraussetzungen strafbewehrt. Da die bisher in Abs. 1 und 2 aF genannten Tathandlungen nunmehr in Abs. 1 zusammengefasst sind, schützt die Vorschrift **in Abs. 1 Nr. 1, 2** die inländische **Rechtspflege** in ihrer Aufgabe, die Wirkung von Straftaten zu beseitigen (BT-Drs. 12/989, 27; Kraatz Jura 2015, 699 (700); Schmidt/Krause in LK-StGB Rn. 4), während der **Schutzzweck von Abs. 1 Nr. 3, 4** mit dem des §257 (→§257 Rn. 1) übereinstimmt (BT-Drs. 12/989, 27; Rengier StrafR BT I §23 Rn. 4; diff. Barton StV 1993, 156 (159); aM Otto StrafR BT §96 Rn. 27); Schutzgüter sind danach das durch die Vortat verletzte Interesse (BGHSt 55, 36 = NJW 2010, 3730; BGH NStZ-RR 2013, 253; Salditt in Ulsamer StrafR/StrafVerfR S. 390; Mitsch StrafR BT II/2 §5 Rn. 3; weiter Burr, Geldwäsche, 1995, S. 26; Schroeder in Hirsch/Hofmanski/Plywaczewski/Roxin, Neue Erscheinungsformen der Kriminalität in ihrer Auswirkung auf das Straf- und Strafprozeßrecht, 1996, S. 165) und die inländische Rechtspflege (ebenso Ruß in LK-StGB, 11. Aufl. 1992, Rn. 4 mwN in Fn. 4; ähnlich Leip, Der Straftatbestand der Geldwäsche, 2. Aufl. 1999, S. 41; Spiske, Pecunia non olet?, 1998, S. 95; krit. Knorz, Der Unrechtsgehalt des §261 StGB, 1996, S. 125, der als „wirkliches Globalrechtsgut“ die innere Sicherheit herausarbeitet und kritisiert; nach Lampe JZ 1994, 123 (125) auch der legale Wirtschafts- und Finanzkreislauf; str.). Sinngemäß übertragen lässt sich die zu den von §261 aF geschützten Rechtsgütern formulierte Kritik etwa von Schittenhelm FS Lenckner, 1998, 519 (528); Bülte NStZ 2014, 680 (684); Altenhain, Das Anschlussdelikt, 2002, S. 401; Altenhain in NK-StGB Rn. 12–14 der nach Vereitelungs-, Verschleierungs- und Isolierungstatbestand differenziert); zur richtlinienkonformen Rechtsgutsbestimmung Vogel ZStW 109 (1997), 335 (350). Als abstraktes Gefährdungsdelikt weist §261 I Nr. 3 (= Abs. 2 Nr. 1 aF) keinen inländischen Erfolgsort iSd §9 Alt. 2 auf (BGH NStZ-RR 2013, 253). – Rechtsvergleichend mit der Türkei Yenise FS Tiedemann, 2008, 1191. 1

2. Als **Geldwäsche** werden nach einer amerikanischen phänomenologischen Definition die Mittel bezeichnet, „mit denen man die Existenz, die illegale Quelle 2 oder die illegale Verwendung von Einkommen verbirgt und dann dieses Einkommen so bemäntelt, dass es aus einer legalen Quelle zu stammen scheint". Sie ist ein weltweit eingesetztes Mittel organisierter Kriminalität. Durch die mit ihr erreichbaren Machtkonzentrationen (Monopolstellungen) in Händen von Kriminellen bedeutet sie eine Gefahr für den redlichen Wirtschaftsverkehr und damit zugleich für das Funktionieren der Marktwirtschaft im ganzen mit den möglichen Ausstrahlungen auf die Integrität der staatlichen und gesellschaftlichen Institutionen. Sie war deshalb Gegenstand mehrerer internationaler Vereinbarungen. Neben anderen hat das Übereinkommen der UNO gegen den unerlaubten Verkehr mit Suchtstoffen und psychotropen Stoffen v. 20.12.1988 (Wiener Drogenkonvention) und die Richtlinie des Rates der EG zur Verhinderung der Nutzung des Finanzsystems zum Zwecke der Geldwäsche v. 10.6.1991 (ABl. 1991 L 166, S. 77; zusf. Carl wistra 1991, 288) die Vertragsstaaten verpflichtet, Geldwäsche in einem näher umschriebenen Rahmen unter Strafe zu stellen. § 261 dient der Umsetzung dieser Verpflichtungen (BT-Drs. 12/989, 26; zust. BGHSt 50, 347 (354) = NJW 2006, 1297; BGHSt 53, 205 (209) = NJW 2009, 1617; Vogel ZStW 109 (1997), 335; Dannecker Jura 1998, 79 (83); Altenhain in NK-StGB Rn. 1; Schmidt/Krause in LK-StGB Rn. 2). Im Gesetzgebungsverfahren war die Notwendigkeit der Vorschrift überwiegend anerkannt. Meinungsverschiedenheiten bezogen sich nur auf die nähere Konkretisierung der Schutzrichtung und auf die Frage, wie in der Einzelausgestaltung ihre Effektivität gewährleistet werden kann.

Aus dem **Schrifttum** zur Geldwäsche Arzt NStZ 1990, 1; JZ 1993, 913; sowie Heinrich in Arzt/Weber/Heinrich/Hilgendorf StrafR BT § 25 Rn. 13–16; Arzt in Arzt/Weber/Heinrich/Hilgendorf StrafR BT § 29 Rn. 1–3; Pieth StV 1990, 558; Löwe-Krahl, Die Verantwortung von Bankangestellten bei illegalen Kundengeschäften, 1990; Carl/Klos DStZ 1991, 24; Forthauser, Geldwäscherei de lege lata et ferenda, 1992; Dessecker, Gewinnabschöpfung im Strafrecht und in der Strafrechtspraxis, 1992, S. 368; Prittwitz StV 1993, 498; Körner/Dach, Geldwäsche, 1994, S. 9; Lampe JZ 1994, 123; Hassemer WM-Sonderbeilage 3/1995, 1 (13); Bottke wistra 1995, 87; Salditt in Ulsamer StrafR/StrafVerfR S. 387; Höreth, Die Bekämpfung der Geldwäsche, 1996; Werner, Die Bekämpfung der Geldwäsche in der Kreditwirtschaft, 1996; Gradowski/Ziegler, Geldwäsche, Gewinnabschöpfung, 1997; Oswald, Die Implementation gesetzlicher Maßnahmen zur Bekämpfung der Geldwäsche in der Bundesrepublik Deutschland, 1997, S. 31, 59; Hetzer ZRP 1999, 245; ZRP 2001, 266; sowie Hetzer JR 1999, 141; ZRP 2002, 407; MschrKrim 2003, 353; Kaiser wistra 2000, 121; Kilchling wistra 2000, 241; Lütke wistra 2001, 85; Kinzig, Die rechtliche Bewältigung von Erscheinungsformen organisierter Kriminalität, 2004, S. 209; Herzog/Mülhausen, Geldwäschebekämpfung und Gewinnabschöpfung, 2006; Sotiriadis, Die Entwicklung der Gesetzgebung über Gewinnabschöpfung und Geldwäsche, 2010; Raschke, Geldwäsche und rechtswidrige Vortat, 2014; speziell zur Geldwäsche im Fußballsport Herzog/Hoch/Laustetter SpuRt 2010, 90.

Aus dem einschlägigen schweizerischen Schrifttum Bernasconi, Die Geldwäscherei im schweizerischen Strafrecht, 1986; Messerli SchwZStr 1988, 418; Arzt SchwZStr 1989, 160; Graber, Geldwäscherei, 1990; Ziegler, Die Schweiz wäscht weißer, 1990; Krauskopf SchwZStr 1991, 385; Pieth, Bekämpfung der Geldwäscherei, 1992; Schubarth FS Bemmann, 1997, 430; Trechsel, Geldwäscherei, 1997; Ackermann in Schmid, Einziehung – Organisiertes Verbrechen – Geldwäsche, Bd. I, 1998, S. 355; aus dem österreichischen Schrifttum Fuchs ÖJZ 1990, 544; Schick LJZ 1994, 122; rechtsvergleichend Vogel ZStW 109 (1997), 335 (342); Werner, Die Bekämpfung der Geldwäsche in der Kreditwirtschaft, 1996, S. 267; Siska, Geldwäsche und ihre Bekämpfung in Österreich, Deutschland, Schweiz und Liechtenstein, 2. Aufl. 2006; beachte auch die „Gemeinsame Maßnahme … betreffend Geldwäsche …" der EU, ABl. 1998 L, S. 333, den Rahmenbeschluss v. 26.6.2001 (ABl. 2001 L, S. 182; dazu Vogel in Zieschang/Hilgendorf/Laubenthal, Strafrecht und Kriminalität in Europa, 2003, S. 29, 44) sowie die Geldwäsche-Richtlinie 2001/97/EG (abgedr. in NJW 2002, 804; dazu Wegner NJW 2002, 794; NJW 2002, 2276; Burger wistra 2002, 1 (6); Gentzik, Die Europäisierung des deutschen und englischen Geldwäschestrafrechts, 2002); zur fehlenden Harmonisierung in Europa Maiwald FS Hirsch, 1999, 631; krit. zur Europäisierung Braum, Europäische Strafgesetzlichkeit, 2003, S. 536; Koslowski, Harmonisierung der Geldwäschestrafbarkeit in der Europäischen Union, 2011; weiteres Material in dem Allgemeinen unter → Vor § 73 Rn. 1 nachgewiesenen kriminalistischen und kriminologischen Schrifttum zur organisierten Kriminalität.

Im Ganzen ist die Vorschrift ist auch nach der Ausdehnung außerhalb der Organisierten Kriminalität **rechtsstaatlich** gerade noch **vertretbar** (zu § 261 aF krit. Barton StV 1993, 156; Lampe JZ 1994, 123; Knorz, Der Unrechtsgehalt des § 261 StGB, 1996, S. 172; Helmers ZStW 121 (2009), 509), wenn auch vor allem der Umstand, dass ihr Anwendungsbereich nicht auf das Phänomen der Geldwäscherei begrenzt wurde (wer zB für einen Einzeltäter das erbeutete Raubobjekt verwahrt, ist Geldwäscher), mehr denn je ernste Bedenken erweckt (zu § 261 aF Löwe-Krahl wistra 1993, 123 (124); krit. auch Schittenhelm FS Lenckner, 1998, 519 (529), die einen Bezug der Tat zur organisierten Kriminalität fordert, der mit der Neufassung von § 261 I vollends aufgegeben worden ist). Besonders problematsich ist, dass die ursprünglich als Begrenzung der Ausdehnung der Geldwäsche auf alle strafbaren Vortaten geplante Einschränkung in subjektiver Hinsicht (durch Verzicht auf eine Leichtfertigkeits-Strafbarkeit) und durch einen Strafbarkeitsausschluss auch für § 261 I Nr. 1 und 2 bei rechtmäßigem Zwischenerwerb durch einen Dritten im Gesetzgebungsverfahren aufgegeben worden sind. Abs. 1 S. 2 beschränkt – wie zuvor Abs. 6 aF – die Straflosigkeit bei rechtmäßgiem Dritterwerb auf Abs. 1 Nr. 3 und 4; und die Beibehaltung der Leichtfertigkeits-Strafbarkeit in Abs. 6 für alle Tathandlungen der Abs. 1 und 2 führt angesichts der Erweiterung der einbezogenen Vortaten wie der darauf bezogenen Tathandlungen in der Sache sogar zu einer massiven Ausweitung dieser Strafbarkeit. Das ist auch deshalb fragwürdig, weil die mit der Reform von § 261 umzusetzende Geldwäsche-Richtlinie (EU) 2015/849 gerade keine Strafbarkeit wegen Leichtfertigkeit vorsieht; angesichts dessen muss bei grenzüberschreitenden Transaktionen geprüft werden, ob diese nicht von den Grundfreiheiten des AEUV gedeckt und deshalb straflos sein können.

Die Effektivität der Vorschrift hängt davon ab, welche konkreten Pflichten dem Bank- und Versicherungsgewerbe auferlegt werden, um eine hinreichende Kontrolle zur Erfassung von Geldwäschereien zu erreichen. Das am 29.11.1993 in Kraft getretene Gesetz über das Aufspüren von Gewinnen aus schweren Gewalttaten **(GeldwäscheG – GwG)** v. 25.10.1993 (BGBl. I 1770) verpflichtete vor allem Kredit- und Finanzinstitute, bei Bargeschäften ab 30.000 DM – inzwischen 15.000 EUR (§ 3 II GwG v. 13.8.2008, BGBl. I 1690) – den Einzahler oder Auftraggeber zu identifizieren, die gemachten Feststellungen aufzuzeichnen und aufzubewahren; geldwäscheverdächtige Transaktionen sind unabhängig von ihrer Summe anzuzeigen. Außerdem müssen bestimmte Unternehmen Sicherungsmaßnahmen treffen, um nicht zur Geldwäsche missbraucht werden zu können. Mit dieser Regelung wird den Geldinstituten erstmals eine aktive Rolle bei der Verbrechensbekämpfung zugewiesen. Sie werden dadurch in die Gefahr gebracht, sich entweder nach § 261 strafbar zu machen oder schadensersatzpflichtig zu werden, weil sie voreilig Verdachtsfälle anzeigen. Aus dem Schrifttum zum GwG Hetzer NJW 1993, 3298; wistra 1993, 286; Carl/Klos wistra 1994, 161; Frey Kriminalistik 1994, 337; Körner/Dach, Geldwäsche, 1994, S. 52, 85; Krüger Kriminalistik 1994, 37; Löwe-Krahl wistra 1994, 121; Otto ZKredW 1994, 63; wistra 1995, 323; Has- 2a semer WM-Sonderbeilage 3/1995, 1 (14); Bottke wistra 1995, 121 (125); Höreth, Die Bekämpfung der Geldwäsche, 1996, S. 239; Werner, Die Bekämpfung der Geldwäsche in der Kreditwirtschaft, 1996, S. 65; Körner NJW 1996, 2143; Salditt in Ulsamer StrafR/StrafVerfR S. 391; Findeisen wistra 1997, 121; WM 2000, 1234; Fülbier/Aepfelbach, GWG, 5. Aufl. 2006; speziell zu den Auswirkungen für Rechtsanwälte Aden WiB 1994, 93; Henssler NJW 1994, 1817 (1820); Hartung AnwBl 1994, 440 (441); Spieß StraFo 2005, 324 (326); für Bankangestellte Keidel Kriminalistik 1996, 406; Dittrich/Trinkaus DStR 1998, 342; Flatten, Zur Strafbarkeit von Bankangestellten bei der Geldwäsche, 1996; Spieß StraFo 2005, 324 (325); zu den Anforderungen an Leasing-Gesellschaften Moseschus, Finanzierung Leasing Factoring, 2005, S. 172; rechtsvergleichend mit schweizerischen Regelungen Pieth Kriminalistik 1994, 442; Bernasconi FS Tiedemann, 2008, 1473, mit der luxemburgischen Regelung Fülbier wistra 1996, 46, mit chinesischen Regelungen Lienke, Die Rolle der Kreditinstitute und der Bankenaufsicht bei der Geldwäschebekämpfung, 2009. Zusammen mit § 261 bildet das GwG ein „Fahndungskonzept", das strafprozessuale Ermittlungen hinsichtlich der Katalogtaten erleichterte (Altenhain in NK-StGB Rn. 8; ähnlich Fischer Rn. 4–4c). Zum GwG idF des Geldwäschebekämpfungs G v. 14.8.2002 (BGBl. I 3105) vgl. Busch/Teichmann, Das neue Geldwäscherecht, 2003; zu den Anzeigepflichten Erb in Löwe/Rosenberg StPO § 158 Rn. 5a; krit. Zuck NJW 2002, 1397; v. Galen NJW 2003, 117. Zum GeldwäscheG v. 13.8.2008 – GwBKG (BGBl. I 1690) – vgl. Donath/Mehle NJW 2009, 650; Helmrich NJW 2009, 3686; es ist eine Umsetzung der 3. Geldwäscherichtlinie (Fischer Rn. 1b); hinzugekommen ist das GeldwäscheoptimierungsG v. 22.11.2011 (BGBl. I 2959), dazu Hammacher wistra 2012, 136, und das GeldwäscheergänzungsG, das das GwG an Änderungen im Glücksspielrecht anpasst, dazu Möhrenschlager wistra aktuell 4/2013 XI. Zur Geldwäscheverdachtsanzeige nach § 11 I GeldwäscheG Bohnert/Szesny BKR 2015, 265. Zur Forderung nach Geldwäsche-Compliance Bülte NStZ 2014, 680. Mit dem GwG 2017 wurde ein Transparenzregister zur Geldwäschbekämpfung eingeführt, welches zum 1.8.2021 durch eine ernute Reform des Geldwäschegesetzes in ein Vollregister umgewandelt worden ist.

3 **3.** Das **Tatobjekt** der Geldwäsche:

a) Gegenstand ist jedes Rechtsobjekt, dh eine Sache oder ein Recht (BT-Drs. 12/989, 27; vgl. Arzt JZ 1993, 913; Knorz, Der Unrechtsgehalt des § 261 StGB, 1996, S. 112; Körner/Dach, Geldwäsche, 1994, S. 15 Rn. 12); auch das „Zurückstutzten" der Überschrift nur auf „Geldwäsche" ändert nichts daran, dass weiterhin außer Geld jeder andere Vermögenswert (auch Forderungen) in Betracht kommt (zu § 261 aF BT-Drs. 12/6853, 28; speziell zu Giralgeld BGH NJW 2015, 3254). Darüber hinaus dürften auch tatsächliche Positionen einbezogen sein, die den Anschein eines Rechts erwecken und wie dieses auch verkehrsfähig sind, aber von der Rechtsordnung nicht anerkannt werden (zB nichtige Forderungen aus Bankguthaben; ebenso Altenhain in NK-StGB Rn. 26; aM Hoyer in SK-StGB Rn. 5). **Praktische Bedeutung** haben namentlich Bargeld, Wertpapiere, Immobilien, Edelmetalle, Edelsteine und Kunstgegenstände, vor allem aber das sog. Buch- und Giralgeld (zu Letzterem Leip/Hardtke wistra 1997, 281; für einen funktionalen Gegenstandsbegriff Cebulla wistra 1999, 281, der auch das Know-how oder Computerprogramme einbeziehen will), inzwischen aber auch elektronische Zahlungsmittel wie „Paysafe"-Codes (BGH, 23.1.2019 – 5 StR 479/18 – bei juris Rn. 19) und virtuelle Währungen (zB Bitcoins, BT-Drs. 19/24180, 20).

b) Der Gegenstand muss nunmehr nicht mehr aus einer schweren, in Abs. 1 (abschließend) genannten, sondern lediglich irgendeiner **rechtswidrigen Tat** (→ § 11 Rn. 18; → § 29 Rn. 1) **herrühren;** schuldhafte Begehung ist nicht erforderlich (Altenhain in NK-StGB Rn. 32); der konkrete Nachweis einer Vortat ist unerlässlich (Lütke wistra 2001, 85; Bernsmann StV 1998, 46; Kreß wistra 1998, 121 (125); Zöller FS Roxin II, 2011, 1033 (1046); Wessels/Hillenkamp/Schuhr StrafR BT II Rn. 896; BVerfG NJW 2006, 2974 (2975)). **Abs. 9** stellt diesen Gegenständen solche gleich, die aus Auslandstaten herrühren (zur Tatbestandsrelevanz von Auslandstaten, Hecker FS Heinz, 2012, 714 (716)); die in Abs. 8 aF enthaltene Beschränkung auf eine Tatortstrafbarkeit ist zwar in Abs. 9 Nr. 1 grundsätzlich beibehalten (insoweit ist ein konkreter Nachweis erforderlich, Lütke wistra 2001, 85 (86)), in Nr. 2 aber durch statische Verweise auf acht EU-Rechtsakte für die darin vorgesehenen Straftaten unabhängig von einer Tatortstrafbarkeit ergänzt, sofern die Tat auch am Tatort mit Strafe bedroht ist. Klarstellend wird die „Tat" nur dann als Vortat on § 261 erfasst, wenn sie auch in Deutschland eine rechtswidrige Tat wäre. 4

aa) Unter welchen Voraussetzungen ein Gegenstand aus einer rechtswidrigen Tat **herrührt,** ist im Gesetzgebungsverfahren nur unzureichend geklärt worden und wegen der Unbestimmtheit des Begriffs auch schwer eingrenzbar (eing. Burr, Geldwäsche, 1995, S. 66; Leip, Der Straftatbestand der Geldwäsche, 2. Aufl. 1999, S. 70; Leip/Hardtke wistra 1997, 281; Knorz, Der Unrechtsgehalt des § 261 StGB, 1996, S. 117; Spiske, Pecunia non olet?, 1998, S. 110; Bischofberger, Zur Auslegung des Tatbestandsmerkmals „Herrühren" iRd § 261 StGB, 2010, S. 190, unbestimmt, aber nicht unbestimmbar; krit. Braum, Europäische Strafgesetzlichkeit, 2003, S. 540). Nach dem Schutzzweck der Vorschrift dürfte das Merkmal erfüllt sein, wenn der Gegenstand aus einer rechtswidrigen Tat (als Bruttogewinn) oder für eine solche Tat (als Entgelt) erlangt (→ § 73 Rn. 5) oder durch eine rechtswidrige Tat hervorgebracht (productum sceleris, → § 74 Rn. 4; Mitsch StrafR BT II/2 § 5 Rn. 18; Schmidt/Krause in LK-StGB Rn. 11) worden ist und häufig (aber nicht notwendig) auch, wenn er als sog. Beziehungsgegenstand der Einziehung unterliegt (→ § 74 Rn. 12; weiter Altenhain in NK-StGB Rn. 64). Auch soll bei einer Bestechung nach § 334 als Vortat das vom Bestechenden gezahlte Bestechungsgeld, also das Tatmittel, aus der Tat herrühren (BGHSt 53, 205 = NJW 2009, 1617 mablAnm Fahl JZ 2009, 747; Mansdörfer HRRS 2009, 252; Rettenmaier NJW 2009, 1619; zust. Rengier StrafR BT I § 23 Rn. 7a). Aus dem Schutzzweck folgt ferner, dass der Begriff nicht nur die unmittelbar aus der rechtswidrigen Tat herrührenden Gegenstände umfasst, sondern auch alle weiteren, die auf Grund nachfolgender Vermögenstransaktionen – auch in Form mehrfacher Austausch- und Umwandlungsprozesse – als Ersatzgegenstände (BGH NStZ 2017, 280; Surrogate; → § 73 Rn. 7) ohne wesentliche Wertveränderung an ihre Stelle getreten sind (BT-Drs. 12/989, 27; OLG Karlsruhe NJW 2005, 767 (768); Bottke wistra 1995, 87 (90); Heghmanns StrafR BT Rn. 1731; Joecks/Jäger StGB Rn. 6; krit. Lampe JZ 1994, 123 (127); aM Altenhain in NK-StGB Rn. 69; weiter Hecker in Schönke/Schröder Rn. 9; nach BGHSt 53, 205 = NJW 2009, 1617 mAnm Kuhlen JR 2010, 271; BGH NStZ-RR 2010, 109, ist es ausreichend, wenn der Gegenstand sich bei wirtschaftlicher Betrachtungsweise im Sinne eines Kausalzusammenhangs auf die Vortat zurückführen lässt, dazu krit. Fischer Rn. 7). Das gilt – in Anlehnung an die vergleichbare Rechtslage bei der Einziehung gem. § 73 bzw. dem früheren Verfall (dazu BGHSt 38, 23 = NJW 1991, 2714) – so lange, wie der Ersatzgegenstand in dem jeweils neuen Vermögenszusammenhang noch identifizierbar, dh in einem 5 umschreibbaren Vermögensbestandteil konkretisiert und nicht nur aus einem Wertvergleich der Vermögenslage vor und nach dem Zufluss nachweisbar ist (OLG Frankfurt a. M. NJW 2005, 1727 (1732); Vogel ZStW 109 (1997), 335 (354); Fischer Rn. 8; Schmidt/Krause in LK-StGB Rn. 12; weiter Barton NStZ 1993, 159, der darauf abstellt, ob die jeweilige Vortat für die konkrete Gestalt oder die wirtschaftliche Zuordnung des Vermögensgegenstandes adäquat kausal war und die objektive Zurechnung nicht wegen fehlender rechtlicher Signifikanz der Vortat für den Gegenstand verneint werden muss; einschr. Hoyer in SK-StGB Rn. 13, auf den Gegenstand muss sich noch ein Anspruch des Verletzten oder des Staates beziehen). Ob sich der bemakelte Vermögensgegenstand oder dessen Surrogat noch in den Händen des Vortäters befindet oder diesem wirtschaftlich zusteht, ist unerheblich (OLG Karlsruhe NJW 2005, 767 (769)). Jedenfalls dann liegt der notwendige Kausalzusammenhang zwischen Vortat und Surrogat vor, wenn der Ersatzgegenstand einer unmittelbaren Beziehung zum Täter entstammt (BGH NStZ-RR 2010, 109 zu einem „Umsatzsteuerkarusell"; dazu auch Fischer Rn. 7). Ersatzgegenstände, in welche nur zT inkriminierte Vermögenswerte eingegangen sind, gehören zum Kreis tauglicher Tatobjekte, sofern der inkriminierte Anteil aus wirtschaftlicher Sicht nicht völlig unerheblich ist; der einheitliche Ersatzgegenstand, seine Teile oder Teilsurrogate sind dann insgesamt als bemakelt anzusehen (OLG Karlsruhe NJW 2005, 767 (769); OLG Frankfurt a. M. NJW 2005, 1727 (1732); Altenhain in NK-StGB Rn. 65 „Dauerkontamination"; dazu auch Bischofberger, Zur Auslegung des Tatbestandsmerkmals „Herrühren" iRd § 261 StGB, 2010, S. 192; aM Hecker in Schönke/Schröder, Rn. 10; noch anders Petropoulos wistra 2007, 241, der auch Teilgegenstände als taugliche Tatobjekte betrachtet; abl. Altenhain in NK-StGB Rn. 75). Gegenstände, die infolge Weiterverarbeitung im Wesentlichen auf einer selbständigen späteren Leistung Dritter beruhen, scheiden aus (BT-Drs. 12/989, 27; Otto StrafR BT § 96 Rn. 31; Hombrecher JA 2005, 67 (68, 69)). Schließlich dürften auch solche Gegenstände nicht erfasst werden, deren Eigentümer oder Rechtsinhaber zuvor ein Dritter durch makellosen Erwerbsakt geworden ist (ebenso Rengier StrafR BT I § 23 Rn. 17–19; Wessels/Hillenkamp/Schuhr StrafR BT II Rn. 901; aM BGHSt 47, 68 (79) = NJW 2001, 2891; OLG Karlsruhe NJW 2005, 767 (768); Jahn/Ebner JuS 2009, 597 (601); Altenhain in NK-StGB Rn. 66, 86: widerspricht dem Wortlaut des Abs. 6 aF, der aber nach Abs. 1 S. 2 nF nur noch für bestimmte Tathandlungen gelten soll; → Rn. 6). Es ist Aufgabe der Rspr., nach den Erfahrungen der Praxis weitere Konkretisierungen zu erarbeiten und vor allem zu prüfen, wie weit unter den Gesichtspunkten der Sozialadäquanz (Maurach/Schroeder/Maiwald StrafR BT II § 101 Rn. 37) oder des Verfassungsrechts Tatbestandseinschränkungen durch teleologische Reduktion geboten sind, etwa bei Geschäften zur Befriedigung notwendiger Lebensbedürfnisse, bei Bagatellgeschäften (krit. zu diesen beiden Einschränkungen Hombrecher JA 2005, 67 (71)) und bei Honorarzahlungen an Ärzte; für Strafverteidiger gibt es jetzt in Abs. 1 Satz 3 eine Spezialregelung (→ Rn. 5 a). Zur vergleichbaren Problematik bei der Strafvereitelung → § 258 Rn. 3; zur Bedeutung der Geldwäscherichtlinie Vogel ZStW 109 (1997), 335).

5a Für **Honorarzahlungen** aus Geldern aus rechtswidrigen Taten **an Strafverteidiger** hatte das BVerfG entschieden, dass § 261 II Nr. 1 aF bei der im Hinblick auf die Berufsausübungsfreiheit und die Erhaltung des Instituts der Wahlfreiheit gebotenen verfassungskonformen Auslegung (sa BVerfG NJW 2015, 2949) die Annahme von Honorar durch den Verteidiger nur bei sicherer Kenntnis von der Herkunft des Geldes aus einer Katalogtat strafbar ist (BVerfGE 110, 226 = NJW 2004,

1305 mit zust. Bespr. Dahs/Krause/Widmaier NStZ 2004, 261; Barton JuS 2004, 1033; Fahl JA 2004, 704; Matt JR 2004, 321; Hombrecher JA 2005, 67 (70); krit. Fischer NStZ 2004, 473; v. Galen NJW 2004, 3304; Ranft Jura 2004, 759 (763); Wohlers JZ 2004, 670; Müssig wistra 2005, 201; krit. auch Jahn/Ebner JuS 2009, 597 (602); Maurach/Schroeder/Maiwald StrafR BT II § 101 Rn. 37; Altenhain in NK-StGB Rn. 128; Fischer Rn. 36, 36a; die Entscheidungsformel ist im BGBl. 2004 I 715); das ist nunmehr in **Abs. 1 Satz 3 kodifiziert** worden, so dass die im Lichte des BVerfG-Entscheids ergangene Rspr. unverändert verwendbar bleibt. Zu Nachforschungen ist der Strafverteidiger nicht verpflichtet (LG Gießen NJW 2004, 1966), Leichtfertigkeit iSd Abs. 6 führt nach dessen Satz 2 nicht zur Strafbarkeit. Dass der Strafverteidiger wegen Verletzung seiner anwaltlichen Pflichten aus seiner Rolle als Organ der Rechtspflege herausgetreten ist, führt nicht mehr automatisch zu einer Versagung der Straflosigkeit (so zu § 261 aF OLG Frankfurt a. M. NJW 2005, 1727 mkritAnm Herzog/Hoch/Warius StV 2007, 542), sondern wegen des klaren Wortlauts von Abs. 1 Satz 3 nur noch, wenn diese Pflichtverletzung sichere Kenntnis von der Vortat offenbart. Zum möglichen Ausschluss der Strafbarkeit von (verdeckten) Ermittlern Wessels/Hillenkamp/Schuhr StrafR BT II Rn. 899 (→ § 26 Rn. 4; → Vor § 32 Rn. 24). Rechtsvergleichend Fernandez/Heinrich ZStW 126 (2014), 382.

bb) **Abs. 1 S. 2** schränkt wie zuvor Abs. 6 aF den Anwendungsbereich **des Abs. 1** 6
Nr. 3 und 4 zum Schutz des allgemeinen Rechtsverkehrs ein (zu Abs. 6 aF BT-Drs. 12/989, 28); die im Reformverfahren erwogene Ausweitung auch auf Nr. 1 und 2 (BT-Drs. 19/4180, 19) wurde letztlich nicht Gesetz (BT-Drs. 19/26602, 8), so dass es bei dem bisherigen engen Anwendungsbereich verbleibt, doch ist immerhin klargestellt worden Er setzt der Möglichkeit der Entstehung unangemessen langer Ketten von Straftaten, die sich bei häufigen Umsätzen entwickeln können (→ Rn. 5), eine Schranke (ebenso Spiske, Pecunia non olet?, 1998, S. 156). Dabei geht es um den pragmatischen, unter Gerechtigkeitsgesichtspunkten problematischen Zweck, einer Ausuferung des Abs. 1 Nr. 3 und 4 (= Abs. 2 aF) entgegenzuwirken. Mit der Ersetzung des Wortes „Straftat" durch „rechtswidrige Tat" wird klargestellt, dass der Strafausschluss nach legalem Vorerwerb durch einen Dritten erfordert, dass der Dritte den Gegenstand erworben hatte, ohne hierdurch irgendeine Straftat zu begehen (BT-Drs. 19/26602, 8). Wer einen in Abs. 1 bezeichneten Gegenstand ohne strafbaren Verstoß erlangt, unterbricht die Kette und bewirkt, dass weitere auf den Gegenstand bezogene Handlungen nach Abs. 1 Nr. 3 und 4 (ggf. iVm Abs. 5) nicht mehr tatbestandsmäßig sind (zu Abs. 6 aF: Altenhain in NK-StGB Rn. 88; krit. Fischer Rn. 27; aM Mitsch StrafR BT II/2 § 5 Rn. 35; sa Sebastian NStZ 2015, 438). Sowohl für den am Anfang stehenden Erwerb des Dritten wie auch für alle nachfolgenden einschlägigen Handlungen kommt es auf deren zivilrechtliche Wirksamkeit und vor allem auch auf Bösgläubigkeit der Nachfolger nicht an (BGHSt 47, 68 (79) = NJW 2001, 2891; Kindhäuser/Hilgendorf in LPK-StGB Rn. 16; Schmidt/Krause in LK-StGB Rn. 24; krit. Maiwald FS Hirsch, 1999, 631 (637); abl. Wessels/Hillenkamp/Schuhr StrafR BT II Rn. 893). Soweit der Gegenstand aus einer rechtswidrigen Tat herrührt, ist der Anwendungsbereich des Abs. 1 nicht betroffen, mit der Folge, dass seine Voraussetzungen weiterhin erfüllt werden können (→ Rn. 5; BGHSt 47, 68 (79) = NJW 2001, 2891 mit zust. Bespr. Otto JK StGB § 261 Rn. 5; iErg auch Jahn/Ebner JuS 2009, 597 (601); Altenhain in NK-StGB Rn. 86; diff. Spiske, Pecunia non olet?, 1998, S. 158); keine Anwendung findet Abs. 1 S. 2 auf Fälle der Bezahlung per Bankanweisung (Hombrecher JA 2005, 67 (69, 70)).

7 **4.** Die **Tathandlungen** der Abs. 1 und 2 aF sind nunmehr in **Abs.** 1 Nr. 1–4 zusammengefasst, wobei einige Handlungen in Anlehnung an die Vorgaben von Art. 3 der Richtlinie (EU) 2018/843 neu gefasst worden sind; aus der Umsetzungspflicht der Richtlinie folgt allerdings auch für die bereits zuvor in § 261 enthaltenen Tathandlungen generell eine Pflicht zur richtlinienkonformen Auslegung, soweit dies zur Erfüllung der Richtlinienvorgaben erfordelrich ist. Möglich ist auch eine Begehung durch **Unterlassen;** die Garantenstellung des Bankangestellten folgt aus der Übertragung der Anzeigepflicht nach § 11 GwG (Burr, Geldwäsche, 1995, S. 86; einschr. auf Vorgesetzte Körner/Dach, Geldwäsche, 1994, S. 33; ähnlich Altenhain in NK-StGB Rn. 93; aM Leip, Der Straftatbestand der Geldwäsche, 2. Aufl. 1999, S. 139; Höreth, Die Bekämpfung der Geldwäsche, 1996, S. 135):

a) Nr. 1: Verbergen erfordert zielgerichtete Vorkehrungen, um durch die Art der örtlichen Unterbringung, namentlich durch Bedecken des Gegenstandes, durch Ortsveränderung (zB auch durch Ablage von Akten im falschen Zusammenhang, durch täuschende Manipulationen (zB in der Buchführung) oder in ähnlicher Weise den behördlichen Zugriff auf den Gegenstand zu erschweren (Kraushaar wistra 1996, 168 (169); Rengier StrafR BT I § 23 Rn. 10). Die finale Verbform („verbirgt") soll zum Ausdruck bringen, dass eine „manipulative Tendenz" des Täters erforderlich ist (BT-Drs. 19/24180, 30 unter Hinweis auf BVerfG NJW 2015, 2949 (2953)). Erforderlich ist zielgerichtetes und konkret geeignetes, nicht aber notwendig heimliches Handeln, das den Zugang zum Objekt erschweren kann, ohne dass es aus Sicht der Strafverfolgungsbehörden zum Erfolg geführt haben muss (BGH NStZ 2017, 28 (29)).

7a **b) Nr. 2: Umtauschen, Übertragen** oder **Verbringen.** Mit Umtausch ist die Weggabe des ursprünglichen Vermögensgegenstands und die gleichzeitige oder auch zeitlich versetzte Erlangung einer Gegenleistung gemeint. Zwischen Weggabe und Erlangung muss eine kausale, nicht notwendig rechtswirksame Verknüpfung bestehen, um die für einen Umtausch typische Gegenseitigkeit zu erfüllen. Übertragung und Verbringung setzen die Transfervariante in Art. 3 I Buchst. a der Richtlinie (EU) 2018/843 um. Die Übertragung bezieht sich dabei schwerpunktmäßig auf Rechte, während die Verbringung überwiegend körperliche Gegenstände betrifft (BT-Drs. 19/24180, 31); erfasst sind dadurch Ortsveränderungen des Gegenstandes, soweit diese nicht eine Verbergen iSv Nr. 1 begründen.

7b Während nach Abs. 1 aF die Tathandlung im Vereiteln oder Gefährden der Ermittlung der Herkunft, des Auffindens, der Einziehung oder der Sicherstellung des Gegenstandes lag, setzt **Abs. 1 Nr. 2 nF** nunmehr ein Umtauschen usw. in der **Absicht,** dessen **Auffinden,** dessen **Einziehung** oder die **Ermittlung von dessen Herkunft** zu **vereiteln,** voraus. Auf einen Eintritt einer Vereiteung oder auch nur Gefährdung kommt es nicht mehr an. Erforderlich, aber auch ausreichend ist, dass die Ermittlung zum Scheitern gebracht werden soll (zu Abs. 1 aF vgl. OLG Hamm wistra 2004, 73; OLG Karlsruhe NStZ 2009, 269; Mitsch StrafR BT II/2 § 5 Rn. 20). Dabei muss die – angesichts der Subjektivierung freilich nur noch vom Täter imaginierte – Ermittlung die Aufklärung der Herkunft (→ Rn. 5), das Auffinden oder die Vorbereitung der Einziehung (§§ 73 ff.) oder der Sicherstellung (§§ 111 b ff. StPO) des Gegenstandes bezwecken, wobei mit einer Ermittlung auch mehrere Zwecke verfolgt werden können. Das angestrebte Vereiteln kann in einem Unterlassen der Ermittlungsbehörden bestehen.

7c Das **Auffinden gefährdet,** wer den tatsächlichen Zugriff auf den Gegenstand konkret erschwert, zB durch Verbringen ins Ausland (BGH NJW 1999, 436 mit

Bespr. Jahn JA 1999, 186; Krack JR 1999, 79); der Täter muss den Gegenstand nicht selbst erlangt haben, es reichen vielmehr alle Aktivitäten, die den Zugriff der Strafverfolgungsbehörde zu verhindern trachten (BGH NJW 1999, 436); daran fehlt es, wenn der Täter den Gegenstand einem verdeckten Ermittler anbietet (BGH NJW 1999, 436 mit Bespr. Krack JR 1999, 79; zur Versuchsstrafbarkeit → Rn. 11). Das Versprechen, die auf einem Konto eingehenden, durch „Phishing" erlangten Gelder weiterzuleiten, soll deren Sicherstellung gefährden (OLG Karlsruhe NStZ 2009, 269; OLG Bamberg NStZ 2015, 235; LG Darmstadt wistra 2006, 468 mAnm Biallaß ZUM 2006, 879; Heghmanns wistra 2007, 167; sa Neuheuser NStZ 2008, 492 (495)).

8 c) **Abs. 1 Nr. 3 (= Abs. 2 Nr. 1 aF): Sich oder einem Dritten verschaffen** → § 259 Rn. 9–12 (Fahl Jura 2004, 160 (161)); die für die Hehlerei entwickelten Grundsätze gelten auch hier (BT-Drs. 12/989, 27; Rengier StrafR BT I § 23 Rn. 13a), doch kommt es nicht darauf an, dass die Vermögenslage im Einverständnis mit dem Vortäter oder in dessen Interesse perpetuiert wird (Spiske, Pecunia non olet?, 1998, S. 133; Kindhäuser/Böse StrafR BT II § 48 Rn. 12; Mitsch StrafR BT II/2 § 5 Rn. 33; Otto StrafR BT § 96 Rn. 34). Nach BGHSt 55, 36 (47) = NJW 2010, 3730; kann das Einverständnis jedenfalls auch bei Täuschung und Nötigung vorliegen (mit zust. Bespr. Geppert JK StGB § 261 Rn. 10; abl. Jahn JuS 2010, 651; vgl. auch BGH StV 2020, 604; auch Wessels/Hillenkamp/Schuhr StrafR BT II Rn. 898; Hecker in Schönke/Schröder, Rn. 18; Rengier StrafR BT I § 23 Rn. 13a, rechtfertigt diese Abweichung von der Rspr. zu § 259 (→ § 259 Rn. 10) mit dem Rechtsgut und dem Auffangcharakter des § 261; diff. Kretschmer Jura 2006, 219 (225), jedenfalls bei §§ 242, 249, 253 scheidet Sichverschaffen aus); selbst für das Opfer der Vortat harmlose Vermögensverschiebungen können erfasst sein (Arzt JR 1999, 79 „Prinzip der Unberührbarkeit schmutzigen Geldes"); zu Honorarzahlungen → Rn. 5, 5a, 13; zum „Phishing" → Rn. 7c. **Nr. 2: Verwahren** bedeutet, eine Sache in Gewahrsam nehmen oder halten, um sie für einen Dritten oder für eigene spätere Verwendung zu erhalten (Joecks/Jäger StGB Rn. 10; weiter Altenhain in NK-StGB Rn. 115; aus der Rspr. BGH StV 2017, 66). **Verwenden** ist bestimmungsmäßiges Gebrauchen (Rengier StrafR BT I § 23 Rn. 13b) und erfasst vor allem die vielfältigen Geldgeschäfte (BT-Drs. 12/989, 27; Joecks/Jäger StGB Rn. 10; weiter Otto StrafR BT § 96 Rn. 35, jede wirtschaftliche Nutzung). Im Falle der Nr. 2 muss der Täter die Herkunft des Gegenstandes **im Zeitpunkt seiner Erlangung gekannt** haben. Als Kenntnis reicht hier ein dem bedingten Vorsatz genügendes Für-möglich-Halten aus (Rengier StrafR BT I § 23 Rn. 15; zur entsprechenden Rechtslage bei der erweiterten Einziehung → § 74a Rn. 3); eine Beschränkung auf sicheres Wissen (so Bottke wistra 1995, 121 (123); Ambos JZ 2002, 70 (72)) würde einen Wertungswiderspruch zu Nr. 1 ergeben, bei der ebenfalls bedingter Vorsatz in Bezug auf die Herkunft ausreicht (→ Rn. 9). Ob sich der pflichtgemäß handelnde Insolvenzverwalter strafbar macht, ist fraglich (mit guten Gründen verneinend Brüning wistra 2006, 241).

9 **5.** Der **Vorsatz** (bedingter genügt; OLG Hamm wistra 2004, 73 (74)) braucht sich nicht darauf zu erstrecken, dass die Tat die für die Geldwäsche typische Qualität (→ Rn. 2) aufweist. Auch brauchen die Vorstellungen über die vorausgegangene rechtswidrige Tat (→ Rn. 4–6) nicht iE konkretisiert zu sein (BGHSt 43, 158 (165) = NJW 1997, 3323; Goeckenjan wistra 2008, 128 (135)); insoweit genügt für die Wissensseite (→ § 15 Rn. 9–18) schon die Annahme verschiedener Herkunftsmöglichkeiten, wenn nur eine von ihnen die Voraussetzungen der Abs. 1

oder Abs. 2 erfüllt (ebenso Altenhain in NK-StGB Rn. 132; aM Heghmanns wistra 2007, 169). Am Vorsatz fehlt es aber, wenn der Täter irrig annimmt, ein Vorgänger habe den Gegenstand durch makellosen Erwerbsakt (→ Rn. 5; aM Flatten, Zur Strafbarkeit von Bankangestellten bei der Geldwäsche, 1996, S. 110, Verbotsirrtum in der Form des Subsumtionsirrtums; ebenso Altenhain in NK-StGB Rn. 133) oder in Fällen von Abs. 1 Nr. 3 und 4 durch eine nicht rechtswidrige Tat (→ Rn. 6) erlangt; dieser Tatbestandsirrtum könnte Einfallstor für schwer widerlegbare Schutzbehauptungen sein (ebenso Spiske, Pecunia non olet?, 1998, S. 146, 184). In Fällen des Abs. 1 Nr. 3 muss der Vorsatz dem Hehlereivorsatz (→ § 259 Rn. 16) entsprechen, dh die Herkunft des Gegenstandes im Sinne mindestens bedingten Vorsatzes umfassen und auch das Bewusstsein einverständlichen Zusammenwirkens mit dem Vorgänger einschließen (zw.; → Rn. 8).

10 **6.** Der **Vortäter** konnte nach dem ursprünglichen Wortlaut („ein anderer") nicht selbst Geldwäscher sein; dies ist 1998 durch die Streichung des in § 261 I 1 aF enthaltenen Merkmals „eines anderen" geändert worden (krit. zum Abstellen auf die „Vortat" Joerden FS Lampe, 2003, 771 (775)). Damit wird die Strafbarkeitslücke geschlossen, die bisher in den Fällen bestand, in denen eine Alleintäterschaft an der Vortat zwar nicht nachgewiesen, aber auch nicht ausgeschlossen werden konnte (BT-Drs. 13/8651, 10; BGHSt 48, 240 = NJW 2003, 1880 mAnm Kudlich JR 2003, 474; Meyer/Hetzer NJW 1998, 1020). Jedoch wurde nach Abs. 9 S. 2 aF derjenige Täter oder Teilnehmer nicht wegen Geldwäsche bestraft, der wegen Beteiligung an der Vortat strafbar ist (persönlicher Strafausschließungsgrund; vgl. BT-Drs. 13/8651, 10 (11); BGHSt 48, 240 = NJW 2003, 1880; BGH NJW 2000, 3725; krit. Bernsmann FS Amelung, 2009, 381 (387)); damit wurden die zuvor bei der Teilnahme gezogenen Parallelen zur Hehlerei aufgegeben (Kreß wistra 1998, 125; Schittenhelm FS Lenckner, 1998, 519 (537)). Mit der Neufassung zum 18. 3. 2021 ist diese Regelung in **Abs. 7** übernommen worden. Abs. 7 bzw. Abs. 9 S. 2 aF enthält zugleich eine Konkurrenzregel, die eine Strafbarkeit wegen Geldwäsche immer dann ausschließt, wenn der „Täter" bereits wegen der Beteiligung an einer Katalogtat strafbar ist (BGHSt 48, 240 = NJW 2003, 1880; BGH NJW 2000, 3725). Dabei kommt es nicht auf den zeitlichen Abstand zwischen Vortat und Geldwäschehandlung an; entscheidend ist allein, ob sich Hehlereihandlung als Vortat und Geldwäschehandlung auf denselben Gegenstand beziehen (BGH NJW 2000, 3725; Neuheuser in MüKoStGB Rn. 132). Bei der Vortatstrafbarkeit ist allein auf das deutsche Recht abzustellen (BGHSt 53, 205 = NJW 2009, 1617 iE mzustAnm Fahl JZ 2009, 747; zust. auch Kuhlen JR 2010, 271; abl. Rettenmaier NJW 2009, 1618). Ein nicht an der Vortat beteiligter Teilnehmer kann sich nach Akzessorietätsgrundsätzen (→ Vor § 25 Rn. 9) auch dann strafbar machen kann, wenn zugunsten des Täters Abs. 7 eingreift (vgl. zu Abs. 9 S. 2 aF Schittenhelm FS Lenckner, 1998, 519 (537), die darin eine Diskrepanz zu §§ 258, 259 sieht; Altenhain in NK-StGB Rn. 19; → § 258 Rn. 6).

11 **7.** Für den **Versuch (Abs. 3)** gelten die allgemeinen Regeln (§ 22; krit. wegen der weiten Ausdehnung des Strafbarkeitsbereichs bereits nach altem Recht Lampe JZ 1994, 123 (131); Maurach/Schroeder/Maiwald StrafR BT II § 101 Rn. 39); die Ausweitung möglicher Vortaten führt mangels Beschränkung in Abs. 3 nF automatisch auch zur Ausweitung strafbarer Geldwäscheversuche auch auf relativ milde Vortaten. Die irrige Annahme, die Herkunft des Gegenstandes entspreche den Voraussetzungen dersAbs. 1 begründet daher einen untauglichen Versuch (→ § 22 Rn. 12). Mangels konkreter Gefährdung (→ Rn. 7) liegt nur Versuch vor, wenn

die Bemühungen des Täters objektiv nur darauf gerichtet sind, den Gegenstand einem Verdeckten Ermittler auszuliefern (BGH NJW 1999, 436 mAnm Krack JR 1999, 79; → § 259 Rn. 15).

8. aa) Die Mindstfreiheitsstrafe von drei Monaten für Vorsatztaten ist mit der Neufassung entfallen, weil seither weit mehr (zT nicht so schwerwiegende) Vortaten erfasst sind; sie gilt nur noch für die Qualifikation des Abs. 4. Gem. § 2 III gilt diese Absenkung der Strafrahmenuntergrenze auch für bis zum 17.3.2021 begangene Geldwäschehandlungen, sofern diese nicht unter Abs. 4 nF fallen. **12**

bb) **Abs. 4** enthält seit der Neufassung eine echte **Qualifikation** für denjenigen, der eine Tat gem. Abs. 1 oder 2 als Verpflichteter nach § 2 GwG begeht; dabei handelt es sich um ein besonderes persönliches Merkmal iSv § 28 II.

cc) Zu **Abs. 5** (besonders schwere Fälle) → § 46 Rn. 7–21. **Gewerbsmäßig** → Vor § 52 Rn. 20 (s. BGH NStZ 1998, 622). **Mitglied einer Bande** → § 244 Rn. 6, 7. Die Verbindung muss hier – sei es auch neben anderen Zwecken – auf die Begehung von Geldwäsche gerichtet sein. Die Ausführungen unter → § 244 Rn. 9 gelten sinngemäß; auf die Mitwirkung mehrerer Bandenmitglieder am Tatort kommt es nicht an (Hoyer in SK-StGB Rn. 29; aM Altenhain in NK-StGB Rn. 145); auch ein Beteiligter an der Vortat, der wegen der Geldwäsche selbst nach Abs. 9 S. 2 aF nicht strafbar ist, kann Bandenmitglied sein (BGHSt 50, 224 = NJW 2005, 3507 mablAnm Krack JR 2006, 435).

9. Abs. 6: Leichtfertig → § 15 Rn. 55. Das Merkmal bezieht sich – wie in Abs. 5 aF – nur auf die in Abs. 1 vorausgesetzte Herkunft, entbindet also nicht vom Vorsatzerfordernis iÜ (BGH NJW 2008, 516 (517); Fischer Rn. 42). Es kommt danach darauf an, ob der Täter die sich ihm aufdrängende Möglichkeit solcher Herkunft aus besonderem Leichtsinn oder besonderer Gleichgültigkeit verkannt hat (BGHSt 43, 158 (168) = NJW 1997, 3323; BGHSt 50, 347 (352) = NJW 2006, 1297; BGH NJW 2008, 516 mzustAnm Hoch StV 2009, 414; krit. Ransiek JR 2008, 408; Neuheuser NStZ 2009, 327; BGH NZWiSt 2015, 195 mAnm Floeth; Bespr. Sebastian NStZ 2015, 438 (441); Mayer HRRS 2015, 500; OLG Hamburg NStZ 2011, 523 (524); OLG Karlsruhe wistra 2016, 3720 mAnm Floeth NZWiSt 2016, 399; LG Berlin NJW 2003, 2694; Kraatz Jura 2015, 699 (708); Kühl StrafR AT § 17 Rn. 44). Die einzelnen Pflichten des GwG leisten nur einen beschränkten Beitrag zur Präzisierung der gebotenen Sorgfalt (Werner, Die Bekämpfung der Geldwäsche in der Kreditwirtschaft, 1996, S. 249). Im Gesetzgebungsverfahren ist bereits der inhaltsgleiche Abs. 5 aF überwiegend für **unabdingbar** gehalten worden (Krey/Dierlamm JR 1992, 353 (359); krit. aber Lampe JZ 1994, 123 (129); Knorz, Der Unrechtsgehalt des § 261 StGB, 1996, S. 189); er verstößt nicht gegen das Schuldprinzip oder den Bestimmtheitsgrundsatz (BGH NStZ-RR 2015, 166 (167) mit zust. Bespr. Otto JK StGB § 261 Rn. 2; Arzt JR 1999, 79; Altenhain in NK-StGB Rn. 137; beachte jedoch Kargl NJ 2001, 57 (59, 62)). Leichtfertigkeit hinsichtlich der Herkunft des Geldes aus einer Vortat reicht nach **Satz 2** bei der Annahme von Honoraren durch den Strafverteidiger nicht zur Strafbarkeit nach § 261. Der weitergehenden Forderung, die Strafdrohung aus kriminalpolitischen Gründen allgemein auf fahrlässige Unkenntnis zu erstrecken, wurde mit Recht nicht entsprochen, weil das ein unvertretbares Risiko für alle am legalen Wirtschaftsverkehr Beteiligten begründet hätte (BT-Drs. 12/2720, 43 und 12/8588, 5; vgl. aber auch Meyer FS Kaiser, 1998, 633 (639); Nestler wistra 2015, 329); nicht problematisiert wurde in der Rspr. (BGHSt 43, 158 (166) = NJW 1997, 3323), dass es in EU-Staaten keine Strafbarkeit der fahrlässigen Geldwäsche gibt (Schramm in Beck/Bur- **13**

chard/Fateh-Moghadam, Strafrechtsvergleichung als Problem und Lösung, 2011, S. 155, 175); ein solche ist auch durch die neueste Geldwäsche-Änderungs-Richtlinie (EU) 2018/843 vom 30.5.2018 nicht vorgegeben worden. Während der Referentenentwurf vom 11.8.2020 als Kompensation für die Ausweitung des Vortatenkatalogs noch eine Streichung der Leichtefrtigungsstrafbarkeit vorgesehen hat, ist diese schließlich doch unverändert beibehalten worden, was einerseits einer vorher begründeten Strafbarkeit wegen leichtfertiger Geldwäsche nicht mehr iSv § 2 III den Boden entzieht, zugleich aber durch die Erfassung auch aller bisher nicht erfassten Vortaten zu einer erheblichen Ausweitung der Strafbarkeit führt (→ Rn. 2 aE). – Für ein Berufsgruppen-Privileg Flatten, Zur Strafbarkeit von Bankangestellten bei der Geldwäsche, 1996, S. 178.

14 **10. Abs. 7 (Einziehung): S. 1** ist eine besondere Vorschrift iSd § 74 IV, welche die **Einziehung** über § 74 I hinaus zulässt. Die Einziehung darf daher nur unter den Voraussetzungen des § 74 II, III und infolge der Verweisung auf § 74a auch unter dessen Voraussetzungen angeordnet werden. Im Übrigen vgl. §§ 74–74c, 74e–76a. Ergänzend LG Berlin wistra 2004, 153. Mit der Neufassung ist § 261 in den Katalog des § 76a Abs. 4 S. 3 einbezogen worden, so dass die selbständige Einziehung sich nicht mehr nur auf die Einziehung von (vermögenswerten) Gegenständen aus einer Geldwäschetat beschränkt, deren Vortat ein Verbrechen ist oder eine gewerbs- oder bandenmäßige Begehung voraussetzt.

15 **11. Räumlicher Geltungsbereich** → Vor § 3 Rn. 5. Beachte → Rn. 4. – Die Vortat muss zzt. ihrer Begehung strafbar sein; dass zu diesem Zeitpunkt eine nachfolgende Geldwäsche wegen des Straftatenkatalogs in Abs. 1 aF (noch) nicht strafbar war, hindert eine § 261-Strafbarkeit nicht, wenn eine der Tathandlungen (→ Rn. 7–8) erst ab dem 18.3.2021 begangen worden ist.

16 **12.** Allgemein zur **tätigen Reue** (Abs. 8) → § 24 Rn. 29. Hier soll der Täter durch Inaussichtstellen der Vergünstigung vor Entdeckung der Tat (→ § 24 Rn. 21) zur Anzeige (BT-Drs. 12/989, 28) und danach zur Offenbarung seines Wissens motiviert werden (vgl. Blum, Strafbefreiungsgründe und ihre kriminalpolitischen Begründungen, 1996, S. 29); ein Verstoß gegen die Selbstbelastungsfreiheit des Mandanten liegt bei einer Anzeige des Verteidigers nicht vor (Kölbel, Selbstbelastungsfreiheiten, 2006, S. 333; Schmidt/Krause in LK-StGB Rn. 47).

17 **a) Abs. 8 S. 1:** Die hier – wie zuvor in Abs. 9 aF – vorgesehene **Strafaufhebung** (→ § 24 Rn. 1; nach Reich in Wabnitz/Janovsky WirtschaftsStrafR-HdB § 5 Rn. 16: persönlicher Strafausschließungsgrund; Fernandez/Heinrich ZStW 126 (2014), 382 (397)) tritt bei vorsätzlicher Begehung (Abs. 1 und 2) erst ein, wenn die Nr. 1 und 2 kumulativ verwirklicht sind, während bei leichtfertiger Begehung (Abs. 5) nur die Voraussetzungen der Nr. 1 erfüllt sein müssen (zur Begr., BT-Drs. 12/989, 28; krit. Löwe-Krahl wistra 1993, 123 (126); Knorz, Der Unrechtsgehalt des § 261 StGB, 1996, S. 209; Fabel, Geldwäsche und tätige Reue, 1997, S. 150). Abs. 9 regelt nur den „Rücktritt" vom vollendeten Delikt; ein Rücktritt vom Versuch nach § 24 bleibt unberührt (Maiwald FS Hirsch, 1999, 631 (646)). **Anzeigen bei der zuständigen Behörde** (Polizei, StA, AG) § 158 I StPO. **Veranlassen** einer Anzeige erfordert (Mit-)Ursächlichkeit für deren Erstattung durch einen anderen (zB Anzeige der Bank auf Veranlassung ihres Angestellten); erstattet der Geldwäschebeauftragte keine Anzeige für das Geldinstitut, weil er anders als der Kassierer irrtümlich keinen Verdachtsfall sieht, so kommt der Kassierer trotz der bankinternen Meldung nicht in den Genuss der Strafaufhebung (Fülbier ZIP 1994,

700, der eine Gesetzesänderung zugunsten des Kassierers fordert; ebenso Flatten, Zur Strafbarkeit von Bankangestellten bei der Geldwäsche, 1996, S. 178; Fabel, Geldwäsche und tätige Reue, 1997, S. 165; in Fällen des Abs. 5 wird es aber regelmäßig an der Leichtfertigkeit fehlen (Dittrich/Trinkaus DStR 1998, 342 (343)). Ob der Täter **bei verständiger Würdigung** mit Entdeckung **rechnen musste,** bestimmt sich nach den für die (objektive und subjektive) Sorgfaltspflichtverletzung bei Fahrlässigkeit entwickelten Maßstäben (→ § 15 Rn. 37 ff.; → § 15 Rn. 49). **Sicherstellung** des Gegenstandes §§ 111b ff. StPO; sie muss bewirkt werden, freiwilliges und ernsthaftes Bemühen genügt nicht (Maurach/Schroeder/Maiwald StrafR BT II § 101 Rn. 41). Im Übrigen beachte zu **Nr. 1** → § 24 Rn. 16–18; und zu **Nr. 2** → § 24 Rn. 20. Zu Abs. 9 S. 2 → Rn. 10.

Die Vorschrift ist dem § 31 Nr. 1 BtMG (sog. kleine Kronzeugenregelung) nachgebildet (Jeßberger, Kooperation und Strafzumessung, 1999, S. 52; Peglau ZRP 2001, 103; Hecker in Schönke/Schröder Rn. 35; Fischer Rn. 50; → § 24 Rn. 29). Rspr. und Schrifttum dazu sind im Wesentlichen auch hier verwertbar (einschr. Fabel, Geldwäsche und tätige Reue, 1997, S. 183); zur freiwilligen Offenbarung näher Jeßberger, Kooperation und Strafzumessung, 1999, S. 54. **§ 46b** hat Abs. 9 nicht verdrängt, sondern ist neben ihn gestellt worden (Fischer Rn. 50); als günstigere Regelung geht Abs. 9 vor (Fischer Rn. 50). **17a**

13. Bei **Zusammentreffen** mehrerer Handlungen jeweils innerhalb der Abs. 1 und 2 (oder Abs. 6) liegt nur eine Gesetzesverletzung vor (→ § 52 Rn. 3; → Rn. 7; ebenso Rengier StrafR BT I § 23 Rn. 30). Sind zugleich die Abs. 1 und 2 verwirklicht, so geht Abs. 2 als die leichtere Begehungsform in Abs. 1 auf (ebenso Altenhain in NK-StGB Rn. 157). Sind die Voraussetzungen des Abs. 1 nicht nachweisbar, so wirkt Abs. 2 als Auffangtatbestand (BT-Drs. 12/989, 28); dasselbe gilt für Abs. 5, wenn auch Abs. 2 nicht nachweisbar verwirklicht ist. **Tateinheit** ua möglich mit §§ 263, 266 (Schmidt/Krause in LK-StGB Rn. 53) und wegen der Verschiedenheit der Rechtsgüter auch mit §§ 257 (LG Mönchengladbach wistra 1995, 157; vgl. auch BGH NStZ-RR 1997, 359) –260a; § 259 (→ § 259 Rn. 20) entfaltet keine Sperrwirkung, wenn lediglich dessen objektiver Tatbestand erfüllt, Vorsatz aber nicht nachgewiesen ist (BGHSt 50, 347 (353) = NJW 2006, 1297 mit zust. Bespr. Herzog/Hoch StV 2008, 524, iE zust. Schramm wistra 2008, 245; Fischer Rn. 42b). **Tatmehrheit** liegt beim Sichverschaffen von Geld bei verschiedenen Gelegenheiten auch dann vor, wenn diese aus einer Vortat stammen und die Tathandlungen einem einheitlichen Ziel dienen (BGHSt 43, 149 = NJW 1997, 3322; BGHSt 43, 158 (165) = NJW 1997, 3323; zu beiden Entscheidungen Kreß wistra 1998, 121 (128)). Eine gesetzesalternative Verurteilung wegen Diebstahls und Hehlerei schließt bei gleichzeitiger Verwirklichung des § 261 einen Schuldspruch wegen Geldwäsche aus (BGHSt 62, 164 = NJW 2017, 2942). **18**

§ 262 Führungsaufsicht

In den Fällen der §§ 259 bis 261 kann das Gericht Führungsaufsicht anordnen (§ 68 Abs. 1).

Vgl. → Vor § 68 Rn. 1, 2; → § 68 Rn. 1–8. **1**

22. Abschnitt. Betrug und Untreue

Vorbemerkung

1 **1.** Das 1976 verkündete **1. WiKG** (→ Vor § 1 Rn. 7) hat die erste Phase der Reformarbeiten zur intensiveren **Bekämpfung der Wirtschaftskriminalität** (zu deren umstrittener Begriffsbestimmung Otto ZStW 96 (1984), 339 und Jura 1989, 24; Weber ZStW 96 (1984), 376; Heinz ZStW 96 (1984), 417 (421); Geerds, Wirtschaftsstrafrecht und Vermögensschutz, 1990, S. 5, 15; Gedanken zur terminologischen Bereinigung bei Achenbach FS Schwind, 2006, 177) zum Abschluss gebracht. Aus dem großen Komplex der sozialschädlichen Handlungen im Bereich der Wirtschaft hat es für das StGB zunächst nur den **Subventions- und den Kreditbetrug** (§§ 264, 265b), die **Insolvenzdelikte** (§§ 283–283d) und den **Wucher** (§ 291) herausgegriffen. Es hat sich **nicht als bloßes Strafgesetz** verstanden, sondern versucht, Auswüchsen in der Wirtschaft nicht lediglich mit strafrechtlichen Mitteln, sondern auch durch Erlass eines besonderen Subventionsgesetzes (Art. 2) und durch Änderung zahlreicher Vorschriften des Wirtschaftsrechts, namentlich des HGB (Art. 4), der KO (Art. 5; heute InsO) und des MOG (Art. 6 Nr. 7), erfolgreicher beizukommen. Seine Strafvorschriften bedeuten überwiegend eine nachdrückliche Vorverlegung der strafrechtlichen Verteidigungslinie, die vor allem darin deutlich wird, dass Verletzungstatbestände durch abstrakte Gefährdungstatbestände ergänzt, in Abkehr von einer alten Gesetzgebungstradition vereinzelt auch leichtfertige Verhaltensweisen einbezogen und zahlreiche unbestimmte Rechtsbegriffe zur Abgrenzung der Strafbarkeit verwendet werden. Das ist zunächst mit weitgehender Zustimmung von Wissenschaft und Praxis geschehen (vgl. etwa Tiedemann, Subventionskriminalität in der Bundesrepublik, 1974; Tiedemann ZStW 86 (1974), 897; Baumann NJW 1974, 1364). So sehr jedoch einzuräumen ist, dass solche Ausdehnung der Strafbarkeit zur wirksameren Bekämpfung der sog. „Weißen-Kragen-Kriminalität", namentlich zur Überwindung der gerade in diesem Bereich typischen Beweisnot, geeignet und hilfreich ist, sollte doch nicht verdrängt werden, dass sie den allgemeinen Reformbestrebungen sowohl nach Beschränkung des kriminellen Strafrechts auf rechtsgutsverletzende Handlungen (dazu Otto MschrKrim 1980, 397 (400)) als auch nach höchstmöglicher Bestimmtheit der Tatbestandsgrenzen zuwiderläuft. Es kam hier deshalb darauf an, dogmatisch und strafrechtspolitisch gegenläufige Tendenzen zu einem vernünftigen Ausgleich zu bringen. Unter diesem Gesichtspunkt hat das Gesetz – namentlich nach seinem Erlass – auch beachtenswerte Kritik erfahren (vgl. etwa Götz, Bekämpfung der Subventionserschleichung, 1974; Haft ZStW 88 (1976), 365; Arzt, Der Ruf nach Recht und Ordnung, 1976, S. 146; Löwer JZ 1979, 621; Schubarth ZStW 92 (1980), 80; Volk JZ 1982, 85 mit Erwiderung Baumann JZ 1983, 935; Otto ZStW 96 (1984), 339 (368); Hillenkamp in OsnabrRAbh, Bd. 1, 1985, S. 221; krit. speziell zur Gesetzestechnik Lenckner FS Tübingen, 1977, 239 (258)). Die Erfahrungen zeigten, dass einerseits das Gesetz nicht die erhoffte Breitenwirkung in der Praxis erzielt, andererseits aber auch nicht zu einer unangemessenen Ausuferung der Strafverfolgung geführt hat (vgl. etwa Berckhauer, Die Strafverfolgung bei schweren Wirtschaftsdelikten, 1981; Liebl, Die bundesweite Erfassung von Wirtschaftsstraftaten nach einheitlichen Gesichtspunkten, 1984; Meinberg, Geringfügigkeitseinstellungen von Wirtschaftsstrafsachen, 1985). Zur historischen Entwicklung des Wirtschaftsstrafrechts Mans-

dörfer, Zur Theorie des Wirtschaftsstrafrechts, 2011 und Kretschmer/Zabel, Studien zur Geschichte des Wirtschaftsstrafrechts, 2018.

2. Das **2. WiKG,** das dem ersten mit einer zeitlichen Verzögerung von fast zehn Jahren gefolgt ist (→ Vor § 1 Rn. 10), hat die kriminalpolitische Linie des 1. WiKG fortgesetzt. Für den Bereich des StGB hat es namentlich Vorschriften über **Computerkriminalität** (§§ 202a, 263a, 269, 270, 271 I, 303a–303c), über **Kapitalanlagebetrug** (§ 264a), über **Vorenthalten und Veruntreuen von Arbeitsentgelt** (§ 266a), über **Missbrauch von Scheck- und Kreditkarten** (§ 266b) sowie über **Fälschung von Vordrucken für Euroschecks und Euroscheckkarten** (§ 152a aF = heute § 152b) eingeführt. Ebenso wie das 1. WiKG hat es über den Bereich des Kernstrafrechts weit hinausgegriffen und zahlreiche Vorschriften des Wirtschaftsrechts, des Nebenstrafrechts und des Ordnungswidrigkeitenrechts geändert. Im Ganzen hat es den Zweck verfolgt, alte oder durch die Entwicklung hervorgerufene neue Strafbarkeitslücken zu schließen, über die meist auf Grund der gesetzgeberischen Vorarbeiten keine grundlegenden Meinungsverschiedenheiten bestanden, deren Ausgestaltung im Detail aber keineswegs durchgängig gelungen ist (Näheres in den Erläuterungen). Gesetz geworden ist der seit langem umstrittene Tatbestand des sog. **Ausschreibungs-(Submissions-)Betrugs** durch das KorrBG (→ Vor § 298 Rn. 1); § 298 erfasst jetzt „Wettbewerbsbeschränkende Absprachen bei Ausschreibungen“; durch dasselbe Gesetz ist jetzt auch die „Bestechlichkeit und Bestechung im geschäftlichen Verkehr“ (§ 299; bisher § 12 UWG aF) als „Straftat gegen den Wettbewerb“ unter Strafe gestellt. -Zur neuesten Gesetzgebung und Tendenzen Tiedemann WirtschaftsStrafR Rn. 99–101. 2

3. Das **allgemeine Schrifttum** zur **Wirtschaftskriminalität** ist in jüngerer Vergangenheit so angewachsen, dass ein hinreichend vollständiger Nachweis aus Raumgründen nicht möglich ist. Exemplarisch sei jedoch auf folgende Sammelwerke, Gutachten, Monographien und Zusammenfassungen verwiesen: 3

a) Gutachten und Sitzungsberichte zum 49. DJT 1972 (Bd. I Teil C und Bd. II Teil F); Tiedemann, Die Verbrechen der Wirtschaft, 2. Aufl., 1972, Wirtschaftsstrafrecht und Wirtschaftskriminalität, Allgemeiner und Besonderer Teil, 1976; Tiedemann FS Dünnebier, 1982, 519 und Wirtschaftsstrafrecht, 5. Aufl. 2017; Jung, Die Bekämpfung der Wirtschaftskriminalität als Prüfstein des Strafrechtssystems, 1979; Schimmelpfeng, Beiträge über Wirtschaftskriminalität, 1979; Otto ZStW 96 (1984), 339; Weber ZStW 96 (1984), 376; Achenbach in OsnabrRAbh, Bd. 1, 1985, S. 147; Achenbach GA 2004, 559; Hellmann/Beckemper, Wirtschaftsstrafrecht, 4. Aufl. 2015; Achenbach/Ransiek/Rönnau, Handbuch des Wirtschaftsrechts, 5. Aufl. 2019; Wabnitz/Janovsky/Schmitt, Handbuch des Wirtschafts- und Steuerstrafrechts, 5. Aufl. 2020; Müller-Gugenberger/Bieneck, Wirtschaftsstrafrecht, 7. Aufl. 2021; Geerds, Wirtschaftsstrafrecht und Vermögensschutz, 1990; Bottke wistra 1991, 1 (52); Kölbel MschrKrim 2008, 22; Rönnau in Schünemann, Die sogenannte Finanzkrise – Systemversagen oder global organisierte Kriminalität?, 2010, S. 43; zusf. Otto Jura 1989, 24; Tiedemann JuS 1989, 689; Tiedemann FS Stree/Wessels, 1993, 527; Kindhäuser Madrid-Symposium, 1994, 125; Heinz in Eser/Kaiser, Zweites deutsch-ungarisches Kolloquium über Strafrecht und Kriminologie, 1995, S. 155. – Allgemein zur **Computerkriminalität** Sieber, Computerkriminalität und Strafrecht, 2. Aufl. 1980; Sieber, Informationstechnologie und Strafrechtsreform, 1985; Sieber ZStW 104 (1992), 697; CR 1995, 100; Dannecker BB 1996, 1285; Hanyang Law Review 2000, 287; Tiedemann 4

FS Kaiser, 1998, 1373; Eisenberg Kriminologie § 47 Rn. 65–68; Kaiser Kriminologie § 74 Rn. 46–61; zur Legitimation der „Computerdelikte" Wohlers, Deliktstypen des Präventionsstrafrechts, 2000, S. 151.

5 **b) Rechtsvergleichend** Tiedemann/Cosson, Straftaten und Strafrecht im deutschen und französischen Bank- und Kreditwesen, 1973; Tiedemann, Wirtschaftskriminalität und Wirtschaftsstrafrecht in den USA und in der Bundesrepublik Deutschland, 1978; Tiedemann ZStW 88 (1976), 231; Liebscher ZStW 88 (1976), 261; Milder ZStW 88 (1976), 281; Schaffmeister ZStW 88 (1976), 294; Sieber ZStW 96 (1984), 258; Egli, Grundformen der Wirtschaftskriminalität, 1985; Walter, Betrugsstrafrecht in Frankreich und Deutschland, 1999; zum französischen Straftatbestand des betrügerischen Ausnutzens von Unwissenheit und Schwäche Holzhauer ZRP 2010, 87; beachte auch die Entschließungen des XII. Internationalen Strafrechtskongresses, Kairo 1984, ZStW 97 (1985), 707 (715, 735); zum wirtschaftsstrafrechtlichen Schutz des Europäischen Binnenmarkts Oehler FS Baumann, 1992, 561; sa Tiedemann NJW 1993, 23; **zum Schutz der EG/EU-Finanzinteressen** Prieß EuZW 1994, 297; Stoffers EuZW 1994, 304; Dannecker ZStW 108 (1996), 577; Sieber SchwZStr 1996, 357; JZ 1997, 369 (371); Tiedemann in Kreuzer, Die Europäisierung der mitgliedsstaatlichen Rechtsordnung in der Europäischen Union, 1997, S. 133, 143; Tiedemann in Niggli/Queloz, Strafjustiz und Rechtsstaat, 2003, S. 69; sowie Tiedemann WirtschaftsStrafR AT, 5. Aufl. 2017, Rn. 113–117; Zieschang EuZW 1997, 78; Dannecker Jura 1998, 79 (86); Korte NJW 1998, 1464; Otto Jura 2000, 98; Hefendehl FS Lüderssen, 2002, 411; Bussmann/Salvenmoser NStZ 2006, 203; Tiegs, Betrugsbekämpfung in der Europäischen Gemeinschaft: Eine Bestandsaufnahme des englischen und deutschen Strafrechts zum Schutz der EG-Finanzinteressen, 2006; Das Übereinkommen zum Schutz der finanziellen Interessen der Europäischen Gemeinschaften (sog. PIF-Konvention; vgl. Vogel in Zieschang/Hilgendorf/Laubenthal, Strafrecht und Kriminalität in Europa, 2003, S. 29, 43) ist nebst zweier Zusatzprotokolle 2002 in Kraft getreten; 2017 ist sie durch die PIF-Richtlinie abgelöst worden; hinzu kommen Rahmenbeschlüsse zB zur Bekämpfung des Submissionsbetrugs (Wessels/Hillenkamp/Schuhr StrafR BT II Rn. 10); zusf. zur Entwicklung des Wirtschaftsstrafrechts unter dem Einfluß des Europarechts Dannecker in Wabnitz/Janovsky WirtschaftsStrafR-HdB § 2 Rn. 124–162. Zu internationalen Reaktionen auf die **Computerkriminalität** Tiedemann FS Kaiser, 1998, 1373 (1379); zur strafrechtlichen Erfassung der Computerkriminalität in der Schweiz Weber Kriminalistik 1994, 662; Wohlers, Deliktstypen des Präventionsstrafrechts, 2000, S. 152; in Frankreich Walter, Betrugsstrafrecht in Frankreich und Deutschland, 1999, S. 433. Zur Convention of Cybercrime v. 23.11.2001 Schwarzenegger FS Trechsel, 2002, 305; zu Entwicklungen im europäischen und internationalen Bereich Bär in Wabnitz/Janovsky WirtschaftsStrafR-HdB § 12 Rn. 7, 8. Vorschläge zur Harmonisierung des Wirtschaftsstrafrechts in der EU bei Tiedemann, Wirtschaftsstrafrecht in der Europäischen Union, 2002; dazu Tiedemann FS Spinellis, 2001, 1097; Ringelmann KJ 2003, 373; Matt GA 2005, 253; zum Sarbanes-Oxley Act Hefendehl JZ 2004, 18; zum strafrechtlichen Schutz des Kapitalmarkts in Europa Schmitz ZStW 115 (2003), 501; zur Politik der EU zur Bekämpfung der Wirtschaftskriminalität Beken/Vermeulen/De Busser NKrimPol 2003, 94; Wittig WirtschaftsStrafR § 14 Rn. 3a, Europäisierung.

6 **c)** Zu **kriminologischen** Fragen der Wirtschaftsdelinquenz ua Berckhauer, Wirtschaftskriminalität und Staatsanwaltschaft, 1977; Berckhauer ZStW 89 (1977),

1015; Albrecht ZStW 89 (1977), 1088; Volk MschrKrim 1977, 265; Schwind/Gehrich JR 1980, 228; Liebl Kriminalistik 1982, 7; Heinz ZStW 96 (1984), 417; Boers MschrKrim 2001, 335; Bussmann MschrKrim 2003, 89; Albrecht, Kriminalität, Ökonomie und Europäischer Sozialstaat, 2003; BKA, Wirtschaftskriminalität und Korruption, 2003; Price Waterhouse Coopers, Wirtschaftskriminalität, 2003; Liebl MschrKrim 2004, 1; Kaiser FS Tiedemann, 2008, 1583; Schneider in Kempf/Lüderssen/Volk, Die Handlungsfreiheit des Unternehmers, 2009, S. 61; Theile, Wirtschaftskriminalität und Strafverfahren, 2010 mit Bespr. Schneider ZStW 122 (2010), Heft 3; für eine „akteurszentrierte Steuerungstheorie" Lüderssen FS Amelung, 2009, 67; Ziegleder, Wirtschaftskriminalität im Geschäftsleben, 2010; Kirkpatrick wistra 2016, 378, organisierte Kriminalität als Teil der Wirtschaftskriminalität; Bussmann, Wirtschaftskriminologie, 2015; Wittig WirtschaftsStrafR §14 Rn. 1; Dessecker in Momsen/Grützner WirtschaftsSteuerStrafR-HdB Kap. 1 A; Tiedemann WirtschaftsStrafR Fn. 2 Rn. 76–88; Kaiser Kriminologie §72 Rn. 1–26, §73 Rn. 1–12, §74 Rn. 1–23; Schwind Kriminologie §21 Rn. 1–49. Speziell zu ärztlichen Abrechnungsmanipulationen (→§263 Rn. 9; →§263 Rn. 56) gegenüber der gesetzlichen Krankenversicherung Ehlers FS Schüler-Springorum, 1993, 163; Kölbel medstra 2015, 4; zur möglichen Strafbarkeit des Patienten Gaßner/Strömer NStZ 2013, 621 (zu Teilgebieten auch die Nachw. bei den einzelnen Vorschriften). Statistisch Böse ZJS 2015, 239, Aufklärungsquote von 92%.

§263 Betrug

(1) **Wer in der Absicht, sich oder einem Dritten einen rechtswidrigen Vermögensvorteil zu verschaffen, das Vermögen eines anderen dadurch beschädigt, daß er durch Vorspiegelung falscher oder durch Entstellung oder Unterdrückung wahrer Tatsachen einen Irrtum erregt oder unterhält, wird mit Freiheitsstrafe bis zu fünf Jahren oder mit Geldstrafe bestraft.**

(2) **Der Versuch ist strafbar.**

(3) [1]**In besonders schweren Fällen ist die Strafe Freiheitsstrafe von sechs Monaten bis zu zehn Jahren.** [2]**Ein besonders schwerer Fall liegt in der Regel vor, wenn der Täter**

1. **gewerbsmäßig oder als Mitglied einer Bande handelt, die sich zur fortgesetzten Begehung von Urkundenfälschung oder Betrug verbunden hat,**
2. **einen Vermögensverlust großen Ausmaßes herbeiführt oder in der Absicht handelt, durch die fortgesetzte Begehung von Betrug eine große Zahl von Menschen in die Gefahr des Verlustes von Vermögenswerten zu bringen,**
3. **eine andere Person in wirtschaftliche Not bringt,**
4. **seine Befugnisse oder seine Stellung als Amtsträger oder Europäischer Amtsträger mißbraucht oder**
5. **einen Versicherungsfall vortäuscht, nachdem er oder ein anderer zu diesem Zweck eine Sache von bedeutendem Wert in Brand gesetzt oder durch eine Brandlegung ganz oder teilweise zerstört oder ein Schiff zum Sinken oder Stranden gebracht hat.**

(4) **§243 Abs. 2 sowie die §§247 und 248a gelten entsprechend.**

(5) **Mit Freiheitsstrafe von einem Jahr bis zu zehn Jahren, in minder schweren Fällen mit Freiheitsstrafe von sechs Monaten bis zu fünf Jahren**

wird bestraft, wer den Betrug als Mitglied einer Bande, die sich zur fortgesetzten Begehung von Straftaten nach den §§ 263 bis 264 oder 267 bis 269 verbunden hat, gewerbsmäßig begeht.

(6) **Das Gericht kann Führungsaufsicht anordnen (§ 68 Abs. 1).**

Fassung: Abs. 7 aufgehoben durch das Gesetz v. 13.4.2017 (→ Vor § 1 Rn. 19) zum 1.7.2017.

1 **I. Betrug** ist Vermögensbeschädigung durch Täuschung eines anderen in Bereicherungsabsicht. Er setzt voraus: Im äußeren Tatbestand eine Täuschungshandlung des Täters (→ Rn. 3–17), einen Irrtum des Getäuschten (→ Rn. 18–20), eine Vermögensverfügung des Getäuschten (→ Rn. 21–31) und einen Vermögensschaden des Getäuschten oder eines anderen (→ Rn. 32–53) sowie im inneren Tatbestand einen erstrebten (nicht notwendig erreichten) rechtswidrigen Vermögensvorteil des Täters oder eines Dritten (→ Rn. 58–62). Zwischen den Merkmalen des äußeren Tatbestandes muss ein kausaler und funktionaler Zusammenhang (→ Rn. 54–56) und zwischen dem Schaden und dem Vorteil sog. Stoffgleichheit (→ Rn. 59) bestehen. Zur **Entstehungsgeschichte** und Reichweite des Betrugs im 19. Jahrhundert Vogel in Schünemann, Strafrechtssystem und Betrug, 2002, S. 89. Zum Betrugsstrafrecht in **Rspr.** und Wissenschaft der zweiten Hälfte des 20. Jahrhunderts Tiedemann FG BGH, 2000, 551. Zur zunehmenden Bedeutung bei Computer- und Internetstraftaten Eisele ComputerStrafR § 39 Rn. 1; Mitsch, Medienstrafrecht, 2012, Rn. 459ff. Zur **Kriminologie** Eisenberg Kriminologie § 45 Rn. 117–120, § 47 Rn. 24–30, § 61 Rn. 17; Hefendehl in MüKoStGB Rn. 48–53. – Zu Einflüssen des **EU-Rechts** Hefendehl in MüKoStGB Rn. 55–60; → Rn. 5. Beispielhaft zur „richtlinienkonformen" und „unionskonformen" Auslegung BGH NJW 2014, 2595mAnm Rönnau/Wegner JZ 2014, 1064; Müller NZWiSt 2014, 393; Kolb WRP 2014, 1195; Bespr. Heger HRRS 2014, 467; Krack ZIS 2014, 536; Hecker/Müller ZWH 2014, 329; → Rn. 5 gegen Ende. Ob es im Zuge der Einrichtung der Europäischen Staatsanwaltschaft 2021 zu einer europarechtskonformen Auslegung des duetschen Betrugs-Tatbestandes kommen muss, ist (noch) fraglich (vgl. Komma ZWH 2019, 137 (141)).

2 **II. Geschütztes Rechtsgut** ist ausschließlich **das Vermögen** (hM; BGHSt 16, 220 (221) = NJW 1961, 1876; BGHSt 16, 321 (325) = NJW 1962, 309; BGH NJW 2016, 3543; Eisele StrafR BT II Rn. 517; Hefendehl in MüKoStGB Rn. 1–7; Hoyer in SK-StGB Rn. 1–7; Saliger in Matt/Renzikowski Rn. 1), nicht die Redlichkeit im Geschäftsverkehr und auch nicht die Dispositionsfreiheit als solche (aM Kindhäuser ZStW 103 (1991), 398; einschr. Kindhäuser in NK-StGB Rn. 13–15 „Verkürzung eines Freiheitspotenzials"; Pawlik, Das unerlaubte Verhalten beim Betrug, 1999, S. 65, die ein Recht auf Wahrheit in den Vordergrund rücken; dazu Tiedemann FG BGH, 2000, 551 (567); Arzt in Arzt/Weber/Heinrich/Hilgendorf StrafR BT § 20 Rn. 26, 27; krit. zu dieser „Rechtsgutsvertauschung" Sternberg-Lieben, Die objektiven Schranken der Einwilligung im Strafrecht, 1997, S. 514). Geschützt ist auch ausländisches Staatsvermögen (Perron in Schönke/Schröder Rn. 1/2) und das Vermögen der EG bzw. EU (Stoffers EuZW 1994, 304 (308); Zieschang EuZW 1997, 78 (79); Berger, Der Schutz öffentlichen Vermögens durch § 263 StGB, 2000, S. 51; für eine Rückbesinnung auf den Rechtsgüterschutz der Vermögensdelikte Vogel, Grenzen eines beweisfunktionalen Strafrechts, 2014). Der Betrug ist im Hinblick auf die überschießende Innentendenz **kupiertes Erfolgsdelikt** (Wittig JA 2013, 401). Von der verwandten Erpressung unterscheidet er sich

im Wesentlichen dadurch, dass die vermögensschädigende Handlung eines anderen dort durch Zwang (→ § 253 Rn. 3, 5) und hier durch Täuschung erreicht wird. Von den Eigentumsdelikten hebt er sich dadurch ab, dass sein Schutzbereich das Vermögen im Ganzen erfasst und dass der Täter sein Opfer nicht unmittelbar schädigt, sondern es durch Täuschung zur „Selbstschädigung" veranlasst (über das Verhältnis zum Diebstahl → Rn. 22, 26, 31).

III. Die **Tathandlung** besteht in einer **Täuschung über Tatsachen** (ebenso Hoyer in SK-StGB Rn. 10; als Oberbegriff kommt auch das „Vorspiegeln von Tatsachen" in Betracht; Tiedemann FG BGH, 2000, 551 (553); Küper/Zopfs StrafR BT Rn. 477; Maurach/Schroeder/Maiwald/Hoyer/Momsen StrafR BT § 41 Rn. 35); die Täuschungshandlung kann auch mittels eines (so etwa bei einer Internetverlosung, BGH NStZ 2011, 401, zust. Eisele ComputerStrafR § 39 Rn. 4) Computers oder ganz elektronisch begangen werden (BGH StraFo 2021, 258).Ihre umständliche Umschreibung in § 263 ist unbefriedigend (Begr. zu § 252 E 1962, S. 423). 3

1. a) Tatsachen (→ § 186 Rn. 3) sind nicht nur äußere Vorgänge oder Zustände der Vergangenheit (Cai, Zur Täuschung über zukünftige Ereignisse, 2014) oder Gegenwart (äußere Tatsachen), sondern nach hM (anders nur Naucke, Zur Lehre vom strafbaren Betrug, 1964, S. 111, 214) auch psychische Gegebenheiten und Abläufe, wie zB Wissen, Vorstellungen, Überzeugungen, Absichten, Motive usw (innere Tatsachen; vgl. etwa OLG Düsseldorf wistra 1996, 32; BGHSt 54, 69 (121) = NJW 2009, 3448; Brandt/Rahimi-Azar NJW 2015, 2993; krit. Hilgendorf, Tatsachenaussagen und Werturteile im Strafrecht, 1998, S. 128; Pawlik, Das unerlaubte Verhalten beim Betrug, 1999, S. 94; Kargl FS Lüderssen, 2002, 613 (623)). So ist etwa beim Kreditkauf oder Darlehen zwar die künftige Zahlungsfähigkeit keine Tatsache, wohl aber die gegenwärtige Überzeugung des Käufers oder Darlehensnehmers von dieser künftigen Fähigkeit (BGH NStZ-RR 2007, 236; OLG Stuttgart NJW 1958, 1833; OLG Braunschweig NJW 1959, 2175; Wessels/Hillenkamp/Schuhr StrafR BT II Rn. 493; Gaede in Leipold/Tsambikakis/Zöller Rn. 16; zur Kreditwürdigkeit als Tatsache LG München NJW 2003, 1570 mit zust. Bespr. Tiedemann NJW 2003, 2213) oder dessen Absicht oder Bereitschaft zu späterer Zahlung (BGHSt 15, 24 = NJW 1961, 182; sa BGH NStZ 1986, 556; BB 1992, 523). 4

b) Den Gegensatz zur Tatsachenbehauptung bildet das **Werturteil** oder die **Meinungsäußerung** (krit. Hoyer in SK-StGB Rn. 20–22, der eine Begrenzung nach Schutzwürdigkeitsgesichtspunkten vornimmt; zT abw. Hilgendorf, Tatsachenaussagen und Werturteile im Strafrecht, 1998, S. 188, der Meinungsäußerungen als Äußerungen mit vermindertem Geltungsanspruch definiert und darunter alle Werturteile, aber auch bestimmte Tatsachenaussagen einordnet). Die Abgrenzung ist fließend. Maßgebend ist, ob der Sinn der Äußerung einen objektiven, gerichtlicher Beweisführung zugänglichen (OLG Düsseldorf JR 1965, 303; OLG Köln NJW 2013, 2772; krit. Hilgendorf, Tatsachenaussagen und Werturteile im Strafrecht, 1998, S. 123, 127, der auf die prinzipielle empirische Überprüfbarkeit abstellt, ähnlich Bitzilekis FS Hirsch, 1999, 29 (43); Maurach/Schroeder/Maiwald/Hoyer/Momsen StrafR BT § 41 Rn. 27, intersubjektive Nachprüfbarkeit) Kern von Tatsachen (BGHSt 48, 331 (344) = NJW 2004, 375 mAnm Beulke JR 2005, 40; BGH NStZ 2004, 218; wistra 2020, 459 mAnm Kessler ZWH 2021, 65; OLG Köln StraFo 2013, 347; Wittig WirtschaftsStrafR § 14 Rn. 15) ergibt, über dessen 5

Vorhandensein oder Fehlen unrichtige Vorstellungen erweckt werden sollen. Nicht leicht zu bestimmen ist die Grenze häufig bei unsubstantiierten Behauptungen (OLG Zweibrücken JR 1989, 390 mAnm Keller), bei **Rechtsausführungen** (BGH JR 1958, 106 mAnm Schröder; OLG Frankfurt a. M. NJW 1996, 2172 mit krit. Bespr. Otto JK StGB § 263 Rn. 47; OLG Koblenz NJW 2001, 1364 mit Bespr. Protzen wistra 2003, 208; vgl. auch OLG Karlsruhe NStZ 1996, 282 (mit krit. Bespr. Kunert; Kindhäuser JR 1997, 301; Fahl JA 1998, 361; Otto JK StGB § 263 Rn. 45); OLG Karlsruhe JZ 2004, 101 mablAnm Puppe; problematisch OLG Stuttgart NJW 1979, 2573 mit Bespr. Loos NJW 1980, 847; Frank NJW 1980, 848; Müller JuS 1981, 255; JuS 1982, 25; Heid JuS 1982, 22; krit. Seier ZStW 102 (1990), 563 (568); Graul JZ 1995, 595 (600); Fahl Jura 1996, 74 (76); Hilgendorf, Tatsachenaussagen und Werturteile im Strafrecht, 1998, S. 205 mit krit. Bespr. Loos JR 2000, 526 (527); Walter, Betrugsstrafrecht in Frankreich und Deutschland, 1999, S. 66; Hefendehl in MüKoStGB Rn. 96–98), bei Sachverständigenauskünften (Hellmann in Krey/Hellmann/Heinrich StrafR BT II Rn. 503, 504), bei Prognosen (BGH wistra 1992, 255; Cramer FS Triffterer, 2011, 324 (332); Hilgendorf, Tatsachenaussagen und Werturteile im Strafrecht, 1998, S. 143; zu weit OLG Koblenz NJW 1976, 63 mit Bespr. Meyer MDR 1976, 980 (981)) und Erfahrungssätzen (Graul JZ 1995, 595; Kindhäuser in NK-StGB Rn. 81, 82), bei übertreibenden **Anpreisungen** oder marktschreierischer Reklame (BGHSt 34, 199 = NJW 1987, 388 mit Bespr. Müller-Christmann JuS 1988, 108; Arzt in Arzt/Weber/Heinrich/Hilgendorf StrafR BT § 20 Rn. 32; Wittig WirtschaftsStrafR § 14 Rn. 16; krit. Hilgendorf, Tatsachenaussagen und Werturteile im Strafrecht, 1998, S. 192; Pawlik, Das unerlaubte Verhalten beim Betrug, 1999, S. 94; Joecks/Jäger StGB Rn. 35; auf das erlaubte Risiko abstellend Walter, Betrugsstrafrecht in Frankreich und Deutschland, 1999, S. 71, krit. dazu Kargl FS Lüderssen, 2002, 613 (625); zum möglichen Einfluss von EU-Recht in Fällen irreführender Werbung Tiedemann FG BGH, 2000, 551 (554); Dannecker Jura 2006, 173 (174); Soyka wistra 2007, 127; Hecker, Strafbare Produktwerbung im Lichte des Gemeinschaftsrechts, 2001, S. 288, 296, der für eine gemeinschaftsfreundliche Auslegung von § 263 plädiert, S. 320; Heim, Die Vereinbarkeit des deutschen Betrugsstrafrechts mit unionsrechtlichen Grundsätzen und Regelungen zum Schutz des Verbrauchers vor Irreführungen, 2013) und bei allgemeinen Redewendungen (Grenzfälle bei Tiedemann in LK-StGB Rn. 14–19; krit. wegen des individualisierten Adressaten Lux, Die konkludente Täuschung beim Betrug, 2013, S. 51); speziell zur Behauptung, die Kapitalanlage sei „sicher" oder „risikolos" BGHSt 48, 331 (346) = NJW 2004, 375 mit Bespr. Beulke JR 2005, 37; Kuhli ZIS 2014, 504 (507). Angaben über den Marktwert einer Leistung sind meistens dem Beweis zugänglich und daher insoweit Tatsachenbehauptungen (hM; anders Kühne, Geschäftstüchtigkeit oder Betrug?, 1978, S. 63; → Rn. 10).

6 2. **Täuschung** ist ein zur Irreführung (uU auch nur zur Unterhaltung eines Irrtums) bestimmtes und damit der Einwirkung auf die Vorstellung eines anderen dienendes Gesamtverhalten (hM; vgl. etwa BGH NJW 2001, 2187; einschr. auf sog. dispositionsrelevante Tatsachen Graul FS Brandner, 1996, 801 (813); anders Kindhäuser ZStW 103 (1991), 398; Kindhäuser FS Bemmann, 1997, 339 (354); sowie Pawlik, Das unerlaubte Verhalten beim Betrug, 1999, S. 143, die nur Täuschungen genügen lassen, die einen zur Ermöglichung einer selbstverantwortlichen Vermögensverwaltung bestehenden Wahrheitsanspruch des Opfers verletzen; ähnlich Wittig, Das tatbestandsmäßige Verhalten des Betrugs, 2005, S. 381, 406, Be-

stimmung anhand der Abgrenzung von Verantwortungsbereichen; krit. Kargl FS Lüderssen, 2002, 613; Frisch FS Herzberg, 2008, 729 (738); Vogel GS Keller, 2003, 313 (318, 322), der auf die Verletzung kommunikativer Verkehrspflichten abstellt; dagegen Krack, List als Straftatbestandsmerkmal, 1994, S. 71; für die Herausnahme von Täuschungen, die dem Opfer mutmaßlich willkommen sind, aus dem Tatbestand des § 263 Arzt FS Hirsch, 1999, 431 (447)); sie setzt das Bewusstsein der Unrichtigkeit der Behauptung voraus (Wittig, Das tatbestandsmäßige Verhalten des Betrugs, 2005, S. 210, 383; Wessels/Hillenkamp/Schuhr StrafR BT II Rn. 492; aM Pawlik, Das unerlaubte Verhalten beim Betrug, 1999, S. 81; Heghmanns StrafR BT Rn. 1208; Mitsch StrafR BT II/1 § 7 Rn. 25; Kindhäuser/Hilgendorf in LPK-StGB Rn. 46; sa Kargl FS Lüderssen, 2002, 613 (619)). Es kann positives Tun oder Unterlassen in Garantenstellung (→ § 13 Rn. 6) sein. Täuschungsadressat kann nur ein (zum Irrtum fähiger) Mensch sein (→ Rn. 19; → § 263a Rn. 2; → § 265a Rn. 1). Bloßes **Verändern von Tatsachen** genügt als solches **nicht,** auch wenn es die zunächst richtige Vorstellung eines anderen unrichtig macht, also für dessen Irrtum ursächlich wird (hM; nur iErg weitgehend ebenso Pawlik, Das unerlaubte Verhalten beim Betrug, 1999, S. 88; Kargl FS Lüderssen, 2002, 613 (632); krit. im Hinblick auf den Bestimmtheitsgrundsatz (→ § 1 Rn. 2) Rotsch ZJS 2008, 132 (133); anders Arzt in Arzt/Weber/Heinrich/Hilgendorf StrafR BT § 20 Rn. 46; beachte auch Walter, Betrugsstrafrecht in Frankreich und Deutschland, 1999, S. 6, nach dem ein Unterlassungsdelikt auf Grund von Ingerenz in Betracht kommt; „Kommunikationsdelikt“ Wittig WirtschaftsStrafR § 14 Rn. 20).

a) Täuschung durch **positives Tun** ist entweder ausdrückliches Vorspiegeln von Tatsachen (zB durch Worte, Zeichen, Gesten usw) oder Vorspiegeln durch schlüssiges Verhalten, dh ein auf Irreführung gerichtetes Gesamtverhalten, das nach der Verkehrsanschauung als stillschweigende Erklärung über eine Tatsache zu deuten ist (BGH NJW 2001, 2187; NStZ 2002, 144; LG Passau mAnm Putzke ZJS 2016, 787 (789); Gaede in Leipold/Tsambikakis/Zöller Rn. 25; krit. Kargl FS Lüderssen, 2002, 613 (617); Vogel GS Keller, 2003, 313; Frisch FS Jakobs, 2007, 101; Frisch FS Herzberg, 2008, 729 (740); konkretisierend Kindhäuser FS Tiedemann, 2008, 579; Lux, Die konkludente Täuschung beim Betrug, 2013, S. 22). 7

aa) **Ausdrückliches Vorspiegeln** setzt nicht notwendig eine Äußerung voraus; es kann auch durch irreführende Veränderungen geschehen, zB durch Unterschieben falscher Beweismittel, namentlich unwahrer oder unechter Urkunden (BGHSt 8, 46 = NJW 1955, 1366; BGH NJW 1969, 1260); durch Manipulationen an Verbrauchsmessern (Stromzählern (Kudlich/Oğlakcioğlu FS Roxin I, 2012, 265 (269)), Gas- und Wasseruhren), Kilometerzählern (BayObLG MDR 1962, 70; OLG Hamm NJW 1968, 903; Hoyer in SK-StGB Rn. 25), Glücksspielautomaten (OLG Hamm NJW 1957, 1162) oder dem Entwerterfeld von Mehrfahrtenausweisen (OLG Düsseldorf NJW 1983, 2341; NJW 1992, 924); oder durch heimliches, billigeren Einkauf ermöglichendes Umtauschen von Preisschildern im Kaufhaus (OLG Hamm NJW 1968, 1895; sa Nehrer/Labsch JuS 1981, 603), auch die Behauptung der rechtlichen Zulässigkeit eines Glücksspiels bei „unklarer“ Rechtslage (BGH NJW 2011, 1825; Eisele ComputerStrafR § 39 Rn. 4, Internetverlosung). Sogar die verbale Behauptung der Wahrheit kann Vorspiegeln sein, wenn sie nach der konkreten Situation oder einem verbreiteten unrichtigen Sprachverständnis schon objektiv einen anderen oder weitergehenden Sinn hat und der Täter das weiß, sich aber auf den Wortlaut berufen will (LG Osnabrück MDR 1991, 468 mit Bespr. Mayer Jura 1992, 238; Schröder FS Peters, 1974, 153; aM Schumann 8

JZ 1979, 588; Hecker, Strafbare Produktwerbung im Lichte des Gemeinschaftsrechts, 2001, S. 247, der wahre Werbebotschaften aus dem Anwendungsbereich des § 263 ausschließt; sa Lux, Die konkludente Täuschung beim Betrug, 2013, S. 42; str.). Dabei ist immer das Bewusstsein des Täters erforderlich, dass zwischen dem vorgeschobenen Sachverhalt und der Wirklichkeit eine Diskrepanz besteht (BGHSt 32, 256 = NJW 1984, 1190; daran fehlt es beim „Wunderheiler", der an seine übersinnlichen Fähigkeiten glaubt (AG Gießen medstra 2015, 124 mAnm Porten).

9 bb) **Schlüssiges Vorspiegeln** (zusf. Maaß GA 1984, 264 (268); „Richtlinien" bei Küper/Zopfs StrafR BT Rn. 482; krit. Bung GA 2012, 353; dagegen Fischer Rn. 23; krit. zu den „weichen" und „ungeeigneten" Kriterien Lux, Die konkludente Täuschung beim Betrug, 2013, S. 202, 245, die von einer „indirekten unwahren (betrugsrelevanten) Tatsachenbehauptung" spricht): Die Eingehung jeder vertraglichen (auch öffentlich-rechtlichen, BGH NJW 1990, 2476) Verpflichtung enthält – wenn sich aus den Umständen nichts anderes ergibt (vgl. etwa BGH wistra 1984, 511) – die stillschweigende Erklärung des Schuldners, dass er zur Vertragserfüllung willens und nach seinem Urteil (beachte BGH StV 1985, 188) bei Fälligkeit auch in der Lage sei (BGHSt 15, 24 = NJW 1961, 182; BGH StV 1991, 419; BB 1992, 523; wistra 1998, 177 mit Bespr. Otto Jura 2002, 606 (609); OLG Hamm StraFo 2002, 337; problematisch OLG Düsseldorf NJW 1993, 2694 mkritAnm Ranft JR 1994, 523); auch durch Klageerhebung Brandt/Rahimi-Azar NJW 2015, 2993; das gilt auch bei Vorlage einer Kundenkarte im „Zwei-Partner-System", bei der der Aussteller auf eine sofortige Bezahlung verzichtet (BGHSt 38, 281 (284) = NJW 1992, 2167; Tiedemann in LK-StGB Rn. 38, 43, 110; anders aber BGH wistra 2005, 222; Eisele StrafR BT II Rn. 531; → § 266b Rn. 4). Die Abgabe rechtsgeschäftlicher Erklärungen schließt die stillschweigende Behauptung ein, dass die Wirksamkeitsvoraussetzungen, soweit sie von der eigenen Person abhängen, namentlich die Verfügungsbefugnis und die Geschäftsfähigkeit, gegeben seien (RGSt 39, 80; RGSt 41, 27 (31); Eisele StrafR BT II Rn. 531; aM hinsichtlich der Geschäftsfähigkeit Hefendehl in MüKoStGB Rn. 169; → Rn. 19); deshalb spiegelt der unbefugte Autoabholer dem Garagenwärter durch sein „selbstsicheres" Auftreten Abholbefugnis vor (BGHSt 18, 221 = NJW 1963, 1068); der Verkäufer von Fanartikeln erklärt, dass es sich um „echte", vom Idol gebilligte Artikel handelt (Wolf, Der strafrechtliche Schutz der Persönlichkeit gegen unbefugte Kommerzialisierung, 1999, S. 134). Ein wettbewerbsrechtliches Abmahnungsschreiben enthält nicht die Erklärung, hierzu auch befugt zu sein, weil dieser Bereich nicht von einem gegenseitigen Vertrauen der Parteien auf ein rechtskonformes Verhalten der jeweils anderen Partei geprägt ist (OLG Köln NJW 2013, 2772; NStZ 2014, 327 mAnm Eiden/Walter NStZ 2014, 297). Der **„Spätwetter"**, der das Rennergebnis schon kennt, täuscht den Buchmacher über seine Bereitschaft zum Eingehen des Wettrisikos (RGSt 62, 415; Bockelmann NJW 1961, 1934; Triffterer NJW 1975, 612 (615); Hirsch FS Szwarc, 2009, 559 (579); Rengier StrafR BT I § 13 Rn. 12; Kindhäuser in NK-StGB Rn. 133; aM BGHSt 16, 120 = NJW 1961, 1934; Faber, Doping als unlauterer Wettbewerb und Spielbetrug, 1974, S. 132; Weber in Pfister, Rechtsprobleme der Sportwette, 1989, S. 39, 55; Vogel GS Keller, 2003, 313 (323)); dasselbe gilt für den Wetter beim Pferderennen, der verschweigt, dass er zuvor durch Bestechung einzelner Reiter (BGHSt 29, 165 = NJW 1980, 793 mablAnm Klimke JZ 1980, 581; zust. aber Pawlik, Das unerlaubte Verhalten beim Betrug, 1999, S. 170; Joecks/Jäger StGB Rn. 49; Fischer Rn. 32; krit. auch Weber in Pfister, Rechtsprobleme der Sportwette, 1989, S. 58) oder durch Dopen des Renn-

pferdes (Wittig SpuRt 1994, 134) das Wettrisiko zu seinen Gunsten vermindert hat; ebenso der **Fußballwetter** bei vorheriger Bestechung von Schiedsrichtern und Spielern („Fall Hoyzer“, BGHSt 51, 165 = NJW 2007, 782 mit zust. Bespr. Bosch JA 2007, 389 (391); Engländer JR 2007, 477; Feinendegen NJW 2007, 782; Gaede HRRS 2007, 16; Jahn/Maier JuS 2007, 215; Reinhart SpuRt 2007, 52; Rönnau/Soyka NStZ 2009, 12; Satzger JK StGB § 263 Rn. 80; Hellmann in Krey/Hellmann/Heinrich StrafR BT II Rn. 682; iE auch Krack ZIS 2007, 103; Kubiciel HRRS 2007, 68; Radtke Jura 2007, 455; Saliger/Rönnau/Kirch-Heim NStZ 2007, 361; Lux, Die konkludente Täuschung beim Betrug, 2013, S. 228; Renner, Wettbetrug, 2013, S. 161; Wittig WirtschaftsStrafR § 14 Rn. 32a; krit. Petropoulos/Morozinis wistra 2009, 254; abl. Trüg/Habetha JZ 2007, 878; abl. zur Vorinstanz Schild ZfWG 2006, 213 (216); vgl. auch Valerius SpuRt 2005, 90; Kutzner JZ 2006, 712; Schlösser NStZ 2005, 423; Jahn in Vieweg, Facetten des Sportrechts, 2009, S. 73; fortgeführt von BGHSt 58, 102 (106) = NJW 2013, 883 mit zust. Bespr. Hecker JuS 2013, 657; Jäger JA 2013, 868; Satzger JK StGB § 263 Rn. 100; BGH NStZ 2014, 317; für konkludente Täuschung auch Eisele StrafR BT II Rn. 531; Rengier StrafR BT I § 13 Rn. 12; Wessels/Hillenkamp/Schuhr StrafR BT II Rn. 500; Fischer Rn. 22; Kindhäuser in NK-StGB Rn. 133; sa Kasiske GA 2009, 360; zum Schaden → Rn. 42); für den Veranstalter eines „Hütchenspiels“ (Sack NJW 1992, 2540; sa LG Frankfurt a. M. NJW 1993, 945) und für einen Spielbeteiligten wie den Bouleur bei einer Unterart des Roulettes (BayObLG NJW 1993, 2820 mit zust. Bespr. Lampe JuS 1994, 737), wenn diese durch Manipulationen jede Gewinnchance für die (Mit-)Spieler ausgeschaltet haben; der **gedopte Sportler** täuscht den Veranstalter über sein regelwidriges Verhalten (Otto SpuRt 1994, 10 (15); Cherkeh/Momsen NJW 2001, 1745 (1748); Grotz SpuRt 2005, 93 (95); Lux, Die konkludente Täuschung beim Betrug, 2013, S. 229; zw. Roxin FS Samson, 2010, 445 (447); diff. Heger JA 2003, 76 (80); Heger iurratio 2016, 89 (92); Merget, Beweisführung im Sportgerichtsverfahren am Beispiel des direkten und indirekten Dopingnachweises, 2015), ebenso den Sponsor, da dieser sein Image nur mittels ungedopter Sportler fördern kann (Schild, Sportstrafrecht, 2002, S. 168; Kindhäuser in NK-StGB Rn. 125; aM Kargl NStZ 2007, 493, wenn nach Vertragsschluss gedopt wird); die konkludente Täuschung des Vertragspartners eines Radsportlers über die Dopingfreiheit liegt in der Teilnahme an weiteren Etappen einer Radtour nach Einnahme von Dopingmitteln (OLG Stuttgart SpuRt 2012, 74 (75) mit krit. Bespr. Jahn JuS 2012, 181 (183); Kudlich SpuRt 2012, 54; Kraatz NStZ-RR 2013, 37 (38); Fischer Rn. 35a; Saliger in Matt/Renzikowski Rn. 63; zum Irrtum → Rn. 19; zum Schaden → Rn. 56; für sinngemäße Übertragung auf eSport Ruppert SpuRt 2020, 106 (109); str.). Auch bei einer freihändigen Vergabe enthält die Angebotsabgabe die Erklärung, dass das Angebot ohne vorherige Preisabsprache zwischen den Bietern zustande gekommen ist (BGHSt 47, 83 = NJW 2001, 3718 mit Bespr. Best GA 2003, 157; Rönnau JuS 2002, 545; Rose NStZ 2002, 41; Satzger JR 2002, 391; Walter JZ 2002, 254; zum Irrtum → Rn. 18); andere auf wettbewerbsbeschränkenden Absprachen beruhende Handlungen beinhalten demgegenüber keine konkludente Erklärung, das Angebot sei ohne Absprache zustandegekommen (Federmann, Kriminalstrafen im Kartellrecht, 2006, S. 125; aM Lampert/Götting WuW 2002, 1069). Mit dem Einstellen des Artikels erklärt der Verkäufer bei einer Online-Auktion, dass er die Regeln der Bieterauktion einhält (Popp JuS 2005, 689; zum Schaden → Rn. 38). Der zahlungsunfähige **Zechpreller** (auch Fahrpreispreller bei Taxifahrt, Kudlich JA 2015, 32 (34)) oder Hotelgast spiegelt durch Bestellen von Speisen oder Hotelleistungen dem Wirt (BGH GA 1972, 209; Lux, Die konkludente Täuschung beim Betrug, 2013, S. 224; BayObLGSt 1957, 146; Saliger in Matt/Renzikowski Rn. 39) und der **zahlungsunwillige Selbstbedienungskunde an der Tankstelle** durch Einfüllen des Benzins dem den Vorgang beobachtenden Kassierer (BGH NJW 1983, 2827; NJW2012, 1092 mit Bespr. Ernst JR 2012, 473; Hecker JuS 2012, 1138; Sinn ZJS 2012, 381; NStZ 2016, 216; Hellmann in Krey/Hellmann/Heinrich StrafR BT II Rn. 219; vgl. auch BGH NStZ 2009, 694 und OLG Köln NJW 2002, 1059, das bei Nichtbeobachtung idR Versuch annimmt; so jetzt auch BGH NJW 2012, 1092 mit Bespr. Hecker JuS 2012, 1138; v. Heintschel-Heinegg JA 2012, 305; Satzger JK StGB § 263 Rn. 101; abl. Ernst JR 2012, 473 und Jura 2013, 454; BGH NJW 2016, 1109 mit Bespr. Hecker JuS 2016, 566; BGH DAR 2013, 156 (157) mablAnm Ernst; es sei denn der Täter kann davon ausgehen, nicht wahrgenommen zu werden; Lux, Die konkludente Täuschung beim Betrug, 2013, S. 224; → § 242 Rn. 5) Bereitschaft zur Barzahlung vor; dagegen enthält die Übersendung der Zulassungsmitteilung hinsichtlich eines Kraftfahrzeugs durch die Zulassungsstelle an die Versicherung, die durch eine „Doppelkarte" vorläufigen Versicherungsschutz gewährt hat, keinen Antrag auf dessen Gewährung und keine Täuschung des Versicherungsnehmers über seine Zahlungsfähigkeit und -willigkeit hinsichtlich der Versicherungsprämie (BGH StraFo 2001, 252); Moderatoren von **Telefon-Gewinnspielen** „verkaufen" ein Glücksspiel als Geschicklichkeitsspiel (Schröder/Thiele Jura 2007, 814; Noltenius wistra 2008, 285; Oehme JA 2009, 39). In der bloßen Ausnutzung eines ohne Täuschung abgeschlossenen Beherbergungsvertrags durch weitere **Entgegennahme von Hotelleistungen** liegt nicht die schlüssige Vorspiegelung, dass die Zahlungsfähigkeit fortbestehe (BGH bei Holtz MDR 1987, 623; OLG Hamburg NJW 1969, 335; Triffterer JuS 1971, 181; aM Hirsch NJW 1969, 853). In Betracht kommt eine konkludente Täuschung auch bei sog geplanten Obsoleszenzen (bewusste Verkürzung der Nutzbarkeit eines Produkts), wenn das Produkt durch oberflächliche Verwendung hochwertiger Materialien den Eindruck von Langlebigkeit vermittelt (Hoven NJW 2019, 3113 (3114); Heger/Petzsche in NK-WSS Rn. 44; aM Ruppert wistra 2019, 348 (350)).

9a Überhaupt enthält die bloße **Entgegennahme einer Leistung** idR nicht die schlüssige Behauptung, dass sie von dem anderen geschuldet sei. Die Annahme versehentlich zu viel gezahlten Geldes genügt daher als solche nicht (BGH JZ 1989, 550; OLG Köln NJW 1987, 2527 mAnm Joerden JZ 1988, 103; dazu auch Pawlik FS Lampe, 2003, 689 (705); Lux, Die konkludente Täuschung beim Betrug, 2013, S. 226; beachte jedoch OLG Hamm NJW 1987, 2245), ebensowenig angesichts der Vertragsfreiheit das Abgeben eines Angebots bzw. das vertragsgemäße Inrechnungstellen zu einem über dem üblichen Maß liegenden Preis (BGH NStZ-RR 2020, 213 (214)), wohl aber die **Anforderung** einer nicht- oder abrechnungsrechtlich nicht in dieser Höhe geschuldeten Leistung (BGHSt 57, 95 (101) = NJW 2012, 1377; BGH NJW 2009, 2900 mAnm Bittmann; Gössel JR 2010, 175; Voßen NStZ 2009, 697; OLG Köln NJW 1987, 2527; OLG Hamm NStZ 1997, 130; vgl. auch OLG Düsseldorf NStZ-RR 2008, 241; OLG München wistra 2010, 37; Tiedemann in LK-StGB Rn. 39; einschr. Lackner/Werle NStZ 1985, 503 (504); speziell Täuschung beim **Abrechnungsbetrug** durch einen Kassenarzt (→ Rn. 56) BGH NStZ 1993, 388; NStZ 1994, 188; NStZ 1994, 585; NStZ 1995, 85 mit zust. Bespr. Hellmann NStZ 1995, 232; BGH NStZ 2015, 591; NJW 2014, 3170 mit Bespr. Schuhr; Schneider/Kaltenhauser medstra 2015, 24; Kraatz NStZ-RR 2016, 297 (301); Wessels/Hillenkamp/Schuhr StrafR BT II Rn. 580; Schroth in Roxin/Schroth MedStrafR S. 212; Saliger in Matt/Renzikowski Rn. 51; krit. Ulsenheimer/Gaede ArztStrafR Rn. 1525–1528; aktuelle Probleme beim Abrechungsbetrug Magnus NStZ 2017, 249; Braun AL 2017, 150; auch beim privatliquidierenden Arzt wird eine konkludente Täuschung über das Vorliegen der dem geltend gemachten Zahlungsanspruch begründenden Tatsachen angenommen (BGHSt 57, 95 (100) = NJW 2012, 1377 mit zT krit. Bespr. Dann NJW 2012, 2001 (2002); Geiger/Schneider GesR 2013, 7; Kraatz NStZ-RR 2013, 36; Krüger/Burgert ZWH 2012, 213; Mahler wistra 2013, 44 (45); krit. auch Saliger FS Roxin I, 2012, 307 (315); monographisch Stirner, Der privatärztliche Abrechnungsbetrug, 2015 mit Bespr. Habetha wistra 2015, 386; vgl. auch Wessels/Hillenkamp/Schuhr StrafR BT II Rn. 580; Fischer Rn. 60c); auch bei einem Nicht-Arzt BGH NJW 1994, 808; zu Verordnung und Bezug nicht notwendiger Medikamente BGHSt 49, 17 = NJW 2004, 454; zur Gebührenüberhebung bei der Forderungsbeitreibung Lausen wistra 1991, 279; zum sog. Herzklappenskandal Tondorf/Waider MedR 1997, 102; speziell zu manipulierten Rechenschaftsberichten über Parteispenden BGHSt 56, 203 (215) = NJW 2011, 1747; auf Unterlassen trotz der Offenbarungspflicht nach § 23 PartG Fischer Rn. 42 (zur Vermögensverfügung → Rn. 30, zum Schaden → Rn. 56). Der Geltendmachung von RVG-Gebühren liegt die Erklärung zugrunde, deren tatsächliche Voraussetzungen seien erfüllt (BGH NJW 2019, 1759 mAnm Bülte; krit. Tsambikakis/Kessler ZWH 2019, 244). Beim Einfordern einer Versicherungsleistung liegt daher eine Täuschung vor, wenn kein Anspruch auf die Versicherungssumme besteht. Als Ausschlussgrund für diesen Anspruch kommt auch die praeter legem zu § 265 aF entwickelte sog. Repräsentantenhaftung (näher BGHZ 107, 229; BGHZ 122, 250) in Frage (BGH NJW 1976, 2271 mit Bespr. Gössel JR 1977, 391; BGH NJW 1992, 1635; Kaufmann JuS 1987, 306; Rengier StrafR BT I § 15 Rn. 15; str.); nimmt der Versicherungsnehmer den Ausschluss nur irrig an, liegt untauglicher Versuch vor, weil der Anwendungsbereich des außerhalb von § 263 liegenden versicherungsrechtlichen Repräsentantenbegriffs überdehnt wird (→ § 22 Rn. 15; zu § 265 StGB aF ebenso Küper NStZ 1993, 313; anders aber BGH NStZ 1987, 505 mkritAnm Ranft StV 1989, 301; BGH NJW 1992, 1635); fordert der Versicherungsnehmer den auf Grund der Repräsentantenhaftung ausgeschlossenen Anspruch gutgläubig ein, kommt Betrug des Repräsentanten in mittelbarer Täterschaft in Betracht (Wessels/Hillenkamp/Schuhr StrafR BT II Rn. 667). Zum Abrechnungsbetrug im Fall eines medizinischen Versorgungszentrums bei unzulässiger Beteiligung eines Apothekers BGHSt 65, 110 = NJW 2021, 90 mAnm Gaede; Meyer NZWiSt 2021, 151; Rettke wistra 2021, 113; Lorenz/Vogel JR 2021, 471; Wostry medstra 2021, 101; Bespr. Leverenz HRRS 2021, 86; Dann/Schomm GuP 2021, 102; Kessler/Gierok MedR 2022, 21; Wodarz/Teubner medtsra 2021, 74. – Bei den Vertragsschlüssen zwischen einem Pflegedienst und einer Krankenkasse über die Betreuung von Beatmungspatienten nach Stundensätzen und der unterlassenen Mitteilung über den veränderten Versorgungsschlüssel handelt es sich um bloße Vorbereitungshandlungen und erst bei den späteren Falschabrechnungen um die eigentlichen – jeweils selbständigen – Betrugstaten (BGH NStZ-RR 2021, 343).

Die Abhebung oder Überweisung eines versehentlich, dh ohne zugrundeliegenden wirksamen Überweisungsauftrag, gutgeschriebenen Betrages kann die schlüssige Behauptung enthalten, dieser Betrag sei geschuldet (sog. **Fehlbuchung,** OLG Karlsruhe Justiz 1978, 173; krit. Joerden JZ 1994, 422; Schmoller StV 1994, 191), doch soll darin keine Täuschung zu sehen sein, weil bis zu einer möglichen Stornierung der Gutschrift durch die Bank dem Kunden aus der Gutschriftsanzeige als abstraktem Schuldversprechen oder Schuldanerkenntnis iSd § 780 BGB ein Anspruch in deren Höhe gegen die Bank zukommt (BGHSt 46, 196 = NJW 2001, 453 mit **9b**

Bespr. Hefendehl NStZ 2001, 281; Joerden JZ 2001, 614; und (krit.) Geppert JK StGB § 263 Rn. 58; sowie Krack JR 2002, 25, der eine irrtumsbedingte Vermögensverfügung verneint; Kindhäuser in NK-StGB Rn. 140; Hoyer in SK-StGB Rn. 35). Nach bisher hM war davon die Buchung auf Grund wirksamer, aber irrig motivierter Überweisung (sog. **Fehlüberweisung,** BGHSt 39, 392 = NJW 1994, 950) zu unterscheiden, bei der es gegenüber der Empfängerbank schon an einer Täuschung und gegenüber dem Überweisenden idR (aber nicht notwendig; → Rn. 14) an einer Garantenstellung fehlt (BGHSt 39, 392 = NJW 1994, 950 mzustAnm Joerden JZ 1994, 422); weil es jetzt nur noch auf das Vorliegen einer Gutschrift ankommen soll, kann der dieser zugrunde liegende Fehler keine Rolle spielen, so dass bei Fehlbuchung wie Fehlüberweisung eine Täuschung ausscheidet, wenn die dadurch bewirkte Kontogutschrift eine spätere Überweisung abdeckt (BGHSt 46, 196 = NJW 2001, 453; Joecks/Jäger StGB Rn. 63–68; iE zust. Pawlik FS Lampe, 2003, 689 (691, 702), der auf Zuständigkeitsverteilung und Orientierungsrisiken abstellt; rechtsvergleichend mit dem österreichischen Strafrecht Schmoller FS Weber, 2004, 251). Wer einer Bank einen Scheck zur Einlösung einreicht, den der Aussteller im Wege eines Bereicherungsausgleichs zurückverlangen kann, täuscht nicht, weil die Bank gegenüber dem berechtigten Einreicher zur Einlösung verpflichtet ist (BGH NStZ 2002, 144; Otto Jura 2002, 606 (608); iE zust. Pawlik FS Lampe, 2003, 689 (703)); anders bei Abhandenkommen des Schecks (BGH NStZ-RR 2009, 279). Zur konkludenten Täuschung des Angestellten des kartenausgebenden Instituts am Schalter durch Abheben mit der Girokarte vom eigenen Konto über seine Bonität und Zahlungswilligkeit, wenn dabei das Konto und der Dispositionskredit überzogen werden, Rengier FS Stürner, 2013, 891 (895). Die Gestaltung einer **Anzeigenofferte** als Rechnung stellt kein Vorspiegeln eines Inseratsauftrags dar, wenn sich aus deren Text der Angebotscharakter eindeutig ergibt und sie sich an im Geschäftsleben erfahrene Personen richtet (BGH NStZ 1997, 186; OLG Frankfurt a. M. NStZ 1997, 187 mkritAnm Mahnkopf/Sonnberg; LG Frankfurt a. M. NStZ-RR 2000, 7; Garbe NJW 1999, 2868); anders soll das sein, wenn die Offerte typische Rechnungsmerkmale enthält, die den Angebotscharakter in den Hintergrund treten lässt (BGHSt 47, 1 = NJW 2001, 2187 (mit überwiegend krit. Bespr. Baier JA 2002, 364; Geisler NStZ 2002, 87; Krack JZ 2002, 613; Loos JR 2002, 77; Pawlik StV 2003, 297; Rose wistra 2002, 13; Scheinfeld wistra 2008, 167;); BGH NStZ-RR 2004, 110 mit Bespr. Schneider StV 2004, 537; wistra 2014, 43; OLG Frankfurt a. M. NStZ-RR 2002, 47; NJW 2003, 3215; Kudlich StrafR BT I Fall 92 a mit Hinweisen zum Vermögensschaden in diesen Fällen; krit. auch Joecks/Jäger StGB Rn. 50–54; Kindhäuser/Böse StrafR BT II § 27 Rn. 15; Lux, Die konkludente Täuschung beim Betrug, 2013, S. 233; Rath, Gesinnungsstrafrecht, 2002, S. 7, 51; eing. Paschke, Der Insertionsoffertenbetrug, 2007 mit krit. Bespr. Wohlers/Kudlich ZStW 121 (2009), 738); dem ist zumindest bei nicht kaufmännischen Adressaten zuzustimmen, denn ihnen gegenüber muss der Absender den Angebotscharakter der „Scheinrechnung" deutlich machen (Wessels/Hillenkamp/Schuhr StrafR BT II Rn. 499 mit Hinweis auf § 305 c BGB; Rengier StrafR BT I § 13 Rn. 13; aM Fischer Rn. 28; vgl. auch Hoffmann GA 2004, 610 (621), der auf die Inanspruchnahme eines konkreten Vertrauens abstellt; und Erbs ZIS 2011, 354 (368), suggestive Irrtumserregung; sa BGH wistra 2014, 439 mit Bespr. Oğlakcioğlu ZWH 2014, 431). Gleiches gilt für sog. „Kostenfallen" bzw. **„Abofallen"** im Internet, bei denen dem Verbraucher die Inanspruchnahme einer Dienstleistung auf einer Website angeboten wird, wobei eine Unentgeltlichkeit suggeriert wird (BGH NJW 2014, 2595 mit Bespr. Achenbach NStZ 2015, 629; OLG Frankfurt a. M. NJW 2011,

398 mit Bespr. Hansen; Eisele MMR 2011, 273; Hecker JuS 2011, 470; Rengier FS Fezer, 2016, 365 (374); Malek in Malek/Popp, Strafsachen im Internet, 2. Aufl. 2015, Rn. 242; Völschow, Die Strafbarkeit von sog. „Kostenfallen" im Internet, 2015; auch schon Eisele NStZ 2010, 193; Erb ZIS 2011, 368; Wessels/Hillenkamp/Schuhr StrafR BT II Rn. 499; Fischer Rn. 28b, c). Zum „Routenplaner" Rengier FS Fezer, 2016, 365. Bei den sog. **„Ping-Anrufen"** wird der Angerufene durch das Hinterlegen der Nummer des Anrufers über dessen ernsthaftes Kommunikationsverlangen getäuscht, wodurch das Opfer zu einem kostenpflichtigen Rückruf bewegt werden soll (BGHSt 59, 195 = NJW 2014, 2054 mit Bespr. Kölbel JuS 2013, 193 (195); Jahn JuS 2014, 848; Cornelius NJW 2014, 2056; Malek in Malek/Popp, Strafsachen im Internet, 2. Aufl. 2015, Rn. 243; OLG Oldenburg wistra 2010, 453 mit Bespr. Jahn JuS 2010, 1119; Brand/Reschke NStZ 2011, 379; Eiden Jura 2011, 863; Erb ZIS 2011, 368; Lux, Die konkludente Täuschung beim Betrug, 2013, S. 242; Rengier StrafR BT I § 13 Rn. 14b; Fischer Rn. 28c; Beispiel bei Eisele ComputerStrafR § 39 Rn. 6). Beim Versenden von Gewinnbenachrichtigungen gemeinsam mit Bestellkatalogen wird darüber getäuscht, dass nur im Falle einer Bestellung ein Gewinn ausgehändigt wird (Rose wistra 2002, 370 (372)).

Wer einen Gegenstand **zu bestimmtem Preis anbietet,** erklärt damit nicht 10
schlüssig dessen Angemessenheit oder Üblichkeit (hM; vgl. BGH NJW 1990, 2005; wistra 2010, 37 (38); OLG Stuttgart NStZ 1985, 503 mAnm Lackner/Werle; BGH NStZ 2003, 554 mit krit. Bespr. Otto JK StGB § 263 Rn. 71; BayObLG NJW 1994, 1078; Eisele StrafR BT II Rn. 532; Rengier StrafR BT I § 13 Rn. 16); anders aber, wenn feste Taxen (OLG Stuttgart NJW 1966, 990; Joecks/Jäger StGB Rn. 48) oder Tarife (BGH LM Nr. 5 zu § 263 StGB) bestehen oder wenn es sich um ein Geschäft handelt, bei dem der Partner auf Vertrauen angewiesen ist, weil er die Angemessenheit nicht oder nur mit unverhältnismäßigem Aufwand nachprüfen kann (BGH JZ 1952, 46; NStZ 2010, 88 (russisches, in Deutschland nicht zugelassenes Krebsmittel) mit krit. Bespr. Bosch JA 2010, 153), etwa bei Käufen in gewissen Bereichen des Fachhandels (Apotheken-, Antiquitäten- und Schmuckgeschäfte; speziell zum sog. Kunstbetrug unter Berücksichtigung der geschäftstypischen Risikoverteilung Sandmann, Die Strafbarkeit der Kunstfälschung, 2004, S. 124, 159); oder bei Reparaturen von komplizierten Geräten (OLG Celle Nds. Rpfl. 1963, 286; eing. zum sog. Preisgestaltungsbetrug Schauer, Grenzen der Preisgestaltungsfreiheit im Strafrecht, 1989, S. 11). Wird bei einem Werkvertragsverhältnis (hier: Schlüsseldienst) kein individuelles Entgelt vereinbart und rechnet der Werkunternehmer nach Erbringung seiner Leistung ab, so erklärt er konkludent, dass das geforderte Entgelt dem als vereinbart geltenden Üblichen entspricht (BGH NStZ-RR 2020, 213 mzustAnm Bechtel JR 2020, 570; Bespr. Hecker JuS 2020, 895; Klein ZJS 2020, 389; Hagedorn HRRS 2020, 121 (zust)). Die Rspr. bezieht hier auch das Anbieten sog. Warentermin-(Rohstoff-)Optionen ein, bei dem der Täter einen die Gewinnchance stark reduzierenden Prämienaufschlag verschweigt (BGHSt 30, 177 = NJW 1981, 2131 mAnm Seelmann NJW 1981, 2132; Scheu JR 1982, 121; BGH wistra 1995, 102; NStZ 2000, 36; zu den Aufklärungspflichten des Terminoptionsvermittlers BGH NJW 1994, 512 mit Bespr. Grün NJW 1994, 1330; zw.); da jedenfalls diejenigen Tatsachen schlüssig miterklärt sind, die nach dem Vertragsinhalt die Grundlage des Geschäfts bilden (Tiedemann in LK-StGB Rn. 31), ist beim Anbieten solcher Optionen Konkludenz spätestens dann zu bejahen, wenn durch den versteckten Prämienaufschlag die Werthaltigkeit der Gewinnchance aufgehoben wird (Seelmann NJW 1980, 2545; Sonnen NStZ 1981, 24 und wistra 1982, 123; aM Worms wistra 1984, 123; zum Schaden in diesen Fällen → Rn 48b); vergleichbare

Fragen stellen sich auch bei dubiosen, meist die komplexen Sachverhalte verschleiernden Praktiken im Immobilienvertrieb (BGH NJW 2015, 2826, Provisionsanteile nicht offengelegt; BGH NStZ 2015, 461 mit Praxiskommentar Greeve; Gallandi wistra 1992, 289 (333); wistra 1996, 323; Bachmann wistra 1997, 253; beachte auch § 264a). Auch wer Weine verkauft oder liefert, deren Verkehrsfähigkeit auf einer erschlichenen Zuteilung von Prüfnummern beruht, erklärt idR schlüssig, dass der Prüfbescheid nicht der Gefahr der Rücknahme ausgesetzt sei (BGH NJW 1988, 150). Dagegen bieten Verhandlungen, die zum Abschluss eines Vergleichs (§ 779 BGB) geführt haben, wegen der Eigenart dieses Rechtsgeschäfts (Beseitigung von Streit und Ungewissheit zwischen den Parteien) für die Annahme schlüssigen Vorspiegelns nur selten eine zureichende Grundlage (Tiedemann FS Klug, 1983, 405; aM Saliger in Matt/Renzikowski Rn. 42). Wer bei der Mitgliederwerbung für eine gemeinnützige Organisation den Eindruck ehrenamtlicher Tätigkeit erweckt, erklärt nicht stillschweigend, die Beiträge würden zum größten Teil für die Erfüllung der sozialen Aufgaben der Organisation eingesetzt (BGH NJW 1995, 539 (540) mit abl. Bespr. Deutscher/Körner JuS 1996, 296 (299)).

11 Das Angebot eines **Schecks** ist mindestens konkludent dafür, dass nach der Überzeugung des Ausstellers Deckung bei Einlösung vorhanden sein wird (Scheckbetrug, BGHSt 3, 69 = NJW 1952, 1186; BGHSt 24, 386 (389) = NJW 1972, 1904; BGH NJW 1969, 1260; wistra 1982, 396; Otto Jura 1983, 16 (24); sa OLG Köln NJW 1981, 1851; OLG Frankfurt a. M. NStZ-RR 1998, 333 (334)); ob auch schon vorhandene Deckung zugesichert wird, ist umstritten und hängt nach hM von den Umständen des Einzelfalls ab (Tiedemann in LK-StGB Rn. 42; sa OLG Köln NJW 1991, 1122). Werden ungedeckte Schecks zur Vortäuschung der Rückführung eines Kontokorrentkredits in das Kreditlimit eingereicht, damit die Bank weitere Scheckbelastungen akzeptiert, tritt Vollendung erst ein, wenn der Kreditnehmer während des Zeitraums der vorläufigen Gutschrift zumindest Zugriff hätte nehmen können (BGH NStZ-RR 2007, 236). Die Einreichung eines Orderschecks ohne Überbringerklausel enthält die Erklärung, materiellberechtigter Scheckinhaber zu sein (BGH NStZ-RR 2009, 279; BayObLG NJW 1999, 1648). Für das Angebot eines durch Scheckkarte garantierten Schecks gilt jetzt die Spezialregelung des § 266b (→ § 266b Rn. 9). Das Angebot eines **Wechsels** an eine Bank zum Diskont enthält die stillschweigende Behauptung, dass es sich um einen Kunden- oder Warenwechsel handelt (Wechselbetrug, BGH NJW 1976, 2028; Maaß GA 2004, 279; Hefendehl in MüKoStGB Rn. 156; krit. Lampe, Der Kreditbetrug (§§ 263, 265b StGB), 1980, S. 59; zusf. zur Wechselreiterei Müller NJW 1957, 1266; NJW 1959, 2192; str.). Im **Lastschrift-Einzugsverfahren** (Otto StrafR BT § 51 Rn. 146) liegt in der Erteilung eines Einziehungsauftrags an das einziehende Kreditinstitut (die sog. Inkassostelle) die konkludente Erklärung, dass der Auftraggeber eine ordnungsmäßige Einziehungsermächtigung hat (LG Oldenburg NJW 1980, 1176) und dass ihm eine sofort fällige Geldforderung in der angegebenen Höhe zusteht (OLG Hamm NJW 1977, 1834 (1836); aM Labsch Jura 1987, 343 (351); beides bestätigt von BGHSt 50, 147 (154) = NJW 2005, 3008). Gleiches gilt für das POZ-System (elektronisches Lastschriftverfahren) unter Verwendung einer Scheckkarte (Altenhain JZ 1997, 752 (759); Rossa CR 1997, 219 (223)). Nach der Rspr. zur sog. „Lastschriftreiterei" erklärt der Einreichende, dass die Lastschrift lediglich als Instrument des bargeldlosen Zahlungsverkehrs dient und „funktional atypisch" als Mittel zur kurzfristigen Darlehensgewährung mit hohem Widerrufsrisiko zulasten der Inkassostelle (BGHSt 50, 147 (155) = NJW 2005, 3008 mit zT krit. Bespr. Hadamitzky/Richter NStZ 2005, 636; wistra 2005, 441; Lang

EWiR 2005, 741; Knierim NJW 2006, 1093; Soyka NStZ 2006, 637; zw.; sa AG Gera NStZ-RR 2005, 213, auch zur möglichen Täuschung bei Verfügung über den gutgeschriebenen Betrag; Soyka NStZ 2004, 538; Fahl Jura 2006, 733).

b) Täuschung **durch Unterlassen** (zur problematischen Abgrenzung gegenüber dem schlüssigen Vorspiegeln Maaß GA 1984, 264; Krack, List als Straftatbestandsmerkmal, 1994, S. 86; Walter, Betrugsstrafrecht in Frankreich und Deutschland, 1999, S. 38, 58; Wittig, Das tatbestandsmäßige Verhalten beim Betrug, 2005, S. 251, 284; Tiedemann in LK-StGB Rn. 29, 51; sa Volk JuS 1981, 880; Riggert MDR 1990, 203; nicht deutlich unterschieden von BGHSt 50, 147 (155) = NJW 2005, 3008 dazu Bespr. in → Rn. 11) ist nach den allgemeinen Regeln über das unechte Unterlassen zu behandeln (hM; anders Naucke, Zur Lehre vom strafbaren Betrug, 1964, S. 214; Grünwald FS Mayer, 1966, 291; sa Dencker FS Grünwald, 1999, 75 (91); Kargl FS Lüderssen, 2002, 613 (632), der die Unterscheidung von Tun und Unterlassen bei der Einwirkung auf fremdes Bewusstsein für bedeutungslos hält; ebenso Wittig, Das tatbestandsmäßige Verhalten des Betrugs, 2005, S. 298). Vorauszusetzen ist danach, dass der Täter die ihm nach den Umständen mögliche Aufklärung eines anderen unterlässt (→ § 13 Rn. 5), dass eine dem Vermögensschutz dienende (KG JR 1984, 292) Garantenpflicht zur Aufklärung besteht (→ § 13 Rn. 6) und dass das Unterlassen im Sinne der sog. Entsprechensklausel (→ § 13 Rn. 16) der Tatbestandsverwirklichung durch ein Tun entspricht (BayObLG NJW 1987, 1654; beachte Kargl ZStW 119 (2007), 250, der ein listiges Gesamtverhalten fordert; für Verzichtbarkeit Frisch FS Herzberg, 2008, 729 (745)). Führt ein einem aktiven Tun nachfolgendes Unterlassen zur gleichen irrtumsbedingten Vermögensverfügung (Zahlungsfestsetzung für Eigenheimzulage) soll nur eine Tat im Rechtssinne vorliegen (BGH wistra 2013, 270 = BeckRS 2013, 7468 mit Bespr. Kudlich JA 2013, 551). 12

aa) Die **Zumutbarkeit** der Aufklärung bestimmt sich nach den allgemeinen Regeln (→ § 13 Rn. 5); sie entfällt idR nicht schon bei der Gefahr eigener Strafverfolgung (BGH BeckRS 2016, 8414; Tiedemann in LK-StGB Rn. 75; aM AG Tiergarten NStZ 1994, 243; Wessels JZ 1965, 631 (635)). 13

bb) Die **Garantenpflicht zur Aufklärung** wird in der Rspr. ua auf folgende Entstehungsgründe (→ § 13 Rn. 7–15; aus der Zivil-Rechtsprechung BGH wistra 2015, 112) gestützt (zusf. Hefendehl in MüKoStGB Rn. 180–189; Kindhäuser in NK-StGB Rn. 154–165; Tiedemann in LK-StGB Rn. 54–72; eing. und zT abw. Maaß, Betrug verübt durch Schweigen, 1982; Seibert, Die Garantenpflichten beim Betrug, 2007; einschr. Naucke NJW 1994, 2809; Frisch FS Herzberg, 2008, 744 (750), hält eine „Wahrheitspflicht" für entscheidend; eine Interpretation der Garantenstellungen im Lichte des Rechtsguts ‚Vermögen' verlangt Lux, Die konkludente Täuschung beim Betrug, 2013, S. 221): auf gesetzliche Mitteilungs- oder Meldepflichten, zB nach § 60 I SGB I (OLG Stuttgart NJW 1986, 1767; OLG Hamm NJW 1987, 2245; (abl.) OLG Hamburg wistra 2004, 151 mAnm Peglau wistra 2004, 316; OLG München NStZ 2009, 156 mit Bespr. Hecker JuS 2010, 266; OLG Köln NStZ-RR 2010, 79; OLG Düsseldorf NStZ 2012, 703 mkritAnm Mandla NZWiSt 2012, 353; krit. Bringewat NStZ 2011, 131; BGHSt 59, 318 = NJW 2014, 3669 zu § 4a II Nr. 1 RVG; sa BGH NJW 2014, 3669; Hecker JuS 2014, 1133; Wohlers JR 2015, 397; vgl. auch KG StV 2013, 513 = Beispiel bei Jäger ExRep StrafR BT Rn. 322; Rengier StrafR BT I § 13 Rn. 28; Saliger in Matt/Renzikowski Rn. 71, 72 „Sozialhilfebetrug"; keine Offenbarungspflicht trifft nach § 120 ZPO den Empfänger von Prozesskostenhilfe, AG Plön SchlHA 1993, 277) 14 oder nach § 28a SGB IV (BGH NJW 2003, 1821 (1822); zu §§ 317, 317a RVO aF ebenso schon OLG Stuttgart wistra 1990, 109; Franzheim JR 1982, 89 (90); Schäfer wistra 1982, 96; zum Irrtum beachte aber → Rn. 18); zur Garantenstellung des Erben nach § 60 I 2 SGB I verneinend OLG Naumburg NStZ 2017, 293 (294), KG NZWiSt 2014, 65; bejahend jedoch OLG Braunschweig NStZ 2015, 520 (jedenfalls nicht auf Hinterbliebene von Beamten auszudehnen, BGH NStZ-RR 2019, 78); zum sog. Sozialbetrug OLG Dresden StV 2014, 631; auf öffentlich-rechtliche Beziehung (RGSt 67, 289; OLG Köln JMBl. NRW 1983, 184); auf ausdrückliche Vereinbarung (zB in einem Unterhaltsvergleich, BGH NJW 1997, 1439); auf **besonderes Vertrauensverhältnis** (BGHSt 39, 392 (399) = NJW 1994, 950; BGHSt 46, 196 = NJW 2001, 453 = Fall 46 bei Wessels/Hillenkamp/Schuhr StrafR BT II Rn. 489, 509; BGH wistra 2016, 489; Planert StV 2014, 430 „Cardsharing"; sa zu Warenterminoptionsgeschäften BGHSt 30, 177 (181) = NJW 1981, 2131; abl. Hellmann/Beckemper WirtschaftsStrafR Rn. 139–144, Fall 13; BGH NJW 2000, 3031; BayObLG NJW 1999, 663 mit Bespr. Bosch wistra 1999, 410; Rengier JuS 2000, 644; für den Vertragsarzt gegenüber der Krankenkasse NStZ 2004, 568; OLG Hamm NStZ-RR 2006, 13 mAnm Steinhilper MedR 2005, 238, jeweils zum Verschweigen sog. „kick-back"-Rückvergütungen; abl. für ein langjähriges Arbeitsverhältnis OLG Celle NStZ-RR 2010, 207; AG Minden MedR 2004, 165; aM Noack MedR 2002, 76 (79); speziell zwischen (gedoptem) Sportler und seinem Sponsor, Cherkeh, Betrug (§ 263 StGB), verübt durch Doping im Sport, 2000, S. 102; Cherkeh/Momsen NJW 2001, 1745 (1749); Grotz SpuRt 2005, 93 (95); Kargl NStZ 2007, 489 (491); offen gelassen wegen aktiver Täuschung (→ Rn. 9) von OLG Stuttgart SpuRt 2012, 74 (75) mit Bespr. Kudlich SpuRt 2012, 54 (55)); keine Aufklärungspflicht über seine Vermögensverhältnisse besteht für den Darlehensnehmer (OLG Frankfurt a. M. NStZ-RR 2011, 13 mit Bespr. Bosch JA 2011, 69Wessels/Hillenkamp/Schuhr StrafR); für den Referendardienst in zwei Bundesländern OLG Saarbrücken NJW 2007, 2868 mit Bespr. Kargl wistra 2008, 121; Kudlich JA 2008, 72); oder sonst auf Verbindungen, die auf gegenseitigem Vertrauen beruhen (BGH wistra 1988, 262; wistra 1992, 298); auf die prozessuale Wahrheitspflicht nach § 138 I ZPO nur, wenn die der Klage zugrundeliegende Sachlage (zB Eigenbedarf) bei Klageerhebung unrichtig war, nicht bei nachträglicher Änderung der Umstände (Fischer Rn. 44; Heger/Petzsche in NK-WSS Rn. 60; Krell HR 2012, 102, 104; weiter OLG Zweibrücken NJW 1983, 694 mit krit. Bespr. Werle NJW 1985, 2913 und → 29. Aufl. 2018); bisweilen auch auf die Pflicht zur Überwachung von Gefahrenquellen (RGSt 59, 299 (305)) oder auf Ingerenz (OLG Stuttgart NJW 1969, 1975; NJW 2017, 2052 mkritAnm Brand; Joerden JZ 1994, 422 (423), sieht im Auszahlungsbegehren bei Fehlbuchungen (→ Rn. 9) eine pflichtwidrige Gefahrschaffung (anders BGHSt 46, 196 = NJW 2001, 453 mzustAnm Krack JR 2002, 25 (26)); ähnlich AG Gera NStZ-RR 2005, 213 zur sog. „Lastschriftreiterei"; Mitsch StrafR BT II/1 § 7 Rn. 31; Hoyer in SK-StGB Rn. 59). Die allgemeine beamtenrechtliche Treuepflicht begründet keine vermögensrechtliche Aufklärungspflicht (BGH NStZ 2022, 109 mAnm Schilling; Bittmann NZWiSt 2022, 30). In ganz eindeutigen Fällen kann die Pflicht auch unmittelbar aus **Treu und Glauben** hergeleitet werden (mit Recht einschr. BGHSt 39, 392 (400) = NJW 1994, 950 mit zust. Bespr. Naucke NJW 1994, 2809; BGH NJW 1995, 539 (540) mit zust. Bespr. Deutscher/Körner JuS 1996, 296 (300); BGH NStZ 2017, 349 mkritAnm Bauer NZI 2016, 934; OLG Bamberg NStZ-RR 2012, 248 mit zust. Bespr. Satzger JK StGB § 263 Rn. 99; OLG Stuttgart NStZ 2003, 554 mit zust. Bespr. Otto JK StGB § 263 Rn. 71; sa BGHSt 46, 196 (202)

= NJW 2001, 453 mit Bespr. Heger JA 2001, 536 (539); Hohmann/Sander StrafR BT § 44 Rn. 35; zu Recht abl. für den Referendardienst in zwei Bundesländern OLG Saarbrücken NJW 2007, 2868 mit Bespr. Kargl wistra 2008, 121; Tiedemann FG BGH, 2000, 551 (555); Janssen in Achenbach/Ransiek/Rönnau Wirtschafts-StrafR-HdB Kap. V 1 Rn. 62; ganz abl. wegen Verfassungswidrigkeit Kamberger, Treu und Glauben (§ 242 BGB) als Garantenstellung im Strafrecht?, 1996, S. 157, 266; abl. auch Gauger, Die Dogmatik der konkludenten Täuschung, 2001, S. 216; einen „richtigen Kern" sieht Frisch FS Herzberg, 2008, 729 (749)). Danach muss etwa der Gebrauchtwagenhändler ungefragt offenbaren, dass er einen Unfallwagen anbietet (OLG Nürnberg MDR 1964, 693; NJW 2015, 1669; Arzt in Arzt/Weber/Heinrich/Hilgendorf StrafR BT § 20 Rn. 41 Fn. 48), räumt er dies sowie den Umstand ein, dass es sich um mehr als einen Blechschaden handelte, so muss er das Ausmaß des Schadens von sich aus nicht näher angeben (BayObLG NJW 1994, 1078; Hauf MDR 1995, 21); bei Anforderung von Vorleistungen muss der Vertragspartner in laufenden Geschäftsbeziehungen auf die Verschlechterung seiner Kreditwürdigkeit hinweisen, wenn sie nicht nur auf vorübergehenden Zahlungsschwierigkeiten beruht (BGH bei Dallinger MDR 1968, 202; OLG Stuttgart JR 1978, 388 mAnm Beulke); bei einer Eigenbedarfskündigung muss der Vermieter den Mieter jedenfalls bis zum Ablauf der Kündigungsfrist, nach hM auch noch später über den nachträglichen Wegfall des Eigenbedarfs unterrichten (OLG Zweibrücken NJW 1983, 694; BayObLG NJW 1987, 1654; Seier NJW 1988, 1617; Hillenkamp JR 1988, 301; Runte Jura 1989, 128; Rengier JuS 1989, 802); bei einer Vereinbarung über hohe Vorauszahlungen darf der Vermieter nicht die fehlende Baugenehmigung (BGH GA 1967, 94) und bei einer Honorarvereinbarung der Pflichtverteidiger nicht den Gebührenempfang aus der Staatskasse (BGH LM Nr. 40 zu § 263 StGB) verschweigen; eine Offenbarungspflicht des Hausverkäufers über einen früheren Schimmelbefall besteht nicht (OLG Bamberg NStZ-RR 2012, 248 mit krit. Bespr. Beckemper ZJS 2012, 698; Waßmer/Kießling NZWiSt 2012, 313; zust. aber Satzger JK StGB § 263 Rn. 99; zust. auch Rengier StrafR BT I § 13 Rn. 28, 33, Eigenverantwortlichkeit des Käufers; krit. Fischer Rn. 49a; zw.). – Soweit die dem Unterlassen zugrunde liegende Regelung rückwirkend gilt, führt dies wegen Art. 103 II GG nicht zu einer Betrugsstrafbarkeit für den Zeitraum vor dem Erlass der Norm (BGH NJW 2022, 634 zu § 15 SoKaSiG2).

cc) Die für den Betrugstatbestand wissenschaftlich noch ungeklärte **Entsprechensklausel** hat – wovon die Rspr. ohne Begründung schon immer ausgegangen ist – bei Aufklärungspflichten, die auf besonderen Beziehungen zwischen den Beteiligten beruhen, keine einschränkende Wirkung, weil insoweit Tun und Unterlassen gleichwertig sind (Lackner in LK-StGB, 10. Aufl. 1978, Rn. 68, 69; Satzger in Satzger/Schluckebier/Widmaier StGB Rn. 65; abl. Roxin StrafR AT II § 32 Rn. 230; nach Seibert, Die Garantenpflichten beim Betrug, 2007, S. 271, ergibt sich die Aufklärungspflicht erst aus der Entsprechungsklausel; str.); zu ihrer Bedeutung bei den Garantenpflichten zur Überwachung von Gefahrenquellen und aus Ingerenz; aus der Rspr. BGH NStZ 2017, 531 mit krit. Bespr. Becker; aus der Lit. Tiedemann in LK-StGB Rn. 74 (sa Maaß, Betrug verübt durch Schweigen, 1982, S. 46; Ranft JA 1984, 723 (730); Bloy, Die Beteiligungsform als Zurechnungstypus im Strafrecht, 1985, S. 221; Hillenkamp JR 1988, 301; Hefendehl in MüKoStGB Rn. 244–247). 15

c) Schweigen erfüllt den Tatbestand nur, wenn es Täuschung durch schlüssiges Verhalten (qualifiziertes Schweigen; Gaede in Leipold/Tsambikakis/Zöller Rn. 27) 16 oder durch Unterlassen in Garantenstellung ist (krit. Bockelmann FS Schmidt, 1961, 437; Hansen MDR 1975, 533 (535); sa Tiedemann in LK-StGB Rn. 29, 30, 51, 52). Das gilt entgegen einer im Schrifttum vordringenden Meinung (zB Kühne, Geschäftstüchtigkeit oder Betrug?, 1978, S. 85; Seelmann NJW 1980, 2547; NJW 1981, 2132; Maaß, Betrug verübt durch Schweigen, 1982, S. 26; Gauger, Die Dogmatik der konkludenten Täuschung, 2001, S. 218, der von einer Sperrwirkung des § 266 ausgeht) auch für fremdnützig typisierte Rechtsverhältnisse, die durch § 266 Schutz genießen (→ § 266 Rn. 4, 11); die untreuespezifische Vermögensfürsorgepflicht und die betrugsspezifische Aufklärungspflicht sind nach Voraussetzungen und Folgen verschieden (Worms wistra 1984, 123 (127); Schauer, Grenzen der Preisgestaltungsfreiheit im Strafrecht, 1989, S. 182); ihr Nebeneinander zeigt aber, dass beim Betrug enge Auslegung geboten ist (Hoyer in SK-StGB Rn. 56).

17 **d)** Im **Prozess** kommt eine Täuschung des Rechtspflegeorgans in allen Begehungsformen in Frage (sog. **Prozessbetrug,** BGHSt 24, 257 = NJW 1972, 545; krit. Fahl Jura 1996, 74 (77)), namentlich durch Benutzung falscher Beweismittel und durch falsche Angaben der nach §§ 445 ff. ZPO vernommenen Partei. Im Hinblick auf die Wahrheitspflicht nach § 138 ZPO ist aber auch einseitiges, mit Beweismitteln nicht unterstütztes Vorbringen der Partei im Zivilprozess einbezogen (krit. Eisenberg FS Salger, 1995, 15 (20)); allerdings ist hier die Abgrenzung iE (und besonders auch die Frage des Versuchsbeginns; → Rn. 65; → § 22 Rn. 3) umstritten und noch nicht abschließend geklärt (eing. Lenckner, Der Prozessbetrug, 1957; Seier ZStW 102 (1990), 563; Walter, Betrugsstrafrecht in Frankreich und Deutschland, 1999, S. 490; Tiedemann in LK-StGB Rn. 90, 113, 234–238; Krell JR 2020, 355 (361); zur unerlaubten Handlung in der (Verbraucher) Insolvenz Sick Jura 2009, 814; zum Erschleichen von Titeln Krell JR 2012, 102). Falsche Angaben im Mahnverfahren genügen nicht, weil hier nach § 692 I Nr. 2 ZPO nF keine inhaltliche Prüfung (Schlüssigkeitsprüfung) mehr stattfindet und damit zugleich die Grundlage für die Annahme einer konkludenten Täuschung entfällt (Otto JZ 1993, 652 (654); Hellmann in Krey/Hellmann/Heinrich StrafR BT II Rn. 599; aM OLG Düsseldorf NStZ 1991, 586; StV 2012, 406 mit krit. Bespr. Bosch JK StGB § 263 Rn. 96; OLG Celle NStZ-RR 2012, 111 (112) mit zT krit. Bespr. Krell/Mattern StraFo 2012, 77; Kudlich JA 2012, 152; Schuhr ZWH 2012, 28; nach Fischer Rn. 44, jedenfalls in der Beantragung eines Pfändungs- und Überweisungsbeschlusses; Hellmann in Krey/Hellmann/Heinrich StrafR BT II Rn. 597, 598, für § 263 im Versäumnisverfahren nach §§ 330 ff. ZPO; krit. Saliger in Matt/Renzikowski Rn. 56); an der Täuschung einer natürlichen Person fehlt es, wenn der Antrag auf Erlass eines Mahnbescheides in einem automatisierten Verfahren nur maschinell bearbeitet wird (BGH StV 2012, 406). Zum Irrtum auf Grund einer Täuschung im Versäumnisverfahren → Rn. 19; zur Täuschung aus Beweisnot (Selbsthilfebetrug) → Rn. 61. Zum möglichen Prozessbetrug im Verfahren vor dem BVerfG s. OLG Karlsruhe NStZ 1996, 282 mit Bespr. Kindhäuser JR 1997, 301; Fahl JA 1998, 1.

18 **IV. Der Irrtum.** Durch die Täuschung muss in dem Getäuschten (Personenmehrheiten scheiden als solche aus, BGH NStZ 2012, 699; Wessels/Hillenkamp/Schuhr StrafR BT II Rn. 527) ein Irrtum erregt oder unterhalten werden. Grundwissen zum Irrtum Rönnau JuS 2014, 504; zur Fallbearbeitung Kulhanek JA 2015, 828.

18a **1. a)** Der **Irrtum** setzt eine Fehlvorstellung, dh die positive Vorstellung einer der Wirklichkeit widersprechenden Tatsache voraus (BGHSt 59, 68 (71) = NJW

2014, 711; BGH NJW 2016, 3383); das bloße Fehlen der Vorstellung einer wahren Tatsache (ignorantia facti) ist kein Irrtum (BGHSt 2, 325 = NJW 1952, 896; BGH NStZ 2014, 215; NStZ 2017, 347 (348); RGSt 42, 40; Krack, List als Straftatbestandsmerkmal, 1994, S. 36; Wessels/Hillenkamp/Schuhr StrafR BT II Rn. 510; Gaede in Leipold/Tsambikakis/Zöller Rn. 53; krit. Walter, Betrugsstrafrecht in Frankreich und Deutschland, 1999, S. 172, 560; Frisch FS Herzberg, 2008, 729 (730); Arzt in Arzt/Weber/Heinrich/Hilgendorf StrafR BT § 20 Rn. 53; Kindhäuser/Hilgendorf in LPK-StGB Rn. 97; aM OLG Celle MDR 1957, 436; str.). Ein unreflektierter Bewusstseinsinhalt (Tiedemann in LK-StGB Rn. 83) oder eine nur lückenhafte Vorstellung (zB „alles in Ordnung"; nach BGHSt 57, 95 (112) = NJW 2012, 1377, genügt dieses „sachgedankliche Mitbewusstsein", zB über die „Ordnungsgemäßheit der Rechnungstellung" eines privat liquidierenden Arztes, krit. dazu Dann NJW 2012, 2001 (2002); Geiger/Schneider GesR 2013, 7 (8); Jäger ZWH 2012, 85; Kraatz NStZ-RR 2013, 36; Mahler wistra 2013, 45 (46); vgl. zum „sachgedanklichen Mitbewusstsein" BGH NJW 2009, 2900; NStZ 2014, 215; NStZ 2015, 341; NJW 2016, 3383 mit Praktikerkommentar Brand; Krehl NStZ 2015, 101; Kudlich JR 2016, 869; Becker NStZ 2017, 31; BGH NStZ 2017, 347; Fischer Rn. 62; krit. dazu Kraatz FS Geppert, 2011, 269) kann jedoch genügen, letztere allerdings nur, wenn sie sich mindestens auf konkrete Umstände und Verhältnisse bezieht, in deren Rahmen der vorgetäuschte Sachverhalt liegt (Küper/Zopfs StrafR BT Rn. 370; krit. Tiedemann FG BGH, 2000, 551 (565)); die bloße Nichterfüllung einer gesetzlichen Mitteilungs- oder Meldepflicht gegenüber einer Behörde oder einem Versicherungsträger (→ Rn. 14) bewirkt daher bei Fehlen jeglicher konkreten Beziehung zwischen den Beteiligten keinen Irrtum (BGH wistra 1992, 141; Martens JR 1987, 211; aM Franzheim wistra 1987, 313 (314); speziell zur ausschließlichen Beschäftigung von nicht angemeldeten Geringverdienern Siegle, Probleme bei der Bekämpfung der illegalen Beschäftigung mit den Mitteln des Straf- und Ordnungswidrigkeitenrechts, 1998, S. 136 mit Hinweis auf § 111 I Nr. 2 SGB IV). Ob der Getäuschte von der ihm vorgespiegelten Tatsache überzeugt sein oder ob auch ein mehr oder minder **intensives Für-möglich-Halten** einbezogen werden muss, wird von der hM mit Recht im letzteren Sinne beantwortet (vgl. etwa BGHSt 47, 83 = NJW 2001, 3718 mit Bespr. Best GA 2003, 157; Rönnau JuS 2002, 545; Walter JZ 2002, 254; BGH wistra 1990, 305; wistra 1992, 95; OLG Karlsruhe wistra 2004, 276; OLG Frankfurt a. M. wistra 2019, 158 mkrit Anm Krack; krit. Bespr. Jahn JuS 2019, 404; der Rspr. iErg zust. Kargl FS Lüderssen, 2002, 613 (620)), ist aber wissenschaftlich noch nicht abschließend geklärt (zum Streitstand Hillenkamp StrafR BT Problem 29, S. 153); dasselbe gilt für die damit häufig verbundene, von der hM (BGHSt 34, 199 (201) = NJW 1987, 388; BGH MedR 1992, 36 (39); NJW 1995, 1844 (1845); 2003, 1198 mit Bespr. Beckemper/Wegner NStZ 2003, 315; Krüger wistra 2003, 297; Krack JR 2003, 384; Idler JuS 2004, 1037 (1038); LG Mannheim NJW 1993, 1488 mit zust. Bespr. Loos/Krack JuS 1995, 204 (207), krit. zur Viktimologie; Tiedemann FG BGH, 2000, 551 (565); Rengier FS Roxin, 2001, 811 (821); Joecks/Jäger StGB Rn. 76) ebenfalls verneinte Frage, ob **Leichtgläubigkeit** (BGHSt 57, 95 (102) = NJW 2012, 1377, zum Abrechnungsbetrug) oder Erkennbarkeit der Täuschung bei hinreichend sorgfältiger Prüfung die Schutzbedürftigkeit des Opfers ausschließt (näher zu beiden Fragen Giehring GA 1973, 1; Amelung GA 1977, 1; Herzberg GA 1977, 289; Frisch FS Bockelmann, 1979, 647; Hillenkamp, Vorsatztat und Opferverhalten, 1981, S. 18; Tiedemann FS Klug, 1983, 405 (411); Kurth, Das Mitverschulden des Opfers beim Betrug, 1984, S. 109; Achenbach Jura 1984, 602; Ellmer,

Betrug und Opfermitverantwortung, 1986; Schünemann NStZ 1986, 439; Schünemann in Schünemann/Dubber, Die Stellung des Opfers im Strafrechtssystem, 2000, S. 1, 5; sowie Schünemann in Schünemann, Strafrechtssystem und Betrug, 2002, S. 80; Bottke JR 1987, 428 (429); Krack, List als Straftatbestandsmerkmal, 1994, S. 37; Hilgendorf, Tatsachenaussagen und Werturteile im Strafrecht, 1998, S. 199; Kindhäuser FS Bemmann, 1997, 339 (357); Hecker, Strafbare Produktwerbung im Lichte des Gemeinschaftsrechts, 2001, S. 266; Hörnle GA 2009, 626; Arzt FS Tiedemann, 2008, 595; Schwarz, Die Mitverantwortung des Opfers beim Betrug, 2013, S. 117, der normativ bei der Lehre von der objektiven Zurechnung ansetzt; Arzt in Arzt/Weber/Heinrich/Hilgendorf StrafR BT § 20 Rn. 5, 49, 68; Hellmann in Krey/Hellmann/Heinrich StrafR BT II Rn. 544; Wessels/Hillenkamp/Schuhr StrafR BT II Rn. 512; Tiedemann in LK-StGB Rn. 84–86; Ernst Jura 2014, 1292 (1294); → Vor § 263 Rn. 34–40; Hoyer in SK-StGB Rn. 67–75; → Vor § 13 Rn. 4).

19 **b)** Ob eine Fehlvorstellung vorliegt, ist **Tatfrage** (hM; vgl. etwa BGH NStZ 2000, 375; Wessels/Hillenkamp/Schuhr StrafR BT II Rn. 511; Gaede in Leipold/Tsambikakis/Zöller Rn. 52; Hoyer in SK-StGB Rn. 76; krit. Kleb-Braun JA 1986, 310 (320); zu den Schwierigkeiten der Beweisaufnahme bei einer Vielzahl von Geschädigten BGH NStZ 2013, 422). Ein Irrtum über die Dopingfreiheit eines Radsportlers (zu dessen konkludenter Täuschung → Rn. 9) ist trotz verbreiteter Dopingpraxis (Kerner/Trüg JuS 2004, 140 (141)) nicht ausgeschlossen (OLG Stuttgart SpuRt 2012, 74 (75) mit Bespr. Jahn JuS 2012, 181 (183); Kudlich SpuRt 2012, 54; Kraatz NStZ-RR 2013, 37 (38); Fischer Rn. 56; zw. Roxin FS Samson, 2010, 445 (449, 453)). Im Fall des angesprochenen Radsportlers Schumacher hat das LG Stuttgart am 28. 10. 2013 einen Irrtum des Teamchefs nicht nachweisen können (heute wäre dies nach § 4 AntiDopG strafbar). Sie fehlt idR beim Automatenmissbrauch (vgl. aber § 265 a) und oft auch beim blinden Passagier, beim Almosengeber auf Grund der üblichen Bettlerklagen (Gribbohm MDR 1962, 950), beim Kassenbeamten, wenn er nur für die kassenmäßige Abwicklung der Auszahlungsanordnung zuständig ist (BGH StV 1994, 82; NStZ 1997, 281 mit krit. Bespr. Otto JK StGB § 263 Rn. 49; BGH NStZ 2005, 157; BGH NStZ 2006, 687; sa BGH NStZ 2008, 340; OLG Frankfurt a. M. NStZ-RR 1998, 333), beim Bankmitarbeiter, wenn ihm eine formal korrekte Überweisung vorgelegt wird (BGH NStZ 2000, 375; anders, wenn der Auftraggeber die Kontonummer eines Dritten einträgt, AG Siegburg NJW 2004, 3725 mit Bespr. Kudlich JuS 2005, 566; Goeckenjan JA 2006, 758; zum Vorsatz → § 263 a Rn. 24), beim Bankmitarbeiter, wenn der aus gefälschten Überweisungen stammende, an den Kunden ausgezahlte Geldbetrag auf dessen Girokonto tatsächlich gutgeschrieben ist (OLG Düsseldorf NStZ 2008, 219; Rengier StrafR BT I § 13 Rn. 47), beim Amtsträger, wenn er bei Vorliegen der Anspruchsvoraussetzungen an einen unter falschem Namen auftretenden Asylbewerber Leistungen erbringt (BGH NStZ-RR 1997, 358; zum Arbeitslosen OLG Köln NJW 2008, 1464), beim öffentlich-rechtlichen Partner (zB beim Entsorgungspflichtigen), wenn er (zB auf Grund der Abfallabnahmepflicht) auch bei Ausbleiben des Entgelts zu seiner Leistung verpflichtet ist (BGH NJW 1990, 2476), beim Apotheker, wenn er aufgrund eines ärztlichen Rezepts trotz fehlender Indikation der Verschreibung dem Patienten das Medikament aushändigt (BGHSt 49, 17 (20) = NJW 2004, 454 mAnm Herffs wistra 2006, 63; anders allenfalls bei offenkundiger *Unrichtigkeit*, so Fischer Rn. 60) und beim Richter (Rechtspfleger) im Versäumnisverfahren nach §§ 330 ff. ZPO (aM BGH StV 2012, 406 mit abl. Bespr. Bosch

JK StGB § 263 Rn. 96; OLG Celle NStZ-RR 2012, 111 (112) mit Bepr → Rn. 17; der Rspr. zust. Hellmann in Krey/Hellmann/Heinrich StrafR BT II Rn. 597; Kindhäuser in NK-StGB Rn. 192; abl. Rengier StrafR BT I § 13 Rn. 48; krit. Wessels/Hillenkamp/Schuhr StrafR BT II Rn. 511; Saliger in Matt/Renzikowski Rn. 99, der aber schon eine konkludente Täuschung – wie hier → Rn. 17 – ablehnt) oder im Mahnverfahren nach früherem Recht (Giehring GA 1973, 1; krit. Walter, Betrugsstrafrecht in Frankreich und Deutschland, 1999, S. 513; aM BGHSt 24, 257 = NJW 1972, 545; → Rn. 17). Kein Irrtum über die Bonität des Kunden liegt beim Schecknehmer vor, dem eine Scheckkarte vorgelegt wird (anders noch BGHSt 24, 386 = NJW 1972, 1904; wegen der Abschaffung der Euroschecks inzwischen bedeutungslos; → § 266b Rn. 3), und beim Vertragsunternehmer, der bei Vorlage einer Kreditkarte keine Barzahlung verlangt (hM; BGHSt 33, 244 (247) = NJW 1985, 2280); die daraus folgende Gesetzeslücke hat das 2. WiKG (→ Vor § 263 Rn. 2) durch Einführung des § 266b geschlossen (→ § 266b Rn. 1); ebenso liegt kein solcher Irrtum des Händlers vor bei Zahlungen im electronic-cash-Verfahren (wegen Zahlungsgarantie der Bank; Altenhain JZ 1997, 752; bereits die konkludente Täuschung verneinend Hefendehl in MüKoStGB Rn. 252; str.), dagegen ist der Irrtum bei Zahlung im POZ-Lastschriftverfahren nur ausnahmsweise dann zu verneinen, wenn der Händler durch eine Zahlungsausfallsgarantie eines Dritten abgesichert ist (Rengier FS Gössel, 2002, 469). Bei Computermanipulationen (→ § 263a Rn. 5–15) hängt es von den – meist zufälligen – Umständen des Einzelfalles ab, ob der erforderliche Irrtum eines Menschen erregt oder unterhalten wird; zur Schließung dieser Lücke hat das 2. WiKG den § 263a eingeführt (→ § 263a Rn. 1). Eine Fehlvorstellung wird dagegen meist vorliegen, wenn ein Schecknehmer einen nicht garantierten Scheck einlöst (problematisch AG Tiergarten NJW 1989, 846) oder wenn ein Bank- oder Postbediensteter auf ein Sparbuch oder ein anderes Legitimationspapier an einen Unbefugten zahlt (Maiwald JA 1971, 643; Mitsch StrafR BT II/1 § 7 Rn. 59; Tiedemann in LK-StGB Rn. 88; krit. Kindhäuser in NK-StGB Rn. 188; Wessels/Hillenkamp/Schuhr StrafR BT II Rn. 511; aM OLG Düsseldorf NJW 1989, 2003; Miehe FS Heidelberg, 1986, 481 (498)). Eine Fehlvorstellung liegt dann vor, wenn der beim Bankmitarbeiter eingelöste Inhaberscheck abhanden gekommen ist, weil dieser Umstand vom entgegennehmenden Bankmitarbeiter im Hinblick auf mögliche Regressansprüche gegen die Bank mit-bedacht ist (BGH StV 2009, 244; Wessels/Hillenkamp/Schuhr StrafR BT II Rn. 511). Ein Darlehensgeber, der die zweifelhafte Fähigkeit des Darlehensnehmers zur Rückzahlung kennt, irrt nicht; dasselbe gilt bei kollusiver Zusammenarbeit (BGH NStZ 2013, 472); anders aber, wenn er über wichtige Umstände für dessen Leistungsfähigkeit, auch zB über den Verwendungszweck des Darlehens, falsch informiert wird (BGH StV 2002, 132). Bei einer Vielzahl von Betrugstaten mit gleichgelagerten Sachverhalten kann es in Fällen eines normativ geprägten Vorstellungsbilds ausreichen, nur einige Opfer zu vernehmen, um hieraus tragfähige Schlüsse auf das Vorstellungsbild der übrigen zu ziehen; eine „Schätzung der Irrtumsquote“ ist aber kein taugliches Mittel tatrichterlicher Überzeugungsbildung (BGH NStZ 2013, 422; NStZ 2014, 215). – Zum verfahrensrechtlichen Umgang mit Serien- bzw. Massenbetrugstaten BGH NJW 2014, 644; Krell NStZ 2014, 683 (ua zu BGHSt 58, 119 = NJW 2013, 2608; BGH NJW 2014, 2132; wistra 2015, 101); Kuhli StV 2016, 46; sa Bülte NZWiSt 2014, 41.

2. Erregen eines Irrtums bedeutet Verursachen oder auch nur Mitverursachen 20
(→ Vor § 13 Rn. 11; → Rn. 54; BGH StV 2002, 132; NJW 2002, 1643 (1645); sa

BGH NStZ 2003, 539) der Fehlvorstellung iS von Äquiavlenz-Kausalität, nicht auch Adäquanz-Kausalität oder objektiver Zurechnung (BGH wistra 2018, 477); daher sind Leichtgläubigkeit und Erkennbarkeit der Täuschung bei hinreichend sorgfältiger Prüfung oder sonst mitwirkende Fahrlässigkeit des Getäuschten unerheblich (BGHSt 34, 199 = NJW 1987, 388; OLG Hamburg NJW 1956, 392; Krack, List als Straftatbestandsmerkmal, 1994, S. 63; Kindhäuser in NK-StGB Rn. 51, 52, 182; krit. Schwarz, Die Mitverantwortung des Opfers beim Betrug, 2013, S. 46; aM Naucke FS Peters, 1974, 109, der nur adäquaten Kausalzusammenhang genügen lässt; ähnlich Kurth, Das Mitverschulden des Opfers beim Betrug, 1984, S. 169, 183, der sich auf Schutzzweckerwägungen stützt; zu sog. „Kosten- bzw Vertragsfallen" im Internet Buchmann/Majer/Hertfelder/Vögelein NJW 2009, 3189; Eisele NStZ 2010, 193). Wegen der Pflicht des Gerichts zur eigenverantwortlichen Rechtsermittlung ist die Behauptung, gerichtliche Entscheidungen hätten eine bestimmte Rechtsauffassung vertreten, bei fehlender Angabe von Fundstellen nicht geeignet, beim zuständigen Richter einen Irrtum herbeizuführen (OLG Koblenz NJW 2001, 1364 mit abl. Bespr. Protzen wistra 2003, 208). **Unterhalten eines Irrtums** ist nicht nur Verhindern oder Erschweren seiner Aufklärung, sondern auch Bestärken einer bestehenden Fehlvorstellung (hM; OLG Celle StV 1994, 188 mablAnm Schmoller; Kargl FS Lüderssen, 2002, 613 (621); Lux, Die konkludente Täuschung beim Betrug, 2013, S. 95; anders Perron in Schönke/Schröder Rn. 46). Erregen und Unterhalten können auch durch Unterlassen in Garantenstellung begangen werden (→ Rn. 12–15). Von dem Unterhalten ist die **bloße Ausnutzung** eines Irrtums zu unterscheiden, bei welcher der Ausnutzende den Irrtum lediglich vorfindet, stillschweigend auf ihn eingeht und ihn zu seinen Gunsten weiter wirken lässt (ähnlich Kindhäuser/Hilgendorf in LPK-StGB Rn. 103; Lux, Die konkludente Täuschung beim Betrug, 2013, S. 96), zB eine nichtgeschuldete Leistung ohne Verletzung einer Garantenpflicht (→ Rn. 14) nur entgegennimmt (BGHSt 39, 392 (397) = NJW 1994, 950 mzustAnm Joerden JZ 1994, 422 (424); OLG Saarbrücken NJW 2007, 2868 mit Bespr. Kudlich JA 2008, 72; Satzger JK StGB § 263 Rn. 81; KG wistra 2015, 244; Wessels/Hillenkamp/Schuhr StrafR BT II Rn. 514; → Rn. 9). Für den Irrtum kommt es allein auf die Person des Verfügenden an; eine an das Zivilrecht angelehnte **Wissenszurechnung** (Tiedemann in LK-StGB Rn. 82; Tiedemann FS Klug, 1983, 405 (413); vgl. Rengier FS Roxin, 2001, 811 (823); Schuhr ZStW 123 (2011), 517; Kudlich/Oğlakcioğlu WirtschaftsStrafR, 3. Aufl. 2020, Rn. 217–220, Wittig WirtschaftsStrafR § 14 Rn. 54, 55; Wessels/Hillenkamp/Schuhr StrafR BT II Rn. 527, 528, der drei Sachverhaltsgestaltungen unterscheidet) gibt es nicht (vgl. Eisele ZStW 116 (2004), 15 (23), Problem der objektiven Zurechnung; gegen die Zurechnung des Wissens von Hilfspersonen Weißer GA 2011, 334; offen gelassen BayObLG NStZ 2002, 91; Rengier StrafR BT I § 13 Rn. 59; → Rn. 54 a). Auf die Feststellung, wer etwa aufgrund der Kompetenz zur Überprüfung von Auszahlungen Verfügender ist, darf daher auch nicht verzichtet werden (problematisch BGH NStZ 2006, 623 mit abl. Bespr. Brand/Vogt wistra 2007, 408; Joecks/Jäger StGB Rn. 49 a; Rengier StrafR BT I § 13 Rn. 56).

21 **V. Die Vermögensverfügung.** Durch den Irrtum des Getäuschten muss dessen Vermögensverfügung veranlasst werden. Das ist etwa dann zweifelhaft, wenn weitere Warenlieferungen ausgeführt werden, obwohl der Besteller schon frühere Rechnungen nicht bezahlt hat (BGH StraFo 2012, 240). Sie ist das notwendige, im Gesetz nicht besonders erwähnte Bindeglied zwischen Irrtum und Vermögensschaden (ungeschriebenes Tatbestandsmerkmal; OLG München wistra 2014, 33 mit

Bespr. Hecker JuS 2014, 561). Rechtsvergleichend Wang, Die Vermögensverfügung – Rechtsvergleichende Untersuchung des deutschen, japanischen und chinesischen Recht, 2015. Grundwissen zum Verfügungsbegriff bei Rönnau JuS 2011, 982.

1. Verfügung ist jedes Handeln, Dulden oder Unterlassen, das sich **unmittelbar,** dh ohne zusätzliche deliktische Zwischenhandlungen des Täters, vermögensmindernd auswirkt (hM; BGHSt 14, 170 = NJW 1960, 1068; BGHSt 50, 174 (175) = NJW 2005, 2789, sog. „Phishing"; BGH NStZ 2017, 351; Jäger JuS 2010, 761; Eisele StrafR BT II Rn. 558; Wessels/Hillenkamp/Schuhr StrafR BT II Rn. 624–630; Joecks/Jäger StGB Rn. 83; Kindhäuser/Hilgendorf in LPK-StGB Rn. 136; krit. Maurach/Schroeder/Maiwald/Hoyer/Momsen StrafR BT § 41 Rn. 72, die auf die „Vermögensrelevanz" abstellen); ob die Minderung durch ein Äquivalent kompensiert wird, ist unerheblich (BGHSt 31, 178 = NJW 1983, 1130). Grundvoraussetzung ist danach, dass der Getäuschte als „Werkzeug" des Täuschenden nach dessen Plänen die Vermögensminderung selbst bewirkt (sog. **Selbstschädigung**). Sein eigenes Verhalten muss für diese Minderung nicht nur (mit-)ursächlich, sondern deren tragender Grund sein, dh im weitesten Sinne als ein **Gebeakt** erscheinen. Diese vornehmlich durch das Unmittelbarkeitserfordernis gekennzeichnete Abgrenzung beruht nicht zuletzt auf dem Bestreben, die Tatbilder der Selbst- und der Fremdschädigungsdelikte so von einander zu trennen, dass zwischen ihnen kein Überschneidungsbereich entsteht (Exklusivität). Sie ist in jahrzehntelanger Auseinandersetzung mit großem dogmatischen Aufwand (Arzt JA 1978, 557) entwickelt und im Kern vorübergehend allgemein anerkannt, im weiteren Verlauf dann aber zunehmend in Zweifel gestellt worden (vgl. etwa Herzberg ZStW 89 (1977), 367; Puppe, Idealkonkurrenz und Einzelverbrechen, 1979, S. 348; Puppe JR 1984, 229). Ausgearbeitete Gegenmodelle, die den Verfügungsbegriff grds. anders begrenzen, werden inzwischen von Joecks/Jäger, Zur Vermögensverfügung beim Betrug, 1982, S. 47; Miehe, Unbewusste Verfügungen, 1987, S. 52; Högel, Die Abgrenzung zwischen Trickdiebstahl und Betrug, 2015, angeboten. Sie haben nicht zu einem grundsätzlichen, auch für die Rspr. annehmbaren Umbau der Betrugsstruktur geführt (vgl. Tiedemann in LK-StGB Rn. 97; Hoyer in SK-StGB Rn. 160). Im Einzelnen: 22

a) Die Verfügung ist **nicht zivilrechtlich** zu verstehen. Auch die Handlung eines Geschäftsunfähigen oder ein nur tatsächliches Verhalten (BGHSt 31, 178 = NJW 1983, 1130) kann genügen, so etwa, wenn der Getäuschte als Finder dem vermeintlichen Eigentümer eine Sache herausgibt (BayObLG MDR 1964, 343). Auch wer vom berechtigten Karteninhaber eine Bankkarte nebst zugehöriger Geheimzahl durch dessen täuschungs- und irrtumsbedingte Verfügung erhält und dabei in der Absicht handelt, unter Einsatz der Karte und PIN (abrede- und zweckwidrige) Abhebungen an Geldautomaten vorzunehmen, begeht einen Betrug und keinen Computerbetrug zum Nachteil des kontoführenden Kreditinstituts (BGH NStZ-RR 2022, 14). 23

b) Dass der Getäuschte sich **bewusst** ist, eine Verfügung zu treffen, ist nicht unbedingt erforderlich (BGHSt 14, 170 (172) = NJW 1960, 1068; OLG Hamm NJW 1965, 702 mablAnm Knappmann NJW 1965, 1931; aM Hansen MDR 1975, 533; Joecks/Jäger, Zur Vermögensverfügung beim Betrug, 1982, S. 108; Ranft Jura 1992, 66 (71); Otto JZ 1993, 652 (655); nur für den Sachbetrug aM Hellmann in Krey/Hellmann/Heinrich StrafR BT II Rn. 557; Eisele StrafR BT II Rn. 563; mit 24

Beschränkung auf das Bewusstsein einer „Vermögensbewegung“ auch Miehe, Unbewusste Verfügungen, 1987, S. 54). Dieses Bewusstsein kann zB fehlen, wenn der Täter über die Tragweite eines Vorgangs täuscht, etwa wenn er die Unterschrift unter einen Bestell- oder Schuldschein unter dem Vorwand erschleicht, das vorgelegte Schriftstück habe keinen für das Vermögen relevanten Inhalt (BGHSt 22, 88 = NJW 1968, 902; KG JR 1972, 28; Eisele StrafR BT II Rn. 565; aM Miehe, Unbewusste Verfügungen, 1987, S. 94), oder wenn er einen Sachverhalt vorspiegelt, der dem Verfügenden verschleiert, dass er zur Wahrung seines Vermögensstandes einen Anspruch geltend machen oder ein Recht ausüben muss (OLG Stuttgart NJW 1963, 825; NJW 1969, 1975; OLG Düsseldorf NJW 1994, 3366; BayObLG StraFo 2003, 321 = NStZ 2004, 503; Mitsch StrafR BT II/1 § 7 Rn. 66; zur Schadensproblematik Bublitz/Gehrmann wistra 2004, 126, die neben der Bonität der Forderung auf die Kenntnis des Opfers von der Forderung abstellen; str.), auch im Fall täuschungsbedingt heruntergeladener, manipulierter Dialer-Programme (Buggisch NStZ 2002, 178 (181)).

25 **c)** Mangels eines „Gebeaktes“ trifft dagegen keine Verfügung, wer auf Grund der Täuschung nicht sich selbst **unmittelbar** schädigt, sondern dem Täter nur die Möglichkeit gibt, einen schädigenden Angriff zu unternehmen. Das bedeutet jedoch nicht zugleich, dass die Verfügung selbst in einem einzigen Akt bestehen müsste; vielmehr ist – namentlich in arbeitsteiligen Organisationsformen (Unternehmen, Behörden usw) – durchaus möglich, dass uU verschiedene Personen **stufenweise** Einzelhandlungen vornehmen, von denen erst die letzte die Vermögensminderung herbeiführt (BGH BB 1991, 713; NStZ 2014, 184; Rengier StrafR BT I § 13 Rn. 71; Gaede in Leipold/Tsambikakis/Zöller Rn. 81; krit. Tiedemann in LK-StGB Rn. 111). Entscheidend ist, wer im konkreten Fall auf welcher Grundlage und mit welchen Vorstellungen die Entscheidung über die Leistungserbringung getroffen hat (BGH NStZ-RR 2010, 146; sa Weißer GA 2011, 333, die auf „Wissensdiskrepanzen“ auf der Opferseite hinweist).

26 aa) Das Unmittelbarkeitserfordernis ist vor allem für die **Abgrenzung gegenüber den Wegnahmedelikten** wichtig (hM; → Rn. 22). Danach ist zwar die auf Täuschung beruhende willentliche Preisgabe des Gewahrsams eine Verfügung (OLG Hamm NJW 1974, 1957; Eisele StrafR BT II Rn. 555), nicht aber dessen bloße Lockerung, wenn sich ihr der unfreiwillige Gewahrsamsverlust erst anschließt (BGH GA 1966, 212; JZ 1968, 637; dazu Kühl HRR StrafR BT Nr. 45; OLG Köln MDR 1973, 866 OLG Düsseldorf NJW 1990, 923; diff. Herzberg ZStW 89 (1977), 367 (374); Arzt in Arzt/Weber/Heinrich/Hilgendorf StrafR BT § 20 Rn. 79, 80; krit. zum ungenauen Unmittelbarkeitserfordernis Kindhäuser FS Bemmann, 1997, 339 (352); Pawlik, Das unerlaubte Verhalten beim Betrug, 1999, S. 237; Walter, Betrugsstrafrecht in Frankreich und Deutschland, 1999, S. 189. Der getäuschte Kassierer einer Selbstbedienungstankstelle (→ Rn. 9) verfügt über das Benzin, dessen Einfüllen er dem zahlungsunwilligen Kunden gestattet (BGH NJW 1983, 2827; NJW 2012, 1092 mit Bespr. → Rn. 9, abl. zur Vermögensverfügung Ast NStZ 2013, 305; Ernst JR 2012, 473; Jura 2013, 454; DAR 2013, 158 (159) mablAnm Ernst; Arzt in Arzt/Weber/Heinrich/Hilgendorf StrafR BT § 20 Rn. 37; Hellmann in Krey/Hellmann/Heinrich StrafR BT II Rn. 219; Wessels/Hillenkamp/Schuhr StrafR BT II Rn. 197; vgl. auch OLG Köln NJW 2002, 1059; anders Lange/Trost JuS 2003, 961 (965), die § 246 annehmen; ähnlich Ast NStZ 2013, 305; Ernst Jura 2013, 454; vgl. auch Rebler JA 2013, 179; zu Recht anders für das Einscannen eines falschen Strichcodes am Lesegerät einer Selbstbedienungskasse OLG Hamm NStZ

2014, 275 mit Bespr. Jäger JA 2014, 155; Jahn JuS 2014, 179). Dagegen verfügt nicht, wer wegen **Vortäuschung einer Beschlagnahme** die Wegnahme einer Sache nur duldet, selbst wenn er im Hinblick auf die vermeintlich unausweichliche Zwangslage selbst mitwirkt (Küper/Zopfs StrafR BT Rn. 648, 652; Rengier StrafR BT I § 13 Rn. 77; Wessels/Hillenkamp/Schuhr StrafR BT II Rn. 633; → § 242 Rn. 14; → § 255 Rn. 2); dasselbe gilt, wenn er die Wegnahme einer Sache aus seinem generellen Gewahrsamsbereich (→ § 242 Rn. 11) geschehen lässt oder bei ihr hilft, ohne zu erkennen, dass eine Gewahrsamsverschiebung zu seinen Lasten stattfindet (OLG Hamm NJW 1969, 620 mit Bespr. Wedekind NJW 1969, 1128; Bittner MDR 1970, 291; str.). Entscheidend ist danach nicht allein das äußere Erscheinungsbild des Gebens oder Nehmens, sondern die innere Willensrichtung des Getäuschten (BGH bei Holtz MDR 1987, 446; BGH NStZ 2016, 727 mit Praxiskommentar Kulhanek; Biletzki JA 1995, 857 (858); aM Schmitt FS Spendel, 1992, 575). Ein **einheitlicher Nehmeakt** liegt vor, wenn der Täter nach einem Diebstahl im Selbstbedienungsladen an der Kasse die unbefugte Mitnahme von Waren verschweigt und deshalb unbehelligt passieren kann (BGHSt 17, 205 (208) = NJW 1962, 1211; BayObLG MDR 1988, 5; Tiedemann in LK-StGB Rn. 120); das gilt auch für den Fall, dass der Täter die Frage des Kassierers, ob er sämtliche Waren vorgelegt habe, wahrheitswidrig bejaht (dazu „neigt" BGHSt 41, 198 (203) = NJW 1995, 3129). Wer in seinem Einkaufskorb Waren verbirgt und die Kasse ohne Bezahlung der versteckten Waren passiert, begeht jedenfalls deshalb einen (versuchten oder vollendeten, → § 242 Rn. 16; OLG Hamm wistra 2014, 36 (38), vollendeter Diebstahl) Diebstahl, weil sich der für einen Betrug erforderliche Verfügungswille des Kassierers nicht auf die nicht wahrgenommenen Waren bezieht (BGHSt 41, 198 (202) = NJW 1995, 3129 mit Bespr. Scheffler JR 1996, 342; Zopfs NStZ 1996, 190; Hillenkamp JuS 1997, 217; OLG Zweibrücken NStZ 1995, 448; Hohmann/Sander StrafR BT § 35 Rn. 62; Rengier StrafR BT I § 13 Rn. 86; Hoyer in SK-StGB Rn. 168; aM OLG Düsseldorf NJW 1993, 1407 mit abl. Bespr. Schmitz JA 1993, 350; Brocker JuS 1994, 919; Roßmüller/Rohrer Jura 1994, 469 (473); Stoffers JR 1994, 205; Vitt NStZ 1994, 133; Biletzki JA 1995, 857 (859); Otto Jura 1997, 466); es fehlt wohl schon objektiv an einem Verhalten, das nach der allgemeinen Verkehrsauffassung als Gewahrsamsübertragung verstanden werden kann (Zopfs NStZ 1996, 190; bereits eine konkludente Täuschung verneinen Pawlik, Das unerlaubte Verhalten beim Betrug, 1999, S. 87; und Wessels/Hillenkamp/Schuhr StrafR BT II Rn. 499). Umstritten ist die Beurteilung des Falles, in dem der Täter **Waren austauscht,** die teurere Ware an der Kasse in falscher Verpackung vorlegt und passieren darf (für Diebstahl Eisele StrafR BT II Rn. 564; Eser/Bosch in Schönke/Schröder § 242 Rn. 36; und Perron in Schönke/Schröder Rn. 63a; für Betrug Rengier StrafR BT I § 13 Rn. 88; Wessels/Hillenkamp/Schuhr StrafR BT II Rn. 639; Satzger in Satzger/Schluckebier/Widmaier StGB Rn. 116; Hoyer in SK-StGB Rn. 169), und des Falles, in dem der Täter andere Waren zusätzlich in eine Verpackung legt (für Diebstahl Wessels/Hillenkamp/Schuhr StrafR BT II Rn. 639; für Betrug Rengier StrafR BT I § 13 Rn. 88). Zur sog. Wechselgeldfalle OLG Celle NJW 1959, 1981; BayObLG NJW 1992, 2041 mAnm Graul JR 1992, 520; Roxin/Schünemann JuS 1969, 372 (376); Hoyer in SK-StGB Rn. 164 (str.). In Einzelheiten ist die Abgrenzung noch nicht abschließend geklärt (zusf. Tiedemann in LK-StGB Rn. 105, 118; beachte auch die krit. Analyse der Grenzfälle zwischen Geben und Nehmen von Miehe, Unbewusste Verfügungen, 1987, S. 29; Timmermann, Diebstahl und Betrug im Selbstbedienungsladen, 2014). Zu Unrecht fordert Backmann (Die Abgrenzung des Betrugs von Diebstahl und Unterschlagung, 1974) für den Sachbetrug (also nicht für die übrigen Betrugsformen) zur Vermeidung von Überschneidungen mit den Zueignungsdelikten eine bewusste Verfügung über das Eigentum (abl. Gössel JA 1976, 463; Herzberg ZStW 89 (1977), 367 (370); Maiwald ZStW 91 (1979), 923; Miehe, Unbewusste Verfügungen, 1987, S. 22).

27 bb) Das **Unmittelbarkeitserfordernis** gilt grds. auch für Fälle (zB des Forderungsbetrugs), bei denen es auf die Abgrenzung zur Wegnahme nicht ankommt (hM; vgl. etwa Jäger JuS 2010, 761 (762); anders Miehe, Unbewusste Verfügungen, 1987, S. 79). Jedoch ist seine Tragweite hier noch wenig geklärt (vgl. etwa OLG Saarbrücken NJW 1968, 262; OLG Düsseldorf NJW 1974, 1833 mAnm Oexmann NJW 1974, 2296; OLG Celle NJW 1975, 2218; OLG Hamm wistra 1982, 152; OLG Karlsruhe NStZ 1996, 282 mit krit. Bespr. Otto JK StGB § 263 Rn. 45; Paeffgen Jura 1980, 479 (485); Tiedemann in LK-StGB Rn. 105, 109). Problematisch sind vor allem die Fälle, in denen die Rspr. eine konkrete Vermögensgefährdung (→ Rn. 40) bejaht, obwohl der Täter zur Herbeiführung eines effektiven Schadens erst noch einen deliktischen Angriff führen muss, etwa wenn nur Vertragsbeziehungen zu einem zahlungsunwilligen Partner aufgenommen wurden (→ Rn. 46) oder wenn durch Ausgabe einer Kreditkarte nur die Möglichkeit zum nachfolgenden Kartenmissbrauch nach § 266b eröffnet wurde (BGHSt 33, 244 (245) = NJW 1985, 2280 mit krit. Bespr. Bringewat NStZ 1985, 536; Otto JZ 1985, 1008; Labsch NJW 1986, 105; Ranft Jura 1992, 66 (69); vgl. BGHSt 50, 147 (159) = NJW 2005, 3008 zur Zulassung zum Lastschriftverfahren und nachfolgendem Missbrauch (→ Rn. 11); anders bei Vertragsschluss zur Einrichtung einer 0190-Nummer und anschließender Entgelterschleichung durch missbräuchliche Verwendung von Telefonkarten BGHSt 50, 174 = NJW 2005, 2789 mit Bespr. Eidam JR 2006, 254; Kudlich JuS 2005, 1133); zur entsprechenden Problematik beim electronic-cash-Zahlungsverfahren vgl. Altenhain JZ 1997, 752 (755); zum sog. „Phishing" (Ablisten von PIN und TAN für Online-Banking-Transaktionen) vgl. einerseits Hilgendorf/Frank/Valerius, Computer- und Internetstrafrecht, 2005, Rn. 765; eing. Stuckenberg ZStW 118 (2006), 878 (904); andererseits Popp NJW 2004, 3517; Gercke CR 2005, 606; Ernst NJW 2007, 2661 (2665); Graf NStZ 2007, 129 (130); Heghmanns wistra 2007, 167 (168); Goeckenjan wistra 2008, 128 (130); Neuheuser NStZ 2008, 492; Seidl/Fuchs HRRS 2010, 85; Kindhäuser/Hilgendorf in LPK-StGB Rn. 136; → § 202a Rn. 4, 42; → § 263a Rn. 14b.

28 **2.** Die Verfügung des Getäuschten kann **sein eigenes Vermögen oder das eines Dritten** mindern. Daher ist nur Identität zwischen Getäuschtem und Verfügendem, nicht aber zwischen Verfügendem und Geschädigtem erforderlich (BGHSt 18, 221 (223) = NJW 1963, 1068; BGH NJW 2002, 2117; wer Getäuschter und wer Verfügender ist, muss insbes. bei arbeitsteilig tätigen Unternehmen explizit festgestellt werden, BGH NStZ-RR 2010, 146). Für den damit möglichen sog. **Dreiecksbetrug** ist jedoch Voraussetzung, dass der Getäuschte in der Lage ist, rechtlich oder tatsächlich über das betroffene Vermögen zu verfügen (Schröder ZStW 60 (1948), 33 (66); Seebode JR 1973, 117).

29 **a)** Dass hierher alle Fälle gehören, in denen er **Alleingewahrsam** an der für ihn fremden Sache hat (OLG Hamm NJW 1974, 1957), ferner auch die, in denen er **befugt** ist, Rechtsänderungen mit unmittelbarer Wirkung für das fremde Vermögen vorzunehmen, ist weitgehend anerkannt. So kann etwa Betrug zum Nachteil des Geschäftsherrn durch Täuschung des Bevollmächtigten, eines Kindes durch Täuschung seines gesetzlichen Vertreters, einer juristischen Person durch Täuschung ihrer Organe oder sonst zur Verfügung über ihr Vermögen Befugte (hM;

BGH NStZ 2008, 339 mit Bespr. Krack ZIS 2008, 518; Eisele JZ 2008, 524; Fock/Gerhold JA 2010, 511; zu eng Gössel wistra 1985, 125), des Gemeinschuldners durch Täuschung des Konkursverwalters, des Erben durch Täuschung des Testamentsvollstreckers oder des Erblassers (Schroeder NStZ 1997, 585) und des Prozessgegners durch Täuschung des Richters oder Rechtspflegers (Prozessbetrug; krit. Fahl Jura 1996, 74 (77), dagegen und für eine rechtliche Befugnis des Richters Krell JR 2012, 102 (106); vgl. auch KindhäuserHilgendorf in LPK-StGB Rn. 141; Hellmann in Krey/Hellmann/Heinrich StrafR BT II Rn. 593), Gerichtsvollziehers oder Prozessbevollmächtigten begangen werden. Auch die Täuschung eines Kassenarztes zum Nachteil der Krankenkasse gehört wegen des zwischen ihnen bestehenden Sonderverhältnisses hierher (OLG Stuttgart NStZ-RR 2013, 174 mit zust. Bespr. Satzger JK StGB § 263 Rn. 103; anders BGH NJW 2012, 2530).

b) Ob darüber hinaus noch **weitere Möglichkeiten** rechtlicher oder tatsächlicher Einwirkung auf das fremde Vermögen unter dem Gesichtspunkt eines sog. **Näheverhältnisses** einzubeziehen sind, ist umstritten. Die sog. Befugnis- oder Ermächtigungstheorie bejaht das nur, wenn der Getäuschte zur tatsächlichen Einwirkung auf das fremde Vermögen rechtlich befugt ist (vgl. etwa Otto ZStW 79 (1967), 59 (84); Schünemann GA 1969, 46; Backmann, Die Abgrenzung des Betrugs von Diebstahl und Unterschlagung, 1974, S. 127; Amelung GA 1977, 1 (14); Samson JA 1980, 285 (289); Mitsch StrafR BT II/1 § 7 Rn. 74; Joecks/Jäger StGB Rn. 91–93; enger Kindhäuser ZStW 103 (1991), 398 (420); Kindhäuser FS Bemmann, 1997, 339 (359); krit. dazu Pawlik, Das unerlaubte Verhalten beim Betrug, 1999, S. 217, der eine aus der Autonomie des Vermögensinhabers abgeleitete Kompetenz des Verfügenden verlangt – Pawlik, Das unerlaubte Verhalten beim Betrug, 1999, S. 206; krit. zu dieser sog. Kompetenztheorie Kindhäuser in NK-StGB Rn. 218, 219, der selbst der sog. Nähetheorie folgt – Kindhäuser in NK-StGB Rn. 220, 221). Die Rspr. (zB BGHSt 18, 221 (223) = NJW 1963, 1068 mit Bespr. Hauf JA 1995, 458; dazu auch Kühl HRR StrafR BT Nr. 64; BGH NStZ 1997, 32; BayObLG MDR 1964, 343; wistra 1998,) und ein Teil des Schrifttums, namentlich die sog. Lagertheorie (zB Schröder ZStW 60 (1948), 33 (70); Lenckner JZ 1966, 321; Geppert JuS 1977, 70 (72)), gehen mit unterschiedlicher Begrenzung weiter (sa Haffke GA 1972, 225 (232); Herzberg ZStW 89 (1977), 367 (387); Biletzki JA 1995, 857 (860); Tiedemann in LK-StGB Rn. 112–117). Es geht dabei vor allem um die für die Abgrenzung zum Diebstahl (in mittelbarer Täterschaft) erhebliche Frage, ob ein sog. Gewahrsamshüter (Inhaber von Mitgewahrsam oder Gewahrsamsdiener) eine Vermögensverfügung auch vornimmt, wenn er als gutgläubiges Werkzeug eine Sache aus fremdem Gewahrsam im vermeintlichen Interesse des Gewahrsamsinhabers entnimmt und dem Täter herausgibt, zB ein Parkwächter ein Kraftfahrzeug (BGHSt 18, 221 = NJW 1963, 1068 mit Bespr. Gribbohm NJW 1967, 1897; OLG Köln MDR 1966, 253) oder ein Vermieter eine Sache aus der Wohnung des Mieters (OLG Stuttgart NJW 1965, 1930; Dreher GA 1969, 60; Roxin/Schünemann JuS 1969, 372); hier dürfte es darauf ankommen, ob der Getäuschte bei Vornahme seiner Verfügung überhaupt eine Hüteraufgabe hatte und deshalb in einer (beschränkten) Herrschaftsbeziehung zur Sache stand und ob er sich subjektiv im Rahmen dieser Aufgabe gehalten hat (Kienapfel ÖJZ 1975, 654; Wessels/Hillenkamp/Schuhr StrafR BT II Rn. 647, 648; Tiedemann in LK-StGB Rn. 116; weiter Rengier JZ 1985, 565 (566); Rengier FS Roxin, 2001, 811 (824), der hier Kriterien der objektiven Zurechnung anwenden will; sa Gaede in Leipold/Tsambikakis/Zöller Rn. 90; anders Haas GA 1990, 201; krit. zu allen Theorien Of- 30 fermann-Burckart, Vermögensverfügungen Dritter im Betrugstatbestand, 1994, S. 92, 112, 120, die eine bewusste und gewollte Übertragung der Sachgewalt auf den Verfügenden verlangt und auf den wirklichen oder mutmaßlichen Willen des Geschädigten abstellt – Offermann-Burckart, Vermögensverfügungen Dritter im Betrugstatbestand, 1994, S. 148, 206; str.). Speziell bei **Parteispenden** und der Einreichung manipulierter Rechenschaftsberichte beim Bundestagspräsidenten (zur Täuschung → Rn. 9) verfügt dieser über das Vermögen der Parteien, deren Anspruch sich verringern kann, wenn die einreichende Partei die absolute Obergrenze der staatlichen Förderung schon erreicht hat (BGHSt 56, 203 (215) = NJW 2011, 1747; Dölling JR 2005, 519 (520); Kindhäuser in NK-StGB Rn. 348; zum Vermögensschaden bei Nichterreichen dieser Obergrenze BGHSt 49, 275 (302) = NJW 2004, 3569; → Rn. 56). Nach der Rspr. verfügt der getäuschte Schuldner über das Vermögen des geschädigten Gläubigers, wenn er wegen einer **Anscheinsvollmacht** des Täters mit befreiender Wirkung an diesen zahlt; auf ein Näheverhältnis des Verfügenden zum Vermögen des Geschädigten kommt es wegen der gesetzlichen Anordnung des § 56 HGB nicht an (BGH StV 1993, 307); das gilt auch für die vom Recht verliehene Befugnis, fremde Forderungen durch gutgläubiges Handeln zum Erlöschen zu bringen (nach OLG Celle NJW 1994, 142 mit krit. Bespr. Linnemann wistra 1994, 167 (170); Krack/Radtke JuS 1995, 17, wird das erforderliche „Näheverhältnis“ durch diese Befugnis begründet; zust. Eisele StrafR BT II Rn. 571; Kindhäuser/Böse StrafR BT II § 27 Rn. 51; Maurach/Schroeder/Maiwald/Hoyer/Momsen StrafR BT § 41 Rn. 81; Rengier StrafR BT I § 13 Rn. 114–116; Wessels/Hillenkamp/Schuhr StrafR BT II Rn. 653; enger Joecks/Jäger StGB Rn. 94–99; aM Offermann-Burckart, Vermögensverfügungen Dritter im Betrugstatbestand, 1994, S. 175; Mitsch StrafR BT II/1 § 7 Rn. 75; Hoyer in SK-StGB Rn. 177; vgl. zu den sog. Rechtsscheinsfällen Tiedemann in LK-StGB Rn. 117).

31 **3. Vermögensverfügung und Wegnahme** schließen sich – auch in den Fällen des Dreiecksbetrugs (BGHSt 18, 221 = NJW 1963, 1068; Otto ZStW 79 (1967), 59 (101); Haffke GA 1972, 225 (232); Hansen MDR 1975, 533 (534); Geppert JuS 1977, 69 (74); aM Schröder ZStW 60 (1948), 33 (80); Lenckner JZ 1966, 320; Miehe, Unbewusste Verfügungen, 1987, S. 101; Haas GA 1990, 201 (204); Ebel Jura 2007, 897) – begrifflich aus (BGHSt 17, 205 (209) = NJW 1962, 1211; für einzelne Fallgruppen aM Herzberg ZStW 89 (1977), 367; krit. Puppe JR 1984, 229; Walter, Betrugsstrafrecht in Frankreich und Deutschland, 1999, S. 192, 214, 221).

32 **VI. Der Vermögensschaden.** Das Ergebnis der Vermögensverfügung muss als Vermögensbeschädigung des Getäuschten oder eines anderen zu bewerten sein (→ Rn. 54). Dieselbe Verfügung, die den Täter oder einen Dritten bereichern soll, muss den Schaden unmittelbar herbeiführen (BGHSt 6, 115 = NJW 1954, 1008; BayObLG MDR 1964, 776). – Ausf. Fischer/Hoven/Huber/Raum/Rönnau/Saliger/Trüg, Dogmatik und Praxis des strafrechtlichen Vermögensschadens, 2015. Zum Schadensbegriff bei den Vermögensdelikten zusf. Eisele/Bechtel JuS 2018, 97 (103).

33 **1. a) Vermögen** (zusf. zu den Vermögenslehren Hefendehl in MüKoStGB Rn. 366–413; Pohlreich AL 2017, 241; für einen in § 263 angelegten Vermögensbegriff Zimmermann GA 2017, 544 (553); zu den Anfängen des wirtschaftlichen Vermögens- und Schadensbegriffs Naucke FS Kargl, 2015, 333) ist nach herrschen-

der, aber zunehmend in Frage gestellter Meinung die Summe aller wirtschaftlichen (geldwerten) Güter einer natürlichen oder juristischen Person nach Abzug der Verbindlichkeiten (sog. wirtschaftliche Vermögenslehre, BGHSt 16, 220 = NJW 1961, 1876; einschr. BGH NStZ 1987, 407; NJW 2013, 1750 (1751) „Summe aller geldwerten Güter, die einer Person nach der Gesamtrechtsordnung zugewiesen sind"; BGH NStZ-RR 2017, 44, illegaler Rauschgiftbesitz; BGH NStZ-RR 2018, 221 mit Bespr. Jahn JuS 2018, 719, Vermögen einer terroristischen Vereinigung; zur Entwicklung der Rspr. Küper/Zopfs StrafR BT Rn. 611 und Li NZWiSt 2019, 405; in der Lit. vertreten etwa von Hellmann in Krey/Hellmann/Heinrich StrafR BT II Rn. 613–615; sa Puppe ZIS 2010, 216). Den Gegensatz bildet die heute auch im Schrifttum nicht mehr vertretene Meinung, dass unter Vermögen die Summe der Vermögensrechte einer Person zu verstehen sei (sog. juristische Vermögenslehre, Binding); nach einem „neuformulierten juristischen Vermögensbegriff" ist Vermögensgegenstand, was der Rechtsperson zur Ermöglichung freier Selbstdarstellung rechtlich zugeordnet ist (Pawlik, Das unerlaubte Verhalten beim Betrug, 1999, S. 259). Zwischen beiden Extremen stehen die sog. **ökonomisch-juristischen Vermittlungslehren** (dazu zB Hirsch ZStW 81 (1969), 917 (944)), nach denen das Vermögen durch die Summe der wirtschaftlichen Güter einer Person gebildet wird, über welche diese rechtliche Verfügungsmacht hat (Gallas FS Schmidt, 1961, 401 (409); im Ansatz übernommen von Maurach/Schroeder/Maiwald/Hoyer/Momsen StrafR BT § 41 Rn. 97–99; Frank StGB Kap. V Rn. 3) oder die ihr unter dem Schutz der Rechtsordnung (Franzheim GA 1960, 269 (277); Gutmann MDR 1963, 3 (5); Foth GA 1966, 33 (42); Mitsch StrafR BT II/1 § 7 Rn. 84) oder wenigstens ohne deren Missbilligung (Lenckner JZ 1967, 105; Cramer JuS 1966, 472; Rengier StrafR BT I § 13 Rn. 55; Wessels/Hillenkamp/Schuhr StrafR BT II Rn. 535; Tiedemann in LK-StGB Rn. 132) zustehen (vgl. Keller ZStW 107 (1995), 457 (479); Kargl JA 2001, 714). Eine weitere Spielart dieser Vermittlungslehren bildet der Vorschlag, als Vermögen einer Person alle ihr zuzuordnenden Dienstleistungen und wirtschaftlichen Güter zu verstehen, soweit sie innerhalb der durch Art. 1, 2 GG, § 138 BGB gezogenen Grenzen gegen Geld tauschbar sind, ferner alle Rechte, soweit sie stellvertretend für diese Güter zum Tauschobjekt werden können (Altenhain, Untreue zum Nachteil von Gesellschaften, 1991, S. 347, 426; auf den Tauschwert und dessen Anerkennung durch die Rechtsordnung heben ab: Hoyer in SK-StGB Rn. 116 unter Bezugnahme auf Schmoller ZStW 103 (1991), 98; Ahn, Das Prinzip der Schadensberechnung und die Vollendung des Betruges bei zweiseitigen Vertragsverhältnissen, 1995, S. 34, 50; Hagenbucher in Schünemann, Strafrechtssystem und Betrug, 2002, S. 153, 184; Walter, Betrugsstrafrecht in Frankreich und Deutschland, 1999, S. 181 „Nettotauschwert oder Nutzwert"). Daneben werden auch sog. funktionale (Kindhäuser in NK-StGB Rn. 35–40, 275–286, 332–345; sowie Kindhäuser FS Lüderssen, 2002, 635 (648)) und sog. personale Vermögenslehren vertreten (Bockelmann JZ 1952, 461; Heinitz JR 1968, 387; Otto, Die Struktur des strafrechtlichen Vermögensschutzes, 1970, S. 34, Otto JZ 1993, 652 (655); Jura 1993, 424 (425); Otto StrafR BT § 38 Rn. 3–7, § 51 Rn. 54; Labsch Jura 1987, 411 (416); Alwart JZ 1986, 563 (564); Niggli SchwZStr 1993, 236 (254); Geerds, Wirtschaftsstrafrecht und Vermögensschutz, 1990, S. 130, 178; Geerds Jura 1994, 309 (311); Winkler, Der Vermögensbegriff beim Betrug und das verfassungsrechtliche Bestimmtheitsgebot, 1995, S. 173; Schmidhäuser Studienbuch StrafR BT § 11 Rn. 1–3; beachte auch den eigenständigen subjektiv/personalen Vermögensbegriff von Wolf, Die Strafbarkeit der rechtswidrigen Verwendung öffentlicher Mittel, 1998, S. 41 mit krit. Bespr.

Berger GA 2000, 202), während der „dynamische“ Vermögensbegriff (Eser GA 1962, 289; ähnlich auch Mohrbotter GA 1969, 225 (227); Weidemann MDR 1973, 992) nur eine Spielart der wirtschaftlichen Vermögenslehre bildet (krit. zu den Vermögenslehren Hefendehl, Vermögensgefährdungen und Exspektanzen, 1994, S. 99, der Vermögen als Herrschaft versteht und dann annimmt, wenn einer Person zivilrechtlich anerkannte Durchsetzungsmöglichkeiten zur Verfügung stehen, die ihr die Freiheit lassen, über Vermögensgüter nach ihrem Belieben zu verfügen und externen Störfaktoren effektiv zu begegnen, S. 117; sowie Hefendehl in Schünemann, Strafrechtssystem und Betrug, 2002, S. 185, 228; Hefendehl in MüKoStGB Rn. 405–413 bezeichnet dies als „normativ-ökonomischen Vermögensbegriff“). Aus der Sicht des § 263 grds. zwischen **privatem und öffentlichem Vermögen** zu unterscheiden (so Tiedemann ZStW 86 (1974), 897 (911); Tiedemann FG BGH, 2000, 551 (560), der aber nicht die Anwendbarkeit der Vermögensschutztatbestände auf öffentliches Vermögen bestreitet, sondern nur auf den Unterschied von privatem und öffentlichem Vermögen bei der Bestimmung des Vermögensschadens abhebt; krit. dazu Berger, Der Schutz öffentlichen Vermögens durch § 263 StGB, 2000, S. 201; offen gelassen BGHSt 31, 93 (95) = NJW 1982, 2453), besteht kein hinreichender Grund (hM; vgl. etwa Hack, Probleme des Tatbestands Subventionsbetrug, § 264 StGB, 1982, S. 28; Wolf, Die Strafbarkeit der rechtswidrigen Verwendung öffentlicher Mittel, 1998, S. 46; Berger, Der Schutz öffentlichen Vermögens durch § 263 StGB, 2000, S. 6, 57, 264, 268 mit krit. Bespr. Pawlik GA 2002, 680; Hefendehl in MüKoStGB Rn. 7; Perron in Schönke/Schröder Rn. 78a); geschützt ist auch das Vermögen der EU (→ Rn. 2). Auch für die Schadensbegründung wegen Zweckverfehlung, wo diese Unterscheidung allenfalls relevant werden könnte, bedarf es einer Differenzierung nicht (→ Rn. 55).

34 **b)** Nach hM gehören zum Vermögen alle Güter, soweit sie **wirtschaftlichen Wert** haben (zusf. Satzger Jura 2009, 518 (520)).

aa) Mit dieser Einschränkung (vgl. zB BGH wistra 1986, 24; wistra 1986, 169; BayObLG JZ 1979, 694) kommen neben dem Eigentum und sonstigen Rechten, also zB auch gesetzlichen Pfandrechten (BGHSt 32, 88 = NJW 1984, 500 mit Bespr. Jakobs JR 1984, 385; Joerden JuS 1985, 20), Anwartschaftsrechten (BGHSt 31, 178 = NJW 1983, 1130; Radtke JuS 1994, 589) und klaglosen Forderungen (RGSt 68, 379), auch bloße **Exspektanzen** (tatsächliche Anwartschaften) in Frage, wenn sie so weit konkretisiert sind, dass ihnen der Wirtschaftsverkehr schon für die Gegenwart wirtschaftlichen Wert beimisst (BGHSt 17, 147 = NJW 1962, 973; BGH bei Holtz MDR 1981, 100; Beulke JuS 1977, 35 (36); aM Gallas FS Schmidt, 1961, 401 (411); Otto, Die Struktur des strafrechtlichen Vermögensschutzes, 1970, S. 46, 296; Geerds Jura 1994, 309 (313); Kargl JA 2001, 714 (720); zusf. Mohrbotter GA 1971, 321; Tiedemann in LK-StGB Rn. 135–137; eing. zu den unterschiedlichen Konstellationen Hefendehl, Vermögensgefährdungen und Exspektanzen, 1994, S. 199; Hefendehl in Schünemann, Strafrechtssystem und Betrug, 2002, S. 237; str.); eine unbestimmte Aussicht (BGHSt 31, 232 = NJW 1983, 1807; BGH GA 1978, 332 mit Bespr. Bruns GS Schröder, 1978, 273 (280); OLG Karlsruhe NStZ 1996, 282 mit krit. Bespr. Otto JK StGB § 263 Rn. 45) genügt daher ebenso wenig wie hochspekulative Zins- und Gewinnerwartungen (BGH NStZ 1996, 191, sa LG Frankfurt a. M. NStZ-RR 2003, 140); auch nicht die Gewinnerwartung des Käufers aus einem für ihn günstigen Kaufvertrag (OLG Düsseldorf NJW 1993, 2694 mkritAnm Ranft JR 1994, 523), die vom Kaufinteressenten abhängige, gewinnbringende Verkaufsmöglichkeit (OLG Celle StV 1996, 154), die Chance des Versenders, den Erstbesteller mittels einer Zugabe zu weiteren Käufen zu veranlassen (BayObLG NJW 1994, 208 mit krit. Bespr. Hilgendorf JuS 1994, 466; Geppert JK StGB §263 Rn. 41; Perron in Schönke/Schröder Rn. 87a, 105a), die Eintragung einer Auflassungsvormerkung (OLG Stuttgart NJW 2002, 384 mit krit. Bespr. Erb JR 2002, 216) und Aussichten von Erben zu Lebzeiten des Erblassers (OLG Stuttgart NJW 1999, 1563 mit Bespr. Thomas NStZ 1999, 622; Schroeder NStZ 1997, 585; Jünemann NStZ 1998, 393; Brand/Fett JA 2000, 211; Milonidis, Die Strafbarkeit der Erbschleicherei, 2002, S. 112, 146; Eisele FS Weber, 2004, 271 (281); Hoyer FS Schroeder, 2006, 497 (500); Fischer Rn. 92). Hinreichend konkret können nach der Rspr. etwa sein: die auf einem unechten Vertrag zugunsten Dritter beruhende Anwartschaft (OLG Stuttgart NJW 1962, 502); die Aussicht auf Erlangung der Abstammungspapiere eines gepfändeten Pferdes (OLG Düsseldorf NJW 1994, 3366); die Aussicht auf Zuschlag bei einer öffentlichen Verdingung (BGHSt 17, 147 = NJW 1962, 973; BGH NStZ 1997, 542; einschr. in Submissionsfällen Satzger ZStW 109 (1997), 357 (368)); die Aussicht auf einen günstigen Kaufabschluss bei Vorliegen eines ernsthaften Angebots (OLG Bremen NStZ 1989, 228); die Aussicht auf Zuteilung von Aktien an einen aus sozialen Gründen privilegierten Personenkreis bei Privatisierung von Unternehmen der öffentlichen Hand (BGHSt 19, 37 (42) = NJW 1963, 1835; sa BGHSt 19, 206 = NJW 1964, 824); die Aussicht eines abstiegsbedrohten Fußballvereins, in der Bundesliga verbleiben und sich dadurch höhere Einnahmen aus Fußballspielen erhalten zu können (BGH NJW 1975, 1234; Triffterer NJW 1975, 612 (614); Paringer, Korruption im Profifußball, 2001, S. 113; krit. Schreiber/Beulke JuS 1977, 656 (659); Bringewat JZ 1977, 667), soweit nicht schon der Lizenz als solcher Vermögenswert zukommt. Wirtschaftlichen Wert können ferner der **Besitz** haben (Tiedemann in LK-StGB Rn. 140, 141; zum Besitz als Vermögensvorteil → Rn. 59), auch der unrechtmäßige (BGH NStZ 2008, 627 mit abl. Bespr. Kindhäuser StV 2009, 355 und Satzger JK StGB §263 Rn. 84; Kühl JuS 1989, 505 (510); Pohlreich AL 2017, 241 (242); Hefendehl in MüKoStGB Rn. 483; Hoyer in SK-StGB Rn. 125; aM Pawlik, Das unerlaubte Verhalten beim Betrug, 1999, S. 260; Kindhäuser in NK-StGB Rn. 238, 239), nicht aber der (etwa nach dem BtMG) strafbare (Hillenkamp FS Achenbach, 2011, 189 (204); aM Wolters FS Samson, 2010, 495 (512); vgl. auch BGH StraFo 2013, 480), und die Möglichkeit, die **Arbeitskraft** gegen Entgelt zu verwerten (BGH NStZ 1998, 85; NJW 2001, 981 (anders bei Erfüllung strafbarer Tatbestände, BGH NStZ 2001, 534 mit krit. Bespr. Otto JK StGB §263 Rn. 64; BGH NStZ-RR 2009, 106; abl. Hellmann in Krey/Hellmann/Heinrich StrafR BT II Rn. 619, 621, zust. aber Hecker JuS 2001, 228; Wessels/Hillenkamp/Schuhr StrafR BT II Rn. 567); Cramer, Vermögensbegriff und Vermögensschaden im Strafrecht, 1968, S. 236; Herzberg JuS 1972, 185 (188); Heinrich GA 1997, 24; Mitsch StrafR BT II/1 §7 Rn. 86; krit. Lampe FS Maurach, 1972, 375; zusf. Tiedemann in LK-StGB Rn. 138–139a).

bb) Nach der wirtschaftlichen Vermögenslehre sollen auch **nichtige Ansprüche** aus sittenwidrigen oder verbotenen Rechtsgeschäften als Vermögenswerte Anerkennung verdienen (BGHSt 2, 364 = NJW 1952, 833; zu Recht anders BGH NStZ 1987, 407 mAnm Barton StV 1987, 485; Tenckhoff JR 1988, 126; OLG Hamm NJW 1989, 2551 mablAnm Wöhrmann NStZ 1990, 342; LG Mannheim NJW 1995, 3398 mit Bespr. Behm NStZ 1996, 317; Krauss NJW 1996, 2850; Scheffler JuS 1996, 1070; Abrahams/Schwarz Jura 1997, 355 „Telefonsex"; dazu auch BGH NJW 1998, 2895 mit Bespr. Emmerich/Schulze JuS 1999, 636; zivilrechtlich BGH NJW 2008, 140 mablAnm Majer NJW 2008, 1926 und Bespr. Stadler JA 2008, 384; sa Bergmann/Freund JR 1988, 189; Kretschmer StraFo 2009, 35

189; Zieschang FS Hirsch, 1999, 831; Saliger in Matt/Renzikowski Rn. 170, 175; krit. zur Rspr. Gleß, Die Reglementierung von Prostitution in Deutschland, 1999, S. 126; Arzt in Arzt/Weber/Heinrich/Hilgendorf StrafR BT § 20 Rn. 116–118, 119; ein Anspruch auf Beuteteilung unter Straftätern ist aber nicht geschützt, BGH NStZ 2001, 534 mit zust. Bespr. Otto JK StGB § 263 Rn. 64); die früher mit der Sittenwidrigkeit begründete Nichtigkeit des Zahlungsanspruchs der vorleistenden Prostituierten (sog. „geprellte Dirne") ist durch das **ProstG** (→ Vor § 1 Rn. 14) aus dem Bereich der Sitte in den Rechtsbereich zurückgeholt worden (Kühl GS Meurer, 2002, 543 (552); Kühl FS Schreiber, 2005, 957 (967); eing. Trede, Auswirkungen des Gesetzes zur Regelung der Rechtsverhältnisse der Prostituierten auf das Straf- und Ordnungswidrigkeitenrecht, 2006; eine umfassende Legalisierung ist vom Gesetzgeber nicht gewollt, vgl. BSG NJW 2010, 1629 zur fehlenden Vermittlungspflicht); nach § 1 ProstG hat die Prostituierte jetzt einen Zahlungsanspruch, um den sie durch den zahlungsunwilligen Kunden mit vermögensschädigender Wirkung gebracht werden kann (BGH NStZ 2011, 278; NStZ 2012, 272; NStZ 2016, 283 mit Praxiskommentar Krehl NStZ 2016, 347 und Bespr. Bosch Jura 2016, 826 zu § 263; Heger StV 2003, 350 (355); Kretschmer StraFo 2003, 191; Hecker FS Kühne, 2013, 81 (89); Hellmann in Krey/Hellmann/Heinrich StrafR BT II Rn. 615 Fn. 242; Rengier StrafR BT I § 13 Rn. 133; Wessels/Hillenkamp/Schuhr StrafR BT II Rn. 567; Fischer Rn. 107, 107a; Kindhäuser in NK-StGB Rn. 348; Satzger in Satzger/Schluckebier/Widmaier StGB Rn. 102; ebenso für die nach Erbringung der sexuellen Dienstleistung täuschungsbedingte Nichterfüllung ihres Zahlungsanspruchs Ziethen NStZ 2003, 184 (187)); das ProstG hat auch auf die bisherige Bewertung von Telefonsex-Verträgen als „sittenwidrig" Einfluss, so dass mangels sittenwidrigkeitsbedingter Nichtigkeit (vgl. BGH NJW 2002, 361; NJW 2008, 140; Mansel in Jauernig BGB § 138 Rn. 17) auch der strafrechtliche Schutz zu Gunsten der vorleistenden Sprechpartnerin eingreift (Fischer Rn. 107b; wohl auch Joecks/Jäger/Jäger StGB Rn. 111).

35a Die ansonsten weite Ausdehnung des Vermögensbegriffs auf nichtige Ansprüche ist bei wirtschaftlicher Betrachtung zwar konsequent, aber mit allgemeinen Rechtsgrundsätzen nicht vereinbar (Kargl JA 2001, 714; Wessels/Hillenkamp/Schuhr StrafR BT II Rn. 570; Tiedemann in LK-StGB Rn. 151). Ausgeschlossen wird dadurch aber nicht, den als geschädigt anzusehen, der zur Erfüllung solcher Geschäfte **Vermögenswerte einsetzt,** die unabhängig vom verfolgten Zweck rechtlich anerkannt sind (hM; vgl. etwa BGHSt 29, 300 = NJW 1980, 2203; BGH NStZ 2002, 33; NJW 2002, 2117 mzustAnm Engländer JR 2003, 164; Hillenkamp JuS 2003, 163; krit. bis abl. aber Kindhäuser/Wallau NStZ 2003, 152; Mitsch JuS 2003, 122 (125); Geppert JK StGB § 253 Rn. 8; sa Spickhoff JZ 2002, 970; KG NJW 2001, 86 mit (abl.) Bespr. Hecker JuS 2001, 228; Baier JA 2001, 280; Gröseling NStZ 2001, 515; und (zust.) Otto JK StGB § 263 Rn. 5; Dölling JuS 1981, 570; Tenckhoff JR 1988, 126; Neumann JuS 1993, 749; Zieschang FS Hirsch, 1999, 831 (845); Arzt in Arzt/Weber/Heinrich/Hilgendorf StrafR BT § 20 Rn. 115; Eisele StrafR BT II Rn. 609; Rengier StrafR BT I § 13 Rn. 145; Wessels/Hillenkamp/Schuhr StrafR BT II Rn. 565; Tiedemann in LK-StGB Rn. 138, 151; auf der Grundlage des wirtschaftlichen Vermögensbegriffs auch Hellmann in Krey/Hellmann/Heinrich StrafR BT II Rn. 602, 623; Saliger in Matt/Renzikowski Rn. 178; aM LG Regensburg NStZ-RR 2005, 312; Maiwald NJW 1981, 2777 (2780); Bergmann/Freund JR 1988, 189 (191); JR 1991, 357; Renzikowski GA 1992, 159 (174); Kindhäuser FS Heinze, 2005, 447 (453), der zur alternativen Begründung auf eine bewusste Selbstschädigung abstellt; ebenso LG Regensburg NStZ-RR 2005,

312; Joecks/Jäger StGB Rn. 152; Maurach/Schroeder/Maiwald/Hoyer/Momsen StrafR BT § 41 Rn. 102; Gaede in Leipold/Tsambikakis/Zöller Rn. 79 „Widerspruch innerhalb des Strafrechts selbst"; Hoyer in SK-StGB Rn. 132; Perron in Schönke/Schröder, Rn. 150; mit abweichender Begr. auch Pawlik, Das unerlaubte Verhalten beim Betrug, 1999, S. 147; krit. dazu Arzt in Arzt/Weber/Heinrich/Hilgendorf StrafR BT § 20 Rn. 27; diff. Mitsch StrafR BT II/1 § 7 Rn. 41, 43; zusf. Kindhäuser in NK-StGB Rn. 342–347; zw.); angesichts der Gesamtnichtigkeit des BtM-Geschäfts soll wegen § 817 S. 2 BGB aber kein Anspruch auf Wechselgeld des des Käufers, der zu viel bezahlt hat, bestehen (BGH NStZ-RR 2021, 247 mablAnm Brandt; Fahl NStZ 2022, 108; Bespr. Disselkamp ZJS 2021, 679). – Zur möglichen Erpressungsstrafbarkeit, wenn sich der Getäuschte seine Vermögenswerte durch den Einsatz von Nötigungsmitteln wieder verschafft, → § 253 Rn. 9.

2. a) Das Vermögen erleidet einen **Schaden,** wenn sein wirtschaftlicher Gesamtwert durch die Verfügung des Getäuschten vermindert wird (BGHSt 16, 220 = NJW 1961, 1876; BGH NStZ 1997, 32; NStZ 1999, 353; wistra 2022, 34; NStZ-RR 2021, 310; OLG München wistra 2014, 33 mit Bespr. Hecker JuS 2014, 561; BGH wistra 2016, 271; StraFo 2014, 399; OLG Celle wistra 2014, 194; zusf. Satzger Jura 2009, 518), wenn also nicht lediglich eine Vermögensvermehrung ausbleibt (BGH NJW 1985, 2428; NJW 1991, 2573; NJW 2004, 2603 mAnm Kudlich JuS 2005, 81; OLG Köln NStZ 2000, 481; Eisele StrafR BT II Rn. 575), sondern entweder die Aktiven ihrem Wert nach verringert werden oder neue Verbindlichkeiten entstehen, ohne dass diese Einbuße durch einen unmittelbaren Zuwachs voll ausgeglichen wird (sog. Gesamtsaldierung; BGHSt 60, 1 (9) = NStZ 2015, 89; schon BGHSt 53, 199 = NJW 2009, 2390; BGHSt 57, 95 = NJW 2012, 1377; BGH StraFo 2016, 34; StraFo 2016, 257; StraFo 2017, 256; StV 2016, 20 mAnm Schlösser; Rengier StrafR BT I § 13 Rn. 161; BGH NStZ 2016, 286; NStZ-RR 2021, 310; auf ein „Negativsaldo" BGHSt 58, 102 (111) = NJW 2013, 883; BGHSt 58, 205, 208 = NJW 2013, 1460 mit Bespr. Albrecht NStZ 2014, 17; Kubiciel JZ 2014, 99; sowie BGH NJW 2013, 1750 (1751); wobei die vom BVerfGE 126, 170 (223) = NJW 2010, 3209 geforderte wirtschaftliche Betrachtungsweise zu beachten sei). Zum sog. „Schneeballsystem" BGH NStZ 2016, 280 (283) mit Praxiskommentar Becker NStZ 2016, 410; Satzger Jura 2016, 1084; Schmidt StV 2018, 57; eing. Fischer Rn. 130; auch schon zu BGHSt 53, 199 = NJW 2009, 2390. Zur Überzeugung des Gerichts feststehen muss danach nur das Ob der Verminderung; dessen Höhe kann dagegen unter Beachtung des Zweifelssatzes geschätzt werden (BGHSt 36, 320 (328) = NJW 1990, 1549; BGHSt 38, 186 (193) = NJW 1992, 921; BGH NStZ 2015, 281; zur Schätzung → § 40 Rn. 17); jedoch ist eine konkrete Bezifferung insbes. beim Eingehungsbetrug erforderlich (BVerfG NJW 2012, 907 (916)). Zum Vermögensschaden bei Risikogeschäften im Bereich von Betrug und Untreue Kasiske NZWiSt 2016, 302. Zur Bezifferung des Vermögensschadens BGH NStZ 2016, 343 mit Bespr. Becker. Schadensberechnung beim Sozialhilfebetrug BGH NStZ 2016, 412 mit Praxiskommentar Hoven. – **Rechtsvergleichend** Taferner ÖJZ 2016, 404 „Betrugsschaden" ohne Bereicherungsvorsatz. 36

b) Für die **Kompensation** nicht zu berücksichtigen sind jedoch die Anfechtbarkeit des Geschäfts (BGHSt 23, 300 (302) = NJW 1970, 1932; BGH NJW 1985, 1563; diff. Luipold, Die Bedeutung von Anfechtungs-, Widerrufs-, Rücktritts- und Gewährleistungsrechten für das Schadensmerkmal des Betrugstatbestandes, 1998, S. 143) und gesetzliche Ausgleichsansprüche, die dem Betroffenen gerade 36a wegen der Täuschung erwachsen (BGH bei Dallinger MDR 1970, 13; KG NJW 1965, 703), zB Rückgewähransprüche, Schadensersatzansprüche aus unerlaubter Handlung und Ansprüche aus ungerechtfertigter Bereicherung (diff. Luipold, Die Bedeutung von Anfechtungs-, Widerrufs-, Rücktritts- und Gewährleistungsrechten für das Schadensmerkmal des Betrugstatbestandes, 1998, S. 181; aM Ahn, Das Prinzip der Schadensberechnung und die Vollendung des Betruges bei zweiseitigen Vertragsverhältnissen, 1995, S. 155; Walter, Betrugsstrafrecht in Frankreich und Deutschland, 1999, S. 530; Walter FS Herzberg, 2008, 763), wohl aber das gesetzliche **Unternehmerpfandrecht** beim Werkvertrag (OLG Hamm JMBl. NRW 1969, 100 (101); Amelung NJW 1975, 624; Hellmann in Krey/Hellmann/Heinrich StrafR BT II Rn. 651, 652; aM BayObLG JR 1974, 336 mablAnm Lenckner) und alle Vertragsansprüche oder Leistungen, die zur Sicherung des Getäuschten gegen Schaden vereinbart oder gegeben werden (BGH wistra 1992, 142; wistra 1993, 265; wistra 1995, 28; wistra 1995, 222; StV 1997, 416; NStZ 1998, 570; NStZ 1999, 353; NStZ-RR 2000, 331; NStZ-RR 2001, 328; NStZ-RR 2005, 374; zB eine zur Sicherung eingeräumte werthaltige Buchgrundschuld BGH NStZ 2009, 150; wistra 2009, 350; auch in Verbindung mit werthaltigen schuldrechtlichen Ansprüchen, BGH wistra 2013, 268 (269); NStZ 2013, 474; das Widerrufsrecht für Fernabsatzverträge, Eisele ComputerStrafR § 39 Rn. 18; vgl. zur Sicherungszession BGH NJW 2005, 3650 (3652) mAnm Sinn NStZ 2007, 155; zB das Recht der Bank, eine vorläufige Gutschrift rückgängig zu machen (BGH StV 2012, 407 mit krit. Bespr. Bosch JK StGB § 263 Rn. 98); speziell zum Eigentumsvorbehalt Norouzi JuS 2005, 786; nach Rengier FS Gössel, 2002, 469 (476), auch bei einer vom Händler mit einem Dritten vereinbarten Zahlungsausfallgarantie für Kundenzahlungen im POZ-Lastschriftverfahren); die Ansprüche müssen eine jederzeit und ohne Zeit- und Kostenaufwand zu erreichende Zahlung erwarten lassen (OLG Karlsruhe wistra 1997, 109) und dürfen nicht minderwertig sein (BGH wistra 2009, 350). Eine Schadenskompensation tritt auch ein, wenn durch die Tat unmittelbar eine Befreiung von einer Verbindlichkeit eintritt (BGH NStZ-RR 2011, 312; zust. Fischer Rn. 111a).

37 **3.** Der **Maßstab für die Wertbemessung** ist nach hM ein **objektiv-individueller;** auf das subjektive Schadensgefühl des Betroffenen kommt es nicht an (BGHSt 16, 321 (325) = NJW 1962, 309), auch nicht allein darauf, ob die Vermögensverfügung bei Kenntnis der wahren Sachlage unterblieben wäre (BGH wistra 1986, 169; NStZ 1999, 555; OLG Köln NJW 1979, 1419; OLG Düsseldorf JZ 1996, 913 mAnm Schneider).

38 **a)** Die **objektive Komponente** des Wertmaßstabs legt die Beurteilung des Schadens auf diejenigen Überzeugungen vom Wert der Wirtschaftsgüter fest, die im Wirtschaftsverkehr tatsächlich maßgebend sind; dabei sind jeweils die konkreten Umstände zu berücksichtigen (OLG München NJW 1978, 435), so dass als Bewertungsgrundlage nicht nur der Verkehrs- (Markt-)wert (Gaede in Leipold/Tsambikakis/Zöller Rn. 107) auf den verschiedenen Umsatzstufen des allgemeinen Marktes (BGH NJW 1991, 2573), etwa des Großhandels, des Einzelhandels (BGH DRiZ 1972, 287) oder des Versteigerungsgeschäfts, sondern zB auch der nachhaltig erzielbare Preis auf Spezialmärkten (zB Baumarkt oder die Börse (speziell zum Aktienkauf BGH NJW 2011, 2675 mAnm Becker JR 2012, 82; wo im Anschluss an die Rspr. des BVerfG's eine stärker substantiierte, auf sachverständige Darlegung der beim Schaden einander gegenüber gestellten Vermögenswerte verlangt wird; dazu auch Saliger in Matt/Renzikowski Rn. 231; sa Hellmann/Beckemper WirtschaftsStrafR

Rn. 178, 179, maßgeblich ist der durch die Börse festgelegte Marktpreis), Gebrauchtwarenhandel (zu Gebrauchtwagen BGH NStZ-RR 2020, 281), Kunsthandel usw) in Frage kommt; in Grenzbereichen kann das zu schwierigen und meist auch umstrittenen Schadensbewertungen führen, zB bei der Abgrenzung von lediglich reduzierter Vermögensmehrung und Schaden in Fällen täuschungsbedingter Rabattgewährung (sog. **„Rabattbetrug";** BGH NJW 2004, 2604 mit Bespr. Kudlich JuS 2005, 81; KG wistra 2005, 37; OLG Stuttgart NStZ-RR 2007, 347; Fischer Rn. 122) sowie bei öffentlichen Ausschreibungen, wenn Angebote auf Grund von **Submissionsabsprachen** (die heute auch eine Strafbarkeit nach § 298 begründen können) gemacht worden sind (BGHSt 16, 137; BGHSt 38, 186 = NJW 1992, 921 mit Bespr. Geerds Jura 1994, 309 (312); Tiedemann ZRP 1992, 142; Baumann NJW 1992, 1661; Joecks wistra 1992, 247; Cramer NStZ 1993, 42; Hefendehl JuS 1993, 805; ZfBR 1993, 164; Ranft wistra 1994, 41; sowie Mitsch JZ 1994, 877 (889); das Verfahren wurde nach § 153 II StPO eingestellt, BGH NJW 1995, 737 mit Bespr. Lüderssen wistra 1995, 243; und Rutkowsky NJW 1995, 705; BGHSt 47, 83 = NJW 2001, 3718 mit zT krit. Bespr. Best GA 2003, 157; Rönnau JuS 2002, 545; Rose NStZ 2002, 41; Satzger JR 2002, 391; Walter JZ 2003, 254; Otto JK StGB § 263 Rn. 62; zu dieser Entscheidung, die die Schadensbegründung bei absprachebedingten Preisaufschlägen ohne Orientierung am Marktpreis vornimmt vgl. auch Achenbach NStZ 2002, 523 (524); Rengier StrafR BT I § 13 Rn. 233; Hellmann/Beckemper WirtschaftsStrafR Rn. 713–726; und Wessels/Hillenkamp/Schuhr StrafR BT II Rn. 702; BGH wistra 2001, 103; OLG Frankfurt a. M. NJW 1990, 1057 mit Bespr. Hassemer JuS 1990, 669; Schaupensteiner ZRP 1993, 250; Ranft wistra 1994, 41 (43); Satzger, Der Submissionsbetrug, 1994; Satzger ZStW 109 (1997), 357; Cramer, Zur Strafbarkeit von Preisabsprachen in der Bauwirtschaft, 1995; Otto ZRP 1996, 300; Oldigs, Möglichkeiten und Grenzen der strafrechtlichen Bekämpfung von Submissionsabsprachen, 1998, S. 60; Oldigs wistra 1998, 291 (292); Hoyer in SK-StGB Rn. 254; diese Schadensbegründung wird durch die neuere Rspr. des BVerfG's wohl nicht in Frage gestellt, Saliger ZIS 2011, 917; Rengier StrafR BT I § 13 Rn. 233; Zweifel bei Rönnau FS Rissing-van Saan, 2011, 540) oder wenn auf Kunstauktionen Scheingebote abgegeben worden sind (dazu und allg. zum Schaden im Kunsthandel Locher, Das Recht der bildenden Kunst, 1970, S. 190; Baumann NJW 1971, 23; Locher/Blind NJW 1971, 2290; Heinz/Mühleisen FS Würtenberger, 2013, 219; Geerds Jura 1994, 309 (314); Sandmann, Die Strafbarkeit der Kunstfälschung, 2004, S. 144; sa Otto NJW 1979, 681 (684); str.). Eine individualisierte oder hypothetische Betrachtung darf aber nicht dazu führen, dass allein die Missachtung der Regeln eines Preisbildungsverfahrens zur Annahme eines Vermögensschadens ausreicht (vgl. Popp JuS 2005, 689 (693), zur Manipulation von Online-Auktionen; zur Täuschung → Rn. 9).

aa) Für die Bewertung von **Waren** kommt es nicht nur auf ihre Qualität, sondern 39 auch auf andere **preisbildende Umstände** an; deshalb kann die Lieferung von Hopfen aus einem weniger renommierten Anbaugebiet (BGHSt 8, 46 = NJW 1955, 1366), von Weinen, die wegen eines Verkehrsverbots gar nicht in den Handel kommen durften (BGH NJW 1995, 2933 mkritAnm Samson StV 1996, 93), von Musikinstrumenten anderer als der vereinbarten Herkunft (OLG Köln BB 1960, 340) oder von qualitätsgleicher Auslandsbutter bei geringerem Wert am Inlandsmarkt (BGHSt 12, 347 = NJW 1959, 993) eine Schädigung bedeuten (Eisele StrafR BT II Rn. 575); dasselbe gilt für Markenprodukte wie zB der Anzug von „Boss" oder „Joop" (Wolf, Der strafrechtliche Schutz der Persönlichkeit gegen unbefugte Kommerzialisierung, 1999, S. 137). Bei Verlagsverträgen über Druckwerke, die in

Wahrheit Plagiate sind, und bei deren Verkauf hängt die Bewertung von den Umständen ab (weiter Deumeland AfP 1973, 491; SchwJZ 1975, 205 (208)).

39a bb) Für die Bewertung entgeltlicher **Dienstleistungen** (etwa von Verkehrsbetrieben, Sporteinrichtungen, Theatern, Ausstellungen usw) bedeutet das Erbringen der Leistung ohne volles Entgelt einen Vermögensschaden (OLG Düsseldorf NJW 1992, 924; vgl. auch BGH NStZ 1994, 189; wistra 2002, 138; Rengier StrafR BT I § 13 Rn. 211), und zwar auch dann, wenn von einem anderen Interessenten (zB halb leerer Zug) ein Entgelt nicht hätte erlangt werden können (Tiedemann in LK-StGB Rn. 189).

40 cc) Aus der Maßgeblichkeit des Wertvergleichs folgt zugleich, dass ein Schaden nicht notwendig das Ausscheiden eines Gegenstandes (→ Rn. 34) aus dem Vermögen oder die Begründung einer Verbindlichkeit voraussetzt. Die hM erkennt als Vermögensschaden auch eine konkrete (BGHSt 21, 112 = NJW 1966, 1975; BGHSt 34, 394 = NJW 1987, 3144; BGH StV 1987, 535; BB 1991, 713; NStZ 1995, 232; NStZ 1996, 203; NStZ 1998, 570; wistra 2003, 60; NStZ 2004, 264; zu weit BGHSt 23, 300 = NJW 1970, 1932 mit zu Recht krit. Bespr. Lenckner JZ 1971, 320; beachte aber OLG Köln NStZ-RR 2009, 176 zum Gewährleistungsausschluss; OLG Frankfurt a. M. NStZ-RR 2008, 240 zur Gefahr der nicht geschuldeten Vorleistung; LG Tübingen NJW 2008, 1175 zur Nießbrauchsbestellung) **Vermögensgefährdung** – Grundwissen bei Becker-Rönnau JuS 2017, 439 (503); an („traditionelle Ansicht“ nach Eisele StrafR BT II Rn. 577; von einer „schadensgleichen Vermögensgefährdung“ sprechen noch Eisele StrafR BT II Rn. 578, Pohlreich AL 2017, 241 (249); Jäger ExRep StrafR BT Rn. 363; Wessels/Hillenkamp/Schuhr StrafR BT II Rn. 572; krit. zur Terminologie Fischer Rn. 157; und Tiedemann in LK-StGB Rn. 169; krit. auch schon Naucke StV 1985, 187; Seelmann JR 1986, 346; Otto JZ 1993, 652 (657); Ranft wistra 1994, 41 (43); Ahn, Das Prinzip der Schadensberechnung und die Vollendung des Betruges bei zweiseitigen Vertragsverhältnissen, 1995, S. 96; zusf. Satzger Jura 2009, 518 (524); zusf. zur Kritik Baumanns JR 2005, 227; zur Frage der Bestimmbarkeit des Gefährdungsschadens Zebisch/Kubik NStZ 2017, 322, zur Diskussion um ihren Ausschluss de lege ferenda s. Albrecht/Hassemer/Voß, Rechtsgüterschutz durch Entkriminalisierung, 1992, S. 63; Loos ZRP 1993, 310 (311); rechtsvergleichend mit Österreich und der Schweiz Kessel JBl 1999, 12). Von einer schadensgleichen Vermögensgefährdung wird auch noch in der neueren Rspr. gesprochen (BGHSt 52, 323 (326, 328) = NJW 2009, 89; BGH NStZ 2011, 160; NStZ-RR 2016, 341; krit. aber BGHSt 53, 199 (203) = NJW 2009, 2390, verschleiernd), in der Lit. wird zT der Begriff Gefährdungsschaden bevorzugt (Blassl wistra 2016, 425; Schlösser StV 2014, 694; Eisele StrafR BT II Rn. 578; Perron in Schönke/Schröder Rn. 143; Tiedemann in LK-StGB Rn. 168; sa BGHSt 53, 71 (85) = NJW 2009, 528; näher zur Feststellung eines Gefährdungsschadens Fischer Rn. 161–162; beachte auch BVerfGE 126, 170 (194) = NJW 2010, 3209, das eine Bezifferung der Höhe nach in wirtschaftlich nachvollziehbarer Weise verlangt; dazu Rengier StrafR BT I § 13 Rn. 185 c; Saliger in Matt/Renzikowski Rn. 204). Diese setzt voraus, dass wirtschaftlich betrachtet das Vermögen deshalb schon vermindert erscheint, weil der Eintritt einer endgültigen Vermögenseinbuße – in einem in Rspr. (dazu in flächendeckender Fallgruppenbildung Hefendehl, Vermögensgefährdungen und Exspektanzen, 1994, S. 256) und Schrifttum allerdings umstrittenen Ausmaß (dazu Riemann, Vermögensgefährdung und Vermögensschaden, 1989, S. 44) – näher gerückt ist (einschr. im Hinblick auf Selbstschutzmöglichkeiten des Opfers Luipold, Die Bedeutung von Anfechtungs-, Widerrufs-, Rücktritts- und Gewährleistungsrechten für das Schadensmerkmal des Be-

trugstatbestandes, 1998, S. 105; zusf. Tiedemann in LK-StGB Rn. 168–176); von dieser unterscheidet sie sich deshalb nur quantitativ (BGH wistra 1991, 307; zur Strafzumessung bei bloßer Vermögensgefährdung Schlösser StV 2008, 548). Ein Schaden soll schon beim betrügerisch veranlassten Eingehen eines Risikogeschäfts mit einer nicht mehr vertragsimmanenten Verlustgefahr vorliegen (BGHSt 53, 199 = NJW 2009, 2390 mit Bespr. Becker HRRS 2009, 334; Bosch JA 2009, 548; Jahn JuS 2009, 756; Hefendehl FS Samson, 2010, 290 (307); Kilian HRRS 2009, 285; Rübenstahl NJW 2009, 2392; Schlösser NStZ 2009, 663; StV 2010, 157; zust. Küper JZ 2009, 800; Ransiek/Reichling ZIS 2009, 315; abl. Brüning ZJS 2009, 194; Geppert JK StGB § 263 Rn. 85; sa Eisele StrafR BT II Rn. 577; Hellmann/Beckemper WirtschaftsStrafR Rn. 155–168, Fall 14); auch beim „betrügerischen" Abschluss einer Lebensversicherung mit Manipulationsabsicht (BGHSt 54, 69 (124) = NJW 2009, 3448 mit krit. Bespr. Joecks wistra 2010, 179 (180); Joecks FS Samson, 2010, 355 (369); Saliger FS Samson, 2010, 455 (475); Thielmann HRRS 2010, 38 (40); krit. auch Eisele StrafR BT II Rn. 580; Fischer Rn. 176b; sa BVerfG NJW 2012, 907 mit Bespr. Kraatz JR 2012, 329; Schuhr ZWH 2012, 105; Bosch JK StGB § 263 Rn. 97: Art. 103 II GG-Verstoß; Fischer Rn. 176c); speziell zu „Umsatzsteuer-Karussellen" BGH NStZ-RR 2010, 109).

Häufig besteht sie darin, dass ein Anspruch minderwertig ist, weil ihm wegen Zahlungsunwilligkeit oder -unfähigkeit des Schuldners die erforderliche **Bonität** fehlt (BGHSt 15, 24 = NJW 1961, 182; BGH BB 1992, 523; wistra 2009, 350; BayObLG NJW 1999, 663 mit Bespr. Rengier JuS 2000, 644; speziell zur Zahlungsunwilligkeit Baumanns JR 2005, 227 (230); speziell zur Zahlungsunfähigkeit Schlösser wistra 2010, 164). Im Vordergrund stehen hier die Fälle des Scheckbetrugs (→ Rn. 11), namentlich der Scheckreiterei (zusf. Otto, Bargeldloser Zahlungsverkehr und Strafrecht, 1978, S. 41, 62; Otto Jura 1983, 16 (24)), und des (hier nicht iSd § 265b zu verstehenden) **Kreditbetrugs** (zB BGHSt 33, 244 = NJW 1985, 2280; BGHSt 47, 160 (170) = NJW 2002, 905; BGH NJW 1986, 1183; wistra 1993, 341; wistra 1995, 222 mit krit. Bespr. Achenbach NStZ 1996, 535; BGH NStZ-RR 1998, 43; NStZ-RR 2001, 328; NStZ-RR 2003, 539; NStZ-RR 2007, 236; wistra 2009, 350; wistra 2013, 268; NStZ 2013, 474; NStZ 2013, 711 mAnm Schlösser; BGH NStZ-RR 2014, 13; wistra 2016, 71 mAnm Berster; BGH wistra 2016, 442; OLG Hamm NJW 1977, 1834; OLG Düsseldorf NJW 1993, 1872 mit abl. Bespr. Otto JK StGB § 263 Rn. 38; Bockelmann ZStW 1979, 28; Lampe, Der Kreditbetrug (§§ 263, 265b StGB), 1980, S. 8; Hefendehl, Vermögensgefährdungen und Exspektanzen, 1994, S. 262; Ahn, Das Prinzip der Schadensberechnung und die Vollendung des Betruges bei zweiseitigen Vertragsverhältnissen, 1995, S. 171; zusf. Otto Jura 1983, 16; Wessels/Hillenkamp/Schuhr StrafR BT II Rn. 153; Tiedemann in LK-StGB Rn. 212; Hoyer in SK-StGB Rn. 258), namentlich des Wechselbetrugs (BGH wistra 1996, 343) und der Wechselreiterei (zusf. Tiedemann in LK-StGB Rn. 222; zur sog. „Lastschriftreiterei" BGHSt 50, 147 (157) = NJW 2005, 3008; sa die Nachw. unter → Rn. 11); zur Täuschung des Bankkunden über die Zahlungswilligkeit bei Kontoeröffnung BGH NStZ 2009, 329; Rengier StrafR BT I § 13 Rn. 198). Die Schadensberechnung bei täuschungsbedingt gewährten Darlehen ist nach der oben genannten Entscheidung des BVerfG's wirtschaftlich auszurichten (BGH NJW 2012, 2370, wo ein Vergleich und eine bilanzielle Bewertung der von der Bank zugrundegelegten Vertragsgestaltung im Gegensatz zu der tatsächlich durchgeführten verlangt wird; zur BGH-Entscheidung Achenbach NStZ 2012, 684; Scheinfeld NZWiSt 2014, 180; sa BGH NJW 2013, 1750 (1751)). Allerdings kann es am Schaden fehlen, wenn ausrei- 41 chende Sicherheiten gegeben wurden, die es dem Gläubiger ermöglichen, sich wegen des Anspruchs ohne Schwierigkeiten zu befriedigen (→ Rn. 36a). Dasselbe gilt, wenn der gestundete Anspruch schon vor der Verfügung wirtschaftlich wertlos war oder jedenfalls in seiner Bonität nicht verschlechtert wurde (BGHSt 1, 262= BeckRS 1951, 31399738; BGH NStZ 2005, 160; sa BGH wistra 1993, 17; StV 1994, 185; NStZ 2003, 539; Haas GA 1996, 117 (118); ebenso zum Abschluss eines Prozessvergleichs BayObLG NStZ 2004, 503; vgl. dazu Meyer wistra 2006, 281, der auf den Marktwert des Anspruchs abstellen will; zw.). Erforderlich für die konkrete Feststellung des Werts des Rückzahlungsanspruchs (nebst Zinsforderungen) im Zeitpunkt der Vermögensverfügung sind das vorhandene Unternehmensvermögen und die zu prognostizierende Unternehmensentwicklung, die – ggf. mit sachverständiger Hilfe – nach wirtschaftswissenschaftlichen Bewertungsverfahren beziffert und in den Urteilsgründen dargelegt werden müssen (BGH NStZ 2019, 144; NStZ-RR 2021, 310).

42 Als Vermögensgefährdung kommt weiter in Frage: dass ein Anspruch minderwertig ist, weil ausbedungene Sicherheiten fehlen (BGH wistra 1988, 188; wistra 1993, 265) oder wegfallen (BGH NJW 2005, 3650 (3652), Einzug einer ohne Anzeige zur Sicherheit abgetretenen Forderung); dass bei hochspekulativen Anlagen die Rückgewähransprüche ungesichert sind (BGH NStZ 1996, 191; OLG Köln NStZ 2000, 481); dass durch Erschleichen falscher oder Entziehen richtiger Beweismittel für einen Schuldner die Gefahr unberechtigter Inanspruchnahme oder für einen Gläubiger die Gefahr der Rechtsvereitelung heraufbeschworen wird (sog. **Beweismittelbetrug,** RGSt 58, 183; RGSt 66, 371; sa BGH StV 1989, 478 mkritAnm Sonnen; aM Riemann, Vermögensgefährdung und Vermögensschaden, 1989, S. 94, der nur Versuch annimmt; speziell zum Erschleichen eines Schuldscheins Hefendehl, Vermögensgefährdungen und Exspektanzen, 1994, S. 356, 398; Tiedemann in LK-StGB Rn. 109, 230); dass ein Anspruch dem Gläubiger verschleiert wird (OLG Hamm GA 1958, 250; OLG Stuttgart NJW 1969, 1975); dass einzelne Vermögensgegenstände, etwa durch unrichtige Eintragungen im Grundbuch (OLG Stuttgart NStZ 1985, 365) oder durch falsche Buchungen (BGHSt 6, 115 = NJW 1954, 1008; Hefendehl, Vermögensgefährdungen und Exspektanzen, 1994, S. 385; aM Riemann, Vermögensgefährdung und Vermögensschaden, 1989, S. 101) oder Erklärungen (BayObLG wistra 1988, 35; speziell zum Prozessvergleich BayObLG NStZ 2004, 503), der Gefahr des Verlustes ausgesetzt werden; oder dass eine sichere Prozesslage in eine unsichere verwandelt wird (**Prozessbetrug;** vgl. Tiedemann in LK-StGB Rn. 234–238; zum Prozessvergleich → Rn. 41 aE). Dazu genügt ua das Erschleichen eines noch nicht rechtskräftigen, aber vorläufig vollstreckbaren Urteils (BGH NStZ 1992, 233; abl. Krell JR 2012, 102 (108); Müller/Schmoll JA 2015, 511 (516); der aber bei rechtskräftigen Urteilen einen Gefährdungsschaden bejaht, S. 107; speziell zum erschlichenen Wohnungsräumungsurteil Krell JR 2012, 102 (108); aus der Rspr. BayObLG JZ 1987, 626; OLG Zweibrücken ZMR 1983, 237), während der Erlass eines Mahnbescheids – wenn man überhaupt eine Täuschung und einen Irrtum bejaht (→ Rn. 17, 19) – wegen Fehlens einer konkreten Gefahr noch keine Werteinbuße bedeutet (BGHSt 24, 257 (264) = NJW 1972, 545; anders für den Vollstreckungsbescheid OLG Celle NStZ-RR 2012, 111 (113)). Bei der Abgabe einer **Fußballwette** liegt ein Schaden, wenn zuvor Schiedsrichter oder Spieler bestochen wurden, in der Verschiebung des Wettrisikos zu Ungunsten des Wettveranstalters (BGHSt 51, 165 (174) = NJW 2007, 782 mit zust. Bespr. Feinendegen NJW 2007, 787, iE auch Krack ZIS 2007, 103 (109) „Quotendifferenz“; zust. auch Hellmann in Krey/Hellmann/Heinrich

StrafR BT II Rn. 683; Rengier StrafR BT I § 13 Rn. 220; krit. Saliger/Rönnau/Kirch-Heim NStZ 2007, 361 (365); Saliger FS Samson, 2010, 455 (457); Rönnau NStZ 2009, 12; Rönnau FS Rissing-van Saan, 2011, 517 (544); Kindhäuser in NK-StGB Rn. 319; abl. Schild ZfWG 2006, 213 (219); Renner, Wettbetrug, 2003, S. 161; vgl. auch Hartmann/Niehaus JA 2006, 432 (434); Kutzner JZ 2006, 712 (717); Fasten/Oppermann JA 2006, 72; Schlösser NStZ 2005, 423 (428); Gaede HRRS 2007, 18 (19); Petropoulos/Morozinis wistra 2009, 254 (257); Reinhart SpuRt 2007, 52; zur Frage, wer je nach Spielsystem geschädigt ist, vgl. Fasten/Oppermann JA 2006, 72); ob ein weiterer Schaden bei der Auszahlung von Wettgewinnen entsteht (so der BGH: Differenz zwischen Wettgewinn und Wetteinsatz; zust. Hirsch FS Szwarc, 2009, 559 (580)), erscheint wegen Feststellungsschwierigkeiten zweifelhaft (Krack ZIS 2007, 103 (111), der in dubio pro reo anwenden will; ein Schaden erst bei Auszahlung nimmt an Fischer Rn. 132); diese Rspr. wird sowohl beim Erfüllungsbetrug mit Gewinnauszahlung als auch beim Eingehungsbetrug mit Abwandlungen unter Berücksichtigung der „Wahrscheinlichkeit eines Wetterfolges und dessen Beeinflussung durch die Manipulation" und des danach zu ermittelnden wirtschaftlichen Werts von „Verbindlichkeit" (Zahlung des Wettgewinns) als auch des gegenüberstehenden Anspruchs (Behaltendürfen des Wetteinsatzes) des getäuschten Wettanbieters fortgeführt von BGHSt 58, 102 = NJW 2013, 883 mit zust. Bespr. Hecker JuS 2013, 656; Jäger JA 2013, 868; Schlösser NStZ 2013, 629; Satzger JK StGB § 263 Rn. 100; unter Beachtung der hohen Anforderungen des BVerfG's (BGH NJW 2012, 907 (917)) wird jetzt deutlicher eine Bezifferung des Schadens verlangt (Schiemann NJW 2013, 888; Schlösser NStZ 2011, 629; Krüger/Hilbert/Wengenroth causasport 2013, 188 (190); zum problematischen, weil unbezifferten „Quotenschaden" Saliger in Matt/Renzikowski Rn. 204); für § 263 und § 263 a ebenso BGH NJW 2013, 1017. Die Rspr. bejaht eine Vermögensgefährdung bei **Erschleichen einer Scheck- oder Kreditkarte** durch Täuschung über Vermögensverhältnisse (BGHSt 33, 244 (246) = NJW 1985, 2280; BGHSt 47, 160 (170) = NJW 2002, 905; ebenso Hefendehl, Vermögensgefährdungen und Exspektanzen, 1994, S. 423; Eisele StrafR BT II Rn. 581; aM Labsch NJW 1986, 104; Ranft JuS 1988, 673 (680); Mühlbauer wistra 2003, 650 (654)) sowie beim Ablisten einer Geldautomatenkarte (BGHR StGB § 263 a Anwendungsbereich 1 mit abl. Bespr. Mühlbauer wistra 2003, 650 (654); aM Hecker JA 1998, 300); für das Ablisten von PIN und TAN zum Zwecke von Online-Banking-Transaktionen („Phishing") ebenso Hilgendorf/Frank/Valerius, Computer- und Internetstrafrecht, 2005, Rn. 765; Stuckenberg ZStW 118 (2006), 878 (904); aM Popp NJW 2004, 3517; Graf NStZ 2007, 129 (130); die Preisgabe der persönlichen Geheimzahl allein führt noch nicht zu einer Vermögensgefährdung (Ernst NJW 2007, 2661 (2665); Heghmanns wistra 2007, 167 (168); Goeckenjan wistra 2008, 128 (130); Hecker JA 1998, 300; zu §§ 253, 255 vgl. BGH NStZ-RR 2004, 335 mit Bespr. Valerius JA 2005, 330; zum Ganzen → Rn. 27), ebensowenig das bloße Registrieren für ein Abo im Internet bei einer Abo-Falle (Krell ZIS 2019, 62 (64)).

Aus demselben Grunde dürfte meist auch nicht geschädigt sein, wer einen Gegenwert erlangt hat, der nach den Vorschriften über den **gutgläubigen Erwerb vom Nichtberechtigten** (§§ 405 ff., 932 ff., 1032, 1207 BGB, § 366 HGB) rechtlich unangreifbar ist (Saliger in Matt/Renzikowski Rn. 233; zusf. Satzger Jura 2009, 518 (526); Hillenkamp StrafR BT Problem 32, S. 175); so etwa, wenn jemand gutgläubig Eigentum an einer Sache (BGHSt 15, 83 = NJW 1960, 1916; dazu Kühl HRR StrafR BT Nr. 67), ein Pfandrecht (BGHSt 3, 370 = NJW 1953, 475) oder 43 eine Scheckforderung (BGHSt 1, 92 = MDR 1951, 439) erworben hat. Jedenfalls müssen als vermögensirrelevante Gründe der sittliche Makel, der dem Gegenstand angeblich anhaftet (sog. Makeltheorie; aM RGSt 73, 61), und die Gefahr der Strafverfolgung wegen Hehlerei (aM BGHSt 15, 83 (87) = NJW 1960, 1916) oder des Verlusts an Ansehen in der Umwelt (aM GA 1956, 182) ausscheiden (str.). Wirtschaftlich wertmindernd kann hier allenfalls die Gefahr prozessualer Auseinandersetzung mit dem Altberechtigten wirken (BGH JR 1990, 517 = BeckRS 1990, 31084430 mAnm Keller; auch im Hinblick auf § 935 BGB, BGH wistra 2003, 230); sie ist jedoch im Hinblick auf die zivilrechtlich starke Stellung des gutgläubigen Erwerbers nur dann „konkret", wenn dieser den Gegenstand unter regelwidrigen Umständen erlangt hat, die es wahrscheinlich machen, dass er ihn in einer Auseinandersetzung verteidigen muss und ihn möglicherweise nicht behaupten kann, oder wenn er aus Gründen wirtschaftlicher Rücksichtnahme zur Herausgabe gezwungen ist (zust. Joecks/Jäger StGB Rn. 126; Hellmann in Krey/Hellmann/Heinrich StrafR BT II Rn. 663–667; Mitsch StrafR BT II/1 § 7 Rn. 105; einen möglichen Gefährdungsschaden (→ Rn. 40) sieht Eisele StrafR BT II Rn. 612; zusf. Tiedemann in LK-StGB Rn. 209; str.); das Prozessrisiko kann nur schwierig nach den vom BVerfG (→ Rn. 40) geforderten wirtschaftlich nachvollziehbaren Maßstäben beziffert werden (BGH NStZ 2013, 37 mit Bespr. Kudlich JA 2011, 790; Schlösser NStZ 2013, 162; Trück ZWH 2012, 59; Rengier StrafR BT I § 13 Rn. 206; Wessels/Hillenkamp/Schuhr StrafR BT II Rn. 578; Fischer Rn. 151; BGH StraFo 2013, 480; NStZ 2015, 514 mit Bespr. Hecker JuS 2015, 949; Kudlich JA 2015, 947; Begemeier/Wölfel; JuS 2015, 307; Bosch Jura 2015, 1136). Scheitert der gutgläubige Erwerb zB einer gestohlenen Sache an § 935 BGB, so liegt der Schaden des Erwerbers darin, dass er kein Eigentum an der Sache erworben hat (ebenso Rengier StrafR BT I § 13 Rn. 203; ebenso bei Verfügungen Minderjähriger Ceffinato/Kalb JA 2014, 887 (899)).

44 In diesen Zusammenhang gehören ferner **Abschlüsse von Austauschverträgen,** in denen dem Veräußerer (zB beim Grundstückskauf; OLG Stuttgart NJW 2002, 384 mit Bespr. Erb JR 2002, 216; OLG Celle wistra 2014, 194) ausreichende Sicherheiten gewährt werden (BGH StV 1992, 465; OLG Düsseldorf wistra 1996, 32; sa BGH StV 1985, 186; beachte jedoch BGHSt 15, 24 = NJW 1961, 182 mit Bespr. Bockelmann NJW 1961, 145; BGH BB 1992, 523), und namentlich auch von **Kaufverträgen** ohne wirtschaftlich belastendes Risiko, zB: wenn der Grundstücksverkäufer nicht vorleistungspflichtig ist (BGH wistra 1992, 101; OLG Köln JZ 1967, 576 mAnm Schröder); wenn der getäuschte Vertragspartner auf Vorleistung des Täuschenden bestehen kann (BGH NJW 1994, 1745; Vogel Jura 1996, 265; aber auch BGH NJW 1953, 836; dagegen Cramer, Vermögensbegriff und Vermögensschaden im Strafrecht, 1968, S. 126; Riemann, Vermögensgefährdung und Vermögensschaden, 1989, S. 66); wenn „Leistung Zug um Zug" vereinbart ist (BGH StV 1995, 255; NStZ 1998, 85; NStZ-RR 2005, 180; sa BGH NJW 2002, 1643 (1644)); wenn der Kaufpreis anlässlich der Übergabe der Sache „in bar" bezahlt werden muss (BGH NStZ-RR 1996, 34); wenn dem Käufer nach § 1b I AbzG aF (ersetzt durch § 355 BGB) eine uneingeschränkte Widerrufsmöglichkeit zusteht (BayObLG MDR 1986, 1046); wenn ihm ein befristetes, sonst aber bedingungsloses Rücktrittsrecht eingeräumt wird, das vor (BGH bei Dallinger MDR 1971, 546; Rengier StrafR BT I § 13 Rn. 192) oder nach (BGHSt 34, 199 = NJW 1987, 388 mit Bespr. Bottke JR 1987, 428; Müller-Christmann JuS 1988, 108; OLG Köln MDR 1975, 244) Lieferung der Ware auszuüben ist; oder wenn nach allgemeiner Übung einer Firma Beanstandungen stets zur Stornierung des Auftrags

führen (BGHSt 23, 300 = NJW 1970, 1932; Arzt in Arzt/Weber/Heinrich/Hilgendorf StrafR BT § 20 Rn. 101). In solchen Fällen kann es an der konkreten (insoweit von der Rspr. allerdings uneinheitlich beurteilten) Gefahr fehlen, dass der Käufer am Vertrag festgehalten wird (Hefendehl, Vermögensgefährdungen und Exspektanzen, 1994, S. 334; Luipold, Die Bedeutung von Anfechtungs-, Widerrufs-, Rücktritts- und Gewährleistungsrechten für das Schadensmerkmal des Betrugstatbestandes, 1998, S. 156, 163, 170; Küper StrafR BT S. 383; Tiedemann in LK-StGB Rn. 176).

Ferner genügt es nicht, wenn nur die Gefahr des Verlusts eines **wirtschaftlich wertlosen** (→ Rn. 34) oder **für den Wirtschaftsverkehr irrelevanten Gegenstandes** verursacht wird. Letzteres kommt namentlich in Frage, wenn die Entdeckung einer Straftat oder Ordnungswidrigkeit oder deren Verfolgung zur Abwendung einer Vermögenssanktion (zB Geldstrafe, Einziehung, Geldbuße und Verwarnung, mit Einschränkungen auch der Verfall einer Sicherheitsleistung nach § 116 StPO, BGHSt 38, 345 = NJW 1993, 273; beachte auch BGHSt 43, 381 (404) = NJW 1998, 1568 zu § 370 AO) verhindert wird. Zwar ist die Vereitelung einer solchen Sanktion für den Staat auch wirtschaftlich fühlbar (Gaede in Leipold/Tsambikakis/Zöller Rn. 75); jedoch wird das Wesen der pönalen Maßnahme nicht durch ihren wirtschaftlichen Gehalt, sondern durch den kriminalpolitischen Zweck der Repression und Prävention charakterisiert (hM; vgl. BGH wistra 2007, 258; OLG Karlsruhe NStZ 1990, 282; BayObLG JR 1991, 433 mAnm Graul; OLG Köln NJW 2002, 527 mit zT krit. Bespr. Hecker JuS 2002, 224; Otto JK StGB § 263 Rn. 29; aM Berger, Der Schutz öffentlichen Vermögens durch § 263 StGB, 2000, S. 45; für die Verwarnung anders Wenzel DAR 1989, 455); dieses Ergebnis lässt sich auch damit begründen, dass andernfalls die Straflosigkeit der persönlichen Selbstbegünstigung nach § 258 V unterlaufen werde (OLG Köln NJW 2002, 527; ebenso Rengier StrafR BT I § 13 Rn. 126). 45

Die bloße Aufnahme **vertraglicher Beziehungen** zu einem zahlungsunwilligen Vertragspartner ist als solche keine Wertminderung (vgl. aber BGH NJW 1953, 836, wo allerdings ein Vertragsschluss erfolgte); auch die erschlichene Unterschrift unter einem Kaufvertrag genügt als solche jedenfalls nicht (BGHSt 22, 88 = NJW 1968, 902). 46

dd) **Keinen Schaden** bedeutet schließlich eine Vermögensminderung, die eine entsprechende fällige und einredefreie Schuld tilgt (vgl. Kösch, Der Status des Merkmals „rechtswidrig" in Zueignungsabsicht und Bereicherungsabsicht, 1999, S. 68), weil der Wegfall der Verbindlichkeit der Einbuße schon aus Rechtsgründen gleichgestellt werden muss (BGHSt 20, 136 = NJW 1965, 594; sa BGH NStZ-RR 2016, 12; OLG Köln StV 1991, 209; Joecks/Jäger StGB Rn. 125; Tiedemann in LK-StGB Rn. 186; diff. Mitsch StrafR BT II/1 § 7 Rn. 100; zusf. Kösch, Der Status des Merkmals „rechtswidrig" in Zueignungsabsicht und Bereicherungsabsicht, 1999, S. 59, 63; Satzger Jura 2009, 518 (528); Küper StrafR BT S. 387; Kindhäuser in NK-StGB Rn. 249; str.); dies gilt auch, wenn die Tilgung schwer beweisbarer Forderungen mittels Täuschung erreicht wird (BGH wistra 1999, 420 mit zust. Bespr. Otto JK StGB § 263 Rn. 56). Aus demselben Grunde ist nicht geschädigt, wer im Prozess, zB durch eine Beweismittelmanipulation, bei der Durchsetzung eines materiell unberechtigten Anspruchs scheitert (BGHSt 42, 268 (272) = NJW 1997, 750; BGH NStZ-RR 2000, 140; Eisele StrafR BT II Rn. 645; Perron in Schönke/Schröder, Rn. 147; sog. Selbsthilfebetrug; → Rn. 61). Aufwendungen eines Maklers sollen Einbußen sein, die von ihm nach der Rechtsordnung hinzunehmen sind (§ 652 BGB) und deshalb keinen Schaden begründen (BGHSt 31, 47

178 = NJW 1983, 1130 mit zust. Bespr. Bloy JR 1984, 123; Maaß JuS 1984, 25; zu Recht abl. Lenckner NStZ 1983, 409; Wagner GS Sonnenschein, 2003, 887; zur Problematik auch Wessels/Hillenkamp/Schuhr StrafR BT II Rn. 580).

48 **b)** Die **individuelle Komponente** des Wertmaßstabes erfordert in gewissen Grenzen die Berücksichtigung der konkreten wirtschaftlichen Verhältnisse des Betroffenen (sog. **persönlicher Schadenseinschlag;** zusf. Satzger Jura 2009, 518 (522); aus der Rspr. BGH StraFo 2015, 479 = NStZ 2016, 149). Für die hM folgt daraus nicht, dass der Bewertung von Gegenständen eines individuellen Vermögens die Wertschätzungen und Präferenzen des Vermögensträgers zu Grunde zu legen sind. Maßgebend ist vielmehr das „vernünftige Urteil eines unbeteiligten Dritten" (BGHSt 16, 220 (222) = NJW 1961, 1876 mit Bespr. Fahl JA 1995, 198; BGH NStZ-RR 2001, 41). Dieser Ansatz ist allerdings problematisch (Tiedemann in LK-StGB Rn. 177–180; zusammenfassende Kritik bei Otto, Die strafrechtliche Bekämpfung unseriöser Geschäftstätigkeit, 1990, S. 65; Schmoller ZStW 103 (1991), 92 (96); Ranft Jura 1992, 66 (72); Geerds Jura 1994, 309 (314); Walter, Betrugsstrafrecht in Frankreich und Deutschland, 1999, S. 254; Joecks/Jäger StGB Rn. 156–165; Kindhäuser/Böse StrafR BT II § 27 Rn. 69; Kindhäuser FS Lüderssen, 2002, 635 (638)): zwar wirkt er einer unerwünschten Ausuferung des Schadensbegriffs entgegen, ermöglicht aber bis zu einem gewissen Grade „Fremdbestimmung des Vermögens nach Art und Ergebnis seiner Verwendung und damit Schutzlosigkeit" (Jakobs JuS 1977, 228; ebenso Pawlik, Das unerlaubte Verhalten beim Betrug, 1999, S. 272, 293). Der optimale Ausgleich dieser Spannung ist ein rechtspolitisches Problem. Auch wenn man entgegen der hM eine weiterreichende Individualisierung des Schadensbegriffs mit der wirtschaftlichen Vermögenslehre (→ Rn. 33) für vereinbar hält (so mit beachtlichen Gründen Schmoller ZStW 103 (1991), 92 (101)), fehlt es für die Strafbedürftigkeit (→ Vor § 13 Rn. 3) von Taten, die den Betroffenen nach neutralem Urteil nicht ernstlich beschweren, jedenfalls bisher noch an einer zureichenden Begründung (dies gilt auch für den Vorschlag von Berger, Der Schutz öffentlichen Vermögens durch § 263 StGB, 2000, S. 262, 288, bei Fehlleitung öffentlicher Mittel einen persönlichen Schadenseinschlag anzunehmen; → Rn. 56). Im **Einzelnen** gilt nach der Rspr. Folgendes:

48a aa) Ein Schaden liegt vor, wenn einer Leistung eine abstrakt gleichwertige Gegenleistung gegenübersteht, diese aber für den Betroffenen nicht oder nicht in vollem Umfange **zu dem vertraglich vorausgesetzten Zweck brauchbar** ist und er sie auch **nicht in anderer zumutbarer Weise verwenden,** namentlich ohne besondere Schwierigkeit wieder veräußern kann (BGHSt 16, 220 = NJW 1961, 1876; BGH wistra 1986, 169; NStZ 2014, 318; NStZ 2014, 517 zu Anlagebetrug mit Bespr. Schmidt NJW 2015, 384; Teixeira ZIS 2016, 307; krit. Heghmanns ZIS 2015, 100; Eisele StrafR BT II Rn. 620). Beispiele: Grundstücke (BGH NStZ-RR 2001, 41; OLG München NJW 1978, 435; auch Eigentumswohnungen, BGH NStZ 1999, 555); Melkmaschinen (BGHSt 16, 321 = NJW 1962, 309 mit Bespr. Weidemann GA 1967, 238); Automaten (BGH NJW 1968, 261; KG JR 1966, 391 mAnm Schröder; sa BGH bei Holtz MDR 1979, 988); Zeitungen, Zeitschriften und Bücher (BGHSt 23, 300 = NJW 1970, 1932 mAnm Graba NJW 1970, 2221; Schröder JR 1971, 74; Meyer MDR 1971, 718; OLG Köln NJW 1976, 1222 mit Bespr. Jakobs JuS 1977, 228; OLG Köln NJW 1979, 1419; OLG Stuttgart NJW 1980, 1177; OLG Düsseldorf NJW 1990, 2397 mit krit. Bespr. Endriß wistra 1990, 335; Küpper/Bode JuS 1992, 642); Gebrauchtwagen (OLG Düsseldorf JZ 1996, 913 mAnm Schneider); Milchpulver (BGH NJW 1990, 1921 (1923)); Eingehen einer unnötigen Versicherung (BGH bei Dallinger MDR 1952, 408); nicht börsenmäßig gehandelte Anlageaktien (v. Ungern-Sternberg ZStW 88 (1976), 653 (674); Otto FS Pfeiffer, 1988, 69; beachte jedoch OLG München NStZ 1986, 168 mAnm Schlüter); angebliche Zuneigung per SMS iVm 0190-Nummern (Jaguttis/Parameswaran NJW 2003, 2277 (2280)).

Nach welchen Regeln und mit welcher Begrenzung das Prinzip des persönlichen Schadenseinschlags auch für Manipulationen mit **Warentermin-(Rohstoff-)Optionen** und anderen Kapitalanlagen fruchtbar gemacht werden kann, ist noch nicht abschließend geklärt (Rechtsprechungsbersicht bei Achenbach NStZ 1988, 98; NStZ 1991, 410; NStZ 1993, 429; krit. Rechtsprechungsanalyse bei Imo, Börsentermin- und Börsenoptionsgeschäfte, 1988, Bd. I S. 718; zu ähnlichen Praktiken im Immobilienvertrieb beachte Gallandi wistra 1992, 289 (293); wistra 1994, 243; dagegen Bachmann wistra 1997, 253; speziell zu Fondsanlagen BGHSt 51, 10 (15) = NJW 2006, 1679; BGH NStZ-RR 2006, 206). Die Beurteilung bestimmt sich idR nicht nur nach der Art der jeweiligen Manipulation, die zB im Fordern versteckter Aufschläge auf börsengehandelte Optionen, im Nichtplatzieren von Kundengeldern an der Börse oder im Handel mit Privatoptionen von zweifelhafter Bonität bestehen kann, sondern meist auch nach den näheren Umständen des Einzelfalls (vgl. ua BGHSt 30, 177 (388) = NJW 1981, 2131; BGHSt 31, 115 = NJW 1983, 126; BGHSt 32, 22 = NJW 1984, 622; BGH NJW 1983, 292; NJW 1983, 1917; StV 1986, 299; wistra 1991, 25; wistra 1995, 102; OLG München NJW 1980, 794; OLG Hamburg NJW 1980, 2593; Rochus NJW 1981, 736; JR 1983, 338; Sonnen wistra 1982, 123; StV 1984, 175; Lackner/Imo MDR 1983, 969 (971); Worms wistra 1984, 123; Worms, Anlegerschutz durch Strafrecht, 1987, S. 190; Otto WM 1988, 729 (732); Franke/Ristau wistra 1990, 352; Hellmann/Beckemper WirtschaftsStrafR Rn. 145, 146; sa BGH NStZ 1992, 602 mAnm Molketin; zur Täuschungshandlung in diesen Fällen → Rn. 10, 14). – Ein Schaden ist in Höhe der aus dem Vermögen abgeflossenen Beträge – unabhängig vom Risiko und Wert der vom Täter als Vermögensberater mittels dieser Beträge in der Folge getätigten Anlagegeschäfte – schon dann entstanden, wenn diese aus dem Vermögen der Geschädigten ohne gleichzeitige Kompensation dieses Verlustes ausgeschieden und dem Vermögen des Täters zugeflossen sind, der hierüber nach eigenem Gutdünken verfügen konnte (BGH NZWiSt 2020, 119). **48b**

Unter dem Gesichtspunkt zumutbarer anderweitiger Verwendung sind die Maßstäbe der Rspr. uneinheitlich in Fällen der **Unterschriftserschleichung,** in denen der Getäuschte überhaupt nichts bestellen will (eing. Bohnenberger, Betrug durch Vertragserschleichung, 1990, S. 3, 40; Ahn, Das Prinzip der Schadensberechnung und die Vollendung des Betruges bei zweiseitigen Vertragsverhältnissen, 1995, S. 101), so etwa, wenn die Unterschrift unter ein Vertragsformular mit dem Hinweis erschlichen wird, es handle sich um die Bestätigung eines Vertreterbesuchs (BGHSt 22, 88 = NJW 1968, 902). Hier liegt nicht ausnahmslos (so aber zB OLG Hamm NJW 1965, 702; KG JR 1972, 28; Heinitz JR 1968, 387; Kindhäuser FS Bemmann, 1997, 339 (356)), sondern nur dann ein Schaden vor, wenn nach objektiver Beurteilung die Verwendung des unerwünschten Gegenstandes mit den Zwecksetzungen des Vermögensträgers nicht sinnvoll vereinbar und daher unzumutbar ist (OLG Hamm NJW 1969, 624; NJW 1969, 1778; OLG Köln MDR 1974, 157; GA 1977, 188; Lampe NJW 1978, 679; diff. Schlüchter MDR 1974, 617, die einen Schaden schon bei Fehlen eines „aktuellen Bedürfnisses" bejaht, und Franzheim/Krug GA 1975, 97 (102), die auf den Ge- oder Verbrauchswillen des Opfers abstellen; abw. Walter, Betrugsstrafrecht in Frankreich und **49**

Deutschland, 1999, S. 536, der allenfalls einen Beweismittelbetrug (→ Rn. 42) annehmen will).

50 bb) Die Rspr. bejaht einen Schaden ferner in Fällen, in denen der Betroffene bei abstrakter Gleichwertigkeit der Leistungen **zu vermögensschädigenden Maßnahmen genötigt** wird oder nicht mehr über die Mittel verfügen kann, die zur ordnungsmäßigen Erfüllung seiner Verbindlichkeiten oder sonst für eine angemessene Wirtschafts- oder Lebensführung unerlässlich sind (BGHSt 16, 321 = NJW 1962, 309; BayObLG NJW 1973, 633 mit Bespr. Berz NJW 1973, 1337; Weidemann MDR 1973, 992; OLG Köln MDR 1974, 157; krit. Mohrbotter GA 1975, 41; Klesczewski StrafR BT S. 115). Über diese Grenze hinaus genügt eine Beeinträchtigung der wirtschaftlichen Bewegungsfreiheit nicht (hM; krit. Eser GA 1962, 289; aM Schlüchter MDR 1974, 617).

51 cc) In Fällen des Rechtsverzichts oder der Rechtsvereitelung kann umgekehrt der persönliche Schadenseinschlag auch in dem Sinne relevant werden, dass der Wert des preisgegebenen oder vereitelten Rechts für den Betroffenen höher zu veranschlagen ist als der Marktwert; zB beim Verzicht auf ein Vorkaufsrecht (Lackner/Werle JR 1978, 299; Gaede in Leipold/Tsambikakis/Zöller Rn. 108; anders BGH NJW 1977, 155, wo eine Individualisierung nicht erwogen wird) oder beim Kündigungsbetrug (eing. dazu Seier, Der Kündigungsbetrug, 1989), wenn ein vertraglich eingeräumtes Mietbesitzrecht preisgegeben oder gerichtlich aberkannt wird (AG Kenzingen NStZ 1992, 440; Werle NJW 1985, 2913; Rengier JuS 1989, 802 (803); aM Hellmann JA 1988, 73 (75); sa Fischer Rn. 117; Tiedemann FG BGH, 2000, 551 (559)).

52 **c)** Beim sog. **Anstellungsbetrug** (vgl. Sarstedt JR 1952, 308; Haupt NJW 1958, 938; eing. Protzen, Der Vermögensschaden beim sog. Anstellungsbetrug, 2000; Budde, Der Anstellungsbetrug, 2005 mit Bespr. Duttge JR 2005, 526; zusf. Satzger Jura 2009, 518 (527); zu seiner Verjährung → § 78a Rn. 4), der ein Eingehungsbetrug ist (→ Rn. 53), kommt es für die Schadensberechnung darauf an, ob die vom Dienstberechtigten übernommene geldliche Leistung die vom Verpflichteten zugesagten Dienste wertmäßig übersteigt (BGH NJW 1961, 2027; Wessels/Hillenkamp/Schuhr StrafR BT II Rn. 580). Das gilt auch für Angestellte des öffentlichen Dienstes und der Privatwirtschaft (gegen eine Unterscheidung zwischen privatem und öffentlichem Vermögen Berger, Der Schutz öffentlichen Vermögens durch § 263 StGB, 2000, S. 269); ihre Leistung ist – auch bei unüblichem (Außenseiter) oder an sich unzureichendem Ausbildungsgang – an den Erwartungen zu messen, die allgemein an die jeweilige Vergütungs- oder Tarifgruppe gestellt werden (BGHSt 17, 254 = NJW 1962, 1521; AG Tiergarten NStZ 1994, 243). Hängt jedoch die Höhe der Vergütung wesentlich davon ab, dass der Angestellte besonders vertrauenswürdig und zuverlässig ist (nur dann begründet das Verschweigen von Vorstrafen einen Betrug, BGH JR 2020, 255 mAnm Oğlakcioğlu), dass er sich durch eine abgeschlossene Ausbildung ausweist oder dass er schon früher in bestimmter Weise beschäftigt war, so begründet das Fehlen dieser Bedingungen einen Minderwert der Leistung (BGHSt 17, 254 = NJW 1962, 1521; BGH NJW 1978, 2042; OLG Celle MDR 1960, 696; einschr. OLG Düsseldorf StV 2011, 734; aM Cramer, Vermögensbegriff und Vermögensschaden im Strafrecht, 1968, S. 112; Satzger Jura 2009, 527; Rengier StrafR BT I § 13 Rn. 229; zur Verfassungsmäßigkeit dieser Rspr. BVerfG NJW 1998, 2589). Beim **Beamten** nimmt die Rspr. unterschiedslos einen Schaden an, wenn der Bewerber über die fachliche Eignung, die Vorbildung oder die persönliche Würdigkeit falsche Angaben macht, weil es hier

nicht so sehr auf den Wert der übernommenen Dienste, als auf die Erfüllung der sachlichen Voraussetzungen der Amtsstellung ankomme (BGHSt 5, 358 = NJW 1954, 890; BGHSt 45, 1 = NJW 1999, 1485 mit zT krit. Bespr. Geppert NStZ 1999, 305; Jahn JA 1999, 628; Otto JZ 1999, 738; Prittwitz JuS 2000, 335; Seelmann JR 2000, 164; GA 1956, 121; OLG Celle MDR 1973, 242; zusf. Tiedemann in LK-StGB Rn. 224). Damit dürfte die äußerste Grenze eines noch verständlich zu machenden Vermögensschutzes erreicht sein (krit. Bockelmann JZ 1952, 461; Diekhoff DB 1961, 1487; Geppert FS Hirsch, 1999, 525 (549); dagegen Arzt in Arzt/Weber/Heinrich/Hilgendorf StrafR BT § 20 Rn. 109; Protzen, Der Vermögensschaden beim sog. Anstellungsbetrug, 2000, S. 252; Duttge JR 2002, 271 (273)). Nach hM nicht akzeptabel ist die in der Rspr. (BGHSt 17, 254 (259) = NJW 1962, 1521; BGH NJW 1978, 2042) vertretene Auffassung, dass allein die Gefahr ausreiche, der Täter werde seine Tätigkeit zur Begehung von Straftaten ausnutzen (ebenso Eisele StrafR BT II Rn. 612; Hellmann in Krey/Hellmann/Heinrich StrafR BT II Rn. 677; Kindhäuser/Hilgendorf in LPK-StGB Rn. 198; Gaede in Leipold/Tsambikakis/Zöller Rn. 129; zusf. Miehe JuS 1980, 261). Zum Verschweigen ehemaliger Tätigkeit für das MfS bei der Überprüfung für eine Weiterbeschäftigung im Staatsdienst LG Berlin NStZ 1998, 302; LG Dresden NJ 1998, 154; KG JR 1998, 434, Vorlagebeschluss; Protzen NStZ 1997, 525; sa BVerfG NJW 1998, 2589; zu diesen ersten gerichtlichen Entscheidungen Geppert FS Hirsch, 1999, 525; der BGH (BGHSt 45, 1 = NJW 1999, 1485) ist aber bei seiner bisherigen Linie geblieben (aM hinsichtlich der dogmatischen Begr. Jerouschek/Koch GA 2001, 273; Duttge JR 2002, 271 (273)); sa OLG Dresden NStZ 2000, 259. Das Erschleichen der kassenärztlichen Zulassung ist kein Anstellungsbetrug, sondern Vorbereitungshandlung für spätere betrügerische Abrechnungen (BGH NJW 1994, 808; aber sa OLG Koblenz MedR 2001, 144 mit abl. Bespr. Stein MedR 2001, 124; Grunst NStZ 2004, 533; Herffs wistra 2004, 281; → Rn. 9, 56).

4. **Maßgeblicher Zeitpunkt** für den zur Gesamtsaldierung (→ Rn. 36) erforderlichen Wertvergleich ist der Stand des Vermögens vor und nach der Verfügung (stRspr), nicht die spätere Entwicklung (BGH GA 1961, 114; wistra 2013, 268; NStZ 2013, 474; OLG Stuttgart NJW 1963, 825; OLG Düsseldorf NJW 1994, 3366). Da Veränderungen im Vermögensstand nicht nur durch Zu- oder Abgang von stofflichen Vermögensbestandteilen, sondern auch durch Begründung von Ansprüchen oder Verbindlichkeiten eintreten können (übersehen von LG Mannheim NJW 1993, 1488 mit krit. Bespr. Loos/Krack JuS 1995, 204), besteht die Möglichkeit sowohl eines **Eingehungs- als auch eines Erfüllungsbetrugs** (zusf. Satzger Jura 2009, 518 (526, 527); Wessels/Hillenkamp/Schuhr StrafR BT II Rn. 539; Tiedemann in LK-StGB Rn. 173, 201, 202; zur Entwicklung der Rspr. krit. Klein in Schünemann, Strafrechtssystem und Betrug, 2002, S. 137; eing. Klein, Das Verhältnis von Eingehungs- und Erfüllungsbetrug, 2003; → Rn. 44). Bei jenem kommt es auf den Vergleich der einander gegenübertretenden Ansprüche an (BGHSt 15, 24 = NJW 1961, 182; BGHSt 23, 300 = NJW 1970, 1932; BGHSt 45, 1 (4) = NJW 1999, 1485; BGHSt 58, 205 (209) = NJW 2013, 1460; BGH NJW 1985, 1563 mit krit. Bespr. Ranft Jura 1992, 66 (75); BGH NStZ 2008, 96 mit Bespr. Rose wistra 2009, 289; BGH NJW 2013, 833; NStZ 2014, 318; NStZ-RR 2015, 374; NStZ-RR 2016, 285; NJW 2016, 3543; NStZ 2016, 674; OLG Düsseldorf NJW 1993, 2694 mAnm Ranft JR 1994, 523; Küper StrafR BT S. 382; Mitsch StrafR BT II/1 § 7 Rn. 97; aM Schröder JZ 1965, 516; Meyer MDR 1971, 718; Riemann, Vermögensgefährdung und Vermögensschaden, 1989, S. 75, die nur Versuch anneh- 53

men; eing. und eigenständig Wahl, Die Schadensbestimmung beim Eingehungs- und Erfüllungsbetrug, 2007). Ein Eingehungsbetrug kommt in Betracht, wenn die Entgeltforderung abredegemäß sofort in bar zu begleichen ist, der Schuldner aber unfähig ist, sofort zu bezahlen BGH NZWiSt 2020, 322). Beim Erfüllungsbetrug ist dagegen darauf abzustellen, ob die erbrachten oder empfangenen Leistungen jeweils den schuldrechtlichen Verpflichtungen gleichwertig sind (BGHSt 32, 211 = NJW 1984, 1469 mAnm Puppe JZ 1984, 531; BGH NJW 2012, 629 mit Bespr. Jäger JA 2012, 952; Jahn JuS 2013, 81; OLG Stuttgart JR 1982, 470 mAnm Bloy; BGH NStZ-RR 2015, 341; NJW 2016, 3543; wistra 2016, 398; Pohlreich AL 2017, 241 (246); Rengier StrafR BT I § 13 Rn. 175; zum Gleichlauf von Gattungs- und Speziesschulden Küper FS Tiedemann, 2008, 617 (632)). Wird jedoch eine Täuschung – etwa die fälschliche Zusicherung einer Eigenschaft – schon iRd Verpflichtungsgeschäfts begangen und wirkt sie in der Erfüllungsphase fort (vgl. BGH NJW 1994, 1745; sog. unechter Erfüllungsbetrug, Küper/Zopfs StrafR BT Rn. 661–663), so bilden Verpflichtungs- und Erfüllungsgeschäft eine Einheit mit der Folge, dass über den Schaden der Wertvergleich zwischen den jeweiligen Leistungen entscheidet (hM; BGHSt 16, 220 = NJW 1961, 1876; BGH NJW 2012, 629 mit Bespr. Jäger JA 2012, 952; Jahn JuS 2013, 81; zum sog. „Plagiats-Fall" auch Jäger ExRep StrafR BT Rn. 366a, 366b; sa BGH NJW 2013, 833 „Sportwette"; Wittig WirtschaftsStrafR § 14 Rn. 121; → Rn. 42; BayObLG NJW 1987, 2452; NJW 1999, 663 mit Bespr. Bosch wistra 1999, 410; Rengier JuS 2000, 644; Schönfeld JZ 1964, 206; Hefendehl JuS 1993, 810; Rengier StrafR BT I § 13 Rn. 171, 201; anders Lenckner MDR 1961, 652; NJW 1962, 59; Otto JZ 1993, 652 (656); Geerds Jura 1994, 309 (317); Ahn, Das Prinzip der Schadensberechnung und die Vollendung des Betruges bei zweiseitigen Vertragsverhältnissen, 1995, S. 118, 132; Schneider JZ 1996, 918; Seyfert JuS 1997, 29 (32); Walter, Betrugsstrafrecht in Frankreich und Deutschland, 1999, S. 537; Perron in Schönke/Schröder, Rn. 136; zw.); das gilt allerdings dann nicht, wenn sich Verpflichtungs- und Erfüllungsphase nicht als einheitlicher, auf der Täuschung bei Vertragsschluss beruhender Vorgang darstellen, der Täter vielmehr erst durch eine neue selbständige Täuschung den Erfüllungsanspruch des Betroffenen vereitelt (Tenckhoff FS Lackner, 1987, 677; dazu Puppe ZIS 2010, 26; Gaede in Leipold/Tsambikakis/Zöller Rn. 106; anders die hM: sog. echter Erfüllungsbetrug, Küper/Zopfs StrafR BT Rn. 656–660). Über diese Besonderheiten hinaus sind zahlreiche weitere Fragen der Berechnung des Eingehungs- und des Erfüllungsschadens noch nicht abschließend geklärt (vgl. etwa Lenckner JZ 1971, 320; Cramer, Vermögensbegriff und Vermögensschaden im Strafrecht, 1968, S. 170, 181; speziell zum Baubetrug BGH NStZ 1997, 542; Geerds NStZ 1991, 57; Broß/Thode NStZ 1993, 371; bei Submissionsabsprachen Achenbach NStZ 1993, 429; Hefendehl JuS 1993, 808; Ranft wistra 1994, 41 (44); Cramer, Zur Strafbarkeit von Preisabsprachen in der Bauwirtschaft, 1995, S. 7, 25; Hoyer in SK-StGB Rn. 248–254).

54 **VII. 1.** Zwischen den Merkmalen des objektiven Tatbestandes muss ein durchlaufender **Ursachenzusammenhang** (→ Vor § 13 Rn. 9–11) in der Weise bestehen, dass die Täuschungshandlung den Irrtum und dieser die Vermögensverfügung bewirkt (BGH wistra 1992, 145; StV 1993, 523), die ihrerseits als unmittelbare (→ Rn. 25) Vermögensbeschädigung zu bewerten ist (so überzeugend Schmidhäuser FS Tröndle, 1989, 305; Hansen Jura 1990, 510); die übliche Erstreckung des Kausalitätserfordernisses auch auf die Beziehung zwischen Verfügung und Schaden (so die hM) ist missverständlich, weil das Element der Vermögensmin-

derung schon dem Verfügungsbegriff immanent ist (→ Rn. 22, 25, 36; ebenso Gaede in Leipold/Tsambikakis/Zöller Rn. 115 „klarstellend"). Für die Ursächlichkeit des Irrtums ist unerheblich, ob er für die Vermögensverfügung allein- oder nur mitmotivierend war (BGHSt 13, 13 = NJW 1959, 993 mAnm Heinitz JR 1959, 386; BGH NStZ 1999, 558; Wessels/Hillenkamp/Schuhr StrafR BT II Rn. 521, 523; krit. Kindhäuser/Hilgendorf in LPK-StGB Rn. 182; zu der hier psychisch vermittelten Kausalität → Vor § 13 Rn. 10; sa KG JR 1964, 350; Klauser NJW 1959, 2245; Busch NJW 1960, 950; Prinzing NJW 1960, 952; Weidemann GA 1967, 238 (243); Pawlik, Das unerlaubte Verhalten beim Betrug, 1999, S. 249).

2. Auch die Lehre von der objektiven Zurechnung (→ Vor § 13 Rn. 14) kann **54a** innerhalb des Betrugstatbestands von Bedeutung sein, wobei Tragweite („große Bedeutung" nach Harbort, Die Bedeutung der objektiven Zurechnung beim Betrug, 2010, S. 192; vgl. für die Tatbestandskonzeption allg. Pawlik, Das unerlaubte Verhalten beim Betrug, 1999, S. 2, 221, 243; Suárez González in Schünemann, Strafrechtssystem und Betrug, 2002, S. 115) und Anwendungsfälle (vgl. Rengier FS Roxin, 2001, 811 (819); Pérez Manzano Madrid-Symposium, 1994, 213; Merz, Bewusste Selbstschädigung und die Betrugsstrafbarkeit, 1999, S. 193; Kurth, Das Mitverschulden des Opfers beim Betrug, 1984, S. 169; krit. Ellmer, Betrug und Opfermitverantwortung, 1986, S. 163; → Rn. 55) noch nicht geklärt sind. Zu behandeln sind hier zB die Fälle, in denen eine „Wissenszurechnung" beim Irrtumsmerkmal (Tiedemann in LK-StGB Rn. 82; Tiedemann FS Klug, 1983, 405 (413); → Rn. 20) erörtert wird (Eisele ZStW 116 (2004), 15; Eisele StrafR BT II Rn. 551–553; Rönnau JuS 2014, 504 (507)). Wenn die wissende Hilfsperson Irrtum und Verfügung des Vermögensinhabers nicht verhindert, so ist deren Zurechnung zur Täuschung gleichwohl zu bejahen (Eisele ZStW 116 (2004), 15 (27, 30); aM Tiedemann in LK-StGB Rn. 82; abl. auch Weißer GA 2011, 334 (339)). Wenn dagegen der wissende Vermögensinhaber die Verfügung seiner irrenden Hilfsperson nicht verhindert, so liegt eine eigenverantwortliche Selbstschädigung (und nur Betrugsversuch) vor (Eisele ZStW 116 (2004), 15 (23)). Ein Anwendungsbereich für die objektive Zurechnung erscheint dort erwägenswert, wo die Rspr. im Bereich von Risikokapitalanlagen zur Feststellung des Schädigungsvorsatzes (→ Rn. 57) auf einen „unmittelbaren Zusammenhang" von Täuschung und (Gefährdungs-)Schaden sowie auf das „vertraglich vorausgesetzte Risiko" abstellt (BGHSt 48, 331 (346) = NJW 2004, 375 mit Bespr. Beulke JR 2005, 37).

3. a) Ob darüber hinaus auch ein besonderer **funktionaler Zusammenhang** **55** vorliegen muss, der die sog. bewusste Selbstschädigung aus dem Anwendungsbereich ausscheidet, ist umstritten, aber wohl zu bejahen (zusf. Lackner in LK-StGB, 10. Aufl. 1978, Rn. 164–176; anders Tiedemann in LK-StGB Rn. 181–186; Hefendehl in MüKoStGB Rn. 822–835 lehnt die objektive Zurechnung ab). Diese Restriktion beruht auf der Erwägung, dass sich bei bewusster Selbstschädigung, die den vom Getäuschten verfolgten Zweck erreicht, die Schutzwirkung des Tatbestandes nicht mehr auf das Vermögen als wirtschaftlichen Wert – diesen gibt der Getäuschte bewusst und freiwillig preis –, sondern nur noch auf die Dispositionsfreiheit bezieht (so namentlich Cramer JZ 1971, 415; Maiwald NJW 1981, 2777 (2780); Rudolphi FS Klug, 1983, 315 (316); aM Ellscheid GA 1971, 161; Herzberg MDR 1972, 93; JuS 1972, 570; Dölling JuS 1981, 570; Merz, Bewusste Selbstschädigung und die Betrugsstrafbarkeit, 1999, S. 118; sa Graul FS Brandner, 1996, 801 (819); Seier JuS 1996, L 21, 23; Amelung GA 1999, 182 (199); Rengier FS Roxin, 2001, 811 (820)). Obwohl die Rspr. des RG diese Einschränkung zunächst nur für spezielle Fälle unerlaubter Geschäfte anerkannt (RGSt 42, 58) und später ganz verworfen hat (RGSt 44, 232; RGSt 52, 136; RGSt 70, 256), ist die neuere Rspr. – von gelegentlichen verneinenden Hinweisen abgesehen (zB BGHSt 19, 37 (45) = NJW 1963, 1835; OLG Köln NJW 1972, 1823) – auf die Ausscheidung der bewussten Selbstschädigung nicht mehr näher eingegangen; OLG Bamberg wistra 2014, 69. Aus ihrer ablehnenden Haltung folgt aber, dass die unentgeltliche Entäußerung stets, also auch bei Zweckerreichung, einen Vermögensschaden bedeutet, weil der Betroffene infolge der täuschungsbedingten Verfügung ärmer geworden ist (BayObLG NJW 1952, 798); denn die Zweckerreichung als solche ist ein für das Vermögen des Betroffenen irrelevanter Vorgang und kann daher nicht ohne Widerspruch zu den allgemeinen Grundlagen des Schadensbegriffs zur Kompensation herangezogen werden (ebenso Graul FS Brandner, 1996, 801 (807)). Die Schwierigkeit lässt sich auch nicht mit Hilfe des sog. **Kommerzialisierungsgedankens** ausräumen (so Gerhold, Zweckverfehlung und Vermögensschaden, 1988, S. 36; Wessels/Hillenkamp/Schuhr StrafR BT II Rn. 554; ähnlich Hack, Probleme des Tatbestands Subventionsbetrug, § 264 StGB, 1982, S. 49), weil er nicht vorhandene wirtschaftliche Werte fingiert und überdies keine hinreichend bestimmte Abgrenzung ermöglicht (zust. Graul FS Brandner, 1996, 801 (809)). Aus der Sicht der Rspr. ist es deshalb inkonsequent (Seier JuS 1996, L 21, 23), bei solchen Vermögensopfern dennoch auf die Zweckverfehlung abzustellen (vgl. etwa BGHSt 19, 37 (44) = NJW 1963, 1835; BGH NJW 1992, 2167; NJW 1995, 539; wistra 2003, 457; NStZ 2006, 624 mit Bespr. Bosch JA 2006, 492; krit. Idler JuS 2007, 904; KG JR 1962, 26; Gaede in Leipold/Tsambikakis/Zöller Rn. 144); dafür gibt es eine zureichende Begründung nur unter der von der Rspr. abgelehnten Voraussetzung, dass die bewusste Selbstschädigung nicht in den Schutzbereich des § 263 fällt (zur **Zweckverfehlungslehre** vgl. ferner Gallas FS Schmidt, 1961, 401 (435); Mohrbotter GA 1969, 225; Cramer, Vermögensbegriff und Vermögensschaden im Strafrecht, 1968, S. 202; Maiwald NJW 1981, 2777 (2780); Hartmann, Das Problem der Zweckverfehlung beim Betrug, 1988; Walter, Betrugsstrafrecht in Frankreich und Deutschland, 1999, S. 543; aus der Sicht der personalen Vermögenslehre Geerds, Wirtschaftsstrafrecht und Vermögensschutz, 1990, S. 130, 178; Geerds Jura 1994, 309 (318); Idler JuS 2007, 904; Winkler, Der Vermögensbegriff beim Betrug und das verfassungsrechtliche Bestimmtheitsgebot, 1995, S. 197; mit bedenkenswerten Gründen abl. Schmoller JZ 1991, 117; Sternberg-Lieben, Die objektiven Schranken der Einwilligung im Strafrecht, 1997, S. 515; Mitsch StrafR BT II/1 § 7 Rn. 39; krit. auch Kindhäuser ZStW 103 (1991), 398 (407); Graul FS Brandner, 1996, 801 (805); Merz, Bewusste Selbstschädigung und die Betrugsstrafbarkeit, 1999, S. 93; Jordan JR 2000, 133; Arzt FS Hirsch, 1999, 431 (437); Pawlik, Das unerlaubte Verhalten beim Betrug, 1999, S. 273; zusf. Küper StrafR BT S. 394–396; Satzger Jura 2009, 518 (523)).

56 **b)** Aus dem Erfordernis eines funktionalen Zusammenhangs **folgt:** Gibt der Getäuschte ohne rechtliche Verpflichtung (dazu Lackner in LK-StGB, 10. Aufl. 1978, Rn. 165; mit abweichenden Ansatz Tiedemann in LK-StGB Rn. 185a; sa BGH wistra 1984, 23) bewusst einen Vermögenswert ganz oder teilweise (sog. gemischter Vertrag) ohne Entgelt weg, zB beim **Bettel-, Spenden- oder Schenkungsbetrug** (vgl. etwa BGH wistra 1987, 255), aber auch bei kommerzieller Mitgliederwerbung für eine gemeinnützige Organisation (vgl. BGH NJW 1995, 539 mzustAnm Rudolphi NStZ 1995, 289; Deutscher/Körner JuS 1996, 296; zur Strafbarkeit bei Verursachung hoher eigennütziger Spendenwerbungskosten OLG Celle

NStZ-RR 2013, 13 mit zust. Bespr. Jahn JuS 2013, 179, wo bereits eine Täuschung verneint wird), so kommt es für die Annahme eines iSd § 263 relevanten Schadens darauf an, ob der mit der Aufwendung verfolgte Zweck verfehlt wurde, obwohl seine Erreichung sich als Grundbedingung für das Vermögensopfer darstellt (ebenso Hellmann in Krey/Hellmann/Heinrich StrafR BT II Rn. 656; Gaede in Leipold/Tsambikakis/Zöller Rn. 145; ähnlich Graul FS Brandner, 1996, 801 (817); speziell zu den Voraussetzungen der Zweckverfehlung beim Spendenbetrug OLG München wistra 2014, 33 mit Bespr. Hecker JuS 2014, 561; Fröba/Straube StraFo 2014, 500; Rudolphi FS Klug, 1983, 315; zum Erschleichen von Forschungs-Drittmitteln Jerouschek GA 1999, 416 (422); krit. zur Zweckverfehlungslehre Hilgendorf JuS 1994, 466 (468); Arzt in Arzt/Weber/Heinrich/Hilgendorf StrafR BT § 20 Rn. 111; Mitsch JA 1995, 32 (42); Mitsch StrafR BT II/1 § 7 Rn. 35–40; sowie Merz, Bewusste Selbstschädigung und die Betrugsstrafbarkeit, 1999, S. 125, die die Problematik schon bei der Täuschung einordnen; die objektive Zurechnung verneint Rengier FS Roxin, 2001, 811 (821); ebenso Krainbring, Spenden- und Bettelbetrug, 2015; im Ansatz abw. Kindhäuser FS Bemmann, 1997, 339 (355); Kindhäuser in NK-StGB Rn. 287–296; str.). Entsprechendes gilt nach hM bei teilweise unentgeltlichen oder wirtschaftlich unausgeglichenen Geschäften für den überschießenden Teil, wenn dieser zB einen Spendenzweck verfolgt (Perron in Schönke/Schröder Rn. 105).

Auch beim **Subventionsbetrug** iSd § 263 ist die Zuwendung des Subventionsgegenstandes, wenn auf sie kein Rechtsanspruch besteht (s. BGH wistra 1984, 23) und auch die allgemeinen Voraussetzungen einer Exspektanz nicht erfüllt sind (→ Rn. 34), eine Leistung ohne Entgelt (hM; einschr. Schmoller JZ 1991, 117 (124)); hier ist darauf abzustellen, ob im Zeitpunkt der Subventionsbewilligung die materiellen Vergabevoraussetzungen, dh diejenigen Bedingungen, namentlich auch die zeitlichen Begrenzungen, erfüllt waren, die den Einsatz der Mittel nach den Zwecksetzungen des Subventionsgebers zu steuern bestimmt waren (ähnlich BGHSt 31, 93 = NJW 1982, 2453 mAnm Tiedemann JR 1983, 212 betr. Erschleichen einer Investitionszulage; krit. Berger, Der Schutz öffentlichen Vermögens durch § 263 StGB, 2000, S. 192; zu sog. „Transferrubelgeschäften" BGH wistra 1993, 339; NStZ-RR 1998, 268 mit Bespr. Jordan NJ 1998, 381; BGH NStZ 2006, 624; LG Berlin DtZ 1994, 40; zum sog. „Abwrackbetrug" Stumpf NJW-Spezial 2009, 648; zum Subventionsbetrug mithilfe der Kurzarbeit Gaede/Leydecker NJW 2009, 3542); unerheblich sind dagegen bloße Formalien oder andere Bedingungen, die nicht in den Zweckzusammenhang der Subvention gehören, sondern nur die Verwaltungstätigkeit erleichtern oder der Beweissicherung dienen sollen (BGH NStZ 2006, 624; offen gelassen noch von BGHSt 31, 93 (96) = NJW 1982, 2453; Lackner in LK-StGB, 10. Aufl. 1978, Rn. 176; aM Tiedemann in LK-StGB Rn. 184, 185). Täuscht ein Subventionsnehmer über den Umfang notwendiger Aufwendungen, nach dem sich die Subventionssumme bemisst, so liegt der Schaden in dem auf den überschießenden Betrag entfallenden Anteil der Subvention (BGH NStZ 2006, 624; sa BGH NJW 2014, 2295 (2297) mAnm Gaede). Diese Grundsätze gelten nach hM und für sonstige (auch teilweise) unentgeltliche Leistungen öffentlicher Vermögensträger (Perron in Schönke/Schröder Rn. 104a; anders bei § 264, → § 264 Rn. 3–7), wobei § 263 grds. einer durch die Falschangaben zugleich begangenen Ordnungswidrigkeit vorgeht (§ 21 OWiG; für § 58 I Nr. 1 BAföG BayObLG NJW 2005, 309 mzustAnm Vogel JZ 2005, 308; Kudlich JuS 2005, 379; Otto JK StGB § 263 Rn. 77; abl. aber Bohnert NStZ 2005, 174; und schon BGH NJW 2003, 3611; zw.). Zur BAföG-Erschleichung Rau/Zschie- 56a schack StV 2004, 669; Hellmann in Krey/Hellmann/Heinrich StrafR BT II Rn. 660–662; Vogel JZ 2005, 308; sowie – zur Schadensfeststellung – OLG Hamm NJW 2005, 2869. Die Erlangung staatlicher Mittel iSd § 18 PartG nach Vorlage eines unvollständigen Rechenschaftsberichts ist trotz § 19a I 2 PartG nicht erfasst, weil nur das Transparenzgebot, nicht aber der materielle Zweck verfehlt wird (aM Maier NJW 2000, 1006); anders dagegen, wenn durch Fingieren privater Spenden oder durch Aufnahme verdeckter „Einflussspenden" im Rechenschaftsbericht eine höhere Summe (§ 18 III Nr. 3 PartG) erlangt wird (BGHSt 49, 275 (300) = NJW 2004, 3569 mzustAnm Dölling JR 2005, 519; und Bespr. Saliger/Sinner NJW 2005, 1073; Grunst wistra 2004, 95; eing. zur Schadensbestimmung BGHSt 49, 275 (300) = NJW 2004, 3569; Saliger in Matt/Renzikowski Rn. 256; vgl. § 31d PartG; zur Täuschung → Rn. 9, zur Vermögensverfügung → Rn. 30). In Fällen des sog. **Sozialleistungsbetruges** hat das Tatgericht nach den Grundsätzen der für die Leistungsbewilligung geltenden Vorschriften selbständig zu prüfen, ob und inwieweit tatsächlich kein Anspruch auf die beantragten Leistungen bestand (BGH StV 2017, 97; BayObLG StraFo 2020, 464).

56b Bei Austauschgeschäften mit ausgeglichenem Wertverhältnis, aber enttäuschter ideeller (zusätzlicher) Erwartung, ist mangels Beeinträchtigung des Vermögensstandes kein Schaden gegeben (Tiedemann in LK-StGB Rn. 183; Sternberg-Lieben, Die objektiven Schranken der Einwilligung im Strafrecht, 1997, S. 515; speziell zu Gewinnbenachrichtigung zusammen mit Bestellkatalogen Rose wistra 2002, 370 (373); zu bio- und öko-Produkten Arzt FS Lampe, 2003, 673 (681); aM OLG Düsseldorf NJW 1990, 2397 mit abl. Bespr. Küpper/Bode JuS 1992, 642; diff. Berger, Der Schutz öffentlichen Vermögens durch § 263 StGB, 2000, S. 262, 268, individueller Schadenseinschlag bei Fehlleitung zweckgebundenen Vermögens; zw.); der Abschluss des Geschäfts muss entscheidend durch den sozialen Zweck der Leistung bestimmt sein (OLG Frankfurt a. M. NStZ-RR 2004, 17; Fischer Rn. 138); ein solcher Zweck ist weder in der Begleichung von Schulden noch in der persönlichen Beziehung von Darlehensgeber und Darlehensnehmer zu sehen (OLG Frankfurt a. M. NStZ 2011, 13). Das **kassenärztliche Abrechnungssystem** hat zwar Leistungsaustausch zum Gegenstand, ist aber rechtsnormativ und nicht marktwirtschaftlich geregelt (Herffs wistra 2004, 281 (283); zu den schadensbezogenen Fallgruppen Saliger in Matt/Renzikowski Rn. 247; zur Strafbarkeit des Patienten Gaßner/Strömer NStZ 2013, 621); die Rspr. nimmt in „streng formaler Betrachtung" bei jeder Täuschung über sozialversicherungsrechtliche Abrechnungsvoraussetzungen ohne Rücksicht auf erbrachte Behandlungsleistungen einen Vermögensschaden an (BGH NStZ 1995, 85 mit zust. Bespr. Hellmann NStZ 1995, 232; zust. auch Rengier StrafR BT I § 13 Rn. 212b; diff. Volk NJW 2000, 3385; sa BVerfG NStZ 1998, 29; NJW 2003, 1198, Abrechnung über Strohmann mit abl. Bespr. Idler JuS 2004, 1037 (1040); krit. auch Deutsch/Spickhoff MedR Kap. X Rn. 488; zust. aber Beckemper/Wegner NStZ 2003, 315; OLG Koblenz MedR 2001, 144, scheinselbständiger „Strohpartner" mit abl. Bespr. Stein MedR 2001, 124; OLG Köln medstra 2016, 369; abl. auch Grunst NStZ 2004, 533 (535); Herffs wistra 2004, 281 (285); umfassend zum Abrechnungsbetrug Ulsenheimer/Gaede Arzt-StrafR Rn. 1479ff.; Schroth in Roxin/Schroth MedStrafR S. 213; Hellmann/Herffs, Der ärztliche Abrechnungsbetrug, 2006; Luig, Vertragsärztlicher Abrechnungsbetrug und Schadenbestimmung, 2009 mit Bespr. Nestler ZIS 2010, 510; auch Stirner, Der privatärztliche Abrechnungsbetrug, 2015; Saliger medstra 2019, 258; Weinrich/Wostry medstra 2019, 74; speziell zur Einweisungsvergütung, auch sog. „Kopfprämie" Kölbel NStZ 2009, 312; wistra 2009, 129; sowie Schneider

HRRS 2009, 484; speziell zum Zahnarzt Jahnke, Die strafrechtliche Verantwortung des Zahnarztes, 2005, S. 158; zur Täuschung → Rn. 9). Die Rspr. wendet § 263 auch auf den privatliquidierenden Arzt an, der tatsächlich nicht persönliche (Labor-)Leistungen als persönlich erbrachte abrechnete (BGHSt 57, 95 (113) = NJW 2012, 1377 mit überwiegend kritischen Besprechungen von Brand/Wostry StV 2012, 619; Dann NJW 2012, 2001; Geiger/Schneider GesR 2013, 7; Jäger ZWH 2012, 186; Kraatz NStZ-RR 2013, 36; Lindemann NZWiSt 2012, 334; Mahler wistra 2013, 44; (zust.) Schuhr wistra 2012, 265; Tiedemann JZ 2012, 529; vgl. auch krit. Fischer Rn. 109a, abl. Saliger FS Roxin I, 2012, 307 (325); Saliger in Matt/Renzikowski Rn. 250; (eher zust.) Rengier StrafR BT I § 13 Rn. 212c; Wessels/Hillenkamp/Schuhr StrafR BT II Rn. 580; sowie Wittig WirtschaftsStrafR § 14 Rn. 107). Schadenshochrechnung beim Abrechnungsbetrug Tsambikakis medstra 2017, 65. – Dass wegen tatsächlich erbrachter Pflegeleistungen durch einen unqualifizierten Dienst Aufwendungen für andree Pflegedienste erspart werden, lässt zwar nicht einen Vermögensschaden entfallen, kann aber bei Strafzumessung mindernd berücksichtigt werden (BGH NStZ-RR 2022, 115).

Trotz der Betonung der „wirtschaftlichen Betrachtungsweise“ (BGHSt 57, 95 (114) = NJW 2012, 1377) wird man die vom BGH selbst eingestandene **Berücksichtigung normativer Gesichtspunkte** als zu exzessive bezeichnen können (Tiedemann JZ 2012, 529). Das gilt auch für eine neuere Entscheidung, in der ein Vermögensschaden vor allem mit der fehlenden arzneimittelrechtlichen Zulassung eines Medikaments, die zu einem nicht geschuldeten Honorar führt, begründet wird (BGHSt 57, 312 (315) = NJW 2012, 3665 mit Bespr. Kölbel JZ 2013, 851; Krüger PharmR 2013, 46). § 661 II BGB ist auch auf Sportveranstaltungen anzuwenden und schließt einen Schaden des Veranstalters durch Zahlung des Preisgeldes an einen **gedopten Sportler** aus (Heger JA 2003, 76 (80); ähnlich Roxin FS Samson, 2010, 445 (447); ebenso für den Preisgeldsponsor Grotz SpuRt 2005, 93 (95); diff. Kerner/Trüg JuS 2004, 140 (141); Hefendehl in MüKoStGB Rn. 850–852; aM Cherkeh, Betrug (§ 263 StGB), verübt durch Doping im Sport, 2000, S. 141; Schild, Sportstrafrecht, 2002, S. 164; zur Schadensproblematik bei Sponsoringverträgen Cherkeh/Momsen NJW 2001, 1745 (1799); Grotz SpuRt 2005, 93 (95); Hirsch FS Szwarc, 2009, 559 (575)); ein Schaden des Vertragspartners eines gedopten Radsportlers (zur Täuschung → Rn. 9, 14; zum Irrtum → Rn. 19) kann in der Auszahlung von Abschlagszahlungen, aber auch darin liegen, dass der Vertragspartner die fristlose Kündigung unterlassen hat, und der Radsportler die geschuldete werthaltige Leistung nicht erbracht hat (OLG Stuttgart SpuRt 2012, 74 (75) mit Bespr. Jahn JuS 2012, 181 (183) mit Hinweis auf die Schwierigkeit, den „Wert einer gedopten Wettkampfteilnahme exakt zu bemessen“; ebenso Kudlich SpuRt 2012, 54 (55); Kraatz NStZ-RR 2013, 37 (38) mit ähnlichen und weiteren Bedenken; Wessels/Hillenkamp/Schuhr StrafR BT II Rn. 580 „aktuelle Entscheidung“; für „Wertlosigkeit“ der Leistung Fischer Rn. 152; Saliger in Matt/Renzikowski Rn. 221; Kudlich StrafR BT I Fall 93). 56c

VIII. Der **Vorsatz** (bedingter genügt, BGH bei Dallinger MDR 1975, 22; Eisele StrafR BT II Rn. 634; diff. Dencker FS Grünwald, 1999, 75 (79); Hoyer in SK-StGB Rn. 264; aM Walter, Betrugsstrafrecht in Frankreich und Deutschland, 1999, S. 279; aM für die Irrtumserregung durch konkludente Täuschung auch BGH NJW 2001, 2187 (2189)) muss nicht nur alle Merkmale des äußeren Tatbestandes, sondern auch den zwischen ihnen notwendigen Kausalzusammenhang umfassen. Beim Vermögensschaden (beachte dazu BGH wistra 1988, 348) betrifft 57 das nur die unmittelbare Wertminderung (→ Rn. 36); weiß also der Täter beim Kreditbetrug (iSd § 263) oder rechnet er mit der Möglichkeit, dass der Rückzahlungsanspruch nicht die erforderliche Bonität hat, so genügt das, auch wenn er beabsichtigt oder hofft, den endgültigen Schaden durch Erfüllung abwenden zu können (BGH bei Holtz MDR 1981, 810; wistra 1993, 265 (266); OLG Karlsruhe wistra 1997, 109; sa BGHSt 50, 147 (158) = NJW 2005, 3008; BGH NJW 1994, 1745; Haft ZStW 88 (1976), 365 (366); Nack NJW 1980, 1599 (1602)); ebenso idR wenn der Täter beim Kapitalanlagebetrug (iSd § 263) die Umstände der Gefährdung des Rückzahlungsanspruchs des Anlegers kennt, aber hofft und glaubt, den endgültigen Schaden abwenden zu können (BGHSt 48, 331 (346) = NJW 2004, 375 mit Bespr. Beulke JR 2005, 37; BGH NJW 2008, 1827). Besteht der Schaden in einer Vermögensgefährdung (→ Rn. 40), so reicht die Kenntnis von den die Gefährdung begründenden Umständen (BGH wistra 1996, 261; beachte aber BGHSt 48, 331 (346) = NJW 2004, 375, wo außerdem zur Feststellung des Wollenselements eine Gesamtwürdigung verlangt wird, dazu Beulke JR 2005, 37 (40); Wessels/Hillenkamp/Schuhr StrafR BT II Rn. 581; beachte auch BGH NStZ-RR 2008, 239, wonach der Betrogene aus Sicht des Täuschenden ernstlich mit wirtschaftlichen Nachteilen zu rechnen haben soll; → Rn. 54a); zur Einwerbung von Geldern – „day trading" – BGH wistra 2016, 227. Zur Frage, ob der Vorsatz auch die Rechtswidrigkeit des Vermögensvorteils umfassen muss, → Rn. 62. Rechtsvergleichend: Taferner → Rn. 36.

58 **IX.** Die **Absicht,** sich oder einem Dritten einen rechtswidrigen Vermögensvorteil zu verschaffen (kein besonderes persönliches Merkmal iSd § 28 I, → § 28 Rn. 6; dies folgt schon aus der Tatbezogenheit der erstrebten Bereicherung, Wittig JA 2013, 401 (406); aM Hoyer in SK-StGB Rn. 273), ist der auf diesen Erfolg zielgerichtete Wille (→ § 15 Rn. 20). Das setzt voraus, dass die Erfolgsvorstellung, die auch die Bedeutung des Vorteils als wirtschaftliche Besserstellung (→ Rn. 59) umfassen muss (BGH NJW 1988, 2623 mit krit. Bespr. Otto JK StGB § 253 Rn. 3), auf den Handlungsentschluss (mit-)bestimmend einwirkt (vgl. v. Selle JR 1999, 309 (311), Mindestbedingung; sa Dencker FS Grünwald, 1999, 75 (79, 86), der die Vorteilsabsicht als „Mischmerkmal" nach eigenen Kriterien diff. behandelt); jedoch braucht der Vorteil weder der Einzige, der maßgebende oder auch nur überwiegende Zweck, noch die letzte Triebfeder (Endziel, Beweggrund oder Motiv) zum Handeln zu sein. Es genügt, wenn der Täter ihn neben anderen Zielen oder nur als Mittel für einen anderweitigen Zweck anstrebt (BGHSt 16, 1 = NJW 1961, 1172; Wittig JA 2013, 401 (402); Eisele StrafR BT II Rn. 636; krit. Arzt in Arzt/Weber/Heinrich/Hilgendorf StrafR BT § 20 Rn. 132; weiter Jakobs StrafR AT Abschn. 8 Rn. 41; eing. v. Selle JR 1999, 309 (311); vgl. auch BayObLG NStZ 1994, 491 mit krit. Bespr. Otto JK StGB § 263 Rn. 42), selbst dann, wenn er ihn nicht zu wirtschaftlichem Nutzen, sondern zur Schädigung anderer einsetzen will (BayObLG JZ 1972, 25 mAnm Schröder und Bespr. Herzberg JuS 1972, 185; Maurach JR 1972, 345; Seelmann JuS 1982, 748; dazu auch Krack FS Puppe, 2011, 1205 (1210); Fall 122 bei Hellmann in Krey/Hellmann/Heinrich StrafR BT II Rn. 687–691; LG Kiel NStZ 2008, 219; dazu Rengier StrafR BT II § 13 Rn. 239; sa Tiedemann in LK-StGB Rn. 250; str.). Bedingter Vorsatz genügt daher nicht (BGH NStZ 2022, 46). Beim fremdnützigen Betrug ist für die Feststellung von Mittäterschaft das Interesse des Täters, an dem durch den Betrug zu erlangenden Vermögensvorteil teil zu haben, nicht maßgeblich (Wittig JA 2013, 401 (406)). Nicht ausreichend ist dagegen, wenn der Vorteil nur notwendige oder mögliche – sei es auch dem Täter nicht un-

erwünschte (Welzel NJW 1962, 20; Geppert JK StGB § 263 Rn. 26; nach Wittig JA 2013, 401 (403), können die Ziele dem Täter auch lästig oder peinlich sein; aM BGHSt 16, 1 (6) = NJW 1961, 1172; OLG Köln NJW 1987, 2095). Folge eines ausschließlich auf einen anderen Zweck gerichteten Verhaltens ist (hM; anders Rengier JZ 1990, 321; Rengier StrafR BT I § 13 Rn. 105, der die notwendige Folge und das Zwischenziel nicht für differenzierbar hält; krit. dazu v. Selle JR 1999, 309 (310); Dencker FS Grünwald, 1999, 75 (77)).

1. **Vermögensvorteil** ist jede wirtschaftliche Verbesserung der Vermögenslage 59 (Wittig JA 2013, 401 (402), Erhöhung des wirtschaftlichen Gesamtwerts), also das genaue Gegenteil des Vermögensschadens (→ Rn. 36; anders Dencker FS Grünwald, 1999, 75 (82)); auch das Nichterbringen einer Leistung genügt (OLG Stuttgart NJW 1962, 502); ebenso die Abwehr eines (berechtigten) Schadensersatzanspruchs (BGHSt 42, 268 (271) = NJW 1997, 750 mAnm Kudlich NStZ 1997, 431; Wittig JA 2013, 401 (402)); der Besitz an einer Sache nur, wenn ihm eigenständiger Wert zukommt, zB wenn der Täter wirtschaftlich messbare Gebrauchsvorteile eines Kfz nutzen will (BGH NStZ 2011, 699 (701)), nicht dagegen kurzzeitiger Besitz, nach dem die Sache vernichtet werden soll (Rengier StrafR BT I § 11 Rn. 60). Der erstrebte Vorteil muss – woran es bei bloßen Folgeschäden der Vermögensverfügung regelmäßig fehlt (BGH NJW 1989, 918; NStZ 2000, 260; Fischer Rn. 187) – dem zugefügten Schaden entsprechen, gleichsam seine Kehrseite bilden (BGHSt 6, 115 = NJW 1954, 1008; BGH NStZ 1998, 85; NStZ 2001, 650; NStZ 2003, 264; StV 2015, 423; BayObLG NJW 1987, 1654 (1656); NStZ 1994, 491; OLG Düsseldorf NJW 1994, 3366; OLG Stuttgart NJW 2002, 384 mzustAnm Erb JR 2002, 216; Wittig JA 2013, 401 (404); Jäger JuS 2010, 761 (765), spricht vom „dritten Unmittelbarkeitskriterium“). Dieses Merkmal der sog. **Stoffgleichheit** ist in Rspr. und Lehre noch nicht abschließend geklärt (zusf. Küper/Zopfs StrafR BT Rn. 134, 135; Tiedemann in LK-StGB Rn. 256–263; für seine Verabschiedung Achenbach NStZ 1989, 498). Es kann nicht im strengen Sinne des Wortes verstanden werden. Ausreichend ist vielmehr, dass Vorteil und Schaden auf derselben Vermögensverfügung beruhen und dass der Vorteil zu Lasten des geschädigten Vermögens geht (BGHSt 34, 379 (391) = NJW 1988, 1397). Das hat vor allem die – inzwischen durch Einführung des § 266b gegenstandslos gewordene (→ § 266b Rn. 9) – Diskussion um die Stoffgleichheit beim sog. Scheckkartenbetrug (BGHSt 24, 386 = NJW 1972, 1904) gezeigt. Dabei hat sich überwiegend die Meinung durchgesetzt, dass die Annahme eines Betruges bei Hingabe eines ungedeckten garantierten Schecks jedenfalls nicht an der Stoffgleichheit scheitert: Wenn nämlich durch die Einlösung des Schecks nicht die einlösende, sondern infolge der Scheckgarantie die bezogene Bank einen unmittelbaren Schaden erleidet, dann bildet diese Einbuße zugleich das unmittelbare Äquivalent für die dem Bereicherten zufließende vermögenswerte Leistung (OLG Köln NJW 1978, 713 mit abl. Bespr. Gössel JR 1978, 469; Vormbaum JuS 1981, 18 (24); Schroth NJW 1983, 716 (721)). Das Wesentliche des mit der Stoffgleichheit geforderten funktionalen Zusammenhangs wird in dem überkommenen Begriff nicht zutr. ausgedrückt (BayObLG MDR 1964, 776); namentlich bei der Vereitelung von Anwartschaftsrechten und Gewinnaussichten (→ Rn. 34) ist er irreführend (Mohrbotter GA 1971, 231 (325); sa Beulke JuS 1977, 35 (38); Walter, Betrugsstrafrecht in Frankreich und Deutschland, 1999, S. 280); in Fällen des persönlichen Schadenseinschlages (→ Rn. 48) bereitet er Schwierigkeiten (Arzt in Arzt/Weber/Heinrich/Hilgendorf StrafR BT § 20 Rn. 123; Rengier StrafR BT I § 13 Rn. 253). Der

BGH lehnt inzwischen die Stoffgleichheit beim Erfüllungsbetrug mittels nicht geltend gemachter Schadenseratzansprüche als (mittelbaren) Schaden ab (BGH NStZ 2000, 260; wistra 2001, 103; anders noch BGH NJW 1992, 921 mit abl. Bespr. Joecks/Jäger wistra 1992, 257 (252); Hefendehl JuS 1993, 805; zust. aber Baumann NJW 1992, 1661 (1665); Satzger, Der Submissionsbetrug, 1994, S. 181, 201).

60 Praktische Bedeutung hat das Merkmal vor allem beim **Provisionsvertreterbetrug.** Zur Herstellung der Stoffgleichheit muss dieser als fremdnütziger Betrug in dem Sinne konstruiert werden, dass der Vertreter aus dem Schaden des Kunden einen Vorteil für seine Firma erstrebt, der die Voraussetzung für seinen Provisionsanspruch bildet (hM; vgl. zB BGH NJW 1961, 684; OLG Saarbrücken NJW 1968, 262; Küper/Zopfs StrafR BT Rn. 135; Kudlich StrafR BT I Fall 128; nach Wittig JA 2013, 401 (404), kann dieser Vorteil auch nur ein Zwischenziel des Täters sein); daneben kann auch ein Betrug zum Nachteil der Firma vorliegen (BGHSt 21, 384 = NJW 1968, 261; sa LG Frankfurt a. M. NStZ-RR 2003, 140). – An der Stoffgleichheit fehlt es beim möglichen Betrug des **gedopten Sportlers** zum Nachteil des Konkurrenten (Schild, Sportstrafrecht, 2002, S. 166; Hirsch FS Szwarc, 2009, 559 (577); speziell zum dopenden Reiter Ackermann in Vieweg, Prisma des Sportrechts, 2006, S. 165, 173), anders zum Nachteil des Geschäftspartners des Radsportlers (OLG Stuttgart SpuRt 2012, 74 (76); dazu schon → Rn. 9, 14, 19; → Rn. 56).

61 **2. a)** Der Vermögensvorteil ist **rechtswidrig,** wenn der Täter auf ihn (nach bürgerlichem oder öffentlichem Recht) keinen Anspruch hat (BGHSt 19, 206 = NJW 1964, 824; BGH NStZ-RR 2009, 17 (18); StV 2009, 357 (358), beide zu § 253; OLG Thüringen wistra 2007, 236; zusf. Mohrbotter GA 1967, 199). Nach der Rspr. ist der mit der Abrechnung einer Gebührenziffer erstrebte Vermögensvorteil rechtswidrig, wenn die vom Kassenarzt erbrachte Leistung nach der Gebührenordnung nicht abrechenbar ist (BGH NStZ 1993, 388; BVerfG NJW 1998, 810); hier ist aber häufig bereits der Vermögensschaden problematisch (→ Rn. 56). Wer die Erfüllung eines unbedingten und fälligen Anspruchs erstrebt oder die Durchsetzung eines unbegründeten Anspruchs abzuwehren sucht, scheidet daher – wenn man nicht schon den Schaden verneint (→ Rn. 47; Hoyer in SK-StGB Rn. 275; aM vom wirtschaftlichen Vermögensbegriff ausgehend Hellmann in Krey/Hellmann/Heinrich StrafR BT II Rn. 693) – jedenfalls aus diesem Grunde aus. Die Verfolgung und Abwehr von Ansprüchen mit rechtswidrigen Mitteln macht nicht zugleich auch ihr Ergebnis, den Vermögensvorteil, rechtswidrig (BGH NJW 1983, 2646 (2648); NStZ 2003, 663; BayObLG StV 1990, 165; StV 1995, 303; OLG Düsseldorf wistra 1992, 74; NJW 1998, 692 insoweit mzustAnm Krack JR 1998, 479; OLG München NJW 2006, 3364 (3365) mAnm Kraatz Jura 2007, 531; OLG Köln StraFo 2007, 299; sa BGH NJW 1982, 2265 mit krit. Bespr. Bernsmann NJW 1982, 2214; BGH bei Holtz MDR 1990, 488; Wittig JA 2013, 401 (403)); das gilt namentlich für den sog. **Selbsthilfebetrug** (hM; vgl. etwa Wessels/Hillenkamp/Schuhr StrafR BT II Rn. 586; anders Arzt in Arzt/Weber/Heinrich/Hilgendorf StrafR BT § 20 Rn. 125), dh für falsche Angaben im Prozess zu dem Zweck, einen begründeten, aber wegen Beweisschwierigkeiten gefährdeten Anspruch durchzusetzen oder einen unbegründeten, aber wegen der Beweislage aussichtsreichen Anspruch abzuwehren (BGHSt 3, 160 = NJW 1952, 1345; BGHSt 42, 268 (271) = NJW 1997, 750; OLG München NJW 2006, 3364 (3365) mAnm Kraatz Jura 2007, 531; Wittig JA 2013, 401 (403)), für das Beschaffen von Beweismitteln, die der wahren Rechtslage entsprechen (BGHSt 20, 136 = NJW 1965, 594; OLG München NJW 2006, 3364 mAnm Schiemann; Kraatz Jura 2007, 531;

Schröder JZ 1965, 513), und für das Erschleichen eines Wechsels oder Schecks mit dem Ziel, dadurch der Erfüllung eines begründeten Anspruchs näher zu kommen (BayObLGSt 1955, 3). Auch wer seinen Schuldner zur Hergabe eines Darlehens unter Verschweigen der Absicht bestimmt, sich von der Rückzahlung durch Aufrechnung zu befreien, erstrebt keinen rechtswidrigen Vorteil (BGH NJW 1953, 1479; Eisele StrafR BT II Rn. 643; Hefendehl in MüKoStGB Rn. 922–930). Ob das Erschleichen einer Leistung, die jemand aus einem anderen als dem angegebenen Grunde schuldet, rechtswidrig ist, hängt von den Umständen ab (vgl. ua BGH bei Dallinger MDR 1956, 10; BGH bei Holtz MDR 1982, 281; Schröder DRiZ 1956, 70; Otto, Die Struktur des strafrechtlichen Vermögensschutzes, 1970, S. 231; Tiedemann in LK-StGB Rn. 267; str.).

b) Die **systematische Einordnung** der Rechtswidrigkeit des Vermögensvorteils ist umstritten. Die Rspr. versteht sie mit Recht als Tatumstand und behandelt daher auch den **Bewertungsirrtum,** einen Anspruch auf den Vorteil zu haben, als Tatbestandsirrtum (BGHSt 3, 99 (101) = NJW 1952, 1062; BGHSt 3, 160 (163) = NJW 1952, 1345; BGHSt 42, 268 (272) = NJW 1997, 750; BGHSt 48, 322 (328) = NJW 2003, 3283 zu §253(→ §253 Rn. 6); BGH StV 1992, 106; wistra 1992, 95; NStZ-RR 1997, 257; StV 2000, 78 (79); NStZ 2003, 663; BayObLG StV 1990, 165; Wessels/Hillenkamp/Schuhr StrafR BT II Rn. 582; zur entsprechenden Rechtslage bei der Erpressung → §253 Rn. 8; ein Vorsatz ausschließender Irrtum liegt nicht vor, wenn der Täter nur vage vom möglichen Bestehen eines Anspruchs ausgeht, BGH JR 1999, 336 mAnm Graul), die umgekehrte irrige Annahme, keinen Anspruch zu haben, als untauglichen Versuch (BGHSt 42, 268 = NJW 1997, 750 mit Bespr. Arzt JR 1997, 469; Kudlich NStZ 1997, 432; BGH NStZ 2003, 663; auch nicht, wenn sich der Täter nur nach den Anschauungen der einschlägig kriminellen Kreise als Anspruchsinhaber fühlt, BGH NStZ 2008, 626 mAnm Kindhäuser StV 2009, 355 zu §253); Hillenkamp in LK-StGB §22 Rn. 181; beachte aber BGH NStZ 2002, 433). Die Meinungen im Schrifttum sind ebenso differenziert wie bei der Rechtswidrigkeit der Zueignungsabsicht nach §242 (→ §242 Rn. 28; wie hier Kindhäuser/Böse StrafR BT II §27 Rn. 83; eing. Küper NStZ 1993, 313; Streng FS v. Heintschel-Heinegg, 2015, 423; zusf. Tiedemann in LK-StGB Rn. 268–270). 62

X. 1. a) Vollendet ist der Betrug, wenn der Vermögensschaden – sei es auch nur teilweise (RGSt 33, 78) – eintritt (Wessels/Hillenkamp/Schuhr StrafR BT II Rn. 584; Gaede in Leipold/Tsambikakis/Zöller Rn. 171). Das gilt auch, wenn der Getäuschte durch Unterlassen (→ Rn. 22) verfügt hat (Schaffstein FS Dreher, 1977, 147 (159)). Der erstrebte Vermögensvorteil braucht nicht (oder noch nicht) erreicht (BGHSt 19, 342 = NJW 1964, 1865) oder auch nur erreichbar zu sein (BGHSt 32, 236 (243) = NJW 1984, 987; BGH NStZ 1987, 223). Ist er eingetreten, so ist der Betrug nach noch verbreiteter Meinung **beendigt** (BGH NStZ 2022, 166; Eisele StrafR BT II Rn. 648; Rengier StrafR BT I §13 Rn. 275; Stratenwerth/Kuhlen StrafR AT §12 Rn. 134; Kindhäuser/Hilgendorf in LPK-StGB Rn. 223; Saliger in Matt/Renzikowski Rn. 298; → Vor §22 Rn. 2; Maurach/Schroeder/Maiwald/Hoyer/Momsen StrafR BT §41 Rn. 149 stellen dagegen zu Recht auf den endgültigen Schädigungserfolg ab; zum sog. „Verspätungsschaden", der erst im Laufe der Zeit vollständig eintritt, Schmitz, Unrecht und Zeit, 2001, S. 149; zur eingeschränkten Möglichkeit einer Teilnahme zwischen Vollendung und Beendigung Kühl, Die Beendigung des vorsätzlichen Begehungsdelikts, 1974, S. 101; Kühl FS Roxin, 2001, 665 (679) sowie Kühl JuS 2002, 729 (733); Wolff, Begünstigung, Strafver- 63 eitelung und Hehlerei, 2002, S. 109; Wessels/Hillenkamp/Schuhr StrafR BT II Rn. 590; Gaede in Leipold/Tsambikakis/Zöller Rn. 173; Kindhäuser in NK-StGB Rn. 386; Hefendehl in MüKoStGB Rn. 951–955; nach der Rspr. scheidet Beihilfe erst nach Beendigung aus (BGH wistra 2009, 113 (114); NStZ 2014, 516 mAnm Becker; BGH NStZ 2022, 219). Zur Beihilfe durch neutrale Handlungen bei divergierenden Entscheidungen verschiedener mit der Frage befasster Staatsanwaltschaften s. BGH NStZ 2022, 226.

64 **b) Eingehungs- und Erfüllungsbetrug** (→ Rn. 53) bilden eine einheitliche Tat; jener ist nur ein Durchgangsstadium zur Erfüllungsphase, mit deren Abwicklung der Eingehungsschaden – sei es auch durch mehrere Einzelhandlungen (→ Vor § 52 Rn. 10) – vertieft und die endgültige Schädigung erreicht wird (BGHSt 47, 160 (171) = NJW 2002, 905; BGHSt 51, 165 = NJW 2007, 782; BGHSt 54, 69 = NJW 2009, 3448; BGH NStZ 1997, 542; NJW 2013, 883 (885); Jescheck FS Welzel, 1974, 683 (688); Tiedemann in LK-StGB Rn. 274, 275; aM Otto FS Lackner, 1987, 715 (723)); wiederholte Täuschungen während des Gesamtablaufs gewinnen daher keine selbständige Bedeutung (OLG Hamm GA 1957, 121; aM BayObLG JR 1974, 336 mablAnm Lenckner). Täuscht der Täter zB bei der Eigenheimzulage sowohl durch aktives Tun als auch durch Unterlassen, liegt keine Tatmehrheit, sondern eine einheitliche Tat vor (BGH wistra 2013, 271). Speziell zur Beendigung als Anknüpfung für die **Verjährung** → § 78 a Rn. 4.

65 **2.** Der **Versuch** beginnt mit dem unmittelbaren Ansetzen zur (tatbestandsspezifischen, → § 22 Rn. 3) Täuschung (→ § 22 Rn. 4–7 und die dort angeführten, zT auch den Betrug betr. Beispiele), beim Eingehungsbetrug mit einem von Täuschungshandlungen begleitetem ernst gemeinten Vertragsangebot (BGH wistra 1996, 343; speziell zum Kreditbetrug BGH NStZ-RR 2002, 433). Die Möglichkeiten des Versuchs beim Prozessbetrug (→ Rn. 34) sind nicht nur im Hinblick auf das Überschreiten der Versuchsschwelle, sondern auch auf Bedeutung und Wirkung der einschlägigen Prozesshandlungen sowie die Verantwortungsbereiche der Prozessbeteiligten umstritten und noch nicht abschließend geklärt (vgl. etwa OLG Bamberg NStZ 1982, 247 mAnm Hilger; BayObLG NJW 1996, 406 (408); OLG München NJW 2006, 3364 mAnm Schiemann; Zaczyk FS Krey, 2010, 485; Seier ZStW 102 (1990), 563; Müller/Schmoll JA 2015, 511 (516); Tiedemann in LK-StGB Rn. 279). – Zum sog CEO-Fraud Buss CR 2017, 410 (412).

66 **XI.** Zu **Abs. 3** (besonders schwere Fälle) → § 46 Rn. 7–10 a; → § 12 Rn. 4 (speziell zu § 263 BGH NStZ 1981, 391; wistra 1984, 23 (25); wistra 1988, 304 (345); NJW 1991, 2574). S. 2 enthält fünf Regelbeispiele. **Nr. 1:** gewerbsmäßig → Vor § 52 Rn. 20; → § 260 Rn. 2; Gewerbsmäßigkeit setzt stets – im Unterschied zu den Voraussetzungen des Betrugstatbestandes – eigennütziges Handeln und damit tätereigene Einnahmen voraus, so dass der Täter die Nutzungsvorteile erzielen muss (BGH NStZ 2021, 235), aus der Rspr. BGH NStZ 2004, 265; NStZ-RR 2008, 282; NStZ-RR 2009, 206; wistra 2009, 351; NStZ 2015, 540; NStZ-RR 2015, 341; wistra 2016, 231; OLG Dresden StV 2014, 691; zum fremdnützigen Betrug BGH NStZ 2008, 282 (vgl. auch Brodowski wistra 2018, 97); Bande → § 244 Rn. 6; → § 260 Rn. 4, 5 (BGH wistra 2007, 100; NStZ 2007, 269 mit Bespr. Kudlich StV 2007, 242; BGH NStZ 2008, 54); Begehung von §§ 263, 267 (weiter Fischer Rn. 212). **Nr. 2** fasst zwei Alternativen zusammen (BT-Drs. 13/8587, 85); während Alt. 1 objektiv einen **Schaden großen Ausmaßes** (BGHSt 48, 360 = NJW 2004, 169; ebenso schon BGH NJW 2001, 2485; NStZ 2011, 401; auch

bei Gefährdungsschaden Peglau wistra 2012, 371), dh eine aus dem Rahmen durchschnittlicher Betrugsschäden herausfallende Schädigung (Wessels/Hillenkamp/Schuhr StrafR BT II Rn. 594; Hefendehl in MüKoStGB Rn. 973–981), verlangt (→ § 264 Rn. 25; sie ist ab 50.000 EUR anzunehmen, BGHSt 48, 360 = NJW 2004, 169 mit zust. Bespr. Krüger wistra 2005, 247; Rotsch ZStW 117 (2005), 577 (597), krit. aber Golambek/v. Tippelskirch NStZ 2004, 528 (530); BGH wistra 2009, 236 (237); wistra 2012, 71; NStZ-RR 2012, 114; NJW 2016, 965 mAnm Altenburg; Eisele StrafR BT II Rn. 652; Fischer Rn. 215a–217; Kindhäuser/Hilgendorf in LPK-StGB Rn. 228; Perron in Schönke/Schröder Rn. 188c), setzt Alt. 2 eine spezielle Vermögensgefährdungsabsicht voraus, bei deren Vorliegen dann aber die einmalige Tatbegehung zur Erfüllung des Regelbeispiels ausreicht (BGH NStZ 2001, 319; BT-Drs. 13/8587, 85); **große Zahl** verlangt mehr als drei Personen, nicht aber eine unübersehbare Vielzahl (Peglau wistra 2004, 7 (9); nach Pünder Jura 2001, 588 (591), ab zehn Personen; nach Joecks/Jäger StGB Rn. 186, 50 Opfer; auf die „Breitenwirkung" stellt ab OLG Jena NJW 2002, 2404); Absicht hinsichtlich der Gefährdung des Vermögens juristischer Personen reicht nicht (BGH NStZ 2001, 319). Ein Vermögensverlust iSd Alt. 1 liegt bei Abschluss eines Austauschvertrags mit schadensgleicher Vermögensgefährdung (→ Rn. 44) erst vor, wenn der Geschädigte die geschuldete Leistung erbracht hat (BGHSt 48, 354 = NJW 2003, 3717 mit Bespr. Gallandi NStZ 2004, 268; Krüger wistra 2004, 146; Lang/Eichhorn NStZ 2004, 528; Rotsch ZStW 117 (2005), 577; krit. Hannich/Röhm NJW 2004, 2061; aM Peglau wistra 2004, 7); der Vermögensverlust muss tatsächlich eingetreten (BGH StV 2007, 132), aber nicht von Dauer sein (BGH NStZ 2002, 547 mablAnm Joecks/Jäger StV 2004, 17). Auch bei Betrugsserien ist nicht auf den erlangten Vorteil des Täters abzustellen, sondern auf die Vermögenseinbuße auf der Opferseite (BGH NJW 2011, 1825). **Nr. 3:** wirtschaftliche Not (→ § 283a Rn. 2; zust. Rengier StrafR BT I § 13 Rn. 281) einer Person reicht (BT-Drs. 13/8587, 64). **Nr. 4:** Missbrauch von Befugnissen oder der Stellung als Amtsträger → § 264 Rn. 26; zum Fortbestehen der Vermögensbetreuungspflicht (BGH NStZ-RR 2013, 344 mit Bespr. Kraatz JR 2014, 241); zur Ausdehnung der Strafbarkeit durch die Gleichstellung von Gemeinschaftsbeamten und Mitgliedern der EG-Kommission mit inländischen Amtsträgern s. Art. 2 § 1 II Nr. 1 EuBestG im Anh. III 3. **Nr. 5** übernimmt den wesentlichen Regelungsgehalt des § 265a StGB aF (BT-Drs. 13/9064, 18; krit. dazu Eisele, Die Regelbeispielsmethode im Strafrecht, 2004, S. 426); Vortäuschen eines objektiv nicht gegebenen Versicherungsfalles (zur sog. Repräsentantenhaftung → Rn. 9; sowie Heinrich in Arzt/Weber/Heinrich/Hilgendorf StrafR BT § 21 Rn. 143–145; Mitsch StrafR BT II/1 § 7 Rn. 133; Joecks/Jäger StGB Rn. 194; Wittig WirtschaftsStrafR § 16 Rn. 6; krit. Wessels/Hillenkamp/Schuhr StrafR BT II Rn. 665; speziell zur Hausratsversicherung Hamann VersR 2009, 35), nachdem der Täter oder ein anderer zum Zwecke der Vortäuschung eine der drei alternativ umschriebenen Handlungen ausgeführt hat; Sache von bedeutendem Wert → § 315c Rn. 24; In Brand setzen → § 306 Rn. 3; Zerstören → § 303 Rn. 7 (zusf. Lindenau, Die Betrugsstrafbarkeit des Versicherungsnehmers aus strafrechtlicher und kriminologischer Sicht, 2005, S. 377). In **Abs. 4** begründet die entsprechende Anwendung der §§ 243 II, 248a den obligatorischen Ausschluss eines besonders schweren Falles (Hoyer in SK-StGB Rn. 277) und das Antragserfordernis nicht nur beim Sachbetrug, sondern auch bei betrügerischen Schädigungen anderer Art, sofern nur der Wertverlust gering ist (speziell zur materiell- und prozessrechtlichen Behandlung des sog. Kleinbetrugs Naucke FS Lackner, 1987, 695). Beim Haus- und Familienbetrug (Abs. 4 iVm

§ 247) kommt als Antragsberechtigter nur der Geschädigte (beachte BGHSt 7, 245 = NJW 1955, 720), nicht der uU personenverschiedene Getäuschte in Frage (hM; vgl. etwa Hefendehl in MüKoStGB Rn. 989–992; Bosch Jura 2013, 368 (372)). **Abs. 5** enthält einen Qualifikationstatbestand für banden- und gewerbsmäßige Begehung bestimmter Taten (BT-Drs. 13/8587, 64); → § 244a Rn. 1, 2; auch hier sind für die Bande drei Personen erforderlich (BGH wistra 2002, 21; LG Berlin StV 2004, 545); Gewerbsmäßigkeit (→ Vor § 52 Rn. 20; speziell zu § 263 BGH NStZ-RR 2011, 373 mAnm Steinberg/Kreuzner NZWiSt 2012, 169; OLG Hamm wistra 2012, 40) kann auch bei Zusammenfassung mehrerer Taten zu einer rechtlichen Handlungseinheit vorliegen (BGHSt 49, 177 = NJW 2004, 2840; → Rn. 67); zu den minder schweren Fällen → § 46 Rn. 6–10a; → § 12 Rn. 4.

67 **XII. 1. Tateinheit** ua möglich mit § 132 (BGHSt 12, 30 = NJW 1958, 1692), § 142 (zweifelnd OLG Köln VRS 50, 344; aM Maurach/Schroeder/Maiwald/Hoyer/Momsen StrafR BT § 49 Rn. 69), § 145d (BGH wistra 1985, 19), §§ 153–156 (RGSt 75, 19; auch mit Anstiftung zu § 153, BGHSt 43, 317 = NJW 1998, 1001 zu Recht mablAnm Momsen NStZ 1999, 306; Geppert JK StGB § 52 Rn. 10), § 246 (BGH GA 1965, 207), § 267 (BGHSt 5, 295 = NJW 1954, 650), § 332 (Sowada in LK-StGB § 332 Rn. 35 mit BGHSt 20, 1 = NJW 1964, 2260), mit verbotener Ausübung der Heilkunde (BGHSt 8, 237 = NJW 1956, 313), mit Kursbetrug (dazu auch Jahn ZNER 2008, 297), Verleitung zu Börsenspekulationen (Wehowsky in Erbs/Kohlhaas BörsG § 49 Rn. 17), Insiderhandel (Assmann/Cramer in Assmann/Schneider/Mülbert, Wertpapierhandelsrecht, 7. Aufl. 2019, WpHG § 14 Rn. 201) und mit Erschleichung von Vergünstigungen nach dem BVFG (BGHSt 9, 30 = NJW 1956, 556). Da sich Vermögensverfügung und Wegnahme ausschließen (→ Rn. 31), ist Tateinheit zwischen Betrug und Diebstahl nur ausnahmsweise denkbar, zB wenn der Täter mit Hilfe derselben Täuschung erreicht, dass jemand die Wegnahme einer Sache duldet und zugleich den Besitz einer anderen freiwillig aufgibt; Übergang vom versuchten Diebstahl zum Betrug kann uU in Tateinheit geschehen (OLG Köln MDR 1966, 253). Über das Verhältnis zu § 146 (auch § 147) → § 146 Rn. 15; zu § 253 → § 253 Rn. 14; zu § 263a → § 263a Rn. 29, 30, Wahlfeststellung möglich, BGH NStZ 2014, 42; zu § 264 → § 264 Rn. 30; zu § 265 → § 265 Rn. 6; zu § 265a → § 265a Rn. 8; zu § 265b → § 265b Rn. 10; zu § 266 → § 266 Rn. 23; zu § 266a → § 266a Rn. 20; zu § 266b → § 266b Rn. 9; zu § 291 → § 291 Rn. 12; zu § 298 → § 298 Rn. 9; zu § 315b → § 315b Rn. 7; zu § 352 → § 352 Rn. 7; zu § 353 → § 353 Rn. 4. Mehrere gleichartige Betrügereien können nicht zu einer fortgesetzten Tat (→ Vor § 52 Rn. 12) verbunden werden (BGH wistra 1996, 144); möglich ist eine natürliche Handlungseinheit von zwei einander folgenden Täuschungen, zB Anwaltsschreiben und Erhebung der Klage vor Zivilgericht (OLG Stuttgart Justiz 2002, 132), und nach der Rspr. auch eine rechtliche Handlungseinheit bei Tatbeiträgen, die zugleich eine Vielzahl von Einzeldelikten fördern (BGHSt 49, 177 (183) = NJW 2004, 2840 für Serienstraftaten mehrerer Beteiligter; → Vor § 52 Rn. 10, 20); zu einer Tat im Rechtssinne zwischen Betrug durch aktives Tun und nachfolgendes Unterlassen → Rn. 12. – **Tatmehrheit** ist ua möglich mit § 259 (BGH NStZ 2009, 38; Fischer § 259 Rn. 32).

68 **2.** Das **Steuerstrafrecht,** namentlich § 370 AO (dazu Gaede Der Steuerbetrug, 2016), nicht aber in Bezug auf die Kirchensteuer (BGH NStT 2009, 157; wistra 2021, 366 mAnm Rolletschke), geht als selbständige und abschließende Sonderregelung, die meist ungenau als Spezialität bezeichnet wird, vor (stRspr; vgl. etwa

BGH NJW 1962, 2311; Herdemerten NJW 1962, 781; Felix NJW 1968, 1219; Lohmeyer MDR 1969, 440; aM zu Cum/Ex-Geschäften OLG Frankfurt NJW 2021, 1969 mit zu Recht ablAnm Mosbacher NJW 2021, 1916; Ransiek, StV 2021, 456, Wulf/Peters wistra 2021, 231 und Adick/Linke NZWiSt 2021, 229; dagegen auch LG Frankfurt StV 2021, 515 mzustAnm Leitner); hier ist Tateinheit nur möglich, wenn der Täter neben Steuervorteilen auch andere Vermögensvorteile erstrebt (BGHSt 36, 100 = NJW 1989, 1619; zum Begriff des Steuervorteils Fuhrhop NJW 1980, 1261). Jedoch soll nach der früher sehr weiten (BGH GA 1986, 419 mablAnm Würthwein wistra 1986, 258; BGH wistra 1987, 177; BayObLG NJW 1988, 2550), sodann aber mit Recht eingeschränkten Rspr. (BGHSt 36, 100 = NJW 1989, 1619 mkritAnm Kratzsch JR 1990, 249; BGH wistra 1990, 58) nicht Steuerhinterziehung, sondern Betrug vorliegen, wenn ein Steuervorgang insgesamt erfunden wird, um Steuervergütungen in Anspruch zu nehmen; inzwsichen soll nur Steuerhinterziehung (und nicht §§ 263, 263a) gegeben sein, wenn für ein nicht existierendes Unternehmen ohne Bezug auf reale Vorgänge fingierte Umsätze angemeldet und Vorsteuererstattungen begehrt werden (BGHSt 40, 109 = NJW 1994, 2302) oder für nicht existente Personen Steuerklärungen abgegeben werden (BGHSt 51, 356 = NJW 2007, 2864). Nicht um einen Steuervorteil iSd § 370 I AO, sondern um einen Vermögensvorteil iSd § 263 handelt es sich bei einer erschlichenen Eigenheimzulage (BGHSt 51, 356 = BGH NJW 2007, 2864).

3. **Mitbestrafte Nachtat** (→ Vor § 52 Rn. 32) ist der Betrug, wenn er nur die aus einer Vortat gewonnenen Vorteile sichern oder verwerten soll und keinen andersartigen Schaden verursacht (**Sicherungsbetrug,** BGH GA 1958, 369; GA 1961, 83; MDR 1979, 1034; wistra 1999, 108; wistra 2011, 230 mit krit. Bespr. Bittmann NStZ 2012, 289; BayObLG NJW 1999, 1648 mit abl. Bespr. Otto Jura 2002, 606 (614), der ein „strafloses Verhalten" annimmt; OLG Celle MDR 1973, 242; OLG Koblenz GA 1977, 347; → Vor § 52 Rn. 32; Kühl StrafR AT § 21 Rn. 64; Eisele StrafR BT II Rn. 52, 664; Gaede in Leipold/Tsambikakis/Zöller Rn. 201; aM Otto StrafR BT § 51 Rn. 152; Wessels/Hillenkamp/Schuhr StrafR BT II Rn. 599, die bereits den Tatbestand ausschließen; ebenso Sickor GA 2007, 590); dies gilt auch für den Fall, dass der Dieb eines Sparbuchs (→ § 242 Rn. 23) unter Irrtumserregung beim Bankangestellten (→ Rn. 19) Abhebungen vornimmt (BGH NStZ 2008, 396; Eisele StrafR BT II Rn. 665; Rengier StrafR BT I § 13 Rn. 270; Wessels/Hillenkamp/Schuhr StrafR BT II Rn. 175). Ist eine Sache durch Betrug erlangt, so sind spätere Äußerungen des Herrschaftswillens nicht als Unterschlagung tatbestandsmäßig (→ § 246 Rn. 7). **69**

XIII. Zu **Abs. 6** (Führungsaufsicht) → Vor § 68 Rn. 1, 2; → § 68 Rn. 1–8. **70**

§ 263a Computerbetrug

(1) **Wer in der Absicht, sich oder einem Dritten einen rechtswidrigen Vermögensvorteil zu verschaffen, das Vermögen eines anderen dadurch beschädigt, daß er das Ergebnis eines Datenverarbeitungsvorgangs durch unrichtige Gestaltung des Programms, durch Verwendung unrichtiger oder unvollständiger Daten, durch unbefugte Verwendung von Daten oder sonst durch unbefugte Einwirkung auf den Ablauf beeinflußt, wird mit Freiheitsstrafe bis zu fünf Jahren oder mit Geldstrafe bestraft.**

(2) **§ 263 Abs. 2 bis 6 gilt entsprechend.**

(3) **Wer eine Straftat nach Absatz 1 vorbereitet, indem er**

1. **Computerprogramme, deren Zweck die Begehung einer solchen Tat ist, herstellt, sich oder einem anderen verschafft, feilhält, verwahrt oder einem anderen überlässt oder**
2. **Passwörter oder sonstige Sicherungscodes, die zur Begehung einer solchen Tat geeignet sind, herstellt, sich oder einem anderen verschafft, feilhält, verwahrt oder einem anderen überlässt,**

wird mit Freiheitsstrafe bis zu drei Jahren oder mit Geldstrafe bestraft.

(4) **In den Fällen des Absatzes 3 gilt § 149 Abs. 2 und 3 entsprechend.**

Fassung: Technische Änderung des Abs. 2 durch das Vermögensabschöpfungsgesetz (→ Vor § 1 Rn. 18); Erfassung des bisherigen Abs. 3 unter Abs. 3 Nr. 1 und Einfügung von Nr. 2 durch das 61. StÄG (→ Vor § 1 Rn. 19) mit Wirkung zum 18.3.2021.

1 **1. Geschütztes Rechtsgut** ist – ebenso wie in § 263 (→ § 263 Rn. 2) – ausschließlich das **Vermögen** (BGHSt 40, 331 (334) = NJW 1995, 669; BGH NStZ-RR 2013, 253; Kindhäuser in NK-StGB Rn. 2; Mühlbauer in MüKoStGB Rn. 1), nicht das nur als Schutzreflex bedeutsame Allgemeininteresse an der Funktionstüchtigkeit der in Wirtschaft und Verwaltung eingesetzten Computersysteme (hM). Die Vorschrift hat das überwiegend anerkannte **kriminalpolitische Bedürfnis** für einen betrugsähnlichen Tatbestand zur Verhütung vermögensrelevanter Computermanipulationen befriedigt (vgl. etwa BT-Drs. 10/318, 16; BGHSt 40, 331 (336) = NJW 1995, 669; Sieber, Computerkriminalität und Strafrecht, 2. Aufl. 1980, S. 338; Sieber, Informationstechnologie und Strafrechtsreform, 1985, S. 37; Lenckner, Computerkriminalität und Vermögensdelikte, 1981, S. 34; Schlüchter, 2. WiKG, 1987, S. 85; Bühler MDR 1987, 448; krit. Sieg Jura 1986, 352 (361); Haft NStZ 1987, 6; Frey, Computerkriminalität in eigentums- und vermögensstrafrechtlicher Sicht, 1987, S. 183; zusf. Lenckner/Winkelbauer CR 1986, 654; Tiedemann JZ 1986, 865 (868); Tiedemann FS Kaiser, 1998, 1373 (1380); Möhrenschlager wistra 1991, 321; Otto Jura 1993, 612; zu den verschiedenen Arten des kartengeschützten Zahlungsverkehrs Heinz FS Maurer, 2001, 1111; **rechtsvergleichend** Sieber ZStW 103 (1991), 779; Walter, Betrugsstrafrecht in Frankreich und Deutschland, 1999, S. 433; Tiedemann/Valerius in LK-StGB Rn. 8–12; zur beträchtlichen **praktischen Bedeutung** dieses häufigsten Computerdelikts Dannecker BB 1996, 1285 (1288); Tiedemann/Valerius in LK-StGB Rn. 7; Mühlbauer in MüKoStGB Rn. 5–7; zu möglichen neuen Anwendungsfällen im Bereich Telekommunikation und Internet Müller, Aktuelle Probleme des § 263a StGB, 1999, S. 173). In der Einzelausgestaltung ist das Gesetz aber nicht zu der gebotenen Klarheit durchgedrungen (vgl. Tiedemann FS Kaiser, 1998, 1373 (1383)).

2 **2. Abs. 1** formuliert zwar einen selbständigen Tatbestand, entspricht aber in seiner **Struktur** weitgehend dem Betrug (→ § 263 Rn. 1, 2). Er soll solche Computermanipulationen, die nach früherem Recht wegen Fehlens der personenbezogenen Elemente Täuschung, Irrtum und Vermögensverfügung (→ § 263 Rn. 3–31) nicht erfasst werden konnten, dem Betrug gleichstellen und dadurch empfindliche Strafbarkeitslücken schließen (Tiedemann FS Kaiser, 1998, 1373 (1382); → § 263 Rn. 19). Deshalb unterscheidet er sich von § 263 nur insofern, als an die Stelle dieser personenbezogenen Elemente die Voraussetzung tritt, dass ein Datenverarbeitungsvorgang (→ Rn. 3) durch näher beschriebene Formen manipulativer Einwirkung (→ Rn. 4–15) in seinem Ergebnis beeinflusst (→ Rn. 16–22) wird (BT-Drs.

10/318, 18; BT-Drs. 10/5058, 30; Mitsch StrafR BT II Abschn. 7.2.2.1.1.2; krit. Zahn, Die Betrugsähnlichkeit des Computerbetrugs, 2000, S. 210 „minimale Betrugsähnlichkeit"). Angestrebt wurde dabei eine möglichst **weitgehende Struktur- und Wertgleichheit** der beiden Tatbestände und daraus folgend der bloß lückenfüllende **Auffangcharakter** des Computerbetrugs (Zweifel an der Erreichung dieses Ziels ua bei Perron in Schönke/Schröder Rn. 2). Beide Gesichtspunkte sollten daher in den Grenzen des möglichen Wortsinns (→ § 1 Rn. 6) für die Auslegung leitend sein (BGHSt 38, 120 = NJW 1992, 445; BGHSt 47, 160 (162) = NJW 2002, 905; Rengier StrafR BT I § 14 Rn. 1; Wessels/Hillenkamp/Schuhr StrafR BT II Rn. 601; Hoyer in SK-StGB Rn. 6; Kindhäuser FS Grünwald, 1999, 285; Kindhäuser in NK-StGB Rn. 4; abl. Ranft NJW 1994, 2574 „verfehlter Ansatz"; sa Schönauer wistra 2008, 445).

3. Der **Datenverarbeitungsvorgang** 3

a) Der Begriff der **Daten** ist gesetzlich nicht näher bestimmt. Die technische DIN-Norm 44300 Nr. 19 (Informationsverarbeitung) bezeichnet sie als durch „Zeichen oder kontinuierliche Funktionen auf Grund bekannter oder unterstellter Abmachungen zum Zwecke der Verarbeitung dargestellte Informationen" (sa Kraatz Jura 2010, 36 (37)). Abweichend von dieser technischen Definition ist für den Rechtsbegriff der Verarbeitungszweck nur ein idR gegebenes, aber kein notwendiges Element (Möhrenschlager wistra 1986, 128 (132); Lenckner/Winkelbauer CR 1986, 483 (484); Kitz JA 2001, 303). **Allgemein** ist der Begriff uferlos weit (krit. Welp IuR 1988, 443 (445); positiv Mühlbauer in MüKoStGB Rn. 14). Er schließt alle Informationen ein, die sich kodieren lassen (zB Eingabe-, Ausgabe-, Stammdaten usw), und erfasst daher auch der Verarbeitung dienende **Programme,** weil sie als fixierte Arbeitsanweisungen an den Computer aus Daten zusammengefügt sind (Möhrenschlager wistra 1986, 128 (132); Lenckner/Winkelbauer CR 1986, 483 (484); Haft NStZ 1987, 6 (7); Hilgendorf JuS 1996, 509 (511); einschr. v. Gravenreuth NStZ 1989, 201 (203, 205)). Für den Datenbegriff unerheblich ist, ob die Informationen als solche in das Ergebnis des jeweiligen Verarbeitungsvorgangs eingehen sollen oder ob sie für andere Zwecke, zB zur Kontrolle der Anlagenfunktion oder zur Abschirmung gegen das Eindringen Unbefugter (Passwörter usw), bestimmt sind (Möhrenschlager wistra 1986, 128 (132); Tiedemann/Valerius in LK-StGB Rn. 20).

b) Unter **Datenverarbeitung** sind diejenigen technischen Vorgänge zu verstehen, bei denen durch Aufnahme von Daten und ihre Verknüpfung nach Programmen Arbeitsergebnisse erzielt werden (BT-Drs. 10/318, 21; Tiedemann/Valerius in LK-StGB Rn. 22; Hoyer in SK-StGB Rn. 9). Soweit das Gesetz von **Datenverarbeitungsvorgängen** spricht, sind nur die konkreten, dem jeweiligen Ergebnis vorausliegenden Vorgänge gemeint (Hilgendorf JuS 1997, 130 (131); Kindhäuser in NK-StGB Rn. 12; Tiedemann/Valerius in LK-StGB Rn. 22). In anderen Zusammenhängen kann Datenverarbeitung allgemeiner auch einen ganzen Arbeitsbereich bezeichnen, der den mit den Verarbeitungsvorgängen verbundenen weiteren Umgang mit Daten einschließt (→ § 303b Rn. 2). Obwohl der Begriff nicht auf bestimmte technische Systeme festgelegt ist, dürften Datenverarbeitungen, die zur Verwirklichung des § 263a führen können, praktisch nur in **EDV-Systemen** vorkommen; denn rein mechanisch wirkende Geräte können nicht gemeint sein, weil andernfalls der Automatenmissbrauch nach § 265a (→ § 265a Rn. 2) funktionslos würde (Tiedemann/Valerius in LK-StGB Rn. 1, 22). Allerdings sind in 4 zahlreichen Waren- und Leistungsautomaten Geldprüfgeräte (uU mit Geldrückgabe) eingebaut, die das eingeworfene Geld erst auf Grund des Ergebnisses einer Datenverarbeitung zulassen. Ihr Missbrauch fällt im Allgemeinen unter § 263a (Müller, Aktuelle Probleme des § 263a, 1999, S. 162, 166; aM OLG Celle NJW 1997, 1518 mit nur iErg zust. Bespr. Hilgendorf JR 1997, 347; Mitsch JuS 1998, 307 (313); OLG Düsseldorf NJW 1999, 3208, Auswurf von regulären Spielmarken mit abl. Bespr. Otto JK StGB § 263a Rn. 10), was wegen der Subsidiaritätsklausel des § 265a (→ § 265a Rn. 8) zu schwierigen Abgrenzungsfragen führen muss (Lenckner/Winkelbauer CR 1986, 654 (658)).

5 4. **Tathandlungen** sind die iE aufgezählten und durch das Wort „sonst" wenig sachgemäß (vgl. Kleb-Braun JA 1986, 249 (259); Ranft wistra 1987, 79 (83)) unter dem Oberbegriff „unbefugte Einwirkung auf den Ablauf" zusammengefassten **Mittel** der Beeinflussung des Ergebnisses von Datenverarbeitungsvorgängen (Kindhäuser in NK-StGB Rn. 8). Sie sind abschließend und daher nicht durch Analogie erweiterungsfähig (Möhrenschlager wistra 1986, 128 (132); Hellmann JuS 2001, 353 (356)); sie können aber durch Unterlassen begangen werden (Tiedemann/Valerius in LK-StGB Rn. 64). Im Verhältnis zu § 263 I treten sie an die Stelle der Täuschung (→ Rn. 2).

6 **a) Unrichtige Gestaltung des Programms.** aa) Das Merkmal hat nur klarstellende Bedeutung, weil Programme Daten sind (→ Rn. 3) und daher bei Unrichtigkeit (→ Rn. 7) auch als solche unter den Tatbestand fallen. Erfasst werden hier vor allem die sog. **Programmmanipulationen,** die von vornherein oder nachträglich mit der Wirkung vorgenommen werden, dass die Anlage eingegebene Daten unrichtig verarbeitet (dazu Sieber, Computerkriminalität und Strafrecht, 2. Aufl. 1980, S. 54); zB bei manipulierten Dialer-Programmen (Buggisch NStZ 2002, 178 (180)). Erfasst sind damit sowohl das Neuschreiben ganzer Programme oder Programmteile als auch das Hinzufügen, Verändern und Löschen einzelner Programmablaufschritte sowie die Herstellung von Systemkontrollen umgehenden Verzweigungen (BGH wistra 2017, 1019); das gilt auch für das Anhängen einer sog. „Hintertür" an das Programm (BGH NStZ-RR 2016, 371 mAnm Brammsen EWiR 2016, 757; Hecker JuS 2017, 274).

7 bb) Die **Unrichtigkeit** der Programmgestaltung ist nicht nach dem Willen des Verfügungsberechtigten (des Systembetreibers oder Auftraggebers) zu bestimmen (so aber BT-Drs. 10/318, 20; Lenckner/Winkelbauer CR 1986, 654 (656); Möhrenschlager wistra 1986, 128 (132); Kindhäuser in NK-StGB Rn. 14; Perron in Schönke/Schröder Rn. 5). Aus der Parallele zum Betrug folgt vielmehr, dass es darauf ankommt, ob das Programm die aus dem Verhältnis zwischen den Beteiligten abzuleitende Aufgabenstellung der Datenverarbeitung richtig bewältigt (ebenso Kraatz Jura 2010, 36 (39); Rengier StrafR BT I § 14 Rn. 9). Ein Programm ist danach immer, aber auch nur dann richtig gestaltet, wenn es bei Verwendung richtiger und vollständiger Daten (→ Rn. 10) nicht nur zufällig, sondern in systematischen Arbeitsschritten das den Zwecken der Datenverarbeitung entsprechende Ergebnis liefert (ebenso Haft NStZ 1987, 6 (7); Otto Jura 1993, 612 (613); Schlüchter JR 1993, 494; Hilgendorf JuS 1997, 130 (131); Joecks/Jäger StGB Rn. 10; Hoyer in SK-StGB Rn. 24; Tiedemann/Valerius in LK-StGB Rn. 31). So kann zB eine Kranken- oder Rentenkasse die Programme für ihre Leistungen zwar vielgestaltig variieren; unrichtig werden sie aber immer dann – und zwar unabhängig vom Willen des Systembetreibers –, wenn sie Ergebnisse produzieren, die mit den gesetzlichen Voraussetzungen der jeweiligen Sozialleistungen nicht überein-

stimmen (ebenso Mühlbauer in MüKoStGB Rn. 25). Entscheidend ist allein diese **objektive Diskrepanz;** sie kann auch dadurch bewirkt werden, dass die (gut- oder bösgläubig vorgenommene) Programmierung die Daten in einen unrichtigen Zusammenhang bringt oder sie unterdrückt (BT-Drs. 10/318, 20). Daher ist das Abweichen von einem vorgeschriebenen Programm unschädlich, wenn es richtige Ergebnisse liefert (Möhrenschlager wistra 1986, 128 (132)).

b) Verwendung unrichtiger oder unvollständiger Daten. Das Merkmal betrifft vornehmlich die in der Praxis bisher am häufigsten beobachteten sog. **Input- oder Eingabemanipulationen** (dazu Sieber, Computerkriminalität und Strafrecht, 2. Aufl. 1980, S. 42; Kraatz Jura 2010, 36 (40)). 8

aa) **Verwenden** bedeutet hier Einführen von Daten in den – beginnenden oder bereits ablaufenden – Verarbeitungsvorgang (weiter Hilgendorf JuS 1997, 130 (131)) etwa durch Beantragung eines Mahn- und Vollstreckungsbescheides im automatisierten Mahnverfahren auf Grundlage fingierter Rechnungen (BGHSt 59, 68 = NJW 2014, 711 mAnm Trüg; BGH NStZ 2014, 147; Klose NJ 2014, 348; Trück ZWH 2014, 235). Das muss nicht notwendig unmittelbar (zB durch Operator oder Terminalbenutzer) geschehen. Erfasst wird vielmehr auch die mittelbare Einführung durch das Datenerfassungspersonal (zB Datentypisten), durch Sachbearbeiter oder durch außenstehende Dritte (unstr.; vgl. etwa Möhrenschlager wistra 1986, 128 (132)), allerdings nur, wenn mittelbare Täterschaft vorliegt (→ § 25 Rn. 2), der unmittelbar Eingebende und die mittelbar handelnden Zwischenpersonen also bloße Tatmittler sind. Das trifft namentlich bei Fehlen des Vorsatzes wegen Unkenntnis der Unrichtigkeit zu (→ § 25 Rn. 4; Mühlbauer in MüKoStGB Rn. 35). Die Tatbestandsgrenze für den Hintermann wird danach erst überschritten, wenn eine Zwischenperson selbst vorsätzlich handelt und ihn dadurch auf die Rolle des Teilnehmers verweist (→ § 25 Rn. 5). Davon den Fall auszunehmen, dass die Zwischenperson mit der sachlichen Nachprüfung des Dateninhalts betraut und daher tauglicher Adressat einer Täuschung ist (so etwa Möhrenschlager wistra 1986, 128 (132); Lenckner/Winkelbauer CR 1986, 654 (656); Hoyer in SK-StGB Rn. 13; wie hier Otto Jura 1993, 612 (613); Mitsch StrafR BT II Abschn. 7.2.2.1.1.3; Fischer Rn. 8; offen gelassen Tiedemann/Valerius in LK-StGB Rn. 36, 38), widerspricht den allgemeinen, für die mittelbare Täterschaft geltenden Regeln und wird durch die Auffangfunktion des § 263a (→ Rn. 2) nicht gefordert. Denn es gibt keinen Grundsatz, nach dem die Merkmale eines Tatbestandes nur deshalb nicht erfüllt sind, weil ein anderer eingreift; außerdem ist erst auf der Konkurrenzebene das Verhältnis zusammentreffender Gesetzesverletzungen zu bestimmen (→ Rn. 27). 9

bb) Verwendete Daten sind **unrichtig,** wenn die mit ihnen dargestellten Informationen im Sinne des Betrugstatbestandes „falsche oder entstellte" Tatsachen bedeuten, und **unvollständig,** wenn sie Informationen über „wahre Tatsachen" pflichtwidrig vorenthalten (Hilgendorf JuS 1997, 130 (131); zum Herstellen einer Mobilfunkverbindung OLG Karlsruhe NStZ 2004, 333 mit zust. Bespr. Otto JK StGB § 263a Rn. 14). Das folgt aus der notwendigen Parallele zu § 263 und ist im Kern – trotz zahlreicher Formulierungsunterschiede – allgemein anerkannt. Allerdings können solche möglicherweise betrugsrelevanten Unterlassungen (dazu Tiedemann in LK-StGB § 263 Rn. 52, 95), die dazu führen, dass eine Datenverarbeitung pflichtwidrig überhaupt unterbleibt, nicht einbezogen werden, weil dem die Wortlautschranke (→ § 1 Rn. 6) entgegensteht (ebenso Lenckner/Winkelbauer CR 1986, 654 (656); Mühlbauer in MüKoStGB Rn. 39; aM Möhrenschlager 10 wistra 1986, 128 (132); sa Stratenwerth SchwZStr 1981, 229 (233)). Auch das unbefugte Abheben am Bankomaten wird nicht erfasst, weil der Nichtberechtigte unverfälschte Daten des Berechtigten eingibt (Schlüchter JR 1993, 495; Fischer Rn. 7a).

11 **c) Unbefugte Verwendung von Daten.** Das Merkmal ist im Kern unklar, seine Tragweite **umstritten.** Es ist auf Grund von Zweifeln im Schrifttum (vgl. Kraatz Jura 2010, 36 (41)) erst gegen Ende des Gesetzgebungsverfahrens eingefügt worden, weil nicht als gesichert angesehen wurde, dass der Missbrauch von Codekarten an Geldautomaten und der unbefugte Anschluss an das Bildschirmtext-System als unrichtige oder unvollständige Datenverwendung erfasst werden können (BT-Drs. 10/5058, 30); gerade die erste Alternative hat in der Praxis eine überragende Bedeutung erlangt (Otto Jura 1993, 612 (613)).

12 aa) Eine dem Wortsinn entsprechende Erstreckung auf jegliche unbefugte Datenverwendung würde den Tatbestand uferlos und daher möglicherweise verfassungswidrig machen (Kleb-Braun JA 1986, 249; Spahn Jura 1989, 513 (519); krit. auch LG Köln NJW 1987, 667; Frommel JuS 1987, 667; Thaeter JA 1988, 547 (551)). Die Notwendigkeit **einschränkender Auslegung** ist daher in der Lehre weithin anerkannt (Tiedemann/Valerius in LK-StGB Rn. 4). Jedoch sind die methodischen Ansätze zur Bestimmung von Umfang und Grenzen der gebotenen Restriktion von einer verwirrenden Vielfalt (zusf. OLG Köln NJW 1992, 125; Lackner FS Tröndle, 1989, 41 (51); Otto Jura 1993, 612 (614); Hilgendorf JuS 1997, 130 (132); Joecks/Jäger StGB Rn. 20, 21; Tiedemann/Valerius in LK-StGB Rn. 42–45; Mühlbauer in MüKoStGB Rn. 43–47): teils wird darauf abgestellt, ob die unbefugt verwendeten Daten computerspezifische Vorgänge betreffen (OLG Celle NStZ 1989, 367 mit Bespr. Neumann JuS 1990, 535) oder in der Programmgestaltung berücksichtigt sind (LG Freiburg NJW 1990, 2635; Lenckner/Winkelbauer CR 1986, 654 (657); ähnlich Achenbach JR 1994, 293; Achenbach FS Gössel, 2002, 481 (491); sowie Arloth Jura 1996, 354, Einführung in den Datenverarbeitungsvorgang); teils wird der Befugnismangel auf das „vertraglich vereinbarte Dürfen" bezogen (Maurach/Schroeder/Maiwald/Hoyer/Momsen StrafR BT § 41 Rn. 233; aM LG Bonn NJW 1999, 3726 mit krit. Bespr. Scheffler/Dressel NJW 2000, 2645) oder schon bei Handeln gegen den ausdrücklichen oder mutmaßlichen Willen des Berechtigten angenommen (Hilgendorf JuS 1997, 130 (132); Mitsch JZ 1994, 877 (883); Otto StrafR BT § 52 Rn. 40); teils wird ein dem Merkmal des Erschleichens in § 265a I entsprechendes „täuschungsähnliches" Verhalten vorausgesetzt (Lampe JR 1988, 437); und teils wird für ausschlaggebend gehalten, ob die in den unbefugt verwendeten Daten steckende Information, wäre sie statt an den Computer an einen Menschen gerichtet, als Täuschung qualifiziert werden könnte (Schlüchter NStZ 1988, 53 (59); abl. Bandkow, Strafbarer Missbrauch des elektronischen Zahlungsverkehrs, 1989, S. 239).

13 bb) Zur Wahrung der Strukturgleichheit mit dem Betrug (→ Rn. 2) muss die **Auslegung von § 263 ausgehen.** In dessen Anwendungsbereich wird eine Befugnis des Täters nur relevant, wenn sie zu den Grundlagen der Beziehung zwischen den Beteiligten gehört und deshalb auch im Falle des Schweigens nach der Verkehrsanschauung als „schlüssig miterklärt" behandelt werden kann (OLG Karlsruhe NStZ 2004, 333 mit zust. Bespr. Otto JK StGB § 263a Rn. 14; zum schlüssigen Verhalten Perron in Schönke/Schröder § 263 Rn. 14–17c; Tiedemann in LK-StGB § 263 Rn. 28–50). In Frage kommt das namentlich, wenn jemand seine Befugnis zum Abschluss eines Vertrages oder zur Inanspruchnahme einer Leistung

konkludent vorspiegelt, etwa dadurch, dass er in Bezug auf einen bestimmten Gegenstand den Mangel seiner Verfügungsbefugnis verschweigt oder über das Fehlen der nach dem Geschäftstypus allgemein vorausgesetzten Deckung nicht aufklärt (→ § 263 Rn. 9, 11). Nur bei solchem Vorspiegeln hat der Befugnismangel „Täuschungswert" iSd § 263. Er würde auch bei den beiden Fallgruppen, die für die Gesetzesergänzung motivierend gewesen sind (→ Rn. 11), zu bejahen sein; denn wer von einem Menschen auf Grund eines ihm nicht zustehenden Berechtigungsausweises die Auszahlung von Geld oder die Teilnahme an einer entgeltlichen Veranstaltung beansprucht, erklärt zugleich mindestens schlüssig, dass er Inhaber der Berechtigung sei. Für § 263a sollte zur Wahrung der Strukturgleichheit mit dem Betrug nichts anderes gelten.

Danach ist eine unbefugte Datenverwendung nur dann **betrugsspezifisch,** 13a
wenn die Befugnis des Täters zu den Grundlagen des jeweiligen Geschäftstypus gehört und nach der Verkehrsanschauung als selbstverständlich vorhanden vorausgesetzt wird, dass also dieselbe Rechtshandlung, vorgenommen gegenüber einem Menschen, als mindestens schlüssige Behauptung der Befugnis zu deuten wäre (OLG Köln NJW 1992, 125; StV 2016, 369; OLG Düsseldorf NStZ-RR 1998, 137; OLG Karlsruhe StV 2003, 168; NStZ 2004, 333 mit zust. Bespr. Otto JK StGB § 263a Rn. 14; Lackner FS Tröndle, 1989, 41 (52); Rengier StrafR BT I § 14 Rn. 19; Wessels/Hillenkamp/Schuhr StrafR BT II Rn. 609; Tiedemann/Valerius in LK-StGB Rn. 44, 46; Hoyer in SK-StGB Rn. 19; Fischer Rn. 11; aM Ranft NJW 1994, 2574; JuS 1997, 19 (21); Kindhäuser FS Grünwald, 1999, 285 (295); Kindhäuser in NK-StGB Rn. 25, 26; Achenbach FS Gössel, 2002, 481 (491); Mitsch StrafR BT II Abschn. 7.2.1; sa Altenhain JZ 1997, 752 (758)). Die damit erzielte und im Gesetzgebungsverfahren angestrebte Deckungsgleichheit in den Schutzbereichen der beiden Betrugstatbestände verdient namentlich deshalb den Vorzug, weil sie zahlreiche Wertungswidersprüche verhütet, alle nicht betrugsspezifischen Datenverwendungen, namentlich den Untreuebereich (OLG Celle NStZ 2011, 218 zur missbräuchlichen Verwendung einer zu dienstlichen Zwecken überlassenen sog. Tankkarte; LG Bonn NJW 1999, 3726 mit Bespr. Scheffler/Dressel NJW 2000, 2645 zur privaten Nutzung einer für geschäftliche Zwecke überlassenen Mobilfunkcodekarte; zur abredewidrigen Benutzung einer Telefonkarte BGH NStZ 2005, 213 mAnm Bär MMR 2005, 96; allg. zur Benutzung eines fremden Mobiltelefons Hellmann/Beckemper JuS 2001, 1095 (1096); Hellmann in Krey/Hellmann/Heinrich StrafR BT II Rn. 735, mangels täuschungsähnlichen Verhaltens nicht unbefugt iSd § 263a; ebenso bei kontaktloser Bezahlung mit ec-Karte durch einen Nichtberechtigten ohne Abfrage der PIN wegen des geringen Warenwertes, OLG Hamm NStZ 2020, 673), bei der Zahlung im Elektronischen Lastschriftverfahren an einem Selbsbedienungsterminal (OLG Rostock, CR 2019, 739) und den sog. Zeitdiebstahl (eing. Schulze-Heiming, Der strafrechtliche Schutz der Computerdaten gegen die Angriffsformen der Spionage, Sabotage und des Zeitdiebstahls, 1995, S. 259; Tiedemann/Valerius in LK-StGB Rn. 60, 66), zuverlässig ausscheidet und die Beurteilung der Vorsatz- und Konkurrenzfragen durchgreifend vereinfacht (→ Rn. 24, 27). Die **Rspr.** befürwortet zwar eine betrugsspezifische Auslegung, hat aber in zweierlei Hinsicht die Parallelität zu § 263 verlassen: Zum einen bejaht sie die Täuschungsäquivalenz nur hinsichtlich solcher Tatsachen bzw. Fragen, „die auch der Computer prüft" (BGHSt 47, 160 (163) = NJW 2002, 905; vgl. auch schon Altenhain JZ 1997, 752 (758)) und nähert sich damit iE der computerspezifischen Auslegung an (so auch Mühlbauer wistra 2003, 244 (249); Goeckenjan JA 2006, 758 (763)). Zum anderen soll „nur bei gefälschten, manipu-

lierten oder durch verbotene Eigenmacht erlangten" Daten der Tatbestand erfüllt sein (BGHSt 47, 160 (162) = NJW 2002, 905; BGHSt 50, 174 (179) = NJW 2005, 2789). Zweifelhaft ist, dass die Inanspruchnahme einer Leistung trotz fehlender Zahlungsfähigkeit oder -willigkeit iRd § 263a dann regelmäßig nicht erfasst wird (→ § 263 Rn. 9; beachte aber BGH wistra 2017, 405; zur andererseits sehr weitgehenden Annahme von Verfügung und Gefährdungsschaden iSd § 263, wenn die verwendeten Daten bereits durch Täuschung erlangt wurden, → § 263 Rn. 27). Wie ein Betrug scheidet auch ein Computerbetrug aus, wenn der Täter an einer automatischen Kasse den falschen Strichcode einscannt, um einen niedrigeren Preis zu bezahlen (OLG Hamm NStZ 2014, 275 mAnm Schuhr ZWH 2014, 111; Fahl NStZ 2014, 244; anders Heinrich FS Benke, 1986, 393); es bleibt ein Diebstahl. Haben Kunden eine Einziehungsermächtigung erteilt und nutzt diese der Täter zur Einziehung von Forderungen, obwohl er dazu wegen Verletzung seiner Vorleistungspflicht nicht berechtigt war, scheidet § 263a aus (BGH NStZ 2016, 154).

14 cc) **Erfasst** wird danach vor allem der **Bankautomatenmissbrauch** (Rechtsprechungsübersicht bei Mitsch JZ 1994, 877 (878)) durch den **Nichtberechtigten** (BGHSt 38, 120 = NJW 1992, 445 mit Bespr. Cramer JZ 1992, 1032; Zielinski CR 1992, 223; Achenbach NStZ 1993, 430; Schlüchter JR 1993, 492 (494); Hilgendorf JuS 1997, 130 (133); Kindhäuser FS Grünwald, 1999, 285 (299); Kindhäuser in NK-StGB Rn. 46; Tiedemann/Valerius in LK-StGB Rn. 48, 49; → Rn. 13; sowie LG Frankfurt a. M. NJW 1998, 3785; ausf. Schmidhäuser, die Strafbarkeit des Card- und Account-Sharings, 2021, S. 98); sind diesem jedoch im Widerspruch zu den Bankbedingungen Codekarte und Geheimnummer zur Ausführung von Aufträgen des Berechtigten verfügbar gemacht worden, so scheidet die der Bank gegenüber unzulässige Ausführung der Aufträge (BGH NStZ 2016, 149 mAnm Piel und Berster wistra 2016, 73; BGH StV 2016, 359 mAnm Brand und Kraatz JR 2016, 342; inzwischen hat der 4. Strafsenat (BGH StV 2017, 445 mkritAnm Stam NZWiSt 2017, 238) in einem obiter dictum eine Abkehr angedeutet, wenn – wie regelmäßig – nach dem Bankkartenvertrag eine Bevollmächtigung Dritter ausnahmslos ausgeschlossen ist und diese daher nur über die Ausstellung einer eigenen Karte Zugriff auf das Konto des Inhabers erlangen können; vgl. BGHZ 208, 331 = NJW 2016, 2024), nicht jedoch deren Überschreitung aus dem Tatbestand aus (Kindhäuser FS Grünwald, 1999, 285 (304); Kindhäuser/Hilgendorf in LPK-StGB Rn. 62, bislang hM; Eisele/Fad Jura 2002, 305 (310); Heinrich in Arzt/Weber/Heinrich/Hilgendorf StrafR BT § 21 Rn. 40; Eisele StrafR BT II Rn. 639; Rengier StrafR BT I § 14 Rn. 32; aM BGHR StGB § 263a Anwendungsbereich I mit zust. Bespr. Mühlbauer NStZ 2003, 650; OLG Dresden StV 2005, 443; OLG Köln NJW 1992, 125 mit abl. Bespr. Otto JR 1992, 252; Mitsch JZ 1994, 877 (881); Ranft NJW 1994, 2574 (2577); OLG Düsseldorf NStZ-RR 1998, 137 mit abl. Bespr. Otto JK StGB § 263a Rn. 9; OLG Jena wistra 2007, 236; Heinz FS Maurer, 2001, 1111 (1131); Hellmann in Krey/Hellmann/Heinrich StrafR BT II Rn. 735; Fischer Rn. 13; Hoyer in SK-StGB Rn. 39; Mühlbauer in MüKoStGB Rn. 57; Joecks/Jäger StGB Rn. 28; Tiedemann/Valerius in LK-StGB Rn. 50; zw.); da dem Täter insoweit jegliche nach außen wirksame Befugnis fehlt, kann die Überschreitung nicht als bloße Vertragsverletzung im Innenverhältnis gedeutet werden. Ebenfalls erfasst ist der Missbrauch einer Karte im electronic-cash-Zahlungsverfahren durch einen Nichtberechtigten (Altenhain JZ 1997, 752 (755); Rossa CR 1997, 219 (222); Tiedemann/Valerius in LK-StGB Rn. 52). Erfasst wird ferner der Missbrauch durch den **berechtigten Kontoinhaber,** der seinen Kredit überzieht (iErg ebenso Tiedemann JZ 1986, 865 (869); Tiedemann/Valerius in LK-StGB Rn. 51;

Haft NStZ 1987, 6 (8); Schlüchter, 2. WiKG, 1987, S. 91; Ehrlicher, Der Bankomatenmissbrauch – Seine Erscheinungsformen und seine Bekämpfung, 1989, S. 90; Bernsau, Der Scheck- oder Kreditkartenmissbrauch durch den berechtigten Karteninhaber, 1990, S. 166; Hilgendorf JuS 1997, 130 (134); Wessels/Hillenkamp/Schuhr StrafR BT II Rn. 615a; Kindhäuser in NK-StGB Rn. 47; aM BGHSt 47, 160 = NJW 2002, 905 mit Bespr. Zielinski JR 2002, 342; Kudlich JuS 2003, 537; Mühlbauer wistra 2003, 244; (abl.) Otto JK StGB § 263a Rn. 13; Lenckner/Winkelbauer CR 1986, 654 (657); Weber JZ 1987, 215; Heinz in Eser/Kaiser, Zweites deutsch-ungarisches Kolloquium über Strafrecht und Kriminologie, 1995, S. 155, 180; Löhnig JR 1999, 362 (363); Hellmann in Krey/Hellmann/Heinrich StrafR BT II Rn. 735; Joecks/Jäger StGB Rn. 31; Bär in Wabnitz/Janovsky Wirtschafts-StrafR-HdB § 14 Rn. 24; diff. Rengier StrafR BT I § 14 Rn. 37–44; zusf. Kempny JuS 2007, 1084 (1085)). Das ist zwar aus ähnlichen Gründen wie beim Scheckkartenbetrug früheren Rechts nicht zweifelsfrei (dazu ua BGHSt 24, 386 = NJW 1972, 1904; Tiedemann in LK-StGB § 263 Rn. 43), ergibt sich aber aus der Überlegung, dass die Befugnis des Täters wegen des offensichtlich gleichgerichteten Interesses aller an dem Systemverbund beteiligten Kreditinstitute, keine Kreditüberziehungen zuzulassen, nach der Verkehrsanschauung zu den Grundbedingungen des Geschäftstypus gehört und dass deshalb das Verhalten des Täters einer schlüssigen Behauptung seiner Befugnis gleichwertig ist (Bernsau, Der Scheck- oder Kreditkartenmissbrauch durch den berechtigten Karteninhaber, 1990, S. 169; Tiedemann/Valerius in LK-StGB Rn. 51, 52; aM Zielinski CR 1992, 223 (227)). Die Gegenmeinung, die eine Berücksichtigung im Programm verlangt (→ Rn. 12), stützt ihr Ergebnis auf den zufälligen Umstand, wie weit die Möglichkeiten, auf fraudulöse Angriffe schon in der Programmgestaltung zu reagieren, technisch fortgeschritten und praktisch realisierbar sind. Erfasst wird auch die Kreditüberziehung durch Gebrauch der Karte im POS-/electronic-cash-Zahlungsverfahren, bei dem die Daten wie am Bankautomat als Zugangs-Code verwendet werden (Eisele/Fad Jura 2002, 305 (312); Joecks/Jäger StGB Rn. 35; aM Altenhain JZ 1997, 752 (758); Hellmann in Krey/Hellmann/Heinrich StrafR BT II Rn. 751; Fischer Rn. 15). Bei einer Nutzung einer Zahlungskarte im Lastschriftverfahren durch Vortäuschung der Unterschrift des Karteninhabers liegt nicht § 263a, sondern Betrug vor (BGH MMR 2012, 127).

Diese Auslegung bietet auch einen Ansatzpunkt, um das **„Leerspielen" von Geld- oder Glücksspielautomaten** unter Verwendung illegal erlangter Kenntnisse über das Programm des Geräts zu erfassen (vgl. Bühler, Die strafrechtliche Erfassung des Missbrauchs von Geldspielautomaten, 1995, S. 96–140 mit Bespr. Otto JR 1996, 87; s. Müller, Aktuelle Probleme des § 263a, 1999, S. 166). Das „Spielen" kann als Vorspiegeln des Umstandes gedeutet werden, sich nicht illegal Kenntnis vom Programmablauf verschafft zu haben. Die „Verwendung von Daten" läge dann darin, dass die Betätigung der Risikotaste mittels Datensteuerung geschieht (BayObLG NJW 1991, 438; aM Neumann JR 1991, 302). Ob letzteres zutrifft und damit die Verwendungsalternative auf diese Fallgestaltung anwendbar ist (dafür Bühler, Die strafrechtliche Erfassung des Missbrauchs von Geldspielautomaten, 1995, S. 96–140) hat der BGH „unerörtert" gelassen; er ist jedoch der obigen Auslegung (→ Rn. 13) der Unbefugtheit im Rahmen der von ihm für „jedenfalls" einschlägig erachteten Einwirkungsalternative (→ Rn. 15) sehr nahe gekommen: der (durch seinen Erwartungshorizont mitbestimmte) maßgebliche Wille des Automatenbetreibers gestattet „jedenfalls" den Einsatz illegal erworbener Kenntnisse nicht, weil dann eine grundlegende Voraussetzung für befugtes Spielen fehle 14a

(BGHSt 40, 331 (335) = NJW 1995, 669 mit überwiegend krit. Bespr. Mitsch JR 1995, 432; Zielinski NStZ 1995, 345; Achenbach NStZ 1996, 538; Neumann StV 1996, 375; BayObLG NStZ 1994, 287 mkritAnm Achenbach JR 1994, 293; Hellmann in Krey/Hellmann/Heinrich StrafR BT II Rn. 750; Hoyer in SK-StGB Rn. 45; Perron in Schönke/Schröder Rn. 17; Tiedemann/Valerius in LK-StGB Rn. 61, 64; aM Maurach/Schroeder/Maiwald/Hoyer/Momsen StrafR BT § 41 Rn. 234; Mühlbauer in MüKoStGB Rn. 37; zusf. Küper/Zopfs StrafR BT Rn. 73); nicht strafbar ist der Einsatz von überlegenem Sonderwissen, das aus allgemein zugänglichen Informationsquellen stammt (OLG Stuttgart ZfWG 2017, 58 mit Bespr. Hambach/Berberich), ebenso das bloße Ausnutzen von technischen Unzulänglichkeiten, die dem Automatenhersteller bekannt sind, bei formell ordnungsgemäßer Bedienung (KG NStZ-RR 2015, 111). Erfasst ist jedoch auch die Benutzung eines elektronischen Wettautomats im Wissen, die bewetteten Fußballspiele manipuliert zu haben (BGH NJW 2013, 1017; NJW 2016, 1336). Zum Überlisten eines Münzprüfers im Spielautomaten durch Falschgeld → Rn. 4, 15, 19. Das „Überlisten" eines Geldwechselautomaten mittels eines mit Tesafilm überklebten Geldscheins ist Gewahrsamsbruch (→ § 242 Rn. 14) und bei Bejahung der Fremdheit der ausgeworfenen Münzen (→ § 242 Rn. 5) Diebstahl, nicht aber eine verfügungsersetzende (→ Rn. 2; → Rn. 16) Beeinflussung des Ergebnisses eines Datenverarbeitungsvorgangs (gegen die Anwendung von § 263a OLG Düsseldorf NJW 2000, 158 mit zust. Bespr. Geppert JK StGB § 242 Rn. 20; Kudlich JuS 2001, 20; Biletzki NStZ 2000, 424, der die „sonst unbefugte Einwirkung" für erwägenswert hält; zust. auch Fischer Rn. 19; abl. aber Otto JR 2000, 214; auch § 265a greift nicht ein → § 265a Rn. 2). Wird nur ein dem Täter bekannter Defekt des Spielautomats ausgenutzt, liegt weder § 263a noch in Bezug auf den Gewinn § 246 vor, wenn der Betreiber sich nicht das Eigentum an dem Geld vorbehalten hat (AG Karlsruhe CR 2013, 642). Programmmanipulationen (→ Rn. 6) bei Geldspielautomaten fallen unter eine unrichtige Gestaltung, nicht eine unbefugte Verwendung (BGH wistra 2017, 101; NStZ-RR 2016, 371), wohl aber Glücksspielangebote an bauartgemäß nicht zugelassenen Automaten (BGH NStZ-RR 2018, 214).

14b Eine unbefugte Verwendung von Daten liegt auch vor bei **Online-Banking**-Transaktionen eines Nichtberechtigten, der etwa zuvor PIN und TAN dem Kontoinhaber im Wege des sog. „Phishing" abgelistet hat (Popp NJW 2004, 3517 (3518); Stuckenberg ZStW 118 (2006), 878 (906); Heghmanns wistra 2007, 167 (168); Goeckenjan wistra 2008, 128 (131); Neuheuser NStZ 2008, 492; Seidl/Fuchs HRRS 2010, 85; Hoyer in SK-StGB Rn. 43; → § 263 Rn. 27, 42; zur Teilnehmerstrafbarkeit AG Hamm CR 2006, 70 mablAnm Werner, krit. auch Heghmanns wistra 2007, 167 (169)). Sie kommt ferner in Betracht bei Bestellung von Waren im **Online-Handel** (für den Erwerb von Online-Tickets unter Verwendung von Kundenkonten mit falschen Personen- und Kreditkartendaten, BGH NStZ-RR 2021, 214) oder bei der Inanspruchnahme von **Dienstleistungen** mittels Datenverwendung, und zwar sowohl durch den Nichtberechtigten als auch durch den Berechtigten, der nicht fähig oder willens ist, diese zu bezahlen (Hoyer in SK-StGB Rn. 44; Kindhäuser in NK-StGB Rn. 58; einschr. Fischer Rn. 16; → Rn. 13 aE). Angesichts des Erfordernisses betrugsnaher Auslegung (→ Rn. 13) keine unbefugte Verwendung von Daten, wohl aber die Verwendung unrichtiger Daten ist anzunehmen, wenn der Täter vertragswidrig mittels ihm überlassener PINs- und TANs im Wege des Online-Bankings bei seiner Bank Lastschriften zur Abbuchung einreicht **(Abbuchungsauftragslastschrift);** indem er den Lastschriftauftrag als solchen kennzeichnet, bringt er zumindest konkludent zum Ausdruck, das der (angeblich) Zahlungspflichtige seiner Bank einen entsprechenden Abbuchungsauftrag erteilt (BGHSt 58, 119 = NJW 2013, 2608 mit Bespr. Basar EWiR 2013, 293; Heghmanns ZJS 2013, 423). Eine unbefugte Verwendung liegt auch im unbefugten Einsatz einer durch verbotene Eigenmacht (nicht bei wirksamer Überlassung, OLG Koblenz StV 2016, 371) erlangten **Tankkarte** an einer automatischen Tankstation (OLG Celle NStZ-RR 2017, 80). Das gleiche gilt für den unbefugten Einsatz eines Passwortes für den Zugang zum verschlüsselten Fernsehprogramm über einen **Card-Sharing-Server** (OLG Celle wistra 2017, 116; Esser/Rehaag wistra 2017, 81 (82); Tiedemann/Valerius in LK-StGB Rn. 59; aM Planert StV 2014, 430 (432)) und schließlich für durch die Eingabe der zuvor vom Täter aus dem Getränkelager entwendeten Flaschen in den dazugehörigen Pfandautomat (LG Saarbrücken NStZ-RR 20.

d) Sonst unbefugte Einwirkung auf den Ablauf. Das Merkmal soll die noch verbleibenden, von den anderen Alternativen nicht gedeckten Manipulationen erfassen (zu verfassungsrechtlichen Einwendungen → Rn. 22). Ihr praktischer Anwendungsbereich ist wegen ihrer bloß lückenfüllenden Funktion begrenzt. Sie dürfte namentlich bei gewissen **Output- oder Ausgabemanipulationen** (dazu Sieber, Computerkriminalität und Strafrecht, 2. Aufl. 1980, S. 65), zB bei Verhinderung des „Ausdrucks" (Tiedemann/Valerius in LK-StGB Rn. 62), bei **Konsolmanipulationen** (dazu Sieber, Computerkriminalität und Strafrecht, 2. Aufl. 1980, S. 60), bei Einwirkungen auf das Programm oder den Datenfluss und bei äußeren Einwirkungen auf die Anlage (Hardware-Manipulationen) in Frage kommen; nach der Rspr. auch beim „Leerspielen" von Geldautomaten (BGHSt 40, 331 = NJW 1995, 669; zust. Kraatz Jura 2010, 36 (44); Rengier StrafR BT I § 14 Rn. 60; aM Arloth CR 1996, 359 (364); vgl. auch Hilgendorf JR 1997, 347 (349)), Benutzung von Spielautomaten unter Verwendung erschlichener PIN-Codes (BGH wistra 2020, 28) und bei der Benutzung von sog. Telefonkartensimulatoren (LG Würzburg NStZ 2000, 374 mit krit. Bespr. Hefendehl NStZ 2000, 348; Schnabel NStZ 2001, 374; Otto JK StGB § 263a Rn. 11) oder bei Einsatz von abtelefonierten Telefonkarten, die unberechtigt wieder aufgeladen wurden (BGH NStZ-RR 2003, 265 (268); beachte jedoch → Rn. 8–10); auch das sofortige Abziehen der Telefonkarte nach Erfassung des fälligen, dem Karteninhaber gutgeschriebenen Gebührenaufkommens, aber vor dessen Abbuchung von der Karte (OLG München NJW 2007, 3734 mit abl. Bespr. Schönauer wistra 2007, 445); ebenso soll das Ausnutzen eines Defekts einer vollautomatischen Selbstbedienungstankstelle zum kostenlosen Tanken mittels einer Bankkarte erfasst sein (OLG Braunschweig NJW 2008, 1464 mit zu Recht krit. Bespr. Geppert JK StGB § 263a Rn. 16; abl. Niehaus/Augustin JR 2008, 436; zust. Fischer Rn. 18, wenn in Kenntnis der Fehlfunktion der vermögensrelevante Programmablauf gestartet wird) die bloße Beschickung eines Zahlungsbelegautomaten mit entwendetem Leergut wird nicht erfasst, weil sie den Ablauf lediglich in Gang setzt (Hellmann JuS 2001, 353 (355); Mühlbauer in MüKoStGB Rn. 90). Mangels Manipulation nicht erfasst wird auch das Einlösen eines versehentlich zugesandten Online-Gutscheins (LG Gießen NStZ-RR 2013, 312). Maßgebend ist stets, ob die Einwirkung nicht schon unter eine andere Alternative fällt (BGHSt 40, 331 = NJW 1995, 669 meint das „unerörtert" lassen zu können) und ob sie zur Folge hat, dass die Anlage die eingegebenen Daten im Sinne der Ausführungen unter → Rn. 7, 10 **unrichtig verarbeitet** (Otto Jura 1993, 612 (615); Maurach/Schroeder/Maiwald/Hoyer/Momsen StrafR BT § 41 Rn. 235; Tiedemann/Valerius in LK-StGB Rn. 63); insoweit bedarf das Merkmal „unbefugt" 15 einschränkender Auslegung, die wahrscheinlich ausreicht, um der vielfältigen Kritik an seiner Unbestimmtheit (vgl. etwa Schlüchter, 2. WiKG, 1987, S. 91; Thaeter JA 1988, 547 (551)) wenigstens teilweise den Boden zu entziehen (ähnlich BGHSt 40, 331 (335) = NJW 1995, 669). Nicht ganz auszuschließen ist allerdings, dass hier auch Einwirkungen erfasst werden, bei denen keine Daten „verwendet" werden, die aber den Datenverarbeitungsvorgang unbefugt (dh täuschungsspezifisch) in Gang setzen und dadurch das Ergebnis verursachen (→ Rn. 14, 22). Die **Einwirkung** beschränkt sich nicht auf Eingriffe, die mittels eines Werkzeugs vorgenommen werden (BGHSt 40, 331 (334) = NJW 1995, 669).

16 **5.** Die **Beeinflussung des Ergebnisses** eines Datenverarbeitungsvorgangs muss **Folge** der Tathandlung (→ Rn. 5–15) sein. Im Vergleich zu § 263 I nimmt sie die Stelle des Irrtums (aM Haft NStZ 1987, 6 (8)) und der Vermögensverfügung ein (→ Rn. 2). Wie beim Betrug die Täuschung den Denk- und Entscheidungsprozess eines Menschen und damit – vermittelt durch den Irrtum – auch die Vermögensverfügung beeinflusst (→ § 263 Rn. 54), muss hier die (täuschungsgleiche) Manipulation – vermittelt durch den automatischen Verarbeitungsvorgang – Einfluss auf dessen Ergebnis haben (BT-Drs. 10/318, 19). Auf Grund der gewollten Strukturgleichheit mit dem Betrug (→ Rn. 2) folgt daraus:

17 **a)** Das Verarbeitungsergebnis muss die Qualität einer Vermögensverfügung in dem Sinne haben, dass es als solches **vermögenserheblich** ist (BT-Drs. 10/318, 19; Tiedemann in LK-StGB § 263 Rn. 104) und **unmittelbar,** dh ohne zusätzliche deliktische Zwischenhandlungen des Täters, **vermögensmindernd** wirkt (OLG Hamm NJW 2006, 2341; Möhrenschlager wistra 1986, 128 (133); Lenckner/Winkelbauer CR 1986, 354 (359); Mühlbauer in MüKoStGB Rn. 9; → § 263 Rn. 26).

18 aa) Wie die Vermögensverfügung (→ § 263 Rn. 25) kann auch das Verarbeitungsergebnis aus einem **einzigen Vorgang oder einem mehrstufigen Ablauf** hervorgehen (Lenckner/Winkelbauer CR 1986, 354 (359)). Deshalb werden die praktisch wohl häufigsten Fälle sicher erfasst, in denen aE der Verarbeitung der automatische Ausdruck einer zivilrechtlichen Verfügung, zB einer Gutschrift zugunsten des Täters oder eines Dritten, oder einer Verpflichtungserklärung des Geschädigten, zB eines Rentenbescheids (ebenso Wessels/Hillenkamp/Schuhr StrafR BT II Rn. 606), steht. Regelmäßig dürfte das auch dann noch zutreffen, wenn die Ausdrucke im weiteren Verlauf durchgängig oder stichprobenweise inhaltlich überprüft werden (einschr. Heinrich in Arzt/Weber/Heinrich/Hilgendorf StrafR BT § 21 Rn. 34; zw.); denn sie erfüllen meist schon als solche die Voraussetzungen einer schadensgleichen (konkreten) Vermögensgefährdung (dazu Tiedemann in LK-StGB § 263 Rn. 168, 228), weil es vom Zufall abhängt, ob die Manipulation bei der Kontrolle entdeckt wird (dass hier uU zugleich ein Mensch getäuscht wird, berührt den Tatbestand nicht; → Rn. 9; krit. Tiedemann/Valerius in LK-StGB Rn. 67). Muss dagegen das Verarbeitungsergebnis von einem Menschen noch weiter bearbeitet und in eine Vermögensverfügung umgesetzt werden, fehlt es an der Unmittelbarkeit mit der Folge, dass § 263a ausfällt (OLG Hamm NJW 2006, 2341; Lenckner/Winkelbauer CR 1986, 354 (359)); an der Unmittelbarkeit fehlt es dagegen nicht, wenn das vorher manipulierte (zB Dialer-)Programm erst durch den Geschädigten in Gang gesetzt wird (Buggisch NStZ 2002, 178 (180f.)).

19 bb) Wie beim Betrug (→ § 263 Rn. 26, 27) fehlt es an der Unmittelbarkeit ferner, wenn die Einflussnahme auf die Datenverarbeitung dem Täter nur die Möglich-keit eines andersartigen **deliktischen Angriffs** eröffnet (Hoyer in SK-StGB

Rn. 50), zB wenn er sich Zutritt zu einem Raum durch tatbestandsmäßige Manipulation am automatischen Türschloss verschafft; ob dies auch wegen der zur Gelderlangung erforderlichen weiteren Bedienung eines Geldspielautomaten nach Überlistung des Münzprüfgeräts durch Falschmünzen der Fall ist, erscheint eher fraglich (so aber OLG Celle NJW 1997, 1518 insoweit mablAnm Hilgendorf JR 1997, 347; krit. Mitsch JuS 1998, 307 (313); zust. aber Wessels/Hillenkamp/Schuhr StrafR BT II Rn. 617; und Fischer Rn. 20; OLG Düsseldorf NJW 1999, 3208, Auswurf von regulären Spielmarken mit abl. Bespr. Otto JK StGB § 263a Rn. 10).

cc) Das Verarbeitungsergebnis muss auf dem **betrugsspezifischen Gehalt** der Tathandlung beruhen. Beim unbegründeten Antrag auf Erlass eines **Mahnbescheids** trifft das nicht zu, weil die Unwahrheit der dem Anspruch zugrundeliegenden Tatsachenbehauptungen für die Entscheidung irrelevant ist (→ § 263 Rn. 17; iErg ebenso Lenckner/Winkelbauer CR 1986, 654 (656); Kraatz Jura 2010, 36 (40); Klesczewski StrafR BT S. 125; Rengier StrafR BT I § 14 Rn. 14; Wessels/Hillenkamp/Schuhr StrafR BT II Rn. 610; Hoyer in SK-StGB Rn. 30; aM BT-Drs. 10/318, 20; Möhrenschlager wistra 1986, 128 (132); Haft NStZ 1987, 6 (8); Kindhäuser in NK-StGB Rn. 18; Tiedemann/Valerius in LK-StGB Rn. 68). 20

dd) Wie beim Betrug Getäuschter und Geschädigter nicht identisch sein müssen (→ § 263 Rn. 28), kommt es auch hier nicht darauf an, ob das Verarbeitungsergebnis das **Vermögen des Systembetreibers (Auftraggebers) oder eines Dritten** mindert. Die für den **Dreiecksbetrug** entwickelten Regeln gelten vielmehr sinngemäß (Lenckner/Winkelbauer CR 1986, 654 (659); Hoyer in SK-StGB Rn. 49; Joecks/Jäger StGB Rn. 56; Tiedemann in LK-StGB Rn. 71; im Ansatz abw. Haft NStZ 1987, 6 (8); Baumann/Bühler JuS 1989, 49 (52); sa BGH NJW 2001, 1508). 21

b) Beeinflussen erfordert **(Mit-)Ursächlichkeit** der Tathandlung für das Verarbeitungsergebnis (Tiedemann in LK-StGB Rn. 26, 65, 68). Sie liegt nicht nur vor, wenn die Anlage infolge Eingabe unrichtiger oder unvollständiger Daten ein „falsches" Ergebnis liefert (so aber Lenckner/Winkelbauer CR 1986, 654 (659)), sondern auch dann, wenn sie durch unbefugtes (betrugsspezifisches) Vorgehen im Sinne der 3. oder 4. Handlungsalternative (→ Rn. 11–15) eine iÜ „richtige" Datenverarbeitung in Gang setzt (Möhrenschlager wistra 1986, 128 (133); Tiedemann/Valerius in LK-StGB Rn. 26; krit. Mühlbauer in MüKoStGB Rn. 19); so beeinflusst zB der „Spieler", der unter Einsatz eines Computerprogramms einen Geldautomaten „leerspielt", durch Drücken der Risikotaste die Gewinnausschüttung und damit das Ergebnis des Datenverarbeitungsvorgangs (BGHSt 40, 331 (334) = NJW 1995, 669; Hilgendorf JuS 1997, 130 (131)). Auch in diesem Falle ist die betrugsrelevante Tathandlung für das konkrete Ergebnis ursächlich; die dagegen aus dem Merkmal „sonst durch unbefugte Einwirkung auf den Ablauf" abgeleiteten, auf die Wortlautschranke des Art. 103 II GG (→ § 1 Rn. 6) gestützten Einwendungen (LG Wiesbaden NJW 1989, 2551 mwN) decken zwar einen sprachlichen Mangel des Gesetzes auf, schlagen iErg aber nicht durch (BGHSt 38, 120 = NJW 1992, 445; OLG Köln NJW 1992, 125). 22

6. Vermögensbeschädigung → § 263 Rn. 32–53. Im Vergleich zum Betrug gibt es keine inhaltlichen Unterschiede. So kommt es für den Eintritt eines Vermögensschadens zum Nachteil eines Verkehrsunternehmens nicht darauf an, ob die infolge unbefugter Verwendung von Kreditkartendaten bereitgestellten Online-Tickets für Fahrten benutzt wurden; es genügt, dass das Verkehrsunternehmen, 23 das gegenüber dem berechtigten Kreditkarteninhaber zur Rückbuchung verpflichtet ist, nicht die für die Tickets vertraglich geschuldete Gegenleistung erhält (OLG Düsseldorf NStZ 2021, 369).

24 **7.** Für den **Vorsatz** (bedingter genügt) gelten die Ausführungen unter → § 263 Rn. 57 sinngemäß (zum Schädigungsvorsatz vgl. BGH ZWH 2013, 191 = BeckRS 2013, 1317). Hinter dem Merkmal **„unbefugt"** verbergen sich die tatsächlichen betrugsspezifischen Voraussetzungen, die den Mangel der Befugnis zur Inanspruchnahme des Verarbeitungsergebnisses begründen (→ Rn. 11–14a). Ein Irrtum über sie ist deshalb Tatbestandsirrtum (Wessels/Hillenkamp/Schuhr StrafR BT II Rn. 607; ähnlich Lenckner/Winkelbauer CR 1986, 654 (657); Tiedemann/Valerius in LK-StGB Rn. 72; Fischer Rn. 23). Nach der hier vertretenen Auffassung (→ Rn. 9) werden bei Einschaltung von **Menschen** mit **inhaltlicher Prüfungskompetenz** in den Verarbeitungsvorgang meistens, aber nicht notwendig, die §§ 263, 263a tatbestandlich nebeneinander verwirklicht und auch vom Vorsatz voll gedeckt. Denkbar ist aber auch, dass der Täter jeweils objektiv den einen der beiden Tatbestände verwirklicht, subjektiv aber nur den anderen verwirklichen will (übersehen von AG Siegburg NJW 2004, 3725 mit Bespr. Kudlich JuS 2005, 566; Goeckenjan JA 2006, 758). Hier liegt wegen der Gleichwertigkeit des Unrechts eine unwesentliche Abweichung des Kausalverlaufs (→ § 15 Rn. 11) vor, so dass jedenfalls die eine Tatbestandsverwirklichung vollendet ist (Lenckner/Winkelbauer CR 1986, 654 (657); Hoyer in SK-StGB Rn. 54), während die andere nur versucht wurde (krit. Kindhäuser in NK-StGB Rn. 38; Tiedemann/Valerius in LK-StGB Rn. 73). In Frage kommt schließlich noch, dass der Täter mit dolus alternativus (→ § 15 Rn. 29) beide Tatbestände ins Auge fasst, aber nur einen verwirklicht. Dass in Bezug auf diesen Vollendung vorliegt, ist unbestritten; jedoch bleibt nach hM in Bezug auf den anderen ein Versuch übrig (krit. Lenckner/Winkelbauer CR 1986, 654 (657)). Die Klärung des danach in allen Konstellationen möglichen Zusammentreffens der Tatbestände ist eine Konkurrenzfrage (→ Rn. 27).

25 **8.** Zur **Absicht,** sich oder einem anderen einen rechtswidrigen Vermögensvorteil zu verschaffen, → § 263 Rn. 58–62. Danach ist vor allem **Stoffgleichheit** erforderlich (Möhrenschlager wistra 1986, 128 (133); Lenckner/Winkelbauer CR 1986, 654 (660); Mühlbauer in MüKoStGB Rn. 111); durch die Manipulation entstandene Folgeschäden an der Soft- oder Hardware reichen zur Schadensbegründung nicht aus (Kindhäuser in NK-StGB Rn. 31), weil sie nicht die „Kehrseite" des vom Täter erstrebten Vermögensvorteils sind (→ § 263 Rn. 59).

26 **9.** Für die Abgrenzung von **Vollendung und Versuch** (zum unmittelbaren Ansetzen durch Phishing KG StV 2013, 515) und für **Abs. 2** gelten die Ausführungen unter → § 263 Rn. 63–66, 70 sinngemäß. Die Mitgliedschaft in einer Bande zur fortgesetzten Begehung ua von § 263a begründet nicht für sich Mittäterschaft an jeder von einem Bandenmitglied begangenen Tat (BGH NStZ 2012, 626; ZWH 2012, 360 = BeckRS 2012, 14663; ZWH 2013, 151 = BeckRS 2013, 2721; StV 2013, 386). Beendet ist ein Computerbetrug, wenn entweder das überwiesene Geld vom Empfängerkonto abgehoben oder weiterüberwiesen worden ist (BGH NStZ-RR 2015, 13 mAnm Floeth NZWiSt 2015, 196).

26a **10. a)** In Umsetzung von Art. 2d des EU-Rahmenbeschlusses 2001/413/JI (→ § 152a Rn. 1) hat der Gesetzgeber in Abs. 3 – ähnlich den §§ 149, 275 – bestimmte **Vorbereitungshandlungen** zu Straftaten gem. Abs. 1 selbständig unter Strafe gestellt (BR-Drs. 564/03, 15f.). Diese weite Vorverlagerung des Vermögensschutzes gegen Computerbetrug (→ Rn. 1) gegenüber demjenigen gegen Betrug iSd § 263 stellt einen Systembruch im deutschen Strafrecht dar (Husemann NJW 2004, 104 (107); krit. auch Duttge FS Weber, 2004, 285 (303), im Kriminalstrafrecht nichts zu suchen), der aber durch die EU-Vorgaben geboten war (Husemann NJW 2004, 104 (107); einschr. Duttge FS Weber, 2004, 285 (288, 292)). Mit dem 61. StÄG sind diese Handlungen zum 18.3.2021 in Nr. 1 zusammengefasst; in Nr. 2 finden sich seither aufgrund von Art. 7 der Richtlinie (EU) 2019/713 vom 17.4.2019 zur Bekämpfung von Betrug und Fälschung im Zusammenhang mit unbaren Zahlungsmitteln und zur Ersetzung des Rahmenbeschlusses 2001/413/JI weitere Vorverlagerungsvarianten in Bezug auf Daten als Werkzeuge eines Computerbetruges (BT-Drs. 19/25631, 23); da nunmehr auch Nr. 1 der Umsetzung dieser Richtlinie (und nicht mehr des dadurch aufgehobenen Rahmenbeschlusses) dient, ist für den Fall der Übereinstimmung mit den EU-Vorgaben das Erfordernis einer richtlinienkonformen anstelle einer rahmenbeschlusskonformen Auslegung getreten. – Durch den Verweis in Abs. 4 auf § 149 II, III gelten die darin genannten Möglichkeiten eines **Absehens von Strafe wegen tätiger Reue** auch für Abs. 3 (→ § 149 Rn. 6), nicht hingegen für Abs. 1. Da sich Abs. 2 systematisch nur auf Abs. 1 bezieht, sind insbes. die benannten und unbenannten Strafschärfungsgründe des § 263 III, V sowie die anderen in Bezug genommenen Bestimmungen des § 263 II–VII nicht auf § 263a III anwendbar.

b) Tatobjekt von **Abs. 3 Nr. 1** sind **Computerprogramme, deren objektiver Zweck die Begehung einer Tat nach Abs. 1** ist; anders als in § 149 I Nr. 1 (→ § 149 Rn. 2) sind nicht nur Programme erfasst, die ihrer Art nach zur Begehung eines Computerbetruges geeignet sind, weil es solche speziellen Programme wohl nicht gibt (Husemann NJW 2004, 104 (107); aM Duttge FS Weber, 2004, 285 (292)). Das Programm muss auch ausschließlich für die Begehung eines Computerbetruges bestimmt sein (BR-Drs. 564/03, 16, doch führt die nach Abs. 3 erforderliche objektive Zweckbestimmung des Computerprogramms dazu, dass das Programm hauptsächlich zu dem speziellen Verwendungszweck eines Computerbetruges hergestellt oder adaptiert werden muss (vgl. Husemann NJW 2004, 104 (108); Perron in Schönke/Schröder Rn. 33). **26b**

c) Die **Tathandlungen** in Bezug auf das Computerprogramm entsprechen § 149 I (→ § 149 Rn. 4); dafür wie hinsichtlich der objektiven Zweckbestimmung des Programms (→ Rn. 26b) genügt bedingter Vorsatz, doch muss sich der Täter damit abfinden, dass das Programm hauptsächlich zum Zwecke eines Computerbetruges hergestellt worden ist. Wie bei § 149 I erfordert das Merkmal des **Vorbereitens** zusätzlich, dass der Täter oder ein anderer einen Computerbetrug nach Abs. 1 in Aussicht genommen hat, ohne dass die konkreten Tatmodalitäten (Zeit, Ort usw) bereits feststehen müssen (→ § 149 Rn. 5). **26c**

d) Die Merkmale der **Nr 2** (**Passwörter** und **sonstige Sicherungscodes**) entsprechen denjenigen in § 202c I Nr. 1, sodass auf Rspr. und Lit. dazu Bezug genommen werden soll (→ § 202c Rn. 2). Da die von Nr. 2 erfassten Passwörter und Sicherungscodes grundsätzlich nicht für bestimmte Zwecke hergestellt oder konzipiert werden, soll es wie bei § 152c I Nr. 2 bei diesen Tatmitteln auf die Geeignetheit zur Begehung der Tat ankommen. Erfasst wird mit diesem Merkmal auch das sog. Skimming, bei dem mit Hilfe von Magnetkartenlesern Passwörter gewonnen werden, die für einen Computerbetrug verwendet werden können (BT-Drs. 19/25631, 23). **26d**

27 **11. a)** Abs. 3 tritt hinter Abs. 1 zurück, wenn der Täter den vorbereiteten Computerbetrug gem. Abs. 1 begangen hat; ob dies – wie bei § 149 (→ § 149 Rn. 7) – auch gilt, wenn dieser vorbereitete Computerbetrug ins Versuchsstadium eintritt (→ Rn. 26), erscheint trotz des niedrigeren Strafrahmens von Abs. 3 zweifelhaft, weil damit im Schuldspruch ein nur „versuchter Computerbetrug" gem. § 263a II iVm § 263 II einen „vollendeten Computerbetrug" gem. § 263 III verdrängen würde (Heger ZIS 2008, 496 (498)). Ein Rücktritt vom Versuch des Abs. 1 schließt eine Strafbarkeit gem. Abs. 3 nur aus, wenn dabei auch die Voraussetzungen des § 263 IV iVm § 149 II, III erfüllt sind (→ § 149 Rn. 7). Treffen die **§§ 263, 263a** in einer Handlung (auch natürlicher oder rechtlicher Handlungseinheit, → Vor § 52 Rn. 4–19) zusammen, so tritt § 263a wegen seiner Auffangfunktion (→ Rn. 2) zurück (materielle **Subsidiarität,** → Vor § 52 Rn. 26; Kindhäuser in NK-StGB Rn. 62). Treffen eine tatbestandlich vollendete Tat nach der einen und eine nur versuchte Tat nach der anderen Betrugsform in Handlungseinheit zusammen (→ Rn. 24), so geht der Versuch im Hinblick auf seine Wertgleichheit in der vollendeten Tat auf (ebenso Tiedemann/Valerius in LK-StGB Rn. 94). Die mehrfache Begehung eines vollendeten Computerbetrugs sowie die stufenweise Begehung zunächst der einen und dann der anderen Betrugsform bilden eine einheitliche Tat, wenn sie in demselben Verhältnis wie ein Eingehungs- und ein Erfüllungsbetrug stehen und die endgültige Schädigung erst mit Abschluss der Erfüllungsphase erreicht wird (→ § 263 Rn. 64). Treffen dabei beide Tatbestände zusammen (zB beim Erschleichen der Verpflichtungserklärung eines anderen durch Computerbetrug und Realisierung des „Anspruchs" durch Betrug), so tritt § 263a zurück (ebenso Tiedemann/Valerius in LK-StGB Rn. 94). Die Beurteilung des Zusammentreffens der beiden Betrugstatbestände ist allerdings im Schrifttum sehr umstritten und durch zahlreiche verschiedene, von der Auslegung des § 263a abhängige Lösungsmodelle gekennzeichnet (vgl. etwa Lenckner/Winkelbauer CR 1986, 654 (661); Hoyer in SK-StGB Rn. 63). Kurz nacheinander vorgenommene Geldabhebungen mittels einer EC-Karte am selben Bankautomat bilden eine natürliche Handlungseinheit (BGH NStZ-RR 2013, 13; wistra 2015, 269; StV 2020, 759; StV 2021, 36).

28 **b)** Obwohl der Missbrauch einer Codekarte zum Geldabheben vor der Schaffung von § 263a allenfalls als **Unterschlagung** strafbar war (→ § 242 Rn. 23), entsteht im Verhältnis zu **§ 246** keine Konkurrenz (BGHSt 38, 120 (125) = NJW 1992, 445 mit krit. Bespr. Achenbach NStZ 1993, 430; Schlüchter JR 1993, 493 (497)). Nach der Neufassung des § 246 setzt die Unterschlagung eine Zueignung voraus, die frühestens mit der Erlangung des Gewahrsams über das Geld anzunehmen ist; in diesem Zeitpunkt hat sich der Täter die Sache aber schon durch die Anschaffungshandlung des § 263a I zugeeignet (aM Ranft NJW 1994, 2574 (2576); sowie Schlüchter JR 1993, 497), so dass eine Unterschlagung ausscheidet, weil nach hM (→ § 246 Rn. 7) eine Wiederholung der Zueignung nicht möglich ist (BGHSt 38, 120 (124) = NJW 1992, 445; aM Otto JZ 1993, 559 (567); Hoyer in SK-StGB Rn. 64; für mitbestrafte Nachtat Kindhäuser in NK-StGB Rn. 64; anders auch Ranft JR 1989, 165, der dem § 246 Vorrang einräumt). Auch wenn im Einzelfall ein **Diebstahl** vorliegen sollte, weil sich die Annahme eines Gewahrsamsbruchs begründen lässt (→ § 242 Rn. 14), geht § 263a, wie sich aus dessen Entstehungsgeschichte ergibt, vor (BGHSt 38, 120 (122) = NJW 1992, 445; Tiedemann/Valerius in LK-StGB Rn. 98; aM Kindhäuser in NK-StGB Rn. 64, Exklusivitätsverhältnis). § 246 (und möglicherweise auch § 242) ist aber noch dann anwendbar, wenn

§ 263a zB in Fällen der Überschreitung des Auftrags mit der Rspr. für nicht einschlägig erachtet wird (→ Rn. 14). Der Diebstahl der Codekarte ist mitbestrafte Vortat (umgekehrt Tiedemann/Valerius in LK-StGB Rn. 98: § 263a mitbestrafte Nachtat), es sei denn, er richtete sich gegen einen anderen Rechtsgutsträger als der – trotz des Schadensersatzanspruchs gegen den Karteninhaber – zunächst die Bank schädigende Computerbetrug (BGH NJW 2001, 1508 mit Bespr. Wohlers NStZ 2001, 539, Tatmehrheit; ebenso Rengier StrafR BT I § 14 Rn. 70; Wessels/Hillenkamp/Schuhr StrafR BT II Rn. 184, 619).

c) Tateinheit ist namentlich mit den verwandten Tatbeständen des § 268 und der §§ 269 (BGH NStZ-RR 2021, 214), 303a möglich, ebenso mit §§ 152a, 152b (BGH wistra 2010, 406; NStZ-RR 2013, 109). Im Übrigen bestehen gegenüber § 263 (→ § 263 Rn. 67–69) keine wesentlichen Unterschiede. Vor allem gilt der Vorrang des § 370 AO auch hier (BT-Drs. 10/5058, 30), so dass falsche Angaben in einer elektronischen Steuererklärung (elster) nicht (auch) als Computerbetrug strafbar sind. 29

d) Zwischen §§ 263, 263a ist **Wahlfeststellung** möglich (BGH NJW 2008, 1394; wistra 2013, 271; Rengier StrafR BT I § 14 Rn. 71; Lenckner/Winkelbauer CR 1986, 654 (660); Joecks/Jäger StGB Rn. 53; Kindhäuser in NK-StGB Rn. 62), ebenso (zumindest beim Leerspielen von Automaten) zwischen Bandendiebstahl und Abs. 5 iVm § 263 V (BGH StV 2020, 759). Auch die Grundsätze der Postpendenzfestellung (→ § 1 Rn. 19) können zur Anwendung kommen, wenn § 263a sicher, § 263 aber nur möglicherweise verwirklicht ist (BGH NStZ 2008, 396; Fischer Rn. 38). 30

12. Geschädigter ist bei unberechtigter Verwendung einer EC-Karte zumindest auch die Bank, selbst wenn zunächst unklar ist, ob diese einen Ersatzanspruch gegen den Kontoinhaber nach § 675v BGB hat; daher bewirkt der Verzicht allein des Kontoinhabers auf die Stellung eines Strafantrages kein Verfahrenshindernis (LG Heilbron StraFo 2022, 120). 31

§ 264 Subventionsbetrug

(1) **Mit Freiheitsstrafe bis zu fünf Jahren oder mit Geldstrafe wird bestraft, wer**

1. **einer für die Bewilligung einer Subvention zuständigen Behörde oder einer anderen in das Subventionsverfahren eingeschalteten Stelle oder Person (Subventionsgeber) über subventionserhebliche Tatsachen für sich oder einen anderen unrichtige oder unvollständige Angaben macht, die für ihn oder den anderen vorteilhaft sind,**
2. **einen Gegenstand oder eine Geldleistung, deren Verwendung durch Rechtsvorschriften oder durch den Subventionsgeber im Hinblick auf eine Subvention beschränkt ist, entgegen der Verwendungsbeschränkung verwendet,**
3. **den Subventionsgeber entgegen den Rechtsvorschriften über die Subventionsvergabe über subventionserhebliche Tatsachen in Unkenntnis läßt oder**
4. **in einem Subventionsverfahren eine durch unrichtige oder unvollständige Angaben erlangte Bescheinigung über eine Subventionsberechtigung oder über subventionserhebliche Tatsachen gebraucht.**

(2) [1]**In besonders schweren Fällen ist die Strafe Freiheitsstrafe von sechs Monaten bis zu zehn Jahren.** [2]**Ein besonders schwerer Fall liegt in der Regel vor, wenn der Täter**

1. **aus grobem Eigennutz oder unter Verwendung nachgemachter oder verfälschter Belege für sich oder einen anderen eine nicht gerechtfertigte Subvention großen Ausmaßes erlangt,**
2. **seine Befugnisse oder seine Stellung als Amtsträger oder Europäischer Amtsträger mißbraucht oder**
3. **die Mithilfe eines Amtsträgers oder Europäischen Amtsträgers ausnutzt, der seine Befugnisse oder seine Stellung mißbraucht.**

(3) **§ 263 Abs. 5 gilt entsprechend.**

(4) **In den Fällen des Absatzes 1 Nummer 2 ist der Versuch strafbar.**

(5) **Wer in den Fällen des Absatzes 1 Nr. 1 bis 3 leichtfertig handelt, wird mit Freiheitsstrafe bis zu drei Jahren oder mit Geldstrafe bestraft.**

(6) [1]**Nach den Absätzen 1 und 4 wird nicht bestraft, wer freiwillig verhindert, daß auf Grund der Tat die Subvention gewährt wird.** [2]**Wird die Subvention ohne Zutun des Täters nicht gewährt, so wird er straflos, wenn er sich freiwillig und ernsthaft bemüht, das Gewähren der Subvention zu verhindern.**

(7) [1]**Neben einer Freiheitsstrafe von mindestens einem Jahr wegen einer Straftat nach den Absätzen 1 bis 3 kann das Gericht die Fähigkeit, öffentliche Ämter zu bekleiden, und die Fähigkeit, Rechte aus öffentlichen Wahlen zu erlangen, aberkennen (§ 45 Abs. 2).** [2]**Gegenstände, auf die sich die Tat bezieht, können eingezogen werden; § 74a ist anzuwenden.**

(8) [1]**Subvention im Sinne dieser Vorschrift ist**

1. **eine Leistung aus öffentlichen Mitteln nach Bundes- oder Landesrecht an Betriebe oder Unternehmen, die wenigstens zum Teil**
   a) **ohne marktmäßige Gegenleistung gewährt wird und**
   b) **der Förderung der Wirtschaft dienen soll;**
2. **eine Leistung aus öffentlichen Mitteln nach dem Recht der Europäischen Union, die wenigstens zum Teil ohne marktmäßige Gegenleistung gewährt wird.**

[2]**Betrieb oder Unternehmen im Sinne des Satzes 1 Nr. 1 ist auch das öffentliche Unternehmen.**

(9) **Subventionserheblich im Sinne des Absatzes 1 sind Tatsachen,**

1. **die durch Gesetz oder auf Grund eines Gesetzes von dem Subventionsgeber als subventionserheblich bezeichnet sind oder**
2. **von denen die Bewilligung, Gewährung, Rückforderung, Weitergewährung oder das Belassen einer Subvention oder eines Subventionsvorteils gesetzlich oder nach dem Subventionsvertrag abhängig ist.**

Fassung: Das KorruptionsbekG (→ Vor § 1 Rn. 18) hat in Abs. 2 den Europäischen Amtsträger ergänzt. Mit G zur Umsetzung der PIF-Richtlinie (BGBl. I 844; → Vor § 1 Rn. 19) wurde zum 28.6.2019 Abs. 4 nF eingefügt; die folgenden Absätze wurden umnummeriert, terminologisch in Abs. 8 nF EG durch EU erstetzt und Abs. 9 Nr. 2 nF erweitert.

1. a) Die Vorschrift **schützt** vorrangig das **Allgemeininteresse an einer wirksamen staatlichen Wirtschaftsförderung** (Wessels/Hillenkamp/Schuhr StrafR BT II Rn. 684; Mitsch StrafR BT II Abschn. 7.3.1.2; ähnlich BT-Drs. 7/5291, 3; Göhler/Wilts DB 1976, 1609; Gaede in Hefendehl/v. Hirsch/Wohlers, Die Rechtsgutstheorie, 2003, S. 183, 190; Tiedemann in LK-StGB Rn. 11; krit. Volk JZ 1982, 85 (86); Herzog, Gesellschaftliche Unsicherheit und strafrechtliche Daseinsvorsorge, 1991, S. 116; Weigend FS Triffterer, 2011, 696 (700); Wohlers, Deliktstypen des Präventionsstrafrechts, 2000, S. 159, 340; Ceffinato in MüKoStGB Rn. 1–10; str.); da Kehrseite der Förderung eines Unternehmens dessen wirtschaftliche Besserstellung im Wettbewerb ist, wird zugleich die **Wettbewerbsordnung** als Institution mitgeschützt. Nicht der Verlust der ohnehin zur Ausgabe bestimmten Mittel, sondern die Zweckverfehlung im Hinblick auf den mit der Subventionierung angestrebten allgemeinwirtschaftlichen Effekt steht im Vordergrund. Deshalb ist das **Vermögen** jedenfalls nicht das allein geschützte Rechtsgut (hM; anders Sannwald, Rechtsgut und Subventionsbegriff, § 264 StGB, 1982, S. 59; Hack, Probleme des Tatbestands Subventionsbetrug, § 264 StGB, 1982, S. 19; Maiwald ZStW 96 (1984), 76 (78); Ranft JuS 1986, 445; Krüger, Entmaterialisierungstendenz beim Rechtsgutsbegriff, 2000, S. 119, 142; Hellmann in NK-StGB Rn. 10; Hoyer in SK-StGB Rn. 10; ebenso Schultze, Die Betrugsnatur des Subventionsbetrugs, 2006, S. 52, 179 mit krit. Bespr. Wohlers/Kudlich ZStW 121 (2009), 745). Wohl aber muss es als **mitgeschützt** angesehen werden (Rengier StrafR BT I § 17 Rn. 3; aM Geerds, Wirtschaftsstrafrecht und Vermögensschutz, 1990, S. 244; für dessen primären Schutz Krack NStZ 2001, 505 (506); diff. zwischen Subventionen iSv Abs. 8 Nr. 1, 2 nF Gaede in Matt/Renzikowski Rn. 4), denn bei missbräuchlicher Inanspruchnahme von Subventionen ist immer auch das öffentliche Vermögen betroffen, nämlich insofern, als die Vergabe dessen Wert mindert, ohne dass dafür im Sinne der Zweckverfehlungslehre (→ § 263 Rn. 56) der Vergabezweck erreicht wird (BGHZ 106, 204 = r+s 1990, 48, deshalb ist § 264 auch Schutzgesetz iSv § 823 II BGB). Wenn demgegenüber im schriftlichen Bericht des Sonderausschusses (BT-Drs. 7/5291, 3) ein Vermögensschaden unter Berufung auf den systemsprengenden Charakter der Zweckverfehlungslehre überhaupt verneint wird, ist dem zu widersprechen, weil damit dem § 263 ein kriminalpolitisch unverzichtbarer Teil seines Anwendungsbereichs (namentlich bei den Sozialsubventionen; → Rn. 7) entzogen würde (ebenso Ranft NJW 1986, 3163 (3165); Perron in Schönke/Schröder Rn. 1; Hellmann in NK-StGB Rn. 3; vgl. BGH NStZ-RR 2016, 140; aM Tiedemann in LK-StGB Rn. 23–26; zw.). § 264 ist ist mit Ausnahme von Abs. 1 Nr. 2 kein Erfolgsdelikt, weshalb eine Strafbarkeit nach § 264 I Nr. 1 durch die Kenntnis des Subventionsgebers von der Unrichtigkeit der Angaben nicht ausgeschlossen ist (BGH wistra 2018, 302). – Zur Entstehungsgeschichte und Wirkung(-slosigkeit) der Vorschrift Detzner, Rückkehr zum „Klassischen Strafrecht" und die Einführung einer Beweislastumkehr, 1990, S. 5, 50, deren Reformvorschlag aber nicht überzeugt (Werner GA 2000, 352); zur geringen „Empirie" Braum, Europäische Strafgesetzlichkeit, 2003, S. 477, 478; eine „Normakzeptanz" durch die Bürger sieht Zieschang in Hohloch, Wege zum Europäischen Recht, 2002, S. 39, 42; zum Verhältnis von Subventionspolitik und Subventionskriminalität Beuthin KritV 2010, 288. Zum französischen Recht Walter, Betrugsstrafrecht in Frankreich und Deutschland, 1999, S. 301, 357; zum schweizerischen Recht Humbel, Subventionsbetrug, 2008 mit Bespr. Wohlers/Kudlich ZStW 121 (2009), 743. Zu europäischen Vereinheitlichungsbestrebungen Ceffinato in MüKoStGB Rn. 22–25. – Praktisch erheblich an Bedeutung gewinnt § 264, wenn man in 1 den während der Corona-Pandemie gewährten **„Corona-Soforthilfen“** (LG Hamburg NJW 2021, 707) wie auch im Kurzarbeitergeld Subventionen (Giese/Schomburg NStZ 2020, 327) sieht.

2 **b)** Nach ihren Mindestvoraussetzungen ist die Tat – abweichend vom Betrug (→ § 263 Rn. 1, 2) – **abstraktes Gefährdungsdelikt** (→ Vor § 13 Rn. 32). Der Tatbestand beschreibt nur die Bedingungen einer generellen Gefährlichkeit für die geschützten Rechtsgüter und kann daher weder als konkretes (so aber BT-Drs. 7/5291, 5) noch als abstrakt-konkretes Gefährdungsdelikt (so Göhler/Wilts DB 1976, 1609 (1613)) eingeordnet werden (Berz BB 1976, 1435 (1437); Heinz GA 1977, 193 (210); Hack, Probleme des Tatbestands Subventionsbetrug, § 264 StGB, 1982, S. 89; Hellmann in NK-StGB Rn. 10; Perron in Schönke/Schröder Rn. 5; diff. Ranft JuS 1986, 445 (449); aM Wohlers, Deliktstypen des Präventionsstrafrechts, 2000, S. 176, 340, Kumulationsdelikt; Walter GA 2001, 131 (140): Verletzungsdelikt hinsichtlich des Subventionsverfahrens; vgl. auch Tiedemann in LK-StGB Rn. 29). Die **Deliktsbezeichnung** als Subventionsbetrug bezweckt nur eine plastische Charakterisierung des Deliktstypus; sie ist insofern ungenau, als § 264 gerade nicht die Verwirklichung der Betrugsmerkmale voraussetzt und als vor allem der Schutzzweck der beiden Tatbestände nicht übereinstimmt (krit. daher Hack, Probleme des Tatbestands Subventionsbetrug, § 264 StGB, 1982, S. 75; Tiedemann in LK-StGB Rn. 28).

3 **2.** Die Vorschrift betrifft nur Tathandlungen, die sich auf **Subventionen** iSd **Abs. 8 nF** (= Abs. 7 aF) beziehen (Ceffinato in MüKoStGB Rn. 27). Dort ist der Begriff ausschließlich nach materiellen Kriterien bestimmt (zur Begr. BT-Drs. 7/5291, 9). Daraus ergibt sich ein selbständiger strafrechtlicher Subventionsbegriff (Schmidt GA 1979, 121 (122); eing. Sannwald, Rechtsgut und Subventionsbegriff, § 264 StGB, 1982, S. 76; krit. Eberle, Der Subventionsbetrug nach § 264 StGB, 1983, S. 61). Im Einzelnen:

4 **a)** Nur Leistungen aus **öffentlichen Mitteln,** dh solchen, die dem Staat, einer öffentlich-rechtlichen Körperschaft oder Einrichtung oder einer zwischenstaatlichen Einrichtung zur Verfügung stehen, kommen in Frage (ebenso Hellmann in NK-StGB Rn. 15; Hoyer in SK-StGB Rn. 24). Jedoch sind öffentliche Mittel auch solche, die von privater Seite auf Grund öffentlich-rechtlicher Verpflichtung in ein zweckgebundenes Sondervermögen eingebracht worden sind (Göhler/Wilts DB 1976, 1609 (1612); Hellmann in NK-StGB Rn. 16).

5 **b)** Nach **Bundes- oder Landesrecht (Abs. 8 S. 1 Nr. 1 nF)** werden Leistungen gewährt, wenn ihre Vergabe durch Rechtsvorschriften des Bundes oder eines Landes – sei es auch nur global in einem Haushaltsansatz – bestimmt ist; denn auch im letzten Falle beruht sie auf einem (Haushalts-)Gesetz oder im kommunalen Bereich auf einer Gemeindeordnung, die ihrerseits Landesrecht ist (BT-Drs. 7/5291, 10; Hellmann in NK-StGB Rn. 21). Entsprechendes gilt für die Gewährung von Leistungen nach dem **Recht der Europäischen Union** (**Abs. 8 S. 1 Nr. 2;** eing. Martens, Subventionskriminalität zum Nachteil der Europäischen Gemeinschaften, 2001; zur strafrechtlichen Verfolgung in der EU Fromm/Naussed NKrimPol 2008, 87); ob solche Leistungen unmittelbar von Stellen der EG bzw. EU oder von innerstaatlichen Stellen verwaltet werden, macht keinen Unterschied (BT-Drs. 7/5291, 10; Zieschang EuZW 1997, 78 (79); Tiedemann in LK-StGB Rn. 69–70a). Das EG-Finanzschutzgesetz (→ Vor § 1 Rn. 13) hat zur Schließung von Lücken beim Schutz von EG-Subventionen auf das einschränkende Merkmal „Förderung der

Wirtschaft" verzichtet; erfasst sind damit alle Subventionen bzw. Beihilfen, die nach dem Recht der EG bzw. EU gewährt werden (BT-Drs. 13/10425, 7; krit. Braum, Europäische Strafgesetzlichkeit, 2003, S. 479; Heinrich in Arzt/Weber/Heinrich/Hilgendorf StrafR BT § 21 Rn. 68). Zum Schutz der finanziellen Interessen der EG vgl. die EG VO Nr. 2988/95 (näher Zieschang EuZW 1997, 78 (79); Sieber SchwZStr 1996, 357; Tiedemann in LK-StGB Rn. 11, 12, 14; → Vor § 263 Rn. 5). Nach ausdrücklicher Intention des Gesetzgebers (BT-Drs. 13/10425, 11) sollen Leistungen auf Grund **steuerrechtlicher Vorschriften** (ebenso Hellmann in NK-StGB Rn. 18) wegen des grundsätzlichen Vorrangs des Steuerrechts (→ Rn. 30) auch dann nicht erfasst werden, wenn sie die Merkmale des Abs. 8 nF erfüllen, also nicht lediglich als Steuerermäßigungen, sondern als Geldleistungen gewährt werden.

c) Die Leistungen müssen **wenigstens zT** 6

aa) **ohne marktmäßige Gegenleistung gewährt werden (Abs. 1 S. Nr. 1, 2) – Gegenleistung** ist das in einem zweiseitigen Rechtsverhältnis der Leistung gegenüberstehende Äquivalent (das Entgelt), also nicht etwa die mit jeder Subvention intendierte Verwirklichung des wirtschaftlichen Förderungszwecks (BGH NStZ 1990, 35; Hellmann in NK-StGB Rn. 25; krit. Braum, Europäische Strafgesetzlichkeit, 2003, S. 481). Sie ist **marktmäßig,** wenn sie nach ihrem objektiven Wert dem entspricht, was auch sonst unter den konkreten Verhältnissen des Marktes für die Leistung normalerweise aufgewendet werden muss. Schon das signifikante, dh mit prozessualen Mitteln eindeutig feststellbare Zurückbleiben der wirklichen hinter der marktmäßigen Gegenleistung genügt; auf ein „auffälliges Missverhältnis" kommt es nicht an (hM; anders Schmidt GA 1979, 121 (140)). In Frage kommen namentlich Hilfsmaßnahmen in Katastrophenfällen oder Notlagen (wie in der Corona-Pandemie), verlorene Zuschüsse (BGH NStZ 1990, 35; zust. Stoffers EuZW 1994, 304 (307)), Darlehen mit Zinsverbilligungen, Abgabe von Waren unter dem Marktpreis sowie Bürgschaften und Garantien ohne gleichwertiges Äquivalent (BT-Drs. 7/5291, 10; Wessels/Hillenkamp/Schuhr StrafR BT II Rn. 688). In Zweifelsfällen sind die Abgrenzungsschwierigkeiten groß, weil es im Wirtschaftsrecht einen allgemein anerkannten Begriff der Subvention nicht gibt (BT-Drs. 7/3441, 22) und weil oft eine sog. „Grenz- und Gemengelage" besteht, bei der die Konkretisierung der Voraussetzungen des Abs. 7 nF (= Abs. 6 aF) wegen der Unsicherheit der Bewertung nicht oder nur schwer möglich ist (vgl. namentlich Götz Prot. 7, Nr. 2500; sa Heinz GA 1977, 193 (211); Schmidt GA 1979, 121; Löwer JZ 1979, 621 (624); Hack, Probleme des Tatbestands Subventionsbetrug, § 264 StGB, 1982, S. 148). Hierher gehören ua die Fälle, in denen eine Leistung vornehmlich Entschädigungscharakter hat (zB Erstattung von Aufwendungen zum Schutz gegen Fluglärm), zugleich aber auch als Förderungsmaßnahme gedacht ist (BT-Drs. 7/3441, 22; dies dürfte bei Ausgleichszahlungen an Unternehmen wegen Aufwendungen zum Klimaschutz gegeben sein), oder in denen es wegen Fehlens eines Marktes (zB bei entgeltlicher Übernahme von Bürgschaften oder Garantien durch den Staat) an handgreiflichen Vergleichsmaßstäben fehlt (BT-Drs. 7/5291, 10; Hellmann in NK-StGB Rn. 29–33; krit. Göhler/Wilts DB 1976, 1609 (1612); diff. Hoyer in SK-StGB Rn. 25–28).

bb) zur **Förderung der Wirtschaft** (gewerbliche Wirtschaft, Land- und Forstwirtschaft, Bergbau, Handwerk usw; zusf. Perron in Schönke/Schröder Rn. 14, 15) bestimmt sein; diese Voraussetzung gilt nur für **Abs. 1 S. 1 Nr. 1,** nicht für EG-Leistungen (→ Rn. 5). Die Zwecke, andere Bereiche, etwa Forschung, Techno- 7 logie, Bildungs- oder sonstige kulturelle Einrichtungen, zu fördern oder dem Bürger als Empfänger von Sozialleistungen Hilfe zu gewähren, etwa durch Sozialhilfe, Kindergeld, Wohngeld usw (sog. Sozialsubventionen), werden als solche nicht erfasst (dazu BT-Drs. 7/5291, 10 (11); Göhler/Wilts DB 1976, 1609 (1612); Ceffinato in MüKoStGB Rn. 42; krit. Eberle, Der Subventionsbetrug nach § 264 StGB, 1983, S. 106). Jedoch genügt es, wenn der Wirtschaftsförderungszweck – sei es auch nur als nachrangiger – neben solchen anderen Zwecken verfolgt wird (BT-Drs. 7/5291, 10 (11); Hellmann in NK-StGB Rn. 40). Deshalb kommt der Förderung marktnaher Forschungsvorhaben idR Subventionscharakter zu (BT-Drs. 7/5291, 10 (11)), während das bei der Grundlagenforschung meist nicht zutrifft (vgl. Jerouschek GA 1999, 416 (425)). Auch im Hinblick auf den Förderungszweck gibt es eine breite Zone problematischer Unbestimmtheit, die aber durch Auslegung überwunden werden kann (vgl. Hellmann in NK-StGB Rn. 8, 41, 42; Tiedemann in LK-StGB Rn. 61–67; krit. Heinz GA 1977, 193 (211); Hoyer in SK-StGB Rn. 36).

8 **d)** Nur Leistungen an **Betriebe oder Unternehmen** werden erfasst (**Abs. 8 nF S. 2;** dazu BT-Drs. 7/5291, 12), doch muss die in Rede stehende Subvention nicht für Private ausgeschlossen sein, weil durch die Einschränkung des Empfängerkreises der Gesetzgeber nur eine weitere Schranke errichten wollte, um wirtschaftsfördernde Sozialleistungen auszuklammern (BGHSt 59, 244 = NJW 2014, 3114; BT-Drs. 7/5291, 12). Beide Begriffe (→ § 11 Rn. 15) sind ebenso weit auszulegen wie in § 11 I Nr. 4b, § 14 II (Müller-Emmert/Maier NJW 1976, 1657 (1659); Göhler/Wilts DB 1976, 1609 (1611); Hellmann in NK-StGB Rn. 44, der aber dem Unternehmensbegriff keine eigenständige Bedeutung zumisst). **Öffentliche Unternehmen** (Gürtler in Göhler OWiG § 130 Rn. 23) sind nicht nur die als juristische Personen (des öffentlichen oder bürgerlichen Rechts) organisierten, sondern auch die unselbständigen Unternehmen (die sog. Eigen- oder Regiebetriebe) der öffentlichen Hand (Lührs wistra 1999, 89 (93)). Nicht erfasst ist die Gewährung öffentlicher Mittel an eine Gebietskörperschaft wie zB eine Gemeinde (LG Mühlhausen NJW 1998, 2069).

9 **e) Beispiele für wichtige Subventionen:** Investitionszulagen nach dem jeweiligen InvZulG (vgl. Dörn DStZ 1995, 164); Leistungen nach §§ 42, 45, 88 des 2. WohnBG (offengelassen von BGHSt 44, 233 (236) = NJW 1999, 1196 mwN); Leistungen nach §§ 22, 23, 32, 41, 47, 53, 56, 59 FilmFG; Vergünstigungen und Leistungen nach §§ 6, 7 MOG oder nach dem ERPWirtschPG.

10 **3. Abs. 9 nF** (= Abs. 8 aF) beschränkt den Bezug der Tathandlungen auf (uU auch innere, BGH NJW 1987, 1426) Tatsachen, die allein oder zusammen mit anderen Tatsachen (BGH wistra 1992, 257; BayObLG MDR 1989, 1014) eine Subventionsbewilligung zur Folge haben können **(subventionserhebliche Tatsachen).** Er verfolgt den Zweck, für alle am Vergabeverfahren Beteiligten über die Subventionsvoraussetzungen und die Relevanz von Täuschungshandlungen möglichst große Klarheit zu schaffen (Müller-Emmert/Maier NJW 1976, 1657 (1659); Göhler/Wilts DB 1976, 1609 (1614); krit. Detzner, Rückkehr zum „Klassischen Strafrecht“ und die Einführung einer Beweislastumkehr, 1990, S. 141, die Abs. 8 aF für verfassungswidrig hält).

11 **a) Nr. 1:** Die **ausdrückliche Bezeichnung** von Tatsachen (→ § 263 Rn. 4) als subventionserheblich erfordert hinreichend bestimmte, auf den konkreten Fall bezogene Angaben (BGHSt 44, 233 = NJW 1999, 1196; BGH NStZ-RR 2011, 81

mit Bespr. Adick HRRS 2011, 408; Hellmann in NK-StGB Rn. 56). **Gesetz** ist hier jede Rechtsnorm, auch Satzung und Vorschrift der EG oder EU(BT-Drs. 7/5291, 13; für EU-Verordnung BGH wistra 2018, 302; für EURATOM-VO BGH NStZ-RR 2019, 147), nicht aber Verwaltungsvorschriften oder Richtlinien (BGHSt 44, 233 (237) = NJW 1999, 1196). Die **Pflicht zur Bezeichnung durch den Subventionsgeber** kann sich aus speziellen Vorschriften über einzelne Subventionen ergeben. Jedoch begründet § 2 SubvG darüber hinaus eine allgemeine Verpflichtung des Subventionsgebers zur Bezeichnung der subventionserheblichen Tatsachen (krit. dazu Löwer JZ 1979, 621 (630); sa Tiedemann in LK-StGB Rn. 57–60). Allerdings gilt diese Vorschrift unmittelbar oder auf Grund Erstreckung durch die Landessubventionsgesetze (Nachw. bei Buddendiek/Rutkowski NebenStrafR-Lex Kap. B Rn. 802) nur für Adressaten, die dem Bundes- oder Landesrecht unterworfen sind, also nicht für Vergabestellen der EU (BT-Drs. 7/5291, 13). Die formelhafte Wendung bei Corona-Soforthilfe, dass „Tatsachen, die für die Bewilligung, Gewährung, Rückforderung, Weitergewährung oder das Belassen der Zuwendung von Bedeutung sind, subventionserheblich iSd § 264 StGB und § 2 SubvG iVm § 1 LSubvG sind“, reicht als hinreichend konkrete Bezeichnung nicht aus (KG wistra 2021, 495). Es steht einer wirksamen Bezeichnung der subventionserheblichen Tatsachen durch den Subventionsgeber dagegen nicht entgegen, dass diese ausschließlich in einer vom Subventionsempfänger anzukreuzenden Wissenserklärung aufgeführt werden; der im Antragsformular enthaltene Hinweis, dass „alle Angaben subventionserheblich“ sind, führt beim Subventionsnehmer zur nötigen Klarheit über die subventionserheblichen Tatsachen (BGH NJW 2021, 2055 mAnm Dihlmann; Peukert/Püschel NZWiSt 2021, 474; Bespr. Hecker JuS 2021, 988; LG Hamburg NJW 2021, 707). – Allg. zur Abgrenzung zu § 263 bei Corona-Hilfen Tsambikakis/Gierok in Esser/Tsambikakis PandemiestrafR § 9 Rn. 10ff.

b) Nr. 2: Die gesetzliche Abhängigkeit liegt nur vor, wenn das Gesetz selbst **12**
deutlich die Subventionsvoraussetzungen bestimmt; daran fehlt es, wenn der Verwaltung ein Ermessenspielraum eingeräumt wird (BGHSt 44, 233 = NJW 1999, 1196; BGH NStZ-RR 2011, 81 mit Bespr. Adick HRRS 2011, 408). Hat ein Gesetz (→ Rn. 11) die **materiellen Voraussetzungen** der Vergabe oder Rückforderung einer Subvention näher geregelt, so sind die diese Voraussetzungen ausfüllenden Tatsachen auch dann subventionserheblich, wenn sie nicht als solche bezeichnet sind (vgl. etwa BGH NStZ 1986, 556; wistra 2018, 302); das gilt zB für das Verbot der Subventionierung über den tatsächlichen Bedarf hinaus gem. § 4 SubvG (BGHSt 59, 244 = NJW 2014, 3114 mAnm Kretschmer JR 2015, 276; Hellmann JZ 2015, 724; Asholt ZWH 2014, 467). Die Vorschrift wird nur relevant, ist dann aber ohne Einschränkung anwendbar, wenn im Hinblick auf eine Tatsache keine oder keine wirksame Bezeichnung nach Nr. 1 erfolgt ist (BGHSt 59, 244 = NJW 2014, 3114; OLG München NJW 1982, 457; Hellmann in NK-StGB Rn. 62; einschr. Ranft NJW 1986, 3163 (3165); str.). Praktische Bedeutung hat sie vor allem bei Vergaben durch EU-Behörden, für die eine Bezeichnungspflicht nicht besteht (→ Rn. 11; Ceffinato in MüKoStGB Rn. 72). – Die Problematik der von Abs. 8 aF nicht erfassten, aber in der EU-Praxis häufigen **Vertragssubventionen** (dazu Tiedemann in LK-StGB Rn. 17; krit. Braum, Europäische Strafgesetzlichkeit, 2003, S. 483 „Rückzug des nationalen Strafrechts“) hat sich mit deren Einbeziehung in **Abs. 9 Nr. 2 nF** erledigt.

13 **4.** Die Bezeichnung der am Subventionsverfahren Beteiligten als **Subventionsgeber** (Abs. 1) und **Subventionsnehmer** (§ 2 I SubvG) dient der technischen Vereinfachung.

14 **a)** Die **„eingeschaltete Stelle oder Person"** kann auch eine durch zivilrechtlichen Vertrag eingeschaltete private Einrichtung (zB Bank) oder Privatperson sein (BT-Drs. 7/5291, 6; Ceffinato in MüKoStGB Rn. 54);, auch wenn diese nur eine Vorprüfung oder Teilentscheidung auszusprechen hat (BGH wistra 2018, 302).

15 **b) Subventionsnehmer** ist, wer für sich oder einen anderen eine Subvention beantragt oder eine Subvention oder einen Subventionsvorteil in Anspruch nimmt (§ 2 I SubvG).

16 **5.** Zu den **Tathandlungen des Abs. 1:**

a) Nr. 1: Die **Angaben** müssen **im Rahmen eines Subventionsverfahrens** (dazu Tiedemann in LK-StGB Rn. 73–75), nicht etwa nur bei vorbereitenden Erkundigungen, denen kein Antrag folgt (Müller-Emmert/Maier NJW 1976, 1657 (1660); Ceffinato in MüKoStGB Rn. 52; str.) **gemacht** werden, dh entweder bei dem Subventionsgeber schriftlich – ohne Rücksicht auf dessen Kenntnisnahme – eingegangen oder ihm mündlich zur Kenntnis gebracht sein (ebenso Maurach/Schroeder/Maiwald/Hoyer/Momsen StrafR BT § 41 Rn. 161); soweit für den Subventionsgeber bestimmte Angaben gegenüber eingeschalteten Stellen oder Personen (→ Rn. 14) gemacht werden, müssen diese nach der jeweiligen Verfahrensorganisation für die Entgegennahme zuständig sein (Müller-Emmert/Maier NJW 1976, 1657 (1660)).

17 aa) Eine **Angabe ist unrichtig,** wenn sie – unabhängig von der Vorstellung des Täters – im Hinblick auf eine subventionserhebliche Tatsache (→ Rn. 10–12) mit der Wirklichkeit nicht übereinstimmt (Hellmann in NK-StGB Rn. 80; speziell zu Scheingeschäften und Scheinhandlungen Hoyer in SK-StGB Rn. 52). Sie ist **unvollständig,** wenn sie einen einheitlichen Lebenssachverhalt nur teilweise richtig wiedergibt, durch Weglassen wesentlicher Tatsachen aber ein falsches Gesamtbild vermittelt (BGH NStZ 2006, 625; AG Alsfeld NJW 1981, 2588); dabei kann die Unvollständigkeit uU schon aus dem Subventionszweck hergeleitet werden, sofern dieser im Gesetz eindeutig umschrieben ist (Perron in Schönke/Schröder Rn. 46); die mit der unvollständigen Angabe idR einhergehende pflichtwidrige Unterlassung der Aufklärung hat neben dem positiven Tun keine selbständige Bedeutung (Tiedemann in LK-StGB Rn. 99).

18 bb) Eine Angabe ist nur dann **vorteilhaft,** wenn sie die Aussichten des Subventionsempfängers für die Gewährung oder Belassung einer Subvention oder eines Subventionsvorteils gegenüber der wirklichen Lage objektiv verbessert. Im Hinblick auf den Charakter der Tat als Vermögensgefährdungsdelikt werden auf diese Weise nicht nur subventionsschädigende und -neutrale Angaben ausgeschieden (so aber die Rspr.), sondern auch weitere Falschangaben, wenn und soweit die Vergünstigung auf Grund anderer Tatsachen zwingend oder nach gefestigter Verwaltungspraxis zu gewähren gewesen wäre (so iErg die hM, vgl. etwa Tenckhoff FS Bemmann, 1997, 465; Gaede in Matt/Renzikowski Rn. 4; Schünemann in Hefendehl/v. Hirsch/Wohlers, Die Rechtsgutstheorie, 2003, S. 133, 149; Rengier StrafR BT I § 17 Rn. 5; Wessels/Hillenkamp/Schuhr StrafR BT II Rn. 693; Hellmann in NK-StGB Rn. 105; anders BGHSt 34, 265 = NJW 1987, 2093; BGHSt 36, 373 = NJW 1990, 1921 mit abl. Bespr. Kindhäuser JZ 1991, 492; zur Rspr. Achenbach FG BGH, 2000, 593 (608); krit. auch Braum, Europäische Strafgesetz-

lichkeit, 2003, S. 486; Gössel StrafR BT II § 23 Rn. 50; Ceffinato in MüKoStGB Rn. 87; betrugsanaloge Eingrenzungskriterien bei Schultze, Die Betrugsnatur des Subventionsbetrugs, 2006, S. 52, 179).

cc) **„Für sich oder einen anderen"** erfordert nicht die zweckhafte Verfolgung eines eigenen oder fremden Interesses, sondern nur ein Handeln, das den Subventionsnehmer objektiv begünstigt (hM; vgl. Tiedemann in LK-StGB Rn. 105). Daraus folgert die hM, dass bei Amtsträgern, die im Rahmen der Organisation des Subventionsgebers die Richtigkeit von Anträgen vorprüfen und bestätigen, stets Täterschaft vorliegt (BGHSt 32, 203 = NJW 1984, 2230 mAnm Otto JR 1984, 475; Schünemann NStZ 1985, 73; OLG Hamburg NStZ 1984, 218; Ranft JuS 1986, 445; NJW 1986, 3163 (3171); Wagner JZ 1987, 705 (711); Lührs wistra 1999, 89 (92); Rengier StrafR BT I § 17 Rn. 6; Tiedemann in LK-StGB Rn. 105; aM Otto StrafR BT § 61 Rn. 20, nur Teilnahme). Keine Angaben für einen anderen macht der nur im Innenverhältnis zum Subventionsnehmer tätige Steuerberater (Dörn wistra 1994, 215; DStZ 1995, 164 (170)). 19

dd) Die Angaben können auch in **mittelbarer Täterschaft** gemacht werden (BGH NJW 1981, 1744 mAnm Tiedemann JR 1981, 470; Hoyer in SK-StGB Rn. 54). 20

b) Nr. 2: Diese Nummer setzt die Verpflichtung aus Art. 1 Ia dritter Spiegelstrich des Übereinkommens v. 26.7.1995 über den Schutz der finanziellen Interessen der EG um (BT-Drs. 13/10425, 6 (8)). Anders als Nr. 2 aF (jetzt Nr. 3) wird nicht an die Verletzung einer Aufklärungspflicht (→ Rn. 21) angeknüpft; erfasst wird vielmehr – in Anlehnung an § 3 II SubvG – unmittelbar die Verletzung einer **Verwendungsbeschränkung** (BT-Drs. 13/10425, 6 (8); Lührs wistra 1999, 89 (93); krit. Braum, Europäische Strafgesetzlichkeit, 2003, S. 489; aM Hoyer in SK-StGB Rn. 60). Die Beschränkung kann auf Rechtsvorschrift, Verwaltungsakt oder Vertrag mit dem Subventionsgeber beruhen; Rechtsvorschriften sind auch solche der EG und anderer Mitgliedstaaten (BT-Drs. 13/10425, 6 (8)). 20a

c) Nr. 3: Die Vorschrift, die ein **echtes Unterlassungsdelikt** beschreibt (Hellmann in NK-StGB Rn. 99; → § 13 Rn. 4, 5), setzt beim Subventionsgeber die **Unkenntnis** einer subventionserheblichen Tatsache (OLG Stuttgart MDR 1992, 788) und beim Täter (Subventionsnehmer, uU auch dessen Beauftragter iSd § 14 II, BayObLG NJW 1982, 2202) das **Unterlassen der Aufklärung** voraus, zu welcher er nach den Rechtsvorschriften über die Subventionsvergabe verpflichtet ist. Diese **Aufklärungspflicht** kann sich vor allem aus den Rechtsvorschriften (einschließlich Vorschriften der EU bzw.EG) ergeben, in denen die Vergabe der jeweiligen Subvention geregelt ist (BT-Drs. 7/3441, 26). Sie kann aber auch allgemein im SubvG begründet sein (BayObLG NJW 1982, 2202 mit krit. Bespr. Ranft NJW 1986, 3163 (3169)). Dessen (auch auf landesrechtliche Subventionen anwendbarer; → Rn. 11) § 3 sieht nämlich zahlreiche, näher umschriebene Offenbarungspflichten des Subventionsnehmers vor, deren Tragweite durch § 4 SubvG noch erweitert wird: Danach sind Scheingeschäfte und Scheinhandlungen für die Beurteilung unerheblich und ggf. die verdeckten Sachverhalte maßgebend. Außerdem ist die Bewilligung oder Gewährung einer Subvention oder eines Subventionsvorteils ausgeschlossen, wenn im Zusammenhang mit einem Subventionsantrag ein Rechtsgeschäft oder eine Handlung unter Missbrauch von Gestaltungsmöglichkeiten vorgenommen wird. Da die Scheinhandlungen, die verdeckten Sachverhalte und die unter Missbrauch von Gestaltungsmöglichkeiten vorgenommenen Handlungen, soweit sie dem Subventionsnehmer nachteilig sind, der Pflicht zu unverzüglicher Offenbarung 21 nach § 3 SubvG unterliegen, ist das Unterlassen ihrer Anzeige nach Ausschöpfung des durch das Merkmal „unverzüglich" gewährten Spielraums idR nach Nr. 2 tatbestandsmäßig (Stöckel ZRP 1977, 134; Vogel Madrid-Symposium, 1994, 151; Tenckhoff FS Bemmann, 1997, 465 (476); Ceffinato in MüKoStGB Rn. 96; Beispiele bei Göhler/Wilts DB 1976, 1609 (1614)). § 4 SubvG ist weder im Hinblick auf das Bestimmtheitsgebot noch auf das Analogieverbot (→ § 1 Rn. 2, 5) verfassungsrechtlich bedenklich (Bruns GA 1986, 1 (22); Vogel Madrid-Symposium, 1994, 151 (170)); jedoch sind die objektiven und subjektiven Voraussetzungen des Missbrauchs noch nicht abschließend geklärt (dazu namentlich Bruns GA 1986, 1 (28); Vogel Madrid-Symposium, 1994, 151; Tiedemann in LK-StGB Rn. 129–139; sa OLG Koblenz JZ 1980, 736; AG Alsfeld NJW 1981, 2588; Tiedemann NJW 1980, 1557; Ranft NJW 1986, 3163 (3167)). Unterlässt der Täter die Mitteilung der Weggabe eines unter Verstoß gegen die in Nr. 1 genannten Regeln erworbenen Wirtschaftsguts tritt Nr. 3 hinter Nr. 1 als mitbestrafte Nachtat zurück (BGH NStZ-RR 2016, 140).

22 **d) Nr. 4:** Die Vorschrift dient zur **Schließung von Strafbarkeitslücken** der Ergänzung der Nr. 1 und 3 (krit. Perron in Schönke/Schröder Rn. 58). **Bescheinigung** ist die schriftliche Erklärung einer zuständigen Stelle, die nicht in das Subventionsverfahren eingeschaltet ist (sonst Nr. 1 oder Nr. 2). **Gebrauchen** → § 267 Rn. 23; das Erfordernis „in einem Subventionsverfahren" wird durch Gebrauch gegenüber dem Subventionsgeber erfüllt (Berz BB 1976, 1435 (1437)). Die Einbeziehung der **Subventionsberechtigung** soll den Fall erfassen, dass der Täter einen von einem anderen, etwa einem Angestellten, erschlichenen Bewilligungsbescheid als ungerechtfertigt erkennt und dennoch zur Erlangung der Subvention gebraucht (BT-Drs. 7/5291, 6; Hellmann in NK-StGB Rn. 111); idR, aber nicht notwendig (→ Rn. 21), ist allerdings schon Nr. 2 anwendbar (vgl. Tiedemann in LK-StGB Rn. 118).

23 **6. a)** Der nach **Abs. 1** erforderliche **Vorsatz** (bedingter genügt) muss sich auf das Vorliegen einer Subvention (hM; krit. Schmidt GA 1979, 121 (124)) und je nach den Voraussetzungen der einzelnen Begehungsformen namentlich auch auf die Unrichtigkeit oder Unvollständigkeit der Angaben (Nr. 1, 4; → Rn. 17), die Subventionserheblichkeit der Tatsachen (Nr. 1–4; → Rn. 10–12), deren Vorteilhaftigkeit für den Täter oder den anderen (Nr. 1; → Rn. 18), die Verwendungsbeschränkung (Nr. 2; → Rn. 20 a), den Widerspruch zu den Vergabevorschriften (Nr. 3; → Rn. 21) und die Zuständigkeit der den Subventionsgeber repräsentierenden Stelle oder Person (Nr. 1, 3; → Rn. 16) erstrecken. Die irrige Annahme einer dieser Voraussetzungen ist mangels Strafbarkeit des Versuchs unschädlich (→ Rn. 31).

24 **b)** Die nach **Abs. 5 nF** (Abs. 4 aF) vorausgesetzte **Leichtfertigkeit** (→ § 15 Rn. 55) genügt nur für Taten nach Abs. 1 Nr. 1, 2, 3 (nicht Nr. 4; aM bei gleichzeitiger Erfüllung von Nr. 1 Tiedemann in LK-StGB Rn. 148; dagegen Hellmann in NK-StGB Rn. 152). Die Einbeziehung auch unvorsätzlich begangener Taten ist dogmatisch wie kriminalpolitisch umstritten (vgl. ua BT-Drs. 7/3441, 27; BT-Drs. 7/5291, 8; BT-Drs. 13/10425, 7; Göhler/Wilts DB 1976, 1609 (1615); Schubarth ZStW 92 (1980), 80 (100); Hack, Probleme des Tatbestands Subventionsbetrug, § 264 StGB, 1982, S. 122; Eberle, Der Subventionsbetrug nach § 264 StGB, 1983, S. 164; Otto ZStW 96 (1984), 339 (367); Hillenkamp FS Wassermann, 1985, 861 (868, 873); Hillenkamp in OsnabrRAbh, Bd. 1, 1985, S. 221, 237; Herzog, Gesellschaftliche Unsicherheit und strafrechtliche Daseinsvorsorge, 1991, S. 133; Dörn

DStZ 1995, 164 (168); Tiedemann in LK-StGB Rn. 144); sie ist auch verfassungsrechtlich (Schuldprinzip) umstritten (Hellmann in NK-StGB Rn. 7). Die Leichtfertigkeit kann sich auf jeden Tatumstand beziehen; idR wird sie die Unrichtigkeit oder Unvollständigkeit der Angaben oder die Subventionserheblichkeit der Tatsachen betreffen. Bei der Abgrenzung zur leichten Fahrlässigkeit sollte restriktiv vorgegangen und Leichtfertigkeit nur bei eindeutig groben Verstößen angenommen werden (BGH NStZ-RR 2010, 311 „vorsatznahe Schuldform"; Tiedemann in LK-StGB Rn. 145); zu verlangen ist eine besondere schwere Sorgfaltspflichtverletzung bei gesteigerter Vorhersehbarkeit (Hellmann in NK-StGB Rn. 154), dh beim Unterlassen der Unterrichtung der Subventionsbehörde über subventionserhebliche Tatsachen, eine grobe Verkennung der Umstände, die eine Unterrichtung geboten hätten (BGH NStZ 2013, 406).

7. Zu **Abs. 3 nF** (besonders schwere Fälle), der sich nur auf die Vorsatztat nach Abs. 1 bezieht, → § 46 Rn. 6–21. Von einer Erweiterung des Regelbeispielkatalogs wurde hier abgesehen; dennoch sollen die neuen Regelbeispiele des § 263 III 2 auch hier Bedeutung erlangen können (BT-Drs. 13/9064, 19). 25

a) Nr. 1: Grober Eigennutz ist Streben nach eigenem Vorteil in besonders anstößigem Maße (BGH NStZ 1985, 558; GA 1991, 321; Beisheim, Eigennutz als Deliktsmerkmal, 1994, S. 134; krit. Kelker, Zur Legitimität von Gesinnungsmerkmalen im Strafrecht, 2007, S. 568). Das **große Ausmaß** (krit. zu diesem Begriff Stam NStZ 2013, 144) ist nicht nach der gewährten Gesamtleistung, sondern (zB bei einem Kredit mit Zinsverbilligung) nach dem unentgeltlich gewährten Vorteil zu beurteilen (Tiedemann in LK-StGB Rn. 170); dieser muss aus dem Rahmen der durchschnittlich gewährten Subventionen erheblich herausfallen (Hoyer in SK-StGB Rn. 84); als Richtwert sind 50.000 EUR anzusetzen (Hellmann in NK-StGB Rn. 134). **Nachgemachte oder verfälschte Belege** sind zwar nur unechte oder verfälschte Urkunden oder technische Aufzeichnungen iSd § 267 (→ § 267 Rn. 17–22; sa GA 1991, 321) oder § 268 (→ § 268 Rn. 7–10); jedoch kommen für die Annahme eines unbenannten besonders schweren Falles auch andere Gegenstände in Frage, wenn sie zur Täuschung in einer Weise angefertigt und verwendet worden sind, dass sie gegenüber dem Subventionsgeber den Anschein einer subventionserheblichen Tatsache zu erwecken bestimmt und geeignet waren (→ § 46 Rn. 14).

b) Nr. 2: Der **Missbrauch von Befugnissen oder der Stellung als Amtsträger oder Europäischen Amtsträgers** (→ § 11 Rn. 3–11 a) ist ein besonderes persönliches Merkmal iSd § 28 (→ § 46 Rn. 16; ebenso Hellmann in NK-StGB Rn. 144). 26

c) Nr. 3: Für das **Ausnutzen der Mithilfe** genügt die vorsätzliche Wahrnehmung der durch die Hilfsbereitschaft des Amtsträgers oder Europäischen Amtsträgers geschaffenen Gelegenheit zur Erlangung einer nicht gerechtfertigten Subvention (ebenso Kindhäuser/Hilgendorf in LPK-StGB Rn. 21). 27

8. Abs. 3 erklärt den Qualifikationstatbestand des § 263 V (→ § 263 Rn. 66) für entsprechend anwendbar, um auch hier den Erscheinungsformen der Organisierten Kriminalität wirksamer entgegentreten zu können (BT-Drs. 13/9064, 19); erfasst sind damit auch Europäische Amtsträger (§ 263 V Nr. 4). 27a

9. Abs. 1 Nr. 1 ist **vollendet,** sobald die falschen Angaben dem Subventionsgeber gegenüber gemacht wurden (BGH wistra 2018, 302). Nur im Falle von 28

Abs. 1 Nr. 2 ist mit **Abs. 4 nF** seit 28.6.2019 der **Versuch** strafbar. – Zur **tätigen Reue (Abs. 6 nF** = Abs. 5 aF) → § 24 Rn. 29; zur ratio Krack NStZ 2001, 505. In Anlehnung an die allgemeine Rücktrittsregelung betrifft die Vorschrift nur die Fälle, in denen es nicht zur Subventionsgewährung (uU wohl aber zur Subventionsbewilligung) gekommen ist (BT-Drs. 7/5291, 9). Diese kann uU auch durch bloßes Unterlassen einer Mitteilung, die notwendige Voraussetzung der (Weiter-)Gewährung ist, verhindert werden (OLG Stuttgart MDR 1992, 788; Ceffinato in MüKo-StGB Rn. 118). Unterlässt der Täter pflichtwidrig eine Mitteilung, die zur Rückforderung einer bereits gewährten Subvention oder von Subventionsvorteilen iSd § 5 SubvG führen würde, so ist tätige Reue ausgeschlossen (BT-Drs. 7/5291, 9); hier bleibt ihm im Hinblick auf seine Pflicht zu „unverzüglicher" Mitteilung (§ 3 SubvG) nur ein nach den Umständen angemessener zeitlicher Spielraum (BT-Drs. 7/5291, 9). Ist dem Antragsteller bewusst geworden, dass sein Antrag zwecklos ist, ist dessen Rücknahme nicht freiwillig iSv Abs. 5 (LG Halle BeckRS 2013, 18505). Die Annahme eines besonders schweren Falles schließt tätige Reue nicht aus, weil Abs. 2 nur eine Strafzumessungsregel ist (→ § 46 Rn. 7; Hoyer in SK-StGB Rn. 101). Bei Beteiligung mehrerer sind die Grundsätze des § 24 II anwendbar (Göhler/Wilts DB 1976, 1609 (1615); Mitsch StrafR BT II Abschn. 7.3.5).

29 **10. Abs. 7 nF** (= Abs. 6 aF): **S. 1** bezieht sich nicht auf das Stimmrecht. Amtsfähigkeit und Wählbarkeit können auch einzeln aberkannt werden (Hellmann in NK-StGB Rn. 178). Im Übrigen → § 45 Rn. 4. **S. 2** ist eine besondere Vorschrift iSd § 74 IV, welche die Einziehung über § 74 I hinaus zulässt. Daher müssen die Voraussetzungen des § 74 II, III oder – auf Grund der besonderen Verweisung – des § 74a erfüllt sein. Zu den hier erfassten „Beziehungsgegenständen" (→ § 74 Rn. 12, 13) gehören namentlich Waren, die im Hinblick auf eine Verwendungsbeschränkung verbilligt abgegeben, jedoch der Beschränkung zuwider verwendet worden sind (BT-Drs. 7/5291, 9). Im Übrigen vgl. §§ 74–74c, 74e–76b.

30 **11. a)** Die Vorschrift bildet eine **selbständige und abschließende Sonderregelung** gegenüber § 263 (BGH NStZ-RR 2020, 349; aM Ceffinato in MüKo-StGB Rn. 123). Wie sich zwingend aus der Höhe der Strafdrohung, dem besonderen Strafrahmen für besonders schwere Fälle und dem Regelbeispiel in Abs. 2 Nr. 1 ergibt, will sie nicht nur das Vorfeld des Betruges abdecken, sondern auch Rechtsgutsverletzungen, dh die Fälle erfolgreicher Subventionserschleichung, erfassen (BT-Drs. 7/5291, 5; Müller-Emmert/Maier NJW 1976, 1657 (1661); Göhler/Wilts DB 1976, 1609 (1615)). Damit steht § 264 zum Betrug in demselben Verhältnis wie der Betrug zum Steuerstrafrecht (→ § 263 Rn. 68). Da nach den Gesetzesmaterialien der Vorrang des Steuerstrafrechts auch gegenüber dem Subventionsbetrug gelten soll (BT-Drs. 7/5291, 6, 11; eing. dazu Sannwald, Rechtsgut und Subventionsbegriff, § 264 StGB, 1982, S. 93), ist wie folgt abzustufen: Die Strafbarkeit der Tat nach Steuerstrafrecht geht jeweils der nach §§ 263, 264 und die Strafbarkeit wegen Subventionsbetrugs der nach § 263 (einschließlich Versuch) vor (hM; BGH NStZ 2006, 625 (628); anders BGH NStZ 2006, 624 (625) mit Bespr. Allgayer wistra 2006, 261; Berz BB 1976, 1435 (1438); Schmidt-Hieber NJW 1980, 322 (323); Eberle, Der Subventionsbetrug nach § 264 StGB, 1983, S. 183: Idealkonkurrenz; ebenso Maurach/Schroeder/Maiwald/Hoyer/Momsen StrafR BT § 41 Rn. 176; Hoyer in SK-StGB Rn. 109); Tateinheit bleibt jedoch möglich, wenn jeweils Steuer-, Subventions- oder andere Vermögensvorteile nebeneinander Gegenstand derselben Tathandlung sind (→ § 263 Rn. 68)

b) Die Selbständigkeit des § 264 ist allerdings insofern **begrenzt,** als sie nicht zur Privilegierung führen, dh einen Betrug oder Betrugsversuch auch dann nicht verdrängen kann, wenn die Tathandlung zwar eine Subvention betrifft, aber den § 264 nicht verwirklicht (BGHSt 44, 233 (243) = NJW 1999, 1196; „bemerkenswert" nach Achenbach NStZ 1999, 549 (550)). Solche Grenzfälle kommen etwa in Frage, wenn ein untauglicher, nach § 264 nicht mit Strafe bedrohter Versuch vorliegt (Göhler/Wilts DB 1976, 1609 (1615)), wenn der Subventionsgeber die Bezeichnung der subventionserheblichen Tatsachen unterlassen hat (→ Rn. 11) oder wenn sich die Täuschungshandlung auf nicht subventionserhebliche Tatsachen bezieht (hM; vgl. Heinz GA 1977, 193 (213); aM Mitsch StrafR BT II Abschn. 7.3.1.3.2). Der Ausschluss ihrer Strafbarkeit auch nach § 263 würde dem Zweck der Vorschrift zuwiderlaufen, eine Vorverlegung des Strafschutzes zu erreichen (→ Rn. 1; Ranft NJW 1986, 3163 (3164)). Für das Zusammentreffen **mit anderen Tatbeständen** besteht zwischen §§ 263, 264 kein wesentlicher Unterschied. Bei einem zweistufigen Subventionsverfahren bildet die sukzessive Verwirklichung zur Erreichung eines einheitlichen Erfolgs eine „Bewertungseinheit" (BGH NStZ 2007, 578). 31

12. Für den **räumlichen Geltungsbereich** gilt nach § 6 Nr. 8 der Weltrechtsgrundsatz (zur Begr. vgl. BT-Drs. 7/3441, 22). Zur **Anzeigepflicht** von Gerichten und Behörden beim Verdacht eines Subventionsbetrugs § 6 SubvG; das Unterlassen der Anzeige kann eine Strafbarkeit wegen Strafvereitelung nach §§ 258, 258a und Beihilfe zu § 264 begründen (Partsch/Scheffner NJW 1996, 2492). **Verjährung** beginnt mit dem Eintritt des endgültigen Vermögensvorteils durch Vornahme der letzten Subventionshandlung (BGH NStZ-RR 2020, 172; OLG Rostock NZWiSt 2012, 386 mAnm Reimers, Datum der Eintragung ins Grundbuch). 32

§ 264a Kapitalanlagebetrug

(1) **Wer im Zusammenhang mit**

1. **dem Vertrieb von Wertpapieren, Bezugsrechten oder von Anteilen, die eine Beteiligung an dem Ergebnis eines Unternehmens gewähren sollen, oder**
2. **dem Angebot, die Einlage auf solche Anteile zu erhöhen,**

in Prospekten oder in Darstellungen oder Übersichten über den Vermögensstand hinsichtlich der für die Entscheidung über den Erwerb oder die Erhöhung erheblichen Umstände gegenüber einem größeren Kreis von Personen unrichtige vorteilhafte Angaben macht oder nachteilige Tatsachen verschweigt, wird mit Freiheitsstrafe bis zu drei Jahren oder mit Geldstrafe bestraft.

(2) **Absatz 1 gilt entsprechend, wenn sich die Tat auf Anteile an einem Vermögen bezieht, das ein Unternehmen im eigenen Namen, jedoch für fremde Rechnung verwaltet.**

(3) [1]**Nach den Absätzen 1 und 2 wird nicht bestraft, wer freiwillig verhindert, daß auf Grund der Tat die durch den Erwerb oder die Erhöhung bedingte Leistung erbracht wird.** [2]**Wird die Leistung ohne Zutun des Täters nicht erbracht, so wird er straflos, wenn er sich freiwillig und ernsthaft bemüht, das Erbringen der Leistung zu verhindern.**

1 **1. a)** Die Vorschrift schützt nicht nur das **Vermögen** der Anleger (dazu BGHZ 116, 7 = NJW 1992, 241), sondern auch das **Allgemeininteresse** an der Funktionsfähigkeit des Kapitalmarktes (hM; vgl. etwa BT-Drs. 10/318, 22; OLG Köln NJW 2000, 598 (600); Jaath FS Dünnebier, 1982, 583 (607); Möhrenschlager wistra 1982, 201 (205); Tiedemann JZ 1986, 865 (872); sowie Tiedemann FG BGH, 2000, 551 (552); Otto WM 1988, 729 (736); Geerds, Wirtschaftsstrafrecht und Vermögensschutz, 1990, S. 204; Schünemann in Hefendehl/v. Hirsch/Wohlers, Die Rechtsgutstheorie, 2003, S. 133, 151; Hagemann, „Grauer Kapitalmarkt" und Strafrecht, 2005, S. 229; Wessels/Hillenkamp/Schuhr StrafR BT II Rn. 696; Ceffinato in MüKoStGB Rn. 6; Schröder/Bergmann in Matt/Renzikowski Rn. 1; Perron in Schönke/Schröder Rn. 1, sogar primär; **anders** Joecks/Jäger wistra 1986, 142 (143); Joecks/Jäger in Achenbach/Ransiek/Rönnau WirtschaftsStrafR-HdB Kap. X 1 Rn. 7–9; Schlüchter, 2. WiKG, 1987, S. 156; Worms, Anlegerschutz durch Strafrecht, 1987, S. 312; Worms wistra 1987, 242 (245); Jacobi, Der Straftatbestand des Kapitalanlagebetrugs, 2000, S. 15 mit krit. Bespr. Wohlers/Kudlich ZStW 118 (2006), 717 (730); Krack NStZ 2001, 505 (506); Maurach/Schroeder/Maiwald/Hoyer/Momsen StrafR BT § 41 Rn. 166; Hellmann in NK-StGB Rn. 9; Hoyer in SK-StGB Rn. 9, Vermögensschutz gegen gefährliche Täuschungen; krit. Zaczyk in Lüderssen/Nestler-Tremel/Weigend, Modernes Strafrecht und ultima-ratio-Prinzip, 1990, S. 113; Martin, Criminal Securities and Commodities Fraud. Kapitalanlagebetrug im US-amerikanischen und deutschen Recht, 1993, S. 172; Kindhäuser Madrid-Symposium, 1994, 125 (133); Weigend FS Triffterer, 2011, 696 (700); Wohlers, Deliktstypen des Präventionsstrafrechts, 2000, S. 159, 171, 340; Beckemper ZIS 2011, 318 (323); Mehler, Die erheblichen Umstände der Kapitalanlageentscheidung, 2009, S. 43, nur Funktionsfähigkeit des Kapitalmarkts); angesichts der auch individualschützenden Zielrichtung ist § 264a Schutzgesetz iSv § 823 II BGB (BGHZ 116, 7 (10) = NJW 1992, 241). Rechtsvergleichend Tiedemann/Vogel in LK-StGB Rn. 17–20; zum französischen Recht Walter, Betrugsstrafbarkeit in Frankreich und Deutschland, 1999, 444. Vorschläge zur Verbesserung der Bekämpfung von Anlagebetrug bei Klaffke ZRP 2003, 450; für Streichung Schönborn, Kapitalanlagebetrug, 2003, S. 107 mit Bespr. Wohlers/Kudlich ZStW 118 (2006), 717 (728); dort auch empirische Angaben, Schönborn, Kapitalanlagebetrug, 2003, S. 53.

2 **b)** Die Tat ist **abstraktes Gefährdungsdelikt** (→ Vor § 13 Rn. 32; ebenso OLG Köln NJW 2000, 658, Mitsch StrafR BT II Abschn. 7.4.1.1; Hellmann in NK-StGB Rn. 11) im Vorfeld des Betruges (Fischer Rn. 3), was – ebenso wie bei § 265b (→ § 265b Rn. 1) – durch das mitgeschützte Allgemeininteresse nicht in Frage gestellt wird (für schlichtes Tätigkeitsdelikt Tiedemann/Vogel in LK-StGB Rn. 28; ein Kumulationsdelikt nimmt Wohlers, Deliktstypen des Präventionsstrafrechts, 2000, S. 176, an). – Das kriminalpolitische Bedürfnis für diese Vorverlegung des Strafschutzes ist trotz gewisser dogmatischer Bedenken überwiegend anerkannt (BT-Drs. 10/318, 22; BT-Drs. 10/5058, 31; v. Ungern-Sternberg ZStW 88 (1976), 651; Kolz wistra 1982, 167; Jaath FS Dünnebier, 1982, 583 (607); Möhrenschlager wistra 1982, 201 (205); Tiedemann JZ 1986, 865 (872); Otto WM 1988, 729 (736); Mutter NStZ 1991, 421; Schünemann GA 1995, 201 (212); Heinrich in Arzt/Weber/Heinrich/Hilgendorf StrafR BT § 21 Rn. 78; eing. Joecks/Jäger, Der Kapitalanlagebetrug, 1987; Worms, Anlegerschutz durch Strafrecht, 1987, S. 244, 307; Tiedemann/Vogel in LK-StGB Rn. 10–15; aM Wohlers, Deliktstypen des Präventionsstrafrechts, 2000, S. 340; Zieschang GA 2012, 607, kein effektiver Anleger-

schutz; für vollständige Streichung der Vorschrift Jacobi, Der Straftatbestand des Kapitalanlagebetrugs, 2000, S. 263). Die Problematik ist der des § 265b sehr ähnlich (→ § 265b Rn. 1). In der Praxis der Strafgerichte hat die Vorschrift jedoch nur geringe Bedeutung erlangt (Hagemann, „Grauer Kapitalmarkt" und Strafrecht, 2005, S. 206; krit. ua Weber NStZ 1986, 481 (485); Schmidt-Lademann WM 1986, 1241; Gallandi wistra 1987, 316; Martin, Criminal Securities and Commodities Fraud. Kapitalanlagebetrug im US-amerikanischen und deutschen Recht, 1993, S. 175; Martin wistra 1994, 127; vgl. aber Tiedemann/Vogel in LK-StGB Rn. 16); größere Bedeutung erlangt die Vorschrift in der Zivilrechtsprechung (Hellmann in NK-StGB Rn. 5).

2. Die **Bezugsobjekte** der Tat (näher Knauth NJW 1987, 28; Hellmann in NK-StGB Rn. 13–24; Tiedemann/Vogel in LK-StGB Rn. 36–54; zur Erfassung von Anlageformen des „grauen Kapitalmarkts" eing. Hagemann, „Grauer Kapitalmarkt" und Strafrecht, 2005, S. 229, 371, 492; Mehler, Die erheblichen Umstände der Kapitalanlageentscheidung, 2009, S. 45, 63). 3

a) Abs. 1 Nr. 1: Wertpapiere sind Urkunden, die ein Recht in der Weise verbriefen, dass es ohne die Urkunde nicht ausgeübt werden kann (Aktien, Obligationen, Investmentzertifikate usw; ebenso Ceffinato in MüKoStGB Rn. 17, 18). **Bezugsrechte** sind ihnen gleichgestellt, weil sie nicht notwendig Wertpapiere sind, sondern auch unverbrieft vertrieben werden (Möhrenschlager wistra 1982, 201 (206)). **Anteile, die eine Beteiligung an dem Ergebnis eines Unternehmens gewähren sollen,** sind namentlich: Anteile an Kapitalgesellschaften, Gesellschaftsanteile an Personalgesellschaften, häufig Kommanditanteile, wie sie bei den als KG organisierten sog. Abschreibungsgesellschaften (Publikums- oder Massengesellschaften) vorkommen (Ceffinato in MüKoStGB Rn. 20), und Beteiligungen durch partiarische Darlehen (hM; vgl. Worms wistra 1987, 242 (246); anders Cerny MDR 1987, 271 (273)) oder als stiller Gesellschafter (BT-Drs. 10/318, 22; Hellmann in NK-StGB Rn. 21). Die genannten Bezugsobjekte überschneiden sich weit.

b) Abs. 2: Anteile an einem Vermögen, das ein Unternehmen in eigenem Namen für fremde Rechnung verwaltet. Erforderlich ist hier ein Treuhandverhältnis zwischen dem Unternehmen (→ § 11 Rn. 15; Ceffinato in MüKoStGB Rn. 34; einschr. Worms wistra 1987, 242 (247)) und den Anlegern, das diesen einen (idR schuldrechtlichen) Teilhabeanspruch einräumt. Das Treuhandgut besteht entweder in Vermögenswerten, zu deren direktem Erwerb die aufgebrachten Mittel bestimmt sind, oder in einem Recht, kraft dessen sich das Unternehmen für die Anleger – zB durch Erwerb eines Geschäftsanteils – eine Beteiligung am Ergebnis eines anderen Unternehmens verschafft (BT-Drs. 10/318, 22; Hellmann in NK-StGB Rn. 24). Erfasst werden danach ua die sog. Treuhandkommanditisten bei Immobilienfondsgesellschaften und auch andere Unternehmensbeteiligungen an Wirtschaftsunternehmen (zB des Schiffs- oder Flugzeugbaus), wenn es auf die steuerliche Anerkennung der Anleger als Mitunternehmer ankommt (BT-Drs. 10/318, 22). Nicht hierher gehören der Immobilienerwerb im Rahmen von Bauherren-, Bauträger- und Erwerbermodellen (hM; vgl. Worms wistra 1987, 242 (246); Flanderka/Heydel wistra 1990, 256; Martin, Criminal Securities and Commodities Fraud. Kapitalanlagebetrug im US-amerikanischen und deutschen Recht, 1993, S. 168; anders Schmidt-Lademann WM 1986, 1241; Richter wistra 1987, 117) und die Warentermingeschäfte, weil sie keine Beteiligung an einem Unternehmensergebnis gewähren (Tiedemann JZ 1986, 865 (872), anders jetzt Tiede- 4 mann/Vogel in LK-StGB Rn. 45; ebenso Ceffinato in MüKoStGB Rn. 35; wie hier Hellmann in NK-StGB Rn. 19), wohl aber die fondsmäßig betriebenen Warentermingeschäfte (Martin, Criminal Securities and Commodities Fraud. Kapitalanlagebetrug im US-amerikanischen und deutschen Recht, 1993, S. 165).

5 **3.** Der **Anwendungsbereich der Abs. 1 und 2** ist zur Einschränkung der Strafbarkeit wie folgt begrenzt:

6 **a) Täter** kann an sich jeder sein, also nicht nur der Anteilsanbieter (Emittent). Die Tat ist daher kein Sonderdelikt (→ Vor § 13 Rn. 33). Jedoch muss die Tathandlung **im Zusammenhang mit dem Vertrieb** von Anteilen nach Abs. 1 Nr. 1 (→ Rn. 3) oder **mit dem Erhöhungsangebot** nach Abs. 1 Nr. 2 (→ Rn. 8) stehen (BGHZ 160, 134 = DStR 2004, 1486).

7 aa) **Vertrieb** ist – ebenso wie im AuslInvestmG – eine auf Absatz einer Vielzahl von Anteilen gerichtete Tätigkeit, die sich an den Markt wendet und zu dessen Täuschung führen kann (BT-Drs. 10/318, 24; Hellmann in NK-StGB Rn. 48). Erfasst werden danach nur Werbe- und Angebotsaktionen, nicht das individuelle Angebot (Möhrenschlager wistra 1982, 201 (206)), namentlich wenn es auf individueller Beratung beruht (BT-Drs. 10/5058, 31).

8 bb) Das **Angebot, die Einlage zu erhöhen,** betrifft nur Personen, die schon Anteile nach Abs. 1 Nr. 1 (dazu Knauth NJW 1987, 28 (30)) erworben haben. Nach dem Schutzzweck der Vorschrift genügt auch hier nur die Angebotsaktion gegenüber Anteilseignern, die der Kapitalansammlung dient, nicht das individuelle Angebot (BT-Drs. 10/318, 24; Hellmann in NK-StGB Rn. 50).

9 cc) **Zusammenhang** erfordert einen sachlichen und zeitlichen Bezug zu bestimmten Vertriebs- (Abs. 1 Nr. 1) oder Angebotsmaßnahmen (Abs. 1 Nr. 2). Die daraus folgende Erstreckung des Schutzbereichs über den Kreis der Emittenten hinaus soll einerseits kriminelle Praktiken unseriöser Vertriebsgesellschaften und anderer Personen erfassen, die über individuelle Anlageberatung hinausgehen, andererseits aber allgemeine Mitteilungen und Meinungsäußerungen, namentlich die Informationstätigkeit im Wirtschaftsjournalismus, ausscheiden (BT-Drs. 10/318, 24).

10 **b)** Die Tathandlungen sind auf Angaben **in Prospekten oder in Darstellungen oder Übersichten über den Vermögensstand** beschränkt (krit. Otto, Die strafrechtliche Bekämpfung unseriöser Geschäftstätigkeit, 1990, S. 97). **Prospekt** ist jede Werbe- oder Informationsschrift, die den Eindruck erweckt, die für die Beurteilung einer Anlageentscheidung erheblichen Angaben zu enthalten, und die zugleich Grundlage für diese Entscheidung sein soll (BGHSt 40, 385 (388) = NJW 1995, 892 mAnm Cramer WiB 1995, 305; Joecks/Jäger wistra 1986, 142 (144); Hagemann, „Grauer Kapitalmarkt" und Strafrecht, 2005, S. 239; Hellmann in NK-StGB Rn. 26; ähnlich BT-Drs. 10/318, 23; Martin, Criminal Securities and Commodities Fraud. Kapitalanlagebetrug im US-amerikanischen und deutschen Recht, 1993, S. 166; zu „Kurzprospekten" Hagemann, „Grauer Kapitalmarkt" und Strafrecht, 2005, S. 497). Eine erkennbar lückenhafte Information wie etwa eine ad-hoc-Mitteilung über einen einzelnen Geschäftsabschluss (BGHZ 160, 134 = DStR 2004, 1486) genügt daher nicht (Joecks wistra 1986, 142 (144); Cramer WiB 1995, 305; Tiedemann/Vogel in LK-StGB Rn. 59; aM Fischer Rn. 12); dass die Werbeschrift auch allgemeine Angaben zB über Inflation und Steuern enthält, ändert an ihrem Charakter als Prospekt solange nichts, wie diese Angaben nur das Interesse des Lesers an der angebotenen Kapitalanlage wecken wollen (BGHZ 160,

134 = DStR 2004, 1486). Erfasst sind jedenfalls die für den Wertpapierhandel in §§ 30, 32–35 BörsG, §§ 3ff. WertpapierprospektG (WpPG) vorgeschriebenen Prospekte (Tiedemann/Vogel in LK-StGB Rn. 36; vgl. Schröder, Handbuch Kapitalmarktstrafrecht, 3. Aufl. 2015, Rn. 15f.). Ob die Schrift vom Emittenten oder von einem selbständigen Vertreiber herrührt, ist unerheblich (BT-Drs. 10/318, 23). Auch **Darstellungen und Übersichten über den Vermögensstand** sind nur solche, die den Eindruck einer gewissen Vollständigkeit erwecken (BT-Drs. 10/318, 23; BGH NJW 2004, 2664 (2665)), vor allem sog. „Geschäftslagetäuschungen" in Bilanzen (Möhrenschlager wistra 1982, 201 (206)). Als Darstellungen kommen auch mündliche oder durch Ton- oder Bildträger verbreitete in Frage (BT-Drs. 10/318, 23; Martin, Criminal Securities and Commodities Fraud. Kapitalanlagebetrug im US-amerikanischen und deutschen Recht, 1993, S. 167; krit. Weber NStZ 1986, 481 (485)) sowie solche im Internet oder in einer E-Mail (vgl. Hagemann, „Grauer Kapitalmarkt" und Strafrecht, 2005, S. 481). Die Übersichten entsprechen den Vermögensübersichten iSd § 265b I Nr. 1 (BT-Drs. 10/318, 23). Nicht erfasst wird der sog. „Telefonhandel" (Martin, Criminal Securities and Commodities Fraud. Kapitalanlagebetrug im US-amerikanischen und deutschen Recht, 1993, S. 166; Hellmann in NK-StGB Rn. 29; Tiedemann/Vogel in LK-StGB Rn. 61).

c) Die Tathandlungen müssen **gegenüber einem größeren Kreis von Personen** vorgenommen werden. Das ist eine mindestens so große Zahl potenzieller Anleger, dass deren Individualität gegenüber dem sie verbindenden potenziell gleichen Interesse an der Kapitalanlage zurücktritt (BT-Drs. 10/318, 23). Erfasst werden danach idR öffentlich gemachte Angaben, das Auslegen von Werbematerial an allgemein zugänglichen Orten, die systematische Werbung von Tür zu Tür und das gezielte Ansprechen von Mitgliedern bestimmter Berufsgruppen, die aus Telefon- oder Adressbüchern ausgesucht werden (BT-Drs. 10/318, 23; Tiedemann JZ 1986, 865 (873); Hellmann in NK-StGB Rn. 54); die bloße Individualtäuschung scheidet aus (Worms wistra 1987, 271 (274)). 11

4. Zu den **Tathandlungen:** 12

a) Unrichtige vorteilhafte Angaben (positives Tun) → § 265b Rn. 5; → § 264 Rn. 17 (sa Worms wistra 1987, 271). Unter denselben Voraussetzungen wie bei § 265b können sie sich auch auf Bewertungen und Prognosen beziehen (Granderath DB-Beilage Heft 18/1986, 1 (7); Cerny MDR 1987, 271 (276); Tiedemann/Vogel in LK-StGB Rn. 78; einschr. Joecks/Jäger StGB Rn. 5; Perron in Schönke/Schröder Rn. 24; aM Hellmann in NK-StGB Rn. 33). Vorteilhaft bedeutet hier geeignet, die konkreten Aussichten für die positive Anlageentscheidung zu verbessern (Ceffinato in MüKoStGB Rn. 36). Für diese Entscheidung irrelevante oder ihr entgegenwirkende Angaben, zB Boykottaufrufe, scheiden daher aus (BT-Drs. 10/318, 24; Hellmann in NK-StGB Rn. 44). **Verschweigen nachteiliger Tatsachen** ist idR echtes Unterlassen (hM; vgl. etwa Tiedemann/Vogel in LK-StGB Rn. 85; Perron in Schönke/Schröder Rn. 27; anders Jacobi, Der Straftatbestand des Kapitalanlagebetrugs, 2000, S. 129; Mitsch StrafR BT II Abschn. 7.4.2.1.4.3; Hellmann in NK-StGB Rn. 34; Hoyer in SK-StGB Rn. 14; offen gelassen OLG Köln NJW 2000, 598 (600); krit. Heinrich in Arzt/Weber/Heinrich/Hilgendorf StrafR BT § 21 Rn. 87); es setzt die Unterdrückung von Tatsachen voraus, deren Kenntnis geeignet wäre, den Interessenten von der Entscheidung für die Anlage abzuhalten (BT-Drs. 10/318, 24).

13 **b)** Die Angaben oder das Verschweigen müssen sich auf Umstände beziehen, die für die Anlageentscheidung **erheblich** sind (vgl. BGH NJW 2000, 3346, von wesentlicher Bedeutung sein können). Das ist – unabhängig von außerstrafrechtlichen Mitteilungs- oder Offenbarungspflichten (BT-Drs. 10/318, 24) – zu bejahen, wenn sie nach dem Maßstab eines verständigen, durchschnittlich vorsichtigen Anlegers (BGH NJW 2005, 2242 (2244) mAnm Ziemann JR 2006, 251; BT-Drs. 10/318, 24; Hellmann in NK-StGB Rn. 61; krit. Worms, Anlegerschutz durch Strafrecht, 1987, S. 334; Jacobi, Der Straftatbestand des Kapitalanlagebetrugs, 2000, S. 193; eing. Mehler, Die erheblichen Umstände der Kapitalanlageentscheidung, 2009, S. 110, 239; Heinrich in Arzt/Weber/Heinrich/Hilgendorf StrafR BT § 21 Rn. 86; sa BGHSt 30, 285 = NJW 1982, 775) Einfluss auf Wert, Chancen und Risiken der Kapitalanlage haben (BT-Drs. 10/5058, 31; Hoyer in SK-StGB Rn. 35); maßgeblich sind die Erwartungen des Kapitalmarkts (BGH NJW 2005, 2242). Bei unrichtigen Angaben wird das meist zutreffen; hier scheiden idR nur Bagatellunrichtigkeiten und entscheidungsirrelevante Angaben aus (Tiedemann JZ 1986, 865 (873)). Umso größer sind die **Schwierigkeiten beim Verschweigen von Tatsachen.** Da der Anlegerschutz nach Abs. 1 und 2 „rechtsformunabhängig" gewährt wird, hängt das Ergebnis weitgehend von einer Gesamtwürdigung der konkreten Zusammenhänge ab, was im Hinblick auf Art. 103 II GG zwar nicht problemlos (krit. Weber NStZ 1986, 481 (485); Perron in Schönke/Schröder Rn. 32), für den insoweit gleich strukturierten § 265b (→ § 265b Rn. 5) aber als verfassungsmäßig anerkannt ist (für § 264a ebenso Hellmann in NK-StGB Rn. 58). Jedenfalls ist eine enge Auslegung geboten (Joecks wistra 1986, 142 (145); Tiedemann JZ 1986, 865 (873); Cerny MDR 1987, 271 (275); Pabst, Rechtliche Risiken bei Konzeption und Vertrieb von Kapitalanlagen, 1989, S. 20). Die Praxis wird sich dabei an der zivilrechtlichen Rspr. zur sog. Prospekthaftung (Mutter NStZ 1991, 421; beachte jedoch BVerfG NJW 2008, 1726), an den in der Anlageberatung entwickelten Mindestinhalten von Prospekten und an den sog. Kapitalanlage-Checklisten zu orientieren haben (BT-Drs. 10/5058, 31; Kriterienkatalog bei Tiedemann/Vogel in LK-StGB Rn. 75; krit. Cerny MDR 1987, 271 (277)); allerdings werden dadurch nur Indizien gewonnen, deren Gewicht im konkreten Zusammenhang nachzuprüfen ist (Joecks/Jäger wistra 1986, 142 (146) mit Beispielen).

14 **c)** Zwischen den Merkmalen vorteilhaft, nachteilig und erheblich besteht ein **enger innerer Zusammenhang** mit wechselseitigen Abhängigkeiten (Worms wistra 1987, 271 (272)). Eine Kompensation vorteilhafter Angaben mit verschwiegenen nachteiligen Tatsachen ist jedoch nicht zulässig (Otto WM 1988, 729 (738); Ceffinato in MüKoStGB Rn. 49; aM Hoyer in SK-StGB Rn. 37–39).

15 **5.** Der **Vorsatz** (bedingter genügt) muss auch alle tatbestandseinschränkenden Merkmale (→ Rn. 3–11) umfassen. Im Hinblick auf deren Unbestimmtheit sind an seinen Nachweis – ähnlich wie bei § 266 (→ § 266 Rn. 19) – strenge Anforderungen zu stellen (krit. Cerny MDR 1987, 271 (278)). Beim Verschweigen (→ Rn. 12) ist die irrige Annahme, zur Information nicht verpflichtet zu sein, nur Verbotsirrtum (→ § 15 Rn. 7; → § 17 Rn. 6; aM Hellmann in NK-StGB Rn. 65; zw.); der Irrtum über die Erheblichkeit der verschwiegenen Umstände kann Tatbestandsirrtum (BGH NJW 2005, 2242 (2245) mAnm Ziemann JR 2006, 251: normatives Tatbestandsmerkmal) oder Verbotsirrtum sein (diff. Tiedemann in LK-StGB Rn. 68).

6. Zur **tätigen Reue** (Abs. 3) → § 24 Rn. 29; sa § 264 V (→ § 264 Rn. 28), dem Abs. 3 nachgebildet ist (BT-Drs. 10/318, 25); Abs. 3 ist eine Ausnahmevorschrift, die nichts über die Beendigung der Tat und damit über den Verjährungsbeginn nach § 78a besagt (BGH NStZ-RR 2008, 240; OLG Köln NJW 2000, 598 (600); Ceffinato in MüKoStGB Rn. 85; krit. Fischer Rn. 18). Ist zurzeit des Rücktritts bereits ein vollendeter Eingehungsbetrug begangen, so erstreckt sich die Straffreiheit nicht auf ihn (Worms wistra 1987, 271 (275); Otto WM 1988, 729 (739); Kindhäuser/Hilgendorf in LPK-StGB Rn. 13; Hellmann in NK-StGB Rn. 74; aM Joecks, Der Kapitalanlagebetrug, 1987, Rn. 266; Tiedemann/Vogel in LK-StGB Rn. 100). 16

7. Für das **Verhältnis zu § 263** gelten die Ausführungen unter → § 265b Rn. 10 sinngemäß (zust. Knauth NJW 1987, 28 (32); abl. Cerny MDR 1987, 271 (275); Otto WM 1988, 729 (739); Heinrich in Arzt/Weber/Heinrich/Hilgendorf StrafR BT § 21 Rn. 91; Wessels/Hillenkamp/Schuhr StrafR BT II Rn. 697); denn Kapitalanlagebetrug und Kreditbetrug stimmen in ihrer Struktur als Vorfeldtatbestände des Betruges überein; § 264a tritt also idR hinter § 263 zurück, falls dessen Voraussetzungen zugleich erfüllt sind (BGH wistra 2001, 57 (58)), nicht aber hinter den Betrugsversuch (aM Hellmann in NK-StGB Rn. 82). **Tateinheit** ua möglich mit § 38 II iVm §§ 39, 20a WpHG (Hellmann in NK-StGB Rn. 83; Bosch in Satzger/Schluckebier/Widmaier StGB Rn. 24; Vogel in Assmann/Schneider, WpHG, 5. Aufl. 2009, WpHG § 20a Rn. 9; aM Perron in Schönke/Schröder Rn. 41), § 49 iVm § 26 BörsG (Fischer Rn. 24; aM Hellmann in NK-StGB Rn. 84) und mit § 16 UWG (Worms wistra 1987, 271 (275); aM Cerny MDR 1987, 271 (278); Otto WM 1988, 729 (739); Tiedemann/Vogel in LK-StGB Rn. 113: § 264a ist lex specialis). Im Übrigen unterscheiden sich die Möglichkeiten weiteren Zusammentreffens mit anderen Tatbeständen nicht wesentlich von denen bei § 263 (→ § 263 Rn. 67). Prospekte und gewerbliche Druckschriften unterliegen nicht der kurzen presserechtlichen **Verjährung** (BGHSt 40, 385 = NJW 1995, 892; LG Augsburg wistra 2004, 75 mkritAnm Pananis/Frings wistra 2004, 238; Kühl in Löffler LPG § 24 Rn. 28a). 17

§ 265 Versicherungsmißbrauch

(1) **Wer eine gegen Untergang, Beschädigung, Beeinträchtigung der Brauchbarkeit, Verlust oder Diebstahl versicherte Sache beschädigt, zerstört, in ihrer Brauchbarkeit beeinträchtigt, beiseite schafft oder einem anderen überläßt, um sich oder einem Dritten Leistungen aus der Versicherung zu verschaffen, wird mit Freiheitsstrafe bis zu drei Jahren oder mit Geldstrafe bestraft, wenn die Tat nicht in § 263 mit Strafe bedroht ist.**

(2) **Der Versuch ist strafbar.**

1. Die in Anlehnung an § 256 II E 62 konzipierte Vorschrift über **Versicherungsmissbrauch** (BT-Drs. 13/8587, 85; BT-Drs. 13/9064, 19; Kreß NJW 1998, 633 (643); Geppert Jura 1998, 382; Stein in DSNS StrRG § 4 Rn. 67; Krets, Strafrechtliche Erfassung des Versicherungsmissbrauchs und des Versicherungsbetrugs nach dem Sechsten Strafrechtsreformgesetz, 2001, S. 2, 8; krit. zu dieser Bezeichnung Papamoschou/Bung, Irrwege der Strafgesetzgebung, 1999, S. 241) ergänzt den in § 263 III 2 Nr. 5 (→ § 263 Rn. 66) als Regelbeispiel in modifizierter Form aufgenommenen bisherigen Versicherungsbetrug (§ 265 StGB aF). Die Notwen- 1

digkeit der neuen Vorschrift wurde mit der Häufung der Fälle von Versicherungsmissbrauch zB im Zusammenhang mit international organisierten Kraftfahrzeugverschiebungen, den dadurch verursachten volkswirtschaftlichen Schäden zum Nachteil redlicher Versicherungsnehmer und mit der unzureichenden strafrechtlichen Erfassung von Missbrauchsfällen vor der Schadensmeldung begründet (BT-Drs. 13/8587, 85; BT-Drs. 13/9064, 19; Hörnle Jura 1998, 169 (175); krit. Zopfs VersR 1999, 265; Heinrich in Arzt/Weber/Heinrich/Hilgendorf StrafR BT § 21 Rn. 117–124). Der Versicherungsmissbrauch ist, wie die Überschrift belegt, als eine gegenüber § 263 **selbständige** Vorschrift konstruiert (BT-Drs. 13/9064, 20; ebenso schon die Begr. zu § 256 E 62 S. 428), doch erfasst er auch – wie zuvor ausschließlich – Vorbereitungshandlungen zu § 263; kommt es zu einem strafbaren Betrug, so ist § 265 kraft ausdrücklicher Klausel **subsidiär** (Wolters JZ 1998, 397 (399); Geppert Jura 1998, 382 (383); → Rn. 6). Mindestens gleichrangig **mitgeschütztes Rechtsgut** ist neben dem **Vermögen** auch die **soziale Leistungsfähigkeit des** dem allgemeinen Nutzen dienenden (nicht nur inländischen, BGH wistra 1994, 224) **Versicherungswesens** (Klipstein in Schlüchter, 6. StrRG, 1998, S. 85; Krets, Strafrechtliche Erfassung des Versicherungsmissbrauchs und des Versicherungsbetrugs nach dem Sechsten Strafrechtsreformgesetz, 2001, S. 21; Schroth StrafR BT S. 250; Wessels/Hillenkamp/Schuhr StrafR BT II Rn. 656; Perron in Schönke/Schröder Rn. 2; Tiedemann in LK-StGB Rn. 4; Fischer Rn. 2; nach Otto StrafR BT § 61 Rn. 1 nur die soziale Leistungsfähigkeit; krit. Rzepka, Irrwege der Strafgesetzgebung, 1999, S. 271, 279; Klesczewski StrafR BT S. 127; aM Hoyer in SK-StGB Rn. 5–7, reines Vermögensdelikt; Rönnau JR 1998, 441 (445), primär das Vermögen; ebenso Engemann, Die Regelung des Versicherungsmissbrauchs, 2001, S. 48, 67; nach Geppert Jura 1998, 382 (383); Bussmann StV 1999, 613 (617); Rengier StrafR BT I § 15 Rn. 2; Hellmann in NK-StGB Rn. 15 nur das Vermögen). Der Schutz dieser Rechtsgüter ist weit vorverlagert (krit. deshalb Geppert Jura 1998, 382 (386); Hörnle Jura 1998, 169 (176); Rönnau JR 1998, 441 (443); Schroth StrafR BT S. 250; Bussmann StV 1999, 613 (617); Roxin FS Marinucci, 2006, 715 (734), illegitime Vorverlagerung; Rzepka, Irrwege der Strafgesetzgebung, 1999, S. 281, erkennt sogar „Gesinnungsstrafrecht"; nach Kasiske in MüKoStGB Rn. 5, Vorbereitungs-Kumulationsdelikt); eine Vorschrift über tätige Reue fehlt. Allgemein, auch unter kriminologischen und kriminalistischen Aspekten, zu betrügerischen versicherungsschädigenden Praktiken Geerds, Versicherungsmissbrauch, 1991; Born NZV 1997, 257; Fetchenhauer, Versicherungsbetrug, 1998; Fetchenhauer MschrKrim 1999, 389; Bröckers, Versicherungsmissbrauch, 1999, S. 19; Schröder, Versicherungsmissbrauch, 2000, S. 34; Waider, Wirtschaftsstrafrecht und Versicherungsbetrug, 2003; Lindenau, Die Betrugsstrafbarkeit des Versicherungsnehmers aus strafrechtlicher und kriminologischer Sicht, 2005. Für Streichung der Vorschrift wegen zu weiter Vorverlagerung des Strafrechtsschutzes Krets, Strafrechtliche Erfassung des Versicherungsmissbrauchs und des Versicherungsbetrugs nach dem Sechsten Strafrechtsreformgesetz, 2001, S. 48 mit zust. Bespr. Wohlers GA 2004, 116; ebenso Lindenau, Die Betrugsstrafbarkeit des Versicherungsnehmers aus strafrechtlicher und kriminologischer Sicht, 2005, S. 458; Wirth, Zur Notwendigkeit des strafrechtlichen Schutzes der Privatversicherungswesen durch Sondernormen, 2004, S. 332.

2 2. **Gegenstand der Handlung** kann jede (bewegliche oder unbewegliche) Sache (→ § 242 Rn. 2; und zu § 303), auch eine fremde (Geppert Jura 1998, 382 (384)), sein. **Versichert** ist eine Sache, wenn über sie ein förmlicher, rechtsgeschäft-

lich nicht wieder aufgehobener Versicherungsvertrag (Hoyer in SK-StGB Rn. 9) gegen Untergang, Beschädigung, Beeinträchtigung der Brauchbarkeit, Verlust oder Diebstahl besteht, mag er auch als sog. verbundene Versicherung noch weitere Risiken abdecken (Geppert Jura 1998, 382 (384); Hellmann in NK-StGB Rn. 18; ebenso schon BGHSt 35, 325 = NJW 1989, 595 zu § 265 StGB aF), nichtig (aM Hellmann in NK-StGB Rn. 21) oder anfechtbar sein (BGHSt 8, 343 = NJW 1956, 430 zu § 265 StGB aF; Wessels/Hillenkamp/Schuhr StrafR BT II Rn. 657) oder vom Versicherer nach §§ 38 II, 39 II, III VVG nicht erfüllt werden (BGHSt 35, 261 = NJW 1988, 3025; Maurach/Schroeder/Maiwald/Hoyer/Momsen StrafR BT § 41 Rn. 200; Wessels/Hillenkamp/Schuhr StrafR BT II Rn. 657; krit. Otto StrafR BT § 61 Rn. 2; Hoyer in SK-StGB Rn. 11; Perron in Schönke/Schröder Rn. 6; Tiedemann in LK-StGB Rn. 3, Nachtrag); Versicherung nur gegen andere Risiken genügt nicht (Kasiske in MüKoStGB Rn. 14).

3. Beschädigen, Zerstören → § 303 Rn. 3–7 (enger Perron in Schönke/ 3
Schröder Rn. 8). **Beeinträchtigung der Brauchbarkeit** liegt vor, wenn das durch die Versicherung geschützte Maß der Gebrauchsfähigkeit herabgesetzt ist (E 62 Begr. S. 428). **Beiseiteschaffen** ist das Verbringen der versicherten Sache aus dem räumlichen Herrschaftsbereich des Versicherungsnehmers (ähnlich E 62 Begr. S. 428; Engemann, Die Regelung des Versicherungsmissbrauchs, 2001, S. 121, Krets, Strafrechtliche Erfassung des Versicherungsmissbrauchs und des Versicherungsbetrugs nach dem Sechsten Strafrechtsreformgesetz, 2001, S. 73 mit krit. Bespr. Wohlers GA 2004, 116 (117); Kindhäuser/Hilgendorf in LPK-StGB Rn. 5; Perron in Schönke/Schröder Rn. 9; weiter Otto StrafR BT § 61 Rn. 4; Schroth StrafR BT S. 251; Fischer Rn. 6; Hellmann in NK-StGB Rn. 26; noch weiter Klipstein in Schlüchter, 6. StrRG, 1998, S. 86, jegliches Verbergen; ebenso Geppert Jura 1998, 382 (384) Fn. 22; Wessels/Hillenkamp/Schuhr StrafR BT II Rn. 658; Hoyer in SK-StGB Rn. 18). **Überlassen** ist das Übergeben der Sache an andere Personen (ähnlich Otto StrafR BT § 61 Rn. 4, Übertragung der Sachherrschaft; Fisch/Sternberg-Lieben JA 2000, 124 (130); Krets, Strafrechtliche Erfassung des Versicherungsmissbrauchs und des Versicherungsbetrugs nach dem Sechsten Strafrechtsreformgesetz, 2001, S. 74; weiter Kasiske in MüKoStGB Rn. 19), zB Verkauf (BGH StraFo 2012, 369) des Kraftfahrzeugs zur Kfz-Verschiebung (BT-Drs. 13/9064, 19). Alle **Tathandlungen** müssen geeignet sein, den Versicherungsfall nach der jeweiligen Versicherung auszulösen (Geppert Jura 1998, 382 (384); Schroth StrafR BT S. 251; Joecks/Jäger StGB Rn. 7); dass das missbräuchliche Verhalten die Leistungspflicht des Versicherers ausschließt, steht dazu nicht im Widerspruch. Sämtliche Tathandlungen können bei Garantenstellung (namentlich bei Vertragspflicht zur Schadensabwehr) auch durch **Unterlassen** begangen oder gefördert werden (BGH NJW 1951, 204; aM Kasiske in MüKoStGB Rn. 20; → § 13 Rn. 7–11; → § 27 Rn. 6).

4. Der **Vorsatz** (bedingter genügt; Otto StrafR BT § 61 Rn. 5) muss nament- 4
lich die Versicherung der Sache und die Eignung der Tathandlung zur Auslösung des Versicherungsfalls umfassen. Anders als bei § 265 StGB aF wird eine betrügerische Absicht nicht mehr verlangt; dadurch werden Schwierigkeiten bei der Erfassung von Fällen ausgeräumt, in denen nicht der Versicherungsnehmer selbst, sondern ein Dritter den Schaden herbeiführt (BT-Drs. 13/9064, 19; vgl. auch E 62 Begr. S. 427 mit Beispielsfall); die sog. Repräsentantenhaftung hat deshalb nur noch für § 263 I, III 2 Nr. 5 (→ § 263 Rn. 9, 66) Bedeutung (Mitsch ZStW 111 (1999), 65 (117)). Es reicht die **Absicht** (zielgerichteter Wille, → § 15 Rn. 20;

Joecks/Jäger StGB Rn. 17; anders Maurach/Schroeder/Maiwald/Hoyer/Momsen StrafR BT § 41 Rn. 201: sicheres Folgewissen), sich oder einem Dritten Leistungen aus der Versicherung, dh einen Vermögensvorteil, zu verschaffen (E 62 Begr. S. 428; → § 263 Rn. 28). Der Vorteil muss kein rechtswidriger sein; erfasst sind damit auch Fälle, in denen die Leistung dem Versicherungsnehmer von Rechts wegen gegenüber dem Versicherer zusteht (Geppert Jura 1998, 382 (385); Heinrich in Arzt/Weber/Heinrich/Hilgendorf StrafR BT § 21 Rn. 131; Rengier StrafR BT I § 15 Rn. 5; Schroth StrafR BT S. 252; Fischer Rn. 10; Hellmann in NK-StGB Rn. 8, 35; Hoyer in SK-StGB Rn. 24; Kasiske in MüKoStGB Rn. 24).

5 **5. Vollendet** ist die Tat mit Vornahme der Tathandlungen (→ Rn. 3); zur Schädigung der Versicherung muss es nicht gekommen sein; der Vermögensvorteil muss nur beabsichtigt sein. Trotz der weiten Vorverlagerung der Strafbarkeit (→ Rn. 1) ist die Anordnung der Strafbarkeit des Versuchs (Abs. 2) für „nicht entbehrlich" erachtet worden (BT-Drs. 13/9064, 20; ebenso im Hinblick auf „Autoschiebereien" Hellmann in NK-StGB Rn. 39; krit. Stächelin StV 1998, 98 (100); Rönnau JR 1998, 441 (445); Wessels/Hillenkamp/Schuhr StrafR BT II Rn. 661; nach Schünemann in Hefendehl/v. Hirsch/Wohlers, Die Rechtsgutstheorie, 2003, S. 133, 151, verfassungswidrig). Rücktritt vom Versuch ist nach § 24 möglich, tätige Reue nach Vollendung ist dagegen nicht vorgesehen (krit. Mitsch ZStW 111 (1999), 65 (119); Schroth StrafR BT S. 250; Fischer Rn. 14); für eine analoge Anwendung von § 306e ist kein Raum (Rönnau JR 1998, 441 (446); Krets, Strafrechtliche Erfassung des Versicherungsmissbrauchs und des Versicherungsbetrugs nach dem Sechsten Strafrechtsreformgesetz, 2001, S. 87; Wessels/Hillenkamp/Schuhr StrafR BT II Rn. 660; aM Geppert Jura 1998, 382 (384); für analoge Anwendung der §§ 264 V, 264a III, 265b II Engemann, Die Regelung des Versicherungsmissbrauchs, 2001, S. 192; Maurach/Schroeder/Maiwald/Hoyer/Momsen StrafR BT § 41 Rn. 204; Kasiske in MüKoStGB Rn. 32; Perron in Schönke/Schröder Rn. 15).

6 **6.** Gegenüber § 263 ist **Subsidiarität** angeordnet (krit. zu dieser „nicht geglückten" Fassung Mitsch ZStW 111 (1999), 65 (118); Maurach/Schroeder/Maiwald/Hoyer/Momsen StrafR BT § 41 Rn. 206; Fischer Rn. 17; krit. auch Rzepka, Irrwege der Strafgesetzgebung, 1999, S. 281, Verstoß gegen Art. 103 II GG); gemeint ist mit der „Tat" auch der nachfolgende Betrug (Wessels/Hillenkamp/Schuhr StrafR BT II Rn. 656; Kasiske in MüKoStGB Rn. 34); die Strafbefreiung wegen Rücktritts vom Betrugsversuch erfasst den selbständigen § 265 nicht (aM Heinrich in Arzt/Weber/Heinrich/Hilgendorf StrafR BT § 21 Rn. 137; Kindhäuser/Hilgendorf in LPK-StGB Rn. 9). **Tateinheit** ist möglich mit § 303 (Mitsch StrafR BT II Abschn. 7.5.1.4), §§ 306ff., §§ 315, 315b.

§ 265a Erschleichen von Leistungen

(1) **Wer die Leistung eines Automaten oder eines öffentlichen Zwecken dienenden Telekommunikationsnetzes, die Beförderung durch ein Verkehrsmittel oder den Zutritt zu einer Veranstaltung oder einer Einrichtung in der Absicht erschleicht, das Entgelt nicht zu entrichten, wird mit Freiheitsstrafe bis zu einem Jahr oder mit Geldstrafe bestraft, wenn die Tat nicht in anderen Vorschriften mit schwererer Strafe bedroht ist.**

(2) **Der Versuch ist strafbar.**

(3) **Die §§ 247 und 248a gelten entsprechend.**

1. Die Vorschrift **schützt** ebenso wie § 263 das **Vermögen** (hM; vgl. BayObLG NJW 1986, 1504; Hefendehl in MüKoStGB Rn. 1; Hoyer in SK-StGB Rn. 1; Perron in Schönke/Schröder Rn. 1) und ist damit Schutzgesetz iSv § 823 II BGB (Gaede in Matt/Renzikowski Rn. 1; näher Hefendehl in MüKoStGB Rn. 3). Sie enthält vier **Auffangtatbestände zum Betrug,** die der Schließung von Lücken dienen (zu ihrer Kriminologie Falkenbach, Die Leistungserschleichung (§ 265a StGB), 1983; Walter FS Schüler-Springorum, 1993, 189 (191); Hagemann, Rechtliche Probleme des Schwarzfahrens in öffentlichen Verkehrsmitteln, 2008, S. 17). Es handelt sich strukturell um ein Erfolgsdelikt, das mit Beginn der Leistungserbringung vollendet ist (OLG Frankfurt a. M. NJW 2010, 3107 mAnm Kumm; OLG Hamm NStZ-RR 2011, 206; OLG Koblenz NStZ-RR 2011, 246 mit jeweils iE unterschiedlichen Anforderungen an die Urteilsfeststelllungen); davor bleibt ein gem. Abs. 2 strafbarer Versuch. Rechtsvergleichend Tiedemann in LK-StGB Rn. 7–10; zum französischen Recht Walter, Betrugsstrafbarkeit in Frankreich und Deutschland, 1999, S. 516. Vgl. auch Schmidhäuser, Die Strafbarkeit des Card- und Account-Sharings, 2021, S. 154. 1

2. a) Nur sog. **Leistungsautomaten** sind für die erste Alternative relevant (aM Mitsch StrafR BT II/2 § 3 Rn. 146; Kindhäuser/Hilgendorf in LPK-StGB Rn. 16; Hefendehl in MüKoStGB Rn. 29–42), zB Fernsprech-, Wiege-, Spiel- und Musikautomaten sowie Münzkassiergeräte an Stromanlagen (BayObLG MDR 1961, 619) oder an Fernsehgeräten (OLG Stuttgart MDR 1963, 236), nicht aber Parkuhren (Hellmann in NK-StGB Rn. 18). Das Ausleeren von Waren- oder Geldspielautomaten ist regelmäßig Diebstahl, auch wenn es mittels Falschgeldes (BGH MDR 1952, 563 mablAnm Dreher; OLG Celle NJW 1997, 1518 mit Bespr. Hilgendorf JR 1997, 347; Mitsch JuS 1998, 307 (312); krit. Otto JZ 1993, 559 (570); Hoyer in SK-StGB Rn. 13), durch Anwendung von Tricks beim Geldeinwurf (OLG Stuttgart NJW 1982, 1659 mit Bespr. Seier JR 1982, 509; OLG Koblenz NJW 1984, 2424; OLG Düsseldorf NJW 2000, 158 mit zT krit. Bespr. Biletzki NStZ 2000, 424; Otto JR 2000, 214; iErg ebenso Wessels/Hillenkamp/Schuhr StrafR BT II Rn. 678, die die Subsidiaritätsklausel heranziehen; aM AG Lichtenfels NJW 1980, 2206 mit Bespr. Schulz NJW 1981, 1351) oder durch andere Manipulationen (BayObLG NJW 1981, 2826 mAnm Meurer JR 1982, 292) geschieht (zusf. Bühler, Die strafrechtliche Erfassung des Missbrauchs von Geldspielautomaten, 1995, S. 61, 81; Hilgendorf JuS 1997, 130; Tiedemann in LK-StGB Rn. 39). Es kann uU auch unter § 263a fallen (→ § 263a Rn. 4), wird dann jedenfalls aber durch die Subsidiaritätsklausel ausgeschieden (→ Rn. 8). 2

3 **b) Telekommunikationsnetze** sind nicht nur die Telefon- und Telexnetze, sondern alle Datenübertragungssysteme im Fernmeldebereich (BT-Drs. 7/3441, 29; Hilgendorf JuS 1997, 323 (327); Tiedemann in LK-StGB Rn. 24), namentlich auch die Breitband-(Kabel-)Netze zur Verteilung von Fernseh- und Hörfunkprogrammen (Krause/Wuermeling NStZ 1990, 526; weiter Tiedemann in LK-StGB Rn. 26) sowie Funknetze (Hellmann/Beckemper JuS 2001, 1095 (1096)). Zum Telekommunikationsnetz s. § 3 Nr. 65 TKG. Im Fernsprechverkehr (namentlich bei Fernsprechautomaten) ist entgeltliche Leistung nur die Herstellung und Aufrechterhaltung der Fernsprechverbindung im Ganzen, nicht schon das Klingelzeichen beim Empfänger, so dass **Störanrufe** nicht erfasst werden (Hellmann in NK-StGB Rn. 29; Perron in Schönke/Schröder Rn. 10, 13; Tiedemann in LK-StGB Rn. 17; aM Herzog GA 1975, 257 (261); Brauner/Göhner NJW 1978, 1469). Das sog. „Spamming" (Versenden unerwünschter Massen-E-Mails) kann unter § 265a fallen (näher Frank, Zur strafrechtlichen Bewältigung des Spamming, 2004, S. 156); → § 303a Rn. 3; → § 317 Rn. 3).

4 **c) Beförderung durch ein Verkehrsmittel** ist jede Transportleistung, ohne Unterschied, ob Personen oder Sachen befördert werden (Hefendehl in MüKo-StGB Rn. 59), ob es sich um Massenleistungen (Eisenbahn) oder nur um eine Einzelleistung (Taxi) handelt und ob das Verkehrsmittel öffentlich (eing. Hagemann, Rechtliche Probleme des Schwarzfahrens in öffentlichen Verkehrsmitteln, 2008, S. 17) oder privat ist (ebenso Hellmann in NK-StGB Rn. 32). – Diese Variante soll nach dem Willen der Ampel-Koalition auf den Prüfstand.

5 **d) Zutritt zur Veranstaltung** (zB Theater, Konzert, Sportkampf) oder **Einrichtung** (zB Museum, Kurpark, Schwimmbad) erfordert körperliche Anwesenheit. Nach dem Schutzzweck der Vorschrift sind nur Einrichtungen gemeint, bei denen das Entgelt aus wirtschaftlichen Gründen, also nicht ausschließlich zur Begrenzung des Zutritts gefordert wird. Bahnsteige, öffentliche Parkplätze ohne Zugangssperre und ähnliche Einrichtungen scheiden daher meist aus (OLG Hamburg NJW 1981, 1281 mAnm Schmid JR 1981, 391; Hassemer JuS 1981, 849; Perron in Schönke/Schröder Rn. 2; Tiedemann in LK-StGB Rn. 32; str.); auch Parkuhren sind weder Leistungsautomaten noch ermöglichen sie den Zutritt zu einer Einrichtung (BayObLG JR 1991, 433 mAnm Graul; Küper StrafR BT S. 44); anders ist das bei entgeltpflichtigen Parkhäusern (Rinio DAR 1998, 297; aM Rengier StrafR BT I § 16 Rn. 10; Fischer Rn. 24). **Schwarzhören** bei Hörfunk oder Fernsehen genügt nicht, weil hier der Täter den „Zutritt" nicht zu einer Veranstaltung oder Einrichtung, sondern allenfalls „zum Kreis der Rundfunkhörer" erschleicht (Perron in Schönke/Schröder Rn. 8, 10; str.); im Regelfall ist es nur als Ordnungswidrigkeit erfassbar (Hellmann in NK-StGB Rn. 30; Tiedemann in LK-StGB Rn. 44, 58), doch dürfte die jüngste Reform der Gebührenordnung des öffentlich-rechtlichen Rundfunks solche Fälle in Zukunft idR ausschließen; das gilt auch für die unbefugte Inanspruchnahme von Leistungen des Internet (Hilgendorf JuS 1997, 323 (327)).

6 **3. a) Erschleichen** ist nicht schon das bloß unbefugte Inanspruchnehmen der Leistung; zunehmend wird der objektive Tatbestand wegen der Vermögensschutzfunktion der Vorschrift (→ Rn. 1) um das ungeschriebene Merkmal der „Entgeltlichkeit", auf die sich jedenfalls die Absicht beziehen muss (→ Rn. 7), ergänzt (OLG Frankfurt a. M. NJW 2010, 3107 mAnm Kumm; Mitsch StrafR BT II Abschn. 7.6.2.1.2; Perron in Schönke/Schröder Rn. 2); hinzukommen muss jeden-

falls, dass – allerdings mit teilweise umstrittenen Differenzierungen bei den einzelnen Alternativen (näher Hagemann, Rechtliche Probleme des Schwarzfahrens in öffentlichen Verkehrsmitteln, 2008, S. 78; Wessels/Hillenkamp/Schuhr StrafR BT II Rn. 674–677; Perron in Schönke/Schröder Rn. 8–11; Tiedemann in LK-StGB Rn. 34–47) – ohne Wissen des Berechtigten Sicherungsvorkehrungen gegen unbefugte Benutzung umgangen oder ausgeschaltet werden (ebenso Kindhäuser/Hilgendorf in LPK-StGB Rn. 11; Fischer Rn. 5e). Im Einzelnen:

b) Beim **Automatenmissbrauch** (→ Rn. 2) ist eine „täuschungsähnliche Manipulation des Mechanismus" erforderlich (ebenso Arloth CR 1996, 359 (362); Küper/Zopfs StrafR BT Rn. 73; Hellmann in NK-StGB Rn. 25), die nicht schon darin liegt, dass der Automat aufgebrochen und alsdann manipuliert wird (BGH bei Holtz MDR 1985, 795). Auch der nach § 263a I (→ § 263a Rn. 14) strafbare Missbrauch von Codekarten beim Geldabheben aus Bankautomaten gehört wegen Fehlens einer Manipulation nicht hierher (Tiedemann in LK-StGB Rn. 40), wird mindestens aber durch die Subsidiaritätsklausel (→ Rn. 8) ausgeschieden; zur unbefugten Benutzung des Internet Hilgendorf JuS 1997, 323 (327). Bei **Telekommunikationsleistungen** (→ Rn. 3) steht das Umgehen von Abrechnungseinrichtungen im Vordergrund (BT-Drs. 7/3441, 29; AG Mannheim CR 1986, 341); es kommen aber auch andere Sicherungsvorkehrungen, wie sie etwa bei Kabelanschlüssen verwendet werden, in Frage (Krause/Wuermeling NStZ 1990, 526); die bloß unbefugte Benutzung eines fremden Anschlusses genügt nicht (Hellmann/Beckemper JuS 2001, 1005 (1007)), auch nicht die Benutzung einer für den Verbindungsaufbau im Mobilfunknetz eines Anbieters uneingeschränkt vorgesehenen Signalisierungsvariante (OLG Karlsruhe NStZ 2004, 333 mit zust. Bespr. Otto JK StGB § 263a Rn. 14) und die Bestellung von Leistungen über ein vollautomatisches Computerprogramm unter Mitteilung eines zugeteilten Passworts (OLG Karlsruhe NJW 2009, 1287). Bei **Beförderungsleistungen** (→ Rn. 4) wird vorausgesetzt, dass sich der Täter in den Genuss der Leistung setzt und dabei entweder sich mit dem Anschein der Ordnungsmäßigkeit umgibt (OLG Frankfurt a. M. NJW 2010, 3107 mAnm Kumm) oder Sicherungsvorkehrungen gegen unbefugte Benutzung umgeht oder ausschaltet (hM; vgl. BayObLG NJW 1969, 1042; bestätigt von BVerfG NJW 1998, 1135; Hellmann/Beckemper JuS 2001, 1095 (1097); Hellmann in NK-StGB Rn. 34; Hefendehl in MüKoStGB Rn. 173, Kumulativformel; einschr. Alwart JZ 1986, 563; ZIS 2016, 534; Schall JR 1992, 1; krit. Hinrichs NJW 2001, 932 (933); aM Ellbogen JuS 2005, 20 (21)); letzteres ist zB bei der Bestechung einer Kontrollperson anzunehmen (Tiedemann in LK-StGB Rn. 47; aM Perron in Schönke/Schröder Rn. 11). Einschleichen oder Täuschen ist nicht unbedingt erforderlich; täuschungsähnliches, uU sogar der Verdeckung dienendes unauffälliges oder untätiges Verhalten wie das Offenbaren der „Ausweislosigkeit" erst bei der Fahscheinkontrolle (BayObLG StV 2002, 428; Stiebig Jura 2003, 699 (701)) kann genügen (OLG Hamm NStZ-RR 2011, 206; enger OLG Frankfurt a. M. NJW 2010, 3107), nicht jedoch das offene Inanspruchnehmen der Leistung (BayObLG NJW 1969, 1042; Joecks/Jägerr StGB Rn. 10); gleichwohl bejaht die obergerichtliche Judikatur § 265a auch, wenn der Täter seinen Verzicht auf einen Fahrschein auf einem sichtbaren Schild kundtut (OLG Köln NStZ-RR 2016, 92; KG NJW 2011, 2600). Die in diesem Punkt zu weite Rspr. bezieht hier auch den Fall ein, dass jemand ein Verkehrsmittel, dessen Zugang nicht kontrolliert wird, ohne gültigen Fahrausweis benutzt (BGHSt 53, 122 = NJW 2009, 1091 mit zust. Bespr. Bosch JA 2009, 470; Zschieschack/Rau 6a

JR 2009, 244; krit. Alwart JZ 2009, 478; Duttge FS Krey, 2010, 39 (56); Satzger JK StGB § 265a Rn. 4; sa Exner JuS 2009, 990, krit. auch Wessels/Hillenkamp/Schuhr StrafR BT II Rn. 676; OLG Hamm NStZ-RR 2011, 206; NJW 2012, 1239; OLG Koblenz NStZ-RR 2011, 246; OLG Hamburg NJW 1987, 2688 mit abl. Bespr. Albrecht NStZ 1988, 222; Fischer NJW 1988, 1828; Ranft Jura 1993, 84 (87); OLG Hamburg NStZ 1991, 587 mablAnm Alwart; OLG Stuttgart NJW 1990, 924 mablAnm Fischer NStZ 1991, 41; OLG Düsseldorf NStZ 1992, 84; NJW 2000, 2120 mit krit. Bespr. Geppert JK StGB § 265a Rn. 2; OLG Koblenz NStE Nr. 6; OLG Frankfurt a. M. NStZ-RR 2001, 269; BayObLG StV 2002, 428 mablAnm Ingelfinger; zust. aber Stiebig Jura 2003, 699; OLG Naumburg StraFo 2009, 343; abl. auch Ellbogen JuS 2005, 20 (21); krit. zur Rspr. Hellmann in NK-StGB Rn. 16, 36; der Rspr. zust. Hagemann, Rechtliche Probleme des Schwarzfahrens in öffentlichen Verkehrsmitteln, 2008, S. 89; für eine noch weitergehende, sich an den zivilrechtlichen Vertragsbruch anlehnende Auslegung Hauf DRiZ 1995, 15; hat der Fahrgast einen vergünstigten Fahrschein, führt aber den Berechtigungsnachweis nicht mit, scheidet § 265a aus, AG Nürtingen NStZ-RR 2011, 43; ebenso bei dem Vergessen einer personengebundenen, nicht übertragbaren Monatskarte, KG StRR 2013, 43; ebenso mangels Vermögensschadens, weil die bloße Möglichkeit einer Nutzung des Fahrscheins durch einen Dritten auf eine Umkehrung der Unschuldsvermutung hinauslaufe, bei einer übertragbaren Zeitkarte, BayObLG StV 2021, 513; der Schwerbehindertenausweis hat nur deklaratorische Wirkung, AG Tiergarten StraFo 2008, 647; für eine gesetzliche Regelung in einem Abs. 2 Hagemann, Rechtliche Probleme des Schwarzfahrens in öffentlichen Verkehrsmitteln, 2008, S. 153). Das bloß unauffällige Mitgehen mit der Gesamtheit der Verkehrsteilnehmer ohne Durchschreiten einer Sperre oder Schleuse kann nicht als ein der Verdeckung dienendes Verhalten gewertet werden (iErg ebenso Perron in Schönke/Schröder Rn. 11; Tiedemann in LK-StGB Rn. 47); ausreichend ist dagegen zB das unbefugte Einsteigen in einen Waggon durch einen Eingang, der Fahrgästen mit gültigem Fahrausweis vorbehalten ist, oder das unauffällige Unterlassen der Fahrscheinentwertung in einer – sei es auch ungesicherten – Schleuse im Waggon, die den Zutritt zum Fahrgastraum freigibt (ebenso Wessels/Hillenkamp/Schuhr StrafR BT II Rn. 676; Hoyer in SK-StGB Rn. 21, 22 mit weiteren Beispielen). Für den **Zutritt zu Veranstaltungen und Einrichtungen** (→ Rn. 5) gelten die Ausführungen zu den Beförderungsleistungen weitgehend sinngemäß (enger Fischer Rn. 23, Erreichen des körperlichen Eintritts).

7 **4.** Mit dem **Vorsatz** (bedingter genügt) muss sich die **Absicht** (zielgerichtetes Wollen, → § 15 Rn. 20) verbinden, das Entgelt (→ § 11 Rn. 22) nicht oder nicht voll zu entrichten (OLG Koblenz NStE Nr. 6); ob noch andere Zwecke mitverfolgt werden, ist unerheblich (BayObLG NJW 1969, 1042). Diese Absicht fehlt beim sog. „Leerspielen" von Glücksspielautomaten (→ § 263a Rn. 14a) und beim Einführen von Leergutkästen in Automaten gegen Zahlungsbeleg (Hellmann JuS 2001, 353 (356), der schon den objektiven Tatbestand verneint). Sie ist nach dem Schutzzweck der Vorschrift ferner zu verneinen, wenn jemand das Entgelt für einen Dauerfahrschein entrichtet, ihn lediglich bei der Fahrt nicht bei sich geführt und es vertragswidrig unterlassen hat, erneut einen Fahrschein zu lösen (BayObLG NJW 1986, 1504; StV 2021, 513; AG Lübeck NJW 1989, 467; Hoyer in SK-StGB Rn. 10; Tiedemann in LK-StGB Rn. 19, 50 verneinen schon den objektiven Tatbestand; ebenso OLG Koblenz NJW 2000, 86 mkritAnm Kudlich NStZ 2001, 90;

Hagemann, Rechtliche Probleme des Schwarzfahrens in öffentlichen Verkehrsmitteln, 2008, S. 153; sowie KG StRR 2013, 43 bei persönlicher Fahrkarte; sowie LG Bonn StraFo 2015, 81, beim Vergessen des Abstempelns eines gekauften Fahrscheins).

5. Die Vorschrift ist nicht nur gegenüber schwereren Tatbeständen zum Schutz des Vermögens (Tiedemann in LK-StGB Rn. 56), namentlich gegenüber den §§ 242, 263, 263a, **subsidiär** (→ Rn. 2), sondern wegen des eindeutigen Wortlauts auch gegenüber sonstigen schwereren Tatbeständen (aM Mitsch StrafR BT II Abschn. 7.6.1.1; Wessels/Hillenkamp/Schuhr StrafR BT II Rn. 671; Kindhäuser/Hilgendorf in LPK-StGB Rn. 26). Vorrang des Betruges kommt beim Automatenmissbrauch im Allgemeinen nicht in Frage, während er bei der Leistungs- oder Zutrittserschleichung wegen der damit meist verbundenen Täuschung oft zu beachten ist (näher Bilda MDR 1969, 434; Ranft JA 1984, 723 (732); sa OLG Düsseldorf NJW 1983, 2341). **Tateinheit** ist ua möglich mit §§ 123, 147 (str.) und § 267 (str.). 8

6. Abs. 3 entspricht teilweise dem § 263 IV (→ § 263 Rn. 66). 9

§ 265b Kreditbetrug

(1) **Wer einem Betrieb oder Unternehmen im Zusammenhang mit einem Antrag auf Gewährung, Belassung oder Veränderung der Bedingungen eines Kredits für einen Betrieb oder ein Unternehmen oder einen vorgetäuschten Betrieb oder ein vorgetäuschtes Unternehmen**

1. über wirtschaftliche Verhältnisse
   a) unrichtige oder unvollständige Unterlagen, namentlich Bilanzen, Gewinn- und Verlustrechnungen, Vermögensübersichten oder Gutachten vorlegt oder
   b) schriftlich unrichtige oder unvollständige Angaben macht,
   die für den Kreditnehmer vorteilhaft und für die Entscheidung über einen solchen Antrag erheblich sind, oder
2. solche Verschlechterungen der in den Unterlagen oder Angaben dargestellten wirtschaftlichen Verhältnisse bei der Vorlage nicht mitteilt, die für die Entscheidung über einen solchen Antrag erheblich sind,

wird mit Freiheitsstrafe bis zu drei Jahren oder mit Geldstrafe bestraft.

(2) [1]**Nach Absatz 1 wird nicht bestraft, wer freiwillig verhindert, daß der Kreditgeber auf Grund der Tat die beantragte Leistung erbringt.** [2]**Wird die Leistung ohne Zutun des Täters nicht erbracht, so wird er straflos, wenn er sich freiwillig und ernsthaft bemüht, das Erbringen der Leistung zu verhindern.**

(3) **Im Sinne des Absatzes 1 sind**

1. Betriebe und Unternehmen unabhängig von ihrem Gegenstand solche, die nach Art und Umfang einen in kaufmännischer Weise eingerichteten Geschäftsbetrieb erfordern;
2. Kredite Gelddarlehen aller Art, Akzeptkredite, der entgeltliche Erwerb und die Stundung von Geldforderungen, die Diskontierung von Wechseln und Schecks und die Übernahme von Bürgschaften, Garantien und sonstigen Gewährleistungen.

1 **1.** Die Vorschrift schützt nicht nur das **Vermögen** des einzelnen Kreditgebers, sondern auch das **Allgemeininteresse** an der Verhütung von Gefahren, die der Wirtschaft im ganzen infolge der vielfältigen Abhängigkeiten von Gläubigern, Schuldnern und Arbeitnehmern durch ungerechtfertigte Vergabe von Wirtschaftskrediten erwachsen können (hM; vgl. Tiedemann in LK-StGB Rn. 10–17; Tiedemann WirtschaftsStrafR BT Rn. 16, 17; ähnlich Kasiske in MüKoStGB Rn. 1: Funktionsfähigkeit der Kreditwirtschaft; anders Krack NStZ 2001, 505 (506); Hellmann in NK-StGB Rn. 9; Hoyer in SK-StGB Rn. 7, 8; Schröder/Bergmann in Matt/Renzikowski Rn. 1; krit. Kindhäuser Madrid-Symposium, 1994, 125 (129); Weigend FS Triffterer, 2011, 696 (700); Wohlers, Deliktstypen des Präventionsstrafrechts, 2000, S. 159, 340, Beckemper ZIS 2011, 318 (323); Hefendehl Kollektive Rechtsgüter S. 260; offen gelassen BGHSt 36, 130 (131) = NJW 1989, 1868). Der Schutz erfasst auch ausländische Kreditgeber (BGHSt 60, 15 = NJW 2015, 423 mAnm Rübenstahl NJW 2015, 426; Kuhn EWiR 2015, 145; Saliger/Grüner-Blatt WuB 2015, 131; Tiedemann in LK-StGB Rn. 117); die für abstrakte Gefährdungsdelikte zumeist angenommene Beschränkung auf das Inland (so noch OLG Stuttgart NStZ 1993, 545) ist damit obsolet. Die Tat ist **abstraktes Gefährdungsdelikt** (BGH NStZ 2011, 279; NStZ 2015, 342; → Vor § 13 Rn. 32) im Vorfeld des Betruges (hM; vgl. Perron in Schönke/Schröder Rn. 4; Schröder/Bergmann in Matt/Renzikowski Rn. 2; Hoyer in SK-StGB Rn. 10, abstrakt-konkretes Gefährdungsdelikt; krit. Lampe, Der Kreditbetrug (§§ 263, 265b StGB), 1980, S. 41; ein Kumulationsdelikt nimmt Wohlers, Deliktstypen des Präventionsstrafrechts, 2000, S. 176, an); dem steht das mitgeschützte Allgemeininteresse nicht entgegen, weil es sich insoweit nur um ein relativ selbständiges Rechtsgut handelt, nämlich nur um Folgeerscheinungen der Gefahren, die der Gesamtheit der jeweils betroffenen Einzelnen aus dem Phänomen des Kreditbetrugs erwachsen (Heinz GA 1977, 225 (226); aM Lampe, Der Kreditbetrug (§§ 263, 265b StGB), 1980, S. 37; Tiedemann in LK-StGB Rn. 13, der ein Verletzungsdelikt annimmt; dagegen Hellmann in NK-StGB Rn. 10). Zur dogmatischen und kriminalpolitischen Problematik dieser Vorverlegung des Strafschutzes ua auch BT-Drs. 7/3441, 17; 7/5291, 14; Krüger, Entmaterialisierungstendenz beim Rechtsgutsbegriff, 2000, S. 140; Wohlers, Deliktstypen des Präventionsstrafrechts, 2000, S. 171, 340. In der Praxis hat die Vorschrift nur geringe Bedeutung erlangt (Kießner, Kreditbetrug – § 265b StGB, 1985; Otto, Die strafrechtliche Bekämpfung unseriöser Geschäftstätigkeit, 1990, S. 84; Hellmann in NK-StGB Rn. 5; Hellmann in Achenbach/Ransiek/Rönnau WirtschaftsStrafR-HdB Kap. IX 1 Rn. 5), doch geht es in einzelnen Fällen um wirtschaftlich sehr bedeutsame Kreditgeschäfte (zB BGH NStZ 2015, 342, Versuch der Übernahme von VW durch die Porsche AG).

2 **2.** Zu den **Grenzen des Anwendungsbereichs von Abs. 1:**

a) Nach **Abs. 3 Nr. 1** müssen zurzeit der Stellung des Kreditantrags (BayObLG NJW 1990, 1677 mit Bespr. Hassemer JuS 1990, 850) sowohl Kreditgeber wie auch Kreditnehmer (BGH NStZ 2003, 539; NStZ 2011, 279) grds. – ungeachtet ihrer Rechtsform – ein **Betrieb oder Unternehmen** (→ § 264 Rn. 8; → § 11 Rn. 15) sein (BT-Drs. 7/3441, 32; BT-Drs. 7/5291, 15; krit. Lampe, Der Kreditbetrug (§§ 263, 265b StGB), 1980, S. 51), doch genügt, wenn der Kreditnehmer dies vortäuscht; bei Krediten, die ganz oder teilweise privaten Zwecken dienen, und bei „durchlaufenden" Krediten ist die bisweilen schwierige Abgrenzung vornehmlich nach wirtschaftlichen Gesichtspunkten vorzunehmen (BGH NStZ 2003, 539 (540); Hellmann in Achenbach/Ransiek/Rönnau WirtschaftsStrafR-HdB Kap. IX

1 Rn. 12; Perron in Schönke/Schröder Rn. 5; einschr. Tiedemann in LK-StGB Rn. 29). Die weitere Voraussetzung der Nr. 1 deckt sich nicht mit dem Begriff des Handelsgewerbes iSd §§ 1–4 HGB. Erfasst werden vielmehr Betriebe und Unternehmen aller Art, auch öffentliche und zB auch land- und forstwirtschaftliche Betriebe, Praxen von Ärzten oder anderen freiberuflich Tätigen, gemeinnützige Einrichtungen usw, sofern sie bei wirtschaftlicher Betrachtung (BGH NStZ-RR 2016, 245) nur nach Art und Umfang einen in **kaufmännischer Weise eingerichteten Geschäftsbetrieb** erfordern (BGH NStZ 2011, 279; vgl. dazu §§ 2, 4 HGB sowie Rspr. und Schrifttum dazu; ebenso Hellmann in NK-StGB Rn. 16).

b) Die Begriffsbestimmung des **Kredits in Abs. 3 Nr. 2** stimmt – von wenigen 3
Abweichungen abgesehen (dazu BT-Drs. 7/3441, 33) – mit § 19 KWG überein (zusf. Tiedemann in LK-StGB Rn. 37–52). Erfasst werden nicht nur Bankkredite, sondern zB auch Warenkredite von Lieferanten (Hellmann in NK-StGB Rn. 13; krit. Maurach/Schroeder/Maiwald/Hoyer/Momsen StrafR BT § 41 Rn. 189) und – unabhängig von ihrer Ausgestaltung iE – Genussrechte (BGHSt 60, 15 = NJW 2015, 423; OLG Hamm wistra 2008, 195), ebenso die Stundung von Geldforderungen (BGH NStZ 2002, 433; Fischer Rn. 14). Auf die Höhe des Kredits kommt es nicht an (Begr. dafür in BT-Drs. 7/5291, 15; krit. Lampe, Der Kreditbetrug (§§ 263, 265b StGB), 1980, S. 44; Perron in Schönke/Schröder Rn. 20, 21).

c) Täter kann an sich jeder sein, neben dem Kreditnehmer und seinen Vertre- 4
tern iwS etwa auch der Bürge und der sonst an der Gewährung des Kredits interessierte Geschäftspartner (BT-Drs. 7/5291, 15); die Tat ist daher – von Abs. 1 Nr. 2 abgesehen (→ Rn. 6) – kein Sonderdelikt (→ Vor § 13 Rn. 33; ebenso Mitsch StrafR BT II Abschn. 7.7.2.1.2). Jedoch muss die Tathandlung **im Zusammenhang mit einem Kreditantrag** stehen; das erfordert ihren sachlichen und zeitlichen Bezug (BT-Drs. 7/5291, 15) auf einen (vorher oder nachher) wirklich – sei es schriftlich, mündlich oder nur konkludent – gestellten Antrag, dem sie erkennbar als Grundlage dienen soll (Perron in Schönke/Schröder Rn. 27); Täuschungen im Rahmen nur vorbereitender Kontakte, denen kein Antrag folgt (Müller-Emmert/Maier NJW 1976, 1657 (1661); Hellmann in NK-StGB Rn. 24), oder mit dem Ziel, eine unberechtigte Kündigung des Kredits rückgängig zu machen (OLG Frankfurt a. M. StV 1990, 213; dazu Hellmann in Achenbach/Ransiek/Rönnau WirtschaftsStrafR-HdB Kap. IX 1 Rn. 24, 25), genügen nicht. Ob der Antrag den Kredit für einen wirklichen oder nur vorgetäuschten Betrieb (Unternehmen) erstrebt, ist gleichgültig (Kasiske in MüKoStGB Rn. 12); im letzten Falle kann die Vortäuschung vom Täter oder einem anderen ausgehen, mündlich oder schriftlich begangen sein und die Existenz des Betriebes überhaupt oder auch nur dessen Art und Umfang iSd Abs. 3 Nr. 1 betreffen (BT-Drs. 7/5291, 15). (Sukzessive) **Beihilfe** soll auch nach Vollendung der Tat bis zu deren Beendigung – der Erbringung der Leistung – möglich sein (BGH wistra 2010, 219), doch ist dies, weil es sich nicht um ein Dauerdelikt handelt, nicht überzeugend (→ § 27 Rn. 3).

3. Zu den **Tathandlungen nach Abs. 1:** 5

a) Nr. 1: Die **wirtschaftlichen Verhältnisse** (krit. dazu Perron in Schönke/Schröder Rn. 30) brauchen nicht unmittelbar die des Kreditnehmers zu sein (BT-Drs. 7/3441, 31); sie können auch künftige Entwicklungen, namentlich den Verwendungszweck des Kredits oder weiteren Kreditbedarf (BGH NStZ 2015, 342), betreffen (Hellmann in Achenbach/Ransiek/Rönnau WirtschaftsStrafR-HdB Kap. IX 1 Rn. 19; Tiedemann in LK-StGB Rn. 81). Die **Entscheidungs-**

erheblichkeit ist nicht nach den Vorstellungen der am Kreditgeschäft Beteiligten (für deren Berücksichtigung etwa Perron in Schönke/Schröder Rn. 42; dagegen Hellmann in NK-StGB Rn. 33), sondern, wie sich aus den Worten „einen solchen Antrag" ergibt, nach dem objektiven „ex-ante-Urteil" eines verständigen, durchschnittlich vorsichtigen Kreditgebers zu bestimmen (BGHSt 30, 285 = NJW 1982, 775; BGH NStZ 2002, 433; Hebenstreit in Müller-Gugenberger WirtschaftsStrafR Kap. 50 Rn. 179; der Wert des Rückzahlungsanspruchs gegen den Kreditnehmer bemisst sich nach wirtschaftlicher Betrachtungsweise, BGH wistra 2019, 150). **Vorteilhaft** bedeutet geeignet, die konkreten Aussichten des Kreditantrags zu verbessern (Hellmann in NK-StGB Rn. 30). **Buchst. a: Unterlagen** sind nicht nur Schriftstücke, sondern auch andere verkörperte Beweismittel (noch weiter Tiedemann in LK-StGB Rn. 64, 65), mit denen die Richtigkeit von Angaben belegt, verdeutlicht oder ergänzt werden soll (Perron in Schönke/Schröder Rn. 34); die besonders genannten Bilanzen usw sind nur Beispiele; die Erwähnung auch der Gutachten weist darauf hin, dass es auch um die Bewertung nur einzelner Vermögensbestandteile gehen kann (BT-Drs. 7/3441, 31). **Unrichtigkeit und Unvollständigkeit** → § 264 Rn. 17 (Unechtheit, → § 267 Rn. 17–22, genügt als solche nicht). Sie können sich jedoch hier abweichend von §§ 263, 264 auch auf Bewertungen und Prognosen beziehen (Tiedemann in LK-StGB Rn. 64 mwN; krit. Lampe, Der Kreditbetrug (§§ 263, 265b StGB), 1980, S. 46; aM Hellmann in NK-StGB Rn. 37; Fischer Rn. 27); dabei ist ein solches Werturteil nur dann unrichtig, wenn die jeweiligen Schlussfolgerungen „schlechterdings nicht mehr vertretbar" erscheinen (Perron in Schönke/Schröder Rn. 39; Kasiske in MüKoStGB Rn. 32; krit. Hellmann in NK-StGB Rn. 38); bei Bilanzen usw bieten die einschlägigen Buchführungsvorschriften wichtige Maßstäbe (Tiedemann in LK-StGB Rn. 67–75). **Vorlegen** setzt den Eingang der Unterlagen im Machtbereich des Kreditgebers (hM; weiter Tiedemann in LK-StGB Rn. 59) ohne Rücksicht auf Kenntnisnahme voraus. Ob von einem gutgläubigen Dritten beigebrachte Unterlagen dem Täter zugerechnet werden können, bestimmt sich nach den Grundsätzen mittelbarer Täterschaft (BT-Drs. 7/3441, 31; Kasiske in MüKoStGB Rn. 43). Zu **Buchst. b** → § 264 Rn. 17; abweichend vom Subventionsbetrug genügen hier nur **schriftliche,** dem Empfänger zugegangene Angaben (Begr. dafür in BT-Drs. 7/3441, 30), doch ist für deren Auslegung auch der Kontext maßgeblich (BGH NStZ 2015, 342). Trotz bedenklicher **Unbestimmtheit** der Merkmale „wirtschaftliche Verhältnisse", „erheblich", „vorteilhaft", „unrichtig" und „unvollständig" (krit. Haft ZStW 88 (1976), 365 (369)) hat die Rspr. die **Verfassungsmäßigkeit** der Nr. 1 anerkannt (BGHSt 30, 285 = NJW 1982, 775 mkritAnm Lampe JR 1982, 430).

6 **b) Nr. 2:** Die **Verletzung der Pflicht zur** (mündlichen oder schriftlichen) **Mitteilung** ist echtes Unterlassungsdelikt (hM; vgl. etwa Kasiske in MüKoStGB Rn. 36; Hoyer in SK-StGB Rn. 21; → § 13 Rn. 2, 3); sie ist allerdings praktisch wenig bedeutsam, weil sie idR als konkludente Täuschung schon unter Nr. 1 fällt (Lampe, Der Kreditbetrug (§§ 263, 265b StGB), 1980, S. 50; Hellmann in NK-StGB Rn. 50; Perron in Schönke/Schröder Rn. 44). Täter der Unterlassung kann nur sein, wer die Unterlagen oder Angaben vorlegt (Sonderdelikt, Fischer Rn. 37; aM Maurach/Schroeder/Maiwald/Hoyer/Momsen StrafR BT § 41 Rn. 191). **Verschlechterungen** sind nur bei Vorlage der Unterlagen oder Angaben und deshalb auch nur insoweit anzeigepflichtig, als sie bis zu diesem Zeitpunkt eingetreten sind; erfasst wird daher nicht, wer erst nach diesem Zeitpunkt von der Verschlechterung

erfährt (Perron in Schönke/Schröder Rn. 47; Kasiske in MüKoStGB Rn. 36; aM Tiedemann in LK-StGB Rn. 93; zw.), und zwar auch dann nicht, wenn eine Vertragspflicht zur Aufklärung über spätere Verschlechterungen besteht; diese kann aber iRd § 263 bedeutsam sein (→ Rn. 10; einschr. Hellmann in NK-StGB Rn. 53; aM Mitsch StrafR BT II Abschn. 7.7.2.1.4.2). **Entscheidungserheblichkeit** → Rn. 5.

4. Der **Vorsatz** (bedingter genügt; trotz Bedenken ebenso Volk FS Kaufmann, 1993, 611 (623)) muss je nach den Voraussetzungen der einzelnen Begehungsformen namentlich umfassen: die Unrichtigkeit oder Unvollständigkeit der Unterlagen oder Angaben (Nr. 1 a, 1 b), ihre Entscheidungserheblichkeit und ihre Vorteilhaftigkeit (Nr. 1 a, 1 b), die Schriftlichkeit der Angaben (Nr. 1 b; Perron in Schönke/Schröder Rn. 37; str.), den Zusammenhang mit einem Kreditantrag sowie Art und Umfang der auf Kreditgeber- und Kreditnehmerseite notwendigen Betriebe oder Unternehmen (Abs. 3 Nr. 1). 7

5. a) Zur **tätigen Reue** (Abs. 2) → § 24 Rn. 29; sa § 264 V (→ § 264 Rn. 28), mit dem die Vorschrift ihrer Struktur nach übereinstimmt (BT-Drs. 7/5291, 16). Wann die beantragte Leistung erbracht ist, bestimmt sich nach der zivilrechtlichen Rechtslage (ebenso Kasiske in MüKoStGB Rn. 48). § 24 ist nicht einschlägig; jedoch wird der Rücktritt nach Abs. 2 – mindestens idR – auch die Voraussetzungen des Rücktritts nach §§ 263, 22, 24 erfüllen. 8

b) Abweichend von § 263 IV sind die §§ 247, 248 a nicht anwendbar. 9

6. Da die Vorschrift, wie sich zwingend aus ihrer Strafdrohung ergibt, nur das Vorfeld des Betruges abdecken will, **geht sie** – anders als § 264 (→ § 264 Rn. 30) – **dem § 263 nicht vor.** Auch **Tateinheit** mit vollendetem Betrug scheidet idR aus, weil der Unwert des Gefährdungsdelikts (→ Rn. 1) in der Rechtsgutsverletzung nach § 263 enthalten ist (BGHSt 36, 130 = NJW 1989, 1868; aM Otto Jura 1983, 16 (23); Wessels/Hillenkamp/Schuhr StrafR BT II Rn. 699; Tiedemann in LK-StGB Rn. 15, 115). Dass § 265 b auch das Allgemeininteresse am Funktionieren der Kreditwirtschaft mitschützt, steht dem wegen der nur relativen Selbständigkeit dieses Rechtsguts (→ Rn. 1) nicht entgegen (str.). Die Vorschrift tritt daher, soweit die Tathandlungen den Betrugsschaden verursacht haben, hinter § 263 zurück (materielle Subsidiarität; ebenso Hellmann in Krey/Hellmann/Heinrich StrafR BT II Rn. 773, 773 a; Mitsch StrafR BT II Abschn. 7.7.1.3). Bei Inkongruenz zwischen Tathandlung und Vermögensschaden ist dagegen **Tateinheit** möglich; ebenso beim Betrugsversuch, weil es hier im Hinblick auf die Möglichkeit auch eines untauglichen Versuchs der Klarstellung bedarf, dass es zur Vollendung des Gefährdungsdelikts gekommen ist (Hoyer in SK-StGB Rn. 48; aM BGHSt 36, 130 = NJW 1989, 1868 mablAnm Kindhäuser JR 1990, 520; → Vor § 52 Rn. 28). Für die Möglichkeiten des Zusammentreffens **mit anderen Tatbeständen** besteht zwischen §§ 263, 265 b kein wesentlicher Unterschied (→ § 263 Rn. 67). Bei einer unrichtigen Darstellung der Verhältnisse in einem Abschluss mit dem Ziel der Verwendung des Abschlusses als Tatmittel zur Begehung eines Kreditbetrugs ist Tateinheit mit § 331 HGB möglich (BGH NStZ-RR 2020, 45). 10

§ 265c Sportwettbetrug

(1) **Wer als Sportler oder Trainer einen Vorteil für sich oder einen Dritten als Gegenleistung dafür fordert, sich versprechen lässt oder annimmt, dass er den Verlauf oder das Ergebnis eines Wettbewerbs des organisierten Sports zugunsten des Wettbewerbsgegners beeinflusse und infolgedessen ein rechtswidriger Vermögensvorteil durch eine auf diesen Wettbewerb bezogene öffentliche Sportwette erlangt werde, wird mit Freiheitsstrafe bis zu drei Jahren oder mit Geldstrafe bestraft.**

(2) **Ebenso wird bestraft, wer einem Sportler oder Trainer einen Vorteil für diesen oder einen Dritten als Gegenleistung dafür anbietet, verspricht oder gewährt, dass er den Verlauf oder das Ergebnis eines Wettbewerbs des organisierten Sports zugunsten des Wettbewerbsgegners beeinflusse und infolgedessen ein rechtswidriger Vermögensvorteil durch eine auf diesen Wettbewerb bezogene öffentliche Sportwette erlangt werde.**

(3) **Wer als Schieds-, Wertungs- oder Kampfrichter einen Vorteil für sich oder einen Dritten als Gegenleistung dafür fordert, sich versprechen lässt oder annimmt, dass er den Verlauf oder das Ergebnis eines Wettbewerbs des organisierten Sports in regelwidriger Weise beeinflusse und infolgedessen ein rechtswidriger Vermögensvorteil durch eine auf diesen Wettbewerb bezogene öffentliche Sportwette erlangt werde, wird mit Freiheitsstrafe bis zu drei Jahren oder mit Geldstrafe bestraft.**

(4) **Ebenso wird bestraft, wer einem Schieds-, Wertungs- oder Kampfrichter einen Vorteil für diesen oder einen Dritten als Gegenleistung dafür anbietet, verspricht oder gewährt, dass er den Verlauf oder das Ergebnis eines Wettbewerbs des organisierten Sports in regelwidriger Weise beeinflusse und infolgedessen ein rechtswidriger Vermögensvorteil durch eine auf diesen Wettbewerb bezogene öffentliche Sportwette erlangt werde.**

(5) **Ein Wettbewerb des organisierten Sports im Sinne dieser Vorschrift ist jede Sportveranstaltung im Inland oder im Ausland,**
1. **die von einer nationalen oder internationalen Sportorganisation oder in deren Auftrag oder mit deren Anerkennung organisiert wird und**
2. **bei der Regeln einzuhalten sind, die von einer nationalen oder internationalen Sportorganisation mit verpflichtender Wirkung für ihre Mitgliedsorganisationen verabschiedet wurden.**

(6) [1]**Trainer im Sinne dieser Vorschrift ist, wer bei dem sportlichen Wettbewerb über den Einsatz und die Anleitung von Sportlern entscheidet.** [2]**Einem Trainer stehen Personen gleich, die aufgrund ihrer beruflichen oder wirtschaftlichen Stellung wesentlichen Einfluss auf den Einsatz oder die Anleitung von Sportlern nehmen können.**

Fassung des 51. StÄG (→ Vor § 1 Rn. 18) mit Wirkung zum 19.4.2017.

1 **1. a)** Die Vorschrift, deren Bezeichnung sich an § 265b (Kreditbetrug) orientiert, soll die **Integrität des Sports** (dazu Kubiciel SpuRt 2017, 180; KriPoZ 2018, 29; ZRP 2019, 200 (201f.); Waßmer ZWH 2019, 6 (7); Ruppert NZWiSt 2020, 5 (7) krit. Jansen GA 2017, 600; Dittrich ZWH 2017, 189; Momsen KriPoZ 2018, 22; Stam NZWiSt 2018, 41; Tsambikakis StV 2018, 319; Valerius Jura 2018,

777; vgl. Perron JuS 2020, 809; eing. Krudewig, Sportwettbetrug und Manipulation von berufssportlichen Wettbewerben, 2020; Jaleesi, Die Kriminalisierung von Manipulationen im Sport, 2020) und das **Vermögen** des Veranstalters öffentlicher Sportwetten schützen, indem im Vor- und Umfeld eines (Sportwett-)Betrugs auch vorgelagerte oder von § 263 und § 299 nicht oder nur unvollständig erfassbare Einwirkungen auf Sportler und Schiedsrichter im Zusammenhang mit der Platzierung öffentlicher Sportwetten unter Strafe gestellt werden. Zwar ist bei Manipulationen mit Blick auf Sportwetten wiederholt § 263 bejaht worden, doch könnten angesichts der Schwierigkeiten bei der Schadensberechnung die hierzu vom BVerfG formulierten engen Voraussetzungen (→ § 263 Rn. 42) in einigen Fällen zur Verneinung eines Betrugs führen; § 299 erfasst nur den wirtschaftlichen Wettbewerb (→ Vor § 298 Rn. 1), nicht die mit einem sportlichen Wettbewerb auch verbundenen gesellschaftlichen Wirkungen. Während der individuelle Vermögensschutz für alle Delikte dieses Abschnitts charakteristisch ist, ist das **überindividuelle Schutzgut** der Integrität des Sports im Kernstrafrecht neu, soll aber nach § 1 des 2015 erlassenen Anti-Doping-Gesetzes (AntiDopG; Kommentierung von Lehner/Nolte/Putzke, Anti-Doping-Gesetz, 1. Aufl. 2017; Heger in Tsambikakis/Rostalski, Medizinstrafrecht, 2022) auch den Straftatbeständen in dessen § 4, insbes. den neu geschaffenen Strafnormen gegen Selbstdoping (§ 4 I Nr. 4, 5, II AntiDopG; vgl. Chrobok Zur Strafbarkeit nach dem Anti-Doping-Gesetz, 2017, S. 195) zugrunde liegen. Während aber in § 1 AntiDopG die dort geschützte Integrität des Sports in begrifflichen Zusammenhang mit (durch Doping bedrohte) Fairness und Chancengleichheit gesetzt wird, soll nach der Gesetzesbegründung mit § 265c den Gefahren begegnet werden, die vom Sportwettbetrug für die Integrität des Sports und damit für dessen gesellschaftliche und wirtschaftliche Bedeutung ausgehen. Allerdings erfasst § 1 AntiDopG indirekt als Teil der Chancengleichheit auch den Vermögensschutz; dieser Vermögensschutz, dem § 265c ja auch dient, hängt aber auch mit der heutigen wirtschaftlichen Bedeutung des Sportbetriebs zusammen, denn Veranstaltern wie Konkurrenten drohen durch Doping ja nur dann finanzielle Verluste, wenn es sich um einen profitorientierten Sportbetrieb handelt. Im Übrigen legt § 1 ADG angesichts der nur beispielhaften Aufzählung der beiden Unterfälle der Integrität des Sports nahe, dass es noch weitere Felder (zB gesellschaftliche und wirtschaftliche Bedeutung) gibt, bei denen diese sich auswirkt. Auch angesichts dieser Offenheit des Begriffs erscheint aber fraglich, ob mit Integrität des Sports tatsächlich ein echtes Rechtsgut beschrieben wird, oder ob nicht neben dem Vermögen nur die gesellschaftliche und wirtschaftliche Funktion des (Spitzen-)Sportbetriebs als institutionelles Rechtsgut geschützt sind (vgl. zu § 1 AntiDopGHeger medstra 2017, 205 (209)). Diese Fokussierung würde zu neueren Delikten wie § 265b (→ § 265b Rn. 1) passen, welche ja neben dem Vermögensschutz auch dem Schutz wirtschaftlicher Institutionen dienen. §§ 265c ff. dienen auch der Umsetzung des Europarats-Übereinkommens über die Manipulation von Sportwettbewerben v. 9.7.2014 (BT-Drs. 18/8831, 9; dazu angesichts bereits zuvor bestehender Strafbarkeit krit. Rübenstahl JR 2017, 264 (266)). Sowohl die genannten Rechtsgüter als auch die bezweckte Vorverlagerung der Strafbarkeit sind im Gesetzgebungsverfahren kritisiert worden (s. Krack ZIS 2016, 540 (542); Rübenstahl JR 2017, 264 (267 f.)), doch hat der Gesetzgeber an dem vorgeschlagenen Konzept festgehalten. Inhaltlich stellt es nach dem AntiDopG den zweiten Teil einer zielgerichteten Sportstrafrechtsstrategie dar und steht obendrein in einer Reihe von Ausweitungen der Korruptionsstrafbarkeit (vgl. §§ 108, 299 ff., 331 ff.). – Da die genannten Schutzgüter auch auf **eSport-Veranstaltungen** zutreffen, und weil dem eSport ein nicht unerheblicher körperlicher Einsatz innewohnt (Ruppert NZWiSt 2020, 5 (8f.)), ist die Norm auch darauf anwendbar (dazu Lutzebäck/Wieck Jura 2020, 1320 (1322)).

2 **b)** Strukturell ist § 265c (und § 265d) in Anlehnung an § 299 gestaltet (krit. dazu Krack ZIS 2016, 540 (549); wistra 2017, 289), indem Abs. 1 und 3 bei Korruption im Sport im Vorfeld einer Sportwette die Nehmerseite und Abs. 2 und 4 auch hinsichtlich der Folgen spiegelbildlich die Geberseite abbilden. Abs. 1 und 2 erfassen als Adressaten der Korruption Sportler und Trainer, Abs. 3 und 4 Schieds-, Wertungs- und Kampfrichter. Soweit die Tathandlungen mit denen in § 299 übereinstimmen, ist daher an die dazu ergangene Rspr. anzuknüpfen. Da die Tat bereits mit Vornahme der jeweiligen Korruptionshandlung (zB Fordern) vollendet ist, die nachfolgende Manipulation des Sportereignisses in Hinsicht auf Vermögensvorteile aus einer Sportwette (ohne diese: § 265d) aber zu diesem Zeitpunkt lediglich intendiert sein muss, handelt es sich um ein **Vermögensgefährdungsdelikt.** Die **Integrität des Sports** ist freilich bereits **verletzt,** wenn ein Sportler Bestechungsgelder annimmt, auch wenn er letztlich die versprochene Manipulation unterlässt.

3 **2. a) Täter** von Abs. 1 können nur **Sportler oder Trainer** sein, von Abs. 3 nur **Schieds-, Wertungs- oder Kampfrichter.** Beide Tatbestände auf der Nehmerseite sind damit Sonderdelikte. Dagegen sind die Tatbestände auf der Geberseite (Abs. 2 und 4) von jedermann begehbare Allgemeindelikte.

4 aa) Der Begriff des **Trainers** ist in **Abs. 6 S. 1** legal definiert; entscheidend ist, dass die Person über den Einsatz und die Anleitung der Sportler entscheidet. Erfasst sind daher auch Co-Trainer, Teamchefs usw, soweit sie in einem Sportwettkampf diese Aufgaben übernommen haben (zB in Vertretung des Trainers oder gemeinsam mit diesem), nicht dagegen Co-Trainer, Technik-Trainer, Torwart- oder Athletiktrainer, die nur in Vorbereitung der Entscheidungen des Trainers mit dem Sportler bestimmte Fähigkeiten einüben, aber auf die Aufstellung und die Spielgestaltung keinen unmittelbaren Einfluss nehmen können.

5 bb) Einem Trainer gleichgestellt sind dagegen in Abs. 6 S. 2 alle Personen, die aufgrund ihrer **beruflichen oder wirtschaftlichen Stellung wesentlichen Einfluss auf den Einsatz oder die Anleitung von Sportlern** nehmen können; wirtschaftlich begründeten Einfluss nehmen können etwa Mäzene und (Haupt-) Sponsoren, beruflich begründet Leitungspersonen des Vereins wie Sportdirektoren, Vorstandsmitglieder, auch wenn sie zwar nicht auf die sportlichen Entscheidungen, wohl aber auf das Vertragsverhältnis mit dem Trainer nehmen können, schließlich Personen wie Sportärzte, die aufgrund ihrer Kompetenz etwa den Einsatz eines Sportlers ausschließen können (BT-Drs. 18/8831, 20). Nicht erfasst sind dagegen Spielerberater und Verwandte, die zwar Nähe zum Sportler pflegen (und dadurch, aber eben nicht aufgrund ihres Verhältnisses zum Trainer oder zur Leitung des Vereins Einfluss nehmen können) sowie andere Vereinsmitarbeiter bis hin zu Managern, soweit sie auf das Vertragsverhältnis mit dem Trainer keinen entscheidenden Einfluss nehmen können (Rübenstahl JR 2017, 264 (271)). Selbst wenn – wie in vielen Fällen vor allem nach der Umwandlung von Sportvereinen in Kapitalgesellschaften – auch der Aufsichtsrat über die Fortsetzung der Anstellung eines Trainers mitentscheidet, erscheint zweifelhaft, ob seine Mitglieder dadurch aufgrund ihrer beruflichen Stellung Einfluss auf die konkreten Entscheidungen des Trainers nehmen; etwas anderes gilt nur, wenn sie – wie nicht selten – zugleich als Mäzen oder Sponsor auch wesentlichen wirtschaftlichen Einfluss haben. Maßgeblich ist eine faktische Betrachtung zur Tatzeit, so dass es weder auf die rechtliche Ausgestaltung

der Position noch auf einen absehbaren Aufstieg etwa vom Manager zum Sportdirektor ankommen kann.

cc) **Sportler** iSv Abs. 1 sind alle nach den Regularien eines **Wettbewerbs des organisierten Sports** an einem solchen Teilnehmende. Wortgleich zu § 3 III AntiDopG ist dieser Begriff in **Abs. 5** definiert; der Wettkampf muss von einem nationalen oder internationalen Sportverband nach den verbandsintern hierfür vorgesehenen Regeln veranstaltet werden; ausreichend ist, wenn ein Wettbewerb im Auftrag oder mit Anerkennung eines solchen Verbandes durchgeführt wird, so dass neben von eigenen Ligaverbänden durchgeführten Profiligen (zB Deutsche Fußball Liga) auch regionale Ligen (zB Regionalliga, Oberliga, Verbandsliga usw) erfasst werden (BT-Drs. 18/8831, 19 und arg.e § 265d V: „Sportbundesverband"). Nicht erfasst sind mithin Sportler, die an Firmenläufen teilnehmen oder außerhalb des organisierten Sports sportliche Leistungen erbringen. Nach der Begründung sind unterschiedslos Amateur- und Berufssportler erfasst, so dass es nicht darauf ankommt, welche wirtschaftliche oder berufliche Bedeutung das zu manipulierende Sportereignis für die beteiligten Sportler hat (BT-Drs. 18/8831, 19). Zwar werden Sportwetten häufig auf professionell betriebene Sportwettkämpfe abgeschlossen, doch können auch Amateurwettkämpfe oder gemeinsame Veranstaltungen von Profis und Amateuren (zB DFB-Pokalspiel zwischen Vereinen aus verschiedenen Ligen) bewettet und dahingehend manipuliert werden, so dass alle daran beteiligten Sportler Täter sein können. 6

dd) **Schiedsrichter** (nicht – wie in §§ 335, 359 iSd ZPO – die Richter eines Schiedsgerichts, also auch nicht die Richter an den Sportschiedsgerichten wie dem CAS), **Wertungsrichter** und **Kampfrichter** erfassen alle Personen, die im Verlauf eines sportlichen Wettbewerbs diesen als neutrale Personen leiten und die dafür erforderlichen Entscheidungen einschließlich der abschließenden Bewertung treffen. Auf die Bezeichnung innerhalb eines Sportes kommt es nicht an. In Abs. 3 meint Schiedsrichter alle Personen, die den wettkampfregeln unmittelbar Geltung verschaffen sollen und zur Verhängung von Disziplinarmaßnahmen während des Wettbewerbs befugt sind; wirken mehrere Personen zusammen, sind alle Mitwirkenden Täter, auch wenn nur einem das Letztentscheidungsrecht zukommt, so dass im Fußball auch die Schiedsrichterassistenten Schiedsrichter in diesem Sinne sind (BT-Drs. 18/8831, 18); das dürfte auch für den Assistenten beim Videobeweis gelten. Wertungsrichter sind alle Personen, die die Wettkampfteilnehmer nach bestimmten, nicht allein objektiv bemessbaren Kriterien wie Haltung, Ausdruck usw bewerten. Kampfrichter überwachen die Einhaltung der Regeln beim Wettkampf (zB Zeitnehmer im Handball, Wenderichter im Schwimmsport). Bei der Mitwirkung mehrerer bei der Bewertung oder im Kampfgericht sind alle Täter (BT-Drs. 18/8831, 18). 7

b) Tathandlungen (entsprechen § 299; → § 299 Rn. 4) der Abs. 1 und 3 sind in Bezug auf einen (auch Dritt-)Vorteil (→ § 331 Rn. 4) Fordern, Sichversprechenlassen, Annehmen; spiegelbildlich für Abs. 2 und 4 Anbieten, Versprechen und Gewähren. 8

c) Wie § 299 und §§ 331 II, 332 ist eine **Unrechtsvereinbarung** gefordert; die Tathandlungen müssen durchweg darauf zielen, dass der Adressat der Korruption (Sportler, Trainer, Schiedsrichter usw; → Rn. 3–7) **als Gegenleistung dafür** (→ § 331 Rn. 10) Verlauf oder Ergebnis eines Sportwettkampfs manipuliert, um dadurch den Ausgang einer Sportwette zu beeinflussen. 9

10 aa) Bei Sportlern und Trainern als Beteiligten an der Korruption kommt dazu, dass sie den Wettbewerb **zugunsten des Wettbewerbsgegners** zu beeinflussen suchen; das Fordern usw von Vorteilen für einen eigenen Sieg als solches (nicht hierfür begangene Regelwidrigkeiten) ist zwar unethisch und uU sportrechtswidrig, aber nicht strafbar (BT-Drs. 18/8831, 22). Dagegen genügt für Schiedsrichter usw angesichts ihrer neutralen Position, dass sie den Wettkampf in irgendeiner Weise zu beeinflussen suchen. Überdies muss nur die Beeinflussung des Wettkampfes durch Schiedsrichter usw (Abs. 3) **in regelwidriger Weise** erfolgen, dh entgegen der für den konkreten Wettkampf anwendbaren Regeln iSv Abs. 5 Nr. 2, während für Sportler und Trainer auch ausreicht, dass sie in regelkonformer Weise ihr Leistungsvermögen nicht abschöpfen; die daran geübte Kritik (zB Rübenstahl JR 2017, 264 (276)) verkennt, dass es mit Blick auf eine Sportwette zugunsten des Wettbewerbes regelmäßig keinen Unterschied macht, ob ein Sportler ein Foul (Regelwidrigkeit) begeht, um dem Gegner einen Strafstoß zu ermöglichen, oder ob er als Torwart denselben bewusst passieren lässt.

11 bb) Schließlich muss Teil der Unrechtsvereinbarung auch sein, dass die vereinbarte Manipulation den Ausgang einer **Sportwette beeinflussen** und damit dem Wetter einen **rechtswidrigen Vermögensvorteil** verschaffen soll. Die in Aussicht genommene Sportwette muss auf den zu manipulierenden Wettbewerb bezogen sein, dh vor oder nach der Tathandlung mit Blick auf ein Ereignis in diesem Wettbewerb platziert werden, wenngleich nicht notwendig durch den Täter; es genügt, wenn dieser den Wettkampf zu manipulieren sucht, damit ein anderer mit Erfolg die Wette platzieren kann. Nicht-öffentliche, in rein privatem Rahmen angebotenen Sportwetten genügen nicht; es muss entweder eine Teilnahmemöglichkeit für einen größeren, nicht abgeschlossenen Personenkreis bestehen oder in Anlehnung an § 284 II eine gewohnheitsmäßige Veranstaltung innerhalb eines Vereins oder einer geschlossene Gesellschaft vorliegen. Ob die Sportwette im Inland oder Ausland angeboten wird und ob ihr Angebot rechtmäßig ist, spielt keine Rolle (BT-Drs. 18/8831, 17). Die Sportwette muss nach dem Plan des Täters auf einen rechtswidrigen Vermögensvorteil zielen; dieses Merkmal entspricht grds. § 263 I (Rübenstahl JR 2017, 264 (278)), so dass die Ausführungen hierzu (→ § 263 Rn. 59–62) entsprechend herangezogen werden können; der Wettgewinn als erstrebter Vermögensvorteil ist jedenfalls dann rechtswidrig, wenn der Wettteilnehmer selbst oder durch seine Vermittler bei der Abgabe einer Wette gegenüber dem Wettanbieter konkludent wahrheitswidrig erklärt hat, dass der Verlauf oder Ausgang des bewetteten Wettbewerbs nicht ihm zurechenbar beeinflusst werden soll (BT-Drs. 18/8831, 17). Wird ein Sportereignis durch Korruption ohne Wettbezug beeinflusst (uU strafbar nach § 265 d) und platziert ein Unbeteiligter, der davon erfahren hat, in Ausnutzung dieser Kenntnis eine Wette, scheidet § 265 c aus. Für das Vorliegen einer Unrechtsvereinbarung muss die Wette aber weder überhaupt abgeschlossen noch aus dieser aE tatsächlich ein Gewinn erzielt worden sein.

12 **3. a)** Hinsichtlich der Tathandlungen genügt **bedingter Vorsatz,** so dass der Täter von Abs. 2 oder Abs. 4 nur in Kauf nehmen muss, dass es sich beim Adressaten um einen Sportler, Trainer, Schiedsrichter usw handelt. Fehlt dem Angesprochenen freilich objektiv diese Eigenschaft, liegt ein strafloser untauglicher Versuch vor. Der Vorteilsnehmer muss es für Abs. 1 und 2 billigend in Kauf nehmen, dass seine Manipulationshandlung für eine betrügerische Wettsetzung genutzt werden soll; sicheres Wissen oder Absicht ist nicht erforderlich, ebenso wenig eine konkrete Vorstellung, wann wo welche Wette platziert werden soll (BT-Drs. 18/8831, 17). Ein

innerer Vorbehalt des Vorteilsnehmers, die versprochene Manipulation nicht vorzunehmen und damit auf den Ausgang einer Sportwette nicht Einfluss zu nehmen, ändert an der Anwendbarkeit von Abs. 1 und 3 nichts (BT-Drs. 18/8831, 14); dagegen wird zwar mit Recht eingewandt, es fehle dem Sportler usw an der Vorstellung den Wettbewerb zugunsten eines Konkurrenten zu beeinflussen (so Krack ZIS 2016, 540 (549)), doch genügt nach dem Wortlaut, dass Gegenstand der Unrechtsvereinbarung neben der Manipulation des Sportereignisses auch eine darauf platzierte vorteilhafte Wette ist, denn auch dann erklärt der Sportler konkludent, dass infolge seiner Manipulation ein Wettgewinn erlangt werde.

b) Für **Abs. 2 und 4** muss der Täter hinsichtlich der Beeinflussung des Wettbewerbs durch den Sportler usw sowie des daraus resultierenden Vermögensvorteils aus einer Sportwette Absicht haben. 13

4. Soll tatplangemäß ein Täter iSv Abs. 2 oder Abs. 4 die Bestechung des Sportlers usw vornehmen und der andere Wetten auf den Ausgang des zu manipulierten Wettbewerbs platzieren, wird idR **Mittäterschaft** (§ 25 II) vorliegen. Das gleiche gilt auf Nehmerseite, wenn mehrere Sportler oder ein Schiedsrichtergespann in Hinsicht auf eine Manipulation bestochen werden. 14

5. Mit § 265 d ist **Tateinheit** möglich. Zu § 263 soll Tatmehrheit anzunehmen sein (BT-Drs. 18/8831, 15), ebenso zu §§ 284 ff. (BT-Drs. 18/8831, 17). Soweit die Manipulationshandlung weitere Straftatbestände erfüllt, sind zur Beurteilung des Konkurrenzverhältnisses die zu §§ 299, 331 ff. entwickelten Grundsätze heranzuziehen (BT-Drs. 18/8831, 15). **Besonders schwerer Fall:** § 265 e. 15

6. Für Bestechungshandlungen im **Ausland** s. § 5 Nr. 10 a. Im Gesetzgebungsverfahren war noch ein § 265 f vorgesehen, der den erweiterten Verfall (§ 73 d aF) für eine gewerbs- oder bandenmäßige Begehung der §§ 265 c, 265 d für anwendbar erklären sollte (BT-Drs. 18/8831, 23). Da aber fast parallel mit dem VermögensabschöpfungG (→ Vor § 73 Rn. 3) in §§ 73 a, 73 b die erweiterte Einziehung für alle Straftatbestände angeordnet worden ist, hat sich der vorgeschlagene § 265 f erledigt. Obwohl § 265 c vor dem Vermögensabschöpfungsgesetz in Kraft getreten ist, ergibt sich angesichts von dessen weitgehender Rückwirkung auch auf vor dem 1.7.2017 begangene Straftaten faktisch keine Lücke. 16

§ 265d Manipulation von berufssportlichen Wettbewerben

(1) **Wer als Sportler oder Trainer einen Vorteil für sich oder einen Dritten als Gegenleistung dafür fordert, sich versprechen lässt oder annimmt, dass er den Verlauf oder das Ergebnis eines berufssportlichen Wettbewerbs in wettbewerbswidriger Weise zugunsten des Wettbewerbsgegners beeinflusse, wird mit Freiheitsstrafe bis zu drei Jahren oder mit Geldstrafe bestraft.**

(2) **Ebenso wird bestraft, wer einem Sportler oder Trainer einen Vorteil für diesen oder einen Dritten als Gegenleistung dafür anbietet, verspricht oder gewährt, dass er den Verlauf oder das Ergebnis eines berufssportlichen Wettbewerbs in wettbewerbswidriger Weise zugunsten des Wettbewerbsgegners beeinflusse.**

(3) **Wer als Schieds-, Wertungs- oder Kampfrichter einen Vorteil für sich oder einen Dritten als Gegenleistung dafür fordert, sich versprechen**

lässt oder annimmt, dass er den Verlauf oder das Ergebnis eines berufssportlichen Wettbewerbs in regelwidriger Weise beeinflusse, wird mit Freiheitsstrafe bis zu drei Jahren oder mit Geldstrafe bestraft.

(4) **Ebenso wird bestraft, wer einem Schieds-, Wertungs- oder Kampfrichter einen Vorteil für diesen oder einen Dritten als Gegenleistung dafür anbietet, verspricht oder gewährt, dass er den Verlauf oder das Ergebnis eines berufssportlichen Wettbewerbs in regelwidriger Weise beeinflusse.**

(5) **Ein berufssportlicher Wettbewerb im Sinne dieser Vorschrift ist jede Sportveranstaltung im Inland oder im Ausland,**
1. **die von einem Sportbundesverband oder einer internationalen Sportorganisation veranstaltet oder in deren Auftrag oder mit deren Anerkennung organisiert wird,**
2. **bei der Regeln einzuhalten sind, die von einer nationalen oder internationalen Sportorganisation mit verpflichtender Wirkung für ihre Mitgliedsorganisationen verabschiedet wurden, und**
3. **an der überwiegend Sportler teilnehmen, die durch ihre sportliche Betätigung unmittelbar oder mittelbar Einnahmen von erheblichem Umfang erzielen.**

(6) **§ 265 c Absatz 6 gilt entsprechend.**

Fassung des 51. StÄG (→ Vor § 1 Rn. 18) mit Wirkung zum 19.4.2017.

1 **1.** Mit § 265 d sollen auch außerhalb von Wettbetrügereien durch Korruption (dazu vgl. Sinner FS Neumann, 2017, 1229) erlangte Manipulationen im professionell betriebenen Sport erfasst werden. Dabei geht der Gesetzgeber von den gleichen **Schutzgütern wie bei § 265c** (→ § 265 c Rn. 1) aus. Allerdings bewirkt der fehlende Bezug auf eine Sportwette und die Beschränkung auf professionell betriebenen Sport (unter Ausschluss des Amateursports, selbst wenn dieser als Leistungssport betrieben wird), dass hier das Vermögen anderer Beteiligter an dem sportlichen Wettbewerb (Veranstalter, Konkurrenten) geschützt ist. Auch treten mit Blick auf die mitgeschützte Integrität des Sports insbes. die wirtschaftlichen Interessen der an einem sportlichen Wettbewerb Beteiligten in den Vordergrund. Der Gesetzgeber nennt als Beispiele für Abs. 1 etwa die durch Korruption erreichte Zusage eines Sportlers, für ein besseres Ergebnis eines anderen zu sorgen (zB Gewinnen lassen) oder den Abstieg der gegnerischen Mannschaft in eine untere Liga zu verhindern, sowie für Abs. 3 die gegenseitige Vereinbarung zweier Wertungsrichter, bei einem internationalen Wettkampf wechselseitig für ein gutes Ergebnis für Starter aus dem Herkunftsland des anderen zu stimmen (BT-Drs. 18/8831, 21). Die **Struktur** von § 265 d entspricht der des § 265 c (→ § 265 c Rn. 2).

2 **2. Täterkreis** und **Tathandlungen** sind sprachlich identisch zu § 265 c (→ § 265 c Rn. 3–8); gem. Abs. 6 ist die Trainer-Definition des § 265 c VI (→ § 265 c Rn. 7) ebenfalls anwendbar.

3 **a)** Allerdings muss sich hier die **Unrechtsvereinbarung** auf einen **berufssportlichen Wettbewerb** beziehen. Daraus ergibt sich eine Einschränkung des Täterkreises von Abs. 1 und 3, denn erfasst sind hier nur professionell tätige Sportler; Amateure scheiden auch dann aus, wenn sie als Leistungssportler agieren. Außerdem muss die Manipulation in **wettbewerbswidriger** (Abs. 1 und 2) bzw. **regelwidriger** (Abs. 3 und 4; → § 265 c Rn. 10) **Weise** erfolgen. **Wettbewerbs-**

widrigkeit ist bei Handlungen zugunsten des Wettbewerbsgegners regelmäßig, aber nicht immer gegeben; sie entfällt insbes. bei Absprachen, mit denen vor allem auch ein eigener Vorteil geschaffen werden soll (zB Absprache eines Unentschiedens, wenn dieses beiden Mannschaften in einem Turnier weiterhilft), sowie bei grds. zulässigen Verhaltensweisen außerhalb des sportlichen Geschehens wie etwa dem Transfer eines Athleten zum Gegner, auch wenn dieser dadurch im Wettbewerb gestärkt werden soll (BT-Drs. 18/8831, 21).

b) Berufssportlicher Wettbewerb ist definiert in Abs. 5; Nr. 1 und 2 sind weitgehend identisch zu § 265c V, so dass es sich stets um einen Wettbewerb des organisierten Sports (→ § 265c Rn. 6) handeln muss (BT-Drs. 18/8831, 22), der einerseits mindestens von einem **Sportbundesverband** (nicht – wie § 265c V Nr. 1 – jedem nationalen Verband) anerkannt sein muss (daran fehlt es etwa bei Kreis- und Landesligen, BT-Drs. 18/8831, 22, evtl. auch den vom Fußballregionalligaverband veranstalteten Regionalligen), und an dem zumindest **überwiegend Sportler teilnehmen, die durch ihre sportliche Betätigung unmittelbar oder mittelbar Einnahmen von erheblichem Umfang erzielen** (Abs. 5 Nr. 3). Danach soll für die Mehrzahl der an einem Wettbewerb beteiligten Sportler die sportliche Betätigung eine – nicht die einzige – Einnahmequelle sein, wobei in Anlehnung an § 4 VII Nr. 2 AntiDopG neben Start- und Preisgeldern auch Leistungen der Sportförderung und Sponsorengelder sowie auch zur Ausübung des Sports bezahlte Arbeitsentgelte und Besoldungen (zB bei Bundeswehr oder Polizei) zu berücksichtigen sind; die Leistungen müssen wiederholt gewährt und insgesamt von erheblichem Umfang sein (BT-Drs. 18/8831, 22). Maßgeblich ist eine Betrachtung des jeweiligen konkreten Wettbewerbs. Sind an einem Wettbewerb zahlenmäßig mehr Amateur- als Profisportler beteiligt, muss § 265d ausscheiden. Fraglich ist, wie ein aus mehreren einzelnen Wettkämpfen bestehender Wettbewerb einzustufen ist, zB wenn bei einem vom deutschen Tennis-Bund anerkannten Tennisturnier zunächst in der Mehrzahl Amateurspieler mitwirken, im Verlauf des Turniers aber immer mehr Spiele ausschließlich von Profis bestritten werden. Es wäre sachwidrig, könnte man die Bestechung eines von zwei Profis zugunsten des anderen etwa im Finale allein deshalb nicht bestrafen, weil in der ersten Runde des Turniers die Mehrzahl der Teilnehmer keine Profis waren. Das gleiche gilt, wenn bei Mannschaftssportarten innerhalb einer Mannschaft sowohl Profis als auch Amateure mitwirken; das betrifft vielfach die Liga unterhalb einer Profiliga. Auch kann sich die Situation während einer Saison oder sogar während eines Spiels ändern, wenn durch Spielerwechsel das Verhältnis von Profis und Nichtprofis verschoben wird (vgl. Rübenstahl JR 2017, 333 (336)). Der Wortlaut dürfte in diesen Fällen regelmäßig gegen eine Strafbarkeit sprechen; de lege ferenda wäre daher eine Präzisierung angebracht. Der Verweis auf § 4 VII Nr. 2 AntiDopG (so BT-Drs. 18/8831, 22) hilft insoweit nicht weiter, denn die Dopingstrafbarkeit richtet sich allein danach, ob der gedopte Sportler selbst seinen Sport professionell ausgeübt hat und nicht darauf, ob dies in einem professionellen Umfeld geschehen ist (dazu Heger medstra 2017, 205 (213f.)). Während ein Täter von strafbarem Selbstdoping neben den Testpoolathleten nur ein Profisportler sein kann, ist dies in § 265d anders; handelt es sich um einen mehrheitlich von Profisportlern betriebenen Wettbewerb, sind taugliche Täter (Abs. 1) oder Adressaten von Korruption (Abs. 2) auch daran beteiligte Amateursportler. Wann Einnahmen in diesem Sinne erheblich sind, ist noch unklar; da es auf die wirtschaftliche Situation des Sportlers nicht ankommen soll (BT-Drs. 18/8831, 22), erscheint eine Orientierung an absoluten Summen 4 sinnvoll. Orientiert man sich hierfür an der Pfändungsfreigrenze von § 850c ZPO, wären bereits Einnahme von 13.000 EUR pro Jahr erheblich (so zum AntiDopG Heger medstra 2017, 205 (214); für Orientierung am Bruttodurchschnittseinkommen von ca. 35.000 EUR Perron in Schönke/Schröder Rn. 7); zu hoch erscheint dagegen eine Summe von bis zu 50.000 EUR in Anlehnung an § 265e (so Rübenstahl JR 2017, 333 (336); dagegen Heger medstra 2017, 205 (214)).

5 **3.** Zum Vorsatz gelten die Ausführungen zu § 265c (→ § 265c Rn. 12) grds. entsprechend. Allerdings muss der Täter für § 265d die Umstände kennen, die einen berufssportlichen Wettbewerb begründen, und für Abs. 1 und 2 Vorsatz in Bezug auf die Wettbewerbswidrigkeit haben.

6 **4. Konkurrenzen** → § 265c Rn. 15. Für Bestechungshandlungen im **Ausland** s. § 5 Nr. 10a.

§ 265e Besonders schwere Fälle des Sportwettbetrugs und der Manipulation von berufssportlichen Wettbewerben

[1]In besonders schweren Fällen wird eine Tat nach den §§ 265c und 265d mit Freiheitsstrafe von drei Monaten bis zu fünf Jahren bestraft. [2]Ein besonders schwerer Fall liegt in der Regel vor, wenn
1. die Tat sich auf einen Vorteil großen Ausmaßes bezieht oder
2. der Täter gewerbsmäßig handelt oder als Mitglied einer Bande, die sich zur fortgesetzten Begehung solcher Taten verbunden hat.

Fassung des 51. StÄG (→ Vor § 1 Rn. 18) mit Wirkung zum 19.4.2017.

1 **1.** Die Vorschrift sieht benannte Strafschärfungsgründe für §§ 265c, 265d in Form von **Regelbeispielen** vor. Die Regelbeispiele in Nr. 1 und 2 entsprechen inhaltlich § 300, so dass die dortigen Ausführungen entsprechend gelten. Ein **Vorteil großen Ausmaßes** liegt jedenfalls vor, wenn die Bestechungssumme mindestens 50.000 EUR beträgt, aber auch für § 265c II, IV, wenn der angestrebte Vermögensvorteil aus der Sportwette mindestens diese Summe erreicht. Wird ein Sportler usw mit einer geringeren Summe bestochen, aber daraufhin planmäßig ein hoher Wettgewinn realisiert, stellt sich die Frage, ob auch die Tat des Sportlers gem. § 265c I dieses Regelbeispiel verwirklicht. Das wird man nur annehmen können, wenn der Sportler einen solchen Wettgewinn für möglich gehalten hat. Werden etwa mehrere Sportler einer Mannschaft bestochen, genügt dass der Gesamtbetrag diese Summe erreicht. Das gleiche gilt für § 265c II, IV umgekehrt, wenn mehrere Wetter aufgrund einer Bestechung Wetten auf das gleiche Ereignis platzieren und jeweils für sich nur einen niedrigeren Wettgewinn erzielen. – Ein **unbenannter besonders schwerer Fall** soll insbes. bei der Einwirkung auf minderjährige Sportler gegeben sein (BT-Drs. 18/831, 23; für Übertragung auf eSport Lützebäck/Wieck Jura 2020, 1322 (1326f.), dagegen Pusch npoR 2019, 53 (59)).

2 **2.** Unter den Voraussetzungen von S. 2 ist eine Telekommunikationsüberwachung möglich (§ 100a II Nr. 1 Buchst. p StPO); dafür genügt das Vorliegen der Voraussetzungen von Nr. 1 oder Nr. 2 (vgl. BT-Drs. 18/8831, 23), ohne dass es darauf ankäme, ob die daraus resultierende Indizwirkung (→ § 46 Rn. 14) im konkreten Fall vorliegt oder ausnahmsweise nicht.

§ 266 Untreue

(1) **Wer die ihm durch Gesetz, behördlichen Auftrag oder Rechtsgeschäft eingeräumte Befugnis, über fremdes Vermögen zu verfügen oder einen anderen zu verpflichten, mißbraucht oder die ihm kraft Gesetzes, behördlichen Auftrags, Rechtsgeschäfts oder eines Treueverhältnisses obliegende Pflicht, fremde Vermögensinteressen wahrzunehmen, verletzt und dadurch dem, dessen Vermögensinteressen er zu betreuen hat, Nachteil zufügt, wird mit Freiheitsstrafe bis zu fünf Jahren oder mit Geldstrafe bestraft.**

(2) **§ 243 Abs. 2 und die §§ 247, 248a und 263 Abs. 3 gelten entsprechend.**

1. Geschützt wird nur das **Vermögen** (hM; BGHSt 43, 293 (297) = NJW 1998, 913; Schünemann in LPK-Untreue Rn. 35; Kindhäuser in NK-StGB Rn. 1; Saliger in Satzger/Schluckebier/Widmaier StGB Rn. 1; eing. Nelles, Untreue zum Nachteil von Gesellschaften, 1991, S. 283; zum Gemeinwohlbezug Bernsmann StV 2013, 403; Keller FS Puppe, 2011, 1189) durch den Missbrauchs- (→ Rn. 5–8) und den Treubruchstatbestand (→ Rn. 9–15). Zur verfassungsrechtlichen Problematik BVerfG NJW 2009, 2370, zur bejahten Verfassungskonformität des Tatbestandsmerkmals Vermögensnachteil; BVerfGE 126, 170 = NJW 2010, 3209 mit Bespr. Kuhlen JR 2011, 246; Kraatz JR 2011, 617; Krüger NStZ 2011, 369; Safferling NStZ 2011, 376; Hüls NZWiSt 2012, 12; Leplow wistra 2010, 475; Böse Jura 2011, 617; Beckemper ZJS 2011, 88; Rübenstahl HRRS 2012, 501; Perron FS Heinz, 2012, 796; Schramm in Momsen/Grützner WirtschaftsSteuerStrafR-HdB Kap. 5 § 19 Rn. 16): grundsätzliche Verfassungsmäßigkeit bei restriktiver Auslegung; zur Diskussion davor vgl. Labsch, Untreue (§ 266 StGB), 1983, S. 199; Ransiek ZStW 116 (2004), 634 (640); Seier Geilen-Symposium, 2003, 145 (153) „in Anbetracht der heute herrschenden Anwendungspraxis verfassungswidrig“; Seier FS Kohlmann, 2003, 105 (112); Schünemann in LPK-Untreue Rn. 36–41; zur aktuellen kriminalpolitischen Diskussion vgl. einerseits OLG Hamm NJW 2005, 1993; Beulke FS Eisenberg, 2009, 245; andererseits Englisch NJW 2005, 2974; Schünemann NStZ 2005, 473; Saliger HRRS 2006, 19; Perron GA 2009, 219; gegen die Einstufung als Wirtschaftsdelikt Rönnau ZStW 119 (2007), 887 (901); dafür Schünemann FS Frisch, 2013, 837 „zentrales Wirtschaftsdelikt“; zur Geschichte Kindhäuser in NK-StGB Rn. 4–10; zur **Reform** AE (WirtschStR) S. 127; Weber FS Dreher, 1977, 555; Tiedemann FS Würtenberger, 2013, 241 (249); Labsch, Untreue (§ 266 StGB), 1983, S. 217; Schramm, Untreue und Konsens, 2005, S. 245; Rönnau StV 2011, 753; Hauck ZIS 2011, 919; krit. zu den Reformvorschlägen Haas, Die Untreue (§ 266 StGB), 1997, S. 116; den Ist-Zustand verteidigt Schünemann ZIS 2012, 183.– **Rechtsvergleichend** Schünemann in LK-StGB Rn. 271–275; Foffani FS Tiedemann, 2008, 767; Dixon/Gößwein/Hohmann NZWiSt 2013, 361; zum spanischen Recht Perron GA 2009, 232; und die Beiträge zur Kölner Rechtsvergleichungs-Tagung 2009 Rönnau ZStW 122 (2010), 299; du Bois-Pedain ZStW 122 (2010), 325; Luzón Peña/Roso Cañadillas ZStW 122 (2010), 354; Foffani ZStW 122 (2010), 374); Lüthge, Das Delikt der Untreue im internationalen Rechtsvergleich, 2017; zum österreichischen Recht Marek NZWiSt 2018, 236; zum griechischen Recht Mezari, Die strafrechtliche Verantwortlichkeit der Organmitglieder mit Kontrollbefugnissen einer Aktiengesellschaft, 2022, Teil 2, § 2.– **Kriminologisch** Seier/Lindemann in Achenbach/ 1

Ransiek/Rönnau WirtschaftsStrafR-HdB Kap. V 2 Rn. 4–9. Zur EU-Harmonisierung Cappel, Grenzen auf dem Weg zu einem europäischen Untreuestrafrecht, 2009, S. 216, 233. – Zur **Rspr.** Achenbach NStZ 2011, 615 (616); NStZ 2012, 682 (684); NStZ 2013, 697 (700); vgl. auch Bittmann wistra 2013, 449; wistra 2017, 121.

2 **2. a)** Beide Tatbestände setzen **als Täter** einen dem Vermögensträger gegenüber Treupflichtigen voraus, dessen Bindung zurzeit der Tathandlung bestehen muss (BGH NJW 1993, 1278) und auf einem rechtlichen oder tatsächlichen Verhältnis beruhen kann. Da dieses Verhältnis ein strafbegründendes besonderes persönliches Merkmal ist (BGH NStZ-RR 2009, 102; → § 14 Rn. 14; → § 28 Rn. 3–5), kommen als Täter nur die Treupflichtigen selbst und deren in § 14 genannte Vertreter in Frage (so schon zum früheren Recht BGHSt 13, 330 = NJW 1960, 158 mAnm Schröder JR 1960, 105). Ob jeder schädigende Pflichtenverstoß des Treupflichtigen seine Täterschaft begründet (Rengier StrafR BT I § 18 Rn. 68; → 28. Aufl. 2014; aM Hoyer in SK-StGB § 25 Rn. 21), ist umstritten; nach der Rspr. (BGHSt 61, 48 = NJW 2016, 2585 mAnm Schlösser StV 2017, 123) müssen daneben die allgemeinen Kriterien für (Mit-)Täterschaft erfüllt sein. Mittelbare Täterschaft kraft Organisationsherrschaft (→ § 25 Rn. 2) ist möglich (BGHSt 49, 147 (163) = JuS 2004, 1117). Bei Gremienentscheidungen soll auch eine Stimmenthaltung Mittäterschaft begründen können (BGH NJW 2006, 522 (523); krit. Hanft Jura 2007, 58; zw.). Außenstehende können allenfalls Teilnehmer sein (BGH wistra 1984, 22), deren Strafe nach § 28 I zu mildern ist (hM; vgl. etwa BGHSt 26, 53 = NJW 1975, 837; BGHSt 41, 1 (2) = NJW 1995, 1764 mit Bespr. Cramer WiB 1995, 525; Ranft JZ 1995, 1186; Hake JR 1996, 162; BGH NStZ-RR 2006, 109; wistra 2007, 306; Seier/Lindemann in Achenbach/Ransiek/Rönnau WirtschaftsStrafR-HdB Kap. V 2 Rn. 64; Hoyer in SK-StGB § 28 Rn. 36; Mitsch StrafR BT II Abschn. 6.2.1.1.1; Schünemann in LPK-Unreue Rn. 257; anders Perron in Schönke/Schröder Rn. 52). Da die Tatbestände als Tathandlung nur eine Pflichtverletzung (Befugnismissbrauch; Treupflichtverletzung) voraussetzen, können sie gleichermaßen durch **Tun oder Unterlassen** erfüllt werden (ebenso Maurach/Schroeder/Maiwald/Hoyer/Momsen StrafR BT § 45 Rn. 22; SeierLindemann in Achenbach/Ransiek/Rönnau WirtschaftsStrafR-HdB Kap. V 2 Rn. 74–77). Die in § 13 I für das unechte Unterlassungsdelikt mit Einschränkungen vorgesehene Gleichstellung mit dem Begehungsdelikt ist hier schon im Tatbestand einschränkungslos enthalten (vgl. Schünemann in LPK-Untreue 69, 125, 256 „Garantensonderdelikt"). § 266 beschreibt also kein echtes (aM Bosch in Schönke/Schröder Vor § 13 Rn. 136, 137), sondern ein unechtes Unterlassungsdelikt, bei dem an die Stelle der allgemeinen Voraussetzungen des § 13 (Garantenpflicht, Entsprechensklausel) die Treupflicht tritt. Unabhängig von der Anwendbarkeit von § 13 (dafür BGHSt 52, 323 (334) = NJW 2009, 89; BGH NJW 2011, 3529 (3530); wistra 2016, 152; BayObLG JR 1989, 299; dagegen Rudolphi ZStW 86 (1974), 68 (69); Güntge wistra 1996, 84), ist die Strafmilderungsmöglichkeit gem. § 13 II jedenfalls als allgemeine Vergünstigung für alle unechten Unterlassungsdelikte anwendbar (so BGHSt 36, 227 = NJW 1990, 332 mkritAnm Timpe JR 1990, 428; BGH NStZ-RR 1997, 357; KG NJW 2007, 3366 (3367); Seier/Lindemann in Achenbach/Ransiek/Rönnau WirtschaftsStrafR-HdB Kap. V 2 Rn. 80; Weigend in LK-StGB § 13 Rn. 13; aM Güntge wistra 1996, 84 (89); für eine analoge Anwendung von § 13 II Schünemann in LPK-Untreue Rn. 256; zw.). Allerdings fehlt es bei der Untreue regelmäßig an einer konkreten Schulddifferenz zwischen Tun und Unter-

lassen, so dass die Milderung meist aus diesem Grunde entfällt (→ § 13 Rn. 18; sa Fischer Rn. 188).

b) Beide Tatbestände setzen ferner als Angriffsobjekt **fremdes** Vermögen voraus. Dieses muss zivilrechtlich einer mit dem Täter nicht identischen natürlichen oder juristischen Person (zB einer GmbH, wistra 1993, 301, oder auch einer KG auf Aktien, wistra 1986, 69) zustehen (hM; BGHSt 1, 186 = BeckRS 1951, 31399665; Joecks/Jäger StGB Rn. 25; Dierlamm in MüKoStGB Rn. 35; Kindhäuser in NK-StGB Rn. 30; anders Nelles, Untreue zum Nachteil von Gesellschaften, 1991, S. 513, 541, die nicht auf die zivilrechtliche Zuordnung, sondern auf die aus dem strafrechtlichen Vermögensbegriff abgeleitete Macht und das Recht abstellt, über die Zwecke des Vermögenseinsatzes im Verhältnis zu jedem Dritten verbindlich zu verfügen). Vermögen juristischer Personen ist danach nicht nur für deren Organe, sondern auch für deren Anteilseigner fremd, selbst wenn alle Anteile in einer Hand vereinigt sind (BGHSt 34, 379 (384) = NJW 1988, 1397). Für bloß verselbständigte Vermögensmassen (zB OHG, KG, GbR, Vor-GmbH (BGH StV 1992, 465; Achenbach NStZ 1993, 429; Deutscher/Körner wistra 1996, 8); GmbH & Co. KG (BGH NJW 1992, 250 (251); NJW 2003, 2996 (2999))) ist zwar im Gesellschaftsrecht Teilrechtsfähigkeit anerkannt (BGHZ 146, 341; s. auch Schünemann LPK-Untreue Rn. 328; Schramm in Momsen/Grützner WirtschaftsSteuerStrafR-HdB Kap. 5 § 19 Rn. 33), jedoch handelt es sich nicht um juristische Personen (BGH NJW 2013, 3593); weil sie den Beteiligten gemeinschaftlich zustehen, kommt es im Strafrecht darauf an, ob ein vom Täter verschiedener (Mit-)Träger der Vermögensmasse betroffen ist (BGHSt 34, 221 = NJW 1987, 1710; BGH NStZ 1987, 279; wistra 1991, 183; wistra 2000, 179; s. auch BGH, NStZ-RR 2020, 145 (146); Schulte NJW 1984, 1671; Schramm in Momsen/Grützner WirtschaftsSteuerStrafR-HdB Kap. 5 § 19 Rn. 33; aM Schäfer NJW 1983, 2850; Brand, Untreue und Bankrott in der KG und GmbH & Co. KG, 2010, S. 76 „Existenzvernichtungsverbot" der Gesellschafter; für eine parallele Untreue Soyka, Untreue zum Nachteil von Personengesellschaften, 2008, S. 247, 266, Subsidiarität der Untreue zum Nachteil des Sondervermögens; für die Vor-GmbH aM auch Hentschke, Der Untreueschutz der Vor-GmbH vor einverständlichen Schädigungen, 2002, S. 150, 220, selbständiger Vermögensträger mit vor dem Zugriff des Geschäftsführers bzw. Gesellschafters geschütztem Stammkapital). Allerdings sind jüngere BGH-Entscheidungen zum Geschädigten und zur Schadenshöhe bei der GmbH- und KG-Untreue Anlass für Missverständnisse (vgl. Bittmann/Richter wistra 2005, 51; → Rn. 16). Zu den unklaren Voraussetzungen einer Untreue im Konzern und zur noch nicht abschließend geklärten Möglichkeit einer Untreue zum Nachteil einer GmbH & Co. KG Rönnau in: Scholz, GmbHG Vor § 82 Rn. 17–23; Hadamitzky in Müller-Gugenberger WirtschaftsStrafR Kap. 32 Rn. 145–155, 187a; zum GmbH-Konzern und zur AG → Rn. 20. Zur Konzernuntreue s. auch Zimmermann in Minkoff/Sahan/Wittig KonzernStrafR-HdB § 13 3

c) Beide Tatbestände setzen nach ihrem Wortlaut schließlich voraus, dass der Täter „**fremde** (vgl. → Rn. 3) **Vermögensinteressen zu betreuen hat**" (BGHSt 61, 305 (310) = NZM 2017, 780; BGH NStZ 2013, 40; Wegenast, Missbrauch und Treubruch, 1994, S. 134; Joecks/Jäger StGB Rn. 30); diese sog. Vermögensbetreuungspflicht ist ein besonderes persönliches Merkmal iSv § 28 I (BGH NStZ 2012, 316; NStZ 2012, 630; für Erben vgl. Zierden, Die Erebnuntreue, 2022). Die Bedeutung dieses Merkmals, das sich als gemeinsames erst im zweiten Teil der Vorschrift findet und dort vornehmlich der näheren Konkretisierung des durch die Tat 4

Benachteiligten dient, ist umstritten (Küper/Zopfs StrafR BT Rn. 618ff.). Es geht dabei um die Frage, ob die von Rspr. und Lehre entwickelte einschränkende Auslegung des Treubruchstatbestandes, die an dessen zentrales Merkmal der „Wahrnehmung fremder Vermögensinteressen" anknüpft (→ Rn. 11–14), Rückwirkungen auch auf den Missbrauchstatbestand hat (so Hübner in LK-StGB, 10. Aufl. 1978, Rn. 2–15) oder ob hier in Anlehnung an die zum früheren Recht entstandene Missbrauchstheorie (dazu Kindhäuser in NK-StGB Rn. 13, 14) und an die Intention des historischen Gesetzgebers (dazu Heimann-Trosien JZ 1976, 549) schon jeder Missbrauch einer rechtlichen Befugnis – sei es auch nur bei einem beschränkten Auftrag – zur Erfüllung des Tatbestandes ausreicht (früher hM; vgl. etwa Arzt FS Bruns, 1978, 365 (382); Labsch, Untreue (§ 266 StGB), 1983, S. 125; Labsch NJW 1986, 104; Baumgartner, Der Schutz zivilrechtlicher Forderungen durch Veruntreuung, Untreue und Unterschlagung, 1996, S. 116, 135; Schünemann in LPK-Untreue Rn. 18–31). Die Frage ist erst im Zusammenhang mit dem Scheckkartenmissbrauch (BGHSt 24, 386 = NJW 1972, 1904) voll ins Blickfeld getreten. Obwohl die – allerdings uneinheitliche – Rspr. und auch das Schrifttum die selbständige Bedeutung dieses die Tatbestände verbindenden Merkmals zunächst nur vereinzelt ausdrücklich bejaht haben (Nachw. bei Schünemann in LPK-Untreue Rn. 23), ist die damit erreichbare Einschränkung der Untreue im ganzen auf Täter, denen als Hauptpflicht die Betreuung fremder Vermögensinteressen obliegt, ein zur Milderung der bedenklichen Konturlosigkeit der Tatbestände wichtiger Fortschritt (Fabricius NStZ 1993, 414 (415)). Die vom BGH vollzogene Schwenkung verdient daher Zustimmung. Mit Recht geht er davon aus, dass jede Restriktion, die Rspr. und Lehre für den Treubruchstatbestand aus dem Merkmal „Wahrnehmung fremder Vermögensinteressen" herausgearbeitet haben, auch für den Missbrauchstatbestand gilt, weil er durch den inhaltsgleichen Begriff der „Betreuung fremder Vermögensinteressen" in derselben Weise begrenzt ist (BGHSt 24, 386 = NJW 1972, 1904; Seebode JR 1973, 117 (119)). folgt die heute hM (Hübner JZ 1973, 407; Dunkel, Erfordernis und Ausgestaltung des Merkmals „Vermögensbetreuungspflicht" iRd Missbrauchstatbestandes der Untreue, 1976, S. 236; Dunkel GA 1977, 329; Schreiber/Beulke JuS 1977, 656; Vormbaum JuS 1981, 18 (20); Altenhain, Untreue zum Nachteil von Gesellschaften, 1991, S. 186, 510; Maurach/Schroeder/Maiwald/Hoyer/Momsen StrafR BT § 45 Rn. 18; Wessels/Hillenkamp/Schuhr StrafR BT II Rn. 750; Hadamitzky in Müller-Gugenberger WirtschaftsStrafR Kap. 32 Rn. 24, 94; Kindhäuser FS Lampe, 2003, 725; Kindhäuser in NK-StGB Rn. 19–26; Dierlamm in MüKoStGB Rn. 31; Saliger in Satzger/Schluckebier/Widmaier StGB Rn. 6). Allerdings wird zT auch die selbständige Bedeutung der Vermögensbetreuungspflicht zwar anerkannt, aber für weniger weittragend gehalten als im Treubruchstatbestand (Schlüchter JuS 1984, 675 (676)) oder ganz auf den Gesichtspunkt reduziert, dass dem Täter seine Rechtsmacht im fremden Interesse erteilt sein müsse (Bringewat GA 1973, 353 (362); NStZ 1983, 457; Otto, Bargeldloser Zahlungsverkehr und Strafrecht, 1978, S. 100; sowie Otto JR 1985, 29; JR 1989, 208; Sieber, Computerkriminalität und Strafrecht, 2. Aufl. 1980, S. 239; Wegenast, Missbrauch und Treubruch, 1994, S. 137; Schramm, Untreue und Konsens, 2005, S. 34; Mitsch StrafR BT II Abschn. 6.2.1.2.1; Perron in Schönke/Schröder Rn. 2, 11).

5 **3.** Der **Missbrauchstatbestand** (zur zivilrechtlichen Genealogie Kiefner FS Stree/Wessels, 1993, 1205) schützt gegen den nach außen wirksamen (hM; anders Arzt FS Bruns, 1978, 365; Schünemann in LPK-Untreue Rn. 62) Missbrauch

der Rechtsmacht (Befugnis), über fremdes (→ Rn. 3) Vermögen zu verfügen oder einen anderen zu verpflichten.

a) Die **Befugnis** (zusf. Küper/Zopfs StrafR BT Rn. 612; Schramm, Strafrecht Besonderer Teil I, § 10 Rn. 15–17) kann beruhen **auf Gesetz,** zB bei Eltern, Vormund, Betreuer (OLG Celle NStZ-RR 2013, 176 mAnm Oğlakcioğlu ZWH 2013, 375; sa OLG Bremen NStZ 1989, 228), Pfleger (OLG Celle NJW 1994, 142), Handlungsbevollmächtigte gem. § 54 HGB (BGH NStZ 2011, 280), Rechtspfleger im Zwangsverwaltungsverfahren (BGH NJW 2011, 2819 mAnm Waßmer NZWiSt 2012, 36), leitende Finanzbeamte (OLG Rostock ZWH 2013, 70), Testamentsvollstrecker, Insolvenzverwalter (bis 1998 Konkursverwalter; vgl. BGH NStZ 1998, 246; wistra 2000, 384; speziell zum Konkurssachbearbeiter BGH NStZ 2000, 376; zum Insolvenzverwalter LG Magdeburg wistra 2002, 156; Schramm NStZ 2000, 398), auch der vorläufige (bei Verwaltungs- und Verfügungsbefugnis; Schramm NStZ 2000, 398; Gold, Die strafrechtliche Verantwortung des vorläufigen Insolvenzverwalters, 2004, S. 101; weiter Bittmann/Rudolph wistra 2000, 401), zum Gläubigerausschuss im Insolvenzverfahren Brand/Sperling KTS 2008, 355), Sequester (BGH NJW 1993, 1278; NStZ 1998, 193), Nachlassrichter (BGHSt 35, 224 = NJW 1988, 2809 mAnm Otto JZ 1988, 883), Gerichtsvollzieher (BGHSt 13, 274 = BeckRS 1959, 31194714; BGH NStZ 2011, 281; NStZ-RR 2013, 344) oder der Vertragsarzt als Vertreter der Krankenkasse bei der Verordnung von Arzneimitteln (BGHSt 49, 17 (24) = NJW 2004, 454; BGH NStZ 2004, 568; OLG Hamm NStZ-RR 2006, 13; abl. Ulsenheimer MedR 2005, 622; Brandts/Seier FS Herzberg, 2008, 811 (823), keine „überschießende" Vertretungsmacht; zu dessen Treupflicht → Rn. 12), **auf allgemeinem oder speziellem behördlichem Auftrag** (RGSt 69, 333 (336)) oder **auf Rechtsgeschäft,** zB Vollmacht, Satzung oder Organstellung in einer Gesellschaft (BGHSt 28, 371 = NJW 1980, 406; zur GmbH und AG → Rn. 20a) oder einem rechtsfähigen Verein, bei dem zum Kreis der Treupflichtigen namentlich der Vereinsvorsitzende und andere Vorstandsmitglieder gehören (BGH NJW 1975, 1234; wistra 2001, 340; OLG Hamm NJW 1982, 190; wistra 1999, 350 (353); Eisele GA 2001, 377 (386); Seier JuS 2002, 237; Kindhäuser in NK-StGB Rn. 58; Schünemann in LPK-Untreue Rn. 50, 204), aber auch weitere Organe des Vereins wie etwa Generalsekretär, Geschäftsführer oder Schatzmeister hinzutreten können; vgl. auch OLG Frankfurt a. M. NJW 2004, 2028); zur kontrovers diskutierten Frage der Untreue durch verdeckte Parteifinanzierung im Fall Kohl vgl. LG Bonn NJW 2001, 1736 mit krit. Bespr. Beulke/Fahl NStZ 2001, 426; OLG Hamm NJW 2001, 1694; Schwind NStZ 2001, 349; Hetzer RuP 2000, 100; Otto RuP 2000, 109; Velten NJW 2000, 2852; Wolf KJ 2000, 531; Krüger NStZ 2002, 1178; vgl. auch Taschke/Volhard FS Lüderssen, 2002, 663, 682; eing. Saliger, Parteiengesetz und Strafrecht, 2005; sowie Saliger in Ipsen, Parteiengesetz, 2008, § 31d Rn. 137, der zu einer weitgehenden Strafbarkeit der sog. **„Parteiuntreue"** gelangt, insbes. bei rechtswidrig erlangten Spenden wegen dadurch ausgelöster Sanktionsrisiken (Saliger, Parteiengesetz und Strafrecht, 2005, S. 68, 233), nicht jedoch bei formal fehlerhaften Rechenschaftsberichten und parteizweckkonformen Mittelverwendungen (Saliger, Parteiengesetz und Strafrecht, 2005, S. 395, 473); der BGH (BGHSt 56, 203 = NJW 2011, 1747 mit Bespr. Bittmann wistra 2011, 343; Corsten wistra 2011, 389; Wagner ZIS 2012, 28; ZIS 1960, 94; BGH NJW 2012, 3797) hat klargestellt, dass nicht der Verstoß gegen die nicht vermögensschützenden Normen des PartG, sondern **allein eine Satzungsbestimmung der einzelnen Partei Grundlage** 5a

einer Pflichtwidrigkeit iSv § 266 sein kann. Zum Wuppertaler Parteispendenfall vgl. BGH wistra 2007, 184; diff. auch Faust, Zur möglichen Untreuestrafbarkeit im Zusammenhang mit Parteispenden, 2006, S. 58; zur Bildung schwarzer Kassen → Rn. 17a. Ein rechtlich unwirksames Grundverhältnis verleiht keine Befugnis (hM). Auch dass eine Verfügung lediglich nach Normen des Verkehrsschutzes (zB § 932 BGB) dem Betreuten gegenüber wirksam ist, genügt nicht (BGHSt 5, 61 = BeckRS 1953, 31198459; Herzberg/Brandts JuS 1983, 203 (205); Kindhäuser in NK-StGB Rn. 88; für den Fall der erloschenen, aber kraft Rechtsscheins nach §§ 169 ff. BGB fortwirkenden Vollmacht anders OLG Stuttgart NStZ 1985, 365; Labsch Jura 1987, 411 (412); Perron in Schönke/Schröder Rn. 4, 18; dagegen Maurach/Schroeder/Maiwald/Hoyer/Momsen StrafR BT § 45 Rn. 19).

6 **b)** aa) Die Handlung setzt einen **Missbrauch** dieser Befugnis, dh eine Verletzung der im Innenverhältnis bestehenden Pflichten voraus. Diese ergeben sich idR aus der Beziehung zwischen Treugeber und Treupflichtigem, sind also je nach dem Aufgabenkreis des Treupflichtigen verschieden (vgl. etwa BGH wistra 1988, 305; NStZ 2001, 432; OLG Hamm NStZ 1986, 119; OLG Düsseldorf wistra 1992, 354; Seier/Lindemann in Achenbach/Ransiek/Rönnau WirtschaftsStrafR-HdB Kap. V 2 Rn. 117). Sie können auch unmittelbar auf einer Rechtsvorschrift beruhen, zB bei der Vergabe von Großkrediten auf Grund des KWG (Nack NJW 1980, 1599; Martin, Bankenuntreue, 2000, S. 31, 143; Laskos, Die Strafbarkeit wegen Untreue bei der Kreditvergabe, 2001, S. 33, 123; speziell zu § 18 KWG einschr. BGHSt 46, 30 = NJW 2000, 2364; strenger jedoch BGHSt 47, 148 = NJW 2002, 1211; → Rn. 7), auf den Landeshochschulgesetzen bei der Verwendung von zweckgebundenen Mitteln durch Studentenvertreter (BGHSt 30, 247 = NJW 1982, 346) und Hochschullehrer (BGH NStZ-RR 2011, 82), auf den Landesstiftungsgesetzen bei der Anlage von Stiftungsvermögen (BGH wistra 2010, 445 mAnm Büch wistra 2011, 20) oder auf Art. 33 II GG bei der Ämterpatronage (Schmidt-Hieber NJW 1989, 558; zum Schaden → Rn. 17). Bei öffentlichen Mitteln kommt auch eine Bindung durch verwaltungsinterne Richtlinien und allgemein durch die Pflicht zu sachlicher Ermessensausübung in Frage (BGH NJW 1991, 990; Fabricius NStZ 1993, 414 (416)) unter Beachtung des Gebots der Wirtschaftlichkeit und Sparsamkeit (BGH NJW 2020, 628 mAnm Brand; v. Becker NStZ 2020, 424; Bittmann NZWiSt 2020, 199; Schlösser wistra 2020, 288; Wagner JR 2020, 400; Waßmer JZ 2020, 522). Einen untreuerelevanten Verstoß gegen das Gebot der Wirtschaftlichkeit und Sparsamkeit bejahte etwa BGH NJW 2021, 1473 mkritAnm Brand bei der Gewährung von Übergangsgeldern, die eine unzuständige Person an die Vorstandsmitglieder einer kassenärztlichen Vereinigung „ohne Gegenleistung" bewilligt hat. Der Missbrauch muss durch eine Handlung betätigt sein, die **wirksam** über fremdes (→ Rn. 3) Vermögen **verfügt** oder einen anderen **verpflichtet** (BGHSt 50, 299 (313) = NJW 2006, 925; BGHSt 50, 331 (341) = NJW 2006, 522; Mitsch StrafR BT II Abschn. 6.2.1.2.2; übersehen von OLG Celle NJW 1994, 142 mit zu Recht abl. Bespr. Krack/Radtke JuS 1995, 17 (20)). Das setzt stets eine rechtsgeschäftliche Handlung oder treupflichtwidriges Unterlassen (→ Rn. 2; Hadamitzky in Müller-Gugenberger WirtschaftsStrafR Kap. 32 Rn. 76–78a; Dannecker LdRerg 8/1760, S. 2) einer solchen Handlung voraus (hM; anders Sax JZ 1977, 743 (747)); auch das Verjährenlassen einer Forderung kommt danach in Frage (Schünemann in LPK-Untreue Rn. 68; Saliger in Satzger/Schluckebier/Widmaier StGB Rn. 22; aM Kindhäuser in NK-StGB Rn. 91; Seier/Lindemann in Achenbach/Ransiek/Rönnau WirtschaftsStrafR-

HdB Kap. V 2 Rn. 76; offen gelassen BGH NJW 1983, 461 mkritAnm Keller JR 1983, 516; zw.; zum strafrechtlichen Forderungsschutz rechtsvergleichend Baumgartner, Der Schutz zivilrechtlicher Forderungen durch Veruntreuung, Untreue und Unterschlagung, 1996, S. 185, 198). Charakteristisch ist, dass sich der Täter im Rahmen seines durch das Grundverhältnis legitimierten rechtlichen Könnens hält, aber die im Innenverhältnis gezogenen Grenzen seines rechtlichen Dürfens überschreitet (BGHSt 5, 61 (63) = BeckRS 1953, 31198459; BGH NJW 1995, 1535). Rein tatsächliches Einwirken auf das betreute Vermögen genügt daher nicht (OLG Frankfurt a. M. MDR 1994, 1232), wohl zB aber das Begeben eines ungedeckten Schecks unter Vorlage einer Scheckkarte und die Benutzung einer Kreditkarte trotz Zahlungsunfähigkeit (→ § 266b Rn. 3, 4). In beiden Fällen scheitert die Annahme einer Untreue nur daran, dass der Täter keine fremden Vermögensinteressen zu betreuen hat (hM; beachte aber OLG Dresden NStZ 2006, 633); die daraus folgende Gesetzeslücke hat das 2. WiKG (→ Vor § 263 Rn. 2) durch Einführung des § 266b geschlossen (vgl. die Nachw. dort). Zum Missbrauch einer (auch erloschenen, OLG Koblenz NStZ 2012, 330) Bankvollmacht (BGH wistra 2012, 22).

bb) Beim sog. **Risikogeschäft** liegt mangels Pflichtverletzung kein Missbrauch 7
vor, wenn der Täter ein rechtlich unverbotenes, vom Treugeber ausdrücklich oder stillschweigend gebilligtes Risiko übernimmt, dh den ihm gezogenen Rahmen einhält (BGH wistra 1985, 190), oder wenn er bei fehlender oder ungenügender Konkretisierung seines Pflichtenkreises die Grenzen eines nach den Regeln kaufmännischer Sorgfalt wirtschaftlich noch vertretbaren Risikos nicht überschreitet BGH NStZ 1990, 437; StV 2004, 424 mAnm Rose wistra 2005, 281; OLG Karlsruhe NJW 2006, 1682; näher dazu Bringewat JZ 1977, 667 (668); Hillenkamp NStZ 1981, 161; Ransiek ZStW 116 (2004), 634 (646); Hellmann ZIS 2007, 433; Nelles, Untreue zum Nachteil von Gesellschaften, 1991, S. 563; Waßmer, Untreue bei Risikogeschäften, 1997, S. 32, 51; Maurach/Schroeder/Maiwald/Hoyer/Momsen StrafR BT § 45 Rn. 50–54; Rönnau in Scholz GmbHG Vor § 82 Rn. 15; Schünemann in LK-Untreue Rn. 134–143; zur Untreuerelevanz riskanter Entscheidungen in der Wirtschaft Thomas FS Rieß, 2002, 795 (800); Eibach/Scholz, ZStW 133 (2021), 685; zu risikobehaftetem Verwaltungshandeln Hohmann NJ 2007, 1 (6); zusf. Murmann Jura 2010, 561); daran fehlt es namentlich, wenn der Täter bei einem umfangreichen Spekulations- und Risikogeschäft auf jede Absicherung verzichtet (BGH NStZ 2011, 160). Bei der Vergabe eines **Kredits** sind die Entscheidungsträger der Bank zu einer Risikoprüfung auf der Grundlage umfassender Information verpflichtet; dabei ist die Bewertung vorhandener Sicherheiten und der Bonität des Kreditnehmers wichtig (BGH NZG 2021, 748 mAnm Brand/Goll). Verstoßen sie dabei in gravierender Weise gegen die bankübliche Informations- und Prüfungspflicht, so stellt dies zugleich eine Treupflichtverletzung dar (BGHSt 47, 148 (152) = NJW 2002, 1211 mit Bespr. Kühne StV 2002, 198; BGH StV 2010, 78, WestLB mit Bespr. Strate HRRS 2009, 441; zur Untreuestrafbarkeit der Vorstandsmitglieder einer Sparkasse bei pflichtwidriger Kreditvergabe BGH NZG 2021, 748; Schramm in Momsen/Grützner WirtschaftsSteuerStrafR-HdB Kap. 5 § 19 Rn. 68; krit. zur Anbindung an § 18 KWG Keller/Sauer wistra 2002, 365; Knauer NStZ 2002, 399; krit. zur Pönalisierung formaler Verstöße Ransiek ZStW 116 (2004), 634 (647); Kubiciel NStZ 2005, 356, die materielle Überprüfungen weiterhin für nötig halten). Werden hingegen in einer umfassenden Bonitätsprüfung Risiko und Chance sorgfältig gegeneinander abgewogen (was anhand bestimmter Indizien festgestellt werden kann), ist die Kreditvergabe auch dann pflichtgemäß, wenn der Kredit später notleidend wird (BGHSt 46, 30 (34) = NJW

2000, 2364 mzustAnm Dierlamm/Links NStZ 2000, 656; Otto JR 2000, 517; Dahs NJW 2002, 272; Kindhäuser in NK-StGB Rn. 77; zu den sog. Target 2-Salden der Bundesbank s. Schünemann ZIS 2012, 84 für § 266; dagegen Kirkpatrick wistra 2013, 249; zur Strafbarkeit der Kreditgewährung in Form tolerierter Scheckreiterei BGH wistra 2001, 218 mkritAnm Bosch wistra 2001, 257; vgl. auch BGH wistra 2000, 61; wistra 2000, 426; NStZ 2010, 329; OLG Karlsruhe wistra 2005, 399; zur Problematik riskanter Kredite und Spekulationsgeschäfte durch leitende Bankfunktionäre eing. Martin, Bankenuntreue, 2000, S. 47, 87; mit Kasuistik Martin, Bankenuntreue, 2000, S. 87–97; Laskos, Die Strafbarkeit wegen Untreue bei der Kreditvergabe, 2001, S. 29, 88, der sog. formelle Pflichtverstöße und Kreditausfallschäden für unbeachtlich hält; Otto, Bankentätigkeit und Strafrecht, 1983, S. 68; Otto ZStW-Beiheft 1982, 29 (61); Gallandi wistra 1988, 295; wistra 2001, 281; Kiethe WM 2003, 861 (867); speziell zu Sanierungskrediten BGH NZG 2021, 748 mAnm Brand/Goll, wo mit Recht ein schlüssiges, erfolgsversprechendes Sanierungskonzept und die Beurteilung eines unvoreingenommenen branchenkundigen Fachmanns gefordert wird; Aldenhoff/Kuhn ZIP 2004, 103). Umstritten und noch nicht abschließend geklärt ist, inwieweit es pflichtwidrig sein kann, wenn ein Unternehmen die gegen einen Mitarbeiter gerichteten Geldstrafen, Geldauflagen oder Verfahrenskosten erstattet (vgl. dazu Ignor/Rixen wistra 2000, 448; Hoffmann/Wissmann StV 2001, 249; Poller StraFo 2005, 274; Spatschek/Ehnert StraFo 2005, 265 (266); Stoffers JR 2010, 239; bei einem Abwasserverband bejahend hinsichtlich der Bezahlung der Geldstrafen, verneinend bzgl. der Verfahrenskosten BGH NJW 1991, 990 (991)). Die Frage stellt sich auch, wenn der Aufsichtsrat die gegen den Vorstand gerichteten Geldstrafen, Geldauflagen oder Verfahrenskosten erstattet (dazu Mezari, Die strafrechtliche Verantwortlichkeit der Organmitglieder mit Kontrollbefugnissen einer Aktiengesellschaft, 2022, Teil 1 § 2.1. C. II. 3).

8 **c)** Schließlich muss das Verhältnis zwischen Vermögensträger und Treupflichtigem, wie sich aus der unter → Rn. 4 befürworteten restriktiven Auslegung ergibt, von einer Art sein, dass diesem in einem gewissen Spielraum und mit einer gewissen Selbständigkeit und Bewegungsfreiheit gerade die **Betreuung fremder Vermögensinteressen als Hauptpflicht** obliegt (→ Rn. 9, 11).

9 **4.** Der **Treubruchstatbestand** setzt ein Treueverhältnis gehobener Art mit Pflichten von einigem Gewicht voraus, die nicht in allen Einzelheiten vorgegeben sind (BGH NStZ 1983, 455), zu deren Erfüllung dem Verpflichteten vielmehr ein gewisser Spielraum, eine gewisse Selbständigkeit und Bewegungsfreiheit gerade bei der Betreuung der fremden Vermögensinteressen eingeräumt ist (BGHSt 3, 289 (293) = NJW 1953, 111; BGH StV 1987, 535; NJW 1991, 2574; NStZ-RR 2002, 107; OLG Karlsruhe wistra 1992, 233; ähnlich Kindhäuser in NK-StGB Rn. 32–36; Saliger in Satzger/Schluckebier/Widmaier StGB Rn. 10, 11; krit. Haas, Die Untreue (§ 266 StGB), 1997, S. 39; Perron in Schönke/Schröder Rn. 24; im Ansatz, aber kaum in den Ergebnissen abw. Nelles, Untreue zum Nachteil von Gesellschaften, 1991, S. 524, 539; zusf. Küper/Zopfs StrafR BT Rn. 636–642). Dabei stellt der BGH nicht nur auf die Weite des eingeräumten Spielraums, sondern auch auf das Fehlen von Kontrolle ab, also auf die tatsächlichen Möglichkeiten, ohne gleichzeitige Steuerung und Überwachung durch den Treugeber auf dessen Vermögen zuzugreifen (stRspr, BGHSt 61, 305 (311) = NZM 2017, 780; krit. Perron in Schönke/Schröder Rn. 24).

a) Das **Treueverhältnis** kann auf den gleichen außerstrafrechtlichen Grundlagen wie beim Missbrauchstatbestand (→ Rn. 5a), aber auch auf einem rein tatsächlichen Verhältnis beruhen (BGHSt 6, 67 = NJW 1954, 1009; BGH NJW 1997, 66 mit Bespr. Geerds JR 1997, 340; BGH NStZ 1997, 124; NStZ 1999, 558; Hellmann in Krey/Hellmann/Heinrich StrafR BT II Rn. 917; einschr. Keuffel-Hospach, Die Grenzen der Strafbarkeit wegen Untreue (§ 266 StGB) auf Grund eines (tatsächlichen) Treueverhältnisses, 1997, S. 131), sofern eine „anvertraute faktische Machtstellung" vorliegt (BGH NZWiSt 2019, 235 mAnm Sinn), wie etwa beim faktischen Geschäftsführer einer GmbH (BGH NJW 1997, 66; NJW 2004, 2761 (2765)). Das Verhältnis muss allerdings rechtlich begründbar sein, zB auf einem wegen Geisteskrankheit des Treugebers nichtigen Rechtsgeschäft beruhen (Maurach/Schroeder/Maiwald/Hoyer/Momsen StrafR BT § 45 Rn. 29; einschr. Sax JZ 1977, 743 (746)). Auch Rechtsgeschäfte, die wegen **rechts- oder sittenwidriger Zwecke** nichtig sind (sog. „Ganovenuntreue"), scheiden als Grundlage eines solchen Treueverhältnisses häufig, aber nicht notwendig aus (BGHSt 8, 254 = NJW 1956, 151; BGHSt 20, 143 = NJW 1965, 770; BGH NStZ-RR 1999, 184 (186); Dannecker LdRerg 8/1760, S. 4; Rengier StrafR BT I § 18 Rn. 32, Wessels/Hillenkamp/Schuhr StrafR BT II Rn. 769, 774; Schünemann in LPK-Untreue Rn. 79; aM Maurach/Schroeder/Maiwald/Hoyer/Momsen StrafR BT § 45 Rn. 30; Joecks/Jäger StGB Rn. 37; Kindhäuser in NK-StGB Rn. 42; Perron in Schönke/Schröder Rn. 31; diff. Saliger in Satzger/Schluckebier/Widmaier StGB Rn. 28; zusf. Kühl JuS 1989, 505 (512), Keuffel-Hospach, Die Grenzen der Strafbarkeit wegen Untreue (§ 266 StGB) auf Grund eines (tatsächlichen) Treueverhältnisses, 1997, S. 46, 114; Schramm, Strafrecht Besonderer Teil I, § 10 Rn. 30–35). 10

b) Der wesentliche Inhalt des Treueverhältnisses muss – bei wirtschaftlicher Betrachtung – gerade die **Wahrnehmung fremder** (→ Rn. 3) **Vermögensinteressen** sein (stRspr). Grundlage dieser Wahrnehmungspflicht ist deshalb stets ein fremdnützig typisiertes Schuldverhältnis (Schünemann in LK-Untreue Rn. 73; krit. Labsch, Untreue (§ 266 StGB), 1983, S. 156, 175, 201). Rechtsbeziehungen, bei denen fremde Vermögensinteressen lediglich auf eigene gegenläufige Interessen treffen, die von jedem Teil nur um des eigenen Vorteils willen verfolgt werden, liegen außerhalb des Untreuebereichs (BGH GA 1977, 18). Die Wahrnehmung von Fremdinteressen muss deshalb einen essentiellen Bestandteil des Verhältnisses zwischen dem Treugeber und dem Täter, dh eine vertragliche Hauptpflicht, nicht lediglich eine bloße Nebenpflicht, ausmachen (BGHSt 1, 186 (189) = BeckRS 1951, 31399665; BGHSt 13, 315 (317) = NJW 1960, 53; BGH NJW 1995, 1535; Joecks/Jäger StGB Rn. 32; Wessels/Hillenkamp/Schuhr StrafR BT II Rn. 770; Dierlamm in MüKoStGB Rn. 65). Daher genügt weder die Pflicht als solche, einen Vertrag zu erfüllen (BGHSt 28, 20 = NJW 1978, 2105; BGHSt 33, 244 (251) = NJW 1985, 2280), noch die einem Vertrag zugrundeliegende allgemeine Pflicht (§ 242 BGB), auf die Interessen des Partners gebührend Rücksicht zu nehmen (BGHSt 1, 186 (188) = BeckRS 1951, 31399665). 11

aa) An einem solchen Treueverhältnis **fehlt** es meist (vgl. die Auflistung von Kindhäuser in NK-StGB Rn. 57): Beim **Kaufvertrag** (BGH NStZ 1989, 72 mAnm Otto JR 1989, 208), auch beim Kauf unter (verlängertem, Wittig/Reinhart NStZ 1996, 467) Eigentumsvorbehalt (BGHSt 22, 190 = NJW 1968, 1938; krit. Haas, Die Untreue (§ 266 StGB), 1997, S. 84); uU aber nicht beim Beschaffungskauf mit Anzahlung (BGHSt 1, 186 = BeckRS 1951, 31399665; sa BGH bei Dallinger 12

MDR 1969, 533) oder mit langer Kaufpreisansparung (BGH NJW 1991, 371). Beim **Werkvertrag** (BGH NJW 1978, 2105), auch wenn der Besteller später zu verrechnende Vorauszahlungen geleistet hat (RGSt 69, 97); eine Treuepflicht kommt jedoch in Frage, wenn die Vorauszahlung zur Beschaffung des Werkmaterials bestimmt war (BayObLG wistra 1989, 113 mwN). Beim **Mietvertrag** (OLG Oldenburg NJW 1952, 1267); eine Treuepflicht des Vermieters kann hier regelmäßig nicht durch die in § 551 BGB konstituierte Anlegungspflicht für Mieterkautionen oder durch eine gleichartige Vereinbarung (aM BGHSt 41, 224 = NJW 1996, 65 mit zust. Bespr. Pauly ZMR 1996, 417 und abl. Bespr. Sowada JR 1997, 28; Satzger Jura 1998, 570; Otto JK StGB § 266 Rn. 12; nur für die Kaution bei Gewerberaummiete verneinend BGHSt 52, 182 (185) = NJW 2008, 1827; krit. zur Rspr. Saliger JA 2007, 328; Wessels/Hillenkamp/Schuhr StrafR BT II Rn. 771), wohl aber hinsichtlich eines Baukostenzuschusses (BGHSt 8, 271 = NJW 1956, 312; BGHSt 13, 330 = NJW 1960, 158) begründet werden; eine Treuepflicht des Mieters bei bestimmten Formen der Kautionsgestaltung besteht idR nicht (aM BayObLG wistra 1998, 158 mit krit. Bespr. Satzger JA 1998, 926; Otto JK StGB § 263 Rn. 51). Beim **Verwahrungsvertrag** (Timmermann MDR 1977, 533). Beim **Arbeitsvertrag** (BGHSt 6, 314 = NJW 1954, 1854; OLG Köln NJW 1967, 836; OLG Braunschweig NJW 1976, 1903; OLG Frankfurt a. M. NStZ-RR 1997, 201; beachte jedoch § 266a II, III; zum Betriebsrat BGHSt 54, 148 = NJW 2010, 92; Rieble/Klebeck NZA 2006, 758 (763); Lobinger in Rieble/Junker/Giesen, Arbeitsstrafrecht im Umbruch, 2009, S. 99; Krug/Rathgeber ArbR 2017, 266); vor allem genügt nicht, dass ein Arbeitnehmer nur seine allgemeine Pflicht verletzt, im Rahmen seiner Tätigkeit die Interessen des Arbeitgebers zu wahren (BGHSt 5, 187 = NJW 1954, 519), dass er mit Eigentum des Dienstherrn umzugehen hat (BGHSt 4, 170 = NJW 1953, 1272), dass ein städtischer Angestellter mit Schreibarbeiten betraut ist (BGHSt 3, 289 = NJW 1953, 111) oder dass einem Monteur bzw. Polizisten eine Tankkarte zum Betanken des Dienstfahrzeugs auf Kosten des Arbeitgebers zur Verfügung gestellt wurde (OLG Celle NStZ 2011, 46; AG Eggenfelden NStZ-RR 2009, 139 mit krit. Bespr. Geppert JK StGB § 266 Rn. 34; aM LG Dresden NStZ 2006, 633 mit zust. Bespr. Geppert JK StGB § 266 Rn. 30). Ebenso entfällt mangels gleichgerichteter Vermögensinteressen eine Vermögensbetreuungspflicht des **Vergütungsempfängers** in eigenen Gehaltsangelegenheiten (BGH NJW 2006, 522 (530); wistra 2009, 468 (475); KG wistra 2015, 71: aber Teilnahme möglich), es sei denn er umgeht dabei die unternehmensinterne Entscheidungsstruktur (BGH NStZ 2015, 220 mAnm Trück ZWH 2014, 361; Bittmann NZWiSt 2014, 129; BGH NJW 2021, 1473 (1477)). Beim **Darlehensvertrag** (OLG Düsseldorf wistra 1995, 72) oder sonstiger Kreditvereinbarung (BGH NStZ 1984, 118; NStZ 1989, 72); bei besonderer Ausgestaltung, zB bei Einbeziehung auftragsähnlicher Elemente in Fällen der Zweckbindung des Kredits, kommt jedoch eine fremdnützige Betreuungspflicht in Frage (BGH GA 1977, 18; sa BGHSt 8, 271 = NJW 1956, 312; BGHSt 13, 330 = NJW 1960, 158; idR nur, wenn durch die besondere Zweckbindung und die sich daraus ergebende Verpflichtung des Darlehensnehmers zur zweckgerechten Verwendung der Valuta Vermögensinteressen des Darlehensgebers geschützt werden und diese wirtschaftlich im Mittelpunkt des Vertrages stehen (BGH NStZ 2020, 35 mAnm Brand)). Beim **Maklervertrag** (BGH GA 1971, 209); anders jedoch beim Alleinauftrag an einen Makler (BGH GA 1971, 209). Beim Vertrag des **Reiseveranstalters** mit den Trägern der Reiseleistungen (BGHSt 28, 20 = NJW 1978, 2105). Beim Rechtsverhältnis zwischen **Aktionär** und AG (LG Köln wistra 1988, 279). Bei der **Geschäftsführung ohne Auftrag** (BGH LM

Nr. 21 zu § 266 StGB). Bei der sog. **Tippgemeinschaft** (BGH LM Nr. 19 zu § 266 StGB), es sei denn, dass sie die Voraussetzungen einer Innengesellschaft erfüllt (BayObLG NJW 1971, 1664). Bei **Barkautionen** (BGH LM Nr. 20 zu § 266 StGB). Beim Rechtsverhältnis zwischen **Kassenarzt** und Krankenkasse, soweit es um die Abrechnung ärztlicher Leistungen gegenüber der Kasse geht (LG Halle wistra 2000, 279), während beim Verschreiben von Medikamenten eine aus dem Sozialrecht resultierende Vermögensbetreuungspflicht des Arztes gegenüber der Kasse besteht (BGHSt 49, 17 (23) = NJW 2004, 454; OLG Hamm NStZ-RR 2006, 13; aM Brandts/Seier FS Herzberg, 2008, 811 (826)). Bei der Verordnung von häuslicher Krankenpflege gem. § 37 II SGB V besteht aber keine Vermögensbetreuungspflicht des Kassenarzts (BGH BeckRS 2021, 15100). Beim Verhältnis zwischen **Bank** und Bankkunden, das meist eigennützig ausgerichtet ist und nur ausnahmsweise Treuepflichten auslöst (Tiedemann FS Kohlmann, 2003, 307 (309)). Bei **Subventionen** zwischen Empfänger und Subventionsgeber (BGH NJW 2004, 2248). Bei Verstößen gegen § 1 BauFordSiG (Brand wistra 2012, 92 (97)) sowie bei der Finanzierung von Nachteilsausgleichsmaßnahmen durch Unternehmen (Cordes/Sartorius NZWiSt 2013, 401 (404)). In der Regel genügt auch die Verletzung von Pflichten nicht, die nach vertraglicher Beendigung eines Treueverhältnisses zum Schutz des Treugebers fortbestehen, etwa der Pflicht, die gewinnbringende Verwertung von Unterlagen und Kenntnissen aus der früheren Tätigkeit zu unterlassen (aM OLG Stuttgart NJW 1973, 1385 mablAnm Lenckner JZ 1973, 794); Ausnahmen kommen in Frage, wenn der Täter nach Vertragsbeendigung die bisherige Tätigkeit faktisch fortführt (BGHSt 8, 149 = NJW 1955, 1643; Keuffel-Hospach, Die Grenzen der Strafbarkeit wegen Untreue (§ 266 StGB) auf Grund eines (tatsächlichen) Treueverhältnisses, 1997, S. 93; Schünemann in LPK-Untreue Rn. 77) oder ein Betreuer ein Betreuungsverhältnis (§ 1896 BGB), das nach dem Tod des Betreuten beendet ist, noch mit den Rechtsnachfolgern abwickeln muss (BGH NStZ 2019, 525; OLG Stuttgart NJW 1999, 1564 mit Bespr. Thomas NStZ 1999, 622).

bb) Häufig sind dagegen die Voraussetzungen des Treueverhältnisses, ohne dass es auf dessen rechtliche Qualifikation ankäme (OLG Stuttgart NJW 1968, 1340), **erfüllt** (vgl. die Auflistung von Kindhäuser in NK-StGB Rn. 58): bei **Spedition** und Kommission (BGHSt 1, 186 (189) = BeckRS 1951, 31399665; beachte jedoch OLG Düsseldorf NJW 1998, 690; NJW 2000, 529); beim **Architektenvertrag** (BGH NStZ 2010, 330); beim **Anwaltsmandat** (BGH NJW 1983, 461 mAnm Keller JR 1983, 516; BGH NStZ-RR 2004, 54; OLG Karlsruhe NStZ 1990, 82; OLG Hamm NStZ-RR 2000, 236 mit zust. Bespr. Otto JK StGB § 266 Rn. 20; OLG Hamm wistra 2002, 475; NStZ 2010, 334; NJW 2013, 1615 mAnm Bosbach/Sering ZWH 2013, 364; zu den Anforderungen an die Begründung des Nachteils BGH NJW 2020, 1689 mAnm Cordes; Schmidt NStZ 2020, 418; SchneiderNZWiSt 2020, 412; Scheja, Das Verhältnis zwischen Rechtsanwalt und Mandant im Hinblick auf den Straftatbestand der Untreue gem. § 266 StGB, 2006, S. 64; Schmidt NStZ 2013, 498); beim **Notariatsmandat,** das den Notar idR verpflichtet, als unparteiischer Betreuer die Vermögensinteressen aller Beteiligten wahrzunehmen (BGH NJW 1990, 3219 mit krit. Bespr. Ulsenheimer DNotZ 1991, 746; Krekeler AnwBl 1993, 69 (73); BGH wistra 2008, 466; NJW 2010, 1764; Seier/Lindemann in Achenbach/Ransiek/Rönnau WirtschaftsStrafR-HdB Kap. V 2 Rn. 386–389); beim **Bauträgervertrag** (Holzmann, Bauträger-Untreue und Strafrecht, 1981, S. 133); beim **Angestelltenverhältnis** in einem Unternehmen, wenn es mit bestimmendem Einfluss auf die Auftragsvergabe (BGH wistra 1989, 224) oder sonst auf vermögensrelevante Maßnahmen verbunden ist; bei der 13

Tätigkeit als **Ärztlicher Direktor** einer Klinikabteilung (BGHSt 47, 295 (297) = NJW 2002, 2801; Kindhäuser/Goy NStZ 2003, 291), als **Chef- oder Oberarzt** (aM OLG Schleswig wistra 2001, 316 mit krit. Bespr. Tholl wistra 2001, 47; zum sog. Herzklappenskandal Tondorf/Waider MedR 1997, 102 (106)); ein **Wissenschaftler** gegenüber Drittmittelgebern, sofern er selbständig über die Mittel disponieren kann (zB als Projektführer; vgl. Jerouschek GA 1999, 416 (428)); bei einem Mitarbeiter eines städtischen **Rechtsamts,** der ohne ausreichende Prüfung der gesetzlichen Voraussetzungen gem. Art. 233 § 2 III EG BGB einen gesetzlichen Vertreter für vermeintlich unbekannte Grundstückseigentümer bestellt (BGHSt 61, 305 = NStZ-RR 2017, 132 mit Bespr. Bittmann wistra 2017, 121); beim entgeltlichen **Geschäftsbesorgungsvertrag** (BGH wistra 1991, 218); beim **Sozietätsauflösungsvertrag** (OLG Koblenz NStZ 1995, 50); beim **Auftrag** (BGH wistra 1984, 225), namentlich beim Treuhandauftrag (OLG Stuttgart wistra 1984, 114 mit Bespr. Richter wistra 1984, 97; beachte jedoch BGH NStZ 1997, 124; OLG Düsseldorf NJW 1993, 743), auch bei dessen Überschreitung (BGHSt 8, 149 = NJW 1955, 1643; aM Sax JZ 1977, 743 (744)); bei Übernahme der Verpflichtung, die **Ausschreibung** von Aufträgen vorzubereiten und an der Vergabe mitzuwirken (BayObLG NJW 1996, 268 mit Bespr. Cramer WiB 1996, 106); bei der Hereinnahme von **Prolongationswechseln** (BGH NJW 1953, 457; Schmidt BB 1963, 374); bei **Computermanipulationen** eines Treupflichtigen (→ Rn. 2), etwa eines Sachbearbeiters oder leitenden Angestellten, dagegen idR nicht eines Programmierers oder anderen technischen Mitarbeiters (OLG München JZ 1977, 408 mAnm Sieber; zu deren Strafbarkeit → § 263a Rn. 9); ferner – allerdings nur in Ausnahmefällen (BGH wistra 1984, 143 mAnm Schomburg) – bei der **Sicherungsübereignung** (BGHSt 5, 61 = BeckRS 1953, 31198459) oder der Sicherungsabtretung (BGH bei Holtz MDR 1978, 625; beachte aber auch BGH wistra 1984, 143 mit Bespr. Schomburg; Dannecker LdRerg 8/1760, S. 3); bei **Sicherheitseinbehalt** des Auftraggebers gegenüber dem Werkunternehmer (OLG München NJW 2006, 2278). Auch das **Verwalten von Geld** für den Auftraggeber spricht dafür, dass dessen Vermögensinteressen wahrgenommen werden (BGH NJW 1960, 1629 betr. Anwalt; BGHSt 41, 224 (226) = NJW 1996, 65; AG Krefeld NZM 1998, 981 mit krit. Bespr. Zieschang NZM 1999, 393 betr. Hausverwalter von Wohnungseigentum; BGHSt 13, 315 = NJW 1960, 53 betr. Verwalter des Fahrkartenschalters; BGHSt 20, 143 = NJW 1965, 770 betr. Leiter eines Auslieferungslagers; BGH wistra 2004, 105 betr. Leiter einer Verkaufsfiliale; BGH GA 1979, 143 betr. Lohnbuchhalterin in einem Betrieb; OLG Hamm NJW 1973, 1809 betr. **Kassiererin** in einem Selbstbedienungsladen, zust. Hellmann in Krey/Hellmann/Heinrich StrafR BT II Rn. 924; BGH wistra 1989, 60 betr. Bankkassierer; krit. dazu Otto JZ 1993, 652 (660); Rengier StrafR BT I § 18 Rn. 29). – Der **Fraktionsvorsitzende** verletzt seine Vermögensbetreuungspflicht bei der gesetzeswidrigen Ausgabe von Fraktionsgeldern, der **Parteivorsitzende** bei der Annahme unrechtmäßiger Parteispenden (BGHSt 60, 94 = NJW 2015, 1618; zur Parteiuntreue → Rn. 5a). Der **Handelsvertreter,** der vertragswidrig Eigengeschäfte abschließt, verletzt nicht schon dadurch, sondern erst bei Hinzutreten weiterer Umstände seine Treupflicht (OLG Braunschweig NJW 1965, 1193; OLG Frankfurt a. M. NStZ-RR 1997, 202; strenger Schünemann in LPK-Untreue Rn. 170 mwN; offen gelassen BGH NStZ 1983, 74). – Der **Inhaber eines Reisebüros,** der ständig mit der Vermittlung von Verträgen für andere Unternehmen betraut ist, steht regelmäßig zu diesen, idR aber nicht zu den Kunden, die bei ihm Reisen buchen und vorausbezahlen, in einem Treueverhältnis (BGHSt 12, 207 = NJW

1959, 491; BGHSt 28, 20 = NJW 1978, 2105; BGH wistra 1991, 181). Der **Anlageberater** nicht ohne weiteres (BGHR Vermögensbetreuungspflicht 21), wohl aber, wenn er auf Grund einer mit einer Generalvollmacht im Zusammenhang stehenden Einzelermächtigung Darlehensnehmer empfiehlt und Darlehensverträge abschließt (BGH NStZ 1994, 35). Wer mittels der ihm vom Karteninhaber überlassenen Scheckkarte und Geheimzahl treuwidrig Geld für eigene Zwecke abhebt, kann eine Untreue gegenüber dem Kontoinhaber begehen (OLG Köln NStZ 1991, 586; OLG Düsseldorf NStZ-RR 1998, 137; OLG Hamm wistra 2003, 356). Der **Unternehmensberater** hingegen nur dann, wenn er auch mit Dispositionsbefugnissen oder Vollmachten usw ausgestattet ist und nicht bloß faktisch die von anderen getroffenen Entscheidungen beeinflusst (Tiedemann ZIP 2004, 2440; Rönnan FS Kühl, 2014, 713 (724); zu weitgehend OLG München ZIP 2004, 2438); **Wirtschaftsprüfer** und **Steuerberater** sind allenfalls gegenüber ihren Mandanten treupflichtig (BGH NStZ 2006, 38; eing. Seiler, Die Untreuestrafbarkeit des Wirtschaftsprüfers, 2007, S. 79). Auch der Vorstand und Geschäftsführer eines gemeinnützigen Vereins (LG Lübeck wistra 2014, 455) oder einer **Stiftung** sind vermögensbetreuungspflichtig (BGH wistra 2010, 445; Saliger, Non Profit Law Yearbook, 2005, S. 209, 211; Lassmann NStZ 2009, 473; zum Verwaltungsleiter BGH StV 2013, 512). Zu neuen Vermögensbetreuungspflichten durch **Compliance-Regeln** vgl. Michalke StV 2011, 245; zur Bedeutung des **Public Corporate Governance Kodex** BGH NStZ-RR 2018, 349. Auch die Verletzung von **Transparenzregeln** kann bei einer Verfolgung von eigenwirtschaftlichen Zielen seites des Treupflichtigen eine Pflichtverletzung begründen (BGH BeckRS 2021, 20231 Rn. 8). Umstritten ist, ob es noch eine **Vertragsarztuntreue** geben kann (dafür Bülte NZWiSt 2013, 346 (348); dagegen Leimenstoll wistra 2013, 121); der BGH hat dies wegen des Wirtschaftlichkeitsgebots aus § 12 SGB V angenommen (BGH NJW 2016, 3253 mit Bespr. Hinderer StraFo 2016, 481; Leimenstoll MedR 2017, 96; Steinhilper MedR 2017, 183; Kusnik/Mandera medstra 2017, 43; Wengenroth/Wallerstorfer NZWiSt 2017, 157; Waßmer/Zeller wistra 2017, 71; BGH NStZ-RR 2017, 313; Hoven NJW 2016, 3213; anders noch OLG Stuttgart StraFo 2016, 393).

cc) Auch bei Verhältnissen, die auf **Gesetz oder behördlichem Auftrag** beruhen, muss die Vermögensbetreuung Hauptpflicht sein. Das verneint die Rspr. für das Verhältnis zwischen Staat und Arbeitgeber hinsichtlich der Pflicht zur Lohnsteuerabführung (BGHSt 2, 338 = NJW 1952, 945; OLG Hamburg NJW 1953, 478) und für die allgemeine Treuepflicht des Beamten hinsichtlich der Aussonderung von Dienstfahrzeugen (BGH bei Holtz MDR 1994, 1071); sie bejaht es für den Polizeibeamten, der vereinnahmte Verwarnungsgelder nicht abführt (OLG Koblenz GA 1975, 122), für den steuerhinterziehenden Finanzbeamten, der Steuerschuldverhältnisse fingiert und dadurch Steuererstattungen erlangt (BGHSt 51, 356 = NJW 2007, 2864), für den Gerichtsvollzieher, der die Vermögensinteressen von Schuldner, Gläubiger und Staat wahrzunehmen gesetzlich verpflichtet ist (BGHSt 13, 274 (278) = BeckRS 1959, 31194714; OLG Celle MDR 1990, 846), für den Nachlasspfleger (BGH NStZ-RR 1997, 298) und für den Nachlassrichter, den eine entsprechende Pflicht gegenüber dem künftigen Erben trifft (BGHSt 35, 224 = NJW 1988, 2809; str.). Im kommunalen Bereich ist es auch für den Landrat (BGH NStZ-RR 2006, 307), den Oberbürgermeister (BGH wistra 2006, 306; NJW 2020, 628), den Bürgermeister (BGH NStZ 2003, 540; NStZ-RR 2005, 83 mit Bespr. Kiethel NStZ 2005, 529; BGH NStZ 2007, 579; Mansdörfer DVBl 2010, 480) und die Mitglieder des Gemeinderats zu bejahen (Weber BayVBl. 14

1989, 166; aM Nettesheim BayVBl. 1989, 161; → Vor § 13 Rn. 11). Zu Cross-Border-Leasinggeschäften Helmrich wistra 2006, 326; Mansdörfer DVBl 2010, 480 (485); Bernsmann GA 2009, 300, Untreue nicht „fernliegend“; zu spekulativen Derivaten und ähnlichen Finanzinstrumenten im öffentlichen Sektor BGH NJW 2018, 177 mAnm Eisele; BGH NJW 2019, 378 mAnm Brand; Schneider NZWiSt 2019, 230; Baur JR 2019, 529; krit. Bespr. Bittmann NStZ 2020, 263; BGH NZWiSt 2020, 32 mAnm Raschke; Bader/Wilkens wistra 2012, 81; Kirchner wistra 2012, 418. Auch im öffentlichen Dienst kann die Zahlung einer Abfindung zur Abgeltung von Vergütungsansprüchen pflichtgemäß sein (BGH NStZ 2007, 579). Zur Untreue von Kirchenvorständen Radtke ZevKR 1999, 71 (82). Einen Abgeordneten trifft hinsichtlich der in den Haushalt eingestellten Finanzmittel eine Vermögensbetreuungspflicht, sofern das Ob und Wie der Mittelverwendung ausnahmsweise allein von seiner Entscheidung abhängt (OLG Koblenz NJW 1999, 3277; Fischer Rn. 89; die private Inanspruchnahme dienstlich erlangter Bonusmeilen soll nicht unter § 266 fallen, vgl. Schwaben NStZ 2002, 636; bei der zweckwidrigen Verwendung von Fraktionszuschüssen Untreue bejahend Paeffgen FS Dahs, 2005, 143 (162), verneinend jedoch Lesch ZRP 2002, 159).

15 **c)** Die Tathandlung besteht in einer Verletzung gerade der **spezifischen Treupflichten,** also nicht allgemein in der Verletzung jeglicher Schuldnerpflicht (BGH NStZ 1986, 361 mit Bespr. Franzheim StV 1986, 409; BGH NJW 1988, 2483; NJW 1991, 1069; OLG Frankfurt a. M. MDR 1994, 1232; OLG Düsseldorf StV 1997, 459; OLG Hamm NStZ-RR 2000, 236; krit. OLG Karlsruhe NStZ 1990, 82). Neben rechtsgeschäftlichem Handeln kommt hier jedes tatsächliche Verhalten (Tun oder Unterlassen; → Rn. 2) in Frage, das innerhalb des durch das Treueverhältnis begründeten Pflichtenkreises liegt (BGHSt 31, 232 = NJW 1983, 1807; BGH wistra 1993, 302; OLG Hamm NJW 1973, 1809 mit Bespr. Burkhardt NJW 1973, 2190; problematisch BayObLG JR 1989, 299 mablAnm Seebode; Kindhäuser in NK-StGB Rn. 61; einschr. Labsch StV 1984, 514) und mit diesem in innerem Zusammenhang steht (BGH NJW 1992, 250; krit. Saliger in Satzger/Schluckebier/Widmaier StGB Rn. 46, der einen funktionalen Zusammenhang verlangt, wonach sich die konkrete Pflichtverletzung als signifikante Ausübung der eigenverantwortlichen internen Machtposition des Treunehmers erweisen muss). Ist der Treunehmer idR auf bloße Kontrollaufgaben beschränkt (zB bei Mitgliedern von Aufsichtsräten), sind Konflikte mit Eigeninteressen möglich, die nur bei eindeutiger Verletzung gerade der Kontrollpflichten zu Lasten des Treunehmers zu lösen sind (näher Tiedemann FS Tröndle, 1989, 319; Thomas FS Rissing-van Saan, 2011, 669; Mezari, Die strafrechtliche Verantwortlichkeit der Organmitglieder mit Kontrollbefugnissen einer Aktiengesellschaft, 2022, S. 155). Unterlassen wirtschaftlich vorteilhafter Handlungen, deren Vornahme strafbar ist oder sonst vom Recht missbilligt wird, ist ebenso wenig pflichtwidrig (BGH NStZ 2001, 545) wie die Nichtherausgabe erlangter, persönlichkeitsgebundener Vorteile, deren Gewährung den Treugeber nicht schlechter stellt (so zB bei **Schmiergeldzahlungen** oder „Provisionen“; vgl. BGHSt 47, 295 (298) = NJW 2002, 2801; BGHSt 49, 317 (335) = NJW 2005, 300; BGH NJW 1991, 1069; NJW 2001, 2102 (2105); NJW 2006, 3290 (3297); wistra 1995, 61; NStZ-RR 1998, 69; NStZ 2001, 432; NStZ 2001, 545; LG Magdeburg wistra 2002, 156; Hadamitzky in Müller-Gugenberger WirtschaftsStrafR Kap. 32 Rn. 138–140; Lüderssen FS Müller-Dietz, 2001, 467 (473); sog. Herzklappenskandal, BGHSt 47, 295 (296) = NJW 2002, 2801, pflichtwidrige Vermögensbeschädigung mit Bespr. Korte NStZ 2003, 156; Kindhäuser/Goy

NStZ 2003, 291; Rönnau ZStW 119 (2007), 877 (922); Dierlamm FS Widmaier, 2008, 607; krit. Tholl wistra 2003, 181; vgl. auch Tondorf/Waider MedR 1997, 102 (106); Diettrich/Jungblodt FS Schreiber, 2005, 1015 (1017)). Pflichtwidrig ist es jedoch, wenn die vom Dritten dem Treunehmer gewährten Provisionen, Rabattzahlungen, umsatzbezogene Rückvergütungen usw als preiserhöhende Faktoren in die Kalkulation zu Lasten des Treugebers eingeflossen sind – etwa in Form eines prozentualen Preisaufschlags (BGHSt 50, 299 (314) = NJW 2006, 925) – und damit der Treunehmer auf einen ungünstigen Vertragsabschluss für den Treugeber hingewirkt hat (BGHSt 47, 295 (298) = NJW 2002, 2801; BGHSt 49, 317 (332) = NJW 2005, 300; BGHSt 50, 299 (314) = NJW 2006, 925; BGH NJW 2006, 2864; NStZ 2004, 569 (570); OLG Hamm NStZ-RR 2006, 13 (14); zu sog. „Kick-backs" vgl. BGHSt 49, 317 (333) = NJW 2005, 300 mAnm Pananis NStZ 2005, 572; Vogel JR 2005, 123; vgl. auch Schünemann NStZ 2006, 196 (200); Saliger in Satzger/Schluckebier/Widmaier StGB Rn. 81; zu den Voraussetzungen einer Untreuestrafbarkeit bei Provisionszahlungen von einem Dritten auch BGH wistra 2021, 201; krit. zur Strafbarkeit bei Gegenleistung für wettbewerbswidrige Zwecke Bernsmann StV 2005, 578; GA 2007, 219 (233); vgl. auch Rönnau FS Kohlmann, 2003, 239 (257); zur konsequenten Sperrwirkung für § 263 bei unterlassener Aufklärung Lüderssen FS Kohlmann, 2003, 177); die schlechte Anlage von Mündelgeld kann es sein (Schünemann in LPK-Untreue Rn. 127). Zum **Risikogeschäft** gelten die Ausführungen unter → Rn. 7 sinngemäß. Zur Untreue durch Weitergabe vertraulicher Informationen vgl. Kiethe/Hohmann NStZ 2006, 185 (190), Wirtschaftsgeheimnisse; Tiedemann FS Kohlmann, 2003, 307 (309), Bankgeheimnis.

5. Einen **Nachteil für das Vermögen des Betreuten** (nicht eines Dritten, BGHSt 51, 29 (31) = NJW 2006, 1984; eine Schädigung des Gesamthandvermögens ist nur relevant, wenn sie gleichzeitig das Vermögen der Gesellschafter berührt, BGH NJW 2011, 3733; NStZ 2013, 38; wistra 2016, 486 mAnm Waßmer ZWH 2017, 20) als den tatbestandlichen Erfolg muss die Tathandlung sowohl im Falle des Missbrauchs- wie auch des Treubruchstatbestandes verursachen. Zwischen Pflichtverstoß und Schaden muss ein Unmittelbarkeitszusammenhang bestehen (BGHSt 61, 48 (74) = NJW 2016, 2585; dagegen Seier/Lindemann in Achenbach/Ransiek/Rönnau WirtschaftsStrafR-HdB Kap. V 2 Rn. 220–224; für Anwendung der Risikoerhöhungstheorie Lüderssen FS Volk, 2009, 345 (353); dagegen für Abstellen auf die allg. Regeln der obj. Zurechnung Mezari, Die strafrechtliche Verantwortlichkeit der Organmitglieder mit Kontrollbefugnissen einer Aktiengesellschaft, 2022, S. 200); vgl. auch Albrecht, GA 2017, 130; Brand, NJW 2019, 381 (382); allg. zur objektiven Zurechnung bei der Untreue s. auch Perron FS Kindhäuser, 2019, 765). Ersatzansprüche und Prozesskosten, die durch eine treupflichtwidrige Straftat ausgelöst werden (zB durch einen Betrug), fallen daher nicht unter § 266 (BGHSt 51, 29 = NJW 2006, 1984; BGHSt 54, 44 = BKR 2009, 422 mit Bespr. Mosiek HRRS 2009, 565; vgl. auch Weber FS Seebode, 2008, 437 (445); einen unmittelbaren internen Vermögensbezug verlangt Jäger FS Otto, 2007, 593 (604); zur Anwendbarkeit der Regulative der objektiven Zurechenbarkeit vgl. Gerkau, Untreue und objektive Zurechnung, 2008, S. 98; Saliger in Satzger/Schluckebier/Widmaier StGB Rn. 100–105); ebensowenig der drohende Verlust der vorläufigen Anerkennung eines Vereins als gemeinnützig (OLG Celle ZWH 2013, 21 = BeckRS 2012, 20313 mit Bespr. Jahn JuS 2013, 179). Sofern im Tatzeitpunkt auf Grund der Rahmenumstände sicher zu erwarten 16

ist, dass der Schadensfall tatsächlich eintreten wird, bejaht die Rspr. bei der sich aus der Eintrittswahrscheinlichkeit ergebenden Vermögensminderung den Unmittelbarkeitszusammenhang zwischen Pflichtwidrigkeit und Nachteil (BGHSt 61, 48 (74) = NJW 2016, 2585; BGH NJW 2016, 3253 (3257); NStZ-RR 2020, 145 (146)). Wegen Art. 103 II GG darf das Nachteilsmerkmal nicht mit dem Pflichtwidrigkeitsmerkmal verschliffen werden (BVerfGE 126, 170 (198) = NJW 2010, 3209 „Landowsky"; BVerfG NJW 2013, 365); beide Tatbestandsmerkmale müssen daher unabhängig voneinander festgestellt werden (BGH NStZ-RR 2020, 20; vgl. Bittmann NStZ 2012, 57; NStZ 2013, 72 zur Quantifizierung des Nachteils), doch können neben wirtschaftlichen auch normative Erwägungen bei der Feststellung eines Nachteils eine Rolle spielen (OLG Köln wistra 2014, 362). Die Rspr. hatte langeoffen gelassen, ob weiterhin aufgrund eines persönlichen Schadenseinschlags ein Nachteil angenommen werden kann (BGH NStZ 2014, 318; NStZ 2014, 520 mAnm Trüg; vgl. Schlösser HRRS 2014, 395; Schmidt NJW 2015, 284; Teixeira ZIS 2016, 307; nunmehr bejahend BGH BeckRS 2020, 13656; im Bereich der Haushaltsuntreue BGH NJW 2020, 628).

17 **a) Nachteil** ist mit Vermögensbeschädigung iSd § 263 (→ § 263 Rn. 32–53) gleichbedeutend (hM; anders Hillenkamp NStZ 1981, 161 (166); Labsch, Untreue (§ 266 StGB), 1983, S. 318; Dierlamm NStZ 1997, 534; vgl. Perron FS Frisch, 2013, 857). Maßgebend ist daher auch hier das Prinzip der (Strikten/Velten FS Schünemann, 2014, 715 (727)) **Gesamtsaldierung** (hM; → § 263 Rn. 36; aM Wolf, Die Strafbarkeit der rechtswidrigen Verwendung öffentlicher Mittel, 1998, S. 53, 82, 117; OLG Köln StV 2013, 638 mAnm Lindemann/Andreschewski NZWiSt 2013, 398, fordert eine Gesamtbetrachtung normativer und wirtschaftlicher Gesichtspunkte), dh ein Wertvergleich des gesamten betroffenen Vermögens unmittelbar vor und nach der Tathandlung (BGHSt 53, 199 = NJW 2009, 2390; BGH NJW 2016, 2585 (2592); NStZ-RR 2017, 382). Sie ergibt regelmäßig, dass es an einem Nachteil fehlt, wenn der Treunehmer zum Ausgleich für auftragsfremde Verfügungen bereit ist (BGH bei Holtz MDR 1983, 281; sa BGH wistra 1990, 352) und zu diesem Zweck ständig eigene Mittel bereithält (BGHSt 15, 342 = NJW 1961, 685; BGH NStZ-RR 1997, 298; OLG Karlsruhe NStZ 1990, 82; Rengier StrafR BT I § 18 Rn. 51a), die allerdings flüssig sein (BGH NStZ 1982, 331; BayObLG NJW 1966, 116) und den Ausgleich auch tatsächlich ermöglichen müssen (BGH NStZ 1995, 233; NStZ-RR 2004, 54; NJW 2015, 1190; BayObLG JR 1973, 338 mAnm Schröder; Maurach/Schroeder/Maiwald/Hoyer/Momsen StrafR BT § 45 Rn. 47; krit. Schmitz, Unrecht und Zeit, 2001, S. 182; Fischer Rn. 169; aM Labsch wistra 1985, 1 (8); Perron in Schönke/Schröder Rn. 42). Ebenso entfällt der Schaden, wenn eine fällige (BGH NStZ 2001, 542; LG Chemnitz wistra 2003, 194) und einredefreie Verbindlichkeit des Treugebers erfüllt wird (BGH wistra 1999, 420 (422); NStZ 2004, 205; Perron in Schönke/Schröder Rn. 41; vgl. auch BGH NStZ-RR 2005, 151; NStZ-RR 2006, 175), zB die Darlehensverbindlichkeit einer GmbH (BGH NStZ 2003, 545) oder die Gehaltsverpflichtung gegenüber einem GmbH-Geschäftsführer (BGH NStZ 1995, 185; wistra 1999, 340; wistra 2000, 466). Hat der Täter einen Geldanspruch gegen das von ihm verwaltete Vermögen, fehlt es an einem Schaden, wenn er über das Vermögen in entsprechender Höhe zu eigenen Gunsten verfügt (BGH NStZ-RR 2021, 246). Auch das pflichtwidrige Verschweigen eines Anspruchs begründet keinen Nachteil, solange der Bestand des Anspruchs unberührt bleibt (BGH NStZ 2015, 220). Bei umfangreichen Spekulations- und Risikogeschäften ohne der er-

forderlichen Absicherung ist der Nachteil bereits mit deren Durchführung eingetreten (BGH NStZ 2011, 160), das gleiche nimmt der BGH für die Begleichung einer Forderung aus einem gem. §134 BGB nichtigen Vertrag an (BGH NJW 2013, 401 mkritAnm Cornelius NZWiSt 2013, 166; zw.), nicht hingegen bei Nichtigkeit gem. §138 BGB (BGH NStZ-RR 2019, 115 mAnm Brand GmbHR 2019, 408).

Die (schadensgleiche) **Vermögensgefährdung** (→§263 Rn. 40; zum Vorsatz **17a**
→Rn. 19) muss auch hier konkret sein (BVerfG NJW 2009, 2370 (2373); BVerfGE 126, 170 = NJW 2010, 3209; BGHSt 44, 376 (384) = NJW 1999, 1489; NStZ-RR 2005, 343; ZInsO 2013, 1350; vgl. Perron FS Tiedemann, 2008, 737; Otto FS Puppe, 2011, 1247; Hinrichs wistra 2013, 161; krit. zur bisherigen Weite des Nachteils in der Rspr. Saliger ZStW 112 (2000), 563 (574); Matt/Saliger, Irrwege der Strafgesetzgebung, 1999, S. 217, 229; vgl. auch schon BGH wistra 1988, 26). Sie kann darin liegen, dass der Treunehmer als Funktionsträger einer Partei oder als Beamter schwarze Kassen führt (BGH GA 1956, 154; NStZ 1984, 549; OLG Frankfurt a. M. NJW 2004, 2028; Weimann, Die Strafbarkeit der Bildung sog. schwarzer Kassen gem. §266 StGB, 1996; Strelczyk, Die Strafbarkeit der Bildung schwarzer Kassen, 2008), meist um die darin enthaltenen Mittel unter Umgehung der zuständigen Entscheidungsträger nach Belieben zu verteilen (BGHSt 51, 100 = NJW 2007, 1760, Fall Kanther mit Bespr. Perron NStZ 2008, 517; Ransiek NJW 2007, 1727; Saliger NStZ 2007, 545; weitgehend zust. auch Schünemann NStZ 2008, 430). Der 2. Strafsenat hat demgegenüber schwarze Kassen selbst als Vermögensschaden eingestuft (BGHSt 52, 323 = NJW 2009, 89, Fall Siemens mit Bespr. Knauer NStZ 2009, 151; Ransiek NJW 2009, 95; Rönnau StV 2009, 246; Satzger NStZ 2009, 297; Brammsen/Apel WM 2010, 781; zur Vorinstanz Saliger/Gaede HRRS 2008, 57; BGHSt 55, 266 = NJW 2010, 3458 – RWE mit Bespr. Hoffmann GmbHR 2010, 1150; Bittmann NJW 2011, 96; Becker HRRS 2012, 237; Brand NJW 2010, 3463; vgl. auch Schünemann StraFo 2010, 1; Schramm in Momsen/Grützner WirtschaftsSteuerStrafR-HdB Kap. 5 §19 Rn. 58, 142), ebenso nach BVerfGE 126, 170 = NJW 2010, 3209 (→Rn. 16) auch der 5. Strafsenat (BGH NStZ 2014, 646 mkritAnm Hoven und Becker NZWiSt 2015, 38). Der 1. Strafsenat ist von der Konstruktion der konkreten Vermögensgefährdung ganz abgerückt (BGH NJW 2008, 2451 mit Bespr. Beulke/Witzigmann JR 2008, 430; Wegner wistra 2008, 347; v. Selle ZIS 2009, 471; vgl. auch Achenbach NStZ 2009, 623; Kempf FS Volk, 2009, 231 (239)); trotz der abweichenden Rspr. anderer Senate hält er daran weiterhin fest (BGH wistra 2017, 193). Ebenso war es bislang vermögensgefährdend, dass Haushaltsmittel „verlagert" werden (BGHSt 40, 287 = NJW 1995, 603), ein Geschäftsführer Umsätze der Firma auf ein verdecktes Konto umleitet (BGH wistra 2000, 136), wenn bei Übernahme einer Bürgschaft feststeht, dass sie mit hoher Wahrscheinlichkeit in Anspruch genommen wird (BGH wistra 2007, 21) oder wenn die Geltendmachung begründeter Ansprüche durch unordentliche Buchführung verhindert (BGHSt 20, 304 = NJW 1966, 261; BGH NStZ 1996, 543; NStZ 2001, 432; NStZ 2004, 559) oder im umgekehrten Fall wegen der mangelhaften Dokumentation von geleisteten Zahlungen mit einer doppelten Inanspruchnahme durch die Gläubiger zu rechnen ist (BGHSt 47, 8 (11) = NJW 2001, 3638 mit Bespr. Salditt NStZ 2001, 544; krit. Mosenheuer NStZ 2004, 179 (180), nur Vorbereitungs- bzw. Beihilfeunrecht), nicht aber, wenn er lediglich die Abrechnung über die Erledigung einer Geschäftsbesorgung verzögert (OLG Stuttgart NJW 1971, 64) oder das zur Verfügung stehende Budget des Auftraggebers und der zur Angebotsabgabe aufzufordernden anderen Firmen einem Bewerber bekanntgibt (aM BayObLG NJW

1996, 268 mit abl. Bespr. Cramer WiB 1996, 106; Haft NJW 1996, 238). Im Lichte von BVerfGE 126, 170 = NJW 2010, 3209 genügen aber bloße Beschränkungen der Dispositionsbefugnis des Treugebers nicht mehr, so dass eine Haushaltsuntreue nur strafbar sein sollte, wenn dadurch Mehrkosten zB für Zinsen entstanden sind (BGH NStZ 2011, 520 mAnm Adick ZWH 2011, 30), doch ist auch diese Entscheidung wegen Verstoß gegen das Verschleifungsverbot (→ Rn. 16) von BVerfG NJW 2013, 365 aufgehoben worden; zur Bilanzrechtsorientierung Kulhanek NZWiSt 2013, 246 (248)); Salditt FS Schünemann, 2014, 705). Sind vom Treupflichtigen empfangene Schmiergelder in die Kalkulation zu Lasten des Treugebers eingegangen (→ Rn. 15) wird deren Höhe idR den erlittenen Schaden ausmachen (BGHSt 50, 299 (314) = NJW 2006, 925; BGH NJW 2006, 2867). Zur Haushaltsuntreue durch Zubilligung von Erfahrungsstufen bei Einstellung von Tarifbeschäftigten im öffentlichen Dienst BGH NJW 2016, 600 mAnm Eidam NStZ 2016, 603. Ferner sind die für den persönlichen Schadenseinschlag geltenden Regeln (→ § 263 Rn. 48–51) anwendbar (BGH NStZ-RR 2004, 54; für Vorrang der Zweckverfehlungslehre Kindhäuser FS Lampe, 2003, 709 (722)); zur Schadensberechnung bei Darlehen für sog. Schrottimmobilien BGH wistra 2013, 268; wistra 2013, 347. Allg. zum Eingehungsschaden bei § 266 Krell NZWiSt 2013, 370 (372).

17b Schließlich ist auch ein Ausgleich von Schaden und zugleich erlangtem Gewinn (**Kompensation,** → § 263 Rn. 36a) möglich, setzt aber voraus, dass beide durch dasselbe pflichtwidrige Verhalten unmittelbar verursacht sind (BGH NStZ 1986, 455; NStE Nr. 36; NZG 2021, 751; sa Lüderssen FS Müller-Dietz, 2001, 467 (469)); von diesem Gleichzeitigkeitserfordernis kann ausnahmsweise dann abgesehen werden, wenn mehrere Verfügungen erforderlich sind, um den ausgleichenden Erfolg zu erreichen (BGHSt 47, 295 (302) = NJW 2002, 2801; BGH NStZ-RR 2011, 312; Saliger in Satzger/Schluckebier/Widmaier StGB Rn. 75). In den übrigen Fällen gilt der Grundsatz der Einzelbetrachtung (Kohlmann JA 1980, 228 (232)), nach dem das einzelne, vom Treunehmer geführte Geschäft, soweit es eine wirtschaftliche Einheit bildet, maßgeblich ist (BGH NJW 1983, 1807 (1808)). Kompensation kommt zB bei verbotenen oder sonst pflichtwidrigen Risikogeschäften (→ Rn. 7) in Frage, wenn die durch das Geschäft erlangte Vorteilschance der erlittenen Einbuße (bzw. Vermögensgefährdung, GA 1977, 342) wirtschaftlich gleichwertig ist (hM; vgl. BGH NJW 1975, 1234 mit krit. Bespr. Schreiber/Beulke JuS 1977, 656; Bringewat JZ 1977, 667; BGH StV 1999, 25; NStZ-RR 2006, 378; LG Bielefeld JZ 1977, 692; Nack NJW 1980, 1599; sa OLG Bremen NStZ 1989, 228; für Saldierung von Schmiergeldzahlungen an den Betriebsrat mit dem Wert von dessen reibungslosen Funktionieren Zwiehoff FS Puppe, 2011, 1337 (1350); einschr. Waßmer, Untreue bei Risikogeschäften, 1997, S. 111, 146; anders Hillenkamp NStZ 1981, 161 (166); zw.). Die Aufrechnungsmöglichkeit von Ansprüchen eines Anwalts gegen seinen Mandanten kann nur bei tatsächlicher Erklärung der Aufrechnung einen Schaden kompensieren (KG NStZ 2008, 405; offen gelassen von BGH NJW 2020, 1689 (1691)).

17c Die Frage der wirtschaftlichen Gleichwertigkeit in Fällen der **Fehlleitung öffentlicher Mittel** ist noch nicht abschließend geklärt (vgl. etwa BGHSt 43, 293 (297) = NJW 1998, 913 mit Bespr. Bieneck wistra 1998, 249; Brauns JR 1998, 381; Bittmann NStZ 1998, 495; sowie Saliger ZStW 112 (2000), 563 (589); BGH NStZ 1984, 549; wistra 2000, 96; NStZ-RR 2002, 237; Kohlmann/Brauns, Zur strafrechtlichen Erfassung der Fehlleitung öffentlicher Mittel, 1979, S. 65, 71, 107; Neye, Untreue im öffentlichen Dienst, 1981; Neye NStZ 1981, 369; Fabricius NStZ 1993, 414 (416); Haas, Die Untreue (§ 266 StGB), 1997, S. 96; Weimann,

Die Strafbarkeit der Bildung sog. schwarzer Kassen gem. §266 StGB, 1996, S. 97, 119; Schünemann in LPK-Untreue Rn. 294–299; Saliger in Satzger/Schluckebier/Widmaier StGB Rn. 116–118; Hadamitzky in Müller-Gugenberger WirtschaftsStrafR Kap. 32 Rn. 223–229; Fischer Rn. 121–129, → §266 Rn. 14; → §263 Rn. 48). Werden Mittel ohne zwingenden Grund zweckwidrig eingesetzt, so kann dies trotz gleichwertiger Gegenleistung einen Schaden darstellen (BGH NStZ 1984, 549; NStZ 2001, 248 (250); Perron in Schönke/Schröder Rn. 44; zur Verfehlung von Subventionszwecken BGH NJW 2003, 2179 (2181) mAnm Wagner NStZ 2003, 543; Rübenstahl/Wasserburg NStZ 2004, 521; dazu auch Fischer Rn. 129; gegen die Einbeziehung in die Zweckverfehlung Jordan JR 2000, 139). Stimmt bei einer Haushaltsüberziehung der Mitteleinsatz mit den vorgegebenen Zwecken überein und ist die erlangte Gegenleistung ihren Preis wert, so begründet der Verstoß gegen haushaltsrechtliche Bestimmungen nur beim Vorliegen besonderer Umstände einen Schaden (BGHSt 43, 293 (299) = NJW 1998, 913; BGH NJW 2001, 2411 (2413) mzustAnm Wagner/Dierlamm NStZ 2001, 371; Berger JR 2002, 118; BGH NJW 2003, 2179 mAnm Wagner NStZ 2003, 543; Ransiek ZStW 116 (2004), 634 (655); anders Wolf, Die Strafbarkeit der rechtswidrigen Verwendung öffentlicher Mittel, 1998, S. 117, 186 mit krit. Bespr. Berger GA 2000, 202; krit. zur Rspr. auch Munz, Haushaltsuntreue, 2001, S. 164, wonach bei einer Mittelverwendung, die der Zwecksetzung des Haushalts widerspricht, der Schaden sich nach dem Prinzip des individuellen Schadenseinschlags ergeben soll; iErg der Rspr. zust. Berger GA 2004, 57, Wolf wistra 2003, 334; Thomas FS Rieß, 2002, 795 (808), abl. Schünemann StV 2003, 463 (469), nach dem ein Verstoß gegen den vom Gesetzgeber festgelegten Ausgabeplan für die Haushaltsuntreue idR ausreicht). Letzteres kann der Fall sein, wenn durch die Überziehung eine wirtschaftlich gewichtige Kreditaufnahme erforderlich wird oder der Haushaltsgesetzgeber sonst in seiner Dispositionsfähigkeit schwerwiegend beeinträchtigt und dadurch in seiner politischen Gestaltungsbefugnis beschnitten wird (BGHSt 43, 293 (299) = NJW 1998, 913;). Speziell bei der Ämterpatronage (→ Rn. 6) ist der Vermögensschaden in ähnlicher Weise wie beim Anstellungsbetrug (→ §263 Rn. 52) begründbar (Schmidt-Hieber NJW 1989, 558), im Hinblick auf den Beurteilungsspielraum der Einstellungsbehörde jedoch nur selten beweisbar (ebenso Seier/Lindemann in Achenbach/Ransiek/Rönnau WirtschaftsStrafR-HdB Kap. V 2 Rn. 354). Ein Vermögensschaden liegt auch vor, wenn ein Abgeordneter ihm übertragene Haushaltsmittel für andere als in den haushaltsrechtlichen Richtlinien vorgesehene Zwecke verwendet (OLG Koblenz NJW 1999, 3277). Die zunehmende Flexibilisierung des Haushaltsrechts durch neue Steuerungsmodelle schränkt die Haushaltsuntreue allerdings ein (v. Selle JZ 2008, 178). Nach der Rspr. soll auch der Verlust deliktisch erworbenen Vermögens ein Schaden sein (BGH NStZ-RR 1999, 184 (186); aM Perron in Schönke/Schröder Rn. 39b).

b) Der **Betreute** kann nur ein mit dem Täter nicht identischer selbständiger 18
Vermögensträger sein (→ Rn. 3).

6. Der **Vorsatz** (bedingter genügt, BGH NJW 1975, 1234 (1236)) muss na- 19
mentlich die dem Befugnismissbrauch oder der Pflichtverletzung zugrundeliegende Pflichtwidrigkeit (BGHSt 34, 379 (390) = NJW 1988, 1397; BGH NJW 1990, 3219 mAnm Ulsenheimer DNotZ 1991, 746; ausf. Marwedel ZStW 123 (2011), 548) sowie den (unmittelbar verursachten, BGH NJW 1979, 1512; NStZ 1986, 455; → §263 Rn. 57) Vermögensnachteil umfassen (BGH NStZ 1996, 543; StV 1999, 25; wistra 2000, 61); dabei ist auch in subjektiver Hinsicht zwischen beiden

Tatbestandsmerkmalen zu unterscheiden (BGH NStZ 2013, 715 mAnm Trüg). An seinen Nachweis sind bei der weiten Fassung des äußeren Tatbestandes strenge Anforderungen zu stellen (BGHSt 47, 295 (302) = NJW 2002, 2801; BGH NJW 1975, 1234 (1236); NJW 1983, 461; krit. Hillenkamp NStZ 1981, 161 (163); Hillenkamp FS Maiwald, 2010, 323 (338) zur Rechtsentwicklung der „Strenge-Anforderungen-Formel"; Dierlamm NStZ 1997, 534; Fischer Rn. 176), namentlich dann, wenn nur bedingter Vorsatz in Betracht kommt und der Täter nicht eigennützig handelt (BGH wistra 2003, 463; Nachw. bei Fischer StraFo 2008, 269 (272)); nach der Rspr. sollen neben dem erkannten Grad der Schadenswahrscheinlichkeit auch die Motive und Interessenlage des Treupflichtigen zu berücksichtigen sein (zu Kreditvergabeentscheidungen weiter BGHSt 46, 30 (35) = NJW 2000, 2364 mzustAnm Dierlamm/Links NStZ 2000, 656, krit. aber Otto JR 2000, 517; enger BGHSt 47, 148 = NJW 2002, 1211 mit krit. Bespr. Keller/Sauer wistra 2002, 365; Knauer NStZ 2002, 399; Kühne StV 2002, 198; Otto JK StGB § 266 Rn. 21). Hinsichtlich eines Gefährdungsschadens soll der bedingte Vorsatz die Billigung der Gefahrrealisierung, dh ein Sich-Abfinden mit einem endgültigen Verlust voraussetzen (BGHSt 51, 100 (121) = NJW 2007, 1760, Fall Kanther mit krit. Bespr. Bernsmann GA 2007, 219 (230); Saliger NStZ 2007, 545 (550); Schünemann NStZ 2008, 431; BGH NJW 2010, 1764; NStZ 2013, 715; ebenso OLG Hamburg NStZ 2010, 335; für eine Berücksichtigung der Absichten des Kassenverwalters schon im objektiven Tatbestand Rönnau FS Tiedemann, 2008, 713 (732)), was eine dem Bestimmtheitsgrundsatz Rechnung tragende (BVerfG NJW 2009, 2370; BVerfGE 126, 170 = NJW 2010, 3209; BVerfGE 130, 1 = NJW 2012, 907; Adam NStZ 2010, 322; vgl. aber Perron FS Tiedemann, 2008, 737 (739), keine wirklich befriedigende Lösung, Perron in Schönke/Schröder Rn. 50) Restriktion des Untreuetatbestands darstellt, die vom 1. Strafsenat abgelehnt worden ist (BGHSt 53, 199 = NJW 2009, 2390, Fall Siemens; BGH NJW 2008, 2451 mit Bespr. Beulke/Witzigmann JR 2008, 430; Klötzer/Schilling StraFo 2008, 305; Peglau wistra 2008, 430; v. Selle ZIS 2009, 471; Wegner wistra 2008, 347; vgl. auch Nack StraFo 2008, 277; Weber FS Eisenberg, 2009, 371, der eine stärkere objektive Einschränkung der Vermögensgefährdung verlangt und für die Anerkennung eines Rücktritts von der vermögensgefährdenden Untreue wirbt; krit. auch Hantschel, Untreuevorsatz, 2010, S. 131; Hillenkamp FS Maiwald, 2010, 323 (341), Bruch mit bisheriger Rspr. und Aufkündigung der Kongruenz zwischen objektivem und subjektivem Tatbestand); weil die maßgebende Entscheidung zu § 263 ergangen ist und seither die verfassungsrechtlichen Anforderungen an § 266 geschärft worden sind (vgl. BGH NStZ 2013, 715 (716)) ist fraglich, ob der 1. Strafsenat daran weiter festhält. Vor Verneinung des Schädigungsvorsatzes beim Missbrauchstatbestand muss festgestellt werden, gegen welche rechtlichen Grenzen der Treuepflichtige bei der Ausübung seiner Befugnisse verstoßen hat (BGH NStZ 2001, 155). Bereicherungsabsicht ist nicht erforderlich. – Der **Versuch** ist straflos (§ 23 I Var. 2; für die Einführung der Versuchsstrafbarkeit de lege ferenda Günther FS Weber, 2004, 311 (317); dagegen zB Matt/Saliger, Irrwege der Strafgesetzgebung, 1999, S. 227 ff.; Schramm, Untreue und Konsens, 2005, S. 25). Dies gilt auch dann, wenn ein besonders schwerer Fall vorliegt (→ § 12 Rn. 4; Perron in Schönke/Schröder Rn. 51). Von der vermögensgefährdenden Untreue (→ Rn. 17a) soll ein „Rücktritt" möglich sein (Weber FS Eisenberg, 2009, 371 (375)), doch erscheint dies nicht angebracht, wenn man einer restriktiven Schadensberechnung folgt. – Ob ein **Irrtum** über die Pflichtwidrigkeit als eine Fehlvorstellung über ein normatives Tatbestandsmerkmal und damit ein Tatbestandsirrtum nach § 16 ist (so zB Jakobs

NStZ 2005, 277; Perron in Schönke/Schröder Rn. 49; Schramm in Momsen/Grützner WirtschaftsSteuerStrafR-HdB Kap. 5 § 19 Rn. 141) oder als Irrtum über ein gesamttatbewertendes Merkmal und damit Verbotsirrtum nach § 17 einzuordnen ist (so zB Kindhäuser in NK-StGB Rn. 122; ähnlich auch Schünemann in LPK-Untreue Rn. 246f.), wird kontrovers diskutiert und in der Rspr. uneinheitlich beurteilt (zu § 16 tendierend BGH NJW 2001, 2412, Haushaltsuntreue; BGH NZM 2017, 780 (784), 5. Strafsenat; BGH NJW 2018, 177 (179f.), 1. Strafsenat; LG Mainz NJW 2001, 907, Kauf überteuerter Produkte; zu § 17 neigend BGH NJW 2006, 522 (531), Fall Mannesmann mit krit. Bespr. Ransiek NJW 2006, 814 (816); → Rn. 20b; Hellmann/Beckemper WirtschaftsStrafR Rn. 911; krit. zu den offengebliebenen Kriterien der Rspr. Fischer Rn. 174); zur schwer begründbaren Unvermeidbarkeit des Verbotsirrtums Seier/Lindemann in Achenbach/Ransiek/Rönnau WirtschaftsStrafR-HdB Kap. V 2 Rn. 98.

7. Die (auch konkludente) **Einwilligung** des Treugebers in Handlungen des Täters ist nicht erst für die Rechtswidrigkeit, sondern schon für den Tatbestand erheblich; denn sie schließt im Missbrauchstatbestand den Missbrauch der Verfügungsbefugnis und im Treubruchstatbestand die Pflichtverletzung aus (BGHSt 50, 331 (342) = NJW 2006, 522; BGHSt 55, 266 = NJW 2010, 3458; BGH NJW 2000, 154; NJW 2015, 1618 (1620f.); anders noch BGHSt 9, 203 (216) = NJW 1956, 1326; Dierlamm in MüKoStGB Rn. 143; zu den Wirksamkeitsvoraussetzungen des tatbestandsausschließenden Einverständnisses Wessels/Hillenkamp/Schuhr StrafR BT II Rn. 758–761; eing. Schramm, Untreue und Konsens, 2005, S. 74); diese ist nur wirksam, wenn der Einwilligende zur alleinigen Disposition über das Vermögen befugt ist (InsbürO 2017, 167). Nimmt der Täter irrig das Vorliegen einer wirksamen Einwilligung an, liegt ein Tatbestandsirrtum nach § 16 vor; ob dies auch für die Annahme einer hypothetischen Einwilligung gelten kann (so OLG Hamm NStZ-RR 2012, 374 (375)), ist zweifelhaft, weil sich damit der Täter nur vorstellt, dass sein Verhalten einwilligungsfähig ist. 20

a) Handlungen von **Organen einer juristischen Person** (namentlich des Geschäftsführers einer **GmbH,** eing. zu dessen Haftung Kohlmann, Die strafrechtliche Verantwortlichkeit des GmbH-Geschäftsführers, 1990, S. 99, Schäfer GmbHR 1993, 780 (787); Langkeit WiB 1994, 64; Hoffmann, Untreue und Unternehmensinteresse, 2010; Beispiele strafbaren Geschäftsführer-Verhaltens bei Rönnau in Scholz GmbHG Vor § 82 Rn. 16), die nach Gesellschaftsrecht zum Schutz des Vermögensbestandes (zB nach § 30 GmbHG; zu Verstößen gegen § 64 S. 3 GmbHG Rönnau FS Schünemann, 2014, 675) unzulässig sind oder die Existenz der juristischen Person gefährden, bleiben jedoch regelmäßig missbräuchlich oder pflichtwidrig auch dann, wenn alle Anteilseigner (bzw. der Einmann-Gesellschafter) eingewilligt haben oder wenn der Täter alle Anteile selbst besitzt (zu weit BGHSt 34, 379 = NJW 1988, 1397; mit Recht einschr. BGHSt 35, 333 = NJW 1989, 112; BGH NStZ 1995, 185; NJW 2000, 154; NJW 2003, 2996 (2998); wistra 2006, 229; wistra 2006, 265; NJW 2007, 2689 mit Bespr. Radtke/Hoffmann GA 2008, 535; BGH NStZ 2009, 153; NStZ-RR 2012, 80 mAnm Venn ZWH 2012, 23; LG Potsdam wistra 2005, 194, professioneller Firmenbestatter; Gribbohm ZGR 1990, 1; mit gesellschaftsrechtlicher Begr. iErg ähnlich Ulmer FS Pfeiffer, 1988, 853; Lipps NJW 1989, 502; Hellmann wistra 1989, 214; Brammsen DB 1989, 1609; Müller-Christmann/Schnauder JuS 1998, 1080; Mihm, Strafrechtliche Konsequenzen verdeckter Gewinnausschüttungen, 1998, S. 107; Ransiek FS Kohlmann, 2003, 207; Krekeler/Werner StraFo 2004, 374; aM Rönnau in Scholz 20a

GmbHG Vor § 82 Rn. 8; Labsch JuS 1985, 602; Meilicke BB 1988, 1261; Arloth NStZ 1990, 570; Nelles, Untreue zum Nachteil von Gesellschaften, 1991, S. 229, 553; Muhler wistra 1994, 283 (287); Sternberg-Lieben, Die objektiven Schranken der Einwilligung im Strafrecht, 1997, S. 565; Birkholz, Untreuestrafbarkeit als strafrechtlicher „Preis" der beschränkten Haftung, 1998, S. 84, 151; Schramm, Untreue und Konsens, 2005, S. 113, 122 zu entsprechenden Reformvorschlägen; Schramm in Momsen/Grützner WirtschaftsSteuerStrafR-HdB Kap. 5 § 19 Rn. 85; Kasiske wistra 2005, 81; Kubiciel NStZ 2005, 353 (359); Hanft, Strafrechtliche Probleme im Zusammenhang mit der Ein-Mann-GmbH, 2006, S. 123; Fischer Rn. 99; Trüg/Zeyher NZWiSt 2021, 169; diff. Kohlmann FS Werner, 1984, 387; Waßmer, Untreue bei Risikogeschäften, 1997, S. 94; Radtke GmbHR 1998, 311 (365); Zieschang FS Kohlmann, 2003, 351; schon im Ansatz abw. Reiß wistra 1989, 81). Die Rückgewähr eigenkapitalersetzender Gesellschafterdarlehen kann nunmehr keine Untreue begründen (OLG Stuttgart wistra 2010, 34; Bittmann NStZ 2009, 113 (117); vgl. auch BGHSt 35, 333 = NJW 1989, 112; BGH NStZ-RR 2013, 345). Diese Grundsätze gelten ebenso für kommunale Unternehmen (OLG Jena wistra 2011, 315 mAnm Radtke GmbHR 2011, 819) und entsprechend auch beim **„qualifiziert faktischen" GmbH-Konzern** (BGH NJW 1997, 66 (69) mit krit. Bespr. Geerds JR 1997, 340; Otto JK StGB § 266 Rn. 14; sowie Saliger ZStW 112 (2000), 563 (566); vgl. auch Bittmann/Terstegen wistra 1995, 249 (252)), wobei sich die zivilrechtliche Rspr. von der mit dieser Rechtsfigur verbundenen Anbindung an das Aktienrecht gelöst hat und iRd § 823 II BGB an die strafrechtliche Rspr. zu § 266 anknüpft, namentlich das Verbot der Existenzgefährdung übernimmt (BGHZ 149, 10 = NJW 2001, 3622, Bremer Vulkan mit Bespr. Altmeppen NJW 2002, 321; Goette DStR 2001, 1857; Wilhelmi DZWiR 2003, 45; Luttermann BB 2001, 2433; Ulmer ZIP 2001, 2021; Rönnau in Scholz GmbHG Vor § 82 Rn. 17, 18). Die neuere zivilrechtliche Rspr. knüpft an die missbräuchliche Schädigung des zweckgebundenen Vermögens an und stellt auf § 826 BGB ab (BGHZ 173, 246 = NJW 2007, 2689; BGH NJW 2009, 3666 (3668)). Die strafrechtliche Rspr. hat sich diesen Grundsätzen angeschlossen: Fließen in einem Konzern die Mittel der (GmbH)Konzerntöchter bei der Konzernmutter zusammen (zentrales Cash-Management), soll unter dem Gesichtspunkt des existenzgefährdenden Eingriffs die Treupflicht des beherrschenden Gesellschafters bestehen, für eine Rückzahlung der Gelder zu sorgen, wenn die Erfüllung der Verbindlichkeiten nicht gewährleistet ist (BGHSt 49, 147 = JuS 2004, 1117 mit Bespr. Krause JR 2006, 51; Kutzner NStZ 2005, 271; Ransiek wistra 2005, 121; Salditt NStZ 2005, 270; Tiedemann JZ 2005, 45; Wattenberg StV 2005, 523; BGH NJW 2009, 3666 (3667)). Dies läuft jedoch auf einen Gläubiger- und Insolvenzschutz hinaus, den das Gesetz nicht bei § 266, sondern bei § 283 verankert hat (Krause JR 2006, 51 (54)); auch steht dies im Widerspruch zur bisher hM, wonach der Gesellschafter nur bei faktischer Geschäftsführerstellung Täter sein konnte (Tiedemann JZ 2005, 45; Kramer WM 2004, 305 (306); abl. auch Perron in Schönke/Schröder Rn. 26; krit auch Gaede NZWiSt 2018, 220; vgl. aber auch Ransiek FS Kohlmann, 2003, 207 (219); Hentschke, Der Untreueschutz der Vor-GmbH vor einverständlichen Schädigungen, 2002, S. 136; Theile ZJS 2011, 616; Kraatz ZStW 123 (2011), 447 (483)). Ein tatbestandsausschließendes Einverständnis der Mehrheit der Gesellschafter zB mit der Bildung einer schwarzen Kasse (→ Rn. 17 a) setzt voraus, dass auch die Minderheitsgesellschafter mit der Frage einer Billigung der Pflichtwidrigkeit befasst waren (BGHSt 55, 266 = NJW 2010, 3458). Zur Untreue im Unternehmensverbund Lesch/Hüttemann/Reschke NStZ 2015, 609. Zur Vermögensbetreuungspflicht eines faktischen Geschäftsführers BGH NJW 2013, 624 mit Bespr. Schneider HRRS 2013, 297; BGH StraFo 2013, 260 mAnm Esser ZWH 2013, 317. Für ihn gelten die gleichen Anforderungen wie für einen bestellten Geschäftsführer (vgl. BGH NStZ-RR 2013, 345). Der BGH bejahte die Vermögensbetreuungspflicht auch der Mitglieder der Gesellschafterversammlung einer gemeinnützigen GmbH unter Verweis auf das Kommunalrecht (BGH GmbHR 2021, 761 mkritAnm Brand), betonte aber, dass ihnen bei unternehmerischen Entscheidungen, etwa bei der Beendigung der Geschäftsführeranstellung, ein haftungsfreier Handlungsspielraum zugutekomme. Die Anwendung des § 266 auf den director einer in Deutschland ansässigen englischen **Private Company Limited** erscheint möglich (BGH ZIP 2010, 1233 mit Bespr. Schramm/Hinderer ZIS 2010, 494; Mankowski/Bock GmbHR 2010, 822; Beckemper ZJS 2010, 556; Kraatz JR 2011, 58; Radtke NStZ 2011, 556; Rönnau NStZ 2011, 558; sa Schlösser wistra 2006, 84 (86); Wiek/Stewen wistra 2011, 161 (168); Schünemann in LK-StGB Rn. 264), obwohl dagegen gewichtige verfassungsrechtliche Einwände erhoben werden (Rönnau ZGR 2005, 833 (853); zu deren Entkräftung Radtke GmbHR 2008, 729; Ransiek/Hüls ZGR 2009, 176) und bestimmte Fallkonstellationen nicht auftreten können (zB existenzgefährdender Eingriff; vgl. Rönnau ZGR 2005, 833 (854); Schlösser wistra 2006, 84 (86)); die Pflichtwidrigkeit bemisst sich nach der sog. Gründungstheorie nach dem Recht des Herkunftstaats (GH ZIP 2010, 1233 mit Bespr. Schramm/Hinderer ZIS 2010, 494). Für geschäftsführende Gesellschafter einer OHG, KG oder GbR gilt das dagegen nicht, weil diese Zusammenschlüsse keine selbständigen Vermögensträger sind (→ Rn. 3).

b) Die Verantwortlichkeit des **Vorstands** einer **Aktiengesellschaft** wegen Untreue kann auch bei Zustimmung aller Aktionäre gegeben sein (vgl. Kaufmann, Untreue zum Nachteil von Kapitalgesellschaften, 1999, S. 58, 140; bei aktienrechtlich gebundenem Vermögen ebenso Rönnau FS Amelung, 2009, 247 (267); vgl. auch Loeck, Strafbarkeit des Vorstands der Aktiengesellschaft wegen Untreue, 2006, S. 95; dagegen für eine weitergehende Dispositionsbefugnis BGHSt 50, 331 (342) = NJW 2006, 522; Schramm, Untreue und Konsens, 2005, S. 141; Schramm in Momsen/Grützner WirtschaftsSteuerStrafR-HdB Kap. 5 § 19 Rn. 88; Tiedemann FS Weber, 2004, 319 (321); zur Untreue zum Nachteil einer europäischen Aktiengesellschaft Schlösser NZG 2008, 126 (129)). Im Übrigen bedürfen die Organpflichten aus dem AktG einer konkretisierenden Auslegung (zur Risikosteuerungspflicht Mosiek wistra 2003, 370). Vergibt etwa der Vorstandsvorsitzende aus dem AG-Vermögen Zuwendungen, um damit Mäzenatentum im Bereich der Kunst, des Sports usw zu betreiben, so hat er einen weiten Spielraum unternehmerischen Ermessens (Otto FS Kohlmann, 2003, 187 (201)) und begeht erst dann eine (Missbrauchs)Untreue, wenn er dadurch in gravierender Form gesellschaftsrechtliche Pflichten verletzt (BGHSt 47, 187 (197) = NJW 2002, 1585 mit Bespr. Beckemper NStZ 2002, 322; ähnlich Otto FS Kohlmann, 2003, 187 (202), falls evident sachwidrige Entscheidung; Kubiciel NStZ 2005, 353 (356); zT krit. zu den Kriterien des BGH Sauer wistra 2002, 465; krit. auch Schünemann NStZ 2005, 473; Saliger JA 2007, 330; Brammsen wistra 2009, 88; zu pflichtwidrigen Zahlungen bei beabsichtigter Übernahme eines Unternehmens BGH NStZ 2006, 223, Kinowelt mit Bespr. Kutzner NJW 2006, 3541); zur Haftung von Bankvorständen einer AG für die Finanzkrise ab 2007 vgl. Brüning/Samson ZIP 2009, 1089; Forkel ZRP 2010, 58; Bittmann NStZ 2011, 361 (362); Schünemann ZStW 123 (2011), 767; Wohlers ZStW 123 (2011), 791; zur Untreue durch Investitionen in ABS-Anleihen Schröder 20b

NStZ 2010, 1169; zu PR-Maßnahmen Nuß, Untreue durch Marketingkommunikation, 2006, S. 466 zur Haftung von Organmitgliedern für unternehmerische Risikoentscheidungen während der Corona-Pandemie Kubiciel NJW 2020, 1249; vgl. auch Esser in Esser/Tsambikakis PandemieStrafR § 13). Auch der Personalvorstand einer AG trägt dieser gegenüber eine Vermögensbetreuungspflicht, die verletzt wird, wenn er unter Verstoß gegen betriebsverfassungsrechtliche Vorgaben einem Betriebsratsmitglied Sonderzahlungen gewährt (BGHSt 54, 148 = NJW 2010, 92 mAnm Bittmann NJW 2010, 98; 55, 288 mAnm Brand JR 2011, 96; Corsten StraFo 2011, 69; Bittmann NJW 2011, 96; krit. Graf/Link NJW 2009, 409, die eine Schadenskompensation bejahen; vgl. Kraatz wistra 2011, 447; Saliger ZIS 2011, 902; Kudlich ZWH 2011, 1; Corsten HRRS 2011, 247; Michalke StV 2011, 245). Generell normiert § 93 I AktG die äußersten Grenzen unternehmerischen Ermessens, wobei auch im Strafrecht die sog. Business Judgment Rule (§ 93 I 2 AktG) zu beachten ist (dazu Ritz, Business Judgment Rule und § 266 StGB, 2020; Mezari, Die strafrechtliche Verantwortlichkeit der Organmitglieder mit Kontrollbefugnissen einer Aktiengesellschaft, 2022, Teil 1 § 2.1 B. II. 3. b) bb); vgl. BGH ZInsO 2022, 765 mAnm Weyandt); ein Vorliegen der Voraussetzungen von S. 1 schließt eine Pflichtverletzung aus, während ein Verstoß gegen S. 2 eine solche zwar nicht in jedem Fall begründet, wohl aber indiziert (BGH NJW 2017, 578 mAnm Brand; Kubiciel JZ 2017, 585, Becker NStZ 2017, 232; Nepomuck NZWiSt 2017, 119; Leimenstoll StV 2017, 394; Scholl EWiR 2017, 103; Schweiger WuB 2017, 294; sowie Bespr. Bittmann wistra 2017, 121; Baur/Holle ZIP 2017, 555; vgl. dazu auch Esser, NZWiSt 2018, 201, der darüber hinaus für den Erhalt einer strafrechtlichen Wertungsebene plädiert). Ein an pflichtwidrigen Entscheidungen mitwirkendes **Aufsichtsratsmitglied,** das gegen seine Überwachungspflicht verstößt, kommt ebenfalls als Täter einer Untreue in Betracht (BGHSt 47, 187 (201) = NJW 2002, 1585; OLG Braunschweig NJW 2012, 3798 mAnm Rübenstahl NZWiSt 2013, 267; Corsten wistra 2013, 73). Das gilt erst recht, wenn es mit einem leitenden Angestellten bei dessen pflichtwidrigen, gesellschaftsschädigenden Fehlverhalten zusammenwirkt (BGHSt 61, 48 = NJW 2016, 2585, für den Aufsichtsrat einer GmbH mit Bespr. Brammsen EWiR 2016, 551, Rönnau/Becker JR 2017, 204; Saliger/Schweiger NJW 2016, 2600; Brand NZG 2016; Schlosser StV 2017, 123; Bosbach WuB 2016, 662; Holtz ZWH 2016, 355). Dabei knüpft die Treupflicht von Aufsichtsratsmitgliedern ebenfalls an interne aktienrechtliche Bindungen an (etwa § 87 I 1 AktG, Satzung, Geschäftsordnung usw; vgl. Rönnau/Hohn NStZ 2004, 113 (114), Mannesmann; → Rn. 15; Poseck, Strafrechtliche Haftung der Mitglieder des Aufsichtsrats einer Aktiengesellschaft, 1997, S. 65, 76; Lüderssen FS Lampe, 2003, 727; Thomas FS Rieß, 2002, 795 (797); Tiedemann FS Weber, 2004, 319 (322); Brammsen ZIP 2009, 1504; Krause NStZ 2011, 57; Zech, Untreue durch Aufsichtsratsmitglieder einer Aktiengesellschaft, 2007; Schilha, Die Aufsichtsratstätigkeit in der Aktiengesellschaft im Spiegel strafrechtlicher Verantwortung, 2008, S. 37; ausf. Mezari, Die strafrechtliche Verantwortlichkeit der Organmitglieder mit Kontrollbefugnissen einer Aktiengesellschaft, 2022, S. 222; zu Aufsichtsräten Kommunaler Gesellschaften Geerds FS Otto, 2007, 561 (571)). Verstößt der Aufsichtsrat bei der Festsetzung von Bezügen gegen das Angemessenheitsgebot des § 87 I AktG (Dittrich, Die Untreuestrafbarkeit von Aufsichtsratsmitgliedern bei der Festsetzung überhöhter Vorstandsvergütungen, 2006, S. 38, 90), stellt dies aber erst dann eine Untreue dar, wenn es sich um ein eindeutig unvertretbares, objektiv nicht nachvollziehbares Verhalten handelt (Rönnau/Hohn NStZ 2004, 113 (118); Dittrich, Die Untreuestrafbarkeit von Aufsichtsratsmitgliedern bei der Festsetzung überhöhter Vorstandsvergütungen, 2006, S. 211; Tiedemann WirtschaftsStrafR AT Rn. 264) oder es sich – was auf das Gleiche hinauslaufen dürfte – nach der Rspr. als gravierende Pflichtverletzung darstellt (vgl. LG Düsseldorf NJW 2003, 2536 mit krit. Bespr. Tiedemann ZIP 2004, 2056; Otto JK StGB § 266 Rn. 26; krit. auch Schünemann NStZ 2005, 473 (476); Bosch/Lange JZ 2009, 225; zu diesem Merkmal im Zusammenhang mit Entscheidung von Leitungsorganen vgl. BGHSt 47, 148 = NJW 2002, 1211, Kredit; BGHSt 47, 187 = NJW 2002, 1585, Sponsoring; dazu zusf. Wagner, ZStW 131 (2019), 319). Ob im Fall **Mannesmann** die nachträgliche Belohnung von Vorstandsmitgliedern mit Prämien in Millionenhöhe als eine solch gravierende Fehlentscheidung des Aufsichtsrats einzustufen war, wurde vor dem BGH-Urteil teilweise verneint (Tiedemann WirtschaftsStrafR AT Rn. 266 „noch vertretbare unternehmerische Entscheidung"), teilweise wegen der Nutzlosigkeit der Zahlungen für das Unternehmen bejaht (Rönnau/Hohn NStZ 2004, 113 (120, 123) „pflichtwidrige Verschwendung", „reine Geschenke"; Rönnau ZStW 119 (2007), 887 (915)), letzteres zumindest aber für ein vertretbares Ergebnis gehalten (LG Düsseldorf NJW 2003, 2536). Teilweise wurde die Pflichtwidrigkeit auch auf eine fehlerhafte Ermessensausübung des Aufsichtsrats gestützt (so Schünemann, Organuntreue, 2004, S. 49). Der BGH hat in seinem Mannesmann-Urteil das Kriterium der gravierenden Pflichtverletzung verworfen und die Zahlungen mangels vertraglicher Vereinbarung sowie wegen des fehlenden unternehmerischen Nutzens als treupflichtwidrige Schädigungen eingestuft (BGHSt 50, 331 (337) = NJW 2006, 522; zu den Irrtums- und Beteiligungsproblemen des Falls BGH NJW 2006, 522 (527), insoweit in BGHSt 50, 331 nicht abgedr.). Im Schrifttum hat diese Entscheidung teilweise Beifall gefunden (weitgehend zust. etwa Rönnau NStZ 2006, 218; Vogel/Hocke JZ 2006, 568; iE auch Schünemann NStZ 2006, 199, der aber das Kriterium der Ermessensüberschreitung für maßgeblich hält; zT auch Hohn wistra 2006, 161; kriminologisch Hefendehl MschrKrim 2005, 444; vgl. auch Bauer/Arnold DB 2006, 546; Fleischer DB 2006, 542; Jahn JuS 2006, 379; Kudlich JA 2006, 171; Bernsmann GA 2007, 229). Sie hat aber auch Kritik hervorgerufen (vgl. Alwart JZ 2006, 546; Cappel, Grenzen auf dem Weg zu einem europäischen Untreuestrafrecht, 2009, S. 27; Hellmann/Beckemper WirtschaftsStrafR Rn. 910), so etwa dass die Zahlungen aktienrechtlich zulässig und damit pflichtgemäß (Krause StV 2006, 308; Dierlamm StraFo 2005, 397) bzw. durchaus im Unternehmensinteresse gewesen seien (Deiters ZIS 2006, 152 (160); Krause StV 2006, 308; vgl. auch Hohn wistra 2006, 161; Dittrich, Die Untreuestrafbarkeit von Aufsichtsratsmitgliedern bei der Festsetzung überhöhter Vorstandsvergütungen, 2006, S. 225), der BGH die Höhe der Prämien hätte bewerten müssen (Kort NZG 2006, 131; Ransiek NJW 2006, 814), ein wirksames Einverständnis vorgelegen habe (Krause StV 2006, 308; Ransiek NJW 2006, 814; vgl. auch Vogel/Hocke JZ 2006, 568; nach Tiedemann FS Weber, 2004, 319 (321) eine „Fast-Rechtfertigung") oder in subjektiver Hinsicht beim Irrtum über die Pflichtwidrigkeit statt zu einem Verbots- eher zu einem Tatbestandsirrtum (→ Rn. 19) hätte tendiert werden müssen (Ransiek NJW 2006, 814; Lüderssen FS Richter, Bd. II, 2006, 373). Dem Hinweis des BGH (BGHSt 50, 331 (337) = NJW 2006, 522) auf eine fehlende vertragliche Grundlage für die Zahlung dieser Boni hilft die Praxis heute durch eine sog. „change-of-control"-Klausel in den Verträgen mit den Spitzenmanagern ab, die diesen in bestimmten Fällen einer Unternehmensübernahme im Falle eines Ausscheidens bestimmte Boni zusagt; eine Untreue-Strafbarkeit bliebe dann nur noch mit Blick auf fehlenden unternehmerischen Nutzen denkbar. Zur problematischen Einstellung des Mannesmann-Verfahrens nach § 153a StPO durch das LG Düsseldorf vgl. Saliger/Sinner ZIS 2007, 476.

21 **8.** Für das **Verhältnis der beiden Tatbestände** (→ Rn. 5ff., 9ff.) untereinander folgt aus den Ausführungen unter → Rn. 4, dass der Missbrauchstatbestand ein Unterfall des Treubruchstatbestandes ist (BGHSt 50, 331 (342) = NJW 2006, 522; Maurach/Schroeder/Maiwald/Hoyer/Momsen StrafR BT § 45 Rn. 13; diff. Schünemann in LPK-Untreue Rn. 30, 31; aM Perron in Schönke/Schröder Rn. 2). Er geht daher als das speziellere Gesetz vor (OLG Hamm NJW 1968, 1940; Kindhäuser in NK-StGB Rn. 26; str.); wenn jedoch Missbrauchs- und Treubruchshandlungen den Schaden zusammen verursachen, sind beide Tatbestände erfüllt (BGHSt 5, 61 (65) = BeckRS 1953, 31198459).

22 **9.** Zu **Abs. 2** (besonders schwere Fälle) → § 46 Rn. 7–10a; → § 12 Rn. 4; der Regelbeispielkatalog des § 263 III (→ § 263 Rn. 66) gilt entsprechend, obwohl er nur in sehr eingeschränktem Umfang (zB Nr. 3) für die Untreue passt (krit. Schünemann in LPK-Untreue Rn. 280, 281 „kapitale Fehlleistung"); zur Nr. 1 vgl. BGH NStZ-RR 2003, 297; wistra 2013, 390; entgegen der Rspr. (BGH NStZ 2000, 592) ist es bei Nr. 4 fragwürdig, die Amtsträgereigenschaft (dazu BGH NStZ-RR 2013, 344) trotz des Doppelverwertungsverbots (§ 46 III) strafbegründend und strafschärfend zu verwenden (zu Recht krit. Eisele, Die Regelbeispielsmethode im Strafrecht, 2004, S. 429; Heinrich in Arzt/Weber/Heinrich/Hilgendorf StrafR BT § 22 Rn. 81; Maurach/Schroeder/Maiwald/Hoyer/Momsen StrafR BT § 45 Rn. 61; Perron in Schönke/Schröder Rn. 53); zum Vermögensverlust großen Ausmaßes → § 263 Rn. 66; der Verweis auf § 243 II und §§ 247, 248 entspricht dem § 263 IV (→ § 263 Rn. 66). Sind Familienangehörige des Täters die Gesellschafter einer von ihm geschädigten GmbH, so sind sie idR zugleich die Verletzten iSd § 247 (BGH NJW 2003, 2924; wistra 2005, 105). Zur Wirksamkeit des Strafantrags eines Betreuers BGHSt 59, 278 = NJW 2014, 2968. Bei der Strafzumessung sind generell die Nebenwirkungen der Verurteilung wie drohende berufliche Maßnahmen zu berücksichtigen, wenn der Täter dadurch seine berufliche oder wirtschaftliche Grundlage verliert (BGH wistra 2017, 267; StV 2017, 83 mAnm Budde NZWiSt 2017, 40; Beckschäfer ZWH 2016, 399).

23 **10. Tateinheit** ua möglich mit § 242 (BGHSt 17, 360 (362) = NJW 1962, 1685; str.), §§ 263a, 267, 332 (BGHSt 47, 22 (25) = NJW 2001, 2560 mit krit. Bespr. Bittmann wistra 2002, 405; BayObLG NJW 1996, 268; → § 332 Rn. 11); 352 (BGH NJW 1957, 596), mit § 283 (→ § 283 Rn. 32), bei teilweisem Zusammentreffen der tatbestandlichen Ausführungshandlungen (→ § 52 Rn. 3, 4) auch mit § 229 (BGH NStZ 2009, 445). Auch mit § 263 kommt Tateinheit in Frage, wenn dieselbe Handlung (oder Handlungseinheit; zur natürlichen Handlungseinheit bei § 266 BGH NStZ-RR 2019, 346) zugleich einen jeweils selbständigen Unwert der Täuschung und der Treupflichtverletzung verwirklicht (hM; vgl. etwa BGHSt 8, 254 (260) = NJW 1956, 151; BGH StV 1984, 513 mablAnm Labsch; BGH wistra 1991, 218 mit abl. Bespr. Otto JK StGB § 266 Rn. 11; BGH wistra 1992, 342; NZWiSt 2020, 119 mAnm Schmidt; beachte auch BGH NStZ 2008, 340; wistra 2009, 106; zusf. Schauer, Grenzen der Preisgestaltungsfreiheit im Strafrecht, 1989, S. 182). § 246 I tritt wegen der Subsidiaritätsklausel hinter § 266 zurück; auch § 246 II (krit. Schünemann in LPK-Untreue Rn. 268) tritt gegenüber § 266 zurück, wenn der Täter schon bei der Untreuehandlung Zueignungswillen hatte (OLG Stuttgart NJW 1973, 1385 mAnm Lenckner JZ 1973, 794 (796); Ren-

gier StrafR BT I § 18 Rn. 73; aM Maurach/Schroeder/Maiwald/Hoyer/Momsen StrafR BT § 45 Rn. 63) oder gewerbsmäßig (Abs. 2 iVm § 263 III 2 Nr. 1) handelt (BGH NJW 2012, 3046 mit Bespr. Heghmanns ZJS 2013, 124); eine nachfolgende Sachverwertung ist dann als Unterschlagung nicht mehr tatbestandsmäßig (OLG Köln NJW 1963, 1992; → § 246 Rn. 7). Entschließt sich der Täter erst nach der Untreuehandlung zur Zueignung, so besteht zwischen §§ 266, 246 nicht Tateinheit (so RGSt 69, 63), sondern Tatmehrheit (Lenckner JZ 1973, 794 (796)). Untreue als mitbestrafte Nachtat zum Betrug BGHSt 6, 67 = NJW 1954, 1009; OLG Hamm MDR 1968, 779; (auch Beihilfe zum, BGH NStZ 2017, 32 (36f.)) Betrug als mitbestrafte Nachtat zur Untreue BGH wistra 1992, 342. Mehrere Untreuehandlungen können eine natürliche Handlungseinheit bilden (BGH wistra 2010, 345); eine Verklammerung durch Bestechungstaten scheidet hingegen aus (BGH wistra 2012, 310). Zum Verhältnis zu § 370 AO BGH StV 1996, 432; wistra 1998, 64; AG Lübeck wistra 2004, 77. Zur **Wahlfeststellung** im Verhältnis zu §§ 246, 263 → § 1 Rn. 14.

11. Die beiden Untreuetatbestände sollen nach der Rspr. iSd **§ 265 StPO** verschiedene Strafgesetze sein (BGH NJW 1984, 2539); das ist mit BGHSt 24, 386 = NJW 1972, 1904 schwerlich vereinbar (Küpper NStZ 1986, 249 (252); Schünemann in LPK-Untreue Rn. 31, 291). 24

§ 266a Vorenthalten und Veruntreuen von Arbeitsentgelt

(1) **Wer als Arbeitgeber der Einzugsstelle Beiträge des Arbeitnehmers zur Sozialversicherung einschließlich der Arbeitsförderung, unabhängig davon, ob Arbeitsentgelt gezahlt wird, vorenthält, wird mit Freiheitsstrafe bis zu fünf Jahren oder mit Geldstrafe bestraft.**

(2) **Ebenso wird bestraft, wer als Arbeitgeber**

1. der für den Einzug der Beiträge zuständigen Stelle über sozialversicherungsrechtlich erhebliche Tatsachen unrichtige oder unvollständige Angaben macht oder

2. die für den Einzug der Beiträge zuständige Stelle pflichtwidrig über sozialversicherungsrechtlich erhebliche Tatsachen in Unkenntnis lässt

und dadurch dieser Stelle vom Arbeitgeber zu tragende Beiträge zur Sozialversicherung einschließlich der Arbeitsförderung, unabhängig davon, ob Arbeitsentgelt gezahlt wird, vorenthält.

(3) [1]**Wer als Arbeitgeber sonst Teile des Arbeitsentgelts, die er für den Arbeitnehmer an einen anderen zu zahlen hat, dem Arbeitnehmer einbehält, sie jedoch an den anderen nicht zahlt und es unterlässt, den Arbeitnehmer spätestens im Zeitpunkt der Fälligkeit oder unverzüglich danach über das Unterlassen der Zahlung an den anderen zu unterrichten, wird mit Freiheitsstrafe bis zu fünf Jahren oder mit Geldstrafe bestraft.** [2]**Satz 1 gilt nicht für Teile des Arbeitsentgelts, die als Lohnsteuer einbehalten werden.**

(4) [1]**In besonders schweren Fällen der Absätze 1 und 2 ist die Strafe Freiheitsstrafe von sechs Monaten bis zu zehn Jahren.** [2]**Ein besonders schwerer Fall liegt in der Regel vor, wenn der Täter**

1. aus grobem Eigennutz in großem Ausmaß Beiträge vorenthält,

2. unter Verwendung nachgemachter oder verfälschter Belege fortgesetzt Beiträge vorenthält,
3. fortgesetzt Beiträge vorenthält und sich zur Verschleierung der tatsächlichen Beschäftigungsverhältnisse unrichtige, nachgemachte oder verfälschte Belege von einem Dritten verschafft, der diese gewerbsmäßig anbietet,
4. als Mitglied einer Bande handelt, die sich zum fortgesetzten Vorenthalten von Beiträgen zusammengeschlossen hat und die zur Verschleierung der tatsächlichen Beschäftigungsverhältnisse unrichtige, nachgemachte oder verfälschte Belege vorhält, oder
5. die Mithilfe eines Amtsträgers ausnutzt, der seine Befugnisse oder seine Stellung missbraucht.

(5) **Dem Arbeitgeber stehen der Auftraggeber eines Heimarbeiters, Hausgewerbetreibenden oder einer Person, die im Sinne des Heimarbeitsgesetzes diesen gleichgestellt ist, sowie der Zwischenmeister gleich.**

(6) [1]**In den Fällen der Absätze 1 und 2 kann das Gericht von einer Bestrafung nach dieser Vorschrift absehen, wenn der Arbeitgeber spätestens im Zeitpunkt der Fälligkeit oder unverzüglich danach der Einzugsstelle schriftlich**
1. die Höhe der vorenthaltenen Beiträge mitteilt und
2. darlegt, warum die fristgemäße Zahlung nicht möglich ist, obwohl er sich darum ernsthaft bemüht hat.

[2]**Liegen die Voraussetzungen des Satzes 1 vor und werden die Beiträge dann nachträglich innerhalb der von der Einzugsstelle bestimmten angemessenen Frist entrichtet, wird der Täter insoweit nicht bestraft.** [3]**In den Fällen des Absatzes 3 gelten die Sätze 1 und 2 entsprechend.**

Fassung des Gesetzes zur Intensivierung der Bekämpfung der Schwarzarbeit (→ Vor § 1 Rn. 15). Abs. 4 Nr. 3, 4 sind durch das Gesetz zur effektiveren Ausgestaltung des Strafverfahrens (→ Vor § 1 Rn. 18) eingeführt worden; dadurch wurde die bisherige Nr. 3 in Nr. 5 umnummeriert.

1 **1.** Die Vorschrift schützt in den Abs. 1 und 2 das **Interesse der Versichertengemeinschaft (Solidargemeinschaft)** an der Gewährleistung des Aufkommens der Mittel für die Sozialversicherung (BGH NStZ 2006, 227 (228) mAnm Rolletschke wistra 2006, 105; BGH NStZ 2010, 216; OLG Frankfurt a. M. ZIP 1995, 213 (215); OLG Köln NStZ-RR 2003, 212; Pananis in Ignor/Rixen, Handbuch Arbeitsstrafrecht, 2002, Rn. 720; Joecks/Jäger StGB Rn. 1; Saliger in Satzger/Schluckebier/Widmaier StGB Rn. 2; weiter für Abs. 1 Tag, Das Vorenthalten von Arbeitnehmerbeiträgen zur Sozial- und Arbeitslosenversicherung, 1994, S. 34 mit krit. Bespr. Rönnau wistra 1997, 179; Tag in NK-StGB Rn. 6–16; Thul/Büttner in Müller-Gugenberger WirtschaftsStrafR Kap. 38 Rn. 11; krit. Hoyer in SK-StGB Rn. 4) und in Abs. 3 das **Vermögensinteresse** des Arbeitnehmers (BT-Drs. 10/5058, 31; Martens wistra 1986, 154 (155); Maurach/Schroeder/Maiwald/Hoyer/Momsen StrafR BT § 45 Rn. 63; diff. nach Absätzen Radtke in MüKoStGB Rn. 3–6). Da heute auch die Beiträge zur Arbeitsförderung gem. SGB III zu den Sozialversicherungsbeiträgen zählen (Ignor/Rixen NStZ 2002, 510 (512)), wurde mit Wirkung zum 1.8.2002 die sprachliche Differenzierung zwischen den Beiträgen zur Sozialversicherung und denen zur Bundesagentur für Arbeit in Abs. 1 und 2 aufgegeben. Diese Änderung des Wortlautes hat keine Auswirkungen auf den In-

halt beider Tatbestände. Mit der nunmehr ausdrücklich erklärten Unbeachtlichkeit irgendeiner Arbeitsentgeltzahlung wurde die in der höchstrichterlichen Rspr. bereits anerkannte Lohnpflichttheorie kodifiziert (→ Rn. 8). Um zur Intensivierung der Bekämpfung der Schwarzarbeit auch das Vorenthalten der von Abs. 1 nicht erfassten Arbeitgeberanteile (→ Rn. 6) strafrechtlich erfassen zu können, ohne den untreueähnlichen Charakter dieses Tatbestandes in Frage zu stellen, wurde mit Wirkung zum 1.8.2004 in Anlehnung an § 370 I AO ein neuer Abs. 2 in § 266a eingefügt (BR-Drs. 155/04, 75; Joecks wistra 2004, 441 (442); Laitenberger NJW 2004, 2703; Rönnau/Kirch-Heim wistra 2005, 321), für den Abs. 4 und 6 ebenfalls gelten sollen; der bisherige Abs. 2 wurde inhaltsgleich zu Abs. 3 StGB nF. Zum wirtschaftlichen und sozialen Hintergrund Thul/Büttner in Müller-Gugenberger WirtschaftsStrafR Kap. 38 Rn. 5; Brenner, Die strafrechtliche Bekämpfung der Schwarzarbeit unter besonderer Berücksichtigung wirtschaftlicher Aspekte, 2008, S. 99; Astor-Sauvigny, Die straf- und bußgeldrechtliche Verantwortung des Arbeitgebers bei Mindestlohnverstößen unter besonderer Berücksichtigung des § 266a StGB, 2017. Leitfaden für die Praxis bei Gercke/Leimenstoll HRRS 2009, 442. – Übersicht über die aktuelle **Rspr.** bei Metz NStZ-RR 2013, 297 (333); sowie Achenbach NStZ 2011, 615 (618); NStZ 2012, 682 (685); NStZ 2013, 697 (702). – Zu den notwendigen Feststellungen bei einer Verurteilung wegen § 266a (BGH NZWiSt 2019, 216; wistra 2019, 74; wistra 2020, 295; OLG Braunschweig NZWiSt 2019, 402) bei legaler Beschäftigung s. Krumm wistra 2012, 211 (215), bei illegaler Beschäftigung s. Krumm NZWiSt 2013, 97; Thum/Selzer wistra 2011, 290. Zun den Anagben in der Anklageschrift BGH NJW 2018, 878; NZWiSt 2020, 409.

2. Täter kann nur der **Arbeitgeber** oder eine ihm gleichgestellte Person sein. 2
Die Tat ist daher **Sonderdelikt** (→ Vor § 13 Rn. 33; Hoyer in SK-StGB Rn. 3; Radtke in MüKoStGB Rn. 8); § 28 I ist anwendbar (BGH NStZ 2011, 645; Möhrenschlager in LK-StGB Rn. 82; Mitsch StrafR BT II Abschn. 7.8.2.1.1; aM Maurach/Schroeder/Maiwald/Hoyer/Momsen StrafR BT § 45 Rn. 66; Otto StrafR BT § 61 Rn. 69; Perron in Schönke/Schröder Rn. 20; → 28. Aufl. 2014).

a) Arbeitgeber ist der nach §§ 611 ff. BGB Dienstberechtigte, dh derjenige, 3
dem der Arbeitnehmer Dienste leistet und von dem er persönlich abhängig ist (BSG NJW 1967, 2031; NStZ 2014, 321; NStZ 2015, 648 mAnm Trüg; Tag, Das Vorenthalten von Arbeitnehmerbeiträgen zur Sozial- und Arbeitslosenversicherung, 1994, S. 41; Bürger wistra 2016, 169; zum Baukolonnenführer BGH NStZ 2013, 587 mAnm Greeve); ob ein sozialversicherungspflichtiges Arbeitsverhältnis vorliegt, bestimmt sich allein nach den tatsächlichen Gegebenheiten, nicht nach der von den Vertragsparteien gewählten Rechtsform (BGH NJW 2011, 3047; NJW 2012, 471; NStZ 2016, 348). Wenn andernfalls sozialrechtliche Schutzzwecke gefährdet wären, entscheidet dabei der wirkliche Sachverhalt, nicht ein ihm, zB in Folge Vorschiebens eines Strohmanns (Herlan GA 1955, 81) oder bei der Beauftragung von Scheinselbständigen (BGH NStZ 2001, 599 (600); Schulz NJW 2006, 183; Kudlich ZIS 2011, 482; Tag in NK-StGB Rn. 20), widersprechender Schein (hM; vgl. Perron in Schönke/Schröder Rn. 11). Arbeitgeber ist auch der gewerbsmäßige Verleiher von Arbeitskräften (§ 3 I Nr. 2 AÜG; LG Oldenburg NStZ-RR 1996, 80), bei illegalem Verleih sind es Verleiher und Entleiher nebeneinander (§ 9 Nr. 1, § 10 III 2 AÜG; BGH NStZ 2001, 599 (600); zur faktischen Arbeitgeberstellung des lohnauszahlenden Verleihers LG Oldenburg wistra 2005, 117 mit Bespr. Südbeck). Das Fehlen einer Gewinnerzielungsabsicht ändert an der Arbeit-

geberstellung ebensowenig wie eine bloß ehrenamtliche Tätigkeit (BVerfG NJW 2003, 961); beides kann aber bei der Strafzumessung berücksichtigt werden. Zum vorläufigen Insolvenzverwalter Schäferhoff/Gerster ZIP 2001, 905. Keine Rolle spielt, ob der Arbeitgeber eine ausländische Rechtsform oder seinen Sitz im Ausland hat, solange er auch in Deutschland sozialversicherungspflichtige Arbeitnehmer beschäftigt (BGH NJW 2013, 3303; zur Arbeitnehmer-Entsendung BGHSt 52, 67 (71) = NJW 2008, 595; BSGE 71, 227 (234) = BeckRS 1992, 30743138; BSGE 79, 214 (217) = NZA 1997, 677; Wiek/Stewen wistra 2011, 161 (169); zusf. Möhrenschlager in LK-StGB Rn. 31–33).

4 **b)** Die Arbeitgebereigenschaft ist **besonderes persönliches Merkmal** nach § 14 mit der Folge, dass auch die dort genannten **Organe und Vertreter** Täter sein können (→ § 14 Rn. 2–15; Kindhäuser/Hilgendorf in LPK-StGB Rn. 3; näher Tag, Das Vorenthalten von Arbeitnehmerbeiträgen zur Sozial- und Arbeitslosenversicherung, 1994, S. 55; Tag in NK-StGB Rn. 27–37; krit. zu den zivilrechtlichen Konsequenzen Dreher FS Kraft, 1998, 59 (64)); das Organ, zB der Geschäftsführer einer GmbH, muss in der Unternehmensleitung für den Bereich „Personal/Sozialversicherung" zuständig oder tatsächlich mit ihm befasst sein (OLG Frankfurt a. M. ZIP 1995, 213; weiter BGHZ 133, 370 = NJW 1997, 130; BGH NJW 1997, 133; aM Tag in NK-StGB Rn. 28); ein nur als Strohmann im Handelsregister eingetragener Geschäftsführer ist daher nach bisher hM kein tauglicher Täter (OLG Hamm NStZ-RR 2001, 173; Tag in NK-StGB Rn. 30), doch ist davon der BGH in einem obiter dictum abgegangen (BGH wistra 2017, 64 mkritAnm Ceffinato); dies ist zumindest dann überzeugend, wenn der Strohmann irgendeine Tätigkeit nach außen (zB Unterzeichnen von Arbeitsverträgen, Auftreten bei Behörden) wahrgenommen hat (so OLG Braunschweig StRR 9/2015, 351). In jedem Fall Täter ist aber der **faktische Geschäftsführer** (BGHSt 47, 318 (324) = NJW 2002, 2480 mzustAnm Tag JR 2002, 521; Fischer Rn. 5; einschr. Radtke NStZ 2003, 154 (156); aM Wegner wistra 1998, 283; Pananis in Ignor/Rixen, Handbuch Arbeitsstrafrecht, 2002, Rn. 725; zu den Voraussetzungen LG Augsburg wistra 2015, 39; Wegand ZInsO 2015, 1773). Bei einer Übertragung der Abführungspflicht, zB auf einen Prokuristen oder faktischen Geschäftsführer (BGHSt 47, 318 (324) = NJW 2002, 2480 mzustAnm Tag JR 2002, 521; Fischer Rn. 5; einschr. Radtke NStZ 2003, 154 (156)), trifft den Geschäftsführer eine Überwachungspflicht (BGHZ 133, 370 = NJW 1997, 130 mzustAnm Bente wistra 1997, 105; BGH NJW 2001, 967; einschr. auf den Fall der Krise des Unternehmens Schiemann LM § 823 (Be) BGB Nr. 45 Bl. 5, 6); dies gilt selbst bei bloßer vorübergehender urlaubsbedingter Abwesenheit (BGHZ 134, 304 (313) = NJW 1997, 1237; Tag BB 1997, 1115). Die Verantwortlichkeit eines GmbH-Geschäftsführers für die Abführung von Sozialversicherungsbeiträgen beginnt erst mit seiner Bestellung (BGH NJW 2002, 1122) und endet mit seiner Abberufung als Geschäftsführer oder mit einer einseitigen Niederlegung der Geschäftsführerstellung (BGH NJW 2003, 3787 (3789) mit Bespr. Martin JuS 2004, 254; Pananis in Ignor/Rixen, Handbuch Arbeitsstrafrecht, 2002, Rn. 726); nur als faktsicher Arbeitgeber in Betracht kommt auch der Geschäftsführer einer bloßen Innengesellschaft bürgerlichen Rechts (BGH NStZ-RR 2019, 184). Nicht Arbeitgeber in diesem Sinne ist der vorläufige Insolvenzverwalter §§ 21, 22 InsO; handelt es sich um einen „schwachen" Verwalter, kann er keine Masseverbindlichkeiten begründen, ist er „stark", spricht das Ziel des Insolvenzverfahrens, eine Gläubigerbenachteiligung zu vermeiden, gegen seine vorrangige Verpflichtung zur Erfüllung der Sozialversicherungsansprüche (AG Hamburg ZIP

2017, 1383; Dupper/Petzsche wistra 2016, 294 (296); Saliger in Satzger/Schluckebier/Widmaier StGB Rn. 9; Tag in NK-StGB Rn. 32; Wiedner in Graf/Jäger/Wittig Rn. 54; aM Radtke in MüKoStGB Rn. 37; Hoyer in SK-StGB Rn. 28). – Irrt sich der Täter über seine Arbeitgebereigenschaft und damit die daraus folgende Verpflichtung zur Abführung von Sozialversicherungsbeiträgen liegt ein **Tatbestandsirrtum** vor (BGHSt 64, 195 = NJW 2019, 3532; BGH NStZ 2019, 146; unter Aufgabe von BGH NStZ 2010, 337; NStZ 2014, 321, wonach nur ein Verbotsirrtum anzunehmen sein sollte). – Zur **Beihilfe** zu Abs. 1 vgl. Wittig ZIS 2016, 700.

c) Die nach **Abs. 4** dem Arbeitgeber **Gleichgestellten** sind für Abs. 1 und 2 in den Begriffsbestimmungen des § 12 SGB IV und für Abs. 3 in denen der §§ 1, 2 HeimArbG näher beschrieben (BT-Drs. 10/318, 30; Möhrenschlager in LK-StGB Rn. 13–30). 5

3. Zur **Tathandlung nach Abs. 1:** 6

a) Beiträge des Arbeitnehmers, der in Deutschland sozialversicherungspflichtig sein muss (BGHSt 51, 124 (127) = NJW 2007, 233 mit Bespr. Hauck NStZ 2007, 221; Schulz NJW 2007, 237; Wank EuZW 2007, 300; Zimmermann ZIS 2007, 407; BGHSt 51, 224 (228) = NJW 2007, 1370 mAnm Rübenstahl NJW 2007, 3538; BGHSt 52, 67 (70) = NJW 2008, 595 mAnm Heger JZ 2008, 366; BGHSt 53, 71 (76) = NJW 2009, 528) sind die nach dem Arbeitsentgelt (§ 14 SGB IV) zu berechnenden, auf ihn entfallenden Beitragsteile, die auf Grund einer versicherungspflichtigen Beschäftigung nach den Vorschriften des SGB für die Sozialversicherung (Kranken-, Renten- und Pflegeversicherung) einschließlich der Arbeitsförderung zu entrichten sind (zur sozialrechtsakzessorischen Ausgestaltung vgl. BGHSt 47, 318 = NJW 2002, 2480; BGHSt 51, 124 (128) = NJW 2007, 233; BGHSt 52, 67 (70) = NJW 2008, 595; BGHSt 53, 71 (77) = NJW 2009, 528 mit krit. Bespr. Joecks JZ 2009, 531). Sie sind Bestandteile des Bruttolohns (hM; vgl. etwa Radtke in MüKoStGB Rn. 44; anders Martens wistra 1986, 154 (156)), die der Arbeitgeber bei der Lohnauszahlung abzuziehen berechtigt ist (zB § 28g SGB IV) und für deren Zahlung an die Einzugsstelle (die berechtigte Kasse) er allein haftet (zB § 28e SGB IV). Da ohne Rücksicht auf die arbeitsvertragliche Grundlage bei einem Arbeitgeber vorgenommenen Tätigkeiten als einheitliches Beschäftigungsverhältnis gelten, ist eine geringfügige neben einer versicherungspflichtigen Beschäftigung bei einem Arbeitgeber nicht versicherungsfrei, so dass das Entgelt für erstere als Nettolohn (→ Rn. 8) gilt, für den Beiträge vorenthalten werden (BGH NStZ 2017, 354 mAnm Gehm NZWiSt 2017, 233). Beurteilungsgrundlage ist die rechtliche Existenz des Beitragsanspruchs, nicht seine Anmeldung durch den Arbeitgeber (OLG Hamburg BB 1969, 1482). Soweit Feststellungen zur konkreten Höhe der Beiträge nicht möglich sind, kann diese geschätzt werden (BGH NStZ 2017, 352; NStZ-RR 2010, 376). **Nicht von Abs. 1 erfasst** werden danach die in den Beiträgen enthaltenen **Arbeitgeberanteile,** und zwar auch dann nicht, wenn sie – wie zB bei den sog. Geringverdienern nach § 249 SGB V (BGH StV 1994, 426; NStZ 1996, 543; OLG Frankfurt a. M. StV 1999, 32; Radtke in MüKoStGB Rn. 46) – auf einer im Gesetz vorgesehenen Abwälzung von Arbeitnehmeranteilen beruhen (BGH bei Holtz MDR 1992, 321; BGH StV 1993, 364; → § 263 Rn. 18). Leistet der Arbeitgeber weniger als die insgesamt geschuldeten Beiträge, so hat man darin früher dessen stillschweigende Erklärung gesehen, dass die Zahlung zunächst auf die Arbeitnehmeranteile anzurechnen ist, so dass § 266a entfällt, wenn diese gedeckt sind (BGH NJW 1991, 2917; BayObLG JR 1988, 477 mAnm Stahlschmidt und zust. Bespr. Mitsch JZ 1994, 877 (887); beachte jedoch BGH NStZ 1990, 586 (588)). Nach § 2 BeitragszahlungsVO (idF v. 20.5.1997, BGBl. I 1137) sind aber die Zahlungen des Arbeitgebers ohne ausdrückliche Tilgungsbestimmung gleichmäßig auf die fälligen Arbeitnehmer- und Arbeitgeberbeiträge anzurechnen (BGH NJW 1998, 1484; OLG Naumburg wistra 2000, 34 mablAnm Wegner; aM BayObLG wistra 1999, 119; zusf. Möhrenschlager in LK-StGB Rn. 43–45; vgl. auch Reck GmbHR 1999, 102 (104); Hey/Reck GmbHR 1999, 760 (762, 765)), so dass nur bei rechtzeitiger Zahlung aller Beiträge die Strafbarkeit ausscheidet (vgl. Esser/Keuten wistra 2010, 295). An die Voraussetzungen für eine abweichende Tilgungsbestimmung des Arbeitgebers sind allerdings nicht zu hohe Anforderungen zu stellen; ausreichend ist, wenn zB wegen der Höhe des gezahlten Sozialversicherungsbetrags erkennbar ist, dass damit gerade der Arbeitnehmeranteil abgedeckt werden sollte. Eine sog. E 101-Bescheinigung eines ausländischen EU-Mitgliedsstaats, durch die das deutsche Sozialversicherungsrecht unanwendbar wird, lässt die Strafbarkeit nach dem sozialrechtsakzessorischen § 266a entfallen (BGHSt 51, 124 (128) = NJW 2007, 233 mAnm Schulz NJW 2007, 235; Ignor/Rixen wistra 2001, 201; Pananis in Ignor/Rixen, Handbuch Arbeitsstrafrecht, 2002, Rn. 736; dagegen Thul/Büttner in Müller-Gugenberger WirtschaftsStrafR Kap. 38 Rn. 98 ff.); dagegen schließt eine ausländische Entsendebescheinigung aufgrund eines völkerrechtlichen Sozialversicherungsabkommens die Anwendbarkeit deutschen Sozialversicherungsrechts und damit eine Strafbarkeit nach § 266a nicht aus (BGHSt 51, 224 (226) = NJW 2007, 1370; BGHSt 52, 67 (70) = NJW 2008, 595 mAnm Heger JZ 2008, 366).

7 b) **Vorenthalten** erfordert, dass der Arbeitgeber es unterlässt, die geschuldeten Arbeitnehmerbeiträge spätestens am Fälligkeitstage (BGH NJW 1992, 177; Maurach/Schroeder/Maiwald/Hoyer/Momsen StrafR BT § 45 Rn. 67) an die Einzugsstelle abzuführen (**echtes Unterlassungsdelikt,** → § 13 Rn. 4; BGHZ 134, 304 = NJW 1997, 1237; BGH NJW 1998, 1306; OLG Frankfurt a. M. ZIP 1995, 213 (215); OLG Celle wistra 1996, 114 mAnm Bente und Bespr. Rönnau wistra 1997, 13; OLG Celle NStZ 1998, 303; KG OLGSt StGB § 46 Nr. 26; Mitsch StrafR BT II Abschn. 7.8.2.1.4; Kindhäuser/Hilgendorf in LPK-StGB Rn. 8; Hoyer in SK-StGB Rn. 3; aM Möhrenschlager in LK-StGB Rn. 3, Begehung auch durch positives Tun möglich); Tatort des Vorenthaltens ist auch der Hauptsitz der als Einziehungsstelle bestimmten Krankenkasse (OLG Düsseldorf NZS 2013, 624). Vorenthalten liegt auch vor, wenn der Verpflichtete nicht leistet, die Zahlung aber durch Dritte erfolgt (anders Rönnau/Kirch-Heim wistra 2005, 323, die den Kausalzusammenhang verneinen); der Pflichtverstoß kann aber entfallen, wenn dem Schuldner das Verhalten des Dritten zuzurechnen ist, zB wenn er im Namen oder als Hilfsperson des Schuldners leistet. Nachträglicher Eingang geschuldeter Beträge hebt die Strafbarkeit nicht rückwirkend auf (BGH NStZ 1990, 586 (588)). Zur Akzessorietät von § 266a vgl. Schulz FS Neumann, 2017, 1213.

8 aa) Mit der Neufassung von Abs. 1 hat der Gesetzgeber klar gestellt, dass es entgegen zahlreicher Stimmen in Rspr. und Lit. in Übereinstimmung mit der straf- und zivilrechtlichen Rspr. des BGH (BGHSt 47, 318 = NJW 2002, 2480 mAnm Tag JR 2002, 521; Wegner wistra 2002, 382; Radtke NStZ 2003, 154; Röhm DZWiR 2003, 27; BGHZ 144, 311 = NJW 2000, 2993) **nicht** auf die Auszahlung irgendeines Arbeitsentgeltes ankommt (Wessels/Hillenkamp/Schuhr StrafR BT II Rn. 788; Fischer Rn. 13). Zur Gewährleistung des Gesetzeszwecks ist grds. (Aus-

nahmen uU bei Abschlagszahlungen) jede – auch die nur teilweise (zB bei Zahlungsschwierigkeiten, BGH VersR 1963, 1034; DB 1975, 1467) – Lohnauszahlung als sog. „Nettozahlung" anzusehen, von der die jeweils geschuldeten Arbeitnehmeranteile ausdrücklich oder stillschweigend abgezogen sind (§ 14 II SGB IV; BGHSt 53, 71 (75) = NJW 2009, 528 mit krit. Bespr. Joecks JZ 2009, 531; zu den erforderlichen Feststellungen für die Hochrechnung der Bruttolöhne und damit die vorenthaltenen Beiträge (→ Rn. 6) BGH NStZ-RR 2017, 213; wistra 2016, 153 (154); OLG Frankfurt NStZ-RR 2022, 17, dem steht die Legaldefinition der „illegalen Beschäftigung" in § 1 III SchwarzArbG idF v. 11.7.2019 nicht entgegen). Das gilt auch dann, wenn die Vertragspartner Nettozahlung im Sinne einer für das Innenverhältnis wirksamen Übernahme der Beitragspflicht durch den Arbeitgeber vereinbart haben (sog. Nettolohnabrede; RGSt 40, 42; Mitsch StrafR BT II Abschn. 7.8.2.1.2). Wenn die Beteiligten ohne Übernahmeverpflichtung durch den Arbeitgeber darüber einig sind, dass keine Sozialversicherungsbeiträge abgeführt werden sollen, liegt zwar keine Nettolohnabrede vor, doch ändert dies an der Abführungspflicht des Arbeitgebers nichts, sondern wirkt sich nur auf die Schadenshöhe aus (BGHSt 38, 285 = NJW 1992, 2240 mAnm Franzheim JR 1993, 75; Maurach/Schroeder/Maiwald/Hoyer/Momsen StrafR BT § 45 Rn. 69); lässt sich der ausbezahlte Schwarzlohn nicht feststellen, ist dieser zu schätzen (BGH NStZ 2010, 635; NStZ 2013, 409; wistra 2011, 344; wistra 2013, 277). Mit diesem Grundprinzip ist die frühere Rspr. nicht vereinbar, die eine Ausnahme für Teillohnzahlungen zur Deckung des Existenzminimums der Arbeitnehmer macht (Perron in Schönke/Schröder Rn. 9); für solche Härtefälle bietet Abs. 6 (→ Rn. 17–19) einen Ausweg (Gribbohm JR 1997, 479 (481)).

bb) Die **Fälligkeit** der Beitragsschuld bestimmt sich nach den einschlägigen Vorschriften und Satzungen der Versicherungsträger (BGH NJW 1992, 177; NJW 1998, 1306). Seit dem 1.1.2006 ist der Gesamtsozialversicherungsbeitrag nach § 23 I SGB IV spätestens am drittletzten Bankarbeitstag des Monats der ausgeübten Beschäftigung fällig, während ein eventueller Restbetrag erst im Folgemonat zu entrichten ist (vgl. Figge DB 2006, 1563). Nach dem großzügigeren früheren Recht trat die Fälligkeit dagegen spätestens am 15. des Monats ein, der auf die das Arbeitsentgelt begründende Beschäftigung folgt (vgl. BGH NJW 1998, 1306; Bühler NStZ 1998, 284). Wirksame Stundung vor (aber nicht nach, Radtke in MüKo-StGB Rn. 51, 52; Perron in Schönke/Schröder Rn. 7) Fälligkeit schließt das Merkmal des Vorenthaltens aus. Verfügungen des Arbeitgebers über einbehaltene Beiträge vor Fälligkeit sind unschädlich, wenn rechtzeitig gezahlt wird. 9

cc) Als Unterlassungstatbestand (→ Rn. 7) ist Abs. 1 grds. (außer in betrugsähnlichen Fällen iSv Abs. 2 Nr. 1, BGH NJW 2011, 3047 mAnm Wittig HRRS 2012, 63) nicht verwirklicht, wenn und soweit dem Täter die geschuldete Beitragsleistung **unmöglich** ist (→ § 13 Rn. 5; BGHZ 133, 370 = NJW 1997, 130; BGH NJW 1998, 1306; Weber NStZ 1986, 481 (488); Bühler NStZ 1998, 284 (285)); ein solcher Fall kann auch bei Zahlungsunfähigkeit vorliegen (BGH NJW 1997, 133; NJW 2002, 1123 (1124); OLG Celle wistra 1996, 114; NJW 2001, 2985 (unter Aufgabe der Senats-Rechtsprechung BGH NStZ-RR 1997, 324); OLG Frankfurt a. M. StV 1999, 32; KG wistra 2010, 158; OLG Hamm StraFo 2017, 124; Kindhäuser/Hilgendorf in LPK-StGB Rn. 11; Hoyer in SK-StGB Rn. 46), doch ist eine Unmöglichkeit auch bei Überschuldung dann zu verneinen, wenn die vorhandenen Geldmittel noch zur Zahlung der Arbeitnehmeranteile ausreichen (BGH NJW 2002, 1123 (1125)). Da er jedoch verpflichtet ist, rechtzeitig dafür zu sorgen, dass er bei Fälligkeit die erforderlichen Mittel zur Verfügung hat (Martens wistra 10

1986, 154 (157); Mitsch StrafR BT II Abschn. 7.8.2.1.4; krit. Dreher FS Kraft, 1998, 59 (71)), werden ihm alle Handlungen und Unterlassungen zugerechnet, mit denen er vor Fälligkeit – zB durch Einsatz sämtlicher verfügbaren Mittel für die Lohnauszahlung (OLG Dresden NStZ 2001, 198; aM OLG Düsseldorf NJW-RR 1993, 1448; OLG Celle wistra 1996, 114 mkritAnm Bente und zust. Bespr. Rönnau wistra 1997, 13) oder durch Unterlassen der Bildung von Rücklagen (BGHZ 134, 304 = NJW 1997, 1237; BGH NJW 2001, 969; OLG Celle NJW 2001, 2985) – seine Handlungsunfähigkeit verursacht hat (Hoyer in SK-StGB Rn. 51–53; einschr. Tag, Das Vorenthalten von Arbeitnehmerbeiträgen zur Sozial- und Arbeitslosenversicherung, 1994, S. 121, 125; abl. Dehne-Niemann GA 2008, 150 (163); Ransiek JuS 2010, 490 (492); zum Vorsatz → Rn. 16). Die Abführungspflicht hat Vorrang vor anderen zivilrechtlichen Verbindlichkeiten (BGH JZ 2008, 44 (45) mAnm Rönnau; sa Bittmann wistra 2007, 406; BGHZ 134, 304 = NJW 1997, 1237 mit zust. Bespr. Hellmann JZ 1997, 1005; Heger JuS 1998, 1090, abl. aber Bente wistra 1997, 105; Tag BB 1997, 1115 (1117); Frister JR 1998, 63; Stein DStR 1998, 1055 (1060); Dreher FS Kraft, 1998, 59 (74); speziell zu Lohnansprüchen der Arbeitnehmer OLG Köln wistra 1997, 231), selbst wenn die Beitragsauszahlung im nachfolgenden Insolvenzverfahren gem. § 129 I InsO anfechtbar ist (BGHSt 48, 307 = DStR 2004, 283 mit krit. Bespr. Bittmann wistra 2004, 327; Radtke NStZ 2004, 562; Rönnau NJW 2004, 976; BGH NStZ 2006, 233; anders aber BGH NJW 2005, 2546 mAnm Tag JZ 2005, 1119; dagegen BGH NJW 2005, 3650, Strafsenat), weil der Gesetzgeber durch die Strafbewehrung der Beitragsvorenthaltung sowie der eine vorrangige Befriedigung anderer Verbindlichkeiten voraussetzende Härteklausel des Abs. 6 (→ Rn. 17–19) der Pflicht zur Beitragsabführung Vorrang gegenüber anderen Pflichten eingeräumt hat und deswegen der vorrangig die Sozialversicherungsbeiträge abführende Arbeitgeber sich nicht in einer Pflichtenkollision befindet (BGHSt 47, 318 (321) = NJW 2002, 2480; insoweit mablAnm Tag JR 2002, 521 (522); Radtke NStZ 2003, 154 (156)]; BGHSt 48, 307 (310) = DStR 2004, 283; für Pflichtenkollision BGH NJW 2005, 2546 mAnm Tag JZ 2005, 1119; dagegen BGH NJW 2005, 3650). Nur während des Laufs der dreiwöchigen Insolvenzantragsfrist nach § 64 I GmbHG rechtfertigt die Schadensersatzpflicht gem. § 15 a I InsO eine Nichtabführung der Beiträge; unterbleibt eine fristgemäße Antragsstellung, lebt trotz § 64 GmbHG die Beitragsabführungspflicht wieder auf (BGHSt 48, 307 = DStR 2004, 283; BGH JZ 2008, 44 (46) mAnm Rönnau; sa Radtke GmbHR 2009, 673 (678); abl. Schneider/Brouwer ZIP 2007, 1033 (1042)). Trotz Zahlungsunfähigkeit bei Fälligkeit ist ein Vorenthalten ab dem Zeitpunkt gegeben, zu dem der Arbeitgeber wieder zahlungsfähig ist; das vorübergehende Unvermögen ändert am Fortbestand der Zahlungspflicht nichts (OLG Dresden NStZ 2001, 198). Auch die **Zumutbarkeit** der Beitragszahlung bedarf selbständiger Prüfung (→ § 13 Rn. 5; Winkelbauer wistra 1988, 16 (18); Tag BB 1997, 1115 (1117)). Unter diesem von Rspr. (s. aber OLG Frankfurt a. M. ZIP 1995, 213 (218)) und Schrifttum bisher kaum aufgenommenen Gesichtspunkt wird zu prüfen sein, ob die zT rigorosen Anforderungen an den Arbeitgeber angemessen abgemildert werden können (einschr. Stein DStR 1998, 1055 (1063); Perron in Schönke/Schröder Rn. 10). Zu den erforderlichen Feststellungen s. BGH NStZ-RR 2010, 376; StV 2011, 348 mAnm Krumm NZWiSt 2013, 97; OLG Jena ZWH 2012, 116 = BeckRS 2011, 28890; OLG Celle wistra 2016, 334. Zu den Anforderungen an die Anklageschrift OLG Celle StV 2012, 456 und wistra 2014, 109; OLG Hamm wistra 2016, 86.

4. Zur **Tathandlung nach Abs. 2:** 11

a) Abs. 2 erfasst nunmehr auch das **Vorenthalten** (→ Rn. 7) **der Arbeitgeberbeiträge zur Sozialversicherung** (→ Rn. 6); um jedoch nicht bereits die bloße Nichterfüllung einer eigenen Schuld unter Strafe zu stellen, muss dieser **tatbestandliche Erfolg** auf einer der in Nr. 1 und 2 beschriebenen Tathandlungen beruhen (BR-Drs. 155/04, 75; de lege ferenda für die Strafbarkeit des bloßen Vorenthaltens ohne die Einschränkungen der Nr. 1 und 2 Rönnau/Kirch-Heim wistra 2005, 326); daher wirkt die Unmöglichkeit der Beitragsentrichtung insbes. bei illegalen Beschäftigungsverhältnissen anders als für Abs. 1 (→ Rn. 10) idR nicht tatbestandsausschließend (BGH NJW 2011, 3047 mAnm Wittig HRRS 2012, 63; Kudlich ZWH 2012, 80). Angesichts des regelmäßig geringen Schuldgehalts ist das Vorenthalten von Arbeitgeberbeiträgen bei geringfügiger Beschäftigung in Privathaushalten gem. § 111 I Nr. 2a S. 2 SGB IV nur Ordnungswidrigkeit; eine Anwendung von Abs. 2 ist ausgeschlossen (§ 111 I Nr. 7 S. 2 SGB IV); BR-Drs. 155/04, 76; die anderen Fälle geringfügiger Beschäftigung (§ 8 SGB IV) fallen dagegen in den Anwendungsbereich des Abs. 2 (Laitenberger NJW 2004, 2703 (2704)). Aus Sicht des Arbeitgebers relativiert sich durch Abs. 2 StGB nF die strafrechtliche Bedeutung einer Tilgungsbestimmung bei Teilzahlungen, denn von Abs. 1 und 2 nicht erfasst ist nur noch eine Teilzahlung der Arbeitnehmeranteile (→ Rn. 6) bei pflichtgemäßer Information der für Beitragseinziehung zuständigen Stelle.

b) In Anlehnung an § 370 I AO ist das Vorenthalten der Arbeitgeberanteile nur dann tatbestandsmäßig, wenn es darauf beruht, dass der Arbeitgeber (→ Rn. 3) gegenüber der zuständigen Stelle **über sozialversicherungsrechtlich erhebliche Tatsachen unrichtige oder unvollständige Angaben gemacht** hat (Nr. 1) oder diese Stelle über solche Tatsachen **pflichtwidrig in Unkenntnis gelassen** hat (Nr. 2); Nr. 1 umschreibt damit ein positives Tun, Nr. 2 ein echtes Unterlassen der Erfüllung einer dem Arbeitgeber auferlegten (nicht unbedingt gesetzlichen) Mitteilungspflicht (Radtke in MüKoStGB Rn. 82). Gegenstand der falschen oder unterlassenen Information sind Tatsachen, die Grund und/oder Höhe des Sozialversicherungsbeitrags beeinflussen können (BR-Drs. 155/04, 75: zB Angaben zur Zahl und Lohnhöhe der Arbeitnehmer). Angaben sind iSd Nr. 1 **unrichtig,** wenn zwischen der Erklärung und der Wirklichkeit ein Unterschied besteht, **unvollständig,** wenn sie entgegen dem Anschein der Vollständigkeit in wesentlichen Punkten lückenhaft sind (vgl. Senge in Erbs/Kohlhaas AO § 370 Rn. 16); **in Unkenntnis gelassen** wird die Stelle, wenn ihr ein Arbeitgeber als Mitteilungspflichtiger Tatsachen gar nicht oder nicht rechtzeitig übermittelt (vgl. Senge in Erbs/Kohlhaas AO § 370 Rn. 21). Im Unterschied zu einem Beitragsbetrug gem. § 263 (vgl. BGH wistra 1992, 141; OLG München wistra 2006, 395) setzt Abs. 2 – wie § 370 I AO – weder eine Täuschung noch eine Irrtumserregung bei der zuständigen Stelle voraus (BR-Drs. 155/04, 76), so dass es nicht darauf ankommt, ob sich Mitarbeiter dieser Stelle über die Richtigkeit und Vollständigkeit der Angaben Gedanken machen (zur Beteiligungsstrafbarkeit von eingeweihten Mitarbeitern der zuständigen Stelle vgl. Senge in Erbs/Kohlhaas AO § 370 Rn. 17). 12

c) Zwischen den Tathandlungen nach Nr. 1 und 2 und dem Vorenthalten muss ein **Kausalzusammenhang** bestehen, an dem es etwa fehlt, wenn feststeht, dass der Täter selbst dann nicht gezahlt hätte (zB wegen Liquiditätsengpässen), wenn er seine Erklärungspflicht erfüllt hätte (vgl. Rönnau/Kirch-Heim wistra 2005, 325 mit weitergehenden Einschränkungen). 12a

13 **5.** Zur **Tathandlung nach Abs. 3** (vgl. zunächst→ Rn. 1):

a) Die Pflicht des Arbeitgebers zur **Abführung von Teilen des Arbeitsentgelts** kann privat- oder öffentlichrechtlich begründet sein (BGH NStZ 2017, 529 mAnm Sahan; Floeth NStZ-RR 2017, 249. In Frage kommen namentlich Leistungen nach dem 5. VermBG (vermögenswirksame Leistungen) sowie Leistungen auf Grund von Abtretungen, Pfändungen und Vereinbarungen über freiwillige Zahlungen an Versicherungs-, Renten- oder Pensionskassen.

14 **b) Einbehalten** (→ Rn. 8; abw. Mitsch StrafR BT II Abschn. 7.8.2.3.2: Kein Handlungsmerkmal) bedeutet, dem Arbeitnehmer nicht das volle, sondern nur ein um den abzuführenden Betrag gekürztes Arbeitsentgelt auszuzahlen (Radtke in MüKoStGB Rn. 86; weiter Tag, Das Vorenthalten von Arbeitnehmerbeiträgen zur Sozial- und Arbeitslosenversicherung, 1994, S. 178; Tag in NK-StGB Rn. 115). **Nicht zahlen** ist echtes Unterlassen (→ Rn. 7) und als Nichtabführen des einbehaltenen Betrages an den Gläubiger des Arbeitnehmers zu verstehen (Kindhäuser/Hilgendorf in LPK-StGB Rn. 19). Zahlungen, die der Arbeitgeber aufgrund einer eigenen Beitragsverpflichtung zu erbringen hat, unterfallen nicht Abs. 3 (BGH NStZ-RR 2017, 214).

15 **c)** Das Unterlassen, den **Arbeitnehmer über das Unterbleiben der Zahlung zu unterrichten,** ist ein **zusätzliches,** den Kern des Unrechts bildendes Merkmal (BT-Drs. 10/318, 29; Tag, Das Vorenthalten von Arbeitnehmerbeiträgen zur Sozial- und Arbeitslosenversicherung, 1994, S. 183; nach Schmitz, Unrecht und Zeit, 2001, S. 143, erschöpft sich das Unrecht im pflichtwidrigen In-Unkenntnis-Lassen des Arbeitnehmers). Der Zeitpunkt der **Fälligkeit** bestimmt sich nach dem der Abführungspflicht zugrunde liegenden Rechtsverhältnis; **„unverzüglich danach"** ist Handeln ohne vorwerfbares, dh im strafrechtlichen Sinne mindestens fahrlässiges (→ § 15 Rn. 35, 49), Zögern (näher zu Form, Inhalt und Zeitpunkt der gebotenen Unterrichtung Perron in Schönke/Schröder Rn. 14).

16 **6.** Neben dem durchgängig notwendigen **Vorsatz** (bedingter genügt, BGH NJW 1992, 177 mAnm Dreher DB 1991, 2586; BGHZ 133, 370 = NJW 1997, 130; LG Oldenburg NStZ-RR 1996, 80 (81)) ist weder Bereicherungs- noch Schädigungsabsicht erforderlich (Möhrenschlager in LK-StGB Rn. 79; Radtke in MüKoStGB Rn. 89). Aus dem finalen Begriff des Vorenthaltens in Abs. 1 und 2 und dem ausdrücklichen Hinweis auf die Zahlungspflicht des Arbeitgebers in Abs. 3 folgt, dass der Vorsatz nicht nur die pflichtbegründenden Umstände, sondern auch das Bestehen der Abführungspflicht selbst umfassen muss (OLG Frankfurt a. M. ZIP 1995, 213 (218); Perron in Schönke/Schröder Rn. 17; aM BGHZ 133, 370 = NJW 1997, 130; Fischer Rn. 23); die Fehlvorstellung, jemand sei selbständig tätig und deswegen nicht Arbeitnehmer, ist Tatbestandsirrtum nach § 16 (LG Ravensburg StV 2007, 412 (414)). Ist der Täter am Fälligkeitstage (→ Rn. 9) ganz oder teilweise leistungsunfähig (→ Rn. 10), so kommt es für die Zurechnung zum Vorsatz – abweichend von manchen missverständlichen Formulierungen in Rspr. und Schrifttum – darauf an, ob er seine Unfähigkeit durch vorausgegangene Handlungen oder Unterlassungen verursacht und sie schon bei deren Vornahme (bzw. Nichtvornahme) im Sinne bedingten Vorsatzes in Kauf genommen hat (→ § 15 Rn. 24, 25; ebenso Maurach/Schroeder/Maiwald/Hoyer/Momsen StrafR BT § 45 Rn. 67; Hoyer in SK-StGB Rn. 53); es genügt nicht, dass er nur mit ihr rechnen musste (Perron in Schönke/Schröder Rn. 17; anders OLG Celle JR 1997, 478, wonach auch unverschuldete Zahlungsunfähigkeit genügen soll; krit. dazu Heger

JuS 1998, 1090 (1094)) nicht erforderlich ist es, dass der Arbeitgeber mit Sicherheit erkannt hat, dass er im Zeitpunkt der Fälligkeit die Beitragsanteile nicht bezahlen können wird (so aber Frister JR 1998, 63 (64)). Der Irrtum des Geschäftsführers über die Überwachungspflicht ist Verbotsirrtum (BGH NJW 2001, 967).

7. Abs. 4 enthält für Fälle der Abs. 1 und 2 einen Strafschärfungsgrund mit drei in Anlehnung an § 370 III Nr. 1, 3, 4 AO (BT-Drs. 14/8221, 18; dazu Senge in Erbs/Kohlhaas AO § 370 Rn. 88–91) gebildeten **Regelbeispielen.** Weil der Strafrahmen für besonders schwere Fälle einer Beitragsvorenthaltung iSd Abs. 1 und 2 demjenigen von § 263 III angeglichen worden ist, ist der bisher konstatierte Wertungswiderspruch ausgeräumt, dass ein grds. legal handelnder Arbeitgeber, der bei einzelnen Arbeitnehmern gegenüber der Beitragsstelle falsche Angaben macht, einem höheren Strafrahmen ausgesetzt sein konnte als der Betreiber eines gänzlich illegal arbeitenden Betriebes (Thul/Büttner in Müller-Gugenberger WirtschaftsStrafR Kap. 38 Rn. 282ff.). Nicht strafschärfend kann die dem Tatbestand immanente gewerbsmäßige Begehungsweise berücksichtigt werden (BGH NStZ 2007, 527). **16a**

a) Nr. 1: Grober Eigennutz ist Streben nach persönlichem Vorteil in besonders anstößigem Maße (→ § 264 Rn. 25), etwa bei kollusivem Zusammenwirken von Arbeitgeber und Arbeitnehmern (BGH NStZ 2010, 21); eine Bereicherungsabsicht iSd § 263 ist nicht ausreichend (Fischer Rn. 27). Dass grober Eigennutz auch zu verneinen sein soll, wenn die Tat nicht auf raffinierten Manipulationen beruht, der Täter ein Geständnis ablegt oder den Schaden zu ersetzen versucht (Ignor/Rixen NStZ 2002, 510 (512f.)), erscheint hingegen zu eng, denn die Raffinesse äußert sich typischerweise in einer der in Nr. 2 genannten Vorgehensweisen und das Nachtatverhalten ist bei der konkreten Strafzumessung zu berücksichtigen. Ein **großes Ausmaß** vorenthaltener Beiträge ist anzunehmen, wenn der Gesamtschaden sich deutlich von der Schadenshöhe gewöhnlicher Beitragsvorenthaltungen abhebt (Fischer Rn. 27), wobei eine Schätzung der tatsächlich ausgezahlten Lohnsumme zulässig ist (BGHSt 38, 186 (193) = NJW 1992, 921; BGHSt 53, 71 (73) = NJW 2009, 528; OLG Saarbrücken NStZ-RR 2009, 88 (89)). Wie bei §§ 263 III Nr. 2 (→ § 263 Rn. 66), 264 II Nr. 1 (→ § 264 Rn. 25) wird dies bei einem Schaden von mindestens 50.000 EUR angenommen werden können (Wegner wistra 2002, 382 (383); Saliger in Satzger/Schluckebier/Widmaier StGB Rn. 33; Möhrenschlager in LK-StGB Rn. 88; für den „Gefährdungsschaden" nach § 370 AO ebenso BGHSt 53, 71 (85) = NJW 2009, 528, bei Unterlassen erst ab 100.000 EUR; dazu Rolletschke/Jope wistra 2009, 219 (220)); ein Schaden in Millionenhöhe hat stets ein großes Ausmaß (Senge in Erbs/Kohlhaas AO § 370 Rn. 88), doch kann daraus nicht gefolgert werden, dass Nr. 1 einen Schaden in Millionenhöhe voraus-setzt (so aber Ignor/Rixen NStZ 2002, 510 (512f.)), weil anderenfalls der Wertungswiderspruch zu einem Beitragsbetrug iSd § 263 III Nr. 2 nicht berücksichtigt wird; fallen Tathandlungen nach Abs. 1 und 2 zusammen, ist der Gesamtschaden maßgeblich. **16b**

b) Nr. 2: Unter **Verwendung nachgemachter oder verfälschter Belege** (→ § 264 Rn. 25) müssen **fortgesetzt** Beiträge vorenthalten werden; ein einmaliges Vorenthalten genügt nicht (BGHSt 31, 225 = NJW 1983, 1072), doch ist weder eine von einem anfänglichen Gesamtvorsatz umfasste fortgesetzte Tat (Hoyer in SK-StGB Rn. 89) noch – wie für § 264 II Nr. 1 – kumulativ ein Schaden großen Ausmaßes erforderlich. Nötig ist eine Vorlage der Belege gegenüber der Einzugs- **16c**

stelle; für das wiederholte Vorenthalten der Beiträge genügt eine Bezugnahme auf diese Belege (Fischer Rn. 28).

16d **c) Nr. 3** entspricht § 264 II Nr. 3 (→ § 264 Rn. 27).

17 **8.** Zu **Abs. 6** → § 24 Rn. 29; zur ratio (verringerte Vorwerfbarkeit) Krack NStZ 2001, 505 (510). Kriminalpolitisch hat er für die Abs. 1 und 2 (auch iVm Abs. 4; vgl. Ignor/Rixen NStZ 2002, 510 (513)) die Funktion einer „goldenen Brücke" (BT-Drs. 10/318, 26; zusf. Winkelbauer wistra 1988, 16; Tag, Das Vorenthalten von Arbeitnehmerbeiträgen zur Sozial- und Arbeitslosenversicherung, 1994, S. 191; Fritz, Die Selbstanzeige im Beitragsstrafrecht gem. § 266a Abs. 5, 1997, S. 23; krit. zur Ungleichbehandlung mit anderen Delikten des Wirtschaftsstrafrechts Krack NStZ 2001, 505 (510); für eine an § 371 AO orientierte Auslegung des Abs. 6 in Fällen des Abs. 2 Joecks/Jäger wistra 2004, 443).

18 **a) Absehen von Strafe** (S. 1): Erforderlich ist eine rechtzeitige (→ Rn. 9) schriftliche (krit. Fritz, Die Selbstanzeige im Beitragsstrafrecht gem. § 266a Abs. 5, 1997, S. 138) Mitteilung. Sie muss die Höhe der vorenthaltenen Beträge, für die der Täter noch Straffreiheit erlangen kann (Winkelbauer wistra 1988, 16 (17)), vollständig (BT-Drs. 10/318, 30) angeben und die Gründe für die Unfähigkeit zur fristgemäßen Zahlung sowie die unternommenen ernsthaften Bemühungen um ihre Abwendung darlegen. Die Voraussetzungen sind erfüllt, wenn das Vorbringen die nach Auffassung des Täters eingetretene und von ihm nur als vorübergehend beurteilte Leistungsunfähigkeit verständlich macht (Winkelbauer wistra 1988, 16 (17); krit. Tag, Das Vorenthalten von Arbeitnehmerbeiträgen zur Sozial- und Arbeitslosenversicherung, 1994, S. 202; näher dazu BT-Drs. 10/318, 31). Ob das Gericht allerdings von Strafe absieht, unterliegt seinem pflichtmäßigen Ermessen (→ § 46 Rn. 50); es wird sich vornehmlich an der Schwere der Bedrängnis des Täters und der für die Arbeitsplätze des Betriebs drohenden Gefahr orientieren (ebenso Radtke in MüKoStGB Rn. 124).

19 **b) Straffreiheit** tritt über S. 1 hinaus obligatorisch ein, wenn nach Erfüllung seiner Voraussetzungen die Beiträge innerhalb einer durch Stundung gesetzten Frist, uU auch von einem Dritten, wie zB dem GmbH-Geschäftsführer (Heger JuS 1998, 1090 (1095)), nachentrichtet werden. Die **Angemessenheit** der Frist unterliegt tatrichterlicher Würdigung (zum Bewertungsmaßstab BT-Drs. 10/318, 31). Solange sie läuft, ist die staatliche Strafbefugnis – ebenso wie in den Fällen des § 371 III AO – in der Schwebe und auflösend bedingt (BGHSt 7, 336 (341) = BeckRS 1954, 31198051; Möhrenschlager in LK-StGB Rn. 105; Hoyer in SK-StGB Rn. 101). Wird sie überschritten, so bleibt S. 1 unberührt.

20 **9. a)** Verwirklicht der Täter – wie wohl häufig – durch eine Nichtabführung sowohl Abs. 1 als auch Abs. 2, ist nur ein Verstoß gegen § 266a anzunehmen, keine Tateinheit zwischen beiden Tatbestandsalternativen (BGH NStZ-RR 2016, 244; NStZ 2015, 648); allerdings ist im Schuldspruch wegen „Vorenthaltens und Veruntreuens von Arbeitsentgelt" zu verurteilen (BGH wistra 2010, 408; wistra 2018, 49; NStZ 2014, 321). Bei Vorenthalten von Beiträgen mehrerer Arbeitnehmer gegenüber einer Einzugstelle liegt **Tateinheit,** gegenüber mehreren Einzugstellen Tatmehrheit vor (BGHSt 48, 307 (314) = DStR 2004, 283; OLG Frankfurt a. M. NStZ-RR 1999, 104; OLG Jena ZWH 2012, 116; Bittmann/Ganz wistra 2002, 130; Thul/Büttner in Müller-Gugenberger WirtschaftsStrafR Kap. 38 Rn. 292; Pananis in Ignor/Rixen, Handbuch Arbeitsstrafrecht, 2002, Rn. 748; Tag in NK-

StGB Rn. 141; aM OLG Hamm wistra 2001, 238). Tatmehrheit besteht auch bei wiederholten Nichtzahlungen (OLG Frankfurt a. M. NStZ-RR 1999, 104; wistra 2003, 236; OLG Celle NStZ-RR 1997, 324). Nach dem Willen des Gesetzgebers sind nunmehr Abs. 1 und 2 lex specialis zu § 263, so dass – entgegen der bisherigen Rspr. (BGH NJW 2003, 1821 mAnm Rolletschke wistra 2005, 211) – ein **Beitragsbetrug** hinter § 266 a zurücktritt (BGH StraFo 2007, 342; NStZ 2012, 510 mAnm Steinberg NZWiSt 2013, 64; aM Maurach/Schroeder/Maiwald/Hoyer/Momsen StrafR BT § 45 Rn. 71), wenn nicht ausnahmsweise – wie in § 111 I Nr. 7 S. 2 SGB IV (→ Rn. 11) – eine Anwendbarkeit von § 266 a ausgeschlossen ist (BR-Drs. 155/04, 76; Tag in NK-StGB Rn. 141).

b) Mit §§ 370, 380 AO (Nichtabführen von Umsatz- und Lohnsteuer) besteht 21 **Tatmehrheit** auch dann, wenn alle Unterlassungen auf einem Gesamtplan beruhen und sich auf dieselben Arbeitnehmer beziehen (BGHSt 35, 14 = NJW 1988, 1800; BGHSt 37, 10 = NJW 1990, 1924; BGH NStZ 2006, 227; BayObLG NStZ 1986, 173 mAnm Brauns StV 1986, 534; LG Oldenburg NStZ-RR 1996, 80, auch mit Verstößen gegen das Arbeitnehmerüberlassungsgesetz; das Gleiche gilt im Verhältnis zu dem Bußgeldtatbestand der Beschäftigung ausländischer Arbeitnehmer ohne erforderliche Erlaubnis (§ 404 II Nr. 3 SGB III; OLG Nürnberg StraFo 2012, 468; zum Verhältnis zu einer OWi nach § 5 I Nr. 1 AEntG aF bzw. § 23 I Nr. 1 AEntG nF vgl. BGHSt 57, 175 = NJW 2012, 2051); sa BGHSt 38, 285 = NJW 1992, 2240; anders aber BGH NJW 2003, 1821 (1824) mAnm Rolletschke wistra 2005, 211); dasselbe gilt für das Verhältnis von Taten nach Abs. 1 und Abs. 3 nF (OLG Celle NJW 1992, 190). – Die **Verfolgungsverjährung** jeder Tat gem. Abs. 1 und Abs. 2 Nr. 2 beginnt mit dem Verstreichen des Fälligkeitszeitpunkts für das Entrichten der Sozialversicherungsbeiträge nach § 23 I SGB IV (BGHSt 65, 136 = NJW 2020, 3469 mzustAnm Brand GmbHR 2021, 200; Gehm NZWiSt 2021, 20; Wessing EWiR 2021, 207; BGH NStZ 2020, 159; wistra 2020, 469; NStZ-RR 2021, 247; NStZ-RR 2021, 312; StV 2021, 697; NZWiSt 2021, 110; anders noch BGH NZWiSt 2019, 266; zu den Folgen des Rspr.-Wandels für die Gesamtstrafenbildung BGH StV 2021, 706 mAnm Hütwohl).

§ 266b Mißbrauch von Scheck- und Kreditkarten

(1) **Wer die ihm durch die Überlassung einer Scheckkarte oder einer Kreditkarte eingeräumte Möglichkeit, den Aussteller zu einer Zahlung zu veranlassen, mißbraucht und diesen dadurch schädigt, wird mit Freiheitsstrafe bis zu drei Jahren oder mit Geldstrafe bestraft.**

(2) **§ 248 a gilt entsprechend.**

1. Die Vorschrift soll eine im Grenzbereich zwischen Betrug und Untreue ent- 1 standene, in Rspr. und Lehre umstrittene **Lücke im Vermögensstrafrecht** schließen (BT-Drs. 10/5058, 31; BayObLG NJW 1997, 3039; zum Streitstand im früheren Recht ua BGHSt 24, 386 = NJW 1972, 1904; BGHSt 33, 244 = NJW 1985, 2280; Lackner in LK-StGB, 10. Aufl. 1978, § 263 Rn. 301, 320–325; → § 263 Rn. 19; → § 266 Rn. 6). Sie schützt deshalb jedenfalls das **Vermögen** (unstr.) und daneben wegen der gezielten Begrenzung des Tatbestandes auf wichtige Instrumente des **unbaren Zahlungsverkehrs** auch diesen (BGHSt 47, 160 (168) = NJW 2002, 905; BGH NStZ 1993, 283; Bernsau, Der Scheck- oder Kreditkartenmissbrauch durch den berechtigten Karteninhaber, 1990, S. 64; aM Otto wistra 1986, 150; Ranft JuS 1988, 673 (675); Maurach/Schroeder/Maiwald/Hoyer/Momsen StrafR BT § 45 Rn. 72; Wessels/Hillenkamp/Schuhr StrafR BT II Rn. 792; Kindhäuser in NK-StGB Rn. 1; Radtke in MüKoStGB Rn. 1; Hoyer in SK-StGB Rn. 3; zw.). Die Strafbedürftigkeit der Tat, die schon im Gesetzgebungsverfahren umstritten war (BT-Drs. 10/5058, 31; Schubarth ZStW 92 (1980), 80 (92); Vormbaum JuS 1981, 18 (25)), ist bis heute nicht allgemein anerkannt (krit. ua Haffke KritV 1991, 165; KritV 1991, 439; Kindhäuser Madrid-Symposium, 1994, 125 (132); sa Otto, Bankentätigkeit und Strafrecht, 1983, S. 127; Schmitt Jura 1987, 640; Flöge, Zur Kriminalisierung von Mißbräuchen im Scheck- und Kreditkartenverfahren nach § 266b StGB, 1989; Wohlers, Deliktstypen des Präventionsstrafrechts, 2000, S. 153).

2 **2. Täter** kann nur der **berechtigte Karteninhaber** sein, weil nur ihm die Möglichkeit „eingeräumt" ist, den Aussteller zur Zahlung zu veranlassen (ebenso Mitsch StrafR BT II Abschn. 7.9.2.1.1; Radtke in MüKoStGB Rn. 4; Rengier StrafR BT I § 19 Rn. 3, Sonderdelikt). Der Missbrauch durch Nichtberechtigte ist regelmäßig als Betrug (BT-Drs. 10/5058, 32; Hellmann in Krey/Hellmann/Heinrich StrafR BT II Rn. 847) oder als Computerbetrug erfassbar (Joecks/Jäger StGB Rn. 16). Wie in § 266 (→ § 266 Rn. 2) ist die Tätereigenschaft wegen der mit ihr verbundenen Vertrauensstellung besonderes persönliches Merkmal iSd § 28 I (Weber NStZ 1986, 481 (484); Möhrenschlager in LK-StGB Rn. 4; aM Perron in Schönke/Schröder Rn. 13).

3 **3. a)** Als **Scheckkarten** waren bis zum 31.12.2001 nur die dem verbreiteten, auf Grund von Vereinbarungen der europäischen Kreditwirtschaft einheitlich gestalteten Euroscheck-System zugehörigen Euroscheckkarten gebräuchlich; nach Abschaffung der EC-Karten-Garantie ist dieser Anwendungsbereich entfallen (Baier ZRP 2001, 454). Die Vorschrift ist jedoch weiterhin für Scheckkarten anderer Systeme offen (Otto wistra 1986, 150 (152); Baier ZRP 2001, 454; Perron in Schönke/Schröder Rn. 4). Seit dem 1.1.2002 scheidet der Geldautomatenmissbrauch mittels EC-/Maestro-Karte schon deshalb aus, weil es sich um keine Scheckkarte iSd Abs. 1 handelt (→ Rn. 4). Dies war aber – bedauerlicherweise – auch früher iErg nicht anders, weil in diesen Fällen die Karte nicht als Scheckkarte, sondern in einer nur zufällig mit ihr verbundenen Funktion als Codekarte verwendet wird und dem Täter nicht die Rechtsmacht „eingeräumt" ist, den Aussteller „zu einer Zahlung zu veranlassen" (Otto wistra 1986, 150 (152); Lackner FS Tröndle, 1989, 41 (58); Bernsau, Der Scheck- oder Kreditkartenmissbrauch durch den berechtigten Karteninhaber, 1990, S. 134; Berghaus JuS 1990, 981; Kindhäuser FS Grünwald, 1999, 285 (304); Rengier StrafR BT I § 19 Rn. 18, 23; Wessels/Hillenkamp/Schuhr StrafR BT II Rn. 612, 798; Möhrenschlager in LK-StGB Rn. 9–17); die Gegenmeinung (OLG Stuttgart NJW 1988, 981; LG Köln NJW 1987, 667 (669); Weber JZ 1987, 215 (217); Weber FS Krause, 1990, 427 (435); Bühler MDR 1989, 22; Ehrlicher, Der Bankomatenmissbrauch – Seine Erscheinungsformen und seine Bekämpfung, 1989, S. 90; Meier JuS 1992, 1017 (1021); Mitsch JZ 1994, 877 (880, 884); Hilgendorf JuS 1997, 130 (135); Löhnig JR 1999, 362; Joecks/Jäger StGB Rn. 14) macht das erwünschte Ergebnis zur Argumentationsgrundlage und unterschätzt die daraus folgenden dogmatischen Widersprüche (zB bei Einführung eines selbständigen Codekartensystems, Abheben von Geld aus dem Automaten der eigenen Bank). Die Rspr. und ein Teil der Lit. haben zuletzt § 266b bei missbräuchlicher Abhebung an Automaten **fremder** Banken bejaht

(BGHSt 47, 160 (164) = NJW 2002, 905 mit Bespr. Zielinski JR 2002, 342; Kudlich JuS 2003, 537 (540); Mühlbauer wistra 2003, 244; und (abl.) Otto JK StGB § 266b Rn. 5; zust. Brand JR 2008, 496), nicht aber an denen des kartenausgebenden Kreditinstituts (Maurach/Schroeder/Maiwald/Hoyer/Momsen StrafR BT § 45 Rn. 78; Fischer Rn. 9; Kindhäuser in NK-StGB Rn. 21, 22; Perron in Schönke/Schröder Rn. 8; weiter diff. Zielinski JR 2002, 342, nur bei offline-Verfahren; ebenso Radtke in MüKoStGB Rn. 20). Aus denselben Gründen ist auch Missbrauch einer (Scheck-)Karte im electronic-cash-Zahlungsverfahren nicht erfasst, weil sich die Bank durch elektronische Autorisation selbst verpflichtet (Altenhain JZ 1997, 752 (758); Eisele/Fad Jura 2002, 305 (312); Rengier StrafR BT I § 19 Rn. 23; aM Möhrenschlager in LK-StGB Rn. 26; Kindhäuser in NK-StGB Rn. 17), auch beim Lastschriftverfahren im POZ-System ist die Vorschrift nicht anwendbar (Rossa CR 1997, 219 (223); Baier ZRP 2001, 454 (455); Perron in Schönke/Schröder Rn. 4).

b) Als **Kreditkarten** kommen für die Anwendung des Abs. 1 nur Karten im sog. „Drei-Partner-System" (zB American Express-Karten, Visa- oder MasterCard) in Frage (BGHSt 38, 281 = NJW 1992, 2167 mkritAnm Otto JZ 1992, 1139; Ranft NStZ 1993, 185 und zust. Bespr. Mitsch JZ 1994, 877 (885); BayObLG StV 1997, 596 mit zust. Bespr. Löhnig JR 1999, 362; Wessels/Hillenkamp/Schuhr StrafR BT II Rn. 798; aM Weber LdRerg 8/965, S. 2; Hilgendorf JuS 1997, 130 (135); str.). Nur sie räumen dem Karteninhaber die Befugnis ein, den Aussteller zu einer Zahlung (sei es auch nur im Verrechnungswege, BT-Drs. 10/5058, 32; Rengier StrafR BT I § 19 Rn. 11; Kindhäuser in NK-StGB Rn. 15) zu veranlassen, dh dessen Garantieverpflichtung gegenüber einem Dritten auszulösen. Nicht erfasst werden EC-/Maestro-Karten (aM Kindhäuser in NK-StGB Rn. 5, 21, der den Kartenbegriff funktional bestimmen will; ebenso Brand JR 2008, 496 (503) und jetzt auch Rengier StrafR BT I § 19 Rn. 22, 23; dagegen wie hier Wessels/Hillenkamp/Schuhr StrafR BT II Rn. 796). Kreditkarten im sog. „Zwei-Partner-System" bedeuten rechtlich nur einen Ausweis über die Eröffnung eines Kredits, der die wiederholte Nachprüfung der Kreditwürdigkeit entbehrlich macht (BGH bei Holtz MDR 1989, 112; Hellmann in Krey/Hellmann/Heinrich StrafR BT II Rn. 847, 849; Möhrenschlager in LK-StGB Rn. 27–31; Hoyer in SK-StGB Rn. 11; Kindhäuser in NK-StGB Rn. 8; eing. Weisensee, Die Kreditkarte – ein amerikanisches Phänomen, 1970, S. 43). Dass ihr Missbrauch deshalb den allgemeinen, für den Kreditbetrug geltenden Regeln folgen muss (Tiedemann in LK-StGB § 263 Rn. 38, 43, 110; → § 263 Rn. 9), ist im Hinblick auf die mildere Strafdrohung des § 266b ein Konstruktionsfehler des Gesetzes (ebenso Maurach/Schroeder/Maiwald/Hoyer/Momsen StrafR BT § 45 Rn. 77; Perron in Schönke/Schröder Rn. 5; sa Bernsau, Der Scheck- oder Kreditkartenmissbrauch durch den berechtigten Karteninhaber, 1990, S. 181, der eine Sperrwirkung dieser Strafdrohung annimmt). Mit dem mittlerweile in der Praxis des Kreditkartenwesens führenden „Vier-Partner-System", bei dem mit selbständigen Acquiring-Unternehmen ein vierter Partner beteiligt ist, kommt es zu einer weiteren, bisher noch nicht geklärten Verkomplizierung der Rechtsverhältnisse (Brand WM 2008, 2194 (2198); Rengier StrafR BT I § 19 Rn. 14–16); hier soll die vom Aussteller eingeräumte Macht genügen, durch die Benutzung der Karte eine notwendige Bedingung für das Zustandekommen der die Bank treffenden garantieähnlichen Ausgleichspflicht zu setzen (Rengier StrafR BT I § 19 Rn. 16). 4

5 **4. Missbrauchen** erfordert hier – ähnlich wie in § 266 I (→ § 266 Rn. 6) –, dass sich der Täter zwar nach außen im Rahmen seines rechtlichen Könnens hält, im Innenverhältnis zu dem Kartenaussteller aber die Grenzen seines rechtlichen Dürfens überschreitet (BT-Drs. 10/5058, 32; OLG Hamm StraFo 2001, 281; Baier ZRP 2001, 454; Dannecker, Das intertemporale Strafrecht, 1993, S. 506; Mitsch StrafR BT II Abschn. 7.9.2.1.3; Radtke/Petermann in MüKoStGB Rn. 42; sa Bernsau, Der Scheck- oder Kreditkartenmissbrauch durch den berechtigten Karteninhaber, 1990, S. 78; weiter Weber NStZ 1986, 481 (484)); ein andersartiger Missbrauch der Karte, zB deren vertragswidrige Weitergabe an einen Dritten, gehört nicht hierher (BGH NStZ 1992, 278 mit iErg zust. Bespr. Mitsch JZ 1994, 877 (887); BGH NStZ-RR 2017, 281; Rengier StrafR BT I § 19 Rn. 29), auch nicht das Ausnutzen des zeitweisen Ausfalls technischer Kontrollmaßnahmen (BayObLG NJW 1997, 3039 mit krit. Bespr. Otto JK StGB § 266b Rn. 4). Danach lag bis zur Abschaffung des Euroscheck-Systems (→ Rn. 3) der Missbrauch der **Scheckkarte** idR bei Hingabe eines Schecks vor, für den auf dem Konto des Täters keine Deckung durch Guthaben oder Kredit vorhanden und bei Einlösung auch nicht zu erwarten war (→ § 263 Rn. 11). Bei der **Kreditkarte** kommt es darauf an, ob der Täter seine aus dem Kreditkartenvertrag hervorgehenden Pflichten verletzt hat, die meist darin bestehen, dass er keine Verpflichtungen eingehen darf, wenn seine Einkommens- und Vermögensverhältnisse den Kontoausgleich nicht gestatten (Möhrenschlager in LK-StGB Rn. 43; vgl. Rengier FS Heinz, 2012, 808).

6 **5. Schädigen** ist gleichbedeutend mit dem Herbeiführen eines Vermögensschadens (BT-Drs. 10/5058, 33) iSd § 263 I (→ § 263 Rn. 32–53; ebenso Kindhäuser in NK-StGB Rn. 23). Der Schaden muss durch den Missbrauch verursacht sein (→ Vor § 13 Rn. 10, 11). An ihm – und damit zugleich auch am Missbrauch (→ Rn. 5) – kann es fehlen, wenn der Täter trotz Überschreitung der ihm im Innenverhältnis gesetzten Schranken jederzeit willens und fähig ist, die Garantieverpflichtung des Kartenausstellers auszugleichen (BT-Drs. 10/5058, 33; Wessels/Hillenkamp/Schuhr StrafR BT II Rn. 799; → § 266 Rn. 17). Geringfügige Grenzüberschreitungen sind daher aus diesem Grunde meist nicht tatbestandsmäßig (BT-Drs. 10/5058, 33; Möhrenschlager in LK-StGB Rn. 49–51; aM Perron in Schönke/Schröder Rn. 10). Trotz Missbrauchs kann der Schaden entfallen, wenn der Kartenaussteller durch einen Dritten schadlos gehalten wird, zB durch den Dienstherrn einer vom Polizeibeamten missbräuchlich verwendeten Tankflottenkarte (LG Dresden NStZ 2006, 333).

7 **6.** Der **Vorsatz** (bedingter genügt) muss namentlich den Missbrauch (→ Rn. 5) und den Vermögensschaden (→ Rn. 6) umfassen. Die Ausführungen unter → § 266 Rn. 19 zur Notwendigkeit strenger Anforderungen an den Vorsatz gelten sinngemäß. Nimmt der Täter auf Grund konkreter Umstände irrig an, dass Deckung vorhanden oder zu erwarten sei oder dass er ohne weiteres für Deckung sorgen könne, so fehlt es am Vorsatz, nicht aber bei bloß vagen Hoffnungen (Möhrenschlager in LK-StGB Rn. 57; Perron in Schönke/Schröder Rn. 11).

8 **7.** In **Abs. 2** kommt es für die entsprechende Anwendung des § 248a auf die Geringwertigkeit des Vermögensschadens an.

9 **8.** Die Vorschrift ist im Hinblick auf ihre klarstellende Funktion als **abschließende Sonderregelung** zu verstehen (Spezialität iwS; Küpper GS Meurer, 2002, 123 (129); sa OLG Hamm StraFo 2001, 281). Soweit daher in Teilen der Rspr. und des Schrifttums Betrug oder Untreue bejaht wird (→ Rn. 1), treten diese Tatbestände

hinter § 266b zurück (Otto wistra 1986, 150 (153); Bernsau, Der Scheck- oder Kreditkartenmissbrauch durch den berechtigten Karteninhaber, 1990, S. 130; ähnlich Weber NStZ 1986, 481 (484), der eine Sperrwirkung gegenüber den §§ 263, 266 annimmt; dagegen Küpper GS Meurer, 2002, 123 (129); für § 263 aM Granderath DB-Beilage Heft 18/1986, 1 (10)). Aus dem gleichen Grunde scheidet auch die Möglichkeit aus, den nicht mit Strafe bedrohten Versuch des Kreditkartenmissbrauchs in Anlehnung an BGHSt 24, 386 = NJW 1972, 1904 als Betrugsversuch (§ 263 II) zu erfassen (Kindhäuser/Hilgendorf in LPK-StGB Rn. 29). Jedoch ist Tateinheit mit den §§ 263, 266 dann nicht ausgeschlossen, wenn deren Anwendbarkeit auf anderen Gründen beruht (OLG Hamm StraFo 2001, 281; einschr. Ranft JuS 1988, 673 (678)). Hat jemand eine Scheck- oder Kreditkarte durch Betrug erschlichen (→ § 263 Rn. 42) und sie später missbraucht, so besteht zwischen §§ 263 und 266b idR Tatmehrheit (Bernsau, Der Scheck- oder Kreditkartenmissbrauch durch den berechtigten Karteninhaber, 1990, S. 133; Kindhäuser/Hilgendorf in LPK-StGB Rn. 30; für Tateinheit BGHSt 47, 160 (168) = NJW 2002, 905 mit abl. Bespr. Otto JK StGB § 266b Rn. 5; Rengier StrafR BT I § 19 Rn. 30; diff. Fischer Rn. 25); der Kartenmissbrauch tritt nicht als mitbestrafte Nachtat zurück (BGHSt 47, 160 (168) = NJW 2002, 905; BGH NStZ 1993, 283; aM Küpper NStZ 1988, 60; Perron in Schönke/Schröder Rn. 14; nach Mitsch JZ 1994, 877 (886) verdrängt § 266b den Betrug als mitbestrafte Vortat; vgl. Möhrenschlager in LK-StGB Rn. 63–67).

23. Abschnitt. Urkundenfälschung

§ 267 Urkundenfälschung

(1) **Wer zur Täuschung im Rechtsverkehr eine unechte Urkunde herstellt, eine echte Urkunde verfälscht oder eine unechte oder verfälschte Urkunde gebraucht, wird mit Freiheitsstrafe bis zu fünf Jahren oder mit Geldstrafe bestraft.**

(2) **Der Versuch ist strafbar.**

(3) **[1]In besonders schweren Fällen ist die Strafe Freiheitsstrafe von sechs Monaten bis zu zehn Jahren. [2]Ein besonders schwerer Fall liegt in der Regel vor, wenn der Täter**

1. **gewerbsmäßig oder als Mitglied einer Bande handelt, die sich zur fortgesetzten Begehung von Betrug oder Urkundenfälschung verbunden hat,**
2. **einen Vermögensverlust großen Ausmaßes herbeiführt,**
3. **durch eine große Zahl von unechten oder verfälschten Urkunden die Sicherheit des Rechtsverkehrs erheblich gefährdet oder**
4. **seine Befugnisse oder seine Stellung als Amtsträger oder Europäischer Amtsträger mißbraucht.**

(4) **Mit Freiheitsstrafe von einem Jahr bis zu zehn Jahren, in minder schweren Fällen mit Freiheitsstrafe von sechs Monaten bis zu fünf Jahren wird bestraft, wer die Urkundenfälschung als Mitglied einer Bande, die sich zur fortgesetzten Begehung von Straftaten nach den §§ 263 bis 264 oder 267 bis 269 verbunden hat, gewerbsmäßig begeht.**

Fassung: Das KorruptionsbekG (→ Vor § 1 Rn. 18) hat Abs. 3 Nr. 4 den Europäischen Amtsträger eingeführt.

1 **1.** Die Vorschrift schützt die **Sicherheit und Zuverlässigkeit des Beweisverkehrs** mit (nicht nur inländischen; Satzger Europäisierung des StrafR S. 579; → Rn. 25) Urkunden (BGHSt 2, 50 = NJW 1952, 231; zusf. und zT krit. Kienapfel Jura 1983, 185 (186); Puppe FG BGH, 2000, 569; Puppe/Schumann in NK-StGB Rn. 1–8; Freund Urkundenstraftaten Rn. 22; Erb in MüKoStGB Rn. 1–9; Hoyer in SK-StGB Vor § 267 Rn. 7–15; eing. Rheineck, Fälschungsbegriff und Geistigkeitstheorie, 1979, S. 112; Sieber, Computerkriminalität und Strafrecht, 2. Aufl. 1980, S. 251, 265; Gustafsson, Die scheinbare Urkunde, 1993, S. 96; Bettendorf, Der Irrtum bei den Urkundendelikten, 1997, S. 67; Jakobs, Urkundenfälschung, 2000, S. 5, 28, 95 mit Bespr. Freund GA 2001, 243, der auf das Recht einzelner Personen abstellt, nicht durch das Beweismittel ‚Urkunde' desorientiert zu werden; Hefendehl Kollektive Rechtsgüter S. 244, der die dienende Funktion des Rechts für personale Interessen betont; Kargl JA 2003, 604 (608), der als Rechtsgut das Beweisführungsinteresse der am Rechtsverkehr Teilnehmenden ansieht; krit. auch Sánchez Lázaro GA 2010, 369). Deren Bedeutung besteht darin, dass sie zum Zwecke des Beweises (Beweisfunktion) menschliche Erklärungen perpetuieren (Perpetuierungsfunktion) und dadurch bewirken, dass der jeweilige Urheber (der Aussteller) für seine Erklärung einzustehen hat (Garantiefunktion). Schutzobjekt ist daher die Authentizität der Urkunde, dh die Übereinstimmung des wirklichen Ausstellers mit dem, der als solcher aus der Urkunde hervorgeht. Auf die inhaltliche Unwahrheit der Erklärung (sog. schriftliche Lüge), auch auf die Angaben über Ort und Zeit der Urkundenerrichtung (BGHSt 9, 44 = NJW 1956, 638), kommt es nicht an (BGH bei Holtz MDR 1979, 806; Brockhaus ZIS 2008, 556). In der **Corona-Pandemie** besondere Bedeutung erlangt haben §§ 267 ff.: Während es sich beim ausgefüllten Impfpass um eine Urkunde (→ Rn. 2 ff.) handelt, führt die Einführung eines EU-weiten elektronischen Impfdokuments bei Verfälschung zu § 269; falsche ärztliche Atteste (zB zur Befreiung von der Maskenpflicht) sind von §§ 278, 279 erfasst, ebenso durch einen Arzt ausgestellte Corona-Testbescheinigungen. Wer sich dagegen selbst oder – für den Schulbesuch zT relevant – seine Kinder in einem Schriftstück als negativ getestet ausweist, begeht mangels Identitätstäuschung (→ Rn. 17) keine Urkundenfäschung und unterfällt als offensichtlicher Nichtarzt auch nicht § 278. – **Rechtsprechungsübersichten** zur Urkundenfälschung bei Puppe JZ 1997, 490; sowie Böse NStZ 2005, 370. – Zur **Geschichte** Dannecker LdRerg 8/1770, S. 2; Rojas FS Frisch, 2013, 925. – Zur **Kriminologie** der Urkundendelikte Freund Urkundenstraftaten Rn. 11–13; v. Dannwitz in Cramer/Cramer, Anwalts-Handbuch, Strafrecht, 2002, S. 577; Erb in MüKoStGB Rn. 11–13. – **Rechtsvergleichend** Walter, Betrugsstrafrecht in Frankreich und Deutschland, 1999, S. 342.

2 **2. Urkunde** ist eine verkörperte Gedankenerklärung, die allgemein oder für Eingeweihte verständlich ist und einen Aussteller erkennen lässt und die zum Beweis einer rechtlich erheblichen Tatsache geeignet und bestimmt ist, gleichviel ob ihr die Bestimmung schon bei der Ausstellung oder erst später gegeben wird (BGHSt 4, 284 = NJW 1953, 1519; BGHSt 13, 235 = NJW 1959, 2173; Küper/Zopfs StrafR BT Rn. 524 mit ähnlicher Definition; eing. und zT krit. Kienapfel, Urkunden im Strafrecht, 1967; sowie Kienapfel Jura 1983, 185 (181); Samson, Urkunde und Beweiszeichen, 1968; Ennuschat, Der Einfluss des Zivilrechts auf die strafrechtliche Begriffsbestimmung am Beispiel der Urkundenfälschung gem. § 267 StGB, 1998, S. 17; Hoyer in SK-StGB Rn. 4–6; für einen relativen Urkundenbegriff Jakobs, Urkundenfälschung, 2000, S. 35; einschr. Jakobs FS Küper, 2007,

225 (232); mit Kritik Puppe/Schumann in NK-StGB Rn. 7, 8). Tatobjekt können auch Urkunden ausländischen Ursprungs sein (OLG Stuttgart DAR 2012, 221).

a) Für die Urkunde wesentlich ist vor allem die **Gedankenerklärung,** dh ein menschliches Verhalten, das geeignet ist, in einem anderen unter Anwendung eines zwischen den Beteiligten feststehenden Codes eine bestimmte Vorstellung über einen Sachverhalt hervorzurufen (Hoyer in SK-StGB Rn. 11, 16; speziell zur „neuen“ zivilrechtlichen Briefmarke Schmidt ZStW 111 (1999), 388 (418)); ob dazu ein „Erklärungswille“ im Sinne eines Kundmachungs- oder Begebungswillens gehört (so zB BGHSt 3, 82 (85) = NJW 1952, 1104; Hoyer in SK-StGB Rn. 14; krit. Ennuschat, Der Einfluss des Zivilrechts auf die strafrechtliche Begriffsbestimmung am Beispiel der Urkundenfälschung gem. § 267 StGB, 1998, S. 19), ist im Hinblick auf die Zufallsurkunden (→ Rn. 13) umstritten und zweifelhaft (zusf. Zieschang in LK-StGB Rn. 18–23); ebenso umstritten ist die Frage, ob der Anschein einer Gedankenerklärung reicht (dafür Ennuschat, Der Einfluss des Zivilrechts auf die strafrechtliche Begriffsbestimmung am Beispiel der Urkundenfälschung gem. § 267 StGB, 1998, S. 19; Hoyer in SK-StGB Rn. 15; anders die hM). 3

aa) An einer Gedankenerklärung **fehlt es** bei bloßen Augenscheinsobjekten wie Fußspuren und Fingerabdrücken (RGSt 17, 106; Küper/Zopfs StrafR BT Rn. 536; Zieschang in LK-StGB Rn. 13; für eine Gleichstellung schlichter Bezeugungen mit diesen Jakobs, Urkundenfälschung, 2000, S. 33 mit krit. Bespr. Freund GA 2001, 242 (244)) und bei technischen Aufzeichnungen, die selbsttätig durch Maschinen bewirkt werden, zB beim Schaublatt des Fahrtenschreibers (OLG Stuttgart NJW 1959, 1379; OLG Hamm NJW 1959, 1380; OLG Karlsruhe NStZ 2002, 652 (653); → § 268 Rn. 4) oder bei Telefonkarten (Hecker JA 2004, 762 (763)) oder sonst elektronisch gespeicherten Daten (Dannecker LdRerg 8/1770, S. 4) wie E-Mails (BGH NStZ-RR 2017, 281; NStZ-RR 2018, 308); jedoch können maschinell bewirkte Aufzeichnungen (zB vom Computer ausgedruckte Überweisungsträger, Gehaltsabrechnungen und Steuerbescheide) dadurch Urkundenqualität erlangen, dass jemand sie, sei es auch ohne eigene Kenntnisnahme, als seine Erklärung in den Rechtsverkehr gelangen lässt oder sie dafür bestimmt (sog. **EDV-Urkunden;** BT-Drs. 10/318, 32; Sieber, Computerkriminalität und Strafrecht, 2. Aufl. 1980, S. 276; Zielinski GS Kaufmann, 1989, 605; CR 1995, 286 (290); Erb in MüKoStGB Rn. 106; speziell zum Parkschein OLG Köln NJW 2002, 527 mit zust. Bespr. Hecker JuS 2002, 224; Otto JK StGB § 267 Rn. 29; Hoyer in SK-StGB Rn. 20; einschr. Lampe GA 1975, 1 (8)); erst recht gilt dies für einen elektronisch erstellten und unterschriebenen Lastschriftbeleg (Rossa CR 1997, 219 (226)). An einer Gedankenerklärung fehlt es bei Blanketten, die erst durch Ausfüllung einen bestimmten gedanklichen Inhalt und damit zugleich Beweisbestimmung erlangen, zB beim Bezugsschein (BGHSt 13, 235 = NJW 1959, 2173), bei der Zeitkarte eines Verkehrsbetriebs auch ohne Wertmarke (BayObLG NStZ-RR 2002, 305), beim Führerschein (Holtz MDR 1978, 625) oder Parkberechtigungsschein (BayObLG NStZ-RR 1998, 331 mit abl. Bespr. Schäfer NStZ 1999, 191; anders für einen ausgedruckten Parkschein OLG Köln NJW 2002, 527 mit zust. Bespr. Hecker JuS 2002, 224; Otto JK StGB § 267 Rn. 29) ohne Angabe des Berechtigten und überhaupt bei Formularen aller Art (etwa von Ausweisen, Schecks, Wechseln usw), solange sie infolge Fehlens wesentlicher Angaben noch keinen bestimmten beweiserheblichen Inhalt haben (Holtz MDR 1978, 625; LG Berlin wistra 1985, 241). 4

bb) Nach der Rspr. können Einzelurkunden durch räumliche Zusammenfassung, die auf Gesetz, Geschäftsgebrauch oder Vereinbarung beruht, zu einer **Ge-** 5

samturkunde werden, wenn diese über die Einzelurkunden hinaus einen selbständigen, für sich bestehenden Gedankeninhalt zum Ausdruck bringt (BGHSt 4, 60 = NJW 1953, 711; Joecks/Jäger StGB Rn. 37, 38; Küper/Zopfs StrafR BT S. 540 „Abgeschlossenheits- und Vollständigkeitserklärung"; krit. Samson JuS 1970, 369 (375); Puppe Jura 1980, 18 (22); Kienapfel Jura 1983, 185 (192); Erb in MüKo-StGB Rn. 58; Hoyer in SK-StGB Rn. 77–80). Die Rspr. nimmt das zB an für kaufmännische Handelsbücher (RGSt 69, 396), für das Trödlerbuch (BGH MDR 1954, 309), für das Einwohnermeldeverzeichnis (BGH JR 1954, 308 = BeckRS 1954, 31195045), für das Sparkassenbuch (BGHSt 19, 19 (21) = NJW 1963, 1630), für die Personalakte eines Amtsträgers (OLG Düsseldorf NStZ 1981, 25 (26)) und – allerdings zu Unrecht – sogar für die Gesamtheit der Wahlzettel iVm dem Wählerverzeichnis, obwohl die Zettel einzeln mangels Erkennbarkeit des Ausstellers keine Urkunden sind (BGHSt 12, 108 = NJW 1959, 158; aM Zieschang in LK-StGB Rn. 99; beachte auch OLG Koblenz NStZ 1992, 134 mit krit. Bespr. Puppe JZ 1997, 490); sie verneint es für anwaltliche Handakten (BGHSt 3, 395 = NJW 1953, 514), für dreiteilige Postanweisungen (OLG Köln NJW 1967, 742), für Einzelvermerke auf Postanweisungen (BGHSt 4, 60 = NJW 1953, 711) oder in Reisepässen (BayObLG NJW 1990, 264; OLG Hamm NStZ-RR 1998, 331) und für Arztberichte mit beigefügter Blutprobe (BGHSt 5, 75 = NJW 1954, 82). Keine Gesamturkunde ist die für den Kunden von seiner Bank angelegte Kreditakte (Pommerenke wistra 1996, 212).

6 **b)** Die Gedankenerklärung muss in einer Sache **dauerhaft,** dh in fester Verbindung mit ihr (BGHSt 5, 75 (79) = NJW 1954, 82; BGHSt 34, 375 = NJW 1987, 2384; OLG Köln NJW 1983, 769 mwN), **verkörpert** sein. In der Regel wird das in einer Schrift, uU auch in einer Geheimschrift (hM; anders Samson, Urkunde und Beweiszeichen, 1968, S. 116) oder Kurzschrift, oder in verkürzenden, ergänzungsbedürftigen Begriffen (zB in Fahrkarten, Eintrittskarten, Kontoauszügen, Inventurlisten, Kassenbons, Gasthausbelegen usw) geschehen (zusf. zur verkürzten Urkunde Kienapfel, Urkunden im Strafrecht, 1967, S. 1). Notwendig ist die Schriftlichkeit aber nicht (hM; jetzt auch Maurach/Schroeder/Maiwald StrafR BT II § 65 Rn. 14; anders Kienapfel, Urkunden im Strafrecht, 1967, S. 1; Otto StrafR BT § 70 Rn. 9). Es genügt vielmehr jede andere Vermittlung durch Zeichen oder Symbole, wenn nur die erforderliche feste Verbindung mit einem körperlichen Gegenstand besteht, welche die Erklärung **visuell** erfassbar macht.

7 aa) Daher werden **Tonträger** nicht erfasst (hM; vgl. etwa Hoyer in SK-StGB Rn. 27; krit. Freund Urkundenstraftaten Rn. 88), auch nicht die in einer EDV-Anlage gespeicherten Daten, wie überhaupt **Computermanipulationen** nur dann unter § 267 fallen können, wenn sie mit einer Fälschung sog. Urbelege einhergehen (Wegscheider CR 1989, 923) oder zu einem Ausdruck mit Urkundenqualität führen (→ Rn. 4; beachte auch § 269). Gespeicherte digitale Empfangsbestätigungen sind daher keine Urkunden; das gleiche gilt für ihre Ausdrucke, weil es sich dabei bloß um eine Kopie (→ Rn. 16) des elektronisch gespeicherten Dokuments handelt (OLG Köln NStZ 2014, mAnm Bott NZWiSt 2014, 225; Gutmann MMR 2014, 315) und für die durch Zusammen-Scannen eines Teils eines (echten) Arztattestes mit einem selbst geschriebenen Text geschaffene Datei (OLG Hamburg StV 2019, 394).

8 bb) Dagegen sind Gedankenerklärungen möglich, die sich auf einen Gegenstand beziehen und mit ihm räumlich fest zu einer Beweiseinheit verbunden sind (sog. **zusammengesetzte Urkunden;** dazu BGH NStZ 1984, 73 mwN; sa Sam-

son GA 1969, 353; Hirsch ZStW 85 (1973), 696 (705); Schröder JuS 1991, 301 (302); Heinrich JA 2011, 432; Hoyer in SK-StGB Rn. 71–76; str.). Hierher gehören zB die beglaubigte Abschrift, bei welcher der Beglaubigungsvermerk die Gedankenerklärung und die Abschrift das Bezugsobjekt bildet, und der Personalausweis, bei dem die behördlichen Eintragungen und das Lichtbild in einer entsprechenden Beziehung stehen (BGHSt 17, 97 = NJW 1962, 751; zum Foto auf dem Sozialversicherungsausweis aber LG Bremen NStZ-RR 1999, 362), der Entwurf einer Urkunde (→ Rn. 16) zusammen mit einem Unterschriftsblatt (OLG Zweibrücken NStZ 2000, 201), ferner auch die von Menschenhand ergänzte technische Aufzeichnung (§ 268), wenn die (vor oder nach dem Aufzeichnungsvorgang vorgenommene, BayObLG wistra 1992, 113) Ergänzung eine Gedankenerklärung in Bezug auf die Aufzeichnung enthält (OLG Stuttgart NJW 1978, 715; BayObLG NJW 1981, 774; NJW 1988, 2190; NZV 1994, 36; OLG Düsseldorf NZV 1994, 199; OLG Karlsruhe NStZ 2002, 652 (653)), und das (nicht entstempelte, OLG Koblenz NStZ-RR 2016, 388; vgl. auch OLG Frankfurt NStZ 2020, 619) Kfz-Kennzeichen (BGH NStZ 2018, 468; einschr für ausländische Kennzeichen BGH NStz_RR 2019, 125) mit darauf angebrachter TÜV-Plakette (OLG Celle NJW 2011, 2983 mit Bespr. Jahn JuS 2011, 1136; nur bei Eintragung auch in Teilbescheinigung I BayObLG JuS 2020, 470 mit Bespr. Kudlich); nicht aber ein Verkehrsschild, das einem räumlich unüberschaubaren Straßenabschnitt zugeordnet ist (OLG Köln NJW 1999, 1042 mit zT krit. Bespr. Dedy NZV 1999, 136; Wrage NStZ 2000, 32; Geppert JK StGB § 267 Rn. 27; aM Böse NStZ 2005, 370; Rengier StrafR BT II § 32 Rn. 18a; zw.). Auch an sich selbständige Urkunden können eine solche Beweiseinheit bilden, wenn sie fest miteinander verbunden sind und die eine auf die andere Bezug nimmt (sog. abhängige Urkunden, KG wistra 1984, 233).

cc) Auf dieser Möglichkeit der verbundenen Erklärung beruht es, dass die Rspr. 9
die sog. **Beweiszeichen** als Urkunden anerkennt. Sie müssen vorbehaltlich ihrer Beweisbestimmung (→ Rn. 13) dazu geeignet und bestimmt sein, über ihr bloßes Bezeichnetsein hinaus eine Gedankenäußerung ihres Urhebers zu vermitteln (BGHSt 9, 235 = NJW 1956, 1605; BayObLG NJW 1980, 1057; Fischer Rn. 5). Den Gegensatz bilden bloße Kenn- oder Unterscheidungszeichen, deren Zweck sich in der Individualisierung oder Unterscheidung von Gegenständen gleicher Art erschöpft (BGHSt 2, 370 = NJW 1952, 898; Puppe Jura 1980, 18 (19); Küper/Zopfs StrafR BT Rn. 537; eing. Heinrichs, Beweiszeichen und Kennzeichen, 1996; Obermaier, Die Abgrenzung der Beweiszeichen von den Kennzeichen, 2000). Zur Abgrenzung ist eine unübersehbare, keineswegs immer überzeugende Kasuistik entstanden (krit. Samson, Urkunde und Beweiszeichen, 1968, S. 56; abl. Kienapfel, Urkunden im Strafrecht, 1967, S. 105, 140; Otto JuS 1987, 761 (762); Hirsch FS Tröndle, 1989, 19 (31)). Als Beweiszeichen wurden ua angesehen: das Künstlerzeichen am Gemälde (OLG Frankfurt a. M. NJW 1970, 673; zusf. Löffler NJW 1993, 1421 (1423)); der Korkbrand (BGHSt 9, 235 (238) = NJW 1956, 1605); das Preisetikett an einer Ware (OLG Köln NJW 1979, 729 mAnm Lampe JR 1979, 214; OLG Düsseldorf NJW 1982, 2268; Obermaier, Die Abgrenzung der Beweiszeichen von den Kennzeichen, 2000, S. 120); die kundenbezogene Kontrollnummer auf der Verpackung von Markenwaren (Tiedemann/Vogel JuS 1988, 295; str.); am Kraftfahrzeug (Kraftrad) das Typenschild (BGH VRS 5, 135), die Fahrgestell- (BGHSt 9, 235 = NJW 1956, 1605) und Motornummer (BGHSt 16, 94 = NJW 1961, 1542), das amtliche (gestempelte, BGH NJW 1989, 3104) Kennzeichen (BGHSt 9, 235 (240) = NJW 1956, 1605; BGHSt 18, 66 (70) = NJW 1963, 60; BGH NJW 2000, 229; BayObLGSt 1977, 16; OLG Stuttgart NStZ-RR

2001, 370) mit Ausnahme des roten Kennzeichens für Prüfungs-, Probe- und Überführungsfahrten (BGHSt 34, 375 = NJW 1987, 2384 mit krit. Bespr. Puppe JZ 1991, 447; Obermaier, Die Abgrenzung der Beweiszeichen von den Kennzeichen, 2000, S. 159), das Versicherungskennzeichen (BayObLG JR 1977, 467 mablAnm Kienapfel; OLG Koblenz VRS 60, 436) die Prüfplakette iVm der vorgeschriebenen Eintragung im Kraftfahrzeugschein (BayObLG NJW 1966, 748; OLG Celle NZV 1991, 318 mit krit. Bespr. Puppe JZ 1997, 490) und die Prüfplakette in ihrer farblichen Gestaltung iVm dem amtlichen Kennzeichen (AG Waldbröl NJW 2005, 2870), nicht dagegen das bloße Eigentümer- oder Herstellerzeichen (BGHSt 2, 370 = NJW 1952, 898; RGSt 36, 15; krit. Samson JA 1979, 526 (529)) und das bloße Wertzeichen (RGSt 62, 203; krit. zur uneinheitlichen Rspr. Heinrichs, Beweiszeichen und Kennzeichen, 1996, S. 157), zB die Rabattmarke (BayObLG NJW 1980, 196 mAnm Kienapfel JR 1980, 123; aM Puppe JZ 1986, 938 (939); zw.).

10 **c)** Für jedermann und vollständig aus sich heraus **verständlich** braucht die in der Urkunde verkörperte Gedankenerklärung nicht zu sein. Es genügt, wenn Eingeweihte sie auf Grund getroffener Verabredung oder der Verkehrssitte verstehen können oder wenn sich ihr voller Inhalt erst durch außerhalb der Urkunde liegende Umstände erschließt (Zieschang in LK-StGB Rn. 12; str.).

11 **d)** Die verkörperte Gedankenerklärung muss **zum Beweis einer rechtlich erheblichen Tatsache geeignet und bestimmt** sein (hM; anders Kienapfel, Urkunden im Strafrecht, 1967, S. 18, 50, 181, der diese Erfordernisse als überflüssig bezeichnet und ihren sachlichen Gehalt in den subjektiven Tatbestand verlagert).

12 aa) Die **Beweiseignung** (RGSt 64, 69) ist objektiv zu beurteilen (BayObLG NJW 1981, 772) und im weitesten Sinne zu verstehen. Sie hat daher keine ins Gewicht fallende tatbestandseinschränkende Wirkung (krit. Otto JuS 1987, 761 (762)). Beweisgeeignet ist jede Tatsache, die im Rechtsverkehr nicht völlig bedeutungslos ist; Rechtswirksamkeit im Sinne der Gültigkeit eines Rechtsgeschäfts ist nicht erforderlich, so dass auch nichtige Erklärungen Gegenstand einer Urkunde sein können (BGH GA 1971, 180 mit krit. Bespr. Kienapfel JZ 1972, 394; aM Jakobs, Urkundenfälschung, 2000, S. 62). Ausnahmsweise ist bei der Ausstellung und Verwendung sog. „Reichsausweise“ durch „Reichsbürger“ deren Beweiseignung zu verneinen (Vormbaum JR 2017, 503 (509); str.).

13 bb) Die **Beweisbestimmung** ist als subjektive Zwecksetzung zu verstehen (krit. zu ihren einzelnen Funktionen innerhalb des Urkundenbegriffs Puppe, Die Fälschung technischer Aufzeichnungen, 1972, S. 116; Freund Urkundenstraftaten Rn. 110; Erb in MüKoStGB Rn. 33; krit. zur Subjektivierung Kargl JA 2003, 604 (606); Hoyer in SK-StGB Rn. 38). Sie kann der Gedankenerklärung in einer sog. Absichtsurkunde (auch Deliktsurkunde) schon bei der Ausstellung oder in einer sog. Zufallsurkunde erst später, zB bei einem Liebesbrief im Scheidungsprozess (BGHSt 13, 235 = NJW 1959, 2173), einem Merkzettel (BGHSt 3, 82 = NJW 1952, 1104) oder einer Schüler-Klassenarbeit (BGHSt 17, 297 = NJW 1962, 1523; vgl. auch AG Pfaffenhofen NStZ-RR 2004, 170 mit krit. Bespr. Kudlich JuS 2004, 1119; Otto JK StGB § 267 Rn. 32), gegeben werden (hM; abl. zur Zufallsurkunde Schilling, Reform der Urkundenverbrechen, 1971, S. 53; Puppe/Schumann in NK-StGB Rn. 9–16; Jakobs, Urkundenfälschung, 2000, S. 56; Hoyer in SK-StGB Rn. 39; Erb FS Puppe, 2011, 1107). Sie kann auch nachträglich wegfallen (BGHSt 4, 284 = NJW 1953, 1519) und fehlt idR noch beim Blankett und beim nicht oder unvollständig ausgefüllten Formular (→ Rn. 4).

e) Stets muss mindestens für die Beteiligten aus der Urkunde selbst eine bestimmte Person **als Aussteller erkennbar** sein (krit. Mitsch NStZ 1994, 89, der nur eine erkennbare Ausstellerbezeichnung verlangt), sei es auch unter Zuhilfenahme weiterer Umstände (BGH GA 1963, 16; OLG Köln NJW 2002, 527 (528); Zieschang FG Paulus, 2009, 197 (201)). **Aussteller** ist nicht notwendig, wer die Urkunde körperlich hergestellt hat (sog. Körperlichkeitstheorie), sondern wer sich zu ihr als Urheber bekennt, dh wem sie geistig zuzurechnen ist (sog. Geistigkeitstheorie oder materielle Urheberlehre; BGHSt 13, 382 (385); OLG Koblenz NJW 1995, 1625 mit krit. Bespr. Rigizahn MedR 1995, 32; Otto JK StGB § 267 Rn. 21; OLG Düsseldorf wistra 1999, 233; Wessels/Hettinger/Engländer StrafR BT I Rn. 801; Hoyer in SK-StGB Rn. 41; Ransiek FS Puppe, 2011, 1269; zu weit OLG Hamm NJW 1973, 634; krit. Puppe NJW 1973, 1870; Jura 1979, 630 (637); Schroeder GA 1974, 227 (230); Rheineck, Fälschungsbegriff und Geistigkeitstheorie, 1979, S. 16; Otto StrafR BT § 70 Rn. 11; ganz abl. Steinmetz, Der Echtheitsbegriff im Tatbestand der Urkundenfälschung (§ 267 StGB), 1991, S. 50, 233; im Ansatz abw. Gustafsson, Die scheinbare Urkunde, 1993, S. 82, nach der die unechte Urkunde nur „scheinbar" eine Urkunde ist; ebenso Freund Urkundenstraftaten Rn. 26, 128, 138; einen „normativen Ausstellerbegriff" entwickelt Jakobs, Urkundenfälschung, 2000, S. 79); bei EDV-Urkunden (→ Rn. 4) basiert die Zurechenbarkeit häufig auf einer antizipierten Autorisierung des Herstellungsvorgangs (Zielinski GS Kaufmann, 1989, 605 (611)), die jedoch nicht möglich ist, wenn unzuständige Mitarbeiter oder gar externe Personen Input-Manipulationen vornehmen (Radtke ZStW 115 (2003), 26 (50)); zu „gescannten Unterschriften" Heinrich CR 1997, 622. Dass jemand die geistige Leistung eines anderen (etwa bei Vorlage einer Prüfungsarbeit) unbefugt übernimmt, stellt seine Ausstellereigenschaft nicht in Frage (BayObLG NJW 1981, 772 mit Bespr. Schroeder JuS 1981, 417); Aussteller des von ihm unterschriebenen polizeilichen Vernehmungsprotokolls ist der Beschuldigte (aM LG Dresden NZV 1998, 217 mablAnm Saal); Aussteller eines Parkscheins ist die Betreiberin des Parkscheinautomaten (OLG Köln NJW 2002, 527 mit zust. Bespr. Hecker JuS 2002, 224; Otto JK StGB § 267 Rn. 29). An der erforderlichen **Erkennbarkeit,** die jeweils aus der Sicht des Beweisdestinatärs zu beurteilen ist (BayObLG NJW 1981, 774; Hohmann/Sander StrafR BT § 17 Rn. 26), kann es fehlen: bei unleserlicher Unterschrift (RGSt 41, 425); bei sog. offener Anonymität, dh bei Verwendung eines (zB historischen oder literarischen) Decknamens, wenn offen zu Tage liegt, dass der Täter seine Urheberschaft verbergen und für seine Erklärung nicht einstehen will (unstr.); bei sog. versteckter Anonymität, dh bei Verwendung eines Allerweltsnamens, wenn erkennbar ist, dass sich der Urheber dahinter verbergen und in Wahrheit niemand für die Erklärung einstehen will (RGSt 46, 297 „Müller"; OLG Koblenz NStZ-RR 2008, 120 (121)). Versteckte Anonymität wird jedoch nicht schon durch den Gebrauch eines häufig vorkommenden Namens begründet (BGHSt 5, 149 = NJW 1954, 320); überhaupt ist gleichgültig, ob der in der Urkunde genannte Aussteller bekannt, zu ermitteln oder auch nur existent ist (BGHSt 2, 50 = NJW 1952, 231; BGHSt 5, 149 = NJW 1954, 320). Ein Gemälde kann daher erst mit Signierung Urkunde sein, nicht bereits mit der bloßen Zuschreibung zu einem Künstler (BGH wistra 2021, 67). Bei öffentlichen Urkunden müssen die für Urkunden der betreffenden Art (zB Stempelplakette der Zulassungsstelle) vorgeschriebenen Identitätsmerkmale des Ausstellers (zB Name der Zulassungsstelle) zum Gegenstand der Nachahmung gemacht werden (OLG Stuttgart NStZ-RR 2001, 370 mit zust. Bespr. Otto JK StGB § 267 Rn. 30; Rengier StrafR BT II § 32 Rn. 11). Daher fehlt es bei Dokumenten, die sog. „Reichsbürger" für 14 das „Reich“ ausstellen, regelmäßig an der Urkundenqualität (Vormbaum JR 2017, 503 (507)); zur Urkundenqualität von sog. „Reichsführerscheinen“ und „Reichspersonalausweisen“ OLG Nürnberg NStZ-RR 2010, 108; OLG München NStZ-RR 2010, 173; OLG Celle NStZ-RR 2008, 76; OLG Bamberg OLGSt StGB § 86a Nr. 13 mit Bespr. Jahn JuS 2013, 566; Krüger NZV 2008, 611.

15 **f)** aa) Mehrere **Ausfertigungen** derselben Urkunde haben sämtlich Urkundenqualität (Rengier StrafR BT II § 32 Rn. 22); dasselbe gilt für **Durchschriften** (OLG Hamm NJW 1973, 1809; KG wistra 1984, 233; Küper/Zopfs StrafR BT Rn. 536) und **Vervielfältigungen** (LG Paderborn NJW 1989, 178), wenn sie sich als Mehrzahl gleichwertiger Verkörperungen derselben Erklärung des Ausstellers darstellen, etwa in einer EDV-Anlage durch einen einzigen Programmbefehl mehrfach ausgedruckt werden (OLG Oldenburg NJW-Spezial 2013, 602, massenhaft versandte Gewinnmitteilungen; Welp FS Stree/Wessels, 1993, 511 (517); Küper/Zopfs StrafR BT Rn. 531; weiter Heinrich CR 1997, 622 (626); Beckemper JuS 2000, 123 (126); abl. für nur interne Papiere Jakobs, Urkundenfälschung, 2000, S. 58).

16 bb) Eine **Abschrift** ist als solche keine Urkunde, weil der Aussteller der Urschrift für die Richtigkeit der Wiedergabe nicht einzustehen hat und die Abschrift auch keine andere Person als Aussteller erscheinen lässt (BGHSt 2, 50 = NJW 1952, 231; Küper/Zopfs StrafR BT Rn. 530); sie kann jedoch ausnahmsweise Urkunde sein, wenn sie nach Gesetz oder Herkommen im Rechtsverkehr als Ersatz der Urschrift dienen soll (BGHSt 1, 117 (120); BGHSt 2, 35 (38) = NJW 1952, 355; str.), zB wenn sie an die Stelle des verlorenen Originals getreten ist (krit. zu dieser Einschränkung Welp FS Stree/Wessels, 1993, 511 (518)). Bei der beglaubigten Abschrift (→ Rn. 8), die den Inhalt der Urschrift nicht getreu wiedergibt, sind die §§ 271, 348 zu prüfen. Auch die **Fotokopie** ist als solche keine Urkunde (BGH wistra 1993, 225; StV 1994, 18, StraFo 2010, 169 mit zust. Bespr. Jahn JuS 2010, 554; BGH NStZ 2013, 105; NStZ-RR 2011, 213; NStZ-RR 2020, 373; OLG Düsseldorf wistra 2000, 37 mit krit. Bespr. Baier JAR 2000, 52; Freund StV 2001, 234; Wohlers JR 2001, 83; BGH NJW 2001, 167 mit Bespr. Erb NStZ 2001, 317; Sättele StV 2001, 238; OLG Dresden wistra 2001, 360; Beck JA 2007, 423; krit. zur Rspr. Puppe FG BGH, 2000, 569 (575) Klesczewski StrafR BT S. 789; Maurach/Schroeder/Maiwald/Hoyer/Momsen StrafR BT § 65 Rn. 39; Erb in MüKoStGB Rn. 97; Hoyer in SK-StGB Rn. 22; anders Freund Urkundenstraftaten Rn. 127; Puppe/Schumann in NK-StGB Rn. 50; diff. Welp FS Stree/Wessels, 1993, 511 (520), wenn der Aussteller sie selbst hergestellt, ihre Herstellung veranlasst, dieser zugestimmt oder das Duplikat in Verkehr gebracht hat; diff. auch Zielinski CR 1995, 286 (290); Heinrich CR 1997, 622 (626); Engert/Franzmann/Herschlein JA 1997, 31; zusf. Küper/Zopfs StrafR BT Rn. 532); für sie gilt dasselbe wie für die Abschrift (hM; vgl. etwa BGHSt 24, 140 = NJW 1971, 1812 mit Bespr. Schröder JR 1971, 469; Kienapfel NJW 1971, 1781; Meyer MDR 1973, 9; OLG Stuttgart MDR 1987, 253; BayObLG NJW 1990, 3221; OLG Hamm StV 2017, 448 mit Bespr. Hecker JuS 2016, 1039; Erb GA 1998, 577 (591); Beckemper JuS 2000, 123 (124)); ebenso zu behandeln ist eine sog. Collage, dh eine Fotokopie, die durch Zusammensetzen und Fotokopieren von Teilen mehrerer Schriftstücke erstellt worden ist (OLG Düsseldorf NJW 2001, 167); jedoch bewertet die Rspr. die Vorlage der Fotokopie einer gefälschten Urkunde (nicht lediglich einer zum Fotokopieren geschaffenen Vorlage ohne Urkundenqualität, BGH StV 1994, 18; BayObLG NJW 1992, 3311 mit Bespr. Keller JR 1993, 300 und mkritAnm Mitsch NStZ 1994, 89;

krit. auch Gustafsson, Die scheinbare Urkunde, 1993, S. 160; Zielinski CR 1995, 286 (289)) als Gebrauchen der Urkunde selbst (→ Rn. 23). Eine Kopie ist auch dann als Urkunde zu behandeln, wenn der Täter eine fotografische Reproduktion als angeblich vom Aussteller herrührende Urschrift herstellt und mit dieser den Anschein einer Originalurkunde (zB Schwerbehindertenausweis) erwecken will (OLG Stuttgart NJW 2006, 2869 mit zust. Bespr. Jahn JuS 2006, 855). Diese Grundsätze gelten wohl auch für die eingehende Fernkopie (OLG Hamburg NStZ-RR 2013, 110, keine Urkunde), das **Telefax** (BGH StraFo 2010, 169; OLG Zweibrücken NJW 1998, 2918 mit abl. Bespr. Geppert JK StGB § 267 Rn. 23, zust. aber Beckemper JuS 2000, 123; und Fischer Rn. 21; OLG Oldenburg NStZ 2009, 391; Dannecker LdRerg 8/1770, S. 6; für dessen Urkundsqualität wegen der Autorisierung durch den Aussteller und der Kurzbezeichnung des Absenders Zielinski CR 1995, 286 (291); Heinrich in Krey/Hellmann/Heinrich StrafR BT I Rn. 1016; Hoyer in SK-StGB Rn. 21; Heine/Schuster in Schönke/Schröder Rn. 43; annäherungsweise auch Maurach/Schroeder/Maiwald/Hoyer/Momsen StrafR BT § 65 Rn. 39 mit Bespr. Heghmanns GA 2007, 114 (115); diff. Rengier StrafR BT II § 32 Rn. 28); mangels Verkörperung keine Urkunde stellt daher ein als Datei gesandtes Schreiben dar, das der Empfänger ausdrucken müsste (BGH NStZ 2010, 703; OLG Hamburg NStZ-RR 2013, 110). Auch der **Entwurf** einer Urkunde genügt als solcher nicht (Gustafsson, Die scheinbare Urkunde, 1993, S. 43, 162; Zieschang in LK-StGB Rn. 140); daher kommt dem Hauptversammlungsprotokoll nach § 130 I 1 AktG erst mit Autorisierung, Unterzeichnung und In-den-Verkehr-Geben durch den Notar Urkundsqualität zu (BGH NJW 2009, 2207; aM noch OLG Frankfurt a. M. NJW 2007, 1221). Der Entwurf kann jedoch in Verbindung zB mit einem Unterschriftsblatt eine zusammengesetzte Urkunde bilden (→ Rn. 8). Wer jedoch Abschriften, Fotokopien oder Entwürfen durch Manipulation gezielt den Anschein von Originalurkunden gibt (sog. „Scheinurkunde“), stellt eine unechte Urkunde her (so für Fotokopien OLG Köln StV 1987, 297; BayObLG NJW 1989, 2553 mit Bespr. Lampe StV 1989, 207; Zaczyk NJW 1989, 2515; Mürbe JA 1990, 63; OLG Dresden wistra 2001, 360; Fortun wistra 1989, 176 mit Nachtrag Emde wistra 1995, 328, Rezeptfälschung; Hefendehl Jura 1992, 374 (375); Welp FS Stree/Wessels, 1993, 511 (524); Gustafsson, Die scheinbare Urkunde, 1993, S. 156 mit insoweit krit. Bespr. Zielinski wistra 1994, 338 (340); Zielinski CR 1995, 286 (288); Erb GA 1998, 577 (591); Otto StrafR BT § 70 Rn. 30; krit. Keller JR 1993, 300; aM AG Augsburg NStZ 1987, 76 mAnm Kappes).

3. Herstellen einer unechten Urkunde setzt das Hervorbringen (beachte dazu BGH StV 1989, 304) einer Urkunde voraus, die den unrichtigen Anschein erweckt, von dem aus ihr erkennbaren Aussteller herzurühren (BGHSt 1, 117; BGH wistra 2003, 20 (21); Küper/Zopfs StrafR BT Rn. 554 mwN). Ein unwahrer Inhalt berührt die Echtheit der Urkunde nicht, so dass sog. schriftliche Lügen von § 267 nicht erfasst werden (BGH StraFo 2013, 480; uU aber §§ 271, 348). „Handschriftliches“ Hervorbringen ist nicht erforderlich; es reicht die Herstellung mittels einer Bildbearbeitungssoftware (BGH NStZ 1999, 620). Herstellen wie Verfälschen (→ Rn. 20) lassen sich idR nicht durch Unterlassen verwirklichen (LG Verden NStZ-RR 2012, 282). Mittäterschaft ist möglich, da es sich nicht um ein eigenhändiges Delikt handelt (BGH NStZ 2010, 342; NStZ-RR 2013, 168). 17

a) Der **Gebrauch eines fremden Namens** reicht dafür nicht ohne weiteres aus (hM; BGHSt 33, 159 = NJW 1985, 2487; BGHSt 40, 203 = NJW 1994, 2628; eing. Ennuschat, Der Einfluss des Zivilrechts auf die strafrechtliche Begriffs- 18 bestimmung am Beispiel der Urkundenfälschung gem. § 267 StGB, 1998, S. 64; zusf. Joecks/Jäger StGB Rn. 64; anders Steinmetz, Der Echtheitsbegriff im Tatbestand der Urkundenfälschung (§ 267 StGB), 1991, S. 260; Dörfler, Urkundenfälschung und Zeichnen mit fremdem Namen, 2000, S. 66, 99): Ist der Unterschreibende willens und befugt, den Namensträger zu vertreten, und will dieser sich vertreten lassen (BGHSt 33, 159 = NJW 1985, 2487; BayObLG NJW 1988, 1401; NJW 1989, 2142 mit abl. Bespr. Otto JR 1990, 252; Puppe JZ 1991, 447 (449); OLG Düsseldorf NJW 1993, 1872 mit überwiegend abl. Bespr. Otto JK StGB § 267 Rn. 18; str.), so ist die Urkunde nur unecht, wenn Eigenhändigkeit rechtlich vorgeschrieben ist oder im Rechtsverkehr erwartet wird (OLG Stuttgart NJW 1951, 206; Jakobs, Urkundenfälschung, 2000, S. 81; Hoyer in SK-StGB Rn. 47; krit. Samson JuS 1970, 369 (375); Rheineck, Fälschungsbegriff und Geistigkeitstheorie, 1979, S. 138; Puppe JR 1981, 441; Ennuschat, Der Einfluss des Zivilrechts auf die strafrechtliche Begriffsbestimmung am Beispiel der Urkundenfälschung gem. § 267 StGB, 1998, S. 152; Dannecker LdRerg 8/1770, S. 7), zB beim Anwalt in den Fällen der §§ 172 III 2, 345 II StPO, beim Wahlvorschlag (OLG Hamm NJW 1957, 638), beim eigenhändigen Testament (RGSt 57, 235) und beim Fahrer als Aussteller einer EG-Diagrammscheibe (BayObLG NZV 1994, 36 mit krit. Bespr. Puppe JZ 1997, 490 (492)); dagegen schafft eine echte – wenn auch unwirksame – Urkunde der Erblasser, der ein nur scheinbar von ihm selbst geschriebenes Testament unterschreibt (Maurach/Schroeder/Maiwald StrafR BT II § 65 Rn. 51; aM OLG Düsseldorf NJW 1966, 749; Freund Urkundenstraftaten Rn. 154). Nach der Rspr. soll nicht nur die Verwendung eines Pseudonyms (hM), sondern allgemein auch die eines falschen Namens als bloße **Namenstäuschung** unschädlich sein, wenn kein Zweifel über die Person des Ausstellers bestehen kann oder wenn die Wahrheit der Namensangabe nach der Interessenlage aller Beteiligten ohne jede Bedeutung ist (BGHSt 33, 159 = NJW 1985, 2487; BGH NStZ-RR 1997, 358; OLG Celle NJW 1986, 2772 mit krit. Bespr. Kienapfel NStZ 1987, 28; Puppe JuS 1987, 275; aM Hoyer in SK-StGB Rn. 57); erst die Identitätstäuschung mache die hergestellte Urkunde unecht (BGHSt 1, 117; BGH NStZ-RR 2008, 83).

19 **b)** Selbst die mit **eigenem Namen** unterschriebene Urkunde kann unecht sein. So zB wenn eine andere Person gleichen Namens für den Aussteller gehalten werden soll (OLG Schleswig SchlHA 1973, 184; aM Otto StrafR BT § 70 Rn. 46: uU Betrug), wenn ein zutreffender, sonst aber nicht gebrauchter Vorname, ein unrichtiges Geburtsdatum und eine unrichtige Anschrift bei einer mittels Datenverarbeitung abgewickelten Warenbestellung verwendet wird (BGHSt 40, 203 = NJW 1994, 2628 mit zust. Bespr. Meurer NJW 1995, 1655, jedoch abl. Bespr. Sander/Frey JR 1995, 209; Mewes NStZ 1996, 14; Puppe JZ 1997, 490 (491); zust. Rengier StrafR BT II § 33 Rn. 12; aM Hohmann/Sander StrafR BT II § 17 Rn. 41; Hoyer in SK-StGB Rn. 58) oder wenn jemand eine Erklärung abgibt, die fälschlich als Erklärung einer Behörde, Firma oder anderen Stelle erscheinen soll, zB weil ihr ein Behörden- oder Firmenstempel beigefügt ist (BGHSt 7, 149 = NJW 1955, 430; Ennuschat, Der Einfluss des Zivilrechts auf die strafrechtliche Begriffsbestimmung am Beispiel der Urkundenfälschung gem. § 267 StGB, 1998, S. 109; Hoyer in SK-StGB Rn. 61; aM Samson JA 1979, 658 (659); Rheineck, Fälschungsbegriff und Geistigkeitstheorie, 1979, S. 154; Otto JuS 1987, 761 (765); Steinmetz, Der Echtheitsbegriff im Tatbestand der Urkundenfälschung (§ 267 StGB), 1991, S. 80). Das kommt etwa in Frage, wenn ein Prokurist unbefugt für eine Filiale (BGHSt 9, 44 = NJW 1956, 638) oder ein Kommanditist ohne Handlungsvollmacht für die Firma

(BGHSt 17, 11 = NJW 1962, 750) zeichnet, nicht dagegen, wenn ein Verkaufsleiter, der trotz fehlender rechtsgeschäftlich erteilter Inkassoberechtigung kraft der gesetzlichen Vermutung des § 56 HGB vertretungsbefugt ist, Quittungen für die Firma ausstellt (BGH StV 1993, 307 mit Bespr. Puppe JZ 1997, 490 (492); Rengier StrafR BT II § 33 Rn. 17, 18; aM Otto StrafR BT § 70 Rn. 12, 15) oder wenn ein zur Vornahme bestimmter Rechtshandlungen Befugter (Vertreter iwS) seine Befugnis dazu missbraucht, im Namen des Vertretenen unwahre Erklärungen abzugeben (BGH wistra 1986, 109; Holtz MDR 1992, 933; OLG Stuttgart NJW 1981, 1223; OLG Düsseldorf wistra 1999, 233; Ennuschat, Der Einfluss des Zivilrechts auf die strafrechtliche Begriffsbestimmung am Beispiel der Urkundenfälschung gem. § 267 StGB, 1998, S. 112, 119; Rengier StrafR BT II § 33 Rn. 17, 18; problematisch BGHSt 33, 159 = NJW 1985, 2487 mit abl. Bespr. Puppe Jura 1986, 22; Paeffgen JR 1986, 114; Weidemann NJW 1986, 1976); auch nicht, wenn bei offener Vertretung einer natürlichen Person die wahrheitswidrig behauptete Vertretungsmacht fehlt (BGH NJW 1993, 2759 mit Bespr. Jung JuS 1994, 174; Zielinski wistra 1994, 1, der die Unterscheidung zwischen Stellvertretung für natürliche Personen einerseits und für Firmen und Behörden andererseits juristisch nicht für durchführbar hält und stets den Vertretenen als Aussteller betrachtet, da ihm die Erklärung im Rechtsverkehr zugerechnet wird; diff., aber im konkreten Fall ebenso Zieschang in LK-StGB Rn. 177). Auch wenn die eigene Unterschrift, der kein Erklärungswille zugrunde liegt, durch unwiderstehlichen Zwang oder Täuschung herbeigeführt wurde, ist die Urkunde unecht (Schroeder GA 1974, 225; Ulsenheimer Jura 1985, 97 (99); aM für Täuschung und Drohung Ennuschat, Der Einfluss des Zivilrechts auf die strafrechtliche Begriffsbestimmung am Beispiel der Urkundenfälschung gem. § 267 StGB, 1998, S. 43, 48; str.). Dasselbe gilt, wenn einem Blankett ohne den Willen oder abweichend von den Anordnungen des als Aussteller Erscheinenden urkundlicher Inhalt gegeben wird (hM; BGHSt 5, 295 = NJW 1954, 650; Ennuschat, Der Einfluss des Zivilrechts auf die strafrechtliche Begriffsbestimmung am Beispiel der Urkundenfälschung gem. § 267 StGB, 1998, S. 120, 129; Erb in MüKoStGB Rn. 121; eing. Freund Urkundenstraftaten Rn. 41–50; für eine echte Urkunde im Außenverhältnis Jakobs, Urkundenfälschung, 2000, S. 76; zusf. Weiß Jura 1993, 288). Schließlich kann auch die absichtlich unleserliche oder verstellte Unterschrift eine falsche Vorstellung über die Personenidentität bewirken (BGH NJW 1953, 1358).

c) Eine **zusammengesetzte Urkunde** (→ Rn. 8) ist nicht unecht, wenn der zur Eintragung auf dem Schaublatt des Fahrtenschreibers verpflichtete Halter etwas inhaltlich Unrichtiges einträgt (OLG Düsseldorf NZV 1994, 199 mwN), oder jemand sein Foto in den Sozialversicherungsausweis eines anderen einklebt, wenn das Einkleben dem Inhaber überlassen bleibt (LG Bremen NStZ-RR 1999, 362). **19a**

4. a) Verfälschen ist das nachträgliche Verändern des gedanklichen Inhalts einer echten Urkunde, das den Anschein erweckt, als habe der Aussteller die Erklärung von Anfang an so abgegeben, wie sie nach der Veränderung vorliegt (OLG Köln NJW 1983, 769; OLG Düsseldorf NJW 1983, 2341; BayObLG NJW 1990, 264; NStZ-RR 2002, 305 mit krit. Bespr. Stein JR 2003, 39; OLG Köln StraFo 2010, 40; Kindhäuser/Hilgendorf in LPK-StGB Rn. 44; Rengier StrafR BT II § 33 Rn. 21; einschr. Kienapfel Jura 1983, 185 (189)); es wird nicht notwendig ausgeschlossen, wenn der Aussteller selbst (→ Rn. 21) oder mit seinem Einverständnis ein Dritter handelt (BayObLG NStZ 1988, 313 mAnm Puppe). Wer nur die Lesbarkeit einer Urkunde beeinträchtigt, zB durch Überkleben eines Kraftfahrzeug- **20**

kennzeichens mit sog. Antiblitzfolie, verfälscht nicht deren Erklärungswert (BGHSt 45, 197 = NJW 2000, 229 mit Bespr. Krack NStZ 2000, 423; Kudlich JZ 2000, 426; Rengier StrafR BT II § 33 Rn. 28; Fischer Rn. 33; anders noch OLG Düsseldorf NJW 1997, 1793 mit abl. Bespr. Lampe JR 1998, 304; Fahl JA 1997, 925; Krack NStZ 1997, 602; Geppert JK StGB § 267 Rn. 22; zu § 274 → § 274 Rn. 2, 7). Führt ein Eingriff nicht zu einer inhaltlichen Veränderung, sondern zur **Beseitigung des Beweisinhalts,** so ist nicht § 267 (OLG Braunschweig NJW 1960, 1120), uU aber § 274 I Nr. 1 anwendbar (OLG Köln NJW 1979, 729; BayObLG NJW 1980, 1057; sa OLG Köln VRS 59, 342); wer eine fremde Unterschrift ausradiert, durch die eigene ersetzt und so die fremde Erklärung zu seiner eigenen macht, verfälscht daher nicht, sondern stellt eine neue echte Urkunde her (BGH NJW 1954, 1375); ebenso wer den Briefkopf seiner Einmann-GmbH auf den abgelichteten Befundbericht eines Fremdlabors aufkopiert (BGH NStZ 2003, 543 mit zust. Bespr. Geppert JK StGB § 267 Rn. 31, schriftliche Lüge).

21 **b)** An sich liegt im Verfälschen zugleich das Herstellen einer neuen, regelmäßig unechten Urkunde (hM; vgl. ua BGH bei Dallinger MDR 1975, 23). Der Unterschied zwischen den beiden Alternativen besteht daher idR nur darin, dass der Hersteller das Tatobjekt hervorbringt, während der Verfälscher es bereits vorfindet. Selbständige Bedeutung hat das Verfälschen nur, wenn **der Aussteller selbst** handelt (aM Freund JuS 1994, 30 (35); Hoyer in SK-StGB Rn. 68). Auch er kann verfälschen, wenn er keine alleinige Verfügungsgewalt über die Urkunde mehr hat (BGHSt 13, 382; BGH GA 1963, 16; OLG Stuttgart NJW 1978, 715 mit Bespr. Puppe JR 1978, 206; KG wistra 1984, 233; OLG Koblenz NJW 1995, 1625 mit abl. Bespr. Puppe JZ 1997, 490 (491); Otto JK StGB § 267 Rn. 21; sa OLG Düsseldorf NJW 1998, 692 mkritAnm Krack JR 1998, 479; AG Pfaffenhofen NStZ-RR 2004, 170 mit krit. Bespr. Otto JK StGB § 267 Rn. 32; Sax FS Peters, 1974, 137 (148); Paeffgen Jura 1980, 479 (487); Kargl JA 2003, 604 (607); Zieschang in LK-StGB Rn. 203–212; Dannecker LdRerg 8/1770, S. 8; Kindhäuser/Schramm StrafR BT I § 55 Rn. 62; Rengier StrafR BT II § 33 Rn. 24; Wessels/Hettinger/Engländer StrafR BT I Rn. 847; ebenso Jakobs, Urkundenfälschung, 2000, S. 67, trotz Annahme einer echten Urkunde; **aM** Puppe/Schumann in NK-StGB Rn. 89, 90; Kienapfel Jura 1983, 185 (193); Radtke JuS 1994, 589 (592); Küper Jura 1996, 205 (208); Otto StrafR BT § 70 Rn. 49; Hohmann/Sander StrafR BT II § 17 Rn. 47; Joecks/Jäger StGB Rn. 79; Erb in MüKoStGB Rn. 191–194; Hoyer in SK-StGB Rn. 83; Heine/Schuster in Schönke/Schröder Rn. 64, 68; zusf. Küper/Zopfs StrafR BT Rn. 558–563; zw.); von welchem Zeitpunkt ab er diese Verfügungsgewalt verliert, bestimmt sich nach dem jeweiligen Zweck der Beurkundung (OLG Stuttgart VRS 74, 437). Danach verfälscht der zuständige Beamte das Grundbuch selbst dann, wenn er nach abgeschlossener Eintragung einen Fehler berichtigt, ohne die Änderung als Berichtigung kenntlich zu machen (RG DR 1944, 155), ebenso der Richter, der die mit Eingangsvermerk versehene Urteilsniederschrift noch abändert (BGH NStZ 2015, 651; OLG Naumburg NStZ 2013, 533 (534f.); Kuhlen HRRS 2015, 492). Daraus folgert die Rspr. dann auch, dass Gesamturkunden (→ Rn. 5) der nachträglichen Änderung durch den Aussteller entzogen sein können (BGH MDR 1954, 309; OLG Stuttgart MDR 1960, 242; sa OLG Saarbrücken NJW 1975, 658 mAnm Kienapfel JR 1975, 515) und dass dieser sie auch durch unbefugte Einfügung einer Einzelurkunde in den Zusammenhang oder durch deren Herauslösung aus ihm verfälschen kann (BGHSt 12, 108 (112) = NJW 1959, 158; aM Lampe GA 1964, 321 (327); Puppe/Schumann in NK-StGB Rn. 92, 93; zw.).

c) Beweiszeichen (→ Rn. 9) und andere **zusammengesetzte Urkunden** können auch durch Verändern (zB des Inhalts einer beglaubigten Abschrift, Heine/Schuster in Schönke/Schröder Rn. 40a) oder durch Vertauschen (BGHSt 9, 235 (240) = NJW 1956, 1605; BGHSt 18, 66 (70) = NJW 1963, 60; OLG Köln NJW 1979, 729 mAnm Kienapfel; Lampe JR 1979, 214; Rengier StrafR BT II § 33 Rn. 26–29; Wessels/Hettinger/Engländer StrafR BT I Rn. 845; Joecks/Jäger StGB Rn. 91–93; Puppe/Schumann in NK-StGB Rn. 86; aM Hoyer in SK-StGB Rn. 72–76) der verbundenen Sache verfälscht werden (aM Fahl JuS 2004, 885 (887), Herstellen einer unechten Urkunde). Ebenso kann nachträgliches Herstellen einer Beweiseinheit (→ Rn. 8) wegen der damit verbundenen Änderung der Beweisrichtung Verfälschen sein (KG wistra 1984, 233). 22

5. Gebrauchen der vom Täter oder einem Dritten gefälschten oder verfälschten Urkunde bedeutet, sie dem zu Täuschenden (nicht einem anderen, RGSt 59, 394) so zugänglich machen, dass dieser sie wahrnehmen kann (BGHSt 36, 64 = NJW 1989, 1099; Küper/Zopfs StrafR BT Rn. 542; zu eng OLG Stuttgart NJW 1989, 2552 mit abl. Bespr. Puppe JZ 1991, 552; enger Jakobs, Urkundenfälschung, 2000, S. 91). Nicht unbedingt erforderlich ist danach, dass der zu Täuschende Kenntnis nimmt oder dass er überhaupt schon feststeht. Bloße Berufung auf eine Urkunde, ohne sie zugänglich zu machen, genügt jedoch nicht (BGHSt 36, 64 = NJW 1989, 1099); auch nicht das Mitführen eines gefälschten Führerscheins (BGH StV 1989, 304), wohl aber das Fahren mit falschem Nummernschild (BGHSt 18, 66 = NJW 1963, 60; Freund Urkundenstraftaten Rn. 205, jedenfalls Versuch). Die Rspr. lässt – wohl zu Unrecht – auch das Ermöglichen nur mittelbarer sinnlicher Wahrnehmung, zB durch Vorlesen oder durch Vorlage der Fotokopie einer falschen Urkunde, ausreichen (BGHSt 5, 291 = NJW 1954, 608; BGH NJW 1978, 2042; NJW 2016, 884 (886); NStZ-RR 2020, 373; StV 1994, 18; OLG Düsseldorf wistra 2000, 37 mit krit. Bespr. Baier JAR 2000, 52; Freund StV 2001, 234; Wohlers JR 2001, 83; Schröder JR 1965, 232; aM Puppe Jura 1979, 630 (640); Otto JuS 1987, 761 (768); Zielinski CR 1995, 286 (289); Erb GA 1998, 577 (590); Hoyer in SK-StGB Rn. 88; Zieschang in LK-StGB Rn. 217; sa Holtz MDR 1976, 813; NStZ 2003, 543; → § 281 Rn. 3; wird der Fotokopie Urkundenqualität zuerkannt, so wird sie durch Vorlage unmittelbar gebraucht, Freund JuS 1994, 30 (35); sa Jakobs, Urkundenfälschung, 2000, S. 82 Fn. 127; sowie aus der Rspr. BGH NJW 2005, 2720 (2722)); dasselbe muss auch für den strukturell vergleichbaren Fall der Übermittlung manipulierter Vorlagen durch Telefax gelten (Zielinski CR 1995, 286 (287)), die Vorlage einer bloßen Abschrift reicht dagegen nicht (hM). 23

6. Der **Vorsatz** (bedingter genügt; BGH NStZ 1999, 619; problematisch BGHSt 38, 345 = NJW 1993, 273, zum Handeln des Strafverteidigers mit krit. Bespr. Scheffler StV 1993, 471; Beulke JR 1994, 118; Puppe JZ 1997, 490 (493); Otto JK StGB § 267 Rn. 17; krit. auch Wohlers StV 2001, 420 (421); Fahl JA 2004, 766 (769); Kölbel, Selbstbelastungsfreiheiten, 2006, S. 405) muss neben der Tathandlung die Merkmale umfassen, die die Urkundeneigenschaft begründen (Freund JuS 1994, 125). Hält der Täter ein Schriftstück in Folge falscher rechtlicher Subsumtion irrig für eine Urkunde, so liegt ein Wahndelikt vor (BGHSt 13, 235 (240) = NJW 1959, 2173; Puppe FS Lackner, 1987, 199 (228); Erb in MüKoStGB Rn. 216; sa OLG Düsseldorf NJW 2001, 167 zu Recht mkritAnm Erb NStZ 2001, 317). Hält er sich irrig für befugt zu der Handlung (zB wegen vermeintlicher Zustimmung des Ausstellers oder bei Berichtigung einer falschen Grundbucheintra- 24 gung), so handelt er je nach seiner Vorstellung im Tatbestandsirrtum (→ § 16 Rn. 3; sa BayObLG NZV 1991, 481) oder im Verbotsirrtum (→ § 17 Rn. 6). Eingehend zu den verschiedenen Irrtümern Bettendorf, Der Irrtum bei den Urkundendelikten, 1997, S. 282. Voraussetzung für ein Wiederaufnahmeverfahren gem. § 359 Nr. 1 StPO ist nur das Vorliegen einer objektiv unechten Urkunde, so dass es weder auf Vorsatz noch auf Täuschungsabsicht ankommt (OLG Nürnberg NJW 2013, 2692).

25 **7. Zur Täuschung im Rechtsverkehr** (auch im ausländischen, KG JR 1981, 37; Schroeder NJW 1990, 1406; Walter JuS 2006, 870; krit. Weigend ZStW 105 (1993), 774 (780)) handelt, wer zurzeit der Tathandlung (beachte BGH NJW 1994, 2162 und OLG Köln NJW 1983, 769) den Willen hat, durch Gebrauch der Urkunde einen anderen über die Echtheit der Urkunde zu täuschen und damit zu einem durch den Falschheitsgehalt (mit-)motivierten rechtserheblichen Verhalten zu veranlassen (Küper/Zopfs StrafR BT Rn. 485), oder wer diesen Willen eines Dritten kennt und mit dessen Verwirklichung rechnet (eing. Gehrig, Der Absichtsbegriff in den Straftatbeständen des Besonderen Teils des StGB, 1986, S. 77; Vormbaum GA 2011, 167; Dencker FS Samson, 2010, 283; im Ansatz abw. Freund JuS 1994, 125 (126), der auf die objektive Funktion des Täuschungsverhaltens abstellt; krit. dazu Erb GA 1999, 344); auf die Übereinstimmung der Erklärung mit der Realität kommt es nicht an (Krack JR 1998, 479 (480); übersehen von OLG Düsseldorf NJW 1998, 692). Das rechtserhebliche Verhalten muss der Täter mindestens unbedingt wollen (direkter Vorsatz; vgl. etwa OLG Karlsruhe Justiz 2003, 270 (272); aM Puppe/Schumann in NK-StGB Rn. 103: auch bedingter Vorsatz; ebenso Erb GA 1999, 344 (345)); es muss ihm nicht darauf ankommen (Lenckner NJW 1967, 1890; Cramer JZ 1968, 30; Otto StrafR BT § 70 Rn. 54; Zieschang in LK-StGB Rn. 270–273; aM BayObLG NJW 1967, 1476; aufgegeben von BayObLG NJW 1998, 2917; Hoyer in SK-StGB Rn. 91, 92; weiter diff. Neuhaus GA 1994, 224); ob er letztlich nur die Täuschung eines Dritten bezweckt (BGHSt 36, 64 = NJW 1989, 1099), ist unerheblich. Erfasst wird danach zB wer ein Kraftfahrzeugkennzeichen in erster Linie deshalb vertauscht, weil er als dessen Eigentümer erscheinen und seinem Freund imponieren will (BayObLG NJW 1998, 2917 mit iE zust. Bespr. Geppert JK StGB § 267 Rn. 25; Rengier StrafR BT II § 33 Rn. 41) oder wer das Geburtsdatum in einer Zeitkarte eines Verkehrsbetriebs ändert, um Zutritt zu Diskotheken zu erhalten (BayObLG NStZ-RR 2002, 305 mit abl. Bespr. Stein JR 2003, 39; Rengier StrafR BT II § 33 Rn. 41); nicht dagegen, wer bei einer Verkehrskontrolle einen Führerschein mit verfälschter Fahrerlaubnisklasse vorlegt, auch wenn die Fälschung die Klasse des benutzten Fahrzeugs nicht betrifft (aM BGHSt 33, 105 = NJW 1985, 924 mit abl. Bespr. Kühl JR 1986, 297; Puppe JZ 1986, 938 (947); Erb in MüKoStGB Rn. 204; Fischer Rn. 44; wie hier Maurach/Schroeder/Maiwald StrafR BT II § 65 Rn. 75; Hoyer in SK-StGB Rn. 96) oder das Überkleben des EU-Symbols auf den Kennzeichen durch einen Preußenadler, wenn dadurch nur Ablehung gegenüber der EU zum Ausdruck kommen soll (OLG München DAR 2019, 401; dazu ausf. Zieschang FS Sieber, 2021, 357). Ob die Täuschung gelingt und ob der Täter beim Fälschen oder Verfälschen überhaupt schon eine bestimmte Person oder Gelegenheit ins Auge gefasst hat, ist unerheblich (BGHSt 5, 149 (152) = NJW 1954, 320). Folgerichtig bezieht die Rspr., für die schon die Vorlage einer Fotokopie als Gebrauchen ausreicht (→ Rn. 16, 23), hier auch den Fall ein, dass zu dem Zweck gefälscht oder verfälscht wird, später nicht das Falsifikat selbst, sondern nur eine **Fotokopie** davon zur Täu-

schung zu verwenden (BayObLG NJW 1991, 2163). Wer dagegen nur Angehörige beruhigen (RGSt 47, 199) oder aus Eitelkeit dem Ferienfreund etwas mehr Jugend vorschwindeln will (BayObLG MDR 1958, 264), täuscht nicht im Rechtsverkehr (Freund Urkundenstraftaten Rn. 221, Fehlen eines gewichtigen Vermeideinteresses); auch wer nur auf Grund einer innerdienstlichen Anordnung zur Verdeckung der Täterin unterschreibt, handelt nicht ohne weiteres zur Täuschung im Rechtsverkehr (BayObLG NStZ-RR 1997, 6). Anders zB: wer die Polizei irreführt, um eine Strafverfolgung zu verhindern (BGH NJW 1953, 955; sa BGH bei Dallinger MDR 1975, 543); wer sich mittels eines gefälschten Personalausweises Zugang zu einer Spielbank verschafft (BayObLG MDR 1980, 951); wer durch ein Bestellschreiben mit falschem Namen eine Gratislieferung von Briefmarken erhalten will (BayObLG NJW 1994, 208); oder wer in Beweisnot eine Quittung über eine tatsächlich geleistete Zahlung falsch herstellt. Beachte auch die Gleichstellungsklausel des § 270.

8. Zu **Abs. 3** (besonders schwere Fälle) → § 46 Rn. 7–10a; → § 12 Rn. 4; sa 26
BGH bei Dallinger MDR 1975, 197. **Satz 2** enthält in der Neufassung vier Regelbeispiele, die in Nr. 1 (vgl. zur Gewerbsmäßigkeit BGH NStZ-RR 2016, 28; NStZ 2021, 171), Nr. 2 (eingeschränkt, Hoyer in SK-StGB Rn. 102) und Nr. 4 denen des § 263 III (→ § 263 Rn. 66) entsprechen; Nr. 3 erhebliche (konkrete, → § 315c Rn. 21) Gefährdung des Rechtsguts (→ Rn. 1) durch mindestens 25 (BGH NStZ-RR 2019, 11) unechte oder gefälschte Urkunden (näher Hoyer in SK-StGB Rn. 103, 104). Der Qualifikationstatbestand des **Abs. 4** (dazu BGH wistra 2020, 286; NJW 2020, 1080) entspricht § 263 V (→ § 263 Rn. 66); banden- und gewerbsmäßige Begehung müssen hier im Gegensatz zu Abs. 3 S. 2 Nr. 1 kumulativ gegeben sein (Hoyer in SK-StGB Rn. 107).

9. a) Wer eine Urkunde zu einem bestimmten Zweck **fälscht und dann ge-** 27
braucht, begeht nach einhelliger Ansicht nur eine Tat; die Begründung ist jedoch umstritten (BGHSt 17, 97 = NJW 1962, 751; BGH NJW 2014, 871 mAnm Becker NStZ 2014, 272; BGH NStZ-RR 2019, 7; Miehe GA 1967, 271; Puppe/Schumann in NK-StGB Rn. 108, Erfolgseinheit; zusf. Brähler, Die rechtliche Behandlung von Serienstraftaten und -ordnungswidrigkeiten, 2000, S. 319; Rengier StrafR BT II § 33 Rn. 37; Zieschang in LK-StGB Rn. 287–292); diese eine Tat ist das Gebrauchmachen, da es den intensiveren Rechtsgutsangriff darstellt (Wessels/Hettinger/Engländer StrafR BT I Rn. 853; Hoyer in SK-StGB Rn. 114). Das gilt auch, wenn die Urkunde von Anfang an mehrfach gebraucht werden sollte (Otto StrafR BT § 70 Rn. 58) etwa durch mehrfaches Nutzen eines Pkw, an dem gestohlene Kennzeichen angebracht sind, aufgrund eines vorab gefassten Tatplans (BGH wistra 2014, 349; wistra 2016, 107; StraFo 2017, 124; NStZ-RR 2017, 26; NStZ-RR 2019, 29; NStZ-RR 2020, 384, dies verklammert alle Taten mit diesem Fahrzeug; ebenso zum wiederholten Einsatz eines gefälschten Vertrags BGH wistra 2016, 107). Hat es aber bei der Fälschung noch am konkreten Vorsatz des Gebrauchens gefehlt, so ist der spätere Gebrauch eine neue selbständige Tat (BGH NStZ-RR 1998, 269 (270); Wessels/Hettinger/Engländer StrafR BT I Rn. 853; Puppe/Schumann in NK-StGB Rn. 108; str.), ebenso bei einem langen Zeitraum zwischen beiden Handlungen (KG StraFo 2012, 375: mehr als ein Jahr). Tatmehrheit liegt auch vor, wenn gegenüber den betroffenen Finanzämtern jeweils eine neue falsche Urkunde mit einem selbständigen Erklärungswert abgegeben wird (BGH wistra 2003, 20 (21); Dannecker LdRerg 8/1770, S. 11). Dagegen liegt Tateinheit vor, wenn der Täter mehrere Urkunden fälscht und von ihnen in einem (die voll-

endete Urkundenfälschung beendenden) Akt Gebrauch macht (BGH NStZ 2006, 100).

28 **b)** § 267 wird **verdrängt** von §§ 146ff., 277, nicht jedoch von § 348 (→ § 348 Rn. 11); § 246 ist nunmehr subsidiär (Otto Jura 1998, 550 (551); Wagner FS Grünwald, 1999, 797 (807)). Über das Verhältnis zu § 269 → § 269 Rn. 12; zu § 271 → § 271 Rn. 10; zu § 274 → § 274 Rn. 8; zu § 281 → § 281 Rn. 1. Ob §§ 277–279 aF idF vor dem 24.11.2022 § 267 verdrängen und damit eine Strafbarkeit wegen Impfpassfälschung in den Corona-Fällen idR ausscheiden muss, ist umstr. (dafür OLG Bamberg NJW 2022, 556; dagegen OLG Celle NJW 2022, 2054; inzwischen gibt es einen Vorlagebeschluss des OLG Karlsruhe v. 26.7.2022 – 2 Rv 21 Ss 262/22 zum BGH; vgl. auch Lorenz/Rehberger NJW 2022, 1295). **Tateinheit** ua möglich mit §§ 263–264a, 265b, 268 (→ § 268 Rn. 12), mit §§ 21, 22 StVG (BGHSt 18, 66 = NJW 1963, 60; BGH NStZ-RR 2020, 384; beachte aber BGH VRS 30, 185) und mit § 370 AO (BGH wistra 1988, 345; OLG Neustadt NJW 1963, 2180 mAnm Henke; dazu Kulla NJW 1964, 168). Mehrere nicht zur natürlichen Handlungseinheit verbundene Urkundenfälschungen können nicht als fortgesetzte Tat (→ Vor § 52 Rn. 12) erfasst werden; sie stehen in Tatmehrheit zueinander (BGH wistra 1996, 236; NStZ-RR 1998, 269 (270)); ebenso eine Urkundenfälschung auf der Wahlbenachrichtigungskarte im Verhältnis zu § 107a (BGH NStZ 2012, 147 mAnm Müller). Zwischen § 267 und Beihilfe zu § 271 ist ungleichartige Wahlfeststellung möglich (OLG Karlsruhe medstra 2017, 233 mkritAnm Zieschang). – Das Betreiben einer Internetseite zu entgeltlicher Erstellung und Download gefälschter Zeugnisse ist Beihilfe zu § 267 (AG München GewArch 2019, 80).

§ 268 Fälschung technischer Aufzeichnungen

(1) **Wer zur Täuschung im Rechtsverkehr**

1. **eine unechte technische Aufzeichnung herstellt oder eine technische Aufzeichnung verfälscht oder**
2. **eine unechte oder verfälschte technische Aufzeichnung gebraucht,**

wird mit Freiheitsstrafe bis zu fünf Jahren oder mit Geldstrafe bestraft.

(2) **Technische Aufzeichnung ist eine Darstellung von Daten, Meß- oder Rechenwerten, Zuständen oder Geschehensabläufen, die durch ein technisches Gerät ganz oder zum Teil selbsttätig bewirkt wird, den Gegenstand der Aufzeichnung allgemein oder für Eingeweihte erkennen läßt und zum Beweis einer rechtlich erheblichen Tatsache bestimmt ist, gleichviel ob ihr die Bestimmung schon bei der Herstellung oder erst später gegeben wird.**

(3) **Der Herstellung einer unechten technischen Aufzeichnung steht es gleich, wenn der Täter durch störende Einwirkung auf den Aufzeichnungsvorgang das Ergebnis der Aufzeichnung beeinflußt.**

(4) **Der Versuch ist strafbar.**

(5) **§ 267 Abs. 3 und 4 gilt entsprechend.**

1 **1.** Die Vorschrift schützt – in sachlicher Übereinstimmung mit den §§ 267, 269 – die **Sicherheit und Zuverlässigkeit des Beweisverkehrs** mit technischen Aufzeichnungen (BGHSt 40, 26 (30) = NJW 1994, 743; OLG Karlsruhe NStZ 2002, 652; Dannecker LdRerg 8/1770, S. 11; Kindhäuser/Hilgendorf in LPK-

StGB Rn. 1; krit. Hefendehl Kollektive Rechtsgüter S. 247; aM Hoyer in SK-StGB Rn. 1, die Dispositionsfreiheit der potenziellen Empfänger). Sie sollte eine Lücke im Schutz dieses Rechtsgutes schließen, weil in Folge der technischen Entwicklung an die Stelle von Beurkundungen durch Menschen zunehmend Aufzeichnungen getreten sind, die von technischen Geräten automatisch hergestellt werden und denen Urkundeneigenschaft fehlt (BT-Drs. V/4094, 37; krit. Lampe NJW 1970, 1097; Schilling, Fälschung technischer Aufzeichnungen (§ 268 StGB), 1970; Puppe, Die Fälschung technischer Aufzeichnungen, 1972; Puppe/Schumann in NK-StGB Rn. 1–5; Sieber, Computerkriminalität und Strafrecht, 2. Aufl. 1980, S. 297; → § 269 Rn. 1).

2. Schutzgegenstand des Tatbestandes ist abweichend von der Urkundenfälschung letztlich nicht die Authentizität der technischen Aufzeichnung (vgl. Hoyer in SK-StGB Rn. 2), sondern das Interesse an ihrer inhaltlichen Richtigkeit. Diesem Wahrheitsschutz dient § 268 aber nicht unmittelbar. Er will vielmehr nur gewährleisten, dass die technische Aufzeichnung manipulationsfrei, dh das unberührte Ergebnis eines normalen automatischen Herstellungsvorgangs ist (str.); denn dieser ist einerseits eine besonders wichtige Voraussetzung für die inhaltliche Richtigkeit und andererseits zugleich die Grundlage für ein allgemeines Vertrauen in die Zuverlässigkeit solcher Aufzeichnungen (Kienapfel JZ 1971, 163; Hellmann JuS 2001, 353 (356); Hecker JuS 2002, 224 (225); Kargl JA 2003, 604 (610); Erb in MüKoStGB Rn. 4; Hoyer in SK-StGB Rn. 4; Puppe/Schumann in NK-StGB Rn. 9; zT abw. Sieber, Computerkriminalität und Strafrecht, 2. Aufl. 1980, S. 302; Fischer Rn. 2; vgl. auch Freund Urkundenstraftaten Rn. 244; Jakobs, Urkundenfälschung, 2000, S. 69, der die Echtheit als Leitbegriff ablehnt). Die Richtigkeit selbst liegt außerhalb des Schutzbereichs (→ Rn. 7). 2

3. Der Begriff der **technischen Aufzeichnung** (Abs. 2): 3

a) Darstellungen sind Zeichen von einiger Dauerhaftigkeit, die von einem technischen Gerät aufgezeichnet sind und die Vorstellung eines Sinngehalts vermitteln. Ob sie optisch-visuell oder auf andere Weise, etwa akustisch (Tonträger) oder elektronisch (Computer) wahrnehmbar gemacht werden, ist – anders als bei der Urkunde (→ § 267 Rn. 6) – unerheblich. Jedoch ist wie bei der Urkunde eine feste, auf Dauer angelegte Verkörperung (auch Speicherung) erforderlich (hM). Bloß optische Anzeige von Messwerten (zB an einer Waage) genügt nicht; auch nicht die veränderliche Anzeige von Verbrauchsmengen oder Fahrleistungen auf Gas-, Strom-, Wasser- und Kilometerzählern (zu letzterem vgl. aber § 22b StVG) oder auf vergleichbaren Zählgeräten (BGHSt 29, 204 = NJW 1980, 1638 mit Bespr. Kienapfel JR 1980, 429; Puppe JZ 1986, 938 (949); Hilgendorf JuS 1997, 323 (328); Kindhäuser/Schramm StrafR BT I § 56 Rn. 8; Heinrich in Krey/Hellmann/Heinrich StrafR BT I Rn. 1029; Rengier StrafR BT II § 34 Rn. 5; Wessels/Hettinger/Engländer StrafR BT I Rn. 864; aM Freund Urkundenstraftaten Rn. 250; Joecks/Jäger StGB Rn. 9; Hoyer in SK-StGB Rn. 10) oder der Weiterverarbeitung dienende vorübergehende Fixierungen im Hauptspeicher eines Computers (Welp CR 1992, 291 (293)). Die abtelefonierte Telefonkarte ist technische Aufzeichnung, weil die auf ihr gespeicherte Information unveränderlich und somit von dauerhafter Natur ist (Hecker JA 2004, 762 (764)). **Daten** → § 263a Rn. 3. Der Begriff **Mess- und Rechenwerte** stellt klar, dass nicht nur durch Messung ermittelte Ausgangswerte, sondern auch die Ergebnisse von Rechenoperationen Schutz genießen können (BT-Drs. V/4094, 37). Daten und Messwerte liefern zB Waagen oder automatische Zählwerke mit selbsttätigem Druckwerk, Thermographen zur Aufzeichnung der Temperatur von Flüssigkeiten, Registriergeräte zur Ermittlung von Energieleistungen bei Wasser, Gas und Strom, fotografische Ablesungen von Uhren usw (Begr. zu § 306 E 1962). Rechenwerte werden in vielfältiger Form auch von Computern geliefert (→ Rn. 8). Den **Zustand** eines Körperteils geben zB Röntgenaufnahmen wieder, einen **Geschehensablauf** das Elektrokardiogramm (Herztätigkeit) und das Schaublatt des Fahrtenschreibers (Fahrzeuggeschwindigkeit).

4 **b) Selbsttätig** bewirkt das Gerät die Aufzeichnung, wenn seine Leistung darin besteht, durch einen in Konstruktion oder Programmierung festgelegten automatischen Vorgang einen Aufzeichnungsinhalt mit neuem Informationsgehalt hervorzubringen (Sieber, Computerkriminalität und Strafrecht, 2. Aufl. 1980, S. 310; Küper/Zopfs StrafR BT Rn. 46; Hoyer in SK-StGB Rn. 17; einschr. Puppe/Schumann in NK-StGB Rn. 18–23; str.). Nicht erfasst werden daher Fotografien, Fotokopien (BGHSt 24, 140 = NJW 1971, 1812 mablAnm Schröder JR 1971, 469, zust. aber Puppe JR 1993, 331; Heinrich CR 1997, 622 (627); Heinrich in Krey/Hellmann/Heinrich StrafR BT I Rn. 1024; zweifelnd Kitz JA 2001, 303 (305); str.), Ton-, Film- und Fernsehaufnahmen (Erb in MüKoStGB Rn. 18) sowie gespeicherte digitale Bildvorlagen (Welp CR 1992, 291), wenn sich bei ihnen die Leistung des Geräts in der bloßen Perpetuierung eines vom Menschen unmittelbar begreifbaren Vorgangs oder Zustands erschöpft (Kienapfel JZ 1971, 163 (164); Puppe MDR 1973, 460 (463); Hirsch ZStW 85 (1973), 696 (720); Zieschang in LK-StGB Rn. 17; aM Schilling, Fälschung technischer Aufzeichnungen (§ 268 StGB), 1970, S. 16; Joecks/Jäger StGB Rn. 18; Hoyer in SK-StGB Rn. 8, 19; Heine/Schuster in Schönke/Schröder Rn. 17); anders bei Aufzeichnungen eines Fahrtenschreibers auf den eingelegten Schaublättern (BGHSt 40, 26 (28) = NJW 1994, 743; OLG Karlsruhe NStZ 2002, 652; zur Manipulation an einem EG-Fahrtenschreiber LG Duisburg zfs 2012, 713), bei automatischen, mit einer Messvorrichtung gekoppelten Kameras, wie sie zB bei überwachten Ampeln und Radarkontrollen verwendet werden (BayObLG StV 2002, 645 mit Bespr. Keiser JR 2003, 77; OLG München NJW 2006, 2132 mit zust. Bespr. Kudlich JA 2007, 72; AG Tiergarten NStZ-RR 2000, 9; Puppe MDR 1973, 460 (464); Rengier StrafR BT II § 34 Rn. 3, 6; Erb in MüKoStGB Rn. 21; krit. zu dieser Differenzierung Freund Urkundenstraftaten Rn. 253) und bei von Parkscheinautomaten ausgedruckten Parkscheinen (Hecker JuS 2002, 224 (226)) sowie für mit einem Auslesegerät erstellte Ausdrucke der automatisch erfassten Umsätze eines Geldspielautomaten (BGH NStZ 2016, 42 mAnm Erb StV 2016, 366; Hecker JuS 2015, 1132). Da auch **teilweise** selbsttätige Herstellung genügt, ist menschliche Mitwirkung – zB wiederholtes Auslösen von Aufzeichnungsvorgängen oder Einlesen von Lochkarten – nicht ausgeschlossen, so dass auch die Druckerzeugnisse von Computern technische Aufzeichnungen sein können (hM; anders Puppe, Die Fälschung technischer Aufzeichnungen, 1972, S. 218, 221); solche Mitwirkung darf nur nicht bewirken, dass der Mensch, wie beim Schreiben auf einer elektrischen Schreibmaschine, den Aufzeichnungsinhalt selbst bestimmt.

5 **c)** Die Aufzeichnung muss ihren **Gegenstand** allgemein oder für Eingeweihte (namentlich also für Fachleute, die mit technischen Aufzeichnungen umgehen) erkennen lassen. Das Merkmal ist unklar (krit. zu den verschiedenen Interpretationsmöglichkeiten Puppe, Die Fälschung technischer Aufzeichnungen, 1972, S. 101, 235; Puppe/Schumann in NK-StGB Rn. 25–30). Ist als Gegenstand der Aufzeichnung lediglich das zu verstehen, was als Information festgehalten werden soll, so hat

das Merkmal kaum einschränkende Wirkung. Deshalb dürfte hier das Bezugsobjekt iSd konkreten Sachverhalts, welcher der Aufzeichnung zugrunde gelegen hat und auf den sich die Information bezieht, gemeint sein (ähnlich Puppe JR 1978, 123; Heine/Schuster in Schönke/Schröder Rn. 20–22; Erb in MüKoStGB Rn. 26; Zieschang in LK-StGB Rn. 20). Insoweit gelten die Ausführungen bei § 267 über die Verständlichkeit der Urkunde und die Erkennbarkeit ihres Ausstellers sinngemäß (→ § 267 Rn. 10, 14). Jedoch kann nach dem Zweck des § 268 das Bezugsobjekt auch noch nachträglich individualisiert werden, zB durch Eintragung des Patienten auf dem Elektrokardiogramm oder des Fahrzeugführers auf dem Schaublatt des Fahrtenschreibers (zur Frage, ob dadurch uU auch eine Urkunde iSd § 267 entsteht, → § 267 Rn. 8); dagegen reicht eine bloß räumliche Beziehung nicht aus, wie zB die Röntgenaufnahme im Krankenblatt oder das Schaublatt im Aufzeichnungsgerät (Puppe, Die Fälschung technischer Aufzeichnungen, 1972, S. 238; str.).

d) Zur **Beweiserheblichkeit und Beweisbestimmung** der Aufzeichnung 6 → § 267 Rn. 11–13. An die Beweisbestimmung (nach Puppe/Schumann in NK-StGB Rn. 31 überflüssiges Tatbestandsmerkmal) sind wegen der Einbeziehung auch nicht behördlich geprüfter oder geeichter Geräte strenge Anforderungen zu stellen. Betriebsinterne Registrierungen, die der Materialprüfung oder der Weiterleitung von Daten, Messwerten usw dienen, scheiden daher idR ebenso aus wie Aufzeichnungen zu wissenschaftlichen Zwecken (Begr. zu § 306 E 1962, S. 483).

4. a) Eine **technische Aufzeichnung ist unecht,** wenn sie überhaupt nicht 7 oder nicht in ihrer konkreten Gestalt aus einem in seinem automatischen Ablauf unberührten Herstellungsvorgang stammt, obwohl sie diesen Eindruck erweckt (Küper/Zopfs StrafR BT Rn. 49; zT abw. Hoyer in SK-StGB Rn. 23). Die Unechtheit wird also durch die Vortäuschung oder die ordnungswidrige Beeinflussung eines solchen Vorgangs begründet (BGHSt 28, 300 = NJW 1979, 1466 mkritAnm Kienapfel JR 1980, 347; Hoyer in SK-StGB Rn. 16; sa Lampe GA 1975, 1 (9); str.). Auf die inhaltliche Unrichtigkeit kommt es nicht an (hM; anders Schneider Jura 1970, 243 (249)). Unecht ist danach vor allem eine Aufzeichnung, die nicht in dem selbsttätigen Herstellungsvorgang, den sie äußerlich vortäuscht, entstanden, sondern in anderer Weise – etwa durch ein anderes technisches Gerät (aM Schilling, Fälschung technischer Aufzeichnungen (§ 268 StGB), 1970, S. 32, 57) oder durch Zeichnung von Hand (Widmaier NJW 1970, 1358; aM Lampe NJW 1970, 1097 (1101)) – hergestellt worden ist (Kitz JA 2001, 303 (305)).

b) Bei dieser Auslegung ist die in Abs. 3 ausdrücklich einbezogene **störende** 8 **Einwirkung** auf den Aufzeichnungsvorgang nur ein Unterfall der Herstellung einer unechten Aufzeichnung. Da es letztlich aber um den Schutz der inhaltlichen Richtigkeit geht (→ Rn. 2), ist „störend" nur eine auf ein unrichtiges Ergebnis zielende Einwirkung; ein Eingriff lediglich zum Ausgleich eines Fehlers in der Arbeitsweise des Geräts genügt daher nicht (hM; vgl. etwa Kitz JA 2001, 303 (305); Erb in MüKoStGB Rn. 35; Puppe/Schumann in NK-StGB Rn. 33). Außerdem muss die Einwirkung den Aufzeichnungsvorgang beeinflussen, also dazu führen, dass das Gerät die ihm eingegebenen Phänomene zu einer von der Programmierung abweichenden Aufzeichnung verarbeitet; dazu ist eine störende Veränderung des Gerätemechanismus nicht unbedingt erforderlich; auch das zeitweilige Unterbrechen des Aufzeichnungsvorgangs (Puppe NJW 1974, 1174; Lampe GA 1975, 1 (17); Hoyer in SK-StGB Rn. 36; aM BayObLG NJW 1974, 325; Cramer/Heine in Schönke/Schröder Rn. 48; diff. Hohmann/Sander StrafR BT § 18 Rn. 11; beachte jedoch

BayObLG MDR 1986, 688 mit Bespr. Puppe JZ 1991, 553), das Einlegen eines für das Gerät nicht bestimmten Schaublatts (BGHSt 40, 26 = NJW 1994, 743 mit zust. Bespr. Puppe JZ 1997, 490 (494); Geppert JK StGB § 268 Rn. 4; OLG Stuttgart NStZ 1993, 344 mzustAnm Puppe JR 1993, 330; Fischer Rn. 22; Erb in MüKo-StGB Rn. 42; aM Joecks/Jäger StGB Rn. 28; Heine/Schuster in Schönke/Schröder Rn. 32), das Verbiegen des Schreibstifts eines EG-Kontrollgeräts (BayObLG NStZ-RR 1996, 36 mit krit. Bespr. Puppe JZ 1997, 490 (494)), das Verstellen einer mit dem Gerät verbundenen Zeituhr (OLG Hamm NJW 1984, 2173; BayObLGSt 1986, 33), das Manipulieren des automatisierten Auslesens von Umsätzen durch einen zwischen einen Geldspielautomat und das Auslesegerät eingefügten Adapter (BGH NStZ 2016, 42) oder die Manipulation der Hard- und Software eines Computers (Sieber, Computerkriminalität und Strafrecht, 2. Aufl. 1980, S. 325; Hoyer in SK-StGB Rn. 40; aM Puppe/Schumann in NK-StGB Rn. 38) kann genügen; nicht jedoch der Austausch zweier Fahrtenschreiberblätter (OLG Stuttgart NStZ-RR 2000, 11; BayObLG NStZ-RR 2001, 371; OLG Karlsruhe NStZ 2002, 652; Wessels/Hettinger/Engländer StrafR BT I Rn. 873). Dagegen gehören Veränderungen lediglich am Erfassungsobjekt (zB zusätzliches Beschweren der Waage; Eingabe falscher Daten in den Computer) idR nicht hierher (ebenso Rengier StrafR BT II § 34 Rn. 9).

9 **c)** Aus der Schutzrichtung des Tatbestandes (→ Rn. 1) folgt schließlich, dass Manipulationen, die den automatischen Herstellungsvorgang nicht betreffen, für die Unechtheit unerheblich sind (str.). So ist etwa der Einsatz einer dem Aufzeichnungsvorgang vorhergehenden Gegenblitzanlage nicht erfasst (LG Flensburg NJW 2000, 1664; Fischer Rn. 20; aM AG Tiergarten NStZ-RR 2000, 9 mit abl. Bespr. Rahmlow JR 2000, 388; Geppert JK StGB § 268 Rn. 5); auch nicht das Anbringen von Reflektoren, die das Entstehen von Lichtbildern verhindern (OLG München NJW 2006, 2132 mit zust. Bespr. Kudlich JA 2007, 72; Geppert JK StGB § 303 Rn. 5). Das Auswechseln oder Unterschieben einer ordnungsmäßig zustande gekommenen Aufzeichnung ist auch dann nicht tatbestandsmäßig, wenn eine unrichtige feste Verbindung zu einem bestimmten Bezugsobjekt (→ Rn. 5) hergestellt (Hoyer in SK-StGB Rn. 25, 28), zB auf dem Schaublatt eines Fahrtenschreibers ein falscher Fahrername (KG VRS 57, 121), ein falscher Abfahrtsort (BayObLG NJW 1988, 2190) oder eine falsche zeitliche Zuordnung des aufgezeichneten Fahrvorgangs (AG Langen MDR 1986, 603) eingetragen wird, oder wenn diese Verbindung verändert, zB der handschriftlich vermerkte Patientenname beim Elektrokardiogramm verfälscht wird (str.; vgl. etwa Puppe, Die Fälschung technischer Aufzeichnungen, 1972, S. 240; Puppe JR 1993, 330; Heine/Schuster in Schönke/Schröder Rn. 34); jedoch kommt in solchen Fällen Urkundenfälschung in Frage (→ § 267 Rn. 8, 21). Auch eine auf zufälligem Versagen eines Geräts beruhende unrichtige Aufzeichnung ist nicht unecht; ihre Herstellung ist daher nicht nach Abs. 1 Nr. 1 tatbestandsmäßig und ihr Gebrauch kein taugliches Mittel zur Begehung einer Tat nach Abs. 1 Nr. 2, und zwar auch dann nicht, wenn der Täter das Versagen des Geräts kennt (BGHSt 28, 300 = NJW 1979, 1466 mit Bespr. Puppe JZ 1986, 938 (949); BayObLG VRS 55, 425; str.). Ferner entspricht auch das bloße **Unterlassen** eines Garanten, ein defektes Gerät zu entstören, nicht einer störenden Einwirkung nach Abs. 3 iVm § 13 I, weil solche Einwirkung menschliches Eingreifen in den Aufzeichnungsvorgang voraussetzt (BGHSt 28, 300 = NJW 1979, 1466 mwN; krit. Freund Urkundenstraftaten Rn. 261; str.); unechtes Unterlassen liegt nur vor, wenn der Garant pflichtwidrig entweder die störende Einwirkung eines

Dritten nicht verhindert oder wenn er seine eigene vorausgegangene (unvorsätzliche) Einwirkung nicht rückgängig macht (BGHSt 28, 300 = NJW 1979, 1466; Kitz JA 2001, 303 (305); Rengier StrafR BT II § 34 Rn. 10; Wessels/Hettinger/Engländer StrafR BT I Rn. 877, 881; aM Kienapfel JR 1980, 347; Erb in MüKo-StGB Rn. 44).

10 **5.** Der Begriff des **Herstellens** entspricht dem bei der Urkundenfälschung (→ § 267 Rn. 17). **Verfälschen** bedeutet, den automatisch hergestellten Zeichen bei Zugrundelegung des standardisierten Codes durch nachträgliche Veränderung einen anderen gedanklichen Inhalt geben (ebenso Dannecker LdRerg 8/1770, S. 13 und Rengier StrafR BT II § 34 Rn. 11). **Gebrauchen** → § 267 Rn. 23.

11 **6.** Für den **Vorsatz,** das Handeln zur **Täuschung im Rechtsverkehr,** die **besonders schweren Fälle** und das **Zusammentreffen** von Fälschen und Gebrauchen gelten die Ausführungen unter → § 267 Rn. 24–27 sinngemäß. Beachte auch § 270.

12 **7.** Mit § 267 ist **Tateinheit** möglich, wenn jemand den Inhalt einer technischen Aufzeichnung in der für § 267 erforderlichen Weise zu seiner eigenen Erklärung macht (Hecker JuS 2002, 224 (226); Rengier StrafR BT II § 34 Rn. 13; Puppe/Schumann in NK-StGB § 267 Rn. 111; str.). Außerdem kann die schriftlich fixierte Verbindung einer technischen Aufzeichnung mit einem Bezugsobjekt eine zusammengesetzte Urkunde bilden (→ § 267 Rn. 8), so dass auch aus diesem Grunde Tateinheit mit Urkundenfälschung möglich ist (Kienapfel JZ 1971, 163 (166); Zieschang in LK-StGB Rn. 58). Über das Verhältnis zu § 269 → § 269 Rn. 12. Die Bußgeldvorschrift des § 7 c Nr. 1 c FPersG ist keine speziellere Bestimmung und entfaltet deshalb keine Sperrwirkung gegenüber § 268 (BayObLG NStZ-RR 1996, 36).

§ 269 Fälschung beweiserheblicher Daten

(1) **Wer zur Täuschung im Rechtsverkehr beweiserhebliche Daten so speichert oder verändert, daß bei ihrer Wahrnehmung eine unechte oder verfälschte Urkunde vorliegen würde, oder derart gespeicherte oder veränderte Daten gebraucht, wird mit Freiheitsstrafe bis zu fünf Jahren oder mit Geldstrafe bestraft.**

(2) **Der Versuch ist strafbar.**

(3) **§ 267 Abs. 3 und 4 gilt entsprechend.**

1 **1.** Die durch das 2. WiKG (→ Vor § 263 Rn. 2) eingeführte Vorschrift schützt – in Übereinstimmung mit den §§ 267, 268 – die **Sicherheit und Zuverlässigkeit des Beweisverkehrs,** soweit er sich beweiserheblicher Daten bedient (Möhrenschlager wistra 1986, 128 (134); Haß in Lehmann, Rechtsschutz und Verwertung von Computer-Programmen, 2. Aufl. 1993, S. 492 Rn. 42; Dannecker LdRerg 8/1770, S. 14; Zieschang in LK-StGB Rn. 1; aM Hoyer in SK-StGB Rn. 1; Puppe/Schumann in NK-StGB Rn. 7; zum kriminalpolitischen Bedürfnis für diese Ergänzung des Urkundenschutzes BT-Drs. 10/318, 31; 10/5058, 33; Sieber, Computerkriminalität und Strafrecht, 2. Aufl. 1980, S. 2/40; Möhrenschlager wistra 1982, 201 (203); Tiedemann WM 1983, 1330). Nach wie vor offen sind die Fragen, ob die erst im Rechtsausschuss des Bundestages gefundene Gesetzesfassung (BT-

Drs. 10/5058, 8) eine hinreichend sichere Abgrenzung ermöglicht, ob die völlige Strukturgleichheit des Tatbestandes mit der Urkundenfälschung den computerspezifischen Besonderheiten der Datenverarbeitung gerecht wird (vgl. Sieber, Computerkriminalität und Strafrecht, 2. Aufl. 1980, S. 355; sa Wegscheider CR 1989, 996; Jenny/Stratenwerth SchwZStr 1991, 197) und ob das ungeregelte Nebeneinander der dem gleichen Schutzzweck dienenden und sich erheblich überschneidenden §§ 268, 269 Anwendungsschwierigkeiten erwarten lässt (Puppe/Schumann in NK-StGB Rn. 36). Zur geringer praktischen Bedeutung Erb in MüKoStGB Rn. 2.

2 **2.** Die beweiserheblichen Daten müssen so manipuliert werden, dass im Falle **ihrer visuellen Wahrnehmbarkeit** iSd § 267 **eine unechte oder verfälschte Urkunde vorliegen** würde (ebenso Hoyer in SK-StGB Rn. 4). Aus dem Erfordernis dieses hypothetischen Vergleichs folgt einerseits, dass schon tatbestandlich nur visuell nicht unmittelbar wahrnehmbare Daten (§ 202a II) erfasst werden (BT-Drs. 10/5058, 34; Möhrenschlager wistra 1986, 128 (134); Lenckner/Winkelbauer CR 1986, 824; Kitz JA 2001, 303; aM Dornseif/Schumann JR 2002, 52 (53)), und andererseits, dass die manipulierten Daten alle Elemente der falschen Urkunde mit Ausnahme der Wahrnehmbarkeit aufweisen müssen (krit. Rösler IuR 1987, 412 (415)); diese Einschränkung ist nach dem Gesetzeswortlaut zwingend. Es müssen deshalb Beweisfunktion, Garantiefunktion und Perpetuierungsfunktion (→ § 267 Rn. 1) stets nebeneinander erfüllt sein (Lenckner/Winkelbauer CR 1986, 824 (825); Wegscheider CR 1989, 996 (998); speziell zur digitalen Bildverarbeitung Welp CR 1992, 354), letztere allerdings mit der Besonderheit, dass keine stoffliche Verkörperung, sondern eine visuell nicht unmittelbar wahrnehmbare Speicherung des Gedankeninhalts erforderlich ist (sa Haß in Lehmann, Rechtsschutz und Verwertung von Computer-Programmen, 2. Aufl. 1993, S. 493 Rn. 43). Da Codekarten im Bankautomatenverkehr Träger solcher beweiserheblicher Daten sind, werden Manipulationen an ihren Magnetstreifen idR erfasst (Richter CR 1989, 303 (306); Hilgendorf JuS 1997, 130 (134); Hoyer in SK-StGB Rn. 16; Puppe/Schumann in NK-StGB Rn. 29; einschr. aber Puppe/Schumann in NK-StGB Rn. 24; zu EC-Karten im POS- und POZ-System Rossa CR 1997, 219 (227, 229)); erfasst sind auch Manipulationen am Speicherchip einer Telefonkarte (Hecker JA 2004, 762 (764); Böse NStZ 2005, 370 (374)), nicht hingegen auch die Transaktionsdaten bei der POS-Zahlung ohne PIN-Abfrage (OLG Hamm NStZ 2002, 673 mablAnm Christoph/Dorn-Haag; zust. aber Heghmanns ZJS 2020, 494; Ladiges WuB 2020, 601; Bespr. Kudlich JuS 2020, 710).

3 **3. a) Daten** → § 263a Rn. 3.

4 **b)** Daten sind **beweiserheblich,** wenn sie nach ihrem Informationsgehalt Gedankenerklärungen sind, die – abgesehen von ihrer visuellen Wahrnehmbarkeit (→ Rn. 2) – sämtliche Urkundenmerkmale (→ § 267 Rn. 2–16) erfüllen. Eine Unterscheidung von Original und Kopie ist nicht möglich; es wird jede als Datei elektronisch gespeicherte Erklärung erfasst (Radtke ZStW 115 (2003), 26 (36)). Die enge Anknüpfung an die Regelungstechnik des § 267 ergibt sich zwingend aus dem geforderten hypothetischen Vergleich (→ Rn. 2); die in BT-Drs. 10/5058, 34 vorgeschlagene Begriffsbestimmung, nach der Daten beweiserheblich sind, wenn sie „dazu bestimmt sind, bei einer Verarbeitung im Rechtsverkehr als Beweisdaten für rechtlich erhebliche Tatsachen benutzt zu werden", kann von dem hypothetischen Vergleich nicht entbinden. Daraus folgt, dass technische Aufzeichnungen als

solche, da sie keine Gedankenerklärung enthalten (→ § 268 Rn. 1), hier ausscheiden (Welp CR 1992, 354 (356)); es kommt jedoch – ebenso wie bei der EDV-Urkunde (→ § 267 Rn. 4) – in Frage, dass der Aussteller sie auch ohne eigene Kenntnisnahme als seine Erklärung zum Beweis bestimmt.

aa) Ob die Gedankenerklärung aus einem einzigen Datum oder – was die Regel ist – erst aus einer **Mehrheit (einer Ansammlung) von Daten** hervorgeht, macht keinen Unterschied (Möhrenschlager wistra 1986, 128 (134)); allerdings ist noch nicht abschließend geklärt, wieweit zusammengehörige Daten, die erst vereint eine Gedankenerklärung ergeben, aber in verschiedenen Datenträgern oder Teilen von Datenträgern gespeichert werden, als Einheit zu behandeln sind (mit Recht überwiegend bejahend Welp CR 1992, 354 (357); Puppe/Schumann in NK-StGB Rn. 21; anders Zielinski GS Kaufmann, 1989, 605 (620); Hoyer in SK-StGB Rn. 23; zw.). Denkbar ist ferner, dass Datenbestände mehrere Gedankenerklärungen enthalten, deren Zusammenfassung einen selbständigen, über die einzelnen Erklärungen hinausgehenden Gedankeninhalt ergibt; hier sind die für die **Gesamturkunde** geltenden Regeln (→ § 267 Rn. 5) anwendbar (BT-Drs. 10/318, 33; Welp CR 1992, 354 (357); aM Dornseif/Schumann JR 2002, 52 (56)). Nicht auszuschließen ist auch eine der **zusammengesetzten Urkunde** (→ § 267 Rn. 8; aM Dornseif/Schumann JR 2002, 52 (56)) entsprechende Konstellation (Kindhäuser/Hilgendorf in LPK-StGB Rn. 4); sie kann zB vorliegen, wenn beweiserhebliche Daten in körperlichen Gegenständen gespeichert und diese mit einer Sache fest verbunden werden. 5

bb) Auch für die **Erkennbarkeit des Ausstellers** gelten die für die Urkundenfälschung entwickelten Regeln (→ § 267 Rn. 14). Aussteller ist danach, wem die Gedankenerklärung geistig zuzurechnen ist, uU also auch eine juristische Person oder eine Behörde, deren Erklärungen durch ihre befugten Organe oder Vertreter abgegeben werden (Möhrenschlager wistra 1986, 128 (134); Lenckner/Winkelbauer CR 1986, 824 (825); für „Phishing"-E-mails (→ § 263a Rn. 14b) Stuckenberg ZStW 118 (2006), 878 (889); Heghmanns wistra 2007, 167; Goeckenjahn wistra 2008, 128; einschr. Graf NStZ 2007, 129 (132)). Das Datenerfassungs- und -verarbeitungspersonal (Datentypisten, Programmierer usw) scheidet daher regelmäßig aus (Kitz JA 2001, 303 (304); Puppe/Schumann in NK-StGB Rn. 9). Allerdings kommt bei § 269 häufiger in Frage, dass der Aussteller, der meist nicht unmittelbar mitgespeichert ist, nur unter Zuhilfenahme weiterer Umstände ermittelt werden kann (Kitz JA 2001, 303 (304)). Im Hinblick auf die computerspezifischen Besonderheiten ist hier nicht zu fordern, dass der Aussteller schon aus der Datenspeicherung als solcher erkennbar ist; es kommt vielmehr darauf an, ob die im Gesamtsystem getroffenen Vorkehrungen die Möglichkeit seiner Identifizierung sicherstellen. Daher genügt es zB, wenn der Aussteller erst durch den Ausdruck der Daten, durch Aufdrucke auf das im Drucker enthaltene Papier, durch Programmanweisungen oder durch Zugangsbeschränkungen für die Teilnahme am Datenverkehr ersichtlich wird (Möhrenschlager wistra 1986, 128 (134); Granderath DB-Beilage Heft 18/1986, 1 (5); Rösler IuR 1987, 412 (416); diff. Wegscheider CR 1989, 996; einschr. Welp CR 1992, 354 (360); Freund Urkundenstraftaten Rn. 273). Soweit jedoch kein bestimmter Aussteller erkennbar ist, fällt der Tatbestand aus (Haß in Lehmann, Rechtsschutz und Verwertung von Computer-Programmen, 2. Aufl. 1993, S. 494 Rn. 44); das kann zB bei Faxdateien der Fall sein (Zielinski CR 1995, 286 (292)). 6

c) Erforderlich ist schließlich, dass die Daten entweder **gespeichert** (→ § 202a Rn. 2) werden oder schon gespeichert sind; denn nur dadurch wird die **Perpetuie-** 7

rungsfunktion (→ Rn. 2) gewahrt (Lenckner/Winkelbauer CR 1986, 824 (825); Erb in MüKoStGB Rn. 32). Dass Abs. 1 dennoch nicht auf die Begriffsbestimmung des § 202a II verweist, ergibt sich daraus, dass er auch Fälle erfasst, in denen Daten eingegeben, also nicht nur an gespeicherten Daten Veränderungen vorgenommen werden (BT-Drs. 10/5058, 34). Als solche nicht betroffen sind danach sog. Zwischendaten, die nur in einem Verarbeitungsprozess anfallen, aber nicht gespeichert werden (BT-Drs. 10/318, 33).

8 **4.** Zu den **Tathandlungen:**

a) Speichern → § 202a Rn. 2. Es hat seine Parallele im Herstellen einer unechten Urkunde (→ § 267 Rn. 17); die gespeicherte Gedankenerklärung muss daher an demselben Mangel leiden wie die in einer unechten Urkunde (Lenckner/Winkelbauer CR 1986, 824). Das ist etwa anzunehmen, wenn unbefugt Geld mit einer fremdem Codekarte abgehoben wird (Rengier StrafR BT II § 35 Rn. 3; Puppe/Schumann in NK-StGB Rn. 29) oder ein E-Mail-Account unter Verwendung falscher Personalien zB bei einem Freemailer eröffnet wird (Buggisch NJW 2004, 3519 (3520)); ebenso bei Anmeldung eines Accounts bei einer Internetauktionsplattform unter falschem Namen (KG NStZ 2010, 576; Willer NStZ 2010, 553; Singelnstein JR 2011, 375; Eisele FS Puppe, 2011, 1091; anders OLG Hamm StV 2009, 475 mit krit. Bespr. Jahn JuS 2009, 662; zu Phising-Mails Gercke CR 2005, 606 (610); Stuckenberg ZStW 118 (2006), 878 (886); Heghmanns wistra 2007, 167 (168); Goeckenjan wistra 2008, 128 (130)).

9 **b) Verändern** bedeutet Einwirken auf bereits vorhandene Daten mit der Folge, dass der Inhalt einer gespeicherten Gedankenerklärung durch einen anderen ersetzt und damit die Beweisrichtung geändert wird. Es hat seine Parallele im Verfälschen einer echten Urkunde (→ § 267 Rn. 20). Ein Verändern liegt etwa vor, wenn eine abtelefonierte Telefonkarte unberechtigt wieder aufgeladen wird (BGH NStZ-RR 2003, 265). Es kann auch durch Hinzufügen oder Löschen von Einzeldaten (aM Hoyer in SK-StGB Rn. 9, nur § 274 I Nr. 2) in einem Datenbestand geschehen (AG Nürtingen MMR 2011, 121; AG Göttingen MMR 2011, 626 (mablAnm Neubauer und abl. Bespr. Kusnik CR 2011, 718), unbefugte Aufhebung eines SIM-Locks, der ein Handy nur mit bestimmten SIM-Karten benutzbar macht; zust. Fischer Rn. 5). In der Regel, aber nicht notwendig, wird die Änderung an gespeicherten Daten vorgenommen, so etwa durch Ändern der Kontodaten mittels Eingabe einer unberechtigten Gutschrift in den Computer (Meier Jura 1991, 142 (145)) oder Manipulation von Buchhaltungsdaten (zB Änderung der Lieferadresse) zum Verbergen eigener Zahlungsverpflichtung (Fad Jura 2002, 632 (633)); es genügt auch, wenn durch Einwirken auf einen Übermittlungsvorgang (→ § 202a Rn. 2) oder auf Zwischendaten (→ Rn. 7) eine Speicherung falscher Daten herbeigeführt wird (Möhrenschlager wistra 1986, 128 (135)). Kein Verändern liegt vor, wenn ein Bestand von Daten durch Neuadressierung unauffindbar gemacht wird (Haß in Lehmann, Rechtsschutz und Verwertung von Computer-Programmen, 2. Aufl. 1993, S. 495 Rn. 46). Der Aussteller kann unter denselben Voraussetzungen wie bei der Urkundenfälschung (→ § 267 Rn. 21) Täter sein, wenn er die alleinige Verfügungsgewalt über die Daten verloren hat (Möhrenschlager wistra 1986, 128 (135)). Auch der Fall, dass eine **unechte Speicherung „verfälscht"** wird, ist unter der Voraussetzung tatbestandsmäßig, dass sich das Ergebnis der Tathandlung wiederum als eine unechte Speicherung darstellt. Er ist aber – nicht anders als bei § 267 (→ § 267 Rn. 21) – unter die erste Alternative (→ Rn. 8) zu subsumieren

(aM Möhrenschlager wistra 1986, 128 (135); Kitz JA 2001, 303 (304); Fischer Rn. 7); für die zweite fehlt es an der erforderlichen Parallele zur „verfälschten" Urkunde, die als Bezugsobjekt eine echte Urkunde voraussetzt (§ 267 I).

c) Gebrauchen → § 267 Rn. 23. Es liegt namentlich vor, wenn dem zu Täuschenden Kenntnis durch Sichtbarmachen am Bildschirm verschafft, der ungehinderte Abruf ermöglicht oder die Verfügung über den Datenträger eingeräumt wird (zB Nutzung der Fahrerkarte eines anderen im Kontrollgerät eines Lkw, OLG Stuttgart VRS 124, 321; allgM Möhrenschlager wistra 1986, 128 (135)), aber auch bei der täuschenden Verwendung geänderter Kontodaten in einem „übernommenen" eBay-Account (BGH NStZ 2015, 635), die Kommunikation mit einem Kaufinteressenten aufgrund einer eBay-Kleinanzeige (BGHSt 65, 98 = NJW 2020, 3260), bei der Bestellung von Online-Bahntickets (BGH NStZ-RR 2021, 214), das Versenden einer digital verfälschten Kopie eines Dokuments mittels E-Mail (BGH NStZ-RR 2018, 308) oder einer verfälschten E-Mail (BGH NStZ-RR 2017, 281; Erb in MüKoStGB Rn. 33); damit sind auch sog. CEO Fraud-Fälle erfasst (Buss CR 2017, 410). Es reicht wie bei § 267 (→ § 267 Rn. 23), dass ein Ausdruck über das datenförmig Gespeicherte informiert (Puppe/Schumann in NK-StGB Rn. 30; aM Hoyer in SK-StGB Rn. 11). 10

5. Für den **Vorsatz** (bedingter genügt) und für das subjektive Element **zur Täuschung im Rechtsverkehr** gelten die Ausführungen zur Urkundenfälschung (→ § 267 Rn. 24, 25) sinngemäß. Beachte auch § 270. 11

6. a) Die **Konkurrenzverhältnisse** zwischen den §§ 267–269 sind problematisch: Für das Verhältnis der verschiedenen Begehungsformen des § 269 untereinander gelten die Ausführungen unter → § 267 Rn. 27 sinngemäß (Lenckner/Winkelbauer CR 1986, 824 (826)). Im Verhältnis zu § 267 bildet § 269 einen nach Unrechtsart und -qualität gleichwertigen Tatbestand, der wegen seiner Auffangfunktion hinter § 267 zurücktritt, wenn dieselbe Handlung (auch natürliche oder rechtliche Handlungseinheit, → Vor § 52 Rn. 4–19) beide Tatbestände verwirklicht (Lenckner/Winkelbauer CR 1986, 824 (826); aM Puppe/Schumann in NK-StGB Rn. 30; Fischer Rn. 12: Tateinheit). Obwohl diese sich nach ihren Merkmalen gegenseitig ausschließen (→ Rn. 2), können sie dennoch aus verschiedenen Gründen in Handlungseinheiten zusammentreffen, zB wenn falsche Eingaben auf Grund gefälschter Input-Belege vorgenommen werden (dazu Wegscheider CR 1989, 923) oder wenn eine Datenfälschung im weiteren Verlauf zu einem Ausdruck mit Urkundeneigenschaft führt (→ § 267 Rn. 4; beachte auch Zielinski GS Kaufmann, 1989, 605 (607)). In diesen Fällen dürften die für das Zusammentreffen der verschiedenen Begehungsformen des § 267 entwickelten (→ § 267 Rn. 27) und zweifelsfrei auch für § 269 geltenden Regeln auf den gesamten Anwendungsbereich beider Tatbestände zu erstrecken und dabei – wegen des Auffangcharakters der Datenfälschung – dem § 267 Vorrang einzuräumen sein (aM Radtke ZStW 115 (2003), 26 (51); Zieschang in LK-StGB Rn. 31; zw.); jedoch geht eine nur versuchte Urkundenfälschung in einer vollendeten Datenfälschung auf. Mit **§ 268** besteht wegen der Verschiedenartigkeit der Schutzobjekte Tateinheit (Lenckner/Winkelbauer CR 1986, 824 (826); aM Puppe/Schumann in NK-StGB Rn. 34, kaum denkbar). 12

b) Im Übrigen ist **Tateinheit** ua möglich mit §§ 263, 263a (BGH NStZ-RR 2021, 214; Rossa CR 1997, 219 (227)), 266, 274 I Nr. 1, 2, §§ 303, 303a, 303b (zT abw. Schlüchter, 2. WiKG, 1987, S. 104). 13

§ 270 Täuschung im Rechtsverkehr bei Datenverarbeitung

Der Täuschung im Rechtsverkehr steht die fälschliche Beeinflussung einer Datenverarbeitung im Rechtsverkehr gleich.

1 **1.** Die in der Vorschrift enthaltene **Gleichstellungsklausel** dient der Rechtssicherheit (BT-Drs. 10/318, 34), hat aber nur deklaratorische Bedeutung (Freund Urkundenstraftaten Rn. 274; aM Erb in MüKoStGB Rn. 1); denn nach hM erfordert die Täuschung im Rechtsverkehr keinen unmittelbaren personalen Bezug und schließt daher auch die fälschliche Beeinflussung einer Datenverarbeitung ein (Lenckner/Winkelbauer CR 1986, 824 (828); Dannecker LdRerg 8/1770, S. 15; Zieschang in LK-StGB Rn. 1; aM Hoyer in SK-StGB Rn. 1). Durch die Klausel werden auch die Fälle sicher einbezogen, in denen nicht die unmittelbare Täuschung eines Menschen, sondern die fälschliche Beeinflussung einer Datenverarbeitung bezweckt wird (Möhrenschlager wistra 1986, 128 (135)).

2 **2.** Die Vorschrift hat Bedeutung für **alle Tatbestände,** in denen die Absicht der Täuschung im Rechtsverkehr vorausgesetzt wird (§§ 152a III, 267 I, 268 I, 269 I, 273, 276, 281).

§ 271 Mittelbare Falschbeurkundung

(1) **Wer bewirkt, daß Erklärungen, Verhandlungen oder Tatsachen, welche für Rechte oder Rechtsverhältnisse von Erheblichkeit sind, in öffentlichen Urkunden, Büchern, Dateien oder Registern als abgegeben oder geschehen beurkundet oder gespeichert werden, während sie überhaupt nicht oder in anderer Weise oder von einer Person in einer ihr nicht zustehenden Eigenschaft oder von einer anderen Person abgegeben oder geschehen sind, wird mit Freiheitsstrafe bis zu drei Jahren oder mit Geldstrafe bestraft.**

(2) **Ebenso wird bestraft, wer eine falsche Beurkundung oder Datenspeicherung der in Absatz 1 bezeichneten Art zur Täuschung im Rechtsverkehr gebraucht.**

(3) **Handelt der Täter gegen Entgelt oder in der Absicht, sich oder einen Dritten zu bereichern oder eine andere Person zu schädigen, so ist die Strafe Freiheitsstrafe von drei Monaten bis zu fünf Jahren.**

(4) **Der Versuch ist strafbar.**

1 **1.** Die Vorschrift **schützt die Beweiskraft öffentlicher Urkunden** (→ Rn. 2, 3) und in öffentlichen Dateien **gespeicherter beweiserheblicher Daten** (→ Rn. 4), soweit sie öffentlichen Glauben genießen (vgl. BGH NJW 1996, 2170). Schutzgegenstand ist die **inhaltliche Richtigkeit, nicht die formelle Echtheit** der Urkunden und Daten. – **Rechtsprechungsübersicht** bei Puppe JZ 1997, 490 (495); Böse NStZ 2005, 370 (375).

2 **2. a) Öffentliche Urkunden,** zu denen auch **Bücher** und **Register** als Unterfälle gehören (str.), sind nach § 415 I ZPO solche, die von einer Behörde (→ § 11 Rn. 20) oder einer mit öffentlichem Glauben versehenen Person innerhalb ihrer sachlichen Zuständigkeit (BayObLG wistra 1995, 73) in der vorgeschriebenen Form aufgenommen werden (Zieschang in LK-StGB Rn. 8–64) und außerdem öf-

fentlichen Glauben genießen, dh Beweis für und gegen jedermann erbringen (OLG München NStZ 2006, 575; zusf. Meyer FS Dreher, 1977, 425; Mankowski/Tarnowski JuS 1992, 826; Küper/Zopfs StrafR BT Rn. 552; krit. Freund Urkundenstraftaten Rn. 306, der auf die Funktion besonderer amtlicher Richtigkeitsbestätigung abstellt; im Ansatz abw. Puppe/Schumann in NK-StGB Rn. 8). **Das trifft zB zu** beim Familienbuch (BGHSt 6, 380 = NJW 1955, 71), Grundbuch (OLG Stuttgart NStZ 1985, 365), Handelsregister (BGH NStZ 2016, 675 mAnm Schuster; OLG Hamburg StraFo 2015, 284), Sparbuch (BGHSt 19, 19 = NJW 1963, 1630; auch das der Postbank, BayObLG NJW 1993, 2947 mit Bespr. Puppe JZ 1997, 490 (497)), Personalausweis (BGH GA 1967, 19), Führerschein (BGHSt 34, 299 = NJW 1987, 2243; BGHSt 37, 207 = NJW 1991, 576), Kraftfahrzeugschein (BGHSt 22, 201 = NJW 1968, 2153; BGH GA 1993, 230); Kfz-Kennzeichen (OLG Hamburg NJW 1966, 1827), Reifezeugnis (RGSt 60, 375; sa Bürsch JuS 1975, 721), Hochschulabschlusszeugnis (OLG Hamm NJW 1977, 640), Erbschein und Hoffolgezeugnis (BGHSt 19, 87 = NJW 1964, 558), ferner beim zivilrechtlichen Gestaltungsurteil (RGSt 59, 13 (20)), beim Räumungsprotokoll des Gerichtsvollziehers (BayObLG NJW 1992, 1841), bei der Anmeldebestätigung des Einwohnermeldeamtes (OLG München NStZ 2006, 575), beim Zeugnis über Anerkennung des Asylrechts oder Aussetzung der Abschiebung bei Ausländern (Holtz MDR 1977, 283), bei der befristeten Aufenthaltsgestattung für Asylbewerber (BGH NJW 1996, 2170; zur Aufenthaltsgestattung nach § 63 AsylG ebenso OLG Brandenburg StV 2002, 311), beim Bescheid über die Ablehnung des Asylantrags (BayObLG wistra 1995, 73) und bei der Ausfuhrbescheinigung (BayObLG NJW 1990, 655; OLG Karlsruhe NJW 2012, 869; sa OLG Frankfurt a. M. wistra 1990, 271; NStZ 1996, 234; zusf. Paul ZIS 2012, 11 (19)) oder dem Kraftstoffausweis (OLG Köln MDR 1959, 862) der Zollgrenzbeamten sowie abgestempelten, aber nicht unterschriebenen internationalen Eisenbahn-Frachtbriefen (OLG Rostock NStZ-RR 2004, 172); **aber nicht** beim Kraftfahrzeugbrief (BGH NJW 1957, 1888 (1889)), beim Fahrzeugregister der Zulassungsstelle (BGH StraFo 2001, 252), beim Bundeszentralregister (BGH GA 1965, 92), beim Hauptverhandlungsprotokoll in Strafsachen (OLG Hamm NJW 1977, 592; zw.), bei dem nach §§ 159ff. ZPO aufgenommenen Protokoll über die Verkündung einer Entscheidung in Zivilsachen (BayObLG NStZ-RR 1996, 137), beim Polizeiprotokoll (OLG Düsseldorf NJW 1988, 217), bei der Handwerksrolle (BayObLG NJW 1971, 634), beim Zustellbuch der Bundespost (BGHSt 7, 94 = NJW 1955, 509), bei der polizeilichen Beglaubigung (OLG Frankfurt a. M. NJW 1949, 315, wo allerdings für die polizeiliche Unterschriftsbeglaubigung eine Ausnahme gemacht wird; auch insoweit aM OLG Oldenburg MDR 1948, 30 mablAnm Arndt) und auch nicht bei behördeninternen Bescheinigungen der Ausländerbehörde (AG Hamburg NStE Nr. 4; zust. Puppe/Schumann in NK-StGB Rn. 10) oder vorläufigen Bescheinigungen der Asylstelle der Polizeibehörde (OLG Karlsruhe NStZ 1994, 135 mablAnm Mätzke NStZ 1995, 501; Puppe JZ 1997, 490 (496), das aber im Hinblick auf die erstrebte Bescheinigung über die Aufenthaltsgestattung Versuch annimmt; OLG Brandenburg StV 2002, 311); bei Veterinärbescheinigungen (BGH NStZ 2018, 406).

b) Zur Falschbeurkundung gehört nicht nur, dass die niedergeschriebene Erklä- 3
rung, Verhandlung oder Tatsache unrichtig festgehalten ist (→ § 348 Rn. 8; vgl. auch OLG Karlsruhe NJW 2012, 869), sondern auch, dass sich die **Beweiskraft gerade hierauf** erstreckt (BGH NStZ 2016, 675 mAnm Schuster; dagegen und für eine Orientierung an der Definition in § 415 I ZPO Bock ZIS 2011, 330 (335)).

Welche Teile der Beurkundung von der Beweiskraft umfasst werden, ist nach der Rspr. durch Auslegung zu ermitteln und hängt von den einschlägigen Vorschriften („Muß"-, nicht „Soll"-Vorschriften; vgl. BGHSt 44, 186 = NJW 1998, 3790; BGH NStZ-RR 2000, 235; NJW 2004, 3195; OLG Karlsruhe NJW 1999, 1044; OLG München NStZ 2006, 575), aber auch von der Verkehrsanschauung ab (BGHSt 22, 201 (203) = NJW 1968, 2153; aM Puppe JR 1979, 256; Puppe/Schumann in NK-StGB Rn. 10, die eine generalisierende Abgrenzung nach abstrakten Beurkundungstypen vorschlägt). Nach einer nicht immer widerspruchsfreien **Kasuistik** (Freund Urkundenstraftaten Rn. 309) erstreckt sich danach die **öffentliche Beweiskraft:** bei **Standesamtsbüchern** nur auf die im PStG vorgeschriebenen Eintragungen (BGHSt 12, 88 = NJW 1958, 1932); bei der amtlichen **Meldebestätigung beim Einwohnermeldeamt** auf die Tatsache der Anmeldung, nicht auf den Umstand, dass der Angemeldete tatsächlich am angegebenen Ort wohnt (OLG München NStZ 2006, 575; OLG Köln NJW 2007, 1829); beim **Sparbuch** auf die Ein- und Auszahlungen (BayObLG NJW 1993, 2947), nicht auf den Namen (BGH wistra 1984, 142) und die Verfügungsberechtigung der angegebenen Person (BGHSt 19, 19 = NJW 1963, 1630); beim **Gefangenenbuch** auf die Angaben zur Identität der Person (Holtz MDR 1977, 283), nicht auf die Konfession (BGH GA 1966, 280); bei der **polizeilichen Fundempfangsbescheinigung** nicht auf die Angaben über Finder, Fundort und Erklärungen des Finders (BayObLGSt 1978, 137); bei der **behördlichen Bescheinigung** darüber, dass jemand bei ihr vorgesprochen hat, nicht dessen Identität (AG Hamburg StV 1992, 380 mit zust. Bespr. Puppe JZ 1997, 490 (496)); bei der **Ausfuhrgenehmigung** das Ergehen der Anordnung (§ 417 ZPO), nicht aber ihre Richtigkeit (OLG Frankfurt a. M. NStZ 1996, 234); bei der Eintragung eines Betriebsleiters in der **Handwerksrolle** nicht deren inhaltliche Richtigkeit (OLG Stuttgart NStZ-RR 2013, 14 mAnm Floeth EWiR 2013, 257); beim **Grundbuch** nicht auf eine Auflassungsvormerkung zugunsten einer nicht existenten Person (BGH NStZ 2018, 718); beim **Führerschein** nicht auf den Doktortitel (BGH NJW 1955, 839) und die Ablegung einer der Erteilung vorausgegangenen Fahrprüfung (OLG Hamm NStZ 1988, 26), wohl aber auf den Namen (aM OLG Hamm VRS 21, 363), das Geburtsdatum (BGHSt 34, 299 = NJW 1987, 2243 mablAnm Ranft JR 1988, 383; BGH NJW 1996, 470; abl. auch Freund JuS 1994, 305 (307); zw.) und die Erteilung der Fahrerlaubnis (BGHSt 37, 207 = NJW 1991, 576; OLG Hamm NStZ 1988, 26), ferner beim Führerschein, der nach § 15 StVZO oder nach § 92 BVFG ausgestellt wurde, nicht auf den Umstand, dass sein Inhaber im Besitz einer ausländischen Fahrerlaubnis ist (BGHSt 25, 95 = NJW 1973, 474 mAnm Tröndle JR 1973, 205; BGHSt 33, 190 = NJW 1985, 2654 mAnm Marcelli NStZ 1985, 500; zw.); beim **Ersatzführerschein** nicht darauf, dass der Inhaber zurzeit der Ausstellung noch eine Fahrerlaubnis hatte (OLG Köln NJW 1972, 1335); bei der Zulassungsbescheinigung I (früher: Fahrzeugschein) auf die Identität des zum Straßenverkehr zugelassenen Fahrzeugs (BGHSt 53, 34 = NJW 2009, 1518 mAnm Erb NStZ 2009, 387 (389); anders zum Fahrzeugschein noch BGHSt 20, 186 = NJW 1965, 826; beachte jedoch BGH GA 1993, 230 mit krit. Bespr. Puppe JZ 1997, 490 (496)), nicht auf die Angaben zur Person (BGHSt 22, 201 = NJW 1968, 2153); beim Vermerk im Kraftfahrzeugschein über die nächste **Hauptuntersuchung** nur darauf, dass das Kfz zum angegebenen Zeitpunkt zur Untersuchung anmeldepflichtig ist (BGHSt 26, 9 = NJW 1975, 176; beachte auch BayObLG VRS 57, 284; NStZ-RR 1999, 575 mablAnm Puppe, die auf § 29 StVZO (gemeint ist wohl Abs. 3) hinweist); bei der Bescheinigung über die **Aufenthaltsgestattung** nach § 20 IV AsylVfG aF nicht auf die Personalangaben (BGH NJW 1996, 470 mit krit. Bespr. Mätzke JR 1996, 384; Müller-Tuckfeld StV 1997, 353; aM OLG Karlsruhe NStZ 1994, 135), ebenso für falsche Erklärungen zur Erlangung einer EU-Aufenthaltskarte nach § 5 I FreizügG/EU (OLG Bamberg StraFo 2014, 346). Gleiches gilt für die Duldungsbescheinigung nach § 60a IV AufenthG (BGHSt 54, 140 = NJW 2010, 248; OLG Stuttgart NStZ-RR 2008, 155; KG NStZ 2009, 448; OLG Koblenz NStZ-RR 2010, 259) sowie die Bescheinigung nach § 63 AsylG nF (OLG Karlsruhe StV 2009, 133; OLG Brandenburg NStZ-RR 2010, 12; OLG Bamberg NStZ-RR 2014, 142; anders zur aF BGHSt 42, 131 = NJW 1996, 2170); beim Vaterschaftsanerkenntnis nicht auf die Eigenschaft des Mannes als Erzeuger (AG Cottbus NStZ-RR 2005, 217) und idR auch nicht auf dessen Personalangaben (OLG Koblenz NStZ-RR 2010, 259). Anders als die Identität der Beteiligten gehört beim **notariellen Vertrag** die Feststellung, wie sich der Notar Gewissheit darüber verschafft hat, nicht zu den Tatsachen, auf die sich die Beweiskraft erstreckt (BGH NJW 2004, 3195 mit krit. Bespr. Kudlich JuS 2005, 278). Auch der **notarielle Kaufvertrag** beweist nur die Erklärung der Vertragspartner über den Preis, aber nicht dessen Richtigkeit (BayObLG NJW 1955, 1567); entsprechendes gilt für Bescheinigungen der Handelskammer auf Zollpapieren (OLG Hamburg NJW 1964, 935) oder von Zollbeamten bei der Zollbeschau (BGHSt 20, 309 = NJW 1966, 359; sa OLG Düsseldorf MDR 1966, 945); die **Handelsregistereintragung** über die Durchführung einer Kapitalerhöhung (§ 188 AktG) begründet öffentlichen Glauben nur für die Abgabe entsprechender Erklärungen, nicht auch für deren inhaltliche Richtigkeit (BGH NStZ 2016, 675).

3. Beweiserhebliche Daten (→ § 263a Rn. 3; → § 269 Rn. 4) in öffentlichen 4
Dateien werden seit der Neufassung des Abs. 1 durch das 2. WiKG (→ Vor § 263 Rn. 2) ebenso wie öffentliche Urkunden geschützt. Voraussetzung ist, dass sie – vom Erfordernis visueller Wahrnehmbarkeit abgesehen (→ § 267 Rn. 6) – alle Elemente der öffentlichen Beurkundung aufweisen (→ Rn. 2, 3). Als **Dateien** (vgl. den neugefassten § 3 II BDSG) kommen nicht nur Datenspeicher in EDV-Anlagen, sondern auch in anderen Systemen in Frage (BT-Drs. 10/318, 34). Beim gegenwärtigen Stand hat die Erweiterung des Abs. 1 vor allem Bedeutung für Dateien, in denen öffentliche Urkunden, Bücher oder Register gespeichert werden (BT-Drs. 10/318, 34).

4. Erfasst werden grds. nur **inländische** öffentliche Urkunden und Daten; aus- 5
ländische Beurkundungen, zB Reisepässe (KG JR 1980, 516), sind einbezogen, wenn durch ihren Gebrauch auch deutsche Schutzgüter berührt werden (OLG Düsseldorf NStZ 1983, 221; OLG Frankfurt a. M. wistra 1990, 271; Stoffers JA 1994, 76 (78); Freund in MüKoStGB Rn. 16; weiter Schroeder NJW 1990, 1406; sa Obermüller, Der Schutz ausländischer Rechtsgüter im deutschen Strafrecht im Rahemn des Territorialitätsprinzips, 1999, S. 82, 207; zw.); ohne diese Einschränkungen sind auf Grund unionskonformer Auslegung Urkunden mit Europabezug, insbes. der EU-Behörden, einbezogen (Satzger Europäisierung des StrafR S. 579; Zieschang in LK-StGB Rn. 7).

5. Bewirken bedeutet Verursachen der unrichtigen Beurkundung oder Daten- 6
speicherung (BGHSt 8, 289 (294) = NJW 1956, 231; Rengier StrafR BT II § 37 Rn. 8; Hoyer in SK-StGB Rn. 22; aM Zieschang in LK-StGB Rn. 74, Handeln in mittelbarer Täterschaft); daran fehlt es bei einer bloßen Verlängerung der mit falschen Daten ausgestellten Duldung nach dem AuslG (OLG Bremen NStZ 2010,

174 (175)). Gebrauchmachen (dazu Abs. 2, → Rn. 10) ist nicht erforderlich. Zum Beginn des Bewirkens (Versuchsbeginn) OLG Hamm NJW 1977, 640.

7 **a)** Im Falle der **Beurkundung** (→ Rn. 2, 3) ist unmittelbares Handeln eines Amtsträgers (→ § 11 Rn. 3–11) erforderlich. Nur durch dessen Vermittlung kann der Täter daher den Tatbestand verwirklichen (aM Freund in MüKoStGB Rn. 8); bei Garantenstellung kann bloßes Geschehenlassen genügen (→ § 13 Rn. 6–15). Nimmt dagegen der Täter die Eintragung selbst vor, so kommt nur Urkundenfälschung (§ 267) in Frage. Praktische Bedeutung hat die Vorschrift regelmäßig nur in Fällen, in denen der Amtsträger **gutgläubig** ist (aM Hoyer in SK-StGB Rn. 6). Andernfalls fällt er selbst unter § 348, der Anstifter unter §§ 348, 26 (→ § 348 Rn. 1, 2; → Vor § 331 Rn. 2; Fischer Rn. 15; Puppe/Schumann in NK-StGB Rn. 40); nur wenn der Täter den Amtsträger irrig für gutgläubig hält, liegt nicht Teilnahme an dessen Tat, sondern im Wesentlichen aus denselben Gründen, die unter → § 160 Rn. 4 (Verleitung zur Falschaussage) dargelegt sind, vollendete mittelbare Falschbeurkundung vor (RGSt 13, 52; Puppe/Schumann in NK-StGB Rn. 40; aM Joecks/Jäger StGB Rn. 20, 21, § 271–Versuch; ebenso Zieschang in LK-StGB Rn. 87). Dasselbe gilt, wenn der Täter den Amtsträger irrig für bösgläubig hält (Zieschang in LK-StGB Rn. 88; Hoyer in SK-StGB Rn. 5, 24; krit. Dannecker LdRerg 8/1770, S. 19; aM Heine/Schuster in Schönke/Schröder Rn. 30, straflos). Ist der beurkundende Amtsträger gutgläubig, der Täter aber auch Amtsträger, der die Beurkundung selbst vornehmen könnte, so ist nicht § 271, sondern § 348 (in mittelbarer Täterschaft) anwendbar (BGH 29.8.1973 – 3 StR 47/73; Zieschang in LK-StGB Rn. 108).

8 **b)** Entsprechendes gilt auch im Falle der **Datenspeicherung** (→ Rn. 4). Zwar spricht hier der Umstand, dass Außenstehende durch Eindringen in öffentliche Dateien in derselben Weise wie Amtsträger Daten eingeben und verändern können, bis zu einem gewissen Grade dafür, auch unmittelbar bewirkte Speicherungen einzubeziehen (so Möhrenschlager wistra 1986, 128 (136); Schlüchter, 2. WiKG, 1987, S. 105). Dem widerspricht aber die bisher unbestrittene, in der Überschrift des § 271 nach wie vor zum Ausdruck kommende Beschränkung des Schutzbereichs auf die mittelbare Herbeiführung des Taterfolges. Überdies ist die Erweiterung kriminalpolitisch nicht geboten, weil die von ihr betroffenen Fälle als Datenfälschung (§ 269) erfasst werden. Der Täter muss daher die Einführung der unrichtigen Daten durch Vermittlung der für die Speicherung zuständigen Amts- (oder amtsnahen) Person bewirken (Lenckner/Winkelbauer CR 1986, 824 (826); Fischer Rn. 16).

9 **6.** Der **Vorsatz** (bedingter genügt) muss auch die besondere Beweiswirkung des Beurkundungs- oder Speicherungsinhalts umfassen (OLG Oldenburg StraFo 2010, 213; Meyer FS Dreher, 1977, 425 (435); Freund Urkundenstraftaten Rn. 324–326; aM Puppe/Schumann in NK-StGB Rn. 33).

10 **7. Abs. 2** erfasst jeden **Gebrauch** (→ § 267 Rn. 23; sa KG JR 1980, 516) einer Falschbeurkundung oder Datenspeicherung (→ Rn. 1–5), sei es, dass der Gerbrauchende sie schuldlos bewirkt hatte, dass sie ohne Zutun eines anderen durch Irrtum des Amtsträgers zustande kam oder dass dieser sie unter Verletzung des § 348 hergestellt hatte (Hoyer in SK-StGB Rn. 26; str.). Zur Täuschung im Rechtsverkehr → § 267 Rn. 25.

8. Abs. 3 enthält einen Qualifikationstatbestand, der an die Stelle von § 272 StGB aF tritt und § 203 V (→ § 203 Rn. 28) entspricht (BT-Drs. 13/8587, 45). **Entgelt** → § 11 Rn. 22. Absicht setzt zielgerichteten Willen voraus (OLG Hamburg StV 1997, 136; → § 15 Rn. 20); unbedingter Vorsatz genügt nicht (OLG Köln JR 1970, 468 (470) mablAnm Schröder). Es reicht jede mit den Tathandlungen unmittelbar oder mittelbar (dazu OLG Hamm NJW 1956, 602) verbundene **Bereicherung** (BGHSt 34, 299 = NJW 1987, 2243); daran fehlt es, wenn der Täter durch die Tathandlungen nur einen ihm zustehenden Anspruch durchsetzen will (BayObLG StV 1995, 29; Otto StrafR BT § 71 Rn. 25; Rengier StrafR BT II § 37 Rn. 27; Hoyer in SK-StGB Rn. 34; Paul ZIS 2012, 11 (27)); Kenntnis des Gehilfen von der Bereicherungsabsicht des Täters ist erforderlich (BGHSt 53, 34 (38) = NJW 2009, 1518; Heine/Schuster in Schönke/Schröder Rn. 44; aM Hoyer in SK-StGB Rn. 36, § 28 II-Anwendung). **Schädigung** ist jeder Nachteil, nicht nur der Vermögensschaden (RGSt 8, 187 (190)); er muss aus der Tat nach Abs. 1 oder Abs. 2 hervorgehen (Schröder JR 1970, 468 (471) zu § 272 aF). 11

9. Tateinheit mit § 267 liegt vor, wenn der Täter die Falschbeurkundung durch Vorlage einer gefälschten Urkunde (RGSt 61, 410) oder durch eine unter falschem Namen abgegebene Erklärung (RGSt 72, 226) bewirkt. Außerdem ist Tateinheit ua möglich mit §§ 169, 172 (OLG Hamm HESt 2, 328), mit § 269, mit Bannbruch (RGSt 70, 229) und mit Abgabenhinterziehung (OLG Köln NJW 1959, 1981), Tatmehrheit mit § 273. Über das Verhältnis zu § 348 → Rn. 7. Der Gebrauch durch den nach §§ 271 oder 348 strafbaren Täter steht zu der vorausgegangenen falschen Beurkundung (einschließlich Datenspeicherung) in demselben Konkurrenzverhältnis wie das Fälschen und Gebrauchen bei der Urkundenfälschung (BGH NStZ-RR 2019, 7; Zieschang in LK-StGB Rn. 109; → § 267 Rn. 27; str.). § 271 I, II wird von der Sonderregelung des § 95 II Nr. 2 AufenthG konsumiert (BGH NStZ 2010, 171 mit zust. Bespr. Satzger JK StGB § 27 Rn. 22). 12

§ 272 (weggefallen)

§ 273 Verändern von amtlichen Ausweisen

(1) **Wer zur Täuschung im Rechtsverkehr**

1. **eine Eintragung in einem amtlichen Ausweis entfernt, unkenntlich macht, überdeckt oder unterdrückt oder eine einzelne Seite aus einem amtlichen Ausweis entfernt oder**
2. **einen derart veränderten amtlichen Ausweis gebraucht,**

wird mit Freiheitsstrafe bis zu drei Jahren oder mit Geldstrafe bestraft, wenn die Tat nicht in § 267 oder § 274 mit Strafe bedroht ist.

(2) **Der Versuch ist strafbar.**

1. Die Vorschrift schützt das **staatliche Beweisführungsinteresse** mit amtlichen Ausweisen (BT-Drs. 13/8587, 66; Dannecker LdRerg 8/1770, S. 20; aM Erb in MüKoStGB Rn. 1; Hoyer in SK-StGB Rn. 1). Sie ist erst während des Gesetzgebungsverfahrens auf Vorschlag des Bundesrates aufgegriffen worden (BT-Drs. 13/9064, 20). Anlass waren Konstellationen, in denen Einreisende belastende Vermerke in amtlichen Ausweisen durch Manipulationen unterdrückten (BT-Drs. 13/8587, 66). Die Unterschrift soll die Lücke des § 274 schließen, der Ausweise 1

nach der Rspr. nicht erfasst, weil sie ausschließlich ihrem Inhaber „gehören" (→ § 274 Rn. 2).

2 **2. Amtlicher Ausweis** → § 275 Rn. 1.

3 **3.** Zu den **Tathandlungen** des **Abs. 1 Nr. 1** → § 274 Rn. 2; Unkenntlichmachen → § 134 Rn. 4. Entfernen ist das Löschen einer Eintragung oder das Entnehmen einer Seite (vgl. Hoyer in SK-StGB Rn. 7; sa OLG Köln NStZ 2010, 520). Überdecken ist das Verbergen der Eintragung (Hoyer in SK-StGB Rn. 7), zB durch Überkleben – **Abs. 1 Nr. 2** Gebrauchen → § 267 Rn. 23; → § 281 Rn. 3; praktische Bedeutung erhält diese Tathandlung in Fällen, in denen die vorangehende Manipulation im Ausland erfolgt ist, ohne dass das deutsche Strafrecht hierauf Anwendung finden konnte (BT-Drs. 13/9064, 51; Erb in MüKoStGB Rn. 5).

4 **4.** Der **Vorsatz** (bedingter genügt) muss namentlich die Beeinträchtigung des Gebrauchs des Ausweises als Beweismittel umfassen. **Zur Täuschung im Rechtsverkehr** → § 267 Rn. 25; sie muss sich darauf beziehen, dass die Manipulation verborgen oder der Eintragungsinhalt unbekannt bleibt (Hoyer in SK-StGB Rn. 8) und dieser nicht für die Entscheidung aus Sicht des Täters ohne Belang ist (AG Kehl ZAP EN-Nr 370/2021).

5 **5.** Die Vorschrift tritt hinter §§ 267, 274 zurück **(Subsidiarität).** Zum Verhältnis der Nr. 1 zur Nr. 2 → § 267 Rn. 27.

§ 274 Urkundenunterdrückung; Veränderung einer Grenzbezeichnung

(1) **Mit Freiheitsstrafe bis zu fünf Jahren oder mit Geldstrafe wird bestraft, wer**

1. **eine Urkunde oder eine technische Aufzeichnung, welche ihm entweder überhaupt nicht oder nicht ausschließlich gehört, in der Absicht, einem anderen Nachteil zuzufügen, vernichtet, beschädigt oder unterdrückt,**
2. **beweiserhebliche Daten (§ 202a Abs. 2), über die er nicht oder nicht ausschließlich verfügen darf, in der Absicht, einem anderen Nachteil zuzufügen, löscht, unterdrückt, unbrauchbar macht oder verändert oder**
3. **einen Grenzstein oder ein anderes zur Bezeichnung einer Grenze oder eines Wasserstandes bestimmtes Merkmal in der Absicht, einem anderen Nachteil zuzufügen, wegnimmt, vernichtet, unkenntlich macht, verrückt oder fälschlich setzt.**

(2) **Der Versuch ist strafbar.**

1 **1. Abs. 1 Nr. 1** schützt das **Recht, mit** (echten, hM; anders Lampe JR 1964, 14; Freund in MüKoStGB Rn. 4) **Urkunden und technischen Aufzeichnungen Beweis zu erbringen** (BGHSt 29, 192 = NJW 1980, 1174; ähnlich Dannecker LdRerg 8/1770, S. 15; Hoyer in SK-StGB Rn. 1; aM Kienapfel Jura 1983, 185 (187)).

2 **a)** Der **Urkundenbegriff** entspricht dem des § 267 (OLG Celle NJW 1960, 880; OLG Koblenz NStZ 1995, 50 (51)), der Begriff der technischen Aufzeichnung dem des § 268 II (OLG Düsseldorf MDR 1990, 73). **Gehören** ist nicht im Sinne von Eigentum zu verstehen; maßgebend ist vielmehr, wer an der Urkunde ein Be-

weisführungsrecht hat, dh nach bürgerlichem oder öffentlichem (str.) Recht die Herausgabe, die Vorlage oder das Bereithalten zur Einsichtnahme verlangen kann (BGHSt 29, 192 = NJW 1980, 1174; OLG Düsseldorf NJW 1985, 1231; BayObLG NJW 1990, 264; OLG Koblenz NStZ 1995, 50 (51); Freund Urkundenstraftaten Rn. 281; Hoyer in SK-StGB Rn. 4, 8); bloß öffentlich-rechtliche Vorlegungspflichten zur Erleichterung von Verwaltungs- und Überwachungsaufgaben begründen ein solches Recht der Behörde nicht (OLG Zweibrücken GA 1978, 316; OLG Düsseldorf MDR 1990, 73 mAnm Puppe NZV 1989, 478; Bottke JR 1991, 252; BayObLG NJW 1997, 1592 mit Bespr. Reichert StV 1998, 51; aM AG Elmshorn NJW 1989, 3295; Schneider NStZ 1993, 16; zw.). Pässe, Personalausweise und Führerscheine nebst den in ihnen enthaltenen Urkunden „gehören" ausschließlich dem Inhaber (BayObLG NJW 1990, 264; NJW 1997, 1592 mit krit. Bespr. Geppert JK StGB § 267 Rn. 14, zust. aber Reichert StV 1998, 51; OLG Hamm NStZ-RR 1998, 331; Zieschang in LK-StGB Rn. 10–12, der für amtliche Ausweise auf § 273 verweist); die dadurch entstehende Strafbarkeitslücke wird durch § 273 geschlossen (BT-Drs. 13/9064, 20). Näher zur Entstehung eines fremden Beweisführungsrechts und dem Verlust der Verfügungsbefugnis des Ausstellers Küper/Zopfs StrafR BT Rn. 546–549. **Vernichten,** das gleichbedeutend mit Zerstören ist (zB durch Entfernen oder Zerstören des fest mit der Ware verbundene Etikett mit dem Strichcode der GTIN-13 für Barscanner, OLG Karlsruhe JuS 2019, 819 mit Bespr. Hecker), und **Beschädigen** (→ § 303 Rn. 3–7) erfordern hier eine Beeinträchtigung der Brauchbarkeit zu Beweiszwecken (OLG Düsseldorf NJW 1983, 2341 mAnm Puppe JR 1983, 429; Küper/Zopfs StrafR BT Rn. 541); wird der gedankliche Inhalt verändert, so können zugleich die §§ 267, 268 verwirklicht sein (Rengier StrafR BT II § 36 Rn. 6; speziell zu einschlägigen Manipulationen an Parkscheinen Hecker JuS 2002, 224 (226) und an entwerteten Fahrkarten Schroeder JuS 1991, 301; Ranft Jura 1993, 84; Freund Urkundenstraftaten Rn. 287; speziell zu Antiblitzfolien verneinend BayObLG NZV 1999, 213; Lampe JR 1998, 304). **Unterdrücken** setzt voraus, dass der Berechtigte – sei es auch nur vorübergehend – an der Benutzung der Urkunde als Beweismittel gehindert wird (OLG Düsseldorf NStZ 1981, 25 (26); OLG Koblenz NStZ 1995, 50 (51)). Das gilt etwa für die Staatsanwaltschaft, wenn die Ermittlungsakten nicht zurückgegeben werden (BGH NStZ-RR 2011, 276; NStZ-RR 2012, 343; wobei umstr ist, ob bereits die intendierte Vereitelung des Strafanspruchs eine Nachteilszufügungsabsicht begründet; dazu Zieschang HRRS 2013, 49). Erfasst wird auch das Entfernen des informierenden Zettels, der nach einem Unfall unter dem Scheibenwischer des beschädigten Wagens angebracht wird (OLG Celle NJW 1966, 557; BayObLG NJW 1968, 1896), ebenso das Verhindern der Anbringung des Zettels (AG Karlsruhe NJW 2000, 87); nicht aber das Entfernen eines Preisschildes von einer Ware und Anbringen an einer anderen im selben Geschäft (OLG Hamm NJW 1968, 1894 mAnm Peters; aM OLG Köln NJW 1973, 1807); auch nicht das Versehen eines Kraftfahrzeugskennzeichens mit Antiblitzfolie (Krack NStZ 2000, 423; aM Heine/Schuster in Schönke/Schröder Rn. 10), ebenfalls nicht das „Blenden" einer Verkehrsüberwachungsanlage (OLG München NJW 2006, 2132 mit zust. Bespr. Kudlich JA 2007, 72; Geppert JK StGB § 303 Rn. 5), wohl aber das Überkleben des Kfz-Nummernschildes mit anderen Buchstaben und gelber Folie (OLG Frankfurt NStZ 2020, 619).

b) Der **Vorsatz** (bedingter genügt) muss namentlich die Beeinträchtigung des Gebrauchs als Beweismittel umfassen. 3

4 **c)** Nach der Rspr. soll die **Rechtswidrigkeit** trotz Einwilligung des Berechtigten nicht ausgeschlossen sein, wenn die Tat sittenwidrig ist (BGHSt 6, 251 = NJW 1954, 1495; ebenso Heine/Schuster in Schönke/Schröder Rn. 11; Fischer Rn. 10; anders → Vor § 32 Rn. 18; zw.). Eine Rechtfertigung nach § 34 scheidet auch zur Abwendung eines materiell unberechtigten Prozessverlustes aus, weil angemessenes Mittel (§ 34 S. 2) die Beschreitung des Rechtsweges ist (Hoyer in SK-StGB Rn. 26; Maier in Matt/Renzikowski Rn. 31).

5 **2. Abs. 1 Nr. 2** schützt das **Recht, mit bestimmten Daten Beweis zu erbringen.** – **Beweiserhebliche Daten** sind nur solche, die iSd § 269 (→ § 269 Rn. 2) urkundengleiche Beweisfunktion haben (OLG Nürnberg StraFo 2013, 261; Hilgendorf JuS 1997, 323 (325); Otto StrafR BT § 72 Rn. 9; Freund in MüKoStGB Rn. 32; Puppe/Schumann in NK-StGB Rn. 8; offengelassen, aber iE bejaht für das Auslösen einer Zahlung im POS-Verfahren ohne Abfrage der PIN, OLG Hamm NStZ 2020, 673; aM Lenckner/Winkelbauer CR 1986, 824 (827); Schulze-Heiming, Der strafrechtliche Schutz der Computerdaten gegen die Angriffsformen der Spionage, Sabotage und des Zeitdiebstahls, 1995, S. 229; Hoyer in SK-StGB Rn. 18; Heine/Schuster in Schönke/Schröder Rn. 22c). Das folgt einerseits daraus, dass in § 269 I das Merkmal „beweiserheblich" für sich betrachtet konturlos ist und seinen Bedeutungsgehalt erst aus der Gleichstellung mit der Urkunde bezieht, und andererseits aus dem weiteren Umstand, dass auch in Abs. 1 Nr. 1 nur Urkunden, also keine Beweismittel geringeren Ranges, geschützt werden. – Die Verweisung auf § 202a II schränkt auf Daten ein, die **nicht unmittelbar wahrnehmbar** gespeichert sind oder übermittelt werden (→ § 202a Rn. 2). Das Merkmal **„verfügen dürfen"** deckt sich inhaltlich mit „gehören" nach Abs. 1 Nr. 1. – Zu den **Tathandlungen** (Löschen usw) → § 303a Rn. 3.

6 **3. Abs. 1 Nr. 3** schützt **Grenz- und Wasserstandsmerkmale** ohne Rücksicht auf Eigentum oder sonstige Rechte an dem Merkmal auch dann, wenn sie tatsächlich an falscher Stelle stehen. **Wegnehmen** deckt sich nicht mit § 242 I; es genügt jedes Entfernen des Merkmals von der Stelle, für welche es von dem hierzu Befugten als Beweiszeichen bestimmt wurde (Laubenthal JA 1990, 38 (43)).

7 **4.** Für die **Absicht** (→ § 15 Rn. 20) der Nachteilszufügung genügt hier unbedingter Vorsatz (BGH bei Dallinger MDR 1958, 140; OLG Hamburg NJW 1964, 736 (737); OLG Köln VRS 50, 421; Küper/Zopfs StrafR BT Rn. 396, Wissentlichkeit; aM Hoyer in SK-StGB Rn. 17 „darauf ankommen"; Puppe/Schumann in NK-StGB Rn. 12, sogar bedingter Vorsatz; abw. Freund Urkundenstraftaten Rn. 297, der auf die Funktion des Verhaltens abstellt). **Nachteil** ist jede Beeinträchtigung fremder Beweisführungsrechte (BGHSt 29, 192 = NJW 1980, 1174; OLG Zweibrücken NStZ 2000, 201; AG Koblenz wistra 1999, 397; Dannecker LdRerg 8/1770, S. 17; aM Hoyer in SK-StGB Rn. 15), nicht nur der Vermögensschaden; der Nachteil muss nicht den Beweisführungsberechtigten treffen (Puppe/Schumann in NK-StGB Rn. 14). Durch Vereitelung straf- oder ordnungsrechtlicher Maßnahmen wird kein „anderer" benachteiligt (BGH NStZ 2016, 351; OLG Zweibrücken GA 1978, 316; BayObLG NZV 1989, 81; OLG Düsseldorf MDR 1990, 73 mAnm Puppe NZV 1989, 478; Bottke JR 1991, 252; speziell für Antiblitzbuchstaben Krack NStZ 2000, 423, für Parkscheine Hecker JuS 2002, 224 (226); aM AG Elmshorn NJW 1989, 3295; Schneider NStZ 1993, 16; Puppe/Schumann in NK-StGB Rn. 14).

5. Abs. 1 Nr. 1, 3 treten hinter den §§ 267, 268 zurück **(Konsumtion),** wenn die Tathandlung nur Mittel zur Hervorbringung eines neuen (unechten) Beweisinhalts ist (BGH NStZ-RR 2020, 176 mAnm Fahl; Kretschmer JR 2020, 489; Bespr. Jäger JA 2020, 310; Wessels/Hettinger/Engländer StrafR BT I Rn. 898; aM Kienapfel Jura 1983, 185 (196); Geppert Jura 1988, 158 (160); Lindemann NStZ 1998, 23; Heinrich in Krey/Hellmann/Heinrich StrafR BT I Rn. 985; diff. Puppe/Schumann in NK-StGB Rn. 18). Auch hinter § 242 treten sie idR zurück, weil die Schädigungsabsicht in der Zueignungsabsicht notwendig eingeschlossen ist (Joecks/Jäger StGB Rn. 27; Heine/Schuster in Schönke/Schröder Rn. 20; aM Zieschang in LK-StGB Rn. 68–72; Hoyer in SK-StGB Rn. 28); § 246 ist ausdrücklich subsidiär (→ § 246 Rn. 14; Wagner FS Grünwald, 1999, 797 (808)). § 303 konsumieren sie (Dingler JA 2004, 810 (812); diff. Freund in MüKoStGB Rn. 75). Entsprechendes gilt für Abs. 1 Nr. 2 im Hinblick auf die §§ 269, 303a (im Verhältnis zu § 269 diff. Schulze-Heiming, Der strafrechtliche Schutz der Computerdaten gegen die Angriffsformen der Spionage, Sabotage und des Zeitdiebstahls, 1995, S. 249). 8

§ 275 Vorbereitung der Fälschung von amtlichen Ausweisen; Vorbereitung der Herstellung von unrichtigen Impfausweisen

(1) **Wer eine Fälschung von amtlichen Ausweisen vorbereitet, indem er**

1. **Platten, Formen, Drucksätze, Druckstöcke, Negative, Matrizen oder ähnliche Vorrichtungen, die ihrer Art nach zur Begehung der Tat geeignet sind,**
2. **Papier, das einer solchen Papierart gleicht oder zum Verwechseln ähnlich ist, die zur Herstellung von amtlichen Ausweisen bestimmt und gegen Nachahmung besonders gesichert ist, oder**
3. **Vordrucke für amtliche Ausweise**

herstellt, sich oder einem anderen verschafft, feilhält, verwahrt, einem anderen überläßt oder einzuführen oder auszuführen unternimmt, wird mit Freiheitsstrafe bis zu zwei Jahren oder mit Geldstrafe bestraft.

(1a) Wer die Herstellung eines unrichtigen Impfausweises vorbereitet, indem er in einem Blankett-Impfausweis eine nicht durchgeführte Schutzimpfung dokumentiert oder einen auf derartige Weise ergänzten Blankett-Impfausweis sich oder einem anderen verschafft, feilhält, verwahrt, einem anderen überlässt oder einzuführen oder auszuführen unternimmt, wird mit Freiheitsstrafe bis zu zwei Jahren oder mit Geldstrafe bestraft.

(2) **Handelt der Täter gewerbsmäßig oder als Mitglied einer Bande, die sich zur fortgesetzten Begehung von Straftaten nach Absatz 1 verbunden hat, so ist die Strafe Freiheitsstrafe von drei Monaten bis zu fünf Jahren.**

(3) **§ 149 Abs. 2 und 3 gilt entsprechend.**

Fassung: Abs. 1a eingefügt durch G zur Änderung des Infektionsschutzgesetzes om 22.11.2021 (BGBl. I 4906), in Kraft getreten am 24.11.2021 (vgl. BT-Drs. 20/15).

1. Amtliche Ausweise sind ausschließlich oder neben anderen Zwecken auch zur Ermöglichung des Identitätsnachweises ausgestellte amtliche Urkunden, namentlich Pässe, Personal-, Dienst- und Studentenausweise, auch Führerscheine (OLG Hamm VRS 5, 619; Puppe/Schumann in NK-StGB Rn. 4), nicht dagegen Kraftfahrzeugbriefe und -scheine (OLG Koblenz VRS 55, 428; Zieschang in LK- 1

StGB Rn. 3), für die aber über § 276a der § 275 doch Anwendung findet (Erb in MüKoStGB Rn. 3); für den internen Dienstgebrauch bestimmte Identifizierungsmittel wie zB BahnCard oder Bibliotheksausweis sind nicht erfasst (Hoyer in SK-StGB § 273 Rn. 3). Die amtlichen Ausweise sind hier nur gegen die **Vorbereitung ihrer Fälschung** geschützt, während die Fälschung selbst unter § 267 fällt (OLG Köln NStZ 1994, 289; Fischer Rn. 3). Der neue **Abs. 1a** erfasst seit dem 24. 11. 2021 bestimmte Vorbereitungshandlungen für die sog. **Impfpass-Fälschung,** wie sie in der Corona-Pandemie massenhaft vorgekommen ist und bis zur Reform der §§ 275 ff. nicht angemessen erfasst werden konnte (zu der Reform Zieschang ZfIStW 2022, 140; Wolf ZfIStW 2022, 146; zur Kritik an der vorherigen Rechtslage für sog. Impfpass-Fälschungen vgl. Gaede/Krüger NJW 2021, 2159; Weigend/Hoven KriPoZ 2021, 343; Lorenz medstra 2021, 210).

2 **2. a)** Die **Vorbereitungshandlungen in Abs. 1** decken sich weitgehend mit denen für die Geld- oder Wertzeichenfälschung nach § 149 I (→ § 149 Rn. 2–5; näher zum Verschaffen BGH NStZ-RR 2012, 50); zum Einführen und Ausführen → § 184 Rn. 5 (näher Puppe/Schumann in NK-StGB Rn. 10). Zur besseren Bekämpfung ua des organisierten Kraftfahrzeugdiebstahls (BT-Drs. 12/6853, 28; König/Seitz NStZ 1995, 1 (4)) sind in der Neufassung als Tatobjekte auch Vordrucke (Nr. 3) und als Tathandlung das Unternehmen der Ein- und Ausfuhr erfasst. **Vordrucke** (auch für ausländische Ausweispapiere) sind Schriftstücke, die zur Vervollständigung durch Einzelangaben bestimmt sind. Sie können teilausgefüllt, dürfen aber nicht vollständig ausgefüllt sein, weil dann § 276 eingreift (BT-Drs. 12/6853, 29; Puppe/Schumann in NK-StGB Rn. 8). – **Unternehmen** (§ 11 I Nr. 6, → § 11 Rn. 19) **zur Ein- und Ausfuhr** → § 184 Rn. 5.

2a **b) Abs. 1a** erfasst als **Tatobjekte Blankett-Impfausweise,** auf denen zumindest eine tatsächlich nicht durchgeführte Schutzimpfung (insbes., aber nicht nur gegen das Corona-Virus) dokumentiert wird oder bereits ist. Durch die Abs. 1 entsprechenden **Tathandlungen** in Bezug auf einen solcherart veränderten Blankett-Impfausweis muss die **Herstellung** eines **unrichtigen Impfausweises vorbereitet** werden, etwa indem das Blankett einer Person übergeben wird, die ihren Namen darin einträgt und so einen Impfausweis erhält, der in Wirklichkeit nicht durchgeführte Schutzimpfungen nach außen hin dokumentiert.

3 **3.** Zu **Abs. 2** → § 260 Rn. 2–5. Zu **Abs. 3** → § 149 Rn. 6.

4 **4.** § 275 tritt hinter § 267 zurück (OLG Köln NStZ 1994, 289, Subsidiarität; ebenso Dannecker LdRerg 8/1770, S. 21; aM Heine/Schuster in Schönke/Schröder Rn. 7, Tateinheit möglich; ähnlich Puppe/Schumann in NK-StGB Rn. 13).

§ 276 Verschaffen von falschen amtlichen Ausweisen

(1) **Wer einen unechten oder verfälschten amtlichen Ausweis oder einen amtlichen Ausweis, der eine falsche Beurkundung der in den §§ 271 und 348 bezeichneten Art enthält,**
1. einzuführen oder auszuführen unternimmt oder
2. in der Absicht, dessen Gebrauch zur Täuschung im Rechtsverkehr zu ermöglichen, sich oder einem anderen verschafft, verwahrt oder einem anderen überläßt,

wird mit Freiheitsstrafe bis zu zwei Jahren oder mit Geldstrafe bestraft.

(2) **Handelt der Täter gewerbsmäßig oder als Mitglied einer Bande, die sich zur fortgesetzten Begehung von Straftaten nach Absatz 1 verbunden hat, so ist die Strafe Freiheitsstrafe von drei Monaten bis zu fünf Jahren.**

1. Falsche amtliche Ausweise (auch ausländische; BGH NJW 2000, 3148; StV 2019, 601) sind neben gefälschten und verfälschten auch falsch beurkundete Ausweise. Die **falsche Beurkundung** kann mit und ohne Wissen des Amtsträgers erfolgt sein; es genügt jede objektiv unrichtige Beurkundung nach §§ 271, 348 (BT-Drs. 12/6853, 29; Hoyer in SK-StGB Rn. 2). Allerdings müssen die Papiere von einer tatsächlich existierenden hoheitlichen Stelle ausgegeben sein (OLG Bamberg OLGSt StGB § 267 Nr. 17). 1

2. Die **Tathandlungen** der Nr. 1 entsprechen denen nach § 275 I (→ § 275 Rn. 2), die der Nr. 2 denen nach § 149 I (→ § 149 Rn. 4). 2

3. Nur Nr. 2 setzt neben dem Vorsatz eine **Absicht** voraus, den Gebrauch des falschen Ausweises zur Täuschung im Rechtsverkehr (→ § 267 Rn. 23, 25) zu ermöglichen (→ § 152a Rn. 3; aM Puppe/Schumann in NK-StGB Rn. 4, dolus eventualis genüge). 3

4. **Abs. 2** entspricht § 275 II (→ § 275 Rn. 3). 4

5. Tateinheit ua möglich mit § 263 (Fischer Rn. 7). Gegenüber §§ 267, 269, 273, 277 ist § 276, der Vorbereitungshandlungen erfasst, subsidiär (diff. Hoyer in SK-StGB Rn. 6). Ob der persönliche Strafausschließungsgrund des Art. 31 Genfer Flüchtlingskonvention (BGBl. 1953 II 559; dazu Heinrich FS Werle, 2022, 755) auch § 276 als typisches Begleitdelikt erfasst, ist fraglich (dafür AG Kehl AuA § 16, 140; dagegen LG Offenburg BeckRS 2017, 117375; sowie BVerfG NVwZ 2015, 361; OLG Bamberg NStZ 2015, 404 mit krit. Bespr. El-Ghazi/Fischer-Lescano StV 2015, 386 zu § 267). 5

§ 276a Aufenthaltsrechtliche Papiere; Fahrzeugpapiere

Die §§ 275 und 276 gelten auch für aufenthaltsrechtliche Papiere, namentlich Aufenthaltstitel und Duldungen, sowie für Fahrzeugpapiere, namentlich Fahrzeugscheine und Fahrzeugbriefe.

Fassung des Zuwanderungsgesetzes (→ Vor § 1 Rn. 15).

Aufenthaltsrechtliche Papiere sind Urkunden, die die aufenthaltsrechtliche Stellung einer Person mit konstitutiver oder deklaratorischer Wirkung dokumentieren (BT-Drs. 12/6853, 29; Puppe/Schumann in NK-StGB Rn. 3–5), zB die Aufenthaltstitel nach § 5 AufenthG, die EU-Aufenthaltserlaubnis oder die Bescheinigung über die Aufenthaltsgestattung nach § 63 AsylG (BGH NJW 1996, 2170 mAnm Puppe JR 1996, 424). Entsprechende ausländische Papiere sind erfasst, soweit sie in der Bundesrepublik Deutschland auf Grund zwischenstaatlicher Vereinbarungen wie zB dem Schengener Abkommen anerkannt werden; dies gilt auch für ausländische **Fahrzeugpapiere** (BT-Drs. 12/6853, 30; Hoyer in SK-StGB Rn. 4). 1

§ 277 Unbefugtes Ausstellen von Gesundheitszeugnissen

(1) **Wer zur Täuschung im Rechtsverkehr unter der ihm nicht zustehenden Bezeichnung als Arzt oder als eine andere approbierte Medizinalperson ein Zeugnis über seinen oder eines anderen Gesundheitszustand ausstellt, wird mit Freiheitsstrafe bis zu einem Jahr oder mit Geldstrafe bestraft, wenn die Tat nicht in anderen Vorschriften dieses Abschnitts mit schwererer Strafe bedroht ist.**

(2) [1]**In besonders schweren Fällen ist die Strafe Freiheitsstrafe von drei Monaten bis zu fünf Jahren.** [2]**Ein besonders schwerer Fall liegt in der Regel vor, wenn der Täter gewerbsmäßig oder als Mitglied einer Bande, die sich zur fortgesetzten Begehung von unbefugtem Ausstellen von Gesundheitszeugnissen verbunden hat, Impfnachweise oder Testzertifikate betreffend übertragbare Krankheiten unbefugt ausstellt.**

Fassung: Vorschrift neugefasst durch G zur Änderung des Infektionsschutzgesetzes v. 22.11.2021 (BGBl. I 4906), in Kraft getreten am 24.11.2021.

1 **1. Gesundheitszeugnisse** sind Erklärungen über die jetzige, frühere oder voraussichtliche künftige Gesundheit eines Menschen (OLG Stuttgart NJW 2014, 482; Schroth in Roxin/Schroth MedStrafR S. 255; auch sog. Masken-Atteste während der Corona-Pandemie, LG Frankfurt NStZ-RR 2021, 282), nicht über die Todesursache. Hierher gehören auch Krankenscheine (BGHSt 6, 90 = NJW 1954, 1334) und ärztliche Berichte über Blutalkoholuntersuchungen (BGHSt 5, 75 = NJW 1954, 82). Ein **Impfausweis** ist erst dann ein Gesundheitszeugnis, wenn er einen konkreten individualisierbaren Menschen erkennen lässt (OLG Bamberg NJW 2022, 556; zu den Folgen → § 267 Rn. 28). Erfasst wird nur die **formelle Fälschung,** nicht die inhaltliche Unrichtigkeit (krit. Puppe/Schumann in NK-StGB Rn. 6). Zum Fehlen einer vorherigen Untersuchung Wolfslast FS Roxin II, 2011, 1121. – De lege ferenda für Streichung von §§ 277, 279 und §§ 74 II, 75a IfSG bei gleichzeitiger Erweiterung von § 278 Zieschang ZIS 2021, 481.

2 **2. Ärzte** § 13 BÄO. Die approbierten Medizinalpersonen entsprechen iErg dem von § 203 I Nr. 1 erfassten Kreis der Heilpersonen (→ § 203 Rn. 2).

3 **3.** Die bisherige tatbestandliche Struktur als zweiaktiges Delikt (dazu Woelk, Täterschaft bei zweiaktigen Delikten, 1994, S. 121, 154, 166) ist mit der Reform aufgegeben worden. Seither ist § 277 in Anmlehnung an § 267 als **einaktiges Delikt** ausgestaltet, bei dem es asureicht, dass der Täter das Zeugnis ausstellt, während es nicht mehr darauf ankommt, dass er von dem Zeugnis auch Gebrauch macht (BT-Drs. 20/15, 34). Der Vorschrift unterfallen künftig nur noch Konstellationen des unbefugten Ausstellens von Gesundheitszeugnissen. Die Strafbarkeit der Herstellung eines unechten Gesundheitszeugnisses, derVerfälschung eines echten Gesundheitszeugnisses und des Gebrauchs eines unechten oder verfälschten Zeugnisses richtet sich künftig ausschließlich nach den §§ 267 und 269 (BT-Drs. 20/15, 34).

4 **4.** Mit der Ausweitung auf die Täuschung des Recshtverkehrs kommt es seit dem 24.11.2021 nicht mehr darauf an, dass Behörden (→ § 11 Rn. 20; sa BGH NJW 1963, 1318), auch als Arbeitgeber (Peglau NJW 1996, 1193; aM Hoyer in SK-StGB Rn. 16), und Versicherungsgesellschaften (BGHSt 6, 90 = NJW 1954, 1334) getäuscht werden sollen. Erfasst ist damit nunmehr etwa auch eine privat-

rechtlich organisierte Begutachtungsstelle für Kraftfahreignung (anders zum alten Recht OLG Stuttgart NJW 2014, 482).

5. Abs. 2 enthält seit der Neufassung nunmehr **zwei Regelbeispiele eines besonders schweren Falles. Gewerbsmäßig** (→ Vor § 52 Rn. 20)); **Bandenmäßig** (→ § 244 Rn. 6). 4a

6. § 277 verdrängte bis zur Neufassung § 267 (OLG Bamberg NJW 2022, 556; Wolf ZfIStW 2022, 146 (155)); inmit der Aufnahme einer formellen Subsidiaritätsklausel in Abs. 1 aE gegenüber mit schwerer Strafe bedrohten Taten gem. §§ 267 ff. hat sich dies angesichts der höheren Strafdrohung in § 267 erledigt. – **Tateinheit** ua möglich mit §§ 132a, 263. 5

§ 278 Ausstellen unrichtiger Gesundheitszeugnisse

(1) **Wer zur Täuschung im Rechtsverkehr als Arzt oder andere approbierte Medizinalperson ein unrichtiges Zeugnis über den Gesundheitszustand eines Menschen ausstellt, wird mit Freiheitsstrafe bis zu zwei Jahren oder mit Geldstrafe bestraft.**

(2) [1]**In besonders schweren Fällen ist die Strafe Freiheitsstrafe von drei Monaten bis zu fünf Jahren.** [2]**Ein besonders schwerer Fall liegt in der Regel vor, wenn der Täter gewerbsmäßig oder als Mitglied einer Bande, die sich zur fortgesetzten Begehung von unrichtigem Ausstellen von Gesundheitszeugnissen verbunden hat, Impfnachweise oder Testzertifikate betreffend übertragbare Krankheiten unrichtig ausstellt.**

Fassung: Vorschrift neugefasst durch G zur Änderung des Infektionsschutzgesetzes v. 22.11.2021 (BGBl. I 4906), in Kraft getreten am 24.11.2021.

1. Die Vorschrift erfasst einen Spezialfall der **schriftlichen Lüge** (zusf. Jung in Jung/Meiser/Müller, Aktuelle Probleme und Perspektiven des Arztrechts, 1989, S. 76; Gercke MedR 2008, 592); geschützt ist das Allgemeininteresse an **wahrheitsbasierten Entscheidungen** von Behörden und Versicherungen (Schumann GS Tröndle, 2019, 483 (497)) bzw. seit der Erweiterung allg. im Rechtsverkehr. Die Eigenschaft als **Arzt oder andere Medizinalperson** (→ § 277 Rn. 2) ist, wie die erhöhte Strafdrohung gegenüber §§ 277, 279 ergibt, besonderes persönliches Merkmal nach § 28 I (Schroth in Roxin/Schroth MedStrafR S. 255; Schünemann in LK-StGB § 28 Rn. 55). 1

2. a) Das Gesundheitszeugnis (→ § 277 Rn. 1) muss formell echt, aber **inhaltlich unrichtig** sein, dh in irgendeinem wesentlichen Punkt den Tatsachen oder medizinischen Erfahrungen oder Erkenntnissen widersprechen (schriftliche Lüge, Zieschang in LK-StGB Rn. 6; Dannecker LdRerg 8/1770, S. 23; Schroth in Roxin/Schroth MedStrafR S. 257). Danach ist je nach seinem ausdrücklichen oder konkludenten Aussagegehalt uU auch unrichtig das iErg zutreffende Zeugnis, das falsche Einzelbefunde (BGHSt 10, 157 = NJW 1957, 718), Befunde ohne pflichtmäßige Untersuchung (BGHSt 6, 90 = NJW 1954, 1334; BGH NStZ-RR 2007, 343 (344); OLG Oldenburg ArztR 2021, 191: Attestierung eines schweren psychischen Traumas infolge eines Coronatests aufgrund einer einzigen Behandlungssitzung; OLG Frankfurt a. M. StV 2006, 471 (472); OLG Zweibrücken JR 1982, 294 mkritAnm Otto; aM Hoyer in SK-StGB Rn. 2; Puppe/Schumann in NK- 2

StGB Rn. 2; diff. Gercke MedR 2008, 592 (593)) oder sonstige Ermittlung (OLG Düsseldorf MDR 1957, 372) oder tatsächlich nicht erfolgte Behandlungen (OLG Stuttgart NJW 2014, 482) wiedergibt (zusf. Jung in Jung/Meiser/Müller, Aktuelle Probleme und Perspektiven des Arztrechts, 1989, S. 78). Das gilt auch für Rezepte, weil diese gegenüber dem Kostenträger gesundheitsrelevante Daten mitteilen (LG Köln medstra 2017, 127). Angesichts der Corona-Pandemie relevant ist dies für Atteste, dass aus medizinischen Gründen keine Maske getragen werden kann (nach OLG Celle GesR 2022, 515, strafbar schon nach § 278 aF), und für durch medizinisches Personal (dh nicht Lehrer oder Eltern in Bezug auf Schulkinder) fälschlich als negativ bescheinigte Corona-Tests, die entweder positiv waren oder nicht stattgefunden hatten.

3 **b)** Die bis zum 23.11.2021 erforderliche Zweckbestimmung zum Gebrauch bei einer Behörde usw (→ § 277 Rn. 4), bei welcher der Arzt auch angestellt sein kann (BGHSt 10, 157 = NJW 1957, 718), brauchte dem Zeugnis nicht vom Arzt selbst beigelegt zu sein, konnte vielmehr von jedem iwS Beteiligten ausgehen. Bei Attesten und Bescheinigungen im Kontext der Corona-Pandemie ist dies nur der Fall, wenn die Bescheinigung etwa gegenüber der Polizei oder einer Schule benutzt werden soll, nicht auch wenn es nur um die Ermöglichung der Nutzung einer privaten Einrichtung (zB Restaurant, Kaufhaus) geht. Mit der Ersetzung durch das allg. Ziel einer **Täuschung im Rechtsverkehr** (→ § 267 Rn. 25) genügt nunmehr, dass das Gesundheitszeugnis im Rechtsverkehr als Beweismittel eingesetzt werden kann.

4 **c) Vollendet** ist die Tat erst, wenn der Täter das Zeugnis „ausgestellt", dh nicht nur intern angefertigt, sondern sich seiner – etwa durch Übergabe an einen Empfänger oder zur Absendung an die Arzthilfe – entäußert hat (Ulsenheimer/Gaede ArztStrafR Rn. 390; Hoyer in SK-StGB Rn. 4; Zieschang in LK-StGB Rn. 13; aM Erb in MüKoStGB Rn. 5). Eine bloße Aktennotiz genügt daher nicht; umgekehrt muss es nicht zum Gebrauch im Rechtsverkehr kommen.

5 **3.** Mit der Streichung des Erfordernisses eines Handelns wider besseren Wissens ist im Hinblick auf die inhaltliche Unrichtigkeit bedingter Vorsatz nunmehr ausreichend. Die Zweckbestimmung setzt entweder zielgerichtetes Wollen des Gebrauchs oder im Sinne bedingten Vorsatzes mindestens die Vorstellung voraus, dass es einem anderen iwS Beteiligten auf den Gebrauch ankommt (ähnlich Zieschang in LK-StGB Rn. 12; aM Puppe/Schumann in NK-StGB Rn. 4). Geht der Arzt von der Richtigkeit des von ihm erstellten Gesundheitszeugnisses aus, befindet er sich im Tatbestandsirrtum nach § 16 I (Schroth in Roxin/Schroth MedStrafR S. 259).

5a **4. Abs. 2** enthält in Anlehnung an § 277 II nunmehr zwei **Regelbeispiele eines besonders schweren Falles** (näher → § 277 Rn. 4a).

6 **5.** Die Vorschrift wird von § 348 verdrängt (Dannecker LdRerg 8/1770, S. 23; aM Puppe/Schumann in NK-StGB Rn. 6, Tateinheit möglich). **Tateinheit** ua möglich mit §§ 133, 136 I, 258 (OLG Oldenburg NJW 1955, 761).

§ 279 Gebrauch unrichtiger Gesundheitszeugnisse

Wer zur Täuschung im Rechtsverkehr von einem Gesundheitszeugnis der in den §§ 277 und 278 bezeichneten Art Gebrauch macht, wird mit Freiheitsstrafe bis zu einem Jahr oder mit Geldstrafe bestraft, wenn die Tat nicht in anderen Vorschriften dieses Abschnitts mit schwererer Strafe bedroht ist.

Fassung: Vorschrift neugefasst durch G zur Änderung des Infektionsschutzgesetzes v. 22.11.2021 (BGBl. I 4906), in Kraft getreten am 24.11.2021.

1 **1.** Das Zeugnis muss objektiv falsch (§ 277) oder objektiv unrichtig (§ 278) sein. Ob der Vortäter mit Fälschungsvorsatz oder wider besseres Wissen gehandelt hat, ist unerheblich (str.).

2 **2.** Bedingter **Vorsatz** genügt. **Zur Täuschung im Rechtsverkehr** (→ § 267 Rn. 25) bedeutet wie nach bisherigme Recht „Um zu" Absicht (im Sinne zielgerichteten Wollens, → § 15 Rn. 20) der Täuschung über den Gesundheitszustand (Hoyer in SK-StGB Rn. 4; Heine/Schuster in Schönke/Schröder Rn. 3; weiter Zieschang in LK-StGB Rn. 4; aM Puppe/Schumann in NK-StGB Rn. 5; str.). Seit der Neufassung beschränkt sich die Täuschung nicht mehr auf Behörden und Versicherungsgesellschaften, sondern bezieht wie in § 267 den gesamten Rechtsverkehr ein; erfasst ist damit insbesondere auch die Vorlage eines Gesundheitszeugnisses in der Apotheke.

3 **3.** Im Verhältnis zu §§ 277, 278 ist die Tat idR mitbestrafte Nachtat (→ Vor § 52 Rn. 32). Dies gilt unabhängig von der neuen **Sudisdiaritätsklausel** gegenüber allen mit schwerer Strafe bedrohten Taten der §§ 267 ff., so dass auch ein sehr viel späteres Gebrauchmachen von dem Zeugnis erfasst ist.

§ 280 (weggefallen)

§ 281 Mißbrauch von Ausweispapieren

(1) [1]**Wer ein Ausweispapier, das für einen anderen ausgestellt ist, zur Täuschung im Rechtsverkehr gebraucht, oder wer zur Täuschung im Rechtsverkehr einem anderen ein Ausweispapier überläßt, das nicht für diesen ausgestellt ist, wird mit Freiheitsstrafe bis zu einem Jahr oder mit Geldstrafe bestraft.** [2]**Der Versuch ist strafbar.**

(2) **Einem Ausweispapier stehen Gesundheitszeugnisse sowie solche Zeugnisse und andere Urkunden gleich, die im Verkehr als Ausweis verwendet werden.**

Fassung: Abs. 2 erweitert durch G zur Änderung des Infektionsschutzgesetzes v. 22.11.2021 (BGBl. I 4906), in Kraft getreten am 24.11.2021.

1 **1. Der Ausweis muss echt sein.** Ist er gefälscht, so gilt nur § 267 (BGH NJW 1957, 472; OLG Bremen StV 2002, 552; aM Hoyer in SK-StGB Rn. 4, 7). Ist er echt, aber inhaltlich unrichtig beurkundet, so kommen §§ 271, 273 in Frage.

2 **2. Ausweispapiere** → § 275 Rn. 1; Führerscheine sind Ausweise auch noch nach Entfernen des Photos (OLG Hamm VRS 5, 519); erfasst ist zB auch der Be-

hindertenparkausweis (OLG Stuttgart NJW-Spezial 2013, 729). Gleichgestellte Urkunden (Abs. 2) sind neben den zum 24.11.2021 aufgenommenen Gesundheitszeugnissen (→ § 277 Rn. 1) nur solche, die üblicherweise im Verkehr zum Nachweis der Identität des Inhabers verwendet werden (Dannecker LdRerg 8/1770, S. 21; Hoyer in SK-StGB Rn. 3; einschr. Puppe/Schumann in NK-StGB Rn. 12), also zB Arbeitsbuch, Werksausweis, Geburtsurkunde, Taufschein, Diplom, Sozialversicherungsausweis (aM LG Dresden NZV 1998, 218 (219) mablAnm Saal), aber wohl nicht die Kredit- und die Scheckkarte (Steinhilper GA 1985, 114 (130); gegen die Einbeziehung nichtamtlicher Urkunden Hecker GA 1997, 525 (531), Rengier StrafR BT II § 38 Rn. 6; Puppe/Schumann in NK-StGB Rn. 3, 13).

3 **3. Gebrauchen** bedeutet, das Papier der unmittelbaren Wahrnehmung des zu Täuschenden zugänglich machen (→ § 267 Rn. 23); auch durch Vorlage der Kopie oder elektronische Übersendung des Bildes eines echten Ausweises zur Identitätstäuschung kann ein Ausweispapier gebraucht werden (BGHSt 65, 98 = NJW 2020, 3260 mkritAnm Cornelius und krit. Bespr. Grabmeier ZIS 2021, 199 (unter Aufgabe von BGHSt 20, 17 = NJW 1964, 2427); BGH NStZ 2019, 675 mAnm Erb JR 2020, 445; Dehne-Niemann HRRS 2019, 409; Putzke/Prechtl ZJS 2019, 522; BGH NStZ-RR 2020, 106; anders noch BGH NStZ-RR 2020, 282 und Voraufl.). Ein Gebrauchen kann auch in der bloßen Untätigkeit gegenüber dem den Ausweis findenden Beamten liegen (OLG Hamm HESt 2, 331; einschr. Hecker GA 1997, 525 (534); aM Puppe/Schumann in NK-StGB Rn. 9). **Überlassen** werden kann auch der Ausweis eines Dritten (Hoyer in SK-StGB Rn. 5); zum Versuch des Überlassens reicht ein konkretes Übergabeangebot (KG NJW 1953, 1274).

4 **4. Zur Täuschung im Rechtsverkehr** → § 267 Rn. 25; jedoch muss eine Identitätstäuschung, dh die Erweckung des Irrtums bezweckt sein, dass der, für den die Urkunde gebraucht wird, mit dem durch sie Ausgewiesenen personengleich sei (BGHSt 16, 33 (34) = NJW 1961, 1123; BGH bei Holtz MDR 1982, 280; OLG Stuttgart NZV 2014, 483 mit Bespr. Hecker JuS 2014, 277; Metz NZV 2014, 503; Hecker GA 1997, 525 (537)).

5 **5.** Wer **als Täter** ein Ausweispapier überlässt, ist nicht zugleich wegen Beihilfe zum Gebrauchen strafbar (zur Täterschaft verselbständigte Beihilfe, Schmitt NJW 1977, 1811; → § 27 Rn. 12). Wer ein Ausweispapier gebraucht, ist entweder schon als notwendiger Teilnehmer (so Schmitt NJW 1977, 1811; zw.), mindestens aber unter dem Gesichtspunkt der mitbestraften Vortat (→ Vor § 52 Rn. 33) nicht zugleich wegen Anstiftung zum Überlassen strafbar.

6 **6.** Zum Verhältnis zu § 267 → Rn. 1. Tateinheit mit § 267 I Var. 3 oder § 269 ist aber möglich, wenn ein Gesundheitszeugnis verwendet wird, das gefälscht und zudem auf den Namen einer anderen Person ausgestellt ist (BT-Drs. 20/15, 35). Mit § 263 ist Tateinheit möglich; mit § 21 StVG (Fahren ohne Fahrerlaubnis) Tatmehrheit (VRS 30, 185; aM Puppe/Schumann in NK-StGB Rn. 15; Heine/Schuster in Schönke/Schröder Rn. 10, Idealkonkurrenz).

§ 282 Einziehung

[1]Gegenstände, auf die sich eine Straftat nach § 267, § 268, § 271 Abs. 2 und 3, § 273 oder § 276, dieser auch in Verbindung mit § 276a, oder nach § 279 bezieht, können eingezogen werden. [2]In den Fällen des § 275, auch in Verbindung mit § 276a, werden die dort bezeichneten Fälschungsmittel eingezogen.

Fassung: Durch das Vermögensabschöpfungsgesetz (→ Vor § 1 Rn. 18) wurde Abs. 1 gestrichen, so dass Abs. 2 als alleiniger Inhalt geblieben ist.

1 § 282 ist eine besondere Vorschrift iSd § 74 IV, welche die **Einziehung** über § 74 I hinaus zulässt und im Falle des § 275, auch iVm § 276a, vorschreibt. Die Voraussetzungen des § 74 II, III müssen daher erfüllt sein. § 74a ist nicht anwendbar. Zur Geltung des Verhältnismäßigkeitsgrundsatzes auch bei obligatorischer Einziehung (S. 2) → § 74b Rn. 1; dagegen Hoyer in SK-StGB Rn. 6; Puppe/Schumann in NK-StGB Rn. 9. Im Übrigen vgl. §§ 74–74c, 74e–76a.

24. Abschnitt. Insolvenzstraftaten

Vorbemerkung

1 Das EGInsO (→ Vor § 1 Rn. 13; zur Vorgeschichte der Insolvenzrechtsreform Uhlenbruck wistra 1996, 1) ersetzte die Überschrift des Abschnitts durch das Wort „Insolvenzstraftaten“. Entsprechende sprachliche Veränderungen wurden in § 283 I Nr. 1, VI und in § 283d I, IV vorgenommen (vgl. näher Uhlenbruck wistra 1996, 1 (2); Tiedemann in LK-StGB Rn. 10, 88). Diese Änderungen sind am 1.1.1999 in Kraft getreten; zu den Perspektiven des deutschen Insolvenzstrafrechts Ogiermann/Weber wistra 2011, 206. – Zur Versagung der Restschuldbefreiung nach § 290 InsO wegen einer Insolvenzstraftat nach §§ 283–283c vgl. BGH NJW 2003, 974 mit Bespr. Dohmen/Sinn KTS 2003, 205; Röhm DZWiR 2003, 143.

§ 283 Bankrott

(1) **Mit Freiheitsstrafe bis zu fünf Jahren oder mit Geldstrafe wird bestraft, wer bei Überschuldung oder bei drohender oder eingetretener Zahlungsunfähigkeit**

1. **Bestandteile seines Vermögens, die im Falle der Eröffnung des Insolvenzverfahrens zur Insolvenzmasse gehören, beiseite schafft oder verheimlicht oder in einer den Anforderungen einer ordnungsgemäßen Wirtschaft widersprechenden Weise zerstört, beschädigt oder unbrauchbar macht,**
2. **in einer den Anforderungen einer ordnungsgemäßen Wirtschaft widersprechenden Weise Verlust- oder Spekulationsgeschäfte oder Differenzgeschäfte mit Waren oder Wertpapieren eingeht oder durch unwirtschaftliche Ausgaben, Spiel oder Wette übermäßige Beträge verbraucht oder schuldig wird,**
3. **Waren oder Wertpapiere auf Kredit beschafft und sie oder die aus diesen Waren hergestellten Sachen erheblich unter ihrem Wert in einer den**

Anforderungen einer ordnungsgemäßen Wirtschaft widersprechenden Weise veräußert oder sonst abgibt,

4. **Rechte anderer vortäuscht oder erdichtete Rechte anerkennt,**
5. **Handelsbücher, zu deren Führung er gesetzlich verpflichtet ist, zu führen unterläßt oder so führt oder verändert, daß die Übersicht über seinen Vermögensstand erschwert wird,**
6. **Handelsbücher oder sonstige Unterlagen, zu deren Aufbewahrung ein Kaufmann nach Handelsrecht verpflichtet ist, vor Ablauf der für Buchführungspflichtige bestehenden Aufbewahrungsfristen beiseite schafft, verheimlicht, zerstört oder beschädigt und dadurch die Übersicht über seinen Vermögensstand erschwert,**
7. **entgegen dem Handelsrecht**
   a) **Bilanzen so aufstellt, daß die Übersicht über seinen Vermögensstand erschwert wird, oder**
   b) **es unterläßt, die Bilanz seines Vermögens oder das Inventar in der vorgeschriebenen Zeit aufzustellen, oder**
8. **in einer anderen, den Anforderungen einer ordnungsgemäßen Wirtschaft grob widersprechenden Weise seinen Vermögensstand verringert oder seine wirklichen geschäftlichen Verhältnisse verheimlicht oder verschleiert.**

(2) **Ebenso wird bestraft, wer durch eine der in Absatz 1 bezeichneten Handlungen seine Überschuldung oder Zahlungsunfähigkeit herbeiführt.**

(3) **Der Versuch ist strafbar.**

(4) **Wer in den Fällen**

1. **des Absatzes 1 die Überschuldung oder die drohende oder eingetretene Zahlungsunfähigkeit fahrlässig nicht kennt oder**
2. **des Absatzes 2 die Überschuldung oder Zahlungsunfähigkeit leichtfertig verursacht,**

wird mit Freiheitsstrafe bis zu zwei Jahren oder mit Geldstrafe bestraft.

(5) **Wer in den Fällen**

1. **des Absatzes 1 Nr. 2, 5 oder 7 fahrlässig handelt und die Überschuldung oder die drohende oder eingetretene Zahlungsunfähigkeit wenigstens fahrlässig nicht kennt oder**
2. **des Absatzes 2 in Verbindung mit Absatz 1 Nr. 2, 5 oder 7 fahrlässig handelt und die Überschuldung oder Zahlungsunfähigkeit wenigstens leichtfertig verursacht,**

wird mit Freiheitsstrafe bis zu zwei Jahren oder mit Geldstrafe bestraft.

(6) **Die Tat ist nur dann strafbar, wenn der Täter seine Zahlungen eingestellt hat oder über sein Vermögen das Insolvenzverfahren eröffnet oder der Eröffnungsantrag mangels Masse abgewiesen worden ist.**

1 **1.** Die Vorschrift schützt die **Gesamtheit der Gläubiger** vor Gefährdung oder Schmälerung ihrer Befriedigung (BGH NJW 2001, 1874, wonach aber auch bei Vorhandensein nur eines Gläubigers ein rechtlich geschütztes Interesse bestehen kann; zust. Krause NStZ 2002, 42; aM Krüger wistra 2002, 52); die Gestaltungsinteressen der Gläubiger sind auch nach der neuen InsO nur unselbständiger Bestandteil ihrer Befriedigungsinteressen (Dohmen/Sinn KTS 2003, 205 (209); Tiedemann in LK-StGB Vor § 283 Rn. 48, 88; Altenhain in Matt/Renzikowski

Rn. 1; aM Kindhäuser in NK-StGB Vor § 283 Rn. 18, 25, mitgeschütztes Rechtsgut; vgl. auch Hombrecher JA 2013, 541). Die Tat ist deshalb im Kern Vermögensdelikt (hM; vgl. Moosmayer, Einfluss der Insolvenzordnung 1999 auf das Insolvenzstrafrecht, 1997, S. 123; Himmelreich in Achenbach/Ransiek/Rönnau WirtschaftsStrafR-HdB Kap. VII 1 Rn. 2; Petermann in MüKoStGB Vor § 283 Rn. 11–19) und, soweit sie weder den Eintritt einer konkreten Gefahr noch eines Schadens voraussetzt, **abstraktes Gefährdungsdelikt** (→ Vor § 13 Rn. 32; BGH NStZ 2008, 401 (402); Mitsch StrafR BT II/2 § 5 Rn. 145; Otto StrafR BT § 61 Rn. 81; Kindhäuser in LPK-StGB Vor § 283 Rn. 4; einschr. Hoyer in SK-StGB Rn. 5; diff. Petermann in MüKoStGB Vor § 283 Rn. 34, di in§ 283 Rn. 3 ein konkretes Gefährdungsdelikt annimmt; sa Trüg/Habetha wistra 2007, 365 (370); zusf. Tiedemann in LK-StGB Rn. 2–7). Mitgeschützt ist neben dem Vermögen auch die Gesamtwirtschaft, die idR durch Insolvenzstraftaten in ähnlicher Weise wie beim Kreditbetrug (→ § 265b Rn. 1) mitbetroffen ist (hM zum bisherigen Recht; anders Höfner, Die Überschuldung als Krisenmerkmal des Konkursstrafrechts, 1981, S. 19, 83; Krause, Ordnungsgemäßes Wirtschaften und Erlaubtes Risiko, 1995, S. 171, 451; Penzlin, Strafrechtliche Auswirkungen der Insolvenzordnung, 2000, S. 31 mit Bespr. Wohlers/Kudlich ZStW 118 (2006), 717 (738); Hefendehl Kollektive Rechtsgüter S. 274; Erdmann, Die Krisenbegriffe der Insolvenztatbestände, 2007, S. 85; Dohmen/Sinn KTS 2003, 205 (211); Maurach/Schroeder/Maiwald/Hoyer/Momsen StrafR BT § 48 Rn. 8; wie hier nach neuem Recht BGH NJW 2001, 1874; Röhm, Zur Abhängigkeit des Insolvenzstrafrechts von der Insolvenzordnung, 2002, S. 72 mit Bespr. Wohlers/Kudlich ZStW 118 (2006), 717 (738); Bittmann/Brand, Insolvenzstrafrecht, 2. Aufl. 2017, 12 (25); Otto StrafR BT § 61 Rn. 81; Heine/Schuster in Schönke/Schröder Vor § 283 Rn. 2; aM Hoyer in SK-StGB Vor § 283 Rn. 6; dazu, dass dies auch bei der Privatinsolvenz der Fall ist, Tiedemann in LK-StGB Vor § 283 Rn. 54; aM Moosmayer, Einfluss der Insolvenzordnung 1999 auf das Insolvenzstrafrecht, 1997, S. 130). – Zur **Kriminologie** Tiedemann in LK-StGB Vor § 283 Rn. 11–29; zur „Statistik" Beck in Wabnitz/Janovsky WirtschaftsStrafR-HdB § 8 Rn. 79–86. – Zur Strafverfolgung wegen Insolvenzdelikten in der **COVID-19-Pandemie** vgl. Klose NZWiSt 2020, 333 (338): „Strafbarkeit wegen Bankrotts wurde durch das COVInsAG nicht unmittelbar betroffen". – **Rechtsvergleichend** Tiedemann in LK-StGB Vor § 283 Rn. 181–232.

2. a) Täter können, wie namentlich aus Abs. 6 folgt, nur **Schuldner** sein (echtes Sonderdelikt, → Vor § 13 Rn. 33; BGHSt 58, 115 = NJW 2013, 949 mAnm Kraatz JR 2013, 466; Floeth EWiR 2013, 427; Langer, Die Sonderstraftat, 2007, S. 436), dh Personen, die einem anderen – gleich aus welchem Rechtsgrund – zu einer vermögenswerten Leistung oder zur Duldung einer Zwangsvollstreckung (RGSt 68, 108) verpflichtet sind (Tiedemann in LK-StGB Vor § 283 Rn. 60; Hoyer in SK-StGB Vor § 283 Rn. 7). Soweit sich aus den Tathandlungen (Abs. 1 Nr. 5, 7) nichts anderes ergibt, kommen auch Nichtkaufleute in Frage; während jedoch bei ihnen früher das Konkursverfahren und damit die Alt. 2, 3 des § 283 VI de facto von nur untergeordneter Bedeutung waren (vgl. Tiedemann in LK-StGB Vor § 283 Rn. 11), ist es eine vom Gesetzgeber offensichtlich nicht bedachte und problematische Folge der Insolvenzrechtsreform, dass mit der Einbeziehung der Verbraucherinsolvenz in das Insolvenzverfahren (§§ 304ff. InsO) zugleich praktisch eine Erweiterung des Täterkreises auf Verbraucher verbunden ist (vgl. Bieneck StV 1999, 43; Richter in Müller-Gugenberger WirtschaftsStrafR Kap. 76 Rn. 47; Moosmayer, Einfluss der Insolvenzordnung 1999 auf das Insolvenzstrafrecht, 1997, 2

S. 63, 112, 172; Penzlin, Strafrechtliche Auswirkungen der Insolvenzordnung, 2000, S. 199, 208; Schramm wistra 2002, 55; Röhm, Zur Abhängigkeit des Insolvenzstrafrechts von der Insolvenzordnung, 2002, S. 252, 287; sowie Röhm ZInsO 2003, 535 (541), die daher mit guten Gründen de lege ferenda spezielle Strafnormen für die Verbraucherinsolvenz fordern); diese Bedenken ändern aber nichts an der grundsätzlichen Anwendbarkeit des § 283 auf Verbraucher-Schuldner (BGH NJW 2001, 1874 mit Bespr. Krause NStZ 2002, 42; Krüger wistra 2002, 52; Schramm wistra 2002, 55; Bittmann/Brand, Insolvenzstrafrecht, 2. Aufl. 2017, 12/24). Juristische Personen und Personenhandelsgesellschaften scheiden jedoch als Täter aus, weil die Strafdrohungen des Kriminalrechts sich allgemein nicht gegen sie richten. Abs. 6 schränkt den Täterkreis weiter ein (→ Rn. 26).

3 **b)** Die Schuldnereigenschaft, die sich bei Zahlungseinstellung nach dem wirklichen Sachverhalt, nicht einem ihm widersprechenden Schein bestimmt (hM; diff. Tiedemann in LK-StGB Vor § 283 Rn. 68–73), ist **besonderes persönliches Merkmal** nach § 28 I (BGHSt 58, 115 = NJW 2013, 949) und § 14 mit der Folge, dass auch die dort genannten **Organe und Vertreter** Täter sein können (zB GmbH-Geschäftsführer BGHSt 57, 229 = NJW 2012, 2366; → § 14 Rn. 2–15; zur Frage, ob nach der durch § 11 II Nr. 1 InsO erfolgten Erstreckung der Insolvenzfähigkeit auf Personenhandelsgesellschaften (Vuia in MüKoInsO § 11 Rn. 42 ff.) deren Gesellschafter nur iRd § 14 I Nr. 2 als Täter in Betracht kommen, vgl. Moosmayer, Einfluss der Insolvenzordnung 1999 auf das Insolvenzstrafrecht, 1997, S. 67; aber auch Grub, Die insolvenzstrafrechtliche Verantwortlichkeit der Gesellschafter von Personenhandelsgesellschaften, 1995, S. 43; speziell zum faktischen Mitgeschäftsführer und der diesbzgl. uneinheitlichen Rspr. Hildesheim wistra 1993, 166 (168); zur alleintäterschaftlichen Stellung des **faktischen Geschäftsführers,** wenn der formale Geschäftsführer nicht tätig wird, BGH NJW 2013, 1892 (bei sog. Firmenbestattung); OLG Hamm NStZ-RR 2001, 173; LG Saarbrücken ZInsO 2016, 1115 (Mittäterschaft zwischen alten und neuen Geschäftsführern, Beihilfe durch Firmenbestatter, dazu einschr. BGH EWiR 2015, 695 mAnm Floeth); Roxin StrafR AT II § 27 Rn. 139; Schünemann in LK-StGB § 14 Rn. 71; → § 266a Rn. 4; aM Maurer wistra 2003, 174; Rönnau NStZ 2003, 525; möglich ist auch Mittäterschaft zwischen bestelltem und faktischem Geschäftsführer, vgl. BGH StV 2012, 216; zum Geschäftsführer einer Vor-GmbH Bittmann/Pikarski wistra 1995, 41; Deutscher/Körner wistra 1996, 8; → § 14 Rn. 2).

4 **c)** Die Schuldnereigenschaft als solche begründet **keine Garantenpflicht** gegenüber den Gläubigern (Tiedemann in LK-StGB Rn. 37). Durch unechtes Unterlassen begangene Insolvenzdelikte setzen deshalb eine nach den allgemeinen Regeln (→ § 13 Rn. 6–15) begründbare Garantenstellung voraus (Kindhäuser in NK-StGB Vor § 283 Rn. 58; Tiedemann KTS 1984, 539 (541); str.).

5 **3.** In den Fällen des **Abs. 1** müssen alle Tathandlungen (die Bankrotthandlungen; → Rn. 9–21) während einer **wirtschaftlichen Krise** des Schuldners (Überschuldung, drohende oder eingetretene Zahlungsunfähigkeit) begangen sein (krit. zur mangelnden Bestimmtheit Erdmann, Die Krisenbegriffe der Insolvenztatbestände, 2007, S. 153, 205). Die Frage, inwieweit die in der **InsO** enthaltenen Legaldefinitionen der Insolvenzgründe (§§ 17 II, 18 II, 19 II InsO) für die Auslegung der mit ihnen begrifflich übereinstimmenden Krisenmerkmale des § 283 I verbindlich sind, wurde im Gesetzgebungsverfahren zur InsO mit Ausnahme der drohenden Zahlungsunfähigkeit (→ Rn. 8) nicht behandelt und ist noch nicht abschlie-

ßend geklärt (vgl. Uhlenbruck wistra 1996, 1 (3); Moosmayer, Einfluss der Insolvenzordnung 1999 auf das Insolvenzstrafrecht, 1997, S. 143ff.; Bittmann wistra 1998, 321; wistra 1999, 10; Bieneck StV 1999, 43; Höffner BB 1999, 198 (252); Penzlin, Strafrechtliche Auswirkungen der Insolvenzordnung, 2000, S. 70; Röhm, Zur Abhängigkeit des Insolvenzstrafrechts von der Insolvenzordnung, 2002, S. 84, 121, 155; Achenbach GS Schlüchter, 2002, 257; Matzen FS Samson, 2010, 401; Heine/Schuster in Schönke/Schröder Rn. 50a; Tiedemann in LK-StGB Vor § 283 Rn. 126, 139, 155). Da in beiden Regelungskomplexen der Schutz der Gläubigerinteressen im Mittelpunkt steht (vgl. § 1 InsO; sowie → Rn. 1), ist grds. von einer Insolvenzrechtsakzessorietät der Begriffe auszugehen (Richter in Müller-Gugenberger WirtschaftsStrafR Kap. 85 Rn. 49ff.; Hoyer in SK-StGB Rn. 10 „insolvenzrechtsakzessorisch"), wobei jedoch strafrechtlichen Besonderheiten (etwa dem Grundsatz in dubio pro reo) Rechnung getragen werden muss (vgl. Tiedemann in LK-StGB Vor § 283 Rn. 155).

a) Überschuldung liegt vor, wenn das Vermögen des Schuldners die bestehenden Verbindlichkeiten nicht mehr deckt (vgl. § 19 II 1 InsO), wenn also die Passiven (alle gegenwärtigen, im Falle der Eröffnung des Insolvenzverfahrens aus der Masse zu begleichenden Schulden; Fälligkeit ist aber nicht erforderlich, Petermann in in MüKoStGB Vor § 283 Rn. 72) die Aktiven (alle mit ihren wirklichen Gegenwartswerten bzw. „wahren Werten" einzusetzenden Vermögensgüter) überwiegen (OLG Düsseldorf wistra 1983, 121; Bisson GmbHR 2005, 843 (844); Petermann in MüKoStGB Vor § 283 Rn. 64, 69; zur erforderlichen Berücksichtigung auch der nachrangigen Verbindlichkeiten des § 39 InsO Breuer, Das neue Insolvenzrecht, 1998). Ob der Bewertung die sog. Zerschlagungswerte (so Franzheim NJW 1980, 2500; wistra 1984, 212) oder die Betriebsfortführungswerte (so Schlüchter MDR 1978, 265) zugrundezulegen sind, war früher umstritten. Nach geltendem Recht scheidet bei einer positiven Fortführungsprognose ohnehin die rechtliche Überschuldung aus; fällt hingegen die Fortführungsprognose negativ aus, so sind zur Ermittlung einer rechnerischen Überschuldung die Liquidationswerte zugrundezulegen (Heine/Schuster in Schönke/Schröder Rn. 51 a; Petermann in MüKoStGB Vor § 283 Rn. 64, 70). Der Prognosezeitraum erstreckt sich nach § 19 II 1 auf **zwölf Monate** (BT-Drs. 19/24181, 197); vgl. aber auch § 4 COVInsAG: Abweichend von § 19 Absatz 2 Satz 1 der Insolvenzordnung ist zwischen dem 1.1.2021 und dem 31.12.2021 anstelle des Zeitraums von zwölf Monaten ein Zeitraum von vier Monaten zugrunde zu legen, wenn die Überschuldung des Schuldners auf die COVID-19-Pandemie zurückzuführen ist; dies wird vermutet, wenn der Schuldner am 31.12.2019 nicht zahlungsunfähig war, der Schuldner in dem letzten, vor dem 1. Januar 2020 abgeschlossenen Geschäftsjahr ein positives Ergebnis aus der gewöhnlichen Geschäftstätigkeit erwirtschaftet hat und der Umsatz aus der gewöhnlichen Geschäftstätigkeit im Kalenderjahr 2020 im Vergleich zum Vorjahr um mehr als 30 Prozent eingebrochen ist).Das Krisenmerkmal der Überschuldung gilt – abweichend von der Regelung der Insolvenzgründe (§ 19 I InsO) – nicht nur für juristische Personen und nichtrechtsfähige Vereine, sondern für jeden Schuldner (Tiedemann in LK-StGB Vor § 283 Rn. 147; diff. Bittmann/Brand, Insolvenzstrafrecht, 2. Aufl. 2017, § 12 Rn. 39; krit. Otto StrafR BT § 61 Rn. 86); mit Zahlungsunfähigkeit (→ Rn. 7) und Zahlungseinstellung (→ Rn. 27) deckt es sich nicht. 6

b) Zahlungsunfähigkeit ist nach § 17 II InsO gegeben, wenn der Schuldner nicht in der Lage ist, die fälligen Zahlungspflichten zu erfüllen. Der Gesetzgeber will durch den Verzicht auf die bisher für die Zahlungsunfähigkeit konstitutiven 7

Merkmale der Dauerhaftigkeit, Wesentlichkeit und ernstlichen Einforderung einer zu restriktiven Auslegung des Begriffs entgegenwirken und damit eine rechtzeitige Eröffnung des Insolvenzverfahrens gewährleisten (BT-Drs. 12/2443, 114; vgl. aber die nachfolgend referierte neuere Rspr.). Die Definition des § 17 II InsO ist auch für das Strafrecht maßgeblich (BGH NStZ 2007, 643 mAnm Natale/Bader wistra 2008, 413; Bieneck StV 1999, 43 (44); Bisson GmbHR 2005, 843 (844); Moosmayer, Einfluss der Insolvenzordnung 1999 auf das Insolvenzstrafrecht, 1997, S. 155; Röhm, Zur Abhängigkeit des Insolvenzstrafrechts von der Insolvenzordnung, 2002, S. 84; Tiedemann in LK-StGB Vor § 283 Rn. 126; iE auch OLG Köln NStZ-RR 2005, 378; dagegen auch bei § 283 StGB nF für den überkommenen engeren Begriff der Zahlungsunfähigkeit Bittmann wistra 1998, 321 (323), dreimonatige Illiquidität und Unterdeckung von 25% erforderlich; weiter Bittmann wistra 1999, 10 (11), einmonatige Unterdeckung von 10%; Achenbach GS Schlüchter, 2002, 257 (269); Dannecker/Knierim/Hagemeier/Smok, Insolvenzstrafrecht, 2018, Rn. 71; Otto StrafR BT § 61 Rn. 87; Heine/Schuster in Schönke/Schröder Rn. 52; sa Arens wistra 2007, 450 (454), Verbindung betriebswirtschaftlicher und wirtschaftskriminalistischer Methode). Dabei ist die Zahlungsunfähigkeit auf der Grundlage einer der sog. Zeitpunkt-Illiquidität angenäherten kurzzeitigen Zeitraum-Illiquidität zu bestimmen (vgl. BGH NJW 2001, 1874; ebenso für das Insolvenzverfahren die hM im insolvenzrechtlichen Schrifttum; vgl. Pape in Kübler/Prütting/Bork InsO § 17 Rn. 9; weitergehend Uhlenbruck wistra 1996, 1 (5)). Kurzfristige Zahlungsstockungen von nach heute hM maximal drei Wochen (BGH NStZ 2007, 643 (644); GmbHR 2000, 93; Bieneck StV 1999, 43 (44); enger Moosmayer, Einfluss der Insolvenzordnung 1999 auf das Insolvenzstrafrecht, 1997, S. 151; dagegen Penzlin, Strafrechtliche Auswirkungen der Insolvenzordnung, 2000, S. 124) begründen ebenso wenig die Zahlungsunfähigkeit wie ganz geringfügige Liquiditätslücken (BT-Drs. 12/2443, 114; OLG Köln NStZ-RR 2005, 378; Petermann in MüKoStGB Vor § 283 Rn. 81, 82; aM Röhm, Zur Abhängigkeit des Insolvenzstrafrechts von der Insolvenzordnung, 2002, S. 116). Zur Feststellung der Zahlungsunfähigkeit bedarf es nicht zwingend einer auf betriebswirtschaftlichen Methoden beruhenden Betrachtungsweise; es können auch wirtschaftskriminalistische Beweisanzeichen genügen (BGH NJW 2000, 154 (156); wistra 2017, 30; Fischer Vor § 283 Rn. 9b; zum Rückstand auf Sozialversicherungsbeiträge vgl. BGH ZIP 2003, 1666, sechs Monate; enger Bittmann/Volkmer wistra 2005, 167, drei Monate. Zu berücksichtigen sind sämtliche in das Vermögen integrierte, auch aus Straftaten stammende Einkünfte (BGH NJW 1982, 1952 (1954); NStZ 2007, 415 (416)); unberücksichtigt bleiben effektiv versteckte Vermögenswerte, die dem Täter nicht wirklich zugeordnet werden können (BGHSt 58, 115 = NJW 2013, 949 mAnm Kraatz JR 2013, 466; Floeth EWiR 2013, 427).

8 c) **Zahlungsunfähigkeit droht** iSd § 18 II InsO, wenn der Schuldner voraussichtlich nicht in der Lage sein wird, die bestehenden Zahlungspflichten im Zeitpunkt der Fälligkeit zu erfüllen (ebenso Petermann in MüKoStGB Vor § 283 Rn. 90). In aller Regel ist nach § 18 II 2 InsO ein Prognosezeitraum von 24 Monaten zugrunde zu legen (BT-Drs. 19/24181, 196). Die insolvenzrechtliche Definition soll geeignet sein, auch für das Strafrecht größere Klarheit zu bringen (so BT-Drs. 12/2443, 114); der neugeschaffene Insolvenzgrund bringt aber insofern eine problematische Vorverlagerung der Strafbarkeit mit sich (Tiedemann in LK-StGB Vor § 283 Rn. 10), als der bei drohender Zahlungsunfähigkeit allein antragsberechtigte Schuldner (§ 18 I InsO) mit dem Insolvenzantrag zugleich die objektive

Bedingung der Strafbarkeit nach Abs. 6 auslöst, wodurch der mit der InsO bezweckte Anreiz zur frühzeitigen Antragstellung möglicherweise vereitelt wird (zur Gefahr der Dysfunktionalität von Insolvenz- und Strafrecht Moosmayer, Einfluss der Insolvenzordnung 1999 auf das Insolvenzstrafrecht, 1997, S. 168 ff.; Röhm, Zur Abhängigkeit des Insolvenzstrafrechts von der Insolvenzordnung, 2002, S. 121, 228; Röhm NZI 2002, 134). Gegenstand der Prognose ist die gesamte Entwicklung der Finanzlage des Schuldners innerhalb dieses Zeitraums (BT-Drs. 12/2443, 114). Die vorhandene Liquidität und die Einnahmen, die bis zu dem genannten Zeitpunkt zu erwarten sind, müssen den Verbindlichkeiten gegenübergestellt werden, die bereits fällig sind oder bis zu diesem Zeitpunkt voraussichtlich fällig werden; im Rahmen der Prognose sind auch die im Feststellungszeitpunkt noch nicht begründeten, erst später entstehenden Zahlungspflichten zu berücksichtigen (Uhlenbruck wistra 1996, 1 (5); Bittmann wistra 1998, 321 (325); Bieneck StV 1999, 43 (45); Röhm, Zur Abhängigkeit des Insolvenzstrafrechts von der Insolvenzordnung, 2002, S. 138; str.), soweit sie bis zum Ende des Prognosezeitraums fällig werden (Bittmann wistra 1998, 321 (325) mwN; str.; zur umstr Frage der Einbeziehung absehbarer Verluste vgl. Uhlenbruck wistra 1996, 1 (5); Bittmann wistra 1998, 321 (325)). Sodann ist zu prüfen, ob der Eintritt der Zahlungsunfähigkeit wahrscheinlicher ist als deren Vermeidung (vgl. Pape in Kübler/Prütting/Bork InsO § 18 Rn. 9; Bork, Einführung in das Insolvenzrecht, 5. Aufl. 2009, Rn. 89; Uhlenbruck wistra 1996, 1 (5); Bieneck StV 1999, 43 (45); Reck GmbHR 1999, 267 (270); Hoyer in SK-StGB Rn. 25), wobei hinsichtlich der Anknüpfungstatsachen der Zweifelssatz anzuwenden ist (Richter in Müller-Gugenberger WirtschaftsStrafR Kap. 78 Rn. 54). Für die strafrechtliche Beurteilung wird zT einschränkend verlangt, dass die Zahlungsunfähigkeit einen nicht unerheblichen Teil der Zahlungspflichten betreffen muss (Tiedemann in LK-StGB Vor § 283 Rn. 139; für eine „materiale Berücksichtigung" des Drohens Achenbach GS Schlüchter, 2002, 257 (273)); dies ist jedoch bei konsequentem insolvenzrechtsakzessorischen Vorgehen (dagegen Himmelreich in Achenbach/Ransiek/Rönnau WirtschaftsStrafR-HdB Kap. VII 1 Rn. 89) nicht möglich. Vorübergehende Zahlungsstockungen und ganz geringfügige Liquiditätslücken (→ Rn. 7) genügen aber nicht (vgl. BT-Drs. 12/2443, 114; Uhlenbruck wistra 1996, 1 (5)).

4. Zu den einzelnen **Bankrotthandlungen des Abs. 1:** 9

a) Nr. 1: Vermögensbestandteile sind alle beweglichen und unbeweglichen geldwerten Gegenstände (RGSt 62, 152), wenn sie für den Fall der Eröffnung des Insolvenzverfahrens zur Insolvenzmasse gehören, in die nach § 35 InsO auch das während des Insolvenzverfahrens erlangte Vermögen (Neuerwerb; Hoyer in SK-StGB Rn. 30; Holzer in Kübler/Prütting/Bork InsO § 35 Rn. 34) einbezogen wird (Tiedemann in LK-StGB Rn. 23). Zur Insolvenzmasse gehören namentlich auch Sachen, die einem anderen zur Sicherung übereignet wurden (BGHSt 3, 32 = BeckRS 1952, 31196211), Anwartschaften auf Eigentumserwerb an Sachen, die unter Eigentumsvorbehalt gekauft wurden (BGHSt 3, 32 = BeckRS 1952, 31196211), Ankaufsrechte an einem Grundstück, wenn sie übertragbar sind (BGH wistra 1994, 349), unredlich durch anfechtbares Rechtsgeschäft erlangte Sachen (BGH GA 1955, 149; Hoyer in SK-StGB Rn. 28) und Forderungen, selbst wenn sie in ihrem wirtschaftlichen Wert zweifelhaft sind; Tiedemann in LK-StGB Rn. 17; nicht aber, wenn ihre Wertlosigkeit feststeht (BGH BeckRS 1980, 02971; Heine/Schuster in Schönke/Schröder Rn. 3, 3a; beachte auch BGH bei Holtz MDR 1988, 453).

10 aa) **Beiseiteschaffen** setzt voraus, dass der Vermögensbestandteil in eine (veränderte) tatsächliche oder rechtliche Lage verbracht wird, in der den Gläubigern ein alsbaldiger Zugriff unmöglich gemacht oder wesentlich erschwert wird (BGHSt 55, 107 = NJW 2010, 2894 (2899) mAnm Brockhaus; Wessing EWiR 2010, 583; OLG Frankfurt a. M. NStZ 1997, 551; sa BGH NJW 2001, 1874, Übertragung von Vermögenswerten auf Ehepartner mit Bespr. Krause NStZ 2002, 42; Krüger wistra 2002, 52), ohne dass dies im Rahmen ordnungsmäßiger Wirtschaft liegt (BGH bei Holtz MDR 1979, 457; Kindhäuser in LPK-StGB Rn. 15; krit. Tiedemann KTS 1984, 539 (545)), zB auch Veräußerung (RGSt 61, 107), Sicherungsübereignung (BGH bei Holtz MDR 1979, 457) oder Belastung (RGSt 66, 130) eines Gegenstandes ohne entsprechenden, alsbald greifbaren Gegenwert, namentlich die Scheinveräußerung (RG JW 1936, 3006) oder -belastung, uU auch die Einbringung in eine Auffanggesellschaft (Tiedemann ZIP 1983, 513 (517)). Verbrauch von Geld oder anderen Gegenständen zum angemessenen Lebensunterhalt genügt nicht (BGH JR 1982, 29 = NStZ 1981, 259 mAnm Schlüchter); ebensowenig die Umleitung von Zahlungen auf ein neues Konto der späteren Insolvenzschuldnerin (BGH StV 2017, 79); auch die Erfüllung fälliger Verbindlichkeiten wird idR (beachte jedoch BGHSt 34, 309 = NJW 1987, 2242) noch im Rahmen ordnungsgemäßer Wirtschaft liegen (BGH bei Herlan GA 1953, 74; Krause, Ordnungsgemäßes Wirtschaften und Erlaubtes Risiko, 1995, S. 286; Hoyer in SK-StGB Rn. 32). Speziell zur Rückzahlung eines Gesellschafterdarlehens durch den Täter an sich selbst oder eine von ihm kontrollierte andere Gesellschaft, BGH NStZ 2017, 722 mAnm Bittmann wistra 2017, 353; beachte auch § 2 COVInsAG. Ein Geldtransfer ins Ausland reicht nur, wenn dadurch der Zugriff für einen Insolvenzverwalter im Rahmen der Gesamtvollstreckung wesentlich erschwert wird (BGHSt 55, 107 = NJW 2010, 2894 mit Praxishinweis zu „Liechtenstein" BGH NJW-Spezial 14/2010, 441). Nicht erforderlich ist dabei, dass die Tathandlung eines Geschäftsführers im Interesse der Gesellschaft liegt, so dass auch eigennützige Vermögensverschiebungen erfasst werden (BGHSt 57, 229 = NJW 2012, 2366 mAnm Radtke GmbHR 2012, 962; Brand NJW 2012, 2370; Pohl wistra 2013, 239; Habetha NZG 2012, 1134; Wessing EWiR 2012, 609); angesichts der vorausgegangenen Zustimmung anderer Strafse4ate (zB BGH StV 2012, 216 mAnm Hagemeier NZWiSt 2012, 239; ZWH 2012, 65), bedeutet dies eine endgültige Abkehr von der bisher zT vertretenen (BGHSt 34, 221 (223) = NJW 1987, 1710; BGH NStZ 2000, 206) sog. Interessentheorie (Fischer Rn. 4 d). – **Verheimlichen** ist ein Verhalten (Tun oder pflichtwidriges Unterlassen, RGSt 67, 365), durch das der Vermögensbestandteil oder seine Zugehörigkeit zur Insolvenzmasse der Kenntnis der Gläubiger oder des Insolvenzverwalters entzogen wird (RGSt 64, 138; OLG Frankfurt a. M. NStZ 1997, 551), zB falsche Auskünfte gegenüber dem Insolvenzverwalter (RGSt 66, 152; Hoyer in SK-StGB Rn. 38), Ableugnen des Besitzes (Petermann in MüKoStGB Rn. 17), Verletzung einer Auskunfts- (BGHSt 11, 145 = NJW 1958, 429) oder Anzeigepflicht (BGH NStZ-RR 2017, 250; GA 1956, 123). Es fällt aber weder unter § 283 noch unter § 288, wenn im Rahmen eines Verbraucherinsolvenzverfahrens Forderungen des Schuldners auf einen Treuhänder übertragen werden, um beim vorgeschriebenen außergerichtlichen Einigungsversuch eine gemeinschaftliche Befriedigung aller Gläubiger zu gewährleisten (OLG München ZIP 2000, 1841).

11 bb) **Zerstören, Beschädigen** → § 303 Rn. 3–7; **Unbrauchbarmachen** → § 87 Rn. 2. Der **Widerspruch zu den Anforderungen ordnungsgemäßer Wirtschaft** ist auf Grund einer ex-ante-Beurteilung der Richtigkeit oder Vertret-

barkeit der Maßnahme zu bestimmen (zusf. Tiedemann in LK-StGB Vor §283 Rn. 101–124; eing. Krause, Ordnungsgemäßes Wirtschaften und Erlaubtes Risiko, 1995, S. 283, 356, 453) und idR zu verneinen, wenn der Gegenstand iRd Vermögens einer anderen sinnvollen Verwendung zugeführt werden soll oder wenn er überflüssig geworden und nicht nutzbringend oder nur in der veränderten Form (zB als Schrott) verwertbar ist. Zur Problematik dieses Merkmals bei der Verbraucherinsolvenz (→ Rn. 2), bei der es kein straflimitierender Maßstab für den privaten Schuldner sein kann, vgl. Moosmayer, Einfluss der Insolvenzordnung 1999 auf das Insolvenzstrafrecht, 1997, S. 79; Bieneck StV 1999, 43; Penzlin, Strafrechtliche Auswirkungen der Insolvenzordnung, 2000, S. 203; Heine/Schuster in Schönke/Schröder Rn. 7a; Hoyer in SK-StGB Rn. 41–43; Tiedemann in LK-StGB Vor §283 Rn. 110; zur Behandlung fehlgeschlagener Sanierungsmaßnahmen vgl. Tiedemann in LK-StGB Rn. 164; Mohr, Bankrottdelikte und übertragende Sanierung, 1993, S. 142; Moosmayer, Einfluss der Insolvenzordnung 1999 auf das Insolvenzstrafrecht, 1997, S. 198.

b) Nr. 2: aa) Die **erste Alternative** betrifft das Eingehen bestimmter Risikogeschäfte im **Widerspruch zu den Anforderungen einer ordnungsgemäßen Wirtschaft** (→ Rn. 11); daran kann es fehlen, wenn das Geschäft – etwa der Differenzhandel eines Börsenmaklers – zum ordentlichen Geschäftskreis des Schuldners gehört (Maurach/Schroeder/Maiwald/Hoyer/Momsen StrafR BT §48 Rn. 23; einschr. Richter in Müller-Gugenberger WirtschaftsStrafR Kap. 83 Rn. 49–61) oder wenn es nach den Umständen einen vernünftigen wirtschaftlichen Zweck zu erfüllen geeignet ist (Beispiele bei Heine/Schuster in Schönke/Schröder Rn. 12). **Verlustgeschäfte** sind nur solche, die von vornherein auf einen Vermögensverlust angelegt sind, bei denen also schon die Vorauskalkulation bei Gegenüberstellung der Einnahmen und Ausgaben einen Negativsaldo ergibt (BT-Drs. 7/5291, 18). Bei **Spekulationsgeschäften** wird ein besonders großes Risiko eingegangen in der Hoffnung, einen größeren als den üblichen Gewinn zu erzielen, aber um den Preis, möglicherweise einen größeren Verlust zu erleiden (BT-Drs. 7/3441, 35; Hoyer in SK-StGB Rn. 46; Petermann in MüKoStGB Rn. 25). **Differenzgeschäfte mit Waren** (auch mit ausländischen Geldsorten, Fischer Rn. 9) **oder Wertpapieren** (§ 764 BGB; zB Börsentermingeschäfte, Hoyer in SK-StGB Rn. 48; str.) setzen voraus, dass es dem Täter auf die Zahlung der Differenz zwischen dem An- und Verkaufspreis, nicht auf die Lieferung der Ware ankommt (Heine/Schuster in Schönke/Schröder Rn. 11). 12

bb) Die **zweite Alternative** richtet sich gegen wirtschaftlich unvertretbaren Aufwand. **Übermäßigkeit** des Verbrauchs liegt vor, wenn er der Leistungsfähigkeit des Schuldners nicht angemessen ist und über seine wirtschaftlichen Kräfte geht (BGH bei Herlan GA 1956, 348); dabei kommt es auf die ganze Vermögenssituation zurzeit der Tat, nicht allein auf die spätere Entwicklung (BGH bei Herlan GA 1967, 264) oder den Geschäftsumsatz an (BGH bei Herlan GA 1953, 74). **Schuldigwerden** ist Belastung des Vermögens mit einer Verbindlichkeit, nicht nur mit einer Naturalobligation (BGHSt 22, 360 = NJW 1969, 1038 mAnm Schröder JR 1970, 31; Krause, Ordnungsgemäßes Wirtschaften und Erlaubtes Risiko, 1995, S. 255; Heine/Schuster in Schönke/Schröder Rn. 15). **Ausgaben** sind **unwirtschaftlich,** wenn sie „das Maß des Notwendigen und Üblichen überschreiten und zum Gesamtvermögen und Einkommen des Schuldners in keinem angemessenen Verhältnis stehen" (BT-Drs. 7/3441, 34; sa Tiedemann KTS 1984, 539 (549); Krause, Ordnungsgemäßes Wirtschaften und Erlaubtes Risiko, 1995, S. 402). In 13 der Regel handelt es sich um Ausgaben im privaten Bereich; jedoch werden auch Aufwendungen für Geschäftszwecke (Kosten für Werbung, Repräsentationsausgaben usw) erfasst (BGHSt 3, 23 (26) = BeckRS 1952, 30397513; BGH GA 1964, 119; Petermann in MüKoStGB Rn. 28). **Spiel, Wette** § 762 BGB; auch Beteiligung an Lotterien, Fußballtoto oder Zahlenlotto kommt in Frage (ebenso Tiedemann in LK-StGB Rn. 63).

14 **c) Nr. 3:** Die **Waren- oder Wertpapierverschleuderung** ist für die Gesamtgläubigerschaft gefährlich (BGHSt 9, 84 = NJW 1956, 719), und zwar unabhängig von der Absicht des Schuldners, die Eröffnung des Insolvenzverfahrens hinauszuschieben; deshalb kommt es darauf nicht an (BT-Drs. 7/3441, 35). Die **Waren oder Wertpapiere** (auch Bargeld, BT-Drs. 7/5291, 18) müssen **beschafft,** dh zwar rechtsgeschäftlich (Tiedemann in LK-StGB Rn. 75), aber nicht notwendig zu Eigentum (zB Eigentumsvorbehalt) erlangt sein (so BGHSt 9, 84 = NJW 1956, 719; Heine/Schuster in Schönke/Schröder Rn. 20; str.); auch durch Kreditbetrug erlangte Waren usw sind beschafft (BGHSt 9, 84 = NJW 1956, 719). Grundsätzlich müssen sich Kredit- und Abgabegeschäft auf **dieselben Waren** usw beziehen; jedoch sind die aus den Waren hergestellten Sachen einbezogen (BT-Drs. 7/3441, 35). **Veräußern** ist jedes Verhalten, durch das der Täter seine Rechte an den Waren usw entgeltlich oder unentgeltlich aufgibt (RGSt 48, 217; Kindhäuser in NK-StGB Rn. 47; aM Fischer Rn. 14). **Abgeben** erfasst jede andere Disposition, mit der ohne Eigentumsaufgabe (Heine/Schuster in Schönke/Schröder Rn. 21; str.) die Sachherrschaft preisgegeben wird. – **Erheblich unter dem Wert** ist nach dem Marktwert oder sonst üblichen Preis zurzeit der Abgabe zu bestimmen (Hoyer in SK-StGB Rn. 59); der Einkaufspreis ist dafür nur ein Indiz (RGSt 47, 61; Tiedemann in LK-StGB Rn. 78). Den **Anforderungen einer ordnungsgemäßen Wirtschaft** (→ Rn. 11) kann die Abgabe entsprechen, wenn Verderben der Ware oder ein Preissturz droht, wenn das Geschäft – etwa in Folge besonders günstigen Einkaufs – ertragreich und deshalb für das Vermögen nützlich war (Klug JZ 1957, 462; Petermann in MüKoStGB Rn. 36; aM Krause, Ordnungsgemäßes Wirtschaften und Erlaubtes Risiko, 1995, S. 133; Maurach/Schroeder/Maiwald/Hoyer/Momsen StrafR BT § 48 Rn. 24; zw.) oder wenn es sich um ein im Einzelfall sinnvolles sog. Lockvogelangebot gehandelt hat (Göhler/Wilts DB 1976, 1657 (1660)).

15 **d) Nr. 4: Rechte anderer** sind erdichtet, wenn sie überhaupt nicht oder nicht in der behaupteten Form bestehen, namentlich auch dann, wenn sie durch die Merkmale eines in Wahrheit fehlenden Insolvenzvorrechts gekennzeichnet werden (BT-Drs. 7/3441, 35). **Vortäuschen** bedeutet, das Bestehen des erdichteten Rechts anderen gegenüber geltend machen (BT-Drs. 7/3441, 35; Himmelreich in Achenbach/Ransiek/Rönnau WirtschaftsStrafR-HdB Kap. VII 1 Rn. 132). **Anerkennen** ist die in Zusammenarbeit mit dem Scheingläubiger (BGH bei Herlan GA 1953, 74; str.) ausgedrückte Erklärung des Schuldners, dass ihm gegenüber ein Recht bestehe.

16 **e) Nr. 5:** Die Vorschrift setzt eine **gesetzliche Verpflichtung** zur Buchführung voraus. **Handelsbücher** sind diejenigen Aufzeichnungen, die jeder Vollkaufmann – uU auch schon vor Eintritt seiner Vollkaufmannseigenschaft (zB § 262 HGB; sa BHSt 3, 23 = BeckRS 1952, 30397513) – nach §§ 238 ff. HGB und ergänzenden gesellschaftsrechtlichen Vorschriften (zB §§ 41 ff. GmbHG; zu Buchführungspflichten des GmbH-Geschäftsführers Biletzki NStZ 1999, 537 (539); krit. Moosmayer NStZ 2000, 295) zu führen verpflichtet ist. Zu ihnen gehören an sich

auch Inventar und Bilanz, die jedoch in Nr. 7 speziell geregelt sind und deshalb hier ausscheiden (iErg ebenso Hoyer in SK-StGB Rn. 70), nicht dagegen das Aktienbuch (§ 67 AktG), das Tagebuch des Handelsmaklers (§ 100 HGB) und das Baubuch des Bauunternehmers (§ 2 BaufordG). Das Handelsrecht schreibt keine ganz bestimmten Bücher vor, überlässt vielmehr die Konkretisierung der Mindestvoraussetzungen notwendiger Buchführung innerhalb eines weiten Spielraums den „Grundsätzen ordnungsmäßiger Buchführung" (vgl. etwa § 238 I HGB; sa BGHSt 4, 270 (275) = NJW 1953, 1478; BGHSt 14, 262; Richter in Müller-Gugenberger WirtschaftsStrafR Kap. 85 Rn. 15; Regner, Fahrlässigkeit bei Konkursdelikten, 1998, S. 58, 123). Mit der **gesetzlichen Verpflichtung** ist nur die des Handelsrechts gemeint (Heine/Schuster in Schönke/Schröder Rn. 29); steuer- und gewerberechtliche Aufzeichnungspflichten beziehen sich nicht auf Handelsbücher (Petermann in MüKoStGB Rn. 43). Der Verpflichtete braucht die Bücher **nicht selbst zu führen,** hat aber durch Auswahl geeigneter Kräfte und deren Überwachung für die ordnungsmäßige Führung zu sorgen (OLG Karlsruhe Justiz 1977, 206; sa Regner, Fahrlässigkeit bei Konkursdelikten, 1998, S. 52; § 41 GmbHG; → § 283b Rn. 2). Nicht erfasst werden **ausländische** Buchführungspflichten, zB die des englischen Companies Acts 2006, so dass sich der director einer private company limited nicht nach den Nr. 5–7 strafbar machen kann (zweifelnd Rönnau ZGR 2005, 832 (849); Schlösser wistra 2006, 81 (87); anders aber AG Stuttgart wistra 2008, 226 mzustAnm Schumann; Mankowski/Bock ZStW 120 (2008), 704 (755); sa Radtke/Hoffmann EuZW 2009, 404 (406); Wiek/Stewen wistra 2011, 161 (166); eing. Hinderer, Insolvenzstrafrecht und EU-Niederlassungsfreiheit am Beispiel der englischen private company limited by shares, 2010; sowie Worm, Die Strafbarkeit eines directors einer englischen Limited nach deutschem Strafrecht, 2009, S. 85, 200; für Fremdrechtsanwendung Tiedemann in LK-StGB Rn. 244; → Rn. 21).

aa) Die **erste Alternative** erfordert **völliges Unterlassen** der Buchführung (BGH NStZ 1995, 347; Tiedemann in LK-StGB Rn. 102, 109), was allein dadurch, dass in der Vergangenheit einmal Bücher geführt wurden, nicht ausgeschlossen wird (Schäfer wistra 1986, 200). Wenn sie aber nur vorübergehend (BGH bei Holtz MDR 1980, 455) oder nur für einzelne Bücher unterblieben oder wenn sie unvollständig ist, kommt nur die zweite Alternative in Frage (zur Abgrenzung BGHSt 4, 270 = NJW 1953, 1478; RGSt 49, 276; krit. Schäfer wistra 1986, 200); wurden für einen zurückliegenden Zeitraum erst nachträglich neue Handelsbücher angelegt, so kann dadurch – mindestens idR – die unterlassene Buchführung nicht nachgeholt werden (RGSt 39, 217 (219); Hoyer in SK-StGB Rn. 74). Zwar entfiele eine Strafbarkeit wegen Unmöglichkeit, doch trifft einen Geschäftsführer die Pflicht, rechtzeitig dafür Vorsorge zu treffen, dass die Bücher nicht zB wegen Zahlungsknappheit in der Krise nicht ordnungsgemäß geführt werden können (BGH NStZ 2012, 511 mit krit. Bespr. Hagemeier NZWiSt 2012, 105). 17

bb) In der **zweite Alternative** muss die **Erschwerung der Übersicht über den Vermögensstand** so erheblich sein, dass die Bücher auch einem Sachverständigen ohne unzumutbare Mühe und ohne wesentlichen Zeitverlust keine Übersicht gewähren (BGH NStZ 1998, 247; NStZ 2002, 327; Himmelreich in Achenbach/Ransiek/Rönnau WirtschaftsStrafR-HdB Kap. VII 1 Rn. 147). Die Erschwerung muss nicht notwendig bei Eintritt der Strafbarkeitsbedingung (→ Rn. 26) noch fortbestehen (Heine/Schuster in Schönke/Schröder Rn. 36; Petermann in MüKoStGB Rn. 50; str.). **Ändern** ist häufig zugleich ein Verfälschen nach § 267 (→ § 267 Rn. 20). Mehrere Verstöße gegen die Buchführungspflicht innerhalb eines be- 18 stimmten Zeitraumes werden vom Tatbestand zu einer Bewertungseinheit verbunden (BGH NStZ 1995, 347; NStZ 1998, 192; Doster wistra 1998, 328; Rissing-van Saan FS BGH, 1975, 475 (481); → Vor § 52 Rn. 10; krit. Brähler, Die rechtliche Behandlung von Serienstraftaten und -ordnungswidrigkeiten, 2000, S. 362) und machen die Buchführung insgesamt unordentlich (BGH NStZ 1995, 347).

19 **f) Nr. 6:** Die Vorschrift unterscheidet sich von Nr. 5 vor allem dadurch, dass der Schuldner **nicht buchführungspflichtig** sein muss (BT-Drs. 7/3441, 36). Auch wenn er ohne Rechtspflicht Bücher geführt hat, sind die genannten Entziehungshandlungen (→ Rn. 10, 11) tatbestandsmäßig (so schon BGHSt 2, 386 = NJW 1952, 898; BGHSt 4, 270 (275) = NJW 1953, 1478; krit. Kindhäuser in NK-StGB Rn. 68, 69; abl. Petermann in MüKoStGB Vor § 283 Rn. 42). Zu den gesetzlichen **Aufbewahrungsfristen,** die auch für den nicht Buchführungspflichtigen begrenzend wirken, vgl. § 257 HGB (krit. Fischer Rn. 24).

20 **g) Nr. 7:** Die Pflicht **zur Aufstellung von Bilanz und Inventar** trifft nach §§ 240, 242 HGB nur Vollkaufleute (zusf. Reck GmbHR 2001, 424; Himmelreich in Achenbach/Ransiek/Rönnau WirtschaftsStrafR-HdB Kap. VII 1 Rn. 156). Sie ist Teil der allgemeinen Buchführungspflicht (→ Rn. 16). **Buchst. a** betrifft daher nur einen Sonderfall der Nr. 5 (Wilts Prot. 7, Nr. 2824; Maurach/Schroeder/Maiwald/Hoyer/MomsenStrafR BT I § 48 Rn. 28). Vermögensstand erfasst nicht das Privatvermögen des Einzelkaufmanns (Muhler wistra 1996, 125; Petermann in MüKoStGB Rn. 56). Dass der Täter neben den zutr. erstellten Bilanzen davon abweichende Bilanzen zur Täuschung einzelner Geschäftspartner verwendet, genügt nicht (BGHSt 30, 186 = NJW 1981, 2206; aM Schäfer wistra 1986, 200; zw.); das Verschweigen des Rangrücktritts eines GmbH-Gläubigers in der Bilanz wird vom Tatbestand erfasst (Hartung NJW 1995, 1186 (1190)). **Buchst. b:** Für die Aufstellung von Bilanz und Inventar sieht das Handelsrecht keine bestimmte Frist vor, stellt vielmehr auf die „einem ordnungsmäßigen Geschäftsgang entsprechende Zeit“ ab (§ 240 II 3; § 243 III HGB; beachte dazu BVerfGE 48, 48 = NJW 1978, 1423); für deren Bemessung kann die für kleine Kapitalgesellschaften bestimmte Frist von höchstens sechs Monaten (§ 264 I 3 HGB) Anhaltspunkte bieten (Pelz in Wabnitz/Janovsky/Schmitt WirtschaftsStrafR-HdB § 9 Rn. 183, 184; zur Bedeutung für den GmbH-Geschäftsführer Moosmayer NStZ 2000, 295; Reck GmbHR 2001, 424 (427); zum früheren Recht OLG Düsseldorf NJW 1980, 1292). Bei Eröffnungsbilanzen und -inventaren (§§ 240 I, 242 I HGB) und in Zeiten kritischer Geschäftslage auch bei Jahresbilanzen und -inventaren (§ 240 II 1, § 242 I HGB) hat die Aufstellung unverzüglich nach Beginn des Handelsgewerbes (RGSt 28, 428 (430); weiter Tiedemann in LK-StGB Rn. 148) bzw. nach Schluss des Geschäftsjahres (BT-Drs. 7/5291, 18; Petermann in MüKoStGB Rn. 59; sa Mertes wistra 1991, 251) zu geschehen. Eine Pflichtverletzung kommt regelmäßig nicht mehr in Frage, wenn die Bilanzaufstellung erst nach Eintritt der objektiven Strafbarkeitsbedingung (→ Rn. 29) versäumt wurde (BGH NJW 1991, 2917; anders OLG Stuttgart NStZ-RR 2011, 277, Gleichzeitigkeit von Krise und Nichterstellung der Bilanz erforderlich); jedoch kann es genügen, wenn die schon vorher notwendigen Vorbereitungen nicht getroffen wurden (BGH bei Herlan GA 1971, 38; BGH NStZ 1992, 182; OLG Düsseldorf StV 1999, 28; Heine/Schuster in Schönke/Schröder Rn. 47; anders Tiedemann in LK-StGB Rn. 151, der Versuch annimmt; zw.). Die Vorschrift betrifft nur das völlige **Unterlassen** rechtzeitiger Aufstellung (Maurach/Schroeder/Maiwald/Hoyer/MomsenStrafR BT I § 48 Rn. 26 (zu Nr. 5); aM Heine/Schuster in Schönke/Schröder Rn. 46; Tiedemann in LK-StGB Rn. 152; Kindhäuser in

NK-StGB Rn. 86) und setzt daher nach den allgemeinen Regeln (→ § 13 Rn. 5) auch voraus, dass dem Täter die Vornahme der Handlung möglich ist (BGHSt 28, 231 = NJW 1979, 1418; BGH NStZ 1992, 182; wistra 1993, 184; NStZ 1998, 192 mzustAnm Schramm DStR 1998, 500, aber krit. Bespr. Doster wistra 1998, 326; BGH NStZ 2000, 206; NStZ 2003, 546 mit krit. Bespr. Beckemper JZ 2003, 806; Rönnau NStZ 2003, 530; BGH StV 2002, 199; NStZ 2012, 511 mit Bespr. Hagemeier NZWiSt 2012, 105; Weyand ZInsO 2011, 2228; Floeth EWiR 2012, 349; KG wistra 2002, 313; NJW 2007, 3449; OLG Düsseldorf StV 1999, 28; einschr. Hoyer in SK-StGB Rn. 90; ebenso für § 283b BGH NStZ 1998, 247 (248); wistra 2004, 228 (229); s. auch OLG Braunschweig NZWiSt 2019, 402; Hillenkamp FS Tiedemann, 2008, 949; näher dazu Schäfer wistra 1986, 200 (203); Biletzki NStZ 1999, 540; zum Unvermögen Pohl wistra 1996, 14; zur Beachtlichkeit etwaigen Vorverschuldens OLG Braunschweig NZWiSt 2019, 402 (404); Renzikowski FS Weber, 2004, 333; zu Problemen des § 14 bei eingeschaltetem Steuerberater Regierer, Die konkursstrafrechtliche Täterhaftung des Steuerberaters bei Übernahme von Buchführungs- und Bilanzerstellungsarbeiten für seinen Mandanten, 1999, S. 56, 149).

h) Nr. 8: Die Vorschrift schließt die Nr. 1–7 durch eine **Generalklausel** ab (zu deren Problematik ua BT-Drs. 7/3441, 36; Heinz GA 1977, 193 (217); Tiedemann KTS 1984, 539 (551)). **Verringern** des Vermögensstandes bedeutet jede Verminderung der Aktiven oder Erhöhung der Passiven (Petermann in MüKoStGB Rn. 66). **Verheimlichen** → Rn. 10 (zur sog. „Firmenbestattung" BGH NStZ 2009, 635; Kühmel wistra 2012, 165). **Verschleiern** ist irreführendes Verhalten, durch das die wirklichen Vermögensverhältnisse vor den Gläubigern oder dem Insolvenzverwalter verborgen werden (BGH NStZ 2009, 635; zur entsprechenden Problematik beim systematischen Ankauf konkursreifer Unternehmen Ogiermann wistra 2000, 250). Das Erfordernis des **groben Widerspruchs** zu einer ordnungsgemäßen Wirtschaft (→ Rn. 11) ist schon aus Gründen überzeugender Abgrenzung gegen die Nr. 1–7 auf alle Begehungsformen der Generalklausel zu beziehen (BT-Drs. 7/5291, 18; Heine/Schuster in Schönke/Schröder Rn. 49; Hoyer in SK-StGB Rn. 93; aM BT-Drs. 7/3411, 16; Schlüchter MDR 1978, 977 (980); Maurach/Schroeder/Maiwald/Hoyer/MomsenStrafR BT I § 48 Rn. 29), weil nur so die Auffangfunktion der Vorschrift auf gravierende Eingriffe beschränkt werden kann. Zu Beispielen für solche nur nach Nr. 8 erfassbaren Handlungen Fischer Rn. 30 (sa OLG Düsseldorf NJW 1982, 1712; AG Nürnberg ZInsO 2012, 339, Rückdatierung einer Abtretungsurkunde; Tiedemann in LK-StGB Rn. 155–178). Mögliche Strafbarkeitslücken hinsichtlich der Nr. 5–7 bei sog. Auslandsgesellschaften (→ Rn. 16 aE) können von der Nr. 8 geschlossen werden (ähnlich Rönnau ZGR 2005, 832 (851)). 21

5. Abs. 2 unterscheidet sich von Abs. 1 nur dadurch, dass die Krise (→ Rn. 5–8) zurzeit der Bankrotthandlung noch nicht besteht, dass sie durch diese kausal (BGH NStZ-RR 2017, 177) aber – und zwar in Form von Überschuldung oder Zahlungsunfähigkeit, nicht lediglich drohender Zahlungsunfähigkeit – verursacht wird (OLG Frankfurt a. M. NStZ 1997, 551 mit krit. Bespr. Krause NStZ 1999, 161; zu den Feststellungen BGH ZInsO 2016, 2032 = BeckRS 2016, 17187; → Vor § 13 Rn. 9–12); Mitursächlichkeit genügt. 22

6. a) Abs. 1 und 2 erfordern **Vorsatz** (bedingter genügt), der außer der Bankrotthandlung namentlich auch die Überschuldung oder die (im Falle des Abs. 1 23 auch nur drohende) Zahlungsunfähigkeit umfassen muss (BGH NStZ 2000, 34 (36); Reck GmbHR 2001, 424 (428); krit. zum Vorsatzgegenstand v. d. Heydt, Die subjektive Tatseite der Konkursdelikte, 2001). Ist die Krise nicht beweisbar, hat der Täter ihr Vorliegen aber in Kauf genommen (→ § 15 Rn. 24, 25), so kommt untauglicher Versuch in Frage (→ § 22 Rn. 12; aM Tiedemann GS Schröder, 1978, 289 (295); Tiedemann in LK-StGB Rn. 199; dagegen Hillenkamp in LK-StGB, § 22 Rn. 237; s. auch Murmann 13. Aufl. LK-StGB § 22 Rn. 317). In den Fällen des Abs. 1 Nr. 5–7 muss der Täter die gesetzlichen Pflichten zur Buchführung (→ Rn. 16), zur Aufbewahrung von Handelsbüchern (→ Rn. 19) oder zur Aufstellung von Bilanz und Inventar (→ Rn. 20) kennen (Walter Kern des Strafrechts S. 365; Tiedemann in LK-StGB Rn. 188a).

24 **b) Abs. 4, 5** stimmen insoweit überein, als sie für das Bestehen der Krise (→ Rn. 5–8) jeweils in Nr. 1 **Fahrlässigkeit** (→ § 15 Rn. 35; Regner, Fahrlässigkeit bei Konkursdelikten, 1998, S. 58; Duttge, Zur Bestimmtheit des Handlungsunwerts von Fahrlässigkeitsdelikten, 2001, S. 330; für den Fall der Überschuldung krit. Tiedemann GS Schröder, 1978, 289 (292)) und für das Herbeiführen der Krise (Abs. 2) jeweils in Nr. 2 **Leichtfertigkeit** (→ § 15 Rn. 55) voraussetzen. Die Bankrotthandlung selbst muss dagegen in den Fällen des Abs. 4 **vorsätzlich,** in denen des Abs. 5 nur **fahrlässig** (krit. Schlüchter MDR 1978, 977 (980)) begangen sein. Abs. 4 Nr. 2 (nicht Nr. 1) ist eine Vorsatz-Fahrlässigkeit-Kombination iSd § 11 II (→ § 11 Rn. 23–25).

25 **7.** Die Möglichkeiten der **Beteiligung** (Täterschaft und Teilnahme) bestimmen sich nach den allgemeinen Regeln. Auch Mittäterschaft kommt in Frage (RGSt 31, 407), zB wenn mehrere Organe oder Vertreter nach § 14 gemeinschaftlich handeln. Beihilfe (zur Fortführung der Tätigkeit eines Steuerberaters nach Insolvenzreife OLG Köln ZInsO 2011, 288; zur psychischen Beihilfe LG Lübeck wistra 2012, 281) wird durch § 283d nicht ausgeschlossen, aber nach Konkurrenzregeln verdrängt, wenn sie zugleich eine täterschaftlich begangene Schuldnerbegünstigung ist (→ § 283d Rn. 7). Die Schuldnereigenschaft ist wegen kein besonderes persönliches Merkmal nach § 28 I (BGH NStZ-RR 2018, 379; 2019, 180; Schünemann in LK-StGB § 28 Rn. 59; Hoyer in SK-StGB Vor § 283 Rn. 7; § 283 Rn. 116; Kindhäuser in NK-StGB Rn. 111; Petermann in MüKoStGB Rn. 80; Tiedemann in LK-StGB Rn. 228; diff. Fischer Rn. 38; aM Vormbaum GA 1981, 101 (133); Maurach/Schroeder/Maiwald/Hoyer/MomsenStrafR BT I § 48 Rn. 19 und Voraufl.; vgl. auch BGHSt 41, 1 (2) = NJW 1995, 1764 mit Hinweis auf BGH NStZ 1995, 86; → § 28 Rn. 5).

26 **8. Abs. 6** schränkt die Strafbarkeit sämtlicher Bankrotthandlungen ein. Seine Voraussetzungen sind nach dem erklärten gesetzgeberischen Willen (BT-Drs. 7/3441, 33) **objektive Bedingungen der Strafbarkeit** (→ Vor § 13 Rn. 30). Nach der Umgestaltung der Tatbestände durch das 1. WiKG ist das dogmatisch unbedenklich (BT-Drs. 7/3441, 33; Geisler, Zur Vereinbarkeit objektiver Bedingungen der Strafbarkeit mit dem Schuldprinzip, 1998, S. 474; Satzger JA 2006, 108 (109, 111)). Die Änderung des Abs. 6 durch das EGInsO ist insofern von Bedeutung, als das Insolvenzverfahren jetzt leichter eröffnet und damit diese objektive Bedingung der Strafbarkeit (→ Rn. 28) iU zu Abs. 6 aF nicht erst beim endgültigen wirtschaftlichen Zusammenbruch, sondern bereits in einer schweren wirtschaftlichen Krise des Schuldners eintreten kann (Tiedemann in LK-StGB Vor § 283 Rn. 10, 88; Moosmayer, Einfluss der Insolvenzordnung 1999 auf das Insolvenzstraf-

recht, 1997, S. 183; Röhm, Zur Abhängigkeit des Insolvenzstrafrechts von der Insolvenzordnung, 2002, S. 121, 217, 228). Im Übrigen ist, wie sich aus dem Zusammenhang der Tatbestände und ihrem Verhältnis zu § 14 ergibt (→ Rn. 2), eine berichtigende Auslegung in dem Sinne geboten, dass mit dem „Täter" der Schuldner, dh auch die juristische Person, gemeint ist, wenn ein Vertreter für sie gehandelt hat (Otto StrafR BT § 61 Rn. 102; Heine/Schuster in Schönke/Schröder Rn. 59a; Tiedemann in LK-StGB Vor § 283 Rn. 63; krit. Labsch wistra 1985, 1 (4)).

a) aa) **Zahlungseinstellung** liegt vor, wenn der Schuldner nach außen erkennbar und wegen eines wirklichen oder angeblich dauernden (nicht nur vorübergehenden) Mangels an Mitteln damit aufhört, seine fälligen und jeweils ernsthaft eingeforderten Geldverbindlichkeiten ganz oder im Wesentlichen zu erfüllen (BGH NJW 2001, 1874 mit Bespr. Krause NStZ 2002, 42; Krüger wistra 2002, 52; BGH NStZ-RR 2020, 283; Bieneck StV 1999, 43 (45); Petermann in MüKoStGB Vor § 283 Rn. 100; Heine/Schuster in Schönke/Schröder Rn. 60). Die Definition der Zahlungsunfähigkeit in § 17 II InsO wirkt sich zwar auf das Krisenmerkmal des Abs. 1 (→ Rn. 7), nicht jedoch auf die Zahlungseinstellung iSd Abs. 6 aus, da sie bei Abs. 6 ein faktisches Verhaltensbild beschreibt, während insolvenzrechtlich der Zahlungseinstellung gem. § 17 II 2 InsO lediglich eine Indizfunktion für die Zahlungsunfähigkeit als Insolvenzgrund zukommt (Bieneck StV 1999, 43 (45); aM Röhm, Zur Abhängigkeit des Insolvenzstrafrechts von der Insolvenzordnung, 2002, S. 210). Anders als bei der Zahlungsunfähigkeit (→ Rn. 7) ist daher der Grund der Zahlungseinstellung unerheblich; sie kann auch auf einem Irrtum über die Liquiditätslage oder bloß fehlendem Zahlungswillen beruhen (Bieneck StV 1999, 43 (45); Röhm, Zur Abhängigkeit des Insolvenzstrafrechts von der Insolvenzordnung, 2002, S. 208; Otto StrafR BT § 61 Rn. 102; aM Tiedemann in LK-StGB Vor § 283 Rn. 144; Moosmayer, Einfluss der Insolvenzordnung 1999 auf das Insolvenzstrafrecht, 1997, S. 180, die aus § 17 II InsO folgern, dass die Zahlungseinstellung iSd Abs. 6 echte Zahlungsunfähigkeit voraussetze). 27

bb) Bei der **Eröffnung des Insolvenzverfahrens** (Pape in Kübler/Prütting/Bork InsO § 13 Rn. 1 ff.) und der **Abweisung des Eröffnungsantrags mangels Masse** kommt es auf den formalrechtlichen Akt (§§ 26, 27 InsO) und dessen Rechtskraft an (Hoyer in SK-StGB Vor § 283 Rn. 15; Heine/Schuster in Schönke/Schröder Rn. 61); dem Strafrichter steht insoweit eine Nachprüfung nicht zu (RGSt 26, 37; Petermann in MüKoStGB Vor § 283 Rn. 104). Nachträgliche Einstellung des Insolvenzverfahrens hebt die Wirkung der Eröffnung selbst dann nicht auf, wenn diese zu Unrecht erfolgt war (BGH bei Herlan GA 1955, 364 zu § 283 StGB aF). Auch die Gesamtvollstreckungsverfahren, die vor der InsO in den neuen Bundesländern durchgeführt wurden, fallen unter Abs. 6 (Krüger wistra 2000, 289; Tiedemann in LK-StGB Vor § 283 Rn. 9; iErg auch BGH wistra 1998, 178; krit. Rotsch wistra 2000, 5; wistra 2000, 294). 28

b) Ob der **Eintritt der objektiven Strafbarkeitsbedingungen** der Bankrotthandlung **vorausgeht oder ihr nachfolgt,** ist unerheblich (BGHSt 1, 186 (191) = BeckRS 1951, 31399665; BGH bei Herlan GA 1971, 38; BGH NStZ 2019, 212 mAnm Bittmann; RGSt 75, 416). Er braucht deshalb auch **nicht** durch die Bankrotthandlung **verursacht zu sein** (Hoyer in SK-StGB Vor § 283 Rn. 19). Es genügt vielmehr ein **äußerer Zusammenhang,** der darauf hinweist, dass die Krise (→ Rn. 5–8), in welcher die Handlung vorgenommen wurde, nicht behoben werden konnte, sondern sich bis zur Verwirklichung auch der Strafbarkeitsbedingung fortentwickelt hat (vgl. etwa BGHSt 28, 231 (233) = NJW 1979, 1418; BGH 29

JZ 1979, 75; NJW 2001, 1874; OLG Düsseldorf NJW 1980, 1292; Röhm, Zur Abhängigkeit des Insolvenzstrafrechts von der Insolvenzordnung, 2002, S. 223; Röhm DZWiR 2002, 143; Himmelreich in Achenbach/Ransiek/Rönnau WirtschaftsStrafR-HdB Kap. VII 1 Rn. 97; aM Schäfer wistra 1990, 81 (86); Trüg/Habetha wistra 2007, 365 (370); Geisler, Zur Vereinbarkeit objektiver Bedingungen der Strafbarkeit mit dem Schuldprinzip, 1998, S. 499; → § 283b Rn. 3); er kann zB darin bestehen, dass die Gläubiger oder ein Teil von ihnen sowohl durch die Bankrotthandlung benachteiligt als auch durch den Eintritt der Voraussetzungen des Abs. 6 (Zahlungseinstellung usw) betroffen sind, dass Forderungen von Gläubigern schon zurzeit der Bankrotthandlung bestanden haben und bei Zahlungseinstellung usw noch nicht getilgt waren (BGH bei Holtz MDR 1981, 454), dass die Insolvenzmasse durch die Bankrotthandlung geschmälert wird oder dass Mängel der Buchführung bis zur Zahlungseinstellung usw fortwirken (BGH NJW 1980, 406; insoweit in BGHSt 28, 371 = NJW 1980, 406 nicht abgedr.). Demgegenüber wird in der Wissenschaft die an sich vorzugswürdige Regelung des § 192 II AE (WirtschStR), die Kausalzusammenhang zwar voraussetzt, seine Nichtfeststellbarkeit aber gegen den Täter ausschlagen lässt, schon als geltendes Recht angesehen (so zB Heinz GA 1977, 193 (218); Heine/Schuster in Schönke/Schröder Rn. 59; Hoyer in SK-StGB Vor § 283 Rn. 18; Tiedemann in LK-StGB Vor § 283 Rn. 91–98; ähnlich auch Schlüchter JR 1979, 513); dieses Ergebnis dürfte aber nur durch Gesetzesänderung erreichbar sein (so auch Krause, Ordnungsgemäßes Wirtschaften und Erlaubtes Risiko, 1995, S. 227; Petermann in MüKoStGB Vor § 283 Rn. 108), weil seine Anerkennung schon durch Auslegung mit einem Verstoß gegen den Grundsatz in dubio pro reo erkauft werden müsste (Richter in Müller-Gugenberger WirtschaftsStrafR Kap. 81 Rn. 79; krit. Otto StrafR BT § 61 Rn. 104, der den Nachweis fordert, dass sich im Eintritt der Strafbarkeitsbedingung die Gefahr realisiert hat, die in der Krisensituation ihren Ausdruck fand). Es **endet** die insolvenzstrafrechtliche Verantwortlichkeit zB dann, wenn nach rechtskräftiger Bestätigung des Insolvenzplans das Verwaltungs- und Verfügungsrecht (§ 259 I InsO) auf den Schuldner übergeht (Tiedemann in LK-StGB Vor § 283 Rn. 10, 100, zur Problematik des Endzeitpunkts; Petermann in MüKoStGB Vor § 283 Rn. 96); schafft er etwa anschließend wiederum Vermögenswerte beiseite, macht er sich nach § 283 nur strafbar, sofern er noch oder wieder krisenbefangen und eine der Voraussetzungen des Abs. 6 gegeben ist (Hoyer in SK-StGB Vor § 283 Rn. 20; Tiedemann in LK-StGB Vor § 283 Rn. 10, 100; Moosmayer, Einfluss der Insolvenzordnung 1999 auf das Insolvenzstrafrecht, 1997, S. 196).

30 **c) Vorsatz oder Fahrlässigkeit** brauchen sich auf die Strafbarkeitsbedingungen nicht zu erstrecken (stRspr).

31 **d)** Für **Vollendung und Versuch** (Heine/Schuster in Schönke/Schröder Rn. 63, 64), für die **Tatzeit** iSd § 8 (BayObLG GA 1984, 232 betr. § 55) und für die **Vertretereigenschaft** nach § 14 (RGSt 35, 83) kommt es ausschließlich auf die Vornahme der Bankrotthandlung an (Himmlereich in Achenbach/Ransiek/Rönnau WirtschaftsStrafR-HdB Kap. VII 1 Rn. 187). Die **Verjährung** beginnt jedoch erst, wenn auch die Strafbarkeitsbedingung eingetreten ist (→ § 78a Rn. 2; BGH wistra 2017, 383 mAnm Weyand ZInsO 2017, 387; BGH NStZ-RR 2020, 283; sa RGSt 7, 391; Fischer Rn. 39; Tiedemann in LK-StGB Rn. 221; krit. Geisler, Zur Vereinbarkeit objektiver Bedingungen der Strafbarkeit mit dem Schuldprinzip, 1998, S. 510; anders aber BGHSt 61, 180 = NJW 2016, 1525, bei Privatinsolvenz Beendigung erst mit Erteilung der Restschuldbefreiung mAnm Brand

NJW 2016, 1528; Steinbeck DZWiR 2016, 487; Hellfeld EWiR 2016, 407; Daners NZI 2016, 422; Rolletschke NZWiSt 2016, 473; Bosch ZWH 2016, 285).

9. Mehrere Bankrotthandlungen werden durch dieselbe Zahlungseinstellung oder Entscheidung im Insolvenzverfahren nach Abs. 6 (→ Rn. 27, 28) nicht zu einer Handlungseinheit verbunden (BGHSt 1, 186 (191) = BeckRS 1951, 31399665; BGHSt 3, 26; BGH NStZ 1998, 192 mit Bespr. Doster wistra 1998, 326 (328); Petermann in MüKoStGB Rn. 87). Die Konkurrenz bestimmt sich vielmehr nach dem Verhältnis der Bankrotthandlungen untereinander. Meist wird Tatmehrheit (BGH GA 1978, 185; Hoyer in SK-StGB Rn. 129), nur ausnahmsweise Tateinheit (BGH bei Herlan GA 1973, 133; BGH 25.10.1977 – 1 StR 303/77; Tiedemann in LK-StGB Rn. 235) oder eine einzige, durch Verwirklichung mehrerer Begehungsformen begangene Gesetzesverletzung (BGHSt 11, 145 = NJW 1958, 429) vorliegen; das Verheimlichen eines zuvor beiseite geschafften Vermögensbestandteils ist mitbestrafte Nachtat (Petermann in MüKoStGB Rn. 87). Im Übrigen ist **Tateinheit** ua möglich: zwischen Abs. 1 Nr. 1 einerseits und § 156 (BGHSt 11, 145 = NJW 1958, 429; BGH wistra 1982, 226; wistra 2017, 355) oder § 288 (RGSt 20, 214; vgl. auch BGH NJW 2001, 1875), nach Aufgabe der Interessentheorie (→ Rn. 10) nicht mehr nur ausnahmsweise auch § 266 (Fischer Rn. 4d) andererseits; zwischen Abs. 1 Nr. 2 und § 266 (BGHSt 3, 23 (27) = BeckRS 1952, 30397513; BGH bei Herlan GA 1954, 311); zwischen Abs. 1 Nr. 3 und § 263 (Fischer Rn. 43). Über das Verhältnis von Abs. 1 Nr. 1 zu § 283c → § 283c Rn. 10 und zu § 283d → § 283d Rn. 7; von Abs. 1 Nr. 5–7 zu § 283b → § 283b Rn. 4. – Zur Frage des mildesten Gesetzes iSd § 2 III im Verhältnis § 283 aF zu § 283 nF (→ Vor § 283 Rn. 1) vgl. Bieneck StV 1999, 43. 32

§ 283a Besonders schwerer Fall des Bankrotts

[1]In besonders schweren Fällen des § 283 Abs. 1 bis 3 wird der Bankrott mit Freiheitsstrafe von sechs Monaten bis zu zehn Jahren bestraft. [2]Ein besonders schwerer Fall liegt in der Regel vor, wenn der Täter
1. aus Gewinnsucht handelt oder
2. wissentlich viele Personen in die Gefahr des Verlustes ihrer ihm anvertrauten Vermögenswerte oder in wirtschaftliche Not bringt.

1. Zu den **besonders schweren Fällen** → § 46 Rn. 6–21. 1

2. **Nr. 1: Gewinnsucht** → § 236 Rn. 6; sa BT-Drs. 7/3441, 37; BGH NStZ-RR 2017, 282: Streben nach Gewinn um jeden Preis. **Nr. 2: Wissentlichkeit** → § 15 Rn. 21; der Täter muss die Herbeiführung der Gefahr (nicht notwendig auch den Eintritt des Verlustes oder der Not) als sicher voraussehen (zum Gefährdungsvorsatz → § 15 Rn. 28). Die **Gefahr** muss ebenso wie in § 315c I (→ § 315c Rn. 20–22) konkret sein (Tiedemann in LK-StGB Rn. 8). Die Beschränkung auf **viele Personen** (nach Himmelreich in Achenbach/Ransiek/Rönnau Wirtschafts-StrafR-HdB Kap. VII 1 Rn. 195: zehn Personen) schließt die Annahme eines unbenannten besonders schweren Falles bei schwerer Schädigung nur einzelner Gläubiger nicht aus (BT-Drs. 7/5291, 19; → § 46 Rn. 14). **Wirtschaftliche Not** ist eine Lage, in der das Opfer in seiner wirtschaftlichen Lebensführung objektiv so eingeengt ist, dass es auch lebenswichtige Aufwendungen (OLG Schleswig SchlHA 1953, 63) nicht mehr bestreiten kann (Heine/Schuster in Schönke/Schröder Rn. 6; Fischer 2

§ 291 Rn. 27; weiter Schmidt-Futterer JR 1972, 133 (134)), für Arbeitnehmer der Verlust des Arbeitsplatzes (Tiedemann in LK-StGB Rn. 11); die bloße Verstärkung einer bereits bestehenden Not wird zwar durch das Regelbeispiel nicht erfasst (Sturm JZ 1977, 84 (87)), kann aber die Annahme eines unbenannten besonders schweren Falles nahelegen (→ § 46 Rn. 14; Petermann in MüKoStGB Rn. 11).

§ 283b Verletzung der Buchführungspflicht

(1) **Mit Freiheitsstrafe bis zu zwei Jahren oder mit Geldstrafe wird bestraft, wer**
1. **Handelsbücher, zu deren Führung er gesetzlich verpflichtet ist, zu führen unterläßt oder so führt oder verändert, daß die Übersicht über seinen Vermögensstand erschwert wird,**
2. **Handelsbücher oder sonstige Unterlagen, zu deren Aufbewahrung er nach Handelsrecht verpflichtet ist, vor Ablauf der gesetzlichen Aufbewahrungsfristen beiseite schafft, verheimlicht, zerstört oder beschädigt und dadurch die Übersicht über seinen Vermögensstand erschwert,**
3. **entgegen dem Handelsrecht**
   a) **Bilanzen so aufstellt, daß die Übersicht über seinen Vermögensstand erschwert wird, oder**
   b) **es unterläßt, die Bilanz seines Vermögens oder das Inventar in der vorgeschriebenen Zeit aufzustellen.**

(2) **Wer in den Fällen des Absatzes 1 Nr. 1 oder 3 fahrlässig handelt, wird mit Freiheitsstrafe bis zu einem Jahr oder mit Geldstrafe bestraft.**

(3) **§ 283 Abs. 6 gilt entsprechend.**

1 **1.** Die Vorschrift ist ein **abstrakter Gefährdungstatbestand** im Vorfeld des Bankrotts (hM; BGH NStZ 2014, 469; Hoyer in SK-StGB Rn. 1; Petermann in MüKoStGB Rn. 6). Sie stimmt weitgehend mit § 283 I Nr. 5–7 überein, setzt aber nicht voraus, dass sich der Schuldner zurzeit der Tat in der Krise (→ § 283 Rn. 5–8) befindet (OLG Stuttgart NStZ-RR 2011, 277), und erfasst in ihrem gesamten Anwendungsbereich – abweichend von § 283 Nr. 6 (→ § 283 Rn. 19) – nur den buchführungspflichtigen Schuldner (Kindhäuser in NK-StGB Rn. 2: Kaufleute; iÜ → § 283 Rn. 16–18, 20). Setzt der Bilanzierungspflichtige bei Abs. 1 Nr. 3b das bereits vor Eintritt einer Krise iSd § 283 (→ § 283 Rn. 3–8) begonnene Unterlassen auch nach Kriseneintritt fort, bleibt es bei § 283b (KG wistra 2002, 313 mit zust. Bespr. Rönnau NStZ 2003, 531; vgl. auch BGH NStZ 1998, 192 mit Bespr. Rönnau NStZ 2003, 531; für Bankrott jedoch Maurer wistra 2003, 174).

2 **2.** Abs. 1 Nr. 2 erfordert **Vorsatz** (bedingter genügt). Nach **Abs. 2** kann Abs. 1 Nr. 1, 3 auch **fahrlässig** (→ § 15 Rn. 35) verwirklicht werden (einschr. Dreher MDR 1978, 724); das ist namentlich bedeutsam für Fälle, in denen der Schuldner oder der ihm nach § 14 gleichgestellte Vertreter (→ § 283 Rn. 3) einen Dritten (idR einen Buchhalter) mit der Buchführung beauftragt und ihn pflichtwidrig nicht hinreichend überwacht hat (Tiedemann in LK-StGB Rn. 9).

3 **3.** Zu **Abs. 3** → § 283 Rn. 26–31. Auch hier ist ein Zusammenhang zwischen der Tathandlung und dem Eintritt der Voraussetzungen des Abs. 3 (Zahlungseinstellung usw) erforderlich (BGH NStZ 2003, 546; BayObLG NJW 2003, 1960 mit Bespr. Achenbach NStZ 2004, 549 (552); BGH GmbHR 2020, 93 (96) mAnm

Brand; OLG Düsseldorf NJW 1980, 1292; OLG Hamburg NJW 1987, 1342; Röhm DZWiR 2002, 143; Wilhelm NStZ 2003, 511; Heine/Schuster in Schönke/Schröder Rn. 7; aM Schäfer wistra 1990, 81 (86)). Im Falle des Abs. 1 Nr. 3b kann er namentlich darin bestehen, dass die Bilanzierungspflicht bei Zahlungseinstellung usw noch nicht erfüllt ist und im Insolvenzverfahren nachgeholt werden muss (BGHSt 28, 231 = NJW 1979, 1418 mAnm Schlüchter JR 1979, 513; BGH wistra 1996, 262); der Zusammenhang kann jedoch fehlen, wenn eine verspätet aufgestellte Bilanz vor dem Eintritt der Bedingung nachgeholt wird (BayObLG NStZ 2003, 214 mit krit. Bespr. Maurer wistra 2003, 253; Wilhelm NStZ 2003, 511; Tiedemann in LK-StGB Rn. 14).

4. Hinter den **spezielleren** Nr. 5–7 des § 283 tritt die Vorschrift zurück (BGH 4
NStZ 1984, 455; NStZ 1998, 192; Schäfer wistra 1990, 81 (86)). Zum Zusammentreffen mehrerer Tathandlungen nach Abs. 1 gelten die Ausführungen unter → § 283 Rn. 32 sinngemäß.

5. Zur Anwendung der Vorschrift auf **Auslandstaten** OLG Karlsruhe NStZ 5
1985, 317 mkritAnm Liebelt NStZ 1989, 182.

§ 283c Gläubigerbegünstigung

(1) **Wer in Kenntnis seiner Zahlungsunfähigkeit einem Gläubiger eine Sicherheit oder Befriedigung gewährt, die dieser nicht oder nicht in der Art oder nicht zu der Zeit zu beanspruchen hat, und ihn dadurch absichtlich oder wissentlich vor den übrigen Gläubigern begünstigt, wird mit Freiheitsstrafe bis zu zwei Jahren oder mit Geldstrafe bestraft.**

(2) **Der Versuch ist strafbar.**

(3) **§ 283 Abs. 6 gilt entsprechend.**

1. Die Gläubigerbegünstigung (zusf. Vormbaum GA 1981, 101) ist ein **privile-** 1
gierter Fall des Bankrotts (hM; vgl. Hartwig FS Bemmann, 1997, 311 (317); Heine/Schuster in Schönke/Schröder Rn. 1; krit. zu dem engen Anwendungsbereich des Tatbestandes Gallandi wistra 1992, 10; Thilow, Die Gläubigerbegünstigung im System des Insolvenzrechts, 2001 mit Bespr. Wohlers/Kudlich ZStW 118 (2006), 717 (736)).

2. Der **Täter** muss zurzeit der Tat Schuldner und als solcher zahlungsunfähig 2
(→ § 283 Rn. 2, 7) sein (hM; vgl. etwa Petermann in MüKoStGB Rn. 2, Sonderdelikt); nimmt er seine Zahlungsunfähigkeit nur irrig an, so kommt untauglicher Versuch in Frage (ebenso Fischer Rn. 9; aM Tiedemann in LK-StGB Rn. 35). Im selben Zeitpunkt (RGSt 35, 127) muss der Begünstigte **Gläubiger** sein, also gegen den Schuldner einen – sei es auch nur bedingten oder betagten – Anspruch haben (Hoyer in SK-StGB Rn. 3), gleichgültig ob als Insolvenz- (§ 38 InsO) oder Massegläubiger (§ 53 InsO), als absonderungsberechtigter Gläubiger (§ 49 InsO) oder als Bürge, der ein bedingt berechtigter Gläubiger ist (RGSt 15, 90 (95)). Nach hM genügt auch ein Anspruch, der erst nach Eintritt der Zahlungsunfähigkeit begründet wurde (BGHSt 35, 357 = NJW 1989, 1167; Hartwig FS Bemmann, 1997, 311 (336); Hoyer in SK-StGB Rn. 9); jedoch werden damit schwer abschätzbare Manipulationsmöglichkeiten eröffnet (abl. daher Vormbaum GA 1981, 101 (107)). Nicht nur der Schuldner selbst, sondern auch der für ihn nach § 14 handelnde Tä-

ter, der eine Forderung gegen die Insolvenzmasse hat, soll nach der Rspr. als Gläubiger ausscheiden (BGHSt 34, 221 = NJW 1987, 1710 mwN; mit Recht abl. Winkelbauer JR 1988, 33; Weber StV 1988, 16; Schäfer wistra 1990, 81 (88); Hartwig FS Bemmann, 1997, 311 (325); Achenbach FG BGH, 2000, 593 (605); Hoyer in SK-StGB Rn. 5, 6; dem BGH zust. Tiedemann in LK-StGB Rn. 11).

3 **3.** Die **Tathandlung** setzt voraus, dass aus dem Vermögen, das andernfalls den Insolvenzgläubigern zur Verfügung stehen würde (RGSt 30, 46), an einen Gläubiger eine Sicherheit oder Befriedigung gewährt wird, auf die dieser im Zeitpunkt der Tat keinen fälligen Anspruch hat (sog. **inkongruente Deckung;** beachte auch § 131 InsO und dazu Paulus in Kübler/Prütting/Bork InsO § 131 Rn. 5–7; sa Skauradszun DZWiR 2009, 279 (282) zu § 113 UrhG); für den Verzicht auf die inkongruente Deckung de lege ferenda Thilow, Die Gläubigerbegünstigung im System des Insolvenzrechts, 2001, S. 125, 167.

4 **a)** Gewähren einer **Sicherheit** ist Einräumen einer im Hinblick auf die Befriedigung verbesserten rechtlichen (nicht unbedingt auch tatsächlichen, BGH BeckRS 1978, 00132) Stellung, zB Sicherungsübereignung, Verpfändung, Bestellung eines Grundpfandrechts, Einräumung eines Zurückbehaltungsrechts usw (speziell zum Fall des Vorgriffs auf das Konkursausfallgeld Tiedemann KTS 1984, 539 (555)); eine wegen Unbestimmtheit der erfassten Gegenstände unwirksame Gewährung genügt daher nicht, wohl aber eine Gewährung, die nach § 138 BGB wegen Sittenwidrigkeit nichtig ist (BGH bei Herlan GA 1958, 48; Vormbaum GA 1981, 101 (108); Hoyer in SK-StGB Rn. 10; krit. Hartwig FS Bemmann, 1997, 311 (319); str.). Die Rechtsstellung muss vom Gläubiger erlangt sein; solange sie noch nicht besteht, zB vor Eintragung einer Buchhypothek in das Grundbuch (RGSt 65, 416), ist die Tat nicht vollendet. Gewähren einer **Befriedigung** (zB Abtretung zukünftiger Forderungen, AG Nürnberg ZInsO 2012, 339) liegt auch bei Annahme als Erfüllung oder an Erfüllungs Statt vor (§§ 363, 364 BGB; anders für § 364 II BGB Himmelreich in Achenbach/Ransiek/Rönnau WirtschaftsStrafR-HdB Kap. VII 1 Rn. 219), auch beim Scheinverkauf einer Sache, um dem Gläubiger die Aufrechnung zu ermöglichen (BGH bei Herlan GA 1961, 359). Verschaffung eines vollstreckbaren Titels ist noch keine Befriedigung (RGSt 30, 46), die Hingabe eines Wechsels weder Befriedigung noch Sicherung (RG GA 39 (1891), 230). **Gewähren** setzt Mitwirkung des Gläubigers voraus (hM; vgl. etwa Tiedemann in LK-StGB Rn. 17; anders Maurach/Schroeder/Maiwald/Hoyer/Momsen-StrafR BT I § 48 Rn. 39; Heine/Schuster in Schönke/Schröder Rn. 6); bei einseitiger Zuwendung kommt jedoch Versuch in Frage. Das Gewähren kann auch in einem Unterlassen bestehen, wenn der Schuldner zum Handeln verpflichtet ist, zB bei pflichtwidriger Verzögerung des Insolvenzantrages, damit der Gläubiger noch pfänden kann (RGSt 48, 18; aM Tiedemann KTS 1984, 539 (541); Hoyer in SK-StGB Rn. 13), nicht jedoch bei bloß passivem Verhalten gegenüber der eigenmächtigen Verrechnung eines Gläubigers (BGH bei Herlan GA 1958, 48).

5 **b)** Ob der Gläubiger einen **fälligen Anspruch** auf die gewährte Sicherheit oder Befriedigung hat (kongruente Deckung), bestimmt sich nach bürgerlichem Recht (RGSt 66, 88 (90)), wobei uU die Änderungen des Anspruchs durch das Insolvenzrecht zu berücksichtigen sind; Anfechtbarkeit der gewährenden Rechtshandlung nach § 131 InsO steht jedoch nicht entgegen (OLG Karlsruhe Justiz 1977, 17 zu § 30 Nr. 1 KO aF). **Nicht zu beanspruchen** hat der Gläubiger eine Sicherheit oder Befriedigung etwa dann, wenn seinem Anspruch die Verjährungs-

einrede entgegensteht oder ein nach §§ 119ff. BGB anfechtbares Rechtsgeschäft zugrunde liegt (Heine/Schuster in Schönke/Schröder Rn. 9); auch begründet sein Befriedigungsanspruch für sich allein noch keinen Anspruch auf Sicherung (BGH bei Holtz MDR 1979, 457; beachte jedoch BGHSt 35, 357 = NJW 1989, 1167). **Nicht in der Art** besteht sein Anspruch namentlich, wenn der Schuldner an Erfüllungs Statt oder erfüllungshalber leistet (BGHSt 16, 279 = NJW 1962, 117; BGH bei Holtz MDR 1979, 457), es sei denn, dass die Ersatzleistung vorher vertraglich vereinbart (BGH bei Herlan GA 1956, 348) und diese Vereinbarung nicht lediglich in Erwartung der Insolvenz getroffen war (RGSt 63, 78; Hoyer in SK-StGB Rn. 15). Auch Sanierungsmaßnahmen, die Poolbildungen vorsehen oder das sog. Nettolohnsystem praktizieren, können zu Leistungen führen, die unter diesem Gesichtspunkt inkongruent sind (Tiedemann ZIP 1983, 513 (517)). **Nicht zu der Zeit** besteht ein Anspruch bei Befriedigung einer aufschiebend bedingten Forderung vor Eintritt der Bedingung oder einer betagten Forderung vor Fälligkeit (Petermann in MüKoStGB Rn. 17). Mit Streichung der Rückzahlungssperre für Gesellschafterdarlehen in §§ 30ff. GmbHG ist umstritten, ob eine Rückgewähr noch nach § 283 oder nur nach § 283c strafbar sein kann (so OLG Celle ZInsO 2014, 1667; dagegen nunmehr BGH StraFo 2017, 207 mwN).

4. Der **Erfolg** der Tathandlung besteht in der Begünstigung, dh der Besserstellung des Gläubigers im Verhältnis zu den übrigen Gläubigern (Hoyer in SK-StGB Rn. 1, 7); der dazu erforderliche Vergleich bezieht sich auf die Lage, die sich ohne Erbringen der Leistung ergeben hätte (Vormbaum GA 1981, 101 (119); Petermann in MüKoStGB Rn. 18). Die Begünstigung muss wirklich eingetreten sein (BT-Drs. 7/3441, 38); ist sie nicht feststellbar, so kann Versuch übrig bleiben. 6

5. Neben der (sicheren) Kenntnis der Zahlungsunfähigkeit (Hoyer in SK-StGB Rn. 17) genügt für die Tathandlung des Gewährens und für die Inkongruenz der Deckung (Heine/Schuster in Schönke/Schröder Rn. 16; diff. Vormbaum GA 1981, 101 (121); str.) **bedingter Vorsatz** (zu den Anforderungen vgl. BGH NJW 2021, 247 mAnm Brand). Für den Begünstigungserfolg (→ Rn. 6) ist dagegen **direkter Vorsatz** (Absicht oder Wissentlichkeit, → § 15 Rn. 20, 21) erforderlich (zu möglichen Irrtümern des Täters Vormbaum GA 1981, 101 (127); zum Verbotsirrtum BGH NJW 2021, 247). 7

6. Zur **Teilnahme** → § 283 Rn. 25. Der begünstigte Gläubiger ist **notwendiger Teilnehmer** (→ Vor § 25 Rn. 12), wenn er keine über die bloße Annahme der Sicherheit oder Befriedigung hinausgehende Tätigkeit entfaltet (hM; vgl. BGH NJW 1993, 1278 mit Bespr. Sowada GA 1995, 60; BGH NJW 2021, 247; Tiedemann in LK-StGB Rn. 38; anders Herzberg JuS 1975, 792 (795); Sowada, Die „notwendige Teilnahme" als funktionales Privilegierungsmodell im Strafrecht, 1992, S. 161); solche grenzüberschreitende und deshalb strafbare Teilnahme kommt häufig in Frage, wenn Kreditinstitute sich für ihre notleidend gewordenen Kredite vom Schuldner inkongruente Sicherheiten einräumen oder Befriedigung gewähren lassen (dazu Tiedemann ZIP 1983, 513 (515)). 8

7. Zu **Abs. 3** → § 283 Rn. 26–31. 9

8. Für **mehrere Begünstigungshandlungen** gelten die Ausführungen unter → § 283 Rn. 32 sinngemäß. Gegenüber § 283 I Nr. 1 geht die Vorschrift als die speziellere (→ Rn. 1) vor (BGHSt 8, 55 = NJW 1955, 1446; Hoyer in SK-StGB Rn. 21); jedoch ist **Tateinheit** möglich, wenn dem begünstigten Gläubiger höhere 10

Werte zugewendet werden, als ihm zustehen (BGH bei Herlan GA 1953, 76; Kindhäuser in NK-StGB Rn. 25; aM Tiedemann in LK-StGB Rn. 40: nur § 283 I Nr. 1 anzuwenden); bei Bestellung einer Grundschuld mit höherem Wert als die zu sichernde Forderung geht aber § 283c vor (BGH NZWiSt 2017, 190 (195) mAnm Floeth). Ist umgekehrt der Gläubiger nur durch eine kongruente Deckung (→ Rn. 5) sichergestellt oder befriedigt worden, so ist auch § 283 I Nr. 1 gesperrt (BT-Drs. 7/3441, 39; BGHSt 8, 55 = NJW 1955, 1446; BGH NStZ 1996, 543). Im Übrigen ist Tateinheit ua möglich mit § 283 I Nr. 5 (RGSt 40, 105; aM Kindhäuser in NK-StGB Rn. 27; Tiedemann in LK-StGB Rn. 43, Tatmehrheit; str.) und § 288 (RGSt 20, 214).

§ 283d Schuldnerbegünstigung

(1) **Mit Freiheitsstrafe bis zu fünf Jahren oder mit Geldstrafe wird bestraft, wer**

1. **in Kenntnis der einem anderen drohenden Zahlungsunfähigkeit oder**
2. **nach Zahlungseinstellung, in einem Insolvenzverfahren oder in einem Verfahren zur Herbeiführung der Entscheidung über die Eröffnung des Insolvenzverfahrens eines anderen**

Bestandteile des Vermögens eines anderen, die im Falle der Eröffnung des Insolvenzverfahrens zur Insolvenzmasse gehören, mit dessen Einwilligung oder zu dessen Gunsten beiseite schafft oder verheimlicht oder in einer den Anforderungen einer ordnungsgemäßen Wirtschaft widersprechenden Weise zerstört, beschädigt oder unbrauchbar macht.

(2) **Der Versuch ist strafbar.**

(3) [1]**In besonders schweren Fällen ist die Strafe Freiheitsstrafe von sechs Monaten bis zu zehn Jahren.** [2]**Ein besonders schwerer Fall liegt in der Regel vor, wenn der Täter**

1. **aus Gewinnsucht handelt oder**
2. **wissentlich viele Personen in die Gefahr des Verlustes ihrer dem anderen anvertrauten Vermögenswerte oder in wirtschaftliche Not bringt.**

(4) **Die Tat ist nur dann strafbar, wenn der andere seine Zahlungen eingestellt hat oder über sein Vermögen das Insolvenzverfahren eröffnet oder der Eröffnungsantrag mangels Masse abgewiesen worden ist.**

1 **1.** Die Vorschrift schützt die **Gesamtheit der Gläubiger** vor einer Verringerung der Aktivmasse (Petermann in MüKoStGB Rn. 2) durch Eingriffe, die nicht vom Schuldner, sondern mit seiner Einwilligung oder zu seinen Gunsten von Dritten (uU auch einem Gläubiger, BGHSt 35, 357 = NJW 1989, 1167) ausgehen.

2 **2.** Die **Tathandlungen** (dazu BGH NStZ 2016, 604) und die betroffenen **Vermögensbestandteile** stimmen mit denen des § 283 I Nr. 1 überein (→ § 283 Rn. 9–11). **Einwilligung** → § 228 Rn. 3 (Brand/Sperling ZStW 121 (2009), 281 (319)). Zur Vermeidung eines Wertungswiderspruchs ist hier der nur nach § 283c zu beurteilende Fall auszuscheiden, dass ein Gläubiger einvernehmlich zur eigenen (inkongruenten) Befriedigung Vermögensbestandteile beiseiteschafft (BGHSt 35, 357 = NJW 1989, 1167; nur iErg zust. Schäfer wistra 1990, 81 (89); str.). **Zu seinen Gunsten** erfordert ein Handeln mit der Intention, dem Schuldner (nicht einem anderen Gläubiger, BGH bei Herlan GA 1959, 341) auf Kosten der Gesamt-

heit der Gläubiger einen Vermögensvorteil zu erhalten oder zukommen zu lassen (Petermann in MüKoStGB Rn. 3; aM Hoyer in SK-StGB Rn. 6); dass daneben auch ein Eigeninteresse (BGH bei Herlan GA 1967, 265) oder das eines Dritten verfolgt wird, ist unerheblich (ebenso Tiedemann in LK-StGB Rn. 12).

3. **Abs. 1 Nr. 1** setzt voraus, dass Zahlungsunfähigkeit objektiv droht (→ § 283 3
Rn. 7, 8) oder bereits eingetreten ist (Heine/Schuster in Schönke/Schröder Rn. 5; für Einbeziehung der Überschuldung Brand/Sperling ZStW 121 (2009), 281 (283)). Für **Abs. 1 Nr. 2** kommt es nur auf das zeitliche Moment, dh Vornahme der Tathandlung nach Zahlungseinstellung (→ § 283 Rn. 27) oder während eines Insolvenzverfahrens, an (Tiedemann in LK-StGB Rn. 8).

4. Die Tat erfordert **Vorsatz;** bedingter genügt nur insoweit nicht, als die 4
Kenntnis drohender Zahlungsunfähigkeit (Abs. 1 Nr. 1) sicher sein muss (BT-Drs. 7/3441, 39; zw.).

5. Zur **Teilnahme** → § 283 Rn. 25. Auch der Schuldner, der nicht etwa not- 5
wendiger Teilnehmer ist (→ Vor § 25 Rn. 12; Pelz in Wabnitz/Janovsky/Schmitt WirtschaftsStrafR-HdB § 9 Rn. 246), kommt als Anstifter oder Gehilfe in Frage, sofern er nicht als Unterlassungstäter nach § 283 erfasst wird (Heine/Schuster in Schönke/Schröder Rn. 12).

6. Zu **Abs. 3** (besonders schwere Fälle) → § 283 a Rn. 1, 2. Zu **Abs. 4** → § 283 6
Rn. 26–31.

7. Für mehrere **Begünstigungshandlungen** gelten die Ausführungen unter 7
→ § 283 Rn. 32 sinngemäß. Ist die Tat zugleich Teilnahme an der Bankrotthandlung des Schuldners nach § 283 I Nr. 1, so tritt diese hinter die Schuldnerbegünstigung zurück, weil der Unwert der Beihilfe mit der täterschaftlich begangenen Tat identisch ist (Heinrich in Arzt/Weber/Heinrich/Hilgendorf StrafR BT § 16 Rn. 64; Maurach/Schroeder/Maiwald/Hoyer/MomsenStrafR BT I § 48 Rn. 43). Im Übrigen ist **Tateinheit** ua möglich mit §§ 257, 263 (Kindhäuser in NK-StGB Rn. 14).

25. Abschnitt. Strafbarer Eigennutz

§ 284 Unerlaubte Veranstaltung eines Glücksspiels

(1) **Wer ohne behördliche Erlaubnis öffentlich ein Glücksspiel veranstaltet oder hält oder die Einrichtungen hierzu bereitstellt, wird mit Freiheitsstrafe bis zu zwei Jahren oder mit Geldstrafe bestraft.**

(2) **Als öffentlich veranstaltet gelten auch Glücksspiele in Vereinen oder geschlossenen Gesellschaften, in denen Glücksspiele gewohnheitsmäßig veranstaltet werden.**

(3) **Wer in den Fällen des Absatzes 1**
1. **gewerbsmäßig oder**
2. **als Mitglied einer Bande handelt, die sich zur fortgesetzten Begehung solcher Taten verbunden hat,**

wird mit Freiheitsstrafe von drei Monaten bis zu fünf Jahren bestraft.

(4) **Wer für ein öffentliches Glücksspiel (Absätze 1 und 2) wirbt, wird mit Freiheitsstrafe bis zu einem Jahr oder mit Geldstrafe bestraft.**

1 **1.** Die Vorschrift will die **wirtschaftliche Ausbeutung der natürlichen Spielleidenschaft** unter staatliche Kontrolle nehmen (BGHSt 11, 209 = NJW 1958, 758; BayObLG NJW 1993, 2820 mit Bespr. Lampe JuS 1994, 737 (740); Hund NStZ 1993, 571; Brandl, Spielleidenschaft und Strafrecht, 2003, S. 16; Gössel/Dölling StrafR BT I § 82 Rn. 1; krit. Meurer/Bergmann JuS 1983, 668; Herzog EzSt StGB Nr. 2; Wrage ZRP 1998, 426 (427); Lampe in Rehbinder/Usteri, Glück als Ziel der Rechtspolitik, 2002, S. 211, 215; Heine wistra 2003, 441; Otto GS Meurer, 2002, 263 (281); Otto StrafR BT § 55 Rn. 2; Krehl in LK-StGB Vor § 284 Rn. 7; Hoyer in SK-StGB Rn. 1–3; Gaede in NK-StGB Rn. 2–6; vgl. auch BT-Drs. 13/8587, 67; BVerwG NJW 2001, 2648); daneben geht es auch um den Schutz der öffentlichen Sicherheit und Ordnung namentlich vor Begleitkriminalität (BGH NJW 1992, 1518; OLG Hamm JR 2004, 478 (479); ebenso BVerfGE 115, 276 (306) = NJW 2006, 1261; BVerwGE 114, 92). – Zur **Rechtsgeschichte** des Glücksspielstrafrechts Lampe in Rehbinder/Usteri, Glück als Ziel der Rechtspolitik, 2002, S. 737; Krehl in LK-StGB Vor § 284 Rn. 2; Laustetter, Grenzen des Glücksspielstrafrechts, 2011, S. 19. Da bereits seit 2004 gewichtige Bedenken gegen die Anwendbarkeit der §§ 284ff. auf Fälle der Vermittlung von im EU-Ausland rechtmäßig konzessionierten Glücksspielangeboten bestehen und deshalb die Strafgerichte seither häufig in die Annahme eines unvermeidbaren Verbotsirrtums flüchten (→ Rn. 13), erscheint manchen das Glücksspielstrafrecht insoweit faktisch ausgehebelt, ohne dass der Gesetzgeber angemessen reagieren würde (so Saliger/Tsambikakis, Neutralisiertes Strafrecht, 2017, S. 49). – **Rechtsvergleichend** und zu europäischen Entwicklungen Heine in Wohlers, Neuere Entwicklungen im schweizerischen und internationalen Wirtschaftsstrafrecht, 2007, S. 1; Heger ZIS 2012, 396. – Zur **Kriminologie** s. Kinzig FS Frisch, 2013, 1003.

2 **2. a)** Ein **Glücksspiel** liegt vor, wenn die Beteiligten zur Unterhaltung oder aus Gewinnstreben über den Gewinn oder Verlust eines nicht ganz unbeträchtlichen (→ Rn. 7) Vermögenswertes ein ungewisses Ereignis entscheiden lassen, dessen Eintritt nicht wesentlich von Aufmerksamkeit, Fähigkeiten und Kenntnissen der Spieler abhängt, sondern allein oder hauptsächlich vom Zufall (BGHSt 2, 274 = NJW 1952, 673; BGHSt 36, 80 = NJW 1989, 992; BGH NStZ 2003, 374; NStZ 2018, 335 mAnm Berberich; Krehl in LK-StGB Rn. 7; Hoyer in SK-StGB Rn. 13; Gaede in NK-StGB Rn. 7–11; weiter AG Karlsruhe-Durlach NStZ 2001, 254 mkritAnm Wrage; zum Glücksspielbegriff aus europäischer Perspektive Heine FS Amelung, 2009, 413). Das setzt einen (nicht nur minimalen, Roxin/Greco StrafR AT I § 10 Rn. 40) Einsatz des Spielers voraus (BGH wistra 2017, 441: zu bejahen bei möglichem Verlust von 10 EUR pro Stunde), an dem es bei den sog. Kettenbriefaktionen – mindestens idR – fehlt (BGHSt 34, 171 = NJW 1987, 851 mit Bespr. Lampe JR 1987, 383; BayObLG NJW 1990, 1862; Gaede in NK-StGB Rn. 12; ebenso für das „Life-Spiel“ OLG Celle NJW 1996, 2660; str.), ebenso bei Werbeaktionen, die eine Preisrückerstattung beim Eintritt bestimmter Ereignisse versprechen (BVerwG NJW 2014, 3175 „Wetten aufs Wetter“) oder wenn die Teilnahmegebühr bzw. das Eintrittsgeld für ein Pokerturnier zumindest weitgehend nur die Veranstaltungskosten deckt (BVerwG NJW 2014, 2299) oder wenn erst das Spielverhalten anderer Teilnehmer und nicht der Einsatz eine Gewinnchance öffnet (zu Fußballmanagerspielen BVerwGE 148, 146).

3 **b) Beispiele für Glücksspiele:** Roulette (Klenk GA 1976, 361 (364)), Spiralo-Roulette (BGHSt 2, 274 = NJW 1952, 673) und Gratisroulette (BGHSt 11, 209 = NJW 1958, 758); das Beobachtungsspiel Opta I (BayObLG NJW 1993,

2820 mit zust. Bespr. Lampe JuS 1994, 737 (739)); das Sektorenspiel (BVerwG NJW 1960, 1684); Bakkarat; das Kasinospiel (BVerwG NJW 1955, 1451); Würfeln um Geld (RGSt 10, 245 (252); Gössel/Dölling StrafR BT I § 82 Rn. 2); Spiel an bestimmten Geldspielautomaten (OLG Hamm JMBl. NRW 1957, 250); einige Kartenspiele wie Kümmelblättchen (RGSt 28, 283), Mauscheln (RGSt 61, 355), Black Jack (AG München ZfWG 2015, 147), Pokern (AG Deggendorf NStZ-RR 2009, 338; sa Kretschmer ZfWG 2007, 93 (98); Holznagel MMR 2008, 439; Schmidt/Wittig JR 2009, 45; aM OLG Köln MMR 2010, 856; anders bei Abwandlungen wie zB dem Turnierpoker, Heine/Hecker in Schönke/Schröder Rn. 9; ausf. Laustetter, Grenzen des Glücksspielstrafrechts, 2011, S. 116), Internetauktionen (sog. Online-Cent, Auktion, OVG Lüneburg ZfWG 2017, 282), Wetten auf den Ausgang von Lotterien (Zweitlotterien, VG Saarbrücken ZfWG 2016, 160; usw. Bei Hausverlosungen über das Internet kommt es auf deren Ausgestaltung im Einzelfall an (OVG Berlin-Brandenburg ZfWG 2012, 137; VGH München ZfWG 2012, 132; vgl. Heger ZIS 2012, 396 (400)).

c) Auch **Lotterie und Ausspielung** sind Glücksspiele, jedoch in § 287 speziell geregelt (BGHSt 34, 171 = NJW 1987, 851). 4

d) Keine Glücksspiele sind: 5

aa) Das **Geschicklichkeitsspiel,** bei dem zumindest wesentlich auch Aufmerksamkeit, Fähigkeit und Kenntnisse der beteiligten Durchschnittsspieler über Gewinn und Verlust entscheiden (BGHSt 2, 274 = NJW 1952, 673; Gaede in NK-StGB Rn. 9; anders Hoyer in SK-StGB Rn. 14). Das gilt für Kartenspiele wie Skat. Das sog. „Hütchenspiel" gehört hierher, wenn nach den konkreten Spielverhältnissen die Geschicklichkeit des Durchschnittsspielers das Ergebnis wesentlich beeinflussen kann (BGHSt 36, 74 = NJW 1989, 919 mAnm Herzog EzSt StGB Nr. 2; Lampe JuS 1994, 737 (739); Krehl in LK-StGB Rn. 9, 10; vgl. auch Laustetter JR 2012, 507; str.); bei den heute massenweise vorkommenden „Hütchenspielen" spiegelt allerdings der Täter die Möglichkeit der Beeinflussung des Ergebnisses durch den Spieler meistens nur vor, obwohl er den Ablauf vollständig beherrscht; dann liegt kein Glücksspiel, sondern Betrug vor (LG Frankfurt a. M. NJW 1993, 945; Sack NJW 1992, 2540; → § 263 Rn. 9; aM Lampe JuS 1994, 737 (742), Tateinheit zwischen § 263 und § 284; ebenso Gaede in NK-StGB Rn. 10). Werden für die Spiele überwiegend vom Zufall abhängige Preise ausgesetzt, so liegt eine Ausspielung (§ 286) vor (BGHSt 9, 39 = NJW 1956, 639).

bb) Die **Wette,** soweit sie weniger der Unterhaltung und dem Gewinn als der Austragung eines ernsthaften Meinungsstreits dient (RGSt 57, 190; einschr. Gaede in NK-StGB Rn. 14). Sog. Sportwetten (Fußballtoto, Rennwetten) sind Glücksspiele (Weber in Pfister, Rechtsprobleme der Sportwette, 1989, S. 39, 41; Krehl in LK-StGB Rn. 5; aM Kühne FS Schroeder, 2006, 545 (550)); auch sog. Oddset-Wetten mit von Beginn an feststehenden Gewinnquoten (dazu allg. Wrage JR 2001, 405; Janz NJW 2003, 1694; Heine wistra 2003, 441) sind deswegen trotz gewisser Wahrscheinlichkeit des Eintritts eines Ereignisses, auf das der Spieler wettet, nicht als Geschicklichkeitsspiele (so aber LG Bochum NStZ-RR 2002, 170 mAnm Odenthal NStZ 2002, 482; AG Karlsruhe-Durlach NStZ 2001, 254 mzustAnm Wrage; Kühne FS Schroeder, 2006, 545 (550)), sondern als Glücksspiele einzustufen (BGH NStZ 2003, 372 mit Bespr. Lesch JR 2003, 344; Wohlers JZ 2003, 860; Beckemper NStZ 2004, 39; Meyer JR 2004, 447; BGH NJW 2007, 3078; BayObLG NJW 2004, 1057; LG München I NJW 2002, 2656; Heine wistra 2003, 441 (443); sa OLG München NJW 2006, 3588; aM wegen der kommerziellen Ver- 6 breitung der Sportwetten durch staatliche Monopolbetriebe Lesch GewArch 2003, 321). Das **BVerfG** hat das staatliche Monopol für Sportwetten für verfassungswidrig erklärt und dem Gesetzgeber den Auftrag erteilt, bis Ende 2007 eine verfassungskonforme Neuregelung herbeizuführen; ob in der Übergangszeit eine Strafbarkeit nicht genehmigter Sportwetten nach § 284 StGB gegeben ist, hat das BVerfG der Entscheidung der Strafgerichte überlassen (BVerfGE 115, 276 (319) = NJW 2006, 1261; für fortdauernde Strafbarkeit Mosbacher NJW 2006, 3529 (3532); gegen Strafbarkeit OLG Frankfurt a. M. NStZ-RR 2008, 372; OLG München NJW 2008, 3151; Horn JZ 2006, 789 (793); Petropoulos wistra 2006, 332; diff. Fischer Rn. 16b). Bei „Altfällen" (nicht genehmigte Sportwetten in der Zeit vor der Entscheidung des BVerfG) scheidet eine Strafbarkeit nach § 284 aus (BGH NJW 2007, 3078 mit krit. Bespr. Dehne-Niemann wistra 2008, 361). Den Vorgaben des BVerfG wurde durch den Glücksspielstaatsvertrag (GlüStV) v. 1.1.2008 Rechnung getragen. Danach bleibt es grds. beim staatlichen Monopol. Doch trifft der GlüStV bessere Vorkehrungen zur Umsetzung der Spiel- und Wettsuchtverhinderung (zB Werbeverbot im Fernsehen und Internet sowie Verbot des Glückspiels im Internet; zum GlüStV ausf. Schöttle K&R 2008, 155; Krehl in LK-StGB Vor § 284 Rn. 9). Der EuGH hat das Monopol im September 2010 dennoch verworfen wegen Bedenken hinsichtlich der Vereinbarkeit des GlüStV 2008 mit der Dienst- und Niederlassungsfreiheit nach Art. 49, 56 AEUV (aber nur bei Auslandsbezug, BGH NJW 2020, 2282), da das Glücksspielwesen in Deutschland nicht kohärent und systematisch ausgestaltet sei (EuGH NVwZ 2010, 1409). Aufgrund der Kritik des EuGH am GlüStV 2008 ist der GlüStV durch den Ersten Staatsvertrag zur Änderung des GlüStV zum 1.7.2012 zunächst in 14 Bundesländern in Kraft getreten (in NRW im November 2012). Er sieht ua die Vergabe von 20 Konzessionen für private Anbieter vor, schließt jedoch für diese das Anbieten über das Internet weiterhin aus und dehnt das Lotto-Angebot auf das Internet aus. Die Unionsrechtskonformität sowie Verfassungsmäßigkeit ist aber immer noch umstritten (Marberth-Kubicki/Hambach/Berberich K&R 2012, 27 (32); Mintas SpuRt 2010, 94 (97); Dietlein ZfWG 2010, 159; skeptisch Fischer Rn. 2; sa Gutachtensammlung Schmittmann, Neuordnung des Glücks- und Gewinnspielmarktes in Deutschland, 2012; zum GlüStV 2012 Pagenkopf NJW 2012, 2918; Dietlein/Hecker/Ruttig, Glücksspielrecht, 2. Aufl. 2013). Schleswig-Holstein verabschiedete bereits mit Wirkung zum 1.1.2012 ein Gesetz zur Neuordnung des Glücksspiels, welches weitestgehend eine Liberalisierung zu den bisherigen glücksspielrelevanten Regelungen vorsieht (Hecker WRP 2012, 523); mWv 8.2.2013 wurde dieses Glücksspielgesetz aufgehoben und zugleich ist Schleswig-Holstein als letztes Bundesland dem GlüStV 2012 beigetreten; die dadurch zeitweilig bewirkte unterschiedliche Strafbarkeit gem. §§ 284ff. verstößt nicht per se gegen Art. 56 AEUV EuGH NJW 2014, 3012). Die nach schleswig-holsteinischem Recht bis Januar 2013 erteilten Konzessionen bleiben aber wirksam (zum neuen GlüStV 2021 → Rn. 12 aE). – Finanzprodukte für den Fußballfan (zB FC Bayern Sparcard) fallen nicht unter den Glücksspielbegriff (Kessler/Heda WM 2004, 1812; Hofmann NStZ 2006, 249, nur Gewinnminderungs-, aber keine Verlustgefahr; ebenso für Sportzertifikate Heine FS Amelung, 2009, 413 (422)).

7 cc) Das **Unterhaltungsspiel,** bei dem der zu gewinnende Vermögenswert nach der Verkehrsanschauung und den Verhältnissen der Spieler ganz unbeträchtlich ist (BGH NStZ 2018, 335 mAnm Berberich; BayObLG GA 1956, 385; OLG Köln NJW 1957, 721; Gössel/Dölling StrafR BT I § 82 Rn. 2; Kindhäuser StrafR BT II § 42 Rn. 4; zu streng OLG Hamm JMBl. NRW 1957, 251; diff. Gaede in NK-StGB Rn. 13f).

dd) Die **berechtigten wirtschaftlichen Interessen dienende Vereinbarung** über einen vom Zufall abhängigen Gewinn (zB Regenversicherung; ebenso für die Risikolebensversicherung Gaede in NK-StGB Rn. 14). Das gilt mangels Möglichkeit eines Geldgewinns auch, wenn solche Spiele („fun games") dem Spieler oder bei entgeltlicher oder unentgeltlicher Weitergabe von Freispielmarken einem Dritten zusätzliche (auch zeitversetzte) Freispiele gewähren oder dem Spieler günstigstenfalls eine Rückgewähr seines Einsatzes ermöglichen (Lesch/Wallau GewArch 2002, 447; aM VG Freiburg GewArch 2003, 32; Pfeifer/Fischer GewArch 2002, 232 (235)); um ein Glückspiel handelt es sich dagegen, wenn die Freispielmarken („Token") vom Geräteaufsteller oder -betreiber nach den Spielbedingungen – nicht nur ausnahmsweise aus Kulanz – auch über den erbrachten Einsatz hinaus in Geld oder andere geldwerte Vorteile umgetauscht werden (BayObLG JR 2003, 386 mAnm Wohlers). 8

e) Zum Aufstellen von **mechanischen Spielen und Spieleinrichtungen,** zur Veranstaltung anderer Spiele mit Gewinnmöglichkeit und zum Betreiben von Spielhallen in Schank- oder Speisewirtschaften, Beherbergungsbetrieben, Wettannahmestellen, auf Jahrmärkten oder Schützenfesten usw beachte die §§ 33c–33i GewO und die SpielV. 9

3. Öffentlich ist das Glücksspiel, wenn die Beteiligung in erkennbarer Weise beliebigen Personen ermöglicht, also nicht auf einen geschlossenen, durch konkrete außerhalb des Spielzwecks liegende Interessen verbundenen, Personenkreis beschränkt wird (OLG Stuttgart NJW 1964, 365; OLG Düsseldorf GA 1968, 88; zusf. Schild NStZ 1982, 446; Gaede in NK-StGB Rn. 15, 16); Spielen in einer öffentlichen Wirtschaft genügt dazu allein nicht (BayObLG GA 1956, 385). Für die Gewohnheitsmäßigkeit (→ Vor § 52 Rn. 20) im Sinne der **erweiternden Regel des Abs. 2** wird ein Hang zum Spielen zu fordern sein (aM OLG Hamburg MDR 1954, 312; Krehl in LK-StGB Rn. 16; zw.). 10

4. Tathandlung ist nicht das Spielen selbst (dazu § 285), sondern das **Ermöglichen** des Spiels, dessen in Abs. 1 beschriebene Formen sich weit überschneiden und nur in Grenzbereichen die Tatbestandsmäßigkeit allein begründen (hM; OLG Düsseldorf JMBl. NRW 1991, 19; anders Meurer/Bergmann JuS 1983, 668). Danach wird wie folgt zu unterscheiden sein: **Veranstalter** ist, wer dem Publikum eine von ihm beherrschte, vor allem nach Spielplan und Gewinnmöglichkeiten konkretisierte, Spielgelegenheit eröffnet, also nur die – nicht notwendig schon vollzogene – Spielaufnahme ermöglicht (hM; vgl. Krehl in LK-StGB Rn. 18), auch wenn Wettdaten und ein Großteil des Gewinnsaldos nur an ein zB ausländisches Wettunternehmen weitergeleitet werden (BGH NStZ 2003, 372; mAnm Wohlers JZ 2003, 862; das Bereitstellen bejahend Meyer JR 2004, 447 (449); die Strafbarkeit des Vermittlers weitgehend abl. Horn NJW 2004, 2047 (2052); Rüping JZ 2005, 234 (238); einschr. auf mittäterschaftliche Verbindungen von Vermittler und Wettunternehmer Heine wistra 2003, 441 (445); Heine in Wohlers, Neuere Entwicklungen im schweizerischen und internationalen Wirtschaftsstrafrecht, 2007, S. 5); er muss nicht wie der gewerbliche Unternehmer das Risiko der Spielveranstaltung tragen (BayObLG NJW 1993, 2820 mit zust. Bespr. Lampe JuS 1994, 737 (741)). **Halter** ist, wer das Spiel selbst leitet (Fischer Rn. 20), für den eigentlichen Spielverlauf verantwortlich ist und sich in qualifizierter Form an diesem beteiligt, um das Spiel zu ermöglichen, zB auch ein Mitspieler ohne finanzielle Interessen, uU auch der Croupier (BayObLG NJW 1993, 2820 mit zust. Bespr. Lampe JuS 1994, 737 11

(741); Gaede in NK-StGB Rn. 19; aM Heine/Hecker in Schönke/Schröder Rn. 18), dessen Strafbarkeit sich sonst aus § 14 II (→ § 14 Rn. 15) ergeben kann (aM Krehl in LK-StGB Rn. 19). **Bereitstellen** ist Zugänglichmachen der Einrichtungen (BayObLG NJW 1993, 2820); es müssen Spieleinrichtungen sein, dh solche, die nach den Umständen eine Eignung gerade zum Spielen haben (Würfel, Karten, Spieltische, uU auch einfache Tische und Stühle); es genügt jedoch nicht, dass der Wirt nur das Spiel im gewöhnlichen, der Öffentlichkeit zugänglichen Schankraum duldet, weil er selbst keine spezifischen Spieleinrichtungen bereitstellt (Heine wistra 2003, 441 (447); Heine/Hecker in Schönke/Schröder Rn. 21; aM OLG Düsseldorf JMBl. NRW 1991, 19; Krehl in LK-StGB Rn. 21; zw.); er kann aber Gehilfe nach § 285 sein. Zur möglichen Beihilfe eines Steueramtsleiters, der einem Spielcasino bei der Festsetzung und Beitreibung von Vergnügungssteuer entgegenkommt, BGH NStZ 1995, 27.

12 **5.** Die behördliche **Erlaubnis** schließt die Tatbestandsmäßigkeit aus (Heine wistra 2003, 441 (443); Gössel/Dölling StrafR BT I § 82 Rn. 4; Krehl in LK-StGB Rn. 22; Gaede in NK-StGB Rn. 21; aM Jescheck/Weigend StrafR S. 368; Maurach/Schroeder/Maiwald/Hoyer/Momsen StrafR BT § 44 Rn. 9; str.); sie muss verwaltungsrechtlich bestandskräftig (ebenso Otto StrafR BT § 55 Rn. 9; auf die „formale Wirksamkeit" stellen Hoyer in SK-StGB Rn. 21; Gaede in NK-StGB Rn. 22 ab), nicht notwendig materiell fehlerfrei sein (Ostendorf JZ 1981, 165 (171); Gössel/Dölling StrafR BT I § 82 Rn. 4; beachte auch Lange FS Dreher, 1977, 573 (583)). Bloße Genehmigungsfähigkeit soll selbst dann nicht genügen, wenn der Täter dadurch in seiner Berufsausübungsfreiheit (Art. 12 GG) verletzt ist, sofern nur der Genehmigungsvorbehalt als solcher nicht verfassungswirdrig ist (BGH NJW 2020, 2287 mAnm Brand; mit guten Gründen anders noch LG Hannover ZfWG 2020, 66; zw.); das gleiche gilt für Spielautomaten ohne Bauartzulassung, selbst wenn eine solche erreichbar wäre (BGH NStZ-RR 2018, 214). Für zugelassene Spielbanken bestimmen die als Landesrecht in unterschiedlicher Fassung geltenden Spielbankengesetze (Nachw. bei Buddendiek/Rutkowski NebenStrafR-Lex Rn. 775) die Nichtanwendbarkeit des § 284 (vgl. zB BGH NJW 1967, 1660); für Fußballtoto und Zahlenlotto gilt der Glücksspielstaatsvertrag 2012 (Buddendiek/Rutkowski NebenStrafR-Lex Kap. II Rn. 515) und die ihn umsetzenden Gesetze der Bundesländer (Buddendiek/Rutkowski NebenStrafR-Lex Kap. II D Rn. 515), für Pferderennwetten dagegen primär das (bundesrechtliche) RennwG (sowie ergänzend der GlüStV 2012). In der ehemaligen DDR erteilte Erlaubnisse zur Veranstaltung von Sportwetten (insbes. Oddset-Wetten) wirken jedenfalls in dem Bundesland, in dessen Gebiet sie erteilt worden sind, doch ist ihre Gültigkeit im übrigen Bundesgebiet umstritten (BVerwGE 126, 149 = NVwZ 2006, 1175, keine Geltung im gesamten Bundesgebiet; vgl. Heine wistra 2003, 441 f.; für Geltung im ganzen Bundesgebiet Beckemper NStZ 2004, 39 (41); vgl. auch BGH SpuRt 2002, 111 (112) = NJW-RR 2002, 395 zu § 1 UWG). Die Rspr. des EuGH fordert keine gegenseitige Anerkennung mitgliedstaatlicher Glücksspielerlaubnisse. In Ermangelung einer Harmonisierung des Glücksspielrechts in der EU sei es weiterhin Sache der einzelnen Mitgliedstaaten, in diesen Bereichen im Einklang mit ihrer eigenen Wertordnung zu beurteilen, welche Erfordernisse sich aus dem Schutz der betroffenen Interessen ergeben (EuGH 8.9.2009 – C-42/07 Rn. 53, NJW 2009, 3221; EuGH 6.3.2007 – C-338/04 Rn. 47, NJW 2007, 1515; EuGH NVwZ 2010, 1088 (1090)). Ein Mitgliedstaat kann daher auch eine eigene Konzession fordern, unabhängig davon, ob das Unternehmen bereits eine aus einem anderen Mitgliedstaat besitzt. Eine Pflicht,

die von verschiedenen Mitgliedstaaten erteilte Erlaubnis anzuerkennen, besteht demnach gerade nicht (EuGH 15. 9. 2011 – C-347/09 Rn. 96, EuZW 2011, 841). Eine Strafbarkeit kann jedoch ausscheiden, soweit § 284 gegen die Dienstleistungs- und Niederlassungsfreiheit (Art. 49, 56 AEUV) verstößt und damit aufgrund des Anwendungsvorrangs des Europarechts das deutsche Recht neutralisiert war. Allerdings liegt ein Verstoß gegen Art. 56 AEUV vor, wenn §§ 284 ff. auf eine ohne Erlaubnis vermittelte Sportwette angewandt werden, obwohl deren Anbieter im EU-Ausland eine Konzession besitzt und das für den Vermittler im Inland durchgeführte Konzessionsverfahren dem Gleichbehandlungsgrundsatz, dem Diskriminierungsverbot aufgrund der Staatsangehörigkeit oder dem Transparenzgebot zuwiderläuft oder faktisch für europarechtswidrig erklärte Bestimmungen weiterhin zur Anwendung kommen (EuGH NVwZ 2016, 369; für eine Anwendungssperre auch Saliger/Tsambikakis, Neutralisiertes Strafrecht, 2017, S. 27–42). – Zum 1. 7. 2021 ist ein **neuer Glücksspielstaatsvertrag** in Kraft getreten (GlüStV 2021), der einerseits die Ausweitung von Konzessionsmöglichkeiten für private Sportwettangebote und andererseits die Legalisierung von zuvor verbotenen Online-Glücksspielen (Online-Casinos) vorsieht (dazu Dietlein/Reuttig, Glücksspielrecht, 3. Aufl. 2022); soweit dadurch im Einklang mit Europa- und Verfassungsrecht auch privaten Anbietern eine Erlaubnis erteilt werden kann, dürfte die faktische weitgehende Nichtanwendung der §§ 284 ff. ein Ende finden. Da die Konzessionen nach neuem Recht aber nicht rückwirkend erteilt werden können, haben die Ausführungen zur Rechtslage bis zum 30. 6. 2021 für alle davor angesiedelten Sachverhalte unverändert Bedeutung.

6. Der **Vorsatz** (bedingter genügt) muss auch die Öffentlichkeit (oder die Voraussetzungen des Abs. 2), den Mangel der Erlaubnis und die das Glücksspiel charakterisierenden Eigenschaften (→ Rn. 2–9) umfassen. Ein Irrtum hierüber ist Tatbestandsirrtum (aM für die irrige Annahme einer Erlaubnis Maurach/Schroeder/Maiwald/Hoyer/Momsen StrafR BT § 44 Rn. 9: Verbotsirrtum). Hingegen ist der Irrtum über die Notwendigkeit der Erlaubnis Verbotsirrtum (krit. Walter Kern des Strafrechts S. 95; zu dessen Unvermeidbarkeit angesichts der derzeitig unsicheren Rechtslage bei privater Sportwettenvermittlung mit Genehmigung aus einem EU-Staat vgl. einerseits OLG Stuttgart NJW 2006, 2422 mit Bespr. Jahn JuS 2006, 1032; andererseits OLG Hamm JR 2004, 478 mit Bespr. Meyer JR 2004, 447 (453); für Unvermeidbarkeit auch Saliger/Tsambikakis, Neutralisiertes Strafrecht, 2017, S. 47) und über die bloße Wertung als Glücksspiel Subsumtionsirrtum (hM; → § 15 Rn. 14, 15; → § 17 Rn. 6, 22; ebenso Gaede in NK-StGB Rn. 23; zw.). 13

7. Abs. 3 ist im Verhältnis zu Abs. 1 **Qualifikationstatbestand.** In seiner Struktur entspricht er dem § 260 I; jedoch muss in Fällen der Nr. 2 die Verbindung auf die fortgesetzte Veranstaltung unerlaubter Glücksspiele gerichtet sein. Im Übrigen gelten die Ausführungen unter → § 260 Rn. 2–5 sinngemäß. 14

8. Abs. 4: Werben ist eine im Vorfeld der Tathandlungen des Abs. 1 mit den Mitteln der Propaganda betriebene Tätigkeit (Otto StrafR BT § 55 Rn. 11; Gaede in NK-StGB Rn. 25; weiter Hoyer in SK-StGB Rn. 26; → § 129 Rn. 7; → § 219a Rn. 1), mit der Teilnehmer an Glücksspielen gewonnen werden sollen; dies kann durch Gewinn versprechende Ankündigungen oder Anpreisungen (→ § 184 Rn. 5) geschehen. Erfasst werden sollen vor allem werbende Aktivitäten ausländischer Veranstalter im Bundesgebiet, denen gegenüber das Verbot des Abs. 1 nicht durchzusetzen ist (BT-Drs. 13/8787, 68; BT-Drs. 13/9064, 21). Der bloß werbende Hinweis 15 auf eine ausländische Glücksspieleinrichtung genügt als solcher nicht (Krehl in LK-StGB Rn. 25 mit Beispiel).

16 **9. Tateinheit** ua möglich mit §§ 263, 264a.

17 **10.** Einziehung § 286. Zur Geltung des deutschen Strafrechts für vom Ausland im Internet angebotene Glücksspiele → § 9 Rn. 2; Mintas, Glücksspiele im Internet, 2009, 124–190. Beachte auch §§ 6 und 28 I Nr. 7, 8 JuSchG.

§ 285 Beteiligung am unerlaubten Glücksspiel

Wer sich an einem öffentlichen Glücksspiel (§ 284) beteiligt, wird mit Freiheitsstrafe bis zu sechs Monaten oder mit Geldstrafe bis zu einhundertachtzig Tagessätzen bestraft.

1 **1. Beteiligung** ist Teilnahme als Spieler, also an der Möglichkeit von Gewinn und Verlust (ebenso Kindhäuser in LPK-StGB Rn. 1). Der Verdeckte Ermittler beteiligt sich nicht am Spiel, weil sein Mitwirken staatliche Kontrollinteressen (→ § 284 Rn. 1) nicht beeinträchtigt (Hund NStZ 1993, 571; Heine/Hecker in Schönke/Schröder Rn. 3; aM Fischer Rn. 2; Krehl in LK-StGB Rn. 3; Gaede in NK-StGB Rn. 5). Für ersatzlose Streichung der Vorschrift Gaede in NK-StGB Rn. 1, kein strafwürdiges Verhalten.

2 **2.** Vgl. im Übrigen → § 284 Rn. 1–10, 12–15.

§ 286 Einziehung

[1]In den Fällen der §§ 284 und 285 werden die Spieleinrichtungen und das auf dem Spieltisch oder in der Bank vorgefundene Geld eingezogen, wenn sie dem Täter oder Teilnehmer zur Zeit der Entscheidung gehören. [2]Andernfalls können die Gegenstände eingezogen werden; § 74a ist anzuwenden.

Fassung des Vermögensabschöpfungsgesetzes (→ Vor § 1 Rn. 18).

1 **1. Die Norm** ist eine besondere Vorschrift iSd § 74 IV, welche die **Einziehung** über § 74 I hinaus in den Fällen des S. 1 zwingend vorschreibt und in den Fällen des S. 2 nach pflichtmäßigem Ermessen (→ § 74 Rn. 9) zulässt. Die Einziehung darf daher nur unter den Voraussetzungen des § 74 II, III und infolge der Verweisung auf § 74a auch unter dessen Voraussetzungen angeordnet werden. Zur Geltung des Verhältnismäßigkeitsgrundsatzes auch bei obligatorischer Einziehung (S. 1) → § 74b Rn. 1. Im Übrigen vgl. die §§ 74–74c, 74e–76b.

2 **2.** § 74 I gilt neben § 286 für die hier nicht erfassten Sachen; jedoch ist beim Glücksspiel gewonnenes Geld nicht als productum sceleris einziehbar (→ § 74 Rn. 4).

§ 287 Unerlaubte Veranstaltung einer Lotterie oder einer Ausspielung

(1) **Wer ohne behördliche Erlaubnis öffentliche Lotterien oder Ausspielungen beweglicher oder unbeweglicher Sachen veranstaltet, namentlich den Abschluß von Spielverträgen für eine öffentliche Lotterie oder Ausspielung anbietet oder auf den Abschluß solcher Spielverträge gerichtete Angebote annimmt, wird mit Freiheitsstrafe bis zu zwei Jahren oder mit Geldstrafe bestraft.**

(2) **Wer für öffentliche Lotterien oder Ausspielungen (Absatz 1) wirbt, wird mit Freiheitsstrafe bis zu einem Jahr oder mit Geldstrafe bestraft.**

1. Lotterie und Ausspielung sind Glücksspiele (→ § 284 Rn. 4; zur Geschichte und Angemessenheit der Strafbewehrung Rüping JZ 2005, 234 (237)), haben aber die Besonderheit, dass hier nach einem vom Unternehmer **einseitig festgelegten Spielplan** gespielt wird (krit. Klenk GA 1976, 361), der folgendes regelt (vgl. Otto Jura 1997, 385 (386)): 1

a) Den **Spielbetrieb** im Allgemeinen und die Bedingungen, unter welchen einer Mehrzahl von Personen die Beteiligungsmöglichkeit eröffnet wird (RGSt 67, 397); die Durchführung kann von Umsatz oder Beteiligung, in Einzelheiten auch von späteren Ausführungsbestimmungen des Unternehmers abhängig gemacht sein.

b) Einen **festen Einsatz** für die Beteiligung am Spiel (BGHSt 3, 99 = NJW 1952, 1062; sa LG Tübingen NJW 1960, 1359 mAnm Ganske). Die Höhe des Einsatzes, der Vermögenswert haben muss, darf nicht im Belieben des Spielers stehen (sonst § 284; ebenso Gaede in NK-StGB Rn. 3); es genügt, wenn er nur im Verlustfall zu zahlen (RGSt 1, 414) oder in einer Gesamtleistung (zB im Eintrittsgeld oder Kaufpreis einer Ware, OLG Düsseldorf NJW 1958, 760) versteckt ist. Trägt aber der Unternehmer die Kosten der Lotterie oder Ausspielung selbst (zB in der Hoffnung auf Umsatzsteigerung), so liegt eine Gratisausspielung (RGSt 65, 194) vor, die nicht unter § 287 fällt. Auch die Scheinausspielung, bei der es um die Erlangung von Anschriften geht, gehört nicht hierher, weil weder offen noch versteckt ein Einsatz gefordert wird (BGHSt 3, 99 = NJW 1952, 1062; Gaede in NK-StGB Rn. 4; sa Bockelmann NJW 1952, 855). Die im früheren Recht umstrittene Frage, ob und wie weit Verkaufssysteme der progressiven Kundenwerbung (Schneeballsystem) oder planmäßig organisierte Kettenbriefaktionen (BGHSt 34, 171 = NJW 1987, 851) als Ausspielung mit versteckten Einsätzen erfasst werden konnten (vgl. etwa BGHSt 2, 79 (139) = NJW 1952, 34; LG Fulda wistra 1984, 188; Bruns GS Schröder, 1978, 273), ist mit Einführung der nunmehr umfassenderen Strafdrohung des § 16 II UWG nF bzw. des § 6c UWG aF (durch das 2. WiKG, → Vor § 263 Rn. 2; zu dessen Reform Wegner wistra 2001, 171) gegenstandslos geworden (BGHSt 34, 171 = NJW 1987, 851; beachte jedoch BayObLG NJW 1990, 1862 mit abl. Bespr. Richter wistra 1990, 216; Fischer Rn. 4; Hoyer in SK-StGB Rn. 6; krit. Arzt FS Miyazawa, 1995, 519 (528); eing. Krehl in LK-StGB Vor § 287 Rn. 1–25, § 287 Rn. 16, 17). Erfasst sein können auch Hausverlosungen über das Internet (→ § 284 Rn. 3; Heger ZIS 2012, 396 (400)). 2

c) Die **ausgesetzten Gewinne** nach Höhe, Art und Reihenfolge sowie das System der Gewinnermittlung, das vom Zufall abhängig sein muss. Das ist aus der Sicht des Spielers zu beurteilen (BGH BeckRS 1977, 31113687) und trifft auch 3 dann zu, wenn zwar jeder Spieler gewinnt, die Art seines Gewinns aber ungewiss ist (Krehl in LK-StGB Rn. 12), oder wenn die Reihenfolge der Eingänge, der Ausgang eines anderen Spiels oder der Veranstalter selbst über die Verteilung entscheidet (RGSt 27, 94). Zur Zufallsbedingtheit grds. BGHSt 2, 139 = NJW 1952, 392; BGH GA 1978, 332 (speziell bei Preisausschreiben Wälde DRZ 1949, 515; Groebe NJW 1951, 133). Gewerbliche Spielgemeinschaften sind jedenfalls dann erfasst, wenn der Spielteilnehmer keinen unmittelbaren Gewinnanspruch gegen die staatlich zugelassene Lotterie, sondern lediglich gegen den Veranstalter der Spielgemeinschaft hat (hM; OLG München NStZ-RR 1997, 327; Krehl in LK-StGB Rn. 1, 13; aM Otto Jura 1997, 385; weitergehend Fuhrmann MDR 1993, 822).

4 **2.** Der **Unterschied** zwischen Lotterie und Ausspielung besteht darin, dass der Gewinn bei der Lotterie stets in Geld, bei der Ausspielung in geldwerten Sachen oder Leistungen (zB Ferienreise; aM Gaede in NK-StGB Rn. 5) besteht; Letzteres ist durch die Neufassung ausdrücklich klargestellt.

5 **3. Öffentlich** → § 284 Rn. 10. Keine Erweiterung nach § 284 II.

6 **4. Veranstalten (Abs. 1)** ist Eröffnen der Möglichkeit zur Beteiligung am Spiel nach dem aufgestellten Spielplan (RGSt 19, 257); zum Abschluss von Spielverträgen braucht es nicht gekommen zu sein (RGSt 8, 292). Werden für dasselbe Spiel an verschiedenen Orten (uU auch im Ausland) solche Möglichkeiten eröffnet, so wird an jedem dieser Orte „veranstaltet"; deshalb kommt in Frage, dass auch ausländische Veranstalter erfasst werden (RGSt 42, 430; näher Gaede in NK-StGB Rn. 11; zusf. Schoene NStZ 1991, 469) und dass an einzelnen Handlungsorten eine behördliche Erlaubnis erteilt ist (OLG Braunschweig NJW 1954, 1777). Nicht erfasst sind gewerbliche Spielvermittler (Lüderssen, Keine Strafdrohungen für gewerbliche Spielvermittler, 2006, S. 10, der sich auch de lege ferenda gegen deren Strafbarkeit ausspricht; Lüderssen NStZ 2007, 15; zust. Fischer Rn. 11). Als Veranstalten ist nach der Neufassung das **Anbieten** (→ § 184 Rn. 5) **des Abschlusses von Spielverträgen** ebenso erfasst wie die **Annahme** entsprechender Angebote durch den Veranstalter (Krehl in LK-StGB Rn. 19). Mit diesen klarstellenden Umschreibungen der Tathandlung soll der sachliche Anwendungsbereich der Vorschrift nicht verändert werden (BT-Drs. 13/9064,); auf die Einbeziehung rein innerorganisatorischer Vorbereitungshandlungen wie Auffordern, Sicherbieten oder Entgegennehmen (vgl. BT-Drs. 13/8587, 67) wurde verzichtet (BT-Drs. 13/9064, 21; krit. zu weiterreichenden landesrechtlichen Bestimmungen Rüping JZ 2005, 234 (238)). Die neu umschriebenen Tathandlungen tragen dem Umstand Rechnung, dass die direkte Teilnahme an Lotterien inzwischen zunehmend über alte und neue Medien wie Telefon oder Internet ermöglicht wird (BT-Drs. 13/8587, 67; BT-Drs. 13/9064, 21; Lüderssen, Keine Strafdrohungen für gewerbliche Spielvermittler, 2006, S. 15; Krehl in LK-StGB Rn. 20; für ein Regressverbot bei bestimmten Angeboten aus dem Ausland Lesch wistra 2005, 241 (242)). Zum **Werben (Abs. 2)** → § 284 Rn. 15; die Abgrenzung zum neutralen Anbieten iSd Abs. 1 ist in der positiv-wertenden Einflussnahme des Täters auf den Empfänger zu sehen (Schmidt ZRP 1999, 308; aM Wrage ZRP 1998, 426 (429), der eine „widersprüchliche Doppelregelung" erkennen will. **Das Spiel selbst** wird von § 287 – im Gegensatz zu § 285 – nicht erfasst.

7 **5.** Die **Erlaubnis** fehlt auch beim Abweichen von den genehmigten Spielbedingungen (BGHSt 8, 289 = NJW 1956, 231 betr. Lossteuerung; Gaede in NK-StGB Rn. 8). Die Zuständigkeit für die Erlaubnis ist landesrechtlich geregelt

(→ § 284 Rn. 12; dort auch zum Glücksspiel-Staatsvertrag und den ihn umsetzenden Ländergesetzen). Die in einem EU-Mitgliedsstaat erteilte Genehmigung wirkt nicht unmittelbar im Bundesgebiet (→ § 284 Rn. 12; vgl. etwa BGH NJW 2002, 2175; Rüping JZ 2005, 234 (239), der die Autonomie des deutschen Strafrechts gegenüber EU- und innerstaatlichen verfassungsrechtlichen Vorgaben betont).

6. Zum **Vorsatz** → § 284 Rn. 13; OLG Düsseldorf NJW 1958, 760. 8

7. § 287 verdrängt § 284 (BGHSt 34, 171 (179) = NJW 1987, 851; für tat- 9
bestandliche Exklusivität Hoyer in SK-StGB Rn. 14). **Tateinheit** ua möglich mit § 263, § 16 UWG (BGHSt 2, 139 = NJW 1952, 392 zu § 4c UWG aF; Gaede in NK-StGB Rn. 14).

§ 288 Vereiteln der Zwangsvollstreckung

(1) **Wer bei einer ihm drohenden Zwangsvollstreckung in der Absicht, die Befriedigung des Gläubigers zu vereiteln, Bestandteile seines Vermögens veräußert oder beiseite schafft, wird mit Freiheitsstrafe bis zu zwei Jahren oder mit Geldstrafe bestraft.**

(2) **Die Tat wird nur auf Antrag verfolgt.**

1. Die Vorschrift sichert die **Befriedigung des Gläubigers** aus dem Schuld- 1
nervermögen (BGHSt 16, 330 (334) = NJW 1962, 356; Schünemann in LK-StGB Rn. 2). Sie schützt nur die – uU auch auf einen ausländischen Titel gestützte (Cornils, Die Fremdrechtsanwendung im Strafrecht, 1978, S. 96) – Einzelvollstreckung, abweichend von § 283 I Nr. 1 also nicht das Interesse der Gesamtgläubigerschaft (BGH MDR 1991, 521 = VersR 1991, 674).

2. Die Zwangsvollstreckung droht schon, wenn Tatsachen vorliegen, die auf 2
die Absicht des Gläubigers schließen lassen, die Vollstreckung zu betreiben (Küper/Zopfs StrafR BT Rn. 855; Mitsch StrafR BT II Abschn. 16.2.1.3; ebenso BVerfG NJW 2003, 1727; spätestens mit Klageerhebung, OLG Celle NdsRpfl 2017, 151). Eine Klage braucht aber noch nicht erhoben zu sein (BGH bei Holtz MDR 1977, 638); dringende Mahnungen können uU genügen (Gaede in NK-StGB Rn. 8). Der Anspruch muss bereits (AG Bamberg FamRZ 2020, 1719, Anspruch auf Zugewinnausgleich nicht vor Beendigung des Güterstandes) wirklich bestehen (BGH NJW 1991, 2420; Wessels/Hillenkamp/Schuhr StrafR BT II Rn. 475; Heine/Hecker in Schönke/Schröder Rn. 5; aM Hoyer in SK-StGB Rn. 4–7; Gaede in NK-StGB Rn. 2; anders für rechtskräftige Urteile Schünemann in LK-StGB Rn. 3, 4; ähnlich schon Lüke FS Kaufmann, 1993, 565 (576)) und vollstreckungsfähig sein; dass er noch nicht fällig oder nur aufschiebend bedingt ist, bildet keinen Hinderungsgrund (RGSt 24, 238). Außerdem muss er ein vermögensrechtlicher – sei es zivil- oder öffentlichrechtlicher, obligatorischer oder dinglicher – Anspruch sein; jedoch scheiden fiskalische Ansprüche aus Vermögenssanktionen, zB Geldstrafe, Geldbuße, Verwarnung, Einziehung und Zwangsgeld (LG Bielefeld NStZ 1992, 284; Kindhäuser/Hilgendorf in LPK-StGB Rn. 6; aM Gössel StrafR BT II § 28 Rn. 72), deshalb aus, weil mit ihnen staatliche Zwangsgewalt ausgeübt und nicht ein materielles Befriedigungsrecht durchgesetzt wird; erfasst ist aber das Vereiteln der sog. Rückgewinnungshilfe nach § 111b V StPO aF gewesen, weil der Staat hier zur Erhaltung des Vollstreckungszugriffs des Verletzten handelt (Schünemann in LK-StGB Rn. 13; bestätigt von BVerfG NJW 2003, 1727). Das gleiche gilt seit

2017 für das mit der Neufassung der §§ 73ff. (→ Vor § 73 Rn. 4) etablierte Beschlagnahmeverfahren der §§ 111b ff. StPO nF. – Da die Vollstreckung dem **Täter** selbst drohen muss, können nur der Schuldner und seine Vertreter nach § 14 Täter sein (→ § 14 Rn. 14; ebenso Gaede in NK-StGB Rn. 4).

3 **3. Vermögensbestandteile** → § 283 Rn. 9; sie müssen der Zwangsvollstreckung unterliegen (diff. Lüke FS Kaufmann, 1993, 565 (577)). Unpfändbare Gegenstände scheiden daher bei Vollstreckung wegen Geldforderungen aus (Wessels/Hillenkamp/Schuhr StrafR BT II Rn. 477). Dagegen kann der Besitz dazu gehören (BGH GA 1965, 309; NJW 1991, 2420), zB bei Herausgabeansprüchen oder bei Vollstreckung des Vorbehaltsgläubigers wegen Geldforderung in seine eigene Sache (BGHSt 16, 330 = NJW 1962, 356).

4 **4. Veräußern** ist jede rechtliche Verfügung, durch die ein Vermögenswert ohne vollen Ausgleich aus dem Vermögen ausscheidet, so dass er dem Zugriff des Gläubigers entzogen oder dessen Befriedigungsmöglichkeit verringert ist. Veräußern einer nach § 883 ZPO herauszugebenden (Haas JR 1991, 272; GA 1996, 117) oder einer wirksam gepfändeten Sache (Schünemann in LK-StGB Rn. 28), Verschleudern eines Hypothekenanteils unter dem wirklichen Wert (RGSt 59, 314) und Veräußern zur Ermöglichung übermäßigen Aufwands (BGH NJW 1953, 1152; aM Heine/Hecker in Schönke/Schröder Rn. 12; zw.) gehören hierher, nicht jedoch reelle Kauf- und Mietverträge (Gaede in NK-StGB Rn. 10), die Ausschlagung einer Erbschaft (str.) und die der kongruenten Deckung (→ § 283c Rn. 5) dienende Befriedigung anderer Gläubiger (BGH NJW 1991, 2420), auch nicht die widerspruchslose Duldung rechtlich nicht begründeter Eingriffe Dritter (Schünemann in LK-StGB Rn. 29). **Beiseiteschaffen** → § 283 Rn. 10; auch Verstecken (BGH NStZ-RR 2012, 278) oder Zerstören kommt in Frage (Rengier StrafR BT I § 27 Rn. 16; Kindhäuser/Hilgendorf in LPK-StGB Rn. 9; Schünemann in LK-StGB Rn. 31; aM Heine/Hecker in Schönke/Schröder Rn. 14; Gössel StrafR BT II § 28 Rn. 79; Gaede in NK-StGB Rn. 13), nicht jedoch Beschädigen, weil danach ein Zugriff des Gläubigers noch möglich ist (Fischer Rn. 10).

5 **5.** Bedingter **Vorsatz** genügt (Schünemann in LK-StGB Rn. 35; zu Irrtumsfragen in Grenzfällen Geppert Jura 1987, 427 (431); sa BGH NJW 1991, 2420).

6 **6.** Die **Absicht** (hier nach hM unbedingter Vorsatz, → § 15 Rn. 20; ebenso Wessels/Hillenkamp/Schuhr StrafR BT II Rn. 481; aM Gaede in NK-StGB Rn. 16) braucht nur auf zeitweilige Vollstreckungsvereitelung gerichtet zu sein (BGH bei Holtz MDR 1977, 638). Sie fehlt regelmäßig, wenn der Gläubiger unabhängig von der Tathandlung keine Zugriffsmöglichkeit gehabt hätte (BGH MDR 1991, 521 = VersR 1991, 674) oder wenn umgekehrt genügend anderes Vermögen vorhanden ist, und zwar auch für den Fall, dass die Tathandlung das Übergehen eines primären Individualanspruchs in einen Schadensersatzanspruch wegen Nichterfüllung bewirkt (Berghaus, Der strafrechtliche Schutz der Zwangsvollstreckung, 1967, S. 101; aM Kindhäuser/Hilgendorf in LPK-StGB Rn. 10).

7 **7.** Für die **Beteiligung** (Täterschaft und Teilnahme) gelten die allgemeinen Regeln. Da die Tat ein echtes Sonderdelikt ist (→ Vor § 13 Rn. 33; ebenso Mitsch StrafR BT II Abschn. 16.3.2f; Wessels/Hillenkamp/Schuhr StrafR BT II Rn. 480), hängen die Möglichkeit mittelbarer Täterschaft und der Umfang möglicher Teilnahme des extraneus von der Beurteilung der Rechtsfigur des qualifikationslosen dolosen Werkzeugs ab (gegen Täterschaft des intraneus Geppert Jura 1987, 427

(430); Mitsch StrafR BT II Abschn. 16.3.3; für mittelbare Täterschaft durch Benutzung eines qualifikationslosen Werkzeugs Schünemann in LK-StGB Rn. 41; → § 25 Rn. 4). Die Schuldnereigenschaft ist, da ausschließlich rechtsgutbezogen, **kein besonderes persönliches Merkmal** nach § 28 I (Geppert Jura 1987, 427 (431); Herzberg GA 1991, 145 (181); Maurach/Schroeder/Maiwald/Hoyer/Momsen StrafR BT § 47 Rn. 11; Wessels/Hillenkamp/Schuhr StrafR BT II Rn. 480; Gaede in NK-StGB Rn. 5; aM Hoyer in SK-StGB Rn. 11; Schünemann in LK-StGB Rn. 44; Fischer Rn. 14); speziell zur Teilnahmestrafbarkeit von Rechtsanwälten und Steuerberatern Kühn NJW 2009, 3610.

8. Tateinheit ua möglich mit §§ 136 I, 246 (BGH GA 1965, 309; Haas GA 1996, 117 (119); aM noch Haas JR 1991, 272), ferner mit §§ 283 I Nr. 1, 283c. 8

9. Strafantrag §§ 77–77d. Verletzter (→ § 77 Rn. 6) ist idR der Gläubiger, dessen Vollstreckung gedroht hat. 9

§ 289 Pfandkehr

(1) **Wer seine eigene bewegliche Sache oder eine fremde bewegliche Sache zugunsten des Eigentümers derselben dem Nutznießer, Pfandgläubiger oder demjenigen, welchem an der Sache ein Gebrauchs- oder Zurückbehaltungsrecht zusteht, in rechtswidriger Absicht wegnimmt, wird mit Freiheitsstrafe bis zu drei Jahren oder mit Geldstrafe bestraft.**

(2) **Der Versuch ist strafbar.**

(3) **Die Tat wird nur auf Antrag verfolgt.**

1. Die Vorschrift schützt **Pfand-, Besitz- und ähnliche Gläubigerrechte** 1 gegen eigenmächtige Vereitelung (Dannecker LdRerg 8/1130, S. 1; Schünemann in LK-StGB Rn. 1). Im Einzelnen gehören hierher: Nutznießungsrechte (zB §§ 1030ff. BGB), Pfandrechte (zB §§ 562, 583, 592, 647, 704, 1204ff. BGB; §§ 397, 410, 421 HGB), Gebrauchsrechte (zB §§ 535ff., §§ 581ff., §§ 598ff.; zum Gebrauchsrecht an Pfandflaschen OLG Hamm NStZ 2008, 154 (155); AG Flensburg NStZ 2006, 101 mit Bespr. Kudlich JA 2006, 571; Hellmann JuS 2001, 353 (355); §§ 743 BGB), Zurückbehaltungsrechte (zB §§ 273, 972, 1000 BGB; § 369 HGB; beachte auch OLG Braunschweig NJW 1961, 1274) und das Verwendungsrecht der Eltern nach § 1649 II BGB (hM; anders Küchenhoff, Dogmatik, historische Entwicklung und künftige Ausgestaltung der Strafvorschriften gegen die Pfandkehr, 1975, S. 14). Erfasst wird auch das vertragsmäßige Zurückbehaltungsrecht, nicht jedoch das zur Umgehung des § 562 I 2 BGB vereinbarte (Wessels/Hillenkamp/Schuhr StrafR BT II Rn. 468; Schünemann in LK-StGB Rn. 9; Heine/Hecker in Schönke/Schröder Rn. 8; Gaede in NK-StGB Rn. 8; aM Maurach/Schroeder/Maiwald/Hoyer/Momsen StrafR BT § 37 Rn. 16; zw.). Auch das Pfändungspfandrecht scheidet auf Grund teleologischer Erwägungen aus dem Schutzbereich aus (Berghaus, Der strafrechtliche Schutz der Zwangsvollstreckung, 1967, S. 96; Hirsch ZStW 82 (1970), 411 (426); Küchenhoff, Dogmatik, historische Entwicklung und künftige Ausgestaltung der Strafvorschriften gegen die Pfandkehr, 1975, S. 20; Lüke FS Kaufmann, 1993, 565 (578); diff. Mitsch StrafR BT II Abschn. 17.2.1.4; aM Dannecker LdRerg 8/1130, S. 1; Kindhäuser/Böse StrafR BT II § 10 Rn. 5; Maurach/Schroeder/Maiwald/Hoyer/Momsen StrafR BT § 37 Rn. 15; Rengier StrafR BT I § 28 Rn. 8, 5; Wessels/Hillenkamp/Schuhr StrafR BT II Rn. 469;

Hoyer in SK-StGB Rn. 4; Heine/Hecker in Schönke/Schröder Rn. 6; Schünemann in LK-StGB Rn. 6; Gaede in NK-StGB Rn. 6).

2 **2. Täter** kann nur der **Eigentümer** (auch Miteigentümer) oder ein Dritter sein, der **zu dessen Gunsten** handelt (Dannecker LdRerg 8/1130, S. 3; die straftatsystematische Einordnung in den objektiven oder subjektiven Tatbestand ist umstritten; vgl. Mitsch StrafR BT II Abschn. 17.2.1.2, der die „fremdnützige Pfandkehr" beim subjektiven Tatbestand einordnet, für Einordnung in den objektiven Tatbestand Bock ZStW 121 (2009), 548 (559)). Daher scheidet bei der Rückgabe von Pfandleergut 289 aus (LG Saarbrücken NStZ-RR 2019, 45).

3 **3. (Eigene oder fremde) bewegliche Sache** → § 242 Rn. 2–7. **Wegnehmen** → § 242 Rn. 8–18. Jedoch ist der Wegnahmebegriff hier weiter auszulegen als beim Diebstahl (hM; vgl. etwa Küper/Zopfs StrafR BT Rn. 760, auch zur „vordringenden Gegenmeinung", zu der etwa zählt Bock ZStW 121 (2009), 548 (553)); er umfasst zwar nicht die sofortige Zerstörung der Sache (hM; krit. Gaede in NK-StGB Rn. 11), wohl aber die Vereitelung bloßer Zugriffsmöglichkeiten, die ein besitzähnlicher, rechtlich fundierter Machtbereich gewährt (str.), wie das zB beim Vermieterpfandrecht nach § 559 BGB aF (jetzt § 562 BGB) zutrifft (BayObLG NJW 1981, 1745 mit Bespr. Otto JR 1982, 32; Bohnert JuS 1982, 256; Geppert Jura 1987, 427 (433); Rengier StrafR BT I § 28 Rn. 7; Wessels/Hillenkamp/Schuhr StrafR BT II Rn. 471; aM Joerden JuS 1985, 20 (22); Laubenthal JA 1990, 38 (40); Otto Jura 1992, 666; Dannecker LdRerg 8/1130, S. 2; Joecks/Jäger StGB Rn. 3; Hoyer in SK-StGB Rn. 8; Gaede in NK-StGB Rn. 9–12; zw.).

4 **4. Rechtswidrige Absicht** erfordert den unbedingten Vorsatz (hM; vgl. etwa Rengier StrafR BT I § 28 Rn. 14; Wessels/Hillenkamp/Schuhr StrafR BT II Rn. 472; enger Gaede in NK-StGB Rn. 15; weiter OLG Braunschweig NJW 1961, 1274), das an der weggenommenen Sache bestehende Recht – sei es auch nur vorübergehend oder teilweise – zu vereiteln (einschr. Heine/Hecker in Schönke/Schröder Rn. 10, der auf den Willen abstellt, unter Vereitelung des fremden Rechts die eigene uneingeschränkte Verfügungsmöglichkeit endgültig wiederherzustellen; Schünemann in LK-StGB Rn. 24 verlangt Absicht der dauernden Vereitelung des fremden Rechts an der Sache).

5 **5. Tateinheit** ua möglich mit §§ 242, 249, nicht dagegen mit § 136 I (→ Rn. 1; aM Hellmann in Krey/Hellmann/Heinrich StrafR BT II Rn. 407). Zum Zusammentreffen mit §§ 253, 255 → § 253 Rn. 3. **Wahlfeststellung** → § 1 Rn. 14.

6 **6. Strafantrag** (Abs. 3) §§ 77–77 d. Verletzter (→ § 77 Rn. 6) ist, wer in seinem Gläubigerrecht beeinträchtigt worden ist.

§ 290 Unbefugter Gebrauch von Pfandsachen

Öffentliche Pfandleiher, welche die von ihnen in Pfand genommenen Gegenstände unbefugt in Gebrauch nehmen, werden mit Freiheitsstrafe bis zu einem Jahr oder mit Geldstrafe bestraft.

1 **1.** Fall des strafbaren **furtum usus** (→ § 242 Rn. 24; ebenso Mitsch StrafR BT II/2 § 5 Rn. 184). Über die Öffentlichkeit entscheidet die allgemeine Zugänglichkeit, nicht die Konzession (Schünemann in LK-StGB Rn. 4). Die Pfandleihereigenschaft ist **kein besonderes persönliches Merkmal** nach § 28 I (Dannecker

LdRerg 8/1130, S. 4; Jakobs StrafR AT Abschn. 23 Rn. 24; Roxin in LK-StGB § 28 Rn. 68; Gaede in NK-StGB Rn. 3; aM Gössel StrafR BT II § 18 Rn. 129; Hoyer in SK-StGB Rn. 2; Schünemann in LK-StGB Rn. 11).

2. Hinter § 246 tritt die Vorschrift zurück (Subsidiarität; aM Hoyer in SK-StGB Rn. 7, tatbestandliche Exklusivität; diff. Gaede in NK-StGB Rn. 10). 2

§ 291 Wucher

(1) [1]**Wer die Zwangslage, die Unerfahrenheit, den Mangel an Urteilsvermögen oder die erhebliche Willensschwäche eines anderen dadurch ausbeutet, daß er sich oder einem Dritten**
1. **für die Vermietung von Räumen zum Wohnen oder damit verbundene Nebenleistungen,**
2. **für die Gewährung eines Kredits,**
3. **für eine sonstige Leistung oder**
4. **für die Vermittlung einer der vorbezeichneten Leistungen**

Vermögensvorteile versprechen oder gewähren läßt, die in einem auffälligen Mißverhältnis zu der Leistung oder deren Vermittlung stehen, wird mit Freiheitsstrafe bis zu drei Jahren oder mit Geldstrafe bestraft. [2]**Wirken mehrere Personen als Leistende, Vermittler oder in anderer Weise mit und ergibt sich dadurch ein auffälliges Mißverhältnis zwischen sämtlichen Vermögensvorteilen und sämtlichen Gegenleistungen, so gilt Satz 1 für jeden, der die Zwangslage oder sonstige Schwäche des anderen für sich oder einen Dritten zur Erzielung eines übermäßigen Vermögensvorteils ausnutzt.**

(2) [1]**In besonders schweren Fällen ist die Strafe Freiheitsstrafe von sechs Monaten bis zu zehn Jahren.** [2]**Ein besonders schwerer Fall liegt in der Regel vor, wenn der Täter**
1. **durch die Tat den anderen in wirtschaftliche Not bringt,**
2. **die Tat gewerbsmäßig begeht,**
3. **sich durch Wechsel wucherische Vermögensvorteile versprechen läßt.**

Fassung: Umnummerierung von § 302a zu § 291 durch Art. 1 Nr. 2 des KorrBG (→ Vor § 298 Rn. 1).

1. Die Vorschrift **schützt** nur das **Vermögen** (hM; vgl. Gössel StrafR BT II § 32 Rn. 2, 3; Maurach/Schroeder/Maiwald/Hoyer/Momsen StrafR BT § 43 Rn. 8; Bernsmann in Achenbach/Ransiek/Rönnau WirtschaftsStrafR-HdB Kap. V 3 Rn. 4; Hoyer in SK-StGB Rn. 3; anders Scheffler GA 1992, 1; Kindhäuser NStZ 1994, 105; Kindhäuser in NK-StGB Rn. 2–7; Sternberg-Lieben, Die objektiven Schranken der Einwilligung im Strafrecht, 1997, S. 165; zw.). Sie vereinigt die verschiedenen Formen des **Individualwuchers** in einem umfassenden Tatbestand des **Leistungswuchers,** in dem die kriminalpolitisch wichtigsten Begehungsformen hervorgehoben werden. Für den Individualwucher ist kennzeichnend, dass der Täter eine Schwäche seines Opfers ausnutzt, um sich aus einem gegenseitigen Rechtsgeschäft übermäßig zu bereichern (BGHSt 43, 53 (60) = NJW 1997, 2689; überwiegend krit. zu der Häufung normativer Merkmale im Tatbestand und zu dessen auffällig geringen Bedeutung in der Praxis Kohlmann, Wirksame strafrechtliche Bekämpfung des Kreditwuchers, 1974; Otto MschrKrim 1980, 397 (405); Bernsmann 1

GA 1981, 141; Bernsmann in Achenbach/Ransiek/Rönnau WirtschaftsStrafR-HdB Kap. V 3 Rn. 6; Hohendorf, Das Individualwucherstrafrecht nach dem ersten Gesetz zur Bekämpfung der Wirtschaftskriminalität von 1976, 1982; Sickenberger, Wucher als Wirtschaftsstraftat, 1985; Schauer, Grenzen der Preisgestaltungsfreiheit im Strafrecht, 1989, S. 40; grds. abw. Scheffler GA 1992, 1, der die Struktur des Tatbestandes trotz seiner Bedeutungslosigkeit für sachgemäß hält). Der **Sozialwucher** im Sinne der Ausnutzung allgemeiner Not oder Mangellagen wird durch die §§ 3–5 WiStG erfasst (krit. zu dieser Unterscheidung Bernsmann in Achenbach/Ransiek/Rönnau WirtschaftsStrafR-HdB Kap. V 3 Rn. 6; Heine/Hecker in Schönke/Schröder Rn. 2). – Zum französischen Recht Walter, Betrugsstrafrecht in Frankreich und Deutschland, 1999, S. 302.

2 **2.** Abs. 1 setzt ein **zweiseitiges** (oder mehrseitiges, zB Gesellschaftsvertrag) **Rechtsgeschäft** voraus, in dem einer **Leistung, gleich welcher Art** („sonstige Leistung"; vgl. Nr. 3), eine Gegenleistung („Vermögensvorteile für" die Leistung) gegenübersteht (Schmidt GA 1979, 121 (127)). Da die Nr. 1 (Mietwucher), Nr. 2 (Kreditwucher) und Nr. 4 (Wucher bei Vermittlungen) auch nur Leistungen beschreiben, sind sie Beispielsfälle der Nr. 3 und lediglich dazu bestimmt, die kriminalpolitisch bedeutsamsten Fälle des Wuchers herauszustellen (BT-Drs. 7/5291, 20) und für die Vermittlung von Leistungen auch Missverständnisse auszuschließen (BT-Drs. 7/3441, 40). Einer exakten Abgrenzung der Beispiele bedarf es daher nicht.

3 **3.** Das **auffällige Missverhältnis** ist vom Standpunkt des Leistenden zu beurteilen (hM; BGHSt 43, 53 (59) = NJW 1997, 2689 mit krit. Bespr. Bernsmann JZ 1998, 629 (632); Renzikowski JR 1999, 166 (169); Wolff in LK-StGB Rn. 26; krit. Heinz GA 1977, 193 (220); Gössel StrafR BT II § 32 Rn. 21; Hoyer in SK-StGB Rn. 5, 42). Zu vergleichen ist die Gesamtheit seiner vermögenswerten Aufwendungen für die Leistung mit den Vermögensvorteilen (→ § 263 Rn. 59), die ihm oder dem Dritten aus dem Geschäft zufließen sollen; auf Vorteile, die der Bewucherte mit Hilfe des Geschäfts erlangt oder sich verspricht, kommt es nicht an (BGHSt 43, 53 (59) = NJW 1997, 2689; BayObLG NJW 1985, 873; OLG Karlsruhe JR 1985, 167, beide mkritAnm Otto JR 1985, 169). Für die Berechnung ist dabei im Allgemeinen der Marktwert maßgebend (BGHSt 43, 53 (60) = NJW 1997, 2689; Kindhäuser in NK-StGB Rn. 30; krit. Bernsmann GA 1981, 141 (148); Bernsmann in Achenbach/Ransiek/Rönnau WirtschaftsStrafR-HdB Kap. V 3 Rn. 24; gegen dessen Prämisse Kindhäuser NStZ 1994, 105 (109)); jedoch ist bei Leistungen, für die es keinen Markt gibt (zB Leistungen zur Lebensrettung) oder bei denen die Preisbildung infolge von Wettbewerbsverzerrungen unangemessen ist, auf den sog. „gerechten" Preis zurückzugreifen (Wolff in LK-StGB Rn. 36; sa Hoyer in SK-StGB Rn. 7, 8, 44–46), dessen Ermittlung allerdings typische und idR schwer überwindbare Schwierigkeiten bereitet (Bernsmann GA 1981, 141 (152); nach Kindhäuser NStZ 1994, 105 (110) fallen solche Geschäfte faktisch aus dem Bereich des Wuchers heraus). Zu der weitgehend noch ungeklärten Frage der Wertberechnung bei verbotenen oder sittenwidrigen Leistungen (zB Drogenverkauf, illegaler Schwangerschaftsabbruch usw) Bernsmann GA 1981, 141 (155); Sickenberger, Wucher als Wirtschaftsstraftat, 1985, S. 97; Kindhäuser NStZ 1994, 105 (110). – Das Missverhältnis ist **auffällig,** wenn für den Kundigen – sei es auch erst nach genauer Aufklärung des Sachverhalts – ein unverhältnismäßiger Wertunterschied zwischen den Leistungen unmittelbar ins Auge springt (BGHSt 43, 53 (60) = NJW 1997, 2689 mit krit. Bespr. Bernsmann JZ 1998, 629 (633), Renzikowski JR 1999, 166 (169);

Otto JK StGB §291 Rn. 1; OLG Stuttgart wistra 1982, 36; BayObLG NJW 1985, 873; NStZ-RR 1996, 278).

a) Beim **Mietwucher** (Nr. 1) ist der Beurteilung in Anlehnung an §5 WiStG die ortsübliche Miete (zu deren Ermittlung OLG Celle GA 1977, 77; OLG Karlsruhe NJW 1997, 3388) zugrunde zu legen (hM; BGHSt 30, 280 = NJW 1982, 896; zw.). Waren jedoch die Gestehungskosten und Aufwendungen des Vermieters so hoch und unabwendbar, dass eine Festlegung auf die ortsübliche Miete (Vergleichsmiete) ungerecht wäre, so ist das in den Grenzen des für den Mieter Zumutbaren zu berücksichtigen (Maurach/Schroeder/Maiwald/Hoyer/Momsen StrafR BT §43 Rn. 17; Otto StrafR BT §61 Rn. 129; ähnlich zum früheren Recht BGHSt 11, 182 = NJW 1958, 599; aM BGHSt 30, 280 = NJW 1982, 896 mAnm Scheu JR 1982, 474; Sickenberger, Wucher als Wirtschaftsstraftat, 1985, S. 82; Kindhäuser NStZ 1994, 105 (107); Kindhäuser in NK-StGB Rn. 33; Heine/Hecker in Schönke/Schröder Rn. 13; zw.). Aus den konkreten Umständen abzuleitende überdurchschnittliche Risiken erhöhter Abnutzung, die bei Vermietung zB an häufig wechselnde Mieter, Großfamilien (BGHSt 11, 182 = NJW 1958, 599) oder Wohngemeinschaften in Frage kommen, rechtfertigen einen angemessenen Zuschlag zur ortsüblichen Miete (BGH NJW 1982, 896; sa OLG Hamm NJW 1983, 1622; str.). Im Durchschnittsfall wird die Auffälligkeit bei Überschreitung der Vergleichsmiete um 50% oder mehr anzunehmen sein (BGHSt 30, 280 = NJW 1982, 896; OLG Düsseldorf NStZ-RR 1998, 365; Heine/Hecker in Schönke/Schröder Rn. 15). Beachte auch die in den Ländern erlassenen Richtlinien zur wirksameren Bekämpfung von Mietpreisüberhöhungen (Nr. 239 RiStBV). 4

b) Beim **Kreditwucher** (Nr. 2) liegt der Schwerpunkt auf dem Ratenkredit, dem wichtigsten Typus massenweiser Kreditvergabe. Hier hatte sich die Methode durchgesetzt, bei dem erforderlichen Leistungsvergleich (→Rn. 3) gegenüberzustellen: Einerseits den sog. **effektiven Jahreszins,** der den Jahrespreis für den Kredit unter Zugrundelegung seiner Laufzeit, des Auszahlungsbetrags, der Tilgungsleistungen, des Zinssatzes und der Kosten widerspiegelt (OLG Karlsruhe NJW 1988, 1154; sa BGH NJW 1988, 1661) und andererseits den sog. **Schwerpunktzins,** einen auf Grund von Auskünften zahlreicher Kreditinstitute ermittelten und in den Monatsberichten der Deutschen Bundesbank laufend veröffentlichten Jahresdurchschnittspreis für Ratenkredite (BGHZ 80, 153 = NJW 1981, 1206; OLG Stuttgart NJW 1979, 2409, wistra 1982, 36; Auch nachdem die Bundesbank den Schwerpunktzins seit 2003 nicht mehr ermittelt hat, ist für die Wertentscheidung über das auffällige Missverhältnis eine **Gesamtbetrachtung** erforderlich, für die neben dem effektiven Vertragszins und dem marktüblichen Effektivzins (Wietz in Matt/Renzikowski Rn. 5) weitere Umstände, namentlich Wesen und Zweck des Kredits, seine Höhe, seine Laufzeit, die gewährten Sicherheiten, das Ausfallrisiko des Kreditgebers und dessen Gestehungskosten (BGH NJW 1983, 2780 mkritAnm Nack NStZ 1984, 23; Otto JR 1984, 252; OLG Karlsruhe NJW 1988, 1145; krit. Bernsmann in Achenbach/Ransiek/Rönnau WirtschaftsStrafR-HdB Kap. V 3 Rn. 101) bedeutsam sind (zusf. Wolff in LK-StGB Rn. 33, 34). Die Angabe fester Richtwerte für die Überschreitung der Strafbarkeitsschwelle (zB 30% effektiver Jahreszins) dürfte deshalb kaum möglich sein (BGHZ 80, 153 = NJW 1981, 1206; aM StA Stuttgart JR 1980, 160 mkritAnm Lenckner; str.); regelmäßig (beachte jedoch BGH MDR 1990, 1002; JZ 1991, 836 mit Bespr. Kohte JZ 1991, 814) ist erst ein gegenüber dem Schwerpunktzins um 100% höherer effektiver Jahreszins (BGH NJW 1988, 818; Kindhäuser in NK-StGB Rn. 36; krit. Hoyer in SK-StGB Rn. 52) 5 oder eine absolute Differenz von mindestens 12 Prozentpunkten zwischen den beiden Vergleichswerten (BGHZ 110, 336 = NJW 1990, 1595) ein ausreichendes Indiz (sa Nack NStZ 1984, 23; Haberstroh NStZ 1984, 289 (293); Otto JR 1984, 252; Joecks/Jäger StGB Rn. 6). Bei Krediten anderer Art bildet der nicht mehr ausdrücklich erwähnte (anders noch § 302a StGB aF) übliche Zinsfuß, dh der im redlichen Geschäftsverkehr zur Tatzeit in der fraglichen Region bei vergleichbaren Krediten übliche Zins, ein auch heute noch im Rahmen der erforderlichen Gesamtwürdigung wichtiges Element (Kühne MschrKrim 1977, 107 (114)).

6 **c)** Beim Wucher, der durch **Vermittlungen** begangen wird (Nr. 4), dürfte als Ausgangspunkt, also vor Berücksichtigung der Umstände des Einzelfalls, der Preis zu ermitteln sein, der zur Tatzeit in der jeweiligen Region im redlichen Geschäftsverkehr für Vermittlungen vergleichbarer Art üblicherweise gezahlt wird, zB die übliche Maklerprovision (BGH NJW 1994, 1475).

7 **d)** Zu den **übrig bleibenden Fällen** (Nr. 3) gehören etwa Gebührenüberhebungen durch Ärzte, Lohnwucher durch den Lohnempfänger, aber auch durch den Arbeitgeber (BGHSt 43, 53 (59) = NJW 1997, 2689 insoweit mzustAnm Bernsmann JZ 1998, 629 (632)) und Überteuerungen bei Verkaufsgeschäften, die auch in der Vergnügungsindustrie (BayObLG NJW 1985, 873), dem Kunst- und Antiquitätenhandel und der Drogenszene nicht auszuschließen sind; jedoch macht die Ermittlung der Berechnungsgrundlage, die hier häufig zum Rückgriff auf den „gerechten" Preis (→ Rn. 3) zwingt, umso größere Schwierigkeiten, je weniger sich am Markt allgemeine Vergleichsmaßstäbe entwickelt haben und je mehr Affektions-(Liebhaber-)interessen und individuelle Motive beim Geschäftsabschluss mitspielen. Erfasst sit auch der Schlüsseldienst, der unter Ausnutzung der Zwangslage des Ausgespertseins eine den üblichen Marktpreis um mehr asls das Doppelte übersteigende Rechnung stellt (BGH NStZ-RR 2020, 213 mzustAnm Bechtel JR 2020, 570; Rehberg VuR 2021, 191; zust. Bespr. Hagedorn HRRS 2021, 121; für § 263 Hecker JuS 2020, 895; eine Zwangslage verneinte noch OLG Köln StraFo 2017, 165).

8 **4. Ausbeuten** ist die bewusste und besonders anstößige Ausnutzung der Lage des anderen zur Erlangung übermäßiger Vermögensvorteile (Tiedemann WirtschaftsStrafR BT Rn. 260; Heine/Hecker in Schönke/Schröder Rn. 29; weiter BGHSt 11, 182 (187) = NJW 1958, 599; Hohendorf, Das Individualwucherstrafrecht nach dem ersten Gesetz zur Bekämpfung der Wirtschaftskriminalität von 1976, 1982, S. 133; Sickenberger, Wucher als Wirtschaftsstraftat, 1985, S. 67; Hoyer in SK-StGB Rn. 19; Wolff in LK-StGB Rn. 24; zw.). **Zwangslage** erfordert nicht notwendig eine existenzbedrohende, wohl aber eine ernste wirtschaftliche Bedrängnis (OLG Köln StraFo 2017, 165: Ausgesperrtsein aus der eigenen Wohnung genügt idR nicht); das drohende Scheitern von bloßen Zukunftsplänen reicht nicht (BGH NJW 1994, 1275). Es genügt, dass der Bewucherte nach seinen Verhältnissen die Leistung dringend benötigt und sie nach den Umständen anderweitig nicht günstiger erlangen kann (BT-Drs. 7/3441, 40; krit. Sasserath NJW 1972, 711). Eine nur eingebildete Zwangslage genügt nicht (aM Hohendorf, Das Individualwucherstrafrecht nach dem ersten Gesetz zur Bekämpfung der Wirtschaftskriminalität von 1976, 1982, S. 93; Schauer, Grenzen der Preisgestaltungsfreiheit im Strafrecht, 1989, S. 99; Heine/Hecker in Schönke/Schröder Rn. 24; wie hier Bernsmann in Achenbach/Ransiek/Rönnau WirtschaftsStrafR-HdB Kap. V 3 Rn. 35; Mitsch StrafR BT II Abschn. 18.2.1.3.3), wohl aber eine solche, für die es zwar einen Ausweg

gibt, der Bewucherte ihn aber nicht kennt (BGH NJW 1958, 2074 (2075); Wolff in LK-StGB Rn. 15; zw.). Ob die Lage vermeidbar war, ist unerheblich (BGHSt 11, 182 (186) = NJW 1958, 599). **Unerfahrenheit** ist eine den Ausgebeuteten vom Durchschnittsmenschen unterscheidende Eigenschaft, die auf einem Mangel an Geschäftskenntnis und Lebenserfahrung im Allgemeinen oder auf einzelnen Gebieten beruht und eine Einschränkung der Fähigkeit zur Wahrnehmung oder richtigen Beurteilung von Zuständen oder Geschehnissen zur Folge hat (BGHSt 13, 233 = NJW 1959, 1787; BGHSt 43, 53 (61) = NJW 1997, 2689 mit Bespr. Renzikowski JR 1999, 166 (171); BGH NJW 1983, 2780 mablAnm Nack NStZ 1984, 23; OLG Karlsruhe NJW 1988, 1154 (1158); krit. Otto NJW 1982, 2745 (2749); str.). **Mangel an Urteilsvermögen** ist mehr als bloße Unerfahrenheit; er ist namentlich anzunehmen, wenn dem Bewucherten – idR in Folge von Verstandesschwäche – die Fähigkeit abgeht, die beiderseitigen Leistungen und die wirtschaftlichen Folgen des Geschäftsabschlusses vernünftig zu bewerten (BT-Drs. 7/3441, 41; Joecks/Jäger StGB Rn. 4; aus der Zivil-Rechtsprechung BGH NJW 2006, 3054 (3056)). **Willensschwäche** ist jeder – sei es auch krankhafte, uU auf Alkohol- oder Drogenabhängigkeit beruhende – Mangel an Widerstandsfähigkeit gegenüber psychischen Reizen (Prot. 7, Nr. 2799; krit. Begr. zu § 203 AE (WirtschStR); Joecks/Jäger StGB Rn. 4; zu § 138 II BGB vgl. BGH NJW 2006, 3054 (3056)); sie ist **erheblich,** wenn sie nicht lediglich Ausdruck einer verbreiteten Anfälligkeit gegenüber modernen Werbemethoden ist (BT-Drs. 7/5291, 20), sondern deutlich hinter der Widerstandskraft des am Geschäftsverkehr teilnehmenden Durchschnittsmenschen zurückbleibt (ebenso Wolff in LK-StGB Rn. 22).

5. Die sog. **Additionsklausel** (Abs. 1 S. 2) setzt voraus, dass bei einem **nach wirtschaftlicher Betrachtung einheitlichen Geschäftsvorgang** (BT-Drs. 9
7/5291, 20) mehrere in verschiedenen Rollen mitwirken und dafür jeweils selbständig Vermögensvorteile beanspruchen (zB beim Darlehen: Zinsen, Vermittlungsprovisionen, Auskunfts- und Bearbeitungsgebühren, Versicherungsbeiträge usw, BT-Drs. 7/3441, 40); die bloße Einheit des wirtschaftlichen Vorhabens des Opfers (zB Inanspruchnahme mehrerer Kredite für dasselbe Projekt) genügt nicht (Kindhäuser in NK-StGB Rn. 43; speziell zur Restschuldversicherung Lenckner JR 1980, 161; Sickenberger, Wucher als Wirtschaftsstraftat, 1985, S. 87; sa BGH NJW 1980, 2074; NJW 1982, 2433; str.). Unter dieser Voraussetzung kommt es für die Auffälligkeit des Missverhältnisses, sofern diese für die Leistung des Täters nicht schon selbständig bejaht werden kann, jeweils auf die Summe der einander gegenüberstehenden Leistungen und Vermögensvorteile an, und zwar unter Einbeziehung auch solcher Geschäfte, die ihrerseits schon ein auffälliges Mißverhältnis aufweisen. Für seine Person muss der Täter dann nur die übrigen Tatbestandsmerkmale erfüllen und die Schwäche des anderen (→ Rn. 8) zur Erzielung eines lediglich **übermäßigen,** dh wirtschaftlich unangemessenen, Vermögensvorteils ausnutzen; diese letzte Einschränkung entfällt allerdings regelmäßig, wenn die Mitwirkenden ihre Tatbeiträge nicht selbständig als Nebentäter erbringen, sondern – was nach allen Erfahrungen die Regel ist (Haberstroh NStZ 1982, 265 (267)) – als Beteiligte (§§ 25–27) miteinander verbunden sind (BT-Drs. 7/3441, 40). Die dogmatische Problematik der Additionsklausel besteht darin, dass sie ein lediglich unanständiges, nicht mit Strafe bedrohtes Verhalten nur deshalb über die Strafbarkeitsschwelle hebt, weil sich auch andere neben dem Täter ebenso verhalten (krit. Sturm JZ 1977, 84 (87); Hohendorf, Das Individualwucherstrafrecht nach dem ersten Gesetz zur Bekämpfung der Wirtschaftskriminalität von 1976, 1982, S. 150; Kind-

häuser NStZ 1994, 105 (108), der in dieser Klausel einen Verstoß gegen den Bestimmtheitsgrundsatz sieht; nach Bernsmann in Achenbach/Ransiek/Rönnau WirtschaftsStrafR-HdB Kap. V 3 Rn. 61 „schuldstrafrechtlich nicht akzeptierbar"; anders Wolff in LK-StGB Rn. 50, der ein legitimes kriminalpolitisches Bedürfnis sieht).

10 **6.** Der **Vorsatz** (bedingter genügt; dazu Haberstroh NStZ 1982, 265 (269)) muss sich namentlich auf das auffällige Missverhältnis (OLG Düsseldorf NStZ-RR 1998, 365; Kindhäuser in NK-StGB Rn. 46) und auf die besondere Lage des Opfers erstrecken; bei Abs. 1 S. 2 muss der Täter außerdem – sei es auch nur im Sinne bedingten Vorsatzes – wissen, dass neben ihm mindestens noch ein anderer mitwirkt, der die Schwäche des Opfers zur Erzielung eines übermäßigen Vorteils ausnutzt. Mangels Strafbarkeit des Versuchs wird die irrige Annahme dieser Voraussetzungen nicht erfasst. **Ausbeuten** (→ Rn. 8) erfordert, dass der Täter die Erlangung der Vorteile bezweckt (aM Maurach/Schroeder/Maiwald/Hoyer/Momsen StrafR BT § 43 Rn. 22; Wolff in LK-StGB Rn. 59) und dass er sich der Umstände bewusst ist, die deren Übermäßigkeit und die besondere Anstößigkeit der Tathandlung begründen (→ § 15 Rn. 17; OLG Düsseldorf NStZ-RR 1998, 365; weiter Kohlmann, Wirksame strafrechtliche Bekämpfung des Kreditwuchers, 1974, S. 43; Hohendorf, Das Individualwucherstrafrecht nach dem ersten Gesetz zur Bekämpfung der Wirtschaftskriminalität von 1976, 1982, S. 132; zw.).

11 **7.** Zu **Abs. 2** (besonders schwere Fälle) → § 46 Rn. 7–21. **Nr. 1: Wirtschaftliche Not** → § 283a Rn. 2. **Nr. 2: Gewerbsmäßig** → Vor § 52 Rn. 20. **Nr. 3: Wucherische Vermögensvorteile** sind solche, deren Versprechen nach Abs. 1 tatbestandsmäßig ist (Hoyer in SK-StGB Rn. 66; Wolff in LK-StGB Rn. 72; aM für Abs. 1 S. 2 Kindhäuser in NK-StGB Rn. 55; Fischer Rn. 27; str.). Das Versprechen durch **Wechsel** war schon in § 302a StGB aF wegen seiner besonderen Gefährlichkeit als Erschwerungsgrund anerkannt.

12 **8.** Mit **§ 263** ist **Tateinheit** möglich. Sie setzt aber neben dem Zusammentreffen in einer Handlungseinheit voraus, dass die Täuschung gegenüber der wucherischen Handlung einen selbständigen Unwert verwirklicht. Andernfalls wird der Betrug als Begleittat konsumiert. In Frage kommt auch, dass § 291 gegenüber der schärferen Strafdrohung des § 263 eine Sperrwirkung entfaltet, wenn zwar alle Merkmale des Betrugs, nicht aber des Wuchers erfüllt sind (vgl. Lackner/Werle NStZ 1985, 503 (504); eing. Schauer, Grenzen der Preisgestaltungsfreiheit im Strafrecht, 1989, S. 227, 258). Auch mit **§ 253** ist Tateinheit möglich; jedoch bedarf es hier ähnlicher Differenzierungen wie beim Verhältnis zu § 263 (vgl. etwa Bernsmann GA 1981, 141 (166); Arzt FS Lackner, 1987, 641; zusf. Schauer, Grenzen der Preisgestaltungsfreiheit im Strafrecht, 1989, S. 212). Für das **Zusammentreffen mit §§ 3–5 WiStG** (Verstöße gegen Preisregelung, Preisüberhöhung) gilt § 21 OWiG (für §§ 4, 5 Zieschang in Achenbach/Ransiek/Rönnau WirtschaftsStrafR-HdB Kap. IV 1 Rn. 49, 72).

§ 292 Jagdwilderei

(1) **Wer unter Verletzung fremden Jagdrechts oder Jagdausübungsrechts**
1. **dem Wild nachstellt, es fängt, erlegt oder sich oder einem Dritten zueignet oder**
2. **eine Sache, die dem Jagdrecht unterliegt, sich oder einem Dritten zueignet, beschädigt oder zerstört,**

wird mit Freiheitsstrafe bis zu drei Jahren oder mit Geldstrafe bestraft.

(2) [1]**In besonders schweren Fällen ist die Strafe Freiheitsstrafe von drei Monaten bis zu fünf Jahren.** [2]**Ein besonders schwerer Fall liegt in der Regel vor, wenn die Tat**
1. **gewerbs- oder gewohnheitsmäßig,**
2. **zur Nachtzeit, in der Schonzeit, unter Anwendung von Schlingen oder in anderer nicht weidmännischer Weise oder**
3. **von mehreren mit Schußwaffen ausgerüsteten Beteiligten gemeinschaftlich**

begangen wird.

(3) **Die Absätze 1 und 2 gelten nicht für die in einem Jagdbezirk zur Ausübung der Jagd befugten Personen hinsichtlich des Jagdrechts auf den zu diesem Jagdbezirk gehörenden nach § 6a des Bundesjagdgesetzes für befriedet erklärten Grundflächen.**

Fassung: Abs. 3 ist eingefügt worden durch das JagdRÄndG (→ Vor § 1 Rn. 17) mit Wirkung zum 6.12.2013.

1 **1.** Die Vorschrift schützt das **Aneignungsrecht des Jagdberechtigten** (BayObLG GA 1993, 121 (122)), daneben auch die Hege eines gesunden Wildbestandes (Mitsch ZStW 111 (1999), 65 (120); Stegmann, Artenschutz-Strafrecht, 2000, S. 161; Heger, Die Europäisierung des deutschen Umweltstrafrechts, 2009, S. 244; Rengier StrafR BT I § 29 Rn. 1; Schünemann in LK-StGB Rn. 2; aM Vollmar, Die Jagdwilderei, 2004, S. 45; Hoyer in SK-StGB Rn. 3; Gaede in NK-StGB Rn. 1; Heine/Hecker in Schönke/Schröder Rn. 1; bei Abs. 2 Nr. 2 auch den weidmännischen Charakter der Jagd und die Tiere vor Tierquälerei (Maurach/Schroeder/Maiwald/Hoyer/Momsen StrafR BT § 38 Rn. 9). Geschützt sind von Abs. 1 Nr. 1 nur wildlebende Tiere, die dem Jagdrecht unterliegen (§§ 1 I, 2 BJagdG). Wilde Tiere in Tiergärten sind nicht herrenlos (§ 960 BGB; Schünemann in LK-StGB Rn. 41; beachte BayObLG JR 1987, 128; NStZ 1988, 230) und können daher gestohlen werden (→ § 242 Rn. 7). Gefangenes oder erlegtes Wild bleibt bis zur Besitzergreifung durch den Jagdberechtigten herrenlos (hM); deshalb kann ein Jagdvergehen auch an (gefangenem lebenden (Abs. 1 Nr. 1) oder erlegtem (Nr. 2)) Wild begangen werden, das ein Unbefugter bereits in Besitz hat (BayObLG NJW 1955, 32; Wessels JA 1984, 221 (223); Wessels/Hillenkamp/Schuhr StrafR BT II Rn. 448, 426; Hoyer in SK-StGB Rn. 12; str.).

2 **2. Abs. 1** behandelt in zwei Nummern Eingriffe in die ausschließliche **Befugnis des Jagdberechtigten,**

2a **a)** in **Nr. 1** auf lebendes Wild (Schünemann in LK-StGB Rn. 35) die Jagd auszuüben und es sich als Jagdbeute anzueignen (§§ 1 I, 2 BJagdG; sa § 1 IV BJagdG). **Nachstellen** ist die unmittelbare Vorbereitung dieser Handlungen (krit. Küper/

Zopfs StrafR BT Rn. 388; aM Wolters, Das Unternehmensdelikt, 2001, S. 308, der ein unmittelbares Ansetzen zu einer anderen Tatmodalität des § 292 I Nr. 1 verlangt; sa OLG Frankfurt a. M. NJW 1984, 812), zB Durchstreifen des Gebietes mit gebrauchsfertigen Jagdwaffen (ebenso Joecks/Jäger StGB Rn. 3, Mitsch StrafR BT II Abschn. 15.2.1.1.5.1, Schünemann in LK-StGB Rn. 42; einschr. Gaede in NK-StGB Rn. 23, nur bei Absicht der Jagdausübung; ebenso Walter Kern des Strafrechts S. 79; aM Wolters, Das Unternehmensdelikt, 2001, S. 306). Auf Zueignungsabsicht kommt es hier nicht an. **Fangen** heißt, sich des lebenden Tieres bemächtigen; **Erlegen,** es auf irgendeine Weise töten. **Zueignen** erfordert eine Gewahrsamsbegründung mit dem Willen, die Sache sich oder einem Dritten zuzueignen (→ § 242 Rn. 15–17, 20, 21, 26, 26a; Mitsch ZStW 111 (1999), 65 (120)); eine möglicherweise bis zur faktischen Verfestigung des Besitzstandes des Täters reichende Beendigungsphase liegt außerhalb des gesetzlichen Tatbestandes und ist deshalb kein Anknüpfungspunkt für eine strafbare Teilnahme (Schünemann in LK-StGB Rn. 82).

3 **b)** in **Nr. 2** sich oder einem Dritten krankes oder verendetes Wild, Fallwild oder Abwurfstangen sowie die Eier von Federwild (§ 2 I Nr. 2 BJagdG) zuzueignen (§ 1 V BJagdG). Diese Sachen werden gegen unbefugtes Zueignen (→ Rn. 2), Beschädigen oder Zerstören (→ § 303 Rn. 3–7) geschützt (zum sog. „wildernden Zweittäter" Geppert Jura 2008, 599 (602)).

4 **3. a) Das Recht zur Jagd und zur Ausübung der Jagd** ist in §§ 3ff., 11 BJagdG geregelt. In befriedeten Bezirken (BayObLG NJW 1992, 2306) ruht das Jagdausübungsrecht (§ 6 S. 1 BJagdG) und darf daher vom Revierinhaber nicht wahrgenommen werden (BayObLG NStZ 1992, 187; str.); Abs. 3 betrifft als Sonderfall einen befriedeten Bezirk innerhalb einer Jagdgenossenschaft. Ein Eingriff in fremdes Jagdrecht fehlt bei Erlaubnis des Berechtigten (Jagdgast) oder bei vertraglich oder gesetzlich erlaubter Wildfolge; er wird gerechtfertigt ua durch Sachwehr nach § 228 BGB (zB Habicht im Hühnerhof). Der Jagdgast, der mehr oder anderes schießt als erlaubt oder der erlaubt erlegtes Wild sich unerlaubt aneignet, verletzt § 292; ebenso der Jagdberechtigte, der sich Wild aus fremdem Jagdgebiet in sein Revier zutreiben lässt (BayObLG GA 1955, 247) oder von seinem Revier aus in fremdes Gebiet schießt (ebenso Gaede in NK-StGB Rn. 8); schießt er von fremdem Gebiet in das eigene, so verletzt er uU den § 39 II Nr. 6 BJagdG (RGSt 25, 120; Heine/Hecker in Schönke/Schröder Rn. 7).

4a **b) Abs. 3** enthält einen unglücklich formulierten Tatbestandsausschluss in Bezug auf Abs. 1; der Verweis auch auf die Strafzumessungsvorschrift des Abs. 2 (→ Rn. 6) ist daher unnötig. Aufgrund eines Urteils des EMGR hat der Gesetzgeber in § 6a BJagdG die Möglichkeit geschaffen, auch innerhalb einer zu einer Jagdgenossenschaft verbundenen Mehrheit von Grundflächen einzelne aus ethischen Gründen aufgrund des Wunsches ihres jeweiligen Grundeigentümers für befriedet zu erklären. Weil anders als bei den in § 6 BJagdG für befriedet erklärten Flächen (→ Rn. 4) bei solchen Grundflächen die Grenzen nicht ohne weiteres erkennbar sind, besteht für die auf den umliegenden Flächen in einer Jagdgenossenschaft verbundenen Jagdausübungsberechtigten die Gefahr, dass sie auch auf der nach § 6a BJagdG für befriedet erklärten Grundfläche jagen; insbes. müssten die Jagdausübungsberechtigten auch auf ihren nicht für befriedet erklärten Flächen den Jagdbetrieb einschränken und zB auf die Bewegungsjagd mit Hunden verzichten. Um dieses Risiko einer Strafbarkeit auszuschließen, nimmt sie Abs. 2 von der

Strafdrohung des § 292 I aus. Es bleibt aber die Möglichkeit einer Geldbuße gem. § 39 I Nr. 1 BJagdG (vgl. Regierungsentwurf v. 19.12.2012, S. 18). Da die Möglichkeit der Befriedung aus ethischen Gründen in § 6a BJagdG zeitgleich mit Abs. 3 eingeführt worden ist, führt dieser Tatbestandsausschluss nicht rückwirkend zur Straflosigkeit bestimmter Verhaltensweisen.

4. Der **Vorsatz** (bedingter genügt) erfordert namentlich Bedeutungskenntnis (→ § 15 Rn. 14) im Hinblick darauf, dass es sich um Tiere oder Gegenstände handelt, die dem Jagdrecht unterliegen, und dass in fremdes Jagdrecht eingegriffen wird (näher Gaede in NK-StGB Rn. 30–32, der ebenfalls von normativen Tatbestandsmerkmalen ausgeht; dagegen bezieht Schünemann in LK-StGB Rn. 64–67 auch die Annahme von Blankettmerkmalen ein). Hält der Täter ein schon in das Eigentum des Jagdberechtigten (oder eines anderen) übergegangenes Tatobjekt irrig noch für herrenlos, so kann die Tat in der Form des „Nachstellens" vollendet sein (v. Löbbecke MDR 1974, 119 (121); krit. Küper/Zopfs StrafR BT Rn. 391; diff. Gaede in NK-StGB Rn. 24), während es für die übrigen Begehungsformen am objektiven Tatbestand und damit an einer Bestrafungsgrundlage fehlt (Wessels JA 1984, 221 (224); Fischer Rn. 16; str.); hält er umgekehrt das herrenlose, nur dem Jagdrecht unterliegende Tatobjekt schon für fremd (→ § 242 Rn. 19), so ist der Diebstahls- oder Unterschlagungsvorsatz dem Wildereivorsatz deshalb gleichwertig, weil der Eingriff in das Aneignungsrecht gegenüber dem Eingriff in das Vollrecht quantitativ und qualitativ nur ein Weniger bedeutet; der Vorstellungsmangel ist daher unerheblich (v. Löbbecke MDR 1974, 119 (121); Geppert Jura 2008, 599 (603); Heinrich in Arzt/Weber/Heinrich/Hilgendorf StrafR BT § 16 Rn. 20; aM Wessels JA 1984, 221 (223); Wessels/Hillenkamp/Schuhr StrafR BT II Rn. 460; Hellmann in Krey/Hellmann/Heinrich StrafR BT II Rn. 396; Hohmann/Sander StrafR BT § 9 Rn. 9; Mitsch StrafR BT II Abschn. 15.2.1.2.2; Hoyer in SK-StGB Rn. 21; Schünemann in LK-StGB Rn. 69, 70: sog. „aliud-Theorie"; Gaede in NK-StGB Rn. 33, 34; zw.). Herrenlosigkeit und Fremdheit des Tatobjekts können von einem Alternativvorsatz umfasst sein (→ § 15 Rn. 29). 5

5. Zu **Abs. 2** (besonders schwere Fälle) → § 46 Rn. 7–11. An die Stelle der bisherigen fünf Beispiele sind jetzt in S. 2 drei Regelbeispiele getreten. **Nr. 1** ersetzt den bisherigen Abs. 3; Gewerbs- oder Gewohnheitsmäßigkeit → Vor § 52 Rn. 20. **Nr. 2** greift vier der bisherigen Beispiele auf. Nachtzeit bedeutet während der Dunkelheit (BayObLGSt 1963, 86; str.). Die Verletzung der Schonzeit (§ 22 BJagdG und die JagdzeitV; nicht bei temporären Schonzeiten aus jagdsportlichem Interesse an einer ausgewogenen Populationsstruktur, Stegmann, Artenschutz-Strafrecht, 2000, S. 162) muss dem Täter bekannt sein (BayObLGSt 1956, 50). Das Schlingenstellen zehrt eine idR vorliegende Tierquälerei auf (BayObLG NJW 1957, 720). In „nicht weidmännischer Weise" erfordert eine empfindliche Schädigung des Wildbestandes oder die Zufügung erheblicher Qualen (BayObLG NJW 1960, 446) und die Vorstellung von der Unjagdlichkeit des Verhaltens (OLG Celle MDR 1956, 54). **Nr. 3** verändert das bisherige fünfte Beispiel und setzt mindestens zwei mit Schusswaffen ausgerüstete Beteiligte (Täter und Teilnehmer) am Tatort voraus (BT-Drs. 13/9064, 21; Mitsch ZStW 111 (1999), 65 (120); Kindhäuser StrafR BT II § 11 Rn. 26; enger Hoyer in SK-StGB Rn. 29, mittäterschaftliche Tatbeteiligung). Eine Geringwertigkeitsklausel entsprechend § 243 II enthält Abs. 2 nicht (Mitsch ZStW 111 (1999), 65 (120)). 6

7 **6.** Trifft Jagdwilderei mit der Verletzung bußgeldbewehrter **jagdpolizeilicher Vorschriften** (sog. Jagdfrevel) zusammen (vgl. § 39 BJagdG und die Landesjagdgesetze), so ist nach § 21 I OWiG grds. nur das Strafgesetz anzuwenden (BayObLG GA 1993, 121; OLG Zweibrücken NStE Nr. 1 zu § 293); es kommt jedoch in Frage, dass einzelne Bußgeldvorschriften unter dem Gesichtspunkt der Spezialität vorgehen (BayObLG NStZ 1990, 440 mAnm Rüping NStZ 1991, 340; Mitsch OWiR § 20 Rn. 21).

8 **7.** Strafantrag (Abs. 1) § 294; die Anwendung von § 248a bei geringem Wert ist nicht vorgesehen (Wessels/Hillenkamp/Schuhr StrafR BT II Rn. 461; für eine analoge Anwendung Maurach/Schroeder/Maiwald/Hoyer/Momsen StrafR BT § 38 Rn. 22; Heine/Hecker in Schönke/Schröder Rn. 21); Einziehung von Jagdgerät und Hunden § 295. Verstöße des Jagdberechtigten gegen Abschussregelung und Schonzeit §§ 38, 38a BJagdG.

§ 293 Fischwilderei

Wer unter Verletzung fremden Fischereirechts oder Fischereiausübungsrechts
1. fischt oder
2. eine Sache, die dem Fischereirecht unterliegt, sich oder einem Dritten zueignet, beschädigt oder zerstört,
wird mit Freiheitsstrafe bis zu zwei Jahren oder mit Geldstrafe bestraft.

1 **1.** Die Vorschrift über **Fischwilderei** ist dem § 292 nachgebildet; nur sind hier die Strafen milder. Fische in geschlossenen Privatgewässern sind nicht herrenlos (§ 960 BGB).

2 **2.** Wem das Fischereirecht oder das Fischereiausübungsrecht **zusteht,** ist landesrechtlich geregelt (Nachw. bei Buddendiek/Rutkowski NebenStrafR-Lex Kap. II Rn. 245). Wer Umfang oder Inhalt des ihm übertragenen Fischereiausübungsrechts zB durch Fischen mit Reusen überschreitet, verletzt fremdes Fischereirecht (OLG Zweibrücken NStE Nr. 1; Gaede in NK-StGB Rn. 3).

3 **3. a) Nr. 1: Fischen** ist jede auf Fang oder Erlegen frei lebender Wassertiere (auch Krebse, Frösche, Schildkröten, Austern, bestimmte Muscheln) gerichtete Handlung ohne Rücksicht auf den Erfolg. Da die Tat also unechtes Unternehmensdelikt (→ § 11 Rn. 19) ist (Mitsch StrafR BT II Abschn. 15.3.2.1.5; Hoyer in SK-StGB Rn. 6), fällt ihre Vollendung mit dem Beginn der Tathandlung zusammen (zur Abgrenzung von bloßer Vorbereitung OLG Frankfurt a. M. NJW 1984, 812).

4 **b)** Unter die **Nr. 2** (zu deren Tathandlungen → § 292 Rn. 3) fallen neben toten Fischen usw zB auch Schalen und Seemoos, nicht aber Fischereigeräte (ebenso Mitsch StrafR BT II Abschn. 15.3.2.1.4).

5 **4.** Im Übrigen gelten die Ausführungen unter → § 292 Rn. 5, 7, 8 weitgehend sinngemäß.

§ 294 Strafantrag

In den Fällen des § 292 Abs. 1 und des § 293 wird die Tat nur auf Antrag des Verletzten verfolgt, wenn sie von einem Angehörigen oder an einem Ort begangen worden ist, wo der Täter die Jagd oder die Fischerei in beschränktem Umfang ausüben durfte.

1. Strafantrag §§ 77–77d. Verletzter (→ § 77 Rn. 6) ist je nach Sachlage der Jagd-(Fischerei-)berechtigte oder der Ausübungsberechtigte. Besonders schwere Fälle (§ 292 II) sind ohne Antrag verfolgbar. 1

2. Privilegiert sind nur Angehörige (→ § 11 Rn. 2) und beschränkt zur Jagd (Fischerei) Befugte, insbes. der Jagdgast, der mehr oder anderes schießt, als ihm erlaubt war (Gaede in NK-StGB Rn. 1). 2

§ 295 Einziehung

[1]Jagd- und Fischereigeräte, Hunde und andere Tiere, die der Täter oder Teilnehmer bei der Tat mit sich geführt oder verwendet hat, können eingezogen werden. [2]§ 74a ist anzuwenden.

1. § 295 ist eine besondere Vorschrift iSd § 74 IV, welche die **Einziehung** über § 74 I hinaus zulässt. Die Einziehung darf daher nur unter den Voraussetzungen des § 74 II, III und infolge der Verweisung auf § 74a auch unter dessen Voraussetzungen angeordnet werden. Vgl. iÜ §§ 74–74c, 74e–76a. 1

2. Jagd- und Fischereigeräte sind Gegenstände, die allgemein und erkennbar zur Jagd und Fischerei bestimmt sind; andere (neutrale) Gegenstände nur, wenn der Täter sie zur – wenn auch unweidmännischen – Jagdausübung bestimmt oder benutzt hat. Dazu gehört auch der Kraftwagen, mit dem das Wild gehetzt, geblendet oder überfahren wird (Gaede in NK-StGB Rn. 2). 2

3. § 74 I gilt neben § 295 für hier nicht erfasste Gegenstände. Die Jagdbeute kann nur nach § 40 BJagdG eingezogen werden. 3

§ 296 (weggefallen)

§ 297 Gefährdung von Schiffen, Kraft- und Luftfahrzeugen durch Bannware

(1) **Wer ohne Wissen des Reeders oder des Schiffsführers oder als Schiffsführer ohne Wissen des Reeders eine Sache an Bord eines deutschen Schiffes bringt oder nimmt, deren Beförderung**
1. für das Schiff oder die Ladung die Gefahr einer Beschlagnahme oder Einziehung (§§ 74–74f) oder
2. für den Reeder oder den Schiffsführer die Gefahr einer Bestrafung

verursacht, wird mit Freiheitsstrafe bis zu zwei Jahren oder mit Geldstrafe bestraft.

(2) **Ebenso wird bestraft, wer als Reeder ohne Wissen des Schiffsführers eine Sache an Bord eines deutschen Schiffes bringt oder nimmt, deren Beförderung für den Schiffsführer die Gefahr einer Bestrafung verursacht.**

(3) **Absatz 1 Nr. 1 gilt auch für ausländische Schiffe, die ihre Ladung ganz oder zum Teil im Inland genommen haben.**

(4) [1]**Die Absätze 1 bis 3 sind entsprechend anzuwenden, wenn Sachen in Kraft- oder Luftfahrzeuge gebracht oder genommen werden.** [2]**An die Stelle des Reeders und des Schiffsführers treten der Halter und der Führer des Kraft- oder Luftfahrzeuges.**

Fassung: Redaktionelle Änderung von Abs. 1 Nr. 1 durch das Vermögensabschöpfungsgesetz (→ Vor § 1 Rn. 18).

1 **1.** Die Vorschrift schützt das **Eigentum** (Schroeder ZRP 1978, 12; Gaede in NK-StGB Rn. 1; diff. Fischer Rn. 2, 3) des Reeders, der daher nicht selbst Täter sein kann, sowie Reeder und Schiffsführer vor der Gefahr der Bestrafung (BT-Drs. 13/8587, 46); die vom Gesetzgeber mit dem 6. StrRG intendierte Umstellung auf den Schutz des Allgemeininteresses am Funktionieren des Schiffs-, Luft- und Kraftverkehrs (BT-Drs. 13/8587, 46) ist durch die Neufassung nicht erreicht worden (Krack wistra 2002, 81 (83)). Erfasst werden nur private (nicht staatliche) und (nach der Neufassung) deutsche Schiffe (BT-Drs. 13/8587, 46; krit. Krack wistra 2002, 81 (86)); ausländische Schiffe werden nach **Abs. 3** in Fällen des Abs. 1 Nr. 1 nur erfasst, wenn sie ihre Ladung im Inland genommen haben. Für eine ersatzlose Streichung Krack wistra 2002, 81 (86).

2 **2. Abs. 1** kann nach der Neufassung von jedermann, auch Befrachtern, Abladern oder Lotsen, begangen werden (BT-Drs. 13/8587, 46; Krack wistra 2002, 81 (82); Gaede in NK-StGB Rn. 2; aM für Nr. 2 Hoyer in SK-StGB Rn. 2, nur der Fahrzeugführer); Reeder ist der Schiffseigner (§ 484 HGB), Schiffsführer der Kapitän (vgl. § 511 S. 1 HGB). Die Beschlagnahme oder Einziehung (Abs. 1 Nr. 1) darf nicht nur der Konterbande selbst drohen; die Bestrafung (Abs. 1 Nr. 2) muss dem Reeder oder Schiffsführer drohen (Krack wistra 2002, 81 (82)). **Abs. 2** regelt den umgekehrten Fall, dass der Reeder ohne Wissen des Schiffsführers handelt (BT-Drs. 13/8587, 46). **Tathandlung** ist in Abs. 1 und 2 neben dem bisher schon erfassten Anbordnehmen auch das Anbordbringen von außen (BT-Drs. 13/8587, 46); krit. zu dieser ungerechten Beschränkung der Tathandlungen Krack wistra 2002, 81 (85)); an die Vollendung schließt sich keine Beendigungsphase bis zum von Bord bringen an (Schünemann in LK-StGB Rn. 15; aM Fischer Rn. 8a). Der **Vorsatz** (bedingter genügt) muss diese Gefahr umfassen (zum Gefährdungsvorsatz → § 15 Rn. 28), wozu auch die Verbotswidrigkeit der (Gefahr-)Handlung zählt (Schünemann in LK-StGB Rn. 21). **Abs. 4** erstreckt die Abs. 1–3 auf Kraft- und Luftfahrzeuge (BT-Drs. 13/9064, 22; Krack wistra 2002, 81 (83), sachgerecht).

3 **3. Tateinheit** mit § 22a KWKG möglich; beachte dort Einziehung (§ 24 I) und Entschädigung (§ 24 II).

26. Abschnitt. Straftaten gegen den Wettbewerb

Vorbemerkung

1 Das Gesetz zur Bekämpfung der Korruption – **KorrBG** (→ Vor § 1 Rn. 13) – hat neben einer Änderung des Amtsträgerbegriffs in § 11 I Nr. 2c (→ § 11 Rn. 6–9c) einen neuen Abschnitt in den BT eingestellt und die §§ 331 ff. geändert. Durch die Einfügung des neuen Abschnitts soll deutlich gemacht werden, dass der Schutz des Wettbewerbs eine wichtige Aufgabe des Staates ist, zu dessen Durchführung auch ein verstärkter strafrechtlicher Schutz im StGB geboten ist (BT-Drs. 13/5584, 12; zust. Tiedemann FS Müller-Dietz, 2001, 905; Dannecker in NK-StGB Rn. 11–19c). Abschn. 26 enthält jetzt im Kern zwei neue Vorschriften – § 298 Wettbewerbsbeschränkende Absprachen bei Ausschreibungen (Wunderlich, Die Akzessorietät des § 298 StGB zum GWB, 2009) und § 299 Bestechlichkeit und Bestechung im geschäftlichen Verkehr –, die allerdings im Ordnungswidrigkeitenrecht (§ 38 GWB aF) und im Nebenstrafrecht (§ 12 UWG aF) Vorläufer hatten (näher zur Entstehung Grützner, Die Sanktionierung von Submissionsabsprachen, 2003, S. 359; Tiedemann in LK-StGB Rn. 1, 3). Hinzu kommt eine Strafzumessungsregel für besonders schwere Fälle des § 299 in § 300 sowie zwei § 299 ergänzende Vorschriften über den Strafantrag (§ 301) sowie über Erweiterten Verfall (§ 302). Ob die vereinzelte Übernahme einer Vorschrift aus dem Nebenstrafrecht in das StGB und die Hochstufung einer Ordnungswidrigkeit zur Straftat eine wirksamere Bekämpfung von rechtswidrigen Absprachen und Korruption im Wirtschaftsleben ermöglichen werden, bleibt abzuwarten (optimistisch Tiedemann in LK-StGB Rn. 1, 3; sowie Tiedemann FS Müller-Dietz, 2001, 905 (914); Dannecker in NK-StGB Rn. 6; zweifelnd Oldigs wistra 1998, 291 „purer Aktionismus"; zur rechtstatsächlichen Situation Grützner, Die Sanktionierung von Submissionsabsprachen, 2003, S. 79). Dass die Verfolgung auch ohne Strafantrag bei öffentlichem Interesse möglich ist (§ 301 im Gegensatz zu § 22 UWG aF), verbessert den Beitrag des Strafrechts zur Eindämmung der Korruption (Tiedemann FS Lampe, 2003, 759 (760)) ebenso wie die neuen Instrumente des § 302 zur Gewinnabschöpfung. Der neue § 298 erleichtert jedenfalls die Bestrafung wettbewerbswidriger Submissionsabsprachen im Vergleich zum Betrug, da ein Vermögensschaden nicht festgestellt werden muss, ob dafür ein Straftatbestand geschaffen werden musste, erscheint dagegen eher zweifelhaft; zur Legitimität von § 298 unter dem Gesichtspunkt des Rechtsgüterschutzes Hefendehl Kollektive Rechtsgüter S. 279; Kohlhoff, Kartellstrafrecht und Kollektivstrafe, 2003, S. 120. Zur internationalen Tendenz, auch andere wettbewerbsrechtliche Kernbeschränkungen, sog. Hardcore-Kartelle, strafrechtlich zu erfassen, Federmann, Kriminalstrafen im Kartellrecht, 2006; zur Übertragbarkeit auf das deutsche Strafrecht skeptisch Achenbach FS Kühl, 2014, 653; sa Becker/Rönnau ZStW 130 (2018), 340.

2 Die Bekämpfung der Korruption im **öffentlichen** Bereich soll durch Änderungen der §§ 331 ff. verbessert werden. Dafür wurden die Strafdrohungen durchgängig erhöht und in besonders gravierenden Fällen die Anwendung von Erweitertem Verfall ermöglicht (§ 338). In den jetzt spiegelbildlich ausgestalteten Vorschriften über Vorteilsannahme (§ 331) und Vorteilsgewährung (§ 333) wurde in den Abs. 1 für Amtsträger die sog. Unrechtsvereinbarung gelockert („für die Dienstausübung", nicht mehr für eine konkrete „Diensthandlung", muss der Vorteil angenommen

oder gewährt werden). Außerdem wurden sog. Drittzuwendungen in alle Straftatbestände der §§ 331 ff. einbezogen. Zum KorrBG Braum, Europäische Strafgesetzlichkeit, 2003, S. 517.

3 Das Bemühen um die strafrechtliche Bekämpfung der Korruption ist mit diesen strafrechtlichen Neuregelungen noch nicht aE (zu Regelungsmodellen gegen Wirtschaftskorruption Vogel FS Weber, 2004, 395; ähnlich Alwart JZ 2006, 546). Ergangen sind das Gesetz zur Bekämpfung internationaler Bestechung (**IntBestG,** Anh. III 2; krit. Schünemann GA 2003, 299 (309)) und das EU-Bestechungsgesetz **(EuBestG)**, die die Gleichstellung von ausländischen mit inländischen Amtsträgern bei Bestechungshandlungen regeln (Dannecker in NK-StGB Rn. 9, 10). Der durch das EU-Rechtsinstrumente-AG eingefügte § 299 III erstreckt die Vorschrift auf Handlungen im ausländischen Wettbewerb (→ § 299 Rn. 1). Mit § 4 V Nr. 10 EStG soll nun auch der Abzugsfähigkeit von Schmiergeldern entgegengewirkt werden (BT-Drs. 14/23 und 265; Hofmann/Zimmermann ZRP 1999, 49 (53); Pelz WM 2000, 1566; Eidam, Unternehmen und Strafe, 2. Aufl. 2001, S. 384); zur Bekämpfung der Korruption durch steuerrechtliche Maßnahmen Dannecker in NK-StGB Rn. 24–34; dazu auch Hild/Albrecht JR 2005, 490; Spatscheck NJW 2006, 641. – Unlauteres Verhalten im Sport zB durch (Selbst-)**Doping** des Sportlers oder Bestechung von Funktionären bzw. Konkurrenten ist über §§ 298 ff. nicht möglich (vgl. Paringer, Korruption im Profifußball, 2001, S. 235), doch sind 2015 in § 4 AntDopG und 2017 in § 265 d hierfür Spezialregelungen ergangen. **– Übersichtsbeiträge:** König JR 1997, 397; Korte NStZ 1997, 513; NJW 1997, 2556; Bottke ZRP 1998, 215; Dölling ZStW 112 (2000), 334; sa Greeve, Korruptionsdelikte in der Praxis, 2005.

4 Mit dem **Korruptionsbekämpfungsgesetz** v. 20.11.2015, in Kraft getreten zum 26.11.2015, ist § 299 neu gefasst worden; neben das bisher leitende **Wettbewerbsmodell** ist dabei das untreueähnliche sog. **Geschäftsherrenmodell** gesetzt worden (BT-Drs. 18/4350, 20). Die aufgrund der Rspr. (BGHSt 57, 202 = NJW 2012, 2530) durch die Verneinung von § 299 bei der Korruption von Vertragsärzten entstandene Strafbarkeitslücke ist durch das Gesetz zur Bekämpfung der **Korruption im Gesundheitswesen** v. 30.5.2016 mit Wirkung zum 4.6.2016 geschlossen worden; seither stellen §§ 299 a, 299 b die Bestechlichkeit und Bestechung im Gesundheitswesen unter Strafe. Folgeänderungen beider Reformgesetze ergaben sich auch für §§ 300, 301; § 302 wurde im Zuge des Vermögensabschöpfungsgesetzes (→ Vor § 73 Rn. 3–7) mit Wirkung zum 1.7.2017 gestrichen, weil der darin vorgesehene erweiterte Verfall nunmehr als erweiterte Einziehung allgemein gilt. – **Rechtsvergleichend** Eser/Überhofen/Huber, Korruptionsbekämpfung durch Strafrecht, 1997; Überhofen, Korruption und Bestechung im staatlichen Bereich, 1999, S. 474, der auch „Annäherungsmöglichkeiten in Europa“ aufzeigt; zum Kartellsanktionenrecht in Europa, Deutschland, Großbritannien und den USA Federmann, Kriminalstrafen im Kartellrecht, 2006, S. 31, 219. Zu ausgewählten **Auslandsrechten** Tiedemann in LK-StGB Rn. 9–31. – Zur **Kriminologie** Bannenberg, Korruption in Deutschland und ihre strafrechtliche Kontrolle, 2002; Dölling in Dölling, Handbuch der Korruptionsprävention, 2009, Kap. 1 Rn. 1–57.

§ 298 Wettbewerbsbeschränkende Absprachen bei Ausschreibungen

(1) **Wer bei einer Ausschreibung über Waren oder Dienstleistungen ein Angebot abgibt, das auf einer rechtswidrigen Absprache beruht, die darauf abzielt, den Veranstalter zur Annahme eines bestimmten Angebots zu veranlassen, wird mit Freiheitsstrafe bis zu fünf Jahren oder mit Geldstrafe bestraft.**

(2) **Der Ausschreibung im Sinne des Absatzes 1 steht die freihändige Vergabe eines Auftrages nach vorausgegangenem Teilnahmewettbewerb gleich.**

(3) [1]**Nach Absatz 1, auch in Verbindung mit Absatz 2, wird nicht bestraft, wer freiwillig verhindert, daß der Veranstalter das Angebot annimmt oder dieser seine Leistung erbringt.** [2]**Wird ohne Zutun des Täters das Angebot nicht angenommen oder die Leistung des Veranstalters nicht erbracht, so wird er straflos, wenn er sich freiwillig und ernsthaft bemüht, die Annahme des Angebots oder das Erbringen der Leistung zu verhindern.**

Fassung: Sprachliche Änderung in Abs. 1 durch das KorruptionsbekG (→ Vor § 298 Rn. 4).

1. Die Vorschrift stuft einen Teilbereich der bisherigen Ordnungswidrigkeiten nach § 38 I Nr. 1, 8 GWB aF (zum Ordnungswidrigkeitenrecht → Rn. 10) wegen ihres „qualifizierten Unrechtsgehalts" zu einer Straftat hoch (BT-Drs. 13/5584, 9, 13; König JR 1997, 397 (402); Korte NStZ 1997, 513 (516); Wolters JuS 1998, 1100 (1101); vgl. auch schon Dölling, 61. DJT, Bd. I, Gutachten C, S. 95; Möhrenschlager JZ 1996, 822 (829); Grützner, Die Sanktionierung von Submissionsabsprachen, 2003, S. 462; krit. zur Strafwürdigkeit und Strafbedürftigkeit Lüderssen BB 1996, 2525 (2528); StV 1997, 318 (320); Oldigs, Möglichkeiten und Grenzen der strafrechtlichen Bekämpfung von Submissionsabsprachen, 1998, S. 119; diff. Otto wistra 1999, 41 (42)). Sie **schützt** vorrangig das Allgemeininteresse am **freien Wettbewerb** bei Ausschreibungen (BT-Drs. 13/5584, 9, 13; Korte NStZ 1997, 513 (516); Kuhlen FS Lampe, 2003, 743 (744); Achenbach in Achenbach/Ransiek/Rönnau WirtschaftsStrafR-HdB Kap. III 4 Rn. 11; Joecks/Jäger StGB Rn. 1; Rogall in SK-StGB Rn. 4; Tiedemann in LK-StGB Vor § 298 Rn. 2, § 298 Rn. 6; Dannecker in NK-StGB Rn. 11, 12; Kohlhoff, Kartellstrafrecht und Kollektivstrafe, 2003, S. 120; Pasewaldt ZIS 2008, 84; in der „Negation ehrlichen Wettbewerbs" sieht Alwart JZ 2006, 546 (547), den „konkreten Handlungssinn" des § 298; krit. zum Schutzgut „Wettbewerb" Oldigs, Möglichkeiten und Grenzen der strafrechtlichen Bekämpfung von Submissionsabsprachen, 1998, S. 122; Oldigs wistra 1998, 291 (293); Maurach/Schroeder/Maiwald StrafR BT II § 68 Rn. 2, die ein abstraktes Vermögensgefährdungsdelikt annehmen); **mitgeschützt** wird nach der hM auch das Vermögen des Veranstalters einer Ausschreibung und der (möglichen) Mitbewerber (BT-Drs. 13/5584, 9, 13; Achenbach WuW 1997, 958; Achenbach in Frankfurter Kommentar zum Kartellrecht, § 81 Rn. 49; Kleinmann/Berg BB 1998, 277 (279); Wunderlich, Die Akzessorietät des § 298 StGB zum GWB, 2009, S. 38, 70; Otto StrafR BT § 61 Rn. 141; Tiedemann in LK-StGB Rn. 6, 7; aM Rudolphi in SK-StGB Rn. 5; nach der überzeugenden Ansicht von Dannecker in NK-StGB Rn. 13, lediglich mittelbar). Die Vorschrift ist damit im Gegensatz zu früheren Vorschlägen (vgl. die Nachw. bei BT-Drs. 13/5584, 9, 13; ergänzend Dölling, 61. DJT, Bd. I, Gutachten C, S. 93; Oldigs, Möglichkeiten und Grenzen der strafrechtlichen 1

Bekämpfung von Submissionsabsprachen, 1998, S. 128) und dem Entwurf des Bundesrates (BT-Drs. 13/3353 Art. 1 Nr. 1) kein betrugsähnliches Vermögensdelikt. Durch den **Schutz überindividueller Interessen** steht die Vorschrift in einer Linie mit den Gesetzen zur Bekämpfung der Wirtschaftskriminalität und der Umweltkriminalität (BT-Drs. 13/3353, 12; Möhrenschlager JZ 1996, 822 (829); → Vor § 263 Rn. 1, 2; → Vor § 324 Rn. 1, 6a, 7). Die Tat ist – abweichend vom Betrug (→ § 263 Rn. 1, 2) – **abstraktes Gefährdungsdelikt** (König JR 1997, 397 (402); Otto StrafR BT § 61 Rn. 142; Heine/Eisele in Schönke/Schröder Rn. 2; Fischer Rn. 3; → Vor § 13 Rn. 32; krit. Oldigs, Möglichkeiten und Grenzen der strafrechtlichen Bekämpfung von Submissionsabsprachen, 1998, S. 145; aM Hellmann in Krey/Hellmann/Heinrich StrafR BT II Rn. 776; Tiedemann in LK-StGB Rn. 9; Walter GA 2001, 131 (140), Verletzungsdelikt hinsichtlich des Angriffsobjekts Verfahren; ähnlich Grützner, Die Sanktionierung von Submissionsabsprachen, 2003, S. 489 mit krit. Bespr. Wohlers StV 2005, 471; Dannecker in NK-StGB Rn. 17; krit. dazu Kuhlen FS Lampe, 2003, 743 (746); sa Pasewaldt ZIS 2008, 84 (85): Erfolgsdelikt im Sinne eines konkreten Gefährdungsdelikts), da der Tatbestand nur die Bedingungen einer generellen Gefährlichkeit für die geschützten Rechtsgüter umschreibt. Obwohl Submissionsabsprachen nach der Rspr. des BGH auch als Betrug erfasst werden können (BGHSt 38, 186 = NJW 1992, 921; BGHSt 47, 83 = NJW 2001, 3718 mAnm Satzger JR 2002, 391; BGH NJW 1995, 737; → § 263 Rn. 38), ergab sich die Notwendigkeit ihrer gesonderten strafrechtlichen Erfassung aus den Schwierigkeiten beim Beweis eines Vermögensschadens (BT-Drs. 13/3353, 13; Satzger JR 2002, 391; König JR 1997, 397 (402); Korte NStZ 1997, 513 (516)). Ausschreibungen der **EU** selbst sind ebenso einbezogen wie die Veranstaltung von Ausschreibungen durch die EU und in den EU-Mitgliedsstaaten (Tiedemann in LK-StGB Rn. 53). – Zur **Entstehungsgeschichte:** Dahs, Kriminelle Kartelle?, 1998; Oldigs, Möglichkeiten und Grenzen der strafrechtlichen Bekämpfung von Submissionsabsprachen, 1998, S. 30; Grützner, Die Sanktionierung von Submissionsabsprachen, 2003, S. 359; Dannecker in NK-StGB Rn. 1–5; Heger in Kretschmer/Zabel, Studien zur Geschichte des Wirtschaftsstrafrechts, 2018, S. 409. Zum französischen Recht Walter, Betrugsstrafrecht in Frankreich und Deutschland, 1999, S. 314. – **Ökonomische Analyse** von Submissionsabsprachen bei Helmedag WuW 2004, 1000; ökonomische Analyse des Kartellstrafrechts bei Federmann, Kriminalstrafen im Kartellrecht, 2006, S. 295.

2 **2. Abs. 1** beschreibt die Tatsituation als Ausschreibung über Waren und gewerbliche Leistungen. **Ausschreibungen** sind zunächst Vergabeverfahren der öffentlichen Hand; einbezogen sind die Öffentliche Ausschreibung (VOB/A bzw. VOL/A je Abschn. 1 § 3 Nr. 1 Abs. 1) sowie oberhalb der EU-Schwellenwerte nach § 100 GWB iVm § 2 VgV das dieser entsprechende Offene Verfahren nach § 119 III GWB (VOB/A Abschn. 2 § 3a Nr. 1a bzw. VOL/A Abschn. 2 § 3a Nr. 1 Abs. 1), die zur Bildung von Submissionskartellen besonders anreizenden, auf aufgeforderte Unternehmen begrenzte Beschränkte Ausschreibung nach § 119 IV GWB (VOB/A bzw. VOL/A je Abschn. 1 § 3 II; BGHSt 59, 34 mwN = NJW 2014, 1252 mAnm Greeve NStZ 2014, 403; Kretschmer JR 2014, 407; str.) sowie das entsprechende Nichtoffene Verfahren (VOB/A Abschn. 2 § 3a Nr. 1b bzw. VOL/A Abschn. 2 § 3a Nr. 1 Abs. 2) und über Abs. 2 die freihändige Vergabe nach Teilnahmewettbewerb nach § 119 V GWB (Verhandlungsverfahren), → Rn. 4 (BT-Drs. 13/5584, 14; Dannecker in NK-StGB Rn. 34–44; Fischer Rn. 4–5a; eing. Greeve, Korruptionsdelikte, 2005, S. 156; Wunderlich, Die Akzessorietät des § 298 StGB zum GWB, 2009,

S. 75; näher zu den Vergabeverfahren Ingenstau/Korbion, VOB Teile A und B, 20. Aufl. 2017). Erfasst werden aber auch Ausschreibungen privater Unternehmen (Dannecker in NK-StGB Rn. 29; Rudolphi in SK-StGB Rn. 6; einschr. Pasewaldt ZIS 2008, 84 (86); weiter Tiedemann in LK-StGB Rn. 20), wenn das Vergabeverfahren in Anlehnung an die Bestimmungen der VOB/A oder VOL/A ausgestaltet ist (BT-Drs. 13/5584, 14; BGH NStZ 2003, 548 mkritAnm Greeve; Greeve NStZ 2002, 505 (506f.): ausschließlich nach den festgelegten Vergabekriterien; für den Fall der Missachtung von Vergaberegeln durch den öffentlichen Auftraggeber, Greeve NStZ 2002, 505 (507f.); Fälle einer unterbliebenen Ausschreibung werden von § 298 nicht erfasst, Wagner BB 2004, 1577 (1584)). **Waren oder gewerbliche Leistungen** sind kartellrechtsakzessorisch auszulegen (BT-Drs. 13/5584, 14; Tiedemann FS Müller-Dietz, 2001, 905 (916)). Allerdings enthalten die für Anknüpfung früher maßgeblichen §§ 1 I, 5 IV GWB aF inzwischen diese Begriffe nicht mehr, obwohl sie weiterhin den Verkehr mit diesen Gegenständen oder Leistungen meinen (Greeve, Korruptionsdelikte, 2005, S. 162; Tiedemann in LK-StGB Rn. 23). **Ware** ist, was Gegenstand des geschäftlichen Verkehrs ist; neben beweglichen Sachen auch Immobilien sowie Rechte aller Art (Kindhäuser/Hilgendorf in LPK-StGB Rn. 4; Otto StrafR BT § 61 Rn. 144). **Gewerblich** iSv Abs. 1 StGB aF ist eine Leistung, die im geschäftlichen Verkehr erbracht wird (Heine/Eisele in Schönke/Schröder Rn. 10); das sind nicht nur Leistungen eines Gewerbebetriebes, sondern auch solche aller Unternehmen iSd § 1 GWB und damit ebenso diejenigen der freien Berufe (BT-Drs. 13/5584, 14; Joecks/Jäger StGB Rn. 2; Tiedemann in LK-StGB Rn. 25; Dannecker in NK-StGB Rn. 47). Die in Anknüpfung an die heutigen Begriffe des UWG erfolgte Ersetzung dieses Merkmals durch **Dienstleistungen** (BT-Drs. 18/4350, 20) ist ebenso zu verstehen (Fischer Rn. 8) und hat damit keine inhaltlichen Änderungen zur Folge.

3 **3.** Tathandlung ist die Abgabe eines Angebots in der unter → Rn. 2 beschriebenen Tatsituation. Das Angebot muss beim Veranstalter eingereicht sein (→ Rn. 7); Absprachen zwischen den „Wettbewerbern" im Vorfeld der Angebotsabgabe genügen nicht (BT-Drs. 13/5584, 14; König JR 1997, 397 (402)). Dem Angebot muss freilich eine rechtswidrige Absprache zugrundeliegen (zu Nachweisproblemen Jansen WuW 2005, 502 (504); eing. Wunderlich, Die Akzessorietät des § 298 StGB zum GWB, 2009, S. 187). Die Rechtswidrigkeit ist Tatbestandsmerkmal (König JR 1997, 397 (402); Wolters JuS 1998, 1100 (1102); Grützner, Die Sanktionierung von Submissionsabsprachen, 2003, S. 521; Kuhlen FS Lampe, 2003, 743 (754); Schroth StrafR BT S. 300; Dannecker in NK-StGB Rn. 59; aM Rogall in SK-StGB Rn. 25; Heine/Eisele in Schönke/Schröder Rn. 19; vgl. auch Böse FS Puppe, 2011, 1353 (1363); zur Konsequenz für den Vorsatz → Rn. 5), bestimmt sich nach Kartellrecht und ist bei einem nach § 1 GWB unwirksamen Vertrag, einer abgestimmten Verhaltensweise (BT-Drs. 13/5584, 14; König JR 1997, 397 (402); Korte NStZ 1997, 513 (516); Achenbach in Achenbach/Ransiek/Rönnau WirtschaftsStrafR-HdB Kap. III 4 Rn. 15; Joecks/Jäger StGB Rn. 4; Dannecker in NK-StGB Rn. 57; enger Kleinmann/Berg BB 1998, 277 (280)) oder einer vertikalen Vereinbarung nach § 14 GWB gegeben (Tiedemann in LK-StGB Rn. 33). Nicht erfasst sind kartellrechtlich zulässige Handlungen wie zB die Bildung von Bietergemeinschaften (BT-Drs. 13/8079, 14; Tiedemann in LK-StGB Rn. 34, Dannecker in NK-StGB Rn. 72). Durch die mit der 7. GWB-Novelle erfolgte europarechtsakzessorische Gestaltung der §§ 1 ff. GWB (→ Rn. 10) werden umfassende kartellrechtliche Abwägungen durch die Strafgerichte erforderlich (Meyer/Kuhn

EWiR 2005, 133; zum Problem hinreichender Bestimmtheit de lege ferenda Federmann, Kriminalstrafen im Kartellrecht, 2006, S. 271; zur GWB-Akzessorietät Wunderlich, Die Akzessorietät des § 298 StGB zum GWB, 2009, S. 187). Ein Verheimlichen der Absprache ist nicht vorausgesetzt (BT-Drs. 13/5584, 14; anders noch der Bundesratsentwurf, vgl. Möhrenschlager JZ 1996, 822 (829)); erfasst sind deshalb auch Fälle kollusiven Zusammenwirkens zwischen Anbieter und Veranstalter (Otto StrafR BT § 61 Rn. 146; Wessels/Hillenkamp/Schuhr StrafR BT II Rn. 703; Achenbach in Achenbach/Ransiek/Rönnau WirtschaftsStrafR-HdB Kap. III 4 Rn. 16; Fischer Rn. 17, 17 a; krit. zur Strafwürdigkeit offener Absprachen König JR 1997, 397 (402)). Nach früherer Rspr. sollten nur Kartellrechtswidrige Absprachen zwischen Wettbewerbern als horizontale Hardcore-Kartelle „rechtswidrig" und damit gem. § 298 strafbar sein (BGHSt 49, 201 (208) = NJW 2004, 2761 mit zust. Bespr. Dannecker JZ 2005, 49; Achenbach NStZ 2005, 621 (624); Pasewaldt ZIS 2008, 84 (86); ebenso BGH wistra 2005, 29; NStZ 2006, 687; vgl. außerdem Greeve NStZ 2002, 505 (508); Greeve, Korruptionsdelikte, 2005, S. 170); doch ist dies durch die Neufassung von § 1 GWB überholt, so dass inzwischen auch vertikale Absprachen erfasst sind (BGH NJW 2012, 3318 mit Bespr. Greeve NZWiSt 2013, 140; Hohmann wistra 2013, 105, v. Coelln ZIS 2012, 628; Heuking BB 2013, 1155; OLG Celle wistra 2012, 318 mit Bespr. Stoffers/Möckel NJW 2012, 3270; Rübenstahl NZWiSt 2013, 71; Fischer Rn. 10; Tiedemann in LK-StGB Rn. 13; Hohmann in MüKoStGB Rn. 71; Bosch in Satzger/Schluckebier/Widmaier StGB Rn. 18; Heine/Eisele in Schönke/Schröder Rn. 17). Das Angebot beruht auf der Absprache, wenn zwischen ihr und dem Angebot ein Ursachenzusammenhang (→ Vor § 13 Rn. 9–11) besteht; daran fehlt es, wenn das Angebot nicht oder nicht mehr auf die Absprache, sondern auf andere Ursachen zurückzuführen ist (vgl. Tiedemann in LK-StGB Rn. 31; Dannecker in NK-StGB Rn. 76). Dass das Angebot an so schwerwiegenden vergaberechtlichen Mängeln leidet, dass es zwingend vom Verfahren ausgeschlossen werden müsste, steht Abs. 1 nicht entgegen (BGHSt 59, 34 = NJW 2014, 1252). Das Angebot muss außerdem Gegenstand und Zweck der rechtswidrigen Absprache sein; daran fehlt es, wenn der aus dem Submissionskartell ausgestiegene Anbieter abredewidrig beim Angebot seine Kenntnisse ausnutzt (Rudolphi in SK-StGB Rn. 9; aM Fischer Rn. 14). Die Absprache muss darauf abzielen, den Veranstalter zur Angebotsannahme zu veranlassen. Dieser Absicht steht nicht entgegen, dass der Täter mit dem Angebot weitere Zwecke verfolgt. Auch die bloße Vereinbarung eines Mindestpreises soll genügen (Greeve, Korruptionsdelikte, 2005, S. 175; Tiedemann in LK-StGB Rn. 39). Allerdings zielt die Absprache nicht auf eine Angebotsannahme ab, wenn der Veranstalter selbst die Absprache angeregt hat (König JR 1997, 397 (402); aM Dannecker in NK-StGB Rn. 80; Heine/Eisele in Schönke/Schröder Rn. 18, 21).

4 4. **Abs. 2** stellt der Ausschreibung die **freihändige Vergabe** eines Auftrags nach **vorausgegangenem Teilnahmewettbewerb** (zu diesem Verhandlungsverfahren vgl. etwa § 3 Nr. 1 Abs. 3 und 4 VOL/A; näher dazu Daub/Eberstein, Kommentar zur VOL/A, 5. Aufl. 2000, Abschn. 1 § 3 Rn. 17, 24–47) gleich. Auch hier kommt die Vergabe durch private Unternehmen in Betracht (BT-Drs. 13/5584, 14). Eine Erstreckung auf alle Vergabeverfahren, zB freihändige Vergaben ohne vorausgegangenen Teilnahmewettbewerb, erschien nicht notwendig, da die bedeutendsten Fälle mit der jetzigen Regelung erfasst sind (Möhrenschlager JZ 1996, 822 (830)) und die verbleibenden Fälle durch §§ 81 I Nr. 1 oder II Nr. 1 GWB erfasst werden können (BT-Drs. 13/5584, 14; Dannecker in NK-StGB Rn. 42; Kindhäu-

ser/Hilgendorf in LPK-StGB Rn. 5); nach hM ist das Verhandlungsverfahren insoweit nicht erfasst (Tiedemann in LK-StGB Rn. 21; Dannecker in NK-StGB Rn. 38, 40; aM Greeve NStZ 2002, 505; Greeve, Korruptionsdelikte, 2005, S. 157).

5. Der erforderliche **Vorsatz** (bedingter genügt; vgl. Tiedemann in LK-StGB Rn. 40) muss sich auf die Abgabe eines Angebots, deren Beruhen auf einer Absprache und deren Rechtswidrigkeit (Wolters JuS 1998, 1100 (1102); Otto StrafR BT § 61 Rn. 147; Schroth StrafR BT S. 300; Tiedemann in LK-StGB Rn. 43; aM Rogall in SK-StGB Rn. 34; krit. Fischer Rn. 18) erstrecken. Das Angebot muss nicht darauf abzielen, den Veranstalter zur Annahme eines bestimmten Angebots zu veranlassen; vielmehr genügt es, dass der Täter die Zielrichtung der Absprache erkannt hat (Rogall in SK-StGB Rn. 33; Tiedemann in LK-StGB Rn. 41, 42; Dannecker in NK-StGB Rn. 82). Der Täter muss weder die Vorstellung eines „verletzten Mitbewerbers" noch die einer bereits bestimmten, bevorzugten Person haben (BGHSt 10, 358 (368) = NJW 1957, 1604 zu § 12 UWG aF). 5

6. Die Tat ist **kein Sonderdelikt** (→ Vor § 13 Rn. 33; König JR 1997, 397 (402); Otto StrafR BT § 61 Rn. 148; Tiedemann in LK-StGB Rn. 13). Für die Abgrenzung von Täterschaft und Teilnahme gelten die allgemeinen Regeln (→ Vor § 25 Rn. 3–6; einschr. Dannecker in NK-StGB Rn. 86–98), da das Gesetz keine besondere Regelung über die Täterschaft von Personen enthält, die die Tat durch ihre Beteiligung, zB durch Abgabe eines Schutzangebots oder durch Unterlassen der Abgabe eines Angebots, fördern (BT-Drs. 13/5584, 14; Schroth StrafR BT S. 300; sa Kleinmann/Berg BB 1998, 277 (280); krit. Achenbach WuW 1997, 958; der Bundesratsentwurf hat sich mit einer entsprechenden Sonderregelung nicht durchgesetzt, König JR 1997, 397 (402) Fn. 110). **Täter** kann angesichts der Anerkennung auch vertikaler Absprachen (→ Rn. 3) sowohl derjenige sein, der das Angebot abgibt, als auch der Veranstalter selbst (BGH NJW 2012, 3318; Fischer Rn. 17b; anders → 28. Aufl. 2014). 6

7. Die Tat ist mit der Abgabe des Angebots **vollendet.** Abgegeben ist das Angebot, wenn es dem Veranstalter zugegangen ist (Wolters JuS 1998, 1100 (1102); Maurach/Schroeder/Maiwald StrafR BT II § 68 Rn. 3; Otto StrafR BT § 61 Rn. 149; Heine/Eisele in Schönke/Schröder Rn. 12, 27; Tiedemann in LK-StGB Rn. 29); das bloße Absenden des Angebots ist strafloser Versuch (Dannecker in NK-StGB Rn. 53). Schriftform des Angebots ist erforderlich (aM Grützner, Die Sanktionierung von Submissionsabsprachen, 2003, S. 517); für sonstige vergaberechtliche Erfordernisse vgl. Greeve NStZ 2002, 505 (509). Die im Vorfeld liegenden Absprachen sind trotz ihrer Gefährlichkeit für das Rechtsgut straffrei gelassen worden (→ Rn. 3). Annahme des Angebots und Leistungserbringung gehören nicht mehr zum Tatbestand, auch nicht als dessen Beendigungsphase (Schuler, Strafrechtliche und ordnungswidrigkeitenrechtliche Probleme bei der Bekämpfung von Submissionsabsprachen, 2002, S. 151; aM Grützner, Die Sanktionierung von Submissionsabsprachen, 2003, S. 528; König JR 1997, 397 (402); Fischer Rn. 15b). Die Verjährung beginnt deshalb mit der Abgabe des Angebots, dh der Beendigung der Tat(-handlung) iSd § 78a (aM Tiedemann in LK-StGB Rn. 57; Dannecker in NK-StGB Rn. 101, mit Erteilung des Zuschlags; noch später nach Gruhl in Müller-Gugenberger WirtschaftsStrafR Kap. 58 Rn. 17, mit der letzten Leistung des Veranstalters). Eine sukzessive Beteiligung nach Vollendung ist nicht möglich, sie kann aber eine Beteiligung am später verwirklichten Betrug sein. 7

8 **8.** Zur **tätigen Reue** (Abs. 3) → § 24 Rn. 29 (sa § 264 V, → § 264 Rn. 28, dem die Vorschrift nachgebildet ist; BT-Drs. 13/5584, 15; Dölling, 61. DJT, Bd. I, Gutachten C, S. 96). Die Vorschrift betrifft Fälle, in denen es trotz Vollendung der Tat durch Abgabe eines Angebots noch nicht zur Annahme des Angebots oder zur Leistungserbringung gekommen ist (vgl. BT-Drs. 13/5584, 15). Freiwillig, Verhindern (auch durch Unterlassen) und ernsthaftes Bemühen → § 24 Rn. 16, 19, 20. Bei Beteiligung mehrerer sind die Grundsätze des § 24 II anwendbar (Dannecker in NK-StGB Rn. 86; eing. zur erforderlichen Reueleistung Greeve, Korruptionsdelikte, 2005, S. 180).

9 **9. Tateinheit** ist wegen der unterschiedlichen Schutzrichtung (→ Rn. 1) mit § 263, insbes. mit dessen Abs. 3, möglich (BT-Drs. 13/5584, 14; König JR 1997, 397 (402); Korte NStZ 1997, 513 (516); Achenbach WuW 1997, 958; Kuhlen FS Lampe, 2003, 743 (752); Pasewaldt ZIS 2008, 84 (90); Hellmann in Krey/Hellmann/Heinrich StrafR BT II Rn. 775; Wessels/Hillenkamp/Schuhr StrafR BT II Rn. 703; Rogall in SK-StGB Rn. 48; Tiedemann in LK-StGB Rn. 50; Dannecker in NK-StGB Rn. 103; aM Wolters JuS 1998, 1100 (1102); Schroth StrafR BT S. 300, Spezialität des § 298; für Subsidiarität des § 298 Maurach/Schroeder/Maiwald StrafR BT II § 68 Rn. 9); die Annahme einer selbständigen und abschließenden Sonderregelung ist anders als bei § 264 (→ § 264 Rn. 30, 31) nicht geboten, da § 298 keine Fälle erfolgreicher (vermögensschädigender) Absprachen erfasst.

10 **10.** Mit der 7. GWB-Novelle v. 15.7.2005 (BGBl. I 2114) wurde das deutsche Kartellrecht an die durch die VO 1/03 (ABl. 2003 L 1) gestellten Anforderungen hinsichtlich des Übergangs zur Legalausnahme und der dezentralen Anwendung europäischen Rechts angepasst. Der dabei verändert OWi-Tatbestand des § 81 GWB nF erfasst Submissionsabsprachen weiterhin als Hardcore-Kartelle; bei Verletzung des Art. 81 EGV durch § 81 I Nr. 1 und bei Verletzung des § 1 GWB durch § 81 II Nr. 1 GWB (Federmann, Kriminalstrafen im Kartellrecht, 2006, S. 89, 148). § 81 GWB tritt nach § 21 OWiG hinter § 298 zurück (Otto StrafR BT § 61 Rn. 151). Die Zuständigkeit zur Verhängung einer Geldbuße gegen juristische Personen und Personenvereinigungen nach § 30 OWiG ist durch § 82 GWB den sachkundigen Kartellbehörden auch in Fällen zugewiesen, in denen der zum Leitungsbereich gehörende Unternehmensangehörige gegen den § 81 GWB verdrängenden § 298 verstößt (BT-Drs. 13/8079, 17); dadurch ist die Problematik gespaltener Kompetenzen zwischen Kartellbehörden und Staatsanwaltschaft keineswegs gelöst (Achenbach WuW 1997, 958 (960); wistra 1998, 168, NJW 2001, 2232; Achenbach in Frankfurter Kommentar zum Kartellrecht, GWB § 82 Rn. 8–14; Dölling ZStW 112 (2000), 334 (348); Otto StrafR BT § 61 Rn. 152; Dannecker in NK-StGB Rn. 113, 114).

§ 299 Bestechlichkeit und Bestechung im geschäftlichen Verkehr

(1) **Mit Freiheitsstrafe bis zu drei Jahren oder Geldstrafe wird bestraft, wer im geschäftlichen Verkehr als Angestellter oder Beauftragter eines Unternehmens**

1. **einen Vorteil für sich oder einen Dritten als Gegenleistung dafür fordert, sich versprechen lässt oder annimmt, dass er bei dem Bezug von Waren oder Dienstleistungen einen anderen im inländischen oder ausländischen Wettbewerb in unlauterer Weise bevorzuge, oder**

2. ohne Einwilligung des Unternehmens einen Vorteil für sich oder einen Dritten als Gegenleistung dafür fordert, sich versprechen lässt oder annimmt, dass er bei dem Bezug von Waren oder Dienstleistungen eine Handlung vornehme oder unterlasse und dadurch seine Pflichten gegenüber dem Unternehmen verletze.

(2) **Ebenso wird bestraft, wer im geschäftlichen Verkehr einem Angestellten oder Beauftragten eines Unternehmens**

1. einen Vorteil für diesen oder einen Dritten als Gegenleistung dafür anbietet, verspricht oder gewährt, dass er bei dem Bezug von Waren oder Dienstleistungen ihn oder einen anderen im inländischen oder ausländischen Wettbewerb in unlauterer Weise bevorzuge, oder

2. ohne Einwilligung des Unternehmens einen Vorteil für diesen oder einen Dritten als Gegenleistung dafür anbietet, verspricht oder gewährt, dass er bei dem Bezug von Waren oder Dienstleistungen eine Handlung vornehme oder unterlasse und dadurch seine Pflichten gegenüber dem Unternehmen verletze.

Fassung des KorruptionsbekG (→ Vor § 298 Rn. 1).

1. Mit der Neufassung von § 299 sind nunmehr sowohl das **Wettbewerbs- als auch das Geschäftsherrnmodell** strafbewehrt (BT-Drs. 18/4350, 20). Die neu geschaffene Nr. 1 beider Absätze entspricht der Sache nach § 299 I – III aF und pönalisiert weiterhin Vorteilsannahme und -gewährung im wirtschaftlichen Wettbewerb. Inhaltlich neu ist die jeweilige Nr. 2, die auf einen Bezug zum Wettbewerb verzichtet und analog zu Nr. 1 in Abs. 1 die Nehmerseite (den Bestochenen) und in Abs. 2 die Geberseite (den Bestechenden) abbildet. Abs. 1 Nr. 1 und Abs. 2 Nr. 1 schützen vorrangig das **Allgemeininteresse an einem freien, lauteren Wettbewerb** (BGH NJW 2006, 3290 (3298); NStZ-RR 2015, 218 mit zT krit. Bespr. Bürger NZWiSt 2016, 72; Bermann ZWH 2015, 273; Sinner HRRS 2016, 196; Otto StrafR BT § 61 Rn. 141; Rogall in SK-StGB Rn. 7; Heine/Eisele in Schönke/Schröder Rn. 3; Tiedemann in LK-StGB Vor § 298 Rn. 2, § 299 Rn. 1; sowie Tiedemann FS Gauweiler, 2009, 533 (539); Dannecker in NK-StGB Rn. 4; Dannecker JZ 2005, 49 (51); Rönnau in Achenbach/Ransiek/Rönnau Wirt-schaftsStrafR-HdB Kap. III 2 Rn. 7; Wollschläger, Der Täterkreis des § 299 Abs. 1 StGB und Umsatzprämien im Stufenwettbewerb, 2009, S. 8 mit krit. Bespr. Zöller GA 2009, 633; nach Heinrich, Der Amtsträgerbegriff im Strafrecht, 2001, S. 602, das „Interesse des einzelnen Staatsbürgers" am funktionierenden Wettbewerb; krit. Zöller GA 2009, 137 (143), der ein abstraktes Vermögensgefährdungsdelikt erwägt, 146; sa Zöller GA 2009, 137 (145); v. Tippelskirch GA 2012, 574; abw. Pragal, Die Korruption innerhalb des privaten Sektors und ihre strafrechtliche Kontrolle durch § 299 StGB, 2006, S. 146). Geschützt sind auch die inländischen und ausländischen (BT-Drs. 14/8998, 11; Dannecker in NK-StGB Rn. 8) Mitbewerber, vor denen sich der Vorteilsgeber einen Vorsprung verschaffen will, die Allgemeinheit vor Verteuerung sowie der Geschäftsherr vor Benachteiligung (BGHSt 31, 207 (211) = NJW 1983, 1919 zu § 12 UWG aF; Wolters JuS 1998, 1100 (1103); Rogall in SK-StGB Rn. 9–13; Tiedemann in LK-StGB Rn. 1, 2; Dannecker in NK-StGB Rn. 5, 6; Wessels/Hillenkamp/Schuhr StrafR BT II Rn. 704). Dagegen sollen die neu eingefügten Abs. 1 Nr. 2 und Abs. 2 Nr. 2 die **(Vermögens)interessen des Geschäftsherren** (Fischer Rn. 2) bzw. dessen Interesse an loyaler Pflichterfüllung seiner Mitarbeiter (BT-Drs. 18/4350, 21) schützen, doch ist letzteres angesichts der 1 unveränderten Positionierung innerhalb der Straftaten des Wettbewerbs nur überzeugend, soweit es um die loyale Geschäftswahrnehmung für wettbewerbstragende Unternehmen geht (Gaede in NK-WirtschaftsStStrafR Rn. 13); da die Pflichtverletzung nicht notwendig auf einen Vermögensschaden zielen muss, dürfte der Schutz des Vermögens des Geschäftsherrn bloßer Reflex sein. Ob die Einführung dieses Geschäftsherrenmodell durch den EU-Rahmenbeschluss 2003/568/JI geboten war (so BT-Drs. 18/4350, 13, 20f.), ist umstr (dagegen Gaede in NK-WirtschaftsStStrafR Rn. 17 mwN); Relevanz hätte dies nur für die Frage einer europarechtskonformen Auslegung des Merkmals „bei dem Bezug von Waren oder Dienstleistungen“ in Abs. 1 Nr. 2 und Abs. 2 Nr. 2, weil die entsprechende EU-Vorgabe auf Geschäftsvorgänge zielt (vgl. Gaede in NK-WirtschaftsStStrafR Rn. 66); im Lichte des Rahmenbeschlusses wird dieses Merkmal bereits weit ausgelegt, doch bleibt für eine den Wortlaut sprengende Auslegung von Europarechtswegen kein Raum, weil auch die Konformauslegung die nationalen Grenzen noch möglicher Auslegung beachten muss (ggf. müsste der Gesetzgeber nachbessern; verfassungsrechtliche Bedenken unter dem Gesichtspunkt der Verhältnismäßigkeit und Bestimmtheit äußern Heuking/v. Coelln BB 2016, 323 (326f.)). Die Tat ist wie § 298 **abstraktes Gefährdungsdelikt** (BGH NJW 2006, 3290 (3298); Heine/Eisele in Schönke/Schröder Rn. 4; im Hinblick auf den Wettbewerbsschutz für Verletzungsdelikt, Tiedemann in LK-StGB Rn. 7); es bedarf nicht der Schädigung eines Mitbewerbers (BGH NStZ-RR 2015, 218). Neben dem inländischen ist seit 2003 in Umsetzung einer gemeinsamen Maßnahme der EU v. 22.12.1998 (ABl. 1998 L 358, S. 2) auch der ausländische Wettbewerb weltweit geschützt (BT-Drs. 14/8998, 9; Pelz ZIS 2008, 333; Fischer Rn. 1). Für Auslandstaten gilt § 7 (Rönnau JZ 2007, 1084; Rönnau in Achenbach/Ransiek/Rönnau Wirtschafts-StrafR-HdB Kap. III 2 Rn. 66); ein Ausländer, der im Ausland den ausländischen Wettbewerb durch Bestechung oder Bestechlichkeit angreift, ist daher grds. nicht nach § 299 strafbar (aM Haft/Schwoerer FS Weber, 2004, 367 (378); Greeve, Korruptionsdelikte, 2005, S. 199). Tatbestandsmäßig sind also alle wettbewerbsrelevanten Bestechungshandlungen, egal auf welchem Markt sie vorgenommen werden und wer die Mitbewerber sind (BT-Drs. 14/8998, 10); die diskutierte, europarechtlichen Vorgaben genügende Beschränkung auf den EU-Binnenmarkt ist fallen gelassen worden (Dannecker in NK-StGB Rn. 74; Fischer Rn. 1; vgl. auch BGHSt 52, 323 (339) = NJW 2009, 89, Fall Siemens mzustAnm Ransiek NJW 2009, 95, zum alten Recht, wonach die Interessen deutscher Wettbewerber berührt sein mussten). Zum internationalen Strafrecht Dannecker in NK-StGB Rn. 75–79b. Der Tatbestand der passiven Bestechung (Bestechlichkeit, Abs. 1 Nr. 1) entspricht weitgehend § 12 II aF UWG, derjenige der aktiven Bestechung (Abs. 2 Nr. 1) ist identisch mit § 12 I aF UWG; § 12 UWG wurde durch Art. 4 des KorrBG aufgehoben. Durch die Übernahme in das Kernstrafrecht sollte „das Bewusstsein der Bevölkerung geschärft werden, dass es sich auch bei der Korruption im geschäftlichen Bereich um eine Kriminalitätsform handelt, die nicht nur die Wirtschaft selbst betrifft, sondern Ausdruck eines allgemein sozialethisch missbilligten Verhaltens ist“ (BT-Drs. 13/5584, 15; Tiedemann in LK-StGB Vor § 298 Rn. 3; Tiedemann FS Müller-Dietz, 2001, 905 (914)). – **„Fallanalyse“** bei Koepsel, Bestechlichkeit und Bestechung im gesellschaftlichen Verkehr, 2006 mit Bespr. Wohlers/Kudlich ZStW 120 (2008), 612.

2 **2. Bestechlichkeit, Abs. 1. a)** Täter können nur Angestellte oder Beauftragte eines Unternehmens sein (ebenso Wessels/Hillenkamp/Schuhr StrafR BT II

Rn. 704; eing. Wollschläger, Der Täterkreis des § 299 Abs. 1 StGB und Umsatzprämien im Stufenwettbewerb, 2009, S. 73 mit Bespr. Zöller GA 2009, 663; Trüg wistra 2010, 17). Für Dritte kommt nur Anstiftung und Beihilfe in Betracht; da sie nicht in besonderer Beziehung zum Betrieb stehen, ist § 28 I anwendbar (Otto StrafR BT § 61 Rn. 154; Rudolphi in SK-StGB Rn. 3; Tiedemann in LK-StGB Rn. 10). Bei Einschaltung von Vermittlerfirmen kommen vorrangig die für die Auftragsvergabe zuständigen Angestellten als Täter in Betracht (Wittig wistra 1998, 7; Tiedemann in LK-StGB Rn. 14; aM Rönnau in Achenbach/Ransiek/Rönnau WirtschaftsStrafR-HdB Kap. III 2 Rn. 17). **Angestellter** ist, wer zurzeit der Tathandlung (Greeve, Korruptionsdelikte, 2005, S. 203) in einem (ggf. nur kurzfristigen) Dienst-, Werks- oder Auftragsverhältnis zum Geschäftsinhaber steht (Rogall in SK-StGB Rn. 25; Fischer Rn. 14) und den Weisungen des Geschäftsherrn unterworfen ist (Otto StrafR BT § 61 Rn. 154; Dannecker in NK-StGB Rn. 19). Hierzu gehört zB auch ein geschäftsführendes Vorstandsmitglied einer AG, sofern ein Anstellungsvertrag vorliegt (Rogall in SK-StGB Rn. 27; vgl. auch BGHSt 20, 210 = NJW 1965, 1340; aM Brand/Wostry WRP 2008, 637, die dessen Strafbarkeit ablehnen; für Einordnung als Beauftragter Rönnau in Achenbach/Ransiek/Rönnau WirtschaftsStrafR-HdB Kap. III 2 Rn. 10), ein Geschäftsführer einer GmbH (Dannecker in NK-StGB Rn. 21), auch ein faktischer Geschäftsführer (Rogall in SK-StGB Rn. 27), ein Mitglied des Betriebsrats (zB bei der Organisation von Schulungsveranstaltungen; vgl. Rieble/Klebeck NZA 2006, 758 (768)) oder ein Beamter bei Geschäftsbetrieben öffentlich-rechtlicher Körperschaften (Heinrich, Der Amtsträgerbegriff im Strafrecht, 2001, S. 607). Zu Fällen der „Angestelltenbestechung" mit Auslandsbezug Rönnau JZ 2007, 1084. Nicht erfasst sind der **Geschäftsinhaber** (Greeve, Korruptionsdelikte, 2005, S. 204; Dannecker in NK-StGB Rn. 27; für seine Strafbarkeit in der Reformdiskussion Volk GS Zipf, 1999, 419 (427); sowie Bürger wistra 2003, 130 (132); Rönnau StV 2009, 302 (304); dagegen Dölling, 61. DJT, Bd. I, Gutachten C, S. 87; zum vermeintlichen Betriebsinhaber als Täter Röske/Böhme wistra 2011, 445), auch der geschäftsführende Alleingesellschafter (LG Frankfurt a. M. NStZ-RR 2015, 215) sowie diejenigen Angestellten, die keinerlei Einflussmöglichkeiten auf den Bezug von Waren oder gewerblichen Leistungen besitzen (Tiedemann in LK-StGB Rn. 11). **Beauftragter** ist derjenige, der auf Grund seiner Stellung befugtermaßen (zB als Mitglied des Aufsichtsrats einer AG, Rogall in SK-StGB Rn. 28) berechtigt und verpflichtet ist, für den Betrieb zu handeln, sofern er nicht Betriebsinhaber oder Angestellter ist (BGH NJW 2006, 3290 (3298); Otto StrafR BT § 61 Rn. 154), zB ein Handelsvertreter (BGH GRUR 1968, 587 (588) zu § 12 UWG aF; Joecks/Jäger StGB Rn. 6); nicht erfasst sind sog. Vermittler von Strohfirmen, da sie nicht befugtermaßen handeln (Wittig wistra 1998, 7 (9); Dannecker in NK-StGB Rn. 20, Teilnehmer). Erforderlich ist nach der ratio legis, dass er die Möglichkeit besitzt, auf die betrieblichen Entscheidungen über den Bezug von Waren oder gewerblichen Leistungen Einfluss zu nehmen (BGHSt 2, 396 (401) = NJW 1952, 898; BayObLG NJW 1996, 168 (170); Schramm JuS 1999, 333; Otto StrafR BT § 61 Rn. 154). Dies kann auch bei einem (externen) Unternehmensberater der Fall sein (Schmidl wistra 2006, 286). Aufgrund seiner rechtlichen Stellung zu Krankenkasse und Patient ist der Kassenarzt nicht Beauftragter (BGHSt 57, 202 = NJW 2012, 2530; Rönnau in Achenbach/Ransiek/Rönnau WirtschaftsStrafR-HdB Kap. III 2 Rn. 19–22; aM noch OLG Braunschweig NStZ 2010, 392 mzustAnm Schmidt; aber krit. Bespr. Steinhilper MedR 2010, 499; Weidhaas ZMGR 2010, 199; inzwischen geregelt in §§ 299a, 299b), auch nicht der Vertragsarzt (Sahan ZIS 2007, 69). Zum Insolvenzverwalter abl. Brand/Wostry ZInsO 2008, 64. **Unternehmen** ist so zu verstehen wie in § 299 StGB aF der **geschäftliche Betrieb** (BT-Drs. 18/4350, 22) als jede auf Dauer bestimmte, regelmäßige Teilnahme am Wirtschaftsleben mittels Leistungsaustausch (BGHSt 2, 396 (403) = NJW 1952, 898; BGHSt 10, 359 (366)). Dazu zählen zB auch am Wirtschaftsleben teilnehmende öffentliche Unternehmen (BGHSt 2, 396 = NJW 1952, 898, aber auch BGH NStZ 1994, 277 = BeckRS 9998, 86380) oder staatliche Beschaffungsstellen (Heinrich, Der Amtsträgerbegriff im Strafrecht, 2001, S. 609; Dannecker in NK-StGB Rn. 26). Eine Gewinnerzielungsabsicht ist nicht erforderlich; auch gemeinnützige, kulturelle oder soziale Einrichtungen sowie öffentliche Unternehmungen kommen in Betracht (BGHSt 2, 396 = NJW 1952, 898; vgl. auch BGHSt 43, 96 (105) = NJW 1997, 3034 mit Bespr. Schramm JuS 1999, 333; BayObLG NJW 1996, 168 (170)). Auch die freiberufliche Tätigkeit soll Geschäftsbetrieb sein (Greeve, Korruptionsdelikte, 2005, S. 202). Die rein private Betätigung einer Person wird nicht erfasst (Otto StrafR BT § 61 Rn. 154; Heine/Eisele in Schönke/Schröder Rn. 8), ebenso Amateursportvereine (Hirsch FS Szwarc, 2009, 559 (581); anders für den Berufssport Tiedemann in LK-StGB Rn. 32a). Nicht erfasst sind gesetzwidrige und sittenwidrige Geschäftsbeziehungen (diff. Fischer Rn. 6).

3 **b)** Handeln **im geschäftlichen Verkehr** ist weit auszulegen und erfasst alle Maßnahmen, die auf die Förderung eines beliebigen Geschäftszwecks gerichtet sind, dh jede selbständige, die Verfolgung eines wirtschaftlichen Zwecks dienende Tätigkeit, in der eine Teilnahme am Wettbewerb irgendwie zum Ausdruck kommt (Hellmann/Beckemper WirtschaftsStrafR Rn. 765). Erfasst sind auch alle einem Geschäftszweck dienenden, freiberuflichen Tätigkeiten, nicht jedoch rein private (BGHSt 10, 359 (366)), betriebsinterne oder amtlich-hoheitliche Handlungen (Heinrich, Der Amtsträgerbegriff im Strafrecht, 2001, S. 609; Zöller GA 2009, 137 (139); Fischer Rn. 20). Im letztgenannten Fall wird der Täter jedoch meist Amtsträger iSd § 11 I Nr. 2 oder ein für den öffentlichen Dienst besonders Verpflichteter nach § 11 I Nr. 4 sein (Dannecker in NK-StGB Rn. 28). Speziell zur „Korruption am Bau" Kienle/Kappel NJW 2007, 3530.

4 **c) Vorteil** → § 331 Rn. 4. Dieser liegt vor, wenn der Täter oder ein von ihm begünstigter Dritter einen Vorteil im Sinne einer objektiven wirtschaftlichen, rechtlichen oder auch nur persönlichen Verbesserung seiner Lage erlangen soll, auf den er oder der Dritte keinen Anspruch hat (BGH NJW 2001, 2558; NJW 2003, 2996 (2998); Dannecker in NK-StGB Rn. 43); dieser kann bereits im Abschluss eines Vertrages liegen (BGH NStZ-RR 2015, 218). Im Unterschied zu § 12 II UWG aF, der nur den Vorteil für den Täter erfasst hat, bezieht § 299 (ebenso wie §§ 331 ff.) die für einen **Dritten** geforderten Vorteile ein; deshalb sind auch Zuwendungen, die den Angestellten oder Beauftragten selbst nicht besserstellen, erfasst (BT-Drs. 13/5584, 15; krit. Greeve, Korruptionsdelikte, 2005, S. 209; → § 331 Rn. 6). Sozialadäquate Zuwendungen erfüllen den Tatbestand nicht (Greeve, Korruptionsdelikte, 2005, S. 207; Otto StrafR BT § 61 Rn. 157; Tiedemann in LK-StGB Rn. 28; → § 331 Rn. 14). **„Als Gegenleistung dafür"** (Unrechtsvereinbarung, die entgegen § 331 I nicht „gelockert" ist) → § 331 Rn. 10. **Fordern, Sich-Versprechen-Lassen** und **Annehmen** → § 331 Rn. 7 (ergänzend Dannecker in NK-StGB Rn. 31–34).

5 **d)** aa) **Abs. 1 Nr. 1:** Die (angestrebte) **Unrechtsvereinbarung** muss auf eine unlautere **Bevorzugung** eines anderen abzielen (BGH NJW 2003, 2996; Otto

StrafR BT § 61 Rn. 159), ein Taterfolg im Sinne einer tatsächlichen Bevorzugung oder einer Schädigung eines Mitbewerbers ist nicht verlangt (BGH NJW 2006, 3290 (3298) mit krit. Bespr. Klengel/Rübenstahl HRRS 2007, 52; krit. auch Tiedemann in LK-StGB Rn. 33; Fischer Rn. 22); der Bevorzugungswille muss nach außen hin manifestiert werden (Mitsch StrafR BT II/2 § 3 Rn. 234, objektives Tatbestandsmerkmal; der Täterwille muss wie bei §§ 331 ff. auf die Unrechtsvereinbarung gerichtet sein (Fischer Rn. 22), der innere Vorbehalt, die Bevorzugung nicht erbringen zu wollen, ist aber beachtlich, aM Braum JuS 2004, 225 (228)), wobei es genügt, wenn die zum Zwecke des Wettbewerbs vorgenommenen Handlungen nach der Vorstellung des Täters geeignet sind, eine Bevorzugung im Wettbewerb zu veranlassen (BGH NStZ-RR 2015, 278; NStZ-RR 2020, 111). Bevorzugung setzt die sachfremde Entscheidung zwischen zumindest zwei Bewerbern voraus, von denen einer benachteiligt wird (BGHSt 49, 214 (228) = NJW 2004, 3129; BGH NJW 2003, 2996; NStZ-RR 2020, 111). Auch Unrechtsvereinbarungen, die vor Inkrafttreten des KorruptionsbekämpfungsG v. 13.8.1997 getroffen wurden, reichen (BGH NStZ-RR 2008, 42). Dabei kommt es nicht auf den Zeitpunkt der Tathandlung, sondern auf den vorgestellten Zeitpunkt des Bezugs an (BGH NJW 2003, 2996 (2997)). Die Belohnung einer bereits ausgeführten Leistung genügt nicht (BGH NJW 1968, 1572 (1573); Wittig wistra 1998, 7 (8); Tiedemann in LK-StGB Rn. 29; Dannecker in NK-StGB Rn. 47), sofern mit ihr nicht zugleich zukünftige Bevorzugungen in der Wege geleitet werden sollen (BGH bei Herlan GA 1953, 78; enger Tiedemann in LK-StGB Rn. 36, der auf den Zeitpunkt des Bezugs von Waren oder Dienstleistungen abstellt; zu eng Fischer Rn. 22). Die allgemeine Klimapflege ohne Bezug auf eine bestimmte Bevorzugung wird nicht erfasst (Greeve, Korruptionsdelikte, 2005, S. 210). Die Bevorzugung erfolgt, wenn sie sachfremd – in **unlauterer Weise** (dazu Tiedemann FS Rissing-van Saan, 2011, 685) – durch die Zuwendung des sozialinadäquaten Vorteils geleitet wird (BGHSt 2, 396 (401) = NJW 1952, 898; Otto StrafR BT § 61 Rn. 159; Heine/Eisele in Schönke/Schröder Rn. 33; v. Tippelskirch GA 2012, 574; speziell beim Sponsoring Satzger ZStW 115 (2003), 469 (487); krit. Lüderssen FS Tiedemann, 2008, 889). Unerheblich ist dabei, dass in bestimmten Branchen das „Schmieren" üblich ist und de facto unerlässlich sein mag (Rönnau in Achenbach/Ransiek/Rönnau WirtschaftsStrafR-HdB Kap. III 2 Rn. 28; Rudolphi in SK-StGB Rn. 9). Da § 299 den Wettbewerb und damit die Mitbewerber schützt, entfällt idR die Unlauterkeit auch nicht dadurch, dass der Vorteil nicht heimlich, sondern mit Wissen oder Billigung des Geschäftsherrn gefordert wird (hM zu § 12 UWG aF; vgl. RGSt 48, 291 (296); OLG Stuttgart BB 1974, 1265; Bürger wistra 2003, 130 (133); Dannecker in NK-StGB Rn. 52; aM Rönnau StV 2009, 302 (305); Walther Jura 2010, 511 (518); zum Sonderproblem „Entschleierte Schmiergelder" Rönnau in Achenbach/Ransiek/Rönnau WirtschaftsStrafR-HdB Kap. III 2 Rn. 50–55; zT abw. Fischer Rn. 29; für rechtfertigende Einwilligung des Geschäftsherrn Winkelbauer FS Weber, 2004, 385 (391)). Die Unlauterkeit ist zu verneinen, wenn der Vorteil so geringfügig ist, dass er objektiv zur Willensbeeinflussung ungeeignet erscheint (zB harmlose Werbegeschenke; zu sozialadäquaten Zuwendungen → Rn. 4; speziell zu akquisitorischen Maßnahmen von Rechtsanwälten Lesch AnwBl 2003, 261 (263)). Eine Unrechtsvereinbarung liegt auch dann nicht vor, wenn lediglich das Unternehmen selbst und unabhängig von den für es handelnden Personen berechtigt und verpflichtet wird (Odenthal wistra 2005, 170; Schünemann NStZ 2006, 201 (202); Winkelbauer FS Weber, 2004, 385 (393); aM Bernsmann StV 2005, 576 (578)). Die Bevorzugung erfolgt im **Wettbewerb,** wenn der andere in einem bestehenden oder bevorstehenden Wettbewerbsverhältnis zu anderen Mitbewerbern steht (BGH NJW 2003, 2996; enger Tiedemann FS Müller-Dietz, 2001, 905 (917)); dies erfordert ein Konkurrenzverhältnis zwischen dem Begünstigten und den Mitbewerbern als Geschädigten. Mitbewerber sind alle Gewerbetreibenden, die Waren oder Leistungen gleicher oder verwandter Art herstellen oder in den geschäftlichen Verkehr bringen (BGHSt 10, 358 (368) = NJW 1957, 1604), nicht dagegen private Arbeitnehmer, die sich bei der Arbeitsplatzsuche in der Konkurrenz um eine Arbeitsstelle befinden (OLG Stuttgart JR 2015, 650 mAnm Kretschmer) – **Bezug von Waren oder Dienstleistungen** → § 298 Rn. 2 (ergänzend Greeve, Korruptionsdelikte, 2005, S. 218; Winkelbauer FS Weber, 2004, 385; Diemer in Erbs/Kohlhaas UWG § 16 Rn. 45, 46); erfasst sind auch Tätigkeiten im Rahmen der staatlichen Beschaffungs- und Bedarfsverwaltung (Heinrich, Der Amtsträgerbegriff im Strafrecht, 2001, S. 611); nicht erfasst sind sportliche Leistungen (Hirsch FS Szwarc, 2009, 559 (581)); umstritten ist die Einbeziehung der freien Berufe (dafür Rönnau in Achenbach/Ransiek/Rönnau WirtschaftsStrafR-HdB Kap. III 2 Rn. 37).

5a bb) **Abs. 1 Nr. 2:** Gegenstand der Unrechtsvereinbarung ist hier ein gegenüber dem eigenen Unternehmen **pflichtwidriges Handeln beim Bezug von Waren oder Dienstleistungen.** Irgendein Taterfolg in Form einer begangenen Pflichtwidrigkeit oder eine Vermögensgefährdung ist auch hier nicht erforderlich. Durch das in Aussicht gestellte Handeln muss der Täter eine Pflicht verletzen, die ihm als Angestellten oder Beauftragten gegenüber seinem Unternehmen obliegt und die sich auf den Bezug von Waren oder Dienstleistungen bezieht (BT-Drs. 18/4350, 21), so dass das Inaussichtstellen bloß innerbetrieblicher Störungen auch dann nicht ausreicht, wenn dadurch absehbar auch der Bezug von Waren und Dienstleistungen tangiert werden dürfte (Gaede in NK-WirtschaftsStStrafR Rn. 82). Weil es auf die Pflichtwidrigkeit einer Handlung ankommt, genügt nicht, dass die Annahme des Vorteils als solche pflichtwidrig ist. Auch um Compliance-Bemühungen der Unternehmen nicht durch eine uferlose Strafbewehrung von Verstößen gegen die Compliance-Regelungen einzubremsen, ist weiterhin zu fordern, dass der Täter den Abschluss oder die Abwicklung von Geschäften über Waren und Dienstleistungen plangemäß beeinflussen kann (Gaede in NK-WirtschaftsStStrafR Rn. 83). Auch müssen die betroffenen Pflichten einen Bezug zur Korruption haben, dh sie müssen wettbewerbsbezogen bzw. wirtschaftlich bedeutsam sein (Gaede in NK-WirtschaftsStStrafR Rn. 84 mwN). Das ist der Fall, wenn eine Lieferung durch die betriebsintern zuständige Person wahrheitswidrig als ordnungsgemäß quittiert wird. Das pflichtwidrige Handeln muss **ohne Einwilligung des Unternehmens** geschehen; willigt das Unternehmen ein, liegt der Sache nach ein tatbestandsausschließendes Einverständnis vor. Dieses muss sowohl die Annahme des Vorteils als auch dessen Verbindung mit der pflichtwidrigen Handlung umfassen; fordert der Angestellte einen Vorteil unter Vorbehalt einer Einwilligung, scheidet Abs. 1 Nr. 2 aus (Gaede in NK-WirtschaftsStStrafR Rn. 87).

6 **3. (Aktive) Bestechung (Abs. 2).** Der Tatbestand entspricht spiegelbildlich dem des Abs. 1 und umfasst daher durch die Bestechung angestrebte Wettbewerbswidrigkeiten (Nr. 1) und Pflichtverletzungen (Nr. 2). **Täter** nach Abs. 2 Nr. 1 ist der Mitbewerber oder ein für ihn handelnder Dritter; Dritte, die nicht im Interesse eines Mitbewerbers handeln, kommen nur als Teilnehmer (Anstifter oder Gehilfen) in Betracht (Otto StrafR BT § 61 Rn. 171; Tiedemann in LK-StGB Rn. 20). Bei Einschaltung von Vermittlerfirmen kommen vorrangig die Schmiergelder zahlen-

den Lieferanten als Täter, die Mitarbeiter der Vermittlerfirmen als Gehilfen der passiven Bestechung in Betracht (Wittig wistra 1998, 7 (10); Greeve, Korruptionsdelikte, 2005, S. 220). Auch der Stellungsuchende ist gegenüber anderen ein Mitbewerber (RGSt 56, 249 (251) zu § 12 UWG aF). Täter nach Abs. 2 Nr. 2 ist jeder präsumtive Geschäftspartner oder für diesen handelnde Dritte. **Geschäftlicher Verkehr** → Rn. 3. Das nach § 299 II aF erforderliche Handeln zu Zwecken des Wettbewerbs (BGHSt 49, 214 (228) = NJW 2004, 3129; BGH NJW 2003, 2996) hat der Gesetzgeber gestrichen, um einen Gleichlauf mit Abs. 1 Nr. 1 zu erreichen (Gaede in NK-WirtschaftsStStrafR Rn. 105). **Angestellter oder Beauftragter** eines **Unternehmens** → Rn. 2. **Vorteil als Gegenleistung** → § 331 Rn. 4, 10. **Bezug von Waren oder Dienstleistungen** → Rn. 5. **In unlauterer Weise bevorzugen** → Rn. 5. **Anbieten, Versprechen** oder **Gewähren** → § 333 Rn. 3. Wie für Abs. 1 Nr. 2 begründet die **Einwilligung des Unternehmens** des Vorteilsempfängers ein tatbestandsausschließendes Einverständnis für den Täter.

4. Die **Vollendung** setzt keine erfolgreiche Bevorzugung des Mitbewerbers voraus. Beim Anbieten bzw. Fordern braucht es nicht zum Abschluss einer Unrechtsvereinbarung gekommen zu sein; es genügt, dass das Fordern auf eine solche gerichtet ist (BGHSt 10, 358 (368) = NJW 1957, 1604; → § 331 Rn. 10; → § 332 Rn. 5). Beim Sichversprechenlassen (bzw. Versprechen) und Annehmen (bzw. Gewähren) muss hingegen der Gegner der Unrechtsvereinbarung zugestimmt haben (Heine/Eisele in Schönke/Schröder Rn. 51), so dass die Tat erst mit Vornahme der bevorzugenden Handlung beendet ist (BGH NJW 2017, 2565; NStZ 2018, 178 mkritAnm Ruppert StraFo 2019, 302). Kommt es nicht zum Gewähren des Vorteils, ist die Tat „beendet“, wenn die Forderung oder das Versprechen sich als „fehlgeschlagen“ erwiesen haben und der Täter mit einer Erfüllung nicht mehr rechnet (BGH NJW 2003, 2996; zur Verjährung → § 78a Rn. 4; Greeve, Korruptionsdelikte, 2005, S. 227). – Kritisch zum Fehlen einer § 298 III entsprechenden Vorschrift über tätige Reue Krack NStZ 2001, 505 (507)). 7

5. Hinsichtlich der Merkmale des objektiven Tatbestands genügt bedingter **Vorsatz** (Otto StrafR BT § 61 Rn. 168; Dannecker in NK-StGB Rn. 56); dafür reicht aus, wenn bei Schmiergeldzahlungen die im Gegenzug vorgesehenen Vergünstigungen nur in Umrissen bekannt sind (BGH NStZ 2014, 323). Im Falle des Forderns (bzw. Anbietens) muss der Täter eine Unrechtsvereinbarung anstreben (Absicht (→ § 15 Rn. 20); Rogall in SK-StGB Rn. 74). Dem Täter muss es somit darauf ankommen, dass der ins Auge gefasste Vorteilsgeber bzw. -nehmer den Vorteil als Gegenleistung für die Bevorzugung im Wettbewerb oder für die Pflichtverletzung begreift (Fischer Rn. 40). Der Täter einer Bestechung (Abs. 2 Nr. 1) muss außerdem mit Wettbewerbsabsicht handeln (→ § 15 Rn. 20; NJW 1970, 378 (380); Otto StrafR BT § 61 Rn. 168; Tiedemann in LK-StGB Rn. 54). Ohne Bedeutung ist hierbei, dass der Täter noch weitere Ziele verfolgt (Dannecker in NK-StGB Rn. 69). Das Bewusstsein, sein Handeln werde den Absatz fördern, genügt jedoch nicht (vgl. BGH MDR 1981, 992 (993) = NJW 1981, 2304). Die Unkenntnis der die Unlauterkeit begründenden Umstände ist Tatbestandsirrtum, die Fehlbewertung deren normativer Voraussetzungen ist Verbotsirrtum (aM Tiedemann in LK-StGB Rn. 51). 8

6. Tateinheit ist möglich mit § 298 (Rogall in SK-StGB Rn. 99; Fischer Rn. 47), §§ 333, 334 (zB bei Bestechung von Angestellten einer staatlichen Beschaffungsstelle; Heinrich, Der Amtsträgerbegriff im Strafrecht, 2001, S. 613; 9

Satzger ZStW 115 (2003), 469 (487); Dannecker in NK-StGB Rn. 90; anders BGH NStZ 1994, 277 = BeckRS 9998, 86380 zu § 12 UWG aF), §§ 253, 263 (BGHSt 9, 245 (246) = NJW 1956, 1526; Tiedemann in LK-StGB Rn. 60) und § 266 (BGHSt 31, 207 (208) = NJW 1983, 1919; BGH NJW 2001, 2102 (2105); NStZ 2009, 445; Dannecker in NK-StGB Rn. 89). Die Partner einer Unrechtsvereinbarung sind jeweils nur Täter iSv Abs. 1 bzw. Abs. 2 und in Bezug auf die Tat des anderen notwendige Teilnehmer (Fischer Rn. 45). Zur Zusammenfassung mehrerer Bestechungsleistungen zu einer Handlung als „Restfall" BGH NStZ 2014, 323.

§ 299a Bestechlichkeit im Gesundheitswesen

Wer als Angehöriger eines Heilberufs, der für die Berufsausübung oder die Führung der Berufsbezeichnung eine staatlich geregelte Ausbildung erfordert, im Zusammenhang mit der Ausübung seines Berufs einen Vorteil für sich oder einen Dritten als Gegenleistung dafür fordert, sich versprechen lässt oder annimmt, dass er

1. **bei der Verordnung von Arznei-, Heil- oder Hilfsmitteln oder von Medizinprodukten,**
2. **bei dem Bezug von Arznei- oder Hilfsmitteln oder von Medizinprodukten, die jeweils zur unmittelbaren Anwendung durch den Heilberufsangehörigen oder einen seiner Berufshelfer bestimmt sind, oder**
3. **bei der Zuführung von Patienten oder Untersuchungsmaterial**

einen anderen im inländischen oder ausländischen Wettbewerb in unlauterer Weise bevorzuge, wird mit Freiheitsstrafe bis zu drei Jahren oder mit Geldstrafe bestraft.

1 **1.** Die Vorschrift ist zusammen mit § 299b durch das Gesetz zur Bekämpfung der Korruption im Gesundheitswesen v. 30.5.2016 (dazu Bahner, Gesetz zur Bekämpfung von Korruption im Gesundheitswesen, 2017; Pfahl, Korruption im Gesundheitswesen, 2020) geschaffen worden und zum 4.6.2016 in Kraft getreten, um die durch BGHSt 57, 202 = NJW 2012, 2530 entstandene Strafbarkeitslücke bei der Vertragsarztkorruption, für die weder § 299 noch §§ 331 ff. einschlägig sein sollten, zu schließen (dazu und zur Strafwürdigkeit und -bedürftigkeit Fischer Rn. 4–6a; Gaede in NK-WirtschaftsStStrafR Rn. 15–22; Eisele FS Neumann, 2017, 1075). Im Gesetzgebungsverfahren wurden als Rechtsgüter der Schutz des Leistungswettbewerbs und der Schutz des Vertrauens in die Integrität heilberuflicher Entscheidungen genannt (BT-Drs. 18/6446, 1), denen jeweils eine Wettbewerbs- und eine Pflichtverletzungsvariante entsprechen sollten, doch dient nach dem Verzicht auf die Pflichtverletzungsvariante § 299a allein dem **Schutz des Leistungswettbewerbs;** das Vertrauen in die Integrität heilberuflicher Entscheidungen ist nur noch der Grund für den Erlass dieses Sondertatbestandes (Gaede in NK-WirtschaftsStStrafR Rn. 8; Tsambikakis medstra 2016, 131 (132); Dann/Scholz NJW 2016, 2077 f.; weiterhin für doppelten Rechtsgüterschutz Fischer Rn. 3; Gelshorn, Der Vertragsarzt als Täter der Korruptionstatbestände, 2018, S. 125). Die **Vermögensinteressen der Mitwerber** sind nur mittelbar geschützt, begründen aber die Einordnung von § 299a als Schutzgesetz iSv § 823 II BGB (Gaede in NK-WirtschaftsStStrafR Rn. 9). Wie bei § 299 ist auch der ausländische Wettbewerb geschützt, doch setzt eine Strafverfolgung (wie → § 299 Rn. 1) die Anwendbarkeit

deutschen Strafrechts voraus. Strukturell erfasst § 299a bei der Korruption im Gesundheitswesen die Nehmer-, § 299b die Geberseite. Wie bei §§ 298, 299 handelt es sich um **abstrakte Gefährdungsdelikte** (Gaede in NK-WirtschaftsStStrafR Rn. 57).

2. Täter können nur **Angehörige eines Heilberufs** sein, **der für die Berufsausübung oder die Führung der Berufsbezeichnung eine staatlich geregelte Ausbildung erfordert;** die Tat ist **Sonderdelikt.** Neben Ärzten und Zahnärzten kommen auch die Angehörigen anderer akademischer Heilberufe wie psychologische Psychotherapeuten und Tierärzte, aber auch Angehörige der Gesundheitsfachberufe, soweit sie eine gesetzlich geregelte Ausbildung haben, in Betracht (Gaede in NK-WirtschaftsStStrafR Rn. 33f: zB Hebammen, Krankenschwestern, Masseure, Logopäden, Ergo- und Physiotherapeuten, mangels Ausbildungs- und Berufsbezeichnungsregelung dagegen nicht Heilpraktiker und Homöopathen); angesichts der Streichung aus dem Entwurf (vgl. BT-Drs. 18/8106, 14) nicht erfasst sind auch Apotheker (OLG Köln GesR 2019, 395; Fischer Rn. 5; anders → 29. Aufl. 2018). 2

3. a) Tathandlungen sind das **Fordern, Sich-Versprechen-Lassen** und **Annehmen** (→ § 331 Rn. 7) **eines Vorteils für sich oder einen Dritten** (→ § 299 Rn. 4; daran fehlt es bei der kostenfreien Weitergabe von Blutzuckermessgeräten an Patienten, Rönnau/Kilian MedR 2017, 206). **Sozialadäquate** Vorteile scheiden aus, doch ist dies nicht der Fall bei mit Urlaub verbundenen Fortbildungsreisen und nicht ernst gemeinten Anwendungsstudien (Fischer Rn. 11–11b). Der Täter muss dabei im Zusammenhang mit der Ausübung seines Heilberufs handeln. Der Vorteil dient als Gegenleistung für eine angestrebte **Bevorzugung im Wettbewerb** (→ § 299 Rn. 5) bei einer der in **Nr. 1–3 genannten Tatsituationen** (Unrechtsvereinbarung); im Einzelfall kann es wegen faktischer Monopolstellungen bei bestimmten Medikamenten an einem Wettbewerb fehlen, so dass eine Strafbarkeit ausscheiden muss (dazu krit. Gaede in NK-WirtschaftsStStrafR Rn. 60f). Die Bevorzugung muss wie bei § 299 (→ § 299 Rn. 5) **in unlauterer Weise** erfolgen (ausf. Gaede in NK-WirtschaftsStStrafR Rn. 78–88), dh sie muss geeignet sein, Mitbewerber durch Umgehung der Regelungen des Wettbewerbs oder Ausschaltung von Konkurrenz zu schädigen (BT-Drs. 18/6446, 21). 3

b) Strafbar ist weiterhin nur eine Bevorzugung bei den in Nr. 1–3 **enumerativ aufgezählten Tatsituationen:** 4

aa) **Nr. 1: Bei der Vorordnung von Arzneimitteln** (§ 2 AMG), **Heilmittel** (§ 32 SGB V, dh ärztlich verordnete Dienstleistungen, die auf einen Heilerfolg zielen) **und Hilfsmitteln** (§ 33 SGB V, dh Gegenstände, die eine ersetzende, unterstürtzende oder entlastende Wirkung entfalten und so eine erfolgreiche Krankenbehandlung bzw. Ausgleich oder Vorbeugung einer Behinderung absichern sollen) oder von **Medizinprodukten** (§ 2 MPG), nicht hingegen auch Nahrungsergänzungsmittel (LG Hildesheim NZWiSt 2020, 452). **Verordnen** ist das Verschreiben eines dieser Produkte, auch wenn es nicht verschreibungspflichtig ist, idR durch einen Arzt zugunsten eines Patienten; **bei der Verordnung** meint jede Tätigkeit, bei der ein enger Zusammenhang zur Verschreibung besteht, zB auch die Verordnungsübersendung an einen anderen Leistungserbringer (BT-Drs. 18/6446, 20). Nicht erfasst ist aber eine nur mittelbare Beeinflussung des Arztes zB durch Verordnungsempfehlungen medizinischer Fachgesellschaften oder mittels Werbung, weil das bloße Empfehlen einer Verordnung nicht zugleich eine Verordnung darstellen kann (Gaede in NK-WirtschaftsStStrafR Rn. 67).

4a bb) **Nr. 2: Bei dem Bezug von Arznei- oder Hilfsmitteln oder Medizinprodukten** meint jedes Sichverschaffen derselben in einem weiten Sinne von der Bestellung über die Abnahme bis zur Bezahlung (Tsambikakis medstra 2016, 131); in Abgrenzung zu Nr. 1 sind Fälle erfasst, bei denen eine Verordnung nicht erforderlich ist, die Patienten aber unmittelbar vom Einsatz der Produkte betroffen sein sollen, zB beim Einsatz von Prothesen und Implantaten sowie beim Auftragen von Arzneimitteln (Gaede in NK-WirtschaftsStStrafR Rn. 69).

4b cc) **Nr. 3: Bei der Zuführung von Patienten oder Untersuchungsmaterial** geht es darum, dass Patienten bzw. Proben aus sachwidrigen, nicht allein medizinischen, sondern vorrangig wirtschaftlichen Gründen zu bestimmten Leistungserbringern gelenkt werden; der Begriff der Zuführung meint dabei in Anlehnung an § 73 VII SGB V und § 31 MBO-Ä jede Einwirkung auf den Patienten mit dem Ziel, dessen Auswahlentscheidung in Bezug auf einen Arzt oder sonstigen Leistungserbringer zu beeinflussen, so dass die zuführung zu eigenen Laboren des Arztes nicht erfasst ist (BT-Drs. 18/6446, 19). Nicht erfassst ist die Zuführung von Kunden an einen Hersteller von Nahrungsergänzungsmitteln durch einen umsatzbeteiligten Arzt (LG Hildesheim NZWiSt 2020, 452).

5 **4.** Die **Vollendung** setzt wie bei § 299 (→ § 299 Rn. 7) nicht den Eintritt einer tatsächlichen Bevorzugung voraus; der Versuch ist nicht strafbar.

6 **5.** Hinsichtlich der Merkmale des objektiven Tatbestandes genügt bedingter **Vorsatz;** auch insoweit entspricht die Rechtslage § 299 (→ § 299 Rn. 8).

7 **6. Tateinheit** ist möglich mit §§ 331 ff. (BT-Drs. 18/6446, 16). Die Umsetzung der Unrechtsvereinbarung erfüllt vielfach §§ 263, 266; hier ist im Regelfall Tatmehrheit anzunehmen (Gaede in NK-WirtschaftsStStrafR Rn. 99–101), in Sonderfällen aber auch Tateinheit möglich (Fischer Rn. 17).

8 **7. Besonders schwere Fälle** § 301. Im Unterschied zu § 299 sind §§ 299a, 299b keine Antragsdelikte (vgl. § 301).

§ 299b Bestechung im Gesundheitswesen

Wer einem Angehörigen eines Heilberufs im Sinne des § 299a im Zusammenhang mit dessen Berufsausübung einen Vorteil für diesen oder einen Dritten als Gegenleistung dafür anbietet, verspricht oder gewährt, dass er

1. **bei der Verordnung von Arznei-, Heil- oder Hilfsmitteln oder von Medizinprodukten,**
2. **bei dem Bezug von Arznei- oder Hilfsmitteln oder von Medizinprodukten, die jeweils zur unmittelbaren Anwendung durch den Heilberufsangehörigen oder einen seiner Berufshelfer bestimmt sind, oder**
3. **bei der Zuführung von Patienten oder Untersuchungsmaterial**

ihn oder einen anderen im inländischen oder ausländischen Wettbewerb in unlauterer Weise bevorzuge, wird mit Freiheitsstrafe bis zu drei Jahren oder mit Geldstrafe bestraft.

1. Die Vorschrift stellt spiegelbildlich zu § 299a die Geberseite bei der Korruption im Gesundheitswesen dar, so dass auf die dortige Kommentierung verwiesen werden kann.

2. Die Tat ist **Allgemeindelikt.** Tathandlungen sind das **Anbieten, Versprechen** oder **Gewähren** eines Vorteils (→ § 331 Rn. 3, 4).

§ 300 Besonders schwere Fälle der Bestechlichkeit und Bestechung im geschäftlichen Verkehr und im Gesundheitswesen

[1]In besonders schweren Fällen wird eine Tat nach den §§ 299, 299a und 299b mit Freiheitsstrafe von drei Monaten bis zu fünf Jahren bestraft. [2]Ein besonders schwerer Fall liegt in der Regel vor, wenn
1. die Tat sich auf einen Vorteil großen Ausmaßes bezieht oder
2. der Täter gewerbsmäßig handelt oder als Mitglied einer Bande, die sich zur fortgesetzten Begehung solcher Taten verbunden hat.

Fassung des KorrGesBG (→ Vor § 298 Rn. 4).

Allgemein zu besonders schweren Fällen mit Regelbeispielen → § 46 Rn. 7–21. 1
S. 2 **Nr. 1** Vorteil großen Ausmaßes → § 264 Rn. 25, doch muss er nicht in der gleichen Größenordnung wie bei Subventionen liegen (BT-Drs. 13/5584, 15; Fischer Rn. 4), sondern wie bei § 335 (→ § 335 Rn. 2) zu bemessen sein (Rogall in SK-StGB Rn. 3, Tiedemann in LK-StGB Rn. 4; nach Dannecker in NK-StGB Rn. 5, 25.000 EUR); der BGH verweist auf § 263 III 2 Nr. 2, übernimmt die Untergrenze dazu aber auch für § 335 II Nr. 1 (BGH NStZ 2016, 349 mAnm Houben NZWiSt 2016, 362; BGH NJW 2006, 3290 (3298) iVm BGHSt 48, 360 = NJW 2004, 169, nicht unter 50.000 EUR); maßgeblich ist allein die Höhe des Vorteils, nicht der Umfang der Bevorzugung (BGH NStZ-RR 2015, 278 mit Bespr. Sinner HRRS 2016, 196; Bürger NZWiSt 2016, 72). S. 2 **Nr. 2** → § 261 Rn. 12; die Verbindung muss hier auf die Begehung von Bestechlichkeit und Bestechung im geschäftlichen Verkehr gerichtet sein.

§ 301 Strafantrag

(1) **Die Bestechlichkeit und Bestechung im geschäftlichen Verkehr nach § 299 wird nur auf Antrag verfolgt, es sei denn, daß die Strafverfolgungsbehörde wegen des besonderen öffentlichen Interesses an der Strafverfolgung ein Einschreiten von Amts wegen für geboten hält.**

(2) **Das Recht, den Strafantrag nach Absatz 1 zu stellen, haben in den Fällen des § 299 Absatz 1 Nummer 1 und Absatz 2 Nummer 1 neben dem Verletzten auch die in § 8 Absatz 3 Nummer 2 und 4 des Gesetzes gegen den unlauteren Wettbewerb bezeichneten Verbände und Kammern.**

Fassung des KorruptionsbekG (→ Vor § 298 Rn. 4).

1. Das Erfordernis des Strafantrags (§§ 77–77 d) gilt nur für § 299. Bei Bejahung 1
eines **besonderen öffentlichen Interesses** (Abs. 1) kann auf den Antrag verzichtet werden (BT-Drs. 13/5584, 16; krit. die Stellungnahme des Bundesrates BT-Drs. 13/6424, 8; iÜ → § 230 Rn. 4, 5); dies gilt auch für Fälle, die noch nach § 12 UWG aF zu behandeln sind (BGH NJW 2001, 2102 (2107); AG Bochum wistra 2001, 155 mzustAnm Südbeck; Greeve, Korruptionsdelikte, 2005, S. 223); die Bejahung des öffentlichen Interesses kann auch noch im Revisionsverfahren nachgeholt werden (BGH NJW 2003, 2996; → § 230 Rn. 5). Zur Reform Nestoruk,

Strafrechtliche Aspekte des unlauteren Wettbewerbs, 2003, S. 195; Dannecker in NK-StGB Rn. 23.

2 **2. Antragsberechtigt** (Abs. 2) ist der Verletzte (zB der Mitbewerber oder der Geschäftsherr) und die in § 8 III Nr. 2, 4 UWG bezeichneten Verbände und Kammern; die in Abs. 2 aF genannten Personen gem. § 8 III Nr. 1 UWG (Mitbewerber) gehören zum Kreis der Verletzten.

§ 302 *(aufgehoben)*

27. Abschnitt. Sachbeschädigung

§ 303 Sachbeschädigung

(1) **Wer rechtswidrig eine fremde Sache beschädigt oder zerstört, wird mit Freiheitsstrafe bis zu zwei Jahren oder mit Geldstrafe bestraft.**

(2) **Ebenso wird bestraft, wer unbefugt das Erscheinungsbild einer fremden Sache nicht nur unerheblich und nicht nur vorübergehend verändert.**

(3) **Der Versuch ist strafbar.**

Fassung: Abs. 2 durch das 39. StÄG (→ Vor § 1 Rn. 15) eingefügt; aus Abs. 2 aF wurde Abs. 3.

1 **1.** Die Vorschrift **schützt das Eigentum** gegen Tauglichkeitsminderung und Substanzeinbußen (Stree/Hecker in Schönke/Schröder Rn. 1; krit. Kargl JZ 1997, 283; anders Otto StrafR BT § 47 Rn. 2 „umfassende Sachherrschaftsposition"); daran hat sich durch den neuen Abs. 2, der den Gestaltungswillen des Eigentümers auch hinsichtlich der Erscheinung der Sache berücksichtigt, nichts geändert (vgl. Dölling FS Küper, 2007, 21 (27); Heinrich FS Otto, 2007, 577 (584); Wessels/Hillenkamp/Schuhr StrafR BT II Rn. 11 a, 16; diff. Hoyer in SK-StGB Rn. 4). Zur **Kriminologie** der Sachbeschädigung und ihrer kriminalistischen Problematik Geerds, Sachbeschädigungen, 1983, S. 23, 45; speziell zu den Strafrahmendiskrepanzen bei den Sachbeschädigungsdelikten Disse, Die Privilegierung der Sachbeschädigung (§ 303 StGB) gegenüber Diebstahl (§ 242 StGB) und Unterschlagung (§ 246 StGB), 1982; Bohnert JR 1988, 446; Eckert Kriminalistik 2001, 775; Schneider, Vandalismus, 2002; Braum in Minthe, Neues in der Kriminalpolitik, 2003, S. 165; Raithel/Mansel, Kriminalität und Gewalt im Jugendalter, 2003; Wolf, Graffiti als kriminologisches und strafrechtsdogmatisches Problem, 2004; speziell zu Abs. 2 Neubacher ZStW 118 (2006), 855 (871) ist Abs. 2 durch das 39. StÄG eingefügt worden (zur Entstehungsgeschichte Hillenkamp FS Schwind, 2006, 927 (939), der die Änderung insgesamt positiv bewertet; ebenso Dölling FS Küper, 2007, 21 (25); krit. aber Neubacher ZStW 118 (2006), 855 (871) „Aufrüstung"; Thoss StV 2006, 160 „missglückt", ebenso Wüstenhagen/Pfab StraFo 2006, 190; krit. auch Heinrich FS Otto, 2007, 577 (583); praxisorientierte Bestandsaufnahme bei Schnurr StraFo 2007, 318).

2 **2. Sache** → § 242 Rn. 2; hier auch die unbewegliche, zB der Acker, die Wiese (LG Karlsruhe NStZ 1993, 543 (544)), das Gebäude, auch das fast zerstörte (OGHSt 2, 209); auch eine wertlose Sache (Wolff in LK-StGB Rn. 4) wie ein an

Tollwut erkrankter Hund (aM BayObLG NJW 1993, 2760; Otto StrafR BT § 47 Rn. 2; Rengier StrafR BT I § 24 Rn. 1; Wessels/Hillenkamp/Schuhr StrafR BT II Rn. 19 sehen hier eine Frage der Rechtfertigung, zB nach § 17 Nr. 1 TierschG). **Fremd** → § 242 Rn. 4–7.

3. Tathandlungen des **Abs. 1:** 3

a) Beschädigen ist nach der Rspr. des BGH jede nicht ganz unerhebliche körperliche Einwirkung auf die Sache, durch die ihre stoffliche Zusammensetzung verändert oder ihre Unversehrtheit derart aufgehoben wird, dass die Brauchbarkeit für ihre Zwecke gemindert ist (BGHSt 13, 207 = NJW 1959, 1547 mkritAnm Klug JZ 1960, 226; BGHSt 44, 34 (38) = NJW 1998, 2149; BGH NStZ 1982, 508; LG Karlsruhe NStZ 1993, 543 (544); zur Abgrenzung von der bloßen Sachentziehung Bloy FS Oehler, 1985, 559; Schmitt FS Stree/Wessels, 1993, 505).

aa) Im Allgemeinen ausreichend, aber nicht unbedingt erforderlich ist, dass die Sache in ihrer **Substanz** verletzt oder, zB durch Lack- oder Farbanstrich, so in Mitleidenschaft gezogen wird, dass die Reinigung zwangsläufig zu einer Substanzverletzung führen muss (OLG Düsseldorf NJW 1982, 1167 mAnm Behm StV 1982, 596; OLG Düsseldorf NJW 1999, 1199 mit Bespr. Behm NStZ 1999, 511; Momsen JR 2000, 172; OLG Oldenburg NJW 1983, 57 mAnm Dölling JR 1984, 37; OLG Frankfurt a. M. NStZ 1988, 410; KG NJW 1999, 1200; BayObLG StV 1999, 543; OLG Karlsruhe StV 1999, 544; OLG Hamburg StV 1999, 545 (546); Wilhelm JuS 1996, 424; krit. Seelmann JuS 1985, 199 (200); Momsen JR 2000, 173 „freiverantwortliche Selbstschädigung"; Satzger Jura 2006, 428 (432); für objektive Zurechnung dagegen Rengier FS Roxin, 2001, 811 (814); Ingelfinger, Grundlagen und Grenzen des Tötungsverbots, 2004, S. 21); lässt sich die aufgesprühte Farbe ohne Rückstände beseitigen, so liegt trotz des Kostenaufwands keine Substanzverletzung vor (OLG Düsseldorf StV 1995, 592; BayObLG StV 1997, 81; LG Itzehoe NJW 1998, 468; OLG Karlsruhe StV 1999, 544; OLG Hamburg StV 1999, 544; krit. Hoyer in SK-StGB Rn. 15, der aber jetzt auf Abs. 2 verweist). Ferner kann eine bloße **Funktionseinbuße** genügen (OLG Frankfurt a. M. NJW 1987, 389; LG Bremen NJW 1983, 56; krit. Kargl ZStW 103 (1991), 136 (152); JZ 1997, 283; sowie Thoss KritV 1994, 392), zB Luftablassen aus Auto- (BGHSt 13, 207 = NJW 1959, 1547; Wessels/Hillenkamp/Schuhr StrafR BT II Rn. 35; aM Joecks/Jäger StGB Rn. 9, 10) oder Fahrradreifen (BayObLG NJW 1987, 3271) und Zerlegen einer Maschine (Hoyer in SK-StGB Rn. 7; aM Zaczyk in NK-StGB Rn. 11) oder beim Überkleben eines Verkehrsschildes (OLG Köln NJW 1999, 1042 mit krit. Bespr. Wrage NStZ 2000, 32; Rengier StrafR BT I § 24 Rn. 22; Wessels/Hillenkamp/Schuhr StrafR BT II Rn. 35), nicht aber das „Blenden" einer Verkehrsüberwachungsanlage (anders OLG München NJW 2006, 2132 mit zu Recht abl. Bespr. Mann NStZ 2007, 271; Geppert JK StGB § 303 Rn. 5, keine körperliche Einwirkung; abl. auch Kudlich JA 2007, 72 (74); Gaede JR 2008, 97, bloßes Ausnutzen der Funktionsgrenzen einer Sache; abl. auch Fischer Rn. 7b; Rengier StrafR BT I § 24 Rn. 22; Wessels/Hillenkamp/Schuhr StrafR BT II Rn. 31). Auch das Löschen eines Ton-(Magnet-)Bandes gehört hierher, weil der Eingriff den Verlust einer zuvor gegebenen Funktion des besprochenen Bandes zur Folge hat (Merkel NJW 1956, 778; Lenckner, Computerkriminalität und Vermögensdelikte, 1981, S. 19; Hoyer in SK-StGB Rn. 7; Wolff in LK-StGB Rn. 12; Wieck-Noodt in MüKoStGB Rn. 21; aM Lampe GA 1975, 1 (16); Kunz JuS 1977, 604; Naucke StrafR § 1 Rn. 111; zw.; beachte jedoch → § 303a Rn. 6). Der Gebrauch einer Sache kann auch durch das Hinzufügen eines Gegenstandes, zB durch 4

Befestigung eines Stahlkastens auf der Schiene eines Verbindungsgleises beeinträchtigt werden (BGHSt 44, 34 = NJW 1998, 2149 mit Bespr. Otto NStZ 1998, 513; Dietmeier JR 1998, 470; vgl. auch Linck ZRP 2011, 44); die Unterhöhlung eines Gleises genügt nur, wenn dieses dadurch nicht mehr befahren oder wenn für eine dadurch verursachte Polizeiaktion der Schienenstrang durchgetrennt werden muss (OLG Karlsruhe Justiz 2016, 101). Ob auch das Reparieren einer geschädigten Sache ein Beschädigen sein kann, ist umstritten (vgl. Rengier StrafR BT I § 24 Rn. 14; dafür Kindhäuser StrafR BT II § 20 Rn. 32; dagegen Zaczyk in NK-StGB Rn. 13); fordert man eine objektiv negative Veränderung der Brauchbarkeit gegenüber der vorherigen Beschaffenheit der Sache (deshalb verneint LG Neubrandenburg StraFo 2012, 377 mit Bespr. Jahn JuS 2012, 1140, § 303 I beim Werfen von Fremdkartoffeln auf ein Versuchsfeld für gentechnisch veränderte Kartoffeln), wird man dies idR verneinen.

5 **Unerhebliche Beeinträchtigungen,** deren Beseitigung üblicherweise überhaupt unterbleibt oder ohne ins Gewicht fallenden Aufwand möglich ist, sind auszuscheiden (hM; vgl. BGH NStZ 1982, 508; eing. Behm, Sachbeschädigung und Verunstaltung, 1984, S. 185; nach Langer, Sonderstraftat, 2007, S. 174, mangels tatbestandsmäßiger Strafwürdigkeit); zB beim Luftablassen aus Autoreifen unmittelbar an einer Tankstelle (BGHSt 13, 207 = NJW 1959, 1547; Mitsch StrafR BT II Abschn. 3.2.1.4; krit. Lampe ZStW 89 (1977), 325 (343); zw.) oder aus den Reifen eines mit einer funktionstüchtigen Luftpumpe ausgerüsteten Fahrrades (ebenso Rengier StrafR BT I § 24 Rn. 13; Wessels/Hillenkamp/Schuhr StrafR BT II Rn. 35; aM BayObLG NJW 1987, 3271 mablAnm Geerds JR 1988, 218; Behm NStZ 1988, 275), beim Abmontieren von Radkappen, die neben das Auto gelegt werden (OLG Hamm VRS 28, 437), oder bei einer geringfügigen Erweiterung eines schon bestehenden, Wiederherstellung erfordernden schadhaften Zustandes (OLG Frankfurt a. M. MDR 1979, 693), **nicht dagegen** beim Herausschneiden der Kennnummern aus Volkszählungsbögen, weil hier nur die Substanz-, aber nicht die Funktionseinbuße unerheblich ist (OLG Celle NJW 1988, 1101 mAnm Zaczyk StV 1988, 157; Geerds JR 1988, 435; OLG Köln NJW 1988, 1102; OLG Stuttgart NJW 1989, 1939), wohl auch nicht beim Papier und Toner beanspruchenden, unverlangten Zusenden von Werbetelefaxen (Stöber NStZ 2003, 515 (517) mit Hinweisen auf gegenteilige Entscheidungen von Staatsanwaltschaften in Fn. 16, 23, 24; zB OLG Frankfurt a. M. NStZ 2002, 546; gegen die Anwendung von § 303 OLG Frankfurt a. M. NStZ 2004, 687; Satzger Jura 2006, 428 (431); Sonnen StrafR BT S. 94; Wolff in LK-StGB Rn. 20).

6 bb) Nach der Rspr. des BGH ist die bloße, ohne Substanzverletzung bewirkte **Veränderung der äußeren Erscheinungsform** regelmäßig keine Beschädigung iSd Abs. 1 – einschlägig ist jetzt Abs. 2 (→ Rn. 6a) –, und zwar auch dann nicht, wenn die Veränderung auffällig (belangreich) ist (BGHSt 29, 129 = NJW 1980, 350; OLG Frankfurt a. M. NJW 1990, 2007; OLG Düsseldorf NJW 1993, 869; BayObLG StV 1997, 81; OLG Hamburg StV 1999, 544 mit krit. Bespr. Otto JK StGB § 303 Rn. 3; KG NJW 1999, 1200 mit krit. Bespr. Mersson NZM 1999, 447; OLG Karlsruhe StV 1999, 544; OLG Dresden NJW 2004, 2843; LG Itzehoe NJW 1998, 468; s. jedoch OLG Köln NJW 1999, 1042 (1044) mit krit. Bespr. Jahn JA 1999, 98; eing. Behm, Sachbeschädigung und Verunstaltung, 1984, S. 185; Behm JR 1988, 360; dem BGH zust. Schnurr StraFo 2007, 64 (111); Rengier FG BGH, 2000, 467 (468); Rengier StrafR BT I § 24 Rn. 24; sowie Joecks/Jäger StGB Rn. 8); eine Ausnahme wird nur für den Fall anerkannt, dass die Funktion der Sache, etwa eines Kunstwerks oder eines Denkmals (RGSt 43, 204), gerade darin

besteht, durch die äußere Erscheinung zu wirken (BGHSt 29, 129 = NJW 1980, 350 mit Bespr. Scheffler NStZ 2001, 290; sa OLG Hamburg NJW 1982, 395 mAnm Maiwald JR 1982, 298). Demgegenüber hat die Mehrheit der OLG (Nachw. BGHSt 29, 129 = NJW 1980, 350) beim Phänomen des sog. „wilden Plakatierens" zu Recht jede nicht unerhebliche, dem maßgeblichen Gestaltungswillen oder auch nur einem vernünftigen Interesse des Eigentümers widersprechende Zustandsveränderung genügen lassen (ebenso Schroeder JR 1976, 338; JZ 1978, 72; Haas JuS 1978, 14; krit. Ingelfinger, Grundlagen und Grenzen des Tötungsverbots, 2004, S. 29; aM Thoss NJW 1978, 1612; KritV 1994, 392; Schmid NJW 1979, 1580; Seelmann JuS 1985, 199; Kargl JZ 1997, 283; Fischer Rn. 8; vgl. auch Wilhelm JuS 1996, 424; (krit.) Braum KJ 2000, 35 (39)). Diese sog. Zustandsveränderungstheorie ist als Gegenposition zur BGH-Rechtsprechung mit überzeugenden Gründen weiter vertieft worden (Maiwald JZ 1980, 256; Gössel JR 1980, 184; Dölling NJW 1981, 207; Katzer NJW 1981, 2036; Otto JZ 1985, 21 (27); Schroeder JR 1987, 359; JR 1988, 363; Momsen JR 2000, 174; Küper/Zopfs StrafR BT Rn. 422–424; iErg ebenso Zaczyk in NK-StGB Rn. 12; Hellmann in Krey/Hellmann/Heinrich StrafR BT II Rn. 354; zusf. Schnurr StraFo 2007, 43 (63)).

b) Zerstören ist nur ein stärkerer Grad des Beschädigens (Mitsch StrafR BT II Abschn. 3.2.1.4; krit. Zaczyk in NK-StGB Rn. 9), dh eine Einwirkung mit der Folge, dass die bestimmungsmäßige Brauchbarkeit der Sache völlig aufgehoben wird. 7

4. Tathandlung des **Abs. 2** ist das **Verändern des Erscheinungsbildes** einer fremden Sache (zum Tatobjekt → Rn. 2). Mit diesem neuen Absatz sollen **nur** solche Veränderungen des Erscheinungsbildes erfasst werden, die nach der bisherigen Rspr. nicht als Beschädigen erfasst wurden, also insbes. das Besprayen von Flächen („Graffiti"), die ohne Verletzung der Substanz gereinigt werden können (ausf. Mogg, Die strafrechtliche Erfassung von Graffiti, 2007). Ansonsten sollte „alles beim alten bleiben", so dass das Besprayen oder auch Plakatieren von Wänden, das bei der Reinigung zu einer Substanzverletzung führt, und das Beschmieren von Kunstwerken, das ihre ästhetische Funktion mindert, weiterhin als Beschädigen dem Abs. 1 unterfallen (ebenso Hellmann in Krey/Hellmann/Heinrich StrafR BT II Rn. 239; Rengier StrafR BT I § 24 Rn. 25; aM Wessels/Hillenkamp/Schuhr StrafR BT II Rn. 26). Abs. 2 erfasst aus systematischen Gründen und in Konformität mit den Vorstellungen des Gesetzgebers nur diejenigen Veränderungen des Erscheinungsbildes, die diese wohl begründeten Besonderheiten nicht aufweisen. 7a

Das Verändern des Erscheinungsbildes spezifiziert die Tathandlung nicht weiter, so dass jedes **ursächliche** Verhalten genügt, das zu einem Veränderungs-**Erfolg** führt (Kindhäuser in LPK-StGB Rn. 15; Fischer Rn. 18). Der Erfolg und damit die Vollendung der Tat ist eingetreten, wenn die Sache nach der Handlung des Täters ein verändertes Erscheinungsbild aufweist (Satzger Jura 2006, 428 (434); Wessels/Hillenkamp/Schuhr StrafR BT II Rn. 38; Hoyer in SK-StGB Rn. 20). Das ist auch der Fall, wenn sie objektiv „verschönert" wurde, wenn dies gegen oder ohne Willen des Berechtigten geschah (Wessels/Hillenkamp/Schuhr StrafR BT II Rn. 38; Wieck-Noodt in MüKoStGB Rn. 55). Wegen des zu weiten Wortlauts ist eine teleologische Einschränkung des Veränderns auf unmittelbare Einwirkungen auf die Sache angezeigt (iE auch Heinrich FS Otto, 2007, 577 (591); Rengier StrafR BT I § 24 Rn. 26; Wessels/Hillenkamp/Schuhr StrafR BT II Rn. 38; anders Kindhäuser in LPK-StGB Rn. 15), so dass etwa die auf dem Balkon aufgehängte Wäsche nicht erfasst wird. 7b

7c Weitere Einschränkungen gibt das Gesetz selbst vor: **Nicht nur unerheblich** ist eine überflüssige Einschränkung, die beim Beschädigen nach Abs. 1 auch ohne gesetzliche Anordnung selbstverständlich praktiziert wird (→ Rn. 5); sie ist durch Auslegung bestimmbar (überzogene Kritik bei Thoss StV 2006, 160 (161); Wüstenhagen/Pfab StraFo 2006, 190; sowie Schuhr JA 2009, 169 (171), wegen Verstoßes gegen Art. 103 II GG verfassungswidrig). Es geht um die Ausscheidung geringfügiger Änderungen (OLG Jena NJW 2008, 776; Eisenschmid NJW 2005, 3033 (3035); Satzger Jura 2006, 428 (435); Wieck-Noodt in MüKoStGB Rn. 57). Solche liegen vor, wenn sie – etwa bei loser Verbindung von Veränderungsmittel und Tatobjekt – ohne nennenswerten Aufwand an Mühe, Zeit, Kosten und Know-how beseitigt werden können (OLG Jena NJW 2008, 776; Schuhr JA 2009, 169 (171); Rengier StrafR BT I § 24 Rn. 28), zB bei Kreide- oder Wasserfarbenauftrag (Hecker in Schönke/Schröder Rn. 9; erst bei „nicht nur vorübergehend" ausgeschieden durch Wessels/Hillenkamp/Schuhr StrafR BT II Rn. 39a; Schuhr JA 2009, 169 (171)); auch völlig unauffällige Änderungen wie zB winzige „tags" auf schon beschmierten Wänden sind geringfügig (KG StRR 2013, 271; AG Tiergarten NJW 2013, 801; Wessels/Hillenkamp/Schuhr StrafR BT II Rn. 39a; Hoyer in SK-StGB Rn. 21).

7d **Nicht nur vorübergehend** ist ein in erster Linie zeitliches Kriterium (ebenso Satzger Jura 2006, 428 (435); Wieck-Noodt in MüKoStGB Rn. 59; anders Eisenschmid NJW 2005, 3033 (3035), der auch die Intensität berücksichtigen will), das Veränderungen ausscheidet, die **binnen kurzer Zeit** selbst vergehen (zB durch Regen) oder entfernt werden können (BT-Drs. 15/5313, 3; OLG Jena NJW 2008, 776; Schuhr JA 2009, 169 (171); Rengier StrafR BT I § 24 Rn. 28), auch wenn dies durch den Täter geschieht (Hoyer in SK-StGB Rn. 23; ähnlich Krüger NJ 2006, 247 (250)).

8 **5.** Der **Vorsatz** (bedingter genügt; speziell beim „Car-Walking" LG Berlin NStZ-RR 1997, 362) muss bei Abs. 1 die Substanzverletzung oder Brauchbarkeitsminderung (AG Freiburg StV 1982, 582), nicht aber die Rechtswidrigkeit (→ Rn. 9) umfassen, die hier nur allgemeines Verbrechensmerkmal ist (Satzger Jura 2006, 428 (430); → § 15 Rn. 6); die irrige Annahme, jagdschutzrechtlich zur Tötung von Hunden befugt zu sein (→ Rn. 9), lässt als Verbotsirrtum den Vorsatz unberührt (BayObLG NJW 1992, 2306 mit iE zust. Bespr. Schlüchter JuS 1993, 14; Herzberg GA 1993, 439; JZ 1993, 1017 (1019); zust. auch Wieck-Noodt in MüKoStGB Rn. 62); bei Abs. 2 reicht auch bedingter Vorsatz, die Annahme des Vorliegens einer Befugnis schließt aber den Vorsatz aus (→ Rn. 9a).

9 **6.** Die **Rechtswidrigkeit** der Tat nach **Abs. 1** kann namentlich durch Einwilligung des Eigentümers ausgeschlossen sein (→ Vor § 32 Rn. 10–18; ebenso Mitsch StrafR BT II Abschn. 3.2.2.2; sa OLG Oldenburg NJW 1982, 1166; für Ausschluss des Tatbestandes Gropengießer JR 1998, 89 (91); Zaczyk in NK-StGB Rn. 21; speziell zur Sachbeschädigung durch unverlangte Zusendung von Werbetelefaxen Stöber NStZ 2003, 515 (518)), ferner ua durch §§ 228, 229, 859, 904 BGB sowie § 34 (OLG Naumburg StraFo 2013, 344). Das Töten wildernder Hunde kann der Jagdschutz rechtfertigen (§§ 23, 25 BJagdG; ebenso Wieck-Noodt in MüKoStGB Rn. 65; dieses Recht endet zB an der Grenze der befriedeten Jagdbezirke nach § 6 BJagdG, BayObLG NJW 1992, 2306; zu § 6a BJagdG vgl. § 292 III und → § 292 Rn. 4a); bei Überschreitung des Jagdrechts bleibt § 303 anwendbar (OLG Hamm MDR 1960, 865). § 241a BGB rechtfertigt die Vernichtung unbestellt gelieferter Waren (Haft/Eisele GS Meurer, 2002, 245 (254); Matzky NStZ 2002, 458; Satzger Jura 2006, 428 (433); zust. Maurach/Schroeder/Maiwald/Hoyer/Momsen StrafR

BT § 32 Rn. 21, § 36 Rn. 22; Wessels/Beulke/Satzger StrafR AT Rn. 414; Wessels/Hillenkamp/Schuhr StrafR BT II Rn. 20; Wolff in LK-StGB Rn. 8; krit. zur Begr. Otto Jura 2004, 389 (390), der schon die Fremdheit der Sache verneint; iE ebenso Lamperz JA 2008, 425 (428); für Tatbestandsausschluss wegen der Verantwortung des Zusenders Jäger, Zurechnung und Rechtfertigung als Kategorialprinzipien im Strafrecht, 2006, S. 29; anders Reichling JuS 2009, 111 (113); Tachau, Ist das Strafrecht strenger als das Zivilrecht?, 2005, S. 187, die rechtfertigende Einwilligung annehmen). Eine Rechtfertigung von sog. „Graffiti"-Kunst durch das Grundrecht der Kunstfreiheit kommt bei **Abs. 2** nicht in Betracht, weil sich Kunst auch ohne Beschädigung fremder Sachen entfalten kann (BVerfG NJW 1984, 1293; zum „Sprayer von Zürich"; vgl. dazu auch EKMR NJW 1984, 2753; Eisele JA 2000, 101; Ingelfinger, Grundlagen und Grenzen des Tötungsverbots, 2004, S. 15; für ausnahmsweise Rechtfertigung Fischer, Die strafrechtliche Beurteilung von Werken der Kunst, 1995, S. 170; speziell für den neuen Abs. 2 Kindhäuser/Hilgendorf in LPK-StGB Rn. 20; Fischer Rn. 20). Neuerdings wird die Rechtswidrigkeit auch als Tatbestandsmerkmal aufgefasst, das bei nur formellen Eigentumsverletzungen fehlen soll, wenn sie der materiellen Eigentumsordnung entsprechen, zB bei der eigenmächtigen Zerstörung einer Sache durch denjenigen, der einen Anspruch auf ihre Übereignung hat (Gropengießer JR 1998, 89 (93); iE ebenso Wallau JA 2000, 248 (256)), doch widerspricht dies der bewussten gesetzlichen Differenzierung zwischen rechtswidrig in Abs. 1 und unbefugt in Abs. 2.

7. Unbefugt nach **Abs. 2** steht in schon sprachlichem, aber auch sachlichem **9a**
Gegensatz zu „rechtswidrig" in Abs. 1 und ist zur Komplettierung des Unrechtstatbestands erforderlich, denn Veränderungen des äußeren Erscheinungsbildes einer Sache sind häufig sozialüblich und stellen deshalb kein typisches Unrecht dar (Kühl FS Weber, 2004, 413 (424); zust. Schuhr JA 2009, 169 (171); Hoyer in SK-StGB Rn. 24). Die Einwilligung des Eigentümers oder sonst Berechtigten schließt deshalb schon den Tatbestand aus (Satzger Jura 2006, 428 (434); Wessels/Hillenkamp/Schuhr StrafR BT II Rn. 40), der Irrtum über ihr Vorliegen den Vorsatz (Fischer Rn. 20). Die Befugnis kann sich auch aus Gesetzen oder einer behördlichen Genehmigung ergeben (Kindhäuser/Hilgendorf in LPK-StGB Rn. 18; nach Satzger Jura 2006, 428 (434) dann Rechtfertigung = sog. „Doppelfunktion"; ebenso Wieck-Noodt in MüKoStGB Rn. 60; ähnlich Krüger NJ 2006, 247 (251) „Zwitterrolle").

8. Zum **Konkurrenzverhältnis** des § 303 zu § 243 → § 243 Rn. 24; zu § 274 **10**
→ § 274 Rn. 8; zu § 303a → § 303a Rn. 6; zu § 303b → § 303b Rn. 8; zu § 304 → § 304 Rn. 7; zu § 306 → § 306 Rn. 6; zu § 306f → § 306f Rn. 3. Die Sachbeschädigung an Volkszählungsbögen (→ Rn. 5) wird durch die mit Geldbuße bedrohte Auskunftspflichtverletzung nach §§ 15, 23 BStatG schon wegen der Unrechtsverschiedenheit nicht verdrängt (OLG Celle NJW 1988, 1101; OLG Köln NJW 1988, 1102; OLG Düsseldorf MDR 1989, 665; aM Frister NJW 1988, 954); sie geht vielmehr nach § 21 OWiG vor (ebenso Wieck-Noodt in MüKoStGB Rn. 71). Zwischen Abs. 1 und 2 besteht Exklusivität (→ Rn. 7a; anders die hM, nach der Abs. 1 den Abs. 2 verdrängt, vgl. etwa KG NStZ 2007, 223; Satzger Jura 2006, 428 (435); Schuhr JA 2009, 169 (172); Kindhäuser/Hilgendorf in LPK-StGB Rn. 29; Hoyer in SK-StGB Rn. 26; Fischer Rn. 23; nach Wolff in LK-StGB Rn. 35 soll Tateinheit möglich sein, nach Altenhain in Matt/Renzikowski Rn. 21 konsumiert je nach Schwerpunkt Abs. 1 den Abs. 2 oder umgekehrt).

9. Strafantrag § 303c. **11**

§ 303a Datenveränderung

(1) **Wer rechtswidrig Daten (§ 202a Abs. 2) löscht, unterdrückt, unbrauchbar macht oder verändert, wird mit Freiheitsstrafe bis zu zwei Jahren oder mit Geldstrafe bestraft.**

(2) **Der Versuch ist strafbar.**

(3) **Für die Vorbereitung einer Straftat nach Absatz 1 gilt § 202c entsprechend.**

Fassung: Abs. 3 durch 41. StÄG (→ Vor § 1 Rn. 16) eingefügt.

1 **1.** Die Vorschrift **schützt das Interesse an der unversehrten Verwendbarkeit von Daten** (OLG Nürnberg StraFo 2013, 261; Möhrenschlager wistra 1986, 128 (141); Wieck-Noodt in MüKoStGB Rn. 2; ähnlich Mitsch StrafR BT II Abschn. 3.4.2.1); geschützt sind deshalb auch Daten ohne wirtschaftlichen, wissenschaftlichen oder ideellen Wert (BayObLGSt 1993, 87 (90) = BeckRS 1993, 4160; Schulze-Heiming, Der strafrechtliche Schutz der Computerdaten gegen die Angriffsformen der Spionage, Sabotage und des Zeitdiebstahls, 1995, S. 164; Reinbacher in NK-WSS Rn. 4; Kindhäuser/Böse StrafR BT II § 24 Rn. 1, der dennoch ein spezielles Vermögensdelikt annimmt; dagegen Wessels/Hillenkamp/Schuhr StrafR BT II Rn. 59). Zum kriminalpolitischen Bedürfnis für ihre Einführung durch das 2. WiKG (→ Vor § 263 Rn. 2) BT-Drs. 10/5058, 34 (krit. Welp IuR 1989, 434 (436)). Im Zuge des 41. StÄG (dazu Goeckenjahn wistra 2009, 47) ist mit Abs. 3 die Strafbarkeit in das Vorbereitungsstadium vorverlagert worden. – **Rechtsvergleichend:** Hirsnik, Die Strafbarkeit eines Angriffs auf das Computersystem nach deutschem, estnischem, europäischem und internationalem Recht, 2013, S. 141.

2 **2.** Handlungsobjekte sind nur nicht unmittelbar wahrnehmbare Daten nach § 202a II (→ § 202a Rn. 2) wie etwa System-Dateien eines Computer-Betriebssystems (BGH NJW 2021, 2301); erfasst werden auch Daten in der Übermittlungsphase (Ernst NJW 2003, 3233 (3237)). Für die Beeinträchtigung unmittelbar wahrnehmbarer Daten kommt § 303 in Frage (krit. Stuckenberg AL 2008, 82 (84)).

3 **3.** Die **Tathandlungen,** die auch durch Unterlassen in Garantenstellung (→ § 13 Rn. 6–15) begangen werden können (Schulze-Heiming, Der strafrechtliche Schutz der Computerdaten gegen die Angriffsformen der Spionage, Sabotage und des Zeitdiebstahls, 1995, S. 183; Wieck-Noodt in MüKoStGB Rn. 11), überschneiden sich weit (zusf. Welp IuR 1988, 434, Sonderheft). **Löschen** entspricht dem Zerstören nach § 303 I und erfordert daher nicht wiederherstellbare, vollständige Unkenntlichkeit (BT-Drs. 10/5058, 34; Schulze-Heiming, Der strafrechtliche Schutz der Computerdaten gegen die Angriffsformen der Spionage, Sabotage und des Zeitdiebstahls, 1995, S. 172; Wolff in LK-StGB Rn. 21) der konkreten Speicherung (Lenckner/Winkelbauer CR 1986, 824 (829)); zB Beseitigen einer Kopiersperre mittels Cracker (Wieck-Noodt in MüKoStGB Rn. 12) oder Entfernen eines sog. SIM-Lock bei einem Mobiltelefon (AG Nürtingen MMR 2011, 121; AG Göttingen MMR 2011, 628 mablAnm Neubauer; Altenhain in Matt/Renzikowski Rn. 10, aM Kusnik CR 2011, 718). **Unterdrücken** bedeutet – insoweit über § 303 I hinausgehend –, die Daten dauernd oder auch nur vorübergehend (Binder, Strafbarkeit intelligenten Ausspähens von programmrelevanten DV-Informationen, 1994, S. 57; Binder RDV 1995, 116 (118); Schulze-Heiming, Der strafrechtliche Schutz der Computerdaten gegen die Angriffsformen der Spionage, Sabotage und

des Zeitdiebstahls, 1995, S. 179; Hilgendorf in Satzger/Schluckebier/Widmaier StGB Rn. 9; Hoyer in SK-StGB Rn. 9; aM Altenhain JZ 1997, 752 (753) Fn. 17) dem Zugriff des Berechtigten entziehen und dadurch ihre Verwendbarkeit ausschließen (BT-Drs. 10/5058, 34; → § 274 Rn. 2; → § 354 Rn. 10; speziell zu Viren-, DoS- und SPAM-Angriffen Ernst NJW 2003, 3233 (3238); speziell zum Abfangen von E-Mails Jüngel/Schwan/Neumann MMR 2005, 820); erfasst ist etwa kontaktlose Bezahlung mit der ec-Karte im POS-Verfahren durch einen Nichtberechtigten ohne Abfrage der PIN (OLG Hamm NStZ 2020, 673), aber auch das Verhindern des Zugangs der Daten (Hilgendorf JuS 1997, 323 (325)); zum Spamfilter (→ § 206 Rn. 10) Kitz CR 2005, 450 (453). Das sog. „Spamming" (→ § 265a Rn. 4) ist erfasst, wenn es wegen Überlastung des Servers zum Zusammenbruch des Systems kommt (Frank, Zur strafrechtlichen Bewältigung des Spamming, 2004, S. 149). Speziell zur „Internet-Blockade" mangels dauerhaftem Entzugs abl. OLG Frankfurt a. M. StV 2007, 244 mit krit. Bespr. Kelker GA 2009, 86, nach Fischer Rn. 10 mit beachtenswerten Gründen; für Unterdrücken Zaczyk in NK-StGB Rn. 8; diff. Reinbacher in NK-WSS Rn. 16. **Unbrauchbarmachen** heißt, die Daten in ihrer Gebrauchsfähigkeit so beeinträchtigen, dass sie ihren Zweck nicht mehr erfüllen können (BT-Drs. 10/5058, 35; Hilgendorf JuS 1997, 323 (325)). **Verändern** erfordert das Herstellen eines neuen Dateninhalts, sei es durch inhaltliche Umgestaltung (§ 3 IV Nr. 2 BDSG aF), durch Teillöschung, durch veränderte Verknüpfung mit anderen Daten (BayObLGSt 1993, 86 = BeckRS 1993, 4160 mit zust. Bespr. Hilgendorf JR 1994, 478; Otto JK StGB § 303a Rn. 1; Möhrenschlager wistra 1986, 128 (141)) oder uU durch Hinzufügung neuer Daten (näher Ernst NJW 2003, 3233 (3238)); die bloße Vervielfältigung von Daten durch Übertragung auf einen (weiteren) Datenträger (zB auf eine Blanko-Codekarte) genügt nicht (aM Richter CR 1989, 305), dagegen wird die missbräuchliche Installation von Dialer-Programmen (Buggisch NStZ 2002, 178 (180)) sowie von sog. Ransomware erfasst, da auch das Herbeiführen von Funktionsbeeinträchtigungen der Daten, die eine Änderung ihres Informationsgehalts oder des Aussagewerts zur Folge haben, genügt (BGH NJW 2021, 2301; NStZ 2018, 401 mAnm Safferling; Brodowski StV 2019, 385). – Der Einsatz von Computerviren kann, muss aber nicht tatbestandsmäßig sein (näher Schulze-Heiming, Der strafrechtliche Schutz der Computerdaten gegen die Angriffsformen der Spionage, Sabotage und des Zeitdiebstahls, 1995, S. 185; Wolff in LK-StGB Rn. 30, 31); der Einsatz einer Programmsperre kann als Unterdrücken oder Unbrauchbarmachen erfasst werden, wenn es sich nicht nur um eine geringfügige Beeinträchtigung der Programmbenutzung handelt (Wuermeling CR 1994, 585 (592); zum Einsatz von Social Bots Reinbacher in Beck/Kusche/Valerius FS Robot-Recht, 2020, 457 (470)).

4. Ohne die Einbeziehung des Merkmals **„rechtswidrig"** beschreibt der Tatbestand keinen Unrechtstypus (krit. zu dieser Gesetzestechnik Welp IuR 1988, 443 (446); krit. auch Walter Kern des Strafrechts S. 94). Dieser kann erst dadurch konstituiert werden, dass aus dem Rechtswidrigkeitserfordernis ein einschränkendes Tatbestandselement abgeleitet wird (→ § 15 Rn. 6; Wieck-Noodt in MüKo-StGB Rn. 17; Hoyer in SK-StGB Rn. 2, 12; ähnlich Granderath DB-Beilage Heft 18/1986, 1 (3); Frommel JuS 1987, 667; in der Methode, nicht in der Sache abw. Lenckner/Winkelbauer CR 1986, 824 (828); Kindhäuser/Böse StrafR BT II § 24 Rn. 9; Reinbacher in NK-WSS Rn. 10, Hineinlesen des Merkmals „fremd"). 4
Wegen der Unbestimmtheit des Tatbestandes werden verfassungsrechtliche Bedenken aus Art. 103 II GG erhoben (Zaczyk in NK-StGB Rn. 1, 4), die nur durch eine

überzeugende inhaltliche Ausfüllung dieses einschränkenden Tatbestandselements überwunden werden können. Für die Tatbestandsmäßigkeit genügt jeder Eingriff in eine fremde Rechtsposition (BayObLGSt 1993, 86 = BeckRS 1993, 4160 mAnm Hilgendorf JR 1994, 478; zw.), auf jeden Fall also die Verletzung des (eigentümerähnlichen) Verfügungsrechts über die Daten, das nicht notwendig dem Systembetreiber, sondern häufig auch einem von ihm verschiedenen Auftraggeber zusteht (näher Welp IuR 1988, 443 (446); krit. Fischer Rn. 6); bei unerlaubt auf fremdem Datenträger gespeicherten Daten kann der Speichernde, aber auch der Eigentümer des Datenträgers das Verfügungsrecht haben (Wieck-Noodt in MüKo-StGB Rn. 10). Einzubeziehen ist ferner der Eingriff in fremde Besitz- oder Nutzungsrechte (Lenckner/Winkelbauer CR 1986, 824 (828); aM Welp IuR 1988, 443 (446); zw.) und wohl auch die Verletzung der Interessen des vom Dateninhalt Betroffenen (BT-Drs. 10/5058, 34; Möhrenschlager wistra 1986, 128 (141); Granderath DB-Beilage Heft 18/1986, 1 (3); aM Fischer Rn. 4b), dies allerdings nur, wenn ihm – was idR nicht zutrifft – ein Recht auf Unversehrtheit der Daten zusteht (ganz abl. Lenckner/Winkelbauer CR 1986, 824 (828); Hilgendorf JR 1994, 478; Welp IuR 1988, 443 (446); Wessels/Hillenkamp/Schuhr StrafR BT II Rn. 59); manche knüpfen die Verfügungsberechtigung an den „Skripturakt“, dh das erste Abspeichern der Daten (OLG Nürnberg StraFo 2013, 261; Reinbacher in NK-WSS Rn. 11). Nur dieses Erfordernis des Eingriffs in eine fremde Rechtsposition ist Tatbestandselement (ebenso Gössel StrafR BT II § 18 Rn. 60). Der Einsatz einer Programmsperre, die unberechtigte Nutzer trifft, kann durch Notwehr gerechtfertigt sein (Wuermeling CR 1994, 585 (591)).

5 **5.** Der **Vorsatz** (bedingter genügt) muss namentlich das unter → Rn. 4 beschriebene Tatbestandselement umfassen. Der Irrtum über die „Rechtswidrigkeit“ kann je nach den Umständen Tatbestands-, Erlaubnistatbestands- oder Verbotsirrtum sein.

6 **6. Abs. 3** sieht die entsprechende Anwendung von § 202c auf die Vorbereitung einer Tat nach Abs. 1 vor (BT-Drs. 16/3656, 12; Fischer Rn. 17); über § 202c II ist auch tätige Reue nach § 149 II, III (→ § 149 Rn. 6) möglich (Wolff in LK-StGB Rn. 37, 43). Näher zu den Vorbereitungshandlungen (Wolff in LK-StGB Rn. 38–42).

7 **7. Tateinheit** ua möglich mit §§ 202a, 263a, 268, 269 sowie mit § 42 BDSG. Dasselbe gilt für § 303 (Zaczyk in NK-StGB Rn. 20); werden jedoch lediglich Daten ohne Verletzung der Trägersubstanz beeinträchtigt (zB Löschen eines Tonbandes), so tritt § 303 – obwohl tatbestandlich verwirklicht (→ § 303 Rn. 4) – zurück, weil sich das Unrecht in der von § 303a voll erfassten Datenveränderung erschöpft (Kindhäuser/Hilgendorf in LPK-StGB Rn. 12; Wieck-Noodt in MüKoStGB Rn. 22; aM Lenckner/Winkelbauer CR 1986, 824 (831); Krey/Hellmann/Heinrich StrafR BT II Rn. 257b).

§ 303b Computersabotage

(1) **Wer eine Datenverarbeitung, die für einen anderen von wesentlicher Bedeutung ist, dadurch erheblich stört, dass er**

1. eine Tat nach § 303a Abs. 1 begeht,

2. Daten (§ 202a Abs. 2) in der Absicht, einem anderen Nachteil zuzufügen, eingibt oder übermittelt oder

3. eine Datenverarbeitungsanlage oder einen Datenträger zerstört, beschädigt, unbrauchbar macht, beseitigt oder verändert,

wird mit Freiheitsstrafe bis zu drei Jahren oder mit Geldstrafe bestraft.

(2) **Handelt es sich um eine Datenverarbeitung, die für einen fremden Betrieb, ein fremdes Unternehmen oder eine Behörde von wesentlicher Bedeutung ist, ist die Strafe Freiheitsstrafe bis zu fünf Jahren oder Geldstrafe.**

(3) **Der Versuch ist strafbar.**

(4) **[1]In besonders schweren Fällen des Absatzes 2 ist die Strafe Freiheitsstrafe von sechs Monaten bis zu zehn Jahren. [2]Ein besonders schwerer Fall liegt in der Regel vor, wenn der Täter**
1. **einen Vermögensverlust großen Ausmaßes herbeiführt,**
2. **gewerbsmäßig oder als Mitglied einer Bande handelt, die sich zur fortgesetzten Begehung von Computersabotage verbunden hat,**
3. **durch die Tat die Versorgung der Bevölkerung mit lebenswichtigen Gütern oder Dienstleistungen oder die Sicherheit der Bundesrepublik Deutschland beeinträchtigt.**

(5) **Für die Vorbereitung einer Straftat nach Absatz 1 gilt § 202 c entsprechend.**

Fassung des 41. StÄG.

1 **1.** Die Vorschrift **schützt das Interesse von Wirtschaft und Verwaltung an der Funktionstüchtigkeit ihrer Datenverarbeitung** (Möhrenschlager wistra 1986, 128 (142); Schulze-Heiming, Der strafrechtliche Schutz der Computerdaten gegen die Angriffsformen der Spionage, Sabotage und des Zeitdiebstahls, 1995, S. 195; Wessels/Hillenkamp/Schuhr StrafR BT II Rn. 62; Joecks/Jäger StGB Rn. 1; diff. Hoyer in SK-StGB Rn. 3; weiter Zaczyk in NK-StGB Rn. 1; krit. Schumann NStZ 2007, 675 (679)). Abs. 1 Nr. 1 enthält nur einen **Qualifikationstatbestand** zu § 303 a (BT-Drs. 10/5058, 36), während Abs. 1 Nr. 3 einen selbständigen (Lenckner/Winkelbauer CR 1986, 824 (831)) Tatbestand formuliert. Die Erweiterung des Abs. 1 und die Einfügung des neuen Abs. 2 beruht auf Vorgaben des Europarats und der EU (BT-Drs. 16/3656, 12). Zum kriminalpolitischen Bedürfnis für die Einführung der Vorschrift durch das 2. WiKG (→ Vor § 263 Rn. 2) und zu ihrer Bedeutung für die allgemeine Problematik der Betriebssabotage BT-Drs. 10/5058, 35; Möhrenschlager wistra 1986, 128 (142); Schulze-Heiming, Der strafrechtliche Schutz der Computerdaten gegen die Angriffsformen der Spionage, Sabotage und des Zeitdiebstahls, 1995, S. 193; krit. zu dem „Konglomerat-Tatbestand" Schmölzer ZStW 123 (2011), 709 (732). Das 41. StÄG (dazu Vassilaki CR 2008, 131; Schumann NStZ 2007, 675) brachte besonders schwere Fälle (Abs. 4) und eine Vorverlagerung der Strafbarkeit (Abs. 5). – **Rechtsvergleichend:** Hirsnik, Die Strafbarkeit eines Angriffs auf das Computersystem nach deutschem, estnischem, europäischem und internationalem Recht, 2013, S. 183.

2 **2. Abs. 1 und 2: Datenverarbeitung** → § 263 a Rn. 3, 4. Der hier weit auszulegende Begriff umfasst den Gesamtbereich eines Daten verarbeitenden Systems, also nicht nur die Summe der Datenverarbeitungsvorgänge, sondern auch den damit zusammenhängenden weiteren Umgang mit Daten und deren Verwertung (BT-Drs. 10/5058, 36; Mitsch StrafR BT II Abschn. 3.4.2.3.1); der einzelne Daten-

verarbeitungsvorgang ist wohl nicht gemeint (krit. zur Differenzierung Fischer Rn. 4; anders die hM). Geschützt werden sowohl rechtmäßige als auch rechtswidrige Datenverarbeitungsvorgänge (BGH NJW 2017, 838 mAnm Ernst). **Abs. 2** (bisher in Abs. 1; die Strafdrohung ist gleich geblieben, BT-Drs. 16/3656, 13). **Betrieb, Unternehmen** → § 11 Rn. 15; **Behörde** → § 11 Rn. 20. Betrieb und Unternehmen sind **fremd,** wenn der Täter nicht selbst deren Inhaber oder vertretungsberechtigter Repräsentant des Inhabers ist (zB zuständiges Organ, gesetzlicher Vertreter, Insolvenzverwalter; zust. Zaczyk in NK-StGB Rn. 15; näher Wieck-Noodt in MüKoStGB Rn. 22) oder für diesen mit dessen Einwilligung handelt (enger Lenckner/Winkelbauer CR 1986, 824 (830); aM Hilgendorf JuS 1996, 1082 (1083), Rechtfertigungsebene). Eine nur für den eigenen Betrieb usw bedeutsame Datenverarbeitung wird daher nicht erfasst; jedoch können Eingriffshandlungen in fremde Rechte nach den §§ 303, 303a strafbar sein (BT-Drs. 10/5058, 36). Das bedenklich unbestimmte und daher eng auszulegende Merkmal (ebenso Joecks/Jäger StGB Rn. 2) **„von wesentlicher Bedeutung"** ist bei Neufassung (s. Fassungshinweis) als „Filter für Bagatellfälle" beibehalten worden (BT-Drs. 16/3656, 13); es setzt eine Datenverarbeitung von solcher Komplexität voraus, dass von ihrem einigermaßen störungsfreien Ablauf die Funktionstüchtigkeit der Einrichtung im Ganzen abhängt (näher konkretisierend Lenckner/Winkelbauer CR 1986, 824 (830); Hecker in Schönke/Schröder Rn. 4; zu Privatpersonen Reinbacher in NK-WSS Rn. 6). Datenverarbeitungen mit eng begrenzten Aufgaben, namentlich in elektronischen Schreibmaschinen und Taschenrechnern (BT-Drs. 10/5058, 36; einschr. v. Gravenreuth NStZ 1989, 201 (206); Schulze-Heiming, Der strafrechtliche Schutz der Computerdaten gegen die Angriffsformen der Spionage, Sabotage und des Zeitdiebstahls, 1995, S. 208), scheiden daher aus. Zweifelsfrei einbezogen sind umgekehrt Datenverarbeitungen, die in Rechenzentren oder anderen Anlagen zur Bewältigung zentraler Unternehmens- oder Behördenaufgaben (zB Lohnabrechnungen, Steuerberechnungen usw) durchgeführt werden. Für die Wesentlichkeit der Bedeutung ist auf den verarbeitenden Betrieb, uU aber auch auf den Auftraggeber abzustellen (Hilgendorf JuS 1996, 1082 (1083); Wolff in LK-StGB Rn. 10; aM Hecker in Schönke/Schröder Rn. 8). Ausreichend ist bereits, wenn die gegen den Willen der berechtigten Computernutzer installierte Schadsoftware jegliche Nutzung der auf dem Gerät gespeicherten Daten unmöglich macht und der Computer nur durch eine mit einem vollständigen Datenverlust verbundene Neuinstallation des Betriebssystems wieder genutzt werden kann (BGH NJW 2021, 2301).

3 **3.** Die in den Nr. 1, 2 und 3 des **Abs. 1** bezeichneten **Tathandlungen** (→ Rn. 4, 5, 6; näher Binder RDV 1995, 116 (119); Hilgendorf JuS 1996, 1082 (1083)) müssen den Eintritt einer **Störung** der geschützten Datenverarbeitung (→ Rn. 6) verursachen (Zaczyk in NK-StGB Rn. 14; zum Problem der kumulativen Kausalität Kelker GA 2009, 86 (97), die eine Verurteilung als Täter des Gesamterfolgs ablehnt; zust. Zaczyk in NK-StGB Rn. 14).

4 **a) Nr. 1:** Vgl. → § 303a Rn. 2, 3. Täter kann auch der Eigentümer einer Datenverarbeitungsanlage sein (einschr. Wieck-Noodt in MüKoStGB Rn. 14), wenn er zB Auftragnehmer des über die Daten verfügungsberechtigten „fremden" Unternehmens ist.

5 **b) Nr. 2:** Eingeben oder Übermitteln von Daten (202a II, → § 263a Rn. 3); Nachteilsabsicht → § 274 Rn. 7; als Beispiel werden Angriffe auf Rechner durch Überlastungen genannt (BT-Drs. 16/3656, 13; Schumann NStZ 2007, 675 (679);

Fischer Rn. 12; Hoyer in SK-StGB Rn. 15), auch sog. „Internet-Demonstrationen“ (BT-Drs. 16/5449, 6; Kelker GA 2009, 86; Hoffmanns ZIS 2012, 409) sowie Distributed-Denial-of-Service (DDoS)-Attacken über ein sog. Bot-Netz (LG Düsseldorf MMR 2011, 624 mAnm Bär; Altenhain in Matt/Renzikowski Rn. 7).

c) Nr. 3: Handlungsobjekte sind ausschließlich Datenverarbeitungsanlagen und Datenträger, also nur körperliche Sachen (Ernst NJW 2003, 3233 (3238); zu Denial-of-Service-Angriffen Stuckenberg AL 2008, 82 (84)). Sie müssen ebenso wie Daten (→ § 263 a Rn. 3) nicht notwendig Bestandteile eines EDV-Systems sein (zB Mikrofilme). Zu den einzelnen **Tathandlungen** (Zerstören usw) → § 303 Rn. 3–7; → § 87 Rn. 2. Erfasst werden auch gegen **eigene Sachen** gerichtete Tathandlungen, wenn dadurch in Rechte der geschützten Einrichtung (→ Rn. 2) eingegriffen wird (einschr. Lenckner/Winkelbauer CR 1986, 824 (831); Schulze-Heiming, Der strafrechtliche Schutz der Computerdaten gegen die Angriffsformen der Spionage, Sabotage und des Zeitdiebstahls, 1995, S. 214, Wessels/Hillenkamp/Schuhr StrafR BT II Rn. 62; Wolff in LK-StGB Rn. 18). 6

d) Stören (als Folge der Tathandlung) setzt nicht nur eine Gefährdung, sondern eine nicht unerhebliche Beeinträchtigung des reibungslosen Ablaufs der Datenverarbeitung voraus (BT-Drs. 10/5058, 36; Schulze-Heiming, Der strafrechtliche Schutz der Computerdaten gegen die Angriffsformen der Spionage, Sabotage und des Zeitdiebstahls, 1995, S. 209; Hilgendorf JuS 1996, 1082 (1083); Wieck-Noodt in MüKoStGB Rn. 19). Einerseits scheiden deshalb geringfügige Eingriffe auch in eine Datenverarbeitung von wesentlicher Bedeutung aus; andererseits ist aber – abweichend von § 316b I – eine Störung der geschützten Einrichtung im Ganzen nicht erforderlich (BT-Drs. 10/5058, 36). 7

4. Bedingter **Vorsatz** genügt (näher Schulze-Heiming, Der strafrechtliche Schutz der Computerdaten gegen die Angriffsformen der Spionage, Sabotage und des Zeitdiebstahls, 1995, S. 222; ebenso Hoyer in SK-StGB Rn. 27). 8

5. Versuch Abs. 3 (vom EU-Rahmenbeschluss zwingend vorgeschrieben, BT-Drs. 3656, 13). Besonders schwere Fälle **Abs. 4** → § 46 Rn. 7–10 a; → § 12 Rn. 4; die Regelung gilt nur für Fälle des Abs. 2, es gilt die Einschränkung auf Fälle von wesentlicher Bedeutung (→ Rn. 2; BT-Drs. 16/5449, 6 für Nr. 3 Var. 1: „spürbare Versorgungseinbußen“; Wessels/Hillenkamp/Schuhr StrafR BT II Rn. 67); **Nr. 1** Vermögensverlust → § 263 Rn. 66; **Nr. 2** gewerbsmäßig → Vor § 52 Rn. 20, → § 260 Rn. 2, Mitglied einer Bande → § 263 Rn. 66; **Nr. 3 Var. 1** lebenswichtige Güter (zB Nahrungsmittel, § 316 b III 2); **Var. 2** konkrete Gefährdung der Sicherheit (Fischer Rn. 25 a). **Abs. 5** sieht die entsprechende Anwendung von § 202 c auf die Vorbereitung einer Tat nach Abs. 1 vor; auf die Vorbereitung von Fällen nach Abs. 2 oder Abs. 4 gilt diese Anwendung nicht (Zaczyk in NK-StGB Rn. 28, ansonsten Verstoß gegen das Analogieverbot); tätige Reue ist nach § 202 c II, 149 II, III möglich (Hilgendorf in Satzger/Schluckebier/Widmaier StGB Rn. 14). 9

6. Tateinheit ua möglich mit §§ 88, 109 e, 202 a, 253 (BGH NJW 2021, 2301), 263 a, 268, 269, 316 b. Abs. 1 Nr. 1 geht dem § 303 a vor (Spezialität). Seine Nr. 2 verdrängt den § 303, weil die Sachbeschädigung als das zwar nicht notwendig, aber doch regelmäßig anzuwendende Tatmittel in der Strafdrohung bereits berücksichtigt ist (→ Vor § 52 Rn. 27; Hilgendorf JuS 1996, 1082 (1084); aM Möhrenschlager wistra 1986, 128 (142); Hecker in Schönke/Schröder Rn. 23; diff. Schulze-Hei- 10 ming, Der strafrechtliche Schutz der Computerdaten gegen die Angriffsformen der Spionage, Sabotage und des Zeitdiebstahls, 1995, S. 226).

§ 303c Strafantrag

In den Fällen der §§ 303, 303a Abs. 1 und 2 sowie 303b Abs. 1 bis 3 wird die Tat nur auf Antrag verfolgt, es sei denn, daß die Strafverfolgungsbehörde wegen des besonderen öffentlichen Interesses an der Strafverfolgung ein Einschreiten von Amts wegen für geboten hält.

Fassung: Anpassung an die Neufassung der §§ 303a, 303b durch das 41. StÄG (→ Vor § 1 Rn. 16).

1 **1. Strafantrag** §§ 77–77d.

2 **2.** Bei **§ 303** kommt als **Verletzter** (→ § 77 Rn. 6) neben dem Eigentümer auch in Frage, wer ein dingliches oder unmittelbares persönliches Recht (namentlich ein Nutzungsrecht, zB Miete) an der Sache hat (hM; OLG Karlsruhe MDR 1979, 1042; BayObLG NJW 1981, 1053 mablAnm Rudolphi JR 1982, 27; OLG Frankfurt a. M. NJW 1987, 389 mit abl. Bespr. Stree JuS 1988, 187; Schmittmann CR 1995, 548 (552); Wieck-Noodt in MüKoStGB Rn. 2; aM Mitsch StrafR BT II/1 § 5 Rn. 40; Otto StrafR BT § 47 Rn. 45; Kindhäuser/Hilgendorf in LPK-StGB Rn. 2; Fischer Rn. 3; Hoyer in SK-StGB Rn. 5; Zaczyk in NK-StGB Rn. 3). Ein **Einschreiten von Amts wegen** ist nur ausnahmsweise angezeigt (→ § 232 Rn. 4), etwa wenn die Tat den öffentlichen Frieden empfindlich gestört hat oder wenn Grund zu der Annahme besteht, dass die Entscheidungsfreiheit des Verletzten beeinträchtigt ist (ebenso Maurach/Schroeder/Maiwald/Hoyer/Momsen StrafR BT § 36 Rn. 26).

3 **3.** Bei **§ 303a** ist **Verletzter,** wer im Sinne der Ausführungen unter → § 303a Rn. 4 einen Eingriff in seine Rechtsposition erlitten hat, der vom Dateninhalt Betroffene also nur, wenn ihm ausnahmsweise ein Recht auf Unversehrtheit der Daten zusteht (ebenso Wieck-Noodt in MüKoStGB Rn. 5; Zaczyk in NK-StGB Rn. 4; zw.). Ebenso wie in den Fällen des § 202a (→ § 202a Rn. 3) sind bei Daten, die im Übermittlungsstadium beeinträchtigt werden, Absender und Empfänger nebeneinander verletzt. Ein **Einschreiten von Amts wegen** ist ausnahmsweise zu erwägen, wenn die Tat das Vertrauen in die Zuverlässigkeit einer für die Allgemeinheit wichtigen Datenverarbeitung gefährdet hat.

4 **4.** Bei **§ 303b** sind **Verletzte** nur die von der Vorschrift geschützten Betriebe, Unternehmen und Behörden (weiter Wolff in LK-StGB Rn. 2, auch der Verarbeiter fremder Daten; zw.). Soweit zugleich eine Sachbeschädigung (§ 303) oder eine Datenveränderung (§ 303a) zum Nachteil von unmittelbar Betroffenen vorliegt, haben diese das daraus folgende Antragsrecht. Ein **Einschreiten von Amts wegen** kommt hier nicht nur ausnahmsweise in Frage, weil für die Computersabotage die Verletzung von Allgemeininteressen typisch und die Ausgestaltung der Tat als Antragsdelikt daher nicht unbedenklich ist (krit. Möhrenschlager wistra 1986, 128 (142); Hilgendorf JuS 1996, 1082 (1083)).

5 **5. Kein Übergang des Antragsrechts** auf die Angehörigen (§ 77 II).

§304 Gemeinschädliche Sachbeschädigung

(1) **Wer rechtswidrig Gegenstände der Verehrung einer im Staat bestehenden Religionsgesellschaft oder Sachen, die dem Gottesdienst gewidmet sind, oder Grabmäler, öffentliche Denkmäler, Naturdenkmäler, Gegenstände der Kunst, der Wissenschaft oder des Gewerbes, welche in öffentlichen Sammlungen aufbewahrt werden oder öffentlich aufgestellt sind, oder Gegenstände, welche zum öffentlichen Nutzen oder zur Verschönerung öffentlicher Wege, Plätze oder Anlagen dienen, beschädigt oder zerstört, wird mit Freiheitsstrafe bis zu drei Jahren oder mit Geldstrafe bestraft.**

(2) **Ebenso wird bestraft, wer unbefugt das Erscheinungsbild einer in Absatz 1 bezeichneten Sache oder eines dort bezeichneten Gegenstandes nicht nur unerheblich und nicht nur vorübergehend verändert.**

(3) **Der Versuch ist strafbar.**

Fassung: Abs. 2 durch das 39. StÄG (→ Vor § 1 Rn. 15) eingefügt; aus Abs. 2 StGB aF wurde Abs. 3.

1 **1.** Geschützt ist im Gegensatz zu § 303 nicht das Eigentum, sondern **das allgemeine Interesse** an bestimmten zweckgebundenen, namentlich kulturellen oder gemeinnützigen Gegenständen (Schuhr JA 2009, 169 (173); Fischer Rn. 2). Der Gegenstand muss nicht fremd sein (zust. Schuhr JA 2009, 169 (173)), Täter kann daher auch der Eigentümer sein.

2 **2. a) Gottesdienstliche Sachen** → § 243 Rn. 19. **Grabmäler** sind die der Erinnerung an den Toten dienenden Teile des Grabes (BGHSt 20, 286 = NJW 1966, 164; → § 168 Rn. 7). **Öffentliche** (dh allg. zugängliche) **Denkmäler** sind von Menschen geschaffene Sachen aus vergangener Zeit, deren Erhaltung wegen ihrer geschichtlichen, künstlerischen, städtebaulichen, wissenschaftlichen oder volkskundlichen Bedeutung im Allgemeininteresse liegt, zB auch die Marienfeste in Würzburg (LG Bamberg NJW 1953, 997) und das der Allgemeinheit gewidmete Hünengrab (OLG Celle NJW 1974, 1291); ergänzende, konstitutiv wirkende Voraussetzungen des Landesrechts (Zusammenstellung der Denkmalschutzgesetze bei Buddendiek/Rutkowski NebenStrafR-Lex Kap. B Rn. 188), zB das Erfordernis der Eintragung in ein Denkmalbuch, sind für die Auslegung relevant (Weber FS Tröndle, 1989, 337; aM Wolff in LK-StGB Rn. 7; zw.). **Naturdenkmäler** sind iSd § 28 BNatSchG zu verstehen (BT-Drs. 8/2382, 13). Bei den **Gegenständen der Kunst, der Wissenschaft oder des Gewerbes** entscheidet die allgemeine Zugänglichkeit der Sammlung, nicht das Eigentum; hierher gehören zB Staats- und Universitätsbibliotheken (auch wenn ihre Benutzung von einer vorherigen Zulassung abhängig ist, OLG Hamm NJW-Spezial 2015, 377), nicht aber Gerichtsbüchereien (BGHSt 10, 285 = NJW 1957, 1158).

3 **b)** Ein **Gegenstand dient dem öffentlichen Nutzen,** wenn ihm der Zweck, der Allgemeinheit zu nützen (Gemeinwohlfunktion), unmittelbar beigelegt ist (BGH NJW 1990, 3029; OLG Hamm MDR 1982, 71; OLG Oldenburg NJW 1988, 924; Küper/Zopfs StrafR BT Rn. 405; krit. Loos JuS 1979, 699), wenn er auf einer ausdrücklichen oder aus allgemeiner Übung erwachsenen (OLG Hamm JMBl. NRW 1972, 34), nicht notwendig von der Staatsgewalt erlassenen (Wieck-Noodt in MüKoStGB Rn. 18; aM Schroeder JZ 1976, 100) Widmung beruht und

wenn er nicht durch einen zugleich verfolgten schädlichen Zweck aufgewogen wird (aM KG JZ 1976, 98 mablAnm Schroeder; sa Nöldeke JuS 1983, 298). In Frage kommen zB Anschlagsäulen, Ruhebänke, trigonometrische Zeichen, öffentliche Fernsprechstellen (Schmittmann CR 1995, 548 (553)), Feuermelder, Feuerlöscher in allgemein zugänglichen Räumen (BayObLG NJW 1988, 837), Parkuhren (AG Nienburg Nds. Rpfl. 1961, 232), Verkehrszeichen (BGH VRS 19, 130; OLG Köln NJW 1999, 1042 (1044); Wrage NStZ 2000, 32; Rengier StrafR BT I § 25 Rn. 4; Hoyer in SK-StGB Rn. 11; Zaczyk in NK-StGB Rn. 11), uU auch private Rettungsfahrzeuge (OLG Düsseldorf NJW 1986, 2122 mAnm Hassemer JuS 1986, 914; zw.). In der Regel nicht erfasst werden dagegen Wahlplakate (LG Wiesbaden NJW 1978, 2107 mit Bespr. Loos JuS 1979, 699; Wilhelm JuS 1996, 424 (427)), Strafanstalten (aM LG Koblenz MDR 1981, 956; OLG Koblenz NStZ 1983, 29; Laubenthal FS Otto, 2007, 659 (667); wie hier Heinrich in Arzt/Weber/Heinrich/Hilgendorf StrafR BT § 12 Rn. 35; Zaczyk in NK-StGB Rn. 11; sa BGH NStZ 2006, 345, Fenstergitter eines JVA-Krankenhauses; zust. Fischer Rn. 11; zw.), Geschwindigkeitsmessanlagen (OLG Braunschweig OLGSt StGB § 306 Nr. 1) und Polizeistreifenwagen (BGHSt 31, 185 = NJW 1983, 1437 mit Bespr. Stree JuS 1983, 836; Loos JR 1984, 169; str.), weil es bei ihnen am unmittelbaren öffentlichen Nutzzweck fehlt; ferner auch von Gemeinden angelegte Skilanglaufspuren (Loipen), weil sie als solche keine Sachen sind (BayObLG NJW 1980, 132 mablAnm Schmid JR 1980, 430; Wieck-Noodt in MüKoStGB § 303 Rn. 10; aM LG Kempten NJW 1979, 558; Wessels/Hillenkamp/Schuhr StrafR BT II Rn. 54). Der Schutz bleibt bestehen, auch wenn die Gegenstände vorübergehend außer Tätigkeit gesetzt sind (OLG Hamm JMBl. NRW 1959, 8). Für die Gemeinwohlfunktion von Wegen und Anlagen sind weder Eigentum noch Besucherzahl maßgebend, sondern die Freigabe für den allgemeinen Verkehr und die allgemeine Zugänglichkeit, wenn auch nur gegen eine Gebühr (BGHSt 22, 209 = NJW 1968, 1974) oder die Erfüllung bestimmter Bedingungen (OLG Düsseldorf MDR 1986, 515). – Zur **Verschönerung** dienen zB Zierpflanzen, Fahnen usw.

4 **3. a) Abs. 1: Beschädigen,** Zerstören → § 303 Rn. 3–7. Jedoch muss hier gerade der besondere Zweck der Sache beeinträchtigt werden (OLG Karlsruhe Justiz 1978, 323); daran fehlt es idR bei Bemalen oder Besprühen (OLG Schleswig SchlHA 2002, 148; KG NStZ 2007, 223). **Abs. 2** Verändern des Erscheinungsbildes → § 303 Rn. 7a–d; trotz des nicht eindeutigen Wortlauts ist auch hier aus systematischen und teleologischen Gründen die Beeinträchtigung der öffentlichen Zweckbestimmung der Sache zu verlangen (OLG Jena NJW 2008, 776; KG NStZ-RR 2009, 310 mit zust. Bespr. Jahn JuS 2009, 958; Schuhr JA 2009, 169 (173); Kudlich GA 2006, 38 (41); Wessels/Hillenkamp/Schuhr StrafR BT II Rn. 56; unentschieden Kindhäuser/Hilgendorf in LPK-StGB Rn. 4); das ist etwa beim vollständigen Besprühen der Sitzfläche einer öffentlichen Toilettenanlage der Fall (Jahn JuS 2009, 958 (960)); bei der Besprühung von Fahrzeugen des öffentlichen Personenverkehrs kommt es darauf an, ob deren Benutzung für die Verkehrsbetriebe noch zumutbar oder ein Ausfall zur Reinigung erforderlich ist (KG OLGSt StGB § 304 Nr. 3; OLG Köln StraFo 2018, 83 mit Bespr. Jahn JuS 2018, 395; weiter OLG Hamburg NStZ 2015, 37 zu Recht mablAnm Jäger JA 2014, 549, ausreichend sei die Verunmöglichung der Werbung neuer Fahrgäste).

5 **4.** Der **Vorsatz** (→ § 303 Rn. 8) muss auch die besondere Zweckbestimmung umfassen.

5. Rechtswidrigkeit → § 303 Rn. 9. Der Eigentümer handelt nur rechtswidrig, soweit die Zweckbestimmung sein Verfügungsrecht ausschließt; in diesem Bereich hat auch seine Einwilligung keine rechtfertigende Wirkung. **Abs. 2 unbefugt** → § 303 Rn. 9a. 6

6. Dem § 303 geht die Vorschrift vor (Spezialität; ähnlich Schuhr JA 2009, 169 (173), Konsumtion; aM Rengier StrafR BT I § 25 Rn. 1, Tateinheit). Zur Konkurrenz mit § 168 → § 168 Rn. 10. 7

7. Kein Strafantrag erforderlich. 8

§ 305 Zerstörung von Bauwerken

(1) **Wer rechtswidrig ein Gebäude, ein Schiff, eine Brücke, einen Damm, eine gebaute Straße, eine Eisenbahn oder ein anderes Bauwerk, welche fremdes Eigentum sind, ganz oder teilweise zerstört, wird mit Freiheitsstrafe bis zu fünf Jahren oder mit Geldstrafe bestraft.**

(2) **Der Versuch ist strafbar.**

1. Qualifikationstatbestand zu § 303. 1

2. Gebäude ist – weiter als in § 243 Nr. 1 – auch der türen- und fensterlose Rohbau (BGHSt 6, 107 = NJW 1954, 1335; str.). **Schiff** ist nur ein größeres Wasserfahrzeug (hM). Keine **Brücke** ist ein wenig tragfähiger Steg. **Gebaute Straße** ist auch der Kanal (Wieck-Noodt in MüKoStGB Rn. 11). **Eisenbahn** bezeichnet nur den gebauten Bahnkörper mit Schienen, nicht die Wagen. Ein **anderes Bauwerk** ist zB das noch nicht fertiggestellte Gebäude (OGHSt 2, 209), der Staudamm, das private Denkmal und die Gartenmauer (BGHSt 6, 107 = NJW 1954, 1335); auch ein für mehrere Tonnen Inhalt vorgesehener, auf dem Boden errichteter, massiv ummantelter Tankbehälter (BGHSt 41, 219 (221) = NJW 1996, 328). 2

3. Zerstören ist eine so wesentliche Beschädigung, dass das Gebäude längere Zeit für seinen Zweck unbrauchbar wird (OGHSt 1, 53; OGHSt 2, 209); zum teilweisen Zerstören → § 306 Rn. 4; sowie BGHSt 57, 50 = NJW 2012, 693 mAnm Bachmann/Goeck JR 2012, 309; StV 2013, 632. 3

4. Vorsatz und Rechtswidrigkeit → § 303 Rn. 8, 9. 4

5. Dem § 303 geht die Vorschrift vor **(Spezialität)**, während sie von § 306 verdrängt wird (→ § 306 Rn. 6). 5

§ 305a Zerstörung wichtiger Arbeitsmittel

(1) **Wer rechtswidrig**

1. **ein fremdes technisches Arbeitsmittel von bedeutendem Wert, das für die Errichtung einer Anlage oder eines Unternehmens im Sinne des § 316b Abs. 1 Nr. 1 oder 2 oder einer Anlage, die dem Betrieb oder der Entsorgung einer solchen Anlage oder eines solchen Unternehmens dient, von wesentlicher Bedeutung ist, oder**
2. **ein für den Einsatz wesentliches technisches Arbeitsmittel der Polizei, der Bundeswehr, der Feuerwehr, des Katastrophenschutzes oder eines Rettungsdienstes, das von bedeutendem Wert ist, oder**

3. ein Kraftfahrzeug der Polizei, der Bundeswehr, der Feuerwehr, des Katastrophenschutzes oder eines Rettungsdienstes

ganz oder teilweise zerstört, wird mit Freiheitsstrafe bis zu fünf Jahren oder mit Geldstrafe bestraft.

(2) **Der Versuch ist strafbar.**

Fassung: Erweiterung von Abs. 1 Nr. 2 und Einfügung von Nr. 3 durch das 44. StÄG (→ Vor § 1 Rn. 17).

1 **1.** Die durch das TerrBekG (→ Vor § 1 Rn. 10) eingeführte Vorschrift – ein **Qualifikationstatbestand** zu § 303 – erstreckt den **Strafschutz** in das Vorfeld des § 316b (Wieck-Noodt in MüKoStGB Rn. 1, 2). Deshalb steht nicht der Schutz des Eigentums, sondern das Allgemeininteresse an der Funktionstüchtigkeit lebenswichtiger Betriebe und Einrichtungen im Vordergrund. Materiellrechtlich ist der Tatbestand als weitere Zwischenstufe zur Erfassung von Sabotagehandlungen sinnvoll nicht erklärbar (zust. Fischer Rn. 2a; aM BT-Drs. 10/6635, 13; krit. Dencker StV 1987, 117 (122); Kühl NJW 1987, 737 (746); Wolff in LK-StGB Rn. 1; Zaczyk in NK-StGB Rn. 1). Seine Bedeutung liegt in der problematischen Einbeziehung in den § 129a (→ § 129a Rn. 1; sowie → Vor § 125 Rn. 1).

2 **2. a) Abs. 1 Nr. 1: Technisches Arbeitsmittel** ist jeder auf Grund technischer Erfahrungen hergestellte Gegenstand, der geeignet und dazu bestimmt ist, die Arbeitsvorgänge bei der Errichtung von Anlagen usw zu ermöglichen oder zu erleichtern, zB Arbeits- und Kraftmaschinen, Hebe- und Fördereinrichtungen sowie Beförderungsmittel (BT-Drs. 10/6635, 14; sa § 2 I 1 GeräteSichG). **Fremd** → § 242 Rn. 4–7. **Von bedeutendem Wert** → § 315c Rn. 24. **Anlage oder Unternehmen iSd § 316b I Nr. 1, 2** → § 316b Rn. 2, 3. **Von wesentlicher Bedeutung** ist ein Arbeitsmittel, wenn sein Ausfall den störungsfreien Ablauf der für die Anlage (das Unternehmen) vorgesehenen Baumaßnahmen im Ganzen beeinträchtigen würde (Wieck-Noodt in MüKoStGB Rn. 16; ähnlich Kindhäuser/Hilgendorf in LPK-StGB Rn. 2; → § 303b Rn. 2).

3 **b) Kraftfahrzeug** ist hier im Hinblick auf den Schutzzweck der Vorschrift (→ Rn. 1) entsprechend § 248b IV (→ § 248b Rn. 2) und damit weiter als in § 1 II StVG (→ § 44 Rn. 3) zu verstehen (hM); erfasst sind deshalb auch Luft- und Wasserfahrzeuge (Wieck-Noodt in MüKoStGB Rn. 18). Es kommt nicht auf die Eigentumsverhältnisse, sondern darauf an, ob das Fahrzeug von einer zuständ Stelle der **Polizei** oder **Bundeswehr** für dienstl Zwecke bereitgestellt ist (ebenso Mitsch StrafR BT II Abschn. 3.3.2.1.3; Otto StrafR BT § 47 Rn. 20). Besondere Kennzeichnung als Polizei- oder Militärfahrzeug ist nicht erforderlich.

4 **3. Zerstören** → § 303 Rn. 7. **Teilweises** Zerstören bedeutet, von den bestimmungsmäßigen Funktionen des Arbeitsmittels eine oder mehrere vollständig aufheben; dafür genügt nicht das Heraustreten der Seitenscheiben eines Polizeifahrzeugs (BGH NStZ-RR 2011, 338, nur § 303 I).

5 **4.** Der **Vorsatz** (bedingter genügt) braucht die Rechtswidrigkeit nicht zu umfassen. Sie ist hier allgemeines Verbrechensmerkmal; jedoch scheidet im Falle der Nr. 2 der verfügungsberechtigte Amtsträger oder Soldat schon aus dem Tatbestand aus (→ § 15 Rn. 6; Wieck-Noodt in MüKoStGB Rn. 8; aM Fischer Rn. 9a; Zaczyk in NK-StGB Rn. 9).

5. Dem § 303 geht die Vorschrift vor **(Spezialität).** Mit § 316b ist Tateinheit möglich (aM Hecker in Schönke/Schröder Rn. 16, § 305a tritt zurück). 6

28. Abschnitt. Gemeingefährliche Straftaten

Vorbemerkung

Der 28. Abschnitt ist durch das 6. StrRG (→ Vor § 1 Rn. 13) erheblich umgestaltet worden. Völlig neu geordnet wurden vor allem die Brandstiftungsdelikte, bei denen die neu bezifferten §§ 306–306f an die Stelle der bisherigen §§ 306–310a treten (Rengier JuS 1998, 397; Wolters JR 1998, 271). Diese Neuordnung hat zwar einen Gewinn an Übersichtlichkeit gebracht und manche Auslegungsfragen geklärt (Geppert Jura 1998, 597 (598)), doch ist das Reformziel, ein übersichtliches, einheitliches und lückenloses System zu errichten (vgl. BT-Drs. 13/8587, 26), nur unvollkommen erreicht worden (krit. Wolters JR 1998, 271 (275); Schroeder GA 1998, 571; Cantzler JA 1999, 474; Fischer NStZ 1999, 13; Radtke ZStW 110 (1998), 848; Wessels/Hettinger/Engländer StrafR BT I Rn. 952; zu den vorausgegangenen Entwürfen krit. Radtke, Das Ende der Gemeingefährlichkeit?, 1997). Reformvorschläge bei Börner, Ein Vorschlag zum Brandstrafrecht, 2006. Bei den übrigen Vorschriften des Abschnitts wurden vor allem Umnummerierungen vorgenommen (es ist zB die gemeingefährliche Vergiftung jetzt in § 314, der § 319 StGB aF ersetzt, geregelt) und aufgesplitterte Delikte in einer Vorschrift zusammengefasst (so zB die §§ 312, 313, 314 aF in § 313 Herbeiführen einer Überschwemmung). Ansonsten ist hervorzuheben, dass § 315b III iVm § 315 III eine neue Erfolgsqualifikation erhielt und § 316a den Charakter als echtes Unternehmensdelikt verlor. 2017 ist eine Strafnorm gegen verbotene Kraftfahrzeugrennen (§ 315d nF) eingefügt worden, so dass aus dem vorherigen § 315d aF nunmehr § 315e geworden ist. § 323c hat einen Abs. 2 erhalten. 1

§ 306 Brandstiftung

(1) **Wer fremde**
1. **Gebäude oder Hütten,**
2. **Betriebsstätten oder technische Einrichtungen, namentlich Maschinen,**
3. **Warenlager oder -vorräte,**
4. **Kraftfahrzeuge, Schienen-, Luft- oder Wasserfahrzeuge,**
5. **Wälder, Heiden oder Moore oder**
6. **land-, ernährungs- oder forstwirtschaftliche Anlagen oder Erzeugnisse**

in Brand setzt oder durch eine Brandlegung ganz oder teilweise zerstört, wird mit Freiheitsstrafe von einem Jahr bis zu zehn Jahren bestraft.

(2) **In minder schweren Fällen ist die Strafe Freiheitsstrafe von sechs Monaten bis zu fünf Jahren.**

1. Die Vorschrift ersetzte 1998 den überalterten, höchst reformbedürftigen § 308 I Alt. 1 (BT-Drs. 13/8587, 26; Bayer in Schlüchter, 6. StrRG, 1998, S. 103; Geppert Jura 1998, 597 (598); Stein in DSNS StrRG § 4 Rn. 31). Sie bezweckt den **Schutz fremden** (→ § 242 Rn. 4–7) **Eigentums** (Spezialfall der Sachbeschädigung Geppert Jura 1998, 597 (599); Stein in DSNS StrRG § 4 Rn. 37; Wolters JR 1

1998, 271; Wolff in LK-StGB Rn. 3, 45; Heine/Bosch in Schönke/Schröder Rn. 1); daher ist rechtfertigende Einwilligung (→ Vor § 32 Rn. 15) möglich (BGH NJW 2003, 1824 mit zust. Bespr. Hagemeier/Radtke NStZ 2008, 198 (202); Geppert Jura 1998, 597 (599); Rengier JuS 1998, 397 (398); Kindhäuser/Schramm StrafR BT I § 64 Rn. 1; Otto StrafR BT § 79 Rn. 6; Wessels/Hettinger/Engländer StrafR BT I Rn. 956; iE auch Radtke in MüKoStGB Rn. 61; aM Duttge Jura 2006, 15 (18); zur möglichen Vertretung, auch juristischer Personen, und der Missbrauchsgrenze s. BGH NJW 2003, 1824; → Vor § 32 Rn. 17); § 306 ist deshalb auch nicht das „Grunddelikt" der folgenden Brandstiftungsdelikte (Schroeder GA 1998, 571; Fischer NStZ 1999, 13; Sinn Jura 2001, 803; Wolters in SK-StGB Rn. 1; vgl. auch Radtke ZStW 110 (1998), 848 (854), der § 306 I und § 306a I als zwei nebeneinander stehende Grundtatbestände betrachtet; ebenso Heinrich in Krey/Hellmann/Heinrich StrafR BT I Rn. 1100, der jedoch nur § 306b als Qualifikation zu § 306a I und § 306 sieht, zust. Knauth Jura 2005, 230 (231)). Der einfachen Brandstiftung soll nach den Vorstellungen des Gesetzgebers auch „ein Element der Gemeingefährlichkeit bzw -schädlichkeit" anhaften (BT-Drs. 13/8587, 87; BGH NJW 2001, 765 mit zust. Bespr. Kreß JR 2001, 315; Radtke in MüKoStGB Rn. 8 „Kombinationsdelikt"; für Auslegung als gemeingefährliches Delikt Klesczewski HRRS 2013, 465 (473); dagegen aber Wolff JR 2002, 94; eing. schon Liesching, Die Brandstiftungsdelikte der §§ 306–306c StGB nach dem Sechsten Gesetz zur Reform des Strafrechts, 2002, S. 68, 73; krit. Schroeder GA 1998, 571; Stein in DSNS StrRG § 4 Rn. 37 Fn. 67); dementsprechend wird der Unrechtsgehalt des § 306 I auch in der Lit. in einer Kombination von Eigentumsverletzung und damit verbundener Gemeingefährlichkeit für weitere Rechtsgüter gesehen (Radtke ZStW 110 (1998), 848 (857, 861); Börner, Ein Vorschlag zum Brandstrafrecht, 2006, S. 7), wobei die Eigentumsverletzung zumindest hinsichtlich der möglichen rechtfertigenden Einwilligung überwiegt (Otto JK StGB § 306 Rn. 6; anders Börner, Ein Vorschlag zum Brandstrafrecht, 2006, S. 9). – Zur Entwicklung der Rspr. Hagemeier/Radtke NStZ 2008, 198; Bachmann/Goeck NStZ-RR 2011, 297. – Für die Einfügung eines Grundtatbestandes Börner, Ein Vorschlag zum Brandstrafrecht, 2006, S. 17 mit Gesetzesvorschlag S. 59.

2 **2. Abs. 1** nennt in sechs Nummern neben einigen alten auch neue **Tatobjekte,** die sprachlich der heutigen Wirtschaftsordnung angepasst sind (Hörnle Jura 1998, 169 (180); Wolff FS Rüping, 2008, 29; krit. zu der damit verbundenen Ausweitung des Tatbestandes Schroeder GA 1998, 571; Stein in DSNS StrRG § 4 Rn. 39). Nr. 1 erfasst wie bisher jedes **Gebäude,** das einen Zweck – sei es auch nur den, wiederhergestellt zu werden – verkörpert (OGHSt 2, 209), also neben zB Wohngebäuden (BGHSt 56, 94 = NJW 2011, 1090; auch erfasst von § 306a I Nr. 1) auch den Rohbau (BGHSt 6, 107 = NJW 1954, 1335) und die instandsetzungsfähige Ruine (BGH bei Holtz MDR 1977, 810) sowie **Hütten** (etwa Bau- oder Marktbuden; BT-Drs. 8587, 68; OLG Karlsruhe MDR 1981, 1036; BayObLG NJW 1989, 2704, aber auch Jagdhochsitze, BGH StraFo 2021, 525 mit Anm Jäger RdL 2022, 6; Bespr. v. Heintschel-Heinegg JA 2021, 1044). Nr. 2 enthält neue Brandobjekte wie **Betriebsstätten,** nach § 12 AO jede feste Geschäftseinrichtung oder Anlage, die der Tätigkeit eines Unternehmens dient (Heine/Bosch in Schönke/Schröder Rn. 5; ähnlich Wolff in LK-StGB Rn. 26–28; Wolters in SK-StGB Rn. 4, auch Geschäftsräume; Radtke in MüKoStGB Rn. 28: auch Warenhäuser), zB Fabrikations- oder Werkstätten (§ 12 S. 2 Nr. 4 AO), die dieser Verwendung noch nicht entzogen worden sind (BGH NStZ 2014, 415, nicht mehr ein Fischkutter, der als Verkaufsstand

dient); erfasst werden nur Funktionseinheiten von erheblichem Ausmaß, Betriebsstätten von bestimmter Größe und Wert (Schroth StrafR BT S. 331; Stein in DSNS StrRG § 4 Rn. 42; weiter Joecks/Jäger StGB Rn. 8, Bauwagen oder Imbissbuden; ebenso Sinn Jura 2001, 803 (805), Wolff FS Rüping, 2008, 29 (36); Radtke in MüKoStGB Rn. 31; aM Fischer Rn. 4); zu den **technischen Einrichtungen** (OLG Braunschweig StRR 2014, 83 mAnm Bachmann ZIS 2014, 473, nicht Geschwindigkeitsmessanlage) und **Maschinen** gehören neben Produktionsmaschinen auch Kommunikationsanlagen (Sinn Jura 2001, 803 (805)). Nr. 3: **Warenlager** ist jede mobile oder stationäre Lagerstätte, die zur Lagerung nicht ganz unerheblicher Warenmengen geeignet und bestimmt ist (BGHSt 63, 300 = NJW 2019, 1238 mAnm Heger JR 2019, 348; Bespr. Kudlich JA 2019, 306), was über den vorherigen Begriff des „Magazins" (dazu BGHSt 41, 219 = NJW 1996, 328) hinaus geht. **Vorräte** sind größere Mengen von körperlichen Gegenständen, die nicht zum Eigenverbrauch, sondern zum gewerblichen Umsatz bestimmt sind (BGHSt 63, 300 = NJW 2019, 1238; BGHSt 63, 111 = NJW 2018, 1766 mAnm Bachmann NStZ 2018, 657; Bespr. Eisele JuS 2018, 724). Nr. 4 schützt **Kraftfahrzeuge** aller Art, die durch Maschinenkraft bewegt werden (vgl. § 1 II StVG; Stein in DSNS StrRG § 4 Rn. 42; Wolff in LK-StGB Rn. 34); weitergehend als in § 248b IV (→ § 248b Rn. 2) sind auch an Schienen gebundene Fahrzeuge erfasst; bei den Schienen-, Luft- und Wasserfahrzeugen fehlt jede Begrenzung, so dass auch nicht durch Maschinenkraft betriebene Fahrzeuge wie das Schlauchboot (Schroeder GA 1998, 571) oder der Gleitschirm (Wolters JR 1998, 271) und Fahrzeuge, die weder einer größeren Zahl von Personen noch einer größeren Menge von Transportgütern Platz bieten (krit. Stein in DSNS StrRG § 4 Rn. 42; Wolff in LK-StGB Rn. 33), erfasst sind, doch dürfen sie nicht ihre Mobilität eingebüßt haben (BGH NStZ 2014, 415, Fischkutter als ortsfester Verkaufsstand); zum Schienen- und Schiffsverkehr → § 315 Rn. 2; sowie Sinn Jura 2001, 803 (805); angesichts der hohen Strafdrohung scheiden Auto-, Eisenbahn-, Flug- oder Schiffsmodelle aus (Sinn Jura 2001, 803 (806)). Nr. 5: **Wälder** ersetzt ohne sachliche Änderung den bisherigen Begriff „Waldung" (BGHSt 31, 83 = NJW 1982, 2266; BayObLGSt 1993, 106); zu **Heiden** und **Moore** Fischer Rn. 8. Nr. 6: **Anlagen** (→ § 325 Rn. 2) oder **Erzeugnisse** (nicht mehr nur „Vorräte"; krit. Schroeder GA 1998, 571; Stein in DSNS StrRG § 4 Rn. 46) der Land-, Ernährungs- und Forstwirtschaft. Im Hinblick auf die Schwere der Strafdrohung fallen allgemein nur solche Objekte in den Schutzbereich, die jeweils eine größere Menge oder einen nicht unerheblichen Wert verkörpern (LG Freiburg NStE Nr. 3 zu § 308 StGB aF; Geppert Jura 1998, 597 (599); Schroeder GA 1998, 571 (572); Kindhäuser/Hilgendorf in LPK-StGB Rn. 3; Wolters in SK-StGB Rn. 8; Heine/Bosch in Schönke/Schröder Rn. 3; vgl. auch Wolff in LK-StGB Rn. 43). Darüber hinaus wird von denen, die auch die Gemeingefährlichkeit von § 306 I erfasst sehen, eine Ausscheidung der Tatobjekte verlangt, von denen bereits typenmäßig keine generelle Gefährlichkeit im Brandfall ausgehen kann (Radtke ZStW 110 (1998), 848 (862)).

3. Abs. 1 umschreibt zwei alternative **Tathandlungen** (zur Abgernzung von Mittäetrschaft und Beihilfe BGH NStZ 2019, 514): 3

a) In Brand gesetzt ist ein Tatobjekt (→ Rn. 2), wenn es vom Feuer in einer Weise erfasst ist, die ein Fortbrennen aus eigener Kraft ermöglicht (BGHSt 18, 363 = NJW 1963, 1557; BGHSt 36, 221 = NJW 1989, 2900; BGHSt 48, 14 = NJW 2003, 302; BGH StV 2002, 145 mit Bespr. Hagemeier/Radtke NStZ 2008, 198; Radtke in MüKoStGB Rn. 51; Küper/Zopfs StrafR BT S. 350). Bei Gebäuden reicht das Brennen von Inventar nicht aus (BGHSt 16, 109 = NJW 1961, 1482,

Wandregal; BGH StV 2002, 145, Spanplatte; BGH NStZ-RR 2012, 309), wohl aber von solchen Teilen des Gebäudes, die für dessen bestimmungsmäßigen Gebrauch wesentlich sind (BGHSt 48, 14 = NJW 2003, 302; BGH NStZ 1982, 201; einschr. Kratzsch JR 1987, 360 (363); krit. Rengier StrafR BT II § 40 Rn. 8; Wolff in LK-StGB Rn. 7), was zB für eine Tür (BGHSt 20, 246 = NJW 1965, 1924), den Fußboden (OLG Hamburg NJW 1993, 117) und den fest mit dem Untergrund verbundenen Teppichboden (BGH NStZ-RR 1996, 86 (87)) bejaht, für Fußbodensockelleisten (BGH NStZ 1994, 130; NStZ-RR 2012, 310), die Tapete an der Wand (BGH NStZ 1981, 220), eine Lattentür im Keller (BGHSt 18, 363 = NJW 1963, 1557; ebenso für einen Lattenrost im Keller BGHSt 44, 175 = NJW 1999, 299 mAnm Ingelfinger JR 1999, 211) und eingelagerte Gegenstände wie ein Strohballen (OLG Saarbrücken NStZ-RR 2009, 80) dagegen verneint worden ist; zusf. Sinn Jura 2001, 803 (807). Eine Flamme braucht sich nicht zu entwickeln; Glimm- und Schwelbrände sind daher möglich (RGSt 18, 362); bloße „Verbrennungen" reichen aber nicht (BGH NStZ-RR 1997, 193; OLG Saarbrücken NStZ-RR 2009, 80), auch nicht die „Verrußung" einer Wand und der Deckenvertäfelung (BGHSt 48, 14 = NJW 2003, 302). Das schon brennende Gebäude kann an anderer Stelle nochmals in Brand gesetzt werden (OLG Hamm JZ 1961, 94 mAnm Stratenwerth); sogar bloßes **Intensivieren des Brandes,** etwa durch Zugießen von Öl, kann uU als Täterschaft erfasst werden, weil es vom Schutzzweck der Vorschrift gedeckt wird und die Wortlautschranke (→ § 1 Rn. 6) nicht zwingend entgegensteht (hM; vgl. Rudolphi FS Jescheck, 1985, 561; Otto StrafR BT § 79 Rn. 3; anders OLG Hamm JZ 1961, 94 mAnm Stratenwerth; Geppert Jura 1989, 417 (422); Jura 1998, 597 (601); Müller/Hönig JA 2001, 517 (518); Sinn Jura 2001, 803 (808); Wrage JuS 2003, 985; Hohmann/Sander StrafR BT § 32 Rn. 11; Rengier StrafR BT II § 40 Rn. 9; Joecks/Jäger StGB Rn. 27; Heine/Bosch in Schönke/Schröder Rn. 14). Bei Garantenstellung (→ § 13 Rn. 6), zB aus Ingerenz (BGH StV 1984, 247), aus freiwilliger Übernahme (OGHSt 1, 316, Mitglied der freiwilligen Feuerwehr), aus ehelicher Lebensgemeinschaft (OGHSt 3, 1) oder der Verantwortlichkeit für bestimmte Räumlichkeiten (Radtke, Die Dogmatik der Brandstiftungsdelikte, 1998, S. 410), nicht jedoch aus Versicherungsvertrag (aM RGSt 64, 273; Herzog/Kargl in NK-StGB Rn. 21; wie hier Geppert Jura 1998, 597 (601); Müller/Hönig JA 2001, 517 (518); Wrage JuS 2003, 985 (986); Radtke, Die Dogmatik der Brandstiftungsdelikte, 1998, S. 409), genügt **Unterlassen,** wenn auch die übrigen Voraussetzungen des § 13 erfüllt sind (BGH StV 1984, 247; näher Radtke in MüKoStGB Rn. 58). Das gilt jedenfalls dann, wenn der Garant (als Täter oder Teilnehmer) schon das Inbrandsetzen pflichtwidrig nicht verhindert. Jedoch kann auch eine zunächst fahrlässig begangene Brandstiftung (§ 306 d) wegen der bewussten Unterlassung des Eingreifens in eine vorsätzliche übergehen (BGHR § 306 Nr. 2, Inbrandsetzen 2; Klussmann MDR 1974, 187; Hecker Jura 1999, 198; aM Geppert Jura 1989, 417 (423); Sinn Jura 2001, 803 (808); Rengier StrafR BT II § 40 Rn. 11; Radtke, Die Dogmatik der Brandstiftungsdelikte, 1998, S. 407 und Heine/Bosch in Schönke/Schröder Rn. 18, neuer Brandherd erforderlich).

4 **b) Durch Brandlegung** (ganz oder teilweise) **zerstören.** Zerstören → § 305 Rn. 3; teilweise Zerstören liegt vor bei Unbrauchbarmachen von Teilen des Tatobjekts, die für dessen bestimmungsgemäßen Gebrauch wesentlich sind, zB der Wohnung als Teil des Gebäudes (BGH NStZ 2001, 252 mit Bespr. Hagemeier/Radtke NStZ 2008, 198 (199); BGH StraFo 2017, 474; NJW 2018, 246; NStZ-RR 2017, 375; NJW 2014, 1123, nicht Kellerräume); nicht ausreichend ist hin-

gegen nur das Zerstören von Mobiliar (BGHSt 48, 14 (20) = NJW 2003, 302 mAnm Wolff JR 2003, 391 und Bespr. Hagemeier/Radtke NStZ 2008, 198 (199)) oder eine geringfügige Beschädigung von Türen und Fenstern (BGH NJW 2016, 2349); ein Zerstören ist auch anzunehmen, wenn das Tatobjekt für einzelne Aufgaben nicht mehr zu gebrauchen ist (Hohmann/Sander StrafR BT § 32 Rn. 13; Wolters in SK-StGB Rn. 14). **Brandlegung** ist jede Handlung, die auf das Verursachen eines Brandes zielt (Radtke ZStW 110 (1998), 848 (871); Küpper/Börner StrafR BT I Kap. II § 5 Rn. 6; Rengier StrafR BT II § 40 Rn. 15; krit. Heine/Bosch in Schönke/Schröder Rn. 15, die auf die brandspezifische Gefährlichkeit der Handlung abstellen; noch enger Wrage JR 2000, 360 (362), der ein kurzfristiges Brennen verlangt; ebenso Sinn Jura 2001, 803 (807); aM Küper/Zopfs StrafR BT Rn. 357). Sie erfasst zum einen Fälle, in denen es zwar nicht zu einer vollendeten Inbrandsetzung iSd Alt. 1 kommt, in denen aber schon durch die Brandlegung vergleichbar schwere Gefährdungen durch Ruß-, Gas-, Rauch- und Hitzeentwicklung entstehen (Geppert Jura 1998, 597 (599); Hörnle Jura 1998, 169 (181); Rengier JuS 1998, 397 (398); Stein in DSNS StrRG § 4 Rn. 25; Wolters JR 1998, 271; Radtke in MüKoStGB Rn. 48); Löschmittelschäden durch automatische Löschanlagen sind einzubeziehen (Müller/Hönig JA 2001, 517 (519); Wolff in LK-StGB Rn. 15; aM Radtke in MüKoStGB Rn. 55). Auch hier muss ein wesentlicher Gebäudeteil (→ Rn. 3) betroffen sein; dafür reicht es nicht, dass eine Fensterscheibe durch Hitzeeinwirkung geborsten oder eine Elektroleitung angeschmort ist (BayObLG NJW 1999, 3570 mAnm Wolff JR 2000, 211, zu § 306 a II), auch nicht, dass Mobiliar zerstört wurde (BGH NStZ 2008, 519), wohl aber wenn in einem Mehrfamilienhaus ein zum selbständigen Gebrauch bestimmter Teil des Wohngebäudes, dh eine zum Wohnen bestimmte, abgeschlossene „Untereinheit" (zB Zimmer im Flüchtlingswohnheim, BGH NJW 2020, 942 mit Bespr. Kudlich JA 2020, 312). unbrauchbar geworden ist (BGHSt 48, 14 = NJW 2003, 302; BGH NStZ 2008, 519). Das (teilweise) Zerstören ist dann von dem erforderlichen Gewicht, wenn ein „verständiger Wohnungsinhaber" die Wohnung für eine beträchtliche Zeit nicht mehr benutzen würde (BGHSt 48, 14 = NJW 2003, 302 mit Bespr. Radtke NStZ 2003, 432, Wolff JR 2003, 391 (392); BGHSt 57, 50 = NJW 2012, 693 mAnm Bachmann/Goeck JR 2012, 309; BGH NJW 2018, 246; NStZ 2021, 171 mAnm Bock), eine stundenweise Unterbrechung der Stromversorgung reicht nicht (BGH NStZ 2007, 270 mit zust. Bespr. Hagemeier/Radtke NStZ 2008, 198 (200)), ebensowenig bloße Verschmutzungen ohne nachhaltige „Verrußung" der Wohnräume (BGH NStZ-RR 2012, 309), wohl aber das Vereiteln des Krankenhausbetriebs auf einer Station für zwei Tage (BGH NStZ-RR 2020, 109). Zum anderen sind Fälle erfasst, in denen der Zündstoff, statt zu brennen, explodiert (BT-Drs. 13/8587, 69 und 9064, 22; Joecks/Jäger StGB Rn. 33; Küper/Zopfs StrafR BT Rn. 356; einschr. auf Brennvorgänge Stein in DSNS StrRG § 4 Rn. 18; Maurach/Schroeder/Maiwald StrafR BT II § 51 Rn. 7). Explosion → § 308 Rn. 2. Zerstören **durch** Brandlegung setzt nicht voraus, dass der Brand die Sachzerstörung bewirkt hat; es reicht, dass sie durch die Brandlegungshandlung objektiv zurechenbar herbeigeführt wurde (Wrage JR 2000, 360 (363); Heine/Bosch in Schönke/Schröder Rn. 17; offen gelassen Stein in DSNS StrRG § 4 Rn. 24).

c) Eine teleologische Reduktion der Tathandlungen auf **nicht beherrschbare** 4a **Feuerquellen,** mittels derer etwa das Anzünden einer Zigarette im Freien ausgeschieden werden könnte, ist jedenfalls bei § 303 nicht vertretbar, für § 306 aber diskussionswürdig (vgl. Sinn Jura 2001, 803 (808)).

5 **4.** Der **Vorsatz** (bedingter genügt, dazu BGH NStZ 2010, 503) muss neben den Tatobjekten der Nr. 1–6 das Inbrandsetzen (nicht auch das Verbrennen) oder das Zerstören durch Brandlegung umfassen (OLG Saarbrücken NStZ-RR 2009, 80); zu „Vorsatzabweichungen" Wolters in SK-StGB Rn. 20; speziell zu sog. „Zündeleien", mit denen der Täter auf sein eigenes Schicksal aufmerksam machen will, Maurach/Schroeder/Maiwald/Hoyer/Momsen StrafR BT § 51 Rn. 10 mit Hinweis auf BGHSt 48, 14 = NJW 2003, 302. Der **Versuch** ist strafbar (Verbrechen); zu Möglichkeiten eines strafbefreienden Rücktritts s. BGH StV 2012, 16.

6 **5.** § 306 **verdrängt** § 303 und bei Zerstörung eines Gebäudes durch Brandstiftung auch den § 305 (BGH NJW 1954, 1335 zu § 308 aF; Otto StrafR BT § 79 Rn. 6). Er wird idR von §§ 306a–c verdrängt (für § 306a I Nr. 1 BGH NJW 2001, 765 mit Bespr. Kreß JR 2001, 315; Hagemeier/Radtke NStZ 2008, 198 (207); Hohmann/Sander StrafR BT § 32 Rn. 18; krit. Radtke in MüKoStGB Rn. 6; aM Wolters in SK-StGB Rn. 26, Tateinheit, ebenso für § 306a II und für § 306d I Alt. 2 Fischer Rn. 25, für § 306a I, II auch Heine/Bosch in Schönke/Schröder Rn. 24; Kindhäuser/Hilgendorf in LPK-StGB Rn. 13; eing. zur Konkurrenzproblematik Börner, Ein Vorschlag zum Brandstrafrecht, 2006, S. 11), kann mit ihnen aber auch tateinheitlich zusammentreffen, wenn die Tatobjekte zT nur unter § 306 fallen (RGSt 64, 273 (279) zu § 308 StGB aF) oder §§ 306a, 306b nur versucht sind (BGH NJW 2011, 2148 mAnm Bachmann/Goeck JR 2012, 349; BGH StV 2020, 585). Mit § 265 ist Tateinheit möglich (Fischer Rn. 24), mit § 263 III Nr. 5 dagegen idR Tatmehrheit (Fischer Rn. 24; aM Wolters in SK-StGB Rn. 26, Tateinheit). Geht der Täter davon aus, dass der gelegte Brand auf weitere Tatobjekte des § 306 übergreift, liegt nur eine Brandstiftung vor (BGH NJW 2016, 2349). In den Fällen des Übergangs von fahrlässiger in vorsätzliche Begehung (→ Rn. 3) wird die Fahrlässigkeitstat entweder als subsidiäre Gesetzesverletzung (→ Vor § 52 Rn. 26) oder als mitbestrafte Vortat (→ Vor § 52 Rn. 33) verdrängt. Wird eine Brandstiftung zwischen Vollendung und Beendigung eines Diebstahls zu dessen Verdeckung begangen, liegt Tatmehrheit nahe (BGH NStZ-RR 2014, 141).

7 **6.** Fahrlässige Brandstiftung § 306d. Tätige Reue § 306e. Führungsaufsicht § 321. Einziehung § 322. Anzeigepflicht § 138 I Nr. 9. Beachte auch die landesrechtlichen Vorschriften zum Schutz gegen Waldbrände (Buddendiek/Rutkowski NebenStrafR-Lex Kap. C Rn. 180), die angesichts der Folgen des Klimawandels an Bedeutung gewinnen.

§ 306a Schwere Brandstiftung

(1) **Mit Freiheitsstrafe nicht unter einem Jahr wird bestraft, wer**

1. **ein Gebäude, ein Schiff, eine Hütte oder eine andere Räumlichkeit, die der Wohnung von Menschen dient,**
2. **eine Kirche oder ein anderes der Religionsausübung dienendes Gebäude oder**
3. **eine Räumlichkeit, die zeitweise dem Aufenthalt von Menschen dient, zu einer Zeit, in der Menschen sich dort aufzuhalten pflegen,**

in Brand setzt oder durch eine Brandlegung ganz oder teilweise zerstört.

(2) **Ebenso wird bestraft, wer eine in § 306 Abs. 1 Nr. 1 bis 6 bezeichnete Sache in Brand setzt oder durch eine Brandlegung ganz oder teilweise zer-**

stört und dadurch einen anderen Menschen in die Gefahr einer Gesundheitsschädigung bringt.

(3) **In minder schweren Fällen der Absätze 1 und 2 ist die Strafe Freiheitsstrafe von sechs Monaten bis zu fünf Jahren.**

1. Abs. 1 schützt nur bestimmte menschliche Wohn- und Aufenthaltsstätten, aber ohne Rücksicht darauf, ob im Einzelfall eine konkrete Gefahr für Menschen entstanden ist (OGHSt 1, 244) oder sogar nach den Umständen ausgeschlossen war (BGH NJW 1982, 2329; NStZ 1985, 408; NStZ 1999, 32 mit Bespr. Wolters JR 1999, 208; vgl. auch BGHSt 43, 8 (12) = NJW 1997, 1717; Kratzsch, Verhaltenssteuerung und Organisation im Strafrecht, 1985, S. 111; Kratzsch FS Oehler, 1985, 65 (67); Schneider Jura 1988, 460; Kindhäuser, Gefährdung als Straftat, 1989, S. 296; Geppert FS Weber, 2004, 427; anders die in der Wissenschaft überwiegende Meinung; vgl. etwa Brehm, Zur Dogmatik des abstrakten Gefährdungsdelikts, 1973, S. 120; Wolter, Objektive und personale Zurechnung von Verhalten, Gefahr und Verletzung in einem funktionalen Straftatsystem, 1981, S. 276; Berz, Formelle Tatbestandsverwirklichung und materialer Rechtsgüterschutz, 1986, S. 101; krit. zu Wolter und Berz aber Graul, Abstrakte Gefährdungsdelikte und Präsumtionen im Strafrecht, 1991, S. 358, die eine Einschränkung der Strafbarkeit nur in Form von Strafaufhebungsgründen für denkbar hält; dazu zust. Jescheck/Weigend StrafR S. 264; Hoyer, Die Eignungsdelikte, 1987, S. 33; Schmidt, Untersuchung zur Dogmatik und zum Abstraktionsgrad abstrakter Gefährdungsdelikte, 1999, S. 202; krit. Zieschang Gefährdungsdelikte S. 380; eing. Radtke, Die Dogmatik der Brandstiftungsdelikte, 1998, S. 215, der eine Strafzumessungslösung vertritt; Liesching, Die Brandstiftungsdelikte der §§ 306–306c StGB nach dem Sechsten Gesetz zur Reform des Strafrechts, 2002, S. 97, der allenfalls einen minder schweren Fall nach Abs. 3 annehmen will; beachte auch Koriath GA 2001, 51 (65)). Die Tat nach Abs. 1 (zu Abs. 2 → Rn. 7) ist daher **abstraktes Gefährdungsdelikt** (→ Vor § 13 Rn. 32); daran hat die Neufassung durch das 6. StrRG nichts geändert (Geppert Jura 1998, 597 (601); Rengier JuS 1998, 397 (398); Wolters JR 1998, 271 (272); Stein in DSNS StrRG § 4 Rn. 3; Wessels/Hettinger/Engländer StrafR BT I Rn. 961; Kargl in NK-StGB Rn. 2; Radtke in MüKoStGB Rn. 3, der eine teleologische Reduktion ablehnt, 39–42); auf eine Ausschlussklausel wurde verzichtet (BT-Drs. 13/8587, 47; krit. Stein in DSNS StrRG § 4 Rn. 28). Die Rspr. lässt allerdings die Frage offen, ob die Inbrandsetzung kleiner, ohne weiteres überschaubarer Wohnstätten auszuscheiden ist, wenn die Gefährdung durch absolut zuverlässige lückenlose Maßnahmen objektiv und nach dem Wissen des Täters mit Sicherheit ausgeschlossen war (BGHSt 26, 121 = NJW 1975, 1369 mit krit. Bespr. Brehm JuS 1976, 22; BGHSt 34, 115 (119) = NJW 1987, 140; BGH NStZ 1985, 408; NStZ 2014, 404 mAnm Nestler; ebenso Heine/Bosch in Schönke/Schröder Rn. 2; abl. Rengier StrafR BT II § 40 Rn. 31; vgl. auch Graul, Abstrakte Gefährdungsdelikte und Präsumtionen im Strafrecht, 1991, S. 356). Auf das Eigentum kommt es nicht an (RGSt 60, 137). Im Einzelnen werden erfasst: 1

a) Nr. 1: Andere **Räumlichkeiten** (Wolff in LK-StGB Rn. 10; krit. zu diesem weiten Oberbegriff Radtke ZStW 110 (1998), 848 (864); Geppert FS Weber, 2004, 427 (438)), insbes. Gebäude, Schiffe (gleich welcher Größe; aM Heine/Bosch in Schönke/Schröder Rn. 4) und Hütten (zB Schrebergartenhäuschen), sofern sie Menschen **zum Wohnen dienen,** dh von mindestens einem Menschen rein tatsächlich bewohnt werden (Küper/Zopfs StrafR BT Rn. 800); Wohnungen in Ge- 2 bäuden sind als Teile des Gebäudes ebenso erfasst (BGHSt 48, 14 = NJW 2003, 302; BGHSt 56, 94 = NJW 2011, 1090 mAnm Bachmann/Goeck NJW 2011, 1092; Börner StraFo 2011, 195; LG Mannheim StV 2013, 616 (623)) wie Wohnungen, die wie Wohnwagen kein Gebäude sind (BGHSt 48, 14 = NJW 2003, 302; umstr ist die Schlafkoje im Lkw, dagegen Geppert FS Weber, 2004, 427 (439), dafür Rengier StrafR BT II § 40 Rn. 19). Dessen vorübergehende Abwesenheit – auch für längere Zeit – ist unerheblich (BGH NStZ 1984, 455; NStZ 1985, 408), es sei denn, dass er die Räume erkennbar nicht mehr als seine Wohnung betrachtet (BGHSt 26, 121 (122) = NJW 1975, 1369; BGH NStE Nr. 11; NStZ-RR 2021, 48; Geppert Jura 1998, 597 (600); Müller/Hönig JA 2001, 517 (519)). Dass die Gebäude usw lediglich zum Wohnen bestimmt oder geeignet sind, ist weder erforderlich noch ausreichend. Ein nicht bezogener Neubau dient daher noch nicht und ein tatsächlich von allen Bewohnern (BGH NJW 1988, 1276; NJW 1999, 32) aufgegebenes (BGHSt 16, 394 = NJW 1962, 646; BGH NStZ 1992, 541; NStZ 1994, 130; BGH bei Holtz MDR 1993, 721; BGH NStZ-RR 2001, 330; StV 2001, 576; NStZ 2020, 426; Rengier StrafR BT II § 40 Rn. 21 „(konkludente) Entwidmung"; speziell zur bedingten Entwidmung durch eine ganze Familie als Fremdbesitzer BGH NStZ-RR 2005, 76 mit Bespr. Kudlich JuS 2005, 473; Hagemeier/Radtke NStZ 2008, 198 (202)) oder ein in Folge Todes des letzten Bewohners (BGHSt 23, 114 = NJW 1969, 2246; einschr. Radtke in MüKoStGB Rn. 17, der einen äußerlich manifesten Akt verlangt) oder aus anderen Gründen (BGH NStZ 1984, 455) völlig leer gewordenes Haus nicht mehr zum Wohnen, selbst wenn der Eigentümer gelegentlich in dem Haus übernachtet, um es zu Verkaufszwecken instand zu halten (BGH NStZ 2012, 39); die Absicht des Bewohners, das in Brand gesetzte Gebäude neu zu errichten oder zu renovieren, um es danach wieder zu bewohnen, steht der (durch Inbrandsetzen erkennbar gewordenen) Aufgabe der Zweckbestimmung des Gebäudes als Wohnung nicht entgegen (BGH NStZ 2008, 99 mit krit. Bespr. Hagemeier/Radtke NStZ 2008, 198 (202), zust. aber Jahn JuS 2007, 1056; Schlothauer StV 2007, 585; zust. auch Fischer Rn. 4a; vgl. auch BGH NStZ 2009, 100); die Aufgabe der Wohnzweckbestimmung durch die mit-sorgeberechtigte Mutter ohne Information des geschiedenen Ehemanns gilt auch für das Kind (BGH NStZ 2008, 99 (100) mzustAnm Radtke in MüKoStGB Rn. 19). **Gebäudeteile,** die als solche nicht dem Wohnzweck dienen (zB gewerblich genutzte Räume, Stallungen), werden erfasst, wenn sie mit dem Gebäude nach ihrer äußeren Erscheinung und inneren Einrichtung ein einheitliches Ganzes bilden (BGH GA 1969, 118; NStZ 1991, 433; enger Wolters in SK-StGB Rn. 15; speziell zu Anbauten BGH StV 2002, 145, zu Doppelhaushälften BGH StV 2001, 576); dabei genügt es, wenn nur sie in Brand gesetzt werden, aber nicht auszuschließen ist, dass das Feuer auf den Wohnbereich übergreifen kann (BGH NJW 1987, 141; NStZ-RR 2012, 309; weiter BGHSt 34, 115 = NJW 1987, 140 mit zust. Bespr. Schneider Jura 1988, 460; Geppert Jura 1998, 597 (602); Müller/Hönig JA 2001, 517 (520); Wrage JuS 2003, 985 (988); einschr. Kindhäuser StV 1990, 161; Radtke in MüKoStGB Rn. 35; zu eng Kratzsch JR 1987, 360); ein Übergreifen auf Holztrennwände von Kellerabteilen, die keine wesentlichen Teile eines Wohngebäudes sind, reicht nicht (BGH NStZ 2003, 266; ebenso für den Stoffbezug an einer Kellertür und Holzlatten vor der Tür BGHSt 48, 14 = NJW 2003, 302; zu Kellerräumen in einem Mehrfamilienhaus restriktiv BGH NStZ 2007, 270 mit Bespr. Jahn JuS 2007, 484; Hagemeier/Radtke NStZ 2008, 198 (200); BGH NStZ 2008, 519; StV 2013, 623; → § 306 Rn. 3). Die vollständige oder teilweise Zerstörung setzt bei gemischt genutzten Gebäuden eine unmittelbar oder mittelbar durch die Brandlegung hervorgerufene Einwirkung auf die Sachsubstanz einer selbständigen Wohneinheit voraus (BGH NJW 2019, 90 mAnm Krüger NStZ 2019, 29; Bespr. Kudlich JA 2018, 952).

b) Nr. 2: Zur **Religionsausübung dienendes Gebäude,** insbes. eine Kirche, ohne jede weitere Voraussetzung und ungeachtet der Zeit der Tat; auch nur selten von Menschen und nur von einzelnen Menschen betretene Kapellen (krit. Schroeder GA 1998, 571 (572); für eine Anwendung der Tatzeitklausel der Nr. 3 zur teleologischen Reduktion Radtke ZStW 110 (1998), 848 (868)); Nr. 2 „rechtfertigend" Börner, Ein Vorschlag zum Brandstrafrecht, 2006, S. 50). 3

c) Nr. 3: Räumlichkeiten jeder Art, also außer den in Nr. 1, 2 genannten zB auch Büro- und Wohnwagen (BGH NStZ 2010, 519 mAnm Bachmann/Goeck JR 2011, 41), Autobusse, Fähren usw, wenn sie dem **zeitweisen Aufenthalt von Menschen dienen;** dabei wird eine Regelmäßigkeit der tatsächlichen Nutzung durch Menschen vorausgesetzt (Geppert Jura 1989, 417 (422); Radtke ZStW 110 (1998), 848 (867)); daran fehlt es bei einer leer stehenden Pension, die der neue Pächter erst umarbeiten lassen will (BGH StraFo 2003, 391; Radtke in MüKoStGB Rn. 28; zum gelegentlichen Übernachten in einem nicht mehr bewohnten Haus BGH NStZ 2012, 39). Nicht erfasst werden Räumlichkeiten, die zB wegen ihrer geringen Größe keinen eigentlichen „Aufenthalt" gewähren (BGHSt 10, 208 = NJW 1957, 1039, betr. Pkw; zust. Radtke in MüKoStGB Rn. 7; BGH bei Holtz MDR 1977, 638, betr. Telefonzelle; aM OLG Düsseldorf MDR 1979, 1042; Spöhr MDR 1975, 193; Heine/Bosch in Schönke/Schröder Rn. 8; sa OLG Stuttgart Justiz 1976, 519). Scheunen (BGHSt 23, 60 = NJW 1969, 1862) und Stallungen (BayObLG NJW 1967, 2417) können dem Aufenthalt von Menschen dienen (aM Wolff in LK-StGB Rn. 11). Wenn bei einem einheitlichen Gebäude, das nur in Teilen dem Aufenthalt dienende Räumlichkeiten enthält, ein dazu nicht dienender Teil in Brand gesetzt wird, so genügt das ebenso wie in den Fällen der Nr. 1 (BGHSt 35, 283 = NJW 1988, 3025 mablAnm Kindhäuser StV 1990, 161; BGH NStZ 2011, 214 mAnm Bachmann/Goeck; krit. Joecks/Jäger StGB Rn. 14, 15). Die Zeit, **in der sich Menschen in der Räumlichkeit aufzuhalten pflegen,** ist auf das Brennen (iSd Vollendung des Inbrandsetzens; → Rn. 5) zu beziehen; fällt nur der zum Brand führende Ursachenverlauf in diese Zeit, so genügt das nicht (BGHSt 36, 221 = NJW 1989, 2900; BGH NStZ-RR 2021, 171; Geppert Jura 1998, 597 (600); aM Otto StrafR BT § 79 Rn. 11). Ob wirklich Menschen anwesend sind, ist auch hier unerheblich. 4

2. In Brand setzen oder **durch Brandlegung ganz oder teilweise zerstören** entspricht den Tathandlungen des § 306 (→ § 306 Rn. 3, 4). Eine Brandlegung iSd Abs. 1 Nr. 1 soll bloß versucht sein, wenn nur die gewerblichen Teile eines gemischt genutzten Gebäudes ganz oder teilweise zerstört sind, und nur die Gefahr des Übergreifens des Feuers auf den zu Wohnzwecken bestimmten Gebäudeteil bestand (BGH NJW 2011, 2148 mAnm Bachmann/Goeck JR 2012, 349; BGH NStZ 2010, 452; NStZ-RR 2012, 309; Fischer Rn. 5c, 8b; vgl. Kraatz Jura 2012, 627; Piel StV 2012, 502; Bachmann/Goeck ZIS 2010, 445). 5

3. Der **Vorsatz** (bedingter genügt) muss namentlich die Voraussetzungen der Nr. 1–3 des Abs. 1 umfassen; zu Nr. 1 BGH NJW 2020, 784, zu Nr. 3 BGHSt 36, 221 = NJW 1989, 2900. Der **Versuch** ist strafbar (Verbrechen). 6

7 **4. Abs. 2** enthält ein **konkretes Gefährdungsdelikt** (BayObLG NJW 1999, 3570; Geppert Jura 1998, 597 (602); Stein in DSNS StrRG § 4 Rn. 52; Wolters JR 1998, 271 (272); Wessels/Hettinger/Engländer StrafR BT I Rn. 969; Wolters in SK-StGB Rn. 26; Heine/Bosch in Schönke/Schröder Rn. 16; Rengier StrafR BT II § 40 Rn. 35) zum Schutze der Gesundheit (Kargl in NK-StGB Vor § 306 Rn. 4); die Einwilligung des Eigentümers der Tatobjekte des § 306 I Nr. 1–6 hat deshalb keine rechtfertigende Wirkung (vgl. BT-Drs. 13/8587, 88; Hörnle Jura 1998, 169 (181); Radtke in MüKoStGB Rn. 59), wohl aber die der gefährdeten Person (Rengier StrafR BT II § 40 Rn. 38; Kindhäuser/Hilgendorf in LPK-StGB Rn. 14). Durch die Tathandlungen des § 306 I (→ § 306 Rn. 3, 4) muss zusätzlich zur Zerstörung einer Sache der in § 306 I Nr. 1–6 bezeichneten Art, die hier nicht fremd zu sein braucht (BGH NStZ 1999, 32 mit zust. Bespr. Eisele JA 1999, 542, krit. aber Wolters JR 1999, 208; BGH NStZ-RR 2000, 209; Geppert Jura 1998, 597 (602); Stein in DSNS StrRG § 4 Rn. 51; Kindhäuser/Schramm StrafR BT I § 65 Rn. 17; Wolters in SK-StGB Rn. 30; Radtke in MüKoStGB Rn. 48; ebenso Schroeder GA 1998, 571 (575); krit. dazu Immel StV 2001, 477 (479)), die konkrete Gefahr (→ § 315c Rn. 21, 22) der Gesundheitsschädigung iSd § 223 I (→ § 223 Rn. 5), zB erheblicher Verbrennungen, geschaffen worden sein (BGH NStZ 1999, 32; krit. wegen der Weite des Merkmals Schroeder GA 1998, 571 (573)); es muss die Gesundheit einer anderen Person gefährdet werden, die Gefährdung der Gesundheit des Täters reicht nicht (BayObLG NJW 1999, 3570 mAnm Wolff JR 2000, 211), auch nicht die seiner Komplizen (vgl. Murmann Jura 2001, 258 (259); Müller/Hönig JA 2001, 517 (521); Radtke in MüKoStGB Rn. 54; aM Wirsch JuS 2006, 401; Rengier StrafR BT II § 40 Rn. 37); die Gefahr muss vorsätzlich (BGH NStZ 1999, 32; Geppert Jura 1998, 603; Rengier StrafR BT II § 40 Rn. 39; Wolters JR 1999, 208; Stein in DSNS StrRG § 4 Rn. 54; Radtke ZStW 110 (1998), 848 (875); Schroth StrafR BT S. 337; aM Hörnle Jura 1998, 169 (181)) herbeigeführt werden (zum Gefährdungsvorsatz → § 15 Rn. 28; Kargl FS Neumann, 2017, 1105); die fahrlässige Herbeiführung der Gesundheitsgefahr wird von § 306d I erfasst (→ § 306d Rn. 2). Wegen dieses Gefährdungserfordernisses tritt anders als für Abs. 1 (→ Rn. 5) Vollendung auch ein, wenn bei einem gemischt genutzten Gebäude nicht zum Wohnbereich gehörende funktionale Gebäudeteile wie Kellerräume für nicht unerhebliche Zeit unbrauchbar sind (BGHSt 56, 94 = NJW 2011, 1090 mAnm Bachmann/Goeck NJW 2011, 1092; Börner StraFo 2011, 195; BGH NJW 2014, 1123; Fischer Rn. 5c). Für die Umgestaltung in ein Verletzungsdelikt Börner, Ein Vorschlag zum Brandstrafrecht, 2006, S. 44, 59.

8 **5.** Zu **Abs. 3** (minder schwere Fälle) → § 46 Rn. 7–10a; → § 12 Rn. 4. Die Einführung dieser Strafzumessungsvorschrift könnte die Problematik der teleologischen Reduktion des § 306a I bei „Ungefährlichkeit" (→ Rn. 1) entschärfen (Radtke ZStW 110 (1998), 848 (863); Radtke in MüKoStGB Rn. 63; aM Koriath JA 1999, 298 (301)).

9 **6. Tateinheit** ua möglich mit §§ 211, 212, 223 sowie mit §§ 303, 305 (Eigentum; Radtke in MüKoStGB Rn. 64); ebenso zwischen Abs. 1 und 2 (BGH NStZ 2015, 464). Hinter § 306c tritt § 306a zurück; Tateinheit aus Klarstellungsgründen ist dagegen anzunehmen zwischen versuchtem § 306c und vollendetem § 306a (BGH NStZ-RR 2004, 367 mit Bespr. Wolff JR 2005, 128). Zu § 306 → § 306 Rn. 6; Rengier StrafR BT II § 40 Rn. 33a.

10 **7.** Einfache Brandstiftung § 306. Fahrlässige Brandstiftung § 306d. Tätige Reue § 306e. Führungsaufsicht § 321. Einziehung § 322. Anzeigepflicht § 138 I Nr. 9.

§ 306b Besonders schwere Brandstiftung

(1) **Wer durch eine Brandstiftung nach § 306 oder § 306a eine schwere Gesundheitsschädigung eines anderen Menschen oder eine Gesundheitsschädigung einer großen Zahl von Menschen verursacht, wird mit Freiheitsstrafe nicht unter zwei Jahren bestraft.**

(2) **Auf Freiheitsstrafe nicht unter fünf Jahren ist zu erkennen, wenn der Täter in den Fällen des § 306a**
1. **einen anderen Menschen durch die Tat in die Gefahr des Todes bringt,**
2. **in der Absicht handelt, eine andere Straftat zu ermöglichen oder zu verdecken oder**
3. **das Löschen des Brandes verhindert oder erschwert.**

1. Abs. 1 enthält Erfolgsqualifizierungen (Wolters in SK-StGB Rn. 2; Heine/ 1
Bosch in Schönke/Schröder Rn. 1), **Abs. 2** drei Qualifikationstatbestände.

2. Abs. 1 verlangt, dass durch eine Brandstiftung nach § 306 oder § 306a, dh 2
durch Inbrandsetzen, Brandlegung oder den Brand, eine schwere Folge wenigstens fahrlässig verursacht wird (§ 18; BGHSt 44, 175 (177) = NJW 1999, 299 mzustAnm Ingelfinger JR 1999, 211; Radtke ZStW 110 (1998), 848 (876); Stein in DSNS StrRG § 4 Rn. 64; Müller/Hönig JA 2001, 517 (522); Immel StV 2001, 477; Liesching, Die Brandstiftungsdelikte der §§ 306–306c StGB nach dem Sechsten Gesetz zur Reform des Strafrechts, 2002, S. 125; Otto StrafR BT § 79 Rn. 13; Fischer Rn. 3; zweifelnd Wolters JR 1998, 271 (273); aM Geppert Jura 1998, 597 (603)). Als schwere Folgen werden alternativ genannt eine **schwere Gesundheitsschädigung** (→ § 250 Rn. 3; Rengier JuS 1998, 397 (399); Stein in DSNS StrRG § 4 Rn. 60–62) oder eine **Gesundheitsschädigung einer großen Zahl von Menschen,** die hier aus Gründen der Gesetzessystematik jedenfalls bei 14 betroffenen Bewohnern eines mittelgroßen Hauses anzunehmen ist (BGHSt 44, 175 = NJW 1999, 299 mit zust. Bespr. Ingelfinger JR 1999, 211; Kühn NStZ 1999, 559; zust. auch Pünder Jura 2001, 588; näher Stein in DSNS StrRG § 4 Rn. 63; Radtke ZStW 110 (1998), 848 (876), nach dem der sichere Bereich bei 20 Personen erreicht ist; ebenso Hohmann/Sander StrafR BT § 33 Rn. 16; krit. Geppert Jura 1998, 597 (603); „ab zehn" Wolff in LK-StGB Rn. 6; ebenso Müller/Hönig JA 2001, 517 (522); Wolters in SK-StGB Rn. 4). In der Gesundheitsschädigung muss sich die in der Brandstiftung typischerweise angelegte **Gefahr realisiert** haben (→ § 18 Rn. 8; eing. Stein in DSNS StrRG § 4 Rn. 71–94). Das ist zB der Fall bei Verbrennungen, bei Verletzungen durch herabstürzende Bauteile, aber auch durch einen Fenstersprung (hM zu § 307 Nr. 1 aF). Durch die Erweiterung der Tathandlungen der §§ 306, 306a auf das Zerstören durch Brandlegung (→ § 306 Rn. 4) sind jetzt auch Verletzungen erfasst, die durch brennenden (so schon bisher BGHSt 7, 37 = NJW 1954, 1335 zu § 307 Nr. 1 aF) oder durch explodierenden Zündstoff (anders bisher BGHSt 20, 230 zu § 307 Nr. 1 aF) verursacht wurden (Rengier JuS 1998, 397 (400); Heine/Bosch in Schönke/Schröder Rn. 3; vgl. auch BT-Drs. 13/8587, 70). Die Einbeziehung von Verletzungen, die sich nachträglich Hinzugekommene (zB herbeigerufene Helfer; vgl. BGHSt 39, 322 = NJW 1994, 205 mAnm Alwart NStZ 1994, 84) und Zurückkehrende (zB zur Bergung von Gegenständen; hM; vgl. RGSt 5, 102) zuziehen, scheitert nicht mehr an dem fallengelassenen Merkmal „zurzeit der Tat"; zweifelhaft ist aber, ob sich in solchen Verletzungen das typische Brandstiftungsrisiko realisiert (verneinend Rengier JuS 1998, 397

(400); diff. Kargl in NK-StGB § 306c Rn. 2). Der erforderliche tatbestandsspezifische Gefahrzusammenhang liegt auch bei fehlender Gefährdungsidentität hinsichtlich der Opfer von § 306a II und § 306b I, II Nr. 1 vor (Kudlich NStZ 2003, 458). – Zum Versuch des erfolgsqualifizierten Delikts → § 18 Rn. 9, 10; Hardtung Teilvorsatzdelikte S. 160; Rengier JuS 1998, 397 (400); Rengier Rengier StrafR BT II § 40 Rn. 45, der zu Recht auch die Möglichkeit eines erfolgsqualifizierten Versuchs bejaht; sa BGHSt 44, 175 (177) = NJW 1999, 299; BGH NJW 1999, 3131 (zu Abs. 2).

3 **3. Abs. 2** enthält **Qualifikationstatbestände** zur schweren Brandstiftung nach § 306a; auf § 306 I wird nicht verwiesen, doch eröffnet § 306a II in Fällen des § 306 I bei konkreter Gesundheitsschädigungsgefahr den Zugang zu § 306b II (Radtke ZStW 110 (1998), 848 (854); krit. zu dessen Einbeziehung Fischer NStZ 1999, 13; Wessels/Hettinger/Engländer StrafR BT I Rn. 972; Fischer § 306b Rn. 6, § 306a Rn. 10b). Eine Vorsatz-Fahrlässigkeits-Kombination nach §§ 306a II, 306d II ist kein Fall des § 306a iSd Abs. 2 (BGH StV 2001, 16 mit zust. Bespr. Geppert JK StGB § 306b Rn. 2).

a) Nr. 1 enthält keine (Gefahr-)Erfolgsqualifikation mit Fahrlässigkeitsbezug (§ 18), sondern verlangt nach Wortlaut, Entstehungsgeschichte und Regelungszusammenhang die **vorsätzliche** Herbeiführung einer konkreten Gefahr (→ § 315c Rn. 21, 22; zum Gefährdungsvorsatz → § 15 Rn. 28) des Todes (→ Vor § 211 Rn. 4) eines anderen Menschen (BGH NJW 1999, 3131 mit zust. Bespr. Radtke NStZ 2000, 88; Stein JR 2000, 115; BGH NStZ-RR 2013, 137; ebenso Murmann Jura 2001, 258 (264); Immel StV 2001, 477 (478); Stein in DSNS StrRG § 4 Rn. 65, 66; Wolters in SK-StGB Rn. 10; krit. zur Anwendbarkeit der Nr. 2 in Fällen des § 306a II Schroeder GA 1998, 571 (573); sa Radtke ZStW 110 (1998), 848 (854) zum Verhältnis der §§ 306 I, 306a II, 306b II). Das Opfer muss sich nicht zur Tatzeit in einer Räumlichkeit aufhalten (BT-Drs. 13/9064, 22; Wolters JR 1998, 271 (273)), doch genügt nicht, dass sich Menschen in der Nähe des Brandes befinden, solange deren Sicherheit nicht bereits so stark beeinträchtigt ist, dass der Eintritt des Todes nur noch vom Zufall abhängt (BGH NStZ 2014, 85; NStZ 2017, 281). Rechnet der Täter bei Verursachung des Brandes mit einem Brandbeschleuniger damit, dass sich Personen in der Wohnung befinden und zu Tode kommen können und nimmt er den Eintritt der Todesgefahr billigend in Kauf, liegt Versuch von Nr. 1 vor (BGH NJW 2018, 3398 mAnm Leitmeier).

4 **b) Nr. 2:** Handeln in **Ermöglichungs- oder Verdeckungsabsicht** iSd § 211 II (→ § 211 Rn. 12, 13, 15; krit. zu dieser Ausweitung Stein in DSNS StrRG § 4 Rn. 67; für eine restriktive Auslegung Fischer Rn. 9). Die Absicht (zielgerichtetes Wollen, → § 15 Rn. 20; BGH NJW 2000, 3582) ist mit bedingtem Vorsatz hinsichtlich des Inbrandsetzens usw vereinbar (BGHSt 40, 106 = NJW 1994, 2102 zu § 307 Nr. 2 StGB aF; BGH NStZ 2008, 571); sie ist ein besonderes persönliches Merkmal iSd § 28 II (BGH NJW 2000, 3582; Dehne-Niemann StV 2008, 578). Andere Straftat ist nicht nur eine weitere Tat des Täters, sondern auch die einer anderen Person (BGH NJW 2000, 3581 mit Bespr. Hagemeier/Radtke NStZ 2008, 198 (203)); keine andere Tat sind mangels weiterer (anderer) Handlung der durch die Brandstiftung begangene Versicherungsmissbrauch gem. § 265 und die Sachbeschädigung am Inventar (BGHSt 51, 236 = NJW 2007, 2130 mzustAnm Radtke NStZ 2007, 642; Dehne-Niemann Jura 2008, 530; zust. auch Fischer Rn. 10a; Wolters in Satzger/Schluckebier/Widmaier StGB Rn. 11). Der Täter muss die Brandsituation zur Be-

gehung von Straftaten nutzen wollen (aM BGHSt 45, 211 = NJW 2000, 226 zum „Versicherungsbetrug" mit zT krit. Bespr. Kudlich JA 2000, 361; Radtke JR 2000, 428; Schlothauer StV 2000, 138; Rönnau JuS 2001, 328; Otto JK StGB § 306b Rn. 1; BGHSt 51, 236 (238) = NJW 2007, 2130 mzustAnm Radtke NStZ 2007, 642; Hagemeier/Radtke NStZ 2008, 198 (204); BGH NJW 2000, 3581 mzustAnm Liesching JR 2001, 126; BGH NStZ-RR 2016, 140; NStZ 2017, 290 mit Bespr. Eisele JuS 2016, 1041; BGH StV 2020, 604 mit Bespr. Brüning/Quark ZJS 2020, 283; BGH NStZ 2021, 171 mAnm Bock; Börner, Ein Vorschlag zum Brandstrafrecht, 2006, S. 52, 54; BGH StV 2000, 136 mAnm Schlothauer; BGH NStZ-RR 2000, 209; NStZ 2008, 571 mzustAnm Dehne-Niemann StV 2008, 577; Wolff in LK-StGB Rn. 21; Radtke in MüKoStGB Rn. 20; **wie hier** Geppert Jura 1998, 597 (604); Hecker GA 1999, 332; Mitsch ZStW 111 (1999), 65 (114); Eisele StrafR BT I Rn. 784; Klesczewski StrafR BT S. 660; Rengier StrafR BT II § 40 Rn. 53; Fischer Rn. 9b; Joecks/Jäger StGB Rn. 10; Heine/Bosch in Schönke/Schröder Rn. 13; Wolters in SK-StGB Rn. 13; auch restriktiv LG Kiel StV 2003, 675 mAnm Ostendorf, das einen unmittelbar räumlichen oder zeitlichen Zusammenhang zwischen Brand und dadurch zu ermöglichender Straftat verlangt; aufgehoben durch BGH NStZ-RR 2004, 366 (367)); die Rspr. hat zwar den Wortlaut, nicht aber die Systematik auf ihrer Seite (aM Rönnau JuS 2001, 328; Herzog/Kargl in NK-StGB Rn. 7; wie hier Wolters in Satzger/Schluckebier/Widmaier StGB Rn. 12); vor allem aber überzeugt als Strafschärfungsgrund die „Verknüpfung von Unrecht mit weiterem Unrecht" hier ebenso wenig wie beim Mord (→ § 211 Rn. 12); die hohe Mindeststrafe ist nur durch das Ausnutzen der gemeingefährlichen Brandsituation zu erklären. Ermöglichungsabsicht soll auch vorliegen, wenn dem Täter die versprochene Leistung nicht direkt aus dem Versicherungsbetrug zufließt, sondern aus dem sonstigen Vermögen des Auftraggebers (BGH NStZ 2008, 571 mablAnm Dehne-Niemann StV 2008, 577).

c) Nr. 3 erfasst jegliche tatsächliche Verhinderung oder Erschwerung der Brandlöschung (Bayer in Schlüchter, 6. StrRG, 1998, S. 108; Stein in DSNS StrRG § 4 Rn. 68; Radtke ZStW 110 (1998), 848 (878); Heine/Bosch in Schönke/Schröder Rn. 16), auch durch Unterlassen (näher Radtke, Die Dogmatik der Brandstiftungsdelikte, 1998, S. 411). Dies kann – wie bisher in § 307 Nr. 3 umschrieben – durch Entfernen oder Unbrauchbarmachen von „Löschgerätschaften" geschehen, zB auch durch Abstellen des von diesen benötigten Wassers (hM; anders Horn in SK-StGB aF § 307 Rn. 15), aber auch zB durch Abschalten oder Unbrauchbarmachen eines Rauchmelders, wenn dadurch das Löschen zeitlich relevant verzögert worden ist (BGH NStZ-RR 2013, 177 mzustAnm Theile ZJS 2014, 122); Rettungsgeräte wie Sprungtücher werden davon nicht erfasst; das Entfernen oder Unbrauchbarmachen kann vor oder nach dem Inbrandsetzen usw erfolgen (ebenso Kindhäuser/Schramm StrafR BT I § 65 Rn. 31). 5

4. Die abstrakte Lebensgefährdung des § 224 I Nr. 5 wird von der konkreten Lebensgefährdung des § 306b II Nr. 1 verdrängt; das gilt nicht für die Gesundheitsschädigung des § 223 (BGH StraFo 2007, 430; Kühl StrafR AT § 21 Rn. 54, Subsidiarität). 6

5. Tätige Reue § 306e. Führungsaufsicht § 321. Einziehung § 322. Anzeigepflicht § 138 I Nr. 9. 7

§ 306c Brandstiftung mit Todesfolge

Verursacht der Täter durch eine Brandstiftung nach den §§ 306 bis 306b wenigstens leichtfertig den Tod eines anderen Menschen, so ist die Strafe lebenslange Freiheitsstrafe oder Freiheitsstrafe nicht unter zehn Jahren.

1 **1.** Die Vorschrift enthält eine weitere **Erfolgsqualifikation** (→ § 18 Rn. 1–13) zu §§ 306, 306a, 306b mit erhöhtem Strafrahmen (krit. zum Strafrahmen Stein in DSNS StrRG § 4 Rn. 57); durch den Verweis auch auf § 306 I ist eine todeserfolgsqualifizierte Sachbeschädigung geschaffen worden (Radtke ZStW 110 (1998), 848 (854), der eine verfassungskonforme einschränkende Auslegung vorschlägt, Radtke in MüKoStGB Rn. 6; Joecks/Jäger StGB Rn. 2). Sie entspricht in ihrer Struktur weitgehend der Erfolgsqualifikation des § 251 beim Raub (→ § 251 Rn. 1–4). Zur Realisierung der Brandstiftungsgefahr → § 306b Rn. 2; abweichend davon muss sich diese Gefahr hier im Tod (→ Vor § 211 Rn. 4) eines anderen Menschen realisieren; dieser muss sich – anders als nach früherem Recht – nicht zurzeit der Tat in einer der in Brand gesetzten Räumlichkeiten befinden (Bayer in Schlüchter, 6. StrRG, 1998, S. 109; Geppert Jura 1998, 597 (604); krit. Radtke ZStW 110 (1998), 848 (878); einschr. Stein in DSNS StrRG § 4 Rn. 69, 74; Wolters JR 1998, 271 (274), die auf den möglichen Ausschluss des Gefahrzusammenhanges hinweisen; ebenso Wolters in SK-StGB Rn. 4; speziell zur Problematik sog. **Retterschäden** Radtke ZStW 110 (1998), 848 (879); Wrage JuS 2003, 985 (990); Wolff in LK-StGB Rn. 5; Heine/Bosch in Schönke/Schröder Rn. 5–7; Fischer Rn. 4; einschr. Radtke in MüKoStGB Rn. 16–23; diff. Rengier StrafR BT II § 40 Rn. 43–44d; eing. Thier, Zurechenbarkeit von Retterschäden bei Brandstiftungsdelikten, 2009). Der Tod muss wenigstens leichtfertig (BGH NStZ-RR 2010, 178; → § 15 Rn. 55), kann deshalb auch (bedingt, dazu BGH NStZ-RR 2010, 178) vorsätzlich verursacht werden; dadurch wird Tateinheit mit §§ 211, 212 möglich (Fischer Rn. 7). Zum möglichen Versuch BGH NStZ-RR 2004, 367; NStZ-RR 2013, 137; Bussmann GA 1999, 21 (33); Küpper/Börner StrafR BT I Kap. II § 5 Rn. 24; Radtke in MüKoStGB Rn. 31; für die Strafbarkeit auch des erfolgsqualifizierten Versuchs Heinrich in Krey/Hellmann/Heinrich StrafR BT I Rn. 1083; Rengier StrafR BT II § 40 Rn. 45, 58; Hillenkamp in LK-StGB Vor § 22 Rn. 113; Fischer Rn. 5; Heine/Bosch in Schönke/Schröder Rn. 9; Wolters in SK-StGB Rn. 6; abl. Küpper ZStW 111 (1999), 794; Küpper/Börner StrafR BT I Kap. II § 5 Rn. 24; Roxin StrafR AT II § 29 Rn. 331; Puppe, Die Erfolgszurechnung im Strafrecht, 2000, S. 250, 279; vgl. auch Kühl FS Gössel, 2002, 191 (207).

2 **2.** Die vollendete Tat des § 306c verdrängt § 306a und § 306b I, II Nr. 1 (BGH StV 2020, 604), mit der versuchten Tat des § 306c steht § 306a aus Gründen der Klarstellung in **Tateinheit** (BGH NStZ-RR 2004, 367 mit Bespr. Kudlich JuS 2005, 276; Fischer § 306a Rn. 15).

3 **3.** Führungsaufsicht § 321. Einziehung § 322.

§ 306d Fahrlässige Brandstiftung

(1) **Wer in den Fällen des § 306 Abs. 1 oder des § 306a Abs. 1 fahrlässig handelt oder in den Fällen des § 306a Abs. 2 die Gefahr fahrlässig verursacht, wird mit Freiheitsstrafe bis zu fünf Jahren oder mit Geldstrafe bestraft.**

(2) **Wer in den Fällen des § 306a Abs. 2 fahrlässig handelt und die Gefahr fahrlässig verursacht, wird mit Freiheitsstrafe bis zu drei Jahren oder mit Geldstrafe bestraft.**

1. **Fahrlässigkeit** → § 15 Rn. 35–54; zur Sorgfaltspflichtwidrigkeit diff. Murmann Jura 2001, 258 (262); Rechtsprechungsanalyse bei Duttge, Zur Bestimmtheit des Handlungsunwerts von Fahrlässigkeitsdelikten, 2001, S. 332. Typisch ist sorgfaltswidriger Umgang mit feuergefährlichen Mitteln wie Knallkörpern oder auch glühenden Zigaretten (Rengier JuS 1998, 397 (400); Wolters in SK-StGB Rn. 5; sa BGH JZ 2005, 685 mAnm Walther und Bespr. Hagemeier/Radtke NStZ 2008, 198 (205); sowie OLG Bremen NJW-RR 2012, 996); erfasst sind wegen der Ausweitung der Tatobjekte in § 306 aber auch Straßenverkehrsunfälle, bei denen ein am Straßenrand abgestelltes Kraftfahrzeug gestreift und in Brand gesetzt wird (Stein in DSNS StrRG § 4 Rn. 96; krit. Radtke in MüKoStGB Rn. 3). Auch Unterlassen in Garantenstellung (→ § 13 Rn. 6) kommt in Frage (BayObLG NJW 1990, 3032; OLG Rostock NStZ 2001, 199), zB bei Verletzung der Pflicht zur Beaufsichtigung von Kindern oder beim Schornsteinfeger, der einen ordnungswidrigen Bauzustand nicht rügt (OLG Oldenburg Nds. Rpfl. 1956, 207; Radtke in MüKoStGB Rn. 11; Heine/Bosch in Schönke/Schröder Rn. 4). Zur fahrlässigen Ausdehnung eines Brandes BayObLG NJW 1959, 1885. Kritisch zur Neufassung Immel StV 2001, 477 (478, 481), der Rechtsfolgenlösung zur Harmonisierung der Strafrahmen vorschlägt; eing. Geerds in Schäfer, Grundlagen der Kriminalistik, Bd. 8, Kap. 1. Für eine Vereinfachung der Vorschrift Börner, Ein Vorschlag zum Brandstrafrecht, 2006, S. 55, 60. 1

2. **Abs. 1** erfasst die fahrlässige Begehung der §§ 306 I, 306a I (krit. zur Einordnung der fahrlässigen sachbeschädigenden Brandstiftung in Abs. 1 Stein in DSNS StrRG § 4 Rn. 97) sowie die fahrlässige Gefahrverursachung iSd § 306a II (→ § 306a Rn. 7; Vorsatz-Fahrlässigkeits-Kombination iSv § 11 II (→ § 11 Rn. 24, 25); s. BGH NStZ 2015, 464; krit. zu den Wertungswidersprüchen der beiden Alternativen des Abs. 2 und den in Bezug genommenen Delikten Fischer NStZ 1999, 13; krit. auch Schroeder GA 1998, 571 (574); Cantzler JA 1999, 474; Herzog/Kargl in NK-StGB Rn. 3); die Taterfolge des § 306b sind nicht einbezogen (Heine/Bosch in Schönke/Schröder Rn. 7; krit. Wolters JR 1998, 271 (274); Schroeder GA 1998, 571 (574)). Werden Tathandlung und Gefährdung iSd § 306a II fahrlässig begangen, so gilt **Abs. 2** (Müller/Hönig JA 2001, 517 (525); → § 315c Rn. 30). 2

3. **Tateinheit** ua möglich mit § 222 (BGH NJW 1989, 2479 mit Bespr. Küpper JuS 1990, 184; Eue JZ 1990, 765; aM Heine/Bosch in Schönke/Schröder Rn. 8, Vorrang des § 222). Zum Verhältnis zu § 306 → § 306 Rn. 6. **Tätige Reue** § 306e II. 3

§ 306e Tätige Reue

(1) **Das Gericht kann in den Fällen der §§ 306, 306a und 306b die Strafe nach seinem Ermessen mildern (§ 49 Abs. 2) oder von Strafe nach diesen Vorschriften absehen, wenn der Täter freiwillig den Brand löscht, bevor ein erheblicher Schaden entsteht.**

(2) **Nach § 306d wird nicht bestraft, wer freiwillig den Brand löscht, bevor ein erheblicher Schaden entsteht.**

(3) **Wird der Brand ohne Zutun des Täters gelöscht, bevor ein erheblicher Schaden entstanden ist, so genügt sein freiwilliges und ernsthaftes Bemühen, dieses Ziel zu erreichen.**

1 **1.** Allgemein zur **tätigen Reue** → § 24 Rn. 29; § 306e setzt eine vollendete Tat voraus (BGH NStZ-RR 1997, 233; Stein in DSNS StrRG § 4 Rn. 98); davor ist Rücktritt nach § 24 möglich (BGHSt 48, 14 = NJW 2003, 302; BGH NStZ 2003, 266), der beim Zerstören durch Brandlegung (→ § 306 Rn. 4) noch nach der Brandlegung in Betracht kommt (Radtke ZStW 110 (1998), 848 (872)). Strafmilderung oder Absehen von Strafe kommt nur für Taten nach §§ 306, 306a, 306b (krit. zu dessen Einbeziehung Schroeder GA 1998, 571 (575)), Straffreiheit nur bei Taten nach § 306d in Betracht (krit. zu dieser Einschränkung Stein in DSNS StrRG § 4 Rn. 100; krit. auch Radtke ZStW 110 (1998), 848 (873, 881), der bei tätiger Reue obligatorische Straffreiheit verlangt). Die Strafbarkeit nach anderen Vorschriften (zB § 303; aM Hillenkamp JuS 1997, 821 (828) zu § 310 aF), auch nach § 306f (Wolters JR 1998, 271 (275); Cantzler JA 1999, 474 (479); Müller/Hönig JA 2001, 517 (526); Heine/Bosch in Schönke/Schröder Rn. 16; so schon zu § 310 aF BGHSt 39, 128 = NJW 1993, 942), bleibt unberührt (aM Geppert Jura 1998, 597 (606); Otto StrafR BT § 79 Rn. 24; Herzog/Kargl in NK-StGB § 306f Rn. 6).

2 **2.** Anders als § 310 StGB aF stellt die Vorschrift durch die Aufnahme des **Freiwilligkeit**serfordernisses (→ § 24 Rn. 21) in allen drei Absätzen auf die subjektive Tätersicht ab (Geppert Jura 1998, 597 (605); Rengier JuS 1998, 397 (401); Stein in DSNS StrRG § 4 Rn. 101; Wolters JR 1998, 271 (275); ebenso schon zum objektiv formulierten § 310 StGB aF, jedoch nur zu Gunsten des Täters LG Zweibrücken NStZ 1993, 85; Geppert Jura 1989, 473 (481); vgl. auch Berz FS Stree/Wessels, 1993, 331 (337, 339)). Entscheidend ist auch hier, dass der „Rücktritt" einer autonomen Entscheidung des Täters entspringt und nicht durch von seinem Willen unabhängige Hinderungsgründe veranlasst wird; „Reue über das angerichtete Unrecht" oder „Rückkehr zur Legalität" wird nicht verlangt (BGH NStZ 2003, 265 mit Bespr. Hagemeier/Radtke NStZ 2008, 198 (206), zu einem vorgetäuschten Brandanschlag). **Erheblicher Schaden** ist eine erhebliche Körperverletzung iSd § 224 I Nr. 2 (→ § 224 Rn. 5; Geppert Jura 1989, 473 (481); Rengier StrafR BT II § 40 Rn. 66; Radtke ZStW 110 (1998), 848 (882)) oder ein Sachschaden von bedeutendem Wert iSd § 315c I (→ § 315c Rn. 24; Geppert Jura 1989, 473 (481); Rengier StrafR BT II § 40 Rn. 66; diff. Stein in DSNS StrRG § 4 Rn. 103; Wolters in SK-StGB Rn. 9–15; einschr. Radtke ZStW 110 (1998), 848 (882), nach dem weitere bestandswesentliche Teile des Objekts selbständig vom Feuer ergriffen sein müssen; anders Joecks/Jäger StGB Rn. 5, der für die Erheblichkeit darauf abstellt, welcher Schaden ohne die Intervention des Täters eingetreten wäre; krit. Schroeder GA 1998, 571 (575), der eine Gefahrabwendung wie in § 314a verlangt); für Fälle teilweisen Zerstörens setzt der BGH die Schadensgrenze in wirtschaftlicher Be-

trachtungsweise bei 2.500 EUR an, weil bei dieser Alternative – anders als beim im Vorfeld angesiedelten Inbrandsetzen – idR ein beträchtlicher Sachschaden vorliegt (BGHSt 48, 14 = NJW 2003, 302 mit Bespr. Radtke NStZ 2003, 432 (433); Wolff JR 2003, 392 (393); BGH NJW 2019, 243; krit. aber zur wirtschaftlichen Betrachtungsweise Hagemeier/Radtke NStZ 2008, 198 (206); Wolters in SK-StGB Rn. 11). Zum **Löschen** des Brandes (krit. zur Beschränkung auf dieses Rücktrittsverhalten Stein in DSNS StrRG § 4 Rn. 104) kann sich der Täter der Hilfe anderer, zB der Feuerwehr, bedienen (BGH NStZ 2003, 265 (266) mit zust. Bespr. Beckemper JA 2003, 925; Herzog/Kargl in NK-StGB Rn. 5). Zum Bemühen um Löschung → § 24 Rn. 20; an einem ernsthaften Bemühen fehlt es, wenn es dem Brandstifter trotz Meldung des Brandes bei der Stadtverwaltung darauf ankommt, durch einen großen Brand ein „Fanal" zu setzen (BGH NStZ-RR 2000, 42).

3. Abs. 1 ist auf § 306b II Nr. 1 aus systematischen Gründen sowie nach Sinn und Zweck der tätigen Reue **analog** anzuwenden, wenn der Täter – anstatt den Brand zu löschen – die (konkrete) Lebensgefahr für das Opfer freiwillig durch anderweitige Rettungshandlungen beseitigt (BGHSt 65, 20 = NStZ 2021, 290 mAnm v. Heintschel-Heinegg). 3

§ 306f Herbeiführen einer Brandgefahr

(1) **Wer fremde**

1. **feuergefährdete Betriebe oder Anlagen,**
2. **Anlagen oder Betriebe der Land- oder Ernährungswirtschaft, in denen sich deren Erzeugnisse befinden,**
3. **Wälder, Heiden oder Moore oder**
4. **bestellte Felder oder leicht entzündliche Erzeugnisse der Landwirtschaft, die auf Feldern lagern,**

durch Rauchen, durch offenes Feuer oder Licht, durch Wegwerfen brennender oder glimmender Gegenstände oder in sonstiger Weise in Brandgefahr bringt, wird mit Freiheitsstrafe bis zu drei Jahren oder mit Geldstrafe bestraft.

(2) **Ebenso wird bestraft, wer eine in Absatz 1 Nr. 1 bis 4 bezeichnete Sache in Brandgefahr bringt und dadurch Leib oder Leben eines anderen Menschen oder fremde Sachen von bedeutendem Wert gefährdet.**

(3) **Wer in den Fällen des Absatzes 1 fahrlässig handelt oder in den Fällen des Absatzes 2 die Gefahr fahrlässig verursacht, wird mit Freiheitsstrafe bis zu einem Jahr oder mit Geldstrafe bestraft.**

1. Die aufgeführten Objekte (zum feuergefährdeten Betrieb BGHSt 5, 190 = NJW 1954, 930; nur solche gewerblicher Art, OLG Stuttgart StV 1995, 138; aM Radtke in MüKoStGB Rn. 10) werden hier gegen **konkrete** (→ § 315c Rn. 21, 22) **Brandgefährdung** geschützt (Radtke ZStW 110 (1998), 848 (882)), die im Einzelfall eingetreten sein muss (BGHR StGB § 306f Abs. 1 Brandgefahr 1). Kritisch zur Systematik der Vorschrift Fischer NStZ 1999, 13; Radtke in MüKoStGB Rn. 10; krit. zur „Vorfeldkriminalisierung" Kargl in NK-StGB Rn. 1. 1

2. Abs. 1 erfasst die Brandgefährdung (→ Rn. 1) fremder (→ § 242 Rn. 4–7) Objekte (Heine/Bosch in Schönke/Schröder Rn. 1); die Einwilligung des Eigentümers hat rechtfertigende Wirkung (Geppert Jura 1998, 597 (605); Rengier 2

JuS 1998, 367 (400); Kindhäuser/Hilgendorf in LPK-StGB Rn. 1; iE auch Radtke in MüKoStGB Rn. 5). Bei **Abs. 2** kommt es wie bisher bei § 310a StGB aF auf das Eigentum nicht an (BT-Drs. 13/8587, 49; Stein in DSNS StrRG § 4 Rn. 107; Fischer NStZ 1999, 13 (14); Wolters in SK-StGB Rn. 6; krit. wegen der fehlenden Eindeutigkeit des Wortlauts Wolters JR 1998, 271 (275); krit. auch Otto StrafR BT § 79 Rn. 24: sachwidrig), dafür wird zusätzlich vorausgesetzt, dass es zur konkreten Gefährdung iSd § 315c I (→ § 315c Rn. 20–24) kommt (BT-Drs. 13/8587, 49; Rengier JuS 1998, 367 (400); krit. Schroeder GA 1998, 571 (576), der zur Abgrenzung von Abs. 1 die Gefährdung weiterer fremder Sachen verlangt; ebenso Wolff in LK-StGB Rn. 15; aM Radtke in MüKoStGB Rn. 22). Zur Fahrlässigkeitsstrafbarkeit nach **Abs. 3** → § 315c Rn. 30 (krit. zur Reichweite des Abs. 3 Stein in DSNS StrRG § 4 Rn. 109, der in dessen Alt. 2 eine Vorsatz-Fahrlässigkeits-Kombination sieht; ebenso Bayer in Schlüchter, 6. StrRG, 1998, S. 114; krit. Immel StV 2001, 477 (478); vgl. auch BT-Drs. 13/8991, 24).

3 3. **Tateinheit** ist möglich mit § 303 (BGHSt 39, 128 (132) = NJW 1993, 942) und § 305 (BGHSt 41, 219 (222) = NJW 1996, 328). Gegenüber §§ 306a–306d ist die Vorschrift **subsidiär** (Geppert Jura 1998, 597 (605)). Durch tätige Reue nach § 306e wird sie jedoch nicht berührt (→ § 306e Rn. 1); auch eine analoge Anwendung von § 306e scheidet aus (Rengier JuS 1998, 397 (401); Radtke, Die Dogmatik der Brandstiftungsdelikte, 1998, S. 425; offen gelassen Stein in DSNS StrRG § 4 Rn. 111; für eine analoge Anwendung von § 314a II Schroeder GA 1998, 571 (576); für eine analoge Anwendung von § 306e Kargl in NK-StGB Rn. 6); das Ergebnis ist freilich nicht befriedigend (Radtke, Die Dogmatik der Brandstiftungsdelikte, 1998, S. 425; nach Kindhäuser/Hilgendorf in LPK-StGB § 306e Rn. 6 sogar „unverständlich"). Für eine gesetzliche Klarstellung Börner, Ein Vorschlag zum Brandstrafrecht, 2006, S. 57, 60.

§ 307 Herbeiführen einer Explosion durch Kernenergie

(1) **Wer es unternimmt, durch Freisetzen von Kernenergie eine Explosion herbeizuführen und dadurch Leib oder Leben eines anderen Menschen oder fremde Sachen von bedeutendem Wert zu gefährden, wird mit Freiheitsstrafe nicht unter fünf Jahren bestraft.**

(2) **Wer durch Freisetzen von Kernenergie eine Explosion herbeiführt und dadurch Leib oder Leben eines anderen Menschen oder fremde Sachen von bedeutendem Wert fahrlässig gefährdet, wird mit Freiheitsstrafe von einem Jahr bis zu zehn Jahren bestraft.**

(3) **Verursacht der Täter durch die Tat wenigstens leichtfertig den Tod eines anderen Menschen, so ist die Strafe**
1. **in den Fällen des Absatzes 1 lebenslange Freiheitsstrafe oder Freiheitsstrafe nicht unter zehn Jahren,**
2. **in den Fällen des Absatzes 2 Freiheitsstrafe nicht unter fünf Jahren.**

(4) **Wer in den Fällen des Absatzes 2 fahrlässig handelt und die Gefahr fahrlässig verursacht, wird mit Freiheitsstrafe bis zu drei Jahren oder mit Geldstrafe bestraft.**

1. Die Vorschrift behandelt das **Herbeiführen von Explosionen durch Kernenergie.** Die Tat ist mit Ausnahme von Abs. 3 **konkretes Gefährdungsdelikt** (→ Vor § 13 Rn. 32; → § 315c Rn. 1; ebenso Krack in MüKoStGB Rn. 1). 1

2. Tathandlung ist das Herbeiführen einer **Explosion** (→ § 308 Rn. 2) durch **Freisetzen von Kernenergie.** Erfasst werden damit sowohl die Kernspaltungs- wie auch die Kernvereinigungsvorgänge (dazu Begr. zu § 322 E 1962, S. 501), jedoch nicht der ordnungsmäßige Ablauf einer Kernreaktion im Atomreaktor (ebenso Kargl in NK-StGB Rn. 4; Heine/Bosch in Schönke/Schröder Rn. 3). Das Freisetzen von radioaktiver Strahlung allein reicht nicht, auch nicht, wenn die freiwerdende Strahlenenergie an anderer Stelle eine Explosion auslöst (Wolff in LK-StGB Rn. 2). 2

3. Im Falle des Abs. 1 (vorsätzliches Gefährden durch eine vorsätzliche Tathandlung) genügt das **Unternehmen** der Tat (dh Versuch und Vollendung, → § 11 Rn. 19; Wolters in SK-StGB Rn. 5). Im Übrigen gelten für die **Gefährdung** (namentlich den Gefahrbegriff) und die Abstufung der Strafdrohungen nach Vorsatz und Fahrlässigkeit (Abs. 1, 2, 4) die Ausführungen unter → § 315c Rn. 20–31 weitgehend sinngemäß. 3

4. Soweit Kernexplosionen in genehmigten Reaktoren trotz Einhaltung aller Sicherheitsvorschriften entstehen (erlaubtes Risiko, → Vor § 32 Rn. 29), fehlt es an der für die Fahrlässigkeit konstituierenden Sorgfaltspflichtverletzung (→ § 15 Rn. 37–40; ebenso Krack in MüKoStGB Rn. 20; Heine/Bosch in Schönke/Schröder Rn. 11; mangels unerlaubten Risikos verneinen Kindhäuser/Hilgendorf in LPK-StGB Rn. 8 zT den objektiven Tatbestand). 4

5. Abs. 3 setzt an die Stelle der besonders schweren Fälle eine **Erfolgsqualifikation** für wenigstens leichtfertige (→ § 15 Rn. 55) Todesverursachung (→ § 306c Rn. 1; → § 251 Rn. 1–4), die für die Abs. 1 und 2 in den Nr. 1 und 2 abgestufte Strafrahmen vorsieht; zum möglichen Versuch Hardtung Teilvorsatzdelikte S. 157, 193. 5

6. Tateinheit ua möglich mit §§ 211, 212, 222, 223ff., § 255 (BGHSt 41, 368 (370) = NJW 1996, 936), §§ 303, 306–306d (BGHSt 20, 230), §§ 312, 327 I, 328 (aM Heine/Schittenhelm in Schönke/Schröder § 328 Rn. 28: § 307 geht vor); im Falle des Abs. 3 wird § 222 verdrängt, jedoch bleibt Tateinheit mit §§ 211, 212 möglich. Die §§ 307, 308 schließen sich – mindestens idR – aus (Exklusivität; ebenso Wolters in SK-StGB Rn. 8; für Spezialität des § 307 Kindhäuser/Hilgendorf in LPK-StGB Rn. 9). Über das Verhältnis zu § 310 → § 310 Rn. 5; zu § 311 → § 311 Rn. 7. 6

7. Tätige Reue § 314a. Führungsaufsicht § 321. Einziehung § 322. Räumlicher Geltungsbereich § 6 Nr. 2. Anzeigepflicht (Abs. 1–3) § 138 I Nr. 9. Weitere die Kernenergie betreffende Strafvorschriften in §§ 311, 312, 327 I, 328. Beachte auch §§ 46, 49 AtG. 7

§ 308 Herbeiführen einer Sprengstoffexplosion

(1) **Wer anders als durch Freisetzen von Kernenergie, namentlich durch Sprengstoff, eine Explosion herbeiführt und dadurch Leib oder Leben eines anderen Menschen oder fremde Sachen von bedeutendem Wert gefährdet, wird mit Freiheitsstrafe nicht unter einem Jahr bestraft.**

(2) **Verursacht der Täter durch die Tat eine schwere Gesundheitsschädigung eines anderen Menschen oder eine Gesundheitsschädigung einer großen Zahl von Menschen, so ist auf Freiheitsstrafe nicht unter zwei Jahren zu erkennen.**

(3) **Verursacht der Täter durch die Tat wenigstens leichtfertig den Tod eines anderen Menschen, so ist die Strafe lebenslange Freiheitsstrafe oder Freiheitsstrafe nicht unter zehn Jahren.**

(4) **In minder schweren Fällen des Absatzes 1 ist auf Freiheitsstrafe von sechs Monaten bis zu fünf Jahren, in minder schweren Fällen des Absatzes 2 auf Freiheitsstrafe von einem Jahr bis zu zehn Jahren zu erkennen.**

(5) **Wer in den Fällen des Absatzes 1 die Gefahr fahrlässig verursacht, wird mit Freiheitsstrafe bis zu fünf Jahren oder mit Geldstrafe bestraft.**

(6) **Wer in den Fällen des Absatzes 1 fahrlässig handelt und die Gefahr fahrlässig verursacht, wird mit Freiheitsstrafe bis zu drei Jahren oder mit Geldstrafe bestraft.**

1 **1.** Die Vorschrift behandelt das **Herbeiführen von Explosionen** (zusf. Cramer NJW 1964, 1835; Lackner JZ 1964, 674) anders als durch Freisetzen von Kernenergie (zu diesem § 307). Die Tat ist **konkretes Gefährdungsdelikt** (BGH NStZ-RR 1996, 132; NJW 2017, 743; → Vor § 13 Rn. 32; → § 315c Rn. 1; einschr. auf Abs. 1, 5 und 6 Krack in MüKoStGB Rn. 1).

2 **2. Tathandlung** ist das Herbeiführen einer Explosion jeder Art, namentlich mit Sprengstoff, dh eines Stoffes, der bei der Entzündung eine gewaltsame und plötzliche Ausdehnung elastischer Flüssigkeiten hervorruft und zur Herbeiführung einer Zerstörung geeignet ist (BGHSt 61, 84 = NJW 2016, 1030; zB Dynamit, Nitroglyzerin, Schießbaumwolle, Schwarzpulver oder anderen Schießmitteln), Gas, Wasserdampf oder chemischen Kunststoffen (zu Benzindämpfen BGH NStZ 2010, 503), mit Ausnahme derjenigen, die durch Freisetzen von Kernenergie ausgelöst werden. **Explosion** ist ein normativer, kein naturwissenschaftlicher Begriff. Er umfasst daher nicht nur die Freisetzung von Druckenergien mit ungewöhnlicher Beschleunigung nach außen (KG NStZ 1989, 369; sehr weit LG Braunschweig NStZ 1987, 231), sondern auch explosionsgleiche Erscheinungen, die zB durch Luftunterdruck (Implosionen) erzeugt werden (Begr. zu § 323 E 1962, S. 502; Fischer Rn. 3; aM Otto StrafR BT § 78 Rn. 9; Kargl in NK-StGB Rn. 4; Heine/Bosch in Schönke/Schröder Rn. 3). Ein Mindestschaden ist nicht erforderlich (BGH NJW 2015, 967). Kleinexplosionen, die ihrer Art nach ungeeignet sind, Zerstörungen nennenswerten Ausmaßes herbeizuführen, wie das Herbeiführen sog. Verpuffungen in Gasbadeöfen, sind keine Explosionen iSd Abs. 1 (Sozialadäquanz, → Vor § 32 Rn. 29; krit. zur Begr. Krack in MüKoStGB Rn. 4; aM Fischer Rn. 3); das Werfen von Böllern in eine Zuschauermenge in einem Fußballstadion ist dagegen erfasst (BGH NStZ 2022, 485; LG Osnabrück 23.3.2012 – 10 KLs 37/11).

3. Für die **Gefährdung** (namentlich den Gefahrbegriff) und die Abstufung der Strafdrohungen nach Vorsatz und Fahrlässigkeit (Abs. 1, 5, 6) gelten die Ausführungen unter → § 315c Rn. 20–31 weitgehend sinngemäß; zur bedingt vorsätzlichen Gefährdung von Leib oder Leben BGH NJW 1996, 936 (938); zum Versuch mit bedingtem Vorsatz BGH NStZ-RR 1996, 132. Die Wertgrenze für bedeutenden Wert gem. Abs. 1 liegt bei 1.500 EUR (BGH NJW 2017, 743 mAnm Fickenscher), die Mindestanzahl gefärdeter Personen für Abs. 2 dürfte in Anlehnung an § 306b I Alt. 2 bei 14 liegen (BGH NStZ 2022, 485). 3

4. Soweit sich der Täter bei Verwendung explosiver Stoffe in Industrie, Gewerbe und Forschung iRd **erlaubten Risikos** (→ Vor § 32 Rn. 29) hält, das durch zahlreiche Sicherheitsvorschriften konkretisiert ist, fehlt es an der für die Fahrlässigkeit konstituierenden Sorgfaltspflichtverletzung (→ § 15 Rn. 37–40). Eine behördliche Erlaubnis nach § 7 SprengG rechtfertigt die Tat nicht (Wolters in SK-StGB Rn. 7). 4

5. Zur Erfolgsqualifikation des **Abs. 2** → § 306b Rn. 2, zu der des **Abs. 3** → § 306c Rn. 1; zum möglichen Versuch Hardtung Teilvorsatzdelikte S. 54, 58. Zu **Abs. 4** (minder schwere Fälle) → § 46 Rn. 7–10a; → § 12 Rn. 4. Zu den Konkurrenzen gelten die Ausführungen unter → § 307 Rn. 6 sinngemäß (aA Krack in MüKoStGB Rn. 25, Subsidiarität gegenüber vollendeten Brandstiftungsdelikten). Zur Strafbarkeit unerlaubten Umgangs oder Verkehrs mit explosionsgefährlichen Stoffen § 326 I Nr. 3 StGB sowie die §§ 40, 42 SprengG. Tätige Reue § 314a. Führungsaufsicht § 321. Einziehung § 322. Anzeigepflicht (Abs. 1–3) § 138 I Nr. 9. 5

§ 309 Mißbrauch ionisierender Strahlen

(1) **Wer in der Absicht, die Gesundheit eines anderen Menschen zu schädigen, es unternimmt, ihn einer ionisierenden Strahlung auszusetzen, die dessen Gesundheit zu schädigen geeignet ist, wird mit Freiheitsstrafe von einem Jahr bis zu zehn Jahren bestraft.**

(2) **Unternimmt es der Täter, eine unübersehbare Zahl von Menschen einer solchen Strahlung auszusetzen, so ist die Strafe Freiheitsstrafe nicht unter fünf Jahren.**

(3) **Verursacht der Täter in den Fällen des Absatzes 1 durch die Tat eine schwere Gesundheitsschädigung eines anderen Menschen oder eine Gesundheitsschädigung einer großen Zahl von Menschen, so ist auf Freiheitsstrafe nicht unter zwei Jahren zu erkennen.**

(4) **Verursacht der Täter durch die Tat wenigstens leichtfertig den Tod eines anderen Menschen, so ist die Strafe lebenslange Freiheitsstrafe oder Freiheitsstrafe nicht unter zehn Jahren.**

(5) **In minder schweren Fällen des Absatzes 1 ist auf Freiheitsstrafe von sechs Monaten bis zu fünf Jahren, in minder schweren Fällen des Absatzes 3 auf Freiheitsstrafe von einem Jahr bis zu zehn Jahren zu erkennen.**

(6) [1]**Wer in der Absicht,**

1. **die Brauchbarkeit einer fremden Sache von bedeutendem Wert zu beeinträchtigen,**
2. **nachhaltig ein Gewässer, die Luft oder den Boden nachteilig zu verändern oder**

3. ihm nicht gehörende Tiere oder Pflanzen von bedeutendem Wert zu schädigen,

die Sache, das Gewässer, die Luft, den Boden, die Tiere oder Pflanzen einer ionisierenden Strahlung aussetzt, die geeignet ist, solche Beeinträchtigungen, Veränderungen oder Schäden hervorzurufen, wird mit Freiheitsstrafe bis zu fünf Jahren oder mit Geldstrafe bestraft. [2]Der Versuch ist strafbar.

Fassung: Das UmsetzungsG zur Bekämpfung nuklearterroristischer Handlungen (→ Vor § 1 Rn. 16) hat Abs. 6 neu gefasst; mit Art. 1 Nr. 4 des Gesetzes v. 30.10.2017 erfolgte in Abs. 6 eine redaktionelle Korrektur.

1 **1.** Die Vorschrift schützt Menschen und Sachen gegen **ionisierende Strahlung.** Sie beschreibt einen besonderen Typus des konkreten Gefährdungsdelikts (ebenso Kargl in NK-StGB Rn. 2, 5; Wolters in SK-StGB Rn. 2; nach Krack in MüKoStGB Rn. 5, Eignungsdelikt). Zwar wird die Gefährdung im Tatbestand nicht ausdrücklich erwähnt (→ Vor § 13 Rn. 32); sie ergibt sich aber zwingend aus dem Erfordernis, dass ein Mensch oder eine Sache einer zur Schädigung geeigneten Strahlung ausgesetzt wird.

2 **2. Ionisierende Strahlung** ist Strahlung, die von natürlichen oder künstlichen radioaktiven Stoffen (§ 2 I, II AtG; § 3 I StrlSchV) ausgeht, ferner Neutronenstrahlung, die bei der Spaltung von Kernbrennstoffen entsteht, und künstlich erzeugte ionisierende Strahlung, namentlich auch die Röntgenstrahlung (BGHSt 43, 346 (347) = NJW 1998, 833). Der Mensch oder die Sache sind solcher Strahlung ausgesetzt, sobald sie in deren Wirkungsbereich geraten.

3 **3.** Nach **Abs. 1** zur Gesundheitsschädigung (→ § 223 Rn. 5) und nach **Abs. 6** zur Beeinträchtigung der Brauchbarkeit einer fremden Sache von bedeutendem Wert (→ § 315c Rn. 24) ist eine Strahlung dann geeignet, wenn bei ihrer Art und dem Umfang ihrer konkreten Anwendung der Eintritt einer solchen Schädigung oder Beeinträchtigung naheliegt (ebenso Kindhäuser/Hilgendorf in LPK-StGB Rn. 5; Heine/Bosch in Schönke/Schröder Rn. 4; diff. Hoyer, Die Eignungsdelikte, 1987, S. 172). Im Falle des Abs. 1 genügt zur vollendeten Tat das Unternehmen (dh auch der Versuch des Aussetzens, → § 11 Rn. 19), während Abs. 6 erst mit dem Beginn der Strahlungswirkung vollendet wird. Abs. 6 ist neu gefasst (s. Fassungshinweis) und erfasst in Nr. 2 die nachhaltige Veränderung von Gewässer/Luft/Boden und in Nr. 3 die Schädigung von dem Täter nicht gehörenden Tieren oder Pflanzen als Gefährdungsobjekte (Wolff in LK-StGB Rn. 10; Kindhäuser/Hilgendorf in LPK-StGB Rn. 4, Tatobjekte).

4 **4.** Bedingter **Vorsatz** genügt. Mit ihm muss sich die **Absicht** im Sinne zielgerichteten Wollens (→ § 15 Rn. 20) verbinden, die Gesundheit eines anderen (im Falle des Abs. 2 also nicht notwendig einer Mehrzahl von Menschen) zu schädigen (Abs. 1) oder die Brauchbarkeit der Sache zu beeinträchtigen, Gewässer, Luft oder Boden nachhaltig zu verändern oder Tiere/Pflanzen zu schädigen (Abs. 6 Nr. 1–3); dass der Täter daneben noch andere Zwecke verfolgt oder die Schädigung nur als Mittel für einen anderen Zweck erstrebt, ist unerheblich.

5 **5. Abs. 2** ist Qualifikationstatbestand zu Abs. 1; daher müssen dessen Merkmale voll verwirklicht sein (Börner NZWiSt 2012, 451). **Unübersehbar** ist eine Zahl, wenn so viele Menschen betroffen sind, dass auch ein objektiver Beobachter sie

nicht ohne nähere Prüfung übersehen, also in ihrer ungefähren Zahl bestimmen kann (Begr. zu § 324 E 1962, S. 503).

6. Für die Erfolgsqualifikationen der **Abs. 3 und 4** (die schwere Folge muss nach Hardtung, Versuch und Rücktritt von den Teilvorsatzdelikten des § 11 Abs. 2 StGB, 2002, S. 157, auf dem grunddeliktischen Erfolg aufbauen) und die minder schweren Fälle des **Abs. 5,** für die Möglichkeiten der Konkurrenz und für eine Anzahl ergänzender Vorschriften gelten die Ausführungen unter → § 307 Rn. 5–7; → § 308 Rn. 5 sinngemäß; sa § 311 I Nr. 1 StGB, §§ 46, 49 AtG und die StrlSchV. Tätige Reue § 314a. Führungsaufsicht § 321. Einziehung § 322. Anzeigepflicht (Abs. 1–3) § 138 I Nr. 9. 6

§ 310 Vorbereitung eines Explosions- oder Strahlungsverbrechens

(1) **Wer zur Vorbereitung**
1. eines bestimmten Unternehmens im Sinne des § 307 Abs. 1 oder des § 309 Abs. 2,
2. einer Straftat nach § 308 Abs. 1, die durch Sprengstoff begangen werden soll,
3. einer Straftat nach § 309 Abs. 1 oder
4. einer Straftat nach § 309 Abs. 6

Kernbrennstoffe, sonstige radioaktive Stoffe, Sprengstoffe oder die zur Ausführung der Tat erforderlichen besonderen Vorrichtungen herstellt, sich oder einem anderen verschafft, verwahrt oder einem anderen überläßt, wird in den Fällen der Nummer 1 mit Freiheitsstrafe von einem Jahr bis zu zehn Jahren, in den Fällen der Nummer 2 und der Nummer 3 mit Freiheitsstrafe von sechs Monaten bis zu fünf Jahren, in den Fällen der Nummer 4 mit Freiheitsstrafe bis zu drei Jahren oder mit Geldstrafe bestraft.

(2) **In minder schweren Fällen des Absatzes 1 Nr. 1 ist die Strafe Freiheitsstrafe von sechs Monaten bis zu fünf Jahren.**

(3) **In den Fällen des Absatzes 1 Nr. 3 und 4 ist der Versuch strafbar.**

Fassung: Das UmsetzungsG zur Bekämpfung nuklearterroristischer Straftaten hat in Abs. 1 die Nr. 3 und 4 angefügt und in Abs. 3 die Versuchsstrafbarkeit eingeführt.

1. Die Vorschrift schützt über § 30 hinaus gegen Handlungen, die zur **Vorbereitung** eines Explosions- oder Strahlungsverbrechens nach §§ 307 I, 308 I, 309 I, II, VI begangen werden (nach Krack in MüKoStGB Rn. 1, Vorfelddelikt). 1

2. Tathandlungen sind nur die in Abs. 1 ausdrücklich genannten Vorbereitungshandlungen, die sich sämtlich auf radioaktive Stoffe (§ 2 I, II AtG; § 3 I StrlSchV) oder auf Sprengstoff (→ § 308 Rn. 2) beziehen müssen. „Besondere" Vorrichtungen sind nicht schon an sich ungefährliche Gegenstände, die erst nach Verarbeitung oder Zusammenbau verwendbar sind, sondern nur solche, die ihrer Art nach die spezifische Eignung haben, der Herbeiführung von Explosionen durch Kernenergie oder Sprengstoff oder der Erzeugung ionisierender Strahlung zu dienen (ähnlich Heine/Bosch in Schönke/Schröder Rn. 5). Deshalb genügt das Beschaffen eines Weckers zum Einbau in einen Zeitzünder oder einer Batterie als Stromquelle für die Zündeinrichtung nicht, wohl aber der zusammengebaute Zeit- 2 zünder oder der zur Auslösung der Explosion bestimmte Zündsatz (BT-Drs. IV/2186, 3; Wolters in SK-StGB Rn. 3: Zubehör).

3 **3.** Neben dem **Vorsatz** (bedingter genügt) ist erforderlich, dass der Täter **„zur"** Vorbereitung eines der in Abs. 1 genannten und von ihm selbst oder einem anderen in Aussicht genommenen Verbrechens handelt. Dessen Förderung muss daher seine Zielvorstellung sein (Fischer Rn. 5; aM BayObLG NJW 1973, 2038; Cramer NJW 1964, 1835 (1838); zw.), was idR, aber nicht notwendig (aM Gehrig, Der Absichtsbegriff in den Straftatbeständen des Besonderen Teils des StGB, 1986, S. 96), zutrifft, wenn er in Kenntnis der entsprechenden Absicht des anderen handelt; unterstützt er ohne solche Absicht die Vorbereitung des Verbrechens durch einen anderen, so liegt nur Beihilfe zu § 310 vor (ebenso Kargl in NK-StGB Rn. 13; Krack in MüKoStGB Rn. 10). Im Übrigen muss die vorgesehene Tat ihrer Art und ihrem rechtlichen Wesen nach so weit konkretisiert sein, dass sie unter einen der in Abs. 1 genannten Tatbestände subsumiert werden kann; außerdem zwingt der Wortlaut des Gesetzes („bestimmtes Unternehmen") zu der Annahme, dass sie nach Angriffsziel, Gegenstand, Zeit, Ort und Begehungsweise in ihren Grundzügen – sei es auch noch sehr vage und in allgemeinen Vorstellungen über den Angriffsbereich (BGH bei Holtz MDR 1978, 850) – umrissen sein muss (BGH NJW 1977, 540 mkritAnm Herzberg JR 1977, 469; OLG Karlsruhe NStZ 2012, 390; Kindhäuser/Hilgendorf in LPK-StGB Rn. 4). Ob sie als besonders schwerer oder minder schwerer Fall zu bestrafen wäre, ist unerheblich; denn die Tat bleibt ohne Rücksicht auf die unbenannte Strafänderung (→ § 12 Rn. 4) eine Tat nach dem verletzten Tatbestand; allerdings wird, wenn die vorbereitete Tat ein minder schwerer Fall nach § 308 IV Alt. 1 wäre, auch die Vorbereitungshandlung idR nach Abs. 2 ein solcher sein.

4 **4.** Die Tat nach Abs. 1 Nr. 1 ist Verbrechen, ihr **Versuch** daher strafbar (Krack in MüKoStGB Rn. 14); dem steht nicht entgegen, dass die Vorschrift nur Vorbereitungshandlungen beschreibt (→ Vor § 22 Rn. 3). Bei den Vergehen nach Abs. 1 Nr. 3, 4 erklärt Abs. 3 den Versuch für strafbar.

5 **5.** Wird die geplante Tat begangen oder versucht, so tritt § 310 hinter der Beteiligung des Täters (auch Anstiftung und Beihilfe) an dem Verbrechen zurück (**Subsidiarität,** → Vor § 52 Rn. 26; Rissing-van Saan in LK-StGB Vor § 52 Rn. 132); mit § 30 besteht Tateinheit, wenn sich die daraus resultierende Strafe diejenige für § 310 übersteigt (BGHSt 61, 84 = NJW 2016, 1030; BGH NStZ-RR 2016, 311; NStZ 2020, 729), ebenso mit § 89 a I 2, II Nr. 2 (BGH StV 2021, 578).

6 **6.** Tätige Reue § 314 a. Führungsaufsicht § 321. Einziehung § 322. Der Weltrechtsgrundsatz gilt nur für das Verbrechen nach Abs. 1 Nr. 1 (§ 6 Nr. 2). Anzeigepflicht § 138 I Nr. 9.

§ 311 Freisetzen ionisierender Strahlen

(1) **Wer unter Verletzung verwaltungsrechtlicher Pflichten (§ 330 d Absatz 1 Nummer 4, 5, Absatz 2)**
1. ionisierende Strahlen freisetzt oder
2. Kernspaltungsvorgänge bewirkt,
die geeignet sind, Leib oder Leben eines anderen Menschen, fremde Sachen von bedeutendem Wert zu schädigen oder erhebliche Schäden an

Tieren oder Pflanzen, Gewässern, der Luft oder dem Boden herbeizuführen, wird mit Freiheitsstrafe bis zu fünf Jahren oder mit Geldstrafe bestraft.

(2) **Der Versuch ist strafbar.**

(3) **Wer fahrlässig**

1. **beim Betrieb einer Anlage, insbesondere einer Betriebsstätte, eine Handlung im Sinne des Absatzes 1 in einer Weise begeht, die geeignet ist, eine Schädigung außerhalb des zur Anlage gehörenden Bereichs herbeizuführen oder**
2. **in sonstigen Fällen des Absatzes 1 unter grober Verletzung verwaltungsrechtlicher Pflichten handelt,**

wird mit Freiheitsstrafe bis zu zwei Jahren oder mit Geldstrafe bestraft.

Fassung: Abs. 1 wurde erweitert durch das 45. StÄG (→ Vor § 1 Rn. 17). Nach Art. 2 des Gesetzes zu dem Übereinkommen v. 26.10.1979 über den physischen Schutz von Kernmaterial v. 24.4.1990 (BGBl. II 326) gelten § 311 d I, II (StGB aF; jetzt § 311 I, II), sowie § 328 I Nr. 1 mit folgender Maßgabe:

Einer verwaltungsrechtlichen Pflicht im Sinne des § 311 d Abs. 1 (StGB aF, jetzt § 311 Abs. 1) und einer Genehmigung und Untersagung im Sinne des § 328 Abs. 1 Nr. 1 stehen eine entsprechende ausländische verwaltungsrechtliche Pflicht, Genehmigung und Untersagung gleich.

1. Die Vorschrift wendet sich zum Schutz von Leib, Leben und Eigentum gegen 1
verbotenes Freisetzen von ionisierenden Strahlen und Bewirken von Kernspaltungsvorgängen; durch die Einbeziehung einer Gefährlichkeit auch für Umweltmedien und -erscheinungsformen in Abs. 1 mit dem 45. StÄG dient sie seit Ende 2011 auch dem Umweltschutz. Auf eine konkrete Gefährdung oder Schädigung kommt es nicht an. Die Tathandlung muss aber die generelle Eignung zur Schadensverursachung haben. Die Tat ist deshalb ein sog. **potenzielles Gefährdungsdelikt** (BGHSt 39, 371 = NJW 1994, 672; BGHSt 43, 346 (349) = NJW 1998, 833; BGH NJW 1994, 2161; sa BGH NJW 1999, 2129; Krack in MüKoStGB Rn. 1, Eignungsdelikt; → Vor § 13 Rn. 32).

2. Übereinstimmende Voraussetzung der Tathandlungen nach Abs. 1 Nr. 1, 2
2 ist die **Verletzung verwaltungsrechtlicher Pflichten** (→ § 325 Rn. 4–9, 11, 12), für die auch die Regelung rechtsmissbräuchlichen Verhaltens nach § 330d I Nr. 5 gilt (Heine/Bosch in Schönke/Schröder Rn. 8). In Fällen des § 311 können solche Pflichten nur aus Rechtsvorschriften (oder auf ihnen beruhenden vollziehbaren Verwaltungsakten) hergeleitet werden, die speziell dem Schutz vor den von ionisierenden Strahlen oder von einem Kernspaltungsvorgang ausgehenden Gesundheitsgefahren dienen (BT-Drs. 12/192, 31; Kindhäuser/Hilgendorf in LPK-StGB Rn. 3; weiter Krack in MüKoStGB Rn. 9). Ausschließliche innerstaatliche Grundlage sind danach das AtG und die auf ihm beruhenden Rechtsverordnungen (die StrlSchV und die RöV); in diesem Rahmen kommen auch Vorschriften in Frage, die zum innerbetrieblichen Arbeitsschutz die Beschäftigung von Menschen in strahlenbelasteten Bereichen zeitlich begrenzt oder nur unter Schutzvorkehrungen zulassen (BT-Drs. 12/192, 15; Krack in MüKoStGB Rn. 9; Möhrenschlager in LK-StGB Rn. 14; aM OLG Bamberg MDR 1992, 687; Fischer Rn. 4; zw.). Die Erweiterung des Schutzbereichs auf verwaltungsrechtliche Pflichten usw, die **außerhalb des räumlichen Geltungsbereichs des Gesetzes** (→ Vor § 3 Rn. 5) erlassen werden, erfordert Zuständigkeit der erlassenden Stelle im Rahmen der **internationalen Atom-Energieorganisation** (die Pflichten der Vertragsstaaten zur

Pönalisierung von Angriffen auf Kernmaterial sind in Art. 7 des Übereinkommens geregelt).

3 **3. a) Abs. 1 Nr. 1: Ionisierende Strahlen** → § 309 Rn. 2. **Freisetzen** bedeutet, eine Lage schaffen, in der sich solche Strahlen unkontrollierbar im Raum ausdehnen können (BGHSt 43, 346 (348) = NJW 1998, 833), so etwa wenn Strahlen ohne die erforderlichen Sicherheitsmaßnahmen erzeugt oder wenn Schutzvorrichtungen gegenüber einer (künstlichen) Strahlenquelle, zB einem in Verwahrung befindlichen radioaktiven Stoff oder einem im Betrieb befindlichen Strahlengerät, beseitigt werden (OLG Bamberg MDR 1992, 687; Möhrenschlager in LK-StGB Rn. 10). Daran fehlt es beim Röntgen, wenn es – trotz fehlender Indikation und damit unter Verstoß gegen § 25 I 1 RöV – durch einen Arzt angeordnet und in einer genehmigten, technisch einwandfreien Röntgeneinrichtung von dafür ausgebildetem Personal ausgeführt wird (BGHSt 43, 346 = NJW 1998, 833 mit Bespr. Rigizahn JR 1998, 523; Götz/Hinrichs/Seibert/Sommer MedR 1998, 505; Jerouschek JuS 1999, 746 (749); Sack UmweltschutzStrafR § 311 Rn. 37 a).

4 **b) Abs. 1 Nr. 2: Bewirken von Kernspaltungsvorgängen** ist Verursachen der bei der Spaltung von Kernbrennstoffen (→ § 328 Rn. 3) ablaufenden physikalischen Prozesse (Möhrenschlager in LK-StGB Rn. 11).

5 **4. Geeignet zur Schädigung** setzt weder Schadenseintritt noch konkrete Gefährdung voraus; Dauer und Intensität der Strahlung oder der Kernspaltungsvorgänge müssen lediglich nach ihrer konkreten Beschaffenheit und Anwendung (problematisch LG München NStZ 1982, 470) generell tauglich sein (BGHSt 39, 371 = NJW 1994, 672 mzustAnm Geerds JR 1995, 33), **Leib** (körperliche Unversehrtheit iSd § 223) oder **Leben eines anderen** oder **fremde Sachen von bedeutendem Wert** (→ § 315 c Rn. 24) für den Fall zu schädigen, dass sich solche geschützten Objekte im Strahlungsbereich befinden (einschr. Hoyer, Die Eignungsdelikte, 1987, S. 79; Wolters in SK-StGB Rn. 3). Die in der StrlSchV genannten Werte sind wesentliche Anhaltspunkte für die Feststellung der Gesundheitsschädigungseignung von Strahlendosen (BGHSt 39, 371 (373) = NJW 1994, 672; BGH NJW 1994, 2161; Bartholme JA 1996, 730 (731); Sack UmweltschutzStrafR § 311 Rn. 10). Seit dem 45. StÄG genügt auch die Eignung, erhebliche Schäden an **Tieren** oder **Pflanzen, Gewässern,** der **Luft** oder dem **Boden** herbeizuführen (→ § 325 Rn. 13); diese Klausel entspricht wörtlich der in § 327 II (→ § 327 Rn. 3 a).

6 **5.** Für **Vorsatz (Abs. 1) und Fahrlässigkeit (Abs. 3)** gelten die Ausführungen unter → § 325 Rn. 16 sinngemäß. **Abs. 3** unterscheidet bei **Fahrlässigkeit** zwischen Anlagenbetrieb mit Wirkungen außerhalb der Anlage (Nr. 1; → § 325 Rn. 2, 3) und nichtanlagenbezogener Tätigkeit (Nr. 2). **Nr. 1** erfasst nicht nur Gefahren beim Betrieb einer kerntechnischen Anlage, sondern auch anderer Anlagen, von denen eine schädigende radioaktive Strahlung ausgehen kann, zB Anlagen zur Lagerung von Kernbrennstoffen oder von radioaktiven Abfällen (§§ 81, 86 StrlSchV; BT-Drs. 12/192, 15). Die Schädigungseignung bezieht sich auf die Strahlen- und Kernspaltungsvorgänge des Abs. 1 (vgl. Sack MDR 1990, 286 (287)). Nur **Nr. 2** setzt die grob pflichtwidrige Verletzung verwaltungsrechtlicher Pflichten voraus; dies erfordert ein nach dem Ausmaß der Gefährlichkeit oder dem Grad der Pflichtwidrigkeit besonders schwerwiegendes Verhalten und kann deshalb sowohl aus dem besonderen Gewicht der verletzten Pflicht als auch aus dem besonderen

Maß der Pflichtvergessenheit in Bezug auf eine an sich nicht wichtige Pflicht hergeleitet werden (BT-Drs. 8/2382, 16 zu § 325 StGB aF).

6. Tateinheit ua möglich mit §§ 211, 212, 222 (str.), §§ 223ff., § 229 (str.), §§ 308, 327 I, 328. Hinter §§ 307, 309 tritt die Vorschrift zurück (Subsidiarität; ebenso Kargl in NK-StGB Rn. 11; aM Wolters in SK-StGB Rn. 10, Tateinheit; ebenso Krack in MüKoStGB Rn. 18). 7

7. Tätige Reue § 314a. Einziehung § 322. 8

§ 312 Fehlerhafte Herstellung einer kerntechnischen Anlage

(1) **Wer eine kerntechnische Anlage (§ 330d Nr. 2) oder Gegenstände, die zur Errichtung oder zum Betrieb einer solchen Anlage bestimmt sind, fehlerhaft herstellt oder liefert und dadurch eine Gefahr für Leib oder Leben eines anderen Menschen oder für fremde Sachen von bedeutendem Wert herbeiführt, die mit der Wirkung eines Kernspaltungsvorgangs oder der Strahlung eines radioaktiven Stoffes zusammenhängt, wird mit Freiheitsstrafe von drei Monaten bis zu fünf Jahren bestraft.**

(2) **Der Versuch ist strafbar.**

(3) **Verursacht der Täter durch die Tat eine schwere Gesundheitsschädigung eines anderen Menschen oder eine Gesundheitsschädigung einer großen Zahl von Menschen, so ist auf Freiheitsstrafe von einem Jahr bis zu zehn Jahren zu erkennen.**

(4) **Verursacht der Täter durch die Tat den Tod eines anderen Menschen, so ist die Strafe Freiheitsstrafe nicht unter drei Jahren.**

(5) **In minder schweren Fällen des Absatzes 3 ist auf Freiheitsstrafe von sechs Monaten bis zu fünf Jahren, in minder schweren Fällen des Absatzes 4 auf Freiheitsstrafe von einem Jahr bis zu zehn Jahren zu erkennen.**

(6) **Wer in den Fällen des Absatzes 1**
1. die Gefahr fahrlässig verursacht oder
2. leichtfertig handelt und die Gefahr fahrlässig verursacht,
wird mit Freiheitsstrafe bis zu drei Jahren oder mit Geldstrafe bestraft.

1. Die Vorschrift wendet sich gegen fehlerhafte **Herstellung oder Lieferung von kerntechnischen Anlagen.** Die Tat ist **konkretes Gefährdungsdelikt** (Wolters in SK-StGB Rn. 2; → Vor § 13 Rn. 32; → § 315c Rn. 1) im Hinblick auf die geschützten Rechtsgüter Leben, körperliche Unversehrtheit und fremdes Eigentum (Fischer Rn. 1). 1

2. Kerntechnische Anlage § 330d Nr. 2 (→ § 330d Rn. 2); seit dem 45. StÄG (→ Vor § 1 Rn. 17) müsste es korrekt heißen: § 330d I Nr. 2. Ein Gegenstand ist zur **Errichtung** (dh zur erstmaligen Bereitstellung der Anlage) oder zum **Betrieb** (→ § 325 Rn. 2) bestimmt, wenn der für Errichtung bzw. Betrieb Verantwortliche ihn zu diesen Zwecken verwenden will oder sich diese Bestimmungen aus Bau- und Betriebsplänen ergibt (Kargl in NK-StGB Rn. 4; für rein subjektive Bestimmung Wolters in SK-StGB Rn. 3; dagegen Steindorf in LK-StGB StGB aF § 311c Rn. 5); dazu gehören Baumaterialien und Einrichtungsgegenstände, nicht hingegen bloße Arbeitsmittel, die kein Bestandteil der Anlage werden, weil deren Fehlerhaftigkeit nicht ohne weiteres die Funktionsfähigkeit der Anlage beeinträchtigt. 2

3 **3. Herstellen** bedeutet Bearbeiten oder Verarbeiten von Werkstoffen zur Gestaltung eines Gegenstandes; **Liefern** Überlassen zum bestimmungsmäßigen Gebrauch (ebenso Krack in MüKoStGB Rn. 5). Herstellen oder Liefern sind **fehlerhaft,** wenn sie Rechtsvorschriften oder technischen Erfahrungen (Heine/Bosch in Schönke/Schröder Rn. 5; Möhrenschlager in LK-StGB Rn. 13) widersprechen und wenn deshalb die Tauglichkeit des Gegenstandes zum bestimmungsmäßigen Gebrauch aufgehoben oder nicht unerheblich gemindert ist (Möhrenschlager in LK-StGB Rn. 13). Die sinnvolle Erstreckung der Regelung auf fehlerhafte Reparaturen hat der Gesetzgeber nicht vorgenommen (krit. Möhrenschlager NStZ 1994, 566 (569); aM Möhrenschlager in LK-StGB Rn. 14).

4 **4.** Die als **Folge** der Tathandlung nach Abs. 1 erforderliche **konkrete Gefahr** entspricht der des § 315 c I (→ § 315 c Rn. 21, 22). **Zusammenhang** mit der Wirkung eines Kernspaltungsvorgangs (→ § 311 Rn. 4) oder der Strahlung eines radioaktiven Stoffes (→ § 309 Rn. 2) liegt vor, wenn sich das Gefahrurteil mindestens auch auf diese Wirkung gründen lässt (ebenso Kindhäuser/Hilgendorf in LPK-StGB Rn. 4). Für die **Verknüpfung** der Gefährdung mit den Tathandlungen gelten die Ausführungen unter → § 315 c Rn. 27 sinngemäß.

5 **5.** In den Fällen des **Abs. 1** muss sich der Vorsatz (bedingter genügt) sowohl auf die Tathandlung als auch auf die Gefährdung beziehen. In den Fällen des **Abs. 6 Nr. 1** genügt für die Gefährdung Fahrlässigkeit (→ § 15 Rn. 35); an dem Erfordernis des Vorsatzes für die Tathandlung wird dadurch aber nichts geändert. Zur Behandlung der Vorsatz-Fahrlässigkeitskombination als Vorsatztat im Hinblick auf Versuch, Teilnahme, Einziehung usw → § 11 Rn. 23–25; → § 23 Rn. 1; → § 26 Rn. 7. In den Fällen des Abs. 6 Nr. 2 genügt für die Tathandlung Leichtfertigkeit (→ § 15 Rn. 55; Fischer Rn. 9, 10), für die Gefährdung Fahrlässigkeit (→ § 15 Rn. 35).

6 **6. Abs. 3** und **4** enthalten Erfolgsqualifikationen, bei denen die schweren Folgen wenigstens fahrlässig (§ 18) verursacht sein müssen (Heine/Bosch in Schönke/Schröder Rn. 13 a); schwere Gesundheitsschädigung → § 250 Rn. 3; Gesundheitsschädigung einer großen Zahl von Menschen → § 306 b Rn. 2; Tod → Vor § 211 Rn. 4; zum möglichen Versuch Hardtung, Versuch und Rücktritt von den Teilvorsatzdelikten des § 11 Abs. 2 StGB, 2002, S. 63. Zu **Abs. 5** (minder schwere Fälle) → § 46 Rn. 7–10 a.

7 **7. Tateinheit** ua möglich mit §§ 109 e, 211, 212, 222, 223 ff., §§ 229, 263.

8 **8.** Tätige Reue § 314 a. Einziehung § 322.

§ 313 Herbeiführen einer Überschwemmung

(1) **Wer eine Überschwemmung herbeiführt und dadurch Leib oder Leben eines anderen Menschen oder fremde Sachen von bedeutendem Wert gefährdet, wird mit Freiheitsstrafe von einem Jahr bis zu zehn Jahren bestraft.**

(2) **§ 308 Abs. 2 bis 6 gilt entsprechend.**

Fassung: Das 6. StrRG (→ Vor § 1 Rn. 13) hat die lebensgefährdende, sachgefährdende und fahrlässige Überschwemmung der §§ 312–314 aF in einer Vorschrift zusammengefasst und dabei vereinfacht, vereinheitlicht und angepasst (BT-Drs. 13/8587, 50).

1. Überschwemmung ist Austreten von Wasser über seine natürlichen oder künstlichen Grenzen hinaus in solcher Menge und Stärke, dass es für die im überfluteten Gebiet befindlichen Menschen gefährlich ist (zB Öffnen eines Deiches, AG Zerbst NJ 2004, 181 mAnm Krüger; Krack in MüKoStGB Rn. 4). 1

2. Zur **konkreten** Gefährdung → § 315 c Rn. 21–24 und 27. 2

3. Der **Vorsatz** (bedingter genügt, RGSt 71, 42 zu § 312 StGB aF; Wolters in SK-StGB Rn. 4) muss auch die konkrete Gefährdung umfassen (zum Gefährdungsvorsatz → § 15 Rn. 28). Der Versuch ist strafbar (Verbrechen). 3

4. Zu **Abs. 2** → § 308 Rn. 5. 4

5. Tätige Reue § 314 a. Einziehung § 322. Anzeigepflicht § 138 I Nr. 9. 5

§ 314 Gemeingefährliche Vergiftung

(1) **Mit Freiheitsstrafe von einem Jahr bis zu zehn Jahren wird bestraft, wer**

1. Wasser in gefaßten Quellen, in Brunnen, Leitungen oder Trinkwasserspeichern oder

2. Gegenstände, die zum öffentlichen Verkauf oder Verbrauch bestimmt sind,

vergiftet oder ihnen gesundheitsschädliche Stoffe beimischt oder vergiftete oder mit gesundheitsschädlichen Stoffen vermischte Gegenstände im Sinne der Nummer 2 verkauft, feilhält oder sonst in den Verkehr bringt.

(2) **§ 308 Abs. 2 bis 4 gilt entsprechend.**

Fassung: Das 6. StrRG (→ Vor § 1 Rn. 13) hat die gemeingefährliche Vergiftung und die fahrlässige Gemeingefährdung der §§ 319, 320 aF in einer Vorschrift zusammengefasst und dabei vereinfacht und gestrafft (BT-Drs. 13/8587, 51; krit. Seher NJW 2004, 113 (115), eher „verschleiert").

1. Die Vorschrift schützt Leben und Gesundheit von Menschen. Sie erfordert keinen Verletzungs- oder Gefahrerfolg. Die Tat ist daher **abstraktes Gefährdungsdelikt** (→ Vor § 13 Rn. 32; Hilgendorf, Strafrechtliche Produzentenhaftung in der „Risikogesellschaft", 1993, S. 165; Otto StrafR BT § 82 Rn. 101; Krack in MüKoStGB Rn. 1; Heine/Bosch in Schönke/Schröder Rn. 2; einschr. Seher NJW 2004, 113 (116), Eignungsdelikt; Zieschang Gefährdungsdelikte S. 261, potenzielles Gefährdungsdelikt; krit. zur tatbestandlichen Struktur Bosch, Organisationsverschulden in Unternehmen, 2002, S. 509). 1

2. Zur ersten Tatbestandsalternative des Abs. 1: 2

a) Nr. 1: Gefasste Quellen, Brunnen, Leitungen und **Trinkwasserspeicher** (auch Trinkwassertalsperren, BT-Drs. 13/8587, 51) müssen dem Gebrauch von (irgendwelchen) Menschen in dem Sinne dienen, dass diese mindestens mit dem Inhalt in körperliche Berührung (zum Trinken, aber auch zum Waschen oder Baden) zu kommen pflegen; also keine Fabrik- oder Löschwasserbehälter (Kindhäuser/Hilgendorf in LPK-StGB Rn. 3; Wolters in SK-StGB Rn. 8), auch keine Viehtränken (Krack in MüKoStGB Rn. 4; aM BT-Drs. 13/8587, 51, wonach der einwandfreie Gebrauch des Wassers auch für Tiere gesichert werden soll). Der Schutz von Wasser, das sich nicht in diesen Vorrichtungen befindet, insbes. der des fließenden Wassers in Flüssen und ungefassten Quellen oder der des Wassers in Seen und Teichen ist in §§ 324, 329 II, 330 geregelt. **Nr. 2:** Zum **öffentlichen Verkauf oder Verbrauch bestimmte Gegenstände** sind nicht nur Lebensmittel, sondern zB auch Seifen, Stoffe usw, wohl auch Lederspray (so Hilgendorf, Strafrechtliche Produzentenhaftung in der „Risikogesellschaft", 1993, S. 166, unter Hinweis auf § 5 I 6, 7 LMBG aF; ebenso Bosch, Organisationsverschulden in Unternehmen, 2002, S. 505) und Holzschutzmittel (Schulz JA 1996, 185 (188); Bosch, Organisationsverschulden in Unternehmen, 2002, S. 505), auch Arzneimittel (Krack in MüKoStGB Rn. 5). Die Bestimmung muss zurzeit der Tathandlung bestehen oder mit ihr vorgenommen werden (Heine/Bosch in Schönke/Schröder Rn. 12).

3 **b)** Nach dem Schutzzweck der Vorschrift ist für das **Vergiften** und das **Beimischen von gesundheitsschädlichen Stoffen** (nicht mehr zur Gesundheitszerstörung geeignete Stoffe, Seher NJW 2004, 113) weder erforderlich noch ausreichend, dass die beigefügten Stoffe als solche die unter → § 224 Rn. 1a geforderten Eigenschaften aufweisen (krit. zur Anknüpfung an § 224 Seher NJW 2004, 113 (115), der auf die Gesundheitsschädigung iSd § 223 abstellt); vielmehr muss die Tathandlung bewirken, dass der aus der Beifügung entstehende Gegenstand (zB das Brunnenwasser) bei bestimmungsmäßigem – also nicht lediglich bei übermäßigem oder zweckwidrigem (einschr. Kuhlen, Fragen einer strafrechtlichen Produkthaftung, 1989, S. 142, 160; Hilgendorf, Strafrechtliche Produzentenhaftung in der „Risikogesellschaft", 1993, S. 166; sowie Seher NJW 2004, 113 (116), der auf den Verbraucherhorizont abstellen will) – Gebrauch die gesundheitsschädliche Wirkung zu entfalten geeignet ist (hM; vgl. Wolff in LK-StGB Rn. 7–11; Heine/Bosch in Schönke/Schröder Rn. 13, 14, die aber für Vergiften eine Gesundheitszerstörungseignung verlangen; ähnlich Bottke ZfBR 1991, 233 (235), der auch den sozialadäquaten Produktkontakt einbezieht (zust. Bosch, Organisationsverschulden in Unternehmen, 2002, S. 505. 508); sowie Gretenkordt, Herstellen und Inverkehrbringen stofflich gesundheitsgefährlicher Verbrauchs- und Gebrauchsgüter, 1993, S. 22, der auf die nicht unübliche Verwendung abstellt; anders Hoyer, Die Eignungsdelikte, 1987, S. 159; krit. Geerds in Schäfer, Grundlagen der Kriminalistik, Bd. 8, Kap. 1, S. 244; Zieschang Gefährdungsdelikte S. 266). Da es vor allem um die Verhinderung überraschender Giftanschläge geht (Wolters in SK-StGB Rn. 2a), scheiden im Wege teleologischer Reduktion Stoffe und Gegenstände aus, die entweder ausschließlich aus giftigen oder gesundheitsschädlichen Stoffen bestehen oder solche von Natur aus enthalten (zB cannabinoide Räuchermischungen, LG Kaiserslautern StV 2017, 330).

4 **3.** Zur **zweiten Tatbestandsalternative** des **Abs. 1:**

a) Solche vergifteten oder mit gesundheitsschädlichen Stoffen vermischten Gegenstände iSd Nr. 2 (→ Rn. 2) brauchen nicht aus einer rechtswidrigen Tat im Sinne der erste Alternative hervorgegangen zu sein (Joecks/Jäger StGB Rn. 10, 11); es genügt jede vorausgegangene, auch rechtmäßig oder ohne die erforderliche Verkaufs- oder Gebrauchsbestimmung vorgenommene menschliche Einwirkung, die einen solchen Gegenstand hervorgebracht hat (Gretenkordt, Herstellen und Inverkehrbringen stofflich gesundheitsgefährlicher Verbrauchs- und Gebrauchsgüter, 1993, S. 59; Heine/Bosch in Schönke/Schröder Rn. 18; dagegen Bottke ZfBR 1991, 233 (235); zw.).

5 **b) Feilhalten** bedeutet, einen Gegenstand in Verkaufsabsicht in einer Weise präsentieren, die äußerlich erkennbar auf diese Absicht hindeutet (BGHSt 23,

286). **Inverkehrbringen** → § 146 Rn. 7 (näher Krack in MüKoStGB Rn. 17). Hinzukommen musste nach § 319 StGB aF das Verschweigen der gefährlichen Eigenschaft bei bestimmungsgemäßem Gebrauch; diese entbehrliche (BT-Drs. 13/8587, 51) Einschränkung ist in § 314 nicht mehr enthalten (Bayer in Schlüchter, 6. StrRG, 1998, S. 125; auch bei Offenlegung ist der Tatbestand erfüllt (Fischer Rn. 10; aM Möhrenschlager in LK-StGB Rn. 14).

4. Bedingter **Vorsatz** genügt auch im Hinblick auf das „Bekanntsein" der Gesundheitsschädlichkeit (Horn NJW 1986, 153 (155)); zum möglichen Vorsatzausschluss bei objektiv sorgfältigem Verhalten in Bezug auf die geschützten Rechtsgüter Hoyer, Die Eignungsdelikte, 1987, S. 163; Wolters in SK-StGB Rn. 17. 6

5. Zu **Abs. 2** → § 308 Rn. 5. 7

6. **Tateinheit** ist möglich mit §§ 211 ff., 223 ff., auch zwischen Abs. 2 iVm § 308 III und einem vorsätzlichen Tötungsdelikt. 8

7. Tätige Reue § 314a. Einziehung § 322. Anzeigepflicht § 138 I Nr. 9. Zur Ergänzung beachte für Lebensmittel §§ 58 ff. LFGB; für Arzneimittel §§ 95 ff. AMG. 9

§ 314a Tätige Reue

(1) **Das Gericht kann die Strafe in den Fällen des § 307 Abs. 1 und des § 309 Abs. 2 nach seinem Ermessen mildern (§ 49 Abs. 2), wenn der Täter freiwillig die weitere Ausführung der Tat aufgibt oder sonst die Gefahr abwendet.**

(2) **Das Gericht kann die in den folgenden Vorschriften angedrohte Strafe nach seinem Ermessen mildern (§ 49 Abs. 2) oder von Strafe nach diesen Vorschriften absehen, wenn der Täter**

1. in den Fällen des § 309 Abs. 1 oder § 314 Abs. 1 freiwillig die weitere Ausführung der Tat aufgibt oder sonst die Gefahr abwendet oder

2. in den Fällen des

a) § 307 Abs. 2,

b) § 308 Abs. 1 und 5,

c) § 309 Abs. 6,

d) § 311 Abs. 1,

e) § 312 Abs. 1 und 6 Nr. 1,

f) § 313, auch in Verbindung mit § 308 Abs. 5,

freiwillig die Gefahr abwendet, bevor ein erheblicher Schaden entsteht.

(3) **Nach den folgenden Vorschriften wird nicht bestraft, wer**

1. in den Fällen des

a) § 307 Abs. 4,

b) § 308 Abs. 6,

c) § 311 Abs. 3,

d) § 312 Abs. 6 Nr. 2,

e) § 313 Abs. 2 in Verbindung mit § 308 Abs. 6

freiwillig die Gefahr abwendet, bevor ein erheblicher Schaden entsteht, oder

2. in den Fällen des § 310 freiwillig die weitere Ausführung der Tat aufgibt oder sonst die Gefahr abwendet.

(4) **Wird ohne Zutun des Täters die Gefahr abgewendet, so genügt sein freiwilliges und ernsthaftes Bemühen, dieses Ziel zu erreichen.**

1 **1.** Allgemein zur **tätigen Reue** → § 24 Rn. 29.

2 **2. Abs. 1, Abs. 2 Nr. 1 und Abs. 3 Nr. 2** beziehen sich auf Unternehmens- und verselbständigte Vorbereitungshandlungen (→ § 11 Rn. 19; → Vor § 22 Rn. 3). **Aufgeben der Tatausführung** bedeutet Abbrechen des Unternehmens (oder der Vorbereitung) noch im Stadium des Versuchs (oder der Vorbereitung) unter endgültigem Verzicht auf den Tatplan (→ § 24 Rn. 8, 9). **Abwenden der Gefahr** kann hier sowohl Verhüten des Gefahreintritts wie auch Beseitigen der bereits eingetretenen tatbestandsmäßigen Gefahr bedeuten (ebenso Heine/Bosch in Schönke/Schröder Rn. 5). Wie sich aus einem Vergleich mit den unter → Rn. 3 behandelten Vorschriften ergibt, wird die Vergünstigung zwar nicht notwendig ausgeschlossen, wenn bei einem Unternehmensdelikt Vollendung eintritt; jedoch darf die Gefahr, die der Täter abwendet, sich nicht schon in einem erheblichen Teilschaden (zB durch ionisierende Strahlung) realisiert haben (aM Krack in MüKoStGB Rn. 7).

3 **3. Abs. 2 Nr. 2 und Abs. 3 Nr. 1** beziehen sich auf Taten, bei denen der tatbestandliche Erfolg (eine Explosion oder Strahlung) eingetreten ist. Sie sind für die §§ 307, 308 nahezu bedeutungslos, weil bei einem vollendeten Explosionsdelikt ein erheblicher Schaden idR sofort eintritt. Nur wenn dieser – etwa durch Ausbreitung von Feuer oder durch Eintritt einer Überschwemmung – ausnahmsweise erst als Folge der Explosion droht, kann tätige Reue praktisch werden. **Abwenden** bedeutet hier nur das Beseitigen der bereits eingetretenen tatbestandsmäßigen Gefahr; der Eintritt eines unerheblichen Schadens steht der Vergünstigung nicht entgegen. Bei § 312 kann dies vor Inbetriebnahme der Anlage durch den Austausch des fehlerhaften Anlagenteils gegen ein fehlerfreies, sonst durch Information des Anlagenbetreibers geschehen (BT-Drs. 12/192, 15).

4 **4.** Da die Strafbarkeit nach anderen Vorschriften unberührt bleibt (→ § 24 Rn. 29), sind bei Tateinheit mit Brandstiftung die §§ 306e, 314a selbständig zu prüfen.

§ 315 Gefährliche Eingriffe in den Bahn-, Schiffs- und Luftverkehr

(1) **Wer die Sicherheit des Schienenbahn-, Schwebebahn-, Schiffs- oder Luftverkehrs dadurch beeinträchtigt, daß er**
1. Anlagen oder Beförderungsmittel zerstört, beschädigt oder beseitigt,
2. Hindernisse bereitet,
3. falsche Zeichen oder Signale gibt oder
4. einen ähnlichen, ebenso gefährlichen Eingriff vornimmt,

und dadurch Leib oder Leben eines anderen Menschen oder fremde Sachen von bedeutendem Wert gefährdet, wird mit Freiheitsstrafe von sechs Monaten bis zu zehn Jahren bestraft.

(2) **Der Versuch ist strafbar.**

(3) **Auf Freiheitsstrafe nicht unter einem Jahr ist zu erkennen, wenn der Täter**
1. in der Absicht handelt,
a) einen Unglücksfall herbeizuführen oder
b) eine andere Straftat zu ermöglichen oder zu verdecken, oder

2. **durch die Tat eine schwere Gesundheitsschädigung eines anderen Menschen oder eine Gesundheitsschädigung einer großen Zahl von Menschen verursacht.**

(4) **In minder schweren Fällen des Absatzes 1 ist auf Freiheitsstrafe von drei Monaten bis zu fünf Jahren, in minder schweren Fällen des Absatzes 3 auf Freiheitsstrafe von sechs Monaten bis zu fünf Jahren zu erkennen.**

(5) **Wer in den Fällen des Absatzes 1 die Gefahr fahrlässig verursacht, wird mit Freiheitsstrafe bis zu fünf Jahren oder mit Geldstrafe bestraft.**

(6) **Wer in den Fällen des Absatzes 1 fahrlässig handelt und die Gefahr fahrlässig verursacht, wird mit Freiheitsstrafe bis zu zwei Jahren oder mit Geldstrafe bestraft.**

1. § 315 behandelt die **Transportgefährdung** als konkretes Gefährdungsdelikt (→ Vor § 13 Rn. 32; → § 315c Rn. 1). Er bezieht sich auf alle Arten des öffentlichen und privaten (RGSt 13, 380; König in LK-StGB Rn. 7) Verkehrs mit Ausnahme des Straßenverkehrs. Er **schützt** vornehmlich die Sicherheit der genannten vier Verkehrsarten (aM Maurach/Schroeder/Maiwald StrafR BT II § 53 Rn. 22; Wolters in SK-StGB Rn. 2), daneben auch das Leben und die körperliche Unversehrtheit des einzelnen sowie fremdes Eigentum (König in LK-StGB Rn. 5; Hecker in Schönke/Schröder Rn. 1). 1

2. Zum **Schienenverkehr** gehören Eisenbahnen, Werk-, Klein-, Hoch-, Untergrund- und Zahnradbahnen (zu Straßenbahnen § 315d), zum **Schwebebahnverkehr** namentlich die Magnetschnellbahn „Transrapid" (Zieschang in NK-StGB Rn. 25, 26), Bergkabinenbahnen und Sessellifte, nicht jedoch Schlepplifte (Kürschner NJW 1982, 1966; Hecker in Schönke/Schröder Rn. 4), und zum **Schiffsverkehr** sowohl die See- als auch die Binnenschifffahrt, unabhängig von der Größe des Schiffs (SchiffObG Berlin VRS 72, 111; Jaeckel NJW 1964, 285; aM Schmidt NJW 1963, 1861; zw.). Die **Sicherheit** des Verkehrs betrifft sowohl den Betrieb der Bahn usw im ganzen als auch das einzelne Fahrzeug (OLG Oldenburg MDR 1951, 630), die Beförderungsgegenstände und -mittel, den Fahrgast und die im Fahr- oder Verschiebedienst tätigen Betriebsangehörigen (RGSt 74, 273), nicht aber den Streckenarbeiter (OLG Braunschweig Nds. Rpfl. 1952, 157) oder den Benutzer eines Bahnübergangs. Diese betriebsfremden Personen nehmen jedoch am Strafschutz teil, wenn sie durch eine Tathandlung konkret gefährdet werden (BGHSt 6, 1 = NJW 1954, 931; König in LK-StGB Rn. 49). 2

3. a) Die Sicherheit des Verkehrs wird **beeinträchtigt,** wenn durch einen störenden Eingriff gegenüber Menschen oder Einrichtungen, die in Beziehung zu einem bestimmten Verkehrsvorgang stehen (BGHSt 6, 1 = NJW 1954, 931), eine Steigerung der normalen Betriebsgefahr hervorgerufen (BGHSt 13, 66 (69) = NJW 1959, 1187; BGH VRS 8, 272), der Verkehr also in seinem ungestörten Ablauf gefährdet wird (BGHSt 22, 6 = NJW 1968, 456). Das erfordert keinen selbständigen, neben der konkreten Individualgefahr (→ Rn. 7) festzustellenden Erfolg; es genügt vielmehr, wenn diese Gefahr zugleich auch für die Verkehrssicherheit relevant ist (Cramer JZ 1983, 812 (814); König in LK-StGB Rn. 47). Die Notwendigkeit einer Schnellbremsung ist regelmäßig ein Indiz für eine Sicherheitsbeeinträchtigung (BGHSt 13, 66 (69) = NJW 1959, 1187; Nr. 245 III RiStBV). 3

4 **b)** Für die Beeinträchtigung genügt nicht jedes Mittel, sondern nur ein bestimmter, in Abs. 1 beschriebener **Eingriff,** der bei Garantenstellung (→ § 13 Rn. 6) auch in einem Unterlassen bestehen kann (BGHSt 8, 8 = NJW 1955, 1764; BGHSt 11, 162 (165) = NJW 1958, 556; Zieschang in NK-StGB Rn. 9).

5 aa) **Abs. 1 Nr. 1–3** beschreibt die wichtigsten Eingriffe: **Beschädigen,** Zerstören → § 303 Rn. 3–7. **Beseitigen** → § 87 Rn. 2. **Hindernisbereiten** ist nach hM jeder Vorgang, der geeignet ist, den regelmäßigen Betrieb zu hemmen oder zu stören (BGHSt 21, 173 = NJW 1967, 579; mit Recht einschr. Meyer-Gerhards JuS 1972, 506), zB Auflegen von Steinen auf die Schienen oder eines Metallbügels auf die Oberleitung (BGH NStZ 1988, 178), Überqueren von Bahngleisen durch einen Kraftwagen (BGH VRS 8, 272), Versperren der Fahrrinne durch falsches Navigieren (OLG Oldenburg MDR 1951, 630); eine Beschränkung auf verkehrsfremde Vorgänge, die dem § 315b zu Grunde liegt (→ § 315b Rn. 4), ist hier nicht geboten (BGHSt 11, 148 (152) = NJW 1958, 469; BGHSt 24, 231 = NJW 1972, 264; BayObLG MDR 1961, 1034; OLG Karlsruhe NZV 1993, 159; König in LK-StGB Rn. 19–26; Hecker in Schönke/Schröder Rn. 11).

6 bb) **Abs. 1 Nr. 4** stellt den **ähnlichen und ebenso gefährlichen** Eingriff gleich. Er muss unmittelbar auf einen Verkehrsvorgang einwirken (BGHSt 10, 404) und sowohl der Art (problematisch OLG Hamm VRS 61, 268 mit Bespr. Horn/Hoyer JZ 1987, 975) als auch der Gefährlichkeit nach (BGH VRS 40, 104) einem der in den Nr. 1–3 genannten Eingriffe gleichwertig sein (krit. Fabricius GA 1994, 164 (175), der auf die funktionelle Ähnlichkeit hinsichtlich der Sicherheitsbeeinträchtigung abstellen will); zB Steinwürfe nach dem Zugführer (RGSt 61, 362); Verdecken von Signalen; Stören des die Flug- oder Wasserwege sichernden Funk- oder Signalverkehrs (BT-Drs. IV/651, 22); falsche Anweisungen vom Kontrollturm eines Flughafens an den Flugzeugführer (Blei JA 1973, 742); Blenden des Piloten mittels Laserpointers (AG Zossen NJ 2017, 388); ein überladenes Schiff in See stechen lassen (OLG Hamburg NZV 1997, 237); nicht aber das Auslösen eines Warntons des Rauchmelders auf der Toilette eines Flugzeugs (OLG Düsseldorf NJW 2000, 3223 mit zust. Bespr. Fahl JA 2002, 459). Das Merkmal bedarf im Hinblick auf § 315a I Nr. 2 enger Auslegung (ebenso Kindhäuser/Hilgendorf in LPK-StGB Rn. 8; zu weit BGHSt 24, 231 = NJW 1972, 264; zust. aber König in LK-StGB Rn. 40–41a); trotz seiner relativen Unbestimmtheit ist es verfassungsrechtlich noch vertretbar (sog. innertatbestandliche Analogie; iE ebenso Krey, Studien zum Gesetzesvorbehalt im Strafrecht, 1977, S. 223; Fabricius GA 1994, 164 (166); Köhne ZRP 2009, 87; König in LK-StGB Rn. 40, 41; ebenso zu § 315b I BVerfG 11.6.1969 – BvR 182/69; BGHSt 22, 365 = NJW 1969, 1218; aM Isenbeck NJW 1969, 174; Bruns GA 1986, 1 (14); eing. und krit. Stöckel, Gesetzesumgehung, 1996, S. 125, 133, 145).

7 **4.** Für die **Gefährdung** (namentlich den Gefahrbegriff; beachte OLG Celle MDR 1970, 1027; OLG Hamburg NZV 1997, 237) und die Abstufung der Strafdrohungen nach Vorsatz und Fahrlässigkeit (Abs. 1, 4, 5) gelten die Ausführungen unter → § 315c Rn. 20–31 weitgehend sinngemäß; auch hier muss es zu einer kritischen Situation, einem „Beinaheunfall" gekommen sein (BGH NStZ-RR 1997, 200; König in LK-StGB Rn. 53, 55; vgl. auch OLG Oldenburg NStZ 2005, 387); jedoch ist davon abweichend (→ § 315c Rn. 25) auch das vom Täter geführte, zu der hier geschützten Verkehrsart gehörende Fahrzeug in den Schutzbereich einbezogen (BGHSt 11, 148 (151) = NJW 1958, 469; BGHSt 27, 40 (44) = NJW 1977, 1109; Fischer Rn. 16; beachte jedoch BayObLG JZ 1983, 560; OLG Karls-

ruhe NZV 1993, 159; aM Otto StrafR BT § 80 Rn. 1; Hecker in Schönke/Schröder Rn. 14). Ferner muss sich der Vorsatz auch auf die Beeinträchtigung der Verkehrssicherheit erstrecken (→ Rn. 3; Fischer Rn. 18; aM Wolters in SK-StGB Rn. 2). Wer sich mit der Möglichkeit des Entstehens einer konkreten Gefahr abfindet, begeht eine versuchte Tat nach **Abs. 2** (BGH NStZ-RR 1997, 200).

5. Abs. 3 Nr. 1: Absicht ist zielgerichtetes Wollen (→ § 15 Rn. 20); es muss dem Täter auf den in den Nr. 1, 2 beschriebenen Erfolg ankommen (BGH NJW 1996, 329 (330); OLG München NJW 2005, 3794); dies ist auch bei Verfolgung eines weitergehenden Ziels möglich (BGH NStZ-RR 2001, 298). **Unglücksfall** → § 323c Rn. 2; dass der Schaden tatsächlich eintritt, ist nicht erforderlich (OLG Bremen VRS 62, 266). Ermöglichen oder Verdecken einer Straftat → § 211 Rn. 12, 13 (sa BGHSt 28, 93 = NJW 1978, 2518 mAnm Rüth JR 1979, 516; BGH NZV 1995, 285; König in Hentschel/König/Dauer § 315b Rn. 30); Verdeckungsabsicht liegt nicht schon vor, wenn der Täter einen zeitlichen Vorsprung erhalten will, um fliehen zu können (BGH NStZ-RR 2018, 88; OLG Hamm StV 2008, 588). **Abs. 3 Nr. 2:** Schwere Gesundheitsschädigung → § 250 Rn. 3; große Zahl von Menschen → § 330 Rn. 6; fahrlässig verursacht → § 18 Rn. 2 (nach Hardtung Teilvorsatzdelikte S. 64, muss die Gesundheitsschädigung auf der grundtatbestandlichen Leibesgefahr beruhen). **8**

6. Zu **Abs. 4** (minder schwere Fälle) → § 46 Rn. 7–10; → § 12 Rn. 4. **9**

7. Tätige Reue § 320. **10**

8. Tateinheit ua möglich mit §§ 222, 229, 315a I Nr. 1, 315b, 316. Gegenüber Abs. 1 Nr. 1 (auch iVm Abs. 4) ist § 303 subsidiär (OLG Braunschweig MDR 1967, 419). Zu § 315a I Nr. 2 → § 315a Rn. 7. **11**

9. Anzeigepflicht (Abs. 3) § 138 I Nr. 9. **12**

§ 315a Gefährdung des Bahn-, Schiffs- und Luftverkehrs

(1) **Mit Freiheitsstrafe bis zu fünf Jahren oder mit Geldstrafe wird bestraft, wer**

1. ein Schienenbahn- oder Schwebebahnfahrzeug, ein Schiff oder ein Luftfahrzeug führt, obwohl er infolge des Genusses alkoholischer Getränke oder anderer berauschender Mittel oder infolge geistiger oder körperlicher Mängel nicht in der Lage ist, das Fahrzeug sicher zu führen, oder

2. als Führer eines solchen Fahrzeugs oder als sonst für die Sicherheit Verantwortlicher durch grob pflichtwidriges Verhalten gegen Rechtsvorschriften zur Sicherung des Schienenbahn-, Schwebebahn-, Schiffs- oder Luftverkehrs verstößt

und dadurch Leib oder Leben eines anderen Menschen oder fremde Sachen von bedeutendem Wert gefährdet.

(2) **In den Fällen des Absatzes 1 Nr. 1 ist der Versuch strafbar.**

(3) **Wer in den Fällen des Absatzes 1**

1. die Gefahr fahrlässig verursacht oder

2. fahrlässig handelt und die Gefahr fahrlässig verursacht,

wird mit Freiheitsstrafe bis zu zwei Jahren oder mit Geldstrafe bestraft.

1 **1.** Die Vorschrift **schützt** dieselben Rechtsgüter und Verkehrsarten wie § 315 (→ § 315 Rn. 1, 2). Sie ergänzt dessen Anwendungsbereich dadurch, dass sie auch gewisse betriebsinterne Gefahrhandlungen selbständig mit Strafe bedroht.

2 **2. a)** Zum Führen der in **Abs. 1 Nr. 1** genannten Fahrzeuge in **fahruntüchtigem Zustand,** das in gleicher Weise auch im Straßenverkehr bedeutsam ist, → § 315c Rn. 5–12. Einen bestimmten Grenzwert absoluter Fahruntüchtigkeit (→ § 315c Rn. 6a) hat allerdings die Rspr. für keine der hier einschlägigen Verkehrsarten entwickelt. Namentlich für den Schiffsverkehr lehnt sie eine unterschiedslose Übertragung der für den Straßenverkehr geltenden Grenzwerte durchweg ab (krit. Seifert NZV 1997, 147; dagegen Sudmeyer NZV 1997, 340), neigt jedoch zunehmend dazu, bei Werten von mehr als 1,7‰ (OLG Köln NJW 1990, 847; nunmehr für 1,1‰ Hecker in Schönke/Schröder Rn. 3) absolute Fahruntüchtigkeit zu bejahen; neuerdings wird sogar der für den Straßenverkehr geltende Grenzwert von 1,1‰ (→ § 315c Rn. 6a) auf die Schifffahrt angewandt (OLG Brandenburg NStZ-RR 2002, 222; AG Rostock NZV 1996, 124 mzustAnm Reichart; sa König in LK-StGB Rn. 14, 18; für den Führer eines Motorsportboots geht OLG Karlsruhe Justiz 2001, 221, von 1,3‰ aus); im Schienenverkehr kommt man (noch?) ohne festen Grenzwert aus (AG Regensburg NStZ-RR 2005, 266).

3 **b) Abs. 1 Nr. 2** beschreibt ein Sonderdelikt (→ Vor § 13 Rn. 33), an dem als **Täter** nur Fahrzeugführer und sonst für die Sicherheit Verantwortliche, als Teilnehmer dagegen auch Außenstehende beteiligt sein können (→ § 25 Rn. 3, 9); für Letztere gilt § 28 I (ebenso König in LK-StGB Rn. 38; Hecker in Schönke/Schröder Rn. 6).

3a aa) Die das Blankett ausfüllenden **Sicherheitsvorschriften** müssen förmliche Gesetze oder Rechtsverordnungen sein (Zieschang in NK-StGB Rn. 26, 27; krit. zur Unbestimmtheit der Verweisung Lenzen JR 1980, 133 (135)); Verwaltungsvorschriften (auch Unfallverhütungsvorschriften der Berufsgenossenschaften, BT-Drs. IV/651, 27) oder Allgemeinverfügungen genügen nicht (ebenso Kindhäuser/Hilgendorf in LPK-StGB Rn. 4; König in LK-StGB Rn. 25). Einschlägige Vorschriften (Nachw. bei Buddendiek/Rutkowski NebenStrafR-Lex) gibt es namentlich für den **Eisenbahnverkehr** (Buddendiek/Rutkowski NebenStrafR-Lex Kap. B Rn. 210; sa OLG Karlsruhe VRS 57, 411; LG Mainz MDR 1982, 597), den **Straßenbahnverkehr** (Buddendiek/Rutkowski NebenStrafR-Lex Kap. C Rn. 600), den **Seeschiffsverkehr** (Buddendiek/Rutkowski NebenStrafR-Lex Kap. C Rn. 318, 723), den **Binnenschiffsverkehr** (Buddendiek/Rutkowski NebenStrafR-Lex Kap. C Rn. 103, Kap. A Rn. 195, Kap. C Rn. 546, Kap. B Rn. 661) und den **Luftverkehr** (Buddendiek/Rutkowski NebenStrafR-Lex Kap. C Rn. 516). **Grob pflichtwidriger** Verstoß → § 325 Rn. 11 (sa OLG Karlsruhe NZV 1993, 159; NJW 2001, 1661; LG Mainz MDR 1982, 597).

4 bb) Der **Handlungsvorsatz** (nach Abs. 1 Nr. 2) muss den Verstoß gegen die Sicherheitsvorschrift und die der groben Pflichtwidrigkeit zugrundeliegenden Umstände umfassen (→ § 325 Rn. 16).

5 **3.** Für die **Gefährdung** (namentlich den Gefahrbegriff) und die Abstufung der Strafdrohungen nach Vorsatz und Fahrlässigkeit (Abs. 1, 3) gelten die Ausführungen unter → § 315c Rn. 20–31 weitgehend sinngemäß (dazu BGH NZV 2021, 329). Jedoch ist abweichend davon (→ § 315c Rn. 25) auch das vom Täter geführte Fahrzeug in den Schutzbereich einbezogen (→ § 315 Rn. 7).

4. Abs. 1 Nr. 2 ist gegenüber § 315 **subsidiär** (BGHSt 21, 173 = NJW 1967, 579). Umgekehrt geht er den das Blankett ausfüllenden Vorschriften vor. Mit § 59 LuftVG kann er sich nicht überschneiden. – Wenn zB eine fahrlässige Körperverletzung auf der Verletzung von schifffahrtspolizeilichen Vorschriften beruht oder eine Gefährdung des Schifffahrtsverkehrs nach § 315a vorliegt, ist idR die Entscheidung dem Schifffahrtsgericht zu übertragen (BGH NStZ-RR 2019, 92). 6

§ 315b Gefährliche Eingriffe in den Straßenverkehr

(1) **Wer die Sicherheit des Straßenverkehrs dadurch beeinträchtigt, daß er**
1. Anlagen oder Fahrzeuge zerstört, beschädigt oder beseitigt,
2. Hindernisse bereitet oder
3. einen ähnlichen, ebenso gefährlichen Eingriff vornimmt,

und dadurch Leib oder Leben eines anderen Menschen oder fremde Sachen von bedeutendem Wert gefährdet, wird mit Freiheitsstrafe bis zu fünf Jahren oder mit Geldstrafe bestraft.

(2) **Der Versuch ist strafbar.**

(3) **Handelt der Täter unter den Voraussetzungen des § 315 Abs. 3, so ist die Strafe Freiheitsstrafe von einem Jahr bis zu zehn Jahren, in minder schweren Fällen Freiheitsstrafe von sechs Monaten bis zu fünf Jahren.**

(4) **Wer in den Fällen des Absatzes 1 die Gefahr fahrlässig verursacht, wird mit Freiheitsstrafe bis zu drei Jahren oder mit Geldstrafe bestraft.**

(5) **Wer in den Fällen des Absatzes 1 fahrlässig handelt und die Gefahr fahrlässig verursacht, wird mit Freiheitsstrafe bis zu zwei Jahren oder mit Geldstrafe bestraft.**

1. Die Vorschrift unterscheidet sich im Aufbau der Tatbestände und in den **geschützten Rechtsgütern** von § 315 nur dadurch, dass an die Stelle der dort genannten Verkehrsarten (→ § 315 Rn. 1, 2) der **Straßenverkehr** tritt (→ § 315c Rn. 2; Geppert Jura 1996, 639 (640)). Zur **Rspr.** Himmelreich/Halm NStZ 2011, 440 (443); NStZ 2012, 486 (489); NStZ 2013, 454 (458); Paul DAR 2017, 678. 1

2. Auch das Erfordernis der **Beeinträchtigung** der Verkehrssicherheit ist hier wie in § 315 I (→ § 315 Rn. 3) vollwertiges Tatbestandsmerkmal (OLG Düsseldorf NJW 1982, 2391; Cramer JZ 1983, 812 (814); Zieschang in NK-StGB Rn. 17; weiter LG Bonn NStZ 1983, 223; aM Wolters in SK-StGB Rn. 3, 4, die darin eine Anweisung zur einschränkenden Auslegung sehen; ebenso Geppert Jura 1996, 639 (640)). 2

3. a) Die **Tathandlungen** entsprechen dem Wortlaut nach weitgehend dem § 315 I (→ § 315 Rn. 5, 6; zusf. Geppert Jura 1996, 639 (642)). Jedoch fehlt hier das Geben falscher Zeichen oder Signale, weil es sich meist in einem verkehrswidrigen Fahrverhalten erschöpft, das in § 315c abschließend geregelt ist; im Einzelfall kann falsche Zeichen- oder Signalgebung von außen aber als „ähnlicher, ebenso gefährlicher Eingriff" erfassbar sein (BT-Drs. IV/651, 28; aM Fabricius GA 1994, 164 (175), der alle symbolisch wirksamen Handlungen vom Tatbestand des § 315b ausschließt). 3

4 **b)** Im weiteren Gegensatz zu § 315 I bedürfen die Tathandlungen, namentlich das Hindernisbereiten, **einschränkender Auslegung.** Den Gefährdungstatbeständen zum Schutz des Straßenverkehrs liegt der Gedanke zu Grunde, dass § 315c die bloße Fehlleistung des Fahrzeugführers (uU auch eines Mitfahrers, OLG Hamm NJW 1969, 1975; OLG Köln NJW 1971, 670; aM OLG Karlsruhe NJW 1978, 1391; König in LK-StGB Rn. 18) in der Bewältigung von Vorgängen des fließenden und ruhenden (BayObLG JR 1975, 164 mablAnm Kohlhaas; zw.) Verkehrs abschließend regelt, während § 315b sich nur auf den sog. **verkehrsfremden Eingriff** bezieht (BGHSt 23, 4 = NJW 1969, 1444; OLG Köln NZV 1991, 319; König in LK-StGB Rn. 11; Hecker in Schönke/Schröder Rn. 8). Ein solcher liegt nach **Nr. 1** zB bei der Durchtrennung eines Bremsschlauchs an einem Fahrzeug vor (BGH NJW 1996, 329; StV 2012, 217), beim Wurf einer Getränkedose gegen die Windschutzscheibe eines Busses (OLG Hamm NZV 1998, 212) oder bei Entfernen eines am Fahrbahnrand befindlichen Gullydeckels (BGH NStZ 2002, 648). Ein solcher kann nach **Nr. 2** zB vorliegen, wenn der Täter von außen (zB durch Spannen eines Drahtes) störend auf den Verkehr einwirkt, wenn er es pflichtwidrig unterlässt, ein durch verkehrswidriges Verhalten bereitetes Hindernis zu beseitigen (zB Hinterlassen einer Öl- oder Benzinspur, OLG Stuttgart NJW 1959, 254; BayObLG JZ 1989, 704; König in Hentschel/König/Dauer § 315b Rn. 9; aM Wolters in SK-StGB Rn. 14; zB Liegenlassen von Gegenständen auf der Straße, BayObLG NJW 1969, 2026; OLG Hamm VRS 51, 103; Joecks/Jäger StGB Rn. 7; aM Fabricius GA 1994, 164 (177); Geppert Jura 1996, 643; zB Liegenlassen einer zu Boden gestoßenen Taxifahrerin auf der rechten Fahrbahn einer Autobahn, BGH NStZ 2007, 34 (35) mit Bespr. Grupp/Kinzig NStZ 2007, 132; Rengier StrafR BT II § 45 Rn. 11), oder wenn er, ohne durch die Verkehrslage veranlasst zu sein, absichtlich (BGHSt 23, 4 = NJW 1969, 1444; OLG Koblenz VRS 50, 203; OLG Köln NZV 1997, 318), uU auch nur vorsätzlich (VRS 39, 187), ein Hindernis bereitet (BGHSt 21, 301 = NJW 1967, 2167; BGH VRS 64, 267; NZV 2016, 533, Ausbremsen; OLG Düsseldorf VRS 73, 41); behördlicherseits auf die Fahrbahn in verkehrsberuhigten Zonen (beachte dazu Franzheim NJW 1993, 1836) als Geschwindigkeitsbremse aufgebrachte Hindernisse genügen jedoch nicht (OLG Frankfurt a. M. NZV 1992, 38 mAnm Molketin; aM König in LK-StGB Rn. 29; Fischer Rn. 7).

4a Auch der **„ähnliche, ebenso gefährliche Eingriff"** (**Nr. 3;** → § 315 Rn. 6) muss in diesem Sinne verkehrsfremd sein (BGHSt 28, 87 = NJW 1978, 2607 mAnm Rüth JR 1979, 519; beachte auch BayObLG JR 1975, 28 mAnm Rüth). Fahrzeugführer im fließenden Verkehr nehmen nach der Rspr. einen solchen Eingriff vor, wenn sie unter grober Einwirkung von einigem Gewicht auf den Verkehrsablauf (BGH NStZ 1987, 225; NJW 2002, 626 (627); problematisch LG München NStZ 1993, 188) und in verkehrsfeindlicher Einstellung ihr Fahrzeug bewusst zweckwidrig einsetzen (BGH NJW 1983, 1624 mit krit. Bespr. Cramer JZ 1983, 812; Ranft Jura 1987, 608 (610); BGH NZV 1990, 77; StraFo 2010, 259; Kindhäuser/Hilgendorf in LPK-StGB Rn. 5; Hecker in Schönke/Schröder Rn. 9). Neuerdings verlangt die Rspr. zusätzlich (auch für Tathandlungen der Abs. 1 Nr. 1, 2, BGH NZV 2016, 533; NStZ-RR 2017, 224), dass das Fahrzeug mit (mindestens bedingtem) Schädigungsvorsatz – zB als Waffe oder Schadenswerkzeug – missbraucht wird (BGHSt 48, 233 (237) = NJW 2003, 1613 mit krit. Bespr. Dreher JuS 2003, 1159; Hentschel NJW 2004, 651 (659); Seier/Hillebrand NZV 2003, 490; König NStZ 2004, 175; BGH NStZ 2010, 391; NStZ 2014, 86 mAnm Piel; BGH StraFo 2010, 259; VRR 2013, 387; StV 2016, 286; StV 2018, 429; NStZ-

RR 2021, 140; OLG Hamm NStZ-RR 2014, 141; StRR 02/2016, 3; zust. Maatz NZV 2006, 337 (346); krit. Dencker FS Nehm, 2006, 373 (385); Kindhäuser/Hilgendorf in LPK-StGB Rn. 5; abl. König in LK-StGB Rn. 12a); dadurch werden Fälle der verkehrswidrigen Benutzung eines Fahrzeugs als Fluchtmittel bei bloßem Gefährdungsvorsatz (zB hinsichtlich der zum Überholen ansetzenden abgedrängten Verfolger) ausgeschieden (OLG Hamm StV 2008, 588; Rengier StrafR BT II § 45 Rn. 17; Wessels/Hettinger/Engländer StrafR BT I Rn. 979b; iE ebenso Dencker FS Nehm, 2006, 373 (385); krit. König in Hentschel/König/Dauer § 315b Rn. 18). Nicht erforderlich ist, dass der Täter die Fahrt nach dem verkehrsfeindlichen Inneneingriff fortsetzen möchte (BGH NStZ 2010, 391; König FS Geppert, 2011, 259 (265)). Unter dem Vorbehalt dieser Einschränkung ist Nr. 3 erfüllt, wenn der Täter mit Nötigungs- oder Gefährdungsabsicht (also nicht lediglich mit bedingtem Nötigungsvorsatz, OLG Düsseldorf NJW 1982, 1111 mit abl. Bespr. Schwab NJW 1983, 1100; OLG Hamm StV 2002, 371) auf einen anderen zufährt und ihn konkret gefährdet (BGHSt 26, 176 = NJW 1975, 1934; BGH NZV 1995, 364; NStZ-RR 2004, 108; OLG Koblenz VRS 73, 58; VRS 74, 196; OLG Hamm NStZ-RR 2001, 104; LG Zweibrücken zfs 1994, 386; zum Zufahren auf einen Polizeibeamten Joecks/Jäger StGB Rn. 19), ihn willkürlich zum Anhalten (OLG Koblenz VRS 50, 203) oder zu einer scharfen Bremsung zwingt (OLG Düsseldorf NZV 1989, 441; strenger hinsichtlich der Umschreibung der brisanten Situation OLG Düsseldorf NJW 1993, 3212 mit zust. Bespr. Janiszewski NStZ 1994, 272; OLG Schleswig SchlHA 1993, 222; OLG Karlsruhe VRS 93, 102), ihn bei hoher Geschwindigkeit auf der Kühlerhaube mitnimmt (BGHSt 26, 51 = NJW 1975, 656; sa OLG Köln VRS 53, 184), einen in der Fahrzeugtür stehenden Polizeibeamten durch Anfahren mit Vollgas abzuschütteln sucht (BGH VRS 56, 141; beachte jedoch BGH NStZ 1985, 267), einen ungezielten Schuss abgibt (BGHSt 25, 306), ein am Fahrbahnrand abgestelltes Fahrzeug (BGH NStZ 1995, 31) oder ein vor ihm fahrendes Fahrzeug rammt (BGH VRS 100, 449) oder in Selbsttötungsabsicht in einer Fahrbahnverengung einen Zusammenstoß herbeiführen will (BGH NStZ 2010, 515; NStZ 2017, 281); auch wer zur Vorbereitung eines Betrugs gegenüber der Haftpflichtversicherung durch unerwartete Bremsung oder ähnliche, nur äußerlich korrekte Fahrmanöver absichtlich einen Unfall verursacht (BGH NStZ 1992, 182 mkritAnm Seier NZV 1992, 158 und abl. Bespr. Scheffler NZV 1993, 463; BGH NJW 1999, 3132 mit zT krit. Bespr. Freund JuS 2000, 754; König JA 2000, 777; Kopp JA 2000, 366; Kudlich StV 2000, 23; Seier NZV 1992, 158; krit. auch Rath, Gesinnungsstrafrecht, 2002, S. 3, 47; Wessels/Hettinger/Engländer StrafR BT I Rn. 979a; zust. aber Joecks/Jäger StGB Rn. 12; Rengier StrafR BT II § 45 Rn. 20); dagegen sind einvernehmlich absichtlich herbeigeführte Unfälle mangels Gefährdung (→ Rn. 5) nicht erfasst (BGH NStZ-RR 1999, 120).

Dagegen genügt es nicht, wenn das Verkehrsverhalten lediglich ganz aus dem Rahmen dessen fällt, was im Verkehr vorzukommen pflegt (BGH VRS 64, 267); zB wenn der Täter allein aus Unterhaltungszwecken sein Motorrad nur auf dem Hinterrad fährt (AG Lübeck NStZ-RR 2012, 124), wenn er sich einer Polizeikontrolle durch Vorbeifahren an einer Polizeisperre (BGH NZV 1997, 276) bzw. „neben“ einem Polizeibeamten (BGH VRS 55, 185) oder durch andere Umgehungsmanöver (BGH VRS 65, 428) zu entziehen sucht (BGH NStZ 1985, 267; NStZ-RR 1997, 261; OLG Koblenz VRS 69, 378), wenn er auf der Flucht vor Verfolgern mit seinem Fahrzeug riskante Ausweichbewegungen macht (BGH VRS 53, 31; sa OLG Düsseldorf VRS 74, 440) oder Gewalt gegen einen Mitfahrer anwendet, um diesen durch Weiterfahren am Verlassen des Fahrzeugs zu hindern (BGH **4b**

NZV 2001, 352), wenn ein **Beifahrer** ins Steuer greift, um das Fahrzeug in eine Straßeneinmündung zu lenken (BGH NZV 1990, 35 mAnm Molketin; Fischer Rn. 8b, aber auch Fischer Rn. 9a; aM Geppert Jura 1996, 639 (644); Wolters in SK-StGB Rn. 15; anders bei Eingriff in die Sicherheit des Straßenverkehrs, offen gelassen BGH NStZ 2007, 34 mit Bespr. Grupp/Kinzig NStZ 2007, 132) oder plötzlich die Handbremse anzieht, um eine verkehrsgerechte Geschwindigkeit zu erzwingen (OLG Hamm NJW 2000, 2686 mit krit. Bespr. Baier JAR 2001, 22; aM König in Hentschel/König/Dauer § 315b Rn. 16 = „wachsende Gegenmeinung" nach Rengier StrafR BT II § 45 Rn. 33, 34; OLG Hamm NStZ-RR 2017, 224 bejaht § 315b bei öffnender Beifahrertür vor einem Radfahrer); auch beim sog. „Auto-Surfen" auf verkehrsfreien Wegen fehlt es an der verkehrsfeindlichen Einstellung (OLG Düsseldorf NStZ-RR 1997, 325 mit Bespr. Saal NZV 1998, 49; König in LK-StGB Rn. 55). Zum sog. Aufschleusen von Fahrzeugkolonnen auf die Autobahn durch Feldjäger Heinen NZWehrr 1996, 45. Auch die Teilnahme am Straßenverkehr als **Fußgänger** kann den Tatbestand erfüllen, doch reicht nicht jede von ihm ausgehende Behinderung des reibungslosen Verkehrsablaufs; es muss ihm darauf ankommen, in die Sicherheit des Straßenverkehrs einzugreifen (BGHSt 41, 231 (237) = NJW 1996, 203 mit Bespr. Meurer BA 1996, 161; Ranft JR 1997, 210); dies ist beim absichtlichen Aufspringen eines Fußgängers auf die Motorhaube eines fahrenden Kraftfahrzeuges der Fall (OLG Zweibrücken NZV 1997, 239); ebenso beim Werfen gewichtiger Gegenstände von einer Brücke auf darunter fahrende Fahrzeuge (BGHSt 48, 119 = NJW 2003, 836; BGH NStZ 2003, 206; Rengier StrafR BT II § 45 Rn. 25). Kommt es durch Steinwürfe usw nicht zu einer konkreten Gefährdung der Fahrzeuge oder ihrer Insassen, liegt nur ein Versuch vor (BGH NStZ 2010, 572).

5 **4.** Für die **Gefährdung** (namentlich den Gefahrbegriff) gelten die Ausführungen unter → § 315c Rn. 20–27 sinngemäß (zusf. Geppert Jura 1996, 639 (645)). Zum sog. „Beinaheunfall" BGHR StGB § 315b Abs. 1 Nr. 3 Eingriff, erheblicher BGHR StGB § 315b Abs. 1 Nr. 6 mit Bespr. Hecker JuS 2010, 364 (→ § 315c Rn. 22). Danach fällt die Zerstörung oder Beschädigung eines Fahrzeugs nur dann unter Abs. 1 Nr. 1, wenn sie die erforderliche Gefahr verursacht (BGH NJW 1996, 329 mAnm Renzikowski JR 1997, 115; OLG Hamm NZV 1998, 212; König in LK-StGB Rn. 65); ist sie erst das Ergebnis einer Gefahrhandlung, kommt nur Abs. 1 Nr. 2 oder Abs. 1 Nr. 3 in Frage (BGH NZV 1990, 77; NStZ 1991, 183; NStZ 1995, 31). Die konkrete Gefahr muss auf einen infolge der Einwirkung des Täters regelwidrig ablaufenden Verkehrsvorgang zurückzuführen sein (BGH NStZ-RR 1998, 7); dafür reicht es, dass die Tathandlung ohne zeitliche Zäsur unmittelbar zu einer konkreten Gefahr (als Steigerung der abstrakten Gefahr) führt (BGH NStZ 2009, 100 mit zust. Bespr. Satzger JK StGB § 315b Rn. 12; König in Hentschel/König/Dauer § 315b Rn. 22); sie muss eine verkehrsspezifische Gefahr sein, die die Wirkungsweise der für Verkehrsvorgänge typischen Fortbewegungskräfte betrifft (BGHSt 48, 119 = NJW 2003, 836 mit krit. Bespr. König JR 2003, 255, zust. aber Berz/Saal NZV 2003, 198; Geppert JK StGB § 315b Rn. 9; sowie Dencker FS Nehm, 2006, 373 (376, 380); BGH NStZ-RR 2021, 108; sa BGH NZV 2006, 270 mAnm König NZV 2006, 432: Schüsse auf fahrenden Pkw; dabei reicht es für die Vollendung der Nr. 3 nicht, wenn das Fahrzeug durch die einschlagenden Projektile beschädigt wird, BGH NStZ 2009, 100 mit zust. Bespr. Satzger JK StGB § 315b Rn. 12, nur iE zust. Obermann NStZ 2009, 539; BGH NStZ 2016, 407 mAnm Kulhanek; BGH NStZ-RR 2017, 356). Erschöpft sich der „Ein-

griff" in der Gefährdung des Opfers, so fehlt es an der kausalen Verknüpfung zwischen Fahren und Gefährdung (BGH NStZ-RR 1998, 187). Ferner genügt es auch hier nicht, wenn nur das vom Täter geführte (auch fremde) Fahrzeug oder nur Tatbeteiligte oder deren Sachen (→ § 315 c Rn. 25) gefährdet werden (BGH NStZ 1992, 233; NStZ-RR 1999, 120; OLG Düsseldorf NStZ-RR 1997, 325; aM Geppert Jura 1996, 639 (646); König in LK-StGB Rn. 71–74b; Hecker in Schönke/Schröder Rn. 12). Bei Sachen von bedeutendem Wert kommt es außer diesem Wert auf den Gefährdungsschaden an, der „bedeutend" sein kann, auch wenn der tatsächliche Schaden gering ist (BGH NStZ 2010, 216). Zur Abstufung der Strafdrohungen nach Vorsatz (bedingter genügt, OLG Düsseldorf NJW 1993, 3212; OLG Schleswig SchlHA 1993, 222) und Fahrlässigkeit → § 315 c Rn. 28–30; allerdings ist die Anwendung der Abs. 4 und 5 mit der Annahme eines „verkehrsfremden Eingriffs" (→ Rn. 4) regelmäßig nicht vereinbar (OLG Köln NZV 1991, 319; NZV 1994, 365). Die Strafbarkeit wegen **Versuchs** (Abs. 2) erfordert mindestens bedingten Vorsatz auch hinsichtlich der Gefährdung (BGH NStZ-RR 1997, 262), bei Abs. 1 Nr. 2 nach der neueren Rspr. (→ Rn. 4; BGHSt 48, 233 = NJW 2003, 1613) bedingten Schädigungsvorsatz (BGHR StGB § 315 b Abs. 1 Nr. 3 Eingriff, erheblicher BGHR StGB § 315 b Abs. 1 Nr. 6 mit Bespr. Hecker JuS 2010, 364 (365)).

5. Zur **Strafschärfung** (Abs. 3) → § 315 Rn. 8 und zur Möglichkeit **tätiger** 6
Reue § 320.

6. Für das **Zusammentreffen** mehrerer Begehungsformen des Abs. 1 und die 7
Gefährdung mehrerer Menschen (dazu BGH NJW 1989, 2550) oder Sachen durch dieselbe Tathandlung gelten die Ausführungen unter → § 315 c Rn. 35 weitgehend sinngemäß. Die Schaffung mehrerer voneinander unabhängiger Gefahrenlagen während einer ununterbrochenen Fahrt begründet noch keine natürliche Handlungseinheit (BGH NZV 1995, 196 mit zust. Bespr. Geppert JK StGB § 315 b Rn. 5). Im Übrigen ist **Tateinheit** ua möglich mit § 113 (BGH VRS 38, 104) und § 315 c, wenn das Tatgeschehen als natürliche Handlungseinheit aufzufassen ist und einzelne Teilakte nur § 315 c I erfüllen (BGH NStZ-RR 2007, 59; BGHSt 22, 67 (75) = NJW 1968, 1056; Geppert Jura 2001, 559 (566); König in LK-StGB Rn. 95; aM Hecker in Schönke/Schröder Rn. 18, Vorrang des § 315 b); das Gleiche gilt in Bezug auf §§ 211, 212, wenn der Täter die Gefährdung des Opfers mit bedingtem Tötungsvorsatz vorgenommen hat (BGH NStZ 2010, 515). Ein Eingriff zur Vorbereitung eines Betrugs zum Nachteil der Versicherung (→ Rn. 4) steht mit diesem regelmäßig in **Tatmehrheit** (BGH VRS 83, 185 (189)).

7. Anzeigepflicht (Abs. 3) § 138 I Nr. 9. 8

§ 315c Gefährdung des Straßenverkehrs

(1) **Wer im Straßenverkehr**

1. ein Fahrzeug führt, obwohl er
   a) infolge des Genusses alkoholischer Getränke oder anderer berauschender Mittel oder
   b) infolge geistiger oder körperlicher Mängel

   nicht in der Lage ist, das Fahrzeug sicher zu führen, oder

2. grob verkehrswidrig und rücksichtslos
   a) die Vorfahrt nicht beachtet,
   b) falsch überholt oder sonst bei Überholvorgängen falsch fährt,

c) an Fußgängerüberwegen falsch fährt,
d) an unübersichtlichen Stellen, an Straßenkreuzungen, Straßeneinmündungen oder Bahnübergängen zu schnell fährt,
e) an unübersichtlichen Stellen nicht die rechte Seite der Fahrbahn einhält,
f) auf Autobahnen oder Kraftfahrstraßen wendet, rückwärts oder entgegen der Fahrtrichtung fährt oder dies versucht oder
g) haltende oder liegengebliebene Fahrzeuge nicht auf ausreichende Entfernung kenntlich macht, obwohl das zur Sicherung des Verkehrs erforderlich ist,

und dadurch Leib oder Leben eines anderen Menschen oder fremde Sachen von bedeutendem Wert gefährdet, wird mit Freiheitsstrafe bis zu fünf Jahren oder mit Geldstrafe bestraft.

(2) **In den Fällen des Absatzes 1 Nr. 1 ist der Versuch strafbar.**

(3) **Wer in den Fällen des Absatzes 1**
1. die Gefahr fahrlässig verursacht oder
2. fahrlässig handelt und die Gefahr fahrlässig verursacht,

wird mit Freiheitsstrafe bis zu zwei Jahren oder mit Geldstrafe bestraft.

1 **1.** Die Vorschrift **schützt** vornehmlich (str.) die **Sicherheit des Straßenverkehrs** (aM Deichmann, Grenzfälle der Sonderstraftat, 1994, S. 191; Krüger, Entmaterialisierungstendenz beim Rechtsgutsbegriff, 2000, S. 159; Wolters in SK-StGB Rn. 2), daneben auch das Leben und die körperliche Unversehrtheit des einzelnen sowie fremdes Eigentum (für deren vorrangigen Schutz Paul, Zusammengesetztes Delikt und Einwilligung, 1998, S. 75; eing. Puhm, Strafbarkeit gemäß § 315c StGB bei Gefährdung des Mitfahrers, 1990, S. 117). Die Tat ist **konkretes Gefährdungsdelikt** (→ Vor § 13 Rn. 32; vgl. auch Lackner, Das konkrete Gefährdungsdelikt im Verkehrsstrafrecht, 1967; Schröder ZStW 81 (1969), 7; Horn, Konkrete Gefährdungsdelikte, 1973; Seiler FS Maurach, 1972, 75; Kindhäuser, Gefährdung als Straftat, 1989, S. 189; Zieschang Gefährdungsdelikte S. 28). Zur **Rspr.** Himmelreich/Halm NStZ 2011, 440 (443); NStZ 2012, 486 (489); NStZ 2013, 454 (458). Zu rechtstaatlichen Problemen der Europäisierung des Verkehrsstrafrechts Schünemann FS Volk, 2009, 743. De lege ferenda für Aufnahme von Geschwindigkeitsüberschreitungen in Abs. 1 Nr. 2d Müller FS Geppert, 2011, 405 (420). Zur Kriminologie Heinz FS Geppert, 2011, 187.

2 **2. Straßenverkehr** ist nur der öffentliche Verkehr, dh der auf Wegen (einschließlich Plätzen), die jedermann oder allgemein bestimmten Gruppen von Verkehrsteilnehmern (zB Autobahnen, Radwege, Fußgängerwege, BayObLG GA 1972, 210, Bürgersteige, BGHSt 22, 365 = NJW 1969, 1218) dauernd oder vorübergehend (zur Tatzeit KG BeckRS 2009, 21021 mit Bespr. Jahn JuS 2009, 1046) zur Benutzung offen stehen (BGHSt 16, 7 = NJW 1961, 1124; Geppert Jura 2001, 559 (560)). Unvorschriftsmäßigkeit der Benutzung, zB Führen eines Mopeds auf einem Fußgängerweg (OLG Hamm VRS 62, 47), ist ohne Bedeutung. Auch auf die Eigentumsverhältnisse oder eine Widmung iSd öffentlichen Wegerechts kommt es nicht an; es genügt, wenn der Verfügungsberechtigte die Benutzung durch einen nicht näher bestimmten Personenkreis ausdrücklich oder stillschweigend duldet (BGH NStZ 2013, 530; BayObLG VRS 62, 133; VRS 66, 290; OLG Hamburg DAR 1983, 89; Zimmermann JuS 2010, 22 (23)). Deshalb sind öffentlicher Ver-

kehrsraum häufig auch Kaufhaus- (OLG Düsseldorf VRS 61, 455) und Wirtshausparkplätze (BGHSt 16, 7 = NJW 1961, 1124; OLG Düsseldorf NZV 1992, 120 mAnm Hentschel JR 1992, 300; Pasker NZV 1992, 120; nicht wenn nur Eingeweihte davon wissen, OLG Hamm BA 2016, 481), Parkplätze auf Supermärkten (OLG Saarbrücken VRS 47, 54), Parkhäuser (OLG Bremen NJW 1967, 990; KG DAR 1983, 80; beachte jedoch OLG Stuttgart NJW 1980, 68), Tankstellen (BayObLG JR 1963, 192; OLG Hamburg VRS 37, 278), Areale von Großmarkthallen (BayObLG VRS 62, 133) und Mülldeponien (OLG Zweibrücken VRS 60, 218), Kasernen-, Werks-, Fabrik- und Verladestraßen (OLG Karlsruhe NJW 1956, 1649; VRS 60, 439; OLG Köln MDR 1959, 327; problematisch OLG Bremen MDR 1980, 421 mkritAnm Brede) sowie gemeinsame Zufahrten zu mehreren Wohnhäusern (BayObLG VRS 64, 375; beachte jedoch OLG Düsseldorf NJW 1988, 922) und Anliegerstraßen (BGH VM 57, 14; sa OLG Düsseldorf GA 1976, 247); **dagegen nicht** der zum Wohnhaus gehörende Hofraum (BayObLG VRS 73, 57) oder Stellplatz (BayObLG NJW 1983, 129; sa LG Krefeld VRS 74, 261), das Werksgelände (BGHSt 49, 128 = NJW 2004, 1965 zu § 315b I mit Bespr. Kudlich JuS 2004, 832; Geppert JK StGB § 315b Rn. 10; krit. Baier JA 2004, 869), der Straßengraben (OLG Hamm VRS 39, 270; OLG Stuttgart Justiz 1983, 310), die – vereinzelt als Abkürzung genutzte – Rasenfläche (BGH NStZ 2004, 625 zu § 315b), das an die Straße angrenzende Feld (BGH bei Spiegel DAR 1982, 199) und das Wagendeck eines Fährschiffs während des Übersetzens (OLG Karlsruhe VRS 84, 100 mit krit. Bespr. Janiszewski NStZ 1993, 275).

3. a) Abs. 1 Nr. 1 setzt ausdrücklich, Nr. 2 in den meisten Tatbeständen stillschweigend voraus, dass der Täter **ein Fahrzeug führt** (zusf. Geppert Jura 2001, 559 (561)). Anders als in § 69 I wird also nicht nur das Kraftfahrzeug (auch ein motorisierter Krankenfahrstuhl, BayObLG NStZ-RR 2001, 26; AG Löbau NJW 2008, 530 mit Bespr. Jahn JuS 2008, 80; einschr. Zimmermann JuS 2010, 22 (23)), sondern zB auch das Fahrrad (OLG Stuttgart NJW 1956, 1044; OLG Düsseldorf NJW 1992, 992; das gilt auch für ein sog. „Pedelec", das nicht als Kfz eingestuft wird; OLG Hamm DAR 2013, 712), nicht hingegen auch für Inline-Skates (LG Landshut DAR 2016, 473 mablAnm König DAR 2016, 537; Zimmermann JuS 2010, 22 (23); aM König in LK-StGB Rn. 8; → 28. Aufl. 2014), erfasst (zur Bedienung eines Baggers OLG Düsseldorf VRS 64, 115). Der Fahrzeughalter scheidet als solcher dagegen aus (Rudolphi GA 1970, 353 (357)); nicht jedoch „mit-sich-geführte" Kinderwagen und Schubkarren (Geppert Jura 2001, 559 (561)). **Führen** erfordert, dass jemand das Fahrzeug unmittelbar in Bewegung setzt oder hält (BGHSt 35, 390 = NJW 1989, 723; BGHSt 36, 341 (343) = NJW 1990, 1245; BGHSt 42, 235 (239) = NJW 1997, 138), dabei dessen Antriebskräfte bestimmungsmäßig anwendet und dessen Fortbewegung unter Handhabung der jeweiligen technischen Vorrichtungen ganz oder teilweise leitet (OLG Brandenburg DAR 2006, 219; OLG Dresden NJW 2006, 1013 (1014) mit (abl.) Bespr. Bosch JA 2006, 576; Jahn JuS 2006, 468; Grupp/Kinzig NStZ 2007, 132 (136); OLG Karlsruhe NStZ-RR 2006, 281 (282); Frister StrafR AT § 8 Rn. 19; Küper/Zopfs StrafR BT Rn. 236; Hecker in Schönke/Schröder § 316 Rn. 20; enger Schünemann in Hefendehl/v. Hirsch/Wohlers, Die Rechtsgutstheorie, 2003, S. 133, 152, Erreichung einer zur Verletzung anderer geeigneten Geschwindigkeit). In Grenzfällen **genügt** dazu ua schon: Abrollenlassen auf Gefällstrecke ohne Motorkraft (BGHSt 14, 185 = NJW 1960, 1211); Lenken bei Ausnutzung eines durch Schieben hervorgerufenen Schwunges (OLG Hamburg VRS 32, 452; einschr. OLG Celle VRS 53, 371; zw.); 3

Übernahme nur einzelner, zum Führen gehörender wichtiger Verrichtungen (BGHSt 13, 226 = NJW 1959, 1883; BGHSt 18, 6 = NJW 1962, 2069; s. aber OLG Köln NJW 1971, 670); Lenken und Bremsen in einem abgeschleppten Fahrzeug (BGHSt 36, 341 = NJW 1990, 1245; Reichart NJW 1994, 103; Zimmermann JuS 2010, 22 (23)); Schieben eines Zweirades mit unterstützender Motorkraft (BayObLG VRS 66, 202) oder mit dem Zweck, den Motor in Gang zu setzen (OLG Düsseldorf DAR 1983, 301; aM AG Winsen/Luhe NJW 1985, 692; zw.). **Nicht ausreichend** dagegen: Schieben eines Zweirades nur mit eigener Körperkraft, ohne den Fahrersitz einzunehmen (OLG Oldenburg MDR 1975, 421; sa OLG Koblenz VRS 49, 366); kurzes Greifen in das Lenkrad durch den Beifahrer (OLG Hamm NJW 1969, 1675 (1676); OLG Köln NJW 1971, 670; anders bei länger andauerndem Greifen, OLG Köln JMBlNW 1982, 274), vergebliches Einsetzen der Antriebskräfte, um ein im Waldboden feststeckendes Fahrzeug freizubekommen (OLG Karlsruhe MDR 1992, 1170); Fahrenlassen eines Fahrschülers durch den (betrunkenen) Fahrlehrer, der nur mündliche Anweisungen gibt (OLG Dresden NJW 2006, 1013 zu § 316 mkritAnm Blum/Weber NZV 2007, 228; Eisele JA 2007, 168; aM AG Cottbus BA 2003, 161 mit zu Recht abl. Bespr. Joerden BA 2003, 104; König DAR 2003, 448); Unterlassen von Sicherungsmaßnahmen nach beendigter Fahrt (OLG Stuttgart NJW 1960, 1484; König in LK-StGB Rn. 13; aM BGHSt 19, 371 = NJW 1964, 1911); Vorgänge nach Beendigung der Fahrt, Abstellen des Motors und Verlassen des Kraftfahrzeugs (OLG Karlsruhe NStZ-RR 2006, 281; Hecker in Schönke/Schröder § 316 Rn. 20), auch wer ohne seinen Willen bewirkt, dass sein Fahrzeug in Bewegung gerät, wird nicht erfasst (OLG Frankfurt a. M. NZV 1990, 277; OLG Düsseldorf NZV 1992, 197). Erst recht nicht genügt bloßes Schlafen auf dem Fahrersitz (BGH NStZ-RR 2019, 60).

4 **b)** Das Führen ist wegen der stetigen Einwirkung auf den Antriebs- und Lenkmechanismus regelmäßig **positives Tun** (BGHSt 8, 8 (10) = NJW 1955, 1764). Soweit der Tatbestand Führen in fahruntüchtigem Zustand voraussetzt (Abs. 1 Nr. 1), ist die Tat **eigenhändiges Delikt** (BGHSt 18, 6 = NJW 1962, 2069; BGH NZV 1995, 364; Rehberg FG Schultz, 1977, 72; Wohlers SchwZStr 1998, 95 (106); Joerden BA 2003, 104; Hecker in Schönke/Schröder Rn. 43; aM Miseré, Die Grundprobleme der Delikte mit strafbegründender besonderer Folge, 1997, S. 82; Gerhold/Kuhne ZStW 124 (2012), 943 (988); diff. Zimmermann JuS 2010, 22 (25)). **Dauerstraftat** für die ganze zusammenhängende Fahrt ist sie jedoch nicht, weil die Tatbegehung durch das Erfordernis konkreter Gefährdung auf die Gefahrhandlung beschränkt wird (BGHSt 23, 141 (148) = NJW 1970, 255; BGH VRS 62, 191; NZV 1995, 196; NStZ-RR 2018, 108; Cording, Der Strafklageverbrauch bei Dauer- und Organisationsdelikten, 1993, S. 57; Hecker in Schönke/Schröder Rn. 51; aM BGH NJW 1989, 1227 mAnm Geppert NStZ 1989, 320; Werle JR 1990, 74; OLG Düsseldorf VRS 97, 111 (113); Seier NZV 1990, 129 (130)); jedoch schließt das die Annahme einer Handlungseinheit nicht notwendig aus (→ Rn. 35).

5 **4. Die Tathandlungen: a**) In **Abs. 1 Nr. 1a** das Führen eines Fahrzeugs, obwohl der Täter infolge Genusses alkoholischer Getränke oder anderer berauschender Mittel nicht in der Lage ist, das Fahrzeug (auf eine längere Strecke, und zwar auch bei plötzlichem Auftreten schwieriger Verkehrslagen, BGHSt 13, 83 = NJW 1959, 1047; BGHSt 44, 219 (221) = NJW 1999, 226) sicher zu führen (**rauschbedingte Fahruntüchtigkeit,** die im Schrifttum mit bedenkenswerten Gründen auch als rauschbedingte Fahrunsicherheit bezeichnet wird, Hentschel Trunkenheit Rn. 1;

Küper/Zopfs StrafR BT Rn. 207). **Andere berauschende Mittel** sind zur Herbeiführung von Enthemmung oder zur Beseitigung von Unlustgefühlen geeignete Stoffe oder Zubereitungen (enger König in LK-StGB § 316 Rn. 140; zusf. Burmann DAR 1987, 134; Grohmann MDR 1987, 630; Maatz/Mille DRiZ 1993, 15; Nehm DAR 1993, 375 (376); Salger/Maatz NZV 1993, 329; Salger DAR 1994, 433; Hentschel in Hentschel/König/Dauer § 316 Rn. 58, 59; → § 323a Rn. 3; str.), und zwar im Wesentlichen die in den Anl. I–III zu § 1 I BtMG aufgeführten (OLG Düsseldorf StV 1999, 22), namentlich Opium, Morphium, Heroin und Kokain (BGH VRS 53, 356; LG Stuttgart NZV 1996, 379) und die in der Anlage zu § 24a StVG aufgeführten Mittel Cannabis, Amphetamin (dazu OLG Düsseldorf StV 1999, 22) und Designer-Amphetamin, die freilich für §§ 315c, 316 nicht abschließend sind (anders als für § 24a II StVG, vgl. Bönke NZV 1998, 393 (395)); auch das zur Substitutionsbehandlung von Heroinabhängigen verabreichte Methadon ist ein berauschendes Mittel (Gebert MedR 1994, 483). Schmerzmittel, Psychopharmaka (OLG Köln BA 1977, 124; zusf. Salger DAR 1986, 383) und andere pharmakologische Mittel werden nur erfasst, wenn sie bei entsprechender Dosierung und Anwendung – etwa von Dolviran (OLG Koblenz VRS 59, 199; Janiszewski NStZ 1984, 111 (112)), Valium (OLG Frankfurt a. M. BA 1979, 407) oder Lexotanil (BayObLG NJW 1990, 2334) – als Rauschdrogen wirken (BGH bei Holtz MDR 1984, 90; OLG Köln NZV 1991, 158; weiter Ulbricht, Rauschmittel im Straßenverkehr, 1990, S. 44; vgl. auch Meininger FS Salger, 1995, 535; Schöch FS Miyazawa, 1995, 227; Schöch DAR 1996, 452; Pluisch NZV 1996, 98; Riemenschneider MedR 1998, 17; str.); anders als nach § 24a II 3 StVG hindert ärztliche Verschreibung und krankheitsbedingte Einnahme des Medikaments nicht die Strafbarkeit nach §§ 315c, 316 (Hentschel NJW 1998, 2385 (2389)). **Genuss** ist weit auszulegen; er erfordert weder Einnehmen durch den Mund noch subjektives Bezwecken der Rauschwirkung oder einer anderen lustbetonten Empfindung (BayObLG NJW 1990, 2334; Riemenschneider MedR 1998, 17 (18); König in LK-StGB § 316 Rn. 13). **Mitursächlichkeit** des Rauschmittels genügt (Hentschel Trunkenheit Rn. 229 mwN), zB im Zusammenwirken mit niedrigem Blutdruck (BayObLG VRS 38, 112), Übermüdung (BGHSt 13, 83 (90) = NJW 1959, 1047; Gaisbauer NJW 1968, 191), Nikotingenuss (OLG Hamm DAR 1960, 235) oder Einnahme von Medikamenten (OLG Celle NJW 1963, 2385; OLG Hamburg NJW 1967, 1522; OLG Hamm BA 1979, 454). Ob Fahruntüchtigkeit vorliegt, hängt von den Umständen des Einzelfalls ab, ist jedoch für den Alkoholbereich durch die Unterscheidung von absoluter und relativer Fahruntüchtigkeit näher konkretisiert (→ Rn. 6–7). Für die anderen Rauschmittel konnte bisher ein absoluter Grenzwert nicht bestimmt werden (BT-Drs. 13/3764, 4; Eisele JA 2007, 168 (169)), so dass hier die für die relative Fahruntüchtigkeit geltenden Regeln (→ Rn. 7) sinngemäß anwendbar sind (BGHSt 44, 219 = NJW 1999, 226 mit Bespr. Berz NStZ 1999, 407, krit. aus medizinischer Sicht Schreiber NJW 1999, 1770; BGH NStZ-RR 2001, 173; NStZ-RR 2017, 123 mAnm Sandherr NZV 2017, 280; BGH NZV 2008, 528; zust. Heß/Burmann NJW 2009, 903; Herzog/Laustetter JR 2009, 122; BGH NZV 2015, 562; NStZ 2012, 324; OLG Köln NJW 1990, 2945; OLG Frankfurt a. M. NJW 1992, 1570 mAnm Molketin BA 1993, 207; OLG Frankfurt a. M. NZV 1995, 116; OLG Düsseldorf NJW 1993, 2391 mAnm Trunk NZV 1993, 276; OLG Düsseldorf NJW 1994, 2428; StV 1999, 22 mAnm Hentschel JR 1999, 474; BayObLG NJW 1994, 2427; StV 1997, 255; OLG Zweibrücken NStZ-RR 2004, 149; OLG Saarbrücken DAR 2011, 95 mAnm König; OLG Saarbrücken NStZ-RR 2015, 228; OLG Hamburg StraFo 2018, 168; LG Berlin NZV 2012, 397; LG Waldshut-Tiengen BA 2012, 222; LG

Krefeld StV 1992, 521; Nehm DAR 1993, 375 (377); Salger/Maatz NZV 1993, 329 (330); Schöch DAR 1996, 452 (455); Bialas BA 1997, 129; Riemenschneider MedR 1998, 17 (19); Mettke NZV 2000, 199; Haase/Sachs NZV 2008, 221; König in LK-StGB Rn. 136–137a, § 316 Rn. 153–164a; sa Schütz/Weiler BA 1993, 137; Kreuzer NStZ 1993, 209; Meininger NZV 1994, 218; Gebert MedR 1994, 483; Bieniek StV 1995, 437; Quensel MschrKrim 1997, 333; Hauri-Bionda SchwZStr 1997, 272). Daran ändert § 24a StVG nichts, denn dort genügt der Nachweis der Substanz im Blut, ohne dass es auf rauschmittelbedingte Fahruntüchtigkeit ankommt (Hentschel Trunkenheit Rn. 229 mwN; zur erforderlichen THC-Konzentration BVerfG NJW 2005, 349 mAnm Bönke NZV 2005, 272); „im Umkehrschluss" dazu reicht der bloße Drogennachweis für die Fahruntüchtigkeit iSd §§ 315c, 316 nicht (BGHSt 44, 219 (224) = NJW 1999, 226; BGH NStZ 2012, 324; Hecker in Schönke/Schröder § 316 Rn. 5; aM AG Tiergarten NStZ-RR 2012, 5, absolute Fahruntüchtigkeit bei einem THC-Wert von 20 ng/ml). Dagegen soll nach Salger (DAR 1994, 433 (437)) der Heroin- und Kokainkonsument für mehrere Stunden nach der Einnahme absolut fahruntauglich sein; dasselbe soll für die kombinierte Einnahme von Alkohol und Haschisch gelten.

6 b) **Alkoholbedingte Fahruntüchtigkeit** (Abs. 1 Nr. 1a; nach Dencker FS Geppert, 2011, 43 besser „Fahrunsicherheit"; dazu Stein FS Dencker, 2012, 307; so auch Ernemann in Satzger/Schluckebier/Widmaier StGB § 316 Rn. 5; Pegel in MüKoStGB § 316 Rn. 1; König in LK-StGB § 316 Rn. 10) tritt idR bei einer BAK zwischen 0,5‰ und 1,0‰ ein (BGHSt 13, 278 = NJW 1959, 1046; Hentschel Trunkenheit Rn. 5; krit. Analyse der BGH-Rechtsprechung bei Otto FG BGH, 2000, 111), ist aber auch bei geringeren Werten ab 0,3‰ (OLG Köln NZV 1989, 357) nicht ausgeschlossen (OLG Koblenz VRS 45, 118; OLG Hamm BA 1978, 377). Beweisanzeichen sind namentlich die BAK, die genossene Alkoholmenge, Gewicht und Alkoholempfindlichkeit, Trinkgeschwindigkeit, eingenommene Speisemengen, Tageszeit (OLG Hamm VRS 5, 397), Witterung, Verkehrsverhältnisse, Fahrweise (BGHSt 5, 168 (171) = NJW 1954, 159; BGHSt 8, 28 = NJW 1955, 1329) sowie Verhalten vor, bei und nach der Tat. Mit zunehmender BAK nimmt die Bedeutung der übrigen Indizien ab (OLG Hamm NJW 1975, 2251; OLG Düsseldorf VRS 81, 450). Zum Beweiswert der Atemalkoholkonzentration (AAK) → Rn. 8.

6a aa) Von 1,1‰ aufwärts hält die Rspr. **alle Führer von Kraftfahrzeugen,** also auch Fahrer von Krafträdern einschließlich Mopeds und Fahrrädern mit Hilfsmotor (sog. Mofas 25 kmh), unabhängig von weiteren Beweisanzeichen und unter Ausschluss des Gegenbeweises für fahruntüchtig (**absolute Fahruntüchtigkeit,** BGHSt 37, 89 = NJW 1990, 2393 mit Bespr. Jung DAR 1990, 351; Berz NZV 1990, 359; Janiszewski NStZ 1990, 493; Lange JZ 1991, 1071; krit. Krüger BA 1990, 182; Konzak/Hüting NZV 1992, 136; Fahl DAR 1996, 393; zusf. Hentschel Trunkenheit Rn. 146). Auch Führer von **abgeschleppten Fahrzeugen** (BGHSt 36, 341 = NJW 1990, 1245 mAnm Hentschel JR 1991, 113; Reichart NJW 1994, 103; str.; zu Führern, die ihr Fahrzeug nicht mit Motorkraft bewegen, Grohmann BA 1994, 158 (161)) und von sog. Leichtmofas, einer Zwischenform zwischen Fahrrad und Mofa (OLG Celle NStZ-RR 2015, 24; LG Oldenburg DAR 1990, 72; Grohmann BA 1988, 143; einschr. Janiszewski NStZ 1990, 271 (273); str.), sowie von „Segways" (OLG Hamburg DAR 2017, 157) bezieht sie ein, ebenso Pferde-Kutschen (OLG Oldenburg NJW 2014, 2211 mAnm König DAR 2014, 399). Für **Radfahrer** hatte sie den entsprechenden Wert auf 1,7‰ festgesetzt

(BGHSt 34, 133 = NJW 1986, 2650), der dann ebenfalls entsprechend dem ermäßigten Sicherheitszuschlag (→ Rn. 6b) auf 1,6‰ herabgesetzt worden ist (OLG Karlsruhe NStZ-RR 1997, 356; Geppert Jura 2001, 559 (562); König in LK-StGB § 316 Rn. 71; zweifelnd Hentschel Trunkenheit Rn. 164; weiter LG Verden NZV 1992, 292, 1,5‰; sa BayObLG NJW 1992, 1906 mAnm Molketin BA 1992, 284; Bode BA 1994, 137 (138)); für Fahrräder mit Hilfsmotor (sog. E-Bikes) gibt es noch keine Rspr. Für **Elektrorollstuhlfahrer** gilt der Grenzwert für Kraftfahrer (1,1‰) entsprechend (OLG Nürnberg NStZ-RR 2011, 153; aM (wie Radfahrer 1,6‰) AG Löbau NJW 2008, 530 (531) mit Bespr. Jahn JuS 2008, 80 (82); Wegerich/Scheibenpflug NZV 2012, 414; sa aM BayObLG NStZ-RR 2001, 26), ebenso für **E-Scooter** iSv § 1 eKFV (BayObLG NZV 2020, 582 mAnm Lambertz; LG Dortmund SVR 2020, 194). Bei anderen Verkehrsteilnehmern fehlt es für eine hinreichend fundierte Festlegung noch an ausreichenden Erfahrungen (AG Köln NJW 1989, 921; BayObLG NZV 1993, 239; Gutachten des BGA „Alkohol bei Verkehrsstraftaten“, 1966, S. 52). Zu Schiffsführern → § 315a Rn. 2.

Die absoluten Grenzwerte beruhen auf einer Auswertung des **naturwissenschaftlichen Erkenntnisstandes** (zusf. Hentschel NZV 1991, 329; Schewe FS Salger, 1995, 715). Der erst 1990 für Kraftfahrer festgesetzte Wert ist auf Grund von Fortschritten in der Alkoholforschung und in der Sicherung der Messmethoden um 0,2‰ herabgesetzt worden (BGHSt 37, 89 = NJW 1990, 2393 mwN; die Feststellung dieses Grenzwerts durch den BGH ist von Verfassungs wegen nicht zu beanstanden, BVerfG NJW 1995, 125). Er setzt sich zusammen aus einem Grundwert von 1,0‰, bei dessen Vorliegen jeder Kraftfahrer nach wissenschaftlicher Erkenntnis fahruntüchtig ist, und einem Sicherheitszuschlag von 0,1‰, der die Streubreite der Blutalkoholbestimmungsmethoden auffangen soll (Hentschel Trunkenheit Rn. 87; krit. Dietz/Wehner NZV 1991, 460); da jedoch das gegenwärtig hohe Maß an Einheitlichkeit dieser Methoden noch nicht allgemein, sondern nur für diejenigen Untersuchungsstellen, die an einem Ringversuch im Jahre 1988 teilgenommen haben, nachgewiesen werden konnte, gilt für die an diesem Versuch nicht beteiligten Institute vorläufig, dh bis zu ihrer erfolgreichen Teilnahme an einem solchen Ringversuch, ein Sicherungszuschlag von 0,15‰ (BGHSt 37, 89 (98) = NJW 1990, 2393); dieser Zuschlag gilt nicht für die Überschreitung der Maximalwerte der Standardabweichung (BayObLG NZV 1996, 75; aM Löffel NZV 1995, 478; → Rn. 8). **6b**

Grundsätzlich kommt es für die Grenzwertbestimmung auf die **Zeit der Tat** an. Im Hinblick auf die besonderen Wirkungen des Alkohols in der Anflutungsphase (Heifer BA 1970, 383; BA 1973, 1 (7); Schewe ZStW-Beiheft 1981, 39 (51); Hoppe/Haffner NZV 1998, 265), ist nach der Rspr. absolut fahruntüchtig auch, wer zur Tatzeit eine Alkoholmenge im Blut hat, die noch hinter dem Grenzwert zurückbleibt, ihn später aber erreicht (BGHSt 25, 246 = NJW 1974, 246 mit Bespr. Händel NJW 1974, 247; Meyer NJW 1974, 613). **6c**

Der Grenzwert hat die Bedeutung einer **prozessualen Beweisregel** (Horn, Blutalkohol und Fahruntüchtigkeit, 1970; aM Sarstedt FS Hirsch, 1968, 171; Dannecker, Das intertemporale Strafrecht, 1993, S. 360; Bialas, Promille-Grenzen, Vorsatz und Fahrlässigkeit, 1996, S. 69, 203 mit krit. Bespr. Müller-Metz NZV 1996, 399; str.), für die das Rückwirkungsverbot (→ § 1 Rn. 4) nicht gilt (BVerfG NJW 1990, 3140 mit abl. Bespr. Hüting/Konzak NZV 1991, 255; BayObLG NJW 1990, 2833 mablAnm Krahl NJW 1991, 808; OLG Düsseldorf MDR 1991, 171; Hentschel NZV 1991, 329 (334); aM Neumann ZStW 103 (1991), 331; Bernreuther MDR 1991, 829; Ranft JuS 1992, 468); eing. Dannecker, Das inter- **6d** temporale Strafrecht, 1993, S. 364, der eine Bindung der Rspr. an das Rückwirkungsverbot des Art. 103 II GG verneint, den Vertrauensschutz des Bürgers aber durch das allgemeine Rechtsstaatsprinzip des Art. 20 III GG gewährleisten will (Dannecker, Das intertemporale Strafrecht, 1993, S. 392). Will ein Tatgericht den Grenzwert aufgrund neuer wissenschaftlicher Erkenntnisse verändern, müssen diese eing. dargestellt und gewürdigt werden (KG BA 2017, 261).

7 bb) Ist der absolute Grenzwert nicht erreicht oder fehlt es an der Festsetzung eines solchen Grenzwerts (OLG Frankfurt a. M. NJW 1985, 2961), etwa bei Drogenwirkstoffen (→ Rn. 5), so bedarf es stets der Feststellung weiterer Beweisanzeichen (**relative Fahruntüchtigkeit;** vgl. zB BGHSt 44, 219 (225) = NJW 1999, 226; BGH VRS 19, 296; VRS 27, 192; VRS 32, 40; OLG Karlsruhe VRS 49, 107; OLG Zweibrücken NStZ-RR 2004, 149; Hentschel Trunkenheit Rn. 182, 183; König in LK-StGB § 316 Rn. 90); bei hohen Wirkstoffwerten kann ein einzelnes weiteres Anzeichen genügen (OLG Zweibrücken NStZ-RR 2004, 247); die Anforderungen an die Aussagekraft der Anzeichen, die die relative Fahruntüchtigkeit begründen sollen, sind umso höher, je weiter die BAK vom absoluten Grenzwert entfernt ist (BGHSt 31, 42 = NJW 1982, 2612; Heß/Burmann NJW 2008, 808 (812), mit KG BeckRS 2007, 15740). Dasselbe gilt, wenn die BAK für die Tatzeit nicht ermittelt werden konnte (OLG Hamm BA 1982, 563; OLG Düsseldorf NZV 1992, 81; OLG Zweibrücken StV 1999, 321), etwa deshalb, weil sie nicht (OLG Köln NZV 1989, 357; OLG Düsseldorf NZV 1990, 198) oder nicht in der vorgeschriebenen Weise (OLG Stuttgart MDR 1984, 688) bestimmt wurde (beachte jedoch → Rn. 10). Die Beweisanzeichen können vor allem in alkoholtypischem, uU auch unvernünftig motiviertem (OLG Köln VRS 42, 364; zB wenig aussichtsreiche Polizeiflucht unter Begehung schwerer Verkehrsverstöße OLG Düsseldorf NJW 1997, 1382; König in LK-StGB Rn. 112), Fahrverhalten gefunden werden (Kopp JA 1999, 943), zB im Fahren in Schlangenlinien (OLG Hamm VRS 49, 270; nicht schon das Überfahren der Fahrbahnmittellinie mit einem Lkw auf kurvenreicher Strecke, LG Zweibrücken NZV 1994, 450) oder mit erheblich überhöhter Geschwindigkeit (OLG Köln VRS 37, 200; OLG Hamm VRS 39, 37; nicht schon bei Nichtbeachtung der Geschwindigkeitsbegrenzung und unangepasster Geschwindigkeit, BGH NZV 1995, 80 mzustAnm Hauf; OLG Düsseldorf StV 1999, 22; auch nicht bei bloßer Missachtung eines polizeilichen Zeichens zur Einfahrt in eine Verkehrskontrolle (OLG Köln StraFo 2010, 501 mAnm Vock NJ 2011, 73) oder bei verständlichem Fluchtmotiv, BGH NStZ 1995, 88; DAR 1995, 166; sa BGH NStZ-RR 2001, 173); in grundlosem Abkommen von der Fahrbahn (BGH VRS 47, 19; anders nach einem Kurvenauslauf, LG Zweibrücken zfs 1994, 265, oder bei unregelmäßig auftretenden Windböen, OLG Hamm NZV 1994, 117) oder im Geradeausfahren in Kurven (vgl. BGH VRS 36, 374); überhaupt bei auffälliger, riskanter, besonders sorgloser und leichtsinniger Fahrweise unter Drogeneinfluss (OLG Zweibrücken NStZ-RR 2004, 149; zu „waghalsiger Fahrweise" eines Heroinabhängigen im Entzug BGH NZV 2008, 528 (529) mAnm Herzog/Laustetter JR 2009, 122); auch alkoholtypische Unfälle kommen als zusätzliche Beweisanzeichen in Betracht (Haffner/Erath/Kardatzki NZV 1995, 301), sofern sie nicht gleichermaßen einem nüchternen Fahrer unterlaufen können (LG Aachen BA 2012, 168, Verlust der Kontrolle über das Fahrzeug auf schneeglatter Fahrbahn). Daneben kommen zB auch in Frage: Steigerung der Rauschwirkung durch Einnahme von Medikamenten (Hentschel BA 1980, 221; Schöch DAR 1996, 452 (456); unklar BayObLG BA 1980, 220, das solche Fälle der absoluten Fahruntüchtigkeit zuordnet), Übermüdungserscheinungen (BGH VRS 14, 282; OLG Ko-

blenz VRS 51, 36; aM OLG Düsseldorf StV 1999, 22); starke Benommenheit, lallende verwaschene Sprache und unsicherer Gang (OLG Frankfurt a. M. NStZ-RR 2002, 17); schwerwiegende Einschränkungen der Wahrnehmungs- und Reaktionsfähigkeit nach Drogenkonsum (OLG Zweibrücken NStZ-RR 2004, 149) oder Feststellungen bei der ärztlichen Untersuchung nach der Tat (OLG Hamm VRS 33, 441 (442); speziell zur Bedeutung des Drehnachnystagmus OLG Köln VRS 65, 440; OLG Zweibrücken VRS 66, 204; speziell zur drogenbedingten Pupillenstarre BGHSt 44, 219 (226) = NJW 1999, 226; König in LK-StGB § 316 Rn. 162).

Stets muss es sich um **konkrete Ausfallerscheinungen** handeln, die ein er- **7a**
kennbares äußeres Fehlverhalten bewirken und auf Fahruntüchtigkeit hindeuten (BGHSt 31, 42 = NJW 1982, 2612; BGHSt 44, 219 (225) = NJW 1999, 226; König in LK-StGB Rn. 97); bloß allgemein ungünstige äußere Umstände, wie zB Dunkelheit, Nebel, Glatteis oder sonst widrige Straßenverhältnisse (BGH VRS 33, 118; BayObLG JR 1990, 436 mAnm Loos), Langsamfahren (OLG Hamm DAR 1975, 249), die falsche Einschätzung einer Verkehrssituation (OLG Naumburg BA 2015, 416), eine fluchtbedingt unangepasste Geschwindigkeit (BGH BA 2014, 176), das Fahren entgegen der Fahrtrichtung in Suizidabsicht (BGH NStZ 2014, 87 mAnm Piel; Krenberger zfs 2014, 716; ebenso bei Alkoholiserung des Suizidenten BGH VRS 140, 41 mit Bespr. Eisele JuS 2021, 558; v. Heintschel-Heinegg JA 2021, 521) oder bloß abstrakt leistungsmindernde Zustände, wie zB allgemeine Müdigkeit (BayObLG NJW 1968, 1200; OLG Hamm NJW 1973, 569 mkritAnm Mayer NJW 1973, 1468) oder Erregung (OLG Köln JMBl. NRW 1970, 144), genügen für sich allein nicht (OLG Zweibrücken BA 1991, 115; krit. Ranft Jura 1988, 133 (134)). Jedoch schließt vorausgegangenes geordnetes Fahrverhalten Fahruntüchtigkeit in einer späteren konkreten Situation nicht aus (BGH VRS 55, 186). Die Beweisanzeichen dürfen nicht isoliert gewertet, müssen vielmehr in eine Gesamtwürdigung des psycho-physischen Zustandes des Täters und der Tatumstände einbezogen werden (OLG Düsseldorf VRS 81, 450; Metter BA 1976, 241; Hecker in Schönke/Schröder § 316 Rn. 12; zur Problematik sog. klinischer Befunde des Blutentnahmearztes und erst recht des verkehrskontrollierenden Polizeibeamten Hentschel NJW 2003, 716 (725)) und dem Richter die Überzeugung vermitteln, dass sich der Täter in nüchternem Zustand anders verhalten hätte (BGH VRS 36, 174; OLG Köln NZV 1995, 454; methodisch näher konkretisierend Peters MDR 1991, 487); zu den Tatumständen gehören namentlich auch die während der Fahrt zu bewältigenden Verkehrsaufgaben, zB Straßen- und Verkehrsverhältnisse sowie Art und Fahreigenschaften des benutzten Kraftfahrzeugs (BGHSt 13, 83 (90) = NJW 1959, 1047; BGHSt 22, 352 = NJW 1969, 1578). In der Beurteilung der Beweisanzeichen, namentlich des erforderlichen Ursachenzusammenhangs mit der Alkoholwirkung, ist die Rspr. uneinheitlich (zusf. Möhl DAR 1971, 4; krit. Schneble BA 1983, 177; Strate BA 1983, 188; Groth NJW 1986, 759; Boetzinger MDR 1989, 511). Für eine verstärkte Anwendung der relativen Fahruntüchtigkeit im Bereich von 0,3–0,8‰ aus generalpräventiven Gründen Krüger/Schöch DAR 1993, 334 (343).

cc) Die BAK wird überwiegend nach zwei Verfahren, früher meist dem **Wid- 8**
mark- und dem ADH-Verfahren, ermittelt (BGHSt 13, 83 = NJW 1959, 1047; Hentschel Trunkenheit Rn. 56–64); inzwischen ist jedoch jeweils eines dieser Verfahren durch das exaktere **gaschromatographische Verfahren** verdrängt worden (OLG Karlsruhe NJW 1977, 1111; näher dazu Zweites Gutachten des BGA, Alkohol und Straßenverkehr, 1977, S. 7), dem aber kein Vorrang vor den an-

deren zukommt (OLG Düsseldorf NZV 1997, 445). In der Regel werden nach jedem gewählten Verfahren mehrere Analysen durchgeführt, und zwar drei nach Widmark, zwei nach ADH und (oder) zwei durch Gaschromatographie (BA 1989, 135; BGA, Alkohol und Straßenverkehr, 1977, S. 7; Bode BA 1994, 137; Hentschel Trunkenheit Rn. 69; sa Nr. 15 des von den Bundesländern vereinbarten Gemeinsamen Erlasses über die Feststellung von Alkohol im Blut bei Straftaten und Ordnungswidrigkeiten, Justiz 1978, 249 für Baden-Württemberg). Wenn eine bestimmte Streubreite nicht überschritten wird (dazu OLG Hamm BA 1985, 484), kein systematischer Analysenfehler erkennbar ist und auch die aus den Einzelmesswerten folgende Standardabweichung (vgl. dazu LG Hamburg NZV 1994, 45 mAnm Kaun) unter den im Gutachten des BGA zum Sicherungszuschlag auf die Blutalkoholbestimmung (BGH NZV 1990, 104 (106)) angegebenen Maximalwerten liegt (BGHSt 37, 89 (98) = NJW 1990, 2393; BayObLG NZV 1996, 75 mAnm Hentschel JR 1996, 388; aM LG Göttingen Nds. Rpfl. 1991, 276), entscheidet der Mittelwert aller Analysen (BGHSt 28, 1 = NJW 1978, 1930; OLG Stuttgart NJW 1981, 2525; OLG Düsseldorf NZV 1997, 445; NStZ-RR 1998, 82; Haffke NJW 1971, 1874; Hentschel Trunkenheit Rn. 79; König in LK-StGB Rn. 23; Hecker in Schönke/Schröder Rn. 4, 16, jeweils zu § 316), der selbst bei ganz geringfügiger Unterschreitung des Grenzwertes nicht aufgerundet werden darf (OLG Hamm VRS 56, 147; ebenso zum Grenzwert von 0,8‰ in § 24a StVG aF BGHSt 28, 1 = NJW 1978, 1930 mwN; krit. Staak/Berghaus NJW 1981, 2500). Ab einem Mittelwert von 1,1‰ (→ Rn. 6a) darf die Differenz zwischen dem höchsten und dem niedrigsten Einzelwert (sog. Variationsbreite) nicht mehr als 10% des Mittelwerts betragen (BGHSt 45, 140 = NJW 1999, 3058 mit Bespr. Himmelreich/Lessing NStZ 2000, 299 (301)). Zur Ermöglichung hinreichender Kontrolle haben die Untersuchungsstellen neben dem Mittelwert auch die Einzelmessergebnisse mitzuteilen (BGHSt 37, 89 (98) = NJW 1990, 2393; BGHSt 39, 291 (298) = NJW 1993, 3081), was allerdings nicht bedeutet, dass diese Werte und überhaupt die angewendeten Verfahren stets auch im Urteil angegeben werden müssten (BGHSt 28, 235 = NJW 1979, 609; BGHSt 39, 291 (298) = NJW 1993, 3081). Der Beweiswert von Untersuchungsergebnissen, die nicht den vorstehenden Anforderungen entsprechen, zB nicht nach verschiedenen Verfahren oder nur mit einer geringeren Zahl von Einzelanalysen ermittelt worden sind, hängt davon ab, ob sich die Möglichkeit eines Fehlers zum Nachteil des Täters sicher ausschließen lässt (vgl. ua BayObLG BA 1983, 74; AG Langen BA 1989, 207 mAnm Grüner; Sachs NJW 1987, 2915; Grüner/Ludwig BA 1990, 316).

8a Die **Alkoholbestimmung aus der Atemluft** wurde bisher zur abschließenden Feststellung noch nicht als hinreichend zuverlässig anerkannt (BayObLG JR 1989, 79 mit Bespr. Heifer NZV 1989, 13; Grüner JR 1989, 80; OLG Zweibrücken NJW 1989, 2765; OLG Karlsruhe NStZ 1993, 554; OLG Hamm NJW 1995, 2425; OLG Naumburg BA 2001, 190 mzustAnm Scheffler; LG Münster NStZ 1992, 544; LG Gera DAR 1996, 156; AG Westerburg NZV 1995, 41; Grüner, Die Atemalkoholprobe, 1985; Grüner/Penners NJW 1985, 1277; Alck BA 1988, 396; Wilske/Eisenmänger DAR 1992, 41; Pluisch/Heifer NZV 1992, 337; Hentschel NJW 1993, 1171 (1177); Schewe FS Salger, 1995, 715 (716); Gilg/Eisenmenger DAR 1997, 1; Iffland/Eisenmenger/Bilzer NJW 1999, 1379; sa Schoknecht Schoknecht BA 1990, 145; krit. zur Zuverlässigkeit von „Alcotest 7110 Evidential" Iffland/Bilzer DAR 1999, 1). Ob sich daran durch Zulassung der AAK als Beweismittel im OWi-Verfahren nach § 24a I StVG etwas ändern wird, ist wegen möglicher Messunsicherheiten trotz strenger Anforderungen an die Atemmessgeräte für Strafverfahren zweifelhaft (vgl. Hentschel NJW 1998, 2385 (2388)); eine Konvertierung der AAK in eine BAK ist nach rechtsmedizinischen Erkenntnissen ausgeschlossen, so dass es jedenfalls für die Annahme alkoholbedingter Fahruntüchtigkeit (→ Rn. 6) der Festlegung eigener AAK-Grenzwerte durch die Rspr. bedürfte (Hentschel NJW 1998, 2385 (2387); Hecker in Schönke/Schröder § 316 Rn. 15; sa König in LK-StGB Rn. 44–56b; krit. zur gegenwärtigen Festlegung von gesonderten Grenzwerten der AAK Riemenschneider, Fahrunsicherheit oder Blutalkohol als Merkmal der Trunkenheitsdelikte, 2000, S. 250). Die Rspr. hat bisher eine Verurteilung wegen absoluter Fahruntüchtigkeit allein auf Grund eines den Grenzwert von 0,55 mg/l erreichenden bzw. übersteigenden AAK-Wertes abgelehnt (BGHSt 46, 358 (373); vgl. auch OLG Naumburg NStZ-RR 2001, 105); es ist deshalb eine gesetzgeberische Entscheidung erforderlich, wenn die AAK aufgewertet werden soll (König in LK-StGB Rn. 15c mit pro und contra).

dd) Für die **BAK zur Tatzeit** bedarf es regelmäßig der **Rückrechnung,** die im Allgemeinen nur mit Hilfe eines Sachverständigen (OLG Stuttgart NJW 1981, 2525), in einfachen Fällen aber auch vom Gericht allein auf Grund seiner eigenen Sachkunde durchgeführt werden kann (OLG Koblenz VRS 51, 38). Dabei sind die dem Täter jeweils günstigsten, also – gerade umgekehrt wie bei Beurteilung der Schuldfähigkeit (→ § 20 Rn. 23) – die das Ergebnis am wenigsten erhöhenden tatsächlichen Möglichkeiten zugrunde zu legen. Nach der Rspr. wird diesem Erfordernis genügt, wenn die Rückrechnung für die sog. Resorptionsphase, die nach Trinkende im Allgemeinen nicht länger als 60–90 Minuten dauert, aber zur Vermeidung jeder Benachteiligung mit einem Richtwert von 120 Minuten anzusetzen ist, unterbleibt und wenn für die nachfolgende Zeit ein gleich bleibender Abbauwert von stündlich 0,1‰ zu Grunde gelegt wird (BGHSt 25, 246 = NJW 1974, 246; BayObLG NZV 1995, 117; Hentschel Trunkenheit Rn. 94; König in LK-StGB Rn. 30; zusf. Salger DRiZ 1989, 174; zur rechtlichen und naturwissenschaftlichen Problematik der Rückrechnung vgl. ua BGA, Alkohol und Straßenverkehr, 1966, S. 53; BGA, Alkohol und Straßenverkehr, 1977, S. 17; Mayr DAR 1974, 64; Köhler/Schleyer BA 1975, 52; Bode BA 1994, 137 (140); Hoppe/Haffner NZV 1998, 265). Zur Angabe von Nachtrunk vgl. OLG Koblenz DAR 2015, 402. 9

ee) Wurde die **BAK nicht ermittelt,** ist aber die vor der Tat konsumierte Alkoholmenge feststellbar, oder sind die Angaben darüber nicht widerlegbar, so ist die Tatzeit-BAK auf der Grundlage der sog. **Widmark-Formel** zu berechnen, wobei auch hier die für den Täter jeweils günstigsten tatsächlichen Möglichkeiten zugrundezulegen sind (OLG Köln NZV 1989, 357; DAR 2013, 393; KG StV 2016, 297; LG Berlin BA 2014, 230 mAnm Mrosk; Forster/Joachim, Blutalkohol und Straftat, 1975, S. 95). 10

ff) Ist der Täter in Folge des Rausches **schuldunfähig** (dazu OLG Naumburg BA 2010, 432) oder ist dies nicht auszuschließen, so kommt Verurteilung unter dem Gesichtspunkt der actio libera in causa (→ § 20 Rn. 25, 28; BGHSt 42, 235 = NJW 1997, 138; König in Hentschel/König/Dauer § 316 Rn. 92; Wolters in SK-StGB § 316 Rn. 12) nicht mehr in Frage; es bleibt § 323a (Fischer § 316 Rn. 52). 11

gg) Zur Mitverantwortung **Dritter** Bödecker DAR 1969, 281; DAR 1970, 309, namentlich des Gastwirts BGHSt 4, 20 = NJW 1953, 634; BGHSt 19, 152 = NJW 1964, 166; BGHSt 26, 35 = NJW 1975, 1175; krit. Geilen JZ 1965, 469.

c) In **Abs. 1 Nr. 1b** das Führen eines Fahrzeugs (→ Rn. 3, 4), obwohl der Täter infolge **geistiger oder körperlicher Mängel,** nicht in der Lage ist, das Fahrzeug 12 sicher zu führen. Dazu gehören Anfallsleiden (zB Epilepsie, Panikstörungen), sofern sie die Gefahr jederzeit auftretender Anfälle begründen (BGHSt 40, 341 = NJW 1995, 795; BGH NStZ 2020, 297). Es genügen auch vorübergehende Mängel, wie die Wirkung von Medikamenten (OLG Stuttgart NJW 1966, 410 mAnm Gaisbauer; Grohmann BA 1988, 172; Riemenschneider MedR 1998, 17), labile Zustände während der Rekonvaleszenz (LG Heilbronn VRS 52, 188) und vor allem Übermüdung (BGH VRS 14, 282; NJW 2003, 3499; LG Wiesbaden BA 2016, 195; näher König in LK-StGB Rn. 62), die allerdings trotz ihrer Häufigkeit im Güter- und Busfernverkehr (dazu Meyer KrimArch 185, 65) sowie im militärischen Einsatz (dazu Burmester NZWehrr 1991, 142) offenbar wegen unzureichender wissenschaftlicher Erforschung und daraus folgender Beweisschwierigkeiten kaum Strafverfolgungen ausgelöst hat (für Beschränkung auf nahenden Sekundenschlaf LG Traunstein NZV 2011, 514; sa LG Leipzig DAR 2021, 403; zur diesbezüglichen Fahrlässigkeit AG Düsseldorf DAR 2021, 112 mAnm Danner). Durch technische Vorrichtungen am Fahrzeug, Brillen, Hörgeräte, Prothesen, Mitnahme von Begleitpersonen (aM König in LK-StGB Rn. 49) usw hinreichend ausgeglichene körperliche Mängel genügen dagegen nicht (BT-Drs. IV/651, 28), altersbedingte Mängel nicht ohne weiteres (BayObLG NJW 1996, 2045; sa Detter in Arbeitsgemeinschaft Strafrecht des Deutschen Anwaltvereins, Strafverteidigung im Rechtsstaat, 2009, S. 275, 289). Rauschbedingte Fahruntüchtigkeit ist nur der Unterfall eines körperlichen oder geistigen Mangels (ebenso Zimmermann JuS 2010, 22 (23)) und daher auch bei Zusammentreffen mit Übermüdung nur nach Abs. 1 Nr. 1a zu behandeln (Spezialität, OLG Düsseldorf NJW 1957, 1567; OLG Köln NZV 1989, 357).

13 **d)** In **Abs. 1 Nr. 2** der grob verkehrswidrige und rücksichtslose Verstoß gegen die unter Buchst. a–g näher beschriebenen Verkehrsregeln, die sich auf besonders gefährliche und statistisch bedeutsame Verhaltensweisen beziehen (Überblick bei Prießkalla NZV 2007, 438 (440); Zimmermann JuS 2010, 22 (24)).

aa) **Buchst. a: Nichtbeachten der Vorfahrt** ist nicht nur an Kreuzungen und Einmündungen (Vorfahrtsregelung ieS nach § 8 StVO), sondern stets möglich, wenn sich die Fahrtrichtungen zweier Fahrzeuge schneiden oder so stark nähern, dass ein reibungsloser Verkehrsablauf nur dadurch gewährleistet ist, dass ein Fahrzeug nach ausdrücklicher Verkehrsregelung den Vorrang hat (zB Linksabbiegen, BGHSt 11, 219 = NJW 1958, 678; BGHSt 13, 129 = NJW 1959, 1447; BGH NStZ 2020, 402 mAnm Eidam NStZ 2020, 549; Staub DAR 2020, 342; KG VRS 46, 192; str.); Missachtung von Vorfahrtsschildern allein genügt nicht (BayObLG NJW 1955, 841), auch nicht ein Rotlichtverstoß (OLG Jena NZV 1995, 237; vgl. auch OLG Düsseldorf NZV 1996, 245) oder erst recht nicht ein Gelblichtverstoß (OLG Karlsruhe Justiz 2004, 517). Der Vorrang des Fußgängers nach § 9 III 3 und § 26 StVO gehört nicht hierher (OLG Düsseldorf NJW 1984, 1246; KG VRS 84, 444; OLG Hamm VRS 91, 118; Fischer Rn. 5a).

14 **Buchst. b: Überholen** ist (übereinstimmend mit § 5 StVO; für einen „erweiterten (strafrechtlichen) Überholbegriff" König in LK-StGB Rn. 77) der gesamte Vorgang (dazu OLG Düsseldorf VRS 66, 355) des Vorbeifahrens von hinten an einem Verkehrsteilnehmer, der sich auf derselben Fahrbahn in derselben Richtung bewegt oder nur mit Rücksicht auf die Verkehrslage anhält (BGHSt 25, 293 = NJW 1974, 1205; BGHSt 26, 73 = NJW 1975, 1330). Es ist mit dem Beginn des Überholvorgangs (idR dem Ausscheren nach links) bereits vollendet (BayObLG VRS 34, 106; DAR 1993, 269; OLG Karlsruhe NJW 1972, 962; OLG Koblenz

NZV 1993, 318; Haubrich NJW 1989, 1197) und erst mit dessen Abschluss (idR der Wiedereinordnung auf der rechten Fahrbahn; beachte jedoch BGHSt 25, 293 = NJW 1974, 1205; AG Freiberg NStZ-RR 1997, 18) beendet (OLG Düsseldorf NJW 1980, 1116). **Falsches Überholen** ist nicht nur der Verstoß gegen § 5 StVO, zB die Verletzung des Überholverbots bei unklarer Verkehrslage (Abs. 3 Nr. 1 OLG Düsseldorf NJW 1980, 1116; OLG Koblenz VRS 46, 37) oder das vorzeitige, den Überholten behindernde Wiedereinordnen nach rechts (Abs. 4 S. 4 OLG Düsseldorf NJW 1980, 1116), sondern auch anderes verkehrswidriges Verhalten in jeder Phase des Überholvorgangs (OLG Celle VRS 38, 431; OLG Düsseldorf VRS 58, 28 und 62, 44; BayObLG DAR 1993, 269; König in Hentschel/König/Dauer § 315c Rn. 13; vgl. auch BVerfG NJW 1995, 315, Vorbeifahren auf der Standspur der Autobahn), nicht aber mehr nach dessen Abschluss (OLG Hamm DAR 2015, 399 mit Bespr. Staub/Krumm DAR 2015, 377, starkes Abbremsen nach dem Überholen). Es kann uU schon darin bestehen, dass der Täter den Vorausfahrenden erst von der Überholspur zu vertreiben sucht (OLG Frankfurt a. M. VRS 56, 286; König in LK-StGB Rn. 92; zw.); auch darin, dass durch hohe Geschwindigkeit der Abstand zum vorausfahrenden Kfz drastisch verringert (LG Karlsruhe NJW 2005, 917, Raserfall; Eisele JA 2007, 168 (170)) oder ein Anhalten innerhalb der übersehbaren Strecke verunmöglicht wird (BGH NZV 2017, 135 mAnm Preuß); ebenso durch Überholen über den Bordstein oder Gehweg (BGHSt 61, 249 = NJW 2016, 3462 mAnm Theile ZJS 2017, 122), neben der Fahrbahn aber nur, wenn der Überholvorgang auf dieser begonnen hat (OLG Oldenburg ZfSch 2019, 113); nicht hingegen beim Überholen mit Schrittgeschwindigkeit (KG VRS 130, 21). **Falsches Fahren beim Überholvorgang** ist namentlich die unzulässige Erhöhung der Geschwindigkeit durch den Überholten (BT-Drs. IV/651, 28; sa § 5 VI 1 StVO).

Buchst. c: Fußgängerüberweg ist nur die durch Zeichen 293 (§ 41 III Nr. 1 StVO) markierte Übergangsstelle, dh der sog. Zebrastreifen (BGH DAR 2015, 703 mAnm Ternig; OLG Stuttgart NJW 1969, 889; OLG Hamm NJW 1969, 440; OLG Celle NZV 2013, 252; zw.); die Vorschrift ist jedoch nicht anwendbar, wenn der Überweg durch eine in Betrieb befindliche Lichtanlage gesichert ist (OLG Düsseldorf VRS 66, 135; Janiszewski NStZ 1984, 111 (112); Zieschang in NK-StGB Rn. 10; aM Wolters in SK-StGB Rn. 13; Hecker in Schönke/Schröder Rn. 19; offen gelassen BGH NZV 2008, 528 (529) mAnm Herzog/Laustetter JR 2009, 122 (123)). Im Übrigen vgl. zum falschen, dh der StVO widersprechenden (OLG Stuttgart VRS 74, 186), Fahren an solchen Überwegen Mächtel NJW 1966, 641. 15

Buchst. d, e: Das Merkmal der **unübersichtlichen Stelle** stammt aus § 9 StVO aF; der heutigen StVO ist es unbekannt. Die Unübersichtlichkeit kann sich nicht nur aus der Beschaffenheit der Örtlichkeit ergeben, sondern ua auch durch parkende Fahrzeuge (BayObLGSt 1952, 252), Nebel (BayObLG NZV 1988, 110), Blendung durch Gegenverkehr (OLG Stuttgart DAR 1965, 103; König in LK-StGB Rn. 109; aM Fischer Rn. 8), Bewuchs (OLG Celle VRS 31, 33) oder unzulängliche Straßenbeleuchtung verursacht werden; die Tatsachen, aus denen die Unübersichtlichkeit folgt, sind im Urteil anzugeben (OLG Düsseldorf VRS 79, 370). Zwischen **zu schnellem** Fahren und der unübersichtlichen Stelle usw muss ein innerer (Risiko-)Zusammenhang bestehen (BGH NStZ 2007, 222; König in LK-StGB Rn. 113; BayObLG JZ 1976, 291; VRS 61, 212; → Rn. 27). Zu schnell fährt uU auch, wer beim Abbiegen in einer Kreuzung Schrittgeschwindigkeit überschreitet, obwohl Fußgänger auf Grund grünen Lichtzeichens die Fahrbahn überqueren (KG VRS 37, 445). **Rechte Seite der Fahrbahn** ist die ganze Breite der 16 rechten Fahrspur; erst deren wenigstens teilweises Überschreiten erfüllt den Tatbestand (BGH bei Martin DAR 1974, 118); zum „Kurvenschneiden" OLG Karlsruhe NZV 2009, 467 (469). Fährt der Fahrer entgegen der Fahrtrichtung, scheidet ein Verstoß gegen das Rechtsfahrgebot aus, sodass nur Buchst. f bleibt (OLG Köln OLGSt StGB § 315c Nr. 17).

17 **Buchst. f: Autobahnen, Kraftfahrstraßen** § 18 StVO sowie Zeichen 330 und Zeichen 331 (§ 42 V StVO). **Wenden** BGHSt 27, 233 = NJW 1977, 2085; BGHSt 31, 71 = NJW 1982, 2454; OLG Köln VRS 74, 139; NZV 1995, 159; OLG Düsseldorf NZV 1992, 82; NZV 1995, 116; Dvorak DAR 1979, 32 (35), alle mwN. **Rückwärtsfahren** OLG Stuttgart NJW 1976, 2223, nicht bei versehentlichem Einlegen des Rückwärtsgangs, OLG Zweibrücken NZV 2021, 381. **In entgegengesetzter Fahrtrichtung** fahren (sog. Geisterfahrer) Janiszewski DAR 1986, 256 (262); vgl. auch Gropp FS Hirsch, 1999, 207 (219).

17a **Buchst. g: liegengebliebene Fahrzeuge** § 15 StVO; die Pflicht zur Kenntlichmachung entfällt, wenn ihre Vornahme (zB Aufstellung eines Warndreiecks) länger dauern würde als ein Entfernen des Fahrzeugs von der Stelle, an der es liegengeblieben ist (OLG Köln NZV 1995, 159); zur Beleuchtung **haltender Fahrzeuge** § 17 IV StVO. Die Tat ist unechtes Unterlassungsdelikt (→ § 13 Rn. 6), so dass nur Garanten (zB der Halter) verpflichtet sind (hM; vgl. etwa Deichmann, Grenzfälle der Sonderstraftat, 1994, S. 216; aM König in LK-StGB Rn. 122).

18 **Zur Abgrenzung des verbotenen Verkehrsverhaltens iÜ** sind die Vorschriften der StVO (namentlich die §§ 3–10, 15, 18, 26) heranzuziehen; diese sind allerdings seit Neufassung der StVO nicht mehr voll mit § 315c abgestimmt.

19 bb) **Grob verkehrswidrig** handelt, wer objektiv besonders schwer (dh typischerweise besonders gefährlich, OLG Hamm VRS 38, 285 (287)) gegen eine Verkehrsvorschrift verstößt (BGHSt 5, 392 (395) = NJW 1954, 729; OLG Karlsruhe NJW 1960, 546; Justiz 2004, 517; OLG Köln VRS 84, 293; Zimmermann JuS 2010, 22 (23)). **Rücksichtslos** handelt, wer sich aus eigensüchtigen Gründen über die ihm bewusste Pflicht zur Vermeidung unnötiger Gefährdung anderer (§ 1 StVO) hinwegsetzt oder aus Gleichgültigkeit Bedenken gegen sein Verhalten von vornherein nicht aufkommen lässt (vgl. ua BGHSt 5, 392 = NJW 1954, 729; OLG Düsseldorf VRS 79, 370; OLG Köln VRS 84, 293; OLG Koblenz NZV 1993, 318; SVR 2016, 353; OLG Oldenburg DAR 2002, 89; OLG Karlsruhe NZV 2021, 55; Zimmermann JuS 2010, 22 (24); Frister StrafR AT § 8 Rn. 31; Küper/Zopfs StrafR BT Rn. 414; zu weit OLG Stuttgart NJW 1967, 1766; krit. Peters DAR 1980, 45; Zimmermann MDR 1987, 367; Spöhr/Karst NJW 1993, 3308). Ein verständliches Motiv, zB Vermeidung einer nachteiligen Verspätung, steht der Annahme von Rücksichtslosigkeit nicht notwendig entgegen (BayObLG JR 1960, 70; KG VRS 40, 268; Grohmann DAR 1975, 260); durch Bestürzung, Schrecken oder andere hochgradige Erregung kann sie jedoch ausgeschlossen sein (OLG Zweibrücken VRS 61, 434; OLG Köln NZV 1995, 159; Geppert Jura 2001, 559 (563)); ebenso durch eine psychische Ausnahmesituation infolge eines vorangegangenen schweren Fahrfehlers (OLG Düsseldorf NZV 1995, 116; OLG Oldenburg DAR 2002, 89). Auch der sonst rücksichtsvolle Fahrer kann im Einzelfall rücksichtslos fahren (BGH VRS 14, 304). Der Täter muss sowohl grob verkehrswidrig wie auch rücksichtslos handeln (BGH VRS 16, 132); die Rücksichtslosigkeit kann nicht schon dem grob verkehrswidrigen Verhalten entnommen werden (OLG Stuttgart NZV 2017, 494; für eine Indizierung aber Spöhr/Karst NJW 1993, 3308; NZV 1993, 254). Da es sich insoweit um gesamttatbewertende Merkmale oder Wertprädikate handelt (→ § 15 Rn. 16, 17; zust. Kelker, Zur Legitimität von Gesinnungs-

merkmalen im Strafrecht, 2007, S. 584, klarer Unrechtsbezug), braucht er sein Verhalten nicht selbst so zu bewerten; zum Vorsatz genügt vielmehr die Kenntnis der Umstände, die diese Wertung begründen (BayObLG NJW 1969, 565; Wessels/Hettinger/Engländer StrafR BT I Rn. 998; König in LK-StGB Rn. 149; Wolters in SK-StGB Rn. 18; einschr. BayObLG JZ 1983, 401; OLG Koblenz VRS 71, 278).

5. Durch die Tathandlung muss eine **konkrete Gefahr** für Leib oder Leben eines anderen oder für fremde Sachen von bedeutendem Wert verursacht werden. Sie braucht anders als im früheren Recht keine „Gemeingefahr" (BGHSt 11, 199 = NJW 1958, 507) zu sein (krit. v. Hippel ZStW 80 (1968), 378). 20

a) Gefahr ist ein ungewöhnlicher Zustand, in dem nach den konkreten Umständen der Eintritt eines Schadens naheliegt (zusf. Radtke FS Geppert, 2011, 460; Schroeder ZStW-Beiheft 1982, 1 (11); Zieschang Gefährdungsdelikte S. 36). 21

aa) Die Handlung muss daher über ihre latente Gefährlichkeit hinaus im Hinblick auf einen bestimmten Vorgang in eine kritische Situation geführt, dh die Möglichkeit eines Schadens so gesteigert haben, dass dessen Eintritt als wahrscheinlich gelten kann (BGH NStZ-RR 2010, 120; NStZ 2013, 167; zusf. Geppert Jura 2001, 559 (564)). Die **Rspr.** lässt eine bloß entfernte Möglichkeit nicht genügen (BGH VRS 50, 43); andererseits fordert sie auch nicht, dass der Schadenseintritt wahrscheinlicher ist als sein Ausbleiben (so aber BGHSt 8, 28 (31) = NJW 1955, 1329; BGHSt 11, 162 (164) = NJW 1958, 556; BGHSt 13, 66 (70) = NJW 1959, 1187; OLG Köln DAR 1992, 469; abschwächend BGHSt 18, 271 = NJW 1963, 1069; OLG Stuttgart VRS 46, 36; OLG Schleswig SchlHA 1993, 222). Für notwendig und zugleich hinreichend hält sie vielmehr eine konkrete Beziehung zu bestimmten Menschen oder Sachen, deren Verletzung im Gefahrbereich – bei Würdigung aller dafür erheblichen Umstände (OLG Hamm NZV 1991, 158) – in bedrohliche Nähe gerückt ist (BGHSt 22, 341 (344) = NJW 1969, 939; BGH NStZ-RR 2010, 120; OLG Koblenz NZV 1993, 403) und nur noch vom Zufall abhängt (BGH VRS 44, 422; VRS 45, 38; NStZ-RR 1997, 18; NStZ-RR 1997, 261; NJW 2015, 2898; OLG Düsseldorf NJW 1993, 3212; NZV 1994, 406; OLG Brandenburg VRS 93, 103 (106); Otto FG BGH, 2000, 111 (117); vgl. auch OLG Frankfurt a. M. NZV 1994, 365); erforderlich ist ein **„Beinahe-Unfall"**, bei dem es gerade noch einmal „gut gegangen" ist (BGH NJW 1995, 3131 mAnm Berz NStZ 1996, 85; BGH NJW 1996, 329 mit Bespr. Renzikowski JR 1997, 115; BGH NStZ 2020, 225; NStZ-RR 2021, 187 (188); BA 58 (2021), 328; Zimmermann JuS 2010, 22 (24)). Das **Schrifttum** geht bei der dogmatischen Herleitung des Gefahrbegriffs von verschiedenen Ansätzen aus: so wird zB die Unmöglichkeit einer naturwissenschaftlich anerkannten Erklärung für das Ausbleiben des Erfolges gefordert (so Horn, Konkrete Gefährdungsdelikte, 1973, S. 159; Wolters in SK-StGB Rn. 20; abl. Blanke, Das qualifizierte Nötigungsmittel der Drohung mit gegenwärtiger Gefahr für Leib und Leben, 2007, S. 107); teils wird auch darauf abgestellt, dass nach den Umständen nicht mehr gezielt zur Schadensvermeidung in den Geschehensablauf eingegriffen werden kann (so Kindhäuser, Gefährdung als Straftat, 1989, S. 202) oder dass als Rettungsursachen nur noch Umstände in Frage kommen, auf deren Eintritt nicht vertraut werden kann (so Schünemann JA 1975, 787 (796)). Alle bisher entwickelten Formeln (zusf. Puhm, Strafbarkeit gemäß § 315c StGB bei Gefährdung des Mitfahrers, 1990, S. 90; Zieschang Gefährdungsdelikte S. 44; Koriath GA 2001, 51 (54); Blanke, Das qualifizierte Nötigungsmittel der Drohung mit gegenwärtiger Gefahr für Leib und Leben, 2007, S. 100; Küper/ 22

Zopfs StrafR BT Rn. 245, 246) führen nicht zu Ergebnissen, die der Rspr. signifikant überlegen sind (ebenso Blanke, Das qualifizierte Nötigungsmittel der Drohung mit gegenwärtiger Gefahr für Leib und Leben, 2007, S. 112). Sie sind in Grenzfällen nicht trennschärfer, weil die in jedem Gefahrbegriff vorauszusetzende kritische Situation nur einzelfallbezogen nach dem jeweiligen Gefährlichkeitspotential der Tathandlung in ihrer Verknüpfung mit den umgebenden Verhältnissen beurteilt werden kann (Jähnke DRiZ 1990, 425 mwN). Das Gefahrurteil wird auf Grund einer **objektiven nachträglichen Prognose (ex-ante-Urteil)** gefällt (BGH NJW 1995, 3131; NStZ-RR 2010, 120; NStZ 2012, 701; Kindhäuser/Hilgendorf in LPK-StGB Rn. 9; Küper/Zopfs StrafR BT Rn. 247; problematisch OLG Schleswig MDR 1989, 1122). Welche objektiven und subjektiven (speziell dazu Meyer-Gerhards JuS 1976, 228) Momente ontologische und nomologische Basis des Gefahrurteils sein können, ist noch nicht abschließend geklärt (vgl. etwa Gallas FS Heinitz, 1972, 171 (177); Demuth VOR 1973, 436 (447); Hirsch FS Kaufmann, 1993, 545; Koriath GA 2001, 51 (57); sowie die Nachw. unter → Rn. 1; zur sozialpsychologischen Problematik jeder ex-ante-Beurteilung Kuhlen in Jung/Müller-Dietz/Neumann, Recht und Moral, 1991, S. 341). Während der Eintritt des Schadens zwingend ergibt, dass eine Gefahr vorgelegen hat (Schröder ZStW 81 (1969), 7 (12); Horn, Konkrete Gefährdungsdelikte, 1973, S. 52; einschr. Wolter JuS 1978, 748 (750)), ist sein Ausbleiben, etwa weil der Gefährdete sich noch in Sicherheit bringen (BGH NStZ-RR 2021, 187 (188); OLG Celle VRS 7, 459) oder der Täter sein Fahrzeug noch rechtzeitig zum Stehen bringen konnte (OLG Koblenz VRS 52, 39), unerheblich (BGH NJW 1985, 1036; enger BGH NJW 1996, 329; zu eng Wolter JuS 1978, 748 (750)).

23 bb) Gefahr für **Leib oder Leben** liegt vor, wenn als Schaden der Eintritt des Todes oder einer nicht unerheblichen (RGSt 66, 397 (399)) Verletzung der körperlichen Unversehrtheit vorübergehender oder dauernder Art naheliegt (BGHSt 18, 271 = NJW 1963, 1069). Dabei genügt die Gefährdung eines einzelnen Menschen, etwa die des einschreitenden Polizeibeamten (BGHSt 11, 199 = NJW 1958, 507; BGHSt 14, 395 = NJW 1960, 1822 sind überholt), und namentlich auch die des Insassen des Fahrzeugs (unstr.; beachte jedoch → Rn. 25). Auch im Hinblick auf den Insassen ist ein konkret bedrohlicher Zustand zu fordern (→ Rn. 22). Fahruntüchtigkeit reicht dazu nicht schon allgemein aus (so jetzt auch BGH NJW 1995, 3131 mit Bespr. Hauf NZV 1995, 469; Berz NStZ 1996, 85; vgl. auch Geppert Jura 1996, 47; Renzikowski JR 1997, 115; Otto FG BGH, 2000, 111 (118); König in Hentschel/König/Dauer § 315 c Rn. 32); sie kann ausreichen, wenn der Fahrer infolge alkoholischer Beeinflussung nicht mehr zu kontrollierten Fahrmanövern, zB zu kontrollierter Betätigung der wesentlichen technischen Einrichtungen des Fahrzeugs wie Lenkung, Bremsen, Gaspedal, in der Lage ist (BGH NJW 1995, 3131; aM König in LK-StGB Rn. 152); folgenlose Fahrfehler (zB Fahren in Schlangenlinien) reichen nicht (BGH NJW 1995, 3131; klarstellend zu BGH NZV 1992, 370 mit krit. Bespr. Hauf DAR 1994, 59; Kopp JA 1999, 943 (945)). Liegt eine Personengefahr vor, so kommt es für die Strafbegründung auf einen daneben drohenden Sachschaden und dessen Höhe nicht mehr an (BGH VRS 45, 38).

24 cc) Der **bedeutende Wert** einer fremden (→ § 242 Rn. 4–7) Sache, also nicht des Grundwassers (AG Schwäbisch Hall NStZ 2002, 152), hängt von ihrem Verkehrswert, nicht von ihrer funktionellen Bedeutung ab (OLG Bremen NJW 1962, 1408; KG VRS 14, 123; zu dem von der Geldwertentwicklung abhängigen Maßstab König in Hentschel/König/Dauer § 315 c Rn. 35). Nicht nur der Wert der Sache als solcher, sondern auch der ihr drohende Schaden muss bedeutend sein (2-

Schritte-Prüfung, BGH NStZ 2019, 677; OLG Zweibrücken VRS 32, 277; OLG Bremen VRS 62, 275; Zimmermann JuS 2010, 22 (24); für § 315b auch BGH NStZ-RR 2008, 289 mit zust. Bespr. Kudlich JA 2008, 821, wo als einheitlicher Grenzwert für Sachwert und Schadenshöhe „mindestens“ 750 EUR genannt werden; ebenso schon BGHSt 48, 119 = NJW 2003, 836; BGH NStZ 2011, 215; NStZ-RR 2008, 289; NStZ-RR 2019, 125; OLG Celle NZV 2011, 622; König in LK-StGB § 315 Rn. 95). Umgekehrt kommt es nicht auf den Wert des eingetretenen, sondern auf den Umfang des in der Gefahrlage drohenden Schadens an (BGH NStZ-RR 2008, 83; DAR 2011, 398; OLG Celle MDR 1975, 949; OLG Köln VRS 64, 114; BayObLG NJW 1998, 1966); dieser ist idR nach den mutmaßlichen Reparaturkosten zu bestimmen, die für die Beseitigung eines solchen Schadens üblicherweise aufzuwenden sind (Rengier FS Spendel, 1992, 559 (561)) bzw. an der am Marktwert der Sache zu messenden Wertminderung (BGH NStZ-RR 2013, 320); veranschlagte Reparaturkosten eines Kotflügels von 1.400 DM (etwa 700 EUR) stellen noch keinen bedeutenden Wert dar (BayObLG NJW 1998, 1966; nach König in Hentschel/König/Dauer § 315c Rn. 6, ab 750 EUR; nach Joecks/Jäger StGB Rn. 25, ab 750 EUR bis 1.000 EUR).

dd) Das **vom Täter geführte,** ihm aber nicht gehörende Fahrzeug (ohne Ladung) scheidet als notwendiges Tatmittel aus dem Schutzbereich aus (BGHSt 27, 40 = NJW 1977, 1109 mkritAnm Rüth JR 1977, 432; BGH VRS 83, 185 (188); NStZ-RR 1998, 150; BayObLG JZ 1983, 560; OLG Düsseldorf NZV 1994, 324 (325); OLG Hamm StraFo 2017, 517; aM Wolters in SK-StGB Vor § 306 Rn. 11; König in Hentschel/König/Dauer § 315c Rn. 34). Dasselbe gilt für Taten, durch die nur Tatbeteiligte oder deren Sachen gefährdet worden sind (BGH NJW 1991, 1120; NStZ 2013, 167; Gössel/Dölling StrafR BT I § 42 Rn. 43; Kindhäuser/Schramm StrafR BT I § 68 Rn. 12; aM Graul JuS 1992, 321 (324); Schroeder JuS 1994, 846; Geppert Jura 2001, 559 (564); Eisele JA 2007, 168 (171); Schmädicke, Konkrete Gefährdung des Tatbeteiligten, 1997, S. 27, 99, 161; Rengier StrafR BT II § 44 Rn. 17; Hecker in Schönke/Schröder Rn. 31; Ernst DAR 2013, 710 (711); sa Kretschmar StraFo 2008, 189 (193), der auf die eigenverantwortliche Selbstgefährdung des tatbeteiligten Beifahrers abstellt; anders Zimmermann JuS 2010, 22 (25) „Klassischer Fall der Einwilligung“). 25

ee) Die gefährdeten Objekte brauchen **nicht selbst am Verkehr teilzunehmen;** zB Gefährdung von Menschen neben der Straße (BT-Drs. IV/651, 28; sa BGH VRS 38, 344) oder von Häusern (OLG Karlsruhe NJW 1960, 546). 26

b) Die Gefahr muss durch die Tathandlung **verursacht,** dh mindestens – sei es auch bei Mitverschulden des Gefährdeten (VRS 17, 21) – mitverursacht sein („dadurch“; vgl. zB BGHSt 8, 28 (32) = NJW 1955, 1329; BGH VRS 65, 359 (360); OLG Hamm NZV 2002, 279; OLG Köln bei Himmelreich/Lessing NStZ 2002, 303 Nr. 6; Geppert Jura 2001, 559 (564); König in LK-StGB § 315 Rn. 97; sa Mühlhaus DAR 1972, 169) und ihren Grund gerade in dem Fehlverhalten haben, das die einzelne Tathandlung beschreibt (BayObLGSt 1976, 11; Rengier StrafR BT II § 44 Rn. 23–26; Kindhäuser/Hilgendorf in LPK-StGB Rn. 16; → § 15 Rn. 41–45). Eine nur gelegentlich der Handlung entstehende Gefahr genügt nicht (OLG Hamm NJW 1955, 723; BayObLG VRS 64, 371; NZV 2020, 596); auch nicht eine Gefahr, die außerhalb des Schutzbereichs der zugleich verletzten Verkehrsregel liegt (BayObLG NZV 1989, 359 mablAnm Deutscher; Janiszewski NStZ 1989, 566; Peters NZV 1990, 260; BayObLG NZV 1994, 283 mkritAnm Schmid BA 1994, 330 (332); Puppe NStZ 1997, 389; aM Hentschel NJW 1990, 27

1462; zw.), die im Hinblick auf die Tathandlung atypisch ist (OLG Hamm DAR 1973, 247), die erst nach Beendigung der Fahrt eintritt (Wolters in SK-StGB Rn. 21; aM Hecker in Schönke/Schröder Rn. 36; zw.) oder die erst mittelbar, dh durch einen dem Täter nicht zurechenbaren Umstand verursacht wird, den sein Verhalten herbeigeführt hat (BayObLG NJW 1969, 2026; OLG Celle NJW 1970, 1091; OLG Stuttgart DAR 1974, 106); das gezielte Anfahren eines auf der Fahrbahn Liegenden schließt die Ursächlichkeit der alkoholbedingten Fahruntüchtigkeit für die Gefährdung des Tatopfers aus (BGH NStZ-RR 2004, 108). Erforderlich ist vielmehr, dass sich die der Tathandlung eigentümliche Gefährlichkeit – sei es auch nur zusammen mit anderen Umständen (BayObLG VRS 64, 368) – im Eintritt des Gefahrerfolgs realisiert hat (BayObLG VRS 71, 68). Ein Parkrempler beruht nicht notwendig auf bestehender Alkoholisierung (BGH NStZ-RR 2020, 121; zum Überholen BGH NStZ 2019, 215). – Ergänzend zur objektiven Zurechnung des Gefahrerfolges Eisele JA 2007, 168 (171); Küper/Zopfs StrafR BT Rn. 248. Der Risikozusammenhang entfällt nicht dadurch, dass der Geschädigte die Fußgängerfurt bei rotem Ampelsignal betrat, denn Rotlichtverstöße an Fußgängerüberwegen sind nicht unüblich und gehören damit zum typischen Risiko eines solchen Verkehrsbereichs (BGH NStZ-RR 2018, 154).

28 **6.** Die Strafdrohungen sind nach der **inneren Tatseite abgestuft:**

a) Abs. 1 erfordert hinsichtlich der Tathandlung und der Gefährdung **Vorsatz** (bedingter genügt, BGH VRS 30, 340; NStZ-RR 1997, 18; NJW 2016, 1109 mit Bespr. Hecker JuS 2016, 566). Zum Gefährdungsvorsatz → § 15 Rn. 28; er muss sich auf eine konkrete Gefahrensituation beziehen (BGH NStZ-RR 1998, 150). Bei hochgefährlichen Taten kann das Wissens- oder Willenselement des Eventualvorsatzes fehlen, wenn dem Täter das Risiko der Erfolgsherbeiführung – trotz Kenntnis aller gefahrbegründenden Umstände – infolge einer alkoholischen Beeinflussung oder einer anderen psychischen Beeinträchtigung (insbes. iSd § 21) zur Tatzeit nicht bewusst ist oder er deshalb ernsthaft auf ein Ausbleiben des (Gefahr-) Erfolgs vertraut (BGH NStZ-RR 2018, 332).

29 **b)** Wird die Tathandlung **vorsätzlich** begangen, die Gefahr aber nur **fahrlässig** verursacht, so gilt **Abs. 3 Nr. 1** (zur Behandlung dieser Vorsatz-Fahrlässigkeits-Kombination als Vorsatztat → § 11 Rn. 23–25; → § 23 Rn. 1).

30 **c)** Werden Tathandlung und Gefährdung **fahrlässig** begangen, so gilt **Abs. 3 Nr. 2.** Fahrlässigkeit → § 15 Rn. 35; gleichgültigkeitsbedingte Rücksichtslosigkeit (→ Rn. 19) ist auch mit Fahrlässigkeit – uU sogar unbewusster (OLG Koblenz VRS 53, 187; Mollenkott BA 1985, 298) – vereinbar (BGHSt 5, 392 = NJW 1954, 729; Walter Kern des Strafrechts S. 124). Abweichend von §§ 315 IV, V, 315b IV, V fehlt es in Abs. 3 an einer Abstufung der Strafrahmen, obwohl die vorsätzliche Tathandlung idR schwerer wiegt (zu den Gründen BT-Drs. IV/651, 27, 29).

31 **d)** Speziell zu Vorsatz und Fahrlässigkeit bei **rauschbedingter Fahruntüchtigkeit** (→ Rn. 5–7) → § 316 Rn. 4, 5; beachte auch Maiwald FS Dreher, 1977, 437.

32 **7.** Die **Einwilligung** des Gefährdeten in die Tat ist unerheblich; dieser kann über das vorrangig geschützte Rechtsgut der Verkehrssicherheit (→ Rn. 1) nicht verfügen (BGHSt 6, 232 = NJW 1954, 1255; BGHSt 23, 261 = NJW 1970, 1380 mablAnm Oellers NJW 1970, 2121; BGH NZV 1992, 370; OLG Stuttgart NJW

1976, 1904 mit abl. Bespr. Hillenkamp JuS 1977, 166; OLG Koblenz BA 2002, 483 mkritAnm Heghmanns; Lackner, Das konkrete Gefährdungsdelikt im Verkehrsstrafrecht, 1967, S. 12; Schaffstein FS Welzel, 1974, 557 (574); Krüger, Die Entmaterialisierungstendenz beim Rechtsgutsbegriff, 2000, S. 110; Tepperwien FS Nehm, 2006, 427 (434); Hentschel Trunkenheit Rn. 423; König in LK-StGB Rn. 161; aM OLG Hamburg NJW 1969, 336; Ranft Jura 1987, 608 (614); Otto Jura 1991, 443 (444); Graul JuS 1992, 321 (325); Otto NZV 1992, 309; Schroeder JuS 1994, 846; Paul, Zusammengesetztes Delikt und Einwilligung, 1998, S. 117, tatbestandsausschließend; Amelung in Hefendehl/v. Hirsch/Wohlers, Die Rechtsgutstheorie, 2003, S. 155, 176; Eisele StrafR BT I Rn. 855; Rengier StrafR BT II § 44 Rn. 18; Kindhäuser/Hilgendorf in LPK-StGB Rn. 12; Wolters in SK-StGB Rn. 23; Wolters in SK-StGB Vor § 306 Rn. 13; Joecks/Jäger StGB Rn. 22; Hecker in Schönke/Schröder Rn. 41; Ernst DAR 2013, 710 (711); Teilrechtfertigung; diff. Geppert ZStW 83 (1971), 947 (984); → Vor § 32 Rn. 13).

8. Die **Strafbarkeit des Versuchs** (Abs. 2 iVm Abs. 1 Nr. 1) erfordert Vorsatz auch hinsichtlich der Gefährdung (OLG Düsseldorf VRS 35, 29) und ein unmittelbares Ansetzen iSd § 22 (näher Momsen in Momsen/Bloy/Rackow, Fragmentarisches Strafrecht, 2003, S. 61, 84, der – wohl zu eng – eine „Verletzungsnähe" verlangt). 33

9. Zu den **Rechtsfolgen der Tat,** namentlich zur **Strafzumessung,** §§ 44, 46, 47, 69–69b (→ § 316 Rn. 6). Bei folgenlosen Verkehrsgefährdungen, auch Alkoholdelikten, werden Freiheitsstrafen von sechs Monaten und mehr nur ausnahmsweise in Frage kommen (Schäfer in Schäfer/Sander/van Gemmeren Strafzumessung Rn. 946). Daher ist idR § 47 I zu beachten (→ § 47 Rn. 2–7. Auch bei Verkehrsstraftaten kann eine sehr hohe Alkoholisierung über § 21 zu einer Strafmilderung führen (KG BA 2017, 214). Grundsätzlich zur Strafzumessung im Verkehrsrecht Schöch, Strafzumessungspraxis und Verkehrsdelinquenz, 1973; Schultz BA 1977, 307; König in Hentschel/König/Dauer § 315c Rn. 55–67; Schäfer in Schäfer/Sander/van Gemmeren Strafzumessung Rn. 941–960; speziell zu regionalen und örtlichen Unterschieden Streng Sanktionen Rn. 389. Rechtsprechungsübersicht bei Bode BA 1994, 137 (144); Nehm DAR 1994, 177. Kritisch zur strafrechtlichen Sanktionierung von Verkehrsverstößen Weigend FS Miyazawa, 1995, 549 (556), der deshalb ein alternatives Konzept eines Verkehrssanktionenrechts entwirft. 34

10. Die Begehungsformen des Abs. 1 können je nach Lage des Falles in **Tatmehrheit** oder Tateinheit zusammentreffen oder auch – jedenfalls wenn nur eine Gefahrenlage verursacht wurde (BayObLG JZ 1987, 788) – unselbständige Begehungsweisen desselben Delikts bilden (Geppert Jura 1996, 47 (51); str.). Danach ist nur eine Gesetzesverletzung, nicht gleichartige Idealkonkurrenz (→ § 52 Rn. 2, 3), anzunehmen, wenn dieselbe Gefährdung mehrere Menschen trifft (BGH NJW 1989, 1227; BayObLG NJW 1984, 68; Geppert Jura 2001, 559 (566); aM Horn/Hoyer JZ 1987, 965; Hecker in Schönke/Schröder Rn. 51; zw.). Mehrere Gefährdungen während derselben Fahrt werden dagegen häufig – weil die Tat keine Dauerstraftat ist – selbständige Taten sein (→ Rn. 4; ebenso König in LK-StGB Rn. 209; König in Hentschel/König/Dauer § 315c Rn. 69; aM Geppert Jura 2001, 559 (567)); sie können aber nach den allgemeinen Regeln (→ Vor § 52 Rn. 3–19) auch eine natürliche oder rechtliche Handlungseinheit bilden (BGHSt 23, 141 = NJW 1970, 255; BGH NZV 2001, 265; OLG Koblenz VRS 37, 190; OLG Düsseldorf VRS 97, 111 (113); sa BGH NStZ-RR 2004, 108 (109)); allein 35 der Umstand, dass der Täter auf Grund eines einheitlichen Tatentschlusses während einer ununterbrochenen Fahrt mehrere in sich voneinander unabhängige Gefahrlagen schafft, begründet noch keine natürliche Handlungseinheit (BGH NJW 1995, 1766 für § 315b), wohl aber wenn diese Teil eines nach § 30a II BtMG strafbaren Rauschgifttransports sind (BGH NStZ-RR 2013, 320). Auch eine vorsätzliche Straßenverkehrsgefährdung kann § 142 und § 222 nicht verklammern (aM OLG Düsseldorf VRS 97, 111 (114)). Mit §§ 222, 229 ist Tateinheit möglich (BGH NStZ-RR 1997, 18; Jescheck/Weigend StrafR S. 735, Roxin StrafR AT II § 33 Rn. 209). Über das Verhältnis zu § 142 → § 142 Rn. 42; zu § 315b → § 315b Rn. 7; zu § 316 → § 316 Rn. 7. Für das Zusammentreffen mit den zugrundeliegenden Verkehrsordnungswidrigkeiten nach §§ 24, 24a StVG gilt § 21 OWiG; das Verhältnis von Straf- und Bußgeldverfahren regeln die §§ 40–45, 63, 64, 81–83 OWiG.

§ 315d Verbotene Kraftfahrzeugrennen

(1) **Wer im Straßenverkehr**

1. **ein nicht erlaubtes Kraftfahrzeugrennen ausrichtet oder durchführt,**
2. **als Kraftfahrzeugführer an einem nicht erlaubten Kraftfahrzeugrennen teilnimmt oder**
3. **sich als Kraftfahrzeugführer mit nicht angepasster Geschwindigkeit und grob verkehrswidrig und rücksichtslos fortbewegt, um eine höchstmögliche Geschwindigkeit zu erreichen,**

wird mit Freiheitsstrafe bis zu zwei Jahren oder mit Geldstrafe bestraft.

(2) **Wer in den Fällen des Absatzes 1 Nummer 2 oder 3 Leib oder Leben eines anderen Menschen oder fremde Sachen von bedeutendem Wert gefährdet, wird mit Freiheitsstrafe bis zu fünf Jahren oder mit Geldstrafe bestraft.**

(3) **Der Versuch ist in den Fällen des Absatzes 1 Nummer 1 strafbar.**

(4) **Wer in den Fällen des Absatzes 2 die Gefahr fahrlässig verursacht, wird mit Freiheitsstrafe bis zu drei Jahren oder mit Geldstrafe bestraft.**

(5) **Verursacht der Täter in den Fällen des Absatzes 2 durch die Tat den Tod oder eine schwere Gesundheitsschädigung eines anderen Menschen oder eine Gesundheitsschädigung einer großen Zahl von Menschen, so ist die Strafe Freiheitsstrafe von einem Jahr bis zu zehn Jahren, in minder schweren Fällen Freiheitsstrafe von sechs Monaten bis zu fünf Jahren.**

1 **1.** Die Vorschrift ist durch das 56. StÄG (→ Vor § 1 Rn. 18) mit Wirkung zum 13.10.2017 eingefügt worden (dazu Rostalski GA 2017, 585; Eisele KriPoZ 2018, 32; Kusche NZV 2017, 414; Weigand FS Fischer, 2018, 569), wodurch der bisherige § 315d aF zu § 315e umnummeriert worden ist. Bis dahin war die Beteiligung an einem Kraftfahrzeugrennen nach §§ 29, 49 II Nr. 5 aF StVO nur Ordnungswidrigkeit, was vom Gesetzgeber nicht mehr als angemessene Sanktionierung angesehen wurde (BT-Drs. 18/10145, 7). Allerdings haben jüngste Verurteilungen auch wegen Mordes gegenüber den Teilnehmern an illegalen Kraftfahrzeugrennen, bei denen andere Verkehrsteilnehmer getötet worden sind (erstmals LG Berlin NStZ 2017, 471; Kubiciel/Hoven NStZ 2017, 439; → § 211 Rn. 3), die Notwendigkeit einer eigenen Strafnorm gegen die Teilnahme an solchen Rennen fragwür-

dig gemacht, weil jedenfalls innerhalb von belebten Regionen eine konsequente Fortführung dieser Rspr. auch beim Ausbleiben des Todes oder der Körperverletzung eines anderen Verkehrsteilnehmers häufig zumindest ein versuchtes Tötungs- oder Körperverletzungsdelikt nahe liegen dürfte. Während der Entwurf des Bundesrates zunächst nur an die Veranstaltung von und die Teilnahme an Kraftfahrzeugrennen anknüpfte, wurde im Gesetzgebungsverfahren auch der sog. „Einzelraser“ erfasst (Abs. 1 Nr. 3), weil dieser objektiv und subjektiv ein Kraftfahrzeugrennen nachstelle (BT-Drs. 18/12936, 2). Trotz kritischer Stellungnahmen aus der Wissenschaft mit Blick auf den Bestimmtheitsgrundsatz (zB Dahlke/Hoffmann-Holland KriPoZ 2017, 35) hat der Gesetzgeber auf eine Definition des Kraftfahrzeugrennens verzichtet. Da aber die Bußgeldnorm des § 49 II Nr. 5 aF StVO ebenfalls keine solche Legaldefinition enthielt und auch das Ordnungswirdrigkeitenrecht dem Bestimmtheitsgrundsatz unterliegt, erscheint die Überführung dieses Tatbestandes in das Kriminalrecht unter Bestimmtheitsgesichtspunkten nicht zu beanstanden. § 315d dient dem Schutz der **durch das Anfahren gefährdeten Rechtsgüter,** namentlich Leib und Leben anderer Verkehrsteilnehmer sowie das Eigentum (BT-Drs. 18/10145, 7); angesichts der Positionierung im 28. Abschnitt über gemeingefährliche Straftaten und der Einfügung zwischen §§ 315b, 315c und den darauf für Schienenfahrzeuge Bezug nehmenden § 315e nF dürfte daneben auch die **Sicherheit des Straßenverkehrs** als Schutzgut anzuerkennen sein. Der Schutz ist bei Abs. 1 in das Vorfeld konkreter Rechtsgutsgefährdung vorverlagert, so dass es sich bei Abs. 1 um ein **abstraktes** (BGH NJW 2021, 1173), bei Abs. 2 – wie bei §§ 315–315c, 315e – um ein **konkretes Gefährdungsdelikt** handelt (Eisele KriPoZ 2018, 32 (33)).

2. Abs. 1 differenziert zwischen Tathandlungen in Bezug auf ein Kraftfahrzeugrennen (Nr. 1 und 2) und in Nr. 3 in begrifflicher Anlehnung an § 315c I Nr. 2 diesen ähnlichen Verkehrsverstößen eines „Einzelrasers“. 2

a) aa) In Anlehnung an die Rspr. zu § 49 II Nr. 5 StVO aF ist ein **Kraftfahrzeugrennen** ein Wettbewerb oder ein Wettbewerbsteil zur Erzielung von Höchstgeschwindigkeiten, bei denen zwischen mindestens zwei Teilnehmern ein Sieger ermittelt wird, ohne dass es einer vorherigen Absprache aller Beteiligten bedarf (BT-Drs. 18/10145, 9). Indizien für das Vorliegen eines Wettbewerbs sollen insbes. die Verwendung renntypischer Begriffe, die Beteiligung von Sponsoren, gemeinsame Start-, Etappen- und Zielorte, der nahezu gleichzeitige Start aller Fahrzeuge, Startnummern, besondere Kennzeichnung und Werbung an den Fahrzeugen sowie vorgegebene Fahrtstrecken und (auch verdeckte) Zeitnahmen und die Verbindung der Teilnehmer untereinander oder mit dem Veranstalter (per Funk, GPS oÄ) sein. Die Einhaltung von Verkehrsregeln oder ein Fahren im Konvoi stehen dem Renncharakter nicht entgegen; das Verbot gilt auch für nichtorganisierte bzw. spontan initiierte Rennen (BT-Drs. 18/12964, 5). Das Rennen darf nicht als solches durch die zuständige Behörde genehmigt sein, so dass etwa die Teilnahme an einem genehmigten Motorsportereignis nicht tatbestandsmäßig ist. Das Rennen muss **im Straßenverkehr** (→ § 315c Rn. 2) stattfinden, so dass Motorsportveranstaltungen auf abgesperrten Rundkursen (zB Nürburgring) ausscheiden. 3

bb) **Tathandlungen** sind das Ausrichten oder Durchführen (Nr. 1) eines Rennens oder die Teilnahme daran (Nr. 2). **Ausrichten** meint die Organisation eines Rennens auch aus dem Hintergrund (zB über das Internet), **Durchführen** die für den Ablauf des Rennens vor Ort erforderlichen Handlungen (zB als Starter, Zeitnehmer, Streckenposten usw); Tätigkeiten ausschließlich bei der Durchführung be- 4 gründen keine Ausrichtereigenschaft (BT-Drs. 18/12964, 5). Werben andere als der Ausrichter solche Personen an, liegt Anstiftung zu Nr. 1 vor. Hilfstätigkeiten, die für sich nicht unmittelbar den Rennbetrieb steuern, sondern nur Hilfe dazu leisten (zB das Bringen der Startfahne), begründen bloß Beihilfe (§ 27). Denkbar ist, dass der Ausrichter auch bei der Durchführung mitwirkt. Hier wie auch, wenn er die Durchführenden zu ihrem Tun anweist, liegt nur Nr. 1 (und nicht auch eine Anstiftung hierzu) vor. **Teilnahme** ist nicht iSv §§ 26f. zu verstehen, sondern als Tätigkeit des das Fahrzeug im Wettbewerb Führenden (BT-Drs. 18/12964, 5); neben dem Fahrer (→ § 315c Rn. 3, 4) kommt hier auch ein Beifahrer in Betracht, soweit dieser entweder sich mit jenem am Steuer abwechselt (bei Langstrecken) oder als Co-Pilot (wie bei Rallyes) zB durch das Vorlesen eines Streckenbuches oÄ die Tätigkeit des Fahrers mit steuert; sie kommt nur in der zeitlichen Phase zwischen tatsächlichem Beginn (Start) und Ende des Rennens in Betracht, weil sonst die in Abs. 3 für diese Tatalternative ausgeschlossene Versuchsstrafbarkeit (→ Rn. 10) ausgehebelt würde (OLG Jena StraFo 2021, 482). Nimmt der Ausrichter selbst am Rennen teil, erfüllt er Nr. 1 und 2. Nr. 2 wird nicht durch die zeitlich vorausgehende Verwirklichung von Nr. 1 gesperrt, so dass in einem solchen Fall auf den Täter auch Abs. 2, 4 und 5 anwendbar sind.

5 **b) Nr. 3** erfasst **Fahrzeugführer** (→ § 315c Rn. 3, 4), die allein mit dem von ihnen gefahrenen Fahrzeug **objektiv und subjektiv ein Rennen nachstellen** (BT-Drs. 18/12964, 5; BGH NJW 2021, 1173), indem sie sich mit **nicht angepasster Geschwindigkeit fortbewegen** (zu diesen „Alleinrasern" bzw. „Einzelraser" Preuß, NZV 2018, 537; Zopfs DAR 2020, 9); verkehrsordnungsgemäßes Verhalten scheidet mithin hier aus. Veranstalten zwei oder mehr Fahrer ein Rennen, ist nur Nr. 2 anwendbar; dagegen ist Nr. 3 einschlägig, wenn zwei Fahrer zeitgleich mit nicht angepasster Geschwindigkeit eine Höchstgeschwindigkeit anstreben. Einigen diese sich nach Beginn des „Rasens" informell auf ein Rennen, tritt Nr. 3 hinter Nr. 2 zurück, denn dann wird ein solches ja nicht mehr bloß nachgestellt. Die Fahrt muss grob verkehrswidrig und rücksichtslos sein; dafür kann auf die Rspr. zu § 315c I Nr. 2 (→ § 315c Rn. 19) zurückgegriffen werden (BT-Drs. 18/12964, 5). Nr. 3 erfordert zusätzlich Absicht iSv dol. dir I (KG NZV 2020, 210), eine höchstmögliche Geschwindigkeit zu erzielen. Dies für verfassungswidrig unbestimmt hält AG Villingen-Schwenningen DAR 2020, 218 mit Bespr. Jahn JuS 2020, 277; das BVerfG (NJW 2022, 1160 mAnm Zopfs DAR 2022, 255; Bespr. Zieschang JR 2022, 284) hält zwar ebenfalls den Wortlaut der Einzelraser-Norm für problematisch, lässt aber für dessen (noch) Bestimmtheit ausreichen, dass sich der gemeinte Inhalt aus der Gesetzesbegründung entnehmen lässt (angesichts dessen wird man Nr. 3 nur bejahen können, wenn es sich zumindest im Lichte der Begr. um einen klaren Fall handelt; deshalb mit Recht für Verfassungskonformität nur bei restriktiver Auslegung KG NZV 2020, 210; NZV 2019, 314). Danachf genügt, wenn der Täter bei seiner (Beschleunigungs-) Fahrt die unter den konkreten Umständen (zB Verkehrslage, Witterung, Straßenführung usw) höchst mögliche Geschwindigkeit anstrebt („Raserabsicht"), auch wenn diese unter der fahrzeugspezifischen Höchstgeschwindigkeit bleibt (BayObLG NZV 2020, 596; KG NZV 2019, 314 mit Bespr. Kudlich JA 2019, 631); das Anstreben allein einer Überschreitung der zulässigen Geschwindigkeit, genügt daher nicht (BT-Drs. 18/12964, 5f.; OLG Zweibrücken, ZfSch 2020, 528; krit. Dahlke/Hoffmann-Holland KriPoZ 2017, 306 (308)). Diese Absicht muss nicht Endziel oder Hauptbeweggrund des Handelns sein; es reicht aus, dass der Täter das Erreichen der situativen Grenzgeschwindigkeit

als aus seiner Sicht notwendiges Zwischenziel zB bei einer Polizeiflucht sein (BGH NJW 2021, 1173 mAnm Hoven; Weidig DAR 2021, 292; Zieschang JR 2021, 278; Stam NStZ 2021, 542; Müller NZV 2021, 369; Bespr. Obermann NZV 2021, 344; Hecker JuS 2021, 700; BGH StV 2021, 500; NStZ-RR 2021, 189; OLG Stuttgart NJW 2019, 2787; OLG Köln, NStZ-RR 2020, 224; AG Waldbröl NZV 2019, 317 mit Bespr. Hecker JuS 2019, 596; für Anwendung von Nr. 2 auf Polizeifluchtfälle LG Osnabrück NZV 2021, 368). Im Hinblick auf die Absicht der Erreichung einer höchstmöglichen Geschwindigkeit reicht ein Fahrverhalten nicht aus, das darauf abzielt, das fahrerische Können mittels Geschicklichkeitsdemonstrationen (zB sog. „Donuts") und nicht durch möglichst schnelles Fortkommen unter Beweis zu stellen (LG Koblenz NZV 2021, 222); beim Überholen muss das Kfz an die physischen Grenzen gebracht werden, weil jeder Überholvorgang eine erhebliche Beschleunigung erfordert (LG Stade NZV 2018, 483).Die höchtsmögliche Geschwindigkeit muss aber nicht objektiv erreicht werden (überschießende Innentendenz), so dass Nr. 3 vollendet ist, sobald der Täter bei einer Beschleunigungsfahrt den Bereich der noch angemessenen Geschwindigkeit überschritten hat. Durch das Erfordernis dieser „Raserabsicht" soll der für den Gesetzgeber leitende Gedanke des Nachstellens eines Rennens im Gesetzestext verankert werden, doch passt dies nicht wirklich zum Charakter von Nr. 3 als abstraktes Gefährdungsdelikt (Dahlke/Hoffmann-Holland KriPoZ 2017, 306 (309)).

3. Für alle Tathandlungen des Abs. 1 muss der Täter mit mindestens **bedingtem Vorsatz** gehandelt haben (dazu Walter KriPoZ 2018, 39). Es genügt mithin für Nr. 1, wenn der Täter bei der Organisation einer Ausfahrt billigend in Kauf nimmt, dass diese sich als ein Rennen darstellt. Zur „Raserabsicht" in Nr. 3 → Rn. 5. 6

4. Abs. 2 soll über § 315c I Nr. 2 hinaus auch solche konkreten Lebens-, Leibes- und Sachgefahren erfassen, die aus der Teilnahme an einem Rennen (Abs. 1 Nr. 2) oder einer unangemessen schnellen Fahrt iSv Abs. 1 Nr. 3 resultieren. Für die Auslegung von **Gefahr für Leib und Leben oder eine fremde Sache von bedeutendem Wert** ist daher auf die Rspr. zu § 315c zurückzugreifen (BT-Drs. 18/12964, 6; → § 315c Rn. 22–27). Der Täer muss mit mindestens bedingtem Gefährdungsvorsatz (→ § 15 Rn. 28) handeln. 7

5. Abs. 4 lehnt sich an § 315c III Nr. 1 (→ § 315c Rn. 29; → § 11 Rn. 23–25) an und sieht für Fälle vorsätzlichen Handelns nach Abs. 1 Nr. 2 oder Abs. 1 Nr. 3 mit einer dadurch bloß zumindest **fahrlässigen Verursachung der Gefahr iSv Abs. 3** einen diesem gegenüber gemilderten Strafrahmen. Anders als in § 315c III Nr. 2 gibt es damit hier keine Fahrlässigkeit-Fahrlässigkeits-Kombination (BT-Drs. 18/12964, 7). 8

6. Abs. 5 enthält eine **Erfolgsqualifikation** für die **Verursachung des Todes** (dazu BGH NJW 2021, 1173; StV 2021, 502), einer **schweren Gesundheitsschädigung** (→ § 250 Rn. 3) oder einer **Gesundheitsschädigung einer großen Zahl von Menschen** (→ § 330 Rn. 6) als Folge einer **Tat gem. Abs. 2,** dh nur einer Handlung iSv Abs. 1 Nr. 2 oder Abs. 1 Nr. 3 (nicht auch Nr. 1); angesichts der Übernahme der letzten beiden Varianten aus § 315 soll die dazu ergangene Rspr. maßgeblich sein (BT-Drs. 18/12964, 7). Nach § 18 genügt hinsichtlich der genannten Folgen Fahrlässigkeit. 9

10 **7.** Die Ausrichtung des Rennens ist mit dessen Beginn **vollendet,** die Durchführung mit der Vornahme der jeweiligen Maßnahme, die Teilnahme als Dauerdelikt iSv Abs. 1 Nr. 2 mit dem Start und die Handlung gem. Abs. 1 Nr. 3 mit Überschreitung der noch angemessenen Geschwindigkeit während des Beschleunigungsvorgangs. Der **Versuch** ist gem. Abs. 4 nur bei Abs. 1 Nr. 1 sowie im Bereich der Abs. 1 Nr. 2, 3 angesichts des Verbrechenscharakters des auf diese aufbauenden Abs. 5 auch in Fällen einer versuchten Erfolgsqualifikation möglich.

11 **8.** Handelt der Täter mit Tötungs-, Verletzungs- oder Beschädigungsvorsatz, besteht zwischen §§ 211 f., 223 ff., 303 und § 315 d Tateinheit. §§ 222, 229 treten hinter Abs. 5 zurück, so dass Tateinheit nur mit Abs. 1 (insbes. Nr. 1) bestehen kann; denkbar ist Tateinheit auch zwischen Abs. 1 Nr. 2 oder Abs. 1 Nr. 3 und § 315 c II.

12 **9. Einziehung** § 315 f.

§ 315e Schienenbahnen im Straßenverkehr

Soweit Schienenbahnen am Straßenverkehr teilnehmen, sind nur die Vorschriften zum Schutz des Straßenverkehrs (§§ 315 b und 315 c) anzuwenden.

Fassung: Ohne inhaltliche Veränderung von § 315 d aF umnummeriert durch das 56. StÄG (→ Vor § 1 Rn. 18).

1 **1.** Die Vorschrift nimmt aus dem Anwendungsbereich der Tatbestände über die Gefährdung des Bahnverkehrs (§§ 315, 315 a) die **Schienenbahnen** aus, soweit sie am **Straßenverkehr teilnehmen,** und unterwirft sie den Vorschriften über den Straßenverkehr (§§ 315 b, 315 c).

2 **2.** Eine Schienenbahn **nimmt** am Straßenverkehr **teil,** wenn ihr Verkehrsraum zugleich auch dem Straßenverkehr dient oder wenn sie zwar auf besonderem Bahnkörper verkehrt, ihr Führer aber infolge der unvollständig durchgeführten Trennung von der Straße sein Fahrverhalten allgemein und nicht nur bei erkennbar drohender Gefahr nach dem ihn umgebenden Straßenverkehr zu richten hat (BT-Drs. IV/651, 29; aM Cramer JZ 1969, 412; Hecker in Schönke/Schröder Rn. 6, die die Abgrenzung als funktionelle verstehen; nach Wolters in SK-StGB § 315 d Rn. 7 mit dem Gesetzeswortlaut nicht vereinbar). Auf die gewerberechtliche Unterscheidung von Eisen- und Straßenbahnen kommt es nicht an (König in LK-StGB § 315 d Rn. 3; diff. zur Straßenbahn König in LK-StGB § 315 d Rn. 5 a). Für eine zusammenhängende Bahnstrecke liegt nicht notwendig einheitliche Teilnahme am Straßenverkehr vor („soweit"); uU kann sie sich auf Kreuzungsbereiche (ohne Bevorrechtigung der Bahn nach § 19 StVO, BGHSt 15, 9 = NJW 1960, 2009; OLG Stuttgart VRS 44, 33) usw beschränken. Fallen Tathandlung und Gefährdung auseinander, zB störender Eingriff im Straßenbahndepot, so entscheidet der Ort, wo die Gefahr eintritt (BGHSt 11, 162 = NJW 1958, 556; aM BGHSt 15, 9 (15) = NJW 1960, 2009; König in LK-StGB § 315 d Rn. 8); gefährdet dieselbe Handlung in beiden Bereichen, so stehen die §§ 315, 315 b in Tateinheit.

§ 315f Einziehung

[1]Kraftfahrzeuge, auf die sich eine Tat nach § 315d Absatz 1 Nummer 2 oder Nummer 3, Absatz 2, 4 oder 5 bezieht, können eingezogen werden. [2]§ 74a ist anzuwenden.

1. Die Vorschrift ist durch das 56. StÄG (→ Vor § 1 Rn. 18) mit Wirkung zum 13.10.2017 eingefügt worden und erlaubt die Einziehung des Fahrzeugs eines Teilnehmers an einem Kraftfahrzeugrennen (§ 315d I Nr. 2) oder eines „Einzelrasers" (§ 315d I Nr. 3), soweit dieser Eigentümer des Fahrzeugs ist (S. 1), weil die Mitglieder der „Raser-Szene" besonders nachhaltig durch die Einziehung ihrer Fahrzeuge zu beeindrucken sein sollen (BT-Drs. 18/12964, 7). Da es sich um eine Kann-Regelung handelt, kommt es als ermessensleitende Kriterien insbes. auf die Gefahr weiterer verkehrsrechtlicher Verstöße des Täters, die Länge der gefahrenen Strecke, Art und Weise des Renngeschehens, das Ausmaß der Gefährdung anderer sowie die Frage, ob etwa die Familie des Täters auf das Fahrzeug angewiesen ist, an (LG Berlin NZV 2019, 541); gegen eine Einziehung soll auch sprechen die Spontanität des Rennens, die lange Dauer der Beschlagnahme der Fahrzeuge und der Führerscheine, dass es sich um das einzige Fahrzeug des Angeklagten handelt und dessen erheblicher Wert (LG Bochum DAR 2021, 346), doch widerspricht dies der genannten gesetzgeberischen Zielsetzung (Niehaus DAR 2021, 357) und kann daher nicht überzeugen. 1

2. Nach S. 2 gilt dies unter den Voraussetzungen von § 74a auch gegenüber Dritteigentümern; vor allem sollen damit Mitglieder der „Raser-Szene" erfasst werden, die sich gegenseitig Fahrzeuge ausleihen (BT-Drs. 18/12964, 7). Nicht ausgeschlossen ist aber auch die Einziehung eines gemieteten oder von unbeteiligten Dritten geliegenen Fahrzeugs, soweit dem Überlassenden hinischtlich der Nutzung iSv § 315d mindestens Leichtfertigkeit vorgeworfen werden kann; Leichtfertigkeit des Mitarbeiters einer Autovermietung ist dabei derselben als Eigentümerin zuzurechnen. 2

§ 316 Trunkenheit im Verkehr

(1) **Wer im Verkehr (§§ 315 bis 315e) ein Fahrzeug führt, obwohl er infolge des Genusses alkoholischer Getränke oder anderer berauschender Mittel nicht in der Lage ist, das Fahrzeug sicher zu führen, wird mit Freiheitsstrafe bis zu einem Jahr oder mit Geldstrafe bestraft, wenn die Tat nicht in § 315a oder § 315c mit Strafe bedroht ist.**

(2) **Nach Absatz 1 wird auch bestraft, wer die Tat fahrlässig begeht.**

1. Geschütztes Rechtsgut ist die Sicherheit des Verkehrs (krit. Hefendehl Kollektive Rechtsgüter S. 140). Die Tat ist **abstraktes Gefährdungsdelikt** (→ Vor § 13 Rn. 32), weil weder die Verletzung noch die Gefährdung eines Angriffsobjekts zum Tatbestand gehört (zusf. zur gesetzgeberischen Problematik des Alkohols im Verkehr Janiszewski DAR 1990, 415; Schöch NStZ 1991, 11; Grohmann BA 1991, 84; Heifer/Bluisch ZRP 1991, 421; Schneble BA 1993, 1; einschr. für Eignungs- bzw. Gefährlichkeitsdelikte Schünemann in Hefendehl/v. Hirsch/Wohlers, Die Rechtsgutstheorie, 2003, S. 133, 152; ebenso Hefendehl Kollektive Rechtsgüter S. 157, 204). Zur geschichtlichen Entwicklung der Alkoholbestim- 1 mungen im Verkehrsstrafrecht Riemenschneider, Fahrunsicherheit oder Blutalkohol als Merkmale der Trunkenheitsdelikte, 2000, S. 23–129, die auch einen Reformvorschlag für § 316 macht (S. 270), der nicht an die Fahrunsicherheit, sondern – wie § 24a StVG – an einen bestimmten Grad der Alkoholisierung (1,0‰) anknüpft.

2 **2. a) Täter** kann jeder Führer eines Fahrzeugs in einer der Verkehrsarten sein, die nach §§ 315–315d geschützt sind (zum Schiffsverkehr OLG Celle BA 2016, 485).

3 **b) Führen** eines Fahrzeugs → § 315c Rn. 3. **Rauschbedingte Fahruntüchtigkeit** → § 315c Rn. 5–10; → § 315a Rn. 2. Die Rauschwirkung braucht auch hier nicht alleinige oder überwiegende Ursache der Fahruntüchtigkeit zu sein (OLG Celle Nds. Rpfl. 1967, 47; aM Schröder NJW 1966, 488). Die Tat ist – anders als im Falle des § 315c I Nr. 1a (→ § 315c Rn. 4) – Dauerdelikt (BGHSt 23, 141 (147) = NJW 1970, 255; Eisele JA 2007, 168 (172); → Vor § 52 Rn. 11; sa OLG Hamm StraFo 2008, 396; NZV 2008, 532 zu § 24a StVG); sie ist mit Abschluss der Fahrt beendet, kann aber bei einem Unfall durch Verlassen des Unfallorts (BGHSt 21, 203 = NJW 1967, 942) oder eine Alkoholkontrolle (OLG Hamm StraFo 2008, 396) unterbrochen werden; zu ihrem Zusammentreffen mit anderen Gesetzesverletzungen → § 52 Rn. 7.

4 **3. a)** Der **Vorsatz** (bedingter genügt) muss namentlich die rauschbedingte Fahruntüchtigkeit umfassen (krit. wegen der Schwierigkeiten der Feststellung Riemenschneider, Fahrunsicherheit oder Blutalkohol als Merkmale der Trunkenheitsdelikte, 2000, S. 162, 211, die de lege ferenda auf die Trinkmenge abstellen will; zu Ansatzpunkten für die Verteidigung Janker DAR 2001, 151). Dass der Täter sich deren Möglichkeit vorgestellt hat, hält die Rspr. bei absoluter Fahruntüchtigkeit (→ § 315c Rn. 6a) zwar für nahe liegend (BGHSt 60, 227 = NJW 2015, 1834 mit Bespr. König DAR 2015, 737; Sandherr NZV 2015, 402; OLG Hamm NJW 1975, 660; OLG Koblenz StraFo 2008, 220 mit krit. Bespr. Heß/Burmann NJW 2009, 908; OLG Saarbrücken NJW 2008, 1396 (1397); Schneble BA 1984, 281; Grohmann DAR 1985, 371; aM Zink/Reinhardt/Schreiber BA 1983, 503; Teyssen BA 1984, 175; krit. zur zwiespältigen Rspr. Hentschel DAR 1993, 449 (450); aus rechtsmedizinischer Sicht Eisenmenger FS Salger, 1995, 619), kann jedenfalls aber nicht als Erfahrungssatz unterstellt werden (OLG Celle StV 1990, 400; OLG Düsseldorf NZV 1994, 324 mzustAnm Schneble BA 1994, 264; OLG Düsseldorf NZV 1994, 367; sowie OLG Düsseldorf BA 2010, 428; BA 2017, 124; sowie OLG Düsseldorf BA 2017, 382; OLG Hamm NZV 1998, 291 (334); NZV 1998, 471; sowie OLG Hamm NZV 2003, 47; NZV 2005, 161; sowie OLG Hamm BA 2012, 164; OLG Karlsruhe NZV 1993, 117; OLG Köln DAR 1999, 88; OLG Koblenz StV 1993, 423; OLG Schleswig SchlHA 1993, 222; OLG Zweibrücken NZV 1993, 277; OLG Hamm BA 2001, 461; OLG Naumburg BA 2001, 457; OLG Saarbrücken StraFo 2001, 203; OLG Brandenburg BA 2010, 426; BA 2013, 138; KG BA 2014, 351; Hentschel DAR 1993, 449 (450); Fischer Rn. 45; König in LK-StGB Rn. 194; beachte aber OLG Koblenz NZV 2001, 357 mit krit. Bespr. Hentschel NJW 2002, 729 (730); OLG Koblenz VRS 2003, 300; diff. Haubrich DAR 1982, 285; krit. Nehm FS Salger, 1995, 115). Entscheidend sind vielmehr die Umstände (Janiszewski NStZ 1984, 112; OLG Frankfurt a. M. NStZ-RR 1996, 85; OLG Celle NZV 1996, 204; NZV 1998, 123; LG Dessau-Roßlau BA 2011, 364, für Radfahrer; Himmelreich/Lessing NStZ 2000, 299 (302)), namentlich das aktuelle (nicht notwendig näher reflektierte, → § 15 Rn. 9) Bewusstsein des Täters von der

getrunkenen Alkoholmenge (Krüger DAR 1984, 47; Salger DRiZ 1993, 311 (312)) sowie der Grad seiner Intelligenz und seiner durch die Trunkenheit uU herabgesetzten (OLG Celle NZV 1992, 247; NZV 1998, 123; OLG Zweibrücken NZV 1993, 240; OLG Düsseldorf NZV 1994, 324; Hentschel DAR 1993, 449 (450); Kopp JA 1999, 943 (944); krit. Salger DRiZ 1993, 311; Riemenschneider, Fahrunsicherheit oder Blutalkohol als Merkmale der Trunkenheitsdelikte, 2000, S. 162, 211) Selbstkritik (OLG Hamm NStZ-RR 1996, 297; OLG Frankfurt a. M. NJW 1996, 1358; OLG Hamm NZV 1999, 92); deshalb bedarf vor allem das Wissenselement (aber nicht nur dieses) regelmäßig näherer (OLG Hamm NZV 1999, 92), der jeweiligen Sachlage angepasster Begründung (BGH VRS 64, 195; OLG Celle StV 1988, 143; OLG Dresden NZV 1995, 236; KG BA 1991, 186; OLG Zweibrücken NZV 1993, 277; sa BGH NZV 1991, 117; beachte auch Schroth, Vorsatz und Irrtum, 1998, S. 62, der die Kenntnis der eigenen Fahruntüchtigkeit „in Laienart" verlangt; nach Wolters in SK-StGB Rn. 9 ist die Feststellung der Wollenskomponente sinnlos und überflüssig; dagegen König in LK-StGB Rn. 185). Die Indizien für vorsätzliches Handeln in Bezug auf die Fahruntüchtigkeit sind umstritten (vgl. die sechs Indizien bei Salger DRiZ 1993, 311 (312), deren Bedeutung Hentschel DAR 1993, 449 (451) größtenteils geringer einschätzt; ähnlich Blank BA 1997, 116; zum groben Fahrfehler als Indiz OLG Saarbrücken NJW 2008, 1396; zu einschlägigen Vorverurteilungen als Indiz KG NStZ-RR 2015, 91; zum geringeren Indizwert bei lange zurückliegendem Trinkende OLG Koblenz StraFo 2008, 220; speziell zu vorsatzrelevanten Indizien bei drogenbedingter Fahruntüchtigkeit Harbort NZV 1996, 432; speziell zum Vorsatz bei medikamentenbedingter Fahruntüchtigkeit Riemenschneider MedR 1998, 17 (19)).

b) Der **Fahrlässigkeitsvorwurf** ist – im Hinblick auf die fortlaufende Aufklärung der Öffentlichkeit über die Gefahren der Trunkenheit im Verkehr – im Allgemeinen begründet, wenn objektiv Fahruntüchtigkeit vorliegt (OLG Koblenz VRS 44, 199; BayObLG VRS 66, 280; Hentschel NJW 1984, 350; Hentschel Trunkenheit Rn. 389; König in LK-StGB Rn. 210; krit. Zink/Reinhardt/Schreiber BA 1983, 503 (510); Bialas, Promille-Grenzen, Vorsatz und Fahrlässigkeit, 1996, S. 126 mit Bespr. Müller-Metz NZV 1996, 399; Duttge, Zur Bestimmtheit des Handlungsunwerts von Fahrlässigkeitsdelikten, 2001, S. 338; problematisch OLG Bremen MDR 1982, 772). Er bedarf aber näherer Prüfung, wenn relative Fahruntüchtigkeit (→ § 315 c Rn. 7) schon bei einer erheblich unter dem absoluten Grenzwert liegenden Alkoholkonzentration bejaht wird (zu eng Koch DAR 1974, 37), wenn die Rauschwirkung nur mitursächlich (→ Rn. 3) war (OLG Frankfurt a. M. VRS 29, 476) oder wenn das Fahrzeug nach unbewusstem Alkoholgenuss (OLG Hamm NJW 1974, 2058; OLG Köln NStZ 1981, 105; OLG Düsseldorf BA 1984, 277) oder unter der Wirkung sog. Restalkohols, über dessen Bedeutung sich der Fahrer zu vergewissern hat (OLG Hamm VRS 40, 447; OLG Koblenz VRS 45, 450), geführt wurde; auch wer unter dem Einfluss anderer Rauschmittel wie Drogen fährt, handelt grds. fahrlässig (König in LK-StGB Rn. 225); fahrlässig handelt auch, wer nicht daran denkt, ein Taxi oder einen Rettungswagen zu rufen (OLG Koblenz NZV 2008, 367). Obwohl Vorsatz und Fahrlässigkeit in der Strafdrohung gleichgestellt sind, darf nicht offen bleiben, ob Abs. 1 oder Abs. 2 verletzt ist; denn vorsätzliches Handeln wiegt idR schwerer (OLG Schleswig bei Ernesti/Jürgensen SchlHA 1977, 178; vgl. Fischer Rn. 54, idR strafschärfend) und kann auch zu empfindlicheren Folgen der Verurteilung führen (OLG Celle MDR 1976, 1042). 5

6 **4.** Zu den **Rechtsfolgen der Tat,** namentlich zur **Strafzumessung,** §§ 44, 46, 47, 69–69b; → § 315c Rn. 34 (unter spezialpräventiven Gesichtspunkten krit. Stephan BA 1988, 201). Ist bei einem Verkehrsdelikt Fahruntüchtigkeit nicht nachweisbar, so darf vorausgegangener, als solcher unverbotener Alkoholgenuss nur dann strafschärfend verwertet werden, wenn er Schlüsse auf die Unzuverlässigkeit des Täters auch im Hinblick auf das begangene Delikt zulässt (Dallinger MDR 1973, 16; BayObLG MDR 1973, 153; → § 46 Rn. 36).

7 **5.** Die Vorschrift ist gegenüber §§ 315a I Nr. 1, 315c I Nr. 1a (einschließlich der zugehörigen Fahrlässigkeitstatbestände) subsidiär (BGH VRS 65, 131). Mit §§ 222, 229 ist **Tateinheit** möglich (ebenso Roxin StrafR AT II § 33 Rn. 209). Für das Verhältnis zu § 24a I StVG (Führen eines Kfz mit einer BAK von 0,5‰ oder mehr) gilt § 21 OWiG; danach sind bei Fahruntüchtigkeit des Täters nur die § 315c I Nr. 1a, III oder § 316 anwendbar, bei deren Fehlen oder Nichterweislichkeit dagegen nur § 24a StVG. Zu den Vorschriften des OWiG, die das Verhältnis von Straf- und Bußgeldverfahren regeln, → § 315c Rn. 35. Mit dem Besitz von Betäubungsmittel iSd § 29a I Nr. 2 BtMG besteht prozessuale Tatidentität iSd § 264 I StPO (BGH NStZ 2012, 709 mit Bespr. Mitsch NZV 2013, 63; einschr. KG NStZ-RR 2012, 155, wenn kein innerer Zusammenhang besteht), auch eine natürliche Handlungseinheit kommt in Betracht (BGH NStZ 2009, 705; sa BGH NStZ-RR 2013, 320).

8 **6.** Die von einem Deutschen im **Ausland** begangene Tat kann nach § 7 II Nr. 1 strafbar sein (OLG Karlsruhe NJW 1985, 2905; → § 7 Rn. 4; str.).

§ 316a Räuberischer Angriff auf Kraftfahrer

(1) **Wer zur Begehung eines Raubes (§§ 249 oder 250), eines räuberischen Diebstahls (§ 252) oder einer räuberischen Erpressung (§ 255) einen Angriff auf Leib oder Leben oder die Entschlußfreiheit des Führers eines Kraftfahrzeugs oder eines Mitfahrers verübt und dabei die besonderen Verhältnisse des Straßenverkehrs ausnutzt, wird mit Freiheitsstrafe nicht unter fünf Jahren bestraft.**

(2) **In minder schweren Fällen ist die Strafe Freiheitsstrafe von einem Jahr bis zu zehn Jahren.**

(3) **Verursacht der Täter durch die Tat wenigstens leichtfertig den Tod eines anderen Menschen, so ist die Strafe lebenslange Freiheitsstrafe oder Freiheitsstrafe nicht unter zehn Jahren.**

1 **1.** Die Vorschrift dient zugleich dem **Verkehrs- und Vermögensschutz** (Sowada FS Otto, 2007, 799 (809); Sowada in LK-StGB Rn. 7; ebenso Kindhäuser/Hilgendorfin LPK-StGB Rn. 1; nur für Schutz von Eigentum und Vermögen Wolters in SK-StGB Rn. 2). Sie soll die Funktionsfähigkeit des Kraftverkehrs und das Vertrauen in dessen Sicherheit (BGHSt 39, 249 (250) = NJW 1993, 2629; BGHSt 49, 8 (11) = NJW 2004, 786 mzustAnm Sternberg-Lieben JZ 2004, 633; Rengier StrafR BT I § 12 Rn. 1; krit. Steinberg NZV 2007, 545 (551), der § 316a als Qualifikation der §§ 249, 252, 255 versteht) dadurch verbessern, dass sie den Strafschutz gegen Raub, räuberischen Diebstahl und räuberische Erpressung für den Fall vorverlegt, dass der Täter seinen Angriff unter Ausnutzung der besonderen Verhältnisse des Straßenverkehrs verübt (Stein in DSNS StrRG § 4 Rn. 113; Amelung in Hefendehl/v. Hirsch/Wohlers, Die Rechtsgutstheorie, 2003, S. 155, 176, Wessels/

Hillenkamp/Schuhr StrafR BT II Rn. 415; zur früheren Fassung ebenso Günther JZ 1987, 369 (375); eine „gemeingefährliche" Dimension erkennt Duttge in HK-StrafR §316a Rn. 2; krit. zu ihrer kriminalpolitischen Funktion und Integration in das geltende Strafrechtssystem Meurer-Meichsner, Untersuchungen zum Gelegenheitsgesetz im Strafrecht, 1974; Große NStZ 1993, 525; Steinberg NZV 2007, 545 (546), unverdauliches nationalsozialistisches Erbe?; Sowada FS Otto, 2007, 799 „schillernde Vorschrift" (so schon Wolters GA 2002, 303); Bosch Jura 2013, 1234; für ihre ersatzlose Streichung Krüger, Entmaterialisierungstendenz beim Rechtsgutsbegriff, 2000, S. 161). Angesichts der hohen Strafdrohung ist auch nach der Neufassung enge Auslegung geboten (Stein in DSNS StrRG §4 Rn. 114; Krüger NZV 2004, 161; Wessels/Hillenkamp/Schuhr StrafR BT II Rn. 416; so zu §316a StGB aF schon BGHSt 15, 322 (325) = NJW 1961, 788; BGHSt 22, 114 = NJW 1968, 1435; sa BGHSt 24, 173 = NJW 1971, 2034 mAnm Beyer NJW 1971, 2034; zu den Ansatzpunkten für eine restriktive Auslegung Duttge/Nolden JuS 2005, 193 (195); Küper/Zopfs StrafR BT Rn. 36). Reformvorschläge bei Steinberg NZV 2007, 545 (550); für eine Beschränkung auf sich bewegende Kraftfahrzeuge Jesse JR 2008, 448; JZ 2008, 1083.

2. a) Der **Angriff,** dh jede feindselige Einwirkung, auf Leib, Leben (→ §102 Rn. 2) oder Entschlussfreiheit (zur Definition des „Angriffs" Ingelfinger JR 2000, 225 (227); Wolters JR 2002, 163 (165); Küper/Zopfs StrafR BT Rn. 31) braucht nur mittelbar gegen den **Führer** (er muss das Fahrzeug während des Angriffs führen, BGHSt 52, 44 (46) = NJW 2008, 451 mit Bespr. Dehne-Niemann NStZ 2008, 319; Krüger NZV 2008, 234; Sowada HRRS 2008, 136, ein vor Fahrtantritt begonnener, während der Tat fortgesetzter Angriff genügt; vgl. auch Wolters JR 2002, 163 (164); zum Führen → §315c Rn. 3; von der hM werden Führer iSd §316a und Führen iSd §§315c, 316 abweichend verstanden, vgl. etwa Sowada in LK-StGB Rn. 20, dagegen Steinberg NZV 2007, 545 (549) mit eigener Führer-Definition) oder Mitfahrer (auch ein sog. „Autosurfer" v. Dannwitz NZV 2002, 551), unmittelbar kann er auch gegen das Fahrzeug gerichtet sein. Der Angriff auf die Entschlussfreiheit kann durch Gewalt (auch gegen Sachen) oder Drohung erfolgen, aber auch durch List (zB vorgetäuschter Unfall; hM; vgl. etwa Sowada in LK-StGB Rn. 2; anders Wolters GA 2002, 303 (315); Duttge/Nolden JuS 2005, 193 (197); Maurach/Schroeder/Maiwald/Hoyer/Momsen StrafR BT §35 Rn. 49; Fischer Rn. 7; zw.); von Letzterem ist die Rspr. jetzt abgerückt, so dass zB die täuschende Angabe eines vermeintlichen Fahrtziels keinen Angriff auf die Entschlussfreiheit darstellt (BGHSt 49, 8 (12) = NJW 2004, 786 mit Bespr. Herzog JR 2004, 258; Krüger NZV 2004, 161 (165); Sander NStZ 2004, 501; Sternberg-Lieben JZ 2004, 633 (636); Duttge/Nolden JuS 2005, 193; Sowada FS Otto, 2007, 799 (806); BGH StV 2004, 140 mit Bespr. Sander NStZ 2004, 501; anders für „psychische Autofallen" Roßmüller/Rohrer NZV 1995, 253 (263); Wolters in SK-StGB Rn. 9; Steinberg NZV 2007, 545 (550), für Einbeziehung der Täuschung, die in ihrer Intensität einer Drohung gleichkommt). Angreifer können Dritte, Mitfahrer oder der Führer selbst sein (BGHSt 15, 322 = NJW 1961, 788; BGHSt 18, 170 = NJW 1963, 452; BGH NJW 1971, 765; zum Taxi-Fahrgast BGH NStZ 2000, 144; Duttge in HK-StrafR §316a Rn. 4). **Führer** ist auch der Fahrer eines Mofas mit bauartbedingter Höchstgeschwindigkeit von 25 km/h (BGHSt 39, 249 = NJW 1993, 2629 mit abl. Bespr. Große NStZ 1993, 527, dagegen aber Steinberg NZV 2007, 545 (548); → §44 Rn. 3). Mitfahrer sind ua der Beifahrer, der Fahrgast und auch der zur Mitfahrt Genötigte (ebenso Sowada in LK-StGB Rn. 24). Kein 2

Führer oder Mitfahrer ist, wer sich außerhalb des Fahrzeugs befindet, es noch nicht bestiegen oder es verlassen hat (BGHSt 49, 8 (14) = NJW 2004, 786 mit Bespr. Herzog JR 2004, 258 (259); Krüger NZV 2004, 161 (164); Sander NStZ 2004, 501; Sternberg-Lieben JZ 2004, 633 (636); Sowada FS Otto, 2007, 799 (803); BGH StV 2004, 140 mAnm Sander NStZ 2004, 501; Steinberg NZV 2007, 545; so auch schon Günther JZ 1987, 369 (379)); anders, wenn ein Angriff vor Fahrtantritt – Zwingen des Tatopfers zur Mitfahrt – während der Fahrt durch weiteres Drohen fortgesetzt wird (BGHSt 52, 44 (46) = NJW 2008, 451 mit Bespr. Dehne-Niemann NStZ 2008, 319; Krüger NZV 2008, 234; Sowada HRRS 2008, 136; zust. Wessels/Hillenkamp/Schuhr StrafR BT II Rn. 419).

3 b) **Besondere Verhältnisse des Straßenverkehrs** sind die aus der Teilnahme am fließenden Verkehr erwachsenden und ihm eigentümlichen Gefahren, die sich vor allem für den Fahrer aus der Beanspruchung durch die Lenkung und für alle Insassen aus der Erschwerung der Flucht oder Gegenwehr (vgl. ua BGHSt 5, 280 = NJW 1954, 361; BGHSt 13, 27 = NJW 1959, 1140; BGHSt 24, 173 = NJW 1971, 2034; BGH NStZ 1989, 476; NJW 2001, 764; NStZ 2004, 626; Kopp JA 1999, 943 (948); Sowada in LK-StGB Rn. 28), daneben aber auch aus der Isolierung und Unerreichbarkeit fremder Hilfe ergeben (hM; vgl. etwa Zieschang in NK-StGB Rn. 16; einschr. Günther JZ 1987, 369 (374); Roßmüller/Rohrer NZV 1995, 253). Das **Ausnutzen** sollte nach früherer Rspr. und überwiegender Lehre nicht nur während der Fahrt oder im verkehrsbedingt vorübergehend haltenden Fahrzeug (BGHSt 38, 196 = NJW 1992, 989 mAnm Keller JR 1992, 515; ebenso bei einem kurzzeitigen Anhalten am abgelegenen Rande eines Tankstellengeländes auf Veranlassung der Täter BGH NJW 2001, 764 mit abl. Bespr. Wolters JR 2002, 163; zust. aber Geppert JK StGB § 316a Rn. 5; bei kurzem Anhalten eines Taxis zum Kassieren BGH NStZ 2003, 35 mit Bespr. Beckemper JA 2003, 541), sondern auch außerhalb des Fahrzeugs (zB auf einem Parkplatz, BGHSt 18, 170 = NJW 1963, 452; Wessels/Hillenkamp/Schuhr StrafR BT II Rn. 419; abl. Mitsch StrafR BT II Abschn. 11.2.2.1.6.4), uU sogar nach Erreichen des Fahrziels möglich sein. Dies ist von **Rspr.** inzwischen aufgegeben worden (BGHSt 49, 8 (14) = NJW 2004, 786; begrüßt von Steinberg NZV 2007, 545; → Rn. 2), so dass es auf die Frage, ob die Fahrt wegen Erreichen des Fahrtziels zunächst beendet oder nur unterbrochen war, nicht mehr ankommt (BGHSt 49, 8 (14) = NJW 2004, 786 mit krit. Bespr. Krüger NZV 2004, 161 (165)). Dabei wird jedoch – jedenfalls nach der neueren Rspr. – vorausgesetzt, dass die auf den Verhältnissen des fließenden Verkehrs beruhende Gefahrenlage noch fortwirkt, dh eine enge zeitlich-räumliche Beziehung zur Benutzung des Fahrzeugs als Verkehrsmittel besteht (BGHSt 19, 191 = NJW 1964, 602; BGHSt 24, 320 = NJW 1972, 913; BGHSt 33, 378 = NJW 1986, 1623; BGH NStZ 1989, 476; JR 1997, 162 mkritAnm Roßmüller; BGH NStZ 1996, 389; NStZ 1996, 435 mkritAnm Roßmüller NZV 1997, 236; BGH NStZ-RR 1997, 356; Hellmann in Krey/Hellmann/Heinrich StrafR BT II Rn. 331; krit. Horn/Hoyer JZ 1987, 965 (968); Wessels/Hillenkamp/Schuhr StrafR BT II Rn. 419); dazu genügt es, wenn zB der Fahrer eines motorisierten Zweirades durch einen Fußtritt gegen das Rad zum Anhalten (BGHSt 39, 249 = NJW 1993, 2629; Sowada in LK-StGB Rn. 30) oder der an einen verkehrsarmen Ort gelockte Fahrzeugführer zum Aussteigen gezwungen wird (BGH NStZ 1994, 340 mkritAnm Hauf NStZ 1996, 40; Wessels/Hillenkamp/Schuhr StrafR BT II Rn. 419), ebenso wenn der Fahrer durch das Vortäuschen einer Polizeikontrolle zum Anhalten gezwungen wird (BGH NJW 2015, 2131 mAnm Zopfs; Krüger NZV 2015, 545; Sowada StV 2016, 292; Theile

ZJS 2016, 109; BGH NStZ-RR 2014, 342; NStZ-RR 2015, 250). Daran fehlt es aber schon bei nicht ganz unerheblicher Entfernung zwischen Haltepunkt des Fahrzeugs und Tatort (BGHSt 33, 378 = NJW 1986, 1623 mit Bespr. Hentschel JR 1986, 428) sowie in Fällen, in denen der Angriff erst in zeitlichem Abstand zB nach Ankunft auf einem Parkplatz oder nach Erreichen des Fahrtziels, wodurch die Fahrt vorerst beendet ist, stattfindet (BGH NStZ 1996, 435; NStZ 2000, 144); erst recht, wenn der Täter zu Fuß an die auf der Straße stehende Fahrerin herantritt (BGH NStZ-RR 2002, 108). Es reicht für ein Ausnutzen, wenn nach einem ersten, vor Fahrtantritt verübten Angriffs (→ Rn. 2) die uneingeschränkte Kontrolle über das Opfer erst während der Fahrt durch einen zweiten Angriff erreicht wird (BGHSt 52, 44 (46) = NJW 2008, 451 mit Bespr. Dehne-Niemann NStZ 2008, 319; Krüger NZV 2008, 234; Sowada HRRS 2008, 136); war hingegen das Opfer schon vor Fahrtbeginn vom Täter unter Kontrolle gebracht worden, so soll kein Ausnutzen mehr während der Fahrt, die dann nur Beförderungszwecken diene, vorliegen (krit. zu dieser Differenzierung Fischer Rn. 11 a; Maurach/Schroeder/Maiwald/Hoyer/Momsen StrafR BT § 35 Rn. 52; zust. dagegen Rengier StrafR BT I § 12 Rn. 30). Die „Vereinzelung" des Fahrers oder die „Abgelegenheit des Überfallortes", ist keine spezifische Eigenschaft des Kraftfahrzeugverkehrs (BGHSt 49, 8 (10, 16) = NJW 2004, 786 mit zust. Bespr. Krüger NZV 2004, 161 (166); Sander NStZ 2004, 501 (502); Sternberg-Lieben JZ 2004, 633 (634)), so dass ein bei noch laufendem Motor geplanter Überfall jedenfalls nicht unter Ausnutzung der besonderen Verhältnisse des Straßenverkehrs erfolgt (BGHSt 49, 8 (10, 16) = NJW 2004, 786); das ist insbes. der Fall, wenn sich das Fahrzeug zurzeit des Angriffs im fließenden Verkehr (BGH NJW 2015, 2131) oder zumindest in Bewegung befindet (BGH NStZ 2016, 607 mAnm Kulhanek; Bauer JZ 2017, 742; Kudlich JA 2016, 707; Hecker JuS 2016, 850; Krell ZJS 2017, 115). Bei einem nicht verkehrsbedingten Halt (zB Kassieren des Kaufpreises durch Taxifahrer) müssen außer dem laufenden Motor noch weitere verkehrsspezifische Umstände vorliegen, damit ein Ausnutzen angenommen werden kann (BGHSt 50, 169 (173) = NJW 2005, 2564 (im Anschluss an BGHSt 49, 8 = NJW 2004, 786) mit Bespr. Kubiciel JA 2005, 842; Kudlich JuS 2005, 1134; Steinberg NZV 2007, 545, der schon die Kraftfahrzeugführereigenschaft des Opfers = Taxifahrers verneinen will; BGH NStZ 2013, 43 mit Bespr. Hecker JuS 2013, 366; BGH VRR 17, Nr. 7 mit Bespr. Eisele JuS 2017, 793; vgl. auch Rengier StrafR BT I § 12 Rn. 33); Geldwechseln durch den Taxifahrer nach Anhalten bei laufendem Motor reicht nicht (BGH NStZ-RR 2006, 185 (186); Fischer Rn. 11), wohl aber wenn der Wagen jederzeit losrollen kann, weil nur die Fußbremse betätigt ist (BGH NStZ 2018, 469 mAnm Berghäuser; Bespr. Hecker JuS 2018, 820; BGH bei Eisele JuS 2017, 793). Ob zugleich die Gutgläubigkeit des Opfers ausgenutzt wird, ist unerheblich (BGH NJW 1971, 765; BGH bei Holtz MDR 1977, 638; MDR 1996, 551; krit. Wolters in SK-StGB Rn. 11, der in einer Täuschung des arglosen Fahrzeugführers durch den mitfahrenden Täter keinen Angriff unter Ausnutzung der besonderen Verhältnisse des Straßenverkehrs sieht).

3. Das 6. StrRG hat die Ausgestaltung der Vorschrift als Unternehmensdelikt 4
durch die Ersetzung des Wortes „unternimmt" durch „verübt" aufgegeben, weil die Mindeststrafe für die bisher erfassten Vorbereitungshandlungen der §§ 249, 250, 252 oder § 255 unangemessen hoch erschien (BT-Drs. 13/8587, 51). Der Angriff (→ Rn. 2) ist **verübt,** wenn er ausgeführt ist (Wessels/Hillenkamp/Schuhr StrafR BT II Rn. 425; Joecks/Jäger StGB Rn. 6; Hecker in Schönke/Schröder Rn. 3; Sowada in LK-StGB Rn. 14; ähnlich Stein in DSNS StrRG § 4 Rn. 114), zB durch

Aussprechen der Drohung (jedenfalls wenn sie unmittelbar zur Aushändigung eines Geldbetrages durch das Tatopfer geführt hat; BGH NJW 2001, 764 mit Bespr. Wolters JR 2002, 163) oder durch Abgabe eines Schusses (Stein in DSNS StrRG § 4 Rn. 114); auf den Eintritt eines Angriffserfolges kommt es nicht an (Fischer Jura 2000, 433 (439), der den untauglichen Versuch ausnimmt; Ingelfinger JR 2000, 225 (231), der jedoch einschränkend eine objektiv gefährliche Opferberührung verlangt; ähnlich schon Stein in DSNS StrRG § 4 Rn. 115, der einen beendeten tauglichen Versuch verlangt). Wird der vor Fahrtantritt begonnene Angriff während der (erzwungenen) Fahrt fortgesetzt, soll die Beendigungsphase erreicht sein (BGHSt 52, 44 (46) = NJW 2008, 451 mit krit. Bespr. Bosch JA 2008, 313 (315); zust. Kindhäuser/Hilgendorf in LPK-StGB Rn. 19; gegen die Möglichkeit einer Beihilfe schon nach Vollendung Duttge in HK-StrafR § 316 a Rn. 19, die damit geforderte „Tatbestandsbezogenheit" der Beihilfe könnte aber bei einem fortdauernden Angriff gegeben sein). Das unmittelbare Ansetzen zum Verüben des Angriffs iSd Vorschrift ist in Anwendung von § 22 als Versuch einzustufen (anders Hübsch, Der Begriff des Angriffs in § 316 a StGB, 2007, S. 89, 153), von dem unter den Voraussetzungen des § 24 zurückgetreten werden kann; die frühere Rücktrittsvorschrift des Abs. 2 StGB aF soll dadurch überflüssig geworden sein (BT-Drs. 13/8587, 51; krit. Freund ZStW 109 (1997), 455 (482); Stein in DSNS StrRG § 4 Rn. 115; Wolters JZ 1998, 397 (400)), doch endet die Möglichkeit, durch Rücktritt nach § 24 Straffreiheit zu erlangen, mit dem Verüben des Angriffs (Mitsch JA 1999, 662 (665); krit. zu diesem frühen Vollendungszeitpunkt Wessels/Hillenkamp/Schuhr StrafR BT II Rn. 426; die eine analoge Anwendung der Vorschriften über tätige Reue erwägen; ebenso Ingelfinger JR 2000, 225 (231); dagegen Fischer Jura 2000, 433 (441); Wolters in SK-StGB Rn. 15; Sowada in LK-StGB Rn. 51, 52; vgl. Bosch Jura 2013, 1234 (1244)). Für die Abgrenzung zur bloßen Vorbereitung gelten die zu § 22 (→ § 22 Rn. 4–10) entwickelten Regeln (Günther JZ 1987, 16 (23)). Als versuchten Angriff haben Rspr. und Lehre zu § 316 a StGB aF – zT unter problematischer Ausdehnung des Versuchsbereichs (krit. Günther JZ 1987, 16 (23); Roßmüller/Rohrer NZV 1995, 253 (257)) – ua genügen lassen: das Vorhalten einer Pistole (BGH VRS 21, 206), das Einsteigen des Täters (BGHSt 6, 82 = NJW 1954, 1168; BGH MDR 1957, 306), das Einsteigenlassen des Opfers (BGHSt 18, 170 = NJW 1963, 452), den Beginn der Fahrt (BGHSt 33, 378 = NJW 1986, 1623 mit abl. Bespr. Geppert JK StGB § 316 a Rn. 2; BGH NStZ 1989, 476); das Geben des verabredeten Zeichens an die vermeintlich auf dem Sprung stehenden Tatgenossen (BGH bei Holtz MDR 1977, 807); diese Fälle lassen sich nicht als unmittelbares Ansetzen zum Verüben des Angriffs erfassen, denn dafür müsste der Angriffszeitpunkt unmittelbar bevorstehen und Täter wie Opfer sich in unmittelbarer Nähe des vorgesehenen Angriffsortes befinden (so schon bisher Günther JZ 1987, 16 (28); für § 316 a nF ebenso Wolters JR 2002, 163 (166); Sowada in LK-StGB Rn. 49). Versuch kann vorliegen, wenn der Täter den Führer des Kfz zum Anhalten am Tatort auffordert, um ihn dort – noch im Kfz – sogleich danach zu überfallen (BGHSt 49, 8 (16) = NJW 2004, 786), auch wenn der Täter nach dem Einsteigen in den Pkw die Kindersicherung „aktiviert", um unmittelbar nach dem Anhalten am Tatort – noch im Pkw – den Angriff zu verüben (BGH StV 2004, 140 (141) mAnm Sander NStZ 2004, 501).

5 **4.** Der **Vorsatz** (bedingter genügt) ist auf das Verüben des Angriffs (→ Rn. 4), nicht auf die spätere Ausführung der Raubtat zu beziehen (BGHSt 33, 378 = NJW 1986, 1623 mit krit. Bespr. Günther JZ 1987, 16 (19)); der Täter muss sich des Aus-

nutzens (→ Rn. 3) bewusst sein (Wolters in SK-StGB Rn. 12); dafür reicht es, wenn er sich der Erleichterung des Angriffs durch die besonderen Verhältnisse des Straßenverkehrs bewusst ist, er muss sie nicht zur ursächlichen Bedingung seines Handelns machen (BGHSt 50, 169 (172) = NJW 2005, 2564; BGHSt 52, 44 (46) = NJW 2008, 451; BGH NStZ 2016, 607). Er muss mit der **Absicht** verbunden sein (BGH NStZ 1989, 119), als Täter (BGHSt 24, 284 = NJW 1972, 694) eine der beschriebenen räuberischen Taten zu begehen (Duttge in HK-StrafR § 316a Rn. 14). Dass der Täter mit der Möglichkeit rechnet, sein Ziel uU auch gewaltlos zu erreichen, schließt diesen Willen nicht notwendig aus (BGH NJW 1970, 1381; Sowada in LK-StGB Rn. 45); jedoch genügt die Absicht gewaltloser Wegnahme, etwa durch Anwendung eines Tricks, für sich allein nicht (Martin DAR 1974, 114); auch nicht die Absicht einzuschüchtern (BGH NStZ 1997, 236). Nach der Rspr. kann der Tatentschluss auch erst während der Fahrt (BGHSt 15, 322 = NJW 1961, 788; BGH StV 1985, 415; krit. Günther JZ 1987, 369 (373)), die räuberische Absicht uU sogar erst während des (zunächst anderen Zwecken dienenden) Angriffs gefasst werden (BGHSt 25, 315 (316) = BeckRS 1974 30396591 mAnm Hübner JR 1975, 201; BGH NStZ 1997, 236); jedoch wird es dann häufig an der erforderlichen Ausnutzung der besonderen Verhältnisse des Verkehrs (→ Rn. 3) fehlen (BGHSt 37, 256 = NJW 1991, 578); das gewaltsame Erzwingen einer Weiterfahrt in der Absicht, den geschuldeten Fahrpreis nicht vollständig zu bezahlen, reicht (BGH NStZ-RR 2002, 367).

5. Zu **Abs. 2** (minder schwere Fälle) → § 46 Rn. 7–10a. 6

6. **Abs. 3** enthält einen erfolgsqualifizierten Tatbestand, der in seiner Struktur § 251 entspricht; die Ausführungen unter → § 251 Rn. 1–4 sind deshalb sinngemäß anwendbar (ergänzend Stein in DSNS StrRG § 4 Rn. 117; Mitsch StrafR BT II Abschn. 11.2.3.2.3, jeweils mit Beispielen; Hardtung Teilvorsatzdelikte S. 158; sowie Sowada in LK-StGB Rn. 56–58); „Tat“ ist hier nur der Angriff (Wolters in SK-StGB Rn. 20, aM Fischer Rn. 19: auch die Raub- oder Erpressungstat); zum möglichen Versuch diff. Fischer Jura 2000, 433 (441); Hardtung Teilvorsatzdelikte S. 158. 7

7. **Tateinheit** ua möglich mit §§ 211 ff., §§ 223 ff. (str.), § 315b I Nr. 2 (BGH NJW 1993, 2629 (2630)) und mit der geplanten und vollendeten räuberischen Tat (BGHSt 14, 386 (391) = NJW 1960, 1729; BGH NStZ 1999, 350 mit zust. Bespr. Geppert JK StGB § 255 Rn. 10; beachte dazu BGH bei Holtz MDR 1991, 104); deren Versuch wird jedoch konsumiert (BGHSt 25, 373 = NJW 1974, 2098; zw.), wenn er nicht nach §§ 250 oder 251 qualifiziert ist (BGH bei Holtz MDR 1977, 808; anders für den § 251-Versuch Sowada in LK-StGB Rn. 60). 8

8. Anzeigepflicht § 138 I Nr. 9. 9

§ 316b Störung öffentlicher Betriebe

(1) **Wer den Betrieb**

1. **von Unternehmen oder Anlagen, die der öffentlichen Versorgung mit Postdienstleistungen oder dem öffentlichen Verkehr dienen,**
2. **einer der öffentlichen Versorgung mit Wasser, Licht, Wärme oder Kraft dienenden Anlage oder eines für die Versorgung der Bevölkerung lebenswichtigen Unternehmens oder**
3. **einer der öffentlichen Ordnung oder Sicherheit dienenden Einrichtung oder Anlage**

dadurch verhindert oder stört, daß er eine dem Betrieb dienende Sache zerstört, beschädigt, beseitigt, verändert oder unbrauchbar macht oder die für den Betrieb bestimmte elektrische Kraft entzieht, wird mit Freiheitsstrafe bis zu fünf Jahren oder mit Geldstrafe bestraft.

(2) **Der Versuch ist strafbar.**

(3) [1]**In besonders schweren Fällen ist die Strafe Freiheitsstrafe von sechs Monaten bis zu zehn Jahren.** [2]**Ein besonders schwerer Fall liegt in der Regel vor, wenn der Täter durch die Tat die Versorgung der Bevölkerung mit lebenswichtigen Gütern, insbesondere mit Wasser, Licht, Wärme oder Kraft, beeinträchtigt.**

1 **1.** Die Vorschrift (BT-Drs. 13/8016, 28; eing. Bernstein, § 316b StGB – Störung öffentlicher Betriebe, 1989) schützt **lebenswichtige Betriebe gegen gewaltsame Eingriffe** (ebenso König in LK-StGB Rn. 3; beachte auch § 88); es handelt um ein abstraktes Gefährdungsdelikt (Zieschang in NK-StGB Rn. 5).

2 **2. a) Nr. 1: Unternehmen** (→ § 11 Rn. 15) und **Anlagen** (→ § 325 Rn. 2) müssen der öffentlichen Versorgung mit Postdienstleistungen (nach Auflösung der einheitlichen Postverwaltung durch private Anbieter, BT-Drs. 13/8016, 28) oder dem öffentlichen Bahn- (auch Schwebebahn-), Schiffs-, Luft- oder Straßenverkehr dienen. Rein privaten Zwecken dienende Bahnbetriebe sind nicht erfasst, wohl aber Betriebe in privater Trägerschaft, die dem öffentlichen Verkehr dienen, dh ein bestimmtes Gebiet regelmäßig bedienen (OLG Köln VerkMitt 2016, Nr. 58); privat genutzte Bahnbetriebe können im Einzelfall für die öffentliche Versorgung oder die öffentliche Ordnung und Versorgung von Bedeutung sein und deshalb unter die Nr. 2 und 3 fallen (BT-Drs. 13/8016, 28; aM Hecker in Schönke/Schröder Rn. 3).

3 **b) Nr. 2:** Bei den **Energieversorgungsanlagen** kommt es auf öffentlich- oder privatrechtliche Struktur des betreibenden Unternehmens nicht an; auch die Größe der Anlage ist ohne Bedeutung, wenn nur ein nicht ganz unerheblicher Teil der Allgemeinheit versorgt wird (ebenso König in LK-StGB Rn. 22). **Versorgungsunternehmen** müssen lebenswichtig sein, ihr Wegfall also die Versorgung der Bevölkerung mit lebensnotwendigen Gütern gefährden (zB Schlachthof einer Großstadt).

4 **c) Nr. 3: Einrichtungen** sind Gesamtheiten (str.) von Personen und Sachen oder nur von Sachen, die einem bestimmten Zweck – hier der Herstellung oder Aufrechterhaltung der öffentlichen Ordnung oder Sicherheit – zu dienen bestimmt sind (BGHSt 31, 1 = NJW 1982, 1655; BGH StraFo 2021, 258; König in LK-StGB Rn. 6). Als Einrichtungen oder Anlagen kommen Feuermeldeanlagen usw, aber

auch Einheiten der Polizei (einschließlich des Grenzschutzes) in Frage (BGHSt 31, 1 = NJW 1982, 1655; BGHSt 31, 185 = NJW 1983, 1437 mit Bespr. Stree JuS 1983, 836 (839)); nicht aber technische Hilfsmittel wie zB eine Geschwindigkeitsmessanlage, deren sich ein öffentlicher Betrieb zur Erfüllung seiner Aufgaben bedient (OLG Stuttgart NStZ 1997, 342 mit Bespr. Bernstein NZV 1999, 316; OLG Braunschweig OLGSt StGB § 306 Nr. 1; dem Ergebnis zust. König in LK-StGB Rn. 9; aM BGH StraFo 2021, 258; LG Ravensburg NStZ 1997, 191; zw.).

3. Zu den **Tathandlungen** (Zerstören usw) → § 303 Rn. 3–7; → § 87 Rn. 2; speziell zum möglichen Unbrauchbarmachen durch Arretieren der Hände in einer im Schotterbett angebrachten Metallröhre bejahend LG Flensburg (BGH BeckRS 2013, 11302), bei bloßem Setzen auf Bahngleise abl. OLG Celle NStZ 2005, 217: keine Substanzeinwirkung und Funktionsminderung; ebenso Hecker in Schönke/Schröder Rn. 7: bloße „Gleisblockade" mit psychischer Einwirkung auf Menschen (anders bei Entfernen von Schottersteinen, OLG Celle MMR 2013, 548). Sie müssen als Tatmittel den Erfolg der Verhinderung oder Störung des Betriebs im Ganzen (mit-)verursachen (zur zeitlichen Dimension einer Störung AG Lüneburg Nds. Rpfl. 2004, 49). Angesichts des Erfordernisses einer Substanzeinwirkung genügt das bloße Verhindern einer Geschwindigkeitsmessung durch Davorparken eines Fahrzeuges nicht (BGH NStZ 2013, 589; aM OLG Karlsruhe DAR 2012, 647). **5**

4. Der **Vorsatz** (bedingter genügt; Zieschang in NK-StGB Rn. 23) muss auch den Erfolg der Verhinderung oder Störung des Betriebs umfassen. **6**

5. Zu **Abs. 3** (besonders schwere Fälle) → § 46 Rn. 7–21. Das Regelbeispiel setzt eine deutliche Verschlechterung der Versorgungslage voraus, zB die Lahmlegung der Strom- oder Fernwärmeversorgung von Stadtteilen, Gemeinden oder Gemeindegebieten, aber auch von Krankenhäusern oder ähnlichen Einrichtungen (BT-Drs. 11/2834, 10; krit. Kunert/Bernsmann NStZ 1989, 449 (452)). **7**

6. § 316b **verdrängt** § 304 und wird verdrängt von § 109e (str.). Tateinheit ua möglich mit §§ 88, 315, 315b, 316c. **8**

§ 316c Angriffe auf den Luft- und Seeverkehr

(1) [1]Mit Freiheitsstrafe nicht unter fünf Jahren wird bestraft, wer

1. Gewalt anwendet oder die Entschlußfreiheit einer Person angreift oder sonstige Machenschaften vornimmt, um dadurch die Herrschaft über
   a) ein im zivilen Luftverkehr eingesetztes und im Flug befindliches Luftfahrzeug oder
   b) ein im zivilen Seeverkehr eingesetztes Schiff
   zu erlangen oder auf dessen Führung einzuwirken, oder

2. um ein solches Luftfahrzeug oder Schiff oder dessen an Bord befindliche Ladung zu zerstören oder zu beschädigen, Schußwaffen gebraucht oder es unternimmt, eine Explosion oder einen Brand herbeizuführen.

[2]Einem im Flug befindlichen Luftfahrzeug steht ein Luftfahrzeug gleich, das von Mitgliedern der Besatzung oder von Fluggästen bereits betreten ist oder dessen Beladung bereits begonnen hat oder das von Mitgliedern der Besatzung oder von Fluggästen noch nicht planmäßig verlassen ist oder dessen planmäßige Entladung noch nicht abgeschlossen ist.

(2) **In minder schweren Fällen ist die Strafe Freiheitsstrafe von einem Jahr bis zu zehn Jahren.**

(3) **Verursacht der Täter durch die Tat wenigstens leichtfertig den Tod eines anderen Menschen, so ist die Strafe lebenslange Freiheitsstrafe oder Freiheitsstrafe nicht unter zehn Jahren.**

(4) **Wer zur Vorbereitung einer Straftat nach Absatz 1 Schußwaffen, Sprengstoffe oder sonst zur Herbeiführung einer Explosion oder eines Brandes bestimmte Stoffe oder Vorrichtungen herstellt, sich oder einem anderen verschafft, verwahrt oder einem anderen überläßt, wird mit Freiheitsstrafe von sechs Monaten bis zu fünf Jahren bestraft.**

1 **1. a)** Die der Erfüllung internationaler Verpflichtungen (→ Rn. 16) dienende Vorschrift schützt die **Sicherheit des zivilen Flug- und Seeverkehrs** (ebenso König in LK-StGB Rn. 3; aM Maurach/Schroeder/Maiwald StrafR BT II § 53 Rn. 58), dabei vornehmlich **Leib und Leben** der an ihm teilnehmenden Personen (Fischer Rn. 2; Wolters in SK-StGB Rn. 2; nach Zieschang in NK-StGB Rn. 5 auch fremdes Eigentum) und daneben auch die Sicherheit der Luft- und Seefracht (BT-Drs. VI/2721, 2; BT-Drs. 11/4946, 5). Sie bewirkt eine weite Vorverlegung des Strafschutzes in das Vorfeld (krit. Maurach FS Heinitz, 1972, 403 (408); Lampe, Strafphilosophie, 1999, S. 202). Die Tat ist **abstraktes Gefährdungsdelikt** (→ Vor § 13 Rn. 32) und in Abs. 1 Nr. 1 ein reines **Tätigkeitsdelikt** (BGH NStZ 2021, 47), das esrt mit Aufgabe der Herrschaft über das Schiff beendet ist, weshalb in der Zwsichenzeit Beihilfe möglich sein soll (BGH NStZ 2021, 47), was allerdings angesichts der Vollendung bereits mit dem Angriff (→ Rn. 8) und der tatabestandlichen Nichterfassung der Aufrechterhaltung der Herschaft problematisch ist (→ Vor § 22 Rn. 2). – Zum völkerrechtlichen Hintergrund der Vorschrift Hecker JA 2009, 673 (764).

2 **b)** Zum **Phänomen der Luftpiraterie** Meyer, Luftpiraterie, 1972 (zu den Möglichkeiten ihrer internationalen Bekämpfung Pötz ZStW 86 (1974), 489; Jescheck GA 1981, 49 (65); sa Schmidt-Räntsch JR 1972, 146; Hailbronner NJW 1973, 1636; Rebmann NJW 1985, 1735). Zu den Gründen für die Einbeziehung auch des **Seeverkehrs** BT-Drs. 11/4946, 5; zur Piraterie am Horn von Afrika s. LG Hamburg BeckRS 2013, 7408, zur Verhaftung und Übergabe mutmaßlicher Piraten an Kenia VG Köln JZ 2012, 366.

3 **2. a) Luftfahrzeug** § 1 II LuftVG. **Schiff** ist jedes nicht dauerhaft am Gewässerboden befestigte Wasserfahrzeug unabhängig von seiner Art und Größe (BT-Drs. 11/4946, 6); jedoch kommen wegen des erforderlichen Einsatzes im Seeverkehr nur seetüchtige Schiffe in Frage (zur Ausscheidung der Meeresplattformen BT-Drs. 11/4946, 6).

4 **b) Luftverkehr** § 1 I LuftVG. **Seeverkehr** ist nur die See-, nicht die Binnenschifffahrt (BT-Drs. 11/4946, 6). **Ziviler** Verkehr bestimmt sich nach dem Einsatzzweck des Fahrzeugs, nicht dem Eigentum. Er umschließt neben dem Verkehr zur Beförderung von Menschen und Gütern auch den mit Privat- und Sportfahrzeugen sowie Überführungs-, Schau- und Werbeveranstaltungen (BT-Drs. VI/2721, 2). Luft- und Wasserfahrzeuge im Staatsdienst (namentlich von Militär, Zoll und Polizei) scheiden aus, soweit sie nicht ausnahmsweise im Zivilverkehr (BT-Drs. VI/2721, 2) oder sonst zu zivilen Zwecken (zB Fischereiforschungsschiffe, BT-Drs. 11/4946, 6) eingesetzt werden (BT-Drs. 11/4946, 6).

3. Der **Schutzbereich** ist auf das jeweils konkret eingesetzte Luft- oder Wasserfahrzeug beschränkt. 5

a) Das **Luftfahrzeug** muss sich **im Flug** (Abs. 1 S. 1 Buchst. a) oder in der mit ihm unmittelbar verbundenen **funktionalen Phase des Abs. 1 S. 2** befinden. **Beladen und Entladen** betrifft nur Beförderungsgüter, auch das Passagiergepäck (BT-Drs. VI/2721, 3). Das Merkmal **planmäßig** soll verhindern, dass eine erzwungene Landung den Strafschutz beendet (BT-Drs. VI/2721, 3); ist das Flugzeug völlig verlassen und entleert, fehlt es aber an den Gleichstellungsvoraussetzungen des Abs. 1 S. 2 („noch nicht", Wolters in SK-StGB Rn. 5; aM Hecker JA 2009, 673 (675): erst mit der Beendigung der normspezifischen Gefahrenlage). Die kasuistische Begrenzung des Schutzzeitraums kann zu Zufallsergebnissen führen, die nicht zuungunsten des Täters korrigierbar sind (Analogieverbot; aM König in LK-StGB Rn. 15).

b) Das **Schiff** muss lediglich im Seeverkehr **eingesetzt** sein (Abs. 1 S. 1 Buchst. b). Das Merkmal ist zur Vermeidung von Wertungswidersprüchen eng auszulegen. Nicht ganz auszuschließen sind zwar Fahrten auf Binnenschifffahrtsstraßen und Vorgänge des Ladens und Löschens im Hafen (BT-Drs. 11/4946, 6); sie müssen aber eine Seefahrt unmittelbar einleiten oder abschließen (ebenso König in LK-StGB Rn. 18). 6

4. Die Flugzeug- oder Schiffsentführung nach Abs. 1 Nr. 1: 7

a) Tathandlungen: Gewalt (→ § 240 Rn. 5–11; einschr. auf vis absoluta Zieschang in NK-StGB Rn. 8) gegen (irgend-)eine Person oder Sache (Hecker JA 2009, 673 (675)), uU auch außerhalb des Luft- oder Wasserfahrzeugs (zB den Einwinker auf dem Rollfeld), genügt. Der **Angriff** (die unmittelbar feindselige Einwirkung) **auf die Entschlussfreiheit** (irgend-)einer Person kann sich vor allem gegen Besatzungsmitglieder und Passagiere, aber zB auch gegen das Flugsicherungspersonal oder den Schiffslotsen richten. Das konturlose Merkmal **Vornahme sonstiger Machenschaften,** das lediglich ein methodisch berechnetes Gesamtverhalten bezeichnet (BT-Drs. VI/2721, 3; krit. Maurach FS Heinitz, 1972, 403 (410)), will namentlich Einwirkungen mit technischen elektronischen oder anderen Mitteln auf die Funk- oder Navigationsgeräte des Luft- oder Wasserfahrzeugs erfassen (BT-Drs. VI/2721, 3; Hecker JA 2009, 673 (676), Auffangtatbestand); jedoch gehören auch auf Täuschung berechnete Handlungen wie falsche Funksignale, aber wohl nicht bloße Überredung oder Bestechung des Flugzeugführers (Maurach/Schroeder/Maiwald StrafR BT II § 53 Rn. 54; Hecker in Schönke/Schröder Rn. 19; aM Kunath JZ 1972, 199 (201); zw.) oder Kapitäns hierher (aM Zieschang in NK-StGB Rn. 10), wohl auch nicht das Besorgen einer Waffe und ihr Vorbeischmuggeln an der Kontrolle (Hecker JA 2009, 673 (676)).

b) Der **innere Tatbestand** erfordert neben dem Vorsatz die **Absicht** im Sinne zielgerichteten Wollens („um zu", → § 15 Rn. 20), die Herrschaft über das Fahrzeug (dh eigene Führung oder tatsächliche Gewalt über Besatzung und Passagiere) zu erlangen oder auf dessen Führung einzuwirken; mit diesen sich weit überschneidenden Begriffen soll namentlich das Vorhaben erfasst werden, das Fahrzeug auf ein anderes Ziel umzuleiten, ebenso aber auch, seine Landung auf einem bestimmten Flugplatz (BT-Drs. VI/2721, 3) oder in einem bestimmten Hafen zu verhindern (vgl. Hecker JA 2009, 673 (676)). Mit der Tathandlung in dieser Absicht ist die Tat 8 vollendet; auf den Eintritt irgendeines Erfolgs kommt es nicht an (BGHSt 61, 76 (80) = NJW 2016, 1667).

9 **c)** Flugzeugentführungen zur Erzwingung der Flucht aus Staaten ohne Freizügigkeit sind idR weder nach § 34 **gerechtfertigt,** noch nach § 35 **entschuldigt** (Weber FG v. Lübtow, 1980, 751); ebensowenig Schiffsentführungen am Horn von Afrika angesichts der dortigen wirtschaftlichen Notlage (LG Hamburg BeckRS 2013, 7408).

10 **5. Die Flugzeug- oder Schiffssabotage nach Abs. 1 Nr. 2.**

a) Zu den **Tathandlungen:**

aa) Erforderlich ist bestimmungsmäßiges **Gebrauchen** einer einsatzbereiten **Schusswaffe** (→ § 244 Rn. 3), nicht der bloßen Attrappe einer solchen Waffe. Auch unmittelbares Bedrohen mit der Waffe gehört dazu (BGH NJW 1972, 731 zu § 250 aF; aM Maurach FS Heinitz, 1972, 403 (411); König in LK-StGB Rn. 41; zw.).

bb) **Unternehmen** → § 11 Rn. 19. **Explosion** → § 311 Rn. 2. **Brand** → § 306 Rn. 5.

11 **b)** Die neben dem **Vorsatz** erforderliche **Absicht** ist zielgerichtetes Wollen (→ Rn. 8) der Zerstörung oder Beschädigung (→ § 303 Rn. 3–7) des Fahrzeugs oder der Ladung; ob der Erfolg erreicht wird, ist unerheblich.

12 **6.** Zu Abs. 2 (minder schwere Fälle) → § 46 Rn. 7–10a; → § 12 Rn. 4. – Die **Erfolgsqualifikation des Abs. 3** entspricht ihrer Struktur nach dem Raub mit Todesfolge (→ § 251 Rn. 1–4); als taugliche Opfer scheiden Tatbeteiligte aus (Zieschang in NK-StGB Rn. 32; aM Hecker in Schönke/Schröder Rn. 32; Wolters in SK-StGB Rn. 31; König in LK-StGB Rn. 47); zu den Anknüpfungspunkten der Todesfolge („durch die Tat") näher Hardtung Teilvorsatzdelikte S. 159.

13 **7. Abs. 4** ist in der Beschreibung der Vorbereitungshandlungen eng an § 310 (→ § 310 Rn. 2, 3) angelehnt. Die zur Herbeiführung einer Explosion oder eines Brandes „bestimmten" Gegenstände müssen auch ihrer Art nach für diesen Zweck spezifisch geeignet sein. „Zur Vorbereitung" verlangt Absicht (Hecker JA 2009, 673 (677); → § 310 Rn. 3; aM König in LK-StGB Rn. 48).

14 **8. Tateinheit** ua möglich mit §§ 211, 212, 223 ff., §§ 239, 239b, 240, 303, 306–308, 310 (im Verhältnis zu Abs. 4; zw.), § 315.

15 **9.** Für den **räumlicher Geltungsbereich** gilt der Weltrechtsgrundsatz (§ 6 Nr. 3; Hecker JA 2009, 673 (677)). Grundlage sind für den **Luftverkehr** das Haager Übereinkommen v. 16.12.1970 zur Bekämpfung der widerrechtlichen Inbesitznahme von Luftfahrzeugen (BGBl. 1972 II 1505) und das Übereinkommen zur Bekämpfung widerrechtlicher Handlungen gegen die Sicherheit der Zivilluftfahrt v. 23.8.1971 (BGBl. 1977 II 1229) sowie für den **Seeverkehr** das Übereinkommen zur Bekämpfung widerrechtlicher Handlungen gegen die Sicherheit der Seeschifffahrt v. 10.3.1988 (BGBl. 1990 II 493).

16 **10. Tätige Reue** § 320 (BGHSt 61, 76 = NJW 2016, 1667 mzustAnm Schiemann). Führungsaufsicht § 321. Einziehung § 322. Anzeigepflicht § 138 I Nr. 9.

§ 317 Störung von Telekommunikationsanlagen

(1) **Wer den Betrieb einer öffentlichen Zwecken dienenden Telekommunikationsanlage dadurch verhindert oder gefährdet, daß er eine dem Betrieb dienende Sache zerstört, beschädigt, beseitigt, verändert oder unbrauchbar macht oder die für den Betrieb bestimmte elektrische Kraft entzieht, wird mit Freiheitsstrafe bis zu fünf Jahren oder mit Geldstrafe bestraft.**

(2) **Der Versuch ist strafbar.**

(3) **Wer die Tat fahrlässig begeht, wird mit Freiheitsstrafe bis zu einem Jahr oder mit Geldstrafe bestraft.**

Fassung: Anpassung von Überschrift und Abs. 1 an das veränderte Telekommunikationsrecht durch das BegleitG (→ Vor § 1 Rn. 13).

1. Die Vorschrift schützt die **Funktionsfähigkeit des öffentlichen Telekommunikationsverkehrs** (ebenso Zieschang in NK-StGB Rn. 5). 1

2. Telekommunikationsanlagen bringt die technische Vielfalt an Übermitt- 2
lungsmöglichkeiten besser als der bisher verwendete Begriff Fernmeldeanlage zum Ausdruck (BT-Drs. 13/8016, 28). Hierher gehören die Einrichtungen des Fernmeldewesens (auch Hörfunk und Fernsehen einschließlich des Breitbandkabelnetzes, Wolff in LK-StGB Rn. 2), namentlich das öffentliche Telekommunikationsnetz einschließlich der von der Post angebotenen Telekommunikationsdienste. Nach § 3 Nr. 23 TKG sind Telekommunikationsanlagen technische Einrichtungen oder Systeme, die als Nachrichten identifizierbare elektromagnetische oder optische Signale senden, übertragen, vermitteln, empfangen, steuern oder kontrollieren können. Die Anlage muss öffentlichen Zwecken dienen, dh ganz oder teilweise im Interesse der Allgemeinheit betrieben werden. Das ist zB beim privaten Rundfunk- oder Fernsehgerät nicht der Fall, wohl aber beim privaten Telefonanschluss, und zwar ungeachtet der durch das PostStruktG veränderten Gesetzeslage (BGHSt 39, 288 = NJW 1993, 2946 mit krit. Bespr. Hahn NStZ 1994, 190; CR 1994, 640; Helgerth JR 1994, 122; Schmittmann NStZ 1994, 587; CR 1995, 548; sowie Statz ArchPT 1994, 67; Wolff in LK-StGB Rn. 3; aM Hecker in Schönke/Schröder Rn. 3; zweifelnd Fischer Rn. 3; zw.).

3. Zu den **Tathandlungen** → § 316b Rn. 5. Jedoch genügt hier als Handlungs- 3
erfolg die **Gefährdung** des Betriebs einer Telekommunikationsanlage, dh die Verursachung eines Zustandes der funktionsfähigen Anlage, der nach den Umständen den Eintritt einer Funktionsstörung wahrscheinlich macht (OLG Düsseldorf MDR 1984, 1040); ein Eingriff in deren Substanz ist dazu nicht unbedingt erforderlich (Fischer Rn. 4; aM OLG Hamm VRS 36, 51 (53)). Der Tatbestand des § 317 ist durch die Zerstörung eines privaten Telefonanschlusses jedenfalls dann erfüllt, wenn diese gegen den Willen der Betreibergesellschaft und des Anschlussinhabers erfolgt (BGHSt 39, 288 = NJW 1993, 2946; Joecks/Jäger StGB Rn. 2; krit. zu dieser Bedingung Helgerth JR 1994, 122; Schmittmann NStZ 1994, 587; ganz abl. Wolters in SK-StGB Rn. 5). Das sog. „Spamming“ (→ § 265a Rn. 4) erfüllt den Tatbestand, wenn der Datenfluss wegen der Überlastung der Datenleitungen eines Servers zusammenbricht (Frank, Zur strafrechtlichen Bewältigung des Spamming, 2004, S. 150).

4 **4.** Der **Vorsatz** (bedingter genügt) muss auch die Verhinderung oder Gefährdung des Betriebs umfassen (zum Gefährdungsvorsatz → § 15 Rn. 28).

5 **5. Fahrlässigkeit** → § 15 Rn. 35. Zur Voraussehbarkeit von Beschädigung oder Betriebsgefährdung, wenn ein Kraftfahrer fahrlässig von der Fahrbahn abkommt und einen Telegraphenmast beschädigt, BGHSt 15, 110 = NJW 1960, 2200; BayObLG VRS 43, 113.

6 **6. Tateinheit** des Abs. 3 ist möglich mit §§ 303, 304; Abs. 1 und 2 verdrängen § 304 (Hecker in Schönke/Schröder Rn. 8).

§ 318 Beschädigung wichtiger Anlagen

(1) **Wer Wasserleitungen, Schleusen, Wehre, Deiche, Dämme oder andere Wasserbauten oder Brücken, Fähren, Wege oder Schutzwehre oder dem Bergwerksbetrieb dienende Vorrichtungen zur Wasserhaltung, zur Wetterführung oder zum Ein- und Ausfahren der Beschäftigten beschädigt oder zerstört und dadurch Leib oder Leben eines anderen Menschen gefährdet, wird mit Freiheitsstrafe von drei Monaten bis zu fünf Jahren bestraft.**

(2) **Der Versuch ist strafbar.**

(3) **Verursacht der Täter durch die Tat eine schwere Gesundheitsschädigung eines anderen Menschen oder eine Gesundheitsschädigung einer großen Zahl von Menschen, so ist auf Freiheitsstrafe von einem Jahr bis zu zehn Jahren zu erkennen.**

(4) **Verursacht der Täter durch die Tat den Tod eines anderen Menschen, so ist die Strafe Freiheitsstrafe nicht unter drei Jahren.**

(5) **In minder schweren Fällen des Absatzes 3 ist auf Freiheitsstrafe von sechs Monaten bis zu fünf Jahren, in minder schweren Fällen des Absatzes 4 auf Freiheitsstrafe von einem Jahr bis zu zehn Jahren zu erkennen.**

(6) **Wer in den Fällen des Absatzes 1**
1. die Gefahr fahrlässig verursacht oder
2. fahrlässig handelt und die Gefahr fahrlässig verursacht,
wird mit Freiheitsstrafe bis zu drei Jahren oder mit Geldstrafe bestraft.

Fassung des 6. StrRG (→ Vor § 1 Rn. 13).

1 **1.** Die Vorschrift **schützt** Leib und Leben der von der Beschädigung wichtiger Anlagen betroffenen Menschen (Wolters in SK-StGB Rn. 2), aber auch die Anlagen (Wolff in LK-StGB Rn. 1). Die Gegenstände des Abs. 1 sind **ohne Rücksicht auf das Eigentum** geschützt (Hecker in Schönke/Schröder Rn. 1). Auch die Hauswasserleitung wird erfasst (einschr. Wolff in LK-StGB Rn. 4; aM Hecker in Schönke/Schröder Rn. 2).

2 **2. Zerstören, Beschädigen** → § 303 Rn. 3–7. Hinzukommen muss eine dadurch verursachte konkrete **Gefahr für Leben oder Gesundheit** (→ § 315c Rn. 21–23), sei es auch nur eines Menschen (RGSt 74, 13). Eine Sachgefahr reicht nicht.

3. Der **Vorsatz** (bedingter genügt) muss auch die Gefahr umfassen (zum Gefährdungsvorsatz → § 15 Rn. 28). Fahrlässige Begehung (Abs. 6) → § 315c Rn. 29, 30. 3

4. Zu den **Erfolgsqualifikationen** der **Abs. 3 und 4** → § 18 Rn. 3–6, 8; „durch die Tat" meint auch den Gefährdungserfolg (→ Rn. 2; näher Hardtung Teilvorsatzdelikte S. 75). Schwere Gesundheitsschädigung → § 250 Rn. 3; große Zahl von Menschen → § 330 Rn. 6; Tod → Vor § 211 Rn. 4. 4

5. Zu **Abs. 5** (minder schwere Fälle) → § 46 Rn. 7–10a; → § 12 Rn. 4. 5

6. Tätige Reue § 320. 6

§ 319 Baugefährdung

(1) **Wer bei der Planung, Leitung oder Ausführung eines Baues oder des Abbruchs eines Bauwerks gegen die allgemein anerkannten Regeln der Technik verstößt und dadurch Leib oder Leben eines anderen Menschen gefährdet, wird mit Freiheitsstrafe bis zu fünf Jahren oder mit Geldstrafe bestraft.**

(2) **Ebenso wird bestraft, wer in Ausübung eines Berufs oder Gewerbes bei der Planung, Leitung oder Ausführung eines Vorhabens, technische Einrichtungen in ein Bauwerk einzubauen oder eingebaute Einrichtungen dieser Art zu ändern, gegen die allgemein anerkannten Regeln der Technik verstößt und dadurch Leib oder Leben eines anderen Menschen gefährdet.**

(3) **Wer die Gefahr fahrlässig verursacht, wird mit Freiheitsstrafe bis zu drei Jahren oder mit Geldstrafe bestraft.**

(4) **Wer in den Fällen der Absätze 1 und 2 fahrlässig handelt und die Gefahr fahrlässig verursacht, wird mit Freiheitsstrafe bis zu zwei Jahren oder mit Geldstrafe bestraft.**

1. Geschützt sind **Leben und Gesundheit von Menschen,** nicht nur der Bewohner und Passanten, sondern auch der Bauarbeiter; lediglich die Tatbeteiligten scheiden aus (BT-Drs. 7/550, 268; Wolff in LK-StGB Rn. 15; aM Wolters in SK-StGB Vor § 306 Rn. 10). Die Tat ist **konkretes Gefährdungsdelikt** (Landau wistra 1999, 47; → Vor § 13 Rn. 32). Eingehend Gallas, Die strafrechtliche Verantwortlichkeit der am Bau Beteiligten, 1964; Velten, Die Baugefährdung, 1965; Schünemann ZfBR 1980, 4; ZfBR 1980, 113; ZfBR 1980, 159; zusf. Schünemann in Ulsamer StrafR/StrafVerfR S. 79. 1

2. a) Regeln der Technik sind Maßstäbe, die sich als Ergebnis einer auf Erfahrung und Überlegung beruhenden Voraussicht möglicher Gefahren für die Planung, Berechnung und Ausführung von Bauten (Abs. 1) oder von technischen Einrichtungen (Abs. 2) entwickelt haben (krit. Schünemann FS Lackner, 1987, 367). Solche Gefahren können sowohl von dem Bau- (oder Arbeits-)vorgang als solchem wie auch von dem Bauwerk (oder der technischen Einrichtung) ausgehen (daher zB auch Regeln über Statik, Feuersicherheit und Hygiene). 2

b) Allgemein anerkannte Regeln sind nur solche, die sich bewährt haben und nach der Durchschnittsauffassung der Praxis (OLG Koblenz GA 1974, 87; Landau wistra 1999, 47 (48)) in der Überzeugung befolgt werden, dass sie für gefahrloses 3

Bauen notwendig sind (hM; Bottke ZfBR 1991, 233 (236); Esser/Keuten NStZ 2011, 314 (317); Joecks/Jäger StGB Rn. 2; anders Schünemann FS Lackner, 1987, 367 (375)). Verfassungsrechtliche Bedenken gegen diese als „dynamische Verweisung" missverstehbare Begriffsbestimmung sind zwar nicht fern liegend, aber doch nicht hinreichend begründet (Tiedemann Jura 1982, 371 (377); Landau wistra 1999, 47 (48); aM Schünemann FS Lackner, 1987, 367 (375); Schünemann ZfBR 1980, 159, der die „allgemein anerkannten Regeln" zur Erzielung eines verfassungskonformen Ergebnisses als unbestimmten Rechtsbegriff versteht, mit dem lediglich die Beachtung der im Verkehr erforderlichen Sorgfalt postuliert werde und der deshalb den Richter nicht an den Inhalt der Regeln binde). Unfallverhütungsvorschriften der Berufsgenossenschaften und baupolizeiliche Vorschriften sind nur idR, aber nicht notwendig allgemein anerkannt (RGSt 56, 343 (346); aM BT-Drs. 7/550, 267; OLG Koblenz GA 1974, 87). Als Verstoß kommt auch pflichtwidriges, seiner Struktur nach unechtes (Schünemann ZfBR 1980, 113 (114); Bottke ZfBR 1991, 233 (236); aM Landau wistra 1999, 47 (48)). Unterlassen in Frage (OLG Celle Nds. Rpfl. 1986, 133; → § 13 Rn. 4–15).

4 **3. a)** In **Abs. 1** ist **Bau** weit auszulegen. Der Begriff umfasst jede bauhandwerkliche Tätigkeit im Hoch-, Tief-, Wasser-, Straßen- und Bergbau, soweit sich für sie wegen der damit verbundenen Gefahren Regeln der Technik entwickelt haben, also etwa auch Ausbesserung von Gebäuden, Ausheben von Baugruben, Aufstellen von Baugerüsten und Einsatz von Baumaschinen (BT-Drs. 7/550, 267).

5 **b) Täter** kann nur sein, wer bei der Planung, Leitung oder Ausführung des Baues **unmittelbar** mitwirkt (hM; vgl. Esser/Keuten NStZ 2011, 314 (315); Schünemann ZfBR 1980, 4 (6); Bottke ZfBR 1991, 233 (235); Landau wistra 1999, 47). Die **Planung** betrifft namentlich die Fertigung der Baupläne durch den Architekten und die statischen Berechnungen durch den Statiker, nicht ihre Überprüfung durch die Bauaufsichtsbehörde; der Bauherr scheidet als Täter idR aus, weil die technische Planung nur ganz ausnahmsweise zu seinem Verantwortungsbereich gehört. – Die **Leitung** eines Baues hat, wer nach der tatsächlichen Lage die maßgeblichen Anordnungen über die Gesamtausführung – sei es auch nur im Rahmen eines sukzessiven Bauabschnitts – trifft oder zu treffen hat und damit die technischen Regeln unmittelbar anwendet (BayObLG NJW 1959, 900). Das ist meist der Bauunternehmer (BGH NJW 1965, 1340; OLG Karlsruhe NJW 1977, 1930; beachte jedoch OLG Hamm GA 1966, 250; vgl. auch Hecker FS Wolter, 2013, 591), nach hM nicht der als „verantwortlicher" Bauleiter im Sinne des Landesbaurechts lediglich überwachende Architekt (BGH NJW 1965, 1340 mwN; aM Schünemann ZfBR 1980, 4 (8); sa BGHSt 19, 286 = NJW 1964, 1283; OLG Stuttgart NJW 1984, 2897 mablAnm Henke NStZ 1985, 124; zw.) oder der sonst kontrollierende Beauftragte des Bauherrn (OLG Hamm NJW 1969, 2211; OLG Celle Nds. Rpfl. 1986, 133). Maßgebend sind immer Art und Umfang der tatsächlich ausgeübten Tätigkeit; wer sich in Urlaub befindet, ist daher regelmäßig nicht Bauleiter (OLG Karlsruhe Justiz 1970, 52). **Ausführung** ist jede maßgebliche Mitwirkung unmittelbar am Bau (zB auch als aufsichtsführender Polier, OLG Koblenz GA 1974, 87); auch bloße Hilfstätigkeiten, wie Aufstellen von Gerüsten (RGSt 39, 417), Leitern oder Warnschildern, kommen in Frage (OLG Koblenz GA 1974, 87), jedoch nicht die bloße Lieferung von Baumaterialien (hM; Bottke ZfBR 1991, 233 (236)). Bei **arbeitsteiligem Handeln** hängt es von den jeweiligen Verantwortungsbereichen ab, namentlich auch von den Grenzen der Übertragbarkeit von Sicherungspflichten und den damit zusammenhängenden Kontroll-, Aufsichts- und

Auswahlpflichten, wer bei Planung, Leitung oder Ausführung gegen die Bauregel verstoßen hat (dazu iE Schünemann ZfBR 1980, 113 (115); sa OLG Celle Nds. Rpfl. 1986, 133; → § 15 Rn. 40).

4. Abs. 2 betrifft namentlich den Einbau von Maschinen, Heizanlagen, Gasrohren oder elektrischen Anlagen (BT-Drs. 7/550, 268; weiter Zieschang in NK-StGB Rn. 9). Die Beschränkung des Täterkreises (Berufs- oder Gewerbeausübung) soll vor allem den Eigentümer oder Mieter ausscheiden, der häufig solche Anlagen selbst einbaut (BT-Drs. 7/550, 268); dessen strafrechtliche Haftung bestimmt sich, soweit keine Spezialvorschriften eingreifen, nach §§ 222, 229 (Bottke ZfBR 1991, 233 (236); Joecks/Jäger StGB Rn. 3; Kindhäuser/Hilgendorf in LPK-StGB Rn. 7). 6

5. Für die **Gefährdung** (namentlich den Gefahrbegriff; krit. zu seiner Verwendung in § 323 StGB aF, jetzt § 319, Schünemann ZfBR 1980, 159 (164)) und die Abstufung der Strafdrohungen (Abs. 1–4) gelten die Ausführungen unter → § 315c Rn. 20–31 sinngemäß. Die Herbeiführung einer bloßen Sachgefahr genügt jedoch nicht. Zur Fahrlässigkeit (Abs. 4) Duttge, Zur Bestimmtheit des Handlungsunwerts von Fahrlässigkeitsdelikten, 2001, S. 343. 7

6. Tateinheit ua möglich mit §§ 222, 229 (einschr. Esser/Keuten NStZ 2011, 314 (322); OLG Zweibrücken BeckRS 2016, 2644); jedoch kann ein fahrlässiges Verletzungsdelikt auch vorliegen, wenn die verletzte Regel nicht allgemein anerkannt war (Landau wistra 1999, 47 (49)). 8

7. Tätige Reue § 320. 9

§ 320 Tätige Reue

(1) **Das Gericht kann die Strafe in den Fällen des § 316c Abs. 1 nach seinem Ermessen mildern (§ 49 Abs. 2), wenn der Täter freiwillig die weitere Ausführung der Tat aufgibt oder sonst den Erfolg abwendet.**

(2) **Das Gericht kann die in den folgenden Vorschriften angedrohte Strafe nach seinem Ermessen mildern (§ 49 Abs. 2) oder von Strafe nach diesen Vorschriften absehen, wenn der Täter in den Fällen**
1. des § 315 Abs. 1, 3 Nr. 1 oder Abs. 5,
2. des § 315b Abs. 1, 3 oder 4, Abs. 3 in Verbindung mit § 315 Abs. 3 Nr. 1,
3. des § 318 Abs. 1 oder 6 Nr. 1,
4. des § 319 Abs. 1 bis 3

freiwillig die Gefahr abwendet, bevor ein erheblicher Schaden entsteht.

(3) **Nach den folgenden Vorschriften wird nicht bestraft, wer**
1. in den Fällen des
  a) § 315 Abs. 6,
  b) § 315b Abs. 5,
  c) § 318 Abs. 6 Nr. 2,
  d) § 319 Abs. 4
  freiwillig die Gefahr abwendet, bevor ein erheblicher Schaden entsteht, oder
2. in den Fällen des § 316c Abs. 4 freiwillig die weitere Ausführung der Tat aufgibt oder sonst die Gefahr abwendet.

(4) **Wird ohne Zutun des Täters die Gefahr oder der Erfolg abgewendet, so genügt sein freiwilliges und ernsthaftes Bemühen, dieses Ziel zu erreichen.**

1 **1.** Allgemein zur tätigen Reue → § 24 Rn. 29.

2 **2.** Die Vorschrift hat die zuvor in den §§ 315–323 StGB aF verstreuten Regelungen über tätige Reue weitgehend nur zusammengefasst. Neu ist dabei die tätige Reue für § 318 eingeführt worden (Abs. 2 Nr. 3 und Abs. 3 Nr. 1 c).

§ 321 Führungsaufsicht

In den Fällen der §§ 306 bis 306c und 307 Abs. 1 bis 3, des § 308 Abs. 1 bis 3, des § 309 Abs. 1 bis 4, des § 310 Abs. 1 und des § 316c Abs. 1 Nr. 2 kann das Gericht Führungsaufsicht anordnen (§ 68 Abs. 1).

§ 322 Einziehung

Ist eine Straftat nach den §§ 306 bis 306c, 307 bis 314 oder 316c begangen worden, so können
1. **Gegenstände, die durch die Tat hervorgebracht oder zu ihrer Begehung oder Vorbereitung gebraucht worden oder bestimmt gewesen sind, und**
2. **Gegenstände, auf die sich eine Straftat nach den §§ 310 bis 312, 314 oder 316c bezieht,**

eingezogen werden.

1 **1.** § 322 ist eine besondere Vorschrift iSd § 74 IV, welche die Einziehung über § 74 I hinaus zulässt. Die Voraussetzungen des § 74 II, III müssen daher erfüllt sein. § 74a ist nicht anwendbar.

2 **2.** Im Übrigen vgl. §§ 74–74c, 74e–76b.

§ 323 (weggefallen)

§ 323a Vollrausch

(1) **Wer sich vorsätzlich oder fahrlässig durch alkoholische Getränke oder andere berauschende Mittel in einen Rausch versetzt, wird mit Freiheitsstrafe bis zu fünf Jahren oder mit Geldstrafe bestraft, wenn er in diesem Zustand eine rechtswidrige Tat begeht und ihretwegen nicht bestraft werden kann, weil er infolge des Rausches schuldunfähig war oder weil dies nicht auszuschließen ist.**

(2) **Die Strafe darf nicht schwerer sein als die Strafe, die für die im Rausch begangene Tat angedroht ist.**

(3) **Die Tat wird nur auf Antrag, mit Ermächtigung oder auf Strafverlangen verfolgt, wenn die Rauschtat nur auf Antrag, mit Ermächtigung oder auf Strafverlangen verfolgt werden könnte.**

1. Der Vollrausch ist ein **abstraktes Gefährdungsdelikt** (→ Vor § 13 Rn. 32; str.; dazu Geppert Jura 2009, 40 (42), der ein konkretes Gefährdungsdelikt eigener/besonderer Art annimmt; ähnlich Geisler in MüKoStGB Rn. 9). Der Tatbestand soll der generellen Gefährlichkeit entgegenwirken, die für alle strafrechtlich relevanten Rechtsgüter mit jedem die Schuldfähigkeit ausschließenden Rausch erwächst (BGHSt 16, 124 = NJW 1961, 1733; sa BGHSt 62, 247 = NJW 2018, 1180 mAnm Jahn; str.). Gegenstand des Schuldvorwurfs ist daher allein das vorsätzliche oder fahrlässige Herbeiführen eines solchen – nach der Bewertung des Gesetzes stets abstrakt gefährlichen – Zustandes (BGH NStZ 1994, 131; NStZ-RR 2020, 250; Puppe GA 1974, 98; Puppe in Ulsamer StrafR/StrafVerfR S. 1181; Dencker JZ 1984, 453; Lackner FS Jescheck, 1985, 645; Kusch, Der Vollrausch, 1984, S. 24; Satzger JA 2006, 108 (109, 111); sa Renzikowski ZStW 112 (2000), 475 (509)). Demgegenüber wird in Teilen des Schrifttums eine mehr oder minder konkrete Gemeingefährlichkeit des Rauschs oder eine unterschiedlich definierte Beziehung zwischen Rausch und Rauschtat vorausgesetzt (vgl. zB Cramer, Der Vollrauschtatbestand als abstraktes Gefährdungsdelikt, 1962; Hirsch ZStW-Beiheft 1981, 1 (11); Wolter NStZ 1982, 54; Paeffgen ZStW 97 (1985), 513; Otto Jura 1986, 478; Miseré, Die Grundprobleme der Delikte mit strafbegründender schwerer Folge, 1997, S. 112; Geisler, Zur Vereinbarkeit objektiver Bedingungen der Strafbarkeit mit dem Schuldprinzip, 1998, S. 363, 388; Geisler GA 2000, 166; Dölling in Kiesel, Rausch, 1999, S. 149, 174; Küpper/Börner StrafR BT I Kap. II § 5 Rn. 62; Joecks/Jäger StGB Rn. 25; Hecker in Schönke/Schröder Rn. 1; Popp in LK-StGB, Rn. 17–31; → Rn. 14). Vereinzelt wird auch die Annahme eines Gefährdungsdelikts überhaupt verworfen und der Tatbestand entgegen seinem Wortlaut als bloße Ausnahmeregel zu den §§ 20, 21 interpretiert (Streng JZ 1984, 114; ZStW 101 (1989), 273 (317); JR 1993, 35; Streng in MüKoStGB § 20 Rn. 153; Neumann, Zurechnung und „Vorverschulden", 1985, S. 125). Ebenso wie § 330a StGB aF verstößt er nicht gegen das Schuldprinzip (BGHSt 16, 124 = NJW 1961, 1733; Lackner JuS 1968, 215; Montenbruck GA 1978, 225; Streng in MüKoStGB § 20 Rn. 153; aM Kaufmann JZ 1963, 425; diff. Wolter NStZ 1982, 54, der ohne Grundlage im Gesetz den Tatbestand aufspaltet und bei Fehlen einer Schuldbeziehung zwischen Rausch und Rauschtat einen Minimalstrafrahmen postuliert; ähnlich Paeffgen in NK-StGB Rn. 14–17). Einzuräumen bleibt allerdings, dass sich keine der möglichen Deutungen widerspruchsfrei in den allgemeinen dogmatischen Systemzusammenhang einfügt (ebenso Schöch in Satzger/Schluckebier/Widmaier StGB Rn. 7; vgl. BGHSt 49, 239 (251) = NJW 2004, 3350, eine der umstrittensten StGB-Vorschriften). Kritisch zum Ansatz bei § 323a Hettinger in Schnarr/Henning/Hettinger, Alkohol als Strafmilderungsgrund, Vollrausch, Actio libera in causa, 2001, S. 190, 286; sa Freund/Renzikowski ZRP 1999, 497; Renzikowski ZStW 112 (2000), 475 (477); Berster ZStW 124 (2012), 991 mit Vorschlag de lege ferenda Berster ZStW 124 (2012), 991 (1012); Duttge FS Geppert, 2011, 61; Dölling in Kiesel, Rausch, 1999, S. 180; Paeffgen in NK-StGB Rn. 113; Paeffgen in Egg/Geisler, Alkohol, Strafrecht und Kriminalität, 2000, S. 49, 65; sowie Henning in Schnarr/Henning/Hettinger, Alkohol als Strafmilderungsgrund, Vollrausch, Actio libera in causa, 2001, S. 101, 163. 1

2. Tathandlung ist das Sichversetzen in einen Rausch durch alkoholische Getränke oder andere berauschende Mittel (→ § 315c Rn. 5); ob mit dem Mittel auch subjektiv die Herbeiführung eines Rauschs oder einer anderen lustbetonten Empfindung bezweckt wird, ist unerheblich (BayObLG NJW 1990, 2334; Riemenschneider MedR 1998, 17 (18)). 2

3 **a) Rausch** ist ein Zustand der Enthemmung, der sich in dem für das jeweilige Rauschmittel typischen, die psychischen Fähigkeiten durch Intoxikation beeinträchtigenden Erscheinungsbild widerspiegelt (hM; vgl. etwa BGHSt 32, 48 (53) = NJW 1983, 2889; BayObLG NJW 1990, 2334; Kindhäuser/Schramm StrafR BT I § 71 Rn. 9; Küper/Zopfs StrafR BT Rn. 412; anders Schewe BA 1976, 87; Schewe ZStW-Beiheft 1981, 39 (60); sowie Gerchow FS Sarstedt, 1981, 1, die den Begriff des Rauschs nicht für abgrenzbar halten und deshalb jede Intoxikation durch pharmakologische Mittel ausreichen lassen; anders auch Kusch, Der Vollrausch, 1984, S. 48, der den Rausch als eine die Psyche verändernde schwere Bewusstseinsstörung definiert; sa Popp in LK-StGB, Rn. 89–109; zw.). Darüber hinaus werden wohl auch solche Zustände erfasst, die nach medizinischer Erfahrung als abnorme Reaktionen auf ein Rauschmittel vorkommen. Stets muss der Zustand aber als Folge der Anwendung gerade von Rauschmitteln zu erwarten sein (hM; vgl. etwa BGHSt 26, 363 = NJW 1976, 1901; OLG Karlsruhe NJW 1979, 611). Deren bloß ursächliche Mitwirkung bei der Auslösung eines andersartigen biologischen Defekts genügt daher nicht (str.), wohl aber, wenn der Rausch auf einer Kombinationswirkung mit anderen rauschfördernden Ursachen beruht (Geisler in MüKoStGB Rn. 30; einschr. und näher konkretisierend Forster/Rengier NJW 1986, 2869). Daraus folgt, dass es für den äußeren Tatbestand (zu Vorsatz und Fahrlässigkeit → Rn. 13) idR unerheblich ist, ob neben dem Rauschmittel (KG NJW 1972, 1529) noch andere Umstände, zB Erregung (BGH NJW 1967, 298; NJW 1979, 1370) oder Einnahme von Medikamenten (OLG Hamm BA 1979, 460; sa OLG Oldenburg BA 1985, 254), mitgewirkt haben (BGHSt 22, 8 (11) = NJW 1968, 1197; BGHSt 26, 363 = NJW 1976, 1901; str.); deshalb werden auch der pathologische Rausch infolge Alkoholüberempfindlichkeit (BGHSt 1, 196 = BeckRS 1951, 31399681; BGHSt 40, 198 = StV 1994, 650 mit zust. Bespr. Blau JR 1995, 117; Otto JK StGB § 323a Rn. 6) und der epileptoide Rausch nach Alkoholgenuss (BGHSt 4, 73 = NJW 1953, 913) erfasst. Konsum des Rauschmittels im Übermaß ist nicht erforderlich (hM; anders Puppe GA 1974, 98 (108); Jura 1982, 281 (288)).

4 **b)** Den für einen Rausch erforderlichen **Mindestschweregrad** der psychischen Beeinträchtigung konkretisiert die Vorschrift nicht (BGHSt 32, 48 (53) = NJW 1983, 2889). Lange Zeit hat die **Rspr.** in Anknüpfung an das frühere Recht (→ Rn. 5) angenommen, dass mindestens „der sichere Bereich“ verminderter Schuldfähigkeit „überschritten“ sein müsse (zB BGH VRS 50, 358; JR 1980, 32; OLG Karlsruhe NJW 2004, 3356; zur BGH-Rechtsprechung Otto FG BGH, 2000, 111 (127)), und das in jüngeren Entscheidungen überwiegend dahin interpretiert, dass der sichere Nachweis verminderter Schuldfähigkeit (§ 21) erforderlich, aber auch ausreichend sei (BayObLG NJW 1978, 957; MDR 1979, 777; VRS 58, 207; OLG Braunschweig NStZ-RR 2014, 287; KG VRS 131, 313; aM OLG Karlsruhe NJW 1979, 1945 mit zust. Bespr. Paeffgen NStZ 1985, 8; iErg auch Wolter, Wahlfeststellung und in dubio pro reo, 1987, S. 75). Dass jedenfalls unter dieser Voraussetzung ein Rausch vorliegt, nimmt auch der BGH an (BGH NStZ-RR 1999, 172), der jedoch offen lässt, ob auch Rauschzustände geringeren Grades (so zB Tröndle FS Jescheck, 1985, 665 (682); Montenbruck JR 1978, 209; Otto Jura 1986, 478 (482); Hentschel NJW 2005, 641 (646); Fahl JuS 2005, 1076; Fischer Rn. 11–11b) – nicht dagegen Fälle des Zweifels über das Ob der Berauschung (so aber Schewe BA 1983, 369 (382); BA 1983, 526 (529); Schmoller, Alternative Tatsachenaufklärung im Strafrecht, 1986, S. 201, 214; Hecker in Schönke/Schröder

Rn. 5; aM bei Nehm DAR 1993, 166) – einzubeziehen sind (BGHSt 32, 48 (54) = NJW 1983, 2889; krit. Analyse der BGH-Rechtsprechung bei Otto FG BGH, 2000, 111 (129)); der Zustand des Täters muss danach seinem ganzen Erscheinungsbild nach als durch den Genuss von Rauschmitteln hervorgerufen anzusehen sein (BGH NStZ-RR 2011, 80: nicht schon bei leichter Alkoholisierung nach vier Flaschen Bier). Mit der überwiegenden Meinung in der früheren Rspr. sollte an dem Erfordernis des sicheren Nachweises verminderter Schuldfähigkeit festgehalten werden (KG RuP 2020, 238; OLG Köln BA 1985, 243 mablAnm Seib; BayObLG bei Rüth DAR 1985, 242; OLG Zweibrücken NZV 1993, 488); denn wenn § 21 zweifelsfrei erfüllt, also nicht nur nach dem Grundsatz in dubio pro reo anwendbar ist, steht fest, dass der Täter in einem vom Gesetz als gravierend angesehenen (§ 21) Zustand eindeutig herabgesetzter Motivierbarkeit gehandelt hat, in dem nach genereller Erfahrung die Gefahr strafrechtlich relevanter Ausschreitungen besteht, die Verantwortlichkeit des Täters aber nicht mehr gewährleistet ist (Lackner FS Jescheck, 1985, 645 (657)). Eine Unterschreitung dieser Mindestgrenze würde in den Tatbestand auch ungefährliches, möglicherweise völlig vorwurfsfreies Verhalten einbeziehen (ähnlich Dencker NJW 1980, 2159; JZ 1984, 453; Puppe Jura 1982, 281 (285); Schuppner/Sippel NStZ 1984, 67; Forster/Rengier NJW 1986, 2869; Ranft Jura 1988, 133 (136); Hohmann/Sander StrafR BT § 34 Rn. 11; Kindhäuser/Schramm StrafR BT I § 71 Rn. 16; Rengier StrafR BT II § 41 Rn. 22; Wessels/Hettinger/Engländer StrafR BT I Rn. 1032; Joecks/Jäger StGB Rn. 26, 27; Schöch in Satzger/Schluckebier/Widmaier StGB Rn. 14; weiter einschr. Paeffgen NStZ 1985, 8; aM Maurach/Schroeder/Maiwald StrafR BT II § 96 Rn. 18). Allerdings ist die Verknüpfung der Begriffsbestimmung des Rauschs mit dem Erfordernis verminderter Schuldfähigkeit dogmatisch nicht bedenkenfrei, weil sie den Rausch nicht allgemeingültig, sondern nur in Abhängigkeit von der Rauschtat bestimmen kann (Horn JR 1980, 1; Puppe Jura 1982, 281 (284); Paeffgen ZStW 97 (1985), 513 (526); Krümpelmann ZStW 99 (1987), 191 (199)). Sie dürfte sich aber aus dem inneren Zusammenhang zwischen Rausch und Rauschtat und der Notwendigkeit, das Schuldprinzip zu wahren, rechtfertigen lassen (Dencker NJW 1980, 2159; Lackner FS Jescheck, 1985, 645 (657); Forster/Rengier NJW 1986, 2869). Im **Schrifttum** sind Bedeutung und Grenzen des Rauschbegriffs sowie sein Zusammenhang mit der Rauschtat nach wie vor von einer abschließenden Klärung weit entfernt (vgl. die Nachw. in BGHSt 32, 48 = NJW 1983, 2889; eing. Neumann, Zurechnung und „Vorverschulden", 1985, S. 50, 100; Renzikowski ZStW 112 (2000), 475 (511), plädiert für die Festlegung eines Grenzwertes von 2‰; zusf. Geppert Jura 2009, 40 (42)).

3. a) Objektive Bedingung der Strafbarkeit (hM; OLG Hamm BA 1951, 118; 5
eing. Kusch, Der Vollrausch, 1984, S. 57; abl. Geisler, Zur Vereinbarkeit objektiver Bedingungen der Strafbarkeit mit dem Schuldprinzip, 1998, S. 368; Geisler GA 2000, 166 (174); krit. Popp in LK-StGB, Rn. 120) ist das **Begehen einer rechtswidrigen Tat** (→ § 11 Rn. 18), der sog. **Rauschtat,** deretwegen der Täter nicht bestraft werden kann, weil er infolge des Rausches schuldunfähig (§ 20) war oder weil dies nicht auszuschließen ist. Damit bestätigt das Gesetz die Ansicht schon der früheren Rspr. (zB BGHSt 9, 390 = NJW 1957, 71; BGHSt 16, 187 = NJW 1961, 2028), dass der Tatbestand auch bei Zweifeln über die Schuldfähigkeit anwendbar ist (BGH NStZ 1989, 365), allerdings nur unter der Voraussetzung, dass überhaupt ein Rausch vorliegt (→ Rn. 3, 4). Die dogmatische Begründung für diese im Gesetz ausdrücklich angeordnete Ausdehnung der Strafbarkeit ist umstritten (BGHSt 49,

239 (251) = NJW 2004, 3350). Die Rspr. stützt sie zurzeit auf ein nach dem Grundsatz in dubio pro reo zu behandelndes „normativ-ethisches" Stufenverhältnis „zwischen der in § 323a mit Strafe bedrohten Gefährdung" einerseits und der „Verletzung der Norm, die objektive Bedingung der Strafbarkeit dieses Gefährdungsdelikts" sei, andererseits (BGHSt 32, 48 (55) = NJW 1983, 2889; sa OLG Düsseldorf NJW 1989, 2408). Jedoch bedarf es bei Deutung der Vorschrift als abstraktes Gefährdungsdelikt (→ Rn. 1) dieser Legitimation nicht, weil Fälle schuldhaft begangener Rauschtaten unter den Unrechtstatbestand des § 323a fallen und nur durch die in der Strafbarkeitsbedingung steckende Subsidiaritätsanordnung ausgeschieden werden (Puppe GA 1974, 98 (114); Dencker NJW 1980, 2159 (2160); aM Paeffgen NStZ 1985, 8; str.). Jedenfalls kann aber auch das von der Rspr. postulierte Stufenverhältnis – wie immer man den Grundsatz in dubio pro reo verstehen mag (dazu Tröndle FS Jescheck, 1985, 665 (671)) – die Strafbarkeit nur solcher Zweifelsfälle begründen, in denen der Intoxikationsgrad die umstrittene (→ Rn. 4) Erheblichkeitsschwelle zum Rausch überschritten hat. Die übrig bleibenden Fälle, in denen sowohl der Rausch als auch die rauschbedingte Schuldunfähigkeit zweifelhaft bleiben, sind dagegen nicht erfassbar (hM; vgl. etwa Fischer Rn. 12; aus der Rspr. OLG Karlsruhe NJW 2004, 3356; anders Schewe BA 1983, 369 (382); BA 1983, 526 (529); Hentschel Trunkenheit Rn. 294, 295). Ihre Strafbarkeit ließe sich nur auf eine Wahlfeststellung gründen, die aber von der hM mit unterschiedlichen, allerdings durchweg problematischen Begründungen verneint wird (vgl. etwa BGHSt 9, 390 = NJW 1957, 71; anders Tröndle FS Jescheck, 1985, 665 (684); Seib BA 1985, 245 (247); Fahl JuS 2005, 1076 (1077); Joecks/Jäger StGB Rn. 26, 27; zusf. Geppert Jura 2009, 40 (48 f.)).

6 **b)** Die Rauschtat muss den **vollen äußeren und inneren Tatbestand** eines Strafgesetzes (einschließlich Versuch, Teilnahme oder versuchte Beteiligung nach § 30) verwirklichen; bei Erfolgsdelikten muss auch die objektive Zurechnung des Erfolges gegeben sein (Rengier FS Roxin, 2001, 811 (818)). Auch ein Unterlassungsdelikt kann genügen (hM; einschr. Backmann JuS 1975, 698; aM Kusch, Der Vollrausch, 1984, S. 111); jedoch scheidet § 323c als Rauschtat aus, weil der Täter idR schon wegen Unfähigkeit zur Hilfeleistung den Tatbestand nicht verwirklicht (Dencker NJW 1980, 2159 (2165); Fahl JuS 2005, 1076 (1080)) und weil die Einbeziehung der Vorschrift die allgemeine Hilfspflicht ohne zureichenden Grund erweitern würde (Ranft JA 1983, 239 (240); Maurach/Schroeder/Maiwald/Hoyer/Momsen StrafR BT § 96 Rn. 9; Geisler in MüKoStGB Rn. 33; aM BayObLG NJW 1974, 1520 mit krit. Bespr. Lenckner JR 1975, 31; Streng JZ 1984, 114; Otto Jura 1986, 478 (483); Wessels/Hettinger/Engländer StrafR BT I Rn. 1037; Paeffgen in NK-StGB Rn. 70). Bei positivem Tun muss eine „Handlung" im Sinne willkürlichen Verhaltens vorliegen (OLG Hamm NJW 1975, 2252; Kusch, Der Vollrausch, 1984, S. 74; Geppert Jura 2009, 40 (48 f.), Handlungsfähigkeit); der sinnlos Betrunkene, der im Zusammenfallen oder durch Erbrechen Sachen beschädigt, handelt nicht (krit. Schewe BA 1976, 87 (94); aM Wolters in SK-StGB Rn. 13, die erst den Vorsatz ablehnen). Der innere Tatbestand muss schon deshalb erfüllt sein, weil sonst nicht feststellbar wäre, ob (Abs. 1) und in welchem Umfang (Abs. 2) das Berauschen strafbar ist und ob die Verfolgung von einem Antrag usw (Abs. 3) abhängt (beachte jedoch BayObLG NJW 1989, 1685).

7 aa) Ist die Rauschtat nur bei **Vorsatz** mit Strafe bedroht (zB Sachbeschädigung, § 303), so ist erforderlich, dass der Täter mit natürlichem Vorsatz (→ § 15 Rn. 31) gehandelt hat, also mit einer durch § 20 keineswegs ausgeschlossenen Fähigkeit,

seine körperliche Kraft für bestimmte Zwecke einzusetzen (hM; vgl. etwa BGHSt 1, 124 = NJW 1951, 533; krit. Freund/Rostalski StrafR AT § 7 Rn. 32; anders Spendel in LK-StGB, 11. Aufl. 1992, Rn. 201). Ob eine solche Willensbildung noch möglich oder der Berauschte schon handlungsunfähig war, lässt sich ua auch nach seinem äußeren Verhalten beurteilen (BayObLG VRS 25, 346; OLG Hamm JMBl. NRW 1964, 117; krit. Schüler-Springorum MschrKrim 1973, 363); auch die BAK kann ein Anhaltspunkt sein (OLG Celle VRS 25, 347).

bb) Setzt die Rauschtat eine **besondere Absicht** voraus (zB bei Diebstahl oder Betrug), so muss diese als „natürlicher" zielgerichteter Wille gegeben sein (BGH VRS 41, 93; krit. Otto JZ 1993, 559 (565); vgl. auch BayObLG JR 1992, 346 mkritAnm Meurer). Betätigt der Rauschtäter nach Ernüchterung diese Absicht erneut, indem er sich zB die weggenommene Sache zueignet, so ist die Annahme einer mitbestraften Nachtat (→ Vor § 52 Rn. 32) nicht begründbar (Ranft JA 1983, 239 (244); aM OLG Celle NJW 1962, 1833; sa BGH bei Dallinger MDR 1971, 546; zw.). 8

cc) Ein **Irrtum** des Täters, der nicht auf seinem Rausch beruht – und zwar nicht nur der Tatbestands-, sondern auch der Verbotsirrtum (OLG Stuttgart NJW 1964, 413; Ranft JA 1983, 239 (241); Geppert Jura 2009, 40 (46)) –, ist ebenso wie beim nüchternen Täter zu seinen Gunsten zu berücksichtigen. Aus der Verweisung auf die Rauschtat folgt darüber hinaus, dass auch der durch den Rausch bedingte Irrtum nicht anders behandelt werden kann (Dencker NJW 1980, 2159 (2164); Otto Jura 1986, 478 (485); Paeffgen in NK-StGB Rn. 74–77; aM BGH NJW 1953, 1442; OLG Celle NJW 1969, 1775; Kusch, Der Vollrausch, 1984, S. 84; Spendel in LK-StGB Rn. 197–202, 210; diff. Geisler, Zur Vereinbarkeit objektiver Bedingungen der Strafbarkeit mit dem Schuldprinzip, 1998, S. 422; Wessels/Hettinger/Engländer StrafR BT I Rn. 1038; zusf. Geppert Jura 2009, 40 (45)); jedenfalls begeht zB der Zecher keinen Betrug, der infolge seines Rausches glaubt, noch zahlen zu können (BGHSt 18, 235 = NJW 1963, 667). 9

dd) **Rücktritt** von der Rauschtat wirkt in analoger Anwendung von § 24 strafbefreiend (BGH NStZ 1994, 131 mkritAnm Kusch und zust. Bespr. Otto JK StGB § 323a Rn. 5; BGH NStZ-RR 1999, 8; NStZ-RR 2001, 15; aM Barthel, Bestrafung wegen Vollrausch trotz Rücktritt von der versuchten Rauschtat?, 2001 mit Bespr. Sternberg-Lieben NJW 2003, 3040; zusf. Geppert Jura 2009, 40 (46)), und zwar auch dann, wenn er erst nach Wiedererlangung der Schuldfähigkeit erfolgt (Otto StrafR BT § 81 Rn. 16; Paeffgen in NK-StGB Rn. 80; Wolters in SK-StGB Rn. 21; zweifelnd Geppert Jura 2009, 40 (47); Hecker in Schönke/Schröder Rn. 19; Popp in LK-StGB, Rn. 78; aM Ranft JA 1983, 239 (243); Kusch, Der Vollrausch, 1984, S. 128; Geisler, Zur Vereinbarkeit objektiver Bedingungen der Strafbarkeit mit dem Schuldprinzip, 1998, S. 432). 10

ee) Ist die Rauschtat ein **Fahrlässigkeitsdelikt,** so genügt es, wenn der Täter in nüchternem Zustand in der Lage gewesen wäre, die Verletzung der Sorgfaltspflicht zu vermeiden und den Erfolg vorauszusehen (hM; Geppert Jura 2009, 40 (46); anders Kusch, Der Vollrausch, 1984, S. 105). 11

c) Ob die Rauschtat ein Verbrechen oder ein strafbarer Versuch ist oder ob die Bedingung während des Rausches mehrfach eintritt (BGHSt 13, 223 (225) = BeckRS 1959, 31193310; BGH NStZ-RR 1999, 8), stets liegt nur ein **Vergehen** nach § 323a vor. Steht nicht fest, welches von mehreren Delikten der Täter im Rausch begangen hat, so ist eine Wahlfeststellung (→ § 1 Rn. 9–20) nur unter den auch sonst hierfür geltenden Voraussetzungen zulässig (OLG Oldenburg NJW 12

1959, 832; Dencker NJW 1980, 2159 (2165); aM Montenbruck GA 1978, 225 (239), Hecker in Schönke/Schröder Rn. 20, die jede Wahlfeststellung genügen lassen; zw. Ansonsten muss festgestellt werden, welche Rauschtat der Täter begangen hat (OLG Zweibrücken NZV 1993, 488); der Vollrausch und die Rauschtat sind eine Tat iSv § 264 StPO (Fischer Rn. 24).

13 **4. a) Vorsatz** (bedingter genügt; BGH NStZ-RR 2001, 15) oder **Fahrlässigkeit** sind nur für das Sich-Versetzen in den Rausch erforderlich. Sie müssen sich auf die unter → Rn. 3 beschriebenen spezifischen Elemente des Rausches (BayObLG NJW 1990, 2334; und bei Bär DAR 1993, 372) und auf dessen unter → Rn. 4 vorausgesetzten Mindestschweregrad beziehen (BGHSt 16, 187 (189) = NJW 1961, 2028; OLG Düsseldorf NZV 1992, 328; Popp in LK-StGB, Rn. 110). Vorsatz kann nicht mit einem Erfahrungssatz, wonach bei einer BAK von mehr als 3‰ ein alkoholgewohnter Täter um seine vorsätzliche Berauschung wisse, begründet werden (OLG Düsseldorf StV 1993, 425; NStZ 1998, 418; OLG Hamm StRR 06/2016, 3); auch nicht mit dem Wissen eines chronisch Alkoholabhängigen um den bei ihm regelmäßig eintretenden Kontrollverlust (BGH NStZ-RR 2007, 368). Zur Fahrlässigkeit gehört namentlich, dass der Eintritt eines Rausches von solcher Schwere voraussehbar war (→ § 15 Rn. 46; enger Duttge, Zur Bestimmtheit des Handlungsunwerts von Fahrlässigkeitsdelikten, 2001, S. 349); beruht dieser nicht nur auf dem Rauschmittel, sondern auch auf anderen Ursachen (→ Rn. 3), so müssen auch diese – soweit sie nicht nur unwesentliche Abweichungen des Kausalverlaufs sind (BGH NJW 1979, 1370) – für den Täter erkennbar bzw. voraussehbar gewesen sein (BGHSt 26, 363 = NJW 1976, 1901; BGH NJW 1975, 2250; StV 1987, 246 mAnm Neumann; BGH NStZ-RR 2000, 80, OLG Karlsruhe BA 1991, 190; Cramer JZ 1971, 766; beachte auch OLG Zweibrücken BA 1991, 188); daran kann es beim pathologischen Rausch (→ Rn. 3) fehlen (BGHSt 40, 198 = StV 1994, 650 mit zust. Bespr. Blau JR 1995, 117; Otto JK StGB § 323a Rn. 6; Schöch in Satzger/Schluckebier/Widmaier StGB Rn. 20). Das Urteil muss angeben, ob vorsätzlicher oder fahrlässiger Vollrausch vorliegt (Spiegel DAR 1977, 142). Auch für die **Schuld** ist nur das Sichversetzen in den Rausch Beurteilungsgrundlage; die Schuldfähigkeit kann hier – was schwierige Abgrenzungsfragen aufwirft (Grüner BA 1979, 300) – namentlich wegen Alkohol- oder Drogensucht des Täters ausgeschlossen oder vermindert sein (BGH StV 1992, 230; NStZ-RR 1997, 299; NStZ-RR 2007, 368; Geisler in MüKoStGB Rn. 65; → § 20 Rn. 4; → § 21 Rn. 2).

14 **b)** Die **Rauschtat** (→ Rn. 6) braucht für den Täter vor Eintritt der Schuldunfähigkeit **nicht voraussehbar** gewesen zu sein; auch nicht die Möglichkeit, im Rausch irgendwelche rechtswidrige Taten zu begehen (BGHSt 16, 124 = NJW 1961, 1733; BGH StV 2019, 226; NStZ-RR 2021, 77; OLG Hamburg MDR 1982, 598; Puppe GA 1974, 98; Kusch, Der Vollrausch, 1984, S. 63; Fahl JuS 2005, 1076 (1078); Paeffgen in NK-StGB Rn. 64; aM Hirsch ZStW-Beiheft 1981, 1 (10); Miseré, Die Grundprobleme der Delikte mit strafbegründender schwerer Folge, 1997, S. 112; Popp in LK-StGB Rn. 239–243; diff. Wolter NStZ 1982, 54). Abweichend fordern BGHSt 10, 247 = NJW 1957, 996; und BGH JR 1958, 28, 5. Strafsenat, die letztere Voraussicht oder Voraussehbarkeit (zur „nicht einheitlichen" Rspr. Fischer Rn. 18; Geisler in MüKoStGB Rn. 55, 56), halten sie aber idR für so selbstverständlich, dass besondere Feststellungen hierzu nur ausnahmsweise erforderlich seien (ebenso OLG Celle NJW 1969, 1588; NJW 1969, 1916; BayObLG NJW 1990, 2334; OLG Hamm NStZ 2009, 40 mzustAnm Geisler); jedoch können im Einzelfall besondere „Zurüstungen" (zusf. Gollner MDR 1976, 182) gegen die

Begehung von Rauschtaten die Voraussehbarkeit ausschließen (BGHSt 10, 247 = NJW 1957, 996; OLG Celle VRS 37, 347; krit. Lackner JuS 1968, 215 (219); Hentschel Trunkenheit Rn. 316, 319).

5. a) Nach **Abs. 2** ist die **Strafe begrenzt** durch die Strafdrohung für die begangene Rauschtat (krit. Sieg MDR 1979, 549). Für deren Ermittlung sind zwingende Strafbefreiungsgründe (zB § 60) sowie obligatorische (nicht nur fakultative, offen gelassen BGH NJW 1992, 1519 mit Bespr. Streng JR 1993, 35; Paeffgen NStZ 1993, 66) gesetzliche Milderungsgründe iSd § 49 I relevant (BGH NJW 1992, 1519; näher Schöch in Satzger/Schluckebier/Widmaier StGB Rn. 35); jedoch kann in den letzteren Fällen die Anwendung des Zweifelssatzes zur Strafrahmenmilderung führen (BGH NJW 1992, 1519; NStZ 2017, 711). Zu **Abs. 3** beachte §§ 77–77 e. Er ist analog auf die Verjährung anzuwenden (OLG Naumburg NJW 2001, 312; Geisler in MüKoStGB Rn. 86). 15

b) Zur Verfassungsmäßigkeit der **Strafrahmen** des § 323a BVerfG Spiegel DAR 1979, 181; krit. Wolter NStZ 1982, 54; Paeffgen ZStW 97 (1985), 513 (531); Paeffgen in Egg/Geisler, Alkohol, Strafrecht und Kriminalität, 2000, S. 59. Bei der **Strafzumessung** kommt es auf das Verschulden hinsichtlich des Berauschens an (Mösl NStZ 1982, 150; OLG Stuttgart VRS 37, 121; Schäfer in Schäfer/Sander/van Gemmeren Strafzumessung Rn. 935; aM Kusch, Der Vollrausch, 1984, S. 139, der den Abs. 2 weder als Strafbegrenzungs- noch als Strafzumessungsregel versteht; anders auch Streng ZStW 101 (1989), 273 (320); JR 1993, 35, der die Rauschtat voll in die Beurteilung einbezieht und den aus Abs. 1 und 2 zu bildenden Strafrahmen als eine – nicht näher konkretisierte – Strafrahmenmilderung gegenüber dem Strafrahmen der Rauschtat deutet). Motive und Gesinnung, die zur Rauschtat geführt haben, bleiben unberücksichtigt (OLG Hamm StRR 2014, 395). Jedoch ist das Maß der Schuld geringer, wenn der Täter nicht damit gerechnet hat, dass er im Rausch irgendwelche rechtswidrigen Taten begehen werde, und noch geringer, wenn er nicht damit rechnen konnte (OLG Karlsruhe NStZ-RR 1996, 198; aM Wolters in SK-StGB Rn. 25; weiter Wolter NStZ 1982, 54, der unter diesen Gesichtspunkten eine Aufspaltung des Strafrahmens fordert). Nach der Rspr. können als Anzeichen der Gefährlichkeit des Rauschzustandes auch Schwere und Auswirkungen der Rauschtat strafschärfend berücksichtigt werden (BGHSt 16, 124 = NJW 1961, 1733; BGHSt 23, 375 = NJW 1971, 203; BGHSt 38, 356 (361) = NJW 1992, 3309; BGH NStZ-RR 1997, 300; NStZ-RR 2001, 15; zust. Schöch in Satzger/Schluckebier/Widmaier StGB Rn. 36; einschr. BGH NStZ 1996, 334; Schäfer in Schäfer/Sander/van Gemmeren Strafzumessung Rn. 936); das lässt sich allerdings nicht auf die in BGHSt 10, 259 = NJW 1957, 1117 entwickelten, durch § 46 II überholten (→ § 46 Rn. 34) Grundsätze stützen (Theune StV 1985, 162 (163)), sondern nur mit der Systemfremdheit des Tatbestandes (→ Rn. 1) und mit seinen am Gewicht der Rauschtat orientierten Strafrahmen erklären (Bruns FS Lackner, 1987, 439 (452); iErg ebenso OLG Karlsruhe NJW 1975, 1936; Puppe GA 1974, 98 (104); Frisch ZStW 99 (1987), 751 (757); aM Paeffgen in Egg/Geisler, Alkohol, Strafrecht und Kriminalität, 2000, S. 59; Theune NStZ 1989, 215). Dagegen sollen nach der Rspr. die subjektiven Umstände der Rauschtat (das innere Tatbild), namentlich die Motive, die Zielvorstellungen und die Gesinnung des Täters, nicht schärfend zu Buch schlagen dürfen (BGHSt 23, 375 = NJW 1971, 203; BGH NStZ-RR 1997, 300; krit. Bruns FS Lackner, 1987, 439 (445); Kusch NStZ 1994, 132; zw.). Dasselbe soll auch für das Unterlassen von Vorkehrungen gegen die Rauschtat vor Eintritt der Schuldunfähigkeit gelten (OLG Stuttgart NJW 1971, 16

1815; krit. Fischer Rn. 22a); jedoch wirken solche Vorkehrungen strafmildernd, wenn der Täter ihretwegen weniger damit rechnen musste, im Rausch rechtswidrige Taten zu begehen (OLG Karlsruhe NStZ-RR 1996, 198; Haubrich DAR 1980, 359). Vorsätzliches Berauschen ist für sich allein im Hinblick auf das Doppelverwertungsverbot (→ § 46 Rn. 45) kein tauglicher Strafschärfungsgrund (BGH StV 1992, 230; OLG Karlsruhe NStZ-RR 1996, 198 (200)). Auch generalpräventive Strafschärfung, die an die Rauschtat anknüpft, ist – mindestens idR – unzulässig (BGH bei Dallinger MDR 1972, 198).

17 **6.** Die Tat ist **eigenhändiges Delikt** (Haft JA 1979, 165; aM Paeffgen in NK-StGB Rn. 66; → § 25 Rn. 3). Daher scheidet **mittelbare Täterschaft** aus (hM; Geppert Jura 2009, 40 (47); anders Spendel in LK-StGB, 11. Aufl. 1992, Rn. 264–267). Auch **Teilnahme** (namentlich des Gastwirts) an der Tat des § 323a dürfte allgemein auszuschließen sein, weil es Sinn dieser Vorschrift ist, die Pflicht zur Selbstkontrolle nur dem Täter aufzuerlegen (Otto StrafR BT § 81 Rn. 20; aM Geisler, Zur Vereinbarkeit objektiver Bedingungen der Strafbarkeit mit dem Schuldprinzip, 1998, S. 413; Geisler in MüKoStGB Rn. 69, 70; Fahl JuS 2005, 1076 (1081); Hilgendorf in Arzt/Weber/Heinrich/Hilgendorf StrafR BT § 40 Rn. 35; Maurach/Schroeder/Maiwald StrafR BT II § 96 Rn. 23; im Übungsfall Schroeder JuS 2004, 312 (316); Rengier StrafR BT II § 41 Rn. 26; Joecks/Jäger StGB Rn. 31; Hecker in Schönke/Schröder Rn. 24; krit. Neumann, Zurechnung und „Vorverschulden", 1985, S. 88). Beteiligung (Täterschaft und Teilnahme) an der Rauschtat ist dagegen möglich; meist wird mittelbare Täterschaft in Frage kommen (→ § 25 Rn. 2–5).

18 **7. a)** Beim **Zusammentreffen** des Vollrausches mit einer volldeliktischen Straftat liegt idR **Tatmehrheit** vor (ebenso Geisler in MüKoStGB Rn. 74); Tateinheit kommt jedoch in Frage, wenn ein Dauerdelikt (zB verbotener Sprengstoffbesitz) ohne Zäsur von der Straftat zur Rauschtat iSd § 323a (→ Rn. 6) übergeht (BGH NJW 1992, 584; NStZ-RR 1999, 8; anders Fahl JuS 2005, 1076 (1080), nach dem die Subsidiaritätsklausel eingreifen soll; zw.). Bei mehreren im selben Rausch begangenen Rauschtaten liegt nur eine Tat nach § 323a vor (KG BeckRS 2016, 119951).

19 **b)** Ist die Rauschtat als **actio libera in causa** (alic, → § 20 Rn. 25–29) strafbar, so scheidet § 323a aus (hM; vgl. etwa Hecker in Schönke/Schröder Rn. 31, 32: subsidiär; ebenso Geppert Jura 2009, 40 (48); anders Paeffgen ZStW 97 (1985), 513). Begeht der Täter im Rausch neben einer alic eine andere Rauschtat, so steht § 323a mit der als alic strafbaren Tat in Tateinheit (BGHSt 17, 333 = NJW 1962, 1830; Geppert Jura 2009, 40 (48)); ebenso wenn im Rausch eine Handlung begangen wird, die als fahrlässige alic strafbar ist, zugleich aber eine vorsätzliche Rauschtat bildet (BGHSt 2, 14 = NJW 1952, 353; OLG Zweibrücken VRS 81, 282; Fahl JuS 2005, 1076 (1080); Streng in MüKoStGB § 20 Rn. 145). Beachte die neuere Rspr. zu Straßenverkehrsdelikten, die die alic dort nicht mehr anwendet (BGHSt 42, 235 = NJW 1997, 138; → § 20 Rn. 25, 28; → § 315c Rn. 11).

20 **8.** Entziehung der Fahrerlaubnis § 69 (sa OLG Oldenburg NJW 1962, 693). Unterbringung in einem psychiatrischen Krankenhaus § 63 (→ § 63 Rn. 3), in einer Entziehungsanstalt § 64. Einziehung → § 74 Rn. 3, 5. Zuständigkeit OLG Stuttgart MDR 1992, 290. Vollrausch bei Ordnungswidrigkeiten § 122 OWiG. Sicherungsverwahrung § 66 III (→ § 66 Rn. 10a–10e). Nebenklage des durch die Rauschtat Verletzten ist nur möglich, wenn dieser eine Veruretilung wegen §§ 211ff., §§ 223ff. anstrebt (BGH NStZ-RR 2019, 353).

§ 323b Gefährdung einer Entziehungskur

Wer wissentlich einem anderen, der auf Grund behördlicher Anordnung oder ohne seine Einwilligung zu einer Entziehungskur in einer Anstalt untergebracht ist, ohne Erlaubnis des Anstaltsleiters oder seines Beauftragten alkoholische Getränke oder andere berauschende Mittel verschafft oder überläßt oder ihn zum Genuß solcher Mittel verleitet, wird mit Freiheitsstrafe bis zu einem Jahr oder mit Geldstrafe bestraft.

1. Geschützt sind **behördlich angeordnete oder sonst ohne Einwilligung des Betroffenen veranlasste Entziehungskuren** gegen Störung durch Dritte (BT-Drs. 7/550, 268; krit. Paeffgen in NK-StGB Rn. 2, der die Allgemeinheit und den Rauschmittelsüchtigen geschützt sieht; ebenso Schöch in Satzger/Schluckebier/Widmaier StGB Rn. 1). 1

2. Erfasst werden nur Entziehungskuren Süchtiger, die in einer **Anstalt** (idR einer Entziehungsanstalt, aber auch einem psychiatrischen Krankenhaus oder sonst einer Klinik) **untergebracht** sind, nicht die Entziehungskur auf freiwilliger Basis. Als **behördliche Anordnungen** kommen namentlich die des Strafrichters nach §§ 63, 64 in Frage, daneben auch Anordnungen von Verwaltungsbehörden nach den Landesunterbringungsgesetzen, über deren Zulässigkeit das Gericht entschieden hat (Art. 104 II GG). Die Unterbringung volljähriger Süchtiger **ohne deren Einwilligung,** aber auf Veranlassung oder mit Zustimmung des Betreuers bedarf nach § 1906 BGB vormundschaftsgerichtlicher Genehmigung (zur früheren Rechtslage BVerfGE 10, 302 = NJW 1960, 811); ob das im Hinblick auf § 1631b BGB stets auch für Minderjährige zutrifft, ist umstritten (BT-Drs. 7/550, 268). 2

3. Alkoholische Getränke und andere berauschende Mittel → § 315c Rn. 5. **Verschaffen und Überlassen** setzen das tatsächliche Ermöglichen des Genusses voraus. **Verleiten** bedeutet Bestimmen, gleichviel mit welchem Mittel (→ § 26 Rn. 2). Der „Anstaltsleiter" scheidet als Täter aus (Paeffgen in NK-StGB Rn. 5–8; str.). Seine **Erlaubnis** schließt den Tatbestand aus (Paeffgen in NK-StGB Rn. 18; Schöch in Satzger/Schluckebier/Widmaier StGB Rn. 5). 3

4. Für den **inneren Tatbestand** genügt nur **Wissentlichkeit** (→ § 15 Rn. 21). Der Täter muss daher sicher wissen oder davon überzeugt sein, dass es sich um einen behördlich oder ohne Einwilligung Untergebrachten handelt und dass die Erlaubnis des Anstaltsleiters oder seines Beauftragten fehlt (ebenso Schöch in Satzger/Schluckebier/Widmaier StGB Rn. 6). 4

5. Tateinheit ua möglich mit § 258 II (hM; anders Wolters in SK-StGB Rn. 13; diff. Popp in LK-StGB Rn. 39–42). 5

§ 323c Unterlassene Hilfeleistung; Behinderung von hilfeleistenden Personen

(1) **Wer bei Unglücksfällen oder gemeiner Gefahr oder Not nicht Hilfe leistet, obwohl dies erforderlich und ihm den Umständen nach zuzumuten, insbesondere ohne erhebliche eigene Gefahr und ohne Verletzung anderer wichtiger Pflichten möglich ist, wird mit Freiheitsstrafe bis zu einem Jahr oder mit Geldstrafe bestraft.**

(2) **Ebenso wird bestraft, wer in diesen Situationen eine Person behindert, die einem Dritten Hilfe leistet oder leisten will.**

Fassung: Durch das 52. StÄG v. 30.5.2017 wurde Abs. 2 neu eingefügt, Inkrafttreten BGBl. 2017 I 1226.

1 **1.** Die Vorschrift schützt die bedrohten **Individualrechtsgüter** des in Not Geratenen (hM; vgl. etwa BGH NJW 2002, 1356 (1357); JZ 2014, 303 (304); OLG Düsseldorf NJW 1992, 2370; Vermander, Unfallsituation und Hilfspflicht iRd § 330c StGB, 1969, S. 18, 22; Schöne, Unterlassene Erfolgsabwendungen und Strafgesetz, 1974, S. 44; Frellesen, Die Zumutbarkeit der Hilfeleistung, 1980, S. 135; Geilen Jura 1983, 78; Heil, Die Folgen der unterlassenen Hilfeleistung gem. § 323c, 2001, S. 64, 163; Momsen, Die Zumutbarkeit als Begrenzung strafrechtlicher Pflichten, 2006, S. 406; Stein FS Küper, 2007, 607 (608); Freund StrafR AT § 6 Rn. 35; Kindhäuser/Schramm StrafR BT I § 72 Rn. 1; Rengier StrafR BT II § 42 Rn. 1; Fischer Rn. 1; Verrel in HK-StrafR Rn. 1; ähnlich Kargl GA 1994, 247 (260); Maurach/Schroeder/Maiwald StrafR BT II § 55 Rn. 3 „In-Gefahr-Lassungsdelikt“; anders Otto, 56. DJT, Gutachten Teil D, S. 76; anders auch Pawlik GA 1995, 360 (365), soziale Stabilisierung; rechtsvergleichend Kienapfel FS Bockelmann, 1979, 591; krit. zur Rechtsgutsdiskussion Seebode FS Kohlmann, 2003, 279; rechtsgeschichtlich Gieseler, Unterlassene Hilfeleistung, 1999 mit krit. Bespr. Sternberg-Lieben GA 2001, 188; Seelmann JuS 1995, 281; auch rechtsvergleichend Wittmann FS Yamanaka, 2017, 362; Überblick bei Gaede in NK-StGB Rn. 1–3); deshalb ist der Verletzte zur Nebenklage befugt (BGH ZJJ 2021, 149). Ihr Strafgrund ist jedoch das **Allgemeininteresse an solidarischer Schadensabwehr** in akuten Notlagen (Gallas, Beiträge zur Verbrechenslehre, 1968, S. 259; Kühl FS Spendel, 1992, 75 (92); Kühl FS Kühne, 2013, 15 (28); Kühl FS Frisch, 2013, 785; Kühl in v. Hirsch/Neumann/Seelmann, Solidarität im Strafrecht, 2013, S. 93; Kahlo, Die Handlungsform der Unterlassung als Kriminaldelikt, 2001, S. 285, 325; Momsen, Die Zumutbarkeit als Begrenzung strafrechtlicher Pflichten, 2006, S. 407; Klesczewski StrafR BT S. 190; Kindhäuser/Schramm StrafR BT I § 72 Rn. 2; Gaede in NK-StGB Rn. 1; ähnlich Spendel FS Seebode, 2008, 378 (380); Fischer Rn. 1; Schöch in Satzger/Schluckebier/Widmaier StGB Rn. 3, krit. Freund in MüKoStGB Rn. 4, 5; aM Pawlik GA 1995, 360, der in § 323c die staatliche Inanspruchnahme der Bürger zum Schutz ihrer eigenen Autonomie sieht; sa Pawlik, Das Unrecht des Bürgers, 2012, S. 190). Kritisch zur Strafwürdigkeit und für eine restriktive Auslegung Seelmann JuS 1995, 281 (283); Morgenstern, Unterlassene Hilfeleistung, Solidarität und Recht, 1997, S. 116; Frisch GA 2016, 121, Strafrecht und Solidarität; aus rechtsphilosophischer Sicht Kühnbach, Solidaritätspflichten Unbeteiligter, 2007; für eine Neuformulierung der zu weiten Vorschrift Harzer, Die tatbestandsmäßige Situation der unterlassenen Hilfeleistung gem. § 323c StGB, 1999, S. 297; krit. zum Abstellen auf die „einzig anwesende Person“ Otto

JZ 1999, 668; und Küpper GA 2000, 494; für eine verfassungskonforme Auslegung Haubrich, Die unterlassene Hilfeleistung, 2001 mit krit. Bespr. Baier GA 2002, 363. Zur Frage, ob und wieweit die Ausstrahlungswirkung des Grundrechts der Glaubensfreiheit (Art. 4 I GG) einer Bestrafung von Gewissensentscheidungen entgegensteht, mit denen eine an sich erforderliche Hilfe versagt wird (zB Verweigerung der Einwilligung in eine Bluttransfusion, OLG Hamm NJW 1968, 212; Verweigerung psychischer Beeinflussung des Ehegatten, sich einer notwendigen stationären Behandlung zu unterziehen, OLG Stuttgart MDR 1964, 1024); BVerfGE 32, 98 = NJW 1972, 327 mit Bespr. Händel NJW 1972, 327; Peters JZ 1972, 85, Schwabe JuS 1972, 380; Blumenthal MDR 1972, 759; Dreher JR 1972, 342; Ranft FS Schwinge, 1973, 111; Ranft JA 1972, 231 (303, 369); sa Kreuzer NJW 1968, 1201; Böse ZStW 113 (2001), 40 (69); → § 17 Rn. 2; → Vor § 32 Rn. 32. Zur Ineffizienz der Vorschrift Seebode FS Kohlmann, 2003, 279 (281); zur Empirie v. Danwitz, Die juristische Verarbeitung von Verstößen gegen § 323c StGB, 2002. Die Berücksichtigung der Folgen der unterlassenen Hilfeleistung bei der Strafzumessung diskutiert Heil, Die Folgen der unterlassenen Hilfeleistung gem. § 323c, 2001, S. 121, 163. § 323c ist ein Schutzgesetz iSd § 823 II (BGHZ 197, 225 = NJW 2014, 64 mkritAnm Logal JZ 2014, 303; Verrel in HK-StrafR Rn. 1).

2. a) Unglücksfall ist ein plötzliches äußeres Ereignis, das eine erhebliche Gefahr für Personen oder Sachen bringt (hM; BGHSt 6, 147 (152) = NJW 1954, 1049; problematisch BGHZ 197, 225 = NJW 2014, 64; Heger/Jahn JR 2015, 508 (511); krit. Joerden in Wolf, Kriminalität im Grenzgebiet, 2002, S. 33, 56; Momsen, Die Zumutbarkeit als Begrenzung strafrechtlicher Pflichten, 2006, S. 412; Küper/Zopfs StrafR BT Rn. 515; Bestimmtheitsbedenken bei Seebode FS Kohlmann, 2003, 279 (286), dagegen Stein FS Küper, 2007, 607 (610)); der Eintritt bloßer Sachgefahr kann danach genügen (hM; Spendel FS Seebode, 2008, 377 (379); einschr. Pawlik GA 1995, 360 (366); Hecker in Schönke/Schröder Rn. 5; anders Frellesen, Die Zumutbarkeit der Hilfeleistung, 1980, S. 150; Seelmann JuS 1995, 281 (284); Harzer, Die tatbestandsmäßige Situation der unterlassenen Hilfeleistung gem. § 323c StGB, 1999, S. 105; Kahlo, Die Handlungsform der Unterlassung als Kriminaldelikt, 2001, S. 297, 330; Momsen, Die Zumutbarkeit als Begrenzung strafrechtlicher Pflichten, 2006, S. 421; Zopfs FS Seebode, 2008, 448 (464)); auch eine Straftat kann für das Opfer ein Unglücksfall sein (BGH NStZ-RR 2015, 379; StraFo 2017, 253). Namentlich Unfälle in Betrieb, Haushalt oder Verkehr (BGHSt 11, 135 = NJW 1958, 390; aM Harzer, Die tatbestandsmäßige Situation der unterlassenen Hilfeleistung gem. § 323c StGB, 1999, S. 145) und unmittelbar drohende Gewalttaten (BGHSt 3, 65 = NJW 1952, 1062; BGH bei Holtz MDR 1993, 721; JZ 2014, 303 (304); OLG Düsseldorf NJW 1983, 767) gehören hierher. Das Vorliegen eines Unglücksfalles ist **ex post** festzustellen (Küper/Zopfs StrafR BT Rn. 518, 519; Eisele StrafR BT I Rn. 1249; Rengier StrafR BT II § 42 Rn. 4; Kindhäuser/Hilgendorf in LPK-StGB Rn. 9; Stein in SK-StGB Rn. 6a; Stein FS Küper, 2007, 607 (628); diff. Wohlers/Gaede in NK-StGB Rn. 7; Schöch in Satzger/Schluckebier/Widmaier StGB Rn. 5; aM Freund in MüKoStGB Rn. 29, 30; Stein in SK-StGB Rn. 29, 41); die Rspr. tendiert zu einer objektivierten ex-ante-Sicht, so Fischer Rn. 9 mit BGHSt 32, 367 (381) = NJW 1984, 2639). Umstritten ist, ob eine durch Notwehr gerechtfertigte Verletzung ein Unglücksfall sein kann (Kühl StrafR AT § 18 Rn. 94; Fischer Rn. 4; Rönnau in LK-StGB § 32 Rn. 288; Hecker in Schönke/Schröder Rn. 7). **Krankheiten** auch schwererer Art sind nicht ohne wei- 2 teres, wohl aber bei plötzlicher (BGH bei Holtz MDR 1985, 285; OLG Düsseldorf NJW 1995, 799; krit. Kreuzer JR 1984, 294 (295)) und bedrohlicher Verschlimmerung, zB durch unerträglich werdende Schmerzzustände (OLG Hamm NJW 1975, 604; Uhlenbruck MedR 1993, 296 (299); Ulsenheimer ArztStrafR Rn. 253; zum Zahnarzt Jahnke, Die strafrechtliche Verantwortung des Zahnarztes, 2005, S. 138), ein Unglücksfall (BGH NJW 1983, 350; krit. Spann/Liebhardt/Braun FS Bockelmann, 1979, 487 (493)); sinngemäß gilt das auch für die Endphase einer (normal verlaufenden) Schwangerschaft (OLG Düsseldorf NJW 1991, 2979). Auch der **Selbsttötungsversuch** sollte nach früherer Rspr. und einer im Schrifttum verbreiteten Meinung stets – oder allenfalls von Extremfällen abgesehen (vgl. etwa Otto, 56. DJT, Gutachten Teil D, S. 76) – ein Unglücksfall sein (BGHSt 6, 147 = NJW 1954, 1049; BGHSt 13, 162 (168) = NJW 1959, 1694; BGHSt 32, 367 (374) = NJW 1984, 2639; OLG München NJW 1987, 2940 (2945); Schmidhäuser FS Welzel, 1974, 801 (821); Geilen Jura 1979, 201 (208); Dölling NJW 1986, 1011; Dölling FS Maiwald, 2010, 119 (130); Kutzer in Student, Das Recht auf den eigenen Tod, 1993, S. 44, 59; Kutzer ZRP 2012, 135; für den Regelfall auch Freund in MüKoStGB Rn. 59, 60; einschr. Simson, Die Suizidtat, 1976, S. 66; Sowada Jura 1985, 75 (86); Ranft JZ 1987, 908 (913); Achenbach Jura 2002, 542 (545); Seebode FS Kohlmann, 2003, 279 (286); Gaede in NK-StGB Rn. 5; krit. Momsen, Die Zumutbarkeit als Begrenzung strafrechtlicher Pflichten, 2006, S. 412; Schöch in Roxin/Schroth MedStrafR S. 175; abl. Geppert Jura 2005, 39 (44); Kindhäuser/Schramm StrafR BT I § 72 Rn. 8; Maurach/Schroeder/Maiwald StrafR BT II § 55 Rn. 15; eing. Schmitz, Die Funktion des Begriffs Unglücksfall bei der unterlassenen Hilfeleistung, 2006, S. 159; aus ärztlicher Sicht auch Bochnik MedR 1987, 216). Jedoch wird man mindestens die Lage nicht als Unglücksfall werten können, in der eine frei verantwortliche Selbsttötung unmittelbar droht (Gallas JZ 1954, 639; Scholderer JuS 1989, 918 (922); Pawlik GA 1995, 360 (368); Otto ZfL 2015, 77 (84); Achenbach in Ochsmann, Lebens-Ende, 1991, S. 137, 148; Kühl FS Kühne, 2013, 15 (27); Hecker in Schönke/Schröder Rn. 8; ebenso der AE-StB bei Schöch/Verrel GA 2005, 585 und die strafrechtliche Abteilung des 66. DJT (Schöch in Satzger/Schluckebier/Widmaier StGB Rn. 8); aM Kutzer MDR 1985, 710 (712); Otto ZfL 2015, 77 (79); NJW 2006, 2217 (2222); Neumann JA 1987, 244 (255); anders auch Bottke GA 1983, 22 (33), der die Tatbestandsmäßigkeit aber aus anderen Gründen einschränkt; beachte auch Kahlo, Die Handlungsform der Unterlassung als Kriminaldelikt, 2001, S. 289, der jede selbstverschuldete Bedrängnis ausscheidet). Inzwischen betont auch die Rspr. mit Recht, die Rechtsordnung **missbillige nicht (mehr) die freiverantwortliche Selbsttötung** (vgl. BVerfGE 153, 182 = NJW 2020, 905), so dass darin auch kein Unglücksfall mehr gesehen wird (BGHSt 64, 121 = NJW 2019, 3092; BGHSt 64, 135= NJW 2019, 3089; LG Berlin NStZ-RR 2018, 246).

3 **b) Gemeine Gefahr** ist ein Zustand, bei dem die Möglichkeit eines erheblichen Schadens an Leib oder Leben oder an bedeutenden Sachwerten für unbestimmt viele Personen naheliegt (Küper/Zopfs StrafR BT Rn. 241; Heinrich in Krey/Hellmann/Heinrich StrafR BT I Rn. 1158; krit. Harzer, Die tatbestandsmäßige Situation der unterlassenen Hilfeleistung gem. § 323 c StGB, 1999, S. 147). In Frage kommen namentlich Erdbeben, Überschwemmungen, Brände und vergleichbare Gefahrlagen; eine solche Gefahr kann aber auch der auf der Straße liegengelassene Tote für den übrigen Verkehr bilden (BGHSt 1, 266 = MDR 1951, 564; Geilen Jura 1979, 201 (209); Stein in SK-StGB Rn. 10); sie wird auch bei einer

AIDS-Erkrankung, zB bei einer HIV-infizierten Prostituierten angenommen (Meurer in Szwarc, AIDS und Strafrecht, 1996, S. 133, 149; Schünemann in Szwarc, AIDS und Strafrecht, 1996, S. 9, 45; Verrel in HK-StrafR Rn. 7; zw. Hecker in Schönke/Schröder Rn. 9). **Gemeine Not** bedeutet Notlage der Allgemeinheit (Eisele StrafR BT I Rn. 1253; näher Popp in LK-StGB, Rn. 76, 77; krit. Harzer, Die tatbestandsmäßige Situation der unterlassenen Hilfeleistung gem. § 323c StGB, 1999, S. 149, die die „Ohnmächtigkeit" gegenüber der Notsituation hervorhebt).

c) Aus der Umstandsbestimmung **„bei"** das Erfordernis einer **räumlichen Nähebeziehung** zum Unglücksort abzuleiten (so zB Welzel NJW 1953, 327; Harzer, Die tatbestandsmäßige Situation der unterlassenen Hilfeleistung gem. § 323c StGB, 1999, S. 211), ist nach dem Schutzzweck des Tatbestandes nicht begründet (Geilen Jura 1983, 138; Joecks/Jäger StGB Rn. 22); speziell zur „Telemedizin" Ulsenheimer ArztStrafR Rn. 254a; Katzenmeier/Schrag-Slavu, Rechtsfragen des Einsatzes der Telemedizin im Rettungsdienst, 2010, S. 105 f. 4

3. a) Erforderlich muss die Hilfe sein. Maßgebend ist das Ex-ante-Urteil eines verständigen Beobachters, ob der Täter zurzeit der möglichen Hilfe eine Chance hatte, drohenden Schaden abzuwenden (BGHSt 17, 166 = NJW 1962, 1212; BGH NStZ 2021, 236; Seelmann JuS 1995, 281 (285); Heger/Jahn JR 2015, 508 (515); Zieschang Gefährdungsdelikte S. 342; Rengier StrafR BT II § 42 Rn. 9; Freund in MüKoStGB Rn. 76; Hecker in Schönke/Schröder Rn. 2; insoweit zu eng BayObLG NJW 1973, 770); Unmögliches muss nicht geleistet werden (Fischer Rn. 4 mit Ausnahmen bei zurechenbarer Verursachung; gegen die Anwendung der omissio libera in causa Dehne-Niemann GA 2009, 150 (152); bestmögliche Hilfe verlangt BGH MDR 1993, 721). Danach wirkt nicht rücksichtslose Gesinnung, sondern die Versäumung der Möglichkeit zur Schadensabwendung strafbegründend (BGHSt 14, 213 = NJW 1960, 1261; Zieschang Gefährdungsdelikte S. 346). Folglich beginnt die Hilfspflicht erst, wenn die eigene Kraft des in Not Geratenen endet und sichere (BGH VRS 14, 191) Hilfe von dritter Seite ausbleibt oder versagt. Keine Hilfspflicht also zB: wenn genügend Hilfe an Ort und Stelle ist (BGH VRS 22, 271; OLG Karlsruhe NJW 1979, 2360 mAnm Bruns JR 1980, 297); wenn bei einer eingetretenen Sachbeschädigung keine weitere Gefahr für Personen oder Sachen besteht (BGH NJW 1954, 728); oder wenn der Tod (→ Vor § 211 Rn. 4) des Verunglückten schon eingetreten ist (BGHSt 14, 213 (216) = NJW 1960, 1261; BGHSt 32, 367 (381) = NJW 1984, 2639; BGH NStZ 2000, 414 (415); LG Koblenz NJW 2004, 305 (306); AG Tiergarten NStZ 1991, 236 mablAnm Rudolphi; Heinrich in Krey/Hellmann/Heinrich StrafR BT I Rn. 1160; zust. jedoch Otto JK StGB § 323c Rn. 3; zw.). Die Pflicht bleibt aber bestehen, wenn die Hilfe zwar dessen Tod nicht mehr abwenden, wohl aber zB noch seine Qualen lindern kann (BGHSt 14, 213 (217) = NJW 1960, 1261; Momsen, Die Zumutbarkeit als Begrenzung strafrechtlicher Pflichten, 2006, S. 423; Wessels/Hettinger/Engländer StrafR BT I Rn. 1046; Schöch in Satzger/Schluckebier/Widmaier StGB Rn. 13); wenn die anderen Anwesenden untätig bleiben (BayObLG NJW 1957, 354); oder wenn der (nicht notwendig am Unglücksort anwesende, BGHSt 21, 50 = NJW 1966, 1172 mit krit. Bespr. Kreuzer NJW 1967, 278) Täter schneller und wirksamer zu helfen vermag (BGHSt 2, 296 = NJW 1952, 713); zur Pflicht von „Gaffern" beiseite zu treten s. Scheffler NJW 1995, 232 (234), ebenso die Pflicht von Schaulustigen Heger/Jahn JR 2015, 508 (516), jetzt in § 323c II gesetzlich geregelt; das Behindern professioneller Helfer ist nach § 114 III strafbar 5

(→ § 114 Rn. 4). Hilfe ist nicht erforderlich, wenn sie dem Willen des Verunglückten widerspricht (Eisele StrafR BT I Rn. 1260; Heghmanns StrafR BT Rn. 322; vgl. aber BGH NJW 1983, 350) und dieser – was auch in Fällen des **Selbsttötungsversuchs** (→ Rn. 2) nicht notwendig ausgeschlossen ist (OLG München NJW 1987, 2940 (2945); LG Deggendorf BeckRS 2015, 2018 mit Bespr. Kraatz NStZ-RR 2015, 113; Schöch in Satzger/Schluckebier/Widmaier StGB Rn. 16; aM BGHSt 6, 147 = NJW 1954, 1049; BGHSt 32, 367 (376) = NJW 1984, 2639; sa BGH NStZ 2016, 153) – über das bedrohte Rechtsgut verfügen kann.

6 **b)** Beim **Arzt** kann dessen überlegenes Können die Hilfspflicht begründen sowie deren Art und Umfang bestimmen (BGH NStZ 1985, 409; OLG Karlsruhe NJW 1979, 2360 mAnm Bruns JR 1980, 297; Ulsenheimer ArztStrafR Rn. 247; Schöch in Satzger/Schluckebier/Widmaier StGB Rn. 15; zusf. Kreuzer, Ärztliche Hilfeleistungspflicht bei Unglücksfällen iRd § 330c StGB, 1965; BGH NJW 1967, 278). Allerdings ist diese Pflicht (nach § 323c) auf das nach den Umständen Notwendige beschränkt; es kann daher idR nicht gefordert werden, dass der Arzt gegenüber einem lebensbedrohlich erkrankten (→ Rn. 2), aber voll einsichts- und handlungsfähigen Patienten mehr tut, als ihn zur Bewältigung der Gefahr in den Stand zu setzen (problematisch BGH JZ 1983, 151 = NJW 1983, 350 mAnm Geiger JZ 1983, 153; Lilie NStZ 1983, 314; Ulrich MedR 1983, 137; Kreuzer JR 1984, 294; krit. auch Eser NStZ 1984, 49 (56)).

7 **4.** Für die **Zumutbarkeit** der Hilfe, die hier Tatbestandsmerkmal ist (Naucke FS Welzel, 1974, 761 (767); Frellesen, Die Zumutbarkeit der Hilfeleistung, 1980, S. 209; Geilen Jura 1983, 138 (145); Pawlik GA 1995, 360 (372); Seelmann JuS 1995, 281 (285); Geppert Jura 2005, 39 (45); Heger/Jahn JR 2015, 508 (512); Wessels/Hettinger/Engländer StrafR BT I Rn. 1048; Freund in MüKoStGB Rn. 90; Verrel in HK-StrafR Rn. 10; Stein in SK-StGB Rn. 18; diff. Kahlo, Die Handlungsform der Unterlassung als Kriminaldelikt, 2001, S. 339, 344; Klesczewski StrafR BT S. 194; Popp in LK-StGB, Rn. 92; aM Westendorf, Die Pflicht zur Verhinderung geplanter Straftaten durch Anzeige, 1999, S. 210; Momsen, Die Zumutbarkeit als Begrenzung strafrechtlicher Pflichten, 2006, S. 432 „entschuldigende Unzumutbarkeit"; Zumutbarkeit muß konkret belegt werden, BGH StraFo 2017, 253), sind namentlich bedeutsam: der Grad der Gefährdung, der von Schwere und Wahrscheinlichkeit des dem Verunglückten drohenden Schadens abhängt; die Wahrscheinlichkeit des Rettungserfolges, für die es vor allem auf die individuellen Fähigkeiten des Verpflichteten und die ihm zur Verfügung stehenden Hilfsmittel ankommt (zB eines sog. Lidhakens bei Augenverletzung, Ulsenheimer ArztStrafR Rn. 643 mit LG Magdeburg); die Verstrickung des Verpflichteten in das Unglücksgeschehen (BGHSt 11, 135 = NJW 1958, 390 mAnm Schröder JR 1958, 186; str.); seine räumliche Beziehung zum Unglücksort (OLG Köln NJW 1957, 1609 betr. nächstes Krankenhaus); seine schutzwürdigen kollidierenden Interessen (für eine Beschränkung auf § 35-Fälle Momsen, Die Zumutbarkeit als Begrenzung strafrechtlicher Pflichten, 2006, S. 406, 432, 537). Insoweit sind die eigene Gefahr (speziell zur Gefährdung durch AIDS-Infektion Spengler DRiZ 1990, 259) und die Pflichtenkollision (näher Beulke FS Küper, 2007, 1) nur Beispiele, die aber zeigen, dass die Abgrenzung durch objektive Abwägung zu bestimmen ist (Spendel FS Seebode, 2008, 377 (385)) und nicht in bloße Schulderwägungen abgleiten darf (Röwer NJW 1959, 1263). Die Gefahr der Strafverfolgung fällt zwar ins Gewicht, reicht aber regelmäßig zur Verneinung der Zumutbarkeit nicht aus (BGHSt 11, 353 = NJW 1958, 957; BGHSt 39, 164 (166) = NJW 1993, 1871; Ulsenheimer GA

1972, 1 (16); Joecks/Jäger StGB Rn. 33–36; Stein in SK-StGB Rn. 21; Wohlers/Gaede in NK-StGB Rn. 12; diff. Schöch in Satzger/Schluckebier/Widmaier StGB Rn. 18; weiter Geilen FamRZ 1964, 385 (388); Frellesen, Die Zumutbarkeit der Hilfeleistung, 1980, S. 176; beachte auch BGHSt 11, 135 = NJW 1958, 390; Geppert JuS 2005, 39 (46); krit. zur Zumutbarkeitslösung dieser Problematik Kölbel, Selbstbelastungsfreiheiten, 2006, S. 325, 449, 460, 482, der in Bagatellfällen eine Tatbestandseinschränkung, sonst ein Beweisverwertungsverbot vorschlägt). Auch dass der Täter den Unglücksfall durch Notwehr herbeigeführt hat, befreit ihn nicht von der Hilfspflicht (BGHSt 23, 327 = NJW 1970, 2252; BGH NStZ 1985, 501; Seelmann JuS 1995, 281 (286); Geppert JuS 2005, 39 (46)). Soweit **Selbsttötungsversuche** als Unglücksfälle anzusehen sind (→ Rn. 2), kann auch bei Erforderlichkeit der Hilfe (→ Rn. 5) deren Zumutbarkeit im Hinblick auf den Tötungswillen des Suizidenten zu verneinen sein (BGHSt 32, 367 (381) = NJW 1984, 2639); die nähere Begrenzung dieses Grundsatzes bedarf jedoch noch weiterer Klärung (vgl. etwa Otto, 56. DJT, Gutachten Teil D, S. 80; Dölling NJW 1986, 1011; Charalambakis GA 1986, 485 (505)); für eine gesetzliche Regelung des Entfallens der Hilfspflicht Otto NJW 2006, 2217 (2222). Kritisch zur Unbestimmtheit der Zumutbarkeitsklausel Seebode FS Kohlmann, 2003, 279 (290). Rechtsvergleichend mit Österreich Taferner JBl 2016, 769.

5. Eine **Garantenpflicht** (→ § 13 Rn. 6) zur Verhütung von Gewalttaten, die das Opfer als Unglücksfall treffen, wird durch § 323c nicht begründet; wer nicht auf Grund besonderer Pflichtenstellung (→ § 13 Rn. 7–11) für die Gefahrabwendung einzustehen hat, macht sich wegen unterlassener Hilfe nicht als Teilnehmer an der Gewalttat, sondern nur nach § 323c strafbar (BGHSt 3, 65 = NJW 1952, 1062). Umgekehrt haften der Gewalttäter und der nicht helfende Garant nur wegen der Begehungs- bzw. unechten Unterlassungstat, wenn der Unrechtserfolg, auf den ihr Vorsatz gerichtet war, den Unglücksfall darstellt (aM Freund in MüKoStGB Rn. 101, 102). Die hM begründet das mit Subsidiarität des § 323c gegenüber der Vorsatztat (BGHSt 3, 65 = NJW 1952, 1062; BGHSt 14, 282 = NJW 1960, 1395; BGHSt 39, 164 (166) = NJW 1993, 1871; Hecker in Schönke/Schröder Rn. 30); jedoch dürfte es hier regelmäßig schon an der Tatbestandsmäßigkeit fehlen, weil in solchen Fällen die Erfüllung der Hilfeleistungspflicht schlechthin nicht erwartet werden kann und deshalb unzumutbar ist (OLG Frankfurt a. M. NJW 1957, 1847; Tag JR 1995, 133 (136); sa OLG Celle NJW 1970, 341; aM Stein/Rudolphi in SK-StGB Rn. 22). Wer jedoch fahrlässig – namentlich im Straßenverkehr – einen anderen in Leib- oder Lebensgefahr bringt, ist nach § 323c hilfspflichtig; ebenso wer einen anderen vorsätzlich verletzt, wenn dem Opfer über den Tätervorsatz hinaus Lebensgefahr droht (BGHSt 14, 282 = NJW 1960, 1395; aM OLG Frankfurt a. M. NJW 1957, 1847). Bleibt ungeklärt, ob sich der Täter an der den Unrechtserfolg verursachenden Vorsatztat beteiligt oder nur keine Hilfe geleistet hat, so ist wegen des hier bestehenden „normativ-ethischen Stufenverhältnisses“ (→ § 138 Rn. 6) aus § 323c I zu verurteilen (Popp in LK-StGB Rn. 174; Stein in SK-StGB Rn. 31; aM BGHSt 39, 164 = NJW 1993, 1871; BGH NStZ 1997, 127, die dasselbe Ergebnis auf die dann fehlende Subsidiarität des § 323c stützen; zust. Geppert JK StGB § 323c Rn. 3; gegen eine Bestrafung aus § 323c Tag JR 1995, 133 (136)). Aus einer begonnenen Hilfeleistung resultiert noch keine Garantenstellung, es sei denn der Hilfeleistende verschlechtert die Lage des Opfers (BGH NJW 1993, 2628; → § 13 Rn. 9). 8

9 **6.** Der **Vorsatz** (bedingter genügt, BGH bei Dallinger MDR 1968, 552; JZ 2014, 303 (305)) muss namentlich die Möglichkeit, die Erforderlichkeit (OLG Hamm JMBl. NRW 1956, 189) und die Zumutbarkeit der Hilfe umfassen; jedoch genügt für die Zumutbarkeit Kenntnis der Umstände, welche sie begründen (→ § 15 Rn. 16; str.). Ein Irrtum über diese Voraussetzungen ist Tatbestandsirrtum (BayObLG NJW 1957, 345); ebenso der Irrtum, das zur Abwendung des Unglücksfalls Notwendige getan zu haben (BGH bei Holtz MDR 1993, 721 (722); AG Saalfeld NStZ-RR 2005, 142 mit zust. Bespr. Geppert JK StGB § 323c Rn. 5; Kreuzer, Ärztliche Hilfeleistungspflicht bei Unglücksfällen iRd § 330c StGB, 1965, S. 113; Heinrich in Krey/Hellmann/Heinrich StrafR BT I Rn. 1163); ist jedoch der Täter entschlossen, seine Hilfe zu versagen, und macht er sich deshalb keine Gedanken über konkrete Hilfsmöglichkeiten, so liegt idR bedingter Vorsatz vor (BGH GA 1971, 336). Dasselbe gilt auch, wenn er das Vorliegen von Umständen, welche die Zumutbarkeit ausschließen, nur für möglich hält, sich aber mit ihrem Fehlen abfindet (→ § 15 Rn. 24, 25); zu der noch wenig geklärten Frage, ob und unter welchen Voraussetzungen in solchen Fällen die Schuld gemindert oder ausgeschlossen sein kann, Warda FS Lange, 1976, 119.

10 **7.** Ist die Hilfspflicht gegeben, so muss **sofort** (BGHSt 14, 213 = NJW 1960, 1261) **und auf die wirksamste Weise** (BGH bei Holtz MDR 1993, 721 (722); Geilen JZ 1973, 320 (324); Jura 1983, 138 (143)) geholfen werden; späteres Eintreffen anderer hilfsbereiter Personen entlastet nicht mehr (BGH VRS 25, 42). Die Tat ist **vollendet,** wenn der Täter nach Entstehen der Hilfspflicht die von ihm erkannte Hilfsmöglichkeit nicht nutzt (ebenso Jäger ExRep StrafR AT Rn. 373d); einer Kundgabe des Entschlusses, Hilfe zu verweigern, bedarf es dazu nicht (Schaffstein FS Dreher, 1977, 147 (157); einschr. BGHSt 14, 213 = NJW 1960, 1261; Geilen Jura 1983, 138 (147); Geppert JuS 2005, 39 (46); weiter einschr. Stein in SK-StGB Rn. 17; Gaede in NK-StGB Rn. 15; zw.). Eine sich aus dem Unglücksfall entwickelnde (Todes-)Folge wirkt nur strafschärfend (Kühl JuS 2007, 497 (499); Freund in MüKoStGB Rn. 118–120, 130; → § 46 Rn. 34).

11 **8.** Da der **Versuch** nicht mit Strafe bedroht ist (§ 23 I), kommt auch untauglicher Versuch nicht in Frage; daran kann die Charakterisierung der Tat als sog. unechtes Unternehmensdelikt (→ § 11 Rn. 19) nichts ändern (AG Tiergarten NStZ 1992, 236 mAnm Rudolphi; Hecker in Schönke/Schröder Rn. 28). Tätige Reue, zB durch Umkehren und Hilfeleisten nach Vorbeifahren am Unfallort, kann in analoger Anwendung der Vorschriften über tätige Reue zum Absehen von Strafe führen (Berz FS Stree/Wessels, 1993, 331 (338); Rengier StrafR BT II § 42 Rn. 20; Freund in MüKoStGB Rn. 122; Hecker in Schönke/Schröder Rn. 26; aM BGHSt 14, 213 (217) = NJW 1960, 1261 zu § 330c aF; Fischer Rn. 22; Verrel in HK-StrafR Rn. 12).

12 **9. Tateinheit** von Abs. 1 ua möglich mit § 315b I (OLG Oldenburg VRS 11, 53) und § 142 (→ § 142 Rn. 42; einschr. Stein in SK-StGB Rn. 30c). Zusf. Geppert JuS 2005, 39 (47).

13 **10. Abs. 2** – Behinderung von hilfeleistenden Person (durch sog. „Gaffer") –. Diese Änderung ist ganz spät in das neue Änderungsgesetz zu § 323c in dessen neuen Abs. 2 aufgenommen worden (Schiemann NJW 2017, 1846 (1848)). Die **Behinderung** setzt eine spürbare, nicht unerhebliche Störung der Rettungstätigkeit voraus. So etwa durch Versperren des Weges (zB durch Nichtbeiseitetreten) oder Beeinträchtigung von ärztlicher Hilfe. „Gaffer" sind nur erfaßt, wenn sie aus

reiner Sensationslust Helfer behindern (Schiemann NJW 2017, 1846 (1848)). Eine negative Auswirkung auf die hilfsbedürftige Person ist nicht erforderlich.

29. Abschnitt. Straftaten gegen die Umwelt

Vorbemerkung

1. Der Abschnitt beruht auf dem **18. StÄG,** mit dem das **Umweltstrafrecht** 1 grdl. neu geordnet worden ist (→ Vor § 1 Rn. 8; Krüger, Die Entstehungsgeschichte des 18. Strafrechtsänderungsgesetzes zur Bekämpfung der Umweltkriminalität, 1995; Frisch in Leipold, Umweltschutz und Recht in Deutschland und Japan, 2000, S. 361; Rogall in Dolde, Umweltrecht im Wandel, 2001, S. 795, 796; zu den Änderungen durch das 31. StÄG (→ Vor § 1 Rn. 12) → Rn. 6 a). Das Gesetz hat – allerdings mit erheblichen Strukturveränderungen und Erweiterungen – die früher in verwaltungsrechtlichen Spezialgesetzen, namentlich im WHG, BImSchG, AbfG und AtG, enthaltenen Strafvorschriften in diesem Abschnitt zusammengefasst, einzelne Tatbestände (§§ 311 d, 311 e StGB aF, jetzt §§ 311, 312) auch dem Abschnitt über gemeingefährliche Straftaten zugewiesen und weniger zentrale oder nur mittelbar dem Umweltschutz dienende Strafdrohungen im Nebenstrafrecht belassen (vgl. etwa § 148 GewO; §§ 51, 52 LMBG aF; §§ 63 ff. BSeuchG aF (jetzt §§ 74, 75 IfSG); § 74 TierSG; § 17 TierschG; §§ 40, 42 SprengG; § 39 PflSchG; § 7 DDT-G).

2. Die Übernahme der **zentralen Normen des Umweltstrafrechts in das** 2 **StGB** hat während der vorbereitenden Arbeiten am 18. StÄG und nach Verkündung des Gesetzes viel Zustimmung erfahren (zusf. Kühl FS Lackner, 1987, 815 (817)) und hochgespannte Hoffnungen auf eine nachhaltige Verbesserung des strafrechtlichen Umweltschutzes geweckt (vgl. namentlich die Regierungsvorlage, BT-Drs. 8/2382; die Beschlussempfehlung und den Bericht des Rechtsausschusses, BT-Drs. 8/3633; die Beratungen im Plenum des Bundestages, SBer 8, Nr. 16029; s. ua auch Tiedemann, Die Neuordnung des Umweltstrafrechts, 1980; Triffterer, Umweltstrafrecht, 1980). Allerdings ist von Anfang an auch Kritik unter dem Gesichtspunkt geübt worden, dass die Struktur der im StGB zusammengefassten Tatbestände zur Verwendung zahlreicher unbestimmter Rechtsbegriffe, zur Anhäufung von Verweisungs- und Blankettatbeständen und zur Schaffung problematischer Abhängigkeiten der Strafverfolgung vom Vorgehen der Umweltverwaltungsbehörden zwingt und dadurch – sei es auch überwiegend unvermeidbar – die Effizienz des Gesetzes in Frage stellt (vgl. die Nachw. unter → Rn. 3–6).

a) Das **Hauptdilemma** liegt bis heute (vgl. nur Roxin FS Sieber, 2021, 137). 3 darin, dass die umweltverwaltungsrechtliche Normsetzung in Bund, Ländern und Gemeinden sowie die präventiven Maßnahmen der Verwaltungsbehörden für das Strafrecht begrenzend wirken müssen, weil – jedenfalls grds. – strafrechtlich nicht verboten sein kann, was verwaltungsrechtlich wirksam erlaubt wurde (**Verwaltungsakzessorietät;** zur zwingenden Notwendigkeit ihrer grundsätzlichen Anerkennung ua Winkelbauer, Zur Verwaltungsakzessorietät des Umweltstrafrechts, 1985; Rengier ZStW 101 (1989), 874; Ossenbühl DVBl 1990, 963 (971); Heine NJW 1990, 2425; ZUR 1995, 63 (66); Kindhäuser FS Helmrich, 1994, 967 (980); Bergmann, Zur Strafbewehrung verwaltungsrechtlicher Pflichten im Umweltstrafrecht, dargestellt an § 325 StGB, 1993, S. 10; Kuhlen ZStW 105 (1993), 697 (706); Paeffgen FS Stree/Wessels, 1993, 586; Glauben DRiZ 1998, 23 (25); Kloepfer/Heger, Umweltstrafrecht, 3. Aufl. 2014, Rn. 26–28; Ransiek, Unternehmensstrafrecht, 1996, S. 130; Ransiek in NK-StGB Rn. 45; Felix, Einheit der Rechtsordnung, 1999, S. 294; Dölling FS Kohlmann, 2003, 111 (114); Schmitz in MüKo-StGB Rn. 51; aus der Rspr. BGH NJW 2005, 2095 zu § 92 AuslG; diff. Schwarz GA 1993, 318; Frisch, Verwaltungsakzessorietät und Tatbestandsverständnis im Umweltstrafrecht, 1993, S. 5; sowie Frisch in Leipold, Umweltschutz und Recht in Deutschland und Japan, 2000, S. 372; Breuer JZ 1994, 1077 (1083); Schünemann FS Triffterer, 2011, 437 (441); Rühl JuS 1999, 521; Rogall in Dolde, Umweltrecht im Wandel, 2001, S. 824; krit. Hassemer FS Lenckner, 1998, 97 (114)). Das verweist aber das Strafrecht in eine nachrangige, dh dienende Rolle und legt überdies iErg die Verfügung über den Anwendungsbereich von Kernstrafrecht auch in die Hände von Landesgesetzgebern, Kommunen, Fachbehörden und Verwaltungsgerichten. Da die Tatbestände dieses Abschnitts die außerstrafrechtlichen Normen, auf die sie verweisen, einschließlich der darauf beruhenden (möglicherweise materiell fehlerhaften) Verwaltungsakte als notwendig voraussetzen und zugleich – zumindest grds. – verbindlich anerkennen, ist ihr Inhalt dem ständigen Wandel durch außerstrafrechtliche Normsetzungs- oder Verwaltungsakte ausgesetzt, die der Bundesgesetzgeber nur in den Grenzen seiner Kompetenz steuern kann, die iÜ aber – namentlich soweit es sich um Landesrecht handelt (→ § 329 Rn. 2–5; Fischer § 1 Rn. 9) – seinem Einfluss entzogen sind (krit. ua Schall NJW 1990, 1263 (1265); Fischer Rn. 4a; unter Artenschutzgesichtspunkten Gütschow, Der Artenschutz im Umweltstrafrecht, 1998, S. 131, 152, 156; zusf. Kühl FS Lackner, 1987, 815 (824)).

3a Das begründet eine **prinzipielle Abhängigkeit** des strafrechtlich relevanten Verhaltens sowohl von der Umweltpolitik verschiedener Gesetz- und Verordnungsgeber als auch von der mehr oder minder strengen Verwaltungspraxis der Umweltbehörden am Ort. Hier können Verfilzungen zwischen Aufsichtsbehörden und Industrie oder sachfremde Rücksichtnahmen (zB Verhütung von Steuereinbußen der Kommunen) die Entstehung straffreier Räume begünstigen, weil die nach der Rechtslage gebotenen Verwaltungsakte (zB Anordnungen, Auflagen oder Untersagungen nach § 325 I) mit der Folge unterbleiben, dass die strafrechtliche Anknüpfung vereitelt wird (dazu ua Kühl FS Lackner, 1987, 815 (857); diff. Frisch, Verwaltungsakzessorietät und Tatbestandsverständnis im Umweltstrafrecht, 1993, S. 16; zur anfangs umstrittenen, inzwischen aber wohl geklärten Verfassungsrechtslage BGH NJW 1996, 3220; Löwer JZ 1979, 621 (629); Lenzen JR 1980, 133; Kühl FS Lackner, 1987, 815 (824); Ransiek, Gesetz und Lebenswirklichkeit, 1989, S. 112; Ransiek in NK-StGB Rn. 17–26; Rogall GA 1995, 299 (305); Kloepfer/Heger, Umweltstrafrecht, 3. Aufl. 2014, Rn. 29, 30; Perschke wistra 1996, 161 (163); Heghmanns in LK-StGB Rn. 52–55; speziell zur Ausfüllung von Strafgesetzen durch Rechtsverordnungen Kühl FS Lackner, 1987, 815 (833); → § 1 Rn. 2; vgl. auch Heghmanns, Grundzüge der Dogmatik der Straftatbestände zum Schutz von Verwaltungsrecht und Verwaltungshandeln, 2000, S. 86, der deren Verfassungsmäßigkeit bei § 330 d Nr. 4b–e iVm §§ 324 a, 325, 326 III, 328 III bejaht, Verfassungswidrigkeit dieser Vorschriften aber dann annimmt, wenn sie Verwaltungsanordnungen strafbewehren, Heghmanns, Grundzüge der Dogmatik der Straftatbestände zum Schutz von Verwaltungsrecht und Verwaltungshandeln, 2000, S. 282, 297; zur Bestimmtheit der Verweisungsform bei Blankettgesetzen Michalke, Verwaltungsrecht im Umweltstrafrecht, 2001, S. 75). Die Problematik ist nur im Wege einer **rechtspolitischen Interessenabwägung** und unter Beachtung der subsidiären Aufgabe des Strafrechts lösbar. Da einerseits Fachbehörden die Umweltgüter verwalten und dafür den notwendigen Gestaltungsspielraum haben müssen, andererseits aber gegen schwere Zuwiderhandlungen ein hinreichender Strafschutz bestehen muss, ist eine gegenseitige Begrenzung der schon im Ansatz verschiedenartigen staatlichen Kompetenzen unausweichlich. Die Verwaltungsakzessorietät (namentlich die Verwaltungsaktakzessorietät) schränkt die Möglichkeiten strafrechtlichen Einschreitens stark ein, zwingt auf der anderen Seite aber dazu, auch Taten strafrechtlich zu erfassen, deren Unrecht sich ganz oder überwiegend in der Missachtung des verwaltungsrechtlichen Kontrollsystems erschöpft (zur Begr. der Strafbarkeit in solchen Fällen Tiedemann/Kindhäuser NStZ 1988, 337 (340); Rengier ZStW 101 (1989), 874 (880); Krüger, Die Entmaterialisierungstendenz beim Rechtsgutsbegriff, 2000, S. 146); bisweilen entzieht sie auch den Verwaltungsbehörden durch die gesetzlich begründete Strafbarkeit Gestaltungsmöglichkeiten, die ihnen das Opportunitätsprinzip sonst einräumt (krit. Samson JZ 1988, 800; eing. Brauer, Die strafrechtliche Behandlung genehmigungsfähigen, aber nicht genehmigten Verhaltens, 1988, S. 109; zu Konflikten zwischen verwaltungsrechtlichem Opportunitätsprinzip und strafprozessualem Legalitätsprinzip Breuer JZ 1994, 1077 (1085); krit. zur Zusammenarbeit zwischen Strafverfolgungsbehörden und Umweltbehörden Suilmann, Bekämpfung der Umweltkriminalität, 2006 mit krit. Bespr. Ransiek ZStW 121 (2009), 176). Vgl. auch Schall FS Schünemann, 2014, 815.

b) Als **weiteres Hemmnis** für die Effizienz des Gesetzes wirkt sich auch aus, dass die weite Erstreckung der Tatbestände in das Vorfeld des Lebens- und Gesundheitsschutzes, deren vielfältige Abhängigkeit von der Erhebung technischer Daten und die typischen Schwierigkeiten bei der Ermittlung der Tatverantwortlichen (Arbeitsteilung in der Wirtschaft) eine Verdünnung der Zurechnungsstrukturen mit sich bringen (dazu Seelmann NJW 1990, 1257; Silva Sánchez FS Volk, 2009, 755), die häufig einen ungewöhnlichen Verfahrensaufwand erfordert (krit. auch Hassemer NKrimPol 1989, 47; überzogen die Kritik von Albrecht KritV 1988, 182; sowie des 12. Strafverteidigertages StV 1988, 275, der ersatzlose Streichung des Umweltstrafrechts fordert; wie Müller-Tuckfeld in IKW Zustand StrafR S. 461; vgl. dazu krit. Kuhlen ZStW 105 (1993), 697; Stratenwerth ZStW 105 (1993), 679 (687); Stratenwerth FS Lüderssen, 2002, 373 (377); Frisch in Leipold, Umweltschutz und Recht in Deutschland und Japan, 2000, S. 385; Krüger, Die Entmaterialisierungstendenz beim Rechtsgutsbegriff, 2000, S. 154; Rogall in Dolde, Umweltrecht im Wandel, 2001, S. 808; Hefendehl Kollektive Rechtsgüter S. 310). Zu den praktischen und rechtlichen Problemen bei der Verfolgung von Umweltverstößen im Bereich der Unternehmensdelinquenz Schall in Schünemann, Deutsche Wiedervereinigung, Bd. III, Unternehmenskriminalität, 1996, S. 99; sa Ransiek, Unternehmensstrafrecht, 1996, S. 127. Zur Ambivalenz von Eigenüberwachung und Selbstaufzeichnung durch Unternehmensmitarbeiter im Lichte des Umweltstrafrechts Schall FS Samson, 2010, 483; für Verwertungsverbot im Prozess Schall FS Samson, 2010, 493. Zur Kriminal- und Justizstatistik Franzheim/Pfohl UmweltStrafR Rn. 24–37; Pfohl in Müller-Gugenberger WirtschaftsStrafR Kap. 54 Rn. 334–344; Dölling FS Kohlmann, 2003, 111 (118); Schall FS Schwind, 2006, 395. Zur „organisierten" Umweltkriminalität Albrecht FS Eser, 2005, 1273. 4

c) Schließlich sind gerade die **brennendsten Fragen** eines wirksamen Umweltschutzes mit den Mitteln des Strafrechts nicht lösbar. Es gibt keine rechtsstaatlich vertretbare Möglichkeit, selbst schwerste Umweltbelastungen strafrechtlich zu erfassen, wenn sie auf Summations-, Kumulations- oder synergetischen Effekten 5 (eing. Daxenberger, Kumulationseffekte, 1997; krit. Schmitz in MüKoStGB Rn. 33) beruhen, die ihrerseits durch legale, dh Genehmigungen und Auflagen nicht überschreitende, Handlungen verursacht werden (Laufhütte/Möhrenschlager ZStW 92 (1980), 912 (919); krit. Hümbs-Krusche/Krusche ZRP 1984, 61; sa Samson ZStW 99 (1987), 617; Kleine-Cosak, Kausalitätsprobleme im Umweltstrafrecht, 1988; Herzog, Gesellschaftliche Unsicherheit und strafrechtliche Daseinsvorsorge, 1991, S. 141). Das gilt selbst dann, wenn die eingetretenen Umweltschäden das Ergebnis eines offensichtlichen Fehlverhaltens der Behörden sind (zur Haftung von Amtsträgern → Rn. 8–13). Zwar ist in solchen Fällen die Anwendbarkeit der §§ 223ff., 303 StGB nicht schlechthin ausgeschlossen, in aller Regel aber mindestens aus Schuld- oder Beweisgründen nicht realisierbar (→ § 324 Rn. 13).

6 **3.** Die Entwicklung seit Inkrafttreten des 18. StÄG hat die **kritische Beurteilung** der strafrechtlichen Möglichkeiten zur Gewährleistung des Umweltschutzes (→ Rn. 3–5) weitgehend bestätigt. In der Praxis hatte sich alsbald gezeigt, dass die Umweltstrafverfahren zwar erheblich zugenommen hatten, aber durch eine überdurchschnittlich hohe Zahl von Verfahrenseinstellungen nach §§ 170 II, 153, 153a StPO (eing. zu den im Umweltstrafrecht überproportional häufigen Opportunitätseinstellungen, insbes. zu den tatsächlichen Einstellungsgründen Schirrmacher, Neue Reaktionen auf umweltdeliktisches Verhalten, 1998, S. 266, die eine neue „Umweltauflage" vorschlägt; ähnlich Sack JR 2000, 483) und durch geringfügige Strafen (zu den Vollzugsdefiziten auf der sanktionsrechtlichen Ebene mit Reformvorschlägen Schall/Schreibauer NuR 1996, 440; Busch, Unternehmen und Umweltstrafrecht, 1997, S. 50, 274; Ransiek in NK-StGB Rn. 27–56) gekennzeichnet waren, was auf eine zweckwidrige Schwerpunktbildung bei den Bagatelltaten hinwies (vgl. etwa Hümbs-Krusche/Krusche, Die strafrechtliche Erfassung von Umweltbelastungen – Strafrecht als ultima ratio der Umweltpolitik?, 1983; Albrecht/Heine/Meinberg ZStW 96 (1984), 943; Heine GA 1986, 67; Rüther, Ursachen für den Anstieg polizeilich festgestellter Umweltschutzdelikte, 1986; Schwind/Steinhilper, Umweltschutz und Umweltkriminalität, 1986; Heine ZUR 1995, 63; Risch, Polizeiliche Praxis bei der Bearbeitung von Umweltdelikten, 1992; Wagner Polizei 1996, 225; Dölling FS Kohlmann, 2003, 111 (121); Rogall in Dolde, Umweltrecht im Wandel, 2001, S. 805, 822; Pfohl in Müller-Gugenberger WirtschaftsStrafR Kap. 54 Rn. 334ff.; Schmitz in MüKoStGB Rn. 17; Eisenberg/Kölbel Kriminologie § 47 Rn. 55–64; Kaiser Kriminologie § 75 Rn. 4–8, § 76 Rn. 1–9; Schwind Kriminologie § 22 Rn. 31–40 mit statistischen Angaben). Das hat zu nachdrücklichen Forderungen in der Öffentlichkeit nach Verschärfung des Strafrechts geführt. Deshalb hat sich der 57. DJT, 1988 mit der Problematik befasst. Die Beiträge zu seiner Vorbereitung (Tiedemann/Kindhäuser NStZ 1988, 337; Franzheim JR 1988, 319; Meurer NJW 1988, 2065; Breuer NJW 1988, 2072; Dahs/Redeker DVBl 1988, 803; Geulen ZRP 1988, 323; Dölling ZRP 1988, 334; Samson JZ 1988, 800) und seine Verhandlungen (Heine/Meinberg, Bd. I, Gutachten Teil D; Verhandlungen der strafrechtlichen Abteilung, Sitzungsbericht L; zusf. Odersky/Brodersen ZRP 1988, 475) haben folgende Tendenzen deutlich gemacht: Der Einsatz strafrechtlicher Mittel ist auch auf dem Gebiet des Umweltrechts unverzichtbar. Jedoch ist am Prinzip der Verwaltungsrechtsakzessorietät und in engeren Grenzen auch an dem der Verwaltungsaktakzessorietät als einem Gebot der Gewaltenteilung und des Rechtsstaates festzuhalten; Konfrontationen von Verwaltungs- und Strafverfolgungstätigkeit sind durch bessere Zusammenarbeit abzubauen.

4. Das **31. StÄG** – 2. UKG (→ Vor § 1 Rn. 12) hat keine grundlegende Reform des Umweltstrafrechts gebracht (vgl. zum Beratungsverfahren BT-Drs. 12/7300, 19; Sachverständigenanhörung im BT-Rechtsausschuss Prot. Nr. 51 v. 7.10.1992). Zur besseren Bekämpfung der Umweltkriminalität wurde insbes. der strafrechtliche Schutz gegen Boden- und Luftverunreinigungen (neuer § 324a, Erweiterung des § 325 um einen Emissionstatbestand), gegen Beeinträchtigungen von Naturschutzgebieten (§ 329 III) sowie gegen Gefahren durch unverantwortlichen Umgang mit gefährlichen Stoffen und beim Transport gefährlicher Güter (§ 328 III) verstärkt; die Bekämpfung des sog. illegalen Abfalltourismus sollte durch einen neuen Tatbestand verbessert werden (§ 326 II). Zur Erfassung schwerer Umweltgefährdungen wurde eine übersichtlichere Regelung für besonders schwere Fälle geschaffen (§ 330) und § 330a („Freisetzen von Giften") erweitert. Hinzu kamen Erweiterungen bei §§ 311c, 311d StGB aF (jetzt §§ 312, 311). Bei den allgemeinen Fragen des Umweltstrafrechts ist am Grundsatz der Verwaltungsakzessorietät festgehalten und die damit verbundene Problematik durch Begriffsbestimmungen (§ 330d Nr. 4, 5) zu entschärfen versucht worden; die strafrechtliche Haftung von Amtsträgern wurde nicht geregelt. Die Regelung über „Tätige Reue" (§ 330b) ist ebenso erweitert worden wie die zur Einziehung (§ 330c). **Übersichtsbeiträge:** Möhrenschlager NStZ 1994, 513 (566); Schmidt/Schöne NJW 1994, 2514; Breuer JZ 1994, 1077 (1080); eing. Schwertfeger, Die Reform des Umweltstrafrechts durch das Zweite Gesetz zur Bekämpfung der Umweltkriminalität (2. UKG), 1998. Zur historischen Entwicklung des Umweltschutzes Heine GA 1989, 116; Rogall in Dolde, Umweltrecht im Wandel, 2001, S. 796; zum 31. StÄG Rogall in Dolde, Umweltrecht im Wandel, 2001, S. 803; rechtsvergleichend Heine ZStW 101 (1989), 722; ZStW 103 (1991), 819; Fitzgerald ZStW 104 (1992), 689. **6a**

Kleinere Änderungen brachten das 6. StrRG (→ Vor § 1 Rn. 13) und das „Ausführungsgesetz zu dem Vertrag v. 24. September 1996 über das umfassende Verbot von Nuklearversuchen" v. 23.7.1998, das § 328 II Nr. 3, 4 einfügte. Danach blieben die §§ 324ff. bis Ende 2011 unverändert. **6b**

Mit dem **45. StÄG** (→ Vor § 1 Rn. 17) folgte zum 6.12.2011 erneut eine zahlenmäßig umfangreiche Änderung der §§ 324ff. in Umsetzung der Vorgaben der RL 2008/99/EG über den strafrechtlichen Schutz der Umwelt. Neben § 311 sind dadurch im 29. BT-Abschnitt geändert worden die §§ 325, 326, 327, 328, 329, 330, 330c, 330d (dazu Heger HRRS 2012, 211; Szesny/Görtz ZUR 2012, 405; Pfohl ZWH 2013, 95; Schall FS Wolter, 2013, 643; Schall in Kloepfer/Heger, Das Umweltstrafrecht nach dem 45. Strafrechtsänderungsgesetz, 2015, S. 33; Weber FS Kühl, 2014, 747). Teilweise wurden bestehende Tatbestände erweitert, indem auf das Erfordernis einer „groben" Verletzung verwaltungsrechtlicher Pflichten verzichtet (§§ 325 II, 328 I Nr. 2, III), neue Tatobjekte (§§ 326 II Nr. 1, 328 III) oder Tathandlungen (§§ 326 I, 328 I) eingefügt oder die Privilegierung des motorisierten Verkehrs gestrichen (§ 325 II) worden ist, zT wurden aber auch neue Tatbestandsvarianten geschaffen (zB §§ 325 III, 327 II 2, § 329 IV); dazuhin kam eine Erweiterung der Begriffsbestimmungen auf das EU-Ausland mittels § 330d II. Da auf die objektiv erweiterten Tatbestände die jeweils zuvor geltenden Regeln hinsichtlich der Strafbarkeit von Versuch und Fahrlässigkeit unverändert beibehalten worden sind, ist – ohne diesbezügliche Veranlassung durch die EU-Vorgaben – auch die Fahrlässigkeits- und Versuchsstrafbarkeit erweitert worden. In Bezug auf die neu geschaffenen Tatbestände hat der Gesetzgeber dagegen auf eine Versuchsstrafbarkeit verzichtet und in subjektiver Hinsicht – wie in der Richtlinie als Minimum gefordert – eine Strafbarkeit auf mindestens leichtfertige Tatbegehung beschränkt (zB **6c**

325 V, 329 VI). Weil aus Sicht des Gesetzgebers eine Änderung der §§ 324, 324a, 325a durch die EU-Vorgaben nicht angezeigt war, sind innerhalb der §§ 324ff. gewisse Widersprüche entstanden; so genügt etwa für den bei vorsätzlicher Begehung mit einem Strafrahmen bis zu drei Jahren Freiheitsstrafe ausgestalteten § 325a I einfache Fahrlässigkeit (§ 325a III Nr. 1), während der mit einem Vorsatz-Strafrahmen von bis zu fünf Jahren Freiheitsstrafe versehene § 329 IV erst bei Leichtfertigkeit der Tatbegehung eine Strafe begründen kann (§ 329 VI). Ein Novum innerhalb des StGB bilden überdies die – zuvor nur im Nebenstrafrecht gebräuchlichen – expliziten Verweisungen auf exakt bestimmte EU-Rechtsakte (in §§ 326 II Nr. 1 StGB aF, 328 III Nr. 1, 329 IV), die als statische Verweisungen den Gesetzgeber bei jeder Änderung des betreffenden EU-Rechtsakts zu einer Anpassung des jeweiligen Tatbestandes nötigen. Seit dem 45. StÄG hat es daher bereits drei weitere kleinere Änderungen der §§ 324ff. gegeben: So machte die Ersetzung des KrW-/AbfG durch das KrWG eine begriffliche Anpassung in § 327 II 1 Nr. 3 erforderlich; und eine neue EU-Verordnung zur Abfallverbringung musste Anfang 2013 in § 326 II Nr. 1 eingefügt werden. Die bislang letzte Änderung erfolgte am 2.5.2013, als mit § 327 II 1 Nr. 4 – wiederum aufgrund von EU-Vorgaben – auch der unerlaubte Betrieb von Abwasserbehandlungsanlagen iSv § 60 III WHG strafbewehrt worden ist. Mit dem Gesetz zur Änderung abfallverbringungsrechtlicher Vorschriften v. 1.11.2016 (→ Vor § 1 Rn. 18) ist § 326 II Nr. 1 in §§ 18a, 18b AbfallverbringungsG überführt worden, wobei die Strafrahmenobergrenze deutlich gesenkt und damit dem verminderten Unrechtsgehalt der Verbringung nicht gefährlicher Abfälle angepasst worden ist. Für § 326 II ist dadurch der status quo von dem 45. StÄG wieder erreicht; da § 18b AbfVerbrG milder als § 326 II Nr. 1 StGB aF ist, ist letzterer auch auf vor dem 10.11.2016 begangene Altfälle nicht mehr anzuwenden (§ 2 III).

7 **5.** Als **geschütztes Rechtsgut** aller Tatbestände soll nach der Abschnittsüberschrift **die Umwelt,** allerdings nicht in einem weiten, unsubstantiierten Sinne, sondern in ihren verschiedenen Medien (Wasser, Luft, Boden) und ihren sonstigen Erscheinungsformen (Pflanzen- und Tierwelt) verstanden werden (BT-Drs. 8/2382, 10; BT-Drs. 8/3633, 19). Die daraus folgende Anerkennung einer Mehrzahl selbständiger Umweltgüter entspricht auch der im Schrifttum herrschenden, nur in Grenzbereichen noch nicht abschließend geklärten Meinung (zusf. Triffterer, Umweltstrafrecht, 1980, S. 33, 70; eing. Kareklas, Die Lehre vom Rechtsgut und das Umweltstrafrecht, 1990; Hefendehl Kollektive Rechtsgüter S. 132, 306, der von aufzehrbaren Kontingenten in Gestalt der natürlichen Umweltressourcen spricht). Sie verdient aber nur Zustimmung, wenn der Bezug auf den Menschen nicht verloren geht. Die Umwelt ist nicht Schutzgut um ihrer selbst willen, sondern in ihrer Funktion, dem Menschen der Gegenwart humane Lebensbedingungen im weitesten Sinne zu erhalten und sie auch für künftige Generationen zu gewährleisten (Bloy ZStW 100 (1988), 485; Meurer NJW 1988, 2065 (2067); ähnlich Rogall FS Köln, 1988, 505 (509); Rogall NStZ 1992, 360 (363); Rengier NJW 1990, 2506; Kuhlen ZStW 105 (1993), 697 (701); Kühl in Nida-Rümelin, Ökologische Ethik und Rechtstheorie, 1995, S. 245; Zieschang Gefährdungsdelikte S. 214; Frisch in Leipold, Umweltschutz und Recht in Deutschland und Japan, 2000, S. 375; Krüger, Die Entmaterialisierungstendenz beim Rechtsgutsbegriff, 2000, S. 143; Wohlers, Deliktstypen des Präventionsstrafrechts, 2000, S. 130, 139, 339; Hefendehl Kollektive Rechtsgüter S. 132, 306; Heger, Die Europäisierung des deutschen Umweltstrafrechts, 2009, S. 225; Maurach/Schroeder/Maiwald StrafR BT II § 58 Rn. 19, 20; Heghmanns in LK-StGB Rn. 37–43; Heine/Schittenhelm in Schönke/

Schröder Rn. 8; für den Schutz der ökologischen Güter selbst Schünemann FS Triffterer, 2011, 437 (452); beachte auch Eser in Markl, Natur und Geschichte, 1983, S. 354; Triffterer ÖJZ 1988, 545; Kindhäuser FS Helmrich, 1994, 967 (968, 976); Stratenwerth ZStW 105 (1993), 679 (682); Müssig, Schutz abstrakter Rechtsgüter und abstrakter Rechtsgüterschutz, 1994, S. 222; Müller-Tuckfeld in IKW Zustand StrafR S. 462; zur Erweiterung auf künftige Generationen Roxin FS Marinucci, 2006, 715 (737)); diese Sicht findet heute auch in Art. 20a GG ihren verfassungsrechtlichen Ausdruck (vgl. Kloepfer DVBl 1996, 73 (77); Dölling FS Kohlmann, 2003, 111 (112); Hefendehl Kollektive Rechtsgüter S. 307; Bock in Hilgendorf/Kudlich/Valerius StrafR-HdB V § 48 Rn. 8). Die Umweltgüter bilden daher zwar selbständige Rechtsgüter der Allgemeinheit (aM Hohmann, Das Rechtsgut der Umweltdelikte, 1991; Hohmann GA 1992, 76; krit. auch Herzog, Gesellschaftliche Unsicherheit und strafrechtliche Daseinsvorsorge, 1991, S. 147; Hassemer Produktverantwortung S. 11, 20; scharfe Kritik an diesen Vertretern der sog. personalen Rechtsgutslehre übt Schünemann GA 1995, 201 (205); krit. auch Dölling FS Kohlmann, 2003, 111 (112)); sie sind aber doch mediatisiert in dem Sinne, dass sie den existentiellen Individualrechtsgütern (Leben, Gesundheit, Freiheit usw) vorgelagert sind und als Gemeinschaftsaufgabe die Abwendung von Gefahren für die biologische Entwicklung aller (und damit auch jedes einzelnen) Menschen bezwecken. Daraus folgt, dass zwischen den traditionellen Rechtsgütern des Strafrechts und den Umweltschutzgütern fließende Übergänge bestehen und dass der umweltstrafrechtliche Schutzbereich als Vorzone nicht isoliert aus einem wie auch immer vorgeformten Rechtsgutsbegriff, sondern nur aus dem Schutzbedürfnis der Menschen abgeleitet werden kann, das zwar zukunftsbezogen, aber durchaus mit den Verhältnissen wandelbar ist (ähnlich Ronzani, Erfolg und individuelle Zurechnung im Umweltstrafrecht, 1992, S. 43; str.). Die „Handgreiflichkeit" fehlt diesem Rechtsgut angesichts der Umweltmedien jedenfalls nicht (Kühl in Nida-Rümelin, Ökologische Ethik und Rechtstheorie, 1995, S. 257; Hefendehl Kollektive Rechtsgüter S. 134). Zu beachten ist ferner, dass die Schutzbereiche der einzelnen Tatbestände des Abschnitts häufig nicht das jeweilige Umweltgut unmittelbar und im ganzen abdecken, sondern entweder zur Verhütung übermäßiger Kriminalisierung auf potentielle oder konkrete Gefährdungen von Menschen oder Sachen beschränkt sind (dazu Breuer JZ 1994, 1077 (1080); Rogall FS Köln, 1988, 505 (509)) oder zur Gewährleistung der gebotenen staatlichen Kontrolle an Verwaltungsakte der Umweltbehörden anknüpfen (diff. Rengier in Schulz, Ökologie und Recht, 1991, S. 33; diff. auch Schmitz in MüKoStGB Rn. 47–50; krit. dazu Rogall NStZ 1992, 561 (564); die Ausgestaltung des Rechtsguts Umwelt durch das Verwaltungsrecht betonen Ransiek in NK-StGB Rn. 9–13; Maurach/Schroeder/Maiwald/Hoyer/Momsen StrafR BT § 58 Rn. 22). Zum **Strafbedürfnis** bei schwerwiegenden Umweltschädigungen Dölling FS Kohlmann, 2003, 111 (112). **Strukturell** lassen sich mediale Regelungen, die ein bestimmtes Rechtsgut schützen (§§ 324, 324a, 325, 325, 329), von multimedialen Regelungen (§§ 326–328) unterscheiden (Kindhäuser/Schramm StrafR BT I § 73 Rn. 3).

6. Aus dem Regelungsbereich des 18. und des 31. StÄG ist die Frage der **strafrechtlichen Haftung von Amtsträgern** für Umweltbelastungen, die nach diesem Abschnitt mit Strafe bedroht sind und durch Amtspflichtverletzungen ermöglicht oder sonst verursacht werden, bewusst ausgeklammert worden (BT-Drs. 8/3633, 20; BT-Drs. 12/7300, 21; Möhrenschlager NStZ 1994, 513 (515); für eine gesetzliche Regelung der Amtsträgerstrafbarkeit Frisch in Leipold, Umweltschutz 8 und Recht in Deutschland und Japan, 2000, S. 396). Eine Strafbarkeit kann deshalb nur nach den allgemeinen Regeln begründet werden, die zu Unrecht als unzureichend angesehen werden (Schall JuS 1993, 719 (720)). Sie kann, wenn im Rahmen staatlicher Tätigkeit (etwa in öffentlichen Unternehmen) rechtswidrige Taten (auch Unterlassungen in Garantenstellung, → § 13 Rn. 6) nach §§ 324ff. begangen werden, nicht nur unmittelbar die dafür jeweils Verantwortlichen treffen (→ § 324 Rn. 16; → § 325 Rn. 18; → § 326 Rn. 15), sondern sich auch aus § 14 (namentlich dessen Abs. 2 S. 3) ergeben (OLG Köln NJW 1988, 2119 (2121); Heine/Schittenhelm in Schönke/Schröder Rn. 41; Schmitz in MüKoStGB Rn. 113). Umstritten und noch nicht abschließend geklärt sind die Möglichkeiten der Beteiligung von Amtsträgern, die in den für den Umweltschutz zuständigen Behörden tätig sind, an solchen Taten (Begehungs- und Unterlassungstäterschaft, Teilnahme). Im Vordergrund stehen folgende Fallgruppen (eing. ua Gröger, Die Haftung des Amtsträgers nach § 324 StGB, 1985; Hüwels, Fehlerhafter Gesetzesvollzug und strafrechtliche Zurechnung, 1986; Immel, Strafrechtliche Verantwortlichkeit von Amtsträgern im Umweltstrafrecht, 1987; Rogall, Die Strafbarkeit von Amtsträgern im Umweltbereich, 1991; Rogall in Dolde, Umweltrecht im Wandel, 2001, S. 830; Kuhlen WiVerw 1992, 215 (290); Rüther KritV 1993, 227 (235); Scholl, Strafrechtliche Verantwortlichkeit von Gemeinde-, Kreisräten und Mitgliedern der Zweckverbandsversammlungen im Umweltrecht, 1996; Nappert, Die strafrechtliche Haftung von Bürgermeistern und Gemeinderäten im Umweltstrafrecht, 1997; Franzheim/Pfohl UmweltStrafR Rn. 569–608; Heghmanns in LK-StGB Rn. 74–86; Rechtsprechungsübersicht bei Horn JZ 1994, 1097):

9 a) Die **Erteilung fehlerhafter, verwaltungsrechtlich aber wirksamer Erlaubnisse** und das **Unterlassen der Beseitigung solcher Erlaubnisse** (Genehmigungen, Planfeststellungen, Bewilligungen, vorübergehende Gestattungen usw). Soweit die Tatbestände des Abschnitts Handeln unter Verletzung bestimmter verwaltungsrechtlicher Pflichten voraussetzen (→ § 325 Rn. 4–12), scheiden die Amtsträger in Genehmigungsbehörden als Täter solcher Taten aus, weil die iE vorausgesetzten Pflichten ausschließlich auf das Verhalten des Bürgers bezogen sind. In der Regel können sie auch nicht als Teilnehmer (Anstifter oder Gehilfen) an den Taten der Erlaubnisadressaten erfasst werden, weil deren Verhalten wegen der meist zu bejahenden verwaltungsrechtlichen Wirksamkeit der erteilten Erlaubnis keine rechtswidrige Haupttat bildet (hM; → Vor § 25 Rn. 9; → § 324 Rn. 9, 10; anders Weber, Strafrechtliche Verantwortlichkeit von Bürgermeistern und leitenden Verwaltungsbeamten im Umweltrecht, 1988, S. 45; Keller FS Rebmann, 1989, 241 (253)); in den von § 330d I Nr. 5 erfassten Missbrauchsfällen handelt der unlautere Betreiber freilich ohne Genehmigung und damit (tatbestandsmäßig) rechtswidrig, so dass der Amtsträger als Teilnehmer in Betracht kommt. Denkbar ist dagegen eine täterschaftliche Verwirklichung von Vorsatz- und Fahrlässigkeitstatbeständen, die ohne Bezugnahme auf einen verwaltungsrechtlichen Verbotsbereich die Herbeiführung von Schadensfolgen verbieten, wie das etwa für die §§ 324, 330a und mit Einschränkungen auch für § 326 zutrifft (hM; für § 324 Fischer/Leirer ZfW 1996, 349; für § 326 Glauben DRiZ 1998, 23 (25); allg. Schmitz in MüKoStGB Rn. 111; anders Bickel in Meinberg/Möhrenschlager/Link, Umweltstrafrecht, 1989, S. 261, 269). Die unterschiedliche Ausgestaltung der Umweltdelikte als Allgemeindelikte (§§ 324, 324a, 326, 329) oder als Sonderdelikte (§§ 325, 325a, 327) ist auch insofern mit Art. 3 I GG vereinbar, als Amtsträger mit verschiedenen Aufgabengebieten einem unterschiedlichen Strafbarkeitsrisiko unterliegen (BVerfG

NJW 1995, 186; eing. zu dieser unterschiedlichen Ausgestaltung Martin, Sonderdelikte im Umweltstrafrecht, 2006; Schall FS Schöch, 2010, 619).

10 aa) So kann die **Erteilung einer Erlaubnis** für den Erfolg ursächlich sein und uU bei Vorsatz die Voraussetzungen von Mittäterschaft (→ § 25 Rn. 9–18) oder mittelbarer Täterschaft erfüllen (→ § 25 Rn. 2–5); bei einer objektiven Sorgfaltspflichtverletzung kann sie den einschlägigen Fahrlässigkeitstatbestand verwirklichen (→ § 15 Rn. 36–39; s. jedoch Schmitz in MüKoStGB Rn. 120). Die Rspr. lässt für Mittäterschaft auch hier ein stillschweigendes Einverständnis und einen objektiv fördernden Tatbeitrag im Vorbereitungsstadium genügen, sofern dieser sich als Teil der Tätigkeit aller darstellt (BGHSt 39, 381 (386) = NJW 1994, 670 mzustAnm Horn JZ 1994, 636, aber krit. Bespr. Rudolphi NStZ 1994, 436; Schirrmacher JR 1995, 386). Die hM erkennt die Möglichkeit mittelbarer Täterschaft nicht nur bei (praktisch seltener) Irrtums- oder Nötigungsherrschaft an, die beim Erlaubnisadressaten entweder die irrige Annahme einer rechtmäßig erteilten Erlaubnis oder das Zurückweichen vor entschuldigendem Nötigungsdruck voraussetzt (→ § 25 Rn. 4). Sie erstreckt sie vielmehr auch auf Fälle, in denen die Handlungsherrschaft beim wissenden oder frei handelnden Erlaubnisadressaten liegt, weil der Amtsträger mit der Genehmigung die entscheidende „Rechtsschranke" für die Tatbestandsverwirklichung „freigebe" (BGHSt 39, 381 (387) = NJW 1994, 670 mzustAnm Horn JZ 1994, 636; Rudolphi NStZ 1994, 434, krit. aber Schirrmacher JR 1995, 386 (388); Nappert, Die strafrechtliche Haftung von Bürgermeistern und Gemeinderäten im Umweltstrafrecht, 1997, S. 226; Grunert, Grenzen normativer Tatherrschaft bei mittelbarer Täterschaft, 2002, S. 234; Michalke Umweltstrafsachen Rn. 60–64; iE wie hier Kindhäuser/Schramm StrafR BT I § 74 Rn. 15; Rengier StrafR BT II § 47 Rn. 25; Ransiek in NK-StGB § 324 Rn. 74; Schild in NK-StGB § 25 Rn. 108; gegen Täterschaft Schmitz in MüKoStGB Rn. 115, 116; vgl. auch BVerfG NJW 1995, 186; str.); damit wird der bisher anerkannte Anwendungsbereich mittelbarer Täterschaft durch eine weitere normative Deutung des Tatherrschaftsbegriffs (→ § 25 Rn. 4) in zulässiger richterlicher Rechtsfortbildung, insbes. ohne Verstoß gegen die Wortlautschranke („durch einen anderen"), erweitert (aM mit beachtlichen Gründen Wohlers ZStW 108 (1996), 61; ebenso abl. Rogall, Die Strafbarkeit von Amtsträgern im Umweltbereich, 1991, S. 194; Hilgendorf in Arzt/Weber/Heinrich/Hilgendorf StrafR BT § 41 Rn. 43; Otto StrafR BT § 82 Rn. 21; Heine/Schittenhelm in Schönke/Schröder Rn. 35). Die Erlaubnis ist nicht schon deshalb rechtmäßig, weil der erlassene Verwaltungsakt nach außen wirksam ist (hM; vgl. Rudolphi FS Dünnebier, 1982, 563). Jedoch ist der Amtsträger jedenfalls dann gerechtfertigt, wenn die Erlaubnis den für sie geltenden materiellen verwaltungsrechtlichen Voraussetzungen genügt, möglicherweise also nur in den Bereich eines verwaltungsgerichtlich nicht überprüfbaren Beurteilungs- oder Ermessensspielraums fällt (OLG Frankfurt a. M. NJW 1987, 2753 (2756); Winkelbauer NStZ 1986, 149 (152); Meinberg NJW 1986, 2220; Pfohl NJW 1994, 418 (422)). Darüber hinaus – etwa in Anlehnung an den zu § 113 entwickelten strafrechtlichen Rechtmäßigkeitsbegriff (→ § 113 Rn. 7–15) – einen weiteren Spielraum anzunehmen, besteht kein Bedürfnis; denn die für § 113 anerkannte Erweiterung setzt subjektiv pflichtmäßiges Verhalten des Amtsträgers voraus, das hier – wo es um seine Täterschaft geht – mindestens einen unvermeidbaren Verbotsirrtum (→ § 17 Rn. 2–8) begründet (Fischer/Leirer ZfW 1996, 349 (351); aM Möhrenschlager NuR 1983, 209 (213); krit. auch Schünemann wistra 1986, 235 (239)).

11 bb) Bei dem **Unterlassen, eine fehlerhafte** (auch fehlerhaft gewordene) **Erlaubnis zu beseitigen,** ist davon auszugehen, dass die speziell für den Umwelt-

schutz zuständigen Behörden Garantenstellung (→ § 13 Rn. 6) haben. Sie sind **Beschützergaranten,** weil sie der Allgemeinheit und jedem Einzelnen in dem Sinne verantwortlich sind, dass sie im Rahmen der ihnen aufgetragenen Güterabwägungen jede dem Gesetz widersprechende Beeinträchtigung der ihnen anvertrauten Umweltgüter zu unterbinden haben (hM; vgl. etwa OLG Frankfurt a. M. NJW 1987, 2753 (2756); LG Bremen NStZ 1982, 164; Möhrenschlager NuR 1983, 209 (212); Schultz, Amtswalterunterlassen, 1984, S. 166; Gröger, Die Haftung des Amtsträgers nach § 324 StGB, 1985, S. 50; Hüwels, Fehlerhafter Gesetzesvollzug und strafrechtliche Zurechnung, 1986, S. 129, 203; Winkelbauer NStZ 1986, 149 (151); Sangenstedt, Garantenstellung und Garantenpflicht von Amtsträgern, 1989, S. 633, 669; Rengier, Das moderne Umweltstrafrecht im Spiegel der Rechtsprechung, 1992, S. 42; Rogall, Die Strafbarkeit von Amtsträgern im Umweltbereich, 1991, S. 223; Freund, Erfolgsdelikt und Unterlassen, 1992, S. 309; Nestler GA 1994, 514 (525); Wolff-Reske, Berufsbedingtes Verhalten als Problem mittelbarer Erfolgsverursachung, 1995, S. 163; Nappert, Die strafrechtliche Haftung von Bürgermeistern und Gemeinderäten im Umweltstrafrecht, 1997, S. 68, 239; v. d. Grün, Garantenstellung und Anzeigepflichten von Amtsträgern im Umweltbereich, 2003, S. 75 mit Bespr. Ransiek ZStW 121 (2009), 165 (166); Roxin StrafR AT II § 32 Rn. 100; Kindhäuser/Schramm StrafR BT I § 74 Rn. 13; Ransiek in NK-StGB § 324 Rn. 69; aM Rudolphi FS Dünnebier, 1982, 561 (571); Schünemann GA 1985, 341 (379); wistra 1986, 235 (242); Weber, Strafrechtliche Verantwortlichkeit von Bürgermeistern und leitenden Verwaltungsbeamten im Umweltrecht, 1988, S. 57; Schall NJW 1990, 1263 (1270); Tröndle GS Meyer, 1990, 607 (617); Kirchner, Die Unterlassungshaftung bei rechtmäßigem Vorverhalten im Umweltstrafrecht, 2003, S. 36; Schmitz in MüKoStGB Rn. 129). Mindestens lässt sich aber ihre Garantenstellung für die Beseitigung fehlerhafter Erlaubnisse auf **Ingerenz** (→ § 13 Rn. 11) stützen (hM; BGHSt 39, 381 (390) = NJW 1994, 670 mzustAnm Rudolphi NStZ 1994, 435; OLG Frankfurt a. M. NJW 1987, 2753 (2756); Schall JuS 1993, 719 (721); Rogall, Die Strafbarkeit von Amtsträgern im Umweltbereich, 1991, S. 301; auch bei rechtmäßigem Vorverhalten Lang, Die Sanktionierung von Aufsichtspflichtverletzungen in der öffentlichen Verwaltung, 2016, S. 169); da die Beseitigungspflicht die Behörde als solche trifft, gilt sie nicht nur für den Urheber der fehlerhaften Erlaubnis, sondern auch für seinen Amtsnachfolger (hM; vgl. Kühl StrafR AT § 18 Rn. 121; Heghmanns in LK-StGB Rn. 84; diff. Nappert, Die strafrechtliche Haftung von Bürgermeistern und Gemeinderäten im Umweltstrafrecht, 1997, S. 240; anders Tröndle GS Meyer, 1990, 607 (621); Otto FS Hirsch, 1999, 291 (294); Schmitz in MüKoStGB Rn. 133; Ransiek in NK-StGB § 324 Rn. 70, der aber den fehlerhaften Verwaltungsakt als Gefahrenquelle einordnet, die der jeweils zuständige Amtsträger zu überwachen hat). Daraus und aus den Ausführungen unter → Rn. 9 folgt, dass die jeweils verantwortlichen Amtsträger als Unterlassungstäter (zur problematisch Abgrenzung vom bloßen Teilnehmer → § 27 Rn. 5, 6) bei solchen Tatbeständen in Frage kommen, die ohne Beschränkung auf einen bestimmten verwaltungsrechtlichen Verbotsbereich die Verursachung von Schadensfolgen verbieten. Art, Umfang und Methoden dieses Schutzes bestimmen sich aber auch hier ausschließlich nach dem verwaltungsrechtlichen Pflichtenkreis (→ Rn. 10; v. d. Grün, Garantenstellung und Anzeigepflichten von Amtsträgern im Umweltbereich, 2003, S. 98 mit krit. Bespr. Ransiek ZStW 121 (2009), 165 (167)). Erst wenn der Amtsträger **kein Auswahlermessen** mehr hat, sondern nach zwingenden Vorschriften des Umweltverwaltungsrechts die Erlaubnis zurücknehmen oder eine andere (ebenfalls unterlassene) Abwehrmaßnahme zur Beseitigung oder Abschwächung des rechtswidrigen Zustandes treffen muss, ist die Strafbarkeitsgrenze erreicht (ähnlich OLG Frankfurt a. M. NJW 1987, 2753 (2757); NStZ-RR 1996, 103; GStA Zweibrücken NStZ 1984, 554; Rudolphi NStZ 1984, 193 (198); Meinberg NJW 1986, 2220 (2226)). Das setzt nicht notwendig eine Reduzierung des Entschließungsermessens auf Null voraus (Heghmanns in LK-StGB Rn. 84; aM GStA Hamm NStZ 1984, 219; GStA Celle NJW 1988, 2394; Wernicke ZfW 1980, 261 (262); Schmitz in MüKoStGB Rn. 134); eindeutige Ermessensfehler genügen (Möhrenschlager NuR 1983, 209 (212); Hohmann, Das Rechtsgut der Umweltdelikte, 1991, S. 12).

b) Das **Unterlassen behördlichen Einschreitens gegen rechtswidrige Umweltbelastungen** durch Dritte. Auch für diesen Bereich ist eine Garantenstellung der Umweltbehörden zu bejahen (→ Rn. 11; ebenso Roxin StrafR AT II § 32 Rn. 102; Rengier StrafR BT II § 47 Rn. 31; sa Breuer NJW 1988, 2072 (2084); diff. nach den rechtlichen und tatsächlichen Aufgabenfeldern des jeweiligen Amtsträgers Schall JuS 1993, 719 (723); offen gelassen BGHSt 38, 325 (331) = NJW 1992, 3247, wo aber eine Garantenstellung des Bürgermeisters für die Abwasserbeseitigung bejaht wird (→ § 324 Rn. 16); ebenso OLG Frankfurt a. M. NStZ-RR 1996, 103; str.). Da das Verhalten des Dritten eine rechtswidrige Tat nach einem der Tatbestände des Abschnitts bildet, ist eine Beteiligung (Täterschaft oder Teilnahme) des jeweils verantwortlichen Amtsträgers nicht von vornherein ausgeschlossen. Jedoch ist die Garantenpflicht zum Einschreiten auch hier durch den verwaltungsrechtlichen Pflichtenkreis begrenzt (→ Rn. 11); für eine ergänzende Heranziehung des Gesichtspunktes der Sozialadäquanz (→ Vor § 32 Rn. 29) besteht bei der Weite des Ermessensspielraums kein Bedürfnis (aM GStA Hamm NStZ 1984, 219 mablAnm Zeitler). Ist dieser im Einzelfall überschritten, so kann das Unterlassen Beteiligung an der Tat des Dritten sein (aM Schünemann in Gimbernat/Schünemann/Wolter, Internationale Dogmatik der objektiven Zurechnung und der Unterlassungsdelikte, 1995, S. 49, 65, der nur eine Beihilfe durch „aktive Duldung" für möglich hält). Ob dann Täterschaft oder Teilnahme vorliegt, bestimmt sich nach den allgemeinen Regeln und hängt daher häufig von den grundsätzlichen Meinungsverschiedenheiten ab, die für die Abgrenzung von Unterlassungstäterschaft und -teilnahme bestehen (→ § 27 Rn. 5, 6; sa Schultz, Amtswalterunterlassen, 1984, S. 176; Nestler GA 1994, 514 (527)). 12

c) Im Ganzen und in zahlreichen Einzelfragen ist die Problematik unechten Unterlassens von Amtsträgern – namentlich auch im Hinblick auf die Verantwortungsbereiche innerhalb der Behörden und die Konkretisierung der Garantenstellung auf bestimmte Amtsträger (dazu Triffterer, Umweltstrafrecht, 1980, S. 136; Winkelbauer NStZ 1986, 149 (153); Müller UPR 1990, 367; Himmel/Sanden ZfW 1994, 449 (453); sa OLG Düsseldorf MDR 1989, 931) – **von einer abschließenden Klärung noch weit entfernt** (eing. ua Gröger, Die Haftung des Amtsträgers nach § 324 StGB, 1985; Hüwels, Fehlerhafter Gesetzesvollzug und strafrechtliche Zurechnung, 1986; Immel, Strafrechtliche Verantwortlichkeit von Amtsträgern im Umweltstrafrecht, 1987; Rogall, Die Strafbarkeit von Amtsträgern im Umweltbereich, 1991; Kuhlen WiVerw 1992, 215 (290); Schultz, Amtswalterunterlassen, 1984, S. 166; Immel ZRP 1989, 105; Sangenstedt, Garantenstellung und Garantenpflicht von Amtsträgern, 1989, S. 633, 669; Tröndle GS Meyer, 1990, 607; Mayer/Brodersen BayVBl. 1989, 257; zur Frage der Steuerung von Umweltdelinquenz durch Ausdehnung oder Einschränkung strafrechtlicher Amtsträgerhaftung Faure/Oudijk/Koopmans wistra 1992, 121). – Neue Fragen stellen sich auf nationaler 13 (wie internationaler → Rn. 15) Ebene angesichts der Folgen für Mensch und Umwelt durch den sog. Klimawandel, dem durch ein Klimastrafrecht als (Unter-)Form des Umweltstrafrechts begegnet werden könnte, wobei allerdings die (straf)rechtlichen Grundlagen noch völlig unklar sind und insoweit wohl an die zT vergleichbaren Debatten bei der Entstehung und Ausweitung des Umweltstrafrechts angeknüpft werden könnte (einführend Satzger/v. Maltitz ZStW 133 (2021), 1).

14 **7.** Bei **grenzüberschreitenden Umweltbeeinträchtigungen** hängt die Strafbarkeit vom Schutzbereich des jeweils in Frage kommenden Tatbestandes (die Beschränkung auf den Schutz inländischer Umweltmedien durch BGHSt 40, 79 = NJW 1994, 1744, ist durch die Einbeziehung ausländischer Gewässer in § 330d I Nr. 1 überholt, doch kann zB die Ausklammerung ausländischer verwaltungsrechtlicher Pflichten eine territoriale Beschränkung auf im Inland begangene Umweltstraftaten bewirken; vgl. Hecker ZStW 115 (2003), 880 (889)) und von der Anwendbarkeit deutschen Strafrechts nach §§ 3–7, 9 ab (Albrecht/Heine/Meinberg ZStW 96 (1984), 943 (992); eing. Günther-Nicolay, Die Erfassung von Umweltstraftaten mit Auslandsbezug durch das deutsche Umweltstrafrecht gem. §§ 324 ff. StGB, 2003 mit Bespr. Ransiek ZStW 121 (2009), 179). Im Rahmen des Gebietsgrundsatzes (§ 3) ist hier das Ubiquitätsprinzip besonders bedeutsam, weil es zur Einbeziehung auch solcher Taten führt, bei denen entweder nur der Handlungsort oder nur der Erfolgsort im Inland liegt (§ 9 I). Danach können auch Umweltbeeinträchtigungen, die ausschließlich durch Handlungen im Ausland verursacht werden, deutschem Strafrecht unterliegen. Da nur tatbestandsmäßige (Verletzungs- und Gefahr-) Erfolge einen Tatort begründen (→ § 9 Rn. 2), kommt es für die Zuordnung häufig darauf an, ob der Tatbestand ein abstraktes, potenzielles oder konkretes Gefährdungsdelikt (→ Vor § 13 Rn. 32) beschreibt. Während bei konkreten Gefährdungsdelikten angesichts des für deren Tatbestandsverwirklichung erforderlichen Eintritts eines Gefahrerfolgs an diesem Ort auch ein Tatort iSd § 9 I begründet ist und bei abstrakten Gefährdungsdelikten ein solcher auszuscheiden hat (→ § 9 Rn. 2), hat der BGH mit Blick auf § 326 I als potenziellem Gefährdungsdelikt einen Erfolgsort iSd § 9 I für möglich gehalten (BGHSt 46, 212 = NJW 2001, 624; ebenso Martin, Strafbarkeit grenzüberschreitender Umweltbeeinträchtigungen, 1989, S. 6, 48; Hecker ZStW 115 (2003), 880 (889)); dies kann nicht überzeugen, weil trotz der für potenzielle Gefährdungsdelikte typischen tatbestandlichen Gefahreignungsklausel sich eben diese Gefahr nicht in irgendeiner Weise realisiert haben muss (Heger, Die Europäisierung des deutschen Umweltstrafrechts, 2009, S. 254; zu § 130 III inzwischen ebenso BGH NStZ 2017, 146). Ist eine grenzüberschreitende tatbestandsmäßige Umweltbeeinträchtigung nach dem Recht des ausländischen Handlungsortes erlaubt, so wird die noch nicht abschließend geklärte Frage relevant, ob und wie weit das völkerrechtliche Prinzip der beschränkten territorialen Souveränität und Integrität dazu verpflichtet, die Störung aus dem Nachbarstaat mit der Folge zu dulden, dass der Täter nicht „unbefugt" handelt (→ § 324 Rn. 8–13; → § 326 Rn. 11). Außerdem bedarf noch weiterer Klärung, ob die „Verletzung verwaltungsrechtlicher Pflichten" (→ § 325 Rn. 4–12) auch auf ausländisches Verwaltungsrecht gestützt werden kann (näher zu diesen Fragen und zu den völkerrechtlichen Anforderungen an das innerstaatliche Umweltstrafrecht Forkel, Grenzüberschreitende Umweltbelastung und Deutsches Strafrecht, 1988; Martin, Strafbarkeit grenzüberschreitender Umweltbeeinträchtigungen, 1989, S. 224, 316; Martin ZRP 1992, 19; Wimmer ZfW 1991, 141; Jünemann, Rechtsmissbrauch im Umweltstrafrecht, 1998, S. 158; sa Heine UPR 1987, 281; Tiedemann/Kindhäuser NStZ 1988, 337 (346); Triffterer in

Ulsamer StrafR/StrafVerfR S. 1049; Heine/Schittenhelm in Schönke/Schröder § 330 d Rn. 19 a). Zum Einfluss des EG-Rechts Dannecker/Streinz in Rengeling, Handbuch zum europäischen und deutschen Umweltrecht, Bd. I, 2. Aufl. 2003, S. 159 (→ § 326 Rn. 2 a, 8 a); zur mittelbar belastenden Wirkung umweltverwaltungsrechtlicher EG-Richtlinien als Grundlage für verwaltungsakzessorische Umweltstraftatbestände Schröder, Europäische Richtlinien und deutsches Strafrecht, 2002, S. 38; zur Vorlagepflicht deutscher Gerichte vor dem EuGH s. BGHSt 43, 219 (229) = NStZ 1997, 544; Dannecker FG BGH, 2000, 339. Indem in § 330 d II nunmehr für insgesamt sieben Begriffe (Nr. 1–7: verwaltungsrechtliche Pflicht etc) explizit eine Gleichstellungsklausel für entsprechende Pflichten etc anderer EU-Mitgliedsta aten statuiert worden ist, steht einerseits fest, dass jedenfalls nicht nur deutsche verwaltungsrechtliche Pflichten etc im Rahmen der §§ 324 ff. beachtlich sein können. Andererseits sagt die explizite Erfassung (nur) solcher aus anderen EU-Staaten (und auch nur für bestimmte Tatbestände) noch nichts darüber aus, wie mit verwaltungsrechtlichen Pflichten etc aufgrund des Rechts eines Nicht-EU-Staates oder außerhalb der aufgezählten Tatbestände verfahren werden soll. Soweit in den ungenannt gebliebenen Tatbeständen (§§ 324, 325 a, 329) die in § 330 d II Nr. 1–7 aufgeführten Begriffe gar nicht enthalten sind (wie in § 324), kann man – wie schon bisher die hM – ausländische Befugnisse nicht nur aus einem EU-Staat als Rechtfertigungsgrund idR anerkennen; soweit ein Tatbestand angesichts seiner vor allem lokalen Umweltfolgen nicht EU-weit harmonisiert werden musste (wie § 325 a), spricht die Nichtaufnahme in § 330 d II umgekehrt dafür, in dessen Anwendungsbereich nur deutsche verwaltungsrechtliche Pflichten etc für beachtlich zu halten. Problematisch ist danach allein der Umgang mit § 329, dessen Abs. 4 erst aufgrund der EG-Richtlinie aufgenommen worden ist, der aber trotz Rekurses zB auf verwaltungsrechtliche Pflichten nicht in der Gleichstellungsklausel genannt ist; ob diese Lücke im Wege richtlinienkonformer Interpretation von § 330 d I Nr. 4 (so Schall in SK-StGB Rn. 73 iVm Schall in SK-StGB § 330 d Rn. 69 f.) geschlossen werden kann, ist angesichts von Wortlaut und Systematik des § 330 d II als Spezialregelung für die EU-Fälle zweifelhaft (Heger FS Kühl, 2014, 669 (680)).

8. Bis zum In-Kraft-Treten des IStGH-Statuts am 1. 7. 2002 gab es kein **völkerstrafrechtliches Umweltstrafrecht** (für dessen Schaffung Reichart, Umweltschutz durch völkerrechtliches Strafrecht, 1999, S. 559). Nach Art. 8 II Buchst. b Ziff. iv IStGH ist auch ein militärischer Angriff in einem internationalen Konflikt ein Kriegsverbrechen, wenn er in Kenntnis weitreichender Schäden an der natürlichen Umwelt und außer Verhältnis zu dem dadurch erzielten militärischen Vorteil durchgeführt wird (näher Werle/Jeßberger VölkerstrafR Rn. 1297–1307; Heger, Die Europäisierung des deutschen Umweltstrafrechts, 2009, S. 28–33; Tomuschat FS Rudolf, 2001, 104); diese Bestimmung wurde von § 11 III VStGB übernommen. Seit Mitte des zweiten Jahrzehnts des 21. Jahrhunderts wird im Zuge der Diskussion um die vor allem für Küstengebiete katastrophalen Auswirkungen des Klimawandels zunehmend über Sinn und Notwendigkeit der Schaffung eines Umweltvölkerstrafrechts innerhalb oder außerhalb des IStGH-Statuts diskutiert. Inzwischen liegen erste Vorschläge zur Einfügung eines in Anlehnung an den Völkermord-Tatbestand als Ökozid bezeichneten Völkerverbrechens-Tatbestand vor, dessen kurzfristige Einführung allerdings unwahrscheinlich ist (vgl. zur Entwicklung eines Umweltvölkerstrafrechts Heger FS Werle, 2022, 131). 15

9. Nachdem der **Europarat am 4. 11. 1998 ein Übereinkommen zum Schutz der Umwelt durch das Strafrecht** beschlossen hatte (ETS-Nr. 172; Text 16 bei Faure/Heine, Environmental Criminal Law in the EU, 2000, S. 397; dazu Dannecker/Streinz in Rengeling, Handbuch zum europäischen und deutschen Umweltrecht, Bd. I, 2. Aufl. 2003, S. 191; Knaut, Die Europäisierung des Umweltstrafrechts, 2005, S. 243–283 mit Bespr. Ransiek ZStW 121 (2009), 171), das allerdings noch nicht von einer ausreichenden Zahl von Mitgliedstaaten ratifiziert worden ist, wurde auch auf der Ebene der EU der Versuch einer Mindestharmonisierung der nationalen Umweltstrafrechtsordnungen aller EU-Mitgliedstaaten unternommen (eine Darstellung der wesentlichen umweltstrafrechtlichen Bestimmungen in den EU-Staaten findet sich bei Faure/Heine, Environmental Criminal Law in the EU, 2000, S. 397). Den daraufhin nach einer heftigen intra-institutionellen Kontroverse mit der Kommission am 27. 1. 2003 vom Rat erlassenen **EU-Rahmenbeschluss 2003/80/JI zum Schutz der Umwelt durch das Strafrecht** (ABl. 2003 L 29, S. 55) hat der EuGH am 13. 9. 2005 für nichtig erklärt (EuGH JZ 2006, 307 mit Bespr. Wegener/Greenawalt ZUR 2005, 585; Braum wistra 2006, 121; Heger JZ 2006, 310; Böse GA 2006, 211; Hefendehl ZIS 2006, 161; Pohl ZIS 2006, 213; eing., auch zur weiteren Entwicklung auf EU-Ebene Heger, Die Europäisierung des deutschen Umweltstrafrechts, 2009, S. 118; sa Schall NStZ-RR 2008, 97), weil die Kompetenz zur Mindestharmonisierung strafrechtlicher Sanktionen auf den Politikfeldern des EG-Vertrages nicht aus Art. 29, 31, 34 EUV aF, sondern aus dem jeweiligen Titel des EG-Vertrages folge (für das Umweltstrafrecht aus Art. 175 EGV). Daraufhin ist die „Richtlinie 2008/99/EG des Europäischen Parlaments und des Rates v. 19. November 2008 über den strafrechtlichen Schutz der Umwelt" ergangen (ABl. 2008 L 328, S. 28; BR-Drs. 128/07), die den deutschen Gesetzgeber zu partiellen Änderungen des Umweltstrafrechts bis zum 26. 12. 2010 verpflichtet (dazu Zimmermann ZRP 2009, 74; Fromm ZfW 2009, 157; eing. Heger, Die Europäisierung des deutschen Umweltstrafrechts, 2009, S. 275–331 mit Bespr. Ransiek GA 2010, 363; Schall ZStW 123 (2011), 323). Die Richtlinie betrifft nicht nur das Kern-, sondern auch das Nebenstrafrecht (zB Naturschutz- und Chemikalienrecht). Über den konkreten Umsetzungsbedarf der Richtlinie gab es in der Lit. unterschiedliche Auffassungen namentlich mit Blick auf die Umgestaltung von § 324 zu einem potenziellen Gefährdungsdelikt und Änderungen der Verwaltungsakzessorietät (so Heger, Die Europäisierung des deutschen Umweltstrafrechts, 2009, S. 296 f., 301 f.), aber auch hinsichtlich der Erforderlichkeit einer Streichung der Privilegierung des motorisierten Verkehrs (dafür Knaut, Die Europäisierung des Umweltstrafrechts, 2005, S. 367; dagegen Heger, Die Europäisierung des deutschen Umweltstrafrechts, 2009, S. 306 f.), die inzwischen in § 325 VII partiell – für § 325 II, III StGB nF – vorgenommen worden ist; der Gesetzgeber hat alle aus seiner Sicht gebotenen Umsetzungen mit dem 45. StÄG vorgenommen (→ Rn. 6b). Weil das 45. StÄG erst ein Jahr nach Ablauf der Umsetzungsfrist in Kraft getreten ist, ist für eine Tatbegehung in diesem Zeitraum bei der Anwendung der damals noch geltenden Straftatbestände im Einzelfall zu prüfen, ob diese aufgrund richtlinienkonformer Auslegung an die Vorgaben der Richtlinie angepasst werden können und müssen (zu § 326 II StGB aF vgl. Kropp NStZ 2011, 674; Heger HRRS 2012, 211 (213 f.)). Auch nach erfolgter Umsetzung ist zu beachten, dass neben den aufgrund der EU-Vorgaben geänderten Tatbeständen auch durch das 45. StÄG unberührt gebliebene Strafnormen wie §§ 324, 324 a seither der Umsetzung von EU-Vorgaben dienen (Ausnahme aber zB § 325 a) und daher ebenfalls richtlinienkonform ausgelegt werden müssen. Für diese wie für die neu gefassten „europäisierten" Tatbestände gilt neben der Pflicht zur richtlinienkonformen Auslegung ein Verbot der Entkriminalisierung, so dass der Gesetzgeber losgelöst von selbständigen kriminalpolitischen Wertungen an diesen Normen festhalten muss (Heger HRRS 2012, 211 (213)). Verpflichtet ist der nationale Gesetzgeber zu einer Pönalisierung jedenfalls grob fahrlässiger Verstöße; dieser Pflicht genügen die Fahrlässigkeitsstrafdrohungen der deutschen Umweltstrafnormen bereits. Das Gleiche gilt für die in der Richtlinie vorgesehene Strafbarkeit von Anstiftung und Beihilfe sowie bei Unterlassen. Da eine EU-Kompetenz zur Harmonisierung des AT nicht besteht (vgl. Art. 83 AEUV), sind insoweit §§ 26f. und § 13 anwendbar. Soweit die Mindestvorgaben der Richtlinie reichen, ist in Zukunft der EuGH für eine europarechtskonforme Auslegung der deutschen Umweltstrafvorschriften zuständig (zur Vorlagepflicht deutscher Gerichte vgl. Art. 267 AEUV). Weil in Richtlinien nur Mindestvorschriften vorgegeben werden können und Art. 193 AEUV schärfere nationale Umweltvorschriften zulässt (vgl. Ransiek in NK-StGB Rn. 59a), kann der deutsche Strafgesetzgeber an schärferen nationalen Umweltstrafnormen festhalten, solange dadurch nicht die Grundfreiheiten des AEUV beeinträchtigt werden (vgl. Heger, Die Europäisierung des deutschen Umweltstrafrechts, 2009, S. 49). Der Vertrag von Lissabon (Vertragsgesetz v. 8.10.2008, BGBl. II 1038) sieht mit Art. 83 II AEUV eine Rahmengesetzgebungskompetenz der EU für das Umweltstrafrecht vor (Ransiek in NK-StGB Rn. 6, 26). Vorschläge zum strafrechtlichen Schutz der Umwelt durch EU-Strafnormen enthalten die Art. 38–44 der sog. „Europa-Delikte" in Tiedemann, Wirtschaftsstrafrecht in der Europäischen Union, 2002, S. 471 (mit Begr. Pradel S. 295 und Kühl S. 301; dazu Tiedemann FS Spinellis, 2001, 1097 (1109); Matt GA 2005, 253 (255)).

10. Nachdem die Kodifizierung des Umweltstrafrechts in den §§ 324ff. im Zuge des 18. StÄG sowie die Ausweitung der Tatbestände mit dem 31. StÄG zu einem kontinuierlichen Anstieg der Fallzahlen für diese Deliktsgruppe in der PKS bis 1998 geführt hat, sind seither die Fallzahlen wieder kontinuierlich gesunken. Ein neuer Tiefstand ist für das Jahr 2015 erreicht worden; das zeigt, dass die Ende 2011 mit dem 45. StÄG erfolgte Ausweitung der Tatbestände nicht zu einer Erhöhung der Anzahl bekannt gewordener Umweltstraftaten geführt hat. Ein wesentlicher Grund dürfte darin zu sehen sein, dass die Kontrolldichte der Polizei- und Umweltbehörden in den letzten Jahren zurückgegangen ist. **17**

11. Angesichts der Verbindung vieler Umweltstraftaten mit der Wirtschaftskriminalität kommt auch hier der **Abschöpfung illegal erlangter Gewinne** (etwa durch Verzicht auf kostspielige Umweltschutzmaßnahmen wie Abluftfilter oder eine illegale Abfallentsorgung) erhebliche Bedeutung zu (Kloepfer/Heger, Umweltstrafrecht, 3. Aufl. 2014, Rn. 153). Gleichwohl kam es in Umweltstrafverfahren bislang relativ selten zu Verfallsanordnungen (ausf. zu §§ 73ff. StGB aF Kloepfer/Heger, Umweltstrafrecht, 3. Aufl. 2014, Rn. 155–166), was auch an Schwierigkeiten bei der Anwendung der §§ 73ff. StGB aF (vgl. etwa BGHSt 58, 152 = NJW 2013, 950 mit Blick auf den inzwischen gestrichenen Vorrang des Opferanspruchs aus § 73 I 2 StGB aF; Lindemann/Reichling wistra 2014, 369) gelegen haben dürfte. Mit der im Zuge der Neuregelung der **§§ 73ff.** (→ Vor § 73 Rn. 3–7) geschaffenen **Einziehung des Taterlöses** oder von Wertersatz nach präzisierten Vorgaben sollte künftig auch in Umweltstrafverfahren regelmäßig die Möglichkeit einer umfassenden Gewinnabschöpfung geprüft werden. **18**

12. Übersicht über die aktuelle Rspr. bei: Hecker/Lorenz NStZ-RR 2017, 33; 2018, 65; 2019, 65; 2020, 33; 2021, 65; 2022, 65. **19**

§ 324 Gewässerverunreinigung

(1) **Wer unbefugt ein Gewässer verunreinigt oder sonst dessen Eigenschaften nachteilig verändert, wird mit Freiheitsstrafe bis zu fünf Jahren oder mit Geldstrafe bestraft.**

(2) **Der Versuch ist strafbar.**

(3) **Handelt der Täter fahrlässig, so ist die Strafe Freiheitsstrafe bis zu drei Jahren oder Geldstrafe.**

1 **1.** Die Vorschrift dient der **Reinhaltung von Gewässern** (zusf. Möhrenschlager in Meinberg/Möhrenschlager/Link, Umweltstrafrecht, 1989, S. 33). **Geschützt** sind nach der hier gebotenen **ökologisch** orientierten Auslegung (hM; vgl. etwa BGH NStZ 1987, 323 (324) mAnm Rudolphi; BVerwG ZfW 2005, 227 mzustAnm Kerkmann/Schulz; anders Papier NuR 1986, 1; Bickel in Meinberg/Möhrenschlager/Link, Umweltstrafrecht, 1989, S. 273; Brahms, Definition des Erfolges der Gewässerverunreinigung, 1994, S. 94, 170 mit krit. Bespr. Hefendehl GA 1996, 601; Ransiek in NK-StGB Rn. 2) die den Gewässern in ihrem Naturzustand innewohnenden Funktionen für die Umwelt und den Menschen (Rudolphi NStZ 1984, 193; ähnlich Rogall FS Köln, 1988, 505 (509); Rengier, Das moderne Umweltstrafrecht im Spiegel der Rechtsprechung, 1992, S. 13; Kuhlen ZStW 105 (1993), 697 (714); krit. Herzog, Gesellschaftliche Unsicherheit und strafrechtliche Daseinsvorsorge, 1991, S. 147; Müller-Tuckfeld in IKW Zustand StrafR S. 465); zum geschützten Rechtsgut iÜ → Vor § 324 Rn. 7. Die Tat ist ein von jedermann begehbares **Erfolgsdelikt** (→ Vor § 13 Rn. 32), das jedoch im Hinblick auf die Art des Erfolges (→ Rn. 4) auch als potentielles Gefährdungsdelikt gedeutet werden kann (so Rogall FS Köln, 1988, 505 (517); ebenso Zieschang Gefährdungsdelikte S. 236, der aber die Herbeiführung eines konkret gefährlichen Zustandes verlangt). Systematische Rechtsprechungsübersicht bei Schall NStZ 1992, 209 (265); NStZ-RR 1998, 353; NStZ-RR 2006, 263 (292); NStZ-RR 2008, 97. Rechtsvergleichend Niering, Der strafrechtliche Schutz der Gewässer, 1993; Kasper, Die Erheblichkeitsschwelle im Bereich des Umweltstrafrechts, insbesondere bei § 324 StGB, 1997, S. 162. Zur Reformbedürftigkeit Kasper, Die Erheblichkeitsschwelle im Bereich des Umweltstrafrechts, insbesondere bei § 324 StGB, 1997, S. 191, der eine Umgestaltung zu einem „Eignungstatbestand" vorschlägt; der Gesetzgeber hat aber auch vor dem Hintergrund der EU-Vorgaben an der tradierten Struktur festgehalten.

2 **2.** Das **Gewässer** (vgl. § 330d I Nr. 1) als Angriffsobjekt:

a) Oberirdische Gewässer sind ständig oder zeitweilig in (natürlichen oder künstlich angelegten) Betten fließende oder stehende (zB Teiche, die sich zu Biotopen entwickelt haben, OLG Stuttgart NStZ 1994, 590) oder aus Quellen wild abfließende Wasser (§ 3 Nr. 1 WHG). Ganz ohne Bett abfließendes Wasser (zB Niederschläge oder Überschwemmungswasser), in Vertiefungen (zB Baugruben, Bombentrichtern oder Fahrspuren) sich gelegentlich ansammelndes Wasser (Wernicke NJW 1977, 1662 (1664)) und in Leitungen oder anderen Behältnissen (uU auch Erdbecken, OLG Oldenburg NuR 1992, 41) gefasstes Wasser, zB Wasserversorgungs- und Abwasserleitungen, Schwimmbecken, Kläranlagen (BayObLG JR 1988, 344; Pfohl wistra 1994, 6), scheiden daher aus; jedoch hebt die Durchleitung von Flüssen oder Bächen durch Rohre oder Tunnel die Gewässereigenschaft nicht auf (BGH NStZ 1997, 189 mAnm Sack JR 1997, 254; BT-Drs. 8/2382, 26; zu sog. Indirekteinleitungen über die öffentliche Kanalisation Pfohl wistra 1994, 6; Rengier JR 1994, 126; Scholz, Gewässerverunreinigung und Indirekteinleitungen, 1996, S. 66); auch illegal hergestellte Gewässer haben Gewässereigenschaft, wenn sie eine gewisse Dauerhaftigkeit aufweisen (BVerwG bei Schall NStZ-RR 2005, 33). Das Gewässerbett ist mitgeschützt, soweit von ihm Beeinträchtigungen der Wasserqualität ausgehen (hM; vgl. ua Wernicke NJW 1977, 1662 (1664); Bock in Hilgendorf/Kudlich/Valerius StrafR-HdB V § 48 Rn. 63; weiter Ransiek in NK-StGB Rn. 8; noch weiter Heghmanns in LK-StGB Rn. 16 und § 330d Rn. 4 ff.). **Grundwasser** (§ 3 Nr. 3 WHG) ist das gesamte am natürlichen Kreislauf teilnehmende unterirdische Wasser einschließlich fließender oder stehender Gewässer in Erdhöhlen oder in ummauerten Hausbrunnen (OLG Celle NJW 1995, 3197). Diese Gewässer müssen nach der Änderung des § 330d Nr. 1 durch das 31. StÄG nicht mehr im räumlichen Geltungsbereich des Gesetzes (→ Vor § 3 Rn. 5) liegen; erfasst ist daher auch die Verunreinigung eines ausländischen Flusses (BT-Drs. 12/192, 30; näher Günther-Nicolay, Die Erfassung von Umweltstraftaten mit Auslandsbezug durch das deutsche Umweltstrafrecht gem. §§ 324 ff. StGB, 2003, S. 272, 321 mit Bespr. Ransiek ZStW 121 (2009), 179 (180)).

b) Das **Meer,** und zwar ohne räumliche Beschränkung, also auch das fremde Küstenmeer und die hohe See (→ § 5 Rn. 3). **2a**

3. Tathandlung ist das (objektiv zurechenbare, → Vor § 13 Rn. 14) Bewirken einer **nachteiligen Veränderung der Gewässereigenschaften,** dem sich das Verunreinigen als Beispiel („sonst“) unterordnet (BGH NStZ 1987, 323 mAnm Schmoller JR 1987, 473; Rudolphi NStZ 1987, 324; OLG Frankfurt a. M. NJW 1987, 2753 mAnm Keller JR 1988, 172; OLG Köln NJW 1988, 2119; eing. Kuhlen GA 1986, 389; ZStW 105 (1993), 697 (716), der einen weiten, auch der Verhütung von Kumulationseffekten dienenden Schutzbereich postuliert; krit. dazu Samson ZStW 99 (1987), 617; Rogall FS Köln, 1988, 505 (518); Rengier in Schulz, Ökologie und Recht, 1991, S. 33, 50; Herzog, Gesellschaftliche Unsicherheit und strafrechtliche Daseinsvorsorge, 1991, S. 144; Frisch, Verwaltungsakzessorietät und Tatbestandsverständnis im Umweltstrafrecht, 1993, S. 121; Müller-Tuckfeld in IKW Zustand StrafR S. 466; Rotsch wistra 1999, 321 (323); Wohlers, Deliktstypen des Präventionsstrafrechts, 2000, S. 141, 318, 339; Ransiek in NK-StGB Rn. 11). **3**

a) Verunreinigen bezeichnet nur den tatbestandsmäßigen Erfolg. Die Art und Weise seiner Herbeiführung ist gleichgültig (BayObLG JR 1988, 344 mAnm Sack; OLG Düsseldorf NJW 1991, 1123; Michalke Umweltstrafsachen Rn. 27). Erfasst werden daher ohne Rücksicht auf ihre Zweckrichtung alle Handlungen und garantenpflichtwidrigen Unterlassungen (→ § 13 Rn. 6; → Vor § 324 Rn. 8; OLG Celle NJW 1995, 3197; vgl. die sorgfältige Prüfung der Kausalität des Unterlassens gewässerschützender Maßnahmen durch BGHSt 38, 325 (337) = NJW 1992, 3247 mit auch insoweit krit. Bespr. Nestler GA 1994, 514 (516); zur Garantenstellung aus Sachherrschaft über Gefahrenquellen Schall NStZ-RR 2005, 33 (34); speziell zum Unterlassen bei sog. Altlasten Franzheim ZfW 1987, 9; Wüterich BB 1992, 2449; sa BGH NJW 1992, 122), wenn sie nur unmittelbar oder mittelbar (zB Indirekteinleitungen, Scholz, Gewässerverunreinigung und Indirekteinleitungen, 1996, S. 67) zu einer äußerlich erkennbaren (Sack UmweltschutzStrafR § 324 Rn. 26; Krell NuR 2009, 327 (333)), dauernden oder vorübergehenden nachteiligen Veränderung der **4**

Gewässereigenschaften führen, sei es des Gewässers im Ganzen oder eines nicht unerheblichen Teils davon (BGH NStZ 1991, 281). Das setzt ein Minus an Wassergüte (OLG Celle NJW 1986, 2326; LG Kleve NStZ 1981, 266 mAnm Möhrenschlager; Franzheim/Pfohl UmweltStrafR Rn. 53; Ransiek in NK-StGB Rn. 10), dh eine nicht ganz unerhebliche (Fischer Rn. 5b; krit. dazu Rengier, Das moderne Umweltstrafrecht im Spiegel der Rechtsprechung, 1992, S. 15; Kasper, Die Erheblichkeitsschwelle im Bereich des Umweltstrafrechts, insbesondere bei § 324 StGB, 1997, S. 76) objektive Verschlechterung der physikalischen, chemischen, biologischen oder thermischen Beschaffenheit des Wassers voraus (OLG Frankfurt a. M. NStZ-RR 1996, 103; weiter Rengier StrafR BT II § 48 Rn. 4, der auch die faktischen Benutzungsmöglichkeiten, zB durch den Schiffsverkehr, als geschützt betrachtet; wie hier Kindhäuser/Schramm StrafR BT I § 74 Rn. 3), für deren Vorliegen Größe und Tiefe des Gewässers, Wasserführung, Fließgeschwindigkeit sowie Menge und Gefährlichkeit der Schadstoffe Anhaltspunkte bieten können (BGH NStZ 1991, 281; OLG Karlsruhe JR 1983, 339; einschr. Möhrenschlager NuR 1983, 209 (211)). Dabei kann sich ein solcher Nachteil nicht nur auf die wirtschaftlichen Benutzungsmöglichkeiten (§ 9 II WHG), sondern auch auf ökologische Bedürfnisse beziehen (BGH NStZ 1987, 323; Rudolphi NStZ 1984, 193 (194); OLG Stuttgart NStZ 1994, 590; sehr weit OLG Stuttgart MDR 1976, 690, das darauf abstellt, ob das Wasser aufhört, „reines" Wasser zu sein; krit. Gässler ZfW 1980, 217 (218); Papier NuR 1986, 1 (2)). Auf einen konkreten Schaden (etwa ein Fischsterben) kommt es nicht an; vielmehr genügt eine Verschlechterung der Gewässereigenschaften, die geeignet ist, Nachteile (auch ökologische) zu verursachen (OLG Köln NJW 1988, 2119; Rogall FS Köln, 1988, 505 (517); Ransiek in NK-StGB Rn. 12; sa BGH NStZ 1991, 281; krit. Herzog, Gesellschaftliche Unsicherheit und strafrechtliche Daseinsvorsorge, 1991, S. 153). Danach können ua **auch ausreichen:** Überlaufenlassen eines Öltanks (BT-Drs. 8/2382, 13); Einleiten von Schadstoffen in die örtliche Kanalisation (OLG Hamm NJW 1975, 747); Gelangenlassen von belasteten Abwässern über undichte Stellen im Kanalsystem in das Grundwasser (Himmel/Sanden ZfW 1994, 449) oder von nicht durch Kläranlagen herauszufilternden Mikro-Kunststoffpartikeln in Binnengewässer und das Meer (Heger/Hower NuR 2014, 470; Aufbringen von Dünger auf eine Bodenfläche oder Anwendung von chemischen Mitteln zur Unkraut- oder Schädlingsbekämpfung (Czychowski ZfW 1980, 205 (206)); Einleiten naturbelassenen, aber trüben Wassers aus derselben Quellregion (GStA Celle NJW 1988, 2394; sa OLG Köln NJW 1988, 2119); (weitere) Verunreinigung bereits verschmutzter Gewässer (OLG Frankfurt a. M. NJW 1987, 2753; NStZ-RR 1996, 103; sa BGH NStZ 1997, 189 mAnm Sack JR 1997, 254 zu § 326 I Nr. 4a); Verunreinigung in Folge pflichtwidrigen Unterlassens der Sicherung wassergefährdender Stoffe (BayObLG VRS 84, 32) oder der Wartung eines Heizöltanks (OLG Celle NJW 1995, 3197). Zu Asbest Thomas, Asbest und Umweltstrafrecht, 2015, S. 53.

5 **b) Sonst nachteiliges Verändern von Gewässereigenschaften** (→ Rn. 4) betrifft diejenigen Handlungen, die nicht als Verunreinigen erfasst werden können, weil sie die physikalische, chemische, biologische oder thermische Beschaffenheit des Wassers nicht äußerlich erkennbar beeinträchtigen, zB Erwärmung durch Einleiten von Kühlwasser aus einem Kraftwerk oder radioaktive Kontaminierungen (BT-Drs. 8/2382, 14; Heine/Schittenhelm in Schönke/Schröder Rn. 9). Es genügt die Beeinträchtigung der natürlichen Lebensgemeinschaft von Pflanzen und Tieren durch Absenken des Wasserspiegels eines Teichs, der zum Lebensraum von Amphi-

bien geworden ist (OLG Stuttgart NStZ 1994, 590). Eine scharfe Abgrenzung zur erste Alternative ist weder möglich noch notwendig (OLG Köln NJW 1988, 2119; krit. Triffterer, Umweltstrafrecht, 1980, S. 180). Die gänzliche Beseitigung eines Gewässers ist nur von § 329 III Nr. 3, nicht von § 324 erfasst (aM OLG Oldenburg Nds. Rpfl. 1990, 157 mit zu Recht krit. Bespr. Horn JZ 1994, 1097 (1098); zust. aber Heghmanns in LK-StGB Rn. 20; für Eingreifen des § 324 auch Rengier StrafR BT II § 48 Rn. 6; Ransiek in NK-StGB Rn. 17).

c) Der Tatbestand genügt dem **Bestimmtheitsgrundsatz** nach Art. 103 II GG (hM, vgl. etwa Ransiek in NK-StGB Rn. 4). Dennoch bleibt problematisch, dass der Gesetzgeber zur näheren Konkretisierung der Erheblichkeitsschwelle in Bezug auf das Ausmaß der nachteiligen Veränderung außer Stande war und deshalb alles den Gerichten zugeschoben hat (krit. dazu die Ausschussminderheit BT-Drs. 8/3633, 25; sa Salzwedel ZfW 1980, 211; Möhrenschlager NStZ 1981, 267; Samson ZStW 99 (1987), 617 (623); Frisch, Verwaltungsakzessorietät und Tatbestandsverständnis im Umweltstrafrecht, 1993, S. 125; Kasper, Die Erheblichkeitsschwelle im Bereich des Umweltstrafrechts, insbesondere bei § 324 StGB, 1997, S. 115; Wohlers, Deliktstypen des Präventionsstrafrechts, 2000, S. 324; Heine/Schittenhelm in Schönke/Schröder Rn. 2; § 324 Rn. 25, der eine Konkretisierung der Erheblichkeitsschwelle durch den Gesetzgeber für unmöglich und unnötig hält). 6

4. Der **Vorsatz** nach **Abs. 1** (bedingter genügt) muss auch die nachteilige Veränderung der Gewässereigenschaften umfassen (OLG Jena NStZ-RR 2006, 244; zusf. zum Vorsatz und zu den vielgestaltigen Irrtumsmöglichkeiten Heghmanns in LK-StGB Rn. 45–49; sa Schünemann wistra 1986, 235 (245); Schall NStZ 1992, 265; Matejko ZIS 2006, 205 zum sog. „Variantenirrtum"). Bei **fahrlässigem** (→ § 15 Rn. 35–54) Handeln nach **Abs. 3** ist der Sorgfaltsmaßstab eines umweltbewussten Rechtsgenossen anzulegen (OLG Düsseldorf NJW 1991, 1123; OLG Celle ZfW 1991, 254; NJW 1995, 3197; LG Kleve NStZ 1981, 266 mAnm Möhrenschlager; Franzheim/Pfohl UmweltStrafR Rn. 114–120; krit. Duttge, Zur Bestimmtheit des Handlungsunwerts von Fahrlässigkeitsdelikten, 2001, S. 345) und namentlich auch eine etwa bestehende Sonderpflicht des Täters (zB Leiter eines Klärwerks) zu berücksichtigen (OLG Stuttgart NStZ 1989, 122; sa OLG Düsseldorf JR 1994, 123 mAnm Rengier; eing. zur fahrlässigen Gewässerverunreinigung, namentlich zur (zu engen) Berücksichtigung einschlägiger Sondernormen Winkemann, Probleme der Fahrlässigkeit im Umweltstrafrecht, 1991, S. 48, 80). Abs. 3 kommt auch in Frage, wenn jemand schuldhaft einen Verkehrs- oder Betriebsunfall und daraus folgend die Verunreinigung (mit-)verursacht (OLG Hamburg NStZ 1983, 170, Schiffskollision; auch durch Unterlassen, BayObLG VRS 84, 32; allg. für Unfälle im Straßenverkehr Rengier FS Boujong, 1996, 791; einschr. für Gefahrguttransporte Alt in MüKoStGB Rn. 51; aM OLG Oldenburg NStZ-RR 2016, 14; Heine/Schittenhelm in Schönke/Schröder Rn. 15; Schall in SK-StGB Rn. 49; Krell NZV 2012, 116; Winkemann, Probleme der Fahrlässigkeit im Umweltstrafrecht, 1991, S. 101; zw.). 7

5. Unbefugt bezeichnet hier nur das allgemeine Verbrechensmerkmal der Rechtswidrigkeit (→ § 15 Rn. 6) und gehört daher nicht zum Tatbestand (hM; vgl. BayObLG MDR 1982, 1040; OLG Braunschweig ZfW 1991, 52 (61); Bock in Hilgendorf/Kudlich/Valerius StrafR-HdB V § 48 Rn. 82; anders Papier NuR 1986, 1 (3); Heghmanns, Grundzüge einer Dogmatik der Straftatbestände zum Schutz von Verwaltungsrecht oder Verwaltungshandeln, 2000, S. 177). Das folgt 8 daraus, dass die Gewässerverunreinigung generell verboten ist (zu gewissen Ausnahmen Winkelbauer, Zur Verwaltungsakzessorietät des Umweltstrafrechts, 1985, S. 16, 24) und nur im Einzelfall auf Grund einer Interessenabwägung (hM; vgl. Fortun, Die behördliche Genehmigung im strafrechtlichen Deliktsaufbau, 1998, S. 43, 93; anders Winkelbauer NStZ 1988, 201 (203)) behördlich zugelassen (→ Rn. 9–13) oder nach allgemeinen Grundsätzen gerechtfertigt sein kann (→ Rn. 14).

9 **a)** Die Tat ist gerechtfertigt, wenn sie durch eine **besondere Befugnis** (vor allem behördliche Erlaubnis, → Vor § 32 Rn. 25) gedeckt ist. Diese kann namentlich auf dem WHG (zB §§ 10, 11, 17, 20, 69) oder den Landeswassergesetzen (Nachw. bei Buddendiek/Rutkowski NebenStrafR-Lex Kap. D Rn. 904) beruhen; jedoch ist nicht ausgeschlossen, dass sie ausnahmsweise auch aus Schifffahrtsrecht (problematisch OLG Köln NStZ 1986, 225 mit krit. Bespr. Kuhlen StV 1986, 544; Möhrenschlager JR 1987, 299), Baurecht (OLG Köln NJW 1988, 2119 mAnm Hange NStZ 1989, 122), Ausnahmeregelungen zum Schutz des Meeres (BT-Drs. 8/2382, 14; krit. Oehler GA 1980, 241 (247)), Völkerrecht (→ Vor § 324 Rn. 14) oder Gewohnheitsrecht (problematisch BayObLG JR 1983, 120 mkritAnm Sack; abl. auch Kuhlen WiVerw 1992, 215 (227); Heghmanns in LK-StGB Rn. 43) hervorgeht, allerdings nur, wenn die Befugnis auch auf den wasserrechtlichen Aspekt bezogen ist (OLG Braunschweig ZfW 1991, 52 mwN). Zum Kreis der (straflosen) Genehmigungsadressaten zB in einem Unternehmen mit Einleitererlaubnis eing. Schröder, Die personelle Reichweite öffentlich-rechtlicher Genehmigungen und ihre Folgen für das Umweltstrafrecht, 2000, S. 184, 185, die eine neue Bekanntgabeform im WHG und die Schaffung einer eigenen Zurechnungsnorm fordert. Dass die Verwaltungsakzessorietät dazu zwingt, die verwaltungsrechtlich eingeräumte besondere Befugnis auch **strafrechtlich** anzuerkennen, ist im Grundsatz unbestritten (Rühl JuS 1999, 521 (524)), in der näheren Begrenzung und den Folgewirkungen aber kontrovers. Die Problematik (→ Vor § 324 Rn. 3, 6) betrifft – allerdings mit unterschiedlichen Fragestellungen – nahezu alle Tatbestände des Abschnitts. Ergebnisse beim einen können deshalb, müssen aber nicht auf die anderen Tatbestände übertragbar sein (beachte daher → § 325 Rn. 4–12; → § 326 Rn. 8; → § 327 Rn. 2). Im Einzelnen:

10 aa) Bei behördlicher Genehmigung, Bewilligung oder sonstiger Erlaubnis kommt es für die rechtfertigende Wirkung (hM) nicht auf die materiell-rechtliche Richtigkeit des Verwaltungsakts, sondern auf seine **verwaltungsrechtliche Wirksamkeit** an (hM; vgl. Rudolphi NStZ 1984, 193 (196); Dölling JZ 1985, 461 (469); Lenckner FS Pfeiffer, 1988, 27; Breuer NJW 1988, 2072 (2080); JZ 1994, 1077 (1084); Rogall FS Köln, 1988, 505 (526); GA 1995, 299 (311); Kuhlen WiVerw 1992, 215 (245); Kindhäuser FS Helmrich, 1994, 967 (982); Heghmanns, Grundzüge einer Dogmatik der Straftatbestände zum Schutz von Verwaltungsrecht oder Verwaltungshandeln, 2000, S. 190 mit Bespr. Rengier ZStW 114 (2002), 201; Rönnau in LK-StGB Vor § 32 Rn. 286; Ransiek in NK-StGB Rn. 25). Jedoch hatte schon die hM zum 18. StÄG die **missbräuchliche Ausnutzung** materiellrechtswidriger Verwaltungsakte ausgenommen (gegen diese Ausnahme Rengier ZStW 101 (1989), 888 (892); Rogall FS Köln, 1988, 505 (526); Heghmanns, Grundzüge einer Dogmatik der Straftatbestände zum Schutz von Verwaltungsrecht oder Verwaltungshandeln, 2000, S. 209), und zwar überwiegend unter Beschränkung auf Fälle der Täuschung, Drohung oder Bestechung (so ua Rudolphi NStZ 1984, 193 (197); Dölling JZ 1985, 461 (469); Paeffgen FS Stree/Wessels, 1993, 587 (594, 609)), zT aber auch darüber hinaus bei offensichtlich überholten Erlaubnissen

(so StA Mannheim NJW 1976, 585 (586)), bei kollusivem Zusammenwirken der Beteiligten (BGHSt 39, 381 (387) = NJW 1994, 670 mkritAnm Rudolphi NStZ 1994, 436; Schirrmacher JR 1995, 386, aber zust. Bespr. Otto JK StGB § 324 Rn. 1) und sogar bei bloßem Wissen des Adressaten um die Rechtswidrigkeit der Erlaubnis (so LG Hanau NJW 1988, 571 (576)). Das 31. StÄG hat diese Missbrauchslösung in § 330d I Nr. 5 so in das Gesetz übernommen, dass rechtsmissbräuchliches Verhalten genehmigungslosem Handeln gleichgestellt wird (BT-Drs. 12/7300, 25; eing. Paetzold NStZ 1996, 170; überzogene Kritik bei Breuer JZ 1994, 1077 (1090); Jünemann UPR 1997, 399; Heghmanns, Grundzüge einer Dogmatik der Straftatbestände zum Schutz von Verwaltungsrecht oder Verwaltungshandeln, 2000, S. 213; dagegen zu Recht Frisch in Leipold, Umweltschutz und Recht in Deutschland und Japan, 2000, S. 361, 389, 401 „im Kern nicht zu beanstanden"; ähnlich Fenner, Der Rechtsmißbrauch im Umweltstrafrecht im System des Strafrechts und des Öffentlichen Rechts, 2000, S. 27, 313 mit Bespr. Dölling JR 2001, 438; Wohlers GA 2001, 254; eing. zur Verfassungsmäßigkeit von § 330d I Nr. 5 Felix, Einheit der Rechtsordnung, 1998, S. 320, 356; sowie Jünemann, Rechtsmissbrauch im Umweltstrafrecht, 1998, S. 79, 135, der als Alternativlösung einen neuen § 329a vorschlägt, der die Verletzung der Pflicht der Genehmigungsbehörde, ein kompetentes Genehmigungsverfahren zu ermöglichen, erfassen soll, S. 186; dem zust. Heghmanns GA 2000, 197 (198)). In Anlehnung an § 48 II 3 Nr. 1, 2 VwVfG sind das Erschleichen der Genehmigung durch **unrichtige oder unvollständige Angaben** und das Erwirken der Genehmigung durch **Drohung** (→ § 240 Rn. 12) und **Bestechung** (wegen des Kausalitätserfordernisses enger als in §§ 332, 334; Jünemann, Rechtsmissbrauch im Umweltstrafrecht, 1998, S. 166) erfasst. Darüber hinaus ist auch das Erwirken der Genehmigung durch **Kollusion** einbezogen (eing. Fenner, Der Rechtsmißbrauch im Umweltstrafrecht im System des Strafrechts und des Öffentlichen Rechts, 2000, S. 183–250); mit diesem nicht näher definierten Begriff (zu Recht krit. Breuer JZ 1994, 1077 (1091); nach Wohlers JZ 2001, 850 (856), sogar mangels Bestimmtheit verfassungswidrig; dagegen Rogall in Dolde, Umweltschutz durch Strafrecht, 2001, S. 795, 827) ist bewusst planmäßiges Vorgehen zur Umgehung des Rechts und zum beiderseitigen Vorteil von Täter und Amtsträger gemeint (Paetzold NStZ 1996, 170 (173); Jünemann, Rechtsmissbrauch im Umweltstrafrecht, 1998, S. 136; Heine/Schittenhelm in Schönke/Schröder § 330d Rn. 37); es sollen außer dem „kollusiven" Zusammenwirken von Genehmigungsempfänger und Genehmigungsbehörde (Rogall GA 1995, 299 (319)) auch Fälle erfasst werden, in denen der Genehmigungsempfänger mit anderen Personen zusammenwirkt, die als beauftragte private Sachverständige oder eingeschaltete Bedienstete anderer Behörden Einfluss auf die Erteilung der Genehmigung haben (BT-Drs. 12/7300, 25; einschr. Fenner, Der Rechtsmißbrauch im Umweltstrafrecht im System des Strafrechts und des Öffentlichen Rechts, 2000, S. 183; Heine/Schittenhelm in Schönke/Schröder Rn. 15; gegen diese „Überdehnung" des Kollusionsbegriffs Paetzold NStZ 1996, 170 (173)). Kollusion erfordert nicht eine Tatbeteiligung gem. §§ 25 ff., wohl aber eine Absprache zwischen Antragsteller und Amtsträger, wobei letzterer bewusst seine Position missbraucht; das muss vom Antragsteller initiiert oder bewusst ausgenutzt worden sein (OLG Jena NZWiSt 2017, 480 mzustAnm Hinderer). Die bloße beiderseitige Kenntnis der Rechtswidrigkeit ist für sich kein Fall der Kollusion (Möhrenschlager NStZ 1994, 513 (515) Fn. 19; Wohlers JZ 2001, 850 (856), angemessen).

Die Problematik der rechtfertigenden Wirkung einer **rechtswidrigen Genehmigung** ist durch § 330d I Nr. 5 aber nicht gelöst (BWME StrafR AT § 15 10a

Rn. 166; Fischer Vor § 324 Rn. 7, § 330d Rn. 12; Schmitz in MüKoStGB Vor § 324 Rn. 88; aM Wegener NStZ 1998, 608; wohl auch Sternberg-Lieben in Schönke/Schröder Vor § 32 Rn. 62–63). Der hM, die die verwaltungsrechtliche Wirksamkeit genügen lässt, wird in der Lit. zunehmend widersprochen (Schünemann wistra 1986, 235 (238); GA 1995, 201 (209); Schünemann FS Triffterer, 2011, 437 (445); Winkelbauer NStZ 1988, 201 (205); Schall NJW 1990, 1263 (1267); Schmitz, Verwaltungshandeln und Strafrecht, 1992, S. 58; Frisch, Verwaltungsakzessorietät und Tatbestandsverständnis im Umweltstrafrecht, 1993, S. 68; Schwarz GA 1993, 318; Marx, Die behördliche Genehmigung im Strafrecht, 1993, S. 174, 194; Perschke wistra 1996, 161 (165); BWME StrafR AT § 17 Rn. 129). Dabei ist weniger das Ergebnis (Straflosigkeit des auf die Rechtmäßigkeit vertrauenden Genehmigungsinhabers) als dessen Begründung (Rechtfertigung) umstritten. Während die rechtswidrige Genehmigung zT als Unbedenklichkeitsbescheinigung mit der Folge eingestuft wird, dass sich der gutgläubige Genehmigungsinhaber im Erlaubnistatbestandsirrtum (→ § 17 Rn. 9; so Winkelbauer NStZ 1988, 201; Schall NJW 1990, 1263 (1268); Schmitz, Verwaltungshandeln und Strafrecht, 1992, S. 36, 43, 58; Marx, Die behördliche Genehmigung im Strafrecht, 1993, S. 98, 176, 180; Schirrmacher JR 1995, 386 (390); Ransiek, Unternehmensstrafrecht, 1996, S. 148) oder im unvermeidbaren Verbotsirrtum (→ § 17 Rn. 6, 7; so Geulen ZRP 1988, 323 (325)) befindet, wird zT auch bereits die Tatbestandsmäßigkeit des genehmigten Verhaltens verneint (Frisch, Verwaltungsakzessorietät und Tatbestandsverständnis im Umweltstrafrecht, 1993, S. 64, 117; Schwarz GA 1993, 318 (326); krit. dazu Rogall GA 1995, 299 (313)); gelegentlich wird auch das Fehlen einer objektiven Strafbarkeitsbedingung (Erdt, Das verwaltungsakzessorische Merkmal der Unbefugtheit in § 324 und seine Stellung im Deliktsaufbau, 1997, S. 127), ein Strafausschließungsgrund (krit. dazu Rönnau in LK-StGB Vor § 32 Rn. 277) oder ein Strafunrechtsausschließungsgrund (Fortun, Die behördliche Genehmigung im strafrechtlichen Deliktsaufbau, 1998, S. 134) angenommen.

10b **Bloße Erlaubnisfähigkeit,** dh Vereinbarkeit der Tathandlung mit den verwaltungsrechtlichen Voraussetzungen, hat grds. (zu eng begrenzten, praktisch bedeutungslosen Ausnahmen Rengier ZStW 101 (1989), 874 (903)) keine rechtfertigende Wirkung (hM; vgl. Breuer NJW 1988, 2072 (2079); Dölling JZ 1985, 461 (468); Tiedemann/Kindhäuser NStZ 1988, 337 (343); Rengier ZStW 101 (1989), 874 (882); Alleweldt NuR 1992, 312 (313); Kuhlen WiVerw 1992, 215 (254); Rogall NStZ 1992, 561 (565); Rogall in Dolde, Umweltschutz durch Strafrecht, 2001, S. 829; Bergmann, Zur Strafbewehrung verwaltungsrechtlicher Pflichten im Umweltstrafrecht, dargestellt an § 325 StGB, 1993, S. 52 für § 325; Malitz, Zur behördlichen Duldung im Strafrecht, 1995, S. 92, 100; Heghmanns, Grundzüge einer Dogmatik der Straftatbestände zum Schutz von Verwaltungsrecht oder Verwaltungshandeln, 2000, S. 234; Krüger, Die Entmaterialisierungstendenz beim Rechtsgutsbegriff, 2000, S. 149; Rönnau in LK-StGB Vor § 32 Rn. 290; Ransiek in NK-StGB Rn. 27; Sternberg-Lieben in Schönke/Schröder Vor § 32 Rn. 62c; anders Brauer, Die strafrechtliche Behandlung genehmigungsfähigen, aber nicht genehmigten Verhaltens, 1988, S. 64, 118; vgl. auch Frisch, Verwaltungsakzessorietät und Tatbestandsverständnis im Umweltstrafrecht, 1993, S. 54). Dasselbe gilt auch für sog. **Erlaubnispflichtigkeit,** dh für Fälle, in denen die Verwaltungsbehörde zur Erteilung der Erlaubnis verpflichtet ist (hM; vgl. Heghmanns in LK-StGB Vor § 324 Rn. 65; Bock in Hilgendorf/Kudlich/Valerius StrafR-HdB V § 48 Rn. 25; anders Rudolphi NStZ 1984, 193 (198); Papier NuR 1986, 1 (6); Schünemann wistra 1986, 235 (241); Bloy ZStW 100 (1988), 485 (505); Otto Jura 1995, 134 (141);

Perschke wistra 1996, 161 (166); Frisch, Verwaltungsakzessorietät und Tatbestandsverständnis im Umweltstrafrecht, 1993, S. 392; Ransiek in NK-StGB Rn. 28); insoweit ist auch die Annahme eines Strafausschließungsgrundes nicht hinreichend begründbar (hM; anders Tiessen, Die „genehmigungsfähige" Gewässerverunreinigung, 1987, S. 118, 138).

bb) Eine behördliche Erlaubnis rechtfertigt grds. alle Handlungen, die sich in ihrem Rahmen halten. **Benutzungsbedingungen und andere einschränkende Auflagen** wirken sich auf die Befugnis nur aus, wenn sie die Menge oder Schadstoffhaltigkeit des einzuleitenden Wassers fest begrenzen (OLG Frankfurt a. M. NJW 1987, 2753 (2755); Rudolphi NStZ 1984, 193 (197); Ransiek in NK-StGB Rn. 23; ähnlich Randelzhofer/Wilke, Die Duldung als Form flexiblen Verwaltungshandelns, 1981, S. 23; zu weit einschr. OLG Stuttgart NJW 1977, 1406; Bickel DÖV 1981, 448 (453); zur Unbeachtlichkeit des Minimierungsgebots aus § 5 I WHG Wachenfeld, Wasserrechtliches Minimierungsgebot und Gewässerstrafrecht, 1993, S. 76). Bei einem „Grenzwerte-Durcheinander" (so Breuer NJW 1988, 2072 (2081)), namentlich der Anwendung unterschiedlicher, in ihrer Kontrolldichte uneinheitlicher Überprüfungsverfahren und der erheblichen Fehlerstreubreite der technischen Messmethoden (dazu Samson ZfW 1988, 201; Peters NuR 1989, 167) sind Verstöße gegen Richtwerte und namentlich auch gegen sog. Überwachungswerte (Höchstwerte, deren Überschreitung durch spätere Messungen ausgeglichen werden kann) als solche nicht ausreichend (LG Bonn NStZ 1987, 461; Rudolphi NStZ 1984, 193 (197); Dahs NStZ 1987, 440; aM Möhrenschlager NuR 1983, 209 (213); Franzheim NStZ 1987, 437; NStZ 1988, 208; Breuer NJW 1988, 2072 (2081); Nisipeanu NuR 1988, 225; Kuhlen WiVerw 1992, 215 (279); Franzheim/Pfohl UmweltStrafR Rn. 79–87; Ransiek in NK-StGB Rn. 39–42; Heine/Schittenhelm in Schönke/Schröder Rn. 12b; zw.). Auch Verstöße gegen allgemeine Betreiberpflichten (zu ihrer Festlegung durch die Überwachungswertregelung Christiansen, Grenzen der behördlichen Einleiteerlaubnis und Strafbarkeit nach § 324 StGB, 1996, S. 16, 133) genügen für sich allein nicht (Breuer NJW 1988, 2072 (2081); Kuhlen WiVerw 1992, 215 (241); aM AG Frankfurt a. M. MDR 1988, 338; Schuck MDR 1986, 811; Franzheim JR 1988, 319 (322); Franzheim/Pfohl UmweltStrafR Rn. 89). 11

cc) Bloße **behördliche Duldung,** dh das bewusste Nichteinschreiten der zuständigen Behörde gegen ein rechtswidriges Verhalten oder einen rechtswidrigen Zustand (ähnlich Rogall NJW 1995, 922 (923); Hüting, Die Wirkung der behördlichen Duldung im Umweltstrafrecht, 1996, S. 30, 179; Schall in SK-StGB Vor § 324 Rn. 96f), hat als solche keine rechtfertigende Wirkung (OLG Braunschweig ZfW 1991, 52 (62); sa VGH München ZfW 2005, 43, zur Fortgeltung sog. Altrechte; Laufhütte/Möhrenschlager ZStW 92 (1980), 912 (932); diff. OLG Hamm ZfW 1974, 315; OLG Stuttgart JR 1978, 294; mit eingehender Begr. auch Gentzcke, Informales Verwaltungshandeln und Umweltstrafrecht, 1990, S. 154; Hüting, Die Wirkung der behördlichen Duldung im Umweltstrafrecht, 1996, S. 135, 179 prüft für jeden Umweltstraftatbestand gesondert, ob das Verwaltungsrecht zwingend ein förmliches Verfahren anordnet und damit die Dispositionsbefugnis der Behörde ausschließt; der aktiven Duldung iSd § 19 III AtG spricht rechtfertigende Kraft für § 327 zu Altenhain FS Weber, 2004, 441 (446)). Sie kann jedoch je nach den Umständen (zB wegen Verstoßes gegen den Verhältnismäßigkeitsgrundsatz, das Vertrauensschutzprinzip oder eine bindende Zusicherung) eine verwaltungsrechtliche Eingriffsschranke begründen, die belastendes Verwaltungshandeln rechtswidrig macht und deshalb strafrechtlich berücksichtigt werden muss. Die Auffassungen dazu ge- 12 hen allerdings weit auseinander; sie reichen von grundsätzlicher Ablehnung bis zu nahezu vorbehaltloser Annahme der Rechtfertigungswirkung oder gar Tatbestandsausschließungsgrund (vgl. etwa Randelzhofer/Wilke, Die Duldung als Form flexiblen Verwaltungshandelns, 1981, S. 23; Hallwaß, Die behördliche Duldung als Unrechtsausschließungsgrund im Umweltstrafrecht, 1987; Hallwaß NuR 1987, 296; Hermes/Wieland, Die staatliche Duldung rechtswidrigen Verhaltens, 1988; Wüterich UPR 1988, 248; Odersky FS Tröndle, 1989, 291 (298); Rengier ZStW 101 (1989), 874 (905); Fluck NuR 1990, 197; Wasmuth/Koch NJW 1990, 2434; Heine NJW 1990, 2425 (2433); Alleweldt NuR 1992, 312; Schmitz, Verwaltungshandeln und Strafrecht, 1992, S. 112, der einer rechtmäßigen Duldung rechtfertigende Wirkung zuerkennt; ebenso Malitz, Zur behördlichen Duldung im Strafrecht, 1995, S. 133; Bergmann, Zur Strafbewehrung verwaltungsrechtlicher Pflichten im Umweltstrafrecht, dargestellt an § 325 StGB, 1993, S. 57 für § 325; Heider NuR 1995, 335 (339); Perschke wistra 1996, 161 (167); Nappert, Die strafrechtliche Haftung von Bürgermeistern und Gemeinderäten im Umweltstrafrecht, 1997, S. 203; Frisch, Verwaltungsakzessorietät und Tatbestandsverständnis im Umweltstrafrecht, 1993, S. 392; Heghmanns, Grundzüge einer Dogmatik der Straftatbestände zum Schutz von Verwaltungsrecht oder Verwaltungshandeln, 2000, S. 243, 272; Maurach/Schroeder/Maiwald/Hoyer/Momsen StrafR BT § 58 Rn. 11; Rönnau in LK-StGB Vor § 32 Rn. 292–294; Ransiek in NK-StGB Rn. 31–38; Paeffgen in NK-StGB Vor § 32 Rn. 205; Heine/Schittenhelm in Schönke/Schröder Vor § 324 Rn. 20; Heghmanns in LK-StGB Vor § 324 Rn. 66–69, § 324 Rn. 88, 89; zusf. Kuhlen WiVerw 1992, 215 (266); Rogall NJW 1995, 922, der die Auswirkungen des 2. UKG berücksichtigt). Vor allem in schwebenden Genehmigungsverfahren wird die Duldung häufig als stillschweigend erteilte vorläufige Gestattung zu deuten sein (LG Bonn NStZ 1988, 224; Breuer NJW 1988, 2072 (2082); Ransiek, Unternehmensstrafrecht, 1996, S. 147; einschr. Möhrenschlager NuR 1983, 209 (215); Bickel in Meinberg/Möhrenschlager/Link, Umweltstrafrecht, 1989, S. 261, 262; Alleweldt NuR 1992, 312 (314); str.). Ist eine Rechtfertigung nicht begründbar, so kommt (vermeidbarer oder unvermeidbarer) Verbotsirrtum in Frage (StA Mannheim NJW 1976, 585; OLG Stuttgart ZfW 1977, 118; OLG Braunschweig ZfW 1991, 52 (61); die Rspr. zusf. Schall NStZ 1992, 265; Neumann in NK-StGB § 17 Rn. 66).

13 dd) Die besondere Befugnis deckt grds. **nur die Beeinträchtigung von Umweltgütern** (Tiedemann/Kindhäuser NStZ 1988, 337 (344); diff. Winkelbauer NStZ 1988, 201 (204); Heine NJW 1990, 2425 (2432); Schall FS Roxin, 2001, 927 (940); Ransiek in NK-StGB Rn. 30; sa Horn FS Welzel, 1974, 719). Bei der Verletzung individueller Rechtsgüter, namentlich des Lebens, der Körperintegrität oder des Eigentums, bedarf die Rechtfertigung selbständiger Prüfung (Horn NJW 1981, 1 (5)). Für sie fehlt es an einer Grundlage jedenfalls bei Tötungen sowie erheblichen Körper- oder Eigentumsverletzungen, weil diese schon von vornherein einer möglichen Güter- und Interessenabwägung entzogen und daher nicht genehmigungsfähig sind. Bei geringfügigen Körper- und Eigentumsverletzungen, die im Überschneidungsbereich zwischen den Umweltgütern und den Individualrechtsgütern liegen, wird man jedoch schon aus Gründen der Praktikabilität einen (engen) verwaltungsrechtlichen Beurteilungsspielraum anerkennen müssen, innerhalb dessen auch mögliche Verletzungserfolge in die Abwägung einbezogen und iErg in Kauf genommen werden können (StA Landau NStZ 1984, 553; Rönnau in LK-StGB Vor § 32 Rn. 289; Sternberg-Lieben in Schönke/Schröder Vor § 32 Rn. 63d; ähnlich Kuhlen WiVerw 1992, 215 (248), nur über § 34; krit. Schall FS Roxin,

2001, 927 (936); aM Rudolphi FS Lackner, 1987, 863 (881); diff. Winkelbauer NStZ 1988, 201 (204); zw.). Jedenfalls ist es danach aber nicht grds. ausgeschlossen, dass ungeachtet einer besonderen Befugnis eine strafbare Tötung, Körperverletzung oder Sachbeschädigung vorliegt; allerdings wird es idR an der Beweisbarkeit des Vorsatzes oder an der erforderlichen objektiven Sorgfaltspflichtverletzung (→ § 15 Rn. 37–40; vgl. Schall FS Roxin, 2001, 927 (943)) fehlen.

b) Von den **allgemeinen Rechtfertigungsgründen** (→ Vor § 32 Rn. 8–29) **14**
kommen praktisch nur rechtfertigender Notstand (§ 34) oder rechtfertigende Pflichtenkollision (→ § 34 Rn. 15; sa AG Bremen NStZ 1981, 268) – allerdings auch diese nur ausnahmsweise – in Frage (Nappert, Die strafrechtliche Haftung von Bürgermeistern und Gemeinderäten im Umweltstrafrecht, 1997, S. 81). Soweit nach der bundes- oder landesrechtlichen Regelung der Wasserwirtschaft eine verwaltungsrechtliche Vorkontrolle vorgeschrieben ist (→ Rn. 9), muss sie wahrgenommen und in ihren Ergebnissen vom Strafrichter respektiert werden; die Lösung des Konflikts zwischen dem Interesse an natürlicher Wasserreinheit und den Bedürfnissen der Gewässernutzung ist insoweit – namentlich auch im Hinblick auf die Aufrechterhaltung der Produktion und die Erhaltung von Arbeitsplätzen, denen im Einzelfall erhebliches Gewicht zukommen kann (aM Laufhütte/Möhrenschlager ZStW 92 (1980), 912 (932)) – den Wasserbehörden übertragen und gegenüber § 34 (→ § 34 Rn. 14) als spezielle gesetzliche Konkretisierung des Notstandes zu verstehen (Rudolphi ZfW 1982, 197 (209); NStZ 1984, 193 (196); Horn UPR 1983, 362 (366); Schall in OsnabrRAbh, Bd. 1, 2003 S. 1; sa Heghmanns in LK-StGB Rn. 59). § 34 scheidet daher aus, wenn die vorgeschriebene Anrufung der Wasserbehörde unterblieben ist oder wenn diese die Erlaubnis verwaltungsrechtlich verbindlich (uU also auch durch materiell fehlerhafte, jedoch nicht unwirksame Entscheidung) versagt hat. Demgegenüber hält die hM die Annahme eines rechtfertigenden Notstandes auch in diesem Überschneidungsbereich nicht für prinzipiell, aber im Hinblick auf die Angemessenheitsklausel des § 34 doch im Regelfall für ausgeschlossen (vgl. etwa Dallinger MDR 1975, 723; sa BGH NStZ 1997, 189 zu § 326; OLG Stuttgart ZfW 1977, 118 (124); LG Bremen NStZ 1982, 164 mAnm Möhrenschlager; Randelzhofer/Wilke, Die Duldung als Form flexiblen Verwaltungshandelns, 1981, S. 44; Albrecht/Heine/Meinberg ZStW 96 (1984), 943 (956)). Im Ergebnis dürfte es daher zutreffen, dass der allgemeine Notstand auf unvorhersehbare Vorkommnisse, wie zB Betriebs- und Verkehrsunfälle, beschränkt bleibt (Malitz, Zur behördlichen Duldung im Strafrecht, 1995, S. 129; Rengier StrafR BT II § 48 Rn. 10; beachte jedoch GStA Celle NJW 1988, 2394); ein Rückgriff auf § 34 kommt aber auch in Frage, wenn – was in der Praxis durchaus vorkommt (BGHSt 38, 325 (331) = NJW 1992, 3247; OLG Saarbrücken NJW 1991, 3045) – die Handlungspflicht zur Abwasserbeseitigung mit der Pflicht zur Unterlassung der Gewässerverunreinigung kollidiert (Schall JuS 1993, 719 (720)). Die Strafbarkeit entfällt ferner bei **sozialadäquatem Verhalten** (Triffterer, Umweltstrafrecht, 1980, S. 182; → Vor § 32 Rn. 29; ähnlich Heine/Hecker in Schönke/Schröder Rn. 12; krit. Maurach/Schroeder/Maiwald StrafR BT II § 58 Rn. 30), das vor allem zu prüfen ist, wenn iSd § 326 VI schädliche Umwelteinwirkungen offensichtlich ausgeschlossen sind (speziell für Indirekteinleitung häuslicher Abwässer Scholz, Gewässerverunreinigung und Indirekteinleitungen, 1996, S. 99).

6. Vollendet ist die Tat erst, wenn das Gewässer ganz oder zT nachteilig ver- **15**
ändert ist. Die **Strafbarkeit des Versuchs** nach Abs. 2 kann vor allem bedeutsam

werden, wenn der oft schwierige Kausalitätsnachweis (Verursachen einer nicht unerheblichen nachteiligen Veränderung, → Rn. 4) scheitert.

16 **7.** Die **Verantwortlichkeit** für den Gewässerschutz in **Betrieben und Unternehmen** (→ § 11 Rn. 15; allg. zur Unternehmensdelinquenz Heghmanns in LK-StGB Vor § 324 Rn. 87–104; Busch, Unternehmen und Umweltstrafrecht, 1997, S. 22; zur personellen Reichweite der Genehmigung vgl. Schröder, Die personelle Reichweite öffentlich-rechtlicher Genehmigungen und ihre Folgen für das Umweltstrafrecht, 2000, S. 184, 185), auch in öffentlichen (→ Vor § 324 Rn. 8; → § 264 Rn. 8), bestimmt sich nach den allgemeinen Regeln (→ § 15 Rn. 40), aus denen sich eine Einschränkung der objektiven Zurechnung nach den jeweiligen innerbetrieblichen Verantwortungsbereichen ergibt (Rudolphi FS Lackner, 1987, 863 (867); Winkemann, Probleme der Fahrlässigkeit im Umweltstrafrecht, 1991, S. 125; Franzheim/Pfohl UmweltStrafR Rn. 500–524; Schall in Schünemann, Deutsche Wiedervereinigung, Bd. III, Unternehmenskriminalität, 1996, S. 104; Busch, Unternehmen und Umweltstrafrecht, 1997, S. 458; Heine/Schittenhelm in Schönke/Schröder Vor § 324 Rn. 28a–28d); dasselbe gilt für die zur Entsorgung verpflichteten Kommunalbehörden (→ Vor § 324 Rn. 8). Der Betriebsinhaber (Schall in Schünemann, Deutsche Wiedervereinigung, Bd. III, Unternehmenskriminalität, 1996, S. 108, 113), der Behördenleiter (BGHSt 38, 325 = NJW 1992, 3247 mit Bespr. Schwarz NStZ 1993, 285; Schall JuS 1993, 719; Pfohl NJW 1994, 418; Nestler GA 1994, 514; Knopp DÖV 1994, 676 (678); Michalke NJW 1994, 1693; OLG Frankfurt a. M. NStZ-RR 1996, 103; Rengier StrafR BT II § 47 Rn. 34), deren vertretungsberechtigte Organe (Schlüchter FS Salger, 1995, 139), der Betriebsleiter (OLG Stuttgart NStZ 1989, 122) und die innerbetrieblich für den Gewässerschutz Zuständigen sind im Rahmen ihrer Aufgabenbereiche Überwachungsgaranten (Müller UPR 1990, 367; aM für den Behördenleiter Jescheck/Weigend StrafR S. 624, nur dienstrechtlich verantwortlich; sa Rengier, Das moderne Umweltstrafrecht im Spiegel der Rechtsprechung, 1992, S. 38; Schall NStZ 1992, 265 (267); speziell zur umweltstrafrechtlichen Verantwortlichkeit des Vorstands einer AG Ebenroth/Willburger BB 1991, 1941, des Geschäftsführers einer GmbH Weimar GmbHR 1994, 82 (87) und bei einer mehrköpfigen Geschäftsleitung Schall in Schünemann, Deutsche Wiedervereinigung, Bd. III, Unternehmenskriminalität, 1996, S. 114; Franzheim/Pfohl UmweltStrafR Rn. 558–562; Ransiek in NK-StGB Rn. 52; Ransiek ZGR 1999, 613 (619)). Sie kommen daher nicht nur als Begehungs-, sondern auch als Unterlassungstäter (→ § 13 Rn. 2–15) in Frage (Rudolphi FS Lackner, 1987, 863 (872); Schünemann in Breuer/Kloepfer/Marburger/Schröder, Umweltschutz und technische Sicherheit im Unternehmen, 1994, S. 137, 149; Winkelbauer FS Lenckner, 1998, 645 (658)); bei leitenden Funktionsträgern bildet die Haftung nur wegen Unterlassung die Regel (Odersky FS Tröndle, 1989, 291 (292); Schlüchter FS Salger, 1995, 139 (140, 146); aM Kuhlen WiVerw 1991, 181 (242); zT unrichtig OLG Saarbrücken NJW 1991, 3045 mit krit. Bespr. Kühne NJW 1991, 3020; Groß/Pfohl NStZ 1992, 119; Hoyer NStZ 1992, 387). Die Stellung als **„Gewässerschutzbeauftragter"** iSd §§ 64 ff. WHG (dazu Truxa ZfW 1980, 220) begründet als solche keine Haftung, auch keine Vertreterhaftung nach § 14 (hM; OLG Frankfurt a. M. NJW 1987, 2753 (2756); Schlüchter FS Salger, 1995, 139 (146)), kann im Einzelfall aber für eine persönliche Haftung – etwa als Überwachungsgarant – durchaus eine zureichende Grundlage bilden (näher Kuhlen in Amelung, Individuelle Verantwortung und Beteiligungsverhältnisse bei Straftaten in bürokratischen Organisationen des Staates, der Wirt-

schaft und der Gesellschaft, 2000, S. 71, 84; Böse NStZ 2003, 636; Schall FS Amelung, 2009, 287; Michalke Umweltstrafsachen Rn. 77–82; Ransiek in NK-StGB Rn. 66; Heghmanns in LK-StGB Rn. 70; einschr. Heine/Schittenhelm in Schönke/Schröder Rn. 17, nur Teilnehmer; sa Vierhaus NStZ 1991, 466 (467); str.). Zur strafrechtlichen Verantwortung des Insolvenzverwalters für das Unterlassen der Beseitigung bestehender Umweltschäden Sonnen/Tetzlaff wistra 1999, 1; Lwowski/Tetzlaff NZI 2001, 182. Zur **Beteiligung von Amtsträgern** an der Tat → Vor § 324 Rn. 8–11.

8. Besonders schwere Fälle § 330. 17

9. Tateinheit ua möglich mit §§ 303, 313, 314, 316b Nr. 2, 318, 329 II, III, 18
330a. Dasselbe gilt für § 326 (hM; anders BGHSt 38, 325 = NJW 1992, 3247, Gesetzeskonkurrenz; ebenso Ransiek in NK-StGB Rn. 79), weil dieser auch dem Schutz des Bodens dient und der daraus folgende zusätzliche Unwert in einer Verurteilung nur nach § 324 keinen Ausdruck findet.

§ 324a Bodenverunreinigung

(1) **Wer unter Verletzung verwaltungsrechtlicher Pflichten Stoffe in den Boden einbringt, eindringen läßt oder freisetzt und diesen dadurch**

1. in einer Weise, die geeignet ist, die Gesundheit eines anderen, Tiere, Pflanzen oder andere Sachen von bedeutendem Wert oder ein Gewässer zu schädigen, oder

2. in bedeutendem Umfang

verunreinigt oder sonst nachteilig verändert, wird mit Freiheitsstrafe bis zu fünf Jahren oder mit Geldstrafe bestraft.

(2) **Der Versuch ist strafbar.**

(3) **Handelt der Täter fahrlässig, so ist die Strafe Freiheitsstrafe bis zu drei Jahren oder Geldstrafe.**

1. Die Vorschrift dient der **Reinhaltung des Bodens.** Geschützt sind nach der 1
auch hier gebotenen **ökologisch** orientierten Auslegung (→ § 324 Rn. 1; → Vor § 324 Rn. 7) die dem Boden in seinem Naturzustand innewohnenden Funktionen für die Umwelt und den Menschen (vgl. BT-Drs. 12/192, 15; Möhrenschlager NStZ 1994, 513 (516); Kemme, Das Tatbestandsmerkmal der Verletzung verwaltungsrechtlicher Pflichten in den Umweltstraftatbeständen des StGB, 2007, S. 237 mit Bespr. Ransiek ZStW 121 (2009), 168; Heine/Schittenhelm in Schönke/Schröder Rn. 1; diff. zwischen Nr. 1 und 2 des Abs. 1 Bartholme, Der Schutz des Bodens im Umweltstrafrecht, 1995, S. 205; Sanden wistra 1996, 283 (284)); zur Definition dieser Funktionen s. § 2 II BBodSchG (eing. Heghmanns in LK-StGB Rn. 1–2). Die Tat ist ein von jedermann begehbares **Erfolgsdelikt** (Heghmanns in LK-StGB Rn. 6; → Vor § 13 Rn. 32); wegen der in Abs. 1 Nr. 1 näher umschriebenen Art des Erfolges (→ Rn. 3, 4) kann die Tat auch als potentielles Gefährdungsdelikt (→ Vor § 13 Rn. 32) gedeutet werden (so auch Bartholme, Der Schutz des Bodens im Umweltstrafrecht, 1995, S. 206; Zieschang Gefährdungsdelikte S. 231; Fischer Rn. 2; ähnlich Ransiek in NK-StGB Rn. 5). Rechtsprechungsübersicht Schall NStZ-RR 2008, 99 (100). Für eine Neufassung des Tatbestandes Hofmann, Bodenschutz durch Strafrecht?, 1996, S. 135; vgl. dazu Geerds GA 1998, 105. Zunehmend scheint sich der Tatbestand aber zu bewähren (Rengier FS Brohm, 2002,

525 (527)). Zur **Entstehungsgeschichte** der Vorschrift Sanden wistra 1996, 283 (284).

2 **2.** Angriffsobjekt ist der **Boden.** Nach § 2 I BBodSchG ist Boden die oberste Schicht der Erdkruste, soweit sie Träger der Bodenfunktionen (→ Rn. 1) ist, einschließlich der flüssigen (Bodenlösung) und gasförmigen (Bodenluft) Bodenbestandteile (Heine/Schittenhelm in Schönke/Schröder Rn. 3), ohne Grundwasser und Gewässerbetten. Der strafrechtliche Bodenbegriff ist weiter und bezieht Gewässerböden ein (Alt in MüKoStGB Rn. 11; aM Ransiek in NK-StGB Rn. 4; Heghmanns in LK-StGB Rn. 14). Ob auch ausländischer Boden geschützt ist, ist zweifelhaft (abl. Günther-Nicolay, Die Erfassung von Umweltstraftaten mit Auslandsbezug durch das deutsche Umweltstrafrecht gem. §§ 324ff. StGB, 2003, S. 330 mit krit. Bespr. Ransiek ZStW 121 (2009), 179 (180); dafür aber Rengier JR 1996, 34, zust. Fischer Rn. 2).

3 **3.** Der tatbestandsmäßige **Erfolg** besteht in der **nachteiligen Veränderung des Bodens,** dem sich das Verunreinigen als Beispiel („sonst") unterordnet. Ein nachteiliges Verändern liegt in jeder an ökologischen Bedürfnissen gemessenen Verschlechterung der vorhandenen Bodenbeschaffenheit (Heghmanns in LK-StGB Rn. 15–18; Fischer Rn. 5; zu „schädlichen Bodenveränderungen" s. § 2 III BBodSchG); das wegen seiner Plastizität hervorgehobene **Verunreinigen** erfasst jede sichtbare Veränderung der Bodenzusammensetzung, die sich ökologisch nachteilig auswirkt (BT-Drs. 12/192, 16; Bartholme, Der Schutz des Bodens im Umweltstrafrecht, 1995, S. 206; Zieschang Gefährdungsdelikte S. 211; vgl. ergänzend → § 324 Rn. 4, 5). Die Veränderung der physikalischen, chemischen oder biologischen Beschaffenheit des Bodens muss dazu führen, dass die Funktionen (→ Rn. 1) des Bodens beeinträchtigt werden (krit. Hofmann, Bodenschutz durch Strafrecht?, 1996, S. 74, 91, der eine restriktive Auslegung fordert; zur Problematik der Erfolgsdefinition anhand ökologisch-naturwissenschaftlicher Parameter Hofmann wistra 1997, 89 (92)). Einschränkend verlangt der Tatbestand eine **bedeutende** nachteilige Veränderung des Bodens. Mit diesem Kriterium soll sichergestellt werden, dass nicht bereits unbedeutende Eingriffe in den Boden mit Strafe bedroht sind (BT-Drs. 12/192, 16; sowie BT-Drs. 12/7300, 22). Weitere Bodenverunreinigungsvorschriften bei Buddendiek/Rutkowski NebenStrafR-Lex Rn. 112 „Bodenverunreinigung"; Zu Asbest Thomas, Asbest und Umweltstrafrecht, 2015, S. 68.

4 **a)** Nach **Abs. 1 Nr. 1** liegt eine solche bedeutende Bodenverunreinigung dann vor, wenn der Eingriff zur **Schädigung** bestimmter Objekte **geeignet** (→ § 325 Rn. 13) ist (näher Bartholme, Der Schutz des Bodens im Umweltstrafrecht, 1995, S. 206; Zieschang Gefährdungsdelikte S. 212; krit. Hofmann, Bodenschutz durch Strafrecht?, 1996, S. 92; Hofmann wistra 1997, 89 (94); Zieschang Gefährdungsdelikte S. 235). Bloße Belästigungen und Störungen scheiden damit aus (Möhrenschlager NStZ 1994, 513 (517); Sanden wistra 1996, 283 (284)), ausreichend sind aber mittelbare Schädigungen zB im Rahmen einer Nahrungskette (Heghmanns in LK-StGB Rn. 20). Außer den in § 325 I 1 genannten Gefährdungsobjekten (→ § 325 Rn. 13) wird noch das **Gewässer** (§ 330d I Nr. 1; → § 324 Rn. 2) genannt, um Fälle der Grundwassergefährdung ohne nachhaltige Bodenbeeinträchtigung zu erfassen (BT-Drs. 12/192, 17; OLG Celle NStZ-RR 1998, 208). **Sachen** haben auch hier **bedeutenden Wert** nicht nur, wenn sie ökonomisch, sondern auch dann, wenn sie ökologisch wertvoll sind (BT-Drs. 12/7300, 22; → § 325 Rn. 13; speziell zu solchen Sachen im Umweltstrafrecht Rengier FS Spendel,

1992, 559; zum ökologischen Wert von Tieren und Pflanzen Hofmann wistra 1997, 89 (95); Ransiek in NK-StGB Rn. 8).

b) Abs. 1 Nr. 2 verlangt eine Bodenverunreinigung in **bedeutendem Umfang.** Mit dieser sprachlichen Anpassung an die Nr. 1 ist eine Einengung des Tatbestandes gegenüber dem Regierungsentwurf, der eine „sonst erhebliche" Bodenverunreinigung verlangt hatte, angestrebt (BT-Drs. 12/7300, 22; Möhrenschlager NStZ 1994, 513 (517)); bestätigt wird dieser Versuch der Einengung durch § 2 III BBodSchG, der erhebliche Nachteile schon für jede „schädliche Bodenveränderung" verlangt. Die Formel ist dennoch zur Bestimmung der Erheblichkeitsschwelle wenig aussagekräftig (krit. dazu Sanden wistra 1996, 283 (284)). Sie ist nicht nur rein quantitativ zu verstehen (aM Bartholme, Der Schutz des Bodens im Umweltstrafrecht, 1995, S. 206; Zieschang Gefährdungsdelikte S. 215; Hofmann, Bodenschutz durch Strafrecht?, 1996, S. 58, 101). Intensität und Dauer der Beeinträchtigung sind ebenso zu beachten wie der Aufwand zu ihrer Beseitigung (BT-Drs. 12/192, 17; Heghmanns in LK-StGB Rn. 34; aM Ransiek in NK-StGB Rn. 11). 5

4. Anders als in § 324 (→ § 324 Rn. 4) sind die **Tathandlungen** umschrieben. 6
Durch diese Umschreibung soll aber jedes Verhalten erfasst werden, durch das mittels **Stoffen** (→ § 224 Rn. 1a; näher Bartholme, Der Schutz des Bodens im Umweltstrafrecht, 1995, S. 206; Zieschang Gefährdungsdelikte S. 208) der Boden verunreinigt wird (BT-Drs. 12/192, 17). **Einbringen** beschreibt den finalen Stoffeintrag, zB das Aufbringen von Düngemittel (Bartholme, Der Schutz des Bodens im Umweltstrafrecht, 1995, S. 206; Zieschang Gefährdungsdelikte S. 211); **eindringen lassen** das pflichtwidrige Nichtverhindern des Eindringens von Stoffen in den Boden durch Garanten (Sanden wistra 1996, 283 (289); Heine/Schittenhelm in Schönke/Schröder Rn. 7; Fischer Rn. 4a; aM Bartholme, Der Schutz des Bodens im Umweltstrafrecht, 1995, S. 206; Zieschang Gefährdungsdelikte S. 211, Winkelbauer FS Lenckner, 1998, 645 (656); Heghmanns in LK-StGB Rn. 40: echtes Unterlassungsdelikt; sa Ransiek in NK-StGB Rn. 12: bedeutungsloser Streit; vgl. auch BGH NJW 2005, 1366, zur Zustandsverantwortlichkeit); erfasst ist auch die weitere nachteilige Veränderung eines verunreinigten Bodens, die zB durch ungesichertes Liegenlassen einer Altlast entsteht (Sanden wistra 1996, 283 (288); Rengier FS Brohm, 2002, 525 (529); Fischer Rn. 4a; zu Sanierungspflichten bei Altlasten s. §§ 4 III, 11 ff. BBodSchG (dazu Schall NStZ-RR 2008, 100 mit Verwaltungsrechtsprechung); zu deren strafrechtlicher Behandlung näher Michalke Umweltstrafsachen Rn. 137–143; Franzheim/Pfohl UmweltStrafR Rn. 172–198; sowie Schall NStZ-RR 2002, 33 (34) mit Hinweis auf BVerfG JZ 2001, 37; Schall NStZ-RR 2005, 33 (36)); **freisetzen** das Schaffen einer Lage, in der sich der Stoff unkontrollierbar ausbreiten kann (→ § 330a Rn. 3; krit. Hofmann, Bodenschutz durch Strafrecht?, 1996, S. 22, überflüssige Tatbestandsvariante). Mit diesen Umschreibungen beschränkt der Tatbestand die Bodenverunreinigung auf den typischen Fall des Eintrags und der Einwirkung gefährlicher Stoffe (krit. Hofmann wistra 1997, 89); sonstige unerlaubte Bodenbeeinträchtigungen wie Abgrabungen, Aufschüttungen oder das Errichten von Gebäuden, die zu Bodenerosionen oder Bodenverdichtungen führen können, sind allenfalls von § 329 II, III erfasst (BT-Drs. 12/192, 16; Möhrenschlager NStZ 1994, 513 (516); Sanden wistra 1996, 283 (284); krit. unter Artenschutzgesichtspunkten Gütschow, Der Artenschutz im Umweltstrafrecht, 1998, S. 159).

7 **5.** Das Merkmal der **Verletzung verwaltungsrechtlicher Pflichten** schränkt den Tatbestand weiter ein (→ § 325 Rn. 4–12; ebenso Ransiek in NK-StGB Rn. 16; eing. Hofmann, Bodenschutz durch Strafrecht?, 1996, S. 30, 107, 141–180, der im Anhang einen Pflichtenkatalog zusammenstellt; Kemme, Das Tatbestandsmerkmal der Verletzung verwaltungsrechtlicher Pflichten in den Umweltstraftatbeständen des StGB, 2007, S. 237, 245 mit Bespr. Ransiek ZStW 121 (2009), 168 (170)). Die Pflicht kann sich aus Rechtsvorschriften, gerichtlichen Entscheidungen oder Verwaltungsakten ergeben, die dem Schutz vor schädlichen Einwirkungen auf den Boden dienen (§ 330d I Nr. 4). Rechtsvorschriften sind nur bei hinreichender Bestimmtheit zur Begründung solcher Pflichten tauglich (Schall FS Küper, 2007, 505 (511)). Diese Voraussetzung erfüllen allgemein gehaltene Programmsätze wie in § 6 I 1, 2 PflSchG, § 5 I WHG (OLG Celle NStZ-RR 1998, 208 (209)) oder §§ 4, 7 BBodSchG (vgl. Vierhaus NJW 1998, 1262 (1264); Rengier FS Brohm, 2002, 525 (527); Michalke Umweltstrafsachen Rn. 157; Franzheim/Pfohl UmweltStrafR Rn. 162, sa Schall NStZ-RR 2008, 99 mit BVerwGE 126, 1 = NVwZ 2006, 1067) sowie allgemeine Verhaltenspflichten im Straßenverkehr (AG Schwäbisch Hall NStZ 2002, 15 mit zust. Bespr. Schall NStZ-RR 2003, 65 (66)) nicht; auch nicht die Verletzung der Anzeigepflicht oder ein Verstoß gegen § 3 KlärschlammVO 1992 bei anzeigepflichtiger Klärschlammaufbringung (Schall NStZ-RR 2005, 33 (35)). Hinreichend bestimmt sind dagegen etwa §§ 7, 23 BImSchG (zum Betreiber-Begriff im Umweltrecht Vierhaus NuR 2014, 98) mit den jeweils auf ihnen beruhenden Verordnungen (Buddendiek/Rutkowski NebenStrafR-Lex Rn. 154, Kap. C–F Rn. 154) oder § 17 ChemG iVm der GefStoffV (Buddendiek/Rutkowski NebenStrafR-Lex Rn. 183, Kap. C 1 Rn. 183); auch im WHG und den Ländervorschriften über das Lagern wassergefährdender Flüssigkeiten (Buddendiek/Rutkowski NebenStrafR-Lex Kap. D Rn. 904) finden sich zahlreiche pflichtenkonkretisierende Normen (zu den altlastenrechtlichen Regelungen der Länder Sanden wistra 1996, 283 (285); speziell zu Regelungen hinsichtlich Düngemitteln Krell NuR 2009, 327 (332)); schließlich kommen auch Vorschriften in Betracht, die dem Grundwasserschutz dienen (BT-Drs. 12/192, 17; Möhrenschlager NStZ 1994, 513 (517); aM Hofmann, Bodenschutz durch Strafrecht?, 1996, S. 113), wohl auch straßenverkehrsrechtliche Vorschriften (Bartholme, Der Schutz des Bodens im Umweltstrafrecht, 1995, S. 206; Zieschang Gefährdungsdelikte S. 217). Die Wirksamkeit des strafrechtlichen Bodenschutzes ist durch die Regelungen des BBodSchG verbessert worden (vgl. Steindorf in LK-StGB, 11. Aufl. 1997, Rn. 59), die Umsetzung in Verordnungen wird die Wirksamkeit des strafrechtlichen Bodenschutzes und seine Bestimmtheit verbessern (Heine/Schittenhelm in Schönke/Schröder Rn. 13, 14). Zur Problematik der Auferlegung bodenschützender Pflichten durch materiell rechtswidrige Verwaltungsakte → § 325 Rn. 8, 9; Ransiek in NK-StGB Rn. 20, 21.

8 **6.** Der **Vorsatz** nach **Abs. 1** muss auch die nachteilige Veränderung des Bodens (→ § 324 Rn. 7) und den Widerspruch zum Verwaltungsrecht (→ § 325 Rn. 16) umfassen. Zum Sorgfaltsmaßstab bei **fahrlässigem** Verhalten → § 324 Rn. 7; auch hier reicht die Verletzung von StVO-Vorschriften bei Verkehrs-, nicht nur Gefahrgutunfällen (Rengier FS Boujong, 1996, 791 (802)).

9 **7.** Zu **Vollendung** und **Versuch** nach **Abs. 2** → § 324 Rn. 15. Zur Beendigung und zum Verjährungsbeginn Sanden wistra 1996, 283 (288); sowie → § 326 Rn. 13.

8. Besonders schwere Fälle § 330. 10

9. Tateinheit ua möglich mit §§ 223, 229, 303, 324 (auch hinsichtlich der Gewässerböden, Alt MüKoStGB Rn. 11, 51; aM Möhrenschlager NStZ 1994, 513 (517)), 326 I Nr. 1–3, II, 329, 330a. §§ 325 II, IV (aM Ransiek in NK-StGB Rn. 30), 326 I Nr. 4a (BGH wistra 2001, 259 mit Bespr. Schall NStZ-RR 2002, 33 (34)), 325 II, III, 328 III treten hinter § 324a I zurück (Bartholme, Der Schutz des Bodens im Umweltstrafrecht, 1995, S. 206; Zieschang Gefährdungsdelikte S. 224). 11

§ 325 Luftverunreinigung

(1) [1]**Wer beim Betrieb einer Anlage, insbesondere einer Betriebsstätte oder Maschine, unter Verletzung verwaltungsrechtlicher Pflichten Veränderungen der Luft verursacht, die geeignet sind, außerhalb des zur Anlage gehörenden Bereichs die Gesundheit eines anderen, Tiere, Pflanzen oder andere Sachen von bedeutendem Wert zu schädigen, wird mit Freiheitsstrafe bis zu fünf Jahren oder mit Geldstrafe bestraft.** [2]**Der Versuch ist strafbar.**

(2) **Wer beim Betrieb einer Anlage, insbesondere einer Betriebsstätte oder Maschine, unter Verletzung verwaltungsrechtlicher Pflichten Schadstoffe in bedeutendem Umfang in die Luft außerhalb des Betriebsgeländes freisetzt, wird mit Freiheitsstrafe bis zu fünf Jahren oder mit Geldstrafe bestraft.**

(3) **Wer unter Verletzung verwaltungsrechtlicher Pflichten Schadstoffe in bedeutendem Umfang in die Luft freisetzt, wird mit Freiheitsstrafe bis zu drei Jahren oder mit Geldstrafe bestraft, wenn die Tat nicht nach Absatz 2 mit Strafe bedroht ist.**

(4) **Handelt der Täter in den Fällen der Absätze 1 und 2 fahrlässig, so ist die Strafe Freiheitsstrafe bis zu drei Jahren oder Geldstrafe.**

(5) **Handelt der Täter in den Fällen des Absatzes 3 leichtfertig, so ist die Strafe Freiheitsstrafe bis zu einem Jahr oder Geldstrafe.**

(6) **Schadstoffe im Sinne der Absätze 2 und 3 sind Stoffe, die geeignet sind,**
1. **die Gesundheit eines anderen, Tiere, Pflanzen oder andere Sachen von bedeutendem Wert zu schädigen oder**
2. **nachhaltig ein Gewässer, die Luft oder den Boden zu verunreinigen oder sonst nachteilig zu verändern.**

(7) **Absatz 1, auch in Verbindung mit Absatz 4, gilt nicht für Kraftfahrzeuge, Schienen-, Luft- oder Wasserfahrzeuge.**

1. § 325 vereint seit dem 31. StÄG einen Immissions- (Abs. 1) und einen Emissionstatbestand (Abs. 2). Während Abs. 1 seither unverändert geblieben ist, ist im Zuge des 45. StÄG der Anwendungsbereich von Abs. 2 ausgeweitet und mit Abs. 3 StGB nF ein subsidiärer neuer Emissionstatbestand geschaffen worden. Die bisherigen Regelungen zur Fahrlässigkeit und zur Schadstoffdefinition in Abs. 3 aF und Abs. 4 aF finden sich sprachlich angepasst, der Sache nach aber unverändert nunmehr in Abs. 4 nF und Abs. 6 nF wieder; dazwischen geschoben worden ist mit 1

Abs. 5 nF eine Erstreckung der Strafbarkeit nach Abs. 3 nF auf Leichtfertigkeit. Die Privilegierung des motorisierten Verkehrs in Abs. 5 aF findet sich nunmehr – beschränkt auf Abs. 1 (auch iVm Abs. 4) – in Abs. 7 nF. Die Vorschrift dient der **Reinhaltung der Luft.** Sie stellt nicht auf eine konkrete Umweltgefährdung oder -schädigung ab. **Abs. 1 S. 1** verlangt aber wie bisher für die Tathandlung deren Eignung zur Herbeiführung bestimmter Schäden; er enthält daher ein potentielles Gefährdungsdelikt (→ Vor § 13 Rn. 32; Zieschang Gefährdungsdelikte S. 206, der jedoch den Eintritt eines konkret gefährlichen Zustands verlangt). **Abs. 2** und der mit dem 45. StÄG neu eingefügte **Abs. 3** beschreiben nur die Bedingungen einer generellen Gefährlichkeit (pflichtwidriges Freisetzen von Schadstoffen) und sind deshalb **abstrakte Gefährdungsdelikte** (→ Vor § 13 Rn. 32). Rechtsprechungsübersicht bei Schall NStZ-RR 2003, 67; NStZ-RR 2006, 166; NStZ-RR 2008, 100.

2 **2. Gegenständliche Einschränkungen** des Abs. 1:

a) Beim Betrieb einer Anlage: Anlage ist eine auf gewisse Dauer vorgesehene, als Funktionseinheit organisierte Einrichtung von nicht ganz unerheblichen Ausmaßen, die der Verwirklichung beliebiger Zwecke dient (ebenso Fischer Rn. 4, Franzheim/Pfohl UmweltStrafR Rn. 204; Martin, Sonderdelikte im Umweltstrafrecht, 2006, S. 32, 148). Ob sie ortsfest (zB Betriebsstätte; Heizungsanlage) oder beweglich ist (zB Maschine), bleibt sich gleich; daher werden technische Geräte aller Art erfasst, soweit nicht das Sprachverständnis wegen der begrenzten Funktion oder Dimension des Gegenstandes seiner Charakterisierung als Anlage entgegensteht (beachte auch den Begriff der Anlage iSd § 3 UmweltHG); seit dem 45. StÄG nur noch im Rahmen von Abs. 1 ausgenommen (Abs. 7) sind in Anlehnung an § 3 V Nr. 2 BImSchG lediglich die – sei es auch mit gefährlichen Stoffen beladenen (OLG Koblenz MDR 1986, 162) – Verkehrsfahrzeuge, weil für sie die speziellen Regelungen des Verkehrsrechts gelten (BT-Drs. 8/2382, 16; Laufhütte/Möhrenschlager ZStW 92 (1980), 912 (939)). Für die Emissionstatbestände der Abs. 2 und 3 gilt diese Ausnahme seit Ende 2011 nicht mehr. Unerheblich ist ferner, ob die Anlage der Hervorbringung technischer Leistungen dient oder nur die Bewahrung von Rohstoffen oder Produkten oder die Beseitigung von Abfällen bezweckt (Heghmanns in LK-StGB Rn. 21); auch Grundstücke, auf denen Stoffe gelagert oder abgelagert oder Arbeiten ausgeführt werden, sind deshalb einbezogen (§ 3 V Nr. 3 BImSchG). Gleichgültig ist schließlich, ob die Anlage gewerblich oder privat genutzt wird (ebenso Ransiek in NK-StGB Rn. 8; Saliger in Satzger/Schluckebier/Widmaier StGB Rn. 9). Damit ist der Begriff uferlos weit (zust. Ransiek FS Widmaier, 2008, 725 (733)) und die mit ihm beabsichtigte Einschränkung (BT-Drs. 8/2382, 15) ohne praktische Wirkung. Eine Anregung des Bundesrates, wenigstens eine Beschränkung auf Anlagen iSd § 3 V BImSchG vorzunehmen (BT-Drs. 8/2382, 30), ist ausdrücklich abgelehnt worden (BT-Drs. 8/3633, 27; wegen Art. 103 II für Beschränkung auf Produktionsstätten Gütschow, Der Artenschutz im Umweltstrafrecht, 1998, S. 93; gegen die Unabhängigkeit des strafrechtlichen vom „bundesimmissionsschutzrechtlichen“ Anlagenbegriffs Steinberg NuR 2007, 530 zu § 325 a). Damit werden zugleich auch alle anderen, sonst noch im BImSchG oder in den auf ihm beruhenden Rechtsverordnungen vorgesehenen Begrenzungen für das Strafrecht unverbindlich. Ausgeschieden sind immerhin bloße Belästigungen, wie sie vom Flämmen in Gärten oder auf Äckern ausgehen (BT-Drs. 12/192, 18). **Betrieb** einer Anlage entspricht dem Betreiben iSd § 4 BImSchG (zum Betreiber-Begriff im Umweltrecht Vierhaus NuR 2014, 98). Es ist weit auszulegen und umfasst alle Handlungen, die zum tatsächlichen In-Funktion-Setzen oder -Halten beitragen (ebenso Ransiek in NK-StGB Rn. 9; vgl. auch BayObLG NStZ 1998, 465 zu § 327 II Nr. 3); beendigt ist es erst nach völliger Stilllegung (Sack UmweltschutzStrafR § 325 Rn. 25), bei Müllplätzen also erst nach wirksamer Absicherung gegen (auch unbefugte) Weiterbenutzung (AG Cochem NStZ 1985, 505; zw.). Auch Unterlassen in Garantenstellung (→ § 13 Rn. 6) kommt in Frage (OLG Stuttgart ZfW 1988, 248; StA Landau MDR 1994, 935 mit krit. Bespr. Otto JK StGB § 327 Rn. 1; Ransiek in NK-StGB Rn. 20); jedoch ist die Garantenpflicht im Anwendungsbereich des § 325 zur Vermeidung von Wertungswidersprüchen gegenüber dem Verwaltungsrecht ebenso wie bei der Abfallbeseitigung zu begrenzen (→ § 326 Rn. 7 a).

b) Außerhalb des zur Anlage gehörenden Bereichs: Einwirkungen auf die Anlage selbst, die sich jeweils auf den räumlichen Bereich erstreckt, für den die verwaltungsrechtlichen Pflichten zur Vermeidung schädlicher Umwelteinwirkungen auferlegt sind (BT-Drs. 8/2382, 16), scheiden für die Beurteilung der Eignung einer Immission zur Schädigung (→ Rn. 13, 14) aus (krit. Triffterer, Umweltstrafrecht, 1980, S. 190; → Vor § 324 Rn. 6). Es müssen also die Allgemeinheit oder die Nachbarschaft betroffen sein. Für Schädigungen innerhalb der Anlage gilt neben den allgemeinen Tatbeständen (zB §§ 222, 229) das Arbeitsschutzrecht (speziell zur Asbestverarbeitung Kuchenbauer NJW 1997, 2009), für Emissionen innerhalb der Anlage der neue Abs. 3. 3

3. Das Merkmal der **Verletzung verwaltungsrechtlicher Pflichten** schränkt den Verbotsbereich des Abs. 1 nachhaltig ein (zur Kritik → Vor § 324 Rn. 6). 4

a) Der in § 330 d I Nr. 4 iE beschriebene **Widerspruch zum Verwaltungsrecht,** der hier und mit Unterschieden in Einzelheiten auch in § 311 I (→ § 311 Rn. 2), § 324 a I (→ § 324 a Rn. 8), § 325 a I, II (→ § 325 a Rn. 4), § 326 II, III (→ § 326 Rn. 8 a, 9), § 327 I, II (→ § 327 Rn. 2), § 328 I–III (→ § 328 Rn. 2) und § 329 I–IV (→ § 329 Rn. 2) vorausgesetzt wird, ist nach der erkennbaren Intention des Gesetzes **Tatbestandsvoraussetzung,** verwaltungsrechtlich zulässiges Handeln daher schon **nicht tatbestandsmäßig** (BT-Drs. 12/192, 31; BT-Drs. 12/7300, 25; Laufhütte/Möhrenschlager ZStW 92 (1980), 912 (941); Fortun, Die behördliche Genehmigung im strafrechtlichen Deliktsaufbau, 1998, S. 46; zusf. Heine/Meinberg, 57. DJT, Bd. I, Gutachten Teil D, S. 48; weiterführend Winkelbauer, Zur Verwaltungsakzessorietät des Umweltstrafrechts, 1985, S. 16, 25; Kühl FS Lackner, 1987, 815). Zu den Folgerungen für Vorsatz und Fahrlässigkeit → Rn. 16; für die Rechtfertigung → Rn. 17; zu Besonderheiten bei grenzüberschreitenden Umweltbeeinträchtigungen → Vor § 324 Rn. 14. 5

b) Alle Buchstaben des § 330 d I Nr. 4 setzen die Verletzung einer Pflicht voraus, die dem **Schutz vor schädlichen Umwelteinwirkungen,** bei § 325 speziell dem Schutz vor Luftverunreinigungen (BT-Drs. 12/192, 31), dienen. Einschlägig sind namentlich § 3 I BImSchG iVm den auf ihm beruhenden Rechtsverordnungen (Nachw. bei Buddendiek/Rutkowski NebenStrafR-Lex Kap. C, D Rn. 154). Jedoch sind als Rechtsquellen andere Verwaltungsgesetze (zB das AtG, das KrWG, die GewO, das ChemG und die Arbeitsschutzgesetze) nicht ausgeschlossen, soweit sie selbst oder die auf ihnen beruhenden Normen und Verwaltungsakte objektiv – sei es auch neben anderen Zwecken – umweltschützende Funktionen erfüllen (BT-Drs. 8/2382, 16, 34; Heine/Schittenhelm in Schönke/Schröder Rn. 8). Das kann im Einzelfall zu der schwierigen Prüfung zwingen, ob der Schutzzweck dieser an- 6 deren Normen und Verwaltungsakte als der weitere den des Abs. 1 einschließt. **Rechtsvorschriften** (§ 330d I Nr. 4a) sind nur bei hinreichender Bestimmtheit zur Konkretisierung einer Pflicht (Schall FS Küper, 2007, 505 (511)) tauglich. Diese Voraussetzung ist erfüllt, wenn eine Pflicht in einer immissionsschutzrechtlichen Rechtsverordnung iSv § 17 III oder § 20 I BImSchG abschließend bestimmt ist (Möhrenschlager NStZ 1994, 513 (517)); auch **Satzungen** kommunaler Gebietskörperschaften können verwaltungsrechtliche Pflichten begründen (VGH Mannheim NuR 2005, 317); allgemeine Regelungen über Grundpflichten für Anlagenbetreiber (§§ 5, 22 BImSchG) sind dagegen keine hinreichend bestimmten Rechtsvorschriften (BT-Drs. 12/192, 18). Bloße Verwaltungsvorschriften wie zB TA-Luft (BVerwG NVwZ 2004, 610) reichen trotz Bestimmtheit nicht (Heghmanns in LK-StGB Rn. 33), ihnen kommt aber eine „Indizwirkung" bei der Feststellung der Schädigungseignung zu (Schall NStZ-RR 2003, 65 (67) mit Hinweis auf BVerwGE 114, 342 = NVwZ 2001, 1165; eing. Bräutigam-Ernst, Die Bedeutung von Verwaltungsvorschriften für das Strafrecht, 2010, S. 172, 352). Eine verwaltungsrechtliche Pflicht kann sich auch aus einer **gerichtlichen Entscheidung** ergeben (§ 330d I Nr. 4b; krit. wegen mangelnder Bestimmtheit Michalke, Verwaltungsrecht im Umweltstrafrecht, 2001, S. 74), etwa eine rechtskräftige einstweilige Anordnung nach § 123 I 2 VwGO und gerichtliche Maßnahmen nach § 80a III VwGO (Weber in GK-BImSchG Rn. 20).

7 c) **Verwaltungsakt** und **Auflage** (§ 330d I Nr. 4c, 4d) sind ebenso wie die nicht mehr ausdrücklich hervorgehobenen, aber von der Vorschrift erfassten Anordnungen und Untersagungen von einer Verwaltungsbehörde getroffene hoheitliche Maßnahmen, die der Regelung eines Einzelfalls auf dem Gebiet des öffentlichen Rechts dienen und auf unmittelbare Rechtswirkung nach außen gerichtet sind (§ 35 VwVfG). Auch aus einem **öffentlich-rechtlichen Vertrag** (§ 330d I Nr. 4e; krit. Michalke, Verwaltungsrecht im Umweltstrafrecht, 2001, S. 75) kann sich eine Pflicht ergeben, sofern sie auch durch Verwaltungsakt hätte auferlegt werden können. Damit soll einerseits verhindert werden, dass die Anwendung des Umweltstrafrechts durch den Abschluss eines Vertrages anstelle des Erlasses eines Verwaltungsaktes vereitelt wird, zum anderen aber sichergestellt werden, dass die Verletzung sog. überobligatorischer Pflichten nicht tatbestandsmäßig wird (BT-Drs. 12/7300, 25; Möhrenschlager NStZ 1994, 513 (515)). Verwaltungsakte sind **vollziehbar,** wenn sie dem Betroffenen gegenüber verwaltungsrechtlich durchsetzbar sind. Außerdem darf die Möglichkeit, den Vollzug des Verwaltungsakts durch Rechtsbehelfe abzuwenden, nicht oder nicht mehr bestehen (BGHSt 23, 86 = NJW 1969, 2023; zusf. Odenthal NStZ 1991, 418, beide mwN). Das trifft nicht nur für unanfechtbare Verwaltungsakte, sondern auch für solche zu, deren sofortige Vollziehbarkeit sich entweder aus dem Gesetz ergibt (§ 80 II Nr. 1–3 VwGO) oder ausdrücklich schriftlich angeordnet ist (§ 80 II Nr. 4 VwGO).

8 aa) Die **materielle Rechtmäßigkeit** des Verwaltungsakts scheint daher **keine notwendige Voraussetzung** der Strafbarkeit zu sein. Zwar ist unbestritten, dass jedenfalls nichtige Verwaltungsakte ausscheiden, dh solche, die an einem besonders schwerwiegenden Fehler leiden und dies bei verständiger Würdigung aller in Betracht kommenden Umstände offensichtlich ist (§§ 43 III, 44 I VwVfG; Heghmanns, Grundzüge einer Dogmatik der Straftatbestände zum Schutz von Verwaltungsrecht und Verwaltungshandeln, 2000, S. 216, 305; zu Verkehrszeichen BayObLG NStZ-RR 2000, 119). Jedoch muss der Verwaltungsakt selbst diesen Mangel aufweisen; seine Rückführung auf eine schwere Rechtsverletzung (zB Täuschung, Drohung,

Bestechung) genügt, wie sich aus der Rücknahmeregelung des § 48 II 3 Nr. 1 VwVfG ergibt, dafür allein nicht (hM; vgl. BVerwG NJW 1985, 2658; Rogall, Die Strafbarkeit von Amtsträgern im Umweltbereich, 1991, S. 169; Kuhlen WiVerw 1992, 215 (252); anders Rengier ZStW 101 (1989), 874 (898)). Jenseits dieser nur in Ausnahmefällen relevanten Grenze soll es nach hM, die sich insoweit an die allgemein zum Verwaltungsrecht entwickelte Rspr. anlehnt (ua BGHSt 23, 86 (93) = NJW 1969, 2023; OLG Oldenburg Nds. Rpfl. 1980, 35; OLG Hamburg JZ 1980, 110; OLG Karlsruhe NJW 1988, 1604 mit krit. Bespr. Waniorek JuS 1989, 24; OLG Koblenz NJW 1995, 2302; einschr. OLG Frankfurt a. M. StV 1988, 301 mAnm Wolf), auf die verwaltungsrechtliche Wirksamkeit zurzeit der Tat ankommen, so dass die spätere Aufhebung im Verwaltungsrechtszug unerheblich ist (Laufhütte/Möhrenschlager ZStW 92 (1980), 912 (921); Rudolphi NStZ 1984, 248 (252); Dölling JZ 1985, 461 (464); Rogall FS Köln, 1988, 505 (528); GA 1995, 299 (309); Odenthal NStZ 1991, 418; Kuhlen WiVerw 1992, 215 (262); Breuer JZ 1994, 1077 (1084); Fortun, Die behördliche Genehmigung im strafrechtlichen Deliktsaufbau, 1998, S. 79; Heghmanns, Grundzüge einer Dogmatik der Straftatbestände zum Schutz von Verwaltungsrecht und Verwaltungshandeln, 2000, S. 329, 355; Heghmanns in LK-StGB Rn. 38; Fischer § 330d Rn. 8).

bb) Die Annahme einer so weitreichenden **Bindungswirkung** ist gerade bei diesen gemischt strukturierten Tatbeständen problematisch, deshalb sehr **kontrovers** und von einem tragfähigen Konsens noch weit entfernt (ebenso als Vertreter der hM Steindorf in LK-StGB, 11. Aufl. 1997, Rn. 45; als „problematisch" empfunden auch von Ransiek in NK-StGB § 324a Rn. 20, 21, der sich dann aber doch der hM anschließt). Der Standpunkt der hM wird nicht nur allgemein (Arnhold, Die Strafbewehrung rechtswidriger Verwaltungsakte, 1978; Arnhold JZ 1977, 789; Gerhards NJW 1978, 86; Heghmanns, Grundzüge einer Dogmatik der Straftatbestände zum Schutz von Verwaltungsrecht und Verwaltungshandeln, 2000, S. 312, 354 mit Bespr. Rengier ZStW 114 (2002), 201 (204); Sternberg-Lieben in Schönke/Schröder Vor § 32 Rn. 130, 130a), sondern speziell auch für die Umweltdelikte mit verschiedenartigen Ansätzen und zT beachtlichen Gründen in Frage gestellt (zB Ostendorf JZ 1981, 165; Winkelbauer, Zur Verwaltungsakzessorietät des Umweltstrafrechts, 1985, S. 40; Kühl FS Lackner, 1987, 815 (842); Schall NJW 1990, 1263 (1267); Otto Jura 1991, 308 (313); Schmitz, Verwaltungshandeln und Strafrecht, 1992, S. 71; Schmitz in MüKoStGB Vor § 324 Rn. 104; Bergmann, Zur Strafbewehrung verwaltungsrechtlicher Pflichten im Umweltstrafrecht, dargestellt an § 325 StGB, 1993, S. 179; Perschke wistra 1996, 161 (164); Rühl JuS 1999, 521 (527); Rengier StrafR BT II § 47 Rn. 17; Heine/Schittenhelm in Schönke/Schröder Vor § 324 Rn. 21; krit. auch Tiedemann/Kindhäuser NStZ 1988, 337 (344); Dahs/Redeker DVBl 1988, 803 (810)); beachtlich ist vor allem der Einwand, dass in Fällen belastender, strafbarkeitsbegründender rechtswidriger Verwaltungsakte das Verhalten des Täters das geschützte Umweltrechtsgut möglicherweise nicht verletzt, sondern nur dem im rechtswidrigen Verwaltungsakt bekanntgegebenen Willen der Behörde zuwiderläuft (Kühl FS Lackner, 1987, 815 (842); Heghmanns, Grundzüge einer Dogmatik der Straftatbestände zum Schutz von Verwaltungsrecht und Verwaltungshandeln, 2000, S. 312, 354; ebenso BVerfGE 87, 399 (410) = NJW 1993, 581 zu § 29 I Nr. 2 VersG; zust. Rühl JuS 1999, 521 (527); keine verfassungsrechtlichen Bedenken sieht Felix, Einheit der Rechtsordnung, 1998, S. 336, 359). 9

d) Ein **Handeln ohne Genehmigung** usw (§ 330d I Nr. 5) verletzt eine verwaltungsrechtliche Pflicht, wenn das Erfordernis einer Genehmigung für dieses 10

Handeln in einer Rechtsvorschrift (§ 330d I Nr. 4a) enthalten ist (ebenso Weber FS Hirsch, 1999, 795 (797); Heghmanns in LK-StGB Rn. 34); dies kommt allerdings in § 330d I Nr. 4a nicht zum Ausdruck, weil § 330d I Nr. 4 nur die Entstehungsgründe für verwaltungsrechtliche Pflichten aufzählt. Als **Grundlage** für die erforderliche Genehmigung kommt wohl nur § 4 BImSchG iVm den auf ihm beruhenden Rechtsverordnungen in Frage. Sie muss nicht notwendig schon ihrem Typ nach als das abschließende Ergebnis des vorgeschriebenen Genehmigungsverfahrens erscheinen (so aber für § 327 I LG Hanau NJW 1988, 571 (572); für § 325 Bergmann, Zur Strafbewehrung verwaltungsrechtlicher Pflichten im Umweltstrafrecht, dargestellt an § 325 StGB, 1993, S. 48). Nach dem Schutzzweck der Vorschrift (→ Rn. 6) dürfte es vielmehr genügen, wenn die Gestattung in eine andere verwaltungsrechtlich wirksame (beachte §§ 43, 44 VwVfG) Form (zB Vorabzustimmung, öffentlich-rechtlicher Vertrag, Zusage des Nichteinschreitens) gekleidet wird (Winkelbauer JuS 1988, 691 (693); Bickel NStZ 1988, 181; aM Dolde NJW 1988, 2329 (2330); Heine/Meinberg, 57. DJT, Bd. I, Gutachten Teil D, S. 46; Palme JuS 1989, 944; Kuhlen WiVerw 1991, 181 (224); Bergmann, Zur Strafbewehrung verwaltungsrechtlicher Pflichten im Umweltstrafrecht, dargestellt an § 325 StGB, 1993, S. 50; sa Burianek NJW 1987, 2727; Breuer NJW 1988, 2072 (2083); Horn NJW 1988, 2335; zw.) oder wenn infolge behördlicher Duldung eine verwaltungsrechtliche Eingriffsschranke besteht, die belastendes Verwaltungshandeln rechtswidrig macht (→ § 324 Rn. 12; beachte jedoch → Rn. 17). Im Übrigen kommt es auch hier für die Tatbestandsmäßigkeit nur auf das formale, für den Strafrichter verbindliche Fehlen der Genehmigung zurzeit der Tat an (OLG Köln wistra 1991, 74; Rogall JZ-GD 1980, 101 (110); Laufhütte/Möhrenschlager ZStW 92 (1980), 912 (920); aM Winkelbauer, Zur Verwaltungsakzessorietät des Umweltstrafrechts, 1985, S. 40); bloß „materielle" Genehmigungsfähigkeit (mit uU nachträglicher Genehmigung) genügt auch hier nicht (→ § 324 Rn. 10; für einen Strafaufhebungsgrund zugunsten des Betreibers Weber in GK-BImSchG Vor § 62 Rn. 73). Rechtsmissbräuchliches Verhalten iSv § 330d I Nr. 5 steht nach dieser Bestimmung dem genehmigungslosen Handeln gleich (→ § 324 Rn. 10); rechtswidrige Genehmigungen, die nicht auf diese Weise erlangt wurden, schließen die Tatbestandsmäßigkeit aus (Perschke wistra 1996, 161 (165) „Rückschluss" aus § 330d Nr. 5). Ohne Genehmigung iSv § 330d I Nr. 5 handelt nicht nur derjenige, der die Genehmigung selbst missbräuchlich erwirkt hat (Weber FS Hirsch, 1999, 795 (801); aM Petzold NStZ 1996, 170 (173)).

11 **e)** Bis zum 45. StÄG erforderte Abs. 2 – wie auch § 311 III Nr. 2 und § 328 I Nr. 2, III – eine **grobe Verletzung verwaltungsrechtlicher Pflichten** (näher → 28. Aufl. 2014). Diese bewusst zur Einschränkung der Strafbarkeit dienende Beschränkung hat der Gesetzgeber angesichts der Vorgaben der EG-Richtlinie in allen genannten Tatbeständen aufgegeben, so dass diese Beschränkung auf grobe Pflichtwidrigkeiten nur für Taten vor dem 13. 12. 2011 gilt.

12 **f)** Die Verletzung verwaltungsrechtlicher Pflichten ist hier und in den weiteren verwaltungsakzessorischen Tatbeständen des Abschnitts (→ Rn. 5) **besonderes persönliches Merkmal iSd § 14** (→ § 14 Rn. 13–15), so dass auch Vertreter als Täter erfasst werden (Laufhütte/Möhrenschlager ZStW 92 (1980), 912 (941); diff. Martin, Sonderdelikte im Umweltstrafrecht, 2006, S. 148). § 28 I ist dagegen nicht anwendbar, weil diese Pflichten nur die Positionsnähe zum geschützten Rechtsgut betreffen (→ § 28 Rn. 3, 4; iErg ebenso Heine/Schittenhelm in Schönke/Schröder

Rn. 30, nach denen die verwaltungsrechtlichen Pflichten keine unrechtsrelevanten personalen, sondern sachbezogene Merkmale seien; aM Fischer § 330d Rn. 5).

13 **4. Abs. 1: Veränderungen der Luft** bezeichnen nur den tatbestandsmäßigen Erfolg. Die Art und Weise seiner Herbeiführung ist gleichgültig (→ § 324 Rn. 4). Auf die bisherige (§ 3 IV BImSchG entnommene) Umschreibung der Luftverunreinigung wurde aus Gründen der Vereinfachung aber auch deshalb verzichtet, um Fälle erfassen zu können, in denen wie bei der radioaktiven Kontaminierung von Luftbestandteilen eine Veränderung der natürlichen Zusammensetzung der Luft zweifelhaft ist (Möhrenschlager NStZ 1994, 513 (517)). **Geeignet zur Schädigung** setzt weder Schadenseintritt noch konkrete Gefährdung voraus; Dauer und Intensität der Immission müssen nach gesicherter naturwissenschaftlicher Erfahrung (Rudolphi NStZ 1984, 248 (250); Michalke Umweltstrafsachen Rn. 187–189; Maurach/Schroeder/Maiwald/Hoyer/Momsen StrafR BT § 58 Rn. 55) lediglich in ihrer konkreten Beschaffenheit und unter den konkreten Umständen (Hoyer, Die Eignungsdelikte, 1987, S. 165; Rogall FS Köln, 1988, 505 (516); einschr. Tiedemann, Die Neuordnung des Umweltstrafrechts, 1980, S. 32; Dölling in Benz, Natur- und Umweltschutzrecht, 1989, S. 81, 86; diff. Heine/Schittenhelm in Schönke/Schröder Rn. 18) generell tauglich sein, Schädigungen an Rechtsgutsobjekten der genannten Art zu verursachen (OLG Karlsruhe ZfW 1996, 406; Heghmanns in LK-StGB Rn. 10; → Vor § 13 Rn. 32; einschr. Hoyer, Die Eignungsdelikte, 1987, S. 165; Zieschang Gefährdungsdelikte S. 206). Die Aufzählung der Schutzobjekte in Abs. 1 ist abschließend (Saliger in Satzger/Schluckebier/Widmaier StGB Rn. 6) und kann deshalb nicht durch Auslegung um die in § 330d I Nr. 4a genannten Schutzobjekte erweitert werden. Schädigung der **Gesundheit** → § 223 Rn. 5. Gemeint ist hier der den Körperverletzungstatbeständen zugrundeliegende Gesundheitsbegriff, nicht der wesentlich weitere der Weltgesundheitsorganisation (BT-Drs. 8/3633, 27 mwN); Eignung zur Verursachung von Hustenreiz, Übelkeit oder Kopfschmerzen genügt, soweit diese Zustände die Erheblichkeitsschwelle (→ § 223 Rn. 5) überschreiten (BT-Drs. 8/3633, 27), uU auch die Eignung zu psychischen Beeinträchtigungen, wenn diese sich körperlich auswirken (BT-Drs. 8/3633, 27). Bloße Belästigungen scheiden jedoch aus. Zur „Indizwirkung" der TA-Luft → Rn. 6. **Tiere, Pflanzen und andere** (nicht unbedingt fremde) **Sachen** haben **bedeutenden Wert,** wenn ein gewichtiges wirtschaftliches, ökologisches (BT-Drs. 8/2382, 16) oder historisches Allgemein- oder Individualinteresse an ihrer Erhaltung besteht (ebenso Heine/Schittenhelm in Schönke/Schröder Rn. 13). Angesichts der Einbeziehung von herrenlosen Sachen (namentlich wilden Tieren und Pflanzen) wäre die in anderen Tatbeständen (vgl. zB → § 315c Rn. 24) maßgebende Orientierung am Verkehrswert sachwidrig (ebenso Heghmanns in LK-StGB Rn. 16); dagegen muss auch hier nicht nur der Wert der Sache, sondern auch die möglicherweise drohende Schädigung bedeutend sein (ebenso Fischer Rn. 2; krit. unter Artenschutzgesichtspunkten Gütschow, Der Artenschutz im Umweltstrafrecht, 1998, S. 96). In Frage kommen danach auch ökologische Schäden und Korrosionsschäden an Kunstdenkmälern (BT-Drs. 8/2382, 15). **Verursachen** ist auch durch Unterlassen in Garantenstellung (→ § 13 Rn. 6), zB durch Unterlassen des Einbaus von Schmutzfiltern, möglich. Da Mitursächlichkeit genügt (→ Vor § 13 Rn. 11), können auch Summations- oder Kumulationseffekte den erforderlichen Gefährlichkeitsgrad begründen (Laufhütte/Möhrenschlager ZStW 92 (1980), 912 (942) mwN). Zu Asbest Thomas, Asbest und Umweltstrafrecht, 2015, S. 84.

14 5. **Abs. 2** enthält einen Emissionstatbestand, der zum Schutz der Luftreinheit in von Abs. 1 nicht erfassten Fällen eingreifen soll (BT-Drs. 12/7300, 22). Angesichts der zahlreichen Einschränkungen des Tatbestandes erschien seine praktische Relevanz lange zweifelhaft (vgl. die Bedenken der Ausschussminderheit BT-Drs. 12/7300, 22; Möhrenschlager NStZ 1994, 513 (518); Gütschow, Der Artenschutz im Umweltstrafrecht, 1998, S. 104); inzwischen ist aber die Beschränkung auf eine grobe Verletzung verwaltungsrechtlicher Pflichten entfallen (→ Rn. 11). Beim Betrieb einer Anlage (→ Rn. 2). Verletzung verwaltungsrechtlicher Pflichten (§ 330d I Nr. 4; ergänzend→ Rn. 4–10); Pflichten können sich hier speziell aus Rechtsvorschriften und Anordnungen nach § 17 oder § 24 BImSchG ergeben; auch in Nebenbestimmungen iSv § 12 BImSchG können Anforderungen zur Emissionsminderung enthalten sein (BT-Drs. 12/192, 19). **Freisetzen** → § 330a Rn. 3. Erfasst ist nur das Freisetzen von **Schadstoffen,** die nach **Abs. 6** zur Schädigung bestimmter Gefährdungsobjekte (→ Rn. 13) oder zur nachhaltigen Verunreinigung der drei Umweltmedien geeignet sind (krit. zu dieser engen Fassung des Schadstoffbegriffs die Ausschussminderheit BT-Drs. 12/7300, 22). Schadstoffe müssen **in bedeutendem Umfang** (→ § 324a Rn. 5) freigesetzt werden; der bedeutende Umfang ist in Relation zur Art, Beschaffenheit oder Menge der Schadstoffe zu bestimmen, Anhaltspunkte können sich etwa aus § 29 BImSchG ergeben (BT-Drs. 12/192, 19). Enger als in Abs. 1 (→ Rn. 3) muss das Freisetzen in die Luft **außerhalb des Betriebsgeländes** erfolgen. Die Schadstoffe müssen danach in die Luft außerhalb des Betriebes, nicht nur der Anlage, gelangen (Möhrenschlager NStZ 1994, 513 (518)). Alle Arbeitnehmer auf dem Betriebsgelände sind deshalb nicht von § 325 II (je nach Sachlage aber von § 328 und § 27 ChemG) geschützt, wenn eine von mehreren Anlagen auf diesem Gelände außerhalb ihres Bereiches Schadstoffe freigesetzt hat (krit. dazu die Ausschussminderheit BT-Drs. 12/7300, 22); allerdings besteht mit Abs. 3 StGB nF seit Ende 2011 ein Auffangtatbestand.

14a 6. **Abs. 3** enthält einen neuen Emissionstatbestand, der in Umsetzung der EU-Vorgaben in Ergänzung zu Abs. 2 auch nichtanlagenbezogene Emissionen wie namentlich die einmalige Freisetzung von Schadstoffen in bedeutendem Umfang in die Luft erfasst. Auch muss die Freisetzung der Schadstoffe nicht außerhalb der Betriebsstätte (so in Abs. 2, → Rn. 14) oder der Anlage (so in Abs. 1, → Rn. 3) erfolgt sein, so dass auch der Austritt von Schadstoffen aus einer Anlage innerhalb der Betriebsstätte nunmehr strafbar ist (Fischer Rn. 18a; Pfohl ZWH 2013, 95 (96); enger BT-Drs. 17/5391, 316; Saliger, Umweltstrafrecht, 2012, Rn. 417). Gegenüber Abs. 2 ist Abs. 3 ausdrücklich subsidiär, doch setzt dies voraus, dass das Verhalten von Abs. 2 erfasst ist. Der Schadstoffbegriff beider Emissionstatbestände ist identisch (Abs. 6), ebenso das Erfordernis einer Verletzung verwaltungsrechtlicher Pflichten (→ Rn. 4–10) und ihre Anwendbarkeit auch auf den motorisierten Verkehr (arg.e Abs. 7); allerdings genügt für Abs. 2 einfache Fahrlässigkeit (Abs. 5), während Abs. 3 mindestens Leichtfertigkeit voraussetzt (Abs. 5).

15 7. Die **verfahrensmäßige Feststellung** der unter → Rn. 13 behandelten Voraussetzungen stößt auf eine typische, im Gesetz begründete Schwierigkeit. Die von der BReg als Verwaltungsvorschrift erlassenen technischen Anleitungen (zB die TALuft), deren Verbindlichkeit für die Gerichte umstritten ist (vgl. zB BVerwGE 55, 250 (256) = NJW 1978, 1450; OVG Münster NJW 1976, 2360; Herrmann ZStW 91 (1979), 281 (301); Nicklisch NJW 1983, 841; Bergmann, Zur Strafbewehrung verwaltungsrechtlicher Pflichten im Umweltstrafrecht, dargestellt an § 325 StGB, 1993, S. 23; Gütschow, Der Artenschutz im Umweltstrafrecht, 1998,

S. 98; Schall NStZ-RR 2008, 100), knüpfen nicht an die (engeren) Voraussetzungen des Abs. 1 an. Deshalb ist für deren Konkretisierung die Entwicklung selbständiger Richt- und Grenzwerte unausweichlich (Rudolphi NStZ 1984, 248 (250); str.; zur rechtlichen Problematik der Grenzwertfindung im Umweltrecht Böhm UPR 1994, 132). Eine erhebliche Beweiserleichterung bringt der neue Abs. 2, da er nur den Nachweis der Schädigungseignung des jeweiligen Schadstoffs verlangt.

8. Der **Vorsatz** (bedingter genügt) muss namentlich auch die Schädigungseignung der Immission (Abs. 1) und den (zum Tatbestand gehörenden; → Rn. 5) Widerspruch zum Verwaltungsrecht, also das Vorliegen eines vollziehbaren, dh für den Täter verbindlichen, Verwaltungsakts (Heghmanns, Grundzüge einer Dogmatik der Straftatbestände zum Schutz von Verwaltungsrecht und Verwaltungshandeln, 2000, S. 312, 354. 345; Heine/Schittenhelm in Schönke/Schröder Rn. 26; sa BayObLG NStZ-RR 2000, 112 zu § 21 StVG) oder das Fehlen der erforderlichen Genehmigung umfassen (BGH NStZ 1996, 338 zur irrigen Annahme einer Erlaubnis; Walter Kern des Strafrechts S. 275; Weber in GK-BImSchG Vor § 62 Rn. 90). Dabei folgt aus der das Unrecht mitbegründenden Kontrollfunktion des Verwaltungsverfahrens, dass der Vorsatz nicht nur die der Verwaltungswidrigkeit zu Grunde liegenden Umstände, sondern auch diese selbst umfassen muss; ein Irrtum über das Genehmigungserfordernis ist daher Tatbestands-, nicht erst Verbotsirrtum (OLG Braunschweig NStZ-RR 1998, 175 zu § 327 II 1 Nr. 1; Rengier ZStW 101 (1989), 874 (884); Walter Kern des Strafrechts S. 275; Ransiek in NK-StGB Rn. 17; Heine/Schittenhelm in Schönke/Schröder Rn. 26; diff. Rengier in KK-OWiG § 11 Rn. 40–43; Schwarz GA 1993, 318 (327); krit. zur Diff. Walter Kern des Strafrechts S. 275; → § 17 Rn. 6; zw.). Soweit sich die Schädigungseignung erst aus Summations- oder Kumulationseffekten ergibt (→ Rn. 13), muss der Vorsatz sich auch darauf erstrecken, was häufig kaum beweisbar sein wird (Michalke Umweltstrafsachen Rn. 215). **Fahrlässiges** (→ § 15 Rn. 35) Handeln nach **Abs. 4** kann auch darauf beruhen, dass der Täter seine verwaltungsrechtlichen Pflichten verkennt; die fahrlässige Verwirklichung des Abs. 2 wird typischerweise in der sorgfaltswidrigen Verursachung von Stör- und Unfällen liegen (BT-Drs. 12/192, 19), doch könnte der Verzicht auf das Erfordernis einer groben Pflichtwidrigkeit (→ Rn. 11) zu einer Ausweitung des Anwendungsbereichs der Fahrlässigkeitsstrafbarkeit führen (Heger HRRS 2012, 211 (216)). Im Einklang mit den EU-Vorgaben beschränkt sich nach **Abs. 5** die Strafbarkeit nach Abs. 3 – wie auch in § 329 IV hinsichtlich von § 329 IV – in subjektiver Hinsicht auf **Leichtfertigkeit** (→ § 15 Rn. 55); weil der Richtlinie nur Mindestvorgaben zu entnehmen sind, hätte der Gesetzgeber zwar auch in Bezug auf Abs. 3 jede Fahrlässigkeit unter Strafe stellen können (Norouzi/Rettenmaier in Matt/Renzikowski Rn. 13), doch wäre dadurch die Strafbarkeit noch weiter ausgedehnt worden. 16

9. Eine **Rechtfertigung** der Tat auf Grund allgemeiner Rechtfertigungsgründe (→ Vor § 32 Rn. 8–29) scheidet, da schon der Tatbestand die Verletzung verwaltungsrechtlicher Pflichten voraussetzt, in der Regel, aber nicht notwendig aus. Abs. 1 beschreibt selbständige Unrechtstypen, die dadurch eingeschränkt sind, dass sie den verwaltungsrechtlichen Verbotsbereich nicht überschreiten. Das ändert aber nichts daran, dass sie iÜ wie jeder andere Tatbestand der Prüfung auf Rechtfertigungsgründe unterliegen. Diese strafrechtliche Kompetenz kann durch die Verbindlichkeit des Verwaltungsakts, die nur die Tatbestandsmäßigkeit begründet, nicht überspielt werden (ebenso Horn NJW 1981, 1 (8); aM Rudolphi NStZ 17

1984, 248 (252)). Das ist vor allem bedeutsam, wenn – abweichend von der hier vertretenen Auffassung – als die erforderliche Genehmigung nur die im normalen Genehmigungsverfahren erteilte angesehen wird (→ Rn. 10) oder wenn verwaltungsrechtliche Eingriffsschranken, die belastendes Verwaltungshandeln rechtswidrig machen, als tatbestandsirrelevant ausgeschieden werden; dass in solchen Fällen die Verwaltungsrechtslage spätestens auf der Rechtswidrigkeitsebene durchschlagen muss, ist zur Wahrung der Rechtseinheit (Verwaltungsaktakzessorietät) unausweichlich. Im Übrigen kann eine auf den Missbrauchsgedanken gestützte Einschränkung (→ § 324 Rn. 10) keinesfalls so weit gehen, dass schon bloße Kenntnis der Rechtswidrigkeit zur Versagung der Anerkennung führt (aM LG Hanau NJW 1988, 571 mit insoweit abl. Bespr. Bickel NStZ 1988, 181; Winkelbauer JuS 1988, 691; Dolde NJW 1988, 2329; Horn NJW 1988, 2335; Kuhlen WiVerw 1991, 181 (228); krit. auch Franzheim JR 1988, 319 (321); Dahs/Redeker DVBl 1988, 803 (810), alle mwN).

17a **10.** Der **Versuch** ist nur für **Abs. 1** unter Strafe gestellt **(S. 2).**

18 **11.** Die **Verantwortlichkeit** in Betrieben und Unternehmen (→ § 11 Rn. 15) für den Emissionsschutz bestimmt sich im Wesentlichen nach denselben Grundsätzen, die für den Gewässerschutz unter → § 324 Rn. 16 dargelegt sind. Als Betreiber kommt nicht nur der formelle Inhaber des Betriebs in Betracht, sondern auch der einen Betrieb wirtschaftlich beherrschende Hintermann (Schall NStZ-RR 2003, 65 (67); ebenso Rengier FS Kohlmann, 2003, 225 (229), der bei §§ 325 I, II, 325a I, II, 328 III Nr. 1 zwischen speziellen Pflichten und Jedermannspflichten differenziert, S. 236; krit. Ransiek FS Widmaier, 2008, 725 (731)). Die Stellung als „Immissionsschutzbeauftragter" iSd §§ 53 ff. BImSchG begründet als solche keine Haftung, auch keine Vertreterhaftung nach § 14 (Martin, Sonderdelikte im Umweltstrafrecht, 2006, S. 150; aM Kuhlen in Amelung, Individuelle Verantwortung und Beteiligungsverhältnisse bei Straftaten in bürokratischen Organisationen des Staates, der Wirtschaft und der Gesellschaft, 2000, S. 71, 92); ihn treffen aber Garantenpflichten nach § 54 I Nr. 3 BImSchG, so dass er sich wegen Beihilfe durch Unterlassen zur nicht verhinderten Luftverunreinigung des Anlagenbetreibers strafbar machen kann (Heine/Schittenhelm in Schönke/Schröder Rn. 29a).

18a **12.** Besonders schwere Fälle § 330.

19 **13.** **Tateinheit** ua möglich mit §§ 223, 229, 303, 304, 324, 326, 327 II 1 Nr. 1 (aM Heine/Schittenhelm in Schönke/Schröder Rn. 31), §§ 328 III, 329, 330a und § 27 ChemG (Saliger in Satzger/Schluckebier/Widmaier StGB § 325 Rn. 22; Norouzi/Rettenmaier in Matt/Renzikowski Rn. 17). Abs. 3 ist gegenüber Abs. 2 subsidiär (Fischer Rn. 18b, 24).

20 **14.** Weitere dem **Immissionsschutz** dienende Vorschriften in §§ 325a, 327 II Nr. 1, 329 I.

§ 325a Verursachen von Lärm, Erschütterungen und nichtionisierenden Strahlen

(1) **Wer beim Betrieb einer Anlage, insbesondere einer Betriebsstätte oder Maschine, unter Verletzung verwaltungsrechtlicher Pflichten Lärm verursacht, der geeignet ist, außerhalb des zur Anlage gehörenden Bereichs die Gesundheit eines anderen zu schädigen, wird mit Freiheitsstrafe bis zu drei Jahren oder mit Geldstrafe bestraft.**

(2) **Wer beim Betrieb einer Anlage, insbesondere einer Betriebsstätte oder Maschine, unter Verletzung verwaltungsrechtlicher Pflichten, die dem Schutz vor Lärm, Erschütterungen oder nichtionisierenden Strahlen dienen, die Gesundheit eines anderen, ihm nicht gehörende Tiere oder fremde Sachen von bedeutendem Wert gefährdet, wird mit Freiheitsstrafe bis zu fünf Jahren oder mit Geldstrafe bestraft.**

(3) **Handelt der Täter fahrlässig, so ist die Strafe**
1. **in den Fällen des Absatzes 1 Freiheitsstrafe bis zu zwei Jahren oder Geldstrafe,**
2. **in den Fällen des Absatzes 2 Freiheitsstrafe bis zu drei Jahren oder Geldstrafe.**

(4) **Die Absätze 1 bis 3 gelten nicht für Kraftfahrzeuge, Schienen-, Luft- oder Wasserfahrzeuge.**

1. Die Vorschrift dient der **Verhütung unangemessenen Lärms. Abs. 1** setzt für die Tathandlung deren Eignung zur Herbeiführung bestimmter Schäden voraus; er enthält daher ein sog. **potentielles Gefährdungsdelikt** (→ Vor § 13 Rn. 32; Ransiek in NK-StGB Rn. 2, abstraktes (Gesundheits-)Gefährdungsdelikt; sa Zieschang Gefährdungsdelikte S. 221). **Abs. 2** verlangt dagegen konkrete umweltbezogene Gefährdungen; es handelt sich daher um ein **konkretes Gefährdungsdelikt** (→ Vor § 13 Rn. 32), das auch dem Arbeitsschutz sowie dem Tier- und Sachschutz dient (Möhrenschlager NStZ 1994, 513 (518); Heghmanns in LK-StGB Rn. 2). Beachte auch das Gesetz zur Umsetzung der EG-Richtlinie über die Bewertung und Bekämpfung von Umgebungslärm v. 24.6.2005 (BGBl. I 1794). Einen allgemeinen Tatbestand zum Schutz gegen Lärm enthält § 117 OWiG; Spezialvorschriften bei Buddendiek/Rutkowski NebenStrafR-Lex Rn. 505 „Lärm". Rechtsprechungsübersicht Schall NStZ-RR 2008, 100 (101). 1

2. Gegenständliche Einschränkungen: a) Gemeinsame: **Beim Betrieb einer Anlage** (→ § 325 Rn. 2). Als bewegliche Anlagen kommen hier vor allem Maschinen in Betracht, zB Baumaschinen (auch Kompressoren, Presslufthämmer usw), Industrienähmaschinen (AG Dieburg NStZ-RR 1998, 73) und Landmaschinen (auch größere Rasenmäher; weiter Ransiek in NK-StGB Rn. 6). Ausgenommen sind nach **Abs. 4** Verkehrsfahrzeuge (→ § 325 Rn. 2). 2

b) Eine weitere Einschränkung enthält Abs. 1: **Außerhalb des zur Anlage gehörenden Bereichs** (→ § 325 Rn. 3). 3

3. Übereinstimmende Voraussetzung der Tathandlungen ist die **Verletzung verwaltungsrechtlicher Pflichten** (§ 330d I Nr. 4; → § 325 Rn. 4–10); dieses Merkmal schränkt den Verbotsbereich nachhaltig ein (zur Kritik → Vor § 324 Rn. 6). Der Schutzbereich von Abs. 1 ist auf den umweltbezogenen Schutz vor Gefahren für die menschliche Gesundheit beschränkt (BT-Drs. 12/192, 31). Eine aus- 4 drückliche Bestimmung seines Schutzbereichs enthält Abs. 2; er entspricht dem der §§ 1, 4, 5 I Nr. 1 BImSchG (BT-Drs. 8/3633, 4 zu § 330 I Nr. 2 StGB aF). Es kommen aber nicht nur Verletzungen von Pflichten, die sich aus dem BImSchG ergeben, in Betracht, sondern auch solche, die sich aus der GewO oder dem ChemG ergeben, sofern sie nur dem Schutz vor Lärm, Erschütterungen oder nichtionisierenden Strahlen dienen (näher Heine/Schittenhelm in Schönke/Schröder Rn. 6).

5 **4.** Zu den **Tathandlungen**

a) Abs. 1: Verursachung von Lärm. Unter **Lärm** sind Geräusche, dh hörbare, durch Schallwellen verbreitete Einwirkungen, zu verstehen, die geeignet sind, einen normal lärmempfindlichen Menschen zu belästigen (Sack UmweltschutzStrafR § 325 a Rn. 24; weiter Heghmanns in LK-StGB Rn. 4). Ausreichend ist nur der **zur Schädigung der Gesundheit** anderer **geeignete** Lärm (→ § 325 Rn. 13). Er kommt nicht erst in Frage bei einem Dauerschallpegel von 80 Dezibel (dB (A)) oder mehr, auf den sich die Krankheit der Lärmschwerhörigkeit zurückführen lässt, sondern uU schon bei Einzeleinwirkungen mit einem Einzel- oder Gesamtschallpegel von 100 Dezibel (dB (A)) oder mehr, weil dadurch andere physiologische Störungen verursacht werden (BT-Drs. 8/3633, 28 zu § 325 I Nr. 2 StGB aF); auch die Eignung der Geräusche zur Herbeiführung dauerhaften Schlafentzugs reicht (AG Dieburg NStZ-RR 1998, 73; Franzheim/Pfohl UmweltStrafR Rn. 236; Ransiek in NK-StGB Rn. 3); zur umstrittenen Verbindlichkeit der hier einschlägigen TA-Lärm → § 325 Rn. 15 (zur TA-Luft); Schall NStZ-RR 2005, 33 (37); NStZ-RR 2008, 100; eing. Bräutigam-Ernst, Die Bedeutung von Verwaltungsvorschriften für das Strafrecht, 2010, S. 196, 429. **Verursachen** (→ § 325 Rn. 13) ist auch durch Unterlassen in Garantenstellung (→ § 13 Rn. 6), zB durch das Unterlassen des Einbaus von Schalldämpfern, möglich.

6 **b) Abs. 2:** Als Folge der nicht näher umschriebenen Tathandlungen muss eine **konkrete Gefahr** (BGHSt 36, 255 = NJW 1990, 194; → § 315 c Rn. 21, 22) eintreten für die Gesundheit eines anderen (→ § 223 Rn. 5; → § 315 c Rn. 23), ihm nicht gehörende Tiere (fremde oder wildlebende, aM Fischer Rn. 8; wie hier Heine/Schittenhelm in Schönke/Schröder Rn. 10) oder fremde (nicht herrenlose) Sachen von bedeutendem Wert (→ § 315 c Rn. 24; → § 325 Rn. 13). Durch die Gleichstellung von Lärmerzeugung mit Erschütterungen, dh stoßhaltigen, periodischen oder regellosen Schwingungen (Heghmanns in LK-StGB Rn. 19), sind zB Gebäude sowohl gegen überlaute Musikanlagen im Freien als auch gegen extreme Erschütterungen des Bodens geschützt (BT-Drs. 12/192, 20). Zusätzlich sind nichtionisierende Strahlen erfasst (Heghmanns in LK-StGB Rn. 18, 20); gegen ionisierende Strahlen bieten §§ 309, 311 strafrechtlichen Schutz.

7 **5.** Zur verfahrensmäßigen Feststellung der unter → Rn. 5 behandelten Voraussetzungen des Abs. 1 → § 325 Rn. 15; die hier „einschlägige" technische Anleitung ist die TA-Lärm.

8 **6.** Der **Vorsatz** muss in Abs. 1 namentlich auch die Schädigungseignung des Lärms und die Verletzung verwaltungsrechtlicher Pflichten umfassen (→ § 325 Rn. 16). Letzteres gilt auch für den Vorsatz hinsichtlich Abs. 2; er muss außerdem die Gefährdung der genannten Objekte umfassen (zum Gefährdungsvorsatz → § 15 Rn. 28). Zum fahrlässigen (→ § 15 Rn. 35) Handeln nach Abs. 3 Nr. 1 → § 325 Rn. 16; bei Abs. 3 Nr. 2 muss die Gefährdung fahrlässig verursacht sein (→ § 315 c Rn. 29, 30).

7. Zur **Rechtswidrigkeit** → § 325 Rn. 17. 9

8. Die **Verantwortlichkeit** in Betrieben und Unternehmen (→ § 11 Rn. 15) 10
für Lärmschutz bestimmt sich im Wesentlichen nach denselben Grundsätzen, die für den Gewässerschutz unter → § 324 Rn. 16 dargelegt sind.

9. Besonders schwere Fälle § 330. 11

10. Tateinheit ua möglich mit §§ 223, 229, 303, 304, 327 II Nr. 1, 329 I. Führt 12
die Lärmverursachung zu einer konkreten Gesundheitsgefährdung tritt Abs. 1 hinter Abs. 2 zurück (Weber in GK-BImSchG Rn. 32).

11. Tätige Reue (in den Fällen des Abs. 2 und in erweiterter Form in den Fällen 13
des Abs. 3 Nr. 2) § 330b.

§ 326 Unerlaubter Umgang mit Abfällen

(1) **Wer unbefugt Abfälle, die**

1. **Gifte oder Erreger von auf Menschen oder Tiere übertragbaren gemeingefährlichen Krankheiten enthalten oder hervorbringen können,**
2. **für den Menschen krebserzeugend, fortpflanzungsgefährdend oder erbgutverändernd sind,**
3. **explosionsgefährlich, selbstentzündlich oder nicht nur geringfügig radioaktiv sind oder**
4. **nach Art, Beschaffenheit oder Menge geeignet sind,**
   a) **nachhaltig ein Gewässer, die Luft oder den Boden zu verunreinigen oder sonst nachteilig zu verändern oder**
   b) **einen Bestand von Tieren oder Pflanzen zu gefährden,**

außerhalb einer dafür zugelassenen Anlage oder unter wesentlicher Abweichung von einem vorgeschriebenen oder zugelassenen Verfahren sammelt, befördert, behandelt, verwertet, lagert, ablagert, ablässt, beseitigt, handelt, makelt oder sonst bewirtschaftet, wird mit Freiheitsstrafe bis zu fünf Jahren oder mit Geldstrafe bestraft.

(2) **Ebenso wird bestraft, wer**

Abfälle im Sinne des Absatzes 1 entgegen einem Verbot oder ohne die erforderliche Genehmigung in den, aus dem oder durch den Geltungsbereich dieses Gesetzes verbringt.

(3) **Wer radioaktive Abfälle unter Verletzung verwaltungsrechtlicher Pflichten nicht abliefert, wird mit Freiheitsstrafe bis zu drei Jahren oder mit Geldstrafe bestraft.**

(4) **In den Fällen der Absätze 1 und 2 ist der Versuch strafbar.**

(5) **Handelt der Täter fahrlässig, so ist die Strafe**

1. **in den Fällen der Absätze 1 und 2 Freiheitsstrafe bis zu drei Jahren oder Geldstrafe,**
2. **in den Fällen des Absatzes 3 Freiheitsstrafe bis zu einem Jahr oder Geldstrafe.**

(6) **Die Tat ist dann nicht strafbar, wenn schädliche Einwirkungen auf die Umwelt, insbesondere auf Menschen, Gewässer, die Luft, den Boden, Nutztiere oder Nutzpflanzen, wegen der geringen Menge der Abfälle offensichtlich ausgeschlossen sind.**

Fassung: Abs. 1 und 2 neu gefasst durch das 45. StÄG (→ Vor § 1 Rn. 17) mit Art. 2 Gesetz zur Änderung abfallverbringungsrechtlicher Vorschriften (→ Vor § 1 Rn. 18) wurde Abs. 2 Nr. 1 mit Wirkung zum 10.11.2016 gestrichen und damit für Nr. 2 die Nummerierung entbehrlich.

1 **1.** Die Vorschrift dient der **Verhütung eines unzulässigen Umgangs mit Abfällen** nicht nur zum Schutz von Menschen und Umweltmedien, sondern auch von Tieren und Pflanzen, soweit sie wirtschaftlich oder ökologisch irgendwie nützlich sind (Heghmanns in LK-StGB Rn. 5; näher Heine NJW 1998, 3665 (3666)). Ihr liegen die in diesem Abschnitt geschützten Rechtsgüter zugrunde (→ Vor § 324 Rn. 7). Dass sie auch Elemente gemeingefährlicher Delikte aufweist (so Schittenhelm GA 1983, 310 (311); Winkelbauer in Meinberg/Möhrenschlager/Link, Umweltstrafrecht, 1989, S. 69), hat für den Schutzzweck keine verändernde Bedeutung (Rogall NStZ 1992, 360 (363); aM Kuhlen WiVerw 1991, 181 (205), alle mwN). Da es auf eine Gefährdung oder Schädigung bestimmter Objekte nicht ankommt, beschreiben die Tatbestände **abstrakte Gefährdungsdelikte** (BGHSt 36, 255 (257) = NJW 1990, 194; BGHSt 39, 381 (385) = NJW 1994, 670; BGH NStZ 1997, 189; Zieschang Gefährdungsdelikte S. 222; Ransiek in NK-StGB Rn. 3; Heine/Schittenhelm in Schönke/Schröder Rn. 1a; nach Wohlers, Deliktstypen des Präventionsstrafrechts, 2000, S. 311, 339, konkrete Gefährlichkeitsdelikte), in Abs. 1 Nr. 4 in der speziellen Ausgestaltung als potentielles Gefährdungsdelikt (→ Vor § 13 Rn. 32; BGHSt 46, 212 = NJW 2001, 624; so wohl auch OLG Celle NZV 1997, 405; OLG Braunschweig NStZ-RR 1998, 175; NStZ-RR 2001, 42 (43); für abstraktes Gefährdungsdelikt BayObLG NStZ-RR 2002, 76 mzustAnm Sack JR 2001, 475, krit. aber Schall NStZ-RR 2002, 33 (35); aM Zieschang Gefährdungsdelikte S. 222; weiter diff. Schittenhelm GA 1983, 310 (311)); es ist daher verfehlt, wenn für Abs. 1 Nr. 4a anstelle einer bloßen Gefährdung des Grundwassers durch die Abfälle dessen Verunreinigung gefordert wird (so aber BGHSt 59, 45 (56) = NJW 2014, 91 mit insoweit abl. Bespr. Heger HRRS 2014, 168; Krell NZWiSt 2014, 14). Rechtsprechungsübersicht bei Schall NStZ 1997, 422 (462, 577); sowie Schall NStZ-RR 1998, 353 (354); NStZ-RR 2008, 101ff., zu Abs. 2, Schall NStZ-RR 2007, 33; NStZ-RR 2008, 133 (134). Zu internationalen Tendenzen im Abfallstrafrecht Heine FS Triffterer, 2011, 401 (413). Zur „Abfallwirtschaftskriminalität im Zusammenhang mit der EU-Erweiterung" vgl. die gleichnamige Untersuchung von Hecker/Heine/Risch/Windolph/Hübner, 2008, mit Bespr. Ransiek ZStW 121 (2009), 181. Zur Bewährung der Vorschrift „im Alltagsgeschäft" Sack JR 2001, 475; dies bestätigen die Statistiken bei Pfohl in Müller-Gugenberger WirtschaftsStrafR Kap. 54 Rn. 334ff. In der PKS entfallen zwei Drittel aller Umweltstraftaten iSd §§ 324ff. auf § 326. – **Rechtsvergleichend:** Kisseler, Die Europäisierung des Abfallstrafrechts in Deutschland und England, 2021.

2 **2. a) Abfälle** sind nach § 3 I KrWG alle Stoffe oder Gegenstände, derer sich der Besitzer (§ 3 IX KrWG; näher zum Besitz Heine/Schittenhelm in Schönke/Schröder Rn. 2d, 11; sa BVerwG JZ 1998, 903 mAnm Frenz/Bönning) entledigt (§ 3 II KrWG) bzw. entledigen will (§ 3 III KrWG, sog. gewillkürter Abfall) oder entledigen muss (§ 3 IV KrWG, sog. Zwangsabfall).

2a aa) Diese Begriffsbestimmung ist auf § 326 übertragbar (BT-Drs. 8/2382, 17 zu § 1 AbfG aF; OLG Oldenburg NStZ-RR 2008, 243; Ransiek in NK-StGB Rn. 6; einschr. schon unter der Geltung dieser Vorschrift Rittiens, Der Abfallbegriff im Strafrecht, 1994), auch wenn eine begriffliche Akzessorietät des strafrechtlichen Abfallbegriffs zum verwaltungsrechtlichen Abfallbegriff nicht besteht (Rogall GA

1995, 299 (302); Perschke wistra 1996, 161 (162); Küper/Zopfs StrafR BT Rn. 1; aM Breuer, Der Import und Export von Abfällen innerhalb der Europäischen Union aus umweltstrafrechtlicher Sicht, 1998, S. 43). Im Gegensatz zum sehr unbestimmten Wortlaut des § 1 I AbfG aF definieren § 3 KrW-/AbfG aF und § 3 KrWG die drei Entledigungsvarianten näher. Der strafrechtliche Abfallbegriff ist dadurch aber nicht zwangsläufig als geklärt anzusehen. Das gilt insbes., weil sich der Abfallbegriff in § 3 I KrWG nicht mehr nur – wie noch § 3 I KrW-/AbfG – auf bewegliche Sachen bezieht, sondern im Lichte von EU-Vorgaben alle Stoffe und Gegenstände umfasst; ob diese Ausweitung auch für den strafrechtlichen Abfallbegriff gelten soll, ist umstritten (dagegen Saliger, Umweltstrafrecht, 2012, Rn. 276f.), doch spricht dafür immerhin, dass § 326 I, II auch der Umsetzung der EG-Umweltstrafrechtsrichtlinie dient, der der Abfallbegriff des EU-Rechts zugrunde liegt. Vorbehaltlich einer weiteren Klärung in der laufenden Diskussion um die Anpassung des strafrechtlichen Abfallbegriffs an das KrWG ist weiterhin zu differenzieren: Beim (privatrechtsbezogenen) **gewillkürten Abfall** ist zu verlangen, dass der Täter die Sachen „loswerden" (Sack UmweltschutzStrafR § 326 Rn. 37), dh sich ihrer als für ihn wertlos entledigen, nicht unmittelbar einer Weiterverwendung oder -verarbeitung zuführen will (zB eine „Mistsickersaftpfütze", BayObLGSt Nr. 10, oder Abwässerschlamm, OLG Oldenburg NStZ-RR 2008, 243, dazu auch Krell NuR 2009, 327 (329)). Nach neuerer Rspr., die bereits die EG-Richtlinien zum Abfallrecht berücksichtigt (dazu Franzheim/Kreß JR 1991, 402; Hugger NStZ 1993, 421; Perron in Dörr/Dreher, Europa als Rechtsgemeinschaft, 1997, S. 135, 139; Kühl ZStW 109 (1997), 777 (783); Dannecker Jura 1998, 79 (84); beachte auch BGHSt 43, 219 = NStZ 1997, 544, wo freilich die Grundsatzfrage offenbleibt, inwieweit sich Änderungen im europäischen Abfallrecht auf § 326 auswirken (Schall NStZ-RR 1998, 353 (355))), steht dem nicht entgegen, dass eine wirtschaftliche Wiederverwendung nach der Entsorgung noch möglich und ins Auge gefasst ist (BGHSt 37, 333 = NJW 1991, 1621 mAnm Sack JR 1991, 338; Horn JZ 1991, 886; BGH NStZ 1997, 544 (in BGHSt 43, 219 nicht abgedr.); OLG Düsseldorf wistra 1994, 73 (74); OLG Oldenburg wistra 1996, 116; NStZ-RR 2008, 243 zu Abwässerschlamm, der einer Biogasanlage zugeführt wird, zust. Krell NuR 2009, 327 (331); Fischer Rn. 11; für die Weitergeltung dieser Modifizierung auch nach Geltung des KrW-/AbfG: BGH NStZ 1997, 544; LG Kiel NStZ 1997, 496; Rogall FS Boujong, 1996, 807 (822) unter Berufung auf BT-Drs. 12/5672, 55; beachte auch Rogall in Dolde, Umweltrecht im Wandel, 2001, S. 795, 815; Schall NStZ-RR 2003, 65 (68); mit dieser weiten Auslegung des gewillkürten Abfallbegriffs befindet sich der BGH in auffälliger Übereinstimmung mit der Rspr. des BVerwG und des EuGH, Schall NStZ-RR 2003, 65 (68)). Mit der Erweiterung des Kreises möglicher Tathandlungen auf jede Bewirtschaftung der Abfälle sind auch Abfälle zur Verwertung iSd § 3 I 2 KrWG erfasst (Ransiek in NK-StGB Rn. 9; Saliger, Umweltstrafrecht, 2012, Rn. 281); zur Abgrenzung von Abfall zur Beseitigung und Abfall zur Verwertung durch den EuGH Schall NStZ-RR 2005, 97; NStZ-RR 2008, 101. Abfall zur Verwertung setzt voraus, dass der Abfallbesitzer zu einer zeitnahen Verwertung in der Lage ist (OLG Köln NuR 2005, 64, zur Überlassung an Dritte); erforderlich ist weiter, dass der Hauptzweck die Nutzung des Abfalls ist (zB Volumen bei Verfüllung eines Tagebaus) und nicht die Beseitigung des Schadstoffpotenzials (BVerwG NuR 2005, 587). Zur Nichtgeltung der Fiktion bzw. Vermutungsregel des § 3 III 1 Nr. 2 KrW-/AbfG, die in § 3 III 1 Nr. 2 KrWG übernommen worden ist, Beckemper/Wegner wistra 2003, 281; sowie Schall NStZ-RR 2005, 97 (100), die aber wegen der dieser Regelung entsprechenden Lebenserfahrung eine Heranziehung von deren Inhalt – Entledigungswille, wenn der ursprüngliche Verwendungszweck aufgegeben worden, ohne dass ein neuer Verwendungszweck erkennbar ist – befürworten. Der Entledigungswille muss geäußert, dh nach außen hin erkennbar gemacht werden, allerdings nicht notwendig verbal; es genügt, dass er nur aus der Art und Weise des Verhaltens hervorgeht (BayObLG NZV 1993, 164; Krell NuR 2009, 327 (329)).

2b (Verwaltungsrechtsbezogener) **Zwangsabfall** erfasst nach § 3 IV KrWG bewegliche Sachen, die nicht mehr gem. ihrer ursprünglichen Zweckbestimmung verwendet werden; sie müssen darüber hinaus auf Grund ihres konkreten Zustandes geeignet sein, gegenwärtig oder künftig das Wohl der Allgemeinheit, insbes. die Umwelt, zu gefährden; schließlich muss ihr Gefährdungspotential nur durch eine ordnungsgemäße und schadlose Verwertung oder gemeinverträgliche Beseitigung ausgeschlossen werden können (BayObLGSt 1997, 11 (15)). Es geht also um Sachen, die zwar „ausgedient" haben, aber von solcher Gefährlichkeit für die Umwelt sind, dass eine abfallrechtlich vorgesehene Entsorgung (§ 3 XXIII KrWG) erforderlich ist (vgl. zu § 3 VII KrW-/AbfG Heine NJW 1998, 3665 (3667); Heine/Schittenhelm in Schönke/Schröder Rn. 2f); dazu zählen zB asbesthaltige Abfälle (OVG Lüneburg ZUR 2005, 537); an einer solchen „Entsorgungsnotwendigkeit" kann es zB bei Autowracks fehlen (OLG Schleswig NStZ 1997, 546 mablAnm Iburg; krit. auch Schall NStZ-RR 1998, 353 (356)). Wie bisher schon muss beim Zwangsabfall hinzukommen, dass die Sachen objektiv ohne gegenwärtigen Gebrauchswert sind (BGHSt 37, 21 = NJW 1990, 2477; BGH NJW 1994, 2161; BayObLG MDR 1991, 77; JR 1991, 216 mAnm Schmoller; BayObLG NZV 1993, 164; OLG Koblenz NStZ-RR 1997, 363; ähnlich BGH NJW 1990, 2471; OLG Braunschweig ZfW 1991, 52 (57); zust. Rengier, Das moderne Umweltstrafrecht im Spiegel der Rechtsprechung, 1992, S. 19; Rogall NStZ 1992, 360 (364); Heine/Schittenhelm in Schönke/Schröder Rn. 2f; Bock in Hilgendorf/Kudlich/Valerius StrafR-HdB V § 48 Rn. 169; krit. Ransiek in NK-StGB Rn. 17, 18; aM VG Neustadt BeckRS 2015, 52919; zusf. Kuhlen WiVerw 1991, 181 (206); Heine FS Triffterer, 2011, 401 (407); str.); so zB ein Autowrack nach Ausbau von Motor und Getriebe (OLG Braunschweig NVwZ 1994, 934; OLG Celle NStZ 1996, 191; LG Stuttgart NStZ 2006, 291 mzustAnm Henzler; sa LG Kiel NStZ 1997, 496; zusf. Schall NStZ 1997, 462; NStZ-RR 1998, 353 (355); sowie Sack UmweltschutzStrafR § 326 Rn. 142), nicht jedoch, wenn dessen Motor noch neuwertig ist (KG ZfW 1994, 239; OLG Koblenz NStZ-RR 1996, 9; anders OLG Braunschweig NStZ-RR 2001, 42, maßgeblich soll sein, ob das Autowrack mit wirtschaftlich vernünftigem Aufwand wieder fahrbereit und verkehrssicher gemacht werden kann, zust. Schall NStZ-RR 2002, 33 (35)), auch nicht sog. Oldtimerfahrzeuge mit einem vom Gebrauchswert unabhängigen Wirtschaftswert (OLG Celle NZV 1997, 405; OLG Naumburg NStZ-RR 2017, 13; Henzler wistra 2002, 413; Ransiek in NK-StGB Rn. 17); auch Putenmist und Dung sind als anerkannte und wertvolle Dünger in der Landwirtschaft keine Zwangsabfälle, sondern eher Nebenerzeugnisse (OLG Celle NStZ-RR 1998, 208; EuGH NuR 2005, 599; Ransiek in NK-StGB Rn. 20); dagegen sind anfallende Kadaver tierische Abfälle (EuGH NuR 2005, 599); auch anfallendes Destillat muss kein Abfall sein (OVG Münster ZuR 2005, 608). Dieser Abfallbegriff des StGB wird weder durch die Ausnahmen des § 2 II KrWG eingeschränkt (Schall NStZ 1997, 462; Heine NJW 1998, 3665 (3668)) noch durch die Abfallfiktionen der §§ 3 III, 20 III KrWG erweitert (Saliger, Umweltstrafrecht, 2012, Rn. 279f; Heine/Schittenhelm in Schönke/Schröder Rn. 2g; Heghmanns in LK-StGB Rn. 7). Deshalb stuft § 326 eine Anzahl früherer Ordnungswidrigkeiten nach dem FleischBG, TierSG, PflanzenschutzG, AtG und AltölG als Straftaten ein (BGHSt 37, 21 = NJW 1990, 2477 mwN; sa Franzheim JR 1988, 319 (320)).

bb) Verseuchter **Boden** war als solcher nicht Gegenstand des Abfallrechts, konnte es aber durch Aushebung und „Auskofferung" werden (BGH NJW 1992, 122; OLG Düsseldorf NuR 1994, 462; aM EuGH ZfW 2005, 215 mit krit. Bespr. Schall NStZ-RR 2005, 296, abl. Alt StraFo 2006, 441 (443); sa Schall NStZ-RR 2008, 103 mit Verwaltungsrechtsprechung; inzwischen beschränkt sich der strafrechtliche Abfallbegriff aber nicht mehr auf bewegliche Sachen, → Rn. 2a). Im Übrigen kommen als Abfall neben festen und flüssigen auch **gasförmige** Stoffe in Frage, wenn sie in Behälter gefasst sind (OLG Karlsruhe ZfW 1996, 406 (408); Heghmanns in LK-StGB Rn. 11; weiter Triffterer, Umweltstrafrecht, 1980, S. 212). 3

cc) **Speziell** zur Begrenzung des Abfallbegriffs bei sog. Altlasten Franzheim ZfW 1987, 9. Der Begriff des radioaktiven Abfalls ist im Gegensatz zum Abfallbegriff der Abs. 1 und 2 ausschließlich nach dem Verwaltungsrecht, speziell dem Atomrecht (§ 9a AtG) zu bestimmen (BGH NJW 1994, 2161; OLG Celle NJW 1987, 1281; Heine/Schittenhelm in Schönke/Schröder Rn. 2h, 5). 3a

b) Nur Abfälle, die iSd Abs. 1 **gefährlich** sind, werden von § 326 I, II Nr. 2 erfasst (zu Asbest Thomas, Asbeste und Umweltstrafrecht, 2015, S. 161); die verwaltungsrechtliche Klassifizierung als gefährlicher Abfall iSd § 3 V, 48 KrWG iVm der AVV stellt lediglich ein Indiz für eine Umweltgefährlichkeit iSd § 326 I dar (BGH BeckRS 2020, 20424 Rn. 16; Witteck in BeckOK StGB Rn. 15): 4

aa) **Nr. 1: Gifte** → § 330 Rn. 2; damit wird enger als zu § 224 Nr. 1 (→ § 224 Rn. 1a; daran orientiert noch → 29. Aufl. 2018) die Eignung des Stoffes zur Zerstörung der Gesundheit verlangt (BT-Dr. 8/2382, 17; Wessels/Hettinger/Engländer StrafR BT I Rn. 1081; Ransiek in NK-StGB Rn. 25; Heghmanns in LK-StGB Rn. 50). Die Umschreibung der **Seuchenerreger** lehnt sich an Art. 74 Nr. 19 GG an. Der Abfall muss die Gifte oder Erreger entweder zurzeit der Tathandlung schon enthalten oder sie in einem Maße hervorbringen können, dass die Gleichstellung mit den anderen gefährlichen Abfallarten gerechtfertigt ist; die Verunreinigung öffentlicher Anlagen durch den Kot einzelner Hunde reicht dazu nur aus, wenn die Gefährlichkeit des Kotes (iSd Nr. 1) konkret festgestellt werden kann (OLG Düsseldorf NStZ 1991, 335). Die Vorschrift hatte in der zweite Alternative StGB aF (Seuchenerreger) zu Strafbarkeitslücken geführt. Diese werden durch den jetzt in Anlehnung an § 1 des aufgehobenen BSeuchG verwendeten Begriff der **übertragbaren gemeingefährlichen Krankheiten** geschlossen. Erfasst werden danach alle Krankheiten, die durch Krankheitserreger unmittelbar oder mittelbar auf Menschen oder Tiere oder von Tieren auf Menschen und umgekehrt übertragen werden können; einbezogen sind auch Krankheiten, die durch Vermittlung von Pflanzen oder durch ein unbelebtes Agens übertragen werden (BT-Drs. 12/192, 20; Möhrenschlager NStZ 1994, 513 (518)). Der Erreger muss nicht vom infizierten Menschen oder Tier weiterübertragen werden können (Heghmanns in LK-StGB Rn. 53).

bb) **Nr. 2: für den Menschen krebserzeugende, fortpflanzungsgefährdende** oder **erbgutverändernde** Abfälle; die Begriffe sind § 3a I Nr. 12–14 ChemG entlehnt. Zu ihrer Präzisierung § 4 I Nr. 12–14 GefStoffV (Nachw. bei Buddendiek/Rutkowski NebenStrafR-Lex Kap. C Rn. 183). Mit Nr. 2 sollte eine Lücke geschlossen werden, die der Giftbegriff hinterlässt, insbes. wenn der Nach- 4a weis einer chemisch-physikalischen Einwirkung nicht möglich ist (BT-Drs. 12/192, 20).

5 cc) **Nr. 3: Explosionsgefährlich** § 1 I SprengG. **Selbstentzündlich** ist ein Stoff, der deshalb besonders brennbar und daher (feuer-)gefährlich ist, weil er unter den von der Natur gegebenen Bedingungen ohne besondere Zündung sich erhitzen und schließlich entzünden kann (BT-Drs. 8/2382, 18). **Radioaktiv** § 2 I, II AtG; § 3 I StrlSchV; zum Ausschluss nur geringfügig radioaktiver Abfälle beachte auch § 9a II 2 AtG; § 4 IV Nr. 2, §§ 45, 46 StrlSchV (zur strittigen Einbeziehung radioaktiv kontaminierten Klärschlamms Heine/Martin NuR 1988, 325 mwN).

6 dd) **Nr. 4a** betrifft vor allem die sog. **Sonderabfälle.** Sie setzt deren – uU erst nach Beginn, aber vor Beendigung der Tathandlung eintretende (OLG Zweibrücken NStZ 1986, 411 mAnm Sack) – **Eignung** (→ § 325 Rn. 13) voraus, **nachhaltig,** dh in erheblichem Umfang und für längere Dauer (BGHSt 39, 381 (385) = NJW 1994, 670; OLG Zweibrücken NJW 1992, 2841 mablAnm Weber/Weber NStZ 1994, 36 und krit. Bespr. Winkelbauer JuS 1994, 112 (115); OLG Celle ZfW 1994, 380; OLG Oldenburg NStZ-RR 2008, 243 (244), abl. für Abwasserschlämme; LG Stuttgart NStZ 2006, 291 mzustAnm Henzler; AG Hamburg NStZ 1988, 365 mablAnm Meinberg; Czychowski ZfW 1977, 84; unrichtig AG Lübeck NJW 1991, 1125 mit abl. Bespr. Kuhlen WiVerw 1991, 181 (212)), eines der genannten Medien **zu verunreinigen oder sonst nachteilig zu verändern** (krit. zum weiten Anwendungsbereich dieses sog. „Kumulationseignungsdelikts" (Kuhlen ZStW 105 (1993), 697 (717) Fn. 99) Rotsch, Individuelle Haftung in Großunternehmen, 1998, S. 116; Rotsch wistra 1999, 321 (324)). Für **Gewässer** (→ § 324 Rn. 2) entspricht das – vom einschränkenden Erfordernis der Nachhaltigkeit abgesehen (OLG Celle NJW 1986, 2326) – den Voraussetzungen des § 324 I (→ § 324 Rn. 4, 5; beachte auch BGH NStZ 1997, 189 mAnm Sack JR 1997, 254; LG Frankfurt a. M. NStZ 1983, 171; Pfohl wistra 1994, 6 (7)), so dass es nicht darauf ankommt, ob infolge der Schadstoffbelastung die generelle Möglichkeit einer Gefährdung für Menschen oder Sachen von bedeutendem Wert besteht (BGHSt 59, 45 = NJW 2014, 91 mit Bespr. Krell NZWiSt 2014, 14); zu wassergefährdenden Restflüssigkeiten von Autowracks OLG Celle NStZ 1996, 191; NZV 1997, 405 mkritAnm Sack NStZ 1998, 198; OLG Braunschweig NStZ-RR 1998, 175 mit krit. Bespr. Brede NStZ 1999, 137; OLG Braunschweig NStZ-RR 2001, 42 mit Bespr. Schall NStZ-RR 2002, 33 (36); LG Kiel NStZ 1997, 496; LG Stuttgart NStZ 2006, 291 mAnm Henzler; Iburg NJW 1994, 894; Franzheim/Pfohl UmweltStrafR Rn. 328–335; Rengier StrafR BT II § 48 Rn. 27a. Derselbe Maßstab gilt auch für die **Luft** und den **Boden** (zB durch Getriebe- und Hydrauliköl eines Altfahrzeugs, OLG Koblenz NStZ-RR 1996, 9; vgl. auch OLG Oldenburg wistra 1996, 116; Sack NZV 2005, 179); eine dem § 325 I entsprechende Beschränkung auf Veränderungen, die für die Gesundheit oder für Sachen von bedeutendem Wert gefährlich sind (→ § 325 Rn. 13), ist der Nr. 4a nicht zu entnehmen, so dass hier auch die Eignung zur Verursachung nachhaltiger Belästigungen in Frage kommt (OLG Zweibrücken NJW 1988, 3029; Ransiek in NK-StGB Rn. 28; aM Fischer Rn. 19). Der zusätzliche Hinweis auf **Art, Beschaffenheit oder Menge** der Abfälle hat keine einschränkende Wirkung, weil nur diese Kriterien für die auf den konkreten Umständen (zB Bodenbeschaffenheit) fußende Beurteilung der schädlichen Eignung in Frage kommen (sa Kuhlen WiVerw 1991, 181 (213)). Gewässer, Luft und Boden im Ausland werden im Hinblick auf das auch den Menschen schützende Rechtsgut (→ Rn. 1) vom Schutzbereich der Nr. 4a erfasst (Rengier JR 1996, 34; Heine FS Triffterer, 2011, 401 (406); Heine/

Schittenhelm in Schönke/Schröder Rn. 7, § 330d Rn. 4; Fischer Rn. 21; Breuer, Der Import und Export von Abfällen innerhalb der Europäischen Union aus umweltstrafrechtlicher Sicht, 1998, S. 78; Dannecker FG BGH, 2000, 339 (354); aM Steindorf in LK-StGB, 11. Aufl. 1997, Rn. 94; für Nr. 3 aF auch BGHSt 40, 79 = NJW 1994, 1744, doch ist die Argumentation durch die Änderung des § 330d I Nr. 1 überholt).

Abfälle sind häufig für Gewässer, Luft und Boden gleichermaßen gefährlich. In jedem Falle muss aber **mindestens eines dieser Schutzobjekte** betroffen sein; besteht nach den Umständen für keines von ihnen generelle Gefährlichkeit, ist der Tatbestand entsprechend seinem Schutzzweck einzuschränken (teleologische Reduktion); so scheiden zB Abfälle aus, die nur im Wasser gefährlich sind, wenn sie im Boden abgelagert werden und ausgeschlossen ist, dass sie ein Gewässer – sei es auch nur durch spätere Umlagerung oder durch äußere Einwirkung wie zB Regen – gefährden (BT-Drs. 8/2382, 18; Rogall NStZ 1992, 561; Kuhlen WiVerw 1991, 181 (215); Franzheim/Pfohl UmweltStrafR Rn. 274; Fischer Rn. 25; aM BayObLG NJW 1989, 1290; NStZ-RR 2002, 76; Rengier StrafR BT II § 48 Rn. 26; Rengier in Schulz, Ökologie und Recht, 1991, S. 33, 46; Heine/Schittenhelm in Schönke/Schröder Rn. 8; sa Hoyer, Die Eignungsdelikte, 1987, S. 189); der natürliche Zusammenhang der Umweltmedien schließt es aber idR aus, dass sich die Gefahr mit Sicherheit von dem gefährdeten Medium abhalten lässt (Alt in MüKoStGB Rn. 43). Die Nr. 4a **erfasst namentlich** die in der Anl. zur VO zur Bestimmung von besonders überwachungsbedürftigen Abfällen v. 10.9.1996 (BestbüAfV, BGBl. 1996 I 1366) und in den Anl. I, II zu den Übereinkommen 1972 (→ § 5 Rn. 3) bezeichneten Abfälle, ist darauf aber nicht beschränkt (BayObLG NStZ 1988, 26 zur alten Rechtslage). So kann zB auch genügen, wenn die Abfälle wassergefährdende Stoffe iSd § 62 III WHG enthalten, uU also auch Gifte, die wegen ihrer Unerheblichkeit für die menschliche Gesundheit den personenbezogenen Giftbegriff der Nr. 1 und der §§ 224 (→ § 224 Rn. 1a), 330a nicht erfüllen (BT-Drs. 8/2382, 18; Laufhütte/Möhrenschlager ZStW 92 (1980), 912 (957)). Altöle fallen nicht stets unter den Abfallbegriff des § 326, wohl aber bei Überschreitung bestimmter Grenzwerte (OLG Köln NJW 1986, 1117; OLG Düsseldorf wistra 1994, 73 (74)). Hausmüll scheidet nicht grds. aus, weil die Ablagerung großer Mengen je nach der konkreten Umweltsituation für die Verwirklichung der Nr. 4a ausreichen kann (BGHSt 34, 211 = NJW 1987, 1280, zu Nr. 3 StGB aF mit Bespr. Sack NJW 1987, 1248; Rudolphi NStZ 1987, 324; Schmoller JR 1987, 473; Hallwaß NJW 1988, 880; str.). Dasselbe gilt für Klärschlamm, der regelmäßig, aber nicht notwendig (unklar OLG Stuttgart NStZ 1991, 590 mkritAnm Franzheim JR 1992, 481), Abfall ist, und für Stallmist, bei dem es allerdings häufiger an der Abfalleigenschaft fehlen kann (OLG Zweibrücken NStZ 1991, 336 mAnm Meinberg JR 1991, 437; Sack NStZ 1991, 337; OLG Koblenz NStZ-RR 1997, 363 bejaht die Abfalleigenschaft bei längerer Lagerung; ebenso BayObLG NStZ-RR 2002, 76 mit zust. Bespr. Sack JR 2002, 475; beachte auch Schall NStZ-RR 2002, 33 (36)). Auch Stoffe, die in Gewässer oder Abwasseranlagen eingeführt werden, kommen in Frage, weil die Anwendungsbeschränkung des § 2 II Nr. 9 KrWG für § 326 nicht gilt (→ Rn. 2a). Daher hängt es von den weiteren Voraussetzungen ab, ob Abwässer (BGHSt 37, 21 = NJW 1990, 2477; Himmel/Sanden ZfW 1994, 499) oder Jauche, Gülle, Silosickersäfte und ähnliche in der Landwirtschaft anfallende organische Stoffe erfasst werden (OLG Celle NJW 1986, 2326; OLG Oldenburg NJW 1988, 2391, NuR 1992, 41; AuR 2010, 95; BayObLG NJW 1989, 1290; Franzheim/Pfohl UmweltStrafR Rn. 344–349).

6a ee) Die **Nr. 4b** erfasst die Eignung (→ § 325 Rn. 13) zur Gefährdung eines **Bestandes von Tieren oder Pflanzen.** Damit soll die sonstige belebte Natur besser vor gefährlichen Abfällen geschützt werden (BT-Drs. 12/192, 20). Die Reichweite dieser Erweiterung der Verbotsmaterie ist unbestimmt. Der Verweis auf § 39 PflSchG (Tier- und Pflanzenpopulation in einem bestimmten Gebiet) führt kaum über den Wortlaut der Nr. 4b hinaus. Im Gegensatz zu § 39 PflSchG genügt hier die bloße Eignung zur Bestandsgefährdung (krit. Heine/Schittenhelm in Schönke/Schröder Rn. 7 a).

7 **3. a) Tathandlung nach Abs. 1** ist das **Bewirtschaften.** Es bildet – wie bis zum 45. StÄG das Beseitigen – den Oberbegriff, dem sich die weiter genannten Begehungsformen als Beispiele unterordnen („sonst"). Seine Voraussetzungen müssen danach von allen Tathandlungen erfüllt werden, mit der Folge, dass es selbst nur Auffangcharakter hat (krit. Ransiek in NK-StGB Rn. 32). Nach EU-Recht meint „Bewirtschaften" neben dem Sammeln, Transportieren und Verwerten der Abfälle auch deren Beseitigung in jedem denkbaren Verfahren, das nicht als Verwertung zu klassifizieren ist (Ransiek in NK-StGB Rn. 33). Dadurch ist im Einklang mit den EU-Vorgaben der bisherige Oberbegriff des „sonst Beseitigen" ersetzt worden. Zu den bisherigen eigens genannten Tathandlungen (→ Rn. 7 a, 7 b) sind hinzugekommen das Sammeln, Befördern, Verwerten, Handeln und Makeln (→ Rn. 7 c). Die einzelnen Tathandlungen sind im Lichte der Umweltstrafrechts-Richtlinie zu interpretieren, so dass vor allem eine Orientierung an den entsprechenden Regelungen in der Abfallrahmenrichtlinie 2008/98/EG (ABl. 2008 L 312, S. 3) geboten ist. Zugleich ist klargestellt, dass auch Abfälle zur Verwertung Tatobjekt von § 326 sein können.

7a aa) **Beseitigen** ist eine Handlung oder Unterlassung in Garantenstellung (→ § 13 Rn. 6; → Vor § 324 Rn. 8) durch die der Abfall entgegen der Überlassungspflicht den gesetzlich Entsorgungspflichtigen zumindest zeitweise vorenthalten wird (Rogall NStZ 1992, 561; Steindorf in LK-StGB, 11. Aufl. 1972, Rn. 97, 98, 109; anders OLG Köln NJW 1986, 1117; Ransiek in NK-StGB Rn. 33). Jedoch werden nicht nur Sachen erfasst, die vollständig beseitigt werden sollen, sondern auch solche, die nach Entsorgung durch Aufbereitung oder Reststoffverwertung dem Wirtschaftskreislauf wieder zugeführt werden können (BGHSt 37, 333 = NJW 1991, 1621 mit Bespr. Sack JR 1991, 338; Horn JZ 1991, 886; Franzheim/Kreß JR 1991, 402). Nicht erfasst sind die eigentlichen Verwertungshandlungen (zB Einbindung in Erzeugnisse) und die Zuführung zur Verwertung (Rogall FS Boujong, 1996, 807 (824); Ahlmann-Otto Die Verknüpfung von deutschem und EG-Abfallwirtschaftsrecht mit dem Abfallstrafrecht, 2000, S. 153; aM für die Verwertung Schroth NStZ 1996, 547; diff. Heine NJW 1998, 3665 (3669), der zwar Verwertungshandlungen einbezieht, diese aber als Beseitigen nur bei Gefährdung der gesetzlichen Abfallentsorgung erfasst), doch sind diese heute regelmäßig von den Tathandlungen eines Verwertens oder sonst Bewirtschaftens erfasst. Eine Ortsveränderung (vgl. etwa §§ 134, 145 II Nr. 2, § 315 I Nr. 1, §§ 316b, 317) ist nicht erforderlich (BT-Drs. 8/2382, 18). **Unterlassen** kommt zB in Frage, wenn der zur Beseitigung einer Altlast (zB auf Grund Ingerenz oder Sachherrschaft) verpflichtete Garant untätig bleibt (zur notwendigen Anwendung von § 13 und dessen Voraussetzungen eing. Clausen, Die umweltgefährdende Abfallbeseitigung durch Unterlassen (§§ 326 Abs. 1, 13 Abs. 1 StGB), 2000, S. 21, 53; diff. Franzheim ZfW 1987, 9; gegen eine Abfallbeseitigungspflicht des Insolvenzverwalters BVerwG NStZ-RR 2006, 292 (298); Schall NStZ-RR 2008, 132) oder wenn ein Grundstückseigentümer oder -besitzer als Überwachungsgarant (auf Grund Sachherrschaft) dafür einzustehen hat, dass von Dritten abgelagerter sog. „wilder Müll" von dem Grundstück entfernt wird (OLG Frankfurt a. M. NJW 1974, 1666; LG Koblenz NStZ 1987, 281; OLG Braunschweig NStZ-RR 1998, 175; AG Bad Kreuznach NStZ 1998, 570 (571); zur strittigen Begrenzung dieser Garantenpflicht, die zur Vermeidung von Wertungswidersprüchen gegenüber dem Verwaltungsrecht geboten ist, Iburg NJW 1988, 2338; Geidies NJW 1989, 821; Hohmann NJW 1989, 1254; Hecker, Die abfallstraf- und bußgeldrechtliche Verantwortlichkeit für illegale Müllablagerungen Dritter, 1991, S. 92; Hecker NJW 1992, 873; Sack JR 1992, 518; Schmitz NJW 1993, 1167; Wessel, Die umweltgefährdende Abfallbeseitigung durch Unterlassen, 1993, S. 54; Schall NStZ 1997, 577; NStZ-RR 1998, 353 (356); NStZ-RR 2005, 97 (103); Clausen, Die umweltgefährdende Abfallbeseitigung durch Unterlassen (§§ 326 Abs. 1, 13 Abs. 1 StGB), 2000, S. 119, 230; Kirchner, Die Unterlassungshaftung bei rechtmäßigem Vorverhalten im Umweltstrafrecht, 2003, S. 119; Franzheim/Pfohl UmweltStrafR Rn. 286–288; Michalke Umweltstrafsachen Rn. 270; Ransiek in NK-StGB Rn. 38–42; Heine/Schittenhelm in Schönke/Schröder Rn. 11; Heghmanns in LK-StGB Rn. 82; sa BVerwGE 67, 8 = NVwZ 1984, 40; BGH NJW 1992, 122; NJW 1998, 1004; sowie BGH NVwZ 2007, 1185, dazu Schall NStZ-RR 2008, 131). Ein Amtsträger erfüllt den Tatbestand durch Unterlassen allenfalls bei Überschreiten des Beurteilungs- und Ermessensspielraums (OLG Karlsruhe bei Schall NStZ-RR 2006, 263).

bb) **Behandeln** umfasst zB Aufbereiten, Zerkleinern, Kompostieren, Entgiften **7b** oder Verbrennen, wenn sie nicht unmittelbar der wirtschaftlichen Verwertung, sondern der Beseitigung dienen (→ Rn. 7 a); erfasst ist auch das sog. „Ausschlachten" von Fahrzeugen (LG Stuttgart NStZ 2006, 291 mAnm Henzler; Schall NStZ-RR 2008, 129). **Lagern** bezeichnet die vorübergehende Zwischenlagerung, dh die Aufbewahrung zur nachfolgenden anderweitigen Beseitigung (BGHSt 37, 333 = NJW 1991, 1621; BGH NJW 1994, 1744 mAnm Michalke StV 1994, 428; Otto NStZ 1994, 437; Cramer NStZ 1995, 186; OLG Düsseldorf NuR 1994, 462; BayObLG NStZ-RR 1998, 114; OLG Stuttgart NuR 2004, 556, zu § 61 I Nr. 2 KrW-/AbfG aF; speziell zu einem Fall vorübergehender Umlagerung OLG Köln JR 1991, 523 mkritAnm Sack; sowie Sack UmweltschutzStrafR § 326 Rn. 209); dass die Sache nach Entsorgung durch Aufbereitung oder Reststoffverwertung wieder in den Wirtschaftskreislauf eingeführt werden soll, ist unerheblich (BGHSt 37, 333 = NJW 1991, 1621; Ransiek in NK-StGB Rn. 33). Nicht ausreichend ist die bloße Bereitstellung zur Abfuhr zwecks anderweitiger wirtschaftlicher Verwertung (OLG Düsseldorf MDR 1982, 868; OLG Köln NStZ 1987, 461; Heine NJW 1998, 3665 (3670)), auch nicht das vorübergehende Abstellen eines noch am Straßenverkehr teilnehmenden verkehrsunsicheren Fahrzeugs (BayObLG VRS 66, 227). **Ablagern** ist die endgültige Beseitigung (BT-Drs. 8/2382, 18; BayObLGSt Nr. 10; → Rn. 7 a); erfasst ist auch das Zurücklassen von Abfällen, die von der entsorgungspflichtigen Körperschaft erkennbar nicht eingesammelt werden (BGH NStZ-RR 1998, 114); auch hier kommt Unterlassen in Frage, wenn zB der durch Zwischenlagerung von Mist aus Ingerenz verpflichtete Eigentümer eine „Mistsickersaftpfütze" entstehen lässt (BayObLGSt Nr. 10). **Ablassen** (vgl. das Internationale Übereinkommen zur Verhütung der Verschmutzung der See durch Öl, → § 5 Rn. 3) ist jegliches Ausfließen, ohne Rücksicht auf seine Ursache (BT-Drs. 8/2382, 18).

cc) **Sammeln** meint das Einsammeln von Abfällen, einschließlich deren vor- **7c** läufiger Sortierung und Lagerung zum Zwecke der Beförderung zu einer Abfallbehandlungsanlage (§ 3 XV KrWG); erfasst sind davon auch getrennte, gemeinnützige und gewerbliche Sammlungen iSd § 3 XVI–XVIII KrWG. Dagegen beschränken § 3 X–XIII KrWG den Kreis von Sammlern, Beförderern, Händlern und Maklern von Abfällen auf Personen, die gewerblich oder im Rahmen wirtschaftlicher Unternehmen tätig sind, weshalb unklar ist, ob auch die in § 326 I genannten Tathandlungen eines Sammelns, Beförderns, Handelns und Makelns gewerbsmäßig oder im Rahmen einer wirtschaftlichen Unternehmung erfolgt sein müssen; dafür spricht, dass das Bewirtschaften als Oberbegriff dient (→ Rn. 7), dagegen allerdings der weite Bewirtschaftungsbegriff und dass gerade auch der unprofessionelle Umgang mit Abfällen bei Strafe verboten sein soll (Pfohl ZWH 2013, 95 (98)). Allerdings dürfte jedenfalls ein Makeln von Abfällen kaum anders als gewerbsmäßig denkbar sein, so dass nur das Sammeln, Befördern und Handeln auch ohne gewerblichen Bezug von § 326 I erfasst ist. **Handeln** ist der Kauf und Verkauf von Abfällen auch ohne Erlangung von tatsächlicher Sachherrschaft, wobei mindestens ein Kaufvertrag geschlossen sein muss (davor Versuch; Ransiek in NK-StGB Rn. 36). **Makeln** meint das für die Beseitigung oder Verwertung von Abfällen für Dritte Sorgen (Ransiek in NK-StGB Rn. 36). **Befördern** erfasst jeden auch innerstaatlichen Transport der Abfälle, so dass im Unterschied zu § 326 II Nr. 2 (→ Rn. 8b) ein Grenzübertritt nicht erforderlich ist (dazu und zum Verhältnis zu § 18a AbfVerbrG nF AG Kehl 10.11.2017 – 9 Cs 301 Js 6684/14); nicht erfasst ist die Beförderung innerhalb einer Anlage. **Verwerten** meint nach Art. 3 Nr. 15 der Abfallrahmenrichtlinie 2008/98/EG jedes Verfahren, als dessen Hauptergebnis Abfälle innerhalb einer Anlage oder in der weiteren Wirtschaft einem sinnvollen Zweck zugeführt werden (näher Ransiek in NK-StGB Rn. 35).

8 **b)** Die Merkmale **außerhalb einer dafür zugelassenen Anlage oder unter wesentlicher Abweichung von einem vorgeschriebenen oder zugelassenen Verfahren** scheiden befugtes Handeln schon aus dem Tatbestand aus (→ § 325 Rn. 4–10). **Anlage** → § 325 Rn. 2. Neben Abfallbeseitigungsanlagen (vgl. § 28 KrWG) und -entsorgungsanlagen (vgl. § 50 II KrWG; → § 327 Rn. 3) werden namentlich auch Anlagen nach § 3 TierNebG und nach § 9a III AtG erfasst (Saliger in Satzger/Schluckebier/Widmaier StGB Rn. 40). Eine Anlage ist **zugelassen,** wenn für sie eine Planfeststellung oder Genehmigung vorliegt (§ 35 KrWG), wenn sie als Altanlage der zuständigen Behörde angezeigt worden ist (§ 9 I AbfG aF, § 39 KrWG) oder wenn sich die Zulässigkeit aus anderen Rechtsvorschriften ergibt. Die Zulassung muss sich gerade auf die Art und Menge des zu beseitigenden Abfalls beziehen (BGHSt 43, 219 = NStZ 1997, 544). Die **Abweichung von einem vorgeschriebenen oder zugelassenen Verfahren** ist auch relevant, wenn sie in einer zugelassenen Anlage geschieht (hM; OLG Karlsruhe NStZ 1990, 128), allerdings nur unter der Voraussetzung, dass die der Anlage zugeführten Gegenstände dem Abfallbegriff unterfallen. Regelmäßig wird sie daher nur bei Abfallbeseitigungen außerhalb von Anlagen praktisch (vgl. zB § 3 I StrlSchV). Die Abweichung ist **wesentlich,** wenn in Folge der vorschriftswidrigen Behandlung die Möglichkeit offen bleibt, dass die generelle Gefährlichkeit des Abfalls für die Umwelt (→ Rn. 4–6a) nicht ausgeschaltet wurde (ähnlich BT-Drs. 8/2382, 19; Bock in Hilgendorf/Kudlich/Valerius StrafR-HdB V § 48 Rn. 198; weiter Rogall JZ-GD 1980, 101 (110); krit. Sack NJW 1980, 1424 (1427); für das Erfordernis einer konkreten Gefährdung für Mensch oder Umwelt Witteck in BeckOK StGB, 51. Edition, Stand: 1.11.2021, § 326 Rn. 30; insoweit abl. BGH NJW 2021, 3735 (3736) mzustAnm Schall und Praxiskommentar Eidam NStZ 2022, 235). Die Tatbestandsmäßigkeit wird nicht dadurch in Frage gestellt, dass ein Verfahren außerhalb einer Anlage, wie das zB für die Beseitigung von Silosickersäften zutrifft, nicht vorgesehen ist

(OLG Oldenburg NJW 1988, 2391; BayObLG NJW 1989, 1290; OLG Celle MDR 1989, 842; Jünemann, Rechtsmissbrauch im Umweltstrafrecht, 1998, S. 154; anders noch OLG Celle NJW 1986, 2326 mit abl. Bespr. Lamberg NJW 1987, 421; NJW 1989, 575; vgl. auch BGHSt 39, 381 (385) = NJW 1994, 670); daraus erwachsende Schwierigkeiten können nur auf der Ebene der Rechtswidrigkeit oder der Schuld (zB behördliche Duldung, Notstand, Verbotsirrtum) ausgeräumt werden.

4. Abs. 2 soll die Auswüchse des sog. Abfalltourismus bekämpfen (BT-Drs. 12/192, 20; eing. Breuer, Der Import und Export von Abfällen innerhalb der Europäischen Union aus umweltstrafrechtlicher Sicht, 1998, S. 89). **Tatobjekt** sind auch hier Abfälle iSd Abs. 1; mit dem 45. StÄG wurde § 326 II um die Tatvariante in Nr. 1 erweitert, in der auch nicht gefährliche Abfälle als Gegenstand einer verbotenen Abfallverbringung erfasst waren (näher → 28. Aufl. 2014); die in Abs. 2 Nr. 1 StGB aF geregelten Tathandlungen unterfallen nunmehr §§ 18a, 18b AbfVerbrG. – Abs. 2 erfasst als Tatobjekt – wie bisher § 326 II Nr. 2 StGB aF (BT-Drs. 17/5391, 18) – **Abfälle** iSd Abs. 1 (→ Rn. 2–6a sowie ergänzend BT-Drs. 12/7300); mit dem Wegfall von Abs. 2 Nr. 1 StGB aF könnte diese Tatvariante praktische Bedeutung erlangen, wenngleich nunmehr daneben auch §§ 18a, 18b AbfVerbrG einschlägig sind; so erfasst § 18a AbfVerbrG die illegale Verbringung gefährlicher Abfälle; überdies ist dieses Verhalten zum großen Teil auch durch die Tatvariante des Beförderns in Abs. 1 (→ Rn. 7c) erfasst. Da § 18a AbfVerbrG gegenüber Abs. 2 lex specialis sein soll, bezieht sich letzteres nur auf Abfälle iSd Abs. 1, die nicht von der VO (EG) Nr. 1013/2006 erfasst sind und betrifft ua auch radioaktive Abfälle (BR-Drs. 239/16, 22). **Abfälle** iSd Abs. 1 (→ Rn. 2–6a; sowie ergänzend BT-Drs. 12/7300, 23 mit Hinweis auf den Abfallbegriff der am 6.5.1994 in Kraft getretenen VO (EG) Nr. 259/93 des Rates der EG zur Überwachung und Kontrolle der Verbringung von Abfällen in der, in die und aus der EG (ABl. 1993 L 30, S. 1; näher zu dieser Verordnung Heine FS Triffterer, 2011, 401 (414); Franzheim/Pfohl UmweltStrafR Rn. 316; Ransiek in NK-StGB Rn. 51); zum Einfluss des Europarechts Breuer, Der Import und Export von Abfällen innerhalb der Europäischen Union aus umweltstrafrechtlicher Sicht, 1998, S. 53; zur Europäisierung Heine FS Jung, 2007, 261); zT wird für Abs. 2 ein eigenständiger Abfallbegriff zugrundegelegt, der sich am Abfallverbringungsrecht zu orientieren habe (näher Breuer, Der Import und Export von Abfällen innerhalb der Europäischen Union aus umweltstrafrechtlicher Sicht, 1998, S. 102; Ahlmann-Otto Die Verknüpfung von deutschem und EG-Abfallwirtschaftsrecht mit dem Abfallstrafrecht, 2000, S. 162). **8a**

Tathandlung ist das **Verbringen in dem, aus dem und durch den Geltungsbereich dieses Gesetzes** (→ § 3 Rn. 5). Verbringen ist jede ortsverändernde Beförderung, gleichgültig mit welchem Transportmittel. In Übereinstimmung mit den Grundgedanken des Basler Übereinkommens wird nur das grenzüberschreitende Verbringen erfasst (BT-Drs. 12/192, 21; zum innerstaatlichen Befördern → Rn. 7c). Entsprechend dem Vorschlag des Bundesrates wurde neben der Ein- und Ausfuhr auch noch ausdrücklich die Durchfuhr gefährlicher Abfälle als Tathandlung aufgenommen (BT-Drs. 12/7300, 23). Das Verbringen muss entgegen einem Verbot oder ohne die erforderliche Genehmigung (beachte § 330d I Nr. 4, 5; sowie → § 325 Rn. 4–10; zu rechtsmissbräuchlich erlangten Genehmigungen Ransiek in NK-StGB Rn. 47, keine tatbestandsausschließende Wirkung; umstr ist, ob § 330d I Nr. 5 auch auf Genehmigungen aus dem EU-Ausland anwendbar ist, dazu Heger ZIS 2013, 289 (295f.) mwN) erfolgen. Als absolute Verbringungs-Ver- **8b**

bote kommen die in § 14 I Nr. 5 AbfVerbrG genannten Verbote der EG VO (Heine/Schittenhelm in Schönke/Schröder Rn. 12c; Ahlmann-Otto Die Verknüpfung von deutschem und EG-Abfallwirtschaftsrecht mit dem Abfallstrafrecht, 2000, S. 198), als speziell für die grenzüberschreitende Abfallverbringung erforderliche Genehmigung die nach der EG-Verordnung (näher Heine FS Triffterer, 2011, 401 (410); Heine/Schittenhelm in Schönke/Schröder Rn. 12d; Ransiek in NK-StGB Rn. 60; sa EuGH ZUR 2005, 134; OVG Koblenz ZUR 2005, 321; OVG Lüneburg NuR 2005, 134) und § 11 StrlSchV in Betracht (BT-Drs. 12/192, 21). Auch eine ausländische Genehmigung kann auf Grund § 330d II tatbestandsausschließend wirken, selbst wenn sie gegen EU-Recht verstößt (zur Rechtslage vor dem 45. StÄG ebenso Breuer, Der Import und Export von Abfällen innerhalb der Europäischen Union aus umweltstrafrechtlicher Sicht, 1998, S. 136; vgl. auch Ahlmann-Otto Die Verknüpfung von deutschem und EG-Abfallwirtschaftsrecht mit dem Abfallstrafrecht, 2000,S. 210). Bei Abfällen zur Verwertung gilt die Genehmigung als erteilt, wenn die zuständige Behörde nach 30 Tagen keine Einwände erhebt, sog. Notifizierungsverfahren (BVerwG ZUR 2004, 1560; VG Münster ZUR 2005, 254; Schall NStZ-RR 2008, 133).

9 **5. Abs. 3** verlagert bei radioaktiven Abfällen (→ Rn. 3a) wegen ihrer besonderen Gefährlichkeit die Strafbarkeit schon auf die **Verletzung der Ablieferungspflicht** nach §§ 5 III, 9a II AtG vor (echtes Unterlassungsdelikt, → § 13 Rn. 4). Nicht ablieferungspflichtig sind nur geringfügig radioaktive Abfälle (§ 47 iVm § 4 IV Nr. 2e, §§ 45, 46 StrlSchV). Auch soweit darüber hinaus im Rahmen bestimmter Genehmigungen keine Ablieferungspflicht besteht (§ 47 StrlSchV iVm §§ 6, 7, 9 AtG, § 3 I StrlSchV), ist Abs. 3 unanwendbar; jedoch kommt Abs. 1 Nr. 2 in Frage. Durch die Einfügung des Merkmals „unter Verletzung verwaltungsrechtlicher Pflichten" (§ 330d I Nr. 4) wird der Kreis der strafbewehrten Ablieferungspflichten gegenüber der alten Fassung ausgedehnt (BT-Drs. 12/192, 21). Es ist jetzt auch der Verstoß gegen einen die Ablieferung anordnenden Verwaltungsakt zB nach § 19 III AtG erfasst. Da weder in Abs. 3 noch in § 9a II AtG für die Ablieferung eine Frist eingeräumt ist, gelten für die Vollendung der Tat keine Besonderheiten. Sie tritt ein, wenn der Täter an dem Abfall Besitz erlangt hat (§ 9a II 1 AtG), ihm die Ablieferung möglich und nach den Umständen zumutbar ist (→ § 13 Rn. 5; ebenso Heine/Schittenhelm in Schönke/Schröder Rn. 13) und Vorsatz oder Fahrlässigkeit (Abs. 5 Nr. 2) bejaht werden kann. Im Regelfall läuft das auf die Verpflichtung zu unverzüglichem Handeln hinaus (ebenso Heghmanns in LK-StGB Rn. 112 mwN); die Annahme, dass die Ablieferungspflicht so lange nicht bestehe als der Eintritt von Gefahren vermieden werde (so BT-Drs. 8/2382, 19) oder sich das Gefahrenpotential mit steigender Besitzdauer nicht erhöhe (so Reinhardt, Der strafrechtliche Schutz vor den Gefahren der Kernenergie, 1989, S. 121), ist nicht hinreichend konkretisierbar und berücksichtigt nicht, dass auch die bloße Möglichkeit der Gefahrsteigerung die Ablieferungspflicht auslöst.

10 **6.** Der **Vorsatz nach Abs. 1** (bedingter genügt) muss sich namentlich auf die Gefährlichkeit nach den Nr. 1–3 (→ Rn. 4, 4a, 5), die Schädigungseignung nach Nr. 4a (→ Rn. 6), die Gefährdungseignung nach Nr. 4b (→ Rn. 6a) und das Handeln außerhalb einer zugelassenen Anlage oder unter wesentlicher Abweichung von Verfahrensnormen (→ Rn. 8) erstrecken (str.); ein darüber hinausgehendes Bewusstsein der Pflichtwidrigkeit ist nicht erforderlich. Der Irrtum über die Abfalleigenschaft einer Sache (zB eines Autowracks) ist idR (Schall NStZ 1997, 577 (578); NStZ-RR 1998, 353 (357)) ein den Vorsatz unberührt lassender Subsum-

tionsirrtum (→ § 15 Rn. 14), der als Verbotsirrtum zu behandeln ist (OLG Schleswig NStZ 1997, 546 mkritAnm Iburg; Krell NuR 2009, 327 (332)). Nimmt der Täter irrig eine andere als die objektiv verwirklichte Tatbestandsalternative an, hat er also zB den beseitigten Giftstoff für seuchenerregenden Abfall gehalten, so stellt das seine Bedeutungskenntnis nur in Frage, wenn zwischen dem vorgestellten und dem herbeigeführten schädlichen Erfolg eine qualitative Unwertdifferenz besteht (Schittenhelm GA 1983, 310 (313); Wessels/Hettinger/Engländer StrafR BT I Rn. 1085; krit. Matejko ZIS 2006, 205 (210), der auf die Austauschbarkeit nach dem Willen des Gesetzgebers abstellt; sa Schroeder GA 1979, 321; Schroth, Vorsatz und Irrtum, 1998, S. 68). Zum vorsatzausschließenden Irrtum des Genehmigungsempfängers Jedwab, Irrtum des Genehmigungsempfängers im Umweltstrafrecht, 2006 mit krit. Bespr. Ransiek ZStW 121 (2009), 174. Der Vorsatz nach **Abs. 2** muss auch die Illegalität iSd Nr. 1 bzw. die Verbotswidrigkeit oder Genehmigungslosigkeit (Nr. 2) des Verbringens (ebenso jetzt Heine/Schittenhelm in Schönke/Schröder Rn. 14) und der nach **Abs. 3** auch die Ablieferungspflicht (→ Rn. 9) umfassen (→ § 325 Rn. 16). **Fahrlässigkeit** (Abs. 5) → § 15 Rn. 35 (→ § 324 Rn. 7). Wer einen anderen mit der Beseitigung (→ Rn. 7) unweltgefährdenden Abfalls beauftragt, muss sich erkundigen, ob das beauftragte Unternehmen zur ordnungsgemäßen Abfallbeseitigung tatsächlich imstande und rechtlich befugt ist (BGHSt 40, 84 = NJW 1994, 1745 mit zT krit. Bespr. Michalke StV 1995, 137; Schmidt JZ 1995, 545 (550); Versteyl NJW 1995, 1070; BGHSt 43, 219 (231) = NStZ 1997, 544; LG Kiel NStZ 1997, 496; VG Potsdam NuR 2004, 617; aus der Zivil-Rechtsprechung BGH NJW 2006, 3628; dazu Schall NStZ-RR 2008, 134; sa Hecker MDR 1995, 757; Heine FS Triffterer, 2011, 401 (411); BGH NJW 1998, 3665 (3670); Krieger DB 1996, 613; Breuer, Der Import und Export von Abfällen innerhalb der Europäischen Union aus umweltstrafrechtlicher Sicht, 1998, S. 175; Franzheim/Pfohl UmweltStrafR Rn. 304; Duttge, Zur Bestimmtheit des Handlungsunwerts von Fahrlässigkeitsdelikten, 2001, S. 348). Zum Verbotsirrtum vgl. OLG Celle ZUR 2016, 314.

7. Unbefugt (Abs. 1) bezeichnet hier – wie in § 324 I (→ § 324 Rn. 8) – nur das allgemeine Verbrechensmerkmal der Rechtswidrigkeit (BGHSt 37, 21 (29) = NJW 1990, 2477; diff. Heine/Schittenhelm in Schönke/Schröder Rn. 16). Da besondere Befugnisse schon den Tatbestand ausschließen (→ Rn. 8), kommt eine Rechtfertigung nur selten, etwa bei Notstand nach § 34 (grds. abl. BGH NStZ 1997, 189 (190) mAnm Sack JR 1997, 254 (255)), in Frage. Ob auch ein erlaubtes Risiko bei der Abfallbeseitigung (→ Rn. 7) den Tatbestand ausschließt, erscheint wegen des Deliktscharakters (→ Rn. 1) zweifelhaft (dafür aber Schroth NStZ 1996, 547 (548)). 11

8. Abs. 6 enthält die mit Recht vielfach kritisierte (zB Sack NJW 1980, 1424 (1427); Schittenhelm GA 1983, 310 (318)), vom Gesetzgeber aber bis heute unverändert beibehaltene, sog. **Minima-Klausel,** die einen objektiv wirkenden, dh von den Vorstellungen des Täters unabhängigen, **Strafausschließungsgrund** bildet (hM; vgl. Ostendorf GA 1982, 333 (337); Sack UmweltschutzStrafR § 326 Rn. 338; Bock in Handbuch des Strafrechts § 48 Rn. 214; anders Steindorf in LK-StGB, 11. Aufl. 1997, Rn. 144, Straffreierklärung eigener Art; für Tatbestandsausschließungsgrund Maurach/Schroeder/Maiwald/Hoyer/Momsen StrafR BT § 58 Rn. 77). Bedenken erwecken namentlich ihre Unanwendbarkeit auf den größeren Teil der Tatbestandsalternativen des § 326, die sich zwingend schon aus deren Wortlaut ergibt, und ihre Beschränkung auf den Gesichtspunkt der Abfallmenge, obwohl sich offensichtliche Ungefährlichkeit auch aus anderen gleichwertigen Grün- 12 den ergeben kann (Tiedemann, Neuordnung des Umweltstrafrechts, 1980, S. 37; Rogall NStZ 1992, 561 (563); Frisch, Verwaltungsakzessorietät und Tatbestandsverständnis im Umweltstrafrecht, 1993, S. 133); dies gilt namentlich auch für den neuen Abs. 2 Nr. 1. Eine Ausdehnung des Anwendungsbereichs durch Analogie scheidet angesichts der gewollten Begrenzung aus. Im Übrigen enthält die Vorschrift für den Umweltschutzbereich eine Absage an die im Schrifttum (→ § 306 Rn. 1) vertretene Auffassung, dass bei abstrakten Gefährdungsdelikten der Gegenbeweis der Ungefährlichkeit die Strafbarkeit ausschließe (Laufhütte/Möhrenschlager ZStW 92 (1980), 912 (960); aM Schittenhelm GA 1983, 310 (319); krit. Frisch, Verwaltungsakzessorietät und Tatbestandsverständnis im Umweltstrafrecht, 1993, S. 136 Fn. 396). Der Ausschluss **schädlicher Einwirkungen auf die Umwelt** ist **offensichtlich,** wenn die Ungefährlichkeit auf Grund der festgestellten – uU auch nur nach dem Grundsatz in dubio pro reo unterstellten – Tatsachen jedem Zweifel entrückt ist, dh sich dem Beurteiler unmittelbar aufdrängt (BayObLG NStZ-RR 2002, 76); nur insoweit bestehende Zweifel (BT-Drs. 8/2382, 19; Heghmanns in LK-StGB Rn. 126), nicht dagegen Zweifel über die der Beurteilung zugrundezulegenden Tatsachen (aM Graul, Abstrakte Gefährdungsdelikte und Präsumtionen im Strafrecht, 1991, S. 353), gehen zu Lasten des Täters.

13 **9.** Vollendet ist die Tat nach Abs. 1 (zu Abs. 3 → Rn. 9), sobald der Abfall mindestens teilweise beseitigt ist (hM). Sie ist aber **kein Dauerdelikt** und daher nicht erst mit dem Wegfall des durch die Tat geschaffenen rechtswidrigen Zustandes, sondern schon mit dem Abschluss der Beseitigung beendigt (hM; BGHSt 36, 255 = NJW 1990, 194 mAnm Laubenthal JR 1990, 513; BGH NJW 1992, 122; OLG Düsseldorf NJW 1989, 537; BayObLG wistra 1993, 313; krit. Sack JR 1991, 525; Schall NStZ-RR 2008, 103), womit zugleich die Verjährung beginnt (→ § 78a Rn. 3). Eine Abfallverbringung iSd Abs. 2 ist vollendet, jedenfalls mit dem Grenzübertritt der Abfälle. Der **Versuch** ist nach **Abs. 4** in den Fällen des Abs. 1 und 2 strafbar. Zum Versuchsbeginn bei der Abfallverschiebung OLG Hamburg NZWiSt 2016, 146; Tölle NStZ 1997, 325; Breuer, Der Import und Export von Abfällen innerhalb der Europäischen Union aus umweltstrafrechtlicher Sicht, 1998, S. 154.

14 **10.** Für die **Beteiligung** (Täterschaft und Teilnahme) gelten die allgemeinen Regeln (so auch BVerfG NJW 1995, 186; speziell für die Abfallverbringung Breuer, Der Import und Export von Abfällen innerhalb der Europäischen Union aus umweltstrafrechtlicher Sicht, 1998, S. 156). Aus ihnen folgt, dass Täter ist, wer entweder mit Tatherrschaft (nach subjektiver Lehre mit Täterwillen) handelt oder wer als Verantwortlicher für die ordnungsmäßige Beseitigung des Abfalls (als Sonderpflichtiger) einen Tatbeitrag gleich welcher Art (zB Veranlassen, Fördern, uU auch Unterlassen) leistet (BGHSt 40, 84 (87) = NJW 1994, 1745; Schittenhelm GA 1983, 310 (322); Glauben DRiZ 1998, 23 (24); Heine/Schittenhelm in Schönke/Schröder Rn. 21). Täter ist auch der sachverständige Berater, wenn die zuständige Stelle ihre Entscheidung von seinen Vorschlägen abhängig macht (BGHSt 39, 381 (384) = NJW 1994, 670 mzustAnm Horn JZ 1994, 636; krit. aber Michalke NJW 1994, 1693 (1696); Schirrmacher JR 1995, 386; von Verfassungs wegen ist die Entscheidung nicht zu beanstanden, BVerfG NJW 1995, 186).

15 **11.** Die **Verantwortlichkeit** in Betrieben und Unternehmen (→ § 11 Rn. 15) für die Abfallbeseitigung bestimmt sich im Wesentlichen nach denselben Grundsätzen, die für den Gewässerschutz unter → § 324 Rn. 16 dargelegt sind; speziell zur Garantenstellung eines GmbH-Geschäftsführers BGH NStZ 1997, 545 mit Bespr.

Schall NStZ-RR 1998, 353 (357); OLG Jena NStZ 2006, 533 mit Bespr. Schall NStR-RR 2008, 135; zur mittelbaren Täterschaft des GmbH-Geschäftsführers, der Abfälle Abnehmern überlässt, die nicht über die Möglichkeiten einer geordneten Abfallbeseitigung verfügen, BGHSt 43, 219 (231) = NStZ 1997, 544 mit krit. Bespr. Schall NStZ-RR 1998, 357. Zur möglichen Mittäterschaft von Abfallbesitzer und „Scheinentsorger" Schünemann in Breuer/Kloepfer/Marburger, Umweltschutz und technische Sicherheit im Unternehmen, 1994, S. 137, 151. Zur täterschaftlichen Haftung eines AG-Vorstandsmitglieds, eines Werkleiters, eines Werkmeisters und von Arbeitern Ransiek ZGR 1999, 613 (637).

12. Besonders schwere Fälle § 330. 16

13. Tateinheit ua möglich mit § 324 (→ § 324 Rn. 18), § 325 I Nr. 1 (→ § 325 17 Rn. 19), §§ 327–329, 330a. § 18a AbfVerbrG ist lex specialis zu Abs. 2 (BR-Drs. 239/16, 22; BGH NStZ-RR 2018, 359).

14. Tätige Reue (in den Fällen der Abs. 1–3 sowie weitergehend in den Fällen 18 des Abs. 5) § 330b.

15. Einziehung § 330c. Zum Verfall nach § 73 aF BGH NJW 2014, 91 mAnm 19 Kämpfer NStZ 2014, 94.

§ 327 Unerlaubtes Betreiben von Anlagen

(1) **Wer ohne die erforderliche Genehmigung oder entgegen einer vollziehbaren Untersagung**

1. **eine kerntechnische Anlage betreibt, eine betriebsbereite oder stillgelegte kerntechnische Anlage innehat oder ganz oder teilweise abbaut oder eine solche Anlage oder ihren Betrieb wesentlich ändert oder**
2. **eine Betriebsstätte, in der Kernbrennstoffe verwendet werden, oder deren Lage wesentlich ändert,**

wird mit Freiheitsstrafe bis zu fünf Jahren oder mit Geldstrafe bestraft.

(2) [1]**Mit Freiheitsstrafe bis zu drei Jahren oder mit Geldstrafe wird bestraft, wer**

1. **eine genehmigungsbedürftige Anlage oder eine sonstige Anlage im Sinne des Bundes-Immissionsschutzgesetzes, deren Betrieb zum Schutz vor Gefahren untersagt worden ist,**
2. **eine genehmigungsbedürftige Rohrleitungsanlage zum Befördern wassergefährdender Stoffe im Sinne des Gesetzes über die Umweltverträglichkeitsprüfung,**
3. **eine Abfallentsorgungsanlage im Sinne des Kreislaufwirtschaftsgesetzes oder**
4. **eine Abwasserbehandlungsanlage nach § 60 Absatz 3 des Wasserhaushaltsgesetzes**

ohne die nach dem jeweiligen Gesetz erforderliche Genehmigung oder Planfeststellung oder entgegen einer auf dem jeweiligen Gesetz beruhenden vollziehbaren Untersagung betreibt. [2]**Ebenso wird bestraft, wer ohne die erforderliche Genehmigung oder Planfeststellung oder entgegen einer vollziehbaren Untersagung eine Anlage, in der gefährliche Stoffe oder Gemische gelagert oder verwendet oder gefährliche Tätigkeiten ausgeübt werden, in einem anderen Mitgliedstaat der Europäischen Union in einer**

Weise betreibt, die geeignet ist, außerhalb der Anlage Leib oder Leben eines anderen Menschen zu schädigen oder erhebliche Schäden an Tieren oder Pflanzen, Gewässern, der Luft oder dem Boden herbeizuführen.

(3) **Handelt der Täter fahrlässig, so ist die Strafe**

1. **in den Fällen des Absatzes 1 Freiheitsstrafe bis zu drei Jahren oder Geldstrafe,**
2. **in den Fällen des Absatzes 2 Freiheitsstrafe bis zu zwei Jahren oder Geldstrafe.**

1 **1.** § 327 ist mit dem 45. StÄG um Abs. 2 S. 2 und 2013 um Abs. 2 S. 1 Nr. 4 erweitert worden; Abs. 2 S. 1 Nr. 3 ist 2012 an das neue KrWG angepasst worden. Die Vorschrift wendet sich gegen das **unerlaubte Betreiben von Anlagen,** von denen typischerweise Umweltgefahren ausgehen können (zu ihrer Verfassungsmäßigkeit BVerfGE 75, 329 = NJW 1987, 3175; zu ihrer Legitimation Kindhäuser FS Helmrich, 1994, 967 (983); zu den geschützten Rechtsgütern → Vor § 324 Rn. 7; Sack UmweltschutzStrafR § 327 Rn. 29). Auf eine Umweltgefährdung oder -schädigung kommt es nicht an; die Tat ist daher **abstraktes Gefährdungsdelikt** (→ Vor § 13 Rn. 32; Ransiek in NK-StGB Rn. 3; krit. zu dieser Einordnung Marx, Die behördliche Genehmigung im Strafrecht, 1993, S. 143; vgl. auch Schünemann FS Triffterer, 2011, 437 (455), Organisationsdelikt). Rechtsprechungsübersicht bei Schall NStZ 1997, 580; NStZ-RR 1998, 353 (357); NStZ-RR 2007, 33 (34).

2 **2. Übereinstimmende Voraussetzung** aller Tathandlungen ist **verwaltungsrechtlich unzulässiges** Handeln (→ § 325 Rn. 4–10). Das Fehlen der Genehmigung und das Bestehen einer vollziehbaren Untersagung sind Tatbestandsmerkmale (hM; vgl. etwa Ransiek in NK-StGB Rn. 9; anders für die atomrechtliche Genehmigung im Hinblick auf den „Atomausstieg" (§ 1 I AtG idF des Gesetzes zur geordneten Beendigung der Kernenergienutzung … v. 22.4.2002) Altenhain FS Weber, 2004, 441 (443)). **Erforderliche Genehmigung oder Planfeststellung** (Abs. 1 und 2; beachte § 330d I Nr. 5) ist jeweils die in § 7 AtG, § 4 BImSchG, § 20 UVPG (Buddendiek/Rutkowski NebenStrafR-Lex Rn. 835) oder § 35 KrWG vorgeschriebene. Sie muss nicht notwendig schon ihrem Typ nach als das abschließende Ergebnis des vorgeschriebenen Genehmigungs- oder Planfeststellungsverfahrens erscheinen, kann vielmehr auch in anderen verwaltungsrechtlich wirksamen Formen (vorläufiger) Gestattung bestehen (→ § 325 Rn. 10, 17; aM Heine/Schittenhelm in Schönke/Schröder Rn. 12; für Rechtfertigung bei sog. „Vorabzustimmungen" Fischer Rn. 5; für Rechtfertigung bei sog. aktiver atomrechtlicher Duldung iSd § 19 III AtG Altenhain FS Weber, 2004, 441 (446); zur nachträglichen Auflage iSd § 17 I 3 AtG VGH Mannheim ZUR 2007, 380 mit Bespr. Schall NStZ-RR 2008, 135). An der Genehmigung fehlt es nicht schon beim Verstoß gegen echte Auflagen, wohl aber bei Nichterfüllung mit der Genehmigung verbundener (aufschiebender oder auflösender) Bedingungen und bei Verletzung wesentlicher, zum Kernbereich der Genehmigung gehörender Voraussetzungen (BayObLG MDR 1988, 252); der Verstoß gegen Auflagen beim Betrieb einer nur anzeigepflichtigen Altanlage zur Lagerung und Verwertung von Autowracks ist nicht erfasst (OLG Köln NStZ-RR 1999, 270). Umstritten ist, ob das Betreiben der Anlage unter wesentlicher Abweichung von der erteilten Genehmigung ein Betreiben ohne Genehmigung ist (verneinend Börner wistra 2006, 7 mwN). **Vollziehbare Untersagung** (Abs. 1 und 2) → § 325 Rn. 7; zu Abs. 1 beachte auch § 19 III AtG. Gemeint sind ausschließlich solche Verwaltungsakte, die auf dem zugehörigen, das Verwaltungsrecht regelnden

Gesetz (im Falle des Abs. 1 also auf dem AtG) beruhen. **Untersagung** (Abs. 2 Nr. 1 Alt. 2) zum Schutz vor Umweltgefahren durch Verfügung der zuständigen Behörde auf der Grundlage zB des § 25 II (nicht notwendig auch des § 25 I) BImSchG (BT-Drs. 12/192, 21); speziell zur Lagerung von Elektromotoren Schall NStZ-RR 2008, 136. Im Übrigen gelten für die **Verwaltungsrechts- und Verwaltungsakt-akzessorietät,** namentlich für die Strafbarkeit des Betriebs genehmigungsbedürftiger Anlagen und der Zuwiderhandlung gegen wirksame, aber materiell fehlerhafte Verwaltungsakte, die Ausführungen unter → § 325 Rn. 7–10 sinngemäß.

3. a) Kerntechnische Anlage (Abs. 1 Nr. 1) § 330d I Nr. 2 (→ § 330d Rn. 2). 3
Betriebsstätte, in der Kernbrennstoffe (§ 2 I Nr. 1 AtG) **verwendet werden** (Abs. 1 Nr. 2) § 9 I AtG. **Genehmigungsbedürftige Anlage iSd BImSchG** (Abs. 2 Nr. 1 Alt. 1) § 4 BImSchG iVm der 4. BImSchV (zur Frage sog. „Altanlagen" OLG Köln NStZ-RR 1999, 270; Wüterich NStZ 1990, 112); zB eine Feuerstätte, in der Kupferkabel zur Rückgewinnung des Buntmetalls abgebrannt werden (OLG Celle ZfW 1994, 504), auch Autolagerplätze (OLG Braunschweig NStZ-RR 1998, 175 (177); BayObLG NStZ 1998, 465; Schall NStZ-RR 1998, 353 (358); zur Unübersichtlichkeit der verwaltungsrechtlichen Vorschriften Henzler/Pfohl wistra 2004, 331). **Sonstige Anlage iSd BImSchG** (Abs. 2 Nr. 1 Alt. 2) sind nicht genehmigungsbedürftige Anlagen nach §§ 22, 23 BImSchG. **Genehmigungsbedürftige Rohrleitungsanlage zum Befördern wassergefährdender Stoffe iSd UVPG** (Abs. 2 Nr. 2) § 20 UVPG; Überschneidungen mit dem weitergehenden § 329 II Nr. 1 sind möglich (vgl. BT-Drs. 12/192, 22). **Abfallentsorgungsanlage** (Abs. 2 S. 1 Nr. 3) ist ein Begriff, den das KrWG nicht kennt; dessen §§ 34 ff. betreffen „Abfallbeseitigungsanlagen". Erfasst sind nur nach dem KrWG zulassungspflichtige Deponien (§ 35 KrWG; BGHSt 59, 45 = NJW 2014, 91 mit Bespr. Krell NZWiSt 2014, 14; Heger HRRS 2014, 45; Rogall FS Boujong, 1996, 807 (814); offen gelassen OLG Köln VRS 97, 29; weiter BayObLG NStZ 1998, 465; Ransiek in NK-StGB Rn. 13; Steindorf in LK-StGB, 11. Aufl. 1997, Rn. 16a, alle Anlagen, die zur Abfallentsorgung in Form von dessen Beseitigung vorgesehen sind), dh Abfallbeseitigungsanlagen zur Endablagerung von Abfällen (§ 3 XXVI KrWG), nicht mehr wie nach §§ 4, 5 I, 7 AbfG aF (vgl. → 23. Aufl. 1999) auch Anlagen zur Behandlung und Zwischenlagerung von Abfällen, doch kann wegen der hier zT bestehenden Genehmigungspflicht nach dem BImSchG (vgl. § 35 I KrWG) § 327 II 1 Nr. 1 erfüllt sein (OLG Braunschweig NStZ-RR 1998, 175). Da es für eine „Deponie" iSd KrWG nicht auf Größe, Kapazität und Zweckbestimmung ankommt, zählen dazu auch nach geltendem Recht jedenfalls Grundstücke, auf denen bestimmungsgemäß (OLG Stuttgart NStZ 1991, 590; OLG Zweibrücken NJW 1992, 2841 mit zT krit. Bespr. Winkelbauer JuS 1994, 112 (114); sa BayObLG NStZ 1988, 26; gegen das Erfordernis einer Bestimmung des Grundstücks zur Ablagerung von Abfällen Sack UmweltschutzStrafR § 327 Rn. 200) Abfälle mit einer gewissen Erheblichkeit endgelagert werden (OLG Braunschweig ZfW 1991, 52 (60); OLG Celle ZfW 1994, 380). Speziell zu Anlagen zur Lagerung oder Behandlung von **Autowracks** und zur AltautoVO 2002 Henzler/Pfohl wistra 2004, 331 (333). Normadressat ist der Deponie-Betreiber (Schall NStZ-RR 2008, 137 mit BVerwGE 126, 1 = NVwZ 2006, 1067). **Abwasserbehandlungsanlagen** nach § 60 III WHG (Abs. 2 S. 1 Nr. 4) sind solche, für die nach dem UVPG eine Verpflichtung zur Durchführung einer Umweltverträglichkeitsprüfung besteht.

3a **b) Abs. 2 S. 2** erstreckt seit dem 45. StÄG die Strafbarkeit tatbestandlich auf den Betrieb von Anlagen, in denen gefährliche Stoffe oder Gemische (dazu § 3a ChemG) gelagert oder verwendet oder gefährliche Tätigkeiten ausgeübt werden, in einem anderen EU-Staat. Eine Beschränkung auf die in Abs. 2 S. 1 Nr. 1–4 genannten Anlagen ist nicht intendiert, sofern auch andere Anlagen die genannte Gefährlichkeit aufweisen; für den Betrieb von kerntechnischen Anlagen im Ausland gilt allerdings Abs. 1 mit einer höheren Strafdrohung (Ransiek in NK-StGB Rn. 16; aM Schall in SK-StGB § 330d Rn. 7). Nicht erforderlich ist der Eintritt einer konkreten Gefährdung im Inland (Szesny/Görtz ZUR 2012, 405 (408); aM Fischer Rn. 13). Auf den Anlagenbetrieb im Ausland muss aber deutsches Strafrecht iSd §§ 3ff. anwendbar sein (Saliger, Umweltstrafrecht, 2012, Rn. 449; Ransiek in NK-StGB Rn. 15, 17), so dass regelmäßig nur Taten eines Deutschen erfasst sind (Heger HRRS 2012, 211 (217)). Im Unterschied zu Abs. 1 und Abs. 2 S. 1 muss der Anlagenbetrieb nach Abs. 2 S. 2 in einer Weise erfolgt sein, die geeignet ist, außerhalb der Anlage Leib und Leben eines anderen Menschen zu schädigen oder erhebliche Schäden an Tieren oder Pflanzen, Gewässern, der Luft oder dem Boden herbeizuführen; Abs. 2 S. 2 ist damit nicht bloß ein abstraktes, sondern ein potenzielles Gefährdungsdelikt. Der Anlagenbetrieb muss ohne die vor Ort erforderliche Genehmigung oder Planfeststellung oder entgegen einer vollziehbaren Untersagung erfolgt sein; wegen § 330d II 2 muss mit einem solchen ausländischen Verwaltungsakt aber zugleich ein Rechtsakt von EU oder EURATOM zum Schutz der Umwelt umgesetzt werden (Ransiek in NK-StGB Rn. 16; → § 330d Rn. 6).

4 **4. Betreiben** einer Anlage (Abs. 1 und 2) → § 325 Rn. 2; Dauerstraftat (BayObLG NJW 1996, 1422; Schmitz, Unrecht und Zeit, 2000, S. 196). Es sind Tätigkeiten erforderlich, die der bestimmungsgemäßen Nutzung dienen (Schall NStZ-RR 1998, 353 (358), zust. LG Frankfurt a. M. NZM 2005, 679; ähnlich Ransiek in NK-StGB Rn. 6); das Entfernen von Abfällen aus dem Altbestand der Anlage genügt daher nicht (BayObLG NStZ 1998, 465). Errichten wird wegen der fehlenden potentiellen Gefährdung nicht erfasst (BT-Drs. 8/2382, 20; beachte jedoch § 46 I Nr. 2 AtG; § 62 I Nr. 1 BImSchG). Zur Haftung von Gemeindeorganen für einen fehlerhaften Anlagenbetrieb Nappert, Die strafrechtliche Haftung von Bürgermeistern und Gemeinderäten im Umweltstrafrecht, 1997, S. 96. Die **weiteren Tathandlungen** nach Abs. 1 Nr. 1 (Innehaben, Abbauen oder wesentliches Verändern von technischen Anlagen, § 7 I, III AtG) betreffen nur betriebsbereite oder stillgelegte Anlagen, weil von nicht betriebsbereiten oder nie betriebenen Anlagen keine Strahlungsrisiken ausgehen (BT-Drs. 8/2382, 20; aM für das wesentliche Verändern Steindorf in LK-StGB, 11. Aufl. 1997, Rn. 9). Abs. 1 Nr. 2 erfasst das wesentliche Verändern einer Betriebsstätte oder deren Lage iSv § 9 I 2 AtG (Heghmanns in LK-StGB Rn. 17). Abs. 2 S. 1 Nr. 1 Var. 1 erfasst nicht schon die Änderung, wohl aber das Betreiben nach Änderung des Betriebs (hM; vgl. etwa Heine/Schittenhelm in Schönke/Schröder Rn. 14; krit. Börner wistra 2006, 7 (9, 10)).

5 **5.** Für **Vorsatz und Fahrlässigkeit** gelten die Ausführungen unter → § 325 Rn. 16 sinngemäß; der Irrtum über die Genehmigungsbedürftigkeit der Anlage ist Tatbestandsirrtum (OLG Braunschweig NStZ-RR 1998, 175 (177) mit zust. Bespr. Brede NStZ 1999, 137 (138); Kirchner/Jakielski JA 2000, 813 (818); Heine/Schittenhelm in Schönke/Schröder Rn. 20; → § 325 Rn. 16; sa Jedwab, Irrtum des Genehmigungsempfängers im Umweltstrafrecht, 2006, S. 247 mit krit. Bespr. Ransiek ZStW 121 (2009), 174 (175)).

6. Zur **Rechtfertigung** → § 325 Rn. 17. 6

7. Die Tat ist echtes Sonderdelikt (Schall NStZ 1997, 577 (580); Rengier FS Kohlmann, 2003, 225 (237); Heghmanns in LK-StGB Rn. 61; aM Ransiek FS Widmaier, 2008, 725 (726, 740): Allgemeindelikt, bei dem der Betreiber usw nach den allgemeinen Regeln über Täterschaft und Teilnahme ermittelt wird, so dass nicht nur der unmittelbar Handelnde, sondern auch etwa der Vorgesetzte Täter sein kann), § 14 I also zu beachten (Martin, Sonderdelikte im Umweltstrafrecht, 2006, S. 31, 147 mit Bespr. Ransiek ZStW 121 (2009), 162; einschr. Heine/Schittenhelm in Schönke/Schröder Rn. 23; aM Ransiek in NK-StGB Rn. 5, 6; zur Begehung durch Amtsträger Schall NStZ 1997, 577 (582)). 6a

8. Besonders schwere Fälle § 330. 7

9. **Tateinheit** ua möglich zwischen Abs. 1 und §§ 307, 309 (aM Heghmanns in LK-StGB Rn. 69), §§ 311, 328 sowie zwischen Abs. 2 und §§ 324–326, 329. 8

10. Einziehung (in den Fällen des Abs. 1 oder Abs. 2) § 330c. 9

§ 328 Unerlaubter Umgang mit radioaktiven Stoffen und anderen gefährlichen Stoffen und Gütern

(1) **Mit Freiheitsstrafe bis zu fünf Jahren oder mit Geldstrafe wird bestraft,**

1. wer ohne die erforderliche Genehmigung oder entgegen einer vollziehbaren Untersagung Kernbrennstoffe oder

2. wer ohne die erforderliche Genehmigung oder wer entgegen einer vollziehbaren Untersagung sonstige radioaktive Stoffe, die nach Art, Beschaffenheit oder Menge geeignet sind, durch ionisierende Strahlen den Tod oder eine schwere Gesundheitsschädigung eines anderen oder erhebliche Schäden an Tieren oder Pflanzen, Gewässern, der Luft oder dem Boden herbeizuführen,

herstellt, aufbewahrt, befördert, bearbeitet, verarbeitet oder sonst verwendet, einführt oder ausführt.

(2) **Ebenso wird bestraft, wer**

1. Kernbrennstoffe, zu deren Ablieferung er auf Grund des Atomgesetzes verpflichtet ist, nicht unverzüglich abliefert,

2. Kernbrennstoffe oder die in Absatz 1 Nr. 2 bezeichneten Stoffe an Unberechtigte abgibt oder die Abgabe an Unberechtigte vermittelt,

3. eine nukleare Explosion verursacht oder

4. einen anderen zu einer in Nummer 3 bezeichneten Handlung verleitet oder eine solche Handlung fördert.

(3) **Mit Freiheitsstrafe bis zu fünf Jahren oder mit Geldstrafe wird bestraft, wer unter Verletzung verwaltungsrechtlicher Pflichten**

1. beim Betrieb einer Anlage, insbesondere einer Betriebsstätte oder technischen Einrichtung, radioaktive Stoffe oder gefährliche Stoffe und Gemische nach Artikel 3 der Verordnung (EG) Nr. 1272/2008 des Europäischen Parlaments und des Rates vom 16. Dezember 2008 über die Einstufung, Kennzeichnung und Verpackung von Stoffen und Gemischen, zur Änderung und Aufhebung der Richtlinien 67/548/EWG und 1999/45/EG und zur Änderung der Verordnung (EG) Nr. 1907/2006

(ABl. L 353 vom 31.12.2008, S. 1), die zuletzt durch die Verordnung (EG) Nr. 790/2009 (ABl. L 235 vom 5.9.2009, S. 1) geändert worden ist, lagert, bearbeitet, verarbeitet oder sonst verwendet oder

2. **gefährliche Güter befördert, versendet, verpackt oder auspackt, verlädt oder entlädt, entgegennimmt oder anderen überläßt**

und dadurch die Gesundheit eines anderen, Tiere oder Pflanzen, Gewässer, die Luft oder den Boden oder fremde Sachen von bedeutendem Wert gefährdet.

(4) **Der Versuch ist strafbar.**

(5) **Handelt der Täter fahrlässig, so ist die Strafe Freiheitsstrafe bis zu drei Jahren oder Geldstrafe.**

(6) **Die Absätze 4 und 5 gelten nicht für Taten nach Absatz 2 Nr. 4.**

Fassung: Mit dem 45. StÄG (→ Vor § 1 Rn. 17) kam es zu Änderungen der Abs. 1 und 3.

1 **1.** Die Vorschrift wendet sich in Abs. 1 und 2 gegen den **unerlaubten Umgang mit radioaktiven Stoffen,** weil von ihnen typischerweise Umweltgefahren ausgehen können (zu den geschützten Rechtsgütern → Vor § 324 Rn. 7); die Tat ist insoweit **abstraktes Gefährdungsdelikt** (→ Vor § 13 Rn. 32; Ransiek in NK-StGB Rn. 2; diff. Heghmanns in LK-StGB Rn. 2f.). In Abs. 3 wendet sich die Vorschrift gegen den **unerlaubten Umgang mit gefährlichen Stoffen und Gütern;** die Tat ist insoweit **konkretes Gefährdungsdelikt** (Bartholme JA 1996, 730 (734); Otto StrafR BT § 82 Rn. 96; Heine/Schittenhelm in Schönke/Schröder Rn. 1; → Vor § 13 Rn. 32), da sie konkrete umweltbezogene Gefährdungen verlangt (krit. Möhrenschlager NStZ 1994, 566 (567)). Mit der Erweiterung des § 19 II ChemG (→ Rn. 3) um die in der EG-Richtlinie 98/24 aufgeführten gefährlichen Arbeitsstoffe erhält Abs. 3 Nr. 1 einen arbeitnehmerschützenden Zweck, der angesichts der fortbestehenden Orientierung an den Fallgruppen von § 19 II ChemG (→ Rn. 3) auch nach der Neufassung von Abs. 3 Nr. 1 bestehen bleibt.

2 **2. Übereinstimmende Voraussetzung** der Tathandlungen mit Ausnahme der neu eingefügten Abs. 2 Nr. 3, 4 ist **verwaltungsrechtlich unzulässiges** Handeln (→ § 325 Rn. 4–10, 17; → § 311 Rn. 2); Verursachen einer nuklearen Explosion und Verleiten dazu oder Fördern einer solchen Handlung ist als solches unrechtsbegründend und damit tatbestandsmäßig; eine Genehmigung kann deshalb nur rechtfertigen. **Erforderliche Genehmigung, vollziehbare Untersagung** (Abs. 1) → § 327 Rn. 2; Grundlage der Verwaltungsakte können hier nur das AtG oder auf ihm beruhende Rechtsvorschriften sein (Laufhütte/Möhrenschlager ZStW 92 (1980), 912 (967)). **Verpflichtung zur Ablieferung** (Abs. 2 Nr. 1) § 5 III AtG. **Verbot der Abgabe an Unberechtigte** oder deren **Vermittlung** (Abs. 2 Nr. 2) erweitert § 5 V AtG, um schon im Vorfeld der Anbahnung illegaler Geschäfte wirksamer entgegentreten zu können (BT-Drs. 12/7300, 24). **Verletzung verwaltungsrechtlicher Pflichten** (Abs. 3); verwaltungsrechtliche Pflichten (§ 330d I Nr. 4; → § 325 Rn. 6–10) ergeben sich bei **Abs. 3 Nr. 1,** soweit es um pflichtenbegründende Rechtsvorschriften geht, etwa aus §§ 7, 23 BImSchG mit den jeweils auf ihnen beruhenden Verordnungen, aus § 17 ChemG mit der GefStoffV aus § 62 WHG (BayObLG NJW 1995, 540, noch zu § 19g WHG aF mit zust. Bespr. Bartholme JA 1995, 924; Heine JR 1996, 300; Heine/Schittenhelm in Schönke/Schröder Rn. 22; krit. Michalke, Verwaltungsrecht im Umweltstrafrecht, 2001, S. 82, 85) und aus §§ 10–12 AtG mit der StrlSchV sowie aus sons-

tigen Vorschriften der Gefahrenabwehr wie etwa § 14 ArbeitsstättenVO (BT-Drs. 12/192, 23; „unklar" nach Schall FS Küper, 2007, 505 (507, 514); dagegen Peters FS Leuze, 2003, 419, der Abs. 3 Nr. 1 wegen Verstoßes gegen Art. 103 II GG für verfassungswidrig hält); bei **Abs. 3 Nr. 2** ergeben sich solche Pflichten etwa aus § 54 KrWG, aus den Gefahrgutverordnungen Straße, Eisenbahn, See und Binnenschifffahrt (Nachw. bei Buddendiek/Rutkowski NebenStrafR-Lex Kap. C Rn. 318; näher dazu Bottke TranspR 1992, 390 (400); Bartholme JA 1996, 730 (733)) sowie aus allgemeinen Normen der Gefahrenabwehr wie etwa solchen der StVO (Rengier FS Boujong, 1996, 791 (798); aM Michalke, Verwaltungsrecht im Umweltstrafrecht, 2001, S. 83); das Erfordernis einer **groben** Pflichtverletzung ist mit dem 45. StÄG aufgegeben worden (Pfohl ZWH 2013, 95 (99)).

3. **Tatgegenstände** sind **Kernbrennstoffe** (Abs. 1 Nr. 1, Abs. 2), dh besondere spaltbare Stoffe iSd hier maßgeblichen § 2 I Nr. 1 AtG. **Sonstige radioaktive Stoffe** (Abs. 1 Nr. 2, Abs. 2 Nr. 2) § 2 I, II AtG, § 3 I StrlSchV (→ § 326 Rn. 5; Heghmanns in LK-StGB Rn. 6) mit qualifizierter (Tod → Vor § 211 Rn. 4, schwere Gesundheitsschädigung schließt abweichend von § 226 auch Fälle der Gefahr des Eintritts einer langwierigen Krankheit oder erheblicher Beeinträchtigung der Arbeitsfähigkeit für längere Zeit ein, Möhrenschlager NStZ 1994, 566 (567), ionisierende Strahlen → § 309 Rn. 2) Schädigungseignung (BT-Drs. 12/7300, 24). Radioaktive Stoffe oder **gefährliche Stoffe und Gemische** nach Art. 3 der VO (EG) Nr. 1272/2008 über die Einstufung, Kennzeichnung und Verpackung von Stoffen und Gemischen; die in Abs. 3 Nr. 1 aF enthaltene Bezugnahme auf Gefahrstoffe iSd ChemG ist dadurch entfallen. Weil die gefährlichen Stoffe und Gemische in Art. 3 der VO nicht definiert sind, kommt es für eine entsprechende Klassifizierung darauf an, ob die Kriterien für physikalische Gefahren, Gesundheits- oder Umweltgefahren in Anh. I Teil 2–5 erfüllt sind (Ransiek in NK-StGB Rn. 10); das ist nicht unproblematisch, weil dieser Anh. I mehr als tausend Seiten umfasst (vgl. Pfohl ZWH 2013, 95 (99); Sack UmweltschutzStrafR § 328 Rn. 71 a). Allerdings erfüllen die Fallgruppen des § 19 II ChemG im Regelfall auch die Kriterien des Anhangs und sind damit gefährliche Stoffe oder Gemische nach Art. 3 VO (Saliger, Umweltstrafrecht, 2012, Rn. 479), so dass eine grobe Orientierung an den bisherigen Tatobjekten möglich ist; erfasst sind zB weiterhin Heizöl (BayObLG NJW 1995, 540), Asbest (Kuchenbauer NJW 1997, 2009; Thomas, Asbest und Umweltstrafrecht, S. 209) und Ammoniak in einer Kühlanlage (Saliger, Umweltstrafrecht, 2012, Rn. 479). Gesetzestechnisch als problematisch könnte sich – wie auch bei § 326 II Nr. 1 – erweisen, dass die Bezugnahme auf das EU-Recht in Form einer statischen Verweisung erfolgt, so dass eine Ablösung der in Abs. 3 Nr. 1 genannten EG-VO durch eine vollkommen neue Verordnung Schwierigkeiten aufwerfen könnte (Heger HRRS 2012, 211 (217 f.); Pfohl ZWH 2013, 95 (99)). **Gefährliche Güter** (Abs. 3 Nr. 2) § 330 d I Nr. 3; sie sind allgemein umschrieben in § 2 I GGBefG und für den jeweiligen Anwendungsbereich in den unter → Rn. 2 genannten Gefahrgutverordnungen näher konkretisiert, vergleichbare Umschreibungen enthalten die Rechtsvorschriften über den internationalen Straßen-, Eisenbahn- und Seeschiffsverkehr (Bottke TranspR 1992, 390 (393)), so etwa die neugefasste Gefahrgutverordnung Straße und Eisenbahn (Bekanntmachung v. 24. 11. 2006, BGBl. I 2683). 3

4. Zu den **Tathandlungen** des Abs. 1 beachte namentlich die §§ 3–6, 9 AtG betreffend Verwahrung (Aufbewahrung), Beförderung, Bearbeitung und Verarbeitung, sonstige Verwendung sowie Einfuhr und Ausfuhr (zu Einfuhr und Beförderung Bartholme JA 1996, 730 (732); zum Aufbewahren Eckstein, Besitz als Straf- 4

tat, 2001, S. 118). Nicht unverzügliche Ablieferung (Abs. 2 Nr. 1; echtes Unterlassungsdelikt, Heghmanns in LK-StGB Rn. 23) § 5 III AtG. Abgabe oder deren Vermittlung an Unberechtigte (Abs. 2 Nr. 2); damit wird schon das Vorfeld der Anbahnung illegaler Geschäfte erfasst (BT-Drs. 10/7300, 24; einschr. Heine/Schittenhelm in Schönke/Schröder Rn. 13); die Nichthinderung des drohenden Gewahrsamsübergangs (zB durch Diebstahl) ist keine Abgabe (aM Heghmanns in LK-StGB Rn. 28). Lagern, Bearbeiten und Verarbeiten oder sonstige Verwendung (Abs. 3 Nr. 1) § 9 AtG, zur Auslegung des weit zu verstehenden Verwendungsbegriffs können die Modalitäten des § 3 Nr. 10 ChemG herangezogen werden (BayObLG NJW 1995, 540; BT-Drs. 12/192, 24; Ransiek in NK-StGB Rn. 11); beim Betrieb einer Anlage § 3 V BImSchG (→ § 325 Rn. 2; zum Lagern Eckstein, Besitz als Straftat, 2001, S. 120). Abs. 3 Nr. 2 betrifft das unerlaubte **Befördern** gefährlicher Stoffe („Transportstrafrecht"; eing. Wiedemann, Der Gefahrguttransport-Tatbestand im neuen Umweltstrafrecht (§ 328 III Nr. 2 StGB), 1995); die Vorschrift ist in Abweichung von § 330 I 1 Nr. 4 StGB aF kein Sonderdelikt (diff. Wiedemann, Der Gefahrguttransport-Tatbestand im neuen Umweltstrafrecht (§ 328 III Nr. 2 StGB), 1995, S. 74, 89, 347 „faktisches" Sonderdelikt; zust. Steindorf in LK-StGB, 11. Aufl. 1997, Rn. 63). Täter kann vielmehr jeder sein, der in den Transportvorgang eingeschaltet und Adressat der einschlägigen verwaltungsrechtlichen Pflichten (→ Rn. 2) ist (BT-Drs. 12/192, 24); die iE genannten Tathandlungen (Befördern usw; näher Bottke TranspR 1992, 390 (394); Heghmanns in LK-StGB Rn. 44–52) sollen den Beförderungsvorgang im ganzen erfassen, also nicht nur die Ortsveränderung, sondern auch Übernahme und Ablieferung des Gutes, Vorbereitungs- und Abschlusshandlungen wie das Auspacken der Sendung (BGHR § 328 Abs. 3 Nr. 2 Beförderung 1) sowie vorübergehende Aufenthalte während der Beförderung, also alle Vorgänge, die zum Beförderungsvorgang in einem unmittelbaren zeitlichen, sachlichen und funktionalen Zusammenhang stehen (BGHR § 328 Abs. 3 Nr. 2 Beförderung 1; BT-Drs. 8/2382, 24; Heghmanns in LK-StGB Rn. 44; sa § 2 II GGBefG). Als Folge der Tathandlungen nach Abs. 3 Nr. 1, 2 muss eine **konkrete Gefahr** für die genannten Objekte eintreten (→ § 325 a Rn. 6; Heghmanns in LK-StGB Rn. 58–64). Bei Abs. 3 Nr. 1 sind auch Gefahren innerhalb der Anlage erfasst (BayObLG NJW 1995, 540 mzustAnm Heine JR 1996, 300).

4a **5.** Abs. 2 Nr. 3, 4 nehmen eine Sonderstellung ein; **Tathandlung** ist – unabhängig von bestimmten Pflichten – das Verursachen (→ Vor § 13 Rn. 9; einschr. Heine/Schittenhelm in Schönke/Schröder Rn. 13 b) einer Nuklearexplosion, das Verleiten dazu (Anstiftung und mittelbare Täterschaft; → § 26 Rn. 2; → § 25 Rn. 2; ebenso Ransiek in NK-StGB Rn. 9; Fischer Rn. 10, 11) und deren Fördern (→ § 27 Rn. 2). **Nukleare Explosion** ist eine Explosion (→ § 308 Rn. 2; enger Ransiek in NK-StGB Rn. 8, Implosionen nicht erfasst) von Kernbrennstoffen (→ Rn. 3; unklar BT-Drs. 13/10076, 11). Anders als bei § 307 (→ § 307 Rn. 2) muss die Explosion nicht durch Freisetzen von Kernenergie herbeigeführt werden; es reicht – zur Schließung von Strafbarkeitslücken (BT-Drs. 13/10076, 11) – jede Verursachung. Nr. 4 erfasst ua die Verleitung zu Explosionen, die dort nicht rechtswidrig sind (BT-Drs. 13/10076, 11).

5 **6.** Für **Vorsatz** und **Fahrlässigkeit** (Abs. 5) hinsichtlich Abs. 1, 2 Nr. 1, 2 gelten die Ausführungen unter → § 325 Rn. 16 sinngemäß, hinsichtlich Abs. 3 die unter → § 315 c Rn. 27–30; hinsichtlich Abs. 2 Nr. 3, 4 gelten die allgemeinen Regeln, Fahrlässigkeit genügt bei Nr. 4 nicht (Abs. 6). Die Strafbarkeit des **Versuchs**

(Abs. 4) gilt für Abs. 1–3 mit Ausnahme von Abs. 2 Nr. 4 (Abs. 6); bei Abs. 3 ist Vorsatz auch hinsichtlich der Gefährdung erforderlich.

7. Besonders schwere Fälle § 330. 6

8. Tateinheit ua möglich mit §§ 307, 309–312 (aM Heine/Schittenhelm in Schönke/Schröder Rn. 28), 326 I Nr. 3, 327; bei Abs. 3 Nr. 2 ua mit §§ 211 ff., 223 ff., 303. § 27 ChemG tritt kraft ausdrücklicher Anordnung in Abs. 6 hinter § 328 als subsidiär zurück (aM Kuchenbauer NJW 1997, 2009). Abs. 2 Nr. 3, 4 treten hinter §§ 19, 22a KWKG zurück (Ransiek in NK-StGB Rn. 16; vgl. BT-Drs. 13/10076, 11). 7

9. Tätige Reue (in den Fällen der Abs. 1–3 sowie weitergehend in den Fällen des Abs. 5) § 330b. 8

10. Einziehung § 330c. Räumlicher Geltungsbereich von Abs. 2 Nr. 3, 4 § 5 Nr. 11a. 9

§ 329 Gefährdung schutzbedürftiger Gebiete

(1) [1]**Wer entgegen einer auf Grund des Bundes-Immissionsschutzgesetzes erlassenen Rechtsverordnung über ein Gebiet, das eines besonderen Schutzes vor schädlichen Umwelteinwirkungen durch Luftverunreinigungen oder Geräusche bedarf oder in dem während austauscharmer Wetterlagen ein starkes Anwachsen schädlicher Umwelteinwirkungen durch Luftverunreinigungen zu befürchten ist, Anlagen innerhalb des Gebiets betreibt, wird mit Freiheitsstrafe bis zu drei Jahren oder mit Geldstrafe bestraft.** [2]**Ebenso wird bestraft, wer innerhalb eines solchen Gebiets Anlagen entgegen einer vollziehbaren Anordnung betreibt, die auf Grund einer in Satz 1 bezeichneten Rechtsverordnung ergangen ist.** [3]**Die Sätze 1 und 2 gelten nicht für Kraftfahrzeuge, Schienen-, Luft- oder Wasserfahrzeuge.**

(2) [1]**Wer entgegen einer zum Schutz eines Wasser- oder Heilquellenschutzgebietes erlassenen Rechtsvorschrift oder vollziehbaren Untersagung**
1. **betriebliche Anlagen zum Umgang mit wassergefährdenden Stoffen betreibt,**
2. **Rohrleitungsanlagen zum Befördern wassergefährdender Stoffe betreibt oder solche Stoffe befördert oder**
3. **im Rahmen eines Gewerbebetriebes Kies, Sand, Ton oder andere feste Stoffe abbaut,**

wird mit Freiheitsstrafe bis zu drei Jahren oder mit Geldstrafe bestraft. [2]**Betriebliche Anlage im Sinne des Satzes 1 ist auch die Anlage in einem öffentlichen Unternehmen.**

(3) **Wer entgegen einer zum Schutz eines Naturschutzgebietes, einer als Naturschutzgebiet einstweilig sichergestellten Fläche oder eines Nationalparks erlassenen Rechtsvorschrift oder vollziehbaren Untersagung**
1. **Bodenschätze oder andere Bodenbestandteile abbaut oder gewinnt,**
2. **Abgrabungen oder Aufschüttungen vornimmt,**
3. **Gewässer schafft, verändert oder beseitigt,**
4. **Moore, Sümpfe, Brüche oder sonstige Feuchtgebiete entwässert,**
5. **Wald rodet,**

6. Tiere einer im Sinne des Bundesnaturschutzgesetzes besonders geschützten Art tötet, fängt, diesen nachstellt oder deren Gelege ganz oder teilweise zerstört oder entfernt,
7. Pflanzen einer im Sinne des Bundesnaturschutzgesetzes besonders geschützten Art beschädigt oder entfernt oder
8. ein Gebäude errichtet

und dadurch den jeweiligen Schutzzweck nicht unerheblich beeinträchtigt, wird mit Freiheitsstrafe bis zu fünf Jahren oder mit Geldstrafe bestraft.

(4) **Wer unter Verletzung verwaltungsrechtlicher Pflichten in einem Natura 2000-Gebiet einen für die Erhaltungsziele oder den Schutzzweck dieses Gebietes maßgeblichen**
1. Lebensraum einer Art, die in Artikel 4 Absatz 2 oder Anhang I der Richtlinie 2009/147/EG des Europäischen Parlaments und des Rates vom 30. November 2009 über die Erhaltung der wildlebenden Vogelarten (ABl. L 20 vom 26.1.2010, S. 7) oder in Anhang II der Richtlinie 92/43/EWG des Rates vom 21. Mai 1992 zur Erhaltung der natürlichen Lebensräume sowie der wildlebenden Tiere und Pflanzen (ABl. L 206 vom 22.7.1992, S. 7), die zuletzt durch die Richtlinie 2013/17/EU (ABl. L 158 vom 10.6.2013, S. 193) geändert worden ist, aufgeführt ist, oder
2. natürlichen Lebensraumtyp, der in Anhang I der Richtlinie 92/43/EWG des Rates vom 21. Mai 1992 zur Erhaltung der natürlichen Lebensräume sowie der wildlebenden Tiere und Pflanzen (ABl. L 206 vom 22.7.1992, S. 7), die zuletzt durch die Richtlinie 2013/17/EU (ABl. L 158 vom 10.6.2013, S. 193) geändert worden ist, aufgeführt ist,

erheblich schädigt, wird mit Freiheitsstrafe bis zu fünf Jahren oder mit Geldstrafe bestraft.

(5) **Handelt der Täter fahrlässig, so ist die Strafe**
1. in den Fällen der Absätze 1 und 2 Freiheitsstrafe bis zu zwei Jahren oder Geldstrafe,
2. in den Fällen des Absatzes 3 Freiheitsstrafe bis zu drei Jahren oder Geldstrafe.

(6) **Handelt der Täter in den Fällen des Absatzes 4 leichtfertig, so ist die Strafe Freiheitsstrafe bis zu drei Jahren oder Geldstrafe.**

Fassung: Mit dem 45. StÄG (→ Vor § 1 Rn. 17) sind Abs. 4 und 6 neu geschaffen worden; der frühere Abs. 4 wurde ohne inhaltliche Änderung zu Abs. 5 umnummeriert. Mit dem KorrBeKG (→ Vor § 1 Rn. 18) erfolgte in Abs. 4 eine redaktionelle Anpassung an neue EU-Richtlinien.

1 **1.** Die Vorschrift dient dem **Schutz von Gebieten, die durch schädliche Umwelteinwirkungen in besonderem Maße beeinträchtigt** werden können (BT-Drs. 12/192, 25; krit. für Abs. 3 Zieschang Gefährdungsdelikte S. 247, Erhaltung des besonderen Natur- und Landschaftsbestandes in (Natur-)Schutzgebieten). Da es auf eine Umweltgefährdung oder -schädigung nicht ankommt, sind die Abs. 1–3 **abstrakte Gefährdungsdelikte** (→ Vor § 13 Rn. 32; aM für Abs. 3 Zieschang Gefährdungsdelikte S. 257, potenzielles Gefährdungsdelikt mit konkret gefährlichem Zustand; ebenso Heine/Schittenhelm in Schönke/Schröder Rn. 35;

Heghmanns in LK-StGB Rn. 1, Verletzungsdelikt); da der neue Abs. 4 demgegenüber die Schädigung eines Lebensraums erfordert, handelt es sich dabei um ein Verletzungsdelikt.

2. Übereinstimmende Voraussetzung aller Tatbestände ist **verwaltungsrechtlich unzulässiges Handeln;** erforderlich ist die Zuwiderhandlung gegen eine speziell zum Schutz des jeweils betroffenen Gebietes erlassene Rechtsvorschrift oder gegen einen darauf beruhenden vollziehbaren Verwaltungsakt (→ § 325 Rn. 4–10). Im Einzelnen: 2

a) Abs. 1: Ermächtigung der Landesregierungen zum Erlass von Rechtsverordnungen nach S. 1 in § 49 I, II BImSchG. Rechtsverordnungen für Gebiete, die eines besonderen Schutzes gegen Immissionen bedürfen, fehlen noch. Die Smog-Verordnungen einiger Bundesländer sind größtenteils aufgehoben (Rengier FS Kohlmann, 2003, 225 (237)). 3

b) Abs. 2: Wasserschutzgebiet § 51 WHG (Buddendiek/Rutkowski NebenStrafR-Lex Rn. 904 Wasserschutzgebiete). **Heilquellenschutzgebiete** bestimmen sich nach Landesrecht (Nachw. bei Buddendiek/Rutkowski NebenStrafR-Lex Rn. 388). Soweit landesrechtliche Vorschriften nur das Errichten von Anlagen untersagen, deckt das Verbot auch das daraus folgende, allein tatbestandsmäßige Betreiben (BT-Drs. 8/2382, 21). Die ergänzte **Nr. 2** knüpft an neuere Schutzanordnungen der Länder an, die auch den Transport wassergefährdender Stoffe in dem geschützten Gebiet untersagen (BT-Drs. 12/192, 26). Im Gegensatz zu Abs. 2 StGB aF wird auch der Verstoß gegen eine Untersagungsverfügung erfasst, sofern sie nur auch das Ziel des Gebietsschutzes vor gefährlichen Eingriffen verfolgt; dies kann bei Verfügungen auf der Grundlage zB der § 49 WHG der Fall sein (BT-Drs. 12/192, 25). 4

c) Abs. 3: Naturschutzgebiet § 23 BNatSchG. **Als Naturschutzgebiet einstweilig sichergestellte Fläche** § 22 III Nr. 1 BNatSchG. **Nationalpark** § 24 BNatSchG. Biosphärenreservate, Landschaftsschutzgebiete, Naturparke, geschützte Landschaftsbestandteile und Biotope iSd §§ 26–30 BNatSchG werden nicht erfasst. **Eingriffe** in die geschützten Gebiete sind in den landesrechtlichen Nachfolgegesetzen des RNatSchG (den Naturschutz- oder Landschaftspflegegesetzen) oder in darauf beruhenden Rechtsverordnungen in unterschiedlichem Umfang untersagt oder können auf deren Grundlage im Einzelfall durch Verwaltungsakt untersagt werden (Nachw. bei Stöckel in Erbs/Kohlhaas BNatSchG § 23 Rn. 24–40, § 22 Rn. 11–18, 24–40, 6, BNatSchG § 24 Rn. 7, 12–27). Abs. 3 erfasst von diesen, den landesrechtlichen Schutzvorschriften widersprechenden Eingriffen diejenigen **einheitlich,** die typischerweise die geschützten Gebiete gefährden können (BT-Drs. 8/2382, 22). 5

d) Abs. 4: Natura 2000-Gebiet §§ 31 ff. BNatSchG; in diesem muss ein Lebensraum einer Art, die in bestimmten EU-Rechtsakten aufgeführt ist, oder ein natürlicher Lebensraumtyp, der ebenfalls in bestimmten EU-Rechtsakten aufgeführt ist, geschädigt werden (näher Ransiek in NK-StGB Rn. 18–20). 5a

3. Zu den **Tathandlungen:** 6

a) Abs. 1: Betreiben einer Anlage → § 325 Rn. 2; jedoch kommen hier wegen der Beschränkung auf Rechtsverordnungen nach § 49 BImSchG nur solche nach § 3 V BImSchG in Frage (BT-Drs. 8/3633, 31). Errichten der Anlage genügt nicht (dazu § 62 I Nr. 8 BImSchG). Zum Ausschluss der Verkehrsfahrzeuge → § 325 Rn. 2.

7 **b) Abs. 2: Betreiben von Anlagen** (Nr. 1, 2) → § 325 Rn. 2; ergänzend BayObLG JR 1995, 36 mAnm Sack. **Betriebliche Anlagen** (Nr. 1) sind solche, die nicht lediglich dem Privatgebrauch, sondern einem Betrieb (→ § 11 Rn. 15) dienen, also auch einem öffentlichen Unternehmen (S. 2) oder einem nichtgewerblichen Betrieb, etwa einer Arztpraxis (Czychowski ZfW 1980, 205 (209)). **Anlagen zum Umgang mit wassergefährdenden Stoffen** (Nr. 1) § 62 WHG (vgl. Heghmanns in LK-StGB Rn. 21–27); dabei sind hier nach § 62 III WHG unter wassergefährdenden Stoffen solche zu verstehen, die geeignet sind, nachhaltig, dh in erheblichem Umfang und für längere Dauer, die Beschaffenheit des Wassers nachteilig zu verändern (weiter Ransiek in NK-StGB Rn. 5; beachte auch die Lagerverordnungen der Länder, Nachw. bei Buddendiek/Rutkowski NebenStrafR-Lex Kap. D Rn. 904; → § 324 Rn. 4, 5). **Rohrleitungsanlagen zum Befördern wassergefährdender Stoffe** (Nr. 2 Alt. 1) § 20 UVPG. **Befördern** wassergefährdender **Stoffe** (Nr. 2 Alt. 2; krit. zur mangelnden Bestimmtheit Steindorf in LK-StGB, 11. Aufl. 1997, Rn. 28 a) erfasst den Transport zB in Tanklastzügen (BT-Drs. 12/192, 26). **Abbau von festen Stoffen** (Nr. 3) wird nur im Rahmen eines Gewerbebetriebs (nicht jedes Betriebs, auch nicht eines öffentlichen Unternehmens; zw.) erfasst (Ransiek in NK-StGB Rn. 7; zu den Gründen der Beschränkung BT-Drs. 8/2382, 21; krit. Heghmanns in LK-StGB Rn. 36). Die Beschränkung der Tathandlungen auf innerhalb des Gebietes vorgenommene Handlungen ist durch die Neufassung entfallen, so dass auch Einwirkungen von außerhalb in das Schutzgebiet erfasst sind (BT-Drs. 12/192, 25).

8 **c) Abs. 3:** Der **Katalog der Eingriffe** (Nr. 1–8) **ist abschließend** (näher Ransiek in NK-StGB Rn. 9–16). Erforderlich ist ferner eine **nicht unerhebliche Beeinträchtigung des jeweiligen Schutzzweckes** iSv § 22 II BNatSchG, der durch die Schutzanordnungen der Länder (Stöckel in Erbs/Kohlhaas BNatSchG § 22 Rn. 25–40) präzisiert wird; die Beeinträchtigung darf nicht nur eine vorübergehende Störung sein, sondern muss eine gewisse Intensität aufweisen, die das Eintreten konkreter Gefahren für die in der Schutzanordnung näher beschriebenen Güter wahrscheinlich macht (BT-Drs. 12/192, 27; eing. Zieschang Gefährdungsdelikte S. 247; krit. unter Artenschutzgesichtspunkten Gütschow, Der Artenschutz im Umweltstrafrecht, 1998, S. 82). Abs. 3 erfasst auch Einwirkungen von außerhalb in das geschützte Gebiet (zB durch ein am Rande des Naturschutzgebietes errichtetes Gebäude, das dessen Grundwasserspiegel senkt).

8a **d) Abs. 4:** Im Unterschied zu Abs. 1–3 fehlt in Abs. 4 ein Katalog möglicher Tathandlungen, doch ist umgekehrt der Eintritt eines Taterfolgs als kausaler Folge irgendeiner Handlung innerhalb oder außerhalb (BT-Drs. 17/5391, 20; Ransiek in NK-StGB Rn. 19) eines Natura 2000-Gebietes in Form einer erheblichen Schädigung eines darin befindlichen Lebensraums oder Lebensraumtyps erforderlich (Fischer Rn. 15).

9 **4.** Für den **Vorsatz** (bedingter genügt) und die **Fahrlässigkeit** (Abs. 5) gelten die Ausführungen unter → § 325 Rn. 16 sinngemäß; im Einklang mit den EU-Vorgaben ist für den neuen Abs. 4 mindestens Leichtfertigkeit erforderlich (Abs. 6; → § 325 Rn. 16). Bei der Zuwiderhandlung gegen eine Rechtsvorschrift (→ Rn. 2) muss der Vorsatz die Merkmale der VO, zB das Vorliegen einer austauscharmen Wetterlage, umfassen (nach Ransiek in NK-StGB Rn. 21 auch die verwaltungs-

rechtliche Normwidrigkeit), nicht dagegen die Existenz der VO (Weber in GK-BImSchG § 62 Rn. 37). Die Tat ist hinsichtlich des Betreibens Sonderdelikt (→ § 327 Rn. 6 a).

5. Besonders schwere Fälle § 330. 10

6. Tateinheit ua möglich zwischen Abs. 1 und §§ 325, 327 II, zwischen Abs. 2 11
und §§ 324, 326 I, 327 II sowie zwischen Abs. 3 und § 324.

7. Einziehung (in den Fällen der Abs. 1 und 2 oder Abs. 3, letzterer auch iVm 12
Abs. 4) § 330 c.

§ 330 Besonders schwerer Fall einer Umweltstraftat

(1) [1]**In besonders schweren Fällen wird eine vorsätzliche Tat nach den §§ 324 bis 329 mit Freiheitsstrafe von sechs Monaten bis zu zehn Jahren bestraft.** [2]**Ein besonders schwerer Fall liegt in der Regel vor, wenn der Täter**

1. ein Gewässer, den Boden oder ein Schutzgebiet im Sinne des § 329 Abs. 3 derart beeinträchtigt, daß die Beeinträchtigung nicht, nur mit außerordentlichem Aufwand oder erst nach längerer Zeit beseitigt werden kann,
2. die öffentliche Wasserversorgung gefährdet,
3. einen Bestand von Tieren oder Pflanzen einer streng geschützten Art nachhaltig schädigt oder
4. aus Gewinnsucht handelt.

(2) **Wer durch eine vorsätzliche Tat nach den §§ 324 bis 329**

1. einen anderen Menschen in die Gefahr des Todes oder einer schweren Gesundheitsschädigung oder eine große Zahl von Menschen in die Gefahr einer Gesundheitsschädigung bringt oder
2. den Tod eines anderen Menschen verursacht,

wird in den Fällen der Nummer 1 mit Freiheitsstrafe von einem Jahr bis zu zehn Jahren, in den Fällen der Nummer 2 mit Freiheitsstrafe nicht unter drei Jahren bestraft, wenn die Tat nicht in § 330 a Abs. 1 bis 3 mit Strafe bedroht ist.

(3) **In minder schweren Fällen des Absatzes 2 Nr. 1 ist auf Freiheitsstrafe von sechs Monaten bis zu fünf Jahren, in minder schweren Fällen des Absatzes 2 Nr. 2 auf Freiheitsstrafe von einem Jahr bis zu zehn Jahren zu erkennen.**

Fassung des 6. StrRG (→ Vor § 1 Rn. 13); das 45. StÄG brachte nur eine redaktionelle Änderung in Abs. 1 S. 2 Nr. 3.

1. Die auf dem 31. StÄG (→ Vor § 324 Rn. 6 a) beruhende grundlegende 1
Umgestaltung des § 330 hat die in ihrer Struktur unübersichtliche und auch nicht widerspruchsfreie Vorschrift über „Schwere Umweltgefährdung" durch eine übersichtlichere und elastische Lösung ersetzt, die keine Erfolgsqualifizierungen (mit Ausnahme von Abs. 2 Nr. 2; → Rn. 7) und selbständige Tatbestände, sondern nur die Bildung einer erhöhten Strafrahmenstufe in besonders schweren Fällen einer Umweltstraftat vorsieht. Zur Regelbeispieltechnik → § 46 Rn. 11–21. Das 6. StrRG hat die bisherigen Regelbeispiele Nr. 1, 2 in Qualifikationstatbestände (Abs. 2 Nr. 1, 2) umgestaltet (BT-Drs. 13/9064, 23).

2 **2. Die Regelbeispiele (Abs. 1 S. 2):** Alle Regelbeispiele setzen vorsätzliche Begehung voraus (hM; vgl. etwa Ransiek in NK-StGB Rn. 9, 10; diff. Weber in GK-BImSchG Rn. 15, 19, 24).

a) Nr. 1: Beeinträchtigung, dh nachteilige Veränderung (für Gewässer → § 324 Rn. 4, 5) der genannten Umweltschutzobjekte; **Gewässer** → § 324 Rn. 2, **Boden** → § 324a Rn. 2, **Schutzgebiet** iSd § 329 III (→ § 329 Rn. 5). Mit der Einschränkung auf **nicht, nur mit außerordentlichem Aufwand oder erst nach längerer Zeit behebbare** Beeinträchtigungen sollen nur besonders schwerwiegende Beeinträchtigungen erfasst werden (für enge Auslegung deshalb Weber in GK-BImSchG Rn. 14). Ein unbenannter besonders schwerer Fall kann vorliegen, wenn Gewässer oder der Boden so beeinträchtigt sind, dass sie auf längere Zeit nicht mehr wie bisher oder geplant genutzt werden können (BT-Drs. 12/192, 28; Möhrenschlager NStZ 1994, 566 (568); vgl. § 330 II Nr. 1 StGB aF).

3 **b) Nr. 2: Gefährdung der öffentlichen Wasserversorgung,** dh die ständige Versorgung anderer mit Trink- oder Brauchwasser in einem bestimmten Versorgungsgebiet, also nicht die private oder betriebliche Eigenversorgung (Heghmanns in LK-StGB Rn. 12).

4 **c) Nr. 3: Nachhaltige Schädigung eines Bestandes von Tieren oder Pflanzen einer streng geschützten Art** iSv § 7 II Nr. 14 BNatSchG (Ransiek in NK-StGB Rn. 5); Bestand → § 326 Rn. 6a.

5 **d) Nr. 4:** Handeln **aus Gewinnsucht** → § 236 Rn. 6.

6 **3. Qualifikationstatbestände (Abs. 2 Nr. 1, 2): a) Nr. 1: Tod** → Vor § 211 Rn. 4. **Schwere Gesundheitsschädigung** setzt keine schwere Körperverletzung (§ 226) voraus, sondern liegt etwa auch vor bei der Gefahr des Eintritts einer langwierigen ernsten Krankheit oder der Gefahr der erheblichen Beeinträchtigung der Arbeitskraft für eine lange Zeit (BT-Drs. 12/192, 28). Die **große Zahl** erfordert weniger Menschen als die in § 309 (→ § 309 Rn. 5) vorausgesetzte unübersehbare Zahl (enger Pünder Jura 2001, 588 (591); Heine/Schittenhelm in Schönke/Schröder Rn. 9a, 20 Personen); in diesem Fall reicht die Verursachung der Gefahr einer einfachen Gesundheitsschädigung (→ § 223 Rn. 5). Zur konkreten Gefahr → § 315c Rn. 21, 22; zu ihrer Verursachung → § 315c Rn. 27; zum erforderlichen Gefährdungsvorsatz → § 15 Rn. 28.

7 **b) Nr. 2: Todeserfolgsqualifikation** → § 18 Rn. 2–4, 8; es reicht fahrlässige Verursachung (ebenso Weber in GK-BImSchG Rn. 32); zum möglichen erfolgsqualifizierten Versuch iVm § 326 II Hardtung Teilvorsatzdelikte S. 167.

8 **4.** Zu **Abs. 3** (minder schwere Fälle) → § 46 Rn. 7–10a; → § 12 Rn. 4.

9 **5. Tateinheit** ua möglich mit §§ 211 ff., §§ 223 ff., §§ 303, 314, 330a. Zwischen den in S. 1 genannten Grundtatbeständen und § 330 gibt es bei Handlungseinheit **keine Konkurrenz** (→ § 46 Rn. 18). § 27 ChemG tritt kraft ausdrücklicher Anordnung in Abs. 6 hinter § 330 als subsidiär zurück.

10 **6.** Tätige Reue ist in § 330b für die Fälle des § 330 **nicht** mehr vorgesehen.

§ 330a Schwere Gefährdung durch Freisetzen von Giften

(1) **Wer Stoffe, die Gifte enthalten oder hervorbringen können, verbreitet oder freisetzt und dadurch die Gefahr des Todes oder einer schweren Gesundheitsschädigung eines anderen Menschen oder die Gefahr einer Gesundheitsschädigung einer großen Zahl von Menschen verursacht, wird mit Freiheitsstrafe von einem Jahr bis zu zehn Jahren bestraft.**

(2) **Verursacht der Täter durch die Tat den Tod eines anderen Menschen, so ist die Strafe Freiheitsstrafe nicht unter drei Jahren.**

(3) **In minder schweren Fällen des Absatzes 1 ist auf Freiheitsstrafe von sechs Monaten bis zu fünf Jahren, in minder schweren Fällen des Absatzes 2 auf Freiheitsstrafe von einem Jahr bis zu zehn Jahren zu erkennen.**

(4) **Wer in den Fällen des Absatzes 1 die Gefahr fahrlässig verursacht, wird mit Freiheitsstrafe bis zu fünf Jahren oder mit Geldstrafe bestraft.**

(5) **Wer in den Fällen des Absatzes 1 leichtfertig handelt und die Gefahr fahrlässig verursacht, wird mit Freiheitsstrafe bis zu drei Jahren oder mit Geldstrafe bestraft.**

Fassung: Das 6. StrRG (→ Vor § 1 Rn. 13) hat Abs. 1 technisch geändert, die Abs. 2 und 3 neu eingefügt, den überflüssigen Abs. 2 StGB aF (Versuchsstrafbarkeit) gestrichen und die bisherigen Abs. 3 und 4 in Abs. 4 und 5 umnumeriert.

1 **1.** Die Vorschrift enthält einen auf das Freisetzen von Giften beschränkten Tatbestand allgemeiner **Lebensgefährdung.** Die Tat ist **konkretes Gefährdungsdelikt** (→ Vor § 13 Rn. 32; Kindhäuser FS Helmrich, 1994, 967 (981); Wisuschil ZRP 1998, 61 (63); Michalke Umweltstrafsachen Rn. 413; Bock in Hilgendorf/Kudlich/Valerius StrafR-HdB V § 48 Rn. 320). Die Vorschrift nach der Änderung von Abs. 1 Verbrechen, der Versuch also strafbar und § 30 anwendbar.

2 **2. Stoffe, die Gifte** (enger als in § 224 Nr. 1 wird Eignung zur Gesundheitszerstörung verlangt; zur Maßgeblichkeit dieser engen Auslegung BT-Drs. 12/192, 28; ebenso Weber in GK-BImSchG Rn. 7a; Ransiek in NK-StGB Rn. 2) **enthalten** oder **hervorbringen,** dh Stoffe, die erst durch den Kontakt mit den Umweltmedien auf Grund chemischer Reaktionen giftig werden (Möhrenschlager NStZ 1994, 566 (568); Heghmannsin LK-StGB Rn. 6); nicht zB Asbest (Kuchenbauer NJW 1997, 2009 (2011)).

3 **3. Verbreiten und Freisetzen,** untereinander nicht abgrenzbare Begriffe (aM Steindorf in LK-StGB, 11. Aufl. 1997, Rn. 5), setzen voraus, dass durch positives Tun oder Geschehenlassen in Garantenstellung (→ § 13 Rn. 6; LG Frankfurt a. M. ZUR 1994, 33 (37); Heine/Schittenhelm in Schönke/Schröder Rn. 6) eine Lage geschaffen wird, in der sich Gift ganz oder wenigstens zT unkontrollierbar in der Umwelt ausbreiten kann (LG Frankfurt a. M. ZUR 1994, 33 (37) mAnm Schulz ZUR 1994, 26 (29); Joecks/Jäger StGB Rn. 2; Heine/Schittenhelm in Schönke/Schröder Rn. 4; enger noch LG Frankfurt a. M. NStZ 1990, 592; nach Hilgendorf, Strafrechtliche Produzentenhaftung in der „Risikogesellschaft", 1993, S. 169, reicht es, dass die freigesetzten Gifte „fast jeder Einwirkungsmöglichkeit" der Verantwortlichen entzogen waren). Die Handlungsmodalität ist unerheblich; in Frage kommen daher nicht nur Einbringen giftiger Stoffe in Gewässer, Ablassen giftiger

Dämpfe in die Luft, Versprühen oder Ausstreuen von Giftstoffen zur Schädlingsbekämpfung, sondern auch sachwidriges Lagern, Beseitigen (beachte auch § 326 I Nr. 1) oder sogar bloßes Liegenlassen von Gift (Fischer Rn. 3). Auslegen eines Rattenköders scheidet wegen der Kontrollierbarkeit des Vorgangs idR aus (BT-Drs. 8/2382, 26; s. jedoch Ransiek in NK-StGB Rn. 4); dagegen soll das Vergiften von Lebensmitteln erfasst sein (BT-Drs. 12/192, 28). Für eine Erfassung des ungeschützten Sexualverkehrs eines HIV-Infizierten Wisuschil ZRP 1998, 61; MedR 2006, 337.

4 **4.** Zu der als **Folge** der Tathandlung erforderlichen **konkreten Gefahr** → § 315c Rn. 21, 22; → § 250 Rn. 3. Zur schweren Gesundheitsschädigung und zur Gesundheitsschädigung einer großen Zahl von Menschen → § 330 Rn. 2, 3. Ob das Zünden von Rauchbomben in einem Fußballstadion ausreicht, erscheint zweifelhaft (Schall NStZ-RR 2008, 137 zum dies bejahenden AG Dortmund SpuRt 2005, 257).

5 **5. Abs. 1** erfordert für Tathandlung und Gefährdung **Vorsatz** (bedingter genügt). **Abs. 4** lässt nur für die Gefährdung **Fahrlässigkeit** (→ § 15 Rn. 35) genügen (LG Frankfurt a. M. ZUR 1994, 33 (37)), ändert also am Vorsatzerfordernis für die Tathandlung nichts (krit. Laufhütte DRiZ 1989, 337 (339)); dagegen verlangt **Abs. 5** für die Tathandlung Leichtfertigkeit (→ § 15 Rn. 55). Zur Behandlung dieser Vorsatz-Fahrlässigkeitskombination als Vorsatztat → § 11 Rn. 23–25; → § 23 Rn. 1; → § 26 Rn. 7.

6 **6.** Zur Todeserfolgsqualifikation in Abs. 2 → § 18 Rn. 2–4, 8; „durch die Tat" meint die grunddeliktische Leib- und Lebensgefahr (Hardtung Teilvorsatzdelikte S. 65). Zu **Abs. 3** (minder schwere Fälle der Abs. 1 und 2) → § 46 Rn. 7–10a; → § 12 Rn. 4.

7 **7. Behördliche Erlaubnis** (→ Vor § 32 Rn. 25) scheidet als Rechtfertigungsgrund aus, weil die vorausgesetzte schwere Gefährdung nicht erlaubnisfähig ist und daher auch nicht durch die Erlaubnis zur Verursachung von Immissionen gedeckt werden kann (BT-Drs. 8/2382, 25; Dölling JZ 1985, 461 (469); Bloy ZStW 100 (1988), 485 (501); str.); die Einwilligung des allein Gefährdeten kann die Tat rechtfertigen (Weber in GK-BImSchG Rn. 18); rechtfertigender Notstand kommt mangels Angemessenheit regelmäßig nicht in Betracht (Ransiek in NK-StGB Rn. 7).

8 **8. Tateinheit** ua möglich mit §§ 211, 212, 222, 223ff., §§ 229, 324ff. Hinter § 314 tritt die Vorschrift zurück (Laufhütte/Möhrenschlager ZStW 92 (1980), 912 (935); Hilgendorf, Strafrechtliche Produzentenhaftung in der „Risikogesellschaft", 1993, S. 170; Ransiek in NK-StGB Rn. 9). § 27 ChemG tritt kraft ausdrücklicher Anordnung in Abs. 6 hinter § 330a als subsidiär zurück.

9 **9. Tätige Reue** (in den Fällen der Abs. 1–4 sowie weitergehend in den Fällen des Abs. 5) § 330b.

§ 330b Tätige Reue

(1) [1]**Das Gericht kann in den Fällen des § 325a Abs. 2, des § 326 Abs. 1 bis 3, des § 328 Abs. 1 bis 3 und des § 330a Abs. 1, 3 und 4 die Strafe nach seinem Ermessen mildern (§ 49 Abs. 2) oder von Strafe nach diesen Vorschriften absehen, wenn der Täter freiwillig die Gefahr abwendet oder den von ihm verursachten Zustand beseitigt, bevor ein erheblicher Schaden entsteht.** [2]**Unter denselben Voraussetzungen wird der Täter nicht nach § 325a Abs. 3 Nr. 2, § 326 Abs. 5, § 328 Abs. 5 und § 330a Abs. 5 bestraft.**

(2) **Wird ohne Zutun des Täters die Gefahr abgewendet oder der rechtswidrig verursachte Zustand beseitigt, so genügt sein freiwilliges und ernsthaftes Bemühen, dieses Ziel zu erreichen.**

Fassung: Technische Änderung durch das 6. StrRG (→ Vor § 1 Rn. 13) und das AusführungsG Nuklearversuche (Fassungshinweis bei § 328).

1. Allgemein zur **tätigen Reue** → § 24 Rn. 29. 1

2. Die Vorschrift gilt nach **Abs. 1 S. 1** nicht nur für die konkreten Gefährdungstatbestände der §§ 325a II, 328 III und § 330a, sondern erfasst auch die abstrakten Gefährdungsdelikte der §§ 326, 328 I, II (Möhrenschlager NStZ 1994, 566 (568)). Abzuwenden (→ § 314a Rn. 3) ist in den ersteren Fällen die bereits eingetretene, in den Tatbeständen als Erfolg beschriebene Gefahr; wird schon der Eintritt der konkreten Gefahr verhindert, so kommt Versuch mit Rücktritt nach § 24 in Frage (ebenso Heine/Schittenhelm in Schönke/Schröder Rn. 4). In den letzteren Fällen ist der abstrakte Gefahrenzustand bzw. der gefahrenträchtige Zustand abzuwenden; dies kann zB dadurch geschehen, dass der unbefugt abgelagerte gefährliche Abfall (§ 326) durch den Täter oder ein von ihm beauftragtes Unternehmen ordnungsgemäß beseitigt wird. In allen Fällen darf noch kein erheblicher Schaden wie zB eine Verunreinigung der Umweltmedien oder Gesundheitsschäden eingetreten sein (Ransiek in NK-StGB Rn. 4). Ein weitere Schäden verhinderndes Handeln des Täters nach diesem Zeitpunkt kann bei der Strafzumessung berücksichtigt werden. **Abs. 1 S. 2** regelt die tätige Reue bei fahrlässigen Handlungen, die zu Gefährdungen führen, mit der im Vergleich zu S. 1, der nur eine fakultative Strafaufhebung in der Form des Absehens von Strafe und eine fakultative Strafmilderung nach Ermessen gewährt, weitergehenden Rechtsfolge der obligatorischen Nichtstrafbarkeit. 2

3. Die tätige Reue schließt Bestrafung nach anderen Vorschriften nicht aus (→ § 24 Rn. 23). 3

§ 330c Einziehung

[1]**Ist eine Straftat nach den §§ 326, 327 Abs. 1 oder 2, §§ 328, 329 Absatz 1, 2 oder Absatz 3, dieser auch in Verbindung mit Absatz 5, oder Absatz 4, dieser auch in Verbindung mit Absatz 6, begangen worden, so können**

1. **Gegenstände, die durch die Tat hervorgebracht oder zu ihrer Begehung oder Vorbereitung gebraucht worden oder bestimmt gewesen sind, und**
2. **Gegenstände, auf die sich die Tat bezieht,**

eingezogen werden. [2]**§ 74a ist anzuwenden.**

1 **1.** § 330c ist eine besondere Vorschrift iSd § 74 IV, welche die **Einziehung** über § 74 I hinaus zulässt. Die Voraussetzungen des § 74 II, III müssen daher erfüllt sein. **S. 1 Nr. 1** erweitert die Einziehung von Tatprodukten und Tatmitteln auf Fahrlässigkeitstaten (zB § 326 V); ebenso **S. 1 Nr. 2** (zB bei § 329 V), der außerdem als Beziehungsgegenstände weitere Anlagen und andere gefährliche Stoffe als das bisherige Recht erfasst (BT-Drs. 12/192, 30). **S. 2** erklärt § 74a für anwendbar, so dass Sachen in täterfremdem Eigentum wie zB angemietete oder geleaste Tatwerkzeuge oder Anlagen erfasst sind (Schall/Schreibauer NuR 1996, 440 (442)). Mit dem 45. StÄG erfolgte eine Anpassung an den erweiterten § 329.

2 **2.** Im Übrigen vgl. §§ 74–74c, 74e–76a. Zu den Möglichkeiten der Gewinnabschöpfung (§§ 73ff.) im Umweltstrafrecht Heger, Die Europäisierung des deutschen Umweltstrafrechts, 2009, S. 99–107.

§ 330d Begriffsbestimmungen

(1) **Im Sinne dieses Abschnitts ist**

1. ein Gewässer:
ein oberirdisches Gewässer, das Grundwasser und das Meer;

2. eine kerntechnische Anlage:
eine Anlage zur Erzeugung oder zur Bearbeitung oder Verarbeitung oder zur Spaltung von Kernbrennstoffen oder zur Aufarbeitung bestrahlter Kernbrennstoffe;

3. ein gefährliches Gut:
ein Gut im Sinne des Gesetzes über die Beförderung gefährlicher Güter und einer darauf beruhenden Rechtsverordnung und im Sinne der Rechtsvorschriften über die internationale Beförderung gefährlicher Güter im jeweiligen Anwendungsbereich;

4. eine verwaltungsrechtliche Pflicht:
eine Pflicht, die sich aus
a) einer Rechtsvorschrift,
b) einer gerichtlichen Entscheidung,
c) einem vollziehbaren Verwaltungsakt,
d) einer vollziehbaren Auflage oder
e) einem öffentlich-rechtlichen Vertrag, soweit die Pflicht auch durch Verwaltungsakt hätte auferlegt werden können,
ergibt und dem Schutz vor Gefahren oder schädlichen Einwirkungen auf die Umwelt, insbesondere auf Menschen, Tiere oder Pflanzen, Gewässer, die Luft oder den Boden, dient;

5. ein Handeln ohne Genehmigung, Planfeststellung oder sonstige Zulassung:
auch ein Handeln auf Grund einer durch Drohung, Bestechung oder Kollusion erwirkten oder durch unrichtige oder unvollständige Angaben erschlichenen Genehmigung, Planfeststellung oder sonstigen Zulassung.

(2) [1]**Für die Anwendung der §§ 311, 324a, 325, 326, 327 und 328 stehen in Fällen, in denen die Tat in einem anderen Mitgliedstaat der Europäischen Union begangen worden ist,**

1. einer verwaltungsrechtlichen Pflicht,

2. einem vorgeschriebenen oder zugelassenen Verfahren,
3. einer Untersagung,
4. einem Verbot,
5. einer zugelassenen Anlage,
6. einer Genehmigung und
7. einer Planfeststellung

entsprechende Pflichten, Verfahren, Untersagungen, Verbote, zugelassene Anlagen, Genehmigungen und Planfeststellungen auf Grund einer Rechtsvorschrift des anderen Mitgliedstaats der Europäischen Union oder auf Grund eines Hoheitsakts des anderen Mitgliedstaats der Europäischen Union gleich. [2]Dies gilt nur, soweit damit ein Rechtsakt der Europäischen Union oder ein Rechtsakt der Europäischen Atomgemeinschaft umgesetzt oder angewendet wird, der dem Schutz vor Gefahren oder schädlichen Einwirkungen auf die Umwelt, insbesondere auf Menschen, Tiere oder Pflanzen, Gewässer, die Luft oder den Boden, dient.

1. § 330d enthält seit der Kodifizierung des Umweltstrafrechts einige zentrale Begriffsbestimmungen, die aber zugleich für grundlegende Weichenstellungen im Umweltstrafrecht stehen. So haben die Änderungen im Zuge des 31. StÄG – die Erweiterung von Nr. 1 auch auf ausländische Gewässer und vor allem die Einfügung von Nr. 5 – Grundfragen des internationalen Anwendungsbereichs der §§ 324 ff. sowie der Verwaltungsakzessorietät und des Rechtsmissbrauchsgedankens gesetzlich geregelt. § 330d gilt nur für den 29. BT-Abschnitt, dh die §§ 324 ff., doch finden sich in anderen Tatbeständen vereinzelt Verweisungen darauf (zB §§ 311, 312). Mit dem 45. StÄG wurde der bisherige § 330d ohne inhaltliche Änderungen zum neuen Abs. 1; angefügt wurde ein neuer Abs. 2 für bestimmte Umweltstraftaten im EU-Ausland, der ausdrücklich auch für § 311 Anwendung findet. **Abs. 1 Nr. 1** (Gewässer) → § 324 Rn. 2; → § 326 Rn. 6; Meer → § 324 Rn. 2a; → § 5 Rn. 3. 1

2. Nr. 2: Zu der Begriffsbestimmung beachte § 7 AtG; BT-Drs. III/759, 22. 2

3. Nr. 3: (Gefährliches Gut) → § 328 Rn. 3. 3

4. Nr. 4 enthält eine Rahmenregelung zur Klärung des Begriffs **„verwaltungsrechtliche Pflicht"** (→ § 325 Rn. 6–10; krit. Michalke, Verwaltungsrecht im Umweltstrafrecht, 2001, S. 87, nach der diese „Rahmenregelung" hinsichtlich der konkreten Rechtsquelle und der strafbegründenden Pflicht nicht ausreichend bestimmt ist; dazu auch Schall FS Küper, 2007, 505 (506) mit Nachw. in Fn. 4, der dieser „Rahmenregelung" die „Verfassungs-Konformität" nicht abspricht, S. 511). Es geht immer um Pflichten, die dem Schutz vor schädlichen Einwirkungen auf die Umwelt dienen (eing. Kemme, Das Tatbestandsmerkmal der Verletzung verwaltungsrechtlicher Pflichten in den Umweltstraftatbeständen des StGB, 2007, S. 76, 149, 507 mit Bespr. Ransiek ZStW 121 (2009), 168), doch kann der Schutzzweck der jeweiligen Umweltstraftat auf den Schutz vor Einwirkungen auf bestimmte Umweltmedien oder Rechtsgüter beschränkt sein (BT-Drs. 12/192, 31; weiter Heine/Schittenhelm in Schönke/Schröder Rn. 20; krit. Michalke, Verwaltungsrecht im Umweltstrafrecht, 2001, S. 87, die hierin eine „Ausweitung" der Rechtsquellen sieht, weil diese Schutzzwecke nahezu alle verwaltungsrechtlichen Gesetzes- und Regelungswerke verfolgen; sie verlangt deshalb eine Beschränkung auf solche „verwaltungsrechtliche" Pflichten, die sich unmittelbar auf das jeweils 4 für die betreffende Strafvorschrift spezifische Umweltverwaltungsgesetz stützen). Die Pflichten müssen hinreichend bestimmt umschrieben werden, wofür allgemeine Programmsätze nicht ausreichen (Möhrenschlager NStZ 1994, 513 (515); Kemme, Das Tatbestandsmerkmal der Verletzung verwaltungsrechtlicher Pflichten in den Umweltstraftatbeständen des StGB, 2007, S. 79, 92 mit krit. Bespr. Ransiek ZStW 121 (2009), 168 (169); Heine/Schittenhelm in Schönke/Schröder Rn. 13).

5 **5. Nr. 5** stellt rechtsmissbräuchliche Handlungen einem Handeln **ohne Genehmigung, Planfeststellung** oder **sonstige Zulassung** gleich (→ § 324 Rn. 10). Diese Regelung gilt nur für die im 29. Abschnitt des Bundestages enthaltenen Straftaten gegen die Umwelt (Paetzold NStZ 1996, 170; Wohlers JZ 2001, 850 (856); wohl auch BGHSt 50, 105 (115) = NJW 2005, 2095) sowie kraft ausdrücklicher Inbezugnahme für § 311 (→ § 311 Rn. 2); sie ist hinsichtlich der rechtsmissbräuchlichen Verhaltensweisen abschließend (Weber FS Hirsch, 1999, 795 (799); Heine/Schittenhelm in Schönke/Schröder Rn. 25; Schmitz in MüKoStGB Vor § 324 Rn. 85). Soweit Genehmigungen anderer EU-Staaten ausreichen (→ § 326 Rn. 8a), gilt Nr. 5 auch für diese (Breuer, Der Import und Export von Abfällen innerhalb der Europäischen Union aus umweltstrafrechtlicher Sicht, 1998, S. 139; Heine/Schittenhelm in Schönke/Schröder § 326 Rn. 12e; Schmitz in MüKoStGB Rn. 31; diff. für ausländische Genehmigungen allg. Jünemann, Rechtsmissbrauch im Umweltstrafrecht, 1998, S. 158). Sonstige Zulassung erfordert das Vorliegen eines Verwaltungsaktes mit gestattender Wirkung, zB die Erlaubnis oder Bewilligung nach § 8 WHG (Paetzold NStZ 1996, 170).

6 **6. Abs. 2 S. 1** stellt mit Blick auf Art. 2 lit. a, iii der Umweltstrafrechts-RL klar (BT-Drs. 17/5391, 11), dass für die darin genannten Tatbestände bei einer Tatbegehung im EU-Ausland mit Blick auf die in Nr. 1–7 aufgezählten Verwaltungsrechtsakte (Pflichten etc) auch entsprechende verwaltungsrechtliche Pflichten etc des anderen EU-Mitgliedstaates, dh des Tatortstaates, gleichstehen, soweit dadurch ein EU- oder EURATOM-Rechtsakt umgesetzt oder angewendet wird, der dem Schutz vor Gefahren auf die Umwelt in einem weiten Sinne dient (S. 2; Gleichstellungsklausel). Nicht erfasst sind damit einerseits entsprechende Verwaltungsrechtsakte auch dem Nicht-EU-Ausland (zB Schweiz), für die die bisherige Rechtslage unverändert gilt; das gleiche gilt mit Blick auch für EU-Verwaltungsrechtsakte für die in Abs. 2 S. 1 Nr. 1–7 nicht genannten verwaltungsrechtlichen Begriffe wie etwa „unbefugt" (§§ 324, 326 I), so dass durch die Regelung des § 330d II nicht ausgeschlossen ist, im Rahmen von § 324 eine die Gewässerverunreinigung rechtfertigende Befugnis auch aus ausländischen Genehmigungen etc herzuleiten. Vielmehr geht der Gesetzgeber davon aus, dass auch ausländische Genehmigungen etc rechtfertigend wirken (BT-Drs. 17/5391, 11; Ransiek in NK-StGB Rn. 7; der von Meyer wistra 2012, 371 (374), favorisierten richtlinienkonformen Auslegung des § 324 bedarf es daher nicht). Dagegen ist mit Blick auf die in Abs. 2 S. 1 Nr. 1–7 aufgezählten Begriffe eine Anwendung der Gleichstellungsklausel auf §§ 325a, 329 nicht möglich, obwohl darin zB von verwaltungsrechtlichen Pflichten iSd Nr. 1 (§§ 325a I, 329 IV) die Rede ist; einer richtlinienkonformen Auslegung von § 330d II stünde der klare Wortlaut entgegen, doch ist eine solche auch für § 325a nicht angezeigt, weil die Verursachung von Lärm etc in der Umweltstrafrechts-RL gar nicht geregelt ist. Dagegen ist § 329 IV StGB nF erst in Umsetzung der Richtlinie geschaffen worden, so dass die Nichterfassung in § 330d II überrascht; sie müsste de lege ferenda vom deutschen Gesetzgeber korrigiert werden (vgl. Meyer wistra 2012, 371 (374f.)). In einem anderen Mitgliedstaat der EU begangen sind alle Ta-

ten, bei denen der Täter nur im EU-Ausland gehandelt hat; auf den Eintritt eines Erfolgs im Ausland iSd § 9 I kommt es nicht an (Meyer wistra 2012, 371 (375)). Weil in § 330d II eine Inbezugnahme von Abs. 1 Nr. 5 fehlt, ist umstritten, ob im EU-Ausland rechtsmissbräuchlich erlangte Genehmigungen etc im Inland strafrechtlich beachtlich sind (so Heger ZIS 2013, 289; Pfohl ZWH 2013, 95 (100f.); für Anwendbarkeit von Abs. 1 Nr. 5 dagegen Schall in SK-StGB Rn. 47).

30. Abschnitt. Straftaten im Amt

Vorbemerkung

1 **1.** Den Tatbeständen dieses Abschnitts liegen überwiegend, jedoch nicht ausschließlich (zB §§ 353b II, 353d, 356) Handlungen von (auch europäischen) **Amtsträgern** oder anderen amtsnahen Personen (→ § 11 Rn. 3–17) zu Grunde (Stein/Deiters in SK-StGB Rn. 3; krit. Dedes FS Lackner, 1987, 787); Überlegungen zu einem allgemeinen Korruptionstatbestand Volk GS Zipf, 1999, 419 (424). Zur **Rspr. zu §§ 331–335** Heinrich NStZ 2005, 197; NStZ 2005, 256; sowie Michalke StV 2011, 492.

2 **2.** Das **eigentliche Amtsdelikt** (zB §§ 331, 332, 343–345, 348) ist echtes Sonderdelikt (→ Vor § 13 Rn. 33; Heinrich, Der Amtsträgerbegriff im Strafrecht, 2001, S. 183). **Täter** (auch Mittäter und mittelbarer Täter) kann daher nur die im Tatbestand genannte Amts- oder amtsnahe Person sein. Die Amtseigenschaft ist hier strafbegründendes besonderes persönliches Merkmal nach § 28 I (BGHSt 5, 75 (81) = NJW 1954, 82; Heinrich, Der Amtsträgerbegriff im Strafrecht, 2001, S. 180; Hoyer in SK-StGB § 28 Rn. 38), so dass Teilnahme (Anstiftung und Beihilfe) eines Nichtamtsträgers möglich, aber milder zu bestrafen ist (krit., iErg jedoch zust. Langer, Das Sonderverbrechen, 1972, S. 480; Meyer GA 1979, 252 (269)). Beim **uneigentlichen Amtsdelikt** (unechtes Sonderdelikt; zB § 340) wirkt die Amtseigenschaft nur strafschärfend, so dass der Extraneus nach § 28 II aus dem Grundtatbestand (zB § 223) bestraft wird (hM; vgl. etwa Heinrich, Der Amtsträgerbegriff im Strafrecht, 2001, S. 181; Rengier StrafR BT II § 59 Rn. 4; Heine/Eisele in Schönke/Schröder Rn. 6; → § 28 Rn. 1 mwN; krit. Wagner, Amtsverbrechen, 1975, S. 386; Stein/Deiters in SK-StGB Rn. 35, 36; sa Hirsch ZStW 88 (1976), 752 (775, 780)). Kritisch zu dieser Differenzierung hinsichtlich § 28 Puppe ZStW 120 (2008), 503 (504, 525), es gibt keine unechten Amtsdelikte. Die Amtsträgereigenschaft ist kein besonderes persönliches Merkmal nach § 14 I (→ § 14 Rn. 12; Lenckner ZStW 106 (1994), 502 (544)). Zur Frage, ob und unter welchen Voraussetzungen die **Einwilligung** des von der Tat Betroffenen rechtfertigende Wirkung hat, Wagner, Amtsverbrechen, 1975, S. 354, 360; Amelung FS Dünnebier, 1982, 487; eing. Amelung, Die Einwilligung in die Beeinträchtigung eines Grundrechtsgutes, 1981, S. 63, 70; Stein/Deiters in SK-StGB Rn. 22–25).

3 **3.** Zur Eindämmung der grenzüberschreitenden Korruption ist zunächst außerhalb des StGB eine Ausdehnung der nationalen Strafvorschriften über Bestechlichkeit und Bestechung auf EU-Ebene durch die Gleichstellung von ausländischen mit inländischen Amtsträgern in Art. 2 § 1 I EuBestG vorgenommen worden (vgl. Gesetzentwurf der BReg BT-Drs. 13/10424, 6 und Beschlussempfehlung und Bericht des BT-Rechtsausschusses BT-Drs. 13/10970, 4); mit dem Gesetz zur Bekämpfung

der Korruption v. 20.11.2015 (→ Vor § 1 Rn. 18) ist dessen wesentlicher Inhalt in § 11, 331 ff. übernommen worden, so dass nunmehr auch EU-Amtsträger und -Richter (→ § 11 Rn. 11 a) von §§ 331 H erfasst werden. Eine weitere Ausdehnung ergibt sich auf internationaler Ebene durch Art. 2 § 1 IntBestG – Anh. III – (aus den Gesetzesmaterialien vgl. den Gesetzentwurf der BReg BT-Drs. 13/10428, 6 und Beschlussempfehlung und Bericht des BT-Rechtsausschusses BT-Drs. 13/10973, 4). Näher zu diesen beiden Strafbarkeitsausdehnungen Gänßle NStZ 1999, 543; Pelz WM 2000, 1566 (1568); Volk GS Zipf, 1999, 419 (428); Dölling ZStW 112 (2000), 334 (351); Eidam, Unternehmen und Strafe, 2. Aufl. 2001, S. 382; Nagel, Entwicklung und Effektivität internationaler Maßnahmen zur Korruptionsbekämpfung, 2007 mit Bespr. Wohlers/Kudlich ZStW 120 (2008), 615; Horrer, Bestechung durch deutsche Unternehmen im Ausland, 2011 mit Bespr. Pelz ZIS 2014, 89; Schmidt/Fuhrmann FS Rissing-van Saan, 2011, 585; Zieschang NJW 1999, 105 (106), der die Einzelausgestaltung zT kritisiert, das gesetzgeberische Bemühen um Korruptionseindämmung aber begrüßt; ebenso Korte wistra 1999, 81; krit. zur „Vorgehensweise" Heinrich GS Keller, 2003, 103 (118); Tinkl wistra 2006, 126; Wolf NJW 2006, 2735; KJ 2008, 366; krit. auch Braum, Europäische Strafgesetzlichkeit, 2003, S. 517; krit. zur internationalen Korruptionsbekämpfung Weigend FS Jakobs, 2007, 747 „Lösung ohne Problem?". Zu Maßnahmen auf EU-Ebene Hetzer NJW 2004, 3746; zu völkerrechtlichen Bestrebungen Deiters PVS 2005, 424. Vgl. auch Hoven/Kubiciel, Das Verbot der Auslandsbestechung, 2016; Spörl, Das Verbot der Auslandsbestchung, 2019 (mit krit Bespr. Kuhlen, ZIS 2020, 327; auch kriminologisch Hoven, Auslandsbestechung, 2018.

4 **4.** Zur Reform der Bestechungsdelikte §§ 331–335 a StGB aF, jetzt §§ 331–338 durch das KorrBG → Vor § 298 Rn. 1–3; ergänzend Köhler, Die Reform der Bestechungsdelikte, 2005 mit Bespr. Wohlers/Kudlich ZStW 120 (2008), 609 (611). Für eine Restriktion der Tatbestände der §§ 331, 333 Gropp FS Wolter, 2013, 575. Zahlreiche Reformforderungen enthält der sog. GRECO-Bericht des Europarats v. 9.12.2009, näher und krit. Hauck wistra 2010, 255 (257). Zum Wechsel von Amtsträgern (zB Staatssekretären) in die Privatwirtschaft Hoven NStZ 2013, 617.

§ 331 Vorteilsannahme

(1) **Ein Amtsträger, ein Europäischer Amtsträger oder ein für den öffentlichen Dienst besonders Verpflichteter, der für die Dienstausübung einen Vorteil für sich oder einen Dritten fordert, sich versprechen läßt oder annimmt, wird mit Freiheitsstrafe bis zu drei Jahren oder mit Geldstrafe bestraft.**

(2) [1]**Ein Richter, Mitglied eines Gerichts der Europäischen Union oder Schiedsrichter, der einen Vorteil für sich oder einen Dritten als Gegenleistung dafür fordert, sich versprechen läßt oder annimmt, daß er eine richterliche Handlung vorgenommen hat oder künftig vornehme, wird mit Freiheitsstrafe bis zu fünf Jahren oder mit Geldstrafe bestraft.** [2]**Der Versuch ist strafbar.**

(3) **Die Tat ist nicht nach Absatz 1 strafbar, wenn der Täter einen nicht von ihm geforderten Vorteil sich versprechen läßt oder annimmt und die zuständige Behörde im Rahmen ihrer Befugnisse entweder die Annahme**

vorher genehmigt hat oder der Täter unverzüglich bei ihr Anzeige erstattet und sie die Annahme genehmigt.

Fassung: In Abs. 1 und 2 sind durch das G zur Bekämpfung der Korruption (→ Vor § 1 Rn. 18) mit Wirkung zum 26. 11. 2015 EU-Amtsträger und EU-Richter eingefügt worden.

1 **1.** Den Tatbeständen gegen Bestechlichkeit und Bestechung (§§ 331–337) liegt ein **komplexes Rechtsgut** zu Grunde (str.). Geschützt ist das **Vertrauen in die Unkäuflichkeit von Trägern staatlicher Funktionen und damit zugleich in die Sachlichkeit staatlicher Entscheidungen** (BGHSt 15, 88 (96) = NJW 1960, 2154; BGHSt 30, 46 (48) = NJW 1981, 1457; BGHSt 47, 295 (309) = NJW 2002, 2801; Lenckner ZStW 106 (1994), 502 (539); Rengier StrafR BT II § 60 Rn. 6; Kindhäuser/Hilgendorf in LPK-StGB Rn. 1; Kuhlen in NK-StGB Rn. 12; ähnlich Otto StrafR BT § 99 Rn. 1; letzteres betonend Sowada in LK-StGB Vor § 331 Rn. 36; sa Höltkemeyer, Sponsoring als Straftat, 2005, S. 52, 82 mit krit. Bespr. Hardtung GA 2007, 60; str.), allerdings nicht um seiner selbst willen, sondern um sicherzustellen, dass die Verfälschung des Staatswillens verhütet, die Lauterkeit der Amtsausübung gewährleistet und die Autorität staatlichen Handelns nicht erschüttert wird (Wessels/Hettinger/Engländer StrafR BT I Rn. 1106). Eine Reduzierung des Strafgrundes auf den einen oder anderen dieser Zwecke würde eine widerspruchsfreie Erklärung der Gesamtregelung in Frage stellen (zum Rechtsgut Dornseifer JZ 1973, 267 (269); Loos FS Welzel, 1974, 879; Sturm JZ 1975, 6 (13); Dölling, 61. DJT, Bd. I, Gutachten C, S. 50; Geerds JR 1981, 301; Amelung FS Dünnebier, 1982, 487 (505); Schönherr, Vorteilsgewährung und Bestechung als Wirtschaftsstraftaten, 1985, S. 23, 286; Hardtung, Erlaubte Vorteilsannahme, 1994, S. 40; Schlüchter FS Geerds, 1995, 713; Haft NJW 1995, 1113 (1115); Schwieger, Der Vorteilsbegriff in den Bestechungsdelikten des StGB, 1996, S. 37, 90; Jaques, Die Bestechungstatbestände unter besonderer Berücksichtigung des Verhältnisses der §§ 331 ff. StGB zu § 12 UWG (aF), 1996, S. 36, 63; Stächelin, Strafgesetzgebung im Verfassungsstaat, 1998, S. 311; Heinrich, Der Amtsträgerbegriff im Strafrecht, 2001, S. 253, 287, 307; Hefendehl, Kollektivrechtsgüter im Strafrecht, 2002, S. 321; Wentzell, Zur Tatbestandsproblematik der §§ 331, 332 StGB, 2004, S. 79; Kargl ZStW 114 (2002), 763 (782); Saliger FS Kargl, 2015, 493; Roxin FS Kargl, 2015, 459; zu den Auswirkungen des EuBestG/IntBestG (→ Vor § 331 Rn. 3) auf das Rechtsgut Korte in MüKoStGB Rn. 9; krit. zur Vorverlagerung Kargl in Neumann/Prittwitz, „Personale Rechtsgutslehre" und „Opferorientierung im Strafrecht", 2007, S. 77). Bestimmtheitsbedenken bei Kargl in Neumann/Prittwitz, „Personale Rechtsgutslehre" und „Opferorientierung im Strafrecht", 2007, S. 79, 83; und bei Schneider FS Seebode, 2008, 331 „unberechenbares Strafrecht". – **Rechtsvergleichend** Palazzo FS Volk, 2009, 525, speziell mit Polen Dlugosz/Barcewsk ZStW 122 (2010), 386. – Zur **Kriminologie** Sowada in LK-StGB Vor § 331 Rn. 42–46.

2 **2. Täter** nach Abs. 1 kann nur ein Amtsträger (→ § 11 Rn. 3–11; bejahend für Mitarbeiter der Wirtschaftsverwaltung einer Universität KG NStZ-RR 2008, 373 (375), für Leitung (BGH StV 2012, 19), Sekretärin, Lehrer und Schulassistenten einer öffentlichen Schule (OLG Celle NJW 2008, 164 (168)); Redakteure öffentlich-rechtlicher Rundfunkanstalten (BGHSt 54, 202 = NJW 2010, 784 mAnm Heinrich JZ 2010, 529; Kretschmer JR 2010, 127); Angestellte der DBNetzAG (BGHSt 56, 97 = NStZ 2011, 510 mAnm Radtke; Schomerus ZUR 2011, 440) und der Sparkasse, soweit diese als Kommunalbank tätig ist (BGH NStZ 2020,

146); zu Gemeinderatsmitgliedern BGHSt 51, 44 = NJW 2006, 2050 mit Bespr. Caspari DRiZ 2008, 284 (Abgrenzung zu § 108e StGB aF; → § 108e Rn. 2; Verjans FS Volk, 2009, 829 (844)); OLG Stuttgart NJW 2003, 228; LG Köln NStZ-RR 2003, 364; Deiters NStZ 2003, 453; Marel StraFo 2003, 259; Bernsmann StV 2003, 521 (525); verneinend für Kassenärzte bei der Verordnung von Arzneimitteln (jetzt §§ 299a, 299b), BGHSt 57, 202 (204) = NJW 2012, 2530 mit Bespr. Kölbel StV 2012, 595; Hohmann wistra 2012, 388; Kraatz NZWiSt 2012, 273; Szesny/Remplik MedR 2012, 662; Corsten/Raddatz MedR 2013, 538; dazu auch Krüger StraFo 2012, 308; Leimenstoll wistra 2013, 121; Cosack ZIS 2013, 226; Dannecker ZRP 2013, 37; sa § 48 I WStG), ein Europäischer Amtsträger iSd § 11 I Nr. 2a (→ § 11 Rn. 11a) oder ein für den öffentlichen Dienst besonders Verpflichteter (→ § 11 Rn. 13–17; abl. für den vormundschaftlich bestellten Betreuer OLG München NJW 2009, 2837) sein (zur Erfassung von Regierungsamtsträgern wie Ministern und Staatssekretären krit. Zimmermann ZStW 124 (2012), 1023 (1061)), Täter nach Abs. 2 nur ein Richter (→ § 11 Rn. 12) auch an einem Gericht der EU (zB EuGH, nicht dagegen EGMR) und am IStGH (einbezogen durch Art. 2 § 2 Gesetz zum Römischen Statut; Fischer Rn. 4g) oder ein Schiedsrichter, dh eine Person, die auf Grund eines Schiedsvertrages (§ 1025 ZPO) oder eines ihm gleichstehenden Begründungsaktes (§ 1035 III ZPO) zur Entscheidung einer Rechtsstreitigkeit berufen ist, also nicht der Schiedsgutachter und der Schiedsmann (Sowada in LK-StGB Rn. 94). Die Tat ist eigentliches Amtsdelikt (→ Vor § 331 Rn. 2; Kuhlen in NK-StGB Rn. 15). Der Täter muss zum Zeitpunkt der Tat Amtsträger sein (BGH NStZ 2004, 564; Hoffmann/Mildenberger StV 2006, 665); nicht ausgeschlossen soll aber auch sein, wenn ein Amtsträger (Bürgermeister), der für ein anderes Amt (Oberbürgermeister) desselben Dienstherren kandidiert und erst danach die fragliche Dienstausübung vornehmen soll, sofern dem Vorteilsnehmer im Zeitpunkt der Tathandlung bereits allgemein aufgrund seiner Stellung ein weitreichender Aufgabenkreis zugewiesen ist (BGH NJW 2021, 2522 mablAnm Kubiciel; zw.). – Als **Vorteilsgeber** kommt jedermann, uU also auch ein Amtsträger (OLG Frankfurt a. M. NJW 1989, 847; OLG Hamm NStZ 2002, 38), in Frage.

3 **3. Tathandlungen nach Abs. 1** sind das Fordern, Sichversprechenlassen oder Annehmen eines Vorteils für die Dienstausübung (Abs. 1) als Gegenleistung für eine geschehene oder künftige richterliche Handlung (Abs. 2) oder Diensthandlung (§ 332 I; zur inneren Verknüpfung dieser Elemente Kuhlen NStZ 1988, 433).

4 **a)** aa) **Vorteil** ist eine Zuwendung, auf die die Amtsperson oder der begünstigte Dritte (Otto StrafR BT § 99 Rn. 15; Kuhlen in NK-StGB Rn. 39) keinen Rechtsanspruch hat (hM; vgl. etwa Hardtung, Erlaubte Vorteilsannahme, 1994, S. 54; Kuhlen in NK-StGB Rn. 52–62; Stein/Deiters in SK-StGB Rn. 19–22a; einschr. Schwieger, Der Vorteilsbegriff in den Bestechungsdelikten des StGB, 1996, S. 183, 214; krit. Dornseifer JZ 1973, 267; Braum, Europäische Strafgesetzlichkeit, 2003, S. 528; abl. Satzger ZStW 115 (2003), 469 (475), der einen „naturalistischen" Vorteilsbegriff kreiert; krit. auch Schäfer/Liesching ZRP 2008, 173) und die ihre wirtschaftliche, rechtliche oder auch nur persönliche Lage objektiv messbar verbessert (hM; vgl. etwa BGHSt 31, 264 (279) = NJW 1983, 2509; BGHSt 35, 128 (133) = NJW 1988, 2547; BGHSt 47, 295 (304) = NJW 2002, 2801; BGHSt 48, 44 (49) = NJW 2003, 763; BGH NStZ 2008, 216 (217); Küper/Zopfs StrafR BT Rn. 726; Kindhäuser/Hilgendorf in LPK-StGB Rn. 6; Dölling, 61. DJT, Bd. I, Gutachten C, S. 66; Schlüchter FS Geerds, 1995, 713 (716) mit Kasuistik; einen rechtsgutsbezogenen Vorteilsbegriff entwickelt Schwieger, Der Vorteilsbegriff in den Be-

stechungsdelikten des StGB, 1996, S. 114, 157, 214, Besserstellung, bei der der Eindruck entsteht, als habe der Amtsträger bei der Amtshandlung nicht mehr objektiv handeln können; vgl. auch Jaques, Die Bestechungstatbestände unter besonderer Berücksichtigung des Verhältnisses der §§ 331 ff. StGB zu § 12 UWG (aF), 1996, S. 131; Bestimmtheitsbedenken bei Schneider FS Seebode, 2008, 331 (334)). Ein solcher Vorteil kann schon im Abschluss eines (lukrativen Berater-)Vertrages liegen, der Zuwendungen an die Amtsperson zur Folge hat (BGHSt 63, 107 = NJW 2018, 1767; BGH StV 2019, 42 mit Bespr. Hecker JuS 2019, 75), und zwar selbst dann, wenn damit nur die vertragsmäßige (in der Vornahme von Dienstausübungen oder Diensthandlungen bestehende) Tätigkeit des Empfängers angemessen entgolten werden soll (BGHSt 31, 264 (279) = NJW 1983, 2509 mkritAnm Dingeldey NStZ 1984, 503 (505); BGH NStZ 2008, 216 (217) mit krit. Bespr. Satzger JK StGB § 333 Rn. 1, zu entgeltlicher Nebentätigkeit; OLG Celle NJW 2008, 164 mkritAnm Zieschang StV 2008, 253 (254), krit. dazu Rosenau in Satzger/Schluckebier/Widmaier StGB Rn. 44; Fischer Rn. 12; Korte in MüKoStGB Rn. 93–96; Rosenau in Satzger/Schluckebier/Widmaier StGB Rn. 17; Kuhlen in NK-StGB Rn. 60; speziell zum Sponsoring Kuhlen in NK-StGB Rn. 57, bei Drittmitteleinwerbung Roxin in Roxin/Schroth MedStrafR S. 272; Harriehausen NStZ 2013, 256). Beim Austausch von Leistungen, die nur zT Dienstausübung oder Diensthandlungen sind, kann der Vorteil auch in dem Mehrwert des Empfangenen bestehen. Schließlich genügt die Vereinbarung eines Preisnachlasses unabhängig von der Angemessenheit der Gesamtleistung (BGH NJW 2001, 2558 mablAnm Kudlich JR 2001, 516; BGH NJW 2006, 225 mAnm Ambos/Ziehn NStZ 2008, 498; OLG Celle NJW 2008, 164 mAnm Zieschang StV 2008, 253). Auch Eintrittskarten für entgeltpflichtige Veranstaltungen wie ein WM-Fußballspiel haben selbst für Personen, die wie Minister freien Zutritt gehabt hätten, einen Vermögenswert, weil sie nicht nur der Dienstaufgabe der „Repräsentation", sondern auch der Befriedigung persönlicher Interessen dienen (BGHSt 53, 6 = NJW 2008, 3580 mit zT krit. Bespr. Hamacher/Robak DB 2008, 2747; Hettinger JZ 2009, 370; Noltensmeier HRRS 2009, 151; Schlösser wistra 2009, 155; Trüg NJW 2009, 196; Kuhlen JR 2010, 148; Reinhold HRRS 2010, 213; Valerius GA 2010, 211; Fischer Rn. 11 c).

bb) Meist handelt es sich um **Geschenke.** Jedoch ist ein Vermögensvorteil nicht 5
unbedingt erforderlich (BGH NJW 1959, 346; krit. Braum, Europäische Strafgesetzlichkeit, 2003, S. 527; str.). Deshalb wird auch die Gewährung des Geschlechtsverkehrs und die Duldung sexueller Handlungen erfasst (BGHSt 64, 301 = NJW 2020, 2484 mzustAnm Kuhlen JR 2020, 628; Sowada StraFo 2020, 388; Bock NStZ 2020, 671; BGH NJW 1989, 914; StV 1994, 527; OLG Hamm NStZ 2002, 38; Gribl, Der Vorteilsbegriff bei den Bestechungsdelikten, 1993, S. 7; Schwieger, Der Vorteilsbegriff in den Bestechungsdelikten des StGB, 1996, S. 174). Die flüchtige Zärtlichkeit genügt aber nicht (BGH MDR 1960, 63 = BeckRS 1959, 31188357); nach der Rspr. soll es auch nicht ausreichen, wenn lediglich ein Séparée in einer Bar als bloße Gelegenheit zu sexuellem Kontakt zur Verfügung gestellt wird (so BGH NJW 1989, 914; mit Recht abl. Bottke JR 1989, 432); anders jedoch bei bezahltem „Begleitservice" von Prostituierten (BGH NStZ-RR 2002, 272). Dagegen soll die Befriedigung des Ehrgeizes oder der Eitelkeit als Vorteil in Frage kommen (BGHSt 14, 123 (128) = NJW 1960, 829; OLG Zweibrücken JR 1982, 381 mAnm Geerds; OLG Karlsruhe NStZ 2001, 654; krit. Kargl ZStW 114 (2002), 763 (771), der auf die Erkennbarkeit der Zuwendung abstellen will), was im Hinblick auf das Erfordernis objektiver Messbarkeit der Besserstellung (→ Rn. 4) Zwei-

fel erweckt (Wagner JZ 1987, 594 (602); Kuhlen in NK-StGB Rn. 44–46; Stein/Deiters in SK-StGB Rn. 41); zu Recht werden als Vorteil ausgeschieden die Verbesserung von Karrierechancen und die Steigerung wissenschaftlicher Reputation (BGHSt 47, 295 (304) = NJW 2002, 2801; zust. Bernsmann StV 2003, 521 (525)); einbezogen aber sind objektiv messbare Verbesserungen der persönlichen Wirkungsmöglichkeiten als Forscher (BGHSt 47, 295 (304) = NJW 2002, 2801 mit Bespr. Ambos JZ 2003, 345 (350)). Der Vorteil braucht ferner kein dauernder zu sein (BGHSt 15, 286 = NJW 1961, 472) und nicht notwendig zu Lasten des Zuwendenden zu gehen; es genügt, dass aus dessen Verhalten dem Empfänger der Vorteil zukommt oder zukommen soll, zB: der Leihwagen; die Gewährung eines Darlehens (BGH GA 1959, 176); die Stundung einer Forderung (BGHSt 16, 40 = NJW 1961, 1483); die bezahlte Nebenbeschäftigung (BGHSt 18, 263 = NJW 1963, 918; BGH NStZ 2008, 216 (217)); die Sicherung einer ungerechtfertigt günstigen beruflichen Situation (problematisch BGH NJW 1985, 2654 (2656) mit abl. Bespr. Marcelli NStZ 1985, 500; Wagner JZ 1987, 594 (603); krit. auch Kuhlen in NK-StGB Rn. 42); die Einladung zu Kongressreisen (BGHSt 48, 44 = NJW 2003, 763); die Finanzierung von Betriebs- und Weihnachtsfeiern (BGHSt 48, 44 = NJW 2003, 763; LG Potsdam LKV 2014, 335 mAnm Neubauer); die Überlassung und Reparatur von medizinischen Geräten (BGHSt 47, 295 = NJW 2002, 2801; BGHSt 48, 44 = NJW 2003, 763); die Gewährung aus dem Erlös einer Straftat, an welcher der Empfänger durch seine Dienstausübung oder Diensthandlung mitgewirkt hat (BGHSt 20, 1 = NJW 1964, 2260; BGH NJW 1987, 1340 mAnm Letzgus NStZ 1987, 309). Gleichzeitige Förderung dienstlicher Belange räumt den Vorteil nicht aus (OLG Oldenburg Nds. Rpfl. 1950, 179; str.). An ihm fehlt es jedoch, wenn der Täter sich einen Gewinn erst selbst aus der Dienstausübung oder Diensthandlung verschaffen will (BGHSt 1, 182 = BeckRS 1951, 31399673; OLG Karlsruhe NStZ 2001, 654; vgl. jedoch BGH StV 1994, 186), wenn er zu einem Gelage vollwertig beisteuert (BGH GA 1967, 154), wenn er die Zuwendung nur als Mittel zur Ausführung der Diensthandlung erhält (OLG Zweibrücken JR 1982, 381 mAnm Geerds; Kuhlen in NK-StGB Rn. 80; Wentzell, Zur Tatbestandsproblematik der §§ 331, 332 StGB, 2004, S. 141, die Unrechtsvereinbarung verneinend) oder sie eine gesetzliche Folge darstellt (zB Bußgeld; BGH NJW 2005, 3011; zust. Kuhlen in NK-StGB Rn. 59).

6 cc) Unter Geltung von § 331 aF musste der Vorteil nach hM stets die **Amtsperson selbst** besserstellen (BGHSt 35, 128 = NJW 1988, 2547 mit Bespr. Kuhlen NStZ 1988, 433; Tenckhoff JR 1989, 33; Schlüchter FS Geerds, 1995, 713 (719); anders Rudolphi NJW 1982, 1417; Gribl, Der Vorteilsbegriff bei den Bestechungsdelikten, 1993, S. 14, 93). Die Zuwendung zu Gunsten eines Dritten, namentlich eines Angehörigen, genügte daher nur, wenn sie der Amtsperson irgendwie, zumindest mittelbar zugute kam (BGHSt 35, 128 = NJW 1988, 2547; OLG Düsseldorf NJW 1987, 1213). Dies war bei Zuwendungen an die Ehefrau oder die Freundin regelmäßig wegen deren persönlichen Näheverhältnisses zum Amtsträger anzunehmen. Die Praxis sah sich aber zunehmender Beweisprobleme ausgesetzt, weil Zuwendungen vor allem durch die Vereinbarung von Spenden zu Gunsten politischer Parteien oder anderer Organisationen, denen der Amtsträger angehörte, verschleiert werden konnten (Schaupensteiner NStZ 1996, 409 (411)). Der Nachweis eines Vorteils hing von den Umständen und namentlich auch davon ab, welche Anforderungen an die objektive Messbarkeit der Besserstellung (→ Rn. 4) gestellt wurden (grds. verneinend Kaiser NJW 1981, 321; bejahend Scheu NJW 1981, 1195; offen gelassen BGHSt 35, 128 = NJW 1988, 2547, der die eigenständige Ver-

fügungsmöglichkeit des Amtsträgers über die zugewendeten Gelder als entscheidend ansah; sa Dencker NStZ 1982, 154). Nach der Neufassung ist nun auch der Vorteil für einen **Dritten** erfasst, weil auch in Fällen der Vorteilsannahme durch den Amtsträger für Dritte das geschützte Rechtsgut (→ Rn. 1) verletzt wird (BT-Drs. 13/5584, 16; Dölling, 61. DJT, Bd. I, Gutachten C, S. 67; Otto StrafR BT § 99 Rn. 17). Damit wird die Strafbarkeit von Zuwendungen klargestellt, bei denen dem Amtsträger kein mittelbar eigener Vorteil materieller oder immaterieller Art zugute kommt (BT-Drs. 13/5584, 9; Dölling, 61. DJT, Bd. I, Gutachten C, S. 67; Korte NStZ 1997, 513 (515); Kargl ZStW 114 (2002), 763 (769); Küper/Zopfs StrafR BT Rn. 726, 730; Rengier StrafR BT II § 60 Rn. 12; Stein/Deiters in SK-StGB Rn. 47). Erfasst sind danach etwa Spenden an die Partei (BGHSt 49, 275 = NJW 2004, 3569; BGH NJW 2007, 3446; LG Wuppertal NJW 2003, 1405), wohl auch mäzenatisches Sponsoring (Satzger ZStW 115 (2003), 469 (472); zur Finanzierung von Nachteilsausgleichsmaßnahmen durch Unternehmen vor Erteilung einer Genehmigung für ein (Groß-)Projekt Cordes/Sartorius NZWiSt 2013, 401 (402)).

dd) Ausgelöst durch Verfahren im Zuge des sog. Herzklappenskandals (exemplarisch BGH NStZ 2000, 90; dazu Lippert NJW 2000, 1772; Göben MedR 2000, 194; sa die „Zwischenbilanz" von Bernsmann StV 2003, 521, die mit diesem „Skandal" beginnt; sa Braum, Europäische Strafgesetzlichkeit, 2003, S. 532; Geis FS Rüping, 2008, 195 (196); rückblickend Kuhlen in NK-StGB Rn. 101; der auf die Möglichkeiten privater Selbstregulierung hinweist (Kuhlen FS Hassemer, 2010, 875 (879–885)) gerieten nach alter Rechtslage aber auch Vorgänge in den Verdacht korruptiver Praktiken, in denen die Zuwendungen gerade dem Amt zugute kamen, welches der Amtsträger nach außen hin wahrnahm (einschr. LG Hamburg StraFo 2001, 27). Zur Begründung des eigenen persönlichen Nutzens des Amtsträgers wurde hier etwa auf erhöhte Karrierechancen und gesteigertes berufliches Ansehen abgestellt (OLG Karlsruhe NJW 2001, 907; OLG Hamburg StV 2001, 284 (285); krit. Zieschang StV 2001, 290; abl. Geis FS Rüping, 2008, 195 (197)), was aber hinsichtlich der objektiven Messbarkeit dieser Vorteile zweifelhafte Kriterien waren. Die hierdurch aufgetretenen Rechtsunsicherheiten in all denjenigen Fällen, in denen es zu einer – teilweise sogar gesetzlich zwingend vorgeschriebenen (vgl. MedizinprodukteG, AMG) – Kooperation der öffentlichen Hand mit der Privatwirtschaft kommt, verschärfen sich durch die tatbestandliche Erweiterung auf Drittvorteile seit 1997. Fragen ergeben sich insbes. in der **Drittmittelforschung,** in der Finanzierung von Fortbildungsveranstaltungen und Kongressen, bei Sachzuwendungen seitens der medizintechnischen und pharmazeutischen Industrie (OLG Hamburg StV 2001, 277; OLG Karlsruhe NJW 2001, 907; OLG Köln NStZ 2002, 35; Rechtsprechungsübersicht bei Roxin in Roxin/Schroth MedStrafR S. 267–270; Lüderssen JZ 1997, 112; Dauster NStZ 1999, 63; Pfeiffer NJW 1997, 782; Walter ZRP 1999, 292; Zieschang WissR 32 (1999), 111; Bernsmann StV 2003, 521; Diettrich/Jungeblodt FS Schreiber, 2005, 1015; Ulsenheimer Geilen-Symposium, 2003, 185; Höltkemeyer, Sponsoring als Straftat, 2005, S. 23, 85 mit Bespr. Hardtung GA 2007, 60; Albus, Die Zusammenarbeit zwischen Industrie und Ärzten an medizinischen Hochschuleinrichtungen, 2007 mit Bespr. Wohlers/Kudlich ZStW 120 (2008), 617; Bannenberg in Wabnitz/Janovsky Wirtschafts-StrafR-HdB § 12 Rn. 70–73; Geis FS Rüping, 2008, 195; Roxin in Roxin/Schroth MedStrafR S. 262–292; Deutsch/Spickhoff MedR Kap. XIII Rn. 726, 727; Harriehausen NStZ 2013, 256; sa Braun, Industrie und Ärzteschaft, Überlegungen zur Korruptionssanktionierung nach straf- und berufsrechtlichen Ge- 6a sichtspunkten, 2011, S. 39–41), aber auch beim **Sponsoring** öffentlicher Einrichtungen (dazu Winkelbauer/Felsinger BWGZ 1999, 291; Volk, Verhandlungen des 61. DJT, Bd. II 1996, L 41 und 121; Schreiber/Rosenau/Combé/Wrackmeyer GA 2006, 265; Winkelbauer/Felsinger/Dannecker, Gemeinnützig oder strafbar?, 2003; Bannenberg in Wabnitz/Janovsky WirtschaftsStrafR-HdB § 10 Rn. 72–76; Schlösser/Nagel wistra 2007, 211; rechtsvergleichend mit der Schweiz Kaiser, Drittmittel, Sponsoring und Fundraising, 2008 mit Bespr. Marx Justiz 2009, 279; allg. zum Sponsoring iwS Satzger ZStW 115 (2003), 469; Graf in Arbeitsgemeinschaft Strafrecht des Deutschen Anwaltvereins, Strafverteidigung im Rechtsstaat, 2009, S. 293; → Rn. 10) sowie beim Leistungsaustausch im Rahmen städtebaulicher Verträge (Grziwotz BauR 2000, 1437); speziell zum Pharmasponsoring Höltkemeyer, Sponsoring als Straftat, 2005, S. 200, zum „Kultursponsoring“ Bock/Borrmann ZJS 2009, 625 (mangels Vorteilsgewährung für die Dienstausübung regelmäßig straflos); zum Sponsoring in der Bundesverwaltung Schröder NJW 2004, 1353 (vgl. dazu auch die „Allgemeine Verwaltungsvorschrift zur Förderung von Tätigkeiten des Bundes durch Leistungen Privater“, abgedr. in NJW 2004, 1367); zum Public Private Partnership Bernsmann StV 2005, 685. In diesen Fällen sowie bei Opportunitätseinstellungen nach § 153 a StPO (dazu Cramer wistra 1999, 414) ist eine einschränkende Auslegung der §§ 331, 333 geboten. Diese muss verfassungsrechtliche (Art. 5 III 1 GG), steuerrechtliche (Heine/Eisele in Schönke/Schröder Rn. 44) und schließlich dienstrechtliche Wertungen mit der tatbestandlichen Reichweite der Bestechungsdelikte in Einklang bringen. Als Anknüpfungspunkte auf der Ebene des Tatbestandes bieten sich der Begriff des Vorteils (Sozialadäquanz; dazu Schroth StrafR BT S. 393; krit. Geis FS Rüping, 2008, 195 (199); → Rn. 14), die Person des Dritten („Privatperson“ oder der Amtsträger selbst) (LG Bonn StV 2001, 292; Ostendorf NJW 1999, 615; Braum, Europäische Strafgesetzlichkeit, 2003, S. 529; Heinrich in Krey/Hellmann/Heinrich StrafR BT I Rn. 936; diff. Wentzell, Zur Tatbestandsproblematik der §§ 331, 332 StGB, 2004, S. 106; dagegen Kuhlen in NK-StGB Rn. 45, 46; Fischer Rn. 27 e; Stein/Deiters in SK-StGB Rn. 47), wie auch die Unrechtsvereinbarung an (Kuhlen FS Schroeder, 2006, 535 (541); Knauer/Kaspar GA 2005, 385 (393); Schlösser/Nagel wistra 2007, 211; Schäfer/Liesching ZRP 2008, 173; → Rn. 10, 10 a); es wird aber auch eine übergesetzliche Rechtfertigung erwogen (Cramer FS Roxin, 2001, 945).

6b ee) Für die Praxis klärend und (bisher) zu vernünftigen Ergebnissen führend hat sich der BGH zu Recht für eine **Tatbestandslösung** entschieden, die aber nicht an einzelnen Tatbestandsmerkmalen ansetzt, sondern den Tatbestand im Hinblick auf das geschützte Rechtsgut (→ Rn. 1) für Fälle teleologisch reduziert bzw. einschränkend auslegt, in denen der zur Drittmitteleinwerbung verpflichtete Amtsträger (zB Medizinprofessor und ärztlicher Direktor am Klinikum einer Universität) das im Hochschulrecht vorgeschriebene **Verfahren** einhält (BGHSt 47, 295 = NJW 2002, 2801 mit Bespr. Michalke NJW 2002, 3381; Ambos JZ 2003, 345; Kindhäuser/Goy NStZ 2003, 291; Korte NStZ 2003, 157; Kuhlen JR 2003, 231; Mansdörfer wistra 2003, 211; Tholl wistra 2003, 181; Verrel MedR 2003, 319 (324); Wasserburg NStZ 2003, 353 (358); Heinrich NStZ 2005, 256; zust. Fischer Rn. 27–27 e; Sowada in LK-StGB Rn. 76–84; nur als „Regel“ auch Kuhlen in NK-StGB Rn. 104; Kuhlen FS Hassemer, 2010, 875 (879), normative Restriktion der Unrechtsvereinbarung; sa Roxin in Roxin/Schroth MedStrafR S. 280–282; fortgeführt von BGHSt 48, 44 = NJW 2003, 763; krit. Bernsmann StV 2003, 521 (522), der für eine tatbestandsausschließende Genehmigungslösung plädiert; für eine Rechtfertigungslösung Zöller GA 2008, 151 (165); krit. auch Satzger ZStW 115 (2003), 469 (490), der eine gesetzliche Regelung fordert, ebenso Heinrich in Krey/Hellmann/Heinrich StrafR BT I Rn. 938; krit. auch Schneider FS Seebode, 2008, 331 (340); Geis FS Rüping, 2008, 195 (205); abl. Wentzell, Zur Tatbestandsproblematik der §§ 331, 332 StGB, 2004, S. 43, die eine inhaltsbezogene, materiell-rechtliche Betrachtungsweise verlangt). Die damit geforderte Transparenz „im Wege von Anzeigen und Einholung von Genehmigungen auf hochschulrechtlicher Grundlage" begegnet dem „bösen Anschein möglicher ‚Käuflichkeit' von Amtsträgern" (BGH NStZ-RR 2003, 171 mAnm Tholl wistra 2003, 464). Die so – allerdings nur für die Forschung an Hochschulen (krit. Wessels/Hettinger/Engländer StrafR BT I Rn. 1112a) – erreichte Rechtssicherheit lässt ein weiter klärendes Eingreifen des Gesetzgebers vorerst verzichtbar erscheinen (vgl. die Absage der BReg (BR-Drs. 952/02) auf die Anfrage des Bundesrates (BR-Drs. 541/01); zu den Möglichkeiten des Bundesgesetzgebers krit. Schmidt/Güntner NJW 2004, 471 (474); nach Kuhlen FS Schroeder, 2006, 535 (543), zweifelhaft jedenfalls verfrüht; für eine Ergänzung von § 331, die eine Vorteilsnahme ausschließt, wenn der Vorteil dienst- bzw. hochschulrechtlich erlaubt ist, Tag JR 2004, 50 (57); für ein Drittmittelgesetz Knauer/Kaspar GA 2005, 385 (404)).

Im Fall der Einwerbung von **Parteispenden** hat der BGH einer entsprechenden Auslegung unter Berufung auf den Schutzzweck des § 331 StGB, dem das im Parteiengesetz vorgesehene Verfahren nicht hinreichend gerecht werde, sowie der Gefahr einer Ungleichbehandlung parteiloser Amtsträger eine Absage erteilt. Stattdessen verlangt er – in Anerkennung eines gleichwohl bestehenden Bedürfnisses nach tatbestandlicher Einschränkung – ein Gegenseitigkeitsverhältnis des Vorteils zu einer konkreten Diensthandlung, die ihrerseits allein dem Zuwendenden individuell zu Gute kommt und nicht nur dessen „allgemeinen wirtschaftlichen oder politischen Vorstellungen entspricht" (BGHSt 49, 275 = NJW 2004, 3569 mit Bespr. Dölling JR 2005, 519; Saliger/Sinner NJW 2005, 1073; Caspari DRiZ 2008, 284; krit. Korte NStZ 2005, 512, der eine restriktive Auslegung des Merkmals „für die Dienstausübung" vorschlägt; krit. auch Brodowski HRRS 2009, 277 (281), der eine (nach § 240 II zu bestimmende) Verwerflichkeit zwischen Spende und Dienstausübung verlangt; krit. auch Sireh, Die Strafbarkeiten der Parteispendenakquisition, 2008, S. 123, 151; als eigenmächtige „Rechtsetzung" abl. Kargl JZ 2005, 503; zusf. zum „geteilten Echo" Sowada in LK-StGB Rn. 87); einschränkend wird verlangt, dass Spender und Amtsträger davon ausgehen, dass der Rechtsträger im Laufe der künftigen Amtszeit mit Entscheidungen zu einem Vorhaben des Spenders befasst sein wird und ein unbeteiligter Betrachter den Eindruck der Käuflichkeit gewinnt (BGH NJW 2007, 3446 mit zT krit. Bespr. Beckemper/Stage NStZ 2008, 35; Korte NStZ 2008, 341; Zöller GA 2008, 151; Satzger JK StGB § 331 Rn. 13 zu § 331 Abs. 1; krit. auch Fischer Rn. 28a, b; eher zust. mit „Leitlinien" Kuhlen in NK-StGB Rn. 108–116). Der BGH stellt damit höhere Anforderungen an eine Unrechtsvereinbarung, als sie noch vor dem KorrBG zugrunde gelegt wurden (Kuhlen FS Schroeder, 2006, 535 (541); → Rn. 10). An ihre Grenzen wird diese Verfahrenslösung kommen, wenn sie auch bei grob sachwidriger Verknüpfung zur Verneinung des Tatbestandes führt. Auch die (blinde) Anbindung an außerstrafrechtliche Regelungen wie Hochschulgesetze oder Parteiengesetz, aber auch an das Steuerrecht (Dannecker in Winkelbauer/Felsinger/Dannecker, Gemeinnützig oder strafbar?, 2003, S. 62; zu den verschiedenen Regelungsmodellen Brodowski HRRS 2009, 277 (279)) könnte zu Problemen für die Gerechtigkeitsanforderungen des Strafrechts führen. 6c

7 **b) Fordern** ist einseitiges Verlangen, sei es auch in versteckter Form (Küper/Zopfs StrafR BT Rn. 731); auf Zustimmung des Aufgeforderten kommt es nicht an, auch nicht darauf, ob dieser den objektiven Sinn der Forderung überhaupt versteht oder ob er ihm erkennbar ist (BGHSt 10, 237 (240) = NJW 1957, 1078; BGH NStZ 2006, 628 (629); Kuhlen in NK-StGB Rn. 20, 23; krit. Kargl ZStW 114 (2002), 763 (773); str.); das Verlangen muss aber zur Kenntnis des Aufgeforderten gelangt sein (Küper/Zopfs StrafR BT Rn. 731). **Sich versprechen lassen** ist die Annahme eines auch nur bedingten Angebots der späteren Zuwendung (RGSt 57, 28; sa BGH MDR 1989, 82); Angebot und Annahme können stillschweigend erklärt werden; der Empfänger muss den objektiven Sinn des Angebots verstehen und es mit dem Willen annehmen, den Vorteil später entgegenzunehmen (Küper/Zopfs StrafR BT Rn. 731) oder einem Dritten zur Verfügung zu stellen (Kuhlen in NK-StGB Rn. 24). **Annehmen** ist das tatsächliche Empfangen des angebotenen Vorteils mit dem Willen der Ausnutzung im eigenen Interesse (RGSt 58, 263 (266)) oder – nach der Neufassung – mit dem Willen, Dritten einen Vorteil zukommen zu lassen (Küper/Zopfs StrafR BT Rn. 731). Dabei braucht das Angebot des Vorteils nicht freiwillig zu sein; auch dessen Erlangung durch Willensbeugung kommt in Frage. Das Behalten eines zunächst gutgläubig angenommenen Vorteils genügt (BGHSt 15, 88 = NJW 1960, 2154; OLG Köln MDR 1960, 156); die Erklärung eines Genehmigungsvorbehalts schließt ein Annehmen nicht aus (Hardtung, Erlaubte Vorteilsannahme, 1994, S. 167; aM Stein/Deiters in SK-StGB Rn. 50). Nicht angenommen wird ein Vorteil, der nur an eine andere Amtsperson weitergeleitet werden soll (BGHSt 14, 123 (127) = NJW 1960, 829) oder der nur als Beweismittel entgegengenommen wird (BGHSt 15, 88 (97) = NJW 1960, 2154; aM Kuhlen in NK-StGB Rn. 30, der § 34 anwenden will).

8 **c)** aa) **Dienstausübung** meint die dienstliche Tätigkeit (so der Vorschlag von Dölling, 61. DJT, Bd. I, Gutachten C, S. 65) im Allgemeinen, ohne dass es sich um eine konkrete Diensthandlung handeln muss (Otto StrafR BT § 99 Rn. 14; Rengier StrafR BT II § 60 Rn. 19). Voraussetzung ist jedoch, dass die Tätigkeit zu den Obliegenheiten des Amtsträgers gehört (Schroth StrafR BT S. 394; Stein/Deiters in SK-StGB Rn. 26; Kuhlen in NK-StGB Rn. 66–72 „funktionaler Zusammenhang"; näher dazu sogleich bei der Diensthandlung). – Zur Dienstausübung gehört auch die **Diensthandlung** als spezieller Fall (BGH StraFo 2021, 207; Küper/Zopfs StrafR BT Rn. 736; Küpper/Börner StrafR BT I Kap. II § 4 Rn. 12), der von § 332 I als qualifizierte Tat (→ Rn. 20) erfasst wird, wenn eine Dienstpflichtverletzung (→ § 332 Rn. 3) hinzukommt. Sie ist eine Handlung, die in den Kreis der Obliegenheiten gehört, die der Amtsperson übertragen sind, und die von ihr in dienstlicher Eigenschaft vorgenommen wird (BGHSt 31, 264 (280) = NJW 1983, 2509; BGH NStZ 1998, 194; KG NJW 1998, 1877; Ebert GA 1979, 361; Satzger ZStW 115 (2003), 469 (480)); bloß vorbereitende, unterstützende oder beratende Tätigkeit kann daher genügen (BGHSt 3, 143 = NJW 1952, 1222; zu solchen Nebentätigkeiten BGH NStZ 2008, 215 (217)). Nach nicht ganz unproblematischer (Art. 103 II GG) Rspr. und hM erfordert teleologische Auslegung, auch solche Tätigkeiten einzubeziehen, mit denen der Täter sein Amt dazu missbraucht, eine straf- oder dienstrechtlich verbotene Handlung vorzunehmen, die ihm gerade seine Dienststellung ermöglicht (BGH NJW 1983, 462 mkritAnm Amelung/Weidemann JuS 1984, 595; BGH NJW 1987, 1340 mAnm Letzgus NStZ 1987, 309; BGH NStZ 2000, 596 (598); anders Ebert GA 1979, 361; Wagner JZ 1987, 594 (598); zw.). Darüber hinaus ist jedoch die im früheren Recht entwickelte negative Abgrenzung, dass

jede Handlung ausreiche, die ihrer Natur nach mit dem Amt in einer nicht nur äußerlich losen Beziehung stehe und nicht völlig außerhalb des dienstlichen Aufgabenbereichs liege (BGHSt 14, 123 = NJW 1960, 829; OLG Hamm NJW 1973, 716), mit der Neufassung durch das EGStGB („Diensthandlung"), die durch das KorrBG in § 332 I beibehalten wurde, schwer vereinbar (offen gelassen BGHSt 31, 264 (280) = NJW 1983, 2509; weiter OLG Frankfurt a. M. NJW 1989, 847). Keine Rolle spielt jedenfalls, ob der Amtsträger nach der internen Geschäftsverteilung zuständig ist; nur wenn die Tat in keinerlei funktionalem Zusammenhang zu dienstlichen Aufgaben mehr steht, liegt eine Privathandlung (→ Rn. 9) vor (BGH NStZ 2015, 451 mAnm Becker; Rausch ZWH 2015, 225). Der Vornahme einer Diensthandlung steht ihre Unterlassung gleich (§ 336); das Unterlassen der Mitteilung einer Straftatbegehung durch einen Kollegen erfüllt den Tatbestand jedoch nicht, weil ein funktioneller Zusammenhang zum Aufgabenkreis des unterlassenden Amtsträgers fehlt (Grunst StV 2005, 453 (458)). Auf die konkrete Zuständigkeit nach der Geschäftsverteilung kommt es nicht an (BGHSt 16, 37 = NJW 1961, 1316). Als außerstrafrechtliche Dienstpflichten sollen auch unmittelbar wirkende EU-Richtlinien in Betracht kommen (Schröder DVBl 2002, 157).

bb) Keine Dienstausübung oder Diensthandlung sind **Privathandlungen** der Amtsperson wie etwa die Aussage eines Polizeibeamten als Zeuge eines Verkehrsunfalls (OLG Köln NJW 2000, 3727; Schlüchter FS Geerds, 1995, 713 (720); Satzger ZStW 115 (2003), 469 (480); Kindhäuser/Hilgendorf in LPK-StGB Rn. 10; Stein/Deiters in SK-StGB Rn. 27; ebenso für den Arzt Ulsenheimer ArztStrafR Rn. 13/17), auch wenn sie bei Gelegenheit einer Diensthandlung (zB Gefälligkeitsbesorgungen des Schaffners), während der Dienstzeit (BGH GA 1966, 377 betr. Privatunterricht) oder unter Ausnutzung der im Dienst erworbenen Kenntnisse (BGH GA 1962, 214; sa BGHSt 31, 264 (281) = NJW 1983, 2509; BGH NStZ 2008, 215 (216); Geerds JR 1982, 384 (386); Wagner JZ 1987, 594 (602); Fischer Rn. 7, 25b) vorgenommen werden oder als unerlaubte Nebenbeschäftigung eine Dienstpflichtverletzung enthalten (BGHSt 18, 59 = NJW 1963, 59). Die außerdienstliche Anfertigung zB von Bauzeichnungen ist auch dann keine Diensthandlung, wenn die Amtsperson später hiermit dienstlich befasst wird (BGHSt 18, 263 = NJW 1963, 918; BGH wistra 2001, 388); die Bezahlung der Nebentätigkeit kann aber ein Vorteil sein, der im Hinblick auf jene künftige Diensthandlung gegeben wird (BGHSt 18, 263 = NJW 1963, 918; BGH NStZ 2008, 215 (216); Rengier StrafR BT II § 60 Rn. 18). Ein Missbrauch der amtlichen Stellung zur Vornahme von durch Dienstvorschriften verbotenen Handlungen ist dagegen keine Privattätigkeit, sondern eine pflichtwidrige Amtshandlung (BGH StraFo 2021, 207). 9

d) „Als Gegenleistung dafür" – nach der Neufassung des KorrBG nur noch in **Abs. 2** und in **§ 332 I** gefordert – setzt ein der Tathandlung zugrundeliegendes, also nicht erst nachträglich entstehendes (BGH NJW 1985, 391; Korte in MüKo-StGB Rn. 117, 118; Kuhlen in NK-StGB Rn. 93) Beziehungsverhältnis (nicht notwendig ein Austauschverhältnis, Maurach/Schroeder/Maiwald StrafR BT II § 79 Rn. 17) dergestalt voraus, dass der Vorteil dem Empfänger (dem Amtsträger oder einem Dritten, → Rn. 6) um einer bestimmten geschehenen oder künftigen Diensthandlung willen (oder einer Mehrzahl von ihnen) zugute kommen soll (BGH NStZ 1994, 488 mzustAnm Maiwald; BGH NStZ-RR 2005, 266: Dreiecksverhältnis gegenüber reiner Selbstbedienung); es genügt nicht, dass lediglich die Begleitumstände der Diensthandlung (zB höfliches Verhalten der Amtsperson) den 10

Grund für die Zuwendung bilden (BGHSt 39, 45 = NJW 1993, 1085; Heine/Eisele in Schönke/Schröder Rn. 36). Mit diesem Merkmal wird die Rspr. zum früheren Recht bestätigt, nach der das Sichversprechenlassen und das Annehmen Teil einer **Unrechtsvereinbarung** (zusf. Walther Jura 2010, 511 (516)) sind und das Fordern auf eine solche gerichtet ist (BGHSt 15, 88 (97) = NJW 1960, 2154; OLG Frankfurt a. M. NJW 1989, 847; Schlüchter FS Geerds, 1995, 713 (721); eing. Kuhlen NStZ 1988, 433; Gribl, Der Vorteilsbegriff bei den Bestechungsdelikten, 1993, S. 126, 149, der hierin einen Ansatzpunkt zur Ausgrenzung geringfügiger (§ 248 a) Zuwendungen sieht; krit. dazu Otto GA 1994, 186 (188); zum sog. Herzklappenskandal Tondorf/Waider MedR 1997, 102 (106); Kuhlen in NK-StGB Rn. 101; speziell zum Sponsoring Satzger ZStW 115 (2003), 469 (481), der im Hinblick auf das Rechtsgut (→ Rn. 1) nur sachwidrige Koppelungen erfassen will, bei denen „sponsoringfremde Hintergedanken" im Spiel sind; zu sog. Anwendungsbeobachtungen Schneider/Strauß HRRS 2011, 333; Krüger StraFo 2012, 308 (311)). Bei Letzterem muss der Täter die Diensthandlung als Äquivalent anbieten, während in den beiden anderen Fällen eine, sei es auch nur stillschweigende (OLG Frankfurt a. M. NStZ 1989, 76), Übereinkunft zwischen den Parteien über das Äquivalenzverhältnis erforderlich ist (BGHSt 10, 237 (241); BGH bei Holtz MDR 1990, 888; OLG Düsseldorf NJW 1987, 1213 mAnm Geerds JR 1987, 169; OLG Hamm NStZ 2002, 30 mit Bespr. Otto JK StGB § 331 Rn. 6; (krit.) Kargl ZStW 114 (2002), 769 (777); Stein/Rudolphi in SK-StGB Rn. 27; jetzt auch Heine/Eisele in Schönke/Schröder Rn. 38). Ferner muss die Diensthandlung **bestimmt,** wenn auch noch nicht in allen Einzelheiten konkretisiert sein; dafür genügt es, dass deren Umrisse insoweit erkennbar sind, als die Amtsperson innerhalb eines bestimmten Aufgabenbereichs in einer bestimmten Richtung tätig werden soll (BGHSt 32, 290 = NJW 1985, 391; BGH NStZ 1989, 74; wistra 1991, 220; NStZ 1994, 488 mzustAnm Maiwald; BGH StV 1994, 243; wistra 1999, 224; NStZ 2000, 319; NStZ 2005, 214; OLG Düsseldorf StraFo 2001, 354; Kuhlen in NK-StGB Rn. 75–79; krit. Haffke in Tondorf, Staatsdienst und Ethik, 1995, S. 11, 34; str.). An diesem engen, von Abs. 2 und § 332 I geforderten (zur „gelockerten" Unrechtsvereinbarung des Abs. 1 → Rn. 10 a) Beziehungsverhältnis fehlt es bei Zuwendungen, die nur allgemein mit Rücksicht auf die Dienststellung der Amtsperson oder nur aus Anlass oder bei Gelegenheit einer Diensthandlung gemacht werden (BGHSt 39, 45 = NJW 1993, 1085 mit Bespr. Wagner JZ 1993, 473; Geerds JR 1993, 211; BGHSt 47, 295 (306) = NJW 2002, 2801). Ob das zutrifft, hängt von den Vorstellungen der auf beiden Seiten Beteiligten (BGHSt 39, 45 = NJW 1993, 1085; str.) und der gesamten Interessenlage ab; diese spricht gegen eine Unrechtsvereinbarung, wenn es um die Änderung eines privatrechtlichen Vertrags nach § 313 BGB geht, den eine Körperschaft des öffentlichen Rechts und ein Unternehmen abgeschlossen haben (KG NStZ-RR 2008, 375 mit zust. Bespr. Rettenmaier CCZ 2009, 35 (37)); bei Höflichkeiten und Gefälligkeiten bilden der Umfang des Zugewendeten, die Verkehrssitte und die gesellschaftlichen Formen wichtige Anhaltspunkte (BGHSt 15, 239 (251) = NJW 1961, 469; BGH NStZ-RR 2002, 272; → Rn. 14).

10a **e) Für die Dienstausübung** (Abs. 1) setzt ein der Tathandlung zugrundeliegendes Beziehungsverhältnis dergestalt voraus, dass der Vorteil dem Empfänger (dem Amtsträger oder einem Dritten, → Rn. 6) im Hinblick auf die Dienstausübung des Amtsträgers zugute kommen soll. Mit dieser **„Lockerung" der Unrechtsvereinbarung** sollen strafwürdige und strafbedürftige Fälle erfasst werden, bei denen nicht nachzuweisen ist, dass der Vorteil als Gegenleistung für eine hinreichend bestimmte Diensthandlung (→ Rn. 10) gefordert usw wird (BT-Drs. 13/8079, 15; BGH NStZ 2008, 216 (217); OLG Stuttgart NJW 2003, 228; König JR 1997, 397 (399); Korte NStZ 1997, 513 (514); Bottke ZRP 1998, 215 (220); Dölling ZStW 112 (2000), 334 (343); Kargl ZStW 114 (2002), 763 (767); Wessels/Hettinger/Engländer StrafR BT I Rn. 1100, 1109; teilweise einschr. Kuhlen FS Schroeder, 2006, 535 (541); zu Parteispenden-Fällen → Rn. 6b). Es genügt, wenn der Vorteilsgeber auf die künftige Dienstausübung Einfluss nehmen oder die vergangene Dienstausübung honorieren will, wobei die dienstliche Tätigkeit nicht einmal in groben Umrissen konkretisiert sein muss (BGHSt 53, 6 = NJW 2008, 3580 mit Bespr. Hettinger JZ 2009, 370; Trüg NJW 2009, 196; Schlösser wistra 2009, 155; Noltensmeier HRRS 2009, 151; Reinhold HRRS 2010, 213; Kuhlen JR 2010, 148; Valerius GA 2010, 211; OLG Karlsruhe NStZ 2011, 164 mit Bespr. Oğlakcioğlu HRRS 2011, 275; Deiters ZJS 2012, 255). Die auch hier geforderte Beziehung zwischen der Zuwendung und der Dienstausübung (BT-Drs. 13/8079, 15; Küper/Zopfs StrafR BT Rn. 735) liegt bereits dann vor, wenn zB durch eine Geldzahlung das allgemeine Wohlwollen und die Geneigtheit des Amtsträgers bei seiner Dienstausübung (→ Rn. 8) erkauft werden soll (BT-Drs. 13/8079, 15; Rengier StrafR BT II § 60 Rn. 29, 30; Kuhlen in NK-StGB Rn. 80; Stein/Deiters in SK-StGB Rn. 55; vgl. auch Heine/Eisele in Schönke/Schröder Rn. 36); das kann bei der Vergabe von Freikarten für WM-Fußballspiele (→ Rn. 4) der Fall sein, muss es aber nicht, zB wenn die Auswahlkriterien sachgerecht erscheinen (vgl. LG Karlsruhe NStZ 2008, 407 mit Bespr. Paster/Sättele NStZ 2008, 366; den Freispruch letztlich bestätigend und mit weiteren Kriterien BGHSt 53, 6 = NJW 2008, 3580 mit den in → Rn. 4 genannten Bespr.; zust. Kuhlen in NK-StGB Rn. 87; vgl. auch Schünemann FS Otto, 2007, 777 (797)); nicht so klar liegen die Fälle, in denen die Zuwendung nur allgemein mit Rücksicht auf die Dienststellung der Amtsperson oder nur aus Anlass oder bei Gelegenheit einer Diensthandlung (→ Rn. 10) gemacht wird (für deren Einbeziehung Rengier StrafR BT II § 60 Rn. 29, 30). Typische Fallgestaltungen sind Zuwendungen „zur Klimapflege" (OLG Karlsruhe NStZ 2011, 164; Rengier StrafR BT II § 60 Rn. 31; Lesch AnwBl 2003, 261; krit. Schneider FS Seebode, 2008, 331 (336); abl. Wentzell, Zur Tatbestandsproblematik der §§ 331, 332 StGB, 2004, S. 137; speziell zu entgeltlichen **Nebentätigkeiten** BGH NStZ 2008, 215 (216), wo dienstliche Berührungspunkte und ein sachliches Näheverhältnis zwischen Vorteilsgeber und Amtsträger gefordert werden; bei solchen Nebentätigkeiten spricht deren Verschleierung für die Unrechtsvereinbarung (BGH NStZ 2008, 215 (216) mit zust. Bespr. Satzger JK StGB § 333 Rn. 1; Fischer Rn. 25b; speziell zur Drittmitteleinwerbung Roxin in Roxin/Schroth MedStrafR S. 277) oder Anbahnungszuwendungen im Zuge des sog. „Anfütterns" (König JR 1997, 397 (399); Rengier StrafR BT II § 60 Rn. 31; Stein/Deiters in SK-StGB Rn. 55; krit. Stächelin, Strafgesetzgebung im Verfassungsstaat, 1998, S. 311). Geld- und Sachleistungen an eine Schule mit „Werbecharakter", die in einer Verwaltungsvorschrift als „Spenden und sonstige Zuwendungen" erfasst, begründen eine Unrechtsvereinbarung über eine „Schulfotoaktion" (BGH StV 2012, 19 mit Bespr. Hecker JuS 2012, 655; Zöller ZJS 2011, 550; Schlösser NZWiSt 2013, 11; OLG Celle NJW 2008, 164 (165) mit Bespr. Ambos/Ziehn NStZ 2008, 498 (500); näher zum sog. Public Fundraising Schlösser StV 2011, 300). Der Vorteil kann sowohl für eine bereits vorgenommene als auch für eine zukünftige Dienstausübung gefordert usw werden (Stein/Deiters in SK-StGB Rn. 51); das wird zwar in Abs. 1, anders als in Abs. 2 und in § 332 I, nicht mehr ausdrücklich hervorgehoben, doch umgreift das Merkmal „Dienstausübung" vergangenes und zukünftiges dienstliches (Wohl-)Verhalten des Amtsträgers (Korte NStZ 1997, 513 (514)).

11 **f)** In allen Begehungsformen ist unerheblich, ob es **tatsächlich zu der Dienstausübung oder Diensthandlung gekommen ist;** auch wenn der Täter nur vortäuscht, dass er die Dienstausübung oder Diensthandlung vorgenommen habe oder dass er sie vornehmen werde, hat er eine Unrechtsvereinbarung, die den Kern des tatbestandlichen Unrechts bildet, getroffen oder (im Falle des Forderns) erstrebt (→ Rn. 10, 10a; ebenso Kindhäuser/Hilgendorf in LPK-StGB Rn. 11). Da das durch die §§ 331, 332 geschützte Vertrauen in die Unkäuflichkeit von Amtsträgern (→ Rn. 1) nicht durch die Vornahme oder das Unterbleiben der Dienstausübung oder Diensthandlung, sondern allein durch die Unrechtsvereinbarung über sie erschüttert wird, ist es sinnwidrig, die Dienstausübung oder Diensthandlung als solche auch objektiv zur Tatbestandsvoraussetzung zu machen (Kuhlen NStZ 1988, 433 (435)). Für den Fall der künftigen Diensthandlung ist das unbestritten (→ § 332 Rn. 5; Kuhlen in NK-StGB Rn. 36). Entgegen dem insoweit missverständlichen Wortlaut des § 332 I („vorgenommen hat") gilt das aber auch für die in der Vergangenheit liegende Diensthandlung (OLG Hamm JR 2000, 35 mzustAnm Kuhlen; Geerds JR 1981, 301; Wagner JZ 1987, 594 (598); Kindhäuser/Schramm StrafR BT I § 76 Rn. 21; Kuhlen in NK-StGB Rn. 31, 32; aM BGHSt 29, 300 = NJW 1980, 2203; Dölling JuS 1981, 570 (572); Maiwald NJW 1981, 2777; Gülzow MDR 1982, 802; Jaques, Die Bestechungstatbestände unter besonderer Berücksichtigung des Verhältnisses der §§ 331 ff. StGB zu § 12 UWG (aF), 1996, S. 165; Heinrich in Arzt/Weber/Heinrich/Hilgendorf StrafR BT § 49 Rn. 30; diff. Sowada in LK-StGB Rn. 63). Da sie den spezifischen Deliktsunwert – im Falle der pflichtwidrigen Diensthandlung auch den des § 332 (aM Wagner JZ 1987, 594 (598)) – verwirklicht, wird ihre Einbeziehung vom Schutzzweck getragen (Schwieger, Der Vorteilsbegriff in den Bestechungsdelikten des StGB, 1996, S. 91; aM Maiwald NJW 1981, 2777); schon bei § 331 I StGB aF stand der äußerst mögliche Wortsinn (→ § 1 Rn. 6) nicht entgegen, weil sich der Tatbestand zwanglos als eine im Indikativ ausgedrückte Beschreibung der Unrechtsvereinbarung verstehen ließ, für die das tatsächliche Vorliegen der Diensthandlung unerheblich war (Kuhlen NStZ 1988, 433 (435); aM BGHSt 29, 300 = NJW 1980, 2203). Etwaige Bedenken sind durch die Neufassung der Vorschrift beseitigt worden, denn die Formulierung „vorgenommen hat" ist in Abs. 1 gestrichen worden (Küper/Zopfs StrafR BT Rn. 432; Rengier StrafR BT II § 60 Rn. 21; anders Maurach/Schroeder/Maiwald StrafR BT II § 79 Rn. 21; Fischer Rn. 10).

12 **4.** Die **Tathandlungen nach Abs. 2** unterscheiden sich von denen des Abs. 1 dadurch, dass sie sich weiterhin nur (von einer dem Abs. 1 entsprechenden Erweiterung wurde bewusst abgesehen, BT-Drs. 13/8079, 15) auf eine **richterliche Handlung** beziehen, dh auf eine Handlung, deren Vornahme in den Bereich derjenigen Pflichten fällt, die durch die richterliche Unabhängigkeit geschützt sind (BT-Drs. 7/550, 271; Stein/Deiters in SK-StGB Rn. 34; Fischer Rn. 29; aM Heine/Eisele in Schönke/Schröder Rn. 49). Die Handlung ist häufig, aber nicht notwendig (zB schnelle Terminsanberaumung), zugleich eine Rechtsbeugung (§ 339). Für Abs. 2 gelten weiterhin die Merkmale „als Gegenleistung dafür" (→ Rn. 10) und „vorgenommen hat" (→ Rn. 11). Nimmt ein Richter im Rahmen seiner dienstlichen Obliegenheiten eine nichtrichterliche Handlung gegen Belohnung vor (zB im Bereich der Justizverwaltung), so fällt er als Amtsträger unter Abs. 1 (Stein/Deiters in SK-StGB Rn. 34; Heine/Eisele in Schönke/Schröder Rn. 49);

dasselbe gilt für den Fall, dass die Belohnung nur in Verbindung mit seiner Dienstausübung (→ Rn. 7a) steht (zur Funktion von Abs. 1 als „Auffangtatbestand“ BT-Drs. 7/550, 271; Korte NStZ 1997, 513 (515)).

5. Der **Vorsatz** (bedingter genügt, BGHSt 49, 275 (296) = NJW 2004, 3569) setzt Bedeutungskenntnis (→ § 15 Rn. 14) nicht nur für die einzelnen normativen Begriffe des Abs. 1 voraus (speziell zum Komplexbegriff des Amtsträgers → § 15 Rn. 15), sondern auch für das erforderliche Beziehungsverhältnis zwischen den Tathandlungen einerseits und den abhängigen Elementen des Vorteils, der Diensthandlung und der Gegenleistung andererseits (→ Rn. 4–6; → Rn. 8, 10, 10a), wobei sich im Fall von Abs. 1 der Vorsatz nur auf das Erwecken des bösen Anscheins möglicher „Käuflichkeit“ beziehen muss (BGH NStZ 2005, 334; NJW 2007, 3446 (3448)). Der Wille, eine angenommene Sache unter einer bestimmten, hinsichtlich ihres Eintritts noch ungewissen Bedingung zurückzugeben, ist für den Vorsatz unerheblich (BGH GA 1963, 147). Irrt die Amtsperson über den Wert eines Vorteils und hält sie deshalb das Verhalten des anderen für eine bloße Gefälligkeit, so liegt Tatbestandsirrtum vor (Kuhlen in NK-StGB Rn. 118); ein Verbotsirrtum dagegen, wenn sie den Wert kennt und die Annahme irrig als verkehrsüblich (→ Rn. 10) ansieht (Pister NJW 1963, 2137; Stein/Deiters in SK-StGB Rn. 61; aM OLG Neustadt NJW 1963, 1633; zw.). Zum Irrtum über die behördliche Genehmigung → Rn. 18. 13

6. a) Die **behördliche Genehmigung nach Abs. 3** (vgl. Ulsenheimer FS Beulke, 2015, 567; krit. zu deren Tauglichkeit zur Begrenzung der Bestechungsstrafbarkeit Gribl, Der Vorteilsbegriff bei den Bestechungsdelikten, 1993, S. 115) bildet – mindestens idR (→ Rn. 16) – einen **Rechtfertigungsgrund** (BGHSt 31, 264 (285) = NJW 1983, 2509; BGHSt 47, 295 (309) = NJW 2002, 2801; BGH StV 2013, 512; OLG Hamburg StV 2001, 277 (282); Kuhlen in NK-StGB Rn. 128; diff. Hardtung, Erlaubte Vorteilsannahme, 1994, S. 127; Maurach/Schroeder/Maiwald StrafR BT II § 79 Rn. 26; krit. Hohmann/Sander StrafR BT § 28 Rn. 16; für Tatbestandsausschluss Stein/Deiters in SK-StGB Rn. 66; speziell zur Drittmitteleinwerbung Roxin in Roxin/Schroth MedStrafR S. 288). Ein bloßer Entschuldigungs- oder persönlicher Strafausschließungsgrund scheidet schon deshalb aus, weil die ausdrückliche Billigung rechtswidriger Akte durch staatliche Behörden allgemeinen Rechtsgrundsätzen widersprechen würde. Der Grund für die Genehmigungsfähigkeit grds. unerwünschter Vorteilsannahmen liegt darin, dass in gewissen Fällen auch das staatliche Interesse für die Belassung des Vorteils sprechen kann, zB wenn es sich empfiehlt, einer allgemein als unverfänglich empfundenen Verkehrssitte nicht den Boden zu entziehen (Neujahrsgeschenke für den Postboten, den Müllfahrer usw), das achtenswerte Motiv einer Vorteilsgewährung zu respektieren (etwa Dankbarkeit für Lebensrettung durch einen Polizeibeamten) oder andersartigen Gebräuchen im Ausland bei internationalen Verhandlungen oder im diplomatischen Dienst Rechnung zu tragen (Blei JA 1974, 377 (379)). Eine so begründete Genehmigung hat rechtfertigende Wirkung (hM; anders Winkelbauer NStZ 1988, 201 (202); Michalke FS Rieß, 2002, 771 (774)). Ob andere Fallgruppen eine Erklärung als Tatbestandsausschluss erfordern, ist zweifelhaft; jedenfalls scheiden bloße Gefälligkeiten und verkehrsübliche Zuwendungen von geringem Wert zwar nicht schon deshalb aus, weil sie keinen Vorteil bedeuten (so aber Kaiser NJW 1981, 321; Stein/Deiters in SK-StGB Rn. 46), wohl idR aber, weil es an dem erforderlichen Äquivalenzverhältnis (→ Rn. 10, 10a) fehlt; überdies lässt sich ihre Straflosigkeit auch mit **Sozialadäquanz** (→ Vor § 32 Rn. 29; BGHSt 31, 264 (279) = NJW 14

1983, 2509; BGHSt 53, 6 = NJW 2008, 3580; BGH NStZ 2005, 334 (335); OLG Celle NJW 2008, 164 (166) mit Bespr. Ambos/Ziehm NStZ 2008, 498 (501); Eser FS Roxin, 2001, 199; Hardtung, Erlaubte Vorteilsannahme, 1994, S. 71; Kargl ZStW 114 (2002), 769 (778); Lesch AnwBl 2003, 261; Braum, Europäische Strafgesetzlichkeit, 2003, S. 533; Thomas FS Jung, 2007, 973, fehlender Anschein der Käuflichkeit; Altermann FS Eisenberg, 2009, 231 (241); Wessels/Hettinger/Engländer StrafR BT I Rn. 1112; Korte in MüKoStGB Rn. 181; Sowada in LK-StGB Rn. 72; Kuhlen in NK-StGB Rn. 98; Fischer Rn. 25) erklären (krit. Wagner JZ 1987, 594 (604); Gribl, Der Vorteilsbegriff bei den Bestechungsdelikten, 1993, S. 97, 105, 112 mit insoweit krit. Bespr. Otto GA 1994, 186 (188); Sireh, Die Strafbarkeiten der Parteispendenakquisition, 2008, S. 164, der für Wahlkampfspenden eine verfassungsrechtliche Rechtfertigung nach Art. 38 I 1, 28 I 2 GG vorschlägt (Sireh, Die Strafbarkeiten der Parteispendenakquisition, 2008, S. 203); krit. auch Roxin/Greco StrafR AT I § 10 Rn. 40, der eine objektiv zurechenbare Rechtsgutsverletzung verneint; ebenso Jescheck/Weigend StrafR S. 253; Rengier StrafR BT II § 60 Rn. 13, 14; ähnlich Joecks/Jäger StGB Rn. 19); dies ist auch für bestimmte Drittvorteile zu erwägen (→ Rn. 6a). Zu Wertgrenzen diff. Korte in MüKoStGB Rn. 201, zwischen 5 EUR bis 10 EUR für Beamte, sonst 25 EUR bis 50 EUR.

15 b) **Nicht genehmigungsfähig** sind die Annahme vom Täter geforderter Vorteile in den Fällen des Abs. 1 (zB beim Sponsoring, wenn die Initiative vom Sponsorengeldern einwerbenden Amtsträger ausgeht, Satzger ZStW 115 (2003), 469 (484)) und die Annahme jeglicher Vorteile in denen des Abs. 2 (Hardtung, Erlaubte Vorteilsannahme, 1994, S. 115); sie sind stets rechtswidrig.

16 c) Die **Genehmigung** kann vor der Tathandlung ausdrücklich oder stillschweigend, allgemein (krit. Geerds JR 1983, 465 (467); Jutzi NStZ 1991, 105 (108)) oder für den Einzelfall erteilt werden. Hierher gehört auch der Fall, dass die Amtsperson die Annahme des Vorteils, wozu sie grds. verpflichtet ist, bei noch fehlender Genehmigung von deren Erteilung abhängig gemacht hat (BT-Drs. 7/550, 272). Wird für eine solche Annahme die Genehmigung versagt, so ist der Tatbestand nicht erfüllt (Rosenau in Satzger/Schluckebier/Widmaier StGB Rn. 25), wenn der Vorteil zurückgegeben wird; im Behalten würde dagegen die endgültige rechtswidrige Annahme liegen (BT-Drs. 7/550, 272). Zweifelhaft sind Rechtsnatur und Grenzen der Genehmigung in Fällen, in denen eine Annahme unter Vorbehalt aus besonderen Gründen untunlich (zB bei entgegenstehenden Gepflogenheiten im diplomatischen Verkehr) oder nicht möglich war (zB bei Einladungen zum Essen oder Theaterbesuch). Hier kann die Rechtmäßigkeit aus dogmatischen Gründen nicht von einer nachträglichen Genehmigung abhängig gemacht werden (Heine/Eisele in Schönke/Schröder Rn. 61; Fischer Rn. 36). In solchen Fällen ist die Annahme vielmehr gerechtfertigt, wenn sie genehmigungsfähig ist (ähnlich Hardtung, Erlaubte Vorteilsannahme, 1994, S. 206, der von einer mutmaßlichen Genehmigung spricht; ebenso Kuhlen in NK-StGB Rn. 132; Stein/Deiters in SK-StGB Rn. 73, die das Vorliegen von deren Voraussetzungen verlangen), wenn nach der Praxis der Genehmigungsbehörde in Fällen vergleichbarer Art die Genehmigung erteilt zu werden pflegt und wenn der Täter in der Absicht handelt, unverzüglich Anzeige zu erstatten (ähnlich Michalke FS Rieß, 2002, 771 (775); Heine/Eisele in Schönke/Schröder Rn. 61; weiter Maiwald JuS 1977, 353 (357); Otto StrafR BT § 99 Rn. 23). Sind diese Voraussetzungen erfüllt, so ist die nachträgliche Versagung der Genehmigung wirkungslos. Die Genehmigung, mit der nicht zu rechnen war,

die aber erteilt wurde, stellt einen Strafaufhebungsgrund dar (hM; vgl. Stein/Deiters in SK-StGB Rn. 75; Fischer Rn. 36; diff. Kuhlen in NK-StGB Rn. 135).

d) Zuständige Behörde ist bei Beamten die vorgesetzte Dienstbehörde, bei Angestellten und Arbeitern des öffentlichen Dienstes der öffentlich-rechtliche Arbeitgeber (Jutzi NStZ 1991, 105); bei privatrechtlich organisierten Unternehmen der staatlichen Daseinsvorsorge (→ § 11 Rn. 9) dürfte ebenfalls der Arbeitgeber genehmigungsbefugt sein (Jutzi NStZ 1991, 105 (108); Kuhlen in NK-StGB Rn. 127; zw.). Im Übrigen ist die Genehmigung **nur wirksam,** wenn die Behörde „im Rahmen ihrer Befugnisse" gehandelt hat. Die Grenzen der Befugnis werden durch das Recht des öffentlichen Dienstes (vgl. zB § 71 I BBG) bestimmt (Geerds JR 1983, 465 (468); Hardtung, Erlaubte Vorteilsannahme, 1994, S. 149; Stein/Deiters in SK-StGB Rn. 72; zur sachlichen Reichweite von Genehmigungen Wentzell, Zur Tatbestandsproblematik der §§ 331, 332 StGB, 2004, S. 153). Es kommt dabei nicht allein auf die verwaltungsrechtliche Bestandskraft der Genehmigung an (aM Michalke FS Rieß, 2002, 771 (778); Heine/Eisele in Schönke/Schröder Rn. 64). Für den Strafrichter unbeachtlich sind neben nichtigen und erschlichenen Genehmigungen auch solche, die von einer konkret unzuständigen Behörde erteilt worden sind, wobei die (sachliche oder örtliche) Unzuständigkeit auch darauf beruhen kann, dass der Sachverhalt nicht genehmigungsfähig oder die Genehmigungsbefugnis der Behörde gegenständlich begrenzt war (BT-Drs. 7/550, 272; Hardtung, Erlaubte Vorteilsannahme, 1994, S. 88; Fischer Rn. 34; zw.). Die Richtigkeit der Ermessensausübung ist dagegen nicht nachprüfbar. 17

e) Die **irrige Annahme,** die erforderliche Genehmigung sei erteilt, ist idR ein Erlaubnistatbestandsirrtum (BGHSt 31, 264 (286) = NJW 1983, 2509; Kuhlen in NK-StGB Rn. 136; → § 17 Rn. 9–16); das gilt auch, weil die Genehmigung hier als normatives Element des Erlaubnistatbestandes zu deuten ist (→ § 15 Rn. 6), für den Fall, dass der Täter nur die Tragweite der Genehmigung verkannt, namentlich eine unwirksame Genehmigung für wirksam gehalten hat (BGHSt 31, 264 (286) = NJW 1983, 2509 mablAnm Geerds JR 1983, 465; Dingeldey NStZ 1984, 503 (505); krit. Otto GS Meyer, 1990, 583 (594); sa Ulsenheimer ArztStrafR Rn. 13/30; Walter Kern des Strafrechts S. 338; zw.). 18

7. Der **Vorteilsgeber** ist nicht wegen Teilnahme an der Tat nach § 331 strafbar, wenn er sich auf die Rolle des Partners beschränkt. Das folgt daraus, dass die §§ 331, 332 einerseits und die §§ 333, 334 andererseits die Strafbarkeit jeweils des Empfängers und des Gebers selbständig und abschließend regeln (BGHSt 37, 207 (212) = NJW 1991, 576). Zur Vermeidung von Wertungswidersprüchen bedürfen auch die Möglichkeiten der Teilnahme Dritter folgender Einschränkungen: Wer aufseiten nur eines Partners teilnimmt, ist nicht zugleich Teilnehmer an der Tat des anderen Partners, auch wenn er weiß und will, dass seine Handlung (unmittelbar oder mittelbar) beide Taten fördert (so für die Beihilfe aufseiten des Vorteilsgebers BGHSt 37, 207 (212) = NJW 1991, 576; Bernsmann StV 2003, 521 (526)). Auch wenn der Dritte aufseiten des Empfängers (oder auf beiden Seiten) teilnimmt, bleibt er straflos, wenn eine Tat nach § 331 in § 333 keine Entsprechung hat (Sowada in LK-StGB § 333 Rn. 26; aM Kuhlen in NK-StGB Rn. 143). Im Übrigen wird die für den teilnehmenden Dritten maßgebende Strafdrohung durch die für den Geber geltende begrenzt, weil das Unrecht des Dritten nicht schwerer wiegen kann als das des Gebers. Die im Schrifttum überwiegende Meinung, dass der Dritte stets nach den Strafrahmen der §§ 333, 334 zu bestrafen sei (so Heine/Eisele in Schönke/ 19

Schröder Rn. 73, § 334 Rn. 11), geht zu weit, weil sie in Einzelfällen infolge der Anwendbarkeit des § 28 I den Dritten auch benachteiligen kann (dazu Bell MDR 1979, 719; Bernsmann StV 2003, 521 (526); Stein/Deiters in SK-StGB § 333 Rn. 18; sowie Sowada FS Tiedemann, 2008, 273 (290)).

20 **8. Tatbestandliche Handlungseinheit** (→ Vor § 52 Rn. 10) liegt vor, wenn die Entlohnung auf eine einheitliche Unrechtsvereinbarung zurückgeht, die den zu leistenden Vorteil (zB die Gesamtsumme der Zahlungen) genau festlegt, mag er auch in bestimmten Teilleistungen zu erbringen sein (OLG Stuttgart NJW 2002, 228); hingegen entfällt die Klammerwirkung der Unrechtsabrede, wenn die zu gewährende Entlohnung von der künftigen Entwicklung abhängt, die Vorteilsgewährung zB „open-end"-Charakter trägt (BGHSt 41, 292 (302) = NJW 1996, 1160; BGH wistra 2004, 29; wistra 2011, 308; OLG Stuttgart NJW 2002, 228; Bernsmann StV 2003, 521 (525); Hoffmann/Mildenberger StV 2006, 665 (667); Kuhlen in NK-StGB Rn. 148, 149; werden bei mehreren Vorteilsannahmen die Gegenleistungen zT zusammengefasst erbracht, liegt insoweit Tateinheit vor (BGH NStZ-RR 2010, 279). **Tateinheit** ua auch möglich mit § 263; wird der Vorteil erpresserisch abgefordert, auch mit § 253 (BGHSt 9, 245 = NJW 1956, 1526; str.). Hinter den Qualifikationstatbeständen des § 332 (→ § 332 Rn. 2) tritt die Vorschrift zurück (Sowada in LK-StGB Rn. 143); jedoch ist Tateinheit möglich, wenn sich die Tathandlung zugleich auf pflichtwidrige und andere Diensthandlungen bezieht (aM Kuhlen in NK-StGB Rn. 150; Stein/Deiters in SK-StGB § 332 Rn. 28; Heine/Eisele in Schönke/Schröder Rn. 75; zw.). Zum Verhältnis der verschiedenen Tatmodalitäten vgl. BGH NStZ 1995, 92 zu § 12 UWG aF; Heine/Eisele in Schönke/Schröder Rn. 76.

21 **9.** Die **Verjährung** beginnt idR mit der Annahme des Vorteils (Fischer Rn. 30b; Kuhlen in NK-StGB Rn. 152; Stein/Deiters in SK-StGB Rn. 78; → § 78a Rn. 2; ob auch die letzte auf der Unrechtsvereinbarung basierende Diensthandlung noch in die Beendigungsphase fällt, ist umstritten, dafür BGHSt 52, 300 (303) = NJW 2008, 3076 mit überwiegend abl. Bespr. Dann NJW 2008, 3078; Gleß/Geth StV 2009, 183; Kuhlen JR 2009, 53; ebenso BGH NStZ 2012, 577 mkritAnm Neiseke NZWiSt 2012, 233; Rübenstahl wistra 2012, 117; sa Bernsmann GA 2009, 296 (308); Helmrich wistra 2009, 10; Mitsch Jura 2009, 534, krit. auch Sowada in LK-StGB Rn. 131–133), spätestens mit dem Ausscheiden aus dem Amt (BGHSt 11, 345 = NJW 1958, 1101); bei einem Darlehen mit dessen Auszahlung, ohne Rücksicht darauf, wie lange es der Amtsperson belassen wird (BGHSt 16, 207 = NJW 1961, 2025; Kuhlen in NK-StGB Rn. 152). Zur **Einziehung des Empfangenen** §§ 73–73e (zum Verfall nach altem Recht BGH StV 2011, 16).

§ 332 Bestechlichkeit

(1) [1]**Ein Amtsträger, ein Europäischer Amtsträger oder ein für den öffentlichen Dienst besonders Verpflichteter, der einen Vorteil für sich oder einen Dritten als Gegenleistung dafür fordert, sich versprechen läßt oder annimmt, daß er eine Diensthandlung vorgenommen hat oder künftig vornehme und dadurch seine Dienstpflichten verletzt hat oder verletzen würde, wird mit Freiheitsstrafe von sechs Monaten bis zu fünf Jahren bestraft.** [2]**In minder schweren Fällen ist die Strafe Freiheitsstrafe bis zu drei Jahren oder Geldstrafe.** [3]**Der Versuch ist strafbar.**

(2) [1]**Ein Richter, Mitglied eines Gerichts der Europäischen Union oder Schiedsrichter, der einen Vorteil für sich oder einen Dritten als Gegenleistung dafür fordert, sich versprechen läßt oder annimmt, daß er eine richterliche Handlung vorgenommen hat oder künftig vornehme und dadurch seine richterlichen Pflichten verletzt hat oder verletzen würde, wird mit Freiheitsstrafe von einem Jahr bis zu zehn Jahren bestraft.** [2]**In minder schweren Fällen ist die Strafe Freiheitsstrafe von sechs Monaten bis zu fünf Jahren.**

(3) **Falls der Täter den Vorteil als Gegenleistung für eine künftige Handlung fordert, sich versprechen läßt oder annimmt, so sind die Absätze 1 und 2 schon dann anzuwenden, wenn er sich dem anderen gegenüber bereit gezeigt hat,**
1. **bei der Handlung seine Pflichten zu verletzen oder,**
2. **soweit die Handlung in seinem Ermessen steht, sich bei Ausübung des Ermessens durch den Vorteil beeinflussen zu lassen.**

Fassung: Abs. 1 und 2 geändert durch das G zur Bekämpfung der Korruption (→ Vor § 1 Rn. 18).

1. Zum **geschützten Rechtsgut** → § 331 Rn. 1. 1

2. Die Vorschrift enthält **Qualifikationstatbestände** zu § 331 I, II (BGH NStZ 1984, 24); sie setzt als Erschwerung voraus, dass der Täter **durch die Dienst- (oder richterliche) Handlung** (→ § 331 Rn. 8 und 12) **seine Dienstpflichten (oder richterlichen Pflichten) verletzt hat oder verletzen würde** (beachte auch § 48 II WStG). Vgl. daher zunächst → § 331 Rn. 2–12. 2

3. a) Eine **Verletzung der Dienstpflicht** setzt voraus, dass die Diensthandlung selbst (nicht nur die Vorteilsannahme) gegen ein auf Gesetz, Dienstvorschrift oder Einzelanordnung beruhendes Gebot oder Verbot verstößt (BGHSt 15, 88 (92) = NJW 1960, 2154; BGH NStZ-RR 2008, 13 (14); OLG Naumburg NJW 1997, 1593). Soweit die hM auch straf- oder dienstrechtlich verbotene Handlungen als Diensthandlungen anerkennt (→ § 331 Rn. 8), sind sie zugleich pflichtwidrig, zB wenn der Täter seine Schweigepflicht verletzt (BGHSt 4, 293 = BeckRS 1953, 31194015; BGHSt 14, 123 = NJW 1960, 829; anders Ebert GA 1979, 361), über dienstliche Vorgänge falsch aussagt (OLG Celle Nds. Rpfl. 1949, 159), unbefugt auf Datensammlungen des Bundesgrenzschutzes Zugriff nimmt (BGH NStZ 2000, 596 (599)), als Pfleger den Insassen einer Entziehungsanstalt pflichtwidrig alkoholische Getränke verschafft (BGH NJW 1983, 462 mit abl. Bespr. Amelung/Weidemann JuS 1984, 595; zw.), als Notar entgegen § 17 I Satz 1 BNotO die gesetzlich vorgeschriebende Gebühr unterschreitet (BGHSt 63, 107 = NJW 2018, 1767 mAnm Hoven; Hoven StV 2019, 64; Hermanns DVBl 2018, 1498; Rümermann AnwBl 2018, 409; abl. wegen Widerspruch zur Gebührenüberschreitung gem. § 352 Kuhlen JR 2018, 641; zw.) oder als Vorgesetzter seine Dienstaufsichtspflichten dadurch verletzt, dass er nicht gegen pflichtwidriges Verhalten eines ihm unterstellten Mitarbeiters einschreitet (BGH NStZ 1999, 560; s. § 336) oder eine Straftat nicht anzeigt (Grunst StV 2005, 453 (458)). Die bevorzugte schnelle Erledigung (OLG Naumburg NJW 1997, 1593) oder die Bearbeitung durch eine nach der Geschäftsverteilung unzuständige Amtsperson verletzt für sich allein die Dienstpflicht nicht (BGHSt 16, 37 = NJW 1961, 1316). Kann eine Amtsperson ausnahmsweise nach freiem Belieben darüber befinden, ob sie dienstlich tätig werden will, so fällt 3 die Käuflichmachung einer solchen Handlung, wenn diese zulässig und, für sich gesehen, nicht pflichtwidrig ist, nur unter § 331 (BGHSt 3, 143 = NJW 1952, 1222; Kuhlen in NK-StGB Rn. 7).

4 **b) Abs. 3** bestätigt die frühere Rspr., die es als **Unrechtsvereinbarung** über eine pflichtwidrige Diensthandlung ansieht, wenn die Amtsperson sich dem Partner gegenüber – sei es ausdrücklich oder stillschweigend – äußerlich bereit zeigt, bei Vornahme der künftigen Diensthandlung ihre Pflichten zu verletzen (Nr. 1; problematisch BGH NStZ 1984, 24 mit krit. Bespr. Geppert JK StGB § 331 Rn. 2) oder, im Falle von Ermessenshandlungen, dem Vorteil Einfluss auf die Ermessensausübung einzuräumen (Nr. 2; BGHSt 15, 88 (239, 352) = NJW 1960, 2154; BGHSt 47, 260 (263)) = NJW 2002, 2257 mAnm Wohlers JR 2003, 160; BGHSt 48, 44 (46) = NJW 2003, 763 mkritAnm Kuhlen JR 2003, 231 (235); BGH StV 1985, 146; NStZ-RR 2008, 13 (14) mit zust. Bespr. Geppert JK StGB §§ 331 ff. Rn. 12; BGH StV 2012, 19 mit Bespr. Hecker JuS 2012, 655; Schlösser NZWiSt 2013, 11; Zöller ZJS 2011, 550 (zu Schulfotoaktion; zur Übertragbarkeit auf städtebauliche Verträge gem. § 11 II BauGB Dießner FS Beulke, 2015, 379); krit. auch Fischer Rn. 14; speziell bei Drittmitteleinwerbung Roxin in Roxin/Schroth MedStrafR S. 282; beim Sponsoring Satzger ZStW 115 (2003), 469 (485); krit. Haffke in Tondorf, Staatsdienst und Ethik, 1995, S. 11, 31; Arzt FG BGH, 2000, 755 (766), Verdachtserregungsverbot aus Beweisnot); **Ermessenshandlung** ist eine Diensthandlung, bei deren Vornahme oder Unterlassung der Amtsperson ein Spielraum für die pflichtmäßige Wahl zwischen verschiedenen sachlichen Möglichkeiten eingeräumt ist (sog. **Ermessensbeamter,** BT-Drs. 7/550, 274; BGH wistra 1998, 108; NStZ-RR 1998, 269; OLG Frankfurt a. M. NJW 1990, 2074; OLG Naumburg NJW 1997, 1593; Kuhlen in NK-StGB Rn. 9; Bernsmann FS Rissing-van Saan, 2011, 75); erfasst ist auch die Zuarbeit für einen anderen Amtsträger (BGHSt 47, 260 (263)) = NJW 2002, 2257 mAnm Wohlers JR 2003, 160; Stein/Deiters in SK-StGB Rn. 14). Abs. 3 lässt die praktisch bedeutungslose (BT-Drs./550, 273; aM Kuhlen in NK-StGB Rn. 14) Frage offen, ob Gegenstand der hier vorausgesetzten Unrechtsvereinbarung wirklich eine pflichtwidrige Diensthandlung ist oder ob er Fälle des Bereitzeigens einer solchen lediglich gleichstellt (krit. Heine/Eisele in Schönke/Schröder Rn. 14, 15). Die frühere Rspr. zur Strafbarkeit sowohl des gebundenen wie auch des Ermessensbeamten (zB BGH JR 1961, 508) ist daher nach wie vor verwertbar.

5 **4.** Die Tat ist mit dem Eingehen der Unrechtsvereinbarung oder dem Stellen einer darauf zielenden Forderung **vollendet** (BGHSt 15, 239 = NJW 1961, 469; BGH NStZ-RR 2002, 272 (274); → § 331 Rn. 11). Daher gehört namentlich die Ausführung der künftigen pflichtwidrigen Handlung nicht zum Tatbestand. Auch ist unerheblich, ob die Diensthandlung später wirklich vorgenommen wird und ob die Amtsperson überhaupt willens oder fähig ist, sie vorzunehmen (BGHSt 15, 88 = NJW 1960, 2154; BGHSt 18, 263 = NJW 1963, 918; BGHSt 48, 44 (46) = NJW 2003, 763). Es genügt vielmehr die bloße Unrechtsvereinbarung, so dass der geheime Vorbehalt, keine pflichtwidrige Handlung vorzunehmen, ohne Bedeutung ist (hM; BGHSt 48, 44 (46) = NJW 2003, 763; LG Wuppertal NJW 2004, 1405; Rengier StrafR BT II § 60 Rn. 34; Wessels/Hettinger/Engländer StrafR BT I Rn. 1117; anders Geerds JR 1981, 301; krit. Maiwald JuS 1977, 353). Die pflichtwidrige Handlung kann bereits vor der Annahme des Vorteils vorgenommen worden sein (OLG Hamm JR 2000, 35 mzustAnm Kuhlen). § 332 ist auch erfüllt, wenn nur die Amtsperson, nicht aber der Vorteilsgeber die Pflichtwidrigkeit der

Diensthandlung erkennt (BGHSt 15, 352 = NJW 1961, 886); die bloße Vorteilsannahme in Kenntnis der vom Zuwendenden verfolgten Absichten genügt bei Ermessenentscheidungen nicht (BGHSt 48, 44 (47) = NJW 2003, 763; Satzger ZStW 115 (2003), 469 (485)).

5. Zum **Vorsatz** (bedingter genügt) gehört vor allem das Bewusstsein, dass die Dienst- (oder richterliche) Handlung pflichtwidrig ist (BGH NStZ 1984, 24) oder dass ein Bereitzeigen iSd Abs. 3 vorliegt. Da für die Pflichtwidrigkeit keine Einigkeit über Inhalt und Grenzen der gebotenen Bedeutungskenntnis besteht (→ § 15 Rn. 14), ist die Abgrenzung von Tatbestands- und Verbotsirrtümern sowie von Versuch und Wahndelikt in diesem Bereich problematisch (vgl. Puppe GA 1990, 145 (165); Sowada in LK-StGB Rn. 26; Kuhlen in NK-StGB Rn. 21–25). Die Vorstellungen des Täters über den näheren Inhalt der Diensthandlung und ihre Pflichtwidrigkeit brauchen sich mit denen seines Partners nicht zu decken (BGHSt 15, 352 (355) = NJW 1961, 886; Kargl ZStW 114 (2002), 769 (775); Kuhlen in NK-StGB Rn. 5; Rudolphi/Stein in SK-StGB Rn. 15); es hängt vielmehr von dem Vorstellungsinhalt jeweils des Vorteilsempfängers oder des Vorteilsgebers ab, ob sich der eine nach § 332 (uU nach § 331) und der andere nach § 334 (uU nach § 333) strafbar gemacht hat (→ § 334 Rn. 4; sowie OLG Naumburg NJW 1997, 1593 (1594)). 6

6. Eine **Rechtfertigung** der Tat durch behördliche Genehmigung (→ § 331 Rn. 14–17) ist im Hinblick auf die Pflichtwidrigkeit der Diensthandlung nicht möglich (BT-Drs. 7/550, 272). 7

7. Der **Versuch** ist bei allen Begehungsformen mit Strafe bedroht, da die Tat nach Abs. 2 Verbrechen ist (§ 23 I). 8

8. Zur **Teilnahme des Vorteilsgebers** → § 331 Rn. 19. Die Unterstützung lediglich der pflichtwidrigen Diensthandlung (→ Rn. 3) ist keine Teilnahme an der Tat (BGHSt 18, 263 = NJW 1963, 918). 9

9. Bei der **Strafzumessung** wirken Mängel in der Dienstaufsicht, die noch nicht zu allgemeinen, über Pflichtverletzungen einzelner hinausreichenden Missständen geführt haben, regelmäßig nicht strafmildernd (BGH NJW 1989, 1938 mAnm Molketin wistra 1990, 356). 10

10. Tateinheit ua möglich mit §§ 174a, 174b. Zwischen Bestechlichkeit und der pflichtwidrigen Handlung besteht idR Tatmehrheit (BGHSt 47, 22 (25) = NJW 2001, 2560 mit Bespr. Bittmann wistra 2002, 405 (407); BGH NJW 1985, 2654 (2656); NJW 1987, 1340; Kuhlen in NK-StGB Rn. 30; aM OLG Köln JMBl. NRW 1950, 254; Letzgus NStZ 1987, 309 (311)); Tateinheit ist aber zB mit § 266 (→ § 266 Rn. 23) möglich, wenn die Tatbestandsführungshandlungen – Verletzung der Vermögensbetreuungspflicht und Fordern eines Vorteils für sich – teilweise identisch sind (BGHSt 47, 22 (25) = NJW 2001, 2560 mit abl. Bespr. Bittmann wistra 2002, 405 (407); krit. Heinrich NStZ 2005, 256 (259)). § 332 ist nur einmal erfüllt, wenn der Täter für mehrere pflichtwidrige Handlungen nur einen Vorteil erlangt hat (OLG Hamm JR 2000, 35 mit zust. Bespr. Kuhlen). Im Übrigen gelten die Ausführungen unter → § 331 Rn. 20 sinngemäß. 11

11. Verjährung → § 78a Rn. 4; → § 331 Rn. 21. Einziehung des Empfangenen §§ 73–73e. Verlust der Amtsfähigkeit § 358. 12

§ 333 Vorteilsgewährung

(1) **Wer einem Amtsträger, einem Europäischen Amtsträger, einem für den öffentlichen Dienst besonders Verpflichteten oder einem Soldaten der Bundeswehr für die Dienstausübung einen Vorteil für diesen oder einen Dritten anbietet, verspricht oder gewährt, wird mit Freiheitsstrafe bis zu drei Jahren oder mit Geldstrafe bestraft.**

(2) **Wer einem Richter, Mitglied eines Gerichts der Europäischen Union oder Schiedsrichter einen Vorteil für diesen oder einen Dritten als Gegenleistung dafür anbietet, verspricht oder gewährt, daß er eine richterliche Handlung vorgenommen hat oder künftig vornehme, wird mit Freiheitsstrafe bis zu fünf Jahren oder mit Geldstrafe bestraft.**

(3) **Die Tat ist nicht nach Absatz 1 strafbar, wenn die zuständige Behörde im Rahmen ihrer Befugnisse entweder die Annahme des Vorteils durch den Empfänger vorher genehmigt hat oder sie auf unverzügliche Anzeige des Empfängers genehmigt.**

Fassung des KorruptionsbekG (→ Vor § 18 Rn. 1).

1 **1.** Zum **geschützten Rechtsgut** → § 331 Rn. 1 (KG NStZ-RR 2008, 373 (374)). Die Vorschrift bildet nach ihrer Neufassung das spiegelbildliche Gegenstück zu § 331 (König JR 1997, 397 (400); Stein/Deiters in SK-StGB Rn. 1 „fast").

2 **2. Täter** kann jedermann sein (auch ein anderer Amtsträger, OLG Frankfurt a. M. NStZ 1989, 76). Die Tat kann nicht nur gegenüber den in §§ 331, 332 genannten Amtspersonen (→ § 331 Rn. 2), sondern auch gegenüber Soldaten (§ 1 I SG) begangen werden. Dadurch entstehen für die Partner einer Unrechtsvereinbarung problematische Unterschiede in der Strafbarkeit, weil der einfache Soldat im Falle der Vorteilsannahme nicht mit Strafe bedroht ist (§ 48 I WStG; zu den nicht durchweg überzeugenden Gründen für diese Regelung BT-Drs. 7/550, 275).

3 **3.** Die **Tathandlungen** sind das Spiegelbild zu denen des § 331.

a) Das **Anbieten** entspricht dem Fordern (BGHSt 15, 88 (102) = NJW 1960, 2154; → § 331 Rn. 7); es ist die auf Abschluss einer Unrechtsvereinbarung (→ § 331 Rn. 10, 10a) gerichtete ausdrückliche oder stillschweigende Erklärung (BGHSt 16, 40 (46) = NJW 1961, 1483), die auch in vorsichtig formulierten Fragen und Sondierungen bestehen kann (OLG Hamm JMBl. NRW 1970, 190; Kuhlen in NK-StGB Rn. 4) und die zur Kenntnis der Amtsperson gelangen muss (BGHSt 47, 22 (29) = NJW 2001, 2560; Rengier StrafR BT II § 60 Rn. 24; Heine/Eisele in Schönke/Schröder Rn. 4, aM OLG Düsseldorf JR 2003, 52 mkritAnm Böse, nach dem das Angebot in die Sphäre der Amtsperson gelangt und seiner Kenntnisnahme zu rechnen ist; Fischer Rn. 4). Ob diese den Sinn versteht, ist unerheblich; es genügt, dass sie ihn verstehen soll (Sowada in LK-StGB Rn. 4). **Versprechen** entspricht dem Versprechenlassen, **Gewähren** dem Annehmen (→ § 331 Rn. 7; Stein/Deiters in SK-StGB Rn. 8), es kann sich auch über eine Mittelsperson vollziehen (BGHSt 43, 270 (275) = NJW 1998, 390; Beckemper wistra 1999, 173 „Bote"); ihm muss nicht zugleich ein unmittelbares Annehmen durch den Amtsträger gegenüberstehen (BGHSt 49, 275 (298) = NJW 2004, 3569, für den Fall der Zuwendung an einen Dritten).

b) Beziehungsobjekt der Tathandlungen nach **Abs. 1** waren bisher **Ermessenshandlungen** (→ § 332 Rn. 4), und zwar abweichend von § 331 I (→ § 331 Rn. 10) nur **künftige** (OLG Naumburg NJW 1997, 1593). Diese Beschränkungen sind durch die Neufassung des Abs. 1 entfallen. Wie bei § 331 I reicht als Beziehungsobjekt die zurückliegende oder künftige **Dienstausübung, für die** dem Amtsträger usw oder einem **Dritten** ein Vorteil angeboten usw wird (KG NStZ-RR 2008, 373 (374), → § 331 Rn. 6, 10a; ebenso Stein/Deiters in SK-StGB Rn. 4; Sowada in LK-StGB Rn. 14–17 zu gelockerter Unrechtsvereinbarung, sozialadäquaten Zuwendungen, Drittmittelforschung und Wahlkampfspenden). 4

c) Gegenstand der Tathandlungen nach **Abs. 2** konnte bisher nur eine **künftige richterliche Handlung** sein (→ § 331 Rn. 12). Diese Einschränkung ist durch die Neufassung des Abs. 2 entfallen; danach genügt jetzt auch das nachträgliche Anbieten usw von Vorteilen für eine Handlung, die der Richter oder Schiedsrichter bereits „vorgenommen hat" (Stein/Deiters in SK-StGB Rn. 5). 5

4. Der **Vorsatz** (bedingter genügt) muss im Falle des Abs. 1 auch die Bedeutungskenntnis (→ § 15 Rn. 14) einschließen, dass Gegenstand der Unrechtsvereinbarung die Dienstausübung ist, im Falle des Abs. 2 die richterliche Handlung. Im Übrigen gelten die Ausführungen unter → § 331 Rn. 13 mit umgekehrtem Vorzeichen sinngemäß. 6

5. Abs. 3 bildet das Gegenstück zu § 331 III (→ § 331 Rn. 14–18); ihre praktische Bedeutung wird im Bereich der Drittmittelforschung und des Sponserns staatlicher Veranstaltungen zunehmen (Korte NStZ 1997, 513 (516)). Ist die Vorteilsannahme **wirksam genehmigt,** so ist auch die Tat nach § 333 idR gerechtfertigt (→ § 331 Rn. 16; ergänzend Hardtung, Erlaubte Vorteilsannahme, 1994, S. 233). Die Zuständigkeit für die Genehmigung von Vorteilen, die einem Dritten gewährt werden, ist ungeklärt (Korte NStZ 1997, 513 (516)). Für die Beurteilung eines Irrtums über die Genehmigung (→ § 331 Rn. 18) sind nur die Vorstellungen des Täters, nicht die des Vorteilsempfängers erheblich (sa Blei JA 1974, 377 (382)); solange eindeutige gesetzliche oder verwaltungsinterne Regelungen nicht vorliegen, kommt ein Verbotsirrtum des Gewährenden in Betracht (Korte NStZ 1997, 513 (516)). Eine Rechtfertigung gem. § 34 bei erpressten Zahlungen wird wohl nur bei Zahlungen an ausländische Amtsträger in Betracht kommen (IntBestG, EuBestG; vgl. Dann wistra 2011, 127). 7

6. Der **Vorteilsempfänger** ist nicht wegen Teilnahme an der Tat nach § 333 strafbar (Stein/Deiters in SK-StGB Rn. 17). Er fällt nur unter § 331 oder unter § 48 I WStG (→ § 331 Rn. 19); der einfache Soldat wird daher trotz Strafbarkeit des Vorteilsgebers nicht erfasst (ebenso Kuhlen in NK-StGB Rn. 13; → Rn. 2). 8

7. Tateinheit mit § 334 ist möglich, wenn sich dieselbe Tathandlung auf pflichtwidrige und nichtpflichtwidrige Dienst-(richterliche) Handlungen bezieht. Im Übrigen gelten die Ausführungen unter → § 331 Rn. 20 sinngemäß. 9

§ 334 Bestechung

(1) [1]**Wer einem Amtsträger, einem Europäischen Amtsträger, einem für den öffentlichen Dienst besonders Verpflichteten oder einem Soldaten der Bundeswehr einen Vorteil für diesen oder einen Dritten als Gegenleistung dafür anbietet, verspricht oder gewährt, daß er eine Diensthandlung vorgenommen hat oder künftig vornehme und dadurch seine Dienstpflichten verletzt hat oder verletzen würde, wird mit Freiheitsstrafe von drei Monaten bis zu fünf Jahren bestraft.** [2]**In minder schweren Fällen ist die Strafe Freiheitsstrafe bis zu zwei Jahren oder Geldstrafe.**

(2) [1]**Wer einem Richter, Mitglied eines Gerichts der Europäischen Union oder Schiedsrichter einen Vorteil für diesen oder einen Dritten als Gegenleistung dafür anbietet, verspricht oder gewährt, daß er eine richterliche Handlung**
1. vorgenommen und dadurch seine richterlichen Pflichten verletzt hat oder
2. künftig vornehme und dadurch seine richterlichen Pflichten verletzen würde,

wird in den Fällen der Nummer 1 mit Freiheitsstrafe von drei Monaten bis zu fünf Jahren, in den Fällen der Nummer 2 mit Freiheitsstrafe von sechs Monaten bis zu fünf Jahren bestraft. [2]**Der Versuch ist strafbar.**

(3) **Falls der Täter den Vorteil als Gegenleistung für eine künftige Handlung anbietet, verspricht oder gewährt, so sind die Absätze 1 und 2 schon dann anzuwenden, wenn er den anderen zu bestimmen versucht, daß dieser**
1. bei der Handlung seine Pflichten verletzt oder,
2. soweit die Handlung in seinem Ermessen steht, sich bei der Ausübung des Ermessens durch den Vorteil beeinflussen läßt.

Fassung: Technische Änderungen durch das G zur Bekämpfung der Korruption (→ Vor § 1 Rn. 18).

1 **1.** Zum **geschützten Rechtsgut** → § 331 Rn. 1; ergänzt um den internationalen Wettbewerb (Korte in MüKoStGB Rn. 9; dies betonend Kuhlen in NK-StGB Rn. 3b). Die Vorschrift bildet das Gegenstück zu § 332 (eing. zu ihrer Bedeutung im Wirtschaftsleben Schönherr, Vorteilsgewährung und Bestechung als Wirtschaftsstraftaten, 1985).

2 **2. a)** Zum **Kreis der möglichen Bestechungsadressaten** → § 333 Rn. 2 sowie → Vor § 331 Rn. 3 (für eine autonome völkerrechtliche Bestimmung des Empfängerkreises Kuhlen in NK-StGB Rn. 3c); **zu den Tathandlungen nach Abs. 1 und 2** → § 333 Rn. 3, zu den **(Dritt-)Vorteilen** → § 331 Rn. 6. In Übereinstimmung mit der Bestechlichkeit (§ 332), kann sich die Tathandlung auf zurückliegende und künftige Diensthandlungen oder richterliche Handlungen jeder Art (→ § 331 Rn. 10, 12) beziehen (Fischer Rn. 3; Kuhlen in NK-StGB Rn. 4; Stein/Deiters in SK-StGB Rn. 1), sofern sie nur die dienstlichen oder richterlichen Pflichten verletzt haben oder verletzen würden (→ § 332 Rn. 3, 4). Für das erforderliche Äquivalenzverhältnis (→ § 331 Rn. 10) gilt nichts Besonderes.

3 **b) Abs. 3** enthält eine mit § 332 III (→ § 332 Rn. 4) übereinstimmende Klarstellung zur Abgrenzung der Bestechung von der bloßen Vorteilsgewährung (Kuh-

len in NK-StGB Rn. 6): Mit dem Anbieten, Versprechen oder Gewähren des Vorteils als Gegenleistung für eine künftige Dienst- (oder richterliche) Handlung muss lediglich der ausdrücklich oder stillschweigend unternommene – sei es auch erfolglos – Versuch verbunden sein, in dem anderen den Entschluss zu verursachen (bestimmen, → § 26 Rn. 2), bei einer gebundenen Diensthandlung seine Pflichten zu verletzen oder bei einer Ermessenshandlung dem Vorteil Einfluss auf die Ermessensausübung einzuräumen (BGH wistra 1998, 108; sa BT-Drs. 7/550, 276). Dass der andere den Entschluss, zu dem er bestimmt werden sollte, ausführt oder zur Ausführung überhaupt fähig ist, gehört nicht zum Tatbestand (ebenso Heine/Eisele in Schönke/Schröder Rn. 6).

3. Der **Vorsatz** (bedingter genügt) setzt vor allem das Bewusstsein des Täters 4
voraus, dass die Dienst- (oder richterliche) Handlung iSd Abs. 1 und 2 pflichtwidrig ist oder dass das Verhalten, zu dem der Partner bestimmt werden soll, den in Abs. 3 beschriebenen Inhalt hat; auch im Hinblick auf dieses Bestimmen (→ Rn. 3) genügt bedingter Vorsatz (hM; vgl. etwa Fischer Rn. 8). Im Übrigen gelten die Ausführungen unter → § 332 Rn. 6 sinngemäß.

4. Der **Vorteilsempfänger** ist nicht wegen Teilnahme nach § 334 strafbar; er 5
fällt nur unter § 332 oder unter § 48 I, II WStG (→ § 331 Rn. 19).

5. Ist die der Amtsperson angesonnene Handlung eine Straftat, so kann die An- 6
stiftung zu ihr (auch die erfolglose nach § 30 I, BGHSt 6, 308 = NJW 1954, 1776) mit § 334 in **Tateinheit** stehen (ebenso Kuhlen in NK-StGB Rn. 11). Im Übrigen gelten die Ausführungen unter → § 331 Rn. 20 sinngemäß.

§ 335 Besonders schwere Fälle der Bestechlichkeit und Bestechung

(1) **In besonders schweren Fällen wird**

1. eine Tat nach
   a) § 332 Abs. 1 Satz 1, auch in Verbindung mit Abs. 3, und
   b) § 334 Abs. 1 Satz 1 und Abs. 2, jeweils auch in Verbindung mit Abs. 3,
   mit Freiheitsstrafe von einem Jahr bis zu zehn Jahren und

2. eine Tat nach § 332 Abs. 2, auch in Verbindung mit Abs. 3, mit Freiheitsstrafe nicht unter zwei Jahren

bestraft.

(2) **Ein besonders schwerer Fall im Sinne des Absatzes 1 liegt in der Regel vor, wenn**

1. die Tat sich auf einen Vorteil großen Ausmaßes bezieht,
2. der Täter fortgesetzt Vorteile annimmt, die er als Gegenleistung dafür gefordert hat, daß er eine Diensthandlung künftig vornehme, oder
3. der Täter gewerbsmäßig oder als Mitglied einer Bande handelt, die sich zur fortgesetzten Begehung solcher Taten verbunden hat.

1. Zur **rechtlichen Struktur der besonders schweren Fälle mit Regelbei-** 1
spielen und allgemein zur Anwendung dieser Strafschärfung (auch bei Versuch, Teilnahme und Vorliegen gesetzlicher Milderungsgründe) → § 46 Rn. 7–21. Die während des Gesetzgebungsverfahrens, das zum 6. StrRG (→ Vor § 38 Rn. 16–22) führte, gegen die sog. „Strafzumessungsregeltechnik" erhobenen Einwände konnten bei der Schaffung des § 335 noch nicht berücksichtigt werden (König JR 1997,

397 (400)). Die Strafschärfung gilt nach **Abs. 1** nur für die qualifizierten Taten der Bestechlichkeit (§ 332 I 1, II, jeweils auch iVm Abs. 3) und der Bestechung (§ 334 I 1, II, jeweils auch iVm Abs. 3).

2 **2. Die Regelbeispiele des Abs. 2: Nr. 1:** Vorteil großen Ausmaßes (→ § 264 Rn. 25; → § 300 Rn. 1) ist bei materiellen Zuwendungen im Wert von über 10.000 EUR anzunehmen, da nur sie geeignet sind, den Vorteilsnehmer zu korrumpieren (ebenso Kindhäuser/Hilgendorf in LPK-StGB Rn. 2; Fischer Rn. 6; nach Stein/Deiters in SK-StGB Rn. 3; und Heine/Eisele in Schönke/Schröder Rn. 3, 25.000 EUR; nach Rosenau in Satzger/Schluckebier/Widmaier StGB, 50.000 EUR; ebenso Sowada in LK-StGB Rn. 6 „regelmäßig", Mindestgrenze aber 25.000 EUR). **Nr. 2:** fortgesetzte Annahme von Vorteilen, die für eine zukünftige Diensthandlung gefordert wurden; die Diensthandlung muss sich wegen der Bezugnahme auf Abs. 1 als eine Dienstpflichtverletzung (→ § 332 Rn. 3) darstellen (Kuhlen in NK-StGB Rn. 5, 6; Stein/Deiters in SK-StGB Rn. 8), dh dass Amtsträger sich aus eigenem Antrieb ständig für die Vornahme von Diensthandlungen bezahlen lässt und nicht bloß eine nicht geforderte Gegenleistung entgegennimmt (BGH NStZ-RR 2021, 109). **Nr. 3:** → § 261 Rn. 12; → § 300 Rn. 1; gewerbsmäßig → Vor § 52 Rn. 20; → § 260 Rn. 2 (ergänzend BGH wistra 2003, 260); Bande → § 244 Rn. 6 (auch bei Zusammenschluss von bestechlichen Amtsträgern und Vorteilsgebern, BGH NStZ-RR 2013, 246; NStZ-RR 2017, 114); → § 260 Rn. 4, 5; Begehung von §§ 332, 334; zum Entfallen der Indizwirkung BGH wistra 2010, 185.

§ 335a Ausländische und internationale Bedienstete

(1) **Für die Anwendung des § 331 Absatz 2 und des § 333 Absatz 2 sowie der §§ 332 und 334, diese jeweils auch in Verbindung mit § 335, auf eine Tat, die sich auf eine künftige richterliche Handlung oder eine künftige Diensthandlung bezieht, stehen gleich:**

1. einem Richter:
ein Mitglied eines ausländischen und eines internationalen Gerichts;

2. einem sonstigen Amtsträger:
- **a) ein Bediensteter eines ausländischen Staates und eine Person, die beauftragt ist, öffentliche Aufgaben für einen ausländischen Staat wahrzunehmen;**
- **b) ein Bediensteter einer internationalen Organisation und eine Person, die beauftragt ist, Aufgaben einer internationalen Organisation wahrzunehmen;**
- **c) ein Soldat eines ausländischen Staates und ein Soldat, der beauftragt ist, Aufgaben einer internationalen Organisation wahrzunehmen.**

(2) **Für die Anwendung des § 331 Absatz 1 und 3 sowie des § 333 Absatz 1 und 3 auf eine Tat, die sich auf eine künftige Diensthandlung bezieht, stehen gleich:**

1. einem Richter:
ein Mitglied des Internationalen Strafgerichtshofes;

2. einem sonstigen Amtsträger:
ein Bediensteter des Internationalen Strafgerichtshofes.

(3) **Für die Anwendung des § 333 Absatz 1 und 3 auf eine Tat, die sich auf eine künftige Diensthandlung bezieht, stehen gleich:**

1. einem Soldaten der Bundeswehr:
ein Soldat der in der Bundesrepublik Deutschland stationierten Truppen der nichtdeutschen Vertragsstaaten des Nordatlantikpaktes, die sich zur Zeit der Tat im Inland aufhalten;

2. einem sonstigen Amtsträger:
ein Bediensteter dieser Truppen;

3. einem für den öffentlichen Dienst besonders Verpflichteten:
eine Person, die bei den Truppen beschäftigt oder für sie tätig und auf Grund einer allgemeinen oder besonderen Anweisung einer höheren Dienststelle der Truppen zur gewissenhaften Erfüllung ihrer Obliegenheiten förmlich verpflichtet worden ist.

Fassung: Ausweitung der Abs. 1 und 2 durch die PIF-Richtlinie (→ Vor § 1 Rn. 19) mit Wirkung zum 19.6.2019.

1 **1. a)** Die Norm wurde mit dem KorruptionsbekG (→ Vor § 1 Rn. 18) mit Wirkung zum 26.11.2015 (zur Geschichte Meißner StV 2017, 128; zur „Auslandsbestechung" seither Kappel/Junkers NZWiSt 2016, 382) eingefügt und stellt für §§ 331–335 ausländische und internationale Bedienstete Richtern und sonstigen Amtsträgern sowie Soldaten der Bundeswehr und für den öffentlichen Dienst besonders Verpflichtete gleich. Abs. 1 löst für §§ 332, 334 die Vorgängernormen des EUBestG und des IntBestG ab, geht aber inhaltlich über diese hinaus, weil der der früher im IntBestG geforderte Bezug auf internationalen geschäftlichen Verkehr nicht mehr erforderlich ist (BT-Drs. 18/43509, 24); nicht von § 335a erfasst sind die Europäischen Amtsträger iSv § 11 I Nr. 2a (→ § 11 Rn. 11a), weil für diese die §§ 331–334 nF unmittelbar anwendbar sind (Kuhlen in NK-StGB Rn. 3). Abs. 2 ersetzt darüber hinaus für bestimmte Fälle von §§ 331, 333 die zuvor in § 2 IStGH-GleichstellungsG enthaltene inhaltsgleiche Regelung für Richter und Bedienstete des IStGH (BT-Drs. 18/43509, 25). Abs. 3 übernimmt mit leichten Einschränkungen die Gleichstellung von Soldaten und anderen Bediensteten in Deutschland stationierter ausländischer NATO-Truppen aus § 1 II Nr. 10 NATO-Truppen-SchutzG (BT-Drs. 18/43509, 25f.); Soldaten der Bundeswehr sind gem. § 48 I, II WStG für §§ 331, 332 Amtsträgern gleichgestellt. Angesichts der Weite und Unklarheit etwa über den Kreis der erfassten ausländischen Amtsträger (→ Rn. 5) werden mit Blick auf den Verhältnismäßigkeitsgrundsatz und das Bestimmtheitsgebot verfassungsrechtliche Bedenken erhoben (Kuhlen in NK-StGB Rn. 11, 12). Der weitreichende Eingriff in fremde Rechtsordnungen wird allerdings durch das Strafanwendungsrecht eingeschränkt (Kuhlen in NK-StGB Rn. 10; → Rn. 8).

2 **b)** Anstelle der bisher in EUBestG und IntBestG gebräuchlichen Bezeichnung des „Amtsträgers" ist die des **Bediensteten eines ausländischen Staates** getreten (dazu Meißner StV 2017, 128; nach Kuhlen in NK-StGB Rn. 3 „wenig prägnant"), weil anderenfalls ein Widerspruch zu der Amtsträger-Definition des § 11 I entstünde, die sich auf Amtsträger nach nationalem Recht oder der EU beschränkt (BT-Drs. 18/43509, 24); Bediensteter meint aber grds. einen Amtsträger eines anderen Staates iS des bisherigen Rechts (Kuhlen in NK-StGB Rn. 41; → Rn. 5). Inhaltlich erweitern Abs. 1–3 jeweils für einen bestimmten Täter- oder Empfängerkreis den Anwendungsbereich der §§ 331–335, wobei es stets nur um Taten geht, die sich auf eine zukünftige richterliche Handlung oder Diensthandlung beziehen.

Der Sache nach entstehen durch diese Gleichstellungsvorschrift vier neue, etwas enger gefasste Straftatbestände (vgl. Kuhlen in NK-StGB Rn. 7 in Bezug auf Abs. 1: „internationale Bestechlichkeit“ und „internationale Bestechung“), die dem weltweiten Schutz der Integrität ausländischer Staaten und internationaler Organisationen dienen (Kuhlen in NK-StGB Rn. 9; krit. Schünemann ZRP 2015, 68 (71): „Strafrechtsimperialismus“; für Schutz des deutschen öffentlichen Dienstes Spörl Das Verbot der Auslandsbestechung, 2019, 258 (mit krit Bespr. Kuhlen ZIS 2020, 327); Kubiciel ZStW 129 (2017), 473 (486); Kubiciel in Hoven/Kubiciel, Das Verbot der Auslandsbestechung, 2016, S. 45). Auf diese sind § 336 und im Fall von Abs. 1 auch § 335 anwendbar (Kuhlen in NK-StGB Rn. 49).

3 **2. Abs. 1** stellt für die Vorteilsnahme wie -gewährung, Bestechlichkeit und Bestechung in Bezug auf eine **zukünftige** und nach dem jeweiligen ausländischen (Kuhlen in NK-StGB Rn. 33; der völkerrechtlichen Beurteilung kann für dessen Feststellung indizielle Bedeutung zukommen, vgl. BGH wistra 2014, 354) oder internationalen Recht **richterliche oder Diensthandlung** gleich; durch die Einbeziehung auch der §§ 331 II, 333 II kommt es seit dem 19. 6. 2019 nicht mehr auf deren Pflichtwidrigkeit an, doch genügt die bloße Dienstausübung hier nicht (BT-Drs. 19/7886, 31):

4 **a)** Nach **Nr. 1** einem **Richter** iSv § 11 I Nr. 3 (→ § 11 Rn. 12) ein **Mitglied eines ausländischen oder internationalen Gerichts.** Gemeint sind nur staatliche oder durch einen völkerrechtlichen Gründungsvertrag errichtete Gerichte, nicht also auch international tätige private Schiedsgerichte (Kuhlen in NK-StGB Rn. 39), und bei dem Mitglied muss es sich um einen dort tätigen Richter handeln, was einen gewissen Entscheidungsspielraum bei der Behandlung von Rechtssachen impliziert (Kuhlen in NK-StGB Rn. 38, nicht zB der Protokollführer); die Richterrollen müssen nicht mit dem deutschen Recht übereinstimmen, so dass etwa im angloamerikanischen Rechtskreis neben den Berufsrichtern auch die Geschworenen erfasst sind (Kuhlen in NK-StGB Rn. 38).

5 **b)** Nach **Nr. 2** einem **sonstigen Amtsträger** iSv § 11 I Nr. 2 (→ § 11 Rn. 3–10) ein **Bediensteter eines ausländischen Staates oder einer internationalen Organisation, oder eine Person oder ein Soldat, die beauftragt sind, öffentliche Aufgaben für einen ausländischen Staat oder Aufgaben einer internationalen Organisation wahrzunehmen.** Erfasst werden damit auch Amtsträger aus EU-Mitgliedstaaten, für die bislang das EUBestG anwendbar war. Ob es für die in Nr. 2a angelegte einheitliche Behandlung von Amtsträger aus EU-Ländern und anderen Staaten für – wie zu Art. 2 § 1 I Nr. 2 EuBestG aF angenommen (BGHSt 60, 266 = NJW 2015, 2675 mAnm Heinrich JZ 2016, 265; Rübenstahl/Dust JR 2016, 106; Rathgeber NZWiSt 2015, 359; Brodowski HRRS 2016, 14) – kumulativ auf das Vorliegen einer Amtsträgerstellung nach ausländischem und nach deutschem Recht oder – wie zum IntBestG bislang vertreten (BGHSt 52, 323 = NJW 2009, 89) – auf eine autonom völkerrechtliche Bestimmung – ankommen sollte, ob beide Modelle kumulativ oder alternativ nebeneinander stehen oder sogar weiterhin eine Differenzierung nach dem in Frage stehenden Staat vorzunehmen sein soll, erscheint zweifelhaft (zu der Diskussion Kuhlen in NK-StGB Rn. 16–30, der deshalb verfassungsrechtliche Bedenken wegen mangelnder Bestimmtheit äußert (Kuhlen in NK-StGB Rn. 12); ähnlich Brockhaus/Haak HRRS 2015, 218 (220)); am nächsten liegt eine zweistufige Prüfung der Amtsträgereigenschaft zunächst nach ausländischem Recht und danach im Lichte des Völkerrechts (Kuhlen in NK-StGB Rn. 31). Der

Gesetzgeber selbst orientierte sich am OECD-Übereinkommen sowie dem VN-Übereinkommen gegen Korruption (BT-Drs. 18/4350, 25), die einen autonom völkerrechtlichen Amtsträgerbegriff zugrunde legen; da sich Praxis hierzu idR am nationalen Begriff orientiert, führen beide Modelle zumeist zu den gleichen Ergebnissen (Rübenstahl/Dust JR 2016, 106 (111)). Da sich ein solches Vorgehen an der Rspr. zum bisherigen IntBestG orientiert, dürfte es auch mit dem Bestimmtheitsgrundsatz vereinbar sein (Rübenstahl/Dust JR 2016, 106 (111)).

3. Abs. 2 erfasst die Vorteilsannahme oder Vorteilsgewährung in Bezug auf zukünftige Diensthandlungen durch **Richter oder Bedienstete des IStGH.** Die bisherige Erfassung auch richterlicher Handlungen ist durch die Nichtmehrerwähnung von § 331 II, § 333 II, die jetzt in Abs. 1 enthalten sind, entbehrlich geworden, ohne dass sich daraus ein inhaltlicher Unterschied ergibt (BT-Drs. 19/7886, 31). Ein bloß allgemein auf die Dienstausübung gerichteter Vorteil kann daher nicht genügen. Taten iSv § 3331 II, § 333 II, 332, 334 sind bereits von Abs. 1 erfasst. 6

4. Abs. 3 erfasst (nur) die Vorteilsannahme (§ 333 I, III) in Bezug auf künftige Diensthandlungen von Soldaten eines anderen NATO-Landes, dessen Truppen sich im Inland aufhalten (für die Gleichstellung kommt es auf die Anwesenheit der Truppen, nicht auch des Soldaten, der den Vorteil angenommen hat, an; Fischer Rn. 7), von Bediensteten solcher Truppen und dort beschäftigten oder tätigen Personen, die zur gewissenhaften Erfüllung ihrer Obliegenheiten förmlich verpflichtet sind. Taten iSv §§ 332, 334 sind bereits von Abs. 1 erfasst. 7

5. Die Bestrafung wegen einer Bestechung usw ausländischer Amtsträger über § 335a setzt stets die **Anwendbarkeit deutschen Strafrechts gem. §§ 3 ff.** voraus; dies ist stets bei Handlung oder Erfolgseintritt auch im Inland der Fall (zB bei der Annahme eines Vorteils durch einen hier stationierten ausländischen NATO-Soldaten). Für Auslandstaten von Deutschen gelten § 15 Buchst. a–c; Auslandstaten von Ausländern sind nur im Falle von § 15 Buchst. d erfasst (näher Kuhlen in NK-StGB Rn. 10; Kudlich/Hoven ZIS 2016, 345; Weigend in Hoven/Kubiciel, Das Verbot der Auslandsbestechung, 2016, S. 109). 8

§ 336 Unterlassen der Diensthandlung

Der Vornahme einer Diensthandlung oder einer richterlichen Handlung im Sinne der §§ 331 bis 335a steht das Unterlassen der Handlung gleich.

Die Vorschrift dient nur der Klarstellung (Sowada in LK-StGB Rn. 1 mwN). Dass eine Diensthandlung auch in einem **Unterlassen** bestehen kann (vgl. BGH NStZ 1998, 194 mit Bespr. Böse JA 1998, 630; BGH NStZ 2004, 565), soweit sie im inneren Zusammenhang mit dem dienstlichen Aufgabenbereich steht, war auf der Grundlage des früheren Rechts – trotz Fehlens eines ausdrücklichen Hinweises im Gesetz – allgM (Stein/Deiters in SK-StGB Rn. 1). Die in §§ 331, 333 vorausgesetzte „Dienstausübung" ist nicht ausdrücklich erfasst (Fischer ohne Randnummer), doch unterlässt derjenige, der eine bestimmte Dienstausübung nicht vornimmt, notwendig eine Diensthandlung, so dass § 336 eingreift (Kuhlen in NK-StGB Rn. 1). 1

§ 337 Schiedsrichtervergütung

Die Vergütung eines Schiedsrichters ist nur dann ein Vorteil im Sinne der §§ 331 bis 335, wenn der Schiedsrichter sie von einer Partei hinter dem Rücken der anderen fordert, sich versprechen läßt oder annimmt oder wenn sie ihm eine Partei hinter dem Rücken der anderen anbietet, verspricht oder gewährt.

1 **1.** Die Vorschrift ergänzt die §§ 331 II, 332 II, 333 II, 334 II, 335 durch eine **Auslegungsregel** (ebenso Schwieger, Der Vorteilsbegriff in den Bestechungsdelikten des StGB, 1996, S. 197, 215). Sie macht bei Taten von oder gegenüber Schiedsrichtern (→ § 331 Rn. 2) den Begriff des Vorteils von einem zusätzlichen Merkmal abhängig, weil die Schiedsrichter idR für ihre Tätigkeit von den Parteien entschädigt werden (BT-Drs. 7/550, 276). **Vergütung** umfasst daher auf Grund weiter Auslegung alle Vorteile, die als Gegenleistung (→ § 331 Rn. 10) für die Schiedsrichtertätigkeit gewährt werden (Kuhlen in NK-StGB Rn. 2).

2 **2. Hinter dem Rücken der anderen Partei** bedeutet ohne deren Wissen und mit dem Willen, sie zu hintergehen (BT-Drs. 7/550, 276; ähnlich Stein/Deiters in SK-StGB Rn. 7).

§ 338 *(aufgehoben)*

§ 339 Rechtsbeugung

Ein Richter, ein anderer Amtsträger oder ein Schiedsrichter, welcher sich bei der Leitung oder Entscheidung einer Rechtssache zugunsten oder zum Nachteil einer Partei einer Beugung des Rechts schuldig macht, wird mit Freiheitsstrafe von einem Jahr bis zu fünf Jahren bestraft.

1 **1.** Die Vorschrift schützt die (inländische, → Vor § 3 Rn. 9) **Rechtspflege** in ihrer speziellen Aufgabe, **richtiges Recht** zu sprechen (Hupe, Der Rechtsbeugungsvorsatz, 1995, S. 93; Kindhäuser/Hilgendorf in LPK-StGB Rn. 1; ähnlich Stein/Deiters in SK-StGB Rn. 15; Hilgendorf in LK-StGB Rn. 8); die damit verbundene Wahrung von Parteiinteressen ist nur ein Schutzreflex (hM; vgl. Kuhlen in NK-StGB Rn. 15; näher Vormbaum, Der strafrechtliche Schutz des Strafurteils, 1987, S. 321; Saliger ARSP-Beiheft 104 (2005), 138; krit. Scholderer, Rechtsbeugung im demokratischen Rechtsstaat, 1993, S. 302; Kargl FS Hassemer, 2010, 849 (861), der den Schutz der Individualinteressen des Bürgers betont (Kargl FS Hassemer, 2010, 849 (866)); für Gleichberechtigung des Individualschutzes auch Sinner in Matt/Renzikowski Rn. 2; str.). Die Tat ist eigentliches Amtsdelikt (→ Vor § 331 Rn. 2) oder, soweit die Schiedsrichter einbezogen sind, echtes Sonderdelikt (→ Vor § 13 Rn. 33; Kuhlen in NK-StGB Rn. 12). Eingehend Seebode, Das Verbrechen der Rechtsbeugung, 1969; Schmidt-Speicher, Hauptprobleme der Rechtsbeugung, 1982; Käsewieter, Der Begriff der Rechtsbeugung im deutschen Strafrecht, 1999. Zur richterfreundlichen Nachkriegs-Rechtsprechung Sprendel, Rechtsbeugung durch Rechtsprechung, 1984; Freudiger, Die juristische Aufarbeitung von NS-Verbrechen, 2002, S. 384, 396 mit Bespr. Isermann ZRP 2002, 526; sa Gerke, Die Anwendung des § 339 StGB auf Rechtsbeugungen in der DDR, 2000; Quasten, Die Judikatur des Bundesgerichtshofs zur Rechtsbeugung im NS-Staat und in der

DDR, 2003; sowie Koch ZIS 2011, 470; Ponnath DRiZ 2014, 414; Wilke KJ 2013, 278; Seibert FS Kargl, 2015, 545. Zur faktischen Wirkungslosigkeit Kargl Haffke-Symposium, 2009, 39 (40). Für „Entfernung" aus dem StGB Hoenigs, Zur Existenzberechtigung des Straftatbestandes der Rechtsbeugung, 2010. Zur in Polen diskutierten Immunität des Richters Scheffler/Matthies FS Seebode, 2008, 317. Zur Verknüpfung mit der zivilrechtlichen Richterhaftung Berlit FS Seebode, 2008, 243.

2. Täter kann neben dem nur beispielhaft hervorgehobenen Richter (→ § 11 Rn. 12) oder Schiedsrichter (→ § 331 Rn. 2; zu den Besonderheiten im Schiedsverfahren Ceffinato/Schlüter SchiedsVZ 2016, 145 (148)) jeder Amtsträger (→ § 11 Rn. 3–11), auch ein Staatsanwalt (→ Rn. 3) oder ein Verwaltungsbediensteter, sofern er gleich einem Richter eine Rechtssache leitet und entscheidet (zB bei Erlass eines Bußgeldbescheides BGH NStZ 2016, 351 (352)), sein. Abweichend vom früheren Recht (BGHSt 10, 294 = NJW 1957, 1158) wird auch der ehrenamtliche Richter erfasst, nicht aber ein Soldat (vgl. Schreiber RuP 1998, 169). Bei Kollegialgerichten soll Täter oder Teilnehmer nur derjenige sein können, der für die rechtsbeugende Entscheidung gestimmt hat, nicht der überstimmte Richter (OLG Naumburg NJW 2008, 3585 mit krit. Bespr. Erb NStZ 2009, 189; Jahn JuS 2009, 79; Mandla ZIS 2009, 143; Scheinfeld JA 2009, 401; Kuhlen in NK-StGB Rn. 83, 83a; nicht einmal Versuch durch den Überstimmten nach Hilgendorf in LK-StGB Rn. 123; aM Dencker, Kausalität und Gesamttat, 1996, S. 183; Knauer, Die Kollegialentscheidung im Strafrecht, 2001, S. 52, 203; Putzke, Rechtsbeugung in Kollegialgerichten, 2012, S. 155 ff.; Erb FS Küper, 2007, 29 (31); Fischer Rn. 8); Täterschaft kann aber durch jedes Verhalten begründet werden, durch das der Kollegialrichter an der Inkraftsetzung der rechtsbeugenden Entscheidung mitwirkt (Erb NStZ 2009, 189 (193) mit dem Vorschlag, dies in einem neuen Abs. 2 klarzustellen (für eine aufgeschlossene Würdigung Mitsch StraFo 2009, 89 (92); zu weitgehend wegen des Verbrechenscharakters Hilgendorf in LK-StGB Rn. 123 Fn. 408); zu den verschiedenen Akten, durch die eine Rechtsbeugung begangen werden kann, s. das Fazit von Scheinfeld JA 2009, 401 (405); bei bloßem Unterschreiben „nur" für Beihilfe Kudlich in Satzger/Schluckebier/Widmaier StGB Rn. 31). Dass der Amtsträger weisungsfrei tätig wird, also richterliche Unabhängigkeit genießt oder wenigstens in der Rechtssache unabhängig entscheiden kann, ist nicht unbedingt erforderlich (hM; BGHSt 14, 147 = NJW 1960, 974; BGHSt 32, 357 = NJW 1984, 2711; Burian ZStW 112 (2000), 106 (114); Fischer Rn. 5; anders Seebode, Das Verbrechen der Rechtsbeugung, 1969, S. 72; Hohoff, An den Grenzen des Rechtsbeugungstatbestandes, 2000, S. 164). Daher gehören auch die abhängigen Richter bei den Sonder- und Standgerichten der NS-Zeit, namentlich auch die des früheren Volksgerichtshofes, hierher (hM; vgl. etwa BGH NJW 1968, 1339; NJW 1971, 571; Hilgendorf in LK-StGB Rn. 16; krit. Stein/Deiters in SK-StGB Rn. 19), obwohl diese Gerichte – jedenfalls zu einem erheblichen Teil – keine Gerichte im rechtsstaatlichen Sinne, sondern Terrorinstrumente zur Durchsetzung der NS-Willkürherrschaft gewesen sind (Rüping JZ 1984, 816; NJW 1985, 2391; Sonnen NJW 1985, 1065; → Rn. 11); ebenso gehören hierher die auf sozialistische Parteilichkeit verpflichteten Richter bei Sondergerichten in der ehemaligen DDR (Maiwald NJW 1993, 1881 (1885); Kraut, Rechtsbeugung? Die Justiz der DDR auf dem Prüfstand des Rechtsstaates, 1997, S. 150; Kuhlen in NK-StGB Rn. 19; diff. Burian ZStW 112 (2000), 106 (131); Hohoff, An den Grenzen des Rechtsbeugungstatbestandes, 2000, S. 171; → § 2 Rn. 19). 2

3 **3. Rechtssache** ist eine Rechtsangelegenheit, bei der mehrere Beteiligte mit widerstreitenden rechtlichen Belangen einander gegenüberstehen können, wenn über sie nicht durch Verwaltungsmaßnahmen zu befinden, sondern in einem rechtlich vollständig geregelten Verfahren nach Rechtsgrundsätzen zu entscheiden ist (BGHSt 24, 326 = NJW 1972, 1059; Rechtsprechungsübersicht bei Scholderer, Rechtsbeugung im demokratischen Rechtsstaat, 1993, S. 406). Namentlich Angelegenheiten aller Zweige der **Gerichtsbarkeit** kommen in Frage; dazu zählen auch sitzungspolizeiliche Anordnungen und das Beschwerdeverfahren hiergegen (BGHSt 47, 105 = NJW 2001, 3275). Der Nachlassrichter (Rechtspfleger) leitet eine Rechtssache auch, wenn er die Vergütung des Nachlasspflegers festsetzt (BGHSt 35, 224 = NJW 1988, 2809 mAnm Otto JZ 1988, 883); ebenso der Jugendrichter, wenn er Vollstreckungsentscheidungen nach § 83 JGG, nicht aber, wenn er als Vollstreckungs- oder Vollzugsleiter Verwaltungsmaßnahmen trifft (beachte auch OLG Düsseldorf MDR 1987, 604; OLG Koblenz MDR 1987, 605); die Tätigkeit des Gerichtsvollziehers ist nicht mit der eines Richters vergleichbar (OLG Düsseldorf NJW 1997, 2124). Erfasst werden ferner rechtlich vollständig geregelte (rechtsförmliche) **Verfahren vor Verwaltungsbehörden,** in denen der Amtsträger wie ein Richter in vergleichbarer Aufgabenstellung und Position zu entscheiden hat (BGHSt 34, 146 = NJW 1986, 3093; sa Wagner JZ 1987, 658; str.). Das trifft für gewöhnliche Verwaltungsverfahren nicht zu (OLG Koblenz GA 1987, 553; MDR 1994, 1104), zB auch nicht für Verwarnungsverfahren nach §§ 56–58 OWiG (OLG Hamm NJW 1979, 2114), für umweltrechtliche Genehmigungs- und sonstige Gestattungsverfahren, auch wenn sie als Planfeststellungsverfahren ausgestaltet sind (OLG Frankfurt a. M. ZfW 1988, 236 (243); OLG Hamm NJW 1999, 2291; OLG Hamburg NStZ-RR 2005, 143; Bickel NStZ 1988, 181; Breuer NJW 1988, 2072 (2084); aM LG Hanau NStZ 1988, 179 (181)), für Verfahren der Vollzugsbehörden, die Vollzugslockerungen betreffen (Laubenthal JuS 1989, 827 (831); aM Rössner JZ 1984, 1065 (1070)) und für Steuerfestsetzungsverfahren nach §§ 85–100 AO (BGHSt 24, 326 = NJW 1972, 1059 mkritAnm Bemmann JZ 1972, 599) unter Einschluss des nachfolgenden Widerspruchsverfahrens (OLG Celle NStZ 1986, 513) und für Sachbearbeiter oder sog. Entscheider im Asylverfahren (LG Bremen StV-S 2021, 45). Zu bejahen ist es nur für rechtsförmliche Verwaltungsverfahren, soweit in ihnen Entscheidungen wie in der Rspr. zu treffen sind, wie zB im Disziplinarverfahren (RGSt 69, 213), im Bußgeldverfahren nach §§ 35 ff. OWiG (BGHSt 44, 258 = NJW 1999, 1122 mit zust. Bespr. Müller NStZ 2002, 356 (362); OLG Celle NStZ 1986, 513; Rengier StrafR BT II § 61 Rn. 8; aM Scholderer, Rechtsbeugung im demokratischen Rechtsstaat, 1993, S. 420; abl. zur Einstellung nach § 47 II OWiG OLG Stuttgart NZV 1998, 510 mAnm Schulz StraFo 1999, 114) oder im strafprozessualen Ermittlungsverfahren (BGHSt 32, 357 = NJW 1984, 2711; BGH BeckRS 2007, 19110 mit zust. Bespr. Satzger JK StGB § 339 Rn. 3), soweit es der **Staatsanwalt** (→ Rn. 2) nicht lediglich die Vorbereitung des gerichtlichen Verfahrens, sondern Entscheidungen in der Sache selbst (zB Einstellung des Verfahrens, der Zustimmung zur Einstellung (OLG Hamm NStZ-RR 2016, 373) oder Anklageerhebung) zuweist (BGHSt 38, 381 = NJW 1993, 605 mzustAnm Brammsen NStZ 1993, 543, krit. aber Seebode JR 1994, 1; BGHSt 40, 169 = NJW 1994, 3238; BGHSt 40, 272 = NJW 1995, 64 mit Bespr. Hohmann NJ 1995, 128; Schoreit StV 1995, 195; Spendel JR 1995, 214; BGHSt 41, 247 = NJW 1995, 3324; BGH NStZ-RR 1999, 43; NJW 2018, 322; Joecks/Jäger StGB Rn. 3; weiter Wagner JZ 1987, 658 (659); Scholderer, Rechtsbeugung im demokratischen Rechtsstaat, 1993, S. 421, Maurach/Schroeder/Maiwald StrafR BT II § 77 Rn. 6; Kuhlen in NK-StGB

Rn. 29; diff. zwischen Täterschaft und Teilnahme Kudlich in Satzger/Schluckebier/Widmaier StGB Rn. 14; aM Vormbaum, Der strafrechtliche Schutz des Strafurteils, 1987, S. 339, der den Staatsanwalt als Täter ganz ausscheidet); ebenfalls bei rechtswidrigen Weisungen zur (Nicht-)Einleitung eines Ermittlungverfahrens (Treutmann JR 2016, 233), eine pflichtgemäße Anklageerhebung kann nur ausnahmsweise eine Beihilfe darstellen (vgl. zum Ausnahmefall „Aktion Rose" BGH JR 2000, 246 mAnm Müther; → § 2 Rn. 19).

4. **Partei** ist jeder Beteiligte; zB in Strafsachen der Angeklagte (nicht sein Verteidiger), im Ermittlungsverfahren der Verteidigte (Treutmann JR 2016, 229 (233)), im Falle des § 387 ZPO der Zeuge. 4

5. **a) Rechtsbeugung** ist die Verletzung **objektiven** materiellen oder prozessualen Rechts, und zwar des Gesetzes-, Gewohnheits- oder überpositiven Rechts (objektive Theorie; vgl. Bemmann GA 1969, 65; Saliger ARSP-Beiheft 104 (2005), 138 (141, 151); Maurach/Schroeder/Maiwald StrafR BT II § 77 Rn. 10; Spendel NJW 1971, 537; Spendel FS Peters, 1974, 163; Neumann FS Schünemann, 2014, 631; Hilgendorf in LK-StGB Rn. 47; zum überpositiven Recht Hilgendorf in LK-StGB Rn. 55; Heine/Hecker in Schönke/Schröder Rn. 8, 9; Hoenigs, Zur Existenzberechtigung des Straftatbestandes der Rechtsbeugung, 2010, S. 30; ihr neigt auch die Rspr. zu, Seebode JR 1994, 1; JZ 2000, 319 mit BGHSt 44, 258 = NJW 1999, 1122, als Beispiel; speziell zum **überpositiven Recht** Burian ZStW 112 (2000), 106 (125); Freund, Rechtsbeugung durch Verletzung übergesetzlichen Rechts, 2006; krit. Kargl Haffke-Symposium, 2009, 39 (44); einschr. Fischer Rn. 13; abl. Kuhlen in NK-StGB Rn. 37–40, Verstoß gegen Art. 103 II GG), nicht das Handeln des Täters gegen seine Rechtsüberzeugung (subjektive Theorie; vgl. v. Weber NJW 1950, 272; Sarstedt FS Heinitz, 1972, 427). Im Schrifttum wird eine differenziertere Abgrenzung auf der Grundlage der richterlichen Amtspflichten empfohlen (vgl. etwa Rudolphi ZStW 82 (1970), 610; Wagner, Amtsverbrechen, 1975, S. 195; Schmidt-Speicher, Hauptprobleme der Rechtsbeugung, 1982, S. 75, 80; Behrendt JuS 1989, 945 (948); Rengier StrafR BT II § 61 Rn. 17; Stein/Rudolphi in SK-StGB Rn. 12–17f; krit. zur Pflichtwidrigkeitstheorie Scholderer, Rechtsbeugung im demokratischen Rechtsstaat, 1993, S. 288, 317, 334; Wessels/Hettinger/Engländer StrafR BT I Rn. 1134a), vereinzelt aber auch der Theorienstreit überhaupt als bedeutungslos bezeichnet (Schreiber GA 1972, 193). In der jüngeren Rspr. wird die Bejahung eines objektiven Rechtsbruchs auch von der Motivation des Richters bei der Entscheidung abhängig gemacht (BGH BeckRS 2007, 19110 zum Staatsanwalt) und der Vor- oder Nachteil für eine Partei als Taterfolg (→ Rn. 7) zu einer für das Vorliegen einer Rechtsbeugungshandlung konstitutiven Zielsetzung umgestaltet; namentlich ein Überschreiten der inneren Ermessensgrenzen durch ein Handeln aus **sachfremden Erwägungen** gezielt zum Vor- oder Nachteil einer Partei soll aus objektiv nicht schwer wiegenden Rechtsverstößen (BGHSt 42, 343 (350) = NJW 1997, 1452) und sogar einer objektiv (noch) vertretbaren Rechtsanwendung einen objektiven Rechtsbruch machen können (BGHSt 44, 258 (262) = NJW 1999, 1122; BGHSt 47, 105 = NJW 2001, 3275 mit zT krit. Bespr. Kühl/Heger JZ 2002, 201; Böttcher NStZ 2002, 146; Schaefer NJW 2002, 734; Foth JR 2002, 257; Müller StV 2002, 306; krit. auch Fischer Rn. 15; generell gegen die Einbeziehung auch innerer Ermessensfehler Schiemann NJW 2002, 112; Wohlers/Gaede GA 2002, 483; Kargl Haffke-Symposium, 2009, 39 (50); Wessels/Hettinger/Engländer StrafR BT I Rn. 1134a; Kuhlen in NK-StGB Rn. 61–64); dafür genügt nicht, wenn neben sachfremden auch scah- 5

nahe Erwägungen für die Entscheidung (zB gem. § 56e) leitend sind (BGH NJW 2021, 2525). Diese subjektivierte Bestimmung eines objektiven Tatbestandsmerkmals erinnert an die neuere Rspr. zu § 315b, wonach nicht mehr die verkehrsfeindliche Einstellung des Fahrzeugführers aus dessen äußerlich verkehrsgerechtem Verhalten objektiv einen verkehrsfremden Eingriff machen soll (→ § 315b Rn. 4). Ein Abstellen auf die sachfremden Erwägungen des Täters bei einer objektiv neutralen Handlung begründet jedenfalls kein bloßes Gesinnungsstrafrecht (so aber Rath, Gesinnungsstrafrecht, 2002, S. 54), denn der Rechtsbeugungsvorwurf resultiert nicht aus einer rechtsfeindlichen Gesinnung, sondern aus der im konkreten Fall auftretenden Missachtung einzelner Pflichten als unparteiischer Richter (vgl. Kühl/Heger JZ 2002, 201 (203); hierzu krit. Rath, Gesinnungsstrafrecht, 2002, S. 59). Diese Subjektivierung eines objektiv zu bestimmenden Rechtsverstoßes reichert die vom BGH grds. vertretene objektive Theorie mit Elementen der Pflichtwidrigkeitstheorie an (Kühl/Heger JZ 2002, 201 (202); Rengier StrafR BT II § 61 Rn. 15, 15a; sa Stein/Deiters in SK-StGB Rn. 41).

Im Hinblick auf die Schwere der Strafdrohung (krit. Sowada GA 1998, 177 (180)) genügt aber nur ein **elementarer Rechtsverstoß;** das sind solche Handlungen, mit denen sich der Amtsträger bewusst (BGH NJW 2014, 1192 (1193)) **schwerwiegend vom Gesetz entfernt** und sein Handeln als Staatsorgan nicht an Gesetz und Recht, sondern an seinen eigenen Maßstäben ausrichtet (BVerfG NJW 2016, 3711 (3712); BGHSt 32, 357 (360) = NJW 1984, 2711; BGHSt 38, 381 = NJW 1993, 605 mit krit. Bespr. Brammsen NStZ 1993, 542; Seebode JR 1994, 1; BGHSt 43, 183 (190) = NJW 1998, 248 mAnm Müller NStZ 1998, 195; BGHSt 42, 343 (345) = NJW 1997, 1452 mit krit. Bespr. Seebode JR 1997, 412; Krehl NStZ 1998, 409; Spendel JZ 1998, 85; Sowada GA 1998, 177; BGHSt 44, 258 (260) = NJW 1999, 1122; BGHSt 44, 275 (298) = NJW 1999, 3347; BGHSt 47, 105 (108) = NJW 2001, 3275; BGH NJW 1997, 1455 mit nur iErg zust. Bespr. Rudolph DRiZ 1997, 244; Schmittmann NJW 1997, 1426; Seebode Jura 1997, 418; BGH NStZ-RR 2001, 243; NJW 2019, 789; OLG Stuttgart NZV 1998, 510; OLG Frankfurt a. M. NJW 2000, 2037 mkritAnm Gubitz NStZ 2001, 253; OLG Karlsruhe NJW 2004, 1469; selbst bei einer grob fehlerhaften Berechnung der Verjährung verneint RhPfVerfGH StV 2017, 399 mit krit. Bespr. Mückenberger/Buchert StV 2017, 404; Joecks/Jäger StGB Rn. 5; Kuhlen in NK-StGB Rn. 68; Heine/Hecker in Schönke/Schröder Rn. 10; im konkreten Fall kann bei der Beurteilung eine Überlastung des Amtsträgers zu berücksichtigen sein (BVerfG NJW 2016, 3711 (3713)); überlange Verfahrensdauer durch verzögerte Bearbeitung fällt nur dann unter § 339, wenn bewusst der Eintritt der Verjährung in Kauf genommen wird (BGHSt 62, 312 = NJW 2018, 322 mit Bespr. Jahn JuS 2017, 1227; Wagner ZJS 2018, 81). Diese im Schrifttum nicht unbestrittene (→ § 2 Rn. 19a; Maurach/Schroeder/Maiwald StrafR BT II § 77 Rn. 16; Stein/Deiters in SK-StGB Rn. 44; sa Bemmann/Seebode/Spendel ZRP 1997, 307, die ihre Kritik mit einem diskutablen Reformvorschlag verbinden, der „schlicht auf den gesetz- oder rechtswidrigen Verstoß" abstellt) Einschränkung hat der BGH bei der Beurteilung von Rechtsbeugungen durch Richter und Staatsanwälte in der DDR nach der ersten Grundsatzentscheidung (BGHSt 40, 30 = StV 1995, 183) in weiteren Entscheidungen durch Bildung von Fallgruppen schwerer Menschenrechtsverletzungen konkretisiert (→ § 2 Rn. 19).

5a Rechtsbeugung kann, da sie als Tathandlung ähnlich wie die Untreue nur die Verletzung einer Rechtspflicht voraussetzt, gleichermaßen durch **Tun oder Unterlassen** begangen werden (→ § 266 Rn. 2; → § 13 Rn. 18; Rengier StrafR BT II

§ 61 Rn. 10). Letztlich lassen sich alle Formen als falsche Rechtsanwendung verstehen und nicht scharf voneinander trennen (Spendel NJW 1971, 537 (540); aM BGH NJW 1971, 751). In jedem Falle muss der Widerspruch zum Recht aber eindeutig sein, bei mehreren Interpretationsmöglichkeiten also die Grenze des Vertretbaren überschreiten (KG NStZ 1988, 557; Scheffler NZV 1996, 479; Sowada GA 1998, 177 (181); Hilgendorf in LK-StGB Rn. 47). Da eine Verurteilung nach § 339 wegen dessen Mindeststrafe und des Fehlens eines minder schweren Falles regelmäßig den Verlust des Richteramtes (§ 45 I) zur Folge hat (Sowada GA 1998, 177 (180)), ist bei einer Rechtsbeugung durch Unterlassen (BGHSt 47, 105 = NJW 2001, 3275) die Strafmilderungsmöglichkeit des § 13 II zu beachten (Kühl/Heger JZ 2002, 201 (203)). Es kommen namentlich in Frage: Sachverhaltsverfälschung (BGH NJW 1960, 253; Deumeland ZfS 1993, 139), uU auch durch Unterlassen von Maßnahmen, die der Aufklärung dienen (zu Versuchsbeginn und Vollendung der Unterlassungstat Schaffstein FS Dreher, 1977, 147 (155) mwN); Verstoß gegen das Legalitätsprinzip durch planmäßiges Nichtbetreiben einer Anklageerhebung (BGH BeckRS 2007, 19110 mit zust. Bespr. Satzger JK StGB § 339 Rn. 3; LG Freiburg BeckRS 2016, 19274); unrichtige Anwendung von Rechtsvorschriften (zB der Bestimmungen über die Öffentlichkeit, Wolf NJW 1994, 681 (687), der Bestimmungen über die Zuständigkeit (BGH NStZ-RR 2001, 243; BeckRS 2010, 18536; NStZ 2013, 648) oder die Anhörung von Verfahrensbeteiligten, BGHSt 42, 343 = NJW 1997, 1452 mit Bespr. Volk NStZ 1997, 412; Spendel JZ 1998, 85; Sowada GA 1998, 177 (184), die Bestimmung des § 275 I StPO zur Änderung der Urteilsgründe (BGH NStZ 2013, 655; OLG Naumburg NStZ 2013, 533) oder zB der Bestimmung des § 128 StPO über die förmliche Vernehmung in einem „Vorführungsfall", OLG Frankfurt a. M. NJW 2000, 2037 mkritAnm Gubitz NStZ 2001, 253); das wenn auch nur kurzzeitige Einsperren des Angeklagten in eine Gewahrsamszelle während der Hauptverhandlung zur Erlangung eines Geständnis (BGH NStZ 2013, 106 mit zust. Bespr. Hecker JuS 2012, 1042); unzulässige Vereinbarungen mit den Parteien (für Absprachen im Strafverfahren (so Schünemann StV 1994, 657 (660)) gilt dies nur noch, wenn sie mit § 257c StPO unvereinbar sind, → Rn. 5b); Ermessensmissbrauch, namentlich bei der Strafzumessung (BGH NJW 1971, 571), aber auch bei der Wahl von prozessualen Entscheidungsalternativen (krit. BGH NStZ 1988, 218 mAnm Doller) und sogar bei Zugrundelegung einer objektiv vertretbaren Rechtsansicht auf Grund sachfremder Erwägungen gezielt zum Vor- oder Nachteil einer Partei (BGHSt 47, 105 = NJW 2001, 3275 mit Bespr. Böttcher NStZ 2002, 146; Foth JR 2002, 257; Kühl/Heger JZ 2002, 201; Müller StV 2002, 306; Schaefer NJW 2002, 734; Schiemann NJW 2002, 112; Wohlers/Gaede GA 2002, 483); rechtsstaatswidrige, Art. 6 I MRK verletzende Verfahrensverzögerungen (OLG Karlsruhe NJW 2004, 1469); bei einer Verfahrenseinstellung nach Ermessen (§ 47 II 1 OWiG) liegt Rechtsbeugung nur vor, wenn sie ohne Ermessensausübung oder aus sachfremden Gründen erfolgt ist (BGHSt 44, 258 (261) = NJW 1999, 1122 mit Bespr. Herdegen NStZ 1999, 456; Schulz NJW 1999, 3471; Scheffler JR 2000, 119; Seebode JZ 2000, 319; Müller NStZ 2002, 356 (362); die bloße Anregung einer Verfahrenseinstellung ist selbst dann keine Rechtsbeugung, wenn gewisse Anhaltspunkte für das Vorliegen der Verwirklichung eines Verbrechenstatbestands aktenkundig sind, OLG Hamm NStZ-RR 2016, 373); insoweit ist für den Tatvorwurf die Motivation des Täters von Bedeutung (BVerfGK 18, 83 = BeckRS 2010, 54627; BGH NStZ 2013, 655). Es genügt, wenn die Rechtsverletzung in irgendeinem Stadium des Verfahrens begangen wird, selbst wenn dies zur Erreichung einer vermeintlich richtigen oder gerechten (BGHSt 32, 357 = NJW 1984, 2711; BGH NJW 2014, 1192 (1193)) Entscheidung geschieht und selbst wenn dadurch eine objektiv richtige Endentscheidung verursacht wird (RGSt 57, 31).

5b In seiner Entscheidung zur Verfassungsmäßigkeit einer **Verständigung im Strafverfahren** aufgrund von § 257c StPO hat das BVerfG deutlich gemacht, dass daneben außerhalb der gesetzlichen Vorgaben erfolgende Absprachen unzulässig sind und die sich daran beteiligenden Personen – namentlich der Richter – wegen Rechtsbeugung strafbar machen (diff. nach den konkreten Verstößen Erb StV 2014, 103; für eine Strafbarkeit von bewusst außerhalb des Verständigungsgesetzes praktizierte Absprachen Heger/Pest ZStW 126 (2014), 446 (484)); Personen, die wie zB der Verteidiger, aber uU auch der Staatsanwalt, nicht Täter von § 339 sein können (→ Rn. 2), können sich dann wegen Beihilfe strafbar machen. Umgekehrt muss eine Beugung des (Verfahrens-)Rechts naturgemäß ausscheiden, wenn nur die von Verfassungs wegen nicht missbilligten Normen der StPO (namentlich § 257c) zur Anwendung gebracht werden. Für Taten vor deren Inkrafttreten am 4.8.2009 gelten weiterhin die Grundsätze von BGHSt 43, 195 = NJW 1998, 86, seit 2005 geringfügig modifiziert durch BGHSt 50, 40 = NJW 2005, 1440. Angesichts der Entscheidung des BVerfG erfüllen wohl auch die im Zeitraum von 2009 bis März 2013 bewusst praeter legem erfolgten Absprachen idR den objektiven Tatbestand (zur Strafbarkeit vgl. Dießner StV 2011, 43 (45f.); Erb StV 2014, 103; Fischer HRRS 2014, 324 (327ff.); Fischer FS Seebode, 2008, 59); soweit die Täter aber davon ausgegangen sind, dass die gesetzliche Kodifizierung der Absprachenpraxis keine abschließende Regelung dieser Materie darstellt, sondern daneben weiterhin auch nicht gesetzlich normierte Absprachen zulässig sind, entfällt der Vorsatz (→ Rn. 8). Nur wenn der Täter § 257c StPO – wie jetzt das BVerfG – als abschließende Regelung jedweder denkbaren Verständigung angesehen hat und gleichwohl zB aus Praktikabilitätserwägungen davon abgewichen ist, bleibt damit in der Zwischenzeit eine § 339-Strafbarkeit denkbar.

6 **b)** Bei **Leitung** oder **Entscheidung** einer Rechtssache ist die Rechtsbeugung begangen, wenn sie objektiv als eine auf der Leitungs- oder Entscheidungskompetenz des Amtsträgers beruhende Handlung erscheint (BGHSt 32, 357 = NJW 1984, 2711; OLG Karlsruhe NJW 2004, 1469; Kuhlen in NK-StGB Rn. 32). Die konkrete Handlung muss nicht rechtlicher Art sein, so dass zB auch das Entziehen einer Akte aus dem Geschäftsgang der Norm unterfällt (BGH NStZ 2016, 351 (352)).

7 **c)** Als **schädlichen Erfolg** muss die Rechtsbeugung die Verbesserung (einschr. dazu BGHSt 32, 357 (363) = NJW 1984, 2711) oder Verschlechterung der Lage einer Partei bewirken (Bemmann GA 1969, 65 (69); Spendel JR 1985, 485 (489); Kargl FS Hassemer, 2010, 849 (865); Kuhlen in NK-StGB Rn. 71; zur geschichtlichen Entwicklung Scholderer, Rechtsbeugung im demokratischen Rechtsstaat, 1993, S. 96); daran fehlt es, wenn eine verspätete Ergänzung der Urteilsgründe (vgl. § 275 StPO) nur disziplinarrechtliche Sanktionen gegen den Täter verhindern soll (OLG Naumburg NStZ 2013, 533 mit Bespr. Jahn JuS 2012, 950). Gleichgestellt ist dem die Schaffung der konkreten Gefahr einer falschen Entscheidung, zB durch eine von sachfremden Erwägungen beeinflusste Entscheidung über die Haftverschonung, die einen Vorteil für den Untersuchungsgefangenen und einen Nachteil für die Staatsanwaltschaft bedeutet (BGHSt 42, 343 = NJW 1997, 1452 mit Bespr. Schmittmann NJW 1997, 1452; Seebode JR 1997, 474; Volk NStZ 1997, 412; Ziegert StV 1997, 439 (442); Krehl NStZ 1998, 409; Sowada GA 1998, 177; Spendel JZ 1998,

85; OLG Naumburg NJW 2008, 3585; offen gelassen BGHSt 44, 258 = NJW 1999, 1122 mit Bespr. Seebode JZ 2000, 319 (320)), oder bei einer mit sachwidriger Motivation angemaßten Zuständigkeit, falls der zuständige Richter eine andere (Ermessens-)Entscheidung hätte treffen können (BGH NStZ 2013, 648).

6. a) Der **Vorsatz** muss namentlich die Verletzung des objektiven Rechts (→ Rn. 5), das Element der Leitung oder Entscheidung einer Rechtssache (→ Rn. 3, 6; BGHSt 32, 357 (360) = NJW 1984, 2711 mAnm Fezer NStZ 1986, 29) und deren begünstigende oder benachteiligende Wirkung für einen Beteiligten (RGSt 25, 276 (278)) umfassen. Da der Widerspruch zum Recht Tatbestandsmerkmal ist, muss der Täter ihn als solchen erkennen (BGH NStZ 1988, 218; Kuhlen in NK-StGB Rn. 79); Rechtsblindheit kann hier – anders als beim Verbotsirrtum – nicht zur Strafbarkeit führen (Holtz MDR 1978, 626; Kuhlen in NK-StGB Rn. 79; aM Spendel GS Radbruch, 1968, 312; Hohmann/Sander StrafR BT II § 31 Rn. 6; zusf. Seebode JuS 1969, 204; Schreiber GA 1972, 193 (198); sa Müller NJW 1980, 2390; Wassermann FS Spendel, 1992, 629 (649); aM jetzt auch bei der Beurteilung von Rechtsbeugungen durch Richter der DDR unter Distanzierung von der Rspr. zu NS-Justizverbrechen BGHSt 41, 317 = NJW 1996, 857 mit Bespr. Begemann NStZ 1996, 389; Gritschneder NJW 1996, 1239; Maiwald JZ 1996, 866; Spendel JR 1996, 177, Rechtsblindheit und politische Überzeugung schließe Vorsatz auch dann nicht aus, wenn der Täter glaubt, sich im Einklang mit Recht und Gesetz zu befinden); hat sich jedoch der Täter auf Grund seiner „besseren" Überzeugung über die erkannte Wertung des Rechts hinweggesetzt, so lässt das den Vorsatz unberührt (näher Schmidt-Speicher, Hauptprobleme der Rechtsbeugung, 1982, S. 108). 8

b) Bedingter Vorsatz genügt (hM; vgl. etwa BGH NStZ 2013, 655; Hilgendorf in LK-StGB Rn. 86; anders Krause NJW 1977, 285; Müller NJW 1980, 2390; mit Recht krit. zu deren Argumenten Scholderer, Rechtsbeugung im demokratischen Rechtsstaat, 1993, S. 639; Hupe, Der Rechtsbeugungsvorsatz, 1995, S. 66; Kargl Haffke-Symposium, 2009, 39 (54); in Fällen der Strafvereitelung mindestens direkten Vorsatz fordernd Keiser StraFo 2013, 436 (438)). Das ist früher von der Rspr. (BGHSt 10, 294 = NJW 1957, 1158) gegen vielfältigen Widerspruch des Schrifttums verneint, durch das EGStGB (→ Vor § 1 Rn. 5) aber dadurch klargestellt worden, dass die in der Regierungsvorlage enthaltenen Worte „absichtlich oder wissentlich" mit dem Ziel der Einbeziehung auch des bedingten Vorsatzes gestrichen worden sind (BT-Drs. 7/1261, 22). Inhalt und Grenzen des bedingten Vorsatzes der Rechtsbeugung näher zu klären, ist damit zur vordringlichen Aufgabe von Rspr. und Lehre geworden (Maiwald JuS 1977, 353 (357)). Für § 336 StGB aF war die Frage umstritten (zusf. Hupe, Der Rechtsbeugungsvorsatz, 1995, S. 29). Ihre Beantwortung hängt nicht nur von der Auslegung des objektiven Tatbestandes ab (→ Rn. 5–7), sondern auch von der Abgrenzung des bedingten Vorsatzes gegenüber der bewussten Fahrlässigkeit (→ § 15 Rn. 23–27). Nach keiner der danach möglichen Auffassungen ist bedingter Vorsatz schon dann zu bejahen, wenn der Richter Zweifel hat, ob sein Standpunkt der objektiven Rechtslage entspricht, sich trotz des Zweifels zu einer Entscheidung durchringt und sich mit der Möglichkeit abfindet, dass sein Ergebnis fehlerhaft sein könnte (näher Frisch, Vorsatz und Risiko, 1983, S. 364; Behrendt JuS 1989, 945 (949); Scholderer, Rechtsbeugung im demokratischen Rechtsstaat, 1993, S. 646; Hupe, Der Rechtsbeugungsvorsatz, 1995, S. 77; Erb FS Küper, 2007, 29 (39); Stein/Deiters in SK-StGB Rn. 57; vgl. auch OLG Frankfurt a. M. NJW 2000, 2037 (2038)); hier wird wegen des Entschei- 9 dungszwangs, unter dem der Richter steht, mindestens zu fordern sein, dass er seine Rechtsanwendung auch für den Fall ihrer Fehlerhaftigkeit innerlich akzeptiert (hM; anders Rengier StrafR BT II § 61 Rn. 20; Heine/Hecker in Schönke/Schröder Rn. 13). Zu Fragen der Beweiswürdigung vgl. NStZ 2013, 106 mit Bespr. Hecker JuS 2012, 1042.

10 **7.** Für **Rechtfertigung und Entschuldigung** der Rechtsbeugung gelten die allgemeinen Regeln (beachte Bemmann RuP 1969, 95).

11 **8.** Der Tatbestand der Rechtsbeugung hat auch eine **Schutzfunktion zugunsten des Richters.** Dieser kann zB wegen Mordes, Freiheitsberaubung oder Verfolgung Unschuldiger, begangen durch richterliche Tätigkeit, nur bestraft werden, wenn § 339 erfüllt ist (sog. **Sperrwirkung;** BGHSt 10, 294 = NJW 1957, 1158; OLG Düsseldorf NJW 1990, 1347 mit Bespr. Hassemer JuS 1990, 766; OLG Frankfurt a. M. NJW 2000, 2037 (2038); OLG Karlsruhe NStZ-RR 2001, 112; NJW 2004, 1469; OLG Naumburg NJW 2008, 3585 (3587); Küpper GS Meurer, 2002, 123 (130); krit. Begemann NJW 1968, 1361; NStZ 1996, 389; Wassermann RuP 1992, 121 (128); Stumpf NStZ 1997, 7 (9); Erb FS Küper, 2007, 29 (35); Mitsch StraFo 2009, 89 (90); zur Begr. und dogmatischen Natur der „Sperrwirkung" als Rechtfertigungsgrund Schroeder GA 1993, 389 (396) (ebenso Seiler, Die Sperrwirkung im Strafrecht, 2002, S. 249; ähnlich Kuhlen in NK-StGB Rn. 92), als missbilligtes Risiko für leicht fahrlässige Amtspflichtwidrigkeit Neuheuser, Die Duldungspflicht gegenüber rechtswidrigem hoheitlichen Handeln im Strafrecht, 1996, S. 55, 75; abl. Stein/Deiters in SK-StGB Rn. 4–10); allerdings wird diese Begrenzungsfunktion umso bedeutungsloser, je weiter das Vorsatzerfordernis über die von der hM gezogenen Grenzen hinaus ausgelegt wird (→ Rn. 9). Keine Sperrwirkung ist anzunehmen, sofern zwischen der Leitung oder Entscheidung einer Rechtssache und der anderen Tat (zB § 267 wegen nicht zulässiger Änderung der Urteilsgründe oder der Urteilsformel (BGH NStZ 2015, 651 (653)) kein innerer Zusammenhang besteht (BGH NStZ 2013, 655; OLG Naumburg NStZ 2013, 533 mit Bespr. Jahn JuS 2012, 950). Sie scheidet ganz aus, soweit bei Sonder- oder Standgerichten der NS-Zeit (nicht bei den Gerichten der DDR in den sog. Waldheimer Prozessen; → § 2 Rn. 19; ebenso Hilgendorf in LK-StGB Rn. 145) reine Scheinverfahren zur Verschleierung willkürlicher Machtsprüche durchgeführt worden sind; hier fehlen schon die Minimalvoraussetzungen jeglichen Verfahrens und damit die Qualität einer Rechtssache (BGHSt 2, 173 (176) = BeckRS 1952, 30384879; BGH NStZ 1996, 485 mAnm Gribbohm; Spendel FS Klug, 1983, 375; JuS 1988, 856; Hilgendorf in LK-StGB Rn. 147; krit. zur Beurteilung von NS-Rechtsprechungsakten durch den BGH Dencker in Salje, Recht und Unrecht im Nationalsozialismus, 1985, S. 294; Spendel JZ 1987, 581; Scholderer, Rechtsbeugung im demokratischen Rechtsstaat, 1993, S. 379).

12 **9. Tateinheit** ua möglich mit §§ 239 (BGHSt 41, 247 (250) = NJW 1995, 3324), 258a (BGHSt 43, 183 (194) = NJW 1998, 248), §§ 343, 345. Zu § 332 → § 332 Rn. 11; zu § 344 → § 344 Rn. 9. Mehrfache Rechtsbeugungshandlungen zB eines Staatsanwalts in demselben Strafverfahren mit identischer Zielrichtung bilden eine einheitliche Tat (BGHSt 40, 169 = NJW 1994, 3238; BGHSt 41, 247 = NJW 1995, 3324).

13 **10.** Verlust der Amtsfähigkeit § 358. Möglichkeit der Wiederaufnahme § 359 Nr. 3 StPO (dazu Bock/Eschelbach/Geipel/Hettinger/Räschke/Witte GA 2013, 328 (342)).

11. § 238 StGB/DDR ist durch Art. 5 des 6. StrRG (→ Vor § 38 Rn. 16–22) aufgehoben worden (Kuhlen in NK-StGB Rn. 96); Strafbarkeitslücken sind nicht zu erwarten, da bisher von § 238 I StGB/DDR erfasste Taten als Anstiftung oder versuchte Anstiftung zur Rechtsbeugung nach § 339 oder als versuchte Nötigung, bisher von § 238 II StGB/DDR erfasste Taten als Beleidigung, Verleumdung oder Bedrohung nach §§ 185, 187, 241 erfasst werden können (BT-Drs. 13/8587, 54). Zu den **DDR-Alttaten** → § 2 Rn. 19; sowie Stein/Deiters in SK-StGB Rn. 12, 20; zur Aufarbeitung umf. Marxen/Werle, Strafjustiz und DDR-Unrecht, Bd. 5 I/II (Rechtsbeugung), 2007. 14

§ 340 Körperverletzung im Amt

(1) [1]**Ein Amtsträger, der während der Ausübung seines Dienstes oder in Beziehung auf seinen Dienst eine Körperverletzung begeht oder begehen läßt, wird mit Freiheitsstrafe von drei Monaten bis zu fünf Jahren bestraft.** [2]**In minder schweren Fällen ist die Strafe Freiheitsstrafe bis zu fünf Jahren oder Geldstrafe.**

(2) **Der Versuch ist strafbar.**

(3) **Die §§ 224 bis 229 gelten für Straftaten nach Absatz 1 Satz 1 entsprechend.**

1. Qualifikationstatbestand zu § 223 (hM; vgl. etwa Otto StrafR BT § 19 Rn. 1; Rengier StrafR BT II § 62 Rn. 1; Lilie in LK-StGB Rn. 1; Kuhlen in NK-StGB Rn. 4; Wolters in SK-StGB Rn. 2b; anders Wagner ZRP 1975, 273, der ein eigenständiges Amtsdelikt annimmt; krit. Hirsch ZStW 88 (1976), 752 (775)). Die Tat ist uneigentliches Amtsdelikt (→ Vor § 331 Rn. 2). Zu Besonderheiten von Ermittlungsverfahren gegen Polizeivollzugsbeamte Singelnstein MschrKrim 2003, 1. 1

2. Der Amtsträger (→ § 11 Rn. 3–11; sa § 48 I WStG) muss stets **als solcher auftreten** und außerdem entweder **während** seines Dienstes oder **in Beziehung** auf ihn handeln; auch Handlungen während des Dienstes müssen in innerem Zusammenhang mit ihm stehen (Amelung/Weidemann JuS 1984, 597; Lilie in LK-StGB Rn. 5). Bei Ärzten in öffentlichen Krankenanstalten, die als solche Amtsträger sind (→ § 11 Rn. 9), fehlt es für ihre Behandlungstätigkeit idR an diesem Zusammenhang (OLG Karlsruhe NJW 1983, 352 mit krit. Bespr. Wagner JZ 1987, 594 (596); KG NJW 2008, 2132, zu Busfahrer der Berliner Verkehrsbetriebe; Kuhlen in NK-StGB Rn. 8). **Begehen lassen** umfasst sowohl mittelbare Täterschaft (Otto StrafR BT § 19 Rn. 5; aM Wolters in SK-StGB Rn. 7), Anstiftung und Beihilfe (Küpper/Börner StrafR BT I Kap. I § 2 Rn. 33; Joecks/Jäger StGB Rn. 4; krit. Lilie in LK-StGB Rn. 10) wie auch Zulassen trotz dienstlicher Verhinderungspflicht (OGH NJW 1950, 196; NJW 1950, 435; diff. Wolters in SK-StGB Rn. 8; aM Otto StrafR BT § 19 Rn. 6). 2

3. Die Tat erfordert **Vorsatz** (bedingter genügt). Bei Fahrlässigkeit gilt nur § 229 entsprechend (Abs. 3). 3

4. Die **Einwilligung** des Verletzten (§ 228) hat wegen des Verweises auf § 228 in Abs. 3 auch hier rechtfertigende Wirkung (Rengier StrafR BT II § 62 Rn. 5; Wolters in SK-StGB Rn. 17; Joecks/Jäger StGB Rn. 5; Kuhlen in NK-StGB Rn. 5; Hecker in Schönke/Schröder Rn. 5; Fischer Rn. 7; aM Jäger JuS 2000, 31 4

(38); Duttge Jura 2006, 19; Lilie in LK-StGB Rn. 15; Küpper/Börner StrafR BT I Kap. I § 2 Rn. 37; aM zum früheren Recht BGHSt 12, 62 (70) = NJW 1958, 1356; BGH NJW 1983, 462; krit. schon bisher Amelung, Die Einwilligung in die Beeinträchtigung eines Grundrechtsgutes, 1981, S. 63, 70), und zwar nicht nur in den schon bisher anerkannten Fällen, dass ein Gesetz etwas anderes bestimmt (etwa in § 81a I StPO) oder dass (zB bei Behandlung durch den Amtsarzt) kein staatliches Interesse betroffen ist (dazu Amelung FS Dünnebier, 1982, 487; str.). An ihr Vorliegen sind aber strenge Voraussetzungen zu stellen; duldet der Verletzte einen Eingriff durch den Amtsträger, weil er sich für dazu – zB auf Grund polizeirechtlichen Verwaltungsakts – verpflichtet hält, muss eine (konkludente) Einwilligung ausscheiden (→ § 228 Rn. 3). Um dem Verletzten zu verdeutlichen, dass er ausnahmsweise nicht einer Duldungspflicht unterliegt, wird man idR eine Aufklärung über die Rechtslage – ähnlich den Grundsätzen zum ärztlichen Heileingriff (→ § 228 Rn. 14 ff.) – durch den Amtsträger verlangen können. Eine gleichwohl erteilte Einwilligung bedarf außerdem wohl sorgfältiger Prüfung der Sittenwidrigkeit (→ § 228 Rn. 10). Polizeiliche Zwangsmittel sind rechtmäßig nur auf Grund gesetzlicher Ermächtigung und nur iRd Verhältnismäßigkeitsgrundsatzes, der auch in den Landesgesetzen über Anwendung unmittelbaren Zwanges verankert ist (OLG Bremen NJW 1964, 735; BayObLG NStZ 1988, 518; OLG Karlsruhe NStZ-RR 1997, 37); darüber hinausgehende Nothilfe ist nicht grds. ausgeschlossen (→ § 32 Rn. 17; einschr. Ebel Kriminalistik 1995, 825 (826)). Zum Züchtigungsrecht des Lehrers → § 223 Rn. 11.

5 **5.** Der **Versuch** ist durch **Abs. 2** unter Strafe gestellt.

6 **6. Abs. 3** erklärt – schwer verständlich (Wolters JuS 1998, 582 (586)) – §§ 224–229 für entsprechend anwendbar, so dass es etwa eine fahrlässige Körperverletzung im Amt gibt (krit. Lilie in LK-StGB Rn. 23); bei ihr ist der Strafrahmen des § 229 anzuwenden (KG NJW 2000, 1352); zur Körperverletzung mit Todesfolge im Amt BGH NStZ 2010, 407; zur Verweisung auf §§ 226, 227 näher Hardtung Teilvorsatzdelikte S. 131; dies gilt auch für Fälle des Begehenlassens (BT-Drs. 13/8587, 83). Für Beteiligte gilt § 28 II (Lilie in LK-StGB Rn. 19; aM Fischer Rn. 6).

7 **7. Tateinheit** mit §§ 224–227 ist wegen Abs. 3 (→ Rn. 6) nicht mehr möglich (ebenso Rengier ZStW 111 (1999), 1 (27)); es ist wegen gefährlicher, schwerer oder fahrlässiger Körperverletzung im Amt schuldigzusprechen (Wolters JuS 1998, 582 (586)), die Amtsträgereigenschaft wirkt aber bei den §§ 224–229 nicht (mehr) strafrahmenerhöhend (Wolters JuS 1998, 582 (586)). Im Falle des Begehenlassens wird § 357 verdrängt (diff. Lilie in LK-StGB Rn. 25). – Geht es um eine Tat iSv § 223 verstößt bei Bejahung von § 340 die strafschärfende Berücksichtigung der Erschütterung des Vertrauens der Bürger in die Integretät des Rechtsstaats gegen § 46 III (OLG Bremen StV 2019, 457).

8 **8.** § 230 (Strafantrag) ist nicht anwendbar. Verlust der Amtsfähigkeit § 358.

§§ 341, 342 (weggefallen)

§343 Aussageerpressung

(1) **Wer als Amtsträger, der zur Mitwirkung an**
1. **einem Strafverfahren, einem Verfahren zur Anordnung einer behördlichen Verwahrung,**
2. **einem Bußgeldverfahren oder**
3. **einem Disziplinarverfahren oder einem ehrengerichtlichen oder berufsgerichtlichen Verfahren**

berufen ist, einen anderen körperlich mißhandelt, gegen ihn sonst Gewalt anwendet, ihm Gewalt androht oder ihn seelisch quält, um ihn zu nötigen, in dem Verfahren etwas auszusagen oder zu erklären oder dies zu unterlassen, wird mit Freiheitsstrafe von einem Jahr bis zu zehn Jahren bestraft.

(2) **In minder schweren Fällen ist die Strafe Freiheitsstrafe von sechs Monaten bis zu fünf Jahren.**

1. Die Vorschrift dient dem **Schutz der Rechtspflege,** aber auch der **freien** 1
Willensentschließung (Heinrich, Der Amtsträgerbegriff im Strafrecht, 2001, S. 290; Kinzig ZStW 115 (2003), 791 (795); Kindhäuser/Schramm StrafR BT I §79 Rn. 1; Maurach/Schroeder/Maiwald StrafR BT II §77 Rn. 1). Die Tat ist nach hM (vgl. etwa Wolters in SK-StGB Rn. 2; Kuhlen in NK-StGB Rn. 18) eigentliches Amtsdelikt; wegen des mitgeschützten Individualrechtsguts und der mitverwirklichten Nötigung ist jedoch ein uneigentliches Amtsdelikt anzunehmen (→ Vor §331 Rn. 2; Maiwald JuS 1977, 353 (358); Heinrich, Der Amtsträgerbegriff im Strafrecht, 2001, S. 181; Joecks/Jäger StGB Rn. 4, 5; Hecker in Schönke/Schröder Rn. 1; diff. Zieschang in LK-StGB Rn. 2; aM Fischer Rn. 12). Zum Bezug zur Menschenwürde Knaues ZStW 126 (2014), 305 (335).

2. Amtsträger → §11 Rn. 3–11; sa §48 I WStG. Zum **Strafverfahren** gehö- 2
ren auch das polizeiliche und staatsanwaltschaftliche Ermittlungsverfahren selbst dann, wenn es noch nicht förmlich eingeleitet ist (BGH bei Holtz MDR 1980, 630), das Verfahren zur Anordnung einer Maßnahme iSd §11 I Nr. 8 (zB §§413ff., §§440, 126a StPO) und das Jugendstrafverfahren (§§43ff. JGG), nicht aber Handlungen zur Gefahrenabwehr (zB Rettung eines Entführten), selbst wenn sie innerhalb eines strafrechtlichen Ermittlungsverfahrens stattfinden (ebenso Erb Jura 2005, 24; Rogall FS Rudolphi, 2004, 511 (538); Herzog/Roggan GA 2008, 142 (146); Wagenländer, Zur strafrechtlichen Beurteilung der Rettungsfolter, 2006, S. 105, 199; Kuhlen in NK-StGB Rn. 6; diff. Hecker in Schönke/Schröder Rn. 4; Kudlich in Satzger/Schluckebier/Widmaier StGB Rn. 4; aM Sinner in Matt/Renzikowski Rn. 5, 6; Kinzig ZStW 115 (2003), 791 (793); Saliger ZStW 116 (2004), 35 (62); Neuhaus GA 2004, 521 (523); Schild in Gehl, Folter, 2005, S. 59, 65; Ellbogen Jura 2005, 339; Möhlenbeck, Das absolute Folterverbot, 2008, S. 203; vgl. auch Kargl FS Puppe, 2011, 1164 (1167); kein besonderes Problem des objektiven Tatbestandes sieht hier Zieschang in LK-StGB Rn. 13; Zieschang GS Blumenwitz, 2008, 313 (323); einen Gesetzesvorschlag zur Erfassung der sog. „Rettungsfolter" machen Herzog/Roggan GA 2008, 142 (146); → Rn. 4). Der **Anordnung einer behördlichen Verwahrung** dienen namentlich die Verfahren zur Unterbringung Geistes- und Suchtkranker nach den Landesunterbringungsgesetzen und zur zwangsweisen Unterbringung nach §30 IfSG. **Bußgeldverfahren** §§35ff. OWiG. **Disziplinarverfahren** zB nach der BDO und der WDO. **Ehren- und berufsgerichtliche Verfahren** zB nach §§116ff. BRAO und §§89ff. StBerG. Nachforschungen ledig-

lich zur Behebung eines polizeiwidrigen Zustandes gehören nicht hierher (BGHSt 6, 144 = NJW 1954, 1496). **Täter** können namentlich Richter, Staatsanwälte, Ermittlungspersonen der StA (§ 152 GVG), Polizeibeamte, Verwaltungsbeamte und Disziplinarvorgesetzte sein, uU auch beamtete Ärzte, die das Vorliegen der Voraussetzungen landesrechtlicher Unterbringungsgesetze begutachten (str.; → § 344 Rn. 2). Es genügt deren allgemeine Zuständigkeit zur Vornahme der Untersuchungshandlung; auf die konkrete Zuständigkeit im Einzelfall kommt es nicht an (BT-Drs. 7/550, 278; Kindhäuser/Schramm StrafR BT I § 79 Rn. 9; sa OGH NJW 1950, 713).

3 **3.** Die **Tathandlungen:** Das **körperliche Misshandeln** (→ § 223 Rn. 4) kann uU auch ohne körperliche Berührung, zB durch lange Vernehmungen bei grellem Licht oder Unterbringung in Steh- oder Dunkelzellen geschehen (BT-Drs. 7/550, 278). Der Begriff der **Gewalt** entspricht dem des § 240 (→ § 240 Rn. 5–10; BT-Drs. 7/550, 278; speziell zur Hypnose uä Kuhlen in NK-StGB Rn. 8, 9). Drohung mit einer unzulässigen Festnahme kann als **Androhen** (→ § 240 Rn. 11) **von Gewalt** genügen. – **Seelisches Quälen** ist das Zufügen länger dauernder oder sich ständig wiederholender seelischer Leiden, die über die unvermeidbare psychische Belastung durch das Verfahren hinausgehen (krit. Maiwald JuS 1977, 353 (358)) und die seelischen Widerstandskräfte des Betroffenen zermürben (BT-Drs. 7/550, 278; Wolters in SK-StGB Rn. 14); dafür genügt das kurzfristige Verbringen in eine unverschlossene Gewahrsamszelle am Amtsgericht nicht (BGH NJW 2019, 789 mAnm Leitmeier; Berghäuser NStZ 2019, 281; Bespr. Jahn JuS 2019, 271). **Nicht alle** unzulässigen Vernehmungsmethoden **nach § 136 a StPO** werden erfasst, namentlich nicht Täuschungen und rechtswidrige Versprechungen (ebenso Wolters in SK-StGB Rn. 10; Hecker in Schönke/Schröder Rn. 13).

4 **4.** Der **innere Tatbestand** erfordert neben dem Vorsatz die Absicht **(„um zu")** im Sinne zielgerichteten Wollens (→ § 15 Rn. 20), das Opfer zu einer verfahrensrelevanten Aussage oder Erklärung, gleich welchen Inhalts, oder zu deren Unterlassung zu nötigen (→ § 240 Rn. 4); ob der Täter daneben noch andere Zwecke verfolgt und ob der Nötigungserfolg eintritt, ist unerheblich (ebenso Kindhäuser/Schramm StrafR BT I § 79 Rn. 15). Erfolgt die Erpressung ausschließlich zum Zwecke der Gefahrenabwehr (Lebensrettung eines Entführten, → Rn. 2), so fehlt die Absicht (LG Frankfurt a. M. NJW 2005, 692 (695) mit insoweit zust. Bespr. Ellbogen Jura 2005, 339 (340); Jerouschek JuS 2005, 296 (297); Norouzi JA 2005, 306 (307); Ebel Kriminalistik 1995, 825; Jerouschek/Kölbel JZ 2003, 613 (619); Erb Jura 2005, 24; Rogall FS Rudolphi, 2004, 511 (538); Kudlich in Satzger/Schluckebier/Widmaier StGB Rn. 14; Zieschang in LK-StGB Rn. 26; Zieschang GS Blumenwitz, 2008, 313 (329); aM Kinzig ZStW 115 (2003), 791 (796); Bung KritV 2005, 67 (75)).

5 **5.** Die Einwilligung des Opfers hat wegen des (auch) überindividuellen Rechtsguts keine rechtfertigende Wirkung (Joecks/Jäger StGB Rn. 6; Kuhlen in NK-StGB Rn. 16; aM Kudlich in Satzger/Schluckebier/Widmaier StGB Rn. 17).

6 **6.** Zu **Abs. 2** (minder schwere Fälle) → § 46 Rn. 7–10 a; → § 12 Rn. 4.

7 **7. Tateinheit** ua möglich mit § 339. § 240 wird verdrängt (aM für die vollendete Nötigung Wolters in SK-StGB Rn. 24; aus Klarstellungsgründen auch Kudlich in Satzger/Schluckebier/Widmaier StGB Rn. 19).

8 **8.** Verlust der Amtsfähigkeit § 358.

§344 Verfolgung Unschuldiger

(1) [1]**Wer als Amtsträger, der zur Mitwirkung an einem Strafverfahren, abgesehen von dem Verfahren zur Anordnung einer nicht freiheitsentziehenden Maßnahme (§ 11 Abs. 1 Nr. 8), berufen ist, absichtlich oder wissentlich einen Unschuldigen oder jemanden, der sonst nach dem Gesetz nicht strafrechtlich verfolgt werden darf, strafrechtlich verfolgt oder auf eine solche Verfolgung hinwirkt, wird mit Freiheitsstrafe von einem Jahr bis zu zehn Jahren, in minder schweren Fällen mit Freiheitsstrafe von drei Monaten bis zu fünf Jahren bestraft.** [2]**Satz 1 gilt sinngemäß für einen Amtsträger, der zur Mitwirkung an einem Verfahren zur Anordnung einer behördlichen Verwahrung berufen ist.**

(2) [1]**Wer als Amtsträger, der zur Mitwirkung an einem Verfahren zur Anordnung einer nicht freiheitsentziehenden Maßnahme (§ 11 Abs. 1 Nr. 8) berufen ist, absichtlich oder wissentlich jemanden, der nach dem Gesetz nicht strafrechtlich verfolgt werden darf, strafrechtlich verfolgt oder auf eine solche Verfolgung hinwirkt, wird mit Freiheitsstrafe von drei Monaten bis zu fünf Jahren bestraft.** [2]**Satz 1 gilt sinngemäß für einen Amtsträger, der zur Mitwirkung an**
1. **einem Bußgeldverfahren oder**
2. **einem Disziplinarverfahren oder einem ehrengerichtlichen oder berufsgerichtlichen Verfahren**

berufen ist. [3]**Der Versuch ist strafbar.**

1. Die Vorschrift dient vornehmlich dem **Schutz der Rechtspflege** (hM; vgl. etwa Kuhlen in NK-StGB Rn. 4; anders Maurach/Schroeder/Maiwald StrafR BT II § 77 Rn. 1, die auch das Individualgrundrecht aus Art. 2 I GG als mitgeschützt ansehen; ebenso Zieschang in LK-StGB Rn. 1). Die Tat ist eigentliches Amtsdelikt (→ Vor § 331 Rn. 2; ebenso Kindhäuser/Hilgendorf in LPK-StGB Rn. 2). 1

2. Zum **Täterkreis** der Abs. 1 und 2 und zu den einschlägigen Verfahren → § 343 Rn. 2 (zum militärischen Disziplinarverfahren beachte § 39 WStG); auch beamtete Ärzte können an einem (landesrechtlichen) Unterbringungsverfahren zur Mitwirkung berufen sein; ihre Zuziehung als Sachverständige wird ebenfalls erfasst (BT-Drs. 7/550, 280; aM Maiwald JuS 1977, 353 (358); Geerds FS Spendel, 1992, 503 (507); Zieschang in LK-StGB Rn. 4; Fischer Rn. 2), allerdings nur, wenn sie gesetzlich vorgeschrieben ist (Hecker in Schönke/Schröder Rn. 7; zw.). **Nicht freiheitsentziehende Maßnahmen** iSd Abs. 1 und 2 sind nicht nur Einziehung und Unbrauchbarmachung (§§ 73ff.), sondern auch die Maßregeln der Besserung und Sicherung nach §§ 68–70b; bei dem ganz unterschiedlichen Gewicht der nach Abs. 2 einbezogenen Maßnahmen ist die Abstufung der Strafdrohungen in den Abs. 1 und 2 und die Erfassung auch geringfügiger Taten nicht durchgängig einleuchtend (krit. Geerds FS Spendel, 1992, 503 (504)). 2

3. Unschuldig ist, wer die dem Verfahren zugrundegelegte Tat nicht begangen hat oder wer nicht strafbar ist, weil ein Rechtfertigungs-, Entschuldigungs- oder Strafausschließungsgrund vorliegt oder weil die Tat nach §§ 3–7 dem deutschen Strafrecht nicht unterliegt; in Frage kommen auch Fälle minderen Unrechts (zB Raub statt Diebstahl). **„Strafrechtlich nicht verfolgt werden darf“** setzt das 3

Vorliegen eines Hindernisses voraus, das der Strafverfolgung schlechthin entgegensteht (zB Verjährung, Fehlen des Strafantrags, Exterritorialität, Immunität, Rechtskraft usw); dass bei genereller Zulässigkeit einer Strafverfolgung (Wolters in SK-StGB Rn. 12) lediglich einzelne Verfolgungsmaßnahmen wegen Fehlens ihrer Prognosevoraussetzungen (zB „dringend verdächtig", § 112 I StPO; „genügender Anlass" zur Klageerhebung, § 170 I StPO; „hinreichender" Tatverdacht, § 203 StPO) unzulässig sind, genügt nicht, weil dadurch der Schutzbereich des Verbrechenstatbestandes unangemessen erweitert würde (ebenso Jescheck in LK-StGB, 11. Aufl. 1992, Rn. 9; aM Langer JR 1989, 95 (98); Maurach/Schroeder/Maiwald StrafR BT II § 77 Rn. 32). Da Unschuld, wie sich aus dem Wort „sonst" ergibt, nur einen Unterfall des Verbots strafrechtlicher Verfolgung bildet, ist stets der **prozessuale Aspekt** ausschlaggebend. Aus welchen Gründen nicht verfolgt werden darf, ist unerheblich (Geerds FS Spendel, 1992, 503 (510); Joecks/Jäger StGB Rn. 6; aM Kuhlen in NK-StGB Rn. 9–13).

4 **4.** Die **Tathandlungen nach Abs. 1 S. 1, Abs. 2: Strafrechtliche Verfolgung** ist jedes dienstliche Tätigwerden im Rahmen eines Strafverfahrens (dazu Schroeder GA 1985, 485), dessen Beginn schon mit der ersten Aufnahme polizeilicher Ermittlungen zusammenfällt. Es muss gegen eine bestimmte Person gerichtet sein (Wolters in SK-StGB Rn. 6) und deren Bestrafung oder Maßregelung bezwecken, im Falle des selbständigen Verfahrens zur Anordnung von Einziehung oder Unbrauchbarmachung (§ 76a) genügt auch die Richtung gegen ein bestimmtes Objekt (BT-Drs. 7/550, 280; Zieschang in LK-StGB Rn. 9). – Mit dem Begriff des **Hinwirkens auf eine solche Verfolgung** sollen auch Amtsträger sicher erfasst werden, die als Hilfsorgane handeln und nicht selbst Träger der Verfolgung sind (BT-Drs. 7/550, 280; sa OLG Oldenburg MDR 1990, 1135; Geerds FS Spendel, 1992, 503 (509)); ein Hinwirken liegt auch vor, wenn ein konkret unzuständiger Amtsträger (→ § 343 Rn. 2) den nach der Geschäftsverteilung zuständigen zu Verfolgungsmaßnahmen veranlasst (aM Maurach/Schroeder/Maiwald StrafR BT II § 77 Rn. 30; Kuhlen in NK-StGB Rn. 7). Im Falle des **Abs. 2 S. 2** tritt an die Stelle der Verfolgung wegen einer Straftat oder rechtswidrigen Tat die wegen einer Ordnungswidrigkeit usw; hier kann die bloße Zusendung eines Anhörungsbogens genügen (LG Hechingen NJW 1986, 1823; krit. Geilen FS Hirsch, 1999, 507).

5 **5.** Die **Tathandlung nach Abs. 1 S. 2** setzt voraus, dass der Täter zur Herbeiführung einer behördlichen Verwahrung dienstlich tätig wird oder auf eine solche hinwirkt, obwohl die gesetzlichen Voraussetzungen dazu nicht erfüllt sind, zB Abgabe eines unwahren amtsärztlichen Zeugnisses über den Geisteszustand zur Vorbereitung einer Unterbringung nach den einschlägigen Landesgesetzen.

6 **6.** Als **Vorsatz** genügt nur Absicht oder Wissentlichkeit (→ § 15 Rn. 20–22; verfehlt nach Erb FS Küper, 2007, 29 (40)). Daher muss es dem Täter entweder – sei es auch nur neben anderen Zwecken oder als Mittel zur Erreichung weiterer Zwecke (Mohrbotter JZ 1969, 191) – darauf ankommen, dass die Verfolgung jemanden trifft, der nicht verfolgt werden darf (Herzberg JR 1986, 6; weiter OLG München NStZ 1985, 549); oder er muss das der Verfolgung entgegenstehende Hindernis sicher kennen (OLG Düsseldorf NJW 1987, 2453 mit Bespr. Langer JR 1989, 95), was sich auch in der Überzeugung von seinem Vorliegen ausdrücken kann. Im Falle der Absicht bedarf es dieses sicheren Wissens nicht; hier reicht bloße Möglichkeitsvorstellung aus (Zieschang in LK-StGB Rn. 15; Hecker in Schönke/Schröder Rn. 19; aM Schroeder FS Rudolphi, 2004, 292; Kuhlen in NK-StGB

Rn. 18). Für die übrigen Tatbestandselemente (zB Berufung zur Mitwirkung an einem Verfahren) genügt bedingter Vorsatz (Geerds FS Spendel, 1992, 503 (513)).

7. Ist nach den **einschlägigen Verfahrensvorschriften** eine Untersuchung trotz Kenntnis der Unschuld einer Person zu führen oder weiterzuführen, zB nach Eröffnung des Hauptverfahrens, so sind Untersuchungshandlungen schon nicht tatbestandsmäßig, weil die prozessuale Zulässigkeit den Ausschlag gibt (→ Rn. 3; ebenso Wagner JZ 1987, 658 (663); Geerds FS Spendel, 1992, 503 (510); Erb FS Küper, 2007, 29 (40); Kuhlen in NK-StGB Rn. 14). Der Annahme eines Rechtfertigungsgrundes in Grenzfällen oder einer Begründung mit erlaubtem Risiko (so Herzberg JR 1986, 6) oder mit Sozialadäquanz (so OLG München NStZ 1985, 549; krit. Langer JR 1989, 95) bedarf es nicht. Zu umstrittenen Besonderheiten bei **nachrichtendienstlichem Handeln** von Behörden beachte die Nachw. unter → Vor § 32 Rn. 17. 7

8. Minder schwere Fälle (Abs. 1 S. 1) → § 46 Rn. 7–10 a; → § 12 Rn. 4. 8

9. Abs. 1 **geht vor,** wenn die Herbeiführung einer Maßnahme nach Abs. 2 im subjektiven Verfahren betrieben wird und die Tathandlung zugleich auch unbegründete Bestrafung bezweckt. – Mit § 339 ist **Tateinheit** möglich, weil die konkurrierenden Schutzzwecke sich nicht voll decken (Geppert Jura 1981, 78 (83); Kuhlen in NK-StGB Rn. 25 „Klarstellungsfunktion"; aM Geerds FS Spendel, 1992, 503 (516); Zieschang in LK-StGB Rn. 18; Hilgendorf in LK-StGB § 339 Rn. 138; Hecker in Schönke/Schröder Rn. 23: Gesetzeskonkurrenz; allg. zum Verhältnis von § 344 und § 339 Geilen FS Hirsch, 1999, 507 (511)), während § 164 wegen seines mit § 344 übereinstimmenden Schutzzwecks verdrängt wird (OLG Oldenburg MDR 1990, 1135). 9

10. Verlust der Amtsfähigkeit § 358. 10

§ 345 Vollstreckung gegen Unschuldige

(1) **Wer als Amtsträger, der zur Mitwirkung bei der Vollstreckung einer Freiheitsstrafe, einer freiheitsentziehenden Maßregel der Besserung und Sicherung oder einer behördlichen Verwahrung berufen ist, eine solche Strafe, Maßregel oder Verwahrung vollstreckt, obwohl sie nach dem Gesetz nicht vollstreckt werden darf, wird mit Freiheitsstrafe von einem Jahr bis zu zehn Jahren, in minder schweren Fällen mit Freiheitsstrafe von drei Monaten bis zu fünf Jahren bestraft.**

(2) **Handelt der Täter leichtfertig, so ist die Strafe Freiheitsstrafe bis zu einem Jahr oder Geldstrafe.**

(3) [1]**Wer, abgesehen von den Fällen des Absatzes 1, als Amtsträger, der zur Mitwirkung bei der Vollstreckung einer Strafe oder einer Maßnahme (§ 11 Abs. 1 Nr. 8) berufen ist, eine Strafe oder Maßnahme vollstreckt, obwohl sie nach dem Gesetz nicht vollstreckt werden darf, wird mit Freiheitsstrafe von drei Monaten bis zu fünf Jahren bestraft.** [2]**Ebenso wird bestraft, wer als Amtsträger, der zur Mitwirkung bei der Vollstreckung**
1. **eines Jugendarrestes,**
2. **einer Geldbuße oder Nebenfolge nach dem Ordnungswidrigkeitenrecht,**
3. **eines Ordnungsgeldes oder einer Ordnungshaft oder**

4. einer Disziplinarmaßnahme oder einer ehrengerichtlichen oder berufsgerichtlichen Maßnahme

berufen ist, eine solche Rechtsfolge vollstreckt, obwohl sie nach dem Gesetz nicht vollstreckt werden darf. [3]Der Versuch ist strafbar.

1 **1.** Die Vorschrift schützt die **Rechtspflege** und daneben auch die persönliche Freiheit (Seebode StV 1988, 119 (123); Zieschang in LK-StGB Rn. 1; ähnlich Kuhlen in NK-StGB Rn. 4; Maurach/Schroeder/Maiwald StrafR BT II § 77 Rn. 1, auch das Vermögen); teils wird auch nur die Rechtspflege (zB Joecks/Jäger StGB Rn. 1) oder nur die persönliche Freiheit (zB BGHSt 20, 64 (67) = BeckRS 1964, 30373056; Franzheim GA 1977, 69) als geschützt angesehen. Die Tat ist eigentliches Amtsdelikt (→ Vor § 331 Rn. 2).

2 **2.** Zum **Täterkreis** der Absätze 1–3 und zu den einschlägigen Verfahren → § 343 Rn. 2; → § 344 Rn. 2 (zur Vollstreckung im militärischen Bereich beachte § 48 WStG). **Freiheitsstrafe** ist auch die Ersatzfreiheitsstrafe, die Jugendstrafe und der Strafarrest (→ § 38 Rn. 1) sowie die sog. Zwischenhaft (→ Rn. 3; Fischer Rn. 5); behördliche Verwahrung auch die UHaft (Sinner in Matt/Renzikowski Rn. 4; Franzheim GA 1977, 69; Maurach/Schroeder/Maiwald StrafR BT II § 77 Rn. 34; aM Kuhlen in NK-StGB Rn. 9; Zieschang in LK-StGB Rn. 9). **Ordnungsgeld** und Ordnungshaft sind namentlich in den Prozessordnungen (zB §§ 51 I, 70 I StPO, §§ 380, 390 I, 409 I ZPO) angedroht.

3 **3. Vollstrecken** ist jedes dienstliche Tätigwerden oder pflichtwidrige Unterlassen (Zieschang in LK-StGB Rn. 5; Kuhlen in NK-StGB Rn. 7), das den Erfolg der vollständigen oder teilweisen Vollziehung einer Rechtsfolge herbeiführt. Ob diese nicht (auch nicht mehr) vollstreckt werden darf, bestimmt sich nach den formellen Vollstreckungsvoraussetzungen des jeweils anwendbaren Prozessrechts (OLG Hamm NStZ 1983, 459 mAnm Müller-Dietz). Auch die nach Rechtskraft eines Urteils, aber vor Einleitung von Vollstreckungsmaßnahmen vollzogene Haft (vgl. zur sog. Zwischenhaft etwa BGHSt 38, 63 = NJW 1992, 518) erfüllt diese Voraussetzungen (hM; anders Seebode StV 1988, 119; Linke JR 2001, 358), nicht dagegen die unter Verletzung der Spezialitätsbindung im Auslieferungsverkehr durchgeführte Vollstreckung (Hermes NStZ 1988, 396). Auf die materielle Richtigkeit der zugrundeliegenden Entscheidung kommt es – vom Fall der Nichtigkeit abgesehen (Maiwald JuS 1977, 353 (359)) – nicht an (Wolters in SK-StGB Rn. 5; Joecks/Jäger StGB Rn. 2; Kuhlen in NK-StGB Rn. 8; Kudlich in Satzger/Schluckebier/Widmaier StGB Rn. 7).

4 **4.** Abs. 1 und 3 erfordern **Vorsatz** (bedingter genügt). Zur **Leichtfertigkeit** (Abs. 2) → § 15 Rn. 55 (krit. Reiß Rpfleger 1976, 201; sa OLG Köln MDR 1977, 66 mAnm Reiß Rpfleger 1976, 406).

5 **5.** Zu den **minder schweren Fällen** (Abs. 1 S. 1) → § 46 Rn. 7–10a; → § 12 Rn. 4.

6 **6. Tateinheit** ua möglich mit § 339 (Kudlich in Satzger/Schluckebier/Widmaier StGB Rn. 12). Gegenüber § 239 geht die Vorschrift vor (Gesetzeseinheit, → Vor § 52 Rn. 24; diff. Wolters in SK-StGB Rn. 15; Kuhlen in NK-StGB Rn. 17).

7 **7.** Verlust der Amtsfähigkeit § 358.

§§ 346, 347 (weggefallen)

§ 348 Falschbeurkundung im Amt

(1) **Ein Amtsträger, der, zur Aufnahme öffentlicher Urkunden befugt, innerhalb seiner Zuständigkeit eine rechtlich erhebliche Tatsache falsch beurkundet oder in öffentliche Register, Bücher oder Dateien falsch einträgt oder eingibt, wird mit Freiheitsstrafe bis zu fünf Jahren oder mit Geldstrafe bestraft.**

(2) **Der Versuch ist strafbar.**

1. Die Vorschrift **bezweckt den Schutz des allgemeinen Vertrauens** in die Wahrheitspflicht der mit der Aufnahme öffentlicher Urkunden betrauten Amtspersonen (BGHSt 37, 207 = NJW 1991, 576; Freund Urkundenstraftaten Rn. 300; Joecks/Jäger StGB Rn. 1; ähnlich Dannecker LdRerg 8/1770, S. 17; nach Zieschang in LK-StGB Rn. 1 auch Belange des Einzelnen). Die Tat ist eigentliches Amtsdelikt (→ Vor § 331 Rn. 2); für den Nichtamtsträger gilt § 271 (Zieschang in LK-StGB Rn. 35; Puppe in NK-StGB Rn. 1). 1

2. Täter kann nur ein Amtsträger (→ § 11 Rn. 3–11; sa § 48 I, II WStG) sein, der nach Bundes- oder Landesrecht zur Aufnahme öffentlicher Urkunden befugt, dh berechtigt ist, durch schriftliche (oder elektronische) Festlegung einer vor ihm abgegebenen Erklärung, einer von ihm gemachten Wahrnehmung oder einer durch ihn oder vor ihm geschehenen Tatsache ein Beweismittel für und gegen jedermann zu schaffen (RGSt 61, 36; Hoyer in SK-StGB Rn. 3, 4; weiter Hecker in Schönke/Schröder Rn. 3); entgegen § 271 (→ § 271 Rn. 5) steht hier der Wortlaut einer unionsrechtskonformen Auslegung entgegen (Satzger Europäisierung des StrafR S. 582; Freund in MüKoStGB Rn. 4). 2

3. Zu den **Voraussetzungen** der Falschbeurkundung: 3

a) Der Amtsträger muss **sachlich und örtlich zuständig** sein (BGHSt 12, 85 = NJW 1958, 2025; Fischer Rn. 2); die Vornahme einer Beurkundung durch einen Notar außerhalb seines Amtsbezirks und damit unter Verstoß gegen § 11 II BNotO ändert nichts an seiner Zuständigkeit (BGHSt 44, 186 = NJW 1998, 3790; Puppe in NK-StGB Rn. 3).

b) Die **Beurkundung** in einer öffentlichen Urkunde oder die **Eintragung oder Eingabe** in öffentliche Register, Bücher oder Dateien muss eine **rechtlich erhebliche Tatsache** mit **Beweiskraft für und gegen jedermann** festlegen (→ § 271 Rn. 2–4; krit. zur Formel Freund in MüKoStGB Rn. 13). 4

aa) Neben Notaren, Standesbeamten und Richtern kommen auch andere Kategorien von Amtsträgern für Beurkundungen usw in Frage. So beurkundet zB: der Urkundsbeamte die Zeugengebührenberechnung; der Gerichtsvollzieher gem. § 762 ZPO die Pfändung oder Verhaftung (OLG Hamm NJW 1959, 1333), aber nicht die freiwillige Zahlung (OLG Frankfurt a. M. NJW 1963, 773); der Polizeibeamte die nach § 158 I StPO vor ihm erstattete mündliche Anzeige, aber nicht die Zeugenaussage (OLG Stuttgart NJW 1956, 1082); der Wahlvorstand die Richtigkeit des Wahlergebnisses (RGSt 56, 387); und der Postbankbeamte die Ein- und Auszahlungen sowie deren Datum im Postsparbuch (BayObLG NJW 1993, 2947 (2948)). 5

6 bb) Die **rechtlich erhebliche Tatsache** muss aus der Beurkundung als ausdrücklicher und wenigstens konkludent erklärter Inhalt hervorgehen; sie darf sich nicht erst aus gedanklichen Schlussfolgerungen ergeben (OLG Hamm DRZ 1949, 116; BayObLG NStZ-RR 1999, 79). Rechtliche Verfügungen und rechtliche Wertungen sowie alle Werturteile, namentlich Leumundszeugnisse, sind als solche keine Tatsachen (OLG Köln JR 1979, 255 mkritAnm Puppe). Daher betrifft auch die vom Notar beurkundete Geschäftsfähigkeit des Erklärenden keine Tatsache (BGH GA 1964, 309; Zieschang in LK-StGB Rn. 10).

7 cc) Der **öffentliche Glaube reicht ebenso weit** wie bei § 271 I (→ § 271 Rn. 3; sa BayObLG NJW 1990, 655; weiter Bock ZIS 2011, 330). Tatsachen, die nur für den inneren Dienst vermerkt werden, scheiden danach aus (BGHSt 7, 94 = NJW 1955, 509; OLG Hamm MDR 1974, 857; problematisch OLG Celle NStZ 1987, 282 mit krit. Bespr. Puppe JZ 1991, 610). Im Übrigen ist ebenso wie bei § 271 I (→ § 271 Rn. 3) eine nicht immer widerspruchsfreie **Kasuistik** entstanden: Beurkundet ein Notar bei Unterzeichnung des Protokolls über ein Rechtsgeschäft auch sein „Zugegensein" bei Verlesung der Niederschrift, so nimmt dieses als rechtlich erhebliche Tatsache an der besonderen Beweiswirkung teil (BGHSt 26, 47 = NJW 1975, 940); das gilt auch für das „Verlesen" einer Niederschrift (§ 13 I 1 BeurkG; OLG Zweibrücken NStZ 2000, 201; dazu Böse NStZ 2005, 370 (376); Zieschang in LK-StGB Rn. 19) und für sonstige Erklärungen iSd § 9 I BeurkG (BGH DNotZ 2016, 628), nicht aber für die inhaltliche Richtigkeit des Abschlussvermerks nach § 13 I 2 BeurkG (BGH NStZ-RR 2000, 235; OLG Zweibrücken NJW 2004, 2912, auch dazu Böse NStZ 2005, 370 (376)). Entsprechendes gilt, wenn er eine „vor" ihm vollzogene Unterschrift beglaubigt (OLG Frankfurt a. M. NStZ 1986, 121 mAnm Pikart; zw.); zwar ist die Anwesenheit des Notars keine Wirksamkeitsvoraussetzung der Beglaubigung, immerhin aber eine wichtige, durch die Soll-Vorschrift des § 40 III 2 BeurkG auferlegte Pflicht (gegen eine Zugrundelegung auch der Soll-Vorschriften des BeurkG aber OLG Hamburg BeckRS 2010, 14203; auf der Grundlage älterer Beurkundungsvorschriften ebenfalls anders BGHSt 22, 32 = NJW 1968, 607); die zutreffende Mitteilung des Beurkundungsortes ist nicht vom Schutz öffentlicher Urkunden erfasst (BGHSt 44, 186 = NJW 1998, 3790; Puppe in NK-StGB Rn. 11), auch nicht die des Zeitpunkts der Unterschrift (OLG Karlsruhe NJW 1999, 1044). Nicht erfasst sind Angaben über die vermeintliche Sprachkunde in einer Vollmacht für den Erwerb einer Wohnung (BGHSt 47, 39 = NJW 2001, 3135 mit krit. Bespr. Puppe JR 2001, 519; Otto JK StGB § 348 Rn. 7). Ferner soll der Fleischbeschauer mit dem Tauglichkeitsstempel nicht nur dessen Erteilung beurkunden, sondern auch die Tatsache, dass er das Fleisch am vorgeschriebenen Ort untersucht hat (OLG Karlsruhe Justiz 1967, 152; aM Puppe JR 1979, 256; zw.). Dagegen soll sich beim Räumungsprotokoll des Gerichtsvollziehers der öffentliche Glaube nur auf Ort, Zeit und Gegenstand der Vollstreckungshandlung, nicht auch auf die ununterbrochene Anwesenheit des Gerichtsvollziehers beziehen (BayObLG NJW 1992, 1841), ebenso bei der Ausfuhrbescheinigung eines Zollgrenzbeamten nur auf ihre Richtigkeit, nicht auch auf die Erklärung des Beamten, die Bescheinigung sei auf Grund eigener Wahrnehmung erteilt worden (BayObLG NJW 1990, 655); zur Erteilung der TÜV-Plakette (trotz schwerer Mängel) → § 271 Rn. 3 (auch unter Berücksichtigung von § 29 StVZO idF v. 10.5.2012 erfüllt ein unrichtiger TÜV-Untersuchungsbericht § 348 nicht, OLG Hamburg StraFo NStZ 2014, 279). Die Prüfplakette beurkundet mit besonderer Beweiskraft neben dem Termin der nächsten Hauptuntersuchung auch die Vorschriftsmäßigkeit des Kfz zum Zeitpunkt der Durchführung der letzten Hauptuntersuchung (BGHSt

63, 182 = NJW 2019, 88 mzustAnm Hoven; Gutfleisch NZV 2019, 95; krit. Bach StraFo 2019, 102; Goebel NZV 2019, 622; Bespr. Weidemann NStZ 2019, 88; Hecker JuS 2019, 499; Kudlich JA 2019, 230; BGH NStZ-RR 2019, 110). Die Zulassungsbescheinigung Teil II ist hinsichtlich der Angaben zur Person keine öffentliche Urkunde (BGHSt 60, 66 = NJW 2015, 802), wohl aber die Bescheinigung über die zweite Leichenschau durch einen Amtsarzt (OLG Karlsruhe medstra 2017, 233 insoweit mzustAnm Zieschang).

c) Falsch beurkundet, eingetragen oder eingegeben ist eine Tatsache, wenn das 8
mit öffentlichem Glauben Beurkundete usw nicht mit der Wirklichkeit übereinstimmt (BayObLG NJW 1990, 655; NJW 1993, 2947 (2948); Hoyer in SK-StGB Rn. 7; krit. Freund Urkundenstraftaten Rn. 316), der darauf abstellt, ob das Beurkundete von der dem Beamten verfügbaren Entscheidungsgrundlage abgedeckt ist). Das trifft zB auch zu bei Beglaubigung unrichtiger Abschriften (RGSt 64, 328) und Ausfertigung nicht vorhandener Urkunden (RGSt 71, 224). Bei der Beurkundung von Erklärungen kommt es nicht auf deren Wahrheit, sondern darauf an, ob sie so wie beurkundet abgegeben worden sind (BGH NStZ 1986, 550 mAnm Schumann JZ 1987, 522; BGH NStZ-RR 2000, 235; krit. Puppe JZ 1991, 611). Bei der Beurkundung von Verwaltungsakten (zB der Fahrerlaubnis im Führerscheinkommt in Frage, dass der Amtsträger deshalb nicht falsch beurkundet, weil er zugleich den Verwaltungsakt in eigener Zuständigkeit wirksam – sei es auch materiell zu Unrecht – vorgenommen hat (BGHSt 37, 207 = NJW 1991, 576; Zieschang in LK-StGB Rn. 23, 24; sa OLG Frankfurt a. M. NStZ 1996, 234, wirksame, wenn auch pflichtwidrig erteilte Ausfuhrgenehmigung). Die von einem „privaten Dienstleister" vorgenommene gesetzeswidrige Verkehrsmessung und das von ihm erstellte Messprotokoll, das vorher von dem zuständigen Ordnungspolizeibeamten blanko unterschrieben worden war, damit verschleiert wird, dass die Verkehrsmessung nicht – wie gesetzlich vorgesehen – von der Polizei durchgeführt worden ist, begründet für den Unterzeichner ebenfalls eine Falschbeurkundung (OLG Frankfurt a. M. NStZ-RR 2020, 44).

d) Zur **Vollendung** gehört, dass der Täter die Urkunde bewusst dem Rechts- 9
verkehr zugänglich macht oder dies wenigstens gestattet (BGH NJW 1952, 1064; OLG Zweibrücken NStZ 2000, 201; weiter Hecker in Schönke/Schröder Rn. 14, Bewirken der Beurkundung; enger Otto StrafR BT § 71 Rn. 9; Joecks/Jäger StGB Rn. 3).

4. Der **Vorsatz** (bedingter genügt) muss namentlich den Widerspruch zur 10
Wirklichkeit umfassen (BayObLG NJW 1990, 655; Freund in MüKoStGB Rn. 39; beachte auch OLG Zweibrücken NStZ 2000, 201, Irrtum über den Begriff der Niederschrift).

5. Die Vorschrift **verdrängt** § 271 (RGSt 60, 152 (154); Freund in MüKoStGB 11
Rn. 49), nicht jedoch § 267 (hM; vgl. etwa Zieschang in LK-StGB Rn. 36; einschr. Puppe in NK-StGB Rn. 42; aM Hecker in Schönke/Schröder Rn. 17, tatbestandliche Exklusivität).

6. Verlust der Amtsfähigkeit § 358. 12

§§ 349–351 (weggefallen)

§ 352 Gebührenüberhebung

(1) **Ein Amtsträger, Anwalt oder sonstiger Rechtsbeistand, welcher Gebühren oder andere Vergütungen für amtliche Verrichtungen zu seinem Vorteil zu erheben hat, wird, wenn er Gebühren oder Vergütungen erhebt, von denen er weiß, daß der Zahlende sie überhaupt nicht oder nur in geringerem Betrag schuldet, mit Freiheitsstrafe bis zu einem Jahr oder mit Geldstrafe bestraft.**

(2) **Der Versuch ist strafbar.**

1 **1.** Die Vorschrift normiert einen privilegierenden Sondertatbestand des Betruges (BGHSt 2, 35 = NJW 1952, 355; krit. Keller JR 1989, 77), schützt daher das **Vermögen** (Wagner, Amtsverbrechen, 1975, S. 213; Hoyer in SK-StGB Rn. 1). Die Tat ist eigentliches Amtsdelikt bzw. echtes Sonderdelikt (→ Vor § 331 Rn. 2). Für die Streichung der „veralteten" Vorschrift mit geringer praktischer Bedeutung Kuhlen in NK-StGB Rn. 1, 2.

2 **2. Täter** können nur die genannten Amts- und Berufsträger sein, soweit sie kraft Gesetzes Gebühren oder Vergütungen zum eigenen Vorteil (zur Erhebung für öffentliche Kassen § 353) erheben dürfen (BGH NJW 2009, 2900). Als **Amtsträger** (→ § 11 Rn. 3–11) kommen zB Notare, Gerichtsvollzieher und beamtete Tierärzte in Frage (ebenso und mit weiteren Beispielen Vormbaum in LK-StGB Rn. 3). **Anwalt** ist auch der Patentanwalt (ebenso Satzger in Satzger/Schluckebier/Widmaier StGB Rn. 5); europäische Rechtsanwälte stehen den Rechtsanwälten und Anwälten gleich (§ 42 I EuRAG). Bei den **sonstigen Rechtsbeiständen** kommt es nicht auf deren amtliche Eigenschaft an, so dass auch Rechtsbeistände, die nach dem (durch das RechtsdienstleistungsG v. 12.12.2007, BGBl. I 2840 abgelösten) RBerG zugelassen waren (in beschränktem Umfang, § 1 I RDG-EinfG, dazu Offermann-Burckart in Krenzler, Rechtsdienstleistungsgesetz, 2010, S. 14, zu § 1 RDGEG), erfasst werden (BayObLG NJW 1964, 2433; aM OLG Frankfurt a. M. NJW 1964, 2318; speziell zu Steuerberatern Goez wistra 2009, 223 (224)). Eine Zurechnung besonderer persönlicher Merkmale nach § 14 ist nur möglich, wenn der organschaftlich vertretene Rechtsträger selbst dem privilegierten Personenkreis angehört, zB bei einer Rechtsanwalts-GmbH nach §§ 59c ff. BRAO (BGH NJW 2009, 2900). Zur Anwendung des § 28 Langer, Sonderstraftat, 2007, S. 383; für § 28 I-Anwendung Fischer Rn. 10.

3 **3. a) Vergütung** bedeutet Entgelt für eine amtliche Verrichtung (ebenso Satzger in Satzger/Schluckebier/Widmaier StGB Rn. 9). Die **Gebühr** ist nur ein Unterfall (Joecks/Jäger StGB Rn. 2; zweifelnd Kuhlen in NK-StGB Rn. 12), besteht stets in Geld und ist durch eine Rechtsvorschrift festgelegt (Kindhäuser/Hilgendorf in LPK-StGB Rn. 3). Vergütungen des Vormunds, Betreuers oder Pflegers nach §§ 1836, 1908e, 1908h, 1915 BGB gehören nie (BGHSt 4, 233 = NJW 1953, 1313), Auslagen des Amtsträgers und Anwalts nur dann hierher, wenn sie tarifmäßig ohne Rücksicht auf die wirklichen Unkosten berechnet werden (RGSt 40, 378 (382)); andere Auslagen können nur unter § 263 fallen.

4 **b)** Ob **Gebühren geschuldet** sind, bestimmt sich nach Kostenrecht, dessen Tragweite allerdings in Fällen „unrichtiger Sachbehandlung" umstritten ist (dazu OLG Köln NJW 1988, 503 mAnm Keller JR 1989, 77). Beim **Anwalt** kommt in Frage, dass in zulässigen Honorarvereinbarungen **Vergütungen** festgesetzt werden,

die über den Gebührenanspruch nach der RVG hinausgehen; sie werden von § 352 ebensowenig erfasst (Vormbaum in LK-StGB Rn. 12) wie Forderungen auf Grund unwirksamer Honorarvereinbarungen (BGH NJW 2006, 3219 mit zust. Bespr. Knierim StV 2007, 466; Kuhlen JR 2007, 207; Fischer Rn. 6; Satzger in Satzger/Schluckebier/Widmaier StGB Rn. 11). Erhebt jedoch ein Anwalt auf Grund unzulässiger Honorarvereinbarung Zahlungen, die seinen Gebührenanspruch und eine in der gleichen Sache etwa bestehende zulässige Honorarvereinbarung überschreiten, so soll er den objektiven Tatbestand verwirklichen (BayObLG NJW 1989, 2901; OLG Karlsruhe NStZ 1991, 239; zu Recht aM Hoyer in SK-StGB Rn. 5; Kuhlen in NK-StGB Rn. 7); das gilt nicht bei klageweiser Geltendmachung eines Vergütungsverlangens, das auf eine formunwirksame Honorarvereinbarung gestützt wird (OLG Braunschweig NJW 2004, 2606). Bei Ermessensgebühren kommt es darauf an, ob der durch die Rspr. fest abgesteckte Rahmen des Ermessens eindeutig überschritten ist (OLG Karlsruhe wistra 2016, 420). Eine „Gebührenuntererhebung" durch einen Amtsträger (zB Notar) ist nicht erfasst, kann aber §§ 331, 332 erfüllen (Usinger/Jung wistra 2011, 452).

4. Erheben ist Erhalten in irgendeiner Form, sei es auf Anfordern oder Klage 5
oder durch Aufrechnung (BGH LM Nr. 3 zu § 352 StGB). Anfordern und Klageerhebung sind idR Versuch (§ 22). Durch die Tathandlung muss der Gebührenschuldner über die dem Täter zustehenden Ansprüche getäuscht werden (BayObLG NJW 1990, 1001; OLG Hamm NStZ-RR 2002, 141; Kuhlen in NK-StGB Rn. 19; Satzger in Satzger/Schluckebier/Widmaier StGB Rn. 13, ungeschriebenes Tatbestandsmerkmal); ob er auch irrt, ist unerheblich (Vormbaum in LK-StGB Rn. 19; aM Hoyer in SK-StGB Rn. 5; Kuhlen in NK-StGB Rn. 22).

5. Bedingter **Vorsatz** genügt (anders die inzwischen hM Hoyer in SK- 6
StGB Rn. 9; Kuhlen in NK-StGB Rn. 25; Hecker in Schönke/Schröder Rn. 11; Fischer Rn. 8). Betrugsabsicht ist die Regel, aber nicht notwendig (RGSt 18, 218 (222)).

6. Dem § 263 **geht die Vorschrift vor** (BGH NJW 2009, 2900 mAnm Bitt- 7
mann, Spezialität; aM Kuhlen in NK-StGB Rn. 29); Tateinheit kommt hier nur in Frage, wenn zu der Täuschung über die Gebührenüberhebung eine zusätzliche Täuschung hinzukommt (BGHSt 2, 35 = NJW 1952, 355; BGHSt 4, 233 (236) = NJW 1953, 1313; BGH NJW 2006, 3219 (3221); OLG Karlsruhe NStZ 1991, 239). Mit § 266 ist **Tateinheit** möglich (BGH NJW 1957, 596); allerdings geht § 352 auch hier vor, wenn durch die Untreuehandlung lediglich dieselbe Pflicht verletzt wird (OLG Köln NJW 1988, 503; OLG Karlsruhe NStZ 1991, 239; aM Kuhlen JR 2007, 208; Kindhäuser/Hilgendorf in LPK-StGB Rn. 10).

7. Verlust der Amtsfähigkeit § 358. 8

§ 353 Abgabenüberhebung; Leistungskürzung

(1) **Ein Amtsträger, der Steuern, Gebühren oder andere Abgaben für eine öffentliche Kasse zu erheben hat, wird, wenn er Abgaben, von denen er weiß, daß der Zahlende sie überhaupt nicht oder nur in geringerem Betrag schuldet, erhebt und das rechtswidrig Erhobene ganz oder zum Teil nicht zur Kasse bringt, mit Freiheitsstrafe von drei Monaten bis zu fünf Jahren bestraft.**

(2) **Ebenso wird bestraft, wer als Amtsträger bei amtlichen Ausgaben an Geld oder Naturalien dem Empfänger rechtswidrig Abzüge macht und die Ausgaben als vollständig geleistet in Rechnung stellt.**

1 **1.** Die Vorschrift schützt wie § 352 das **Vermögen** (hM); darüber hinaus die Korrektheit der öffentlichen Kassenführung (Vormbaum in LK-StGB Rn. 3; Kuhlen in NK-StGB Rn. 3). Taten nach Abs. 1 und 2 sind **eigentliche Amtsdelikte** (→ Vor § 331 Rn. 2).

2 **2. Abs. 1: Täter** kann nur ein Amtsträger (→ § 11 Rn. 3–11; ergänzend Vormbaum in LK-StGB Rn. 4–6) sein, der öffentlich-rechtliche Abgaben (auch Vorschüsse) – im Gegensatz zu § 352 – nicht für sich, sondern für eine Kasse des Bundes, eines Landes oder einer öffentlichen Körperschaft oder Anstalt zu erheben hat (Hoyer in SK-StGB Rn. 6; Kuhlen in NK-StGB Rn. 4, 5). Diese Befugnis muss auf einer Dienstvorschrift – nicht nur einer Übung – beruhen (BGH LM Nr. 2 zu § 353 StGB). **Gebühren** setzen – anders als Steuern – eine Gegenleistung voraus (Joecks/Jäger StGB Rn. 1); hierzu zählen auch alle amtlich festgelegten Tarife für Benützung öffentlich-rechtlicher Anstalten oder Einrichtungen, jedoch nicht die Fahrtauslagen zB des Gerichtsvollziehers (BGH bei Herlan MDR 1955, 651). Zum **Erheben** (→ § 352 Rn. 5; auch hier ist das Irrtumserfordernis umstritten, Kindhäuser/Hilgendorf in LPK-StGB Rn. 4) muss hinzukommen, dass die Abgabe nicht abgeliefert wird; das ist auch dann der Fall, wenn der Amtsträger sie nicht als solche, sondern zur Deckung von Fehlbeträgen der Kasse zuführt (OLG Köln NJW 1966, 1373; Hoyer in SK-StGB Rn. 10; aM Kuhlen in NK-StGB Rn. 12).

3 **3. Abs. 2: Täter** kann nur ein Amtsträger sein, der Sachwerte oder Geld amtlich ausgibt (RGSt 66, 246; Vormbaum in LK-StGB Rn. 22). Zu der verkürzten (oder ganz unterlassenen) Ausgabe muss das wahrheitswidrige Anrechnen hinzukommen (Joecks/Jäger StGB Rn. 2).

4 **4.** In beiden Tatbeständen wird eine **Zueignung des Geldes** nicht vorausgesetzt (Vormbaum in LK-StGB Rn. 19). Mit § 246 kann sowohl Tateinheit wie Tatmehrheit bestehen (BGHSt 2, 35 = NJW 1952, 355; BGH NJW 1961, 1171). Betrug wird idR verdrängt (BGH NJW 2009, 2900 (2901), Spezialität); Tateinheit ist jedoch möglich, wenn zu der Täuschung über die Abgabenüberhebung eine zusätzliche Täuschung hinzukommt (BGHSt 2, 35 = NJW 1952, 355; BGH NJW 1961, 1171; Vormbaum in LK-StGB Rn. 23; weiter Kuhlen in NK-StGB Rn. 19).

5 **5.** Verlust der Amtsfähigkeit § 358.

§ 353a Vertrauensbruch im auswärtigen Dienst

(1) **Wer bei der Vertretung der Bundesrepublik Deutschland gegenüber einer fremden Regierung, einer Staatengemeinschaft oder einer zwischenstaatlichen Einrichtung einer amtlichen Anweisung zuwiderhandelt oder in der Absicht, die Bundesregierung irrezuleiten, unwahre Berichte tatsächlicher Art erstattet, wird mit Freiheitsstrafe bis zu fünf Jahren oder mit Geldstrafe bestraft.**

(2) **Die Tat wird nur mit Ermächtigung der Bundesregierung verfolgt.**

1 **1. Täter** nach diesem sog. „Arnimparagraphen" (näher zur Entstehungsgeschichte Heinrich ZStW 110 (1998), 327, der die Vorschrift „aus heutiger Sicht" für „überflüssig" hält (Heinrich ZStW 110 (1998), 327 (349)); ebenso Heinrich ZStW 129 (2017), 425; anders Ringwald, Der „Arnim-Paragraph" (§ 353a StGB) und der Schutz auswärtiger Interessen der Bundesrepublik Deutschland, 2009 (dazu Bespr. Heger ZIS 2010, 152): unverzichtbares Präventionsinstrument; zust. Voßen NJW-aktuell 13/2010, 72; die sich schon in Voßen in MüKoStGB Rn. 5 gegen die Streichung der Vorschrift wandte; zur Reform mit Gesetzesvorschlag Ringwald, Der „Arnim-Paragraph" (§ 353a StGB) und der Schutz auswärtiger Interessen der Bundesrepublik Deutschland, 2009, S. 133) kann nur ein diplomatischer, nicht notwendig beamteter, Vertreter der Bundesrepublik sein (Heinrich ZStW 110 (1998), 327 (339); Kindhäuser/Hilgendorf in LPK-StGB Rn. 2; Hoyer in SK-StGB Rn. 2; weiter Ringwald, Der „Arnim-Paragraph" (§ 353a StGB) und der Schutz auswärtiger Interessen der Bundesrepublik Deutschland, 2009, S. 49). **Rechtsgut** sind die auswärtigen Interessen der BRD (Ringwald, Der „Arnim-Paragraph" (§ 353a StGB) und der Schutz auswärtiger Interessen der Bundesrepublik Deutschland, 2009, S. 45, der auch noch die Direktionskompetenz der auswärtigen Gewalt als geschützt sieht). Der **Falschbericht** muss Tatsachen (→ § 186 Rn. 3; → § 263 Rn. 4) betreffen (Heinrich ZStW 110 (1998), 327 (342)), Werturteile reichen nicht (Joecks/Jäger StGB Rn. 1; ähnlich Fischer Rn. 3).

2 **2.** Der **Vorsatz** (bedingter genügt) muss beim Falschbericht mit der Absicht (im Sinne zielgerichteten Wollens, → § 15 Rn. 20) der Irreleitung verbunden sein (Kuhlen in NK-StGB Rn. 5; Vormbaum in LK-StGB Rn. 4). De lege ferenda wird wissentliches Zuwiderhandeln gegen amtliche Anweisungen verlangt (Ringwald, Der „Arnim-Paragraph" (§ 353a StGB) und der Schutz auswärtiger Interessen der Bundesrepublik Deutschland, 2009, S. 92).

3 **3.** Ermächtigung § 77e. Verlust der Amtsfähigkeit § 358. Zum Strafanwendungsrecht Ringwald, Der „Arnim-Paragraph" (§ 353a StGB) und der Schutz auswärtiger Interessen der Bundesrepublik Deutschland, 2009, S. 107.

§ 353b Verletzung des Dienstgeheimnisses und einer besonderen Geheimhaltungspflicht

(1) [1]Wer ein Geheimnis, das ihm als
1. Amtsträger,
2. für den öffentlichen Dienst besonders Verpflichteten,
3. Person, die Aufgaben oder Befugnisse nach dem Personalvertretungsrecht wahrnimmt oder
4. Europäischer Amtsträger,

anvertraut worden oder sonst bekanntgeworden ist, unbefugt offenbart und dadurch wichtige öffentliche Interessen gefährdet, wird mit Freiheitsstrafe bis zu fünf Jahren oder mit Geldstrafe bestraft. [2]Hat der Täter durch die Tat fahrlässig wichtige öffentliche Interessen gefährdet, so wird er mit Freiheitsstrafe bis zu einem Jahr oder mit Geldstrafe bestraft.

(2) Wer, abgesehen von den Fällen des Absatzes 1, unbefugt einen Gegenstand oder eine Nachricht, zu deren Geheimhaltung er
1. auf Grund des Beschlusses eines Gesetzgebungsorgans des Bundes oder eines Landes oder eines seiner Ausschüsse verpflichtet ist oder
2. von einer anderen amtlichen Stelle unter Hinweis auf die Strafbarkeit der Verletzung der Geheimhaltungspflicht förmlich verpflichtet worden ist,

an einen anderen gelangen läßt oder öffentlich bekanntmacht und dadurch wichtige öffentliche Interessen gefährdet, wird mit Freiheitsstrafe bis zu drei Jahren oder mit Geldstrafe bestraft.

(3) Der Versuch ist strafbar.

(3a) Beihilfehandlungen einer in § 53 Absatz 1 Satz 1 Nummer 5 der Strafprozessordnung genannten Person sind nicht rechtswidrig, wenn sie sich auf die Entgegennahme, Auswertung oder Veröffentlichung des Geheimnisses oder des Gegenstandes oder der Nachricht, zu deren Geheimhaltung eine besondere Verpflichtung besteht, beschränken.

(4) [1]Die Tat wird nur mit Ermächtigung verfolgt. [2]Die Ermächtigung wird erteilt
1. von dem Präsidenten des Gesetzgebungsorgans
   a) in den Fällen des Absatzes 1, wenn dem Täter das Geheimnis während seiner Tätigkeit bei einem oder für ein Gesetzgebungsorgan des Bundes oder eines Landes bekanntgeworden ist,
   b) in den Fällen des Absatzes 2 Nr. 1;
2. von der obersten Bundesbehörde
   a) in den Fällen des Absatzes 1, wenn dem Täter das Geheimnis während seiner Tätigkeit sonst bei einer oder für eine Behörde oder bei einer anderen amtlichen Stelle des Bundes oder für eine solche Stelle bekanntgeworden ist,
   b) in den Fällen des Absatzes 2 Nr. 2, wenn der Täter von einer amtlichen Stelle des Bundes verpflichtet worden ist;
3. von der Bundesregierung in den Fällen des Absatzes 1 Satz 1 Nummer 4, wenn dem Täter das Geheimnis während seiner Tätigkeit bei einer Dienststelle der Europäischen Union bekannt geworden ist;
4. von der obersten Landesbehörde in allen übrigen Fällen der Absätze 1 und 2 Nr. 2.

[3]In den Fällen des Satzes 2 Nummer 3 wird die Tat nur verfolgt, wenn zudem ein Strafverlangen der Dienststelle vorliegt.

Fassung: Aufgrund G zur Durchführung der VO (EU) 2017/1939 v. 10.7.2020, das zum 17.7.2020 in Abs. 1 die Nr. 4 und in Abs. 4 eine neue Nr. 3 sowie S. 3 eingefügt; Nr. 3 aF wurde zu Nr. 4 nF.

1. Die Vorschrift schützt das **öffentliche Interesse** (str.) vor Gefahren, die aus der Verletzung der Amtsverschwiegenheit oder einer besonders auferlegten Geheimhaltungspflicht erwachsen (zur Verfassungsmäßigkeit des Abs. 1 BVerfGE 28, 191 = NJW 1970, 1498 mkritAnm Schmid JZ 1970, 686); darüber hinaus ist auch der Schutz des öffentlichen Dienstes vor Vertrauensverlusten mitbezweckt (Hoyer in SK-StGB Rn. 2; aM Perron/Hecker in Schönke/Schröder Rn. 6a; Kuhlen in NK-StGB Rn. 12, der das Geheimnis selbst als Rechtsgut betrachtet). Abs. 3a ist aufgrund von BVerfGE 117, 244 = NStZ 2010, 439, Fall „Cicero" mit dem PrStG (→ Vor § 1 Rn. 17) eingefügt worden (zur Rechtslage davor ausf. Schuldt, Geheimnisverrat, 2011). 1

2. Zum **Täterkreis:** 2

a) Täter nach Abs. 1 können nur sein: Amtsträger (→ § 11 Rn. 3–11, zB Minister, BGHSt 52, 220 = NJW 2008, 2057; dazu Rogall FS Schünemann, 2014, 661; nicht Abgeordnete, Fischer Rn. 5), für den öffentlichen Dienst besonders Verpflichtete (→ § 11 Rn. 13–17), Personen mit Aufgabenbereich im Personalvertretungsrecht (→ § 203 Rn. 8), Soldaten (§ 48 I, II WStG; BGH NStZ 2011, 270), bestimmte Bedienstete des Statischen Amtes der EU (SAEG-ÜbermittlungsschutzG v. 16.3.1993, BGBl. I 336) und bestimmte Europolbedienstete (Art. 2 § 8 EuropolG) sowie seit dem 17.7.2020 auch Europäische Amtsträger (Nr. 4, → § 11 Rn. 11a). Die Tat ist eigentliches Amtsdelikt (→ Vor § 331 Rn. 2).

b) Täter nach Abs. 2 kann nur sein, wer nach den Nr. 1 und 2 besonders verpflichtet worden ist (echtes Sonderdelikt, → Vor § 13 Rn. 33; Kuhlen in NK-StGB Rn. 43; Bosch in Satzger/Schluckebier/Widmaier StGB Rn. 1; zusf. zum Täterkreis Lüttger JZ 1969, 578 (581)). 3

aa) Die **Verpflichtung** bedarf einer außerstrafrechtlichen Rechtsgrundlage (für den BT dessen Geheimschutzordnung) oder der Vereinbarung zwischen den Beteiligten. Sie muss von einer der in den Nr. 1 und 2 genannten zuständigen Stellen auferlegt bzw. durch Vereinbarung begründet sein und sich konkret – sei es auch nur in einer Sammelbezeichnung (BT-Drs. 8/3067, 8) – auf das Tatobjekt (→ Rn. 9) beziehen. Wer nicht oder nicht wirksam verpflichtet ist, kann auch dann nicht Täter sein, wenn er eine Nachricht von einem Verpflichteten erlangt und weitergibt (ebenso Fischer Rn. 8). Die Verpflichtung ist strafbegründendes besonderes persönliches Merkmal nach § 28 I (hM; vgl. etwa Kindhäuser/Hilgendorf in LPK-StGB Rn. 1; aM Perron/Hecker in Schönke/Schröder Rn. 23). 4

bb) **Förmliche Verpflichtung** nach Nr. 2 setzt Beurkundung oder Schriftform voraus (Perron/Hecker in Schönke/Schröder Rn. 15; weniger streng Hoyer in SK-StGB Rn. 10; Kuhlen in NK-StGB Rn. 46). Fehlt der erforderliche Hinweis auf die Strafbarkeit, so entfällt der Tatbestand. 5

3. Zur **Tathandlung nach Abs. 1:** 6

a) Dienstgeheimnisse sind Tatsachen, Gegenstände oder Erkenntnisse, die nur einem begrenztem Personenkreis bekannt und zugänglich sind und ihrer Natur nach oder auf Grund einer Rechtsvorschrift oder besonderen Anordnung der Geheimhaltung bedürfen (RGSt 74, 110; BGHSt 46, 339 = NJW 2001, 2032; BGHSt 48, 126 = NJW 2003, 979). Das kann auch für Privatgeheimnisse (→ § 203 Rn. 14) zutreffen (BayObLG NStZ 1999, 568; jedoch → Rn. 11). Unbestätigte Gerüchte beseitigen den Geheimnischarakter nicht (BGH Kriminalistik 2017, 376; RGSt 62, 65 (70); → § 93 Rn. 6, 7). Beispiele: Ermittlungsverfahren (BGHSt 10, 276 = NJW 1957, 1117; BGHSt 52, 220 = NJW 2008, 2057 mAnm Streng JR 2009, 78; OLG Hamm NJW 2000, 1278; Roxin NStZ 1991, 153 (159); Dalbkermeyer, Der Schutz des Beschuldigten vor identifizierenden und tendenziösen Pressemitteilungen der Ermittlungsbehörden, 1994, S. 63); Erlass eines Haftbefehls (OLG Oldenburg Nds. Rpfl. 1980, 226; AG Mannheim AfP 2012, 80); Veröffentlichung datenschutzrechtlicher Verstöße (BGHSt 48, 126 = NJW 2003, 979); dienstliche Beurteilungen (BGHSt 10, 108 = NJW 1957, 680); Prüfungsaufgaben (BGHSt 11, 401 = NJW 1958, 1403; OLG Celle NStZ-RR 2017, 81); Inhaftierungen und Vollstreckungshaftbefehle (BGH NStZ 2000, 596 (598)); Codewörter für Halterabfragen beim Verkehrszentralregister (OLG Zweibrücken NStZ 1990, 495); Erkenntnisse aus den Datensammlungen der Polizeisysteme POLAS und IGVP, nicht hingegen auch dem zentralen Verkehrsinformationssystem ZEVIS (BGH NJW 2013, 549; OLG Köln VRS 123, 99); Zusammenarbeit mit Nachrichtendiensten verbündeter Staaten (BGHSt 20, 342 = NJW 1966, 1227). Nach der früheren Rspr. sollte das richterliche Beratungsgeheimnis nicht hierher gehören, weil es außerhalb des Schutzbereichs der Vorschrift liege (OLG Düsseldorf NStZ 1981, 25; sa KG GA 1987, 227 (229)); diese Einschränkung findet jedoch im Gesetz keinen Ausdruck und ist auch durch teleologische Erwägungen nicht hinreichend begründbar (so jetzt auch OLG Köln NJW 2005, 1000; bisher schon Wagner JZ 1987, 658 (665); Kuhlen in NK-StGB Rn. 14; aM OLG Düsseldorf NStZ 1981, 25; Perron/Hecker in Schönke/Schröder Rn. 5; Vormbaum in LK-StGB Rn. 11; zw.). Auch die Tatsache, dass im Datenbestand eines polizeilichen Informationssystems zu bestimmten Personalien keine Erkenntnisse vorliegen, ist ein Dienstgeheimnis, das durch eine „Negativauskunft" verletzt wird (BGHSt 46, 339 = NJW 2001, 2032 mit Bespr. Perron/Hecker JZ 2002, 50).

7 **b) Anvertraut oder sonst bekannt geworden** → § 203 Rn. 16. Es genügt ein innerer Zusammenhang mit dem Dienst **(„als")**; ob der Täter dienstlich mit dem Geheimnis befasst war und wie er Kenntnis erlangt hat, ist unerheblich, ferner auch, ob er zurzeit der Tat noch Amtsträger usw war (nach § 1 III WStG gilt das auch für Soldaten). Durch eigene Entscheidung des Amtsträgers erst geschaffene Geheimnisse, zB ein selbst angeordneter Durchsuchungstermin, reichen nicht (OLG Dresden NJW 2007, 3509 mablAnm Schwürzer/Krewer NStZ 2008, 462, die ein „sonst bekannt geworden" annehmen; abl. auch Fischer Rn. 14; Kindhäuser/Hilgendorf in LPK-StGB Rn. 4; gegen die Einbeziehung selbst erarbeiteter Ergebnisse Vormbaum in LK-StGB Rn. 15 mit OLG Düsseldorf NStZ 1981, 25).

8 **c) Offenbaren** → § 203 Rn. 17.

9 **4.** Zur **Tathandlung nach Abs. 2:**

a) Gegenstände und Nachrichten umfassen alle tatsächlichen Vorgänge und Zustände, alle körperlichen Gegenstände und alle gedanklichen Sachverhalte sowie Nachrichten darüber (→ § 93 Rn. 1). Die erforderliche Beschränkung wird erst dadurch erreicht, dass sich die besondere Verpflichtung konkret auf den Gegenstand oder die Nachricht beziehen muss (→ Rn. 4).

b) An einen anderen gelangen lassen → § 94 Rn. 3. 10

5. Die Tathandlungen nach den Abs. 1 und 2 (→ Rn. 6–10) müssen eine **konkrete Gefahr** (→ § 315c Rn. 21, 22; sa OLG Zweibrücken NStZ 1990, 495 mAnm Keller JR 1991, 293) für **wichtige öffentliche Interessen** verursachen (BGHSt 11, 401 = NJW 1958, 1403; BGHSt 46, 339 = NJW 2001, 2032; OLG Düsseldorf NJW 1989, 1872 mkritAnm Krüger NStZ 1990, 283; OLG Köln NJW 2010, 166 (167); problematisch BGHSt 52, 220 = NJW 2008, 2057 mit zu Recht krit. Bespr. Streng JR 2009, 78); nach der in diesem Punkt nicht ganz einheitlichen Rspr. soll eine Gefährdung öffentlicher Interessen – mittelbar – auch dadurch möglich sein, dass die Tatsache des Geheimnisbruchs allgemein bekannt und dadurch das Vertrauen der Öffentlichkeit in die Integrität der Verwaltung erschüttert wird (BGHSt 11, 401 = NJW 1958, 1403; BGHSt 46, 339 = NJW 2001, 2032 mit Bespr. Baier GA 2002, 363; Perron/Hecker JZ 2002, 50; Otto StrafR BT § 71 Rn. 9; OLG Düsseldorf NStZ 1985, 169 mablAnm Schumann; BayObLG NStZ 1999, 568 mit Bespr. Behm AfP 2000, 421; OLG Köln NJW 2005, 1000, richterliches Beratungsergebnis; OLG Köln NJW 2010, 166 (167), TÜV-Fahrerprüfliste; LG Kreuznach CR 1991, 37; LG Ulm NJW 2000, 822 mkritAnm Behm NStZ 2001, 153; einschr. BGH NStZ 2000, 596 (598) mAnm Behm StV 2002, 29; OLG Düsseldorf NJW 1982, 2883; Fischer Rn. 23; aM Wagner JZ 1987, 658 (666); Hoyer in SK-StGB Rn. 8; Kuhlen in NK-StGB Rn. 28; Perron/Hecker in Schönke/Schröder Rn. 6, 6a; Bosch in Satzger/Schluckebier/Widmaier StGB Rn. 9, Verstoß gegen Art. 103 II GG; gegen die Erfassung der mittelbaren Gefährdung öffentlicher Interessen durch unbefugtes Offenbaren von Privatgeheimnissen Behm AfP 2004, 85 (88), abschließende Regelung in § 203 II); daran fehlt es, wenn der Amtsträger durch die Veröffentlichung eines zurückliegenden Gesetzesverstoßes auf ein gesetzmäßiges Verhalten hinwirkt (BGHSt 48, 126 = NJW 2003, 979 mAnm Hoyer JR 2003, 513, der eine Rechtfertigung annimmt). Identifizierende Pressemitteilungen der Strafverfolgungsbehörden können eine Gefährdung des ordnungsgemäßen Ermittlungsverfahrens wohl nur in Ausnahmefällen (zB bei sensationellen Kriminalfällen) bewirken (OLG Hamm NJW 2000, 1278; Dalbkermeyer, Der Schutz des Beschuldigten vor identifizierenden und tendenziösen Pressemitteilungen der Ermittlungsbehörden, 1994, S. 62; Kuhlen in NK-StGB Rn. 34, 36). In Fällen des Abs. 2 wird es an einer Gefährdung idR fehlen, wenn der Gegenstand oder die Nachricht nicht (oder nicht mehr) geheimhaltungsbedürftig ist (Lüttger GA 1970, 129 (139)); dann kommt jedoch untauglicher Versuch in Frage. 11

6. Für die Tathandlungen nach den Abs. 1 und 2 (→ Rn. 6–10) ist **Vorsatz** (bedingter genügt) erforderlich, der sich nicht auf das Merkmal „unbefugt“ (→ Rn. 13), wohl aber auf die aus der Tathandlung folgende Gefährdung erstrecken muss (zum Gefährdungsvorsatz → § 15 Rn. 28); die Gefahr kann jedoch in Fällen des Abs. 1 – bei herabgesetzter Strafdrohung – auch fahrlässig (→ § 15 Rn. 35) verursacht werden. Zur Behandlung der danach möglichen Vorsatz-Fahrlässigkeits-Kombination als Vorsatztat im Hinblick auf Versuch (OLG Oldenburg Nds. Rpfl. 1980, 226 (227); krit. Kuhlen in NK-StGB Rn. 42), Teilnahme, Einziehung usw → § 11 Rn. 23–25; → § 23 Rn. 1 (s. Maiwald JuS 1977, 353 (360)). 12

13 7. **Unbefugt** ist jede Tat nach den Abs. 1 und 2, wenn kein Rechtfertigungsgrund vorliegt (hM; anders Kuhlen in NK-StGB Rn. 20, 48, Tatbestandsmerkmal). Ein solcher kommt – ebenso wie beim Offenbaren von Staatsgeheimnissen (→ § 95 Rn. 4) – auch in Frage, wenn das Informationsinteresse der Öffentlichkeit gegenüber den gefährdeten öffentlichen Belangen überwiegt (BGHSt 20, 342 = NJW 1966, 1227; Laufhütte GA 1974, 52 (60); krit. Hoyer in SK-StGB Rn. 16). In Fällen des **Abs. 1** kann die Befugnis im Wesentlichen auf denselben Gründen beruhen wie bei § 203 (→ § 203 Rn. 18–25), ferner auf – der rechtmäßig erteilten (Perron/Hecker in Schönke/Schröder Rn. 21a; aM Kuhlen in NK-StGB Rn. 23; Vormbaum in LK-StGB Rn. 33) – Erlaubnis des Vorgesetzten (§ 67 III BBG). Für Aussagen vor Gericht beachte § 54 StPO, § 376 ZPO, § 28 II BVerfGG. Hat bei Offenbarung eines Privatgeheimnisses der Betroffene eingewilligt, so fehlt es – mindestens idR – schon an der Gefährdung eines öffentlichen Interesses (ebenso Bosch in Satzger/Schluckebier/Widmaier StGB Rn. 11); sollte dies ausnahmsweise nicht zutreffen, so hat die Einwilligung wegen des mitbetroffenen Rechtsguts der Allgemeinheit keine rechtfertigende Wirkung (→ Vor § 32 Rn. 13; aM Hoyer in SK-StGB Rn. 15; Otto StrafR BT § 94 Rn. 6). Zum **Irrtum** über die Befugnis gelten die Ausführungen unter → Vor § 201 Rn. 2 sinngemäß.

13a 8. Eine **Teilnahme** eines Extraneus, zB des Journalisten, der das ihm offenbarte Geheimnis veröffentlicht, ist nach Vollendung der Tat wegen des Fehlens einer tatbestandsspezifischen Beendigungsphase strukturell eigentlich nicht möglich (Gaede AfP 2007, 410; Hoyer in SK-StGB Rn. 18; Vormbaum in LK-StGB Rn. 40; Perron/Hecker in Schönke/Schröder Rn. 23; iE auch Brüning NStZ 2006, 253 (255); so auch BVerfGE 117, 244 = NStZ 2010, 439, Fall „Cicero"; aM BayObLG NStZ 1999, 568). Dies hat der Gesetzgeber mit der Einfügung von **Abs. 3a** klargestellt (vgl. zur Begr. BT-Drs. 17/3355, 8; zum Gesetzesentwurf Stefanopoulou JR 2012, 63; zu einzelnen Fällen Schuldt, Geheimnisverrat, 2011, S. 37–45). Danach sind Journalisten gerechtfertigt und deshalb nicht wegen (sukzessiver) Beihilfe zu § 353b strafbar, wenn sie von dem Täter einen der Tatgegenstände der Abs. 1 und 2 **entgegennehmen, auswerten oder veröffentlichen.** Zur Auswertung gehören auch ergänzende Recherchehandlungen zwischen der Entgegennahme und Veröffentlichung des Geheimnisses usw (Sinner in Matt/Renzikowski Rn. 22); dabei handelt es sich um einen **speziellen Rechtfertigungsgrund** für Medienangehörige, weil eine Ausgestaltung als persönlicher Strafausschließungsgrund der Bedeutung der Pressefreiheit nicht gerecht geworden wäre (BT-Drs. 17/3355, 8; Sinner in Matt/Renzikowski Rn. 23), der die Strafbarkeit des Täters von Abs. 1–3 unberührt lässt. Auch für Journalisten strafbar bleibt aber allerdings die Anstiftung zum Geheimnisverrat (Sinner in Matt/Renzikowski Rn. 22); auch Beihilfehandlungen, die nicht unter die drei genannten Handlungsvarianten subsumiert werden können, bleiben strafbar. Damit sind unabhängig von der zuvor streitigen Rechtslage wegen § 2 III auch alle in Abs. 3a genannten und vor dem 1.8.2012 befangenen Beihilfehandlungen von Medienangehörigen nicht mehr strafbar. Zum Schutz der Journalisten sieht § 53 I 1 Nr. 5 StPO ein relatives Beweisverbot vor (Sinner in Matt/Renzikowski Rn. 33).

14 9. **Tateinheit** ua möglich mit §§ 98, 99 (dazu vgl. BGH NStZ 2018, 590), 203; wegen der verschiedenartigen Schutzrichtungen gilt das namentlich auch für Abs. 1 im Verhältnis zu § 203 II. Mit §§ 94–96 kann Abs. 1 tateinheitlich zusammentreffen, während Abs. 2 verdrängt wird (aM Kindhäuser/Hilgendorf in LPK-StGB Rn. 19). Im Übrigen geht Abs. 1 dem Abs. 2 vor (formelle Subsidiarität). Zu § 354 → § 354 Rn. 16.

10. Für die **Strafzumessung** gelten die Ausführungen unter → § 332 Rn. 10 sinngemäß. 15

11. Ermächtigung (Abs. 4) § 77e und Art. 2 § 8 EuropolG (→ Rn. 2); **Strafverlangen** (Abs. 4 S. 3) § 77e. **Amtsfähigkeit** (nur Abs. 1) § 358. 16

§ 353c (weggefallen)

§ 353d Verbotene Mitteilungen über Gerichtsverhandlungen

Mit Freiheitsstrafe bis zu einem Jahr oder mit Geldstrafe wird bestraft, wer

1. entgegen einem gesetzlichen Verbot über eine Gerichtsverhandlung, bei der die Öffentlichkeit ausgeschlossen war, oder über den Inhalt eines die Sache betreffenden amtlichen Dokuments öffentlich eine Mitteilung macht,

2. entgegen einer vom Gericht auf Grund eines Gesetzes auferlegten Schweigepflicht Tatsachen unbefugt offenbart, die durch eine nichtöffentliche Gerichtsverhandlung oder durch ein die Sache betreffendes amtliches Dokument zu seiner Kenntnis gelangt sind, oder

3. die Anklageschrift oder andere amtliche Dokumente eines Strafverfahrens, eines Bußgeldverfahrens oder eines Disziplinarverfahrens, ganz oder in wesentlichen Teilen, im Wortlaut öffentlich mitteilt, bevor sie in öffentlicher Verhandlung erörtert worden sind oder das Verfahren abgeschlossen ist.

Fassung: Mit Gesetz zur Einführung der elektronischen Akte (→ Vor § 1 Rn. 18) ist zum 1.1.2018 der Begriff „Schriftstück“ durch „Dokument“ ersetzt worden.

1. Die Vorschrift dient in allen Tatbeständen dem **Schutz der Rechtspflege** 1 (hM; für Nr. 3 anders Waldner MDR 1983, 424). Darüber hinaus bezweckt sie in den Nr. 1 und 2 auch den Schutz derjenigen Interessen, die Gegenstand der ausfüllenden Rechtsvorschriften sind, und in Nr. 3 auch den Schutz des vom Verfahren Betroffenen vor vorzeitiger öffentlicher Bloßstellung (OLG Stuttgart NJW 2004, 622; LG Mannheim NStZ-RR 1996, 360; Többens GA 1983, 97; Peglau, Der Schutz des allgemeinen Persönlichkeitsrecht durch das Strafrecht, 1997, S. 36; Heuchemer in Götting/Schertz/Seitz, Handbuch des Persönlichkeitsrechts, 2008, § 30 Rn. 4, 5; Kuhlen in NK-StGB Rn. 26; Bosch in Satzger/Schluckebier/Widmaier StGB Rn. 1; Vormbaum in LK-StGB Rn. 39; aM Riepl, Informationelle Selbstbestimmung im Strafverfahren, 1998, S. 86; Maurach/Schroeder/Maiwald StrafR BT II § 76 Rn. 6; Hoyer in SK-StGB Rn. 6; Perron/Hecker in Schönke/Schröder Rn. 40). Zur **Gesetzgebungsgeschichte** Voßiek, Strafbare Veröffentlichung amtlicher Schriftstücke, 2004; Vormbaum FS Seebode, 2008, 421 (422).

2. a) Nr. 1: Öffentliche Mitteilung ist nicht nur die wörtliche oder vollständige, sondern jede Veröffentlichung über den sachlichen Inhalt der Gerichtsverhandlung oder des die Sache (nicht lediglich den Verfahrensgang) betreffenden amtlichen Dokuments, dh entweder eines herkömmlichen Schriftstücks oder eines elektronischen Dokuments (BT-Drs. 18/9416, 74). **Gesetzliches Verbot:** § 174 II GVG; der die Öffentlichkeit ausschließende Beschluss muss rechtmäßig sein (Stap- 2 per ZUM 1995, 590 (591) mwN; zw.). Bei Gerichtsverhandlungen muss die Öffentlichkeit durch **gerichtliche Anordnung** (zB nach § 172 GVG), nicht lediglich kraft Gesetzes (zB nach § 170 GVG, § 48 I JGG) ausgeschlossen gewesen sein (BT-Drs. 7/550, 283).

3 **b) Nr. 2: Schweigepflichten** kann das Gericht nach § 174 III GVG auferlegen; diese Auferlegung muss rechtmäßig sein (Stapper ZUM 1995, 590 (592); Kindhäuser/Hilgendorf in LPK-StGB Rn. 13). Hier genügt als Tathandlung **unbefugtes Offenbaren** (→ § 203 Rn. 17–26); bei gesetzlicher Aussagepflicht ist die Tat gerechtfertigt. Für eine erweiternde Neuformulierung der Nr. 2 Riepl, Informationelle Selbstbestimmung im Strafverfahren, 1998, S. 85.

4 **c) Nr. 3: Anklageschrift** § 200 StPO. Private **Schriftstücke** werden nicht dadurch **amtlich,** dass sie von der Behörde (zB durch Beschlagnahme) zu den Strafakten genommen werden (AG Hamburg NStZ 1988, 411 mAnm Strate; Kindhäuser/Hilgendorf in LPK-StGB Rn. 7; Hoyer in SK-StGB Rn. 12; Kuhlen in NK-StGB Rn. 10; aM Renning GS Meurer, 2002, 291; Perron/Hecker in Schönke/Schröder Rn. 13; Fischer Rn. 4; OLG Hamburg NStZ 1990, 283 mablAnm Senfft StV 1990, 411). **Strafverfahren** meint nicht nur die Verhandlung vor Gericht, sondern das gesamte Erkenntnisverfahren (LG Hamburg NJW 2013, 3458 (3461); Perron/Hecker in Schönke/Schröder Rn. 42, 53; Vormbaum in LK-StGB Rn. 41, 51). **„Im Wortlaut öffentlich mitteilen"** → § 201 Rn. 7. Eine öffentliche Mitteilung liegt auch bei einer „privaten Pressekonferenz" vor, wenn sie nicht auf Vertraulichkeit, sondern aus massenmediale Verbreitung angelegt ist (OLG Stuttgart NJW 2004, 622). Die Einschränkung auf wortgetreue Wiedergabe bewirkt, dass öffentliche Erörterungen über den sachlichen Inhalt des Schriftstücks möglich bleiben; einerseits beeinträchtigen sie den in der Vorschrift hinreichend zum Ausdruck kommenden (aM LG Lüneburg NJW 1978, 117) Schutzzweck, die Unbefangenheit der Verfahrensbeteiligten, namentlich der ehrenamtlichen Richter und Zeugen, zu wahren, nur in geringerem Maße (BT-Drs. 7/550, 283; krit. Dalbkermeyer, Der Schutz des Beschuldigten vor identifizierenden und tendenziösen Pressemitteilungen der Ermittlungsbehörden, 1994, S. 65; Perron/Hecker in Schönke/Schröder Rn. 41) und andererseits wäre ihr vollständiger Ausschluss mit Art. 5 GG schwerlich vereinbar (ähnlich Roxin NStZ 1991, 153 (156, 159)). **Ganz oder in wesentlichen Teilen:** Die mitgeteilten Inhalte müssen mindestens so aussagekräftig sein, dass sie wesentliche Aspekte des Gesamtinhalts der amtlichen Schriftstücke zum Ausdruck bringen (Derksen NStZ 1993, 311 (312); Vormbaum in LK-StGB Rn. 59), wofür es nicht auf die Länge der Textpassage, sondern auf deren Wichtigkeit ankommt (OLG Brandenburg BeckRS 2016, 16216). Mitteilung nur des Anklagesatzes genügt dazu idR nicht (OLG Hamm NJW 1977, 967; OLG Köln JR 1980, 473; aM Többens GA 1983, 97 (108); Kuhlen in NK-StGB Rn. 32), wohl aber wenn er den Text als Foto ins Internet stellt (OLG Celle ZUM 2011, 341). **Erörterung in öffentlicher Verhandlung** erfordert keine wörtliche Wiedergabe; der freie Vortrag des wesentlichen Inhalts genügt (BT-Drs. 7/550, 283). **Abschluss des Verfahrens** setzt idR eine rechtskräftige (OLG Köln JR 1980, 473 mAnm Bottke; Hoyer in SK-StGB Rn. 27), uU auch nur eine der Rechtskraft nicht fähige verfahrenserledigende Entscheidung (zB Einstellung durch die StA) voraus (zust. Kuhlen in NK-StGB Rn. 34). Wegen des vorrangig geschützten Allgemeininteresses (→ Rn. 1) wirkt die **Einwilligung** des vom Verfahren Betroffenen nicht rechtfertigend (AG Nürnberg MDR 1983, 424 mablAnm Waldner; Kindhäuser/Hilgendorf in LPK-StGB Rn. 22; verfassungsrechtliche Bedenken dagegen AG Weinheim

NJW 1994, 1543 (1545) mit Bespr. Wilhelm NJW 1994, 1520; vgl. auch LG Mannheim NStZ-RR 1996, 360); eine Rechtfertigung nach § 34 ist möglich, zB wenn sich der Beschuldigte gegen eine öffentliche „Vorverurteilung" wendet (Joecks/Jäger StGB Rn. 4; Kuhlen in NK-StGB Rn. 36; Vormbaum in LK-StGB Rn. 61), oder nach Abwägung der Interessen aufgrund der LPressegesetze (OLG Karlsruhe NJW-Spezial 2020, 474). In Verfahren parlamentarischer Untersuchungsausschüsse ist die Verlesung amtlicher Schriftstücke dagegen gerechtfertigt, wenn sie für die Erfüllung des Untersuchungsauftrags unerlässlich ist (aM Derksen NStZ 1993, 311, der schon die Tatbestandsmäßigkeit verneint). **Kriminalpolitisch** ist die Nr. 3 wenig sinnvoll (Bottke JR 1980, 474; Schomburg ZRP 1982, 142; Többens GA 1983, 97 (109); Dalbkermeyer, Der Schutz des Beschuldigten vor identifizierenden und tendenziösen Pressemitteilungen der Ermittlungsbehörden, 1994, S. 64, 168; Schulz, Die rechtlichen Auswirkungen von Medienberichterstattung auf Strafverfahren, 2002, S. 55; aber sa Roxin NStZ 1991, 153 (159); Riepl, Informationelle Selbstbestimmung im Strafverfahren, 1998, S. 87; Vormbaum FS Seebode, 2008, 421 (424)); **verfassungsrechtlich** hält sie sich aber noch innerhalb des Spielraums gesetzgeberischen Ermessens (BVerfGE 71, 206 = NJW 1986, 1239 mAnm Hoffmann-Riem JZ 1986, 494; BVerfG NJW 2014, 2777 mAnm Ladiges JR 2015, 214; aM Bosch in Satzger/Schluckebier/Widmaier StGB Rn. 7, fehlende Geeignetheit; sa Bottke JR 1980, 474; Stapper ZUM 1995, 590 (594); Kübler KritV 2000, 87).

3. Der **Vorsatz** (bedingter genügt) muss sich vor allem auf das gesetzliche Verbot (Nr. 1), das gerichtliche Schweigegebot (Nr. 2) oder den für den Tatbestand vorausgesetzten Verfahrensstand (Nr. 3; s. OLG Stuttgart NJW 2004, 622 (623)), nicht dagegen auf das Merkmal „unbefugt" (Nr. 2) beziehen (→ § 353b Rn. 12, 13). 5

4. **Tateinheit** ua möglich mit §§ 203, 353b I, ferner zwischen Nr. 2 und § 353b II (Möhrenschlager JZ 1980, 161 (165); aM Lüttger JZ 1969, 578 (583), Spezialität; zw.). 6

§354 (weggefallen)

§355 Verletzung des Steuergeheimnisses

(1) [1]**Wer unbefugt**

1. **personenbezogene Daten eines anderen, die ihm als Amtsträger**
   a) **in einem Verwaltungsverfahren, einem Rechnungsprüfungsverfahren oder einem gerichtlichen Verfahren in Steuersachen,**
   b) **in einem Strafverfahren wegen einer Steuerstraftat oder in einem Bußgeldverfahren wegen einer Steuerordnungswidrigkeit,**
   c) **im Rahmen einer Weiterverarbeitung nach § 29c Absatz 1 Satz 1 Nummer 4, 5 oder 6 der Abgabenordnung oder aus anderem dienstlichen Anlass, insbesondere durch Mitteilung einer Finanzbehörde oder durch die gesetzlich vorgeschriebene Vorlage eines Steuerbescheids oder einer Bescheinigung über die bei der Besteuerung getroffenen Feststellungen**

   bekannt geworden sind, oder
2. **ein fremdes Betriebs- oder Geschäftsgeheimnis, das ihm als Amtsträger in einem der in Nummer 1 genannten Verfahren bekannt geworden ist,**

offenbart oder verwertet, wird mit Freiheitsstrafe bis zu zwei Jahren oder mit Geldstrafe bestraft. [2]Personenbezogene Daten eines anderen oder fremde Betriebs- oder Geschäftsgeheimnisse sind dem Täter auch dann als Amtsträger in einem in Satz 1 Nummer 1 genannten Verfahren bekannt geworden, wenn sie sich aus Daten ergeben, zu denen er Zugang hatte und die er unbefugt abgerufen hat. [3]Informationen, die sich auf identifizierte oder identifizierbare verstorbene natürliche Personen oder Körperschaften, rechtsfähige oder nicht rechtsfähige Personenvereinigungen oder Vermögensmassen beziehen, stehen personenbezogenen Daten eines anderen gleich.

(2) **Den Amtsträgern im Sinne des Absatzes 1 stehen gleich**
1. **die für den öffentlichen Dienst besonders Verpflichteten,**
2. **amtlich zugezogene Sachverständige und**
3. **die Träger von Ämtern der Kirchen und anderen Religionsgesellschaften des öffentlichen Rechts.**

(3) **[1]Die Tat wird nur auf Antrag des Dienstvorgesetzten oder des Verletzten verfolgt. [2]Bei Taten amtlich zugezogener Sachverständiger ist der Leiter der Behörde, deren Verfahren betroffen ist, neben dem Verletzten antragsberechtigt.**

Fassung aufgrund des Gesetzes zur Modernisierung des Besteuerungsverfahrens v. 18. 7. 2016, in Kraft seit 1. 1. 2017; begriffliche Modifikationen und Einfügung von Abs. 1 Satz 3 durch Art. 62 Nr. 2 des Zweiten Datenschutz-Anpassungs- und Umsetzungsgesetz EU (2. DSAnpUG-EU) zum 26. 11. 2019 und Änderung von Abs. 1 Nr. 1 Buchst. c durch Art. 20 Nr. 1 des G zur Fortentwicklung der StPO (→ Vor § 1 Rn. 19) zum 1. 7. 2021.

1 **1.** Die Vorschrift schützt das **Geheimhaltungsinteresse des Steuerpflichtigen** und anderer zur Auskunft verpflichteter Personen sowie das **Allgemeininteresse an der Wirksamkeit des Besteuerungsverfahrens** (BVerfGE 67, 100 (139) = NJW 1984, 2271; Dannecker LdRerg 8/1420, S. 1; Schmitz in MüKoStGB Rn. 3–5; Vormbaum in LK-StGB Rn. 2; eing. Hentschel, Die Durchbrechung des Steuergeheimnisses im innerstaatlichen Informationsaustausch am Beispiel der externen Prüfung in Steuersachen, 2010, S. 150). Sie hat keinen Verfassungsrang (hM; vgl. etwa OLG Hamm NJW 1981, 356). Die Tat ist keine Steuerstraftat iSd § 369 AO (BT-Drs. 7/1261, 51); jedoch wird die Verletzung des Steuergeheimnisses auch in § 30 I–III AO ausdrücklich untersagt. Die **Reform** hat § 355 an die geänderte Fassung von § 30 II AO angepasst (BT-Drs. 18/7457, 115; 19/27654, 130).

2 **2. Täter** können nur sein: Amtsträger (→ § 11 Rn. 3–11), für den öffentlichen Dienst besonders Verpflichtete (→ § 11 Rn. 13–17), amtlich zugezogene Sachverständige (§ 96 AO), ohne Rücksicht darauf, ob sie öffentlich bestellt (→ § 132a Rn. 4) oder sonst förmlich verpflichtet sind (BT-Drs. 7/550, 287), und Amtsträger von Religionsgesellschaften des öffentlichen Rechts. Die Tat ist eigentliches Amtsdelikt (vgl. Maiwald JuS 1977, 353 (362); Hentschel, Die Durchbrechung des Steuergeheimnisses im innerstaatlichen Informationsaustausch am Beispiel der externen Prüfung in Steuersachen, 2010, S. 176; Kuhlen in NK-StGB Rn. 6; Schmitz in MüKoStGB Rn. 133; → Vor § 331 Rn. 2; aM Perron/Hecker in Schönke/Schröder Rn. 35), nicht Angehörige von Rechnungsprü fungsorganisationen (Hentschel, Die Durchbrechung des Steuergeheimnisses im innerstaatlichen Informationsaustausch am Beispiel der externen Prüfung in Steuersachen, 2010, S. 125,

222), auch nicht Abgeordnete als Mitglieder parlamentarischer Untersuchungsausschüsse (Hentschel, Die Durchbrechung des Steuergeheimnisses im innerstaatlichen Informationsaustausch am Beispiel der externen Prüfung in Steuersachen, 2010, S. 147, 222).

3. a) In Anlehnung an die entsprechende Neufassung von § 30 II AO sind die bisher in Abs. 1 Nr. 1 genannten Verhältnisse mit dem 2. DSAnpUG-EU ersetzt worden durch **personenbezogene Daten,** dh gem. Art. 4 Nr. 1 DSGVO alle Informationen, die sich auf eine identifizierte oder identifizierbare Person beziehen. Der Erweiterung dieses Begriffs aus Art. 4 Nr. 1 VO (EU) 2016/679 durch § 2a V AO trägt der neu eingefügte Abs. 1 S. 3 klarstellend Rechnung (BT-Drs. 19/4674, 286). Erfasst sind damit weiterhin auch alle für die steuerliche, finanzielle, wirtschaftliche oder persönliche Lage einer Person (nicht nur eines Steuerpflichtigen, Pfaff SchlHA 1975, 142) erheblichen Umstände, ohne Rücksicht auf ihren Geheimnischarakter (OLG Hamm NJW 1981, 356; OLG Hamm NStZ 2009, 162 (163)). Auf ihre Relevanz für die Besteuerung kommt es grds. nicht an (Felix NJW 1978, 2134 (2136); Dannecker LdRerg 8/1420, S. 2); jedoch ist die Offenbarung lediglich des Namens eines Anzeigeerstatters in Steuerstraf- oder -bußgeldverfahren nicht tatbestandsmäßig (teleologische Reduktion), weil sie vom Schutzzweck der Vorschrift (→ Rn. 1) nicht gedeckt wird und eine ungerechtfertigte Privilegierung gegenüber Anzeigeerstattern in anderen Verfahren bedeuten würde (KG NJW 1985, 1971 mit krit. Bespr. Wagner JZ 1987, 658 (668); Dannecker LdRerg 8/1420, S. 2; aM Hetzer NJW 1985, 2991; Kuhlen in NK-StGB Rn. 10; Schmitz in MüKoStGB Rn. 18; diff. Blesinger wistra 1991, 294; beachte auch BFH wistra 1986, 29). Das **Geschäfts- oder Betriebsgeheimnis** (Abs. 1 Nr. 2) ist – mindestens idR – nur ein Unterfall der Verhältnisse iSd Nr. 1 (näher Köhler in Köhler/Bornkamm UWG § 17 Rn. 4–13); sicher einbezogen sind damit aber auch entsprechende Geheimnisse juristischer Personen. 3

b) Zum Bekanntwerden im Zusammenhang mit dem Dienst **(„als")** → § 353b Rn. 7; **Abs. 1 S. 2** erweitert dies (zu § 355 aF vgl. BGH NStZ-RR 2020, 111) auf den unbefugten (→ Rn. 7) Abruf von zugänglichen Daten. – **Verfahren in Steuersachen** sind namentlich die Besteuerungsverfahren (einschließlich der gerichtlichen Nachprüfungsverfahren), die Steuern aller Art (auch der Gemeinden und Gemeindeverbände) betreffen können; erfasst werden jedoch auch Verfahren, die keinen bestimmten Steuerpflichtigen betreffen, zB Verfahren zur Festlegung von Durchschnittssätzen (BT-Drs. 7/550, 287) sowie **Rechnungsprüfungsverfahren,** dh Verfahren der Rechnungsprüfungsbehörden, soweit sie die Festsetzung und Erhebung von Steuern überprüfen (Kuhlen in NK-StGB Rn. 12). **Steuerstraf- und Bußgeldverfahren** §§ 369, 385, 409 AO; die Schweigepflicht trifft hier neben Richtern und Staatsanwälten uU auch Polizeibeamte. Die **Mitteilung einer Finanzbehörde** kommt namentlich in Frage, wenn diese auf gesetzlicher Grundlage einer anderen Behörde Auskunft erteilt (näher Hoyer in SK-StGB Rn. 10). 4

4. Offenbaren → § 203 Rn. 17; auch Mitteilungen innerhalb des internen Dienstbereichs sind nicht grds. ausgeschlossen (Rüsken in Klein AO § 30 Rn. 60); auch durch Unterlassen (Dannecker LdRerg 8/1420, S. 3). **Verwerten** → § 204 Rn. 4: zur Gewinnerzielung (weiter Rüsken in Klein AO § 30 Rn. 61); nicht nur das Betriebs- oder Geschäftsgeheimnis ist gegen Verwertung geschützt, sondern nach Abs. 1 Nr. 1 zB auch das Erfindergeheimnis (ebenso Kuhlen in NK-StGB Rn. 21). 5

6 **5.** Der **Vorsatz** (bedingter genügt) braucht das Merkmal „unbefugt“ (→ Rn. 7) nicht zu umfassen (→ § 15 Rn. 6).

7 **6. Unbefugt** → § 353b Rn. 13. Die Befugnis ist in §§ 30 IV, V, 31, 31a AO (dazu StA Chemnitz StraFo 2017, 125) und § 31b AO ausdrücklich geregelt (näher Dannecker LdRerg 8/1420, S. 4–6; knapper Bosch in Satzger/Schluckebier/Widmaier StGB Rn. 10, sa Hentschel, Die Durchbrechung des Steuergeheimnisses im innerstaatlichen Informationsaustausch am Beispiel der externen Prüfung in Steuersachen, 2010, S. 166; krit. dazu Goll NJW 1979, 90). Danach ist die Offenbarung zulässig (zusf. Blesinger wistra 1991, 239 (241, 294)), wenn sie der Durchführung eines Verfahrens in Steuer-(auch Steuerstraf-)sachen (Abs. 1 Nr. 1a, b) dient (Schomberg NJW 1979, 526; diff. Kohlmann FS Spendel, 1992, 257 (263)); wenn sie durch Gesetz ausdrücklich zugelassen ist (zB durch § 17 PaßG, §§ 76ff. AuslG), nicht dagegen durch § 4 I der Landespressegesetze, der nur ein begrenztes Informationsrecht der Presse gegenüber den Behörden vorsieht (OLG Hamm NJW 1981, 356; Burkhardt in Löffler LPG § 4 Rn. 111; Schmitz in MüKoStGB Rn. 100); wenn der Betroffene zustimmt; oder wenn ein zwingendes, in § 30 IV Nr. 5a–c AO näher konkretisiertes öffentliches Interesse besteht (dazu OLG Hamm NJW 1981, 356; NStZ 2009, 162 (163) zu § 30 IV Nr. 5 AO; dazu auch BVerwG NJW 2010, 2229, Weitergabe von Steuerdaten aus Steuerstrafverfahren an den Dienstherrn des beschuldigten Beamten; FG Baden-Württemberg NZWiSt 2015, 384 mAnm Gehm; Weyand NStZ 1987, 399; wistra 1988, 9; Hoyer in SK-StGB Rn. 21–29; krit. Nieuwenhuis NJW 1989, 280; Vormbaum in LK-StGB Rn. 50–55). Unter einschränkenden Voraussetzungen (§ 30 IV Nr. 4 AO) besteht die Befugnis auch für Zwecke des allgemeinen Strafverfahrens (krit. Reiß NJW 1977, 1436). Außerdem dürfen vorsätzlich falsche Angaben unbeschränkt an die Strafverfolgungsbehörden (§ 30 V AO) und gewisse Besteuerungsgrundlagen an Körperschaften des öffentlichen Rechts und an Versicherungsträger weitergegeben werden (§ 31 AO). Zu beachten ist auch die seit 2002 eingefügte Offenbarungsbefugnis des § 31b AO hinsichtlich Geldwäscheverdachts (dazu Fischer Rn. 14). Die Sonderregelung der AO schließt andere anerkannte Rechtfertigungsmöglichkeiten (→ Vor § 32 Rn. 8–29) nicht aus (Maiwald JuS 1977, 353 (362); Goll NJW 1979, 90; Kuhlen in NK-StGB Rn. 28; str.).

8 **7. Tateinheit** ua möglich mit § 353b I und § 353d (Vormbaum in LK-StGB Rn. 77; für § 353b ebenso Hentschel, Die Durchbrechung des Steuergeheimnisses im innerstaatlichen Informationsaustausch am Beispiel der externen Prüfung in Steuersachen, 2010, S. 181; für § 353d Nr. 2 aM Perron/Hecker in Schönke/Schröder Rn. 36; zw.). Gegenüber §§ 203, 204 besteht Spezialität (Schmitz in MüKoStGB Rn. 135; Vormbaum in LK-StGB Rn. 77; Hentschel, Die Durchbrechung des Steuergeheimnisses im innerstaatlichen Informationsaustausch am Beispiel der externen Prüfung in Steuersachen, 2010, S. 188, 192). Zu § 332 → § 332 Rn. 11; zu § 334 → § 334 Rn. 6.

9 **8. Strafantrag** (Abs. 3) §§ 77–77d. Dienstvorgesetzter → § 77a Rn. 2, der sich selbst strafbar machen kann, wenn gegen den Willen des Betroffenen im Rahmen eines Strafantrags geschützte Daten offenbart und kein öffentliches Interesse vorliegt (Hentschel, Die Durchbrechung des Steuergeheimnisses im innerstaatlichen Informationsaustausch am Beispiel der externen Prüfung in Steuersachen, 2010, S. 161, 223). Verletzter → § 77 Rn. 6.

§ 356 Parteiverrat

(1) **Ein Anwalt oder ein anderer Rechtsbeistand, welcher bei den ihm in dieser Eigenschaft anvertrauten Angelegenheiten in derselben Rechtssache beiden Parteien durch Rat oder Beistand pflichtwidrig dient, wird mit Freiheitsstrafe von drei Monaten bis zu fünf Jahren bestraft.**

(2) **Handelt derselbe im Einverständnis mit der Gegenpartei zum Nachteil seiner Partei, so tritt Freiheitsstrafe von einem Jahr bis zu fünf Jahren ein.**

1. a) Der Tatbestand des Parteiverrats (Prävarikation) **schützt** neben der Treupflicht gegenüber dem Auftraggeber vornehmlich **das Vertrauen in die Integrität der Rechtspflege, insbes. der Rechtsbeistandschaft** (BGHSt 12, 96 = NJW 1958, 2124; BGHSt 15, 332 = NJW 1961, 929; BGHSt 45, 148 (153) = NJW 1999, 3568; BGH NStZ 2020, 601;BVerfG NJW 2001, 3180 (3181); Eisele in Haft/Schlieffen Mediation-HdB, 3. Aufl. 2016, § 30 Rn. 35; Grunewald AnwBl 2005, 437; Joecks/Jäger StGB Rn. 1; Rotsch/Sahan in HK-StrafR Rn. 1; Gillmeister in LK-StGB Rn. 9; ähnlich Aigner, Der Tatbestandskomplex „Dieselbe Rechtssache" im Straf- (§ 356 StGB) und Standesrechtlichen (§ 45 Nr. 2 BRAO) Parteiverrat – eine Leerformel?, 1994, S. 22; krit. Prinz, Der Parteiverrat des Strafverteidigers, 1999, S. 14, der auf das Funktionieren der Rechtspflege als System staatlichen Rechts abstellt; Mennicke ZStW 112 (2000), 834 (864), die die äußere und innere Funktionsfähigkeit der Anwaltschaft betont, aber auch reflexiv die Individualrechtsgüter der Mandanten geschützt sieht; ebenso Rogall in SK-StGB Rn. 4; krit. auch Dahs in MüKoStGB Rn. 5; Kuhlen in NK-StGB Rn. 6; primär ist für Erb, Rechtsgut und Einwilligung im Tatbestand des § 356 StGB, 2005, S. 102, das personale Treueverhältnis zwischen Anwalt und Mandant; für vorrangig individualrechtlichen Charakter Kretschmer, Der strafrechtliche Parteiverrat, 2005, S. 110 mit Bespr. Beulke GA 2008, 346). Für eine ersatzlose Streichung Schlosser NJW 2002, 1376 (1381); zust. Henssler/Deckenbrock MDR 2003, 1085 (1090). 1

b) Täter dieses ausgesprochenen Berufsvergehens (BGHSt 20, 41 = NJW 1964, 2428; eing. Geppert, Der strafrechtliche Parteiverrat, 1961; Dingfelder/Friedrich, Parteiverrat und Standesrecht, 1987, S. 7; Kretschmer, Der strafrechtliche Parteiverrat, 2005, S. 115; zusf. Pfeiffer FG Koch, 1989, 127) kann jeder Rechtsbeistand iwS sein, der zur geschäftsmäßigen Besorgung fremder Rechtsangelegenheiten im Inland (→ Vor § 3 Rn. 4) amtlich zugelassen ist (Gillmeister in LK-StGB Rn. 11–28; Dahs in MüKoStGB Rn. 20; weiter Kuhlen in NK-StGB Rn. 10; aM Rogall in SK-StGB Rn. 10); europäische Rechtsanwälte stehen den Rechtsanwälten und Anwälten gleich (§ 42 EuRAG). Beispiele: der Rechtsanwalt (zur Anwaltssozietät BGHSt 40, 188 = NJW 1994, 2302; OLG Stuttgart NJW 1986, 948 mAnm Dahs JR 1986, 349; Gatzweiler NStZ 1986, 413; Hartmann JR 2000, 51), jedoch nicht der Anwalt als Insolvenzverwalter (BGHSt 13, 231 = NJW 1959, 2028, zum Konkursverwalter; Eisele in Haft/Schlieffen Mediation-HdB, 3. Aufl. 2016, § 30 Rn. 36; diff. Fischer Rn. 2b), als Vormund (BGHSt 24, 191 = NJW 1971, 1663), als Makler, als Syndikus im Bereich seiner weisungsgebundenen Tätigkeit (OLG Stuttgart NJW 1968, 1975; Kindhäuser/Hilgendorf in LPK-StGB Rn. 5; diff. Baier wistra 2001, 401 (402); Rogall in SK-StGB Rn. 9) oder als Geschäftsführer einer GmbH (offen gelassen BGHSt 45, 148 (153) = NJW 1999, 3568 mAnm Dahs NStZ 2000, 371); der Patentanwalt (Kudlich in Satzger/Schluckebier/Widmaier StGB Rn. 6); der Hochschullehrer 2 nach § 138 StPO (hM; vgl. etwa Gillmeister in LK-StGB Rn. 25; anders Pfeiffer FG Koch, 1989, 127 (130); Prinz, Der Parteiverrat des Strafverteidigers, 1999, S. 29 mit krit. Bespr. Grüner GA 2001, 149 (150)), auch der Fachhochschullehrer mit Befähigung zum Richteramt (BGHSt 48, 350 = NJW 2003, 3573; Gillmeister in LK-StGB Rn. 25); der Beistand nach dem (vom Rechtsdienstleistungsgesetz abgelösten) RBerG (→ § 352 Rn. 2; mit Hinweisen zum beschränkten Bestandsschutz für „Alt-Erlaubnisinhaber"; zw. Kudlich in Satzger/Schluckebier/Widmaier StGB Rn. 10) und der Notar (Lüderssen FS Triffterer, 2011, 343, der aber trotz der Aufzählung von tatbestandsmäßigen Pflichtverletzungen (→ Rn. 7) die bisherige Nichtanwendung der Vorschrift auf Notare begrüßt). Soweit im Folgenden vom Anwalt die Rede ist, gilt das auch für die anderen Rechtsbeistände.

3 **2. Anvertrauen** bedeutet hier Übertragung der Interessenwahrnehmung auf den Anwalt in seiner beruflichen Eigenschaft als unabhängiger Sachwalter (BGHSt 24, 191 = NJW 1971, 1663; sa OLG Köln StraFo 2002, 205); rein private Beratung oder Hilfe scheidet daher aus (Pfeiffer FG Koch, 1989, 127 (131)). Ob dem Anwalt Tatsachen oder sogar Geheimnisse mitgeteilt wurden, ist unerheblich (BGHSt 18, 192 = NJW 1963, 597; Grunewald AnwBl 2005, 437 (438); Gillmeister in LK-StGB Rn. 80). Das Anvertrautsein endet nicht mit der Erledigung des Auftrags, selbst wenn der Anwalt bei dessen Ausführung nur einen Rat erteilt hatte (BGH NJW 1987, 335; Kretschmer, Der strafrechtliche Parteiverrat, 2005, S. 179). Es genügt, dass nur eine Partei anvertraut hat, der Anwalt aber im Interesse beider Parteien tätig geworden ist (BGHSt 20, 41 = NJW 1964, 2428; BGH NStZ 1985, 74). Die dem Anwalt einer Sozietät anvertraute Sache ist idR der Sozietät im Ganzen anvertraut (OLG Stuttgart NJW 1986, 948; einschr. Dahs JR 1986, 349; krit. Hartmann JR 2000, 51 (53)); es ist aber auch möglich, eine Rechtssache nur einem Mitglied einer Anwaltssozietät anzuvertrauen (BGHSt 40, 188 = NJW 1994, 2302; Hartmann JR 2000, 51 (54), die auf die „tatsächliche Übertragung" abstellt; Kuhlen in NK-StGB Rn. 17; sa BVerfGE 43, 79 (89) = NJW 1977, 99).

4 **3. Parteien** sind die an einer Rechtssache rechtlich beteiligten – nicht nur an deren Erledigung tatsächlich interessierten (RGSt 66, 316 (321); problematisch OLG Zweibrücken NStZ 1995, 35 mit insoweit krit. Bespr. Nibbeling JR 1995, 479; Rogall in SK-StGB Rn. 23) – natürlichen oder juristischen Personen (BGHSt 45, 148 (152) = NJW 1999, 3568; BayObLG GA 1972, 314; Baier wistra 2001, 401 (404)). Partei ist schon, wer sich nur beraten lässt (Baumann/Pfohl JuS 1983, 24 (26); Kretschmer, Der strafrechtliche Parteiverrat, 2005, S. 152; Gillmeister in LK-StGB Rn. 40; Rotsch/Sahan in HK-StrafR Rn. 6); zum Prozess braucht es nicht zu kommen (BGH AnwBl 1962, 221). Obwohl die StPO kein Parteiverfahren kennt, ist § 356 auf das Strafverfahren anwendbar (Dahs NStZ 1991, 561 (562); Prinz, Der Parteiverrat des Strafverteidigers, 1999, S. 87, 191; Hartmann JR 2000, 51 (52); aM Schmidt-Leichner NJW 1959, 133). Parteien können auch mehrere Tatbeteiligte sein (BGHSt 52, 307 = NJW 2008, 2723 mit Bespr. Bosch JA 2008, 903; Gillmeister NJW 2008, 2726; Müssig NStZ 2009, 421; Wohlers JR 2009, 480; Geppert JK StGB § 356 Rn. 7).

5 **4. Rechtssachen** sind alle Angelegenheiten, sei es des Zivil-, Straf- (BGHSt 52, 307 = NJW 2008, 2723; Holz, Parteiverrat in Strafsachen, 1996), Verwaltungsrechts oder der freiwilligen Gerichtsbarkeit, bei denen mehrere Beteiligte vorkommen können, die widerstreitende Interessen verfolgen, über die nach Rechtsgrundsätzen zu entscheiden ist (BGHSt 18, 192 = NJW 1963, 597; BGHSt 52, 307 = NJW 2008,

2723; OLG Düsseldorf NStZ-RR 1996, 298; OLG Karlsruhe NJW 2002, 3561; Grunewald AnwBl 2005, 437; Gillmeister in LK-StGB Rn. 87; Rogall in SK-StGB Rn. 19; weiter Kuhlen in NK-StGB Rn. 28). Ob es sich um **dieselbe Rechtssache** handelt, ist nach dem Interessenkreis zu beurteilen, den der Auftraggeber dem Anwalt anvertraut hat (BGHSt 5, 301 = NJW 1954, 609). Dabei ist unerheblich, ob es sich um **ein** Verfahren oder um verschiedene handelt (BGHSt 18, 192 = NJW 1963, 597); maßgeblich ist die Gesamtheit der Tatsachen und Interessen, die sachlichrechtlich in Betracht kommen können (BGHSt 34, 190 = NJW 1987, 335; BGHSt 52, 307 = NJW 2008, 2723; BGH NStZ 1981, 479; OLG Düsseldorf NStZ-RR 1996, 298; OLG Koblenz NJW 1985, 1177; OLG Hamburg NJW-RR 2002, 61 (63); Dahs Strafverteidiger-HdB Rn. 82; Eisele in Haft/Schlieffen Mediation-HdB, 3. Aufl. 2016, § 30 Rn. 38).– Dieselbe Rechtssache kann zB vorliegen (vgl. zu den folgenden Fallgruppen Aigner, Der Tatbestandskomplex „Dieselbe Rechtssache" im Straf- (§ 356 StGB) und Standesrechtlichen (§ 45 Nr. 2 BRAO) Parteiverrat – eine Leerformel?, 1994, S. 98; Kuhlen in NK-StGB Rn. 32–38; weitere Beispiele aus der Rspr. bei Grunewald AnwBl 2005, 437 (438)): bei zwei aufeinander folgenden Scheidungsprozessen (BGHSt 17, 305 = NJW 1962, 1831; s. aber BGHSt 18, 192 = NJW 1963, 597); bei der Beratung über eine einverständliche Scheidung und der späteren Geltendmachung von Unterhaltsansprüchen für eine der Parteien (OLG Karlsruhe NJW 2002, 3561); bei der Vertretung beider Kinder in getrennten Unterhaltsprozessen gegen den gleichen Elternteil (OLG München StV 2011, 401); bei der Auseinandersetzung zwischen Miterben, denen der Anwalt zuvor gegenüber einem weiteren Miterben gedient hatte (BayObLG NJW 1989, 2903); beim Verhältnis des Drittschuldners zum Pfändungsgläubiger einerseits und zum Schuldner andererseits (BGH AnwBl 1966, 397); bei einer Forderung auf Zahlung und der Verpflichtung zu deren Erfüllung (OLG Karlsruhe NStZ-RR 1997, 236 mit Bespr. Müller NStZ 2002, 356 (363)); bei der Verteidigung des Ehemannes in einem Prozess wegen einer Sexualstraftat und der Vertretung der Ehefrau bei der folgenden Scheidung (OLG Düsseldorf NJW 1959, 1050); beim Strafverfahren und der damit zusammenhängenden Schadensersatzklage (BGH GA 1961, 203; BayObLG NJW 1995, 606 mkritAnm Ranft JR 1996, 256; beachte auch Baier wistra 2001, 401 (403, 406)); bei sich gegenseitig belastenden Mitbeschuldigten derselben Straftat (OLG Stuttgart NStZ 1990, 542 mAnm Geppert; beachte jedoch BGH NStZ 1982, 465; Baier wistra 2001, 401 (406); deutlich jetzt BGHSt 52, 307 = NJW 2008, 2723 mit Bespr. Gillmeister NJW 2008, 2726; Müssig NStZ 2009, 421; Wohlers JR 2009, 480, zu mehreren Tatbeteiligten (Täter und Teilnehmer); zu weiteren Tatgestaltungen Kretschmer, Der strafrechtliche Parteiverrat, 2005, S. 207); bei einem einheitlichen Ermittlungsvorgang gegen mehrere Nebentäter, wenn die strafrechtliche Relevanz ihres Verhaltens in wechselseitiger Abhängigkeit steht (OLG Oldenburg NStZ 1989, 533); bei dem einen Freispruch erstrebenden Angeklagten und einem als Alternativtäter in Betracht kommenden Zeugen (OLG Zweibrücken NStZ 1995, 35 mit zust. Bespr. Dahs NStZ 1995, 16; Geppert JK StGB § 356 Rn. 4); beim Wiederaufnahmeverfahren gegen den Angeklagten und dem Meineidsverfahren gegen einen Belastungszeugen (BGHSt 5, 301 = NJW 1954, 609); nicht hingegen wenn die Vertretung zunächst des Zeugen und dann des Angeklagten gerichtlich keine gegenläufigen Interessen berührt (BGH NStZ 2021, 60). – Zur Vertretung mehrerer Bewerber im Hochschulzulassungsverfahren für denselben Studiengang Mühlbauer JR 2005, 54.

6 **5. Dienen** ist jede berufliche (BGHSt 20, 41 = NJW 1964, 2428; BGHSt 45, 148 (153) = NJW 1999, 3568; OLG Zweibrücken StV 1994, 487 mit krit. Bespr. Dahs NStZ 1995, 16; abl. Bespr. Geppert JK StGB § 356 Rn. 4; OLG Karlsruhe NJW 2002, 3561; weiter Prinz, Der Parteiverrat des Strafverteidigers, 1999, S. 31, 191) Tätigkeit rechtlicher oder tatsächlicher Art, durch die das Interesse einer Partei durch Rat oder Beistand gefördert werden soll (BGHSt 7, 17 = NJW 1955, 150; BGH NStZ 1985, 74; OLG Düsseldorf NJW 1989, 2901; OLG Karlsruhe NJW 2002, 3561). Es ist auch durch Unterlassen (BayObLG NJW 1959, 2223; Kuhlen in NK-StGB Rn. 22; Rogall in SK-StGB Rn. 27) oder durch Einsatz von Hilfskräften (Gillmeister in LK-StGB Rn. 29) begehbar und beginnt bereits mit dem Akteneinsichtsgesuch als Strafverteidiger (OLG Hamburg StV 2017, 184). Der Anwalt muss **beiden** Parteien – nicht notwendig gleichzeitig – dienen; dient er zunächst der einen und danach der anderen, so ist das erste Dienen zwar nicht Tathandlung, aber Tatbestandsvoraussetzung (OLG Stuttgart NJW 1986, 948); das zweite Dienen kann dagegen den Tatbestand erfüllen (Eisele in Haft/Schlieffen Mediation-HdB, 3. Aufl. 2016, § 30 Rn. 39). Der Anwalt in der Funktion als Mediator dient idR beiden Parteien (Eisele in Haft/Schlieffen Mediation-HdB, 3. Aufl. 2016, § 30 Rn. 39; Gillmeister in LK-StGB Rn. 30). Der Tatbestand ist danach nicht erfüllt, wenn der Anwalt gegen einen früheren Auftraggeber eigene Interessen verfolgt (BGHSt 12, 96 = NJW 1958, 2124); daran fehlt es trotz eigenen wirtschaftlichen Interesses als Gesellschafter, wenn er seiner GmbH, juristischen Person (→ Rn. 4), in deren Rechtsstreitigkeiten rechtsbesorgend tätig wird (BGHSt 45, 148 = NJW 1999, 3568 mit krit. Bespr. Dahs NStZ 2000, 371; Brauns JR 2000, 521). Ein Anwalt dient nicht dem Anwalt, dessen Kanzlei er auf Grund Bestellung durch die Landesjustizverwaltung abwickelt (OLG Nürnberg NJW 1999, 2381). Ob der in einer Sozietät tätig werdende Anwalt (→ Rn. 3) der anderen Partei bereits gedient hat, bedarf selbständiger Prüfung, folgt also nicht zwingend aus dem Umstand, dass eine Sache der Sozietät anvertraut war (OLG Stuttgart NJW 1986, 948; Dahs JR 1986, 349; Pfeiffer FG Koch, 1989, 127 (135); Henssler NJW 2001, 1521 (1524); Henssler/Deckenbrock MDR 2003, 1085 (1089); vgl. auch OLG Düsseldorf NJW 2012, 1892; aM Gillmeister in LK-StGB Rn. 31).

7 **6. Pflichtwidrig** dient der Anwalt, wenn er entgegen der anwaltlichen Berufspflicht des § 43a IV BRAO „widerstreitende Interessen" vertritt (zu § 43a IV BRAO Henssler NJW 2001, 1521 (1522)). Tatbestandselement des § 356 ist damit, dass der Anwalt mit der Übernahme des zweiten Mandats ein dem ersten Mandat gegenüber **entgegengesetztes Interesse** wahrnimmt (BGHSt 5, 284 = NJW 1954, 482; BGHSt 7, 17 = NJW 1955, 150; BGHSt 52, 307 (312) = NJW 2008, 2723 mit Bespr. Bosch JA 2008, 903; BGH NStZ 1982, 465; Grunewald AnwBl 2005, 437 (439); Rogall in SK-StGB Rn. 31; diese Auslegung ist verfassungsrechtlich nicht zu beanstanden, BVerfG NJW 2001, 3180); ob es vorliegt, ist objektiv zu bestimmen (OLG Zweibrücken NStZ 1995, 35 mit Bespr. Dahs NStZ 1995, 16 (17); Nibbeling JR 1995, 479 (481), der durch Abstellen auf den Parteiwillen zu einer restriktiven Auslegung der Pflichtwidrigkeit kommen will; Geppert NStZ 1990, 542; diff. Maurach/Schroeder/Maiwald StrafR BT II § 78 Rn. 11; Kindhäuser/Hilgendorf in LPK-StGB Rn. 16; Heine/Weißer in Schönke/Schröder Rn. 19; Rotsch/Sahan in HK-StrafR Rn. 9; Kudlich in Satzger/Schluckebier/Widmaier StGB Rn. 31; krit. Kuhlen in NK-StGB Rn. 42–45; aM Kretschmer, Der strafrechtliche Parteiverrat, 2005, S. 188, Prinz, Der Parteiverrat des Strafverteidigers, 1999, S. 152, 192; Mennicke ZStW 112 (2000), 834 (865), die eine subjektive Be-

stimmung vornehmen; ebenso Beulke/Ruhmannseder in Arbeitsgemeinschaft Strafrecht des Deutschen Anwaltvereins, Strafverteidigung im Rechtsstaat, 2009, S. 259; Gillmeister in LK-StGB Rn. 59; gegen die Mischung objektiver und subjektiver Kriterien Grunewald AnwBl 2005, 437 (439); aus der uneinheitlichen (Kuhlen in NK-StGB Rn. 43) Rspr.: KG NStZ 2006, 688; LG Itzehoe NStZ-RR 2008, 170), hängt aber von dem erteilten Auftrag ab (OLG Karlsruhe NStZ-RR 1997, 236 mit krit. Bespr. Müller NStZ 2002, 356 (363), nach dem es auf die objektive Interpretation des Parteiinteresses, nicht auf den punktuellen Parteiwillen, ankommt; OLG Karlsruhe NJW 2002, 3561; Rogall in SK-StGB Rn. 32; ähnlich Aigner, Der Tatbestandskomplex „Dieselbe Rechtssache" im Straf- (§ 356 StGB) und Standesrechtlichen (§ 45 Nr. 2 BRAO) Parteiverrat – eine Leerformel?, 1994, S. 170, subjektiv-objektives Verständnis). Soweit im Zivil- und Verwaltungsverfahren die Beteiligten dispositionsbefugt sind, bestimmt sich dies primär nach der subjektiven Zielrichtung der Parteien, nicht nach deren objektiver Einschätzung durch den Anwalt (BGH NJW 2019, 316 mAnm Deckenbrock; zur Gefahr latenter Interessenkonflikte im Mehrpersonenmandat BGH NJW 2019, 1147 (Z); Offermann-Burckart AnwBl 2019, 602). Der Gegensatz kann auch erst im Laufe eines Vorgangs entstehen (BGHSt 18, 192 = NJW 1963, 597; BayObLG NJW 1989, 2903 mablAnm Ranft JR 1991, 164) und selbst dann gegeben sein, wenn der Anwalt im Rahmen beider Mandate denselben Rechtsstandpunkt vertritt (BGHSt 34, 190 = NJW 1987, 335 mit Bespr. Hassemer JuS 1987, 412; Dahs JR 1987, 476). Nicht pflichtwidrig ist das Bemühen um einen Ausgleich zwischen den Parteien; zu diesem Zweck darf der Anwalt auch mit der Gegenpartei in Verbindung treten (Kuhlen in NK-StGB Rn. 51).

Der **Mediator** handelt iRd Mediationsverfahrens (→ Rn. 6) idR nicht pflicht- 7a
widrig, weil beide Parteien ein Interesse an der Konfliktslösung und der Vermeidung eines Gerichtsverfahrens haben (Eisele in Haft/Schlieffen Mediation-HdB, 3. Aufl. 2016, § 30 Rn. 44; Baier wistra 2001, 401 (405); Gillmeister in LK-StGB Rn. 30). War er zuvor nicht für eine Partei, sondern zwischen ihnen als unparteiischer Mittler tätig, so kann er später im Hinblick auf die Möglichkeit, dass ihn diese Tätigkeit befangen gemacht hat, nicht eine Partei gegen die andere vertreten (LG Hamburg AnwBl 1980, 120; Haffke in Duss-von Werdt/Mähler/Mähler, Mediation, Die andere Scheidung, 1995, S. 65, 100; Mennicke ZStW 112 (2000), 834 (862); Eisele in Haft/Schlieffen Mediation-HdB, 3. Aufl. 2016, § 30 Rn. 46). In Ausnahmefällen kann das Einverständnis des Auftraggebers (zur Einwilligung → Rn. 9) den Interessengegensatz als solchen beseitigen (BGHSt 15, 332 = NJW 1961, 929; näher dazu Dahs NStZ 1991, 561 (564); Mennicke ZStW 112 (2000), 834 (862)). Die einverständliche Scheidung gehört nicht hierher, weil die Struktur des Scheidungsverfahrens infolge des ihm zu Grunde liegenden Allgemeininteresses an der Eheerhaltung auch für die Scheidungswilligen einen Interessengegensatz begründet (einschr. BayObLG NJW 1981, 832 mablAnm Hübner JR 1981, 430; zust. aber Heine/Weißer in Schönke/Schröder Rn. 17; beachte auch BGH NStZ 1982, 331; NStZ 1985, 74; wistra 1991, 221; krit. Eisele in Haft/Schlieffen Mediation-HdB, 3. Aufl. 2016, § 30 Rn. 45; aM Gillmeister in LK-StGB Rn. 63; aus der Rspr. OLG Karlsruhe NJW 2002, 3561 mit zust. Bespr. Ebert NJW 2003, 730; Geppert JK StGB § 356 Rn. 6; krit. aber Henssler/Deckenbrock MDR 2003, 1085 (1087), wo in der Geltendmachung eines Unterhaltsanspruchs nur die Fortsetzung der früheren Vermittlertätigkeit hinsichtlich einer einvernehmlichen Scheidung gesehen wird, zum Fall auch Gillmeister in LK-StGB Rn. 74; einen Interessengegensatz nimmt Fischer Rn. 8 an, wenn es um einen Versorgungsausgleich geht; ähnlich Kuhlen in NK-

StGB Rn. 47; sa schon Baumann/Pfohl JuS 1983, 24 (28)); dies schließt eine Beratung beider Parteien im Vorfeld des gerichtlichen Verfahrens mit dem Ziel einer einverständlichen Regelung der Trennungs- und Scheidefolgesachen nicht aus (Haffke in Duss-von Werdt/Mähler/Mähler, Mediation, Die andere Scheidung, 1995, S. 94; Eisele in Haft/Schlieffen Mediation-HdB, 3. Aufl. 2016, § 30 Rn. 45; sa Glenewinkel, Mediation als außergerichtliches Konfliktlösungsmodell, 1999, S. 318). Zur Pflichtwidrigkeit bei Verknüpfung strafrechtlicher und gesellschaftsrechtlicher Mandate Baier wistra 2001, 401 (406).

8 **7.** Der **Vorsatz** (bedingter genügt) muss namentlich die Merkmale derselben Rechtssache und des Interessengegensatzes umfassen (BGHSt 15, 332 = NJW 1961, 929; BGHSt 18, 192 = NJW 1963, 597; BGH GA 1961, 203). Erkennt der Anwalt sie nicht, so handelt er im Tatbestandsirrtum. Hält er jedoch trotz dieser Erkenntnis sein Handeln nur für nicht pflichtwidrig, etwa weil er die Begriffe derselben Rechtssache oder des Interessengegensatzes zu eng auslegt oder weil er der Einwilligung des Auftraggebers irrig die Pflichtwidrigkeit beseitigende Wirkung beimisst, so handelt er im Subsumtionsirrtum, der als solcher unbeachtlich ist, aber einen Verbotsirrtum begründen kann (BGHSt 7, 17 = NJW 1955, 150; BGHSt 7, 261 = NJW 1955, 800; BGHSt 15, 332 = NJW 1961, 929; vgl. auch BGHSt 52, 307 (313) = NJW 2008, 2723 mit krit. Bespr. Bosch JA 2008, 903 (905); Müssig NStZ 2009, 421 (425); Baier wistra 2001, 401 (407); Eisele in Haft/Schlieffen Mediation-HdB, 3. Aufl. 2016, § 30 Rn. 51; Rogall in SK-StGB Rn. 41; krit. Puppe in NK-StGB § 16 Rn. 56; eing. Dingfelder/Friedrich, Parteiverrat und Standesrecht, 1987, S. 75); das gilt auch für den Irrtum, auf der einen Seite nur eigene (Partei-) Interessen wahrgenommen zu haben (BGHSt 45, 148 (155) = NJW 1999, 3568). Dieser Irrtum wird als unvermeidbar nur angesehen, wenn der Anwalt die Rechtslage selbst sorgfältig geprüft (BayObLG NJW 1995, 606 mkritAnm Ranft JR 1996, 256; Heine/Weißer in Schönke/Schröder Rn. 25) oder den Kammervorstand (BGHSt 18, 192 = NJW 1963, 597) oder einen erfahrenen Kollegen (BGH AnwBl 1962, 221) oder Richter (BGH 29.3.1968 – 2 StR 729/67) um Rat gefragt hat; eing. und diff. zu allen Irrtümern Kretschmer, Der strafrechtliche Parteiverrat, 2005, S. 282–310.

9 **8.** Eine **Einwilligung** des Auftraggebers in die pflichtwidrige Handlung hat im Hinblick auf das vornehmlich geschützte Allgemeininteresse (→ Rn. 1) keine rechtfertigende Wirkung (→ Vor § 32 Rn. 13; Eisele in Haft/Schlieffen Mediation-HdB, 3. Aufl. 2016, § 30 Rn. 9; Gillmeister in LK-StGB Rn. 56; Rogall in SK-StGB Rn. 42; ebenso von einem individualrechtlich geprägten Ansatz Kretschmer, Der strafrechtliche Parteiverrat, 2005, S. 280; aM Erb, Rechtsgut und Einwilligung im Tatbestand des § 356 StGB, 2005, S. 196; Dahs in MüKoStGB Rn. 7). Ein anderer Rechtfertigungsgrund liegt regelmäßig nicht vor (zur Notwehr BGHSt 34, 190 = NJW 1987, 335; Kuhlen in NK-StGB Rn. 64).

10 **9. Teilnehmer** ist regelmäßig nicht, wer dem Täter lediglich eine (falsche) Rechtsauskunft (→ Rn. 8) erteilt hat (BGH NJW 1992, 3047 mit zust. Bespr. Wolff-Reske, Berufsbedingtes Verhalten als Problem mittelbarer Erfolgsverursachung, 1995, S. 50, 176: berufsrollenwahrendes Verhalten). **Notwendige,** daher straflose, **Teilnahme** (→ Vor § 25 Rn. 12) begeht die Partei, die die pflichtwidrigen Dienste lediglich annimmt (hM; vgl. Gillmeister in LK-StGB Rn. 105; anders Sowada, Die „notwendige Teilnahme" als funktionales Privilegierungsmodell im Strafrecht, 1992, S. 212); jedoch liegt Anstiftung oder Beihilfe vor, wenn sie die Tat

durch ein Sonderhonorar (RGSt 71, 114; Kindhäuser/Hilgendorf in LPK-StGB Rn. 21) oder eine andere Unterstützungshandlung aktiv fördert. § 28 I ist anwendbar (Rogall in SK-StGB Rn. 45).

10. Abs. 2 qualifiziert die Tat zum Verbrechen (→ § 12 Rn. 3); weil nur zusätzliche (erschwerende) Umstände die Strafschärfung tragen, liegt kein eigenständiges Delikt vor (Kretschmer, Der strafrechtliche Parteiverrat, 2005, S. 311; Gillmeister in LK-StGB Rn. 100; offen gelassen BGHSt 20, 41 = NJW 1964, 2428). **Einverständnis** erfordert Schädigungsbewusstsein sowohl des Anwalts (OLG Düsseldorf NJW 1989, 2901) als auch der Gegenpartei (BGH NStZ 1981, 479), sog. gemeinsames Schädigungsbewusstsein (BGHSt 45, 148 (156) = NJW 1999, 3568; NJW 2019, 316); es liegt im Allgemeinen vor, wenn die Gegenpartei die auf Schädigung der „eigenen" Partei gerichteten Beistandsleistungen widerspruchslos annimmt (BGHSt 45, 148 (157) = NJW 1999, 3568; Gillmeister in LK-StGB Rn. 101), nicht aber schon in der bloßen bloßen Hinnahme der im Laufe eines gerichtlichen Erörterungstermins geäußerten Anregung des Rechtsanwalts durch den Vertreter der Gegenpartei (BGH NJW 2019, 316). **Nachteil** ist jede Verschlechterung der Rechts- und Prozesslage (BGHSt 45, 148 (156) = NJW 1999, 3568; Kretschmer, Der strafrechtliche Parteiverrat, 2005, S. 312); handeln **zum Nachteil** erfordert nicht den Eintritt eines Schadens (hM; vgl. Gillmeister in LK-StGB Rn. 102), auch nicht notwendig bestimmten Benachteiligungswillen (so aber Gillmeister in LK-StGB Rn. 102; offen gelassen BGHSt 20, 41 = NJW 1964, 2428); es genügt vielmehr, wenn der Anwalt im Hinblick auf die Verschlechterung der Rechts- oder Prozesslage seines Auftraggebers bedingt vorsätzlich handelt (Heine/Weißer in Schönke/Schröder Rn. 28; aM Kuhlen in NK-StGB Rn. 62). – Zur **Strafzumessung** beachte OLG Köln NStZ 1982, 382. 11

11. Besteht das pflichtwidrige Dienen aus mehreren, zeitlich gestreckten Akten, so liegt **natürliche Handlungseinheit** vor (BGH wistra 2009, 113 (114); Maurach/Schroeder/Maiwald StrafR BT II § 78 Rn. 22; für tatbestandliche Handlungseinheit Kuhlen in NK-StGB Rn. 69). 12

§ 357 Verleitung eines Untergebenen zu einer Straftat

(1) **Ein Vorgesetzter, welcher seine Untergebenen zu einer rechtswidrigen Tat im Amt verleitet oder zu verleiten unternimmt oder eine solche rechtswidrige Tat seiner Untergebenen geschehen läßt, hat die für diese rechtswidrige Tat angedrohte Strafe verwirkt.**

(2) **Dieselbe Bestimmung findet auf einen Amtsträger Anwendung, welchem eine Aufsicht oder Kontrolle über die Dienstgeschäfte eines anderen Amtsträgers übertragen ist, sofern die von diesem letzteren Amtsträger begangene rechtswidrige Tat die zur Aufsicht oder Kontrolle gehörenden Geschäfte betrifft.**

1. Die Vorschrift beruht auf dem Gedanken, dass der vorgesetzte oder beaufsichtigende Amtsträger (→ § 11 Rn. 3–11) **verpflichtet** ist, in seinem Dienstbereich die Begehung rechtswidriger Taten der ihm nachgeordneten Amtsträger zu **verhindern** (ebenso Kuhlen in NK-StGB Rn. 3; Rogall in SK-StGB Rn. 3). Sie erfasst allein die innenrechtliche Pflichtwidrigkeit, besagt also nichts über das Unrecht im Außenverhältnis, zB über eine Garantenstellung des Vorgesetzten nach 1

§ 13 (Hoyer, Die strafrechtliche Verantwortlichkeit innerhalb von Weisungsverhältnissen, 1998, S. 20; krit. Kuhlen in NK-StGB Rn. 14; aM Rogall in SK-StGB Rn. 3). **Täter** und Untergebener (Abs. 1) oder Beaufsichtigter (Abs. 2) müssen Amtsträger sein (OGH NJW 1950, 435; Lang, Die Sanktionierung von Aufsichtspflichtverletzungen in der öffentlichen Verwaltung, 2016, S. 96; aM für Untergebene oder Beaufsichtigte Kuhlen in NK-StGB Rn. 5). Die Tat ist eigentliches Amtsdelikt (→ Vor § 331 Rn. 2; Schmitz in MüKoStGB Rn. 3; diff. Rogall in SK-StGB Rn. 1; Zieschang in LK-StGB Rn. 2). Für Aufhebung der Vorschrift Will, Die strafrechtliche Verantwortlichkeit für die Verletzung von Aufsichtspflichten, 1998, S. 254.

2 **2. Rechtswidrige Tat** → § 11 Rn. 18; → § 29 Rn. 1; jedoch genügt hier nach dem Schutzzweck der Vorschrift auch eine unvorsätzliche Tat des Untergebenen, wenn der Vorgesetzte wegen Fehlens der erforderlichen Täterqualität nicht selbst mittelbarer Täter sein kann (Rogall GA 1979, 11 (24); Rogall in SK-StGB Rn. 12; Fischer Rn. 2; aM Otto StrafR BT § 100 Rn. 5; Schmitz in MüKoStGB Rn. 13, 14). Sie braucht keine Tat iSd 30. Abschnitts zu sein; es genügt, wenn der Untergebene sie in Ausübung seines Dienstes begangen hat oder begehen sollte (BGHSt 3, 349 = NJW 1953, 272; BGH NJW 1959, 584 (585)). In Abs. 2 umfasst die „begangene" Handlung auch die noch zu begehende (hM; vgl. etwa Rogall in SK-StGB Rn. 15; aM Joecks/Jäger StGB Rn. 4; Schmitz in MüKoStGB Rn. 16).

3 **3. Verleiten** ist erfolgreiches Bestimmen (→ § 26 Rn. 2), gleichgültig durch welches Mittel (OGHSt 2, 23); **Unternehmen** (→ § 11 Rn. 19) bezieht den Versuch des Verleitens ein. Tätige Reue kann beim Unternehmen des Verleitens in analoger Anwendung der §§ 83a, 316a II StGB aF (keine Ersatzvorschrift) zur Strafmilderung oder zum Absehen von Strafe führen (Berz FS Stree/Wessels, 1993, 331 (335); Kuhlen in NK-StGB Rn. 11; anders Weber ZStW-Beiheft 1987, 12; Rogall in SK-StGB Rn. 20). Zum **Geschehenlassen** (dazu Lang, Die Sanktionierung von Aufsichtspflichtverletzungen in der öffentlichen Verwaltung, 2016, S. 114–121) gehört, dass der Vorgesetzte zur Verhinderung nicht nur verpflichtet, sondern auch tatsächlich in der Lage ist (BayObLGSt 1951, 174 (199); Schmitz in MüKoStGB Rn. 22); erfasst wird nicht nur die Beihilfe durch Unterlassen, sondern auch die tätige Förderung (BGHSt 3, 349 (352) = NJW 1953, 272; Joecks/Jäger StGB Rn. 2; Zieschang in LK-StGB Rn. 12; Kuhlen in NK-StGB Rn. 8; für restriktive Auslegung Vogel HRRS 2016, 300). Eingehend zu den Tathandlungen Andrews, Verleitung und Geschehenlassen iSd § 357 StGB, 1996, S. 44–116.

4 **4.** Die Bedeutung der Vorschrift besteht vor allem darin, dass der Täter – falls er nicht ohnehin Mittäter oder (zusätzlich) mittelbarer Täter der von dem Untergebenen begangenen Tat ist – nicht nur als Teilnehmer oder erfolgloser Anstifter (§§ 26, 27, 30), sondern **wie ein Täter** bestraft wird (Konnivenz). Damit wird eine Milderung nach § 27 II 2 oder § 30 I 2 ausgeschlossen. Beim Geschehenlassen von Straftaten Untergebener ist die Strafe für den Vorgesetzten zu der des Untergebenen akzessorisch, so dass dessen bloße Beihilfe-Strafbarkeit für den Vorgesetzten ebenfalls eine Strafmilderung bewirkt (BGH NJW 2016, 419).

5 **5.** Zur **Konkurrenz** mit § 354 II Nr. 3 → § 354 Rn. 16. Verlust der **Amtsfähigkeit** § 358.

§358 Nebenfolgen

Neben einer Freiheitsstrafe von mindestens sechs Monaten wegen einer Straftat nach den §§332, 335, 339, 340, 343, 344, 345 Abs. 1 und 3, §§348, 352 bis 353b Abs. 1, §§355 und 357 kann das Gericht die Fähigkeit, öffentliche Ämter zu bekleiden (§45 Abs. 2), aberkennen.

Fassung: Technische Änderungen durch das BegleitG (→Vor §1 Rn. 13) und das KorrBG (→Vor §298 Rn. 1).

Vgl. →§45 Rn. 4. Die Vorschrift bezieht sich nur auf die Amtsfähigkeit, nicht **1** die Wählbarkeit und das Stimmrecht (BGH NStZ-RR 2019, 317). Sie findet auch Anwendung, wenn lediglich die verhängte Gesamtfreiheitsstrafe mindestens sechs Monate beträgt (BGH NStZ 2008, 283; Kuhlen in NK-StGB Rn. 2).

Anhang

I. Einführungsgesetz zum Strafgesetzbuch (EGStGB)

Vom 2. März 1974 (BGBl. I S. 469, ber. 1975 I S. 1916 und 1976 I S. 507), zuletzt geänd. G v. 11.7.2022 (BGBl. I S. 1082)

– Auszug –

Erster Abschnitt. Allgemeine Vorschriften

Erster Titel. Sachliche Geltung des Strafgesetzbuches

Art. 1 Geltung des Allgemeinen Teils

(1) Die Vorschriften des Allgemeinen Teils des Strafgesetzbuches gelten für das bei seinem Inkrafttreten bestehende und das zukünftige Bundesrecht, soweit das Gesetz nichts anderes bestimmt.

(2) Die Vorschriften des Allgemeinen Teils des Strafgesetzbuches gelten auch für das bei seinem Inkrafttreten bestehende und das zukünftige Landesrecht. Sie gelten nicht, soweit das Bundesrecht besondere Vorschriften des Landesrechts zuläßt und das Landesrecht derartige Vorschriften enthält.

Art. 1a (aufgehoben)

Art. 1b Anwendbarkeit der Vorschriften des internationalen Strafrechts

Soweit das deutsche Strafrecht auf im Ausland begangene Taten Anwendung findet und unterschiedliches Strafrecht im Geltungsbereich dieses Gesetzes gilt, finden diejenigen Vorschriften Anwendung, die an dem Ort gelten, an welchem der Täter seine Lebensgrundlage hat.

Art. 2 Vorbehalte für das Landesrecht

Die Vorschriften des Allgemeinen Teils des Strafgesetzbuches lassen Vorschriften des Landesrechts unberührt, die bei einzelnen landesrechtlichen Straftatbeständen

1. den Geltungsbereich abweichend von den §§ 3 bis 7 des Strafgesetzbuches bestimmen oder
2. unter besonderen Voraussetzungen Straflosigkeit vorsehen.

Art. 3 Zulässige Rechtsfolgen bei Straftaten nach Landesrecht

(1) Vorschriften des Landesrechts dürfen bei Straftaten keine anderen Rechtsfolgen vorsehen als
1. Freiheitsstrafe bis zu zwei Jahren und wahlweise Geldstrafe bis zum gesetzlichen Höchstmaß (§ 40 Abs. 1 Satz 2, Abs. 2 Satz 3 des Strafgesetzbuches),
2. Einziehung von Gegenständen.

(2) Vorschriften des Landesrechts dürfen
1. weder Freiheitsstrafe noch Geldstrafe allein und
2. bei Freiheitsstrafe kein anderes Mindestmaß als das gesetzliche (§ 38 Abs. 2 des Strafgesetzbuches) und kein niedrigeres Höchstmaß als sechs Monate

androhen.

Art. 4 Verhältnis des Besonderen Teils zum Bundes- und Landesrecht

(1) Die Vorschriften des Besonderen Teils des Strafgesetzbuches lassen die Strafvorschriften des Bundesrechts unberührt, soweit sie nicht durch dieses Gesetz aufgehoben oder geändert werden.

(2) Die Vorschriften des Besonderen Teils des Strafgesetzbuches lassen auch die Straf- und Bußgeldvorschriften des Landesrechts unberührt, soweit diese nicht eine Materie zum Gegenstand haben, die im Strafgesetzbuch abschließend geregelt ist.

(3) Die Vorschriften des Strafgesetzbuches über Betrug, Hehlerei und Begünstigung lassen die Vorschriften des Landesrechts unberührt, die bei Steuern oder anderen Abgaben
1. die Straf- und Bußgeldvorschriften der Abgabenordnung für anwendbar erklären oder
2. entsprechende Straf- und Bußgeldtatbestände wie die Abgabenordnung enthalten; Artikel 3 bleibt unberührt.

(4) Die Vorschriften des Strafgesetzbuches über Diebstahl, Hehlerei und Begünstigung lassen die Vorschriften des Landesrechts zum Schutze von Feld und Forst unberührt, die bestimmen, daß eine Tat in bestimmten Fällen, die unbedeutend erscheinen, nicht strafbar ist oder nicht verfolgt wird.

(5) Die Vorschriften des Strafgesetzbuches über Hausfriedensbruch, Sachbeschädigung und Urkundenfälschung lassen die Vorschriften des Landesrechts zum Schutze von Feld und Forst unberührt, die
1. bestimmte Taten nur mit Geldbuße bedrohen oder
2. bestimmen, daß eine Tat in bestimmten Fällen,
   a) die unbedeutend erscheinen, nicht strafbar ist oder nicht verfolgt wird, oder
   b) die geringfügig erscheinen, nur auf Antrag oder nur dann verfolgt wird, wenn die Strafverfolgungsbehörde wegen des besonderen öffentlichen Interesses an der Strafverfolgung ein Einschreiten von Amts wegen für geboten hält.

Zweiter Abschnitt. Allgemeine Anpassung von Strafvorschriften

Art. 10 Geltungsbereich

(1) Die Vorschriften dieses Abschnitts gelten für die Strafvorschriften des Bundesrechts, soweit sie nicht durch Gesetz besonders geändert werden.

(2) Die Vorschriften gelten nicht für die Strafdrohungen des Wehrstrafgesetzes und des Zivildienstgesetzes.

Art. 11 Freiheitsstrafdrohungen

Droht das Gesetz Freiheitsstrafe mit einem besonderen Mindestmaß an, das einen Monat oder weniger beträgt, so entfällt die Androhung dieses Mindestmaßes.

Art. 12 Geldstrafdrohungen

(1) Droht das Gesetz neben Freiheitsstrafe ohne besonderes Mindestmaß wahlweise keine Geldstrafe an, so tritt neben die Freiheitsstrafe die wahlweise Androhung der Geldstrafe. Dies gilt auch, wenn die Androhung des besonderen Mindestmaßes der Freiheitsstrafe nach Artikel 11 entfällt.

(2) An die Stelle einer neben Freiheitsstrafe wahlweise angedrohten Geldstrafe von unbeschränkter Höhe oder mit einem besonderen Höchstmaß oder mit einem Höchstmaß, das in dem Mehrfachen, Einfachen oder Bruchteil eines bestimmten Betrages besteht, tritt Geldstrafe mit dem gesetzlichen Höchstmaß (§ 40 Abs. 1 Satz 2, Abs. 2 Satz 3 des Strafgesetzbuches), soweit Absatz 4 nichts anderes bestimmt.

(3) Ist Geldstrafe neben Freiheitsstrafe vorgeschrieben oder zugelassen, so entfällt diese Androhung.

(4) Droht das Gesetz Freiheitsstrafe bis zu sechs Monaten an, so beträgt das Höchstmaß einer wahlweise angedrohten Geldstrafe einhundertachtzig Tagessätze. Dies gilt auch, wenn sich die wahlweise Androhung der Geldstrafe aus Absatz 1 ergibt.

Art. 13 *(aufgehoben)*

Siebenter Abschnitt. Ergänzende strafrechtliche Regelungen

Art. 293 Abwendung der Vollstreckung der Ersatzfreiheitsstrafe und Erbringung von Arbeitsleistungen

(1) Die Landesregierungen werden ermächtigt, durch Rechtsverordnung Regelungen zu treffen, wonach die Vollstreckungsbehörde dem Verurteilten gestatten kann, die Vollstreckung einer Ersatzfreiheitsstrafe nach § 43 des Strafgesetzbuches durch freie Arbeit abzuwenden. Soweit der Verurteilte die freie Arbeit geleistet hat, ist die Ersatzfreiheitsstrafe erledigt. Die Arbeit muß unentgeltlich sein; sie darf nicht erwerbswirtschaftlichen Zwecken dienen. Die Landesregierungen können die Ermächtigung durch Rechtsverordnung auf die Landesjustizverwaltungen übertragen.

(2) Durch die freie Arbeit wird kein Arbeitsverhältnis im Sinne des Arbeitsrechts und kein Beschäftigungsverhältnis im Sinne der Sozialversicherung, einschließlich der Arbeitslosenversicherung, oder des Steuerrechts begründet. Die Vorschriften über den Arbeitsschutz finden sinngemäße Anwendung.

(3) Absatz 2 gilt entsprechend für freie Arbeit, die aufgrund einer Anordnung im Gnadenwege ausgeübt wird sowie für gemeinnützige Leistungen und Arbeitsleistungen nach § 56b Abs. 2 Satz 1 Nr. 3 des Strafgesetzbuches, § 153a Abs. 1 Satz 1 Nr. 3 der Strafprozeßordnung, § 10 Abs. 1 Satz 3 Nr. 4 und § 15 Abs. 1 Satz 1 Nr. 3 des Jugendgerichtsgesetzes und § 98 Abs. 1 Satz 1 Nr. 1 des Gesetzes über Ordnungswidrigkeiten oder aufgrund einer vom Gesetz vorgesehenen entsprechenden Anwendung der genannten Vorschriften.

Art. 295 Aufsichtsstellen bei Führungsaufsicht

(1) Die Aufsichtsstellen (§ 68a des Strafgesetzbuches) gehören zum Geschäftsbereich der Landesjustizverwaltungen.

(2) Die Aufgaben der Aufsichtsstelle werden von Beamten des höheren Dienstes, von staatlich anerkannten Sozialarbeitern oder Sozialpädagogen oder von Beamten des gehobenen Dienstes wahrgenommen. Der Leiter der Aufsichtsstelle muß die Befähigung zum Richteramt besitzen oder ein Beamter des höheren Dienstes sein. Die Leitung der Aufsichtsstelle kann auch einem Richter übertragen werden.

Art. 296 *(aufgehoben)*

Art. 297 Verbot der Prostitution

(1) Die Landesregierung kann zum Schutze der Jugend oder des öffentlichen Anstandes

1. für das ganze Gebiet einer Gemeinde bis zu fünfzigtausend Einwohnern,
2. für Teile des Gebiets einer Gemeinde über zwanzigtausend Einwohner oder eines gemeindefreien Gebiets,
3. unabhängig von der Zahl der Einwohner für öffentliche Straßen, Wege, Plätze, Anlagen und für sonstige Orte, die von dort aus eingesehen werden können, im ganzen Gebiet oder in Teilen des Gebiets einer Gemeinde oder eines gemeindefreien Gebiets

durch Rechtsverordnung verbieten, der Prostitution nachzugehen. Sie kann das Verbot nach Satz 1 Nr. 3 auch auf bestimmte Tageszeiten beschränken.

(2) Die Landesregierung kann diese Ermächtigung durch Rechtsverordnung auf eine oberste Landesbehörde oder andere Behörden übertragen.

(3) Wohnungsbeschränkungen auf bestimmte Straßen oder Häuserblocks zum Zwecke der Ausübung der Prostitution (Kasernierungen) sind verboten.

Achter Abschnitt. Schlußvorschriften

Art. 309 Verfolgungs- und Vollstreckungsverjährung

(1) Die Vorschriften des neuen Rechts über die Verfolgungs- und Vollstreckungsverjährung (§§ 78 bis 79b des Strafgesetzbuches, §§ 31 bis 34 des Gesetzes über Ordnungswidrigkeiten) gelten auch für Taten, die vor dem 1. Januar 1975 begangen worden sind, soweit die Absätze 2 bis 4 nichts anderes bestimmen.

(2) Für Unterbrechungshandlungen, die vor dem 1. Januar 1975 vorgenommen sind, gilt das bisherige Recht.

(3) Soweit die Verjährungsfristen des bisherigen Rechts kürzer sind als die des neuen Rechts, gelten die des bisherigen Rechts.

(4) Ist die Verjährung der Verfolgung oder der Vollstreckung vor dem 1. Januar 1975 unterbrochen worden, so verjährt die Verfolgung oder Vollstreckung, abweichend von § 78c Abs. 3 Satz 2, § 79 des Strafgesetzbuches, § 33 Abs. 3 Satz 2, § 34 des Gesetzes über Ordnungswidrigkeiten, frühestens mit dem Ablauf der von der letzten Unterbrechungshandlung an zu berechnenden Verjährungsfrist.

(5) Bei der Berechnung der Verjährungsfrist nach § 1 Abs. 1 Satz 1 des Gesetzes über die Berechnung strafrechtlicher Verjährungsfristen vom 13. April 1965 (Bundesgesetzbl. I S. 315), geändert durch das Erste Gesetz zur Reform des Strafrechts vom 25. Juni 1969 (Bundesgesetzbl. I S. 645), ist § 78 Abs. 4 des Strafgesetzbuches entsprechend anzuwenden.

Art. 315 Geltung des Strafrechts für in der Deutschen Demokratischen Republik begangene Taten

(1) Auf vor dem Wirksamwerden des Beitritts in der Deutschen Demokratischen Republik begangene Taten findet § 2 des Strafgesetzbuches mit der Maßgabe Anwendung, daß das Gericht von Strafe absieht, wenn nach dem zur Zeit der Tat geltenden Recht der Deutschen Demokratischen Republik weder eine Freiheitsstrafe noch eine Verurteilung auf Bewährung noch eine Geldstrafe verwirkt gewesen wäre.

(2) Die Vorschriften des Strafgesetzbuches über die Geldstrafe (§§ 40 bis 43) gelten auch für die vor dem Wirksamwerden des Beitritts in der Deutschen Demokratischen Republik begangenen Taten, soweit nachfolgend nichts anderes bestimmt ist. Die Geldstrafe darf nach Zahl und Höhe der Tagessätze insgesamt das Höchstmaß der bisher angedrohten Geldstrafe nicht übersteigen. Es dürfen höchstens dreihundertsechzig Tagessätze verhängt werden.

(3) Die Vorschriften des Strafgesetzbuches über die Aussetzung eines Strafrestes sowie den Widerruf ausgesetzter Strafen finden auf Verurteilungen auf Bewährung (§ 33 des Strafgesetzbuches der Deutschen Demokratischen Republik) sowie auf Freiheitsstrafen Anwendung, die wegen vor dem Wirksamwerden des Beitritts in der Deutschen Demokratischen Republik begangener Taten verhängt worden sind, soweit sich nicht aus den Grundsätzen des § 2 Abs. 3 des Strafgesetzbuches etwas anderes ergibt.

(4) Die Absätze 1 bis 3 finden keine Anwendung, soweit für die Tat das Strafrecht der Bundesrepublik Deutschland schon vor dem Wirksamwerden des Beitritts gegolten hat.

Art. 315a Vollstreckungs- und Verfolgungsverjährung für in der Deutschen Demokratischen Republik verfolgte und abgeurteilte Taten; Verjährung für während der Herrschaft des SED-Unrechtsregimes nicht geahndete Taten[1]

(1) Soweit die Verjährung der Verfolgung oder der Vollstreckung nach dem Recht der Deutschen Demokratischen Republik bis zum Wirksamwerden des Beitritts nicht eingetreten war, bleibt es dabei. Dies gilt auch, soweit für die Tat vor dem Wirksamwerden des Beitritts auch das Strafrecht der Bundesrepublik Deutschland gegolten hat. Die Verfolgungsverjährung gilt als am Tag des Wirksamwerdens des Beitritts unterbrochen; § 78c Abs. 3 des Strafgesetzbuches bleibt unberührt.

(2) Die Verfolgung von Taten, die in dem in Artikel 3 des Einigungsvertrages genannten Gebiet begangen worden sind und die im Höchstmaß mit Freiheitsstrafe von mehr als einem Jahr bis zu fünf Jahren bedroht sind, verjährt frühestens mit Ablauf des 2. Oktober 2000, die Verfolgung der in diesem Gebiet vor Ablauf des 2. Oktober 1990 begangenen und im Höchstmaß mit Freiheitsstrafe bis zu einem Jahr oder mit Geldstrafe bedrohten Taten frühestens mit Ablauf des 31. Dezember 1995.

(3) Verbrechen, die den Tatbestand des Mordes (§ 211 des Strafgesetzbuches) erfüllen, für welche sich die Strafe jedoch nach dem Recht der Deutschen Demokratischen Republik bestimmt, verjähren nicht.

(4) Die Absätze 2 und 3 gelten nicht für Taten, deren Verfolgung am 30. September 1993 bereits verjährt war.

(5) Bei der Berechnung der Verjährungsfrist für die Verfolgung von Taten, die während der Herrschaft des SED-Unrechtsregimes begangen wurden, aber entsprechend dem ausdrücklichen oder mutmaßlichen Willen der Staats- und Parteiführung der ehemaligen Deutschen Demokratischen Republik aus politischen oder sonst mit wesentlichen Grundsätzen einer freiheitlichen rechtsstaatlichen Ordnung unvereinbaren Gründen nicht geahndet worden sind, bleibt die Zeit vom 11. Oktober 1949 bis 2. Oktober 1990 außer Ansatz. In dieser Zeit hat die Verjährung geruht.

Art. 315b Strafantrag bei in der Deutschen Demokratischen Republik begangenen Taten

Die Vorschriften des Strafgesetzbuches über den Strafantrag gelten auch für die vor dem Wirksamwerden des Beitritts in der Deutschen Demokratischen Republik begangenen Taten. War nach dem Recht der Deutschen Demokratischen Republik zur Verfolgung ein Antrag erforderlich, so bleibt es dabei. Ein vor dem Wirksamwerden des Beitritts gestellter Antrag bleibt wirksam. War am Tag des Wirksam-

---

[1] Abs. 1 S. 1, 3 idF des Ges. v. 31.8.1990 (BGBl. II S. 889 (954)). Abs. 1 S. 2 idF des VerjG. Abs. 2, 3 durch 2. VerjG angefügt; nach dessen Art. 2 gelten die beiden Absätze nicht für Taten, deren Verfolgung bei Inkrafttreten des 2. VerjG bereits verjährt war. Abs. 2 durch 3. VerjG geändert; nach dessen Art. 2 gelten die Änderungen nicht für Taten, deren Verfolgung bei Inkrafttreten des 3. VerjG bereits verjährt war.

werdens des Beitritts das Recht, einen Strafantrag zu stellen, nach dem bisherigen Recht der Deutschen Demokratischen Republik bereits erloschen, so bleibt es dabei. Ist die Tat nach den Vorschriften der Bundesrepublik Deutschland nur auf Antrag verfolgbar, so endet die Antragsfrist frühestens am 31. Dezember 1990.

Art. 315c Anpassung der Strafdrohungen

Soweit Straftatbestände der Deutschen Demokratischen Republik fortgelten, treten an die Stelle der bisherigen Strafdrohungen die im Strafgesetzbuch vorgesehenen Strafdrohungen der Freiheitsstrafe und der Geldstrafe. Die übrigen Strafdrohungen entfallen. Die Geldstrafe darf nach Art und Höhe der Tagessätze insgesamt das Höchstmaß der bisher angedrohten Geldstrafe nicht übersteigen. Es dürfen höchstens dreihundertsechzig Tagessätze verhängt werden.

Art. 316 Übergangsvorschrift zum Neunten Strafrechtsänderungsgesetz

(1) § 66 Abs. 2 und § 67 Abs. 1 des Strafgesetzbuches in der Fassung des Artikels 1 des Neunten Strafrechtsänderungsgesetzes vom 4. August 1969 (BGBl. I S. 1065) gelten auch für früher begangene Taten und früher verhängte Strafen, wenn die Verfolgung und Vollstreckung beim Inkrafttreten des Neunten Strafrechtsänderungsgesetzes am 6. August 1969 noch nicht verjährt waren.

(2) § 1 des Gesetzes über die Berechnung strafrechtlicher Verjährungsfristen vom 13. April 1965 (BGBl. I S. 315) bleibt unberührt.

Art. 316a Übergangsvorschrift zum Sechzehnten Strafrechtsänderungsgesetz

(1) § 78 Abs. 2 des Strafgesetzbuches in der Fassung des Artikels 1 des Sechzehnten Strafrechtsänderungsgesetzes vom 16. Juli 1979 (BGBl. I S. 1046) gilt auch für früher begangene Taten, wenn die Verfolgung beim Inkrafttreten des Sechzehnten Strafrechtsänderungsgesetzes am 22. Juli 1979 noch nicht verjährt war.

(2) § 1 des Gesetzes über die Berechnung strafrechtlicher Verjährungsfristen vom 13. April 1965 (BGBl. I S. 315) bleibt unberührt.

Art. 316b Übergangsvorschrift zum Dreiundzwanzigsten Strafrechtsänderungsgesetz

(1) § 67 Abs. 4 und § 67d Abs. 5 des Strafgesetzbuches finden keine Anwendung auf Unterbringungen, die vor dem 1. Mai 1986 angeordnet worden sind; für die Anrechnung der Zeit des Vollzugs der Maßregel auf die Strafe gilt das bisherige Recht.

(2) Ist jemand vor dem 1. Mai 1986 zu mehreren lebenslangen Freiheitsstrafen oder zu lebenslanger und zeitiger Freiheitsstrafe verurteilt worden, so ist § 460 der Strafprozeßordnung sinngemäß anzuwenden, wenn nach neuem Recht auf eine lebenslange Freiheitsstrafe als Gesamtstrafe erkannt worden wäre.

Art. 316c Übergangsvorschrift zum Dreißigsten Strafrechtsänderungsgesetz

§ 78b Abs. 1 des Strafgesetzbuches in der Fassung des Artikels 1 des Dreißigsten Strafrechtsänderungsgesetzes vom 23. Juni 1994 (BGBl. I S. 1310) gilt auch für vor dem Inkrafttreten des Dreißigsten Strafrechtsänderungsgesetzes am 30. Juni 1994 begangene Taten, es sei denn, dass deren Verfolgung zu diesem Zeitpunkt bereits verjährt ist.

Art. 316d Übergangsvorschrift zum Dreiundvierzigsten Strafrechtsänderungsgesetz

§ 46b des Strafgesetzbuches und § 31 des Betäubungsmittelgesetzes in der Fassung des Artikels 2 des Dreiundvierzigsten Strafrechtsänderungsgesetzes vom 29. Juli 2009 (BGBl. I S. 2288) sind nicht auf Verfahren anzuwenden, in denen vor dem 1. September 2009 die Eröffnung des Hauptverfahrens beschlossen worden ist.

Art. 316e Übergangsvorschrift zum Gesetz zur Neuordnung des Rechts der Sicherungsverwahrung und zu begleitenden Regelungen

(1) Die Vorschriften über die Sicherungsverwahrung in der Fassung des Gesetzes zur Neuordnung des Rechts der Sicherungsverwahrung und zu begleitenden Regelungen vom 22. Dezember 2010 (BGBl. I S. 2300) sind nur anzuwenden, wenn die Tat oder mindestens eine der Taten, wegen deren Begehung die Sicherungsverwahrung angeordnet oder vorbehalten werden soll, nach dem 31. Dezember 2010 begangen worden ist. In allen anderen Fällen ist das bisherige Recht anzuwenden, soweit in den Absätzen 2 und 3 sowie in Artikel 316f Absatz 2 und 3 nichts anderes bestimmt ist.

(2) Sind die Taten, wegen deren Begehung die Sicherungsverwahrung nach § 66 des Strafgesetzbuches angeordnet werden soll, vor dem 1. Januar 2011 begangen worden und ist der Täter deswegen noch nicht rechtskräftig verurteilt worden, so ist § 66 des Strafgesetzbuches in der seit dem 1. Januar 2011 geltenden Fassung anzuwenden, wenn diese gegenüber dem bisherigen Recht das mildere Gesetz ist.

(3) Eine nach § 66 des Strafgesetzbuches vor dem 1. Januar 2011 rechtskräftig angeordnete Sicherungsverwahrung erklärt das Gericht für erledigt, wenn die Anordnung ausschließlich auf Taten beruht, die nach § 66 des Strafgesetzbuches in der seit dem 1. Januar 2011 geltenden Fassung nicht mehr Grundlage für eine solche Anordnung sein können. Das Gericht kann, soweit dies zur Durchführung von Entlassungsvorbereitungen geboten ist, als Zeitpunkt der Erledigung spätestens den 1. Juli 2011 festlegen. Zuständig für die Entscheidungen nach den Sätzen 1 und 2 ist das nach den §§ 454, 462a Absatz 1 der Strafprozessordnung zuständige Gericht. Für das Verfahren ist § 454 Absatz 1, 3 und 4 der Strafprozessordnung entsprechend anzuwenden; die Vollstreckungsbehörde übersendet die Akten unverzüglich an die Staatsanwaltschaft des zuständigen Gerichtes, die diese umgehend dem Gericht zur Entscheidung übergibt. Mit der Entlassung aus dem Vollzug tritt Führungsaufsicht ein.

(4) § 1 des Therapieunterbringungsgesetzes vom 22. Dezember 2010 (BGBl. I S. 2300, 2305) ist unter den dortigen sonstigen Voraussetzungen auch dann an-

zuwenden, wenn der Betroffene noch nicht in Sicherungsverwahrung untergebracht, gegen ihn aber bereits Sicherungsverwahrung im ersten Rechtszug angeordnet war und aufgrund einer vor dem 4. Mai 2011 ergangenen Revisionsentscheidung festgestellt wurde, dass die Sicherungsverwahrung ausschließlich deshalb nicht rechtskräftig angeordnet werden konnte, weil ein zu berücksichtigendes Verbot rückwirkender Verschärfungen im Recht der Sicherungsverwahrung dem entgegenstand, ohne dass es dabei auf den Grad der Gefährlichkeit des Betroffenen für die Allgemeinheit angekommen wäre.

Art. 316f Übergangsvorschrift zum Gesetz zur bundesrechtlichen Umsetzung des Abstandsgebotes im Recht der Sicherungsverwahrung

(1) Die bisherigen Vorschriften über die Sicherungsverwahrung sind in der ab dem 1. Juni 2013 geltenden Fassung anzuwenden, wenn die Tat oder mindestens eine der Taten, wegen deren Begehung die Sicherungsverwahrung angeordnet oder vorbehalten werden soll (Anlasstat), nach dem 31. Mai 2013 begangen worden ist.

(2) In allen anderen Fällen sind, soweit Absatz 3 nichts anderes bestimmt, die bis zum 31. Mai 2013 geltenden Vorschriften über die Sicherungsverwahrung nach Maßgabe der Sätze 2 bis 4 anzuwenden. Die Anordnung oder Fortdauer der Sicherungsverwahrung auf Grund einer gesetzlichen Regelung, die zur Zeit der letzten Anlasstat noch nicht in Kraft getreten war, oder eine nachträgliche Anordnung der Sicherungsverwahrung, die nicht die Erledigung einer Unterbringung in einem psychiatrischen Krankenhaus voraussetzt, oder die Fortdauer einer solchen nachträglich angeordneten Sicherungsverwahrung ist nur zulässig, wenn beim Betroffenen eine psychische Störung vorliegt und aus konkreten Umständen in seiner Person oder seinem Verhalten eine hochgradige Gefahr abzuleiten ist, dass er infolge dieser Störung schwerste Gewalt- oder Sexualstraftaten begehen wird. Auf Grund einer gesetzlichen Regelung, die zur Zeit der letzten Anlasstat noch nicht in Kraft getreten war, kann die Anordnung der Sicherungsverwahrung nur vorbehalten werden, wenn beim Betroffenen eine psychische Störung vorliegt und die in Satz 2 genannte Gefahr wahrscheinlich ist oder, wenn es sich bei dem Betroffenen um einen Heranwachsenden handelt, feststeht. Liegen die Voraussetzungen für eine Fortdauer der Sicherungsverwahrung in den in Satz 2 genannten Fällen nicht mehr vor, erklärt das Gericht die Maßregel für erledigt; mit der Entlassung aus dem Vollzug der Unterbringung tritt Führungsaufsicht ein.

(3) Die durch die Artikel 1, 2 Nummer 1 Buchstabe c Doppelbuchstabe cc und Nummer 4 sowie die Artikel 3 bis 6 des Gesetzes zur bundesrechtlichen Umsetzung des Abstandsgebotes im Recht der Sicherungsverwahrung vom 5. Dezember 2012 (BGBl. I S. 2425) geänderten Vorschriften sind auch auf die in Absatz 2 Satz 1 genannten Fälle anzuwenden, § 67c Absatz 1 Satz 1 Nummer 2 des Strafgesetzbuches jedoch nur dann, wenn nach dem 31. Mai 2013 keine ausreichende Betreuung im Sinne des § 66c des Strafgesetzbuches angeboten worden ist. Die Frist des § 119a Absatz 3 des Strafvollzugsgesetzes für die erste Entscheidung von Amts wegen beginnt am 1. Juni 2013 zu laufen, wenn die Freiheitsstrafe zu diesem Zeitpunkt bereits vollzogen wird.

Art. 316g Übergangsvorschrift zum Gesetz zur Verbesserung des Schutzes der sexuellen Selbstbestimmung

Als Straftat im Sinne von § 66 Absatz 3 Satz 1 des Strafgesetzbuches in der Fassung des Gesetzes zur Verbesserung des Schutzes der sexuellen Selbstbestimmung vom 4. November 2016 (BGBl. I S. 2460) gilt auch eine Straftat nach § 179 Absatz 1 bis 4 des Strafgesetzbuches in der bis zum 9. November 2016 geltenden Fassung.

Art. 316h Übergangsvorschrift zum Gesetz zur Reform der strafrechtlichen Vermögensabschöpfung

Wird über die Anordnung der Einziehung des Tatertrages oder des Wertes des Tatertrages wegen einer Tat, die vor dem 1. Juli 2017 begangen worden ist, nach diesem Zeitpunkt entschieden, sind abweichend von § 2 Absatz 5 des Strafgesetzbuches die §§ 73 bis 73c, 75 Absatz 1 und 3 sowie die §§ 73d, 73e, 76, 76a, 76b und 78 Absatz 1 Satz 2 des Strafgesetzbuches in der Fassung des Gesetzes zur Reform der strafrechtlichen Vermögensabschöpfung vom 13. April 2017 (BGBl. I S. 872) anzuwenden. Die Vorschriften des Gesetzes zur Reform der strafrechtlichen Vermögensabschöpfung vom 13. April 2017 (BGBl. I S. 872) sind nicht in Verfahren anzuwenden, in denen bis zum 1. Juli 2017 bereits eine Entscheidung über die Anordnung des Verfalls oder des Verfalls von Wertersatz ergangen ist.

Art. 316i Übergangsvorschrift zum Dreiundfünfzigsten Gesetz zur Änderung des Strafgesetzbuches – Ausweitung des Maßregelrechts bei extremistischen Straftätern

§ 66 Absatz 3 Satz 1 des Strafgesetzbuches in der Fassung des Dreiundfünfzigsten Gesetzes zur Änderung des Strafgesetzbuches vom 11. Juni 2017 (BGBl. I S. 1612), auch in Verbindung mit § 66 Absatz 3 Satz 2, § 66a Absatz 1 Nummer 1 und § 66b Satz 1 Nummer 1 des Strafgesetzbuches, ist nur anzuwenden, wenn die letzte Anlasstat nach dem 30. Juni 2017 begangen worden ist; in allen anderen Fällen ist das bisherige Recht anzuwenden. Soweit in anderen als den in Satz 1 genannten Vorschriften auf § 66 Absatz 3 Satz 1 des Strafgesetzbuches verwiesen wird, ist § 66 Absatz 3 Satz 1 des Strafgesetzbuches in der Fassung des Dreiundfünfzigsten Gesetzes zur Änderung des Strafgesetzbuches vom 11. Juni 2017 (BGBl. I S. 1612) anwendbar. [3]Artikel 316g bleibt unberührt.

Artikel 316j Übergangsvorschrift zum Jahressteuergesetz 2020

Wird über die Anordnung der Einziehung des Tatertrages oder des Wertes des Tatertrages wegen einer Tat, die vor dem 29. Dezember 2020 begangen worden ist, nach diesem Zeitpunkt entschieden, so ist abweichend von § 2 Absatz 5 des Strafgesetzbuches § 73e Absatz 1 Satz 2 des Strafgesetzbuches in der am 29. Dezember 2020 geltenden Fassung anzuwenden, wenn

1. es sich um eine unter den in § 370 Absatz 3 Satz 2 Nummer 1 der Abgabenordnung genannten Voraussetzungen begangene Tat handelt oder
2. das Erlöschen im Sinne von § 73e Absatz 1 Satz 2 des Strafgesetzbuches durch Verjährung nach § 47 der Abgabenordnung nach dem 1. Juli 2020 eingetreten ist oder

3. das Erlöschen im Sinne von § 73e Absatz 1 Satz 2 des Strafgesetzbuches nach dem 29. Dezember 2020 eingetreten ist.

Artikel 316k Übergangsvorschrift zum Gesetz zur Verbesserung der strafrechtlichen Bekämpfung der Geldwäsche

Für die Einziehung von Gegenständen, die nach dem 17. März 2021 sichergestellt worden sind, gilt abweichend von § 2 Absatz 5 des Strafgesetzbuches § 76a Absatz 4 des Strafgesetzbuches in der ab dem 18. März 2021 geltenden Fassung; in allen anderen Fällen gilt das bisherige Recht.

Artikel 316l Übergangsvorschrift zum Gesetz zur Bekämpfung sexualisierter Gewalt gegen Kinder

§ 66 Absatz 3 Satz 1 des Strafgesetzbuches in der am 1. Juli 2021 geltenden Fassung, auch in Verbindung mit § 66 Absatz 3 Satz 2, § 66a Absatz 1 Nummer 1 und § 66b Satz 1 Nummer 1 des Strafgesetzbuches, ist im Hinblick auf Taten nach den §§ 176 bis 176d und 184b des Strafgesetzbuches in der am 1. Juli 2021 geltenden Fassung nur anzuwenden, wenn die letzte Anlasstat nach dem 30. Juni 2021 begangen worden ist; in allen anderen Fällen ist das bisherige Recht anzuwenden. Soweit in anderen als den in Satz 1 genannten Vorschriften auf § 66 Absatz 3 Satz 1 des Strafgesetzbuches verwiesen wird, sind die Vorschriften in der am 1. Juli 2021 geltenden Fassung anwendbar. 3Die Artikel 316g und 316i bleiben unberührt.

Artikel 316m Übergangsvorschrift zum Gesetz zur Änderung des Anti-Doping-Gesetzes

§ 4a des Anti-Doping-Gesetzes in der Fassung des Artikels 1 des Gesetzes zur Änderung des Anti-Doping-Gesetzes vom 12. August 2021 (BGBl. I S. 3542) ist nicht auf Verfahren anzuwenden, in denen vor dem 1. Oktober 2021 die Eröffnung des Hauptverfahrens beschlossen worden ist.

Artikel 316n Übergangsvorschrift zum Gesetz zur Änderung des Strafgesetzbuches – Aufhebung des Verbots der Werbung für den Schwangerschaftsabbruch (§ 219a StGB), zur Änderung des Heilmittelwerbegesetzes, zur Änderung des Schwangerschaftskonfliktgesetzes, zur Änderung des Einführungsgesetzes zum Strafgesetzbuch und zur Änderung des Gesetzes zur strafrechtlichen Rehabilitierung der nach dem 8. Mai 1945 wegen einvernehmlicher homosexueller Handlungen verurteilten Personen

(1) Strafgerichtliche Urteile, die aufgrund der folgenden Vorschriften nach dem 3. Oktober 1990 ergangen sind, werden aufgehoben:
1. aufgrund des § 219a des Strafgesetzbuches
   a) in der vom 16. Juni 1993 bis einschließlich 31. Dezember 1998 geltenden Fassung,

b) in der vom 1. Januar 1999 bis einschließlich 28. März 2019 geltenden Fassung,
c) in der vom 29. März 2019 bis einschließlich 31. Dezember 2020 geltenden Fassung oder
d) in der seit dem 1. Januar 2021 geltenden Fassung sowie

2. aufgrund des § 219b des Strafgesetzbuches in der vom 1. Oktober 1987 bis einschließlich 15. Juni 1993 geltenden Fassung.

(2) Die Verfahren, die den in Absatz 1 genannten Urteilen zugrunde liegen, werden eingestellt.

Art. 326 Inkrafttreten; Übergangsfassungen

(1) Dieses Gesetz tritt am 1. Januar 1975 in Kraft, soweit nichts anderes bestimmt ist.

(2) bis (5) …

II. Gesetz zur Vermeidung und Bewältigung von Schwangerschaftskonflikten (Schwangerschaftskonfliktgesetz – SchKG)

idF des Art 1 des SFHG v 27.7.1992 (BGBl I S. 1398), zuletzt geändert durch Art 3 G zur Änderung des Strafgesetzbuches und anderer Gesetze vom 11.7.2022 (BGBl I S. 1082)

– Auszug –

Abschnitt 1. Aufklärung, Verhütung, Familienplanung und Beratung

§ 1 Aufklärung

(1) Die für gesundheitliche Aufklärung und Gesundheitserziehung zuständige Bundeszentrale für gesundheitliche Aufklärung erstellt unter Beteiligung der Länder und in Zusammenarbeit mit Vertretern der Familienberatungseinrichtungen aller Träger zum Zwecke der gesundheitlichen Vorsorge und der Vermeidung und Lösung von Schwangerschaftskonflikten Konzepte zur Sexualaufklärung, jeweils abgestimmt auf die verschiedenen Alters- und Personengruppen.

(1a) Die Bundeszentrale für gesundheitliche Aufklärung erstellt entsprechend Absatz 1 Informationsmaterial zum Leben mit einem geistig oder körperlich behinderten Kind und dem Leben von Menschen mit einer geistigen oder körperlichen Behinderung. Das Informationsmaterial enthält den Hinweis auf den Rechtsanspruch auf psychosoziale Beratung nach § 2 und auf Kontaktadressen von Selbsthilfegruppen, Beratungsstellen sowie Behindertenverbände und Verbände von Eltern behinderter Kinder. Die Ärztin oder der Arzt händigt der Schwangeren das Informationsmaterial im Rahmen der Beratung nach § 2a Absatz 1 aus.

(2) Die Bundeszentrale für gesundheitliche Aufklärung verbreitet zu den in Absatz 1 genannten Zwecken die bundeseinheitlichen Aufklärungsmaterialien, in denen Verhütungsmethoden und Verhütungsmittel umfassend dargestellt werden.

(3) Die Aufklärungsmaterialien werden unentgeltlich an Einzelpersonen auf Aufforderung, ferner als Lehr- oder Informationsmaterialien an schulische und berufsbildende Einrichtungen, an Beratungsstellen, an Frauenärztinnen und Frauenärzte, Ärztinnen und Ärzte sowie medizinische Einrichtungen, die pränataldiagnostische Maßnahmen durchführen, Humangenetikerinnen und Humangenetiker, Hebammen sowie an alle Institutionen der Jugend- und Bildungsarbeit abgegeben.

(4) Der Bund macht die Hilfen für Schwangere und Mütter bekannt; dazu gehört auch der Anspruch auf anonyme Beratung nach § 2 Absatz 1 und auf die vertrauliche Geburt. Die Informationen über die vertrauliche Geburt beinhalten auch die Erklärung, wie eine Frau ihre Rechte gegenüber ihrem Kind nach einer vertraulichen Geburt unter Aufgabe ihrer Anonymität und wie sie schutzwürdige Be-

lange gegen die spätere Offenlegung ihrer Personenstandsdaten geltend machen kann. Der Bund fördert durch geeignete Maßnahmen das Verständnis für Eltern, die ihr Kind zur Adoption freigeben.

(5) Der Bund stellt durch einen bundesweiten zentralen Notruf sicher, dass Schwangere in Konfliktlagen, die ihre Schwangerschaft verheimlichen, jederzeit und unverzüglich an eine Beratungsstelle nach den §§ 3 und 8 vermittelt werden. Er macht den Notruf bundesweit bekannt und betreibt kontinuierlich Öffentlichkeitsarbeit für den Notruf.

§ 2 Beratung

(1) Jede Frau und jeder Mann hat das Recht, sich zu den in § 1 Abs. 1 genannten Zwecken in Fragen der Sexualaufklärung, Verhütung und Familienplanung sowie in allen eine Schwangerschaft unmittelbar oder mittelbar berührenden Fragen von einer hierfür vorgesehenen Beratungsstelle auf Wunsch anonym informieren und beraten zu lassen.

(2) Der Anspruch auf Beratung umfaßt Informationen über
1. Sexualaufklärung, Verhütung und Familienplanung,
2. bestehende familienfördernde Leistungen und Hilfen für Kinder und Familien, einschließlich der besonderen Rechte im Arbeitsleben,
3. Vorsorgeuntersuchungen bei Schwangerschaft und die Kosten der Entbindung,
4. soziale und wirtschaftliche Hilfen für Schwangere, insbesondere finanzielle Leistungen sowie Hilfen bei der Suche nach Wohnung, Arbeits- oder Ausbildungsplatz oder deren Erhalt,
5. die Hilfsmöglichkeiten für behinderte Menschen und ihre Familien, die vor und nach der Geburt eines in seiner körperlichen, geistigen oder seelischen Gesundheit geschädigten Kindes zur Verfügung stehen,
6. die Methoden zur Durchführung eines Schwangerschaftsabbruchs, die physischen und psychischen Folgen eines Abbruchs und die damit verbundenen Risiken,
7. Lösungsmöglichkeiten für psychosoziale Konflikte im Zusammenhang mit einer Schwangerschaft,
8. die rechtlichen und psychologischen Gesichtspunkte im Zusammenhang mit einer Adoption.

Die Schwangere ist darüber hinaus bei der Geltendmachung von Ansprüchen sowie bei der Wohnungssuche, bei der Suche nach einer Betreuungsmöglichkeit für das Kind und bei der Fortsetzung ihrer Ausbildung zu unterstützen. Auf Wunsch der Schwangeren sind Dritte zur Beratung hinzuzuziehen.

(3) Zum Anspruch auf Beratung gehört auch die Nachbetreuung nach einem Schwangerschaftsabbruch oder nach der Geburt des Kindes.

(4) Einer Schwangeren, die ihre Identität nicht preisgeben und die ihr Kind nach der Geburt abgeben möchte, ist ein ausführliches ergebnisoffenes Beratungsgespräch zur Bewältigung der psychosozialen Konfliktlage anzubieten. Inhalt des Beratungsgesprächs sind:
1. geeignete Hilfsangebote zur Bewältigung der Situation und zur Entscheidungsfindung sowie
2. Wege, die der Schwangeren die Aufgabe der Anonymität oder ein Leben mit dem Kind ermöglichen.

§ 2a Aufklärung und Beratung in besonderen Fällen

(1) Sprechen nach den Ergebnissen von pränataldiagnostischen Maßnahmen dringende Gründe für die Annahme, dass die körperliche oder geistige Gesundheit des Kindes geschädigt ist, so hat die Ärztin oder der Arzt, die oder der der Schwangeren die Diagnose mitteilt, über die medizinischen und psychosozialen Aspekte, die sich aus dem Befund ergeben, unter Hinzuziehung von Ärztinnen oder Ärzten, die mit dieser Gesundheitsschädigung bei geborenen Kindern Erfahrung haben, zu beraten. Die Beratung erfolgt in allgemein verständlicher Form und ergebnisoffen. Sie umfasst die eingehende Erörterung der möglichen medizinischen, psychischen und sozialen Fragen sowie der Möglichkeiten zur Unterstützung bei physischen und psychischen Belastungen. Die Ärztin oder der Arzt hat über den Anspruch auf weitere und vertiefende psychosoziale Beratung nach § 2 zu informieren und im Einvernehmen mit der Schwangeren Kontakte zu Beratungsstellen nach § 3 und zu Selbsthilfegruppen oder Behindertenverbänden zu vermitteln.

(2) Die Ärztin oder der Arzt, die oder der gemäß § 218b Absatz 1 des Strafgesetzbuchs die schriftliche Feststellung über die Voraussetzungen des § 218a Absatz 2 des Strafgesetzbuchs zu treffen hat, hat vor der schriftlichen Feststellung gemäß § 218b Absatz 1 des Strafgesetzbuchs die Schwangere über die medizinischen und psychischen Aspekte eines Schwangerschaftsabbruchs zu beraten, über den Anspruch auf weitere und vertiefende psychosoziale Beratung nach § 2 zu informieren und im Einvernehmen mit der Schwangeren Kontakte zu Beratungsstellen nach § 3 zu vermitteln, soweit dies nicht auf Grund des Absatzes 1 bereits geschehen ist. Die schriftliche Feststellung darf nicht vor Ablauf von drei Tagen nach der Mitteilung der Diagnose gemäß Absatz 1 Satz 1 oder nach der Beratung gemäß Satz 1 vorgenommen werden. Dies gilt nicht, wenn die Schwangerschaft abgebrochen werden muss, um eine gegenwärtige erhebliche Gefahr für Leib oder Leben der Schwangeren abzuwenden.

(3) Die Ärztin oder der Arzt, die oder der die schriftliche Feststellung der Indikation zu treffen hat, hat bei der schriftlichen Feststellung eine schriftliche Bestätigung der Schwangeren über die Beratung und Vermittlung nach den Absätzen 1 und 2 oder über den Verzicht darauf einzuholen, nicht aber vor Ablauf der Bedenkzeit nach Absatz 2 Satz 2.

§ 3 Beratungsstellen

Die Länder stellen ein ausreichendes Angebot wohnortnaher Beratungsstellen für die Beratung nach § 2 sicher. Dabei werden auch Beratungsstellen freier Träger gefördert. Die Ratsuchenden sollen zwischen Beratungsstellen unterschiedlicher weltanschaulicher Ausrichtung auswählen können.

§ 4 Öffentliche Förderung der Beratungsstellen

(1) Die Länder tragen dafür Sorge, daß den Beratungsstellen nach den §§ 3 und 8 für je 40 000 Einwohner mindestens eine Beraterin oder ein Berater vollzeitbeschäftigt oder eine entsprechende Zahl von Teilzeitbeschäftigten zur Verfügung steht. Von diesem Schlüssel soll dann abgewichen werden, wenn die Tätigkeit der Beratungsstellen mit dem vorgesehenen Personal auf Dauer nicht ordnungsgemäß durchgeführt werden kann. Dabei ist auch zu berücksichtigen, daß Schwangere in

angemessener Entfernung von ihrem Wohnort eine Beratungsstelle aufsuchen können.

(2) Zur Information über die Leistungsangebote im örtlichen Einzugsbereich und zur Sicherstellung einer umfassenden Beratung wirken die Beratungsstellen in den Netzwerken nach § 3 des Gesetzes zur Kooperation und Information im Kinderschutz mit.

(3) Die zur Sicherstellung eines ausreichenden Angebotes nach den §§ 3 und 8 erforderlichen Beratungsstellen haben Anspruch auf eine angemessene öffentliche Förderung der Personal- und Sachkosten.

(4) Näheres regelt das Landesrecht.

Abschnitt 2. Schwangerschaftskonfliktberatung

§ 5 Inhalt der Schwangerschaftskonfliktberatung

(1) Die nach § 219 des Strafgesetzbuches notwendige Beratung ist ergebnisoffen zu führen. Sie geht von der Verantwortung der Frau aus. Die Beratung soll ermutigen und Verständnis wecken, nicht belehren oder bevormunden. Die Schwangerschaftskonfliktberatung dient dem Schutz des ungeborenen Lebens.

(2) Die Beratung umfaßt:

1. das Eintreten in eine Konfliktberatung; dazu wird erwartet, daß die schwangere Frau der sie beratenden Person die Gründe mitteilt, derentwegen sie einen Abbruch der Schwangerschaft erwägt; der Beratungscharakter schließt aus, daß die Gesprächs- und Mitwirkungsbereitschaft der schwangeren Frau erzwungen wird;
2. jede nach Sachlage erforderliche medizinische, soziale und juristische Information, die Darlegung der Rechtsansprüche von Mutter und Kind und der möglichen praktischen Hilfen, insbesondere solcher, die die Fortsetzung der Schwangerschaft und die Lage von Mutter und Kind erleichtern;
3. das Angebot, die schwangere Frau bei der Geltendmachung von Ansprüchen, bei der Wohnungssuche, bei der Suche nach einer Betreuungsmöglichkeit für das Kind und bei der Fortsetzung ihrer Ausbildung zu unterstützen, sowie das Angebot einer Nachbetreuung.

Die Beratung unterrichtet auf Wunsch der Schwangeren auch über Möglichkeiten, ungewollte Schwangerschaften zu vermeiden.

§ 6 Durchführung der Schwangerschaftskonfliktberatung

(1) Eine ratsuchende Schwangere ist unverzüglich zu beraten.

(2) Die Schwangere kann auf ihren Wunsch gegenüber der sie beratenden Person anonym bleiben.

(3) Soweit erforderlich, sind zur Beratung im Einvernehmen mit der Schwangeren

1. andere, insbesondere ärztlich, fachärztlich, psychologisch, sozialpädagogisch, sozialarbeiterisch oder juristisch ausgebildete Fachkräfte,
2. Fachkräfte mit besonderer Erfahrung in der Frühförderung behinderter Kinder und

3. andere Personen, insbesondere der Erzeuger sowie nahe Angehörige,

hinzuzuziehen.

(4) Die Beratung ist für die Schwangere und die nach Absatz 3 Nr. 3 hinzugezogenen Personen unentgeltlich.

§ 7 Beratungsbescheinigung

(1) Die Beratungsstelle hat nach Abschluß der Beratung der Schwangeren eine mit Namen und Datum versehene Bescheinigung darüber auszustellen, daß eine Beratung nach den §§ 5 und 6 stattgefunden hat.

(2) Hält die beratende Person nach dem Beratungsgespräch eine Fortsetzung dieses Gesprächs für notwendig, soll diese unverzüglich erfolgen.

(3) Die Ausstellung einer Beratungsbescheinigung darf nicht verweigert werden, wenn durch eine Fortsetzung des Beratungsgesprächs die Beachtung der in § 218a Abs. 1 des Strafgesetzbuches vorgesehenen Fristen unmöglich werden könnte.

§ 8 Schwangerschaftskonfliktberatungsstellen

Für die Beratung nach den §§ 5 und 6 haben die Länder ein ausreichendes plurales Angebot wohnortnaher Beratungsstellen sicherzustellen. Diese Beratungsstellen bedürfen besonderer staatlicher Anerkennung nach § 9. Als Beratungsstellen können auch Einrichtungen freier Träger sowie Ärztinnen und und Ärzte anerkannt werden.

§ 9 Anerkennung von Schwangerschaftskonfliktberatungsstellen

Eine Beratungsstelle darf nur anerkannt werden, wenn sie die Gewähr für eine fachgerechte Schwangerschaftskonfliktberatung nach § 5 bietet und zur Durchführung der Schwangerschaftskonfliktberatung nach § 6 in der Lage ist, insbesondere

1. über hinreichend persönlich und fachlich qualifiziertes und der Zahl nach ausreichendes Personal verfügt,
2. sicherstellt, daß zur Durchführung der Beratung erforderlichenfalls kurzfristig eine ärztlich, fachärztlich, psychologisch, sozialpädagogisch, sozialarbeiterisch oder juristisch ausgebildete Fachkraft hinzugezogen werden kann,
3. mit allen Stellen zusammenarbeitet, die öffentliche und private Hilfen für Mutter und Kind gewähren, und
4. mit keiner Einrichtung, in der Schwangerschaftsabbrüche vorgenommen werden, derart organisatorisch oder durch wirtschaftliche Interessen verbunden ist, daß hiernach ein materielles Interesse der Beratungseinrichtung an der Durchführung von Schwangerschaftsabbrüchen nicht auszuschließen ist.

§ 10 Berichtspflicht und Überprüfung der Schwangerschaftskonfliktberatungsstellen

(1) Die Beratungsstellen sind verpflichtet, die ihrer Beratungstätigkeit zugrundeliegenden Maßstäbe und die dabei gesammelten Erfahrungen jährlich in einem schriftlichen Bericht niederzulegen.

(2) Als Grundlage für den schriftlichen Bericht nach Absatz 1 hat die beratende Person über jedes Beratungsgespräch eine Aufzeichnung zu fertigen. Diese darf keine Rückschlüsse auf die Identität der Schwangeren und der zum Beratungsgespräch hinzugezogenen weiteren Personen ermöglichen. Sie hält den wesentlichen Inhalt der Beratung und angebotene Hilfsmaßnahmen fest.

(3) Die zuständige Behörde hat mindestens im Abstand von drei Jahren zu überprüfen, ob die Voraussetzungen für die Anerkennung nach § 9 noch vorliegen. Sie kann sich zu diesem Zweck die Berichte nach Absatz 1 vorlegen lassen und Einsicht in die nach Absatz 2 anzufertigenden Aufzeichnungen nehmen. Liegt eine der Voraussetzungen des § 9 nicht mehr vor, ist die Anerkennung zu widerrufen.

§ 11 Übergangsregelung

Die Anerkennung einer Beratungsstelle auf Grund II.4 der Entscheidungsformel des Urteils des Bundesverfassungsgerichts vom 28. Mai 1993 (BGBl. I S. 820) steht einer Anerkennung auf Grund der §§ 8 und 9 dieses Gesetzes gleich.

Abschnitt 3. Vornahme von Schwangerschaftsabbrüchen

§ 12 Weigerung

(1) Niemand ist verpflichtet, an einem Schwangerschaftsabbruch mitzuwirken.

(2) Absatz 1 gilt nicht, wenn die Mitwirkung notwendig ist, um von der Frau eine anders nicht abwendbare Gefahr des Todes oder einer schweren Gesundheitsschädigung abzuwenden.

§ 13 Einrichtungen zur Vornahme von Schwangerschaftsabbrüchen

(1) Ein Schwangerschaftsabbruch darf nur in einer Einrichtung vorgenommen werden, in der auch die notwendige Nachbehandlung gewährleistet ist.

(2) Die Länder stellen ein ausreichendes Angebot ambulanter und stationärer Einrichtungen zur Vornahme von Schwangerschaftsabbrüchen sicher.

(3) Die Bundesärztekammer führt für den Bund eine Liste der Ärztinnen und Ärzte sowie der Krankenhäuser und Einrichtungen, die ihr mitgeteilt haben, dass sie Schwangerschaftsabbrüche unter den Voraussetzungen des § 218a Absatz 1 bis 3 des Strafgesetzbuches durchführen, und darf die zu diesem Zwecke erhobenen personenbezogenen Daten verarbeiten. Die Liste enthält auch Angaben über die jeweils angewendeten Methoden zur Durchführung eines Schwangerschaftsabbruchs, soweit diese mitgeteilt werden. Die Bundesärztekammer aktualisiert die Liste monatlich auf der Grundlage der ihr mitgeteilten Informationen, veröffentlicht sie im Internet und stellt sie der Bundeszentrale für gesundheitliche Aufklärung, dem Bundesamt für Familie und zivilgesellschaftliche Aufgaben und den Ländern zur Verfügung.

§ 13a Informationen über einen Schwangerschaftsabbruch

(1) Die Bundeszentrale für gesundheitliche Aufklärung veröffentlicht die von der Bundesärztekammer nach § 13 Absatz 3 geführte Liste und weitere Informationen über einen Schwangerschaftsabbruch, der unter den Voraussetzungen des § 218a Absatz 1 bis 3 des Strafgesetzbuches vorgenommen wird.

(2) Der bundesweite zentrale Notruf nach § 1 Absatz 5 Satz 1 erteilt Auskunft über die in der Liste nach § 13 Absatz 3 enthaltenen Angaben.

(3) Einrichtungen zur Vornahme von Schwangerschaftsabbrüchen, Krankenhäusern sowie Ärztinnen und Ärzten ist es gestattet, sachlich und berufsbezogen über die Durchführung eines Schwangerschaftsabbruchs, der unter den Voraussetzungen des § 218a Absatz 1 bis 3 des Strafgesetzbuches vorgenommen werden soll, zu informieren.

§ 14 Bußgeldvorschriften

(1) Ordnungswidrig handelt, wer

1. entgegen § 2a Absatz 1 oder Absatz 2 keine Beratung der Schwangeren vornimmt;
2. entgegen § 2a Absatz 2 Satz 2 die schriftliche Feststellung ausstellt;
3. entgegen § 13 Absatz 1 einen Schwangerschaftsabbruch vornimmt;
4. seiner Auskunftspflicht nach § 18 Absatz 1 nicht nachkommt.

(2) Die Ordnungswidrigkeit kann mit einer Geldbuße bis zu fünftausend Euro geahndet werden.

III. Internationales Strafrecht

Ausgewählte Vorschriften, die keine Änderung des StGB vorsehen, aber ausländische Entscheidungsträger oder Bedienstete für die Anwendung von Vorschriften des StGB inländischen Amtsträgern (§ 11 I Nr. 2, 3), für den öffentlichen Dienst besonders Verpflichteten (§ 11 I Nr. 4) oder Soldaten der Bundeswehr (§ 48 WStG) unmittelbar gleichstellen oder sonst den Geltungsbereich des Deutschen Strafrechts (→ Vor § 3 Rn. 1) erweitern.

Gesetz zu dem Übereinkommen vom 17. 12. 1997 über die Bekämpfung der Bestechung ausländischer Amtsträger im internationalen Geschäftsverkehr (Gesetz zur Bekämpfung internationaler Bestechung – IntBestG)
v. 10. 9. 1998 (BGBl. II S. 2327), zuletzt geändert durch Art. 5 des KorrBeKG v. 20. 11. 2015 (BGBl. I S. 2025).

– Auszug –

Art. 2 §§ 1–4

§ 1 *(aufgehoben)*

§ 2 Bestechung ausländischer Abgeordneter im Zusammenhang mit internationalem geschäftlichen Verkehr

(1) Wer in der Absicht, sich oder einem Dritten einen Auftrag oder einen unbilligen Vorteil im internationalen geschäftlichen Verkehr zu verschaffen oder zu sichern, einem Mitglied eines Gesetzgebungsorgans eines ausländischen Staates oder einem Mitglied einer parlamentarischen Versammlung einer internationalen Organisation einen Vorteil für dieses oder einen Dritten als Gegenleistung dafür anbietet, verspricht oder gewährt, daß es eine mit seinem Mandat oder seinen Aufgaben zusammenhängende Handlung oder Unterlassung künftig vornimmt, wird mit Freiheitsstrafe bis zu fünf Jahren oder mit Geldstrafe bestraft.

(2) Der Versuch ist strafbar.

§ 3 Auslandstaten

Das deutsche Strafrecht gilt, unabhängig vom Recht des Tatorts, für Bestechung ausländischer Abgeordneter im Zusammenhang mit internationalem geschäftlichen Verkehr (§ 2), wenn die Tat von einem Deutschen im Ausland begangen wird.

§ 4 *(aufgehoben)*

Sachverzeichnis

Die fett gedruckten arabischen Zahlen bezeichnen die Paragraphen des StGB; soweit fett gedruckte römische Zahlen oder Hinweise auf Nummern folgen, handelt es sich um die Absätze und Nummern der Paragraphen. „Vor" mit darauf folgender fetter Zahl verweist auf die Vorbemerkung vor dem bezeichneten Paragraphen. Die mageren Zahlen beziehen sich auf die Erläuterungen nach ihren jeweiligen Randzahlen. Die Zahlen und Buchstaben nach „Anh. I" verweisen auf die im Anhang abgedruckten Artikel des EGStGB, die Zahlen und Buchstaben nach „Anh. II" und „Anh. III" auf die jeweiligen Untergliederungen.